2023

VADE MECUM saraiva

TEMÁTICO

CÓDIGO CIVIL
CÓDIGO COMERCIAL
CÓDIGO DE PROCESSO CIVIL
CONSTITUIÇÃO FEDERAL
LEGISLAÇÃO COMPLEMENTAR

CIVIL E EMPRESARIAL

7ª edição

Obra coletiva com a colaboração de
Livia Céspedes e Fabiana Dias da Rocha

saraiva jur

saraiva EDUCAÇÃO | saraiva jur

Av. Paulista, 901, Edifício CYK, 4º andar
Bela Vista – São Paulo – SP – CEP 01310-100

SAC | sac.sets@saraivaeducacao.com.br

Diretoria executiva Flávia Alves Bravin
Diretoria editorial Ana Paula Santos Matos
Gerência de produção e projetos Fernando Penteado

Novos projetos Aline Darcy Flôr de Souza
Dalila Costa de Oliveira

Edição Livia Céspedes (coord.)
Eduarda do Prado Ribeiro
Fabiana Dias da Rocha
Fabio Ricardo de Abreu
José Roberto Borba Ferreira Júnior
Maria Cecília Coutinho Martins

Design e produção Daniele Debora de Souza (coord.)
Laudemir Marinho dos Santos
Camilla Felix Cianelli Chaves
Claudirene de Moura Santos Silva
Deborah Mattos
Lais Soriano
Tiago Dela Rosa

Planejamento e projetos Cintia Aparecida dos Santos
Daniela Maria Chaves Carvalho
Emily Larissa Ferreira da Silva
Kelli Priscila Pinto

Diagramação Fabricando Ideias Design Editorial
Revisão Célia Araujo
Capa Tiago Dela Rosa
Produção gráfica Marli Rampim
Sergio Luiz Pereira Lopes
Impressão e acabamento EGB Editora Gráfica Bernardi Ltda.

DADOS INTERNACIONAIS DE CATALOGAÇÃO NA PUBLICAÇÃO (CIP)
VAGNER RODOLFO DA SILVA – CRB-8/9410

V123 Vade Mecum Civil e Empresarial – Temático / obra coletiva de autoria de Saraiva Educação com a colaboração de Livia Céspedes e Fabiana Dias da Rocha. – 7. ed. – São Paulo: SaraivaJur, 2023.

1408 p.

ISBN: 978-65-5362-704-8 (Impresso)

1. Direito. 2. Vade Mecum. 3. Direito civil. 4. Direito empresarial. I. Saraiva Educação. II. Céspedes, Livia. III. Rocha, Fabiana Dias da. IV. Título.

CDD 340
2022-3413 CDU 34

Índices para catálogo sistemático:

1. Direito 340
2. Direito 34

Data de fechamento da edição: 16-1-2023

Dúvidas? Acesse www.saraivaeducacao.com.br

CÓD. OBRA 15946 CL 608295 CAE 818267

INDICADOR GERAL

Apresentação dos Vades Temáticos VII
Nota dos Organizadores IX
Abreviaturas XIII

Índice Cronológico da Legislação XV
Índice Cronológico da Legislação Complementar Alteradora (alterações de 2022 e 2023) XXIII

Índice Sistemático da Constituição Federal 2
Índice Cronológico das Emendas Constitucionais Alteradoras 4
Constituição da República Federativa do Brasil 8
Ato das Disposições Constitucionais Transitórias 81
Emendas Constitucionais 102
Índice Alfabético-Remissivo da Constituição Federal 132
Índice Alfabético-Remissivo do Ato das Disposições Constitucionais Transitórias 144

Índice Sistemático do Código Civil 149
Índice Cronológico da Legislação Alteradora do Código Civil 155
Código Civil (Lei n. 10.406, de 10-1-2002) 157
Índice Alfabético-Remissivo do Código Civil 270

Índice Sistemático do Código Comercial 295
Índice Cronológico da Legislação Alteradora do Código Comercial 296
Código Comercial (Lei n. 556, de 25-6-1850) 297
Índice Alfabético-Remissivo do Código Comercial 318

Índice Sistemático do Código de Processo Civil 325
Índice Cronológico da Legislação Alteradora do Código de Processo Civil 330
Código de Processo Civil (Lei n. 13.105, de 16-3-2015) 331
Índice Alfabético-Remissivo do Código de Processo Civil 418

Legislação Complementar 431
Índice Alfabético da Legislação Complementar 1330

Súmulas
Supremo Tribunal Federal 1337
Vinculantes 1357
Superior Tribunal de Justiça 1360
Índice Alfabético das Súmulas 1379

APRESENTAÇÃO DOS VADES TEMÁTICOS

Pioneira na exemplar técnica desenvolvida de atualização de Códigos e Legislação, como comprova o avançado número de suas edições e versões, a Saraiva Educação apresenta a edição revista e atualizada da sua Coleção de **Vade Mecum Temáticos.**

Esta Coleção, que é **indicada para a 2.ª fase do Exame de Ordem Unificado**, foi elaborada com base nos editais da OAB e vai ajudar você tanto na preparação como na realização da prova.

São cinco obras que contemplam, em cada volume, as principais áreas de atuação do direito exigidas na **prova prático-processual**: Administrativo e Constitucional; Civil e Empresarial; Penal; Trabalhista e Previdenciário; e Tributário.

Este material é totalmente permitido pela OAB para uso em prova.

Recomendamos, para maior abrangência, que seu uso seja acompanhado do Vade Mecum OAB e Graduação.

Além disso, esta Coleção constitui importante ferramenta de estudo, pesquisa e consulta para profissionais, acadêmicos e concursandos.

Veja alguns recursos que você terá disponíveis nesta Coleção de Vades Temáticos:

– texto na íntegra da Constituição Federal;

– temas no alto da página indicando o assunto tratado ou a parte do Código;

– tarjas laterais indicando a divisão da obra e agilizando a pesquisa;

– recuo na parte das súmulas, para utilização de grampeador, caso sua consulta não seja permitida por algum concurso público.

Por fim, nesta edição, uma NOVIDADE exclusiva para você:

– **Saraiva Conecta –** plataforma de conteúdos complementares ao seu Vade Mecum Temático, na qual você terá acesso a materiais de estudo e ao serviço Atualize seu Código!

Bons estudos e boa prova!

Organizadores

NOTA DOS ORGANIZADORES

ATUALIZE SEU CÓDIGO

Este serviço permite a atualização de sua obra através do *site* www.saraivaconecta.com.br, de maneira rápida e prática.

Acesso exclusivo, mediante *link* ou *QR Code* (*vide* instruções neste volume).

As atualizações serão disponibilizadas *online* e para *download* semanalmente, até 31 de outubro de 2023.

O serviço fica disponível no *site* entre os meses de fevereiro e dezembro do ano corrente.

CÓDIGO DE PROCESSO CIVIL

Elaborado por uma comissão de renomados juristas, depois de muita discussão e debate, foi aprovado pelo Senado Federal no final de 2014 e finalmente instituído pela **Lei n. 13.105, de 16 de março de 2015**, um Novo Código de Processo Civil com entrada em vigor após decorrido um ano de sua publicação (*DOU* de 17-3-2015).

A Editora Saraiva, ciente da repercussão que uma mudança desse molde traz e com o objetivo de proporcionar a melhor experiência de conhecimento e estudo do novo Diploma, preparou a edição desta obra totalmente atualizada com o Novo Código de Processo Civil (texto na íntegra, índices sistemático e remissivo).

No decorrer da obra o consulente encontrará diversas notas remissivas ao CPC. Tais referências correspondem ao novo Diploma legal.

→ ***Vacatio Legis***

No período de *vacatio legis* do Novo CPC, alguns diplomas alterados por ele sofreram outras modificações, com períodos diferentes de vigência. Por se tratar de obra de legislação seca, que não deve alçar a esfera interpretativa e doutrinária, optamos, na atualização desta edição, pelo critério cronológico de entrada em vigor. Desta forma, procedemos às atualizações do Novo CPC, mantendo, porém, logo abaixo, em nota remissiva, a alteração posterior.

DESTAQUE

→ dispositivos incluídos e/ou alterados em 2022 e 2023.

MEDIDAS PROVISÓRIAS

Medidas Provisórias são normas com força de lei editadas pelo Presidente da República em situações de relevância e urgência (CF, art. 62). Apesar de produzirem efeitos jurídicos imediatos, devem ser submetidas à apreciação das Casas do Congresso Nacional (Câmara dos Deputados e Senado Federal) para serem convertidas definitivamente em lei ordinária.

O prazo inicial de vigência de uma Medida Provisória é de 60 dias, prorrogável por igual período, caso não tenha sua votação concluída nas duas Casas do Congresso Nacional. Se não for apreciada em até 45 dias, contados da sua publicação, entra em regime de urgência, sobrestando todas as demais deliberações legislativas da Casa em que estiver tramitando.

Considerando que as Medidas Provisórias estão sujeitas a avaliação posterior pelo Congresso Nacional, podendo ou não serem convertidas em lei, no caso de sua apreciação não ocorrer até o fechamento da edição da obra, a redação anterior do dispositivo alterado é mantida em forma de nota.

MINISTÉRIOS

Mantivemos a redação original nos textos legais, com a denominação dos Ministérios vigente à época da norma.

A Medida Provisória n. 1.154, de 1.º-1-2023, estabelece a organização básica dos órgãos da Presidência da República e dos Ministérios e dispõe em seu art. 17 sobre a denominação atual dos Ministérios.

NORMAS ALTERADORAS

Normas alteradoras são aquelas que não possuem texto próprio, mas apenas alteram outros diplomas, ou **cujo texto não é relevante para a obra**. Para facilitar a consulta, já processamos as alterações no texto da norma alterada.

→ Índice Cronológico da Legislação Alteradora;

– dos textos dos **Códigos** e da **Constituição Federal**: elenca todas as normas alteradoras constantes nos respectivos Códigos;

– dos textos da **Legislação Complementar**: relaciona todas as normas alteradoras de 2022 e 2023.

NOTAS

As notas foram selecionadas de acordo com seu grau de importância e estão separadas em fundamentais (grafadas com ••) e acessórias (grafadas com •).

PODER JUDICIÁRIO

– Os *Tribunais de Apelação*, a partir da promulgação da Constituição Federal de 1946, passaram a denominar-se *Tribunais de Justiça*.

– O *Tribunal Federal de Recursos* foi extinto pela Constituição Federal de 1988, nos termos do art. 27 do ADCT.

– Os *Tribunais de Alçada* foram extintos pela Emenda Constitucional n. 45, de 8 de dezembro de 2004, passando os seus membros a integrar os Tribunais de Justiça dos respectivos Estados.

SIGLAS

– OTN (OBRIGAÇÕES DO TESOURO NACIONAL)

A Lei n. 7.730, de 31 de janeiro de 1989, extinguiu a OTN Fiscal e a OTN de que trata o art. 6.º do Decreto-lei n. 2.284, de 10 de março de 1986.

A Lei n. 7.784, de 28 de junho de 1989, diz em seu art. 2.º que "todas as penalidades previstas na legislação em vigor em quantidades de Obrigações do Tesouro Nacional – OTN serão convertidas para Bônus do Tesouro Nacional – BTN, à razão de 1 para 6,92".

Com a Lei n. 8.177, de 1.º de março de 1991, ficaram extintos, a partir de 1.º de fevereiro de 1991, o BTN (Bônus do Tesouro Nacional), de que trata o art. 5.º da Lei n. 7.777, de 19 de junho de 1989, o BTN Fiscal, instituído pela Lei n. 7.799, de 10 de julho de 1989, e o MVR (Maior Valor de Referência). A mesma Lei n. 8.177/91 criou a TR (Taxa Referencial) e a TRD (Taxa Referencial Diária), que são divulgadas pelo Banco Central do Brasil. A Lei n. 8.660, de 28 de maio de 1993, estabeleceu novos critérios para a fixação da Taxa Referencial – TR e extinguiu a Taxa Referencial Diária – TRD.

A Lei n. 9.365, de 16 de dezembro de 1996, instituiu a Taxa de Juros de Longo Prazo – TJLP.

– URV (UNIDADE REAL DE VALOR)

Com a Lei n. 8.880, de 27 de maio de 1994, foi instituída a Unidade Real de Valor – URV, para integrar o Sistema Monetário Nacional, sendo extinta pela Lei n. 9.069, de 29 de junho de 1995.

– UFIR (UNIDADE FISCAL DE REFERÊNCIA)

A Lei n. 8.383, de 30 de dezembro de 1991, "instituiu a UFIR (Unidade Fiscal de Referência) como medida de valor e parâmetro de atualização monetária de tributos e de valores expressos em cruzeiros na legislação tributária federal, bem como os relativos a multas e penalidades de qualquer natureza".

O art. 43 da Lei n. 9.069, de 29 de junho de 1995, extinguiu, a partir de 1.º de setembro de 1994, a UFIR diária de que trata a Lei n. 8.383, de 30 de dezembro de 1991.

A Lei n. 8.981, de 20 de janeiro de 1995, que altera a legislação tributária, fixa em seu art. 1.º a expressão monetária da Unidade Fiscal de Referência – UFIR.

O art. 6.º da Lei n. 10.192, de 14 de fevereiro de 2001, disciplinou o reajuste semestral da UFIR durante o ano de 1996 e anualmente após 1.º de janeiro de 1997. O § 3.º do art. 29 da Lei n. 10.522, de 19 de julho de 2002, extinguiu a UFIR, estabelecendo a reconversão dos créditos para o Real, para fins de débitos de qualquer natureza com a Fazenda Nacional.

– BNH (BANCO NACIONAL DA HABITAÇÃO)

O art. 1.º do Decreto-lei n. 2.291, de 21 de novembro de 1986, diz em seu *caput*: "é extinto o Banco Nacional da Habitação – BNH, empresa pública de que trata a Lei n. 5.762, de 14 de dezembro de 1971, por incorporação à Caixa Econômica Federal – CEF". A CEF sucede ao BNH a partir de então. Regulamenta a Caixa Econômica Federal o Decreto n. 6.473, de 5 de junho de 2008.

Mantivemos, nos textos legislativos constantes deste Código, as referências feitas ao BNH.

– INCRA (INSTITUTO NACIONAL DE COLONIZAÇÃO E REFORMA AGRÁRIA)

Havia sido extinto pelo Decreto-lei n. 2.363, de 21 de outubro de 1987. Foi restabelecido, a partir de 31 de março de 1989, data de publicação do Decreto Legislativo n. 2, de 29 de março de 1989, pelo Decreto n. 97.886, de 28 de junho de 1989.

SÚMULAS

Constam deste volume todas as Súmulas do STF, Vinculantes e do STJ.

Em virtude de eventual proibição do uso de súmulas em concursos, inserimos nesta edição um recuo na parte destinada a elas, para a utilização de grampeador sem prejuízo do conteúdo da obra.

TEXTOS PARCIAIS

Alguns diplomas deixam de constar integralmente. Nosso propósito foi o de criar espaço para normas mais utilizadas no dia a dia dos profissionais e acadêmicos. A obra mais ampla atenderá aqueles que, ao longo de tantos anos, vêm prestigiando nossos Códigos.

VALORES

São originais todos os valores citados na legislação constante deste Código.

Como muitos valores não comportavam transformação, em face das inúmeras modificações impostas à nossa moeda, entendemos que esta seria a melhor das medidas. Para conhecimento de nossos consulentes, este o histórico de nossa moeda:

a) O Decreto-lei n. 4.791, de 5 de outubro de 1942, instituiu o CRUZEIRO como unidade monetária brasileira, denominada CENTAVO a sua centésima parte. O cruzeiro passava a corresponder a mil-réis.

b) A Lei n. 4.511, de 1.º de dezembro de 1964, manteve o CRUZEIRO, mas determinou a extinção do CENTAVO.

c) O Decreto-lei n. 1, de 13 de novembro de 1965, instituiu o CRUZEIRO NOVO, correspondendo o cruzeiro até então vigente a um milésimo do cruzeiro novo, restabelecido o centavo. Sua vigência foi fixada para a partir de 13 de fevereiro de 1967, conforme Resolução n. 47, de 8 de fevereiro de 1967, do Banco Central da República do Brasil.

d) A Resolução n. 144, de 31 de março de 1970, do Banco Central do Brasil, determinou que a unidade do sistema monetário brasileiro passasse a denominar-se CRUZEIRO.

e) A Lei n. 7.214, de 15 de agosto de 1984, extinguiu o CENTAVO.

f) O Decreto-lei n. 2.284, de 10 de março de 1986, criou o CRUZADO, em substituição ao CRUZEIRO, correspondendo o cruzeiro a um milésimo do cruzado.

g) A Lei n. 7.730, de 31 de janeiro de 1989, instituiu o CRUZADO NOVO em substituição ao CRUZADO e manteve o CENTAVO. O cruzado novo correspondeu a um mil cruzados.

h) Por determinação da Lei n. 8.024, de 12 de abril de 1990, a moeda nacional passou a denominar-se CRUZEIRO, sem outra modificação, mantido o centavo e correspondendo o cruzeiro a um cruzado novo.

i) A Lei n. 8.697, de 27 de agosto de 1993, alterou a moeda nacional, estabelecendo a denominação CRUZEIRO REAL para a unidade do sistema monetário brasileiro. A unidade equivalia a um mil cruzeiros e sua centésima parte denominava-se CENTAVO.

j) A Lei n. 8.880, de 27 de maio de 1994, dispondo sobre o Programa de Estabilização Econômica e o Sistema Monetário Nacional, instituiu a UNIDADE REAL DE VALOR – URV.

k) A unidade do Sistema Monetário Nacional, por determinação da Lei n. 9.069, de 29 de junho de 1995 (art. 1.º), passou a ser o REAL. As importâncias em dinheiro serão grafadas precedidas do símbolo R$ (art. 1.º, § 1.º). A centésima parte do REAL, denominada "centavo", será escrita sob a forma decimal, precedida da vírgula que segue a unidade (art. 1.º, § 2.º).

Organizadores

k) A unidade do Sistema Monetário Nacional, por determinação da Lei n. 9.069, de 29 de junho de 1995 (art. 1.º), passou a ser o REAL. As importâncias em dinheiro serão grafadas precedidas do símbolo R$ (art. 1.º, § 1.º). A centésima parte do REAL, denominada "centavo", será escrita sob a forma decimal, precedida da vírgula que segue a unidade (art. 1.º, § 2.º).

Organizadores

ABREVIATURAS

ADC – Ação Declaratória de Constitucionalidade
ADCT – Ato das Disposições Constitucionais Transitórias
ADI(s) – Ação(ões) Direta(s) de Inconstitucionalidade
ADPF – Arguição de Descumprimento de Preceito Fundamental
AGU – Advocacia-Geral da União
BNH – Banco Nacional da Habitação
BTN – Bônus do Tesouro Nacional
CBA – Código Brasileiro de Aeronáutica (Lei n. 7.565, de 19-12-1986)
CC – Código Civil (Lei n. 10.406, de 10-1-2002)
c.c. – combinado com
CCom – Código Comercial (Lei n. 556, de 25-6-1850)
CDC – Código de Proteção e Defesa do Consumidor (Lei n. 8.078, de 11-9-1990)
CE – Código Eleitoral (Lei n. 4.737, de 15-7-1965)
CF – Constituição Federal
CGSIM – Comitê para Gestão da Rede Nacional para a Simplificação do Registro e da Legalização de Empresas e Negócios
CGSN – Comitê Gestor do Simples Nacional
CJF – Conselho da Justiça Federal
CLT – Consolidação das Leis do Trabalho (Decreto-lei n. 5.452, de 1.º-5-1943)
CMN – Conselho Monetário Nacional
CNDU – Conselho Nacional de Desenvolvimento Urbano
CNJ – Conselho Nacional de Justiça
CNMP – Conselho Nacional do Ministério Público
CNPJ – Cadastro Nacional da Pessoa Jurídica
CNSP – Conselho Nacional de Seguros Privados
CONANDA – Conselho Nacional dos Direitos da Criança e do Adolescente
CONFERE – Conselho Federal dos Representantes Comerciais
CP – Código Penal (Decreto-lei n. 2.848, de 7-12-1940)
CPC – Código de Processo Civil (Lei n. 13.105, de 16-3-2015)
CPM – Código Penal Militar (Decreto-lei n. 1.001, de 21-10-1969)
CPP – Código de Processo Penal (Decreto-lei n. 3.689, de 3-10-1941)
CPPM – Código de Processo Penal Militar (Decreto-lei n. 1.002, de 21-10-1969)
CTB – Código de Trânsito Brasileiro (Lei n. 9.503, de 23-9-1997)
CTN – Código Tributário Nacional (Lei n. 5.172, de 25-10-1966)
CTNBio – Comissão Técnica Nacional de Biossegurança
CTPS – Carteira de Trabalho e Previdência Social
CVM – Comissão de Valores Mobiliários
DJE – *Diário da Justiça Eletrônico*
DJU – *Diário da Justiça da União*
DNRC – Departamento Nacional de Registro do Comércio
DOU – *Diário Oficial da União*
DREI – Departamento de Registro Empresarial e Integração
EAOAB – Estatuto da Advocacia e da Ordem dos Advogados do Brasil (Lei n. 8.906, de 4-7-1994)
EC – Emenda Constitucional
ECA – Estatuto da Criança e do Adolescente (Lei n. 8.069, de 13-7-1990)
FDD – Fundo de Defesa de Direitos Difusos
FGTS – Fundo de Garantia do Tempo de Serviço
INPI – Instituto Nacional de Propriedade Industrial
JEFs – Juizados Especiais Federais
LCP – Lei das Contravenções Penais (Decreto-lei n. 3.688, de 3-10-1941)
LDA – Lei de Direitos Autorais (Lei n. 9.610, de 19-2-1998)
LEF – Lei de Execução Fiscal (Lei n. 6.830, de 22-9-1980)
LEP – Lei de Execução Penal (Lei n. 7.210, de 11-7-1984)
LIG – Letra Imobiliária Garantida

LINDB – Lei de Introdução às Normas do Direito Brasileiro (Decreto-lei n. 4.657, de 4-9-1942)
LOM – Lei Orgânica da Magistratura (Lei Complementar n. 35, de 14-3-1979)
LPI – Lei de Propriedade Industrial (Lei n. 9.279, de 14-5-1996)
LRP – Lei de Registros Públicos (Lei n. 6.015, de 31-12-1973)
LSA – Lei das Sociedades Anônimas (Lei n. 6.404, de 15-12-1976)
MTE – Ministério do Trabalho e Emprego
MVR – Maior Valor de Referência
OTN – Obrigações do Tesouro Nacional
PERT-SN – Programa Especial de Regularização Tributária das Microempresas e Empresas de Pequeno Porte – Simples Nacional
PNC – Plano Nacional de Cultura
PNGATI – Política Nacional de Gestão Territorial e Ambiental de Terras Indígenas
PRONAC – Programa Nacional de Apoio à Cultura
PRONAICA – Programa Nacional de Atenção Integral à Criança e ao Adolescente
PRONASCI – Programa Nacional de Segurança Pública com Cidadania
s. – seguinte(s)
REURB – Regularização Fundiária Urbana
SERP – Sistema Eletrônico dos Registros Públicos
SINAJUVE – Sistema Nacional de Juventude
SINAMOB – Sistema Nacional de Mobilização
SINAPIR – Sistema Nacional de Promoção da Igualdade Racial
SNDC – Sistema Nacional de Defesa do Consumidor
SNIIC – Sistema Nacional de Informação e Indicadores Culturais
SRF – Secretaria da Receita Federal
SRFB – Secretaria da Receita Federal do Brasil
STF – Supremo Tribunal Federal
STJ – Superior Tribunal de Justiça
SUDAM – Superintendência de Desenvolvimento da Amazônia
SUDECO – Superintendência de Desenvolvimento do Centro-Oeste
SUDENE – Superintendência de Desenvolvimento do Nordeste
SUFRAMA – Superintendência da Zona Franca de Manaus
SUS – Sistema Único de Saúde
SUSEP – Superintendência de Seguros Privados
TCU – Tribunal de Contas da União
TFR – Tribunal Federal de Recursos
TJLP – Taxa de Juros de Longo Prazo
TR – Taxa Referencial
TRD – Taxa Referencial Diária
TRF – Tribunal Regional Federal
TSE – Tribunal Superior Eleitoral
TST – Tribunal Superior do Trabalho
UFIR – Unidade Fiscal de Referência
URV – Unidade Real de Valor

ÍNDICE CRONOLÓGICO DA LEGISLAÇÃO

Código de Ética e Disciplina da OAB – de 19-10-2015 772

Constituição da República Federativa do Brasil – de 5-10-1988 8

DECRETOS:

1.102 – de 21-11-1903 (Armazéns gerais) 433
2.044 – de 31-12-1908 (Letra de câmbio e nota promissória) 438
20.910 – de 6-1-1932 (Prescrição) 441
22.626 – de 7-4-1933 (Contratos) 442
24.778 – de 14-7-1934 (Garantias) 443
56.826 – de 2-9-1965 (Convenção sobre a Prestação de Alimentos no Estrangeiro) 503
57.595 – de 7-1-1966 (Cheque) 510
57.663 – de 24-1-1966 (Letra de câmbio e nota promissória) 519
1.240 – de 15-9-1994 (Cheque) 781
1.800 – de 30-1-1996 (Registros públicos) 801
4.250 – de 27-5-2002 (Juizados Especiais) 908
4.311 – de 23-7-2002 (Convenção sobre o Reconhecimento e a Execução de Sentenças Arbitrais Estrangeiras)... 909
6.949 – de 25-8-2009 (Convenção Internacional sobre os Direitos das Pessoas com Deficiência) 1039
7.962 – de 15-3-2013 (Comércio eletrônico) 1093
8.771 – de 11-5-2016 (Marco Civil da Internet – regulamento) 1133
9.039 – de 27-4-2017 (Convenção sobre a Obtenção de Provas no Estrangeiro em Matéria Civil ou Comercial).. 1155
9.107 – de 26-7-2017 (Defesa Comercial) 1181
9.176 – de 19-10-2017 (Convenção sobre a Cobrança Internacional de Alimentos para Crianças e outros membros da família e o Protocolo sobre a Lei Aplicável às Obrigações de Prestar Alimentos) 1181
9.188 – de 1.º-11-2017 (Desinvestimento de ativos das sociedades de economia mista) 1194
9.310 – de 15-3-2018 (Regularização Fundiária Urbana) 1203
9.354 – de 25-4-2018 (Bens da União) 1220
9.451 – de 26-7-2018 (Estatuto da Pessoa com Deficiência – Regulamento) 1221
9.574 – de 22-11-2018 (Gestão coletiva de direitos autorais) 1233
9.579 – de 22-11-2018 (Criança, adolescente e aprendiz) 1239
9.734 – de 20-3-2019 (Convenção Relativa à Citação, Intimação e Notificação no Estrangeiro em matéria civil e comercial) 1254
9.830 – de 10-6-2019 (LINDB – Regulamento) 1258
10.024 – de 20-9-2019 (Licitação por pregão eletrônico) 1263
10.178 – 18-12-2019 (Liberdade econômica – regulamentação do risco das atividades econômicas) 1270
10.229 – 5-2-2020 (Liberdade econômica – regulamentação do direito de exploração de atividade econômica em desacordo com a norma técnica desatualizada) 1274
10.278 – 18-3-2020 (Liberdade econômica – regulamentação para estabelecer a técnica e os requisitos para a digitalização de documentos públicos ou privados para equiparação com documentos originais) 1275
10.411 – de 30-6-2020 (Análise de impacto regulatório – regulamento) 1284
11.129 – de 11-7-2022 (Lei Anticorrupção – regulamento) 1314
11.243 – de 21-10-2022 (*Diploma alterador*) XXIII
11.250 – de 9-11-2022 (*Diploma alterador*) XXIII
11.259 – de 18-11-2022 (*Diploma alterador*) XXIV
11.301 – de 21-12-2022 (Títulos da dívida pública mobiliária federal) 1327

DECRETOS-LEIS:

58 – de 10-12-1937 (Loteamento) 443
1.027 – de 2-1-1939 (Contratos com reserva de domínio) 446
2.627 – de 26-9-1940 (Sociedades por ações) (*) 446

(*) Texto parcial selecionado de acordo com a matéria tratada na obra.

3.200 – de 19-4-1941 (Casamento) (*) 447
3.365 – de 21-6-1941 (Desapropriação) 451
4.657 – de 4-9-1942 (Lei de Introdução às Normas do Direito Brasileiro) 454
7.661 – de 21-6-1945 (*Diploma alterador*) 296
70 – de 21-11-1966 (Cédula hipotecária) 529
73 – de 21-11-1966 (Seguros) (*) 533
167 – de 14-2-1967 (Títulos de crédito rural) 542
271 – de 28-2-1967 (Loteamento urbano) 547
413 – de 9-1-1969 (Títulos de crédito industrial) 552
911 – de 1.º-10-1969 (Alienação fiduciária) 556
1.075 – de 22-1-1970 (Desapropriação) 558
2.321 – de 25-2-1987 (Instituições financeiras) 686
2.398 – de 21-12-1987 (Bens da União) 688

EMENDAS CONSTITUCIONAIS:

1 – de 31-3-1992 (*Diploma alterador*) 4
2 – de 25-8-1992 (Plebiscito) 102
3 – de 17-3-1993 (Impostos) 4, 102
4 – de 14-9-1993 (*Diploma alterador*) 4
5 – de 15-8-1995 (*Diploma alterador*) 4
6 – de 15-8-1995 (*Diploma alterador*) 4
7 – de 15-8-1995 (*Diploma alterador*) 4
8 – de 15-8-1995 (*Diploma alterador*) 4
9 – de 9-11-1995 (*Diploma alterador*) 4
10 – de 4-3-1996 (*Diploma alterador*) 4
11 – de 30-4-1996 (*Diploma alterador*) 4
12 – de 15-8-1996 (*Diploma alterador*) 4
13 – de 21-8-1996 (*Diploma alterador*) 4
14 – de 12-9-1996 (*Diploma alterador*) 4
15 – de 12-9-1996 (*Diploma alterador*) 4
16 – de 4-6-1997 (*Diploma alterador*) 4
17 – de 22-11-1997 (Disposições tributárias) 4, 102
18 – de 5-2-1998 (*Diploma alterador*) 4
19 – de 4-6-1998 (Administração pública) 4, 103
20 – de 15-12-1998 (Reforma da Previdência Social) 4, 104
21 – de 18-3-1999 (*Diploma alterador*) 4
22 – de 18-3-1999 (*Diploma alterador*) 4
23 – de 2-9-1999 (*Diploma alterador*) 4
24 – de 9-12-1999 (Representação classista na Justiça do Trabalho) 4, 105
25 – de 14-2-2000 (*Diploma alterador*) 5
26 – de 14-2-2000 (*Diploma alterador*) 5
27 – de 21-3-2000 (*Diploma alterador*) 5
28 – de 25-5-2000 (*Diploma alterador*) 5
29 – de 13-9-2000 (*Diploma alterador*) 5
30 – de 13-9-2000 (*Diploma alterador*) 5
31 – de 14-12-2000 (*Diploma alterador*) 5
32 – de 11-9-2001 (Medidas provisórias) 5, 105
33 – de 11-12-2001 (Impostos e monopólio da União) 5, 105
34 – de 13-12-2001 (*Diploma alterador*) 5
35 – de 20-12-2001 (*Diploma alterador*) 5
36 – de 28-5-2002 (*Diploma alterador*) 5
37 – de 12-6-2002 (*Diploma alterador*) 5
38 – de 12-6-2002 (*Diploma alterador*) 5
39 – de 19-12-2002 (*Diploma alterador*) 5

(*) Texto parcial selecionado de acordo com a matéria tratada na obra.

40 – de 29-5-2003 (*Diploma alterador*) ... 5
41 – de 19-12-2003 (Reforma da Previdência Social) ... 5, 106
42 – de 19-12-2003 (Sistema Tributário Nacional) ... 5, 107
43 – de 15-4-2004 (*Diploma alterador*) ... 5
44 – de 30-6-2004 (*Diploma alterador*) ... 5
45 – de 8-12-2004 (Reforma do Judiciário) ... 5, 108
46 – de 5-5-2005 (*Diploma alterador*) ... 5
47 – de 5-7-2005 (Reforma da Previdência Social) ... 5, 108
48 – de 10-8-2005 (*Diploma alterador*) ... 5
49 – de 8-2-2006 (*Diploma alterador*) ... 5
50 – de 14-2-2006 (*Diploma alterador*) ... 5
51 – de 14-2-2006 (Saúde) ... 5, 109
52 – de 8-3-2006 (*Diploma alterador*) ... 5
53 – de 19-12-2006 (FUNDEB) ... 5, 109
54 – de 20-9-2007 (*Diploma alterador*) ... 5
55 – de 20-9-2007 (Fundo de Participação dos Municípios) ... 5, 109
56 – de 20-12-2007 (*Diploma alterador*) ... 5
57 – de 18-12-2008 (*Diploma alterador*) ... 6
58 – de 23-9-2009 (*Diploma alterador*) ... 6
59 – de 11-11-2009 (*Diploma alterador*) ... 6
60 – de 11-11-2009 (*Diploma alterador*) ... 6
61 – de 11-11-2009 (*Diploma alterador*) ... 6
62 – de 9-12-2009 (Precatórios) ... 6, 109
63 – de 4-2-2010 (*Diploma alterador*) ... 6
64 – de 4-2-2010 (*Diploma alterador*) ... 6
65 – de 13-7-2010 (*Diploma alterador*) ... 6
66 – de 13-7-2010 (*Diploma alterador*) ... 6
67 – de 22-12-2010 (Fundo de Combate e Erradicação da Pobreza) ... 110
68 – de 21-12-2011 (*Diploma alterador*) ... 6
69 – de 29-3-2012 (Defensoria Pública do Distrito Federal) ... 6, 110
70 – de 29-3-2012 (Aposentadoria por invalidez de servidores públicos) ... 6, 110
71 – de 29-11-2012 (*Diploma alterador*) ... 6
72 – de 2-4-2013 (*Diploma alterador*) ... 6
73 – de 6-6-2013 (TRFs das 6.ª, 7.ª, 8.ª e 9.ª Regiões) ... 6, 110
74 – de 6-8-2013 (*Diploma alterador*) ... 6
75 – de 15-10-2013 (*Diploma alterador*) ... 6
76 – de 28-11-2013 (*Diploma alterador*) ... 6
77 – de 11-2-2014 (*Diploma alterador*) ... 6
78 – de 14-5-2014 (Seringueiros) ... 6, 110
79 – de 27-5-2014 (Servidores dos ex-Territórios do Amapá, Rondônia e Roraima) ... 6, 111
80 – de 4-6-2014 (*Diploma alterador*) ... 6
81 – de 5-6-2014 (*Diploma alterador*) ... 6
82 – de 16-7-2014 (*Diploma alterador*) ... 6
83 – de 5-8-2014 (*Diploma alterador*) ... 6
84 – de 2-12-2014 (Fundo de Participação dos Municípios) ... 6, 111
85 – de 26-2-2015 (*Diploma alterador*) ... 6
86 – de 17-3-2015 (Orçamento impositivo) ... 6, 112
87 – de 16-4-2015 (*Diploma alterador*) ... 6
88 – de 7-5-2015 (*Diploma alterador*) ... 6
89 – de 15-9-2015 (*Diploma alterador*) ... 6
90 – de 15-9-2015 (*Diploma alterador*) ... 6
91 – de 18-2-2016 (Desfiliação partidária) ... 112
92 – de 12-7-2016 (*Diploma alterador*) ... 6
93 – de 8-9-2016 (*Diploma alterador*) ... 6
94 – de 15-12-2016 (*Diploma alterador*) ... 6
95 – de 15-12-2016 (*Diploma alterador*) ... 6
96 – de 6-6-2017 (*Diploma alterador*) ... 6
97 – de 4-10-2017 (Eleições) ... 6, 112

98 – de 6-12-2017 (Servidores dos ex-Territórios do Amapá, Rondônia e Roraima) 7, 112
99 – de 14-12-2017 (*Diploma alterador*) 7
100 – de 26-6-2019 (Orçamento Impositivo) 7, 113
101 – de 3-7-2019 (Militares - acumulação de cargos públicos) 113
102 – de 26-9-2019 (Pré-Sal) 7, 113
103 – de 12-11-2019 (Previdência social) 7, 114
104 – de 4-12-2019 (Polícias penais) 7, 121
105 – de 12-12-2019 (Transferência de recursos federais) 7, 121
106 – de 7-5-2020 (Regime extraordinário fiscal, financeiro e de contratações) 121
107 – de 2-7-2020 (Eleições Municipais 2020 – adiamento e prazos eleitorais) 123
108 – de 26-8-2020 (Fundeb) 7, 124
109 – de 15-3-2021 (Auxílio emergencial) 7, 124
110 – de 12-7-2021 (Atos administrativos) 7, 125
111 – de 28-9-2021 (Eleições) 7, 125
112 – de 27-10-2021 (Fundo de Participação dos Municípios) 7, 125
113 – de 8-12-2021 (Precatórios) 7, 126
114 – de 16-12-2021 (Precatórios) 7, 126
115 – de 10-2-2022 (Proteção de dados pessoais) 7, 127
116 – de 17-2-2022 (Isenção de IPTU para templos religiosos) 7, 127
117 – de 5-4-2022 (Candidaturas femininas) 7, 127
118 – de 26-4-2022 (Radioisótopos) 7, 127
119 – de 27-4-2022 (Gastos em educação durante a pandemia) 7, 127
120 – de 5-5-2022 (Agente comunitário de saúde) 7, 128
121 – de 10-5-2022 (Benefícios tributários para o setor de tecnologias da informação) 7, 128
122 – de 17-5-2022 (Idade máxima para escolha e nomeação de membros dos Tribunais Superiores) 7, 128
123 – de 14-7-2022 (Estado de emergência) 7, 128
124 – de 14-7-2022 (Piso salarial da enfermagem) 7, 130
125 – de 14-7-2022 (Relevância no recurso especial) 7, 130
126 – de 21-12-2022 ("PEC" da Transição) 7, 130
127 – de 22-12-2022 (Piso salarial da enfermagem) 7, 131
128 – de 22-12-2022 (Encargo financeiro) 7, 131

EMENDAS CONSTITUCIONAIS DE REVISÃO:

1 – de 1.º-3-1994 (*Diploma alterador*) 4
2 – de 7-6-1994 (*Diploma alterador*) 4
3 – de 7-6-1994 (*Diploma alterador*) 4
4 – de 7-6-1994 (*Diploma alterador*) 4
5 – de 7-6-1994 (*Diploma alterador*) 4
6 – de 7-6-1994 (*Diploma alterador*) 4

LEIS:

556 – de 25-6-1850 (Código Comercial) 297
810 – de 6-9-1949 (Ano civil) 457
1.060 – de 5-2-1950 (Assistência judiciária) 457
1.110 – de 23-5-1950 (Casamento) 458
1.408 – de 9-8-1951 (Prazos judiciais) 459
2.313 – de 3-9-1954 (Depósito de bens) 459
3.764 – de 25-4-1960 (Estabelece rito sumaríssimo para retificações no registro civil) 459
4.132 – de 10-9-1962 (Desapropriação) 460
4.380 – de 21-8-1964 (Sistema Financeiro da Habitação) 460
4.591 – de 16-12-1964 (Condomínio em edificações) 469
4.595 – de 31-12-1964 (Sistema Financeiro Nacional) 483
4.717 – de 29-6-1965 (Ação popular) 491
4.728 – de 14-7-1965 (Mercado de capitais) 493
4.886 – de 9-12-1965 (Representantes comerciais) 506
5.474 – de 18-7-1968 (Duplicatas) 547
5.478 – de 25-7-1968 (Alimentos) 550
5.621 – de 4-11-1970 (Organização judiciária) 558
5.741 – de 1.º-12-1971 (Sistema Financeiro da Habitação) 558

5.764 – de 16-12-1971 (Cooperativas) 559
6.015 – de 31-12-1973 (Registros públicos) 568
6.024 – de 13-3-1974 (Instituições financeiras) 600
6.099 – de 12-9-1974 (Arrendamento mercantil) 605
6.194 – de 19-12-1974 (DPVAT) 607
6.313 – de 16-12-1975 (Títulos de crédito à exportação) 610
6.385 – de 7-12-1976 (Valores mobiliários) 610
6.404 – de 15-12-1976 (Sociedades por ações) 618
6.515 – de 26-12-1977 (Divórcio) 661
6.729 – de 28-11-1979 (Concessão comercial) 664
6.766 – de 19-12-1979 (Parcelamento do solo urbano) 667
6.830 – de 22-9-1980 (Execução fiscal) 675
6.840 – de 3-11-1980 (Títulos de crédito comercial) 679
6.899 – de 8-4-1981 (Correção monetária) 679
6.969 – de 10-12-1981 (Usucapião) 679
7.089 – de 23-3-1983 (Juros) 680
7.115 – de 29-8-1983 (Prova documental) 680
7.347 – de 24-7-1985 (Ação civil pública) 680
7.357 – de 2-9-1985 (Cheque) 682
7.433 – de 18-12-1985 (Escrituras públicas) 686
7.542 – de 26-9-1986 (*Diploma alterador*) 296
7.913 – de 7-12-1989 (Ação civil pública) 690
8.009 – de 29-3-1990 (Bem de família) 690
8.021 – de 12-4-1990 (Identificação do contribuinte) 691
8.038 – de 28-5-1990 (Processos perante o STJ e o STF) 692
8.069 – de 13-7-1990 (Estatuto da Criança e do Adolescente) (*) 694
8.078 – de 11-9-1990 (Código do Consumidor) 728
8.245 – de 18-10-1991 (Locação) (*) 740
8.429 – de 2-6-1992 (Improbidade administrativa) 748
8.437 – de 30-6-1992 (Medidas cautelares) 756
8.560 – de 29-12-1992 (Investigação de Paternidade) 757
8.617 – de 4-1-1993 (Mar territorial) 758
8.906 – de 4-7-1994 (Estatuto da OAB) 759
8.929 – de 22-8-1994 (Cédula de Produto Rural) 778
8.934 – de 18-11-1994 (Registros públicos) 783
8.935 – de 18-11-1994 (Registros públicos) 788
8.971 – de 29-12-1994 (União estável) 792
9.051 – de 18-5-1995 (Certidões) 792
9.093 – de 12-9-1995 (Feriados) 792
9.096 – de 19-9-1995 (Partidos políticos) (*) 792
9.099 – de 26-9-1995 (Juizados Especiais) 793
9.263 – de 12-1-1996 (Planejamento familiar) 799
9.265 – de 12-2-1996 (Cidadania) 812
9.278 – de 10-5-1996 (União estável) 812
9.279 – de 14-5-1996 (Propriedade industrial) 812
9.307 – de 23-9-1996 (Arbitragem) 828
9.434 – de 4-2-1997 (Transplante) (*) 832
9.447 – de 14-3-1997 (Instituições financeiras) 833
9.454 – de 7-4-1997 (Documentos) 834
9.492 – de 10-9-1997 (Protesto de títulos) 835
9.494 – de 10-9-1997 (Tutela antecipada) 838
9.507 – de 12-11-1997 (*Habeas data*) 839
9.514 – de 20-11-1997 (Alienação fiduciária) 840
9.609 – de 19-2-1998 (Direitos autorais) 844
9.610 – de 19-2-1998 (Direitos autorais) 846
9.636 – de 15-5-1998 (Bens da União) (*) 859

(*) Texto parcial selecionado de acordo com a matéria tratada na obra.

9.656 – de 3-6-1998 (Planos e seguros privados de saúde) ... 872
9.790 – de 23-3-1999 (Sociedade civil) ... 884
9.800 – de 26-5-1999 (Atos processuais) ... 886
9.867 – de 10-11-1999 (Cooperativas sociais) ... 887
9.868 – de 10-11-1999 (ADI e ADC) ... 887
9.873 – de 23-11-1999 (Prescrição da ação punitiva pela Administração Pública) ... 890
9.882 – de 3-12-1999 (ADPF) ... 890
10.188 – de 12-2-2001 (Arrendamento residencial) ... 893
10.194 – de 14-2-2001 (Microempresa) (*) ... 895
10.198 – de 14-2-2001 (Investimento coletivo) ... 896
10.257 – de 10-7-2001 (Estatuto da Cidade) ... 897
10.259 – de 12-7-2001 (Juizados Especiais) ... 904
10.303 – de 31-10-2001 (Sociedades por ações) (*) ... 907
10.406 – de 10-1-2002 (Código Civil) ... 157, 296
10.677 – de 22-5-2003 (*Diploma alterador*) ... 155
10.741 – de 1.º-10-2003 (Estatuto da Pessoa Idosa) (*) ... 911
10.825 – de 22-12-2003 (*Diploma alterador*) ... 155
10.931 – de 2-8-2004 (Incorporações imobiliárias) (*) ... 155, 920
10.962 – de 11-10-2004 (Afixação de preços) ... 927
11.076 – de 30-12-2004 (Títulos de crédito agropecuário) ... 927
11.101 – de 9-2-2005 (Falência e recuperação de empresas) ... 933
11.105 – de 24-3-2005 (Biossegurança) ... 966
11.107 – de 6-4-2005 (*Diploma alterador*) ... 155
11.127 – de 28-6-2005 (*Diploma alterador*) ... 155
11.280 – de 16-2-2006 (*Diploma alterador*) ... 155
11.340 – de 7-8-2006 (Violência doméstica) (*) ... 972
11.417 – de 19-12-2006 (Súmula vinculante) (*) ... 1012
11.419 – de 19-12-2006 (Informatização do processo judicial) ... 1013
11.442 – de 5-1-2007 (Conhecimento de transporte) ... 1015
11.481 – de 31-5-2007 (*Diploma alterador*) ... 155
11.598 – de 3-12-2007 (Registros públicos) ... 1021
11.636 – de 28-12-2007 (Custas judiciais) ... 1024
11.638 – de 28-12-2007 (Sociedades por ações) ... 1025
11.649 – de 4-4-2008 (Arrendamento mercantil de veículos) ... 1026
11.698 – de 13-6-2008 (*Diploma alterador*) ... 155
11.770 – de 9-9-2008 (Licença-maternidade) ... 1026
11.795 – de 8-10-2008 (Sistema de consórcios) ... 1027
11.804 – de 5-11-2008 (Alimentos gravídicos) ... 1030
12.007 – de 29-7-2009 (Quitação anual de débitos pelas pessoas jurídicas) ... 1036
12.010 – de 3-8-2009 (Adoção) ... 155, 1036
12.016 – de 7-8-2009 (Mandado de segurança individual e coletivo) ... 1036
12.133 – de 17-12-2009 (*Diploma alterador*) ... 155
12.153 – de 22-12-2009 (Juizados Especiais da Fazenda Pública) ... 1050
12.236 – de 19-5-2010 (*Diploma alterador*) ... 155
12.288 – de 20-7-2010 (Estatuto da Igualdade Racial) (*) ... 1051
12.291 – de 20-7-2010 (Código do Consumidor) ... 1056
12.318 – de 26-8-2010 (Alienação parental) ... 1056
12.344 – de 9-12-2010 (*Diploma alterador*) ... 155
12.375 – de 30-12-2010 (*Diploma alterador*) ... 155
12.398 – de 28-3-2011 (*Diploma alterador*) ... 155
12.399 – de 1.º-4-2011 (*Diploma alterador*) ... 155
12.414 – de 9-6-2011 (Cadastro positivo) ... 1064
12.424 – de 16-6-2011 (*Diploma alterador*) ... 155
12.441 – de 11-7-2011 (*Diploma alterador*) ... 155
12.470 – de 31-8-2011 (*Diploma alterador*) ... 155
12.529 – de 30-11-2011 (Defesa da concorrência) (*) ... 1067

(*) Texto parcial selecionado de acordo com a matéria tratada na obra.

12.587 – de 3-1-2012 (Política Nacional de Mobilidade Urbana) 1080
12.594 – de 18-1-2012 (Sinase) (*) 1085
12.607 – de 4-4-2012 (*Diploma alterador*) 155
12.662 – de 5-6-2012 (Declaração de Nascido Vivo) 1092
12.846 – de 1.º-8-2013 (Lei Anticorrupção) 1094
12.852 – de 5-8-2013 (Estatuto da Juventude) 1097
12.853 – de 14-8-2013 (Gestão coletiva de direitos autorais) 1102
12.873 – de 24-10-2013 (*Diploma alterador*) 155
12.965 – de 23-4-2014 (Marco Civil da Internet) 1103
13.043 – de 13-11-2014 (*Diploma alterador*) 155
13.058 – de 22-12-2014 (*Diploma alterador*) 155
13.097 – de 19-1-2015 (Letra Imobiliária Garantida) (*) 1107
13.105 – de 16-3-2015 (Código de Processo Civil) 155, 331
13.140 – de 26-6-2015 (Mediação e autocomposição) (*) 1110
13.146 – de 6-7-2015 (Estatuto da Pessoa com Deficiência) (*) 155, 1113
13.151 – de 28-7-2015 (*Diploma alterador*) 155
13.176 – de 21-10-2015 (*Diploma alterador*) 155
13.178 – de 22-10-2015 (Concessões de terras públicas nas faixas de fronteira) 1124
13.185 – de 6-11-2015 (*Bullying*) 1125
13.188 – de 11-11-2015 (Direito de resposta) 1126
13.240 – de 30-12-2015 (Administração, alienação e transferência de gestão de imóveis da União) 1127
13.256 – de 4-2-2016 (*Diploma alterador*) 330
13.257 – de 8-3-2016 (Políticas Públicas para a Primeira Infância) 1131
13.294 – de 6-6-2016 (Recibo de quitação) 1135
13.300 – de 23-6-2016 (Mandado de injunção individual e coletivo) 1135
13.303 – de 30-6-2016 (Estatuto jurídico da empresa pública, da sociedade de economia mista e de suas subsidiárias) 1136
13.363 – de 25-11-2016 (*Diploma alterador*) 330
13.431 – de 4-4-2017 (Criança e adolescente vítima ou testemunha de violência) 1152
13.444 – de 11-5-2017 (Identificação Civil Nacional – ICN) 1159
13.445 – de 24-5-2017 (Lei de Migração) 1160
13.455 – de 26-6-2017 (Diferenciação de preços de acordo com a forma de pagamento) 1170
13.465 – de 11-7-2017 (Regularização fundiária rural e urbana) (*) 155, 330, 1170
13.506 – de 13-11-2017 (Processo administrativo) 1197
13.509 – de 22-11-2017 (*Diploma alterador*) 155
13.532 – de 7-12-2017 (*Diploma alterador*) 155
13.709 – de 14-8-2018 (Proteção de dados pessoais) 1222
13.715 – de 24-9-2018 (*Diploma alterador*) 155
13.775 – de 20-12-2018 (Duplicata eletrônica) 1250
13.777 – de 20-12-2018 (*Diploma alterador*) 155
13.792 – de 3-1-2019 (*Diploma alterador*) 155
13.793 – de 3-1-2019 (*Diploma alterador*) 330
13.810 – de 8-3-2019 (Indisponibilidade de ativos de pessoas naturais e jurídicas e de entidades investigadas ou acusadas de terrorismo) 1251
13.811 – de 12-3-2019 (*Diploma alterador*) 155
13.874 – de 20-9-2019 (Liberdade econômica) 155, 1261
13.894 – de 29-10-2019 (*Diploma alterador*) 330
13.966 – de 26-12-2019 (Franquia) 1272
13.986 – de 7-4-2020 (Agronegócio) 1276
13.999 – de 18-5-2020 (Programa Nacional de Apoio às Microempresas e Empresas de Pequeno Porte – Pronampe) 1280
14.010 – de 10-6-2020 (Regime Jurídico Emergencial e Transitório das Relações Jurídicas de Direito Privado (RJET) – covid-19) 1283
14.030 – de 28-7-2020 (Assembleia Geral Ordinária – Covid-19) 155, 1287
14.112 – de 24-12-2020 (Falências) 1288
14.133 – de 1.º-4-2021 (*Diploma alterador*) 330
14.161 – de 2-6-2021 (Programa de Apoio às Microempresas) 1292
14.179 – de 30-6-2021 (*Diploma alterador*) 155

(*) Texto parcial selecionado de acordo com a matéria tratada na obra.

14.193 – de 6-8-2021 (Institui a Sociedade Anônima do Futebol) 155, 1292
14.195 – de 26-8-2021 (Lei sobre ambiente de negócios) 155, 330, 1297
14.216 – de 7-10-2021 (Despejo ou desocupação de imóvel urbano – Coronavírus) 1302
14.230 – de 25-10-2021 (Improbidade administrativa) 1303
14.286 – de 29-12-2021 (Mercado de câmbio brasileiro) 1305
14.301 – de 7-1-2022 (*Diploma alterador*) XXIII
14.307 – de 3-3-2022 (*Diploma alterador*) XXIII
14.309 – de 8-3-2022 (*Diploma alterador*) 155
14.310 – de 8-3-2022 (*Diploma alterador*) XXIII
14.312 – de 14-3-2022 (*Diploma alterador*) XXIII
14.317 – de 29-3-2022 (*Diploma alterador*) XXIII
14.318 – de 29-3-2022 (*Diploma alterador*) XXIII
14.340 – de 18-5-2022 (*Diploma alterador*) XXIII
14.341 – de 18-5-2022 (*Diploma alterador*) 330
14.344 – de 24-5-2022 (Lei "Henry Borel") .... XXIII, 1309
14.348 – de 25-5-2022 (*Diploma alterador*) XXIII
14.365 – de 2-6-2022 (*Diploma alterador*) .... XXIII, 330
14.382 – de 27-6-2022 (Sistema Eletrônico dos Registros Públicos – SERP) .... XXIII, 156, 1312
14.405 – de 12-7-2022 (*Diploma alterador*) 156
14.421 – de 20-7-2022 (*Diploma alterador*) XXIII
14.423 – de 22-7-2022 (*Diploma alterador*) XXIII
14.430 – de 3-8-2022 (Securitização e Letra de Risco de Seguro) .... XXIII, 1322
14.440 – de 2-9-2022 (*Diploma alterador*) XXIII
14.451 – de 21-9-2022 (*Diploma alterador*) 156
14.457 – de 21-9-2022 (*Diploma alterador*) XXIII
14.460 – de 25-10-2022 (*Diploma alterador*) XXIII
14.470 – de 16-11-2022 (*Diploma alterador*) XXIV
14.474 – de 6-12-2022 (*Diploma alterador*) XXIV
14.508 – de 27-12-2022 (*Diploma alterador*) XXIV
14.510 – de 27-12-2022 (*Diploma alterador*) XXIV
14.534 – de 11-1-2023 (Número único para documentos) 1329

LEIS COMPLEMENTARES:

95 – de 26-2-1998 (Regras de elaboração, redação e alteração das leis) 856
105 – de 10-1-2001 (Sigilo bancário) 891
123 – de 14-12-2006 (Estatuto da Microempresa) (*) 978
126 – de 15-1-2007 (Seguros) 1018
128 – de 19-12-2008 (*Diploma alterador*) 155
130 – de 17-4-2009 (Cooperativas de crédito) 1031
147 – de 7-8-2014 (*Diploma alterador*) 155
162 – de 6-4-2018 (Simples Nacional) 1220
167 – de 24-4-2019 (Empresa simples de crédito) 1257
182 – de 1º-6-2021 (Marco Legal das *Startups*) 1289
196 – de 24-8-2022 (*Diploma alterador*) XXIII

MEDIDAS PROVISÓRIAS:

2.172-32 – de 23-8-2001 (Contratos) 906
2.220 – de 4-9-2001 (Concessão de uso especial) 906
1.139 – de 27-10-2022 (*Diploma alterador*) XXIII

PORTARIAS:

4 – de 13-3-1998 (Consumidor) 856
3 – de 19-3-1999 (Consumidor) 883
3 – de 15-3-2001 (Consumidor) 896
5 – de 27-8-2002 (Consumidor) 911

RESOLUÇÕES:

125 – de 29-11-2010, do CNJ (Conflito de interesses do Judiciário) 1057
175 – de 14-5-2013, do CNJ (Casamento civil entre pessoas do mesmo sexo) 1094
4.977 – de 16-12-2021, do BACEN (Arrendamento mercantil) 1303

(*) Texto parcial selecionado de acordo com a matéria tratada na obra.

ÍNDICE CRONOLÓGICO DA LEGISLAÇÃO COMPLEMENTAR ALTERADORA (ALTERAÇÕES DE 2022 E 2023)

LEI N. 14.301, DE 7 DE JANEIRO DE 2022
Altera o art. 15 da Lei n. 5.474/68.

LEI N. 14.307, DE 3 DE MARÇO DE 2022
Acrescenta o art. 10-D à Lei n. 9.656/98.

Altera os arts. 10 e 12 da Lei n. 9.656/98.

LEI N. 14.310, DE 8 DE MARÇO DE 2022
Altera o art. 38-A da Lei n. 11.340/06.

LEI N. 14.312, DE 14 DE MARÇO DE 2022
Altera o art. 1.º da Lei n. 10.188/01.

Acrescenta o art. 2.º-B à Lei n. 10.188/01.

Revoga o § 5.º do art. 2.º da Lei n. 10.188/01.

LEI N. 14.317, DE 29 DE MARÇO DE 2022
Altera os arts. 11, 15, 16 e 27-E da Lei n. 6.385/76.

Revoga o art. 52 da Lei n. 11.076/04.

LEI N. 14.318, DE 29 DE MARÇO DE 2022
Altera o art. 2.º da Lei n. 9.800/99.

Altera o art. 11 da Lei n. 11.419/06.

LEI N. 14.340, DE 18 de MAIO DE 2022
Acrescenta o art. 8.º-A à Lei n. 12.318/10.

Altera o art. 157 da Lei n. 8.069/90.

LEI N. 14.344, DE 24 DE MAIO DE 2022
Altera os arts. 18-B, 70-A, 70-B, 136, 201 e 226 da Lei n. 8.069/90.

Altera o art. 1.º da Lei n. 8.072/90.

Altera o art. 4.º da Lei n. 13.431/17.

LEI N. 14.348, DE 25 DE MAIO DE 2022
Altera os arts. 2.º e 6.º da Lei n. 13.999/20.

Altera o art. 2.º da Lei n. 14.161/21.

Revoga o § 2.º do art. 2.º da Lei n. 14.161/21.

LEI N. 14.365, DE 2 DE JUNHO DE 2022
Acrescenta os arts. 2.º-A, 17-A, 17-B, 22-A e 24-A à Lei n. 8.906/94.

Altera os arts. 2.º, 5.º, 7.º, 7.º-B, 9.º, 15, 16, 18, 20, 22, 24, 26, 28, 51, 54, 58, 69 e 85 da Lei n. 8.906/94.

LEI N. 14.382, DE 27 DE JUNHO DE 2022
Acrescenta os arts. 7.º-A, 70-A, 94-A, 127-A , 206-A, 216-B e 251-A à Lei n. 6.015/73.

Altera os arts. 31-E, 32, 33, 43, 44 , 50 e 68 da Lei n. 4.591/64.

Altera os arts. 1.º, 9.º, 14, 17, 19, 29, 30, 33, 46, 54, 55, 56, 57, 67, 69, 116, 121, 129, 130, 132, 161, 167, 169, 176, 188, 194, 198, 205, 213, 216-A, 221, 237-A, 246 e 290-A da Lei n. 6.015/73.

Altera os arts. 18 e 19 da Lei n. 6.766/79.

Altera os arts. 7.º e 30 da Lei n. 8.935/94.

Altera o art. 54 da Lei n. 13.097/15.

Altera o art. 76 da Lei n. 13.465/17.

Revoga a alínea o do *caput* do art. 32 da Lei n. 4.591/64.

Revoga os §§ 3.º, 4.º, 5.º e 6.º do art. 57, os §§ 2.º a 4.º do art. 67, o § 1.º do art. 69, o inciso IV do *caput* do art. 127, o item 2.º do *caput* do art. 129, os arts. 141, 144, 145, 158, os §§ 1.º e 2.º do art. 161, o inciso III do *caput* do art. 169 e os incisos I a IV do *caput* do art. 198 da Lei n. 6.015/73.

LEI N. 14.421, DE 20 DE JULHO DE 2022
Acrescenta o art. 19-A da Lei n. 8.929/94.

Altera o art. 34-A do Decreto-lei n. 3.365/41.

Altera os arts. 57, 61 e 62 do Decreto-lei n. 167/67.

Altera o art. 167 da Lei n. 6.015/73.

Altera os arts. 1.º, 2.º, 3.º, 4.º-A, 5.º e 12 da Lei n. 8.929/94.

Altera os arts. 3.º, 5.º, 15 e 23 da Lei n. 11.076/04.

Altera os arts. 1.º, 3.º, 6.º, 7.º, 9.º e 12 da Lei n. 13.986/20.

Revoga o § 2.º do art. 58, os parágrafos únicos dos arts. 61, 62 e o art. 76 do Decreto-lei n. 167/67.

Revoga o parágrafo único do art. 1.º, o inciso II do *caput* do art. 2.º, o inciso III do *caput*, §§ 1.º e 3.º e inciso II do § 2.º do art. 3.º, o inciso III do *caput* do art. 4.º, e o inciso I do parágrafo único do art. 5.º da Lei n. 13.986/20.

LEI N. 14.423, DE 22 DE JULHO DE 2022
Altera os arts. 1.º, 2.º, 3.º, 4.º, 7.º, 10, 11, 12, 14, 15, 16, 17, 18, 19, 20, 21, 22, 23, 24, 25, 26, 27, 28, 33, 34, 35, 36, 37, 38, 39, 40, 41, 42, 43, 44, 45, 46, 47, 48, 49, 50, 51, 52, 55, 56, 57, 58, 60, 62, 65, 66, 70, 71, 74, 79, 80, 84, 87, 90, 96, 97, 98, 99, 101, 102, 103, 104, 105, 107 e 115 da Lei n. 10.741/03.

LEI N. 14.430, DE 3 DE AGOSTO DE 2022
Acrescenta o art. 128-A ao Decreto-lei n. 73/66.

Altera o art. 24 da Lei n. 6.385/76.

Altera o art. 293 da Lei n. 6.404/76.

Altera os arts. 123, 124, 127 e 128 do Decreto-lei n. 73/66.

Altera os arts. 3.º e 14 da Lei n. 9.718/98.

Revoga o parágrafo único do art. 6.º e os arts. 7.º a 16 da Lei n. 9.514/97.

Revoga o parágrafo único do art. 36 e os arts. 37 a 40 da Lei n. 11.076/04.

LEI COMPLEMENTAR N. 196, DE 24 DE AGOSTO DE 2022
Acrescenta os arts. 2.º-A, 2.º-B, 9.º-A, 14-A, 15-A, 16-A, 17-A, 17-B, 17-C, 17-D e 17-E à Lei Complementar n. 130, de 17-4-2009.

Altera os arts. 1.º, 2.º, 4.º, 5.º, 6.º, 7.º, 10, 12, 13 e 17 da Lei Complementar n. 130, de 17-4-2009.

LEI N. 14.440, DE 2 DE SETEMBRO DE 2022
Acrescenta § 3.º ao art. 5.º da Lei n. 11.442, de 5-1-2007.

LEI N. 14.457, DE 21 DE SETEMBRO DE 2022
Acrescenta o art. 1.º-A à Lei n. 11.770/08.

Altera o art. 1.º da Lei n. 11.770/08.

Altera o art. 3.º da Lei n. 13.999/20.

DECRETO N. 11.243, DE 21 DE OUTUBRO DE 2022
Acrescenta o art. 9.º-A ao Decreto n. 10.411/20.

Altera os arts. 3.º, 6.º, 9.º, 10, 17 e 19 do Decreto n. 10.411/20.

LEI N. 14.460, DE 25 DE OUTUBRO DE 2022
Acrescenta o art. 55-M à Lei n. 13.709/18.

Altera os arts. 55-A e 55-C da Lei n. 13.709/18.

Revoga os §§ 1.º, 2.º e 3.º do art. 55-A e o art. 55-B da Lei n. 13.709/18.

MEDIDA PROVISÓRIA N. 1.139, DE 27 DE OUTUBRO DE 2022
Altera o art. 3.º da Lei n. 13.999/20.

Revoga os incisos I e II do *caput* e os §§ 2.º e 4.º do art. 3.º da Lei n. 13.999/20.

Revoga o art. 4.º da Lei n. 14.161/21.

DECRETO N. 11.250, DE 9 DE NOVEMBRO DE 2022
Acrescenta o art. 62-A ao Decreto n. 1.800/96.

Altera os arts. 4.º, 34, 39, 53, 58, 62, 76, 77, 85, 89 e 90 do Decreto n. 1.800/96.

Revoga os arts. 19, 48, a alínea *h* do inciso II do *caput* do art. 32, o inciso V do *caput* do art. 53, o § 5.º do art. 57 e o parágrafo único do art. 76 do Decreto n. 1.800/96.

LEI N. 14.470, DE 16 DE NOVEMBRO DE 2022
Acrescenta os arts. 46-A e 47-A à Lei n. 12.529/11.
Altera os arts. 47 e 85 da Lei n. 12.529/11.

DECRETO N. 11.259, DE 18 DE NOVEMBRO DE 2022
Altera o art. 9.º do Decreto n. 10.411/20.

LEI N. 14.474, DE 6 DE DEZEMBRO DE 2022
Acrescenta os arts. 1º-A e 31-A à Lei n. 9.636/98.
Altera os arts. 3.º, 6.º e 6.º-B do Decreto-lei n. 2.398/87.
Altera os arts. 1.º, 2.º, 11-B, 11-C, 23-A e 24-A da Lei n. 9.636/98.
Altera os arts. 4.º e 22 da Lei n. 13.240/15.

LEI N. 14.508, DE 27 DE DEZEMBRO DE 2022
Altera o art. 6.º da Lei n. 8.906/94.

LEI N. 14.510, DE 27 DE DEZEMBRO DE 2022.
Altera o art. 19 da Lei n. 13.146/15.

LEI N. 14.534, DE 11 DE JANEIRO DE 2023
Altera o art. 1.º da Lei n. 9.454/97.
Altera o art. 8.º da Lei n. 13.444/17.
Revoga a alínea *b* do inciso I, do § 2.º, do art. 5.º, da Lei n. 13.444/17.

Constituição Federal

ÍNDICE SISTEMÁTICO DA CONSTITUIÇÃO FEDERAL

PREÂMBULO 8

TÍTULO I
DOS PRINCÍPIOS FUNDAMENTAIS

(arts. 1.º a 4.º) 8

TÍTULO II
DOS DIREITOS E GARANTIAS FUNDAMENTAIS

(arts. 5.º a 17) 8

CAPÍTULO I – Dos direitos e deveres individuais e coletivos (art. 5.º) 8

CAPÍTULO II – Dos direitos sociais (arts. 6.º a 11) 12

CAPÍTULO III – Da nacionalidade (arts. 12 e 13) 13

CAPÍTULO IV – Dos direitos políticos (arts. 14 a 16) 14

CAPÍTULO V – Dos partidos políticos (art. 17) 15

TÍTULO III
DA ORGANIZAÇÃO DO ESTADO

(arts. 18 a 43) 15

CAPÍTULO I – Da organização político-administrativa (arts. 18 e 19) 15

CAPÍTULO II – Da União (arts. 20 a 24) 15

CAPÍTULO III – Dos Estados federados (arts. 25 a 28) 19

CAPÍTULO IV – Dos Municípios (arts. 29 a 31) 19

CAPÍTULO V – Do Distrito Federal e dos Territórios (arts. 32 e 33) 22

Seção I – Do Distrito Federal (art. 32) 22

Seção II – Dos Territórios (art. 33) 22

CAPÍTULO VI – Da intervenção (arts. 34 a 36) 22

CAPÍTULO VII – Da administração pública (arts. 37 a 43) 22

Seção I – Disposições gerais (arts. 37 e 38) 22

Seção II – Dos servidores públicos (arts. 39 a 41) 25

Seção III – Dos militares dos Estados, do Distrito Federal e dos Territórios (art. 42) 28

Seção IV – Das regiões (art. 43) 28

TÍTULO IV
DA ORGANIZAÇÃO DOS PODERES

(arts. 44 a 135) 28

CAPÍTULO I – Do Poder Legislativo (arts. 44 a 75) 28

Seção I – Do Congresso Nacional (arts. 44 a 47) 28

Seção II – Das atribuições do Congresso Nacional (arts. 48 a 50) 28

Seção III – Da Câmara dos Deputados (art. 51) 29

Seção IV – Do Senado Federal (art. 52) 29

Seção V – Dos Deputados e dos Senadores (arts. 53 a 56) 30

Seção VI – Das reuniões (art. 57) 31

Seção VII – Das comissões (art. 58) 31

Seção VIII – Do processo legislativo (arts. 59 a 69) 31

Subseção I – Disposição geral (art. 59) 31

Subseção II – Da emenda à Constituição (art. 60) 32

Subseção III – Das leis (arts. 61 a 69) 32

Seção IX – Da fiscalização contábil, financeira e orçamentária (arts. 70 a 75) 33

CAPÍTULO II – Do Poder Executivo (arts. 76 a 91) 35

Seção I – Do Presidente e do Vice-Presidente da República (arts. 76 a 83) 35

Seção II – Das atribuições do Presidente da República (art. 84) 35

Seção III – Da responsabilidade do Presidente da República (arts. 85 e 86) 36

Seção IV – Dos Ministros de Estado (arts. 87 e 88) 36

Seção V – Do Conselho da República e do Conselho de Defesa Nacional (arts. 89 a 91) 36

Subseção I – Do Conselho da República (arts. 89 e 90) 36

Subseção II – Do Conselho de Defesa Nacional (art. 91) 36

CAPÍTULO III – Do Poder Judiciário (arts. 92 a 126) 37

Seção I – Disposições gerais (arts. 92 a 100) 37

Seção II – Do Supremo Tribunal Federal (arts. 101 a 103-B) 40

Seção III – Do Superior Tribunal de Justiça (arts. 104 e 105) 43

Seção IV – Dos Tribunais Regionais Federais e dos Juízes Federais (arts. 106 a 110) 44

Seção V – Do Tribunal Superior do Trabalho, dos Tribunais Regionais do Trabalho e dos Juízes do Trabalho (arts. 111 a 117) 44

Seção VI – Dos Tribunais e Juízes Eleitorais (arts. 118 a 121) 46

Seção VII – Dos Tribunais e Juízes Militares (arts. 122 a 124) 46

Seção VIII – Dos Tribunais e Juízes dos Estados (arts. 125 e 126) 46

CAPÍTULO IV – Das funções essenciais à Justiça (arts. 127 a 135) 47

Seção I – Do Ministério Público (arts. 127 a 130-A) .. 47

Seção II – Da Advocacia Pública (arts. 131 e 132) 48

Seção III – Da Advocacia (art. 133) 49

Seção IV – Da Defensoria Pública (arts. 134 e 135) ... 49

TÍTULO V
DA DEFESA DO ESTADO E DAS INSTITUIÇÕES DEMOCRÁTICAS

(arts. 136 a 144) 49

CAPÍTULO I – Do estado de defesa e do estado de sítio (arts. 136 a 141) 49

Seção I – Do estado de defesa (art. 136) 49

Seção II – Do estado de sítio (arts. 137 a 139) 49

Seção III – Disposições gerais (arts. 140 e 141) 50

CAPÍTULO II – Das Forças Armadas (arts. 142 e 143) 50

CAPÍTULO III – Da segurança pública (art. 144) 51

TÍTULO VI
DA TRIBUTAÇÃO E DO ORÇAMENTO

(arts. 145 a 169) 51

CAPÍTULO I – Do sistema tributário nacional (arts. 145 a 162) 51
Seção I – Dos princípios gerais (arts. 145 a 149-A) 51
Seção II – Das limitações do poder de tributar (arts. 150 a 152) 53
Seção III – Dos impostos da União (arts. 153 e 154). 53
Seção IV – Dos impostos dos Estados e do Distrito Federal (art. 155) 54
Seção V – Dos impostos dos Municípios (art. 156) 55
Seção VI – Da repartição das receitas tributárias (arts. 157 a 162) 56
CAPÍTULO II – Das finanças públicas (arts. 163 a 169) 57
Seção I – Normas gerais (arts. 163 a 164-A) 57
Seção II – Dos orçamentos (arts. 165 a 169) 58

TÍTULO VII
DA ORDEM ECONÔMICA E FINANCEIRA
(arts. 170 a 192) 63
CAPÍTULO I – Dos princípios gerais da atividade econômica (arts. 170 a 181) 63
CAPÍTULO II – Da política urbana (arts. 182 e 183) 65
CAPÍTULO III – Da política agrícola e fundiária e da reforma agrária (arts. 184 a 191) 65
CAPÍTULO IV – Do sistema financeiro nacional (art. 192) 66

TÍTULO VIII
DA ORDEM SOCIAL
(arts. 193 a 232) 66
CAPÍTULO I – Disposição geral (art. 193) 66
CAPÍTULO II – Da seguridade social (arts. 194 a 204) 66
Seção I – Disposições gerais (arts. 194 e 195) 66
Seção II – Da saúde (arts. 196 a 200) 67
Seção III – Da previdência social (arts. 201 e 202) 69
Seção IV – Da assistência social (arts. 203 e 204) 70
CAPÍTULO III – Da educação, da cultura e do desporto (arts. 205 a 217) 71
Seção I – Da educação (arts. 205 a 214) 71
Seção II – Da cultura (arts. 215 a 216-A) 74
Seção III – Do desporto (art. 217) 75
CAPÍTULO IV – Da ciência, tecnologia e inovação (arts. 218 a 219-B) 75
CAPÍTULO V – Da comunicação social (arts. 220 a 224) 75
CAPÍTULO VI – Do meio ambiente (art. 225) 76
CAPÍTULO VII – Da família, da criança, do adolescente, do jovem e do idoso (arts. 226 a 230) 77
CAPÍTULO VIII – Dos índios (arts. 231 e 232) 78

TÍTULO IX
DAS DISPOSIÇÕES CONSTITUCIONAIS GERAIS
(arts. 233 a 250) 79

ATO DAS DISPOSIÇÕES CONSTITUCIONAIS TRANSITÓRIAS
(arts. 1.º a 122) 81

Índice

ÍNDICE CRONOLÓGICO DAS EMENDAS CONSTITUCIONAIS ALTERADORAS

EMENDA CONSTITUCIONAL N. 1, DE 31 DE MARÇO DE 1992
Altera os arts. 27 e 29.
•• *Vide* Emendas Constitucionais n. 19, de 4-6-1998, e n. 25, de 14-2-2000.

EMENDA CONSTITUCIONAL N. 3, DE 17 DE MARÇO DE 1993
Altera os arts. 40, 42, 102, 103, 150, 155, 156, 160 e 167.
Revoga o inciso IV e o § 4.º do art. 156.
•• *Vide* Emendas Constitucionais n. 18, de 5-2-1998, n. 20, de 15-12-1998, n. 29, de 13-9-2000, n. 33, de 11-12-2001, n. 37, de 12-6-2002, e n. 45, de 8-12-2004.

EMENDA CONSTITUCIONAL N. 4, DE 14 DE SETEMBRO DE 1993
Altera o art. 16.

EMENDA CONSTITUCIONAL DE REVISÃO N. 1, DE 1.º DE MARÇO DE 1994
Acrescenta os arts. 71, 72 e 73 ao ADCT.
•• *Vide* Emendas Constitucionais n. 10, de 4-3-1996, e n. 17, de 22-11-1997.

EMENDA CONSTITUCIONAL DE REVISÃO N. 2, DE 7 DE JUNHO DE 1994
Altera o art. 50.

EMENDA CONSTITUCIONAL DE REVISÃO N. 3, DE 7 DE JUNHO DE 1994
Altera o art. 12.
•• *Vide* Emenda Constitucional n. 54, de 20-9-2007.

EMENDA CONSTITUCIONAL DE REVISÃO N. 4, DE 7 DE JUNHO DE 1994
Altera o art. 14.

EMENDA CONSTITUCIONAL DE REVISÃO N. 5, DE 7 DE JUNHO DE 1994
Altera o art. 82.
•• *Vide* Emenda Constitucional n. 16, de 4-6-1997.

EMENDA CONSTITUCIONAL DE REVISÃO N. 6, DE 7 DE JUNHO DE 1994
Altera o art. 55.

EMENDA CONSTITUCIONAL N. 5, DE 15 DE AGOSTO DE 1995
Altera o art. 25.

EMENDA CONSTITUCIONAL N. 6, DE 15 DE AGOSTO DE 1995
Acrescenta o art. 246.
Altera os arts. 170 e 176.
Revoga o art. 171.
•• *Vide* Emendas Constitucionais n. 7, de 15-8-1995, e n. 32, de 11-9-2001.

EMENDA CONSTITUCIONAL N. 7, DE 15 DE AGOSTO DE 1995
Acrescenta o art. 246.
Altera o art. 178.
•• *Vide* Emenda Constitucional n. 32, de 11-9-2001.

EMENDA CONSTITUCIONAL N. 8, DE 15 DE AGOSTO DE 1995
Altera o art. 21.

EMENDA CONSTITUCIONAL N. 9, DE 9 DE NOVEMBRO DE 1995
Altera o art. 177.

EMENDA CONSTITUCIONAL N. 10, DE 4 DE MARÇO DE 1996
Altera os arts. 71 e 72 do ADCT.
•• *Vide* Emenda Constitucional n. 17, de 22-11-1997.

EMENDA CONSTITUCIONAL N. 11, DE 30 DE ABRIL DE 1996
Altera o art. 207.

EMENDA CONSTITUCIONAL N. 12, DE 15 DE AGOSTO DE 1996
Acrescenta o art. 74 ao ADCT.

EMENDA CONSTITUCIONAL N. 13, DE 21 DE AGOSTO DE 1996
Altera o art. 192.
•• *Vide* Emenda Constitucional n. 40, de 29-5-2003.

EMENDA CONSTITUCIONAL N. 14, DE 12 DE SETEMBRO DE 1996
Altera os arts. 34, 208, 211 e 212 da CF e 60 do ADCT.
•• *Vide* Emendas Constitucionais n. 29, de 13-9-2000, n. 53, de 19-12-2006, e n. 59, de 11-11-2009.

EMENDA CONSTITUCIONAL N. 15, DE 12 DE SETEMBRO DE 1996
Altera o art. 18.

EMENDA CONSTITUCIONAL N. 16, DE 4 DE JUNHO DE 1997
Altera os arts. 14, 28, 29, 77 e 82.

EMENDA CONSTITUCIONAL N. 17, DE 22 DE NOVEMBRO DE 1997
Altera os arts. 71 e 72 do ADCT.

EMENDA CONSTITUCIONAL N. 18, DE 5 DE FEVEREIRO DE 1998
Altera os arts. 37, 42, 61 e 142.
•• *Vide* Emendas Constitucionais n. 19, de 4-6-1998, n. 20, de 15-9-1998, n. 41, de 19-12-2003, e n. 77, de 11-2-2014.

EMENDA CONSTITUCIONAL N. 19, DE 4 DE JUNHO DE 1998
Acrescenta o art. 247.
Altera os arts. 21, 22, 27, 28, 29, 37, 38, 39, 41, 48, 49, 51, 52, 57, 70, 93, 95, 96, 127, 128, 132, 135, 144, 167, 169, 173, 206 e 241.
•• *Vide* Emendas Constitucionais n. 25, de 14-2-2000, n. 32, de 11-9-2001, n. 34, de 13-12-2001, n. 41, de 19-12-2003, n. 50, de 14-2-2006, e n. 53, de 19-12-2006.

EMENDA CONSTITUCIONAL N. 20, DE 15 DE DEZEMBRO DE 1998
Acrescenta os arts. 248, 249 e 250.
Altera os arts. 7.º, 37, 40, 42, 73, 93, 100, 114, 142, 167, 194, 195, 201 e 202.
Revoga o inciso II do § 2.º do art. 153.
•• *Vide* Emendas Constitucionais n. 30, de 13-9-2000, n. 41, de 19-12-2003, n. 45, de 8-12-2004, n. 47, de 5-7-2005, n. 62, de 9-12-2009, n. 88, de 7-5-2015, e n. 103, de 12-11-2019.

EMENDA CONSTITUCIONAL N. 21, DE 18 DE MARÇO DE 1999
Acrescenta o art. 75 ao ADCT.

EMENDA CONSTITUCIONAL N. 22, DE 18 DE MARÇO DE 1999
Altera os arts. 98, 102 e 105.
•• *Vide* Emendas Constitucionais n. 23, de 2-9-1999, e n. 45, de 8-12-2004.

EMENDA CONSTITUCIONAL N. 23, DE 2 DE SETEMBRO DE 1999
Altera os arts. 12, 52, 84, 91, 102 e 105.

EMENDA CONSTITUCIONAL N. 24, DE 9 DE DEZEMBRO DE 1999
Altera os arts. 111, 112, 113, 115 e 116.
Revoga o art. 117.
•• *Vide* Emenda Constitucional n. 45, de 8-12-2004.

EMENDA CONSTITUCIONAL N. 25, DE 14 DE FEVEREIRO DE 2000
Altera os arts. 29 e 29-A.
•• *Vide* Emenda Constitucional n. 58, de 23-9-2009.

EMENDA CONSTITUCIONAL N. 26, DE 14 DE FEVEREIRO DE 2000
Altera o art. 6.º.
•• *Vide* Emenda Constitucional n. 64, de 4-2-2010.

EMENDA CONSTITUCIONAL N. 27, DE 21 DE MARÇO DE 2000
Acrescenta o art. 76 ao ADCT.
•• *Vide* Emendas Constitucionais n. 42, de 19-12-2003, n. 56, de 20-12-2007, e n. 68, de 21-12-2011.

EMENDA CONSTITUCIONAL N. 28, DE 25 DE MAIO DE 2000
Altera o art. 7.º.
Revoga o art. 233.

EMENDA CONSTITUCIONAL N. 29, DE 13 DE SETEMBRO DE 2000
Acrescenta o art. 77 ao ADCT.
Altera os arts. 34, 35, 156, 160, 167 e 198.
•• *Vide* Emendas Constitucionais n. 42, de 19-12-2003, e n. 86, de 17-3-2015.

EMENDA CONSTITUCIONAL N. 30, DE 13 DE SETEMBRO DE 2000
Acrescenta o art. 78 ao ADCT.
Altera o art. 100.
•• *Vide* Emendas Constitucionais n. 37, de 12-7-2002, e n. 62, de 9-12-2009.

EMENDA CONSTITUCIONAL N. 31, DE 14 DE DEZEMBRO DE 2000
Acrescenta os arts. 79, 80, 81, 82 e 83 ao ADCT.
•• *Vide* Emenda Constitucional n. 42, de 19-12-2003.

EMENDA CONSTITUCIONAL N. 32, DE 11 DE SETEMBRO DE 2001
Altera os arts. 48, 57, 61, 62, 64, 66, 84, 88 e 246.
•• *Vide* Emenda Constitucional n. 50, de 14-2-2006.

EMENDA CONSTITUCIONAL N. 33, DE 11 DE DEZEMBRO DE 2001
Altera os arts. 149, 155 e 177.
•• *Vide* Emendas Constitucionais n. 41, de 19-12-2003, e n. 42, de 19-12-2003.

EMENDA CONSTITUCIONAL N. 34, DE 13 DE DEZEMBRO DE 2001
Altera o art. 37.

EMENDA CONSTITUCIONAL N. 35, DE 20 DE DEZEMBRO DE 2001
Altera o art. 53.

EMENDA CONSTITUCIONAL N. 36, DE 28 DE MAIO DE 2002
Altera o art. 222.

EMENDA CONSTITUCIONAL N. 37, DE 12 DE JUNHO DE 2002
Acrescenta os arts. 84, 85, 86, 87 e 88 ao ADCT.
Altera os arts. 100 e 156.
•• *Vide* Emendas Constitucionais n. 42, de 19-12-2003, e n. 62, de 9-12-2009.

EMENDA CONSTITUCIONAL N. 38, DE 12 DE JUNHO DE 2002
Acrescenta o art. 89 ao ADCT.
•• *Vide* Emenda Constitucional n. 60, de 11-11-2009.

EMENDA CONSTITUCIONAL N. 39, DE 19 DE DEZEMBRO DE 2002
Acrescenta o art. 149-A.

EMENDA CONSTITUCIONAL N. 40, DE 29 DE MAIO DE 2003
Altera os arts. 163 e 192 da CF, e 52 do ADCT.

EMENDA CONSTITUCIONAL N. 41, DE 19 DE DEZEMBRO DE 2003
Altera os arts. 37, 40, 42, 48, 96, 149 e 201.
Revoga o inciso IX do § 3.º do art. 142.
•• *Vide* Emendas Constitucionais n. 47, de 5-7-2005, e n. 103, de 12-11-2019.

EMENDA CONSTITUCIONAL N. 42, DE 19 DE DEZEMBRO DE 2003
Acrescenta os arts. 146-A à CF, e 90 a 94 ao ADCT.
Altera os arts. 37, 52, 146, 149, 150, 153, 155, 158, 159, 167, 170, 195, 204 e 216 da CF e 76, 82 e 83 do ADCT.
Revoga o inciso II do § 3.º do art. 84 do ADCT.
•• *Vide* Emendas Constitucionais n. 44, de 30-6-2004, n. 56, de 20-12-2007, n. 68, de 21-12-2011, e n. 103, de 12-11-2019.

EMENDA CONSTITUCIONAL N. 43, DE 15 DE ABRIL DE 2004
Altera o art. 42 do ADCT.
•• *Vide* Emenda Constitucional n. 89, de 15-9-2015.

EMENDA CONSTITUCIONAL N. 44, DE 30 DE JUNHO DE 2004
Altera o art. 159.

EMENDA CONSTITUCIONAL N. 45, DE 8 DE DEZEMBRO DE 2004
Acrescenta os arts. 103-A, 103-B, 111-A e 130-A.
Altera os arts. 5.º, 36, 52, 92, 93, 95, 98, 99, 102, 103, 104, 105, 107, 109, 111, 112, 114, 115, 125, 126, 127, 128, 129, 134 e 168.
Revoga o inciso IV do art. 36, a alínea *h* do inciso I do art. 102, o § 4.º do art. 103 e os §§ 1.º a 3.º do art. 111.
•• *Vide* Emendas Constitucionais n. 61, de 11-11-2009, n. 103, de 12-11-2019 e n. 122, de 17-5-2022.

EMENDA CONSTITUCIONAL N. 46, DE 5 DE MAIO DE 2005
Altera o art. 20.

EMENDA CONSTITUCIONAL N. 47, DE 5 DE JULHO DE 2005
Altera os arts. 37, 40, 195 e 201.
•• *Vide* Emenda Constitucional n. 103, de 12-11-2019.

EMENDA CONSTITUCIONAL N. 48, DE 10 DE AGOSTO DE 2005
Altera o art. 215.

EMENDA CONSTITUCIONAL N. 49, DE 8 DE FEVEREIRO DE 2006
Altera os arts. 21 e 177.
•• *Vide* Emenda Constitucional n. 118, de 26-4-2022.

EMENDA CONSTITUCIONAL N. 50, DE 14 DE FEVEREIRO DE 2006
Altera o art. 57.

EMENDA CONSTITUCIONAL N. 51, DE 14 DE FEVEREIRO DE 2006
Altera o art. 198.
•• *Vide* Emenda Constitucional n. 63, de 4-2-2010.

EMENDA CONSTITUCIONAL N. 52, DE 8 DE MARÇO DE 2006
Altera o art. 17.

EMENDA CONSTITUCIONAL N. 53, DE 19 DE DEZEMBRO DE 2006
Altera os arts. 7.º, 23, 30, 206, 208, 211 e 212 da CF e 60 do ADCT.

EMENDA CONSTITUCIONAL N. 54, DE 20 DE SETEMBRO DE 2007
Acrescenta o art. 95 ao ADCT.
Altera o art. 12.

EMENDA CONSTITUCIONAL N. 55, DE 20 DE SETEMBRO DE 2007
Altera o art. 159.
•• *Vide* Emenda Constitucional n. 84, de 2-12-2014.

EMENDA CONSTITUCIONAL N. 56, DE 20 DE DEZEMBRO DE 2007
Altera o art. 76 do ADCT.
•• *Vide* Emenda Constitucional n. 68, de 21-12-2011.

EMENDA CONSTITUCIONAL N. 57, DE 18 DE DEZEMBRO DE 2008
Acrescenta o art. 96 ao ADCT.

EMENDA CONSTITUCIONAL N. 58, DE 23 DE SETEMBRO DE 2009
Altera os arts. 29 e 29-A.

EMENDA CONSTITUCIONAL N. 59, DE 11 DE NOVEMBRO DE 2009
Altera os arts. 208, 211, 212 e 214 da CF e 76 do ADCT.
•• *Vide* Emenda Constitucional n. 68, de 21-12-2011.

EMENDA CONSTITUCIONAL N. 60, DE 11 DE NOVEMBRO DE 2009
Altera o art. 89 do ADCT.

EMENDA CONSTITUCIONAL N. 61, DE 11 DE NOVEMBRO DE 2009
Altera o art. 103-B.

EMENDA CONSTITUCIONAL N. 62, DE 9 DE DEZEMBRO DE 2009
Acrescenta o art. 97 ao ADCT.
Altera o art. 100.
•• *Vide* Emenda Constitucional n. 94, de 15-12-2016.

EMENDA CONSTITUCIONAL N. 63, DE 4 DE FEVEREIRO DE 2010
Altera o art. 198.

EMENDA CONSTITUCIONAL N. 64, DE 4 DE FEVEREIRO DE 2010
Altera o art. 6.º.
•• *Vide* Emenda Constitucional n. 90, de 15-9-2015.

EMENDA CONSTITUCIONAL N. 65, DE 13 DE JULHO DE 2010
Altera o art. 227.

EMENDA CONSTITUCIONAL N. 66, DE 13 DE JULHO DE 2010
Altera o art. 226.

EMENDA CONSTITUCIONAL N. 68, DE 21 DE DEZEMBRO DE 2011
Altera o art. 76 do ADCT.
•• *Vide* Emenda Constitucional n. 93, de 8-9-2016.

EMENDA CONSTITUCIONAL N. 69, DE 29 DE MARÇO DE 2012
Altera os arts. 21, 22 e 48.

EMENDA CONSTITUCIONAL N. 70, DE 29 DE MARÇO DE 2012
Acrescenta o art. 6.º-A à Emenda Constitucional n. 41, de 19-12-2003.

EMENDA CONSTITUCIONAL N. 71, DE 29 DE NOVEMBRO DE 2012
Acrescenta o art. 216-A.

EMENDA CONSTITUCIONAL N. 72, DE 2 DE ABRIL DE 2013
Altera o art. 7.º.

EMENDA CONSTITUCIONAL N. 73, DE 6 DE JUNHO DE 2013
Altera o art. 27 do ADCT.

EMENDA CONSTITUCIONAL N. 74, DE 6 DE AGOSTO DE 2013
Altera o art. 134.

EMENDA CONSTITUCIONAL N. 75, DE 15 DE OUTUBRO DE 2013
Altera o art. 150.

EMENDA CONSTITUCIONAL N. 76, DE 28 DE NOVEMBRO DE 2013
Altera os arts. 55 e 66.

EMENDA CONSTITUCIONAL N. 77, DE 11 DE FEVEREIRO DE 2014
Altera o art. 142.

EMENDA CONSTITUCIONAL N. 78, DE 14 DE MAIO DE 2014
Acrescenta o art. 54-A ao ADCT.

EMENDA CONSTITUCIONAL N. 79, DE 27 DE MAIO DE 2014
Altera o art. 31 da Emenda Constitucional n. 19, de 4-6-1998.

EMENDA CONSTITUCIONAL N. 80, DE 4 DE JUNHO DE 2014
Altera o Capítulo IV e o art. 134.
Acrescenta o art. 98 ao ADCT.

EMENDA CONSTITUCIONAL N. 81, DE 5 DE JUNHO DE 2014
Altera o art. 243.

EMENDA CONSTITUCIONAL N. 82, DE 16 DE JULHO DE 2014
Altera o art. 144.

EMENDA CONSTITUCIONAL N. 83, DE 5 DE AGOSTO DE 2014
Acrescenta o art. 92-A ao ADCT.

EMENDA CONSTITUCIONAL N. 84, DE 2 DE DEZEMBRO DE 2014
Altera o art. 159.
•• *Vide* Emenda Constitucional n. 112, de 27-10-2021.

EMENDA CONSTITUCIONAL N. 85, DE 26 DE FEVEREIRO DE 2015
Acrescenta os arts. 219-A e 219-B.
Altera o Capítulo IV e os arts. 23, 24, 167, 200, 213, 218 e 219.

EMENDA CONSTITUCIONAL N. 86, DE 17 DE MARÇO DE 2015
Altera os arts. 165, 166 e 198.
Revoga o inciso IV do § 3.º do art. 198.
•• *Vide* Emenda Constitucional n. 100, de 26-6-2019.

EMENDA CONSTITUCIONAL N. 87, DE 16 DE ABRIL DE 2015
Acrescenta o art. 99 ao ADCT.
Altera o art. 155.

EMENDA CONSTITUCIONAL N. 88, DE 7 DE MAIO DE 2015
Acrescenta o art. 100 ao ADCT.
Altera o art. 40.

EMENDA CONSTITUCIONAL N. 89, DE 15 DE SETEMBRO DE 2015
Altera o art. 42 do ADCT.

EMENDA CONSTITUCIONAL N. 90, DE 15 DE SETEMBRO DE 2015
Altera o art. 6.º.

EMENDA CONSTITUCIONAL N. 92, DE 12 DE JULHO DE 2016
Altera os arts. 92 e 111-A.
•• *Vide* Emenda Constitucional n. 122, de 17-5-2022.

EMENDA CONSTITUCIONAL N. 93, DE 8 DE SETEMBRO DE 2016
Acrescenta os arts. 76-A e 76-B ao ADCT.
Altera o art. 76 do ADCT.
Revoga os §§ 1.º e 3.º do art. 76 do ADCT.

EMENDA CONSTITUCIONAL N. 94, DE 15 DE DEZEMBRO DE 2016
Acrescenta os arts. 101 a 105 ao ADCT.
Altera o art. 100.

EMENDA CONSTITUCIONAL N. 95, DE 15 DE DEZEMBRO DE 2016
Acrescenta os arts. 106 a 114 ao ADCT.
•• *Vide* Emenda Constitucional n. 126, de 21-12-2022.

EMENDA CONSTITUCIONAL N. 96, DE 6 DE JUNHO DE 2017
Altera o art. 225.

EMENDA CONSTITUCIONAL N. 97, DE 4 DE OUTUBRO DE 2017
Altera o art. 17.

EMENDA CONSTITUCIONAL N. 98, DE 6 DE DEZEMBRO DE 2017
Altera o art. 31 da Emenda Constitucional n. 19, de 4-6-1998.

EMENDA CONSTITUCIONAL N. 99, DE 14 DE DEZEMBRO DE 2017
Altera os arts. 101, 102, 103 e 105 do ADCT.

EMENDA CONSTITUCIONAL N. 100, DE 26 DE JUNHO DE 2019
Altera os arts. 165 e 166.
Revoga os incisos I a IV do § 14 e o § 15 do art. 166.

EMENDA CONSTITUCIONAL N. 102, DE 26 DE SETEMBRO DE 2019
Altera os arts. 20 e 165.
Altera o art. 107 do ADCT.

EMENDA CONSTITUCIONAL N. 103, de 12-11-2019
Altera os arts. 22, 37, 38, 39, 40, 93, 103-B, 109, 130-A, 149, 167, 194, 195, 201, 202 e 239.
Altera o art. 76 do ADCT.
Revoga o § 21 do art. 40 e o § 13 do art. 195.
Revoga os arts. 9.º, 13 e 15 da Emenda Constitucional n. 20/98.
Revoga os arts. 2.º, 6.º e 6.º-A da Emenda Constitucional n. 41/03.
Revoga o art. 3.º da Emenda Constitucional n. 47/05.

EMENDA CONSTITUCIONAL N. 104, DE 4 DE DEZEMBRO DE 2019
Altera os arts. 21, 32 e 144.

EMENDA CONSTITUCIONAL N. 105, DE 12 DE DEZEMBRO DE 2019
Acrescenta o art. 166-A.

EMENDA CONSTITUCIONAL N. 108, DE 26 DE AGOSTO DE 2020
Acrescenta os arts. 163-A e 212-A.
Acrescenta o art. 60-A ao ADCT.
Altera os arts. 158, 193, 206, 211 e 212.
Altera os arts. 60 e 107 do ADCT.

EMENDA CONSTITUCIONAL N. 109, DE 15 DE MARÇO DE 2021
Acrescenta os arts. 167-A a 167-G.
Altera os arts. 101 e 109 do ADCT.
Altera os arts. 29-A, 37, 49, 84, 163, 165, 167, 168 e 169.
Revoga o art. 91 e o § 4.º do art. 101 do ADCT.

EMENDA CONSTITUCIONAL N. 110, DE 12 DE JULHO DE 2021
Acrescenta o art. 18-A ao ADCT.

EMENDA CONSTITUCIONAL N. 111, DE 28 DE SETEMBRO DE 2021
Altera os arts. 14, 17, 28 e 82.

EMENDA CONSTITUCIONAL N. 112, DE 27 DE OUTUBRO DE 2021
Altera o art. 159.

EMENDA CONSTITUCIONAL N. 113, DE 8 DE DEZEMBRO DE 2021
Acrescenta os arts. 115 a 117 do ADCT.
Altera os arts. 100 e 160.
Altera os arts. 101 e 107 do ADCT.
Revoga o art. 108 do ADCT.

EMENDA CONSTITUCIONAL N. 114, DE 16 DE DEZEMBRO DE 2021
Acrescenta os arts. 107-A e 118 ao ADCT.
Altera os arts. 6.º, 100 e 203.
Altera o art. 4.º da Emenda Constitucional n. 113, de 8-12-2021.

EMENDA CONSTITUCIONAL N. 115, DE 10 DE FEVEREIRO DE 2022
Altera os arts. 5.º, 21 e 22.

EMENDA CONSTITUCIONAL N. 116, DE 17 DE FEVEREIRO DE 2022
Altera o art. 156.

EMENDA CONSTITUCIONAL N. 117, DE 5 DE ABRIL DE 2022
Altera o art. 17.

EMENDA CONSTITUCIONAL N. 118, DE 26 DE ABRIL DE 2022
Altera o art. 21.

EMENDA CONSTITUCIONAL N. 119, DE 27 DE ABRIL DE 2022
Acrescenta o art. 119 ao ADCT.

EMENDA CONSTITUCIONAL N. 120, DE 5 DE MAIO DE 2022
Altera o art. 198.

EMENDA CONSTITUCIONAL N. 121, DE 10 DE MAIO DE 2022
Altera o art. 4.º da Emenda Constitucional n. 109/21.

EMENDA CONSTITUCIONAL N. 122, DE 17 DE MAIO DE 2022
Altera os arts. 73, 101, 104, 107, 111-A, 115 e 123.

EMENDA CONSTITUCIONAL N. 123, DE 14 DE JULHO DE 2022
Altera o art. 225.
Acrescenta o art. 120 ao ADTC.

EMENDA CONSTITUCIONAL N. 124, DE 14 DE JULHO DE 2022
Altera o art. 198.

EMENDA CONSTITUCIONAL N. 125, DE 14 DE JULHO DE 2022
Altera o art. 105.

EMENDA CONSTITUCIONAL N. 126, DE 21 DE DEZEMBRO DE 2022
Acrescenta os arts. 111-A, 121 e 122 ao ADCT.
Altera os arts. 155 e 166.
Altera os arts. 76, 107, 107-A e 111 do ADCT.

EMENDA CONSTITUCIONAL N. 127, DE 22 DE DEZEMBRO DE 2022
Altera o art. 198.
Altera os arts. 38 e 107 do ADCT.
Altera os art. 5.º da Emenda Constitucional n. 109/21.

EMENDA CONSTITUCIONAL N. 128, DE 22 DE DEZEMBRO DE 2022
Altera o art. 167.

CONSTITUIÇÃO DA REPÚBLICA FEDERATIVA DO BRASIL (*)

PREÂMBULO

Nós, representantes do povo brasileiro, reunidos em Assembleia Nacional Constituinte para instituir um Estado Democrático, destinado a assegurar o exercício dos direitos sociais e individuais, a liberdade, a segurança, o bem-estar, o desenvolvimento, a igualdade e a justiça como valores supremos de uma sociedade fraterna, pluralista e sem preconceitos, fundada na harmonia social e comprometida, na ordem interna e internacional, com a solução pacífica das controvérsias, promulgamos, sob a proteção de Deus, a seguinte CONSTITUIÇÃO DA REPÚBLICA FEDERATIVA DO BRASIL.

TÍTULO I
DOS PRINCÍPIOS FUNDAMENTAIS

Art. 1.º A República Federativa do Brasil, formada pela união indissolúvel dos Estados e Municípios e do Distrito Federal, constitui-se em Estado Democrático de Direito e tem como fundamentos:

• *Vide* arts. 18, *caput*, e 60, § 4.º, I e II, da CF.

I – a soberania;

• *Vide* arts. 20, VI, 21, I e II, 49, II, 84, VII, VIII e XIX, da CF.

II – a cidadania;

• A Lei n. 9.265, de 12-2-1996, estabelece a gratuidade dos atos necessários ao exercício da cidadania.

• *Vide* arts. 5.º, XXXIV, LIV, LXXI, LXXIII e LXXVII, e 60, § 4.º, da CF.

• A Lei n. 10.835, de 8-1-2004, institui a renda básica da cidadania.

III – a dignidade da pessoa humana;

• *Vide* arts. 5.º, 34, VII, *b*, 226, § 7.º, 227 e 230 da CF.

• A Lei n. 11.340, de 7-8-2006, cria mecanismos para coibir a violência doméstica e familiar contra a mulher.

• *Vide* Súmulas Vinculantes 6, 11 e 14 do STF.

• *Vide* Súmula 647 do STJ.

IV – os valores sociais do trabalho e da livre-iniciativa;

• *Vide* arts. 6.º a 11 da CF.

V – o pluralismo político.

• *Vide* art. 17 da CF.

• A Lei n. 9.096, de 19-9-1995, dispõe sobre os partidos políticos.

Parágrafo único. Todo o poder emana do povo, que o exerce por meio de representantes eleitos ou diretamente, nos termos desta Constituição.

• *Vide* arts. 14 e 60, § 4.º, III, da CF.

• A Lei n. 9.709, de 18-11-1998, estabelece em seu art. 1.º que a soberania popular é exercida por sufrágio universal e pelo voto direto e secreto, com igual valor para todos.

Art. 2.º São Poderes da União, independentes e harmônicos entre si, o Legislativo, o Executivo e o Judiciário.

• *Vide* art. 60, § 4.º, III, da CF.

Art. 3.º Constituem objetivos fundamentais da República Federativa do Brasil:

I – construir uma sociedade livre, justa e solidária;

• O Decreto n. 99.710, de 21-11-1990, promulga a Convenção sobre os Direitos da Criança.

• O Decreto n. 591, de 6-7-1992, promulga o Pacto Internacional sobre Direitos Econômicos, Sociais e Culturais.

II – garantir o desenvolvimento nacional;

• *Vide* arts. 23, parágrafo único, e 174, § 1.º, da CF.

III – erradicar a pobreza e a marginalização e reduzir as desigualdades sociais e regionais;

• *Vide* art. 23, X, da CF.

• *Vide* arts. 79 a 82 do ADCT.

• Fundo de Combate e Erradicação da Pobreza: Lei Complementar n. 111, de 6-7-2001.

• O Decreto n. 6.047, de 22-2-2007, institui a Política Nacional de Desenvolvimento Regional – PNDR.

• O Decreto n. 7.492, de 2-6-2011, institui o Plano Brasil sem Miséria, com a finalidade de superar a situação de extrema pobreza da população em todo território nacional.

IV – promover o bem de todos, sem preconceitos de origem, raça, sexo, cor, idade e quaisquer outras formas de discriminação.

• Crimes resultantes de preconceito de raça ou de cor: Lei n. 7.716, de 5-1-1989, e Lei n. 9.459, de 13-5-1997.

• O Decreto n. 6.872, de 4-6-2009, aprova o Plano Nacional de Promoção da Igualdade Racial – PLANAPIR, e institui o seu Comitê de Articulação e Monitoramento.

• O Decreto n. 4.886, de 20-11-2003, dispõe sobre a Política Nacional de Promoção de Igualdade Racial – PNPIR.

• A Lei n. 12.288, de 20-7-2010, institui o Estatuto da Igualdade Racial.

• O Decreto n. 7.388, de 9-12-2010, dispõe sobre a composição, competência e funcionamento do Conselho Nacional de Combate à Discriminação – CNCD.

Art. 4.º A República Federativa do Brasil rege-se nas suas relações internacionais pelos seguintes princípios:

• *Vide* arts. 21, I, e 84, VII e VIII, da CF.

I – independência nacional;

• *Vide* arts. 78 e 91, § 1.º, IV, da CF.

II – prevalência dos direitos humanos;

• O Decreto n. 678, de 6-11-1992, promulgou a Convenção Americana sobre Direitos Humanos – Pacto de São José da Costa Rica.

III – autodeterminação dos povos;

IV – não intervenção;

V – igualdade entre os Estados;

VI – defesa da paz;

VII – solução pacífica dos conflitos;

VIII – repúdio ao terrorismo e ao racismo;

•• O Decreto n. 9.967, de 8-8-2019, promulga a Convenção Internacional para a Supressão de Atos de Terrorismo Nuclear, firmada pela República Federativa do Brasil, em Nova York, em 14 de setembro de 2005.

•• O Decreto n. 10.932, de 10-1-2022, promulga a Convenção Interamericana contra o Racismo, a Discriminação Racial e Formas Correlatas de Intolerância.

• *Vide* art. 5.º, XLII e XLIII, da CF.

• A Lei n. 7.716, de 5-1-1989, define os crimes resultantes de preconceito de raça ou de cor.

• O Decreto n. 5.639, de 26-12-2005, promulga a Convenção Interamericana contra o Terrorismo.

• A Lei n. 12.288, de 20-7-2010, institui o Estatuto da Igualdade Racial.

IX – cooperação entre os povos para o progresso da humanidade;

X – concessão de asilo político.

• O Decreto n. 55.929, de 14-4-1965, promulgou a Convenção sobre Asilo Territorial.

• A Lei n. 9.474, de 22-7-1997, estabelece o Estatuto dos Refugiados.

• A Lei n. 13.445, de 24-5-2017 (Lei de Migração), dispõe sobre asilo político nos arts. 27 a 29.

Parágrafo único. A República Federativa do Brasil buscará a integração econômica, política, social e cultural dos povos da América Latina, visando à formação de uma comunidade latino-americana de nações.

• O Decreto n. 350, de 21-11-1991, promulgou o Tratado de Assunção, que estabeleceu o Mercado Comum entre Brasil, Paraguai, Argentina e Uruguai – MERCOSUL.

TÍTULO II
DOS DIREITOS E GARANTIAS FUNDAMENTAIS

Capítulo I
DOS DIREITOS E DEVERES INDIVIDUAIS E COLETIVOS

Art. 5.º Todos são iguais perante a lei, sem distinção de qualquer natureza, garantindo-se aos brasileiros e aos estrangeiros residentes no País a inviolabilidade do direito à vida, à liberdade, à igualdade, à segurança e à propriedade, nos termos seguintes:

• *Vide* art. 60, § 4.º, IV, da CF.

• Instituição do número único de Registro de Identidade Civil: Lei n. 9.454, de 7-4-1997.

• Estrangeiro: Lei n. 13.445, de 24-5-2017 (Lei de Migração), regulamentada pelo Decreto n. 9.199, de 20-11-2017.

(*) Publicada no *Diário Oficial da União* n. 191-A, de 5-10-1988.

- A Lei n. 5.709, de 7-10-1971, dispõe sobre a aquisição de imóvel rural por estrangeiro.

I – homens e mulheres são iguais em direitos e obrigações, nos termos desta Constituição;

- *Vide* arts. 143, § 2.º, e 226, § 5.º, da CF.
- Os arts. 372 e s. da CLT dispõem sobre a duração, condições do trabalho e da discriminação contra a mulher.
- A Lei n. 9.029, de 13-4-1995, proíbe a exigência de atestados de gravidez e esterilização, e outras práticas discriminatórias, para efeitos admissionais ou de permanência da relação jurídica de trabalho.
- Convenção sobre a eliminação de todas as formas de discriminação contra a mulher: Decreto n. 4.377, de 13-9-2002.

II – ninguém será obrigado a fazer ou deixar de fazer alguma coisa senão em virtude de lei;

- *Vide* arts. 14, § 1.º, I, e 143 da CF.
- *Vide* Súmula Vinculante 44 do STF.

III – ninguém será submetido a tortura nem a tratamento desumano ou degradante;

- Convenção contra a tortura e outros tratamentos ou penas cruéis, desumanos ou degradantes: Decreto n. 40, de 15-2-1991.
- A Lei n. 9.455, de 7-4-1997, define os crimes de tortura.
- *Vide* Súmula Vinculante 11.
- *Vide* Súmula 647 do STJ.
- A Lei n. 12.847, de 2-8-2013, institui o Sistema Nacional de Prevenção e Combate à Tortura.

IV – é livre a manifestação do pensamento, sendo vedado o anonimato;

- *Vide* arts. 220 e s. da CF.

V – é assegurado o direito de resposta, proporcional ao agravo, além da indenização por dano material, moral ou à imagem;

•• A Lei n. 13.188, de 11-11-2015, dispõe sobre o direito de resposta ou retificação do ofendido em matéria divulgada, publicada ou transmitida por veículo de comunicação social.

VI – é inviolável a liberdade de consciência e de crença, sendo assegurado o livre exercício dos cultos religiosos e garantida, na forma da lei, a proteção aos locais de culto e a suas liturgias;

- Sobre os crimes de abuso de autoridade: *vide* Lei n. 13.869, de 5-9-2019.
- Crimes contra o sentimento religioso e contra o respeito aos mortos: arts. 208 a 212 do CP.

VII – é assegurada, nos termos da lei, a prestação de assistência religiosa nas entidades civis e militares de internação coletiva;

- A Lei n. 6.923, de 29-6-1981, dispõe sobre o serviço de Assistência Religiosa nas Forças Armadas.
- A Lei n. 9.982, de 14-7-2000, dispõe sobre a prestação de assistência religiosa nas entidades hospitalares públicas e privadas, bem como nos estabelecimentos prisionais civis e militares.

VIII – ninguém será privado de direitos por motivo de crença religiosa ou de convicção filosófica ou política, salvo se as invocar para eximir-se de obrigação legal a todos imposta e recusar-se a cumprir prestação alternativa, fixada em lei;

•• A Lei n. 13.709, de 14-8-2018, dispõe sobre o tratamento de dados pessoais sensíveis, inclusive nos meios digitais, por pessoa natural ou jurídica de direito público e privado.

- *Vide* art. 143 da CF.

IX – é livre a expressão da atividade intelectual, artística, científica e de comunicação, independentemente de censura ou licença;

- LDA: Lei n. 5.988, de 14-12-1973, e Lei n. 9.610, de 19-2-1998.
- Lei de Proteção de Cultivares: Lei n. 9.456, de 25-4-1997, e Decreto n. 2.366, de 5-11-1997.
- Lei de Proteção da Propriedade Intelectual de Programa de Computador e sua comercialização no País: Lei n. 9.609, de 19-2-1998, e Decreto n. 2.556, de 20-4-1998.

X – são invioláveis a intimidade, a vida privada, a honra e a imagem das pessoas, assegurado o direito a indenização pelo dano material ou moral decorrente de sua violação;

•• A Lei n. 13.709, de 14-8-2018, dispõe sobre o tratamento de dados pessoais, inclusive nos meios digitais, por pessoa natural ou jurídica de direito público e privado.

- *Vide* art. 114, VI, da CF.
- *Vide* Súmula Vinculante 11.

XI – a casa é asilo inviolável do indivíduo, ninguém nela podendo penetrar sem consentimento do morador, salvo em caso de flagrante delito ou desastre, ou para prestar socorro, ou, durante o dia, por determinação judicial;

- Violação de domicílio no CP: art. 150, §§ 1.º a 5.º.
- Inviolabilidade do domicílio no CPP: art. 283.
- Do tempo e lugar dos atos processuais no CPC: arts. 212 a 217.

XII – é inviolável o sigilo da correspondência e das comunicações telegráficas, de dados e das comunicações telefônicas, salvo, no último caso, por ordem judicial, nas hipóteses e na forma que a lei estabelecer para fins de investigação criminal ou instrução processual penal;

•• A Lei n. 9.296, de 24-7-1996, regulamenta este inciso no tocante às comunicações telefônicas (Lei da Escuta Telefônica).

- *Vide* arts. 136, § 1.º, *b* e *c*, e 139, III, da CF.
- Violação de correspondência no CP: arts. 151 e 152.
- Serviços postais: Lei n. 6.538, de 22-6-1978.
- A Resolução n. 59 do CNJ, de 9-9-2008, disciplina e uniformiza as rotinas visando ao aperfeiçoamento do procedimento de interceptação das comunicações telefônicas e de sistemas de informática e telemática nos órgãos jurisdicionais do Poder Judiciário.

XIII – é livre o exercício de qualquer trabalho, ofício ou profissão, atendidas as qualificações profissionais que a lei estabelecer;

- *Vide* art. 170 da CF.

XIV – é assegurado a todos o acesso à informação e resguardado o sigilo da fonte, quando necessário ao exercício profissional;

- O art. 154 do CP dispõe sobre violação do segredo profissional.

XV – é livre a locomoção no território nacional em tempo de paz, podendo qualquer pessoa, nos termos da lei, nele entrar, permanecer ou dele sair com seus bens;

- *Vide* art. 139 da CF.

XVI – todos podem reunir-se pacificamente, sem armas, em locais abertos ao público, independentemente de autorização, desde que não frustrem outra reunião anteriormente convocada para o mesmo local, sendo apenas exigido prévio aviso à autoridade competente;

- *Vide* art. 139 da CF.

XVII – é plena a liberdade de associação para fins lícitos, vedada a de caráter paramilitar;

XVIII – a criação de associações e, na forma da lei, a de cooperativas independem de autorização, sendo vedada a interferência estatal em seu funcionamento;

- A Lei n. 5.764, de 16-12-1971, dispõe sobre o regime jurídico das cooperativas.
- A Lei n. 9.867, de 10-11-1999, dispõe sobre a criação e o funcionamento de Cooperativas Sociais, visando à integração social dos cidadãos.

XIX – as associações só poderão ser compulsoriamente dissolvidas ou ter suas atividades suspensas por decisão judicial, exigindo-se, no primeiro caso, o trânsito em julgado;

XX – ninguém poderá ser compelido a associar-se ou a permanecer associado;

XXI – as entidades associativas, quando expressamente autorizadas, têm legitimidade para representar seus filiados judicial ou extrajudicialmente;

- A Lei n. 7.347, de 24-7-1985, disciplina a ação civil pública.

XXII – é garantido o direito de propriedade;

- Propriedade no CC: arts. 1.228 a 1.368.
- *Vide* art. 243 da CF.

XXIII – a propriedade atenderá a sua função social;

- *Vide* arts. 156, § 1.º, 170, III, 182, § 2.º, e 186 da CF.
- A Lei n. 4.504, de 30-11-1964, estabelece o Estatuto da Terra.

XXIV – a lei estabelecerá o procedimento para desapropriação por necessidade ou utilidade pública, ou por interesse social, mediante justa e prévia indenização em dinheiro, ressalvados os casos previstos nesta Constituição;

- Desapropriação: Decreto-lei n. 3.365, de 21-6-1941, Lei n. 4.132, de 10-9-1962, Lei n. 6.602, de 7-12-1978, Decreto-lei n. 1.075, de 22-1-1970, Lei n. 8.629, de 25-2-1993, Lei Complementar n. 76, de 6-7-1993 e Lei n. 10.406, de 10-1-2002, art. 1.228, § 3.º.

XXV – no caso de iminente perigo público, a autoridade competente poderá usar de propriedade particular, assegurada ao proprietário indenização ulterior, se houver dano;

•• *Vide* Súmula 637 do STJ.

XXVI – a pequena propriedade rural, assim definida em lei, desde que trabalhada pela família, não será objeto de penhora para pagamento de débitos decorrentes de sua atividade produtiva, dispondo a lei sobre os meios de financiar o seu desenvolvimento;

- Estatuto da Terra: Lei n. 4.504, de 30-11-1964.
- O art. 4.º da Lei n. 8.629, de 25-2-1993, dispõe sobre a pequena propriedade rural.

XXVII – aos autores pertence o direito exclusivo de utilização, publicação ou reprodução de suas obras, transmissível aos herdeiros pelo tempo que a lei fixar;

- LDA: Lei n. 5.988, de 14-12-1973, e Lei n. 9.610, de 19-2-1998.
- Lei de Proteção de Cultivares: Lei n. 9.456, de 25-4-1997, e Decreto n. 2.366, de 5-11-1997.
- Lei de Proteção da Propriedade Intelectual do Programa de Computador e sua comercialização no país: Lei n. 9.609, de 19-2-1998, e Decreto n. 2.556, de 20-4-1998.

XXVIII – são assegurados, nos termos da lei:

a) a proteção às participações individuais em obras coletivas e à reprodução da imagem e voz humanas, inclusive nas atividades desportivas;

b) o direito de fiscalização do aproveitamento econômico das obras que criarem ou de que participarem aos criadores, aos intérpretes e às respectivas representações sindicais e associativas;

XXIX – a lei assegurará aos autores de inventos industriais privilégio temporário para sua utilização, bem como proteção às criações industriais, à propriedade das marcas, aos nomes de empresas e a outros signos distintivos, tendo em vista o interesse social e o desenvolvimento tecnológico e econômico do País;

- Propriedade Industrial: Lei n. 9.279, de 14-5-1996, e Decreto n. 2.553, de 16-4-1998.

XXX – é garantido o direito de herança;

- CC: direito das sucessões: arts. 1.784 e s.; aceitação e renúncia da herança: arts. 1.804 e s.; e herança jacente: arts. 1.819 e s.
- Direitos dos companheiros a alimentos e à sucessão: Lei n. 8.971, de 29-12-1994, e CC art. 1.790.

XXXI – a sucessão de bens de estrangeiros situados no País será regulada pela lei brasileira em benefício do cônjuge ou dos filhos brasileiros, sempre que não lhes seja mais favorável a lei pessoal do *de cujus*;

- LINDB (Decreto-lei n. 4.657, de 4-9-1942): art. 10, §§ 1.º e 2.º.

XXXII – o Estado promoverá, na forma da lei, a defesa do consumidor;

- Prevenção e repressão às infrações contra a ordem econômica: Lei n. 12.529, de 30-11-2011.
- A Lei n. 8.078, de 11-9-1990, dispõe sobre a proteção do consumidor (CDC), e o Decreto n. 2.181, de 20-3-1997, dispõe sobre a organização do Sistema Nacional de Defesa do Consumidor – SNDC, e estabelece normas gerais de aplicação das sanções administrativas previstas na Lei n. 8.078, de 1990.
- As Portarias n. 4, de 13-3-1998, n. 3, de 19-3-1999, n. 3, de 15-3-2001, e n. 5, de 27-8-2002, da Secretaria de Direito Econômico, divulgam as cláusulas contratuais consideradas abusivas.
- O Decreto n. 8.573, de 19-11-2015, dispõe sobre o consumidor.gov.br, sistema alternativo de solução de conflitos de consumo.

XXXIII – todos têm direito a receber dos órgãos públicos informações de seu interesse particular, ou de interesse coletivo ou geral, que serão prestadas no prazo da lei, sob pena de responsabilidade, ressalvadas aquelas cujo sigilo seja imprescindível à segurança da sociedade e do Estado;

•• A Lei n. 12.527, de 18-11-2011, regulamentada pelo Decreto n. 7.724, de 16-5-2012, regula o acesso a informações previsto neste inciso.

•• O Decreto n. 8.777, de 11-5-2016, institui a Política de Dados Abertos do Poder Executivo federal.

- O Decreto n. 7.845, de 14-11-2012, regulamenta procedimentos para credenciamento de segurança e tratamento de informação classificada em qualquer grau de sigilo, e dispõe sobre o Núcleo de Segurança e Credenciamento.
- *Vide* incisos LXXII e LXXVII deste artigo.

XXXIV – são a todos assegurados, independentemente do pagamento de taxas:

a) o direito de petição aos Poderes Públicos em defesa de direitos ou contra ilegalidade ou abuso de poder;

•• *Vide* Súmula Vinculante 21 e Súmula 373 do STJ.

b) a obtenção de certidões em repartições públicas, para defesa de direitos e esclarecimento de situações de interesse pessoal;

- A Lei n. 9.051, de 18-5-1995, dispõe sobre a expedição de certidões para a defesa de direitos e esclarecimentos de situações.

XXXV – a lei não excluirá da apreciação do Poder Judiciário lesão ou ameaça a direito;

- *Vide* Súmula Vinculante 28 do STF.

XXXVI – a lei não prejudicará o direito adquirido, o ato jurídico perfeito e a coisa julgada;

- LINDB (Decreto-lei n. 4.657, de 4-9-1942): art. 6.º.

XXXVII – não haverá juízo ou tribunal de exceção;

XXXVIII – é reconhecida a instituição do júri, com a organização que lhe der a lei, assegurados:

- Do processo dos crimes da competência do júri: arts. 406 e s. do CPP.
- A Lei n. 11.697, de 13-6-2008, dispõe sobre a Organização Judiciária do Distrito Federal e dos Territórios. Sobre o Tribunal do Júri: arts. 18 e 19.
- *Vide* Súmula Vinculante 45 do STF.

a) a plenitude de defesa;

b) o sigilo das votações;

c) a soberania dos veredictos;

d) a competência para o julgamento dos crimes dolosos contra a vida;

XXXIX – não há crime sem lei anterior que o defina, nem pena sem prévia cominação legal;

- CP: art. 1.º.

XL – a lei penal não retroagirá, salvo para beneficiar o réu;

- *Vide* Súmula Vinculante 26 do STF.
- CP: art. 2.º, parágrafo único.

XLI – a lei punirá qualquer discriminação atentatória dos direitos e liberdades fundamentais;

- Crimes resultantes de preconceito de raça ou de cor: Lei n. 7.716, de 5-1-1989, e Lei n. 9.459, de 13-5-1997.
- A Lei n. 8.081, de 21-9-1990, estabelece os crimes e as penas aplicáveis aos atos discriminatórios ou de preconceito de raça, cor, religião, etnia ou procedência nacional, praticados pelos meios de comunicação ou por publicação de qualquer natureza.

XLII – a prática do racismo constitui crime inafiançável e imprescritível, sujeito à pena de reclusão, nos termos da lei;

•• O Decreto n. 10.932, de 10-1-2022, promulga a Convenção Interamericana contra o Racismo, a Discriminação Racial e Formas Correlatas de Intolerância.

- Estatuto da Igualdade Racial: Lei n. 12.288, de 20-7-2010.

XLIII – a lei considerará crimes inafiançáveis e insuscetíveis de graça ou anistia a prática da tortura, o tráfico ilícito de entorpecentes e drogas afins, o terrorismo e os definidos como crimes hediondos, por eles respondendo os mandantes, os executores e os que, podendo evitá-los, se omitirem;

•• Inciso regulamentado pela Lei n. 13.260, de 16-3-2016, que disciplina o terrorismo, trata de disposições investigatórias e processuais e reformula o conceito de organização terrorista.

•• O Decreto n. 9.967, de 8-8-2019, promulga a Convenção Internacional para a Supressão de Atos de Terrorismo Nuclear, firmada pela República Federativa do Brasil, em Nova York, em 14 de setembro de 2005.

- A Lei n. 8.072, de 25-7-1990, dispõe sobre os crimes hediondos, nos termos deste inciso.
- A Lei n. 9.455, de 7-4-1997, define os crimes de tortura.
- O Decreto n. 5.639, de 26-12-2005, promulga a Convenção Interamericana contra o Terrorismo.
- Drogas: Lei n. 11.343, de 23-8-2006.

XLIV – constitui crime inafiançável e imprescritível a ação de grupos armados, civis ou militares, contra a ordem constitucional e o Estado Democrático;

- Organizações criminosas: Lei n. 12.850, de 2-8-2013.
- O Decreto n. 5.015, de 12-3-2004, promulga a Convenção das Nações Unidas contra o Crime Organizado Transnacional.

XLV – nenhuma pena passará da pessoa do condenado, podendo a obrigação de reparar o dano e a decretação do perdimento de bens ser, nos termos da lei, estendidas aos sucessores e contra eles executadas, até o limite do valor do patrimônio transferido;

- Das penas no CP: arts. 32 e s.
- CC: arts. 932 e 935.

XLVI – a lei regulará a individualização da pena e adotará, entre outras, as seguintes:

- Das penas no CP: arts. 32 e s.
- A Lei n. 12.714, de 14-9-2012, dispõe sobre o sistema de acompanhamento da execução das penas, da prisão cautelar e da medida de segurança.

a) privação ou restrição da liberdade;

- CP: arts. 33 e s.

b) perda de bens;

- CP: art. 43, II.

c) multa;

- CP: art. 49.

d) prestação social alternativa;

- CP: arts. 44 e 46.

e) suspensão ou interdição de direitos;

- CP: art. 47.

XLVII – não haverá penas:

- Das penas no CP: arts. 32 e s.

a) de morte, salvo em caso de guerra declarada, nos termos do art. 84, XIX;

•• O CPM (Decreto-lei n. 1.001, de 21-10-1969) dispõe sobre pena de morte nos arts. 55 a 57.

b) de caráter perpétuo;

c) de trabalhos forçados;

d) de banimento;

e) cruéis;

XLVIII – a pena será cumprida em estabelecimentos distintos, de acordo com a natureza do delito, a idade e o sexo do apenado;

• Das penas no CP: arts. 32 e s.
• Dos estabelecimentos penais: Lei n. 7.210, de 11-7-1984, arts. 82 a 104. A Lei n. 10.792, de 1.º-12-2003, altera a Lei de Execução Penal, instituindo o regime disciplinar diferenciado e facultando à União, aos Estados, ao Distrito Federal e aos Territórios, a construção de Penitenciárias destinadas aos presos sujeitos a este regime.

XLIX – é assegurado aos presos o respeito à integridade física e moral;

• *Vide* Súmula Vinculante 11 do STF.
• CP: art. 38.
• Transporte de presos: Lei n. 8.653, de 10-5-1993.
• LEP: Lei n. 7.210, de 11-7-1984, art. 40.

L – às presidiárias serão asseguradas condições para que possam permanecer com seus filhos durante o período de amamentação;

• Da penitenciária de mulheres: Lei n. 7.210, de 11-7-1984, art. 89.
• A Lei n. 11.942, de 28-5-2009, altera a LEP (Lei n. 7.210, de 11-7-1984), para assegurar às mães presas e aos recém-nascidos condições mínimas de assistência.

LI – nenhum brasileiro será extraditado, salvo o naturalizado, em caso de crime comum, praticado antes da naturalização, ou de comprovado envolvimento em tráfico ilícito de entorpecentes e drogas afins, na forma da lei;

• *Vide* art. 12, II, da CF.

LII – não será concedida extradição de estrangeiro por crime político ou de opinião;

• Extradição: arts. 81 a 99 da Lei n. 13.445, de 24-5-2017 (Lei de Migração), e art. 267, VII, do Decreto n. 9.199, de 20-11-2017.

LIII – ninguém será processado nem sentenciado senão pela autoridade competente;

LIV – ninguém será privado da liberdade ou de seus bens sem o devido processo legal;

LV – aos litigantes, em processo judicial ou administrativo, e aos acusados em geral são assegurados o contraditório e ampla defesa, com os meios e recursos a ela inerentes;

• *Vide* Súmulas Vinculantes 5, 14, 21 e 28 do STF.

LVI – são inadmissíveis, no processo, as provas obtidas por meios ilícitos;

• Das provas no CPP: arts. 155 e s.
• Das provas no CPC: arts. 369 e s.

LVII – ninguém será considerado culpado até o trânsito em julgado de sentença penal condenatória;

•• *Vide* Súmula 643 do STJ.

LVIII – o civilmente identificado não será submetido a identificação criminal, salvo nas hipóteses previstas em lei;

•• Inciso regulamentado pela Lei n. 12.037, de 1.º-10-2009.

LIX – será admitida ação privada nos crimes de ação pública, se esta não for intentada no prazo legal;

• Da ação penal privada subsidiária da pública: art. 100, § 3.º, do CP, e art. 29 do CPP.

LX – a lei só poderá restringir a publicidade dos atos processuais quando a defesa da intimidade ou o interesse social o exigirem;

• Do sigilo no inquérito policial: CPP, art. 20.
• Segredo de Justiça: CPC, art. 189.
• Sistema de transmissão de dados para a prática de atos processuais: Lei n. 9.800, de 26-5-1999.

LXI – ninguém será preso senão em flagrante delito ou por ordem escrita e fundamentada de autoridade judiciária competente, salvo nos casos de transgressão militar ou crime propriamente militar, definidos em lei;

• *Vide* inciso LVII deste artigo.
• O Decreto-lei n. 1.001, de 21-10-1969, estabelece o CPM.

LXII – a prisão de qualquer pessoa e o local onde se encontre serão comunicados imediatamente ao juiz competente e à família do preso ou à pessoa por ele indicada;

LXIII – o preso será informado de seus direitos, entre os quais o de permanecer calado, sendo-lhe assegurada a assistência da família e de advogado;

• *Vide* art. 136, § 3.º, IV, da CF.
• *Vide* Súmula Vinculante 14 do STF.

LXIV – o preso tem direito à identificação dos responsáveis por sua prisão ou por seu interrogatório policial;

LXV – a prisão ilegal será imediatamente relaxada pela autoridade judiciária;

LXVI – ninguém será levado à prisão ou nela mantido, quando a lei admitir a liberdade provisória, com ou sem fiança;

• Os arts. 321 e s. do CPP dispõem sobre a liberdade provisória.

LXVII – não haverá prisão civil por dívida, salvo a do responsável pelo inadimplemento voluntário e inescusável de obrigação alimentícia e a do depositário infiel;

•• O Decreto n. 592, de 6-7-1992 (Pacto Internacional sobre Direitos Civis e Políticos), dispõe em seu art. 11 que "ninguém poderá ser preso apenas por não poder cumprir com uma obrigação contratual".
•• O Decreto n. 678, de 6-11-1992 (Pacto de São José da Costa Rica), dispõe em seu art. 7.º, item 7, que ninguém deve ser detido por dívida, exceto no caso de inadimplemento de obrigação alimentar.
•• Pensão alimentícia: art. 19 da Lei n. 5.478, de 25-7-1968.
•• *Vide* Súmula Vinculante 25 do STF.
• Alienação fiduciária: Decreto-lei n. 911, de 1.º-10-1969, e Lei n. 9.514, de 20-11-1997.

LXVIII – conceder-se-á *habeas corpus* sempre que alguém sofrer ou se achar ameaçado de sofrer violência ou coação em sua liberdade de locomoção, por ilegalidade ou abuso de poder;

• *Vide* art. 142, § 2.º, da CF.
• *Habeas corpus* e seu processo: arts. 647 e s. do CPP.

LXIX – conceder-se-á mandado de segurança para proteger direito líquido e certo, não amparado por *habeas corpus* ou *habeas data*, quando o responsável pela ilegalidade ou abuso de poder for autoridade pública ou agente de pessoa jurídica no exercício de atribuições do Poder Público;

• *Vide* Súmula 604 do STJ.
• Mandado de segurança: Lei n. 12.016, de 7-8-2009.
• *Habeas data*: Lei n. 9.507, de 12-11-1997.

LXX – o mandado de segurança coletivo pode ser impetrado por:

• Mandado de segurança coletivo: Lei n. 12.016, de 7-8-2009.

a) partido político com representação no Congresso Nacional;

b) organização sindical, entidade de classe ou associação legalmente constituída e em funcionamento há pelo menos um ano, em defesa dos interesses de seus membros ou associados;

LXXI – conceder-se-á mandado de injunção sempre que a falta de norma regulamentadora torne inviável o exercício dos direitos e liberdades constitucionais e das prerrogativas inerentes à nacionalidade, à soberania e à cidadania;

•• Mandado de injunção individual e coletivo: Lei n. 13.300, de 23-6-2016.

LXXII – conceder-se-á *habeas data*:

• *Habeas data*: Lei n. 9.507, de 12-11-1997.

a) para assegurar o conhecimento de informações relativas à pessoa do impetrante, constantes de registros ou bancos de dados de entidades governamentais ou de caráter público;

b) para a retificação de dados, quando não se prefira fazê-lo por processo sigiloso, judicial ou administrativo;

LXXIII – qualquer cidadão é parte legítima para propor ação popular que vise a anular ato lesivo ao patrimônio público ou de entidade de que o Estado participe, à moralidade administrativa, ao meio ambiente e ao patrimônio histórico e cultural, ficando o autor, salvo comprovada má-fé, isento de custas judiciais e do ônus da sucumbência;

• Lei de Ação Popular: Lei n. 4.717, de 29-6-1965.

LXXIV – o Estado prestará assistência jurídica integral e gratuita aos que comprovarem insuficiência de recursos;

• Assistência judiciária: Lei n. 1.060, de 5-2-1950.
• Defensoria Pública: Lei Complementar n. 80, de 12-1-1994.

LXXV – o Estado indenizará o condenado por erro judiciário, assim como o que ficar preso além do tempo fixado na sentença;

LXXVI – são gratuitos para os reconhecidamente pobres, na forma da lei:

•• Inciso regulamentado pela Lei n. 9.265, de 12-2-1996.
• Lei n. 6.015, de 31-12-1973, art. 30 e parágrafos.
• Gratuidade dos atos necessários ao exercício da cidadania: Lei n. 9.534, de 10-12-1997.

a) o registro civil de nascimento;

• Do nascimento na LRP (Lei n. 6.015, de 31-12-1973): arts. 46 e 50 a 66.

b) a certidão de óbito;

• Do óbito na LRP (Lei n. 6.015, de 31-12-1973): arts. 77 a 88.

LXXVII – são gratuitas as ações de *habeas corpus* e *habeas data*, e, na forma da lei, os atos necessários ao exercício da cidadania;

•• Inciso regulamentado pela Lei n. 9.265, de 12-2-1996.

LXXVIII – a todos, no âmbito judicial e administrativo, são assegurados a razoável duração do processo e os meios que garantam a celeridade de sua tramitação;

•• Inciso LXXVIII acrescentado pela Emenda Constitucional n. 45, de 8-12-2004.

LXXIX – é assegurado, nos termos da lei, o direito à proteção dos dados pessoais, inclusive nos meios digitais.

•• Inciso LXXIX acrescentado pela Emenda Constitucional n. 115, de 10-2-2022.

§ 1.º As normas definidoras dos direitos e garantias fundamentais têm aplicação imediata.

§ 2.º Os direitos e garantias expressos nesta Constituição não excluem outros decorrentes do regime e dos princípios por ela adotados, ou dos tratados internacionais em que a República Federativa do Brasil seja parte.

•• *Vide* Súmula Vinculante 25 do STF.

§ 3.º Os tratados e convenções internacionais sobre direitos humanos que forem aprovados, em cada Casa do Congresso Nacional, em dois turnos, por três quintos dos votos dos respectivos membros, serão equivalentes às emendas constitucionais.

•• § 3.º acrescentado pela Emenda Constitucional n. 45, de 8-12-2004.

• O Decreto n. 6.949, de 25-8-2009, promulga a Convenção Internacional sobre os Direitos das Pessoas com Deficiência e seu Protocolo Facultativo, aprovado pelo Congresso Nacional conforme o procedimento do § 3.º do art. 5.º da CF.

§ 4.º O Brasil se submete à jurisdição de Tribunal Penal Internacional a cuja criação tenha manifestado adesão.

•• § 4.º acrescentado pela Emenda Constitucional n. 45, de 8-12-2004.

• O Decreto n. 4.388, de 25-9-2002, dispõe sobre o Tribunal Penal Internacional.

Capítulo II
DOS DIREITOS SOCIAIS

Art. 6.º São direitos sociais a educação, a saúde, a alimentação, o trabalho, a moradia, o transporte, o lazer, a segurança, a previdência social, a proteção à maternidade e à infância, a assistência aos desamparados, na forma desta Constituição.

•• *Caput* com redação determinada pela Emenda Constitucional n. 90, de 15-9-2015.

• A Lei n. 10.216, de 6-4-2001, dispõe sobre a proteção e os direitos das pessoas portadoras de transtornos mentais e redireciona o modelo assistencial em saúde mental.

Parágrafo único. Todo brasileiro em situação de vulnerabilidade social terá direito a uma renda básica familiar, garantida pelo poder público em programa permanente de transferência de renda, cujas normas e requisitos de acesso serão determinados em lei, observada a legislação fiscal e orçamentária.

•• Parágrafo único acrescentado pela Emenda Constitucional n. 114, de 16-12-2021.

Art. 7.º São direitos dos trabalhadores urbanos e rurais, além de outros que visem à melhoria de sua condição social:

I – relação de emprego protegida contra despedida arbitrária ou sem justa causa, nos termos de lei complementar, que preverá indenização compensatória, dentre outros direitos;

II – seguro-desemprego, em caso de desemprego involuntário;

•• A Lei n. 7.998, de 11-1-1990, regulamenta o Programa do Seguro-Desemprego.

• Dispõem, ainda, sobre a matéria: Lei n. 8.019, de 11-4-1990, Lei n. 10.779, de 25-11-2003, e Lei Complementar n. 150, de 1.º-6-2015.

III – fundo de garantia do tempo de serviço;

• FGTS: Lei n. 8.036, de 11-5-1990 (disposições), regulamentada pelo Decreto n. 99.684, de 8-11-1990, Lei n. 8.844, de 20-1-1994 (fiscalização, apuração e cobrança judicial das contribuições e multas), Lei Complementar n. 150, de 1.º-6-2015 (empregado doméstico).

IV – salário mínimo, fixado em lei, nacionalmente unificado, capaz de atender a suas necessidades vitais básicas e às de sua família com moradia, alimentação, educação, saúde, lazer, vestuário, higiene, transporte e previdência social, com reajustes periódicos que lhe preservem o poder aquisitivo, sendo vedada sua vinculação para qualquer fim;

• A Medida Provisória n. 1.143, de 12-12-2022, estabelece que, a partir de 1.º-1-2023, o salário mínimo será de R$ 1.302,00 (mil trezentos e dois reais).

• A Lei n. 6.205, de 29-4-1975, estabelece a descaracterização do salário mínimo como fator de correção monetária.

• *Vide* Súmulas Vinculantes 4, 15 e 16 do STF.

V – piso salarial proporcional à extensão e à complexidade do trabalho;

•• A Lei Complementar n. 103, de 14-7-2000, autoriza os Estados e o Distrito Federal a instituir o piso salarial a que se refere este inciso.

VI – irredutibilidade do salário, salvo o disposto em convenção ou acordo coletivo;

VII – garantia de salário, nunca inferior ao mínimo, para os que percebem remuneração variável;

VIII – décimo terceiro salário com base na remuneração integral ou no valor da aposentadoria;

• Décimo terceiro salário: Lei n. 4.090, de 13-7-1962; Lei n. 4.749, de 12-8-1965; Decreto n. 57.155, de 3-11-1965, e Decreto n. 63.912, de 26-12-1968.

IX – remuneração do trabalho noturno superior à do diurno;

• Trabalho noturno na CLT: art. 73 e §§ 1.º a 5.º.

X – proteção do salário na forma da lei, constituindo crime sua retenção dolosa;

XI – participação nos lucros, ou resultados, desvinculada da remuneração, e, excepcionalmente, participação na gestão da empresa, conforme definido em lei;

•• Regulamento: Lei n. 10.101, de 19-12-2000.

•• A Lei n. 12.353, de 28-12-2010, dispõe sobre a participação de empregados nos conselhos de administração das empresas públicas e sociedades de economia mista, suas subsidiárias e controladas e demais empresas em que a União, direta ou indiretamente, detenha a maioria do capital social com direito a voto.

XII – salário-família pago em razão do dependente do trabalhador de baixa renda nos termos da lei;

•• Inciso XII com redação determinada pela Emenda Constitucional n. 20, de 15-12-1998.

• Salário-família: Lei n. 4.266, de 3-10-1963, Decreto n. 53.153, de 10-12-1963, Lei n. 8.213, de 24-7-1991, e Decreto n. 3.048, de 6-5-1999.

XIII – duração do trabalho normal não superior a oito horas diárias e quarenta e quatro semanais, facultada a compensação de horários e a redução da jornada, mediante acordo ou convenção coletiva de trabalho;

• Duração do trabalho na CLT: arts. 57 e s. e 224 e s.

XIV – jornada de seis horas para o trabalho realizado em turnos ininterruptos de revezamento, salvo negociação coletiva;

XV – repouso semanal remunerado, preferencialmente aos domingos;

• Repouso semanal: Lei n. 605, de 5-1-1949 e art. 67 da CLT.

XVI – remuneração do serviço extraordinário superior, no mínimo, em cinquenta por cento à do normal;

• Remuneração do serviço extraordinário na CLT: arts. 61, 142 e 227.

• A Lei n. 10.244, de 27-6-2001, revogando o art. 376 da CLT, passa a permitir a realização de horas extras por mulheres.

XVII – gozo de férias anuais remuneradas com, pelo menos, um terço a mais do que o salário normal;

• Férias na CLT: arts. 129 e s.

XVIII – licença à gestante, sem prejuízo do emprego e do salário, com a duração de cento e vinte dias;

•• A Lei n. 11.770, de 9-9-2008, institui o Programa Empresa Cidadã, destinado a facultar a prorrogação por 60 dias da licença-maternidade, prevista neste inciso. Regulamentada pelo Decreto n. 7.052, de 23-12-2009.

• *Vide* art. 10, II, *b*, do ADCT.

• Salário-maternidade: arts. 71 a 73 da Lei n. 8.213, de 24-7-1991, regulamentada pelo Decreto n. 3.048, de 6-5-1999, arts. 93 a 103.

• *Vide* nota ao art. 14 da Emenda Constitucional n. 20, de 15-12-1998.

XIX – licença-paternidade, nos termos fixados em lei;

•• *Vide* art. 10, § 1.º, do ADCT.

•• A Lei n. 11.770, de 9-9-2008 (Programa Empresa Cidadã), alterada pela Lei n. 13.257, de 8-3-2016, faculta a prorrogação por 15 dias da licença-paternidade, mediante concessão de incentivo fiscal.

XX – proteção do mercado de trabalho da mulher, mediante incentivos específicos, nos termos da lei;

• Proteção ao trabalho da mulher na CLT: arts. 372 e s.

• Convenção sobre a eliminação de todas as formas de discriminação contra a mulher: Decreto n. 4.377, de 13-9-2002.

XXI – aviso prévio proporcional ao tempo de serviço, sendo no mínimo de trinta dias, nos termos da lei;

•• Regulamento: Lei n. 12.506, de 11-10-2011.

• Aviso prévio na CLT: arts. 487 e s.

XXII – redução dos riscos inerentes ao trabalho, por meio de normas de saúde, higiene e segurança;

• Segurança e medicina do trabalho: arts. 154 e s. da CLT.

XXIII – adicional de remuneração para as atividades penosas, insalubres ou perigosas, na forma da lei;

- Atividades insalubres e perigosas na CLT: arts. 189 e s.

XXIV – aposentadoria;

- A Lei n. 8.213, de 24-7-1991, nos arts. 42 e s., trata de aposentadoria.
- O Decreto n. 3.048, de 6-5-1999, aprova o regulamento da Previdência Social.

XXV – assistência gratuita aos filhos e dependentes desde o nascimento até 5 (cinco) anos de idade em creches e pré-escolas;

•• Inciso XXV com redação determinada pela Emenda Constitucional n. 53, de 19-12-2006.

XXVI – reconhecimento das convenções e acordos coletivos de trabalho;

- Convenções coletivas de trabalho na CLT: arts. 611 e s.

XXVII – proteção em face da automação, na forma da lei;

XXVIII – seguro contra acidentes de trabalho, a cargo do empregador, sem excluir a indenização a que este está obrigado, quando incorrer em dolo ou culpa;

- Acidente do trabalho: Lei n. 6.338, de 7-6-1976; Lei n. 8.212, de 24-7-1991; Lei n. 8.213, de 24-7-1991; e Decreto n. 3.048, de 6-5-1999.

XXIX – ação, quanto aos créditos resultantes das relações de trabalho, com prazo prescricional de cinco anos para os trabalhadores urbanos e rurais, até o limite de dois anos após a extinção do contrato de trabalho;

•• Inciso XXIX com redação determinada pela Emenda Constitucional n. 28, de 25-5-2000.

a)* e *b) *(Revogadas pela Emenda Constitucional n. 28, de 25-5-2000.)*

XXX – proibição de diferença de salários, de exercício de funções e de critério de admissão por motivo de sexo, idade, cor ou estado civil;

- Convenção sobre a eliminação de todas as formas de discriminação contra a mulher: Decreto n. 4.377, de 13-9-2002.

XXXI – proibição de qualquer discriminação no tocante a salário e critérios de admissão do trabalhador portador de deficiência;

- O Decreto n. 3.298, de 20-12-1999, consolida as normas de proteção à pessoa portadora de deficiência.

XXXII – proibição de distinção entre trabalho manual, técnico e intelectual ou entre os profissionais respectivos;

XXXIII – proibição de trabalho noturno, perigoso ou insalubre a menores de 18 (dezoito) e de qualquer trabalho a menores de 16 (dezesseis) anos, salvo na condição de aprendiz, a partir de 14 (quatorze) anos;

•• Inciso XXXIII com redação determinada pela Emenda Constitucional n. 20, de 15-12-1998.

- Proteção ao trabalho do menor na CLT: arts. 402 e s.
- Do direito à profissionalização e à proteção do trabalho: arts. 60 a 69 da Lei n. 8.069, de 13-7-1990 (ECA).

XXXIV – igualdade de direitos entre o trabalhador com vínculo empregatício permanente e o trabalhador avulso.

Parágrafo único. São assegurados à categoria dos trabalhadores domésticos os direitos previstos nos incisos IV, VI, VII, VIII, X, XIII, XV, XVI, XVII, XVIII, XIX, XXI, XXII, XXIV, XXVI, XXX, XXXI e XXXIII e, atendidas as condições estabelecidas em lei e observada a simplificação do cumprimento das obrigações tributárias, principais e acessórias, decorrentes da relação de trabalho e suas peculiaridades, os previstos nos incisos I, II, III, IX, XII, XXV e XXVIII, bem como a sua integração à previdência social.

•• Parágrafo único com redação determinada pela Emenda Constitucional n. 72, de 2-4-2013.

- Empregado doméstico, FGTS e seguro-desemprego: Lei n. 7.195, de 12-6-1984, e Lei Complementar n. 150, de 1.º-6-2015.
- Salário-maternidade: arts. 93 a 103 do Decreto n. 3.048, de 6-5-1999.

Art. 8.º É livre a associação profissional ou sindical, observado o seguinte:

- Organização sindical na CLT: arts. 511 e s.

I – a lei não poderá exigir autorização do Estado para a fundação de sindicato, ressalvado o registro no órgão competente, vedadas ao Poder Público a interferência e a intervenção na organização sindical;

II – é vedada a criação de mais de uma organização sindical, em qualquer grau, representativa de categoria profissional ou econômica, na mesma base territorial, que será definida pelos trabalhadores ou empregadores interessados, não podendo ser inferior à área de um Município;

III – ao sindicato cabe a defesa dos direitos e interesses coletivos ou individuais da categoria, inclusive em questões judiciais ou administrativas;

IV – a assembleia geral fixará a contribuição que, em se tratando de categoria profissional, será descontada em folha, para custeio do sistema confederativo da representação sindical respectiva, independentemente da contribuição prevista em lei;

•• *Vide* Súmula Vinculante 40 do STF.

V – ninguém será obrigado a filiar-se ou a manter-se filiado a sindicato;

- Atentado contra a liberdade de associação: art. 199 do CP.
- O Precedente Normativo n. 119, de 13-8-1998, publicado no *DJU*, de 20-8-1998, do Tribunal Superior do Trabalho, dispõe sobre contribuições sindicais.

VI – é obrigatória a participação dos sindicatos nas negociações coletivas de trabalho;

VII – o aposentado filiado tem direito a votar e ser votado nas organizações sindicais;

VIII – é vedada a dispensa do empregado sindicalizado a partir do registro da candidatura a cargo de direção ou representação sindical e, se eleito, ainda que suplente, até um ano após o final do mandato, salvo se cometer falta grave nos termos da lei.

Parágrafo único. As disposições deste artigo aplicam-se à organização de sindicatos rurais e de colônias de pescadores, atendidas as condições que a lei estabelecer.

•• Parágrafo regulamentado pela Lei n. 11.699, de 13-6-2008, que estabelece que as Colônias de Pescadores, as Federações Estaduais e a Confederação Nacional dos Pescadores ficam reconhecidas como órgãos de classe dos trabalhadores do setor artesanal da pesca, com forma e natureza jurídica próprias, obedecendo ao princípio da livre organização previsto neste artigo.

Art. 9.º É assegurado o direito de greve, competindo aos trabalhadores decidir sobre a oportunidade de exercê-lo e sobre os interesses que devam por meio dele defender.

- Greve: Lei n. 7.783, de 28-6-1989.
- *Vide* arts. 37, VII, 114, II, e 142, § 3.º, IV, da CF.

§ 1.º A lei definirá os serviços ou atividades essenciais e disporá sobre o atendimento das necessidades inadiáveis da comunidade.

§ 2.º Os abusos cometidos sujeitam os responsáveis às penas da lei.

Art. 10. É assegurada a participação dos trabalhadores e empregadores nos colegiados dos órgãos públicos em que seus interesses profissionais ou previdenciários sejam objeto de discussão e deliberação.

Art. 11. Nas empresas de mais de duzentos empregados, é assegurada a eleição de um representante destes com a finalidade exclusiva de promover-lhes o entendimento direto com os empregadores.

Capítulo III
DA NACIONALIDADE

- O Decreto n. 4.246, de 22-5-2002, promulga a Convenção sobre o Estatuto dos Apátridas.

Art. 12. São brasileiros:

I – natos:

a) os nascidos na República Federativa do Brasil, ainda que de pais estrangeiros, desde que estes não estejam a serviço de seu país;

b) os nascidos no estrangeiro, de pai brasileiro ou mãe brasileira, desde que qualquer deles esteja a serviço da República Federativa do Brasil;

c) os nascidos no estrangeiro de pai brasileiro ou de mãe brasileira, desde que sejam registrados em repartição brasileira competente ou venham a residir na República Federativa do Brasil e optem, em qualquer tempo, depois de atingida a maioridade, pela nacionalidade brasileira;

•• Alínea *c* com redação dada pela Emenda Constitucional n. 54, de 20-9-2007.

II – naturalizados:

- Naturalização: Lei n. 13.445, de 24-5-2017 (Lei de Migração), regulamentada pelo Decreto n. 9.199, de 20-11-2017.

a) os que, na forma da lei, adquiram a nacionalidade brasileira, exigidas aos originários de países de língua portuguesa apenas residência por um ano ininterrupto e idoneidade moral;

b) os estrangeiros de qualquer nacionalidade residentes na República Federativa do Brasil há mais de quinze anos ininterruptos e sem condenação penal, desde que requeiram a nacionalidade brasileira.

•• Alínea *b* com redação determinada pela Emenda Constitucional de Revisão n. 3, de 7-6-1994.

§ 1.º Aos portugueses com residência permanente no País, se houver reciprocidade em favor de brasileiros, serão atribuídos os direitos inerentes ao brasileiro, salvo os casos previstos nesta Constituição.

•• § 1.º com redação determinada pela Emenda Constitucional de Revisão n. 3, de 7-6-1994.

§ 2.º A lei não poderá estabelecer distinção entre brasileiros natos e naturalizados, salvo nos casos previstos nesta Constituição.

• O Decreto n. 3.927, de 19-9-2001, promulga o Tratado de Amizade, Cooperação e Consulta, entre a República Federativa do Brasil e a República Portuguesa.

§ 3.º São privativos de brasileiro nato os cargos:

I – de Presidente e Vice-Presidente da República;

II – de Presidente da Câmara dos Deputados;

III – de Presidente do Senado Federal;

IV – de Ministro do Supremo Tribunal Federal;

V – da carreira diplomática;

VI – de oficial das Forças Armadas;

• A Lei Complementar n. 97, de 9-6-1999, dispõe sobre as normas gerais para a organização, o preparo e o emprego das Forças Armadas.

VII – de Ministro de Estado da Defesa.

•• Inciso VII acrescentado pela Emenda Constitucional n. 23, de 2-9-1999.

§ 4.º Será declarada a perda da nacionalidade do brasileiro que:

•• O Decreto n. 3.453, de 9-5-2000, delega competência ao Ministro de Estado da Justiça para declarar a perda e a reaquisição da nacionalidade brasileira, na forma deste artigo.

I – tiver cancelada sua naturalização, por sentença judicial, em virtude de atividade nociva ao interesse nacional;

II – adquirir outra nacionalidade, salvo nos casos:

•• Inciso II, *caput*, acrescentado pela Emenda Constitucional de Revisão n. 3, de 7-6-1994.

a) de reconhecimento de nacionalidade originária pela lei estrangeira;

•• Alínea *a* acrescentada pela Emenda Constitucional de Revisão n. 3, de 7-6-1994.

b) de imposição de naturalização, pela norma estrangeira, ao brasileiro residente em Estado estrangeiro, como condição para permanência em seu território ou para o exercício de direitos civis.

•• Alínea *b* acrescentada pela Emenda Constitucional de Revisão n. 3, de 7-6-1994.

• A Lei n. 818, de 18-9-1949, regula a aquisição, a perda e a reaquisição da nacionalidade, bem como a perda dos direitos políticos.

Art. 13. A língua portuguesa é o idioma oficial da República Federativa do Brasil.

• O Decreto n. 6.583, de 29-9-2008, promulga o Acordo Ortográfico da Língua Portuguesa.

§ 1.º São símbolos da República Federativa do Brasil a bandeira, o hino, as armas e o selo nacionais.

• Apresentação e forma dos símbolos nacionais: Lei n. 5.700, de 1.º-9-1971.

§ 2.º Os Estados, o Distrito Federal e os Municípios poderão ter símbolos próprios.

Capítulo IV
DOS DIREITOS POLÍTICOS

Art. 14. A soberania popular será exercida pelo sufrágio universal e pelo voto direto e secreto, com valor igual para todos, e, nos termos da lei, mediante:

I – plebiscito;

•• Regulamento: Lei n. 9.709, de 18-11-1998.

II – referendo;

•• Regulamento: Lei n. 9.709, de 18-11-1998.

III – iniciativa popular.

•• Regulamento: Lei n. 9.709, de 18-11-1998.

§ 1.º O alistamento eleitoral e o voto são:

• Alistamento no CE (Lei n. 4.737, de 15-7-1965): arts. 42 e s.

I – obrigatórios para os maiores de dezoito anos;

II – facultativos para:

a) os analfabetos;

b) os maiores de setenta anos;

c) os maiores de dezesseis e menores de dezoito anos.

§ 2.º Não podem alistar-se como eleitores os estrangeiros e, durante o período do serviço militar obrigatório, os conscritos.

§ 3.º São condições de elegibilidade, na forma da lei:

I – a nacionalidade brasileira;

II – o pleno exercício dos direitos políticos;

III – o alistamento eleitoral;

IV – o domicílio eleitoral na circunscrição;

V – a filiação partidária;

•• Regulamento: Lei n. 9.096, de 19-9-1995.

VI – a idade mínima de:

a) trinta e cinco anos para Presidente e Vice-Presidente da República e Senador;

b) trinta anos para Governador e Vice-Governador de Estado e do Distrito Federal;

c) vinte e um anos para Deputado Federal, Deputado Estadual ou Distrital, Prefeito, Vice-Prefeito e juiz de paz;

• Responsabilidade dos Prefeitos: Decreto-lei n. 201, de 27-2-1967.

d) dezoito anos para Vereador.

• Responsabilidade dos Vereadores: Decreto-lei n. 201, de 27-2-1967.

§ 4.º São inelegíveis os inalistáveis e os analfabetos.

§ 5.º O Presidente da República, os Governadores de Estado e do Distrito Federal, os Prefeitos e quem os houver sucedido ou substituído no curso dos mandatos poderão ser reeleitos para um único período subsequente.

•• § 5.º com redação determinada pela Emenda Constitucional n. 16, de 4-6-1997.

§ 6.º Para concorrerem a outros cargos, o Presidente da República, os Governadores de Estado e do Distrito Federal e os Prefeitos devem renunciar aos respectivos mandatos até seis meses antes do pleito.

§ 7.º São inelegíveis, no território de jurisdição do titular, o cônjuge e os parentes consanguíneos ou afins, até o segundo grau ou por adoção, do Presidente da República, de Governador de Estado ou Território, do Distrito Federal, de Prefeito ou de quem os haja substituído dentro dos seis meses anteriores ao pleito, salvo se já titular de mandato eletivo e candidato à reeleição.

• *Vide* Súmula Vinculante 18 do STF.

§ 8.º O militar alistável é elegível, atendidas as seguintes condições:

I – se contar menos de dez anos de serviço, deverá afastar-se da atividade;

II – se contar mais de dez anos de serviço, será agregado pela autoridade superior e, se eleito, passará automaticamente, no ato da diplomação, para a inatividade.

• *Vide* art. 42 da CF.

§ 9.º Lei complementar estabelecerá outros casos de inelegibilidade e os prazos de sua cessação, a fim de proteger a probidade administrativa, a moralidade para o exercício do mandato, considerada a vida pregressa do candidato, e a normalidade e legitimidade das eleições contra a influência do poder econômico ou o abuso do exercício de função, cargo ou emprego na administração direta ou indireta.

•• § 9.º com redação determinada pela Emenda Constitucional de Revisão n. 4, de 7-6-1994.

• Casos de inelegibilidade: Lei Complementar n. 64, de 18-5-1990.

§ 10. O mandato eletivo poderá ser impugnado ante a Justiça Eleitoral no prazo de quinze dias contados da diplomação, instruída a ação com provas de abuso do poder econômico, corrupção ou fraude.

§ 11. A ação de impugnação de mandato tramitará em segredo de justiça, respondendo o autor, na forma da lei, se temerária ou de manifesta má-fé.

§ 12. Serão realizadas concomitantemente às eleições municipais as consultas populares sobre questões locais aprovadas pelas Câmaras Municipais e encaminhadas à Justiça Eleitoral até 90 (noventa) dias antes da data das eleições, observados os limites operacionais relativos ao número de quesitos.

•• § 12 acrescentado pela Emenda Constitucional n. 111, de 28-9-2021.

§ 13. As manifestações favoráveis e contrárias às questões submetidas às consultas populares nos termos do § 12 ocorrerão durante as campanhas eleitorais, sem a utilização de propaganda gratuita no rádio e na televisão.

•• § 13 acrescentado pela Emenda Constitucional n. 111, de 28-9-2021.

Art. 15. É vedada a cassação de direitos políticos, cuja perda ou suspensão só se dará nos casos de:

• Lei Orgânica dos Partidos Políticos: Lei n. 9.096, de 19-9-1995.

I – cancelamento da naturalização por sentença transitada em julgado;

II – incapacidade civil absoluta;

III – condenação criminal transitada em julgado, enquanto durarem seus efeitos;

IV – recusa de cumprir obrigação a todos imposta ou prestação alternativa, nos termos do art. 5.º, VIII;

V – improbidade administrativa, nos termos do art. 37, § 4.º.

Art. 16. A lei que alterar o processo eleitoral entrará em vigor na data de sua publicação, não se aplicando à eleição que ocorra até 1 (um) ano da data de sua vigência.

•• Artigo com redação determinada pela Emenda Constitucional n. 4, de 14-9-1993.

•• Sobre as Eleições Municipais 2020: *Vide* art. 2.º da Emenda Constitucional n. 107, de 2-7-2020.

Capítulo V
DOS PARTIDOS POLÍTICOS

Art. 17. É livre a criação, fusão, incorporação e extinção de partidos políticos, resguardados a soberania nacional, o regime democrático, o pluripartidarismo, os direitos fundamentais da pessoa humana e observados os seguintes preceitos:

•• Artigo regulamentado pela Lei n. 9.096, de 19-9-1995.

•• *Vide* Emenda Constitucional n. 91, de 18-2-2016, que dispõe sobre desfiliação partidária.

I – caráter nacional;

II – proibição de recebimento de recursos financeiros de entidade ou governo estrangeiros ou de subordinação a estes;

III – prestação de contas à Justiça Eleitoral;

IV – funcionamento parlamentar de acordo com a lei.

§ 1.º É assegurada aos partidos políticos autonomia para definir sua estrutura interna e estabelecer regras sobre escolha, formação e duração de seus órgãos permanentes e provisórios e sobre sua organização e funcionamento e para adotar os critérios de escolha e o regime de suas coligações nas eleições majoritárias, vedada a sua celebração nas eleições proporcionais, sem obrigatoriedade de vinculação entre as candidaturas em âmbito nacional, estadual, distrital ou municipal, devendo seus estatutos estabelecer normas de disciplina e fidelidade partidária.

••§ 1.º com redação determinada pela Emenda Constitucional n. 97, de 4-10-2017.

••*Vide* art. 2.º da Emenda Constitucional n. 97, de 4-10-2017.

§ 2.º Os partidos políticos, após adquirirem personalidade jurídica, na forma da lei civil, registrarão seus estatutos no Tribunal Superior Eleitoral.

§ 3.º Somente terão direito a recursos do fundo partidário e acesso gratuito ao rádio e à televisão, na forma da lei, os partidos políticos que alternativamente:

••§ 3.º, *caput*, com redação determinada pela Emenda Constitucional n. 97, de 4-10-2017.

••*Vide* art. 3.º da Emenda Constitucional n. 97, de 4-10-2017.

I – obtiverem, nas eleições para a Câmara dos Deputados, no mínimo, 3% (três por cento) dos votos válidos, distribuídos em pelo menos um terço das unidades da Federação, com um mínimo de 2% (dois por cento) dos votos válidos em cada uma delas; ou

••Inciso I acrescentado pela Emenda Constitucional n. 97, de 4-10-2017.

II – tiverem elegido pelo menos quinze Deputados Federais distribuídos em pelo menos um terço das unidades da Federação.

••Inciso II acrescentado pela Emenda Constitucional n. 97, de 4-10-2017.

§ 4.º É vedada a utilização pelos partidos políticos de organização paramilitar.

§ 5.º Ao eleito por partido que não preencher os requisitos previstos no § 3.º deste artigo é assegurado o mandato e facultada a filiação, sem perda do mandato, a outro partido que os tenha atingido, não sendo essa filiação considerada para fins de distribuição dos recursos do fundo partidário e de acesso gratuito ao tempo de rádio e de televisão.

•• § 5.º acrescentado pela Emenda Constitucional n. 97, de 4-10-2017.

§ 6.º Os Deputados Federais, os Deputados Estaduais, os Deputados Distritais e os Vereadores que se desligarem do partido pelo qual tenham sido eleitos perderão o mandato, salvo nos casos de anuência do partido ou de outras hipóteses de justa causa estabelecidas em lei, não computada, em qualquer caso, a migração de partido para fins de distribuição de recursos do fundo partidário ou de outros fundos públicos e de acesso gratuito ao rádio e à televisão.

•• § 6.º acrescentado pela Emenda Constitucional n. 111, de 28-9-2021.

§ 7.º **Os partidos políticos devem aplicar no mínimo 5% (cinco por cento) dos recursos do fundo partidário na criação e na manutenção de programas de promoção e difusão da participação política das mulheres, de acordo com os interesses intrapartidários.**

•• § 7.º acrescentado pela Emenda Constitucional n. 117, de 5-4-2022.

•• *Vide* arts. 3.º e 4.º da Emenda Constitucional n. 117, de 5-4-2022.

§ 8.º **O montante do Fundo Especial de Financiamento de Campanha e da parcela do fundo partidário destinada a campanhas eleitorais, bem como o tempo de propaganda gratuita no rádio e na televisão a ser distribuído pelos partidos às respectivas candidatas, deverão ser de no mínimo 30% (trinta por cento), proporcional ao número de candidatas, e a distribuição deverá ser realizada conforme critérios definidos pelos respectivos órgãos de direção e pelas normas estatutárias, considerados a autonomia e o interesse partidário.**

•• § 8.º acrescentado pela Emenda Constitucional n. 117, de 5-4-2022.

TÍTULO III
DA ORGANIZAÇÃO DO ESTADO

Capítulo I
DA ORGANIZAÇÃO POLÍTICO-ADMINISTRATIVA

Art. 18. A organização político-administrativa da República Federativa do Brasil compreende a União, os Estados, o Distrito Federal e os Municípios, todos autônomos, nos termos desta Constituição.

§ 1.º Brasília é a Capital Federal.

§ 2.º Os Territórios Federais integram a União, e sua criação, transformação em Estado ou reintegração ao Estado de origem serão reguladas em lei complementar.

§ 3.º Os Estados podem incorporar-se entre si, subdividir-se ou desmembrar-se para se anexarem a outros, ou formarem novos Estados ou Territórios Federais, mediante aprovação da população diretamente interessada, através de plebiscito, e do Congresso Nacional, por lei complementar.

§ 4.º A criação, a incorporação, a fusão e o desmembramento de Municípios far-se-ão por lei estadual, dentro do período determinado por lei complementar federal, e dependerão de consulta prévia, mediante plebiscito, às populações dos Municípios envolvidos, após divulgação dos Estudos de Viabilidade Municipal, apresentados e publicados na forma da lei.

•• § 4.º com redação determinada pela Emenda Constitucional n. 15, de 12-9-1996.

• A Lei n. 10.521, de 18-7-2002, assegura a instalação de Municípios criados por Lei Estadual.

Art. 19. É vedado à União, aos Estados, ao Distrito Federal e aos Municípios:

I – estabelecer cultos religiosos ou igrejas, subvencioná-los, embaraçar-lhes o funcionamento ou manter com eles ou seus representantes relações de dependência ou aliança, ressalvada, na forma da lei, a colaboração de interesse público;

II – recusar fé aos documentos públicos;

III – criar distinções entre brasileiros ou preferências entre si.

Capítulo II
DA UNIÃO

Art. 20. São bens da União:

• Bens imóveis da União: Decreto-lei n. 9.760, de 5-9-1946, e Lei n. 9.636, de 15-5-1998.

• Bens públicos: Lei n. 10.406, de 10-1-2002 (CC), art. 99.

I – os que atualmente lhe pertencem e os que lhe vierem a ser atribuídos;

II – as terras devolutas indispensáveis à defesa das fronteiras, das fortificações e construções militares, das vias federais de comunicação e à preservação ambiental, definidas em lei;

• A Lei n. 6.383, de 7-12-1976, dispõe sobre o processo discriminatório de terras devolutas da União.

• A Lei n. 6.938, de 31-8-1981, dispõe sobre a Política Nacional do Meio Ambiente, seus fins e mecanismos de formulação e aplicação.

III – os lagos, rios e quaisquer correntes de água em terrenos de seu domínio, ou que banhem mais de um Estado, sirvam de limites com outros países, ou se estendam a território estrangeiro ou dele provenham, bem como os terrenos marginais e as praias fluviais;

• Política Marítima Nacional (PMN): Decreto n. 1.265, de 11-10-1994.

IV – as ilhas fluviais e lacustres nas zonas limítrofes com outros países; as praias marítimas; as ilhas oceânicas e as costeiras, excluídas, destas, as que contenham a sede de Municípios, exceto aquelas áreas afetadas ao serviço público e a unidade ambiental federal, e as referidas no art. 26, II;

•• Inciso IV com redação determinada pela Emenda Constitucional n. 46, de 5-5-2005.

• Política Marítima Nacional (PMN): Decreto n. 1.265, de 11-10-1994.

V – os recursos naturais da plataforma continental e da zona econômica exclusiva;

• A Lei n. 8.617, de 4-1-1993, dispõe sobre o mar territorial, a zona contígua, a zona econômica exclusiva e a plataforma continental brasileira.

• Política Marítima Nacional (PMN): Decreto n. 1.265, de 11-10-1994.

VI – o mar territorial;

VII – os terrenos de marinha e seus acrescidos;

VIII – os potenciais de energia hidráulica;

IX – os recursos minerais, inclusive os do subsolo;

X – as cavidades naturais subterrâneas e os sítios arqueológicos e pré-históricos;

XI – as terras tradicionalmente ocupadas pelos índios.

§ 1.º É assegurada, nos termos da lei, aos Estados, ao Distrito Federal e aos Municípios, bem como a órgãos da administração direta da União, participação no resultado da exploração de petróleo ou gás natural, de recursos hídricos para fins de geração de energia elétrica e de outros recursos minerais no respectivo território, plataforma continental, mar territorial ou zona econômica exclusiva, ou compensação financeira por essa exploração.

•• § 1.º com redação determinada pela Emenda Constitucional n. 102, de 26-9-2019.

•• *Vide* art. 107, § 6.º, I, do ADCT.

•• *Vide* art. 3.º da Emenda Constitucional n. 86, de 17-3-2015.

•• *Vide* art. 198, § 2.º, I, da CF.

• A Lei n. 7.990, de 28-12-1989, institui, para os Estados, Distrito Federal e Municípios, compensação financeira pelo resultado da exploração de petróleo ou gás natural, de recursos hídricos para fins de geração de energia elétrica, de recursos minerais em seus respectivos territórios, plataforma continental, mar territorial ou zona econômica exclusiva.

• A Lei n. 8.001, de 13-3-1990, define os percentuais da distribuição da compensação financeira de que trata a Lei n. 7.990, de 28-12-1989.

• A Lei n. 9.427, de 26-12-1996, institui a Agência Nacional de Energia Elétrica – ANEEL, e disciplina o regime de concessões de serviços públicos de energia elétrica.

• A Lei n. 9.478, de 6-8-1997, dispõe sobre a Política Energética Nacional, as atividades relativas ao monopólio do petróleo, institui o Conselho Nacional de Política Energética e a Agência Nacional do Petróleo.

• A Lei n. 9.984, de 17-7-2000, dispõe sobre a Agência Nacional de Águas – ANA.

• A Lei n. 12.734, de 30-11-2012, modifica as Leis n. 9.478, de 6-8-1997, e n. 12.351, de 22-12-2010, para determinar novas regras de distribuição entre os entes da Federação dos *royalties* e da participação especial, devidos em função da exploração de petróleo, gás natural e outros hidrocarbonetos fluidos, e para aprimorar o marco regulatório sobre a exploração desses recursos no regime de partilha.

§ 2.º A faixa de até cento e cinquenta quilômetros de largura, ao longo das fronteiras terrestres, designada como faixa de fronteira, é considerada fundamental para defesa do território nacional, e sua ocupação e utilização serão reguladas em lei.

• A Lei n. 6.634, de 2-5-1979, dispõe sobre Faixa de Fronteira.

• O Decreto n. 7.496, de 8-6-2011, institui o Plano Estratégico de Fronteiras.

Art. 21. Compete à União:

I – manter relações com Estados estrangeiros e participar de organizações internacionais;

II – declarar a guerra e celebrar a paz;

III – assegurar a defesa nacional;

• O Decreto n. 6.703, de 18-12-2008, aprova a Estratégia Nacional de Defesa.

IV – permitir, nos casos previstos em lei complementar, que forças estrangeiras transitem pelo território nacional ou nele permaneçam temporariamente;

•• Regulamento: Lei Complementar n. 90, de 1.º-10-1997.

V – decretar o estado de sítio, o estado de defesa e a intervenção federal;

VI – autorizar e fiscalizar a produção e o comércio de material bélico;

VII – emitir moeda;

VIII – administrar as reservas cambiais do País e fiscalizar as operações de natureza financeira, especialmente as de crédito, câmbio e capitalização, bem como as de seguros e de previdência privada;

• A Lei n. 4.595, de 31-12-1964, dispõe sobre a política e as instituições monetárias, bancárias e creditícias e cria o Conselho Monetário Nacional.

• A Lei n. 4.728, de 14-7-1965, disciplina o mercado de capitais e estabelece medidas para o seu desenvolvimento.

• O Decreto-lei n. 73, de 21-11-1966, regulamentado pelo Decreto n. 60.459, de 13-3-1967, dispõe sobre o sistema nacional de seguros privados e regula as operações de seguros e resseguros.

• A Lei Complementar n. 108, de 29-5-2001, dispõe sobre a relação entre a União, os Estados, o Distrito Federal e os Municípios, suas autarquias, fundações, sociedades de economia mista e outras entidades públicas e suas respectivas entidades fechadas de previdência complementar, e dá outras providências.

• A Lei Complementar n. 109, de 29-5-2001, dispõe sobre o regime de previdência complementar e dá outras providências.

IX – elaborar e executar planos nacionais e regionais de ordenação do território e de desenvolvimento econômico e social;

X – manter o serviço postal e o correio aéreo nacional;

• Serviço postal: Lei n. 6.538, de 22-6-1978.

XI – explorar, diretamente ou mediante autorização, concessão ou permissão, os serviços de telecomunicações, nos termos da lei, que disporá sobre a organização dos serviços, a criação de um órgão regulador e outros aspectos institucionais;

•• Inciso XI com redação determinada pela Emenda Constitucional n. 8, de 15-8-1995.

• *Vide* art. 2.º da Emenda Constitucional n. 8, de 15-8-1995.

• Sobre concessão para exploração de serviços públicos de telecomunicações, trata a Lei n. 9.472, de 16-7-1997.

• Concessões e permissões de serviços públicos: Lei n. 8.987, de 13-2-1995.

• Serviços de Telecomunicações, organização e órgão regulador: Lei n. 9.295, de 19-7-1996.

• O Decreto n. 3.896, de 23-8-2001, dispõe sobre a regência dos serviços de telecomunicações, e dá outras providências.

XII – explorar, diretamente ou mediante autorização, concessão ou permissão:

a) os serviços de radiodifusão sonora e de sons e imagens;

•• Alínea *a* com redação determinada pela Emenda Constitucional n. 8, de 15-8-1995.

• Código Brasileiro de Telecomunicações: Lei n. 4.117, de 27-8-1962, e Lei n. 9.472, de 16-7-1997.

• A Lei n. 9.612, de 19-2-1998, institui o Serviço de Radiodifusão Comunitária, e o Decreto n. 2.615, de 3-6-1998, aprova seu regulamento.

b) os serviços e instalações de energia elétrica e o aproveitamento energético dos cursos de água, em articulação com os Estados onde se situam os potenciais hidroenergéticos;

• A Lei n. 9.427, de 26-12-1996, institui a Agência Nacional de Energia Elétrica – ANEEL, e disciplina o regime de concessões de serviços públicos de energia elétrica.

• A Lei n. 9.648, de 27-5-1998, regulamentada pelo Decreto n. 2.655, de 2-7-1998, autoriza o Poder Executivo a promover a reestruturação da Centrais Elétricas Brasileiras – ELETROBRAS e de suas subsidiárias.

c) a navegação aérea, aeroespacial e a infraestrutura aeroportuária;

• CBA: Lei n. 7.565, de 19-12-1986.

• A Lei n. 12.379, de 6-1-2011, dispõe sobre o Sistema Nacional de Viação – SNV, que é composto pelo Subsistema Aeroviário Federal.

d) os serviços de transporte ferroviário e aquaviário entre portos brasileiros e fronteiras nacionais, ou que transponham os limites de Estado ou Território;

• A Lei n. 9.432, de 8-1-1997, dispõe sobre a ordenação do transporte aquaviário.

• A Lei n. 12.379, de 6-1-2011, dispõe sobre o Sistema Nacional de Viação – SNV, que é composto pelos Subsistemas Ferroviário e Aquaviário Federais.

e) os serviços de transporte rodoviário interestadual e internacional de passageiros;

• A Lei n. 12.379, de 6-1-2011, dispõe sobre o Sistema Nacional de Viação – SNV, que é composto pelo Subsistema Rodoviário Federal.

f) os portos marítimos, fluviais e lacustres;

• Política Marítima Nacional (PMN): Decreto n. 1.265, de 11-10-1994.

XIII – organizar e manter o Poder Judiciário, o Ministério Público do Distrito Federal e dos Territórios e a Defensoria Pública dos Territórios;

•• Inciso XIII com redação determinada pela Emenda Constitucional n. 69, de 29-3-2012.

XIV – organizar e manter a polícia civil, a polícia penal, a polícia militar e o corpo de bombeiros militar do Distrito Federal, bem como prestar assistência financeira ao Distrito Federal para a execução de serviços públicos, por meio de fundo próprio;

•• Inciso XIV com redação determinada pela Emenda Constitucional n. 104, de 4-12-2019.

•• *Vide* art. 107, § 6.º, I, do ADCT.

•• A Lei n. 10.633, de 27-12-2002, institui o Fundo Constitucional do Distrito Federal – FCDF, para atender o disposto neste inciso.

•• *Vide* arts. 5.º e 10, §§ 2.º, I, e 6.º, da Emenda Constitucional n. 103, de 12-11-2019.

• *Vide* art. 25 da Emenda Constitucional n. 19, de 4-6-1998.

• *Vide* Súmula Vinculante 39 do STF.

XV – organizar e manter os serviços oficiais de estatística, geografia, geologia e cartografia de âmbito nacional;

XVI – exercer a classificação, para efeito indicativo, de diversões públicas e de programas de rádio e televisão;

•• A Portaria n. 502, de 23-11-2021, do Ministério da Justiça e Segurança Pública, regulamenta o processo de classificação indicativa.

XVII – conceder anistia;

XVIII – planejar e promover a defesa permanente contra as calamidades públicas, especialmente as secas e as inundações;

• A Lei n. 12.787, de 11-1-2013, dispõe sobre a Política Nacional de Irrigação.

XIX – instituir sistema nacional de gerenciamento de recursos hídricos e definir critérios de outorga de direitos de seu uso;

•• Regulamento: Lei n. 9.433, de 8-1-1997.

XX – instituir diretrizes para o desenvolvimento urbano, inclusive habitação, saneamento básico e transportes urbanos;

• A Lei n. 11.445, de 5-1-2007, estabelece diretrizes nacionais para o saneamento básico.

• A Lei n. 12.587, de 3-1-2012, institui a Política Nacional de Mobilidade Urbana.

• A Lei n. 13.425, de 30-3-2017 (Lei Boate Kiss), estabelece diretrizes gerais sobre medidas de prevenção e combate a incêndio e a desastres em estabelecimentos, edificações e áreas de reunião de público.

XXI – estabelecer princípios e diretrizes para o sistema nacional de viação;

• A Lei n. 12.379, de 6-1-2011, dispõe sobre o Sistema Nacional de Viação – SNV.

XXII – executar os serviços de polícia marítima, aeroportuária e de fronteiras;

•• Inciso XXII com redação determinada pela Emenda Constitucional n. 19, de 4-6-1998.

XXIII – explorar os serviços e instalações nucleares de qualquer natureza e exercer monopólio estatal sobre a pesquisa, a lavra, o enriquecimento e reprocessamento, a industrialização e o comércio de minérios nucleares e seus derivados, atendidos os seguintes princípios e condições:

• O Decreto-lei n. 1.982, de 28-12-1982, dispõe sobre o exercício das atividades nucleares incluídas no monopólio da União e o controle do desenvolvimento de pesquisas no campo da energia nuclear.

• O Decreto n. 911, de 3-9-1993, promulga a Convenção de Viena sobre responsabilidade civil por danos nucleares, de 21-5-1963.

• A Lei n. 10.308, de 20-11-2001, estabelece normas para o destino final dos rejeitos radioativos produzidos em território nacional, incluídos a seleção de locais, a construção, o licenciamento, a operação, a fiscalização, os custos, a indenização, a responsabilidade civil e as garantias referentes aos depósitos radioativos.

a) toda atividade nuclear em território nacional somente será admitida para fins pacíficos e mediante aprovação do Congresso Nacional;

b) sob regime de permissão, são autorizadas a comercialização e a utilização de radioisótopos para pesquisa e uso agrícolas e industriais;

•• Alínea *b* com redação determinada pela Emenda Constitucional n. 118, de 26-4-2022.

c) sob regime de permissão, são autorizadas a produção, a comercialização e a utilização de radioisótopos para pesquisa e usos médicos;

•• Alínea *c* com redação determinada pela Emenda Constitucional n. 118, de 26-4-2022.

d) a responsabilidade civil por danos nucleares independe da existência de culpa;

•• Primitiva alínea *c* renumerada pela Emenda Constitucional n. 49, de 8-2-2006.

• Responsabilidade civil por danos nucleares e responsabilidade criminal por atos relacionados com atividades nucleares: Lei n. 6.453, de 17-10-1977.

XXIV – organizar, manter e executar a inspeção do trabalho;

XXV – estabelecer as áreas e as condições para o exercício da atividade de garimpagem, em forma associativa;

• A Lei n. 7.805, de 18-7-1989, regulamentada pelo Decreto n. 98.812, de 9-1-1990, disciplina o regime de permissão de lavra garimpeira.

XXVI – organizar e fiscalizar a proteção e o tratamento de dados pessoais, nos termos da lei.

•• Inciso XXVI acrescentado pela Emenda Constitucional n. 115, de 10-2-2022.

Art. 22. Compete privativamente à União legislar sobre:

I – direito civil, comercial, penal, processual, eleitoral, agrário, marítimo, aeronáutico, espacial e do trabalho;

• CC: Lei n. 10.406, de 10-1-2002; CCom: Lei n. 556, de 25-6-1850, CP: Decreto-lei n. 2.848, de 7-12-1940, CPC: Lei n. 13.105, de 16-3-2015, CPP: Decreto-lei n. 3.689, de 3-10-1941, CE: Lei n. 4.737, de 15-7-1965, CBA: Lei n. 7.565, de 19-12-1986, e CLT: Decreto-lei n. 5.452, de 1.º-5-1943.

• *Vide* Súmula Vinculante 46 do STF.

II – desapropriação;

• Desapropriação: Decreto-lei n. 3.365, de 21-6-1941, Lei n. 4.132, de 10-9-1962, Lei n. 6.602, de 7-12-1978, Decreto-lei n. 1.075, de 22-1-1970, Lei Complementar n. 76, de 6-7-1993 e Lei n. 10.406, de 10-1-2002, art. 1.228, § 3.º.

III – requisições civis e militares, em caso de iminente perigo e em tempo de guerra;

IV – águas, energia, informática, telecomunicações e radiodifusão;

• Código Brasileiro de Telecomunicações: Lei n. 4.117, de 27-8-1962.

• A Lei n. 9.295, de 19-7-1996, dispõe sobre os serviços de telecomunicações e sua organização e órgão regulador.

• Organização dos Serviços de Telecomunicações: Lei n. 9.472, de 16-7-1997.

V – serviço postal;

• Serviço Postal: Lei n. 6.538, de 22-6-1978.

VI – sistema monetário e de medidas, títulos e garantias dos metais;

• Real: Lei n. 9.069, de 29-6-1995, e Lei n. 10.192, de 14-2-2001.

VII – política de crédito, câmbio, seguros e transferência de valores;

• *Vide* Súmula Vinculante 32 do STF.

VIII – comércio exterior e interestadual;

IX – diretrizes da política nacional de transportes;

• Conselho Nacional de Integração de Políticas de Transportes: Lei n. 10.233, de 5-6-2001, e Decretos n. 4.122 e 4.130, de 13-2-2002.

X – regime dos portos, navegação lacustre, fluvial, marítima, aérea e aeroespacial;

• Política Marítima Nacional (PMN): Decreto n. 1.265, de 11-10-1994.

• A Lei n. 9.277, de 10-5-1996, autoriza a União a delegar aos Municípios, Estados e a Federação e ao Distrito Federal, a administração e exploração de rodovias e portos federais.

• A Lei n. 12.815, de 5-6-2013, dispõe sobre a exploração direta e indireta pela União de portos e instalações portuárias.

XI – trânsito e transporte;

• CTB: Lei n. 9.503, de 23-9-1997.

XII – jazidas, minas, outros recursos minerais e metalurgia;

• Código de Mineração: Decreto-lei n. 227, de 28-2-1967.

XIII – nacionalidade, cidadania e naturalização;

• Situação jurídica do estrangeiro no Brasil: Lei n. 13.445, de 24-5-2017 (Lei de Migração), regulamentada pelo Decreto n. 9.199, de 20-11-2017.

• *Vide* art. 12 da CF.

XIV – populações indígenas;

• Estatuto do Índio: Lei n. 6.001, de 19-12-1973.

XV – emigração e imigração, entrada, extradição e expulsão de estrangeiros;

• Lei de Migração: Lei n. 13.445, de 24-5-2017, regulamentada pelo Decreto n. 9.199, de 20-11-2017.

• O Decreto n. 9.873, de 27-6-2019, dispõe sobre o Conselho Nacional de Imigração.

• Estatuto dos Refugiados de 1951 (implementação): Lei n. 9.474, de 22-7-1997.

XVI – organização do sistema nacional de emprego e condições para o exercício de profissões;

•• A Lei n. 13.667, de 17-5-2018, dispõe sobre o Sistema Nacional de Emprego (SINE).

XVII – organização judiciária, do Ministério Público do Distrito Federal e dos Territórios e da Defensoria Pública dos Territórios, bem como organização administrativa destes;

•• Inciso XVII com redação determinada pela Emenda Constitucional n. 69, de 29-3-2012.

• Organização, atribuições e Estatuto do Ministério Público da União: Lei Complementar n. 75, de 20-5-1993.

• Organização da Defensoria Pública da União, do Distrito Federal e dos Territórios, com normas gerais para os Estados: Lei Complementar n. 80, de 12-1-1994.

XVIII – sistema estatístico, sistema cartográfico e de geologia nacionais;

XIX – sistemas de poupança, captação e garantia da poupança popular;

• Regras para a remuneração das cadernetas de poupança: Lei n. 8.177, de 1.º-3-1991, Lei n. 9.069, de 29-6-1995, e Lei n. 10.192, de 14-2-2001.

XX – sistemas de consórcios e sorteios;

• Sistema de Consórcio: Lei n. 11.795, de 8-10-2008.

• *Vide* Súmula Vinculante 2 do STF.

XXI – normas gerais de organização, efetivos, material bélico, garantias, convocação, mobilização, inatividades e pensões das polícias militares e dos corpos de bombeiros militares;

•• Inciso XXI com redação determinada pela Emenda Constitucional n. 103, de 12-11-2019.

XXII – competência da polícia federal e das polícias rodoviária e ferroviária federais;

• Policial Rodoviário Federal: Lei n. 9.654, de 2-6-1998.

XXIII – seguridade social;

• Lei Orgânica da Seguridade Social: Lei n. 8.212, de 24-7-1991, regulamentada pelo Decreto n. 3.048, de 6-5-1999.

XXIV – diretrizes e bases da educação nacional;

• Lei de Diretrizes e Bases da Educação Nacional: Lei n. 9.394, de 20-12-1996.

XXV – registros públicos;

• LRP: Lei n. 6.015, de 31-12-1973.

XXVI – atividades nucleares de qualquer natureza;

• A Lei n. 12.731, de 21-11-2012, institui o Sistema de Proteção ao Programa Nuclear Brasileiro – SIPRON.

XXVII – normas gerais de licitação e contratação, em todas as modalidades, para as administrações públicas diretas, autárquicas e fundacionais da União, Estados, Distrito Federal e Municípios, obedecido o disposto no art. 37, XXI, e para as empresas públicas e sociedades de economia mista, nos termos do art. 173, § 1.º, III;

•• Inciso XXVII com redação determinada pela Emenda Constitucional n. 19, de 4-6-1998.

• Estatuto Jurídico das Licitações e Contratos: Lei n. 8.666, de 21-6-1993, e Lei n. 14.333, de 1.º-4-2021.

• A Lei n. 10.520, de 17-7-2002, institui modalidade de licitação denominada pregão, para aquisição de bens e serviços comuns. Regulamento: Decreto n. 3.555, de 8-8-2000.

XXVIII – defesa territorial, defesa aeroespacial, defesa marítima, defesa civil e mobilização nacional;

• Sistema Nacional de Defesa Civil – SINDEC: Decreto n. 7.257, de 4-8-2010.

• A Lei n. 12.608, de 10-4-2012, institui a Política Nacional de Proteção e Defesa Civil – PNPDEC, dispõe sobre o Sistema Nacional de Proteção e Defesa Civil – SINPDEC e o Conselho Nacional de Proteção e Defesa Civil – CONPDEC e autoriza a criação de sistema de informações e monitoramento de desastres.

XXIX – propaganda comercial;

• CDC: Lei n. 8.078, de 11-9-1990.

XXX – proteção e tratamento de dados pessoais.

•• Inciso XXX acrescentado pela Emenda Constitucional n. 115, de 10-2-2022.

Parágrafo único. Lei complementar poderá autorizar os Estados a legislar sobre questões específicas das matérias relacionadas neste artigo.

Art. 23. É competência comum da União, dos Estados, do Distrito Federal e dos Municípios:

I – zelar pela guarda da Constituição, das leis e das instituições democráticas e conservar o patrimônio público;

II – cuidar da saúde e assistência pública, da proteção e garantia das pessoas portadoras de deficiência;

• Da proteção à pessoa portadora de deficiência: Lei n. 7.853, de 24-10-1989, regulamentada pelo Decreto n. 3.298, de 20-12-1999.

III – proteger os documentos, as obras e outros bens de valor histórico, artístico e cultural, os monumentos, as paisagens naturais notáveis e os sítios arqueológicos;

•• *Vide* nota ao parágrafo único deste artigo.

• O Decreto-lei n. 25, de 30-11-1937, organiza a proteção do patrimônio histórico e artístico nacional.

IV – impedir a evasão, a destruição e a descaracterização de obras de arte e de outros bens de valor histórico, artístico ou cultural;

V – proporcionar os meios de acesso à cultura, à educação, à ciência, à tecnologia, à pesquisa e à inovação;

•• Inciso V com redação determinada pela Emenda Constitucional n. 85, de 26-2-2015.

• *Vide* art. 212 da CF.

VI – proteger o meio ambiente e combater a poluição em qualquer de suas formas;

•• *Vide* nota ao parágrafo único deste artigo.

•• *Vide* Súmula 652 do STJ.

• Política nacional do meio ambiente, seus fins e mecanismos de formulação e aplicação: Lei n. 6.938, de 31-8-1981.

• Sanções penais e administrativas derivadas de condutas e atividades lesivas ao meio ambiente: Lei n. 9.605, de 12-2-1998. O Decreto n. 6.514, de 22-7-2008, dispõe as infrações e sanções administrativas ao meio ambiente, estabelece o processo administrativo federal para apuração destas infrações.

• O Decreto n. 5.445, de 12-5-2005, promulga o Protocolo de Quioto.

VII – preservar as florestas, a fauna e a flora;

•• *Vide* nota ao parágrafo único deste artigo.

•• *Vide* Súmula 652 do STJ.

• Código de Caça: Lei n. 5.197, de 3-1-1967.

• Código Florestal: Lei n. 12.651, de 25-5-2012.

VIII – fomentar a produção agropecuária e organizar o abastecimento alimentar;

IX – promover programas de construção de moradias e a melhoria das condições habitacionais e de saneamento básico;

• A Lei n. 11.445, de 5-1-2007, estabelece diretrizes nacionais para o Saneamento Básico.

X – combater as causas da pobreza e os fatores de marginalização, promovendo a integração social dos setores desfavorecidos;

• A Lei Complementar n. 111, de 6-7-2001, dispõe sobre o Fundo de Combate e Erradicação da Pobreza, na forma prevista nos arts. 79, 80 e 81 do ADCT.

XI – registrar, acompanhar e fiscalizar as concessões de direitos de pesquisa e exploração de recursos hídricos e minerais em seus territórios;

• A Lei n. 9.433, de 8-1-1997, institui a Política Nacional de Recursos Hídricos, e cria o Sistema Nacional de Gerenciamento de Recursos Hídricos.

XII – estabelecer e implantar política de educação para a segurança do trânsito.

• A Lei n. 9.503, de 23-9-1997, institui o CTB.

Parágrafo único. Leis complementares fixarão normas para a cooperação entre a União e os Estados, o Distrito Federal e os Municípios, tendo em vista o equilíbrio do desenvolvimento e do bem-estar em âmbito nacional.

•• Parágrafo único com redação determinada pela Emenda Constitucional n. 53, de 19-12-2006.

•• A Lei Complementar n. 140, de 8-12-2011, fixa normas, nos termos deste parágrafo único e dos incisos III, VI e VII do *caput* deste artigo, para a cooperação entre a União, os Estados, o Distrito Federal e os Municípios nas ações administrativas decorrentes do exercício da competência comum relativas à proteção das paisagens naturais notáveis, à proteção do meio ambiente, ao combate à poluição em qualquer de suas formas e à preservação das florestas, da fauna e da flora.

Art. 24. Compete à União, aos Estados e ao Distrito Federal legislar concorrentemente sobre:

I – direito tributário, financeiro, penitenciário, econômico e urbanístico;

• CTN: Lei n. 5.172, de 25-10-1966. Normas gerais de Direito Financeiro: Lei n. 4.320, de 17-3-1964. LEP: Lei n. 7.210, de 11-7-1984. LEF: Lei n. 6.830, de 22-9-1980.

II – orçamento;

III – juntas comerciais;

• Registro do Comércio e Juntas Comerciais: Lei n. 8.934, de 18-11-1994, e Decreto n. 1.800, de 30-1-1996.

IV – custas dos serviços forenses;

• A Lei n. 9.289, de 4-7-1996, dispõe sobre custas devidas na Justiça Federal.

V – produção e consumo;

VI – florestas, caça, pesca, fauna, conservação da natureza, defesa do solo e dos recursos naturais, proteção do meio ambiente e controle da poluição;

• Código de Caça: Lei n. 5.197, de 3-1-1967. Código da Pesca: Decreto-lei n. 221, de 28-2-1967. Código Florestal: Lei n. 12.651, de 25-5-2012.

- Lei de Crimes Ambientais: Lei n. 9.605, de 12-2-1998.
- O Decreto n. 6.514, de 22-7-2008, dispõe sobre as infrações e sanções administrativas ao meio ambiente, e estabelece processo administrativo para apuração destas infrações.
- A Lei n. 11.959, de 29-6-2009, dispõe sobre a Política Nacional de Desenvolvimento Sustentável da Aquicultura e da Pesca, e regula as atividades pesqueiras.

VII – proteção ao patrimônio histórico, cultural, artístico, turístico e paisagístico;

VIII – responsabilidade por dano ao meio ambiente, ao consumidor, a bens e direitos de valor artístico, estético, histórico, turístico e paisagístico;

- Lei de Crimes Ambientais: Lei n. 9.605, de 12-2-1998.
- Ação civil pública de responsabilidade por danos causados ao meio ambiente, ao consumidor, a bens e direitos de valor artístico, estético, histórico, turístico e paisagístico: Lei n. 7.347, de 24-7-1985, e Decreto n. 1.306, de 9-11-1994.
- Ministério Público: Lei n. 8.625, de 12-2-1993, e Lei Complementar n. 75, de 20-5-1993.
- Sistema Nacional de Defesa do Consumidor – SNDC: Decreto n. 2.181, de 20-3-1997.

IX – educação, cultura, ensino, desporto, ciência, tecnologia, pesquisa, desenvolvimento e inovação;

•• Inciso IX com redação determinada pela Emenda Constitucional n. 85, de 26-2-2015.

- Normas gerais sobre desportos: Lei n. 9.615, de 24-3-1998.
- Diretrizes e Bases da Educação Nacional (Lei Darcy Ribeiro): Lei n. 9.394, de 20-12-1996.

X – criação, funcionamento e processo do juizado de pequenas causas;

- Juizados Especiais Cíveis e Criminais no âmbito da Justiça Estadual: Lei n. 9.099, de 26-9-1995.
- Juizados Especiais Cíveis e Criminais no âmbito da Justiça Federal: Lei n. 10.259, de 12-7-2001.
- Juizados de Violência Doméstica e Familiar contra a Mulher: Lei n. 11.340, de 7-8-2006.
- Juizados Especiais da Fazenda Pública: Lei n. 12.153, de 22-12-2009.

XI – procedimentos em matéria processual;

XII – previdência social, proteção e defesa da saúde;

- Proteção e defesa da saúde: Leis n. 8.080, de 19-9-1990, e n. 8.142, de 28-12-1990.
- Planos de Benefícios da Previdência Social: Lei n. 8.213, de 24-7-1991, regulamentada pelo Decreto n. 3.048, de 6-5-1999.

XIII – assistência jurídica e defensoria pública;

- Assistência judiciária: Lei n. 1.060, de 5-2-1950.
- Defensoria Pública: Lei Complementar n. 80, de 12-1-1994.

XIV – proteção e integração social das pessoas portadoras de deficiência;

- A Lei n. 7.853, de 24-10-1989, regulamentada pelo Decreto n. 3.298, de 20-12-1999, dispõe sobre o apoio às pessoas portadoras de deficiência.

XV – proteção à infância e à juventude;

- ECA: Lei n. 8.069, de 13-7-1990.
- A Lei n. 13.257, de 8-3-2016, dispõe sobre as políticas públicas para a primeira infância.

XVI – organização, garantias, direitos e deveres das polícias civis.

§ 1.º No âmbito da legislação concorrente, a competência da União limitar-se-á a estabelecer normas gerais.

•• A Lei n. 13.874, de 20-9-2019, institui a Declaração de Direitos de Liberdade Econômica e estabelece garantias de livre mercado e análise de impacto regulatório.

§ 2.º A competência da União para legislar sobre normas gerais não exclui a competência suplementar dos Estados.

§ 3.º Inexistindo lei federal sobre normas gerais, os Estados exercerão a competência legislativa plena, para atender a suas peculiaridades.

§ 4.º A superveniência de lei federal sobre normas gerais suspende a eficácia da lei estadual, no que lhe for contrário.

•• A Lei n. 13.874, de 20-9-2019, institui a Declaração de Direitos de Liberdade Econômica e estabelece garantias de livre mercado e análise de impacto regulatório.

Capítulo III
DOS ESTADOS FEDERADOS

Art. 25. Os Estados organizam-se e regem-se pelas Constituições e leis que adotarem, observados os princípios desta Constituição.

§ 1.º São reservadas aos Estados as competências que não lhes sejam vedadas por esta Constituição.

§ 2.º Cabe aos Estados explorar diretamente, ou mediante concessão, os serviços locais de gás canalizado, na forma da lei, vedada a edição de medida provisória para a sua regulamentação.

•• § 2.º com redação determinada pela Emenda Constitucional n. 5, de 15-8-1995.

§ 3.º Os Estados poderão, mediante lei complementar, instituir regiões metropolitanas, aglomerações urbanas e microrregiões, constituídas por agrupamentos de Municípios limítrofes, para integrar a organização, o planejamento e a execução de funções públicas de interesse comum.

Art. 26. Incluem-se entre os bens dos Estados:

I – as águas superficiais ou subterrâneas, fluentes, emergentes e em depósito, ressalvadas, neste caso, na forma da lei, as decorrentes de obras da União;

II – as áreas, nas ilhas oceânicas e costeiras, que estiverem no seu domínio, excluídas aquelas sob domínio da União, Municípios ou terceiros;

III – as ilhas fluviais e lacustres não pertencentes à União;

IV – as terras devolutas não compreendidas entre as da União.

Art. 27. O número de Deputados à Assembleia Legislativa corresponderá ao triplo da representação do Estado na Câmara dos Deputados e, atingido o número de trinta e seis, será acrescido de tantos quantos forem os Deputados Federais acima de doze.

§ 1.º Será de quatro anos o mandato dos Deputados Estaduais, aplicando-se-lhes as regras desta Constituição sobre sistema eleitoral, inviolabilidade, imunidades, remuneração, perda de mandato, licença, impedimentos e incorporação às Forças Armadas.

§ 2.º O subsídio dos Deputados Estaduais será fixado por lei de iniciativa da Assembleia Legislativa, na razão de, no máximo, 75% (setenta e cinco por cento) daquele estabelecido, em espécie, para os Deputados Federais, observado o que dispõem os arts. 39, § 4.º, 57, § 7.º, 150, II, 153, III, e 153, § 2.º, I.

•• § 2.º com redação determinada pela Emenda Constitucional n. 19, de 4-6-1998.

§ 3.º Compete às Assembleias Legislativas dispor sobre seu regimento interno, polícia e serviços administrativos de sua secretaria, e prover os respectivos cargos.

§ 4.º A lei disporá sobre a iniciativa popular no processo legislativo estadual.

Art. 28. A eleição do Governador e do Vice-Governador de Estado, para mandato de 4 (quatro) anos, realizar-se-á no primeiro domingo de outubro, em primeiro turno, e no último domingo de outubro, em segundo turno, se houver, do ano anterior ao do término do mandato de seus antecessores, e a posse ocorrerá em 6 de janeiro do ano subsequente, observado, quanto ao mais, o disposto no art. 77 desta Constituição.

•• *Caput* com redação determinada pela Emenda Constitucional n. 111, de 28-9-2021.

•• *Vide* art. 5.º da Emenda Constitucional n. 111, de 28-9-2021.

- Normas para as eleições: Lei n. 9.504, de 30-9-1997.

§ 1.º Perderá o mandato o Governador que assumir outro cargo ou função na administração pública direta ou indireta, ressalvada a posse em virtude de concurso público e observado o disposto no art. 38, I, IV e V.

•• Anterior parágrafo único transformado em § 1.º pela Emenda Constitucional n. 19, de 4-6-1998.

§ 2.º Os subsídios do Governador, do Vice-Governador e dos Secretários de Estado serão fixados por lei de iniciativa da Assembleia Legislativa, observado o que dispõem os arts. 37, XI, 39, § 4.º, 150, II, 153, III, e 153, § 2.º, I.

•• § 2.º acrescentado pela Emenda Constitucional n. 19, de 4-6-1998.

Capítulo IV
DOS MUNICÍPIOS

Art. 29. O Município reger-se-á por lei orgânica, votada em dois turnos, com o interstício mínimo de dez dias, e aprovada por dois terços dos membros da Câmara Municipal, que a promulgará, atendidos os princípios estabelecidos nesta Constituição, na Constituição do respectivo Estado e os seguintes preceitos:

- *Vide* Súmula Vinculante 42 do STF.

I – eleição do Prefeito, do Vice-Prefeito e dos Vereadores, para mandato de quatro anos, mediante pleito direto e simultâneo realizado em todo o País;

• Normas para as eleições: Lei n. 9.504, de 30-9-1997.

II – eleição do Prefeito e do Vice-Prefeito realizada no primeiro domingo de outubro do ano anterior ao término do mandato dos que devam suceder, aplicadas as regras do art. 77 no caso de Municípios com mais de duzentos mil eleitores;

•• Inciso II com redação determinada pela Emenda Constitucional n. 16, de 4-6-1997.

III – posse do Prefeito e do Vice-Prefeito no dia 1.º de janeiro do ano subsequente ao da eleição;

IV – para a composição das Câmaras Municipais, será observado o limite máximo de:

•• Inciso IV, *caput*, com redação determinada pela Emenda Constitucional n. 58, de 23-9-2009.

•• O STF, na ADI n. 4.307, de 11-4-2013 (*DOU* de 29-10-2013), declarou a inconstitucionalidade do inciso I do art. 3.º da Emenda Constitucional n. 58, de 23-9-2009, que determinava que as alterações feitas neste art. 29 produziriam efeitos a partir do processo eleitoral de 2008.

a) 9 (nove) Vereadores, nos Municípios de até 15.000 (quinze mil) habitantes;

•• Alínea *a* com redação determinada pela Emenda Constitucional n. 58, de 23-9-2009.

b) 11 (onze) Vereadores, nos Municípios de mais de 15.000 (quinze mil) habitantes e de até 30.000 (trinta mil) habitantes;

•• Alínea *b* com redação determinada pela Emenda Constitucional n. 58, de 23-9-2009.

c) 13 (treze) Vereadores, nos Municípios com mais de 30.000 (trinta mil) habitantes e de até 50.000 (cinquenta mil) habitantes;

•• Alínea *c* com redação determinada pela Emenda Constitucional n. 58, de 23-9-2009.

d) 15 (quinze) Vereadores, nos Municípios de mais de 50.000 (cinquenta mil) habitantes e de até 80.000 (oitenta mil) habitantes;

•• Alínea *d* acrescentada pela Emenda Constitucional n. 58, de 23-9-2009.

e) 17 (dezessete) Vereadores, nos Municípios de mais de 80.000 (oitenta mil) habitantes e de até 120.000 (cento e vinte mil) habitantes;

•• Alínea *e* acrescentada pela Emenda Constitucional n. 58, de 23-9-2009.

f) 19 (dezenove) Vereadores, nos Municípios de mais de 120.000 (cento e vinte mil) habitantes e de até 160.000 (cento e sessenta mil) habitantes;

•• Alínea *f* acrescentada pela Emenda Constitucional n. 58, de 23-9-2009.

g) 21 (vinte e um) Vereadores, nos Municípios de mais de 160.000 (cento e sessenta mil) habitantes e de até 300.000 (trezentos mil) habitantes;

•• Alínea *g* acrescentada pela Emenda Constitucional n. 58, de 23-9-2009.

h) 23 (vinte e três) Vereadores, nos Municípios de mais de 300.000 (trezentos mil) habitantes e de até 450.000 (quatrocentos e cinquenta mil) habitantes;

•• Alínea *h* acrescentada pela Emenda Constitucional n. 58, de 23-9-2009.

i) 25 (vinte e cinco) Vereadores, nos Municípios de mais de 450.000 (quatrocentos e cinquenta) mil habitantes e de até 600.000 (seiscentos mil) habitantes;

•• Alínea *i* acrescentada pela Emenda Constitucional n. 58, de 23-9-2009.

j) 27 (vinte e sete) Vereadores, nos Municípios de mais de 600.000 (seiscentos mil) habitantes e de até 750.000 (setecentos e cinquenta mil) habitantes;

•• Alínea *j* acrescentada pela Emenda Constitucional n. 58, de 23-9-2009.

k) 29 (vinte e nove) Vereadores, nos Municípios de mais de 750.000 (setecentos e cinquenta mil) habitantes e de até 900.000 (novecentos mil) habitantes;

•• Alínea *k* acrescentada pela Emenda Constitucional n. 58, de 23-9-2009.

l) 31 (trinta e um) Vereadores, nos Municípios de mais de 900.000 (novecentos mil) habitantes e de até 1.050.000 (um milhão e cinquenta mil) habitantes;

•• Alínea *l* acrescentada pela Emenda Constitucional n. 58, de 23-9-2009.

m) 33 (trinta e três) Vereadores, nos Municípios de mais de 1.050.000 (um milhão e cinquenta mil) habitantes e de até 1.220.000 (um milhão e duzentos mil) habitantes;

•• Alínea *m* acrescentada pela Emenda Constitucional n. 58, de 23-9-2009.

n) 35 (trinta e cinco) Vereadores, nos Municípios de mais de 1.200.000 (um milhão e duzentos mil) habitantes e de até 1.350.000 (um milhão e trezentos e cinquenta mil) habitantes;

•• Alínea *n* acrescentada pela Emenda Constitucional n. 58, de 23-9-2009.

o) 37 (trinta e sete) Vereadores, nos Municípios de 1.350.000 (um milhão e trezentos e cinquenta mil) habitantes e de até 1.500.000 (um milhão e quinhentos mil) habitantes;

•• Alínea *o* acrescentada pela Emenda Constitucional n. 58, de 23-9-2009.

p) 39 (trinta e nove) Vereadores, nos Municípios de mais de 1.500.000 (um milhão e quinhentos mil) habitantes e de até 1.800.000 (um milhão e oitocentos mil) habitantes;

•• Alínea *p* acrescentada pela Emenda Constitucional n. 58, de 23-9-2009.

q) 41 (quarenta e um) Vereadores, nos Municípios de mais de 1.800.000 (um milhão e oitocentos mil) habitantes e de até 2.400.000 (dois milhões e quatrocentos mil) habitantes;

•• Alínea *q* acrescentada pela Emenda Constitucional n. 58, de 23-9-2009.

r) 43 (quarenta e três) Vereadores, nos Municípios de mais de 2.400.000 (dois milhões e quatrocentos mil) habitantes e de até 3.000.000 (três milhões) de habitantes;

•• Alínea *r* acrescentada pela Emenda Constitucional n. 58, de 23-9-2009.

s) 45 (quarenta e cinco) Vereadores, nos Municípios de mais de 3.000.000 (três milhões) de habitantes e de até 4.000.000 (quatro milhões) de habitantes;

•• Alínea *s* acrescentada pela Emenda Constitucional n. 58, de 23-9-2009.

t) 47 (quarenta e sete) Vereadores, nos Municípios de mais de 4.000.000 (quatro milhões) de habitantes e de até 5.000.000 (cinco milhões) de habitantes;

•• Alínea *t* acrescentada pela Emenda Constitucional n. 58, de 23-9-2009.

u) 49 (quarenta e nove) Vereadores, nos Municípios de mais de 5.000.000 (cinco milhões) de habitantes e de até 6.000.000 (seis milhões) de habitantes;

•• Alínea *u* acrescentada pela Emenda Constitucional n. 58, de 23-9-2009.

v) 51 (cinquenta e um) Vereadores, nos Municípios de mais de 6.000.000 (seis milhões) de habitantes e de até 7.000.000 (sete milhões) de habitantes;

•• Alínea *v* acrescentada pela Emenda Constitucional n. 58, de 23-9-2009.

w) 53 (cinquenta e três) Vereadores, nos Municípios de mais de 7.000.000 (sete milhões) de habitantes e de até 8.000.000 (oito milhões) de habitantes; e

•• Alínea *w* acrescentada pela Emenda Constitucional n. 58, de 23-9-2009.

x) 55 (cinquenta e cinco) Vereadores, nos Municípios de mais de 8.000.000 (oito milhões) de habitantes.

•• Alínea *x* acrescentada pela Emenda Constitucional n. 58, de 23-9-2009.

V – subsídios do Prefeito, do Vice-Prefeito e dos Secretários Municipais fixados por lei de iniciativa da Câmara Municipal, observado o que dispõem os arts. 37, XI, 39, § 4.º, 150, II, 153, III, e 153, § 2.º, I;

•• Inciso V com redação determinada pela Emenda Constitucional n. 19, de 4-6-1998.

VI – o subsídio dos Vereadores será fixado pelas respectivas Câmaras Municipais em cada legislatura para a subsequente, observado o que dispõe esta Constituição, observados os critérios estabelecidos na respectiva Lei Orgânica e os seguintes limites máximos:

•• Inciso VI, *caput*, com redação determinada pela Emenda Constitucional n. 25, de 14-2-2000.

a) em Municípios de até 10.000 (dez mil) habitantes, o subsídio máximo dos Vereadores corresponderá a 20% (vinte por cento) do subsídio dos Deputados Estaduais;

•• Alínea *a* acrescentada pela Emenda Constitucional n. 25, de 14-2-2000.

b) em Municípios de 10.001 (dez mil e um) a 50.000 (cinquenta mil) habitantes, o subsídio máximo dos Vereadores corresponderá a 30% (trinta por cento) do subsídio dos Deputados Estaduais;

•• Alínea *b* acrescentada pela Emenda Constitucional n. 25, de 14-2-2000.

c) em Municípios de 50.001 (cinquenta mil e um) a 100.000 (cem mil) habitantes, o subsídio máximo dos Vereadores corresponderá a 40% (quarenta por cento) do subsídio dos Deputados Estaduais;

•• Alínea *c* acrescentada pela Emenda Constitucional n. 25, de 14-2-2000.

d) em Municípios de 100.001 (cem mil e um) a 300.000 (trezentos mil) habitantes, o subsídio máximo dos Vereadores corresponderá a 50% (cinquenta por cento) do subsídio dos Deputados Estaduais;

•• Alínea *d* acrescentada pela Emenda Constitucional n. 25, de 14-2-2000.

e) em Municípios de 300.001 (trezentos mil e um) a 500.000 (quinhentos mil) habitantes, o subsídio máximo dos Vereadores corresponderá a 60% (sessenta por cento) do subsídio dos Deputados Estaduais;

•• Alínea *e* acrescentada pela Emenda Constitucional n. 25, de 14-2-2000.

f) em Municípios de mais de 500.000 (quinhentos mil) habitantes, o subsídio máximo dos Vereadores corresponderá a 75% (setenta e cinco por cento) do subsídio dos Deputados Estaduais;

•• Alínea *f* acrescentada pela Emenda Constitucional n. 25, de 14-2-2000.

VII – o total da despesa com a remuneração dos Vereadores não poderá ultrapassar o montante de 5% (cinco por cento) da receita do município;

•• Inciso VII acrescentado pela Emenda Constitucional n. 1, de 31-3-1992.

VIII – inviolabilidade dos Vereadores por suas opiniões, palavras e votos no exercício do mandato e na circunscrição do Município;

•• Inciso renumerado pela Emenda Constitucional n. 1, de 31-3-1992.

IX – proibições e incompatibilidades, no exercício da vereança, similares, no que couber, ao disposto nesta Constituição para os membros do Congresso Nacional e, na Constituição do respectivo Estado, para os membros da Assembleia Legislativa;

•• Inciso renumerado pela Emenda Constitucional n. 1, de 31-3-1992.

X – julgamento do Prefeito perante o Tribunal de Justiça;

•• Inciso renumerado pela Emenda Constitucional n. 1, de 31-3-1992.

• Responsabilidade de prefeitos e vereadores: Decreto-lei n. 201, de 27-2-1967.

XI – organização das funções legislativas e fiscalizadoras da Câmara Municipal;

•• Inciso renumerado pela Emenda Constitucional n. 1, de 31-3-1992.

• A Lei n. 9.452, de 20-3-1997, determina que as Câmaras Municipais sejam obrigatoriamente notificadas da liberação de recursos federais para os respectivos Municípios.

XII – cooperação das associações representativas no planejamento municipal;

•• Inciso renumerado pela Emenda Constitucional n. 1, de 31-3-1992.

XIII – iniciativa popular de projetos de lei de interesse específico do Município, da cidade ou de bairros, através de manifestação de, pelo menos, cinco por cento do eleitorado;

•• Inciso renumerado pela Emenda Constitucional n. 1, de 31-3-1992.

XIV – perda do mandato do Prefeito, nos termos do art. 28, parágrafo único.

•• Inciso renumerado pela Emenda Constitucional n. 1, de 31-3-1992.

•• De acordo com a Emenda Constitucional n. 19, de 4-6-1998, a referência é ao art. 28, § 1.º.

Art. 29-A. O total da despesa do Poder Legislativo Municipal, incluídos os subsídios dos Vereadores e excluídos os gastos com inativos, não poderá ultrapassar os seguintes percentuais, relativos ao somatório da receita tributária e das transferências previstas no § 5.º do art. 153 e nos arts. 158 e 159, efetivamente realizado no exercício anterior:

•• *Caput* acrescentado pela Emenda Constitucional n. 25, de 14-2-2000.

•• A Emenda Constitucional n. 109, de 15-3-2021, altera a redação deste *caput*, a partir do início da primeira legislatura municipal após a data de sua publicação (*DOU* de 16-3-2021): "Art. 29-A. O total da despesa do Poder Legislativo Municipal, incluídos os subsídios dos Vereadores e os demais gastos com pessoal inativo e pensionistas, não poderá ultrapassar os seguintes percentuais, relativos ao somatório da receita tributária e das transferências previstas no § 5.º do art. 153 e nos arts. 158 e 159 desta Constituição, efetivamente realizado no exercício anterior:".

I – 7% (sete por cento) para Municípios com população de até 100.000 (cem mil) habitantes;

•• Inciso I com redação determinada pela Emenda Constitucional n. 58, de 23-9-2009.

•• Sobre produção de efeitos deste inciso, *vide* nota ao inciso IV do art. 29 da CF.

II – 6% (seis por cento) para Municípios com população entre 100.000 (cem mil) e 300.000 (trezentos mil) habitantes;

•• Inciso II com redação determinada pela Emenda Constitucional n. 58, de 23-9-2009.

•• Sobre produção de efeitos deste inciso, *vide* nota ao inciso IV do art. 29 da CF.

III – 5% (cinco por cento) para Municípios com população entre 300.001 (trezentos mil e um) e 500.000 (quinhentos mil) habitantes;

•• Inciso III com redação determinada pela Emenda Constitucional n. 58, de 23-9-2009.

•• Sobre produção de efeitos deste inciso, *vide* nota ao inciso IV do art. 29 da CF.

IV – 4,5% (quatro inteiros e cinco décimos por cento) para Municípios com população entre 500.001 (quinhentos mil e um) e 3.000.000 (três milhões) de habitantes;

•• Inciso IV com redação determinada pela Emenda Constitucional n. 58, de 23-9-2009.

•• Sobre produção de efeitos deste inciso, *vide* nota ao inciso IV do art. 29 da CF.

V – 4% (quatro por cento) para Municípios com população entre 3.000.001 (três milhões e um) e 8.000.000 (oito milhões) de habitantes;

•• Inciso V acrescentado pela Emenda Constitucional n. 58, de 23-9-2009.

•• Sobre produção de efeitos deste inciso, *vide* nota ao inciso IV do art. 29 da CF.

VI – 3,5% (três inteiros e cinco décimos por cento) para Municípios com população acima de 8.000.001 (oito milhões e um) habitantes.

•• Inciso VI acrescentado pela Emenda Constitucional n. 58, de 23-9-2009.

•• Sobre produção de efeitos deste inciso, *vide* nota ao inciso IV do art. 29 da CF.

§ 1.º A Câmara Municipal não gastará mais de 70% (setenta por cento) de sua receita com folha de pagamento, incluído o gasto com o subsídio de seus Vereadores.

•• § 1.º acrescentado pela Emenda Constitucional n. 25, de 14-2-2000.

§ 2.º Constitui crime de responsabilidade do Prefeito Municipal:

•• § 2.º, *caput*, acrescentado pela Emenda Constitucional n. 25, de 14-2-2000.

I – efetuar repasse que supere os limites definidos neste artigo;

•• Inciso I acrescentado pela Emenda Constitucional n. 25, de 14-2-2000.

II – não enviar o repasse até o dia 20 (vinte) de cada mês; ou

•• Inciso II acrescentado pela Emenda Constitucional n. 25, de 14-2-2000.

III – enviá-lo a menor em relação à proporção fixada na Lei Orçamentária.

•• Inciso III acrescentado pela Emenda Constitucional n. 25, de 14-2-2000.

• A Lei Complementar n. 101, de 4-5-2000, dispõe sobre a responsabilidade fiscal. A Lei n. 10.028, de 19-10-2000, estabelece os crimes contra as finanças públicas.

§ 3.º Constitui crime de responsabilidade do Presidente da Câmara Municipal o desrespeito ao § 1.º deste artigo.

•• § 3.º acrescentado pela Emenda Constitucional n. 25, de 14-2-2000.

Art. 30. Compete aos Municípios:

I – legislar sobre assuntos de interesse local;

• *Vide* Súmulas Vinculantes 38 e 42 do STF.

II – suplementar a legislação federal e a estadual no que couber;

III – instituir e arrecadar os tributos de sua competência, bem como aplicar suas rendas, sem prejuízo da obrigatoriedade de prestar contas e publicar balancetes nos prazos fixados em lei;

IV – criar, organizar e suprimir distritos, observada a legislação estadual;

V – organizar e prestar, diretamente ou sob regime de concessão ou permissão, os serviços públicos de interesse local, incluído o de transporte coletivo, que tem caráter essencial;

• *Vide* art. 175 da CF.

VI – manter, com a cooperação técnica e financeira da União e do Estado, programas de educação infantil e de ensino fundamental;

•• Inciso VI com redação determinada pela Emenda Constitucional n. 53, de 19-12-2006.

VII – prestar, com a cooperação técnica e financeira da União e do Estado, serviços de atendimento à saúde da população;

VIII – promover, no que couber, adequado ordenamento territorial, mediante planejamento e controle do uso, do parcelamento e da ocupação do solo urbano;

IX – promover a proteção do patrimônio histórico-cultural local, observada a legislação e a ação fiscalizadora federal e estadual.

Art. 31. A fiscalização do Município será exercida pelo Poder Legislativo Municipal, mediante controle externo, e pelos sistemas de controle interno do Poder Executivo Municipal, na forma da lei.

§ 1.º O controle externo da Câmara Municipal será exercido com o auxílio dos Tribunais de Contas dos Estados ou do Município ou dos Conselhos ou Tribunais de Contas dos Municípios, onde houver.

§ 2.º O parecer prévio, emitido pelo órgão competente sobre as contas que o Prefeito deve anualmente prestar, só deixará de prevalecer por decisão de dois terços dos membros da Câmara Municipal.

§ 3.º As contas dos Municípios ficarão, durante 60 (sessenta) dias, anualmente, à disposição de qualquer contribuinte, para exame e apreciação, o qual poderá questionar-lhes a legitimidade, nos termos da lei.

§ 4.º É vedada a criação de Tribunais, Conselhos ou órgãos de Contas Municipais.

Capítulo V
DO DISTRITO FEDERAL E DOS TERRITÓRIOS

Seção I
Do Distrito Federal

Art. 32. O Distrito Federal, vedada sua divisão em Municípios, reger-se-á por lei orgânica, votada em dois turnos com interstício mínimo de dez dias, e aprovada por dois terços da Câmara Legislativa, que a promulgará, atendidos os princípios estabelecidos nesta Constituição.

§ 1.º Ao Distrito Federal são atribuídas as competências legislativas reservadas aos Estados e Municípios.

§ 2.º A eleição do Governador e do Vice-Governador, observadas as regras do art. 77, e dos Deputados Distritais coincidirá com a dos Governadores e Deputados Estaduais, para mandato de igual duração.

§ 3.º Aos Deputados Distritais e à Câmara Legislativa aplica-se o disposto no art. 27.

§ 4.º Lei federal disporá sobre a utilização, pelo Governo do Distrito Federal, da polícia civil, da polícia penal, da polícia militar e do corpo de bombeiros militar.

•• § 4.º acrescentado pela Emenda Constitucional n. 104, de 4-12-2019.

Seção II
Dos Territórios

Art. 33. A lei disporá sobre a organização administrativa e judiciária dos Territórios.

§ 1.º Os Territórios poderão ser divididos em Municípios, aos quais se aplicará, no que couber, o disposto no Capítulo IV deste Título.

§ 2.º As contas do Governo do Território serão submetidas ao Congresso Nacional, com parecer prévio do Tribunal de Contas da União.

§ 3.º Nos Territórios Federais com mais de cem mil habitantes, além do Governador nomeado na forma desta Constituição, haverá órgãos judiciários de primeira e segunda instância, membros do Ministério Público e defensores públicos federais; a lei disporá sobre as eleições para a Câmara Territorial e sua competência deliberativa.

Capítulo VI
DA INTERVENÇÃO

Art. 34. A União não intervirá nos Estados nem no Distrito Federal, exceto para:

I – manter a integridade nacional;

II – repelir invasão estrangeira ou de uma unidade da Federação em outra;

III – pôr termo a grave comprometimento da ordem pública;

IV – garantir o livre exercício de qualquer dos Poderes nas unidades da Federação;

V – reorganizar as finanças da unidade da Federação que:

a) suspender o pagamento da dívida fundada por mais de dois anos consecutivos, salvo motivo de força maior;

b) deixar de entregar aos Municípios receitas tributárias fixadas nesta Constituição, dentro dos prazos estabelecidos em lei;

VI – prover a execução de lei federal, ordem ou decisão judicial;

VII – assegurar a observância dos seguintes princípios constitucionais:

a) forma republicana, sistema representativo e regime democrático;

b) direitos da pessoa humana;

c) autonomia municipal;

d) prestação de contas da administração pública, direta e indireta;

e) aplicação do mínimo exigido da receita resultante de impostos estaduais, compreendida a proveniente de transferências, na manutenção e desenvolvimento do ensino e nas ações e serviços públicos de saúde.

•• Alínea *e* com redação determinada pela Emenda Constitucional n. 29, de 13-9-2000.

• *Vide* art. 212 da CF.

Art. 35. O Estado não intervirá em seus Municípios, nem a União nos Municípios localizados em Território Federal, exceto quando:

I – deixar de ser paga, sem motivo de força maior, por dois anos consecutivos, a dívida fundada;

II – não forem prestadas contas devidas, na forma da lei;

III – não tiver sido aplicado o mínimo exigido da receita municipal na manutenção e desenvolvimento do ensino e nas ações e serviços públicos de saúde;

•• Inciso III com redação determinada pela Emenda Constitucional n. 29, de 13-9-2000.

• *Vide* art. 212 da CF.

IV – o Tribunal de Justiça der provimento a representação para assegurar a observância de princípios indicados na Constituição Estadual, ou para prover a execução de lei, de ordem ou de decisão judicial.

Art. 36. A decretação da intervenção dependerá:

I – no caso do art. 34, IV, de solicitação do Poder Legislativo ou do Poder Executivo coacto ou impedido, ou de requisição do Supremo Tribunal Federal, se a coação for exercida contra o Poder Judiciário;

II – no caso de desobediência a ordem ou decisão judiciária, de requisição do Supremo Tribunal Federal, do Superior Tribunal de Justiça ou do Tribunal Superior Eleitoral;

III – de provimento, pelo Supremo Tribunal Federal, de representação do Procurador-Geral da República, na hipótese do art. 34, VII, e no caso de recusa à execução de lei federal;

•• Inciso III com redação determinada pela Emenda Constitucional n. 45, de 8-12-2004.

•• Inciso III regulamentado pela Lei n. 12.562, de 23-12-2011.

IV – (*Revogado pela Emenda Constitucional n. 45, de 8-12-2004.*)

§ 1.º O decreto de intervenção, que especificará a amplitude, o prazo e as condições de execução e que, se couber, nomeará o interventor, será submetido à apreciação do Congresso Nacional ou da Assembleia Legislativa do Estado, no prazo de vinte e quatro horas.

§ 2.º Se não estiver funcionando o Congresso Nacional ou a Assembleia Legislativa, far-se-á convocação extraordinária, no mesmo prazo de vinte e quatro horas.

§ 3.º Nos casos do art. 34, VI e VII, ou do art. 35, IV, dispensada a apreciação pelo Congresso Nacional ou pela Assembleia Legislativa, o decreto limitar-se-á a suspender a execução do ato impugnado, se essa medida bastar ao restabelecimento da normalidade.

§ 4.º Cessados os motivos da intervenção, as autoridades afastadas de seus cargos a estes voltarão, salvo impedimento legal.

Capítulo VII
DA ADMINISTRAÇÃO PÚBLICA

• Regime jurídico dos servidores públicos civis da União, das Autarquias e das Fundações Públicas Federais: Lei n. 8.112, de 11-12-1990.

• A Lei n. 9.784, de 29-1-1999, regula o processo administrativo no âmbito da Administração Pública Federal.

Seção I
Disposições Gerais

Art. 37. A administração pública direta e indireta de qualquer dos Poderes da União, dos Estados, do Distrito Federal e dos Municípios obedecerá aos princípios de legalidade, impessoalidade, moralidade, publicidade e eficiência e, também, ao seguinte:

•• *Caput* com redação determinada pela Emenda Constitucional n. 19, de 4-6-1998.

• *Vide* Súmula Vinculante 13 do STF.

I – os cargos, empregos e funções públicas são acessíveis aos brasileiros que preencham os requisitos estabelecidos em lei, assim como aos estrangeiros, na forma da lei;

•• Inciso I com redação determinada pela Emenda Constitucional n. 19, de 4-6-1998.

• *Vide* Súmula Vinculante 44 do STF.

• A Lei n. 8.730, de 10-11-1993, estabelece a obrigatoriedade da declaração de bens e rendas para o exercício de cargos, empregos e funções nos Poderes Executivo, Legislativo e Judiciário.

II – a investidura em cargo ou emprego público depende de aprovação prévia em concurso público de provas ou de provas e títulos, de acordo com a natureza e a complexidade do cargo ou emprego, na forma prevista em lei, ressalvadas as nomeações para cargo em comissão declarado em lei de livre nomeação e exoneração;

•• Inciso II com redação determinada pela Emenda Constitucional n. 19, de 4-6-1998.

•• O Decreto n. 9.739, de 28-3-2019, estabelece normas sobre concursos públicos.

• *Vide* Súmula Vinculante 43 do STF.

III – o prazo de validade do concurso público será de até dois anos, prorrogável uma vez, por igual período;

• Disposição igual na Lei n. 8.112, de 11-12-1990, art. 12.

IV – durante o prazo improrrogável previsto no edital de convocação, aquele aprovado em concurso público de provas ou de provas e títulos será convocado com prioridade sobre novos concursados para assumir cargo ou emprego, na carreira;

V – as funções de confiança, exercidas exclusivamente por servidores ocupantes de cargo efetivo, e os cargos em comissão, a serem preenchidos por servidores de carreira nos casos, condições e percentuais mínimos previstos em lei, destinam-se apenas às atribuições de direção, chefia e assessoramento;

•• Inciso V com redação determinada pela Emenda Constitucional n. 19, de 4-6-1998.

• O Decreto n. 10.571, de 9-12-2020, dispõe sobre a apresentação e a análise das declarações de bens e de situações que possam gerar conflito de interesses por agentes públicos civis da administração pública federal.

VI – é garantido ao servidor público civil o direito à livre associação sindical;

VII – o direito de greve será exercido nos termos e nos limites definidos em lei específica;

•• Inciso VII com redação determinada pela Emenda Constitucional n. 19, de 4-6-1998.

• Paralisações dos serviços públicos federais: Decreto n. 1.480, de 3-5-1995.

• Indenização por interrupção da prestação de serviços públicos em razão de greve: Instrução Normativa n. 1, de 19-7-1996, da AGU.

• Medidas para a continuidade dos serviços públicos durante greves: Decreto n. 7.777, de 24-7-2012.

VIII – a lei reservará percentual dos cargos e empregos públicos para as pessoas portadoras de deficiência e definirá os critérios de sua admissão;

IX – a lei estabelecerá os casos de contratação por tempo determinado para atender a necessidade temporária de excepcional interesse público;

•• *Vide* art. 2.º, *caput*, da Emenda Constitucional n. 106, de 7-5-2020.

• A Lei n. 8.745, de 9-12-1993, dispõe sobre a contratação por tempo determinado para atender à necessidade temporária de excepcional interesse público.

X – a remuneração dos servidores públicos e o subsídio de que trata o § 4.º do art. 39 somente poderão ser fixados ou alterados por lei específica, observada a iniciativa privativa em cada caso, assegurada revisão geral anual, sempre na mesma data e sem distinção de índices;

•• Inciso X com redação determinada pela Emenda Constitucional n. 19, de 4-6-1998.

•• A Lei n. 10.331, de 18-12-2001, regulamenta este inciso.

•• *Vide* Súmulas Vinculantes 37 e 51 do STF.

XI – a remuneração e o subsídio dos ocupantes de cargos, funções e empregos públicos da administração direta, autárquica e fundacional, dos membros de qualquer dos Poderes da União, dos Estados, do Distrito Federal e dos Municípios, dos detentores de mandato eletivo e dos demais agentes políticos e os proventos, pensões ou outra espécie remuneratória, percebidos cumulativamente ou não, incluídas as vantagens pessoais ou de qualquer outra natureza, não poderão exceder o subsídio mensal, em espécie, dos Ministros do Supremo Tribunal Federal, aplicando-se como limite, nos Municípios, o subsídio do Prefeito, e nos Estados e no Distrito Federal, o subsídio mensal do Governador no âmbito do Poder Executivo, o subsídio dos Deputados Estaduais e Distritais no âmbito do Poder Legislativo e o subsídio dos Desembargadores do Tribunal de Justiça, limitado a noventa inteiros e vinte e cinco centésimos por cento do subsídio mensal, em espécie, dos Ministros do Supremo Tribunal Federal, no âmbito do Poder Judiciário, aplicável este limite aos membros do Ministério Público, aos Procuradores e aos Defensores Públicos;

•• Inciso XI com redação determinada pela Emenda Constitucional n. 41, de 19-12-2003.

•• O STF, nas ADIs 3.854 e 4.014, nas sessões virtuais de 27-11-2020 a 4-12-2020 (*DOU* de 8-1-2021), julgou procedente o pedido da ação para afastar "a submissão dos membros da magistratura estadual da regra do subteto remuneratório", de que trata este inciso.

•• Inciso regulamentado pela Lei n. 8.448, de 21-7-1992.

•• A Lei n. 8.852, de 4-2-1994, dispõe sobre a aplicação deste inciso.

•• A Portaria n. 693, de 22-12-2015, define os parâmetros de conversão da retribuição no exterior em moeda nacional, para fins de verificação do limite remuneratório de que trata este inciso.

•• A Portaria n. 4.975, de 29-4-2021, da Secretaria Especial de Desburocratização, Gestão e Governo Digital, dispõe sobre os procedimentos para a aplicação do limite remuneratório de que trata este inciso XI, sobre a remuneração, provento ou pensão percebidos cumulativamente por servidor, empregado ou militar, aposentado, inativo ou beneficiário de pensão e demais providências.

•• A Lei n. 13.753, de 26-11-2018, dispõe sobre o subsídio do Procurador-Geral da República.

• *Vide* art. 8.º da Emenda Constitucional n. 41, de 19-12-2003, que dispõe sobre a fixação do valor do subsídio de que trata este inciso.

• *Vide* §§ 11 e 12 deste artigo e art. 4.º da Emenda Constitucional n. 47, de 5-7-2005.

XII – os vencimentos dos cargos do Poder Legislativo e do Poder Judiciário não poderão ser superiores aos pagos pelo Poder Executivo;

•• A Lei n. 8.852, de 4-2-1994, dispõe sobre a aplicação deste inciso.

XIII – é vedada a vinculação ou equiparação de quaisquer espécies remuneratórias para o efeito de remuneração de pessoal do serviço público;

•• Inciso XIII com redação determinada pela Emenda Constitucional n. 19, de 4-6-1998.

• *Vide* Súmula Vinculante 42 do STF.

XIV – os acréscimos pecuniários percebidos por servidor público não serão computados nem acumulados para fim de concessão de acréscimos ulteriores;

•• Inciso XIV com redação determinada pela Emenda Constitucional n. 19, de 4-6-1998.

XV – o subsídio e os vencimentos dos ocupantes de cargos e empregos públicos são irredutíveis, ressalvado o disposto nos incisos XI e XIV deste artigo e nos arts. 39, § 4.º, 150, II, 153, III, e 153, § 2.º, I;

•• Inciso XV com redação determinada pela Emenda Constitucional n. 19, de 4-6-1998.

XVI – é vedada a acumulação remunerada de cargos públicos, exceto, quando houver compatibilidade de horários, observado em qualquer caso o disposto no inciso XI:

•• Inciso XVI, *caput*, com redação determinada pela Emenda Constitucional n. 19, de 4-6-1998.

a) a de dois cargos de professor;

•• Alínea *a* com redação determinada pela Emenda Constitucional n. 19, de 4-6-1998.

b) a de um cargo de professor com outro, técnico ou científico;

•• Alínea *b* com redação determinada pela Emenda Constitucional n. 19, de 4-6-1998.

c) a de dois cargos ou empregos privativos de profissionais de saúde, com profissões regulamentadas;

•• Alínea *c* com redação determinada pela Emenda Constitucional n. 34, de 13-12-2001.

XVII – a proibição de acumular estende-se a empregos e funções e abrange autarquias, fundações, empresas públicas, sociedades de economia mista, suas subsidiárias, e sociedades controladas, direta ou indiretamente, pelo poder público;

•• Inciso XVII com redação determinada pela Emenda Constitucional n. 19, de 4-6-1998.

XVIII – a administração fazendária e seus servidores fiscais terão, dentro de suas áreas de competência e jurisdição, precedência sobre os demais setores administrativos, na forma da lei;

XIX – somente por lei específica poderá ser criada autarquia e autorizada a instituição de empresa pública, de sociedade de economia mista e de fundação, cabendo à lei complementar, neste último caso, definir as áreas de sua atuação;

•• Inciso XIX com redação determinada pela Emenda Constitucional n. 19, de 4-6-1998.

XX – depende de autorização legislativa, em cada caso, a criação de subsidiárias das entidades mencionadas no inciso anterior, assim como a participação de qualquer delas em empresa privada;

•• A Lei n. 13.303, de 30-6-2016, institui o Estatuto Jurídico das Empresas Públicas.

XXI – ressalvados os casos especificados na legislação, as obras, serviços, compras e alienações serão contratados mediante processo de licitação pública que assegure igualdade de condições a todos os concorrentes, com cláusulas que estabeleçam obrigações de pagamento, mantidas as condições efetivas da proposta, nos termos da lei, o qual somente permitirá as exigências de qualificação técnica e econômica indispensáveis à garantia do cumprimento das obrigações;

•• Regulamento: Lei n. 8.666, de 21-6-1993, e Lei n. 14.333, de 1.º-4-2021.

• A Lei n. 10.520, de 17-7-2002, institui modalidade de licitação denominada pregão, para aquisição de bens e serviços comuns, e dá outras providências. Regulamento: Decreto n. 3.555, de 8-8-2000.

XXII – as administrações tributárias da União, dos Estados, do Distrito Federal e dos Municípios, atividades essenciais ao funcionamento do Estado, exercidas por servidores de carreiras específicas, terão recursos prioritários para a realização de suas atividades e atuarão de forma integrada, inclusive com o compartilhamento de cadastros e de informações fiscais, na forma da lei ou convênio.

•• Inciso XXII acrescentado pela Emenda Constitucional n. 42, de 19-12-2003.

§ 1.º A publicidade dos atos, programas, obras, serviços e campanhas dos órgãos públicos deverá ter caráter educativo, informativo ou de orientação social, dela não podendo constar nomes, símbolos ou imagens que caracterizem promoção pessoal de autoridades ou servidores públicos.

• *Vide* art. 224 da CF.

• O Decreto n. 6.555, de 8-9-2008, dispõe sobre as ações de comunicação do Poder Executivo Federal.

§ 2.º A não observância do disposto nos incisos II e III implicará a nulidade do ato e a punição da autoridade responsável, nos termos da lei.

§ 3.º A lei disciplinará as formas de participação do usuário na administração pública direta e indireta, regulando especialmente:

•• § 3.º, *caput*, com redação determinada pela Emenda Constitucional n. 19, de 4-6-1998.

I – as reclamações relativas à prestação dos serviços públicos em geral, asseguradas a manutenção de serviço de atendimento ao usuário e a avaliação periódica, externa e interna, da qualidade dos serviços;

•• Inciso I acrescentado pela Emenda Constitucional n. 19, de 4-6-1998.

II – o acesso dos usuários a registros administrativos e a informações sobre atos de governo, observado o disposto no art. 5.º, X e XXXIII;

•• Inciso II acrescentado pela Emenda Constitucional n. 19, de 4-6-1998.

•• A Lei n. 12.527, de 18-11-2011, regulamentada pelo Decreto n. 7.724, de 16-5-2012, regula o acesso a informações previsto neste inciso.

•• O Decreto n. 8.777, de 11-5-2016, institui a Política de Dados Abertos do Poder Executivo federal.

• O Decreto n. 7.845, de 14-11-2012, regulamenta procedimentos para credenciamento de segurança e tratamento de informação classificada em qualquer grau de sigilo, e dispõe sobre o Núcleo de Segurança e Credenciamento.

III – a disciplina da representação contra o exercício negligente ou abusivo de cargo, emprego ou função na administração pública.

•• Inciso III acrescentado pela Emenda Constitucional n. 19, de 4-6-1998.

§ 4.º Os atos de improbidade administrativa importarão a suspensão dos direitos políticos, a perda da função pública, a indisponibilidade dos bens e o ressarcimento ao erário, na forma e gradação previstas em lei, sem prejuízo da ação penal cabível.

• Os arts. 312 e s. do CP dispõem sobre os crimes praticados por funcionário público contra a administração em geral.

• A Lei n. 8.026, de 12-4-1990, dispõe sobre a aplicação da pena de demissão a funcionário público.

• A Lei n. 8.027, de 12-4-1990, dispõe sobre normas de conduta dos servidores públicos civis da União, autarquias e fundações públicas.

• Improbidade administrativa: Lei n. 8.429, de 2-6-1992.

• O Decreto n. 4.410, de 7-10-2002, promulga a Convenção Interamericana contra a Corrupção.

§ 5.º A lei estabelecerá os prazos de prescrição para ilícitos praticados por qualquer agente, servidor ou não, que causem prejuízos ao erário, ressalvadas as respectivas ações de ressarcimento.

§ 6.º As pessoas jurídicas de direito público e as de direito privado prestadoras de serviços públicos responderão pelos danos que seus agentes, nessa qualidade, causarem a terceiros, assegurado o direito de regresso contra o responsável nos casos de dolo ou culpa.

§ 7.º A lei disporá sobre os requisitos e as restrições ao ocupante de cargo ou emprego da administração direta e indireta que possibilite o acesso a informações privilegiadas.

•• § 7.º acrescentado pela Emenda Constitucional n. 19, de 4-6-1998.

§ 8.º A autonomia gerencial, orçamentária e financeira dos órgãos e entidades da administração direta e indireta poderá ser ampliada mediante contrato, a ser firmado entre seus administradores e o poder público, que tenha por objeto a fixação de metas de desempenho para o órgão ou entidade, cabendo à lei dispor sobre:

•• § 8.º, *caput*, acrescentado pela Emenda Constitucional n. 19, de 4-6-1998.

•• A Lei n. 13.934, de 11-12-2019, regulamenta o contrato referido no § 8.º do art. 37 da Constituição Federal, denominado "contrato de desempenho", no âmbito da administração pública federal direta de qualquer dos Poderes da União e das autarquias e fundações públicas federais.

I – o prazo de duração do contrato;

•• Inciso I acrescentado pela Emenda Constitucional n. 19, de 4-6-1998.

II – os controles e critérios de avaliação de desempenho, direitos, obrigações e responsabilidade dos dirigentes;

•• Inciso II acrescentado pela Emenda Constitucional n. 19, de 4-6-1998.

III – a remuneração do pessoal.

•• Inciso III acrescentado pela Emenda Constitucional n. 19, de 4-6-1998.

§ 9.º O disposto no inciso XI aplica-se às empresas públicas e às sociedades de economia mista, e suas subsidiárias, que receberem recursos da União, dos Estados, do Distrito Federal ou dos Municípios para pagamento de despesas de pessoal ou de custeio em geral.

•• § 9.º acrescentado pela Emenda Constitucional n. 19, de 4-6-1998.

§ 10. É vedada a percepção simultânea de proventos de aposentadoria decorrentes do art. 40 ou dos arts. 42 e 142 com a remuneração de cargo, emprego ou função pública, ressalvados os cargos acumuláveis na forma desta Constituição, os cargos eletivos e os cargos em comissão declarados em lei de livre nomeação e exoneração.

•• § 10 acrescentado pela Emenda Constitucional n. 20, de 15-12-1998.

•• A Portaria n. 4.975, de 29-4-2021, da Secretaria Especial de Desburocratização, Gestão e Governo Digital, dispõe sobre os procedimentos para a aplicação do limite remuneratório de que trata este § 10, sobre a remuneração, provento ou pensão percebidos cumulativamente por servidor, empregado ou militar, aposentado, inativo ou beneficiário de pensão e demais providências.

• *Vide* art. 11 da Emenda Constitucional n. 20, de 15-12-1998.

§ 11. Não serão computadas, para efeito dos limites remuneratórios de que trata o inciso XI do *caput* deste artigo, as parcelas de caráter indenizatório previstas em lei.

•• § 11 acrescentado pela Emenda Constitucional n. 47, de 5-7-2005, em vigor na data de sua publicação, com efeitos retroativos à data de vigência da Emenda Constitucional n. 41, de 19-12-2003.

§ 12. Para os fins do disposto no inciso XI do *caput* deste artigo, fica facultado aos Estados e ao Distrito Federal fixar, em seu âmbito, mediante emenda às respectivas Constituições e Lei Orgânica, como limite único, o subsídio mensal dos Desembargadores do respectivo Tribunal de Justiça, limitado a noventa inteiros e vinte e cinco centésimos por cento do subsídio mensal dos Ministros do Supremo Tribunal Federal, não se aplicando o disposto neste parágrafo aos subsídios dos Deputados Estaduais e Distritais e dos Vereadores.

•• § 12 acrescentado pela Emenda Constitucional n. 47, de 5-7-2005, em vigor na data de sua publicação, com efeitos retroativos à data de vigência da Emenda Constitucional n. 41, de 19-12-2003.

•• O STF, nas ADIs 3.854 e 4.014, nas sessões virtuais de 27-11-2020 a 4-12-2020 (*DOU* de 8-1-2021), julgou procedente o pedido da ação para afastar "a submissão dos membros da magistratura estadual da regra do subteto remuneratório", de que trata este § 12.

§ 13. O servidor público titular de cargo efetivo poderá ser readaptado para exercício de cargo cujas atribuições e responsabilidades sejam compatíveis com a limitação que tenha sofrido em sua capacidade física ou mental, enquanto permanecer nesta condição, desde que possua a habilitação e o nível de escolaridade exigidos para o cargo de destino, mantida a remuneração do cargo de origem.

•• § 13 acrescentado pela Emenda Constitucional n. 103, de 12-11-2019.

§ 14. A aposentadoria concedida com a utilização de tempo de contribuição decorrente de cargo, emprego ou função pública, inclusive do Regime Geral de Previdência Social, acarretará o rompimento do vínculo que gerou o referido tempo de contribuição.

•• § 14 acrescentado pela Emenda Constitucional n. 103, de 12-11-2019.

•• *Vide* art. 6.º da Emenda Constitucional n. 103, de 12-11-2019.

§ 15. É vedada a complementação de aposentadorias de servidores públicos e de pensões por morte a seus dependentes que não seja decorrente do disposto nos §§ 14 a 16 do art. 40 ou que não seja prevista em lei que extinga regime próprio de previdência social.

•• § 15 acrescentado pela Emenda Constitucional n. 103, de 12-11-2019.

•• *Vide* art. 7.º da Emenda Constitucional n. 103, de 12-11-2019.

§ 16. Os órgãos e entidades da administração pública, individual ou conjuntamente, devem realizar avaliação das políticas públicas, inclusive com divulgação do objeto a ser avaliado e dos resultados alcançados, na forma da lei.

•• § 16 acrescentado pela Emenda Constitucional n. 109, de 15-3-2021.

Art. 38. Ao servidor público da administração direta, autárquica e fundacional, no exercício de mandato eletivo, aplicam-se as seguintes disposições:

•• *Caput* com redação determinada pela Emenda Constitucional n. 19, de 4-6-1998.

I – tratando-se de mandato eletivo federal, estadual ou distrital, ficará afastado de seu cargo, emprego ou função;

II – investido no mandato de Prefeito, será afastado do cargo, emprego ou função, sendo-lhe facultado optar pela sua remuneração;

III – investido no mandato de Vereador, havendo compatibilidade de horários, perceberá as vantagens de seu cargo, emprego ou função, sem prejuízo da remuneração do cargo eletivo, e, não havendo compatibilidade, será aplicada a norma do inciso anterior;

IV – em qualquer caso que exija o afastamento para o exercício de mandato eletivo, seu tempo de serviço será contado para todos os efeitos legais, exceto para promoção por merecimento;

V – na hipótese de ser segurado de regime próprio de previdência social, permanecerá filiado a esse regime, no ente federativo de origem.

•• Inciso V com redação determinada pela Emenda Constitucional n. 103, de 12-11-2019.

Seção II
Dos Servidores Públicos

•• Seção II com denominação determinada pela Emenda Constitucional n. 18, de 5-2-1998.

• Regime jurídico dos servidores públicos civis da União, das Autarquias e das Fundações Públicas Federais: Lei n. 8.112, de 11-12-1990.

• A Lei n. 8.026, de 12-4-1990, dispõe sobre a aplicação de pena de demissão a funcionário público.

• A Lei n. 8.027, de 12-4-1990, dispõe sobre normas de conduta dos servidores públicos civis da União, das Autarquias e das Fundações Públicas.

Art. 39. A União, os Estados, o Distrito Federal e os Municípios instituirão conselho de política de administração e remuneração de pessoal, integrado por servidores designados pelos respectivos Poderes.

•• *Caput* com redação determinada pela Emenda Constitucional n. 19, de 4-6-1998.

•• O STF, em liminar parcialmente concedida em 2-8-2007, na ADI n. 2.135-4 (*DOU* de 14-8-2007), suspende a eficácia do *caput* deste artigo. Com a decisão volta a vigorar a redação anterior: "A União, os Estados, o Distrito Federal e os Municípios instituirão, no âmbito de sua competência, regime jurídico único e planos de carreira para os servidores da administração pública direta, das autarquias e das fundações públicas".

§ 1.º A fixação dos padrões de vencimento e dos demais componentes do sistema remuneratório observará:

•• § 1.º, *caput*, com redação determinada pela Emenda Constitucional n. 19, de 4-6-1998.

•• § 1.º regulamentado pela Lei n. 8.448, de 21-7-1992.

•• A Lei n. 8.852, de 4-2-1994, dispõe sobre a aplicação deste parágrafo.

I – a natureza, o grau de responsabilidade e a complexidade dos cargos componentes de cada carreira;

•• Inciso I acrescentado pela Emenda Constitucional n. 19, de 4-6-1998.

II – os requisitos para a investidura;

•• Inciso II acrescentado pela Emenda Constitucional n. 19, de 4-6-1998.

III – as peculiaridades dos cargos.

•• Inciso III acrescentado pela Emenda Constitucional n. 19, de 4-6-1998.

§ 2.º A União, os Estados e o Distrito Federal manterão escolas de governo para a formação e o aperfeiçoamento dos servidores públicos, constituindo-se a participação nos cursos um dos requisitos para a promoção na carreira, facultada, para isso, a celebração de convênios ou contratos entre os entes federados.

•• § 2.º com redação determinada pela Emenda Constitucional n. 19, de 4-6-1998.

§ 3.º Aplica-se aos servidores ocupantes de cargo público o disposto no art. 7.º, IV, VII, VIII, IX, XII, XIII, XV, XVI, XVII, XVIII, XIX, XX, XXII e XXX, podendo a lei estabelecer requisitos diferenciados de admissão quando a natureza do cargo o exigir.

• § 3.º acrescentado pela Emenda Constitucional n. 19, de 4-6-1998.

• *Vide* Súmula Vinculante 16.

§ 4.º O membro de Poder, o detentor de mandato eletivo, os Ministros de Estado e os Secretários Estaduais e Municipais serão remunerados exclusivamente por subsídio fixado em parcela única, vedado o acréscimo de qualquer gratificação, adicional, abono, prêmio, verba de representação ou outra espécie remuneratória, obedecido, em qualquer caso, o disposto no art. 37, X e XI.

•• § 4.º acrescentado pela Emenda Constitucional n. 19, de 4-6-1998.

•• A Lei n. 13.753, de 26-11-2018, dispõe sobre o subsídio do Procurador-Geral da República.

§ 5.º Lei da União, dos Estados, do Distrito Federal e dos Municípios poderá estabelecer a relação entre a maior e a menor remuneração dos servidores públicos, obedecido, em qualquer caso, o disposto no art. 37, XI.

•• § 5.º acrescentado pela Emenda Constitucional n. 19, de 4-6-1998.

§ 6.º Os Poderes Executivo, Legislativo e Judiciário publicarão anualmente os valores do subsídio e da remuneração dos cargos e empregos públicos.

•• § 6.º acrescentado pela Emenda Constitucional n. 19, de 4-6-1998.

§ 7.º Lei da União, dos Estados, do Distrito Federal e dos Municípios disciplinará a aplicação de recursos orçamentários provenientes da economia com despesas correntes em cada órgão, autarquia e fundação, para aplicação no desenvolvimento de programas de qualidade e produtividade, treinamento e desenvolvimento, modernização, reaparelhamento e racionalização do serviço público, inclusive sob a forma de adicional ou prêmio de produtividade.

•• § 7.º acrescentado pela Emenda Constitucional n. 19, de 4-6-1998.

§ 8.º A remuneração dos servidores públicos organizados em carreira poderá ser fixada nos termos do § 4.º.

•• § 8.º acrescentado pela Emenda Constitucional n. 19, de 4-6-1998.

§ 9.º É vedada a incorporação de vantagens de caráter temporário ou vinculadas ao exercício de função de confiança ou de cargo em comissão à remuneração do cargo efetivo.

•• § 9.º acrescentado pela Emenda Constitucional n. 103, de 12-11-2019.

•• *Vide* art. 13 da Emenda Constitucional n. 103, de 12-11-2019.

Art. 40. O regime próprio de previdência social dos servidores titulares de cargos efetivos terá caráter contributivo e solidário, mediante contribuição do respectivo ente federativo, de servidores ativos, de aposentados e de pensionistas, observados critérios que preservem o equilíbrio financeiro e atuarial.

•• *Caput* com redação determinada pela Emenda Constitucional n. 103, de 12-11-2019.

•• *Vide* arts. 4.º, 10, 20 e 21 da Emenda Constitucional n. 103, de 12-11-2019.

• *Vide* art. 3.º da Emenda Constitucional n. 47, de 5-7-2005.

§ 1.º O servidor abrangido por regime próprio de previdência social será aposentado:

•• § 1.º, *caput*, com redação determinada pela Emenda Constitucional n. 103, de 12-11-2019.

I – por incapacidade permanente para o trabalho, no cargo em que estiver investido, quando insuscetível de readaptação, hipótese em que será obrigatória a realização de avaliações periódicas para verificação da continuidade das condições que ensejaram a concessão da aposentadoria, na forma de lei do respectivo ente federativo;

•• Inciso I com redação determinada pela Emenda Constitucional n. 103, de 12-11-2019.

• *Vide* art. 6.º-A da Emenda Constitucional n. 41, de 19-12-2003.

II – compulsoriamente, com proventos proporcionais ao tempo de contribuição, aos 70 (setenta) anos de idade, ou aos 75 (setenta e cinco) anos de idade, na forma de lei complementar;

•• Inciso II com redação determinada pela Emenda Constitucional n. 88, de 7-5-2015.

•• *Vide* art. 100 do ADCT.

•• A Lei Complementar n. 152, de 3-12-2015, dispõe sobre a aposentadoria compulsória por idade, com proventos proporcionais nos termos deste inciso.

III – no âmbito da União, aos 62 (sessenta e dois) anos de idade, se mulher, e aos 65 (sessenta e cinco) anos de idade, se homem, e, no âmbito dos Estados, do Distrito Federal e dos Municípios, na idade mínima estabelecida mediante emenda às respectivas Constituições e Leis Orgânicas, observados o tempo de contribuição e os demais requisitos estabelecidos em lei complementar do respectivo ente federativo.

•• Inciso III com redação determinada pela Emenda Constitucional n. 103, de 12-11-2019.

•• Havia aqui alíneas *a* e *b*, que diziam:
"a) sessenta anos de idade e trinta e cinco de contribuição, se homem, e cinquenta e cinco anos de idade e trinta de contribuição, se mulher;
•• Alínea *a* acrescentada pela Emenda Constitucional n. 20, de 15-12-1998.
b) sessenta e cinco anos de idade, se homem, e sessenta anos de idade, se mulher, com proventos proporcionais ao tempo de contribuição.
•• Alínea *b* acrescentada pela Emenda Constitucional n. 20, de 15-12-1998".

•• *Vide* art. 3.º, § 3.º, da Emenda Constitucional n. 103, de 12-11-2019.

• *Vide* art. 2.º da Emenda Constitucional n. 41, de 19-12-2003.

§ 2.º Os proventos de aposentadoria não poderão ser inferiores ao valor mínimo a que se refere o § 2.º do art. 201 ou superiores ao limite máximo estabelecido para o Regime Geral de Previdência Social, observado o disposto nos §§ 14 a 16.

•• § 2.º com redação determinada pela Emenda Constitucional n. 103, de 12-11-2019.

§ 3.º As regras para cálculo de proventos de aposentadoria serão disciplinadas em lei do respectivo ente federativo.

•• § 3.º com redação determinada pela Emenda Constitucional n. 103, de 12-11-2019.

•• A Lei n. 10.887, de 18-6-2004, dispõe sobre o cálculo dos proventos de aposentadoria dos servidores titulares de cargo efetivo de qualquer dos poderes, previsto neste parágrafo.

§ 4.º É vedada a adoção de requisitos ou critérios diferenciados para concessão de benefícios em regime próprio de previdência social, ressalvado o disposto nos §§ 4.º-A, 4.º-B, 4.º-C e 5.º.

•• § 4.º com redação determinada pela Emenda Constitucional n. 103, de 12-11-2019.

• *Vide* Súmula Vinculante 55.

• *Vide* Súmula 680 do STF.

§ 4.º-A. Poderão ser estabelecidos por lei complementar do respectivo ente federativo idade e tempo de contribuição diferenciados para aposentadoria de servidores com deficiência, previamente submetidos a avaliação biopsicossocial realizada por equipe multiprofissional e interdisciplinar.

•• § 4.º-A acrescentado pela Emenda Constitucional n. 103, de 12-11-2019.

•• *Vide* arts. 4.º, §§ 9.º e 10, 22 da Emenda Constitucional n. 103, de 12-11-2019.

§ 4.º-B. Poderão ser estabelecidos por lei complementar do respectivo ente federativo idade e tempo de contribuição diferenciados para aposentadoria de ocupantes do cargo de agente penitenciário, de agente socioeducativo ou de policial dos órgãos de que tratam o inciso IV do *caput* do art. 51, o inciso XIII do *caput* do art. 52 e os incisos I a IV do *caput* do art. 144.

•• § 4.º-B acrescentado pela Emenda Constitucional n. 103, de 12-11-2019.

•• *Vide* arts. 4.º, §§ 9.º e 10, 10, §§ 2.º e 3.º, e 22 da Emenda Constitucional n. 103, de 12-11-2019.

§ 4.º-C. Poderão ser estabelecidos por lei complementar do respectivo ente federativo idade e tempo de contribuição diferenciados para aposentadoria de servidores cujas atividades sejam exercidas com efetiva exposição a agentes químicos, físicos e biológicos prejudiciais à saúde, ou associação desses agentes, vedada a caracterização por categoria profissional ou ocupação.

•• § 4.º-C acrescentado pela Emenda Constitucional n. 103, de 12-11-2019.

•• *Vide* art. 4.º, §§ 9.º e 10, da Emenda Constitucional n. 103, de 12-11-2019.

§ 5.º Os ocupantes do cargo de professor terão idade mínima reduzida em 5 (cinco) anos em relação às idades decorrentes da aplicação do disposto no inciso III do § 1.º, desde que comprovem tempo de efetivo exercício das funções de magistério na educação infantil e no ensino fundamental e médio fixado em lei complementar do respectivo ente federativo.

•• § 5.º com redação determinada pela Emenda Constitucional n. 103, de 12-11-2019.

•• *Vide* arts. 10, § 2.º, III, e 15, § 3.º, da Emenda Constitucional n. 103, de 12-11-2019.

§ 6.º Ressalvadas as aposentadorias decorrentes dos cargos acumuláveis na forma desta Constituição, é vedada a percepção de mais de uma aposentadoria à conta de regime próprio de previdência social, aplicando-se outras vedações, regras e condições para a acumulação de benefícios previdenciários estabelecidas no Regime Geral de Previdência Social.

•• § 6.º com redação determinada pela Emenda Constitucional n. 103, de 12-11-2019.

§ 7.º Observado o disposto no § 2.º do art. 201, quando se tratar da única fonte de renda formal auferida pelo dependente, o benefício de pensão por morte será concedido nos termos de lei do respectivo ente federativo, a qual tratará de forma diferenciada a hipótese de morte dos servidores de que trata o § 4.º-B decorrente de agressão sofrida no exercício ou em razão da função.

•• § 7.º com redação determinada pela Emenda Constitucional n. 103, de 12-11-2019.

•• *Vide* arts. 23 e 24 da Emenda Constitucional n. 103, de 12-11-2019.

§ 8.º É assegurado o reajustamento dos benefícios para preservar-lhes, em caráter permanente, o valor real, conforme critérios estabelecidos em lei.

•• § 8.º com redação determinada pela Emenda Constitucional n. 41, de 19-12-2003.

• *Vide* Súmula Vinculante 20 do STF.

§ 9.º O tempo de contribuição federal, estadual, distrital ou municipal será contado para fins de aposentadoria, observado o disposto nos §§ 9.º e 9.º-A do art. 201, e o tempo de serviço correspondente será contado para fins de disponibilidade.

•• § 9.º com redação determinada pela Emenda Constitucional n. 103, de 12-11-2019.

§ 10. A lei não poderá estabelecer qualquer forma de contagem de tempo de contribuição fictício.

•• § 10 acrescentado pela Emenda Constitucional n. 20, de 15-12-1998.

• *Vide* art. 4.º da Emenda Constitucional n. 20, de 15-12-1998.

§ 11. Aplica-se o limite fixado no art. 37, XI, à soma total dos proventos de inatividade, inclusive quando decorrentes da acumulação de cargos ou empregos públicos, bem como de outras atividades sujeitas a contribuição para o regime geral de previdência social, e ao montante resultante da adição de proventos de inatividade com remuneração de cargo acumulável na forma desta Constituição, cargo em comissão declarado em lei de livre nomeação e exoneração, e de cargo eletivo.

•• § 11 acrescentado pela Emenda Constitucional n. 20, de 15-12-1998.

§ 12. Além do disposto neste artigo, serão observados, em regime próprio de previdência social, no que couber, os requisitos e critérios fixados para o Regime Geral de Previdência Social.

•• § 12 com redação determinada pela Emenda Constitucional n. 103, de 12-11-2019.

§ 13. Aplica-se ao agente público ocupante, exclusivamente, de cargo em comissão declarado em lei de livre nomeação e exoneração, de outro cargo temporário, inclusive mandato eletivo, ou de emprego público, o Regime Geral de Previdência Social.

•• § 13 com redação determinada pela Emenda Constitucional n. 103, de 12-11-2019.

§ 14. A União, os Estados, o Distrito Federal e os Municípios instituirão, por lei de iniciativa do respectivo Poder Executivo, regime de previdência complementar para servidores públicos ocupantes de cargo efetivo, observado o limite máximo dos benefícios do Regime Geral de Previdência Social para o valor das aposentadorias e das pensões em regime próprio de previdência social, ressalvado o disposto no § 16.

•• § 14 com redação determinada pela Emenda Constitucional n. 103, de 12-11-2019.

•• *Vide* art. 9.º, § 6.º da Emenda Constitucional n. 103, de 12-11-2019.

• Previdência Complementar: Leis Complementares n. 108, de 29-5-2001, e 109, de 29-5-20001.

•• A Lei n. 12.618, de 30-4-2012, institui o regime de previdência complementar para os servidores públicos federais titulares de cargo efeito a que se refere este parágrafo.

§ 15. O regime de previdência complementar de que trata o § 14 oferecerá plano de benefícios somente na modalidade contribuição definida, observará o disposto no art. 202 e será efetivado por intermédio de entidade fechada de previdência complementar ou de entidade aberta de previdência complementar.

•• § 15 com redação determinada pela Emenda Constitucional n. 103, de 12-11-2019.

•• *Vide* art. 9.º, § 6.º da Emenda Constitucional n. 103, de 12-11-2019.

•• A Lei n. 12.818, de 30-4-2012, institui o regime de previdência complementar para os servidores públicos federais titulares de cargo efetivo a que se refere este parágrafo.

§ 16. Somente mediante sua prévia e expressa opção, o disposto nos §§ 14 e 15 poderá ser aplicado ao servidor que tiver ingressado no serviço público até a data da publicação do ato de instituição do correspondente regime de previdência complementar.

•• § 16 acrescentado pela Emenda Constitucional n. 20, de 15-12-1998.

•• A Lei n. 12.618, de 30-4-2012, institui o regime de previdência complementar para os servidores públicos federais titulares de cargo efetivo a que se refere este parágrafo.

•• *Vide* art. 4.º, § 6.º, da Emenda Constitucional n. 103, de 12-11-2019.

§ 17. Todos os valores de remuneração considerados para o cálculo do benefício previsto no § 3.º serão devidamente atualizados, na forma da lei.

•• § 17 acrescentado pela Emenda Constitucional n. 41, de 19-12-2003.

• *Vide* art. 2.º da Emenda Constitucional n. 41, de 19-12-2003.

§ 18. Incidirá contribuição sobre os proventos de aposentadorias e pensões concedidas pelo regime de que trata este artigo que superem o limite máximo estabelecido para os benefícios do regime geral de previdência social de que trata o art. 201, com percentual igual ao estabelecido para os servidores titulares de cargos efetivos.

•• § 18 acrescentado pela Emenda Constitucional n. 41, de 19-12-2003.

§ 19. Observados critérios a serem estabelecidos em lei do respectivo ente federativo, o servidor titular de cargo efetivo que tenha completado as exigências para a aposentadoria voluntária e que opte por permanecer em atividade poderá fazer jus a um abono de permanência equivalente, no máximo, ao valor da sua contribuição previdenciária, até completar a idade para aposentadoria compulsória.

•• § 19 com redação determinada pela Emenda Constitucional n. 103, de 12-11-2019.

•• *Vide* arts. 9.º, § 6.º, e 10, § 5.º, da Emenda Constitucional n. 103, de 12-11-2019.

§ 20. É vedada a existência de mais de um regime próprio de previdência social e de mais de um órgão ou entidade gestora desse regime em cada ente federativo, abrangidos todos os poderes, órgãos e entidades autárquicas e fundacionais, que serão responsáveis pelo seu financiamento, observados os critérios, os parâmetros e a natureza jurídica definidos na lei complementar de que trata o § 22.

•• § 20 com redação determinada pela Emenda Constitucional n. 103, de 12-11-2019.

•• *Vide* arts. 3.º, § 3.º e 8.º da Emenda Constitucional n. 103, de 12-11-2019.

§ 21. (*Revogado pela Emenda Constitucional n. 103, de 12-11-2019.*)

•• Sobre o prazo de vigência desta revogação, vide art. 36, II, da Emenda Constitucional n. 103, de 12-11-2019.

•• O texto revogado dizia:
"§ 21. A contribuição prevista no § 18 deste artigo incidirá apenas sobre as parcelas de proventos de aposentadoria e de pensão que superem o dobro do limite máximo estabelecido para os benefícios do regime geral de previdência social de que trata o art. 201 desta Constituição, quando o beneficiário, na forma da lei, for portador de doença incapacitante.

•• § 21 acrescentado pela Emenda Constitucional n. 47, de 5-7-2005, em vigor na data de sua publicação, com efeitos retroativos à data de vigência da Emenda Constitucional n. 41, de 19-12-2003 (*DOU* de 31-12-2003)".

§ 22. Vedada a instituição de novos regimes próprios de previdência social, lei complementar federal estabelecerá, para os que já existam, normas gerais de organização, de funcionamento e de responsabilidade em sua gestão, dispondo, entre outros aspectos, sobre:

•• § 22, *caput*, acrescentado pela Emenda Constitucional n. 103, de 12-11-2019.

•• *Vide* art. 9.º da Emenda Constitucional n. 103, de 12-11-2019.

I – requisitos para sua extinção e consequente migração para o Regime Geral de Previdência Social;

•• Inciso I acrescentado pela Emenda Constitucional n. 103, de 12-11-2019.

II – modelo de arrecadação, de aplicação e de utilização dos recursos;

•• Inciso II acrescentado pela Emenda Constitucional n. 103, de 12-11-2019.

III – fiscalização pela União e controle externo e social;

•• Inciso III acrescentado pela Emenda Constitucional n. 103, de 12-11-2019.

IV – definição de equilíbrio financeiro e atuarial;

•• Inciso IV acrescentado pela Emenda Constitucional n. 103, de 12-11-2019.

V – condições para instituição do fundo com finalidade previdenciária de que trata o art. 249 e para vinculação a ele dos recursos provenientes de contribuições e dos bens, direitos e ativos de qualquer natureza;

•• Inciso V acrescentado pela Emenda Constitucional n. 103, de 12-11-2019.

VI – mecanismos de equacionamento do déficit atuarial;

•• Inciso VI acrescentado pela Emenda Constitucional n. 103, de 12-11-2019.

VII – estruturação do órgão ou entidade gestora do regime, observados os princípios relacionados com governança, controle interno e transparência;

•• Inciso VII acrescentado pela Emenda Constitucional n. 103, de 12-11-2019.

VIII – condições e hipóteses para responsabilização daqueles que desempenhem atribuições relacionadas, direta ou indiretamente, com a gestão do regime;

•• Inciso VIII acrescentado pela Emenda Constitucional n. 103, de 12-11-2019.

IX – condições para adesão a consórcio público;

•• Inciso IX acrescentado pela Emenda Constitucional n. 103, de 12-11-2019.

X – parâmetros para apuração da base de cálculo e definição de alíquota de contribuições ordinárias e extraordinárias.

•• Inciso X acrescentado pela Emenda Constitucional n. 103, de 12-11-2019.

Art. 41. São estáveis após 3 (três) anos de efetivo exercício os servidores nomeados para cargo de provimento efetivo em virtude de concurso público.

•• *Caput* com redação determinada pela Emenda Constitucional n. 19, de 4-6-1998.

§ 1.º O servidor público estável só perderá o cargo:

•• § 1.º, *caput*, com redação determinada pela Emenda Constitucional n. 19, de 4-6-1998.

I – em virtude de sentença judicial transitada em julgado;

•• Inciso I acrescentado pela Emenda Constitucional n. 19, de 4-6-1998.

II – mediante processo administrativo em que lhe seja assegurada ampla defesa;

•• Inciso II acrescentado pela Emenda Constitucional n. 19, de 4-6-1998.

III – mediante procedimento de avaliação periódica de desempenho, na forma de lei complementar, assegurada ampla defesa.

•• Inciso III acrescentado pela Emenda Constitucional n. 19, de 4-6-1998.

•• *Vide* arts. 198, § 6.º, e 247 da CF.

§ 2.º Invalidada por sentença judicial a demissão do servidor estável, será ele reintegrado, e o eventual ocupante da vaga, se estável, reconduzido ao cargo de origem, sem direito a indenização, aproveitado em outro cargo ou posto em disponibilidade com remuneração proporcional ao tempo de serviço.

•• § 2.º com redação determinada pela Emenda Constitucional n. 19, de 4-6-1998.

§ 3.º Extinto o cargo ou declarada sua desnecessidade, o servidor estável ficará em disponibilidade, com remuneração proporcional ao tempo de serviço, até seu adequado aproveitamento em outro cargo.

•• § 3.º com redação determinada pela Emenda Constitucional n. 19, de 4-6-1998.

§ 4.º Como condição para a aquisição da estabilidade, é obrigatória a avaliação especial de desempenho por comissão instituída para essa finalidade.

•• § 4.º acrescentado pela Emenda Constitucional n. 19, de 4-6-1998.

• *Vide* art. 28 da Emenda Constitucional n. 19, de 4-6-1998.

Seção III
Dos Militares dos Estados, do Distrito Federal e dos Territórios

•• Seção III com denominação determinada pela Emenda Constitucional n. 18, de 5-2-1998.

Art. 42. Os membros das Polícias Militares e Corpos de Bombeiros Militares, instituições organizadas com base na hierarquia e disciplina, são militares dos Estados, do Distrito Federal e dos Territórios.

•• *Caput* com redação determinada pela Emenda Constitucional n. 18, de 5-2-1998.

• *Vide* art. 89 do ADCT.

•• *Vide* arts. 12, 24 e 26 da Emenda Constitucional n. 103, de 12-11-2019.

§ 1.º Aplicam-se aos militares dos Estados, do Distrito Federal e dos Territórios, além do que vier a ser fixado em lei, as disposições do art. 14, § 8.º; do art. 40, § 9.º; e do art. 142, §§ 2.º e 3.º, cabendo a lei estadual específica dispor sobre as matérias do art. 142, § 3.º, X, sendo as patentes dos oficiais conferidas pelos respectivos governadores.

•• § 1.º com redação determinada pela Emenda Constitucional n. 20, de 15-12-1998.

§ 2.º Aos pensionistas dos militares dos Estados, do Distrito Federal e dos Territórios aplica-se o que for fixado em lei específica do respectivo ente estatal.

•• § 2.º com redação determinada pela Emenda Constitucional n. 41, de 19-12-2003.

§ 3.º Aplica-se aos militares dos Estados, do Distrito Federal e dos Territórios o disposto no art. 37, inciso XVI, com prevalência da atividade militar.

•• § 3.º acrescentado pela Emenda Constitucional n. 101, de 3-7-2019.

Seção IV
Das Regiões

Art. 43. Para efeitos administrativos, a União poderá articular sua ação em um mesmo complexo geoeconômico e social, visando a seu desenvolvimento e à redução das desigualdades regionais.

§ 1.º Lei complementar disporá sobre:

I – as condições para integração de regiões em desenvolvimento;

II – a composição dos organismos regionais que executarão, na forma da lei, os planos regionais, integrantes dos planos nacionais de desenvolvimento econômico e social, aprovados juntamente com estes.

• A Lei Complementar n. 124, de 3-1-2007, institui a Superintendência do Desenvolvimento da Amazônia – SUDAM.

• A Lei Complementar n. 125, de 3-1-2007, institui a Superintendência do Desenvolvimento do Nordeste – SUDENE.

• A Lei Complementar n. 129, de 8-1-2009, institui, na forma deste artigo, a Superintendência do Desenvolvimento do Centro-Oeste – SUDECO, e estabelece sua missão institucional, natureza jurídica, objetivos, área de atuação e instrumentos de ação.

• A Lei Complementar n. 134, de 14-1-2010, dispõe sobre a composição do Conselho de Administração da Superintendência da Zona Franca de Manaus.

• O Decreto n. 7.838, de 9-11-2012, aprova o regulamento do Fundo de Desenvolvimento do Nordeste – FDNE.

• O Decreto n. 7.839, de 9-11-2012, aprova o regulamento do Fundo de Desenvolvimento da Amazônia – FDA.

§ 2.º Os incentivos regionais compreenderão, além de outros, na forma da lei:

I – igualdade de tarifas, fretes, seguros e outros itens de custos e preços de responsabilidade do Poder Público;

II – juros favorecidos para financiamento de atividades prioritárias;

III – isenções, reduções ou diferimento temporário de tributos federais devidos por pessoas físicas ou jurídicas;

IV – prioridade para o aproveitamento econômico e social dos rios e das massas de água represadas ou represáveis nas regiões de baixa renda, sujeitas a secas periódicas.

§ 3.º Nas áreas a que se refere o § 2.º, IV, a União incentivará a recuperação de terras áridas e cooperará com os pequenos e médios proprietários rurais para o estabelecimento, em suas glebas, de fontes de água e de pequena irrigação.

TÍTULO IV
DA ORGANIZAÇÃO DOS PODERES

Capítulo I
DO PODER LEGISLATIVO

Seção I
Do Congresso Nacional

Art. 44. O Poder Legislativo é exercido pelo Congresso Nacional, que se compõe da Câmara dos Deputados e do Senado Federal.

Parágrafo único. Cada legislatura terá a duração de quatro anos.

Art. 45. A Câmara dos Deputados compõe-se de representantes do povo, eleitos, pelo sistema proporcional, em cada Estado, em cada Território e no Distrito Federal.

§ 1.º O número total de deputados, bem como a representação por Estado e pelo Distrito Federal, será estabelecido por lei complementar, proporcionalmente à população, procedendo-se aos ajustes necessários, no ano anterior às eleições, para que nenhuma daquelas unidades da Federação tenha menos de oito ou mais de setenta Deputados.

• A Lei Complementar n. 78, de 30-12-1993, fixa o número de deputados.

§ 2.º Cada Território elegerá quatro Deputados.

Art. 46. O Senado Federal compõe-se de representantes dos Estados e do Distrito Federal, eleitos segundo o princípio majoritário.

§ 1.º Cada Estado e o Distrito Federal elegerão três Senadores, com mandato de oito anos.

§ 2.º A representação de cada Estado e do Distrito Federal será renovada de quatro em quatro anos, alternadamente, por um e dois terços.

§ 3.º Cada Senador será eleito com dois suplentes.

Art. 47. Salvo disposição constitucional em contrário, as deliberações de cada Casa e de suas Comissões serão tomadas por maioria dos votos, presente a maioria absoluta de seus membros.

Seção II
Das Atribuições do Congresso Nacional

Art. 48. Cabe ao Congresso Nacional, com a sanção do Presidente da República, não exigida esta para o especificado nos arts. 49, 51 e 52, dispor sobre todas as matérias de competência da União, especialmente sobre:

I – sistema tributário, arrecadação e distribuição de rendas;

II – plano plurianual, diretrizes orçamentárias, orçamento anual, operações de crédito, dívida pública e emissões de curso forçado;

III – fixação e modificação do efetivo das Forças Armadas;

IV – planos e programas nacionais, regionais e setoriais de desenvolvimento;

V – limites do território nacional, espaço aéreo e marítimo e bens do domínio da União;

VI – incorporação, subdivisão ou desmembramento de áreas de Territórios ou Estados, ouvidas as respectivas Assembleias Legislativas;

VII – transferência temporária da sede do Governo Federal;

VIII – concessão de anistia;

IX – organização administrativa, judiciária, do Ministério Público e da Defensoria Pública da União e dos Territórios e organização judiciária e do Ministério Público do Distrito Federal;

•• Inciso IX com redação determinada pela Emenda Constitucional n. 69, de 29-3-2012.

X – criação, transformação e extinção de cargos, empregos e funções públicas, observado o que estabelece o art. 84, VI, *b*;

•• Inciso X com redação determinada pela Emenda Constitucional n. 32, de 11-9-2001.

XI – criação e extinção de Ministérios e órgãos da administração pública;

•• Inciso XI com redação determinada pela Emenda Constitucional n. 32, de 11-9-2001.

XII – telecomunicações e radiodifusão;

• Código Brasileiro de Telecomunicações: Lei n. 4.117, de 27-8-1962.

• A Lei n. 9.295, de 19-7-1996, dispõe sobre os serviços de telecomunicações e sua organização.

• Organização dos Serviços de Telecomunicações: Lei n. 9.472, de 16-7-1997.

• Serviço de Radiodifusão Comunitária: Lei n. 9.612, de 19-2-1998.

XIII – matéria financeira, cambial e monetária, instituições financeiras e suas operações;

XIV – moeda, seus limites de emissão, e montante da dívida mobiliária federal;

XV – fixação do subsídio dos Ministros do Supremo Tribunal Federal, observado o que dispõem os arts. 39, § 4.º; 150, II; 153, III; e 153, § 2.º, I.

•• Inciso XV com redação determinada pela Emenda Constitucional n. 41, de 19-12-2003.

• Remuneração da Magistratura da União: Lei n. 10.474, de 27-6-2002.

• A Lei n. 13.752, de 26-11-2018, dispõe sobre a atualização dos valores do subsídio de Ministro do STF.

Art. 49. É da competência exclusiva do Congresso Nacional:

I – resolver definitivamente sobre tratados, acordos ou atos internacionais que acarretem encargos ou compromissos gravosos ao patrimônio nacional;

II – autorizar o Presidente da República a declarar guerra, a celebrar a paz, a permitir que forças estrangeiras transitem pelo território nacional ou nele permaneçam temporariamente, ressalvados os casos previstos em lei complementar;

III – autorizar o Presidente e o Vice-Presidente da República a se ausentarem do País, quando a ausência exceder a quinze dias;

IV – aprovar o estado de defesa e a intervenção federal, autorizar o estado de sítio, ou suspender qualquer uma dessas medidas;

V – sustar os atos normativos do Poder Executivo que exorbitem do poder regulamentar ou dos limites de delegação legislativa;

VI – mudar temporariamente sua sede;

VII – fixar idêntico subsídio para os Deputados Federais e os Senadores, observado o que dispõem os arts. 37, XI, 39, § 4.º, 150, II, 153, III, e 153, § 2.º, I;

•• Inciso VII com redação determinada pela Emenda Constitucional n. 19, de 4-6-1998.

VIII – fixar os subsídios do Presidente e do Vice-Presidente da República e dos Ministros de Estado, observado o que dispõem os arts. 37, XI, 39, § 4.º, 150, II, 153, III, e 153, § 2.º, I;

•• Inciso VIII com redação determinada pela Emenda Constitucional n. 19, de 4-6-1998.

IX – julgar anualmente as contas prestadas pelo Presidente da República e apreciar os relatórios sobre a execução dos planos de governo;

X – fiscalizar e controlar, diretamente, ou por qualquer de suas Casas, os atos do Poder Executivo, incluídos os da administração indireta;

XI – zelar pela preservação de sua competência legislativa em face da atribuição normativa dos outros Poderes;

XII – apreciar os atos de concessão e renovação de concessão de emissoras de rádio e televisão;

XIII – escolher dois terços dos membros do Tribunal de Contas da União;

• O Decreto Legislativo n. 6, de 22-4-1993, regulamenta a escolha de Ministros do TCU pelo Congresso Nacional.

XIV – aprovar iniciativas do Poder Executivo referentes a atividades nucleares;

XV – autorizar referendo e convocar plebiscito;

XVI – autorizar, em terras indígenas, a exploração e o aproveitamento de recursos hídricos e a pesquisa e lavra de riquezas minerais;

XVII – aprovar, previamente, a alienação ou concessão de terras públicas com área superior a dois mil e quinhentos hectares;

XVIII – decretar o estado de calamidade pública de âmbito nacional previsto nos arts. 167-B, 167-C, 167-D, 167-E, 167-F e 167-G desta Constituição.

•• Inciso XVIII acrescentado pela Emenda Constitucional n. 109, de 15-3-2021.

Art. 50. A Câmara dos Deputados e o Senado Federal, ou qualquer de suas Comissões, poderão convocar Ministro de Estado ou quaisquer titulares de órgãos diretamente subordinados à Presidência da República para prestarem, pessoalmente, informações sobre assunto previamente determinado, importando em crime de responsabilidade a ausência sem justificação adequada.

•• *Caput* com redação determinada pela Emenda Constitucional de Revisão n. 2, de 7-6-1994.

§ 1.º Os Ministros de Estado poderão comparecer ao Senado Federal, à Câmara dos Deputados, ou a qualquer de suas Comissões, por sua iniciativa e mediante entendimentos com a Mesa respectiva, para expor assunto de relevância de seu Ministério.

§ 2.º As Mesas da Câmara dos Deputados e do Senado Federal poderão encaminhar pedidos escritos de informação a Ministros de Estado ou a qualquer das pessoas referidas no *caput* deste artigo, importando em crime de responsabilidade a recusa, ou o não atendimento, no prazo de trinta dias, bem como a prestação de informações falsas.

•• § 2.º com redação determinada pela Emenda Constitucional de Revisão n. 2, de 7-6-1994.

Seção III
Da Câmara dos Deputados

Art. 51. Compete privativamente à Câmara dos Deputados:

I – autorizar, por dois terços de seus membros, a instauração de processo contra o Presidente e o Vice-Presidente da República e os Ministros de Estado;

II – proceder à tomada de contas do Presidente da República, quando não apresentadas ao Congresso Nacional dentro de sessenta dias após a abertura da sessão legislativa;

III – elaborar seu regimento interno;

IV – dispor sobre sua organização, funcionamento, polícia, criação, transformação ou extinção dos cargos, empregos e funções de seus serviços, e a iniciativa de lei para fixação da respectiva remuneração, observados os parâmetros estabelecidos na lei de diretrizes orçamentárias;

•• Inciso IV com redação determinada pela Emenda Constitucional n. 19, de 4-6-1998.

•• *Vide* arts. 5.º e 10, § 2.º, I, da Emenda Constitucional n. 103, de 12-11-2019.

•• *Vide* art. 107, § 2.º, do ADCT.

V – eleger membros do Conselho da República, nos termos do art. 89, VII.

Seção IV
Do Senado Federal

Art. 52. Compete privativamente ao Senado Federal:

I – processar e julgar o Presidente e o Vice-Presidente da República nos crimes de responsabilidade, bem como os Ministros de Estado e os Comandantes da Marinha, do Exército e da Aeronáutica nos crimes da mesma natureza conexos com aqueles;

•• Inciso I com redação determinada pela Emenda Constitucional n. 23, de 2-9-1999.

• A Lei n. 1.079, de 10-4-1950, define os crimes de responsabilidade e regula o respectivo processo de julgamento.

II – processar e julgar os Ministros do Supremo Tribunal Federal, os membros do Conselho Nacional de Justiça e do Conselho Nacional do Ministério Público, o Procurador-Geral da República e o Advogado-Geral da União nos crimes de responsabilidade;

•• Inciso II com redação determinada pela Emenda Constitucional n. 45, de 8-12-2004.

•• *Vide* Seção II do Capítulo IV do Título IV da CF, que passou a denominar-se "Da Advocacia Pública" (arts. 131 e 132).

III – aprovar previamente, por voto secreto, após arguição pública, a escolha de:

a) magistrados, nos casos estabelecidos nesta Constituição;

b) Ministros do Tribunal de Contas da União indicados pelo Presidente da República;

c) Governador de Território;

d) presidente e diretores do banco central;

e) Procurador-Geral da República;

f) titulares de outros cargos que a lei determinar;

IV – aprovar previamente, por voto secreto, após arguição em sessão secreta, a escolha dos chefes de missão diplomática de caráter permanente;

V – autorizar operações externas de natureza financeira, de interesse da União, dos Estados, do Distrito Federal, dos Territórios e dos Municípios;

•• A Resolução n. 48, de 21-12-2007, do Senado Federal, dispõe sobre as operações externas de natureza financeira, de que trata este artigo.

VI – fixar, por proposta do Presidente da República, limites globais para o montante da dívida consolidada da União, dos Estados, do Distrito Federal e dos Municípios;

•• A Resolução n. 40, de 20-12-2001, do Senado Federal, dispõe sobre os limites globais para o montante da dívida pública consolidada e da dívida mobiliária dos Estados, do Distrito Federal e dos Municípios, conforme fixado neste inciso e no inciso IX.

VII – dispor sobre limites globais e condições para as operações de crédito externo e interno da União, dos Estados, do Distrito Federal e dos Municípios, de suas autarquias e demais entidades controladas pelo Poder Público federal;

•• A Resolução n. 43, de 21-12-2001, do Senado Federal, dispõe sobre as operações de crédito interno e externo dos Estados, do Distrito Federal e dos Municípios, inclusive concessão de garantias, seus limites e condições de autorização, e dá outras providências.

VIII – dispor sobre limites e condições para a concessão de garantia da União em operações de crédito externo e interno;

IX – estabelecer limites globais e condições para o montante da dívida mobiliária dos Estados, do Distrito Federal e dos Municípios;

•• *Vide* nota ao inciso VI deste artigo.

X – suspender a execução, no todo ou em parte, de lei declarada inconstitucional por decisão definitiva do Supremo Tribunal Federal;

XI – aprovar, por maioria absoluta e por voto secreto, a exoneração, de ofício, do Procurador-Geral da República antes do término de seu mandato;

XII – elaborar seu regimento interno;

XIII – dispor sobre sua organização, funcionamento, polícia, criação, transformação ou extinção dos cargos, empregos e funções de seus serviços, e a iniciativa de lei para fixação da respectiva remuneração, observados os parâmetros estabelecidos na lei de diretrizes orçamentárias;

•• Inciso XIII com redação determinada pela Emenda Constitucional n. 19, de 4-6-1998.

•• *Vide* arts. 5.º e 10, § 2.º, I, da Emenda Constitucional n. 103, de 12-11-2019.

•• *Vide* art. 107, § 2.º, do ADCT.

XIV – eleger membros do Conselho da República, nos termos do art. 89, VII;

XV – avaliar periodicamente a funcionalidade do Sistema Tributário Nacional, em sua estrutura e seus componentes, e o desempenho das administrações tributárias da União, dos Estados e do Distrito Federal e dos Municípios.

•• Inciso XV acrescentado pela Emenda Constitucional n. 42, de 19-12-2003.

Parágrafo único. Nos casos previstos nos incisos I e II, funcionará como Presidente o do Supremo Tribunal Federal, limitando-se a condenação, que somente será proferida por dois terços dos votos do Senado Federal, à perda do cargo, com inabilitação, por oito anos, para o exercício de função pública, sem prejuízo das demais sanções judiciais cabíveis.

Seção V
Dos Deputados e dos Senadores

• Eleição: Lei n. 9.504, de 30-9-1997.

Art. 53. Os Deputados e Senadores são invioláveis, civil e penalmente, por quaisquer de suas opiniões, palavras e votos.

•• *Caput* com redação determinada pela Emenda Constitucional n. 35, de 20-12-2001.

§ 1.º Os Deputados e Senadores, desde a expedição do diploma, serão submetidos a julgamento perante o Supremo Tribunal Federal.

•• § 1.º com redação determinada pela Emenda Constitucional n. 35, de 20-12-2001.

§ 2.º Desde a expedição do diploma, os membros do Congresso Nacional não poderão ser presos, salvo em flagrante de crime inafiançável. Nesse caso, os autos serão remetidos dentro de vinte e quatro horas à Casa respectiva, para que, pelo voto da maioria de seus membros, resolva sobre a prisão.

•• § 2.º com redação determinada pela Emenda Constitucional n. 35, de 20-12-2001.

§ 3.º Recebida a denúncia contra o Senador ou Deputado, por crime ocorrido após a diplomação, o Supremo Tribunal Federal dará ciência à Casa respectiva, que, por iniciativa de partido político nela representado e pelo voto da maioria de seus membros, poderá, até a decisão final, sustar o andamento da ação.

•• § 3.º com redação determinada pela Emenda Constitucional n. 35, de 20-12-2001.

§ 4.º O pedido de sustação será apreciado pela Casa respectiva no prazo improrrogável de quarenta e cinco dias do seu recebimento pela Mesa Diretora.

•• § 4.º com redação determinada pela Emenda Constitucional n. 35, de 20-12-2001.

§ 5.º A sustação do processo suspende a prescrição, enquanto durar o mandato.

•• § 5.º com redação determinada pela Emenda Constitucional n. 35, de 20-12-2001.

§ 6.º Os Deputados e Senadores não serão obrigados a testemunhar sobre informações recebidas ou prestadas em razão do exercício do mandato, nem sobre as pessoas que lhes confiaram ou deles receberam informações.

•• § 6.º com redação determinada pela Emenda Constitucional n. 35, de 20-12-2001.

§ 7.º A incorporação às Forças Armadas de Deputados e Senadores, embora militares e ainda que em tempo de guerra, dependerá de prévia licença da Casa respectiva.

•• § 7.º com redação determinada pela Emenda Constitucional n. 35, de 20-12-2001.

§ 8.º As imunidades de Deputados ou Senadores subsistirão durante o estado de sítio, só podendo ser suspensas mediante o voto de dois terços dos membros da Casa respectiva, nos casos de atos praticados fora do recinto do Congresso Nacional, que sejam incompatíveis com a execução da medida.

•• § 8.º acrescentado pela Emenda Constitucional n. 35, de 20-12-2001.

Art. 54. Os Deputados e Senadores não poderão:

I – desde a expedição do diploma:

a) firmar ou manter contrato com pessoa jurídica de direito público, autarquia, empresa pública, sociedade de economia mista ou empresa concessionária de serviço público, salvo quando o contrato obedecer a cláusulas uniformes;

b) aceitar ou exercer cargo, função ou emprego remunerado, inclusive os de que sejam demissíveis *ad nutum*, nas entidades constantes da alínea anterior;

II – desde a posse:

a) ser proprietários, controladores ou diretores de empresa que goze de favor decorrente de contrato com pessoa jurídica de direito público, ou nela exercer função remunerada;

b) ocupar cargo ou função de que sejam demissíveis *ad nutum*, nas entidades referidas no inciso I, *a*;

c) patrocinar causa em que seja interessada qualquer das entidades a que se refere o inciso I, *a*;

d) ser titulares de mais de um cargo ou mandato público eletivo.

Art. 55. Perderá o mandato o Deputado ou Senador:

I – que infringir qualquer das proibições estabelecidas no artigo anterior;

• O Decreto Legislativo n. 16, de 24-3-1994, dispõe: "Art. 1.º A renúncia de parlamentar sujeito a investigação por qualquer órgão do Poder Legislativo ou que tenha contra si procedimento já instaurado ou protocolado junto à Mesa da respectiva Casa, para apuração das faltas a que se referem os incisos I e II do art. 55 da CF, fica sujeita a condição suspensiva, só produzindo efeitos se a decisão final não concluir pela perda do mandato.

Parágrafo único. Sendo a decisão final pela perda do mandato parlamentar, a declaração da renúncia será arquivada".

II – cujo procedimento for declarado incompatível com o decoro parlamentar;

III – que deixar de comparecer, em cada sessão legislativa, à terça parte das sessões ordinárias da Casa a que pertencer, salvo licença ou missão por esta autorizada;

IV – que perder ou tiver suspensos os direitos políticos;

V – quando o decretar a Justiça Eleitoral, nos casos previstos nesta Constituição;

VI – que sofrer condenação criminal em sentença transitada em julgado.

§ 1.º É incompatível com o decoro parlamentar, além dos casos definidos no regimento interno, o abuso das prerrogativas asseguradas a membro do Congresso Nacional ou a percepção de vantagens indevidas.

§ 2.º Nos casos dos incisos I, II e VI, a perda do mandato será decidida pela Câmara dos Deputados ou pelo Senado Federal, por maioria absoluta, mediante provocação da respectiva Mesa ou de partido político representado no Congresso Nacional, assegurada ampla defesa.

•• § 2.º com redação determinada pela Emenda Constitucional n. 76, de 28-11-2013.

§ 3.º Nos casos previstos nos incisos III a V, a perda será declarada pela Mesa da Casa respectiva, de ofício ou mediante provocação de qualquer de seus membros, ou de partido político representado no Congresso Nacional, assegurada ampla defesa.

§ 4.º A renúncia de parlamentar submetido a processo que vise ou possa levar à perda do mandato, nos termos deste artigo, terá seus efeitos suspensos até as deliberações finais de que tratam os §§ 2.º e 3.º.

•• § 4.º acrescentado pela Emenda Constitucional de Revisão n. 6, de 7-6-1994.

Art. 56. Não perderá o mandato o Deputado ou Senador:

I – investido no cargo de Ministro de Estado, Governador de Território, Secretário de Estado, do Distrito Federal, de Território, de Prefeitura de Capital ou chefe de missão diplomática temporária;

II – licenciado pela respectiva Casa por motivo de doença, ou para tratar, sem remuneração, de interesse particular, desde que, neste caso, o afastamento não ultrapasse cento e vinte dias por sessão legislativa.

§ 1.º O suplente será convocado nos casos de vaga, de investidura em funções previstas neste artigo ou de licença superior a cento e vinte dias.

§ 2.º Ocorrendo vaga e não havendo suplente, far-se-á eleição para preenchê-la se faltarem mais de quinze meses para o término do mandato.

§ 3.º Na hipótese do inciso I, o Deputado ou Senador poderá optar pela remuneração do mandato.

Seção VI

Das Reuniões

Art. 57. O Congresso Nacional reunir-se-á, anualmente, na Capital Federal, de 2 de fevereiro a 17 de julho e de 1.º de agosto a 22 de dezembro.

•• *Caput* com redação determinada pela Emenda Constitucional n. 50, de 14-2-2006.

§ 1.º As reuniões marcadas para essas datas serão transferidas para o primeiro dia útil subsequente, quando recaírem em sábados, domingos ou feriados.

§ 2.º A sessão legislativa não será interrompida sem a aprovação do projeto de lei de diretrizes orçamentárias.

§ 3.º Além de outros casos previstos nesta Constituição, a Câmara dos Deputados e o Senado Federal reunir-se-ão em sessão conjunta para:

I – inaugurar a sessão legislativa;

II – elaborar o regimento comum e regular a criação de serviços comuns às duas Casas;

III – receber o compromisso do Presidente e do Vice-Presidente da República;

IV – conhecer do veto e sobre ele deliberar.

§ 4.º Cada uma das Casas reunir-se-á em sessões preparatórias, a partir de 1.º de fevereiro, no primeiro ano da legislatura, para a posse de seus membros e eleição das respectivas Mesas, para mandato de 2 (dois) anos, vedada a recondução para o mesmo cargo na eleição imediatamente subsequente.

•• § 4.º com redação determinada pela Emenda Constitucional n. 50, de 14-2-2006.

§ 5.º A Mesa do Congresso Nacional será presidida pelo Presidente do Senado Federal, e os demais cargos serão exercidos, alternadamente, pelos ocupantes de cargos equivalentes na Câmara dos Deputados e no Senado Federal.

§ 6.º A convocação extraordinária do Congresso Nacional far-se-á:

I – pelo Presidente do Senado Federal, em caso de decretação de estado de defesa ou de intervenção federal, de pedido de autorização para a decretação de estado de sítio e para o compromisso e a posse do Presidente e do Vice-Presidente da República;

II – pelo Presidente da República, pelos Presidentes da Câmara dos Deputados e do Senado Federal ou a requerimento da maioria dos membros de ambas as Casas, em caso de urgência ou interesse público relevante, em todas as hipóteses deste inciso com a aprovação da maioria absoluta de cada uma das Casas do Congresso Nacional.

•• Inciso II com redação determinada pela Emenda Constitucional n. 50, de 14-2-2006.

§ 7.º Na sessão legislativa extraordinária, o Congresso Nacional somente deliberará sobre a matéria para a qual foi convocado, ressalvada a hipótese do § 8.º deste artigo, vedado o pagamento de parcela indenizatória, em razão da convocação.

•• § 7.º com redação determinada pela Emenda Constitucional n. 50, de 14-2-2006.

§ 8.º Havendo medidas provisórias em vigor na data de convocação extraordinária do Congresso Nacional, serão elas automaticamente incluídas na pauta da convocação.

•• § 8.º acrescentado pela Emenda Constitucional n. 32, de 11-9-2001.

Seção VII

Das Comissões

Art. 58. O Congresso Nacional e suas Casas terão comissões permanentes e temporárias, constituídas na forma e com as atribuições previstas no respectivo regimento ou no ato de que resultar sua criação.

§ 1.º Na constituição das Mesas e de cada Comissão, é assegurada, tanto quanto possível, a representação proporcional dos partidos ou dos blocos parlamentares que participam da respectiva Casa.

§ 2.º Às comissões, em razão da matéria de sua competência, cabe:

I – discutir e votar projeto de lei que dispensar, na forma do regimento, a competência do Plenário, salvo se houver recurso de um décimo dos membros da Casa;

II – realizar audiências públicas com entidades da sociedade civil;

III – convocar Ministros de Estado para prestar informações sobre assuntos inerentes a suas atribuições;

IV – receber petições, reclamações, representações ou queixas de qualquer pessoa contra atos ou omissões das autoridades ou entidades públicas;

V – solicitar depoimento de qualquer autoridade ou cidadão;

VI – apreciar programas de obras, planos nacionais, regionais e setoriais de desenvolvimento e sobre eles emitir parecer.

§ 3.º As comissões parlamentares de inquérito, que terão poderes de investigação próprios das autoridades judiciais, além de outros previstos nos regimentos das respectivas Casas, serão criadas pela Câmara dos Deputados e pelo Senado Federal, em conjunto ou separadamente, mediante requerimento de um terço de seus membros, para a apuração de fato determinado e por prazo certo, sendo suas conclusões, se for o caso, encaminhadas ao Ministério Público, para que promova a responsabilidade civil ou criminal dos infratores.

• A Lei n. 1.579, de 18-3-1952, dispõe sobre as Comissões Parlamentares de Inquérito.

• A Lei n. 10.001, de 4-9-2000, dispõe sobre a prioridade nos procedimentos a serem adotados pelo Ministério Público e por outros órgãos a respeito das conclusões das Comissões Parlamentares de Inquérito.

§ 4.º Durante o recesso, haverá uma Comissão representativa do Congresso Nacional, eleita por suas Casas na última sessão ordinária do período legislativo, com atribuições definidas no regimento comum, cuja composição reproduzirá, quanto possível, a proporcionalidade da representação partidária.

Seção VIII

Do Processo Legislativo

Subseção I

Disposição Geral

Art. 59. O processo legislativo compreende a elaboração de:

•• *Vide* art. 114 do ADCT.

I – emendas à Constituição;

II – leis complementares;

III – leis ordinárias;

IV – leis delegadas;

V – medidas provisórias;

•• *Vide* art. 73 do ADCT.

VI – decretos legislativos;

VII – resoluções.

Parágrafo único. Lei complementar disporá sobre a elaboração, redação, alteração e consolidação das leis.

• A Lei Complementar n. 95, de 26-2-1998, regulamentada pelo Decreto n. 4.176, de 28-3-2002, dispõe sobre a elaboração, a redação, a alteração e a consolidação das leis, conforme determina este parágrafo único, e estabelece normas para a consolidação dos atos normativos.

Subseção II
Da Emenda à Constituição

Art. 60. A Constituição poderá ser emendada mediante proposta:

I – de um terço, no mínimo, dos membros da Câmara dos Deputados ou do Senado Federal;

II – do Presidente da República;

III – de mais da metade das Assembleias Legislativas das unidades da Federação, manifestando-se, cada uma delas, pela maioria relativa de seus membros.

§ 1.º A Constituição não poderá ser emendada na vigência de intervenção federal, de estado de defesa ou de estado de sítio.

§ 2.º A proposta será discutida e votada em cada Casa do Congresso Nacional, em dois turnos, considerando-se aprovada se obtiver, em ambos, três quintos dos votos dos respectivos membros.

§ 3.º A emenda à Constituição será promulgada pelas Mesas da Câmara dos Deputados e do Senado Federal, com o respectivo número de ordem.

§ 4.º Não será objeto de deliberação a proposta de emenda tendente a abolir:

I – a forma federativa de Estado;

II – o voto direto, secreto, universal e periódico;

III – a separação dos Poderes;

IV – os direitos e garantias individuais.

§ 5.º A matéria constante de proposta de emenda rejeitada ou havida por prejudicada não pode ser objeto de nova proposta na mesma sessão legislativa.

Subseção III
Das Leis

Art. 61. A iniciativa das leis complementares e ordinárias cabe a qualquer membro ou Comissão da Câmara dos Deputados, do Senado Federal ou do Congresso Nacional, ao Presidente da República, ao Supremo Tribunal Federal, aos Tribunais Superiores, ao Procurador-Geral da República e aos cidadãos, na forma e nos casos previstos nesta Constituição.

§ 1.º São de iniciativa privativa do Presidente da República as leis que:

I – fixem ou modifiquem os efetivos das Forças Armadas;

II – disponham sobre:

a) criação de cargos, funções ou empregos públicos na administração direta e autárquica ou aumento de sua remuneração;

b) organização administrativa e judiciária, matéria tributária e orçamentária, serviços públicos e pessoal da administração dos Territórios;

c) servidores públicos da União e Territórios, seu regime jurídico, provimento de cargos, estabilidade e aposentadoria;

•• Alínea *c* com redação determinada pela Emenda Constitucional n. 18, de 5-2-1998.

d) organização do Ministério Público e da Defensoria Pública da União, bem como normas gerais para a organização do Ministério Público e da Defensoria Pública dos Estados, do Distrito Federal e dos Territórios;

e) criação e extinção de Ministérios e órgãos da administração pública, observado o disposto no art. 84, VI;

•• Alínea *e* com redação determinada pela Emenda Constitucional n. 32, de 11-9-2001.

f) militares das Forças Armadas, seu regime jurídico, provimento de cargos, promoções, estabilidade, remuneração, reforma e transferência para a reserva.

•• Alínea *f* acrescentada pela Emenda Constitucional n. 18, de 5-2-1998.

§ 2.º A iniciativa popular pode ser exercida pela apresentação à Câmara dos Deputados de projeto de lei subscrito por, no mínimo, um por cento do eleitorado nacional, distribuído pelo menos por cinco Estados, com não menos de três décimos por cento dos eleitores de cada um deles.

Art. 62. Em caso de relevância e urgência, o Presidente da República poderá adotar medidas provisórias, com força de lei, devendo submetê-las de imediato ao Congresso Nacional.

•• *Caput* com redação determinada pela Emenda Constitucional n. 32, de 11-9-2001.

• *Vide* art. 2.º da Emenda Constitucional n. 32, de 11-9-2001.

§ 1.º É vedada a edição de medidas provisórias sobre matéria:

•• § 1.º, *caput*, acrescentado pela Emenda Constitucional n. 32, de 11-9-2001.

I – relativa a:

•• Inciso I, *caput*, acrescentado pela Emenda Constitucional n. 32, de 11-9-2001.

a) nacionalidade, cidadania, direitos políticos, partidos políticos e direito eleitoral;

•• Alínea *a* acrescentada pela Emenda Constitucional n. 32, de 11-9-2001.

b) direito penal, processual penal e processual civil;

•• Alínea *b* acrescentada pela Emenda Constitucional n. 32, de 11-9-2001.

c) organização do Poder Judiciário e do Ministério Público, a carreira e a garantia de seus membros;

•• Alínea *c* acrescentada pela Emenda Constitucional n. 32, de 11-9-2001.

d) planos plurianuais, diretrizes orçamentárias, orçamento e créditos adicionais e suplementares, ressalvado o previsto no art. 167, § 3.º;

•• Alínea *d* acrescentada pela Emenda Constitucional n. 32, de 11-9-2001.

II – que vise a detenção ou sequestro de bens, de poupança popular ou qualquer outro ativo financeiro;

•• Inciso II acrescentado pela Emenda Constitucional n. 32, de 11-9-2001.

III – reservada a lei complementar;

•• Inciso III acrescentado pela Emenda Constitucional n. 32, de 11-9-2001.

IV – já disciplinada em projeto de lei aprovado pelo Congresso Nacional e pendente de sanção ou veto do Presidente da República.

•• Inciso IV acrescentado pela Emenda Constitucional n. 32, de 11-9-2001.

§ 2.º Medida provisória que implique instituição ou majoração de impostos, exceto os previstos nos arts. 153, I, II, IV, V, e 154, II, só produzirá efeitos no exercício financeiro seguinte se houver sido convertida em lei até o último dia daquele em que foi editada.

•• § 2.º acrescentado pela Emenda Constitucional n. 32, de 11-9-2001.

§ 3.º As medidas provisórias, ressalvado o disposto nos §§ 11 e 12 perderão eficácia, desde a edição, se não forem convertidas em lei no prazo de sessenta dias, prorrogável, nos termos do § 7.º, uma vez por igual período, devendo o Congresso Nacional disciplinar, por decreto legislativo, as relações jurídicas delas decorrentes.

•• § 3.º acrescentado pela Emenda Constitucional n. 32, de 11-9-2001.

•• *Vide* Súmula Vinculante 54 do STF.

§ 4.º O prazo a que se refere o § 3.º contar-se-á da publicação da medida provisória, suspendendo-se durante os períodos de recesso do Congresso Nacional.

•• § 4.º acrescentado pela Emenda Constitucional n. 32, de 11-9-2001.

§ 5.º A deliberação de cada uma das Casas do Congresso Nacional sobre o mérito das medidas provisórias dependerá de juízo prévio sobre o atendimento de seus pressupostos constitucionais.

•• § 5.º acrescentado pela Emenda Constitucional n. 32, de 11-9-2001.

§ 6.º Se a medida provisória não for apreciada em até quarenta e cinco dias contados de sua publicação, entrará em regime de urgência, subsequentemente, em cada uma das Casas do Congresso Nacional, ficando sobrestadas, até que se ultime a votação, todas as demais deliberações legislativas da Casa em que estiver tramitando.

•• § 6.º acrescentado pela Emenda Constitucional n. 32, de 11-9-2001.

§ 7.º Prorrogar-se-á uma única vez por igual período a vigência de medida provisória que, no prazo de sessenta dias, contado de sua publicação, não tiver a sua votação encerrada nas duas Casas do Congresso Nacional.

•• § 7.º acrescentado pela Emenda Constitucional n. 32, de 11-9-2001.

§ 8.º As medidas provisórias terão sua votação iniciada na Câmara dos Deputados.

•• § 8.º acrescentado pela Emenda Constitucional n. 32, de 11-9-2001.

§ 9.º Caberá à comissão mista de Deputados e Senadores examinar as medidas provisórias e sobre elas emitir parecer, antes de serem apreciadas, em sessão separada, pelo plenário de cada uma das Casas do Congresso Nacional.

•• § 9.º acrescentado pela Emenda Constitucional n. 32, de 11-9-2001.

•• O Ato Conjunto n. 1, de 31-3-2020, dispõe sobre o regime de tramitação, no Congresso Nacional, na Câmara dos Deputados e no Senado Federal, de medidas provisórias durante a pandemia de Covid-19.

•• O STF, por maioria, confirmou a medida cautelar referendada pelo Plenário e julgou parcialmente procedentes as Arguições de Descumprimento de Preceito Fundamental 661 e 663, "para conferir interpretação conforme aos atos impugnados, delimitando que, durante a emergência em Saúde Pública de importância nacional e o estado de calamidade pública decorrente da COVID-19, as medidas provisórias sejam instruídas perante o Plenário da Câmara dos Deputados e do Senado Federal, ficando, excepcionalmente, autorizada a emissão de parecer, em substituição à Comissão Mista, por parlamentar de cada uma das Casas designado na forma regimental; bem como, em deliberação nos Plenários da Câmara dos Deputados e do Senado Federal, operando por sessão remota, as emendas e requerimentos de destaque possam ser apresentados à Mesa, na forma e prazo definidos para funcionamento do Sistema de Deliberação Remota (SDR) em cada Casa, sem prejuízo da possibilidade de as Casas Legislativas regulamentarem a complementação desse procedimento legislativo regimental", nas sessões virtuais de 27-8-2021 a 3-9-2021 (*DOU* de 14-9-2021).

§ 10. É vedada a reedição, na mesma sessão legislativa, de medida provisória que tenha sido rejeitada ou que tenha perdido sua eficácia por decurso de prazo.

•• § 10 acrescentado pela Emenda Constitucional n. 32, de 11-9-2001.

§ 11. Não editado o decreto legislativo a que se refere o § 3.º até sessenta dias após a rejeição ou perda de eficácia de medida provisória, as relações jurídicas constituídas e decorrentes de atos praticados durante sua vigência conservar-se-ão por ela regidas.

•• § 11 acrescentado pela Emenda Constitucional n. 32, de 11-9-2001.

•• O STF julgou procedente a ADPF n. 216, na sessão de 14-3-2018 (*DOU* de 14-4-2020), para "afastar a aplicação do § 11 do art. 62 da Constituição da República aos pedidos de licença para exploração de CLIA não examinados pela Receita Federal durante a vigência da Medida Provisória n. 320/2006".

§ 12. Aprovado projeto de lei de conversão alterando o texto original da medida provisória, esta manter-se-á integralmente em vigor até que seja sancionado ou vetado o projeto.

•• § 12 acrescentado pela Emenda Constitucional n. 32, de 11-9-2001.

Art. 63. Não será admitido aumento da despesa prevista:

I – nos projetos de iniciativa exclusiva do Presidente da República, ressalvado o disposto no art. 166, §§ 3.º e 4.º;

II – nos projetos sobre organização dos serviços administrativos da Câmara dos Deputados, do Senado Federal, dos Tribunais Federais e do Ministério Público.

Art. 64. A discussão e votação dos projetos de lei de iniciativa do Presidente da República, do Supremo Tribunal Federal e dos Tribunais Superiores terão início na Câmara dos Deputados.

§ 1.º O Presidente da República poderá solicitar urgência para apreciação de projetos de sua iniciativa.

§ 2.º Se, no caso do § 1.º, a Câmara dos Deputados e o Senado Federal não se manifestarem sobre a proposição, cada qual sucessivamente, em até quarenta e cinco dias, sobrestar-se-ão todas as demais deliberações legislativas da respectiva Casa, com exceção das que tenham prazo constitucional determinado, até que se ultime a votação.

•• § 2.º com redação determinada pela Emenda Constitucional n. 32, de 11-9-2001.

§ 3.º A apreciação das emendas do Senado Federal pela Câmara dos Deputados far-se-á no prazo de dez dias, observado quanto ao mais o disposto no parágrafo anterior.

§ 4.º Os prazos do § 2.º não correm nos períodos de recesso do Congresso Nacional, nem se aplicam aos projetos de código.

Art. 65. O projeto de lei aprovado por uma Casa será revisto pela outra, em um só turno de discussão e votação, e enviado à sanção ou promulgação, se a Casa revisora o aprovar, ou arquivado, se o rejeitar.

Parágrafo único. Sendo o projeto emendado, voltará à Casa iniciadora.

Art. 66. A Casa na qual tenha sido concluída a votação enviará o projeto de lei ao Presidente da República, que, aquiescendo, o sancionará.

§ 1.º Se o Presidente da República considerar o projeto, no todo ou em parte, inconstitucional ou contrário ao interesse público, vetá-lo-á total ou parcialmente, no prazo de quinze dias úteis, contados da data do recebimento, e comunicará, dentro de quarenta e oito horas, ao Presidente do Senado Federal os motivos do veto.

§ 2.º O veto parcial somente abrangerá texto integral de artigo, de parágrafo, de inciso ou de alínea.

§ 3.º Decorrido o prazo de quinze dias, o silêncio do Presidente da República importará sanção.

§ 4.º O veto será apreciado em sessão conjunta, dentro de trinta dias a contar de seu recebimento, só podendo ser rejeitado pelo voto da maioria absoluta dos Deputados e Senadores.

•• § 4.º com redação determinada pela Emenda Constitucional n. 76, de 28-11-2013.

§ 5.º Se o veto não for mantido, será o projeto enviado, para promulgação, ao Presidente da República.

§ 6.º Esgotado sem deliberação o prazo estabelecido no § 4.º, o veto será colocado na ordem do dia da sessão imediata, sobrestadas as demais proposições, até sua votação final.

•• § 6.º com redação determinada pela Emenda Constitucional n. 32, de 11-9-2001.

§ 7.º Se a lei não for promulgada dentro de quarenta e oito horas pelo Presidente da República, nos casos dos §§ 3.º e 5.º, o Presidente do Senado a promulgará, e, se este não o fizer em igual prazo, caberá ao Vice-Presidente do Senado fazê-lo.

Art. 67. A matéria constante de projeto de lei rejeitado somente poderá constituir objeto de novo projeto, na mesma sessão legislativa, mediante proposta da maioria absoluta dos membros de qualquer das Casas do Congresso Nacional.

Art. 68. As leis delegadas serão elaboradas pelo Presidente da República, que deverá solicitar a delegação ao Congresso Nacional.

§ 1.º Não serão objeto de delegação os atos de competência exclusiva do Congresso Nacional, os de competência privativa da Câmara dos Deputados ou do Senado Federal, a matéria reservada à lei complementar, nem a legislação sobre:

I – organização do Poder Judiciário e do Ministério Público, a carreira e a garantia de seus membros;

II – nacionalidade, cidadania, direitos individuais, políticos e eleitorais;

III – planos plurianuais, diretrizes orçamentárias e orçamentos.

§ 2.º A delegação ao Presidente da República terá a forma de resolução do Congresso Nacional, que especificará seu conteúdo e os termos de seu exercício.

§ 3.º Se a resolução determinar a apreciação do projeto pelo Congresso Nacional, este a fará em votação única, vedada qualquer emenda.

Art. 69. As leis complementares serão aprovadas por maioria absoluta.

Seção IX
Da Fiscalização Contábil, Financeira e Orçamentária

• O Decreto n. 3.590, de 6-9-2000, estabelece o Sistema de Administração Financeira Federal.

• O Decreto n. 3.591, de 6-9-2000, dispõe sobre o Sistema de Controle Interno do Poder Executivo Federal.

• O Decreto n. 6.976, de 7-10-2009, disciplina o Sistema de Contabilidade Federal.

Art. 70. A fiscalização contábil, financeira, orçamentária, operacional e patrimonial da União e das entidades da administração direta e indireta, quanto à legalidade, legitimidade, economicidade, aplicação das subvenções e renúncia de receitas, será exercida pelo Congresso Nacional, mediante controle externo, e pelo sistema de controle interno de cada Poder.

Parágrafo único. Prestará contas qualquer pessoa física ou jurídica, pública ou privada, que utilize, arrecade, guarde, gerencie ou administre dinheiros, bens e valores públicos ou pelos quais a União responda, ou que, em nome desta, assuma obrigações de natureza pecuniária.

•• Parágrafo único com redação determinada pela Emenda Constitucional n. 19, de 4-6-1998.

Art. 71. O controle externo, a cargo do Congresso Nacional, será exercido com o auxílio do Tribunal de Contas da União, ao qual compete:

• A Lei n. 8.443, de 16-7-1992, dispõe sobre a Lei Orgânica do TCU.

• A Instrução Normativa n. 59, de 12-8-2009, do TCU, estabelece normas de tramitação e de acompanhamento das solicitações do Senado Federal acerca das resoluções de autorização das operações de crédito externo dos Estados, do Distrito Federal e dos Municípios, com garantia da União.

I – apreciar as contas prestadas anualmente pelo Presidente da República, mediante parecer prévio que deverá ser elaborado em sessenta dias a contar de seu recebimento;

II – julgar as contas dos administradores e demais responsáveis por dinheiros, bens e valores públicos da administração direta e indireta, incluídas as fundações e sociedades instituídas e mantidas pelo Poder Público federal, e as contas daqueles que derem causa a perda, extravio ou outra irregularidade de que resulte prejuízo ao erário público;

III – apreciar, para fins de registro, a legalidade dos atos de admissão de pessoal, a qualquer título, na administração direta e indireta, incluídas as fundações instituídas e mantidas pelo Poder Público, excetuadas as nomeações para cargo de provimento em comissão, bem como a das concessões de aposentadorias, reformas e pensões, ressalvadas as melhorias posteriores que não alterem o fundamento legal do ato concessório;

• *Vide* Súmula Vinculante 3 do STF.

• A Instrução Normativa n. 78, de 21-3-2018, do TCU, dispõe sobre o envio, o processamento e a tramitação de informações alusivas a atos de admissão de pessoal e de concessão de aposentadoria, reforma e pensão, para fins de registro, no âmbito do Tribunal de Contas da União, nos termos do art. 71, inciso III, da Constituição Federal.

IV – realizar, por iniciativa própria, da Câmara dos Deputados, do Senado Federal, de Comissão técnica ou de inquérito, inspeções e auditorias de natureza contábil, financeira, orçamentária, operacional e patrimonial, nas unidades administrativas dos Poderes Legislativo, Executivo e Judiciário, e demais entidades referidas no inciso II;

V – fiscalizar as contas nacionais das empresas supranacionais de cujo capital social a União participe, de forma direta ou indireta, nos termos do tratado constitutivo;

VI – fiscalizar a aplicação de quaisquer recursos repassados pela União mediante convênio, acordo, ajuste ou outros instrumentos congêneres, a Estado, ao Distrito Federal ou a Município;

VII – prestar as informações solicitadas pelo Congresso Nacional, por qualquer de suas Casas, ou por qualquer das respectivas Comissões, sobre a fiscalização contábil, financeira, orçamentária, operacional e patrimonial e sobre resultados de auditorias e inspeções realizadas;

VIII – aplicar aos responsáveis, em caso de ilegalidade de despesa ou irregularidade de contas, as sanções previstas em lei, que estabelecerá, entre outras cominações, multa proporcional ao dano causado ao erário;

IX – assinar prazo para que o órgão ou entidade adote as providências necessárias ao exato cumprimento da lei, se verificada ilegalidade;

X – sustar, se não atendido, a execução do ato impugnado, comunicando a decisão à Câmara dos Deputados e ao Senado Federal;

XI – representar ao Poder competente sobre irregularidades ou abusos apurados.

§ 1.º No caso de contrato, o ato de sustação será adotado diretamente pelo Congresso Nacional, que solicitará, de imediato, ao Poder Executivo as medidas cabíveis.

§ 2.º Se o Congresso Nacional ou o Poder Executivo, no prazo de noventa dias, não efetivar as medidas previstas no parágrafo anterior, o Tribunal decidirá a respeito.

§ 3.º As decisões do Tribunal de que resulte imputação de débito ou multa terão eficácia de título executivo.

§ 4.º O Tribunal encaminhará ao Congresso Nacional, trimestral e anualmente, relatório de suas atividades.

Art. 72. A Comissão mista permanente a que se refere o art. 166, § 1.º, diante de indícios de despesas não autorizadas, ainda que sob a forma de investimentos não programados ou de subsídios não aprovados, poderá solicitar à autoridade governamental responsável que, no prazo de cinco dias, preste os esclarecimentos necessários.

• *Vide* art. 16, § 2.º, do ADCT.

§ 1.º Não prestados os esclarecimentos, ou considerados estes insuficientes, a Comissão solicitará ao Tribunal pronunciamento conclusivo sobre a matéria, no prazo de trinta dias.

§ 2.º Entendendo o Tribunal irregular a despesa, a Comissão, se julgar que o gasto possa causar dano irreparável ou grave lesão à economia pública, proporá ao Congresso Nacional sua sustação.

Art. 73. O Tribunal de Contas da União, integrado por nove Ministros, tem sede no Distrito Federal, quadro próprio de pessoal e jurisdição em todo o território nacional, exercendo, no que couber, as atribuições previstas no art. 96.

• A Lei n. 8.443, de 16-7-1992, dispõe sobre a Lei Orgânica do TCU.

• Regimento Interno do TCU: Resolução n. 155, de 4-12-2002.

§ 1.º Os Ministros do Tribunal de Contas da União serão nomeados dentre brasileiros que satisfaçam os seguintes requisitos:

I – **mais de trinta e cinco e menos de setenta anos de idade;**

•• Inciso I com redação determinada pela Emenda Constitucional n. 122, de 17-5-2022.

II – idoneidade moral e reputação ilibada;

III – notórios conhecimentos jurídicos, contábeis, econômicos e financeiros ou de administração pública;

IV – mais de dez anos de exercício de função ou de efetiva atividade profissional que exija os conhecimentos mencionados no inciso anterior.

• Escolha de Ministros do TCU: Decreto Legislativo n. 6, de 22-4-1993.

§ 2.º Os Ministros do Tribunal de Contas da União serão escolhidos:

I – um terço pelo Presidente da República, com aprovação do Senado Federal, sendo dois alternadamente dentre auditores e membros do Ministério Público junto ao Tribunal, indicados em lista tríplice pelo Tribunal, segundo os critérios de antiguidade e merecimento;

II – dois terços pelo Congresso Nacional.

§ 3.º Os Ministros do Tribunal de Contas da União terão as mesmas garantias, prerrogativas, impedimentos, vencimentos e vantagens dos Ministros do Superior Tribunal de Justiça, aplicando-se-lhes, quanto à aposentadoria e pensão, as normas constantes do art. 40.

•• § 3.º com redação determinada pela Emenda Constitucional n. 20, de 15-12-1998.

§ 4.º O auditor, quando em substituição a Ministro, terá as mesmas garantias e impedimentos do titular e, quando no exercício das demais atribuições da judicatura, as de juiz de Tribunal Regional Federal.

Art. 74. Os Poderes Legislativo, Executivo e Judiciário manterão, de forma integrada, sistema de controle interno com a finalidade de:

I – avaliar o cumprimento das metas previstas no plano plurianual, a execução dos programas de governo e dos orçamentos da União;

II – comprovar a legalidade e avaliar os resultados, quanto à eficácia e eficiência, da gestão orçamentária, financeira e patrimonial nos órgãos e entidades da administração federal, bem como da aplicação de recursos públicos por entidades de direito privado;

III – exercer o controle das operações de crédito, avais e garantias, bem como dos direitos e haveres da União;

IV – apoiar o controle externo no exercício de sua missão institucional.

§ 1.º Os responsáveis pelo controle interno, ao tomarem conhecimento de qualquer irregularidade ou ilegalidade, dela darão ciência ao Tribunal de Contas da União, sob pena de responsabilidade solidária.

• TCU: Lei n. 8.443, de 16-7-1992.

§ 2.º Qualquer cidadão, partido político, associação ou sindicato é parte legítima para, na forma da lei, denunciar irregularidades ou ilegalidades perante o Tribunal de Contas da União.

Art. 75. As normas estabelecidas nesta seção aplicam-se, no que couber, à organização, composição e fiscalização dos Tribunais de Contas dos Estados e do Distrito Federal, bem como dos Tribunais e Conselhos de Contas dos Municípios.

• *Vide* art. 31, § 4.º, da CF.

Parágrafo único. As Constituições estaduais disporão sobre os Tribunais de Contas respectivos, que serão integrados por sete Conselheiros.

Capítulo II
DO PODER EXECUTIVO

Seção I
Do Presidente e do Vice-Presidente da República

• Organização da Presidência da República: Lei n. 13.844, de 18-6-2019.

Art. 76. O Poder Executivo é exercido pelo Presidente da República, auxiliado pelos Ministros de Estado.

Art. 77. A eleição do Presidente e do Vice-Presidente da República realizar-se-á, simultaneamente, no primeiro domingo de outubro, em primeiro turno, e no último domingo de outubro, em segundo turno, se houver, do ano anterior ao do término do mandato presidencial vigente.

•• *Caput* com redação determinada pela Emenda Constitucional n. 16, de 4-6-1997.

• Normas para as eleições: Lei n. 9.504, de 30-9-1997.

§ 1.º A eleição do Presidente da República importará a do Vice-Presidente com ele registrado.

§ 2.º Será considerado eleito Presidente o candidato que, registrado por partido político, obtiver a maioria absoluta de votos, não computados os em branco e os nulos.

§ 3.º Se nenhum candidato alcançar maioria absoluta na primeira votação, far-se-á nova eleição em até vinte dias após a proclamação do resultado, concorrendo os dois candidatos mais votados e considerando-se eleito aquele que obtiver a maioria dos votos válidos.

§ 4.º Se, antes de realizado o segundo turno, ocorrer morte, desistência ou impedimento legal de candidato, convocar-se-á, dentre os remanescentes, o de maior votação.

§ 5.º Se, na hipótese dos parágrafos anteriores, remanescer, em segundo lugar, mais de um candidato com a mesma votação, qualificar-se-á o mais idoso.

Art. 78. O Presidente e o Vice-Presidente da República tomarão posse em sessão do Congresso Nacional, prestando o compromisso de manter, defender e cumprir a Constituição, observar as leis, promover o bem geral do povo brasileiro, sustentar a união, a integridade e a independência do Brasil.

Parágrafo único. Se, decorridos dez dias da data fixada para a posse, o Presidente ou o Vice-Presidente, salvo motivo de força maior, não tiver assumido o cargo, este será declarado vago.

Art. 79. Substituirá o Presidente, no caso de impedimento, e suceder-lhe-á, no de vaga, o Vice-Presidente.

Parágrafo único. O Vice-Presidente da República, além de outras atribuições que lhe forem conferidas por lei complementar, auxiliará o Presidente, sempre que por ele convocado para missões especiais.

Art. 80. Em caso de impedimento do Presidente e do Vice-Presidente, ou vacância dos respectivos cargos, serão sucessivamente chamados ao exercício da Presidência o Presidente da Câmara dos Deputados, o do Senado Federal e o do Supremo Tribunal Federal.

Art. 81. Vagando os cargos de Presidente e Vice-Presidente da República, far-se-á eleição noventa dias depois de aberta a última vaga.

§ 1.º Ocorrendo a vacância nos últimos dois anos do período presidencial, a eleição para ambos os cargos será feita trinta dias depois da última vaga, pelo Congresso Nacional, na forma da lei.

§ 2.º Em qualquer dos casos, os eleitos deverão completar o período de seus antecessores.

Art. 82. O mandato do Presidente da República é de 4 (quatro) anos e terá início em 5 de janeiro do ano seguinte ao de sua eleição.

•• Artigo com redação determinada pela Emenda Constitucional n. 111, de 28-9-2021.

•• *Vide* art. 5.º da Emenda Constitucional n. 111, de 28-9-2021.

Art. 83. O Presidente e o Vice-Presidente da República não poderão, sem licença do Congresso Nacional, ausentar-se do País por período superior a quinze dias, sob pena de perda do cargo.

Seção II
Das Atribuições do Presidente da República

Art. 84. Compete privativamente ao Presidente da República:

I – nomear e exonerar os Ministros de Estado;

II – exercer, com o auxílio dos Ministros de Estado, a direção superior da administração federal;

III – iniciar o processo legislativo, na forma e nos casos previstos nesta Constituição;

IV – sancionar, promulgar e fazer publicar as leis, bem como expedir decretos e regulamentos para sua fiel execução;

V – vetar projetos de lei, total ou parcialmente;

VI – dispor, mediante decreto, sobre:

•• Inciso VI, *caput*, com redação determinada pela Emenda Constitucional n. 32, de 11-9-2001.

• *Vide* art. 61, § 1.º, II, *e*, da CF.

a) organização e funcionamento da administração federal, quando não implicar aumento de despesa nem criação ou extinção de órgãos públicos;

•• Alínea *a* acrescentada pela Emenda Constitucional n. 32, de 11-9-2001.

b) extinção de funções ou cargos públicos, quando vagos;

•• Alínea *b* acrescentada pela Emenda Constitucional n. 32, de 11-9-2001.

• *Vide* art. 48, X, da CF.

VII – manter relações com Estados estrangeiros e acreditar seus representantes diplomáticos;

VIII – celebrar tratados, convenções e atos internacionais, sujeitos a referendo do Congresso Nacional;

IX – decretar o estado de defesa e o estado de sítio;

X – decretar e executar a intervenção federal;

XI – remeter mensagem e plano de governo ao Congresso Nacional por ocasião da abertura da sessão legislativa, expondo a situação do País e solicitando as providências que julgar necessárias;

XII – conceder indulto e comutar penas, com audiência, se necessário, dos órgãos instituídos em lei;

XIII – exercer o comando supremo das Forças Armadas, nomear os Comandantes da Marinha, do Exército e da Aeronáutica, promover seus oficiais-generais e nomeá-los para os cargos que lhes são privativos;

•• Inciso XIII com redação determinada pela Emenda Constitucional n. 23, de 2-9-1999.

• A Lei Complementar n. 97, de 9-6-1999, dispõe sobre as normas gerais para a organização, o preparo e o emprego das Forças Armadas.

XIV – nomear, após aprovação pelo Senado Federal, os Ministros do Supremo Tribunal Federal e dos Tribunais Superiores, os Governadores de Territórios, o Procurador-Geral da República, o presidente e os diretores do banco central e outros servidores, quando determinado em lei;

XV – nomear, observado o disposto no art. 73, os Ministros do Tribunal de Contas da União;

XVI – nomear os magistrados, nos casos previstos nesta Constituição, e o Advogado-Geral da União;

•• *Vide* Seção II do Capítulo IV do Título IV da CF, que passou a denominar-se "Da Advocacia Pública" (arts. 131 e 132).

XVII – nomear membros do Conselho da República, nos termos do art. 89, VII;

XVIII – convocar e presidir o Conselho da República e o Conselho de Defesa Nacional;

XIX – declarar guerra, no caso de agressão estrangeira, autorizado pelo Congresso Nacional ou referendado por ele, quando ocorrida no intervalo das sessões legislativas, e, nas mesmas condições, decretar, total ou parcialmente, a mobilização nacional;

•• A Lei n. 11.631, de 27-12-2007, regulamentada pelo Decreto n. 6.592, de 2-10-2008, dispõe sobre a mobilização nacional e cria o Sistema Nacional de Mobilização - SINAMOB.

XX – celebrar a paz, autorizado ou com o referendo do Congresso Nacional;

XXI – conferir condecorações e distinções honoríficas;

XXII – permitir, nos casos previstos em lei complementar, que forças estrangeiras transitem pelo território nacional ou nele permaneçam temporariamente;

•• Regulamento: Lei Complementar n. 90, de 1.º-10-1997.

XXIII – enviar ao Congresso Nacional o plano plurianual, o projeto de lei de diretrizes orçamentárias e as propostas de orçamento previstos nesta Constituição;

XXIV – prestar, anualmente, ao Congresso Nacional, dentro de sessenta dias após a abertura da sessão legislativa, as contas referentes ao exercício anterior;

XXV – prover e extinguir os cargos públicos federais, na forma da lei;

XXVI – editar medidas provisórias com força de lei, nos termos do art. 62;

XXVII – exercer outras atribuições previstas nesta Constituição;

XXVIII – propor ao Congresso Nacional a decretação do estado de calamidade pública de âmbito nacional previsto nos arts. 167-B, 167-C, 167-D, 167-E, 167-F e 167-G desta Constituição.

•• Inciso XXVIII acrescentado pela Emenda Constitucional n. 109, de 15-3-2021.

Parágrafo único. O Presidente da República poderá delegar as atribuições mencionadas nos incisos VI, XII e XXV, primeira parte, aos Ministros de Estado, ao Procurador-Geral da República ou ao Advogado-Geral da União, que observarão os limites traçados nas respectivas delegações.

Seção III
Da Responsabilidade do Presidente da República

Art. 85. São crimes de responsabilidade os atos do Presidente da República que atentem contra a Constituição Federal e, especialmente, contra:

• A Lei n. 1.079, de 10-4-1950, define os crimes de responsabilidade e regula o respectivo processo de julgamento.

• A Lei n. 8.429, de 2-6-1992, dispõe sobre as sanções aplicáveis aos agentes públicos nos casos de enriquecimento ilícito no exercício de mandato, cargo, emprego ou função na administração pública direta, indireta ou fundacional e dá outras providências.

I – a existência da União;

II – o livre exercício do Poder Legislativo, do Poder Judiciário, do Ministério Público e dos Poderes constitucionais das unidades da Federação;

III – o exercício dos direitos políticos, individuais e sociais;

IV – a segurança interna do País;

• A Lei Complementar n. 90, de 1.º-10-1997, determina os casos em que forças estrangeiras possam transitar pelo território nacional ou nele permanecer temporariamente.

V – a probidade na administração;

VI – a lei orçamentária;

VII – o cumprimento das leis e das decisões judiciais.

Parágrafo único. Esses crimes serão definidos em lei especial, que estabelecerá as normas de processo e julgamento.

• *Vide* Súmula Vinculante 46 do STF.

Art. 86. Admitida a acusação contra o Presidente da República, por dois terços da Câmara dos Deputados, será ele submetido a julgamento perante o Supremo Tribunal Federal, nas infrações penais comuns, ou perante o Senado Federal, nos crimes de responsabilidade.

§ 1.º O Presidente ficará suspenso de suas funções:

I – nas infrações penais comuns, se recebida a denúncia ou queixa-crime pelo Supremo Tribunal Federal;

II – nos crimes de responsabilidade, após a instauração do processo pelo Senado Federal.

§ 2.º Se, decorrido o prazo de cento e oitenta dias, o julgamento não estiver concluído, cessará o afastamento do Presidente, sem prejuízo do regular prosseguimento do processo.

§ 3.º Enquanto não sobrevier sentença condenatória, nas infrações comuns, o Presidente da República não estará sujeito a prisão.

§ 4.º O Presidente da República, na vigência de seu mandato, não pode ser responsabilizado por atos estranhos ao exercício de suas funções.

Seção IV
Dos Ministros de Estado

• Organização da Presidência da República: Lei n. 13.844, de 18-6-2019.

Art. 87. Os Ministros de Estado serão escolhidos dentre brasileiros maiores de vinte e um anos e no exercício dos direitos políticos.

Parágrafo único. Compete ao Ministro de Estado, além de outras atribuições estabelecidas nesta Constituição e na lei:

I – exercer a orientação, coordenação e supervisão dos órgãos e entidades da administração federal na área de sua competência e referendar os atos e decretos assinados pelo Presidente da República;

II – expedir instruções para a execução das leis, decretos e regulamentos;

III – apresentar ao Presidente da República relatório anual de sua gestão no Ministério;

IV – praticar os atos pertinentes às atribuições que lhe forem outorgadas ou delegadas pelo Presidente da República.

Art. 88. A lei disporá sobre a criação e extinção de Ministérios e órgãos da administração pública.

•• Artigo com redação determinada pela Emenda Constitucional n. 32, de 11-9-2001.

Seção V
Do Conselho da República e do Conselho de Defesa Nacional

Subseção I
Do Conselho da República

• A Lei n. 8.041, de 5-6-1990, dispõe sobre a organização e o funcionamento do Conselho da República.

Art. 89. O Conselho da República é órgão superior de consulta do Presidente da República, e dele participam:

I – o Vice-Presidente da República;

II – o Presidente da Câmara dos Deputados;

III – o Presidente do Senado Federal;

IV – os líderes da maioria e da minoria na Câmara dos Deputados;

V – os líderes da maioria e da minoria no Senado Federal;

• *Vide* arts. 51, V, 52, XIV, e 84, XIV, da CF.

VI – o Ministro da Justiça;

VII – seis cidadãos brasileiros natos, com mais de trinta e cinco anos de idade, sendo dois nomeados pelo Presidente da República, dois eleitos pelo Senado Federal e dois eleitos pela Câmara dos Deputados, todos com mandato de três anos, vedada a recondução.

Art. 90. Compete ao Conselho da República pronunciar-se sobre:

I – intervenção federal, estado de defesa e estado de sítio;

II – as questões relevantes para a estabilidade das instituições democráticas.

§ 1.º O Presidente da República poderá convocar Ministro de Estado para participar da reunião do Conselho, quando constar da pauta questão relacionada com o respectivo Ministério.

§ 2.º A lei regulará a organização e o funcionamento do Conselho da República.

• A Lei n. 8.041, de 5-6-1990, dispõe sobre a organização e o funcionamento do Conselho da República.

Subseção II
Do Conselho de Defesa Nacional

• Organização e funcionamento do Conselho de Defesa Nacional: Lei n. 8.183, de 11-4-1991.

• Regulamento do Conselho de Defesa Nacional: Decreto n. 893, de 12-8-1993.

Art. 91. O Conselho de Defesa Nacional é órgão de consulta do Presidente da República nos assuntos relacionados com a soberania nacional e a defesa do Estado democrático, e dele participam como membros natos:

I – o Vice-Presidente da República;

II – o Presidente da Câmara dos Deputados;

III – o Presidente do Senado Federal;

IV – o Ministro da Justiça;

V – o Ministro de Estado da Defesa;

•• Inciso V com redação determinada pela Emenda Constitucional n. 23, de 2-9-1999.

VI – o Ministro das Relações Exteriores;

VII – o Ministro do Planejamento;

VIII – os Comandantes da Marinha, do Exército e da Aeronáutica.

•• Inciso VIII acrescentado pela Emenda Constitucional n. 23, de 2-9-1999.

§ 1.º Compete ao Conselho de Defesa Nacional:

I – opinar nas hipóteses de declaração de guerra e de celebração da paz, nos termos desta Constituição;

II – opinar sobre a decretação do estado de defesa, do estado de sítio e da intervenção federal;

III – propor os critérios e condições de utilização de áreas indispensáveis à segurança do território nacional e opinar sobre seu efetivo uso, especialmente na faixa de fronteira e nas relacionadas com a preservação e a exploração dos recursos naturais de qualquer tipo;

IV – estudar, propor e acompanhar o desenvolvimento de iniciativas necessárias a garantir a independência nacional e a defesa do Estado democrático.

§ 2.º A lei regulará a organização e o funcionamento do Conselho de Defesa Nacional.

Capítulo III
DO PODER JUDICIÁRIO

Seção I
Disposições Gerais

Art. 92. São órgãos do Poder Judiciário:

I – o Supremo Tribunal Federal;

I-A – o Conselho Nacional de Justiça;

•• Inciso I-A acrescentado pela Emenda Constitucional n. 45, de 8-12-2004.

• *Vide* art. 5.º da Emenda Constitucional n. 45, de 8-12-2004.

II – o Superior Tribunal de Justiça;

II-A – o Tribunal Superior do Trabalho;

•• Inciso II-A acrescentado pela Emenda Constitucional n. 92, de 12-7-2016.

III – os Tribunais Regionais Federais e Juízes Federais;

IV – os Tribunais e Juízes do Trabalho;

V – os Tribunais e Juízes Eleitorais;

VI – os Tribunais e Juízes Militares;

VII – os Tribunais e Juízes dos Estados e do Distrito Federal e Territórios.

§ 1.º O Supremo Tribunal Federal, o Conselho Nacional de Justiça e os Tribunais Superiores têm sede na Capital Federal.

•• § 1.º acrescentado pela Emenda Constitucional n. 45, de 8-12-2004.

§ 2.º O Supremo Tribunal Federal e os Tribunais Superiores têm jurisdição em todo o território nacional.

•• § 2.º acrescentado pela Emenda Constitucional n. 45, de 8-12-2004.

Art. 93. Lei complementar, de iniciativa do Supremo Tribunal Federal, disporá sobre o Estatuto da Magistratura, observados os seguintes princípios:

• A Lei Complementar n. 35, de 14-3-1979, promulgada sob a vigência da ordem constitucional anterior, dispõe sobre a Magistratura Nacional até o advento da norma prevista no *caput* deste artigo.

I – ingresso na carreira, cujo cargo inicial será o de juiz substituto, mediante concurso público de provas e títulos, com a participação da Ordem dos Advogados do Brasil em todas as fases, exigindo-se do bacharel em direito, no mínimo, três anos de atividade jurídica e obedecendo-se, nas nomeações, à ordem de classificação;

•• Inciso I com redação determinada pela Emenda Constitucional n. 45, de 8-12-2004.

II – promoção de entrância para entrância, alternadamente, por antiguidade e merecimento, atendidas as seguintes normas:

a) é obrigatória a promoção do juiz que figure por três vezes consecutivas ou cinco alternadas em lista de merecimento;

b) a promoção por merecimento pressupõe dois anos de exercício na respectiva entrância e integrar o juiz a primeira quinta parte da lista de antiguidade desta, salvo se não houver com tais requisitos quem aceite o lugar vago;

c) aferição do merecimento conforme o desempenho e pelos critérios objetivos de produtividade e presteza no exercício da jurisdição e pela frequência e aproveitamento em cursos oficiais ou reconhecidos de aperfeiçoamento;

•• Alínea *c* com redação determinada pela Emenda Constitucional n. 45, de 8-12-2004.

d) na apuração de antiguidade, o tribunal somente poderá recusar o juiz mais antigo pelo voto fundamentado de dois terços de seus membros, conforme procedimento próprio, e assegurada ampla defesa, repetindo-se a votação até fixar-se a indicação;

•• Alínea *d* com redação determinada pela Emenda Constitucional n. 45, de 8-12-2004.

e) não será promovido o juiz que, injustificadamente, retiver autos em seu poder além do prazo legal, não podendo devolvê-los ao cartório sem o devido despacho ou decisão;

•• Alínea *e* acrescentada pela Emenda Constitucional n. 45, de 8-12-2004.

III – o acesso aos tribunais de segundo grau far-se-á por antiguidade e merecimento, alternadamente, apurados na última ou única entrância;

•• Inciso III com redação determinada pela Emenda Constitucional n. 45, de 8-12-2004.

IV – previsão de cursos oficiais de preparação, aperfeiçoamento e promoção de magistrados, constituindo etapa obrigatória do processo de vitaliciamento a participação em curso oficial ou reconhecido por escola nacional de formação e aperfeiçoamento de magistrados;

•• Inciso IV com redação determinada pela Emenda Constitucional n. 45, de 8-12-2004.

V – o subsídio dos Ministros dos Tribunais Superiores corresponderá a 95% (noventa e cinco por cento) do subsídio mensal fixado para os Ministros do Supremo Tribunal Federal e os subsídios dos demais magistrados serão fixados em lei e escalonados, em nível federal e estadual, conforme as respectivas categorias da estrutura judiciária nacional, não podendo a diferença entre uma e outra ser superior a 10% (dez por cento) ou inferior a 5% (cinco por cento), nem exceder a 95% (noventa e cinco por cento) do subsídio mensal dos Ministros dos Tribunais Superiores, obedecido, em qualquer caso, o disposto nos arts. 37, XI, e 39, § 4.º;

•• Inciso V com redação determinada pela Emenda Constitucional n. 19, de 4-6-1998.

• A Lei n. 9.655, de 2-6-1998, altera o percentual de diferença entre a remuneração dos cargos de Ministros do STJ e dos Juízes da Justiça Federal de Primeiro e Segundo Graus.

VI – a aposentadoria dos magistrados e a pensão de seus dependentes observarão o disposto no art. 40;

•• Inciso VI com redação determinada pela Emenda Constitucional n. 20, de 15-12-1998.

VII – o juiz titular residirá na respectiva comarca, salvo autorização do tribunal;

•• Inciso VII com redação determinada pela Emenda Constitucional n. 45, de 8-12-2004.

VIII – o ato de remoção ou de disponibilidade do magistrado, por interesse público, fundar-se-á em decisão por voto da maioria absoluta do respectivo tribunal ou do Conselho Nacional de Justiça, assegurada ampla defesa;

•• Inciso VIII com redação determinada pela Emenda Constitucional n. 103, de 12-11-2019.

VIII-A – a remoção a pedido ou a permuta de magistrados de comarca de igual entrância atenderá, no que couber, ao disposto nas alíneas *a*, *b*, *c* e *e* do inciso II;

•• Inciso VIII-A acrescentado pela Emenda Constitucional n. 45, de 8-12-2004.

IX – todos os julgamentos dos órgãos do Poder Judiciário serão públicos, e fundamentadas todas as decisões, sob pena de nulidade, podendo a lei limitar a presença, em determinados atos, às próprias partes e a seus advogados, ou somente a estes, em casos nos quais a preservação do direito à intimidade do interessado no sigilo não prejudique o interesse público à informação;

•• Inciso IX com redação determinada pela Emenda Constitucional n. 45, de 8-12-2004.

X – as decisões administrativas dos tribunais serão motivadas e em sessão pública, sendo as disciplinares tomadas pelo voto da maioria absoluta de seus membros;

•• Inciso X com redação determinada pela Emenda Constitucional n. 45, de 8-12-2004.

XI – nos tribunais com número superior a vinte e cinco julgadores, poderá ser constituído órgão especial, com o mínimo de onze e o máximo de vinte e cinco membros, para o exercício das atribuições administrativas e jurisdicionais delegadas da competência do tribunal pleno, provendo-se metade das vagas por antiguidade e a outra metade por eleição pelo tribunal pleno;

•• Inciso XI com redação determinada pela Emenda Constitucional n. 45, de 8-12-2004.

XII – a atividade jurisdicional será ininterrupta, sendo vedado férias coletivas nos juízos e tribunais de segundo grau, funcionando, nos dias em que não houver expediente forense normal, juízes em plantão permanente;

•• Inciso XII acrescentado pela Emenda Constitucional n. 45, de 8-12-2004.

XIII – o número de juízes na unidade jurisdicional será proporcional à efetiva demanda judicial e à respectiva população;

•• Inciso XIII acrescentado pela Emenda Constitucional n. 45, de 8-12-2004.

XIV – os servidores receberão delegação para a prática de atos de administração e atos de mero expediente sem caráter decisório;

•• Inciso XIV acrescentado pela Emenda Constitucional n. 45, de 8-12-2004.

XV – a distribuição de processos será imediata, em todos os graus de jurisdição.

•• Inciso XV acrescentado pela Emenda Constitucional n. 45, de 8-12-2004.

Art. 94. Um quinto dos lugares dos Tribunais Regionais Federais, dos Tribunais dos Estados, e do Distrito Federal e Territórios será composto de membros, do Ministério Público, com mais de dez anos de carreira, e de advogados de notório saber jurídico e de reputação ilibada, com mais de dez anos de efetiva atividade profissional, indicados em lista sêxtupla pelos órgãos de representação das respectivas classes.

Parágrafo único. Recebidas as indicações, o tribunal formará lista tríplice, enviando-a ao Poder Executivo, que, nos vinte dias subsequentes, escolherá um de seus integrantes para nomeação.

Art. 95. Os juízes gozam das seguintes garantias:

I – vitaliciedade, que, no primeiro grau, só será adquirida após dois anos de exercício, dependendo a perda do cargo, nesse período, de deliberação do tribunal a que o juiz estiver vinculado, e, nos demais casos, de sentença judicial transitada em julgado;

II – inamovibilidade, salvo por motivo de interesse público, na forma do art. 93, VIII;

III – irredutibilidade de subsídio, ressalvado o disposto nos arts. 37, X e XI, 39, § 4.º, 150, II, 153, III, e 153, § 2.º, I.

•• Inciso III com redação determinada pela Emenda Constitucional n. 19, de 4-6-1998.

Parágrafo único. Aos juízes é vedado:

I – exercer, ainda que em disponibilidade, outro cargo ou função, salvo uma de magistério;

II – receber, a qualquer título ou pretexto, custas ou participação em processo;

III – dedicar-se à atividade político-partidária;

IV – receber, a qualquer título ou pretexto, auxílios ou contribuições de pessoas físicas, entidades públicas ou privadas, ressalvadas as exceções previstas em lei;

•• Inciso IV acrescentado pela Emenda Constitucional n. 45, de 8-12-2004.

V – exercer a advocacia no juízo ou tribunal do qual se afastou, antes de decorridos três anos do afastamento do cargo por aposentadoria ou exoneração.

•• Inciso V acrescentado pela Emenda Constitucional n. 45, de 8-12-2004.

Art. 96. Compete privativamente:

I – aos tribunais:

a) eleger seus órgãos diretivos e elaborar seus regimentos internos, com observância das normas de processo e das garantias processuais das partes, dispondo sobre a competência e o funcionamento dos respectivos órgãos jurisdicionais e administrativos;

b) organizar suas secretarias e serviços auxiliares e os dos juízos que lhes forem vinculados, velando pelo exercício da atividade correicional respectiva;

c) prover, na forma prevista nesta Constituição, os cargos de juiz de carreira da respectiva jurisdição;

d) propor a criação de novas varas judiciárias;

e) prover, por concurso público de provas, ou de provas e títulos, obedecido o disposto no art. 169, parágrafo único, os cargos necessários à administração da Justiça, exceto os de confiança assim definidos em lei;

•• De acordo com alteração processada pela Emenda Constitucional n. 19, de 4-6-1998, a referência passa a ser ao art. 169, § 1.º.

f) conceder licença, férias e outros afastamentos a seus membros e aos juízes e servidores que lhes forem imediatamente vinculados;

II – ao Supremo Tribunal Federal, aos Tribunais Superiores e aos Tribunais de Justiça propor ao Poder Legislativo respectivo, observado o disposto no art. 169:

a) a alteração do número de membros dos tribunais inferiores;

b) a criação e a extinção de cargos e a remuneração dos seus serviços auxiliares e dos juízos que lhes forem vinculados, bem como a fixação do subsídio de seus membros e dos juízes, inclusive dos tribunais inferiores, onde houver;

•• Alínea *b* com redação determinada pela Emenda Constitucional n. 41, de 19-12-2003.

• Reestruturação das carreiras dos servidores do Poder Judiciário da União: Lei n. 10.475, de 27-6-2002.

c) a criação ou extinção dos tribunais inferiores;

d) a alteração da organização e da divisão judiciárias;

III – aos Tribunais de Justiça julgar os juízes estaduais e do Distrito Federal e Territórios, bem como os membros do Ministério Público, nos crimes comuns e de responsabilidade, ressalvada a competência da Justiça Eleitoral.

Art. 97. Somente pelo voto da maioria absoluta de seus membros ou dos membros do respectivo órgão especial poderão os tribunais declarar a inconstitucionalidade de lei ou ato normativo do Poder Público.

• *Vide* Súmula Vinculante 10 do STF.

Art. 98. A União, no Distrito Federal e nos Territórios, e os Estados criarão:

I – juizados especiais, providos por juízes togados, ou togados e leigos, competentes para a conciliação, o julgamento e a execução de causas cíveis de menor complexidade e infrações penais de menor potencial ofensivo, mediante os procedimentos oral e sumariíssimo, permitidos, nas hipóteses previstas em lei, a transação e o julgamento de recursos por turmas de juízes de primeiro grau;

• Juizados Especiais Cíveis e Criminais: Lei n. 9.099, de 26-9-1995.

• Juizados Especiais Cíveis e Criminais no âmbito da Justiça Federal: Lei n. 10.259, de 12-7-2001.

• Juizados de Violência Doméstica e Familiar contra a Mulher: Lei n. 11.340, de 7-8-2006.

• Juizados Especiais da Fazenda Pública: Lei n. 12.153, de 22-12-2009.

II – justiça de paz, remunerada, composta de cidadãos eleitos pelo voto direto, universal e secreto, com mandato de quatro anos e competência para, na forma da lei, celebrar casamentos, verificar, de ofício ou em face de impugnação apresentada, o processo de habilitação e exercer atribuições conciliatórias, sem caráter jurisdicional, além de outras previstas na legislação.

§ 1.º Lei federal disporá sobre a criação de juizados especiais no âmbito da Justiça Federal.

•• Anterior parágrafo único transformado em § 1.º pela Emenda Constitucional n. 45, de 8-12-2004.

• A Lei n. 10.259, de 12-7-2001, dispõe sobre a instituição dos Juizados Especiais Cíveis e Criminais no âmbito da Justiça Federal.

§ 2.º As custas e emolumentos serão destinados exclusivamente ao custeio dos serviços afetos às atividades específicas da Justiça.

•• § 2.º acrescentado pela Emenda Constitucional n. 45, de 8-12-2004.

Art. 99. Ao Poder Judiciário é assegurada autonomia administrativa e financeira.

§ 1.º Os tribunais elaborarão suas propostas orçamentárias dentro dos limites estipulados conjuntamente com os demais Poderes na lei de diretrizes orçamentárias.

•• *Vide* art. 107, § 2.º, do ADCT.

§ 2.º O encaminhamento da proposta, ouvidos os outros tribunais interessados, compete:

I – no âmbito da União, aos Presidentes do Supremo Tribunal Federal e dos Tribunais Superiores, com a aprovação dos respectivos tribunais;

II – no âmbito dos Estados e no do Distrito Federal e Territórios, aos Presidentes dos Tribunais de Justiça, com a aprovação dos respectivos tribunais.

§ 3.º Se os órgãos referidos no § 2.º não encaminharem as respectivas propostas orçamentárias dentro do prazo estabelecido na lei de diretrizes orçamentárias, o Poder Executivo considerará, para fins de consolidação da proposta orçamentária anual, os valores aprovados na lei orçamentária vigente, ajustados de acordo com os limites estipulados na forma do § 1.º deste artigo.

•• § 3.º acrescentado pela Emenda Constitucional n. 45, de 8-12-2004.

§ 4.º Se as propostas orçamentárias de que trata este artigo forem encaminhadas em desacordo com os limites estipulados na forma do § 1.º, o Poder Executivo procederá aos ajustes necessários para fins de consolidação da proposta orçamentária anual.

•• § 4.º acrescentado pela Emenda Constitucional n. 45, de 8-12-2004.

§ 5.º Durante a execução orçamentária do exercício, não poderá haver a realização de despesas ou a assunção de obrigações que extrapolem os limites estabelecidos na lei de diretrizes orçamentárias, exceto se previamente autorizadas, mediante a abertura de créditos suplementares ou especiais.

•• § 5.º acrescentado pela Emenda Constitucional n. 45, de 8-12-2004.

Art. 100. Os pagamentos devidos pelas Fazendas Públicas Federal, Estaduais, Distrital e Municipais, em virtude de sentença judiciária, far-se-ão exclusivamente na ordem cronológica de apresentação dos precatórios e à conta dos créditos respectivos, proibida a designação de casos ou de pessoas nas dotações orçamentárias e nos créditos adicionais abertos para este fim.

•• *Caput* com redação determinada pela Emenda Constitucional n. 62, de 9-12-2009.

•• *Vide* art. 4.º da Emenda Constitucional n. 62, de 9-12-2009.

• A Resolução n. 303, de 18-12-2019, do CNJ, dispõe sobre a gestão dos precatórios e respectivos procedimentos operacionais no âmbito do Poder Judiciário.

§ 1.º Os débitos de natureza alimentícia compreendem aqueles decorrentes de salários, vencimentos, proventos, pensões e suas complementações, benefícios previdenciários e indenizações por morte ou por invalidez, fundadas em responsabilidade civil, em virtude de sentença judicial transitada em julgado, e serão pagos com preferência sobre todos os demais débitos, exceto sobre aqueles referidos no § 2.º deste artigo.

•• § 1.º com redação determinada pela Emenda Constitucional n. 62, de 9-12-2009.

• *Vide* Súmulas Vinculantes 17 e 47 do STF.

§ 2.º Os débitos de natureza alimentícia cujos titulares, originários ou por sucessão hereditária, tenham 60 (sessenta) anos de idade, ou sejam portadores de doença grave, ou pessoas com deficiência, assim definidos na forma da lei, serão pagos com preferência sobre todos os demais débitos, até o valor equivalente ao triplo fixado em lei para os fins do disposto no § 3.º deste artigo, admitido o fracionamento para essa finalidade, sendo que o restante será pago na ordem cronológica de apresentação do precatório.

•• § 2.º com redação determinada pela Emenda Constitucional n. 94, de 15-12-2016.

•• *Vide* art. 97, § 17, do ADCT.

§ 3.º O disposto no *caput* deste artigo relativamente à expedição de precatórios não se aplica aos pagamentos de obrigações definidas em leis como de pequeno valor que as Fazendas referidas devam fazer em virtude de sentença judicial transitada em julgado.

•• § 3.º com redação determinada pela Emenda Constitucional n. 62, de 9-12-2009.

§ 4.º Para os fins do disposto no § 3.º, poderão ser fixados, por leis próprias, valores distintos às entidades de direito público, segundo as diferentes capacidades econômicas, sendo o mínimo igual ao valor do maior benefício do regime geral de previdência social.

•• § 4.º com redação determinada pela Emenda Constitucional n. 62, de 9-12-2009.

•• *Vide* art. 97, § 12, do ADCT.

§ 5.º É obrigatória a inclusão, no orçamento das entidades de direito público, de verba necessária ao pagamento de seus débitos oriundos de sentenças transitadas em julgado constantes de precatórios judiciários apresentados até 2 de abril, fazendo-se o pagamento até o final do exercício seguinte, quando terão seus valores atualizados monetariamente.

•• § 5.º com redação determinada pela Emenda Constitucional n. 114, de 16-12-2021.

§ 6.º As dotações orçamentárias e os créditos abertos serão consignados diretamente ao Poder Judiciário, cabendo ao Presidente do Tribunal que proferir a decisão exequenda determinar o pagamento integral e autorizar, a requerimento do credor e exclusivamente para os casos de preterimento de seu direito de precedência ou de não alocação orçamentária do valor necessário à satisfação do seu débito, o sequestro da quantia respectiva.

•• § 6.º com redação determinada pela Emenda Constitucional n. 62, de 9-12-2009.

§ 7.º O Presidente do Tribunal competente que, por ato comissivo ou omissivo, retardar ou tentar frustrar a liquidação regular de precatórios incorrerá em crime de responsabilidade e responderá, também, perante o Conselho Nacional de Justiça.

•• § 7.º acrescentado pela Emenda Constitucional n. 62, de 9-12-2009.

• Crimes de responsabilidade: Lei n. 1.079, de 10-4-1950.

§ 8.º É vedada a expedição de precatórios complementares ou suplementares de valor pago, bem como o fracionamento, repartição ou quebra do valor da execução para fins de enquadramento de parcela do total ao que dispõe o § 3.º deste artigo.

•• § 8.º acrescentado pela Emenda Constitucional n. 62, de 9-12-2009.

§ 9.º Sem que haja interrupção no pagamento do precatório e mediante comunicação da Fazenda Pública ao Tribunal, o valor correspondente aos eventuais débitos inscritos em dívida ativa contra o credor do requisitório e seus substituídos deverá ser depositado à conta do juízo responsável pela ação de cobrança, que decidirá pelo seu destino definitivo.

•• § 9.º com redação determinada pela Emenda Constitucional n. 113, de 8-12-2021.

•• A compensação de débitos perante a Fazenda Pública Federal, com créditos provenientes de precatórios, na forma prevista neste parágrafo, observará o disposto na Lei n. 12.431, de 24-6-2011.

• A Orientação Normativa n. 4, de 8-6-2010, do STJ, estabelece regra de transição para os procedimentos de compensação previstos nos §§ 9.º e 10 deste artigo.

§ 10. Antes da expedição dos precatórios, o Tribunal solicitará à Fazenda Pública devedora, para resposta em até 30 (trinta) dias, sob pena de perda do direito de abatimento, informação sobre os débitos que preencham as condições estabelecidas no § 9.º, para os fins nele previstos.

•• § 10 acrescentado pela Emenda Constitucional n. 62, de 9-12-2009.

•• O STF, no julgamento da ADI n. 4.425, de 14-3-2013 (*DJE* de 19-12-2013), julgou procedente a ação para declarar a inconstitucionalidade deste parágrafo.

•• *Vide* nota do parágrafo anterior.

§ 11. É facultada ao credor, conforme estabelecido em lei do ente federativo devedor, com autoaplicabilidade para a União, a oferta de créditos líquidos e certos que originalmente lhe são próprios ou adquiridos de terceiros reconhecidos pelo ente federativo ou por decisão judicial transitada em julgado para:

•• § 11, *caput*, com redação determinada pela Emenda Constitucional n. 113, de 8-12-2021.

•• O Decreto n. 11.249, de 9-11-2022, dispõe sobre o procedimento de oferta de créditos líquidos e certos decorrentes de decisão judicial transitada em julgado, de que trata este § 11.

• A Portaria Normativa n. 73, de 12-12-2022, da AGU, dispõe sobre os requisitos formais, a documentação necessária, a possibilidade de exigência de prestação de garantias e o procedimento, a ser observado pelos órgãos da Advocacia-Geral da União e pela administração pública direta, autárquica e fundacional, de oferta de créditos líquidos e certos, decorrentes de decisão judicial transitada em julgado, de que trata este § 11.

I – quitação de débitos parcelados ou débitos inscritos em dívida ativa do ente federativo devedor, inclusive em transação resolutiva de litígio, e, subsidiariamente, débitos com a administração autárquica e fundacional do mesmo ente;

•• Inciso I acrescentado pela Emenda Constitucional n. 113, de 8-12-2021.

II – compra de imóveis públicos de propriedade do mesmo ente disponibilizados para venda;

•• Inciso II acrescentado pela Emenda Constitucional n. 113, de 8-12-2021.

III – pagamento de outorga de delegações de serviços públicos e demais espécies de concessão negocial promovidas pelo mesmo ente;

•• Inciso III acrescentado pela Emenda Constitucional n. 113, de 8-12-2021.

IV – aquisição, inclusive minoritária, de participação societária, disponibilizada para venda, do respectivo ente federativo; ou

•• Inciso IV acrescentado pela Emenda Constitucional n. 113, de 8-12-2021.

V – compra de direitos, disponibilizados para cessão, do respectivo ente federativo, inclusive, no caso da União, da antecipação de valores a serem recebidos a título do excedente em óleo em contratos de partilha de petróleo.

•• Inciso V acrescentado pela Emenda Constitucional n. 113, de 8-12-2021.

§ 12. A partir da promulgação desta Emenda Constitucional, a atualização de valores de requisitórios, após sua expedição, até o efetivo pagamento, independentemente de sua natureza, será feita pelo índice oficial de remuneração básica da caderneta de poupança, e, para fins de compensação da mora, incidirão juros simples no mesmo percentual de juros incidentes sobre a caderneta de poupança, ficando excluída a incidência de juros compensatórios.

•• § 12 acrescentado pela Emenda Constitucional n. 62, de 9-12-2009.

•• O STF, no julgamento da ADI n. 4.425, de 14-3-2013 (*DJE* de 19-12-2013), julgou procedente a ação para declarar a inconstitucionalidade das expressões "índice oficial de remuneração básica da caderneta de poupança", e "independentemente de sua natureza", contidas na redação deste parágrafo.

• A Orientação Normativa n. 2, de 18-12-2009, do CJF, estabelece regra de transição para os procedimentos administrativos atinentes ao cumprimento deste parágrafo.

§ 13. O credor poderá ceder, total ou parcialmente, seus créditos em precatórios a terceiros, independentemente da concordância do devedor, não se aplicando ao cessionário o disposto nos §§ 2.º e 3.º.

•• § 13 acrescentado pela Emenda Constitucional n. 62, de 9-12-2009.

§ 14. A cessão de precatórios, observado o disposto no § 9.º deste artigo, somente produzirá efeitos após comunicação, por meio de petição protocolizada, ao Tribunal de origem e ao ente federativo devedor.

•• § 14 com redação determinada pela Emenda Constitucional n. 113, de 8-12-2021.

§ 15. Sem prejuízo do disposto neste artigo, lei complementar a esta Constituição Federal poderá estabelecer regime especial para pagamento de crédito de precatórios de Estados, Distrito Federal e Municípios, dispondo sobre vinculações à receita corrente líquida e forma e prazo de liquidação.

•• § 15 acrescentado pela Emenda Constitucional n. 62, de 9-12-2009.

•• O STF, no julgamento da ADI n. 4.425, de 14-3-2013 (*DJE* de 19-12-2013), julgou procedente a ação para declarar a inconstitucionalidade deste parágrafo.

•• *Vide* arts. 97 e 101 a 105 do ADCT.

§ 16. A seu critério exclusivo e na forma de lei, a União poderá assumir débitos, oriundos de precatórios, de Estados, Distrito Federal e Municípios, refinanciando-os diretamente.

•• § 16 acrescentado pela Emenda Constitucional n. 62, de 9-12-2009.

§ 17. A União, os Estados, o Distrito Federal e os Municípios aferirão mensalmente, em base anual, o comprometimento de suas respectivas receitas correntes líquidas com o pagamento de precatórios e obrigações de pequeno valor.

•• § 17 acrescentado pela Emenda Constitucional n. 94, de 15-12-2016.

§ 18. Entende-se como receita corrente líquida, para os fins de que trata o § 17, o somatório das receitas tributárias, patrimoniais, industriais, agropecuárias, de contribuições e de serviços, de transferências correntes e outras receitas correntes, incluindo as oriundas do § 1.º do art. 20 da Constituição Federal, verificado no período compreendido pelo segundo mês imediatamente anterior ao de referência e os 11 (onze) meses precedentes, excluídas as duplicidades, e deduzidas:

•• § 18, *caput* e incisos, acrescentado pela Emenda Constitucional n. 94, de 15-12-2016.

I – na União, as parcelas entregues aos Estados, ao Distrito Federal e aos Municípios por determinação constitucional;

II – nos Estados, as parcelas entregues aos Municípios por determinação constitucional;

III – na União, nos Estados, no Distrito Federal e nos Municípios, a contribuição dos servidores para custeio de seu sistema de previdência e assistência social e as receitas provenientes da compensação financeira referida no § 9.º do art. 201 da Constituição Federal.

§ 19. Caso o montante total de débitos decorrentes de condenações judiciais em precatórios e obrigações de pequeno valor, em período de 12 (doze) meses, ultrapasse a média do comprometimento percentual da receita corrente líquida nos 5 (cinco) anos imediatamente anteriores, a parcela que exceder esse percentual poderá ser financiada, excetuada dos limites de endividamento de que tratam os incisos VI e VII do art. 52 da Constituição Federal e de quaisquer outros limites de endividamento previstos, não se aplicando a esse financiamento a vedação de vinculação de receita prevista no inciso IV do art. 167 da Constituição Federal.

•• § 19 acrescentado pela Emenda Constitucional n. 94, de 15-12-2016.

§ 20. Caso haja precatório com valor superior a 15% (quinze por cento) do montante dos precatórios apresentados nos termos do § 5.º deste artigo, 15% (quinze por cento) do valor deste precatório serão pagos até o final do exercício seguinte e o restante em parcelas iguais nos cinco exercícios subsequentes, acrescidas de juros de mora e correção monetária, ou mediante acordos diretos, perante Juízos Auxiliares de Conciliação de Precatórios, com redução máxima de 40% (quarenta por cento) do valor do crédito atualizado, desde que em relação ao crédito não penda recurso ou defesa judicial e que sejam observados os requisitos definidos na regulamentação editada pelo ente federado.

•• § 20 acrescentado pela Emenda Constitucional n. 94, de 15-12-2016.

§ 21. Ficam a União e os demais entes federativos, nos montantes que lhes são próprios, desde que aceito por ambas as partes, autorizados a utilizar valores objeto de sentenças transitadas em julgado devidos a pessoa jurídica de direito público para amortizar dívidas, vencidas ou vincendas:

•• § 21, *caput*, acrescentado pela Emenda Constitucional n. 113, de 8-12-2021.

I – nos contratos de refinanciamento cujos créditos sejam detidos pelo ente federativo que figure como devedor na sentença de que trata o *caput* deste artigo;

•• Inciso I acrescentado pela Emenda Constitucional n. 113, de 8-12-2021.

II – nos contratos em que houve prestação de garantia a outro ente federativo;

•• Inciso II acrescentado pela Emenda Constitucional n. 113, de 8-12-2021.

III – nos parcelamentos de tributos ou de contribuições sociais; e

•• Inciso III acrescentado pela Emenda Constitucional n. 113, de 8-12-2021.

IV – nas obrigações decorrentes do descumprimento de prestação de contas ou de desvio de recursos.

•• Inciso IV acrescentado pela Emenda Constitucional n. 113, de 8-12-2021.

§ 22. A amortização de que trata o § 21 deste artigo:

•• § 22, *caput*, acrescentado pela Emenda Constitucional n. 113, de 8-12-2021.

I – nas obrigações vencidas, será imputada primeiramente às parcelas mais antigas;

•• Inciso I acrescentado pela Emenda Constitucional n. 113, de 8-12-2021.

II – nas obrigações vincendas, reduzirá uniformemente o valor de cada parcela devida, mantida a duração original do respectivo contrato ou parcelamento.

•• Inciso II acrescentado pela Emenda Constitucional n. 113, de 8-12-2021.

Seção II
Do Supremo Tribunal Federal

Art. 101. O Supremo Tribunal Federal compõe-se de onze Ministros, escolhidos dentre cidadãos com mais de trinta e cinco e menos de setenta anos de idade, de notável saber jurídico e reputação ilibada.

•• *Caput* com redação determinada pela Emenda Constitucional n. 122, de 17-5-2022.

Parágrafo único. Os Ministros do Supremo Tribunal Federal serão nomeados pelo Presidente da República, depois de aprovada a escolha pela maioria absoluta do Senado Federal.

Art. 102. Compete ao Supremo Tribunal Federal, precipuamente, a guarda da Constituição, cabendo-lhe:

• A Lei n. 8.038, de 28-5-1990, que institui normas procedimentais para os processos que especifica, perante o STJ e o STF.

I – processar e julgar, originariamente:

a) a ação direta de inconstitucionalidade de lei ou ato normativo federal ou estadual e a ação declaratória de constitucionalidade de lei ou ato normativo federal;

•• Alínea *a* com redação determinada pela Emenda Constitucional n. 3, de 17-3-1993.

• O Decreto n. 2.346, de 10-10-1997, consolida as normas de procedimentos a serem observadas pela administração pública federal em razão de decisões judiciais.

• A Lei n. 9.868, de 10-11-1999, dispõe sobre o processo e julgamento na ADI e ADC perante o STF.

b) nas infrações penais comuns, o Presidente da República, o Vice-Presidente, os membros do Congresso Nacional, seus próprios Ministros e o Procurador-Geral da República;

c) nas infrações penais comuns e nos crimes de responsabilidade, os Ministros de Estado e os Comandantes da Marinha, do Exército e da Aeronáutica, ressalvado o disposto no art. 52, I, os membros dos Tribunais Superiores, os do Tribunal de Contas da União e os chefes de missão diplomática de caráter permanente;

•• Alínea *c* com redação determinada pela Emenda Constitucional n. 23, de 2-9-1999.

• A Lei n. 1.079, de 10-4-1950, define os crimes de responsabilidade e regula o respectivo processo de julgamento.

d) o *habeas corpus*, sendo paciente qualquer das pessoas referidas nas alíneas anteriores; o mandado de segurança e o *habeas data* contra atos do Presidente da República, das Mesas da Câmara dos Deputados e do Senado Federal, do Tribunal de Contas da União, do Procurador-Geral da República e do próprio Supremo Tribunal Federal;

e) o litígio entre Estado estrangeiro ou organismo internacional e a União, o Estado, o Distrito Federal ou o Território;

f) as causas e os conflitos entre a União e os Estados, a União e o Distrito Federal, ou entre uns e outros, inclusive as respectivas entidades da administração indireta;

g) a extradição solicitada por Estado estrangeiro;

h) (*Revogada pela Emenda Constitucional n. 45, de 8-12-2004.*)

i) o *habeas corpus*, quando o coator for Tribunal Superior ou quando o coator ou o paciente for autoridade ou funcionário cujos atos estejam sujeitos diretamente à jurisdição do Supremo Tribunal Federal, ou se trate de crime sujeito à mesma jurisdição em uma única instância;

•• Alínea *i* com redação determinada pela Emenda Constitucional n. 22, de 18-3-1999.

j) a revisão criminal e a ação rescisória de seus julgados;

• Da revisão criminal: arts. 621 e s. do CPP.

• Da ação rescisória: arts. 966 e s. do CPC.

l) a reclamação para a preservação de sua competência e garantia da autoridade de suas decisões;

m) a execução de sentença nas causas de sua competência originária, facultada a delegação de atribuições para a prática de atos processuais;

n) a ação em que todos os membros da magistratura sejam direta ou indiretamente interessados, e aquela em que mais da metade dos membros do tribunal de origem estejam impedidos ou sejam direta ou indiretamente interessados;

o) os conflitos de competência entre o Superior Tribunal de Justiça e quaisquer tribunais, entre Tribunais Superiores, ou entre estes e qualquer outro tribunal;

• *Vide* arts. 105, I, *d*, 108, I, *e*, e 114, V, da CF.

p) o pedido de medida cautelar das ações diretas de inconstitucionalidade;

q) o mandado de injunção, quando a elaboração da norma regulamentadora for atribuição do Presidente da República, do Congresso Nacional, da Câmara dos Deputados, do Senado Federal, das Mesas de uma dessas Casas Legislativas, do Tribunal de Contas da União, de um dos Tribunais Superiores, ou do próprio Supremo Tribunal Federal;

r) as ações contra o Conselho Nacional de Justiça e contra o Conselho Nacional do Ministério Público;

•• Alínea *r* acrescentada pela Emenda Constitucional n. 45, de 8-12-2004.

II – julgar, em recurso ordinário:

a) o *habeas corpus*, o mandado de segurança, o *habeas data* e o mandado de injunção decididos em única instância pelos Tribunais Superiores, se denegatória a decisão;

b) o crime político;

III – julgar, mediante recurso extraordinário, as causas decididas em única ou última instância, quando a decisão recorrida:

a) contrariar dispositivo desta Constituição;

b) declarar a inconstitucionalidade de tratado ou lei federal;

c) julgar válida lei ou ato de governo local contestado em face desta Constituição;

d) julgar válida lei local contestada em face de lei federal.

•• Alínea *d* acrescentada pela Emenda Constitucional n. 45, de 8-12-2004.

§ 1.º A arguição de descumprimento de preceito fundamental, decorrente desta Constituição, será apreciada pelo Supremo Tribunal Federal, na forma da lei.

•• § 1.º com redação determinada pela Emenda Constitucional n. 3, de 17-3-1993.

•• A Lei n. 9.882, de 3-12-1999, dispõe sobre o processo e julgamento da arguição de descumprimento de preceito fundamental, de que trata este parágrafo.

§ 2.º As decisões definitivas de mérito, proferidas pelo Supremo Tribunal Federal, nas ações diretas de inconstitucionalidade e nas ações declaratórias de constitucionalidade produzirão eficácia contra todos e efeito vinculante, relativamente aos demais órgãos do Poder Judiciário e à administração pública direta e indireta, nas esferas federal, estadual e municipal.

•• § 2.º com redação determinada pela Emenda Constitucional n. 45, de 8-12-2004.

§ 3.º No recurso extraordinário o recorrente deverá demonstrar a repercussão geral das questões constitucionais discutidas no caso, nos termos da lei, a fim de que o Tribunal examine a admissão do recurso, somente podendo recusá-lo pela manifestação de dois terços de seus membros.

•• § 3.º acrescentado pela Emenda Constitucional n. 45, de 8-12-2004.

•• § 3.º regulamentado pela Lei n. 11.418, de 19-12-2006.

Art. 103. Podem propor a ação direta de inconstitucionalidade e a ação declaratória de constitucionalidade:

•• *Caput* com redação determinada pela Emenda Constitucional n. 45, de 8-12-2004.

I – o Presidente da República;

II – a Mesa do Senado Federal;

III – a Mesa da Câmara dos Deputados;

IV – a Mesa de Assembleia Legislativa ou da Câmara Legislativa do Distrito Federal;

•• Inciso IV com redação determinada pela Emenda Constitucional n. 45, de 8-12-2004.

V – o Governador de Estado ou do Distrito Federal;

•• Inciso V com redação determinada pela Emenda Constitucional n. 45, de 8-12-2004.

VI – o Procurador-Geral da República;

VII – o Conselho Federal da Ordem dos Advogados do Brasil;

VIII – partido político com representação no Congresso Nacional;

IX – confederação sindical ou entidade de classe de âmbito nacional.

§ 1.º O Procurador-Geral da República deverá ser previamente ouvido nas ações de inconstitucionalidade e em todos os processos de competência do Supremo Tribunal Federal.

§ 2.º Declarada a inconstitucionalidade por omissão de medida para tornar efetiva norma constitucional, será dada ciência ao Poder competente para a adoção das providências necessárias e, em se tratando de órgão administrativo, para fazê-lo em trinta dias.

§ 3.º Quando o Supremo Tribunal Federal apreciar a inconstitucionalidade, em tese, de norma legal ou ato normativo, citará, previamente, o Advogado-Geral da União, que defenderá o ato ou texto impugnado.

§ 4.º (*Revogado pela Emenda Constitucional n. 45, de 8-12-2004.*)

Art. 103-A. O Supremo Tribunal Federal poderá, de ofício ou por provocação, mediante decisão de dois terços dos seus membros, após reiteradas decisões sobre matéria constitucional, aprovar súmula que, a partir de sua publicação na imprensa oficial, terá efeito vinculante em relação aos demais órgãos do Poder Judiciário e à administração pública direta e indireta, nas esferas federal, estadual e municipal, bem como proceder à sua revisão ou cancelamento, na forma estabelecida em lei.

•• *Caput* acrescentado pela Emenda Constitucional n. 45, de 8-12-2004.

•• Artigo regulamentado pela Lei n. 11.417, de 19-12-2006.

§ 1.º A súmula terá por objetivo a validade, a interpretação e a eficácia de normas determinadas, acerca das quais haja controvérsia atual entre órgãos judiciários ou entre esses e a administração pública que acarrete grave insegurança jurídica e relevante multiplicação de processos sobre questão idêntica.

•• § 1.º acrescentado pela Emenda Constitucional n. 45, de 8-12-2004.

§ 2.º Sem prejuízo do que vier a ser estabelecido em lei, a aprovação, revisão ou cancelamento de súmula poderá ser provocada por aqueles que podem propor a ação direta de inconstitucionalidade.

•• § 2.º acrescentado pela Emenda Constitucional n. 45, de 8-12-2004.

§ 3.º Do ato administrativo ou decisão judicial que contrariar a súmula aplicável ou que indevidamente a aplicar, caberá reclamação ao Supremo Tribunal Federal que, julgando-a procedente, anulará o ato administrativo ou cassará a decisão judicial reclamada, e determinará que outra seja proferida com ou sem a aplicação da súmula, conforme o caso.

•• § 3.º acrescentado pela Emenda Constitucional n. 45, de 8-12-2004.

Art. 103-B. O Conselho Nacional de Justiça compõe-se de 15 (quinze) membros com mandato de 2 (dois) anos, admitida 1 (uma) recondução, sendo:

•• *Caput* com redação determinada pela Emenda Constitucional n. 61, de 11-11-2009.

• A Resolução n. 67, de 3-3-2009, do CNJ, aprova o Regimento Interno do Conselho Nacional de Justiça.

• A Portaria n. 34, de 30-5-2017, dispõe sobre a estrutura orgânica do CNJ.

I – o Presidente do Supremo Tribunal Federal;

•• Inciso I com redação determinada pela Emenda Constitucional n. 61, de 11-11-2009.

II – um Ministro do Superior Tribunal de Justiça, indicado pelo respectivo tribunal;

•• Inciso II acrescentado pela Emenda Constitucional n. 45, de 8-12-2004.

III – um Ministro do Tribunal Superior do Trabalho, indicado pelo respectivo tribunal;

•• Inciso III acrescentado pela Emenda Constitucional n. 45, de 8-12-2004.

IV – um desembargador de Tribunal de Justiça, indicado pelo Supremo Tribunal Federal;

•• Inciso IV acrescentado pela Emenda Constitucional n. 45, de 8-12-2004.

• A Resolução n. 503, de 23-5-2013, do STF, estabelece o procedimento de escolha e indicação, pelo Supremo Tribunal Federal, às vagas do CNJ, de que trata este inciso.

V – um juiz estadual, indicado pelo Supremo Tribunal Federal;

•• Inciso V acrescentado pela Emenda Constitucional n. 45, de 8-12-2004.

• A Resolução n. 503, de 23-5-2013, do STF, estabelece o procedimento de escolha e indicação, pelo Supremo Tribunal Federal, às vagas do CNJ, de que trata este inciso.

VI – um juiz de Tribunal Regional Federal, indicado pelo Superior Tribunal de Justiça;

•• Inciso VI acrescentado pela Emenda Constitucional n. 45, de 8-12-2004.

VII – um juiz federal, indicado pelo Superior Tribunal de Justiça;

•• Inciso VII acrescentado pela Emenda Constitucional n. 45, de 8-12-2004.

VIII – um juiz de Tribunal Regional do Trabalho, indicado pelo Tribunal Superior do Trabalho;

•• Inciso VIII acrescentado pela Emenda Constitucional n. 45, de 8-12-2004.

IX – um juiz do trabalho, indicado pelo Tribunal Superior do Trabalho;

•• Inciso IX acrescentado pela Emenda Constitucional n. 45, de 8-12-2004.

X – um membro do Ministério Público da União, indicado pelo Procurador-Geral da República;

•• Inciso X acrescentado pela Emenda Constitucional n. 45, de 8-12-2004.

XI – um membro do Ministério Público estadual, escolhido pelo Procurador-Geral da República dentre os nomes indicados pelo órgão competente de cada instituição estadual;

•• Inciso XI acrescentado pela Emenda Constitucional n. 45, de 8-12-2004.

XII – dois advogados, indicados pelo Conselho Federal da Ordem dos Advogados do Brasil;

•• Inciso XII acrescentado pela Emenda Constitucional n. 45, de 8-12-2004.

• O Provimento n. 206, de 24-8-2021, da OAB, dispõe sobre o procedimento de indicação de advogados para integrar o Conselho Nacional de Justiça e o Conselho Nacional do Ministério Público.

XIII – dois cidadãos, de notável saber jurídico e reputação ilibada, indicados um pela Câmara dos Deputados e outro pelo Senado Federal.

•• Inciso XIII acrescentado pela Emenda Constitucional n. 45, de 8-12-2004.

§ 1.º O Conselho será presidido pelo Presidente do Supremo Tribunal Federal e, nas suas ausências e impedimentos, pelo Vice-Presidente do Supremo Tribunal Federal.

•• § 1.º com redação determinada pela Emenda Constitucional n. 61, de 11-11-2009.

§ 2.º Os demais membros do Conselho serão nomeados pelo Presidente da República, depois de aprovada a escolha pela maioria absoluta do Senado Federal.

•• § 2.º com redação determinada pela Emenda Constitucional n. 61, de 11-11-2009.

§ 3.º Não efetuadas, no prazo legal, as indicações previstas neste artigo, caberá a escolha ao Supremo Tribunal Federal.

•• § 3.º acrescentado pela Emenda Constitucional n. 45, de 8-12-2004.

§ 4.º Compete ao Conselho o controle da atuação administrativa e financeira do Poder Judiciário e do cumprimento dos deveres funcionais dos juízes, cabendo-lhe, além de outras atribuições que lhe forem conferidas pelo Estatuto da Magistratura:

•• § 4.º, *caput*, acrescentado pela Emenda Constitucional n. 45, de 8-12-2004.

I – zelar pela autonomia do Poder Judiciário e pelo cumprimento do Estatuto da Magistratura, podendo expedir atos regulamentares, no âmbito de sua competência, ou recomendar providências;

•• Inciso I acrescentado pela Emenda Constitucional n. 45, de 8-12-2004.

II – zelar pela observância do art. 37 e apreciar, de ofício ou mediante provocação, a legalidade dos atos administrativos praticados por membros ou órgãos do Poder Judiciário, podendo desconstituí-los, revê-los ou fixar prazo para que se adotem as providências necessárias ao exato cumprimento da lei, sem prejuízo da competência do Tribunal de Contas da União;

•• Inciso II acrescentado pela Emenda Constitucional n. 45, de 8-12-2004.

III – receber e conhecer das reclamações contra membros ou órgãos do Poder Judiciário, inclusive contra seus serviços auxiliares, serventias e órgãos prestadores de serviços notariais e de registro que atuem por delegação do poder público ou oficializados, sem prejuízo da competência disciplinar e correicional dos tribunais, podendo avocar processos disciplinares em curso, determinar a remoção ou a disponibilidade e aplicar outras sanções administrativas, assegurada ampla defesa;

•• Inciso III com redação determinada pela Emenda Constitucional n. 103, de 12-11-2019.

IV – representar ao Ministério Público, no caso de crime contra a administração pública ou de abuso de autoridade;

•• Inciso IV acrescentado pela Emenda Constitucional n. 45, de 8-12-2004.

V – rever, de ofício ou mediante provocação, os processos disciplinares de juízes e membros de tribunais julgados há menos de um ano;

•• Inciso V acrescentado pela Emenda Constitucional n. 45, de 8-12-2004.

VI – elaborar semestralmente relatório estatístico sobre processos e sentenças prolatadas, por unidade da Federação, nos diferentes órgãos do Poder Judiciário;

•• Inciso VI acrescentado pela Emenda Constitucional n. 45, de 8-12-2004.

VII – elaborar relatório anual, propondo as providências que julgar necessárias, sobre a situação do Poder Judiciário no País e as atividades do Conselho, o qual deve integrar mensagem do Presidente do Supremo Tribunal Federal a ser remetida ao Congresso Nacional, por ocasião da abertura da sessão legislativa.

•• Inciso VII acrescentado pela Emenda Constitucional n. 45, de 8-12-2004.

§ 5.º O Ministro do Superior Tribunal de Justiça exercerá a função de Ministro-Corregedor e ficará excluído da distribuição de processos no Tribunal, competindo-lhe, além das atribuições que lhe forem conferidas pelo Estatuto da Magistratura, as seguintes:

•• § 5.º, *caput*, acrescentado pela Emenda Constitucional n. 45, de 8-12-2004.

I – receber as reclamações e denúncias, de qualquer interessado, relativas aos magistrados e aos serviços judiciários;

•• Inciso I acrescentado pela Emenda Constitucional n. 45, de 8-12-2004.

II – exercer funções executivas do Conselho, de inspeção e de correição geral;

•• Inciso II acrescentado pela Emenda Constitucional n. 45, de 8-12-2004.

III – requisitar e designar magistrados, delegando-lhes atribuições, e requisitar servidores de juízos ou tribunais, inclusive nos Estados, Distrito Federal e Territórios.

•• Inciso III acrescentado pela Emenda Constitucional n. 45, de 8-12-2004.

§ 6.º Junto ao Conselho oficiarão o Procurador-Geral da República e o Presidente do Conselho Federal da Ordem dos Advogados do Brasil.

•• § 6.º acrescentado pela Emenda Constitucional n. 45, de 8-12-2004.

§ 7.º A União, inclusive no Distrito Federal e nos Territórios, criará ouvidorias de justiça, competentes para receber reclamações e denúncias de qualquer interessado contra membros ou órgãos do Poder Judiciário, ou contra seus serviços auxiliares, representando diretamente ao Conselho Nacional de Justiça.

•• § 7.º acrescentado pela Emenda Constitucional n. 45, de 8-12-2004.

Seção III

Do Superior Tribunal de Justiça

• A Lei n. 8.038, de 28-5-1990, institui normas procedimentais, para processos que especifica, perante o STJ e o STF.

Art. 104. O Superior Tribunal de Justiça compõe-se de, no mínimo, trinta e três Ministros.

Parágrafo único. Os Ministros do Superior Tribunal de Justiça serão nomeados pelo Presidente da República, dentre brasileiros com mais de trinta e cinco e menos de setenta anos de idade, de notável saber jurídico e reputação ilibada, depois de aprovada a escolha pela maioria absoluta do Senado Federal, sendo:

•• Parágrafo único, *caput*, com redação determinada pela Emenda Constitucional n. 122, de 17-5-2022.

I – um terço dentre juízes dos Tribunais Regionais Federais e um terço dentre desembargadores dos Tribunais de Justiça, indicados em lista tríplice elaborada pelo próprio Tribunal;

II – um terço, em partes iguais, dentre advogados e membros do Ministério Público Federal, Estadual, do Distrito Federal e Territórios, alternadamente, indicados na forma do art. 94.

Art. 105. Compete ao Superior Tribunal de Justiça:

• A Lei n. 8.038, de 28-5-1990, que institui normas procedimentais para os processos que especifica, perante o STJ e o STF.

I – processar e julgar, originariamente:

a) nos crimes comuns, os Governadores dos Estados e do Distrito Federal, e, nestes e nos de responsabilidade, os desembargadores dos Tribunais de Justiça dos Estados e do Distrito Federal, os membros dos Tribunais de Contas dos Estados e do Distrito Federal, os dos Tribunais Regionais Federais, dos Tribunais Regionais Eleitorais e do Trabalho, os membros dos Conselhos ou Tribunais de Contas dos Municípios e os do Ministério Público da União que oficiem perante tribunais;

b) os mandados de segurança e os *habeas data* contra ato de Ministro de Estado, dos Comandantes da Marinha, do Exército e da Aeronáutica ou do próprio Tribunal;

•• Alínea *b* com redação determinada pela Emenda Constitucional n. 23, de 2-9-1999.

c) os *habeas corpus*, quando o coator ou paciente for qualquer das pessoas mencionadas na alínea *a*, ou quando o coator for tribunal sujeito à sua jurisdição, Ministro de Estado ou Comandante da Marinha, do Exército ou da Aeronáutica, ressalvada a competência da Justiça Eleitoral;

•• Alínea *c* com redação determinada pela Emenda Constitucional n. 23, de 2-9-1999.

d) os conflitos de competência entre quaisquer tribunais, ressalvado o disposto no art. 102, I, *o*, bem como entre tribunal e juízes a ele não vinculados e entre juízes vinculados a tribunais diversos;

e) as revisões criminais e as ações rescisórias de seus julgados;

• Da revisão criminal: arts. 621 e s. do CPP.

• Da ação rescisória: arts. 966 e s. do CPC.

f) a reclamação para a preservação de sua competência e garantia da autoridade de suas decisões;

g) os conflitos de atribuições entre autoridades administrativas e judiciárias da União, ou entre autoridades judiciárias de um Estado e administrativas de outro ou do Distrito Federal, ou entre as deste e da União;

h) o mandado de injunção, quando a elaboração da norma regulamentadora for atribuição de órgão, entidade ou autoridade federal, da administração direta ou indireta, excetuados os casos de competência do Supremo Tribunal Federal e dos órgãos da Justiça Militar, da Justiça Eleitoral, da Justiça do Trabalho e da Justiça Federal;

i) a homologação de sentenças estrangeiras e a concessão de *exequatur* às cartas rogatórias;

•• Alínea *i* acrescentada pela Emenda Constitucional n. 45, de 8-12-2004.

II – julgar, em recurso ordinário:

a) os *habeas corpus* decididos em única ou última instância pelos Tribunais Regionais Federais ou pelos tribunais dos Estados, do Distrito Federal e Territórios, quando a decisão for denegatória;

b) os mandados de segurança decididos em única instância pelos Tribunais Regionais Federais ou pelos tribunais dos Estados, do Distrito Federal e Territórios, quando denegatória a decisão;

c) as causas em que forem partes Estado estrangeiro ou organismo internacional, de um lado, e, do outro, Município ou pessoa residente ou domiciliada no País;

III – julgar, em recurso especial, as causas decididas, em única ou última instância, pelos Tribunais Regionais Federais ou pelos tribunais dos Estados, do Distrito Federal e Territórios, quando a decisão recorrida:

a) contrariar tratado ou lei federal, ou negar-lhes vigência;

b) julgar válido ato de governo local contestado em face de lei federal;

•• Alínea *b* com redação determinada pela Emenda Constitucional n. 45, de 8-12-2004.

c) der a lei federal interpretação divergente da que lhe haja atribuído outro tribunal.

§ 1.º Funcionarão junto ao Superior Tribunal de Justiça:

•• Parágrafo único, *caput*, renumerado pela Emenda Constitucional n. 125, de 14-7-2022.

I – a Escola Nacional de Formação e Aperfeiçoamento de Magistrados, cabendo-lhe, dentre outras funções, regulamentar os cursos oficiais para o ingresso e promoção na carreira;

•• Inciso I acrescentado pela Emenda Constitucional n. 45, de 8-12-2004.

II – o Conselho da Justiça Federal, cabendo-lhe exercer, na forma da lei, a supervisão administrativa e orçamentária da Justiça Federal de primeiro e segundo graus, como órgão central do sistema e com poderes correicionais, cujas decisões terão caráter vinculante.

•• Inciso II acrescentado pela Emenda Constitucional n. 45, de 8-12-2004.

•• A Lei n. 11.798, de 29-10-2008, dispõe sobre a composição e a competência do CJF.

• A Resolução n. 42, de 19-12-2008, aprova o Regimento Interno do CJF.

• A Resolução n. 147, de 15-4-2011, institui o Código de Conduta do CJF de primeiro e segundo graus.

§ 2.º No recurso especial, o recorrente deve demonstrar a relevância das questões de direito federal infraconstitucional discutidas no caso, nos termos da lei, a fim de que a admissão do recurso seja examinada pelo Tribunal, o qual somente pode dele não conhecer com base nesse motivo pela manifestação de 2/3 (dois terços) dos membros do órgão competente para o julgamento.

•• § 2.º acrescentado pela Emenda Constitucional n. 125, de 14-7-2022.

•• *Vide* art. 2.º da Emenda Constitucional n. 125, de 14-7-2022.

§ 3.º Haverá a relevância de que trata o § 2.º deste artigo nos seguintes casos:

•• § 3.º, *caput*, acrescentado pela Emenda Constitucional n. 125, de 14-7-2022.

I – ações penais;

•• Inciso I acrescentado pela Emenda Constitucional n. 125, de 14-7-2022.

II – ações de improbidade administrativa;

•• Inciso II acrescentado pela Emenda Constitucional n. 125, de 14-7-2022.

III – ações cujo valor da causa ultrapasse 500 (quinhentos) salários mínimos;

•• Inciso III acrescentado pela Emenda Constitucional n. 125, de 14-7-2022.

IV – ações que possam gerar inelegibilidade;

•• Inciso IV acrescentado pela Emenda Constitucional n. 125, de 14-7-2022.

V – hipóteses em que o acórdão recorrido contrariar jurisprudência dominante do Superior Tribunal de Justiça;

•• Inciso V acrescentado pela Emenda Constitucional n. 125, de 14-7-2022.

VI – outras hipóteses previstas em lei.

•• Inciso VI acrescentado pela Emenda Constitucional n. 125, de 14-7-2022.

Seção IV
Dos Tribunais Regionais Federais e dos Juízes Federais

Art. 106. São órgãos da Justiça Federal:

I – os Tribunais Regionais Federais;

II – os Juízes Federais.

Art. 107. Os Tribunais Regionais Federais compõem-se de, no mínimo, sete juízes, recrutados, quando possível, na respectiva região e nomeados pelo Presidente da República dentre brasileiros com mais de trinta e menos de setenta anos de idade, sendo:

•• *Caput* com redação determinada pela Emenda Constitucional n. 122, de 17-5-2022.

I – um quinto dentre advogados com mais de dez anos de efetiva atividade profissional e membros do Ministério Público Federal com mais de dez anos de carreira;

II – os demais, mediante promoção de juízes federais com mais de cinco anos de exercício, por antiguidade e merecimento, alternadamente.

§ 1.º A lei disciplinará a remoção ou a permuta de juízes dos Tribunais Regionais Federais e determinará sua jurisdição e sede.

•• Primitivo parágrafo único renumerado pela Emenda Constitucional n. 45, de 8-12-2004.

§ 2.º Os Tribunais Regionais Federais instalarão a justiça itinerante, com a realização de audiências e demais funções da atividade jurisdicional, nos limites territoriais da respectiva jurisdição, servindo-se de equipamentos públicos e comunitários.

•• § 2.º acrescentado pela Emenda Constitucional n. 45, de 8-12-2004.

§ 3.º Os Tribunais Regionais Federais poderão funcionar descentralizadamente, constituindo Câmaras regionais, a fim de assegurar o pleno acesso do jurisdicionado à justiça em todas as fases do processo.

•• § 3.º acrescentado pela Emenda Constitucional n. 45, de 8-12-2004.

Art. 108. Compete aos Tribunais Regionais Federais:

I – processar e julgar, originariamente:

a) os juízes federais da área de sua jurisdição, incluídos os da Justiça Militar e da Justiça do Trabalho, nos crimes comuns e de responsabilidade, e os membros do Ministério Público da União, ressalvada a competência da Justiça Eleitoral;

b) as revisões criminais e as ações rescisórias de julgados seus ou dos juízes federais da região;

• Da revisão criminal: arts. 621 e s. do CPP.

• Da ação rescisória: arts. 966 e s. do CPC.

c) os mandados de segurança e os *habeas data* contra ato do próprio Tribunal ou de juiz federal;

d) os *habeas corpus*, quando a autoridade coatora for juiz federal;

e) os conflitos de competência entre juízes federais vinculados ao Tribunal;

II – julgar, em grau de recurso, as causas decididas pelos juízes federais e pelos juízes estaduais no exercício da competência federal da área de sua jurisdição.

Art. 109. Aos juízes federais compete processar e julgar:

I – as causas em que a União, entidade autárquica ou empresa pública federal forem interessadas na condição de autoras, rés, assistentes ou oponentes, exceto as de falência, as de acidentes de trabalho e as sujeitas à Justiça Eleitoral e à Justiça do Trabalho;

• *Vide* Súmulas Vinculantes 22 e 27 do STF.

II – as causas entre Estado estrangeiro ou organismo internacional e Município ou pessoa domiciliada ou residente no País;

III – as causas fundadas em tratado ou contrato da União com Estado estrangeiro ou organismo internacional;

IV – os crimes políticos e as infrações penais praticadas em detrimento de bens, serviços ou interesse da União ou de suas entidades autárquicas ou empresas públicas, excluídas as contravenções e ressalvada a competência da Justiça Militar e da Justiça Eleitoral;

V – os crimes previstos em tratado ou convenção internacional, quando, iniciada a execução no País, o resultado tenha ou devesse ter ocorrido no estrangeiro, ou reciprocamente;

V-A – as causas relativas a direitos humanos a que se refere o § 5.º deste artigo;

•• Inciso V-A acrescentado pela Emenda Constitucional n. 45, de 8-12-2004.

VI – os crimes contra a organização do trabalho e, nos casos determinados por lei, contra o sistema financeiro e a ordem econômico-financeira;

• Dos crimes contra a organização do trabalho: arts. 197 a 207 do CP.

• Dos crimes contra o sistema financeiro: Lei n. 7.492, de 16-6-1986.

• Dos crimes contra a ordem econômica: Leis n. 8.137, de 27-12-1990, e n. 8.176, de 8-2-1991.

VII – os *habeas corpus*, em matéria criminal de sua competência ou quando o constrangimento provier de autoridade cujos atos não estejam diretamente sujeitos a outra jurisdição;

VIII – os mandados de segurança e os *habeas data* contra ato de autoridade federal, excetuados os casos de competência dos tribunais federais;

• *Habeas data*: Lei n. 9.507, de 12-11-1997.

• Mandado de Segurança: Lei n. 12.016, de 7-8-2009.

IX – os crimes cometidos a bordo de navios ou aeronaves, ressalvada a competência da Justiça Militar;

X – os crimes de ingresso ou permanência irregular de estrangeiro, a execução de carta rogatória, após o *exequatur*, e de sentença estrangeira, após a homologação, as causas referentes à nacionalidade, inclusive a respectiva opção, e à naturalização;

XI – a disputa sobre direitos indígenas.

§ 1.º As causas em que a União for autora serão aforadas na seção judiciária onde tiver domicílio a outra parte.

§ 2.º As causas intentadas contra a União poderão ser aforadas na seção judiciária em que for domiciliado o autor, naquela onde houver ocorrido o ato ou fato que deu origem à demanda ou onde esteja situada a coisa, ou ainda, no Distrito Federal.

§ 3.º Lei poderá autorizar que as causas de competência da Justiça Federal em que forem parte instituição de previdência social e segurado possam ser processadas e julgadas na justiça estadual quando a comarca do domicílio do segurado não for sede de vara federal.

•• § 3.º com redação determinada pela Emenda Constitucional n. 103, de 12-11-2019.

§ 4.º Na hipótese do parágrafo anterior, o recurso cabível será sempre para o Tribunal Regional Federal na área de jurisdição do juiz de primeiro grau.

§ 5.º Nas hipóteses de grave violação de direitos humanos, o Procurador-Geral da República, com a finalidade de assegurar o cumprimento de obrigações decorrentes de tratados internacionais de direitos humanos dos quais o Brasil seja parte, poderá suscitar, perante o Superior Tribunal de Justiça, em qualquer fase do inquérito ou processo, incidente de deslocamento de competência para a Justiça Federal.

•• § 5.º acrescentado pela Emenda Constitucional n. 45, de 8-12-2004.

Art. 110. Cada Estado, bem como o Distrito Federal, constituirá uma seção judiciária que terá por sede a respectiva Capital, e varas localizadas segundo o estabelecido em lei.

Parágrafo único. Nos Territórios Federais, a jurisdição e as atribuições cometidas aos juízes federais caberão aos juízes da justiça local, na forma da lei.

Seção V
Do Tribunal Superior do Trabalho, dos Tribunais Regionais do Trabalho e dos Juízes do Trabalho

•• Seção V com denominação determinada pela Emenda Constitucional n. 92, de 12-7-2016.

Art. 111. São órgãos da Justiça do Trabalho:

I – o Tribunal Superior do Trabalho;

II – os Tribunais Regionais do Trabalho;

III – Juízes do Trabalho.

•• Inciso III com redação determinada pela Emenda Constitucional n. 24, de 9-12-1999.

§§ 1.º a 3.º (*Revogados pela Emenda Constitucional n. 45, de 8-12-2004.*)

Art. 111-A. O Tribunal Superior do Trabalho compõe-se de vinte e sete Ministros, escolhidos dentre brasileiros com mais de trinta e cinco e menos de setenta anos de idade, de notável saber jurídico e reputação ilibada, nomeados pelo Presidente da República após aprovação pela maioria absoluta do Senado Federal, sendo:

•• *Caput* com redação determinada pela Emenda Constitucional n. 122, de 17-5-2022.

I – um quinto dentre advogados com mais de dez anos de efetiva atividade profissional e membros do Ministério Público do Trabalho com mais de dez anos de efetivo exercício, observado o disposto no art. 94;

•• Inciso I acrescentado pela Emenda Constitucional n. 45, de 8-12-2004.

II – os demais dentre juízes dos Tribunais Regionais do Trabalho, oriundos da magistratura da carreira, indicados pelo próprio Tribunal Superior.

•• Inciso II acrescentado pela Emenda Constitucional n. 45, de 8-12-2004.

§ 1.º A lei disporá sobre a competência do Tribunal Superior do Trabalho.

•• § 1.º acrescentado pela Emenda Constitucional n. 45, de 8-12-2004.

§ 2.º Funcionarão junto ao Tribunal Superior do Trabalho:

•• § 2.º, *caput*, acrescentado pela Emenda Constitucional n. 45, de 8-12-2004.

I – a Escola Nacional de Formação e Aperfeiçoamento de Magistrados do Trabalho, cabendo-lhe, dentre outras funções, regulamentar os cursos oficiais para o ingresso e promoção na carreira;

•• Inciso I acrescentado pela Emenda Constitucional n. 45, de 8-12-2004.

II – o Conselho Superior da Justiça do Trabalho, cabendo-lhe exercer, na forma da lei, a supervisão administrativa, orçamentária, financeira e patrimonial da Justiça do Trabalho de primeiro e segundo graus, como órgão central do sistema, cujas decisões terão efeito vinculante.

•• Inciso II acrescentado pela Emenda Constitucional n. 45, de 8-12-2004.

• *Vide* art. 6.º da Emenda Constitucional n. 45, de 8-12-2004.

• A Resolução Administrativa n. 1.909, de 20-6-2017, do TST, aprova o Regimento Interno do Conselho Superior da Justiça do Trabalho.

§ 3.º Compete ao Tribunal Superior do Trabalho processar e julgar, originariamente, a reclamação para a preservação de sua competência e garantia da autoridade de suas decisões.

•• § 3.º acrescentado pela Emenda Constitucional n. 92, de 12-7-2016.

Art. 112. A lei criará varas da Justiça do Trabalho, podendo, nas comarcas não abrangidas por sua jurisdição, atribuí-la aos juízes de direito, com recurso para o respectivo Tribunal Regional do Trabalho.

•• Artigo com redação determinada pela Emenda Constitucional n. 45, de 8-12-2004.

Art. 113. A lei disporá sobre a constituição, investidura, jurisdição, competência, garantias e condições de exercício dos órgãos da Justiça do Trabalho.

•• Artigo com redação determinada pela Emenda Constitucional n. 24, de 9-12-1999.

Art. 114. Compete à Justiça do Trabalho processar e julgar:

•• *Caput* com redação determinada pela Emenda Constitucional n. 45, de 8-12-2004.

I – as ações oriundas da relação de trabalho, abrangidos os entes de direito público externo e da administração pública direta e indireta da União, dos Estados, do Distrito Federal e dos Municípios;

•• Inciso I acrescentado pela Emenda Constitucional n. 45, de 8-12-2004.

•• O STF, nas ADI n. 3.395 e 3.529, "julgou parcialmente procedente o pedido formulado, confirmando a decisão liminar concedida e fixando, com aplicação de interpretação conforme à Constituição, sem redução de texto, que o disposto no inciso I do art. 114 da Constituição Federal não abrange causas ajuizadas para discussão de relação jurídico-estatutária entre o Poder Público dos Entes da Federação e seus Servidores", nas sessões virtuais de 3-4-2020 a 14-4-2020 (*DOU* de 23-4-2020 e 1-9-2020).

•• O STF julgou procedente a ADI n. 3.684, nas sessões virtuais de 1º-5-2020 a 8-5-2020 (*DOU* de 22-5-2020), e conferiu interpretação conforme à Constituição a este inciso, "para afastar qualquer interpretação que entenda competir à Justiça do Trabalho processar e julgar ações penais".

II – as ações que envolvam exercício do direito de greve;

•• Inciso II acrescentado pela Emenda Constitucional n. 45, de 8-12-2004.

• A Lei n. 7.783, de 28-6-1989, dispõe sobre exercício do direito de greve.

III – as ações sobre representação sindical, entre sindicatos, entre sindicatos e trabalhadores, e entre sindicatos e empregadores;

•• Inciso III acrescentado pela Emenda Constitucional n. 45, de 8-12-2004.

IV – os mandados de segurança, *habeas corpus* e *habeas data*, quando o ato questionado envolver matéria sujeita à sua jurisdição;

•• Inciso IV acrescentado pela Emenda Constitucional n. 45, de 8-12-2004.

•• O STF, em 1.º-2-2007, concedeu liminar, com efeito *ex tunc*, na ADI n. 3.684-0 (*DJU* de 3-8-2007), para atribuir interpretação conforme a CF a este inciso, declarando que, no âmbito de jurisdição da Justiça do Trabalho, não entra competência para processar e julgar ações penais.

V – os conflitos de competência entre órgãos com jurisdição trabalhista, ressalvado o disposto no art. 102, I, *o*;

•• Inciso V acrescentado pela Emenda Constitucional n. 45, de 8-12-2004.

•• O STF julgou procedente a ADI n. 3.684, nas sessões virtuais de 1º-5-2020 a 8-5-2020 (*DOU* de 22-5-2020), e conferiu interpretação conforme à Constituição a este inciso, "para afastar qualquer interpretação que entenda competir à Justiça do Trabalho processar e julgar ações penais".

VI – as ações de indenização por dano moral ou patrimonial, decorrentes da relação de trabalho;

•• Inciso VI acrescentado pela Emenda Constitucional n. 45, de 8-12-2004.

• *Vide* art. 5.º, X, da CF.

VII – as ações relativas às penalidades administrativas impostas aos empregadores pelos órgãos de fiscalização das relações de trabalho;

•• Inciso VII acrescentado pela Emenda Constitucional n. 45, de 8-12-2004.

VIII – a execução, de ofício, das contribuições sociais previstas no art. 195, I, *a*, e II, e seus acréscimos legais, decorrentes das sentenças que proferir;

•• Inciso VIII acrescentado pela Emenda Constitucional n. 45, de 8-12-2004.

•• *Vide* Súmula Vinculante 53 do STF.

IX – outras controvérsias decorrentes da relação de trabalho, na forma da lei.

•• Inciso IX acrescentado pela Emenda Constitucional n. 45, de 8-12-2004.

•• O STF julgou procedente a ADI n. 3.684, nas sessões virtuais de 1º-5-2020 a 8-5-2020 (*DOU* de 22-5-2020), e conferiu interpretação conforme à Constituição a este inciso, "para afastar qualquer interpretação que entenda competir à Justiça do Trabalho processar e julgar ações penais".

§ 1.º Frustrada a negociação coletiva, as partes poderão eleger árbitros.

§ 2.º Recusando-se qualquer das partes à negociação coletiva ou à arbitragem, é facultado às mesmas, de comum acordo, ajuizar dissídio coletivo de natureza econômica, podendo a Justiça do Trabalho decidir o conflito, respeitadas as disposições mínimas legais de proteção ao trabalho, bem como as convencionadas anteriormente.

•• § 2.º com redação determinada pela Emenda Constitucional n. 45, de 8-12-2004.

§ 3.º Em caso de greve em atividade essencial, com possibilidade de lesão do interesse público, o Ministério Público do Trabalho poderá ajuizar dissídio coletivo, competindo à Justiça do Trabalho decidir o conflito.

•• § 3.º com redação determinada pela Emenda Constitucional n. 45, de 8-12-2004.

Art. 115. Os Tribunais Regionais do Trabalho compõem-se de, no mínimo, sete juízes, recrutados, quando possível, na respectiva região e nomeados pelo Presidente da República dentre brasileiros com mais de trinta e menos de setenta anos de idade, sendo:

•• *Caput* com redação determinada pela Emenda Constitucional n. 122, de 17-5-2022.

I – um quinto dentre advogados com mais de dez anos de efetiva atividade profissional e membros do Ministério Público do Trabalho com mais de dez anos de efetivo exercício, observado o disposto no art. 94;

•• Inciso I acrescentado pela Emenda Constitucional n. 45, de 8-12-2004.

II – os demais, mediante promoção de juízes do trabalho por antiguidade e merecimento, alternadamente.

•• Inciso II acrescentado pela Emenda Constitucional n. 45, de 8-12-2004.

§ 1.º Os Tribunais Regionais do Trabalho instalarão a justiça itinerante, com a realização de audiências e demais funções de atividade jurisdicional, nos limites territoriais da respectiva jurisdição, servindo-se de equipamentos públicos e comunitários.

•• § 1.º acrescentado pela Emenda Constitucional n. 45, de 8-12-2004.

§ 2.º Os Tribunais Regionais do Trabalho poderão funcionar descentralizadamente, constituindo Câmaras regionais, a fim de assegurar o pleno acesso do jurisdicionado à justiça em todas as fases do processo.

•• § 2.º acrescentado pela Emenda Constitucional n. 45, de 8-12-2004.

Art. 116. Nas Varas do Trabalho, a jurisdição será exercida por um juiz singular.

•• *Caput* com redação determinada pela Emenda Constitucional n. 24, de 9-12-1999.

Parágrafo único. (*Revogado pela Emenda Constitucional n. 24, de 9-12-1999.*)

Art. 117. (*Revogado pela Emenda Constitucional n. 24, de 9-12-1999.*)

Seção VI
Dos Tribunais e Juízes Eleitorais

Art. 118. São órgãos da Justiça Eleitoral:

I – o Tribunal Superior Eleitoral;

II – os Tribunais Regionais Eleitorais;

III – os Juízes Eleitorais;

IV – as Juntas Eleitorais.

Art. 119. O Tribunal Superior Eleitoral compor-se-á, no mínimo, de sete membros, escolhidos:

I – mediante eleição, pelo voto secreto:

a) três juízes dentre os Ministros do Supremo Tribunal Federal;

b) dois juízes dentre os Ministros do Superior Tribunal de Justiça;

II – por nomeação do Presidente da República, dois juízes dentre seis advogados de notável saber jurídico e idoneidade moral, indicados pelo Supremo Tribunal Federal.

Parágrafo único. O Tribunal Superior Eleitoral elegerá seu Presidente e o Vice-Presidente dentre os Ministros do Supremo Tribunal Federal, e o Corregedor Eleitoral dentre os Ministros do Superior Tribunal de Justiça.

Art. 120. Haverá um Tribunal Regional Eleitoral na Capital de cada Estado e no Distrito Federal.

§ 1.º Os Tribunais Regionais Eleitorais compor-se-ão:

I – mediante eleição, pelo voto secreto:

a) de dois juízes dentre os desembargadores do Tribunal de Justiça;

b) de dois juízes, dentre juízes de direito, escolhidos pelo Tribunal de Justiça;

II – de um juiz do Tribunal Regional Federal com sede na Capital do Estado ou no Distrito Federal, ou, não havendo, de juiz federal, escolhido, em qualquer caso, pelo Tribunal Regional Federal respectivo;

III – por nomeação, pelo Presidente da República, de dois juízes dentre seis advogados de notável saber jurídico e idoneidade moral, indicados pelo Tribunal de Justiça.

§ 2.º O Tribunal Regional Eleitoral elegerá seu Presidente e o Vice-Presidente dentre os desembargadores.

Art. 121. Lei complementar disporá sobre a organização e competência dos tribunais, dos juízes de direito e das juntas eleitorais.

§ 1.º Os membros dos tribunais, os juízes de direito e os integrantes das juntas eleitorais, no exercício de suas funções, e no que lhes for aplicável, gozarão de plenas garantias e serão inamovíveis.

§ 2.º Os juízes dos tribunais eleitorais, salvo motivo justificado, servirão por dois anos, no mínimo, e nunca por mais de dois biênios consecutivos, sendo os substitutos escolhidos na mesma ocasião e pelo mesmo processo, em número igual para cada categoria.

§ 3.º São irrecorríveis as decisões do Tribunal Superior Eleitoral, salvo as que contrariarem esta Constituição e as denegatórias de *habeas corpus* ou mandado de segurança.

§ 4.º Das decisões dos Tribunais Regionais Eleitorais somente caberá recurso quando:

I – forem proferidas contra disposição expressa desta Constituição ou de lei;

II – ocorrer divergência na interpretação de lei entre dois ou mais tribunais eleitorais;

III – versarem sobre inelegibilidade ou expedição de diplomas nas eleições federais ou estaduais;

IV – anularem diplomas ou decretarem a perda de mandatos eletivos federais ou estaduais;

V – denegarem *habeas corpus*, mandado de segurança, *habeas data* ou mandado de injunção.

Seção VII
Dos Tribunais e Juízes Militares

Art. 122. São órgãos da Justiça Militar:

I – o Superior Tribunal Militar;

II – os Tribunais e Juízes Militares instituídos por lei.

Art. 123. O Superior Tribunal Militar compor-se-á de quinze Ministros vitalícios, nomeados pelo Presidente da República, depois de aprovada a indicação pelo Senado Federal, sendo três dentre oficiais-generais da Marinha, quatro dentre oficiais-generais do Exército, três dentre oficiais-generais da Aeronáutica, todos da ativa e do posto mais elevado da carreira, e cinco dentre civis.

Parágrafo único. Os Ministros civis serão escolhidos pelo Presidente da República dentre brasileiros com mais de trinta e cinco e menos de setenta anos de idade, sendo:

•• Parágrafo único, *caput*, com redação determinada pela Emenda Constitucional n. 122, de 17-5-2022.

I – três dentre advogados de notório saber jurídico e conduta ilibada, com mais de dez anos de efetiva atividade profissional;

II – dois, por escolha paritária, dentre juízes auditores e membros do Ministério Público da Justiça Militar.

Art. 124. À Justiça Militar compete processar e julgar os crimes militares definidos em lei.

Parágrafo único. A lei disporá sobre a organização, o funcionamento e a competência, da Justiça Militar.

Seção VIII
Dos Tribunais e Juízes dos Estados

Art. 125. Os Estados organizarão sua Justiça, observados os princípios estabelecidos nesta Constituição.

§ 1.º A competência dos tribunais será definida na Constituição do Estado, sendo a lei de organização judiciária de iniciativa do Tribunal de Justiça.

•• *Vide* art. 70 do ADCT.

• *Vide* Súmula Vinculante 45 do STF.

§ 2.º Cabe aos Estados a instituição de representação de inconstitucionalidade de leis ou atos normativos estaduais ou municipais em face da Constituição Estadual, vedada a atribuição da legitimação para agir a um único órgão.

§ 3.º A lei estadual poderá criar, mediante proposta do Tribunal de Justiça, a Justiça Militar estadual, constituída, em primeiro grau, pelos juízes de direito e pelos Conselhos de Justiça e, em segundo grau, pelo próprio Tribunal de Justiça, ou por Tribunal de Justiça Militar nos Estados em que o efetivo militar seja superior a vinte mil integrantes.

•• § 3.º com redação determinada pela Emenda Constitucional n. 45, de 8-12-2004.

§ 4.º Compete à Justiça Militar estadual processar e julgar os militares dos Estados, nos crimes militares definidos em lei e as ações judiciais contra atos disciplinares militares, ressalvada a competência do júri quando a vítima for civil, cabendo ao tribunal competente decidir sobre a perda do posto e da patente dos oficiais e da graduação das praças.

•• § 4.º com redação determinada pela Emenda Constitucional n. 45, de 8-12-2004.

§ 5.º Compete aos juízes de direito do juízo militar processar e julgar, singularmente, os crimes militares cometidos contra civis e as ações judiciais contra atos disciplinares militares, cabendo ao Conselho de Justiça, sob a presidência de juiz de direito, processar e julgar os demais crimes militares.

•• § 5.º acrescentado pela Emenda Constitucional n. 45, de 8-12-2004.

§ 6.º O Tribunal de Justiça poderá funcionar descentralizadamente, constituindo Câmaras regionais, a fim de assegurar o pleno acesso do jurisdicionado à justiça em todas as fases do processo.

•• § 6.º acrescentado pela Emenda Constitucional n. 45, de 8-12-2004.

§ 7.º O Tribunal de Justiça instalará a justiça itinerante, com a realização de audiências e demais funções da atividade jurisdicional, nos limites territoriais da respectiva jurisdição, servindo-se de equipamentos públicos e comunitários.

•• § 7.º acrescentado pela Emenda Constitucional n. 45, de 8-12-2004.

Art. 126. Para dirimir conflitos fundiários, o Tribunal de Justiça proporá a criação de varas especializadas, com competência exclusiva para questões agrárias.

•• *Caput* com redação determinada pela Emenda Constitucional n. 45, de 8-12-2004.

Parágrafo único. Sempre que necessário à eficiente prestação jurisdicional, o juiz far-se-á presente no local do litígio.

Capítulo IV
DAS FUNÇÕES ESSENCIAIS À JUSTIÇA

Seção I
Do Ministério Público

• Lei Orgânica Nacional do Ministério Público: Lei n. 8.625, de 12-2-1993.

• Organização, atribuições e Estatuto do Ministério Público da União: Lei Complementar n. 75, de 20-5-1993.

• A Lei n. 13.316, de 20-7-2016, dispõe sobre as carreiras dos servidores do Ministério Público da União.

• A Resolução n. 88, de 28-8-2012, do CNMP, dispõe sobre o atendimento ao público e aos advogados por parte dos membros do Ministério Público.

Art. 127. O Ministério Público é instituição permanente, essencial à função jurisdicional do Estado, incumbindo-lhe a defesa da ordem jurídica, do regime democrático e dos interesses sociais e individuais indisponíveis.

•• *Vide* Súmula 601 do STJ.

§ 1.º São princípios institucionais do Ministério Público a unidade, a indivisibilidade e a independência funcional.

§ 2.º Ao Ministério Público é assegurada autonomia funcional e administrativa, podendo, observado o disposto no art. 169, propor ao Poder Legislativo a criação e extinção de seus cargos e serviços auxiliares, provendo-os por concurso público de provas ou de provas e títulos, a política remuneratória e os planos de carreira; a lei disporá sobre sua organização e funcionamento.

•• § 2.º com redação determinada pela Emenda Constitucional n. 19, de 4-6-1998.

§ 3.º O Ministério Público elaborará sua proposta orçamentária dentro dos limites estabelecidos na lei de diretrizes orçamentárias.

•• *Vide* art. 107, § 2.º, do ADCT.

§ 4.º Se o Ministério Público não encaminhar a respectiva proposta orçamentária dentro do prazo estabelecido na lei de diretrizes orçamentárias, o Poder Executivo considerará, para fins de consolidação da proposta orçamentária anual, os valores aprovados na lei orçamentária vigente, ajustados de acordo com os limites estipulados na forma do § 3.º.

•• § 4.º acrescentado pela Emenda Constitucional n. 45, de 8-12-2004.

§ 5.º Se a proposta orçamentária de que trata este artigo for encaminhada em desacordo com os limites estipulados na forma do § 3.º, o Poder Executivo procederá aos ajustes necessários para fins de consolidação da proposta orçamentária anual.

•• § 5.º acrescentado pela Emenda Constitucional n. 45, de 8-12-2004.

§ 6.º Durante a execução orçamentária do exercício, não poderá haver a realização de despesas ou a assunção de obrigações que extrapolem os limites estabelecidos na lei de diretrizes orçamentárias, exceto se previamente autorizadas, mediante a abertura de créditos suplementares ou especiais.

•• § 6.º acrescentado pela Emenda Constitucional n. 45, de 8-12-2004.

Art. 128. O Ministério Público abrange:

I – o Ministério Público da União, que compreende:

a) o Ministério Público Federal;

b) o Ministério Público do Trabalho;

c) o Ministério Público Militar;

d) o Ministério Público do Distrito Federal e Territórios;

II – os Ministérios Públicos dos Estados.

§ 1.º O Ministério Público da União tem por chefe o Procurador-Geral da República, nomeado pelo Presidente da República dentre integrantes da carreira, maiores de trinta e cinco anos, após a aprovação de seu nome pela maioria absoluta dos membros do Senado Federal, para mandato de dois anos, permitida a recondução.

§ 2.º A destituição do Procurador-Geral da República, por iniciativa do Presidente da República, deverá ser precedida de autorização da maioria absoluta do Senado Federal.

§ 3.º Os Ministérios Públicos dos Estados e o do Distrito Federal e Territórios formarão lista tríplice dentre integrantes da carreira, na forma da lei respectiva, para escolha de seu Procurador-Geral, que será nomeado pelo Chefe do Poder Executivo, para mandato de dois anos, permitida uma recondução.

§ 4.º Os Procuradores-Gerais nos Estados e no Distrito Federal e Territórios poderão ser destituídos por deliberação da maioria absoluta do Poder Legislativo, na forma da lei complementar respectiva.

§ 5.º Leis complementares da União e dos Estados, cuja iniciativa é facultada aos respectivos Procuradores-Gerais, estabelecerão a organização, as atribuições e o estatuto de cada Ministério Público, observadas, relativamente a seus membros:

I – as seguintes garantias:

a) vitaliciedade, após dois anos de exercício, não podendo perder o cargo senão por sentença judicial transitada em julgado;

b) inamovibilidade, salvo por motivo de interesse público, mediante decisão do órgão colegiado competente do Ministério Público, pelo voto da maioria absoluta de seus membros, assegurada ampla defesa;

•• Alínea *b* com redação determinada pela Emenda Constitucional n. 45, de 8-12-2004.

c) irredutibilidade de subsídio, fixado na forma do art. 39, § 4.º, e ressalvado o disposto nos arts. 37, X e XI, 150, II, 153, III, 153, § 2.º, I;

•• Alínea *c* com redação determinada pela Emenda Constitucional n. 19, de 4-6-1998.

II – as seguintes vedações:

a) receber, a qualquer título e sob qualquer pretexto, honorários, percentagens ou custas processuais;

b) exercer a advocacia;

c) participar de sociedade comercial, na forma da lei;

d) exercer, ainda que em disponibilidade, qualquer outra função pública, salvo uma de magistério;

• A Resolução n. 73, de 15-6-2011, do CNMP, dispõe sobre o acúmulo do exercício das funções ministeriais com o exercício do magistério por membros do Ministério Público da União e dos Estados.

e) exercer atividade político-partidária;

•• Alínea *e* com redação determinada pela Emenda Constitucional n. 45, de 8-12-2004.

f) receber, a qualquer título ou pretexto, auxílios ou contribuições de pessoas físicas, entidades públicas ou privadas, ressalvadas as exceções previstas em lei.

•• Alínea *f* acrescentada pela Emenda Constitucional n. 45, de 8-12-2004.

§ 6.º Aplica-se aos membros do Ministério Público o disposto no art. 95, parágrafo único, V.

•• § 6.º acrescentado pela Emenda Constitucional n. 45, de 8-12-2004.

Art. 129. São funções institucionais do Ministério Público:

I – promover, privativamente, a ação penal pública, na forma da lei;

• O art. 100 do CP estabelece que a ação penal é pública, salvo quando a lei expressamente a declara privativa do ofendido.

II – zelar pelo efetivo respeito dos Poderes Públicos e dos serviços de relevância pública aos direitos assegurados nesta Constituição, promovendo as medidas necessárias a sua garantia;

III – promover o inquérito civil e a ação civil pública, para a proteção do patrimônio público e social, do meio ambiente e de outros interesses difusos e coletivos;

•• *Vide* Súmula 601 do STJ.

• A Lei n. 7.347, de 24-7-1985, disciplina a ação civil pública de responsabilidade por danos causados ao meio ambiente, ao consumidor, a bens e direitos de valor artístico, estético, histórico, turístico e paisagístico.

IV – promover a ação de inconstitucionalidade ou representação para fins de intervenção da União e dos Estados, nos casos previstos nesta Constituição;

V – defender judicialmente os direitos e interesses das populações indígenas;

VI – expedir notificações nos procedimentos administrativos de sua competência, requisitando informações e documentos para instruí-los, na forma da lei complementar respectiva;

VII – exercer o controle externo da atividade policial, na forma da lei complementar mencionada no artigo anterior;

• A Resolução n. 127, de 8-5-2012, regulamenta o controle externo da atividade policial no âmbito do Ministério Público Federal.

VIII – requisitar diligências investigatórias e a instauração de inquérito policial, indicados os fundamentos jurídicos de suas manifestações processuais;

IX – exercer outras funções que lhe forem conferidas, desde que compatíveis com sua finalidade, sendo-lhe vedada a representação judicial e a consultoria jurídica de entidades públicas.

§ 1.º A legitimação do Ministério Público para as ações civis previstas neste artigo não impede a de terceiros, nas mesmas hipóteses, segundo o disposto nesta Constituição e na lei.

§ 2.º As funções do Ministério Público só podem ser exercidas por integrantes da carreira, que deverão residir na comarca da respectiva lotação, salvo autorização do chefe da instituição.

•• § 2.º com redação determinada pela Emenda Constitucional n. 45, de 8-12-2004.

§ 3.º O ingresso na carreira do Ministério Público far-se-á mediante concurso público de provas e títulos, assegurada a participação da Ordem dos Advogados do Brasil em sua realização, exigindo-se do bacharel em direito, no mínimo, três anos de atividade jurídica e observando-se, nas nomeações, a ordem de classificação.

•• § 3.º com redação determinada pela Emenda Constitucional n. 45, de 8-12-2004.

•• A Resolução n. 40, de 26-5-2009, do CNMP, regulamenta o conceito de atividade jurídica citado neste parágrafo.

§ 4.º Aplica-se ao Ministério Público, no que couber, o disposto no art. 93.

•• § 4.º com redação determinada pela Emenda Constitucional n. 45, de 8-12-2004.

§ 5.º A distribuição de processos no Ministério Público será imediata.

•• § 5.º acrescentado pela Emenda Constitucional n. 45, de 8-12-2004.

Art. 130. Aos membros do Ministério Público junto aos Tribunais de Contas aplicam-se as disposições desta seção pertinentes a direitos, vedações e forma de investidura.

Art. 130-A. O Conselho Nacional do Ministério Público compõe-se de quatorze membros nomeados pelo Presidente da República, depois de aprovada a escolha pela maioria absoluta do Senado Federal, para um mandato de dois anos, admitida uma recondução, sendo:

•• *Caput* acrescentado pela Emenda Constitucional n. 45, de 8-12-2004.

I – o Procurador-Geral da República, que o preside;

•• Inciso I acrescentado pela Emenda Constitucional n. 45, de 8-12-2004.

II – quatro membros do Ministério Público da União, assegurada a representação de cada uma de suas carreiras;

•• Inciso II acrescentado pela Emenda Constitucional n. 45, de 8-12-2004.

III – três membros do Ministério Público dos Estados;

•• Inciso III acrescentado pela Emenda Constitucional n. 45, de 8-12-2004.

IV – dois juízes, indicados um pelo Supremo Tribunal Federal e outro pelo Superior Tribunal de Justiça;

•• Inciso IV acrescentado pela Emenda Constitucional n. 45, de 8-12-2004.

• A Resolução n. 504, de 23-5-2013, do STF, estabelece o procedimento de escolha e indicação, pelo Supremo Tribunal Federal, à vaga do Conselho Nacional do Ministério Público, de que trata este inciso.

V – dois advogados, indicados pelo Conselho Federal da Ordem dos Advogados do Brasil;

•• Inciso V acrescentado pela Emenda Constitucional n. 45, de 8-12-2004.

• O Provimento n. 206, de 24-8-2021, da OAB, dispõe sobre o procedimento de indicação de advogados para integrar o Conselho Nacional de Justiça e o Conselho Nacional do Ministério Público.

VI – dois cidadãos de notável saber jurídico e reputação ilibada, indicados um pela Câmara dos Deputados e outro pelo Senado Federal.

•• Inciso VI acrescentado pela Emenda Constitucional n. 45, de 8-12-2004.

§ 1.º Os membros do Conselho oriundos do Ministério Público serão indicados pelos respectivos Ministérios Públicos, na forma da lei.

•• § 1.º acrescentado pela Emenda Constitucional n. 45, de 8-12-2004.

•• § 1.º regulamentado pela Lei n. 11.372, de 28-11-2006.

§ 2.º Compete ao Conselho Nacional do Ministério Público o controle da atuação administrativa e financeira do Ministério Público e do cumprimento dos deveres funcionais de seus membros, cabendo-lhe:

•• § 2.º, *caput*, acrescentado pela Emenda Constitucional n. 45, de 8-12-2004.

I – zelar pela autonomia funcional e administrativa do Ministério Público, podendo expedir atos regulamentares, no âmbito de sua competência, ou recomendar providências;

•• Inciso I acrescentado pela Emenda Constitucional n. 45, de 8-12-2004.

II – zelar pela observância do art. 37 e apreciar, de ofício ou mediante provocação, a legalidade dos atos administrativos praticados por membros ou órgãos do Ministério Público da União e dos Estados, podendo desconstituí-los, revê-los ou fixar prazo para que se adotem as providências necessárias ao exato cumprimento da lei, sem prejuízo da competência dos Tribunais de Contas;

•• Inciso II acrescentado pela Emenda Constitucional n. 45, de 8-12-2004.

III – receber e conhecer das reclamações contra membros ou órgãos do Ministério Público da União ou dos Estados, inclusive contra seus serviços auxiliares, sem prejuízo da competência disciplinar e correicional da instituição, podendo avocar processos disciplinares em curso, determinar a remoção ou a disponibilidade e aplicar outras sanções administrativas, assegurada ampla defesa;

•• Inciso III com redação determinada pela Emenda Constitucional n. 103, de 12-11-2019.

IV – rever, de ofício ou mediante provocação, os processos disciplinares de membros do Ministério Público da União ou dos Estados julgados há menos de um ano;

•• Inciso IV acrescentado pela Emenda Constitucional n. 45, de 8-12-2004.

V – elaborar relatório anual, propondo as providências que julgar necessárias sobre a situação do Ministério Público no País e as atividades do Conselho, o qual deve integrar a mensagem prevista no art. 84, XI.

•• Inciso V acrescentado pela Emenda Constitucional n. 45, de 8-12-2004.

§ 3.º O Conselho escolherá, em votação secreta, um Corregedor nacional, dentre os membros do Ministério Público que o integram, vedada a recondução, competindo-lhe, além das atribuições que lhe forem conferidas pela lei, as seguintes:

•• § 3.º, *caput*, acrescentado pela Emenda Constitucional n. 45, de 8-12-2004.

I – receber reclamações e denúncias, de qualquer interessado, relativas aos membros do Ministério Público e dos seus serviços auxiliares;

•• Inciso I acrescentado pela Emenda Constitucional n. 45, de 8-12-2004.

II – exercer funções executivas do Conselho, de inspeção e correição geral;

•• Inciso II acrescentado pela Emenda Constitucional n. 45, de 8-12-2004.

III – requisitar e designar membros do Ministério Público, delegando-lhes atribuições, e requisitar servidores de órgãos do Ministério Público.

•• Inciso III acrescentado pela Emenda Constitucional n. 45, de 8-12-2004.

§ 4.º O Presidente do Conselho Federal da Ordem dos Advogados do Brasil oficiará junto ao Conselho.

•• § 4.º acrescentado pela Emenda Constitucional n. 45, de 8-12-2004.

§ 5.º Leis da União e dos Estados criarão ouvidorias do Ministério Público, competentes para receber reclamações e denúncias de qualquer interessado contra membros ou órgãos do Ministério Público, inclusive contra seus serviços auxiliares, representando diretamente ao Conselho Nacional do Ministério Público.

•• § 5.º acrescentado pela Emenda Constitucional n. 45, de 8-12-2004.

• A Portaria n. 82, de 19-7-2011, institui a Ouvidoria do CNMP.

Seção II
Da Advocacia Pública

•• Seção II com denominação determinada pela Emenda Constitucional n. 19, de 4-6-1998.

• Lei Orgânica da Advocacia-Geral da União: Lei Complementar n. 73, de 10-2-1993.

• Exercício das atribuições institucionais da Advocacia-Geral da União, em caráter emergencial e provisório: Lei n. 9.028, de 12-4-1995.

• Apuração de antiguidade nas carreiras de Advogado da União, de Procurador da Fazenda Nacional, de Procurador Federal e de Procurador do Banco Central: Decreto n. 7.737, de 25-5-2012.

Art. 131. A Advocacia-Geral da União é a instituição que, diretamente ou através de órgão vinculado, representa a União, judicial e extrajudicialmente, cabendo-lhe, nos termos da lei complementar que dispuser sobre sua organização e funcionamento, as atividades de consultoria e assessoramento jurídico do Poder Executivo.

• A Portaria n. 42, de 25-10-2018, disciplina os procedimentos relativos à representação extrajudicial da União.

• A Portaria n. 1, de 28-8-2015, dispõe sobre a aplicação do Guia do Fluxo Consultivo para o cumprimento das atividades de Consultoria Jurídica (CONJUR-MS/CGU/AGU) no âmbito do Ministério da Saúde.

§ 1.º A Advocacia-Geral da União tem por chefe o Advogado-Geral da União, de livre nomeação pelo Presidente da República dentre cidadãos maiores de trinta e cinco anos, de notável saber jurídico e reputação ilibada.

§ 2.º O ingresso nas classes iniciais das carreiras da instituição de que trata este artigo far-se-á mediante concurso público de provas e títulos.

§ 3.º Na execução da dívida ativa de natureza tributária, a representação da União cabe à Procuradoria-Geral da Fazenda Nacional, observado o disposto em lei.

Art. 132. Os Procuradores dos Estados e do Distrito Federal, organizados em carreira, na qual o ingresso dependerá de concurso público de provas e títulos, com a participação da Ordem dos Advogados do Brasil em todas as suas fases, exercerão a representação judicial e a consultoria jurídica das respectivas unidades federadas.

•• *Caput* com redação determinada pela Emenda Constitucional n. 19, de 4-6-1998.

Parágrafo único. Aos procuradores referidos neste artigo é assegurada estabilidade após 3 (três) anos de efetivo exercício, mediante avaliação de desempenho perante os órgãos próprios, após relatório circunstanciado das corregedorias.

•• Parágrafo único acrescentado pela Emenda Constitucional n. 19, de 4-6-1998.

Seção III
Da Advocacia

•• Seção III com redação determinada pela Emenda Constitucional n. 80, de 4-6-2014.

Art. 133. O advogado é indispensável à administração da justiça, sendo inviolável por seus atos e manifestações no exercício da profissão, nos limites da lei.

•• A Lei n. 8.906, de 4-7-1994, estabelece o Estatuto da OAB.

Seção IV
Da Defensoria Pública

•• Seção IV acrescentada pela Emenda Constitucional n. 80, de 4-6-2014.

Art. 134. A Defensoria Pública é instituição permanente, essencial à função jurisdicional do Estado, incumbindo-lhe, como expressão e instrumento do regime democrático, fundamentalmente, a orientação jurídica, a promoção dos direitos humanos e a defesa, em todos os graus, judicial e extrajudicial, dos direitos individuais e coletivos, de forma integral e gratuita, aos necessitados, na forma do inciso LXXIV do art. 5.º desta Constituição Federal.

•• *Caput* com redação determinada pela Emenda Constitucional n. 80, de 4-6-2014.

• Defensoria Pública: Lei Complementar n. 80, de 12-1-1994.

• A Portaria n. 88, de 14-2-2014, dispõe sobre o Regimento Interno da Defensoria Pública-Geral da União.

§ 1.º Lei Complementar organizará a Defensoria Pública da União e do Distrito Federal e dos Territórios e prescreverá normas gerais para sua organização nos Estados, em cargos de carreira, providos, na classe inicial, mediante concurso público de provas e títulos, assegurada a seus integrantes a garantia da inamovibilidade e vedado o exercício da advocacia fora das atribuições institucionais.

•• Primitivo parágrafo único transformado em § 1.º pela Emenda Constitucional n. 45, de 8-12-2004.

§ 2.º Às Defensorias Públicas Estaduais são asseguradas autonomia funcional e administrativa e a iniciativa de sua proposta orçamentária dentro dos limites estabelecidos na lei de diretrizes orçamentárias e subordinação ao disposto no art. 99, § 2.º.

•• § 2.º acrescentado pela Emenda Constitucional n. 45, de 8-12-2004.

§ 3.º Aplica-se o disposto no § 2.º às Defensorias Públicas da União e do Distrito Federal.

•• § 3.º acrescentado pela Emenda Constitucional n. 74, de 6-8-2013.

•• *Vide* art. 107, § 2.º, do ADCT.

§ 4.º São princípios institucionais da Defensoria Pública a unidade, a indivisibilidade e a independência funcional, aplicando-se também, no que couber, o disposto no art. 93 e no inciso II do art. 96 desta Constituição Federal.

•• § 4.º acrescentado pela Emenda Constitucional n. 80, de 4-6-2014.

Art. 135. Os servidores integrantes das carreiras disciplinadas nas Seções II e III deste Capítulo serão remunerados na forma do art. 39, § 4.º.

•• Artigo com redação determinada pela Emenda Constitucional n. 19, de 4-6-1998.

TÍTULO V
DA DEFESA DO ESTADO E DAS INSTITUIÇÕES DEMOCRÁTICAS

Capítulo I
DO ESTADO DE DEFESA E DO ESTADO DE SÍTIO

Seção I
Do Estado de Defesa

Art. 136. O Presidente da República pode, ouvidos o Conselho da República e o Conselho de Defesa Nacional, decretar estado de Defesa para preservar ou prontamente restabelecer, em locais restritos e determinados, a ordem pública ou a paz social ameaçadas por grave e iminente instabilidade institucional ou atingidas por calamidades de grandes proporções na natureza.

• A Lei n. 8.041, de 5-6-1990, dispõe sobre a organização e o funcionamento do Conselho da República.

• A Lei n. 8.183, de 11-4-1991, dispõe sobre a organização do Conselho de Defesa Nacional. Regulamentada pelo Decreto n. 893, de 12-8-1993.

§ 1.º O decreto que instituir o estado de defesa determinará o tempo de sua duração, especificará as áreas a serem abrangidas e indicará, nos termos e limites da lei, as medidas coercitivas a vigorarem, dentre as seguintes:

I – restrições aos direitos de:

a) reunião, ainda que exercida no seio das associações;

b) sigilo de correspondência;

c) sigilo de comunicação telegráfica e telefônica;

II – ocupação e uso temporário de bens e serviços públicos, na hipótese de calamidade pública, respondendo a União pelos danos e custos decorrentes.

§ 2.º O tempo de duração do estado de defesa não será superior a trinta dias, podendo ser prorrogado uma vez, por igual período, se persistirem as razões que justificaram a sua decretação.

§ 3.º Na vigência do estado de defesa:

I – a prisão por crime contra o Estado, determinada pelo executor da medida, será por este comunicada imediatamente ao juiz competente, que a relaxará, se não for legal, facultado ao preso requerer exame de corpo de delito à autoridade policial;

II – a comunicação será acompanhada de declaração, pela autoridade, do estado físico e mental do detido no momento de sua autuação;

III – a prisão ou detenção de qualquer pessoa não poderá ser superior a dez dias, salvo quando autorizada pelo Poder Judiciário;

IV – é vedada a incomunicabilidade do preso.

§ 4.º Decretado o estado de defesa ou sua prorrogação, o Presidente da República, dentro de vinte e quatro horas, submeterá o ato com a respectiva justificação ao Congresso Nacional, que decidirá por maioria absoluta.

§ 5.º Se o Congresso Nacional estiver em recesso, será convocado, extraordinariamente, no prazo de cinco dias.

§ 6.º O Congresso Nacional apreciará o decreto dentro de dez dias contados de seu recebimento, devendo continuar funcionando enquanto vigorar o estado de defesa.

§ 7.º Rejeitado o decreto, cessa imediatamente o estado de defesa.

Seção II
Do Estado de Sítio

Art. 137. O Presidente da República pode, ouvidos o Conselho da República e o Conselho de Defesa Nacional, solicitar ao Congresso Nacional autorização para decretar o estado de sítio nos casos de:

I – comoção grave de repercussão nacional ou ocorrência de fatos que comprovem a ineficácia de medida tomada durante o estado de defesa;

II – declaração de estado de guerra ou resposta a agressão armada estrangeira.

Parágrafo único. O Presidente da República, ao solicitar autorização para decretar o estado de sítio ou sua prorrogação, relatará os motivos determinantes do pedido, devendo o Congresso Nacional decidir por maioria absoluta.

Art. 138. O decreto do estado de sítio indicará sua duração, as normas necessárias a sua execução e as garantias constitucionais que ficarão suspensas, e, depois de publicado, o Presidente da República designará o executor das medidas específicas e as áreas abrangidas.

§ 1.º O estado de sítio, no caso do art. 137, I, não poderá ser decretado por mais de trinta dias, nem prorrogado, de cada vez, por prazo superior; no do inciso II, poderá ser decretado por todo o tempo que perdurar a guerra ou a agressão armada estrangeira.

§ 2.º Solicitada autorização para decretar o estado de sítio durante o recesso parlamentar, o Presidente do Senado Federal, de imediato, convocará extraordinariamente o Congresso Nacional para se reunir dentro de cinco dias, a fim de apreciar o ato.

§ 3.º O Congresso Nacional permanecerá em funcionamento até o término das medidas coercitivas.

Art. 139. Na vigência do estado de sítio decretado com fundamento no art. 137, I, só poderão ser tomadas contra as pessoas as seguintes medidas:

I – obrigação de permanência em localidade determinada;

II – detenção em edifício não destinado a acusados ou condenados por crimes comuns;

III – restrições relativas à inviolabilidade da correspondência, ao sigilo das comunicações, à prestação de informações e à liberdade de imprensa, radiodifusão e televisão, na forma da lei;

IV – suspensão da liberdade de reunião;

V – busca e apreensão em domicílio;

VI – intervenção nas empresas de serviços públicos;

VII – requisição de bens.

Parágrafo único. Não se inclui nas restrições do inciso III a difusão de pronunciamentos de parlamentares efetuados em suas Casas Legislativas, desde que liberada pela respectiva Mesa.

Seção III
Disposições Gerais

Art. 140. A Mesa do Congresso Nacional, ouvidos os líderes partidários, designará Comissão composta de cinco de seus membros para acompanhar e fiscalizar a execução das medidas referentes ao estado de defesa e ao estado de sítio.

Art. 141. Cessado o estado de defesa ou o estado de sítio, cessarão também seus efeitos, sem prejuízo da responsabilidade pelos ilícitos cometidos por seus executores ou agentes.

Parágrafo único. Logo que cesse o estado de defesa ou o estado de sítio, as medidas aplicadas em sua vigência serão relatadas pelo Presidente da República, em mensagem ao Congresso Nacional, com especificação e justificação das providências adotadas, com relação nominal dos atingidos, e indicação das restrições aplicadas.

Capítulo II
DAS FORÇAS ARMADAS

Art. 142. As Forças Armadas, constituídas pela Marinha, pelo Exército e pela Aeronáutica, são instituições nacionais permanentes e regulares, organizadas com base na hierarquia e na disciplina, sob a autoridade suprema do Presidente da República, e destinam-se à defesa da Pátria, à garantia dos poderes constitucionais e, por iniciativa de qualquer destes, da lei e da ordem.

•• *Vide* arts. 12, 24 e 26 da Emenda Constitucional n. 103, de 12-11-2019.

§ 1.º Lei complementar estabelecerá as normas gerais a serem adotadas na organização, no preparo e no emprego das Forças Armadas.

• Organização, preparo e emprego das Forças Armadas: Lei Complementar n. 97, de 9-6-1999.

§ 2.º Não caberá *habeas corpus* em relação a punições disciplinares militares.

§ 3.º Os membros das Forças Armadas são denominados militares, aplicando-se-lhes, além das que vierem a ser fixadas em lei, as seguintes disposições:

•• § 3.º, *caput*, acrescentado pela Emenda Constitucional n. 18, de 5-2-1998.

• *Vide* art. 42, § 2.º, da CF.

I – as patentes, com prerrogativas, direitos e deveres a elas inerentes, são conferidas pelo Presidente da República e asseguradas em plenitude aos oficiais da ativa, da reserva ou reformados, sendo-lhes privativos os títulos e postos militares e, juntamente com os demais membros, o uso dos uniformes das Forças Armadas;

•• Inciso I acrescentado pela Emenda Constitucional n. 18, de 5-2-1998.

II – o militar em atividade que tomar posse em cargo ou emprego público civil permanente, ressalvada a hipótese prevista no art. 37, inciso XVI, alínea *c*, será transferido para a reserva, nos termos da lei;

•• Inciso II com redação determinada pela Emenda Constitucional n. 77, de 11-2-2014.

III – o militar da ativa que, de acordo com a lei, tomar posse em cargo, emprego ou função pública civil temporária, não eletiva, ainda que da administração indireta, ressalvada a hipótese prevista no art. 37, inciso XVI, alínea *c*, ficará agregado ao respectivo quadro e somente poderá, enquanto permanecer nessa situação, ser promovido por antiguidade, contando-se-lhe o tempo de serviço apenas para aquela promoção e transferência para a reserva, sendo depois de dois anos de afastamento, contínuos ou não, transferido para a reserva, nos termos da lei;

•• Inciso III com redação determinada pela Emenda Constitucional n. 77, de 11-2-2014.

IV – ao militar são proibidas a sindicalização e a greve;

•• Inciso IV acrescentado pela Emenda Constitucional n. 18, de 5-2-1998.

V – o militar, enquanto em serviço ativo, não pode estar filiado a partidos políticos;

•• Inciso V acrescentado pela Emenda Constitucional n. 18, de 5-2-1998.

VI – o oficial só perderá o posto e a patente se for julgado indigno do oficialato ou com ele incompatível, por decisão de tribunal militar de caráter permanente, em tempo de paz, ou de tribunal especial, em tempo de guerra;

•• Inciso VI acrescentado pela Emenda Constitucional n. 18, de 5-2-1998.

VII – o oficial condenado na justiça comum ou militar a pena privativa de liberdade superior a 2 (dois) anos, por sentença transitada em julgado, será submetido ao julgamento previsto no inciso anterior;

•• Inciso VII acrescentado pela Emenda Constitucional n. 18, de 5-2-1998.

VIII – aplica-se aos militares o disposto no art. 7.º, incisos VIII, XII, XVII, XVIII, XIX e XXV, e no art. 37, incisos XI, XIII, XIV e XV, bem como, na forma da lei e com prevalência da atividade militar, no art. 37, inciso XVI, alínea *c*;

•• Inciso VIII com redação determinada pela Emenda Constitucional n. 77, de 11-2-2014.

• *Vide* Súmula Vinculante 6 do STF.

IX – (*Revogado pela Emenda Constitucional n. 41, de 19-12-2003.*)

X – a lei disporá sobre o ingresso nas Forças Armadas, os limites de idade, a estabilidade e outras condições de transferência do militar para a inatividade, os direitos, os deveres, a remuneração, as prerrogativas e outras situações especiais dos militares, consideradas as peculiaridades de suas atividades, inclusive aquelas cumpridas por força de compromissos internacionais e de guerra.

•• Inciso X acrescentado pela Emenda Constitucional n. 18, de 5-2-1998.

• *Vide* art. 40, § 20, da CF.

Art. 143. O serviço militar é obrigatório nos termos da lei.

• Lei do Serviço Militar: Lei n. 4.375, de 17-8-1964, regulamentada pelo Decreto n. 57.654, de 20-1-1966.

§ 1.º Às Forças Armadas compete, na forma da lei, atribuir serviço alternativo aos que, em tempo de paz, após alistados, alegarem imperativo de consciência, entendendo-se como tal o decorrente de crença religiosa e de convicção filosófica ou política, para se eximirem de atividades de caráter essencialmente militar.

•• Regulamento: Lei n. 8.239, de 4-10-1991.

§ 2.º As mulheres e os eclesiásticos ficam isentos do serviço militar obrigatório em tempo de paz, sujeitos, porém, a outros encargos que a lei lhes atribuir.

•• Regulamento: Lei n. 8.239, de 4-10-1991.

Capítulo III
DA SEGURANÇA PÚBLICA

•• A Lei n. 11.530, de 24-10-2007, institui o Programa Nacional de Segurança Pública com Cidadania - PRONASCI.

Art. 144. A segurança pública, dever do Estado, direito e responsabilidade de todos, é exercida para a preservação da ordem pública e da incolumidade das pessoas e do patrimônio, através dos seguintes órgãos:

I – polícia federal;

•• *Vide* arts. 5.º e 10, § 2.º, I, da Emenda Constitucional n. 103, de 12-11-2019.

II – polícia rodoviária federal;

•• *Vide* arts. 5.º e 10, § 2.º, I, da Emenda Constitucional n. 103, de 12-11-2019.

• Competência da Polícia Rodoviária Federal: Decreto n. 1.655, de 3-10-1995.

III – polícia ferroviária federal;

•• *Vide* arts. 5.º e 10, § 2.º, I, da Emenda Constitucional n. 103, de 12-11-2019.

IV – polícias civis;

• Conselho de Segurança Pública e Defesa Social: Lei n. 13.675, de 11-6-2018.

V – polícias militares e corpos de bombeiros militares;

VI – polícias penais federal, estaduais e distrital.

•• Inciso VI acrescentado pela Emenda Constitucional n. 104, de 4-12-2019.

§ 1.º A polícia federal, instituída por lei como órgão permanente, organizado e mantido pela União e estruturado em carreira, destina-se a:

•• § 1.º, *caput*, com redação determinada pela Emenda Constitucional n. 19, de 4-6-1998.

I – apurar infrações penais contra a ordem política e social ou em detrimento de bens, serviços e interesses da União ou de suas entidades autárquicas e empresas públicas, assim como outras infrações cuja prática tenha repercussão interestadual ou internacional e exija repressão uniforme, segundo se dispuser em lei;

• A Lei n. 8.137, de 27-12-1990, define crimes contra a ordem tributária, econômica e contra as relações de consumo (contra formação de cartel dispõe o art. 4.º, I e II).

• A Lei n. 10.446, de 8-5-2002, dispõe sobre infrações penais de repercussão interestadual ou internacional que exigem repressão uniforme, para os fins do disposto neste inciso.

II – prevenir e reprimir o tráfico ilícito de entorpecentes e drogas afins, o contrabando e o descaminho, sem prejuízo da ação fazendária e de outros órgãos públicos nas respectivas áreas de competência;

III – exercer as funções de polícia marítima, aeroportuária e de fronteiras;

•• Inciso III com redação determinada pela Emenda Constitucional n. 19, de 4-6-1998.

IV – exercer, com exclusividade, as funções de polícia judiciária da União.

§ 2.º A polícia rodoviária federal, órgão permanente, organizado e mantido pela União e estruturado em carreira, destina-se, na forma da lei, ao patrulhamento ostensivo das rodovias federais.

•• § 2.º com redação determinada pela Emenda Constitucional n. 19, de 4-6-1998.

• Policial Rodoviário Federal: Lei n. 9.654, de 2-6-1998.

§ 3.º A polícia ferroviária federal, órgão permanente, organizado e mantido pela União e estruturado em carreira, destina-se, na forma da lei, ao patrulhamento ostensivo das ferrovias federais.

•• § 3.º com redação determinada pela Emenda Constitucional n. 19, de 4-6-1998.

§ 4.º Às polícias civis, dirigidas por delegados de polícia de carreira, incumbem, ressalvada a competência da União, as funções de polícia judiciária e a apuração de infrações penais, exceto as militares.

§ 5.º Às polícias militares cabem a polícia ostensiva e a preservação da ordem pública; aos corpos de bombeiros militares, além das atribuições definidas em lei, incumbe a execução de atividades de defesa civil.

• A Lei n. 13.425, de 30-3-2017 (Lei Boate Kiss), estabelece diretrizes gerais sobre medidas de prevenção e combate a incêndio e a desastres em estabelecimentos, edificações e áreas de reunião de público.

§ 5.º-A. Às polícias penais, vinculadas ao órgão administrador do sistema penal da unidade federativa a que pertencem, cabe a segurança dos estabelecimentos penais.

•• § 5.º-A acrescentado pela Emenda Constitucional n. 104, de 4-12-2019.

§ 6.º As polícias militares e os corpos de bombeiros militares, forças auxiliares e reserva do Exército subordinam-se, juntamente com as polícias civis e as polícias penais estaduais e distrital, aos Governadores dos Estados, do Distrito Federal e dos Territórios.

•• § 6.º com redação determinada pela Emenda Constitucional n. 104, de 4-12-2019.

• O Decreto n. 10.573, de 14-12-2020, dispõe sobre as linhas gerais dos órgãos da Polícia Civil do Distrito Federal.

§ 7.º A lei disciplinará a organização e o funcionamento dos órgãos responsáveis pela segurança pública, de maneira a garantir a eficiência de suas atividades.

•• A Lei n. 13.675, de 11-6-2018, dispõe sobre a segurança pública nos termos estabelecidos neste § 7.º e cria o Conselho de Segurança Pública e Defesa Social.

§ 8.º Os Municípios poderão constituir guardas municipais destinadas à proteção de seus bens, serviços e instalações, conforme dispuser a lei.

•• A Lei n. 13.022, de 8-8-2014, dispõe sobre o Estatuto Geral das Guardas Municipais.

§ 9.º A remuneração dos servidores policiais integrantes dos órgãos relacionados neste artigo será fixada na forma do § 4.º do art. 39.

•• § 9.º acrescentado pela Emenda Constitucional n. 19, de 4-6-1998.

§ 10. A segurança viária, exercida para a preservação da ordem pública e da incolumidade das pessoas e do seu patrimônio nas vias públicas:

•• § 10, *caput*, acrescentado pela Emenda Constitucional n. 82, de 16-7-2014.

I – compreende a educação, engenharia e fiscalização de trânsito, além de outras atividades previstas em lei, que assegurem ao cidadão o direito à mobilidade urbana eficiente; e

•• Inciso I acrescentado pela Emenda Constitucional n. 82, de 16-7-2014.

II – compete, no âmbito dos Estados, do Distrito Federal e dos Municípios, aos respectivos órgãos ou entidades executivos e seus agentes de trânsito, estruturados em Carreira, na forma da lei.

•• Inciso II acrescentado pela Emenda Constitucional n. 82, de 16-7-2014.

TÍTULO VI
DA TRIBUTAÇÃO E DO ORÇAMENTO

• CTN: Lei n. 5.172, de 25-10-1966.

Capítulo I
DO SISTEMA TRIBUTÁRIO NACIONAL

• Crimes contra a ordem tributária, econômica e contra as relações de consumo: Lei n. 8.137, de 27-12-1990.

• Crimes contra a ordem econômica: Lei n. 8.176, de 8-2-1991.

Seção I
Dos Princípios Gerais

Art. 145. A União, os Estados, o Distrito Federal e os Municípios poderão instituir os seguintes tributos:

I – impostos;

II – taxas, em razão do exercício do poder de polícia ou pela utilização, efetiva ou potencial, de serviços públicos específicos e divisíveis, prestados ao contribuinte ou postos a sua disposição;

• *Vide* Súmulas Vinculantes 19 e 41 do STF.

III – contribuição de melhoria, decorrente de obras públicas.

• O Decreto-lei n. 195, de 24-2-1967, dispõe sobre a cobrança da contribuição de melhoria.

§ 1.º Sempre que possível, os impostos terão caráter pessoal e serão graduados segundo a capacidade econômica do contribuinte, facultado à administração tributária, especialmente para conferir efetividade a esses objetivos, identificar, respeitados os direitos individuais e nos termos da lei, o patrimônio, os rendimentos e as atividades econômicas do contribuinte.

• A Lei n. 8.021, de 12-4-1990, dispõe sobre a identificação do contribuinte para fins fiscais.

• *Vide* Súmula Vinculante 29 do STF.

§ 2.º As taxas não poderão ter base de cálculo própria de impostos.

Art. 146. Cabe à lei complementar:

I – dispor sobre conflitos de competência, em matéria tributária, entre a União, os Estados, o Distrito Federal e os Municípios;

II – regular as limitações constitucionais ao poder de tributar;

•• A Lei Complementar n. 187, de 16-12-2021, regula as condições para limitação ao poder de tributar da União em relação às entidades beneficentes no tocante às contribuições para a seguridade social.

III – estabelecer normas gerais em matéria de legislação tributária, especialmente sobre:

a) definição de tributos e de suas espécies, bem como, em relação aos impostos discriminados nesta Constituição, a dos respectivos fatos geradores, bases de cálculo e contribuintes;

b) obrigação, lançamento, crédito, prescrição e decadência tributários;

c) adequado tratamento tributário ao ato cooperativo praticado pelas sociedades cooperativas;

d) definição de tratamento diferenciado e favorecido para as microempresas e para as empresas de pequeno porte, inclusive regimes especiais ou simplificados no caso do imposto previsto no art. 155, II, das contribuições previstas no art. 195, I e §§ 12 e 13, e da contribuição a que se refere o art. 239.

•• Alínea *d* acrescentada pela Emenda Constitucional n. 42, de 19-12-2003.

•• A Lei Complementar n. 123, de 14-12-2006, institui o Regime Especial Unificado de Arrecadação de Tributos e Contribuições devidos pelas Microempresas e Empresas de Pequeno Porte – Simples Nacional.

• *Vide* art. 94 do ADCT.

Parágrafo único. A lei complementar de que trata o inciso III, *d*, também poderá instituir um regime único de arrecadação dos impostos e contribuições da União, dos Estados, do Distrito Federal e dos Municípios, observado que:

•• Parágrafo único, *caput*, acrescentado pela Emenda Constitucional n. 42, de 19-12-2003.

I – será opcional para o contribuinte;

•• Inciso I acrescentado pela Emenda Constitucional n. 42, de 19-12-2003.

II – poderão ser estabelecidas condições de enquadramento diferenciadas por Estado;

•• Inciso II acrescentado pela Emenda Constitucional n. 42, de 19-12-2003.

III – o recolhimento será unificado e centralizado e a distribuição da parcela de recursos pertencentes aos respectivos entes federados será imediata, vedada qualquer retenção ou condicionamento;

•• Inciso III acrescentado pela Emenda Constitucional n. 42, de 19-12-2003.

•• *Vide* art. 107, § 6.º, I, do ADCT.

IV – a arrecadação, a fiscalização e a cobrança poderão ser compartilhadas pelos entes federados, adotado cadastro nacional único de contribuintes.

•• Inciso IV acrescentado pela Emenda Constitucional n. 42, de 19-12-2003.

Art. 146-A. Lei complementar poderá estabelecer critérios especiais de tributação, com o objetivo de prevenir desequilíbrios da concorrência, sem prejuízo da competência de a União, por lei, estabelecer normas de igual objetivo.

•• Artigo acrescentado pela Emenda Constitucional n. 42, de 19-12-2003.

Art. 147. Competem à União, em Território Federal, os impostos estaduais e, se o Território não for dividido em Municípios, cumulativamente, os impostos municipais; ao Distrito Federal cabem os impostos municipais.

Art. 148. A União, mediante lei complementar, poderá instituir empréstimos compulsórios:

I – para atender a despesas extraordinárias, decorrentes de calamidade pública, de guerra externa ou sua iminência;

II – no caso de investimento público de caráter urgente e de relevante interesse nacional, observado o disposto no art. 150, III, *b*.

Parágrafo único. A aplicação dos recursos provenientes de empréstimo compulsório será vinculada à despesa que fundamentou sua instituição.

Art. 149. Compete exclusivamente à União instituir contribuições sociais, de intervenção no domínio econômico e de interesse das categorias profissionais ou econômicas, como instrumento de sua atuação nas respectivas áreas, observado o disposto nos arts. 146, III, e 150, I e III, e sem prejuízo do previsto no art. 195, § 6.º, relativamente às contribuições a que alude o dispositivo.

• A Lei n. 10.336, de 19-12-2001, institui a Contribuição de Intervenção no Domínio Econômico – CIDE incidente sobre a importação e a comercialização de petróleo e seus derivados, gás natural e seus derivados e álcool etílico combustível (Cide) a que se refere este artigo.

§ 1.º A União, os Estados, o Distrito Federal e os Municípios instituirão, por meio de lei, contribuições para custeio de regime próprio de previdência social, cobradas dos servidores ativos, dos aposentados e dos pensionistas, que poderão ter alíquotas progressivas de acordo com o valor da base de contribuição ou dos proventos de aposentadoria e de pensões.

•• § 1.º com redação determinada pela Emenda Constitucional n. 103, de 12-11-2019.

•• Sobre o prazo de vigência deste § 1.º, *vide* art. 36, II, da Emenda Constitucional n. 103, de 12-11-2019.

•• O texto anterior dizia:

"§ 1.º Os Estados, o Distrito Federal e os Municípios instituirão contribuição, cobrada de seus servidores, para o custeio, em benefício destes, do regime previdenciário de que trata o art. 40, cuja alíquota não será inferior à da contribuição dos servidores titulares de cargos efetivos da União.

•• § 1.º com redação determinada pela Emenda Constitucional n. 41, de 19-12-2003".

§ 1.º-A. Quando houver déficit atuarial, a contribuição ordinária dos aposentados e pensionistas poderá incidir sobre o valor dos proventos de aposentadoria e de pensões que supere o salário-mínimo.

•• § 1.º-A acrescentado pela Emenda Constitucional n. 103, de 12-11-2019.

•• Sobre o prazo de vigência deste § 1.º-A, *vide* art. 36, II, da Emenda Constitucional n. 103, de 12-11-2019.

§ 1.º-B. Demonstrada a insuficiência da medida prevista no § 1.º-A para equacionar o déficit atuarial, é facultada a instituição de contribuição extraordinária, no âmbito da União, dos servidores públicos ativos, dos aposentados e dos pensionistas.

•• § 1.º-B acrescentado pela Emenda Constitucional n. 103, de 12-11-2019.

•• Sobre o prazo de vigência deste § 1.º-B, *vide* art. 36, II, da Emenda Constitucional n. 103, de 12-11-2019.

§ 1.º-C. A contribuição extraordinária de que trata o § 1º-B deverá ser instituída simultaneamente com outras medidas para equacionamento do déficit e vigorará por período determinado, contado da data de sua instituição.

•• § 1.º-C acrescentado pela Emenda Constitucional n. 103, de 12-11-2019.

•• Sobre o prazo de vigência deste § 1.º-C, *vide* art. 36, II, da Emenda Constitucional n. 103, de 12-11-2019.

§ 2.º As contribuições sociais e de intervenção no domínio econômico de que trata o *caput* deste artigo:

•• § 2.º, *caput*, acrescentado pela Emenda Constitucional n. 33, de 11-12-2001.

I – não incidirão sobre as receitas decorrentes de exportação;

•• Inciso I acrescentado pela Emenda Constitucional n. 33, de 11-12-2001.

II – incidirão também sobre a importação de produtos estrangeiros ou serviços;

•• Inciso II com redação determinada pela Emenda Constitucional n. 42, de 19-12-2003.

III – poderão ter alíquotas:

•• Inciso III, *caput*, acrescentado pela Emenda Constitucional n. 33, de 11-12-2001.

a) ad valorem, tendo por base o faturamento, a receita bruta ou o valor da operação e, no caso de importação, o valor aduaneiro;

•• Alínea *a* acrescentada pela Emenda Constitucional n. 33, de 11-12-2001.

b) específica, tendo por base a unidade de medida adotada.

•• Alínea *b* acrescentada pela Emenda Constitucional n. 33, de 11-12-2001.

§ 3.º A pessoa natural destinatária das operações de importação poderá ser equiparada a pessoa jurídica, na forma da lei.

•• § 3.º acrescentado pela Emenda Constitucional n. 33, de 11-12-2001.

§ 4.º A lei definirá as hipóteses em que as contribuições incidirão uma única vez.

•• § 4.º acrescentado pela Emenda Constitucional n. 33, de 11-12-2001.

Art. 149-A. Os Municípios e o Distrito Federal poderão instituir contribuição, na forma das respectivas leis, para o custeio do serviço de iluminação pública, observado o disposto no art. 150, I e III.

•• *Caput* acrescentado pela Emenda Constitucional n. 39, de 19-12-2002.

Parágrafo único. É facultada a cobrança da contribuição a que se refere o *caput*, na fatura de consumo de energia elétrica.

•• Parágrafo único acrescentado pela Emenda Constitucional n. 39, de 19-12-2002.

Seção II
Das Limitações do Poder de Tributar

Art. 150. Sem prejuízo de outras garantias asseguradas ao contribuinte, é vedado à União, aos Estados, ao Distrito Federal e aos Municípios:

I – exigir ou aumentar tributo sem lei que o estabeleça;

• *Vide* arts. 153, § 1.º, 155, § 4.º, IV, *c*, e 177, § 4.º, I, *b*, da CF.

II – instituir tratamento desigual entre contribuintes que se encontrem em situação equivalente, proibida qualquer distinção em razão de ocupação profissional ou função por eles exercida, independentemente da denominação jurídica dos rendimentos, títulos ou direitos;

• *Vide* art. 153, § 2.º, da CF.

III – cobrar tributos:

a) em relação a fatos geradores ocorridos antes do início da vigência da lei que os houver instituído ou aumentado;

b) no mesmo exercício financeiro em que haja sido publicada a lei que os instituiu ou aumentou;

• *Vide* art. 150, § 1.º, da CF.

c) antes de decorridos noventa dias da data em que haja sido publicada a lei que os instituiu ou aumentou, observado o disposto na alínea *b*;

•• Alínea *c* acrescentada pela Emenda Constitucional n. 42, de 19-12-2003.

IV – utilizar tributo com efeito de confisco;

V – estabelecer limitações ao tráfego de pessoas ou bens, por meio de tributos interestaduais ou intermunicipais, ressalvada a cobrança de pedágio pela utilização de vias conservadas pelo Poder Público;

VI – instituir impostos sobre:

a) patrimônio, renda ou serviços, uns dos outros;

• *Vide* art. 150, § 3.º, da CF.

b) templos de qualquer culto;

•• *Vide* art. 156, § 1.º-A, da CF.

c) patrimônio, renda ou serviços dos partidos políticos, inclusive suas fundações, das entidades sindicais dos trabalhadores, das instituições de educação e de assistência social, sem fins lucrativos, atendidos os requisitos da lei;

•• *Vide* Súmula Vinculante 52 do STF.

d) livros, jornais, periódicos e o papel destinado a sua impressão;

•• *Vide* Súmula Vinculante 57.

e) fonogramas e videofonogramas musicais produzidos no Brasil contendo obras musicais ou literomusicais de autores brasileiros e/ou obras em geral interpretadas por artistas brasileiros bem como os suportes materiais ou arquivos digitais que os contenham, salvo na etapa de replicação industrial de mídias ópticas de leitura a *laser*.

•• Alínea *e* acrescentada pela Emenda Constitucional n. 75, de 15-10-2013.

§ 1.º A vedação do inciso III, *b*, não se aplica aos tributos previstos nos arts. 148, I, 153, I, II, IV e V; e 154, II; e a vedação do inciso III, *c*, não se aplica aos tributos previstos nos arts. 148, I, 153, I, II, III e V; e 154, II, nem à fixação da base de cálculo dos impostos previstos nos arts. 155, III, e 156, I.

•• § 1.º com redação determinada pela Emenda Constitucional n. 42, de 19-12-2003.

§ 2.º A vedação do inciso VI, *a*, é extensiva às autarquias e às fundações instituídas e mantidas pelo Poder Público, no que se refere ao patrimônio, à renda e aos serviços, vinculados a suas finalidades essenciais ou às delas decorrentes.

§ 3.º As vedações do inciso VI, *a*, e do parágrafo anterior não se aplicam ao patrimônio, à renda e aos serviços, relacionados com exploração de atividades econômicas regidas pelas normas aplicáveis a empreendimentos privados, ou em que haja contraprestação ou pagamento de preços ou tarifas pelo usuário, nem exonera o promitente comprador da obrigação de pagar imposto relativamente ao bem imóvel.

§ 4.º As vedações expressas no inciso VI, alíneas *b* e *c*, compreendem somente o patrimônio, a renda e os serviços, relacionados com as finalidades essenciais das entidades nelas mencionadas.

§ 5.º A lei determinará medidas para que os consumidores sejam esclarecidos acerca dos impostos que incidam sobre mercadorias e serviços.

•• Regulamento: Lei n. 12.741, de 8-12-2012.

§ 6.º Qualquer subsídio ou isenção, redução de base de cálculo, concessão de crédito presumido, anistia ou remissão, relativos a impostos, taxas ou contribuições, só poderá ser concedido mediante lei específica, federal, estadual ou municipal, que regule exclusivamente as matérias acima enumeradas ou o correspondente tributo ou contribuição, sem prejuízo do disposto no art. 155, § 2.º, XII, *g*.

•• § 6.º com redação determinada pela Emenda Constitucional n. 3, de 17-3-1993.

§ 7.º A lei poderá atribuir a sujeito passivo de obrigação tributária a condição de responsável pelo pagamento de imposto ou contribuição, cujo fato gerador deva ocorrer posteriormente, assegurada a imediata e preferencial restituição da quantia paga, caso não se realize o fato gerador presumido.

•• § 7.º acrescentado pela Emenda Constitucional n. 3, de 17-3-1993.

Art. 151. É vedado à União:

I – instituir tributo que não seja uniforme em todo o território nacional ou que implique distinção ou preferência em relação a Estado, ao Distrito Federal ou a Município, em detrimento de outro, admitida a concessão de incentivos fiscais destinados a promover o equilíbrio do desenvolvimento socioeconômico entre as diferentes regiões do País;

II – tributar a renda das obrigações da dívida pública dos Estados, do Distrito Federal e dos Municípios, bem como a remuneração e os proventos dos respectivos agentes públicos, em níveis superiores aos que fixar para suas obrigações e para seus agentes;

III – instituir isenções de tributos da competência dos Estados, do Distrito Federal ou dos Municípios.

Art. 152. É vedado aos Estados, ao Distrito Federal e aos Municípios estabelecer diferença tributária entre bens e serviços, de qualquer natureza, em razão de sua procedência ou destino.

Seção III
Dos Impostos da União

Art. 153. Compete à União instituir impostos sobre:

I – importação de produtos estrangeiros;

• *Vide* art. 62, § 2.º, da CF.

• Sobre o imposto de importação cuidam as Leis n. 7.810, de 30-8-1989, n. 8.032, de 12-4-1990, e n. 9.449, de 14-3-1997.

II – exportação, para o exterior, de produtos nacionais ou nacionalizados;

• *Vide* art. 62, § 2.º, da CF.

III – renda e proventos de qualquer natureza;

• O Decreto n. 9.580, de 22-11-2018, regulamenta a tributação, fiscalização, arrecadação e administração do Imposto sobre a Renda.

IV – produtos industrializados;

• *Vide* art. 62, § 2.º, da CF.

• O Decreto n. 7.212, de 15-6-2010, regulamenta a cobrança, fiscalização, arrecadação e administração do IPI.

V – operações de crédito, câmbio e seguro, ou relativas a títulos ou valores mobiliários;

• *Vide* art. 62, § 2.º, da CF.

• O Decreto n. 6.306, de 14-12-2007, regulamenta o Imposto sobre Operações de Crédito, Câmbio e Seguro, ou relativas a Títulos ou Valores Mobiliários – IOF.

• *Vide* Súmula Vinculante 32 do STF.

VI – propriedade territorial rural;

• *Vide* § 4.º deste artigo.

• A Lei n. 9.393, de 19-12-1996, dispõe sobre o Imposto sobre a Propriedade Territorial Rural – ITR, e sobre o pagamento da Dívida representada por Títulos da Dívida Agrária.

• O Decreto n. 4.382, de 19-9-2002, regulamenta a tributação, fiscalização, arrecadação e administração do Imposto sobre a Propriedade Territorial Rural – ITR.

VII – grandes fortunas, nos termos de lei complementar.

§ 1.º É facultado ao Poder Executivo, atendidas as condições e os limites estabelecidos em lei, alterar as alíquotas dos impostos enumerados nos incisos I, II, IV e V.

§ 2.º O imposto previsto no inciso III:

I – será informado pelos critérios da generalidade, da universalidade e da progressividade, na forma da lei;

II – (*Revogado pela Emenda Constitucional n. 20, de 15-12-1998.*)

§ 3.º O imposto previsto no inciso IV:

I – será seletivo, em função da essencialidade do produto;

II – será não cumulativo, compensando-se o que for devido em cada operação com o montante cobrado nas anteriores;

•• *Vide* Súmula Vinculante 58.

III – não incidirá sobre produtos industrializados destinados ao exterior;

IV – terá reduzido seu impacto sobre a aquisição de bens de capital pelo contribuinte do imposto, na forma da lei.

•• Inciso IV acrescentado pela Emenda Constitucional n. 42, de 19-12-2003.

§ 4.º O imposto previsto no inciso VI do *caput*:

•• § 4.º, *caput*, com redação determinada pela Emenda Constitucional n. 42, de 19-12-2003.

I – será progressivo e terá suas alíquotas fixadas de forma a desestimular a manutenção de propriedades improdutivas;

•• Inciso I acrescentado pela Emenda Constitucional n. 42, de 19-12-2003.

II – não incidirá sobre pequenas glebas rurais, definidas em lei, quando as explore o proprietário que não possua outro imóvel;

•• Inciso II acrescentado pela Emenda Constitucional n. 42, de 19-12-2003.

• *Vide* art. 146, II, da CF.

III – será fiscalizado e cobrado pelos Municípios que assim optarem, na forma da lei, desde que não implique redução do imposto ou qualquer outra forma de renúncia fiscal.

•• Inciso III acrescentado pela Emenda Constitucional n. 42, de 19-12-2003.

•• Inciso III regulamentado pela Lei n. 11.250, de 27-12-2005.

• *Vide* art. 158, II, da CF.

§ 5.º O ouro, quando definido em lei como ativo financeiro ou instrumento cambial, sujeita-se exclusivamente à incidência do imposto de que trata o inciso V do *caput* deste artigo, devido na operação de origem; a alíquota mínima será de um por cento, assegurada a transferência do montante da arrecadação nos seguintes termos:

•• *Vide* art. 107, § 6.º, I, do ADCT.

I – trinta por cento para o Estado, o Distrito Federal ou o Território, conforme a origem;

II – setenta por cento para o Município de origem.

• A Lei n. 7.766, de 11-5-1989, dispõe sobre o ouro, ativo financeiro e sobre seu tratamento tributário.

• *Vide* arts. 72, § 3.º, 74, § 2.º, 75 e 76, § 1.º, do ADCT.

Art. 154. A União poderá instituir:

I – mediante lei complementar, impostos não previstos no artigo anterior, desde que sejam não cumulativos e não tenham fato gerador ou base de cálculo próprios dos discriminados nesta Constituição;

• *Vide* arts. 74, § 2.º, e 75 do ADCT.

II – na iminência ou no caso de guerra externa, impostos extraordinários, compreendidos ou não em sua competência tributária, os quais serão suprimidos, gradativamente, cessadas as causas de sua criação.

• *Vide* art. 62, § 2.º, da CF.

Seção IV
Dos Impostos dos Estados e do Distrito Federal

Art. 155. Compete aos Estados e ao Distrito Federal instituir impostos sobre:

•• *Caput* com redação determinada pela Emenda Constitucional n. 3, de 17-3-1993.

I – transmissão *causa mortis* e doação, de quaisquer bens ou direitos;

•• Inciso I com redação determinada pela Emenda Constitucional n. 3, de 17-3-1993.

• *Vide* § 1.º deste artigo.

• *Vide* art. 60, II, do ADCT.

II – operações relativas à circulação de mercadorias e sobre prestações de serviços de transporte interestadual e intermunicipal e de comunicação, ainda que as operações e as prestações se iniciem no exterior;

•• Inciso II com redação determinada pela Emenda Constitucional n. 3, de 17-3-1993.

• *Vide* § 2.º deste artigo.

• *Vide* art. 60, II, do ADCT.

• *Vide* Súmula Vinculante 26 do STF.

• A Lei Complementar n. 114, de 16-12-2002, altera a legislação do imposto dos Estados e do Distrito Federal sobre operações relativas à circulação de mercadorias e sobre prestações de serviços de transporte interestadual e intermunicipal e de comunicação.

III – propriedade de veículos automotores.

•• Inciso III com redação determinada pela Emenda Constitucional n. 3, de 17-3-1993.

• *Vide* § 6.º deste artigo.

• *Vide* art. 60, II, do ADCT.

§ 1.º O imposto previsto no inciso I:

•• § 1.º, *caput*, com redação determinada pela Emenda Constitucional n. 3, de 17-3-1993.

I – relativamente a bens imóveis e respectivos direitos, compete ao Estado da situação do bem, ou ao Distrito Federal;

II – relativamente a bens móveis, títulos e créditos, compete ao Estado onde se processar o inventário ou arrolamento, ou tiver domicílio o doador, ou ao Distrito Federal;

III – terá a competência para sua instituição regulada por lei complementar:

•• O STF, na ADI por Omissão n. 67, nas sessões virtuais de 27.5.2022 a 3.6.2022 (*DOU* de 9-7-2022), por unanimidade, julgou procedente o pedido, declarando a omissão inconstitucional na edição da lei complementar a que se refere este inciso III, estabelecendo o prazo de 12 (doze) meses, a contar da data da publicação da ata de julgamento do mérito, para que o Congresso Nacional adote as medidas legislativas necessárias para suprir a omissão.

a) se o doador tiver domicílio ou residência no exterior;

b) se o *de cujus* possuía bens, era residente ou domiciliado ou teve o seu inventário processado no exterior;

IV – terá suas alíquotas máximas fixadas pelo Senado Federal;

V – não incidirá sobre as doações destinadas, no âmbito do Poder Executivo da União, a projetos socioambientais ou destinados a mitigar os efeitos das mudanças climáticas e às instituições federais de ensino.

•• Inciso V acrescentado pela Emenda Constitucional n. 126, de 21-12-2022.

§ 2.º O imposto previsto no inciso II atenderá ao seguinte:

•• § 2.º, *caput*, com redação determinada pela Emenda Constitucional n. 3, de 17-3-1993.

• O Decreto-lei n. 406, de 31-12-1968, estabelece normas gerais de Direito Financeiro, aplicáveis aos Impostos sobre Operações Relativas à Circulação de Mercadorias e sobre Serviços de Qualquer Natureza.

I – será não cumulativo, compensando-se o que for devido em cada operação relativa à circulação de mercadorias ou prestação de serviços com o montante cobrado nas anteriores pelo mesmo ou outro Estado ou pelo Distrito Federal;

II – a isenção ou não incidência, salvo determinação em contrário da legislação:

• A Lei Complementar n. 24, de 7-1-1975, dispõe sobre os Convênios para a concessão de isenções do Imposto sobre Operações Relativas à Circulação de Mercadorias.

• A Lei Complementar n. 87 (Lei Kandir), de 13-9-1996, dispõe sobre o Imposto dos Estados e do Distrito Federal, sobre Operações Relativas à Circulação de Mercadorias e sobre Prestações de Serviços de Transporte Interestadual e Intermunicipal e de Comunicação.

• *Vide* art. 155, § 2.º, X, *a*, da CF.

a) não implicará crédito para compensação com o montante devido nas operações ou prestações seguintes;

b) acarretará a anulação do crédito relativo às operações anteriores;

III – poderá ser seletivo, em função da essencialidade das mercadorias e dos serviços;

IV – resolução do Senado Federal, de iniciativa do Presidente da República ou de um terço dos Senadores, aprovada pela maioria absoluta de seus membros, estabelecerá as alíquotas aplicáveis às operações e prestações, interestaduais e de exportação;

V – é facultado ao Senado Federal:

a) estabelecer alíquotas mínimas nas operações internas, mediante resolução de iniciativa de um terço e aprovada pela maioria absoluta de seus membros;

b) fixar alíquotas máximas nas mesmas operações para resolver conflito específico que envolva interesse de Estados, mediante resolução de iniciativa da maioria absoluta e aprovada por dois terços de seus membros;

VI – salvo deliberação em contrário dos Estados e do Distrito Federal, nos termos do disposto no inciso XII, *g*, as alíquotas internas, nas operações relativas à circulação de mercadorias e nas prestações de serviços, não poderão ser inferiores às previstas para as operações interestaduais;

VII – nas operações e prestações que destinem bens e serviços a consumidor final, contribuinte ou não do imposto, localizado em outro Estado, adotar-se-á a alíquota interestadual e caberá ao Estado de localização do destinatário o imposto correspondente à diferença entre a alíquota interna do Estado destinatário e a alíquota interestadual;

•• Inciso VII, *caput*, com redação determinada pela Emenda Constitucional n. 87, de 16-4-2015.

•• *Vide* art. 99 do ADCT.

a) e *b)* (*Revogadas pela Emenda Constitucional n. 87, de 16-4-2015.*)

VIII – a responsabilidade pelo recolhimento do imposto correspondente à diferença entre a alíquota interna e a interestadual de que trata o inciso VII será atribuída:

•• Inciso VIII, *caput*, com redação determinada pela Emenda Constitucional n. 87, de 16-4-2015.

a) ao destinatário, quando este for contribuinte do imposto;

•• Alínea *a* acrescentada pela Emenda Constitucional n. 87, de 16-4-2015.

b) ao remetente, quando o destinatário não for contribuinte do imposto;

•• Alínea *b* acrescentada pela Emenda Constitucional n. 87, de 16-4-2015.

IX – incidirá também:

a) sobre a entrada de bem ou mercadoria importados do exterior por pessoa física ou jurídica, ainda que não seja contribuinte habitual do imposto, qualquer que seja a sua finalidade, assim como sobre o serviço prestado no exterior, cabendo o imposto ao Estado onde estiver situado o domicílio ou o estabelecimento do destinatário da mercadoria, bem ou serviço;

•• Alínea *a* com redação determinada pela Emenda Constitucional n. 33, de 11-12-2001.

• *Vide* Súmula Vinculante 48 do STF.

b) sobre o valor total da operação, quando mercadorias forem fornecidas com serviços não compreendidos na competência tributária dos Municípios;

X – não incidirá:

a) sobre operações que destinem mercadorias para o exterior, nem sobre serviços prestados a destinatários no exterior, assegurada a manutenção e o aproveitamento do montante do imposto cobrado nas operações e prestações anteriores;

•• Alínea *a* com redação determinada pela Emenda Constitucional n. 42, de 19-12-2003.

• *Vide* art. 155, § 2.º, I, da CF.

b) sobre operações que destinem a outros Estados petróleo, inclusive lubrificantes, combustíveis líquidos e gasosos dele derivados, e energia elétrica;

c) sobre o ouro, nas hipóteses definidas no art. 153, § 5.º;

d) nas prestações de serviço de comunicação nas modalidades de radiodifusão sonora e de sons e imagens de recepção livre e gratuita;

•• Alínea *d* acrescentada pela Emenda Constitucional n. 42, de 19-12-2003.

XI – não compreenderá, em sua base de cálculo, o montante do imposto sobre produtos industrializados, quando a operação, realizada entre contribuintes e relativa a produto destinado à industrialização ou à comercialização, configure fato gerador dos dois impostos;

XII – cabe à lei complementar:

• *Vide* art. 4.º da Emenda Constitucional n. 42, de 19-12-2003.

a) definir seus contribuintes;

b) dispor sobre substituição tributária;

c) disciplinar o regime de compensação do imposto;

d) fixar, para efeito de sua cobrança e definição do estabelecimento responsável, o local das operações relativas à circulação de mercadorias e das prestações de serviços;

e) excluir da incidência do imposto, nas exportações para o exterior, serviços e outros produtos além dos mencionados no inciso X, *a*;

f) prever casos de manutenção de crédito, relativamente à remessa para outro Estado e exportação para o exterior, de serviços e de mercadorias;

g) regular a forma como, mediante deliberação dos Estados e do Distrito Federal, isenções, incentivos e benefícios fiscais serão concedidos e revogados;

h) definir os combustíveis e lubrificantes sobre os quais o imposto incidirá uma única vez, qualquer que seja a sua finalidade, hipótese em que não se aplicará o disposto no inciso X, *b*;

•• Alínea *h* acrescentada pela Emenda Constitucional n. 33, de 11-12-2001.

•• O art. 2.º da Lei Complementar n. 192, de 11-3-2022, dispõe: "Art. 2.º Os combustíveis sobre os quais incidirá uma única vez o ICMS, qualquer que seja sua finalidade, são os seguintes: I – gasolina e etanol anidro combustível; II – diesel e biodiesel; e III – gás liquefeito de petróleo, inclusive o derivado do gás natural".

• *Vide* § 4.º deste artigo.

i) fixar a base de cálculo, de modo que o montante do imposto a integre, também na importação do exterior de bem, mercadoria ou serviço.

•• Alínea *i* acrescentada pela Emenda Constitucional n. 33, de 11-12-2001.

§ 3.º À exceção dos impostos de que tratam o inciso II do *caput* deste artigo e o art. 153, I e II, nenhum outro imposto poderá incidir sobre operações relativas a energia elétrica, serviços de telecomunicações, derivados de petróleo, combustíveis e minerais do País.

•• § 3.º com redação determinada pela Emenda Constitucional n. 33, de 11-12-2001.

§ 4.º Na hipótese do inciso XII, *h*, observar-se-á o seguinte:

•• § 4.º, *caput*, acrescentado pela Emenda Constitucional n. 33, de 11-12-2001.

I – nas operações com os lubrificantes e combustíveis derivados de petróleo, o imposto caberá ao Estado onde ocorrer o consumo;

•• Inciso I acrescentado pela Emenda Constitucional n. 33, de 11-12-2001.

II – nas operações interestaduais, entre contribuintes, com gás natural e seus derivados, e lubrificantes e combustíveis não incluídos no inciso I deste parágrafo, o imposto será repartido entre os Estados de origem e de destino, mantendo-se a mesma proporcionalidade que ocorre nas operações com as demais mercadorias;

•• Inciso II acrescentado pela Emenda Constitucional n. 33, de 11-12-2001.

III – nas operações interestaduais com gás natural e seus derivados, e lubrificantes e combustíveis não incluídos no inciso I deste parágrafo, destinadas a não contribuinte, o imposto caberá ao Estado de origem;

•• Inciso III acrescentado pela Emenda Constitucional n. 33, de 11-12-2001.

IV – as alíquotas do imposto serão definidas mediante deliberação dos Estados e Distrito Federal, nos termos do § 2.º, XII, *g*, observando-se o seguinte:

•• Inciso IV, *caput*, acrescentado pela Emenda Constitucional n. 33, de 11-12-2001.

a) serão uniformes em todo o território nacional, podendo ser diferenciadas por produto;

•• Alínea *a* acrescentada pela Emenda Constitucional n. 33, de 11-12-2001.

b) poderão ser específicas, por unidade de medida adotada, ou *ad valorem*, incidindo sobre o valor da operação ou sobre o preço que o produto ou seu similar alcançaria em uma venda em condições de livre concorrência;

•• Alínea *b* acrescentada pela Emenda Constitucional n. 33, de 11-12-2001.

c) poderão ser reduzidas e restabelecidas, não se lhes aplicando o disposto no art. 150, III, *b*.

•• Alínea *c* acrescentada pela Emenda Constitucional n. 33, de 11-12-2001.

§ 5.º As regras necessárias à aplicação do disposto no § 4.º, inclusive as relativas à apuração e à destinação do imposto, serão estabelecidas mediante deliberação dos Estados e do Distrito Federal, nos termos do § 2.º, XII, *g*.

•• § 5.º acrescentado pela Emenda Constitucional n. 33, de 11-12-2001.

§ 6.º O imposto previsto no inciso III:

•• § 6.º, *caput*, acrescentado pela Emenda Constitucional n. 42, de 19-12-2003.

I – terá alíquotas mínimas fixadas pelo Senado Federal;

•• Inciso I acrescentado pela Emenda Constitucional n. 42, de 19-12-2003.

II – poderá ter alíquotas diferenciadas em função do tipo e utilização.

•• Inciso II acrescentado pela Emenda Constitucional n. 42, de 19-12-2003.

Seção V
Dos Impostos dos Municípios

Art. 156. Compete aos Municípios instituir impostos sobre:

I – propriedade predial e territorial urbana;

II – transmissão *inter vivos*, a qualquer título, por ato oneroso, de bens imóveis, por natureza ou acessão física, e de direitos reais sobre imóveis, exceto os de garantia, bem como cessão de direitos a sua aquisição;

III – serviços de qualquer natureza, não compreendidos no art. 155, II, definidos em lei complementar;

•• Inciso III com redação determinada pela Emenda Constitucional n. 3, de 17-3-1993.

•• A Lei Complementar n. 116, de 31-7-2003, dispõe sobre o Imposto Sobre Serviços de Qualquer Natureza, de competência dos Municípios e do Distrito Federal.

IV – (*Revogado pela Emenda Constitucional n. 3, de 17-3-1993.*)

§ 1.º Sem prejuízo da progressividade no tempo a que se refere o art. 182, § 4.º, II, o imposto previsto no inciso I poderá:

•• § 1.º, *caput*, com redação determinada pela Emenda Constitucional n. 29, de 13-9-2000.

I – ser progressivo em razão do valor do imóvel; e

•• Inciso I acrescentado pela Emenda Constitucional n. 29, de 13-9-2000.

II – ter alíquotas diferentes de acordo com a localização e o uso do imóvel.

•• Inciso II acrescentado pela Emenda Constitucional n. 29, de 13-9-2000.

§ 1.º-A. O imposto previsto no inciso I do *caput* deste artigo não incide sobre templos de qualquer culto, ainda que as entidades abrangidas pela imunidade de que trata a alínea *b* do inciso VI do *caput* do art. 150 desta Constituição sejam apenas locatárias do bem imóvel.

•• § 1.º-A acrescentado pela Emenda Constitucional n. 116, de 17-2-2022.

§ 2.º O imposto previsto no inciso II:

I – não incide sobre a transmissão de bens ou direitos incorporados ao patrimônio de pessoa jurídica em realização de capital, nem sobre a transmissão de bens ou direitos decorrentes de fusão, incorporação, cisão ou extinção de pessoa jurídica, salvo se, nesses casos, a atividade preponderante do adquirente for a compra e venda desses bens ou direitos, locação de bens imóveis ou arrendamento mercantil;

II – compete ao Município da situação do bem.

§ 3.º Em relação ao imposto previsto no inciso III do *caput* deste artigo, cabe à lei complementar:

•• § 3.º, *caput*, com redação determinada pela Emenda Constitucional n. 37, de 12-6-2002.

I – fixar as suas alíquotas máximas e mínimas;

•• Inciso I com redação determinada pela Emenda Constitucional n. 37, de 12-6-2002.

• *Vide* art. 88 do ADCT.

II – excluir da sua incidência exportações de serviços para o exterior;

•• Inciso II com redação determinada pela Emenda Constitucional n. 3, de 17-3-1993.

III – regular a forma e as condições como isenções, incentivos e benefícios fiscais serão concedidos e revogados.

•• Inciso III acrescentado pela Emenda Constitucional n. 37, de 12-6-2002.

• *Vide* art. 88 do ADCT.

§ 4.º (*Revogado pela Emenda Constitucional n. 3, de 17-3-1993.*)

Seção VI
Da Repartição das Receitas Tributárias

Art. 157. Pertencem aos Estados e ao Distrito Federal:

•• *Vide* art. 107, § 6.º, I, do ADCT.

I – o produto da arrecadação do imposto da União sobre renda e proventos de qualquer natureza, incidente na fonte, sobre rendimentos pagos, a qualquer título, por eles, suas autarquias e pelas fundações que instituírem e mantiverem;

• Regulamento do imposto sobre a renda e proventos de qualquer natureza: Decreto n. 9.580, de 22-11-2018.

• *Vide* art. 76, § 1.º, do ADCT.

II – vinte por cento do produto da arrecadação do imposto que a União instituir no exercício da competência que lhe é atribuída pelo art. 154, I.

• *Vide* art. 60, II, do ADCT.

Art. 158. Pertencem aos Municípios:

• A Lei Complementar n. 63, de 11-1-1990, dispõe sobre critérios e prazos de crédito das parcelas do produto da arrecadação de impostos de competência dos Estados e de transferências por estes recebidas, pertencentes aos Municípios.

I – o produto da arrecadação do imposto da União sobre renda e proventos de qualquer natureza, incidente na fonte, sobre rendimentos pagos, a qualquer título, por eles, suas autarquias e pelas fundações que instituírem e mantiverem;

•• *Vide* art. 107, § 6.º, I, do ADCT.

• *Vide* art. 76, § 1.º, do ADCT.

II – cinquenta por cento do produto da arrecadação do imposto da União sobre a propriedade territorial rural, relativamente aos imóveis neles situados, cabendo a totalidade na hipótese da opção a que se refere o art. 153, § 4.º, III;

•• Inciso II com redação determinada pela Emenda Constitucional n. 42, de 19-12-2003.

•• *Vide* art. 107, § 6.º, I, do ADCT.

•• O Decreto n. 7.827, de 16-10-2012, regulamenta os procedimentos de condicionamento e restabelecimento das transferências de recursos provenientes das receitas de que trata este inciso.

• *Vide* arts. 60, II, 72, § 4.º, e 76, § 1.º, do ADCT.

III – cinquenta por cento do produto da arrecadação do imposto do Estado sobre a propriedade de veículos automotores licenciados em seus territórios;

• *Vide* art. 60, II, do ADCT.

IV – vinte e cinco por cento do produto da arrecadação do imposto do Estado sobre operações relativas à circulação de mercadorias e sobre prestações de serviços de transporte interestadual e intermunicipal e de comunicação.

• *Vide* arts. 60, II, e 82, § 1.º, do ADCT.

Parágrafo único. As parcelas de receita pertencentes aos Municípios, mencionadas no inciso IV, serão creditadas conforme os seguintes critérios:

I – 65% (sessenta e cinco por cento), no mínimo, na proporção do valor adicionado nas operações relativas à circulação de mercadorias e nas prestações de serviços, realizadas em seus territórios;

•• Inciso I com redação determinada pela Emenda Constitucional n. 108, de 26-8-2020.

II – até 35% (trinta e cinco por cento), de acordo com o que dispuser lei estadual, observada, obrigatoriamente, a distribuição de, no mínimo, 10 (dez) pontos percentuais com base em indicadores de melhoria nos resultados de aprendizagem e de aumento da equidade, considerado o nível socioeconômico dos educandos.

•• Inciso II com redação determinada pela Emenda Constitucional n. 108, de 26-8-2020.

•• *Vide* art. 3.º da Emenda Constitucional n. 108, de 26-8-2020.

Art. 159. A União entregará:

•• *Vide* art. 107, § 6.º, I, do ADCT.

• Normas para cálculo, entrega e controle de liberações dos recursos dos Fundos de Participação: Lei Complementar n. 62, de 28-12-1989.

• *Vide* arts. 72, §§ 2.º e 4.º, e 80, § 1.º, do ADCT.

I – do produto da arrecadação dos impostos sobre renda e proventos de qualquer natureza e sobre produtos industrializados, 50% (cinquenta por cento), da seguinte forma:

•• Inciso I com redação determinada pela Emenda Constitucional n. 112, de 27-10-2021.

•• *Vide* art. 2.º da Emenda Constitucional n. 55, de 20-9-2007.

• *Vide* art. 3.º da Emenda Constitucional n. 17, de 22-11-1997.

a) vinte e um inteiros e cinco décimos por cento ao Fundo de Participação dos Estados e do Distrito Federal;

•• O Decreto n. 7.827, de 16-10-2012, regulamenta os procedimentos de condicionamento e restabelecimento das transferências de recursos provenientes das receitas de que trata esta alínea.

• *Vide* art. 76, § 1.º, do ADCT.

b) vinte e dois inteiros e cinco décimos por cento ao Fundo de Participação dos Municípios;

•• O Decreto n. 7.827, de 16-10-2012, regulamenta os procedimentos de condicionamento e restabelecimento das transferências de recursos provenientes das receitas de que trata esta alínea.

• *Vide* art. 76, § 1.º, do ADCT.

• A Lei Complementar n. 91, de 22-12-1997, dispõe sobre a fixação dos coeficientes do Fundo de Participação dos Municípios.

c) três por cento, para aplicação em programas de financiamento ao setor produtivo das Regiões Norte, Nordeste e Centro-Oeste, através de suas instituições financeiras de caráter regional, de acordo com os planos regionais de desenvolvimento, ficando assegurada ao semiárido do Nordeste a metade dos recursos destinados à Região, na forma que a lei estabelecer;

•• Alínea *c* regulamentada pela Lei n. 7.827, de 27-9-1989.

d) um por cento ao Fundo de Participação dos Municípios, que será entregue no primeiro decêndio do mês de dezembro de cada ano;

•• Alínea *d* acrescentada pela Emenda Constitucional n. 55, de 20-9-2007.

•• *Vide* art. 2.º da Emenda Constitucional n. 55, de 20-9-2007.

e) 1% (um por cento) ao Fundo de Participação dos Municípios, que será entregue no primeiro decêndio do mês de julho de cada ano;

•• Alínea *e* acrescentada pela Emenda Constitucional n. 84, de 2-12-2014.

f) 1% (um por cento) ao Fundo de Participação dos Municípios, que será entregue no primeiro decêndio do mês de setembro de cada ano;

•• Alínea *f* acrescentada pela Emenda Constitucional n. 112, de 27-10-2021.

•• *Vide* art. 2.º da Emenda Constitucional n. 112, de 27-10-2021.

II – do produto da arrecadação do imposto sobre produtos industrializados, dez por cento aos Estados e ao Distrito Federal, proporcionalmente ao valor das respectivas exportações de produtos industrializados;

•• O Decreto n. 7.827, de 16-10-2012, regulamenta os procedimentos de condicionamento e restabelecimento das transferências de recursos provenientes das receitas de que trata este inciso.

• *Vide* arts. 60, II, e 76, § 1.º, do ADCT.

• A Lei n. 8.016, de 8-4-1990, dispõe sobre a entrega das quotas de participação dos Estados e do Distrito Federal na arrecadação do Imposto sobre Produtos Industrializados a que se refere este inciso.

III – do produto da arrecadação da contribuição de intervenção no domínio econômico prevista no art. 177, § 4.º, 29% (vinte e nove por cento) para os Estados e o Distrito Federal, distribuídos na forma da lei, observada a destinação a que se refere o inciso II, *c*, do referido parágrafo.

•• Inciso III com redação determinada pela Emenda Constitucional n. 44, de 30-6-2004.

•• *Vide* art. 93 do ADCT, que dispõe sobre a vigência deste inciso.

§ 1.º Para efeito de cálculo da entrega a ser efetuada de acordo com o previsto no inciso I, excluir-se-á a parcela da arrecadação do imposto de renda e proventos de qualquer natureza pertencente aos Estados, ao Distrito Federal e aos Municípios, nos termos do disposto nos arts. 157, I, e 158, I.

§ 2.º A nenhuma unidade federada poderá ser destinada parcela superior a vinte por cento do montante a que se refere o inciso II, devendo o eventual excedente ser distribuído entre os demais participantes, mantido, em relação a esses, o critério de partilha nele estabelecido.

• Normas para participação dos Estados e do Distrito Federal no produto da arrecadação do IPI, relativamente às exportações: Lei Complementar n. 61, de 26-12-1989.

§ 3.º Os Estados entregarão aos respectivos Municípios vinte e cinco por cento dos recursos que receberem nos termos do inciso II, observados os critérios estabelecidos no art. 158, parágrafo único, I e II.

• A Lei Complementar n. 63, de 11-1-1990, dispõe sobre critérios e prazos de crédito das parcelas do produto da arrecadação de impostos de competência dos Estados e de transferências por estes recebidas, pertencentes aos Municípios.

§ 4.º Do montante de recursos de que trata o inciso III que cabe a cada Estado, vinte e cinco por cento serão destinados aos seus Municípios, na forma da lei a que se refere o mencionado inciso.

•• § 4.º acrescentado pela Emenda Constitucional n. 42, de 19-12-2003.

•• *Vide* art. 93 do ADCT, que dispõe sobre a vigência deste parágrafo.

Art. 160. É vedada a retenção ou qualquer restrição à entrega e ao emprego dos recursos atribuídos, nesta seção, aos Estados, ao Distrito Federal e aos Municípios, neles compreendidos adicionais e acréscimos relativos a impostos.

•• *Vide* art. 212-A, IX, da CF.

• *Vide* art. 3.º da Emenda Constitucional n. 17, de 22-11-1997.

§ 1.º A vedação prevista neste artigo não impede a União e os Estados de condicionarem a entrega de recursos:

•• Parágrafo único, *caput*, renumerado pela Emenda Constitucional n. 113, de 8-12-2021.

I – ao pagamento de seus créditos, inclusive de suas autarquias;

•• Inciso I acrescentado pela Emenda Constitucional n. 29, de 13-9-2000.

II – ao cumprimento do disposto no art. 198, § 2.º, II e III.

•• Inciso II acrescentado pela Emenda Constitucional n. 29, de 13-9-2000.

§ 2.º Os contratos, os acordos, os ajustes, os convênios, os parcelamentos ou as renegociações de débitos de qualquer espécie, inclusive tributários, firmados pela União com os entes federativos conterão cláusulas para autorizar a dedução dos valores devidos dos montantes a serem repassados relacionados às respectivas cotas nos Fundos de Participação ou aos precatórios federais.

•• § 2.º acrescentado pela Emenda Constitucional n. 113, de 8-12-2021.

Art. 161. Cabe à lei complementar:

I – definir valor adicionado para fins do disposto no art. 158, parágrafo único, I;

II – estabelecer normas sobre a entrega dos recursos de que trata o art. 159, especialmente sobre os critérios de rateio dos fundos previstos em seu inciso I, objetivando promover o equilíbrio socioeconômico entre Estados e entre Municípios;

III – dispor sobre o acompanhamento, pelos beneficiários, do cálculo das quotas e da liberação das participações previstas nos arts. 157, 158 e 159.

Parágrafo único. O Tribunal de Contas da União efetuará o cálculo das quotas referentes aos fundos de participação a que alude o inciso II.

Art. 162. A União, os Estados, o Distrito Federal e os Municípios divulgarão, até o último dia do mês subsequente ao da arrecadação, os montantes de cada um dos tributos arrecadados, os recursos recebidos, os valores de origem tributária entregues e a entregar e a expressão numérica dos critérios de rateio.

Parágrafo único. Os dados divulgados pela União serão discriminados por Estado e por Município; os dos Estados, por Município.

Capítulo II
DAS FINANÇAS PÚBLICAS

Seção I
Normas Gerais

Art. 163. Lei complementar disporá sobre:

• *Vide* art. 30 da Emenda Constitucional n. 19, de 4-6-1998.

I – finanças públicas;

• A Lei Complementar n. 101, de 4-5-2000, estabelece normas de finanças públicas voltadas para a responsabilidade na gestão fiscal e dá outras providências.

II – dívida pública externa e interna, incluída a das autarquias, fundações e demais entidades controladas pelo Poder Público;

III – concessão de garantias pelas entidades públicas;

IV – emissão e resgate de títulos da dívida pública;

V – fiscalização financeira da administração pública direta e indireta;

•• Inciso V com redação determinada pela Emenda Constitucional n. 40, de 29-5-2003.

VI – operações de câmbio realizadas por órgãos e entidades da União, dos Estados, do Distrito Federal e dos Municípios;

VII – compatibilização das funções das instituições oficiais de crédito da União, resguardadas as características e condições operacionais plenas das voltadas ao desenvolvimento regional;

• *Vide* art. 30 da Emenda Constitucional n. 19, de 4-6-1998.

VIII – sustentabilidade da dívida, especificando:

•• Inciso VIII, *caput*, acrescentado pela Emenda Constitucional n. 109, de 15-3-2021.

a) indicadores de sua apuração;

•• Alínea *a* acrescentada pela Emenda Constitucional n. 109, de 15-3-2021.

b) níveis de compatibilidade dos resultados fiscais com a trajetória da dívida;

•• Alínea *b* acrescentada pela Emenda Constitucional n. 109, de 15-3-2021.

c) trajetória de convergência do montante da dívida com os limites definidos em legislação;

•• Alínea *c* acrescentada pela Emenda Constitucional n. 109, de 15-3-2021.

d) medidas de ajuste, suspensões e vedações;

•• Alínea *d* acrescentada pela Emenda Constitucional n. 109, de 15-3-2021.

e) planejamento de alienação de ativos com vistas à redução do montante da dívida.

•• Alínea *e* acrescentada pela Emenda Constitucional n. 109, de 15-3-2021.

Parágrafo único. A lei complementar de que trata o inciso VIII do *caput* deste artigo pode autorizar a aplicação das vedações previstas no art. 167-A desta Constituição.

•• Parágrafo único acrescentado pela Emenda Constitucional n. 109, de 15-3-2021.

Art. 163-A. A União, os Estados, o Distrito Federal e os Municípios disponibilizarão suas informações e dados contábeis, orçamentários e fiscais, conforme periodicidade, formato e sistema estabelecidos pelo órgão central de contabilidade da União, de forma a garantir a rastreabilidade, a comparabilidade e a publicidade dos dados coletados, os quais deverão ser divulgados em meio eletrônico de amplo acesso público.

•• Artigo acrescentado pela Emenda Constitucional n. 108, de 26-8-2020, produzindo efeitos a partir de 1.º-2-2021.

Art. 164. A competência da União para emitir moeda será exercida exclusivamente pelo Banco Central.

§ 1.º É vedado ao Banco Central conceder, direta ou indiretamente, empréstimos ao Tesouro Nacional e a qualquer órgão ou entidade que não seja instituição financeira.

§ 2.º O Banco Central poderá comprar e vender títulos de emissão do Tesouro Nacional, com o objetivo de regular a oferta de moeda ou a taxa de juros.

§ 3.º As disponibilidades de caixa da União serão depositadas no Banco Central; as dos Estados, do Distrito Federal, dos Municípios e dos órgãos ou entidades do Poder Público e das empresas por ele controladas, em instituições financeiras oficiais, ressalvados os casos previstos em lei.

Art. 164-A. A União, os Estados, o Distrito Federal e os Municípios devem conduzir suas políticas fiscais de forma a manter a dívida pública em níveis sustentáveis, na forma da lei complementar referida no inciso VIII do *caput* do art. 163 desta Constituição.

•• *Caput* acrescentado pela Emenda Constitucional n. 109, de 15-3-2021.

Parágrafo único. A elaboração e a execução de planos e orçamentos devem refletir a compatibilidade dos indicadores fiscais com a sustentabilidade da dívida.

•• Parágrafo único acrescentado pela Emenda Constitucional n. 109, de 15-3-2021.

Seção II
Dos Orçamentos

Art. 165. Leis de iniciativa do Poder Executivo estabelecerão:

I – o plano plurianual;

II – as diretrizes orçamentárias;

III – os orçamentos anuais.

§ 1.º A lei que instituir o plano plurianual estabelecerá, de forma regionalizada, as diretrizes, objetivos e metas da administração pública federal para as despesas de capital e outras delas decorrentes e para as relativas aos programas de duração continuada.

• A Lei n. 12.593, de 18-1-2012, institui o Plano Plurianual da União para o período de 2012 a 2015.

§ 2.º A lei de diretrizes orçamentárias compreenderá as metas e prioridades da administração pública federal, estabelecerá as diretrizes de política fiscal e respectivas metas, em consonância com trajetória sustentável da dívida pública, orientará a elaboração da lei orçamentária anual, disporá sobre as alterações na legislação tributária e estabelecerá a política de aplicação das agências financeiras oficiais de fomento.

•• § 2.º com redação determinada pela Emenda Constitucional n. 109, de 15-3-2021.

§ 3.º O Poder Executivo publicará, até trinta dias após o encerramento de cada bimestre, relatório resumido da execução orçamentária.

•• *Vide* art. 5.º, II, da Emenda Constitucional n. 106, de 7-5-2020.

§ 4.º Os planos e programas nacionais, regionais e setoriais previstos nesta Constituição serão elaborados em consonância com o plano plurianual e apreciados pelo Congresso Nacional.

• Programa Nacional de Desestatização: Lei n. 9.491, de 9-9-1997.

§ 5.º A lei orçamentária anual compreenderá:

•• A Lei n. 13.587, de 2-1-2018, estima a receita e fixa a despesa da União para o exercício financeiro de 2018.

I – o orçamento fiscal referente aos Poderes da União, seus fundos, órgãos e entidades da administração direta e indireta, inclusive fundações instituídas e mantidas pelo Poder Público;

II – o orçamento de investimento das empresas em que a União, direta ou indiretamente, detenha a maioria do capital social com direito a voto;

III – o orçamento da seguridade social, abrangendo todas as entidades e órgãos a ela vinculados, da administração direta ou indireta, bem como os fundos e fundações instituídos e mantidos pelo Poder Público.

§ 6.º O projeto de lei orçamentária será acompanhado de demonstrativo regionalizado do efeito, sobre as receitas e despesas, decorrente de isenções, anistias, remissões, subsídios e benefícios de natureza financeira, tributária e creditícia.

§ 7.º Os orçamentos previstos no § 5.º, I e II, deste artigo, compatibilizados com o plano plurianual, terão entre suas funções a de reduzir desigualdades inter-regionais, segundo critério populacional.

• *Vide* art. 35 do ADCT.

§ 8.º A lei orçamentária anual não conterá dispositivo estranho à previsão da receita e à fixação da despesa, não se incluindo na proibição a autorização para abertura de créditos suplementares e contratação de operações de crédito, ainda que por antecipação de receita, nos termos da lei.

§ 9.º Cabe à lei complementar:

I – dispor sobre o exercício financeiro, a vigência, os prazos, a elaboração e a organização do plano plurianual, da lei de diretrizes orçamentárias e da lei orçamentária anual;

II – estabelecer normas de gestão financeira e patrimonial da administração direta e indireta, bem como condições para a instituição e funcionamento de fundos.

• *Vide* arts. 71, § 1.º, e 81, § 3.º, do ADCT.

III – dispor sobre critérios para a execução equitativa, além de procedimentos que serão adotados quando houver impedimentos legais e técnicos, cumprimento de restos a pagar e limitação das programações de caráter obrigatório, para a realização do disposto nos §§ 11 e 12 do art. 166.

•• Inciso III com redação determinada pela Emenda Constitucional n. 100, de 26-6-2019.

§ 10. A administração tem o dever de executar as programações orçamentárias, adotando os meios e as medidas necessários, com o propósito de garantir a efetiva entrega de bens e serviços à sociedade.

•• § 10 acrescentado pela Emenda Constitucional n. 100, de 26-6-2019.

§ 11. O disposto no § 10 deste artigo, nos termos da lei de diretrizes orçamentárias:

•• § 11, *caput*, acrescentado pela Emenda Constitucional n. 102, de 26-9-2019.

I – subordina-se ao cumprimento de dispositivos constitucionais e legais que estabeleçam metas fiscais ou limites de despesas e não impede o cancelamento necessário à abertura de créditos adicionais;

•• Inciso I acrescentado pela Emenda Constitucional n. 102, de 26-9-2019.

II – não se aplica nos casos de impedimentos de ordem técnica devidamente justificados;

•• Inciso II acrescentado pela Emenda Constitucional n. 102, de 26-9-2019.

III – aplica-se exclusivamente às despesas primárias discricionárias.

•• Inciso III acrescentado pela Emenda Constitucional n. 102, de 26-9-2019.

§ 12. Integrará a lei de diretrizes orçamentárias, para o exercício a que se refere e, pelo menos, para os 2 (dois) exercícios subsequentes, anexo com previsão de agregados fiscais e a proporção dos recursos para investimentos que serão alocados na lei orçamentária anual para a continuidade daqueles em andamento.

•• § 12 acrescentado pela Emenda Constitucional n. 102, de 26-9-2019.

§ 13. O disposto no inciso III do § 9.º e nos §§ 10, 11 e 12 deste artigo aplica-se exclusivamente aos orçamentos fiscal e da seguridade social da União.

•• § 13 acrescentado pela Emenda Constitucional n. 102, de 26-9-2019.

§ 14. A lei orçamentária anual poderá conter previsões de despesas para exercícios seguintes, com a especificação dos investimentos plurianuais e daqueles em andamento.

•• § 14 acrescentado pela Emenda Constitucional n. 102, de 26-9-2019.

§ 15. A União organizará e manterá registro centralizado de projetos de investimento contendo, por Estado ou Distrito Federal, pelo menos, análises de viabilidade, estimativas de custos e informações sobre a execução física e financeira.

•• § 15 acrescentado pela Emenda Constitucional n. 102, de 26-9-2019.

§ 16. As leis de que trata este artigo devem observar, no que couber, os resultados do monitoramento e da avaliação das políticas públicas previstos no § 16 do art. 37 desta Constituição.

•• § 16 acrescentado pela Emenda Constitucional n. 109, de 15-3-2021.

Art. 166. Os projetos de lei relativos ao plano plurianual, às diretrizes orçamentárias, ao orçamento anual e aos créditos adicionais serão apreciados pelas duas Casas do Congresso Nacional, na forma do regimento comum.

§ 1.º Caberá a uma Comissão mista permanente de Senadores e Deputados:

• A Resolução do Congresso Nacional n. 1, de 22-12-2006, dispõe sobre a Comissão Mista Permanente a que se refere este parágrafo, que passa a denominar-se Comissão Mista de Planos, Orçamentos Públicos e Fiscalização – CMO.

I – examinar e emitir parecer sobre os projetos referidos neste artigo e sobre as contas apresentadas anualmente pelo Presidente da República;

II – examinar e emitir parecer sobre os planos e programas nacionais, regionais e setoriais previstos nesta Constituição e exercer o acompanhamento e a fiscalização orçamentária, sem prejuízo da atuação das demais comissões do Congresso Nacional e de suas Casas, criadas de acordo com o art. 58.

§ 2.º As emendas serão apresentadas na Comissão mista, que sobre elas emitirá parecer, e apreciadas, na forma regimental, pelo Plenário das duas Casas do Congresso Nacional.

§ 3.º As emendas ao projeto de lei do orçamento anual ou aos projetos que o modifiquem somente podem ser aprovadas caso:

I – sejam compatíveis com o plano plurianual e com a lei de diretrizes orçamentárias;

II – indiquem os recursos necessários, admitidos apenas os provenientes de anulação de despesa, excluídas as que incidam sobre:

a) dotações para pessoal e seus encargos;

b) serviço da dívida;

c) transferências tributárias constitucionais para Estados, Municípios e Distrito Federal; ou

III – sejam relacionadas:

a) com a correção de erros ou omissões; ou

b) com os dispositivos do texto do projeto de lei.

§ 4.º As emendas ao projeto de lei de diretrizes orçamentárias não poderão ser aprovadas quando incompatíveis com o plano plurianual.

§ 5.º O Presidente da República poderá enviar mensagem ao Congresso Nacional para propor modificação nos projetos a que se refere este artigo enquanto não iniciada a votação, na Comissão mista, da parte cuja alteração é proposta.

§ 6.º Os projetos de lei do plano plurianual, das diretrizes orçamentárias e do orçamento anual serão enviados pelo Presidente da República ao Congresso Nacional, nos termos da lei complementar a que se refere o art. 165, § 9.º.

§ 7.º Aplicam-se aos projetos mencionados neste artigo, no que não contrariar o disposto nesta seção, as demais normas relativas ao processo legislativo.

§ 8.º Os recursos que, em decorrência de veto, emenda ou rejeição do projeto de lei orçamentária anual, ficarem sem despesas correspondentes poderão ser utilizados, conforme o caso, mediante créditos especiais ou suplementares, com prévia e específica autorização legislativa.

§ 9.º **As emendas individuais ao projeto de lei orçamentária serão aprovadas no limite de 2% (dois por cento) da receita corrente líquida do exercício anterior ao do encaminhamento do projeto, observado que a metade desse percentual será destinada a ações e serviços públicos de saúde.**

•• § 9.º com redação determinada pela Emenda Constitucional n. 126, de 21-12-2022.

§ 9.º-A **Do limite a que se refere o § 9.º deste artigo, 1,55% (um inteiro e cinquenta e cinco centésimos por cento) caberá às emendas de Deputados e 0,45% (quarenta e cinco centésimos por cento) às de Senadores.**

•• § 9.º-A acrescentado pela Emenda Constitucional n. 126, de 21-12-2022.

§ 10. A execução do montante destinado a ações e serviços públicos de saúde previsto no § 9.º, inclusive custeio, será computada para fins do cumprimento do inciso I do § 2.º do art. 198, vedada a destinação para pagamento de pessoal ou encargos sociais.

•• § 10 acrescentado pela Emenda Constitucional n. 86, de 17-3-2015.

§ 11. **É obrigatória a execução orçamentária e financeira das programações oriundas de emendas individuais, em montante correspondente ao limite a que se refere o § 9.º deste artigo, conforme os critérios para a execução equitativa da programação definidos na lei complementar prevista no § 9.º do art. 165 desta Constituição, observado o disposto no § 9.º-A deste artigo.**

•• § 11 com redação determinada pela Emenda Constitucional n. 126, de 21-12-2022.

§ 12. A garantia de execução de que trata o § 11 deste artigo aplica-se também às programações incluídas por todas as emendas de iniciativa de bancada de parlamentares de Estado ou do Distrito Federal, no montante de até 1% (um por cento) da receita corrente líquida realizada no exercício anterior.

•• § 12 com redação determinada pela Emenda Constitucional n. 100, de 26-6-2019.

•• Sobre o montante de que trata este § 12: *Vide* arts. 2.º e 3.º da Emenda Constitucional n. 100, de 26-6-2019.

§ 13. As programações orçamentárias previstas nos §§ 11 e 12 deste artigo não serão de execução obrigatória nos casos dos impedimentos de ordem técnica.

•• § 13 com redação determinada pela Emenda Constitucional n. 100, de 26-6-2019.

§ 14. Para fins de cumprimento do disposto nos §§ 11 e 12 deste artigo, os órgãos de execução deverão observar, nos termos da lei de diretrizes orçamentárias, cronograma para análise e verificação de eventuais impedimentos das programações e demais procedimentos necessários à viabilização da execução dos respectivos montantes.

•• § 14, *caput*, com redação determinada pela Emenda Constitucional n. 100, de 26-6-2019.

I a IV – (*Revogados pela Emenda Constitucional n. 100, de 26-6-2019.*)

§ 15. (*Revogado pela Emenda Constitucional n. 100, de 26-6-2019.*)

§ 16. Quando a transferência obrigatória da União para a execução da programação prevista nos §§ 11 e 12 deste artigo for destinada a Estados, ao Distrito Federal e a Municípios, independerá da adimplência do ente federativo destinatário e não integrará a base de cálculo da receita corrente líquida para fins de aplicação dos limites de despesa de pessoal de que trata o *caput* do art. 169.

•• § 16 com redação determinada pela Emenda Constitucional n. 100, de 26-6-2019.

§ 17. **Os restos a pagar provenientes das programações orçamentárias previstas nos §§ 11 e 12 deste artigo poderão ser considerados para fins de cumprimento da execução financeira até o limite de 1% (um por cento) da receita corrente líquida do exercício anterior ao do encaminhamento do projeto de lei orçamentária, para as programações das emendas individuais, e até o limite de 0,5% (cinco décimos por cento), para as programações das emendas de iniciativa de bancada de parlamentares de Estado ou do Distrito Federal.**

•• § 17 com redação determinada pela Emenda Constitucional n. 126, de 21-12-2022.

§ 18. Se for verificado que a reestimativa da receita e da despesa poderá resultar no não cumprimento da meta de resultado fiscal estabelecida na lei de diretrizes orçamentárias, os montantes previstos nos §§ 11 e 12 deste artigo poderão ser reduzidos em até a mesma proporção da limitação incidente sobre o conjunto das demais despesas discricionárias.

•• § 18 com redação determinada pela Emenda Constitucional n. 100, de 26-6-2019.

§ 19. Considera-se equitativa a execução das programações de caráter obrigatório que observe critérios objetivos e imparciais e que atenda de forma igualitária e impessoal às emendas apresentadas, independentemente da autoria, observado o disposto no § 9.º-A deste artigo.

•• § 19 com redação determinada pela Emenda Constitucional n. 126, de 21-12-2022.

§ 20. As programações de que trata o § 12 deste artigo, quando versarem sobre o início de investimentos com duração de mais de 1 (um) exercício financeiro ou cuja execução já tenha sido iniciada, deverão ser objeto de emenda pela mesma bancada estadual, a cada exercício, até a conclusão da obra ou do empreendimento.

•• § 20 acrescentado pela Emenda Constitucional n. 100, de 26-6-2019.

Art. 166-A. As emendas individuais impositivas apresentadas ao projeto de lei orçamentária anual poderão alocar recursos a Estados, ao Distrito Federal e a Municípios por meio de:

•• *Caput* acrescentado pela Emenda Constitucional n. 105, de 12-12-2019.

•• *Vide* art. 2.º da Emenda Constitucional n. 105, de 12-12-2019.

I – transferência especial; ou

•• Inciso I acrescentado pela Emenda Constitucional n. 105, de 12-12-2019.

II – transferência com finalidade definida.

•• Inciso II acrescentado pela Emenda Constitucional n. 105, de 12-12-2019.

§ 1.º Os recursos transferidos na forma do *caput* deste artigo não integrarão a receita do Estado, do Distrito Federal e dos Municípios para fins de repartição e para o cálculo dos limites da despesa com pessoal ativo e inativo, nos termos do § 16 do art. 166, e de endividamento do ente federado, vedada, em qualquer caso, a aplicação dos recursos a que se refere o *caput* deste artigo no pagamento de:

•• § 1.º, *caput*, acrescentado pela Emenda Constitucional n. 105, de 12-12-2019.

I – despesas com pessoal e encargos sociais relativas a ativos e inativos, e com pensionistas; e

•• Inciso I acrescentado pela Emenda Constitucional n. 105, de 12-12-2019.

II – encargos referentes ao serviço da dívida.

•• Inciso II acrescentado pela Emenda Constitucional n. 105, de 12-12-2019.

§ 2.º Na transferência especial a que se refere o inciso I do *caput* deste artigo, os recursos:

•• § 2.º, *caput*, acrescentado pela Emenda Constitucional n. 105, de 12-12-2019.

I – serão repassados diretamente ao ente federado beneficiado, independentemente de celebração de convênio ou de instrumento congênere;

•• Inciso I acrescentado pela Emenda Constitucional n. 105, de 12-12-2019.

II – pertencerão ao ente federado no ato da efetiva transferência financeira; e

•• Inciso II acrescentado pela Emenda Constitucional n. 105, de 12-12-2019.

III – serão aplicadas em programações finalísticas das áreas de competência do Poder Executivo do ente federado beneficiado, observado o disposto no § 5.º deste artigo.

•• Inciso III acrescentado pela Emenda Constitucional n. 105, de 12-12-2019.

§ 3.º O ente federado beneficiado da transferência especial a que se refere o inciso I do *caput* deste artigo poderá firmar contratos de cooperação técnica para fins de subsidiar o acompanhamento da execução orçamentária na aplicação dos recursos.

•• § 3.º acrescentado pela Emenda Constitucional n. 105, de 12-12-2019.

§ 4.º Na transferência com finalidade definida a que se refere o inciso II do *caput* deste artigo, os recursos serão:

•• § 4.º, *caput*, acrescentado pela Emenda Constitucional n. 105, de 12-12-2019.

I – vinculados à programação estabelecida na emenda parlamentar; e

•• Inciso I acrescentado pela Emenda Constitucional n. 105, de 12-12-2019.

II – aplicados nas áreas de competência constitucional da União.

•• Inciso II acrescentado pela Emenda Constitucional n. 105, de 12-12-2019.

§ 5.º Pelo menos 70% (setenta por cento) das transferências especiais de que trata o inciso I do *caput* deste artigo deverão ser aplicadas em despesas de capital, observada a restrição a que se refere o inciso II do § 1.º deste artigo.

•• § 5.º acrescentado pela Emenda Constitucional n. 105, de 12-12-2019.

Art. 167. São vedados:

I – o início de programas ou projetos não incluídos na lei orçamentária anual;

II – a realização de despesas ou a assunção de obrigações diretas que excedam os créditos orçamentários ou adicionais;

III – a realização de operações de créditos que excedam o montante das despesas de capital, ressalvadas as autorizadas mediante créditos suplementares ou especiais com finalidade precisa, aprovados pelo Poder Legislativo por maioria absoluta;

•• *Vide* art. 4.º, *caput*, da Emenda Constitucional n. 106, de 7-5-2020.

• *Vide* art. 37 do ADCT.

IV – a vinculação de receita de impostos a órgão, fundo ou despesa, ressalvadas a repartição do produto da arrecadação dos impostos a que se referem os arts. 158 e 159, a destinação de recursos para as ações e serviços públicos de saúde, para manutenção e desenvolvimento do ensino e para realização de atividades da administração tributária, como determinado, respectivamente, pelos arts. 198, § 2.º, 212 e 37, XXII, e a prestação de garantias às operações de crédito por antecipação de receita, previstas no art. 165, § 8.º, bem como o disposto no § 4.º deste artigo;

•• Inciso IV com redação determinada pela Emenda Constitucional n. 42, de 19-12-2003.

• *Vide* art. 80, § 1.º, do ADCT.

V – a abertura de crédito suplementar ou especial sem prévia autorização legislativa e sem indicação dos recursos correspondentes;

VI – a transposição, o remanejamento ou a transferência de recursos de uma categoria de programação para outra ou de um órgão para outro, sem prévia autorização legislativa;

VII – a concessão ou utilização de créditos ilimitados;

VIII – a utilização, sem autorização legislativa específica, de recursos dos orçamentos fiscal e da seguridade social para suprir necessidade ou cobrir *deficit* de empresas, fundações e fundos, inclusive dos mencionados no art. 165, § 5.º;

IX – a instituição de fundos de qualquer natureza, sem prévia autorização legislativa;

X – a transferência voluntária de recursos e a concessão de empréstimos, inclusive por antecipação de receita, pelos Governos Federal e Estaduais e suas instituições financeiras, para pagamento de despesas com pessoal ativo, inativo e pensionista, dos Estados, do Distrito Federal e dos Municípios;

•• Inciso X acrescentado pela Emenda Constitucional n. 19, de 4-6-1998.

XI – a utilização dos recursos provenientes das contribuições sociais de que trata o art. 195, I, *a*, e II, para a realização de despesas distintas do pagamento de benefícios do regime geral de previdência social de que trata o art. 201;

•• Inciso XI acrescentado pela Emenda Constitucional n. 20, de 15-12-1998.

XII – na forma estabelecida na lei complementar de que trata o § 22 do art. 40, a utilização de recursos de regime próprio de previdência social, incluídos os valores integrantes dos fundos previstos no art. 249, para a realização de despesas distintas do pagamento dos benefícios previdenciários do respectivo fundo vinculado àquele regime e das despesas necessárias à sua organização e ao seu funcionamento;

•• Inciso XII acrescentado pela Emenda Constitucional n. 103, de 12-11-2019.

XIII – a transferência voluntária de recursos, a concessão de avais, as garantias e as subvenções pela União e a concessão de empréstimos e de financiamentos por instituições financeiras federais aos Estados, ao Distrito Federal e aos Municípios na hipótese de descumprimento das regras gerais de organização e de funcionamento de regime próprio de previdência social;

•• Inciso XIII acrescentado pela Emenda Constitucional n. 103, de 12-11-2019.

XIV – a criação de fundo público, quando seus objetivos puderem ser alcançados mediante a vinculação de receitas orçamentárias específicas ou mediante a execução direta por programação orçamentária e financeira de órgão ou entidade da administração pública.

•• Inciso XIV acrescentado pela Emenda Constitucional n. 109, de 15-3-2021.

§ 1.º Nenhum investimento cuja execução ultrapasse um exercício financeiro poderá ser iniciado sem prévia inclusão no plano plurianual, ou sem lei que autorize a inclusão, sob pena de crime de responsabilidade.

§ 2.º Os créditos especiais e extraordinários terão vigência no exercício financeiro em que forem autorizados, salvo se o ato de autorização for promulgado nos últimos quatro meses daquele exercício, caso em que, reabertos nos limites de seus saldos, serão incorporados ao orçamento do exercício financeiro subsequente.

§ 3.º A abertura de crédito extraordinário somente será admitida para atender a despesas imprevisíveis e urgentes, como as decorrentes de guerra, comoção interna ou calamidade pública, observado o disposto no art. 62.

•• *Vide* art. 107, § 6.º, II, do ADCT.

§ 4.º É permitida a vinculação das receitas a que se referem os arts. 155, 156, 157, 158 e as alíneas *a*, *b*, *d* e *e* do inciso I e o inciso II do *caput* do art. 159 desta Constituição para pagamento de débitos com a União e para prestar-lhe garantia ou contragarantia.

•• § 4.º com redação determinada pela Emenda Constitucional n. 109, de 15-3-2021.

§ 5.º A transposição, o remanejamento ou a transferência de recursos de uma categoria de programação para outra poderão ser admitidos, no âmbito das atividades de ciência, tecnologia e inovação, com o objetivo de viabilizar os resultados de projetos restritos a essas funções, mediante ato do Poder Executivo, sem necessidade da prévia autorização legislativa prevista no inciso VI deste artigo.

•• § 5.º acrescentado pela Emenda Constitucional n. 85, de 26-2-2015.

§ 6.º Para fins da apuração ao término do exercício financeiro do cumprimento do limite de que trata o inciso III do *caput* deste artigo, as receitas das operações de crédito efetuadas no contexto da gestão da dívida pública mobiliária federal somente serão consideradas no exercício financeiro em que for realizada a respectiva despesa.

•• § 6.º acrescentado pela Emenda Constitucional n. 109, de 15-3-2021.

§ 7.º A lei não imporá nem transferirá qualquer encargo financeiro decorrente da prestação de serviço público, inclusive despesas de pessoal e seus encargos, para a União, os Estados, o Distrito Federal ou os Municípios, sem a previsão de fonte orçamentária e financeira necessária à realização da despesa ou sem a previsão da correspondente transferência de recursos financeiros necessários ao seu custeio, ressalvadas as obrigações assumidas espontaneamente pelos entes federados e aquelas decorrentes da fixação do salário mínimo, na forma do inciso IV do *caput* do art. 7.º desta Constituição.

•• § 7.º acrescentado pela Emenda Constitucional n. 128, de 22-12-2022.

Art. 167-A. Apurado que, no período de 12 (doze) meses, a relação entre despesas correntes e receitas correntes supera 95% (noventa e cinco por cento), no âmbito dos Estados, do Distrito Federal e dos Municípios, é facultado aos Poderes Executivo, Legislativo e Judiciário, ao Ministério Público, ao Tribunal de Contas e à Defensoria Pública do ente, enquanto permanecer a situação, aplicar o mecanismo de ajuste fiscal de vedação da:

•• *Caput* acrescentado pela Emenda Constitucional n. 109, de 15-3-2021.

I – concessão, a qualquer título, de vantagem, aumento, reajuste ou adequação de remuneração de membros de Poder ou de órgão, de servidores e empregados públicos e de militares, exceto dos derivados de sentença judicial transitada em julgado ou de determinação legal anterior ao início da aplicação das medidas de que trata este artigo;

•• Inciso I acrescentado pela Emenda Constitucional n. 109, de 15-3-2021.

II – criação de cargo, emprego ou função que implique aumento de despesa;

•• Inciso II acrescentado pela Emenda Constitucional n. 109, de 15-3-2021.

III – alteração de estrutura de carreira que implique aumento de despesa;

•• Inciso III acrescentado pela Emenda Constitucional n. 109, de 15-3-2021.

IV – admissão ou contratação de pessoal, a qualquer título, ressalvadas:

•• Inciso IV, *caput*, acrescentado pela Emenda Constitucional n. 109, de 15-3-2021.

a) as reposições de cargos de chefia e de direção que não acarretem aumento de despesa;

•• Alínea *a* acrescentada pela Emenda Constitucional n. 109, de 15-3-2021.

b) as reposições decorrentes de vacâncias de cargos efetivos ou vitalícios;

•• Alínea *b* acrescentada pela Emenda Constitucional n. 109, de 15-3-2021.

c) as contratações temporárias de que trata o inciso IX do *caput* do art. 37 desta Constituição; e

•• Alínea *c* acrescentada pela Emenda Constitucional n. 109, de 15-3-2021.

d) as reposições de temporários para prestação de serviço militar e de alunos de órgãos de formação de militares;

•• Alínea *d* acrescentada pela Emenda Constitucional n. 109, de 15-3-2021.

V – realização de concurso público, exceto para as reposições de vacâncias previstas no inciso IV deste *caput*;

•• Inciso V acrescentado pela Emenda Constitucional n. 109, de 15-3-2021.

VI – criação ou majoração de auxílios, vantagens, bônus, abonos, verbas de representação ou benefícios de qualquer natureza, inclusive os de cunho indenizatório, em favor de membros de Poder, do Ministério Público ou da Defensoria Pública e de servidores e empregados públicos e de militares, ou ainda de seus dependentes, exceto quando derivados de sentença judicial transitada em julgado ou de determinação legal anterior ao início da aplicação das medidas de que trata este artigo;

•• Inciso VI acrescentado pela Emenda Constitucional n. 109, de 15-3-2021.

VII – criação de despesa obrigatória;

•• Inciso VII acrescentado pela Emenda Constitucional n. 109, de 15-3-2021.

VIII – adoção de medida que implique reajuste de despesa obrigatória acima da variação da inflação, observada a preservação do poder aquisitivo referida no inciso IV do *caput* do art. 7.º desta Constituição;

•• Inciso VIII acrescentado pela Emenda Constitucional n. 109, de 15-3-2021.

IX – criação ou expansão de programas e linhas de financiamento, bem como remissão, renegociação ou refinanciamento de dívidas que impliquem ampliação das despesas com subsídios e subvenções;

•• Inciso IX acrescentado pela Emenda Constitucional n. 109, de 15-3-2021.

X – concessão ou ampliação de incentivo ou benefício de natureza tributária.

•• Inciso X acrescentado pela Emenda Constitucional n. 109, de 15-3-2021.

§ 1.º Apurado que a despesa corrente supera 85% (oitenta e cinco por cento) da receita corrente, sem exceder o percentual mencionado no *caput* deste artigo, as medidas nele indicadas podem ser, no todo ou em parte, implementadas por atos do Chefe do Poder Executivo com vigência imediata, facultado aos demais Poderes e órgãos autônomos implementá-las em seus respectivos âmbitos.

•• § 1.º acrescentado pela Emenda Constitucional n. 109, de 15-3-2021.

§ 2.º O ato de que trata o § 1.º deste artigo deve ser submetido, em regime de urgência, à apreciação do Poder Legislativo.

•• § 2.º acrescentado pela Emenda Constitucional n. 109, de 15-3-2021.

§ 3.º O ato perde a eficácia, reconhecida a validade dos atos praticados na sua vigência, quando:

•• § 3.º, *caput*, acrescentado pela Emenda Constitucional n. 109, de 15-3-2021.

I – rejeitado pelo Poder Legislativo;

•• Inciso I acrescentado pela Emenda Constitucional n. 109, de 15-3-2021.

II – transcorrido o prazo de 180 (cento e oitenta) dias sem que se ultime a sua apreciação; ou

•• Inciso II acrescentado pela Emenda Constitucional n. 109, de 15-3-2021.

III – apurado que não mais se verifica a hipótese prevista no § 1.º deste artigo, mesmo após a sua aprovação pelo Poder Legislativo.

•• Inciso III acrescentado pela Emenda Constitucional n. 109, de 15-3-2021.

§ 4.º A apuração referida neste artigo deve ser realizada bimestralmente.

•• § 4.º acrescentado pela Emenda Constitucional n. 109, de 15-3-2021.

§ 5.º As disposições de que trata este artigo:

•• § 5.º, *caput*, acrescentado pela Emenda Constitucional n. 109, de 15-3-2021.

I – não constituem obrigação de pagamento futuro pelo ente da Federação ou direitos de outrem sobre o erário;

•• Inciso I acrescentado pela Emenda Constitucional n. 109, de 15-3-2021.

II – não revogam, dispensam ou suspendem o cumprimento de dispositivos constitucionais e legais que disponham sobre metas fiscais ou limites máximos de despesas.

•• Inciso II acrescentado pela Emenda Constitucional n. 109, de 15-3-2021.

§ 6.º Ocorrendo a hipótese de que trata o *caput* deste artigo, até que todas as medidas nele previstas tenham sido adotadas por todos os Poderes e órgãos nele mencionados, de acordo com declaração do respectivo Tribunal de Contas, é vedada:

•• § 6.º, *caput*, acrescentado pela Emenda Constitucional n. 109, de 15-3-2021.

I – a concessão, por qualquer outro ente da Federação, de garantias ao ente envolvido;

•• Inciso I acrescentado pela Emenda Constitucional n. 109, de 15-3-2021.

II – a tomada de operação de crédito por parte do ente envolvido com outro ente da Federação, diretamente ou por intermédio de seus fundos, autarquias, fundações ou empresas estatais dependentes, ainda que sob a forma de novação, refinanciamento ou postergação de dívida contraída anteriormente, ressalvados os financiamentos destinados a projetos específicos celebrados na forma de operações típicas das agências financeiras oficiais de fomento.

•• Inciso II acrescentado pela Emenda Constitucional n. 109, de 15-3-2021.

Art. 167-B. Durante a vigência de estado de calamidade pública de âmbito nacional, decretado pelo Congresso Nacional por iniciativa privativa do Presidente da República, a União deve adotar regime extraordinário fiscal, financeiro e de contratações para atender às necessidades dele decorrentes, somente naquilo em que a urgência for incompatível com o regime regular, nos termos definidos nos arts. 167-C, 167-D, 167-E, 167-F e 167-G desta Constituição.

•• Artigo acrescentado pela Emenda Constitucional n. 109, de 15-3-2021.

Art. 167-C. Com o propósito exclusivo de enfrentamento da calamidade pública e de seus efeitos sociais e econômicos, no seu período de duração, o Poder Executivo federal pode adotar processos simplificados de contratação de pessoal, em caráter temporário e emergencial, e de obras, serviços e compras que assegurem, quando possível, competição e igualdade de condições a todos os concorrentes, dispensada a observância do § 1.º do art. 169 na contratação de que trata o inciso IX do *caput* do art. 37 desta Constituição, limitada a dispensa às situações de que trata o referido inciso, sem prejuízo do controle dos órgãos competentes.

•• Artigo acrescentado pela Emenda Constitucional n. 109, de 15-3-2021.

Art. 167-D. As proposições legislativas e os atos do Poder Executivo com propósito exclusivo de enfrentar a calamidade e suas consequências sociais e econômicas, com vigência e efeitos restritos à sua duração, desde que não impliquem despesa obrigatória de caráter continuado, ficam dispensados da observância das limitações legais quanto à criação, à expansão ou ao aperfeiçoamento de ação governamental que acarrete aumento de despesa e à concessão ou à ampliação de incentivo ou benefício de natureza tributária da qual decorra renúncia de receita.

•• *Caput* acrescentado pela Emenda Constitucional n. 109, de 15-3-2021.

Parágrafo único. Durante a vigência da calamidade pública de âmbito nacional de que trata o art. 167-B, não se aplica o disposto no § 3.º do art. 195 desta Constituição.

•• Parágrafo único acrescentado pela Emenda Constitucional n. 109, de 15-3-2021.

Art. 167-E. Fica dispensada, durante a integralidade do exercício financeiro em que vigore a calamidade pública de âmbito nacional, a observância do inciso III do *caput* do art. 167 desta Constituição.

•• Artigo acrescentado pela Emenda Constitucional n. 109, de 15-3-2021.

Art. 167-F. Durante a vigência da calamidade pública de âmbito nacional de que trata o art. 167-B desta Constituição:

•• *Caput* acrescentado pela Emenda Constitucional n. 109, de 15-3-2021.

I – são dispensados, durante a integralidade do exercício financeiro em que vigore a calamidade pública, os limites, as condições e demais restrições aplicáveis à União para a contratação de operações de crédito, bem como sua verificação;

•• Inciso I acrescentado pela Emenda Constitucional n. 109, de 15-3-2021.

II – o superávit financeiro apurado em 31 de dezembro do ano imediatamente anterior ao reconhecimento pode ser destinado à cobertura de despesas oriundas das medidas de combate à calamidade pública de âmbito nacional e ao pagamento da dívida pública.

•• Inciso II acrescentado pela Emenda Constitucional n. 109, de 15-3-2021.

§ 1.º Lei complementar pode definir outras suspensões, dispensas e afastamentos aplicáveis durante a vigência do estado de calamidade pública de âmbito nacional.

•• § 1.º acrescentado pela Emenda Constitucional n. 109, de 15-3-2021.

§ 2.º O disposto no inciso II do *caput* deste artigo não se aplica às fontes de recursos:

•• § 2.º, *caput*, acrescentado pela Emenda Constitucional n. 109, de 15-3-2021.

I – decorrentes de repartição de receitas a Estados, ao Distrito Federal e a Municípios;

•• Inciso I acrescentado pela Emenda Constitucional n. 109, de 15-3-2021.

II – decorrentes das vinculações estabelecidas pelos arts. 195, 198, 201, 212, 212-A e 239 desta Constituição;

•• Inciso II acrescentado pela Emenda Constitucional n. 109, de 15-3-2021.

III – destinadas ao registro de receitas oriundas da arrecadação de doações ou de empréstimos compulsórios, de transferências recebidas para o atendimento de finalidades determinadas ou das receitas de capital produto de operações de financiamento celebradas com finalidades contratualmente determinadas.

•• Inciso III acrescentado pela Emenda Constitucional n. 109, de 15-3-2021.

Art. 167-G. Na hipótese de que trata o art. 167-B, aplicam-se à União, até o término da calamidade pública, as vedações previstas no art. 167-A desta Constituição.

•• *Caput* acrescentado pela Emenda Constitucional n. 109, de 15-3-2021.

§ 1.º Na hipótese de medidas de combate à calamidade pública cuja vigência e efeitos não ultrapassem a sua duração, não se aplicam as vedações referidas nos incisos II, IV, VII, IX e X do *caput* do art. 167-A desta Constituição.

•• § 1.º acrescentado pela Emenda Constitucional n. 109, de 15-3-2021.

§ 2.º Na hipótese de que trata o art. 167-B, não se aplica a alínea *c* do inciso I do *caput* do art. 159 desta Constituição, devendo a transferência a que se refere aquele dispositivo ser efetuada nos mesmos montantes transferidos no exercício anterior à decretação da calamidade.

•• § 2.º acrescentado pela Emenda Constitucional n. 109, de 15-3-2021.

§ 3.º É facultada aos Estados, ao Distrito Federal e aos Municípios a aplicação das vedações referidas no *caput*, nos termos deste artigo, e, até que as tenham adotado na integralidade, estarão submetidos às restrições do § 6.º do art. 167-A desta Constituição, enquanto perdurarem seus efeitos para a União.

•• § 3.º acrescentado pela Emenda Constitucional n. 109, de 15-3-2021

Art. 168. Os recursos correspondentes às dotações orçamentárias, compreendidos os créditos suplementares e especiais, destinados aos órgãos dos Poderes Legislativo e Judiciário, do Ministério Público e da Defensoria Pública, ser-lhes-ão entregues até o dia 20 de cada mês, em duodécimos, na forma da lei complementar a que se refere o art. 165, § 9.º.

•• *Caput* com redação determinada pela Emenda Constitucional n. 45, de 8-12-2004.

§ 1.º É vedada a transferência a fundos de recursos financeiros oriundos de repasses duodecimais.

•• § 1.º acrescentado pela Emenda Constitucional n. 109, de 15-3-2021.

§ 2.º O saldo financeiro decorrente dos recursos entregues na forma do *caput* deste artigo deve ser restituído ao caixa único do Tesouro do ente federativo, ou terá seu valor deduzido das primeiras parcelas duodecimais do exercício seguinte.

•• § 2.º acrescentado pela Emenda Constitucional n. 109, de 15-3-2021.

Art. 169. A despesa com pessoal ativo e inativo e pensionistas da União, dos Estados, do Distrito Federal e dos Municípios não pode exceder os limites estabelecidos em lei complementar.

•• *Caput* com redação determinada pela Emenda Constitucional n. 109, de 15-3-2021.

• Limites das despesas com o funcionalismo público: Lei Complementar n. 101, de 4-5-2000 (LRF).

§ 1.º A concessão de qualquer vantagem ou aumento de remuneração, a criação de cargos, empregos e funções ou alteração de estrutura de carreiras, bem como a admissão ou contratação de pessoal, a qualquer título, pelos órgãos e entidades da administração direta ou indireta, inclusive fundações instituídas e mantidas pelo Poder Público, só poderão ser feitas:

•• § 1.º, *caput*, com redação determinada pela Emenda Constitucional n. 19, de 4-6-1998.

•• *Vide* art. 4.º, *caput*, da Emenda Constitucional n. 106, de 7-5-2020.

I – se houver prévia dotação orçamentária suficiente para atender às projeções de despesa de pessoal e aos acréscimos dela decorrentes;

•• Inciso I com redação determinada pela Emenda Constitucional n. 19, de 4-6-1998.

II – se houver autorização específica na lei de diretrizes orçamentárias, ressalvadas as empresas públicas e as sociedades de economia mista.

•• Inciso II com redação determinada pela Emenda Constitucional n. 19, de 4-6-1998.

§ 2.º Decorrido o prazo estabelecido na lei complementar referida neste artigo para a adaptação aos parâmetros ali previstos, serão imediatamente suspensos todos os repasses de verbas federais ou estaduais aos Estados, ao Distrito Federal e aos Municípios que não observarem os referidos limites.

•• § 2.º acrescentado pela Emenda Constitucional n. 19, de 4-6-1998.

§ 3.º Para o cumprimento dos limites estabelecidos com base neste artigo, durante o prazo fixado na lei complementar referida no *caput*, a União, os Estados, o Distrito Federal e os Municípios adotarão as seguintes providências:

•• § 3.º, *caput*, acrescentado pela Emenda Constitucional n. 19, de 4-6-1998.

I – redução em pelo menos 20% (vinte por cento) das despesas com cargos em comissão e funções de confiança;

•• Inciso I acrescentado pela Emenda Constitucional n. 19, de 4-6-1998.

II – exoneração dos servidores não estáveis.

•• Inciso II acrescentado pela Emenda Constitucional n. 19, de 4-6-1998.

• *Vide* art. 33 da Emenda Constitucional n. 19, de 4-6-1998.

§ 4.º Se as medidas adotadas com base no parágrafo anterior não forem suficientes para assegurar o cumprimento da determinação da lei complementar referida neste artigo, o servidor estável poderá perder o cargo, desde que ato normativo motivado de cada um dos Poderes especifique a atividade funcional, o órgão ou unidade administrativa objeto da redução de pessoal.

•• § 4.º acrescentado pela Emenda Constitucional n. 19, de 4-6-1998.

• *Vide* art. 198, § 6.º, da CF.

§ 5.º O servidor que perder o cargo na forma do parágrafo anterior fará jus a indenização correspondente a um mês de remuneração por ano de serviço.

•• § 5.º acrescentado pela Emenda Constitucional n. 19, de 4-6-1998.

§ 6.º O cargo objeto da redução prevista nos parágrafos anteriores será considerado extinto, vedada a criação de cargo, emprego ou função com atribuições iguais ou assemelhadas pelo prazo de 4 (quatro) anos.

•• § 6.º acrescentado pela Emenda Constitucional n. 19, de 4-6-1998.

§ 7.º Lei federal disporá sobre as normas gerais a serem obedecidas na efetivação do disposto no § 4.º.

•• § 7.º acrescentado pela Emenda Constitucional n. 19, de 4-6-1998.

• *Vide* art. 247 da CF.

• A Lei n. 9.801, de 14-6-1999, dispõe sobre as normas gerais para perda de cargo público por excesso de despesa.

TÍTULO VII
DA ORDEM ECONÔMICA E FINANCEIRA

• Crimes contra a ordem tributária, econômica e contra as relações de consumo: Lei n. 8.137, de 27-12-1990.

• Crimes contra a ordem econômica: Lei n. 8.176, de 8-2-1991.

• Conselho Administrativo de Defesa Econômica - CADE: Lei n. 12.529, de 30-11-2011.

Capítulo I
DOS PRINCÍPIOS GERAIS DA ATIVIDADE ECONÔMICA

Art. 170. A ordem econômica, fundada na valorização do trabalho humano e na livre iniciativa, tem por fim assegurar a todos existência digna, conforme os ditames da justiça social, observados os seguintes princípios:

•• A Lei n. 13.874, de 20-9-2019, institui a Declaração de Direitos de Liberdade Econômica e estabelece garantias de livre mercado e análise de impacto regulatório.

I – soberania nacional;

II – propriedade privada;

III – função social da propriedade;

IV – livre concorrência;

• *Vide* Súmula Vinculante 49 do STF.

• Prevenção e repressão às infrações contra a ordem econômica: Lei n. 12.529, de 30-11-2011.

V – defesa do consumidor;

• *Vide* Súmula Vinculante 49 do STF.

• CDC: Lei n. 8.078, de 11-9-1990.

• Sistema Nacional de Defesa do Consumidor - SNDC: Decreto n. 2.181, de 20-3-1997.

• Prevenção e repressão às infrações contra a ordem econômica: Lei n. 12.529, de 30-11-2011.

• Sistema alternativo de solução de conflitos de consumo: Decreto n. 8.573, de 19-11-2015.

VI – defesa do meio ambiente, inclusive mediante tratamento diferenciado conforme o impacto ambiental dos produtos e serviços e de seus processos de elaboração e prestação;

•• Inciso VI com redação determinada pela Emenda Constitucional n. 42, de 19-12-2003.

•• *Vide* Súmula 652 do STJ.

• Lei de Crimes Ambientais: Lei n. 9.605, de 12-2-1998.

VII – redução das desigualdades regionais e sociais;

VIII – busca do pleno emprego;

IX – tratamento favorecido para as empresas de pequeno porte constituídas sob as leis brasileiras e que tenham sua sede e administração no País.

•• Inciso IX com redação determinada pela Emenda Constitucional n. 6, de 15-8-1995.

• A Lei Complementar n. 123, de 14-12-2006, institui o Estatuto Nacional da Microempresa e da Empresa de Pequeno Porte.

Parágrafo único. É assegurado a todos o livre exercício de qualquer atividade econômica, independentemente de autorização de órgãos públicos, salvo nos casos previstos em lei.

• *Vide* Súmula Vinculante 49 do STF.

Art. 171. (*Revogado pela Emenda Constitucional n. 6, de 15-8-1995.*)

Art. 172. A lei disciplinará, com base no interesse nacional, os investimentos de capital estrangeiro, incentivará os reinvestimentos e regulará a remessa de lucros.

Art. 173. Ressalvados os casos previstos nesta Constituição, a exploração direta de atividade econômica pelo Estado só será permitida quando necessária aos imperativos da segurança nacional ou a relevante interesse coletivo, conforme definidos em lei.

§ 1.º A lei estabelecerá o estatuto jurídico da empresa pública, da sociedade de economia mista e de suas subsidiárias que explorem atividade econômica de produção ou comercialização de bens ou de prestação de serviços, dispondo sobre:

•• § 1.º, *caput*, com redação determinada pela Emenda Constitucional n. 19, de 4-6-1998.

•• A Lei n. 13.303, de 30-6-2016, institui o Estatuto Jurídico das Empresas Públicas.

I – sua função social e formas de fiscalização pelo Estado e pela sociedade;

•• Inciso I acrescentado pela Emenda Constitucional n. 19, de 4-6-1998.

II – a sujeição ao regime jurídico próprio das empresas privadas, inclusive quanto aos direitos e obrigações civis, comerciais, trabalhistas e tributários;

•• Inciso II acrescentado pela Emenda Constitucional n. 19, de 4-6-1998.

III – licitação e contratação de obras, serviços, compras e alienações, observados os princípios da administração pública;

•• Inciso III acrescentado pela Emenda Constitucional n. 19, de 4-6-1998.

IV – a constituição e o funcionamento dos conselhos de administração e fiscal, com a participação de acionistas minoritários;

•• Inciso IV acrescentado pela Emenda Constitucional n. 19, de 4-6-1998.

V – os mandatos, a avaliação de desempenho e a responsabilidade dos administradores.

•• Inciso V acrescentado pela Emenda Constitucional n. 19, de 4-6-1998.

§ 2.º As empresas públicas e as sociedades de economia mista não poderão gozar de privilégios fiscais não extensivos às do setor privado.

§ 3.º A lei regulamentará as relações da empresa pública com o Estado e a sociedade.

§ 4.º A lei reprimirá o abuso do poder econômico que vise à dominação dos mercados, à eliminação da concorrência e ao aumento arbitrário dos lucros.

• *Vide* Súmula Vinculante 49 do STF.

• Lei Antitruste e de infrações à ordem econômica: Lei n. 12.529, de 30-11-2011.

§ 5.º A lei, sem prejuízo da responsabilidade individual dos dirigentes da pessoa jurídica, estabelecerá a responsabilidade desta, sujeitando-a às punições compatíveis com sua natureza, nos atos praticados contra a ordem econômica e financeira e contra a economia popular.

• A Lei n. 13.874, de 20-9-2019, institui a Declaração de Direitos de Liberdade Econômica e estabelece garantias de livre mercado e análise de impacto regulatório.

Art. 174. Como agente normativo e regulador da atividade econômica, o Estado exercerá, na forma da lei, as funções de fiscalização, incentivo e planejamento, sendo este determinante para o setor público e indicativo para o setor privado.

§ 1.º A lei estabelecerá as diretrizes e bases do planejamento do desenvolvimento nacional equilibrado, o qual incorporará e compatibilizará os planos nacionais e regionais de desenvolvimento.

§ 2.º A lei apoiará e estimulará o cooperativismo e outras formas de associativismo.

§ 3.º O Estado favorecerá a organização da atividade garimpeira em cooperativas, levando em conta a proteção do meio ambiente e a promoção econômico-social dos garimpeiros.

• A Lei n. 11.685, de 2-6-2008, institui o Estatuto do Garimpeiro.

§ 4.º As cooperativas a que se refere o parágrafo anterior terão prioridade na autorização ou concessão para pesquisa e lavra dos recursos e jazidas de minerais garimpáveis, nas áreas onde estejam atuando, e naquelas fixadas de acordo com o art. 21, XXV, na forma da lei.

Art. 175. Incumbe ao Poder Público, na forma da lei, diretamente ou sob regime de concessão ou permissão, sempre através de licitação, a prestação de serviços públicos.

•• Regime de concessão e permissão da prestação de serviços públicos previsto neste artigo: Lei n. 8.987, de 13-2-1995.

• Licitações e Contratos da Administração Pública: Lei n. 8.666, de 21-6-1993, e Lei n. 14.333, de 1.º-4-2021.

• Outorga e prorrogações das concessões e permissões de serviços públicos: Lei n. 9.074, de 7-7-1995.

• Parceria público-privada: Lei n. 11.079, de 30-12-2004.

Parágrafo único. A lei disporá sobre:

I – o regime das empresas concessionárias e permissionárias de serviços públicos, o caráter especial de seu contrato e de sua prorrogação, bem como as condições de caducidade, fiscalização e rescisão da concessão ou permissão;

II – os direitos dos usuários;

III – política tarifária;

IV – a obrigação de manter serviço adequado.

Art. 176. As jazidas, em lavra ou não, e demais recursos minerais e os potenciais de energia hidráulica constituem propriedade distinta da do solo, para efeito de exploração ou aproveitamento, e pertencem à União, garantida ao concessionário a propriedade do produto da lavra.

§ 1.º A pesquisa e a lavra de recursos minerais e o aproveitamento dos potenciais a que se refere o *caput* deste artigo somente poderão ser efetuados mediante autorização ou concessão da União, no interesse nacional, por brasileiros ou empresa constituída sob as leis brasileiras e que tenha sua sede e administração no País, na forma da lei, que estabelecerá as condições específicas quando essas atividades se desenvolverem em faixa de fronteira ou terras indígenas.

•• § 1.º com redação determinada pela Emenda Constitucional n. 6, de 15-8-1995.

§ 2.º É assegurada participação ao proprietário do solo nos resultados da lavra, na forma e no valor que dispuser a lei.

•• Regulamento: Lei n. 8.901, de 30-6-1994.

§ 3.º A autorização de pesquisa será sempre por prazo determinado, e as autorizações e concessões previstas neste artigo não poderão ser cedidas ou transferidas, total ou parcialmente, sem prévia anuência do poder concedente.

§ 4.º Não dependerá de autorização ou concessão o aproveitamento do potencial de energia renovável de capacidade reduzida.

Art. 177. Constituem monopólio da União:

I – a pesquisa e a lavra das jazidas de petróleo e gás natural e outros hidrocarbonetos fluidos;

•• A Lei n. 14.134, de 8-4-2021, regulamentada pelo Decreto n. 10.712, de 2-6-2021, dispõe sobre as atividades relativas ao transporte natural de gás natural de que trata este artigo.

II – a refinação do petróleo nacional ou estrangeiro;

• A Lei n. 9.478, de 6-8-1997, dispõe sobre a Política Energética Nacional, e as atividades relativas ao monopólio do petróleo, e institui o Conselho Nacional de Política Energética e a Agência Nacional do Petróleo.

III – a importação e exportação dos produtos e derivados básicos resultantes das atividades previstas nos incisos anteriores;

•• A Lei n. 11.909, de 4-3-2009, institui normas para a exploração das atividades econômicas de transporte de gás natural por meio de condutos e da importação e exportação de gás natural, de que tratam os incisos III e IV do *caput* deste artigo, bem como para a exploração das atividades de tratamento, processamento, estocagem, liquefação, regaseificação e comercialização de gás natural.

IV – o transporte marítimo do petróleo bruto de origem nacional ou de derivados básicos de petróleo produzidos no País, bem assim o transporte, por meio de conduto, de petróleo bruto, seus derivados e gás natural de qualquer origem;

•• *Vide* nota ao inciso anterior.

V – a pesquisa, a lavra, o enriquecimento, o reprocessamento, a industrialização e o comércio de minérios e minerais nucleares e seus derivados, com exceção dos radioisótopos cuja produção, comercialização e utilização poderão ser autorizadas sob regime de permissão, conforme as alíneas *b* e *c* do inciso XXIII do *caput* do art. 21 desta Constituição Federal.

•• Inciso V com redação determinada pela Emenda Constitucional n. 49, de 8-2-2006.

§ 1.º A União poderá contratar com empresas estatais ou privadas a realização das atividades previstas nos incisos I a IV deste artigo, observadas as condições estabelecidas em lei.

•• § 1.º com redação determinada pela Emenda Constitucional n. 9, de 9-11-1995.

§ 2.º A lei a que se refere o § 1.º disporá sobre:

•• § 2.º, *caput*, acrescentado pela Emenda Constitucional n. 9, de 9-11-1995.

• A Lei n. 9.478, de 6-8-1997, dispõe sobre a política energética nacional, as atividades relativas ao monopólio do petróleo, institui o Conselho Nacional de Política Energética e a Agência Nacional do Petróleo.

I – a garantia do fornecimento dos derivados de petróleo em todo o território nacional;

•• Inciso I acrescentado pela Emenda Constitucional n. 9, de 9-11-1995.

II – as condições de contratação;

•• Inciso II acrescentado pela Emenda Constitucional n. 9, de 9-11-1995.

III – a estrutura e atribuições do órgão regulador do monopólio da União.

•• Inciso III acrescentado pela Emenda Constitucional n. 9, de 9-11-1995.

§ 3.º A lei disporá sobre o transporte e a utilização de materiais radioativos no território nacional.

•• Primitivo § 2.º renumerado por determinação da Emenda Constitucional n. 9, de 9-11-1995.

§ 4.º A lei que instituir contribuição de intervenção no domínio econômico relativa às atividades de importação ou comercialização de petróleo e seus derivados, gás natural e seus derivados e álcool combustível deverá atender aos seguintes requisitos:

•• § 4.º, *caput*, acrescentado pela Emenda Constitucional n. 33, de 11-12-2001.

•• A Lei n. 10.336, de 19-12-2001, institui Contribuição de Intervenção no Domínio Econômico incidente sobre a importação e a comercialização de petróleo e seus derivados, gás natural e seus derivados, e álcool etílico combustível (Cide), a que se refere este parágrafo.

I – a alíquota da contribuição poderá ser:

•• Inciso I, *caput*, acrescentado pela Emenda Constitucional n. 33, de 11-12-2001.

a) diferenciada por produto ou uso;

•• Alínea *a* acrescentada pela Emenda Constitucional n. 33, de 11-12-2001.

b) reduzida e restabelecida por ato do Poder Executivo, não se lhe aplicando o disposto no art. 150, III, *b*;

•• Alínea *b* acrescentada pela Emenda Constitucional n. 33, de 11-12-2001.

II – os recursos arrecadados serão destinados:

•• Inciso II, *caput*, acrescentado pela Emenda Constitucional n. 33, de 11-12-2001.

•• O STF na ADI n. 2.925-8, de 19-12-2003 (*DOU* de 4-4-2005), dá interpretação conforme a Constituição a este inciso, "no sentido de que a abertura de crédito suplementar deve ser destinada às três finalidades enumeradas" nas alíneas a seguir.

a) ao pagamento de subsídios a preços ou transporte de álcool combustível, gás natural e seus derivados e derivados de petróleo;

•• Alínea *a* acrescentada pela Emenda Constitucional n. 33, de 11-12-2001.

b) ao financiamento de projetos ambientais relacionados com a indústria do petróleo e do gás;

•• Alínea *b* acrescentada pela Emenda Constitucional n. 33, de 11-12-2001.

c) ao financiamento de programas de infraestrutura de transportes.

•• Alínea *c* acrescentada pela Emenda Constitucional n. 33, de 11-12-2001.

•• *Vide* art. 159, III, da CF.

Art. 178. A lei disporá sobre a ordenação dos transportes aéreo, aquático e terrestre, devendo, quanto à ordenação do transporte internacional, observar os acordos firmados pela União, atendido o princípio da reciprocidade.

•• *Caput* com redação determinada pela Emenda Constitucional n. 7, de 15-8-1995.

• A Lei n. 9.611, de 19-2-1998, dispõe sobre o transporte multimodal de cargas.

• A Lei n. 10.233, de 5-6-2001, dispõe sobre a reestruturação dos transportes aquaviário e terrestre, cria o Conselho Nacional de Integração de Políticas de Transportes Terrestres, a Agência Nacional de Transportes Aquaviários e o Departamento Nacional de Infraestrutura de Transportes, e dá outras providências.

• O Decreto n. 5.910, de 27-9-2006, promulga a Convenção para a Unificação de Certas Regras Relativas ao Transporte Aéreo Internacional, celebrada em Montreal em 28-5-1999.

Parágrafo único. Na ordenação do transporte aquático, a lei estabelecerá as condições em que o transporte de mercadorias na cabotagem e a navegação interior poderão ser feitos por embarcações estrangeiras.

•• Parágrafo único com redação determinada pela Emenda Constitucional n. 7, de 15-8-1995.

Art. 179. A União, os Estados, o Distrito Federal e os Municípios dispensarão às microempresas e às empresas de pequeno porte, assim definidas em lei, tratamento jurídico diferenciado, visando a incentivá-las pela simplificação de suas obrigações administrativas, tributárias, previdenciárias e creditícias, ou pela eliminação ou redução destas por meio de lei.

• A Lei Complementar n. 123, de 14-12-2006, institui o Estatuto Nacional da Microempresa e da Empresa de Pequeno Porte.

Art. 180. A União, os Estados, o Distrito Federal e os Municípios promoverão e incentivarão o turismo como fator de desenvolvimento social e econômico.

• A Lei n. 11.771, de 17-9-2008, dispõe sobre a Política Nacional de Turismo, define as atribuições do Governo Federal no planejamento, desenvolvimento e estímulo ao setor turístico.

Art. 181. O atendimento de requisição de documento ou informação de natureza comercial, feita por autoridade administrativa ou judiciária estrangeira, a pessoa física ou jurídica residente ou domiciliada no País dependerá de autorização do Poder competente.

Capítulo II
DA POLÍTICA URBANA

Art. 182. A política de desenvolvimento urbano, executada pelo Poder Público municipal, conforme diretrizes gerais fixadas em lei, tem por objetivo ordenar o pleno desenvolvimento das funções sociais da cidade e garantir o bem-estar de seus habitantes.

•• Regulamento: Lei n. 10.257, de 10-7-2001.

• A Lei n. 13.089, de 12-1-2015, institui o Estatuto da Metrópole.

• A Lei n. 13.311, de 11-7-2016, institui normas gerais para a ocupação e utilização de área pública urbana por equipamentos urbanos do tipo quiosque, trailer, feira e banca de venda de jornais e de revistas.

§ 1.º O plano diretor, aprovado pela Câmara Municipal, obrigatório para cidades com mais de vinte mil habitantes, é o instrumento básico da política de desenvolvimento e de expansão urbana.

§ 2.º A propriedade urbana cumpre sua função social quando atende às exigências fundamentais de ordenação da cidade expressas no plano diretor.

§ 3.º As desapropriações de imóveis urbanos serão feitas com prévia e justa indenização em dinheiro.

§ 4.º É facultado ao Poder Público municipal, mediante lei específica para área incluída no plano diretor, exigir, nos termos da lei federal, do proprietário do solo urbano não edificado, subutilizado ou não utilizado, que promova seu adequado aproveitamento, sob pena, sucessivamente, de:

I – parcelamento ou edificação compulsórios;

II – imposto sobre a propriedade predial e territorial urbana progressivo no tempo;

III – desapropriação com pagamento mediante títulos da dívida pública de emissão previamente aprovada pelo Senado Federal, com prazo de resgate de até dez anos, em parcelas anuais, iguais e sucessivas, assegurados o valor real da indenização e os juros legais.

Art. 183. Aquele que possuir como sua área urbana de até duzentos e cinquenta metros quadrados, por cinco anos, ininterruptamente e sem oposição, utilizando-a para sua moradia ou de sua família, adquirir-lhe-á o domínio, desde que não seja proprietário de outro imóvel urbano ou rural.

•• Regulamento: Lei n. 10.257, de 10-7-2001.

§ 1.º O título de domínio e a concessão de uso serão conferidos ao homem ou à mulher, ou a ambos, independentemente do estado civil.

•• A Medida Provisória n. 2.220, de 4-9-2001, dispõe sobre a concessão de uso especial, de que trata este parágrafo.

§ 2.º Esse direito não será reconhecido ao mesmo possuidor mais de uma vez.

§ 3.º Os imóveis públicos não serão adquiridos por usucapião.

• O CC dispõe em seu art. 102: "Os bens públicos não estão sujeitos a usucapião".

Capítulo III
DA POLÍTICA AGRÍCOLA E FUNDIÁRIA E DA REFORMA AGRÁRIA

•• Estatuto da Terra: Lei n. 4.504, de 30-11-1964.

•• Princípios da política agrícola: Lei n. 8.174, de 30-1-1991.

•• A Lei n. 8.629, de 25-2-1993, dispõe sobre a regulamentação dos dispositivos constitucionais relativos à reforma agrária prevista neste Capítulo.

Art. 184. Compete à União desapropriar por interesse social, para fins de reforma agrária, o imóvel rural que não esteja cumprindo sua função social, mediante prévia e justa indenização em títulos da dívida agrária, com cláusula de preservação do valor real, resgatáveis no prazo de até vinte anos, a partir do segundo ano de sua emissão, e cuja utilização será definida em lei.

§ 1.º As benfeitorias úteis e necessárias serão indenizadas em dinheiro.

§ 2.º O decreto que declarar o imóvel como de interesse social, para fins de reforma agrária, autoriza a União a propor a ação de desapropriação.

§ 3.º Cabe à lei complementar estabelecer procedimento contraditório especial, de rito sumário, para o processo judicial de desapropriação.

•• A Lei Complementar n. 76, de 6-7-1993, dispõe sobre o procedimento contraditório especial, de rito sumário, para o processo de desapropriação de imóvel rural, por interesse social, para fins de reforma agrária.

§ 4.º O orçamento fixará anualmente o volume total de títulos da dívida agrária, assim como o montante de recursos para atender ao programa de reforma agrária no exercício.

§ 5.º São isentas de impostos federais, estaduais e municipais as operações de transferência de imóveis desapropriados para fins de reforma agrária.

Art. 185. São insuscetíveis de desapropriação para fins de reforma agrária:

I – a pequena e média propriedade rural, assim definida em lei, desde que seu proprietário não possua outra;

II – a propriedade produtiva.

Parágrafo único. A lei garantirá tratamento especial à propriedade produtiva e fixará normas para o cumprimento dos requisitos relativos a sua função social.

Art. 186. A função social é cumprida quando a propriedade rural atende, simultaneamente, segundo critérios e graus de exigência estabelecidos em lei, aos seguintes requisitos:

I – aproveitamento racional e adequado;

II – utilização adequada dos recursos naturais disponíveis e preservação do meio ambiente;

III – observância das disposições que regulam as relações de trabalho;

IV – exploração que favoreça o bem-estar dos proprietários e dos trabalhadores.

Art. 187. A política agrícola será planejada e executada na forma da lei, com a participação efetiva do setor de produção, envolvendo produtores e trabalhadores rurais, bem como dos setores de comercialização, de armazenamento e de transportes, levando em conta, especialmente:

• A Lei n. 8.171, de 17-1-1991, dispõe sobre a Política Agrícola.

I – os instrumentos creditícios e fiscais;

II – os preços compatíveis com os custos de produção e a garantia de comercialização;

III – o incentivo à pesquisa e à tecnologia;

IV – a assistência técnica e extensão rural;

V – o seguro agrícola;

VI – o cooperativismo;

VII – a eletrificação rural e irrigação;

VIII – a habitação para o trabalhador rural.

§ 1.º Incluem-se no planejamento agrícola as atividades agroindustriais, agropecuárias, pesqueiras e florestais.

§ 2.º Serão compatibilizadas as ações de política agrícola e de reforma agrária.

Art. 188. A destinação de terras públicas e devolutas será compatibilizada com a política agrícola e com o plano nacional de reforma agrária.

§ 1.º A alienação ou a concessão, a qualquer título, de terras públicas com área superior a dois mil e quinhentos hectares a pessoa física ou jurídica, ainda que por interposta pessoa, dependerá de prévia aprovação do Congresso Nacional.

• A Instrução Normativa n. 63, de 11-10-2010, do Instituto Nacional de Colonização Agrícola, dispõe sobre o procedimento administrativo de ratificação das alienações e concessões de terras devolutas feitas pelos Estados na faixa de fronteira.

§ 2.º Excetuam-se do disposto no parágrafo anterior as alienações ou as concessões de terras públicas para fins de reforma agrária.

Art. 189. Os beneficiários da distribuição de imóveis rurais pela reforma agrária receberão títulos de domínio ou de concessão de uso, inegociáveis pelo prazo de dez anos.

Parágrafo único. O título de domínio e a concessão de uso serão conferidos ao homem ou à mulher, ou a ambos, independentemente do estado civil, nos termos e condições previstos em lei.

Art. 190. A lei regulará e limitará a aquisição ou o arrendamento de propriedade rural por pessoa física ou jurídica estrangeira e estabelecerá os casos que dependerão de autorização do Congresso Nacional.

Art. 191. Aquele que, não sendo proprietário de imóvel rural ou urbano, possua como seu, por cinco anos ininterruptos, sem oposição, área de terra, em zona rural, não superior a cinquenta hectares, tornando-a produtiva por seu trabalho ou de sua família, tendo nela sua moradia, adquirir-lhe-á a propriedade.

Parágrafo único. Os imóveis públicos não serão adquiridos por usucapião.

• O CC dispõe em seu art. 102: "Os bens públicos não estão sujeitos a usucapião".

• *Vide* Súmula 618 do STJ.

Capítulo IV
DO SISTEMA FINANCEIRO NACIONAL

• Dos crimes contra o sistema financeiro: Lei n. 7.492, de 16-6-1986.

• A Lei n. 9.613, de 3-3-1998, dispõe sobre os crimes de lavagem ou ocultação de bens, direitos e valores, a prevenção da utilização do sistema financeiro para os ilícitos previstos nesta Lei e cria o Conselho de Controle de Atividades Financeiras – COAF, cujo Estatuto foi aprovado pelo Decreto n. 9.663, de 1.º-1-2019.

Art. 192. O sistema financeiro nacional, estruturado de forma a promover o desenvolvimento equilibrado do País e a servir aos interesses da coletividade, em todas as partes que o compõem, abrangendo as cooperativas de crédito, será regulado por leis complementares que disporão, inclusive, sobre a participação do capital estrangeiro nas instituições que o integram.

•• *Caput* com redação determinada pela Emenda Constitucional n. 40, de 29-5-2003.

• O Decreto n. 8.652, de 28-1-2016, dispõe sobre o Conselho de Recursos do Sistema Financeiro Nacional.

I a III – (*Revogados pela Emenda Constitucional n. 40, de 29-5-2003.*)

a) e *b)* (*Revogadas pela Emenda Constitucional n. 40, de 29-5-2003.*)

IV a VIII – (*Revogados pela Emenda Constitucional n. 40, de 29-5-2003.*)

§§ 1.º a 3.º (*Revogados pela Emenda Constitucional n. 40, de 29-5-2003.*)

TÍTULO VIII
DA ORDEM SOCIAL

Capítulo I
DISPOSIÇÃO GERAL

Art. 193. A ordem social tem como base o primado do trabalho, e como objetivo o bem-estar e a justiça sociais.

Parágrafo único. O Estado exercerá a função de planejamento das políticas sociais, assegurada, na forma da lei, a participação da sociedade nos processos de formulação, de monitoramento, de controle e de avaliação dessas políticas.

•• Parágrafo único acrescentado pela Emenda Constitucional n. 108, de 26-8-2020.

Capítulo II
DA SEGURIDADE SOCIAL

• Organização da seguridade social, Plano de Custeio: Lei n. 8.212, de 24-7-1991, regulamentada pelo Decreto n. 3.048, de 6-5-1999.

Seção I
Disposições Gerais

Art. 194. A seguridade social compreende um conjunto integrado de ações de iniciativa dos Poderes Públicos e da sociedade, destinadas a assegurar os direitos relativos à saúde, à previdência e à assistência social.

Parágrafo único. Compete ao Poder Público, nos termos da lei, organizar a seguridade social, com base nos seguintes objetivos:

I – universalidade da cobertura e do atendimento;

II – uniformidade e equivalência dos benefícios e serviços às populações urbanas e rurais;

III – seletividade e distributividade na prestação dos benefícios e serviços;

IV – irredutibilidade do valor dos benefícios;

V – equidade na forma de participação no custeio;

VI – diversidade da base de financiamento, identificando-se, em rubricas contábeis específicas para cada área, as receitas e as despesas vinculadas a ações de saúde, previdência e assistência social, preservado o caráter contributivo da previdência social;

•• Inciso VI com redação determinada pela Emenda Constitucional n. 103, de 12-11-2019.

VII – caráter democrático e descentralizado da administração, mediante gestão quadripartite, com participação dos trabalhadores, dos empregadores, dos aposentados e do Governo nos órgãos colegiados.

•• Inciso VII com redação determinada pela Emenda Constitucional n. 20, de 15-12-1998.

Art. 195. A seguridade social será financiada por toda a sociedade, de forma direta e indireta, nos termos da lei, mediante recursos provenientes dos orçamentos da União, dos Estados, do Distrito Federal e dos Municípios, e das seguintes contribuições sociais:

• *Vide* art. 240 da CF.

I – do empregador, da empresa e da entidade a ela equiparada na forma da lei, incidentes sobre:

•• Inciso I, *caput*, com redação determinada pela Emenda Constitucional n. 20, de 15-12-1998.

•• A Lei Complementar n. 187, de 16-12-2021, regula os procedimentos referentes à imunidade de contribuições à seguridade social de que trata este inciso.

a) a folha de salários e demais rendimentos do trabalho pagos ou creditados, a qualquer título, à pessoa física que lhe preste serviço, mesmo sem vínculo empregatício;

•• Alínea *a* acrescentada pela Emenda Constitucional n. 20, de 15-12-1998.

• *Vide* art. 114, VIII, da CF.

b) a receita ou o faturamento;

•• Alínea *b* acrescentada pela Emenda Constitucional n. 20, de 15-12-1998.

c) o lucro;

•• Alínea *c* acrescentada pela Emenda Constitucional n. 20, de 15-12-1998.

II – do trabalhador e dos demais segurados da previdência social, podendo ser adotadas alíquotas progressivas de acordo com o valor do salário de contribuição, não incidindo contribuição sobre aposentadoria e pensão concedidas pelo Regime Geral de Previdência Social;

•• Inciso II com redação determinada pela Emenda Constitucional n. 103, de 12-11-2019.

III – sobre a receita de concursos de prognósticos;

•• A Lei Complementar n. 187, de 16-12-2021, regula os procedimentos referentes à imunidade de contribuições à seguridade social de que trata este inciso.

IV – do importador de bens ou serviços do exterior, ou de quem a lei a ele equiparar.

•• Inciso IV acrescentado pela Emenda Constitucional n. 42, de 19-12-2003.

•• A Lei Complementar n. 187, de 16-12-2021, regula os procedimentos referentes à imunidade de contribuições à seguridade social de que trata este inciso.

§ 1.º As receitas dos Estados, do Distrito Federal e dos Municípios destinadas à seguridade social constarão dos respectivos orçamentos, não integrando o orçamento da União.

§ 2.º A proposta de orçamento da seguridade social será elaborada de forma integrada pelos órgãos responsáveis pela saúde, previdência social e assistência social, tendo em vista as metas e prioridades estabelecidas na lei de diretrizes orçamentárias, assegurada a cada área a gestão de seus recursos.

§ 3.º A pessoa jurídica em débito com o sistema da seguridade social, como estabelecido em lei, não poderá contratar com o Poder Público nem dele receber benefícios ou incentivos fiscais ou creditícios.

•• *Vide* art. 3.º, parágrafo único, da Emenda Constitucional n. 106, de 7-5-2020.

§ 4.º A lei poderá instituir outras fontes destinadas a garantir a manutenção ou expansão da seguridade social, obedecido o disposto no art. 154, I.

• A Lei n. 9.876, de 26-11-1999, dispõe sobre a contribuição previdenciária do contribuinte individual e o cálculo do benefício.

§ 5.º Nenhum benefício ou serviço da seguridade social poderá ser criado, majorado ou estendido sem a correspondente fonte de custeio total.

§ 6.º As contribuições sociais de que trata este artigo só poderão ser exigidas após decorridos noventa dias da data da publicação da lei que as houver instituído ou modificado, não se lhes aplicando o disposto no art. 150, III, *b*.

• *Vide* arts. 74, § 4.º, e 75, § 1.º, do ADCT.

• *Vide* Súmula Vinculante 50 do STF.

§ 7.º São isentas de contribuição para a seguridade social as entidades beneficentes de assistência social que atendam às exigências estabelecidas em lei.

•• A Lei Complementar n. 187, de 16-12-2021, regula as condições para limitação ao poder de tributar da União em relação às entidades beneficentes no tocante às contribuições para a seguridade social.

§ 8.º O produtor, o parceiro, o meeiro e o arrendatário rurais e o pescador artesanal, bem como os respectivos cônjuges, que exerçam suas atividades em regime de economia familiar, sem empregados permanentes, contribuirão para a seguridade social mediante a aplicação de uma alíquota sobre o resultado da comercialização da produção e farão jus aos benefícios nos termos da lei.

•• § 8.º com redação determinada pela Emenda Constitucional n. 20, de 15-12-1998.

•• *Vide* art. 25, § 1.º da Emenda Constitucional n. 103, de 12-11-2019.

§ 9.º As contribuições sociais previstas no inciso I do *caput* deste artigo poderão ter alíquotas diferenciadas em razão da atividade econômica, da utilização intensiva de mão de obra, do porte da empresa ou da condição estrutural do mercado de trabalho, sendo também autorizada a adoção de bases de cálculo diferenciadas apenas no caso das alíneas *b* e *c* do inciso I do *caput*.

•• § 9.º com redação determinada pela Emenda Constitucional n. 103, de 12-11-2019.

•• *Vide* art. 30 da Emenda Constitucional n. 103, de 12-11-2019.

§ 10. A lei definirá os critérios de transferência de recursos para o sistema único de saúde e ações de assistência social da União para os Estados, o Distrito Federal e os Municípios, e dos Estados para os Municípios, observada a respectiva contrapartida de recursos.

•• § 10 acrescentado pela Emenda Constitucional n. 20, de 15-12-1998.

§ 11. São vedados a moratória e o parcelamento em prazo superior a 60 (sessenta) meses e, na forma de lei complementar, a remissão e a anistia das contribuições sociais de que tratam a alínea *a* do inciso I e o inciso II do *caput*.

•• § 11 com redação determinada pela Emenda Constitucional n. 103, de 12-11-2019.

•• *Vide* arts. 9.º, § 9.º e 31 da Emenda Constitucional n. 103, de 12-11-2019.

§ 12. A lei definirá os setores de atividade econômica para os quais as contribuições incidentes na forma dos incisos I, *b*; e IV do *caput*, serão não cumulativas.

•• § 12 acrescentado pela Emenda Constitucional n. 42, de 19-12-2003.

§ 13 (*Revogado pela Emenda Constitucional n. 103, de 12-11-2019.*)

§ 14. O segurado somente terá reconhecida como tempo de contribuição ao Regime Geral de Previdência Social a competência cuja contribuição seja igual ou superior à contribuição mínima mensal exigida para sua categoria, assegurado o agrupamento de contribuições.

•• § 14 acrescentado pela Emenda Constitucional n. 103, de 12-11-2019.

•• *Vide* art. 29 da Emenda Constitucional n. 103, de 12-11-2019.

Seção II
Da Saúde

• Promoção gratuita da saúde por meio de organizações da sociedade civil de interesse público: Lei n. 9.790, de 23-3-1999.

• Fundo Nacional de Saúde: Decreto n. 3.964, de 10-10-2001.

• A Portaria n. 1.820, de 13-8-2009, do Ministério da Saúde, dispõe sobre os direitos e deveres dos usuários da saúde.

• A Lei n. 12.732, de 22-11-2012, dispõe sobre o primeiro tratamento de paciente com neoplasia maligna comprovada e estabelece prazo para seu início.

Art. 196. A saúde é direito de todos e dever do Estado, garantido mediante políticas sociais e econômicas que visem à redução do risco de doença e de outros agravos e ao acesso universal igualitário às ações e serviços para sua promoção, proteção e recuperação.

Art. 197. São de relevância pública as ações e serviços de saúde, cabendo ao Poder Público dispor, nos termos da lei, sobre sua regulamentação, fiscalização e controle, devendo sua execução ser feita diretamente ou através de terceiros e, também, por pessoa física ou jurídica de direito privado.

Art. 198. As ações e serviços públicos de saúde integram uma rede regionalizada e hierarquizada e constituem um sistema único, organizado de acordo com as seguintes diretrizes:

I – descentralização, com direção única em cada esfera de governo;

II – atendimento integral, com prioridade para as atividades preventivas, sem prejuízo dos serviços assistenciais;

III – participação da comunidade.

§ 1.º O sistema único de saúde será financiado, nos termos do art. 195, com recursos do orçamento da seguridade social, da União, dos Estados, do Distrito Federal e dos Municípios, além de outras fontes.

•• Primitivo parágrafo único renumerado pela Emenda Constitucional n. 29, de 13-9-2000.

§ 2.º A União, os Estados, o Distrito Federal e os Municípios aplicarão, anualmente, em ações e serviços públicos de saúde recursos mínimos derivados da aplicação de percentuais calculados sobre:

•• § 2.º, *caput*, acrescentado pela Emenda Constitucional n. 29, de 13-9-2000.

I – no caso da União, a receita corrente líquida do respectivo exercício financeiro, não podendo ser inferior a 15% (quinze por cento);

•• Inciso I com redação determinada pela Emenda Constitucional n. 86, de 17-3-2015.

•• *Vide* art. 110, I, do ADCT.

•• *Vide* art. 3.º da Emenda Constitucional n. 86, de 17-3-2015.

II – no caso dos Estados e do Distrito Federal, o produto da arrecadação dos impostos a que se refere o art. 155 e dos recursos de que tratam os arts. 157 e 159, I, *a*, e inciso II, deduzidas as parcelas que forem transferidas aos respectivos Municípios;

•• Inciso II acrescentado pela Emenda Constitucional n. 29, de 13-9-2000.

III – no caso dos Municípios e do Distrito Federal, o produto da arrecadação dos impostos a que se refere o art. 156 e dos recursos de que tratam os arts. 158 e 159, I, *b* e § 3.º.

•• Inciso III acrescentado pela Emenda Constitucional n. 29, de 13-9-2000.

§ 3.º Lei complementar, que será reavaliada pelo menos a cada cinco anos, estabelecerá:

•• § 3.º, *caput*, acrescentado pela Emenda Constitucional n. 29, de 13-9-2000.

•• § 3.º regulamentado pela Lei Complementar n. 141, de 13-1-2012.

I – os percentuais de que tratam os incisos II e III do § 2.º;

•• Inciso I com redação determinada pela Emenda Constitucional n. 86, de 17-3-2015.

II – os critérios de rateio dos recursos da União vinculados à saúde destinados aos Estados, ao Distrito Federal e aos Municípios, e dos Estados destinados a seus respectivos Municípios, objetivando a progressiva redução das disparidades regionais;

•• Inciso II acrescentado pela Emenda Constitucional n. 29, de 13-9-2000.

III – as normas de fiscalização, avaliação e controle das despesas com saúde nas esferas federal, estadual, distrital e municipal;

•• Inciso III acrescentado pela Emenda Constitucional n. 29, de 13-9-2000.

IV – *(Revogado pela Emenda Constitucional n. 86, de 17-3-2015.)*

§ 4.º Os gestores locais do sistema único de saúde poderão admitir agentes comunitários de saúde e agentes de combate às endemias por meio de processo seletivo público, de acordo com a natureza e complexidade de suas atribuições e requisitos específicos para sua atuação.

•• § 4.º acrescentado pela Emenda Constitucional n. 51, de 14-2-2006.

•• *Vide* art. 2.º, parágrafo único, da Emenda Constitucional n. 51, de 14-2-2006.

§ 5.º Lei federal disporá sobre o regime jurídico, o piso salarial profissional nacional, as diretrizes para os Planos de Carreira e a regulamentação das atividades de agente comunitário de saúde e agente de combate às endemias, competindo à União, nos termos da lei, prestar assistência financeira complementar aos Estados, ao Distrito Federal e aos Municípios, para o cumprimento do referido piso salarial.

•• § 5.º com redação determinada pela Emenda Constitucional n. 63, de 4-2-2010.

•• § 5.º regulamentado pela Lei n. 11.350, de 5-10-2006.

§ 6.º Além das hipóteses previstas no § 1.º do art. 41 e no § 4.º do art. 169 da Constituição Federal, o servidor que exerça funções equivalentes às de agente comunitário de saúde ou de agente de combate às endemias poderá perder o cargo em caso de descumprimento dos requisitos específicos, fixados em lei, para o seu exercício.

•• § 6.º acrescentado pela Emenda Constitucional n. 51, de 14-2-2006.

§ 7.º **O vencimento dos agentes comunitários de saúde e dos agentes de combate às endemias fica sob responsabilidade da União, e cabe aos Estados, ao Distrito Federal e aos Municípios estabelecer, além de outros consectários e vantagens, incentivos, auxílios, gratificações e indenizações, a fim de valorizar o trabalho desses profissionais.**

•• § 7.º acrescentado pela Emenda Constitucional n. 120, de 5-5-2022.

§ 8.º **Os recursos destinados ao pagamento do vencimento dos agentes comunitários de saúde e dos agentes de combate às endemias serão consignados no orçamento geral da União com dotação própria e exclusiva.**

•• § 8.º acrescentado pela Emenda Constitucional n. 120, de 5-5-2022.

§ 9.º **O vencimento dos agentes comunitários de saúde e dos agentes de combate às endemias não será inferior a 2 (dois) salários mínimos, repassados pela União aos Municípios, aos Estados e ao Distrito Federal.**

•• § 9.º acrescentado pela Emenda Constitucional n. 120, de 5-5-2022.

§ 10. **Os agentes comunitários de saúde e os agentes de combate às endemias terão também, em razão dos riscos inerentes às funções desempenhadas, aposentadoria especial e, somado aos seus vencimentos, adicional de insalubridade.**

•• § 10 acrescentado pela Emenda Constitucional n. 120, de 5-5-2022.

§ 11. **Os recursos financeiros repassados pela União aos Estados, ao Distrito Federal e aos Municípios para pagamento do vencimento ou de qualquer outra vantagem dos agentes comunitários de saúde e dos agentes de combate às endemias não serão objeto de inclusão no cálculo para fins do limite de despesa com pessoal.**

•• § 11 acrescentado pela Emenda Constitucional n. 120, de 5-5-2022.

§ 12. **Lei federal instituirá pisos salariais profissionais nacionais para o enfermeiro, o técnico de enfermagem, o auxiliar de enfermagem e a parteira, a serem observados por pessoas jurídicas de direito público e de direito privado.**

•• § 12 acrescentado pela Emenda Constitucional n. 124, de 14-7-2022.

§ 13. **A União, os Estados, o Distrito Federal e os Municípios, até o final do exercício financeiro em que for publicada a lei de que trata o § 12 deste artigo, adequarão a remuneração dos cargos ou dos respectivos planos de carreiras, quando houver, de modo a atender aos pisos estabelecidos para cada categoria profissional.**

•• § 13 acrescentado pela Emenda Constitucional n. 124, de 14-7-2022.

§ 14. **Compete à União, nos termos da lei, prestar assistência financeira complementar aos Estados, ao Distrito Federal e aos Municípios e às entidades filantrópicas, bem como aos prestadores de serviços contratualizados que atendam, no mínimo, 60% (sessenta por cento) de seus pacientes pelo sistema único de saúde, para o cumprimento dos pisos salariais de que trata o § 12 deste artigo.**

•• § 14 acrescentado pela Emenda Constitucional n. 127, de 22-12-2022.

§ 15. **Os recursos federais destinados aos pagamentos da assistência financeira complementar aos Estados, ao Distrito Federal e aos Municípios e às entidades filantrópicas, bem como aos prestadores de serviços contratualizados que atendam, no mínimo, 60% (sessenta por cento) de seus pacientes pelo sistema único de saúde, para o cumprimento dos pisos salariais de que trata o § 12 deste artigo serão consignados no or-**

çamento geral da União com dotação própria e exclusiva.

•• § 15 acrescentado pela Emenda Constitucional n. 127, de 22-12-2022.

•• Vide art. 4.º da Emenda Constitucional n. 127, de 22-12-2022.

Art. 199. A assistência à saúde é livre à iniciativa privada.

• Planos e seguros privados de assistência à saúde: Lei n. 9.656, de 3-6-1998.

§ 1.º As instituições privadas poderão participar de forma complementar do sistema único de saúde, segundo diretrizes deste, mediante contrato de direito público ou convênio, tendo preferência as entidades filantrópicas e as sem fins lucrativos.

§ 2.º É vedada a destinação de recursos públicos para auxílios ou subvenções às instituições privadas com fins lucrativos.

§ 3.º É vedada a participação direta ou indireta de empresas ou capitais estrangeiros na assistência à saúde no País, salvo nos casos previstos em lei.

§ 4.º A lei disporá sobre as condições e os requisitos que facilitem a remoção de órgãos, tecidos e substâncias humanas para fins de transplante, pesquisa e tratamento, bem como a coleta, processamento e transfusão de sangue e seus derivados, sendo vedado todo tipo de comercialização.

•• Regulamento: Lei n. 10.205, de 21-3-2001.

• Lei n. 9.434, de 4-2-1997, e Decreto n. 9.175, de 18-10-2017: Remoção de órgãos, tecidos e partes do corpo humano para transplante e tratamento.

Art. 200. Ao sistema único de saúde compete, além de outras atribuições, nos termos da lei:

• Sistema Único de Saúde – SUS: Leis n. 8.080, de 19-9-1990, e n. 8.142, de 28-12-1990.

I – controlar e fiscalizar procedimentos, produtos e substâncias de interesse para a saúde e participar da produção de medicamentos, equipamentos, imunobiológicos, hemoderivados e outros insumos;

• As Leis n. 9.677, de 2-7-1998, e n. 9.695, de 20-8-1998, incluíram na classificação dos delitos considerados hediondos determinados crimes contra a saúde pública.

II – executar as ações de vigilância sanitária e epidemiológica, bem como as de saúde do trabalhador;

III – ordenar a formação de recursos humanos na área de saúde;

IV – participar da formulação da política e da execução das ações de saneamento básico;

V – incrementar, em sua área de atuação, o desenvolvimento científico e tecnológico e a inovação;

•• Inciso V com redação determinada pela Emenda Constitucional n. 85, de 26-2-2015.

VI – fiscalizar e inspecionar alimentos, compreendido o controle de seu teor nutricional, bem como bebidas e águas para consumo humano;

VII – participar do controle e fiscalização da produção, transporte, guarda e utilização de substâncias e produtos psicoativos, tóxicos e radioativos;

VIII – colaborar na proteção do meio ambiente, nele compreendido o do trabalho.

Seção III
Da Previdência Social

• Planos de benefícios da previdência social: Lei n. 8.213, de 24-7-1991, regulamentada pelo Decreto n. 3.048, de 6-5-1999.

Art. 201. A previdência social será organizada sob a forma do Regime Geral de Previdência Social, de caráter contributivo e de filiação obrigatória, observados critérios que preservem o equilíbrio financeiro e atuarial, e atenderá, na forma da lei, a:

•• *Caput* com redação determinada pela Emenda Constitucional n. 103, de 12-11-2019.

•• *Vide* arts. 15, 16, 17, 19, 20, 21, 23 e 24 da Emenda Constitucional n. 103, de 12-11-2019.

A Portaria n. 450, de 3-4-2020, do INSS, dispõe sobre aposentadoria programada do professor, sobre regras de transição da aposentadoria por tempo de contribuição do professor e sobre aposentadoria do trabalhador rural e do garimpeiro.

I – cobertura dos eventos de incapacidade temporária ou permanente para o trabalho e idade avançada;

•• Inciso I com redação determinada pela Emenda Constitucional n. 103, de 12-11-2019.

II – proteção à maternidade, especialmente à gestante;

•• Inciso II com redação determinada pela Emenda Constitucional n. 20, de 15-12-1998.

III – proteção ao trabalhador em situação de desemprego involuntário;

•• Inciso III com redação determinada pela Emenda Constitucional n. 20, de 15-12-1998.

•• A Lei n. 7.998, de 11-1-1990, regulamenta o Programa do Seguro-Desemprego, o Abono Salarial, e institui o Fundo de Amparo ao Trabalhador.

IV – salário-família e auxílio-reclusão para os dependentes dos segurados de baixa renda;

•• Inciso IV com redação determinada pela Emenda Constitucional n. 20, de 15-12-1998.

•• *Vide* art. 27 da Emenda Constitucional n. 103, de 12-11-2019.

V – pensão por morte do segurado, homem ou mulher, ao cônjuge ou companheiro e dependentes, observado o disposto no § 2.º.

•• Inciso V com redação determinada pela Emenda Constitucional n. 20, de 15-12-1998.

§ 1.º É vedada a adoção de requisitos ou critérios diferenciados para concessão de benefícios, ressalvada, nos termos de lei complementar, a possibilidade de previsão de idade e tempo de contribuição distintos da regra geral para concessão de aposentadoria exclusivamente em favor dos segurados:

•• § 1.º, *caput*, com redação determinada pela Emenda Constitucional n. 103, de 12-11-2019.

•• § 1.º regulamentado pela Lei Complementar n. 142, de 8-5-2013, no tocante à aposentadoria da pessoa com deficiência segurada do Regime Geral de Previdência Social – RGPS.

•• *Vide* arts. 19, § 1.º, e 22 da Emenda Constitucional n. 103, de 12-11-2019.

I – com deficiência, previamente submetidos a avaliação biopsicossocial realizada por equipe multiprofissional e interdisciplinar;

•• Inciso I acrescentado pela Emenda Constitucional n. 103, de 12-11-2019.

•• *Vide* art. 22 da Emenda Constitucional n. 103, de 12-11-2019.

II – cujas atividades sejam exercidas com efetiva exposição a agentes químicos, físicos e biológicos prejudiciais à saúde, ou associação desses agentes, vedada a caracterização por categoria profissional ou ocupação.

•• Inciso II acrescentado pela Emenda Constitucional n. 103, de 12-11-2019.

§ 2.º Nenhum benefício que substitua o salário de contribuição ou o rendimento do trabalho do segurado terá valor mensal inferior ao salário mínimo.

•• § 2.º com redação determinada pela Emenda Constitucional n. 20, de 15-12-1998.

§ 3.º Todos os salários de contribuição considerados para o cálculo de benefício serão devidamente atualizados, na forma da lei.

•• § 3.º com redação determinada pela Emenda Constitucional n. 20, de 15-12-1998.

§ 4.º É assegurado o reajustamento dos benefícios para preservar-lhes, em caráter permanente, o valor real, conforme critérios definidos em lei.

•• § 4.º com redação determinada pela Emenda Constitucional n. 20, de 15-12-1998.

§ 5.º É vedada a filiação ao regime geral de previdência social, na qualidade de segurado facultativo, de pessoa participante de regime próprio de previdência.

•• § 5.º com redação determinada pela Emenda Constitucional n. 20, de 15-12-1998.

§ 6.º A gratificação natalina dos aposentados e pensionistas terá por base o valor dos proventos do mês de dezembro de cada ano.

•• § 6.º com redação determinada pela Emenda Constitucional n. 20, de 15-12-1998.

• Sobre gratificação de natal (13.º salário): Lei n. 4.090, de 13-7-1962, Lei n. 4.749, de 12-8-1965, e Decreto n. 63.912, de 26-12-1968.

§ 7.º É assegurada aposentadoria no regime geral de previdência social, nos termos da lei, obedecidas as seguintes condições:

•• § 7.º, *caput*, com redação determinada pela Emenda Constitucional n. 20, de 15-12-1998.

I – 65 (sessenta e cinco) anos de idade, se homem, e 62 (sessenta e dois) anos de idade, se mulher, observado tempo mínimo de contribuição;

•• Inciso I com redação determinada pela Emenda Constitucional n. 103, de 12-11-2019.

•• *Vide* arts. 18 e 19, da Emenda Constitucional n. 103, de 12-11-2019.

II – 60 (sessenta) anos de idade, se homem, e 55 (cinquenta e cinco) anos de idade, se mulher, para os trabalhadores rurais e para os que exerçam suas atividades em regime de economia familiar, nestes incluídos o produtor rural, o garimpeiro e o pescador artesanal.

•• Inciso II com redação determinada pela Emenda Constitucional n. 103, de 12-11-2019.

• A Lei n. 11.685, de 2-6-2008, institui o Estatuto do Garimpeiro.

§ 8.º O requisito de idade a que se refere o inciso I do § 7.º será reduzido em 5 (cinco) anos, para o professor que comprove tempo de efetivo exercício das funções de magistério na educação infantil e no ensino fundamental e médio fixado em lei complementar.

•• § 8.º com redação determinada pela Emenda Constitucional n. 103, de 12-11-2019.

•• *Vide* art. 19, § 1.º, da Emenda Constitucional n. 103, de 12-11-2019.

§ 9.º Para fins de aposentadoria, será assegurada a contagem recíproca do tempo de contribuição entre o Regime Geral de Previdência Social e os regimes próprios de previdência social, e destes entre si, observada a compensação financeira, de acordo com os critérios estabelecidos em lei.

•• § 9.º com redação determinada pela Emenda Constitucional n. 103, de 12-11-2019.

§ 9º-A. O tempo de serviço militar exercido nas atividades de que tratam os arts. 42, 142 e 143 e o tempo de contribuição ao Regime Geral de Previdência Social ou a regime próprio de previdência social terão contagem recíproca para fins de inativação militar ou aposentadoria, e a compensação financeira será devida entre as receitas de contribuição referentes aos militares e as receitas de contribuição aos demais regimes.

•• § 9.º-A acrescentado pela Emenda Constitucional n. 103, de 12-11-2019.

§ 10. Lei complementar poderá disciplinar a cobertura de benefícios não programados, inclusive os decorrentes de acidente do trabalho, a ser atendida concorrentemente pelo Regime Geral de Previdência Social e pelo setor privado.

•• § 10 com redação determinada pela Emenda Constitucional n. 103, de 12-11-2019.

§ 11. Os ganhos habituais do empregado, a qualquer título, serão incorporados ao salário para efeito de contribuição previdenciária e consequente repercussão em benefícios, nos casos e na forma da lei.

•• § 11 acrescentado pela Emenda Constitucional n. 20, de 15-12-1998.

§ 12. Lei instituirá sistema especial de inclusão previdenciária, com alíquotas diferenciadas, para atender aos trabalhadores de baixa renda, inclusive os que se encontram em situação de informalidade, e àqueles sem renda própria que se dediquem exclusivamente ao trabalho doméstico no âmbito de sua residência, desde que pertencentes a famílias de baixa renda.

•• § 12 com redação determinada pela Emenda Constitucional n. 103, de 12-11-2019.

§ 13. A aposentadoria concedida ao segurado de que trata o § 12 terá valor de 1 (um) salário-mínimo.

•• § 13 com redação determinada pela Emenda Constitucional n. 103, de 12-11-2019.

§ 14. É vedada a contagem de tempo de contribuição fictício para efeito de concessão dos benefícios previdenciários e de contagem recíproca.

•• § 14 acrescentado pela Emenda Constitucional n. 103, de 12-11-2019.

•• *Vide* art. 25 da Emenda Constitucional n. 103, de 12-11-2019.

§ 15. Lei complementar estabelecerá vedações, regras e condições para a acumulação de benefícios previdenciários.

•• § 15 acrescentado pela Emenda Constitucional n. 103, de 12-11-2019.

§ 16. Os empregados dos consórcios públicos, das empresas públicas, das sociedades de economia mista e das suas subsidiárias serão aposentados compulsoriamente, observado o cumprimento do tempo mínimo de contribuição, ao atingir a idade máxima de que trata o inciso II do § 1.º do art. 40, na forma estabelecida em lei.

•• § 16 acrescentado pela Emenda Constitucional n. 103, de 12-11-2019.

Art. 202. O regime de previdência privada, de caráter complementar e organizado de forma autônoma em relação ao regime geral de previdência social, será facultativo, baseado na constituição de reservas que garantam o benefício contratado, e regulado por lei complementar.

•• *Caput* com redação determinada pela Emenda Constitucional n. 20, de 15-12-1998.

• *Vide* art. 7.º da Emenda Constitucional n. 20, de 15-12-1998.

• Regime de Previdência Complementar: Lei Complementar n. 109, de 29-5-2001.

§ 1.º A lei complementar de que trata este artigo assegurará ao participante de planos de benefícios de entidades de previdência privada o pleno acesso às informações relativas à gestão de seus respectivos planos.

•• § 1.º com redação determinada pela Emenda Constitucional n. 20, de 15-12-1998.

§ 2.º As contribuições do empregador, os benefícios e as condições contratuais previstas nos estatutos, regulamentos e planos de benefícios das entidades de previdência privada não integram o contrato de trabalho dos participantes, assim como, à exceção dos benefícios concedidos, não integram a remuneração dos participantes, nos termos da lei.

•• § 2.º com redação determinada pela Emenda Constitucional n. 20, de 15-12-1998.

§ 3.º É vedado o aporte de recursos a entidade de previdência privada pela União, Estados, Distrito Federal e Municípios, suas autarquias, fundações, empresas públicas, sociedades de economia mista e outras entidades públicas, salvo na qualidade de patrocinador, situação na qual, em hipótese alguma, sua contribuição normal poderá exceder a do segurado.

•• § 3.º acrescentado pela Emenda Constitucional n. 20, de 15-12-1998.

•• Regulamento: Lei Complementar n. 108, de 29-5-2001.

• *Vide* art. 5.º da Emenda Constitucional n. 20, de 15-12-1998.

§ 4.º Lei complementar disciplinará a relação entre a União, Estados, Distrito Federal ou Municípios, inclusive suas autarquias, fundações, sociedades de economia mista e empresas controladas direta ou indiretamente, enquanto patrocinadores de planos de benefícios previdenciários, e as entidades de previdência complementar.

•• § 4.º com redação determinada pela Emenda Constitucional n. 103, de 12-11-2019.

•• *Vide* art. 33 da Emenda Constitucional n. 103, de 12-11-2019.

•• Regulamento: Lei Complementar n. 108, de 29-5-2001.

§ 5.º A lei complementar de que trata o § 4.º aplicar-se-á, no que couber, às empresas privadas permissionárias ou concessionárias de prestação de serviços públicos, quando patrocinadoras de planos de benefícios em entidades de previdência complementar.

•• § 5.º com redação determinada pela Emenda Constitucional n. 103, de 12-11-2019.

•• Regulamento: Lei Complementar n. 108, de 29-5-2001.

§ 6.º Lei complementar estabelecerá os requisitos para a designação dos membros das diretorias das entidades fechadas de previdência complementar instituídas pelos patrocinadores de que trata o § 4.º e disciplinará a inserção dos participantes nos colegiados e instâncias de decisão em que seus interesses sejam objeto de discussão e deliberação.

•• § 6.º com redação determinada pela Emenda Constitucional n. 103, de 12-11-2019.

•• Regulamento: Lei Complementar n. 108, de 29-5-2001.

Seção IV
Da Assistência Social

•• A Lei n. 8.742, de 7-12-1993, dispõe sobre a organização da Assistência Social.

Art. 203. A assistência social será prestada a quem dela necessitar, independentemente de contribuição à seguridade social, e tem por objetivos:

I – a proteção à família, à maternidade, à infância, à adolescência e à velhice;

II – o amparo às crianças e adolescentes carentes;

III – a promoção da integração ao mercado de trabalho;

IV – a habilitação e reabilitação das pessoas portadoras de deficiência e a promoção de sua integração à vida comunitária;

V – a garantia de um salário mínimo de benefício mensal à pessoa portadora de deficiência e ao idoso que comprovem não possuir meios de prover à própria manutenção ou de tê-la provida por sua família, conforme dispuser a lei;

• Estatuto do Idoso: Lei n. 10.741, de 1.º-10-2003.

VI – a redução da vulnerabilidade socioeconômica de famílias em situação de pobreza ou extrema pobreza.

•• Inciso VI acrescentado pela Emenda Constitucional n. 114, de 16-12-2021.

Art. 204. As ações governamentais na área da assistência social serão realizadas com recursos do orçamento da seguridade social, previstos no art. 195, além de outras fontes, e organizadas com base nas seguintes diretrizes:

I – descentralização político-administrativa, cabendo a coordenação e as normas gerais à esfera federal e a coordenação e a execução dos respectivos programas às esferas estadual e municipal, bem como a entidades beneficentes e de assistência social;

II – participação da população, por meio de organizações representativas, na formulação das políticas e no controle das ações em todos os níveis.

Parágrafo único. É facultado aos Estados e ao Distrito Federal vincular a programa de apoio à inclusão e promoção social até cinco décimos por cento de sua receita tributária líquida, vedada a aplicação desses recursos no pagamento de:

•• Parágrafo único, *caput*, acrescentado pela Emenda Constitucional n. 42, de 19-12-2003.

I – despesas com pessoal e encargos sociais;

•• Inciso I acrescentado pela Emenda Constitucional n. 42, de 19-12-2003.

II – serviço da dívida;

•• Inciso II acrescentado pela Emenda Constitucional n. 42, de 19-12-2003.

III – qualquer outra despesa corrente não vinculada diretamente aos investimentos ou ações apoiados.

•• Inciso III acrescentado pela Emenda Constitucional n. 42, de 19-12-2003.

Capítulo III
DA EDUCAÇÃO, DA CULTURA E DO DESPORTO

Seção I
Da Educação

•• Lei de Diretrizes e Bases da Educação Nacional: Lei n. 9.394, de 20-12-1996.

• Salário-educação: Lei n. 9.766, de 18-12-1998.

• Promoção gratuita da educação através de organizações da sociedade civil de interesse público: Lei n. 9.790, de 23-3-1999.

• A Lei n. 11.274, de 6-2-2006, fixa a idade de 6 (seis) anos para o início do ensino fundamental obrigatório e altera para 9 (nove) anos seu período de duração.

• Lei do Estágio: Lei n. 11.788, de 25-9-2008.

Art. 205. A educação, direito de todos e dever do Estado e da família, será promovida e incentivada com a colaboração da sociedade, visando ao pleno desenvolvimento da pessoa, seu preparo para o exercício da cidadania e sua qualificação para o trabalho.

Art. 206. O ensino será ministrado com base nos seguintes princípios:

I – igualdade de condições para o acesso e permanência na escola;

II – liberdade de aprender, ensinar, pesquisar e divulgar o pensamento, a arte e o saber;

III – pluralismo de ideias e de concepções pedagógicas, e coexistência de instituições públicas e privadas de ensino;

IV – gratuidade do ensino público em estabelecimentos oficiais;

V – valorização dos profissionais da educação escolar, garantidos, na forma da lei, planos de carreira, com ingresso exclusivamente por concurso público de provas e títulos, aos das redes públicas;

•• Inciso V com redação determinada pela Emenda Constitucional n. 53, de 19-12-2006.

VI – gestão democrática do ensino público, na forma da lei;

VII – garantia de padrão de qualidade;

VIII – piso salarial profissional nacional para os profissionais da educação escolar pública, nos termos de lei federal;

•• Inciso VIII acrescentado pela Emenda Constitucional n. 53, de 19-12-2006.

IX – garantia do direito à educação e à aprendizagem ao longo da vida.

•• Inciso IX acrescentado pela Emenda Constitucional n. 108, de 26-8-2020.

Parágrafo único. A lei disporá sobre as categorias de trabalhadores considerados profissionais da educação básica e sobre a fixação de prazo para a elaboração ou adequação de seus planos de carreira, no âmbito da União, dos Estados, do Distrito Federal e dos Municípios.

•• Parágrafo único acrescentado pela Emenda Constitucional n. 53, de 19-12-2006.

Art. 207. As universidades gozam de autonomia didático-científica, administrativa e de gestão financeira e patrimonial, e obedecerão ao princípio de indissociabilidade entre ensino, pesquisa e extensão.

• O Decreto n. 9.235, de 15-12-2017, dispõe sobre o exercício das funções de regulação, supervisão e avaliação das instituições de educação superior e dos cursos superiores de graduação e de pós-graduação no sistema federal de ensino.

• O Decreto n. 7.233, de 19-7-2010, dispõe sobre procedimentos orçamentários e financeiros relacionados à autonomia universitária, e dá outras providências.

§ 1.º É facultado às universidades admitir professores, técnicos e cientistas estrangeiros, na forma da lei.

•• § 1.º acrescentado pela Emenda Constitucional n. 11, de 30-4-1996.

§ 2.º O disposto neste artigo aplica-se às instituições de pesquisa científica e tecnológica.

•• § 2.º acrescentado pela Emenda Constitucional n. 11, de 30-4-1996.

Art. 208. O dever do Estado com a educação será efetivado mediante a garantia de:

I – educação básica obrigatória e gratuita dos 4 (quatro) aos 17 (dezessete) anos de idade, assegurada inclusive sua oferta gratuita para todos os que a ela não tiveram acesso na idade própria;

•• Inciso I com redação determinada pela Emenda Constitucional n. 59, de 11-11-2009.

•• *Vide* art. 6.º da Emenda Constitucional n. 59, de 11-11-2009.

II – progressiva universalização do ensino médio gratuito;

•• Inciso II com redação determinada pela Emenda Constitucional n. 14, de 12-9-1996.

III – atendimento educacional especializado aos portadores de deficiência, preferencialmente na rede regular de ensino;

• A Lei n. 7.853, de 24-10-1989, regulamentada pelo Decreto n. 3.298, de 20-12-1999, consolida as normas de proteção à pessoa portadora de deficiência.

• O Decreto n. 7.611, de 17-11-2011, dispõe sobre a educação especial, o atendimento educacional especializado e dá outras providências.

• A Lei n. 13.146, de 6-7-2015, institui o Estatuto da Pessoa com Deficiência.

IV – educação infantil, em creche e pré-escola, às crianças até 5 (cinco) anos de idade;

•• Inciso IV com redação determinada pela Emenda Constitucional n. 53, de 19-12-2006.

V – acesso aos níveis mais elevados do ensino, da pesquisa e da criação artística, segundo a capacidade de cada um;

VI – oferta de ensino noturno regular, adequado às condições do educando;

VII – atendimento ao educando, em todas as etapas da educação básica, por meio de programas suplementares de material didático-escolar, transporte, alimentação e assistência à saúde.

•• Inciso VII com redação determinada pela Emenda Constitucional n. 59, de 11-11-2009.

• A Lei n. 11.947, de 16-6-2009, dispõe sobre o atendimento da alimentação escolar e do Programa Dinheiro Direto na Escola aos alunos da educação básica.

§ 1.º O acesso ao ensino obrigatório e gratuito é direito público subjetivo.

§ 2.º O não oferecimento do ensino obrigatório pelo Poder Público, ou sua oferta irregular, importa responsabilidade da autoridade competente.

§ 3.º Compete ao Poder Público recensear os educandos no ensino fundamental, fazer-lhes a chamada e zelar, junto aos pais ou responsáveis, pela frequência à escola.

Art. 209. O ensino é livre à iniciativa privada, atendidas as seguintes condições:

I – cumprimento das normas gerais da educação nacional;

II – autorização e avaliação de qualidade pelo Poder Público.

Art. 210. Serão fixados conteúdos mínimos para o ensino fundamental, de maneira a assegurar formação básica comum e respeito aos valores culturais e artísticos, nacionais e regionais.

§ 1.º O ensino religioso, de matrícula facultativa, constituirá disciplina dos horários normais das escolas públicas de ensino fundamental.

§ 2.º O ensino fundamental regular será ministrado em língua portuguesa, assegurada às comunidades indígenas também a utilização de suas línguas maternas e processos próprios de aprendizagem.

Art. 211. A União, os Estados, o Distrito Federal e os Municípios organizarão em regime de colaboração seus sistemas de ensino.

• *Vide* art. 60 e §§ do ADCT.

§ 1.º A União organizará o sistema federal de ensino e o dos Territórios, financiará as instituições de ensino públicas federais e exercerá, em matéria educacional, função redistributiva e supletiva, de forma a garantir equalização de oportunidades educacionais e padrão mínimo de qualidade do ensino mediante assistência técnica e financeira aos Estados, ao Distrito Federal e aos Municípios.

•• § 1.º com redação determinada pela Emenda Constitucional n. 14, de 12-9-1996.

§ 2.º Os Municípios atuarão prioritariamente no ensino fundamental e na educação infantil.

•• § 2.º com redação determinada pela Emenda Constitucional n. 14, de 12-9-1996.

§ 3.º Os Estados e o Distrito Federal atuarão prioritariamente no ensino fundamental e médio.

•• § 3.º acrescentado pela Emenda Constitucional n. 14, de 12-9-1996.

§ 4.º Na organização de seus sistemas de ensino, a União, os Estados, o Distrito Federal e os Municípios definirão formas de colaboração, de forma a assegurar a universalização, a qualidade e a equidade do ensino obrigatório.

•• § 4.º com redação determinada pela Emenda Constitucional n. 108, de 26-8-2020.

§ 5.º A educação básica pública atenderá prioritariamente ao ensino regular.

•• § 5.º acrescentado pela Emenda Constitucional n. 53, de 19-12-2006.

§ 6.º A União, os Estados, o Distrito Federal e os Municípios exercerão ação redistributiva em relação a suas escolas.

•• § 6.º acrescentado pela Emenda Constitucional n. 108, de 26-8-2020.

§ 7.º O padrão mínimo de qualidade de que trata o § 1.º deste artigo considerará as condições adequadas de oferta e terá como referência o Custo Aluno Qualidade (CAQ), pactuados em regime de colaboração na forma disposta em lei complementar, conforme o parágrafo único do art. 23 desta Constituição.

•• § 7.º acrescentado pela Emenda Constitucional n. 108, de 26-8-2020.

Art. 212. A União aplicará, anualmente, nunca menos de dezoito, e os Estados, o Distrito Federal e os Municípios vinte e cinco por cento, no mínimo, da receita resultante de impostos, compreendida a proveniente de transferências, na manutenção e desenvolvimento do ensino.

•• *Vide* art. 110, I, do ADCT.

• *Vide* arts. 60 e 72, §§ 2.º e 3.º, do ADCT.

§ 1.º A parcela da arrecadação de impostos transferida pela União aos Estados, ao Distrito Federal e aos Municípios, ou pelos Estados aos respectivos Municípios, não é considerada, para efeito do cálculo previsto neste artigo, receita do governo que a transferir.

§ 2.º Para efeito do cumprimento do disposto no *caput* deste artigo, serão considerados os sistemas de ensino federal, estadual e municipal e os recursos aplicados na forma do art. 213.

§ 3.º A distribuição dos recursos públicos assegurará prioridade ao atendimento das necessidades do ensino obrigatório, no que se refere a universalização, garantia de padrão de qualidade e equidade, nos termos do plano nacional de educação.

•• § 3.º com redação determinada pela Emenda Constitucional n. 59, de 11-11-2009.

§ 4.º Os programas suplementares de alimentação e assistência à saúde previstos no art. 208, VII, serão financiados com recursos provenientes de contribuições sociais e outros recursos orçamentários.

§ 5.º A educação básica pública terá como fonte adicional de financiamento a contribuição social do salário-educação, recolhida pelas empresas na forma da lei.

•• § 5.º com redação determinada pela Emenda Constitucional n. 53, de 19-12-2006.

•• § 5.º regulamentado pelo Decreto n. 6.003, de 28-12-2006.

• *Vide* art. 76, § 2.º, do ADCT.

• A Lei n. 9.766, de 18-12-1998, regulamenta o Salário-educação.

§ 6.º As cotas estaduais e municipais da arrecadação da contribuição social do salário-educação serão distribuídas proporcionalmente ao número de alunos matriculados na educação básica nas respectivas redes públicas de ensino.

•• § 6.º acrescentado pela Emenda Constitucional n. 53, de 19-12-2006.

•• *Vide* art. 107, § 6.º, I, do ADCT.

§ 7.º É vedado o uso dos recursos referidos no *caput* e nos §§ 5.º e 6.º deste artigo para pagamento de aposentadorias e de pensões.

•• § 7.º acrescentado pela Emenda Constitucional n. 108, de 26-8-2020.

§ 8.º Na hipótese de extinção ou de substituição de impostos, serão redefinidos os percentuais referidos no *caput* deste artigo e no inciso II do *caput* do art. 212-A, de modo que resultem recursos vinculados à manutenção e ao desenvolvimento do ensino, bem como os recursos subvinculados aos fundos de que trata o art. 212-A desta Constituição, em aplicações equivalentes às anteriormente praticadas.

•• § 8.º acrescentado pela Emenda Constitucional n. 108, de 26-8-2020.

§ 9.º A lei disporá sobre normas de fiscalização, de avaliação e de controle das despesas com educação nas esferas estadual, distrital e municipal.

•• § 9.º acrescentado pela Emenda Constitucional n. 108, de 26-8-2020.

Art. 212-A. Os Estados, o Distrito Federal e os Municípios destinarão parte dos recursos a que se refere o *caput* do art. 212 desta Constituição à manutenção e ao desenvolvimento do ensino na educação básica e à remuneração condigna de seus profissionais, respeitadas as seguintes disposições:

•• *Caput* acrescentado pela Emenda Constitucional n. 108, de 26-8-2020.

•• A Lei n. 14.113, de 25-12-2020, regulamenta o Fundo de Manutenção e Desenvolvimento da Educação Básica e de Valorização dos Profissionais da Educação de que trata este artigo.

I – a distribuição dos recursos e de responsabilidades entre o Distrito Federal, os Estados e seus Municípios é assegurada mediante a instituição, no âmbito de cada Estado e do Distrito Federal, de um Fundo de Manutenção e Desenvolvimento da Educação Básica e de Valorização dos Profissionais da Educação (Fundeb), de natureza contábil;

•• Inciso I acrescentado pela Emenda Constitucional n. 108, de 26-8-2020.

•• *Vide* art. 60-A do ADCT.

II – os fundos referidos no inciso I do *caput* deste artigo serão constituídos por 20% (vinte por cento) dos recursos a que se referem os incisos I, II e III do *caput* do art. 155, o inciso II do *caput* do art. 157, os incisos II, III e IV do *caput* do art. 158 e as alíneas "a" e "b" do inciso I e o inciso II do *caput* do art. 159 desta Constituição;

•• Inciso II acrescentado pela Emenda Constitucional n. 108, de 26-8-2020.

III – os recursos referidos no inciso II do *caput* deste artigo serão distribuídos entre cada Estado e seus Municípios, proporcionalmente ao número de alunos das diversas etapas e modalidades da educação básica presencial matriculados nas respectivas redes, nos âmbitos de atuação prioritária, conforme estabelecido nos §§ 2.º e 3.º do art. 211 desta Constituição, observadas as ponderações referidas na alínea a do inciso X do *caput* e no § 2.º deste artigo;

•• Inciso III acrescentado pela Emenda Constitucional n. 108, de 26-8-2020.

IV – a União complementará os recursos dos fundos a que se refere o inciso II do *caput* deste artigo;

•• Inciso IV acrescentado pela Emenda Constitucional n. 108, de 26-8-2020.

•• *Vide* art. 60 do ADCT.

V – a complementação da União será equivalente a, no mínimo, 23% (vinte e três por cento) do total de recursos a que se refere o inciso II do *caput* deste artigo, distribuída da seguinte forma:

•• Inciso V, *caput*, acrescentado pela Emenda Constitucional n. 108, de 26-8-2020.

a) 10 (dez) pontos percentuais no âmbito de cada Estado e do Distrito Federal, sempre que o valor anual por aluno (VAAF), nos termos do inciso III do *caput* deste artigo, não alcançar o mínimo definido nacionalmente;

•• Alínea *a* acrescentada pela Emenda Constitucional n. 108, de 26-8-2020.

b) no mínimo, 10,5 (dez inteiros e cinco décimos) pontos percentuais em cada rede pública de ensino municipal, estadual ou distrital, sempre que o valor anual total por aluno (VAAT), referido no inciso VI do *caput* deste artigo, não alcançar o mínimo definido nacionalmente;

•• Alínea *b* acrescentada pela Emenda Constitucional n. 108, de 26-8-2020.

•• *Vide* art. 60, § 1.º, do ADCT.

c) 2,5 (dois inteiros e cinco décimos) pontos percentuais nas redes públicas que, cumpridas condicionalidades de melhoria de gestão previstas em lei, alcançarem evolução de indicadores a serem definidos, de atendimento e melhoria da aprendizagem com redução das desigualdades, nos termos do sistema nacional de avaliação da educação básica;

•• Alínea *c* acrescentada pela Emenda Constitucional n. 108, de 26-8-2020.

•• *Vide* art. 60, § 2.º, do ADCT.

VI – o VAAT será calculado, na forma da lei de que trata o inciso X do *caput* deste artigo, com base nos recursos a que se refere o inciso II do *caput* deste artigo, acrescidos de outras receitas e de transferências vinculadas à educação, observado o disposto no § 1.º e consideradas as matrículas nos termos do inciso III do *caput* deste artigo;

•• Inciso VI acrescentado pela Emenda Constitucional n. 108, de 26-8-2020.

VII – os recursos de que tratam os incisos II e IV do *caput* deste artigo serão aplicados pelos Estados e pelos Municípios exclusivamente nos respectivos âmbitos de atuação prioritária, conforme estabelecido nos §§ 2.º e 3.º do art. 211 desta Constituição;

•• Inciso VII acrescentado pela Emenda Constitucional n. 108, de 26-8-2020.

VIII – a vinculação de recursos à manutenção e ao desenvolvimento do ensino estabelecida no art. 212 desta Constituição suportará, no máximo, 30% (trinta por cento) da complementação da União, considerados para os fins deste inciso os valores previstos no inciso V do *caput* deste artigo;

•• Inciso VIII acrescentado pela Emenda Constitucional n. 108, de 26-8-2020.

IX – o disposto no *caput* do art. 160 desta Constituição aplica-se aos recursos referidos nos incisos II e IV do *caput* deste artigo, e seu descumprimento pela autoridade competente importará em crime de responsabilidade;

•• Inciso IX acrescentado pela Emenda Constitucional n. 108, de 26-8-2020.

X – a lei disporá, observadas as garantias estabelecidas nos incisos I, II, III e IV do *caput* e no § 1.º do art. 208 e as metas pertinentes do plano nacional de educação, nos termos previstos no art. 214 desta Constituição, sobre:

•• Inciso X, *caput*, acrescentado pela Emenda Constitucional n. 108, de 26-8-2020.

a) a organização dos fundos referidos no inciso I do *caput* deste artigo e a distribuição proporcional de seus recursos, as diferenças e as ponderações quanto ao valor anual por aluno entre etapas, modalidades, duração da jornada e tipos de estabelecimento de ensino, observados as respectivas especificidades e os insumos necessários para a garantia de sua qualidade;

•• Alínea *a* acrescentada pela Emenda Constitucional n. 108, de 26-8-2020.

b) a forma de cálculo do VAAF decorrente do inciso III do *caput* deste artigo e do VAAT referido no inciso VI do *caput* deste artigo;

•• Alínea *b* acrescentada pela Emenda Constitucional n. 108, de 26-8-2020.

c) a forma de cálculo para distribuição prevista na alínea *c* do inciso V do *caput* deste artigo;

•• Alínea *c* acrescentada pela Emenda Constitucional n. 108, de 26-8-2020.

d) a transparência, o monitoramento, a fiscalização e o controle interno, externo e social dos fundos referidos no inciso I do *caput* deste artigo, assegurada a criação, a autonomia, a manutenção e a consolidação de conselhos de acompanhamento e controle social, admitida sua integração aos conselhos de educação;

•• Alínea *d* acrescentada pela Emenda Constitucional n. 108, de 26-8-2020.

e) o conteúdo e a periodicidade da avaliação, por parte do órgão responsável, dos efeitos redistributivos, da melhoria dos indicadores educacionais e da ampliação do atendimento;

•• Alínea *e* acrescentada pela Emenda Constitucional n. 108, de 26-8-2020.

XI – proporção não inferior a 70% (setenta por cento) de cada fundo referido no inciso I do *caput* deste artigo, excluídos os recursos de que trata a alínea *c* do inciso V do *caput* deste artigo, será destinada ao pagamento dos profissionais da educação básica em efetivo exercício, observado, em relação aos recursos previstos na alínea *b* do inciso V do *caput* deste artigo, o percentual mínimo de 15% (quinze por cento) para despesas de capital;

•• Inciso XI acrescentado pela Emenda Constitucional n. 108, de 26-8-2020.

XII – lei específica disporá sobre o piso salarial profissional nacional para os profissionais do magistério da educação básica pública;

•• Inciso XII acrescentado pela Emenda Constitucional n. 108, de 26-8-2020.

XIII – a utilização dos recursos a que se refere o § 5.º do art. 212 desta Constituição para a complementação da União ao Fundeb, referida no inciso V do *caput* deste artigo, é vedada.

•• Inciso XIII acrescentado pela Emenda Constitucional n. 108, de 26-8-2020.

§ 1.º O cálculo do VAAT, referido no inciso VI do *caput* deste artigo, deverá considerar, além dos recursos previstos no inciso II do *caput* deste artigo, pelo menos, as seguintes disponibilidades:

•• § 1.º, *caput*, acrescentado pela Emenda Constitucional n. 108, de 26-8-2020.

I – receitas de Estados, do Distrito Federal e de Municípios vinculadas à manutenção e ao desenvolvimento do ensino não integrantes dos fundos referidos no inciso I do *caput* deste artigo;

•• Inciso I acrescentado pela Emenda Constitucional n. 108, de 26-8-2020.

II – cotas estaduais e municipais da arrecadação do salário-educação de que trata o § 6.º do art. 212 desta Constituição;

•• Inciso II acrescentado pela Emenda Constitucional n. 108, de 26-8-2020.

III – complementação da União transferida a Estados, ao Distrito Federal e a Municípios nos termos da alínea *a* do inciso *V* do *caput* deste artigo.

•• Inciso III acrescentado pela Emenda Constitucional n. 108, de 26-8-2020.

§ 2.º Além das ponderações previstas na alínea *a* do inciso X do *caput* deste artigo, a lei definirá outras relativas ao nível socioeconômico dos educandos e aos indicadores de disponibilidade de recursos vinculados à educação e de potencial de arrecadação tributária de cada ente federado, bem como seus prazos de implementação.

•• § 2.º acrescentado pela Emenda Constitucional n. 108, de 26-8-2020.

§ 3.º Será destinada à educação infantil a proporção de 50% (cinquenta por cento) dos recursos globais a que se refere a alínea *b* do inciso V do *caput* deste artigo, nos termos da lei.

•• § 3.º acrescentado pela Emenda Constitucional n. 108, de 26-8-2020.

Art. 213. Os recursos públicos serão destinados às escolas públicas, podendo ser dirigidos a escolas comunitárias, confessionais ou filantrópicas, definidas em lei, que:

• *Vide* art. 61 do ADCT.

I – comprovem finalidade não lucrativa e apliquem seus excedentes financeiros em educação;

II – assegurem a destinação de seu patrimônio a outra escola comunitária, filantrópica ou confessional, ou ao Poder Público, no caso de encerramento de suas atividades.

§ 1.º Os recursos de que trata este artigo poderão ser destinados a bolsas de estudo para o ensino fundamental e médio, na forma da lei, para os que demonstrarem insuficiência de recursos, quando houver falta de vagas e cursos regulares da rede pública na localidade da residência do educando, ficando o Poder Público obrigado a investir prioritariamente na expansão de sua rede na localidade.

§ 2.º As atividades de pesquisa, de extensão e de estímulo e fomento à inovação realizadas por universidades e/ou por instituições de educação profissional e tecnológica poderão receber apoio financeiro do Poder Público.

•• § 2.º com redação determinada pela Emenda Constitucional n. 85, de 26-2-2015.

Art. 214. A lei estabelecerá o plano nacional de educação, de duração decenal, com o objetivo de articular o sistema nacional de educação em regime de colaboração e definir diretrizes, objetivos, metas e estratégias de implementação para assegurar a manutenção e desenvolvimento do ensino em seus diversos níveis, etapas e modalidades por meio de ações integradas dos poderes públicos das diferentes esferas federativas que conduzam a:

•• *Caput* com redação determinada pela Emenda Constitucional n. 59, de 11-11-2009.

I – erradicação do analfabetismo;

II – universalização do atendimento escolar;

III – melhoria da qualidade do ensino;

IV – formação para o trabalho;

V – promoção humanística, científica e tecnológica do País;

VI – estabelecimento de meta de aplicação de recursos públicos em educação como proporção do produto interno bruto.

•• Inciso VI acrescentado pela Emenda Constitucional n. 59, de 11-11-2009.

Seção II
Da Cultura

• A Lei n. 8.313, de 23-12-1991, regulamentada pelo Decreto n. 5.761, de 27-4-2006, institui o Programa Nacional de Apoio à Cultura – PRONAC.

• A Lei n. 8.685, de 20-7-1993, cria mecanismo de fomento a atividade audiovisual.

Art. 215. O Estado garantirá a todos o pleno exercício dos direitos culturais e acesso às fontes da cultura nacional, e apoiará e incentivará a valorização e a difusão das manifestações culturais.

• A Lei n. 13.018, de 22-7-2014, institui a Política Nacional de Cultura Viva.

§ 1.º O Estado protegerá as manifestações das culturas populares, indígenas e afro-brasileiras, e das de outros grupos participantes do processo civilizatório nacional.

§ 2.º A lei disporá sobre a fixação de datas comemorativas de alta significação para os diferentes segmentos étnicos nacionais.

§ 3.º A lei estabelecerá o Plano Nacional de Cultura, de duração plurianual, visando ao desenvolvimento cultural do País e à integração das ações do poder público que conduzem à:

•• A Lei n. 12.343, de 2-12-2010, institui o Plano Nacional de Cultura – PNC, cria o Sistema Nacional de Informações e Indicadores Culturais – SNIIC e dá outras providências.

I – defesa e valorização do patrimônio cultural brasileiro;

II – produção, promoção e difusão de bens culturais;

III – formação de pessoal qualificado para a gestão da cultura em suas múltiplas dimensões;

IV – democratização do acesso aos bens de cultura;

V – valorização da diversidade étnica e regional.

•• § 3.º acrescentado pela Emenda Constitucional n. 48, de 10-8-2005.

Art. 216. Constituem patrimônio cultural brasileiro os bens de natureza material e imaterial, tomados individualmente ou em conjunto, portadores de referência à identidade, à ação, à memória dos diferentes grupos formadores da sociedade brasileira, nos quais se incluem:

• A Lei n. 12.840, de 9-7-2013, dispõe sobre a destinação dos bens de valor cultural, artístico ou histórico aos museus.

I – as formas de expressão;

II – os modos de criar, fazer e viver;

III – as criações científicas, artísticas e tecnológicas;

IV – as obras, objetos, documentos, edificações e demais espaços destinados às manifestações artístico-culturais;

V – os conjuntos urbanos e sítios de valor histórico, paisagístico, artístico, arqueológico, paleontológico, ecológico e científico.

• A Lei n. 3.924, de 26-7-1961, dispõe sobre os monumentos arqueológicos e pré-históricos.

§ 1.º O Poder Público, com a colaboração da comunidade, promoverá e protegerá o patrimônio cultural brasileiro, por meio de inventários, registros, vigilância, tombamento e desapropriação, e de outras formas de acautelamento e preservação.

• A Lei n. 8.394, de 30-12-1991, regulamentada pelo Decreto n. 4.344, de 26-8-2002, dispõe sobre a preservação, organização e proteção dos acervos documentais privados dos presidentes da República.

§ 2.º Cabem à administração pública, na forma da lei, a gestão da documentação governamental e as providências para franquear sua consulta a quantos dela necessitem.

•• A Lei n. 12.527, de 18-11-2011, regulamentada pelo Decreto n. 7.724, de 16-5-2012, regula o acesso a informações previsto neste § 2.º.

•• O Decreto n. 8.777, de 11-5-2016, institui a Política de Dados Abertos do Poder Executivo federal.

• O Decreto n. 7.845, de 14-11-2012, regulamenta procedimentos para credenciamento de segurança e tratamento de informação classificada em qualquer grau de sigilo, e dispõe sobre o Núcleo de Segurança e Credenciamento.

§ 3.º A lei estabelecerá incentivos para a produção e o conhecimento de bens e valores culturais.

• As Leis n. 7.505, de 2-7-1986 (Lei Sarney), e n. 8.313, de 23-12-1991 (Lei Rouanet), dispõem sobre benefícios fiscais concedidos a operações de caráter cultural ou artístico.

§ 4.º Os danos e ameaças ao patrimônio cultural serão punidos, na forma da lei.

§ 5.º Ficam tombados todos os documentos e os sítios detentores de reminiscências históricas dos antigos quilombos.

§ 6.º É facultado aos Estados e ao Distrito Federal vincular a fundo estadual de fomento à cultura até cinco décimos por cento de sua receita tributária líquida, para o financiamento de programas e projetos culturais, vedada a aplicação desses recursos no pagamento de:

•• § 6.º, *caput*, acrescentado pela Emenda Constitucional n. 42, de 19-12-2003.

I – despesas com pessoal e encargos sociais;

•• Inciso I acrescentado pela Emenda Constitucional n. 42, de 19-12-2003.

II – serviço da dívida;

•• Inciso II acrescentado pela Emenda Constitucional n. 42, de 19-12-2003.

III – qualquer outra despesa corrente não vinculada diretamente aos investimentos ou ações apoiados.

•• Inciso III acrescentado pela Emenda Constitucional n. 42, de 19-12-2003.

Art. 216-A. O Sistema Nacional de Cultura, organizado em regime de colaboração, de forma descentralizada e participativa, institui um processo de gestão e promoção conjunta de políticas públicas de cultura, democráticas e permanentes, pactuadas entre os entes da Federação e a sociedade, tendo por objetivo promover o desenvolvimento humano, social e econômico com pleno exercício dos direitos culturais.

•• *Caput* acrescentado pela Emenda Constitucional n. 71, de 29-11-2012.

§ 1.º O Sistema Nacional de Cultura fundamenta-se na política nacional de cultura e nas suas diretrizes, estabelecidas no Plano Nacional de Cultura, e rege-se pelos seguintes princípios:

•• § 1.º, *caput*, acrescentado pela Emenda Constitucional n. 71, de 29-11-2012.

I – diversidade das expressões culturais;

•• Inciso I acrescentado pela Emenda Constitucional n. 71, de 29-11-2012.

II – universalização do acesso aos bens e serviços culturais;

•• Inciso II acrescentado pela Emenda Constitucional n. 71, de 29-11-2012.

III – fomento à produção, difusão e circulação de conhecimento e bens culturais;

•• Inciso III acrescentado pela Emenda Constitucional n. 71, de 29-11-2012.

IV – cooperação entre os entes federados, os agentes públicos e privados atuantes na área cultural;

•• Inciso IV acrescentado pela Emenda Constitucional n. 71, de 29-11-2012.

V – integração e interação na execução das políticas, programas, projetos e ações desenvolvidas;

•• Inciso V acrescentado pela Emenda Constitucional n. 71, de 29-11-2012.

VI – complementaridade nos papéis dos agentes culturais;

•• Inciso VI acrescentado pela Emenda Constitucional n. 71, de 29-11-2012.

VII – transversalidade das políticas culturais;

•• Inciso VII acrescentado pela Emenda Constitucional n. 71, de 29-11-2012.

VIII – autonomia dos entes federados e das instituições da sociedade civil;

•• Inciso VIII acrescentado pela Emenda Constitucional n. 71, de 29-11-2012.

IX – transparência e compartilhamento das informações;

•• Inciso IX acrescentado pela Emenda Constitucional n. 71, de 29-11-2012.

X – democratização dos processos decisórios com participação e controle social;

•• Inciso X acrescentado pela Emenda Constitucional n. 71, de 29-11-2012.

XI – descentralização articulada e pactuada da gestão, dos recursos e das ações;

•• Inciso XI acrescentado pela Emenda Constitucional n. 71, de 29-11-2012.

XII – ampliação progressiva dos recursos contidos nos orçamentos públicos para a cultura.

•• Inciso XII acrescentado pela Emenda Constitucional n. 71, de 29-11-2012.

§ 2.º Constitui a estrutura do Sistema Nacional de Cultura, nas respectivas esferas da Federação:

•• § 2.º, *caput*, acrescentado pela Emenda Constitucional n. 71, de 29-11-2012.

I – órgãos gestores da cultura;

•• Inciso I acrescentado pela Emenda Constitucional n. 71, de 29-11-2012.

II – conselhos de política cultural;

•• Inciso II acrescentado pela Emenda Constitucional n. 71, de 29-11-2012.

III – conferências de cultura;

•• Inciso III acrescentado pela Emenda Constitucional n. 71, de 29-11-2012.

IV – comissões intergestores;

•• Inciso IV acrescentado pela Emenda Constitucional n. 71, de 29-11-2012.

V – planos de cultura;

•• Inciso V acrescentado pela Emenda Constitucional n. 71, de 29-11-2012.

VI – sistemas de financiamento à cultura;

•• Inciso VI acrescentado pela Emenda Constitucional n. 71, de 29-11-2012.

VII – sistemas de informações e indicadores culturais;

•• Inciso VII acrescentado pela Emenda Constitucional n. 71, de 29-11-2012.

VIII – programas de formação na área da cultura; e

•• Inciso VIII acrescentado pela Emenda Constitucional n. 71, de 29-11-2012.

IX – sistemas setoriais de cultura.

•• Inciso IX acrescentado pela Emenda Constitucional n. 71, de 29-11-2012.

§ 3.º Lei federal disporá sobre a regulamentação do Sistema Nacional de Cultura, bem como de sua articulação com os demais sistemas nacionais ou políticas setoriais de governo.

•• § 3.º acrescentado pela Emenda Constitucional n. 71, de 29-11-2012.

§ 4.º Os Estados, o Distrito Federal e os Municípios organizarão seus respectivos sistemas de cultura em leis próprias.

•• § 4.º acrescentado pela Emenda Constitucional n. 71, de 29-11-2012.

Seção III
Do Desporto

• A Lei n. 9.615, de 24-3-1998, institui normas gerais sobre desportos.

• A Lei n. 11.438, de 29-12-2006, regulamentada pelo Decreto n. 6.180, de 3-8-2007, dispõe sobre incentivos e benefícios para fomentar as atividades de caráter desportivo.

Art. 217. É dever do Estado fomentar práticas desportivas formais e não formais, como direito de cada um, observados:

I – a autonomia das entidades desportivas dirigentes e associações, quanto a sua organização e funcionamento;

II – a destinação de recursos públicos para a promoção prioritária do desporto educacional e, em casos específicos, para a do desporto de alto rendimento;

III – o tratamento diferenciado para o desporto profissional e o não profissional;

IV – a proteção e o incentivo às manifestações desportivas de criação nacional.

§ 1.º O Poder Judiciário só admitirá ações relativas à disciplina e às competições desportivas após esgotarem-se as instâncias da justiça desportiva, reguladas em lei.

§ 2.º A justiça desportiva terá o prazo máximo de sessenta dias, contados da instauração do processo, para proferir decisão final.

§ 3.º O Poder Público incentivará o lazer, como forma de promoção social.

Capítulo IV
DA CIÊNCIA, TECNOLOGIA E INOVAÇÃO

•• Capítulo IV com denominação determinada pela Emenda Constitucional n. 85, de 26-2-2015.

•• A Lei Complementar n. 182, de 1.º-6-2021, institui o marco legal das *startups* e do empreendedorismo inovador.

• Conselho Nacional de Ciência e Tecnologia: Lei n. 9.257, de 9-1-1996.

Art. 218. O Estado promoverá e incentivará o desenvolvimento científico, a pesquisa, a capacitação científica e tecnológica e a inovação.

•• *Caput* com redação determinada pela Emenda Constitucional n. 85, de 26-2-2015.

• A Lei n. 10.973, de 2-12-2004, estabelece medidas de incentivo à inovação e à pesquisa científica e tecnológica no ambiente produtivo, com vistas à capacitação e ao alcance da autonomia tecnológica e ao desenvolvimento industrial do país, nos termos deste Capítulo. Regulamento: Decreto n. 9.283, de 7-2-2018.

§ 1.º A pesquisa científica básica e tecnológica receberá tratamento prioritário do Estado, tendo em vista o bem público e o progresso da ciência, tecnologia e inovação.

•• § 1.º com redação determinada pela Emenda Constitucional n. 85, de 26-2-2015.

§ 2.º A pesquisa tecnológica voltar-se-á preponderantemente para a solução dos problemas brasileiros e para o desenvolvimento do sistema produtivo nacional e regional.

§ 3.º O Estado apoiará a formação de recursos humanos nas áreas de ciência, pesquisa, tecnologia e inovação, inclusive por meio do apoio às atividades de extensão tecnológica, e concederá aos que delas se ocupem meios e condições especiais de trabalho.

•• § 3.º com redação determinada pela Emenda Constitucional n. 85, de 26-2-2015.

§ 4.º A lei apoiará e estimulará as empresas que invistam em pesquisa, criação de tecnologia adequada ao País, formação e aperfeiçoamento de seus recursos humanos e que pratiquem sistemas de remuneração que assegurem ao empregado, desvinculada do salário, participação nos ganhos econômicos resultantes da produtividade de seu trabalho.

§ 5.º É facultado aos Estados e ao Distrito Federal vincular parcela de sua receita orçamentária a entidades públicas de fomento ao ensino e à pesquisa científica e tecnológica.

§ 6.º O Estado, na execução das atividades previstas no *caput*, estimulará a articulação entre entes, tanto públicos quanto privados, nas diversas esferas de governo.

•• § 6.º acrescentado pela Emenda Constitucional n. 85, de 26-2-2015.

§ 7.º O Estado promoverá e incentivará a atuação no exterior das instituições públicas de ciência, tecnologia e inovação, com vistas à execução das atividades previstas no *caput*.

•• § 7.º acrescentado pela Emenda Constitucional n. 85, de 26-2-2015.

Art. 219. O mercado interno integra o patrimônio nacional e será incentivado de modo a viabilizar o desenvolvimento cultural e socioeconômico, o bem-estar da população e a autonomia tecnológica do País, nos termos de lei federal.

Parágrafo único. O Estado estimulará a formação e o fortalecimento da inovação nas empresas, bem como nos demais entes, públicos ou privados, a constituição e a manutenção de parques e polos tecnológicos e de demais ambientes promotores da inovação, a atuação dos inventores independentes e a criação, absorção, difusão e transferência de tecnologia.

•• Parágrafo único acrescentado pela Emenda Constitucional n. 85, de 26-2-2015.

Art. 219-A. A União, os Estados, o Distrito Federal e os Municípios poderão firmar instrumentos de cooperação com órgãos e entidades públicos e com entidades privadas, inclusive para o compartilhamento de recursos humanos especializados e capacidade instalada, para a execução de projetos de pesquisa, de desenvolvimento científico e tecnológico e de inovação, mediante contrapartida financeira ou não financeira assumida pelo ente beneficiário, na forma da lei.

•• Artigo acrescentado pela Emenda Constitucional n. 85, de 26-2-2015.

Art. 219-B. O Sistema Nacional de Ciência, Tecnologia e Inovação (SNCTI) será organizado em regime de colaboração entre entes, tanto públicos quanto privados, com vistas a promover o desenvolvimento científico e tecnológico e a inovação.

•• *Caput* acrescentado pela Emenda Constitucional n. 85, de 26-2-2015.

§ 1.º Lei federal disporá sobre as normas gerais do SNCTI.

•• § 1.º acrescentado pela Emenda Constitucional n. 85, de 26-2-2015.

§ 2.º Os Estados, o Distrito Federal e os Municípios legislarão concorrentemente sobre suas peculiaridades.

•• § 2.º acrescentado pela Emenda Constitucional n. 85, de 26-2-2015.

Capítulo V
DA COMUNICAÇÃO SOCIAL

Art. 220. A manifestação do pensamento, a criação, a expressão e a informação, sob qualquer forma, processo ou veículo não sofrerão qualquer restrição, observado o disposto nesta Constituição.

- Código Brasileiro de Telecomunicações: Lei n. 4.117, de 27-8-1962.
- Organização dos Serviços de Telecomunicações: Lei n. 9.472, de 16-7-1997.

§ 1.º Nenhuma lei conterá dispositivo que possa constituir embaraço à plena liberdade de informação jornalística em qualquer veículo de comunicação social, observado o disposto no art. 5.º, IV, V, X, XIII e XIV.

§ 2.º É vedada toda e qualquer censura de natureza política, ideológica e artística.

§ 3.º Compete à lei federal:

I – regular as diversões e espetáculos públicos, cabendo ao Poder Público informar sobre a natureza deles, as faixas etárias a que não se recomendem, locais e horários em que sua apresentação se mostre inadequada;

•• A Portaria n. 502, de 23-11-2021, do Ministério da Justiça, regulamenta o processo de classificação indicativa.

- A Lei n. 10.359, de 27-12-2001, dispõe sobre a obrigatoriedade de novos aparelhos de televisão conterem dispositivo que possibilite o bloqueio temporário de recepção de programação inadequada.

II – estabelecer os meios legais que garantam à pessoa e à família a possibilidade de se defenderem de programas ou programações de rádio e televisão que contrariem o disposto no art. 221, bem como da propaganda de produtos, práticas e serviços que possam ser nocivos à saúde e ao meio ambiente.

§ 4.º A propaganda comercial de tabaco, bebidas alcoólicas, agrotóxicos, medicamentos e terapias estará sujeita a restrições legais, nos termos do inciso II do parágrafo anterior, e conterá, sempre que necessário, advertência sobre os malefícios decorrentes de seu uso.

- A Lei n. 9.294, de 15-7-1996, regulamentada pelo Decreto n. 2.018, de 1.º-10-1996, dispõe sobre as restrições ao uso e à propaganda de produtos fumígenos, bebidas alcoólicas, medicamentos, terapias e defensivos agrícolas aqui referidos.
- A Lei n. 11.705, de 19-6-2008 (Lei Seca), altera a Lei n. 9.503, de 23-9-1997 (CTB), com a finalidade de estabelecer alcoolemia zero e de impor penalidades mais severas para o condutor que dirigir sob a influência de álcool, e a Lei n. 9.294, de 15-7-1996, para obrigar os estabelecimentos comerciais em que se vendem ou oferecem bebidas alcoólicas a estampar no recinto aviso de que constitui crime dirigir sob a influência de álcool.

§ 5.º Os meios de comunicação social não podem, direta ou indiretamente, ser objeto de monopólio ou oligopólio.

§ 6.º A publicação de veículo impresso de comunicação independe de licença de autoridade.

Art. 221. A produção e a programação das emissoras de rádio e televisão atenderão aos seguintes princípios:

I – preferência a finalidades educativas, artísticas, culturais e informativas;

II – promoção da cultura nacional e regional e estímulo à produção independente que objetive sua divulgação;

III – regionalização da produção cultural, artística e jornalística, conforme percentuais estabelecidos em lei;

IV – respeito aos valores éticos e sociais da pessoa e da família.

Art. 222. A propriedade de empresa jornalística e de radiodifusão sonora e de sons e imagens é privativa de brasileiros natos ou naturalizados há mais de 10 (dez) anos, ou de pessoas jurídicas constituídas sob as leis brasileiras e que tenham sede no País.

•• *Caput* com redação determinada pela Emenda Constitucional n. 36, de 28-5-2002.

§ 1.º Em qualquer caso, pelo menos 70% (setenta por cento) do capital total e do capital votante das empresas jornalísticas e de radiodifusão sonora e de sons e imagens deverá pertencer, direta ou indiretamente, a brasileiros natos ou naturalizados há mais de 10 (dez) anos, que exercerão obrigatoriamente a gestão das atividades e estabelecerão o conteúdo da programação.

•• § 1.º com redação determinada pela Emenda Constitucional n. 36, de 28-5-2002.

§ 2.º A responsabilidade editorial e as atividades de seleção e direção da programação veiculada são privativas de brasileiros natos ou naturalizados há mais de 10 (dez) anos, em qualquer meio de comunicação social.

•• § 2.º com redação determinada pela Emenda Constitucional n. 36, de 28-5-2002.

§ 3.º Os meios de comunicação social eletrônica, independentemente da tecnologia utilizada para a prestação do serviço, deverão observar os princípios enunciados no art. 221, na forma de lei específica, que também garantirá a prioridade de profissionais brasileiros na execução de produções nacionais.

•• § 3.º acrescentado pela Emenda Constitucional n. 36, de 28-5-2002.

§ 4.º Lei disciplinará a participação de capital estrangeiro nas empresas de que trata o § 1.º.

•• § 4.º acrescentado pela Emenda Constitucional n. 36, de 28-5-2002.

•• A Lei n. 10.610, de 20-12-2002, disciplina a participação de capital estrangeiro nas empresas jornalísticas e de radiodifusão sonora e de sons e imagens de que trata este parágrafo.

§ 5.º As alterações de controle societário das empresas de que trata o § 1.º serão comunicadas ao Congresso Nacional.

•• § 5.º acrescentado pela Emenda Constitucional n. 36, de 28-5-2002.

Art. 223. Compete ao Poder Executivo outorgar e renovar concessão, permissão e autorização para o serviço de radiodifusão sonora e de sons e imagens, observado o princípio da complementaridade dos sistemas privado, público e estatal.

- O Decreto n. 52.795, de 31-10-1963, aprova o Regulamento dos Serviços de Radiodifusão.

§ 1.º O Congresso Nacional apreciará o ato no prazo do art. 64, §§ 2.º e 4.º, a contar do recebimento da mensagem.

§ 2.º A não renovação da concessão ou permissão dependerá de aprovação de, no mínimo, dois quintos do Congresso Nacional, em votação nominal.

§ 3.º O ato de outorga ou renovação somente produzirá efeitos legais após deliberação do Congresso Nacional, na forma dos parágrafos anteriores.

§ 4.º O cancelamento da concessão ou permissão, antes de vencido o prazo, depende de decisão judicial.

§ 5.º O prazo da concessão ou permissão será de dez anos para as emissoras de rádio e de quinze para as de televisão.

Art. 224. Para os efeitos do disposto neste capítulo, o Congresso Nacional instituirá, como órgão auxiliar, o Conselho de Comunicação Social, na forma da lei.

•• A Lei n. 8.389, de 30-12-1991, institui o Conselho aqui referido.

Capítulo VI
DO MEIO AMBIENTE

- A Lei n. 7.735, de 22-2-1989, cria o Instituto Nacional do Meio Ambiente e dos Recursos Naturais Renováveis.
- A Lei n. 7.797, de 10-7-1989, cria o Fundo Nacional do Meio Ambiente.
- Agrotóxicos: Lei n. 7.802, de 11-7-1989, e seu regulamento: Decreto n. 4.074, de 4-1-2002.
- Lei de Crimes Ambientais: Lei n. 9.605, de 12-2-1998.
- Ministério do Meio Ambiente: Decreto n. 8.975, de 24-1-2017.
- Sobre a chancela da Paisagem Cultural Brasileira: Portaria n. 127, de 30-4-2009, do Instituto do Patrimônio Histórico e Artístico Nacional: IPHAN.

Art. 225. Todos têm direito ao meio ambiente ecologicamente equilibrado, bem de uso comum do povo e essencial à sadia qualidade de vida, impondo-se ao Poder Público e à coletividade o dever de defendê-lo e preservá-lo para as presentes e futuras gerações.

•• *Vide* Súmula 652 do STJ.

§ 1.º Para assegurar a efetividade desse direito, incumbe ao Poder Público:

I – preservar e restaurar os processos ecológicos essenciais e prover o manejo ecológico das espécies e ecossistemas;

•• Regulamento: Lei n. 9.985, de 18-7-2000.

II – preservar a diversidade e a integridade do patrimônio genético do País e fiscalizar as entidades dedicadas à pesquisa e manipulação de material genético;

•• Regulamento: Lei n. 9.985, de 18-7-2000, Lei n. 11.105, de 24-3-2005, e Lei n. 13.123, de 20-5-2015.

- O Decreto n. 5.705, de 16-2-2006, promulga o Protocolo de Cartagena sobre Biossegurança da Convenção sobre Diversidade Biológica.

III – definir, em todas as unidades da Federação, espaços territoriais e seus componentes a serem especialmente protegidos, sendo a alteração e a supressão permitidas somente através de lei, vedada qualquer utilização que comprometa a integridade dos atributos que justifiquem sua proteção;

•• Regulamento: Lei n. 9.985, de 18-7-2000.

IV – exigir, na forma da lei, para instalação de obra ou atividade potencialmente causadora de significativa degradação do meio ambiente, estudo prévio de impacto ambiental, a que se dará publicidade;

•• Regulamento: Lei n. 11.105, de 24-3-2005.

V – controlar a produção, a comercialização e o emprego de técnicas, métodos e substâncias que comportem risco para a vida, a qualidade de vida e o meio ambiente;

•• Regulamento: Lei n. 11.105, de 24-3-2005.

VI – promover a educação ambiental em todos os níveis de ensino e a conscientização pública para a preservação do meio ambiente;

• Lei de Educação Ambiental e instituição da Política Nacional de Educação Ambiental: Lei n. 9.795, de 27-4-1999, regulamentada pelo Decreto n. 4.281, de 25-6-2002.

VII – proteger a fauna e a flora, vedadas, na forma da lei, as práticas que coloquem em risco sua função ecológica, provoquem a extinção de espécies ou submetam os animais a crueldade;

•• Regulamento: Leis n. 9.985, de 18-7-2000, e 11.794, de 8-10-2008.

• Código de Caça: Lei n. 5.197, de 3-1-1967.

• Crimes Ambientais: Lei n. 9.605, de 12-2-1998.

• Política Nacional de Desenvolvimento Sustentável da Aquicultura e da Pesca: Lei n. 11.959, de 29-6-2009.

• Código Florestal: Lei n. 12.651, de 25-5-2012.

VIII – manter regime fiscal favorecido para os biocombustíveis destinados ao consumo final, na forma de lei complementar, a fim de assegurar-lhes tributação inferior à incidente sobre os combustíveis fósseis, capaz de garantir diferencial competitivo em relação a estes, especialmente em relação às contribuições de que tratam a alínea *b* do inciso I e o inciso IV do *caput* do art. 195 e o art. 239 e ao imposto a que se refere o inciso II do *caput* do art. 155 desta Constituição.

•• Inciso VIII acrescentado pela Emenda Constitucional n. 123, de 14-7-2022.

•• *Vide* art. 4.º da Emenda Constitucional n. 123, de 14-7-2022.

§ 2.º Aquele que explorar recursos minerais fica obrigado a recuperar o meio ambiente degradado, de acordo com solução técnica exigida pelo órgão público competente, na forma da lei.

• Código de Mineração: Decreto-lei n. 227, de 28-2-1967.

§ 3.º As condutas e atividades consideradas lesivas ao meio ambiente sujeitarão os infratores, pessoas físicas ou jurídicas, a sanções penais e administrativas, independentemente da obrigação de reparar os danos causados.

•• *Vide* Súmula 629 do STJ.

• Crimes Ambientais, responsabilidade das pessoas físicas e jurídicas: Lei n. 9.605, de 12-2-1998, art. 3.º e parágrafo único. O Decreto n. 6.514, de 22-7-2008, dispõe as infrações e sanções administrativas ao meio ambiente, estabelece o processo administrativo federal para apuração destas infrações.

§ 4.º A Floresta Amazônica brasileira, a Mata Atlântica, a Serra do Mar, o Pantanal Mato-Grossense e a Zona Costeira são patrimônio nacional, e sua utilização far-se-á, na forma da lei, dentro de condições que assegurem a preservação do meio ambiente, inclusive quanto ao uso dos recursos naturais.

•• Regulamento: Lei n. 13.123, de 20-5-2015.

• A Lei n. 11.428, de 22-12-2006, dispõe sobre a utilização e proteção da vegetação nativa do Bioma Mata Atlântica.

• A Lei n. 11.952, de 25-6-2009, dispõe sobre a regularização fundiária das ocupações incidentes em terras situadas em áreas da União, no âmbito da Amazônia Legal.

§ 5.º São indisponíveis as terras devolutas ou arrecadadas pelos Estados, por ações discriminatórias, necessárias à proteção dos ecossistemas naturais.

• Terras devolutas: Decreto-lei n. 9.760, de 5-9-1946.

§ 6.º As usinas que operem com reator nuclear deverão ter sua localização definida em lei federal, sem o que não poderão ser instaladas.

§ 7.º Para fins do disposto na parte final do inciso VII do § 1.º deste artigo, não se consideram cruéis as práticas desportivas que utilizem animais, desde que sejam manifestações culturais, conforme o § 1.º do art. 215 desta Constituição Federal, registradas como bem de natureza imaterial integrante do patrimônio cultural brasileiro, devendo ser regulamentadas por lei específica que assegure o bem-estar dos animais envolvidos.

•• § 7.º acrescentado pela Emenda Constitucional n. 96, de 6-6-2017.

Capítulo VII

DA FAMÍLIA, DA CRIANÇA, DO ADOLESCENTE, DO JOVEM E DO IDOSO

•• Capítulo VII com denominação determinada pela Emenda Constitucional n. 65, de 13-7-2010.

• ECA: Lei n. 8.069, de 13-7-1990.

• Política Nacional do Idoso: Lei n. 8.842, de 4-1-1994. O Decreto n. 9.921, de 18-7-2019, consolida atos normativos que dispõem sobre a temática da pessoa idosa e revoga o Decreto n. 1.948, de 3-7-1996.

• Estatuto do Idoso: Lei n. 10.741, de 1.º-10-2003.

Art. 226. A família, base da sociedade, tem especial proteção do Estado.

§ 1.º O casamento é civil e gratuita a celebração.

• Sobre o casamento: arts. 67 e s. da Lei n. 6.015, de 31-12-1973, e arts. 1.511 e s. do CC.

§ 2.º O casamento religioso tem efeito civil, nos termos da lei.

• Dos efeitos civis do casamento religioso: Lei n. 1.110, de 23-5-1950, e arts. 71 a 75 da Lei n. 6.015, de 31-12-1973.

§ 3.º Para efeito da proteção do Estado, é reconhecida a união estável entre o homem e a mulher como entidade familiar, devendo a lei facilitar sua conversão em casamento.

•• § 3.º regulamentado pela Lei n. 9.278, de 10-5-1996.

•• O STF, em 5-5-2011, declarou procedente a ADI n. 4.277 (*DOU* de 1.º-12-2014) e a ADPF n. 132 (*DOU* de 3-11-2014), com eficácia *erga omnes* e efeito vinculante, conferindo interpretação conforme a CF ao art. 1.723 do CC, a fim de declarar a aplicabilidade de regime da união estável às uniões entre pessoas do mesmo sexo.

•• A Resolução n. 175, de 14-5-2013, do CNJ, determina que é vedada às autoridades competentes a recusa de habilitação, celebração de casamento civil ou de conversão de união estável em casamento entre pessoas de mesmo sexo.

§ 4.º Entende-se, também, como entidade familiar a comunidade formada por qualquer dos pais e seus descendentes.

§ 5.º Os direitos e deveres referentes à sociedade conjugal são exercidos igualmente pelo homem e pela mulher.

• Direitos e deveres dos cônjuges: arts. 1.565 e s. do CC.

§ 6.º O casamento civil pode ser dissolvido pelo divórcio.

•• § 6.º com redação determinada pela Emenda Constitucional n. 66, de 13-7-2010.

• Sobre a dissolução da sociedade conjugal: arts. 2.º e s. da Lei n. 6.515, de 26-12-1977.

• Divórcio consensual, separação consensual e extinção consensual: art. 733 do CPC.

§ 7.º Fundado nos princípios da dignidade da pessoa humana e da paternidade responsável, o planejamento familiar é livre decisão do casal, competindo ao Estado propiciar recursos educacionais e científicos para o exercício desse direito, vedada qualquer forma coercitiva por parte de instituições oficiais ou privadas.

• Planejamento familiar: Lei n. 9.263, de 12-1-1996.

§ 8.º O Estado assegurará a assistência à família na pessoa de cada um dos que a integram, criando mecanismos para coibir a violência no âmbito de suas relações.

• Violência doméstica e familiar contra a mulher: Lei n. 11.340, de 7-8-2006.

• A Lei n. 14.344, de 24-5-2022, cria mecanismos para a prevenção e o enfrentamento da violência doméstica e familiar contra a criança e o adolescente.

Art. 227. É dever da família, da sociedade e do Estado assegurar à criança, ao adolescente e ao jovem, com absoluta prioridade, o direito à vida, à saúde, à alimentação, à educação, ao lazer, à profissionalização, à cultura, à dignidade, ao respeito, à liberdade e à convivência familiar e comunitária, além de colocá-los a salvo de toda forma de negligência, discriminação, exploração, violência, crueldade e opressão.

•• *Caput* com redação determinada pela Emenda Constitucional n. 65, de 13-7-2010.

§ 1.º O Estado promoverá programas de assistência integral à saúde da criança, do adolescente e do jovem, admitida a participação de entidades não governamentais, mediante políticas específicas e obedecendo aos seguintes preceitos:

•• § 1.º, *caput*, com redação determinada pela Emenda Constitucional n. 65, de 13-7-2010.

• A Lei n. 8.642, de 31-3-1993, regulamentada pelo Decreto n. 1.056, de 11-2-1994, dispõe sobre a instituição do Programa Nacional de Atenção Integral à Criança e ao Adolescente – PRONAICA.

I – aplicação de percentual dos recursos públicos destinados à saúde na assistência materno-infantil;

II – criação de programas de prevenção e atendimento especializado para as pessoas portadoras de deficiência física, sensorial ou mental, bem como de integração social do adolescente e do jovem portador de deficiência, mediante o treinamento para o trabalho e a convivência, e a facilitação do acesso aos bens e serviços coletivos, com a eliminação de obstáculos arquitetônicos e de todas as formas de discriminação.

•• Inciso II com redação determinada pela Emenda Constitucional n. 65, de 13-7-2010.

• Direito à vida e à saúde no ECA: Lei n. 8.069, de 13-7-1990, arts. 7.º a 14.

• A Lei n. 7.853, de 24-10-1989, regulamentada pelo Decreto n. 3.298, de 20-12-1999, consolida as normas de proteção à pessoa portadora de deficiência.

• O Decreto n. 7.612, de 17-11-2011, institui o Plano Nacional dos Direitos da Pessoa com Deficiência – Plano Viver sem Limite.

• A Lei n. 13.146, de 6-7-2015, institui o Estatuto da Pessoa com Deficiência.

§ 2.º A lei disporá sobre normas de construção dos logradouros e dos edifícios de uso público e de fabricação de veículos de transporte coletivo, a fim de garantir acesso adequado às pessoas portadoras de deficiência.

§ 3.º O direito a proteção especial abrangerá os seguintes aspectos:

I – idade mínima de quatorze anos para admissão ao trabalho, observado o disposto no art. 7.º, XXXIII;

•• O art. 7.º, XXXIII, da CF, foi alterado pela Emenda Constitucional n. 20, de 15-12-1998, e agora fixa em dezesseis anos a idade mínima para admissão ao trabalho.

II – garantia de direitos previdenciários e trabalhistas;

III – garantia de acesso do trabalhador adolescente e jovem à escola;

•• Inciso III com redação determinada pela Emenda Constitucional n. 65, de 13-7-2010.

IV – garantia de pleno e formal conhecimento da atribuição de ato infracional, igualdade na relação processual e defesa técnica por profissional habilitado, segundo dispuser a legislação tutelar específica;

V – obediência aos princípios de brevidade, excepcionalidade e respeito à condição peculiar de pessoa em desenvolvimento, quando da aplicação de qualquer medida privativa da liberdade;

VI – estímulo do Poder Público, através de assistência jurídica, incentivos fiscais e subsídios, nos termos da lei, ao acolhimento, sob a forma de guarda, de criança ou adolescente órfão ou abandonado;

• ECA (Lei n. 8.069, de 13-7-1990): os arts. 33 a 35 tratam da guarda.

VII – programas de prevenção e atendimento especializado à criança, ao adolescente e ao jovem dependente de entorpecentes e drogas afins.

•• Inciso VII com redação determinada pela Emenda Constitucional n. 65, de 13-7-2010.

§ 4.º A lei punirá severamente o abuso, a violência e a exploração sexual da criança e do adolescente.

• Crimes praticados contra as crianças: arts. 225 e s. da Lei n. 8.069, de 13-7-1990.

• Crimes sexuais contra vulnerável: arts. 217-A a 218-B do CP.

• O Decreto n. 7.958, de 13-3-2013, estabelece diretrizes para o atendimento às vítimas de violência sexual pelos profissionais de segurança pública e da rede de atendimento do Sistema Único de Saúde.

• A Lei n. 14.344, de 24-5-2022, cria mecanismos para a prevenção e o enfrentamento da violência doméstica e familiar contra a criança e o adolescente.

§ 5.º A adoção será assistida pelo Poder Público, na forma da lei, que estabelecerá casos e condições de sua efetivação por parte de estrangeiros.

•• Lei Nacional da Adoção: Lei n. 12.010, de 3-8-2009.

• Adoção: Lei n. 8.069, de 13-7-1990, arts. 39 a 52-D, e CC, arts. 1.618 e 1.619.

• Convenção relativa à proteção das crianças e à cooperação em matéria de adoção internacional, concluída em Haia, em 29-5-1993: Decreto n. 3.087, de 21-6-1999.

§ 6.º Os filhos, havidos ou não da relação do casamento, ou por adoção, terão os mesmos direitos e qualificações, proibidas quaisquer designações discriminatórias relativas à filiação.

• Lei n. 8.069, de 13-7-1990, art. 41: efeitos da adoção.

• *Vide* art. 41 e §§ 1.º e 2.º da Lei n. 8.069, de 13-7-1990.

• Lei n. 8.560, de 29-12-1992: investigação de paternidade dos filhos havidos fora do casamento.

• Lei n. 10.317, de 6-12-2001: gratuidade do exame de DNA nos casos que especifica.

• A Lei n. 11.804, de 5-11-2008, disciplina o direito a alimentos gravídicos e a forma como ele será exercido.

§ 7.º No atendimento dos direitos da criança e do adolescente levar-se-á em consideração o disposto no art. 204.

§ 8.º A lei estabelecerá:

•• § 8.º, *caput*, acrescentado pela Emenda Constitucional n. 65, de 13-7-2010.

I – o estatuto da juventude, destinado a regular os direitos dos jovens;

•• Inciso I acrescentado pela Emenda Constitucional n. 65, de 13-7-2010.

•• A Lei n. 12.852, de 5-8-2013, institui o Estatuto da Juventude.

II – o plano nacional de juventude, de duração decenal, visando à articulação das várias esferas do poder público para a execução de políticas públicas.

•• Inciso II acrescentado pela Emenda Constitucional n. 65, de 13-7-2010.

• O Decreto n. 8.074, de 14-8-2013, institui o Comitê Interministerial da Política de Juventude.

Art. 228. São penalmente inimputáveis os menores de dezoito anos, sujeitos às normas da legislação especial.

•• *Vide* Súmula 605 do STJ.

• Disposição idêntica no art. 27 do CP e no art. 104 do ECA.

• Os arts. 101 e 112 da Lei n. 8.069, de 13-7-1990, dispõem sobre as medidas de proteção e medidas socioeducativas aplicáveis à criança e ao adolescente infratores, respectivamente.

Art. 229. Os pais têm o dever de assistir, criar e educar os filhos menores, e os filhos maiores têm o dever de ajudar e amparar os pais na velhice, carência ou enfermidade.

• Dever de sustento, guarda e educação dos filhos menores: art. 22 da Lei n. 8.069, de 13-7-1990.

Art. 230. A família, a sociedade e o Estado têm o dever de amparar as pessoas idosas, assegurando sua participação na comunidade, defendendo sua dignidade e bem-estar e garantindo-lhes o direito à vida.

•• Política Nacional do Idoso: Lei n. 8.842, de 4-1-1994. O Decreto n. 9.921, de 18-7-2019, consolida atos normativos que dispõem sobre a temática da pessoa idosa e revoga o Decreto n. 1.948, de 3-7-1996.

• Prioridade na tramitação de procedimentos judiciais em que figure como parte ou interveniente pessoa com idade igual ou superior a 60 (sessenta) anos: art. 1.048, I, do CPC, e art. 71 da Lei n. 10.741, de 1.º-10-2003 (Estatuto do Idoso).

§ 1.º Os programas de amparo aos idosos serão executados preferencialmente em seus lares.

§ 2.º Aos maiores de sessenta e cinco anos é garantida a gratuidade dos transportes coletivos urbanos.

Capítulo VIII
DOS ÍNDIOS

Art. 231. São reconhecidos aos índios sua organização social, costumes, línguas, crenças e tradições, e os direitos originários sobre as terras que tradicionalmente ocupam, competindo à União demarcá-las, proteger e fazer respeitar todos os seus bens.

• Estatuto do Índio: Lei n. 6.001, de 19-12-1973.

• Educação indígena no Brasil: Decreto n. 26, de 4-2-1991.

- Atuação das Forças Armadas e da Polícia Federal nas terras indígenas: Decreto n. 4.412, de 7-10-2002.
- O Decreto n. 6.861, de 27-5-2009, dispõe sobre a Educação Escolar Indígena.
- O Decreto n. 7.747, de 5-6-2012, institui a Política Nacional de Gestão Territorial e Ambiental de Terras Indígenas - PNGATI.
- A Resolução n. 5, de 22-6-2012, do Conselho Nacional de Educação, define Diretrizes Curriculares Nacionais para a Educação Escolar Indígena na Educação Básica.
- A Resolução Conjunta n. 3, de 19 de abril de 2012, do CNJ e do CNMP, dispõe sobre o assento de nascimento de indígena no Registro Civil das Pessoas Naturais.

§ 1.º São terras tradicionalmente ocupadas pelos índios as por eles habitadas em caráter permanente, as utilizadas para suas atividades produtivas, as imprescindíveis à preservação dos recursos ambientais necessários a seu bem-estar e as necessárias a sua reprodução física e cultural, segundo seus usos, costumes e tradições.

§ 2.º As terras tradicionalmente ocupadas pelos índios destinam-se a sua posse permanente, cabendo-lhes o usufruto exclusivo das riquezas do solo, dos rios e dos lagos nelas existentes.

§ 3.º O aproveitamento dos recursos hídricos, incluídos os potenciais energéticos, a pesquisa e a lavra das riquezas minerais em terras indígenas só podem ser efetivados com autorização do Congresso Nacional, ouvidas as comunidades afetadas, ficando-lhes assegurada participação nos resultados da lavra, na forma da lei.

§ 4.º As terras de que trata este artigo são inalienáveis e indisponíveis, e os direitos sobre elas, imprescritíveis.

§ 5.º É vedada a remoção dos grupos indígenas de suas terras, salvo, *ad referendum* do Congresso Nacional, em caso de catástrofe ou epidemia que ponha em risco sua população, ou no interesse da soberania do País, após deliberação do Congresso Nacional, garantido, em qualquer hipótese, o retorno imediato logo que cesse o risco.

§ 6.º São nulos e extintos, não produzindo efeitos jurídicos, os atos que tenham por objeto a ocupação, o domínio e a posse das terras a que se refere este artigo, ou a exploração das riquezas naturais do solo, dos rios e dos lagos nelas existentes, ressalvado relevante interesse público da União, segundo o que dispuser lei complementar, não gerando a nulidade e a extinção direito a indenização ou ações contra a União, salvo, na forma da lei, quanto às benfeitorias derivadas da ocupação de boa-fé.

§ 7.º Não se aplica às terras indígenas o disposto no art. 174, §§ 3.º e 4.º.

Art. 232. Os índios, suas comunidades e organizações são partes legítimas para ingressar em juízo em defesa de seus direitos e interesses, intervindo o Ministério Público em todos os atos do processo.

TÍTULO IX
DAS DISPOSIÇÕES CONSTITUCIONAIS GERAIS

Art. 233. (*Revogado pela Emenda Constitucional n. 28, de 25-5-2000.*)

Art. 234. É vedado à União, direta ou indiretamente, assumir, em decorrência da criação de Estado, encargos referentes a despesas com pessoal inativo e com encargos e amortizações da dívida interna ou externa da administração pública, inclusive da indireta.

- *Vide* art. 13, § 6.º, do ADCT.

Art. 235. Nos dez primeiros anos da criação de Estado, serão observadas as seguintes normas básicas:

I – a Assembleia Legislativa será composta de dezessete Deputados se a população do Estado for inferior a seiscentos mil habitantes, e de vinte e quatro, se igual ou superior a esse número, até um milhão e quinhentos mil;

II – o Governo terá no máximo dez Secretarias;

III – o Tribunal de Contas terá três membros, nomeados, pelo Governador eleito, dentre brasileiros de comprovada idoneidade e notório saber;

IV – o Tribunal de Justiça terá sete Desembargadores;

V – os primeiros Desembargadores serão nomeados pelo Governador eleito, escolhidos da seguinte forma:

a) cinco dentre os magistrados com mais de trinta e cinco anos de idade, em exercício na área do novo Estado ou do Estado originário;

b) dois dentre promotores, nas mesmas condições, e advogados de comprovada idoneidade e saber jurídico, com dez anos, no mínimo, de exercício profissional, obedecido o procedimento fixado na Constituição;

VI – no caso de Estado proveniente de Território Federal, os cinco primeiros Desembargadores poderão ser escolhidos dentre juízes de direito de qualquer parte do País;

VII – em cada Comarca, o primeiro Juiz de Direito, o primeiro Promotor de Justiça e o primeiro Defensor Público serão nomeados pelo Governador eleito após concurso público de provas e títulos;

VIII – até a promulgação da Constituição Estadual, responderão pela Procuradoria-Geral, pela Advocacia-Geral e pela Defensoria-Geral do Estado advogados de notório saber, com trinta e cinco anos de idade, no mínimo, nomeados pelo Governador eleito e demissíveis *ad nutum*;

IX – se o novo Estado for resultado de transformação de Território Federal, a transferência de encargos financeiros da União para pagamento dos servidores optantes que pertenciam à Administração Federal ocorrerá da seguinte forma:

a) no sexto ano de instalação, o Estado assumirá vinte por cento dos encargos financeiros para fazer face ao pagamento dos servidores públicos, ficando ainda o restante sob a responsabilidade da União;

b) no sétimo ano, os encargos do Estado serão acrescidos de trinta por cento e, no oitavo, dos restantes cinquenta por cento;

X – as nomeações que se seguirem às primeiras, para os cargos mencionados neste artigo, serão disciplinadas na Constituição Estadual;

XI – as despesas orçamentárias com pessoal não poderão ultrapassar cinquenta por cento da receita do Estado.

Art. 236. Os serviços notariais e de registro são exercidos em caráter privado, por delegação do Poder Público.

- •• Regulamento: Lei n. 8.935, de 18-11-1994.
- *Vide* art. 32 do ADCT.
- A Lei n. 11.789, de 2-10-2008, proíbe a inserção nas certidões de nascimento e de óbito de expressões que indiquem condição de pobreza ou semelhantes.

§ 1.º Lei regulará as atividades, disciplinará a responsabilidade civil e criminal dos notários, dos oficiais de registro e de seus prepostos, e definirá a fiscalização de seus atos pelo Poder Judiciário.

§ 2.º Lei federal estabelecerá normas gerais para fixação de emolumentos relativos aos atos praticados pelos serviços notariais e de registro.

- •• Regulamento: Lei n. 10.169, de 29-12-2000.
- •• A Lei n. 11.802, de 4-11-2008, dispõe sobre a obrigatoriedade da afixação dos quadros contendo os valores atualizados das custas e emolumentos.

§ 3.º O ingresso na atividade notarial e de registro depende de concurso público de provas e títulos, não se permitindo que qualquer serventia fique vaga, sem abertura de concurso de provimento ou de remoção, por mais de seis meses.

Art. 237. A fiscalização e o controle sobre o comércio exterior, essenciais à defesa dos interesses fazendários nacionais, serão exercidos pelo Ministério da Fazenda.

Art. 238. A lei ordenará a venda e revenda de combustíveis de petróleo, álcool carburante e outros combustíveis derivados de matérias-primas renováveis, respeitados os princípios desta Constituição.

- A Lei n. 9.478, de 6-8-1997, dispõe sobre a Política Energética Nacional, as atividades relativas ao monopólio do petróleo, e institui o Conselho Nacional de Política Energética e a Agência Nacional do Petróleo.
- A Lei n. 9.847, de 26-10-1999, disciplina a fiscalização das atividades relativas ao abastecimento nacional de combustíveis, de que trata a Lei n. 9.478, de 6-8-1997, e estabelece sanções administrativas.

Art. 239. A arrecadação decorrente das contribuições para o Programa de Integração Social, criado pela Lei Complementar n. 7, de 7 de setembro de 1970, e para o Programa de Formação do Patrimônio do Servidor Público, criado pela Lei Complementar n. 8, de 3 de dezembro de 1970, passa, a partir da promulgação desta Constituição, a financiar, nos termos que a lei dispuser, o programa do seguro desemprego, outras ações da previdência social e o abono de que trata o § 3.º deste artigo.

•• *Caput* com redação determinada pela Emenda Constitucional n. 103, de 12-11-2019.

§ 1.º Dos recursos mencionados no *caput*, no mínimo 28% (vinte e oito por cento) serão destinados para o financiamento de programas de desenvolvimento econômico, por meio do Banco Nacional de Desenvolvimento Econômico e Social, com critérios de remuneração que preservem o seu valor.

•• § 1.º com redação determinada pela Emenda Constitucional n. 103, de 12-11-2019.

§ 2.º Os patrimônios acumulados do Programa de Integração Social e do Programa de Formação do Patrimônio do Servidor Público são preservados, mantendo-se os critérios de saque nas situações previstas nas leis específicas, com exceção da retirada por motivo de casamento, ficando vedada a distribuição da arrecadação de que trata o *caput* deste artigo, para depósito nas contas individuais dos participantes.

§ 3.º Aos empregados que percebam de empregadores que contribuem para o Programa de Integração Social ou para o Programa de Formação do Patrimônio do Servidor Público até dois salários mínimos de remuneração mensal, é assegurado o pagamento de um salário mínimo anual, computado neste valor o rendimento das contas individuais, no caso daqueles que já participavam dos referidos programas, até a data da promulgação desta Constituição.

§ 4.º O financiamento do seguro-desemprego receberá uma contribuição adicional da empresa cujo índice de rotatividade da força de trabalho superar o índice médio da rotatividade do setor, na forma estabelecida por lei.

•• A Lei n. 7.998, de 11-1-1990, regula o Programa do Seguro-Desemprego, o Abono Salarial e institui o Fundo de Amparo ao Trabalhador – FAT.

§ 5.º Os programas de desenvolvimento econômico financiados na forma do § 1.º e seus resultados serão anualmente avaliados e divulgados em meio de comunicação social eletrônico e apresentados em reunião da comissão mista permanente de que trata o § 1.º do art. 166.

•• § 5.º acrescentado pela Emenda Constitucional n. 103, de 12-11-2019.

Art. 240. Ficam ressalvadas do disposto no art. 195 as atuais contribuições compulsórias dos empregadores sobre a folha de salários, destinadas às entidades privadas de serviço social e de formação profissional vinculadas ao sistema sindical.

Art. 241. A União, os Estados, o Distrito Federal e os Municípios disciplinarão por meio de lei os consórcios públicos e os convênios de cooperação entre os entes federados, autorizando a gestão associada de serviços públicos, bem como a transferência total ou parcial de encargos, serviços, pessoal e bens essenciais à continuidade dos serviços transferidos.

•• Artigo com redação determinada pela Emenda Constitucional n. 19, de 4-6-1998.

•• Artigo regulamentado pela Lei n. 11.107, de 6-4-2005.

• A Lei n. 11.473, de 10-5-2007, dispõe sobre cooperação federativa no âmbito da segurança pública.

Art. 242. O princípio do art. 206, IV, não se aplica às instituições educacionais oficiais criadas por lei estadual ou municipal e existentes na data da promulgação desta Constituição, que não sejam total ou preponderantemente mantidas com recursos públicos.

§ 1.º O ensino da História do Brasil levará em conta as contribuições das diferentes culturas e etnias para a formação do povo brasileiro.

§ 2.º O Colégio Pedro II, localizado na cidade do Rio de Janeiro, será mantido na órbita federal.

Art. 243. As propriedades rurais e urbanas de qualquer região do País onde forem localizadas culturas ilegais de plantas psicotrópicas ou a exploração de trabalho escravo na forma da lei serão expropriadas e destinadas à reforma agrária e a programas de habitação popular, sem qualquer indenização ao proprietário e sem prejuízo de outras sanções previstas em lei, observado, no que couber, o disposto no art. 5.º.

•• *Caput* com redação determinada pela Emenda Constitucional n. 81, de 5-6-2014.

• A Lei n. 8.257, de 26-11-1991, dispõe sobre a expropriação das glebas nas quais se localizem culturas ilegais de plantas psicotrópicas.

• O Decreto n. 577, de 24-6-1992, dispõe sobre a expropriação das glebas, onde forem encontradas culturas ilegais de plantas psicotrópicas.

Parágrafo único. Todo e qualquer bem de valor econômico apreendido em decorrência do tráfico ilícito de entorpecentes e drogas afins e da exploração de trabalho escravo será confiscado e reverterá a fundo especial com destinação específica, na forma da lei.

•• Parágrafo único com redação determinada pela Emenda Constitucional n. 81, de 5-6-2014.

Art. 244. A lei disporá sobre a adaptação dos logradouros, dos edifícios de uso público e dos veículos de transporte coletivo atualmente existentes a fim de garantir acesso adequado às pessoas portadoras de deficiência, conforme o disposto no art. 227, § 2.º.

Art. 245. A lei disporá sobre hipóteses e condições em que o Poder Público dará assistência aos herdeiros e dependentes carentes de pessoas vitimadas por crime doloso, sem prejuízo da responsabilidade civil do autor do ilícito.

Art. 246. É vedada a adoção de medida provisória na regulamentação de artigo da Constituição cuja redação tenha sido alterada por meio de emenda promulgada entre 1.º de janeiro de 1995 até a promulgação desta emenda, inclusive.

•• Artigo com redação determinada pela Emenda Constitucional n. 32, de 11-9-2001.

Art. 247. As leis previstas no inciso III do § 1.º do art. 41 e no § 7.º do art. 169 estabelecerão critérios e garantias especiais para a perda do cargo pelo servidor público estável que, em decorrência das atribuições de seu cargo efetivo, desenvolva atividades exclusivas de Estado.

•• *Caput* acrescentado pela Emenda Constitucional n. 19, de 4-6-1998.

Parágrafo único. Na hipótese de insuficiência de desempenho, a perda do cargo somente ocorrerá mediante processo administrativo em que lhe sejam assegurados o contraditório e a ampla defesa.

•• Parágrafo único acrescentado pela Emenda Constitucional n. 19, de 4-6-1998.

Art. 248. Os benefícios pagos, a qualquer título, pelo órgão responsável pelo regime geral de previdência social, ainda que à conta do Tesouro Nacional, e os não sujeitos ao limite máximo de valor fixado para os benefícios concedidos por esse regime observarão os limites fixados no art. 37, XI.

•• Artigo acrescentado pela Emenda Constitucional n. 20, de 15-12-1998.

Art. 249. Com o objetivo de assegurar recursos para o pagamento de proventos de aposentadoria e pensões concedidas aos respectivos servidores e seus dependentes, em adição aos recursos dos respectivos tesouros, a União, os Estados, o Distrito Federal e os Municípios poderão constituir fundos integrados pelos recursos provenientes de contribuições e por bens, direitos e ativos de qualquer natureza, mediante lei que disporá sobre a natureza e administração desses fundos.

•• Artigo acrescentado pela Emenda Constitucional n. 20, de 15-12-1998.

Art. 250. Com o objetivo de assegurar recursos para o pagamento dos benefícios concedidos pelo regime geral de previdência social, em adição aos recursos de sua arrecadação, a União poderá constituir fundo integrado por bens, direitos e ativos de qualquer natureza, mediante lei que disporá sobre a natureza e administração desse fundo.

•• Artigo acrescentado pela Emenda Constitucional n. 20, de 15-12-1998.

ATO DAS DISPOSIÇÕES CONSTITUCIONAIS TRANSITÓRIAS

Art. 1.º O Presidente da República, o Presidente do Supremo Tribunal Federal e os membros do Congresso Nacional prestarão o compromisso de manter, defender e cumprir a Constituição, no ato e na data de sua promulgação.

Art. 2.º No dia 7 de setembro de 1993 o eleitorado definirá, através de plebiscito, a forma (república ou monarquia constitucional) e o sistema de governo (parlamentarismo ou presidencialismo) que devem vigorar no País.

• *Vide* Emenda Constitucional n. 2, de 25-8-1992.

§ 1.º Será assegurada gratuidade na livre divulgação dessas formas e sistemas, através dos meios de comunicação de massa cessionários de serviço público.

§ 2.º O Tribunal Superior Eleitoral, promulgada a Constituição, expedirá as normas regulamentadoras deste artigo.

Art. 3.º A revisão constitucional será realizada após cinco anos, contados da promulgação da Constituição, pelo voto da maioria absoluta dos membros do Congresso Nacional, em sessão unicameral.

Art. 4.º O mandato do atual Presidente da República terminará em 15 de março de 1990.

§ 1.º A primeira eleição para Presidente da República após a promulgação da Constituição será realizada no dia 15 de novembro de 1989, não se lhe aplicando o disposto no art. 16 da Constituição.

§ 2.º É assegurada a irredutibilidade da atual representação dos Estados e do Distrito Federal na Câmara dos Deputados.

§ 3.º Os mandatos dos Governadores e dos Vice-Governadores eleitos em 15 de novembro de 1986 terminarão em 15 de março de 1991.

§ 4.º Os mandatos dos atuais Prefeitos, Vice-Prefeitos e Vereadores terminarão no dia 1.º de janeiro de 1989, com a posse dos eleitos.

Art. 5.º Não se aplicam às eleições previstas para 15 de novembro de 1988 o disposto no art. 16 e as regras do art. 77 da Constituição.

§ 1.º Para as eleições de 15 de novembro de 1988 será exigido domicílio eleitoral na circunscrição pelo menos durante os quatro meses anteriores ao pleito, podendo os candidatos que preencham este requisito, atendidas as demais exigências da lei, ter seu registro efetivado pela Justiça Eleitoral após a promulgação da Constituição.

§ 2.º Na ausência de norma legal específica, caberá ao Tribunal Superior Eleitoral editar as normas necessárias à realização das eleições de 1988, respeitada a legislação vigente.

§ 3.º Os atuais parlamentares federais e estaduais eleitos Vice-Prefeitos, se convocados a exercer a função de Prefeito, não perderão o mandato parlamentar.

§ 4.º O número de vereadores por município será fixado, para a representação a ser eleita em 1988, pelo respectivo Tribunal Regional Eleitoral, respeitados os limites estipulados no art. 29, IV, da Constituição.

§ 5.º Para as eleições de 15 de novembro de 1988, ressalvados os que já exercem mandato eletivo, são inelegíveis para qualquer cargo, no território de jurisdição do titular, o cônjuge e os parentes por consanguinidade ou afinidade, até o segundo grau, ou por adoção, do Presidente da República, do Governador de Estado, do Governador do Distrito Federal e do Prefeito que tenham exercido mais da metade do mandato.

Art. 6.º Nos seis meses posteriores à promulgação da Constituição, parlamentares federais, reunidos em número não inferior a trinta, poderão requerer ao Tribunal Superior Eleitoral o registro de novo partido político, juntando ao requerimento o manifesto, o estatuto e o programa devidamente assinados pelos requerentes.

§ 1.º O registro provisório, que será concedido de plano pelo Tribunal Superior Eleitoral, nos termos deste artigo, defere ao novo partido todos os direitos, deveres e prerrogativas dos atuais, entre eles o de participar, sob legenda própria, das eleições que vierem a ser realizadas nos doze meses seguintes a sua formação.

§ 2.º O novo partido perderá automaticamente seu registro provisório se, no prazo de vinte e quatro meses, contados de sua formação, não obtiver registro definitivo no Tribunal Superior Eleitoral, na forma que a lei dispuser.

Art. 7.º O Brasil propugnará pela formação de um tribunal internacional dos direitos humanos.

• O Decreto n. 4.388, de 25-9-2002, promulga o Estatuto de Roma do Tribunal Penal Internacional.

Art. 8.º É concedida anistia aos que, no período de 18 de setembro de 1946 até a data da promulgação da Constituição, foram atingidos, em decorrência de motivação exclusivamente política, por atos de exceção, institucionais ou complementares, aos que foram abrangidos pelo Decreto Legislativo n. 18, de 15 de dezembro de 1961, e aos atingidos pelo Decreto-lei n. 864, de 12 de setembro de 1969, asseguradas as promoções, na inatividade, ao cargo, emprego, posto ou graduação a que teriam direito se estivessem em serviço ativo, obedecidos os prazos de permanência em atividade previstos nas leis e regulamentos vigentes, respeitadas as características e peculiaridades das carreiras dos servidores públicos civis e militares e observados os respectivos regimes jurídicos.

•• Regulamento: Lei n. 10.559, de 13-11-2002.

•• A Lei n. 12.528, de 18-11-2011, cria a Comissão Nacional da Verdade no âmbito da Casa Civil da Presidência da República, com a finalidade de examinar e esclarecer as graves violações de direitos humanos praticadas no período fixado neste artigo.

•• O Enunciado n. 5 da Comissão de Anistia dispõe: "A anistia prevista no art. 8.º do ADCT, regulamentado pela Lei n. 10.559/ 2002, não alcança os militares expulsos ou licenciados com base em legislação disciplinar ordinária ou Penal Militar".

§ 1.º O disposto neste artigo somente gerará efeitos financeiros a partir da promulgação da Constituição, vedada a remuneração de qualquer espécie em caráter retroativo.

§ 2.º Ficam assegurados os benefícios estabelecidos neste artigo aos trabalhadores do setor privado, dirigentes e representantes sindicais que, por motivos exclusivamente políticos, tenham sido punidos, demitidos ou compelidos ao afastamento das atividades remuneradas que exerciam, bem como aos que foram impedidos de exercer atividades profissionais em virtude de pressões ostensivas ou expedientes oficiais sigilosos.

§ 3.º Aos cidadãos que foram impedidos de exercer, na vida civil, atividade profissional específica, em decorrência das Portarias Reservadas do Ministério da Aeronáutica n. S-50-GM5, de 19 de junho de 1964, e n. S-285-GM5 será concedida reparação de natureza econômica, na forma que dispuser lei de iniciativa do Congresso Nacional e a entrar em vigor no prazo de doze meses a contar da promulgação da Constituição.

• *Vide* Súmula 647 do STJ.

§ 4.º Aos que, por força de atos institucionais, tenham exercido gratuitamente mandato eletivo de vereador serão computados, para efeito de aposentadoria no serviço público e previdência social, os respectivos períodos.

§ 5.º A anistia concedida nos termos deste artigo aplica-se aos servidores públicos civis e aos empregados em todos os níveis de governo ou em suas fundações, empresas públicas ou empresas mistas sob controle estatal, exceto nos Ministérios militares, que tenham sido punidos ou demitidos por atividades profissionais interrompidas em virtude de decisão de seus trabalhadores, bem como em decorrência do Decreto-lei n. 1.632, de 4 de agosto de 1978, ou por motivos exclusivamente políticos, assegurada a readmissão dos que foram atingidos a partir de 1979, observado o disposto no § 1.º.

• A Lei n. 7.783, de 28-6-1989, revoga o Decreto-lei n. 1.632, de 4-8-1978.

Art. 9.º Os que, por motivos exclusivamente políticos, foram cassados ou tiveram seus direitos políticos suspensos no período de 15 de julho a 31 de dezembro de 1969, por ato do então Presidente da República, poderão requerer ao Supremo Tribunal Federal o reconhecimento dos direitos e vantagens interrompidos pelos atos punitivos, desde que comprovem terem sido estes eivados de vício grave.

Parágrafo único. O Supremo Tribunal Federal proferirá a decisão no prazo de cento e vinte dias, a contar do pedido do interessado.

Art. 10. Até que seja promulgada a lei complementar a que se refere o art. 7.º, I, da Constituição:

I – fica limitada a proteção nele referida ao aumento, para quatro vezes, da porcentagem prevista no art. 6.º, *caput* e § 1.º, da Lei n. 5.107, de 13 de setembro de 1966;

•• Citada Lei foi revogada pela Lei n. 7.839, de 12-10-1989, e pela atual Lei de FGTS: Lei n. 8.036, de 11-5-1990.

II – fica vedada a dispensa arbitrária ou sem justa causa:

a) do empregado eleito para cargo de direção de comissões internas de prevenção de acidentes, desde o registro de sua candidatura até um ano após o final de seu mandato;

b) da empregada gestante, desde a confirmação da gravidez até cinco meses após o parto.

•• A Lei Complementar n. 146, de 25-6-2014, assegura o direito prescrito nesta alínea, nos casos em que ocorrer o falecimento da genitora, a quem detiver a guarda do seu filho.

§ 1.º Até que a lei venha a disciplinar o disposto no art. 7.º, XIX, da Constituição, o prazo da licença-paternidade a que se refere o inciso é de cinco dias.

•• A Lei n. 11.770, de 9-9-2008 (Programa Empresa Cidadã), alterada pela Lei n. 13.257, de 8-3-2016, prorroga por 15 dias a duração da licença prevista neste § 1.º, mediante concessão de incentivo fiscal.

§ 2.º Até ulterior disposição legal, a cobrança das contribuições para o custeio das atividades dos sindicatos rurais será feita juntamente com a do imposto territorial rural, pelo mesmo órgão arrecadador.

§ 3.º Na primeira comprovação do cumprimento das obrigações trabalhistas pelo empregador rural, na forma do art. 233, após a promulgação da Constituição, será certificada perante a Justiça do Trabalho a regularidade do contrato e das atualizações das obrigações trabalhistas de todo o período.

•• O art. 233 da CF foi revogado pela Emenda Constitucional n. 28, de 25-5-2000.

Art. 11. Cada Assembleia Legislativa, com poderes constituintes, elaborará a Constituição do Estado, no prazo de um ano, contado da promulgação da Constituição Federal, obedecidos os princípios desta.

Parágrafo único. Promulgada a Constituição do Estado, caberá à Câmara Municipal, no prazo de seis meses, votar a Lei Orgânica respectiva, em dois turnos de discussão e votação, respeitado o disposto na Constituição Federal e na Constituição Estadual.

Art. 12. Será criada, dentro de noventa dias da promulgação da Constituição, Comissão de Estudos Territoriais, com dez membros indicados pelo Congresso Nacional e cinco pelo Poder Executivo, com a finalidade de apresentar estudos sobre o território nacional e anteprojetos relativos a novas unidades territoriais, notadamente na Amazônia Legal e em áreas pendentes de solução.

• A Lei n. 11.952, de 25-6-2009, dispõe sobre a regularização fundiária das ocupações incidentes em terras situadas em áreas da União, no âmbito da Amazônia Legal.

§ 1.º No prazo de um ano, a Comissão submeterá ao Congresso Nacional os resultados de seus estudos para, nos termos da Constituição, serem apreciados nos doze meses subsequentes, extinguindo-se logo após.

§ 2.º Os Estados e os Municípios deverão, no prazo de três anos, a contar da promulgação da Constituição, promover, mediante acordo ou arbitramento, a demarcação de suas linhas divisórias atualmente litigiosas, podendo para isso fazer alterações e compensações de área que atendam aos acidentes naturais, critérios históricos, conveniências administrativas e comodidade das populações limítrofes.

§ 3.º Havendo solicitação dos Estados e Municípios interessados, a União poderá encarregar-se dos trabalhos demarcatórios.

§ 4.º Se, decorrido o prazo de três anos, a contar da promulgação da Constituição, os trabalhos demarcatórios não tiverem sido concluídos, caberá à União determinar os limites das áreas litigiosas.

§ 5.º Ficam reconhecidos e homologados os atuais limites do Estado do Acre com os Estados do Amazonas e de Rondônia, conforme levantamentos cartográficos e geodésicos realizados pela Comissão Tripartite integrada por representantes dos Estados e dos serviços técnico-especializados do Instituto Brasileiro de Geografia e Estatística.

Art. 13. É criado o Estado do Tocantins, pelo desmembramento da área descrita neste artigo, dando-se sua instalação no quadragésimo sexto dia após a eleição prevista no § 3.º, mas não antes de 1.º de janeiro de 1989.

§ 1.º O Estado do Tocantins integra a Região Norte e limita-se com o Estado de Goiás pelas divisas norte dos Municípios de São Miguel do Araguaia, Porangatu, Formoso, Minaçu, Cavalcante, Monte Alegre de Goiás e Campos Belos, conservando a leste, norte e oeste as divisas atuais de Goiás com os Estados da Bahia, Piauí, Maranhão, Pará e Mato Grosso.

§ 2.º O Poder Executivo designará uma das cidades do Estado para sua Capital provisória até a aprovação da sede definitiva do governo pela Assembleia Constituinte.

§ 3.º O Governador, o Vice-Governador, os Senadores, os Deputados Federais e os Deputados Estaduais serão eleitos, em um único turno, até setenta e cinco dias após a promulgação da Constituição, mas não antes de 15 de novembro de 1988, a critério do Tribunal Superior Eleitoral, obedecidas, entre outras, as seguintes normas:

I – o prazo de filiação partidária dos candidatos será encerrado setenta e cinco dias antes da data das eleições;

II – as datas das convenções regionais partidárias destinadas a deliberar sobre coligações e escolha de candidatos, de apresentação de requerimento de registro dos candidatos escolhidos e dos demais procedimentos legais serão fixadas, em calendário especial, pela Justiça Eleitoral;

III – são inelegíveis os ocupantes de cargos estaduais ou municipais que não se tenham deles afastado, em caráter definitivo, setenta e cinco dias antes da data das eleições previstas neste parágrafo;

IV – ficam mantidos os atuais diretórios regionais dos partidos políticos do Estado de Goiás, cabendo às comissões executivas nacionais designar comissões provisórias no Estado do Tocantins, nos termos e para os fins previstos na lei.

§ 4.º Os mandatos do Governador, do Vice-Governador, dos Deputados Federais e Estaduais eleitos na forma do parágrafo anterior extinguir-se-ão concomitantemente aos das demais unidades da Federação; o mandato do Senador eleito menos votado extinguir-se-á nessa mesma oportunidade, e os dos outros dois, juntamente com os dos Senadores eleitos em 1986 nos demais Estados.

§ 5.º A Assembleia Estadual Constituinte será instalada no quadragésimo sexto dia da eleição de seus integrantes, mas não antes de 1.º de janeiro de 1989, sob a presidência do Presidente do Tribunal Regional Eleitoral do Estado de Goiás, e dará posse, na mesma data, ao Governador e ao Vice-Governador eleitos.

§ 6.º Aplicam-se à criação e instalação do Estado do Tocantins, no que couber, as normas legais disciplinadoras da divisão do Estado de Mato Grosso, observado o disposto no art. 234 da Constituição.

§ 7.º Fica o Estado de Goiás liberado dos débitos e encargos decorrentes de empreendimentos no território do novo Estado, e autorizada a União, a seu critério, a assumir os referidos débitos.

Art. 14. Os Territórios Federais de Roraima e do Amapá são transformados em Estados Federados, mantidos seus atuais limites geográficos.

§ 1.º A instalação dos Estados dar-se-á com a posse dos governadores eleitos em 1990.

§ 2.º Aplicam-se à transformação e instalação dos Estados de Roraima e Amapá as normas e critérios seguidos na criação do Estado de Rondônia, respeitado o disposto na Constituição e neste Ato.

§ 3.º O Presidente da República, até quarenta e cinco dias após a promulgação da Constituição, encaminhará à apreciação do Senado Federal os nomes dos governadores dos Estados de Roraima e do Amapá que exercerão o Poder Executivo até a instalação dos novos Estados com a posse dos governadores eleitos.

§ 4.º Enquanto não concretizada a transformação em Estados, nos termos deste artigo, os Territórios Federais de Roraima e do Amapá serão beneficiados pela transferência de recursos prevista nos arts. 159, I, *a*, da Constituição, e 34, § 2.º, II, deste Ato.

Art. 15. Fica extinto o Território Federal de Fernando de Noronha, sendo sua área reincorporada ao Estado de Pernambuco.

Art. 16. Até que se efetive o disposto no art. 32, § 2.º, da Constituição, caberá ao Presidente da República, com a aprovação do Senado Federal, indicar o Governador e o Vice-Governador do Distrito Federal.

§ 1.º A competência da Câmara Legislativa do Distrito Federal, até que se instale, será exercida pelo Senado Federal.

§ 2.º A fiscalização contábil, financeira, orçamentária, operacional e patrimonial do Distrito Federal, enquanto não for instalada a Câmara Legislativa, será exercida pelo Senado Federal, mediante controle externo, com o auxílio do Tribunal de Contas do Distrito Federal, observado o disposto no art. 72 da Constituição.

§ 3.º Incluem-se entre os bens do Distrito Federal aqueles que lhe vierem a ser atribuídos pela União na forma da lei.

Art. 17. Os vencimentos, a remuneração, as vantagens e os adicionais, bem como os proventos de aposentadoria que estejam sendo percebidos em desacordo com a Constituição serão imediatamente reduzidos aos limites dela decorrentes, não se admitindo, neste caso, invocação de direito adquirido ou percepção de excesso a qualquer título.

§ 1.º É assegurado o exercício cumulativo de dois cargos ou empregos privativos de médico que estejam sendo exercidos por médico militar na administração pública direta ou indireta.

§ 2.º É assegurado o exercício cumulativo de dois cargos ou empregos privativos de profissionais de saúde que estejam sendo exercidos na administração pública direta ou indireta.

- *Vide* art. 9.º da Emenda Constitucional n. 41, de 19-12-2003.

Art. 18. Ficam extintos os efeitos jurídicos de qualquer ato legislativo ou administrativo, lavrado a partir da instalação da Assembleia Nacional Constituinte, que tenha por objeto a concessão de estabilidade a servidor admitido sem concurso público, da administração direta ou indireta, inclusive das fundações instituídas e mantidas pelo Poder Público.

Art. 18-A. Os atos administrativos praticados no Estado do Tocantins, decorrentes de sua instalação, entre 1.º de janeiro de 1989 e 31 de dezembro de 1994, eivados de qualquer vício jurídico e dos quais decorram efeitos favoráveis para os destinatários ficam convalidados após 5 (cinco) anos, contados da data em que foram praticados, salvo comprovada má-fé.

•• Artigo acrescentado pela Emenda Constitucional n. 110, de 12-7-2021.

Art. 19. Os servidores públicos civis da União, dos Estados, do Distrito Federal e dos Municípios, da administração direta, autárquica e das fundações públicas, em exercício na data da promulgação da Constituição, há pelo menos cinco anos continuados, e que não tenham sido admitidos na forma regulada no art. 37, da Constituição, são considerados estáveis no serviço público.

§ 1.º O tempo de serviço dos servidores referidos neste artigo será contado como título quando se submeterem a concurso para fins de efetivação, na forma da lei.

§ 2.º O disposto neste artigo não se aplica aos ocupantes de cargos, funções e empregos de confiança ou em comissão, nem aos que a lei declare de livre exoneração, cujo tempo de serviço não será computado para os fins do *caput* deste artigo, exceto se se tratar de servidor.

§ 3.º O disposto neste artigo não se aplica aos professores de nível superior, nos termos da lei.

Art. 20. Dentro de cento e oitenta dias, proceder-se-á à revisão dos direitos dos servidores públicos inativos e pensionistas e à atualização dos proventos e pensões a eles devidos, a fim de ajustá-los ao disposto na Constituição.

- Regime Jurídico dos Servidores Públicos Civis da União, das Autarquias e das Fundações Públicas Federais: Lei n. 8.112, de 11-12-1990.
- Reforma Previdenciária: *vide* Emenda Constitucional n. 41, de 19-12-2003.

Art. 21. Os juízes togados de investidura limitada no tempo, admitidos mediante concurso público de provas e títulos e que estejam em exercício na data da promulgação da Constituição, adquirem estabilidade, observado o estágio probatório, e passam a compor quadro em extinção, mantidas as competências, prerrogativas e restrições da legislação a que se achavam submetidos, salvo as inerentes à transitoriedade da investidura.

Parágrafo único. A aposentadoria dos juízes de que trata este artigo regular-se-á pelas normas fixadas para os demais juízes estaduais.

Art. 22. É assegurado aos defensores públicos investidos na função até a data de instalação da Assembleia Nacional Constituinte o direito de opção pela carreira, com a observância das garantias e vedações previstas no art. 134, parágrafo único, da Constituição.

•• *Vide* atualmente art. 134, § 1.º, da CF.

Art. 23. Até que se edite a regulamentação do art. 21, XVI, da Constituição, os atuais ocupantes do cargo de censor federal continuarão exercendo funções com este compatíveis, no Departamento de Polícia Federal, observadas as disposições constitucionais.

- A Lei n. 9.688, de 6-7-1998, dispõe sobre a extinção dos cargos de Censor Federal e sobre o enquadramento de seus atuais ocupantes e dá outras providências.

Parágrafo único. A lei referida disporá sobre o aproveitamento dos censores federais, nos termos deste artigo.

Art. 24. A União, os Estados, o Distrito Federal e os Municípios editarão leis que estabeleçam critérios para a compatibilização de seus quadros de pessoal ao disposto no art. 39 da Constituição e à reforma administrativa dela decorrente, no prazo de dezoito meses, contados da sua promulgação.

Art. 25. Ficam revogados, a partir de cento e oitenta dias da promulgação da Constituição, sujeito este prazo a prorrogação por lei, todos os dispositivos legais que atribuam ou deleguem a órgão do Poder Executivo competência assinalada pela Constituição ao Congresso Nacional, especialmente no que tange a:

I – ação normativa;

II – alocação ou transferência de recursos de qualquer espécie.

§ 1.º Os decretos-leis em tramitação no Congresso Nacional e por este não apreciados até a promulgação da Constituição terão seus efeitos regulados da seguinte forma:

I – se editados até 2 de setembro de 1988, serão apreciados pelo Congresso Nacional no prazo de até cento e oitenta dias a contar da promulgação da Constituição, não computado o recesso parlamentar;

II – decorrido o prazo definido no inciso anterior, e não havendo apreciação, os decretos-leis ali mencionados serão considerados rejeitados;

III – nas hipóteses definidas nos incisos I e II, terão plena validade os atos praticados na vigência dos respectivos decretos-leis, podendo o Congresso Nacional, se necessário, legislar sobre os efeitos deles remanescentes.

§ 2.º Os decretos-leis editados entre 3 de setembro de 1988 e a promulgação da Constituição serão convertidos, nesta data, em medidas provisórias, aplicando-se-lhes as regras estabelecidas no art. 62, parágrafo único.

•• O art. 62 da CF foi alterado pela Emenda Constitucional n. 32, de 11-9-2001, que modificou a tramitação das Medidas Provisórias.

Art. 26. No prazo de um ano a contar da promulgação da Constituição, o Congresso Nacional promoverá, através de Comissão mista, exame analítico e pericial dos atos e fatos geradores do endividamento externo brasileiro.

§ 1.º A Comissão terá a força legal de Comissão parlamentar de inquérito para os fins de requisição e convocação, e atuará com o auxílio do Tribunal de Contas da União.

§ 2.º Apurada irregularidade, o Congresso Nacional proporá ao Poder Executivo a declaração de nulidade do ato e encaminhará o processo ao Ministério Público Federal, que formalizará, no prazo de sessenta dias, a ação cabível.

Art. 27. O Superior Tribunal de Justiça será instalado sob a Presidência do Supremo Tribunal Federal.

§ 1.º Até que se instale o Superior Tribunal de Justiça, o Supremo Tribunal Federal exercerá as atribuições e competências definidas na ordem constitucional precedente.

§ 2.º A composição inicial do Superior Tribunal de Justiça far-se-á:

I – pelo aproveitamento dos Ministros do Tribunal Federal de Recursos;

II – pela nomeação dos Ministros que sejam necessários para completar o número estabelecido na Constituição.

§ 3.º Para os efeitos do disposto na Constituição, os atuais Ministros do Tribunal Federal de Recursos serão considerados pertencentes à classe de que provieram, quando de sua nomeação.

§ 4.º Instalado o Tribunal, os Ministros aposentados do Tribunal Federal de Recursos tornar-se-ão, automaticamente, Ministros aposentados do Superior Tribunal de Justiça.

§ 5.º Os Ministros a que se refere o § 2.º, II, serão indicados em lista tríplice pelo Tribunal Federal de Recursos, observado o disposto no art. 104, parágrafo único, da Constituição.

§ 6.º Ficam criados cinco Tribunais Regionais Federais, a serem instalados no prazo de seis meses a contar da promulgação da Constituição, com a jurisdição e sede que lhes fixar o Tribunal Federal de Recursos, tendo em conta o número de processos e sua localização geográfica.

§ 7.º Até que se instalem os Tribunais Regionais Federais, o Tribunal Federal de Recursos exercerá a competência a eles atribuída em todo o território nacional, cabendo-lhe promover sua instalação e indicar os candidatos a todos os cargos da composição inicial, mediante lista tríplice, podendo desta constar juízes federais de qualquer região, observado o disposto no § 9.º.

§ 8.º É vedado, a partir da promulgação da Constituição, o provimento de vagas de Ministros do Tribunal Federal de Recursos.

§ 9.º Quando não houver juiz federal que conte o tempo mínimo previsto no art. 107, II, da Constituição, a promoção poderá contemplar juiz com menos de cinco anos no exercício do cargo.

§ 10. Compete à Justiça Federal julgar as ações nela propostas até a data da promulgação da Constituição, e aos Tribunais Regionais Federais bem como ao Superior Tribunal de Justiça julgar as ações rescisórias das decisões até então proferidas pela Justiça Federal, inclusive daquelas cuja matéria tenha passado à competência de outro ramo do Judiciário.

§ 11. São criados, ainda, os seguintes Tribunais Regionais Federais: o da 6.ª Região, com sede em Curitiba, Estado do Paraná, e jurisdição nos Estados do Paraná, Santa Catarina e Mato Grosso do Sul; o da 7.ª Região, com sede em Belo Horizonte, Estado de Minas Gerais, e jurisdição no Estado de Minas Gerais; o da 8.ª Região, com sede em Salvador, Estado da Bahia, e jurisdição nos Estados da Bahia e Sergipe; e o da 9.ª Região, com sede em Manaus, Estado do Amazonas, e jurisdição nos Estados do Amazonas, Acre, Rondônia e Roraima.

•• § 11 acrescentado pela Emenda Constitucional n. 73, de 6-6-2013.

Art. 28. Os juízes federais de que trata o art. 123, § 2.º, da Constituição de 1967, com a redação dada pela Emenda Constitucional n. 7, de 1977, ficam investidos na titularidade de varas na Seção Judiciária para a qual tenham sido nomeados ou designados; na inexistência de vagas, proceder-se-á ao desdobramento das varas existentes.

Parágrafo único. Para efeito de promoção por antiguidade, o tempo de serviço desses juízes será computado a partir do dia de sua posse.

Art. 29. Enquanto não aprovadas as leis complementares relativas ao Ministério Público e à Advocacia-Geral da União, o Ministério Público Federal, a Procuradoria-Geral da Fazenda Nacional, as Consultorias Jurídicas dos Ministérios, as Procuradorias e Departamentos Jurídicos de autarquias federais com representação própria e os membros das Procuradorias das Universidades fundacionais públicas continuarão a exercer suas atividades na área das respectivas atribuições.

• Lei Orgânica da Advocacia-Geral da União: Lei Complementar n. 73, de 10-2-1993.

• Organização, Atribuições e Estatuto do Ministério Público da União: Lei Complementar n. 75, de 20-5-1993.

§ 1.º O Presidente da República, no prazo de cento e vinte dias, encaminhará ao Congresso Nacional projeto de lei complementar dispondo sobre a organização e o funcionamento da Advocacia-Geral da União.

§ 2.º Aos atuais Procuradores da República, nos termos da lei complementar, será facultada a opção, de forma irretratável, entre as carreiras do Ministério Público Federal e da Advocacia-Geral da União.

§ 3.º Poderá optar pelo regime anterior, no que respeita às garantias e vantagens, o membro do Ministério Público admitido antes da promulgação da Constituição, observando-se, quanto às vedações, a situação jurídica na data desta.

§ 4.º Os atuais integrantes do quadro suplementar dos Ministérios Públicos do Trabalho e Militar que tenham adquirido estabilidade nessas funções passam a integrar o quadro da respectiva carreira.

§ 5.º Cabe à atual Procuradoria-Geral da Fazenda Nacional, diretamente ou por delegação, que pode ser ao Ministério Público Estadual, representar judicialmente a União nas causas de natureza fiscal, na área da respectiva competência, até a promulgação das leis complementares previstas neste artigo.

Art. 30. A legislação que criar a justiça de paz manterá os atuais juízes de paz até a posse dos novos titulares, assegurando-lhes os direitos e atribuições conferidos a estes, e designará o dia para a eleição prevista no art. 98, II, da Constituição.

Art. 31. Serão estatizadas as serventias do foro judicial, assim definidas em lei, respeitados os direitos dos atuais titulares.

Art. 32. O disposto no art. 236 não se aplica aos serviços notariais e de registro que já tenham sido oficializados pelo Poder Público, respeitando-se o direito de seus servidores.

Art. 33. Ressalvados os créditos de natureza alimentar, o valor dos precatórios judiciais pendentes de pagamento na data da promulgação da Constituição, incluído o remanescente de juros e correção monetária, poderá ser pago em moeda corrente, com atualização, em prestações anuais, iguais e sucessivas, no prazo máximo de oito anos, a partir de 1.º de julho de 1989, por decisão editada pelo Poder Executivo até cento e oitenta dias da promulgação da Constituição.

•• *Vide* art. 97, § 15, do ADCT.

Parágrafo único. Poderão as entidades devedoras, para o cumprimento do disposto neste artigo, emitir, em cada ano, no exato montante do dispêndio, títulos de dívida pública não computáveis para efeito do limite global de endividamento.

Art. 34. O sistema tributário nacional entrará em vigor a partir do primeiro dia do quinto mês seguinte ao da promulgação da Constituição, mantido, até então, o da Constituição de 1967, com a redação dada pela Emenda n. 1, de 1969, e pelas posteriores.

§ 1.º Entrarão em vigor com a promulgação da Constituição os arts. 148, 149, 150, 154,

I, 156, III, e 159, I, *c*, revogadas as disposições em contrário da Constituição de 1967 e das Emendas que a modificaram, especialmente de seu art. 25, III.

§ 2.º O Fundo de Participação dos Estados e do Distrito Federal e o Fundo de Participação dos Municípios obedecerão às seguintes determinações:

I – a partir da promulgação da Constituição, os percentuais serão, respectivamente, de dezoito por cento e de vinte por cento, calculados sobre o produto da arrecadação dos impostos referidos no art. 153, III e IV, mantidos os atuais critérios de rateio até a entrada em vigor da lei complementar a que se refere o art. 161, II;

II – o percentual relativo ao Fundo de Participação dos Estados e do Distrito Federal será acrescido de um ponto percentual no exercício financeiro de 1989 e, a partir de 1990, inclusive, à razão de meio ponto por exercício, até 1992, inclusive, atingindo em 1993 o percentual estabelecido no art. 159, I, *a*;

III – o percentual relativo ao Fundo de Participação dos Municípios, a partir de 1989, inclusive, será elevado à razão de meio ponto percentual por exercício financeiro, até atingir o estabelecido no art. 159, I, *b*.

§ 3.º Promulgada a Constituição, a União, os Estados, o Distrito Federal e os Municípios poderão editar as leis necessárias à aplicação do sistema tributário nacional nela previsto.

§ 4.º As leis editadas nos termos do parágrafo anterior produzirão efeitos a partir da entrada em vigor do sistema tributário nacional previsto na Constituição.

§ 5.º Vigente o novo sistema tributário nacional, fica assegurada a aplicação da legislação anterior, no que não seja incompatível com ele e com a legislação referida nos §§ 3.º e 4.º.

§ 6.º Até 31 de dezembro de 1989, o disposto no art. 150, III, *b*, não se aplica aos impostos de que tratam os arts. 155, I, *a* e *b*, e 156, II e III, que podem ser cobrados trinta dias após a publicação da lei que os tenha instituído ou aumentado.

•• Com a alteração determinada pela Emenda Constitucional n. 3, de 17-3-1993, a referência ao art. 155, I, *a* e *b*, passou a ser ao art. 155, I e II, da CF.

§ 7.º Até que sejam fixadas em lei complementar, as alíquotas máximas do imposto municipal sobre vendas a varejo de combustíveis líquidos e gasosos não excederão a três por cento.

§ 8.º Se, no prazo de sessenta dias contados da promulgação da Constituição, não for editada a lei complementar necessária à instituição do imposto de que trata o art. 155, I, *b*, os Estados e o Distrito Federal, mediante convênio celebrado nos termos da Lei Complementar n. 24, de 7 de janeiro de 1975, fixarão normas para regular provisoriamente a matéria.

•• Com a alteração determinada pela Emenda Constitucional n. 3, de 17-3-1993, a referência ao art. 155, I, *b*, passou a ser ao art. 155, II, da CF.

• A Lei Complementar n. 24, de 7-1-1975, dispõe sobre os convênios para a concessão de isenções do imposto sobre operações relativas à circulação de mercadorias.

• A Lei Complementar n. 87, de 13-9-1996, dispõe sobre o Imposto dos Estados e do Distrito Federal, sobre operações relativas à circulação de mercadorias e sobre prestações de serviços de transporte interestadual e intermunicipal e de comunicação (Lei Kandir).

§ 9.º Até que lei complementar disponha sobre a matéria, as empresas distribuidoras de energia elétrica, na condição de contribuintes ou de substitutos tributários, serão as responsáveis, por ocasião da saída do produto de seus estabelecimentos, ainda que destinado a outra unidade da Federação, pelo pagamento do imposto sobre operações relativas à circulação de mercadorias incidente sobre energia elétrica, desde a produção ou importação até a última operação, calculado o imposto sobre o preço então praticado na operação final e assegurado seu recolhimento ao Estado ou ao Distrito Federal, conforme o local onde deva ocorrer essa operação.

§ 10. Enquanto não entrar em vigor a lei prevista no art. 159, I, *c*, cuja promulgação se fará até 31 de dezembro de 1989, é assegurada a aplicação dos recursos previstos naquele dispositivo da seguinte maneira:

I – seis décimos por cento na Região Norte, através do Banco da Amazônia S.A.;

II – um inteiro e oito décimos por cento na Região Nordeste, através do Banco do Nordeste do Brasil S.A.;

III – seis décimos por cento na Região Centro-Oeste, através do Banco do Brasil S.A.

§ 11. Fica criado, nos termos da lei, o Banco de Desenvolvimento do Centro-Oeste, para dar cumprimento, na referida região, ao que determinam os arts. 159, I, *c*, e 192, § 2.º, da Constituição.

•• O § 2.º do art. 192 foi revogado pela Emenda Constitucional n. 40, de 29-5-2003.

§ 12. A urgência prevista no art. 148, II, não prejudica a cobrança do empréstimo compulsório instituído, em benefício das Centrais Elétricas Brasileiras S.A. (Eletrobrás), pela Lei n. 4.156, de 28 de novembro de 1962, com as alterações posteriores.

Art. 35. O disposto no art. 165, § 7.º, será cumprido de forma progressiva, no prazo de até dez anos, distribuindo-se os recursos entre as regiões macroeconômicas em razão proporcional à população, a partir da situação verificada no biênio 1986-87.

§ 1.º Para aplicação dos critérios de que trata este artigo, excluem-se das despesas totais as relativas:

I – aos projetos considerados prioritários no plano plurianual;

II – à segurança e defesa nacional;

III – à manutenção dos órgãos federais no Distrito Federal;

IV – ao Congresso Nacional, ao Tribunal de Contas da União e ao Poder Judiciário;

V – ao serviço da dívida da administração direta e indireta da União, inclusive fundações instituídas e mantidas pelo Poder Público federal.

§ 2.º Até a entrada em vigor da lei complementar a que se refere o art. 165, § 9.º, I e II, serão obedecidas as seguintes normas:

I – o projeto do plano plurianual, para vigência até o final do primeiro exercício financeiro do mandato presidencial subsequente, será encaminhado até quatro meses antes do encerramento do primeiro exercício financeiro e devolvido para sanção até o encerramento da sessão legislativa;

II – o projeto de lei de diretrizes orçamentárias será encaminhado até oito meses e meio antes do encerramento do exercício financeiro e devolvido para sanção até o encerramento do primeiro período da sessão legislativa;

III – o projeto de lei orçamentária da União será encaminhado até quatro meses antes do encerramento do exercício financeiro e devolvido para sanção até o encerramento da sessão legislativa.

Art. 36. Os fundos existentes na data da promulgação da Constituição, excetuados os resultantes de isenções fiscais que passem a integrar patrimônio privado e os que interessem à defesa nacional, extinguir-se-ão, se não forem ratificados pelo Congresso Nacional no prazo de dois anos.

Art. 37. A adaptação ao que estabelece o art. 167, III, deverá processar-se no prazo de cinco anos, reduzindo-se o excesso à base de, pelo menos, um quinto por ano.

Art. 38. Até a promulgação da lei complementar referida no art. 169, a União, os Estados, o Distrito Federal e os Municípios não poderão despender com pessoal mais do que sessenta e cinco por cento do valor das respectivas receitas correntes.

§ 1.º A União, os Estados, o Distrito Federal e os Municípios, quando a respectiva despesa de pessoal exceder o limite previsto neste artigo, deverão retornar àquele limite, reduzindo o percentual excedente à razão de um quinto por ano.

•• Parágrafo único renumerado pela Emenda Constitucional n. 127, de 22-12-2022.

§ 2.º As despesas com pessoal resultantes do cumprimento do disposto nos §§ 12, 13, 14 e 15 do art. 198 da Constituição Federal serão contabilizadas, para fins dos limites de que trata o art. 169 da Constituição Federal, da seguinte forma:

•• § 2.º, *caput*, acrescentado pela Emenda Constitucional n. 127, de 22-12-2022.

I – até o fim do exercício financeiro subsequente ao da publicação deste dispositivo, não serão contabilizadas para esses limites;

•• Inciso I acrescentado pela Emenda Constitucional n. 127, de 22-12-2022.

II – no segundo exercício financeiro subsequente ao da publicação deste dispositivo, serão deduzidas em 90% (noventa por cento) do seu valor;

•• Inciso II acrescentado pela Emenda Constitucional n. 127, de 22-12-2022.

III – entre o terceiro e o décimo segundo exercício financeiro subsequente ao da publicação deste dispositivo, a dedução de que trata o inciso II deste parágrafo será reduzida anualmente na proporção de 10% (dez por cento) de seu valor.

•• Inciso III acrescentado pela Emenda Constitucional n. 127, de 22-12-2022.

Art. 39. Para efeito do cumprimento das disposições constitucionais que impliquem variações de despesas e receitas da União, após a promulgação da Constituição, o Poder Executivo deverá elaborar e o Poder Legislativo apreciar projeto de revisão da lei orçamentária referente ao exercício financeiro de 1989.

Parágrafo único. O Congresso Nacional deverá votar no prazo de doze meses a lei complementar prevista no art. 161, II.

Art. 40. É mantida a Zona Franca de Manaus, com suas características de área livre de comércio, de exportação e importação, e de incentivos fiscais, pelo prazo de vinte e cinco anos, a partir da promulgação da Constituição.

•• *Vide* arts. 92 e 92-A do ADCT, que prorrogam o prazo fixado neste artigo.

Parágrafo único. Somente por lei federal podem ser modificados os critérios que disciplinaram ou venham a disciplinar a aprovação dos projetos na Zona Franca de Manaus.

Art. 41. Os Poderes Executivos da União, dos Estados, do Distrito Federal e dos Municípios reavaliarão todos os incentivos fiscais de natureza setorial ora em vigor, propondo aos Poderes Legislativos respectivos as medidas cabíveis.

§ 1.º Considerar-se-ão revogados após dois anos, a partir da data da promulgação da Constituição, os incentivos que não forem confirmados por lei.

§ 2.º A revogação não prejudicará os direitos que já tiverem sido adquiridos, àquela data, em relação a incentivos concedidos sob condição e com prazo certo.

§ 3.º Os incentivos concedidos por convênio entre Estados, celebrados nos termos do art. 23, § 6.º, da Constituição de 1967, com a redação da Emenda n. 1, de 17 de outubro de 1969, também deverão ser reavaliados e reconfirmados nos prazos deste artigo.

Art. 42. Durante 40 (quarenta) anos, a União aplicará dos recursos destinados à irrigação:

•• *Caput* com redação determinada pela Emenda Constitucional n. 89, de 15-9-2015.

I – 20% (vinte por cento) na Região Centro-Oeste;

•• Inciso I com redação determinada pela Emenda Constitucional n. 89, de 15-9-2015.

II – 50% (cinquenta por cento) na Região Nordeste, preferencialmente no Semiárido.

•• Inciso II com redação determinada pela Emenda Constitucional n. 89, de 15-9-2015.

Parágrafo único. Dos percentuais previstos nos incisos I e II do *caput*, no mínimo 50% (cinquenta por cento) serão destinados a projetos de irrigação que beneficiem agricultores familiares que atendam aos requisitos previstos em legislação específica.

•• Parágrafo único acrescentado pela Emenda Constitucional n. 89, de 15-9-2015.

Art. 43. Na data da promulgação da lei que disciplinar a pesquisa e a lavra de recursos e jazidas minerais, ou no prazo de um ano, a contar da promulgação da Constituição, tornar-se-ão sem efeito as autorizações, concessões e demais títulos atributivos de direitos minerários, caso os trabalhos de pesquisa ou de lavra não hajam sido comprovadamente iniciados nos prazos legais ou estejam inativos.

•• Regulamento: Lei n. 7.886, de 20-11-1989.

Art. 44. As atuais empresas brasileiras titulares de autorização de pesquisa, concessão de lavra de recursos minerais e de aproveitamento dos potenciais de energia hidráulica em vigor terão quatro anos, a partir da promulgação da Constituição, para cumprir os requisitos do art. 176, § 1.º.

§ 1.º Ressalvadas as disposições de interesse nacional previstas no texto constitucional, as empresas brasileiras ficarão dispensadas do cumprimento do disposto no art. 176, § 1.º, desde que, no prazo de até quatro anos da data da promulgação da Constituição, tenham o produto de sua lavra e beneficiamento destinado a industrialização no território nacional, em seus próprios estabelecimentos ou em empresa industrial controladora ou controlada.

§ 2.º Ficarão também dispensadas do cumprimento do disposto no art. 176, § 1.º, as empresas brasileiras titulares de concessão de energia hidráulica para uso em seu processo de industrialização.

§ 3.º As empresas brasileiras referidas no § 1.º somente poderão ter autorizações de pesquisa e concessões de lavra ou potenciais de energia hidráulica, desde que a energia e o produto da lavra sejam utilizados nos respectivos processos industriais.

Art. 45. Ficam excluídas do monopólio estabelecido pelo art. 177, II, da Constituição as refinarias em funcionamento no País amparadas pelo art. 43 e nas condições do art. 45 da Lei n. 2.004, de 3 de outubro de 1953.

•• A Lei n. 2.004, de 3-10-1953, foi revogada pela Lei n. 9.478, de 6-8-1997.

Parágrafo único. Ficam ressalvados da vedação do art. 177, § 1.º, os contratos de risco feitos com a Petróleo Brasileiro S.A. (Petrobrás), para pesquisa de petróleo, que estejam em vigor na data da promulgação da Constituição.

Art. 46. São sujeitos à correção monetária desde o vencimento, até seu efetivo pagamento, sem interrupção ou suspensão, os créditos junto a entidades submetidas aos regimes de intervenção ou liquidação extrajudicial, mesmo quando esses regimes sejam convertidos em falência.

Parágrafo único. O disposto neste artigo aplica-se também:

I – às operações realizadas posteriormente à decretação dos regimes referidos no *caput* deste artigo;

II – às operações de empréstimo, financiamento, refinanciamento, assistência financeira de liquidez, cessão ou sub-rogação de créditos ou cédulas hipotecárias, efetivação de garantia de depósitos do público ou de compra de obrigações passivas, inclusive as realizadas com recursos de fundos que tenham essas destinações;

III – aos créditos anteriores à promulgação da Constituição;

IV – aos créditos das entidades da administração pública anteriores à promulgação da Constituição, não liquidados até 1.º de janeiro de 1988.

Art. 47. Na liquidação dos débitos, inclusive suas renegociações e composições posteriores, ainda que ajuizados, decorrentes de quaisquer empréstimos concedidos por bancos e por instituições financeiras, não existirá correção monetária desde que o empréstimo tenha sido concedido:

I – aos micro e pequenos empresários ou seus estabelecimentos no período de 28 de fevereiro de 1986 a 28 de fevereiro de 1987;

II – aos mini, pequenos e médios produtores rurais no período de 28 de fevereiro de 1986 a 31 de dezembro de 1987, desde que relativos a crédito rural.

§ 1.º Consideram-se, para efeito deste artigo, microempresas as pessoas jurídicas e as firmas individuais com receitas anuais de até dez mil Obrigações do Tesouro Nacional, e pequenas empresas as pessoas jurídicas e as firmas individuais com receita anual de até vinte e cinco mil Obrigações do Tesouro Nacional.

§ 2.º A classificação de mini, pequeno e médio produtor rural será feita obedecendo-se às normas de crédito rural vigentes à época do contrato.

§ 3.º A isenção da correção monetária a que se refere este artigo só será concedida nos seguintes casos:

I – se a liquidação do débito inicial, acrescido de juros legais e taxas judiciais, vier a ser efetivada no prazo de noventa dias, a contar da data da promulgação da Constituição;

II – se a aplicação dos recursos não contrariar a finalidade do financiamento, cabendo o ônus da prova à instituição credora;

III – se não for demonstrado pela instituição credora que o mutuário dispõe de meios para o pagamento de seu débito, excluídos desta demonstração seu estabelecimento, a casa de moradia e os instrumentos de trabalho e produção;

IV – se o financiamento inicial não ultrapassar o limite de cinco mil Obrigações do Tesouro Nacional;

V – se o beneficiário não for proprietário de mais de cinco módulos rurais.

§ 4.º Os benefícios de que trata este artigo não se estendem aos débitos já quitados e aos devedores que sejam constituintes.

§ 5.º No caso de operações com prazos de vencimento posteriores à data-limite de liquidação da dívida, havendo interesse do mutuário, os bancos e as instituições financeiras promoverão, por instrumento próprio, alteração nas condições contratuais originais de forma a ajustá-las ao presente benefício.

§ 6.º A concessão do presente benefício por bancos comerciais privados em nenhuma hipótese acarretará ônus para o Poder Público, ainda que através de refinanciamento e repasse de recursos pelo banco central.

§ 7.º No caso de repasse a agentes financeiros oficiais ou cooperativas de crédito, o ônus recairá sobre a fonte de recursos originária.

Art. 48. O Congresso Nacional, dentro de cento e vinte dias da promulgação da Constituição, elaborará código de defesa do consumidor.

•• A Lei n. 8.078, de 11-9-1990, dispõe sobre a proteção do consumidor (CDC).

Art. 49. A lei disporá sobre o instituto da enfiteuse em imóveis urbanos, sendo facultada aos foreiros, no caso de sua extinção, a remição dos aforamentos mediante aquisição do domínio direto, na conformidade do que dispuserem os respectivos contratos.

§ 1.º Quando não existir cláusula contratual, serão adotados os critérios e bases hoje vigentes na legislação especial dos imóveis da União.

§ 2.º Os direitos dos atuais ocupantes inscritos ficam assegurados pela aplicação de outra modalidade de contrato.

•• § 2.º regulamentado pela Lei n. 9.636, de 15-5-1998.

§ 3.º A enfiteuse continuará sendo aplicada aos terrenos de marinha e seus acrescidos, situados na faixa de segurança, a partir da orla marítima.

§ 4.º Remido o foro, o antigo titular do domínio direto deverá, no prazo de noventa dias, sob pena de responsabilidade, confiar à guarda do registro de imóveis competente toda a documentação a ele relativa.

Art. 50. Lei agrícola a ser promulgada no prazo de um ano disporá, nos termos da Constituição, sobre os objetivos e instrumentos de política agrícola, prioridades, planejamento de safras, comercialização, abastecimento interno, mercado externo e instituição de crédito fundiário.

Art. 51. Serão revistos pelo Congresso Nacional, através de Comissão mista, nos três anos a contar da data da promulgação da Constituição, todas as doações, vendas e concessões de terras públicas com área superior a três mil hectares, realizadas no período de 1.º de janeiro de 1962 a 31 de dezembro de 1987.

§ 1.º No tocante às vendas, a revisão será feita com base exclusivamente no critério de legalidade da operação.

§ 2.º No caso de concessões e doações, a revisão obedecerá aos critérios de legalidade e de conveniência do interesse público.

§ 3.º Nas hipóteses previstas nos parágrafos anteriores, comprovada a ilegalidade, ou havendo interesse público, as terras reverterão ao patrimônio da União, dos Estados, do Distrito Federal ou dos Municípios.

Art. 52. Até que sejam fixadas as condições do art. 192, são vedados:

•• *Caput* com redação determinada pela Emenda Constitucional n. 40, de 29-5-2003.

I – a instalação, no País, de novas agências de instituições financeiras domiciliadas no exterior;

II – o aumento do percentual de participação, no capital de instituições financeiras com sede no País, de pessoas físicas ou jurídicas residentes ou domiciliadas no exterior.

Parágrafo único. A vedação a que se refere este artigo não se aplica às autorizações resultantes de acordos internacionais, de reciprocidade, ou de interesse do Governo brasileiro.

Art. 53. Ao ex-combatente que tenha efetivamente participado de operações bélicas durante a Segunda Guerra Mundial, nos termos da Lei n. 5.315, de 12 de setembro de 1967, serão assegurados os seguintes direitos:

• A Lei n. 8.059, de 4-7-1990, dispõe sobre a pensão especial devida aos ex-combatentes da Segunda Guerra Mundial e a seus dependentes.

I – aproveitamento no serviço público, sem a exigência de concurso, com estabilidade;

II – pensão especial correspondente à deixada por segundo-tenente das Forças Armadas, que poderá ser requerida a qualquer tempo, sendo inacumulável com quaisquer rendimentos recebidos dos cofres públicos, exceto os benefícios previdenciários, ressalvado o direito de opção;

III – em caso de morte, pensão à viúva ou companheira ou dependente, de forma proporcional, de valor igual à do inciso anterior;

IV – assistência médica, hospitalar e educacional gratuita, extensiva aos dependentes;

V – aposentadoria com proventos integrais aos vinte e cinco anos de serviço efetivo, em qualquer regime jurídico;

VI – prioridade na aquisição da casa própria, para os que não a possuam ou para suas viúvas ou companheiras.

Parágrafo único. A concessão da pensão especial do inciso II substitui, para todos os efeitos legais, qualquer outra pensão já concedida ao ex-combatente.

Art. 54. Os seringueiros recrutados nos termos do Decreto-lei n. 5.813, de 14 de setembro de 1943, e amparados pelo Decreto-lei n. 9.882, de 16 de setembro de 1946, receberão, quando carentes, pensão mensal vitalícia no valor de dois salários mínimos.

§ 1.º O benefício é estendido aos seringueiros que, atendendo a apelo do Governo brasileiro, contribuíram para o esforço de guerra, trabalhando na produção de borracha, na Região Amazônica, durante a Segunda Guerra Mundial.

§ 2.º Os benefícios estabelecidos neste artigo são transferíveis aos dependentes reconhecidamente carentes.

§ 3.º A concessão do benefício far-se-á conforme lei a ser proposta pelo Poder Executivo dentro de cento e cinquenta dias da promulgação da Constituição.

• Concessão do benefício previsto neste artigo: Lei n. 7.986, de 28-12-1989.

Art. 54-A. Os seringueiros de que trata o art. 54 deste Ato das Disposições Constitucionais Transitórias receberão indenização, em parcela única, no valor de R$ 25.000,00 (vinte e cinco mil reais).

•• Artigo acrescentado pela Emenda Constitucional n. 78, de 14-5-2014.

Art. 55. Até que seja aprovada a lei de diretrizes orçamentárias, trinta por cento, no mínimo, do orçamento da seguridade social, excluído o seguro-desemprego, serão destinados ao setor de saúde.

Art. 56. Até que a lei disponha sobre o art. 195, I, a arrecadação decorrente de, no mínimo, cinco dos seis décimos percentuais correspondentes à alíquota da contribuição de que trata o Decreto-lei n. 1.940, de 25 de maio de 1982, alterada pelo Decreto-lei n. 2.049, de 1.º de agosto de 1983, pelo Decreto n. 91.236, de 8 de maio de 1985, e pela Lei n. 7.611, de 8 de julho de 1987, passa a integrar a receita da seguridade social, ressalvados, exclusivamente no exercício de 1988, os compromissos assumidos com programas e projetos em andamento.

Art. 57. Os débitos dos Estados e dos Municípios relativos às contribuições previdenciárias até 30 de junho de 1988 serão liquidados, com correção monetária em cento e vinte parcelas mensais, dispensados os juros e multas sobre eles incidentes, desde que os devedores requeiram o parcelamento e iniciem seu pagamento no prazo de cento e oitenta dias a contar da promulgação da Constituição.

§ 1.º O montante a ser pago em cada um dos dois primeiros anos não será inferior a cinco por cento do total do débito consolidado e atualizado, sendo o restante dividido em parcelas mensais de igual valor.

§ 2.º A liquidação poderá incluir pagamentos na forma de cessão de bens e prestação de serviços, nos termos da Lei n. 7.578, de 23 de dezembro de 1986.

§ 3.º Em garantia do cumprimento do parcelamento, os Estados e os Municípios consignarão, anualmente, nos respectivos orçamentos as dotações necessárias ao pagamento de seus débitos.

§ 4.º Descumprida qualquer das condições estabelecidas para concessão do parcelamento, o débito será considerado vencido em sua totalidade, sobre ele incidindo juros de mora; nesta hipótese, parcela dos recursos correspondentes aos Fundos de Participação, destinada aos Estados e Municípios devedores, será bloqueada e repassada à previdência social para pagamento de seus débitos.

Art. 58. Os benefícios de prestação continuada, mantidos pela previdência social na data da promulgação da Constituição, terão seus valores revistos, a fim de que seja restabelecido o poder aquisitivo, expresso em número de salários mínimos, que tinham na data de sua concessão, obedecendo-se a esse critério de atualização até a implantação do plano de custeio e benefícios referidos no artigo seguinte.

Parágrafo único. As prestações mensais dos benefícios atualizadas de acordo com este artigo serão devidas e pagas a partir do sétimo mês a contar da promulgação da Constituição.

Art. 59. Os projetos de lei relativos à organização da seguridade social e aos planos de custeio e de benefício serão apresentados no prazo máximo de seis meses da promulgação da Constituição ao Congresso Nacional, que terá seis meses para apreciá-los.

Parágrafo único. Aprovados pelo Congresso Nacional, os planos serão implantados progressivamente nos dezoito meses seguintes.

Art. 60. A complementação da União referida no inciso IV do *caput* do art. 212-A da Constituição Federal será implementada progressivamente até alcançar a proporção estabelecida no inciso V do *caput* do mesmo artigo, a partir de 1.º de janeiro de 2021, nos seguintes valores mínimos:

•• *Caput* com redação determinada pela Emenda Constitucional n. 108, de 26-8-2020.

I – 12% (doze por cento), no primeiro ano;

•• Inciso I com redação determinada pela Emenda Constitucional n. 108, de 26-8-2020.

II – 15% (quinze por cento), no segundo ano;

•• Inciso II com redação determinada pela Emenda Constitucional n. 108, de 26-8-2020.

III – 17% (dezessete por cento), no terceiro ano;

•• Inciso III com redação determinada pela Emenda Constitucional n. 108, de 26-8-2020.

IV – 19% (dezenove por cento), no quarto ano;

•• Inciso IV com redação determinada pela Emenda Constitucional n. 108, de 26-8-2020.

V – 21% (vinte e um por cento), no quinto ano;

•• Inciso V com redação determinada pela Emenda Constitucional n. 108, de 26-8-2020.

VI – 23% (vinte e três por cento), no sexto ano.

•• Inciso VI com redação determinada pela Emenda Constitucional n. 108, de 26-8-2020.

§ 1.º A parcela da complementação de que trata a alínea *b* do inciso V do *caput* do art. 212-A da Constituição Federal observará, no mínimo, os seguintes valores:

•• § 1.º, *caput*, com redação determinada pela Emenda Constitucional n. 108, de 26-8-2020.

I – 2 (dois) pontos percentuais, no primeiro ano;

•• Inciso I acrescentado pela Emenda Constitucional n. 108, de 26-8-2020.

II – 5 (cinco) pontos percentuais, no segundo ano;

•• Inciso II acrescentado pela Emenda Constitucional n. 108, de 26-8-2020.

III – 6,25 (seis inteiros e vinte e cinco centésimos) pontos percentuais, no terceiro ano;

•• Inciso III acrescentado pela Emenda Constitucional n. 108, de 26-8-2020.

IV – 7,5 (sete inteiros e cinco décimos) pontos percentuais, no quarto ano;

•• Inciso IV acrescentado pela Emenda Constitucional n. 108, de 26-8-2020.

V – 9 (nove) pontos percentuais, no quinto ano;

•• Inciso V acrescentado pela Emenda Constitucional n. 108, de 26-8-2020.

VI – 10,5 (dez inteiros e cinco décimos) pontos percentuais, no sexto ano.

•• Inciso VI acrescentado pela Emenda Constitucional n. 108, de 26-8-2020.

§ 2.º A parcela da complementação de que trata a alínea *c* do inciso V do *caput* do art. 212-A da Constituição Federal observará os seguintes valores:

•• § 2.º, *caput*, com redação determinada pela Emenda Constitucional n. 108, de 26-8-2020.

I – 0,75 (setenta e cinco centésimos) ponto percentual, no terceiro ano;

•• Inciso I acrescentado pela Emenda Constitucional n. 108, de 26-8-2020.

II – 1,5 (um inteiro e cinco décimos) ponto percentual, no quarto ano;

•• Inciso II acrescentado pela Emenda Constitucional n. 108, de 26-8-2020.

III – 2 (dois) pontos percentuais, no quinto ano;

•• Inciso III acrescentado pela Emenda Constitucional n. 108, de 26-8-2020.

IV – 2,5 (dois inteiros e cinco décimos) pontos percentuais, no sexto ano.

•• Inciso IV acrescentado pela Emenda Constitucional n. 108, de 26-8-2020.

Art. 60-A. Os critérios de distribuição da complementação da União e dos fundos a que se refere o inciso I do *caput* do art. 212-A da Constituição Federal serão revistos em seu sexto ano de vigência e, a partir dessa primeira revisão, periodicamente, a cada 10 (dez) anos.

•• Artigo acrescentado pela Emenda Constitucional n. 108, de 26-8-2020.

Art. 61. As entidades educacionais a que se refere o art. 213, bem como as fundações de ensino e pesquisa cuja criação tenha sido autorizada por lei, que preencham os requisitos dos incisos I e II do referido artigo e que, nos últimos três anos, tenham recebido recursos públicos, poderão continuar a recebê-los, salvo disposição legal em contrário.

Art. 62. A lei criará o Serviço Nacional de Aprendizagem Rural (SENAR) nos moldes da legislação relativa ao Serviço Nacional de Aprendizagem Industrial (SENAI) e ao Serviço Nacional de Aprendizagem do Comércio (SENAC), sem prejuízo das atribuições dos órgãos públicos que atuam na área.

• A Lei n. 8.315, de 23-12-1991, dispõe sobre a criação do Serviço Nacional de Aprendizagem Rural – SENAR.

Art. 63. É criada uma Comissão composta de nove membros, sendo três do Poder Legislativo, três do Poder Judiciário e três do Poder Executivo, para promover as comemorações do centenário da Proclamação da República e da promulgação da primeira Constituição republicana do País, podendo, a seu critério, desdobrar-se em tantas subcomissões quantas forem necessárias.

Parágrafo único. No desenvolvimento de suas atribuições, a Comissão promoverá estudos, debates e avaliações sobre a evolução política, social, econômica e cultural do País, podendo articular-se com os governos estaduais e municipais e com instituições públicas e privadas que desejem participar dos eventos.

Art. 64. A Imprensa Nacional e demais gráficas da União, dos Estados, do Distrito Federal e dos Municípios, da administração direta ou indireta, inclusive fundações instituídas e mantidas pelo Poder Público, promoverão edição popular do texto integral da Constituição, que será posta à disposição das escolas e dos cartórios, dos sindicatos, dos quartéis, das igrejas e de outras instituições representativas da comunidade, gratuitamente, de modo que cada cidadão brasileiro possa receber do Estado um exemplar da Constituição do Brasil.

Art. 65. O Poder Legislativo regulamentará, no prazo de doze meses, o art. 220, § 4.º.

Art. 66. São mantidas as concessões de serviços públicos de telecomunicações atualmente em vigor, nos termos da lei.

Art. 67. A União concluirá a demarcação das terras indígenas no prazo de cinco anos a partir da promulgação da Constituição.

Art. 68. Aos remanescentes das comunidades dos quilombos que estejam ocupando suas terras é reconhecida a propriedade definitiva, devendo o Estado emitir-lhes os títulos respectivos.

•• O Decreto n. 4.887, de 20-11-2003, regulamenta o procedimento para identificação, reconhecimento, delimitação, demarcação e titulação das terras ocupadas por remanescentes das comunidades dos quilombos de que trata este artigo.

• A Instrução Normativa n. 73, de 17-5-2012, do Instituto Nacional de Colonização e Reforma Agrária – INCRA, estabelece critérios e procedimentos para a realização de benfeitorias de boa-fé erigidos em terra pública visando a desintrusão em território quilombola.

Art. 69. Será permitido aos Estados manter consultorias jurídicas separadas de suas Procuradorias-Gerais ou Advocacias-Gerais, desde que, na data da promulgação da Constituição, tenham órgãos distintos para as respectivas funções.

Art. 70. Fica mantida a atual competência dos tribunais estaduais até que a mesma seja definida na Constituição do Estado, nos termos do art. 125, § 1.º, da Constituição.

Art. 71. É instituído, nos exercícios financeiros de 1994 e 1995, bem assim nos períodos de 1.º de janeiro de 1996 a 30 de junho de 1997 e 1.º de julho de 1997 a 31 de dezembro de 1999, o Fundo Social de Emergência, com o objetivo de saneamento financeiro da Fazenda Pública Federal e de estabilização econômica, cujos recursos serão aplicados prioritariamente no custeio das ações dos sistemas de saúde e educação, incluindo a complementação de recursos de que trata o § 3.º do art. 60 do Ato das Disposições Constitucionais Transitórias, benefícios previdenciários e auxílios assistenciais de prestação continuada, inclusive liquidação de passivo previdenciário, e despesas orçamentárias associadas a programas de relevante interesse econômico e social.

•• *Caput* com redação determinada pela Emenda Constitucional n. 17, de 22-11-1997.

§ 1.º Ao Fundo criado por este artigo não se aplica o disposto na parte final do inciso II do § 9.º do art. 165 da Constituição.

•• § 1.º acrescentado pela Emenda Constitucional n. 10, de 4-3-1996.

§ 2.º O Fundo criado por este artigo passa a ser denominado Fundo de Estabilização Fiscal a partir do início do exercício financeiro de 1996.

•• § 2.º acrescentado pela Emenda Constitucional n. 10, de 4-3-1996.

§ 3.º O Poder Executivo publicará demonstrativo da execução orçamentária, de periodicidade bimestral, no qual se discriminarão as fontes e usos do Fundo criado por este artigo.

•• § 3.º acrescentado pela Emenda Constitucional n. 10, de 4-3-1996.

Art. 72. Integram o Fundo Social de Emergência:

•• *Caput* acrescentado pela Emenda Constitucional de Revisão n. 1, de 1.º-3-1994.

I – o produto da arrecadação do imposto sobre renda e proventos de qualquer natureza incidente na fonte sobre pagamentos efetuados, a qualquer título, pela União, inclusive suas autarquias e fundações;

•• Inciso I acrescentado pela Emenda Constitucional de Revisão n. 1, de 1.º-3-1994.

II – a parcela do produto da arrecadação do imposto sobre renda e proventos de qualquer natureza e do imposto sobre operações de crédito, câmbio e seguro, ou relativas a títulos e valores mobiliários, decorrente das alterações produzidas pela Lei n. 8.894, de 21 de junho de 1994, e pelas Leis n. 8.849 e 8.848, ambas de 28 de janeiro de 1994, e modificações posteriores;

•• Inciso II com redação determinada pela Emenda Constitucional n. 10, de 4-3-1996.

III – a parcela do produto da arrecadação resultante da elevação da alíquota da contribuição social sobre o lucro dos contribuintes a que se refere o § 1.º do art. 22 da Lei n. 8.212, de 24 de setembro de 1991, a qual, nos exercícios financeiros de 1994 e 1995, bem assim no período de 1.º de janeiro de 1996 a 30 de junho de 1997, passa a ser de trinta por cento, sujeita a alteração por lei ordinária, mantidas as demais normas da Lei n. 7.689, de 15 de dezembro de 1988;

•• Inciso III com redação determinada pela Emenda Constitucional n. 10, de 4-3-1996.

IV – vinte por cento do produto da arrecadação de todos os impostos e contribuições da União, já instituídos ou a serem criados, excetuado o previsto nos incisos I, II e III, observado o disposto nos §§ 3.º e 4.º;

•• Inciso IV com redação determinada pela Emenda Constitucional n. 10, de 4-3-1996.

V – a parcela do produto da arrecadação da contribuição de que trata a Lei Complementar n. 7, de 7 de setembro de 1970, devida pelas pessoas jurídicas a que se refere o inciso III deste artigo, a qual será calculada, nos exercícios financeiros de 1994 e 1995, bem assim nos períodos de 1.º de janeiro de 1996 a 30 de junho de 1997 e de 1.º de julho de 1997 a 31 de dezembro de 1999, mediante aplicação da alíquota de setenta e cinco centésimos por cento, sujeita a alteração por lei ordinária posterior, sobre a receita bruta operacional, como definida na legislação do imposto sobre renda e proventos de qualquer natureza; e

•• Inciso V com redação determinada pela Emenda Constitucional n. 17, de 22-11-1997.

VI – outras receitas previstas em lei específica.

•• Inciso VI acrescentado pela Emenda Constitucional de Revisão n. 1, de 1.º-3-1994.

§ 1.º As alíquotas e a base de cálculo previstas nos incisos III e V aplicar-se-ão a partir do primeiro dia do mês seguinte aos noventa dias posteriores à promulgação desta Emenda.

•• § 1.º acrescentado pela Emenda Constitucional de Revisão n. 1, de 1.º-3-1994.

§ 2.º As parcelas de que tratam os incisos I, II, III e V serão previamente deduzidas da base de cálculo de qualquer vinculação ou participação constitucional ou legal, não se lhes aplicando o disposto nos arts. 159, 212 e 239 da Constituição.

•• § 2.º com redação determinada pela Emenda Constitucional n. 10, de 4-3-1996.

§ 3.º A parcela de que trata o inciso IV será previamente deduzida da base de cálculo das vinculações ou participações constitucionais previstas nos arts. 153, § 5.º, 157, II, 212 e 239 da Constituição.

•• § 3.º com redação determinada pela Emenda Constitucional n. 10, de 4-3-1996.

§ 4.º O disposto no parágrafo anterior não se aplica aos recursos previstos nos arts. 158, II, e 159 da Constituição.

•• § 4.º com redação determinada pela Emenda Constitucional n. 10, de 4-3-1996.

§ 5.º A parcela dos recursos provenientes do imposto sobre renda e proventos de qualquer natureza, destinada ao Fundo Social de Emergência, nos termos do inciso II deste artigo, não poderá exceder a cinco inteiros e seis décimos por cento do total do produto da sua arrecadação.

•• § 5.º com redação determinada pela Emenda Constitucional n. 10, de 4-3-1996.

Art. 73. Na regulação do Fundo Social de Emergência não poderá ser utilizado o instrumento previsto no inciso V do art. 59 da Constituição.

•• Artigo acrescentado pela Emenda Constitucional de Revisão n. 1, de 1.º-3-1994.

• *Vide* art. 71 do ADCT.

Art. 74. A União poderá instituir contribuição provisória sobre movimentação ou transmissão de valores e de créditos e direitos de natureza financeira.

•• *Caput* acrescentado pela Emenda Constitucional n. 12, de 15-8-1996.

• *Vide* Emendas Constitucionais n. 21, de 18-3-1999, e n. 37, de 12-6-2002.

§ 1.º A alíquota da contribuição de que trata este artigo não excederá a vinte e cinco centésimos por cento, facultado ao Poder Executivo reduzi-la ou restabelecê-la, total ou parcialmente, nas condições e limites fixados em lei.

•• § 1.º acrescentado pela Emenda Constitucional n. 12, de 15-8-1996.

•• Alíquota alterada pela Emenda Constitucional n. 21, de 18-3-1999.

§ 2.º À contribuição de que trata este artigo não se aplica o disposto nos arts. 153, § 5.º, e 154, I, da Constituição.

•• § 2.º acrescentado pela Emenda Constitucional n. 12, de 15-8-1996.

§ 3.º O produto da arrecadação da contribuição de que trata este artigo será destinado integralmente ao Fundo Nacional de Saúde, para financiamento das ações e serviços de saúde.

•• § 3.º acrescentado pela Emenda Constitucional n. 12, de 15-8-1996.

§ 4.º A contribuição de que trata este artigo terá sua exigibilidade subordinada ao disposto no art. 195, § 6.º, da Constituição, e não poderá ser cobrada por prazo superior a dois anos.

•• § 4.º acrescentado pela Emenda Constitucional n. 12, de 15-8-1996.

•• *Vide* arts. 75 e 84 do ADCT, que prorrogaram o prazo previsto neste parágrafo.

Art. 75. É prorrogada, por trinta e seis meses, a cobrança da contribuição provisória sobre movimentação ou transmissão de valores e de créditos e direitos de natureza financeira de que trata o art. 74, instituída pela Lei n. 9.311, de 24 de outubro de 1996, modificada pela Lei n. 9.539, de 12 de dezembro de 1997, cuja vigência é também prorrogada por idêntico prazo.

•• *Caput* acrescentado pela Emenda Constitucional n. 21, de 18-3-1999.

•• *Vide* art. 84 do ADCT, que prorrogou o prazo previsto neste artigo até 31-12-2004.

• Fundo de Combate e Erradicação da Pobreza: *Vide* art. 80, I, do ADCT.

• *Vide* Emenda Constitucional n. 37, de 12-6-2002.

§ 1.º Observado o disposto no § 6.º do art. 195 da Constituição Federal, a alíquota da contribuição será de trinta e oito centésimos por cento, nos primeiros doze meses, e de trinta centésimos, nos meses subsequentes, facultado ao Poder Executivo reduzi-la total ou parcialmente, nos limites aqui definidos.

•• § 1.º acrescentado pela Emenda Constitucional n. 21, de 18-3-1999.

§ 2.º O resultado do aumento da arrecadação, decorrente da alteração da alíquota, nos exercícios financeiros de 1999, 2000 e 2001, será destinado ao custeio da previdência social.

•• § 2.º acrescentado pela Emenda Constitucional n. 21, de 18-3-1999.

§ 3.º É a União autorizada a emitir títulos da dívida pública interna, cujos recursos serão destinados ao custeio da saúde e da previdência social, em montante equivalente ao produto da arrecadação da contribuição, prevista e não realizada em 1999.

•• § 3.º acrescentado pela Emenda Constitucional n. 21, de 18-3-1999.

•• O STF, na ADI n. 2.031-5, de 3-10-2002 (*DOU* de 11-10-2002), declara a inconstitucionalidade deste parágrafo.

Art. 76. São desvinculados de órgão, fundo ou despesa, até 31 de dezembro de 2024, 30% (trinta por cento) da arrecadação da União relativa às contribuições sociais, sem prejuízo do pagamento das despesas do Regime Geral de Previdência Social, às contribuições de intervenção no domínio econômico e às taxas, já instituídas ou que vierem a ser criadas até a referida data.

•• *Caput* com redação determinada pela Emenda Constitucional n. 126, de 21-12-2022.

§ 1.º (*Revogado pela Emenda Constitucional n. 93, de 8-9-2016.*)

§ 2.º Excetua-se da desvinculação de que trata o *caput* a arrecadação da contribuição social do salário-educação a que se refere o § 5.º do art. 212 da Constituição Federal.

•• § 2.º com redação determinada pela Emenda Constitucional n. 68, de 21-12-2011.

§ 3.º (*Revogado pela Emenda Constitucional n. 93, de 8-9-2016.*)

§ 4.º A desvinculação de que trata o *caput* não se aplica às receitas das contribuições sociais destinadas ao custeio da seguridade social.

•• § 4.º acrescentado pela Emenda Constitucional n. 103, de 12-11-2019.

Art. 76-A. São desvinculados de órgão, fundo ou despesa, até 31 de dezembro de 2023, 30% (trinta por cento) das receitas dos Estados e do Distrito Federal relativas a impostos, taxas e multas, já instituídos ou que vierem a ser criados até a referida data, seus adicionais e respectivos acréscimos legais, e outras receitas correntes.

•• *Caput* acrescentado pela Emenda Constitucional n. 93, de 8-9-2016.

Parágrafo único. Excetuam-se da desvinculação de que trata o *caput*:

•• Parágrafo único, *caput*, acrescentado pela Emenda Constitucional n. 93, de 8-9-2016.

I – recursos destinados ao financiamento das ações e serviços públicos de saúde e à manutenção e desenvolvimento do ensino de que tratam, respectivamente, os incisos II e III do § 2.º do art. 198 e o art. 212 da Constituição Federal;

•• Inciso I acrescentado pela Emenda Constitucional n. 93, de 8-9-2016.

II – receitas que pertencem aos Municípios decorrentes de transferências previstas na Constituição Federal;

•• Inciso II acrescentado pela Emenda Constitucional n. 93, de 8-9-2016.

III – receitas de contribuições previdenciárias e de assistência à saúde dos servidores;

•• Inciso III acrescentado pela Emenda Constitucional n. 93, de 8-9-2016.

IV – demais transferências obrigatórias e voluntárias entre entes da Federação com destinação especificada em lei;

•• Inciso IV acrescentado pela Emenda Constitucional n. 93, de 8-9-2016.

V – fundos instituídos pelo Poder Judiciário, pelos Tribunais de Contas, pelo Ministério Público, pelas Defensorias Públicas e pelas Procuradorias-Gerais dos Estados e do Distrito Federal.

•• Inciso V acrescentado pela Emenda Constitucional n. 93, de 8-9-2016.

Art. 76-B. São desvinculados de órgão, fundo ou despesa, até 31 de dezembro de 2023, 30% (trinta por cento) das receitas dos Municípios relativas a impostos, taxas e multas, já instituídos ou que vierem a ser criados até a referida data, seus adicionais e respectivos acréscimos legais, e outras receitas correntes.

•• *Caput* acrescentado pela Emenda Constitucional n. 93, de 8-9-2016.

Parágrafo único. Excetuam-se da desvinculação de que trata o *caput*:

•• Parágrafo único, *caput*, acrescentado pela Emenda Constitucional n. 93, de 8-9-2016.

I – recursos destinados ao financiamento das ações e serviços públicos de saúde e à manutenção e desenvolvimento do ensino de que tratam, respectivamente, os incisos II e III do § 2.º do art. 198 e o art. 212 da Constituição Federal;

•• Inciso I acrescentado pela Emenda Constitucional n. 93, de 8-9-2016.

II – receitas de contribuições previdenciárias e de assistência à saúde dos servidores;

•• Inciso II acrescentado pela Emenda Constitucional n. 93, de 8-9-2016.

III – transferências obrigatórias e voluntárias entre entes da Federação com destinação especificada em lei;

•• Inciso III acrescentado pela Emenda Constitucional n. 93, de 8-9-2016.

IV – fundos instituídos pelo Tribunal de Contas do Município.

•• Inciso IV acrescentado pela Emenda Constitucional n. 93, de 8-9-2016.

Art. 77. Até o exercício financeiro de 2004, os recursos mínimos aplicados nas ações e serviços públicos de saúde serão equivalentes:

•• *Caput* acrescentado pela Emenda Constitucional n. 29, de 13-9-2000.

I – no caso da União:

•• Inciso I, *caput*, acrescentado pela Emenda Constitucional n. 29, de 13-9-2000.

a) no ano 2000, o montante empenhado em ações e serviços públicos de saúde no exercício financeiro de 1999 acrescido de, no mínimo, cinco por cento;

•• Alínea *a* acrescentada pela Emenda Constitucional n. 29, de 13-9-2000.

b) do ano 2001 ao ano 2004, o valor apurado no ano anterior, corrigido pela variação nominal do Produto Interno Bruto – PIB;

•• Alínea *b* acrescentada pela Emenda Constitucional n. 29, de 13-9-2000.

II – no caso dos Estados e do Distrito Federal, doze por cento do produto da arrecadação dos impostos a que se refere o art. 155 e dos recursos de que tratam os arts. 157 e 159, I, *a*, e inciso II, deduzidas as parcelas que forem transferidas aos respectivos Municípios; e

•• Inciso II acrescentado pela Emenda Constitucional n. 29, de 13-9-2000.

III – no caso dos Municípios e do Distrito Federal, quinze por cento do produto da arrecadação dos impostos a que se refere o art. 156 e dos recursos de que tratam os arts. 158 e 159, I, *b* e § 3.º.

•• Inciso III acrescentado pela Emenda Constitucional n. 29, de 13-9-2000.

§ 1.º Os Estados, o Distrito Federal e os Municípios que apliquem percentuais inferiores aos fixados nos incisos II e III deverão elevá-los gradualmente, até o exercício financeiro de 2004, reduzida a diferença à razão de, pelo menos, um quinto por ano, sendo que, a partir de 2000, a aplicação será de pelo menos sete por cento.

•• § 1.º acrescentado pela Emenda Constitucional n. 29, de 13-9-2000.

§ 2.º Dos recursos da União apurados nos termos deste artigo, quinze por cento, no mínimo, serão aplicados nos Municípios, segundo o critério populacional, em ações e serviços básicos de saúde, na forma da lei.

•• § 2.º acrescentado pela Emenda Constitucional n. 29, de 13-9-2000.

§ 3.º Os recursos dos Estados, do Distrito Federal e dos Municípios destinados às ações e serviços públicos de saúde e os transferidos pela União para a mesma finalidade serão aplicados por meio de Fundo de Saúde que será acompanhado e fiscalizado por Conselho de Saúde, sem prejuízo do disposto no art. 74 da Constituição Federal.

•• § 3.º acrescentado pela Emenda Constitucional n. 29, de 13-9-2000.

§ 4.º Na ausência da lei complementar a que se refere o art. 198, § 3.º, a partir do exercício financeiro de 2005, aplicar-se-á à União, aos Estados, ao Distrito Federal e aos Municípios o disposto neste artigo.

•• § 4.º acrescentado pela Emenda Constitucional n. 29, de 13-9-2000.

Art. 78. Ressalvados os créditos definidos em lei como de pequeno valor, os de natureza alimentícia, os de que trata o art. 33 deste Ato das Disposições Constitucionais Transitórias e suas complementações e os que já tiverem os seus respectivos recursos liberados ou depositados em juízo, os precatórios pendentes na data de promulgação desta Emenda e os que decorram de ações iniciais ajuizadas até 31 de dezembro de 1999 serão liquidados pelo seu valor real, em moeda corrente, acrescido de juros legais, em prestações anuais, iguais e sucessivas, no prazo máximo de dez anos, permitida a cessão dos créditos.

•• *Caput* acrescentado pela Emenda Constitucional n. 30, de 13-9-2000.

•• O STF, nas ADIs n. 2.356 e 2.362, deferiu medida cautelar, em 25-11-2010 (*DOU* de 7-12-2010), para suspender a eficácia do art. 2.º da Emenda Constitucional n. 30, de 13-9-2000, que introduziu este art. 78.

•• *Vide* art. 97, § 15, do ADCT.

§ 1.º É permitida a decomposição de parcelas, a critério do credor.

•• § 1.º acrescentado pela Emenda Constitucional n. 30, de 13-9-2000.

§ 2.º As prestações anuais a que se refere o *caput* deste artigo terão, se não liquidadas até o final do exercício a que se referem, poder liberatório do pagamento de tributos da entidade devedora.

•• § 2.º acrescentado pela Emenda Constitucional n. 30, de 13-9-2000.

•• *Vide* art. 6.º da Emenda Constitucional n. 62, de 9-12-2009.

§ 3.º O prazo referido no *caput* deste artigo fica reduzido para dois anos, nos casos de precatórios judiciais originários de desapropriação de imóvel residencial do credor, desde que comprovadamente único à época da imissão na posse.

•• § 3.º acrescentado pela Emenda Constitucional n. 30, de 13-9-2000.

§ 4.º O Presidente do Tribunal competente deverá, vencido o prazo ou em caso de omissão no orçamento, ou preterição ao direito de precedência, a requerimento do credor, requisitar ou determinar o sequestro de recursos financeiros da entidade executada, suficientes à satisfação da prestação.

•• § 4.º acrescentado pela Emenda Constitucional n. 30, de 13-9-2000.

Art. 79. É instituído, para vigorar até o ano de 2010, no âmbito do Poder Executivo Federal, o Fundo de Combate e Erradicação da Pobreza, a ser regulado por lei complementar com o objetivo de viabilizar a todos os brasileiros acesso a níveis dignos de subsistência, cujos recursos serão aplicados em ações suplementares de nutrição, habitação, educação, saúde, reforço de renda familiar e outros programas de relevante interesse social voltados para melhoria da qualidade de vida.

•• *Caput* acrescentado pela Emenda Constitucional n. 31, de 14-12-2000.

•• *Vide* Emenda Constitucional n. 67, de 22-12-2010, que prorroga por tempo indeterminado o prazo de vigência do Fundo de Combate e Erradicação da Pobreza.

•• Artigo regulamentado pela Lei Complementar n. 111, de 6-7-2001.

• *Vide* art. 4.º da Emenda Constitucional n. 42, de 19-12-2003.

Parágrafo único. O Fundo previsto neste artigo terá Conselho Consultivo e de Acompanhamento que conte com a participação de representantes da sociedade civil, nos termos da lei.

•• Parágrafo único acrescentado pela Emenda Constitucional n. 31, de 14-12-2000.

Art. 80. Compõem o Fundo de Combate e Erradicação da Pobreza:

•• *Caput* acrescentado pela Emenda Constitucional n. 31, de 14-12-2000.

•• Regulamento: Lei Complementar n. 111, de 6-7-2001.

I – a parcela do produto da arrecadação correspondente a um adicional de 0,08% (oito centésimos por cento), aplicável de 18 de junho de 2000 a 17 de junho de 2002, na alíquota da contribuição social de que trata o art. 75 do Ato das Disposições Constitucionais Transitórias;

•• Inciso I acrescentado pela Emenda Constitucional n. 31, de 14-12-2000.

•• *Vide* art. 84 do ADCT, que prorrogou o prazo previsto neste artigo até 31-12-2004.

II – a parcela do produto da arrecadação correspondente a um adicional de 5 (cinco) pontos percentuais na alíquota do Imposto sobre Produtos Industrializados – IPI, ou do imposto que vier a substituí-lo, incidente sobre produtos supérfluos e aplicável até a extinção do Fundo;

•• Inciso II acrescentado pela Emenda Constitucional n. 31, de 14-12-2000.

• *Vide* art. 83 do ADCT.

III – o produto da arrecadação do imposto de que trata o art. 153, VII, da Constituição;

•• Inciso III acrescentado pela Emenda Constitucional n. 31, de 14-12-2000.

IV – dotações orçamentárias;

•• Inciso IV acrescentado pela Emenda Constitucional n. 31, de 14-12-2000.

V – doações, de qualquer natureza, de pessoas físicas ou jurídicas do País ou do exterior;

•• Inciso V acrescentado pela Emenda Constitucional n. 31, de 14-12-2000.

VI – outras receitas, a serem definidas na regulamentação do referido Fundo.

•• Inciso VI acrescentado pela Emenda Constitucional n. 31, de 14-12-2000.

•• Artigo regulamentado pela Lei Complementar n. 111, de 6-7-2001.

§ 1.º Aos recursos integrantes do Fundo de que trata este artigo não se aplica o disposto nos arts. 159 e 167, IV, da Constituição, assim como qualquer desvinculação de recursos orçamentários.

•• § 1.º acrescentado pela Emenda Constitucional n. 31, de 14-12-2000.

§ 2.º A arrecadação decorrente do disposto no inciso I deste artigo, no período compreendido entre 18 de junho de 2000 e o início da vigência da lei complementar a que se refere o art. 79, será integralmente repassada ao Fundo, preservado o seu valor real, em títulos públicos federais, progressivamente resgatáveis após 18 de junho de 2002, na forma da lei.

•• § 2.º acrescentado pela Emenda Constitucional n. 31, de 14-12-2000.

Art. 81. É instituído Fundo constituído pelos recursos recebidos pela União em decorrência da desestatização de sociedades de economia mista ou empresas públicas por ela controladas, direta ou indiretamente, quando a operação envolver a alienação do respectivo controle acionário a pessoa ou entidade não integrante da Administração Pública, ou de participação societária remanescente após a alienação, cujos rendimentos, gerados a partir de 18 de junho de 2002, reverterão ao Fundo de Combate e Erradicação da Pobreza.

•• *Caput* acrescentado pela Emenda Constitucional n. 31, de 14-12-2000.

•• Artigo regulamentado pela Lei Complementar n. 111, de 6-7-2001.

§ 1.º Caso o montante anual previsto nos rendimentos transferidos ao Fundo de Combate e Erradicação da Pobreza, na forma deste artigo, não alcance o valor de quatro bilhões de reais, far-se-á complementação na forma do art. 80, IV, do Ato das Disposições Constitucionais Transitórias.

•• § 1.º acrescentado pela Emenda Constitucional n. 31, de 14-12-2000.

§ 2.º Sem prejuízo do disposto no § 1.º, o Poder Executivo poderá destinar ao Fundo a que se refere este artigo outras receitas decorrentes da alienação de bens da União.

•• § 2.º acrescentado pela Emenda Constitucional n. 31, de 14-12-2000.

§ 3.º A constituição do Fundo a que se refere o *caput*, a transferência de recursos ao Fundo de Combate e Erradicação da Pobreza e as demais disposições referentes ao § 1.º deste artigo serão disciplinadas em lei, não se aplicando o disposto no art. 165, § 9.º, II, da Constituição.

•• § 3.º acrescentado pela Emenda Constitucional n. 31, de 14-12-2000.

Art. 82. Os Estados, o Distrito Federal e os Municípios devem instituir Fundos de Combate à Pobreza, com os recursos de que trata este artigo e outros que vierem a destinar, devendo os referidos Fundos ser geridos por entidades que contem com a participação da sociedade civil.

•• *Caput* acrescentado pela Emenda Constitucional n. 31, de 14-12-2000.

§ 1.º Para o financiamento dos Fundos Estaduais e Distrital, poderá ser criado adicional de até dois pontos percentuais na alíquota do Imposto sobre Circulação de Mercadorias e Serviços – ICMS, sobre os produtos e serviços supérfluos e nas condições definidas na lei complementar de que trata o art. 155, § 2.º, XII, da Constituição, não se aplicando, sobre este percentual, o disposto no art. 158, IV, da Constituição.

•• § 1.º com redação determinada pela Emenda Constitucional n. 42, de 19-12-2003.

§ 2.º Para o financiamento dos Fundos Municipais, poderá ser criado adicional de até 0,5 (meio) ponto percentual na alíquota do Imposto sobre serviços ou do imposto que vier a substituí-lo, sobre serviços supérfluos.

•• § 2.º acrescentado pela Emenda Constitucional n. 31, de 14-12-2000.

Art. 83. Lei federal definirá os produtos e serviços supérfluos a que se referem os arts. 80, II, e 82, § 2.º.

•• Artigo com redação determinada pela Emenda Constitucional n. 42, de 19-12-2003.

Art. 84. A contribuição provisória sobre movimentação ou transmissão de valores e de créditos e direitos de natureza financeira, prevista nos arts. 74, 75 e 80, I, deste Ato das Disposições Constitucionais Transitórias, será cobrada até 31 de dezembro de 2004.

•• *Caput* acrescentado pela Emenda Constitucional n. 37, de 12-6-2002.

•• *Vide* art. 90 do ADCT, que prorroga o prazo previsto neste artigo até 31-12-2007.

§ 1.º Fica prorrogada, até a data referida no *caput* deste artigo, a vigência da Lei n. 9.311, de 24 de outubro de 1996, e suas alterações.

•• § 1.º acrescentado pela Emenda Constitucional n. 37, de 12-6-2002.

§ 2.º Do produto da arrecadação da contribuição social de que trata este artigo será destinada a parcela correspondente à alíquota de:

•• § 2.º, *caput*, acrescentado pela Emenda Constitucional n. 37, de 12-6-2002.

I – vinte centésimos por cento ao Fundo Nacional de Saúde, para financiamento das ações e serviços de saúde;

•• Inciso I acrescentado pela Emenda Constitucional n. 37, de 12-6-2002.

II – dez centésimos por cento ao custeio da previdência social;

•• Inciso II acrescentado pela Emenda Constitucional n. 37, de 12-6-2002.

III – oito centésimos por cento ao Fundo de Combate e Erradicação da Pobreza, de que tratam os arts. 80 e 81 deste Ato das Disposições Constitucionais Transitórias.

•• Inciso III acrescentado pela Emenda Constitucional n. 37, de 12-6-2002.

§ 3.º A alíquota da contribuição de que trata este artigo será de:

•• § 3.º, *caput*, acrescentado pela Emenda Constitucional n. 37, de 12-6-2002.

I – trinta e oito centésimos por cento, nos exercícios financeiros de 2002 e 2003;

•• Inciso I acrescentado pela Emenda Constitucional n. 37, de 12-6-2002.

•• *Vide* art. 90, § 2.º, do ADCT, que mantém a alíquota de 0,38% até o exercício financeiro de 2007.

II – (*Revogado pela Emenda Constitucional n. 42, de 19-12-2003.*)

Art. 85. A contribuição a que se refere o art. 84 deste Ato das Disposições Constitucionais Transitórias não incidirá, a partir do 30.º (trigésimo) dia da data de publicação desta Emenda Constitucional, nos lançamentos:

•• *Caput* acrescentado pela Emenda Constitucional n. 37, de 12-6-2002.

I – em contas correntes de depósito especialmente abertas e exclusivamente utilizadas para operações de:

•• Inciso I, *caput*, acrescentado pela Emenda Constitucional n. 37, de 12-6-2002.

a) câmaras e prestadoras de serviços de compensação e de liquidação de que trata o parágrafo único do art. 2.º da Lei n. 10.214, de 27 de março de 2001;

•• Alínea *a* acrescentada pela Emenda Constitucional n. 37, de 12-6-2002.

b) companhias securitizadoras de que trata a Lei n. 9.514, de 20 de novembro de 1997;

•• Alínea *b* acrescentada pela Emenda Constitucional n. 37, de 12-6-2002.

c) sociedades anônimas que tenham por objeto exclusivo a aquisição de créditos oriundos de operações praticadas no mercado financeiro;

•• Alínea *c* acrescentada pela Emenda Constitucional n. 37, de 12-6-2002.

II – em contas correntes de depósito, relativos a:

•• Inciso II, *caput*, acrescentado pela Emenda Constitucional n. 37, de 12-6-2002.

a) operações de compra e venda de ações, realizadas em recintos ou sistemas de negociação de bolsas de valores e no mercado de balcão organizado;

•• Alínea *a* acrescentada pela Emenda Constitucional n. 37, de 12-6-2002.

b) contratos referenciados em ações ou índices de ações, em suas diversas modalidades, negociados em bolsas de valores, de mercadorias e de futuros;

•• Alínea *b* acrescentada pela Emenda Constitucional n. 37, de 12-6-2002.

III – em contas de investidores estrangeiros, relativos a entradas no País e a remessas para o exterior de recursos financeiros empregados, exclusivamente, em operações e contratos referidos no inciso II deste artigo.

•• Inciso III acrescentado pela Emenda Constitucional n. 37, de 12-6-2002.

§ 1.º O Poder Executivo disciplinará o disposto neste artigo no prazo de 30 (trinta) dias da data de publicação desta Emenda Constitucional.

•• § 1.º acrescentado pela Emenda Constitucional n. 37, de 12-6-2002.

§ 2.º O disposto no inciso I deste artigo aplica-se somente às operações relacionadas em ato do Poder Executivo, dentre aquelas que constituam o objeto social das referidas entidades.

•• § 2.º acrescentado pela Emenda Constitucional n. 37, de 12-6-2002.

§ 3.º O disposto no inciso II deste artigo aplica-se somente a operações e contratos efetuados por intermédio de instituições financeiras, sociedades corretoras de títulos e valores mobiliários, sociedades distribuidoras de títulos e valores mobiliários e sociedades corretoras de mercadorias.

•• § 3.º acrescentado pela Emenda Constitucional n. 37, de 12-6-2002.

Art. 86. Serão pagos conforme disposto no art. 100 da Constituição Federal, não se lhes aplicando a regra de parcelamento estabelecida no *caput* do art. 78 deste Ato das Disposições Constitucionais Transitórias, os débitos da Fazenda Federal, Estadual, Distrital ou Municipal oriundos de sentenças transitadas em julgado, que preencham, cumulativamente, as seguintes condições:

•• *Caput* acrescentado pela Emenda Constitucional n. 37, de 12-6-2002.

I – ter sido objeto de emissão de precatórios judiciários;

•• Inciso I acrescentado pela Emenda Constitucional n. 37, de 12-6-2002.

II – ter sido definidos como de pequeno valor pela lei de que trata o § 3.º do art. 100 da Constituição Federal ou pelo art. 87 deste Ato das Disposições Constitucionais Transitórias;

•• Inciso II acrescentado pela Emenda Constitucional n. 37, de 12-6-2002.

III – estar, total ou parcialmente, pendentes de pagamento na data da publicação desta Emenda Constitucional.

•• Inciso III acrescentado pela Emenda Constitucional n. 37, de 12-6-2002.

§ 1.º Os débitos a que se refere o *caput* deste artigo, ou os respectivos saldos, serão pagos na ordem cronológica de apresentação dos respectivos precatórios, com precedência sobre os de maior valor.

•• § 1.º acrescentado pela Emenda Constitucional n. 37, de 12-6-2002.

§ 2.º Os débitos a que se refere o *caput* deste artigo, se ainda não tiverem sido objeto de pagamento parcial, nos termos do art. 78 deste Ato das Disposições Constitucionais Transitórias, poderão ser pagos em duas parcelas anuais, se assim dispuser a lei.

•• § 2.º acrescentado pela Emenda Constitucional n. 37, de 12-6-2002.

§ 3.º Observada a ordem cronológica de sua apresentação, os débitos de natureza alimentícia previstos neste artigo terão precedência para pagamento sobre todos os demais.

•• § 3.º acrescentado pela Emenda Constitucional n. 37, de 12-6-2002.

Art. 87. Para efeito do que dispõem o § 3.º do art. 100 da Constituição Federal e o art. 78 deste Ato das Disposições Constitucionais Transitórias serão considerados de pequeno valor, até que se dê a publicação oficial das respectivas leis definidoras pelos entes da Federação, observado o disposto no § 4.º do art. 100 da Constituição Federal, os débitos ou obrigações consignados em precatório judiciário, que tenham valor igual ou inferior a:

•• *Caput* acrescentado pela Emenda Constitucional n. 37, de 12-6-2002.

I – 40 (quarenta) salários mínimos, perante a Fazenda dos Estados e do Distrito Federal;

•• Inciso I acrescentado pela Emenda Constitucional n. 37, de 12-6-2002.

II – 30 (trinta) salários mínimos, perante a Fazenda dos Municípios.

•• Inciso II acrescentado pela Emenda Constitucional n. 37, de 12-6-2002.

Parágrafo único. Se o valor da execução ultrapassar o estabelecido neste artigo, o pagamento far-se-á, sempre, por meio de precatório, sendo facultada à parte exequente a renúncia ao crédito do valor excedente, para que possa optar pelo pagamento do saldo sem o precatório, da forma prevista no § 3.º do art. 100.

•• Parágrafo único acrescentado pela Emenda Constitucional n. 37, de 12-6-2002.

Art. 88. Enquanto lei complementar não disciplinar o disposto nos incisos I e III do § 3.º do art. 156 da Constituição Federal, o imposto a que se refere o inciso III do *caput* do mesmo artigo:

•• *Caput* acrescentado pela Emenda Constitucional n. 37, de 12-6-2002.

I – terá alíquota mínima de dois por cento, exceto para os serviços a que se referem os itens 32, 33 e 34 da Lista de Serviços anexa ao Decreto-lei n. 406, de 31-12-1968;

•• Inciso I acrescentado pela Emenda Constitucional n. 37, de 12-6-2002.

II – não será objeto de concessão de isenções, incentivos e benefícios fiscais, que resulte, direta ou indiretamente, na redução da alíquota mínima estabelecida no inciso I.

•• Inciso II acrescentado pela Emenda Constitucional n. 37, de 12-6-2002.

Art. 89. Os integrantes da carreira policial militar e os servidores municipais do ex-Território Federal de Rondônia que, comprovadamente, se encontravam no exercício regular de suas funções prestando serviço àquele ex-Território na data em que foi transformado em Estado, bem como os servidores e os policiais militares alcançados pelo disposto no art. 36 da Lei Complementar n. 41, de 22 de dezembro de 1981, e aqueles admitidos regularmente nos quadros do Estado de Rondônia até a data de posse do primeiro Governador eleito, em 15 de março de 1987, constituirão, mediante opção, quadro em extinção da administração federal, assegurados os direitos e as vantagens a eles inerentes, vedado o pagamento, a qualquer título, de diferenças remuneratórias.

•• *Caput* com redação determinada pela Emenda Constitucional n. 60, de 11-11-2009.

•• A Lei n. 13.681, de 18-6-2018, regulamentada pelo Decreto n. 9.823, de 4-6-2019, dispõe sobre as tabelas de salários, vencimentos, soldos e demais vantagens aplicáveis aos servidores civis, aos militares e aos empregados dos ex-Territórios Federais, integrantes do quadro em extinção de que trata este artigo.

• A Lei Complementar n. 41, de 22-12-1981, criou o Estado de Rondônia.

§ 1.º Os membros da Polícia Militar continuarão prestando serviços ao Estado de Rondônia, na condição de cedidos, submetidos às corporações da Polícia Militar, observadas as atribuições de função compatíveis com o grau hierárquico.

•• § 1.º acrescentado pela Emenda Constitucional n. 60, de 11-11-2009.

§ 2.º Os servidores a que se refere o *caput* continuarão prestando serviços ao Estado de Rondônia na condição de cedidos, até seu aproveitamento em órgão ou entidade da administração federal direta, autárquica ou fundacional.

•• § 2.º acrescentado pela Emenda Constitucional n. 60, de 11-11-2009.

Art. 90. O prazo previsto no *caput* do art. 84 deste Ato das Disposições Constitucionais Transitórias fica prorrogado até 31 de dezembro de 2007.

•• *Caput* acrescentado pela Emenda Constitucional n. 42, de 19-12-2003.

§ 1.º Fica prorrogada, até a data referida no *caput* deste artigo, a vigência da Lei n. 9.311, de 24 de outubro de 1996, e suas alterações.

•• § 1.º acrescentado pela Emenda Constitucional n. 42, de 19-12-2003.

§ 2.º Até a data referida no *caput* deste artigo, a alíquota da contribuição de que trata o art. 84 deste Ato das Disposições Constitucionais Transitórias será de trinta e oito centésimos por cento.

•• § 2.º acrescentado pela Emenda Constitucional n. 42, de 19-12-2003.

Art. 91. (*Revogado pela Emenda Constitucional n. 109, de 15-3-2021.*)

Art. 92. São acrescidos dez anos ao prazo fixado no art. 40 deste Ato das Disposições Constitucionais Transitórias.

•• Artigo acrescentado pela Emenda Constitucional n. 42, de 19-12-2003.

•• *Vide* art. 92-A do ADCT.

Art. 92-A. São acrescidos 50 (cinquenta) anos ao prazo fixado pelo art. 92 deste Ato das Disposições Constitucionais Transitórias.

•• Artigo acrescentado pela Emenda Constitucional n. 83, de 5-8-2014.

Art. 93. A vigência do disposto no art. 159, III, e § 4.º, iniciará somente após a edição da lei de que trata o referido inciso III.

•• Artigo acrescentado pela Emenda Constitucional n. 42, de 19-12-2003.

Art. 94. Os regimes especiais de tributação para microempresas e empresas de pequeno porte próprios da União, dos Estados, do Distrito Federal e dos Municípios cessarão a partir da entrada em vigor do regime previsto no art. 146, III, *d*, da Constituição.

•• Artigo acrescentado pela Emenda Constitucional n. 42, de 19-12-2003.

• A Lei Complementar n. 123, de 14-12-2006, institui o Regime Especial Unificado de Arrecadação de Tributos e Contribuições devidos pelas Microempresas e Empresas de Pequeno Porte – Simples Nacional.

Art. 95. Os nascidos no estrangeiro entre 7 de junho de 1994 e a data da promulgação desta Emenda Constitucional, filhos de pai brasileiro ou mãe brasileira, poderão ser registrados em repartição diplomática ou consular brasileira competente ou em ofício de registro, se vierem a residir na República Federativa do Brasil.

•• Artigo acrescentado pela Emenda Constitucional n. 54, de 20-9-2007.

Art. 96. Ficam convalidados os atos de criação, fusão, incorporação e desmembramento de Municípios, cuja lei tenha sido publicada até 31 de dezembro de 2006, atendidos os requisitos estabelecidos na legislação do respectivo Estado à época de sua criação.

•• Artigo acrescentado pela Emenda Constitucional n. 57, de 18-12-2008.

Art. 97. Até que seja editada a lei complementar de que trata o § 15 do art. 100 da Constituição Federal, os Estados, o Distrito Federal e os Municípios que, na data de publicação desta Emenda Constitucional, estejam em mora na quitação de precatórios vencidos, relativos às suas administrações direta e indireta, inclusive os emitidos durante o período de vigência do regime especial instituído por este artigo, farão esses pagamentos de acordo com as normas a seguir estabelecidas, sendo inaplicável o disposto no art. 100 desta Constituição Federal, exceto em seus §§ 2.º, 3.º, 9.º, 10, 11, 12, 13 e 14, e sem prejuízo dos acordos de juízos conciliatórios já formalizados na data de promulgação desta Emenda Constitucional.

•• *Caput* acrescentado pela Emenda Constitucional n. 62, de 9-12-2009.

•• O STF, no julgamento da ADI n. 4.425, de 14-3-2013 (*DJE* de 19-12-2013), julgou procedente a ação para declarar a inconstitucionalidade deste artigo.

•• *Vide* art. 3.º da Emenda Constitucional n. 62, de 9-12-2009.

• A Resolução n. 115, de 29-6-2010, do CNJ, dispõe sobre a gestão de precatórios no âmbito do Poder Judiciário.

§ 1.º Os Estados, o Distrito Federal e os Municípios sujeitos ao regime especial de que trata este artigo optarão, por meio de ato do Poder Executivo:

•• § 1.º, *caput*, acrescentado pela Emenda Constitucional n. 62, de 9-12-2009.

I – pelo depósito em conta especial do valor referido pelo § 2.º deste artigo; ou

•• Inciso I acrescentado pela Emenda Constitucional n. 62, de 9-12-2009.

•• *Vide* art. 4.º, I, da Emenda Constitucional n. 62, de 9-12-2009.

II – pela adoção do regime especial pelo prazo de até 15 (quinze) anos, caso em que o percentual a ser depositado na conta especial a que se refere o § 2.º deste artigo corresponderá, anualmente, ao saldo total dos precatórios devidos, acrescido do índice oficial de remuneração básica da caderneta de poupança e de juros simples no mesmo percentual de juros incidentes sobre a caderneta de poupança para fins de compensação da mora, excluída a incidência de juros compensatórios, diminuído das amortizações e dividido pelo número de anos restantes no regime especial de pagamento.

•• Inciso II acrescentado pela Emenda Constitucional n. 62, de 9-12-2009.

•• *Vide* art. 4.º, II, da Emenda Constitucional n. 62, de 9-12-2009.

§ 2.º Para saldar os precatórios, vencidos e a vencer, pelo regime especial, os Estados, o Distrito Federal e os Municípios devedores depositarão mensalmente, em conta especial criada para tal fim, 1/12 (um doze avos) do valor calculado percentualmente sobre as respectivas receitas correntes líquidas, apuradas no segundo mês anterior ao mês de pagamento, sendo que esse percentual, calculado no momento de opção pelo regime e mantido fixo até o final do prazo a que se refere o § 14 deste artigo, será:

•• § 2.º, *caput*, acrescentado pela Emenda Constitucional n. 62, de 9-12-2009.

I – para os Estados e para o Distrito Federal:

a) de, no mínimo, 1,5% (um inteiro e cinco décimos por cento), para os Estados das regiões Norte, Nordeste e Centro-Oeste, além do Distrito Federal, ou cujo estoque de precatórios pendentes das suas administrações direta e indireta corresponder a até 35% (trinta e cinco por cento) do total da receita corrente líquida;

b) de, no mínimo, 2% (dois por cento), para os Estados das regiões Sul e Sudeste, cujo estoque de precatórios pendentes das suas administrações direta e indireta corresponder a mais de 35% (trinta e cinco por cento) da receita corrente líquida;

•• Inciso I acrescentado pela Emenda Constitucional n. 62, de 9-12-2009.

II – para Municípios:

a) de, no mínimo, 1% (um por cento), para Municípios das regiões Norte, Nordeste e Centro-Oeste, ou cujo estoque de precatórios pendentes das suas administrações direta e indireta corresponder a até 35% (trinta e cinco por cento) da receita corrente líquida;

b) de, no mínimo, 1,5% (um inteiro e cinco décimos por cento), para Municípios das regiões Sul e Sudeste, cujo estoque de precatórios pendentes das suas administrações direta e indireta corresponder a mais de 35% (trinta e cinco por cento) da receita corrente líquida.

•• Inciso II acrescentado pela Emenda Constitucional n. 62, de 9-12-2009.

§ 3.º Entende-se como receita corrente líquida, para os fins de que trata este artigo, o somatório das receitas tributárias, patrimoniais, industriais, agropecuárias, de contribuições e de serviços, transferências correntes e outras receitas correntes, incluindo as oriundas do § 1.º do art. 20 da Constituição Federal, verificado no período compreendido pelo mês de referência e os 11 (onze) meses anteriores, excluídas as duplicidades, e deduzidas:

•• § 3.º, *caput*, acrescentado pela Emenda Constitucional n. 62, de 9-12-2009.

I – nos Estados, as parcelas entregues aos Municípios por determinação constitucional;

•• Inciso I acrescentado pela Emenda Constitucional n. 62, de 9-12-2009.

II – nos Estados, no Distrito Federal e nos Municípios, a contribuição dos servidores para custeio do seu sistema de previdência e assistência social e as receitas provenientes da compensação financeira referida no § 9.º do art. 201 da Constituição Federal.

•• Inciso II acrescentado pela Emenda Constitucional n. 62, de 9-12-2009.

§ 4.º As contas especiais de que tratam os §§ 1.º e 2.º serão administradas pelo Tribunal de Justiça local, para pagamento de precatórios expedidos pelos tribunais.

•• § 4.º acrescentado pela Emenda Constitucional n. 62, de 9-12-2009.

§ 5.º Os recursos depositados nas contas especiais de que tratam os §§ 1.º e 2.º deste artigo não poderão retornar para Estados, Distrito Federal e Municípios devedores.

•• § 5.º acrescentado pela Emenda Constitucional n. 62, de 9-12-2009.

§ 6.º Pelo menos 50% (cinquenta por cento) dos recursos de que tratam os §§ 1.º e 2.º deste artigo serão utilizados para pagamento de precatórios em ordem cronológica de apresentação, respeitadas as preferências definidas no § 1.º, para os requisitórios do mesmo ano e no § 2.º do art. 100, para requisitórios de todos os anos.

•• § 6.º acrescentado pela Emenda Constitucional n. 62, de 9-12-2009.

§ 7.º Nos casos em que não se possa estabelecer a precedência cronológica entre 2 (dois) precatórios, pagar-se-á primeiramente o precatório de menor valor.

•• § 7.º acrescentado pela Emenda Constitucional n. 62, de 9-12-2009.

§ 8.º A aplicação dos recursos restantes dependerá de opção a ser exercida por Estados, Distrito Federal e Municípios devedores, por ato do Poder Executivo, obedecendo à seguinte forma, que poderá ser aplicada isoladamente ou simultaneamente:

•• § 8.º, *caput*, acrescentado pela Emenda Constitucional n. 62, de 9-12-2009.

I – destinados ao pagamento dos precatórios por meio do leilão;

•• Inciso I acrescentado pela Emenda Constitucional n. 62, de 9-12-2009.

II – destinados a pagamento a vista de precatórios não quitados na forma do § 6.º e do inciso I, em ordem única e crescente de valor por precatório;

•• Inciso II acrescentado pela Emenda Constitucional n. 62, de 9-12-2009.

III – destinados a pagamento por acordo direto com os credores, na forma estabelecida por lei própria da entidade devedora, que poderá prever criação e forma de funcionamento de câmara de conciliação.

•• Inciso III acrescentado pela Emenda Constitucional n. 62, de 9-12-2009.

§ 9.º Os leilões de que trata o inciso I do § 8.º deste artigo:

•• § 9.º, *caput*, acrescentado pela Emenda Constitucional n. 62, de 9-12-2009.

I – serão realizados por meio de sistema eletrônico administrado por entidade autorizada pela Comissão de Valores Mobiliários ou pelo Banco Central do Brasil;

•• Inciso I acrescentado pela Emenda Constitucional n. 62, de 9-12-2009.

II – admitirão a habilitação de precatórios, ou parcela de cada precatório indicada pelo seu detentor, em relação aos quais não esteja pendente, no âmbito do Poder Judiciário, recurso ou impugnação de qualquer natureza, permitida por iniciativa do Poder Executivo a compensação com débitos líquidos e certos, inscritos ou não em dívida ativa e constituídos contra devedor originário pela Fazenda Pública devedora até a data da expedição do precatório, ressalvados aqueles cuja exigibilidade esteja suspensa nos termos da legislação, ou que já tenham sido objeto de abatimento nos termos do § 9.º do art. 100 da Constituição Federal;

•• Inciso II acrescentado pela Emenda Constitucional n. 62, de 9-12-2009.

III – ocorrerão por meio de oferta pública a todos os credores habilitados pelo respectivo ente federativo devedor;

•• Inciso III acrescentado pela Emenda Constitucional n. 62, de 9-12-2009.

IV – considerarão automaticamente habilitado o credor que satisfaça o que consta no inciso II;

•• Inciso IV acrescentado pela Emenda Constitucional n. 62, de 9-12-2009.

V – serão realizados tantas vezes quanto necessário em função do valor disponível;

•• Inciso V acrescentado pela Emenda Constitucional n. 62, de 9-12-2009.

VI – a competição por parcela do valor total ocorrerá a critério do credor, com deságio sobre o valor desta;

•• Inciso VI acrescentado pela Emenda Constitucional n. 62, de 9-12-2009.

VII – ocorrerão na modalidade deságio, associado ao maior volume ofertado cumulado ou não com o maior percentual de deságio, pelo maior percentual de deságio, podendo ser fixado valor máximo por credor, ou por outro critério a ser definido em edital;

•• Inciso VII acrescentado pela Emenda Constitucional n. 62, de 9-12-2009.

VIII – o mecanismo de formação de preço constará nos editais publicados para cada leilão;

•• Inciso VIII acrescentado pela Emenda Constitucional n. 62, de 9-12-2009.

IX – a quitação parcial dos precatórios será homologada pelo respectivo Tribunal que o expediu.

•• Inciso IX acrescentado pela Emenda Constitucional n. 62, de 9-12-2009.

§ 10. No caso de não liberação tempestiva dos recursos de que tratam o inciso II do § 1.º e os §§ 2.º e 6.º deste artigo:

•• § 10, *caput*, acrescentado pela Emenda Constitucional n. 62, de 9-12-2009.

I – haverá o sequestro de quantia nas contas de Estados, Distrito Federal e Municípios devedores, por ordem do Presidente do Tribunal referido no § 4.º, até o limite do valor não liberado;

•• Inciso I acrescentado pela Emenda Constitucional n. 62, de 9-12-2009.

II – constituir-se-á, alternativamente, por ordem do Presidente do Tribunal requerido, em favor dos credores de precatórios, contra Estados, Distrito Federal e Municípios devedores, direito líquido e certo, autoaplicável e independentemente de regulamentação, à compensação automática com débitos líquidos lançados por esta contra aqueles, e, havendo saldo em favor do credor, o valor terá automaticamente poder liberatório do pagamento de tributos de Estados, Distrito Federal e Municípios devedores, até onde se compensarem;

•• Inciso II acrescentado pela Emenda Constitucional n. 62, de 9-12-2009.

III – o chefe do Poder Executivo responderá na forma da legislação de responsabilidade fiscal e de improbidade administrativa;

•• Inciso III acrescentado pela Emenda Constitucional n. 62, de 9-12-2009.

IV – enquanto perdurar a omissão, a entidade devedora:

a) não poderá contrair empréstimo externo ou interno;

b) ficará impedida de receber transferências voluntárias;

•• Inciso IV acrescentado pela Emenda Constitucional n. 62, de 9-12-2009.

V – a União reterá os repasses relativos ao Fundo de Participação dos Estados e do Distrito Federal e ao Fundo de Participação dos Municípios, e os depositará nas contas especiais referidas no § 1.º, devendo sua utilização obedecer ao que prescreve o § 5.º, ambos deste artigo.

•• Inciso V acrescentado pela Emenda Constitucional n. 62, de 9-12-2009.

§ 11. No caso de precatórios relativos a diversos credores, em litisconsórcio, admite-se o desmembramento do valor, realizado pelo Tribunal de origem do precatório, por credor, e, por este, a habilitação do valor total a que tem direito, não se aplicando, neste caso, a regra do § 3.º do art. 100 da Constituição Federal.

•• § 11 acrescentado pela Emenda Constitucional n. 62, de 9-12-2009.

§ 12. Se a lei a que se refere o § 4.º do art. 100 não estiver publicada em até 180 (cento e oitenta) dias, contados da data de publicação desta Emenda Constitucional, será considerado, para os fins referidos, em relação a Estados, Distrito Federal e Municípios devedores, omissos na regulamentação, o valor de:

•• § 12, *caput*, acrescentado pela Emenda Constitucional n. 62, de 9-12-2009.

I – 40 (quarenta) salários mínimos para Estados e para o Distrito Federal;

•• Inciso I acrescentado pela Emenda Constitucional n. 62, de 9-12-2009.

II – 30 (trinta) salários mínimos para Municípios.

•• Inciso II acrescentado pela Emenda Constitucional n. 62, de 9-12-2009.

§ 13. Enquanto Estados, Distrito Federal e Municípios devedores estiverem realizando pagamentos de precatórios pelo regime especial, não poderão sofrer sequestro de valores, exceto no caso de não liberação tempestiva dos recursos de que tratam o inciso II do § 1.º e o § 2.º deste artigo.

•• § 13 acrescentado pela Emenda Constitucional n. 62, de 9-12-2009.

§ 14. O regime especial de pagamento de precatório previsto no inciso I do § 1.º vigorará enquanto o valor dos precatórios devidos for superior ao valor dos recursos vinculados, nos termos do § 2.º, ambos deste artigo, ou pelo prazo fixo de até 15 (quinze) anos, no caso da opção prevista no inciso II do § 1.º.

•• § 14 acrescentado pela Emenda Constitucional n. 62, de 9-12-2009.

§ 15. Os precatórios parcelados na forma do art. 33 ou do art. 78 deste Ato das Disposições Constitucionais Transitórias e ainda pendentes de pagamento ingressarão no regime especial com o valor atualizado das parcelas não pagas relativas a cada precatório, bem como o saldo dos acordos judiciais e extrajudiciais.

•• § 15 acrescentado pela Emenda Constitucional n. 62, de 9-12-2009.

§ 16. A partir da promulgação desta Emenda Constitucional, a atualização de valores de requisitórios, até o efetivo pagamento, independentemente de sua natureza, será feita pelo índice oficial de remuneração básica da caderneta de poupança, e, para fins de compensação da mora, incidirão juros simples no mesmo percentual de juros incidentes sobre a caderneta de poupança, ficando excluída a incidência de juros compensatórios.

•• § 16 acrescentado pela Emenda Constitucional n. 62, de 9-12-2009.

§ 17. O valor que exceder o limite previsto no § 2.º do art. 100 da Constituição Federal será pago, durante a vigência do regime especial, na forma prevista nos §§ 6.º e 7.º ou nos incisos I, II e III do § 8.º deste artigo, devendo os valores dispendidos para o atendimento do disposto no § 2.º do art. 100 da Constituição Federal serem computados para efeito do § 6.º deste artigo.

•• § 17 acrescentado pela Emenda Constitucional n. 62, de 9-12-2009.

§ 18. Durante a vigência do regime especial a que se refere este artigo, gozarão também da preferência a que se refere o § 6.º os titulares originais de precatórios que tenham completado 60 (sessenta) anos de idade até a data da promulgação desta Emenda Constitucional.

•• § 18 acrescentado pela Emenda Constitucional n. 62, de 9-12-2009.

Art. 98. O número de defensores públicos na unidade jurisdicional será proporcional à efetiva demanda pelo serviço da Defensoria Pública e à respectiva população.

•• *Caput* acrescentado pela Emenda Constitucional n. 80, de 4-6-2014.

§ 1.º No prazo de 8 (oito) anos, a União, os Estados e o Distrito Federal deverão contar com defensores públicos em todas as unidades jurisdicionais, observado o disposto no *caput* deste artigo.

•• § 1.º acrescentado pela Emenda Constitucional n. 80, de 4-6-2014.

§ 2.º Durante o decurso do prazo previsto no § 1.º deste artigo, a lotação dos defensores públicos ocorrerá, prioritariamente, atendendo as regiões com maiores índices de exclusão social e adensamento populacional.

•• § 2.º acrescentado pela Emenda Constitucional n. 80, de 4-6-2014.

Art. 99. Para efeito do disposto no inciso VII do § 2.º do art. 155, no caso de operações e prestações que destinem bens e serviços a consumidor final não contribuinte localizado em outro Estado, o imposto correspondente à diferença entre a alíquota interna e a interestadual será partilhado entre os Estados de origem e de destino, na seguinte proporção:

•• *Caput* acrescentado pela Emenda Constitucional n. 87, de 16-4-2015.

I – para o ano de 2015: 20% (vinte por cento) para o Estado de destino e 80% (oitenta por cento) para o Estado de origem;

•• Inciso I acrescentado pela Emenda Constitucional n. 87, de 16-4-2015.

II – para o ano de 2016: 40% (quarenta por cento) para o Estado de destino e 60% (sessenta por cento) para o Estado de origem;

•• Inciso II acrescentado pela Emenda Constitucional n. 87, de 16-4-2015.

III – para o ano de 2017: 60% (sessenta por cento) para o Estado de destino e 40% (quarenta por cento) para o Estado de origem;

•• Inciso III acrescentado pela Emenda Constitucional n. 87, de 16-4-2015.

IV – para o ano de 2018: 80% (oitenta por cento) para o Estado de destino e 20% (vinte por cento) para o Estado de origem;

•• Inciso IV acrescentado pela Emenda Constitucional n. 87, de 16-4-2015.

V – a partir do ano de 2019: 100% (cem por cento) para o Estado de destino.

•• Inciso V acrescentado pela Emenda Constitucional n. 87, de 16-4-2015.

Art. 100. Até que entre em vigor a lei complementar de que trata o inciso II do § 1.º do art. 40 da Constituição Federal, os Ministros do Supremo Tribunal Federal, dos Tribunais Superiores e do Tribunal de Contas da União aposentar-se-ão, compulsoriamente, aos 75 (setenta e cinco) anos de idade, nas condições do art. 52 da Constituição Federal.

•• Artigo acrescentado pela Emenda Constitucional n. 88, de 7-5-2015.

•• O STF, no julgamento da ADI n. 5.316, em 21-5-2015 (*DOU* de 9-6-2015), deferiu medida cautelar para suspender a aplicação da expressão "nas condições do art. 52 da Constituição Federal", constante deste artigo.

Art. 101. Os Estados, o Distrito Federal e os Municípios que, em 25 de março de 2015, se encontravam em mora no pagamento de seus precatórios quitarão, até 31 de dezembro de 2029, seus débitos vencidos e os que vencerão dentro desse período, atualizados pelo Índice Nacional de Preços ao Consumidor Amplo Especial (IPCA-E), ou por outro índice que venha a substituí-lo, depositando mensalmente em conta especial do Tribunal de Justiça local, sob única e exclusiva administração deste, 1/12 (um doze avos) do valor calculado percentualmente sobre suas receitas correntes líquidas apuradas no segundo mês anterior ao mês de pagamento, em percentual suficiente para a quitação de seus débitos e, ainda que variável, nunca inferior, em cada exercício, ao percentual praticado na data da entrada em vigor do regime especial a que se refere este artigo, em conformidade com plano de pagamento a ser anualmente apresentado ao Tribunal de Justiça local.

•• *Caput* com redação determinada pela Emenda Constitucional n. 109, de 15-3-2021.

§ 1.º Entende-se como receita corrente líquida, para os fins de que trata este artigo, o somatório das receitas tributárias, patrimoniais, industriais, agropecuárias, de contribuições e de serviços, de transferências correntes e outras receitas correntes, incluindo as oriundas do § 1.º do art. 20 da Constituição Federal, verificado no período compreendido pelo segundo mês imediatamente anterior ao de referência e os 11 (onze) meses precedentes, excluídas as duplicidades, e deduzidas:

•• § 1.º, *caput* e incisos, acrescentado pela Emenda Constitucional n. 94, de 15-12-2016.

I – nos Estados, as parcelas entregues aos Municípios por determinação constitucional;

II – nos Estados, no Distrito Federal e nos Municípios, a contribuição dos servidores para custeio de seu sistema de previdência e assistência social e as receitas provenientes da compensação financeira referida no § 9.º do art. 201 da Constituição Federal.

§ 2.º O débito de precatórios será pago com recursos orçamentários próprios provenientes das fontes de receita corrente líquida referidas no § 1.º deste artigo e, adicionalmente, poderão ser utilizados recursos dos seguintes instrumentos:

•• § 2.º, *caput*, com redação determinada pela Emenda Constitucional n. 99, de 14-12-2017.

I – até 75% (setenta e cinco por cento) dos depósitos judiciais e dos depósitos administrativos em dinheiro referentes a processos judiciais ou administrativos, tributários ou não tributários, nos quais sejam parte os Estados, o Distrito Federal ou os Municípios, e as respectivas autarquias, fundações e empresas estatais dependentes, mediante a instituição de fundo garantidor em montante equivalente a 1/3 (um terço) dos recursos levantados, constituído pela parcela restante dos depósitos judiciais e remunerado pela taxa referencial do Sistema Especial de Liquidação e de Custódia (Selic) para títulos federais, nunca inferior aos índices e critérios aplicados aos depósitos levantados;

•• Inciso I com redação determinada pela Emenda Constitucional n. 99, de 14-12-2017.

II – até 30% (trinta por cento) dos demais depósitos judiciais da localidade sob jurisdição do respectivo Tribunal de Justiça, mediante a instituição de fundo garantidor em montante equivalente aos recursos levantados, constituído pela parcela restante dos depósitos judiciais e remunerado pela taxa referencial do Sistema Especial de Liquidação e de Custódia (Selic) para títulos federais, nunca inferior aos índices e critérios aplicados aos depósitos levantados, destinando-se:

•• Inciso II, *caput*, com redação determinada pela Emenda Constitucional n. 99, de 14-12-2017.

a) no caso do Distrito Federal, 100% (cem por cento) desses recursos ao próprio Distrito Federal;

•• Alínea *a* com redação determinada pela Emenda Constitucional n. 94, de 15-12-2016.

b) no caso dos Estados, 50% (cinquenta por cento) desses recursos ao próprio Estado e 50% (cinquenta por cento) aos respectivos Municípios, conforme a circunscrição judiciária onde estão depositados os recursos, e, se houver mais de um Município na mesma circunscrição judiciária, os recursos serão rateados entre os Municípios concorrentes, proporcionalmente às respectivas populações, utilizado como referência o último levantamento censitário ou a mais recente estimativa populacional da Fundação Instituto Brasileiro de Geografia e Estatística (IBGE);

•• Alínea *b* com redação determinada pela Emenda Constitucional n. 99, de 14-12-2017.

III – empréstimos, excetuados para esse fim os limites de endividamento de que tratam os incisos VI e VII do *caput* do art. 52 da Constituição Federal e quaisquer outros limites de endividamento previstos em lei, não se aplicando a esses empréstimos a vedação de vinculação de receita prevista no inciso IV do *caput* do art. 167 da Constituição Federal;

•• Inciso III com redação determinada pela Emenda Constitucional n. 99, de 14-12-2017.

IV – a totalidade dos depósitos em precatórios e requisições diretas de pagamento de obrigações de pequeno valor efetuados até 31 de dezembro de 2009 e ainda não levantados, com o cancelamento dos respectivos requisitórios e a baixa das obrigações, assegurada a revalidação dos requisitórios pelos juízos dos processos perante os Tribunais, a requerimento dos credores e após a oitiva da entidade devedora, mantidas a posição de ordem cronológica original e a remuneração de todo o período.

•• Inciso IV acrescentado pela Emenda Constitucional n. 99, de 14-12-2017.

§ 3.º Os recursos adicionais previstos nos incisos I, II e IV do § 2.º deste artigo serão transferidos diretamente pela instituição financeira depositária para a conta especial referida no *caput* deste artigo, sob única e exclusiva administração do Tribunal de Justiça local, e essa transferência deverá ser realizada em até sessenta dias contados a partir da entrada em vigor deste parágrafo, sob pena de responsabilização pessoal do dirigente da instituição financeira por improbidade.

•• § 3.º acrescentado pela Emenda Constitucional n. 99, de 14-12-2017.

§ 4.º (*Revogado pela Emenda Constitucional n. 109, de 15-3-2021.*)

§ 5.º Os empréstimos de que trata o inciso III do § 2.º deste artigo poderão ser destinados, por meio de ato do Poder Executivo, exclusivamente ao pagamento de precatórios por acordo direto com os credores, na forma do disposto no inciso III do § 8.º do art. 97 deste Ato das Disposições Constitucionais Transitórias.

•• § 5.º acrescentado pela Emenda Constitucional n. 113, de 8-12-2021.

Art. 102. Enquanto viger o regime especial previsto nesta Emenda Constitucional, pelo menos 50% (cinquenta por cento) dos recursos que, nos termos do art. 101 deste Ato das Disposições Constitucionais Transitórias, forem destinados ao pagamento dos precatórios em mora serão utilizados no pagamento segundo a ordem cronológica de apresentação, respeitadas as preferências dos créditos alimentares, e, nessas, as relativas à idade, ao estado de saúde e à deficiência, nos termos do § 2.º do art. 100 da Constituição Federal, sobre todos os demais créditos de todos os anos.

•• *Caput* acrescentado pela Emenda Constitucional n. 94, de 15-12-2016.

§ 1.º A aplicação dos recursos remanescentes, por opção a ser exercida por Estados, Distrito Federal e Municípios, por ato do respectivo Poder Executivo, observada a ordem de preferência dos credores, poderá ser destinada ao pagamento mediante acordos diretos, perante Juízos Auxiliares de Conciliação de Precatórios, com redução máxima de 40% (quarenta por cento) do valor do crédito atualizado, desde que em relação ao crédito não penda recurso ou defesa judicial e que sejam observados os requisitos definidos na regulamentação editada pelo ente federado.

•• Parágrafo único renumerado pela Emenda Constitucional n. 99, de 14-12-2017.

§ 2.º Na vigência do regime especial previsto no art. 101 deste Ato das Disposições Constitucionais Transitórias, as preferências relativas à idade, ao estado de saúde e à deficiência serão atendidas até o valor equivalente ao quíntuplo fixado em lei para os fins do disposto no § 3.º do art. 100 da Constituição Federal, admitido o fracionamento para essa finalidade, e o restante será pago em ordem cronológica de apresentação do precatório.

•• § 2.º acrescentado pela Emenda Constitucional n. 99, de 14-12-2017.

Art. 103. Enquanto os Estados, o Distrito Federal e os Municípios estiverem efetuando o pagamento da parcela mensal devida como previsto no *caput* do art. 101 deste Ato das Disposições Constitucionais Transitórias, nem eles, nem as respectivas autarquias, fundações e empresas estatais dependentes poderão sofrer sequestro de valores, exceto no caso de não liberação tempestiva dos recursos.

•• *Caput* acrescentado pela Emenda Constitucional n. 94, de 15-12-2016.

Parágrafo único. Na vigência do regime especial previsto no art. 101 deste Ato das Disposições Constitucionais Transitórias, ficam vedadas desapropriações pelos Estados, pelo Distrito Federal e pelos Municípios, cujos estoques de precatórios ainda pendentes de pagamento, incluídos os precatórios a pagar de suas entidades da administração indireta, sejam superiores a 70% (setenta por cento) das respectivas receitas correntes líquidas, excetuadas as desapropriações para fins de necessidade pública nas áreas de saúde, educação, segurança pública, transporte público, saneamento básico e habitação de interesse social.

•• Parágrafo único acrescentado pela Emenda Constitucional n. 99, de 14-12-2017.

Art. 104. Se os recursos referidos no art. 101 deste Ato das Disposições Constitucionais Transitórias para o pagamento de precatórios não forem tempestivamente liberados, no todo ou em parte:

•• *Caput* e incisos acrescentados pela Emenda Constitucional n. 94, de 15-12-2016.

I – o Presidente do Tribunal de Justiça local determinará o sequestro, até o limite do valor não liberado, das contas do ente federado inadimplente;

II – o chefe do Poder Executivo do ente federado inadimplente responderá, na forma da legislação de responsabilidade fiscal e de improbidade administrativa;

III – a União reterá os recursos referentes aos repasses ao Fundo de Participação dos Estados e do Distrito Federal e ao Fundo de Participação dos Municípios e os depositará na conta especial referida no art. 101 deste Ato das Disposições Constitucionais Transitórias, para utilização como nele previsto;

IV – os Estados reterão os repasses previstos no parágrafo único do art. 158 da Constituição Federal e os depositarão na conta especial referida no art. 101 deste Ato das Disposições Constitucionais Transitórias, para utilização como nele previsto.

Parágrafo único. Enquanto perdurar a omissão, o ente federado não poderá contrair empréstimo externo ou interno, exceto para os fins previstos no § 2.º do art. 101 deste Ato das Disposições Constitucionais Transitórias, e ficará impedido de receber transferências voluntárias.

•• Parágrafo único acrescentado pela Emenda Constitucional n. 94, de 15-12-2016.

Art. 105. Enquanto viger o regime de pagamento de precatórios previsto no art. 101 deste Ato das Disposições Constitucionais Transitórias, é facultada aos credores de precatórios, próprios ou de terceiros, a compensação com débitos de natureza tributária ou de outra natureza que até 25 de março de 2015 tenham sido inscritos na dívida ativa dos Estados, do Distrito Federal ou dos Municípios, observados os requisitos definidos em lei própria do ente federado.

•• *Caput* acrescentado pela Emenda Constitucional n. 94, de 15-12-2016.

§ 1.º Não se aplica às compensações referidas no *caput* deste artigo qualquer tipo de vinculação, como as transferências a outros entes e as destinadas à educação, à saúde e a outras finalidades.

•• Parágrafo único renumerado pela Emenda Constitucional n. 99, de 14-12-2017.

§ 2.º Os Estados, o Distrito Federal e os Municípios regulamentarão nas respectivas leis o disposto no *caput* deste artigo em até cento e vinte dias a partir de 1.º de janeiro de 2018.

•• § 2.º acrescentado pela Emenda Constitucional n. 99, de 14-12-2017.

§ 3.º Decorrido o prazo estabelecido no § 2.º deste artigo sem a regulamentação nele prevista, ficam os credores de precatórios autorizados a exercer a faculdade a que se refere o *caput* deste artigo.

•• § 3.º acrescentado pela Emenda Constitucional n. 99, de 14-12-2017.

Art. 106. Fica instituído o Novo Regime Fiscal no âmbito dos Orçamentos Fiscal e da Seguridade Social da União, que vigorará por vinte exercícios financeiros, nos termos dos arts. 107 a 114 deste Ato das Disposições Constitucionais Transitórias.

•• Artigo acrescentado pela Emenda Constitucional n. 95, de 15-12-2016.

•• *Vide* arts. 6.º e 9.º da Emenda Constitucional n. 126, de 21-12-2022.

Art. 107. Ficam estabelecidos, para cada exercício, limites individualizados para as despesas primárias:

•• *Caput* e incisos acrescentados pela Emenda Constitucional n. 95, de 15-12-2016.

•• *Vide* art. 4.º da Emenda Constitucional n. 114, de 16-12-2021.

•• *Vide* arts. 6.º e 9.º da Emenda Constitucional n. 126, de 21-12-2022.

I – do Poder Executivo;

II – do Supremo Tribunal Federal, do Superior Tribunal de Justiça, do Conselho Nacional de Justiça, da Justiça do Trabalho, da Justiça Federal, da Justiça Militar da União, da Justiça Eleitoral e da Justiça do Distrito Federal e Territórios, no âmbito do Poder Judiciário;

III – do Senado Federal, da Câmara dos Deputados e do Tribunal de Contas da União, no âmbito do Poder Legislativo;

IV – do Ministério Público da União e do Conselho Nacional do Ministério Público; e

V – da Defensoria Pública da União.

§ 1.º Cada um dos limites a que se refere o *caput* deste artigo equivalerá:

•• § 1.º, *caput* e incisos, acrescentado pela Emenda Constitucional n. 95, de 15-12-2016.

I – para o exercício de 2017, à despesa primária paga no exercício de 2016, incluídos os restos a pagar pagos e demais operações que afetam o resultado primário, corrigida em 7,2% (sete inteiros e dois décimos por cento); e

II – para os exercícios posteriores, ao valor do limite referente ao exercício imediatamente anterior, corrigido pela variação do Índice Nacional de Preços ao Consumidor Amplo (IPCA), publicado pela Fundação Instituto Brasileiro de Geografia e Estatística, ou de outro índice que vier a substituí-lo, apurado no exercício anterior a que se refere a lei orçamentária.

•• Inciso II com redação determinada pela Emenda Constitucional n. 113, de 8-12-2021.

•• *Vide* art. 103, *caput*, do ADCT.

•• *Vide* art. 4.º da Emenda Constitucional n. 113, de 8-12-2021.

§ 2.º Os limites estabelecidos na forma do inciso IV do *caput* do art. 51, do inciso XIII do *caput* do art. 52, do § 1.º do art. 99, do § 3.º do art. 127 e do § 3.º do art. 134 da Constituição Federal não poderão ser superiores aos estabelecidos nos termos deste artigo.

•• § 2.º acrescentado pela Emenda Constitucional n. 95, de 15-12-2016.

§ 3.º A mensagem que encaminhar o projeto de lei orçamentária demonstrará os valores máximos de programação compatíveis com os limites individualizados calculados na forma do § 1.º deste artigo, observados os §§ 7.º a 9.º deste artigo.

•• § 3.º acrescentado pela Emenda Constitucional n. 95, de 15-12-2016.

§ 4.º As despesas primárias autorizadas na lei orçamentária anual sujeitas aos limites de que trata este artigo não poderão exceder os valores máximos demonstrados nos termos do § 3.º deste artigo.

•• § 4.º acrescentado pela Emenda Constitucional n. 95, de 15-12-2016.

§ 5.º É vedada a abertura de crédito suplementar ou especial que amplie o montante total autorizado de despesa primária sujeita aos limites de que trata este artigo.

•• § 5.º acrescentado pela Emenda Constitucional n. 95, de 15-12-2016.

§ 6.º Não se incluem na base de cálculo e nos limites estabelecidos neste artigo:

•• § 6.º, *caput* e incisos, acrescentado pela Emenda Constitucional n. 95, de 15-12-2016.

I – transferências constitucionais estabelecidas no § 1.º do art. 20, no inciso III do parágrafo único do art. 146, no § 5.º do art. 153, no art. 157, nos incisos I e II do *caput* do art. 158, no art. 159 e no § 6.º do art. 212, as despesas referentes ao inciso XIV do *caput* do art. 21 e as complementações de que tratam os incisos IV e V do *caput* do art. 212-A, todos da Constituição Federal;

•• Inciso I com redação determinada pela Emenda Constitucional n. 108, de 26-8-2020.

II – créditos extraordinários a que se refere o § 3.º do art. 167 da Constituição Federal;

III – despesas não recorrentes da Justiça Eleitoral com a realização de eleições; e

IV – despesas com aumento de capital de empresas estatais não dependentes;

V – transferências a Estados, Distrito Federal e Municípios de parte dos valores arrecadados com os leilões dos volumes excedentes ao limite a que se refere o § 2.º do art. 1.º da Lei n. 12.276, de 30 de junho de 2010, e a despesa decorrente da revisão do contrato de cessão onerosa de que trata a mesma Lei;

•• Inciso V acrescentado pela Emenda Constitucional n. 102, de 26-9-2019.

VI – despesas correntes ou transferências aos fundos de saúde dos Estados, do Distrito Federal e dos Municípios, destinadas ao pagamento de despesas com pessoal para cumprimento dos pisos nacionais salariais para o enfermeiro, o técnico de enfermagem, o auxiliar de enfermagem e a parteira, de acordo com os §§ 12, 13, 14 e 15 do art. 198 da Constituição Federal.

•• Inciso VI acrescentado pela Emenda Constitucional n. 127, de 22-12-2022.

§ 6.º-A Não se incluem no limite estabelecido no inciso I do *caput* deste artigo, a partir do exercício financeiro de 2023:

•• § 6.º-A, *caput*, acrescentado pela Emenda Constitucional n. 126, de 21-12-2022.

I – despesas com projetos socioambientais ou relativos às mudanças climáticas custeadas com recursos de doações, bem como despesas com projetos custeados com recursos decorrentes de acordos judiciais ou extrajudiciais firmados em função de desastres ambientais;

•• Inciso I acrescentado pela Emenda Constitucional n. 126, de 21-12-2022.

II – despesas das instituições federais de ensino e das Instituições Científicas, Tecnológicas e de Inovação (ICTs) custeadas com receitas próprias, de doações ou de convênios, contratos ou outras fontes, celebrados com os demais entes da Federação ou entidades privadas;

•• Inciso II acrescentado pela Emenda Constitucional n. 126, de 21-12-2022.

III – despesas custeadas com recursos oriundos de transferências dos demais entes da Federação para a União destinados à execução direta de obras e serviços de engenharia.

•• Inciso III acrescentado pela Emenda Constitucional n. 126, de 21-12-2022.

§ 6.º-B Não se incluem no limite estabelecido no inciso I do *caput* deste artigo as despesas com investimentos em montante que corresponda ao excesso de arrecadação de receitas correntes do exercício anterior ao que se refere a lei orçamentária, limitadas a 6,5% (seis inteiros e cinco décimos por cento) do excesso de arrecadação de receitas correntes do exercício de 2021.

•• § 6.º-B acrescentado pela Emenda Constitucional n. 126, de 21-12-2022.

§ 6.º-C As despesas previstas no § 6.º-B deste artigo não serão consideradas para fins de verificação do cumprimento da meta de resultado primário estabelecida no *caput* do art. 2.º da Lei n. 14.436, de 9 de agosto de 2022.

•• § 6.º-C acrescentado pela Emenda Constitucional n. 126, de 21-12-2022.

§ 7.º Nos três primeiros exercícios financeiros da vigência do Novo Regime Fiscal, o Poder Executivo poderá compensar com redução equivalente na sua despesa primária, consoante os valores estabelecidos no projeto de lei orçamentária encaminhado pelo Poder Executivo no respectivo exercício, o excesso de despesas primárias em relação aos limites de que tratam os incisos II a V do *caput* deste artigo.

•• § 7.º acrescentado pela Emenda Constitucional n. 95, de 15-12-2016.

§ 8.º A compensação de que trata o § 7.º deste artigo não excederá a 0,25% (vinte e cinco centésimos por cento) do limite do Poder Executivo.

•• § 8.º acrescentado pela Emenda Constitucional n. 95, de 15-12-2016.

§ 9.º Respeitado o somatório em cada um dos incisos de II a IV do *caput* deste artigo, a lei de diretrizes orçamentárias poderá dispor sobre a compensação entre os limites individualizados dos órgãos elencados em cada inciso.

•• § 9.º acrescentado pela Emenda Constitucional n. 95, de 15-12-2016.

§ 10. Para fins de verificação do cumprimento dos limites de que trata este artigo, serão consideradas as despesas primárias pagas, incluídos os restos a pagar pagos e demais operações que afetam o resultado primário no exercício.

•• § 10 acrescentado pela Emenda Constitucional n. 95, de 15-12-2016.

§ 11. O pagamento de restos a pagar inscritos até 31 de dezembro de 2015 poderá ser excluído da verificação do cumprimento dos limites de que trata este artigo, até o excesso de resultado primário dos Orçamentos Fiscal e da Seguridade Social do exercício em relação à meta fixada na lei de diretrizes orçamentárias.

•• § 11 acrescentado pela Emenda Constitucional n. 95, de 15-12-2016.

§ 12. Para fins da elaboração do projeto de lei orçamentária anual, o Poder Executivo considerará o valor realizado até junho do índice previsto no inciso II do § 1.º deste artigo, relativo ao ano de encaminhamento do projeto, e o valor estimado até dezembro desse mesmo ano.

•• § 12 acrescentado pela Emenda Constitucional n. 113, de 8-12-2021.

§ 13. A estimativa do índice a que se refere o § 12 deste artigo, juntamente com os demais parâmetros macroeconômicos, serão elaborados mensalmente pelo Poder Executivo e enviados à comissão mista de que trata o § 1.º do art. 166 da Constituição Federal.

•• § 13 acrescentado pela Emenda Constitucional n. 113, de 8-12-2021.

§ 14. O resultado da diferença aferida entre as projeções referidas nos §§ 12 e 13 deste artigo e a efetiva apuração do índice previsto no inciso II do § 1.º deste artigo será calculado pelo Poder Executivo, para fins de definição da base de cálculo dos respectivos limites do exercício seguinte, a qual será comunicada aos demais Poderes por ocasião da elaboração do projeto de lei orçamentária.

•• § 14 acrescentado pela Emenda Constitucional n. 113, de 8-12-2021.

Art. 107-A. Até o fim de 2026, fica estabelecido, para cada exercício financeiro, limite para alocação na proposta orçamentária das despesas com pagamentos em virtude de sentença judiciária de que trata o art. 100 da Constituição Federal, equivalente ao valor da despesa paga no exercício de 2016, incluídos os restos a pagar pagos, corrigido, para o exercício de 2017, em 7,2% (sete inteiros e dois décimos por cento) e, para os exercícios posteriores, pela variação do Índice Nacional de Preços ao Consumidor Amplo (IPCA), publicado pela Fundação Instituto Brasileiro de Geografia e Estatística, ou de outro índice que vier a substituí-lo, apurado no exercício anterior a que se refere a lei orçamentária, devendo o espaço fiscal decorrente da diferença entre o valor dos precatórios expedidos e o respectivo limite ser destinado ao programa previsto no parágrafo único do art. 6.º e à seguridade social, nos termos do art. 194, ambos da Constituição Federal, a ser calculado da seguinte forma:

•• *Caput* com redação determinada pela Emenda Constitucional n. 126, de 21-12-2022.

•• *Vide* art. 4.º da Emenda Constitucional n. 114, de 16-12-2021.

I – no exercício de 2022, o espaço fiscal decorrente da diferença entre o valor dos precatórios expedidos e o limite estabelecido no *caput* deste artigo deverá ser destinado ao programa previsto no parágrafo único do art. 6.º e à seguridade social, nos termos do art. 194, ambos da Constituição Federal;

•• Inciso I acrescentado pela Emenda Constitucional n. 114, de 16-12-2021.

II – no exercício de 2023, pela diferença entre o total de precatórios expedidos entre 2 de julho de 2021 e 2 de abril de 2022 e o limite de que trata o *caput* deste artigo válido para o exercício de 2023; e

•• Inciso II acrescentado pela Emenda Constitucional n. 114, de 16-12-2021.

III – nos exercícios de 2024 a 2026, pela diferença entre o total de precatórios expedidos entre 3 de abril de dois anos anteriores e 2 de abril do ano anterior ao exercício e o limite de que trata o *caput* deste artigo válido para o mesmo exercício.

•• Inciso III acrescentado pela Emenda Constitucional n. 114, de 16-12-2021.

§ 1.º O limite para o pagamento de precatórios corresponderá, em cada exercício, ao limite previsto no *caput* deste artigo, reduzido da projeção para a despesa com o pagamento de requisições de pequeno valor para o mesmo exercício, que terão prioridade no pagamento.

•• § 1.º acrescentado pela Emenda Constitucional n. 114, de 16-12-2021.

§ 2.º Os precatórios que não forem pagos em razão do previsto neste artigo terão prioridade para pagamento em exercícios seguintes, observada a ordem cronológica e o disposto no § 8.º deste artigo.

•• § 2.º acrescentado pela Emenda Constitucional n. 114, de 16-12-2021.

§ 3.º É facultado ao credor de precatório que não tenha sido pago em razão do disposto neste artigo, além das hipóteses previstas no § 11 do art. 100 da Constituição Federal e sem prejuízo dos procedimentos previstos nos §§ 9.º e 21 do referido artigo, optar pelo recebimento, mediante acordos diretos perante Juízos Auxiliares de Conciliação de Pagamento de Condenações Judiciais contra a Fazenda Pública Federal, em parcela única, até o final do exercício seguinte, com renúncia de 40% (quarenta por cento) do valor desse crédito.

•• § 3.º acrescentado pela Emenda Constitucional n. 114, de 16-12-2021.

§ 4.º O Conselho Nacional de Justiça regulamentará a atuação dos Presidentes dos Tribunais competentes para o cumprimento deste artigo.

•• § 4.º acrescentado pela Emenda Constitucional n. 114, de 16-12-2021.

§ 5.º Não se incluem no limite estabelecido neste artigo as despesas para fins de cumprimento do disposto nos §§ 11, 20 e 21 do art. 100 da Constituição Federal e no § 3.º deste artigo, bem como a atualização monetária dos precatórios inscritos no exercício.

•• § 5.º acrescentado pela Emenda Constitucional n. 114, de 16-12-2021.

§ 6.º Não se incluem nos limites estabelecidos no art. 107 deste Ato das Disposições Constitucionais Transitórias o previsto nos §§ 11, 20 e 21 do art. 100 da Constituição Federal e no § 3.º deste artigo.

•• § 6.º acrescentado pela Emenda Constitucional n. 114, de 16-12-2021.

§ 7.º Na situação prevista no § 3.º deste artigo, para os precatórios não incluídos na proposta orçamentária de 2022, os valores necessários à sua quitação serão providenciados pela abertura de créditos adicionais durante o exercício de 2022.

•• § 7.º acrescentado pela Emenda Constitucional n. 114, de 16-12-2021.

§ 8.º Os pagamentos em virtude de sentença judiciária de que trata o art. 100 da Constituição Federal serão realizados na seguinte ordem:

•• § 8.º, *caput*, acrescentado pela Emenda Constitucional n. 114, de 16-12-2021.

I – obrigações definidas em lei como de pequeno valor, previstas no § 3.º do art. 100 da Constituição Federal;

•• Inciso I acrescentado pela Emenda Constitucional n. 114, de 16-12-2021.

II – precatórios de natureza alimentícia cujos titulares, originários ou por sucessão hereditária, tenham a partir de 60 (sessenta) anos de idade, ou sejam portadores de doença grave ou pessoas com deficiência, assim definidos na forma da lei, até o valor equivalente ao triplo do montante fixado em lei como obrigação de pequeno valor;

•• Inciso II acrescentado pela Emenda Constitucional n. 114, de 16-12-2021.

III – demais precatórios de natureza alimentícia até o valor equivalente ao triplo do montante fixado em lei como obrigação de pequeno valor;

•• Inciso III acrescentado pela Emenda Constitucional n. 114, de 16-12-2021.

IV – demais precatórios de natureza alimentícia além do valor previsto no inciso III deste parágrafo;

•• Inciso IV acrescentado pela Emenda Constitucional n. 114, de 16-12-2021.

V – demais precatórios.

•• Inciso V acrescentado pela Emenda Constitucional n. 114, de 16-12-2021.

Art. 108. (*Revogado pela Emenda Constitucional n. 113, de 8-12-2021.*)

Art. 109. Se verificado, na aprovação da lei orçamentária, que, no âmbito das despesas sujeitas aos limites do art. 107 deste Ato das Disposições Constitucionais Transitórias, a proporção da despesa obrigatória primária em relação à despesa primária total foi superior a 95% (noventa e cinco por cento), aplicam-se ao respectivo Poder ou órgão, até o final do exercício a que se refere a lei orçamentária, sem prejuízo de outras medidas, as seguintes vedações:

•• *Caput* com redação determinada pela Emenda Constitucional n. 109, de 15-3-2021.

•• *Vide* arts. 6.º e 9.º da Emenda Constitucional n. 126, de 21-12-2022.

I – concessão, a qualquer título, de vantagem, aumento, reajuste ou adequação de remuneração de membros de Poder ou de órgão, de servidores e empregados públicos e de militares, exceto dos derivados de sentença judicial transitada em julgado ou de determinação legal anterior ao início da aplicação das medidas de que trata este artigo;

•• Inciso I com redação determinada pela Emenda Constitucional n. 109, de 15-3-2021.

II – criação de cargo, emprego ou função que implique aumento de despesa;

III – alteração de estrutura de carreira que implique aumento de despesa;

IV – admissão ou contratação de pessoal, a qualquer título, ressalvadas:

•• Inciso IV, *caput*, com redação determinada pela Emenda Constitucional n. 109, de 15-3-2021.

a) as reposições de cargos de chefia e de direção que não acarretem aumento de despesa;

•• Alínea *a* acrescentada pela Emenda Constitucional n. 109, de 15-3-2021.

b) as reposições decorrentes de vacâncias de cargos efetivos ou vitalícios;

•• Alínea *b* acrescentada pela Emenda Constitucional n. 109, de 15-3-2021.

c) as contratações temporárias de que trata o inciso IX do *caput* do art. 37 da Constituição Federal; e

•• Alínea *c* acrescentada pela Emenda Constitucional n. 109, de 15-3-2021.

d) as reposições de temporários para prestação de serviço militar e de alunos de órgãos de formação de militares;

•• Alínea *d* acrescentada pela Emenda Constitucional n. 109, de 15-3-2021.

V – realização de concurso público, exceto para as reposições de vacâncias previstas no inciso IV;

VI – criação ou majoração de auxílios, vantagens, bônus, abonos, verbas de representação ou benefícios de qualquer natureza, inclusive os de cunho indenizatório, em favor de membros de Poder, do Ministério Público ou da Defensoria Pública, de servidores e empregados públicos e de militares, ou ainda de seus dependentes, exceto quando derivados de sentença judicial transitada em julgado ou de determinação legal anterior ao início da aplicação das medidas de que trata este artigo;

•• Inciso VI com redação determinada pela Emenda Constitucional n. 109, de 15-3-2021.

VII – criação de despesa obrigatória; e

VIII – adoção de medida que implique reajuste de despesa obrigatória acima da variação da inflação, observada a preservação do poder aquisitivo referida no inciso IV do *caput* do art. 7.º da Constituição Federal;

IX – aumento do valor de benefícios de cunho indenizatório destinados a qualquer membro de Poder, servidor ou empregado da administração pública e a seus dependentes, exceto quando derivado de sentença judicial transitada em julgado ou de determinação legal anterior ao início da aplicação das medidas de que trata este artigo.

•• Inciso IX acrescentado pela Emenda Constitucional n. 109, de 15-3-2021.

§ 1.º As vedações previstas nos incisos I, III e VI do *caput* deste artigo, quando acionadas as vedações para qualquer dos órgãos elencados nos incisos II, III e IV do *caput* do art. 107 deste Ato das Disposições Constitucionais Transitórias, aplicam-se ao conjunto dos órgãos referidos em cada inciso.

•• § 1.º com redação determinada pela Emenda Constitucional n. 109, de 15-3-2021.

§ 2.º Caso as vedações de que trata o *caput* deste artigo sejam acionadas para o Poder Executivo, ficam vedadas:

•• § 2.º, *caput*, com redação determinada pela Emenda Constitucional n. 109, de 15-3-2021.

I – a criação ou expansão de programas e linhas de financiamento, bem como a remissão, renegociação ou refinanciamento de dívidas que impliquem ampliação das despesas com subsídios e subvenções; e

II – a concessão ou a ampliação de incentivo ou benefício de natureza tributária.

§ 3.º Caso as vedações de que trata o *caput* deste artigo sejam acionadas, fica vedada a concessão da revisão geral prevista no inciso X do *caput* do art. 37 da Constituição Federal.

•• § 3.º com redação determinada pela Emenda Constitucional n. 109, de 15-3-2021.

§ 4.º As disposições deste artigo:

•• § 4.º, *caput*, com redação determinada pela Emenda Constitucional n. 109, de 15-3-2021.

I – não constituem obrigação de pagamento futuro pela União ou direitos de outrem sobre o erário;

•• Inciso I acrescentado pela Emenda Constitucional n. 109, de 15-3-2021.

II – não revogam, dispensam ou suspendem o cumprimento de dispositivos constitucionais e legais que disponham sobre metas fiscais ou limites máximos de despesas; e

•• Inciso II acrescentado pela Emenda Constitucional n. 109, de 15-3-2021.

III – aplicam-se também a proposições legislativas.

•• Inciso III acrescentado pela Emenda Constitucional n. 109, de 15-3-2021.

§ 5.º O disposto nos incisos II, IV, VII e VIII do *caput* e no § 2.º deste artigo não se aplica a medidas de combate a calamidade pública nacional cuja vigência e efeitos não ultrapassem a sua duração.

•• § 5.º acrescentado pela Emenda Constitucional n. 109, de 15-3-2021.

Art. 110. Na vigência do Novo Regime Fiscal, as aplicações mínimas em ações e serviços públicos de saúde e em manutenção e desenvolvimento do ensino equivalerão:

•• *Caput* e incisos acrescentados pela Emenda Constitucional n. 95, de 15-12-2016.

•• *Vide* arts. 6.º e 9.º da Emenda Constitucional n. 126, de 21-12-2022.

I – no exercício de 2017, às aplicações mínimas calculadas nos termos do inciso I do § 2.º do art. 198 e do *caput* do art. 212, da Constituição Federal; e

II – nos exercícios posteriores, aos valores calculados para as aplicações mínimas do exercício imediatamente anterior, corrigidos na forma estabelecida pelo inciso II do § 1.º do art. 107 deste Ato das Disposições Constitucionais Transitórias.

Art. 111. A partir do exercício financeiro de 2018, até o exercício financeiro de 2022, a aprovação e a execução previstas nos §§ 9.º e 11 do art. 166 da Constituição Federal corresponderão ao montante de execução obrigatória para o exercício de 2017, corrigido na forma estabelecida no inciso II do § 1.º do art. 107 deste Ato das Disposições Constitucionais Transitórias.

•• Artigo com redação determinada pela Emenda Constitucional n. 126, de 21-12-2022.

•• *Vide* arts. 6.º e 9.º da Emenda Constitucional n. 126, de 21-12-2022.

Art. 111-A. A partir do exercício financeiro de 2024, até o último exercício de vigência do Novo Regime Fiscal, a aprovação e a execução previstas nos §§ 9.º e 11 do art. 166 da Constituição Federal corresponderão ao montante de execução obrigatória para o exercício de 2023, corrigido na forma estabelecida no inciso II do § 1.º do art. 107 deste Ato das Disposições Constitucionais Transitórias.

•• Artigo acrescentado pela Emenda Constitucional n. 126, de 21-12-2022.

•• *Vide* arts. 6.º e 9.º da Emenda Constitucional n. 126, de 21-12-2022.

Art. 112. As disposições introduzidas pelo Novo Regime Fiscal:

•• *Caput* e incisos acrescentados pela Emenda Constitucional n. 95, de 15-12-2016.

•• *Vide* arts. 6.º e 9.º da Emenda Constitucional n. 126, de 21-12-2022.

I – não constituirão obrigação de pagamento futuro pela União ou direitos de outrem sobre o erário; e

II – não revogam, dispensam ou suspendem o cumprimento de dispositivos constitucionais e legais que disponham sobre metas fiscais ou limites máximos de despesas.

Art. 113. A proposição legislativa que crie ou altere despesa obrigatória ou renúncia de receita deverá ser acompanhada da estimativa do seu impacto orçamentário e financeiro.

•• Artigo acrescentado pela Emenda Constitucional n. 95, de 15-12-2016.

Art. 114. A tramitação de proposição elencada no *caput* do art. 59 da Constituição Federal, ressalvada a referida no seu inciso V, quando acarretar aumento de despesa ou renúncia de receita, será suspensa por até vinte dias, a requerimento de um quinto dos membros da Casa, nos termos regimentais, para análise de sua compatibilidade com o Novo Regime Fiscal.

•• Artigo acrescentado pela Emenda Constitucional n. 95, de 15-12-2016.

•• *Vide* arts. 6.º e 9.º da Emenda Constitucional n. 126, de 21-12-2022.

Art. 115. Fica excepcionalmente autorizado o parcelamento das contribuições previdenciárias e dos demais débitos dos Municípios, incluídas suas autarquias e fundações, com os respectivos regimes próprios de previdência social, com vencimento até 31 de outubro de 2021, inclusive os parcelados anteriormente, no prazo máximo de 240 (duzentos e quarenta) prestações mensais, mediante autorização em lei municipal específica, desde que comprovem ter alterado a legislação do regime próprio de previdência social para atendimento das seguintes condições, cumulativamente:

•• *Caput* acrescentado pela Emenda Constitucional n. 113, de 8-12-2021.

I – adoção de regras de elegibilidade, de cálculo e de reajustamento dos benefícios que contemplem, nos termos previstos nos incisos I e III do § 1.º e nos §§ 3.º a 5.º, 7.º e 8.º do art. 40 da Constituição Federal, regras assemelhadas às aplicáveis aos servidores públicos do regime próprio de previdência social da União e que contribuam efetivamente para o atingimento e a manutenção do equilíbrio financeiro e atuarial;

•• Inciso I acrescentado pela Emenda Constitucional n. 113, de 8-12-2021.

II – adequação do rol de benefícios ao disposto nos §§ 2.º e 3.º do art. 9.º da Emenda Constitucional n. 103, de 12 de novembro de 2019;

•• Inciso II acrescentado pela Emenda Constitucional n. 113, de 8-12-2021.

III – adequação da alíquota de contribuição devida pelos servidores, nos termos do § 4.º do art. 9.º da Emenda Constitucional n. 103, de 12 de novembro de 2019; e

•• Inciso III acrescentado pela Emenda Constitucional n. 113, de 8-12-2021.

IV – instituição do regime de previdência complementar e adequação do órgão ou entidade gestora do regime próprio de previdência social, nos termos do § 6.º do art. 9.º da Emenda Constitucional n. 103, de 12 de novembro de 2019.

•• Inciso IV acrescentado pela Emenda Constitucional n. 113, de 8-12-2021.

Parágrafo único. Ato do Ministério do Trabalho e Previdência, no âmbito de suas competências, definirá os critérios para o parcelamento previsto neste artigo, inclusive quanto ao cumprimento do disposto nos incisos I, II, III e IV do *caput* deste artigo, bem como disponibilizará as informações aos Municípios sobre o montante das dívidas, as formas de parcelamento, os juros e os encargos incidentes, de modo a possibilitar o acompanhamento da evolução desses débitos.

•• Parágrafo único acrescentado pela Emenda Constitucional n. 113, de 8-12-2021.

Art. 116. Fica excepcionalmente autorizado o parcelamento dos débitos decorrentes de contribuições previdenciárias dos Municípios, incluídas suas autarquias e fundações, com o Regime Geral de Previdência Social, com vencimento até 31 de outubro de 2021, ainda que em fase de execução fiscal ajuizada, inclusive os decorrentes do descumprimento de obrigações acessórias e os parcelados anteriormente, no prazo máximo de 240 (duzentos e quarenta) prestações mensais.

•• *Caput* acrescentado pela Emenda Constitucional n. 113, de 8-12-2021.

§ 1.º Os Municípios que possuam regime próprio de previdência social deverão comprovar, para fins de formalização do parcelamento com o Regime Geral de Previdência Social, de que trata este artigo, terem atendido as condições estabelecidas nos incisos I, II, III e IV do *caput* do art. 115 deste Ato das Disposições Constitucionais Transitórias.

•• § 1.º acrescentado pela Emenda Constitucional n. 113, de 8-12-2021.

§ 2.º Os débitos parcelados terão redução de 40% (quarenta por cento) das multas de mora, de ofício e isoladas, de 80% (oitenta por cento) dos juros de mora, de 40% (quarenta por cento) dos encargos legais e de 25% (vinte e cinco por cento) dos honorários advocatícios.

•• § 2.º acrescentado pela Emenda Constitucional n. 113, de 8-12-2021.

§ 3.º O valor de cada parcela será acrescido de juros equivalentes à taxa referencial do Sistema Especial de Liquidação e de Custódia (Selic), acumulada mensalmente, calculados a partir do mês subsequente ao da consolidação até o mês anterior ao do pagamento.

•• § 3.º acrescentado pela Emenda Constitucional n. 113, de 8-12-2021.

§ 4.º Não constituem débitos dos Municípios aqueles considerados prescritos ou atingidos pela decadência.

•• § 4.º acrescentado pela Emenda Constitucional n. 113, de 8-12-2021.

§ 5.º A Secretaria Especial da Receita Federal do Brasil e a Procuradoria-Geral da Fazenda Nacional, no âmbito de suas competências, deverão fixar os critérios para o parcelamento previsto neste artigo, bem como disponibilizar as informações aos Municípios sobre o montante das dívidas, as formas de parcelamento, os juros e os encargos incidentes, de modo a possibilitar o acompanhamento da evolução desses débitos.

•• § 5.º acrescentado pela Emenda Constitucional n. 113, de 8-12-2021.

Art. 117. A formalização dos parcelamentos de que tratam os arts. 115 e 116 deste Ato das Disposições Constitucionais Transitórias deverá ocorrer até 30 de junho de 2022 e ficará condicionada à autorização de vinculação do Fundo de Participação dos Municípios para fins de pagamento das prestações acordadas nos termos de parcelamento, observada a seguinte ordem de preferência:

•• *Caput* acrescentado pela Emenda Constitucional n. 113, de 8-12-2021.

I – a prestação de garantia ou de contragarantia à União ou os pagamentos de débitos em favor da União, na forma do § 4.º do art. 167 da Constituição Federal;

•• Inciso I acrescentado pela Emenda Constitucional n. 113, de 8-12-2021.

II – as contribuições parceladas devidas ao Regime Geral de Previdência Social;

•• Inciso II acrescentado pela Emenda Constitucional n. 113, de 8-12-2021.

III – as contribuições parceladas devidas ao respectivo regime próprio de previdência social.

•• Inciso III acrescentado pela Emenda Constitucional n. 113, de 8-12-2021.

Art. 118. Os limites, condições, normas de acesso e demais requisitos com vistas ao atendimento do disposto no parágrafo único do art. 6.º e no inciso VI do art. 203 da Constituição Federal serão determinados, na forma da lei e respectivo regulamento, até 31 de dezembro de 2022, ficando dispensada, exclusivamente no exercício de 2022, a observância das limitações legais quanto à criação, à expansão ou ao aperfeiçoamento de ação governamental que acarrete aumento de despesa no referido exercício.

•• Artigo acrescentado pela Emenda Constitucional n. 114, de 16-12-2021.

Art. 119. Em decorrência do estado de calamidade pública provocado pela pandemia da Covid-19, os Estados, o Distrito Federal, os Municípios e os agentes públicos desses entes federados não poderão ser responsabilizados administrativa, civil ou criminalmente pelo descumprimento, exclusivamente nos exercícios financeiros de 2020 e 2021, do disposto no *caput* do art. 212 da Constituição Federal.

•• *Caput* acrescentado pela Emenda Constitucional n. 119, de 27-4-2022.

•• *Vide* art. 2.º da Emenda Constitucional n. 119, de 27-4-2022.

Parágrafo único. Para efeitos do disposto no *caput* deste artigo, o ente deverá complementar na aplicação da manutenção e desenvolvimento do ensino, até o exercício financeiro de 2023, a diferença a menor entre o valor aplicado, conforme informação registrada no sistema integrado de planejamento e orçamento, e o valor mínimo exigível constitucionalmente para os exercícios de 2020 e 2021.

•• Parágrafo único acrescentado pela Emenda Constitucional n. 119, de 27-4-2022.

Art. 120. Fica reconhecido, no ano de 2022, o estado de emergência decorrente da elevação extraordinária e imprevisível dos preços do petróleo, combustíveis e seus derivados e dos impactos sociais dela decorrentes.

•• *Caput* acrescentado pela Emenda Constitucional n. 123, de 14-7-2022.

•• *Vide* art. 5.º da Emenda Constitucional n. 123, de 14-7-2022.

Parágrafo único. Para enfretamento ou mitigação dos impactos decorrentes do estado de emergência reconhecido, as medidas implementadas, até os limites de despesas previstos em uma única e exclusiva norma constitucional observarão o seguinte:

•• Parágrafo único, *caput*, acrescentado pela Emenda Constitucional n. 123, de 14-7-2022.

I – quanto às despesas:

•• Inciso I, *caput*, acrescentado pela Emenda Constitucional n. 123, de 14-7-2022.

a) serão atendidas por meio de crédito extraordinário;

•• Alínea *a* acrescentada pela Emenda Constitucional n. 123, de 14-7-2022.

b) não serão consideradas para fins de apuração da meta de resultado primário estabelecida no *caput* do art. 2.º da Lei n. 14.194, de 20 de agosto de 2021, e do limite estabelecido para as despesas primárias, conforme disposto no inciso I do *caput* do art. 107 do Ato das Disposições Constitucionais Transitórias; e

•• Alínea *b* acrescentada pela Emenda Constitucional n. 123, de 14-7-2022.

c) ficarão ressalvadas do disposto no inciso III do *caput* do art. 167 da Constituição Federal;

•• Alínea *c* acrescentada pela Emenda Constitucional n. 123, de 14-7-2022.

II – a abertura do crédito extraordinário para seu atendimento dar-se-á independentemente da observância dos requisitos exigidos no § 3.º do art. 167 da Constituição Federal; e

•• Inciso II acrescentado pela Emenda Constitucional n. 123, de 14-7-2022.

III – a dispensa das limitações legais, inclusive quanto à necessidade de compensação:

•• Inciso III, *caput*, acrescentado pela Emenda Constitucional n. 123, de 14-7-2022.

a) à criação, à expansão ou ao aperfeiçoamento de ação governamental que acarrete aumento de despesa; e

•• Alínea *a* acrescentada pela Emenda Constitucional n. 123, de 14-7-2022.

b) à renúncia de receita que possa ocorrer.

•• Alínea *b* acrescentada pela Emenda Constitucional n. 123, de 14-7-2022.

Art. 121. As contas referentes aos patrimônios acumulados de que trata o § 2.º do art. 239 da Constituição Federal cujos recursos não tenham sido reclamados por prazo superior a 20 (vinte) anos serão encerradas após o prazo de 60 (sessenta) dias da publicação de aviso no *Diário Oficial da União*, ressalvada reivindicação por eventual interessado legítimo dentro do referido prazo.

•• *Caput* acrescentado pela Emenda Constitucional n. 126, de 21-12-2022.

Parágrafo único. Os valores referidos no *caput* deste artigo serão tidos por abandonados, nos termos do inciso III do *caput* do art. 1.275 da Lei n. 10.406, de 10 de janeiro de 2002 (Código Civil), e serão apropriados pelo Tesouro Nacional como receita primária para realização de despesas de investimento de que trata o § 6.º-B do art. 107, que não serão computadas nos limites previstos no art. 107, ambos deste Ato das Disposições Constitucionais Transitórias, podendo o interessado reclamar ressarcimento à União no prazo de até 5 (cinco) anos do encerramento das contas.

•• Parágrafo único acrescentado pela Emenda Constitucional n. 126, de 21-12-2022.

Art. 122. As transferências financeiras realizadas pelo Fundo Nacional de Saúde e pelo Fundo Nacional de Assistência Social diretamente aos fundos de saúde e assistência social estaduais, municipais e distritais, para enfrentamento da pandemia da Covid-19, poderão ser executadas pelos entes federativos até 31 de dezembro de 2023.

•• Artigo acrescentado pela Emenda Constitucional n. 126, de 21-12-2022.

Brasília, 5 de outubro de 1988.

Ulysses Guimarães

EMENDAS CONSTITUCIONAIS

EMENDA CONSTITUCIONAL N. 2, DE 25 DE AGOSTO DE 1992 (*)

Dispõe sobre o plebiscito previsto no art. 2.º do Ato das Disposições Constitucionais Transitórias.

As Mesas da Câmara dos Deputados e do Senado Federal, nos termos do § 3.º do art. 60 da Constituição Federal, promulgam a seguinte Emenda ao texto constitucional:

Artigo único. O plebiscito de que trata o art. 2.º do Ato das Disposições Constitucionais Transitórias realizar-se-á no dia 21 de abril de 1993.

§ 1.º A forma e o sistema de governo definidos pelo plebiscito terão vigência em 1.º de janeiro de 1995.

§ 2.º A lei poderá dispor sobre a realização do plebiscito, inclusive sobre a gratuidade da livre divulgação das formas e sistemas de governo, através dos meios de comunicação de massa concessionários ou permissionários de serviço público, assegurada igualdade de tempo e paridade de horários.

§ 3.º A norma constante do parágrafo anterior não exclui a competência do Tribunal Superior Eleitoral para expedir instruções necessárias à realização da consulta plebiscitária.

Brasília, em 25 de agosto de 1992.

A Mesa da Câmara dos Deputados
Deputado IBSEN PINHEIRO
Presidente

A Mesa do Senado Federal
Senador MAURO BENEVIDES
Presidente

EMENDA CONSTITUCIONAL N. 3, DE 17 DE MARÇO DE 1993 (**)

Altera dispositivos da Constituição Federal.

As Mesas da Câmara dos Deputados e do Senado Federal, nos termos do § 3.º do art. 60 da Constituição Federal, promulgam a seguinte Emenda ao texto constitucional:

Art. 1.º Os dispositivos da Constituição Federal abaixo enumerados passam a vigorar com as seguintes alterações:

•• Parte das alterações foram prejudicadas por Emendas Constitucionais posteriores: o art. 40, § 6.º, foi prejudicado pela Emenda Constitucional n. 20, de 15-12-1998; o art. 42, § 10, foi prejudicado pela Emenda Constitucional n. 18, de 5-2-1998; os arts. 102, § 2.º, e 103, § 4.º, foram prejudicados pela Emenda Constitucional n. 45, de 8-12-2004; o art. 155, § 3.º, foi prejudicado pela Emenda Constitucional n. 33, de 11-12-2001; o art. 156, § 3.º, *caput* e I, foi prejudicado pela Emenda Constitucional n. 37, de 12-6-2002; o art. 167, IV, foi prejudicado pela Emenda Constitucional n. 29, de 13-9-2000.

Art. 2.º A União poderá instituir, nos termos de lei complementar, com vigência até 31 de dezembro de 1994, imposto sobre movimentação ou transmissão de valores e de créditos e direitos de natureza financeira.

§ 1.º A alíquota do imposto de que trata este artigo não excederá a vinte e cinco centésimos por cento, facultado ao Poder Executivo reduzi-la ou restabelecê-la, total ou parcialmente, nas condições e limites fixados em lei.

§ 2.º Ao imposto de que trata este artigo não se aplica o art. 150, III, *b*, e VI, nem o disposto no § 5.º do art. 153 da Constituição.

§ 3.º O produto da arrecadação do imposto de que trata este artigo não se encontra sujeito a qualquer modalidade de repartição com outra entidade federada.

§ 4.º (*Revogado pela Emenda Constitucional de Revisão n. 1, de 1.º-3-1994.*)

Art. 3.º A eliminação do adicional ao imposto de renda, de competência dos Estados, decorrente desta Emenda Constitucional, somente produzirá efeitos a partir de 1.º de janeiro de 1996, reduzindo-se a correspondente alíquota, pelo menos, a dois e meio por cento no exercício financeiro de 1995.

Art. 4.º A eliminação do imposto sobre vendas a varejo de combustíveis líquidos e gasosos, de competência dos Municípios, decorrente desta Emenda Constitucional, somente produzirá efeitos a partir de 1.º de janeiro de 1996, reduzindo-se a correspondente alíquota, pelo menos, a um e meio por cento no exercício financeiro de 1995.

Art. 5.º Até 31 de dezembro de 1999, os Estados, o Distrito Federal e os Municípios somente poderão emitir títulos da dívida pública no montante necessário ao refinanciamento do principal devidamente atualizado de suas obrigações, representadas por essa espécie de títulos, ressalvado o disposto no art. 33, parágrafo único, do Ato das Disposições Constitucionais Transitórias.

Art. 6.º Revogam-se o inciso IV e o § 4.º do art. 156 da Constituição Federal.

Brasília, em 17 de março de 1993.

A Mesa da Câmara dos Deputados
Deputado INOCÊNCIO OLIVEIRA
Presidente

A Mesa do Senado Federal
Senador HUMBERTO LUCENA
Presidente

EMENDA CONSTITUCIONAL N. 17, DE 22 DE NOVEMBRO DE 1997 (***)

Altera dispositivos dos arts. 71 e 72 do Ato das Disposições Constitucionais Transitórias, introduzidos pela Emenda Constitucional de Revisão n. 1, de 1994.

As Mesas da Câmara dos Deputados e do Senado Federal, nos termos do § 3.º do art. 60 da Constituição Federal, promulgam a seguinte Emenda ao texto constitucional:

Art. 1.º O *caput* do art. 71 do Ato das Disposições Constitucionais Transitórias passa a vigorar com a seguinte redação:

•• Alteração já processada no diploma modificado.

Art. 2.º O inciso V do art. 72 do Ato das Disposições Constitucionais Transitórias passa a vigorar com a seguinte redação:

•• Alteração já processada no diploma modificado.

Art. 3.º A União repassará aos Municípios, do produto da arrecadação do Imposto sobre a Renda e Proventos de Qualquer Natureza, tal como considerado na constituição dos fundos de que trata o art. 159, I, da Constituição, excluída a parcela referida no art. 72, I, do Ato das Disposições Constitucionais Transitórias, os seguintes percentuais:

I – um inteiro e cinquenta e seis centésimos por cento, no período de 1.º de julho de 1997 a 31 de dezembro de 1997;

II – um inteiro e oitocentos e setenta e cinco milésimos por cento, no período de 1.º de janeiro de 1998 a 31 de dezembro de 1998;

III – dois inteiros e cinco décimos por cento, no período de 1.º de janeiro de 1999 a 31 de dezembro de 1999.

Parágrafo único. O repasse dos recursos de que trata este artigo obedecerá à mesma periodicidade e aos mesmos critérios de repartição e normas adotadas no Fundo de Participação dos Municípios, observado o disposto no art. 160 da Constituição.

Art. 4.º Os efeitos do disposto nos arts. 71 e 72 do Ato das Disposições Constitucionais Transitórias, com a redação dada pelos

(*) Publicada no *Diário Oficial da União*, de 1.º-9-1992.

(**) Publicada no *Diário Oficial da União*, de 18-3-1993.

(***) Publicada no *Diário Oficial da União*, de 25-11-1997.

arts. 1.º e 2.º desta Emenda, são retroativos a 1.º de julho de 1997.

Parágrafo único. As parcelas de recursos destinados ao Fundo de Estabilização Fiscal e entregues na forma do art. 159, I, da Constituição, no período compreendido entre 1.º de julho de 1997 e a data de promulgação desta Emenda, serão deduzidas das cotas subsequentes, limitada a dedução a um décimo do valor total entregue em cada mês.

Art. 5.º Observado o disposto no artigo anterior, a União aplicará as disposições do art. 3.º desta Emenda retroativamente a 1.º de julho de 1997.

Art. 6.º Esta Emenda Constitucional entra em vigor na data de sua publicação.

Brasília, 22 de novembro de 1997.

Mesa da Câmara dos Deputados
Deputado MICHEL TEMER
Presidente
Mesa do Senado Federal
Senador ANTONIO CARLOS MAGALHÃES
Presidente

EMENDA CONSTITUCIONAL N. 19, DE 4 DE JUNHO DE 1998 (*)

Modifica o regime e dispõe sobre princípios e normas da Administração Pública, servidores e agentes políticos, controle de despesas e finanças públicas e custeio de atividades a cargo do Distrito Federal, e dá outras providências.

As Mesas da Câmara dos Deputados e do Senado Federal, nos termos do § 3.º do art. 60 da Constituição Federal, promulgam esta Emenda ao texto constitucional:

Art. 1.º Os incisos XIV e XXII do art. 21 e XXVII do art. 22 da Constituição Federal passam a vigorar com a seguinte redação:

•• Alterações já processadas no diploma modificado.

Art. 2.º O § 2.º do art. 27 e os incisos V e VI do art. 29 da Constituição Federal passam a vigorar com a seguinte redação, inserindo-se § 2.º no art. 28 e renumerando-se para § 1.º o atual parágrafo único:

•• Alteração no art. 29, VI, prejudicada pela Emenda Constitucional n. 25, de 14-2-2000.

Art. 3.º O *caput*, os incisos I, II, V, VII, X, XI, XIII, XIV, XV, XVI, XVII e XIX e o § 3.º do art. 37 da Constituição Federal passam a vigorar com a seguinte redação, acrescendo-se ao artigo os §§ 7.º a 9.º:

•• Alteração no art. 37, XI e XVI, *c*, prejudicada pelas Emendas Constitucionais n. 41, de 19-12-2003, e 34, de 13-12-2001, respectivamente.

Art. 4.º O *caput* do art. 38 da Constituição Federal passa a vigorar com a seguinte redação:

•• Alteração já processada no diploma modificado.

(*) Publicada no *Diário Oficial da União*, de 5-6-1998.

Art. 5.º O art. 39 da Constituição Federal passa a vigorar com a seguinte redação:

•• Alteração já processada no diploma modificado.

Art. 6.º O art. 41 da Constituição Federal passa a vigorar com a seguinte redação:

•• Alteração já processada no diploma modificado.

Art. 7.º O art. 48 da Constituição Federal passa a vigorar acrescido do seguinte inciso XV:

•• Alteração no art. 48, XV, prejudicada pela Emenda Constitucional n. 25, de 14-2-2000.

Art. 8.º Os incisos VII e VIII do art. 49 da Constituição Federal passam a vigorar com a seguinte redação:

•• Alterações já processadas no diploma modificado.

Art. 9.º O inciso IV do art. 51 da Constituição Federal passa a vigorar com a seguinte redação:

•• Alteração já processada no diploma modificado.

Art. 10. O inciso XIII do art. 52 da Constituição Federal passa a vigorar com a seguinte redação:

•• Alteração já processada no diploma modificado.

Art. 11. O § 7.º do art. 57 da Constituição Federal passa a vigorar com a seguinte redação:

•• Alteração prejudicada pela Emenda Constitucional n. 32, de 11-9-2001, que deu nova redação ao § 7.º do art. 57 da CF.

Art. 12. O parágrafo único do art. 70 da Constituição Federal passa a vigorar com a seguinte redação:

•• Alteração já processada no diploma modificado.

Art. 13. O inciso V do art. 93, o inciso III do art. 95 e a alínea *b* do inciso II do art. 96 da Constituição Federal passam a vigorar com a seguinte redação:

•• Alteração no art. 96, II, *b*, prejudicada pela Emenda Constitucional n. 41, de 19-12-2003.

Art. 14. O § 2.º do art. 127 da Constituição Federal passa a vigorar com a seguinte redação:

•• Alteração já processada no diploma modificado.

Art. 15. A alínea *c* do inciso I do § 5.º do art. 128 da Constituição Federal passa a vigorar com a seguinte redação:

•• Alteração já processada no diploma modificado.

Art. 16. A Seção II do Capítulo IV do Título IV da Constituição Federal passa a denominar-se "DA ADVOCACIA PÚBLICA".

Art. 17. O art. 132 da Constituição Federal passa a vigorar com a seguinte redação:

•• Alteração já processada no diploma modificado.

Art. 18. O art. 135 da Constituição Federal passa a vigorar com a seguinte redação:

•• Alteração já processada no diploma modificado.

Art. 19. O § 1.º e seu inciso III e os §§ 2.º e 3.º do art. 144 da Constituição Federal passam a vigorar com a seguinte redação, inserindo-se no artigo § 9.º:

•• Alterações já processadas no diploma modificado.

Art. 20. O *caput* do art. 167 da Constituição Federal passa a vigorar acrescido de inciso X, com a seguinte redação:

•• Alteração já processada no diploma modificado.

Art. 21. O art. 169 da Constituição Federal passa a vigorar com a seguinte redação:

•• Alteração já processada no diploma modificado.

Art. 22. O § 1.º do art. 173 da Constituição Federal passa a vigorar com a seguinte redação:

•• Alteração já processada no diploma modificado.

Art. 23. O inciso V do art. 206 da Constituição Federal passa a vigorar com a seguinte redação:

•• Alteração prejudicada pela Emenda Constitucional n. 53, de 19-12-2006, que deu nova redação ao inciso V do art. 206 da CF.

Art. 24. O art. 241 da Constituição Federal passa a vigorar com a seguinte redação:

•• Alteração já processada no diploma modificado.

Art. 25. Até a instituição do fundo a que se refere o inciso XIV do art. 21 da Constituição Federal, compete à União manter os atuais compromissos financeiros com a prestação de serviços públicos do Distrito Federal.

•• A Lei n. 10.633, de 27-12-2002, institui o Fundo Constitucional do Distrito Federal – FCDF, a que se refere o inciso XIV do art. 21 da CF.

Art. 26. No prazo de 2 (dois) anos da promulgação desta Emenda, as entidades da administração indireta terão seus estatutos revistos quanto à respectiva natureza jurídica, tendo em conta a finalidade e as competências efetivamente executadas.

Art. 27. O Congresso Nacional, dentro de 120 (cento e vinte) dias da promulgação desta Emenda, elaborará lei de defesa do usuário de serviços públicos.

Art. 28. É assegurado o prazo de 2 (dois) anos de efetivo exercício para aquisição da estabilidade aos atuais servidores em estágio probatório, sem prejuízo da avaliação a que se refere o § 4.º do art. 41 da Constituição Federal.

Art. 29. Os subsídios, vencimentos, remuneração, proventos da aposentadoria e pensões e quaisquer outras espécies remuneratórias adequar-se-ão, a partir da promulgação desta Emenda, aos limites decorrentes da Constituição Federal, não se admitindo a percepção de excesso a qualquer título.

Art. 30. O projeto de lei complementar a que se refere o art. 163 da Constituição Federal será apresentado pelo Poder Executivo ao Congresso Nacional no prazo máximo de 180 (cento e oitenta) dias da promulgação desta Emenda.

Art. 31. A pessoa que revestiu a condição de servidor público federal da administração direta, autárquica ou fundacional, de servidor municipal ou de integrante da carreira de policial, civil ou militar, dos ex-Territórios Federais do Amapá e de Roraima e que, comprovadamente, encontrava-se no exercício de suas funções, prestando serviço à administração pública dos ex-Territórios ou de prefeituras neles localizadas, na data em que foram transformados em Estado, ou a condição de servidor ou de policial, civil ou militar, admitido pelos Estados do Amapá e de Roraima, entre a data de sua transformação em Estado e outubro de 1993, bem como a pessoa que comprove ter mantido, nesse período, relação ou vínculo funcional, de caráter efetivo ou não, ou relação ou vínculo empregatício, estatutário ou de trabalho com a administração pública dos ex-Territórios, dos Estados ou das prefeituras neles localizadas ou com empresa pública ou sociedade de economia mista que haja sido constituída pelo ex-Território ou pela União para atuar no âmbito do ex-Território Federal, inclusive as extintas, poderão integrar, mediante opção, quadro em extinção da administração pública federal.

•• *Caput* com redação determinada pela Emenda Constitucional n. 98, de 6-12-2017.

•• A Lei n. 13.681, de 18-6-2018, regulamentada pelo Decreto n. 9.823, de 4-6-2019, dispõe sobre as tabelas de salários, vencimentos, soldos e demais vantagens aplicáveis aos servidores civis, aos militares e aos empregados dos ex-Territórios Federais, integrantes do quadro em extinção de que trata este artigo.

•• *Vide* Emenda Constitucional n. 98, de 6-12-2017.

§ 1.º O enquadramento referido no *caput* deste artigo, para os servidores, para os policiais, civis ou militares, e para as pessoas que tenham revestido essa condição, entre a transformação e a instalação dos Estados em outubro de 1993, dar-se-á no cargo em que foram originariamente admitidos ou em cargo equivalente.

•• § 1.º com redação determinada pela Emenda Constitucional n. 98, de 6-12-2017.

§ 2.º Os integrantes da carreira policial militar a que se refere o *caput* continuarão prestando serviços aos respectivos Estados, na condição de cedidos, submetidos às disposições estatutárias a que estão sujeitas as corporações das respectivas Polícias Militares, observados as atribuições de função compatíveis com seu grau hierárquico e o direito às devidas promoções.

•• § 2.º com redação determinada pela Emenda Constitucional n. 79, de 27-5-2014.

§ 3.º As pessoas a que se referem este artigo prestarão serviços aos respectivos Estados ou a seus Municípios, na condição de servidores cedidos, sem ônus para o cessionário, até seu aproveitamento em órgão ou entidade da administração federal direta, autárquica ou fundacional, podendo os Estados, por conta e delegação da União, adotar os procedimentos necessários à cessão de servidores a seus Municípios.

•• § 1.º com redação determinada pela Emenda Constitucional n. 98, de 6-12-2017.

§ 4.º Para fins do disposto no *caput* deste artigo, são meios probatórios de relação ou vínculo funcional, empregatício, estatutário ou de trabalho, independentemente da existência de vínculo atual, além dos admitidos em lei:

•• § 4.º, *caput*, acrescentado pela Emenda Constitucional n. 98, de 6-12-2017.

I – o contrato, o convênio, o ajuste ou o ato administrativo por meio do qual a pessoa tenha revestido a condição de profissional, empregado, servidor público, prestador de serviço ou trabalhador e tenha atuado ou desenvolvido atividade laboral diretamente com o ex-Território, o Estado ou a prefeitura neles localizada, inclusive mediante a interveniência de cooperativa;

•• Inciso I acrescentado pela Emenda Constitucional n. 98, de 6-12-2017.

II – a retribuição, a remuneração ou o pagamento documentado ou formalizado, à época, mediante depósito em conta-corrente bancária ou emissão de ordem de pagamento, de recibo, de nota de empenho ou de ordem bancária em que se identifique a administração pública do ex-Território, do Estado ou de prefeitura neles localizada como fonte pagadora ou origem direta dos recursos, assim como aquele realizado à conta de recursos oriundos de fundo de participação ou de fundo especial, inclusive em proveito do pessoal integrante das tabelas especiais.

•• Inciso II acrescentado pela Emenda Constitucional n. 98, de 6-12-2017.

§ 5.º Além dos meios probatórios de que trata o § 4.º deste artigo, sem prejuízo daqueles admitidos em lei, o enquadramento referido no *caput* deste artigo dependerá de a pessoa ter mantido relação ou vínculo funcional, empregatício, estatutário ou de trabalho com o ex-Território ou o Estado que o tenha sucedido por, pelo menos, noventa dias.

•• § 5.º acrescentado pela Emenda Constitucional n. 98, de 6-12-2017.

§ 6.º As pessoas a que se referem este artigo, para efeito de exercício em órgão ou entidade da administração pública estadual ou municipal dos Estados do Amapá e de Roraima, farão jus à percepção de todas as gratificações e dos demais valores que componham a estrutura remuneratória dos cargos em que tenham sido enquadradas, vedando-se reduzi-los ou suprimi-los por motivo de cessão ao Estado ou a seu Município.

•• § 6.º acrescentado pela Emenda Constitucional n. 98, de 6-12-2017.

Art. 32. A Constituição Federal passa a vigorar acrescida do seguinte artigo:

•• Alteração já processada no diploma modificado.

Art. 33. Consideram-se servidores não estáveis, para os fins do art. 169, § 3.º, II, da Constituição Federal aqueles admitidos na administração direta, autárquica e fundacional sem concurso público de provas ou de provas e títulos após o dia 5 de outubro de 1983.

Art. 34. Esta Emenda Constitucional entra em vigor na data de sua promulgação.

Brasília, 4 de junho de 1998.

Mesa da Câmara dos Deputados
Deputado MICHEL TEMER
Presidente
Mesa do Senado Federal
Senador ANTONIO CARLOS MAGALHÃES
Presidente

EMENDA CONSTITUCIONAL N. 20, DE 15 DE DEZEMBRO DE 1998 (*)

Modifica o sistema de previdência social, estabelece normas de transição e dá outras providências.

As Mesas da Câmara dos Deputados e do Senado Federal, nos termos do § 3.º do art. 60 da Constituição Federal, promulgam a seguinte Emenda ao texto constitucional:

Art. 1.º A Constituição Federal passa a vigorar com as seguintes alterações:

•• Parte das alterações foi prejudicada por Emendas Constitucionais posteriores: arts. 40, *caput* e §§ 1.º, 3.º, 7.º, 8.º e 15, 42, § 2.º, 142, § 3.º, IX, prejudicados pela Emenda Constitucional n. 41, de 19-12-2003; arts. 40, § 4.º, 195, § 9.º, e 201, § 1.º, prejudicados pela Emenda Constitucional n. 47, de 6-7-2005; art. 100, § 3.º, prejudicado pela Emenda Constitucional n. 30, de 13-9-2000; art. 114, § 3.º, prejudicado pela Emenda Constitucional n. 45, de 8-12-2004; art. 40, § 1.º, II, prejudicado pela Emenda Constitucional n. 88, de 7-5-2015; art. 100, § 3.º, prejudicado pela Emenda Constitucional n. 62, de 9-12-2009; arts. 40, § 1.º, III e §§ 2.º, 5.º, 6.º, 9.º, 12, 13 e 14, 195, II, § 11, 201, I, § 1.º, § 7.º, I e II, §§ 8.º, 9.º e 10, 202, §§ 4.º, 5.º e 6.º, prejudicados pela Emenda Constitucional n. 103, de 12-11-2019.

Art. 2.º A Constituição Federal, nas Disposições Constitucionais Gerais, é acrescida dos seguintes artigos:

•• Alterações já processadas no diploma modificado.

Art. 3.º É assegurada a concessão de aposentadoria e pensão, a qualquer tempo, aos servidores públicos e aos segurados do regime geral de previdência social, bem como aos seus dependentes, que, até a data da publicação desta Emenda, tenham cumprido os requisitos para a obtenção destes benefícios, com base nos critérios da legislação então vigente.

§ 1.º O servidor de que trata este artigo, que tenha completado as exigências para aposentadoria integral e que opte por permanecer em atividade fará jus à isenção da contribuição previdenciária até completar as exigências para aposentadoria contidas no art. 40, § 1.º, III, *a*, da Constituição Federal.

§ 2.º Os proventos da aposentadoria a ser concedida aos servidores públicos referidos no *caput*, em termos integrais ou proporcionais ao tempo de serviço já exercido até a data de publicação desta Emenda, bem como as pensões de seus dependentes, serão calculados de acordo com a legislação em vigor à época em que foram atendidas as prescrições nela estabelecidas para a concessão destes benefícios ou nas condições da legislação vigente.

§ 3.º São mantidos todos os direitos e garantias assegurados nas disposições constitucionais vigentes à data de publicação

(*) Publicada no *Diário Oficial da União*, de 16-12-1998.

desta Emenda aos servidores e militares, inativos e pensionistas, aos anistiados e aos ex-combatentes, assim como àqueles que já cumpriram, até aquela data, os requisitos para usufruírem tais direitos, observado o disposto no art. 37, XI, da Constituição Federal.

Art. 4.º Observado o disposto no art. 40, § 10, da Constituição Federal, o tempo de serviço considerado pela legislação vigente para efeito de aposentadoria, cumprido até que a lei discipline a matéria, será contado como tempo de contribuição.

•• *Vide* art. 2.º da Emenda Constitucional n. 41, de 19-12-2003.

Art. 5.º O disposto no art. 202, § 3.º, da Constituição Federal quanto à exigência de paridade entre a contribuição da patrocinadora e a contribuição do segurado, terá vigência no prazo de 2 (dois) anos a partir da publicação desta Emenda, ou, caso ocorra antes, na data de publicação da lei complementar a que se refere o § 4.º do mesmo artigo.

•• A Lei Complementar n. 108, de 29-5-2001, dispõe sobre a relação entre a União, os Estados, o Distrito Federal e os Municípios, suas autarquias, fundações, sociedades de economia mista e outras entidades públicas e suas respectivas entidades fechadas de Previdência Complementar.

Art. 6.º As entidades fechadas de previdência privada patrocinadas por entidades públicas, inclusive empresas públicas e sociedades de economia mista, deverão rever, no prazo de 2 (dois) anos, a contar da publicação desta Emenda, seus planos de benefícios e serviços, de modo a ajustá-los atuarialmente a seus ativos, sob pena de intervenção, sendo seus dirigentes e os de suas respectivas patrocinadoras responsáveis civil e criminalmente pelo descumprimento do disposto neste artigo.

Art. 7.º Os projetos das leis complementares previstos no art. 202 da Constituição Federal deverão ser apresentados ao Congresso Nacional no prazo máximo de 90 (noventa) dias após a publicação desta Emenda.

•• Previdência Complementar: Leis Complementares n. 108 e 109, ambas de 29-5-2001.

Art. 8.º (*Revogado pela Emenda Constitucional n. 41, de 19-12-2003.*)

Art. 9.º (*Revogado pela Emenda Constitucional n. 103, de 12-11-2019.*)

Art. 10. (*Revogado pela Emenda Constitucional n. 41, de 19-12-2003.*)

Art. 11. A vedação prevista no art. 37, § 10, da Constituição Federal, não se aplica aos membros de poder e aos inativos, servidores e militares, que, até a publicação desta Emenda, tenham ingressado novamente no serviço público por concurso público de provas ou de provas e títulos, e pelas demais formas previstas na Constituição Federal, sendo-lhes proibida a percepção de mais de uma aposentadoria pelo regime de previdência a que se refere o art. 40 da Constituição Federal, aplicando-se-lhes, em qualquer hipótese, o limite de que trata o § 11 deste mesmo artigo.

Art. 12. Até que produzam efeitos as leis que irão dispor sobre as contribuições de que trata o art. 195 da Constituição Federal, são exigíveis as estabelecidas em lei, destinadas ao custeio da seguridade social e dos diversos regimes previdenciários.

Art. 13. (*Revogado pela Emenda Constitucional n. 103, de 12-11-2019.*)

Art. 14. O limite máximo para o valor dos benefícios do regime geral de previdência social de que trata o art. 201 da Constituição Federal é fixado em R$ 1.200,00 (um mil e duzentos reais), devendo, a partir da data da publicação desta Emenda, ser reajustado de forma a preservar, em caráter permanente, seu valor real, atualizado pelos mesmos índices aplicados aos benefícios do regime geral de previdência social.

•• A ADI n. 1.946-5, de 3-4-2003 (*DOU* de 5-6-2003), deu a este artigo, sem redução de texto, interpretação conforme a CF, para excluir sua aplicação ao salário da licença à gestante a que se refere o art. 7.º, XVIII, da CF.

•• Os benefícios previdenciários são reajustados anualmente por meio de ato administrativo do Ministro de Estado da Previdência Social.

Art. 15. (*Revogado pela Emenda Constitucional n. 103, de 12-11-2019.*)

Art. 16. Esta Emenda Constitucional entra em vigor na data de sua publicação.

Art. 17. Revoga-se o inciso II do § 2.º do art. 153 da Constituição Federal.

Brasília, 15 de dezembro de 1998.

Mesa da Câmara dos Deputados
Deputado MICHEL TEMER
Presidente

Mesa do Senado Federal
Senador ANTONIO CARLOS MAGALHÃES
Presidente

EMENDA CONSTITUCIONAL N. 24, DE 9 DE DEZEMBRO DE 1999 (*)

Altera dispositivos da Constituição Federal pertinentes à representação classista na Justiça do Trabalho.

As Mesas da Câmara dos Deputados e do Senado Federal, nos termos do § 3.º do art. 60 da Constituição Federal, promulgam a seguinte Emenda ao texto constitucional:

Art. 1.º Os arts. 111, 112, 113, 115 e 116 da Constituição Federal passam a vigorar com a seguinte redação:

•• Parte das alterações foi prejudicada por Emendas Constitucionais posteriores: arts. 111, §§ 1.º e 2.º, 112 e 115, prejudicados pela Emenda Constitucional n. 45, de 8-12-2004.

Art. 2.º É assegurado o cumprimento dos mandatos dos atuais ministros classistas temporários do Tribunal Superior do Trabalho e dos atuais juízes classistas temporários dos Tribunais Regionais do Trabalho e das Juntas de Conciliação e Julgamento.

Art. 3.º Esta Emenda Constitucional entra em vigor na data de sua publicação.

Art. 4.º Revoga-se o art. 117 da Constituição Federal.

Brasília, em 9 de dezembro de 1999.

Mesa da Câmara dos Deputados
Deputado MICHEL TEMER
Presidente

Mesa do Senado Federal
Senador ANTONIO CARLOS MAGALHÃES
Presidente

(*) Publicada no *Diário Oficial da União*, de 10-12-1999.

EMENDA CONSTITUCIONAL N. 32, DE 11 DE SETEMBRO DE 2001 (**)

Altera dispositivos dos arts. 48, 57, 61, 62, 64, 66, 84, 88 e 246 da Constituição Federal, e dá outras providências.

As Mesas da Câmara dos Deputados e do Senado Federal, nos termos do § 3.º do art. 60 da Constituição Federal, promulgam a seguinte Emenda ao texto constitucional:

Art. 1.º Os arts. 48, 57, 61, 62, 64, 66, 84, 88 e 246 da Constituição Federal passam a vigorar com as seguintes alterações:

•• Alteração no art. 57, § 7.º, prejudicada pela Emenda Constitucional n. 50, de 14-2-2006.

Art. 2.º As medidas provisórias editadas em data anterior à da publicação desta emenda continuam em vigor até que medida provisória ulterior as revogue explicitamente ou até deliberação definitiva do Congresso Nacional.

Art. 3.º Esta Emenda Constitucional entra em vigor na data de sua publicação.

Brasília, 11 de setembro de 2001.

Mesa da Câmara dos Deputados
Deputado AÉCIO NEVES
Presidente

Mesa do Senado Federal
Senador EDISON LOBÃO
Presidente, Interino

EMENDA CONSTITUCIONAL N. 33, DE 11 DE DEZEMBRO DE 2001 (***)

Altera os arts. 149, 155 e 177 da Constituição Federal.

As Mesas da Câmara dos Deputados e do Senado Federal, nos termos do § 3.º do art. 60 da Constituição Federal, promulgam a seguinte Emenda ao texto constitucional:

Art. 1.º O art. 149 da Constituição Federal passa a vigorar acrescido dos seguintes pa-

(**) Publicada no *Diário Oficial da União*, de 12-9-2001.

(***) Publicada no *Diário Oficial da União*, de 12-12-2001.

rágrafos, renumerando-se o atual parágrafo único para § 1.º:

•• Alteração no art. 149, § 2.º, II, prejudicada pela Emenda Constitucional n. 42, de 19-12-2003.

Art. 2.º O art. 155 da Constituição Federal passa a vigorar com as seguintes alterações:

•• Alterações já processadas no diploma modificado.

Art. 3.º O art. 177 da Constituição Federal passa a vigorar acrescido do seguinte parágrafo:

•• Alteração já processada no diploma modificado.

Art. 4.º Enquanto não entrar em vigor a lei complementar de que trata o art. 155, § 2.º, XII, *h*, da Constituição Federal, os Estados e o Distrito Federal, mediante convênio celebrado nos termos do § 2.º, XII, *g*, do mesmo artigo, fixarão normas para regular provisoriamente a matéria.

Art. 5.º Esta Emenda Constitucional entra em vigor na data de sua promulgação.

Brasília, 11 de dezembro de 2001.

Mesa da Câmara dos Deputados
Deputado AÉCIO NEVES
Presidente
Mesa do Senado Federal
Senador RAMEZ TEBET
Presidente

EMENDA CONSTITUCIONAL N. 41, DE 19 DE DEZEMBRO DE 2003 (*)

Modifica os arts. 37, 40, 42, 48, 96, 149 e 201 da Constituição Federal, revoga o inciso IX do § 3.º do art. 142 da Constituição Federal e dispositivos da Emenda Constitucional n. 20, de 15-12-1998, e dá outras providências.

As Mesas da Câmara dos Deputados e do Senado Federal, nos termos do § 3.º do art. 60 da Constituição Federal, promulgam a seguinte Emenda ao texto constitucional:

Art. 1.º A Constituição Federal passa a vigorar com as seguintes alterações:

•• Alteração no art. 201, § 12, prejudicada pela Emenda Constitucional n. 47, de 5-7-2005.

•• Alteração prejudicada pela Emenda Constitucional n. 103, de 12-11-2019, que deu nova redação ao arts. 40, *caput*, § 1.º, *caput*, inciso I e §§ 3.º, 7.º, 15, 19 e 20, 149, § 1.º da CF.

Art. 2.º (*Revogado pela Emenda Constitucional n. 103, de 12-11-2019.*)

•• Sobre o prazo de vigência desta revogação, *vide* art. 36, II, da Emenda Constitucional n. 103, de 12-11-2019.

•• O texto revogado dizia:

"Art. 2.º Observado o disposto no art. 4.º da Emenda Constitucional n. 20, de 15 de dezembro de 1998, é assegurado o direito de opção pela aposentadoria voluntária com proventos calculados de acordo com o art. 40, §§ 3.º e 17, da Constituição Federal, àquele que tenha ingressado regularmente em cargo efetivo na Administração Pública direta, autárquica e fundacional, até a data de publicação daquela Emenda, quando o servidor, cumulativamente:

I – tiver cinquenta e três anos de idade, se homem, e quarenta e oito anos de idade, se mulher;

II – tiver cinco anos de efetivo exercício no cargo em que se der a aposentadoria;

III – contar tempo de contribuição igual, no mínimo, à soma de:

a) trinta e cinco anos, se homem, e trinta anos, se mulher; e

b) um período adicional de contribuição equivalente a vinte por cento do tempo que, na data de publicação daquela Emenda, faltaria para atingir o limite de tempo constante da alínea *a* deste inciso.

§ 1.º O servidor de que trata este artigo que cumprir as exigências para aposentadoria na forma do *caput* terá os seus proventos de inatividade reduzidos para cada ano antecipado em relação aos limites de idade estabelecidos pelo art. 40, § 1.º, III, *a*, e § 5.º da Constituição Federal, na seguinte proporção:

I – três inteiros e cinco décimos por cento, para aquele que completar as exigências para aposentadoria na forma do *caput* até 31 de dezembro de 2005;

II – cinco por cento, para aquele que completar as exigências para aposentadoria na forma do *caput* a partir de 1.º de janeiro de 2006.

§ 2.º Aplica-se ao magistrado e ao membro do Ministério Público e de Tribunal de Contas o disposto neste artigo.

§ 3.º Na aplicação do disposto no § 2.º deste artigo, o magistrado ou o membro do Ministério Público ou de Tribunal de Contas, se homem, terá o tempo de serviço exercido até a data de publicação da Emenda Constitucional n. 20, de 15 de dezembro de 1998, contado com acréscimo de dezessete por cento, observado o disposto no § 1.º deste artigo.

§ 4.º O professor, servidor da União, dos Estados, do Distrito Federal e dos Municípios, incluídas suas autarquias e fundações, que, até a data de publicação da Emenda Constitucional n. 20, de 15 de dezembro de 1998, tenha ingressado, regularmente, em cargo efetivo de magistério e que opte por aposentar-se na forma do disposto no *caput*, terá o tempo de serviço exercido até a publicação daquela Emenda contado com o acréscimo de dezessete por cento, se homem, e de vinte por cento, se mulher, desde que se aposente, exclusivamente, com tempo de efetivo exercício nas funções de magistério, observado o disposto no § 1.º.

§ 5.º O servidor de que trata este artigo, que tenha completado as exigências para aposentadoria voluntária estabelecidas no caput, e que opte por permanecer em atividade, fará jus a um abono de permanência equivalente ao valor da sua contribuição previdenciária até completar as exigências para aposentadoria compulsória contidas no art. 40, § 1.º, II, da Constituição Federal.

§ 6.º Às aposentadorias concedidas de acordo com este artigo aplica-se o disposto no art. 40, § 8.º, da Constituição Federal".

•• *Vide* art. 3.º, § 3.º, da Emenda Constitucional n. 103, de 12-11-2019.

Art. 3.º É assegurada a concessão, a qualquer tempo, de aposentadoria aos servidores públicos, bem como pensão aos seus dependentes, que, até a data de publicação desta Emenda, tenham cumprido todos os requisitos para obtenção desses benefícios, com base nos critérios da legislação então vigente.

§ 1.º O servidor de que trata este artigo que opte por permanecer em atividade tendo completado as exigências para aposentadoria voluntária e que conte com, no mínimo, vinte e cinco anos de contribuição, se mulher, ou trinta anos de contribuição, se homem, fará jus a um abono de permanência equivalente ao valor da sua contribuição previdenciária até completar as exigências para aposentadoria compulsória contidas no art. 40, § 1.º, II, da Constituição Federal.

•• *Vide* art. 3.º, § 3.º, da Emenda Constitucional n. 103, de 12-11-2019.

•• O Ato Declaratório Interpretativo n. 24, de 4-10-2004, da Secretaria da Receita Federal, dispõe sobre o abono de permanência a que se refere este parágrafo.

§ 2.º Os proventos da aposentadoria a ser concedida aos servidores públicos referidos no *caput*, em termos integrais ou proporcionais ao tempo de contribuição já exercido até a data de publicação desta Emenda, bem como as pensões de seus dependentes, serão calculados de acordo com a legislação em vigor à época em que foram atendidos os requisitos nela estabelecidos para a concessão desses benefícios ou nas condições da legislação vigente.

Art. 4.º Os servidores inativos e os pensionistas da União, dos Estados, do Distrito Federal e dos Municípios, incluídas suas autarquias e fundações, em gozo de benefícios na data de publicação desta Emenda, bem como os alcançados pelo disposto no seu art. 3.º, contribuirão para o custeio do regime de que trata o art. 40 da Constituição Federal com percentual igual ao estabelecido para os servidores titulares de cargos efetivos.

Parágrafo único. A contribuição previdenciária a que se refere o *caput* incidirá apenas sobre a parcela dos proventos e das pensões que supere:

I – cinquenta por cento do limite máximo estabelecido para os benefícios do regime geral de previdência social de que trata o art. 201 da Constituição Federal, para os servidores inativos e os pensionistas dos Estados, do Distrito Federal e dos Municípios;

•• O STF, nas ADIs n. 3.105-8, de 18-10-2006 (*DOU* de 9-3-2007), e 3.128-7, de 26-5-2004 (*DOU* de 19-9-2006), julgou inconstitucional a expressão "cinquenta por cento do" contida neste inciso pelo que se aplica então à hipótese do art. 4.º desta EC o § 18 do art. 40 da Constituição.

II – sessenta por cento do limite máximo estabelecido para os benefícios do regime geral de previdência social de que trata o art. 201 da Constituição Federal, para os servidores inativos e os pensionistas da União.

•• O STF, nas ADIs n. 3.105-8, de 18-10-2006 (*DOU* de 9-3-2007), e 3.128-7, de 26-5-2004 (*DOU* de 19-9-2006), julgou inconstitucional a expressão "sessenta por cento do" contida neste inciso pelo que se aplica então à hipótese do art. 4.º desta EC o § 18 do art. 40 da Constituição.

Art. 5.º O limite máximo para o valor dos benefícios do regime geral de previdência social de que trata o art. 201 da Constitui-

(*) Publicada no *Diário Oficial da União*, de 31-12-2003. A Lei n. 10.887, de 18-6-2004, dispõe sobre a aplicação de disposições desta Emenda Constitucional.

ção Federal é fixado em R$ 2.400,00 (dois mil e quatrocentos reais), devendo, a partir da data de publicação desta Emenda, ser reajustado de forma a preservar, em caráter permanente, seu valor real, atualizado pelos mesmos índices aplicados aos benefícios do regime geral de previdência social.

•• Os benefícios previdenciários são reajustados anualmente por meio de ato administrativo do Ministro de Estado da Previdência Social.

Art. 6.º (*Revogado pela Emenda Constitucional n. 103, de 12-11-2019.*)

•• Sobre o prazo de vigência desta revogação, *vide* art. 36, II, da Emenda Constitucional n. 103, de 12-11-2019.

•• O texto revogado dizia:

"Art. 6.º Ressalvado o direito de opção à aposentadoria pelas normas estabelecidas pelo art. 40 da Constituição Federal ou pelas regras estabelecidas pelo art. 2.º desta Emenda, o servidor da União, dos Estados, do Distrito Federal e dos Municípios, incluídas suas autarquias e fundações, que tenha ingressado no serviço público até a data de publicação desta Emenda poderá aposentar-se com proventos integrais, que corresponderão à totalidade da remuneração do servidor no cargo efetivo em que se der a aposentadoria, na forma da lei, quando, observadas as reduções de idade e tempo de contribuição contidas no § 5.º do art. 40 da Constituição Federal, vier a preencher, cumulativamente, as seguintes condições:

I – sessenta anos de idade, se homem, e cinquenta e cinco anos de idade, se mulher;

II – trinta e cinco anos de contribuição, se homem, e trinta anos de contribuição, se mulher;

III – vinte anos de efetivo exercício no serviço público; e

IV – dez anos de carreira e cinco anos de efetivo exercício no cargo em que se der a aposentadoria".

•• *Vide* art. 3.º, § 3.º, da Emenda Constitucional n. 103, de 12-11-2019.

Art. 6.º-A. (*Revogado pela Emenda Constitucional n. 103, de 12-11-2019.*)

•• Sobre o prazo de vigência desta revogação, *vide* art. 36, II, da Emenda Constitucional n. 103, de 12-11-2019.

•• O texto revogado dizia:

"Art. 6.º-A. O servidor da União, dos Estados, do Distrito Federal e dos Municípios, incluídas suas autarquias e fundações, que tenha ingressado no serviço público até a data de publicação desta Emenda Constitucional e que tenha se aposentado ou venha a se aposentar por invalidez permanente, com fundamento no inciso I do § 1.º do art. 40 da Constituição Federal, tem direito a proventos de aposentadoria calculados com base na remuneração do cargo efetivo em que se der a aposentadoria, na forma da lei, não sendo aplicáveis as disposições constantes dos §§ 3.º, 8.º e 17 do art. 40 da Constituição Federal.

•• *Caput* acrescentado pela Emenda Constitucional n. 70, de 29-3-2012.

Parágrafo único. Aplica-se ao valor dos proventos de aposentadorias concedidas com base no *caput* o disposto no art. 7.º desta Emenda Constitucional, observando-se igual critério de revisão às pensões derivadas dos proventos desses servidores.

•• Parágrafo único acrescentado pela Emenda Constitucional n. 70, de 29-3-2012".

Art. 7.º Observado o disposto no art. 37, XI, da Constituição Federal, os proventos de aposentadoria dos servidores públicos titulares de cargo efetivo e as pensões dos seus dependentes pagos pela União, Estados, Distrito Federal e Municípios, incluídas suas autarquias e fundações, em fruição na data de publicação desta Emenda, bem como os proventos de aposentadoria dos servidores e as pensões dos dependentes abrangidos pelo art. 3.º desta Emenda, serão revistos na mesma proporção e na mesma data, sempre que se modificar a remuneração dos servidores em atividade, sendo também estendidos aos aposentados e pensionistas quaisquer benefícios ou vantagens posteriormente concedidos aos servidores em atividade, inclusive quando decorrentes da transformação ou reclassificação do cargo ou função em que se deu a aposentadoria ou que serviu de referência para a concessão da pensão, na forma da lei.

•• *Vide* arts. 2.º e 3.º, parágrafo único, da Emenda Constitucional n. 47, de 5-7-2005.

Art. 8.º Até que seja fixado o valor do subsídio de que trata o art. 37, XI, da Constituição Federal, será considerado, para os fins do limite fixado naquele inciso, o valor da maior remuneração atribuída por lei na data de publicação desta Emenda a Ministro do Supremo Tribunal Federal, a título de vencimento, de representação mensal e da parcela recebida em razão de tempo de serviço, aplicando-se como limite, nos Municípios, o subsídio do Prefeito, e nos Estados e no Distrito Federal, o subsídio mensal do Governador no âmbito do Poder Executivo, o subsídio dos Deputados Estaduais e Distritais no âmbito do Poder Legislativo e o subsídio dos Desembargadores do Tribunal de Justiça, limitado a noventa inteiros e vinte e cinco centésimos por cento da maior remuneração mensal de Ministro do Supremo Tribunal Federal a que se refere este artigo, no âmbito do Poder Judiciário, aplicável este limite aos membros do Ministério Público, aos Procuradores e aos Defensores Públicos.

Art. 9.º Aplica-se o disposto no art. 17 do Ato das Disposições Constitucionais Transitórias aos vencimentos, remunerações e subsídios dos ocupantes de cargos, funções e empregos públicos da administração direta, autárquica e fundacional, dos membros de qualquer dos Poderes da União, dos Estados, do Distrito Federal e dos Municípios, dos detentores de mandato eletivo e dos demais agentes políticos e os proventos, pensões ou outra espécie remuneratória percebidos cumulativamente ou não, incluídas as vantagens pessoais ou de qualquer outra natureza.

Art. 10. Revogam-se o inciso IX do § 3.º do art. 142 da Constituição Federal, bem como os arts. 8.º e 10 da Emenda Constitucional n. 20, de 15 de dezembro de 1998.

Art. 11. Esta Emenda Constitucional entra em vigor na data de sua publicação.

Brasília, em 19 de dezembro de 2003.

Mesa da Câmara dos Deputados
Deputado JOÃO PAULO CUNHA
Presidente

Mesa do Senado Federal
Senador JOSÉ SARNEY
Presidente

EMENDA CONSTITUCIONAL N. 42, DE 19 DE DEZEMBRO DE 2003 (*)

Altera o Sistema Tributário Nacional e dá outras providências.

As Mesas da Câmara dos Deputados e do Senado Federal, nos termos do § 3.º do art. 60 da Constituição Federal, promulgam a seguinte Emenda ao texto constitucional:

Art. 1.º Os artigos da Constituição a seguir enumerados passam a vigorar com as seguintes alterações:

•• Alteração no art. 159, III, prejudicada pela Emenda Constitucional n. 47, de 5-7-2005.

•• Alteração prejudicada pela Emenda Constitucional n. 103, de 12-11-2019, que deu nova redação ao art. 195, § 13, da CF.

Art. 2.º Os artigos do Ato das Disposições Constitucionais Transitórias a seguir enumerados passam a vigorar com as seguintes alterações:

•• Alteração no art. 76 do ADCT prejudicada pela Emenda Constitucional n. 68, de 21-12-2011.

Art. 3.º O Ato das Disposições Constitucionais Transitórias passa a vigorar acrescido dos seguintes artigos:

•• Alterações já processadas no diploma modificado.

Art. 4.º Os adicionais criados pelos Estados e pelo Distrito Federal até a data da promulgação desta Emenda, naquilo em que estiverem em desacordo com o previsto nesta Emenda, na Emenda Constitucional n. 31, de 14 de dezembro de 2000, ou na lei complementar de que trata o art. 155, § 2.º, XII, da Constituição, terão vigência, no máximo, até o prazo previsto no art. 79 do Ato das Disposições Constitucionais Transitórias.

•• *Vide* Emenda Constitucional n. 67, de 22-12-2010.

Art. 5.º O Poder Executivo, em até sessenta dias contados da data da promulgação desta Emenda, encaminhará ao Congresso Nacional projeto de lei, sob o regime de urgência constitucional, que disciplinará os benefícios fiscais para a capacitação do setor de tecnologia da informação, que vigerão até 2019 nas condições que estiverem em vigor no ato da aprovação desta Emenda.

Art. 6.º Fica revogado o inciso II do § 3.º do art. 84 do Ato das Disposições Constitucionais Transitórias.

(*) Publicada no *Diário Oficial da União*, de 31-12-2003.

Brasília, em 19 de dezembro de 2003.

Mesa da Câmara dos Deputados
Deputado JOÃO PAULO CUNHA
Presidente

Mesa do Senado Federal
Senador JOSÉ SARNEY
Presidente

EMENDA CONSTITUCIONAL N. 45, DE 8 DE DEZEMBRO DE 2004 (*)

Altera dispositivos dos arts. 5.º, 36, 52, 92, 93, 95, 98, 99, 102, 103, 104, 105, 107, 109, 111, 112, 114, 115, 125, 126, 127, 128, 129, 134 e 168 da Constituição Federal, e acrescenta os arts. 103-A, 103-B, 111-A e 130-A, e dá outras providências.

As Mesas da Câmara dos Deputados e do Senado Federal, nos termos do § 3.º do art. 60 da Constituição Federal, promulgam a seguinte Emenda ao texto constitucional:

Art. 1.º Os arts. 5.º, 36, 52, 92, 93, 95, 98, 99, 102, 103, 104, 105, 107, 109, 111, 112, 114, 115, 125, 126, 127, 128, 129, 134 e 168 da Constituição Federal passam a vigorar com a seguinte redação:

•• Alterações já processadas no diploma modificado.

•• Alteração prejudicada pela Emenda Constitucional n. 103, de 12-11-2019, que deu nova redação aos arts. 93, VIII, 103-B, § 4.º, III, 130-A, § 2.º, III, da CF.

Art. 2.º A Constituição Federal passa a vigorar acrescida dos seguintes arts. 103-A, 103-B, 111-A e 130-A:

•• Alteração parcialmente prejudicada pela Emenda Constitucional n. 61, de 11-11-2009, que deu nova redação ao art. 103-B da CF.

Art. 3.º A lei criará o Fundo de Garantia das Execuções Trabalhistas, integrado pelas multas decorrentes de condenações trabalhistas e administrativas oriundas da fiscalização do trabalho, além de outras receitas.

Art. 4.º Ficam extintos os tribunais de Alçada, onde houver, passando os seus membros a integrar os Tribunais de Justiça dos respectivos Estados, respeitadas a antiguidade e classe de origem.

Parágrafo único. No prazo de cento e oitenta dias, contado da promulgação desta Emenda, os Tribunais de Justiça, por ato administrativo, promoverão a integração dos membros dos tribunais extintos em seus quadros, fixando-lhes a competência e remetendo, em igual prazo, ao Poder Legislativo, proposta de alteração da organização e da divisão judiciária correspondentes, assegurados os direitos dos inativos e pensionistas e o aproveitamento dos servidores no Poder Judiciário estadual.

Art. 5.º O Conselho Nacional de Justiça e o Conselho Nacional do Ministério Público serão instalados no prazo de cento e oitenta dias a contar da promulgação desta Emenda, devendo a indicação ou escolha de seus membros ser efetuada até trinta dias antes do termo final.

•• A Resolução n. 7, de 27-4-2005, do Senado Federal, estabelece normas para apreciação das indicações para composição do CNJ e do CNMP.

• A Resolução n. 135, de 13-7-2011, do CNJ, dispõe sobre a uniformização de normas relativas ao procedimento administrativo disciplinar aplicável aos magistrados, acerca do rito e das penalidades.

§ 1.º Não efetuadas as indicações e escolha dos nomes para os Conselhos Nacional de Justiça e do Ministério Público dentro do prazo fixado no *caput* deste artigo, caberá, respectivamente, ao Supremo Tribunal Federal e ao Ministério Público da União realizá-las.

§ 2.º Até que entre em vigor o Estatuto da Magistratura, o Conselho Nacional de Justiça, mediante resolução, disciplinará seu funcionamento e definirá as atribuições do Ministro-Corregedor.

•• A Resolução n. 67, de 3-3-2009, aprova o Regimento Interno do Conselho Nacional de Justiça.

Art. 6.º O Conselho Superior da Justiça do Trabalho será instalado no prazo de cento e oitenta dias, cabendo ao Tribunal Superior do Trabalho regulamentar seu funcionamento por resolução, enquanto não promulgada a lei a que se refere o art. 111-A, § 2.º, II.

•• A Resolução Administrativa n. 1.407, de 7-6-2010, do TST, aprova o Regimento Interno do Conselho Superior da Justiça do Trabalho.

Art. 7.º O Congresso Nacional instalará, imediatamente após a promulgação desta Emenda Constitucional, comissão especial mista, destinada a elaborar, em cento e oitenta dias, os projetos de lei necessários à regulamentação da matéria nela tratada, bem como promover alterações na legislação federal objetivando tornar mais amplo o acesso à Justiça e mais célere a prestação jurisdicional.

Art. 8.º As atuais súmulas do Supremo Tribunal Federal somente produzirão efeito vinculante após sua confirmação por dois terços de seus integrantes e publicação na imprensa oficial.

Art. 9.º São revogados o inciso IV do art. 36; a alínea *h* do inciso I do art. 102; o § 4.º do art. 103; e os §§ 1.º a 3.º do art. 111.

Art. 10. Esta Emenda Constitucional entra em vigor na data de sua publicação.

Brasília, em 8 de dezembro de 2004.

Mesa da Câmara dos Deputados
Deputado JOÃO PAULO CUNHA
Presidente
Mesa do Senado Federal
Senador JOSÉ SARNEY
Presidente

(*) Publicada no *Diário Oficial da União*, de 31-12-2004.

EMENDA CONSTITUCIONAL N. 47, DE 5 DE JULHO DE 2005 (**)

Altera os arts. 37, 40, 195 e 201 da Constituição Federal, para dispor sobre a previdência social, e dá outras providências.

As Mesas da Câmara dos Deputados e do Senado Federal, nos termos do § 3.º do art. 60 da Constituição Federal, promulgam a seguinte Emenda ao texto constitucional:

Art. 1.º Os arts. 37, 40, 195 e 201 da Constituição Federal passam a vigorar com a seguinte redação:

•• Alterações já processadas no diploma modificado.

•• Alteração prejudicada pela Emenda Constitucional n. 103, de 12-11-2019, que deu nova redação ao arts. 40, §§ 4.º e 21, 195, § 9.º, 201, §§ 12 e 13, da CF.

Art. 2.º Aplica-se aos proventos de aposentadorias dos servidores públicos que se aposentarem na forma do *caput* do art. 6.º da Emenda Constitucional n. 41, de 2003, o disposto no art. 7.º da mesma Emenda.

Art. 3.º (*Revogado pela Emenda Constitucional n. 103, de 12-11-2019.*)

•• Sobre o prazo de vigência desta revogação, *vide* art. 36, II, da Emenda Constitucional n. 103, de 12-11-2019.

•• *Vide* art. 3.º, § 3.º, da Emenda Constitucional n. 103, de 12-11-2019.

•• O texto revogado dizia:

"Art. 3.º Ressalvado o direito de opção à aposentadoria pelas normas estabelecidas pelo art. 40 da Constituição Federal ou pelas regras estabelecidas pelos arts. 2.º e 6.º da Emenda Constitucional n. 41, de 2003, o servidor da União, dos Estados, do Distrito Federal e dos Municípios, incluídas suas autarquias e fundações, que tenha ingressado no serviço público até 16 de dezembro de 1998 poderá aposentar-se com proventos integrais, desde que preencha, cumulativamente, as seguintes condições:

I – trinta e cinco anos de contribuição, se homem, e trinta anos de contribuição, se mulher;

II – vinte e cinco anos de efetivo exercício no serviço público, quinze anos de carreira e cinco anos no cargo em que se der a aposentadoria;

III – idade mínima resultante da redução, relativamente aos limites do art. 40, § 1.º, inciso III, alínea *a*, da Constituição Federal, de um ano de idade para cada ano de contribuição que exceder a condição prevista no inciso I do *caput* deste artigo.

Parágrafo único. Aplica-se ao valor dos proventos de aposentadorias concedidas com base neste artigo o disposto no art. 7.º da Emenda Constitucional n. 41, de 2003, observando-se igual critério de revisão às pensões derivadas dos proventos de servidores falecidos que tenham se aposentado em conformidade com este artigo".

Art. 4.º Enquanto não editada a lei a que se refere o § 11 do art. 37 da Constituição Federal, não será computada, para efeito dos limites remuneratórios de que trata o inciso XI do *caput* do mesmo artigo, qualquer parcela de caráter indenizatório, assim definida pela legislação em vigor na

(**) Publicada no *Diário Oficial da União*, de 6-7-2005.

data de publicação da Emenda Constitucional n. 41, de 2003.

Art. 5.º Revoga-se o parágrafo único do art. 6.º da Emenda Constitucional n. 41, de 19 de dezembro de 2003.

Art. 6.º Esta Emenda Constitucional entra em vigor na data de sua publicação, com efeitos retroativos à data de vigência da Emenda Constitucional n. 41, de 2003.

Brasília, em 5 de julho de 2005.

Mesa da Câmara dos Deputados
Deputado SEVERINO CAVALCANTI
Presidente

Mesa do Senado Federal
Senador RENAN CALHEIROS
Presidente

EMENDA CONSTITUCIONAL N. 51, DE 14 DE FEVEREIRO DE 2006 (*)

Acrescenta os §§ 4.º, 5.º e 6.º ao art. 198 da Constituição Federal.

As Mesas da Câmara dos Deputados e do Senado Federal, nos termos do art. 60 da Constituição Federal, promulgam a seguinte Emenda ao texto constitucional:

Art. 1.º O art. 198 da Constituição Federal passa a vigorar acrescido dos seguintes §§ 4.º, 5.º e 6.º:

•• Alteração já processada no diploma modificado.

Art. 2.º Após a promulgação da presente Emenda Constitucional, os agentes comunitários de saúde e os agentes de combate às endemias somente poderão ser contratados diretamente pelos Estados, pelo Distrito Federal ou pelos Municípios na forma do § 4.º do art. 198 da Constituição Federal, observado o limite de gasto estabelecido na Lei Complementar de que trata o art. 169 da Constituição Federal.

• A Lei n. 11.350, de 5-10-2006, dispõe sobre as atividades de agente comunitário de saúde e de agente de combate às endemias.

Parágrafo único. Os profissionais que, na data de promulgação desta Emenda e a qualquer título, desempenharem as atividades de agente comunitário de saúde ou de agente de combate às endemias, na forma da lei, ficam dispensados de se submeter ao processo seletivo público a que se refere o § 4.º do art. 198 da Constituição Federal, desde que tenham sido contratados a partir de anterior processo de Seleção Pública efetuado por órgãos ou entes da administração direta ou indireta de Estado, Distrito Federal ou Município ou por outras instituições com a efetiva supervisão e autorização da administração direta dos entes da federação.

•• A Lei n. 11.350, de 5-10-2006, dispõe sobre o aproveitamento de pessoal amparado por este parágrafo único.

Art. 3.º Esta Emenda Constitucional entra em vigor na data da sua publicação.

Brasília, em 14 de fevereiro de 2006.

Mesa da Câmara dos Deputados
Deputado ALDO REBELO
Presidente

Mesa do Senado Federal
Senador RENAN CALHEIROS
Presidente

(*) Publicada no *Diário Oficial da União*, de 15-2-2006.

EMENDA CONSTITUCIONAL N. 53, DE 19 DE DEZEMBRO DE 2006 (**)

Dá nova redação aos arts. 7.º, 23, 30, 206, 208, 211 e 212 da Constituição Federal, e ao art. 60 do Ato das Disposições Constitucionais Transitórias.

As Mesas da Câmara dos Deputados e do Senado Federal, nos termos do § 3.º do art. 60 da Constituição Federal, promulgam a seguinte Emenda ao texto constitucional:

Art. 1.º A Constituição Federal passa a vigorar com as seguintes alterações:

•• Alterações já processadas no diploma modificado.

Art. 2.º O art. 60 do Ato das Disposições Constitucionais Transitórias passa a vigorar com a seguinte redação:

•• Alteração já processada no diploma modificado.

Art. 3.º Esta Emenda Constitucional entra em vigor na data de sua publicação, mantidos os efeitos do art. 60 do Ato das Disposições Constitucionais Transitórias, conforme estabelecido pela Emenda Constitucional n. 14, de 12 de setembro de 1996, até o início da vigência dos Fundos, nos termos desta Emenda Constitucional.

Brasília, em 19 de dezembro de 2006.

Mesa da Câmara dos Deputados
Deputado ALDO REBELO
Presidente

Mesa do Senado Federal
Senador RENAN CALHEIROS
Presidente

EMENDA CONSTITUCIONAL N. 55, DE 20 DE SETEMBRO DE 2007 (***)

Altera o art. 159 da Constituição Federal, aumentando a entrega de recursos pela União ao Fundo de Participação dos Municípios.

As Mesas da Câmara dos Deputados e do Senado Federal, nos termos do § 3.º do art. 60 da Constituição Federal, promulgam a seguinte Emenda ao texto constitucional:

Art. 1.º O art. 159 da Constituição Federal passa a vigorar com as seguintes alterações:

•• Alteração já processada no diploma modificado.

•• Alteração parcialmente prejudicada pela Emenda Constitucional n. 84, de 2-12-2014, que deu nova redação ao art. 159, I, *caput*.

Art. 2.º No exercício de 2007, as alterações do art. 159 da Constituição Federal previstas nesta Emenda Constitucional somente se aplicam sobre a arrecadação dos impostos sobre renda e proventos de qualquer natureza e sobre produtos industrializados realizada a partir de 1.º de setembro de 2007.

Art. 3.º Esta Emenda Constitucional entra em vigor na data de sua publicação.

Mesa da Câmara dos Deputados
Deputado ARLINDO CHINAGLIA
Presidente

Mesa do Senado Federal
Senador RENAN CALHEIROS
Presidente

(**) Publicada no *Diário Oficial da União*, de 20-12-2006.

(***) Publicada no *Diário Oficial da União*, de 21-9-2007.

EMENDA CONSTITUCIONAL N. 62, DE 9 DE DEZEMBRO DE 2009 (****)

Altera o art. 100 da Constituição Federal e acrescenta o art. 97 ao Ato das Disposições Constitucionais Transitórias, instituindo regime especial de pagamento de precatórios pelos Estados, Distrito Federal e Municípios.

As Mesas da Câmara dos Deputados e do Senado Federal, nos termos do § 3.º do art. 60 da Constituição Federal, promulgam a seguinte Emenda ao texto constitucional:

Art. 1.º O art. 100 da Constituição Federal passa a vigorar com a seguinte redação:

•• Alteração já processada no diploma modificado.

•• Alteração parcialmente prejudicada pela Emenda Constitucional n. 94, de 15-12-2016, que deu nova redação ao art. 100, § 2.º, da CF.

Art. 2.º O Ato das Disposições Constitucionais Transitórias passa a vigorar acrescido do seguinte art. 97:

•• Alteração já processada no diploma modificado.

Art. 3.º A implantação do regime de pagamento criado pelo art. 97 do Ato das Disposições Constitucionais Transitórias deverá ocorrer no prazo de até 90 (noventa) dias, contados da data da publicação desta Emenda Constitucional.

Art. 4.º A entidade federativa voltará a observar somente o disposto no art. 100 da Constituição Federal:

I – no caso de opção pelo sistema previsto no inciso I do § 1.º do art. 97 do Ato das Disposições Constitucionais Transitórias, quando o valor dos precatórios devidos for inferior ao dos recursos destinados ao seu pagamento;

II – no caso de opção pelo sistema previsto no inciso II do § 1.º do art. 97 do Ato das Disposições Constitucionais Transitórias, ao final do prazo.

Art. 5.º Ficam convalidadas todas as cessões de precatórios efetuadas antes da pro-

(****) Publicada no *Diário Oficial da União*, de 10-12-2009.

mulgação desta Emenda Constitucional, independentemente da concordância da entidade devedora.

Art. 6.º Ficam também convalidadas todas as compensações de precatórios com tributos vencidos até 31 de outubro de 2009 da entidade devedora, efetuadas na forma do disposto no § 2.º do art. 78 do ADCT, realizadas antes da promulgação desta Emenda Constitucional.

Art. 7.º Esta Emenda Constitucional entra em vigor na data de sua publicação.

Brasília, em 9 de dezembro de 2009.

Mesa da Câmara dos Deputados
Deputado MICHEL TEMER
Presidente

Mesa do Senado Federal
Senador MARCONI PERILLO
1.º Vice-Presidente, no exercício da Presidência

EMENDA CONSTITUCIONAL N. 67, DE 22 DE DEZEMBRO DE 2010 (*)

Prorroga, por tempo indeterminado, o prazo de vigência do Fundo de Combate e Erradicação da Pobreza.

As Mesas da Câmara dos Deputados e do Senado Federal, nos termos do § 3.º do art. 60 da Constituição Federal, promulgam a seguinte Emenda ao texto constitucional:

Art. 1.º Prorrogam-se, por tempo indeterminado, o prazo de vigência do Fundo de Combate e Erradicação da Pobreza a que se refere o *caput* do art. 79 do Ato das Disposições Constitucionais Transitórias e, igualmente, o prazo de vigência da Lei Complementar n. 111, de 6 de julho de 2001, que "Dispõe sobre o Fundo de Combate e Erradicação da Pobreza, na forma prevista nos arts. 79, 80 e 81 do Ato das Disposições Constitucionais Transitórias".

Art. 2.º Esta Emenda Constitucional entra em vigor na data de sua publicação.

Brasília, em 22 de dezembro de 2010.

Mesa da Câmara dos Deputados
Deputado MARCO MAIA
Presidente

Mesa do Senado Federal
Senador JOSÉ SARNEY
Presidente

EMENDA CONSTITUCIONAL N. 69, DE 29 DE MARÇO DE 2012 (**)

Altera os arts. 21, 22 e 48 da Constituição Federal, para transferir da União para o Distrito Federal as atribuições de organizar e manter a Defensoria Pública do Distrito Federal.

As Mesas da Câmara dos Deputados e do Senado Federal, nos termos do art. 60 da Constituição Federal, promulgam a seguinte Emenda ao texto constitucional:

Art. 1.º Os arts. 21, 22 e 48 da Constituição Federal passam a vigorar com a seguinte redação:

•• Alterações já processadas no diploma modificado.

Art. 2.º Sem prejuízo dos preceitos estabelecidos na Lei Orgânica do Distrito Federal, aplicam-se à Defensoria Pública do Distrito Federal os mesmos princípios e regras que, nos termos da Constituição Federal, regem as Defensorias Públicas dos Estados.

Art. 3.º O Congresso Nacional e a Câmara Legislativa do Distrito Federal, imediatamente após a promulgação desta Emenda Constitucional e de acordo com suas competências, instalarão comissões especiais destinadas a elaborar, em 60 (sessenta) dias, os projetos de lei necessários à adequação da legislação infraconstitucional à matéria nela tratada.

•• O Ato n. 15, de 29-3-2012, do Congresso Nacional, institui a Comissão Mista Especial prevista neste artigo.

Art. 4.º Esta Emenda Constitucional entra em vigor na data de sua publicação, produzindo efeitos quanto ao disposto no art. 1.º após decorridos 120 (cento e vinte) dias de sua publicação oficial.

Brasília, 29 de março de 2012.

Mesa da Câmara dos Deputados
Deputado MARCO MAIA
Presidente

Mesa do Senado Federal
Senador JOSÉ SARNEY
Presidente

EMENDA CONSTITUCIONAL N. 70, DE 29 DE MARÇO DE 2012 (***)

Acrescenta art. 6.º-A à Emenda Constitucional n. 41, de 2003, para estabelecer critérios para o cálculo e a correção dos proventos da aposentadoria por invalidez dos servidores públicos que ingressaram no serviço público até a data da publicação daquela Emenda Constitucional.

As Mesas da Câmara dos Deputados e do Senado Federal, nos termos do § 3.º do art. 60 da Constituição Federal, promulgam a seguinte Emenda ao texto constitucional:

Art. 1.º A Emenda Constitucional n. 41, de 19 de dezembro de 2003, passa a vigorar acrescida do seguinte art. 6.º-A:

•• Alteração já processada no diploma modificado.

Art. 2.º A União, os Estados, o Distrito Federal e os Municípios, assim como as respectivas autarquias e fundações, procederão, no prazo de 180 (cento e oitenta) dias da entrada em vigor desta Emenda Constitucional, à revisão das aposentadorias, e das pensões delas decorrentes, concedidas a partir de 1.º de janeiro de 2004, com base na redação dada ao § 1.º do art. 40 da Constituição Federal pela Emenda Constitucional n. 20, de 15 de dezembro de 1998, com efeitos financeiros a partir da data de promulgação desta Emenda Constitucional.

Art. 3.º Esta Emenda Constitucional entra em vigor na data de sua publicação.

Brasília, 29 de março de 2012.

Mesa da Câmara dos Deputados
Deputado MARCO MAIA
Presidente

Mesa do Senado Federal
Senador JOSÉ SARNEY
Presidente

EMENDA CONSTITUCIONAL N. 73, DE 6 DE JUNHO DE 2013 (****)

Cria os Tribunais Regionais Federais da 6.ª, 7.ª, 8.ª e 9.ª Regiões.

As Mesas da Câmara dos Deputados e do Senado Federal, nos termos do § 3.º do art. 60 da Constituição Federal, promulgam a seguinte Emenda ao texto constitucional:

Art. 1.º O art. 27 do Ato das Disposições Constitucionais Transitórias passa a vigorar acrescido do seguinte § 11:

•• Alteração já processada no diploma modificado.

Art. 2.º Os Tribunais Regionais Federais da 6.ª, 7.ª, 8.ª e 9.ª Regiões deverão ser instalados no prazo de 6 (seis) meses, a contar da promulgação desta Emenda Constitucional.

Art. 3.º Esta Emenda Constitucional entra em vigor na data de sua publicação.

Brasília, em 6 de junho de 2013.

Mesa da Câmara dos Deputados
Deputado ANDRÉ VARGAS
1.º Vice-Presidente no exercício da Presidência

Mesa do Senado Federal
Senador ROMERO JUCÁ
2.º Vice-Presidente no exercício da Presidência

EMENDA CONSTITUCIONAL N. 78, DE 14 DE MAIO DE 2014 (*****)

Acrescenta art. 54-A ao Ato das Disposições Constitucionais Transitórias, para dispor sobre indenização devida aos seringueiros de que trata o art. 54 desse Ato.

As Mesas da Câmara dos Deputados e do Senado Federal, nos termos do § 3.º do art. 60 da Constituição Federal, promulgam a seguinte Emenda ao texto constitucional:

(*) Publicada no *Diário Oficial da União*, de 23-12-2010.

(**) Publicada no *Diário Oficial da União*, de 30-3-2012.

(***) Publicada no *Diário Oficial da União*, de 30-3-2012.

(****) Publicada no *Diário Oficial da União*, de 7-6-2013.

(*****) Publicada no *Diário Oficial da União*, de 15-5-2014.

Art. 1.º O Ato das Disposições Constitucionais Transitórias passa a vigorar acrescido do seguinte art. 54-A:

•• Alteração já processada no diploma modificado.

Art. 2.º A indenização de que trata o art. 54-A do Ato das Disposições Constitucionais Transitórias somente se estende aos dependentes dos seringueiros que, na data de entrada em vigor desta Emenda Constitucional, detenham a condição de dependentes na forma do § 2.º do art. 54 do Ato das Disposições Constitucionais Transitórias, devendo o valor de R$ 25.000,00 (vinte e cinco mil reais) ser rateado entre os pensionistas na proporção de sua cota-parte na pensão.

Art. 3.º Esta Emenda Constitucional entra em vigor no exercício financeiro seguinte ao de sua publicação.

Brasília, em 14 de maio de 2014.

Mesa da Câmara dos Deputados
Deputado HENRIQUE EDUARDO ALVES
Presidente

Mesa do Senado Federal
Senador RENAN CALHEIROS
Presidente

EMENDA CONSTITUCIONAL N. 79, DE 27 DE MAIO DE 2014 (*)

Altera o art. 31 da Emenda Constitucional n. 19, de 4 de junho de 1998, para prever a inclusão, em quadro em extinção da Administração Federal, de servidores e policiais militares admitidos pelos Estados do Amapá e de Roraima, na fase de instalação dessas unidades federadas, e dá outras providências.

As Mesas da Câmara dos Deputados e do Senado Federal, nos termos do § 3.º do art. 60 da Constituição Federal, promulgam a seguinte Emenda ao texto constitucional:

Art. 1.º O art. 31 da Emenda Constitucional n. 19, de 4 de junho de 1998, passa a vigorar com a seguinte redação:

•• Alteração já processada no diploma modificado.

•• Alteração prejudicada pela Emenda Constitucional n. 98, de 6-12-2017, que deu nova redação ao art. 31 da Emenda Constitucional n. 19, de 4-6-1998.

Art. 2.º Para fins do enquadramento disposto no *caput* do art. 31 da Emenda Constitucional n. 19, de 4 de junho de 1998, e no *caput* do art. 89 do Ato das Disposições Constitucionais Transitórias, é reconhecido o vínculo funcional, com a União, dos servidores regularmente admitidos nos quadros dos Municípios integrantes dos ex-Territórios do Amapá, de Roraima e de Rondônia em efetivo exercício na data de transformação desses ex-Territórios em Estados.

Art. 3.º Os servidores dos ex-Territórios do Amapá, de Roraima e de Rondônia incorporados a quadro em extinção da União serão enquadrados em cargos de atribuições equivalentes ou assemelhadas, integrantes de planos de cargos e carreiras da União, no nível de progressão alcançado, assegurados os direitos, vantagens e padrões remuneratórios a eles inerentes.

Art. 4.º Cabe à União, no prazo máximo de 180 (cento e oitenta) dias, contado a partir da data de publicação desta Emenda Constitucional, regulamentar o enquadramento de servidores estabelecido no art. 31 da Emenda Constitucional n. 19, de 4 de junho de 1998, e no art. 89 do Ato das Disposições Constitucionais Transitórias.

Parágrafo único. No caso de a União não regulamentar o enquadramento previsto no *caput*, o optante tem direito ao pagamento retroativo das diferenças remuneratórias desde a data do encerramento do prazo para a regulamentação referida neste artigo.

Art. 5.º A opção para incorporação em quadro em extinção da União, conforme disposto no art. 31 da Emenda Constitucional n. 19, de 4 de junho de 1998, e no art. 89 do Ato das Disposições Constitucionais Transitórias, deverá ser formalizada pelos servidores e policiais militares interessados perante a administração, no prazo máximo de 180 (cento e oitenta) dias, contado a partir da regulamentação prevista no art. 4.º.

Art. 6.º Os servidores admitidos regularmente que comprovadamente se encontravam no exercício de funções policiais nas Secretarias de Segurança Pública dos ex-Territórios do Amapá, de Roraima e de Rondônia na data em que foram transformados em Estados serão enquadrados no quadro da Polícia Civil dos ex-Territórios, no prazo de 180 (cento e oitenta) dias, assegurados os direitos, vantagens e padrões remuneratórios a eles inerentes.

•• *Vide* art. 6.º da Emenda Constitucional n. 98, de 6-12-2017.

Art. 7.º Aos servidores admitidos regularmente pela União nas Carreiras do Grupo Tributação, Arrecadação e Fiscalização de que trata a Lei n. 6.550, de 5 de julho de 1978, cedidos aos Estados do Amapá, de Roraima e de Rondônia são assegurados os mesmos direitos remuneratórios auferidos pelos integrantes das Carreiras correspondentes do Grupo Tributação, Arrecadação e Fiscalização da União de que trata a Lei n. 5.645, de 10 de dezembro de 1970.

•• *Vide* art. 5.º da Emenda Constitucional n. 98, de 6-12-2017.

Art. 8.º Os proventos das aposentadorias, pensões, reformas e reservas remuneradas, originadas no período de outubro de 1988 a outubro de 1993, passam a ser mantidos pela União a partir da data de publicação desta Emenda Constitucional, vedado o pagamento, a qualquer título, de valores referentes a períodos anteriores a sua publicação.

Art. 9.º É vedado o pagamento, a qualquer título, em virtude das alterações promovidas por esta Emenda Constitucional, de remunerações, proventos, pensões ou indenizações referentes a períodos anteriores à data do enquadramento, salvo o disposto no parágrafo único do art. 4.º.

Art. 10. Esta Emenda Constitucional entra em vigor na data de sua publicação.

Brasília, em 27 de maio de 2014.

Mesa da Câmara dos Deputados
Deputado HENRIQUE EDUARDO ALVES
Presidente

Mesa do Senado Federal
Senador RENAN CALHEIROS
Presidente

(*) Publicada no *Diário Oficial da União*, de 28-5-2014. A Lei n. 13.681, de 18-6-2018, regulamentada pelo Decreto n. 9.823, de 4-6-2019, disciplina o disposto nesta Emenda Constitucional.

EMENDA CONSTITUCIONAL N. 84, DE 2 DE DEZEMBRO DE 2014 (**)

Altera o art. 159 da Constituição Federal para aumentar a entrega de recursos pela União para o Fundo de Participação dos Municípios.

As Mesas da Câmara dos Deputados e do Senado Federal, nos termos do § 3.º do art. 60 da Constituição Federal, promulgam a seguinte Emenda ao texto constitucional:

Art. 1.º O art. 159 da Constituição Federal passa a vigorar com a seguinte redação:

•• Alteração já processada no diploma modificado.

•• Alteração parcialmente prejudicada pela Emenda Constitucional n. 112, de 27-10-2021.

Art. 2.º Para os fins do disposto na alínea e do inciso I do *caput* do art. 159 da Constituição Federal, a União entregará ao Fundo de Participação dos Municípios o percentual de 0,5% (cinco décimos por cento) do produto da arrecadação dos impostos sobre renda e proventos de qualquer natureza e sobre produtos industrializados no primeiro exercício em que esta Emenda Constitucional gerar efeitos financeiros, acrescentando-se 0,5% (cinco décimos por cento) a cada exercício, até que se alcance o percentual de 1% (um por cento).

Art. 3.º Esta Emenda Constitucional entra em vigor na data de sua publicação, com efeitos financeiros a partir de 1.º de janeiro do exercício subsequente.

Brasília, em 2 de dezembro de 2014.

Mesa da Câmara dos Deputados
Deputado HENRIQUE EDUARDO ALVES
Presidente

Mesa do Senado Federal
Senador RENAN CALHEIROS
Presidente

(**) Publicada no *Diário Oficial da União*, de 3-12-2014.

EMENDA CONSTITUCIONAL N. 86, DE 17 DE MARÇO DE 2015 (*)

Altera os arts. 165, 166 e 198 da Constituição Federal, para tornar obrigatória a execução da programação orçamentária que especifica.

As Mesas da Câmara dos Deputados e do Senado Federal, nos termos do § 3.º do art. 60 da Constituição Federal, promulgam a seguinte Emenda ao texto constitucional:

Art. 1.º Os arts. 165, 166 e 198 da Constituição Federal passam a vigorar com as seguintes alterações:

•• Alterações já processadas no diploma modificado.

•• Alterações nos arts. 165 e 166 parcialmente prejudicadas pela Emenda Constitucional n. 100, de 26-6-2019.

Art. 2.º (*Revogado pela Emenda Constitucional n. 95, de 15-12-2016.*)

Art. 3.º As despesas com ações e serviços públicos de saúde custeados com a parcela da União oriunda da participação no resultado ou da compensação financeira pela exploração de petróleo e gás natural, de que trata o § 1.º do art. 20 da Constituição Federal, serão computadas para fins de cumprimento do disposto no inciso I do § 2.º do art. 198 da Constituição Federal.

Art. 4.º Esta Emenda Constitucional entra em vigor na data de sua publicação e produzirá efeitos a partir da execução orçamentária do exercício de 2014.

Art. 5.º Fica revogado o inciso IV do § 3.º do art. 198 da Constituição Federal.

Brasília, em 17 de março de 2015.

Mesa da Câmara dos Deputados
Deputado EDUARDO CUNHA
Presidente
Mesa do Senado Federal
Senador RENAN CALHEIROS
Presidente

EMENDA CONSTITUCIONAL N. 91, DE 18 DE FEVEREIRO DE 2016 (**)

Altera a Constituição Federal para estabelecer a possibilidade, excepcional e em período determinado, de desfiliação partidária, sem prejuízo do mandato.

As Mesas da Câmara dos Deputados e do Senado Federal, nos termos do § 3.º do art. 60 da Constituição Federal, promulgam a seguinte Emenda ao texto constitucional:

Art. 1.º É facultado ao detentor de mandato eletivo desligar-se do partido pelo qual foi eleito nos trinta dias seguintes à promulgação desta Emenda Constitucional, sem prejuízo do mandato, não sendo essa desfiliação considerada para fins de distribuição dos recursos do Fundo Partidário e de acesso gratuito ao tempo de rádio e televisão.

• CE: Lei n. 4.737, de 15-7-1965.

• Lei dos Partidos Políticos: Lei n. 9.096, de 19-9-1995.

Art. 2.º Esta Emenda Constitucional entra em vigor na data de sua publicação.

Brasília, em 18 de fevereiro de 2016.

Mesa da Câmara dos Deputados
Deputado EDUARDO CUNHA
Presidente
Mesa do Senado Federal
Senador RENAN CALHEIROS
Presidente

EMENDA CONSTITUCIONAL N. 97, DE 4 DE OUTUBRO DE 2017 (***)

Altera a Constituição Federal para vedar as coligações partidárias nas eleições proporcionais, estabelecer normas sobre acesso dos partidos políticos aos recursos do fundo partidário e ao tempo de propaganda gratuito no rádio e na televisão e dispor sobre regras de transição.

As Mesas da Câmara dos Deputados e do Senado Federal, nos termos do § 3.º do art. 60 da Constituição Federal, promulgam a seguinte Emenda ao texto constitucional:

Art. 1.º A Constituição Federal passa a vigorar com as seguintes alterações:

•• Alterações já processadas no diploma modificado.

Art. 2.º A vedação à celebração de coligações nas eleições proporcionais, prevista no § 1.º do art. 17 da Constituição Federal, aplicar-se-á a partir das eleições de 2020.

Art. 3.º O disposto no § 3.º do art. 17 da Constituição Federal quanto ao acesso dos partidos políticos aos recursos do fundo partidário e à propaganda gratuita no rádio e na televisão aplicar-se-á a partir das eleições de 2030.

Parágrafo único. Terão acesso aos recursos do fundo partidário e à propaganda gratuita no rádio e na televisão os partidos políticos que:

I – na legislatura seguinte às eleições de 2018:

a) obtiverem, nas eleições para a Câmara dos Deputados, no mínimo, 1,5% (um e meio por cento) dos votos válidos, distribuídos em pelo menos um terço das unidades da Federação, com um mínimo de 1% (um por cento) dos votos válidos em cada uma delas; ou

b) tiverem elegido pelo menos nove Deputados Federais distrib uídos em pelo menos um terço das unidades da Federação;

II – na legislatura seguinte às eleições de 2022:

a) obtiverem, nas eleições para a Câmara dos Deputados, no mínimo, 2% (dois por cento) dos votos válidos, distribuídos em pelo menos um terço das unidades da Federação, com um mínimo de 1% (um por cento) dos votos válidos em cada uma delas; ou

b) tiverem elegido pelo menos onze Deputados Federais distribuídos em pelo menos um terço das unidades da Federação;

III – na legislatura seguinte às eleições de 2026:

a) obtiverem, nas eleições para a Câmara dos Deputados, no mínimo, 2,5% (dois e meio por cento) dos votos válidos, distribuídos em pelo menos um terço das unidades da Federação, com um mínimo de 1,5% (um e meio por cento) dos votos válidos em cada uma delas; ou

b) tiverem elegido pelo menos treze Deputados Federais distribuídos em pelo menos um terço das unidades da Federação.

Art. 4.º Esta Emenda Constitucional entra em vigor na data de sua publicação.

Brasília, em 4 de outubro de 2017.

Mesa da Câmara dos Deputados
Deputado RODRIGO MAIA
Presidente
Mesa do Senado Federal
Senador EUNÍCIO OLIVEIRA
Presidente

EMENDA CONSTITUCIONAL N. 98, DE 6 DE DEZEMBRO DE 2017 (****)

Altera o art. 31 da Emenda Constitucional n. 19, de 4 de junho de 1998, para prever a inclusão, em quadro em extinção da administração pública federal, de servidor público, de integrante da carreira de policial, civil ou militar, e de pessoa que haja mantido relação ou vínculo funcional, empregatício, estatutário ou de trabalho com a administração pública dos ex-Territórios ou dos Estados do Amapá ou de Roraima, inclusive suas prefeituras, na fase de instalação dessas unidades federadas, e dá outras providências.

As Mesas da Câmara dos Deputados e do Senado Federal, nos termos do § 3.º do art. 60 da Constituição Federal, promulgam a seguinte Emenda ao texto constitucional:

Art. 1.º O art. 31 da Emenda Constitucional n. 19, de 4 de junho de 1998, passa a vigorar com as seguintes alterações:

•• Alteração já processada no diploma modificado.

Art. 2.º Cabe à União, no prazo máximo de noventa dias, contado a partir da data de publicação desta Emenda Constitucional, regulamentar o disposto no art. 31 da Emenda Constitucional n. 19, de 4 de junho de

(*) Publicada no *Diário Oficial da União*, de 18-3-2015.

(**) Publicada no *Diário Oficial da União*, de 19-2-2016.

(***) Publicada no *Diário Oficial da União*, de 5-10-2017.

(****) Publicada no *Diário Oficial da União*, de 11-12-2017. A Lei n. 13.681, de 18-6-2018, regulamentada pelo Decreto n. 9.823, de 4-6-2019, disciplina o disposto nesta Emenda Constitucional.

1998, a fim de que se exerça o direito de opção nele previsto.

§ 1.º Descumprido o prazo de que trata o *caput* deste artigo, a pessoa a quem assista o direito de opção fará jus ao pagamento de eventuais acréscimos remuneratórios, desde a data de encerramento desse prazo, caso se confirme o seu enquadramento.

§ 2.º É vedado o pagamento, a qualquer título, de acréscimo remuneratório, ressarcimento, auxílio, salário, retribuição ou valor em virtude de ato ou fato anterior à data de enquadramento da pessoa optante, ressalvado o pagamento de que trata o § 1.º deste artigo.

Art. 3.º O direito à opção, nos termos previstos no art. 31 da Emenda Constitucional n. 19, de 4 de junho de 1998, deverá ser exercido no prazo de até trinta dias, contado a partir da data de regulamentação desta Emenda Constitucional.

§ 1.º São convalidados todos os direitos já exercidos até a data de regulamentação desta Emenda Constitucional, inclusive nos casos em que, feita a opção, o enquadramento ainda não houver sido efetivado, aplicando-se-lhes, para todos os fins, inclusive o de enquadramento, a legislação vigente à época em que houver sido feita a opção ou, sendo mais benéficas ou favoráveis ao optante, as normas previstas nesta Emenda Constitucional e em seu regulamento.

§ 2.º Entre a data de promulgação desta Emenda Constitucional e a de publicação de seu regulamento, o exercício do direito de opção será feito com base nas disposições contidas na Emenda Constitucional n. 79, de 27 de maio de 2014, e em suas normas regulamentares, sem prejuízo do disposto no § 1.º deste artigo.

Art. 4.º É reconhecido o vínculo funcional com a União dos servidores do ex-Território do Amapá, a que se refere a Portaria n. 4.481, de 19 de dezembro de 1995, do Ministério da Administração Federal e Reforma do Estado, publicada no *Diário Oficial da União* de 21 de dezembro de 1995, convalidando-se os atos de gestão, de admissão, aposentadoria, pensão, progressão, movimentação e redistribuição relativos a esses servidores, desde que não tenham sido excluídos dos quadros da União por decisão do Tribunal de Contas da União, da qual não caiba mais recurso judicial.

Art. 5.º O disposto no art. 7.º da Emenda Constitucional n. 79, de 27 de maio de 2014, aplica-se aos servidores que, em iguais condições, hajam sido admitidos pelos Estados de Rondônia até 1987, e do Amapá e de Roraima até outubro de 1993.

Art. 6.º O disposto no art. 6.º da Emenda Constitucional n. 79, de 27 de maio de 2014, aplica-se aos servidores que, admitidos e lotados pelas Secretarias de Segurança Pública dos Estados de Rondônia até 1987, e do Amapá e de Roraima até outubro de 1993, exerciam função policial.

Art. 7.º As disposições desta Emenda Constitucional aplicam-se aos aposentados e pensionistas, civis e militares, vinculados aos respectivos regimes próprios de previdência, vedado o pagamento, a qualquer título, de valores referentes a períodos anteriores à sua publicação.

Parágrafo único. Haverá compensação financeira entre os regimes próprios de previdência por ocasião da aposentação ou da inclusão de aposentados e pensionistas em quadro em extinção da União, observado o disposto no § 9.º do art. 201 da Constituição Federal.

Art. 8.º Esta Emenda Constitucional entra em vigor na data de sua publicação.

Brasília, em 6 de dezembro de 2017.

Mesa da Câmara dos Deputados
Deputado RODRIGO MAIA
Presidente

Mesa do Senado Federal
Senador EUNÍCIO OLIVEIRA
Presidente

EMENDA CONSTITUCIONAL N. 100, DE 26 DE JUNHO DE 2019 (*)

Altera os arts. 165 e 166 da Constituição Federal para tornar obrigatória a execução da programação orçamentária proveniente de emendas de bancada de parlamentares de Estado ou do Distrito Federal.

As Mesas da Câmara dos Deputados e do Senado Federal, nos termos do § 3.º do art. 60 da Constituição Federal, promulgam a seguinte Emenda ao texto constitucional:

Art. 1.º Os arts. 165 e 166 da Constituição Federal passam a vigorar com as seguintes alterações:

•• Alterações já processadas no diploma modificado.

Art. 2.º O montante previsto no § 12 do art. 166 da Constituição Federal será de 0,8% (oito décimos por cento) no exercício subsequente ao da promulgação desta Emenda Constitucional.

Art. 3.º A partir do 3.º (terceiro) ano posterior à promulgação desta Emenda Constitucional até o último exercício de vigência do regime previsto na Emenda Constitucional n. 95, de 15 de dezembro de 2016, a execução prevista no § 12 do art. 166 da Constituição Federal corresponderá ao montante de execução obrigatória para o exercício anterior, corrigido na forma estabelecida no inciso II do § 1.º do art. 107 do Ato das Disposições Constitucionais Transitórias.

Art. 4.º Esta Emenda Constitucional entra em vigor na data de sua publicação e produzirá efeitos a partir da execução orçamentária do exercício financeiro subsequente.

Brasília, em 26 de junho de 2019.

Mesa da Câmara dos Deputados
Deputado RODRIGO MAIA
Presidente

Mesa do Senado Federal
Senador DAVI ALCOLUMBRE
Presidente

EMENDA CONSTITUCIONAL N. 101, DE 3 DE JULHO DE 2019 (**)

Acrescenta § 3.º ao art. 42 da Constituição Federal para estender aos militares dos Estados, do Distrito Federal e dos Territórios o direito à acumulação de cargos públicos prevista no art. 37, inciso XVI.

As Mesas da Câmara dos Deputados e do Senado Federal, nos termos do § 3.º do art. 60 da Constituição Federal, promulgam a seguinte Emenda ao texto constitucional:

Art. 1.º O art. 42 da Constituição Federal passa a vigorar acrescido do seguinte § 3.º:

•• Alteração já processada no diploma modificado.

Art. 2.º Esta Emenda Constitucional entra em vigor na data de sua publicação.

Brasília, em 3 de julho de 2019

Mesa da Câmara dos Deputados
Deputado RODRIGO MAIA
Presidente

Mesa do Senado Federal
Senador DAVI ALCOLUMBRE
Presidente

EMENDA CONSTITUCIONAL N. 102, DE 26 DE SETEMBRO DE 2019 (***)

Dá nova redação ao art. 20 da Constituição Federal e altera o art. 165 da Constituição Federal e o art. 107 do Ato das Disposições Constitucionais Transitórias.

As Mesas da Câmara dos Deputados e do Senado Federal, nos termos do § 3.º do art. 60 da Constituição Federal, promulgam a seguinte Emenda ao texto constitucional:

Art. 1.º O § 1.º do art. 20 da Constituição Federal passa a vigorar com a seguinte redação:

•• Alteração já processadaa no diploma modificado.

Art. 2.º O art. 165 da Constituição Federal passa a vigorar com a seguinte redação:

•• Alteração já processada no diploma modificado.

Art. 3.º O art. 107 do Ato das Disposições Constitucionais Transitórias passa a vigorar com a seguinte redação:

•• Alteração já processada no diploma modificado.

Art. 4.º Esta Emenda Constitucional entra em vigor na data de sua publicação e produzirá efeitos a partir da execução orçamentária do exercício financeiro subse-

(*) Publicada no *Diário Oficial da União*, de 27-6-2019.

(**) Publicada no *Diário Oficial da União*, de 4-7-2019.

(***) Publicada no *Diário Oficial da União*, de 27-9-2019.

quente, excetuada a alteração ao Ato das Disposições Constitucionais Transitórias, que terá eficácia no mesmo exercício de sua publicação.

Brasília, em 26 de setembro de 2019.

Mesa da Câmara dos Deputados

Deputado RODRIGO MAIA
Presidente

Mesa do Senado Federal

Senador DAVI ALCOLUMBRE
Presidente

EMENDA CONSTITUCIONAL N. 103, DE 12 DE NOVEMBRO DE 2019 (*)

Altera o sistema de previdência social e estabelece regras de transição e disposições transitórias.

As Mesas da Câmara dos Deputados e do Senado Federal, nos termos do § 3.º do art. 60 da Constituição Federal, promulgam a seguinte Emenda ao texto constitucional:

Art. 1.º A Constituição Federal passa a vigorar com as seguintes alterações:

•• Alterações já processadas no diploma modificado.

Art. 2.º O art. 76 do Ato das Disposições Constitucionais Transitórias passa a vigorar com a seguinte redação:

•• Alterações já processadas no diploma modificado.

Art. 3.º A concessão de aposentadoria ao servidor público federal vinculado a regime próprio de previdência social e ao segurado do Regime Geral de Previdência Social e de pensão por morte aos respectivos dependentes será assegurada, a qualquer tempo, desde que tenham sido cumpridos os requisitos para obtenção desses benefícios até a data de entrada em vigor desta Emenda Constitucional, observados os critérios da legislação vigente na data em que foram atendidos os requisitos para a concessão da aposentadoria ou da pensão por morte.

§ 1.º Os proventos de aposentadoria devidos ao servidor público a que se refere o *caput* e as pensões por morte devidas aos seus dependentes serão calculados e reajustados de acordo com a legislação em vigor à época em que foram atendidos os requisitos nela estabelecidos para a concessão desses benefícios.

§ 2.º Os proventos de aposentadoria devidos ao segurado a que se refere o *caput* e as pensões por morte devidas aos seus dependentes serão apurados de acordo com a legislação em vigor à época em que foram atendidos os requisitos nela estabelecidos para a concessão desses benefícios.

§ 3.º Até que entre em vigor lei federal de que trata o § 19 do art. 40 da Constituição Federal, o servidor de que trata o *caput* que tenha cumprido os requisitos para aposentadoria voluntária com base no disposto na alínea *a* do inciso III do § 1.º do art. 40 da Constituição Federal, na redação vigente até a data de entrada em vigor desta Emenda Constitucional, no art. 2.º, no § 1.º do art. 3.º ou no art. 6.º da Emenda Constitucional n. 41, de 19 de dezembro de 2003, ou no art. 3.º da Emenda Constitucional n. 47, de 5 de julho de 2005, que optar por permanecer em atividade fará jus a um abono de permanência equivalente ao valor da sua contribuição previdenciária, até completar a idade para aposentadoria compulsória.

Art. 4.º O servidor público federal que tenha ingressado no serviço público em cargo efetivo até a data de entrada em vigor desta Emenda Constitucional poderá aposentar-se voluntariamente quando preencher, cumulativamente, os seguintes requisitos:

I – 56 (cinquenta e seis) anos de idade, se mulher, e 61 (sessenta e um) anos de idade, se homem, observado o disposto no § 1.º;

II – 30 (trinta anos) de contribuição, se mulher, e 35 (trinta e cinco) anos de contribuição, se homem;

III – 20 (vinte) anos de efetivo exercício no serviço público;

IV – 5 (cinco) anos no cargo efetivo em que se der a aposentadoria; e

V – somatório da idade e do tempo de contribuição, incluídas as frações, equivalente a 86 (oitenta e seis) pontos, se mulher, e 96 (noventa e seis) pontos, se homem, observado o disposto nos §§ 2.º e 3.º.

§ 1.º A partir de 1.º de janeiro de 2022, a idade mínima a que se refere o inciso I do *caput* será de 57 (cinquenta e sete) anos de idade, se mulher, e 62 (sessenta e dois) anos de idade, se homem.

§ 2.º A partir de 1.º de janeiro de 2020, a pontuação a que se refere o inciso V do *caput* será acrescida a cada ano de 1 (um) ponto, até atingir o limite de 100 (cem) pontos, se mulher, e de 105 (cento e cinco) pontos, se homem.

§ 3.º A idade e o tempo de contribuição serão apurados em dias para o cálculo do somatório de pontos a que se referem o inciso V do *caput* e o § 2.º.

§ 4.º Para o titular do cargo de professor que comprovar exclusivamente tempo de efetivo exercício das funções de magistério na educação infantil e no ensino fundamental e médio, os requisitos de idade e de tempo de contribuição de que tratam os incisos I e II do *caput* serão:

I – 51 (cinquenta e um) anos de idade, se mulher, e 56 (cinquenta e seis) anos de idade, se homem;

II – 25 (vinte e cinco) anos de contribuição, se mulher, e 30 (trinta) anos de contribuição, se homem; e

III – 52 (cinquenta e dois) anos de idade, se mulher, e 57 (cinquenta e sete) anos de idade, se homem, a partir de 1.º de janeiro de 2022.

§ 5.º O somatório da idade e do tempo de contribuição de que trata o inciso V do *caput* para as pessoas a que se refere o § 4.º, incluídas as frações, será de 81 (oitenta e um) pontos, se mulher, e 91 (noventa e um) pontos, se homem, aos quais serão acrescidos, a partir de 1.º de janeiro de 2020, 1 (um) ponto a cada ano, até atingir o limite de 92 (noventa e dois) pontos, se mulher, e de 100 (cem) pontos, se homem.

§ 6.º Os proventos das aposentadorias concedidas nos termos do disposto neste artigo corresponderão:

I – à totalidade da remuneração do servidor público no cargo efetivo em que se der a aposentadoria, observado o disposto no § 8.º, para o servidor público que tenha ingressado no serviço público em cargo efetivo até 31 de dezembro de 2003 e que não tenha feito a opção de que trata o § 16 do art. 40 da Constituição Federal, desde que tenha, no mínimo, 62 (sessenta e dois) anos de idade, se mulher, e 65 (sessenta e cinco) anos de idade, se homem, ou, para os titulares do cargo de professor de que trata o § 4º, 57 (cinquenta e sete) anos de idade, se mulher, e 60 (sessenta) anos de idade, se homem;

II – ao valor apurado na forma da lei, para o servidor público não contemplado no inciso I.

§ 7.º Os proventos das aposentadorias concedidas nos termos do disposto neste artigo não serão inferiores ao valor a que se refere o § 2.º do art. 201 da Constituição Federal e serão reajustados:

I – de acordo com o disposto no art. 7.º da Emenda Constitucional n. 41, de 19 de dezembro de 2003, se cumpridos os requisitos previstos no inciso I do § 6º; ou

II – nos termos estabelecidos para o Regime Geral de Previdência Social, na hipótese prevista no inciso II do § 6.º.

§ 8.º Considera-se remuneração do servidor público no cargo efetivo, para fins de cálculo dos proventos de aposentadoria com fundamento no disposto no inciso I do § 6.º ou no inciso I do § 2.º do art. 20, o valor constituído pelo subsídio, pelo vencimento e pelas vantagens pecuniárias permanentes do cargo, estabelecidos em lei, acrescidos dos adicionais de caráter individual e das vantagens pessoais permanentes, observados os seguintes critérios:

I – se o cargo estiver sujeito a variações na carga horária, o valor das rubricas que refletem essa variação integrará o cálculo do valor da remuneração do servidor público no cargo efetivo em que se deu a aposentadoria, considerando-se a média aritmética simples dessa carga horária proporcional ao número de anos completos de recebimento e contribuição, contínuos ou inter-

(*) Publicada no *Diário Oficial da União*, de 12-11-2019. A Portaria n. 450, de 3-4-2020, do INSS, dispõe sobre as alterações promovidas por esta Emenda Constitucional.

calados, em relação ao tempo total exigido para a aposentadoria;

II – se as vantagens pecuniárias permanentes forem variáveis por estarem vinculadas a indicadores de desempenho, produtividade ou situação similar, o valor dessas vantagens integrará o cálculo da remuneração do servidor público no cargo efetivo mediante a aplicação, sobre o valor atual de referência das vantagens pecuniárias permanentes variáveis, da média aritmética simples do indicador, proporcional ao número de anos completos de recebimento e de respectiva contribuição, contínuos ou intercalados, em relação ao tempo total exigido para a aposentadoria ou, se inferior, ao tempo total de percepção da vantagem.

§ 9.º Aplicam-se às aposentadorias dos servidores dos Estados, do Distrito Federal e dos Municípios as normas constitucionais e infraconstitucionais anteriores à data de entrada em vigor desta Emenda Constitucional, enquanto não promovidas alterações na legislação interna relacionada ao respectivo regime próprio de previdência social.

§ 10. Estende-se o disposto no § 9.º às normas sobre aposentadoria de servidores públicos incompatíveis com a redação atribuída por esta Emenda Constitucional aos §§ 4.º, 4.º-A, 4.º-B e 4.º-C do art. 40 da Constituição Federal.

Art. 5.º O policial civil do órgão a que se refere o inciso XIV do *caput* do art. 21 da Constituição Federal, o policial dos órgãos a que se referem o inciso IV do *caput* do art. 51, o inciso XIII do *caput* do art. 52 e os incisos I a III do *caput* do art. 144 da Constituição Federal e o ocupante de cargo de agente federal penitenciário ou socioeducativo que tenham ingressado na respectiva carreira até a data de entrada em vigor desta Emenda Constitucional poderão aposentar-se, na forma da Lei Complementar n. 51, de 20 de dezembro de 1985, observada a idade mínima de 55 (cinquenta e cinco) anos para ambos os sexos ou o disposto no § 3.º.

•• A Lei complementar n. 51, de 20-12-1985, dispõe sobre a aposentadoria do servidor público policial, nos termos do § 4.º do art. 40 da Constituição Federal.

§ 1.º Serão considerados tempo de exercício em cargo de natureza estritamente policial, para os fins do inciso II do art. 1.º da Lei Complementar n. 51, de 20 de dezembro de 1985, o tempo de atividade militar nas Forças Armadas, nas polícias militares e nos corpos de bombeiros militares e o tempo de atividade como agente penitenciário ou socioeducativo.

§ 2.º Aplicam-se às aposentadorias dos servidores dos Estados de que trata o § 4.º-B do art. 40 da Constituição Federal as normas constitucionais e infraconstitucionais anteriores à data de entrada em vigor desta Emenda Constitucional, enquanto não promovidas alterações na legislação interna relacionada ao respectivo regime próprio de previdência social.

§ 3.º Os servidores de que trata o *caput* poderão aposentar-se aos 52 (cinquenta e dois) anos de idade, se mulher, e aos 53 (cinquenta e três) anos de idade, se homem, desde que cumprido período adicional de contribuição correspondente ao tempo que, na data de entrada em vigor desta Emenda Constitucional, faltaria para atingir o tempo de contribuição previsto na Lei Complementar n. 51, de 20 de dezembro de 1985.

Art. 6.º O disposto no § 14 do art. 37 da Constituição Federal não se aplica a aposentadorias concedidas pelo Regime Geral de Previdência Social até a data de entrada em vigor desta Emenda Constitucional.

Art. 7.º O disposto no § 15 do art. 37 da Constituição Federal não se aplica a complementações de aposentadorias e pensões concedidas até a data de entrada em vigor desta Emenda Constitucional.

Art. 8.º Até que entre em vigor lei federal de que trata o § 19 do art. 40 da Constituição Federal, o servidor público federal que cumprir as exigências para a concessão da aposentadoria voluntária nos termos do disposto nos arts. 4.º, 5.º, 20, 21 e 22 e que optar por permanecer em atividade fará jus a um abono de permanência equivalente ao valor da sua contribuição previdenciária, até completar a idade para aposentadoria compulsória.

Art. 9.º Até que entre em vigor lei complementar que discipline o § 22 do art. 40 da Constituição Federal, aplicam-se aos regimes próprios de previdência social o disposto na Lei n. 9.717, de 27 de novembro de 1998, e o disposto neste artigo.

§ 1.º O equilíbrio financeiro e atuarial do regime próprio de previdência social deverá ser comprovado por meio de garantia de equivalência, a valor presente, entre o fluxo das receitas estimadas e das despesas projetadas, apuradas atuarialmente, que, juntamente com os bens, direitos e ativos vinculados, comparados às obrigações assumidas, evidenciem a solvência e a liquidez do plano de benefícios.

§ 2.º O rol de benefícios dos regimes próprios de previdência social fica limitado às aposentadorias e à pensão por morte.

§ 3.º Os afastamentos por incapacidade temporária para o trabalho e o salário-maternidade serão pagos diretamente pelo ente federativo e não correrão à conta do regime próprio de previdência social ao qual o servidor se vincula.

§ 4.º Os Estados, o Distrito Federal e os Municípios não poderão estabelecer alíquota inferior à da contribuição dos servidores da União, exceto se demonstrado que o respectivo regime próprio de previdência social não possui déficit atuarial a ser equacionado, hipótese em que a alíquota não poderá ser inferior às alíquotas aplicáveis ao Regime Geral de Previdência Social.

§ 5.º Para fins do disposto no § 4.º, não será considerada como ausência de déficit a implementação de segregação da massa de segurados ou a previsão em lei de plano de equacionamento de déficit.

§ 6.º A instituição do regime de previdência complementar na forma dos §§ 14 a 16 do art. 40 da Constituição Federal e a adequação do órgão ou entidade gestora do regime próprio de previdência social ao § 20 do art. 40 da Constituição Federal deverão ocorrer no prazo máximo de 2 (dois) anos da data de entrada em vigor desta Emenda Constitucional.

§ 7.º Os recursos de regime próprio de previdência social poderão ser aplicados na concessão de empréstimos a seus segurados, na modalidade de consignados, observada regulamentação específica estabelecida pelo Conselho Monetário Nacional.

§ 8.º Por meio de lei, poderá ser instituída contribuição extraordinária pelo prazo máximo de 20 (vinte) anos, nos termos dos §§ 1.º-B e 1.º-C do art. 149 da Constituição Federal.

§ 9.º O parcelamento ou a moratória de débitos dos entes federativos com seus regimes próprios de previdência social fica limitado ao prazo a que se refere o § 11 do art. 195 da Constituição.

Art. 10. Até que entre em vigor lei federal que discipline os benefícios do regime próprio de previdência social dos servidores da União, aplica-se o disposto neste artigo.

§ 1.º Os servidores públicos federais serão aposentados:

I – voluntariamente, observados, cumulativamente, os seguintes requisitos:

a) 62 (sessenta e dois) anos de idade, se mulher, e 65 (sessenta e cinco) anos de idade, se homem; e

b) 25 (vinte e cinco) anos de contribuição, desde que cumprido o tempo mínimo de 10 (dez) anos de efetivo exercício no serviço público e de 5 (cinco) anos no cargo efetivo em que for concedida a aposentadoria;

II – por incapacidade permanente para o trabalho, no cargo em que estiverem investidos, quando insuscetíveis de readaptação, hipótese em que será obrigatória a realização de avaliações periódicas para verificação da continuidade das condições que ensejaram a concessão da aposentadoria; ou

III – compulsoriamente, na forma do disposto no inciso II do § 1.º do art. 40 da Constituição Federal.

§ 2.º Os servidores públicos federais com direito a idade mínima ou tempo de contribuição distintos da regra geral para concessão de aposentadoria na forma dos §§ 4.º-B, 4.º-C e 5.º do art. 40 da Constituição Federal poderão aposentar-se, observados os seguintes requisitos:

I – o policial civil do órgão a que se refere o inciso XIV do *caput* do art. 21 da Constituição Federal, o policial dos órgãos a que se referem o inciso IV do *caput* do art. 51, o inciso XIII do *caput* do art. 52 e os incisos I a III do *caput* do art. 144 da Constituição Federal e o ocupante de cargo de agente federal penitenciário ou socioeducativo, aos 55 (cinquenta e cinco) anos de idade, com 30 (trinta) anos de contribuição e 25 (vinte e cinco) anos de efetivo exercício em cargo dessas carreiras, para ambos os sexos;

II – o servidor público federal cujas atividades sejam exercidas com efetiva exposição a agentes químicos, físicos e biológicos prejudiciais à saúde, ou associação desses agentes, vedada a caracterização por categoria profissional ou ocupação, aos 60 (sessenta) anos de idade, com 25 (vinte e cinco) anos de efetiva exposição e contribuição, 10 (dez) anos de efetivo exercício de serviço público e 5 (cinco) anos no cargo efetivo em que for concedida a aposentadoria;

III – o titular do cargo federal de professor, aos 60 (sessenta) anos de idade, se homem, aos 57 (cinquenta e sete) anos, se mulher, com 25 (vinte e cinco) anos de contribuição exclusivamente em efetivo exercício das funções de magistério na educação infantil e no ensino fundamental e médio, 10 (dez) anos de efetivo exercício de serviço público e 5 (cinco) anos no cargo efetivo em que for concedida a aposentadoria, para ambos os sexos.

§ 3.º A aposentadoria a que se refere o § 4.º-C do art. 40 da Constituição Federal observará adicionalmente as condições e os requisitos estabelecidos para o Regime Geral de Previdência Social, naquilo em que não conflitarem com as regras específicas aplicáveis ao regime próprio de previdência social da União, vedada a conversão de tempo especial em comum.

§ 4.º Os proventos das aposentadorias concedidas nos termos do disposto neste artigo serão apurados na forma da lei.

§ 5.º Até que entre em vigor lei federal de que trata o § 19 do art. 40 da Constituição Federal, o servidor federal que cumprir as exigências para a concessão da aposentadoria voluntária nos termos do disposto neste artigo e que optar por permanecer em atividade fará jus a um abono de permanência equivalente ao valor da sua contribuição previdenciária, até completar a idade para aposentadoria compulsória.

§ 6.º A pensão por morte devida aos dependentes do policial civil do órgão a que se refere o inciso XIV do *caput* do art. 21 da Constituição Federal, do policial dos órgãos a que se referem o inciso IV do *caput* do art. 51, o inciso XIII do *caput* do art. 52 e os incisos I a III do *caput* do art. 144 da Constituição Federal e dos ocupantes dos cargos de agente federal penitenciário ou socioeducativo decorrente de agressão sofrida no exercício ou em razão da função será vitalícia para o cônjuge ou companheiro e equivalente à remuneração do cargo.

§ 7.º Aplicam-se às aposentadorias dos servidores dos Estados, do Distrito Federal e dos Municípios as normas constitucionais e infraconstitucionais anteriores à data de entrada em vigor desta Emenda Constitucional, enquanto não promovidas alterações na legislação interna relacionada ao respectivo regime próprio de previdência social.

Art. 11. Até que entre em vigor lei que altere a alíquota da contribuição previdenciária de que tratam os arts. 4.º, 5.º e 6.º da Lei n. 10.887, de 18 de junho de 2004, esta será de 14% (quatorze por cento).

•• Sobre o prazo de vigência deste artigo, *vide* art. 36, I, desta Emenda Constitucional.

• A Lei n. 10.887, de 18-6-2004, dispõe sobre o cálculo dos proventos de aposentadoria dos servidores titulares de cargo efetivo de qualquer dos Poderes da União, dos Estados, do Distrito Federal e dos Municípios, incluídas suas autarquias e fundações.

§ 1.º A alíquota prevista no *caput* será reduzida ou majorada, considerado o valor da base de contribuição ou do benefício recebido, de acordo com os seguintes parâmetros:

•• A Portaria Interministerial n. 12, de 17-1-2022, dos Ministérios do Trabalho e Previdência e da Economia, dispõe, em seu art. 10, sobre o reajuste dos valores previstos nos incisos II a VIII desse § 1.º: "Art. 10. Os valores previstos nos incisos II a VIII do § 1.º do art. 11 da Emenda Constitucional n. 103, de 12 de novembro de 2019, ficam reajustados a partir de 1.º de janeiro de 2022 em 10,16% (dez inteiros e dezesseis décimos por cento), índice aplicado aos benefícios do RGPS, nos termos do § 3.º do mesmo artigo. § 1.º Em razão do reajuste previsto no *caput*, a alíquota de 14% (quatorze por cento) estabelecida no *caput* do art. 11 da Emenda Constitucional n. 103, de 2019, será reduzida ou majorada, considerado o valor da base de contribuição ou do benefício recebido, de acordo com os parâmetros previstos no Anexo III desta Portaria. § 2.º A alíquota, reduzida ou majorada nos termos do disposto no § 1.º, será aplicada de forma progressiva sobre a base de contribuição do servidor ativo de quaisquer dos Poderes da União, incluídas suas entidades autárquicas e suas fundações, incidindo cada alíquota sobre a faixa de valores compreendida nos respectivos limites. § 3.º A alíquota de contribuição de que trata o § 1.º, com a redução ou a majoração decorrentes do disposto nos incisos I a VIII do mesmo parágrafo, será devida pelos aposentados e pensionistas de quaisquer dos Poderes da União, incluídas suas entidades autárquicas e suas fundações, e incidirá sobre o valor da parcela dos proventos de aposentadoria e de pensões que supere o limite máximo estabelecido para os benefícios do RGPS, hipótese em que será considerada a totalidade do valor do benefício para fins de definição das alíquotas aplicáveis.

I – até 1 (um) salário-mínimo, redução de seis inteiros e cinco décimos pontos percentuais;

II – acima de 1 (um) salário-mínimo até R$ 2.000,00 (dois mil reais), redução de cinco pontos percentuais;

III – de R$ 2.000,01 (dois mil reais e um centavo) até R$ 3.000,00 (três mil reais), redução de dois pontos percentuais;

IV – de R$ 3.000,01 (três mil reais e um centavo) até R$ 5.839,45 (cinco mil oitocentos e trinta e nove reais e quarenta e cinco centavos), sem redução ou acréscimo;

V – de R$ 5.839,46 (cinco mil oitocentos e trinta e nove reais e quarenta e seis centavos) até R$ 10.000,00 (dez mil reais), acréscimo de meio ponto percentual;

VI – de R$ 10.000,01 (dez mil reais e um centavo) até R$ 20.000,00 (vinte mil reais), acréscimo de dois inteiros e cinco décimos pontos percentuais;

VII – de R$ 20.000,01 (vinte mil reais e um centavo) até R$ 39.000,00 (trinta e nove mil reais), acréscimo de cinco pontos percentuais; e

VIII – acima de R$ 39.000,00 (trinta e nove mil reais), acréscimo de oito pontos percentuais.

§ 2.º A alíquota, reduzida ou majorada nos termos do disposto no § 1.º, será aplicada de forma progressiva sobre a base de contribuição do servidor ativo, incidindo cada alíquota sobre a faixa de valores compreendida nos respectivos limites.

§ 3.º Os valores previstos no § 1º serão reajustados, a partir da data de entrada em vigor desta Emenda Constitucional, na mesma data e com o mesmo índice em que se der o reajuste dos benefícios do Regime Geral de Previdência Social, ressalvados aqueles vinculados ao salário-mínimo, aos quais se aplica a legislação específica.

§ 4.º A alíquota de contribuição de que trata o *caput*, com a redução ou a majoração decorrentes do disposto no § 1.º, será devida pelos aposentados e pensionistas de quaisquer dos Poderes da União, incluídas suas entidades autárquicas e suas fundações, e incidirá sobre o valor da parcela dos proventos de aposentadoria e de pensões que supere o limite máximo estabelecido para os benefícios do Regime Geral de Previdência Social, hipótese em que será considerada a totalidade do valor do benefício para fins de definição das alíquotas aplicáveis.

Art. 12. A União instituirá sistema integrado de dados relativos às remunerações, proventos e pensões dos segurados dos regimes de previdência de que tratam os arts. 40, 201 e 202 da Constituição Federal, aos benefícios dos programas de assistência social de que trata o art. 203 da Constituição Federal e às remunerações, proventos de inatividade e pensão por morte decorrentes das atividades militares de que tratam os arts. 42 e 142 da Constituição Federal, em interação com outras bases de dados, ferramentas e plataformas, para o fortalecimento de sua gestão, governança e transparência e o cumprimento das disposições estabelecidas nos incisos XI e XVI do art. 37 da Constituição Federal.

§ 1.º A União, os Estados, o Distrito Federal e os Municípios e os órgãos e entidades gestoras dos regimes, dos sistemas e dos programas a que se refere o *caput* disponibilizarão as informações necessárias para a estruturação do sistema integrado de dados e terão acesso ao compartilhamento das referidas informações, na forma da legislação.

§ 2.º É vedada a transmissão das informações de que trata este artigo a qualquer pessoa física ou jurídica para a prática de atividade não relacionada à fiscalização dos regimes, dos sistemas e dos programas a que se refere o *caput*.

Art. 13. Não se aplica o disposto no § 9.º do art. 39 da Constituição Federal a parcelas remuneratórias decorrentes de incorporação de vantagens de caráter temporário ou vinculadas ao exercício de função de confiança ou de cargo em comissão efetivada até a data de entrada em vigor desta Emenda Constitucional.

Art. 14. Vedadas a adesão de novos segurados e a instituição de novos regimes dessa natureza, os atuais segurados de regime de previdência aplicável a titulares de mandato eletivo da União, dos Estados, do Distrito Federal e dos Municípios poderão, por meio de opção expressa formalizada no prazo de 180 (cento e oitenta) dias, contado da data de entrada em vigor desta Emenda Constitucional, retirar-se dos regimes previdenciários aos quais se encontrem vinculados.

§ 1.º Os segurados, atuais e anteriores, do regime de previdência de que trata a Lei n. 9.506, de 30 de outubro de 1997, que fizerem a opção de permanecer nesse regime previdenciário deverão cumprir período adicional correspondente a 30% (trinta por cento) do tempo de contribuição que faltaria para aquisição do direito à aposentadoria na data de entrada em vigor desta Emenda Constitucional e somente poderão aposentar-se a partir dos 62 (sessenta e dois) anos de idade, se mulher, e 65 (sessenta e cinco) anos de idade, se homem.

• A Lei n. 9.506, de 30-10-1997, extinguiu o Instituto de Previdência dos Congressistas – IPC.

§ 2.º Se for exercida a opção prevista no *caput*, será assegurada a contagem do tempo de contribuição vertido para o regime de previdência ao qual o segurado se encontrava vinculado, nos termos do disposto no § 9.º do art. 201 da Constituição Federal.

§ 3.º A concessão de aposentadoria aos titulares de mandato eletivo e de pensão por morte aos dependentes de titular de mandato eletivo falecido será assegurada, a qualquer tempo, desde que cumpridos os requisitos para obtenção desses benefícios até a data de entrada em vigor desta Emenda Constitucional, observados os critérios da legislação vigente na data em que foram atendidos os requisitos para a concessão da aposentadoria ou da pensão por morte.

§ 4.º Observado o disposto nos §§ 9.º e 9.º-A do art. 201 da Constituição Federal, o tempo de contribuição a regime próprio de previdência social e ao Regime Geral de Previdência Social, assim como o tempo de contribuição decorrente das atividades militares de que tratam os arts. 42 e 142 da Constituição Federal, que tenha sido considerado para a concessão de benefício pelos regimes a que se refere o *caput* não poderá ser utilizado para obtenção de benefício naqueles regimes.

§ 5.º Lei específica do Estado, do Distrito Federal ou do Município deverá disciplinar a regra de transição a ser aplicada aos segurados que, na forma do *caput*, fizerem a opção de permanecer no regime previdenciário de que trata este artigo.

Art. 15. Ao segurado filiado ao Regime Geral de Previdência Social até a data de entrada em vigor desta Emenda Constitucional, fica assegurado o direito à aposentadoria quando forem preenchidos, cumulativamente, os seguintes requisitos:

•• Os arts. 10 a 14 da Portaria n. 450, de 3-4-2020, do INSS, dispõem sobre aposentadoria por tempo de contribuição.

I – 30 (trinta) anos de contribuição, se mulher, e 35 (trinta e cinco) anos de contribuição, se homem; e

II – somatório da idade e do tempo de contribuição, incluídas as frações, equivalente a 86 (oitenta e seis) pontos, se mulher, e 96 (noventa e seis) pontos, se homem, observado o disposto nos §§ 1.º e 2º.

§ 1.º A partir de 1.º de janeiro de 2020, a pontuação a que se refere o inciso II do *caput* será acrescida a cada ano de 1 (um) ponto, até atingir o limite de 100 (cem) pontos, se mulher, e de 105 (cento e cinco) pontos, se homem.

§ 2.º A idade e o tempo de contribuição serão apurados em dias para o cálculo do somatório de pontos a que se referem o inciso II do *caput* e o § 1.º.

§ 3.º Para o professor que comprovar exclusivamente 25 (vinte e cinco) anos de contribuição, se mulher, e 30 (trinta) anos de contribuição, se homem, em efetivo exercício das funções de magistério na educação infantil e no ensino fundamental e médio, o somatório da idade e do tempo de contribuição, incluídas as frações, será equivalente a 81 (oitenta e um) pontos, se mulher, e 91 (noventa e um) pontos, se homem, aos quais serão acrescidos, a partir de 1º de janeiro de 2020, 1 (um) ponto a cada ano para o homem e para a mulher, até atingir o limite de 92 (noventa e dois) pontos, se mulher, e 100 (cem) pontos, se homem.

§ 4.º O valor da aposentadoria concedida nos termos do disposto neste artigo será apurado na forma da lei.

Art. 16. Ao segurado filiado ao Regime Geral de Previdência Social até a data de entrada em vigor desta Emenda Constitucional fica assegurado o direito à aposentadoria quando preencher, cumulativamente, os seguintes requisitos:

•• Os arts. 10 a 14 da Portaria n. 450, de 3-4-2020, do INSS, dispõem sobre aposentadoria por tempo de contribuição.

I – 30 (trinta) anos de contribuição, se mulher, e 35 (trinta e cinco) anos de contribuição, se homem; e

II – idade de 56 (cinquenta e seis) anos, se mulher, e 61 (sessenta e um) anos, se homem.

§ 1.º A partir de 1.º de janeiro de 2020, a idade a que se refere o inciso II do *caput* será acrescida de 6 (seis) meses a cada ano, até atingir 62 (sessenta e dois) anos de idade, se mulher, e 65 (sessenta e cinco) anos de idade, se homem.

§ 2.º Para o professor que comprovar exclusivamente tempo de efetivo exercício das funções de magistério na educação infantil e no ensino fundamental e médio, o tempo de contribuição e a idade de que tratam os incisos I e II do *caput* deste artigo serão reduzidos em 5 (cinco) anos, sendo, a partir de 1.º de janeiro de 2020, acrescidos 6 (seis) meses, a cada ano, às idades previstas no inciso II do *caput*, até atingirem 57 (cinquenta e sete) anos, se mulher, e 60 (sessenta) anos, se homem.

§ 3.º O valor da aposentadoria concedida nos termos do disposto neste artigo será apurado na forma da lei.

Art. 17. Ao segurado filiado ao Regime Geral de Previdência Social até a data de entrada em vigor desta Emenda Constitucional e que na referida data contar com mais de 28 (vinte e oito) anos de contribuição, se mulher, e 33 (trinta e três) anos de contribuição, se homem, fica assegurado o direito à aposentadoria quando preencher, cumulativamente, os seguintes requisitos:

•• Os arts. 10 a 14 da Portaria n. 450, de 3-4-2020, do INSS, dispõem sobre aposentadoria por tempo de contribuição.

I – 30 (trinta) anos de contribuição, se mulher, e 35 (trinta e cinco) anos de contribuição, se homem; e

II – cumprimento de período adicional correspondente a 50% (cinquenta por cento) do tempo que, na data de entrada em vigor desta Emenda Constitucional, faltaria para atingir 30 (trinta) anos de contribuição, se mulher, e 35 (trinta e cinco) anos de contribuição, se homem.

Parágrafo único. O benefício concedido nos termos deste artigo terá seu valor apurado de acordo com a média aritmética simples dos salários de contribuição e das remunerações calculada na forma da lei, multiplicada pelo fator previdenciário, calculado na forma do disposto nos §§ 7.º a 9.º do art. 29 da Lei n. 8.213, de 24 de julho de 1991.

Art. 18. O segurado de que trata o inciso I do § 7.º do art. 201 da Constituição Federal filiado ao Regime Geral de Previdência Social até a data de entrada em vigor desta

Emenda Constitucional poderá aposentar-se quando preencher, cumulativamente, os seguintes requisitos:

•• Os art. 8.º e 9.º da Portaria n. 450, de 3-4-2020, do INSS, dispõem sobre as regras de acesso das aposentadorias programáveis do RGPS.

I – 60 (sessenta) anos de idade, se mulher, e 65 (sessenta e cinco) anos de idade, se homem; e

II – 15 (quinze) anos de contribuição, para ambos os sexos.

§ 1.º A partir de 1.º de janeiro de 2020, a idade de 60 (sessenta) anos da mulher, prevista no inciso I do *caput*, será acrescida em 6 (seis) meses a cada ano, até atingir 62 (sessenta e dois) anos de idade.

§ 2.º O valor da aposentadoria de que trata este artigo será apurado na forma da lei.

Art. 19. Até que lei disponha sobre o tempo de contribuição a que se refere o inciso I do § 7.º do art. 201 da Constituição Federal, o segurado filiado ao Regime Geral de Previdência Social após a data de entrada em vigor desta Emenda Constitucional será aposentado aos 62 (sessenta e dois) anos de idade, se mulher, 65 (sessenta e cinco) anos de idade, se homem, com 15 (quinze) anos de tempo de contribuição, se mulher, e 20 (vinte) anos de tempo de contribuição, se homem.

•• Os arts. 15 e 16 da Portaria n. 450, de 3-4-2020, do INSS, dispõem sobre aposentadoria especial.

§ 1.º Até que lei complementar disponha sobre a redução de idade mínima ou tempo de contribuição prevista nos §§ 1.º e 8.º do art. 201 da Constituição Federal, será concedida aposentadoria:

I – aos segurados que comprovem o exercício de atividades com efetiva exposição a agentes químicos, físicos e biológicos prejudiciais à saúde, ou associação desses agentes, vedada a caracterização por categoria profissional ou ocupação, durante, no mínimo, 15 (quinze), 20 (vinte) ou 25 (vinte e cinco) anos, nos termos do disposto nos arts. 57 e 58 da Lei n. 8.213, de 24 de julho de 1991, quando cumpridos:

• Aposentadoria Especial: arts. 57 e 58 da Lei n. 8.213, de 24-7-1991.

a) 55 (cinquenta e cinco) anos de idade, quando se tratar de atividade especial de 15 (quinze) anos de contribuição;

b) 58 (cinquenta e oito) anos de idade, quando se tratar de atividade especial de 20 (vinte) anos de contribuição; ou

c) 60 (sessenta) anos de idade, quando se tratar de atividade especial de 25 (vinte e cinco) anos de contribuição;

II – ao professor que comprove 25 (vinte e cinco) anos de contribuição exclusivamente em efetivo exercício das funções de magistério na educação infantil e no ensino fundamental e médio e tenha 57 (cinquenta e sete) anos de idade, se mulher, e 60 (sessenta) anos de idade, se homem.

§ 2.º O valor das aposentadorias de que trata este artigo será apurado na forma da lei.

Art. 20. O segurado ou o servidor público federal que se tenha filiado ao Regime Geral de Previdência Social ou ingressado no serviço público em cargo efetivo até a data de entrada em vigor desta Emenda Constitucional poderá aposentar-se voluntariamente quando preencher, cumulativamente, os seguintes requisitos:

•• Os arts. 10 a 14 da Portaria n. 450, de 3-4-2020, do INSS, dispõem sobre aposentadoria por tempo de contribuição.

I – 57 (cinquenta e sete) anos de idade, se mulher, e 60 (sessenta) anos de idade, se homem;

II – 30 (trinta) anos de contribuição, se mulher, e 35 (trinta e cinco) anos de contribuição, se homem;

III – para os servidores públicos, 20 (vinte) anos de efetivo exercício no serviço público e 5 (cinco) anos no cargo efetivo em que se der a aposentadoria;

IV – período adicional de contribuição correspondente ao tempo que, na data de entrada em vigor desta Emenda Constitucional, faltaria para atingir o tempo mínimo de contribuição referido no inciso II.

§ 1.º Para o professor que comprovar exclusivamente tempo de efetivo exercício das funções de magistério na educação infantil e no ensino fundamental e médio serão reduzidos, para ambos os sexos, os requisitos de idade e de tempo de contribuição em 5 (cinco) anos.

§ 2.º O valor das aposentadorias concedidas nos termos do disposto neste artigo corresponderá:

I – em relação ao servidor público que tenha ingressado no serviço público em cargo efetivo até 31 de dezembro de 2003 e que não tenha feito a opção de que trata o § 16 do art. 40 da Constituição Federal, à totalidade da remuneração no cargo efetivo em que se der a aposentadoria, observado o disposto no § 8.º do art. 4.º; e

II – em relação aos demais servidores públicos e aos segurados do Regime Geral de Previdência Social, ao valor apurado na forma da lei.

•• Os arts. 57 e 58 da Portaria n. 450, de 3-4-2020, do INSS, dispõem sobre aposentadoria por tempo de contribuição.

§ 3.º O valor das aposentadorias concedidas nos termos do disposto neste artigo não será inferior ao valor a que se refere o § 2.º do art. 201 da Constituição Federal e será reajustado:

I – de acordo com o disposto no art. 7.º da Emenda Constitucional n. 41, de 19 de dezembro de 2003, se cumpridos os requisitos previstos no inciso I do § 2.º;

II – nos termos estabelecidos para o Regime Geral de Previdência Social, na hipótese prevista no inciso II do § 2.º.

§ 4.º Aplicam-se às aposentadorias dos servidores dos Estados, do Distrito Federal e dos Municípios as normas constitucionais e infraconstitucionais anteriores à data de entrada em vigor desta Emenda Constitucional, enquanto não promovidas alterações na legislação interna relacionada ao respectivo regime próprio de previdência social.

Art. 21. O segurado ou o servidor público federal que se tenha filiado ao Regime Geral de Previdência Social ou ingressado no serviço público em cargo efetivo até a data de entrada em vigor desta Emenda Constitucional cujas atividades tenham sido exercidas com efetiva exposição a agentes químicos, físicos e biológicos prejudiciais à saúde, ou associação desses agentes, vedada a caracterização por categoria profissional ou ocupação, desde que cumpridos, no caso do servidor, o tempo mínimo de 20 (vinte) anos de efetivo exercício no serviço público e de 5 (cinco) anos no cargo efetivo em que for concedida a aposentadoria, na forma dos arts. 57 e 58 da Lei n. 8.213, de 24 de julho de 1991, poderão aposentar-se quando o total da soma resultante da sua idade e do tempo de contribuição e o tempo de efetiva exposição forem, respectivamente, de:

•• Os arts. 17 a 19 da Portaria n. 450, de 3-4-2020, do INSS, dispõem sobre regra de transição da aposentadoria especial.

• Aposentadoria Especial: arts. 57 e 58 da Lei n. 8.213, de 24-7-1991.

I – 66 (sessenta e seis) pontos e 15 (quinze) anos de efetiva exposição;

II – 76 (setenta e seis) pontos e 20 (vinte) anos de efetiva exposição; e

III – 86 (oitenta e seis) pontos e 25 (vinte e cinco) anos de efetiva exposição.

§ 1.º A idade e o tempo de contribuição serão apurados em dias para o cálculo do somatório de pontos a que se refere o *caput*.

§ 2.º O valor da aposentadoria de que trata este artigo será apurado na forma da lei.

§ 3.º Aplicam-se às aposentadorias dos servidores dos Estados, do Distrito Federal e dos Municípios cujas atividades sejam exercidas com efetiva exposição a agentes químicos, físicos e biológicos prejudiciais à saúde, ou associação desses agentes, vedada a caracterização por categoria profissional ou ocupação, na forma do § 4.º-C do art. 40 da Constituição Federal, as normas constitucionais e infraconstitucionais anteriores à data de entrada em vigor desta Emenda Constitucional, enquanto não promovidas alterações na legislação interna relacionada ao respectivo regime próprio de previdência social.

Art. 22. Até que lei discipline o § 4.º-A do art. 40 e o inciso I do § 1.º do art. 201 da Constituição Federal, a aposentadoria da pessoa com deficiência segurada do Regime Geral de Previdência Social ou do servidor público federal com deficiência vinculado a regime próprio de previdência social, desde que cumpridos, no caso do servidor, o tempo mínimo de 10 (dez) anos de efetivo exercício no serviço público e de 5 (cinco) anos no cargo efetivo em que for concedida a aposentadoria, será concedida na forma da Lei Complementar n. 142, de 8 de maio de 2013, inclusive quanto aos critérios de cálculo dos benefícios.

Parágrafo único. Aplicam-se às aposentadorias dos servidores com deficiência dos Estados, do Distrito Federal e dos Municípios as normas constitucionais e infraconstitucionais anteriores à data de entrada em vigor desta Emenda Constitucional, enquanto não promovidas alterações na legislação interna relacionada ao respectivo regime próprio de previdência social.

Art. 23. A pensão por morte concedida a dependente de segurado do Regime Geral de Previdência Social ou de servidor público federal será equivalente a uma cota familiar de 50% (cinquenta por cento) do valor da aposentadoria recebida pelo segurado ou servidor ou daquela a que teria direito se fosse aposentado por incapacidade permanente na data do óbito, acrescida de cotas de 10 (dez) pontos percentuais por dependente, até o máximo de 100% (cem por cento).

•• Os arts. 47 a 50 da Portaria n. 450, de 3-4-2020, do INSS, dispõem sobre pensão por morte.

§ 1.º As cotas por dependente cessarão com a perda dessa qualidade e não serão reversíveis aos demais dependentes, preservado o valor de 100% (cem por cento) da pensão por morte quando o número de dependentes remanescente for igual ou superior a 5 (cinco).

§ 2.º Na hipótese de existir dependente inválido ou com deficiência intelectual, mental ou grave, o valor da pensão por morte de que trata o *caput* será equivalente a:

I – 100% (cem por cento) da aposentadoria recebida pelo segurado ou servidor ou daquela a que teria direito se fosse aposentado por incapacidade permanente na data do óbito, até o limite máximo de benefícios do Regime Geral de Previdência Social; e

II – uma cota familiar de 50% (cinquenta por cento) acrescida de cotas de 10 (dez) pontos percentuais por dependente, até o máximo de 100% (cem) por cento, para o valor que supere o limite máximo de benefícios do Regime Geral de Previdência Social.

§ 3.º Quando não houver mais dependente inválido ou com deficiência intelectual, mental ou grave, o valor da pensão será recalculado na forma do disposto no *caput* e no § 1.º.

§ 4.º O tempo de duração da pensão por morte e das cotas individuais por dependente até a perda dessa qualidade, o rol de dependentes e sua qualificação e as condições necessárias para enquadramento serão aqueles estabelecidos na Lei n. 8.213, de 24 de julho de 1991.

§ 5.º Para o dependente inválido ou com deficiência intelectual, mental ou grave, sua condição pode ser reconhecida previamente ao óbito do segurado, por meio de avaliação biopsicossocial realizada por equipe multiprofissional e interdisciplinar, observada revisão periódica na forma da legislação.

§ 6.º Equiparam-se a filho, para fins de recebimento da pensão por morte, exclusivamente o enteado e o menor tutelado, desde que comprovada a dependência econômica.

§ 7.º As regras sobre pensão previstas neste artigo e na legislação vigente na data de entrada em vigor desta Emenda Constitucional poderão ser alteradas na forma da lei para o Regime Geral de Previdência Social e para o regime próprio de previdência social da União.

§ 8.º Aplicam-se às pensões concedidas aos dependentes de servidores dos Estados, do Distrito Federal e dos Municípios as normas constitucionais e infraconstitucionais anteriores à data de entrada em vigor desta Emenda Constitucional, enquanto não promovidas alterações na legislação interna relacionada ao respectivo regime próprio de previdência social.

Art. 24. É vedada a acumulação de mais de uma pensão por morte deixada por cônjuge ou companheiro, no âmbito do mesmo regime de previdência social, ressalvadas as pensões do mesmo instituidor decorrentes do exercício de cargos acumuláveis na forma do art. 37 da Constituição Federal.

•• Os arts. 59 a 62 da Portaria n. 450, de 3-4-2020, do INSS, dispõem sobre acumulação do valor da pensão por morte com outros benefícios.

§ 1.º Será admitida, nos termos do § 2.º, a acumulação de:

I – pensão por morte deixada por cônjuge ou companheiro de um regime de previdência social com pensão por morte concedida por outro regime de previdência social ou com pensões decorrentes das atividades militares de que tratam os arts. 42 e 142 da Constituição Federal;

II – pensão por morte deixada por cônjuge ou companheiro de um regime de previdência social com aposentadoria concedida no âmbito do Regime Geral de Previdência Social ou de regime próprio de previdência social ou com proventos de inatividade decorrentes das atividades militares de que tratam os arts. 42 e 142 da Constituição Federal; ou

III – pensões decorrentes das atividades militares de que tratam os arts. 42 e 142 da Constituição Federal com aposentadoria concedida no âmbito do Regime Geral de Previdência Social ou de regime próprio de previdência social.

§ 2.º Nas hipóteses das acumulações previstas no § 1.º, é assegurada a percepção do valor integral do benefício mais vantajoso e de uma parte de cada um dos demais benefícios, apurada cumulativamente de acordo com as seguintes faixas:

I – 60% (sessenta por cento) do valor que exceder 1 (um) salário-mínimo, até o limite de 2 (dois) salários-mínimos;

II – 40% (quarenta por cento) do valor que exceder 2 (dois) salários-mínimos, até o limite de 3 (três) salários-mínimos;

III – 20% (vinte por cento) do valor que exceder 3 (três) salários-mínimos, até o limite de 4 (quatro) salários-mínimos; e

IV – 10% (dez por cento) do valor que exceder 4 (quatro) salários-mínimos.

§ 3.º A aplicação do disposto no § 2.º poderá ser revista a qualquer tempo, a pedido do interessado, em razão de alteração de algum dos benefícios.

§ 4.º As restrições previstas neste artigo não serão aplicadas se o direito aos benefícios houver sido adquirido antes da data de entrada em vigor desta Emenda Constitucional.

§ 5.º As regras sobre acumulação previstas neste artigo e na legislação vigente na data de entrada em vigor desta Emenda Constitucional poderão ser alteradas na forma do § 6º do art. 40 e do § 15 do art. 201 da Constituição Federal.

Art. 25. Será assegurada a contagem de tempo de contribuição fictício no Regime Geral de Previdência Social decorrente de hipóteses descritas na legislação vigente até a data de entrada em vigor desta Emenda Constitucional para fins de concessão de aposentadoria, observando-se, a partir da sua entrada em vigor, o disposto no § 14 do art. 201 da Constituição Federal.

§ 1.º Para fins de comprovação de atividade rural exercida até a data de entrada em vigor desta Emenda Constitucional, o prazo de que tratam os §§ 1.º e 2.º do art. 38-B da Lei n. 8.213, de 24 de julho de 1991, será prorrogado até a data em que o Cadastro Nacional de Informações Sociais (CNIS) atingir a cobertura mínima de 50% (cinquenta por cento) dos trabalhadores de que trata o § 8.º do art. 195 da Constituição Federal, apurada conforme quantitativo da Pesquisa Nacional por Amostra de Domicílios Contínua (Pnad).

§ 2.º Será reconhecida a conversão de tempo especial em comum, na forma prevista na Lei n. 8.213, de 24 de julho de 1991, ao segurado do Regime Geral de Previdência Social que comprovar tempo de efetivo exercício de atividade sujeita a condições especiais que efetivamente prejudiquem a saúde, cumprido até a data de entrada em vigor desta Emenda Constitucional, vedada a conversão para o tempo cumprido após esta data.

§ 3.º Considera-se nula a aposentadoria que tenha sido concedida ou que venha a ser concedida por regime próprio de previdência social com contagem recíproca do Regime Geral de Previdência Social mediante o cômputo de tempo de serviço sem o recolhimento da respectiva contribuição ou da correspondente indenização pelo segurado obrigatório responsável, à época do exercício da atividade, pelo recolhimento de suas próprias contribuições previdenciárias.

Art. 26. Até que lei discipline o cálculo dos benefícios do regime próprio de previdência social da União e do Regime Geral de Previdência Social, será utilizada a média aritmética simples dos salários de contribuição e das remunerações adotados como base para contribuições a regime próprio de previdência social e ao Regime Geral de Previdência Social, ou como base para contribuições decorrentes das atividades militares de que tratam os arts. 42 e 142 da Constituição Federal, atualizados monetariamente, correspondentes a 100% (cem por cento) do período contributivo desde a competência julho de 1994 ou desde o início da contribuição, se posterior àquela competência.

•• Os arts. 34 a 62 da Portaria n. 450, de 3-4-2020, do INSS, dispõem sobre cálculo do valor do benefício.

§ 1.º A média a que se refere o *caput* será limitada ao valor máximo do salário de contribuição do Regime Geral de Previdência Social para os segurados desse regime e para o servidor que ingressou no serviço público em cargo efetivo após a implantação do regime de previdência complementar ou que tenha exercido a opção correspondente, nos termos do disposto nos §§ 14 a 16 do art. 40 da Constituição Federal.

§ 2.º O valor do benefício de aposentadoria corresponderá a 60% (sessenta por cento) da média aritmética definida na forma prevista no *caput* e no § 1.º, com acréscimo de 2 (dois) pontos percentuais para cada ano de contribuição que exceder o tempo de 20 (vinte) anos de contribuição nos casos:

I – do inciso II do § 6.º do art. 4.º, do § 4.º do art. 15, do § 3.º do art. 16 e do § 2.º do art. 18;

II – do § 4.º do art. 10, ressalvado o disposto no inciso II do § 3.º e no § 4.º deste artigo;

III – de aposentadoria por incapacidade permanente aos segurados do Regime Geral de Previdência Social, ressalvado o disposto no inciso II do § 3.º deste artigo; e

IV – do § 2.º do art. 19 e do § 2.º do art. 21, ressalvado o disposto no § 5.º deste artigo.

§ 3.º O valor do benefício de aposentadoria corresponderá a 100% (cem por cento) da média aritmética definida na forma prevista no *caput* e no § 1.º:

I – no caso do inciso II do § 2.º do art. 20;

II – no caso de aposentadoria por incapacidade permanente, quando decorrer de acidente de trabalho, de doença profissional e de doença do trabalho.

§ 4.º O valor do benefício da aposentadoria de que trata o inciso III do § 1.º do art. 10 corresponderá ao resultado do tempo de contribuição dividido por 20 (vinte) anos, limitado a um inteiro, multiplicado pelo valor apurado na forma do *caput* do § 2.º deste artigo, ressalvado o caso de cumprimento de critérios de acesso para aposentadoria voluntária que resulte em situação mais favorável.

§ 5.º O acréscimo a que se refere o *caput* do § 2.º será aplicado para cada ano que exceder 15 (quinze) anos de tempo de contribuição para os segurados de que tratam a alínea *a* do inciso I do § 1.º do art. 19 e o inciso I do art. 21 e para as mulheres filiadas ao Regime Geral de Previdência Social.

§ 6.º Poderão ser excluídas da média as contribuições que resultem em redução do valor do benefício, desde que mantido o tempo mínimo de contribuição exigido, vedada a utilização do tempo excluído para qualquer finalidade, inclusive para o acréscimo a que se referem os §§ 2.º e 5.º, para a averbação em outro regime previdenciário ou para a obtenção dos proventos de inatividade das atividades de que tratam os arts. 42 e 142 da Constituição Federal.

§ 7.º Os benefícios calculados nos termos do disposto neste artigo serão reajustados nos termos estabelecidos para o Regime Geral de Previdência Social.

Art. 27. Até que lei discipline o acesso ao salário-família e ao auxílio-reclusão de que trata o inciso IV do art. 201 da Constituição Federal, esses benefícios serão concedidos apenas àqueles que tenham renda bruta mensal igual ou inferior a R$ 1.364,43 (mil trezentos e sessenta e quatro reais e quarenta e três centavos), que serão corrigidos pelos mesmos índices aplicados aos benefícios do Regime Geral de Previdência Social.

§ 1.º Até que lei discipline o valor do auxílio-reclusão, de que trata o inciso IV do art. 201 da Constituição Federal, seu cálculo será realizado na forma daquele aplicável à pensão por morte, não podendo exceder o valor de 1 (um) salário-mínimo.

•• Os arts. 51 a 52 da Portaria n. 450, de 3-4-2020, do INSS, dispõem sobre auxílio-reclusão.

§ 2.º Até que lei discipline o valor do salário-família, de que trata o inciso IV do art. 201 da Constituição Federal, seu valor será de R$ 46,54 (quarenta e seis reais e cinquenta e quatro centavos).

Art. 28. Até que lei altere as alíquotas da contribuição de que trata a Lei n. 8.212, de 24 de julho de 1991, devidas pelo segurado empregado, inclusive o doméstico, e pelo trabalhador avulso, estas serão de:

•• Sobre o prazo de vigência deste artigo, *vide* art. 36, I, desta Emenda Constitucional.

I – até 1 (um) salário-mínimo, 7,5% (sete inteiros e cinco décimos por cento);

II – acima de 1 (um) salário-mínimo até R$ 2.000,00 (dois mil reais), 9% (nove por cento);

III – de R$ 2.000,01 (dois mil reais e um centavo) até R$ 3.000,00 (três mil reais), 12% (doze por cento); e

IV – de R$ 3.000,01 (três mil reais e um centavo) até o limite do salário de contribuição, 14% (quatorze por cento).

§ 1.º As alíquotas previstas no *caput* serão aplicadas de forma progressiva sobre o salário de contribuição do segurado, incidindo cada alíquota sobre a faixa de valores compreendida nos respectivos limites.

§ 2.º Os valores previstos no *caput* serão reajustados, a partir da data de entrada em vigor desta Emenda Constitucional, na mesma data e com o mesmo índice em que se der o reajuste dos benefícios do Regime Geral de Previdência Social, ressalvados aqueles vinculados ao salário-mínimo, aos quais se aplica a legislação específica.

Art. 29. Até que entre em vigor lei que disponha sobre o § 14 do art. 195 da Constituição Federal, o segurado que, no somatório de remunerações auferidas no período de 1 (um) mês, receber remuneração inferior ao limite mínimo mensal do salário de contribuição poderá:

I – complementar a sua contribuição, de forma a alcançar o limite mínimo exigido;

II – utilizar o valor da contribuição que exceder o limite mínimo de contribuição de uma competência em outra; ou

III – agrupar contribuições inferiores ao limite mínimo de diferentes competências, para aproveitamento em contribuições mínimas mensais.

Parágrafo único. Os ajustes de complementação ou agrupamento de contribuições previstos nos incisos I, II e III do *caput* somente poderão ser feitos ao longo do mesmo ano civil.

Art. 30. A vedação de diferenciação ou substituição de base de cálculo decorrente do disposto no § 9.º do art. 195 da Constituição Federal não se aplica a contribuições que substituam a contribuição de que trata a alínea *a* do inciso I do *caput* do art. 195 da Constituição Federal instituídas antes da data de entrada em vigor desta Emenda Constitucional.

Art. 31. O disposto no § 11 do art. 195 da Constituição Federal não se aplica aos parcelamentos previstos na legislação vigente até a data de entrada em vigor desta Emenda Constitucional, sendo vedadas a reabertura ou a prorrogação de prazo para adesão.

Art. 32. Até que entre em vigor lei que disponha sobre a alíquota da contribuição de que trata a Lei n. 7.689, de 15 de dezembro de 1988, esta será de 20% (vinte por cento) no caso das pessoas jurídicas referidas no inciso I do § 1.º do art. 1.º da Lei Complementar n. 105, de 10 de janeiro de 2001.

•• Sobre o prazo de vigência deste artigo, *vide* art. 36, I, desta Emenda Constitucional.

Art. 33. Até que seja disciplinada a relação entre a União, os Estados, o Distrito Federal e os Municípios e entidades abertas de previdência complementar na forma do disposto nos §§ 4.º e 5.º do art. 202 da Constituição Federal, somente entidades fechadas de previdência complementar estão autorizadas a administrar planos de benefícios patrocinados pela União, Estados, Distrito Federal ou Municípios, inclusive suas autarquias, fundações, sociedades de economia mista e empresas controladas direta ou indiretamente.

Art. 34. Na hipótese de extinção por lei de regime previdenciário e migração dos respectivos segurados para o Regime Geral de Previdência Social, serão observados, até que lei federal disponha sobre a matéria, os seguintes requisitos pelo ente federativo:

I – assunção integral da responsabilidade pelo pagamento dos benefícios concedidos durante a vigência do regime extinto, bem como daqueles cujos requisitos já tenham sido implementados antes da sua extinção;

II – previsão de mecanismo de ressarcimento ou de complementação de benefícios aos que tenham contribuído acima do limite máximo do Regime Geral de Previdência Social;

III – vinculação das reservas existentes no momento da extinção, exclusivamente:

a) ao pagamento dos benefícios concedidos e a conceder, ao ressarcimento de contribuições ou à complementação de benefícios, na forma dos incisos I e II; e

b) à compensação financeira com o Regime Geral de Previdência Social.

Parágrafo único. A existência de superávit atuarial não constitui óbice à extinção de regime próprio de previdência social e à consequente migração para o Regime Geral de Previdência Social.

Art. 35. Revogam-se:

I – os seguintes dispositivos da Constituição Federal:

a) o § 21 do art. 40;

b) o § 13 do art. 195;

II – os arts. 9.º, 13 e 15 da Emenda Constitucional n. 20, de 15 de dezembro de 1998;

III – os arts. 2.º, 6.º e 6.º-A da Emenda Constitucional n. 41, de 19 de dezembro de 2003;

IV – o art. 3.º da Emenda Constitucional n. 47, de 5 de julho de 2005.

Art. 36. Esta Emenda Constitucional entra em vigor:

I – no primeiro dia do quarto mês subsequente ao da data de publicação desta Emenda Constitucional, quanto ao disposto nos arts. 11, 28 e 32;

II – para os regimes próprios de previdência social dos Estados, do Distrito Federal e dos Municípios, quanto à alteração promovida pelo art. 1.º desta Emenda Constitucional no art. 149 da Constituição Federal e às revogações previstas na alínea *a* do inciso I e nos incisos III e IV do art. 35, na data de publicação de lei de iniciativa privativa do respectivo Poder Executivo que as referende integralmente;

III – nos demais casos, na data de sua publicação.

Parágrafo único. A lei de que trata o inciso II do *caput* não produzirá efeitos anteriores à data de sua publicação.

Brasília, em 12 de novembro de 2019.

Mesa da Câmara dos Deputados
Deputado RODRIGO MAIA
Presidente
Mesa do Senado Federal
Senador DAVI ALCOLUMBRE
Presidente

EMENDA CONSTITUCIONAL N. 104, DE 4 DE DEZEMBRO DE 2019 (*)

Altera o inciso XIV do caput do art. 21, o § 4.º do art. 32 e o art. 144 da Constituição Federal, para criar as polícias penais federal, estaduais e distrital.

As Mesas da Câmara dos Deputados e do Senado Federal, nos termos do § 3.º do art. 60 da Constituição Federal, promulgam a seguinte Emenda ao texto constitucional:

Art. 1.º O inciso XIV do *caput* do art. 21 da Constituição Federal passa a vigorar com a seguinte redação:

•• Alteração já processada no diploma modificado.

Art. 2.º O § 4.º do art. 32 da Constituição Federal passa a vigorar com a seguinte redação:

Art. 3.º O art. 144 da Constituição Federal passa a vigorar com as seguintes alterações:

Art. 4.º O preenchimento do quadro de servidores das polícias penais será feito, exclusivamente, por meio de concurso público e por meio da transformação dos cargos isolados, dos cargos de carreira dos atuais agentes penitenciários e dos cargos públicos equivalentes.

Art. 5.º Esta Emenda Constitucional entra em vigor na data de sua publicação.

Brasília, em 4 de dezembro de 2019.

Mesa da Câmara dos Deputados
Deputado RODRIGO MAIA
Presidente
Mesa do Senado Federal
Senador DAVI ALCOLUMBRE
Presidente

EMENDA CONSTITUCIONAL N. 105, DE 12 DE DEZEMBRO DE 2019 (**)

Acrescenta o art. 166-A à Constituição Federal, para autorizar a transferência de recursos federais a Estados, ao Distrito Federal e a Municípios mediante emendas ao projeto de lei orçamentária anual.

As Mesas da Câmara dos Deputados e do Senado Federal, nos termos do § 3.º do art. 60 da Constituição Federal, promulgam a seguinte Emenda ao texto constitucional:

Art. 1.º A Constituição Federal passa a vigorar acrescida do seguinte art. 166-A:

•• Alteração já processada no diploma modificado.

Art. 2.º No primeiro semestre do exercício financeiro subsequente ao da publicação desta Emenda Constitucional, fica assegurada a transferência financeira em montante mínimo equivalente a 60% (sessenta por cento) dos recursos de que trata o inciso I do *caput* do art. 166-A da Constituição Federal.

Art. 3.º Esta Emenda Constitucional entra em vigor em 1.º de janeiro do ano subsequente ao de sua publicação.

Brasília, em 12 de dezembro de 2019.

Mesa da Câmara dos Deputados
Deputado RODRIGO MAIA
Presidente
Mesa do Senado Federal
Senador DAVI ALCOLUMBRE
Presidente

EMENDA CONSTITUCIONAL N. 106, DE 7 DE MAIO DE 2020 (***)

Institui regime extraordinário fiscal, financeiro e de contratações para enfrentamento de calamidade pública nacional decorrente de pandemia.

As Mesas da Câmara dos Deputados e do Senado Federal, nos termos do § 3.º do art. 60 da Constituição Federal, promulgam a seguinte Emenda ao texto constitucional:

Art. 1.º Durante a vigência de estado de calamidade pública nacional reconhecido pelo Congresso Nacional em razão de emergência de saúde pública de importância internacional decorrente de pandemia, a União adotará regime extraordinário fiscal, financeiro e de contratações para atender às necessidades dele decorrentes, somente naquilo em que a urgência for incompatível com o regime regular, nos termos definidos nesta Emenda Constitucional.

•• O Decreto n. 10.360, de 21-5-2020, dispõe em seu art. 1.º: "Art. 1.º As autorizações de despesas relacionadas ao enfrentamento de calamidade pública nacional decorrente de pandemia, de que trata o art. 1.º da Emenda Constitucional n. 106, de 7 de maio de 2020, observarão os seguintes critérios:

I – as programações orçamentárias cuja finalidade seja exclusivamente o enfrentamento da covid-19 e de seus efeitos sociais e econômicos deverão conter o complemento "covid-19" no título ou no subtítulo da ação orçamentária, sem prejuízo de sua combinação com o marcador de que trata o inciso II;

II – as autorizações de despesas constantes da Lei n. 13.978, de 17 de janeiro de 2020, e de seus créditos adicionais abertos, que sejam direcionadas ao enfrentamento da covid-19 e de seus efeitos sociais e econômicos, mas constem de programações orçamentárias que não se destinem exclusivamente a essa finalidade, deverão

(*) Publicada no *Diário Oficial da União*, de 5-12-2019.

(**) Publicada no *Diário Oficial da União*, de 13-12-2019.

(***) Publicada no *Diário Oficial da União*, de 8-5-2020.

receber marcador de plano orçamentário cuja codificação será iniciada por "CV"; ou

III – as demais autorizações de despesas relacionadas ao enfrentamento da covid-19 e de seus efeitos sociais e econômicos que não puderem, por razões técnicas devidamente justificadas, ser identificadas na forma definida nos incisos I e II, deverão ser identificadas na forma a ser definida pela Secretaria de Orçamento Federal da Secretaria Especial de Fazenda do Ministério da Economia e disponibilizadas para acesso público em sítio eletrônico.

§ 1.º Além das hipóteses previstas no *caput*, para fins do disposto no parágrafo único do art. 5.º da Emenda Constitucional n. 106, de 2020, consideram-se identificadas as autorizações de despesas destinadas ao enfrentamento da covid-19 e de seus efeitos sociais e econômicos constantes do Anexo a este Decreto.

§ 2.º Fica a Secretaria de Orçamento Federal da Secretaria Especial de Fazenda do Ministério da Economia autorizada a editar normas complementares com o objetivo de implementar as regras estabelecidas neste artigo.

§ 3.º A relação das despesas de que trata este Decreto será disponibilizada no Painel do Orçamento do Sistema Integrado de Planejamento e Orçamento – Siop, sem prejuízo:

I – de que haja outros meios de se promover a transparência dos recursos alocados para o enfrentamento da covid-19 e de seus efeitos sociais e econômicos; e

II – do disposto no inciso II do *caput* do art. 5.º da Emenda Constitucional n. 106, de 2020".

Art. 2.º Com o propósito exclusivo de enfrentamento do contexto da calamidade e de seus efeitos sociais e econômicos, no seu período de duração, o Poder Executivo federal, no âmbito de suas competências, poderá adotar processos simplificados de contratação de pessoal, em caráter temporário e emergencial, e de obras, serviços e compras que assegurem, quando possível, competição e igualdade de condições a todos os concorrentes, dispensada a observância do § 1.º do art. 169 da Constituição Federal na contratação de que trata o inciso IX do *caput* do art. 37 da Constituição Federal, limitada a dispensa às situações de que trata o referido inciso, sem prejuízo da tutela dos órgãos de controle.

Parágrafo único. Nas hipóteses de distribuição de equipamentos e insumos de saúde imprescindíveis ao enfrentamento da calamidade, a União adotará critérios objetivos, devidamente publicados, para a respectiva destinação a Estados e a Municípios.

Art. 3.º Desde que não impliquem despesa permanente, as proposições legislativas e os atos do Poder Executivo com propósito exclusivo de enfrentar a calamidade e suas consequências sociais e econômicas, com vigência e efeitos restritos à sua duração, ficam dispensados da observância das limitações legais quanto à criação, à expansão ou ao aperfeiçoamento de ação governamental que acarrete aumento de despesa e à concessão ou à ampliação de incentivo ou benefício de natureza tributária da qual decorra renúncia de receita.

Parágrafo único. Durante a vigência da calamidade pública nacional de que trata o art. 1.º desta Emenda Constitucional, não se aplica o disposto no § 3.º do art. 195 da Constituição Federal.

Art. 4.º Será dispensada, durante a integralidade do exercício financeiro em que vigore a calamidade pública nacional de que trata o art. 1.º desta Emenda Constitucional, a observância do inciso III do *caput* do art. 167 da Constituição Federal.

Parágrafo único. O Ministério da Economia publicará, a cada 30 (trinta) dias, relatório com os valores e o custo das operações de crédito realizadas no período de vigência do estado de calamidade pública nacional de que trata o art. 1.º desta Emenda Constitucional.

Art. 5.º As autorizações de despesas relacionadas ao enfrentamento da calamidade pública nacional de que trata o art. 1.º desta Emenda Constitucional e de seus efeitos sociais e econômicos deverão:

- O Decreto n. 10.579, de 18-12-2020, estabelece regras para a inscrição de restos a pagar das despesas de que trata este art. 5.º.

I – constar de programações orçamentárias específicas ou contar com marcadores que as identifiquem; e

II – ser separadamente avaliadas na prestação de contas do Presidente da República e evidenciadas, até 30 (trinta) dias após o encerramento de cada bimestre, no relatório a que se refere o § 3.º do art. 165 da Constituição Federal.

Parágrafo único. Decreto do Presidente da República, editado até 15 (quinze) dias após a entrada em vigor desta Emenda Constitucional, disporá sobre a forma de identificação das autorizações de que trata o *caput* deste artigo, incluídas as anteriores à vigência desta Emenda Constitucional.

Art. 6.º Durante a vigência da calamidade pública nacional de que trata o art. 1.º desta Emenda Constitucional, os recursos decorrentes de operações de crédito realizadas para o refinanciamento da dívida mobiliária poderão ser utilizados também para o pagamento de seus juros e encargos.

Art. 7.º O Banco Central do Brasil, limitado ao enfrentamento da calamidade pública nacional de que trata o art. 1.º desta Emenda Constitucional, e com vigência e efeitos restritos ao período de sua duração, fica autorizado a comprar e a vender:

I – títulos de emissão do Tesouro Nacional, nos mercados secundários local e internacional; e

II – os ativos, em mercados secundários nacionais no âmbito de mercados financeiros, de capitais e de pagamentos, desde que, no momento da compra, tenham classificação em categoria de risco de crédito no mercado local equivalente a BB- ou superior, conferida por pelo menos 1 (uma) das 3 (três) maiores agências internacionais de classificação de risco, e preço de referência publicado por entidade do mercado financeiro acreditada pelo Banco Central do Brasil.

§ 1.º Respeitadas as condições previstas no inciso II do *caput* deste artigo, será dada preferência à aquisição de títulos emitidos por microempresas e por pequenas e médias empresas.

§ 2.º O Banco Central do Brasil fará publicar diariamente as operações realizadas, de forma individualizada, com todas as respectivas informações, inclusive as condições financeiras e econômicas das operações, como taxas de juros pactuadas, valores envolvidos e prazos.

§ 3.º O Presidente do Banco Central do Brasil prestará contas ao Congresso Nacional, a cada 30 (trinta) dias, do conjunto das operações previstas neste artigo, sem prejuízo do previsto no § 2.º deste artigo.

§ 4.º A alienação de ativos adquiridos pelo Banco Central do Brasil, na forma deste artigo, poderá dar-se em data posterior à vigência do estado de calamidade pública nacional de que trata o art. 1.º desta Emenda Constitucional, se assim justificar o interesse público.

Art. 8.º Durante a vigência desta Emenda Constitucional, o Banco Central do Brasil editará regulamentação sobre exigências de contrapartidas ao comprar ativos de instituições financeiras em conformidade com a previsão do inciso II do *caput* do art. 7.º desta Emenda Constitucional, em especial a vedação de:

I – pagar juros sobre o capital próprio e dividendos acima do mínimo obrigatório estabelecido em lei ou no estatuto social vigente na data de entrada em vigor desta Emenda Constitucional;

II – aumentar a remuneração, fixa ou variável, de diretores e membros do conselho de administração, no caso das sociedades anônimas, e dos administradores, no caso de sociedades limitadas.

Parágrafo único. A remuneração variável referida no inciso II do *caput* deste artigo inclui bônus, participação nos lucros e quaisquer parcelas de remuneração diferidas e outros incentivos remuneratórios associados ao desempenho.

Art. 9.º Em caso de irregularidade ou de descumprimento dos limites desta Emenda Constitucional, o Congresso Nacional poderá sustar, por decreto legislativo, qualquer decisão de órgão ou entidade do Poder Executivo relacionada às medidas autorizadas por esta Emenda Constitucional.

Art. 10. Ficam convalidados os atos de gestão praticados a partir de 20 de março de 2020, desde que compatíveis com o teor desta Emenda Constitucional.

Art. 11. Esta Emenda Constitucional entra em vigor na data de sua publicação e ficará automaticamente revogada na data do encerramento do estado de calamidade pública reconhecido pelo Congresso Nacional.

Brasília, em 7 de maio de 2020.

Mesa da Câmara dos Deputados
Deputado RODRIGO MAIA
Presidente

Mesa do Senado Federal
Senador DAVI ALCOLUMBRE
Presidente

EMENDA CONSTITUCIONAL N. 107, DE 2 DE JULHO DE 2020 (*)

Adia, em razão da pandemia da Covid-19, as eleições municipais de outubro de 2020 e os prazos eleitorais respectivos.

As Mesas da Câmara dos Deputados e do Senado Federal, nos termos do § 3.º do art. 60 da Constituição Federal, promulgam a seguinte Emenda ao texto constitucional:

Art. 1.º As eleições municipais previstas para outubro de 2020 realizar-se-ão no dia 15 de novembro, em primeiro turno, e no dia 29 de novembro de 2020, em segundo turno, onde houver, observado o disposto no § 4.º deste artigo.

§ 1.º Ficam estabelecidas, para as eleições de que trata o *caput* deste artigo, as seguintes datas:

I – a partir de 11 de agosto, para a vedação às emissoras para transmitir programa apresentado ou comentado por pré-candidato, conforme previsto no § 1.º do art. 45 da Lei n. 9.504, de 30 de setembro de 1997;

II – entre 31 de agosto e 16 de setembro, para a realização das convenções para escolha dos candidatos pelos partidos e a deliberação sobre coligações, a que se refere o *caput* do art. 8.º da Lei n. 9.504, de 30 de setembro de 1997;

III – até 26 de setembro, para que os partidos e coligações solicitem à Justiça Eleitoral o registro de seus candidatos, conforme disposto no *caput* do art. 11 da Lei n. 9.504, de 30 de setembro de 1997, e no *caput* do art. 93 da Lei n. 4.737, de 15 de julho de 1965;

IV – após 26 de setembro, para o início da propaganda eleitoral, inclusive na internet, conforme disposto nos arts. 36 e 57-A da Lei n. 9.504, de 30 de setembro de 1997, e no *caput* do art. 240 da Lei n. 4.737, de 15 de julho de 1965;

V – a partir de 26 de setembro, para que a Justiça Eleitoral convoque os partidos e a representação das emissoras de rádio e de televisão para elaborarem plano de mídia, conforme disposto no art. 52 da Lei n. 9.504, de 30 de setembro de 1997;

VI – 27 de outubro, para que os partidos políticos, as coligações e os candidatos, obrigatoriamente, divulguem o relatório que discrimina as transferências do Fundo Partidário e do Fundo Especial de Financiamento de Campanha, os recursos em dinheiro e os estimáveis em dinheiro recebidos, bem como os gastos realizados, conforme disposto no inciso II do § 4.º do art. 28 da Lei n. 9.504, de 30 de setembro de 1997;

VII – até 15 de dezembro, para o encaminhamento à Justiça Eleitoral do conjunto das prestações de contas de campanha dos candidatos e dos partidos políticos, relativamente ao primeiro e, onde houver, ao segundo turno das eleições, conforme dispostos nos incisos III e IV do *caput* do art. 29 da Lei n. 9.504, de 30 de setembro de 1997.

§ 2.º Os demais prazos fixados na Lei n. 9.504, de 30 de setembro de 1997, e na Lei n. 4.737, de 15 de julho de 1965, que não tenham transcorrido na data da publicação desta Emenda Constitucional e tenham como referência a data do pleito serão computados considerando-se a nova data das eleições de 2020.

§ 3.º Nas eleições de que trata este artigo serão observadas as seguintes disposições:

I – o prazo previsto no § 1.º do art. 30 da Lei n. 9.504, de 30 de setembro de 1997, não será aplicado, e a decisão que julgar as contas dos candidatos eleitos deverá ser publicada até o dia 12 de fevereiro de 2021;

II – o prazo para a propositura da representação de que trata o art. 30-A da Lei n. 9.504, de 30 de setembro de 1997, será até o dia 1.º de março de 2021;

III – os partidos políticos ficarão autorizados a realizar, por meio virtual, independentemente de qualquer disposição estatutária, convenções ou reuniões para a escolha de candidatos e a formalização de coligações, bem como para a definição dos critérios de distribuição dos recursos do Fundo Especial de Financiamento de Campanha, de que trata o art. 16-C da Lei n. 9.504, de 30 de setembro de 1997;

IV – os prazos para desincompatibilização que, na data da publicação desta Emenda Constitucional, estiverem:

a) a vencer: serão computados considerando-se a nova data de realização das eleições de 2020;

b) vencidos: serão considerados preclusos, vedada a sua reabertura;

V – a diplomação dos candidatos eleitos ocorrerá em todo o País até o dia 18 de dezembro, salvo a situação prevista no § 4.º deste artigo;

VI – os atos de propaganda eleitoral não poderão ser limitados pela legislação municipal ou pela Justiça Eleitoral, salvo se a decisão estiver fundamentada em prévio parecer técnico emitido por autoridade sanitária estadual ou nacional;

VII – em relação à conduta vedada prevista no inciso VII do *caput* do art. 73 da Lei n. 9.504, de 30 de setembro de 1997, os gastos liquidados com publicidade institucional realizada até 15 de agosto de 2020 não poderão exceder a média dos gastos dos 2 (dois) primeiros quadrimestres dos 3 (três) últimos anos que antecedem ao pleito, salvo em caso de grave e urgente necessidade pública, assim reconhecida pela Justiça Eleitoral;

VIII – no segundo semestre de 2020, poderá ser realizada a publicidade institucional de atos e campanhas dos órgãos públicos municipais e de suas respectivas entidades da administração indireta destinados ao enfrentamento à pandemia da Covid-19 e à orientação da população quanto a serviços públicos e a outros temas afetados pela pandemia, resguardada a possibilidade de apuração de eventual conduta abusiva nos termos do art. 22 da Lei Complementar n. 64, de 18 de maio de 1990.

§ 4.º No caso de as condições sanitárias de um Estado ou Município não permitirem a realização das eleições nas datas previstas no *caput* deste artigo, o Congresso Nacional, por provocação do Tribunal Superior Eleitoral, instruída com manifestação da autoridade sanitária nacional, e após parecer da Comissão Mista de que trata o art. 2.º do Decreto Legislativo n. 6, de 20 de março de 2020, poderá editar decreto legislativo a fim de designar novas datas para a realização do pleito, observada como data-limite o dia 27 de dezembro de 2020, e caberá ao Tribunal Superior Eleitoral dispor sobre as medidas necessárias à conclusão do processo eleitoral.

§ 5.º O Tribunal Superior Eleitoral fica autorizado a promover ajustes nas normas referentes a:

I – prazos para fiscalização e acompanhamento dos programas de computador utilizados nas urnas eletrônicas para os processos de votação, apuração e totalização, bem como de todas as fases do processo de votação, apuração das eleições e processamento eletrônico da totalização dos resultados, para adequá-los ao novo calendário eleitoral;

II – recepção de votos, justificativas, auditoria e fiscalização no dia da eleição, inclusive no tocante ao horário de funcionamento das seções eleitorais e à distribuição dos eleitores no período, de forma a propiciar a melhor segurança sanitária possível a todos os participantes do processo eleitoral.

Art. 2.º Não se aplica o art. 16 da Constituição Federal ao disposto nesta Emenda Constitucional.

Art. 3.º Esta Emenda Constitucional entra em vigor na data de sua publicação.

Brasília, em 2 de julho de 2020

Mesa da Câmara dos Deputados
Deputado RODRIGO MAIA
Presidente

Mesa do Senado Federal
Senador DAVI ALCOLUMBRE
Presidente

(*) Publicada no *Diário Oficial da União*, de 3-7-2020.

EMENDA CONSTITUCIONAL N. 108, DE 26 DE AGOSTO DE 2020 (*)

Altera a Constituição Federal para estabelecer critérios de distribuição da cota municipal do Imposto sobre Operações Relativas à Circulação de Mercadorias e sobre Prestações de Serviços de Transporte Interestadual e Intermunicipal e de Comunicação (ICMS), para disciplinar a disponibilização de dados contábeis pelos entes federados, para tratar do planejamento na ordem social e para dispor sobre o Fundo de Manutenção e Desenvolvimento da Educação Básica e de Valorização dos Profissionais da Educação (Fundeb); altera o Ato das Disposições Constitucionais Transitórias; e dá outras providências.

As Mesas da Câmara dos Deputados e do Senado Federal, nos termos do § 3.º do art. 60 da Constituição Federal, promulgam a seguinte Emenda ao texto constitucional:

Art. 1.º A Constituição Federal passa a vigorar com as seguintes alterações:

•• Alterações já processadas no diploma modificado.

Art. 2.º O Ato das Disposições Constitucionais Transitórias passa a vigorar com as seguintes alterações:

•• Alterações já processadas no diploma modificado.

Art. 3.º Os Estados terão prazo de 2 (dois) anos, contado da data da promulgação desta Emenda Constitucional, para aprovar lei estadual prevista no inciso II do parágrafo único do art. 158 da Constituição Federal.

Art. 4.º Esta Emenda Constitucional entra em vigor na data de sua publicação e produzirá efeitos financeiros a partir de 1.º de janeiro de 2021.

Parágrafo único. Ficam mantidos os efeitos do art. 60 do Ato das Disposições Constitucionais Transitórias, conforme estabelecido pela Emenda Constitucional n. 53, de 19 de dezembro de 2006, até o início dos efeitos financeiros desta Emenda Constitucional.

Brasília, em 26 de agosto de 2020.

Mesa da Câmara dos Deputados
Deputado RODRIGO MAIA
Presidente

Mesa do Senado Federal
Senador DAVI ALCOLUMBRE
Presidente

EMENDA CONSTITUCIONAL N. 109, DE 15 DE MARÇO DE 2021 (**)

Altera os arts. 29-A, 37, 49, 84, 163, 165, 167, 168 e 169 da Constituição Federal e os arts. 101 e 109 do Ato das Disposições Constitucionais Transitórias; acrescenta à Constituição Federal os arts. 164-A, 167-A, 167-B, 167-C, 167-D, 167-E, 167-F e 167-G; revoga dispositivos do Ato das Disposições Constitucionais Transitórias e institui regras transitórias sobre redução de benefícios tributários; desvincula parcialmente o superávit financeiro de fundos públicos; e suspende condicionalidades para realização de despesas com concessão de auxílio emergencial residual para enfrentar as consequências sociais e econômicas da pandemia da Covid-19.

As Mesas da Câmara dos Deputados e do Senado Federal, nos termos do § 3.º do art. 60 da Constituição Federal, promulgam a seguinte Emenda ao texto constitucional:

Art. 1.º A Constituição Federal passa a vigorar com as seguintes alterações:

•• Alterações já processadas no diploma modificado.

Art. 2.º O Ato das Disposições Constitucionais Transitórias passa a vigorar com as seguintes alterações:

•• Alterações já processadas no diploma modificado.

Art. 3.º Durante o exercício financeiro de 2021, a proposição legislativa com o propósito exclusivo de conceder auxílio emergencial residual para enfrentar as consequências sociais e econômicas da pandemia da Covid-19 fica dispensada da observância das limitações legais quanto à criação, à expansão ou ao aperfeiçoamento de ação governamental que acarrete aumento de despesa.

§ 1.º As despesas decorrentes da concessão do auxílio referido no *caput* deste artigo realizadas no exercício financeiro de 2021 não são consideradas, até o limite de R$ 44.000.000.000,00 (quarenta e quatro bilhões de reais), para fins de:

I – apuração da meta de resultado primário estabelecida no *caput* do art. 2.º da Lei n. 14.116, de 31 de dezembro de 2020;

II – limite para despesas primárias estabelecido no inciso I do *caput* do art. 107 do Ato das Disposições Constitucionais Transitórias.

§ 2.º As operações de crédito realizadas para custear a concessão do auxílio referido no *caput* deste artigo ficam ressalvadas do limite estabelecido no inciso III do *caput* do art. 167 da Constituição Federal.

§ 3.º A despesa de que trata este artigo deve ser atendida por meio de crédito extraordinário.

§ 4.º A abertura do crédito extraordinário referido no § 3.º deste artigo dar-se-á independentemente da observância dos requisitos exigidos no § 3.º do art. 167 da Constituição Federal.

§ 5.º O disposto neste artigo aplica-se apenas à União, vedada sua adoção pelos Estados, pelo Distrito Federal e pelos Municípios.

Art. 4.º O Presidente da República deve encaminhar ao Congresso Nacional, em até 6 (seis) meses após a promulgação desta Emenda Constitucional, plano de redução gradual de incentivos e benefícios federais de natureza tributária, acompanhado das correspondentes proposições legislativas e das estimativas dos respectivos impactos orçamentários e financeiros.

§ 1.º As proposições legislativas a que se refere o *caput* devem propiciar, em conjunto, redução do montante total dos incentivos e benefícios referidos no *caput* deste artigo:

I – para o exercício em que forem encaminhadas, de pelo menos 10% (dez por cento), em termos anualizados, em relação aos incentivos e benefícios vigentes por ocasião da promulgação desta Emenda Constitucional;

II – de modo que esse montante, no prazo de até 8 (oito) anos, não ultrapasse 2% (dois por cento) do produto interno bruto.

§ 2.º O disposto no *caput* deste artigo, bem como o atingimento das metas estabelecidas no § 1.º deste artigo, não se aplica aos incentivos e benefícios:

I – estabelecidos com fundamento na alínea *d* do inciso III do *caput* e no parágrafo único do art. 146 da Constituição Federal;

II – concedidos a entidades sem fins lucrativos com fundamento na alínea *c* do inciso VI do *caput* do art. 150 e no § 7.º do art. 195 da Constituição Federal;

III – concedidos aos programas de que trata a alínea *c* do inciso I do *caput* do art. 159 da Constituição Federal;

IV – relativos ao regime especial estabelecido nos termos do art. 40 do Ato das Disposições Constitucionais Transitórias, às áreas de livre comércio e zonas francas e à política industrial para o setor de tecnologias da informação e comunicação e para o setor de semicondutores, na forma da lei;

•• Inciso IV com redação determinada pela Emenda Constitucional n. 121, de 10-5-2022.

V – relacionados aos produtos que compõem a cesta básica; e

VI – concedidos aos programas estabelecidos em lei destinados à concessão de bolsas de estudo integrais e parciais para estudantes de cursos superiores em instituições privadas de ensino superior, com ou sem fins lucrativos.

§ 3.º Para efeitos deste artigo, considera-se incentivo ou benefício de natureza tributária aquele assim definido na mais recente publicação do demonstrativo a que se refere o § 6.º do art. 165 da Constituição Federal.

§ 4.º Lei complementar tratará de:

I – critérios objetivos, metas de desempenho e procedimentos para a concessão e a alteração de incentivo ou benefício de natureza tributária, financeira ou creditícia para pessoas jurídicas do qual decorra diminuição de receita ou aumento de despesa;

II – regras para a avaliação periódica obrigatória dos impactos econômico-sociais dos incentivos ou benefícios de que trata o inciso I deste parágrafo, com divulgação irrestrita dos respectivos resultados;

III – redução gradual de incentivos fiscais federais de natureza tributária, sem prejuízo do plano emergencial de que trata o *caput* deste artigo.

(*) Publicada no *Diário Oficial da União*, de 27-8-2020.

(**) Publicada no *Diário Oficial da União*, de 16-3-2021.

Art. 5.º O superávit financeiro das fontes de recursos dos fundos públicos do Poder Executivo, exceto os saldos decorrentes do esforço de arrecadação dos servidores civis e militares da União, apurado ao final de cada exercício, poderá ser destinado:

•• *Caput* com redação determinada pela Emenda Constitucional n. 127, de 22-12-2022.

I – à amortização da dívida pública do respectivo ente, nos exercícios de 2021 e de 2022; e

•• Inciso I acrescentado pela Emenda Constitucional n. 127, de 22-12-2022.

II – ao pagamento de que trata o § 12 do art. 198 da Constituição Federal, nos exercícios de 2023 a 2027.

•• Inciso II acrescentado pela Emenda Constitucional n. 127, de 22-12-2022.

§ 1.º No período de que trata o inciso I do *caput* deste artigo, se o ente não tiver dívida pública a amortizar, o superávit financeiro das fontes de recursos dos fundos públicos do Poder Executivo será de livre aplicação.

•• § 1.º com redação determinada pela Emenda Constitucional n. 127, de 22-12-2022.

§ 2.º Não se aplica o disposto no *caput* deste artigo:

I – aos fundos públicos de fomento e desenvolvimento regionais, operados por instituição financeira de caráter regional;

II – aos fundos ressalvados no inciso IV do art. 167 da Constituição Federal.

Art. 6.º Ficam revogados:

I – o art. 91 do Ato das Disposições Constitucionais Transitórias; e

II – o § 4.º do art. 101 do Ato das Disposições Constitucionais Transitórias.

Art. 7.º Esta Emenda Constitucional entra em vigor na data de sua publicação, exceto quanto à alteração do art. 29-A da Constituição Federal, a qual entra em vigor a partir do início da primeira legislatura municipal após a data de publicação desta Emenda Constitucional.

Brasília, em 15 de março de 2021.

Mesa da Câmara dos Deputados
Deputado ARTHUR LIRA
Presidente

Mesa do Senado Federal
Senador RODRIGO PACHECO
Presidente

EMENDA CONSTITUCIONAL N. 110, DE 12 DE JULHO DE 2021 (*)

Acrescenta o art. 18-A ao Ato das Disposições Constitucionais Transitórias, para dispor sobre a convalidação de atos administrativos praticados no Estado do Tocantins entre 1.º de janeiro de 1989 e 31 de dezembro de 1994.

As Mesas da Câmara dos Deputados e do Senado Federal, nos termos do § 3.º do art. 60 da Constituição Federal, promulgam a seguinte Emenda ao texto constitucional:

Art. 1.º O Ato das Disposições Constitucionais Transitórias passa a vigorar acrescido do seguinte art. 18-A:

•• Alteração já processada no diploma modificado.

Art. 2.º Esta Emenda Constitucional entra em vigor na data de sua publicação.

Brasília, em 12 de julho de 2021.

Mesa da Câmara dos Deputados
Deputado ARTHUR LIRA
Presidente

Mesa do Senado Federal
Senador RODRIGO PACHECO
Presidente

(*) Publicada no *Diário Oficial da União*, de 13-7-2021.

EMENDA CONSTITUCIONAL N. 111, DE 28 DE SETEMBRO DE 2021 (**)

Altera a Constituição Federal para disciplinar a realização de consultas populares concomitantes às eleições municipais, dispor sobre o instituto da fidelidade partidária, alterar a data de posse de Governadores e do Presidente da República e estabelecer regras transitórias para distribuição entre os partidos políticos dos recursos do fundo partidário e do Fundo Especial de Financiamento de Campanha (FEFC) e para o funcionamento dos partidos políticos.

As Mesas da Câmara dos Deputados e do Senado Federal, nos termos do § 3.º do art. 60 da Constituição Federal, promulgam a seguinte Emenda ao texto constitucional:

Art. 1.º A Constituição Federal passa a vigorar com as seguintes alterações:

•• Alterações já processadas no diploma modificado.

Art. 2.º Para fins de distribuição entre os partidos políticos dos recursos do fundo partidário e do Fundo Especial de Financiamento de Campanha (FEFC), os votos dados a candidatas mulheres ou a candidatos negros para a Câmara dos Deputados nas eleições realizadas de 2022 a 2030 serão contados em dobro.

Parágrafo único. A contagem em dobro de votos a que se refere o *caput* somente se aplica uma única vez.

Art. 3.º Até que entre em vigor lei que discipline cada uma das seguintes matérias, observar-se-ão os seguintes procedimentos:

I – nos processos de incorporação de partidos políticos, as sanções eventualmente aplicadas aos órgãos partidários regionais e municipais do partido incorporado, inclusive as decorrentes de prestações de contas, bem como as de responsabilização de seus antigos dirigentes, não serão aplicadas ao partido incorporador nem aos seus novos dirigentes, exceto aos que já integravam o partido incorporado;

II – nas anotações relativas às alterações dos estatutos dos partidos políticos, serão objeto de análise pelo Tribunal Superior Eleitoral apenas os dispositivos objeto de alteração.

(**) Publicada no *Diário Oficial da União*, de 29-9-2021.

Art. 4.º O Presidente da República e os Governadores de Estado e do Distrito Federal eleitos em 2022 tomarão posse em 1.º de janeiro de 2023, e seus mandatos durarão até a posse de seus sucessores, em 5 e 6 de janeiro de 2027, respectivamente.

Art. 5.º As alterações efetuadas nos arts. 28 e 82 da Constituição Federal constantes do art. 1.º desta Emenda Constitucional, relativas às datas de posse de Governadores, de Vice-Governadores, do Presidente e do Vice-Presidente da República, serão aplicadas somente a partir das eleições de 2026.

Art. 6.º Esta Emenda Constitucional entra em vigor na data de sua publicação.

Brasília, em 28 de setembro de 2021.

Mesa da Câmara dos Deputados
Deputado ARTHUR LIRA
Presidente

Mesa do Senado Federal
Senador RODRIGO PACHECO
Presidente

EMENDA CONSTITUCIONAL N. 112, DE 27 DE OUTUBRO DE 2021 (***)

Altera o art. 159 da Constituição Federal para disciplinar a distribuição de recursos pela União ao Fundo de Participação dos Municípios.

As Mesas da Câmara dos Deputados e do Senado Federal, nos termos do § 3.º do art. 60 da Constituição Federal, promulgam a seguinte Emenda ao texto constitucional:

Art. 1.º O art. 159 da Constituição Federal passa a vigorar com a seguinte redação:

•• Alterações já processadas no diploma modificado.

Art. 2.º Para os fins do disposto na alínea *f* do inciso I do *caput* do art. 159 da Constituição Federal, a União entregará ao Fundo de Participação dos Municípios, do produto da arrecadação dos impostos sobre renda e proventos de qualquer natureza e sobre produtos industrializados, 0,25% (vinte e cinco centésimos por cento), 0,5% (cinco décimos por cento) e 1% (um por cento), respectivamente, em cada um dos 2 (dois) primeiros exercícios, no terceiro exercício e a partir do quarto exercício em que esta Emenda Constitucional gerar efeitos financeiros.

Art. 3.º Esta Emenda Constitucional entra em vigor na data de sua publicação e produzirá efeitos financeiros a partir de 1.º de janeiro do exercício subsequente.

Brasília, em 27 de outubro de 2021.

Mesa da Câmara dos Deputados
Deputado ARTHUR LIRA
Presidente

Mesa do Senado Federal
Senador RODRIGO PACHECO
Presidente

(***) Publicada no *Diário Oficial da União*, de 28-10-2021.

EMENDA CONSTITUCIONAL N. 113, DE 8 DE DEZEMBRO DE 2021 (*)

Altera a Constituição Federal e o Ato das Disposições Constitucionais Transitórias para estabelecer o novo regime de pagamentos de precatórios, modificar normas relativas ao Novo Regime Fiscal e autorizar o parcelamento de débitos previdenciários dos Municípios; e dá outras providências.

As Mesas da Câmara dos Deputados e do Senado Federal, nos termos do § 3.º do art. 60 da Constituição Federal, promulgam a seguinte Emenda ao texto constitucional:

Art. 1.º Os arts. 100 e 160 da Constituição Federal passam a vigorar com as seguintes alterações:

•• Alterações já processadas no diploma modificado.

Art. 2.º O Ato das Disposições Constitucionais Transitórias passa a vigorar com as seguintes alterações:

•• Alterações já processadas no diploma modificado.

Art. 3.º Nas discussões e nas condenações que envolvam a Fazenda Pública, independentemente de sua natureza e para fins de atualização monetária, de remuneração do capital e de compensação da mora, inclusive do precatório, haverá a incidência, uma única vez, até o efetivo pagamento, do índice da taxa referencial do Sistema Especial de Liquidação e de Custódia (Selic), acumulado mensalmente.

Art. 4.º Os limites resultantes da aplicação do disposto no inciso II do § 1.º do art. 107 do Ato das Disposições Constitucionais Transitórias serão aplicáveis a partir do exercício de 2021, observado o disposto neste artigo.

§ 1.º No exercício de 2021, o eventual aumento dos limites de que trata o *caput* deste artigo fica restrito ao montante de até R$ 15.000.000.000,00 (quinze bilhões de reais), a ser destinado exclusivamente ao atendimento de despesas de vacinação contra a covid-19 ou relacionadas a ações emergenciais e temporárias de caráter socioeconômico.

§ 2.º As operações de crédito realizadas para custear o aumento de limite referido no § 1.º deste artigo ficam ressalvadas do estabelecido no inciso III do *caput* do art. 167 da Constituição Federal.

§ 3.º As despesas de que trata o § 1.º deste artigo deverão ser atendidas por meio de créditos extraordinários e ter como fonte de recurso o produto de operações de crédito.

§ 4.º A abertura dos créditos extraordinários referidos no § 3.º deste artigo dar-se-á independentemente da observância dos requisitos exigidos no § 3.º do art. 167 da Constituição Federal.

§ 5.º O aumento do limite previsto no § 1.º deste artigo será destinado, ainda, ao atendimento de despesas de programa de transferência de renda.

•• § 5.º acrescentado pela Emenda Constitucional n. 114, de 16-12-2021.

§ 6.º O aumento do limite decorrente da aplicação do disposto no inciso II do § 1.º do art. 107 do Ato das Disposições Constitucionais Transitórias deverá, no exercício de 2022, ser destinado somente ao atendimento das despesas de ampliação de programas sociais de combate à pobreza e à extrema pobreza, nos termos do parágrafo único do art. 6.º e do inciso VI do *caput* do art. 203 da Constituição Federal, à saúde, à previdência e à assistência social.

•• § 6.º acrescentado pela Emenda Constitucional n. 114, de 16-12-2021.

Art. 5.º As alterações relativas ao regime de pagamento dos precatórios aplicam-se a todos os requisitórios já expedidos, inclusive no orçamento fiscal e da seguridade social do exercício de 2022.

Art. 6.º Revoga-se o art. 108 do Ato das Disposições Constitucionais Transitórias.

Art. 7.º Esta Emenda Constitucional entra em vigor na data de sua publicação.

Brasília, em 8 de dezembro de 2021.

Mesa da Câmara dos Deputados
Deputado ARTHUR LIRA
Presidente
Mesa do Senado Federal
Senador RODRIGO PACHECO
Presidente

(*) Publicada no *Diário Oficial da União*, de 9-12-2021.

EMENDA CONSTITUCIONAL N. 114, DE 16 DE DEZEMBRO DE 2021 (**)

Altera a Constituição Federal e o Ato das Disposições Constitucionais Transitórias para estabelecer o novo regime de pagamentos de precatórios, modificar normas relativas ao Novo Regime Fiscal e autorizar o parcelamento de débitos previdenciários dos Municípios; e dá outras providências.

As Mesas da Câmara dos Deputados e do Senado Federal, nos termos do § 3.º do art. 60 da Constituição Federal, promulgam a seguinte Emenda ao texto constitucional:

Art. 1.º Os arts. 6.º, 100 e 203 da Constituição Federal passam a vigorar com as seguintes alterações:

•• Alterações já processadas no diploma modificado.

Art. 2.º O Ato das Disposições Constitucionais Transitórias passa a vigorar acrescido dos seguintes arts. 107-A e 118:

•• Alterações já processadas no diploma modificado.

Art. 3.º O art. 4.º da Emenda Constitucional n. 113, de 8 de dezembro de 2021, passa a vigorar acrescido dos seguintes §§ 5.º e 6.º:

•• Alterações já processadas no diploma modificado.

Art. 4.º Os precatórios decorrentes de demandas relativas à complementação da União aos Estados e aos Municípios por conta do Fundo de Manutenção e Desenvolvimento do Ensino Fundamental e de Valorização do Magistério (Fundef) serão pagos em 3 (três) parcelas anuais e sucessivas, da seguinte forma:

I – 40% (quarenta por cento) no primeiro ano;

II – 30% (trinta por cento) no segundo ano;

III – 30% (trinta por cento) no terceiro ano.

Parágrafo único. Não se incluem nos limites estabelecidos nos arts. 107 e 107-A do Ato das Disposições Constitucionais Transitórias, a partir de 2022, as despesas para os fins de que trata este artigo.

Art. 5.º As receitas que os Estados e Municípios receberem a título de pagamentos da União por força de ações judiciais que tenham por objeto a complementação de parcela desta no Fundo de Manutenção e Desenvolvimento do Ensino Fundamental e de Valorização do Magistério (Fundef) deverão ser aplicadas na manutenção e desenvolvimento do ensino fundamental público e na valorização de seu magistério, conforme destinação originária do Fundo.

Parágrafo único. Da aplicação de que trata o *caput* deste artigo, no mínimo 60% (sessenta por cento) deverão ser repassados aos profissionais do magistério, inclusive aposentados e pensionistas, na forma de abono, vedada a incorporação na remuneração, aposentadoria ou pensão.

Art. 6.º No prazo de 1 (um) ano a contar da promulgação desta Emenda Constitucional, o Congresso Nacional promoverá, por meio de comissão mista, exame analítico dos atos, fatos e políticas públicas com maior potencial gerador de precatórios e sentenças judiciais contrárias à Fazenda Pública da União.

§ 1.º A comissão atuará em cooperação com o Conselho Nacional de Justiça e com o auxílio do Tribunal de Contas da União e poderá requisitar informações e documentos de órgãos e entidades da administração pública direta e indireta de qualquer dos Poderes da União, dos Estados, do Distrito Federal e dos Municípios, buscando identificar medidas legislativas a serem adotadas com vistas a trazer maior segurança jurídica no âmbito federal.

§ 2.º O exame de que trata o *caput* deste artigo analisará os mecanismos de aferição de risco fiscal e de prognóstico de efetivo pagamento de valores decorrentes de decisão judicial, segregando esses pagamentos por tipo de risco e priorizando os temas que possuam maior impacto financeiro.

§ 3.º Apurados os resultados, o Congresso Nacional encaminhará suas conclusões aos

(**) Publicada no *Diário Oficial da União*, de 17-12-2021.

presidentes do Supremo Tribunal Federal e do Superior Tribunal de Justiça, para a adoção de medidas de sua competência.

Art. 7.º Os entes da Federação que tiverem descumprido a medida prevista no art. 4.º da Lei Complementar n. 156, de 28 de dezembro de 2016, e que optarem por não firmar termo aditivo na forma prevista no art. 4.º-A da referida Lei Complementar poderão restituir à União os valores diferidos por força do prazo adicional proporcionalmente à quantidade de prestações remanescentes dos respectivos contratos, aplicados os encargos contratuais de adimplência e desde que adotem, durante o prazo de restituição dos valores para a União, as medidas previstas no art. 167-A da Constituição Federal.

Art. 8.º Esta Emenda Constitucional entra em vigor:

I – a partir de 2022, para a alteração do § 5.º do art. 100 da Constituição Federal, constante do art. 1.º desta Emenda Constitucional;

II – na data de sua publicação, para os demais dispositivos.

Brasília, em 16 de dezembro de 2021.

Mesa da Câmara dos Deputados
Deputado ARTHUR LIRA
Presidente

Mesa do Senado Federal
Senador RODRIGO PACHECO
Presidente

EMENDA CONSTITUCIONAL N. 115, DE 10 DE FEVEREIRO DE 2022 (*)

Altera a Constituição Federal para incluir a proteção de dados pessoais entre os direitos e garantias fundamentais e para fixar a competência privativa da União para legislar sobre proteção e tratamento de dados pessoais.

As Mesas da Câmara dos Deputados e do Senado Federal, nos termos do § 3.º do art. 60 da Constituição Federal, promulgam a seguinte Emenda ao texto constitucional:

Art. 1.º O *caput* do art. 5.º da Constituição Federal passa a vigorar acrescido do seguinte inciso LXXIX:

•• Alteração já processada no diploma modificado.

Art. 2.º O *caput* do art. 21 da Constituição Federal passa a vigorar acrescido do seguinte inciso XXVI:

•• Alteração já processada no diploma modificado.

Art. 3.º O *caput* do art. 22 da Constituição Federal passa a vigorar acrescido do seguinte inciso XXX:

•• Alteração já processada no diploma modificado.

Art. 4.º Esta Emenda Constitucional entra em vigor na data de sua publicação.

Brasília, em 10 de fevereiro de 2022.

Mesa da Câmara dos Deputados
Deputado ARTHUR LIRA
Presidente

Mesa do Senado Federal
Senador RODRIGO PACHECO
Presidente

EMENDA CONSTITUCIONAL N. 116, DE 17 DE FEVEREIRO DE 2022 (**)

Acrescenta § 1.º-A ao art. 156 da Constituição Federal para prever a não incidência sobre templos de qualquer culto do Imposto sobre a Propriedade Predial e Territorial Urbana (IPTU), ainda que as entidades abrangidas pela imunidade tributária sejam apenas locatárias do bem imóvel.

As Mesas da Câmara dos Deputados e do Senado Federal, nos termos do § 3.º do art. 60 da Constituição Federal, promulgam a seguinte Emenda ao texto constitucional:

Art. 1.º O art. 156 da Constituição Federal passa a vigorar acrescido do seguinte § 1.º-A:

•• Alteração já processada no diploma modificado.

Art. 2.º Esta Emenda Constitucional entra em vigor na data de sua publicação.

Brasília, em 17 de fevereiro de 2022.

Mesa da Câmara dos Deputados
Deputado ARTHUR LIRA
Presidente

Mesa do Senado Federal
Senador RODRIGO PACHECO
Presidente

EMENDA CONSTITUCIONAL N. 117, DE 5 DE ABRIL DE 2022 (***)

Altera o art. 17 da Constituição Federal para impor aos partidos políticos a aplicação de recursos do fundo partidário na promoção e difusão da participação política das mulheres, bem como a aplicação de recursos desse fundo e do Fundo Especial de Financiamento de Campanha e a divisão do tempo de propaganda gratuita no rádio e na televisão no percentual mínimo de 30% (trinta por cento) para candidaturas femininas.

As Mesas da Câmara dos Deputados e do Senado Federal, nos termos do § 3.º do art. 60 da Constituição Federal, promulgam a seguinte Emenda ao texto constitucional:

Art. 1.º O art. 17 da Constituição Federal passa a vigorar acrescido dos seguintes §§ 7.º e 8.º:

•• Alteração já processada no diploma modificado.

Art. 2.º Aos partidos políticos que não tenham utilizado os recursos destinados aos programas de promoção e difusão da participação política das mulheres ou cujos valores destinados a essa finalidade não tenham sido reconhecidos pela Justiça Eleitoral é assegurada a utilização desses valores nas eleições subsequentes, vedada a condenação pela Justiça Eleitoral nos processos de prestação de contas de exercícios financeiros anteriores que ainda não tenham transitado em julgado até a data de promulgação desta Emenda Constitucional.

Art. 3.º Não serão aplicadas sanções de qualquer natureza, inclusive de devolução de valores, multa ou suspensão do fundo partidário, aos partidos que não preencheram a cota mínima de recursos ou que não destinaram os valores mínimos em razão de sexo e raça em eleições ocorridas antes da promulgação desta Emenda Constitucional.

Art. 4.º Esta Emenda Constitucional entra em vigor na data de sua publicação.

Brasília, em 5 de abril de 2022.

Mesa da Câmara dos Deputados
Deputado ARTHUR LIRA
Presidente

Mesa do Senado Federal
Senador RODRIGO PACHECO
Presidente

EMENDA CONSTITUCIONAL N. 118, DE 26 DE ABRIL DE 2022 (****)

Dá nova redação às alíneas b *e* c *do inciso XXIII do caput do art. 21 da Constituição Federal, para autorizar a produção, a comercialização e a utilização de radioisótopos para pesquisa e uso médicos.*

As Mesas da Câmara dos Deputados e do Senado Federal, nos termos do § 3.º do art. 60 da Constituição Federal, promulgam a seguinte Emenda ao texto constitucional:

Art. 1.º As alíneas *b* e *c* do inciso XXIII do *caput* do art. 21 da Constituição Federal passam a vigorar com a seguinte redação:

•• Alteração já processada no diploma modificado.

Art. 2.º Esta Emenda Constitucional entra em vigor na data de sua publicação.

Brasília, em 26 de abril de 2022.

Mesa da Câmara dos Deputados
Deputado ARTHUR LIRA
Presidente

Mesa do Senado Federal
Senador RODRIGO PACHECO
Presidente

EMENDA CONSTITUCIONAL N. 119, DE 27 DE ABRIL DE 2022 (*****)

Altera o Ato das Disposições Constitucionais Transitórias para determinar a impossibilidade de responsabilização dos Estados, do Distrito Federal, dos Municípios e dos agentes públicos desses entes federados pelo

---

(*) Publicada no *Diário Oficial da União*, de 11-2-2022.

(**) Publicada no *Diário Oficial da União*, de 18-2-2022.

(***) Publicada no *Diário Oficial da União*, de 6-4-2022.

(****) Publicada no *Diário Oficial da União*, de 27-4-2022.

(*****) Publicada no *Diário Oficial da União*, de 28-4-2022.

descumprimento, nos exercícios financeiros de 2020 e 2021, do disposto no caput do art. 212 da Constituição Federal; e dá outras providências.

As Mesas da Câmara dos Deputados e do Senado Federal, nos termos do § 3.º do art. 60 da Constituição Federal, promulgam a seguinte Emenda ao texto constitucional:

Art. 1.º O Ato das Disposições Constitucionais Transitórias passa a vigorar acrescido do seguinte art. 119:

•• Alteração já processada no diploma modificado.

Art. 2.º O disposto no *caput* do art. 119 do Ato das Disposições Constitucionais Transitórias impede a aplicação de quaisquer penalidades, sanções ou restrições aos entes subnacionais para fins cadastrais, de aprovação e de celebração de ajustes onerosos ou não, incluídas a contratação, a renovação ou a celebração de aditivos de quaisquer tipos, de ajustes e de convênios, entre outros, inclusive em relação à possibilidade de execução financeira desses ajustes e de recebimento de recursos do orçamento geral da União por meio de transferências voluntárias.

Parágrafo único. O disposto no *caput* do art. 119 do Ato das Disposições Constitucionais Transitórias também obsta a ocorrência dos efeitos do inciso III do *caput* do art. 35 da Constituição Federal.

Art. 3.º Esta Emenda Constitucional entra em vigor na data de sua publicação.

Brasília, em 27 de abril de 2022.

Mesa da Câmara dos Deputados
Deputado ARTHUR LIRA
Presidente

Mesa do Senado Federal
Senador RODRIGO PACHECO
Presidente

EMENDA CONSTITUCIONAL N. 120, DE 5 DE MAIO DE 2022 (*)

Acrescenta §§ 7.º, 8.º, 9.º, 10 e 11 ao art. 198 da Constituição Federal, para dispor sobre a responsabilidade financeira da União, corresponsável pelo Sistema Único de Saúde (SUS), na política remuneratória e na valorização dos profissionais que exercem atividades de agente comunitário de saúde e de agente de combate às endemias.

As Mesas da Câmara dos Deputados e do Senado Federal, nos termos do § 3.º do art. 60 da Constituição Federal, promulgam a seguinte Emenda ao texto constitucional:

Art. 1.º O art. 198 da Constituição Federal passa a vigorar acrescido dos seguintes §§ 7.º, 8.º, 9.º, 10 e 11:

•• Alteração já processada no diploma modificado.

Art. 2.º Esta Emenda Constitucional entra em vigor na data de sua publicação.

Brasília, em 5 de maio de 2022.

Mesa da Câmara dos Deputados
Deputado ARTHUR LIRA
Presidente

Mesa do Senado Federal
Senador RODRIGO PACHECO
Presidente

EMENDA CONSTITUCIONAL N. 121, DE 10 DE MAIO DE 2022 (**)

Altera o inciso IV do § 2.º do art. 4.º da Emenda Constitucional n. 109, de 15 de março de 2021.

As Mesas da Câmara dos Deputados e do Senado Federal, nos termos do § 3.º do art. 60 da Constituição Federal, promulgam a seguinte Emenda ao texto constitucional:

Art. 1.º O inciso IV do § 2.º do art. 4.º da Emenda Constitucional n. 109, de 15 de março de 2021, passa a vigorar com a seguinte redação:

•• Alteração já processada no diploma modificado.

Art. 2.º Esta Emenda Constitucional entra em vigor na data de sua publicação.

Brasília, em 10 de maio de 2022.

Mesa da Câmara dos Deputados
Deputado ARTHUR LIRA
Presidente

Mesa do Senado Federal
Senador RODRIGO PACHECO
Presidente

EMENDA CONSTITUCIONAL N. 122, DE 17 DE MAIO DE 2022 (***)

Altera a Constituição Federal para elevar para setenta anos a idade máxima para a escolha e nomeação de membros do Supremo Tribunal Federal, do Superior Tribunal de Justiça, dos Tribunais Regionais Federais, do Tribunal Superior do Trabalho, dos Tribunais Regionais do Trabalho, do Tribunal de Contas da União e dos Ministros civis do Superior Tribunal Militar.

As Mesas da Câmara dos Deputados e do Senado Federal, nos termos do § 3.º do art. 60 da Constituição Federal, promulgam a seguinte Emenda ao texto constitucional:

Art. 1.º Os arts. 73, 101, 104, 107, 111-A, 115 e 123 da Constituição Federal passam a vigorar com as seguintes alterações:

•• Alteração já processada no diploma modificado.

Art. 2.º Esta Emenda Constitucional entra em vigor na data de sua publicação.

Brasília, em 17 de maio de 2022.

Mesa da Câmara dos Deputados
Deputado ARTHUR LIRA
Presidente

Mesa do Senado Federal
Senador RODRIGO PACHECO
Presidente

EMENDA CONSTITUCIONAL N. 123, DE 14 DE JULHO DE 2022 (****)

Altera o art. 225 da Constituição Federal para estabelecer diferencial de competitividade para os biocombustíveis; inclui o art. 120 no Ato das Disposições Constitucionais Transitórias para reconhecer o estado de emergência decorrente da elevação extraordinária e imprevisível dos preços do petróleo, combustíveis e seus derivados e dos impactos sociais dela decorrentes; autoriza a União a entregar auxílio financeiro aos Estados e ao Distrito Federal que outorgarem créditos tributários do Imposto sobre Operações relativas à Circulação de Mercadorias e sobre Prestações de Serviços de Transporte Interestadual e Intermunicipal e de Comunicação (ICMS) aos produtores e distribuidores de etanol hidratado; expande o auxílio Gás dos Brasileiros, de que trata a Lei n. 14.237, de 19 de novembro de 2021; institui auxílio para caminhoneiros autônomos; expande o Programa Auxílio Brasil, de que trata a Lei n. 14.284, de 29 de dezembro de 2021; e institui auxílio para entes da Federação financiarem a gratuidade do transporte público.

As Mesas da Câmara dos Deputados e do Senado Federal, nos termos do § 3.º do art. 60 da Constituição Federal, promulgam a seguinte Emenda ao texto constitucional:

Art. 1.º Esta Emenda Constitucional dispõe sobre o estabelecimento de diferencial de competitividade para os biocombustíveis e sobre medidas para atenuar os efeitos do estado de emergência decorrente da elevação extraordinária e imprevisível dos preços do petróleo, combustíveis e seus derivados e dos impactos sociais dela decorrentes.

Art. 2.º O § 1.º do art. 225 da Constituição Federal passa a vigorar acrescido do seguinte inciso VIII:

•• Alteração já processada no diploma modificado.

Art. 3.º O Ato das Disposições Constitucionais Transitórias passa a vigorar acrescido do seguinte art. 120:

•• Alteração já processada no diploma modificado.

Art. 4.º Enquanto não entrar em vigor a lei complementar a que se refere o inciso VIII do § 1.º do art. 225 da Constituição Federal, o diferencial competitivo dos biocombustíveis destinados ao consumo final em relação aos combustíveis fósseis será garantido pela manutenção, em termos percentuais, da diferença entre as alíquotas aplicáveis a cada combustível fóssil e aos bio-

(*) Publicada no *Diário Oficial da União*, de 6-5-2022.

(**) Publicada no *Diário Oficial da União*, de 11-5-2022.

(***) Publicada no *Diário Oficial da União*, de 18-5-2022.

(****) Publicada no *Diário Oficial da União*, de 15-7-2022. A Portaria n. 2.162, de 27-7-2022, do MTP, regula o Benefício Emergencial devido aos motoristas de táxi. A Portaria Interministerial n. 6, de 1.º-8-2022, do MTP/INFRA, regula o Benefício Emergencial devido aos Transportadores Autônomos de Cargas.

combustíveis que lhe sejam substitutos em patamar igual ou superior ao vigente em 15 de maio de 2022.

§ 1.º Alternativamente ao disposto no *caput* deste artigo, quando o diferencial competitivo não for determinado pelas alíquotas, ele será garantido pela manutenção do diferencial da carga tributária efetiva entre os combustíveis.

§ 2.º No período de 20 (vinte) anos após a promulgação desta Emenda Constitucional, a lei complementar federal não poderá estabelecer diferencial competitivo em patamar inferior ao referido no *caput* deste artigo.

§ 3.º A modificação, por proposição legislativa estadual ou federal ou por decisão judicial com efeito *erga omnes*, das alíquotas aplicáveis a um combustível fóssil implicará automática alteração das alíquotas aplicáveis aos biocombustíveis destinados ao consumo final que lhe sejam substitutos, a fim de, no mínimo, manter a diferença de alíquotas existente anteriormente.

§ 4.º A lei complementar a que se refere o inciso VIII do § 1.º do art. 225 da Constituição Federal disporá sobre critérios ou mecanismos para assegurar o diferencial competitivo dos biocombustíveis destinados ao consumo final na hipótese de ser implantada, para o combustível fóssil de que são substitutos, a sistemática de recolhimento de que trata a alínea *h* do inciso XII do § 2.º do art. 155 da Constituição Federal.

§ 5.º Na aplicação deste artigo, é dispensada a observância do disposto no inciso VI do § 2.º do art. 155 da Constituição Federal.

Art. 5.º Observado o disposto no art. 120 do Ato das Disposições Constitucionais Transitórias, a União, como únicas e exclusivas medidas a que se refere o parágrafo único do referido dispositivo, excluída a possibilidade de adoção de quaisquer outras:

I – assegurará a extensão do Programa Auxílio Brasil, de que trata a Lei n. 14.284, de 29 de dezembro de 2021, às famílias elegíveis na data de promulgação desta Emenda Constitucional, e concederá às famílias beneficiárias desse programa acréscimo mensal extraordinário, durante 5 (cinco) meses, de R$ 200,00 (duzentos reais), no período de 1.º de agosto a 31 de dezembro de 2022, até o limite de R$ 26.000.000.000,00 (vinte e seis bilhões de reais), incluídos os valores essencialmente necessários para a implementação do benefício, vedado o uso para qualquer tipo de publicidade institucional;

II – assegurará às famílias beneficiadas pelo auxílio Gás dos Brasileiros, de que trata a Lei n. 14.237, de 19 de novembro de 2021, a cada bimestre, entre 1.º de julho e 31 de dezembro de 2022, valor monetário correspondente a 1 (uma) parcela extraordinária adicional de 50% (cinquenta por cento) da média do preço nacional de referência do botijão de 13 kg (treze quilogramas) de gás liquefeito de petróleo (GLP), estabelecido pelo Sistema de Levantamento de Preços (SLP) da Agência Nacional do Petróleo, Gás Natural e Biocombustíveis (ANP), nos 6 (seis) meses anteriores, até o limite de R$ 1.050.000.000,00 (um bilhão e cinquenta milhões de reais), incluídos os valores essencialmente necessários para a implementação do benefício, vedado o uso para qualquer tipo de publicidade institucional;

III – concederá, entre 1.º de julho e 31 de dezembro de 2022, aos Transportadores Autônomos de Cargas devidamente cadastrados no Registro Nacional de Transportadores Rodoviários de Cargas (RNTRC) até a data de 31 de maio de 2022, auxílio de R$ 1.000,00 (mil reais) mensais, até o limite de R$ 5.400.000.000,00 (cinco bilhões e quatrocentos milhões de reais);

IV – aportará à União, aos Estados, ao Distrito Federal e aos Municípios que dispõem de serviços regulares em operação de transporte público coletivo urbano, semiurbano ou metropolitano assistência financeira em caráter emergencial no valor de R$ 2.500.000.000,00 (dois bilhões e quinhentos milhões de reais), a serem utilizados para auxílio no custeio ao direito previsto no § 2.º do art. 230 da Constituição Federal, regulamentado no art. 39 da Lei n. 10.741, de 1.º de outubro de 2003 (Estatuto do Idoso), até 31 de dezembro de 2022;

V – entregará na forma de auxílio financeiro o valor de até R$ 3.800.000.000,00 (três bilhões e oitocentos milhões de reais), em 5 (cinco) parcelas mensais no valor de até R$ 760.000.000,00 (setecentos e sessenta milhões de reais) cada uma, de agosto a dezembro de 2022, exclusivamente para os Estados e o Distrito Federal que outorgarem créditos tributários do Imposto sobre Operações relativas à Circulação de Mercadorias e sobre Prestações de Serviços de Transporte Interestadual e Intermunicipal e de Comunicação (ICMS) aos produtores ou distribuidores de etanol hidratado em seu território, em montante equivalente ao valor recebido;

•• A Portaria n. 7.740, de 29-8-2022, do Ministério da Economia, regulamenta a entrega do auxílio financeiro para Estados e Distrito Federal, de que trata este inciso V.

VI – concederá, entre 1.º de julho e 31 de dezembro de 2022, aos motoristas de táxi devidamente registrados até 31 de maio de 2022, auxílio até o limite de R$ 2.000.000.000,00 (dois bilhões de reais);

VII – assegurará ao Programa Alimenta Brasil, de que trata a Lei n. 14.284, de 29 de dezembro de 2021, a suplementação orçamentária de R$ 500.000.000,00 (quinhentos milhões de reais).

§ 1.º O acréscimo mensal extraordinário de que trata o inciso I do *caput* deste artigo será complementar à soma dos benefícios previstos nos incisos I, II, III e IV do *caput* do art. 4.º da Lei n. 14.284, de 29 de dezembro de 2021, e não será considerado para fins de cálculo do benefício previsto na Lei n. 14.342, de 18 de maio de 2022.

§ 2.º A parcela extraordinária de que trata o inciso II do *caput* deste artigo será complementar ao previsto no art. 3.º da Lei n. 14.237, de 19 de novembro de 2021.

§ 3.º O auxílio de que trata o inciso III do *caput* deste artigo observará o seguinte:

I – terá por objetivo auxiliar os Transportadores Autônomos de Cargas em decorrência do estado de emergência de que trata o *caput* do art. 120 do Ato das Disposições Constitucionais Transitórias;

II – será concedido para cada Transportador Autônomo de Cargas, independentemente do número de veículos que possuir;

III – será recebido independentemente de comprovação da aquisição de óleo diesel;

IV – será disponibilizada pelo Poder Executivo solução tecnológica em suporte à operacionalização dos pagamentos do auxílio; e

V – para fins de pagamento do auxílio, será definido pelo Ministério do Trabalho e Previdência o operador bancário responsável, entre as instituições financeiras federais, pela operacionalização dos pagamentos.

§ 4.º O aporte de recursos da União para os Estados, para o Distrito Federal e para os Municípios de que trata o inciso IV do *caput* deste artigo observará o seguinte:

I – terá função de complementariedade aos subsídios tarifários, subsídios orçamentários e aportes de recursos de todos os gêneros concedidos pelos Estados, pelo Distrito Federal e pelos Municípios, bem como às gratuidades e aos demais custeios do sistema de transporte público coletivo suportados por esses entes;

II – será concedido em observância à premissa de equilíbrio econômico financeiro dos contratos de concessão do transporte público coletivo e às diretrizes da modicidade tarifária;

III – será repassado a qualquer fundo apto a recebê-lo, inclusive aos que já recebem recursos federais, ou a qualquer conta bancária aberta especificamente para esse fim, ressalvada a necessidade de que o aporte se vincule estritamente à assistência financeira para a qual foi instituído;

IV – será distribuído em proporção à população maior de 65 (sessenta e cinco) anos residente no Distrito Federal e nos Municípios que dispõem de serviços de transporte público coletivo urbano intramunicipal regular em operação;

V – serão retidos 30% (trinta por cento) pela União e repassados aos respectivos entes estaduais ou a órgão da União responsáveis pela gestão do serviço, nos casos de Municípios atendidos por redes de transporte público coletivo intermunicipal ou interestadual de caráter urbano ou semiurbano;

VI – será integralmente entregue ao Município responsável pela gestão, nos casos de Municípios responsáveis pela gestão do sistema de transporte público integrado metropolitano, considerado o somatório da população maior de 65 (sessenta e cinco) anos residente nos Municípios que compõem a região metropolitana administrada;

VII – será distribuído com base na estimativa populacional mais atualizada publicada pelo Departamento de Informática do Sistema Único de Saúde (DataSUS) a partir de dados da Fundação Instituto Brasileiro de Geografia e Estatística (IBGE); e

VIII – será entregue somente aos entes federados que comprovarem possuir, em funcionamento, sistema de transporte público coletivo de caráter urbano, semiurbano ou metropolitano, na forma do regulamento.

§ 5.º Os créditos de que trata o inciso V do *caput* deste artigo observarão o seguinte:

I – deverão ser outorgados até 31 de dezembro de 2022, podendo ser aproveitados nos exercícios posteriores;

II – terão por objetivo reduzir a carga tributária da cadeia produtiva do etanol hidratado, de modo a manter diferencial competitivo em relação à gasolina;

III – serão proporcionais à participação dos Estados e do Distrito Federal em relação ao consumo total do etanol hidratado em todos os Estados e no Distrito Federal no ano de 2021;

IV – seu recebimento pelos Estados ou pelo Distrito Federal importará na renúncia ao direito sobre o qual se funda eventual ação que tenha como causa de pedir, direta ou indiretamente, qualquer tipo de indenização relativa a eventual perda de arrecadação decorrente da adoção do crédito presumido de que trata o inciso V do *caput* deste artigo nas operações com etanol hidratado em seu território;

V – o auxílio financeiro será entregue pela Secretaria do Tesouro Nacional da Secretaria Especial do Tesouro e Orçamento do Ministério da Economia, mediante depósito, no Banco do Brasil S.A., na mesma conta bancária em que são depositados os repasses regulares do Fundo de Participação dos Estados e do Distrito Federal (FPE), da seguinte forma:

a) primeira parcela até o dia 31 de agosto de 2022;

b) segunda parcela até o dia 30 de setembro de 2022;

c) terceira parcela até o dia 31 de outubro de 2022;

d) quarta parcela até o dia 30 de novembro de 2022;

e) quinta parcela até o dia 27 de dezembro de 2022;

VI – serão livres de vinculações a atividades ou a setores específicos, observadas:

a) a repartição com os Municípios na proporção a que se refere o inciso IV do *caput* do art. 158 da Constituição Federal;

b) a inclusão na base de cálculo para efeitos de aplicação do art. 212 e do inciso II do *caput* do art. 212-A da Constituição Federal;

VII – serão entregues após a aprovação de norma específica, independentemente da deliberação de que trata a alínea *g* do inciso XII do § 2.º do art. 155 da Constituição Federal; e

VIII – serão incluídos, como receita, no orçamento do ente beneficiário do auxílio e, como despesa, no orçamento da União e deverão ser deduzidos da receita corrente líquida da União.

§ 6.º O auxílio de que trata o inciso VI do *caput* deste artigo:

I – considerará taxistas os profissionais que residam e trabalhem no Brasil, comprovado mediante apresentação do documento de permissão para prestação do serviço emitido pelo poder público municipal ou distrital;

II – será regulamentado pelo Poder Executivo quanto à formação do cadastro para sua operacionalização, à sistemática de seu pagamento e ao seu valor.

§ 7.º Compete aos ministérios setoriais, no âmbito de suas competências, a edição de atos complementares à implementação dos benefícios previstos nos incisos I, II, III e IV do *caput* deste artigo.

Art. 6.º Até 31 de dezembro de 2022, a alíquota de tributos incidentes sobre a gasolina poderá ser fixada em zero, desde que a alíquota do mesmo tributo incidente sobre o etanol hidratado também seja fixada em zero.

Art. 7.º Esta Emenda Constitucional entra em vigor na data de sua publicação.

Brasília, em 14 de julho de 2022.

Mesa da Câmara dos Deputados
Deputado ARTHUR LIRA
Presidente
Mesa do Senado Federal
Senador RODRIGO PACHECO
Presidente

EMENDA CONSTITUCIONAL N. 124, DE 14 DE JULHO DE 2022 (*)

Institui o piso salarial nacional do enfermeiro, do técnico de enfermagem, do auxiliar de enfermagem e da parteira.

As Mesas da Câmara dos Deputados e do Senado Federal, nos termos do § 3.º do art. 60 da Constituição Federal, promulgam a seguinte Emenda ao texto constitucional:

Art. 1.º O art. 198 da Constituição Federal passa a vigorar acrescido dos seguintes §§ 12 e 13:

•• Alteração já processada no diploma modificado.

Art. 2.º Esta Emenda Constitucional entra em vigor na data de sua publicação.

Brasília, em 14 de julho de 2022.

Mesa da Câmara dos Deputados
Deputado ARTHUR LIRA
Presidente
Mesa do Senado Federal
Senador RODRIGO PACHECO
Presidente

EMENDA CONSTITUCIONAL N. 125, DE 14 DE JULHO DE 2022 (**)

Altera o art. 105 da Constituição Federal para instituir no recurso especial o requisito da relevância das questões de direito federal infraconstitucional.

As Mesas da Câmara dos Deputados e do Senado Federal, nos termos do § 3.º do art. 60 da Constituição Federal, promulgam a seguinte Emenda ao texto constitucional:

Art. 1.º O art. 105 da Constituição Federal passa a vigorar com as seguintes alterações:

•• Alteração já processada no diploma modificado.

Art. 2.º A relevância de que trata o § 2.º do art. 105 da Constituição Federal será exigida nos recursos especiais interpostos após a entrada em vigor desta Emenda Constitucional, ocasião em que a parte poderá atualizar o valor da causa para os fins de que trata o inciso III do § 3.º do referido artigo.

Art. 3.º Esta Emenda Constitucional entra em vigor na data de sua publicação.

Brasília, em 14 de julho de 2022.

Mesa da Câmara dos Deputados
Deputado ARTHUR LIRA
Presidente
Mesa do Senado Federal
Senador RODRIGO PACHECO
Presidente

EMENDA CONSTITUCIONAL N. 126, DE 21 DE DEZEMBRO DE 2022 (***)

Altera a Constituição Federal, para dispor sobre as emendas individuais ao projeto de lei orçamentária, e o Ato das Disposições Constitucionais Transitórias para excluir despesas dos limites previstos no art. 107; define regras para a transição da Presidência da República aplicáveis à Lei Orçamentária de 2023; e dá outras providências.

As Mesas da Câmara dos Deputados e do Senado Federal, nos termos do § 3.º do art. 60 da Constituição Federal, promulgam a seguinte Emenda ao texto constitucional:

Art. 1.º A Constituição Federal passa a vigorar com as seguintes alterações:

•• Alteração já processada no diploma modificado.

(*) Publicada no *Diário Oficial da União*, de 15-7-2022.

(**) Publicada no *Diário Oficial da União*, de 15-7-2022.

(***) Publicada no *Diário Oficial da União*, de 22-12-2022.

Art. 2.º O Ato das Disposições Constitucionais Transitórias passa a vigorar com as seguintes alterações:

•• Alteração já processada no diploma modificado.

Art. 3.º O limite estabelecido no inciso I do *caput* do art. 107 do Ato das Disposições Constitucionais Transitórias fica acrescido em R$ 145.000.000.000,00 (cento e quarenta e cinco bilhões de reais) para o exercício financeiro de 2023.

Parágrafo único. As despesas decorrentes do aumento de limite previsto no *caput* deste artigo não serão consideradas para fins de verificação do cumprimento da meta de resultado primário estabelecida no *caput* do art. 2.º da Lei n. 14.436, de 9 de agosto de 2022, e ficam ressalvadas, no exercício financeiro de 2023, do disposto no inciso III do *caput* do art. 167 da Constituição Federal.

Art. 4.º Os atos editados em 2023 relativos ao programa de que trata o art. 2.º da Lei n. 14.284, de 29 de dezembro de 2021, ou ao programa que vier a substituí-lo, e ao programa auxílio Gás dos Brasileiros, de que trata a Lei n. 14.237, de 19 de novembro de 2021, ficam dispensados da observância das limitações legais quanto à criação, à expansão ou ao aperfeiçoamento de ação governamental, inclusive quanto à necessidade de compensação.

Parágrafo único. O disposto no *caput* deste artigo não se aplica a atos cujos efeitos financeiros tenham início a partir do exercício de 2024.

Art. 5.º Para o exercício financeiro de 2023, a ampliação de dotações orçamentárias sujeitas ao limite previsto no inciso I do *caput* do art. 107 do Ato das Disposições Constitucionais Transitórias prevista nesta Emenda Constitucional poderá ser destinada ao atendimento de solicitações das comissões permanentes do Congresso Nacional ou de suas Casas.

§ 1.º Fica o relator-geral do Projeto de Lei Orçamentária de 2023 autorizado a apresentar emendas para a ampliação de dotações orçamentárias referida no *caput* deste artigo.

§ 2.º As emendas referidas no § 1.º deste artigo:

I – não se sujeitam aos limites aplicáveis às emendas ao projeto de lei orçamentária;

II – devem ser classificadas de acordo com as alíneas *a* ou *b* do inciso II do § 4.º do art. 7.º da Lei n. 14.436, de 9 de agosto de 2022.

§ 3.º O disposto no *caput* deste artigo não impede os cancelamentos necessários à abertura de créditos adicionais.

§ 4.º As ações diretamente destinadas a políticas públicas para mulheres deverão constar entre as diretrizes sobre como a margem aberta será empregada.

Art. 6.º O Presidente da República deverá encaminhar ao Congresso Nacional, até 31 de agosto de 2023, projeto de lei complementar com o objetivo de instituir regime fiscal sustentável para garantir a estabilidade macroeconômica do País e criar as condições adequadas ao crescimento socioeconômico, inclusive quanto à regra estabelecida no inciso III do *caput* do art. 167 da Constituição Federal.

Art. 7.º O disposto nesta Emenda Constitucional não altera a base de cálculo estabelecida no § 1.º do art. 107 do Ato das Disposições Constitucionais Transitórias.

Art. 8.º Fica o relator-geral do Projeto de Lei Orçamentária de 2023 autorizado a apresentar emendas para ações direcionadas à execução de políticas públicas até o valor de R$ 9.850.000.000,00 (nove bilhões oitocentos e cinquenta milhões de reais), classificadas de acordo com a alínea *b* do inciso II do § 4.º do art. 7.º da Lei n. 14.436, de 9 de agosto de 2022.

Art. 9.º Ficam revogados os arts. 106, 107, 109, 110, 111, 111-A, 112 e 114 do Ato das Disposições Constitucionais Transitórias após a sanção da lei complementar prevista no art. 6.º desta Emenda Constitucional.

Art. 10. Esta Emenda Constitucional entra em vigor na data de sua publicação.

Brasília, em 21 de dezembro de 2022.

Mesa da Câmara dos Deputados
Deputado ARTHUR LIRA
Presidente

Mesa do Senado Federal
Senador RODRIGO PACHECO
Presidente

EMENDA CONSTITUCIONAL N. 127, DE 22 DE DEZEMBRO DE 2022 (*)

Altera a Constituição Federal e o Ato das Disposições Constitucionais Transitórias para estabelecer que compete à União prestar assistência financeira complementar aos Estados, ao Distrito Federal e aos Municípios e às entidades filantrópicas, para o cumprimento dos pisos salariais profissionais nacionais para o enfermeiro, o técnico de enfermagem, o auxiliar de enfermagem e a parteira; altera a Emenda Constitucional n. 109, de 15 de março de 2021, para estabelecer o superávit financeiro dos fundos públicos do Poder Executivo como fonte de recursos para o cumprimento dos pisos salariais profissionais nacionais para o enfermeiro, o técnico de enfermagem, o auxiliar de enfermagem e a parteira; e dá outras providências.

As Mesas da Câmara dos Deputados e do Senado Federal, nos termos do § 3.º do art. 60 da Constituição Federal, promulgam a seguinte Emenda ao texto constitucional:

Art. 1.º O art. 198 da Constituição Federal passa a vigorar acrescido dos seguintes §§ 14 e 15:

•• Alteração já processada no diploma modificado.

Art. 2.º O Ato das Disposições Constitucionais Transitórias passa a vigorar com as seguintes alterações:

•• Alteração já processada no diploma modificado.

Art. 3.º O art. 5.º da Emenda Constitucional n. 109, de 15 de março de 2021, passa a vigorar com as seguintes alterações:

•• Alteração já processada no diploma modificado.

Art. 4.º Poderão ser utilizados como fonte para pagamento da assistência financeira complementar de que trata o § 15 do art. 198 da Constituição Federal os recursos vinculados ao Fundo Social (FS) de que trata o art. 49 da Lei n. 12.351, de 22 de dezembro de 2010, ou de lei que venha a substituí-la, sem prejuízo à parcela que estiver destinada à área de educação.

Parágrafo único. Os recursos previstos no *caput* deste artigo serão acrescidos ao montante aplicado nas ações e serviços públicos de saúde, nos termos da Lei Complementar n. 141, de 13 de janeiro de 2012, ou de lei complementar que venha a substituí-la, e não serão computados para fins dos recursos mínimos de que trata o § 2.º do art. 198 da Constituição Federal.

Art. 5.º Esta Emenda Constitucional entra em vigor na data de sua publicação.

Brasília, em 22 de dezembro de 2022.

Mesa da Câmara dos Deputados
Deputado ARTHUR LIRA
Presidente

Mesa do Senado Federal
Senador RODRIGO PACHECO
Presidente

(*) Publicada no *Diário Oficial da União*, de 23-12-2022.

EMENDA CONSTITUCIONAL N. 128, DE 22 DE DEZEMBRO DE 2022 (**)

Acrescenta § 7.º ao art. 167 da Constituição Federal, para proibir a imposição e a transferência, por lei, de qualquer encargo financeiro decorrente da prestação de serviço público para a União, os Estados, o Distrito Federal e os Municípios.

As Mesas da Câmara dos Deputados e do Senado Federal, nos termos do § 3.º do art. 60 da Constituição Federal, promulgam a seguinte Emenda ao texto constitucional:

Art. 1.º O art. 167 da Constituição Federal passa a vigorar acrescido do seguinte § 7.º:

•• Alteração já processada no diploma modificado.

Art. 2.º Esta Emenda Constitucional entra em vigor na data de sua publicação.

Brasília, em 22 de dezembro de 2022.

Mesa da Câmara dos Deputados
Deputado ARTHUR LIRA
Presidente

Mesa do Senado Federal
Senador RODRIGO PACHECO
Presidente

(**) Publicada no *Diário Oficial da União*, de 23-12-2022.

ÍNDICE ALFABÉTICO-REMISSIVO DA CONSTITUIÇÃO FEDERAL

ABASTECIMENTO ALIMENTAR
– art. 23, VIII

ABUSO DE PODER
– *Habeas Corpus*: art. 5.º, LXVIII
– Mandado de Segurança: art. 5.º, LXIX

ABUSO DO PODER ECONÔMICO
– repressão: art. 173, § 4.º

AÇÃO CIVIL PÚBLICA
– promoção pelo Ministério Público: art. 129, III

AÇÃO DECLARATÓRIA DE CONSTITUCIONALIDADE
– competência para propor: art. 103
– de lei ou ato normativo federal; decisões definitivas de mérito proferidas pelo Supremo Tribunal Federal; eficácia: art. 102, § 2.º
– de lei ou ato normativo federal; processo e julgamento: art. 102, I, *a*

AÇÃO DE *HABEAS CORPUS*
– gratuidade: art. 5.º, LXXVII

AÇÃO DE *HABEAS DATA*
– gratuidade: art. 5.º, LXXVII

AÇÃO DE IMPUGNAÇÃO DE MANDATO ELETIVO
– art. 14, §§ 10 e 11

AÇÃO DE INCONSTITUCIONALIDADE
– apreciação pelo Supremo Tribunal Federal: art. 103, § 3.º
– declaração: art. 103, § 2.º
– proposição: art. 103

AÇÃO DIRETA DE INCONSTITUCIONALIDADE
– de lei ou ato normativo federal ou estadual; processo e julgamento: art. 102, I, *a*

AÇÃO PENAL
– para os casos de improbidade administrativa: art. 37, § 4.º

AÇÃO PENAL PÚBLICA
– promoção pelo Ministério Público: art. 129, I

AÇÃO POPULAR
– proposição: art. 5.º, LXXIII

AÇÃO PRIVADA
– nos crimes de ação pública; caso: art. 5.º, LIX

AÇÃO PÚBLICA
– crimes de; admissão de ação privada: art. 5.º, LIX

AÇÃO RESCISÓRIA
– processo e julgamento: art. 102, I, *j*

AÇÃO TRABALHISTA
– art. 7.º, XXIX

ACESSO À CULTURA, À EDUCAÇÃO E À CIÊNCIA, À TECNOLOGIA, À PESQUISA E À INOVAÇÃO
– art. 23, V

ACESSO À INFORMAÇÃO
– art. 5.º, XIV

ACIDENTES DO TRABALHO
– seguro: art. 7.º, XXVIII

AÇÕES RESCISÓRIAS
– competência; processo e julgamento: art. 108, I, *b*
– processo e julgamento pelo Superior Tribunal de Justiça: art. 105, I, *e*

ACORDOS COLETIVOS DE TRABALHO
– reconhecimento: art. 7.º, XXVI

ADICIONAL
– atividade penosa, insalubre e perigosa: art. 7.º, XXIII

ADMINISTRAÇÃO PÚBLICA
– arts. 37 a 43

ADOÇÃO
– art. 227, § 5.º

ADOLESCENTE
– arts. 226 a 230

ADVOCACIA
– art. 133

ADVOCACIA PÚBLICA
– arts. 131 e 132

ADVOGADO-GERAL DA UNIÃO
– nomeação: art. 84, XVI
– processo e julgamento: art. 52, II

ADVOGADOS
– assistência ao preso: art. 5.º, LXIII
– atos e manifestações; inviolabilidade: art. 133
– na composição dos Tribunais Regionais Federais: art. 107, I

AEROPORTOS
– art. 21, XII, *c*

AGENTE COMUNITÁRIO DE SAÚDE
– política remuneratória: art. 198, §§ 7.º a 11

AGROPECUÁRIA
– art. 23, VIII

AGROTÓXICOS
– art. 220, § 4.º

ÁGUAS
– Estados: art. 26, I
– para consumo: art. 200, VI
– União: art. 22, IV

ÁLCOOL CARBURANTE
– venda e revenda: art. 238

ALIMENTAÇÃO
– direito social: art. 6.º

ALIMENTOS
– créditos; pagamento: art. 100
– inspeção: art. 200, VI
– prisão civil por dívida: art. 5.º, LXVII

ALISTAMENTO ELEITORAL
– art. 14, § 1.º

AMAMENTAÇÃO
– dos filhos, pelas presidiárias: art. 5.º, L

AMEAÇA DE DIREITO
– apreciação: art. 5.º, XXXV

AMPLA DEFESA
– art. 5.º, LV

ANALFABETOS
– alistamento e voto: art. 14, § 1.º, II, *a*
– inelegibilidade: art. 14, § 4.º

ANIMAIS
– manifestações culturais; práticas desportivas que utilizem: art. 225, § 7.º

ANISTIA
– concessão de: art. 48, VIII

ANONIMATO
– vedado o: art. 5.º, IV

APOSENTADORIA
– art. 7.º, XXIV
– do professor e da professora: art. 201, § 8.º
– do servidor público: arts. 37, §§ 14 e 15, e 40
– dos magistrados: art. 93, VI
– por idade: art. 201, §§ 7.º e 8.º

APRENDIZ
– trabalho noturno: art. 7.º, XXXIII

ARGUIÇÃO DE DESCUMPRIMENTO DE PRECEITO FUNDAMENTAL
– apreciação pelo Supremo Tribunal Federal: art. 102, § 1.º

ASILO POLÍTICO
– art. 4.º, X

ASSEMBLEIAS LEGISLATIVAS
– competência: art. 27, § 3.º
– composição: art. 235, I

ASSISTÊNCIA FAMILIAR
– ao preso: art. 5.º, LXIII

ASSISTÊNCIA GRATUITA
– a filhos e dependentes: art. 7.º, XXV
– dever do Estado: art. 5.º, LXXIV

ASSISTÊNCIA JURÍDICA
– garantia do Estado: art. 5.º, LXXIV

ASSISTÊNCIA RELIGIOSA
– prestação: art. 5.º, VII

ASSISTÊNCIA SOCIAL
– ações governamentais; recursos: art. 204
– a todos: art. 203
– instituição pelos Estados, Distrito Federal e Municípios: art. 149, §§ 1.º a 1.º-C

ASSOCIAÇÃO
– criação: art. 5.º, XVIII
– direito de denúncia: art. 74, § 2.º
– dissolução: art. 5.º, XIX

– liberdade de: art. 5.º, XVII
– obrigação: art. 5.º, XX
– representação de filiados: art. 5.º, XXI

ASSOCIAÇÃO PROFISSIONAL
– liberdade de: art. 8.º

ASSOCIAÇÃO SINDICAL
– liberdade de: art. 8.º

ATIVIDADE ARTÍSTICA
– liberdade: art. 5.º, IX

ATIVIDADE CIENTÍFICA
– liberdade: art. 5.º, IX

ATIVIDADE DE COMUNICAÇÃO
– liberdade: art. 5.º, IX

ATIVIDADE ECONÔMICA
– princípios gerais: arts. 170 a 181

ATIVIDADE GARIMPEIRA
– organização: art. 174, § 3.º

ATIVIDADE INTELECTUAL
– liberdade: art. 5.º, IX

ATIVIDADE NUCLEAR
– competência do Congresso Nacional: art. 49, XIV
– em território nacional: art. 21, XXIII
– monopólio da União: art. 177, V

ATO JURÍDICO PERFEITO
– proteção: art. 5.º, XXXVI

ATO NORMATIVO ESTADUAL
– ação direta de inconstitucionalidade; processo e julgamento: art. 102, I, *a*

ATO NORMATIVO FEDERAL
– ação declaratória de constitucionalidade; processo e julgamento: art. 102, I, *a*
– ação direta de inconstitucionalidade; processo e julgamento: art. 102, I, *a*

ATOS INTERNACIONAIS
– celebração; Presidente da República: art. 84, VIII
– competência do Congresso Nacional: art. 49, I

ATOS PROCESSUAIS
– publicidade: art. 5.º, LX

AUMENTO DE DESPESA
– inadmissibilidade: art. 63

AUTARQUIA
– criação: art. 37, XIX

AUTODETERMINAÇÃO DOS POVOS
– art. 4.º, III

AUTORES
– direitos sobre suas obras: art. 5.º, XXVII

AVISO PRÉVIO
– art. 7.º, XXI

BANCO CENTRAL
– compra e venda de títulos: art. 164, § 2.º
– concessão de empréstimos ao Tesouro Nacional: art. 164, § 1.º
– emissão de moeda: art. 164
– escolha do presidente: art. 52, III, *d*
– escolha dos diretores: art. 52, III, *d*
– nomeação de diretores: art. 84, XIV

BANDEIRA NACIONAL
– símbolo: art. 13, § 1.º

BANIMENTO
– art. 5.º, XLVII, *d*

BENS
– confiscáveis; hipóteses: art. 243, parágrafo único
– de estrangeiros no Brasil; sucessão: art. 5.º, XXXI
– indisponíveis; hipóteses: art. 37, § 4.º
– perda dos: art. 5.º, XLVI, *b*
– perdimento: art. 5.º, XLV
– privação: art. 5.º, LIV

BENS DA UNIÃO
– art. 20

BENS DOS ESTADOS
– art. 26

BIOCOMBUSTÍVEIS
– regime fiscal: art. 225, § 1.º, VIII

BRASILEIRO
– extradição: art. 5.º, LI
– nato: art. 12, I
– naturalizado: art. 12, II
– perda da nacionalidade: art. 12, § 4.º

BRASILEIROS NATOS
– cargos privativos: art. 12, § 3.º

BRASILEIROS NATOS E NATURALIZADOS
– distinção: art. 12, § 2.º

BRASÍLIA
– capital: art. 18, § 1.º

CALAMIDADE PÚBLICA
– empréstimo compulsório: art. 184, I
– estado de defesa: art. 136, § 1.º, II

CÂMARA DOS DEPUTADOS
– competência privativa: art. 51
– composição: art. 45
– convocação de ministros: art. 50, § 2.º
– deliberações: art. 47
– presidente da; cargo privativo de brasileiro nato: art. 12, § 3.º, II
– proposta pela mesa de ação declaratória de constitucionalidade: art. 103, III
– reunião conjunta com o Senado Federal: art. 57, § 3.º

CÂMARA LEGISLATIVA
– art. 32, § 3.º

CÂMARA MUNICIPAL
– competência; fixação de subsídios: art. 29, V
– competência legislativa: art. 30
– composição: art. 29, IV
– despesas; limites: art. 29-A
– fiscalização do Município: art. 31
– Lei Orgânica; aprovação: art. 29, *caput*
– vereadores; número: art. 29, IV

CÂMBIO
– operações de: art. 153, V
– política de: art. 22, VIII
– regulamentação: art. 163, VI

CAPITAL ESTRANGEIRO
– em empresa jornalística: art. 222, § 4.º
– investimentos de: art. 153, V

CAPITAL FEDERAL
– Brasília: art. 18, § 1.º

CARGOS PRIVATIVOS
– de brasileiros natos: art. 12, § 3.º

CARGOS PÚBLICOS
– acesso através de concurso: art. 37, II
– acumulação de: art. 37, XVI e XVII
– contratação por tempo determinado: art. 37, IX
– criação e remuneração; iniciativa legislativa: art. 61, § 1.º, II, *a*
– deficiente; reserva de: art. 37, VIII
– em comissão: art. 37, V
– estabilidade: art. 41
– funções de confiança: art. 37, V
– perda: art. 247
– provimento e extinção: art. 84, XXV
– remuneração; subsídios: art. 37, X e XI

CARREIRA DIPLOMÁTICA
– privativa do brasileiro nato: art. 12, § 3.º, V

CARTAS ROGATÓRIAS
– concessão; processo e julgamento: art. 105, I, *i*

CASA
– inviolabilidade: art. 5.º, XI

CASAMENTO
– celebração: art. 226, § 1.º
– civil; dissolução: art. 226, § 6.º
– reconhecimento da união estável: art. 226, § 3.º
– religioso: art. 226, § 2.º

CASSAÇÃO DE DIREITOS POLÍTICOS
– vedada: art. 15

CENSURA
– art. 5.º, IX
– impedimento à: art. 220, § 2.º

CERTIDÕES
– de repartição pública; obtenção: art. 5.º, XXXIV, *b*

CIDADANIA
– art. 1.º, II
– atos necessários ao exercício da; gratuidade: art. 5.º, LXXVI

CIÊNCIA, TECNOLOGIA E INOVAÇÃO
– arts. 218 e 219-B

COISA JULGADA
– proteção: art. 5.º, XXXVI

COLÉGIO PEDRO II
– manutenção: art. 242, § 2.º

COLIGAÇÕES PARTIDÁRIAS
– vedações em eleições proporcionais: art. 17, § 1.º

COMBUSTÍVEIS
– de petróleo, álcool carburante e outros combustíveis; venda e revenda: art. 238

COMÉRCIO EXTERIOR
– fiscalização e controle: art. 237

COMISSÕES
– do Poder Legislativo: art. 58

– parlamentares de inquérito – CPI: art. 58, § 3.º

COMPENSAÇÃO DE HORÁRIOS
– art. 7.º, XIII

COMPETÊNCIA
– *Vide* verbetes por assunto
– da União e dos Estados: art. 24, §§ 1.º a 4.º

COMPETIÇÕES DESPORTIVAS
– recursos: art. 217, § 1.º

COMUNICAÇÃO
– arts. 220 a 224

COMUNICAÇÕES DE DADOS
– sigilo: art. 5.º, XII

COMUNICAÇÕES TELEFÔNICAS
– sigilo: art. 5.º, XII

COMUNICAÇÕES TELEGRÁFICAS
– sigilo: art. 5.º, XII

COMUNIDADE LATINO-AMERICANA DE NAÇÕES
– formação: art. 4.º, parágrafo único

CONCESSÃO
– de serviços de radiodifusão sonora e de sons e imagens: art. 223

CONCURSO PÚBLICO
– para acesso à administração pública: art. 37, II
– prazo de validade: art. 37, III

CONFLITOS DE ATRIBUIÇÕES
– processo e julgamento pelo Superior Tribunal de Justiça: art. 105, I, *g*

CONFLITOS DE COMPETÊNCIA
– processo e julgamento: art. 102, I, *o*
– processo e julgamento; competência dos Tribunais Regionais Federais: art. 108, I, *e*
– processo e julgamento pelo Superior Tribunal de Justiça: art. 105, I, *d*

CONFLITOS FUNDIÁRIOS
– art. 126

CONGRESSO NACIONAL
– arts. 44 a 47
– atribuições do: arts. 48 a 50
– competência exclusiva: art. 49
– convocação de plebiscito: art. 49, XV
– convocação extraordinária: art. 57, §§ 6.º e 7.º
– estado de defesa e estado de sítio; acompanhamento e fiscalização: art. 140
– matérias sobre as quais poderá dispor: art. 48
– presidência da mesa: art. 57, § 5.º
– reuniões: art. 57

CONSELHO DA REPÚBLICA
– arts. 89 e 90

CONSELHO DE COMUNICAÇÃO SOCIAL
– instituição: art. 224

CONSELHO DE DEFESA NACIONAL
– art. 91

CONSELHO DE JUSTIÇA FEDERAL
– onde funcionará: art. 105, § 1.º

CONSELHO NACIONAL DE JUSTIÇA
– art. 103-B

CONSELHO NACIONAL DO MINISTÉRIO PÚBLICO
– art. 130-A

CONSELHOS
– de contas dos Municípios: art. 75
– ou órgãos de Contas Municipais; criação: art. 31, § 4.º

CONSÓRCIOS
– públicos: art. 241

CONSTITUIÇÃO
– emenda: art. 60
– emenda; quando não será objeto de deliberação: art. 60, § 4.º
– emenda rejeitada; reapresentação: art. 60, § 5.º
– promulgação da emenda: art. 60, § 3.º
– proposta de emenda; discussão: art. 60, § 2.º
– quando não poderá ser emendada: art. 60, § 1.º

CONSTITUIÇÃO ESTADUAL
– ainda não promulgada; responsabilidades: art. 235, VIII
– número de conselheiros no Tribunal de Contas: art. 75, parágrafo único

CONSUMIDOR
– defesa do: art. 5.º, XXXII

CONTRABANDO
– prevenir e reprimir o: art. 144, § 1.º, II

CONTRADITÓRIO
– art. 5.º, LV

CONTRIBUIÇÃO DE MELHORIA
– instituição: art. 145, III

CONTRIBUIÇÕES
– para custeio do serviço de iluminação pública: art. 149-A

CONTRIBUIÇÕES SOCIAIS
– instituição: art. 149

CONVENÇÕES COLETIVAS DE TRABALHO
– reconhecimento: art. 7.º, XXVI

CONVENÇÕES INTERNACIONAIS
– celebração; Presidente da República: art. 84, VIII
– competência do Congresso Nacional: art. 49, I

CONVÊNIOS
– de cooperação: art. 241

COOPERATIVAS
– criação: art. 5.º, XVIII
– pesquisa e lavra: art. 174, § 4.º

CORPOS DE BOMBEIROS MILITARES
– inatividade e pensões; legislação sobre: art. 22, XXI

CORRESPONDÊNCIA
– sigilo: art. 5.º, XII

CRECHES
– assistência gratuita aos filhos e dependentes: art. 7.º, XXV

CRENÇA
– liberdade: art. 5.º, VI

CRENÇA RELIGIOSA
– direito de: art. 5.º, VIII

CRIAÇÃO DE ESTADOS
– normas básicas a serem observadas: art. 235
– o que é vedado à União: art. 234

CRIAÇÕES INDUSTRIAIS
– proteção: art. 5.º, XXIX

CRIANÇA
– arts. 226 a 230

CRIME
– inexistência de: art. 5.º, XXXIX
– retenção dolosa do salário: art. 7.º, X

CRIME DE RESPONSABILIDADE
– competência; Senado Federal; processo e julgamento: art. 52, I
– competência; Supremo Tribunal Federal; processo e julgamento: art. 102, I, *c*
– de Prefeitos; espécies: art. 29-A, § 2.º
– de Presidentes das Câmaras Municipais; espécies: art. 29-A, § 3.º
– do Presidente da República: art. 85
– Ministros de Estado; caso: art. 50, § 2.º
– processo e julgamento: art. 85, parágrafo único

CRIME INAFIANÇÁVEL
– Deputados e Senadores: art. 53, § 2.º

CRIME MILITAR
– prisão: art. 5.º, LXI

CRIMES DOLOSOS CONTRA A VIDA
– competência: art. 5.º, XXXVIII, *d*

CRIMES HEDIONDOS
– prática de: art. 5.º, XLIII

CRIMES POLÍTICOS
– em recurso ordinário; processo e julgamento: art. 102, II, *b*
– por estrangeiro: art. 5.º, LII
– processo e julgamento: art. 109, IV

CULTOS RELIGIOSOS
– livre exercício: art. 5.º, VI

CULTURA
– arts. 215 e 216

CUSTAS JUDICIAIS
– ação popular: art. 5.º, LXXIII

DADOS PESSOAIS
– direito de proteção dos; direito fundamental: art. 5.º, LXXIX

DANO À IMAGEM
– indenização: art. 5.º, V

DANO MATERIAL
– indenização: art. 5.º, V

DANO MORAL
– indenização: art. 5.º, V

DANOS
– reparação: art. 5.º, XLV
– responsabilidade: art. 37, § 6.º

DATAS COMEMORATIVAS
– art. 215, § 2.º

DÉCIMO TERCEIRO SALÁRIO
– arts. 7.º, VIII, e 201, § 6.º

DECORO
– parlamentar: art. 55, § 1.º

DEFENSORIA PÚBLICA
– arts. 134 e 135

DEFESA DO ESTADO E DAS INSTITUIÇÕES DEMOCRÁTICAS
– arts. 136 a 144

DEFICIENTES FÍSICOS
– adaptação de logradouros, edifícios e veículos para transporte coletivo: art. 244
– cargos e empregos públicos: art. 37, VIII
– garantia de um salário mínimo: art. 203, V
– logradouros públicos e edifícios: art. 227, § 2.º

DEPOSITÁRIO INFIEL
– prisão civil do: art. 5.º, LXVII

DEPUTADOS
– arts. 53 a 56

DEPUTADOS DISTRITAIS
– art. 32, § 3.º

DEPUTADOS E SENADORES
– arts. 53 a 56

DEPUTADOS ESTADUAIS
– art. 27

DEPUTADOS FEDERAIS
– quem pode eleger-se: art. 14, § 3.º, VI, *c*

DESAPROPRIAÇÃO
– de glebas com culturas ilegais: art. 243
– indenização de benfeitorias: art. 184, § 1.º
– isenção de impostos: art. 184, § 5.º
– não sujeição: art. 185
– pelo Município: art. 182, § 4.º, III
– por interesse social: art. 184
– procedimento: art. 5.º, XXIV
– processo judicial: art. 184, § 3.º

DESENVOLVIMENTO
– científico e tecnológico: arts. 218 a 219-B

DESPESA
– aumento de: art. 63
– limites; Câmara dos Vereadores: art. 29-A

DESPESA COM PESSOAL
– limite: art. 169, *caput*, e § 1.º

DESPORTO
– art. 217

DEVERES INDIVIDUAIS E COLETIVOS
– art. 5.º

DIPLOMATA
– cargo privativo de brasileiro nato: art. 12, § 3.º, V

DIREITO DE GREVE
– art. 9.º
– exercício: art. 37, VII

DIREITO DE PETIÇÃO
– art. 5.º, XXXIV, *a*

DIREITO DE PROPRIEDADE
– garantia do: art. 5.º, XXII

DIREITO DE RESPOSTA
– art. 5.º, V

DIREITO(S)
– adquirido; proteção: art. 5.º, XXXVI
– informação aos presos de seus: art. 5.º, LXIII
– lesão ou ameaça de: art. 5.º, XXXV
– suspensão ou interdição: art. 5.º, XLVI, e

DIREITOS E GARANTIAS FUNDAMENTAIS
– arts. 5.º a 17
– direitos e deveres individuais e coletivos: art. 5.º
– direitos políticos: arts. 14 a 16
– direitos sociais: arts. 6.º a 11
– nacionalidade: arts. 12 e 13
– partidos políticos: art. 17

DIREITOS HUMANOS
– art. 4.º, II

DIREITOS POLÍTICOS
– arts. 14 a 16

DIREITOS SOCIAIS
– arts. 6.º a 11

DIRETRIZES E BASES DA EDUCAÇÃO NACIONAL
– art. 22, XXIV

DISCRIMINAÇÃO
– art. 3.º, IV
– punição pela lei: art. 5.º, XLI

DISPOSIÇÕES CONSTITUCIONAIS GERAIS
– arts. 234 a 250

DISPOSIÇÕES CONSTITUCIONAIS TRANSITÓRIAS
– arts. 1.º a 95

DISSÍDIOS COLETIVOS
– conciliação e julgamento: art. 114

DISSÍDIOS INDIVIDUAIS
– conciliação e julgamento: art. 114

DISTRITO FEDERAL
– art. 32
– instituição de contribuições: art. 149, §§ 1.º a 1.º-C

DÍVIDA MOBILIÁRIA
– dos Estados, do Distrito Federal e dos Municípios; limitação pelo Senado Federal: art. 52, IX

DÍVIDA PÚBLICA EXTERNA E INTERNA
– disposição sobre: art. 163, II

DÍVIDAS
– fixação pelo Senado Federal: art. 52, VI

DIVÓRCIO DIRETO
– art. 226, § 6.º

DOAÇÃO
– imposto sobre: art. 155, I

DOCUMENTOS PÚBLICOS
– fé: art. 19, II

DOMÉSTICO
– direitos do trabalhador: art. 7.º, parágrafo único

DOMICÍLIO
– eleitoral: art. 14, § 3.º, IV
– inviolabilidade: art. 5.º, XI

DOTAÇÕES ORÇAMENTÁRIAS
– entrega dos recursos; prazo: art. 168

DROGAS
– confisco de bens decorrentes de: art. 243, parágrafo único
– extradição: art. 5.º, LI
– tráfico ilícito: art. 5.º, XLIII

DURAÇÃO DO TRABALHO
– art. 7.º, XIII

EDUCAÇÃO
– arts. 205 a 214

EDUCAÇÃO AMBIENTAL
– promoção: art 225, § 1.º, VI

ELEGIBILIDADE
– art. 14, § 3.º

ELEIÇÃO
– de Governador e Vice-Governador; realização: art. 28
– de Presidente e Vice-Presidente da República: art. 77, §§ 1.º a 5.º
– quem é elegível: art. 14, § 3.º
– voto direto e secreto: art. 14

EMENDAS À CONSTITUIÇÃO
– art. 60
– equivalentes a; tratados e convenções internacionais sobre direitos humanos: art. 5.º, § 3.º

EMPRESA JORNALÍSTICA
– art. 222

EMPRESAS CONCESSIONÁRIAS E PERMISSIONÁRIAS
– disposições sobre: art. 175, parágrafo único

EMPRESAS DE PEQUENO PORTE
– tratamento jurídico diferenciado: art. 179

EMPRESAS DE RADIODIFUSÃO
– art. 222

EMPRESAS ESTATAIS
– exploração: art. 21, XI
– orçamento de investimento: art. 165, § 5.º, II

EMPRESAS PÚBLICAS
– criação: art. 37, XIX
– privilégios fiscais: art. 173, § 2.º
– regime jurídico: art. 173, § 1.º
– relação com o Estado: art. 173, § 3.º

EMPRÉSTIMOS COMPULSÓRIOS
– instituição: art. 148

ENERGIA HIDRÁULICA
– propriedade: art. 176

ENSINO
– investimento da União no: art. 212, *caput*, §§ 1.º a 5.º
– liberdade à iniciativa privada: art. 209
– princípios: art. 206

ENSINO FUNDAMENTAL
– atuação dos Municípios: art. 212, § 2.º
– conteúdo: art. 210

ENSINO OBRIGATÓRIO
– acesso: art. 208, §§ 1.º e 2.º

ENSINO RELIGIOSO
- facultativo: art. 210, § 1.º

ENSINO SUPERIOR
- o que será observado: art. 207

ENTIDADE FAMILIAR
- art. 226, §§ 3.º e 4.º

ENTORPECENTES
- confisco de bens decorrentes de: art. 243, parágrafo único
- extradição: art. 5.º, LI
- tráfico ilícito: art. 5.º, XLIII

ERRO JUDICIÁRIO
- indenização pelo Estado: art. 5.º, LXXV

ESCOLA NACIONAL DE FORMAÇÃO E APERFEIÇOAMENTO DE MAGISTRADOS
- funções: art. 105, § 1.º

ESCOLA NACIONAL DE FORMAÇÃO E APERFEIÇOAMENTO DE MAGISTRADOS DO TRABALHO
- funções: art. 111-A, § 2.º, I

ESTADO DE DEFESA
- art. 136
- cessação; efeitos: art. 141
- decretação: arts. 84, IX, e 136, §§ 1.º a 7.º
- decretação; decisão sobre o ato de: art. 136, §§ 4.º a 7.º
- duração: art. 136, §§ 1.º e 2.º
- fiscalização da execução: art. 140
- ocorrências na vigência: art. 136, § 3.º
- rejeição do decreto: art. 136, § 7.º

ESTADO DE SÍTIO
- arts. 137 a 139
- cessação; efeitos: art. 141, parágrafo único
- decretação: art. 84, IX
- fiscalização de execução: art. 140

ESTADOS
- bens dos: art. 26
- criação: art. 235
- dever de educação: art. 208
- fixação da dívida: art. 52, VI
- função de fiscalização, incentivo e planejamento; atividade econômica: art. 174
- imposto que pertence aos: art. 157
- impostos dos: art. 155
- incorporação com outros Estados: art. 18, § 3.º
- instituição de contribuições: art. 149, §§ 1.º a 1.º-C
- instituição de impostos: art. 155
- intervenção federal: art. 34
- intervenção nos Municípios: art. 35
- Municípios e Distrito Federal; união indissolúvel: art. 1.º
- organização de suas Constituições: art. 25
- proventos de aposentadoria e pensões; constituição de fundos: art. 249
- representação; renovação: art. 46, § 2.º
- símbolos: art. 13, § 2.º
- Tribunais de Justiça: art. 125

ESTADOS FEDERADOS
- arts. 25 a 28

ESTATUTO DA JUVENTUDE
- estabelecimento do: art. 227, § 8.º, I

ESTATUTO DA MAGISTRATURA
- disposições sobre o: art. 93

ESTRANGEIROS
- alistamento eleitoral: art. 14, § 2.º
- crime político; extradição: art. 5.º, LII
- inviolabilidade de seus direitos: art. 5.º, *caput*
- naturalizados: art. 12, II, *b*
- sucessão de bens: art. 5.º, XXXI

EXTRADIÇÃO
- de brasileiro: art. 5.º, LI
- de estrangeiro por crime político: art. 5.º, LII
- processo e julgamento: art. 102, I, *g*

FAMÍLIA
- arts. 226 a 230

FAUNA
- proteção: art. 225, § 1.º, VII

FAZENDA ESTADUAL
- pagamento: art. 100

FAZENDA FEDERAL
- pagamento: art. 100

FAZENDA MUNICIPAL
- pagamento: art. 100

FÉRIAS REMUNERADAS
- art. 7.º, XVII

FIANÇA
- liberdade provisória: art. 5.º, LXVI

FILHOS
- direitos e qualificações: art. 227, § 6.º

FILIAÇÃO PARTIDÁRIA
- arts. 14, § 3.º, V, e 142, § 3.º, V

FINANÇAS PÚBLICAS
- arts. 163 a 169
- normas gerais: arts. 163 a 164-A
- orçamentos: arts. 165 a 169
- transparência; disponibilização de informações e dados contábeis: art. 163-A

FISCALIZAÇÃO
- contábil, financeira e orçamentária: arts. 70 a 75

FLAGRANTE DELITO
- prisão mediante: art. 5.º, LXI
- violabilidade da casa: art. 5.º, XI

FLORESTA AMAZÔNICA
- art. 225, § 4.º

FORÇAS ARMADAS
- arts. 142 e 143
- comando supremo: art. 84, XIII
- incorporação de Deputados e Senadores: art. 53, § 6.º
- oficial das; cargo privativo de brasileiro nato: art. 12, § 3.º, VI

FRONTEIRA
- faixa de: arts. 20, § 2.º e 176, § 1.º

FUNÇÃO PÚBLICA
- perda: art. 37, § 4.º

FUNÇÃO SOCIAL
- da propriedade: art. 184

FUNÇÕES ESSENCIAIS À JUSTIÇA
- arts. 127 a 135

FUNDAÇÃO PÚBLICA
- criação: art. 37, XIX

FUNDEB
- Fundo de Manutenção e Desenvolvimento da Educação Básica e de Valorização dos Profissionais da Educação: art. 212-A

FUNDO DE GARANTIA
- por tempo de serviço: art. 7.º, III

FUNDO PARTIDÁRIO
- partidos políticos; direito aos recursos do: art. 17, § 3.º

GÁS NATURAL
- monopólio da União: art. 177, I

GESTANTE
- licença: art. 7.º, XVIII

GOVERNADORES
- eleição: arts. 28, §§ 1.º e 2.º, e 32, § 2.º
- inelegibilidade: art. 14, § 7.º
- perda de mandato: art. 28, § 1.º
- quem pode eleger-se: art. 14, § 3.º, VI, *b*
- reeleição: art. 14, § 5.º

GOVERNADORES DE TERRITÓRIOS
- escolha pelo Senado Federal: art. 52, III, *c*
- nomeação: art. 84, XIV

GRATIFICAÇÃO NATALINA
- art. 7.º, VIII
- dos aposentados e pensionistas: art. 201, § 6.º

GREVE
- abusos: art. 9.º, § 2.º
- direito de: arts. 9.º e 37, VII
- proibição para o militar: art. 142, § 3.º, IV

GUARDAS MUNICIPAIS
- constituição: art. 144, § 8.º

GUERRA
- declaração: arts. 21, II, e 84, XIX
- requisições civis e militares: art. 22, III

HABEAS CORPUS
- concessão: art. 5.º, LXVIII
- em recurso ordinário; processo e julgamento: art. 102, II, *a*
- gratuidade das ações: art. 5.º, LXXVII
- julgamento pelo Superior Tribunal de Justiça: art. 105, II, *a*
- processo e julgamento: art. 102, I, *d* e *i*
- processo e julgamento; competência dos Tribunais Regionais Federais: art. 108, I, *d*
- processo e julgamento pelo Superior Tribunal de Justiça: art. 105, I, *c*
- punições disciplinares militares: art. 142, § 2.º

HABEAS DATA
- concessão: art. 5.º, LXXII
- em recurso ordinário; processo e julgamento: art. 102, II, *a*

– gratuidade da ação de: art. 5.º, LXXVII
– processo e julgamento: art. 102, I, *d*
– processo e julgamento; competência dos Tribunais Regionais Federais: art. 108, I, *c*
– processo e julgamento pelo Superior Tribunal de Justiça: art. 105, I, *b*

HERANÇA
– garantia do direito de: art. 5.º, XXX

HIGIENE E SEGURANÇA DO TRABALHO
– art. 7.º, XXII

HINO NACIONAL
– símbolo: art. 13, § 1.º

HONRA
– inviolabilidade: art. 5.º, X

HORA EXTRA
– remuneração: art. 7.º, XVI

HORÁRIO DE TRABALHO
– art. 7.º, XIII

HORÁRIO GRATUITO DE RÁDIO E TELEVISÃO
– partidos políticos; acesso ao: art. 17, § 3.º

IDENTIFICAÇÃO CRIMINAL
– submissão: art. 5.º, LVIII

IDOSO
– arts. 226 a 230

IGREJAS
– art. 19, I

IGUALDADE
– entre Estados: art. 4.º, V
– perante a lei: art. 5.º, *caput*

IMAGEM DAS PESSOAS
– inviolabilidade: art. 5.º, X

IMAGEM HUMANA
– reprodução: art. 5.º, XXVIII, *a*

IMPOSTOS
– anistia ou remissão: art. 150, § 6.º
– caráter: art. 145, § 1.º
– instituição: art. 145, I
– instituição mediante lei complementar: art. 154, I
– instituição pela União: art. 153
– pertencente a arrecadação ao Distrito Federal: art. 157
– pertencente a arrecadação aos Estados: art. 157
– pertencente a arrecadação aos Municípios: art. 158

IMPOSTOS DA UNIÃO
– arts. 153 e 154

IMPOSTOS DOS ESTADOS E DISTRITO FEDERAL
– art. 155

IMPOSTOS DOS MUNICÍPIOS
– art. 156

IMPOSTOS ESTADUAIS
– art. 155
– em Território Federal; competência: art. 147

IMPOSTOS EXTRAORDINÁRIOS
– instituição: art. 154, II

IMPROBIDADE ADMINISTRATIVA
– art. 37, § 4.º
– efeito: art. 15, V

IMUNIDADES
– de Deputados e Senadores: art. 53, § 8.º
– tributárias: art. 150, VI

INCENTIVO
– regional: art. 43, § 2.º

INCONSTITUCIONALIDADE
– de lei; declaração: art. 97
– de lei; julgamento: art. 102, I, *a*
– de lei; suspensão da declaração: art. 52, X

INDENIZAÇÃO
– por dano material ou moral: art. 5.º, X

INDENIZAÇÃO POR DANO MATERIAL, MORAL OU À IMAGEM
– art. 5.º, V

ÍNDIOS
– arts. 231 e 232

INDIVIDUALIZAÇÃO DA PENA
– art. 5.º, XLVI

INDULTO
– concessão: art. 84, XII

INELEGIBILIDADE
– casos de: art. 14, §§ 4.º, 6.º e 7.º

INOVAÇÃO
– arts. 218 a 219-B

INFORMAÇÃO
– direito de todos: art. 5.º, XIV

INFORMÁTICA
– art. 22, IV

INOVAÇÃO
– arts. 218 a 219-B

INQUÉRITO POLICIAL
– instauração: art. 129, VIII

INSTITUIÇÕES FINANCEIRAS
– Congresso Nacional: art. 48, XV
– emissão de moedas: art. 164, § 3.º

INTEGRIDADE FÍSICA E MORAL
– do preso; respeitabilidade: art. 5.º, XLIX

INTERDIÇÃO DE DIREITOS
– art. 5.º, XLVI, *e*

INTERROGATÓRIO POLICIAL
– art. 5.º, LXIV

INTERVENÇÃO
– arts. 34 a 36

INTERVENÇÃO FEDERAL
– decretação: art. 84, X

INVESTIGAÇÃO CRIMINAL
– art. 5.º, XII

INVIOLABILIDADE
– de correspondência: art. 139, § 3.º
– dos direitos fundamentais: art. 5.º
– dos Vereadores: art. 29, VIII

IRREDUTIBILIDADE DE SALÁRIO
– art. 7.º, VI

JAZIDAS
– legislação sobre: art. 22, XII
– propriedade: art. 176

JAZIDAS DE GÁS NATURAL
– monopólio da União: art. 177, I

JAZIDAS DE MINERAIS
– prioridade das cooperativas: art. 174, § 4.º

JAZIDAS DE PETRÓLEO
– monopólio da União: art. 177, I

JORNADA DE TRABALHO
– em turnos: art. 7.º, XIV
– redução: art. 7.º, XIII

JORNAIS
– art. 150, VI, *d*

JOVEM
– arts. 226 a 230

JUIZADOS ESPECIAIS
– criação: art. 98, I

JUÍZES DA JUSTIÇA MILITAR
– processo e julgamento dos: art. 108, I, *a*

JUÍZES DOS ESTADOS
– arts. 125 e 126

JUÍZES DO TRABALHO
– arts. 111 a 116
– processo e julgamento dos: art. 108, I, *a*

JUÍZES ELEITORAIS
– arts. 118 a 121

JUÍZES FEDERAIS
– arts. 106 a 110
– competência para processar e julgar: art. 109
– na composição dos Tribunais Regionais Federais: art. 107, II
– processo e julgamento dos: art. 108, I, *a*

JUÍZES MILITARES
– arts. 122 a 124

JUÍZO DE EXCEÇÃO
– art. 5.º, XXXVII

JÚRI
– reconhecimento da instituição do: art. 5.º, XXXVIII

JUSTIÇA DE PAZ
– criação: art. 98, II

JUSTIÇA DESPORTIVA
– recursos: art. 217, §§ 1.º e 2.º

JUSTIÇA DO TRABALHO
– competência: art. 114

JUSTIÇA ELEITORAL
– composição: art. 119
– órgãos: art. 118

JUSTIÇA FEDERAL
– competência: arts. 108 e 109
– órgãos: art. 106, I e II

JUSTIÇA MILITAR
– competência: art. 124
– organização, funcionamento e competência: art. 124, parágrafo único
– órgãos: art. 122

JUSTIÇA MILITAR ESTADUAL
– criação: art. 125, § 3.º

LAZER
– direitos dos trabalhadores: art. 7.º, IV

– direitos sociais: art. 217, § 3.º
– para a criança, o adolescente e o jovem: art. 227

LEI DE DIRETRIZES ORÇAMENTÁRIAS
– instituição: art. 165, II e § 2.º

LEI ESTADUAL
– ação direta de inconstitucionalidade; processo e julgamento: art. 102, I, *a*

LEI FEDERAL
– ação declaratória de constitucionalidade; processo e julgamento: art. 102, I, *a*
– ação direta de inconstitucionalidade; processo e julgamento: art. 102, I, *a*

LEI PENAL
– retroatividade: art. 5.º, XL

LEIS
– art. 61
– declaração de inconstitucionalidade: art. 97
– iniciativa: art. 61
– julgamento de inconstitucionalidade: art. 102, I, *a*

LEIS COMPLEMENTARES
– aprovação: art. 69

LEIS DELEGADAS
– elaboração: art. 68

LESÃO OU AMEAÇA A DIREITO
– apreciação: art. 5.º, XXXV

LIBERDADE
– privação da: art. 5.º, LIV
– privação ou restrição: art. 5.º, XLVI, *a*

LIBERDADE DE ASSOCIAÇÃO
– art. 5.º, XVII

LIBERDADE PROVISÓRIA
– admissão: art. 5.º, LXVI

LICENÇA À GESTANTE
– art. 7.º, XVIII

LICENÇA-PATERNIDADE
– art. 7.º, XIX

LICITAÇÃO
– exigência: art. 37, XXI e §§ 1.º e 2.º

LIMITAÇÃO DO PODER DE TRIBUTAR
– arts. 150 a 152

LÍNGUA OFICIAL
– art. 13

LOCOMOÇÃO
– liberdade de: art. 5.º, XV

MAGISTRADOS
– acesso a tribunais: art. 93, III
– aposentadoria: art. 93, VI
– escolha pelo Senado Federal: art. 52, III, *a*
– estatuto: art. 93, *caput*
– garantias: art. 95
– ingresso na carreira: art. 93, I
– nomeação: art. 84, XVI
– preparação e aperfeiçoamento: art. 93, IV
– promoção: art. 93, II
– remoção; disponibilidade: art. 93, VIII
– residência: art. 93, VII
– subsídios: art. 93, V

MAGISTRATURA
– disposições do estatuto: art. 93

MANDADO DE INJUNÇÃO
– concessão: art. 5.º, LXXI
– em recurso ordinário; processo e julgamento: art. 102, II, *a*
– processo e julgamento: art. 102, I, *q*
– processo e julgamento pelo Superior Tribunal de Justiça: art. 105, I, *h*

MANDADO DE SEGURANÇA
– concessão: art. 5.º, LXIX
– em recurso ordinário; processo e julgamento: art. 102, II, *a*
– julgamento pelo Superior Tribunal de Justiça: art. 105, II, *b*
– processo e julgamento; competência dos Tribunais Regionais Federais: art. 108, I, *c*
– processo e julgamento pelo Superior Tribunal de Justiça: art. 105, I, *b*

MANDADO DE SEGURANÇA COLETIVO
– impetração: art. 5.º, LXX

MANDATO
– de Deputado e Senador; casos em que não perderão: art. 56
– dos Deputados e Senadores; perda: art. 55

MANDATO ELETIVO
– impugnação: art. 14, § 10
– tramitação da ação de impugnação: art. 14, § 11

MAR TERRITORIAL
– bens da União: art. 20, VI

MATA ATLÂNTICA
– art. 225, § 4.º

MATERIAL BÉLICO
– comércio; competência da União: art. 21, VI
– legislação; competência da União: art. 22, XXI

MATERNIDADE
– assistência social: art. 203, I
– direito social: art. 6.º
– na previdência social: art. 201, II

MEDIDAS PROVISÓRIAS
– adoção: arts. 62 e 246
– edição de: art. 84, XXVI

MEIO AMBIENTE
– art. 225
– ação popular: art. 5.º, LXXIII
– proteção: art. 200, VIII

MEIOS DE COMUNICAÇÃO SOCIAL
– monopólio ou oligopólio: art. 220, § 5.º

MICROEMPRESAS
– tratamento jurídico diferenciado: art. 179

MICRORREGIÕES
– art. 25, § 3.º

MILITAR(ES)
– dos Estados, do Distrito Federal e dos Territórios: art. 42

MINÉRIOS NUCLEARES
– produção, comercialização e utilização de radioisótopos para pesquisa e uso médicos: art. 21, XXIII, *b* e *c*

MINISTÉRIO PÚBLICO
– arts. 127 a 130
– Federal; na composição dos Tribunais Regionais Federais: art. 107, I
– União; processo e julgamento dos membros do: art. 108, I, *a*

MINISTÉRIO(S)
– criação, estruturação e atribuições: art. 88
– da Defesa; cargo privativo de brasileiro nato: art. 12, § 3.º, VII
– da Defesa; comando supremo; competência privativa do Presidente da República: art. 84, XIII
– da Defesa; do Conselho; integrantes: art. 91, I a VIII
– da Defesa; do Superior Tribunal de Justiça; processo e julgamento; competência: art. 105
– da Defesa; do Supremo Tribunal Federal; infrações penais comuns e crimes de responsabilidade; competência: art. 102, I, *c*
– da Defesa; processo e julgamento; competência privativa do Senado Federal: art. 52, I

MINISTROS
– convocação pela Câmara dos Deputados e pelo Senado Federal: art. 50

MINISTROS DE ESTADO
– arts. 87 e 88
– infrações penais comuns; julgamento: art. 102, I, *c*
– nomeação e exoneração: art. 84, I
– processo contra: art. 51, I
– processo e julgamento: art. 52, I

MINISTROS DO SUPREMO TRIBUNAL FEDERAL
– cargo privativo de brasileiro nato: art. 12, § 3.º, IV
– nomeação: art. 84, XIV
– processo e julgamento: art. 52, II

MINISTROS DO TRIBUNAL DE CONTAS
– da União; escolha pelo Senado Federal: art. 52, III, *b*
– nomeação: art. 84, XIV

MOEDA
– emissão: art. 164
– emissão; limites: art. 48, XIV

MONOPÓLIO DA UNIÃO
– art. 177

MORALIDADE ADMINISTRATIVA
– ação popular: art. 5.º, LXXIII

MULHERES
– serviço militar: art. 143, § 2.º

MUNICÍPIOS
– arts. 29 a 31
– constituição de Guarda Municipal: art. 144, § 8.º

– criação, incorporação, fusão e desmembramento: art. 18, § 4.º
– de territórios; intervenção: art. 35
– dívida mobiliária; limitação pelo Senado Federal: art. 52, IX
– Estados e Distrito Federal; união indissolúvel: art. 1.º
– fixação da dívida: art. 52, VI
– imposto dos: art. 156
– imposto que pertence aos: art. 158
– instituição de contribuições: art. 149, §§ 1.º a 1.º-C
– instituição de impostos; competência: art. 156
– proventos de aposentadoria e pensões; constituição de fundos: art. 249
– símbolos: art. 13, § 2.º

NACIONALIDADE
– arts. 12 e 13
– legislação sobre: art. 22, XIII

NASCIMENTO
– gratuidade do registro civil: art. 5.º, LXXVI, *a*

NATURALIZAÇÃO
– cancelamento; efeito: art. 12, § 4.º, I
– legislação sobre: art. 22, XIII

ÓBITO
– gratuidade da certidão: art. 5.º, LXXVI, *b*

ORÇAMENTOS
– arts. 165 a 169
– ajuste fiscal; vedações: art. 167-A
– estado de calamidade pública; contratação de pessoal: art. 167-C
– estado de calamidade pública; disposições: arts. 167-B a 167-G
– estado de calamidade pública; regime extraordinário fiscal, financeiro e de contratações: art. 167-B
– inclusão de verbas; pagamento de precatórios de sentenças transitadas em julgado: art. 100, § 5.º

ORDEM DOS ADVOGADOS DO BRASIL
– art. 103, VII

ORDEM ECONÔMICA E FINANCEIRA
– arts. 170 a 192
– política agrícola e fundiária e reforma agrária: arts. 184 a 191
– política urbana: arts. 182 e 183
– princípios gerais da atividade econômica: arts. 170 a 181

ORDEM JUDICIAL
– violabilidade das comunicações telefônicas: art. 5.º, XII

ORDEM SOCIAL
– arts. 193 a 232

ORGANIZAÇÃO DO ESTADO
– arts. 18 a 43
– administração pública: arts. 37 a 43
– Distrito Federal e territórios: arts. 32 e 33
– Estados federados: arts. 25 a 28
– intervenção: arts. 34 a 36
– Municípios: arts. 29 a 31
– União: arts. 20 a 24

ORGANIZAÇÃO DOS PODERES
– arts. 44 a 135
– funções essenciais à justiça: arts. 127 a 135
– poder executivo: arts. 76 a 91
– poder judiciário: arts. 92 a 126
– poder legislativo: arts. 44 a 75

ORGANIZAÇÃO POLÍTICO--ADMINISTRATIVA
– arts. 18 e 19

ORGANIZAÇÃO SINDICAL
– art. 8.º

ORGANIZAÇÕES INTERNACIONAIS
– art. 21, I

PANTANAL MATO-GROSSENSE
– art. 225, § 4.º

PARTIDOS POLÍTICOS
– art. 17
– candidaturas femininas: art. 17, §§ 7.º e 8.º

PATRIMÔNIO CULTURAL BRASILEIRO
– art. 216

PENA DE MORTE
– art. 5.º, XLVII, *a*

PENA PERPÉTUA
– art. 5.º, XLVII, *b*

PENAS
– comutação: art. 84, XII
– cumprimento: art. 5.º, XLVIII
– exigência de cominação: art. 5.º, XXXIX
– individualização: art. 5.º, XLVI
– não passará da pessoa do condenado: art. 5.º, XLV

PENAS CRUÉIS
– art. 5.º, XLVII, *e*

PERDIMENTO DE BENS
– art. 5.º, XLV

PETRÓLEO
– exploração e participação: art. 20, § 1.º
– refinação; monopólio da União: art. 177, II
– venda e revenda: art. 238

PISO SALARIAL
– art. 7.º, V
– enfermeiro, técnico de enfermagem, auxiliar de enfermagem e parteira: art. 198, §§ 12 a 15

PLANEJAMENTO FAMILIAR
– art. 226, § 7.º

PLANO NACIONAL DE CULTURA
– art. 215, § 3.º

PLANO NACIONAL DE EDUCAÇÃO
– art. 214

PLANO PLURIANUAL
– disposições sobre o: art. 165, § 9.º
– instituição: art. 165, I e § 1.º
– projetos de lei relativos a: art. 166
– remessa ao Congresso Nacional: art. 84, XXIII

PLANTAS PSICOTRÓPICAS
– expropriação de glebas com cultura de: art. 243

PLEBISCITO
– art. 14, I
– convocação pelo Congresso Nacional: art. 49, XV
– para criação, incorporação, fusão e desmembramento de municípios: art. 18, § 4.º
– para incorporação de Estados: art. 18, § 3.º

PODER DE TRIBUTAR
– limitação: arts. 150 a 152

PODER EXECUTIVO
– arts. 76 a 91
– atribuições do Presidente da República: art. 84
– Conselho da República: arts. 89 e 90
– Conselho da República e Conselho de Defesa Nacional: arts. 89 a 91
– Ministros de Estado: arts. 87 e 88
– Presidente e Vice-Presidente da República: arts. 76 a 83
– responsabilidade do Presidente da República: arts. 85 e 86

PODER JUDICIÁRIO
– arts. 92 a 126
– organização e manutenção; competência: art. 21, XIII
– Superior Tribunal de Justiça: arts. 104 e 105
– Supremo Tribunal Federal: arts. 101 a 103
– tribunais e juízes dos estados: arts. 125 e 126
– tribunais e juízes do trabalho: arts. 111 a 117
– tribunais e juízes eleitorais: arts. 118 a 121
– tribunais e juízes militares: arts. 122 a 124
– tribunais regionais federais e juízes federais: arts. 106 a 110

PODER LEGISLATIVO
– arts. 44 a 75
– Câmara dos Deputados: art. 51
– Congresso Nacional: arts. 44 a 47
– deputados e senadores: arts. 53 a 56
– fiscalização contábil, financeira e orçamentária: arts. 70 a 75
– processo legislativo: arts. 59 a 69
– Senado Federal: art. 52

POLÍCIA FEDERAL
– destinação: art. 144, § 1.º

POLÍCIA FERROVIÁRIA
– federal; destinação: art. 144, § 3.º

POLÍCIA MILITAR
– convocação e mobilização; inatividade e pensões; legislação sobre: art. 22, XXI
– dos Estados, do Distrito Federal e dos Territórios: art. 42
– incumbência: art. 144, §§ 5.º e 6.º

POLÍCIA RODOVIÁRIA
– federal; destinação: art. 144, § 2.º

POLÍCIAS CIVIS
– incumbência: art. 144, § 4.º

POLÍTICA AGRÍCOLA
– planejamento e execução: art. 187

POLÍTICA AGRÍCOLA E FUNDIÁRIA E REFORMA AGRÁRIA
– arts. 184 a 191

POLÍTICA DE DESENVOLVIMENTO URBANO
– art. 182

POLÍTICA URBANA
– arts. 182 e 183

PORTUGUÊS
– língua oficial: art. 13

PORTUGUESES
– naturalizados: art. 12, § 1.º

PRECATÓRIOS JUDICIAIS
– disposições: art. 100
– orçamento; inclusão de verbas; pagamento de precatórios de sentenças transitadas em julgado: art. 100, § 5.º

PRECONCEITOS
– art. 3.º, IV

PREFEITO
– crime de responsabilidade; espécies: art. 29-A, § 2.º
– eleição: art. 29, I
– inelegibilidade: art. 14, § 7.º
– julgamento: art. 29, X
– perda do mandato: art. 29, XIV
– posse: art. 29, III
– prazo do mandato: art. 29, I
– quem pode eleger-se: art. 14, § 3.º, VI, *c*
– reeleição: art. 14, § 5.º
– subsídios: art. 29, V

PRESCRIÇÃO
– do direito de ação: art. 7.º, XXIX

PRESIDENTE DA CÂMARA DOS DEPUTADOS
– cargo privativo de brasileiro nato: art. 12, § 3.º, II

PRESIDENTE DA REPÚBLICA
– afastamento; cessação: art. 86, § 2.º
– atos estranhos ao exercício de suas funções: art. 86, § 4.º
– atribuições: art. 84
– ausência do País: art. 83
– cargo privativo de brasileiro nato: art. 12, § 3.º, I
– contas do; exame: art. 166, § 1.º, I
– crimes de responsabilidade: art. 85
– delegação de atribuições: art. 84, parágrafo único
– eleição: art. 77
– e Vice-Presidente: arts. 76 a 83
– exercício do Poder Executivo: art. 76
– impedimento: art. 80
– inelegibilidade: art. 14, § 7.º
– infrações penais comuns; julgamento: art. 102, I, *b*
– julgamento: art. 86
– morte do candidato: art. 77, § 4.º
– posse: art. 78
– prisão: art. 86, § 3.º
– processo contra: art. 51, I
– processo e julgamento: art. 52, I
– proposta de ação declaratória de constitucionalidade: art. 103
– quem pode eleger-se: art. 14, § 3.º, VI, *a*
– reeleição: art. 14, § 5.º
– responsabilidade: arts. 85 e 86
– substituição: art. 79
– suspensão das funções: art. 86, § 1.º
– tempo de mandato: art. 82
– vacância do cargo: art. 81

PRESIDENTE DO BANCO CENTRAL
– escolha: art. 52, III, *d*

PRESIDENTE DO SENADO FEDERAL
– cargo privativo de brasileiro nato: art. 12, § 3.º, III

PRESIDIÁRIAS
– permanência com os filhos: art. 5.º, L

PRESO
– assistência familiar e advogado: art. 5.º, LXIII
– identificação dos responsáveis por sua prisão e interrogatório: art. 5.º, LXIV
– informação de seus direitos: art. 5.º, LXIII
– respeito ao: art. 5.º, XLIX
– tempo superior à condenação; indenização: art. 5.º, LXXV

PREVIDÊNCIA COMPLEMENTAR
– art. 202

PREVIDÊNCIA PRIVADA
– competência para administração e fiscalização: art. 21, VIII

PREVIDÊNCIA SOCIAL
– a quem atenderão os planos de: art. 201
– aposentadoria; por idade: art. 201, §§ 7.º e 8.º
– benefícios; limites: art. 248
– benefícios não programados; cobertura: art. 201, § 10
– competência para legislar sobre: art. 24, XII
– contagem recíproca: art. 201, §§ 9.º e 9.º-A
– correção dos salários de contribuição: art. 201, §§ 3.º e 4.º
– ganhos do empregado incorporados ao salário: art. 201, § 11
– gratificação natalina dos aposentados e pensionistas: art. 201, § 6.º
– instituição pelos Estados, Distrito Federal e Municípios: art. 149, §§ 1.º a 1.º-C
– professor: art. 201, § 8.º
– reajustamento de benefícios: art. 201, § 4.º
– recursos; fundos: arts. 249 e 250
– risco de acidente do trabalho; cobertura: art. 201, § 10
– servidor público: art. 38, V
– sistema especial de inclusão previdenciária para trabalhadores de baixa renda e sem renda própria: art. 201, §§ 12 e 13
– tempo de contribuição fictício; vedação: art. 201, § 14

PRINCÍPIO DO CONTRADITÓRIO
– art. 5.º, LV

PRINCÍPIOS FUNDAMENTAIS
– arts. 1.º a 4.º

PRISÃO
– comunicação da: art. 5.º, LXII
– de Deputados e Senadores: art. 53, § 2.º
– exigências para sua realização: art. 5.º, LXI

PRISÃO CIVIL POR DÍVIDA
– caso de: art. 5.º, LXVII

PRISÃO ILEGAL
– relaxamento: art. 5.º, LXV

PRISÃO PERPÉTUA
– art. 5.º, XLVII, *b*

PRIVAÇÃO DA LIBERDADE
– art. 5.º, LIV e XLVI, *a*

PRIVAÇÃO DOS BENS
– art. 5.º, LIV

PROCESSO E SENTENÇA
– por autoridade competente: art. 5.º, LIII

PROCESSO ELEITORAL
– art. 16

PROCESSO LEGISLATIVO
– arts. 59 a 69

PROCESSO LEGISLATIVO ESTADUAL
– iniciativa popular do processo: art. 27, § 4.º

PROCURADORES DO DISTRITO FEDERAL
– art. 132

PROCURADORES DOS ESTADOS
– art. 132

PROCURADOR-GERAL DA REPÚBLICA
– escolha: art. 52, III, *e*
– exoneração: art. 52, XI
– processo e julgamento: art. 52, II
– proposta de ação declaratória de constitucionalidade: art. 103, VI

PROCURADORIA-GERAL DA FAZENDA NACIONAL
– representação da União: art. 131

PROGRAMA DE FORMAÇÃO DO PATRIMÔNIO DO SERVIDOR PÚBLICO (PASEP)
– contribuições; destinação: art. 239

PROGRAMA DE INTEGRAÇÃO SOCIAL (PIS)
– contribuições; destinação: art. 239 e §§ 1.º a 4.º

PROJETOS DE LEI
– apreciação do veto: art. 66, §§ 4.º e 6.º
– aprovado; encaminhamento à sanção: art. 66
– aprovado; revisão: art. 65
– discussão e votação: art. 64
– emendas do Senado; apreciação: art. 64, § 3.º
– inconstitucionalidade: art. 66, § 1.º
– leis delegadas; elaboração: art. 68
– pedido de emergência: art. 64
– prazo para sanção: art. 66, § 3.º
– rejeição; consequência: art. 67
– veto; manutenção: art. 66, § 7.º
– veto parcial: art. 66, § 2.º

PROJETOS DE LEIS MUNICIPAIS
– iniciativa popular: art. 29, XIII

PROPAGANDA GRATUITA NO RÁDIO E TELEVISÃO
– partidos políticos; acesso a: art. 17, § 3.º

PROPRIEDADE
– direito garantido: art. 5.º, XXII
– função social: art. 5.º, XXIII
– particular; caso de utilização por autoridade: art. 5.º, XXV
– pequena e rural; impenhorabilidade: art. 5.º, XXVI

PROPRIEDADE RURAL
– aquisição; limitação: art. 190
– desapropriação: arts. 184 e 185
– função social; cumprimento: art. 186
– impenhorabilidade: art. 5.º, XXVI
– imposto sobre: art. 153, VI

PROPRIEDADE URBANA
– função social: art. 182, § 2.º

PROTEÇÃO DE DADOS PESSOAIS
– direito fundamental: art. 5.º, LXXIX

PROVAS ILÍCITAS
– inadmissibilidade: art. 5.º, LVI

PUBLICIDADE DOS ATOS PROCESSUAIS
– art. 5.º, LX

QUINTO CONSTITUCIONAL
– art. 94

RACISMO
– prática; crime inafiançável e imprescritível: art. 5.º, XLII
– repúdio ao: art. 4.º, VIII

RADIOISÓTOPOS
– produção, comercialização e utilização para pesquisa e uso médicos: art. 21, XXIII, *b* e *c*

RECEITAS TRIBUTÁRIAS
– repartição: arts. 157 a 162

RECLAMAÇÃO
– processo e julgamento pelo Superior Tribunal de Justiça: art. 105, I, *f*
– processo e julgamento pelo Supremo Tribunal Federal: art. 102, I, *l*

RECURSO ESPECIAL
– art. 105, III
– relevância das questões de direito federal infraconstitucional: art. 105, §§ 2.º e 3.º

RECURSO EXTRAORDINÁRIO
– art. 102, III

RECURSO ORDINÁRIO
– arts. 102, II, e 105, II

REFERENDO
– art. 14, II

REFORMA AGRÁRIA
– desapropriação para fins de: art. 184
– o que não será desapropriado para fins de: art. 185

REGIÕES
– da administração pública: art. 43

REGISTRO CIVIL DE NASCIMENTO
– gratuidade: art. 5.º, LXXVI, *a*

RELAÇÕES INTERNACIONAIS
– regimento: art. 4.º
– representantes diplomáticos: art. 84, VII

REMUNERAÇÃO
– de servidores públicos; revisão: art. 37, X e XI

RENDA BÁSICA FAMILIAR
– brasileiros em situação de vulnerabilidade social: art. 6.º, parágrafo único

REPARAÇÃO DE DANO
– art. 5.º, XLV

REPARTIÇÃO DAS RECEITAS TRIBUTÁRIAS
– arts. 157 a 162

REPOUSO SEMANAL REMUNERADO
– art. 7.º, XV

REPÚBLICA FEDERATIVA DO BRASIL
– formação: art. 1.º
– objetivos fundamentais: art. 3.º
– relações internacionais; princípios: art. 4.º

REUNIÕES
– do Poder Legislativo: art. 57

REVISÕES CRIMINAIS
– competência; processo e julgamento pelos Tribunais Regionais Federais: art. 108, I, *b*
– processo e julgamento: art. 102, I, *j*
– processo e julgamento pelo Superior Tribunal de Justiça: art. 105, I, e

SALÁRIO DE CONTRIBUIÇÃO
– da previdência social; correção: art. 201, § 3.º

SALÁRIO-EDUCAÇÃO
– aplicação no ensino: art. 212, §§ 5.º e 6.º

SALÁRIO-FAMÍLIA
– art. 7.º, XII

SALÁRIO MÍNIMO
– art. 7.º, IV

SALÁRIO(S)
– diferença; proibição: art. 7.º, XXX
– garantia de: art. 7.º, VII
– irredutibilidade de: art. 7.º, VI
– retenção: art. 7.º, X

SALÁRIO VARIÁVEL
– garantia do salário mínimo: art. 7.º, VII

SANGUE
– transfusão; comércio: art. 199, § 4.º

SAÚDE
– ações e serviços de; relevância pública: art. 197
– ações e serviços públicos: art. 198
– assistência à: art. 199
– direito de todos: art. 196
– piso salarial da enfermagem: art. 198, §§ 12 a 15

SEGURANÇA NO TRABALHO
– art. 7.º, XXII

SEGURANÇA PÚBLICA
– órgãos: art. 144

SEGURANÇA VIÁRIA
– art. 144, § 10

SEGURIDADE SOCIAL
– arts. 194 a 204
– financiamento da: art. 195
– legislação sobre: art. 22, XXIII
– orçamento: art. 165, § 5.º, III

SEGURO
– contra acidentes do trabalho: art. 7.º, XXVIII

SEGURO-DESEMPREGO
– arts. 7.º, II, e 239, *caput* e § 4.º

SENADO FEDERAL
– competência privativa: art. 52
– composição: art. 46
– convocação de ministros: art. 50, § 2.º
– deliberações: art. 47
– Presidente; cargo privativo de brasileiro nato: art. 12, § 3.º, III
– proposta pela mesa de ação declaratória de constitucionalidade: art. 103
– reunião conjunta com a Câmara dos Deputados: art. 57, § 3.º

SENADORES
– arts. 53 a 56
– pelo Distrito Federal: art. 46, § 1.º
– por Estado: art. 46, § 1.º
– quem pode eleger-se: art. 14, § 3.º, VI, *a*
– suplentes: art. 46, § 3.º

SENTENÇA PENAL CONDENATÓRIA
– situação do culpado: art. 5.º, LVII

SENTENÇAS ESTRANGEIRAS
– homologação, processo e julgamento: art. 105, I, *i*

SEPARAÇÃO DOS PODERES
– vedação: art. 60, § 4.º, III

SEPARAÇÃO JUDICIAL
– por mais de um ano; dissolução do casamento; divórcio: art. 226, § 6.º

SERRA DO MAR
– art. 225, § 4.º

SERVIÇO MILITAR
– eclesiástico: art. 143, § 2.º
– mulheres: art. 143, § 2.º
– obrigatoriedade: art. 143
– obrigatório; estrangeiros: art. 14, § 2.º

SERVIÇOS NOTARIAIS
– art. 236

SERVIÇOS PÚBLICOS
– prestação: art. 175
– reclamação: art. 37, § 3.º, I

SERVIDOR(ES) PÚBLICO(S)
– arts. 39 a 41
– titular de cargo efetivo; readaptação para exercício de cargo; limitação da capacidade física ou mental: art. 37, § 13

SESSÃO LEGISLATIVA
– anual: art. 57

SIGILO DA CORRESPONDÊNCIA
– inviolabilidade: art. 5.º, XII

SIGILO DAS VOTAÇÕES
– no tribunal do júri: art. 5.º, XXXVIII, *b*

SÍMBOLOS ESTADUAIS
– art. 13, § 2.º

SÍMBOLOS NACIONAIS
– art. 13, § 1.º

SINDICATO
– art. 8.º

SISTEMA FINANCEIRO NACIONAL
– art. 192

SISTEMA NACIONAL DE CULTURA
– art. 216-A

SISTEMA TRIBUTÁRIO NACIONAL
– arts. 145 a 162
– impostos da União: arts. 153 e 154
– impostos dos Estados e do Distrito Federal: art. 155
– impostos dos Municípios: art. 156
– limitação do poder de tributar: arts. 150 a 152
– repartição das receitas tributárias: arts. 157 a 162

SISTEMA ÚNICO DE SAÚDE
– agente comunitário; política remuneratória: art. 198, §§ 7.º a 11
– competência do: art. 200
– financiamento: art. 198, § 1.º

SOBERANIA
– art. 1.º, I
– nacional; ordem econômica: art. 170, I

SOBERANIA POPULAR
– exercício: art. 14

SOCIEDADE DE ECONOMIA MISTA
– criação: art. 37, XIX
– estatuto jurídico: art. 173, § 1.º
– privilégios fiscais: art. 173, § 2.º

SOLO
– conservação do: art. 24, VI
– indígena: art. 231, § 2.º
– jazidas: art. 176
– urbano: arts. 30, VIII e 182

SÚMULA VINCULANTE
– art. 103-A

SUPERIOR TRIBUNAL DE JUSTIÇA
– arts. 104 e 105
– nomeação de Ministros: arts. 84, XIV, e 104, parágrafo único

SUPERIOR TRIBUNAL MILITAR
– art. 123

SUPREMO TRIBUNAL FEDERAL
– arts. 101 a 103
– jurisdição: art. 92, parágrafo único
– Ministro do; cargo privativo de brasileiro nato: art. 12, § 3.º, IV
– nomeação de Ministros: arts. 84, XIV, e 101, parágrafo único
– processo e julgamento de seus Ministros: art. 52, II

TAXAS
– base de cálculo: art. 145, § 2.º
– instituição: art. 145, II

TECNOLOGIA
– arts. 218 a 219-B
– formação de recursos humanos na área de: art. 218, § 3.º

TELECOMUNICAÇÕES
– competência da União: art. 22, IV
– concessões: art. 66
– Congresso Nacional; regulamentação: art. 48, XII

TELEVISÃO
– defesa da pessoa e da família quanto aos programas de: art. 220, § 3.º, II
– princípios que atenderão a produção e programação: art. 221

TERRAS DEVOLUTAS
– destinação: art. 188
– indisponibilidade: art. 225, § 5.º

TERRITÓRIOS
– art. 33
– defensoria pública dos; legislação sobre: art. 22, XVII
– escolha do Governador: art. 52, III, *c*
– federais; criação, transformação e reintegração: art. 18, § 2.º
– federais; jurisdição e atribuições cometidas aos juízes federais: art. 110, parágrafo único
– nomeação de Governadores dos: art. 84, XIV
– número de deputados que elegerá: art. 45, § 2.º
– símbolos: art. 13, § 2.º

TERRORISMO
– prática do: art. 5.º, XLIII
– repúdio ao: art. 4.º, VIII

TESOURO NACIONAL
– disposições: art. 164

TÍTULOS DA DÍVIDA AGRÁRIA
– disposições: art. 184

TÍTULOS DA DÍVIDA PÚBLICA
– emissão e resgate: art. 163, IV

TOMBAMENTO
– art. 216, § 5.º

TORTURA
– art. 5.º, III
– prática: art. 5.º, XLIII

TÓXICOS
– controle e fiscalização: art. 200, VII

TRABALHADOR DOMÉSTICO
– direitos: art. 7.º, parágrafo único

TRABALHADORES
– participação nos colegiados dos órgãos públicos: art. 10
– urbanos e rurais; direitos: art. 7.º

TRABALHADOR RURAL
– prescrição do direito de ação: art. 7.º, XXIX

TRABALHO FORÇADO
– art. 5.º, XLVII, *c*

TRABALHO NOTURNO
– proibição: art. 7.º, XXXIII
– remuneração: art. 7.º, IX

TRÁFICO ILÍCITO
– prática: art. 5.º, XLIII

TRANSPORTE AÉREO
– disposições sobre o: art. 178, *caput*

TRANSPORTE AQUÁTICO
– disposições sobre: art. 178

TRANSPORTE GRATUITO
– a maiores de 65 anos: art. 230, § 2.º

TRANSPORTE INTERNACIONAL
– ordenação: art. 178, *caput*

TRANSPORTE MARÍTIMO DE PETRÓLEO BRUTO
– monopólio da União: art. 177, IV

TRANSPORTE TERRESTRE
– disposições sobre o: art. 178, *caput*

TRATADOS INTERNACIONAIS
– celebração; Presidente da República: art. 84, VIII
– competência do Congresso Nacional: art. 49, I
– e os direitos e garantias expressos na Constituição: art. 5.º, § 2.º
– sobre direitos humanos; força de emenda constitucional: art. 5.º, § 3.º

TRATAMENTO DEGRADANTE
– art. 5.º, III

TRATAMENTO DESUMANO
– art. 5.º, III

TRIBUNAIS
– competência privativa: art. 96
– conflitos de competência: arts. 102, I, e 105, I, *d*

TRIBUNAIS E JUÍZES DO TRABALHO
– arts. 111 a 116

TRIBUNAIS E JUÍZES DOS ESTADOS
– arts. 125 e 126

TRIBUNAIS E JUÍZES ELEITORAIS
– arts. 118 a 121

TRIBUNAIS E JUÍZES MILITARES
– arts. 122 a 124

TRIBUNAIS REGIONAIS FEDERAIS
– competência: art. 108
– composição: arts. 94 e 107
– juízes federais: arts. 106 a 110
– remoção ou permuta de juízes: art. 107, § 1.º

TRIBUNAIS SUPERIORES
– competência privativa: art. 96, II
– membros, infrações penais comuns, julgamento: art. 102, I, *c*
– nomeação: art. 84, XIV
– sede e jurisdição: art. 92, parágrafo único

TRIBUNAL DE CONTAS
– composição: art. 235, III
– da União; auditor; substituição de ministro: art. 73, § 4.º
– da União; cálculo de quotas referentes aos fundos de participação: art. 161, parágrafo único
– da União; composição e sede: art. 73

- da União; escolha de dois terços dos membros: art. 49, XIII
- da União; membros; infrações penais comuns; julgamento: art. 102, I, *c*
- da União; ministros; direitos: art. 73, § 3.º
- da União; ministros; escolha: art. 73, § 2.º
- da União; ministros; nomeação: art. 73, § 1.º
- da União; nomeação de ministros: art. 84, XV
- dos Estados, Distrito Federal e Municípios; normas aplicáveis ao: art. 75
- estadual; número de conselheiros: art. 75, parágrafo único

TRIBUNAL DE EXCEÇÃO
- art. 5.º, XXXVII

TRIBUNAL DE JUSTIÇA
- competência privativa: art. 96, II
- composição: art. 235, IV
- conflitos fundiários: art. 126
- nomeação dos Desembargadores: art. 235, V
- quinto constitucional: art. 94

TRIBUNAL PENAL INTERNACIONAL
- jurisdição no Brasil: art. 5.º, § 4.º

TRIBUNAL REGIONAL DO TRABALHO
- câmaras regionais: art. 115, § 2.º
- composição: art. 115, I e II
- justiça itinerante: art. 115, § 1.º

TRIBUNAL REGIONAL ELEITORAL
- arts. 120 e 121

TRIBUNAL SUPERIOR DO TRABALHO
- advogados e membros do Ministério Público: art. 111-A, I
- competência: art. 111-A, § 1.º
- composição: art. 111-A, *caput*

TRIBUNAL SUPERIOR ELEITORAL
- art. 119

TRIBUTAÇÃO E ORÇAMENTO
- arts. 145 a 169
- finanças públicas: arts. 163 a 169
- sistema tributário nacional: arts. 145 a 162

TRIBUTOS
- competência tributária: art. 145
- limitações ao poder de tributar: art. 150

UNIÃO
- arts. 20 a 24
- bens da: art. 20
- competência da: art. 21
- competência privativa: art. 22
- impostos da: arts. 153 e 154

UNIÃO ESTÁVEL
- art. 226

USUCAPIÃO
- área urbana: art. 183
- de imóvel rural ou urbano: art. 191
- imóveis públicos: arts. 183, § 3.º, e 191, parágrafo único

VAQUEJADA
- prática desportiva em manifestações culturais: art. 225, § 7.º

VEREADOR(ES)
- eleição: art. 29, I
- idade mínima para ser: art. 14, § 3.º, VI, *d*
- número: art. 29, IV
- posse: art. 29, III
- prazo de mandato: art. 29, I
- presidente da Câmara; crime de responsabilidade; espécies: art. 29-A, § 3.º
- servidor público: art. 38, III
- subsídio; limites: art. 29, VI

VETO
- conhecimento e deliberação pelo Senado Federal: art. 57, § 3.º, IV
- pelo Presidente da República: art. 84, V

VICE-GOVERNADOR
- eleição: arts. 28 e 32, § 2.º
- quem pode eleger-se: art. 14, § 3.º, VI, *b*
- subsídios: art. 28, § 2.º

VICE-PREFEITO
- eleição: art. 29, I e II
- posse: art. 29, III
- prazo de mandato: art. 29, I
- quem pode eleger-se: art. 14, § 3.º, VI, *c*
- subsídio: art. 29, V

VICE-PRESIDENTE DA REPÚBLICA
- ausência do País: art. 83
- cargo privativo de brasileiro nato: art. 12, § 3.º, I
- eleição: art. 77, *caput* e § 1.º
- impedimento do: art. 80
- infrações penais comuns; julgamento: art. 102, I, *b*
- posse: art. 78
- processo contra: art. 51, I
- processo e julgamento: art. 52, I
- quem pode eleger-se: art. 14, § 3.º, VI, *a*
- substituição do Presidente: art. 79
- vacância do cargo: art. 81

VOTO
- direto e secreto: art. 14
- facultativo: art. 14, § 1.º, II
- obrigatoriedade: art. 14, § 1.º, I

ÍNDICE ALFABÉTICO-REMISSIVO DO ATO DAS DISPOSIÇÕES CONSTITUCIONAIS TRANSITÓRIAS

ADVOCACIA-GERAL DA UNIÃO
– art. 29

ADVOCACIAS-GERAIS
– permissão aos Estados; consultorias jurídicas separadas das suas: art. 69

AMAPÁ
– art. 14

AMAZÔNIA LEGAL
– comissão de estudos territoriais; novas unidades territoriais: art. 12

ANISTIA
– disposições: art. 8.º

APOSENTADORIA COMPULSÓRIA
– art. 100

ASSEMBLEIA LEGISLATIVA
– Constituição do Estado; elaboração; prazo: art. 11

ATOS ADMINISTRATIVOS
– praticados no Estado do Tocantins: art. 18-A

CALAMIDADE PÚBLICA
– gastos com educação por parte dos Estados, Municípios, DF e agentes públicos; descumprimento; isenção de responsabilidade durante a pandemia de Covid-19: art. 119

CÂMARA DOS DEPUTADOS
– irredutibilidade da representação dos Estados e do Distrito Federal na: art. 4.º, § 2.º

CÂMARA LEGISLATIVA DO DISTRITO FEDERAL
– competência, até que se instale: art. 16, §§ 1.º e 2.º

CÂMARA MUNICIPAL
– Lei Orgânica; prazo: art. 11, parágrafo único

CASSADOS POLÍTICOS
– art. 9.º

CENSOR FEDERAL
– Departamento de Polícia Federal: art. 23

CÓDIGO DE DEFESA DO CONSUMIDOR
– elaboração; prazo: art. 48

COMISSÃO DE ESTUDOS TERRITORIAIS
– art. 12

COMISSÃO INTERNA DE PREVENÇÃO DE ACIDENTES
– empregado eleito para cargo de direção; vedada dispensa arbitrária ou sem justa causa: art. 10, II, a

COMISSÃO MISTA
– competência: art. 26

COMPETÊNCIA
– Justiça Federal: art. 27, § 10
– Superior Tribunal de Justiça: art. 27, § 10
– Supremo Tribunal Federal; até que se instale o Superior Tribunal de Justiça: art. 27, § 1.º
– Tribunais Estaduais; definição da Constituição Estadual: art. 70
– Tribunais Regionais Federais: art. 27, § 10

CONGRESSO NACIONAL
– doações, vendas e concessões de terras públicas; revisão através de Comissão Mista; prazo: art. 51
– exame analítico e pericial dos atos e fatos geradores do endividamento externo brasileiro: art. 26
– fundos existentes; extinção ou ratificação pelo: art. 36
– lei complementar prevista no art. 161, II; voto; prazo: art. 39, parágrafo único
– membros; compromisso; disposições constitucionais transitórias: art. 1.º
– revogação; dispositivos legais que atribuam ou deleguem a órgão do Poder Executivo competência assinalada pela Constituição ao: art. 25, I e II

CONSTITUIÇÃO DO ESTADO
– assembleia legislativa; elaboração; prazo: art. 11

CONSULTORIAS JURÍDICAS DOS MINISTÉRIOS
– atribuições enquanto não aprovadas as leis complementares relativas ao Ministério Público e à Advocacia-Geral da União: art. 29

CONSUMIDOR
– código de defesa; elaboração; prazo: art. 48

CONTRIBUIÇÃO PROVISÓRIA
– instituição: art. 74
– sobre movimentação ou transmissão de valores e de créditos e direitos de natureza financeira; não incidência: art. 85
– sobre movimentação ou transmissão de valores e de créditos e direitos de natureza financeira; prorrogação: arts. 75, 84 e 90

CONTRIBUIÇÕES PREVIDENCIÁRIAS
– e demais débitos dos Municípios; parcelamento: arts. 115 a 117

CONTRIBUIÇÕES SOCIAIS
– vigência imediata: art. 34, § 1.º

CORREÇÃO MONETÁRIA
– arts. 46 e 47

DECRETOS-LEIS
– art. 25

DEFENSORES PÚBLICOS
– direito de opção: art. 22
– lotação: art. 98

DEMARCAÇÃO DE TERRAS
– art. 12

DESPESAS E RECEITAS
– da União; projeto de revisão da lei orçamentária; exercício 1989: art. 39

DESVINCULAÇÃO DAS RECEITAS DA UNIÃO (DRU)
– disposições: arts. 76 a 76-B

DIREITOS
– servidores públicos inativos; revisão dos: art. 20

DIREITOS SOCIAIS
– disposições transitórias: art. 10

DISTRITO FEDERAL
– até a promulgação da lei complementar; despesa com pessoal; excesso do limite previsto: art. 38, § 1.º
– até a promulgação da lei complementar; despesa com pessoal; porcentagem: art. 38
– bens: art. 16, § 3.º
– Câmara Legislativa: art. 16, § 1.º
– fiscalização contábil, financeira, orçamentária, operacional e patrimonial; competência, até que se instale a Câmara Legislativa: art. 16, § 2.º
– fundo de participação; determinações: art. 34, § 2.º
– indicação de governador e vice-governador: art. 16
– sistema tributário nacional; leis necessárias à aplicação: art. 34

EDUCAÇÃO
– gastos durante a pandemia; descumprimento pelos Estados, Distrito Federal, Municípios e agentes públicos em 2020 e 2021; impossibilidade de responsabilização: art. 119

ELEIÇÃO
– art. 5.º
– fidelidade partidária: art. 17, § 6.º
– municipal; consultas populares: art. 14, §§ 12 e 13

ENFITEUSE
– art. 49

ENTIDADES EDUCACIONAIS
– recursos públicos: art. 61

ESTABILIDADE
– concedida a servidor admitido sem concurso público; extinção dos efeitos jurídicos: art. 18
– inaplicabilidade: art. 19, § 2.º
– juízes togados de investidura limitada: art. 21
– membros dos Ministérios Públicos do Trabalho e Militar: art. 29, § 4.º
– para servidores em exercício, há pelo menos cinco anos contínuos, e que não tenham sido admitidos na forma regulada pelo art. 37: art. 19

– professores de nível superior: art. 19, § 3.º

ESTADOS
– até a promulgação da lei complementar; despesa com pessoal: art. 38
– consultorias jurídicas separadas; permissão: art. 69
– débitos relativos às contribuições previdenciárias: art. 57

ESTADO DE EMERGÊNCIA
– elevação dos preços do petróleo e seus impactos sociais: art. 120

EX-COMBATENTE
– art. 53

FERNANDO DE NORONHA
– território federal; extinção: art. 15

FORMA DE GOVERNO
– plebiscito: art. 2.º

FUNDAÇÕES EDUCACIONAIS
– recursos públicos: art. 61

FUNDEB
– criação: art. 60, I
– distribuição de recursos; revisão: art. 60-A

FUNDO DE COMBATE E ERRADICAÇÃO DA POBREZA
– composição: art. 80
– disposições gerais: art. 81
– instituição do: art. 79
– produtos supérfluos; definição; lei federal: art. 83
– sociedade civil; participação: art. 82

FUNDO DE ESTABILIZAÇÃO FISCAL
– disposições: arts. 71 a 73

FUNDO SOCIAL DE EMERGÊNCIA
– disposições: arts. 71 a 73

GASTOS PÚBLICOS
– teto limite; novo regime fiscal: arts. 106 a 114

GESTANTE
– empregada; vedada dispensa arbitrária ou sem justa causa: art. 10, II, *b*

GOVERNADORES
– eleição, mandato e posse: arts. 28 e 32, § 2.º
– mandatos: art. 4.º, § 3.º

ICMS
– partilha entre Estados de origem e destino: art. 99

IMPOSTOS
– criação; vigência imediata: art. 34, § 1.º
– ICMS; partilha entre Estados de origem e destino: art. 99

IMPRENSA NACIONAL
– edição popular do texto integral da Constituição: art. 64

INCENTIVOS FISCAIS
– art. 41

INSTITUIÇÕES FINANCEIRAS
– aumento do percentual de participação no capital por pessoas físicas ou jurídicas, residentes ou domiciliadas no exterior; vedação: art. 52, II
– domiciliadas no exterior; instalação no País; novas agências; vedação: art. 52, I
– liquidação de débitos: art. 47
– vedação; inaplicabilidade: art. 52, parágrafo único

IRRIGAÇÃO
– aplicação dos recursos; prazo: art. 42

JUÍZES
– art. 21

JUÍZES FEDERAIS
– art. 28

JUSTIÇA DE PAZ
– legislação; requisitos: art. 30

JUSTIÇA FEDERAL
– competência: art. 27, § 10

LEI AGRÍCOLA
– disposições gerais: art. 50

LEI ORÇAMENTÁRIA
– revisão; exercício financeiro 1989: art. 39

LEI ORÇAMENTÁRIA ANUAL
– art. 35

LEI ORÇAMENTÁRIA DA UNIÃO
– projeto; prazo; encaminhamento: art. 35, § 2.º, III

LEI ORGÂNICA DOS MUNICÍPIOS
– promulgação: art. 11, parágrafo único

LICENÇA-PATERNIDADE
– prazo até que a lei discipline: art. 10, § 1.º

LIMITAÇÕES DO PODER DE TRIBUTAR
– art. 34

LIMITES TERRITORIAIS
– disposições: art. 12

MANDATO
– governadores e vice-governadores: art. 4.º, § 3.º
– prefeitos e vice-prefeitos: art. 4.º, § 4.º
– Presidente da República: art. 4.º
– vereadores: art. 4.º, § 4.º

MICROEMPRESA
– art. 47

MINISTÉRIO PÚBLICO FEDERAL
– art. 29

MINISTROS
– art. 27

MUNICÍPIOS
– até a promulgação da lei complementar; despesa com pessoal; excesso do limite previsto: art. 38, § 1.º
– até a promulgação da lei complementar; despesa com pessoal; porcentagem: art. 38
– demarcação de suas linhas divisórias; áreas litigiosas: art. 12, § 2.º
– demarcação de terras; expirado o prazo; competência da União: art. 12, § 4.º
– demarcação de terras; linhas divisórias; solicitação à União: art. 12, § 3.º
– fundo de participação; determinações: art. 34, § 2.º
– sistema tributário nacional; aplicação da legislação anterior: art. 34, § 5.º
– sistema tributário nacional; leis necessárias à aplicação: art. 34, § 3.º
– sistema tributário nacional; leis necessárias à aplicação; efeitos; vigência: art. 34, § 4.º

OPERAÇÕES DE CRÉDITO
– adaptação; prazo: art. 37

PAGAMENTO
– forma; precatórios judiciais: art. 33

PARCELAMENTO
– das contribuições previdenciárias e demais débitos dos Municípios: arts. 115 a 117

PARTIDO POLÍTICO
– registro provisório: art. 6.º

PLANO PLURIANUAL
– art. 35

PLANOS DE CUSTEIO E DE BENEFÍCIO
– art. 59

PLEBISCITO
– forma e sistema de governo: art. 2.º

POBREZA
– Fundo de Combate e Erradicação da: art. 79

PODER EXECUTIVO
– comissão de estudos territoriais; indicação: art. 12
– elaboração; projeto de revisão da lei orçamentária referente ao exercício financeiro de 1989: art. 39
– reavaliação de incentivos fiscais de natureza setorial: art. 41

PODER LEGISLATIVO
– apreciação do projeto de revisão da lei orçamentária referente ao exercício financeiro de 1989: art. 39
– incentivos fiscais de natureza setorial; medidas cabíveis decorrentes de reavaliação: art. 41
– propaganda comercial específica; regulamentação; prazo: art. 65

POLÍCIA MILITAR
– servidores do ex-Território Federal de Rondônia; incorporação aos Quadros da União: art. 89

PRECATÓRIOS
– débitos de pequeno valor; o que são considerados: art. 87
– entidades devedoras; emissão de títulos da dívida pública: art. 33, parágrafo único
– pendentes; forma de pagamento: arts. 33, 78 e 86
– proposta orçamentária; despesas com pagamentos; diferença entre os valores expedidos e o limite estabelecido; destinação: art. 107-A
– regime especial de pagamento: arts. 97 e 101 a 105
– vencidos; forma de pagamento: art. 97

PREFEITOS
– mandatos: art. 4.º, § 4.º

PRESIDENTE DA REPÚBLICA
– compromisso; disposições constitucionais transitórias: art. 1.º
– Distrito Federal; indicação de governador e vice-governador: art. 16
– eleição: art. 4.º, § 1.º
– governadores dos Estados de Roraima e do Amapá; indicação: art. 14, § 3.º
– mandato: art. 82
– posse: arts. 78 e 82

PREVIDÊNCIA SOCIAL
– art. 58

PROCLAMAÇÃO DA REPÚBLICA
– centenário; comemorações; competência: art. 63

PROCURADORIA-GERAL DA FAZENDA NACIONAL
– art. 29

PROCURADORIAS-GERAIS
– permissão aos Estados; consultorias jurídicas separadas das suas: art. 69

PROPAGANDA COMERCIAL
– regulamentação: art. 65

QUILOMBOS
– remanescentes das comunidades; terras; propriedade definitiva: art. 68

RECURSOS MINERAIS
– arts. 43 e 44

REFINARIAS
– em funcionamento; excluídas do monopólio estabelecido pelo art. 177, II: art. 45

REGIME FISCAL
– no âmbito dos orçamentos fiscal e da seguridade social da União: arts. 106 a 114

REMUNERAÇÃO
– percebida em desacordo com a Constituição; redução: art. 17

RENDA BÁSICA FAMILIAR
– criação, expansão ou aperfeiçoamento de ação governamental; dispensa de limitação: art. 118

RESPONSABILIDADE ADMINISTRATIVA
– dos Estados, Municípios, DF e agentes públicos em gastos com educação durante a pandemia de Covid-19: art. 119

RESPONSABILIDADE CIVIL
– dos Estados, Municípios, DF e agentes públicos em gastos com educação durante a pandemia de Covid-19: art. 119

RESPONSABILIDADE CRIMINAL
– dos Estados, Municípios, DF e agentes públicos em gastos com educação durante a pandemia de Covid-19: art. 119

REVISÃO CONSTITUCIONAL
– realização: art. 3.º

RORAIMA
– art. 14

SAÚDE
– porcentagem do orçamento da seguridade social destinado ao setor da: art. 55
– recursos aplicáveis até 2004, divisão da União, Estados, Distrito Federal e Municípios: art. 77

SEGURIDADE SOCIAL
– arrecadação que passa a integrar a receita da: art. 56
– porcentagem do orçamento destinado ao setor de saúde: art. 55
– projeto de lei relativo à organização: art. 59

SERINGUEIROS
– arts. 54 e 54-A

SERVENTIAS
– foro judicial; estatização: art. 31

SERVIÇO NACIONAL DE APRENDIZAGEM RURAL – SENAR
– criação: art. 62

SERVIÇOS NOTARIAIS
– e de registro; oficializados; inaplicabilidade do art. 236: art. 32

SERVIDORES CIVIS DA UNIÃO
– art. 19

SERVIDORES DO DISTRITO FEDERAL
– art. 19

SERVIDORES ESTADUAIS
– art. 19

SERVIDORES MUNICIPAIS
– art. 19

SERVIDORES PÚBLICOS CIVIS
– leis que estabeleçam critérios para compatibilização dos quadros de pessoal; competência: art. 24

SERVIDORES PÚBLICOS INATIVOS
– revisão dos direitos: art. 20

SISTEMA DE GOVERNO
– plebiscito: art. 2.º

SISTEMA FINANCEIRO NACIONAL
– vedações até que sejam fixadas as condições a que se refere o art. 192: art. 52

SISTEMA TRIBUTÁRIO NACIONAL
– art. 34

SUPERIOR TRIBUNAL DE JUSTIÇA
– art. 27

SUPREMO TRIBUNAL FEDERAL
– aposentadoria compulsória: art. 100
– atribuições e competências até que se instale o Superior Tribunal de Justiça: art. 27, § 1.º
– presidente; compromisso; disposições constitucionais transitórias: art. 1.º
– requerimento; cassados; reconhecimento dos direitos: art. 9.º

TELECOMUNICAÇÕES
– serviços públicos; concessões mantidas: art. 66

TOCANTINS
– art. 13
– atos administrativos: art. 18-A do ADCT

TRIBUNAIS ESTADUAIS
– competência mantida até que seja definida na Constituição Estadual: art. 70

TRIBUNAIS REGIONAIS FEDERAIS
– art. 27

TRIBUNAL FEDERAL DE RECURSOS
– art. 27

TRIBUNAL INTERNACIONAL DOS DIREITOS HUMANOS
– formação: art. 7.º

TRIBUNAL SUPERIOR ELEITORAL
– eleição; Estado de Tocantins; disposições: art. 13, § 3.º, I a IV
– eleições 1988; disposições gerais: art. 5.º
– novo partido político; registro provisório: art. 6.º, § 1.º
– novo partido político; registro provisório; perda: art. 6.º, § 2.º
– plebiscito; normas regulamentadoras: art. 2.º, § 2.º
– requerimento de registro de novo partido político; pedido: art. 6.º

TRIBUTOS
– Sistema Tributário Nacional: art. 34

UNIÃO
– até a promulgação da lei complementar; despesa com pessoal; excesso do limite previsto: art. 38, § 1.º
– até a promulgação da lei complementar; despesa com pessoal; porcentagem:art. 38
– demarcação de terras; competência: art. 12, § 4.º
– demarcação de terras; estado e municípios; trabalhos demarcatórios: art. 12, § 3.º
– demarcação de terras indígenas; conclusão; prazo: art. 67
– Estado de Tocantins; encargos decorrentes de empreendimentos no território do novo estado; autorização para assumir débitos: art. 13, § 7.º
– sistema tributário nacional; aplicação da legislação anterior: art. 34, § 5.º
– sistema tributário nacional; leis necessárias à aplicação: art. 34, § 3.º
– sistema tributário nacional; leis necessárias à aplicação; efeitos; vigência: art. 34, § 4.º

VENCIMENTOS
– percebidos em desacordo com a Constituição; redução: art. 17

VEREADORES
– mandatos: art. 4.º, § 4.º
– por atos institucionais: art. 8.º, § 4.º

VICE-GOVERNADORES
– mandatos: art. 4.º, § 3.º

VICE-PREFEITOS
– mandatos: art. 4.º, § 4.º

ZONA FRANCA DE MANAUS
– disposições: art. 40
– prazo: arts. 40, 92 e 92-A

Código Civil

ÍNDICE SISTEMÁTICO DO CÓDIGO CIVIL

(LEI N. 10.406, DE 10-1-2002)

PARTE GERAL

Livro I

DAS PESSOAS

TÍTULO I

DAS PESSOAS NATURAIS

CAPÍTULO I – Da personalidade e da capacidade – arts. 1.º a 10 157
CAPÍTULO II – Dos direitos da personalidade – arts. 11 a 21 158
CAPÍTULO III – Da ausência – arts. 22 a 39 159
Seção I – Da curadoria dos bens do ausente – arts. 22 a 25 159
Seção II – Da sucessão provisória – arts. 26 a 36 159
Seção III – Da sucessão definitiva – arts. 37 a 39 159

TÍTULO II

DAS PESSOAS JURÍDICAS

CAPÍTULO I – Disposições gerais – arts. 40 a 52 160
CAPÍTULO II – Das associações – arts. 53 a 61 161
CAPÍTULO III – Das fundações – arts. 62 a 69 162

TÍTULO III

DO DOMICÍLIO

Arts. 70 a 78 162

Livro II

DOS BENS

TÍTULO ÚNICO

DAS DIFERENTES CLASSES DE BENS

CAPÍTULO I – Dos bens considerados em si mesmos – arts. 79 a 91 163
Seção I – Dos bens imóveis – arts. 79 a 81 163
Seção II – Dos bens móveis – arts. 82 a 84 163
Seção III – Dos bens fungíveis e consumíveis – arts. 85 e 86 163
Seção IV – Dos bens divisíveis – arts. 87 e 88 163
Seção V – Dos bens singulares e coletivos – arts. 89 a 91 164
CAPÍTULO II – Dos bens reciprocamente considerados – arts. 92 a 97 164
CAPÍTULO III – Dos bens públicos – arts. 98 a 103 164

Livro III

DOS FATOS JURÍDICOS

TÍTULO I

DO NEGÓCIO JURÍDICO

CAPÍTULO I – Disposições gerais – arts. 104 a 114 164
CAPÍTULO II – Da representação – arts. 115 a 120 165
CAPÍTULO III – Da condição, do termo e do encargo – arts. 121 a 137 165
CAPÍTULO IV – Dos defeitos do negócio jurídico – arts. 138 a 165 166
Seção I – Do erro ou ignorância – arts. 138 a 144 166
Seção II – Do dolo – arts. 145 a 150 166
Seção III – Da coação – arts. 151 a 155 166
Seção IV – Do estado de perigo – art. 156 166
Seção V – Da lesão – art. 157 166
Seção VI – Da fraude contra credores – arts. 158 a 165 166
CAPÍTULO V – Da invalidade do negócio jurídico – arts. 166 a 184 167

TÍTULO II

DOS ATOS JURÍDICOS LÍCITOS

Art. 185 168

TÍTULO III

DOS ATOS ILÍCITOS

Arts. 186 a 188 168

TÍTULO IV

DA PRESCRIÇÃO E DA DECADÊNCIA

CAPÍTULO I – Da prescrição – arts. 189 a 206 168
Seção I – Disposições gerais – arts. 189 a 196 168
Seção II – Das causas que impedem ou suspendem a prescrição – arts. 197 a 201 168
Seção III – Das causas que interrompem a prescrição – arts. 202 a 204 168
Seção IV – Dos prazos da prescrição – arts. 205 e 206 169
CAPÍTULO II – Da decadência – arts. 207 a 211 169

TÍTULO V

DA PROVA

Arts. 212 a 232 170

PARTE ESPECIAL

Livro I

DO DIREITO DAS OBRIGAÇÕES

TÍTULO I

DAS MODALIDADES DAS OBRIGAÇÕES

CAPÍTULO I – Das obrigações de dar – arts. 233 a 246 171
Seção I – Das obrigações de dar coisa certa – arts. 233 a 242 171
Seção II – Das obrigações de dar coisa incerta – arts. 243 a 246 171
CAPÍTULO II – Das obrigações de fazer – arts. 247 a 249 171
CAPÍTULO III – Das obrigações de não fazer – arts. 250 e 251 171
CAPÍTULO IV – Das obrigações alternativas – arts. 252 a 256 172
CAPÍTULO V – Das obrigações divisíveis e indivisíveis – arts. 257 a 263 172
CAPÍTULO VI – Das obrigações solidárias – arts. 264 a 285 .. 172
Seção I – Disposições gerais – arts. 264 a 266 172
Seção II – Da solidariedade ativa – arts. 267 a 274 172

Seção III – Da solidariedade passiva – arts. 275 a 285 172

Título II
DA TRANSMISSÃO DAS OBRIGAÇÕES

Capítulo I – Da cessão de crédito – arts. 286 a 298 173
Capítulo II – Da assunção de dívida – arts. 299 a 303....... 173

Título III
DO ADIMPLEMENTO E EXTINÇÃO DAS OBRIGAÇÕES

Capítulo I – Do pagamento – arts. 304 a 333 173
Seção I – De quem deve pagar – arts. 304 a 307 173
Seção II – Daqueles a quem se deve pagar – arts. 308 a 312........ 174
Seção III – Do objeto do pagamento e sua prova – arts. 313 a 326........ 174
Seção IV – Do lugar do pagamento – arts. 327 a 330 174
Seção V – Do tempo do pagamento – arts. 331 a 333 174
Capítulo II – Do pagamento em consignação – arts. 334 a 345 175
Capítulo III – Do pagamento com sub-rogação – arts. 346 a 351........ 175
Capítulo IV – Da imputação do pagamento – arts. 352 a 355 175
Capítulo V – Da dação em pagamento – arts. 356 a 359... 176
Capítulo VI – Da novação – arts. 360 a 367 176
Capítulo VII – Da compensação – arts. 368 a 380........ 176
Capítulo VIII – Da confusão – arts. 381 a 384 176
Capítulo IX – Da remissão das dívidas – arts. 385 a 388... 176

Título IV
DO INADIMPLEMENTO DAS OBRIGAÇÕES

Capítulo I – Disposições gerais – arts. 389 a 393 177
Capítulo II – Da mora – arts. 394 a 401 177
Capítulo III – Das perdas e danos – arts. 402 a 405.......... 177
Capítulo IV – Dos juros legais – arts. 406 e 407........ 177
Capítulo V – Da cláusula penal – arts. 408 a 416........ 178
Capítulo VI – Das arras ou sinal – arts. 417 a 420........ 178

Título V
DOS CONTRATOS EM GERAL

Capítulo I – Disposições gerais – arts. 421 a 471 178
Seção I – Preliminares – arts. 421 a 426 178
Seção II – Da formação dos contratos – arts. 427 a 435 179
Seção III – Da estipulação em favor de terceiro – arts. 436 a 438........ 179
Seção IV – Da promessa de fato de terceiro – arts. 439 e 440........ 179
Seção V – Dos vícios redibitórios – arts. 441 a 446.... 179
Seção VI – Da evicção – arts. 447 a 457........ 180
Seção VII – Dos contratos aleatórios – arts. 458 a 461 180
Seção VIII – Do contrato preliminar – arts. 462 a 466 180
Seção IX – Do contrato com pessoa a declarar – arts. 467 a 471........ 180
Capítulo II – Da extinção do contrato – arts. 472 a 480 180
Seção I – Do distrato – arts. 472 e 473 180
Seção II – Da cláusula resolutiva – arts. 474 e 475 181
Seção III – Da exceção de contrato não cumprido – arts. 476 e 477........ 181
Seção IV – Da resolução por onerosidade excessiva – arts. 478 a 480........ 181

Título VI
DAS VÁRIAS ESPÉCIES DE CONTRATO

Capítulo I – Da compra e venda – arts. 481 a 532 181
Seção I – Disposições gerais – arts. 481 a 504........ 181
Seção II – Das cláusulas especiais à compra e venda – arts. 505 a 532 182
Subseção I – *Da retrovenda* – arts. 505 a 508..... 182
Subseção II – *Da venda a contento e da sujeita a prova* – arts. 509 a 512........ 182
Subseção III – *Da preempção ou preferência* – arts. 513 a 520........ 182
Subseção IV – *Da venda com reserva de domínio* – arts. 521 a 528 183
Subseção V – *Da venda sobre documentos* – arts. 529 a 532........ 183
Capítulo II – Da troca ou permuta – art. 533 183
Capítulo III – Do contrato estimatório – arts. 534 a 537 183
Capítulo IV – Da doação – arts. 538 a 564 183
Seção I – Disposições gerais – arts. 538 a 554........ 183
Seção II – Da revogação da doação – arts. 555 a 564 184
Capítulo V – Da locação de coisas – arts. 565 a 578........ 184
Capítulo VI – Do empréstimo – arts. 579 a 592........ 185
Seção I – Do comodato – arts. 579 a 585 185
Seção II – Do mútuo – arts. 586 a 592........ 185
Capítulo VII – Da prestação de serviço – arts. 593 a 609... 186
Capítulo VIII – Da empreitada – arts. 610 a 626........ 186
Capítulo IX – Do depósito – arts. 627 a 652........ 187
Seção I – Do depósito voluntário – arts. 627 a 646.... 187
Seção II – Do depósito necessário – arts. 647 a 652 .. 188
Capítulo X – Do mandato – arts. 653 a 692 188
Seção I – Disposições gerais – arts. 653 a 666........ 188
Seção II – Das obrigações do mandatário – arts. 667 a 674........ 189
Seção III – Das obrigações do mandante – arts. 675 a 681 189
Seção IV – Da extinção do mandato – arts. 682 a 691 189
Seção V – Do mandato judicial – art. 692........ 190
Capítulo XI – Da comissão – arts. 693 a 709........ 190
Capítulo XII – Da agência e distribuição – arts. 710 a 721 191
Capítulo XIII – Da corretagem – arts. 722 a 729........ 191
Capítulo XIV – Do transporte – arts. 730 a 756 191
Seção I – Disposições gerais – arts. 730 a 733........ 191
Seção II – Do transporte de pessoas – arts. 734 a 742 192
Seção III – Do transporte de coisas – arts. 743 a 756. 192
Capítulo XV – Do seguro – arts. 757 a 802 193
Seção I – Disposições gerais – arts. 757 a 777 193
Seção II – Do seguro de dano – arts. 778 a 788........ 194
Seção III – Do seguro de pessoa – arts. 789 a 802 194
Capítulo XVI – Da constituição de renda – arts. 803 a 813 195
Capítulo XVII – Do jogo e da aposta – arts. 814 a 817 195
Capítulo XVIII – Da fiança – arts. 818 a 839 196
Seção I – Disposições gerais – arts. 818 a 826........ 196
Seção II – Dos efeitos da fiança – arts. 827 a 836 196
Seção III – Da extinção da fiança – arts. 837 a 839 ... 196
Capítulo XIX – Da transação – arts. 840 a 850 197
Capítulo XX – Do compromisso – arts. 851 a 853........ 197

Título VII
DOS ATOS UNILATERAIS

Capítulo I – Da promessa de recompensa – arts. 854 a 860 197
Capítulo II – Da gestão de negócios – arts. 861 a 875 197
Capítulo III – Do pagamento indevido – arts. 876 a 883 198
Capítulo IV – Do enriquecimento sem causa – arts. 884 a 886 198

Título VIII
DOS TÍTULOS DE CRÉDITO

Capítulo I – Disposições gerais – arts. 887 a 903 199
Capítulo II – Do título ao portador – arts. 904 a 909 199
Capítulo III – Do título à ordem – arts. 910 a 920 200
Capítulo IV – Do título nominativo – arts. 921 a 926 200

Título IX
DA RESPONSABILIDADE CIVIL

Capítulo I – Da obrigação de indenizar – arts. 927 a 943 200
Capítulo II – Da indenização – arts. 944 a 954 201

Título X
DAS PREFERÊNCIAS E PRIVILÉGIOS CREDITÓRIOS

Arts. 955 a 965 202

Livro II
DO DIREITO DE EMPRESA

Título I
DO EMPRESÁRIO

Capítulo I – Da caracterização e da inscrição – arts. 966 a 971 202
Capítulo II – Da capacidade – arts. 972 a 980 203

Título I-A
DA EMPRESA INDIVIDUAL DE RESPONSABILIDADE LIMITADA *(REVOGADO)*

Art. 980-A 204

Título II
DA SOCIEDADE

Capítulo Único – Disposições gerais – arts. 981 a 985 204

Subtítulo I
DA SOCIEDADE NÃO PERSONIFICADA

Capítulo I – Da sociedade em comum – arts. 986 a 990 205
Capítulo II – Da sociedade em conta de participação – arts. 991 a 996 205

Subtítulo II
DA SOCIEDADE PERSONIFICADA

Capítulo I – Da sociedade simples – arts. 997 a 1.038 205
Seção I – Do contrato social – arts. 997 a 1.000 205
Seção II – Dos direitos e obrigações dos sócios – arts. 1.001 a 1.009 206
Seção III – Da administração – arts. 1.010 a 1.021 206
Seção IV – Das relações com terceiros – arts. 1.022 a 1.027 207
Seção V – Da resolução da sociedade em relação a um sócio – arts. 1.028 a 1.032 207
Seção VI – Da dissolução – arts. 1.033 a 1.038 207
Capítulo II – Da sociedade em nome coletivo – arts. 1.039 a 1.044 208
Capítulo III – Da sociedade em comandita simples – arts. 1.045 a 1.051 208
Capítulo IV – Da sociedade limitada – arts. 1.052 a 1.087 208
Seção I – Disposições preliminares – arts. 1.052 a 1.054 208
Seção II – Das quotas – arts. 1.055 a 1.059 209
Seção III – Da administração – arts. 1.060 a 1.065 209
Seção IV – Do conselho fiscal – arts. 1.066 a 1.070 209
Seção V – Das deliberações dos sócios – arts. 1.071 a 1.080-A 210
Seção VI – Do aumento e da redução do capital – arts. 1.081 a 1.084 211
Seção VII – Da resolução da sociedade em relação a sócios minoritários – arts. 1.085 e 1.086 211
Seção VIII – Da dissolução – art. 1.087 211
Capítulo V – Da sociedade anônima – arts. 1.088 e 1.089 211
Seção Única – Da caracterização – arts. 1.088 e 1.089 211
Capítulo VI – Da sociedade em comandita por ações – arts. 1.090 a 1.092 211
Capítulo VII – Da sociedade cooperativa – arts. 1.093 a 1.096 211
Capítulo VIII – Das sociedades coligadas – arts. 1.097 a 1.101 212
Capítulo IX – Da liquidação da sociedade – arts. 1.102 a 1.112 212
Capítulo X – Da transformação, da incorporação, da fusão e da cisão das sociedades – arts. 1.113 a 1.122 213
Capítulo XI – Da sociedade dependente de autorização – arts. 1.123 a 1.141 213
Seção I – Disposições gerais – arts. 1.123 a 1.125 213
Seção II – Da sociedade nacional – arts. 1.126 a 1.133 213
Seção III – Da sociedade estrangeira – arts. 1.134 a 1.141 214

Título III
DO ESTABELECIMENTO

Capítulo Único – Disposições gerais – arts. 1.142 a 1.149 215

Título IV
DOS INSTITUTOS COMPLEMENTARES

Capítulo I – Do registro – arts. 1.150 a 1.154 215
Capítulo II – Do nome empresarial – arts. 1.155 a 1.168 216
Capítulo III – Dos prepostos – arts. 1.169 a 1.178 216
Seção I – Disposições gerais – arts. 1.169 a 1.171 216
Seção II – Do gerente – arts. 1.172 a 1.176 217
Seção III – Do contabilista e outros auxiliares – arts. 1.177 e 1.178 217
Capítulo IV – Da escrituração – arts. 1.179 a 1.195 217

Livro III
DO DIREITO DAS COISAS

Título I
DA POSSE

Capítulo I – Da posse e sua classificação – arts. 1.196 a 1.203 218
Capítulo II – Da aquisição da posse – arts. 1.204 a 1.209 219
Capítulo III – Dos efeitos da posse – arts. 1.210 a 1.222 219
Capítulo IV – Da perda da posse – arts. 1.223 e 1.224 219

Título II
DOS DIREITOS REAIS

Capítulo Único – Disposições gerais – arts. 1.225 a 1.227 ... 219

Título III
DA PROPRIEDADE

Capítulo I – Da propriedade em geral – arts. 1.228 a 1.237 ... 220
Seção I – Disposições preliminares – arts. 1.228 a 1.232 ... 220
Seção II – Da descoberta – arts. 1.233 a 1.237 ... 220
Capítulo II – Da aquisição da propriedade imóvel – arts. 1.238 a 1.259 ... 220
Seção I – Da usucapião – arts. 1.238 a 1.244 ... 220
Seção II – Da aquisição pelo registro do título – arts. 1.245 a 1.247 ... 221
Seção III – Da aquisição por acessão – arts. 1.248 a 1.259 ... 221
Subseção I – *Das ilhas* – art. 1.249 ... 221
Subseção II – *Da aluvião* – art. 1.250 ... 221
Subseção III – *Da avulsão* – art. 1.251 ... 221
Subseção IV – *Do álveo abandonado* – art. 1.252 ... 222
Subseção V – *Das construções e plantações* – arts. 1.253 a 1.259 ... 222
Capítulo III – Da aquisição da propriedade móvel – arts. 1.260 a 1.274 ... 222
Seção I – Da usucapião – arts. 1.260 a 1.262 ... 222
Seção II – Da ocupação – art. 1.263 ... 222
Seção III – Do achado do tesouro – arts. 1.264 a 1.266 ... 222
Seção IV – Da tradição – arts. 1.267 e 1.268 ... 222
Seção V – Da especificação – arts. 1.269 a 1.271 ... 222
Seção VI – Da confusão, da comissão e da adjunção – arts. 1.272 a 1.274 ... 223
Capítulo IV – Da perda da propriedade – arts. 1.275 e 1.276 ... 223
Capítulo V – Dos direitos de vizinhança – arts. 1.277 a 1.313 ... 223
Seção I – Do uso anormal da propriedade – arts. 1.277 a 1.281 ... 223
Seção II – Das árvores limítrofes – arts. 1.282 a 1.284 ... 223
Seção III – Da passagem forçada – art. 1.285 ... 223
Seção IV – Da passagem de cabos e tubulações – arts. 1.286 e 1.287 ... 223
Seção V – Das águas – arts. 1.288 a 1.296 ... 223
Seção VI – Dos limites entre prédios e do direito de tapagem – arts. 1.297 e 1.298 ... 224
Seção VII – Do direito de construir – arts. 1.299 a 1.313 ... 224
Capítulo VI – Do condomínio geral – arts. 1.314 a 1.330 ... 225
Seção I – Do condomínio voluntário – arts. 1.314 a 1.326 ... 225
Subseção I – *Dos direitos e deveres dos condôminos* – arts. 1.314 a 1.322 ... 225
Subseção II – *Da administração do condomínio* – arts. 1.323 a 1.326 ... 226
Seção II – Do condomínio necessário – arts. 1.327 a 1.330 ... 226
Capítulo VII – Do condomínio edilício – arts. 1.331 a 1.358 ... 226
Seção I – Disposições gerais – arts. 1.331 a 1.346 ... 226
Seção II – Da administração do condomínio – arts. 1.347 a 1.356 ... 227
Seção III – Da extinção do condomínio – arts. 1.357 e 1.358 ... 228
Seção IV – Do condomínio de lotes – art. 1.358-A ... 228
Capítulo VII-A – Do condomínio em multipropriedade – arts. 1.358-B a 1.358-U ... 229
Seção I – Disposições gerais – arts. 1.358-B a 1.358-E ... 229
Seção II – Da instituição da multipropriedade – arts. 1.358-F a 1.358-H ... 229
Seção III – Dos direitos e das obrigações do multiproprietário – arts. 1.358-I a 1.358-K ... 229
Seção IV – Da transferência da multipropriedade – art. 1.358-L ... 230
Seção V – Da administração da multipropriedade – arts. 1.358-M e 1.358-N ... 230
Seção VI – Disposições específicas relativas às unidades autônomas de condomínios edilícios – arts. 1.358-O a 1.358-U ... 231
Capítulo VIII – Da propriedade resolúvel – arts. 1.359 e 1.360 ... 232
Capítulo IX – Da propriedade fiduciária – arts. 1.361 a 1.368-B ... 232
Capítulo X – Do fundo de investimento – arts. 1.368-C a 1.368-F ... 233

Título IV
DA SUPERFÍCIE

Arts. 1.369 a 1.377 ... 233

Título V
DAS SERVIDÕES

Capítulo I – Da constituição das servidões – arts. 1.378 e 1.379 ... 234
Capítulo II – Do exercício das servidões – arts. 1.380 a 1.386 ... 234
Capítulo III – Da extinção das servidões – arts. 1.387 a 1.389 ... 234

Título VI
DO USUFRUTO

Capítulo I – Disposições gerais – arts. 1.390 a 1.393 ... 234
Capítulo II – Dos direitos do usufrutuário – arts. 1.394 a 1.399 ... 235
Capítulo III – Dos deveres do usufrutuário – arts. 1.400 a 1.409 ... 235
Capítulo IV – Da extinção do usufruto – arts. 1.410 e 1.411 ... 235

Título VII
DO USO

Arts. 1.412 e 1.413 ... 235

Título VIII
DA HABITAÇÃO

Arts. 1.414 a 1.416 ... 236

Título IX
DO DIREITO DO PROMITENTE COMPRADOR

Arts. 1.417 e 1.418 ... 236

Título X
DO PENHOR, DA HIPOTECA E DA ANTICRESE

Capítulo I – Disposições gerais – arts. 1.419 a 1.430 236
Capítulo II – Do penhor – arts. 1.431 a 1.472 236
Seção I – Da constituição do penhor – arts. 1.431 e 1.432 237
Seção II – Dos direitos do credor pignoratício – arts. 1.433 e 1.434 237
Seção III – Das obrigações do credor pignoratício – art. 1.435 237
Seção IV – Da extinção do penhor – arts. 1.436 e 1.437 237
Seção V – Do penhor rural – arts. 1.438 a 1.446 237
Subseção I – *Disposições gerais* – arts. 1.438 a 1.441 237
Subseção II – *Do penhor agrícola* – arts. 1.442 e 1.443 238
Subseção III – *Do penhor pecuário* – arts. 1.444 a 1.446 238
Seção VI – Do penhor industrial e mercantil – arts. 1.447 a 1.450 238
Seção VII – Do penhor de direitos e títulos de crédito – arts. 1.451 a 1.460 238
Seção VIII – Do penhor de veículos – arts. 1.461 a 1.466 239
Seção IX – Do penhor legal – arts. 1.467 a 1.472 239
Capítulo III – Da hipoteca – arts. 1.473 a 1.505 239
Seção I – Disposições gerais – arts. 1.473 a 1.488 239
Seção II – Da hipoteca legal – arts. 1.489 a 1.491 240
Seção III – Do registro da hipoteca – arts. 1.492 a 1.498 240
Seção IV – Da extinção da hipoteca – arts. 1.499 a 1.501 241
Seção V – Da hipoteca de vias férreas – arts. 1.502 a 1.505 241
Capítulo IV – Da anticrese – arts. 1.506 a 1.510 241

Título XI
DA LAJE

Arts. 1.510-A a 1.510-E 241

Livro IV
DO DIREITO DE FAMÍLIA

Título I
DO DIREITO PESSOAL

Subtítulo I
DO CASAMENTO

Capítulo I – Disposições gerais – arts. 1.511 a 1.516 242
Capítulo II – Da capacidade para o casamento – arts. 1.517 a 1.520 243
Capítulo III – Dos impedimentos – arts. 1.521 e 1.522 243
Capítulo IV – Das causas suspensivas – arts. 1.523 e 1.524 243
Capítulo V – Do processo de habilitação para o casamento – arts. 1.525 a 1.532 243
Capítulo VI – Da celebração do casamento – arts. 1.533 a 1.542 244
Capítulo VII – Das provas do casamento – arts. 1.543 a 1.547 245
Capítulo VIII – Da invalidade do casamento – arts. 1.548 a 1.564 245
Capítulo IX – Da eficácia do casamento – arts. 1.565 a 1.570 246
Capítulo X – Da dissolução da sociedade e do vínculo conjugal – arts. 1.571 a 1.582 246
Capítulo XI – Da proteção da pessoa dos filhos – arts. 1.583 a 1.590 247

Subtítulo II
DAS RELAÇÕES DE PARENTESCO

Capítulo I – Disposições gerais – arts. 1.591 a 1.595 248
Capítulo II – Da filiação – arts. 1.596 a 1.606 248
Capítulo III – Do reconhecimento dos filhos – arts. 1.607 a 1.617 249
Capítulo IV – Da adoção – arts. 1.618 a 1.629 249
Capítulo V – Do poder familiar – arts. 1.630 a 1.638 249
Seção I – Disposições gerais – arts. 1.630 a 1.633 249
Seção II – Do exercício do poder familiar – art. 1.634 249
Seção III – Da suspensão e extinção do poder familiar – arts. 1.635 a 1.638 250

Título II
DO DIREITO PATRIMONIAL

Subtítulo I
DO REGIME DE BENS ENTRE OS CÔNJUGES

Capítulo I – Disposições gerais – arts. 1.639 a 1.652 250
Capítulo II – Do pacto antenupcial – arts. 1.653 a 1.657 251
Capítulo III – Do regime de comunhão parcial – arts. 1.658 a 1.666 251
Capítulo IV – Do regime de comunhão universal – arts. 1.667 a 1.671 252
Capítulo V – Do regime de participação final nos aquestos – arts. 1.672 a 1.686 252
Capítulo VI – Do regime de separação de bens – arts. 1.687 e 1.688 252

Subtítulo II
DO USUFRUTO E DA ADMINISTRAÇÃO DOS BENS DE FILHOS MENORES

Arts. 1.689 a 1.693 252

Subtítulo III
DOS ALIMENTOS

Arts. 1.694 a 1.710 253

Subtítulo IV
DO BEM DE FAMÍLIA

Arts. 1.711 a 1.722 253

Título III
DA UNIÃO ESTÁVEL

Arts. 1.723 a 1.727 254

Título IV
DA TUTELA, DA CURATELA E DA TOMADA DE DECISÃO APOIADA

Capítulo I – Da tutela – arts. 1.728 a 1.766 254
Seção I – Dos tutores – arts. 1.728 a 1.734 255
Seção II – Dos incapazes de exercer a tutela – art. 1.735 255
Seção III – Da escusa dos tutores – arts. 1.736 a 1.739 255
Seção IV – Do exercício da tutela – arts. 1.740 a 1.752 255

Seção V – Dos bens do tutelado – arts. 1.753 e 1.754 ... 256
Seção VI – Da prestação de contas – arts. 1.755 a 1.762 ... 256
Seção VII – Da cessação da tutela – arts. 1.763 a 1.766 ... 256
Capítulo II – Da curatela – arts. 1.767 a 1.783 ... 256
Seção I – Dos interditos – arts. 1.767 a 1.778 ... 256
Seção II – Da curatela do nascituro e do enfermo ou portador de deficiência física – arts. 1.779 e 1.780 ... 257
Seção III – Do exercício da curatela – arts. 1.781 a 1.783 ... 257
Capítulo III – Da tomada de decisão apoiada – art. 1.783-A ... 257

Livro V

DO DIREITO DAS SUCESSÕES

Título I

DA SUCESSÃO EM GERAL

Capítulo I – Disposições gerais – arts. 1.784 a 1.790 ... 258
Capítulo II – Da herança e de sua administração – arts. 1.791 a 1.797 ... 258
Capítulo III – Da vocação hereditária – arts. 1.798 a 1.803 ... 258
Capítulo IV – Da aceitação e renúncia da herança – arts. 1.804 a 1.813 ... 259
Capítulo V – Dos excluídos da sucessão – arts. 1.814 a 1.818 ... 259
Capítulo VI – Da herança jacente – arts. 1.819 a 1.823 ... 260
Capítulo VII – Da petição de herança – arts. 1.824 a 1.828 ... 260

Título II

DA SUCESSÃO LEGÍTIMA

Capítulo I – Da ordem da vocação hereditária – arts. 1.829 a 1.844 ... 260
Capítulo II – Dos herdeiros necessários – arts. 1.845 a 1.850 ... 261
Capítulo III – Do direito de representação – arts. 1.851 a 1.856 ... 261

Título III

DA SUCESSÃO TESTAMENTÁRIA

Capítulo I – Do testamento em geral – arts. 1.857 a 1.859 ... 261
Capítulo II – Da capacidade de testar – arts. 1.860 e 1.861 ... 261
Capítulo III – Das formas ordinárias do testamento – arts. 1.862 a 1.880 ... 261
Seção I – Disposições gerais – arts. 1.862 e 1.863 ... 261
Seção II – Do testamento público – arts. 1.864 a 1.867 ... 261
Seção III – Do testamento cerrado – arts. 1.868 a 1.875 ... 262
Seção IV – Do testamento particular – arts. 1.876 a 1.880 ... 262
Capítulo IV – Dos codicilos – arts. 1.881 a 1.885 ... 262
Capítulo V – Dos testamentos especiais – arts. 1.886 a 1.896 ... 262
Seção I – Disposições gerais – arts. 1.886 e 1.887 ... 262
Seção II – Do testamento marítimo e do testamento aeronáutico – arts. 1.888 a 1.892 ... 262
Seção III – Do testamento militar – arts. 1.893 a 1.896 ... 262
Capítulo VI – Das disposições testamentárias – arts. 1.897 a 1.911 ... 263
Capítulo VII – Dos legados – arts. 1.912 a 1.940 ... 263
Seção I – Disposições gerais – arts. 1.912 a 1.922 ... 263
Seção II – Dos efeitos do legado e do seu pagamento – arts. 1.923 a 1.938 ... 264
Seção III – Da caducidade dos legados – arts. 1.939 e 1.940 ... 264
Capítulo VIII – Do direito de acrescer entre herdeiros e legatários – arts. 1.941 a 1.946 ... 264
Capítulo IX – Das substituições – arts. 1.947 a 1.960 ... 265
Seção I – Da substituição vulgar e da recíproca – arts. 1.947 a 1.950 ... 265
Seção II – Da substituição fideicomissária – arts. 1.951 a 1.960 ... 265
Capítulo X – Da deserdação – arts. 1.961 a 1.965 ... 265
Capítulo XI – Da redução das disposições testamentárias – arts. 1.966 a 1.968 ... 265
Capítulo XII – Da revogação do testamento – arts. 1.969 a 1.972 ... 266
Capítulo XIII – Do rompimento do testamento – arts. 1.973 a 1.975 ... 266
Capítulo XIV – Do testamenteiro – arts. 1.976 a 1.990 ... 266

Título IV

DO INVENTÁRIO E DA PARTILHA

Capítulo I – Do inventário – art. 1.991 ... 266
Capítulo II – Dos sonegados – arts. 1.992 a 1.996 ... 266
Capítulo III – Do pagamento das dívidas – arts. 1.997 a 2.001 ... 267
Capítulo IV – Da colação – arts. 2.002 a 2.012 ... 267
Capítulo V – Da partilha – arts. 2.013 a 2.022 ... 267
Capítulo VI – Da garantia dos quinhões hereditários – arts. 2.023 a 2.026 ... 268
Capítulo VII – Da anulação da partilha – art. 2.027 ... 268

Livro Complementar

DAS DISPOSIÇÕES FINAIS E TRANSITÓRIAS

Arts. 2.028 a 2.046 ... 268

ÍNDICE CRONOLÓGICO DA LEGISLAÇÃO ALTERADORA DO CÓDIGO CIVIL

LEI N. 10.677, DE 22 DE MAIO DE 2003
Revoga o art. 374.

LEI N. 10.825, DE 22 DE DEZEMBRO DE 2003
Altera os arts. 44 e 2.031.

LEI N. 10.931, DE 2 DE AGOSTO DE 2004
Altera os arts. 1.331, 1.336 e 1.485.
Acrescenta os arts. 819-A e 1.368-A.

LEI N. 11.107, DE 6 DE ABRIL DE 2005
Altera o art. 41.

LEI N. 11.127, DE 28 DE JUNHO DE 2005
Altera os arts. 54, 57, 59, 60 e 2.031.
Revoga o parágrafo único do art. 57.

LEI N. 11.280, DE 16 DE FEVEREIRO DE 2006
Revoga o art. 194.

LEI N. 11.481, DE 31 DE MAIO DE 2007
Altera os arts. 1.225 e 1.473.

LEI N. 11.698, DE 13 DE JUNHO DE 2008
Altera os arts. 1.583 e 1.584.

LEI COMPLEMENTAR N. 128, DE 19 DE DEZEMBRO DE 2008
Altera os arts. 968 e 1.033.

LEI N. 12.010, DE 3 DE AGOSTO DE 2009
Altera os arts. 1.618, 1.619 e 1.734, e revoga o inciso III do art. 10, o parágrafo único do art. 1.618 e os arts. 1.620 a 1.629.

LEI N. 12.133, DE 17 DE DEZEMBRO DE 2009
Altera o art. 1.526.

LEI N. 12.236, DE 19 DE MAIO DE 2010
Altera o art. 723.

LEI N. 12.344, DE 9 DE DEZEMBRO DE 2010
Altera o art. 1.641.

LEI N. 12.375, DE 30 DE DEZEMBRO DE 2010
Altera o art. 1.061.

LEI N. 12.398, DE 28 DE MARÇO DE 2011
Altera o art. 1.589.

LEI N. 12.399, DE 1.º DE ABRIL DE 2011
Altera o art. 974.

LEI N. 12.424, DE 16 DE JUNHO DE 2011
Acrescenta o art. 1.240-A.

LEI N. 12.441, DE 11 DE JULHO DE 2011
Acrescenta o art. 980-A e altera os arts. 44 e 1.033.

LEI N. 12.470, DE 31 DE AGOSTO DE 2011
Altera o art. 968.

LEI N. 12.607, DE 4 DE ABRIL DE 2012
Altera o art. 1.331.

LEI N. 12.873, DE 24 DE OUTUBRO DE 2013
Altera o art. 1.439.

LEI COMPLEMENTAR N. 147, DE 7 DE AGOSTO DE 2014
Altera o art. 968.

LEI N. 13.043, DE 13 DE NOVEMBRO DE 2014
Altera o art. 1.367 e acrescenta o art. 1.368-B.

LEI N. 13.058, DE 22 DE DEZEMBRO DE 2014
Altera os arts. 1.583, 1.584, 1.585 e 1.634.

LEI N. 13.105, DE 16 DE MARÇO DE 2015
Altera os arts. 274 e 2.027.
Revoga os arts. 227, *caput*, 229, 230, 456, 1.482, 1.483 e 1.768 a 1.773.

LEI N. 13.146, DE 6 DE JULHO DE 2015
Acrescenta os arts. 1.775-A e 1.783-A.
Altera os arts. 3.º, 4.º, 228, 1.518, 1.548, 1.550, 1.557, 1.767, 1.777 e o Título IV do Livro IV da Parte Especial.
Revoga os incisos I a III do art. 3.º, os incisos II e III do art. 228, o inciso I do art. 1.548, o inciso IV do art. 1.557 e os arts. 1.776 e 1.780.

LEI N. 13.151, DE 28 DE JULHO DE 2015
Altera os arts. 62, 66 e 67.

LEI N. 13.176, DE 21 DE OUTUBRO DE 2015
Altera o art. 964.

LEI N. 13.465, DE 11 DE JULHO DE 2017
Acrescenta os arts. 1.358-A, 1.510-A, 1.510-B, 1.510-C, 1.510-D e 1.510-E.
Altera o art. 1.225.

LEI N. 13.509, DE 22 DE NOVEMBRO DE 2017
Altera o art. 1.638.

LEI N. 13.532, DE 7 DE DEZEMBRO DE 2017
Altera o art. 1.815.

LEI N. 13.715, DE 24 DE SETEMBRO DE 2018
Altera o art. 1.638.

LEI N. 13.777, DE 20 DE DEZEMBRO DE 2018
Acrescenta os arts. 1.358-B a 1.358-U.

LEI N. 13.792, DE 3 DE JANEIRO DE 2019
Altera os arts. 1.063, 1.076 e 1.085.

LEI N. 13.811, DE 12 DE MARÇO DE 2019
Altera o art. 1.520.

LEI N. 13.874, DE 20 DE SETEMBRO DE 2019
Acrescenta os arts. 49-A, 421-A e 1.368-C a 1.368-F.
Altera os arts. 50, 113, 421 e 1.052.

LEI N. 14.030, DE 28 DE JULHO DE 2020
Acrescenta o art. 1.080-A.

LEI N. 14.179, DE 30 DE JUNHO DE 2021
Revoga o art. 1.463.

LEI N. 14.193, DE 6 DE AGOSTO DE 2021
Altera o art. 971.

LEI N. 14.195, DE 26 DE AGOSTO DE 2021
Acrescenta os arts. 48-A e 206-A.
Altera os arts. 1.142, 1.160 e 1.161.
Revoga o parágrafo único do art. 1.015.
Revoga o inciso IV do *caput* e o parágrafo único do art. 1.033.

LEI N. 14.309, DE 8 DE MARÇO DE 2022
Acrescenta o art. 1.354-A.
Altera o art. 1.353.

LEI N. 14.382, DE 27 DE JUNHO DE 2022
Altera os arts. 48-A, 206-A, 1.142, 1.160, 1.161, 1.358-A e 1.510-E.
Revoga o inciso VI do *caput* do art. 44, o Título I-A do Livro II da Parte Especial e o art. 1.494.

LEI N. 14.405, DE 12 DE JULHO DE 2022
Altera o art. 1.351.

LEI N. 14.451, DE 21 DE SETEMBRO DE 2022
Altera os arts. 1.061 e 1.076.
Revoga o inciso I do art. 1.076.

CÓDIGO CIVIL

LEI N. 10.406, DE 10 DE JANEIRO DE 2002 (*)

Institui o Código Civil.

O Presidente da República

Faço saber que o Congresso Nacional decreta e eu sanciono a seguinte Lei:

PARTE GERAL

Livro I
DAS PESSOAS

Título I
DAS PESSOAS NATURAIS

Capítulo I
DA PERSONALIDADE E DA CAPACIDADE

Art. 1.º Toda pessoa é capaz de direitos e deveres na ordem civil.

- *Vide* arts. 4.º e 5.º do CC.
- *Vide* art. 70 do CPC.
- *Vide* art. 7.º, *caput*, do Decreto-lei n. 4.657, de 4-9-1942 (LINDB).

Art. 2.º A personalidade civil da pessoa começa do nascimento com vida; mas a lei põe a salvo, desde a concepção, os direitos do nascituro.

•• *Vide* arts. 5.º, 115 a 120, 166, I, 542, 1.609, parágrafo único, 1.779, *caput*, 1.798, 1.799, 1.800 e 1.952 do CC.

- Os arts. 124 e 128 do CP (Decreto-lei n. 2.848, de 7-12-1940) dispõem sobre o crime de aborto.
- *Vide* ECA (Lei n. 8.069, de 13-7-1990), arts. 7.º a 14.
- *Vide* arts. 7.º a 14 e 228 e 229 da LINDB.
- *Vide* CPC, arts. 8.º, 82, I, 98, 701, 877 e 878.

Art. 3.º São absolutamente incapazes de exercer pessoalmente os atos da vida civil os menores de 16 (dezesseis) anos.

•• *Caput* com redação determinada pela Lei n. 13.146, de 6-7-2015.

- *Vide* arts. 5.º, 76, 105, 115 a 120, 166, I, 198, 471, 543, 1.634, 1.690, 1.728 e s. do CC.
- *Vide* arts. 71, 72 e 447, § 1.º, do CPC.

I a III – (*Revogados pela Lei n. 13.146, de 6-7-2015.*)

Art. 4.º São incapazes, relativamente a certos atos ou à maneira de os exercer:

•• *Caput* com redação determinada pela Lei n. 13.146, de 6-7-2015.

- *Vide* arts. 71, 72 e 447, § 1.º, do CPC.
- *Vide* art. 142 do ECA.

I – os maiores de dezesseis e menores de dezoito anos;

- *Vide* arts. 180, 666, 1.634, V, 1.747, I, e 1.860, parágrafo único, do CC.
- A Lei n. 4.375, de 17-8-1964, estabelece em seu art. 73 que, para efeito do serviço militar, cessará a incapacidade civil do menor na data em que completar 17 anos.

II – os ébrios habituais e os viciados em tóxico;

•• Inciso II com redação determinada pela Lei n. 13.146, de 6-7-2015.

- *Vide* art. 1.767, III, do CC
- Sobre incapacidade relativa dos toxicômanos, dispõe a Lei n. 11.343, de 23-8-2006.
- A Lei n. 10.216, de 6-4-2001, dispõe sobre a proteção e os direitos das pessoas portadoras de transtornos mentais.

III – aqueles que, por causa transitória ou permanente, não puderem exprimir sua vontade;

•• Inciso III com redação determinada pela Lei n. 13.146, de 6-7-2015.

- *Vide* art. 1.767 do CC.

IV – os pródigos.

- *Vide* arts. 1.767, V, e 1.782 do CC.
- Sobre assistência em juízo aos relativamente incapazes, *vide* arts. 72 e 76 do CPC.
- Renúncia do direito de queixa criminal pelo representante legal do menor – dispõe o CPP, art. 50, parágrafo único.
- Sobre proteção do trabalho do menor na CLT, arts. 402 a 441, e Lei n. 8.069, de 13-7-1990, arts. 60 a 69.

Parágrafo único. A capacidade dos indígenas será regulada por legislação especial.

•• Parágrafo único com redação determinada pela Lei n. 13.146, de 6-7-2015.

- *Vide* art. 50, § 2.º, da Lei n. 6.015, de 31-12-1973.
- Sobre os índios dispõem ainda: Lei n. 6.001, de 19-12-1973, e Decretos n. 88.118, de 23-2-1983, 1.775, de 8-1-1996, e 3.156, de 27-8-1999, e arts. 231 e 232 da CF.
- O Decreto n. 7.747, de 5-6-2012, institui a Política Nacional de Gestão Territorial e Ambiental de Terras Indígenas – PNGATI, e dá outras providências.

Art. 5.º A menoridade cessa aos dezoito anos completos, quando a pessoa fica habilitada à prática de todos os atos da vida civil.

- *Vide* art. 666 do CC.
- *Vide* art. 148, parágrafo único, *e*, do ECA.
- A capacidade civil dos índios é de 21 anos, de acordo com o art. 9.º, I, da Lei n. 6.001, de 19-12-1973.

Parágrafo único. Cessará, para os menores, a incapacidade:

- O art. 73 da Lei n. 4.375, de 17-8-1964, estabelece que a incapacidade civil do menor, para efeito do Serviço Militar, cessará na data em que completar 17 anos.

I – pela concessão dos pais, ou de um deles na falta do outro, mediante instrumento público, independentemente de homologação judicial, ou por sentença do juiz, ouvido o tutor, se o menor tiver dezesseis anos completos;

- *Vide* art. 226, § 5.º, da CF.
- *Vide* arts. 1.635, II, e 1.763, I, do CC.
- Sobre o registro da emancipação, *vide* CC, art. 9.º, II, e Lei n. 6.015, de 31-12-1973 (LRP), arts. 89 e s.
- Sobre emancipação do menor sob tutela, *vide* art. 725, I, do CPC.

II – pelo casamento;

- *Vide* CF, art. 226.

III – pelo exercício de emprego público efetivo;

- Posse no cargo público: art. 5.º, V, da Lei n. 8.112, de 11-12-1990 (Regime Jurídico dos Servidores Públicos Civis da União, das Autarquias e das Fundações Públicas Federais).

IV – pela colação de grau em curso de ensino superior;

V – pelo estabelecimento civil ou comercial, ou pela existência de relação de emprego, desde que, em função deles, o menor com dezesseis anos completos tenha economia própria.

- *Vide* art. 7.º, XXXIII, da CF.
- *Vide* arts. 966 e 972 do CC.

Art. 6.º A existência da pessoa natural termina com a morte; presume-se esta, quanto aos ausentes, nos casos em que a lei autoriza a abertura de sucessão definitiva.

- *Vide* arts. 22 a 39 do CC.
- *Vide* arts. 744 e 745 do CPC.
- Efeitos da morte no direito penal – arts. 107, I, do CP e 62 do CPP.
- O Decreto-lei n. 5.782, de 30-8-1943, dispõe sobre morte presumida de servidor público.
- *Vide* arts. 77 a 88 da Lei n. 6.015, de 31-12-1973.
- *Vide* Lei n. 11.976, de 7-7-2009, que dispõe sobre a Declaração de Óbito.
- *Vide* Súmula 331 do STF.
- *Vide* art. 3.º da Lei n. 9.434, de 4-2-1997.

Art. 7.º Pode ser declarada a morte presumida, sem decretação de ausência:

•• Da ausência no CC: arts. 22 a 39.

- *Vide* art. 88 da Lei n. 6.015, de 31-12-1973.

I – se for extremamente provável a morte de quem estava em perigo de vida;

(*) Publicada no *Diário Oficial da União*, de 11-1-2002.

II – se alguém, desaparecido em campanha ou feito prisioneiro, não for encontrado até dois anos após o término da guerra.

- A Lei n. 9.140, de 4-12-1995, reconhece como mortas pessoas desaparecidas em razão de participação, ou acusação de participação, em atividades políticas, no período de 2-9-1961 a 5-10-1988.

Parágrafo único. A declaração da morte presumida, nesses casos, somente poderá ser requerida depois de esgotadas as buscas e averiguações, devendo a sentença fixar a data provável do falecimento.

Art. 8.º Se dois ou mais indivíduos falecerem na mesma ocasião, não se podendo averiguar se algum dos comorientes precedeu aos outros, presumir-se-ão simultaneamente mortos.

Art. 9.º Serão registrados em registro público:

- LRP: Lei n. 6.015, de 31-12-1973.

I – os nascimentos, casamentos e óbitos;

- Registro Civil dos Índios: Lei n. 6.001, de 19-12-1973 (Estatuto do Índio), e art. 50, § 2.º, da Lei n. 6.015, de 31-12-1973.
- Sobre o estado que resulta do registro de nascimento, *vide* art. 1.604 do CC.
- Sobre registro de casamento, *vide* arts. 1.512, parágrafo único, 1.516, 1.545, 1.546 e 1.604 do CC.
- *Vide* art. 725, I, do CPC.
- Sobre registro de nascimento inexistente, parto alheio como próprio, ocultação ou substituição de recém-nascido e sonegação do estado de filiação, dispõe o CP, arts. 241, 242 e 243. O art. 242 do CP estatui sobre o registro de filho de outrem como próprio.
- *Vide* LINDB (Decreto-lei n. 4.657, de 4-9-1942), art. 18.
- Sobre o registro de nascimento de menores abandonados, *vide* Lei n. 6.015, de 31-12-1973, art. 62. *Vide* também arts. 29 a 32, 50 a 66, 70 e 77 a 88.
- A Lei n. 13.445, de 24-5-2017 – Lei de Migração, dispõe sobre o nome de estrangeiro e brasileiros naturalizados.
- *Vide* Lei n. 12.662, de 5-6-2012 – Declaração de Nascido Vivo – DNV.

II – a emancipação por outorga dos pais ou por sentença do juiz;

- *Vide* art. 5.º, parágrafo único, I, do CC.
- *Vide* art. 226, § 5.º, da CF.
- *Vide* arts. 13, § 2.º, 29, IV, 89 e s. da Lei n. 6.015, de 31-12-1973.

III – a interdição por incapacidade absoluta ou relativa;

- *Vide* arts. 13, § 2.º, 29, IV, 89 e s. da Lei n. 6.015, de 31-12-1973.

IV – a sentença declaratória de ausência e de morte presumida.

- *Vide* arts. 13, § 2.º, 29, IV, 89 e s. da Lei n. 6.015, de 31-12-1973.

Art. 10. Far-se-á averbação em registro público:

I – das sentenças que decretarem a nulidade ou anulação do casamento, o divórcio, a separação judicial e o restabelecimento da sociedade conjugal;

•• *Vide* Emenda Constitucional n. 66, de 13-7-2010, que instituiu o divórcio direto.

- Da dissolução da sociedade e do vínculo conjugal no CC: arts. 1.571 a 1.582.
- *Vide* art. 29, § 1.º, *a*, da Lei n. 6.015, de 31-12-1973 (Lei de Registros Públicos).
- *Vide* Lei n. 6.515, de 26-12-1977 (Lei do Divórcio).
- *Vide* art. 226, § 6.º, da CF.

II – dos atos judiciais ou extrajudiciais que declararem ou reconhecerem a filiação;

- Do reconhecimento dos filhos no CC: arts. 1.607 a 1.617.
- *Vide* arts. 26 e 27 da Lei n. 8.069, de 13-7-1990 (ECA).
- *Vide* Lei n. 8.560, de 29-12-1992, que regula a investigação de paternidade.

III – (*Revogado pela Lei n. 12.010, de 3-8-2009.*)

Capítulo II
DOS DIREITOS DA PERSONALIDADE

Art. 11. Com exceção dos casos previstos em lei, os direitos da personalidade são intransmissíveis e irrenunciáveis, não podendo o seu exercício sofrer limitação voluntária.

- *Vide* art. 5.º, X, da CF.
- *Vide* art. 52 do CC.
- *Vide* arts. 8.º a 28 da Lei n. 10.741, de 1.º-10-2003.

Art. 12. Pode-se exigir que cesse a ameaça, ou a lesão, a direito da personalidade, e reclamar perdas e danos, sem prejuízo de outras sanções previstas em lei.

•• *Vide* Súmula 642 do STJ.

- *Vide* arts. 186, 402 a 405, 927 e 944 a 954 do CC.
- *Vide* art. 5.º, X e XXXV, da CF.
- *Vide* arts. 189, 294, 368, 497 e 536 do CPC.

Parágrafo único. Em se tratando de morto, terá legitimação para requerer a medida prevista neste artigo o cônjuge sobrevivente, ou qualquer parente em linha reta, ou colateral até o quarto grau.

- *Vide* arts. 20, parágrafo único, 943, 1.591 e 1.592 do CC.
- O art. 138, § 2.º, do CP dispõe sobre a possibilidade da existência do crime de calúnia contra os mortos.

Art. 13. Salvo por exigência médica, é defeso o ato de disposição do próprio corpo, quando importar diminuição permanente da integridade física, ou contrariar os bons costumes.

Parágrafo único. O ato previsto neste artigo será admitido para fins de transplante, na forma estabelecida em lei especial.

- *Vide* arts. 9.º, § 3.º, da Lei n. 9.434, de 4-2-1997.

Art. 14. É válida, com objetivo científico, ou altruístico, a disposição gratuita do próprio corpo, no todo ou em parte, para depois da morte.

•• *Vide* art. 199, § 4.º, da CF.

- A Lei n. 8.501, de 30-11-1992, dispõe sobre a utilização de cadáver não reclamado, para fins de estudos ou pesquisas científicas.
- A Lei n. 9.434, de 4-2-1997, regulamentada pelo Decreto n. 9.175, de 18-10-2017, dispõe sobre a remoção de órgãos, tecidos e partes do corpo humano para fins de transplante e tratamento.

Parágrafo único. O ato de disposição pode ser livremente revogado a qualquer tempo.

- *Vide* arts. 3.º e s. da Lei n. 9.434, de 4-2-1997.

Art. 15. Ninguém pode ser constrangido a submeter-se, com risco de vida, a tratamento médico ou a intervenção cirúrgica.

Art. 16. Toda pessoa tem direito ao nome, nele compreendidos o prenome e o sobrenome.

•• *Vide* arts. 1.565, § 1.º, 1.571, § 2.º, e 1.578 do CC.

•• O Decreto n. 8.727, de 28-4-2016, dispõe sobre o uso do nome social e o reconhecimento da identidade de gênero de pessoas travestis e transexuais no âmbito da administração pública federal direta, autárquica e fundacional.

- *Vide* arts. 59 e 60 da Lei n. 6.015, de 31-12-1973, c/c o art. 227, § 6.º, da CF.
- *Vide* art. 47, § 5.º, do ECA.

Art. 17. O nome da pessoa não pode ser empregado por outrem em publicações ou representações que a exponham ao desprezo público, ainda quando não haja intenção difamatória.

- *Vide* Súmula 221 do STJ.

Art. 18. Sem autorização, não se pode usar o nome alheio em propaganda comercial.

Art. 19. O pseudônimo adotado para atividades lícitas goza da proteção que se dá ao nome.

- *Vide* art. 58 da LRP.
- *Vide* art. 58 da Lei n. 6.015, de 31-12-1973 (LRP).
- *Vide* arts. 12 e 24, II, da Lei n. 9.610, de 19-2-1998.

Art. 20. Salvo se autorizadas, ou se necessárias à administração da justiça ou à manutenção da ordem pública, a divulgação de escritos, a transmissão da palavra, ou a publicação, a exposição ou a utilização da imagem de uma pessoa poderão ser proibidas, a seu requerimento e sem prejuízo da indenização que couber, se lhe atingirem a honra, a boa fama ou a respeitabilidade, ou se se destinarem a fins comerciais.

•• O STF julgou procedente a ADI n. 4.815, de 10-6-2015 (*DOU* de 16-2-2016), dando a este artigo, "sem redução de texto", interpretação conforme à Constituição, "para, em consonância com os direitos fundamentais à liberdade de pensamento e de sua expressão, de criação artística, produção científica, declarar inexigível o consentimento de pessoa biografada relativamente a obras biográficas literárias ou audiovisuais, sendo por igual desnecessária autorização de pessoas retratadas como coadjuvantes (ou de seus familiares, em caso de pessoas falecidas)".

- *Vide* art. 5.º, V, IX, X e XXVIII, *a*, da CF.
- *Vide* Lei n. 9.610, de 19-2-1998 (Lei de Direitos Autorais).
- *Vide* arts. 143 e 247 da Lei n. 8.069, de 13-7-1990 (ECA).
- *Vide* Súmulas 221 e 403 do STJ.

Parágrafo único. Em se tratando de morto ou de ausente, são partes legítimas para requerer essa proteção o cônjuge, os ascendentes ou os descendentes.

- *Vide* arts. 12, parágrafo único, 22 a 39 (ausência) e 943 do CC.

Art. 21. A vida privada da pessoa natural é inviolável, e o juiz, a requerimento do interessado, adotará as providências necessárias para impedir ou fazer cessar ato contrário a esta norma.

•• O STF julgou procedente a ADI n. 4.815, de 10-6-2015 (*DOU* de 16-2-2016), dando a este artigo, "sem redução de texto", interpretação conforme à Constituição, "para, em consonância com os direitos fundamentais à liberdade de pensamento e de sua expressão, de criação artística, produção científica, declarar inexigível o consentimento de pessoa biografada relativamente a obras biográficas literárias ou audiovisuais, sendo por igual desnecessária autorização de pessoas retratadas como coadjuvantes (ou de seus familiares, em caso de pessoas falecidas)".

• *Vide* art. 5.º, X, da CF.

Capítulo III
DA AUSÊNCIA

• *Vide* arts. 6.º, 7.º, 9.º, IV, 20, 198, II, 335, III, 428, II e III, 434, 1.159, 1.571, § 1.º, 1.728, I, e 1.759 do CC, sobre ausentes.

• CPC, dispositivos sobre ausentes: arts. 49 (ações, foro competente), 242, § 1.º (citação), 744 e 745 (bens dos ausentes), 671, I (curador especial na partilha).

• Lei n. 6.015, de 31-12-1973 (LRP): arts. 94 (registro da sentença declaratória), 104 e parágrafo único (averbação) e 107, § 1.º (anotações).

Seção I
Da Curadoria dos Bens do Ausente

Art. 22. Desaparecendo uma pessoa do seu domicílio sem dela haver notícia, se não houver deixado representante ou procurador a quem caiba administrar-lhe os bens, o juiz, a requerimento de qualquer interessado ou do Ministério Público, declarará a ausência, e nomear-lhe-á curador.

• Sobre arrecadação de bens de ausentes, *vide* arts. 744 e 745 do CPC.

• Citação dos ausentes em processos de inventários: *vide* art. 626 do CPC.

• Registro da sentença declaratória de ausência - *vide* Lei n. 6.015, de 31-12-1973, art. 29, VI (LRP).

• *Vide* art. 94, III, *f*, da Lei n. 11.101, de 9-2-2005 (Lei de Falências).

Art. 23. Também se declarará a ausência, e se nomeará curador, quando o ausente deixar mandatário que não queira ou não possa exercer ou continuar o mandato, ou se os seus poderes forem insuficientes.

• *Vide* arts. 653 e 682 do CC.

• *Vide* art. 744 do CPC.

Art. 24. O juiz, que nomear o curador, fixar-lhe-á os poderes e obrigações, conforme as circunstâncias, observando, no que for aplicável, o disposto a respeito dos tutores e curadores.

• *Vide* arts. 1.728 e s. do CC.

• *Vide* arts. 739, § 1.º, e 759 do CPC.

Art. 25. O cônjuge do ausente, sempre que não esteja separado judicialmente, ou de fato por mais de dois anos antes da declaração da ausência, será o seu legítimo curador.

• *Vide* arts. 1.570 e 1.775 e s. do CC.

§ 1.º Em falta do cônjuge, a curadoria dos bens do ausente incumbe aos pais ou aos descendentes, nesta ordem, não havendo impedimento que os iniba de exercer o cargo.

§ 2.º Entre os descendentes, os mais próximos precedem os mais remotos.

§ 3.º Na falta das pessoas mencionadas, compete ao juiz a escolha do curador.

Seção II
Da Sucessão Provisória

• Os §§ 1.º a 3.º do art. 745 do CPC dispõem sobre sucessão provisória.

Art. 26. Decorrido um ano da arrecadação dos bens do ausente, ou, se ele deixou representante ou procurador, em se passando três anos, poderão os interessados requerer que se declare a ausência e se abra provisoriamente a sucessão.

•• *Vide* art. 28, § 1.º, do CC.

• *Vide* art. 5.º, XXXI, da CF, sobre sucessão de bens de estrangeiros situados no país.

• *Vide* art. 745, §§ 1.º e 2.º (abertura da sucessão provisória) e § 3.º (conversão da sucessão provisória em definitiva), do CPC.

• *Vide* art. 104, parágrafo único, da Lei n. 6.015, de 31-12-1973 (averbação da sentença de abertura da sucessão provisória).

• Sobre a morte presumida de militares, servidores públicos e militares de aeronáutica, dispõem os Decretos-leis n. 5.782, de 30-8-1943, e 6.239, de 3-2-1944, estabelecendo o prazo de 4 (quatro) meses, a contar da publicação do desaparecimento em Boletim. Relativamente aos servidores o prazo é de 3 (três) meses.

Art. 27. Para o efeito previsto no artigo anterior, somente se consideram interessados:

I – o cônjuge não separado judicialmente;

• *Vide* art. 733, *caput*, do CPC (separação consensual).

II – os herdeiros presumidos, legítimos ou testamentários;

III – os que tiverem sobre os bens do ausente direito dependente de sua morte;

• *Vide* art. 1.951 do CC.

IV – os credores de obrigações vencidas e não pagas.

• Não havendo interessados, pode o Ministério Público requerer a abertura da sucessão, nos termos do § 1.º do art. 28 deste Código.

Art. 28. A sentença que determinar a abertura da sucessão provisória só produzirá efeito cento e oitenta dias depois de publicada pela imprensa; mas, logo que passe em julgado, proceder-se-á à abertura do testamento, se houver, e ao inventário e partilha dos bens, como se o ausente fosse falecido.

• *Vide* art. 104, parágrafo único, da Lei n. 6.015, de 31-12-1973.

§ 1.º Findo o prazo a que se refere o art. 26, e não havendo interessados na sucessão provisória, cumpre ao Ministério Público requerê-la ao juízo competente.

§ 2.º Não comparecendo herdeiro ou interessado para requerer o inventário até trinta dias depois de passar em julgado a sentença que mandar abrir a sucessão provisória, proceder-se-á à arrecadação dos bens do ausente pela forma estabelecida nos arts. 1.819 a 1.823.

Art. 29. Antes da partilha, o juiz, quando julgar conveniente, ordenará a conversão dos bens móveis, sujeitos a deterioração ou a extravio, em imóveis ou em títulos garantidos pela União.

• *Vide* art. 730 do CPC (alienação judicial).

Art. 30. Os herdeiros, para se imitirem na posse dos bens do ausente, darão garantias da restituição deles, mediante penhores ou hipotecas equivalentes aos quinhões respectivos.

§ 1.º Aquele que tiver direito à posse provisória, mas não puder prestar a garantia exigida neste artigo, será excluído, mantendo-se os bens que lhe deviam caber sob a administração do curador, ou de outro herdeiro designado pelo juiz, e que preste essa garantia.

• *Vide* art. 34 do CC.

§ 2.º Os ascendentes, os descendentes e o cônjuge, uma vez provada a sua qualidade de herdeiros, poderão, independentemente de garantia, entrar na posse dos bens do ausente.

Art. 31. Os imóveis do ausente só se poderão alienar, não sendo por desapropriação, ou hipotecar, quando o ordene o juiz, para lhes evitar a ruína.

Art. 32. Empossados nos bens, os sucessores provisórios ficarão representando ativa e passivamente o ausente, de modo que contra eles correrão as ações pendentes e as que de futuro àquele forem movidas.

Art. 33. O descendente, ascendente ou cônjuge que for sucessor provisório do ausente, fará seus todos os frutos e rendimentos dos bens que a este couberem; os outros sucessores, porém, deverão capitalizar metade desses frutos e rendimentos, segundo o disposto no art. 29, de acordo com o representante do Ministério Público, e prestar anualmente contas ao juiz competente.

Parágrafo único. Se o ausente aparecer, e ficar provado que a ausência foi voluntária e injustificada, perderá ele, em favor do sucessor, sua parte nos frutos e rendimentos.

Art. 34. O excluído, segundo o art. 30, da posse provisória poderá, justificando falta de meios, requerer lhe seja entregue metade dos rendimentos do quinhão que lhe tocaria.

Art. 35. Se durante a posse provisória se provar a época exata do falecimento do ausente, considerar-se-á, nessa data, aberta a sucessão em favor dos herdeiros, que o eram àquele tempo.

• *Vide* arts. 1.784 do CC e 745, § 3.º, do CPC.

Art. 36. Se o ausente aparecer, ou se lhe provar a existência, depois de estabelecida a posse provisória, cessarão para logo as vantagens dos sucessores nela imitidos, ficando, todavia, obrigados a tomar as medidas assecuratórias precisas, até a entrega dos bens a seu dono.

Seção III
Da Sucessão Definitiva

Art. 37. Dez anos depois de passada em julgado a sentença que concede a abertura da sucessão provisória, poderão os interessados requerer a sucessão definitiva e o levantamento das cauções prestadas.

• *Vide* art. 745, § 3.º, do CPC. O § 4.º do art. 745 do CPC trata do regresso do ausente ou algum de seus descendentes ou ascendentes para requerer ao juiz a entrega de bens após a abertura da sucessão provisória.
• *Vide* art. 6.º do CC.
• *Vide* Súmula 331 do STF.

Art. 38. Pode-se requerer a sucessão definitiva, também, provando-se que o ausente conta oitenta anos de idade, e que de cinco datam as últimas notícias dele.

• *Vide* art. 6.º do CC.
• *Vide* art. 745, § 3.º, do CPC.

Art. 39. Regressando o ausente nos dez anos seguintes à abertura da sucessão definitiva, ou algum de seus descendentes ou ascendentes, aquele ou estes haverão só os bens existentes no estado em que se acharem, os sub-rogados em seu lugar, ou o preço que os herdeiros e demais interessados houverem recebido pelos bens alienados depois daquele tempo.

• *Vide* art. 745, § 4.º, do CPC.

Parágrafo único. Se, nos dez anos a que se refere este artigo, o ausente não regressar, e nenhum interessado promover a sucessão definitiva, os bens arrecadados passarão ao domínio do Município ou do Distrito Federal, se localizados nas respectivas circunscrições, incorporando-se ao domínio da União, quando situados em território federal.

• *Vide* arts. 28, § 2.º, 1.822, *caput*, 1.814 a 1.818 (os que não podem suceder) e 1.829 a 1.844 (ordem da vocação hereditária) do CC.

Título II
DAS PESSOAS JURÍDICAS

Capítulo I
DISPOSIÇÕES GERAIS

Art. 40. As pessoas jurídicas são de direito público, interno ou externo, e de direito privado.

Art. 41. São pessoas jurídicas de direito público interno:

• Representação judicial das pessoas jurídicas de direito público: art. 75, I a IV, do CPC.

I – a União;

• Sobre bens imóveis da União, *vide* Lei n. 9.636, de 15-5-1998.

II – os Estados, o Distrito Federal e os Territórios;

III – os Municípios;

IV – as autarquias, inclusive as associações públicas;

•• Inciso IV com redação determinada pela Lei n. 11.107, de 6-4-2005.
• *Vide* art. 37, XIX, da CF.
• A Lei n. 4.717, de 29-6-1965, que regulou a ação popular, em seu art. 20, declara as entidades que considera autarquias.
• O art. 5.º, I, do Decreto-lei n. 200, de 25-2-1967, conceitua: "Autarquia – o serviço autônomo, criado por lei, com personalidade jurídica, patrimônio e receita próprios, para executar atividades típicas da Administração Pública, que requeiram, para seu melhor funcionamento, gestão administrativa e financeira descentralizada".

V – as demais entidades de caráter público criadas por lei.

• A Lei n. 8.448, de 21-7-1992, regulamenta os arts. 37, XI, e 39, § 1.º, da CF, sobre remuneração de servidor público.
• A Lei n. 9.962, de 22-2-2000, dispõe sobre o regime de emprego público do pessoal da Administração Federal direta, autárquica e fundacional.

Parágrafo único. Salvo disposição em contrário, as pessoas jurídicas de direito público, a que se tenha dado estrutura de direito privado, regem-se, no que couber, quanto ao seu funcionamento, pelas normas deste Código.

Art. 42. São pessoas jurídicas de direito público externo os Estados estrangeiros e todas as pessoas que forem regidas pelo direito internacional público.

•• Sobre as relações internacionais entre Brasil e Estados estrangeiros, *vide* art. 4.º da CF.

Art. 43. As pessoas jurídicas de direito público interno são civilmente responsáveis por atos dos seus agentes que nessa qualidade causem danos a terceiros, ressalvado direito regressivo contra os causadores do dano, se houver, por parte destes, culpa ou dolo.

• CF, art. 37, § 6.º.
• CPC, art. 70, III.
• A Lei n. 4.619, de 28-4-1965, trata da ação regressiva da União contra seus agentes.
• Responsabilidade civil, em caso de abuso de autoridade – *vide* arts. 6.º e 7.º da Lei n. 13.869, de 5-9-2019.
• Lei n. 6.453, de 17-10-1977, sobre responsabilidade civil por danos nucleares, e Lei n. 10.308, de 20-11-2001, sobre responsabilidade civil por danos radiológicos.
• Lei n. 8.112, de 11-12-1990, arts. 121 a 126, sobre responsabilidade dos funcionários públicos.
• A Lei n. 10.309, de 22-11-2001, dispõe sobre a assunção da União de responsabilidade civil perante terceiros no caso de atentado terrorista ou atos de guerra contra aeronaves de empresas aéreas brasileiras.
• A Lei n. 10.744, de 9-10-2003, dispõe sobre a assunção, pela União, de responsabilidades civis perante terceiros no caso de atentados terroristas, atos de guerra ou eventos correlatos, contra aeronaves de matrícula brasileira operadas por empresas brasileiras de transporte aéreo público, excluídas as empresas de táxi aéreo.

Art. 44. São pessoas jurídicas de direito privado:

•• *Vide* arts. 2.031 a 2.034 e 2.037 do CC.

I – as associações;

• *Vide* art. 5.º, XVII a XXI, da CF.
• *Vide* arts. 53 a 61, 2.031, 2.033 e 2.034 do CC.

II – as sociedades;

• Sociedades no CC: arts. 981 e s., 2.031, 2.033, 2.034 e 2.037.

III – as fundações;

• *Vide* arts. 62 a 69, 2.031 e 2.032 do CC.
• *Vide* Lei n. 9.790, de 23-3-1999, regulamentada pelo Decreto n. 3.100, de 30-6-1999.

IV – as organizações religiosas;

•• Inciso IV acrescentado pela Lei n. 10.825, de 22-12-2003.
• Definição de autarquia: art. 5.º, I, do Decreto-lei n. 200, de 25-2-1967.

V – os partidos políticos;

•• Inciso V acrescentado pela Lei n. 10.825, de 22-12-2003.
• Partidos Políticos: Lei n. 9.096, de 19-9-1995.

VI – (*Revogado pela Lei n. 14.382, de 27-6-2022.*)

§ 1.º São livres a criação, a organização, a estruturação interna e o funcionamento das organizações religiosas, sendo vedado ao poder público negar-lhes reconhecimento ou registro dos atos constitutivos e necessários ao seu funcionamento.

•• § 1.º acrescentado pela Lei n. 10.825, de 22-12-2003.

§ 2.º As disposições concernentes às associações aplicam-se subsidiariamente às sociedades que são objeto do Livro II da Parte Especial deste Código.

•• Primitivo parágrafo único transformado em § 2.º pela Lei n. 10.825, de 22-12-2003.
• Livro II da Parte Especial deste Código: Direito de Empresa – arts. 966 e s.

§ 3.º Os partidos políticos serão organizados e funcionarão conforme o disposto em lei específica.

•• § 3.º acrescentado pela Lei n. 10.825, de 22-12-2003.
•• Partidos políticos: Lei n. 9.096, de 19-9-1995.

Art. 45. Começa a existência legal das pessoas jurídicas de direito privado com a inscrição do ato constitutivo no respectivo registro, precedida, quando necessário, de autorização ou aprovação do Poder Executivo, averbando-se no registro todas as alterações por que passar o ato constitutivo.

• *Vide* arts. 985, 998 e 1.000 (registro civil das pessoas jurídicas) e 1.150 a 1.154 (registro público das empresas mercantis) do CC.
• Não será registrada pessoa jurídica destinada a armação de embarcação, quando nela faça parte pessoa física que já teve cancelado registro pelo Tribunal Marítimo – Lei n. 5.056, de 29-6-1966.
• Registro civil das pessoas jurídicas: Lei n. 6.015, de 31-12-1973, arts. 114 a 126.
• As sociedades de advogados adquirem a personalidade jurídica com o registro de seu estatuto no Conselho Seccional da Ordem dos Advogados do Brasil em cuja base territorial tiver sede (Lei n. 8.906, de 4-7-1994, art. 15, § 1.º). *Vide* § 2.º do art. 1.º da Lei n. 8.906, de 4-7-1994 (EAOAB).
• Sobre registro público das empresas mercantis e atividades afins: *vide* Lei n. 8.934, de 18-11-1994.
• *Vide* arts. 7.º a 11 da Lei n. 9.096, de 19-9-1995.
• *Vide* Lei n. 9.279, de 14-5-1996.
• Cadastro Nacional de Pessoas Jurídicas: Instrução Normativa n. 1.863, de 27-12-2018, da Secretaria da Receita Federal do Brasil.

Parágrafo único. Decai em três anos o direito de anular a constituição das pessoas jurídicas de direito privado, por defeito do ato respectivo, contado o prazo da publicação de sua inscrição no registro.

Art. 46. O registro declarará:

• *Vide* arts. 985, 998, 1.000 (registro civil das pessoas jurídicas) e 1.150 a 1.154 (registro público das empresas mercantis) do CC.
• *Vide* Lei n. 6.015, de 31-12-1973 (LRP), arts. 120 e 121.

• *Vide* Lei n. 8.934, de 18-11-1994, regulamentada pelo Decreto n. 1.800, de 30-1-1996.

I – a denominação, os fins, a sede, o tempo de duração e o fundo social, quando houver;

II – o nome e a individualização dos fundadores ou instituidores, e dos diretores;

III – o modo por que se administra e representa, ativa e passivamente, judicial e extrajudicialmente;

IV – se o ato constitutivo é reformável no tocante à administração, e de que modo;

V – se os membros respondem, ou não, subsidiariamente, pelas obrigações sociais;

VI – as condições de extinção da pessoa jurídica e o destino do seu patrimônio, nesse caso.

Art. 47. Obrigam a pessoa jurídica os atos dos administradores, exercidos nos limites de seus poderes definidos no ato constitutivo.

• *Vide* arts. 43, 989, 990 e 997, VI, do CC.

Art. 48. Se a pessoa jurídica tiver administração coletiva, as decisões se tomarão pela maioria de votos dos presentes, salvo se o ato constitutivo dispuser de modo diverso.

• *Vide* art. 1.014 do CC.

Parágrafo único. Decai em três anos o direito de anular as decisões a que se refere este artigo, quando violarem a lei ou estatuto, ou forem eivadas de erro, dolo, simulação ou fraude.

• *Vide* arts. 138 a 150, 158 a 165, 167 e 171, II, do CC.

Art. 48-A. As pessoas jurídicas de direito privado, sem prejuízo do previsto em legislação especial e em seus atos constitutivos, poderão realizar suas assembleias gerais por meio eletrônico, inclusive para os fins do disposto no art. 59 deste Código, respeitados os direitos previstos de participação e de manifestação.

•• Artigo com redação determinada pela Lei n. 14.382, de 27-6-2022.

Art. 49. Se a administração da pessoa jurídica vier a faltar, o juiz, a requerimento de qualquer interessado, nomear-lhe-á administrador provisório.

Art. 49-A. A pessoa jurídica não se confunde com os seus sócios, associados, instituidores ou administradores.

•• *Caput* acrescentado pela Lei n. 13.874, de 20-9-2019.

Parágrafo único. A autonomia patrimonial das pessoas jurídicas é um instrumento lícito de alocação e segregação de riscos, estabelecido pela lei com a finalidade de estimular empreendimentos, para a geração de empregos, tributo, renda e inovação em benefício de todos.

•• Parágrafo único acrescentado pela Lei n. 13.874, de 20-9-2019.

Art. 50. Em caso de abuso da personalidade jurídica, caracterizado pelo desvio de finalidade ou pela confusão patrimonial, pode o juiz, a requerimento da parte, ou do Ministério Público quando lhe couber intervir no processo, desconsiderá-la para que os efeitos de certas e determinadas relações de obrigações sejam estendidos aos bens particulares de administradores ou de sócios da pessoa jurídica beneficiados direta ou indiretamente pelo abuso.

•• *Caput* com redação determinada pela Lei n. 13.874, de 20-9-2019.

§ 1.º Para os fins do disposto neste artigo, desvio de finalidade é a utilização da pessoa jurídica com o propósito de lesar credores e para a prática de atos ilícitos de qualquer natureza.

•• § 1.º acrescentado pela Lei n. 13.874, de 20-9-2019.

§ 2.º Entende-se por confusão patrimonial a ausência de separação de fato entre os patrimônios, caracterizada por:

•• § 2.º, *caput*, acrescentado pela Lei n. 13.874, de 20-9-2019.

I – cumprimento repetitivo pela sociedade de obrigações do sócio ou do administrador ou vice-versa;

•• Inciso I acrescentado pela Lei n. 13.874, de 20-9-2019.

II – transferência de ativos ou de passivos sem efetivas contraprestações, exceto os de valor proporcionalmente insignificante; e

•• Inciso II acrescentado pela Lei n. 13.874, de 20-9-2019.

III – outros atos de descumprimento da autonomia patrimonial.

•• Inciso III acrescentado pela Lei n. 13.874, de 20-9-2019.

§ 3.º O disposto no *caput* e nos §§ 1.º e 2.º deste artigo também se aplica à extensão das obrigações de sócios ou de administradores à pessoa jurídica.

•• § 3.º acrescentado pela Lei n. 13.874, de 20-9-2019.

§ 4.º A mera existência de grupo econômico sem a presença dos requisitos de que trata o *caput* deste artigo não autoriza a desconsideração da personalidade da pessoa jurídica.

•• § 4.º acrescentado pela Lei n. 13.874, de 20-9-2019.

§ 5.º Não constitui desvio de finalidade a mera expansão ou a alteração da finalidade original da atividade econômica específica da pessoa jurídica.

•• § 5.º acrescentado pela Lei n. 13.874, de 20-9-2019.

Art. 51. Nos casos de dissolução da pessoa jurídica ou cassada a autorização para seu funcionamento, ela subsistirá para os fins de liquidação, até que esta se conclua.

• *Vide* arts. 1.033 e s. e 1.125 do CC.

§ 1.º Far-se-á, no registro onde a pessoa jurídica estiver inscrita, a averbação de sua dissolução.

§ 2.º As disposições para a liquidação das sociedades aplicam-se, no que couber, às demais pessoas jurídicas de direito privado.

§ 3.º Encerrada a liquidação, promover-se-á o cancelamento da inscrição da pessoa jurídica.

Art. 52. Aplica-se às pessoas jurídicas, no que couber, a proteção dos direitos da personalidade.

• *Vide* arts. 11 a 21 do CC.

• *Vide* Súmula 227 do STJ.

Capítulo II
DAS ASSOCIAÇÕES

•• *Vide* arts. 2.031 a 2.034 do CC.

• *Vide* art. 5.º, XVII a XXI, da CF.

Art. 53. Constituem-se as associações pela união de pessoas que se organizem para fins não econômicos.

•• *Vide* arts. 2.031 e 2.033 do CC.

Parágrafo único. Não há, entre os associados, direitos e obrigações recíprocos.

• *Vide* Lei n. 9.790, de 23-3-1999, regulamentada pelo Decreto n. 3.100, de 30-6-1999.

Art. 54. Sob pena de nulidade, o estatuto das associações conterá:

I – a denominação, os fins e a sede da associação;

II – os requisitos para a admissão, demissão e exclusão dos associados;

III – os direitos e deveres dos associados;

IV – as fontes de recursos para sua manutenção;

V – o modo de constituição e de funcionamento dos órgãos deliberativos;

•• Inciso V com redação determinada pela Lei n. 11.127, de 28-6-2005.

VI – as condições para a alteração das disposições estatutárias e para a dissolução;

VII – a forma de gestão administrativa e de aprovação das respectivas contas.

•• Inciso VII acrescentado pela Lei n. 11.127, de 28-6-2005.

Art. 55. Os associados devem ter iguais direitos, mas o estatuto poderá instituir categorias com vantagens especiais.

Art. 56. A qualidade de associado é intransmissível, se o estatuto não dispuser o contrário.

Parágrafo único. Se o associado for titular de quota ou fração ideal do patrimônio da associação, a transferência daquela não importará, de per si, na atribuição da qualidade de associado ao adquirente ou ao herdeiro, salvo disposição diversa do estatuto.

Art. 57. A exclusão do associado só é admissível havendo justa causa, assim reconhecida em procedimento que assegure direito de defesa e de recurso, nos termos previstos no estatuto.

•• *Caput* com redação determinada pela Lei n. 11.127, de 28-6-2005.

Parágrafo único. (*Revogado pela Lei n. 11.127, de 28-6-2005.*)

Art. 58. Nenhum associado poderá ser impedido de exercer direito ou função que lhe tenha sido legitimamente conferido, a não ser nos casos e pela forma previstos na lei ou no estatuto.

Art. 59. Compete privativamente à assembleia geral:

•• *Caput* com redação determinada pela Lei n. 11.127, de 28-6-2005.

•• *Vide* art. 5.º da Lei n. 14.010, de 10-6-2020.

I – destituir os administradores;

•• Inciso I com redação determinada pela Lei n. 11.127, de 28-6-2005.

II – alterar o estatuto.

•• Inciso II com redação determinada pela Lei n. 11.127, de 28-6-2005.

Parágrafo único. Para as deliberações a que se referem os incisos I e II deste artigo é exigido deliberação da assembleia especialmente convocada para esse fim, cujo *quorum* será o estabelecido no estatuto, bem como os critérios de eleição dos administradores.

•• Parágrafo único com redação determinada pela Lei n. 11.127, de 28-6-2005.

Art. 60. A convocação dos órgãos deliberativos far-se-á na forma do estatuto, garantido a 1/5 (um quinto) dos associados o direito de promovê-la.

•• Artigo com redação determinada pela Lei n. 11.127, de 28-6-2005.

Art. 61. Dissolvida a associação, o remanescente do seu patrimônio líquido, depois de deduzidas, se for o caso, as quotas ou frações ideais referidas no parágrafo único do art. 56, será destinado à entidade de fins não econômicos designada no estatuto, ou, omisso este, por deliberação dos associados, à instituição municipal, estadual ou federal, de fins idênticos ou semelhantes.

• *Vide* art. 5.º, XIX, da CF.

§ 1.º Por cláusula do estatuto ou, no seu silêncio, por deliberação dos associados, podem estes, antes da destinação do remanescente referida neste artigo, receber em restituição, atualizado o respectivo valor, as contribuições que tiverem prestado ao patrimônio da associação.

§ 2.º Não existindo no Município, no Estado, no Distrito Federal ou no Território, em que a associação tiver sede, instituição nas condições indicadas neste artigo, o que remanescer do seu patrimônio se devolverá à Fazenda do Estado, do Distrito Federal ou da União.

• O Decreto-lei n. 41, de 18-11-1966, dispõe sobre a dissolução de sociedades civis de fins assistenciais.

Capítulo III
DAS FUNDAÇÕES

•• *Vide* arts. 2.031 a 2.034 do CC.

• O art. 37, XIX, da CF dispõe sobre a criação das fundações públicas.

Art. 62. Para criar uma fundação, o seu instituidor fará, por escritura pública ou testamento, dotação especial de bens livres, especificando o fim a que se destina, e declarando, se quiser, a maneira de administrá-la.

Parágrafo único. A fundação somente poderá constituir-se para fins de:

•• Parágrafo único, *caput*, com redação determinada pela Lei n. 13.151, de 28-7-2015.

• *Vide* art. 2.032 do CC.

• *Vide* LINDB, art. 11.

• *Vide* arts. 119 e parágrafo único e 120 da Lei n. 6.015, de 31-12-1973 (LRP).

I – assistência social;

•• Inciso I acrescentado pela Lei n. 13.151, de 28-7-2015.

II – cultura, defesa e conservação do patrimônio histórico e artístico;

•• Inciso II acrescentado pela Lei n.13.151, de 28-7-2015.

III – educação;

•• Inciso III acrescentado pela Lei n. 13.151, de 28-7-2015.

IV – saúde;

•• Inciso IV acrescentado pela Lei n. 13.151, de 28-7-2015.

V – segurança alimentar e nutricional;

•• Inciso V acrescentado pela Lei n. 13.151, de 28-7-2015.

VI – defesa, preservação e conservação do meio ambiente e promoção do desenvolvimento sustentável;

•• Inciso VI acrescentado pela Lei n. 13.151, de 28-7-2015.

VII – pesquisa científica, desenvolvimento de tecnologias alternativas, modernização de sistemas de gestão, produção e divulgação de informações e conhecimentos técnicos e científicos;

•• Inciso VII acrescentado pela Lei n. 13.151, de 28-7-2015.

VIII – promoção da ética, da cidadania, da democracia e dos direitos humanos;

•• Inciso VIII acrescentado pela Lei n. 13.151, de 28-7-2015.

IX – atividades religiosas; e

•• Inciso IX acrescentado pela Lei n. 13.151, de 28-7-2015.

X – (*Vetado*.)

•• Inciso X acrescentado pela Lei n. 13.151, de 28-7-2015.

Art. 63. Quando insuficientes para constituir a fundação, os bens a ela destinados serão, se de outro modo não dispuser o instituidor, incorporados em outra fundação que se proponha a fim igual ou semelhante.

Art. 64. Constituída a fundação por negócio jurídico entre vivos, o instituidor é obrigado a transferir-lhe a propriedade, ou outro direito real, sobre os bens dotados, e, se não o fizer, serão registrados, em nome dela, por mandado judicial.

Art. 65. Aqueles a quem o instituidor cometer a aplicação do patrimônio, em tendo ciência do encargo, formularão logo, de acordo com as suas bases (art. 62), o estatuto da fundação projetada, submetendo-o, em seguida, à aprovação da autoridade competente, com recurso ao juiz.

Parágrafo único. Se o estatuto não for elaborado no prazo assinado pelo instituidor, ou, não havendo prazo, em cento e oitenta dias, a incumbência caberá ao Ministério Público.

Art. 66. Velará pelas fundações o Ministério Público do Estado onde situadas.

• A Lei Complementar n. 109, de 29-5-2001, que dispõe sobre o Regime de Previdência Complementar, diz em seu art. 72: "Compete privativamente ao órgão regulador e fiscalizador das entidades fechadas zelar pelas sociedades civis e fundações, como definido no art. 31 desta Lei Complementar, não se aplicando a estas o disposto nos arts. 26 e 30 do CC e 1.200 a 1.204 do CPC e demais disposições em contrário".

§ 1.º Se funcionarem no Distrito Federal ou em Território, caberá o encargo ao Ministério Público do Distrito Federal e Territórios.

•• § 1.º com redação determinada pela Lei n. 13.151, de 28-7-2015.

§ 2.º Se estenderem a atividade por mais de um Estado, caberá o encargo, em cada um deles, ao respectivo Ministério Público.

Art. 67. Para que se possa alterar o estatuto da fundação é mister que a reforma:

I – seja deliberada por dois terços dos competentes para gerir e representar a fundação;

II – não contrarie ou desvirtue o fim desta;

III – seja aprovada pelo órgão do Ministério Público no prazo máximo de 45 (quarenta e cinco) dias, findo o qual ou no caso de o Ministério Público a denegar, poderá o juiz supri-la, a requerimento do interessado.

•• Inciso III com redação determinada pela Lei n. 13.151, de 28-7-2015.

Art. 68. Quando a alteração não houver sido aprovada por votação unânime, os administradores da fundação, ao submeterem o estatuto ao órgão do Ministério Público, requererão que se dê ciência à minoria vencida para impugná-la, se quiser, em dez dias.

•• O CC de 1916 estabelecia, em seu art. 29, o prazo de 1 (um) ano para a minoria vencida promover a nulidade da alteração do estatuto.

Art. 69. Tornando-se ilícita, impossível ou inútil a finalidade a que visa a fundação, ou vencido o prazo de sua existência, o órgão do Ministério Público, ou qualquer interessado, lhe promoverá a extinção, incorporando-se o seu patrimônio, salvo disposição em contrário no ato constitutivo, ou no estatuto, em outra fundação, designada pelo juiz, que se proponha a fim igual ou semelhante.

• *Vide* nota ao art. 66, *caput*, deste Código.

• *Vide* art. 765 do CPC.

•• A Lei n. 12.715, de 17-9-2012, propôs o acréscimo do art. 69-A, todavia teve seu texto vetado.

TÍTULO III
DO DOMICÍLIO

Art. 70. O domicílio da pessoa natural é o lugar onde ela estabelece a sua residência com ânimo definitivo.

• Inviolabilidade de domicílio: CF, art. 5.º, XI.

• *Vide* arts. 7.º, 10 e 12 da LINDB.

• *Vide* arts. 46 a 52 do CPC.

• Sobre domicílio fiscal, dispõem os arts. 127 e 159 da Lei n. 5.172, de 25-10-1966 (CTN).

• Domicílio de estrangeiro: para o efeito de aquisição da propriedade rural no território nacional, é necessário constar da escritura prova de residência no território nacional (art. 9.º da Lei n. 5.709, de 7-10-1971).

• *Vide* arts. 1.566, II, 1.569, 1.567, e 1.784 do CC.

• *Vide* art. 101, I, do CDC.

Art. 71. Se, porém, a pessoa natural tiver diversas residências, onde, alternadamente, viva, considerar-se-á domicílio seu qualquer delas.

- *Vide* art. 46, § 1.º, do CPC.
- *Vide* Súmula 483 do STF.

Art. 72. É também domicílio da pessoa natural, quanto às relações concernentes à profissão, o lugar onde esta é exercida.

- *Vide* art. 10, § 1.º, da Lei n. 8.906, de 4-7-1994 (EAOAB).

Parágrafo único. Se a pessoa exercitar profissão em lugares diversos, cada um deles constituirá domicílio para as relações que lhe corresponderem.

Art. 73. Ter-se-á por domicílio da pessoa natural, que não tenha residência habitual, o lugar onde for encontrada.

- *Vide* art. 7.º, § 8.º, da LINDB.
- *Vide* art. 46, § 1.º, do CPC.

Art. 74. Muda-se o domicílio, transferindo a residência, com a intenção manifesta de o mudar.

Parágrafo único. A prova da intenção resultará do que declarar a pessoa às municipalidades dos lugares, que deixa, e para onde vai, ou, se tais declarações não fizer, da própria mudança, com as circunstâncias que a acompanharem.

- *Vide* Súmula 58 do STJ.
- *Vide* art. 43 do CPC.

Art. 75. Quanto às pessoas jurídicas, o domicílio é:

I – da União, o Distrito Federal;

II – dos Estados e Territórios, as respectivas capitais;

III – do Município, o lugar onde funcione a administração municipal;

IV – das demais pessoas jurídicas, o lugar onde funcionarem as respectivas diretorias e administrações, ou onde elegerem domicílio especial no seu estatuto ou atos constitutivos.

- *Vide* CF, art. 109, §§ 1.º a 4.º.
- *Vide* arts. 51, parágrafo único, 52, parágrafo único, e 53, III, do CPC.
- Sobre domicílio fiscal, *vide* notas ao art. 70.

§ 1.º Tendo a pessoa jurídica diversos estabelecimentos em lugares diferentes, cada um deles será considerado domicílio para os atos nele praticados.

- *Vide* CPC, art. 100, IV, *b*.
- *Vide* Súmula 363 do STF.

§ 2.º Se a administração, ou diretoria, tiver a sede no estrangeiro, haver-se-á por domicílio da pessoa jurídica, no tocante às obrigações contraídas por cada uma das suas agências, o lugar do estabelecimento, sito no Brasil, a que ela corresponder.

- *Vide* art. 21, I e parágrafo único, do CPC.

Art. 76. Têm domicílio necessário o incapaz, o servidor público, o militar, o marítimo e o preso.

Parágrafo único. O domicílio do incapaz é o do seu representante ou assistente; o do servidor público, o lugar em que exercer permanentemente suas funções; o do militar, onde servir, e, sendo da Marinha ou da Aeronáutica, a sede do comando a que se encontrar imediatamente subordinado; o do marítimo, onde o navio estiver matriculado; e o do preso, o lugar em que cumprir a sentença.

- *Vide* LINDB, art. 7.º, § 7.º, última parte.
- *Vide* art. 50 do CPC.
- Regime Jurídico dos Servidores Públicos Civis da União, das Autarquias e das Fundações Públicas Federais: Lei n. 8.112, de 11-12-1990.

Art. 77. O agente diplomático do Brasil, que, citado no estrangeiro, alegar extraterritorialidade sem designar onde tem, no país, o seu domicílio, poderá ser demandado no Distrito Federal ou no último ponto do território brasileiro onde o teve.

Art. 78. Nos contratos escritos, poderão os contratantes especificar domicílio onde se exercitem e cumpram os direitos e obrigações deles resultantes.

- *Vide* art. 327 do CC.
- *Vide* arts. 47, § 1.º, e 63 do CPC.
- *Vide* Súmula 335 do STF.

Livro II
DOS BENS

Título Único
DAS DIFERENTES CLASSES DE BENS

Capítulo I
DOS BENS CONSIDERADOS EM SI MESMOS

Seção I
Dos Bens Imóveis

Art. 79. São bens imóveis o solo e tudo quanto se lhe incorporar natural ou artificialmente.

- CF, arts. 174, §§ 3.º e 4.º, e 176, §§ 1.º a 4.º.
- *Vide* arts. 92, 95 e 1.229 do CC.
- Código de Águas (Decreto n. 24.643, de 10-7-1934, art. 145).
- Sobre o regime jurídico das jazidas, consulte-se o Código de Mineração, aprovado pelo Decreto-lei n. 227, de 28-2-1967, art. 6.º, parágrafo único.
- Sobre apartamentos em edifícios de dois ou mais pavimentos, *vide* Lei n. 4.591, de 16-12-1964, e arts. 1.331 a 1.358 do CC.
- A Lei n. 7.805, de 18-7-1989, regulamentada pelo Decreto n. 9.406, de 12-8-2018, cria o regime de permissão de lavra garimpeira e extingue o regime de matrícula.
- O art. 6.º da Lei n. 7.990, de 28-12-1989, trata da compensação financeira pela exploração de recursos minerais. A Lei n. 8.001, de 13-3-1990, define os percentuais da distribuição da compensação financeira. Igualmente o Decreto n. 1, de 11-1-1991.
- A Lei n. 9.433, de 8-1-1997, institui a Política Nacional de Recursos Hídricos.
- *Vide* Súmula 329 do STF.

Art. 80. Consideram-se imóveis para os efeitos legais:

I – os direitos reais sobre imóveis e as ações que os asseguram;

- *Vide* art. 1.225 do CC.
- O Decreto n. 24.778, de 14-7-1934, dispõe sobre a caução de hipoteca e penhor.
- *Vide* Súmula 329 do STF.

II – o direito à sucessão aberta.

- *Vide* art. 1.784 do CC.

Art. 81. Não perdem o caráter de imóveis:

I – as edificações que, separadas do solo, mas conservando a sua unidade, forem removidas para outro local;

II – os materiais provisoriamente separados de um prédio, para nele se reempregarem.

- *Vide* art. 84 do CC.

Seção II
Dos Bens Móveis

Art. 82. São móveis os bens suscetíveis de movimento próprio, ou de remoção por força alheia, sem alteração da substância ou da destinação econômico-social.

- Embora sujeitem-se à hipoteca (art. 1.473, § 1.º, do CC), os navios (art. 13 da Lei n. 7.652, de 3-2-1988) e as aeronaves (art. 138 da Lei n. 7.565, de 19-12-1986) são bens móveis.

Art. 83. Consideram-se móveis para os efeitos legais:

I – as energias que tenham valor econômico;

- CP, art. 155, § 3.º: "Equipara-se à coisa móvel a energia elétrica ou qualquer outra que tenha valor econômico".

II – os direitos reais sobre objetos móveis e as ações correspondentes;

- *Vide* art. 1.225 do CC.

III – os direitos pessoais de caráter patrimonial e respectivas ações.

- *Vide* art. 3.º da Lei n. 9.610, de 19-2-1998, que regula os direitos autorais.
- *Vide* art. 5.º da Lei n. 9.279, de 14-5-1996.

Art. 84. Os materiais destinados a alguma construção, enquanto não forem empregados, conservam sua qualidade de móveis; readquirem essa qualidade os provenientes da demolição de algum prédio.

- *Vide* art. 81, II, do CC.

Seção III
Dos Bens Fungíveis e Consumíveis

Art. 85. São fungíveis os móveis que podem substituir-se por outros da mesma espécie, qualidade e quantidade.

- *Vide* art. 247, *in fine*, do CC.

Art. 86. São consumíveis os bens móveis cujo uso importa destruição imediata da própria substância, sendo também considerados tais os destinados à alienação.

- *Vide* art. 1.392, § 1.º, do CC.

Seção IV
Dos Bens Divisíveis

Art. 87. Bens divisíveis são os que se podem fracionar sem alteração na sua substância, diminuição considerável de valor, ou prejuízo do uso a que se destinam.

- *Vide* art. 258 do CC.

Art. 88. Os bens naturalmente divisíveis podem tornar-se indivisíveis por determinação da lei ou por vontade das partes.

- *Vide* arts. 263, 504, 844, 1.320, §§ 1.º e 2.º, e 1.386 do CC.
- "O imóvel rural não é divisível em áreas de dimensão inferior à constitutiva do módulo de propriedade rural" (art. 65, *caput*, da Lei n. 4.504, de 30-11-1964 – Estatuto da Terra).

Seção V
Dos Bens Singulares e Coletivos

Art. 89. São singulares os bens que, embora reunidos, se consideram de per si, independentemente dos demais.

Art. 90. Constitui universalidade de fato a pluralidade de bens singulares que, pertinentes à mesma pessoa, tenham destinação unitária.

Parágrafo único. Os bens que formam essa universalidade podem ser objeto de relações jurídicas próprias.

Art. 91. Constitui universalidade de direito o complexo de relações jurídicas, de uma pessoa, dotadas de valor econômico.

Capítulo II
DOS BENS RECIPROCAMENTE CONSIDERADOS

Art. 92. Principal é o bem que existe sobre si, abstrata ou concretamente; acessório, aquele cuja existência supõe a do principal.

- *Vide* arts. 94, 233, 287, 364 e 1.209 do CC.

Art. 93. São pertenças os bens que, não constituindo partes integrantes, se destinam, de modo duradouro, ao uso, ao serviço ou ao aformoseamento de outro.

Art. 94. Os negócios jurídicos que dizem respeito ao bem principal não abrangem as pertenças, salvo se o contrário resultar da lei, da manifestação de vontade, ou das circunstâncias do caso.

Art. 95. Apesar de ainda não separados do bem principal, os frutos e produtos podem ser objeto de negócio jurídico.

- *Vide* arts. 237 e 1.214 a 1.216 do CC.

Art. 96. As benfeitorias podem ser voluptuárias, úteis ou necessárias.

§ 1.º São voluptuárias as de mero deleite ou recreio, que não aumentam o uso habitual do bem, ainda que o tornem mais agradável ou sejam de elevado valor.

§ 2.º São úteis as que aumentam ou facilitam o uso do bem.

§ 3.º São necessárias as que têm por fim conservar o bem ou evitar que se deteriore.

- *Vide* arts. 1.219 a 1.222 e 1.922, parágrafo único, do CC.
- O art. 24 do Decreto n. 59.566, de 14-11-1966, regulamentou, em parte, a Lei n. 4.504, de 30-11-1964 (Estatuto da Terra).
- Acerca das benfeitorias feitas na vigência de contrato de locação, *vide* art. 35 da Lei n. 8.245, de 18-10-1991.

Art. 97. Não se consideram benfeitorias os melhoramentos ou acréscimos sobrevindos ao bem sem a intervenção do proprietário, possuidor ou detentor.

Capítulo III
DOS BENS PÚBLICOS

Art. 98. São públicos os bens do domínio nacional pertencentes às pessoas jurídicas de direito público interno; todos os outros são particulares, seja qual for a pessoa a que pertencerem.

- CF, arts. 5.º, LXXIII, 20 e 26.
- Sobre o patrimônio público, *vide* o art. 1.º da Lei n. 4.717, de 29-6-1965, que regula a ação popular.
- O Decreto-lei n. 9.760, de 5-9-1946, dispõe sobre imóveis da União.
- *Vide* Súmulas 340 e 650 do STF.

Art. 99. São bens públicos:

I – os de uso comum do povo, tais como rios, mares, estradas, ruas e praças;

- O Decreto n. 24.643, de 10-7-1934, institui o Código de Águas. Pela Lei n. 7.661, de 16-5-1988, art. 10, as praias são bens públicos de uso comum do povo.
- *Vide* Súmula 496 do STJ.

II – os de uso especial, tais como edifícios ou terrenos destinados a serviço ou estabelecimento da administração federal, estadual, territorial ou municipal, inclusive os de suas autarquias;

III – os dominicais, que constituem o patrimônio das pessoas jurídicas de direito público, como objeto de direito pessoal, ou real, de cada uma dessas entidades.

- *Vide* arts. 20 e 176 da CF.
- Sobre instrumentos e produtos de crime, *vide* CP, art. 91, II; CPP, arts. 118 e 119; Decreto-lei n. 9.760, de 5-9-1946.
- Sobre o patrimônio histórico e artístico, dispõe o Decreto-lei n. 25, de 30-11-1937.
- Sobre jazidas de petróleo e gases raros, dispõe o Decreto-lei n. 3.236, de 7-5-1941.
- Sobre terras devolutas dispõem o Decreto-lei n. 9.760, de 5-9-1946, Leis n. 6.383, de 7-12-1976, 6.925, de 29-6-1981, e Lei n. 13.178, de 22-10-2015.
- Sobre a plataforma submarina, dispõe o Decreto n. 28.840, de 8-11-1950.
- A Lei n. 6.634, de 2-5-1979, dispõe sobre a faixa de fronteira, e Decreto n. 85.064, de 26-8-1980.
- Sobre dispensa de pagamento de laudêmio: Decretos-leis n. 1.850, de 15-1-1981, e 1.876, de 15-7-1981.
- Sobre mar territorial, *vide* a Lei n. 8.617, de 4-1-1993.
- Sobre terrenos de marinha e marginais a rios navegáveis devem ser consultados: Decreto-lei n. 3.050, de 13-2-1941; Decreto-lei n. 3.205, de 22-4-1941; Decreto-lei n. 3.438, de 17-7-1941; Decreto-lei n. 4.120, de 21-2-1942; Decreto-lei n. 7.226, de 4-1-1945; Decreto-lei n. 7.937, de 5-9-1945; Decreto-lei n. 9.760, de 5-9-1946.

Parágrafo único. Não dispondo a lei em contrário, consideram-se dominicais os bens pertencentes às pessoas jurídicas de direito público a que se tenha dado estrutura de direito privado.

Art. 100. Os bens públicos de uso comum do povo e os de uso especial são inalienáveis, enquanto conservarem a sua qualificação, na forma que a lei determinar.

- *Vide* art. 183, § 3.º, da CF.
- *Vide* art. 23 da Lei n. 9.636, de 15-5-1998, regulamentada pelo Decreto n. 3.725, de 10-1-2001.
- *Vide* Súmula 340 do STF.

Art. 101. Os bens públicos dominicais podem ser alienados, observadas as exigências da lei.

Art. 102. Os bens públicos não estão sujeitos a usucapião.

- *Vide* CF, art. 191, parágrafo único, e Decreto-lei n. 9.760, de 5-9-1946, art. 200.
- *Vide* arts. 1.238 e s. do CC.
- *Vide* Súmula 340 do STF.

Art. 103. O uso comum dos bens públicos pode ser gratuito ou retribuído, conforme for estabelecido legalmente pela entidade a cuja administração pertencerem.

- *Vide* art. 150 da CF.

Livro III
DOS FATOS JURÍDICOS

TÍTULO I
DO NEGÓCIO JURÍDICO

Capítulo I
DISPOSIÇÕES GERAIS

Art. 104. A validade do negócio jurídico requer:

- *Vide* arts. 166, 167 e 2.035 do CC.

I – agente capaz;

- *Vide* arts. 3.º, 4.º e 5.º do CC.

II – objeto lícito, possível, determinado ou determinável;

III – forma prescrita ou não defesa em lei.

- *Vide* arts. 171 e 184 do CC.
- *Vide* arts. 6.º, V, e 51 da Lei n. 8.078, de 11-9-1990 (CDC).

Art. 105. A incapacidade relativa de uma das partes não pode ser invocada pela outra em benefício próprio, nem aproveita aos cointeressados capazes, salvo se, neste caso, for indivisível o objeto do direito ou da obrigação comum.

- *Vide* arts. 88, 180, 257 a 263 e 314 do CC.

Art. 106. A impossibilidade inicial do objeto não invalida o negócio jurídico se for relativa, ou se cessar antes de realizada a condição a que ele estiver subordinado.

Art. 107. A validade da declaração de vontade não dependerá de forma especial, senão quando a lei expressamente a exigir.

- *Vide* arts. 104, III, 108, 109 e 183 do CC.

Art. 108. Não dispondo a lei em contrário, a escritura pública é essencial à validade dos negócios jurídicos que visem à constituição, transferência, modificação ou renúncia de direitos reais sobre imóveis de valor superior a trinta vezes o maior salário mínimo vigente no País.

- *Vide* arts. 215, 1.227, 1.245, 1.653 e 1.711 do CC.

Art. 109. No negócio jurídico celebrado com a cláusula de não valer sem instrumento público, este é da substância do ato.

Art. 110. A manifestação de vontade subsiste ainda que o seu autor haja feito a reserva mental de não querer o que manifestou, salvo se dela o destinatário tinha conhecimento.

- *Vide* art. 422 do CC.

Art. 111. O silêncio importa anuência, quando as circunstâncias ou os usos o autorizarem, e não for necessária a declaração de vontade expressa.

- *Vide* arts. 147, 326, 432, 539, 659 e 1.807 do CC.
- *Vide* art. 539, § 2.º, do CPC.

Art. 112. Nas declarações de vontade se atenderá mais à intenção nelas consubstanciada do que ao sentido literal da linguagem.

• *Vide* arts. 114, 133, 819 e 1.899 do CC.
• Lei n. 8.078, de 11-9-1990, art. 47.
• Lei de Direitos Autorais (Lei n. 9.610, de 19-2-1998), art. 4.º.

Art. 113. Os negócios jurídicos devem ser interpretados conforme a boa-fé e os usos do lugar de sua celebração.

• *Vide* arts. 164, 422, 423, 1.201 e 1.202 do CC.
• *Vide* arts. 4.º, III, e 51, IV, do CDC.

§ 1.º A interpretação do negócio jurídico deve lhe atribuir o sentido que:

•• § 1.º acrescentado pela Lei n. 13.874, de 20-9-2019.

I – for confirmado pelo comportamento das partes posterior à celebração do negócio;

•• Inciso I acrescentado pela Lei n. 13.874, de 20-9-2019.

II – corresponder aos usos, costumes e práticas do mercado relativas ao tipo de negócio;

•• Inciso II acrescentado pela Lei n. 13.874, de 20-9-2019.

III – corresponder à boa-fé;

•• Inciso III acrescentado pela Lei n. 13.874, de 20-9-2019.

IV – for mais benéfico à parte que não redigiu o dispositivo, se identificável; e

•• Inciso IV acrescentado pela Lei n. 13.874, de 20-9-2019.

V – corresponder a qual seria a razoável negociação das partes sobre a questão discutida, inferida das demais disposições do negócio e da racionalidade econômica das partes, consideradas as informações disponíveis no momento de sua celebração.

•• Inciso V acrescentado pela Lei n. 13.874, de 20-9-2019.

§ 2.º As partes poderão livremente pactuar regras de interpretação, de preenchimento de lacunas e de integração dos negócios jurídicos diversas daquelas previstas em lei.

•• § 2.º acrescentado pela Lei n. 13.874, de 20-9-2019.

Art. 114. Os negócios jurídicos benéficos e a renúncia interpretam-se estritamente.

• *Vide* arts. 112 e 819 do CC.

Capítulo II
DA REPRESENTAÇÃO

Art. 115. Os poderes de representação conferem-se por lei ou pelo interessado.

• *Vide* arts. 120, 2.ª parte, 653 a 692, 1.634, V, 1.690, 1.747, I, e 1.774 do CC.

Art. 116. A manifestação de vontade pelo representante, nos limites de seus poderes, produz efeitos em relação ao representado.

Art. 117. Salvo se o permitir a lei ou o representado, é anulável o negócio jurídico que o representante, no seu interesse ou por conta de outrem, celebrar consigo mesmo.

• Defeitos do negócio jurídico: *vide* arts. 138 e s. e 171 do CC.

Parágrafo único. Para esse efeito, tem-se como celebrado pelo representante o negócio realizado por aquele em quem os poderes houverem sido subestabelecidos.

Art. 118. O representante é obrigado a provar às pessoas, com quem tratar em nome do representado, a sua qualidade e a extensão de seus poderes, sob pena de, não o fazendo, responder pelos atos que a estes excederem.

• *Vide* arts. 673 e 679 do CC.

Art. 119. É anulável o negócio concluído pelo representante em conflito de interesses com o representado, se tal fato era ou devia ser do conhecimento de quem com aquele tratou.

• Defeitos do negócio jurídico: *vide* arts. 138 e s. e 171 do CC.

Parágrafo único. É de cento e oitenta dias, a contar da conclusão do negócio ou da cessação da incapacidade, o prazo de decadência para pleitear-se a anulação prevista neste artigo.

Art. 120. Os requisitos e os efeitos da representação legal são os estabelecidos nas normas respectivas; os da representação voluntária são os da Parte Especial deste Código.

• *Vide* arts. 653 a 692, 1.634, V, 1.690, 1.747, I, e 1.774 do CC.

Capítulo III
DA CONDIÇÃO, DO TERMO E DO ENCARGO

Art. 121. Considera-se condição a cláusula que, derivando exclusivamente da vontade das partes, subordina o efeito do negócio jurídico a evento futuro e incerto.

• *Vide* arts. 125, 127 e 128 do CC.

Art. 122. São lícitas, em geral, todas as condições não contrárias à lei, à ordem pública ou aos bons costumes; entre as condições defesas se incluem as que privarem de todo efeito o negócio jurídico, ou o sujeitarem ao puro arbítrio de uma das partes.

• *Vide* Lei n. 8.078, de 11-9-1990, art. 51, IX, X, XI e XIII (CDC).
• *Vide* Portarias n. 4, de 13-3-1998, 3, de 19-3-1999, 3, de 15-3-2001, e 5, de 27-8-2002, que aditam o elenco de cláusulas abusivas constantes do art. 51 do CDC (Lei n. 8.078, de 11-9-1990).

Art. 123. Invalidam os negócios jurídicos que lhes são subordinados:

• *Vide* art. 137 do CC.

I – as condições física ou juridicamente impossíveis, quando suspensivas;

• *Vide* arts. 106 e 166 do CC.

II – as condições ilícitas, ou de fazer coisa ilícita;

• *Vide* art. 122 do CC.

III – as condições incompreensíveis ou contraditórias.

Art. 124. Têm-se por inexistentes as condições impossíveis, quando resolutivas, e as de não fazer coisa impossível.

Art. 125. Subordinando-se a eficácia do negócio jurídico à condição suspensiva, enquanto esta se não verificar, não se terá adquirido o direito, a que ele visa.

• *Vide* art. 332 do CC.

Art. 126. Se alguém dispuser de uma coisa sob condição suspensiva, e, pendente esta, fizer quanto àquela novas disposições, estas não terão valor, realizada a condição, se com ela forem incompatíveis.

Art. 127. Se for resolutiva a condição, enquanto esta se não realizar, vigorará o negócio jurídico, podendo exercer-se desde a conclusão deste o direito por ele estabelecido.

Art. 128. Sobrevindo a condição resolutiva, extingue-se, para todos os efeitos, o direito a que ela se opõe; mas, se aposta a um negócio de execução continuada ou periódica, a sua realização, salvo disposição em contrário, não tem eficácia quanto aos atos já praticados, desde que compatíveis com a natureza da condição pendente e conforme aos ditames de boa-fé.

• *Vide* art. 1.359 do CC.

Art. 129. Reputa-se verificada, quanto aos efeitos jurídicos, a condição cujo implemento for maliciosamente obstado pela parte a quem desfavorecer, considerando-se, ao contrário, não verificada a condição maliciosamente levada a efeito por aquele a quem aproveita o seu implemento.

Art. 130. Ao titular do direito eventual, nos casos de condição suspensiva ou resolutiva, é permitido praticar os atos destinados a conservá-lo.

• *Vide* art. 6.º, § 2.º, da LINDB.

Art. 131. O termo inicial suspende o exercício, mas não a aquisição do direito.

• CF, art. 5.º, XXXVI.
• *Vide* art. 6.º da LINDB.
• *Vide* arts. 125, 135 e 1.924 do CC.

Art. 132. Salvo disposição legal ou convencional em contrário, computam-se os prazos, excluído o dia do começo, e incluído o do vencimento.

§ 1.º Se o dia do vencimento cair em feriado, considerar-se-á prorrogado o prazo até o seguinte dia útil.

§ 2.º Meado considera-se, em qualquer mês, o seu décimo quinto dia.

§ 3.º Os prazos de meses e anos expiram no dia de igual número do de início, ou no imediato, se faltar exata correspondência.

§ 4.º Os prazos fixados por hora contar-se-ão de minuto a minuto.

• *Vide* CPC, arts. 175 e 184.
• O art. 775 da CLT dispõe sobre atos, termos e prazos processuais.
• O CPP dispõe sobre prazos em seu art. 798.
• Em direito penal, o dia do começo inclui-se no cômputo do prazo. Contam-se os dias, os meses e os anos pelo calendário comum (art. 10 do CP).
• Matéria tributária: arts. 150, 168, 173 e 210 do CTN.
• O Decreto-lei n. 3.602, de 9-9-1941, regula a contagem dos prazos nos processos administrativos e fiscais.
• A Lei n. 662, de 6-4-1949, Lei n. 605, de 5-1-1949, Lei n. 6.802, de 30-6-1980, e Lei n. 9.093, de 12-9-1995, declaram os dias feriados.
• A Lei n. 810, de 6-9-1949, define o ano civil.
• A Lei n. 1.408, de 9-8-1951, dispõe sobre a prorrogação de prazos judiciais.
• A Lei n. 7.089, de 23-3-1983, veda a cobrança de juros de mora sobre título cujo vencimento se dê em feriado, sábado ou domingo.

Art. 133. Nos testamentos, presume-se o prazo em favor do herdeiro, e, nos contratos, em proveito do devedor, salvo, quanto a esses, se do teor do instrumento, ou das circunstâncias, resultar que se estabeleceu a benefício do credor, ou de ambos os contratantes.

- Da sucessão testamentária no CC: *vide* arts. 1.857 e s.

Art. 134. Os negócios jurídicos entre vivos, sem prazo, são exequíveis desde logo, salvo se a execução tiver de ser feita em lugar diverso ou depender de tempo.

- *Vide* arts. 331 e 592 do CC.

Art. 135. Ao termo inicial e final aplicam-se, no que couber, as disposições relativas à condição suspensiva e resolutiva.

- *Vide* arts. 123, I, 124 a 130 do CC.

Art. 136. O encargo não suspende a aquisição nem o exercício do direito, salvo quando expressamente imposto no negócio jurídico, pelo disponente, como condição suspensiva.

Art. 137. Considera-se não escrito o encargo ilícito ou impossível, salvo se constituir o motivo determinante da liberalidade, caso em que se invalida o negócio jurídico.

- *Vide* arts. 104, II, 166, III, do CC.

Capítulo IV
DOS DEFEITOS DO NEGÓCIO JURÍDICO

Seção I
Do Erro ou Ignorância

Art. 138. São anuláveis os negócios jurídicos, quando as declarações de vontade emanarem de erro substancial que poderia ser percebido por pessoa de diligência normal, em face das circunstâncias do negócio.

- *Vide* arts. 171, II, 177, 178, II, 877 e 1.159 do CC.
- *Vide* arts. 393, 446, II, e 966, VIII, do CPC, sobre prova de erro.

Art. 139. O erro é substancial quando:

I – interessa à natureza do negócio, ao objeto principal da declaração, ou a alguma das qualidades a ele essenciais;

II – concerne à identidade ou à qualidade essencial da pessoa a quem se refira a declaração de vontade, desde que tenha influído nesta de modo relevante;

- *Vide* arts. 1.556, 1.557 e 1.903 do CC.

III – sendo de direito e não implicando recusa à aplicação da lei, for o motivo único ou principal do negócio jurídico.

Art. 140. O falso motivo só vicia a declaração de vontade quando expresso como razão determinante.

Art. 141. A transmissão errônea da vontade por meios interpostos é anulável nos mesmos casos em que o é a declaração direta.

Art. 142. O erro de indicação da pessoa ou da coisa, a que se referir a declaração de vontade, não viciará o negócio quando, por seu contexto e pelas circunstâncias, se puder identificar a coisa ou pessoa cogitada.

- *Vide* art. 1.903 do CC.

Art. 143. O erro de cálculo apenas autoriza a retificação da declaração de vontade.

Art. 144. O erro não prejudica a validade do negócio jurídico quando a pessoa, a quem a manifestação de vontade se dirige, se oferecer para executá-la na conformidade da vontade real do manifestante.

Seção II
Do Dolo

Art. 145. São os negócios jurídicos anuláveis por dolo, quando este for a sua causa.

- • *Vide* art. 180 do CC.
- *Vide* arts. 171, II, 177, 178, II, 849, 1.909 e 2.027 do CC.
- *Vide* arts. 393 e 446, II, do CPC.

Art. 146. O dolo acidental só obriga à satisfação das perdas e danos, e é acidental quando, a seu despeito, o negócio seria realizado, embora por outro modo.

Art. 147. Nos negócios jurídicos bilaterais, o silêncio intencional de uma das partes a respeito de fato ou qualidade que a outra parte haja ignorado, constitui omissão dolosa, provando-se que sem ela o negócio não se teria celebrado.

- *Vide* arts. 441 a 446, 766 e 773 do CC.

Art. 148. Pode também ser anulado o negócio jurídico por dolo de terceiro, se a parte a quem aproveite dele tivesse ou devesse ter conhecimento; em caso contrário, ainda que subsista o negócio jurídico, o terceiro responderá por todas as perdas e danos da parte a quem ludibriou.

Art. 149. O dolo do representante legal de uma das partes só obriga o representado a responder civilmente até a importância do proveito que teve; se, porém, o dolo for do representante convencional, o representado responderá solidariamente com ele por perdas e danos.

- Sobre representação, *vide* arts. 120, 653 a 692, 1.634, V, 1.690, 1.747, I, e 1.774 do CC.

Art. 150. Se ambas as partes procederem com dolo, nenhuma pode alegá-lo para anular o negócio, ou reclamar indenização.

Seção III
Da Coação

Art. 151. A coação, para viciar a declaração da vontade, há de ser tal que incuta ao paciente fundado temor de dano iminente e considerável à sua pessoa, à sua família, ou aos seus bens.

- *Vide* arts. 171, II, 177, 178, I, 1.558, 1.559 e 1.909 do CC.
- *Vide* arts. 393 e 446, II, do CPC.
- Sobre o crime de constrangimento ilegal: CP, art. 146.

Parágrafo único. Se disser respeito a pessoa não pertencente à família do paciente, o juiz, com base nas circunstâncias, decidirá se houve coação.

Art. 152. No apreciar a coação, ter-se-ão em conta o sexo, a idade, a condição, a saúde, o temperamento do paciente e todas as demais circunstâncias que possam influir na gravidade dela.

Art. 153. Não se considera coação a ameaça do exercício normal de um direito, nem o simples temor reverencial.

Art. 154. Vicia o negócio jurídico a coação exercida por terceiro, se dela tivesse ou devesse ter conhecimento a parte a que aproveite, e esta responderá solidariamente com aquele por perdas e danos.

- *Vide* arts. 275 a 285 do CC.

Art. 155. Subsistirá o negócio jurídico, se a coação decorrer de terceiro, sem que a parte a que aproveite dela tivesse ou devesse ter conhecimento; mas o autor da coação responderá por todas as perdas e danos que houver causado ao coacto.

- *Vide* arts. 402 a 405 do CC.

Seção IV
Do Estado de Perigo

Art. 156. Configura-se o estado de perigo quando alguém, premido da necessidade de salvar-se, ou a pessoa de sua família, de grave dano conhecido pela outra parte, assume obrigação excessivamente onerosa.

Parágrafo único. Tratando-se de pessoa não pertencente à família do declarante, o juiz decidirá segundo as circunstâncias.

- *Vide* arts. 171, II, e 178, II, do CC.
- O art. 24 do CP estabelece que considera-se em estado de necessidade quem pratica fato para salvar de perigo atual, direito próprio ou alheio.

Seção V
Da Lesão

Art. 157. Ocorre a lesão quando uma pessoa, sob premente necessidade, ou por inexperiência, se obriga a prestação manifestamente desproporcional ao valor da prestação oposta.

- *Vide* arts. 171, II, e 178, II, do CC.
- *Vide* arts. 39, V, e 51, IV, do CDC.

§ 1.º Aprecia-se a desproporção das prestações segundo os valores vigentes ao tempo em que foi celebrado o negócio jurídico.

§ 2.º Não se decretará a anulação do negócio, se for oferecido suplemento suficiente, ou se a parte favorecida concordar com a redução do proveito.

- *Vide* arts. 317 e 478 a 480 do CC.
- *Vide* arts. 6.º e 51 da Lei n. 8.078, de 11-9-1990 (CDC).

Seção VI
Da Fraude contra Credores

Art. 158. Os negócios de transmissão gratuita de bens ou remissão de dívida, se os praticar o devedor já insolvente, ou por eles reduzido à insolvência, ainda quando o ignore, poderão ser anulados pelos credores quirografários, como lesivos dos seus direitos.

- *Vide* arts. 171, II, 177 e 178, II, do CC.

§ 1.º Igual direito assiste aos credores cuja garantia se tornar insuficiente.

§ 2.º Só os credores que já o eram ao tempo daqueles atos podem pleitear a anulação deles.

- *Vide* arts. 171, II, e 178, II, do CC.

- *Vide* arts. 789, 792, 774, I, e 856, § 3.º, do CPC.
- O art. 179 do CP dispõe sobre o crime de fraude à execução.
- Pela Lei n. 5.172, de 25-10-1966 (CTN), em seu art. 185: "Presume-se fraudulenta a alienação ou oneração de bens ou rendas, ou seu começo, por sujeito passivo em débito para com a Fazenda Pública, por crédito tributário regularmente inscrito como dívida ativa. Parágrafo único. O disposto neste artigo não se aplica nas hipóteses de terem sido reservados, pelo devedor, bens ou rendas suficientes ao total pagamento da dívida inscrita".
- Lei n. 6.015, de 31-12-1973, art. 216.
- *Vide* Súmula 195 do STJ.

Art. 159. Serão igualmente anuláveis os contratos onerosos do devedor insolvente, quando a insolvência for notória, ou houver motivo para ser conhecida do outro contratante.

- *Vide* Lei n. 6.015, de 31-12-1973, art. 216 (LRP).
- *Vide* Súmula 195 do STJ.

Art. 160. Se o adquirente dos bens do devedor insolvente ainda não tiver pago o preço e este for, aproximadamente, o corrente, desobrigar-se-á depositando-o em juízo, com a citação de todos os interessados.

- *Vide* art. 335 do CC.
- *Vide* arts. 539 a 549 (ação de consignação em pagamento) do CPC.

Parágrafo único. Se inferior, o adquirente, para conservar os bens, poderá depositar o preço que lhes corresponda ao valor real.

Art. 161. A ação, nos casos dos arts. 158 e 159, poderá ser intentada contra o devedor insolvente, a pessoa que com ele celebrou a estipulação considerada fraudulenta, ou terceiros adquirentes que hajam procedido de má-fé.

- *Vide* art. 178, II, do CC.

Art. 162. O credor quirografário, que receber do devedor insolvente o pagamento da dívida ainda não vencida, ficará obrigado a repor, em proveito do acervo sobre que se tenha de efetuar o concurso de credores, aquilo que recebeu.

Art. 163. Presumem-se fraudatórias dos direitos dos outros credores as garantias de dívidas que o devedor insolvente tiver dado a algum credor.

- *Vide* art. 1.419 do CC.

Art. 164. Presumem-se, porém, de boa-fé e valem os negócios ordinários indispensáveis à manutenção de estabelecimento mercantil, rural, ou industrial, ou à subsistência do devedor e de sua família.

- *Vide* arts. 113 e 1.142 a 1.149 do CC.

Art. 165. Anulados os negócios fraudulentos, a vantagem resultante reverterá em proveito do acervo sobre que se tenha de efetuar o concurso de credores.

Parágrafo único. Se esses negócios tinham por único objeto atribuir direitos preferenciais, mediante hipoteca, penhor ou anticrese, sua invalidade importará somente na anulação da preferência ajustada.

- *Vide* arts. 184, primeira parte, e 1.419 do CC.

Capítulo V
DA INVALIDADE DO NEGÓCIO JURÍDICO

Art. 166. É nulo o negócio jurídico quando:

- *Vide* Súmula 346 do STF.

I – celebrado por pessoa absolutamente incapaz;

- *Vide* art. 104, I, do CC.

II – for ilícito, impossível ou indeterminável o seu objeto;

- *Vide* LINDB, art. 17.
- *Vide* arts. 123 e 124 do CC.

III – o motivo determinante, comum a ambas as partes, for ilícito;

- *Vide* art. 123 do CC.

IV – não revestir a forma prescrita em lei;

- *Vide* art. 104, III, do CC.

V – for preterida alguma solenidade que a lei considere essencial para a sua validade;

VI – tiver por objetivo fraudar lei imperativa;

VII – a lei taxativamente o declarar nulo, ou proibir-lhe a prática, sem cominar sanção.

- Numerosos são os casos de nulidade expressamente declarados no Código. Exemplificativamente, fazemos remissões aos arts. 548, 549, 762, 1.428, 1.548, 1.900 e 1.912.
- O art. 9.º da CLT estabelece que são nulos de pleno direito os atos praticados com o objetivo de desvirtuar, impedir ou fraudar a aplicação dos preceitos contidos na presente Consolidação.
- *Vide* Decreto n. 22.626, de 7-4-1933, art. 11, que dispõe sobre os juros dos contratos e dá outras providências.
- Nulidade de ato relativo a transmissão de imóvel rural, com infração do art. 65 da Lei n. 4.504, de 30-11-1964 (Estatuto da Terra).
- Sobre a nulidade de atos lesivos ao patrimônio público, *vide* Lei n. 4.717, de 29-6-1965, que regula a ação popular.
- Sobre venda de terreno, *vide* arts. 37 a 39 da Lei n. 6.766, de 19-12-1979.
- *Vide* art. 18, § 1.º, da Lei n. 7.357, de 2-9-1985.
- Sobre nulidade de disposições contratuais: *vide* Medida Provisória n. 2.172-32, de 23-8-2001.

Art. 167. É nulo o negócio jurídico simulado, mas subsistirá o que se dissimulou, se válido for na substância e na forma.

§ 1.º Haverá simulação nos negócios jurídicos quando:

I – aparentarem conferir ou transmitir direitos a pessoas diversas daquelas às quais realmente se conferem, ou transmitem;

II – contiverem declaração, confissão, condição ou cláusula não verdadeira;

- *Vide* art. 121 do CC.

III – os instrumentos particulares forem antedatados, ou pós-datados.

§ 2.º Ressalvam-se os direitos de terceiros de boa-fé em face dos contraentes do negócio jurídico simulado.

Art. 168. As nulidades dos artigos antecedentes podem ser alegadas por qualquer interessado, ou pelo Ministério Público, quando lhe couber intervir.

Parágrafo único. As nulidades devem ser pronunciadas pelo juiz, quando conhecer do negócio jurídico ou dos seus efeitos e as encontrar provadas, não lhe sendo permitido supri-las, ainda que a requerimento das partes.

- *Vide* art. 282 do CPC.
- *Vide* Lei n. 6.015, de 31-12-1973, art. 214.

Art. 169. O negócio jurídico nulo não é suscetível de confirmação, nem convalesce pelo decurso do tempo.

- *Vide* art. 367 do CC.

Art. 170. Se, porém, o negócio jurídico nulo contiver os requisitos de outro, subsistirá este quando o fim a que visavam as partes permitir supor que o teriam querido, se houvessem previsto a nulidade.

Art. 171. Além dos casos expressamente declarados na lei, é anulável o negócio jurídico:

I – por incapacidade relativa do agente;

- *Vide* arts. 4.º, 105, 180 e 181 do CC.

II – por vício resultante de erro, dolo, coação, estado de perigo, lesão ou fraude contra credores.

- *Vide* arts. 138 a 165 do CC.
- *Vide* Súmula 195 do STJ.

Art. 172. O negócio anulável pode ser confirmado pelas partes, salvo direito de terceiro.

- Sobre a confirmação do ato anulável pela novação, *vide* art. 367 do CC.
- *Vide* Súmula 346 do STF.

Art. 173. O ato de confirmação deve conter a substância do negócio celebrado e a vontade expressa de mantê-lo.

Art. 174. É escusada a confirmação expressa, quando o negócio já foi cumprido em parte pelo devedor, ciente do vício que o inquinava.

Art. 175. A confirmação expressa, ou a execução voluntária de negócio anulável, nos termos dos arts. 172 a 174, importa a extinção de todas as ações, ou exceções, de que contra ele dispusesse o devedor.

Art. 176. Quando a anulabilidade do ato resultar da falta de autorização de terceiro, será validado se este a der posteriormente.

- *Vide* art. 496 do CC.

Art. 177. A anulabilidade não tem efeito antes de julgada por sentença, nem se pronuncia de ofício; só os interessados a podem alegar, e aproveita exclusivamente aos que a alegarem, salvo o caso de solidariedade ou indivisibilidade.

- *Vide* arts. 87, 88 e 264 a 285 do CC.

Art. 178. É de quatro anos o prazo de decadência para pleitear-se a anulação do negócio jurídico, contado:

- *Vide* arts. 205 a 211 do CC.

I – no caso de coação, do dia em que ela cessar;

- *Vide* arts. 151 a 155 do CC.

II – no de erro, dolo, fraude contra credores, estado de perigo ou lesão, do dia em que se realizou o negócio jurídico;

- *Vide* arts. 138 a 144 (erro ou ignorância), 145 a 150 (dolo), 156 (estado de perigo), 157 (lesão) e 158 a 165 (fraude contra credores) do CC.

III – no de atos de incapazes, do dia em que cessar a incapacidade.

• *Vide* arts. 3.º a 5.º do CC.

Art. 179. Quando a lei dispuser que determinado ato é anulável, sem estabelecer prazo para pleitear-se a anulação, será este de dois anos, a contar da data da conclusão do ato.

Art. 180. O menor, entre dezesseis e dezoito anos, não pode, para eximir-se de uma obrigação, invocar a sua idade se dolosamente a ocultou quando inquirido pela outra parte, ou se, no ato de obrigar-se, declarou-se maior.

Art. 181. Ninguém pode reclamar o que, por uma obrigação anulada, pagou a um incapaz, se não provar que reverteu em proveito dele a importância paga.

• *Vide* art. 310 do CC.

Art. 182. Anulado o negócio jurídico, restituir-se-ão as partes ao estado em que antes dele se achavam, e, não sendo possível restituí-las, serão indenizadas com o equivalente.

Art. 183. A invalidade do instrumento não induz a do negócio jurídico sempre que este puder provar-se por outro meio.

Art. 184. Respeitada a intenção das partes, a invalidade parcial de um negócio jurídico não o prejudicará na parte válida, se esta for separável; a invalidade da obrigação principal implica a das obrigações acessórias, mas a destas não induz a da obrigação principal.

• *Vide* arts. 92 e 165 do CC.
• Lei n. 8.078, de 11-9-1990, art. 51, § 2.º (CDC).

TÍTULO II
DOS ATOS JURÍDICOS LÍCITOS

Art. 185. Aos atos jurídicos lícitos, que não sejam negócios jurídicos, aplicam-se, no que couber, as disposições do Título anterior.

TÍTULO III
DOS ATOS ILÍCITOS

Art. 186. Aquele que, por ação ou omissão voluntária, negligência ou imprudência, violar direito e causar dano a outrem, ainda que exclusivamente moral, comete ato ilícito.

• *Vide* arts. 43, 476 e 477 do CC.
• *Vide* arts. 81, 143 e 161 do CPC.
• Reparação de dano moral decorrente de calúnia, difamação ou injúria: art. 243 da Lei n. 4.737, de 15-7-1965 (CE).
• *Vide* Súmulas 37, 43, 221, 227, 246, 403 e 595 do STJ.

Art. 187. Também comete ato ilícito o titular de um direito que, ao exercê-lo, excede manifestamente os limites impostos pelo seu fim econômico ou social, pela boa-fé ou pelos bons costumes.

• *Vide* art. 1.277 do CC.

Art. 188. Não constituem atos ilícitos:

I – os praticados em legítima defesa ou no exercício regular de um direito reconhecido;

• *Vide* art. 930, parágrafo único, do CC.

II – a deterioração ou destruição da coisa alheia, ou a lesão a pessoa, a fim de remover perigo iminente.

• *Vide* art. 929 do CC.

Parágrafo único. No caso do inciso II, o ato será legítimo somente quando as circunstâncias o tornarem absolutamente necessário, não excedendo os limites do indispensável para a remoção do perigo.

• Os arts. 23, 24 e 25 do CP dispõem respectivamente sobre exclusão de ilicitude, estado de necessidade e legítima defesa.

TÍTULO IV
DA PRESCRIÇÃO E DA DECADÊNCIA

•• *Vide* art. 2.028 do CC.
• *Vide* Súmula Vinculante 8 do STF.

Capítulo I
DA PRESCRIÇÃO

Seção I
Disposições Gerais

Art. 189. Violado o direito, nasce para o titular a pretensão, a qual se extingue, pela prescrição, nos prazos a que aludem os arts. 205 e 206.

Art. 190. A exceção prescreve no mesmo prazo em que a pretensão.

Art. 191. A renúncia da prescrição pode ser expressa ou tácita, e só valerá, sendo feita, sem prejuízo de terceiro, depois que a prescrição se consumar; tácita é a renúncia quando se presume de fatos do interessado, incompatíveis com a prescrição.

• *Vide* art. 882 do CC.

Art. 192. Os prazos de prescrição não podem ser alterados por acordo das partes.

Art. 193. A prescrição pode ser alegada em qualquer grau de jurisdição, pela parte a quem aproveita.

• *Vide* art. 240, § 1.º (interrupção da prescrição), do CPC.
• Na execução contra a Fazenda Pública só é alegável a prescrição superveniente ao trânsito em julgado da sentença (art. 535, VI, do CPC).
• Reconhecimento de prescrição na tutela cautelar: arts. 310 e 302, IV, do CPC.
• *Vide* Súmula 150 do STF.

Art. 194. (*Revogado pela Lei n. 11.280, de 16-2-2006.*)

Art. 195. Os relativamente incapazes e as pessoas jurídicas têm ação contra os seus assistentes ou representantes legais, que derem causa à prescrição, ou não a alegarem oportunamente.

• *Vide* arts. 4.º, 43 e 208 do CC.

Art. 196. A prescrição iniciada contra uma pessoa continua a correr contra o seu sucessor.

Seção II
Das Causas que Impedem ou Suspendem a Prescrição

Art. 197. Não corre a prescrição:

I – entre os cônjuges, na constância da sociedade conjugal;

II – entre ascendentes e descendentes, durante o poder familiar;

• Do poder familiar no CC: *vide* arts. 1.630 a 1.638.

III – entre tutelados ou curatelados e seus tutores ou curadores, durante a tutela ou curatela.

• Da tutela e da curatela no CC: *vide* arts. 1.728 a 1.783.

Art. 198. Também não corre a prescrição:

I – contra os incapazes de que trata o art. 3.º;

• *Vide* art. 208 do CC.

II – contra os ausentes do País em serviço público da União, dos Estados ou dos Municípios;

III – contra os que se acharem servindo nas Forças Armadas, em tempo de guerra.

•• Dispõe o art. 440 da CLT: "Contra os menores de 18 (dezoito) anos não corre nenhum prazo de prescrição".
• Segundo os arts. 6.º e 82 da Lei de Falências (Lei n. 11.101, de 9-2-2005), durante o processo de falência fica suspenso o curso de prescrição relativa a obrigações de responsabilidade do falido.

Art. 199. Não corre igualmente a prescrição:

I – pendendo condição suspensiva;

• *Vide* art. 125 do CC.

II – não estando vencido o prazo;

• *Vide* art. 131 do CC.

III – pendendo ação de evicção.

• *Vide* arts. 447 a 457 do CC.

Art. 200. Quando a ação se originar de fato que deva ser apurado no juízo criminal, não correrá a prescrição antes da respectiva sentença definitiva.

• *Vide* art. 935 do CC.
• *Vide* art. 515, II, do CPC.

Art. 201. Suspensa a prescrição em favor de um dos credores solidários, só aproveitam os outros se a obrigação for indivisível.

• *Vide* arts. 257 a 263, 267 a 274 e 314 do CC.

Seção III
Das Causas que Interrompem a Prescrição

Art. 202. A interrupção da prescrição, que somente poderá ocorrer uma vez, dar-se-á:

I – por despacho do juiz, mesmo incompetente, que ordenar a citação, se o interessado a promover no prazo e na forma da lei processual;

• *Vide* art. 240, § 1.º, do CPC.
• Interrupção de prescrição da ação fiscal – art. 174, parágrafo único, da Lei n. 5.172, de 25-10-1966: "A prescrição se interrompe: I – pelo despacho do juiz que ordenar a citação em execução fiscal; II – pelo protesto judicial; III – por qualquer ato judicial que constitua em mora o devedor; IV – por qualquer ato inequívoco ainda que extrajudicial, que importe em reconhecimento do débito pelo devedor".
• O Decreto-lei n. 4.597, de 19-8-1942, dispõe sobre a prescrição das ações contra a Fazenda Pública.
• Interrupção de prescrição de cobrança de prêmio de loteria: art. 17, parágrafo único, do Decreto-lei n. 204, de 27-2-1967.
• Interrompe-se a prescrição relativa às obrigações de entidade previdenciária em liquidação extra-

judicial: art. 49, V, da Lei Complementar n. 109, de 29-5-2001.
• *Vide* Súmula 154 do STF.

II – por protesto, nas condições do inciso antecedente;

III – por protesto cambial;
• *Vide* Súmula 153 do STF.

IV – pela apresentação do título de crédito em juízo de inventário ou em concurso de credores;

V – por qualquer ato judicial que constitua em mora o devedor;

VI – por qualquer ato inequívoco, ainda que extrajudicial, que importe reconhecimento do direito pelo devedor.
• Relativamente à Fazenda Pública: Decreto n. 20.910, de 6-1-1932 (prescrição quinquenal), e Decreto-lei n. 4.597, de 19-8-1942 (prescrição das ações).
• *Vide* Súmula 154 do STF.

Parágrafo único. A prescrição interrompida recomeça a correr da data do ato que a interrompeu, ou do último ato do processo para a interromper.
• Decreto-lei n. 4.597, de 19-8-1942, art. 3.º.
• Súmula 383 do STF.

Art. 203. A prescrição pode ser interrompida por qualquer interessado.
• *Vide* art. 193 do CC.

Art. 204. A interrupção da prescrição por um credor não aproveita aos outros; semelhantemente, a interrupção operada contra o codevedor, ou seu herdeiro, não prejudica aos demais coobrigados.

§ 1.º A interrupção por um dos credores solidários aproveita aos outros; assim como a interrupção efetuada contra o devedor solidário envolve os demais e seus herdeiros.
• *Vide* arts. 264 a 285 do CC.

§ 2.º A interrupção operada contra um dos herdeiros do devedor solidário não prejudica os outros herdeiros ou devedores, senão quando se trate de obrigações e direitos indivisíveis.
• *Vide* arts. 87, 88 e 257 a 263 do CC.

§ 3.º A interrupção produzida contra o principal devedor prejudica o fiador.
• *Vide* art. 837 do CC.

Seção IV
Dos Prazos da Prescrição

Art. 205. A prescrição ocorre em dez anos, quando a lei não lhe haja fixado prazo menor.
• Sobre prescrição em matéria de trabalho, dispõe a CLT, arts. 11, 119, 143, 440 e 916.
• Prescrição da ação de responsabilidade por dano nuclear: Lei n. 6.453, de 17-10-1977, art. 12.
• Prescrição na Previdência Social: arts. 103 e 104 da Lei n. 8.213, de 24-7-1991, regulamentada pelo Decreto n. 3.048, de 6-5-1999.
• *Vide* Súmulas 147, 150, 153, 154, 264, 383, 443, 494 e 592 do STF.
• *Vide* Súmulas 39, 85, 101, 106, 143, 194, 210, 220, 278, 338 e 412 do STJ.

Art. 206. Prescreve:

§ 1.º Em um ano:

I – a pretensão dos hospedeiros ou fornecedores de víveres destinados a consumo no próprio estabelecimento, para o pagamento da hospedagem ou dos alimentos;

II – a pretensão do segurado contra o segurador, ou a deste contra aquele, contado o prazo:
• *Vide* Súmula 101 do STJ.
• *Vide* arts. 757 a 802 do CC (contrato de seguro).

a) para o segurado, no caso de seguro de responsabilidade civil, da data em que é citado para responder à ação de indenização proposta pelo terceiro prejudicado, ou da data que a este indeniza, com a anuência do segurador;

b) quanto aos demais seguros, da ciência do fato gerador da pretensão;
• *Vide* Súmulas 101 e 278 do STJ.

III – a pretensão dos tabeliães, auxiliares da justiça, serventuários judiciais, árbitros e peritos, pela percepção de emolumentos, custas e honorários;

IV – a pretensão contra os peritos, pela avaliação dos bens que entraram para a formação do capital de sociedade anônima, contado da publicação da ata da assembleia que aprovar o laudo;

V – a pretensão dos credores não pagos contra os sócios ou acionistas e os liquidantes, contado o prazo da publicação da ata de encerramento da liquidação da sociedade.

§ 2.º Em dois anos, a pretensão para haver prestações alimentares, a partir da data em que se vencerem.
•• *Vide* art. 23 da Lei de Alimentos (Lei n. 5.478, de 25-7-1968).
• *Vide* art. 948, II, do CC.
• *Vide* arts. 198, I, 197, II, e 1.635, II e III, do CC.

§ 3.º Em três anos:
• *Vide* Lei n. 8.245, de 18-10-1991.

I – a pretensão relativa a aluguéis de prédios urbanos ou rústicos;

II – a pretensão para receber prestações vencidas de rendas temporárias ou vitalícias;
• Locação de imóveis urbanos: *vide* Lei n. 8.245, de 18-10-1991.
• *Vide* Súmulas 291 e 427 do STJ.

III – a pretensão para haver juros, dividendos ou quaisquer prestações acessórias, pagáveis, em períodos não maiores de um ano, com capitalização ou sem ela;

IV – a pretensão de ressarcimento de enriquecimento sem causa;
• *Vide* arts. 884 a 886 do CC.

V – a pretensão de reparação civil;
• *Vide* arts. 186, 187, 402 a 405 e 927 a 943 do CC.

VI – a pretensão de restituição dos lucros ou dividendos recebidos de má-fé, correndo o prazo da data em que foi deliberada a distribuição;

VII – a pretensão contra as pessoas em seguida indicadas por violação da lei ou do estatuto, contado o prazo:

a) para os fundadores, da publicação dos atos constitutivos da sociedade anônima;

b) para os administradores, ou fiscais, da apresentação, aos sócios, do balanço referente ao exercício em que a violação tenha sido praticada, ou da reunião ou assembleia geral que dela deva tomar conhecimento;

c) para os liquidantes, da primeira assembleia semestral posterior à violação;

VIII – a pretensão para haver o pagamento de título de crédito, a contar do vencimento, ressalvadas as disposições de lei especial;
• *Vide* art. 784, I, do CPC.

IX – a pretensão do beneficiário contra o segurador, e a do terceiro prejudicado, no caso de seguro de responsabilidade civil obrigatório.

§ 4.º Em quatro anos, a pretensão relativa à tutela, a contar da data da aprovação das contas.
• *Vide* arts. 1.775 e s. do CC.

§ 5.º Em cinco anos:
• CTN, art. 168.
• A Lei n. 6.838, de 29-10-1980, dispõe sobre o prazo prescricional para a punibilidade de profissional liberal, por falta sujeita a processo disciplinar, a ser aplicada por órgão competente.
• *Vide* Lei n. 8.078, de 11-9-1990, art. 27.
• A Lei n. 9.873, de 23-11-1999, estabelece prazo de prescrição para o exercício de ação punitiva pela Administração Pública Federal.
• *Vide* art. 5.º, XXIX, da CF.
• *Vide* art. 12 da Lei n. 1.060, de 5-2-1950.

I – a pretensão de cobrança de dívidas líquidas constantes de instrumento público ou particular;
• *Vide* Súmulas 503 e 504 do STJ.

II – a pretensão dos profissionais liberais em geral, procuradores judiciais, curadores e professores pelos seus honorários, contado o prazo da conclusão dos serviços, da cessação dos respectivos contratos ou mandato;
•• O EAOAB (Lei n. 8.906, de 4-7-1994), art. 25, dispõe sobre a prescrição da ação de cobrança de honorários de advogado.

III – a pretensão do vencedor para haver do vencido o que despendeu em juízo.
• *Vide* art. 82, § 2.º, do CPC.

Art. 206-A. A prescrição intercorrente observará o mesmo prazo de prescrição da pretensão, observadas as causas de impedimento, de suspensão e de interrupção da prescrição previstas neste Código e observado o disposto no art. 921 da Lei n. 13.105, de 16 de março de 2015 (Código de Processo Civil).
•• Artigo com redação determinada pela Lei n. 14.382, de 27-6-2022.

Capítulo II
DA DECADÊNCIA

•• *Vide* art. 3.º da Lei n. 14.010, de 10-6-2020.

Art. 207. Salvo disposição legal em contrário, não se aplicam à decadência as normas que impedem, suspendem ou interrompem a prescrição.

Art. 208. Aplica-se à decadência o disposto nos arts. 195 e 198, I.

Art. 209. É nula a renúncia à decadência fixada em lei.

Art. 210. Deve o juiz, de ofício, conhecer da decadência, quando estabelecida por lei.

- *Vide* arts. 487, II, e 302, IV, do CPC.

Art. 211. Se a decadência for convencional, a parte a quem aproveita pode alegá-la em qualquer grau de jurisdição, mas o juiz não pode suprir a alegação.

TÍTULO V
DA PROVA

Art. 212. Salvo o negócio a que se impõe forma especial, o fato jurídico pode ser provado mediante:

- *Vide* art. 107 do CC.
- *Vide* art. 369 do CPC.

I – confissão;

- *Vide* arts. 389 a 395 do CPC.
- *Vide* arts. 213 e 214 do CC.

II – documento;

- *Vide* arts. 215 a 226 do CC.
- *Vide* arts. 405 e s. do CPC.
- *Vide* Lei n. 7.115, de 29-8-1983 (prova documental).
- A Lei n. 7.116, de 29-8-1983, dispõe sobre a validade nacional das Carteiras de Identidade, e é regulamentada pelo Decreto n. 9.278, de 5-2-2018.

III – testemunha;

- *Vide* arts. 227 a 230 do CC.
- *Vide* arts. 442 e s. do CPC.

IV – presunção;

- *Vide* art. 375 do CPC.
- *Vide* arts. 464 e s. do CPC.

V – perícia.

- *Vide* art. 232 do CC.
- *Vide* arts. 81, § 3.º, e 464 a 480 do CPC.

Art. 213. Não tem eficácia a confissão se provém de quem não é capaz de dispor do direito a que se referem os fatos confessados.

Parágrafo único. Se feita a confissão por um representante, somente é eficaz nos limites em que este pode vincular o representado.

Art. 214. A confissão é irrevogável, mas pode ser anulada se decorreu de erro de fato ou de coação.

- *Vide* art. 393 do CPC.

Art. 215. A escritura pública, lavrada em notas de tabelião, é documento dotado de fé pública, fazendo prova plena.

§ 1.º Salvo quando exigidos por lei outros requisitos, a escritura pública deve conter:

I – data e local de sua realização;

II – reconhecimento da identidade e capacidade das partes e de quantos hajam comparecido ao ato, por si, como representantes, intervenientes ou testemunhas;

III – nome, nacionalidade, estado civil, profissão, domicílio e residência das partes e demais comparecentes, com a indicação, quando necessário, do regime de bens do casamento, nome do outro cônjuge e filiação;

IV – manifestação clara da vontade das partes e dos intervenientes;

V – referência ao cumprimento das exigências legais e fiscais inerentes à legitimidade do ato;

VI – declaração de ter sido lida na presença das partes e demais comparecentes, ou de que todos a leram;

VII – assinatura das partes e dos demais comparecentes, bem como a do tabelião ou seu substituto legal, encerrando o ato.

- *Vide* Lei n. 7.433, de 18-12-1985, que dispõe sobre requisitos para a lavratura de escrituras públicas.

§ 2.º Se algum comparecente não puder ou não souber escrever, outra pessoa capaz assinará por ele, a seu rogo.

§ 3.º A escritura será redigida na língua nacional.

§ 4.º Se qualquer dos comparecentes não souber a língua nacional e o tabelião não entender o idioma em que se expressa, deverá comparecer tradutor público para servir de intérprete, ou, não o havendo na localidade, outra pessoa capaz que, a juízo do tabelião, tenha idoneidade e conhecimento bastantes.

§ 5.º Se algum dos comparecentes não for conhecido do tabelião, nem puder identificar-se por documento, deverão participar do ato pelo menos duas testemunhas que o conheçam e atestem sua identidade.

Art. 216. Farão a mesma prova que os originais as certidões textuais de qualquer peça judicial, do protocolo das audiências, ou de outro qualquer livro a cargo do escrivão, sendo extraídas por ele, ou sob a sua vigilância, e por ele subscritas, assim como os traslados de autos, quando por outro escrivão consertados.

•• Mantivemos "consertados" conforme publicação oficial. Entendemos que o correto seria "concertados".

- *Vide* art. 425, I e II, do CPC.
- Os arts. 818 e 830 da CLT dispõem sobre provas.
- Sobre a microfilmagem de documentos públicos ou particulares e seu valor probatório, dispõe a Lei n. 5.433, de 8-5-1968, regulamentada pelo Decreto n. 1.799, de 30-1-1996.
- O Decreto n. 8.742, de 4-5-2016, dispõe sobre os atos notariais e de registro civil, do serviço consular brasileiro.

Art. 217. Terão a mesma força probante os traslados e as certidões, extraídos por tabelião ou oficial de registro, de instrumentos ou documentos lançados em suas notas.

- *Vide* art. 425 do CPC.

Art. 218. Os traslados e as certidões considerar-se-ão instrumentos públicos, se os originais se houverem produzido em juízo como prova de algum ato.

- *Vide* arts. 162, 192, parágrafo único, e 425, III, do CPC.
- *Vide* Lei n. 6.015, de 31-12-1973, art. 148 (LRP).

Art. 219. As declarações constantes de documentos assinados presumem-se verdadeiras em relação aos signatários.

Parágrafo único. Não tendo relação direta, porém, com as disposições principais ou com a legitimidade das partes, as declarações enunciativas não eximem os interessados em sua veracidade do ônus de prová-las.

- *Vide* art. 408, parágrafo único, do CPC.
- *Vide* Lei n. 7.115, de 29-8-1983, que dispõe sobre prova documental.

Art. 220. A anuência ou a autorização de outrem, necessária à validade de um ato, provar-se-á do mesmo modo que este, e constará, sempre que se possa, do próprio instrumento.

Art. 221. O instrumento particular, feito e assinado, ou somente assinado por quem esteja na livre disposição e administração de seus bens, prova as obrigações convencionais de qualquer valor; mas os seus efeitos, bem como os da cessão, não se operam, a respeito de terceiros, antes de registrado no registro público.

- *Vide* Lei n. 6.015, de 31-12-1973, arts. 127, 156 e 161.
- Sobre a dispensa de reconhecimento de firmas em documentos que transitem pela administração pública: Decreto n. 83.936, de 6-9-1979.
- *Vide* art. 31 da Lei n. 6.766, de 19-12-1979.

Parágrafo único. A prova do instrumento particular pode suprir-se pelas outras de caráter legal.

- *Vide* art. 408 do CPC.

Art. 222. O telegrama, quando lhe for contestada a autenticidade, faz prova mediante conferência com o original assinado.

- *Vide* arts. 413 e 414 do CPC.

Art. 223. A cópia fotográfica de documento, conferida por tabelião de notas, valerá como prova de declaração da vontade, mas, impugnada sua autenticidade, deverá ser exibido o original.

- *Vide* arts. 423 e 424 do CPC.

Parágrafo único. A prova não supre a ausência do título de crédito, ou do original, nos casos em que a lei ou as circunstâncias condicionarem o exercício do direito à sua exibição.

- Sobre títulos de crédito, *vide* arts. 887 a 926 do CC.

Art. 224. Os documentos redigidos em língua estrangeira serão traduzidos para o português para ter efeitos legais no País.

- *Vide* art. 192, parágrafo único, do CPC.
- O Decreto n. 13.609, de 21-10-1943, estabelece Regulamento para o ofício de Tradutor Público e Intérprete Comercial no Território da República.
- *Vide* art. 148 da Lei n. 6.015, de 31-12-1973 (LRP).
- O Decreto n. 8.742, de 4-5-2016, dispõe sobre atos notariais e de registro civil do serviço consular brasileiro.

Art. 225. As reproduções fotográficas, cinematográficas, os registros fonográficos e, em geral, quaisquer outras reproduções mecânicas ou eletrônicas de fatos ou de coisas fazem prova plena destes, se a parte, contra quem forem exibidos, não lhes impugnar a exatidão.

- *Vide* art. 422 do CPC.

Art. 226. Os livros e fichas dos empresários e sociedades provam contra as pessoas a que pertencem, e, em seu favor, quando, escriturados sem vício extrínseco ou intrínseco, forem confirmados por outros subsídios.

Parágrafo único. A prova resultante dos livros e fichas não é bastante nos casos em que a lei exige escritura pública, ou escrito particular revestido de requisitos especiais, e pode ser ilidida pela comprovação da falsidade ou inexatidão dos lançamentos.

• *Vide* arts. 1.179 e s. do CC.

Art. 227. (*Revogado pela Lei n. 13.105, de 16-3-2015.*)

Parágrafo único. Qualquer que seja o valor do negócio jurídico, a prova testemunhal é admissível como subsidiária ou complementar da prova por escrito.

•• A Lei n. 13.105, de 16-3-2015, determinou a revogação do *caput* deste artigo, sem fazer menção ao parágrafo único.

• *Vide* art. 444 do CPC.

• Estatuto da Terra (Lei n. 4.504, de 30-11-1964), art. 92, § 8.º.

Art. 228. Não podem ser admitidos como testemunhas:

• O art. 206 do CPP estabelece que poderá se eximir da obrigação de depor o ascendente ou descendente, o afim em linha reta, o cônjuge, o irmão, o pai, a mãe ou o filho adotivo do acusado, salvo quando não for possível obter a verdade por outro meio.

I – os menores de dezesseis anos;

II e III – (*Revogados pela Lei n. 13.146, de 6-7-2015.*);

IV – o interessado no litígio, o amigo íntimo ou o inimigo capital das partes;

V – os cônjuges, os ascendentes, os descendentes e os colaterais, até o terceiro grau de alguma das partes, por consanguinidade, ou afinidade.

• *Vide* arts. 447 e 457 do CPC.

• A CLT, art. 829, dispõe sobre provas.

• *Vide* art. 42 da Lei n. 6.015, de 31-12-1973 (LRP).

§ 1.º Para a prova de fatos que só elas conheçam, pode o juiz admitir o depoimento das pessoas a que se refere este artigo.

•• Parágrafo único renumerado pela Lei n. 13.146, de 6-7-2015.

§ 2.º A pessoa com deficiência poderá testemunhar em igualdade de condições com as demais pessoas, sendo-lhe assegurados todos os recursos de tecnologia assistiva.

•• § 2.º acrescentado pela Lei n. 13.146, de 6-7-2015.

Arts. 229 e 230. (*Revogados pela Lei n. 13.105, de 16-3-2015.*)

Art. 231. Aquele que se nega a submeter-se a exame médico necessário não poderá aproveitar-se de sua recusa.

Art. 232. A recusa à perícia médica ordenada pelo juiz poderá suprir a prova que se pretendia obter com o exame.

• Da prova pericial: arts. 464 e s. do CPC.

PARTE ESPECIAL

Livro I
DO DIREITO DAS OBRIGAÇÕES

Título I
DAS MODALIDADES DAS OBRIGAÇÕES

Capítulo I
DAS OBRIGAÇÕES DE DAR

Seção I
Das Obrigações de Dar Coisa Certa

Art. 233. A obrigação de dar coisa certa abrange os acessórios dela embora não mencionados, salvo se o contrário resultar do título ou das circunstâncias do caso.

• *Vide* arts. 92 a 95 do CC.

• *Vide* arts. 498, 806 e 810 do CPC.

Art. 234. Se, no caso do artigo antecedente, a coisa se perder, sem culpa do devedor, antes da tradição, ou pendente a condição suspensiva, fica resolvida a obrigação para ambas as partes; se a perda resultar de culpa do devedor, responderá este pelo equivalente e mais perdas e danos.

• *Vide* arts. 125, 239, 248, 250, 256, 389, 402 a 407, 444, 458, 492, *caput*, 509, 611 e 1.267 do CC.

Art. 235. Deteriorada a coisa, não sendo o devedor culpado, poderá o credor resolver a obrigação, ou aceitar a coisa, abatido de seu preço o valor que perdeu.

• *Vide* art. 240 do CC.

Art. 236. Sendo culpado o devedor, poderá o credor exigir o equivalente, ou aceitar a coisa no estado em que se acha, com direito a reclamar, em um ou em outro caso, indenização das perdas e danos.

• *Vide* arts. 389 e 402 a 405 do CC.

Art. 237. Até a tradição pertence ao devedor a coisa, com os seus melhoramentos e acrescidos, pelos quais poderá exigir aumento no preço; se o credor não anuir, poderá o devedor resolver a obrigação.

• *Vide* art. 1.267, *caput* e parágrafo único, do CC.

Parágrafo único. Os frutos percebidos são do devedor, cabendo ao credor os pendentes.

• *Vide* arts. 1.214 a 1.216 do CC.

Art. 238. Se a obrigação for de restituir coisa certa, e esta, sem culpa do devedor, se perder antes da tradição, sofrerá o credor a perda, e a obrigação se resolverá, ressalvados os seus direitos até o dia da perda.

• *Vide* arts. 241, 502 e 1.267 do CC.

Art. 239. Se a coisa se perder por culpa do devedor, responderá este pelo equivalente, mais perdas e danos.

• *Vide* arts. 402 a 405 do CC.

Art. 240. Se a coisa restituível se deteriorar sem culpa do devedor, recebê-la-á o credor, tal qual se ache, sem direito a indenização; se por culpa do devedor, observar-se-á o disposto no art. 239.

• *Vide* arts. 402 a 405 do CC.

Art. 241. Se, no caso do art. 238, sobrevier melhoramento ou acréscimo à coisa, sem despesa ou trabalho do devedor, lucrará o credor, desobrigado de indenização.

Art. 242. Se para o melhoramento, ou aumento, empregou o devedor trabalho ou dispêndio, o caso se regulará pelas normas deste Código atinentes às benfeitorias realizadas pelo possuidor de boa-fé ou de má-fé.

• *Vide* arts. 96 e 1.219 a 1.222 do CC.

Parágrafo único. Quanto aos frutos percebidos, observar-se-á, do mesmo modo, o disposto neste Código, acerca do possuidor de boa-fé ou de má-fé.

• *Vide* arts. 95 e 1.214 a 1.217 do CC.

Seção II
Das Obrigações de Dar Coisa Incerta

Art. 243. A coisa incerta será indicada, ao menos, pelo gênero e pela quantidade.

• *Vide* arts. 811 a 813 do CPC.

Art. 244. Nas coisas determinadas pelo gênero e pela quantidade, a escolha pertence ao devedor, se o contrário não resultar do título da obrigação; mas não poderá dar a coisa pior, nem será obrigado a prestar a melhor.

• *Vide* art. 1.929 do CC.

Art. 245. Cientificado da escolha o credor, vigorará o disposto na Seção antecedente.

• *Vide* arts. 233 a 242 do CC.

Art. 246. Antes da escolha, não poderá o devedor alegar perda ou deterioração da coisa, ainda que por força maior ou caso fortuito.

• *Vide* art. 393 e parágrafo único do CC.

Capítulo II
DAS OBRIGAÇÕES DE FAZER

Art. 247. Incorre na obrigação de indenizar perdas e danos o devedor que recusar a prestação a ele só imposta, ou só por ele exequível.

Art. 248. Se a prestação do fato tornar-se impossível sem culpa do devedor, resolver-se-á a obrigação; se por culpa dele, responderá por perdas e danos.

• *Vide* arts. 402 a 405 e 881 do CC.

Art. 249. Se o fato puder ser executado por terceiro, será livre ao credor mandá-lo executar à custa do devedor, havendo recusa ou mora deste, sem prejuízo da indenização cabível.

• *Vide* art. 389 do CC.

• Sobre a execução das obrigações de fazer, *vide* arts. 815 a 821 do CPC.

Parágrafo único. Em caso de urgência, pode o credor, independentemente de autorização judicial, executar ou mandar executar o fato, sendo depois ressarcido.

Capítulo III
DAS OBRIGAÇÕES DE NÃO FAZER

Art. 250. Extingue-se a obrigação de não fazer, desde que, sem culpa do devedor, se lhe torne impossível abster-se do ato, que se obrigou a não praticar.

• *Vide* arts. 822 e 823 do CPC.

Art. 251. Praticado pelo devedor o ato, a cuja abstenção se obrigara, o credor pode exigir dele que o desfaça, sob pena de se desfazer à sua custa, ressarcindo o culpado perdas e danos.

• *Vide* arts. 389, 390, 402 a 405 e 881 do CC.

• *Vide* arts. 822 e 823 do CPC.

Parágrafo único. Em caso de urgência, poderá o credor desfazer ou mandar desfazer, independentemente de autorização judicial, sem prejuízo do ressarcimento devido.

Capítulo IV
DAS OBRIGAÇÕES ALTERNATIVAS

Art. 252. Nas obrigações alternativas, a escolha cabe ao devedor, se outra coisa não se estipulou.

- *Vide* arts. 342, 1.933 e 1.934, parágrafo único, do CC.
- *Vide* art. 800 do CPC.

§ 1.º Não pode o devedor obrigar o credor a receber parte em uma prestação e parte em outra.

- *Vide* art. 314 do CC.

§ 2.º Quando a obrigação for de prestações periódicas, a faculdade de opção poderá ser exercida em cada período.

§ 3.º No caso de pluralidade de optantes, não havendo acordo unânime entre eles, decidirá o juiz, findo o prazo por este assinado para a deliberação.

§ 4.º Se o título deferir a opção a terceiro, e este não quiser, ou não puder exercê-la, caberá ao juiz a escolha se não houver acordo entre as partes.

Art. 253. Se uma das duas prestações não puder ser objeto de obrigação ou se tornada inexequível, subsistirá o débito quanto à outra.

- *Vide* art. 104, II, do CC.

Art. 254. Se, por culpa do devedor, não se puder cumprir nenhuma das prestações, não competindo ao credor a escolha, ficará aquele obrigado a pagar o valor da que por último se impossibilitou, mais as perdas e danos que o caso determinar.

- *Vide* arts. 389 e 402 a 405 do CC.

Art. 255. Quando a escolha couber ao credor e uma das prestações tornar-se impossível por culpa do devedor, o credor terá direito de exigir a prestação subsistente ou o valor da outra, com perdas e danos; se, por culpa do devedor, ambas as prestações se tornarem inexequíveis, poderá o credor reclamar o valor de qualquer das duas, além da indenização por perdas e danos.

- *Vide* arts. 389 e 402 a 405 do CC.

Art. 256. Se todas as prestações se tornarem impossíveis sem culpa do devedor, extinguir-se-á a obrigação.

- *Vide* arts. 233 e 234 do CC.

Capítulo V
DAS OBRIGAÇÕES DIVISÍVEIS E INDIVISÍVEIS

Art. 257. Havendo mais de um devedor ou mais de um credor em obrigação divisível, esta presume-se dividida em tantas obrigações, iguais e distintas, quantos os credores ou devedores.

- *Vide* art. 265 do CC.

Art. 258. A obrigação é indivisível quando a prestação tem por objeto uma coisa ou um fato não suscetíveis de divisão, por sua natureza, por motivo de ordem econômica, ou dada a razão determinante do negócio jurídico.

Art. 259. Se, havendo dois ou mais devedores, a prestação não for divisível, cada um será obrigado pela dívida toda.

Parágrafo único. O devedor, que paga a dívida, sub-roga-se no direito do credor em relação aos outros coobrigados.

- *Vide* art. 346, III, do CC.

Art. 260. Se a pluralidade for dos credores, poderá cada um destes exigir a dívida inteira; mas o devedor ou devedores se desobrigarão, pagando:

I – a todos conjuntamente;

II – a um, dando este caução de ratificação dos outros credores.

Art. 261. Se um só dos credores receber a prestação por inteiro, a cada um dos outros assistirá o direito de exigir dele em dinheiro a parte que lhe caiba no total.

Art. 262. Se um dos credores remitir a dívida, a obrigação não ficará extinta para com os outros; mas estes só a poderão exigir, descontada a quota do credor remitente.

Parágrafo único. O mesmo critério se observará no caso de transação, novação, compensação ou confusão.

- *Vide* arts. 360 a 367 (novação), 368 a 380 (compensação), 381 a 384 (confusão) e 840 a 850 (transação) do CC.

Art. 263. Perde a qualidade de indivisível a obrigação que se resolver em perdas e danos.

- *Vide* art. 271 do CC.
- *Vide* art. 499 do CPC.

§ 1.º Se, para efeito do disposto neste artigo, houver culpa de todos os devedores, responderão todos por partes iguais.

§ 2.º Se for de um só a culpa, ficarão exonerados os outros, respondendo só esse pelas perdas e danos.

- *Vide* arts. 402 a 405 do CC.

Capítulo VI
DAS OBRIGAÇÕES SOLIDÁRIAS

Seção I
Disposições Gerais

Art. 264. Há solidariedade, quando na mesma obrigação concorre mais de um credor, ou mais de um devedor, cada um com direito, ou obrigado, à dívida toda.

- *Vide* arts. 149, 154, 256, 257, 271, 383, 388, 518, 585, 680, 756, 829, 914, § 1.º, 942 e parágrafo único, 1.012, 1.016, 1.052 a 1.056, § 2.º, 1.091, § 1.º, 1.146, 1.173, parágrafo único, 1.177, parágrafo único, 1.460, 1.644, 1.752, § 2.º, e 1.986 do CC.
- Sobre a solidariedade em matéria fiscal: arts. 124 e 125 da Lei n. 5.172, de 25-10-1966 (CTN).
- *Vide* arts. 130, III, e 1.005, parágrafo único, do CPC.
- *Vide* arts. 7.º, parágrafo único, 18, 19, 25, §§ 1.º e 2.º, 28, § 3.º, e 34 da Lei n. 8.078, de 11-9-1990 (CDC).

Art. 265. A solidariedade não se presume; resulta da lei ou da vontade das partes.

- *Vide* art. 257 do CC.
- *Vide* Súmula 26 do STJ.

Art. 266. A obrigação solidária pode ser pura e simples para um dos cocredores ou codevedores, e condicional, ou a prazo, ou pagável em lugar diferente, para o outro.

Seção II
Da Solidariedade Ativa

Art. 267. Cada um dos credores solidários tem direito a exigir do devedor o cumprimento da prestação por inteiro.

- *Vide* arts. 260 e 261 do CC.

Art. 268. Enquanto alguns dos credores solidários não demandarem o devedor comum, a qualquer daqueles poderá este pagar.

Art. 269. O pagamento feito a um dos credores solidários extingue a dívida até o montante do que foi pago.

Art. 270. Se um dos credores solidários falecer deixando herdeiros, cada um destes só terá direito a exigir e receber a quota do crédito que corresponder ao seu quinhão hereditário, salvo se a obrigação for indivisível.

Art. 271. Convertendo-se a prestação em perdas e danos, subsiste, para todos os efeitos, a solidariedade.

- *Vide* arts. 402 a 405 do CC.

Art. 272. O credor que tiver remitido a dívida ou recebido o pagamento responderá aos outros pela parte que lhes caiba.

- *Vide* art. 388 do CC.

Art. 273. A um dos credores solidários não pode o devedor opor as exceções pessoais oponíveis aos outros.

Art. 274. O julgamento contrário a um dos credores solidários não atinge os demais, mas o julgamento favorável aproveita-lhes, sem prejuízo de exceção pessoal que o devedor tenha direito de invocar em relação a qualquer deles.

- • Artigo com redação determinada pela Lei n. 13.105, de 16-3-2015.

Seção III
Da Solidariedade Passiva

- *Vide* art. 1.005, parágrafo único (recurso), do CPC.

Art. 275. O credor tem direito a exigir e receber de um ou de alguns dos devedores, parcial ou totalmente, a dívida comum; se o pagamento tiver sido parcial, todos os demais devedores continuam obrigados solidariamente pelo resto.

- *Vide* art. 333, parágrafo único, do CC.
- *Vide* arts. 130, III, e 1.005 do CPC.
- *Vide* Súmula 26 do STJ.

Parágrafo único. Não importará renúncia da solidariedade a propositura de ação pelo credor contra um ou alguns dos devedores.

- *Vide* art. 114 (renúncia) do CC.

Art. 276. Se um dos devedores solidários falecer deixando herdeiros, nenhum destes será obrigado a pagar senão a quota que corresponder ao seu quinhão hereditário, salvo se a obrigação for indivisível; mas todos reunidos serão considerados como um devedor solidário em relação aos demais devedores.

- *Vide* arts. 257 a 263 e 314 (obrigações divisíveis e indivisíveis), 1.792 e 1.821 (herdeiros, limite de encargos) e 1.997 (herança, pagamento de dívidas) do CC.

Art. 277. O pagamento parcial feito por um dos devedores e a remissão por ele obtida não aproveitam aos outros devedores, senão até à concorrência da quantia paga ou relevada.

- *Vide* arts. 257 e 385 a 388 (remissão das dívidas) do CC.
- Efeitos da solidariedade em matéria fiscal: art. 125 da Lei n. 5.172, de 25-10-1966 (CTN).

Art. 278. Qualquer cláusula, condição ou obrigação adicional, estipulada entre um dos devedores solidários e o credor, não poderá agravar a posição dos outros sem consentimento destes.

- *Vide* arts. 107, 109, 121 a 137, 212, 215 a 221, 224, 227 a 229 do CC.

Art. 279. Impossibilitando-se a prestação por culpa de um dos devedores solidários, subsiste para todos o encargo de pagar o equivalente; mas pelas perdas e danos só responde o culpado.

- *Vide* arts. 402 a 405 (perdas e danos) do CC.

Art. 280. Todos os devedores respondem pelos juros da mora, ainda que a ação tenha sido proposta somente contra um; mas o culpado responde aos outros pela obrigação acrescida.

- *Vide* arts. 394 a 401 (mora) e 406 e 407 (juros legais) do CC.

Art. 281. O devedor demandado pode opor ao credor as exceções que lhe forem pessoais e as comuns a todos; não lhe aproveitando as exceções pessoais a outro codevedor.

- *Vide* arts. 171 a 177 do CC.

Art. 282. O credor pode renunciar à solidariedade em favor de um, de alguns ou de todos os devedores.

- *Vide* arts. 385 a 388 (remissão das dívidas) do CC.

Parágrafo único. Se o credor exonerar da solidariedade um ou mais devedores, subsistirá a dos demais.

Art. 283. O devedor que satisfez a dívida por inteiro tem direito a exigir de cada um dos codevedores a sua quota, dividindo-se igualmente por todos a do insolvente, se o houver, presumindo-se iguais, no débito, as partes de todos os codevedores.

- *Vide* art. 346, III, do CC.

Art. 284. No caso de rateio entre os codevedores, contribuirão também os exonerados da solidariedade pelo credor, pela parte que na obrigação incumbia ao insolvente.

Art. 285. Se a dívida solidária interessar exclusivamente a um dos devedores, responderá este por toda ela para com aquele que pagar.

Título II
DA TRANSMISSÃO DAS OBRIGAÇÕES

Capítulo I
DA CESSÃO DE CRÉDITO

- *Vide* art. 22, § 2.º, da Lei n. 10.931, de 2-8-2004.

Art. 286. O credor pode ceder o seu crédito, se a isso não se opuser a natureza da obrigação, a lei, ou a convenção com o devedor; a cláusula proibitiva da cessão não poderá ser oposta ao cessionário de boa-fé, se não constar do instrumento da obrigação.

- *Vide* arts. 347, 348, 358, 497, 498 e 1.749, III, do CC.
- Cessão de crédito hipotecário – *vide* art. 16 do Decreto-lei n. 70, de 21-11-1966.
- *Vide* arts. 3.º, 18, 28, 35 e 38 da Lei n. 9.514, de 20-11-1997.

Art. 287. Salvo disposição em contrário, na cessão de um crédito abrangem-se todos os seus acessórios.

- *Vide* arts. 92 e 364 do CC.

Art. 288. É ineficaz, em relação a terceiros, a transmissão de um crédito, se não celebrar-se mediante instrumento público, ou instrumento particular revestido das solenidades do § 1.º do art. 654.

- *Vide* art. 221 do CC.
- *Vide* arts. 127, I, e 129, n. 9.º, da Lei n. 6.015, de 31-12-1973 (LRP).

Art. 289. O cessionário de crédito hipotecário tem o direito de fazer averbar a cessão no registro do imóvel.

- *Vide* art. 246 (averbação no registro de imóveis) da Lei n. 6.015, de 31-12-1973 (LRP).

Art. 290. A cessão do crédito não tem eficácia em relação ao devedor, senão quando a este notificada; mas por notificado se tem o devedor que, em escrito público ou particular, se declarou ciente da cessão feita.

- *Vide* art. 377 do CC.

Art. 291. Ocorrendo várias cessões do mesmo crédito, prevalece a que se completar com a tradição do título do crédito cedido.

- *Vide* art. 347 do CC.

Art. 292. Fica desobrigado o devedor que, antes de ter conhecimento da cessão, paga ao credor primitivo, ou que, no caso de mais de uma cessão notificada, paga ao cessionário que lhe apresenta, com o título de cessão, o da obrigação cedida; quando o crédito constar de escritura pública, prevalecerá a prioridade da notificação.

Art. 293. Independentemente do conhecimento da cessão pelo devedor, pode o cessionário exercer os atos conservatórios do direito cedido.

Art. 294. O devedor pode opor ao cessionário as exceções que lhe competirem, bem como as que, no momento em que veio a ter conhecimento da cessão, tinha contra o cedente.

Art. 295. Na cessão por título oneroso, o cedente, ainda que não se responsabilize, fica responsável ao cessionário pela existência do crédito ao tempo em que lhe cedeu; a mesma responsabilidade lhe cabe nas cessões por título gratuito, se tiver procedido de má-fé.

Art. 296. Salvo estipulação em contrário, o cedente não responde pela solvência do devedor.

Art. 297. O cedente, responsável ao cessionário pela solvência do devedor, não responde por mais do que daquele recebeu, com os respectivos juros; mas tem de ressarcir-lhe as despesas da cessão e as que o cessionário houver feito com a cobrança.

Art. 298. O crédito, uma vez penhorado, não pode mais ser transferido pelo credor que tiver conhecimento da penhora; mas o devedor que o pagar, não tendo notificação dela, fica exonerado, subsistindo somente contra o credor os direitos de terceiro.

- *Vide* art. 312 do CC.
- *Vide* art. 240 da Lei n. 6.015, de 31-12-1973 (registro da penhora).

Capítulo II
DA ASSUNÇÃO DE DÍVIDA

Art. 299. É facultado a terceiro assumir a obrigação do devedor, com o consentimento expresso do credor, ficando exonerado o devedor primitivo, salvo se aquele, ao tempo da assunção, era insolvente e o credor o ignorava.

Parágrafo único. Qualquer das partes pode assinar prazo ao credor para que consinta na assunção da dívida, interpretando-se o seu silêncio como recusa.

- *Vide* art. 311 do CC.

Art. 300. Salvo assentimento expresso do devedor primitivo, consideram-se extintas, a partir da assunção da dívida, as garantias especiais por ele originariamente dadas ao credor.

Art. 301. Se a substituição do devedor vier a ser anulada, restaura-se o débito, com todas as suas garantias, salvo as garantias prestadas por terceiros, exceto se este conhecia o vício que inquinava a obrigação.

Art. 302. O novo devedor não pode opor ao credor as exceções pessoais que competiam ao devedor primitivo.

Art. 303. O adquirente de imóvel hipotecado pode tomar a seu cargo o pagamento do crédito garantido; se o credor, notificado, não impugnar em trinta dias a transferência do débito, entender-se-á dado o assentimento.

- *Vide* art. 1.479 do CC.

Título III
DO ADIMPLEMENTO E EXTINÇÃO DAS OBRIGAÇÕES

Capítulo I
DO PAGAMENTO

Seção I
De Quem Deve Pagar

Art. 304. Qualquer interessado na extinção da dívida pode pagá-la, usando, se o credor se opuser, dos meios conducentes à exoneração do devedor.

- *Vide* arts. 334, 346, III, e 394 do CC.

Parágrafo único. Igual direito cabe ao terceiro não interessado, se o fizer em nome e à conta do devedor, salvo oposição deste.

Art. 305. O terceiro não interessado, que paga a dívida em seu próprio nome, tem direito a reembolsar-se do que pagar; mas não se sub-roga nos direitos do credor.

• *Vide* arts. 346, III, 347, I, 871, 872 e 880 do CC.

Parágrafo único. Se pagar antes de vencida a dívida, só terá direito ao reembolso no vencimento.

Art. 306. O pagamento feito por terceiro, com desconhecimento ou oposição do devedor, não obriga a reembolsar aquele que pagou, se o devedor tinha meios para ilidir a ação.

Art. 307. Só terá eficácia o pagamento que importar transmissão da propriedade, quando feito por quem possa alienar o objeto em que ele consistiu.

Parágrafo único. Se se der em pagamento coisa fungível, não se poderá mais reclamar do credor que, de boa-fé, a recebeu e consumiu, ainda que o solvente não tivesse o direito de aliená-la.

• *Vide* art. 85 (conceito de coisas fungíveis) do CC.

Seção II
Daqueles a Quem se Deve Pagar

• *Vide* arts. 904 e s. do CPC.

Art. 308. O pagamento deve ser feito ao credor ou a quem de direito o represente, sob pena de só valer depois de por ele ratificado, ou tanto quanto reverter em seu proveito.

• *Vide* arts. 662, 673, 873 e 905, *caput*, do CC.

Art. 309. O pagamento feito de boa-fé ao credor putativo é válido, ainda provado depois que não era credor.

Art. 310. Não vale o pagamento cientemente feito ao credor incapaz de quitar, se o devedor não provar que em benefício dele efetivamente reverteu.

• *Vide* art. 181 do CC.

Art. 311. Considera-se autorizado a receber o pagamento o portador da quitação, salvo se as circunstâncias contrariarem a presunção daí resultante.

• *Vide* art. 320 do CC.

Art. 312. Se o devedor pagar ao credor, apesar de intimado da penhora feita sobre o crédito, ou da impugnação a ele oposta por terceiros, o pagamento não valerá contra estes, que poderão constranger o devedor a pagar de novo, ficando-lhe ressalvado o regresso contra o credor.

• *Vide* arts. 290, 298, 876 e 1.460, parágrafo único, do CC.

• *Vide* arts. 855 e 856 do CPC.

Seção III
Do Objeto do Pagamento e sua Prova

Art. 313. O credor não é obrigado a receber prestação diversa da que lhe é devida, ainda que mais valiosa.

• *Vide* art. 356 do CC.

• Sobre execução por entrega da coisa, *vide* arts. 806 e s. do CPC.

• *Vide* art. 35, I, da Lei n. 8.078, de 11-9-1990 (CDC).

Art. 314. Ainda que a obrigação tenha por objeto prestação divisível, não pode o credor ser obrigado a receber, nem o devedor a pagar, por partes, se assim não se ajustou.

• *Vide* arts. 87, 88 (bens divisíveis) e 257 e 258 (obrigações divisíveis) do CC.

Art. 315. As dívidas em dinheiro deverão ser pagas no vencimento, em moeda corrente e pelo valor nominal, salvo o disposto nos artigos subsequentes.

• *Vide* art. 327, *caput*, do CC.

• *Vide* art. 9.º da LINDB.

• CTN: art. 162 (extinção do crédito tributário – pagamento).

Art. 316. É lícito convencionar o aumento progressivo de prestações sucessivas.

Art. 317. Quando, por motivos imprevisíveis, sobrevier desproporção manifesta entre o valor da prestação devida e o do momento de sua execução, poderá o juiz corrigi-lo, a pedido da parte, de modo que assegure, quanto possível, o valor real da prestação.

• *Vide* art. 478 do CC.

Art. 318. São nulas as convenções de pagamento em ouro ou em moeda estrangeira, bem como para compensar a diferença entre o valor desta e o da moeda nacional, excetuados os casos previstos na legislação especial.

• *Vide* Decreto-lei n. 857, de 11-9-1969.

Art. 319. O devedor que paga tem direito a quitação regular, e pode reter o pagamento, enquanto não lhe seja dada.

• *Vide* art. 396 do CC.

• Prova de quitação fiscal mediante certidão negativa: art. 205 da Lei n. 5.172, de 25-10-1966 (CTN).

Art. 320. A quitação, que sempre poderá ser dada por instrumento particular, designará o valor e a espécie da dívida quitada, o nome do devedor, ou quem por este pagou, o tempo e o lugar do pagamento, com a assinatura do credor, ou do seu representante.

• Sobre quitação, em rescisão do contrato de trabalho: art. 477 da CLT.

• Sobre cancelamento da hipoteca, *vide* art. 251 da Lei n. 6.015, de 31-12-1973.

• É obrigatório o recibo de aluguel; sua recusa importa em crime de ação pública (art. 44, I, da Lei n. 8.245, de 18-10-1991).

• *Vide* art. 377 do CC.

Parágrafo único. Ainda sem os requisitos estabelecidos neste artigo valerá a quitação, se de seus termos ou das circunstâncias resultar haver sido paga a dívida.

Art. 321. Nos débitos, cuja quitação consista na devolução do título, perdido este, poderá o devedor exigir, retendo o pagamento, declaração do credor que inutilize o título desaparecido.

Art. 322. Quando o pagamento for em quotas periódicas, a quitação da última estabelece, até prova em contrário, a presunção de estarem solvidas as anteriores.

Art. 323. Sendo a quitação do capital sem reserva dos juros, estes presumem-se pagos.

Art. 324. A entrega do título ao devedor firma a presunção do pagamento.

• *Vide* art. 386 do CC.

Parágrafo único. Ficará sem efeito a quitação assim operada se o credor provar, em sessenta dias, a falta do pagamento.

Art. 325. Presumem-se a cargo do devedor as despesas com o pagamento e a quitação; se ocorrer aumento por fato do credor, suportará este a despesa acrescida.

Art. 326. Se o pagamento se houver de fazer por medida, ou peso, entender-se-á, no silêncio das partes, que aceitaram os do lugar da execução.

Seção IV
Do Lugar do Pagamento

Art. 327. Efetuar-se-á o pagamento no domicílio do devedor, salvo se as partes convencionarem diversamente, ou se o contrário resultar da lei, da natureza da obrigação ou das circunstâncias.

• *Vide* art. 78 do CC.

• Sobre o local do pagamento dos tributos: art. 159 da Lei n. 5.172, de 25-10-1966 (CTN).

Parágrafo único. Designados dois ou mais lugares, cabe ao credor escolher entre eles.

Art. 328. Se o pagamento consistir na tradição de um imóvel, ou em prestações relativas a imóvel, far-se-á no lugar onde situado o bem.

• *Vide* art. 341 do CC.

Art. 329. Ocorrendo motivo grave para que se não efetue o pagamento no lugar determinado, poderá o devedor fazê-lo em outro, sem prejuízo para o credor.

Art. 330. O pagamento reiteradamente feito em outro local faz presumir renúncia do credor relativamente ao previsto no contrato.

Seção V
Do Tempo do Pagamento

Art. 331. Salvo disposição legal em contrário, não tendo sido ajustada época para o pagamento, pode o credor exigi-lo imediatamente.

• *Vide* arts. 134, 333, 397, 592 e 939 do CC.

• Sobre o tempo de pagamento dos débitos fiscais: art. 160 da Lei n. 5.172, de 25-10-1966 (CTN).

• *Vide* art. 52, § 2.º, do CDC.

Art. 332. As obrigações condicionais cumprem-se na data do implemento da condição, cabendo ao credor a prova de que deste teve ciência o devedor.

• *Vide* arts. 121, 122, 125, 127 e 128 (condição) do CC.

Art. 333. Ao credor assistirá o direito de cobrar a dívida antes de vencido o prazo estipulado no contrato ou marcado neste Código:

• *Vide* arts. 476, 477, 590 e 1.425 do CC.

I – no caso de falência do devedor, ou de concurso de credores;

•• Sobre falências trata a Lei n. 11.101, de 9-2-2005.

II – se os bens, hipotecados ou empenhados, forem penhorados em execução por outro credor;

•• *Vide* art. 1.425, § 2.º, do CC.

• Consignação de dívida penhorada, *vide* art. 856, § 2.º, do CPC.

III – se cessarem, ou se se tornarem insuficientes, as garantias do débito, fidejussórias, ou reais, e o devedor, intimado, se negar a reforçá-las.

- *Vide* art. 826 do CC.
- A liquidação extrajudicial das entidades previdenciárias particulares antecipa o vencimento das obrigações – dispõe o art. 49 da Lei Complementar n. 109, de 29-5-2001.

Parágrafo único. Nos casos deste artigo, se houver, no débito, solidariedade passiva, não se reputará vencido quanto aos outros devedores solventes.

- *Vide* arts. 275 a 285 do CC.
- *Vide* arts. 908 e 909 do CPC.
- *Vide* art. 52, § 2.°, da Lei n. 8.078, de 11-9-1990 (CDC).

Capítulo II
DO PAGAMENTO EM CONSIGNAÇÃO

- A ação de consignação vem regulada nos arts. 539 e s. do CPC.
- Consignação judicial de débitos tributários: art. 164 da Lei n. 5.172, de 25-10-1966 (CTN).
- Caso especial de consignação é o previsto no art. 29 do Decreto-lei n. 3.365, de 21-6-1941, que dispõe sobre desapropriações.

Art. 334. Considera-se pagamento, e extingue a obrigação, o depósito judicial ou em estabelecimento bancário da coisa devida, nos casos e forma legais.

Art. 335. A consignação tem lugar:

- *Vide* arts. 635 e 641 do CC.

I – se o credor não puder, ou, sem justa causa, recusar receber o pagamento, ou dar quitação na devida forma;

- *Vide* arts. 304, 319 e 320 do CC.

II – se o credor não for, nem mandar receber a coisa no lugar, tempo e condição devidos;

- *Vide* arts. 327 a 330 (lugar do pagamento), 331 a 333 (tempo de pagamento) e 341 (entrega de coisa devida) do CC.

III – se o credor for incapaz de receber, for desconhecido, declarado ausente, ou residir em lugar incerto ou de acesso perigoso ou difícil;

- *Vide* art. 22 do CC.

IV – se ocorrer dúvida sobre quem deva legitimamente receber o objeto do pagamento;

- *Vide* arts. 344 e 345 do CC.
- CPC: art. 898 (dúvida sobre quem deve legitimamente receber).

V – se pender litígio sobre o objeto do pagamento.

•• *Vide* arts. 344 e 345 do CC.

Art. 336. Para que a consignação tenha força de pagamento, será mister concorram, em relação às pessoas, ao objeto, modo e tempo, todos os requisitos sem os quais não é válido o pagamento.

•• *Vide* arts. 304 a 312, 315, 319 a 333 do CC.

Art. 337. O depósito requerer-se-á no lugar do pagamento, cessando, tanto que se efetue, para o depositante, os juros da dívida e os riscos, salvo se for julgado improcedente.

- *Vide* arts. 327 a 330 (lugar do pagamento) do CC.
- *Vide* art. 540 (consignação no lugar do pagamento) do CPC.

Art. 338. Enquanto o credor não declarar que aceita o depósito, ou não o impugnar, poderá o devedor requerer o levantamento, pagando as respectivas despesas, e subsistindo a obrigação para todas as consequências de direito.

Art. 339. Julgado procedente o depósito, o devedor já não poderá levantá-lo, embora o credor consinta, senão de acordo com os outros devedores e fiadores.

Art. 340. O credor que, depois de contestar a lide ou aceitar o depósito, aquiescer no levantamento, perderá a preferência e a garantia que lhe competiam com respeito à coisa consignada, ficando para logo desobrigados os codevedores e fiadores que não tenham anuído.

Art. 341. Se a coisa devida for imóvel ou corpo certo que deva ser entregue no mesmo lugar onde está, poderá o devedor citar o credor para vir ou mandar recebê-la, sob pena de ser depositada.

- *Vide* arts. 328 e 335, II, do CC.
- *Vide* art. 540 do CPC.

Art. 342. Se a escolha da coisa indeterminada competir ao credor, será ele citado para esse fim, sob cominação de perder o direito e de ser depositada a coisa que o devedor escolher; feita a escolha pelo devedor, proceder-se-á como no artigo antecedente.

- *Vide* arts. 244 (escolha pelo devedor), 252 (obrigação alternativa), 255 (escolha pelo credor) e 256 (prestação impossível da obrigação) do CC.
- *Vide* art. 543 (escolha do credor) do CPC.

Art. 343. As despesas com o depósito, quando julgado procedente, correrão à conta do credor, e, no caso contrário, à conta do devedor.

Art. 344. O devedor de obrigação litigiosa exonerar-se-á mediante consignação, mas, se pagar a qualquer dos pretendidos credores, tendo conhecimento do litígio, assumirá o risco do pagamento.

- *Vide* art. 856, § 2.°, do CPC, sobre consignação de crédito penhorado.

Art. 345. Se a dívida se vencer, pendendo litígio entre credores que se pretendem mutuamente excluir, poderá qualquer deles requerer a consignação.

Capítulo III
DO PAGAMENTO COM SUB-ROGAÇÃO

Art. 346. A sub-rogação opera-se, de pleno direito, em favor:

- *Vide* art. 259, parágrafo único, do CC.
- *Vide* art. 13, parágrafo único, da Lei n. 8.078, de 11-9-1990 (CDC).

I – do credor que paga a dívida do devedor comum;

- *Vide* arts. 304 e 1.478 do CC.

II – do adquirente do imóvel hipotecado, que paga a credor hipotecário, bem como do terceiro que efetiva o pagamento para não ser privado de direito sobre imóvel;

- *Vide* arts. 1.479 e 1.481, § 4.°, do CC.

III – do terceiro interessado, que paga a dívida pela qual era ou podia ser obrigado, no todo ou em parte.

- *Vide* arts. 259, parágrafo único, 283, 304, 305 e 831 do CC.
- *Vide* art. 728 do CCom.

Art. 347. A sub-rogação é convencional:

I – quando o credor recebe o pagamento de terceiro e expressamente lhe transfere todos os seus direitos;

•• *Vide* arts. 305 e 348 do CC.

II – quando terceira pessoa empresta ao devedor a quantia precisa para solver a dívida, sob a condição expressa de ficar o mutuante sub-rogado nos direitos do credor satisfeito.

- *Vide* arts. 286 a 298 do CC.
- *Vide* art. 129, n. 9.°, da Lei n. 6.015, de 31-12-1973 (LRP).

Art. 348. Na hipótese do inciso I do artigo antecedente, vigorará o disposto quanto à cessão do crédito.

Art. 349. A sub-rogação transfere ao novo credor todos os direitos, ações, privilégios e garantias do primitivo, em relação à dívida, contra o devedor principal e os fiadores.

- *Vide* Súmulas 188 e 257 do STF.

Art. 350. Na sub-rogação legal o sub-rogado não poderá exercer os direitos e as ações do credor, senão até à soma que tiver desembolsado para desobrigar o devedor.

- *Vide* Súmulas 188 e 257 do STF.

Art. 351. O credor originário, só em parte reembolsado, terá preferência ao sub-rogado, na cobrança da dívida restante, se os bens do devedor não chegarem para saldar inteiramente o que a um e outro dever.

Capítulo IV
DA IMPUTAÇÃO DO PAGAMENTO

Art. 352. A pessoa obrigada, por dois ou mais débitos da mesma natureza, a um só credor, tem o direito de indicar a qual deles oferece pagamento, se todos forem líquidos e vencidos.

- *Vide* arts. 134, 331 a 333, e 355 do CC.
- Imputação em pagamento de débitos fiscais: art. 163 da Lei n. 5.172, de 25-10-1966 (CTN).

Art. 353. Não tendo o devedor declarado em qual das dívidas líquidas e vencidas quer imputar o pagamento, se aceitar a quitação de uma delas, não terá direito a reclamar contra a imputação feita pelo credor, salvo provando haver ele cometido violência ou dolo.

Art. 354. Havendo capital e juros, o pagamento imputar-se-á primeiro nos juros vencidos, e depois no capital, salvo estipulação em contrário, ou se o credor passar a quitação por conta do capital.

Art. 355. Se o devedor não fizer a indicação do art. 352, e a quitação for omissa quanto à imputação, esta se fará nas dívidas líquidas e vencidas em primeiro lugar. Se as dívidas forem todas líquidas e vencidas ao mesmo tempo, a imputação far-se-á na mais onerosa.

Capítulo V
DA DAÇÃO EM PAGAMENTO

Art. 356. O credor pode consentir em receber prestação diversa da que lhe é devida.

- *Vide* arts. 313 e 838, III, do CC.

Art. 357. Determinado o preço da coisa dada em pagamento, as relações entre as partes regular-se-ão pelas normas do contrato de compra e venda.

- *Vide* arts. 481 e s. do CC.

Art. 358. Se for título de crédito a coisa dada em pagamento, a transferência importará em cessão.

- *Vide* arts. 286 a 298 do CC.

Art. 359. Se o credor for evicto da coisa recebida em pagamento, restabelecer-se-á a obrigação primitiva, ficando sem efeito a quitação dada, ressalvados os direitos de terceiros.

- *Vide* arts. 447 a 457 e 838, III, do CC.

Capítulo VI
DA NOVAÇÃO

Art. 360. Dá-se a novação:

I – quando o devedor contrai com o credor nova dívida para extinguir e substituir a anterior;

II – quando novo devedor sucede ao antigo, ficando este quite com o credor;

III – quando, em virtude de obrigação nova, outro credor é substituído ao antigo, ficando o devedor quite com este.

- *Vide* art. 531, V, do CPC.

Art. 361. Não havendo ânimo de novar, expresso ou tácito mas inequívoco, a segunda obrigação confirma simplesmente a primeira.

Art. 362. A novação por substituição do devedor pode ser efetuada independentemente de consentimento deste.

Art. 363. Se o novo devedor for insolvente, não tem o credor, que o aceitou, ação regressiva contra o primeiro, salvo se este obteve por má-fé a substituição.

- *Vide* art. 955 do CC.

Art. 364. A novação extingue os acessórios e garantias da dívida, sempre que não houver estipulação em contrário. Não aproveitará, contudo, ao credor ressalvar o penhor, a hipoteca ou a anticrese, se os bens dados em garantia pertencerem a terceiro que não foi parte na novação.

- *Vide* art. 287 do CC.

Art. 365. Operada a novação entre o credor e um dos devedores solidários, somente sobre os bens do que contrair a nova obrigação subsistem as preferências e garantias do crédito novado. Os outros devedores solidários ficam por esse fato exonerados.

- *Vide* arts. 275 a 285 (solidariedade passiva) do CC.

Art. 366. Importa exoneração do fiador a novação feita sem seu consenso com o devedor principal.

- *Vide* arts. 835, 837 e 838, I, do CC.
- *Vide* Súmula 217 do STJ.

Art. 367. Salvo as obrigações simplesmente anuláveis, não podem ser objeto de novação obrigações nulas ou extintas.

- *Vide* arts. 166 a 184 (invalidade do negócio jurídico) do CC.

Capítulo VII
DA COMPENSAÇÃO

Art. 368. Se duas pessoas forem ao mesmo tempo credor e devedor uma da outra, as duas obrigações extinguem-se, até onde se compensarem.

- *Vide* arts. 1.707 e 1.919 do CC.

Art. 369. A compensação efetua-se entre dívidas líquidas, vencidas e de coisas fungíveis.

- *Vide* arts. 85 e 372 do CC.

Art. 370. Embora sejam do mesmo gênero as coisas fungíveis, objeto das duas prestações, não se compensarão, verificando-se que diferem na qualidade, quando especificada no contrato.

- *Vide* art. 85 do CC.

Art. 371. O devedor somente pode compensar com o credor o que este lhe dever; mas o fiador pode compensar sua dívida com a de seu credor ao afiançado.

- *Vide* arts. 376 e 837 do CC.

Art. 372. Os prazos de favor, embora consagrados pelo uso geral, não obstam a compensação.

Art. 373. A diferença de causa nas dívidas não impede a compensação, exceto:

I – se provier de esbulho, furto ou roubo;

- *Vide* art. 1.210 (esbulho) do CC.
- Furto (arts. 155 e 156) e roubo (art. 157 e §§ 1.º a 3.º) do CP.

II – se uma se originar de comodato, depósito ou alimentos;

- Sobre comodato, *vide* arts. 579 a 585 do CC.
- Sobre depósito, *vide* arts. 627 e s. do CC.
- Sobre alimentos, *vide* arts. 1.694 a 1.710 do CC.

III – se uma for de coisa não suscetível de penhora.

- Sobre penhora, *vide* arts. 312, 839 e 1.481, § 4.º, do CC.
- Sobre penhora: arts. 212, § 2.º, 646, 674, *caput*, 794, 797, 799, I, 824, 831 e s., 905, 908, 913 e 914, § 2.º, do CPC.

Art. 374. (*Revogado pela Lei n. 10.677, de 22-5-2003.*)

Art. 375. Não haverá compensação quando as partes, por mútuo acordo, a excluírem, ou no caso de renúncia prévia de uma delas.

Art. 376. Obrigando-se por terceiro uma pessoa, não pode compensar essa dívida com a que o credor dele lhe dever.

- *Vide* art. 371 do CC.

Art. 377. O devedor que, notificado, nada opõe à cessão que o credor faz a terceiros dos seus direitos, não pode opor ao cessionário a compensação, que antes da cessão teria podido opor ao cedente. Se, porém, a cessão lhe não tiver sido notificada, poderá opor ao cessionário compensação do crédito que antes tinha contra o cedente.

- *Vide* art. 290 do CC.

Art. 378. Quando as duas dívidas não são pagáveis no mesmo lugar, não se podem compensar sem dedução das despesas necessárias à operação.

- *Vide* art. 327 do CC.

Art. 379. Sendo a mesma pessoa obrigada por várias dívidas compensáveis, serão observadas, no compensá-las, as regras estabelecidas quanto à imputação do pagamento.

- *Vide* arts. 352 a 355 do CC.

Art. 380. Não se admite a compensação em prejuízo de direito de terceiro. O devedor que se torne credor do seu credor, depois de penhorado o crédito deste, não pode opor ao exequente a compensação, de que contra o próprio credor disporia.

Capítulo VIII
DA CONFUSÃO

Art. 381. Extingue-se a obrigação, desde que na mesma pessoa se confundam as qualidades de credor e devedor.

- *Vide* arts. 264 a 285 (obrigações solidárias) do CC.
- *Vide* Súmula 421 do STJ.

Art. 382. A confusão pode verificar-se a respeito de toda a dívida, ou só de parte dela.

- *Vide* art. 1.436, IV, do CC.

Art. 383. A confusão operada na pessoa do credor ou devedor solidário só extingue a obrigação até a concorrência da respectiva parte no crédito, ou na dívida, subsistindo quanto ao mais a solidariedade.

Art. 384. Cessando a confusão, para logo se restabelece, com todos os seus acessórios, a obrigação anterior.

Capítulo IX
DA REMISSÃO DAS DÍVIDAS

Art. 385. A remissão da dívida, aceita pelo devedor, extingue a obrigação, mas sem prejuízo de terceiro.

- *Vide* art. 158 do CC.

Art. 386. A devolução voluntária do título da obrigação, quando por escrito particular, prova desoneração do devedor e seus coobrigados, se o credor for capaz de alienar, e o devedor capaz de adquirir.

- *Vide* art. 324 do CC.
- Sobre remissão de crédito tributário: art. 172 da Lei n. 5.172, de 25-10-1966 (CTN).

Art. 387. A restituição voluntária do objeto empenhado prova a renúncia do credor à garantia real, não a extinção da dívida.

- *Vide* art. 1.436, III e § 1.º, do CC.

Art. 388. A remissão concedida a um dos codevedores extingue a dívida na parte a ele correspondente; de modo que, ainda reservando o credor a solidariedade contra os outros, já lhes não pode cobrar o débito sem dedução da parte remitida.

- *Vide* arts. 277 e 282, *caput*, do CC.

Título IV
DO INADIMPLEMENTO DAS OBRIGAÇÕES

Capítulo I
DISPOSIÇÕES GERAIS

Art. 389. Não cumprida a obrigação, responde o devedor por perdas e danos, mais juros e atualização monetária segundo índices oficiais regularmente estabelecidos, e honorários de advogado.

- *Vide* arts. 233, 234, 394, 395, 409 e 475 do CC.
- O inadimplemento de obrigação relativa a ajuste salarial foi erigido em crime equiparado à sonegação fiscal, pelo art. 10 do Decreto-lei n. 15, de 29-7-1966.
- *Vide* art. 84 da Lei n. 8.078, de 11-9-1990.
- *Vide* art. 52, V, da Lei n. 9.099, de 26-9-1995.
- Honorários advocatícios, arts. 22 a 26 da Lei n. 8.906, de 4-7-1994 (EAOAB).

Art. 390. Nas obrigações negativas o devedor é havido por inadimplente desde o dia em que executou o ato de que se devia abster.

- *Vide* arts. 250 e 251 (obrigações de não fazer) do CC.

Art. 391. Pelo inadimplemento das obrigações respondem todos os bens do devedor.

- *Vide* art. 789 do CPC.

Art. 392. Nos contratos benéficos, responde por simples culpa o contratante, a quem o contrato aproveite, e por dolo aquele a quem não favoreça. Nos contratos onerosos, responde cada uma das partes por culpa, salvo as exceções previstas em lei.

- *Vide* arts. 476, 477, 582, 588, 589 e 667 do CC.
- *Vide* Súmula 145 do STJ.

Art. 393. O devedor não responde pelos prejuízos resultantes de caso fortuito ou força maior, se expressamente não se houver por eles responsabilizado.

- *Vide* arts. 492, 582, 642, 650 e 667 do CC.

Parágrafo único. O caso fortuito ou de força maior verifica-se no fato necessário, cujos efeitos não era possível evitar ou impedir.

Capítulo II
DA MORA

- Sobre mora no CC, *vide* arts. 202, V, 249, *caput*, 280, 404, 407, 408, 409, 411, 492, § 2.°, 562, 582, 611, 613, 833 e 1.925.
- *Vide* Súmula 380 do STJ.

Art. 394. Considera-se em mora o devedor que não efetuar o pagamento e o credor que não quiser recebê-lo no tempo, lugar e forma que a lei ou a convenção estabelecer.

- *Vide* arts. 327 a 330 (lugar do pagamento), 331 a 333 (tempo do pagamento) e 396 (da mora) do CC.
- *Vide* Súmula 54 do STJ.

Art. 395. Responde o devedor pelos prejuízos a que sua mora der causa, mais juros, atualização dos valores monetários segundo índices oficiais regularmente estabelecidos, e honorários de advogado.

- *Vide* arts. 402 a 405 (perdas e danos) do CC.
- Acréscimo de juros no caso de mora de débito fiscal: art. 161 da Lei n. 5.172, de 25-10-1966 (CTN).
- Honorários advocatícios: arts. 22 a 26 da Lei n. 8.906, de 4-7-1994 (EAOAB).
- *Vide* art. 52 do CDC.

Parágrafo único. Se a prestação, devido à mora, se tornar inútil ao credor, este poderá enjeitá-la, e exigir a satisfação das perdas e danos.

Art. 396. Não havendo fato ou omissão imputável ao devedor, não incorre este em mora.

- *Vide* arts. 203 e 280 do CC.
- *Vide* Súmula 369 do STJ.

Art. 397. O inadimplemento da obrigação, positiva e líquida, no seu termo, constitui de pleno direito em mora o devedor.

- *Vide* art. 195 do CC.

Parágrafo único. Não havendo termo, a mora se constitui mediante interpelação judicial ou extrajudicial.

- *Vide* Súmula 76 do STJ.

Art. 398. Nas obrigações provenientes de ato ilícito, considera-se o devedor em mora, desde que o praticou.

- *Vide* Súmula 54 do STJ.

Art. 399. O devedor em mora responde pela impossibilidade da prestação, embora essa impossibilidade resulte de caso fortuito ou de força maior, se estes ocorrerem durante o atraso; salvo se provar isenção de culpa, ou que o dano sobreviria ainda quando a obrigação fosse oportunamente desempenhada.

- *Vide* arts. 393, 552, 562 e 862 do CC.

Art. 400. A mora do credor subtrai o devedor isento de dolo à responsabilidade pela conservação da coisa, obriga o credor a ressarcir as despesas empregadas em conservá-la, e sujeita-o a recebê-la pela estimação mais favorável ao devedor, se o seu valor oscilar entre o dia estabelecido para o pagamento e o da sua efetivação.

- *Vide* arts. 492, § 2.°, e 611 do CC.

Art. 401. Purga-se a mora:

- *Vide* Súmula 369 do STJ.

I – por parte do devedor, oferecendo este a prestação mais a importância dos prejuízos decorrentes do dia da oferta;

- *Vide* Súmula 122 do STF.

II – por parte do credor, oferecendo-se este a receber o pagamento e sujeitando-se aos efeitos da mora até a mesma data.

- *Vide* art. 63, *caput*, da Lei n. 4.591, de 16-12-1964 (condomínio em edificações e incorporações imobiliárias).
- Purgação de mora em débito hipotecário – *vide* Decreto-lei n. 70, de 21-11-1966, arts. 32, 34 e 35.
- Em compromisso de compra e venda de imóveis, a mora pode ser purgada no prazo da interpelação prevista no Decreto-lei n. 745, de 7-8-1969, e para os terrenos loteados, *vide* arts. 32 e 33 da Lei n. 6.766, de 19-12-1979.
- *Vide* Decreto-lei n. 911, de 1.°-10-1969 (alienação fiduciária), art. 3.° e §§ 1.° a 3.°.
- *Vide* art. 62, parágrafo único, da Lei n. 8.245, de 18-10-1991 (Lei de Locação de Imóveis).
- *Vide* art. 26, §§ 6.° a 8.°, da Lei n. 9.514, de 20-11-1997.

Capítulo III
DAS PERDAS E DANOS

- Sobre perdas e danos: art. 218 da Lei n. 8.069, de 13-7-1990; arts. 18 a 20, 35, 84 e 87 da Lei n. 8.078, de 11-9-1990; arts. 33 e 64, § 2.°, da Lei n. 8.245, de 18-10-1991; art. 52, V, da Lei n. 9.099, de 26-9-1995; arts. 204 e 209 da Lei n. 9.279, de 14-5-1996; art. 15, § 2.°, da Lei n. 9.492, de 10-9-1997; art. 14 da Lei n. 9.609, de 19-2-1998; arts. 32 e 107 da Lei n. 9.610, de 19-2-1998; e arts. 47 e 95, §§ 1.° e 2.°, da Lei n. 12.529, de 30-11-2011.
- *Vide* Súmula 412 do STF.
- *Vide* Súmula 143 do STJ.

Art. 402. Salvo as exceções expressamente previstas em lei, as perdas e danos devidas ao credor abrangem, além do que ele efetivamente perdeu, o que razoavelmente deixou de lucrar.

- *Vide* art. 416 do CC.
- *Vide* Súmulas 412 e 562 do STF.

Art. 403. Ainda que a inexecução resulte de dolo do devedor, as perdas e danos só incluem os prejuízos efetivos e os lucros cessantes por efeito dela direto e imediato, sem prejuízo do disposto na lei processual.

Art. 404. As perdas e danos, nas obrigações de pagamento em dinheiro, serão pagas com atualização monetária segundo índices oficiais regularmente estabelecidos, abrangendo juros, custas e honorários de advogado, sem prejuízo da pena convencional.

- *Vide* arts. 396 e 407 do CC.
- O art. 3.° do Decreto n. 22.785, de 31-5-1933, que dispunha sobre os juros de mora devidos pela Fazenda Pública, foi expressamente revogado pela Lei n. 4.414, de 24-9-1964, determinando que a Fazenda Pública responda pelos juros moratórios na forma do direito civil.
- Honorários Advocatícios: arts. 22 a 26 da Lei n. 8.906, de 4-7-1994 (EAOAB).

Parágrafo único. Provado que os juros da mora não cobrem o prejuízo, e não havendo pena convencional, pode o juiz conceder ao credor indenização suplementar.

Art. 405. Contam-se os juros de mora desde a citação inicial.

- *Vide* art. 395 do CC.
- *Vide* Súmulas 54 e 426 do STJ.

Capítulo IV
DOS JUROS LEGAIS

- *Vide* art. 322, § 1.°, do CPC.
- Sobre juros legais: arts. 42 e 52 da Lei n. 8.078, de 11-9-1990; arts. 38 e 40 da Lei n. 9.069, de 29-6-1995; art. 1.°-F da Lei n. 9.494, de 10-9-1997; art. 26 da Lei n. 9.514, de 20-11-1997; e arts. 25 e 98 da Lei n. 12.529, de 30-11-2011.
- *Vide* Súmulas 8, 12, 14, 36, 54, 67, 70, 102, 131, 188 e 204 do STJ.

Art. 406. Quando os juros moratórios não forem convencionados, ou o forem sem taxa estipulada, ou quando provierem de determinação da lei, serão fixados segundo a taxa que estiver em vigor para a mora do paga-

Código Civil

mento de impostos devidos à Fazenda Nacional.

- *Vide* art. 591 do CC.
- Taxa de juros moratórios em matéria tributária: art. 161, § 1.º, da Lei n. 5.172, de 25-10-1966 (CTN).
- *Vide* Decreto n. 22.626, de 7-4-1933, que dispõe sobre os juros dos contratos (Lei da Usura), modificado pelo Decreto-lei n. 182, de 5-1-1938.
- A Lei n. 1.521, de 26-12-1951, dispõe em seu art. 4.º sobre crime contra a economia popular.
- A Lei n. 4.380, de 21-8-1964, institui a correção monetária nos contratos mobiliários de interesse social, o Sistema Financeiro para aquisição da casa própria, as sociedades de crédito mobiliário, as letras mobiliárias, o serviço federal de habitação e urbanismo e dá outras providências.
- A Lei n. 4.414, de 24-9-1964, dispõe que a Fazenda Pública responde por juros moratórios na forma do direito civil.
- Sobre correção monetária, *vide* Lei n. 4.380, de 21-8-1964, art. 5.º; Lei n. 4.591, de 16-12-1964, art. 63, § 9.º; Lei n. 6.899, de 8-4-1981; Lei n. 6.969, de 10-12-1981, art. 6.º; Lei n. 9.069, de 29-6-1995, arts. 19, 20 a 22, 24, 27, 28, 44 e 47.
- A Lei n. 7.089, de 23-3-1983, proíbe cobrança de juros de mora quando o vencimento se dê em feriado, sábado ou domingo.
- *Vide* Súmula 618 do STF.
- *Vide* Súmulas 8, 14, 36, 43, 67 e 179 do STJ.

Art. 407. Ainda que se não alegue prejuízo, é obrigado o devedor aos juros da mora que se contarão assim às dívidas em dinheiro, como às prestações de outra natureza, uma vez que lhes esteja fixado o valor pecuniário por sentença judicial, arbitramento, ou acordo entre as partes.

- *Vide* arts. 404 e 677 do CC.
- A Lei n. 7.089, de 23-3-1983, veda a cobrança de juros de mora sobre título cujo vencimento se dê em feriado, sábado ou domingo.
- Não correm juros contra a entidade previdenciária em liquidação – estabelece o art. 49, IV, da Lei Complementar n. 109, de 29-5-2001.
- O art. 124 da Lei de Falências (Lei n. 11.101, de 9-2-2005), estabelece que contra a massa falida não são exigidos juros vencidos após a decretação da falência.

Capítulo V
DA CLÁUSULA PENAL

- *Vide* art. 9.º do Decreto n. 22.626, de 7-4-1933 (validade da cláusula penal, limite).
- *Vide* art. 11, *f* (compromisso de compra e venda), do Decreto-lei n. 58, de 10-12-1937 (Loteamento e Venda de Terrenos). Sobre o mesmo assunto, dispõe o art. 11, *f*, do Decreto n. 3.079, de 15-9-1938.
- *Vide* art. 2.º, § 1.º, do Decreto-lei n. 911, de 1.º-10-1969 (alienação fiduciária).
- *Vide* art. 26, V, da Lei n. 6.766, de 19-12-1979 (parcelamento do solo urbano).
- A Lei n. 7.565, de 19-12-1986, dispõe sobre alienação fiduciária em garantia de aeronave.
- O Decreto n. 1.110, de 13-4-1994, dispõe sobre contratos para aquisição de bens e serviços.
- A Lei n. 8.880, de 27-5-1994, dispõe sobre contratos, aquisição e produção de bens.
- A Lei n. 9.615, de 24-3-1998, dispõe sobre a prática desportiva profissional.
- A Lei n. 10.220, de 11-4-2001, dispõe sobre o peão de rodeio como atleta profissional.

Art. 408. Incorre de pleno direito o devedor na cláusula penal, desde que, culposamente, deixe de cumprir a obrigação ou se constitua em mora.

- *Vide* art. 397 do CC.
- Durante a liquidação extrajudicial de entidade previdenciária particular, não há exigência de cláusulas que estabeleçam pena: art. 49, III, da Lei Complementar n. 109, de 29-5-2001.
- *Vide* art. 83, § 3.º, da Lei de Falências (Lei n. 11.101, de 9-2-2005).

Art. 409. A cláusula penal estipulada conjuntamente com a obrigação, ou em ato posterior, pode referir-se à inexecução completa da obrigação, à de alguma cláusula especial ou simplesmente à mora.

- *Vide* art. 397 do CC.

Art. 410. Quando se estipular a cláusula penal para o caso de total inadimplemento da obrigação, esta converter-se-á em alternativa a benefício do credor.

Art. 411. Quando se estipular a cláusula penal para o caso de mora, ou em segurança especial de outra cláusula determinada, terá o credor o arbítrio de exigir a satisfação da pena cominada, juntamente com o desempenho da obrigação principal.

- *Vide* art. 404 do CC.

Art. 412. O valor da cominação imposta na cláusula penal não pode exceder o da obrigação principal.

- *Vide* Decreto n. 22.626, de 7-4-1933, Lei de Usura, art. 9.º.
- *Vide* art. 52, § 1.º, da Lei n. 8.078, de 11-9-1990 (CDC).
- *Vide* art. 12, § 3.º, da Lei n. 4.591, de 16-12-1964.

Art. 413. A penalidade deve ser reduzida equitativamente pelo juiz se a obrigação principal tiver sido cumprida em parte, ou se o montante da penalidade for manifestamente excessivo, tendo-se em vista a natureza e a finalidade do negócio.

- *Vide* art. 4.º da Lei n. 8.245, de 18-10-1991.

Art. 414. Sendo indivisível a obrigação, todos os devedores, caindo em falta um deles, incorrerão na pena; mas esta só se poderá demandar integralmente do culpado, respondendo cada um dos outros somente pela sua quota.

- *Vide* art. 257 a 263 (obrigações divisíveis e indivisíveis) do CC.

Parágrafo único. Aos não culpados fica reservada a ação regressiva contra aquele que deu causa à aplicação da pena.

- *Vide* art. 125, II, do CPC.

Art. 415. Quando a obrigação for divisível, só incorre na pena o devedor ou o herdeiro do devedor que a infringir, e proporcionalmente à sua parte na obrigação.

Art. 416. Para exigir a pena convencional, não é necessário que o credor alegue prejuízo.

Parágrafo único. Ainda que o prejuízo exceda ao previsto na cláusula penal, não pode o credor exigir indenização suplementar se assim não foi convencionado. Se o tiver sido, a pena vale como mínimo da indenização, competindo ao credor provar o prejuízo excedente.

Capítulo VI
DAS ARRAS OU SINAL

Art. 417. Se, por ocasião da conclusão do contrato, uma parte der à outra, a título de arras, dinheiro ou outro bem móvel, deverão as arras, em caso de execução, ser restituídas ou computadas na prestação devida, se do mesmo gênero da principal.

Art. 418. Se a parte que deu as arras não executar o contrato, poderá a outra tê-lo por desfeito, retendo-as; se a inexecução for de quem recebeu as arras, poderá quem as deu haver o contrato por desfeito, e exigir sua devolução mais o equivalente, com atualização monetária segundo índices oficiais regularmente estabelecidos, juros e honorários de advogado.

- *Vide* arts. 406 e 407 (juros legais) do CC.
- Honorários advocatícios: arts. 22 a 26 da Lei n. 8.906, de 4-7-1994 (EAOAB).

Art. 419. A parte inocente pode pedir indenização suplementar, se provar maior prejuízo, valendo as arras como taxa mínima. Pode, também, a parte inocente, exigir a execução do contrato, com as perdas e danos, valendo as arras como o mínimo da indenização.

- *Vide* arts. 402 a 405 (perdas e danos) do CC.

Art. 420. Se no contrato for estipulado o direito de arrependimento para qualquer das partes, as arras ou sinal terão função unicamente indenizatória. Neste caso, quem as deu perdê-las-á em benefício da outra parte; e quem as recebeu devolvê-las-á, mais o equivalente. Em ambos os casos não haverá direito a indenização suplementar.

- *Vide* art. 463 do CC.
- *Vide* Súmula 412 do STF.

TÍTULO V
DOS CONTRATOS EM GERAL

- Da Proteção Contratual: *vide* arts. 46 a 54 da Lei n. 8.078, de 11-9-1990 (CDC).

Capítulo I
DISPOSIÇÕES GERAIS

Seção I
Preliminares

Art. 421. A liberdade contratual será exercida nos limites da função social do contrato.

- •• *Caput* com redação determinada pela Lei n. 13.874, de 20-9-2019.
- *Vide* art. 113 do CC.
- *Vide* art. 51 do CDC.

Parágrafo único. Nas relações contratuais privadas, prevalecerão o princípio da intervenção mínima e a excepcionalidade da revisão contratual.

- •• Parágrafo único acrescentado pela Lei n. 13.874, de 20-9-2019.

Art. 421-A. Os contratos civis e empresariais presumem-se paritários e simétricos até a presença de elementos concretos que justifiquem o afastamento dessa presunção, ressalvados os regimes jurídicos previstos em leis especiais, garantido também que:

•• *Caput* acrescentado pela Lei n. 13.874, de 20-9-2019.

I – as partes negociantes poderão estabelecer parâmetros objetivos para a interpretação das cláusulas negociais e de seus pressupostos de revisão ou de resolução;

•• Inciso I acrescentado pela Lei n. 13.874, de 20-9-2019.

II – a alocação de riscos definida pelas partes deve ser respeitada e observada; e

•• Inciso II acrescentado pela Lei n. 13.874, de 20-9-2019.

III – a revisão contratual somente ocorrerá de maneira excepcional e limitada.

•• Inciso III acrescentado pela Lei n. 13.874, de 20-9-2019.

Art. 422. Os contratantes são obrigados a guardar, assim na conclusão do contrato, como em sua execução, os princípios de probidade e boa-fé.

• *Vide* arts. 113, 187, 765 e 1.741 do CC.

• *Vide* Súmula 609 do STJ.

Art. 423. Quando houver no contrato de adesão cláusulas ambíguas ou contraditórias, dever-se-á adotar a interpretação mais favorável ao aderente.

• *Vide* art. 54 e §§ 1.º a 4.º do CDC (contratos de adesão).

Art. 424. Nos contratos de adesão, são nulas as cláusulas que estipulem a renúncia antecipada do aderente a direito resultante da natureza do negócio.

• *Vide* arts. 166 a 184 do CC.

• *Vide* arts. 25, 51, I e XVI, do CDC.

Art. 425. É lícito às partes estipular contratos atípicos, observadas as normas gerais fixadas neste Código.

• *Vide* arts. 104 e 2.035 do CC.

Art. 426. Não pode ser objeto de contrato a herança de pessoa viva.

• *Vide* arts. 166, II, 1.655 e 2.018 do CC.

Seção II
Da Formação dos Contratos

Art. 427. A proposta de contrato obriga o proponente, se o contrário não resultar dos termos dela, da natureza do negócio, ou das circunstâncias do caso.

• *Vide* art. 138 do CC.

• *Vide* art. 35 do CDC.

Art. 428. Deixa de ser obrigatória a proposta:

I – se, feita sem prazo a pessoa presente, não foi imediatamente aceita. Considera-se também presente a pessoa que contrata por telefone ou por meio de comunicação semelhante;

• *Vide* art. 49 do CDC.

II – se, feita sem prazo a pessoa ausente, tiver decorrido tempo suficiente para chegar a resposta ao conhecimento do proponente;

III – se, feita a pessoa ausente, não tiver sido expedida a resposta dentro do prazo dado;

IV – se, antes dela, ou simultaneamente, chegar ao conhecimento da outra parte a retratação do proponente.

Art. 429. A oferta ao público equivale a proposta quando encerra os requisitos essenciais ao contrato, salvo se o contrário resultar das circunstâncias ou dos usos.

• *Vide* art. 31 da Lei n. 8.078, de 11-9-1990.

Parágrafo único. Pode revogar-se a oferta pela mesma via de sua divulgação, desde que ressalvada esta faculdade na oferta realizada.

Art. 430. Se a aceitação, por circunstância imprevista, chegar tarde ao conhecimento do proponente, este comunicá-lo-á imediatamente ao aceitante, sob pena de responder por perdas e danos.

• *Vide* arts. 402 a 405 (perdas e danos) do CC.

• *Vide* art. 39, III, e parágrafo único, da Lei n. 8.078, de 11-9-1990 (CDC).

Art. 431. A aceitação fora do prazo, com adições, restrições, ou modificações, importará nova proposta.

Art. 432. Se o negócio for daqueles em que não seja costume a aceitação expressa, ou o proponente a tiver dispensado, reputar-se-á concluído o contrato, não chegando a tempo a recusa.

• *Vide* art. 659 do CC.

• *Vide* art. 39, III, e parágrafo único, da Lei n. 8.078, de 11-9-1990 (CDC).

Art. 433. Considera-se inexistente a aceitação, se antes dela ou com ela chegar ao proponente a retratação do aceitante.

Art. 434. Os contratos entre ausentes tornam-se perfeitos desde que a aceitação é expedida, exceto:

I – no caso do artigo antecedente;

II – se o proponente se houver comprometido a esperar resposta;

III – se ela não chegar no prazo convencionado.

Art. 435. Reputar-se-á celebrado o contrato no lugar em que foi proposto.

• *Vide* LINDB, art. 9.º, § 2.º.

Seção III
Da Estipulação em Favor de Terceiro

Art. 436. O que estipula em favor de terceiro pode exigir o cumprimento da obrigação.

• *Vide* art. 533 do CC.

Parágrafo único. Ao terceiro, em favor de quem se estipulou a obrigação, também é permitido exigi-la, ficando, todavia, sujeito às condições e normas do contrato, se a ele anuir, e o estipulante não o inovar nos termos do art. 438.

Art. 437. Se ao terceiro, em favor de quem se fez o contrato, se deixar o direito de reclamar-lhe a execução, não poderá o estipulante exonerar o devedor.

Art. 438. O estipulante pode reservar-se o direito de substituir o terceiro designado no contrato, independentemente da sua anuência e da do outro contratante.

• *Vide* arts. 791 e 792 do CC.

Parágrafo único. A substituição pode ser feita por ato entre vivos ou por disposição de última vontade.

Seção IV
Da Promessa de Fato de Terceiro

Art. 439. Aquele que tiver prometido fato de terceiro responderá por perdas e danos, quando este o não executar.

• *Vide* arts. 402 a 405 (perdas e danos) do CC.

Parágrafo único. Tal responsabilidade não existirá se o terceiro for o cônjuge do promitente, dependendo da sua anuência o ato a ser praticado, e desde que, pelo regime do casamento, a indenização, de algum modo, venha a recair sobre os seus bens.

Art. 440. Nenhuma obrigação haverá para quem se comprometer por outrem, se este, depois de se ter obrigado, faltar à prestação.

Seção V
Dos Vícios Redibitórios

Art. 441. A coisa recebida em virtude de contrato comutativo pode ser enjeitada por vícios ou defeitos ocultos, que a tornem imprópria ao uso a que é destinada, ou lhe diminuam o valor.

• *Vide* arts. 138, 445, *caput*, e § 1.º, 484, *caput*, 500, *caput*, e § 3.º, 503, 509 e 568 do CC.

• *Vide* arts. 18, § 1.º, 20, II, 26, 27, 35, III, 41, 51, II, da Lei n. 8.078, de 11-9-1990 (CDC).

Parágrafo único. É aplicável a disposição deste artigo às doações onerosas.

• *Vide* arts. 136 (encargo) e 538 a 564 (doação) do CC.

Art. 442. Em vez de rejeitar a coisa, redibindo o contrato (art. 441), pode o adquirente reclamar abatimento no preço.

• *Vide* arts. 615 e 616 (recebimento de obra com redução de preço) do CC.

• *Vide* art. 18 e §§ 1.º a 6.º da Lei n. 8.078, de 11-9-1990 (CDC).

Art. 443. Se o alienante conhecia o vício ou defeito da coisa, restituirá o que recebeu com perdas e danos; se o não conhecia, tão somente restituirá o valor recebido, mais as despesas do contrato.

• *Vide* arts. 402 a 405 (perdas e danos) do CC.

Art. 444. A responsabilidade do alienante subsiste ainda que a coisa pereça em poder do alienatário, se perecer por vício oculto, já existente ao tempo da tradição.

Art. 445. O adquirente decai do direito de obter a redibição ou abatimento no preço no prazo de trinta dias se a coisa for móvel, e de um ano se for imóvel, contado da entrega efetiva; se já estava na posse, o prazo conta-se da alienação, reduzido à metade.

• *Vide* arts. 441 e 442 do CC.

§ 1.º Quando o vício, por sua natureza, só puder ser conhecido mais tarde, o prazo contar-se-á do momento em que dele tiver ciência, até o prazo máximo de cento e oitenta dias, em se tratando de bens móveis; e de um ano, para os imóveis.

§ 2.º Tratando-se de venda de animais, os prazos de garantia por vícios ocultos serão os estabelecidos em lei especial, ou, na falta desta, pelos usos locais, aplicando-se o disposto no parágrafo antecedente se não houver regras disciplinando a matéria.

Art. 446. Não correrão os prazos do artigo antecedente na constância de cláusula de garantia; mas o adquirente deve denunciar o defeito ao alienante nos trinta dias seguintes ao seu descobrimento, sob pena de decadência.

Seção VI
Da Evicção

• Sobre evicção no CPC: art. 125, I.

Art. 447. Nos contratos onerosos, o alienante responde pela evicção. Subsiste esta garantia ainda que a aquisição se tenha realizado em hasta pública.

• *Vide* arts. 199, III, 359, 552, 845, 1.939, III, e 2.024 a 2.026 do CC.
• *Vide* art. 125, I, do CPC.

Art. 448. Podem as partes, por cláusula expressa, reforçar, diminuir ou excluir a responsabilidade pela evicção.

Art. 449. Não obstante a cláusula que exclui a garantia contra a evicção, se esta se der, tem direito o evicto a receber o preço que pagou pela coisa evicta, se não soube do risco da evicção, ou, dele informado, não o assumiu.

Art. 450. Salvo estipulação em contrário, tem direito o evicto, além da restituição integral do preço ou das quantias que pagou:

I – à indenização dos frutos que tiver sido obrigado a restituir;

• *Vide* art. 95 do CC.

II – à indenização pelas despesas dos contratos e pelos prejuízos que diretamente resultarem da evicção;

III – às custas judiciais e aos honorários do advogado por ele constituído.

• Honorários Advocatícios: arts. 22 a 26 da Lei n. 8.906, de 4-7-1994 (EAOAB).

Parágrafo único. O preço, seja a evicção total ou parcial, será o do valor da coisa, na época em que se evenceu, e proporcional ao desfalque sofrido, no caso de evicção parcial.

Art. 451. Subsiste para o alienante esta obrigação, ainda que a coisa alienada esteja deteriorada, exceto havendo dolo do adquirente.

• *Vide* arts. 145 a 150 (dolo) do CC.

Art. 452. Se o adquirente tiver auferido vantagens das deteriorações, e não tiver sido condenado a indenizá-las, o valor das vantagens será deduzido da quantia que lhe houver de dar o alienante.

Art. 453. As benfeitorias necessárias ou úteis, não abonadas ao que sofreu a evicção, serão pagas pelo alienante.

• *Vide* arts. 96, §§ 2.º e 3.º (benfeitorias necessárias ou úteis) do CC.

Art. 454. Se as benfeitorias abonadas ao que sofreu a evicção tiverem sido feitas pelo alienante, o valor delas será levado em conta na restituição devida.

Art. 455. Se parcial, mas considerável, for a evicção, poderá o evicto optar entre a rescisão do contrato e a restituição da parte do preço correspondente ao desfalque sofrido. Se não for considerável, caberá somente direito a indenização.

• *Vide* art. 442 do CC.

Art. 456. (*Revogado pela Lei n. 13.105, de 16-3-2015.*)

Art. 457. Não pode o adquirente demandar pela evicção, se sabia que a coisa era alheia ou litigiosa.

Seção VII
Dos Contratos Aleatórios

Art. 458. Se o contrato for aleatório, por dizer respeito a coisas ou fatos futuros, cujo risco de não virem a existir um dos contratantes assuma, terá o outro direito de receber integralmente o que lhe foi prometido, desde que de sua parte não tenha havido dolo ou culpa, ainda que nada do avençado venha a existir.

• *Vide* arts. 145 a 150 (dolo) do CC.

Art. 459. Se for aleatório, por serem objeto dele coisas futuras, tomando o adquirente a si o risco de virem a existir em qualquer quantidade, terá também direito o alienante a todo o preço, desde que de sua parte não tiver concorrido culpa, ainda que a coisa venha a existir em quantidade inferior à esperada.

Parágrafo único. Mas, se da coisa nada vier a existir, alienação não haverá, e o alienante restituirá o preço recebido.

Art. 460. Se for aleatório o contrato, por se referir a coisas existentes, mas expostas a risco, assumido pelo adquirente, terá igualmente direito o alienante a todo o preço, posto que a coisa já não existisse, em parte, ou de todo, no dia do contrato.

Art. 461. A alienação aleatória a que se refere o artigo antecedente poderá ser anulada como dolosa pelo prejudicado, se provar que o outro contratante não ignorava a consumação do risco, a que no contrato se considerava exposta a coisa.

Seção VIII
Do Contrato Preliminar

• *Vide* arts. 34, § 3.º, e 35, §§ 1.º e 4.º, da Lei n. 4.591, de 16-12-1964.

Art. 462. O contrato preliminar, exceto quanto à forma, deve conter todos os requisitos essenciais ao contrato a ser celebrado.

• *Vide* arts. 227, 421 a 426 do CC.

Art. 463. Concluído o contrato preliminar, com observância do disposto no artigo antecedente, e desde que dele não conste cláusula de arrependimento, qualquer das partes terá o direito de exigir a celebração do definitivo, assinando prazo à outra para que o efetive.

Parágrafo único. O contrato preliminar deverá ser levado ao registro competente.

• Registros Públicos: *vide* Lei n. 6.015, de 31-12-1973.

Art. 464. Esgotado o prazo, poderá o juiz, a pedido do interessado, suprir a vontade da parte inadimplente, conferindo caráter definitivo ao contrato preliminar, salvo se a isto se opuser a natureza da obrigação.

Art. 465. Se o estipulante não der execução ao contrato preliminar, poderá a outra parte considerá-lo desfeito, e pedir perdas e danos.

• *Vide* arts. 402 a 405 (perdas e danos) do CC.

Art. 466. Se a promessa de contrato for unilateral, o credor, sob pena de ficar a mesma sem efeito, deverá manifestar-se no prazo nela previsto, ou, inexistindo este, no que lhe for razoavelmente assinado pelo devedor.

Seção IX
Do Contrato com Pessoa a Declarar

Art. 467. No momento da conclusão do contrato, pode uma das partes reservar-se a faculdade de indicar a pessoa que deve adquirir os direitos e assumir as obrigações dele decorrentes.

• *Vide* art. 469 do CC.

Art. 468. Essa indicação deve ser comunicada à outra parte no prazo de cinco dias da conclusão do contrato, se outro não tiver sido estipulado.

Parágrafo único. A aceitação da pessoa nomeada não será eficaz se não se revestir da mesma forma que as partes usaram para o contrato.

• *Vide* arts. 104 e 470, I, do CC.

Art. 469. A pessoa, nomeada de conformidade com os artigos antecedentes, adquire os direitos e assume as obrigações decorrentes do contrato, a partir do momento em que este foi celebrado.

Art. 470. O contrato será eficaz somente entre os contratantes originários:

I – se não houver indicação de pessoa, ou se o nomeado se recusar a aceitá-la;

• *Vide* art. 468, parágrafo único, do CC.

II – se a pessoa nomeada era insolvente, e a outra pessoa o desconhecia no momento da indicação.

Art. 471. Se a pessoa a nomear era incapaz ou insolvente no momento da nomeação, o contrato produzirá seus efeitos entre os contratantes originários.

• *Vide* arts. 3.º, 4.º, 5.º, 105, 171, I (incapacidade), 283, 284 e 296 a 298 (insolvência) do CC.

Capítulo II
DA EXTINÇÃO DO CONTRATO

Seção I
Do Distrato

Art. 472. O distrato faz-se pela mesma forma exigida para o contrato.

• *Vide* art. 320, *caput*, do CC.
• Sobre cancelamento da hipoteca, *vide* art. 251 da Lei n. 6.015, de 31-12-1973 (LRP).
• CDC: *vide* arts. 35, 49, 51 e 53 da Lei n. 8.078, de 11-9-1990.
• Sistema Nacional de Defesa do Consumidor – SNDC: art. 22, XVII, do Decreto n. 2.181, de 20-3-1997.

Art. 473. A resilição unilateral, nos casos em que a lei expressa ou implicitamente o permita, opera mediante denúncia notificada à outra parte.

• *Vide* arts. 681, I, e 688 do CC.

Parágrafo único. Se, porém, dada a natureza do contrato, uma das partes houver feito investimentos consideráveis para a sua execução, a denúncia unilateral só produzirá efeito depois de transcorrido prazo compatível com a natureza e o vulto dos investimentos.

Seção II
Da Cláusula Resolutiva

Art. 474. A cláusula resolutiva expressa opera de pleno direito; a tácita depende de interpelação judicial.

- *Vide* arts. 128, 476 e 477 do CC.

Art. 475. A parte lesada pelo inadimplemento pode pedir a resolução do contrato, se não preferir exigir-lhe o cumprimento, cabendo, em qualquer dos casos, indenização por perdas e danos.

- *Vide* arts. 186 e 927, *caput* (reparação de dano), e 402 a 405 (perdas e danos) do CC.

Seção III
Da Exceção de Contrato não Cumprido

Art. 476. Nos contratos bilaterais, nenhum dos contratantes, antes de cumprida a sua obrigação, pode exigir o implemento da do outro.

- *Vide* arts. 333, *caput*, 389, 491 e 495 do CC.

Art. 477. Se, depois de concluído o contrato, sobrevier a uma das partes contratantes diminuição em seu patrimônio capaz de comprometer ou tornar duvidosa a prestação pela qual se obrigou, pode a outra recusar-se à prestação que lhe incumbe, até que aquela satisfaça a que lhe compete ou dê garantia bastante de satisfazê-la.

- *Vide* arts. 333, *caput*, 389, 491 e 495 do CC.

Seção IV
Da Resolução por Onerosidade Excessiva

Art. 478. Nos contratos de execução continuada ou diferida, se a prestação de uma das partes se tornar excessivamente onerosa, com extrema vantagem para a outra, em virtude de acontecimentos extraordinários e imprevisíveis, poderá o devedor pedir a resolução do contrato. Os efeitos da sentença que a decretar retroagirão à data da citação.

- *Vide* art. 6.º, V, da Lei n. 8.078, de 11-9-1990 (CDC).

Art. 479. A resolução poderá ser evitada, oferecendo-se o réu a modificar equitativamente as condições do contrato.

- *Vide* arts. 6.º, V, 37 e 51 do CDC.

Art. 480. Se no contrato as obrigações couberem a apenas uma das partes, poderá ela pleitear que a sua prestação seja reduzida, ou alterado o modo de executá-la, a fim de evitar a onerosidade excessiva.

- *Vide* arts. 572, 621 e parágrafo único, 625, II, 944, parágrafo único, 1.286 e 1.341, § 2.º, do CC.
- Relações de consumo: art. 10 da Lei n. 8.137, de 27-12-1990.
- Defesa da concorrência do Mercosul: art. 25 do Decreto n. 3.602, de 18-9-2000.
- Ordem econômica: art. 85 da Lei n. 12.529, de 30-11-2011.

Título VI
DAS VÁRIAS ESPÉCIES DE CONTRATO

•• *Vide* Lei n. 11.795, de 8-10-2008, que dispõe sobre o Contrato de Consórcio nos arts. 10 a 15.

Capítulo I
DA COMPRA E VENDA

Seção I
Disposições Gerais

Art. 481. Pelo contrato de compra e venda, um dos contratantes se obriga a transferir o domínio de certa coisa, e o outro, a pagar-lhe certo preço em dinheiro.

- *Vide* CPC, arts. 1.070 e 1.071 (venda a crédito com reserva de domínio).
- Sobre o compromisso de compra e venda de imóveis, para pagamento em prestações, *vide* Decreto-lei n. 58, de 10-12-1937, Lei n. 4.380, de 21-8-1964, e Lei n. 6.766, de 19-12-1979.
- O Decreto-lei n. 3.109, de 12-3-1941, dispõe sobre o registro das alienações de estrada de ferro.
- A Lei n. 1.521, de 26-12-1951, dispõe sobre crimes contra a economia popular.
- Obrigatoriedade das medidas legais fixadas pelo Instituto Nacional de Pesos e Medidas: art. 15 do Decreto-lei n. 240, de 28-2-1967, que dispõe sobre o sistema nacional de metrologia, regulamentado pelo Decreto n. 62.292, de 22-2-1968.
- Venda ou promessa de venda de direitos, de terrenos loteados, mediante consórcio, fundo mútuo: Lei n. 5.768, de 20-12-1971.
- Sobre as vendas a crédito com reserva de domínio, *vide* Lei n. 6.015, de 31-12-1973, art. 129, n. 5.
- *Vide* Lei n. 6.766, de 19-12-1979, que dispõe sobre o parcelamento do solo urbano.
- *Vide* arts. 77, 78, 81, 242 a 244, 256 e 257 da Lei n. 8.069, de 13-7-1990 (ECA).
- *Vide* Súmulas 413 e 489 do STF.
- Sobre alienação de unidade autônoma: *vide* art. 32, § 2.º, da Lei n. 4.591, de 16-12-1964.

Art. 482. A compra e venda, quando pura, considerar-se-á obrigatória e perfeita, desde que as partes acordarem no objeto e no preço.

- *Vide* arts. 417 a 420 (arras ou sinal) e 485 e 486 do CC.
- *Vide* Súmula 413 do STF.

Art. 483. A compra e venda pode ter por objeto coisa atual ou futura. Neste caso, ficará sem efeito o contrato se esta não vier a existir, salvo se a intenção das partes era de concluir contrato aleatório.

- *Vide* arts. 458 a 461 (contratos aleatórios) do CC.

Art. 484. Se a venda se realizar à vista de amostras, protótipos ou modelos, entender-se-á que o vendedor assegura ter a coisa as qualidades que a elas correspondem.

- *Vide* art. 441, *caput*, do CC.

Parágrafo único. Prevalece a amostra, o protótipo ou o modelo, se houver contradição ou diferença com a maneira pela qual se descreveu a coisa no contrato.

- *Vide* arts. 30 e s. da Lei n. 8.078, de 11-9-1990 (CDC).

Art. 485. A fixação do preço pode ser deixada ao arbítrio de terceiro, que os contratantes logo designarem ou prometerem designar. Se o terceiro não aceitar a incumbência, ficará sem efeito o contrato, salvo quando acordarem os contratantes designar outra pessoa.

Art. 486. Também se poderá deixar a fixação do preço à taxa de mercado ou de bolsa, em certo e determinado dia e lugar.

- *Vide* art. 318 do CC.

Art. 487. É lícito às partes fixar o preço em função de índices ou parâmetros, desde que suscetíveis de objetiva determinação.

Art. 488. Convencionada a venda sem fixação de preço ou de critérios para a sua determinação, se não houver tabelamento oficial, entende-se que as partes se sujeitaram ao preço corrente nas vendas habituais do vendedor.

Parágrafo único. Na falta de acordo, por ter havido diversidade de preço, prevalecerá o termo médio.

Art. 489. Nulo é o contrato de compra e venda, quando se deixa ao arbítrio exclusivo de uma das partes a fixação do preço.

- *Vide* art. 122 do CC.
- *Vide* art. 51, X, da Lei n. 8.078, de 11-9-1990.

Art. 490. Salvo cláusula em contrário, ficarão as despesas de escritura e registro a cargo do comprador, e a cargo do vendedor as da tradição.

- *Vide* art. 533, I, do CC.

Art. 491. Não sendo a venda a crédito, o vendedor não é obrigado a entregar a coisa antes de receber o preço.

- *Vide* arts. 476 e 477 do CC.

Art. 492. Até o momento da tradição, os riscos da coisa correm por conta do vendedor, e os do preço por conta do comprador.

- *Vide* arts. 234, 246, 458, 1.267 e 1.268 do CC.

§ 1.º Todavia, os casos fortuitos, ocorrentes no ato de contar, marcar ou assinalar coisas, que comumente se recebem, contando, pesando, medindo ou assinalando, e que já tiverem sido postas à disposição do comprador, correrão por conta deste.

- *Vide* art. 393, parágrafo único, do CC.

§ 2.º Correrão também por conta do comprador os riscos das referidas coisas, se estiver em mora de as receber, quando postas à sua disposição no tempo, lugar e pelo modo ajustados.

- *Vide* art. 400 do CC.

Art. 493. A tradição da coisa vendida, na falta de estipulação expressa, dar-se-á no lugar onde ela se encontrava, ao tempo da venda.

- *Vide* arts. 1.245, 1.267, 1.268, §§ 1.º e 2.º, e 327 a 330 do CC.

Art. 494. Se a coisa for expedida para lugar diverso, por ordem do comprador, por sua conta correrão os riscos, uma vez entregue a quem haja de transportá-la, salvo se das instruções dele se afastar o vendedor.

- *Vide* arts. 327 e 492 do CC.

Art. 495. Não obstante o prazo ajustado para o pagamento, se antes da tradição o comprador cair em insolvência, poderá o vendedor sobrestar na entrega da coisa, até que o comprador lhe dê caução de pagar no tempo ajustado.

• *Vide* arts. 476 e 477 do CC.

Art. 496. É anulável a venda de ascendente a descendente, salvo se os outros descendentes e o cônjuge do alienante expressamente houverem consentido.

• *Vide* art. 533, II, do CC.
• *Vide* Súmula 494 do STF.
• *Vide* art. 544 do CC.

Parágrafo único. Em ambos os casos, dispensa-se o consentimento do cônjuge se o regime de bens for o da separação obrigatória.

• *Vide* art. 1.641 do CC.

Art. 497. Sob pena de nulidade, não podem ser comprados, ainda que em hasta pública:

I – pelos tutores, curadores, testamenteiros e administradores, os bens confiados à sua guarda ou administração;

• *Vide* art. 1.749, I, do CC.

II – pelos servidores públicos, em geral, os bens ou direitos da pessoa jurídica a que servirem, ou que estejam sob sua administração direta ou indireta;

III – pelos juízes, secretários de tribunais, arbitradores, peritos e outros serventuários ou auxiliares da justiça, os bens ou direitos sobre que se litigar em tribunal, juízo ou conselho, no lugar onde servirem, ou a que se estender a sua autoridade;

IV – pelos leiloeiros e seus prepostos, os bens de cuja venda estejam encarregados.

• Os leiloeiros são proibidos, sob pena de multa, de adquirir para si, ou para pessoa de sua família, coisa de cuja venda tenham sido incumbidos. Regulamento baixado pelo Decreto n. 21.981, de 19-10-1932, art. 36, *b*.
• A aquisição de propriedade rural no território nacional somente poderá ser feita por brasileiro ou por estrangeiro residente no País – dispõe o Ato Complementar n. 45, de 30-1-1969, Lei n. 5.709, de 7-10-1971, e Decreto n. 74.965, de 26-11-1974, que regulamenta a aquisição de imóveis rurais por estrangeiros.

Parágrafo único. As proibições deste artigo estendem-se à cessão de crédito.

• *Vide* arts. 286 a 298 do CC.

Art. 498. A proibição contida no inciso III do artigo antecedente, não compreende os casos de compra e venda ou cessão entre coerdeiros, ou em pagamento de dívida, ou para garantia de bens já pertencentes a pessoas designadas no referido inciso.

• *Vide* arts. 286 a 298 (cessão de crédito) e 1.749, III, do CC.

Art. 499. É lícita a compra e venda entre cônjuges, com relação a bens excluídos da comunhão.

• *Vide* arts. 1.659, 1.668 e 1.674 do CC.

Art. 500. Se, na venda de um imóvel, se estipular o preço por medida de extensão, ou se determinar a respectiva área, e esta não corresponder, em qualquer dos casos, às dimensões dadas, o comprador terá o direito de exigir o complemento da área, e, não sendo isso possível, o de reclamar a resolução do contrato ou abatimento proporcional ao preço.

• *Vide* arts. 18 e s. da Lei n. 8.078, de 11-9-1990 (CDC).
• *Vide* art. 73 do CPC.

§ 1.º Presume-se que a referência às dimensões foi simplesmente enunciativa, quando a diferença encontrada não exceder de um vigésimo da área total enunciada, ressalvado ao comprador o direito de provar que, em tais circunstâncias, não teria realizado o negócio.

• *Vide* arts. 441, *caput*, e 445 do CC e 26 da Lei n. 8.078, de 11-9-1990 (CDC).

§ 2.º Se em vez de falta houver excesso, e o vendedor provar que tinha motivos para ignorar a medida exata da área vendida, caberá ao comprador, à sua escolha, completar o valor correspondente ao preço ou devolver o excesso.

§ 3.º Não haverá complemento de área, nem devolução de excesso, se o imóvel for vendido como coisa certa e discriminada, tendo sido apenas enunciativa a referência às suas dimensões, ainda que não conste, de modo expresso, ter sido a venda *ad corpus*.

Art. 501. Decai do direito de propor as ações previstas no artigo antecedente o vendedor ou o comprador que não o fizer no prazo de um ano, a contar do registro do título.

Parágrafo único. Se houver atraso na imissão de posse no imóvel, atribuível ao alienante, a partir dela fluirá o prazo de decadência.

Art. 502. O vendedor, salvo convenção em contrário, responde por todos os débitos que gravem a coisa até o momento da tradição.

• *Vide* arts. 422, 490, 492 e 533, I, do CC.

Art. 503. Nas coisas vendidas conjuntamente, o defeito oculto de uma não autoriza a rejeição de todas.

• *Vide* arts. 441 a 446 (vícios redibitórios) do CC.

Art. 504. Não pode um condômino em coisa indivisível vender a sua parte a estranhos, se outro consorte a quiser, tanto por tanto. O condômino, a quem não se der conhecimento da venda, poderá, depositando o preço, haver para si a parte vendida a estranhos, se o requerer no prazo de cento e oitenta dias, sob pena de decadência.

• *Vide* arts. 87, 88 e 1.314 do CC.

Parágrafo único. Sendo muitos os condôminos, preferirá o que tiver benfeitorias de maior valor e, na falta de benfeitorias, o de quinhão maior. Se as partes forem iguais, haverão a parte vendida os comproprietários, que a quiserem, depositando previamente o preço.

• *Vide* arts. 96 e 97 (benfeitorias) e 1.322 (direito de preferência) do CC.
• *Vide* arts. 27 a 36 da Lei n. 8.245, de 18-10-1991.

Seção II
Das Cláusulas Especiais à Compra e Venda

Subseção I
Da retrovenda

Art. 505. O vendedor de coisa imóvel pode reservar-se o direito de recobrá-la no prazo máximo de decadência de três anos, restituindo o preço recebido e reembolsando as despesas do comprador, inclusive as que, durante o período de resgate, se efetuaram com a sua autorização escrita, ou para a realização de benfeitorias necessárias.

• *Vide* art. 445, *caput* e § 1.º, do CC.

Art. 506. Se o comprador se recusar a receber as quantias a que faz jus, o vendedor, para exercer o direito de resgate, as depositará judicialmente.

Parágrafo único. Verificada a insuficiência do depósito judicial, não será o vendedor restituído no domínio da coisa, até e enquanto não for integralmente pago o comprador.

• *Vide* arts. 890 a 900 do CC.

Art. 507. O direito de retrato, que é cessível e transmissível a herdeiros e legatários, poderá ser exercido contra o terceiro adquirente.

• *Vide* arts. 286 a 298 e 1.359 do CC.

Art. 508. Se a duas ou mais pessoas couber o direito de retrato sobre o mesmo imóvel, e só uma o exercer, poderá o comprador intimar as outras para nele acordarem, prevalecendo o pacto em favor de quem haja efetuado o depósito, contanto que seja integral.

Subseção II
Da venda a contento e da sujeita a prova

Art. 509. A venda feita a contento do comprador entende-se realizada sob condição suspensiva, ainda que a coisa lhe tenha sido entregue; e não se reputará perfeita, enquanto o adquirente não manifestar seu agrado.

• *Vide* arts. 125, 127, 128 e 234 do CC.

Art. 510. Também a venda sujeita a prova presume-se feita sob a condição suspensiva de que a coisa tenha as qualidades asseguradas pelo vendedor e seja idônea para o fim a que se destina.

Art. 511. Em ambos os casos, as obrigações do comprador, que recebeu, sob condição suspensiva, a coisa comprada, são as de mero comodatário, enquanto não manifeste aceitá-la.

• *Vide* arts. 579 a 585 do CC.

Art. 512. Não havendo prazo estipulado para a declaração do comprador, o vendedor terá direito de intimá-lo, judicial ou extrajudicialmente, para que o faça em prazo improrrogável.

Subseção III
Da preempção ou preferência

Art. 513. A preempção, ou preferência, impõe ao comprador a obrigação de oferecer ao vendedor a coisa que aquele vai vender, ou dar em pagamento, para que este use de seu direito de prelação na compra, tanto por tanto.

- *Vide* arts. 1.373, 1.440 e 1.481, § 1.º, do CC.
- *Vide* arts. 27 a 34 da Lei n. 8.245, de 18-10-1991.

Parágrafo único. O prazo para exercer o direito de preferência não poderá exceder a cento e oitenta dias se a coisa for móvel, ou a dois anos, se imóvel.

Art. 514. O vendedor pode também exercer o seu direito de prelação, intimando o comprador, quando lhe constar que este vai vender a coisa.

Art. 515. Aquele que exerce a preferência está, sob pena de a perder, obrigado a pagar, em condições iguais, o preço encontrado, ou o ajustado.

Art. 516. Inexistindo prazo estipulado, o direito de preempção caducará, se a coisa for móvel, não se exercendo nos três dias, e, se for imóvel, não se exercendo nos sessenta dias subsequentes à data em que o comprador tiver notificado o vendedor.

- *Vide* art. 28 da Lei n. 8.245, de 18-10-1991.

Art. 517. Quando o direito de preempção for estipulado a favor de dois ou mais indivíduos em comum, só pode ser exercido em relação à coisa no seu todo. Se alguma das pessoas, a quem ele toque, perder ou não exercer o seu direito, poderão as demais utilizá-lo na forma sobredita.

Art. 518. Responderá por perdas e danos o comprador, se alienar a coisa sem ter dado ao vendedor ciência do preço e das vantagens que por ela lhe oferecem. Responderá solidariamente o adquirente, se tiver procedido de má-fé.

- *Vide* arts. 402 a 405 do CC.

Art. 519. Se a coisa expropriada para fins de necessidade ou utilidade pública, ou por interesse social, não tiver o destino para que se desapropriou, ou não for utilizada em obras ou serviços públicos, caberá ao expropriado direito de preferência, pelo preço atual da coisa.

- *Vide* art. 35 do Decreto-lei n. 3.365, de 21-6-1941 (desapropriação).

Art. 520. O direito de preferência não se pode ceder nem passa aos herdeiros.

Subseção IV
Da venda com reserva de domínio

Art. 521. Na venda de coisa móvel, pode o vendedor reservar para si a propriedade, até que o preço esteja integralmente pago.

- *Vide* art. 523 do CC.

Art. 522. A cláusula de reserva de domínio será estipulada por escrito e depende de registro no domicílio do comprador para valer contra terceiros.

Art. 523. Não pode ser objeto de venda com reserva de domínio a coisa insuscetível de caracterização perfeita, para estremá-la de outras congêneres. Na dúvida, decide-se a favor do terceiro adquirente de boa-fé.

Art. 524. A transferência de propriedade ao comprador dá-se no momento em que o preço esteja integralmente pago. Todavia, pelos riscos da coisa responde o comprador, a partir de quando lhe foi entregue.

- *Vide* arts. 319 e 491 do CC.

Art. 525. O vendedor somente poderá executar a cláusula de reserva de domínio após constituir o comprador em mora, mediante protesto do título ou interpelação judicial.

- *Vide* art. 394 do CC.

Art. 526. Verificada a mora do comprador, poderá o vendedor mover contra ele a competente ação de cobrança das prestações vencidas e vincendas e o mais que lhe for devido; ou poderá recuperar a posse da coisa vendida.

- *Vide* arts. 394 a 401 do CC.
- A Lei n. 9.492, de 10-9-1997, define competência, regulamenta os serviços concernentes ao protesto de títulos e outros documentos, e dá outras providências.

Art. 527. Na segunda hipótese do artigo antecedente, é facultado ao vendedor reter as prestações pagas até o necessário para cobrir a depreciação da coisa, as despesas feitas e o mais que de direito lhe for devido. O excedente será devolvido ao comprador; e o que faltar lhe será cobrado, tudo na forma da lei processual.

Art. 528. Se o vendedor receber o pagamento à vista, ou, posteriormente, mediante financiamento de instituição do mercado de capitais, a esta caberá exercer os direitos e ações decorrentes do contrato, a benefício de qualquer outro. A operação financeira e a respectiva ciência do comprador constarão do registro do contrato.

Subseção V
Da venda sobre documentos

Art. 529. Na venda sobre documentos, a tradição da coisa é substituída pela entrega do seu título representativo e dos outros documentos exigidos pelo contrato ou, no silêncio deste, pelos usos.

Parágrafo único. Achando-se a documentação em ordem, não pode o comprador recusar o pagamento, a pretexto de defeito de qualidade ou do estado da coisa vendida, salvo se o defeito já houver sido comprovado.

Art. 530. Não havendo estipulação em contrário, o pagamento deve ser efetuado na data e no lugar da entrega dos documentos.

- *Vide* art. 9.º da LINDB.

Art. 531. Se entre os documentos entregues ao comprador figurar apólice de seguro que cubra os riscos do transporte, correm estes à conta do comprador, salvo se, ao ser concluído o contrato, tivesse o vendedor ciência da perda ou avaria da coisa.

- *Vide* art. 754, parágrafo único, do CC.
- Sobre seguro, *vide* arts. 757 a 788 do CC.

Art. 532. Estipulado o pagamento por intermédio de estabelecimento bancário, caberá a este efetuá-lo contra a entrega dos documentos, sem obrigação de verificar a coisa vendida, pela qual não responde.

Parágrafo único. Nesse caso, somente após a recusa do estabelecimento bancário a efetuar o pagamento, poderá o vendedor pretendê-lo, diretamente do comprador.

Capítulo II
DA TROCA OU PERMUTA

Art. 533. Aplicam-se à troca as disposições referentes à compra e venda, com as seguintes modificações:

I – salvo disposição em contrário, cada um dos contratantes pagará por metade as despesas com o instrumento da troca;

- *Vide* art. 490 do CC.

II – é anulável a troca de valores desiguais entre ascendentes e descendentes, sem consentimento dos outros descendentes e do cônjuge do alienante.

- *Vide* arts. 481 e s. (compra e venda) do CC.
- *Vide* Súmula 494 do STF.

Capítulo III
DO CONTRATO ESTIMATÓRIO

Art. 534. Pelo contrato estimatório, o consignante entrega bens móveis ao consignatário, que fica autorizado a vendê-los, pagando àquele o preço ajustado, salvo se preferir, no prazo estabelecido, restituir-lhe a coisa consignada.

Art. 535. O consignatário não se exonera da obrigação de pagar o preço, se a restituição da coisa, em sua integridade, se tornar impossível, ainda que por fato a ele não imputável.

Art. 536. A coisa consignada não pode ser objeto de penhora ou sequestro pelos credores do consignatário, enquanto não pago integralmente o preço.

Art. 537. O consignante não pode dispor da coisa antes de lhe ser restituída ou de lhe ser comunicada a restituição.

Capítulo IV
DA DOAÇÃO

Seção I
Disposições Gerais

Art. 538. Considera-se doação o contrato em que uma pessoa, por liberalidade, transfere do seu patrimônio bens ou vantagens para o de outra.

- *Vide* Súmula 328 do STF.
- A Lei n. 8.666, de 21-6-1993 (Lei de Licitações), proíbe a doação de imóveis públicos a particulares.

Art. 539. O doador pode fixar prazo ao donatário, para declarar se aceita ou não a liberalidade. Desde que o donatário, ciente do prazo, não faça, dentro dele, a declaração, entender-se-á que aceitou, se a doação não for sujeita a encargo.

Art. 540. A doação feita em contemplação do merecimento do donatário não perde o caráter de liberalidade, como não o perde a doação remuneratória, ou a gravada, no excedente ao valor dos serviços remunerados ou ao encargo imposto.

- *Vide* arts. 136, 441, parágrafo único, e 564 do CC.

Art. 541. A doação far-se-á por escritura pública ou instrumento particular.

Parágrafo único. A doação verbal será válida, se, versando sobre bens móveis e de pequeno valor, se lhe seguir incontinenti a tradição.

- *Vide* art. 218 (registro) da Lei n. 6.015, de 31-12-1973 (LRP).
- *Vide* arts. 108 e 1.267 do CC.

Art. 542. A doação feita ao nascituro valerá, sendo aceita pelo seu representante legal.

- *Vide* arts. 2.º e 1.779, *caput*, do CC.

Art. 543. Se o donatário for absolutamente incapaz, dispensa-se a aceitação, desde que se trate de doação pura.

- *Vide* arts. 3.º, 4.º e 1.748, II, do CC.

Art. 544. A doação de ascendentes a descendentes, ou de um cônjuge a outro, importa adiantamento do que lhes cabe por herança.

- Vide arts. 847, 2.003, 2.005, parágrafo único, e 2.022 do CC.

Art. 545. A doação em forma de subvenção periódica ao beneficiado extingue-se morrendo o doador, salvo se este outra coisa dispuser, mas não poderá ultrapassar a vida do donatário.

Art. 546. A doação feita em contemplação de casamento futuro com certa e determinada pessoa, quer pelos nubentes entre si, quer por terceiro a um deles, a ambos, ou aos filhos que, de futuro, houverem um do outro, não pode ser impugnada por falta de aceitação, e só ficará sem efeito se o casamento não se realizar.

- *Vide* art. 1.639, *caput*, do CC.

Art. 547. O doador pode estipular que os bens doados voltem ao seu patrimônio, se sobreviver ao donatário.

- *Vide* art. 1.359 do CC.

Parágrafo único. Não prevalece cláusula de reversão em favor de terceiro.

Art. 548. É nula a doação de todos os bens sem reserva de parte, ou renda suficiente para a subsistência do doador.

- *Vide* art. 166 do CC.

Art. 549. Nula é também a doação quanto à parte que exceder à de que o doador, no momento da liberalidade, poderia dispor em testamento.

- *Vide* arts. 1.789 e 1.846 do CC.

Art. 550. A doação do cônjuge adúltero ao seu cúmplice pode ser anulada pelo outro cônjuge, ou por seus herdeiros necessários, até dois anos depois de dissolvida a sociedade conjugal.

- *Vide* arts. 1.845 a 1.850 (herdeiros necessários) do CC.
- *Vide* Súmula 382 do STF.

Art. 551. Salvo declaração em contrário, a doação em comum a mais de uma pessoa entende-se distribuída entre elas por igual.

Parágrafo único. Se os donatários, em tal caso, forem marido e mulher, subsistirá na totalidade a doação para o cônjuge sobrevivo.

Art. 552. O doador não é obrigado a pagar juros moratórios, nem é sujeito às consequências da evicção ou do vício redibitório. Nas doações para casamento com certa e determinada pessoa, o doador ficará sujeito à evicção, salvo convenção em contrário.

- *Vide* arts. 441 a 446 (vícios redibitórios) e 447 a 457 (evicção) do CC.

Art. 553. O donatário é obrigado a cumprir os encargos da doação, caso forem a benefício do doador, de terceiro, ou do interesse geral.

- *Vide* arts. 436 a 438 (estipulação em favor de terceiro) e 1.938 (aplicação) do CC.

Parágrafo único. Se desta última espécie for o encargo, o Ministério Público poderá exigir sua execução, depois da morte do doador, se este não tiver feito.

Art. 554. A doação a entidade futura caducará se, em dois anos, esta não estiver constituída regularmente.

- *Vide* art. 45 do CC.

Seção II
Da Revogação da Doação

Art. 555. A doação pode ser revogada por ingratidão do donatário, ou por inexecução do encargo.

- *Vide* arts. 557 e 559 do CC.

Art. 556. Não se pode renunciar antecipadamente o direito de revogar a liberalidade por ingratidão do donatário.

Art. 557. Podem ser revogadas por ingratidão as doações:

I – se o donatário atentou contra a vida do doador ou cometeu crime de homicídio doloso contra ele;

II – se cometeu contra ele ofensa física;

III – se o injuriou gravemente ou o caluniou;

IV – se, podendo ministrá-los, recusou ao doador os alimentos de que este necessitava.

Art. 558. Pode ocorrer também a revogação quando o ofendido, nos casos do artigo anterior, for o cônjuge, ascendente, descendente, ainda que adotivo, ou irmão do doador.

- *Vide* art. 1.596 do CC.

Art. 559. A revogação por qualquer desses motivos deverá ser pleiteada dentro de um ano, a contar de quando chegue ao conhecimento do doador o fato que a autorizar, e de ter sido o donatário o seu autor.

Art. 560. O direito de revogar a doação não se transmite aos herdeiros do doador, nem prejudica os do donatário. Mas aqueles podem prosseguir na ação iniciada pelo doador, continuando-a contra os herdeiros do donatário, se este falecer depois de ajuizada a lide.

Art. 561. No caso de homicídio doloso do doador, a ação caberá aos seus herdeiros, exceto se aquele houver perdoado.

Art. 562. A doação onerosa pode ser revogada por inexecução do encargo, se o donatário incorrer em mora. Não havendo prazo para o cumprimento, o doador poderá notificar judicialmente o donatário, assinando-lhe prazo razoável para que cumpra a obrigação assumida.

- *Vide* arts. 390 e 397 do CC.

Art. 563. A revogação por ingratidão não prejudica os direitos adquiridos por terceiros, nem obriga o donatário a restituir os frutos percebidos antes da citação válida; mas sujeita-o a pagar os posteriores, e, quando não possa restituir em espécie as coisas doadas, a indenizá-la pelo meio-termo do seu valor.

- *Vide* art. 1.360 do CC.

Art. 564. Não se revogam por ingratidão:

I – as doações puramente remuneratórias;

- *Vide* art. 540 do CC.

II – as oneradas com encargo já cumprido;

III – as que se fizerem em cumprimento de obrigação natural;

- *Vide* art. 882 do CC.

IV – as feitas para determinado casamento.

Capítulo V
DA LOCAÇÃO DE COISAS

•• *Vide* art. 2.036 do CC.

Art. 565. Na locação de coisas, uma das partes se obriga a ceder à outra, por tempo determinado ou não, o uso e gozo de coisa não fungível, mediante certa retribuição.

- *Vide* art. 85 do CC.
- Sobre locação de imóveis da União: Decreto-lei n. 9.760, de 5-9-1946.
- Locações que continuam reguladas pelo CC: *vide* art. 1.º, parágrafo único, da Lei n. 8.245, de 18-10-1991.

Art. 566. O locador é obrigado:

I – a entregar ao locatário a coisa alugada, com suas pertenças, em estado de servir ao uso a que se destina, e a mantê-la nesse estado, pelo tempo do contrato, salvo cláusula expressa em contrário;

•• *Vide* arts. 22 a 26 (deveres do locador e locatário) da Lei n. 8.245, de 18-10-1991.

II – a garantir-lhe, durante o tempo do contrato, o uso pacífico da coisa.

•• *Vide* art. 568 do CC.

Art. 567. Se, durante a locação, se deteriorar a coisa alugada, sem culpa do locatário, a este caberá pedir redução proporcional do aluguel, ou resolver o contrato, caso já não sirva a coisa para o fim a que se destinava.

•• *Vide* art. 26, parágrafo único, da Lei n. 8.245, de 18-10-1991.

Art. 568. O locador resguardará o locatário dos embaraços e turbações de terceiros, que tenham ou pretendam ter direitos sobre a coisa alugada, e responderá pelos seus vícios, ou defeitos, anteriores à locação.

- *Vide* arts. 441, *caput*, 447 e 566, II, do CC.
- *Vide* art. 22, IV (vícios ou defeitos anteriores à locação), da Lei n. 8.245, de 18-10-1991.

Art. 569. O locatário é obrigado:

I – a servir-se da coisa alugada para os usos convencionados ou presumidos, conforme a natureza dela e as circunstâncias, bem como tratá-la com o mesmo cuidado como se sua fosse;

- *Vide* art. 570 do CC.
- *Vide* art. 23, II, da Lei n. 8.245, de 18-10-1991.

II – a pagar pontualmente o aluguel nos prazos ajustados, e, em falta de ajuste, segundo o costume do lugar;

- *Vide* art. 23, I, da Lei n. 8.245, de 18-10-1991.

III – a levar ao conhecimento do locador as turbações de terceiros, que se pretendam fundadas em direito;

- *Vide* art. 23, IV, da Lei n. 8.245, de 18-10-1991.

IV – a restituir a coisa, finda a locação, no estado em que a recebeu, salvas as deteriorações naturais ao uso regular.

- *Vide* art. 23, III, da Lei n. 8.245, de 18-10-1991.

Art. 570. Se o locatário empregar a coisa em uso diverso do ajustado, ou do a que se destina, ou se ela se danificar por abuso do locatário, poderá o locador, além de rescindir o contrato, exigir perdas e danos.

- *Vide* arts. 402 a 405 do CC.
- *Vide* art. 9.º da Lei n. 8.245, de 18-10-1991.

Art. 571. Havendo prazo estipulado à duração do contrato, antes do vencimento não poderá o locador reaver a coisa alugada, senão ressarcindo ao locatário as perdas e danos resultantes, nem o locatário devolvê-la ao locador, senão pagando, proporcionalmente, a multa prevista no contrato.

- *Vide* art. 4.º (retomada de imóvel alugado) da Lei n. 8.245, de 18-10-1991.

Parágrafo único. O locatário gozará do direito de retenção, enquanto não for ressarcido.

- *Vide* art. 578 do CC.

Art. 572. Se a obrigação de pagar o aluguel pelo tempo que faltar constituir indenização excessiva, será facultado ao juiz fixá-la em bases razoáveis.

- *Vide* art. 5.º da LINDB.

Art. 573. A locação por tempo determinado cessa de pleno direito findo o prazo estipulado, independentemente de notificação ou aviso.

- *Vide* arts. 46, *caput*, 47 e 56 da Lei n. 8.245, de 18-10-1991.

Art. 574. Se, findo o prazo, o locatário continuar na posse da coisa alugada, sem oposição do locador, presumir-se-á prorrogada a locação pelo mesmo aluguel, mas sem prazo determinado.

- *Vide* art. 56 e parágrafo único (cessação do contrato por prazo determinado) da Lei n. 8.245, de 18-10-1991.

Art. 575. Se, notificado o locatário, não restituir a coisa, pagará, enquanto a tiver em seu poder, o aluguel que o locador arbitrar, e responderá pelo dano que ela venha a sofrer, embora proveniente de caso fortuito.

- *Vide* arts. 703 a 706 do CPC.

Parágrafo único. Se o aluguel arbitrado for manifestamente excessivo, poderá o juiz reduzi-lo, mas tendo sempre em conta o seu caráter de penalidade.

Art. 576. Se a coisa for alienada durante a locação, o adquirente não ficará obrigado a respeitar o contrato, se nele não for consignada a cláusula da sua vigência no caso de alienação, e não constar de registro.

- *Vide* arts. 129, n. 1, e 167, I, n. 3, da Lei n. 6.015, de 31-12-1973 (LRP).
- *Vide* arts. 27 a 34 (direito de preferência) da Lei n. 8.245, de 18-10-1991.
- *Vide* Súmula 442 do STF.

§ 1.º O registro a que se refere este artigo será o de Títulos e Documentos do domicílio do locador, quando a coisa for móvel; e será o Registro de Imóveis da respectiva circunscrição, quando imóvel.

§ 2.º Em se tratando de imóvel, e ainda no caso em que o locador não esteja obrigado a respeitar o contrato, não poderá ele despedir o locatário, senão observado o prazo de noventa dias após a notificação.

- *Vide* art. 8.º da Lei n. 8.245, de 18-10-1991.

Art. 577. Morrendo o locador ou o locatário, transfere-se aos seus herdeiros a locação por tempo determinado.

- *Vide* arts. 10 e 11 (morte de locador e locatário) da Lei n. 8.245, de 18-10-1991.

Art. 578. Salvo disposição em contrário, o locatário goza do direito de retenção, no caso de benfeitorias necessárias, ou no de benfeitorias úteis, se estas houverem sido feitas com expresso consentimento do locador.

- *Vide* art. 96 do CC.
- *Vide* arts. 35 e 36 (benfeitorias) da Lei n. 8.245, de 18-10-1991.
- *Vide* Súmula 158 do STF.

Capítulo VI
DO EMPRÉSTIMO

Seção I
Do Comodato

Art. 579. O comodato é o empréstimo gratuito de coisas não fungíveis. Perfaz-se com a tradição do objeto.

- *Vide* art. 85 do CC.

Art. 580. Os tutores, curadores e em geral todos os administradores de bens alheios não poderão dar em comodato, sem autorização especial, os bens confiados à sua guarda.

- *Vide* arts. 1.749 e 1.774 do CC.

Art. 581. Se o comodato não tiver prazo convencional, presumir-se-lhe-á o necessário para o uso concedido; não podendo o comodante, salvo necessidade imprevista e urgente, reconhecida pelo juiz, suspender o uso e gozo da coisa emprestada, antes de findo o prazo convencional, ou o que se determine pelo uso outorgado.

Art. 582. O comodatário é obrigado a conservar, como se sua própria fora, a coisa emprestada, não podendo usá-la senão de acordo com o contrato ou a natureza dela, sob pena de responder por perdas e danos. O comodatário constituído em mora, além de por ela responder, pagará, até restituí-la, o aluguel da coisa que for arbitrado pelo comodante.

- *Vide* arts. 399 e 402 a 405 (perdas e danos) do CC.

Art. 583. Se, correndo risco o objeto do comodato juntamente com outros do comodatário, antepuser este a salvação dos seus abandonando o do comodante, responderá pelo dano ocorrido, ainda que se possa atribuir a caso fortuito, ou força maior.

- *Vide* arts. 238 a 240 e 393, parágrafo único, do CC.

Art. 584. O comodatário não poderá jamais recobrar do comodante as despesas feitas com o uso e gozo da coisa emprestada.

- *Vide* arts. 241 e 242 do CC.

Art. 585. Se duas ou mais pessoas forem simultaneamente comodatárias de uma coisa, ficarão solidariamente responsáveis para com o comodante.

- *Vide* arts. 275 e s. do CC.

Seção II
Do Mútuo

- *Vide* Decreto n. 22.626, de 7-4-1933, que dispõe sobre os juros dos contratos e dá outras providências – o Decreto-lei n. 182, de 5-1-1938, revogou os §§ 1.º e 2.º do art. 1.º do Decreto n. 22.626, de 7-4-1933.
- O Decreto-lei n. 1.113, de 22-2-1939, dispõe sobre taxas de juros nos empréstimos sob penhor.
- O Decreto-lei n. 3.200, de 19-4-1941, dispõe sobre mútuos para casamento (arts. 8.º a 11) e para pessoas casadas (art. 12).
- A Lei n. 1.046, de 2-1-1950, dispõe sobre mútuos com a garantia de consignação em folhas de pagamento. Em seu art. 7.º faz limitações aos juros.
- A Lei n. 1.521, de 26-12-1951, dispõe sobre os crimes contra a economia popular.
- *Vide* Decreto-lei n. 857, de 11-9-1969, que consolidou e alterou a legislação sobre moeda de pagamento de obrigações exequíveis no Brasil.
- *Vide* Medida Provisória n. 2.172-32, de 23-8-2001.
- *Vide* Súmula 60 do STJ.

Art. 586. O mútuo é o empréstimo de coisas fungíveis. O mutuário é obrigado a restituir ao mutuante o que dele recebeu em coisa do mesmo gênero, qualidade e quantidade.

- *Vide* arts. 85 e 645 do CC.

Art. 587. Este empréstimo transfere o domínio da coisa emprestada ao mutuário, por cuja conta correm todos os riscos dela desde a tradição.

Art. 588. O mútuo feito a pessoa menor, sem prévia autorização daquele sob cuja guarda estiver, não pode ser reavido nem do mutuário, nem de seus fiadores.

- *Vide* arts. 180 e 824, parágrafo único, do CC.

Art. 589. Cessa a disposição do artigo antecedente:

I – se a pessoa, de cuja autorização necessitava o mutuário para contrair o empréstimo, o ratificar posteriormente;

- *Vide* arts. 172 e 175 do CC.

II – se o menor, estando ausente essa pessoa, se viu obrigado a contrair o empréstimo para os seus alimentos habituais;

III – se o menor tiver bens ganhos com o seu trabalho. Mas, em tal caso, a execução do credor não lhes poderá ultrapassar as forças;

IV – se o empréstimo reverteu em benefício do menor;

V – se o menor obteve o empréstimo maliciosamente.

Art. 590. O mutuante pode exigir garantia da restituição, se antes do vencimento o mutuário sofrer notória mudança em sua situação econômica.

- *Vide* arts. 333, 472, 476 e 477 do CC.

Art. 591. Destinando-se o mútuo a fins econômicos, presumem-se devidos juros, os quais, sob pena de redução, não poderão exceder a taxa a que se refere o art. 406, permitida a capitalização anual.

•• *Vide* Súmulas 539 e 541 do STJ.

- A Medida Provisória n. 2.170-36, de 23-8-2001, dispõe em seu art. 5.º que nas operações realizadas pelas instituições integrantes do Sistema Financeiro Nacional, é admissível a capitalização de juros com periodicidade inferior a um ano.

Art. 592. Não se tendo convencionado expressamente, o prazo do mútuo será:

- *Vide* art. 331 do CC.

I – até a próxima colheita, se o mútuo for de produtos agrícolas, assim para o consumo, como para semeadura;

II – de trinta dias, pelo menos, se for de dinheiro;

III – do espaço de tempo que declarar o mutuante, se for de qualquer outra coisa fungível.

Capítulo VII
DA PRESTAÇÃO DE SERVIÇO

Art. 593. A prestação de serviço, que não estiver sujeita às leis trabalhistas ou a lei especial, reger-se-á pelas disposições deste Capítulo.

Art. 594. Toda a espécie de serviço ou trabalho lícito, material ou imaterial, pode ser contratada mediante retribuição.

Art. 595. No contrato de prestação de serviço, quando qualquer das partes não souber ler, nem escrever, o instrumento poderá ser assinado a rogo e subscrito por duas testemunhas.

- O art. 456 da CLT (Decreto-lei n. 5.452, de 1.º-5-1943) dispõe sobre a prova do contrato individual de trabalho.

Art. 596. Não se tendo estipulado, nem chegado a acordo as partes, fixar-se-á por arbitramento a retribuição, segundo o costume do lugar, o tempo de serviço e sua qualidade.

- O art. 460 da CLT (Decreto-lei n. 5.452, de 1.º-5-1943) dispõe sobre a falta de estipulação de salário ou falta de prova sobre a importância ajustada.

Art. 597. A retribuição pagar-se-á depois de prestado o serviço, se, por convenção, ou costume, não houver de ser adiantada, ou paga em prestações.

- O art. 459 da CLT (Decreto-lei n. 5.452, de 1.º-5-1943) dispõe sobre o pagamento de salário.

Art. 598. A prestação de serviço não se poderá convencionar por mais de quatro anos, embora o contrato tenha por causa o pagamento de dívida de quem o presta, ou se destine à execução de certa e determinada obra. Neste caso, decorridos quatro anos, dar-se-á por findo o contrato, ainda que não concluída a obra.

- O art. 149 do CP (Decreto-lei n. 2.848, de 7-12-1940) dispõe sobre o crime de redução à condição análoga à de escravo.
- O art. 445 da CLT (Decreto-lei n. 5.452, de 1.º-5-1943) dispõe sobre o contrato de trabalho por prazo determinado.

Art. 599. Não havendo prazo estipulado, nem se podendo inferir da natureza do contrato, ou do costume do lugar, qualquer das partes, a seu arbítrio, mediante prévio aviso, pode resolver o contrato.

Parágrafo único. Dar-se-á o aviso:

I – com antecedência de oito dias, se o salário se houver fixado por tempo de um mês, ou mais;

II – com antecipação de quatro dias, se o salário se tiver ajustado por semana, ou quinzena;

III – de véspera, quando se tenha contratado por menos de sete dias.

Art. 600. Não se conta no prazo do contrato o tempo em que o prestador de serviço, por culpa sua, deixou de servir.

- O art. 453 da CLT (Decreto-lei n. 5.452, de 1.º-5-1943) dispõe sobre o tempo de serviço do empregado.

Art. 601. Não sendo o prestador de serviço contratado para certo e determinado trabalho, entender-se-á que se obrigou a todo e qualquer serviço compatível com as suas forças e condições.

- O art. 456 da CLT (Decreto-lei n. 5.452, de 1.º-5-1943) dispõe sobre a prova do contrato individual de trabalho.

Art. 602. O prestador de serviço contratado por tempo certo, ou por obra determinada, não se pode ausentar, ou despedir, sem justa causa, antes de preenchido o tempo, ou concluída a obra.

Parágrafo único. Se se despedir sem justa causa, terá direito à retribuição vencida, mas responderá por perdas e danos. O mesmo dar-se-á, se despedido por justa causa.

- Considera-se como de prazo determinado o contrato de trabalho cuja vigência dependa de termo prefixado ou da execução de serviços especificados ou ainda da realização de certo acontecimento suscetível de previsão aproximada: art. 443, § 1.º, da CLT. Os arts. 480 e s. da CLT dispõem sobre o desligamento do contrato de trabalho.
- A Lei Complementar n. 150, de 1.º-6-2015, dispõe sobre o contrato de trabalho doméstico.

Art. 603. Se o prestador de serviço for despedido sem justa causa, a outra parte será obrigada a pagar-lhe por inteiro a retribuição vencida, e por metade a que lhe tocaria de então ao termo legal do contrato.

- Os arts. 477 e 478 da CLT dispõem sobre rescisão.

Art. 604. Findo o contrato, o prestador de serviço tem direito a exigir da outra parte a declaração de que o contrato está findo. Igual direito lhe cabe, se for despedido sem justa causa, ou se tiver havido motivo justo para deixar o serviço.

Art. 605. Nem aquele a quem os serviços são prestados, poderá transferir a outrem o direito aos serviços ajustados, nem o prestador de serviços, sem aprazimento da outra parte, dar substituto que os preste.

Art. 606. Se o serviço for prestado por quem não possua título de habilitação, ou não satisfaça requisitos outros estabelecidos em lei, não poderá quem os prestou cobrar a retribuição normalmente correspondente ao trabalho executado. Mas se deste resultar benefício para a outra parte, o juiz atribuirá a quem o prestou uma compensação razoável, desde que tenha agido com boa-fé.

Parágrafo único. Não se aplica a segunda parte deste artigo, quando a proibição da prestação de serviço resultar de lei de ordem pública.

Art. 607. O contrato de prestação de serviço acaba com a morte de qualquer das partes. Termina, ainda, pelo escoamento do prazo, pela conclusão da obra, pela rescisão do contrato mediante aviso prévio, por inadimplemento de qualquer das partes ou pela impossibilidade da continuação do contrato, motivada por força maior.

Art. 608. Aquele que aliciar pessoas obrigadas em contrato escrito a prestar serviço a outrem pagará a este a importância que ao prestador de serviço, pelo ajuste desfeito, houvesse de caber durante dois anos.

- Aliciar trabalhadores, com o fim de levá-los de uma para outra localidade do território nacional, constitui o crime previsto no art. 207 do CP.

Art. 609. A alienação do prédio agrícola, onde a prestação dos serviços se opera, não importa a rescisão do contrato, salvo ao prestador opção entre continuá-lo com o adquirente da propriedade ou com o primitivo contratante.

- *Vide* art. 605 do CC.

Capítulo VIII
DA EMPREITADA

Art. 610. O empreiteiro de uma obra pode contribuir para ela só com seu trabalho ou com ele e os materiais.

§ 1.º A obrigação de fornecer os materiais não se presume; resulta da lei ou da vontade das partes.

§ 2.º O contrato para elaboração de um projeto não implica a obrigação de executá-lo, ou de fiscalizar-lhe a execução.

Art. 611. Quando o empreiteiro fornece os materiais, correm por sua conta os riscos até o momento da entrega da obra, a contento de quem a encomendou, se este não estiver em mora de receber. Mas se estiver, por sua conta correrão os riscos.

- *Vide* arts. 234, 394, 400, 615 e 617 do CC.

Art. 612. Se o empreiteiro só forneceu mão de obra, todos os riscos em que não tiver culpa correrão por conta do dono.

Art. 613. Sendo a empreitada unicamente de lavor (art. 610), se a coisa perecer antes de entregue, sem mora do dono nem culpa do empreiteiro, este perderá a retribuição, se não provar que a perda resultou de defeito dos materiais e que em tempo reclamara contra a sua quantidade ou qualidade.

Art. 614. Se a obra constar de partes distintas, ou for de natureza das que se determinam por medida, o empreiteiro terá direito a que também se verifique por medida, ou segundo as partes em que se dividir, podendo exigir o pagamento na proporção da obra executada.

§ 1.º Tudo o que se pagou presume-se verificado.

§ 2.º O que se mediu presume-se verificado se, em trinta dias, a contar da medição, não forem denunciados os vícios ou defeitos pelo dono da obra ou por quem estiver incumbido da sua fiscalização.

Art. 615. Concluída a obra de acordo com o ajuste, ou o costume do lugar, o dono é obrigado a recebê-la. Poderá, porém, rejeitá-la, se o empreiteiro se afastou das instruções recebidas e dos planos dados, ou das regras técnicas em trabalhos de tal natureza.

Art. 616. No caso da segunda parte do artigo antecedente, pode quem encomendou a obra, em vez de enjeitá-la, recebê-la com abatimento no preço.

- *Vide* art. 442 do CC.

Art. 617. O empreiteiro é obrigado a pagar os materiais que recebeu, se por imperícia ou negligência os inutilizar.

- *Vide* arts. 186 e 927 do CC.

Art. 618. Nos contratos de empreitada de edifícios ou outras construções consideráveis, o empreiteiro de materiais e execução responderá, durante o prazo irredutível de cinco anos, pela solidez e segurança do trabalho, assim em razão dos materiais, como do solo.

Parágrafo único. Decairá do direito assegurado neste artigo o dono da obra que não propuser a ação contra o empreiteiro, nos cento e oitenta dias seguintes ao aparecimento do vício ou defeito.

Art. 619. Salvo estipulação em contrário, o empreiteiro que se incumbir de executar uma obra, segundo plano aceito por quem a encomendou, não terá direito a exigir acréscimo no preço, ainda que sejam introduzidas modificações no projeto, a não ser que estas resultem de instruções escritas do dono da obra.

- *Vide* art. 478 do CC.

Parágrafo único. Ainda que não tenha havido autorização escrita, o dono da obra é obrigado a pagar ao empreiteiro os aumentos e acréscimos, segundo o que for arbitrado, se, sempre presente à obra, por continuadas visitas, não podia ignorar o que se estava passando, e nunca protestou.

Art. 620. Se ocorrer diminuição no preço do material ou da mão de obra superior a um décimo do preço global convencionado, poderá este ser revisto, a pedido do dono da obra, para que se lhe assegure a diferença apurada.

Art. 621. Sem anuência de seu autor, não pode o proprietário da obra introduzir modificações no projeto por ele aprovado, ainda que a execução seja confiada a terceiros, a não ser que, por motivos supervenientes ou razões de ordem técnica, fique comprovada a inconveniência ou a excessiva onerosidade de execução do projeto em sua forma originária.

Parágrafo único. A proibição deste artigo não abrange alterações de pouca monta, ressalvada sempre a unidade estética da obra projetada.

Art. 622. Se a execução da obra for confiada a terceiros, a responsabilidade do autor do projeto respectivo, desde que não assuma a direção ou fiscalização daquela, ficará limitada aos danos resultantes de defeitos previstos no art. 618 e seu parágrafo único.

Art. 623. Mesmo após iniciada a construção, pode o dono da obra suspendê-la, desde que pague ao empreiteiro as despesas e lucros relativos aos serviços já feitos, mais indenização razoável, calculada em função do que ele teria ganho, se concluída a obra.

Art. 624. Suspensa a execução da empreitada sem justa causa, responde o empreiteiro por perdas e danos.

- *Vide* arts. 402 a 405 do CC.

Art. 625. Poderá o empreiteiro suspender a obra:

I – por culpa do dono, ou por motivo de força maior;

II – quando, no decorrer dos serviços, se manifestarem dificuldades imprevisíveis de execução, resultantes de causas geológicas ou hídricas, ou outras semelhantes, de modo que torne a empreitada excessivamente onerosa, e o dono da obra se opuser ao reajuste do preço inerente ao projeto por ele elaborado, observados os preços;

III – se as modificações exigidas pelo dono da obra, por seu vulto e natureza, forem desproporcionais ao projeto aprovado, ainda que o dono se disponha a arcar com o acréscimo de preço.

Art. 626. Não se extingue o contrato de empreitada pela morte de qualquer das partes, salvo se ajustado em consideração às qualidades pessoais do empreiteiro.

Capítulo IX
DO DEPÓSITO

Seção I
Do Depósito Voluntário

Art. 627. Pelo contrato de depósito recebe o depositário um objeto móvel, para guardar, até que o depositante o reclame.

•• *Vide* Súmula Vinculante 25.

- *Vide* arts. 640, 645 e 652 do CC.
- A Lei n. 2.313, de 3-9-1954, dispõe sobre os prazos dos contratos de depósito regular e voluntário de bens de qualquer espécie.
- A Lei n. 2.666, de 6-12-1955, dispõe sobre o penhor de produtos agrícolas.
- O Decreto n. 6.514, de 22-7-2008, que dispõe sobre a especificação das sanções aplicáveis às condutas e atividades lesivas ao meio ambiente, de acordo com o Capítulo VI da Lei n. 9.605, de 12-2-1998, determina que os bens apreendidos, na impossibilidade de atendimento imediato, poderão ser, através de órgão ambiental atuante, confiados a fiel depositário na forma prevista neste artigo.
- *Vide* Súmula 304 do STJ.

Art. 628. O contrato de depósito é gratuito, exceto se houver convenção em contrário, se resultante de atividade negocial ou se o depositário o praticar por profissão.

- *Vide* art. 651 do CC.

Parágrafo único. Se o depósito for oneroso e a retribuição do depositário não constar de lei, nem resultar de ajuste, será determinada pelos usos do lugar, e, na falta destes, por arbitramento.

Art. 629. O depositário é obrigado a ter na guarda e conservação da coisa depositada o cuidado e diligência que costuma com o que lhe pertence, bem como a restituí-la, com todos os frutos e acrescidos, quando o exija o depositante.

- *Vide* Súmula 179 do STJ.

Art. 630. Se o depósito se entregou fechado, colado, selado, ou lacrado, nesse mesmo estado se manterá.

Art. 631. Salvo disposição em contrário, a restituição da coisa deve dar-se no lugar em que tiver de ser guardada. As despesas de restituição correm por conta do depositante.

Art. 632. Se a coisa houver sido depositada no interesse de terceiro, e o depositário tiver sido cientificado deste fato pelo depositante, não poderá ele exonerar-se restituindo a coisa a este, sem consentimento daquele.

Art. 633. Ainda que o contrato fixe prazo à restituição, o depositário entregará o depósito logo que se lhe exija, salvo se tiver o direito de retenção a que se refere o art. 644, se o objeto for judicialmente embargado, se sobre ele pender execução, notificada ao depositário, ou se houver motivo razoável de suspeitar que a coisa foi dolosamente obtida.

- *Vide* arts. 634 e 638 do CC.

Art. 634. No caso do artigo antecedente, última parte, o depositário, expondo o fundamento da suspeita, requererá que se recolha o objeto ao Depósito Público.

- *Vide* art. 638 do CC.

Art. 635. Ao depositário será facultado, outrossim, requerer depósito judicial da coisa, quando, por motivo plausível, não a possa guardar, e o depositante não queira recebê-la.

- *Vide* arts. 334 a 345 (pagamento por consignação) do CC.
- *Vide* arts. 539 e s. do CPC (ação de consignação em pagamento).

Art. 636. O depositário, que por força maior houver perdido a coisa depositada e recebido outra em seu lugar, é obrigado a entregar a segunda ao depositante, e ceder-lhe as ações que no caso tiver contra o terceiro responsável pela restituição da primeira.

- *Vide* arts. 286 a 298 (cessão de crédito) e 393, parágrafo único, do CC.

Art. 637. O herdeiro do depositário, que de boa-fé vendeu a coisa depositada, é obrigado a assistir o depositante na reivindicação, e a restituir ao comprador o preço recebido.

- *Vide* arts. 447, 879, *caput*, e 1.792 do CC.

Art. 638. Salvo os casos previstos nos arts. 633 e 634, não poderá o depositário furtar-se à restituição do depósito, alegando não pertencer a coisa ao depositante, ou opondo compensação, exceto se noutro depósito se fundar.

- *Vide* art. 373, II, do CC.

Art. 639. Sendo dois ou mais depositantes, e divisível a coisa, a cada um só entregará o depositário a respectiva parte, salvo se houver entre eles solidariedade.

- *Vide* arts. 87, 260 e 264 a 285 do CC.

Art. 640. Sob pena de responder por perdas e danos, não poderá o depositário, sem licença expressa do depositante, servir-se da coisa depositada, nem a dar em depósito a outrem.

- *Vide* arts. 402 a 405 (perdas e danos) do CC.

Parágrafo único. Se o depositário, devidamente autorizado, confiar a coisa em depósito a terceiro, será responsável se agiu com culpa na escolha deste.

Art. 641. Se o depositário se tornar incapaz, a pessoa que lhe assumir a administração dos bens diligenciará imediatamente restituir a coisa depositada e, não querendo ou não podendo o depositante recebê-la, recolhê-la-á ao Depósito Público ou promoverá nomeação de outro depositário.

- *Vide* arts. 334 e 335 do CC.
- *Vide* arts. 539 e s. do CPC (ação de consignação em pagamento).

Art. 642. O depositário não responde pelos casos de força maior; mas, para que lhe valha a escusa, terá de prová-los.

- *Vide* art. 393 do CC.

Art. 643. O depositante é obrigado a pagar ao depositário as despesas feitas com a coisa, e os prejuízos que do depósito provierem.

Art. 644. O depositário poderá reter o depósito até que se lhe pague a retribuição devida, o líquido valor das despesas, ou dos prejuízos a que se refere o artigo anterior, provando imediatamente esses prejuízos ou essas despesas.

Parágrafo único. Se essas dívidas, despesas ou prejuízos não forem provados suficientemente, ou forem ilíquidos, o depositário poderá exigir caução idônea do depositante ou, na falta desta, a remoção da coisa para o Depósito Público, até que se liquidem.

Art. 645. O depósito de coisas fungíveis, em que o depositário se obrigue a restituir objetos do mesmo gênero, qualidade e quantidade, regular-se-á pelo disposto acerca do mútuo.

Art. 646. O depósito voluntário provar-se-á por escrito.

- *Vide* art. 648, parágrafo único, do CC.
- *Vide* art. 129, n. 2, da Lei n. 6.015, de 31-12-1973 (LRP).

Seção II
Do Depósito Necessário

Art. 647. É depósito necessário:

I – o que se faz em desempenho de obrigação legal;

- *Vide* art. 648 do CC.

II – o que se efetua por ocasião de alguma calamidade, como o incêndio, a inundação, o naufrágio ou o saque.

- *Vide* art. 648, parágrafo único, do CC.

Art. 648. O depósito a que se refere o inciso I do artigo antecedente, reger-se-á pela disposição da respectiva lei, e, no silêncio ou deficiência dela, pelas concernentes ao depósito voluntário.

Parágrafo único. As disposições deste artigo aplicam-se aos depósitos previstos no inciso II do artigo antecedente, podendo estes certificarem-se por qualquer meio de prova.

- *Vide* arts. 627 a 646 do CC.

Art. 649. Aos depósitos previstos no artigo antecedente é equiparado o das bagagens dos viajantes ou hóspedes nas hospedarias onde estiverem.

- *Vide* arts. 650, 651 e 1.467, I, do CC.

Parágrafo único. Os hospedeiros responderão como depositários, assim como pelos furtos e roubos que perpetrarem as pessoas empregadas ou admitidas nos seus estabelecimentos.

Art. 650. Cessa, nos casos do artigo antecedente, a responsabilidade dos hospedeiros, se provarem que os fatos prejudiciais aos viajantes ou hóspedes não podiam ter sido evitados.

- *Vide* art. 393 do CC.

Art. 651. O depósito necessário não se presume gratuito. Na hipótese do art. 649, a remuneração pelo depósito está incluída no preço da hospedagem.

- *Vide* art. 628 do CC.

Art. 652. Seja o depósito voluntário ou necessário, o depositário que não o restituir quando exigido será compelido a fazê-lo mediante prisão não excedente a um ano, e ressarcir os prejuízos.

- *Vide* art. 5.º, LXVII, da CF.
- O Decreto n. 592, de 6-7-1992 (Pacto Internacional sobre Direitos Civis e Políticos), dispõe em seu art. 11 que "ninguém poderá ser preso apenas por não poder cumprir com uma obrigação contratual".
- O Decreto n. 678, de 6-11-1992 (Pacto de São José da Costa Rica), dispõe em seu art. 7.º, item 7, que "ninguém deve ser detido por dívida, exceto no caso de inadimplemento de obrigação alimentar".
- *Vide* Súmulas 304, 305 e 419 do STJ.

Capítulo X
DO MANDATO

Seção I
Disposições Gerais

Art. 653. Opera-se o mandato quando alguém recebe de outrem poderes para, em seu nome, praticar atos ou administrar interesses. A procuração é o instrumento do mandato.

- *Vide* CF, art. 54, II, c.
- *Vide* arts. 656, 660, 662 e 663 do CC.
- Sobre mandato, *vide* arts. 104, 111, 112, 260, II, e 287 do CPC.
- Os sindicatos têm a prerrogativa de representar seus associados, perante as autoridades administrativas e judiciárias – dispõe a CLT, arts. 513 e 791.
- Iguais prerrogativas foram conferidas às associações de classe que congreguem funcionários ou empregados de empresas industriais da União, dos Estados, dos Municípios e de entidades autárquicas, nos termos da Lei n. 1.134, de 14-6-1950.
- A Lei n. 8.112, de 11-12-1990 (Regime Jurídico dos Servidores Públicos Civis da União, das Autarquias e das Fundações Federais), em seu art. 117, determina que os funcionários federais não podem atuar como procurador ou intermediário, junto a repartições públicas, salvo quando se tratar de benefícios previdenciários ou assistenciais de parentes até o segundo grau, e de cônjuge ou companheiro.
- Sobre mandato conferido aos advogados, *vide* Lei n. 8.906, de 4-7-1994, que dispõe sobre o EAOAB, arts. 5.º, 22, § 5.º, 25, V, 34, XIX, 40, III, 42, 63, *caput*, 65 e parágrafo único, 66 e parágrafo único, e 82.

Art. 654. Todas as pessoas capazes são aptas para dar procuração mediante instrumento particular, que valerá desde que tenha a assinatura do outorgante.

- *Vide* arts. 5.º, 657 e 666 do CC.

§ 1.º O instrumento particular deve conter a indicação do lugar onde foi passado, a qualificação do outorgante e do outorgado, a data e o objetivo da outorga com a designação e a extensão dos poderes conferidos.

§ 2.º O terceiro com quem o mandatário tratar poderá exigir que a procuração traga a firma reconhecida.

- *Vide* art. 105 do CPC.
- Exigência de reconhecimento da firma – *vide* art. 158 da Lei n. 6.015, de 31-12-1973.

Art. 655. Ainda quando se outorgue mandato por instrumento público, pode substabelecer-se mediante instrumento particular.

Art. 656. O mandato pode ser expresso ou tácito, verbal ou escrito.

- *Vide* art. 1.324 do CC, sobre mandato tácito ao condômino.
- O art. 513 da CLT dispõe sobre o grupamento de sindicatos em associações.
- A Lei n. 1.134, de 14-6-1950, dispõe sobre a representação perante autoridades administrativas.

Art. 657. A outorga do mandato está sujeita à forma exigida por lei para o ato a ser praticado. Não se admite mandato verbal quando o ato deva ser celebrado por escrito.

• *Vide* arts. 108, 109 e 654 do CC.

Art. 658. O mandato presume-se gratuito quando não houver sido estipulada retribuição, exceto se o seu objeto corresponder ao daqueles que o mandatário trata por ofício ou profissão lucrativa.

Parágrafo único. Se o mandato for oneroso, caberá ao mandatário a retribuição prevista em lei ou no contrato. Sendo estes omissos, será ela determinada pelos usos do lugar, ou, na falta destes, por arbitramento.

Art. 659. A aceitação do mandato pode ser tácita, e resulta do começo de execução.

Art. 660. O mandato pode ser especial a um ou mais negócios determinadamente, ou geral a todos os do mandante.

Art. 661. O mandato em termos gerais só confere poderes de administração.

§ 1.º Para alienar, hipotecar, transigir, ou praticar outros quaisquer atos que exorbitem da administração ordinária, depende a procuração de poderes especiais e expressos.

• *Vide* art. 105 do CPC.

§ 2.º O poder de transigir não importa o de firmar compromisso.

• *Vide* arts. 840 a 850 (transação) e 851 a 853 (compromisso) do CC.
• *Vide* Lei n. 9.307, de 23-9-1996, que dispõe sobre a arbitragem.

Art. 662. Os atos praticados por quem não tenha mandato, ou o tenha sem poderes suficientes, são ineficazes em relação àquele em cujo nome foram praticados, salvo se este os ratificar.

• *Vide* arts. 665, 673, 679 e 873 do CC.
• *Vide* art. 104, § 2.º, do CPC.
• *Vide* Súmula 476 do STJ.

Parágrafo único. A ratificação há de ser expressa, ou resultar de ato inequívoco, e retroagirá à data do ato.

• *Vide* art. 105 do CPC.

Art. 663. Sempre que o mandatário estipular negócios expressamente em nome do mandante, será este o único responsável; ficará, porém, o mandatário pessoalmente obrigado, se agir no seu próprio nome, ainda que o negócio seja de conta do mandante.

Art. 664. O mandatário tem o direito de reter, do objeto da operação que lhe foi cometida, quanto baste para pagamento de tudo que lhe for devido em consequência do mandato.

Art. 665. O mandatário que exceder os poderes do mandato, ou proceder contra eles, será considerado mero gestor de negócios, enquanto o mandante lhe não ratificar os atos.

• *Vide* arts. 873 a 875 do CC.

Art. 666. O maior de dezesseis e menor de dezoito anos não emancipado pode ser mandatário, mas o mandante não tem ação contra ele senão de conformidade com as regras gerais, aplicáveis às obrigações contraídas por menores.

• *Vide* arts. 180, 181 e 654 do CC.

Seção II
Das Obrigações do Mandatário

Art. 667. O mandatário é obrigado a aplicar toda sua diligência habitual na execução do mandato, e a indenizar qualquer prejuízo causado por culpa sua ou daquele a quem substabelecer, sem autorização, poderes que devia exercer pessoalmente.

• *Vide* art. 26 da Lei n. 8.906, de 4-7-1994.

§ 1.º Se, não obstante proibição do mandante, o mandatário se fizer substituir na execução do mandato, responderá ao seu constituinte pelos prejuízos ocorridos sob a gerência do substituto, embora provenientes de caso fortuito, salvo provando que o caso teria sobrevindo, ainda que não tivesse havido substabelecimento.

• *Vide* art. 393 do CC.

§ 2.º Havendo poderes de substabelecer, só serão imputáveis ao mandatário os danos causados pelo substabelecido, se tiver agido com culpa na escolha deste ou nas instruções dadas a ele.

§ 3.º Se a proibição de substabelecer constar da procuração, os atos praticados pelo substabelecido não obrigam o mandante, salvo ratificação expressa, que retroagirá à data do ato.

§ 4.º Sendo omissa a procuração quanto ao substabelecimento, o procurador será responsável se o substabelecido proceder culposamente.

Art. 668. O mandatário é obrigado a dar contas de sua gerência ao mandante, transferindo-lhe as vantagens provenientes do mandato, por qualquer título que seja.

Art. 669. O mandatário não pode compensar os prejuízos a que deu causa com os proveitos que, por outro lado, tenha granjeado ao seu constituinte.

Art. 670. Pelas somas que devia entregar ao mandante ou recebeu para despesa, mas empregou em proveito seu, pagará o mandatário juros, desde o momento em que abusou.

• *Vide* art. 677 do CC.

Art. 671. Se o mandatário, tendo fundos ou crédito do mandante, comprar, em nome próprio, algo que devera comprar para o mandante, por ter sido expressamente designado no mandato, terá este ação para obrigá-lo à entrega da coisa comprada.

Art. 672. Sendo dois ou mais os mandatários nomeados no mesmo instrumento, qualquer deles poderá exercer os poderes outorgados, se não forem expressamente declarados conjuntos, nem especificamente designados para atos diferentes, ou subordinados a atos sucessivos. Se os mandatários forem declarados conjuntos, não terá eficácia o ato praticado sem interferência de todos, salvo havendo ratificação, que retroagirá à data do ato.

• *Vide* art. 265 do CC.

Art. 673. O terceiro que, depois de conhecer os poderes do mandatário, com ele celebrar negócio jurídico exorbitante do mandato, não tem ação contra o mandatário, salvo se este lhe prometeu ratificação do mandante ou se responsabilizou pessoalmente.

• *Vide* art. 662 do CC.

Art. 674. Embora ciente da morte, interdição ou mudança de estado do mandante, deve o mandatário concluir o negócio já começado, se houver perigo na demora.

• *Vide* arts. 682, II e III, e 689 do CC.

Seção III
Das Obrigações do Mandante

Art. 675. O mandante é obrigado a satisfazer todas as obrigações contraídas pelo mandatário, na conformidade do mandato conferido, e adiantar a importância das despesas necessárias à execução dele, quando o mandatário lho pedir.

• *Vide* arts. 665 a 673 do CC.

Art. 676. É obrigado o mandante a pagar ao mandatário a remuneração ajustada e as despesas da execução do mandato, ainda que o negócio não surta o esperado efeito, salvo tendo o mandatário culpa.

• *Vide* arts. 658, 678 e 680 do CC.

Art. 677. As somas adiantadas pelo mandatário, para a execução do mandato, vencem juros desde a data do desembolso.

• *Vide* art. 670 do CC.

Art. 678. É igualmente obrigado o mandante a ressarcir ao mandatário as perdas que este sofrer com a execução do mandato, sempre que não resultem de culpa sua ou de excesso de poderes.

• *Vide* arts. 402 a 405, 665, 673 e 675 do CC.

Art. 679. Ainda que o mandatário contrarie as instruções do mandante, se não exceder os limites do mandato, ficará o mandante obrigado para com aqueles com quem o seu procurador contratou; mas terá contra este ação pelas perdas e danos resultantes da inobservância das instruções.

Art. 680. Se o mandato for outorgado por duas ou mais pessoas, e para negócio comum, cada uma ficará solidariamente responsável ao mandatário por todos os compromissos e efeitos do mandato, salvo direito regressivo, pelas quantias que pagar, contra os outros mandantes.

• *Vide* arts. 283 a 285 do CC.

Art. 681. O mandatário tem sobre a coisa de que tenha a posse em virtude do mandato, direito de retenção, até se reembolsar do que no desempenho do encargo despendeu.

Seção IV
Da Extinção do Mandato

Art. 682. Cessa o mandato:

I – pela revogação ou pela renúncia;

• *Vide* arts. 684, 687 e 688 do CC.
• Sobre mandato no CPC: arts. 111 e 112.
• *Vide* art. 5.º, § 3.º (renúncia), da Lei n. 8.906, de 4-7-1994 (EAOAB).

II – pela morte ou interdição de uma das partes;

• *Vide* arts. 674, 690 e 691 do CC.
• Sobre mandato no CPC: arts. 313, I, e 1.004.

III – pela mudança de estado que inabilite o mandante a conferir os poderes, ou o mandatário para os exercer;

IV – pelo término do prazo ou pela conclusão do negócio.

Art. 683. Quando o mandato contiver a cláusula de irrevogabilidade e o mandante o revogar, pagará perdas e danos.

- *Vide* arts. 402 a 405 do CC.

Art. 684. Quando a cláusula de irrevogabilidade for condição de um negócio bilateral, ou tiver sido estipulada no exclusivo interesse do mandatário, a revogação do mandato será ineficaz.

Art. 685. Conferido o mandato com a cláusula "em causa própria", a sua revogação não terá eficácia, nem se extinguirá pela morte de qualquer das partes, ficando o mandatário dispensado de prestar contas, e podendo transferir para si os bens móveis ou imóveis objeto do mandato, obedecidas as formalidades legais.

Art. 686. A revogação do mandato, notificada somente ao mandatário, não se pode opor aos terceiros que, ignorando-a, de boa-fé com ele trataram; mas ficam salvas ao constituinte as ações que no caso lhe possam caber contra o procurador.

- *Vide* art. 111 do CPC.

Parágrafo único. É irrevogável o mandato que contenha poderes de cumprimento ou confirmação de negócios encetados, aos quais se ache vinculado.

Art. 687. Tanto que for comunicada ao mandatário a nomeação de outro, para o mesmo negócio, considerar-se-á revogado o mandato anterior.

Art. 688. A renúncia do mandato será comunicada ao mandante, que, se for prejudicado pela sua inoportunidade, ou pela falta de tempo, a fim de prover à substituição do procurador, será indenizado pelo mandatário, salvo se este provar que não podia continuar no mandato sem prejuízo considerável, e que não lhe era dado substabelecer.

- *Vide* art. 682, I, do CC.
- *Vide* art. 112 do CPC.

Art. 689. São válidos, a respeito dos contratantes de boa-fé, os atos com estes ajustados em nome do mandante pelo mandatário, enquanto este ignorar a morte daquele ou a extinção do mandato, por qualquer outra causa.

- *Vide* art. 686 do CC.

Art. 690. Se falecer o mandatário, pendente o negócio a ele cometido, os herdeiros, tendo ciência do mandato, avisarão o mandante, e providenciarão a bem dele, como as circunstâncias exigirem.

Art. 691. Os herdeiros, no caso do artigo antecedente, devem limitar-se às medidas conservatórias, ou continuar os negócios pendentes que se não possam demorar sem perigo, regulando-se os seus serviços dentro desse limite, pelas mesmas normas a que os do mandatário estão sujeitos.

Seção V
Do Mandato Judicial

Art. 692. O mandato judicial fica subordinado às normas que lhe dizem respeito, constantes da legislação processual, e, supletivamente, às estabelecidas neste Código.

- *Vide* arts. 104, 105, 111, 112 e 287 do CPC.
- No processo penal, a constituição de defensor independerá de instrumento de mandato, se o acusado o indicar por ocasião do interrogatório (art. 266 do CPP). Não é mister, também, o instrumento de mandato ao defensor nomeado pelo juiz nos termos do art. 263 e parágrafo único do CPP.
- Os sindicatos têm a prerrogativa de representar, em juízo, os seus associados – dispõem os arts. 513 e 791 da CLT. Iguais prerrogativas foram conferidas às associações de funcionários ou empregados de empresas industriais da União, dos Estados, dos Municípios e de entidades autárquicas, nos termos da Lei n. 1.134, de 14-6-1950.
- *Vide* a Lei n. 1.060, de 5-2-1950, que dispõe sobre o benefício da justiça gratuita.
- Sobre o mandato conferido aos advogados, *vide* Lei n. 8.906, de 4-7-1994, art. 5.º, que dispõe sobre o EAOAB.

Capítulo XI
DA COMISSÃO

Art. 693. O contrato de comissão tem por objeto a aquisição ou a venda de bens pelo comissário, em seu próprio nome, à conta do comitente.

- *Vide* art. 709 do CC.

Art. 694. O comissário fica diretamente obrigado para com as pessoas com quem contratar, sem que estas tenham ação contra o comitente, nem este contra elas, salvo se o comissário ceder seus direitos a qualquer das partes.

Art. 695. O comissário é obrigado a agir de conformidade com as ordens e instruções do comitente, devendo, na falta destas, não podendo pedi-las a tempo, proceder segundo os usos em casos semelhantes.

Parágrafo único. Ter-se-ão por justificados os atos do comissário, se deles houver resultado vantagem para o comitente, e ainda no caso em que, não admitindo demora a realização do negócio, o comissário agiu de acordo com os usos.

Art. 696. No desempenho das suas incumbências o comissário é obrigado a agir com cuidado e diligência, não só para evitar qualquer prejuízo ao comitente, mas ainda para lhe proporcionar o lucro que razoavelmente se podia esperar do negócio.

Parágrafo único. Responderá o comissário, salvo motivo de força maior, por qualquer prejuízo que, por ação ou omissão, ocasionar ao comitente.

- *Vide* art. 393 do CC.

Art. 697. O comissário não responde pela insolvência das pessoas com quem tratar, exceto em caso de culpa e no do artigo seguinte.

- *Vide* art. 955 do CC.

Art. 698. Se do contrato de comissão constar a cláusula *del credere*, responderá o comissário solidariamente com as pessoas com que houver tratado em nome do comitente, caso em que, salvo estipulação em contrário, o comissário tem direito a remuneração mais elevada, para compensar o ônus assumido.

- *Vide* arts. 275 a 285 do CC.

Art. 699. Presume-se o comissário autorizado a conceder dilação do prazo para pagamento, na conformidade dos usos do lugar onde se realizar o negócio, se não houver instruções diversas do comitente.

Art. 700. Se houver instruções do comitente proibindo prorrogação de prazos para pagamento, ou se esta não for conforme os usos locais, poderá o comitente exigir que o comissário pague *incontinenti* ou responda pelas consequências da dilação concedida, procedendo-se de igual modo se o comissário não der ciência ao comitente dos prazos concedidos e de quem é seu beneficiário.

Art. 701. Não estipulada a remuneração devida ao comissário, será ela arbitrada segundo os usos correntes no lugar.

Art. 702. No caso de morte do comissário, ou, quando, por motivo de força maior, não puder concluir o negócio, será devida pelo comitente uma remuneração proporcional aos trabalhos realizados.

- *Vide* arts. 393, parágrafo único, e 884 a 886 do CC.

Art. 703. Ainda que tenha dado motivo à dispensa, terá o comissário direito a ser remunerado pelos serviços úteis prestados ao comitente, ressalvado a este o direito de exigir daquele os prejuízos sofridos.

Art. 704. Salvo disposição em contrário, pode o comitente, a qualquer tempo, alterar as instruções dadas ao comissário, entendendo-se por elas regidos também os negócios pendentes.

Art. 705. Se o comissário for despedido sem justa causa, terá direito a ser remunerado pelos trabalhos prestados, bem como a ser ressarcido pelas perdas e danos resultantes de sua dispensa.

- *Vide* arts. 402 a 405 do CC.

Art. 706. O comitente e o comissário são obrigados a pagar juros um ao outro; o primeiro pelo que o comissário houver adiantado para cumprimento de suas ordens; e o segundo pela mora na entrega dos fundos que pertencerem ao comitente.

- *Vide* arts. 394 a 401, 406 e 407 do CC.

Art. 707. O crédito do comissário, relativo a comissões e despesas feitas, goza de privilégio geral, no caso de falência ou insolvência do comitente.

- *Vide* art. 965 do CC.

Art. 708. Para reembolso das despesas feitas, bem como para recebimento das comissões devidas, tem o comissário direito de retenção sobre os bens e valores em seu poder em virtude da comissão.

- *Vide* art. 644 do CC.

Art. 709. São aplicáveis à comissão, no que couber, as regras sobre mandato.

- *Vide* arts. 653 a 692 do CC.

Capítulo XII
DA AGÊNCIA E DISTRIBUIÇÃO

- A Lei n. 4.886, de 9-12-1965, regula as atividades dos representantes comerciais autônomos.
- A Lei n. 6.729, de 28-11-1979, dispõe sobre a concessão comercial entre produtores e distribuidores de veículos automotores de via terrestre.

Art. 710. Pelo contrato de agência, uma pessoa assume, em caráter não eventual e sem vínculos de dependência, a obrigação de promover, à conta de outra, mediante retribuição, a realização de certos negócios, em zona determinada, caracterizando-se a distribuição quando o agente tiver à sua disposição a coisa a ser negociada.

- *Vide* arts. 27 e 31 da Lei n. 4.886, de 9-12-1965.

Parágrafo único. O proponente pode conferir poderes ao agente para que este o represente na conclusão dos contratos.

Art. 711. Salvo ajuste, o proponente não pode constituir, ao mesmo tempo, mais de um agente, na mesma zona, com idêntica incumbência; nem pode o agente assumir o encargo de nela tratar de negócios do mesmo gênero, à conta de outros proponentes.

Art. 712. O agente, no desempenho que lhe foi cometido, deve agir com toda diligência, atendo-se às instruções recebidas do proponente.

- *Vide* art. 29 da Lei n. 4.886, de 9-12-1965.

Art. 713. Salvo estipulação diversa, todas as despesas com a agência ou distribuição correm a cargo do agente ou distribuidor.

Art. 714. Salvo ajuste, o agente ou distribuidor terá direito à remuneração correspondente aos negócios concluídos dentro de sua zona, ainda que sem a sua interferência.

Art. 715. O agente ou distribuidor tem direito à indenização se o proponente, sem justa causa, cessar o atendimento das propostas ou reduzi-lo tanto que se torna antieconômica a continuação do contrato.

Art. 716. A remuneração será devida ao agente também quando o negócio deixar de ser realizado por fato imputável ao proponente.

- Direito ao pagamento das comissões: art. 32 da Lei n. 4.886, de 9-12-1965.

Art. 717. Ainda que dispensado por justa causa, terá o agente direito a ser remunerado pelos serviços úteis prestados ao proponente, sem embargo de haver este perdas e danos pelos prejuízos sofridos.

- *Vide* arts. 402 a 405 do CC.

Art. 718. Se a dispensa se der sem culpa do agente, terá ele direito à remuneração até então devida, inclusive sobre os negócios pendentes, além das indenizações previstas em lei especial.

Art. 719. Se o agente não puder continuar o trabalho por motivo de força maior, terá direito à remuneração correspondente aos serviços realizados, cabendo esse direito aos herdeiros no caso de morte.

Art. 720. Se o contrato for por tempo indeterminado, qualquer das partes poderá resolvê-lo, mediante aviso-prévio de noventa dias, desde que transcorrido prazo compatível com a natureza e o vulto do investimento exigido do agente.

- Rescisão do contrato pelo representado: art. 35 da Lei n. 4.886, de 9-12-1965.

Parágrafo único. No caso de divergência entre as partes, o juiz decidirá da razoabilidade do prazo e do valor devido.

Art. 721. Aplicam-se ao contrato de agência e distribuição, no que couber, as regras concernentes ao mandato e à comissão e as constantes de lei especial.

- *Vide* arts. 653 a 692 (mandato) e 693 a 709 (comissão) do CC.

Capítulo XIII
DA CORRETAGEM

- A Lei n. 6.530, de 12-5-1978, regulamentada pelo Decreto n. 81.871, de 29-6-1978, dispõe sobre a profissão de corretor de imóveis.

Art. 722. Pelo contrato de corretagem, uma pessoa, não ligada a outra em virtude de mandato, de prestação de serviços ou por qualquer relação de dependência, obriga-se a obter para a segunda um ou mais negócios, conforme as instruções recebidas.

- Sobre mandato, *vide* arts. 653 a 692 do CC.
- Sobre prestação de serviços, *vide* arts. 593 a 609 do CC.

Art. 723. O corretor é obrigado a executar a mediação com diligência e prudência, e a prestar ao cliente, espontaneamente, todas as informações sobre o andamento do negócio.

- • *Caput* com redação determinada pela Lei n. 12.236, de 19-5-2010.

Parágrafo único. Sob pena de responder por perdas e danos, o corretor prestará ao cliente todos os esclarecimentos acerca da segurança ou do risco do negócio, das alterações de valores e de outros fatores que possam influir nos resultados da incumbência.

- • Parágrafo único acrescentado pela Lei n. 12.236, de 19-5-2010.

Art. 724. A remuneração do corretor, se não estiver fixada em lei, nem ajustada entre as partes, será arbitrada segundo a natureza do negócio e os usos locais.

Art. 725. A remuneração é devida ao corretor uma vez que tenha conseguido o resultado previsto no contrato de mediação, ou ainda que este não se efetive em virtude de arrependimento das partes.

Art. 726. Iniciado e concluído o negócio diretamente entre as partes, nenhuma remuneração será devida ao corretor; mas se, por escrito, for ajustada a corretagem com exclusividade, terá o corretor direito à remuneração integral, ainda que realizado o negócio sem a sua mediação, salvo se comprovada sua inércia ou ociosidade.

Art. 727. Se, por não haver prazo determinado, o dono do negócio dispensar o corretor, e o negócio se realizar posteriormente, como fruto da sua mediação, a corretagem lhe será devida; igual solução se adotará se o negócio se realizar após a decorrência do prazo contratual, mas por efeito dos trabalhos do corretor.

Art. 728. Se o negócio se concluir com a intermediação de mais de um corretor, a remuneração será paga a todos em partes iguais, salvo ajuste em contrário.

Art. 729. Os preceitos sobre corretagem constantes deste Código não excluem a aplicação de outras normas da legislação especial.

Capítulo XIV
DO TRANSPORTE

- Os arts. 261 e 262 do CP tipificam como crime o atentado contra a segurança de transporte marítimo, fluvial, aéreo ou de qualquer outro meio.
- *Vide* art. 8.º, § 1.º, do Decreto-lei n. 4.657, de 4-9-1942 (LINDB).
- O Decreto n. 2.681, de 7-12-1912, regula a responsabilidade civil das estradas de ferro.
- O Decreto-lei n. 116, de 25-1-1967, regulamentado pelo Decreto n. 64.387, de 22-4-1969, dispõe sobre as operações inerentes ao transporte de mercadorias por via d'água nos portos brasileiros, delimitando suas responsabilidades e tratando das faltas e avarias.
- A Lei n. 7.029, de 13-9-1982, dispõe sobre transporte dutoviário de álcool.
- A Lei n. 7.565, de 19-12-1986, institui o Código Brasileiro de Aeronáutica.
- O Decreto n. 96.044, de 18-5-1988, aprova o regulamento para o transporte rodoviário de produtos perigosos.
- O Decreto n. 1.832, de 4-3-1996, aprova o regulamento dos transportes ferroviários.
- A Lei n. 9.432, de 8-1-1997, dispõe sobre a ordenação do transporte aquaviário, e dá outras providências.
- A Lei n. 9.611, de 19-2-1998, regulamentada pelo Decreto n. 3.411, de 12-4-2000, dispõe sobre o transporte multimodal de cargas.
- A Lei n. 10.209, de 23-3-2001, institui o vale-pedágio obrigatório sobre o transporte rodoviário de carga.
- A Lei n. 10.233, de 5-6-2001, dispõe sobre a reestruturação dos transportes aquaviário e terrestre, cria o Conselho Nacional de Integração de Políticas de Transporte, a Agência Nacional de Transportes Terrestres, a Agência Nacional de Transportes Aquaviários e o Departamento Nacional de Infraestrutura de Transportes.
- *Vide* Súmula 161 do STF.

Seção I
Disposições Gerais

Art. 730. Pelo contrato de transporte alguém se obriga, mediante retribuição, a transportar, de um lugar para outro, pessoas ou coisas.

- *Vide* art. 927, parágrafo único, do CC.

Art. 731. O transporte exercido em virtude de autorização, permissão ou concessão, rege-se pelas normas regulamentares e pelo que for estabelecido naqueles atos, sem prejuízo do disposto neste Código.

• *Vide* arts. 21, XII, *d* e *e*, 25, § 1.º, 30, V, 37, § 6.º, e 175 da CF.

Art. 732. Aos contratos de transporte, em geral, são aplicáveis, quando couber, desde que não contrariem as disposições deste Código, os preceitos constantes da legislação especial e de tratados e convenções internacionais.

Art. 733. Nos contratos de transporte cumulativo, cada transportador se obriga a cumprir o contrato relativamente ao respectivo percurso, respondendo pelos danos nele causados a pessoas e coisas.

§ 1.º O dano, resultante do atraso ou da interrupção da viagem, será determinado em razão da totalidade do percurso.

• A Resolução n. 400, de 13-12-2016, da ANAC, dispõe sobre as Condições Gerais de Transporte aplicáveis aos atrasos e cancelamentos de voos e às hipóteses de preterição de passageiros.

§ 2.º Se houver substituição de algum dos transportadores no decorrer do percurso, a responsabilidade solidária estender-se-á ao substituto.

• *Vide* art. 927, parágrafo único, do CC.

Seção II
Do Transporte de Pessoas

• A Lei n. 8.899, de 29-6-1994, regulamentada pelo Decreto n. 3.691, de 19-12-2000, concede passe livre às pessoas portadoras de deficiência no sistema de transporte coletivo interestadual.

• *Vide* arts. 83 a 85 (autorização para viajar) da Lei n. 8.069, de 13-7-1990 (ECA).

Art. 734. O transportador responde pelos danos causados às pessoas transportadas e suas bagagens, salvo motivo de força maior, sendo nula qualquer cláusula excludente da responsabilidade.

• *Vide* arts. 333 e 927, parágrafo único, do CC.

• *Vide* Súmula 161 do STF.

Parágrafo único. É lícito ao transportador exigir a declaração do valor da bagagem a fim de fixar o limite da indenização.

• *Vide* art. 944 do CC.

Art. 735. A responsabilidade contratual do transportador por acidente com o passageiro não é elidida por culpa de terceiro, contra o qual tem ação regressiva.

• *Vide* arts. 927, parágrafo único, 932, III, 933, 934 e 942, parágrafo único, do CC.

• *Vide* Súmula 187 do STF, que traz idêntica redação.

Art. 736. Não se subordina às normas do contrato de transporte o feito gratuitamente, por amizade ou cortesia.

• *Vide* Súmula 145 do STJ.

Parágrafo único. Não se considera gratuito o transporte quando, embora feito sem remuneração, o transportador auferir vantagens indiretas.

Art. 737. O transportador está sujeito aos horários e itinerários previstos, sob pena de responder por perdas e danos, salvo motivo de força maior.

• *Vide* arts. 393 e 402 a 405 do CC.

Art. 738. A pessoa transportada deve sujeitar-se às normas estabelecidas pelo transportador, constantes no bilhete ou afixadas à vista dos usuários, abstendo-se de quaisquer atos que causem incômodo ou prejuízo aos passageiros, danifiquem o veículo, ou dificultem ou impeçam a execução normal do serviço.

Parágrafo único. Se o prejuízo sofrido pela pessoa transportada for atribuível à transgressão de normas e instruções regulamentares, o juiz reduzirá equitativamente a indenização, na medida em que a vítima houver concorrido para a ocorrência do dano.

• *Vide* art. 945 do CC.

Art. 739. O transportador não pode recusar passageiros, salvo os casos previstos nos regulamentos, ou se as condições de higiene ou de saúde do interessado o justificarem.

Art. 740. O passageiro tem direito a rescindir o contrato de transporte antes de iniciada a viagem, sendo-lhe devida a restituição do valor da passagem, desde que feita a comunicação ao transportador em tempo de ser renegociada.

§ 1.º Ao passageiro é facultado desistir do transporte, mesmo depois de iniciada a viagem, sendo-lhe devida a restituição do valor correspondente ao trecho não utilizado, desde que provado que outra pessoa haja sido transportada em seu lugar.

§ 2.º Não terá direito ao reembolso do valor da passagem o usuário que deixar de embarcar, salvo se provado que outra pessoa foi transportada em seu lugar, caso em que lhe será restituído o valor do bilhete não utilizado.

§ 3.º Nas hipóteses previstas neste artigo, o transportador terá direito de reter até cinco por cento da importância a ser restituída ao passageiro, a título de multa compensatória.

Art. 741. Interrompendo-se a viagem por qualquer motivo alheio à vontade do transportador, ainda que em consequência de evento imprevisível, fica ele obrigado a concluir o transporte contratado em outro veículo da mesma categoria, ou, com a anuência do passageiro, por modalidade diferente, à sua custa, correndo também por sua conta as despesas de estada e alimentação do usuário, durante a espera de novo transporte.

Art. 742. O transportador, uma vez executado o transporte, tem direito de retenção sobre a bagagem de passageiro e outros objetos pessoais deste, para garantir-se do pagamento do valor da passagem que não tiver sido feito no início ou durante o percurso.

• *Vide* art. 644 do CC.

Seção III
Do Transporte de Coisas

• *Vide* notas à epígrafe do Capítulo.

Art. 743. A coisa, entregue ao transportador, deve estar caracterizada pela sua natureza, valor, peso e quantidade, e o mais que for necessário para que não se confunda com outras, devendo o destinatário ser indicado ao menos pelo nome e endereço.

• Dos fretamentos no CCom: arts. 566 e s.

Art. 744. Ao receber a coisa, o transportador emitirá conhecimento com a menção dos dados que a identifiquem, obedecido o disposto em lei especial.

Parágrafo único. O transportador poderá exigir que o remetente lhe entregue, devidamente assinada, a relação discriminada das coisas a serem transportadas, em duas vias, uma das quais, por ele devidamente autenticada, ficará fazendo parte integrante do conhecimento.

• *Vide* art. 575 do CCom.

Art. 745. Em caso de informação inexata ou falsa descrição no documento a que se refere o artigo antecedente, será o transportador indenizado pelo prejuízo que sofrer, devendo a ação respectiva ser ajuizada no prazo de cento e vinte dias, a contar daquele ato, sob pena de decadência.

Art. 746. Poderá o transportador recusar a coisa cuja embalagem seja inadequada, bem como a que possa pôr em risco a saúde das pessoas, ou danificar o veículo e outros bens.

• A Lei n. 9.611, de 19-2-1998, dispõe sobre o transporte multimodal de cargas.

Art. 747. O transportador deverá obrigatoriamente recusar a coisa cujo transporte ou comercialização não sejam permitidos, ou que venha desacompanhada dos documentos exigidos por lei ou regulamento.

• O art. 180 do CP dispõe sobre receptação.

Art. 748. Até a entrega da coisa, pode o remetente desistir do transporte e pedi-la de volta, ou ordenar seja entregue a outro destinatário, pagando, em ambos os casos, os acréscimos de despesa decorrentes da contraordem, mais as perdas e danos que houver.

• *Vide* art. 473 do CC.

Art. 749. O transportador conduzirá a coisa ao seu destino, tomando todas as cautelas necessárias para mantê-la em bom estado e entregá-la no prazo ajustado ou previsto.

Art. 750. A responsabilidade do transportador, limitada ao valor constante do conhecimento, começa no momento em que ele, ou seus prepostos, recebem a coisa; termina quando é entregue ao destinatário, ou depositada em juízo, se aquele não for encontrado.

• *Vide* art. 927, parágrafo único, do CC.

Art. 751. A coisa, depositada ou guardada nos armazéns do transportador, em virtude de contrato de transporte, rege-se, no que couber, pelas disposições relativas a depósito.

• *Vide* arts. 627 a 652 do CC.

• O art. 168 do CP dispõe sobre apropriação indébita.

Art. 752. Desembarcadas as mercadorias, o transportador não é obrigado a dar aviso ao destinatário, se assim não foi convencionado, dependendo também de ajuste a entrega a domicílio, e devem constar do conhecimento de embarque as cláusulas de aviso ou de entrega a domicílio.

Art. 753. Se o transporte não puder ser feito ou sofrer longa interrupção, o transportador solicitará, *incontinenti*, instruções ao remetente, e zelará pela coisa, por cujo perecimento ou deterioração responderá, salvo força maior.

§ 1.º Perdurando o impedimento, sem motivo imputável ao transportador e sem manifestação do remetente, poderá aquele depositar a coisa em juízo, ou vendê-la, obedecidos os preceitos legais e regulamentares, ou os usos locais, depositando o valor.

- *Vide* arts. 334 a 345 do CC.
- *Vide* arts. 539 e s. do CPC.

§ 2.º Se o impedimento for responsabilidade do transportador, este poderá depositar a coisa, por sua conta e risco, mas só poderá vendê-la se perecível.

§ 3.º Em ambos os casos, o transportador deve informar o remetente da efetivação do depósito ou da venda.

§ 4.º Se o transportador mantiver a coisa depositada em seus próprios armazéns, continuará a responder pela sua guarda e conservação, sendo-lhe devida, porém, uma remuneração pela custódia, a qual poderá ser contratualmente ajustada ou se conformará aos usos adotados em cada sistema de transporte.

- *Vide* arts. 627 a 652 do CC.
- O Decreto n. 1.102, de 21-11-1903, institui regras para o estabelecimento de empresas de armazéns gerais, determinando seus direitos e obrigações.

Art. 754. As mercadorias devem ser entregues ao destinatário, ou a quem apresentar o conhecimento endossado, devendo aquele que as receber conferi-las e apresentar as reclamações que tiver, sob pena de decadência dos direitos.

- *Vide* art. 744 do CC.
- *Vide* Súmula 109 do STJ.

Parágrafo único. No caso de perda parcial ou de avaria não perceptível à primeira vista, o destinatário conserva a sua ação contra o transportador, desde que denuncie o dano em dez dias a contar da entrega.

Art. 755. Havendo dúvida acerca de quem seja o destinatário, o transportador deve depositar a mercadoria em juízo, se não lhe for possível obter instruções do remetente; se a demora puder ocasionar a deterioração da coisa, o transportador deverá vendê-la, depositando o saldo em juízo.

- *Vide* arts. 334 a 345 do CC.
- *Vide* arts. 539 e s. do CPC.

Art. 756. No caso de transporte cumulativo, todos os transportadores respondem solidariamente pelo dano causado perante o remetente, ressalvada a apuração final da responsabilidade entre eles, de modo que o ressarcimento recaia, por inteiro, ou proporcionalmente, naquele ou naqueles em cujo percurso houver ocorrido o dano.

- *Vide* arts. 275 a 285 do CC.

Capítulo XV
DO SEGURO

- • *Vide* Decreto-lei n. 73, de 21-11-1966, regulamentado pelo Decreto n. 60.459, de 13-3-1967, que dispõe sobre o Sistema Nacional de Seguros Privados e regula as operações de seguros e resseguros.
- *Vide* arts. 206, §§ 1.º, II, *a* e *b*, e 3.º, IX (prescrição), e 1.346 do CC.
- *Vide* arts. 666 a 730 do CCom (seguro marítimo).
- O art. 171, § 2.º, V, do CP dispõe sobre fraude para recebimento de indenização ou valor de seguro.
- *Vide* Súmulas 188 e 504 do STF.
- Decreto-lei n. 2.063, de 7-3-1940 – operações de seguros privados.
- Decreto-lei n. 3.908, de 8-12-1941 – sociedades mútuas de seguros.
- O Decreto-lei n. 7.377, de 13-3-1945, dispõe sobre o ativo das sociedades mútuas de seguro.
- O Decreto n. 56.900, de 23-9-1965, dispõe sobre normas para funcionamento das companhias de seguro.
- Seguros de renda temporária em colonização: art. 53 do Decreto n. 59.428, de 27-10-1966.
- O Decreto n. 61.867, de 7-12-1967, regulamenta os seguros obrigatórios previstos no art. 20 do Decreto-lei n. 73, de 21-11-1966.
- A Lei n. 5.488, de 27-8-1968, institui a correção monetária, nos casos de liquidação de sinistros cobertos por contratos de seguros.
- A Lei n. 5.627, de 1.º-12-1970, dispõe sobre capitais mínimos para as sociedades seguradoras e dá outras providências.
- A Lei n. 5.764, de 16-12-1971, define a Política Nacional de Cooperativismo, institui o regime jurídico das sociedades cooperativas, e dá outras providências.
- O Decreto-lei n. 1.391, de 19-2-1975, dispõe sobre a concessão de estímulos às fusões e às incorporações das sociedades seguradoras.
- O Decreto n. 85.266, de 20-10-1980, dispõe sobre a atualização dos valores monetários dos seguros obrigatórios a que se refere o Decreto n. 61.867, de 7-12-1967.
- A Lei n. 8.374, de 30-12-1991, dispõe sobre o Seguro Obrigatório de Danos Pessoais causados por embarcações ou por sua carga.
- A Lei n. 9.477, de 24-7-1997, institui o Fundo de Assistência Programada Individual – FAPI e o Plano de Incentivo à Aposentadoria Programada Individual, que poderão ser administrados por instituições financeiras ou por sociedades seguradoras autorizadas a funcionar pela Superintendência de Seguros Privados – SUSEP.
- *Vide* Lei n. 9.656, de 3-6-1998, que dispõe sobre os planos e seguros privados de assistência à saúde.
- A Circular n. 642, de 20-9-2021, da SUSEP, dispõe sobre a aceitação e a vigência do seguro e sobre a emissão e os elementos mínimos dos documentos contratuais.
- A Circular n. 571, de 22-6-2018, da SUSEP, dispõe sobre o seguro pecuário e o seguro de animais.

Seção I
Disposições Gerais

- *Vide* Lei n. 6.194, de 19-12-1974, sobre Seguro Obrigatório de Danos Pessoais causados por veículos automotores de via terrestre, ou por carga, a pessoas transportadas ou não.
- *Vide* Súmula 632 do STJ.

Art. 757. Pelo contrato de seguro, o segurador se obriga, mediante o pagamento do prêmio, a garantir interesse legítimo do segurado, relativo a pessoa ou a coisa, contra riscos predeterminados.

- *Vide* Súmulas 31 e 426 do STJ.

Parágrafo único. Somente pode ser parte, no contrato de seguro, como segurador, entidade para tal fim legalmente autorizada.

Art. 758. O contrato de seguro prova-se com a exibição da apólice ou do bilhete do seguro, e, na falta deles, por documento comprobatório do pagamento do respectivo prêmio.

- *Vide* art. 227, parágrafo único, do CC.

Art. 759. A emissão da apólice deverá ser precedida de proposta escrita com a declaração dos elementos essenciais do interesse a ser garantido e do risco.

Art. 760. A apólice ou o bilhete de seguro serão nominativos, à ordem ou ao portador, e mencionarão os riscos assumidos, o início e o fim de sua validade, o limite da garantia e o prêmio devido, e, quando for o caso, o nome do segurado e o do beneficiário.

Parágrafo único. No seguro de pessoas, a apólice ou o bilhete não podem ser ao portador.

- *Vide* arts. 785, § 2.º, 791 e 792 do CC.

Art. 761. Quando o risco for assumido em cosseguro, a apólice indicará o segurador que administrará o contrato e representará os demais, para todos os seus efeitos.

Art. 762. Nulo será o contrato para garantia de risco proveniente de ato doloso do segurado, do beneficiário, ou de representante de um ou de outro.

- *Vide* arts. 677 e 678 do CCom.
- A Carta Circular Eletrônica n. 1, de 16-8-2018, dispõe sobre a não cobertura de prejuízos de atos dolosos decorrentes do segurado.

Art. 763. Não terá direito a indenização o segurado que estiver em mora no pagamento do prêmio, se ocorrer o sinistro antes de sua purgação.

- *Vide* arts. 394 a 401 do CC.
- *Vide* Súmula 616 do STJ.

Art. 764. Salvo disposição especial, o fato de se não ter verificado o risco, em previsão do qual se faz o seguro, não exime o segurado de pagar o prêmio.

- *Vide* arts. 642 e 684 do CCom.

Art. 765. O segurado e o segurador são obrigados a guardar na conclusão e na execução do contrato, a mais estrita boa-fé e veracidade, tanto a respeito do objeto como das circunstâncias e declarações a ele concernentes.

- *Vide* Súmula 609 do STJ.

Art. 766. Se o segurado, por si ou por seu representante, fizer declarações inexatas ou omitir circunstâncias que possam influir na aceitação da proposta ou na taxa do prêmio, perderá o direito à garantia, além de ficar obrigado ao prêmio vencido.

- *Vide* Súmula 609 do STJ.

Parágrafo único. Se a inexatidão ou omissão nas declarações não resultar de má-fé do segurado, o segurador terá direito a resolver o contrato, ou a cobrar, mesmo após o sinistro, a diferença do prêmio.

• *Vide* arts. 677 e 678 do CC.

Art. 767. No seguro à conta de outrem, o segurador pode opor ao segurado quaisquer defesas que tenha contra o estipulante, por descumprimento das normas de conclusão do contrato, ou de pagamento do prêmio.

Art. 768. O segurado perderá o direito à garantia se agravar intencionalmente o risco objeto do contrato.

• *Vide* arts. 677 e 678 do CC.

•• *Vide* Súmula 620 do STJ.

Art. 769. O segurado é obrigado a comunicar ao segurador, logo que saiba, todo incidente suscetível de agravar consideravelmente o risco coberto, sob pena de perder o direito à garantia, se provar que silenciou de má-fé.

§ 1.º O segurador, desde que o faça nos quinze dias seguintes ao recebimento do aviso da agravação do risco sem culpa do segurado, poderá dar-lhe ciência, por escrito, de sua decisão de resolver o contrato.

§ 2.º A resolução só será eficaz trinta dias após a notificação, devendo ser restituída pelo segurador a diferença do prêmio.

Art. 770. Salvo disposição em contrário, a diminuição do risco no curso do contrato não acarreta a redução do prêmio estipulado; mas, se a redução do risco for considerável, o segurado poderá exigir a revisão do prêmio, ou a resolução do contrato.

Art. 771. Sob pena de perder o direito à indenização, o segurado participará o sinistro ao segurador, logo que o saiba, e tomará as providências imediatas para minorar-lhe as consequências.

• *Vide* Súmula 229 do STJ.

Parágrafo único. Correm à conta do segurador, até o limite fixado no contrato, as despesas de salvamento consequente ao sinistro.

Art. 772. A mora do segurador em pagar o sinistro obriga à atualização monetária da indenização devida segundo índices oficiais regularmente estabelecidos, sem prejuízo dos juros moratórios.

Art. 773. O segurador que, ao tempo do contrato, sabe estar passado o risco de que o segurado se pretende cobrir, e, não obstante, expede a apólice, pagará em dobro o prêmio estipulado.

Art. 774. A recondução tácita do contrato pelo mesmo prazo, mediante expressa cláusula contratual, não poderá operar mais de uma vez.

Art. 775. Os agentes autorizados do segurador presumem-se seus representantes para todos os atos relativos aos contratos que agenciarem.

• **A Resolução n. 233, de 1.º-4-2011, da SUSEP, estabelece em seu art. 2.º, parágrafo único, que não se incluem na definição de membros do mercado de corretagem os agentes representantes das seguradoras, de que trata este artigo.**

Art. 776. O segurador é obrigado a pagar em dinheiro o prejuízo resultante do risco assumido, salvo se convencionada a reposição da coisa.

• *Vide* art. 206, § 1.º, II, do CC.

Art. 777. O disposto no presente Capítulo aplica-se, no que couber, aos seguros regidos por leis próprias.

• *Vide* legislação citada no início do Capítulo.

Seção II
Do Seguro de Dano

•• *Vide* art. 3.º, II, da Lei n. 9.099, de 26-9-1995.

• *Vide* Súmulas 257 e 632 do STJ.

Art. 778. Nos seguros de dano, a garantia prometida não pode ultrapassar o valor do interesse segurado no momento da conclusão do contrato, sob pena do disposto no art. 766, e sem prejuízo da ação penal que no caso couber.

• *Vide* art. 677 do CCom.

Art. 779. O risco do seguro compreenderá todos os prejuízos resultantes ou consequentes, como sejam os estragos ocasionados para evitar o sinistro, minorar o dano, ou salvar a coisa.

Art. 780. A vigência da garantia, no seguro de coisas transportadas, começa no momento em que são pelo transportador recebidas, e cessa com a sua entrega ao destinatário.

Art. 781. A indenização não pode ultrapassar o valor do interesse segurado no momento do sinistro, e, em hipótese alguma, o limite máximo da garantia fixado na apólice, salvo em caso de mora do segurador.

Art. 782. O segurado que, na vigência do contrato, pretender obter novo seguro sobre o mesmo interesse, e contra o mesmo risco junto a outro segurador, deve previamente comunicar sua intenção por escrito ao primeiro, indicando a soma por que pretende segurar-se, a fim de se comprovar a obediência ao disposto no art. 778.

• *Vide* arts. 765, 778, 781 e 789 do CC.

Art. 783. Salvo disposição em contrário, o seguro de um interesse por menos do que valha acarreta a redução proporcional da indenização, no caso de sinistro parcial.

Art. 784. Não se inclui na garantia o sinistro provocado por vício intrínseco da coisa segurada, não declarado pelo segurado.

Parágrafo único. Entende-se por vício intrínseco o defeito próprio da coisa, que se não encontra normalmente em outras da mesma espécie.

Art. 785. Salvo disposição em contrário, admite-se a transferência do contrato a terceiro com a alienação ou cessão do interesse segurado.

• *Vide* art. 959, I, do CC.

§ 1.º Se o instrumento contratual é nominativo, a transferência só produz efeitos em relação ao segurador mediante aviso escrito assinado pelo cedente e pelo cessionário.

•• *Vide* Súmula 465 do STJ.

§ 2.º A apólice ou o bilhete à ordem só se transfere por endosso em preto, datado e assinado pelo endossante e pelo endossatário.

Art. 786. Paga a indenização, o segurador sub-roga-se, nos limites do valor respectivo, nos direitos e ações que competirem ao segurado contra o autor do dano.

• *Vide* arts. 346 a 351 do CC.

• *Vide* Súmulas 188 e 257 do STF.

§ 1.º Salvo dolo, a sub-rogação não tem lugar se o dano foi causado pelo cônjuge do segurado, seus descendentes ou ascendentes, consanguíneos ou afins.

§ 2.º É ineficaz qualquer ato do segurado que diminua ou extinga, em prejuízo do segurador, os direitos a que se refere este artigo.

Art. 787. No seguro de responsabilidade civil, o segurador garante o pagamento de perdas e danos devidos pelo segurado a terceiro.

•• *Vide* Súmula 529 do STJ.

• *Vide* arts. 402 a 405 do CC.

§ 1.º Tão logo saiba o segurado das consequências de ato seu, suscetível de lhe acarretar a responsabilidade incluída na garantia, comunicará o fato ao segurador.

§ 2.º É defeso ao segurado reconhecer sua responsabilidade ou confessar a ação, bem como transigir com o terceiro prejudicado, ou indenizá-lo diretamente, sem anuência expressa do segurador.

• *Vide* art. 422 do CC.

§ 3.º Intentada a ação contra o segurado, dará este ciência da lide ao segurador.

§ 4.º Subsistirá a responsabilidade do segurado perante o terceiro, se o segurador for insolvente.

• *Vide* art. 955 do CC.

Art. 788. Nos seguros de responsabilidade legalmente obrigatórios, a indenização por sinistro será paga pelo segurador diretamente ao terceiro prejudicado.

Parágrafo único. Demandado em ação direta pela vítima do dano, o segurador não poderá opor a exceção de contrato não cumprido pelo segurado, sem promover a citação deste para integrar o contraditório.

• *Vide* arts. 476 e 477 do CC.

Seção III
Do Seguro de Pessoa

•• *Vide* Súmulas 402 e 632 do STJ.

• **As sociedades seguradoras autorizadas a operar no ramo de vida poderão ser também autorizadas a operar planos de previdência privada, obedecidas as condições estipuladas pela Lei Complementar n. 109, de 29-5-2001, art. 36, parágrafo único.**

Art. 789. Nos seguros de pessoas, o capital segurado é livremente estipulado pelo proponente, que pode contratar mais de um seguro sobre o mesmo interesse, com o mesmo ou diversos seguradores.

Art. 790. No seguro sobre a vida de outros, o proponente é obrigado a declarar, sob pena de falsidade, o seu interesse pela preservação da vida do segurado.

• *Vide* Súmula 61 do STJ.
• *Vide* Súmula 105 do STF.

Parágrafo único. Até prova em contrário, presume-se o interesse, quando o segurado é cônjuge, ascendente ou descendente do proponente.

Art. 791. Se o segurado não renunciar à faculdade, ou se o seguro não tiver como causa declarada a garantia de alguma obrigação, é lícita a substituição do beneficiário, por ato entre vivos ou de última vontade.

Parágrafo único. O segurador, que não for cientificado oportunamente da substituição, desobrigar-se-á pagando o capital segurado ao antigo beneficiário.

• *Vide* art. 438 do CC.

Art. 792. Na falta de indicação da pessoa ou beneficiário, ou se por qualquer motivo não prevalecer a que for feita, o capital segurado será pago por metade ao cônjuge não separado judicialmente, e o restante aos herdeiros do segurado, obedecida a ordem da vocação hereditária.

• *Vide* arts. 1.798 a 1.803 do CC.
• O Decreto-lei n. 5.384, de 8-4-1943, dispunha sobre os beneficiários do seguro de vida, estabelecendo em seu art. 1.º: "Na falta de beneficiário nomeado, o seguro de vida será pago metade à mulher e metade aos herdeiros do segurado. Parágrafo único. Na falta das pessoas indicadas, serão beneficiários os que dentro de seis meses reclamarem o pagamento do seguro e provarem que a morte do segurado os privou de meios para proverem sua subsistência. Fora desses casos, será beneficiária a União".

Parágrafo único. Na falta das pessoas indicadas neste artigo, serão beneficiários os que provarem que a morte do segurado os privou dos meios necessários à subsistência.

• *Vide* art. 438 do CC.

Art. 793. É válida a instituição do companheiro como beneficiário, se ao tempo do contrato o segurado era separado judicialmente, ou já se encontrava separado de fato.

•• O STF, em 5-5-2011, declarou procedente a ADI n. 4.277 (*DOU* de 1.º-12-2014) e a ADPF n. 132 (*DOU* de 3-11-2014), com eficácia *erga omnes* e efeito vinculante, conferindo interpretação conforme à CF ao art. 1.723 do CC, a fim de declarar a aplicabilidade de regime de união estável às uniões entre pessoas do mesmo sexo.
• Da união estável no CC: arts. 1.723 a 1.727.

Art. 794. No seguro de vida ou de acidentes pessoais para o caso de morte, o capital estipulado não está sujeito às dívidas do segurado, nem se considera herança para todos os efeitos de direito.

• *Vide* arts. 784, VI, e 833, VI, do CPC.

Art. 795. É nula, no seguro de pessoa, qualquer transação para pagamento reduzido do capital segurado.

• *Vide* arts. 422 e 840 a 850 do CC.

Art. 796. O prêmio, no seguro de vida, será conveniado por prazo limitado, ou por toda a vida do segurado.

Parágrafo único. Em qualquer hipótese, no seguro individual, o segurador não terá ação para cobrar o prêmio vencido, cuja falta de pagamento, nos prazos previstos, acarretará, conforme se estipular, a resolução do contrato, com a restituição da reserva já formada, ou a redução do capital garantido proporcionalmente ao prêmio pago.

Art. 797. No seguro de vida para o caso de morte, é lícito estipular-se um prazo de carência, durante o qual o segurador não responde pela ocorrência do sinistro.

Parágrafo único. No caso deste artigo o segurador é obrigado a devolver ao beneficiário o montante da reserva técnica já formada.

• *Vide* Súmula 610 do STJ.

Art. 798. O beneficiário não tem direito ao capital estipulado quando o segurado se suicida nos primeiros dois anos de vigência inicial do contrato, ou da sua recondução depois de suspenso, observado o disposto no parágrafo único do artigo antecedente.

• *Vide* Súmula 610 do STJ.

Parágrafo único. Ressalvada a hipótese prevista neste artigo, é nula a cláusula contratual que exclui o pagamento do capital por suicídio do segurado.

• *Vide* Súmula 105 do STF.
• *Vide* Súmula 61 do STJ.

Art. 799. O segurador não pode eximir-se ao pagamento do seguro, ainda que da apólice conste a restrição, se a morte ou a incapacidade do segurado provier da utilização de meio de transporte mais arriscado, da prestação de serviço militar, da prática de esporte, ou de atos de humanidade em auxílio de outrem.

Art. 800. Nos seguros de pessoas, o segurador não pode sub-rogar-se nos direitos e ações do segurado, ou do beneficiário, contra o causador do sinistro.

• *Vide* art. 786 do CC.

Art. 801. O seguro de pessoas pode ser estipulado por pessoa natural ou jurídica em proveito de grupo que a ela, de qualquer modo, se vincule.

• Sobre as sociedades de seguro mútuo, *vide* a legislação citada no início do Capítulo.
• *Vide* Súmula 101 do STJ.

§ 1.º O estipulante não representa o segurador perante o grupo segurado, e é o único responsável, para com o segurador, pelo cumprimento de todas as obrigações contratuais.

§ 2.º A modificação da apólice em vigor dependerá da anuência expressa de segurados que representem três quartos do grupo.

Art. 802. Não se compreende nas disposições desta Seção a garantia do reembolso de despesas hospitalares ou de tratamento médico, nem o custeio das despesas de luto e de funeral do segurado.

Capítulo XVI
DA CONSTITUIÇÃO DE RENDA

Art. 803. Pode uma pessoa, pelo contrato de constituição de renda, obrigar-se para com outra a uma prestação periódica, a título gratuito.

• *Vide* arts. 809 e 813 do CC.

Art. 804. O contrato pode ser também a título oneroso, entregando-se bens móveis ou imóveis à pessoa que se obriga a satisfazer as prestações a favor do credor ou de terceiros.

• *Vide* art. 809 do CC.

Art. 805. Sendo o contrato a título oneroso, pode o credor, ao contratar, exigir que o rendeiro lhe preste garantia real, ou fidejussória.

Art. 806. O contrato de constituição de renda será feito a prazo certo, ou por vida, podendo ultrapassar a vida do devedor mas não a do credor, seja ele o contratante, seja terceiro.

Art. 807. O contrato de constituição de renda requer escritura pública.

• *Vide* art. 109 do CC.

Art. 808. É nula a constituição de renda em favor de pessoa já falecida, ou que, nos 30 (trinta) dias seguintes, vier a falecer de moléstia que já sofria, quando foi celebrado o contrato.

Art. 809. Os bens dados em compensação da renda caem, desde a tradição, no domínio da pessoa que por aquela se obrigou.

• *Vide* art. 1.359 do CC.

Art. 810. Se o rendeiro, ou censuário, deixar de cumprir a obrigação estipulada, poderá o credor da renda acioná-lo, tanto para que lhe pague as prestações atrasadas como para que lhe dê garantias das futuras, sob pena de rescisão do contrato.

• *Vide* arts. 475 a 477 do CC.

Art. 811. O credor adquire o direito à renda dia a dia, se a prestação não houver de ser paga adiantada, no começo de cada um dos períodos prefixos.

Art. 812. Quando a renda for constituída em benefício de duas ou mais pessoas, sem determinação da parte de cada uma, entende-se que os seus direitos são iguais; e, salvo estipulação diversa, não adquirirão os sobrevivos direito à parte dos que morrerem.

Art. 813. A renda constituída por título gratuito pode, por ato do instituidor, ficar isenta de todas as execuções pendentes e futuras.

Parágrafo único. A isenção prevista neste artigo prevalece de pleno direito em favor dos montepios e pensões alimentícias.

• *Vide* art. 833, I, do CPC.

Capítulo XVII
DO JOGO E DA APOSTA

• Lei das Contravenções Penais: Decreto-lei n. 3.688, de 3-10-1941.
• Decreto-lei n. 6.259, de 10-2-1944 – serviço de loterias.
• Decreto-lei n. 594, de 27-5-1969, e Lei n. 9.615, de 24-3-1998, arts. 6.º, 8.º, 9.º e 56 sobre loteria esportiva.
• Lei n. 6.717, de 12-11-1979, sobre a loto.

Art. 814. As dívidas de jogo ou de aposta não obrigam a pagamento; mas não se pode recobrar a quantia, que voluntariamente se pagou, salvo se foi ganha por dolo, ou se o perdente é menor ou interdito.

• *Vide* arts. 166, II, e 816 do CC.

§ 1.º Estende-se esta disposição a qualquer contrato que encubra ou envolva reconhecimento, novação ou fiança de dívida de jogo; mas a nulidade resultante não pode ser oposta ao terceiro de boa-fé.

• *Vide* arts. 360 a 367 (novação) do CC.

§ 2.º O preceito contido neste artigo tem aplicação, ainda que se trate de jogo não proibido, só se excetuando os jogos e apostas legalmente permitidos.

§ 3.º Excetuam-se, igualmente, os prêmios oferecidos ou prometidos para o vencedor em competição de natureza esportiva, intelectual ou artística, desde que os interessados se submetam às prescrições legais e regulamentares.

Art. 815. Não se pode exigir reembolso do que se emprestou para jogo ou aposta, no ato de apostar ou jogar.

Art. 816. As disposições dos arts. 814 e 815 não se aplicam aos contratos sobre títulos de bolsa, mercadorias ou valores, em que se estipulem a liquidação exclusivamente pela diferença entre o preço ajustado e a cotação que eles tiverem no vencimento do ajuste.

Art. 817. O sorteio para dirimir questões ou dividir coisas comuns considera-se sistema de partilha ou processo de transação, conforme o caso.

• *Vide* arts. 840 a 850 e 2.013 a 2.022 do CC.

Capítulo XVIII
DA FIANÇA

Seção I
Disposições Gerais

Art. 818. Pelo contrato de fiança, uma pessoa garante satisfazer ao credor uma obrigação assumida pelo devedor, caso este não a cumpra.

• *Vide* arts. 814, § 1.º, 1.642, IV, e 1.647, III, do CC.

• CCom, arts. 477, 481, 483, 527, 535, 548, item 4, 580, 595, 604, 609, 612, 784 e 785.

• São nulas as fianças dadas pelos leiloeiros (Decreto n. 21.981, de 19-10-1932, que regula a profissão de leiloeiro).

• O Decreto n. 91.271, de 29-5-1985, veda a concessão, por entidades estatais, de aval, fiança ou outras garantias.

• *Vide* art. 129, § 3.º, da Lei n. 6.015, de 31-12-1973 (LRP).

• *Vide* arts. 23, XI, 37, II e III, 40, V e X, 41 e 71, VI, da Lei n. 8.245, de 18-10-1991 (Lei de Locação).

Art. 819. A fiança dar-se-á por escrito, e não admite interpretação extensiva.

• *Vide* art. 114 do CC.

• *Vide* Súmula 214 do STJ.

Art. 819-A. (*Vetado*.)

•• Artigo acrescentado pela Lei n. 10.931, de 2-8-2004.

Art. 820. Pode-se estipular a fiança, ainda que sem consentimento do devedor ou contra a sua vontade.

Art. 821. As dívidas futuras podem ser objeto de fiança; mas o fiador, neste caso, não será demandado senão depois que se fizer certa e líquida a obrigação do principal devedor.

Art. 822. Não sendo limitada, a fiança compreenderá todos os acessórios da dívida principal, inclusive as despesas judiciais, desde a citação do fiador.

Art. 823. A fiança pode ser de valor inferior ao da obrigação principal e contraída em condições menos onerosas, e, quando exceder o valor da dívida, ou for mais onerosa que ela, não valerá senão até ao limite da obrigação afiançada.

• *Vide* art. 830 do CC.

Art. 824. As obrigações nulas não são suscetíveis de fiança, exceto se a nulidade resultar apenas de incapacidade pessoal do devedor.

• *Vide* art. 837 do CC.

Parágrafo único. A exceção estabelecida neste artigo não abrange o caso de mútuo feito a menor.

• *Vide* art. 588 do CC.

Art. 825. Quando alguém houver de oferecer fiador, o credor não pode ser obrigado a aceitá-lo se não for pessoa idônea, domiciliada no município onde tenha de prestar a fiança, e não possua bens suficientes para cumprir a obrigação.

Art. 826. Se o fiador se tornar insolvente ou incapaz, poderá o credor exigir que seja substituído.

• *Vide* art. 333, III, do CC.

Seção II
Dos Efeitos da Fiança

Art. 827. O fiador demandado pelo pagamento da dívida tem direito a exigir, até a contestação da lide, que sejam primeiro executados os bens do devedor.

• *Vide* art. 839 do CC.

• *Vide* arts. 130 e 794 do CPC.

Parágrafo único. O fiador que alegar o benefício de ordem, a que se refere este artigo, deve nomear bens do devedor, sitos no mesmo município, livres e desembargados, quantos bastem para solver o débito.

Art. 828. Não aproveita este benefício ao fiador:

• *Vide* art. 838 do CC.

I – se ele o renunciou expressamente;

II – se se obrigou como principal pagador, ou devedor solidário;

• *Vide* arts. 264 a 285 do CC.

III – se o devedor for insolvente, ou falido.

Art. 829. A fiança conjuntamente prestada a um só débito por mais de uma pessoa importa o compromisso de solidariedade entre elas, se declaradamente não se reservarem o benefício de divisão.

• *Vide* art. 130 do CPC.

Parágrafo único. Estipulado este benefício, cada fiador responde unicamente pela parte que, em proporção, lhe couber no pagamento.

Art. 830. Cada fiador pode fixar no contrato a parte da dívida que toma sob sua responsabilidade, caso em que não será por mais obrigado.

• *Vide* art. 339 do CPC.

Art. 831. O fiador que pagar integralmente a dívida fica sub-rogado nos direitos do credor; mas só poderá demandar a cada um dos outros fiadores pela respectiva quota.

• *Vide* art. 346, III, do CC.

Parágrafo único. A parte do fiador insolvente distribuir-se-á pelos outros.

• *Vide* art. 794, § 2.º, do CPC.

Art. 832. O devedor responde também perante o fiador por todas as perdas e danos que este pagar, e pelos que sofrer em razão da fiança.

• *Vide* arts. 402 a 405 do CC.

Art. 833. O fiador tem direito aos juros do desembolso pela taxa estipulada na obrigação principal, e, não havendo taxa convencionada, aos juros legais da mora.

• *Vide* arts. 406 e 407 do CC.

Art. 834. Quando o credor, sem justa causa, demorar a execução iniciada contra o devedor, poderá o fiador promover-lhe o andamento.

• *Vide* art. 778 do CPC (promoção da execução).

Art. 835. O fiador poderá exonerar-se da fiança que tiver assinado sem limitação de tempo, sempre que lhe convier, ficando obrigado por todos os efeitos da fiança, durante sessenta dias após a notificação do credor.

•• *Vide* Súmula 656 do STJ.

• *Vide* art. 2.036 do CC.

• *Vide* art. 39 da Lei n. 8.245, de 18-10-1991.

• *Vide* Súmula 214 do STJ.

Art. 836. A obrigação do fiador passa aos herdeiros; mas a responsabilidade da fiança se limita ao tempo decorrido até a morte do fiador, e não pode ultrapassar as forças da herança.

• *Vide* arts. 1.792, 1.821 e 1.997 do CC.

Seção III
Da Extinção da Fiança

Art. 837. O fiador pode opor ao credor as exceções que lhe forem pessoais, e as extintivas da obrigação que competem ao devedor principal, se não provierem simplesmente de incapacidade pessoal, salvo o caso do mútuo feito a pessoa menor.

• *Vide* arts. 204, 366, 371, 376, 588, 824 e 844, § 1.º, do CC.

Art. 838. O fiador, ainda que solidário, ficará desobrigado:

• *Vide* arts. 828 e 829 do CC.

I – se, sem consentimento seu, o credor conceder moratória ao devedor;

II – se, por fato do credor, for impossível a sub-rogação nos seus direitos e preferências;

• *Vide* arts. 346 a 351 (pagamento com sub-rogação) do CC.

III – se o credor, em pagamento da dívida, aceitar amigavelmente do devedor objeto diverso do que este era obrigado a lhe dar, ainda que depois venha a perdê-lo por evicção.

• *Vide* arts. 356 a 359 e 447 a 457 do CC.

Art. 839. Se for invocado o benefício da excussão e o devedor, retardando-se a execução, cair em insolvência, ficará exonerado o fiador que o invocou, se provar que os bens por ele indicados eram, ao tempo da penhora, suficientes para a solução da dívida afiançada.

Capítulo XIX
DA TRANSAÇÃO

Art. 840. É lícito aos interessados prevenirem ou terminarem o litígio mediante concessões mútuas.

• *Vide* art. 661, § 2.°, do CC.
• *Vide* arts. 90, 122, 487, III, *b*, 535, VI, 619, II, e 924 do CPC.
• Transação em matéria tributária: o art. 171 da Lei n. 5.172, de 25-10-1966 (CTN).
• A Lei n. 9.469, de 10-7-1997, dispõe sobre a transação nas causas de interesse da União, suas autarquias, fundações e empresas públicas federais.

Art. 841. Só quanto a direitos patrimoniais de caráter privado se permite a transação.

• *Vide* art. 846 do CC.
• *Vide* art. 392 do CPC.

Art. 842. A transação far-se-á por escritura pública, nas obrigações em que a lei o exige, ou por instrumento particular, nas em que ela o admite; se recair sobre direitos contestados em juízo, será feita por escritura pública, ou por termo nos autos, assinado pelos transigentes e homologado pelo juiz.

• *Vide* art. 108 do CC.
• *Vide* art. 359 do CPC.

Art. 843. A transação interpreta-se restritivamente, e por ela não se transmitem, apenas se declaram ou reconhecem direitos.

Art. 844. A transação não aproveita, nem prejudica senão aos que nela intervierem, ainda que diga respeito a coisa indivisível.

• *Vide* arts. 257 a 263 (obrigações divisíveis e indivisíveis) e 314 do CC.

§ 1.° Se for concluída entre o credor e o devedor, desobrigará o fiador.

§ 2.° Se entre um dos credores solidários e o devedor, extingue a obrigação deste para com os outros credores.

• *Vide* arts. 267 a 274 (solidariedade ativa) e 314 do CC.
• *Vide* art. 1.005, parágrafo único, do CPC.

§ 3.° Se entre um dos devedores solidários e seu credor, extingue a dívida em relação aos codevedores.

Art. 845. Dada a evicção da coisa renunciada por um dos transigentes, ou por ele transferida à outra parte, não revive a obrigação extinta pela transação; mas ao evicto cabe o direito de reclamar perdas e danos.

• *Vide* arts. 402 a 405 (perdas e danos) e arts. 447 a 457 (evicção) do CC.

Parágrafo único. Se um dos transigentes adquirir, depois da transação, novo direito sobre a coisa renunciada ou transferida, a transação feita não o inibirá de exercê-lo.

Art. 846. A transação concernente a obrigações resultantes de delito não extingue a ação penal pública.

Art. 847. É admissível, na transação, a pena convencional.

• *Vide* arts. 408 a 416 (cláusula penal) do CC.

Art. 848. Sendo nula qualquer das cláusulas da transação, nula será esta.

• *Vide* arts. 166 a 170 do CC.

Parágrafo único. Quando a transação versar sobre diversos direitos contestados, independentes entre si, o fato de não prevalecer em relação a um não prejudicará os demais.

Art. 849. A transação só se anula por dolo, coação, ou erro essencial quanto à pessoa ou coisa controversa.

• *Vide* arts. 138, 139, III, a 155 e 171 do CC.

Parágrafo único. A transação não se anula por erro de direito a respeito das questões que foram objeto de controvérsia entre as partes.

Art. 850. É nula a transação a respeito do litígio decidido por sentença passada em julgado, se dela não tinha ciência algum dos transatores, ou quando, por título ulteriormente descoberto, se verificar que nenhum deles tinha direito sobre o objeto da transação.

Capítulo XX
DO COMPROMISSO

• *Vide* arts. 42, 485, VII, 337, § 5.°, e 1.012, § 1.°, IV, do CPC.
• *Vide* Lei n. 9.307, de 23-9-1996, que dispõe sobre a arbitragem.

Art. 851. É admitido compromisso, judicial ou extrajudicial, para resolver litígios entre pessoas que podem contratar.

• *Vide* art. 661, § 2.°, do CC.
• *Vide* art. 9.° da Lei n. 9.307, de 23-9-1996.

Art. 852. É vedado compromisso para solução de questões de estado, de direito pessoal de família e de outras que não tenham caráter estritamente patrimonial.

• *Vide* art. 1.° da Lei n. 9.307, de 23-9-1996.

Art. 853. Admite-se nos contratos a cláusula compromissória, para resolver divergências mediante juízo arbitral, na forma estabelecida em lei especial.

• *Vide* arts. 4.° e s. da Lei n. 9.307, de 23-9-1996.

Título VII
DOS ATOS UNILATERAIS

Capítulo I
DA PROMESSA DE RECOMPENSA

Art. 854. Aquele que, por anúncios públicos, se comprometer a recompensar, ou gratificar, a quem preencha certa condição, ou desempenhe certo serviço, contrai obrigação de cumprir o prometido.

• *Vide* art. 427 do CC.
• A Lei n. 5.768, de 20-12-1971, altera a legislação sobre distribuição gratuita de prêmios, mediante sorteio, vale-brinde ou concurso.
• *Vide* Súmula 15 do STF.

Art. 855. Quem quer que, nos termos do artigo antecedente, fizer o serviço, ou satisfizer a condição, ainda que não pelo interesse da promessa, poderá exigir a recompensa estipulada.

• *Vide* art. 121 do CC.

Art. 856. Antes de prestado o serviço ou preenchida a condição, pode o promitente revogar a promessa, contanto que o faça com a mesma publicidade; se houver assinado prazo à execução da tarefa, entender-se-á que renuncia o arbítrio de retirar, durante ele, a oferta.

• *Vide* art. 859 do CC.

Parágrafo único. O candidato de boa-fé, que houver feito despesas, terá direito a reembolso.

• *Vide* art. 422 do CC.

Art. 857. Se o ato contemplado na promessa for praticado por mais de um indivíduo, terá direito à recompensa o que primeiro o executou.

• *Vide* art. 817 do CC.

Art. 858. Sendo simultânea a execução, a cada um tocará quinhão igual na recompensa; se esta não for divisível, conferir-se-á por sorteio, e o que obtiver a coisa dará ao outro o valor de seu quinhão.

Art. 859. Nos concursos que se abrirem com promessa pública de recompensa, é condição essencial, para valerem, a fixação de um prazo, observadas também as disposições dos parágrafos seguintes.

• *Vide* art. 856 do CC.

§ 1.° A decisão da pessoa nomeada, nos anúncios, como juiz, obriga os interessados.

§ 2.° Em falta de pessoa designada para julgar o mérito dos trabalhos que se apresentarem, entender-se-á que o promitente se reservou essa função.

§ 3.° Se os trabalhos tiverem mérito igual, proceder-se-á de acordo com os arts. 857 e 858.

Art. 860. As obras premiadas, nos concursos de que trata o artigo antecedente, só ficarão pertencendo ao promitente, se assim for estipulado na publicação da promessa.

Capítulo II
DA GESTÃO DE NEGÓCIOS

Art. 861. Aquele que, sem autorização do interessado, intervém na gestão de negócio alheio, dirigi-lo-á segundo o interesse e a vontade presumível de seu dono, ficando responsável a este e às pessoas com que tratar.

• *Vide* arts. 665, 866 e 869 do CC.
• *Vide* arts. 53, IV, *b*, e 121, parágrafo único, do CPC.

Art. 862. Se a gestão foi iniciada contra a vontade manifesta ou presumível do interessado, responderá o gestor até pelos casos fortuitos, não provando que teriam sobrevindo, ainda quando se houvesse abatido.

•• Mantivemos "abatido" conforme publicação oficial. Entendemos que o correto seria "abstido".
• *Vide* arts. 868 e 874 do CC.

Art. 863. No caso do artigo antecedente, se os prejuízos da gestão excederem o seu proveito, poderá o dono do negócio exigir que o gestor restitua as coisas ao estado anterior, ou o indenize da diferença.

• *Vide* arts. 870 e 874 do CC.

Art. 864. Tanto que se possa, comunicará o gestor ao dono do negócio a gestão que assumiu, aguardando-lhe a resposta, se da espera não resultar perigo.

Art. 865. Enquanto o dono não providenciar, velará o gestor pelo negócio, até o levar a cabo, esperando, se aquele falecer durante a gestão, as instruções dos herdeiros, sem se descuidar, entretanto, das medidas que o caso reclame.

• *Vide* art. 674 do CC.

Art. 866. O gestor envidará toda sua diligência habitual na administração do negócio, ressarcindo ao dono o prejuízo resultante de qualquer culpa na gestão.

• *Vide* arts. 667, 862 e 868 do CC.

Art. 867. Se o gestor se fizer substituir por outrem, responderá pelas faltas do substituto, ainda que seja pessoa idônea, sem prejuízo da ação que a ele, ou ao dono do negócio, contra ela possa caber.

• *Vide* arts. 275 a 285 e 667 do CC.

Parágrafo único. Havendo mais de um gestor, solidária será a sua responsabilidade.

• *Vide* art. 672 do CC.

Art. 868. O gestor responde pelo caso fortuito quando fizer operações arriscadas, ainda que o dono costumasse fazê-las, ou quando preterir interesse deste em proveito de interesses seus.

• *Vide* art. 393 do CC.

Parágrafo único. Querendo o dono aproveitar-se da gestão, será obrigado a indenizar o gestor das despesas necessárias, que tiver feito, e dos prejuízos, que por motivo da gestão, houver sofrido.

Art. 869. Se o negócio for utilmente administrado, cumprirá ao dono as obrigações contraídas em seu nome, reembolsando ao gestor as despesas necessárias ou úteis que houver feito, com os juros legais, desde o desembolso, respondendo ainda pelos prejuízos que este houver sofrido por causa da gestão.

• *Vide* art. 305, *caput*, 406, 407, 861, 868, parágrafo único, 870 e 873 do CC.

§ 1.º A utilidade, ou necessidade, da despesa, apreciar-se-á não pelo resultado obtido, mas segundo as circunstâncias da ocasião em que se fizerem.

§ 2.º Vigora o disposto neste artigo, ainda quando o gestor, em erro quanto ao dono do negócio, der a outra pessoa as contas da gestão.

Art. 870. Aplica-se a disposição do artigo antecedente, quando a gestão se proponha a acudir a prejuízos iminentes, ou redunde em proveito do dono do negócio ou da coisa; mas a indenização ao gestor não excederá, em importância, as vantagens obtidas com a gestão.

Art. 871. Quando alguém, na ausência do indivíduo obrigado a alimentos, por ele os prestar a quem se devem, poder-lhes-á reaver do devedor a importância, ainda que este não ratifique o ato.

• *Vide* art. 305, 872 e 1.694 e s. do CC.

• *Vide* Lei n. 5.478, de 25-7-1968 (Lei de Alimentos).

Art. 872. Nas despesas do enterro, proporcionadas aos usos locais e à condição do falecido, feitas por terceiro, podem ser cobradas da pessoa que teria a obrigação de alimentar a que veio a falecer, ainda mesmo que esta não tenha deixado bens.

Parágrafo único. Cessa o disposto neste artigo e no antecedente, em se provando que o gestor fez essas despesas com o simples intento de bem-fazer.

Art. 873. A ratificação pura e simples do dono do negócio retroage ao dia do começo da gestão, e produz todos os efeitos do mandato.

• *Vide* arts. 172 (retroatividade da ratificação) e 653 a 692 (mandato) do CC.

Art. 874. Se o dono do negócio, ou da coisa, desaprovar a gestão, considerando-a contrária aos seus interesses, vigorará o disposto nos arts. 862 e 863, salvo o estabelecido nos arts. 869 e 870.

Art. 875. Se os negócios alheios forem conexos ao do gestor, de tal arte que se não possam gerir separadamente, haver-se-á o gestor por sócio daquele cujos interesses agenciar de envolta com os seus.

Parágrafo único. No caso deste artigo, aquele em cujo benefício interveio o gestor só é obrigado na razão das vantagens que lograr.

Capítulo III
DO PAGAMENTO INDEVIDO

Art. 876. Todo aquele que recebeu o que lhe não era devido fica obrigado a restituir; obrigação que incumbe àquele que recebe dívida condicional antes de cumprida a condição.

• *Vide* arts. 125 e 880 do CC.

• Sobre o pagamento indevido de débitos tributários: arts. 165 a 169 da Lei n. 5.172, de 25-10-1966.

Art. 877. Àquele que voluntariamente pagou o indevido incumbe a prova de tê-lo feito por erro.

• *Vide* Súmula 322 do STJ.

Art. 878. Aos frutos, acessões, benfeitorias e deteriorações sobrevindas à coisa dada em pagamento indevido, aplica-se o disposto neste Código sobre o possuidor de boa-fé ou de má-fé, conforme o caso.

• *Vide* arts. 1.214 e 1.216 a 1.220 do CC.

Art. 879. Se aquele que indevidamente recebeu um imóvel o tiver alienado em boa-fé, por título oneroso, responde somente pela quantia recebida; mas, se agiu de má-fé, além do valor do imóvel, responde por perdas e danos.

• *Vide* arts. 402 a 405 (perdas e danos) do CC.

Parágrafo único. Se o imóvel foi alienado por título gratuito, ou se, alienado por título oneroso, o terceiro adquirente agiu de má-fé, cabe ao que pagou por erro o direito de reivindicação.

Art. 880. Fica isento de restituir pagamento indevido aquele que, recebendo-o como parte de dívida verdadeira, inutilizou o título, deixou prescrever a pretensão ou abriu mão das garantias que asseguravam seu direito; mas aquele que pagou dispõe de ação regressiva contra o verdadeiro devedor e seu fiador.

• *Vide* art. 305 do CC.

Art. 881. Se o pagamento indevido tiver consistido no desempenho de obrigação de fazer ou para eximir-se da obrigação de não fazer, aquele que recebeu a prestação fica na obrigação de indenizar o que a cumpriu, na medida do lucro obtido.

Art. 882. Não se pode repetir o que se pagou para solver dívida prescrita, ou cumprir obrigação judicialmente inexigível.

• *Vide* arts. 564, III, e 814 do CC.

Art. 883. Não terá direito à repetição aquele que deu alguma coisa para obter fim ilícito, imoral, ou proibido por lei.

Parágrafo único. No caso deste artigo, o que se deu reverterá em favor de estabelecimento local de beneficência, a critério do juiz.

Capítulo IV
DO ENRIQUECIMENTO SEM CAUSA

Art. 884. Aquele que, sem justa causa, se enriquecer à custa de outrem, será obrigado a restituir o indevidamente auferido, feita a atualização dos valores monetários.

Parágrafo único. Se o enriquecimento tiver por objeto coisa determinada, quem a recebeu é obrigado a restituí-la, e, se a coisa não mais subsistir, a restituição se fará pelo valor do bem na época em que foi exigido.

•• *Vide* art. 206, § 3.º, IV, do CC.

Art. 885. A restituição é devida, não só quando não tenha havido causa que justifique o enriquecimento, mas também se esta deixou de existir.

Art. 886. Não caberá a restituição por enriquecimento, se a lei conferir ao lesado outros meios para se ressarcir do prejuízo sofrido.

Título VIII
DOS TÍTULOS DE CRÉDITO

• Penhor de título de crédito: *vide* arts. 1.458 a 1.460 do CC.

• Decreto n. 2.044, de 31-12-1908 (letras de câmbio e notas promissórias).

• Decreto n. 57.595, de 7-1-1966 (lei uniforme em matéria de cheques).

• Decreto n. 57.663, de 24-1-1966 (lei uniforme sobre letras de câmbio e notas promissórias).

• Decreto-lei n. 167, de 14-2-1967 (títulos de crédito rural).

- Lei n. 5.474, de 18-7-1968 (Lei de Duplicatas).
- Decreto-lei n. 413, de 9-1-1969 (títulos de crédito industrial).
- Lei n. 6.313, de 16-12-1975 (títulos de crédito à exportação).
- Lei n. 7.357, de 2-9-1985 (Lei do Cheque).
- Decreto n. 578, de 24-6-1992 (títulos da dívida agrária).
- Lei n. 8.929, de 22-8-1994 (cédula de produto rural).
- Lei n. 10.931, de 2-8-2004 (patrimônio de afetação de incorporações imobiliárias, letra de crédito imobiliário, cédula de crédito imobiliário e cédula de crédito bancário).
- Lei n. 11.076, de 30-12-2004 (certificado de depósito agropecuário e *warrant* agropecuário).
- Lei n. 13.775, de 20-12-2018 (duplicata eletrônica).
- Nota comercial: Lei n. 14.195, de 26-8-2021.

Capítulo I
DISPOSIÇÕES GERAIS

Art. 887. O título de crédito, documento necessário ao exercício do direito literal e autônomo nele contido, somente produz efeito quando preencha os requisitos da lei.

•• *Vide* arts. 206, § 3.º, VIII, e 889 do CC.

- *Vide* art. 784, I, do CPC.

Art. 888. A omissão de qualquer requisito legal, que tire ao escrito a sua validade como título de crédito, não implica a invalidade do negócio jurídico que lhe deu origem.

- *Vide* arts. 166 a 184 (invalidade do negócio jurídico) do CC.

Art. 889. Deve o título de crédito conter a data da emissão, a indicação precisa dos direitos que confere, e a assinatura do emitente.

- Requisitos essenciais para a emissão dos principais títulos: Letra de câmbio: Decretos n. 2.044, de 31-12-1908 (art. 1.º), e 57.663, de 24-1-1966 (arts. 1.º e 2.º); Nota promissória: Decretos n. 2.044, de 31-12-1908 (art. 54), e 57.663, de 24-1-1966 (art. 76); Duplicata: Lei n. 5.474, de 18-7-1968 (art. 2.º); e Cheque: Lei n. 7.357, de 2-9-1985 (art. 2.º).

§ 1.º É à vista o título de crédito que não contenha indicação de vencimento.

- *Vide* art. 331 do CC.

§ 2.º Considera-se lugar de emissão e de pagamento, quando não indicado no título, o domicílio do emitente.

- *Vide* art. 327 do CC.

§ 3.º O título poderá ser emitido a partir dos caracteres criados em computador ou meio técnico equivalente e que constem da escrituração do emitente, observados os requisitos mínimos previstos neste artigo.

Art. 890. Consideram-se não escritas no título a cláusula de juros, a proibitiva de endosso, a excludente de responsabilidade pelo pagamento ou por despesas, a que dispense a observância de termos e formalidade prescritas, e a que, além dos limites fixados em lei, exclua ou restrinja direitos e obrigações.

Art. 891. O título de crédito, incompleto ao tempo da emissão, deve ser preenchido de conformidade com os ajustes realizados.

- *Vide* art. 16 da Lei n. 7.357, de 2-9-1985.

Parágrafo único. O descumprimento dos ajustes previstos neste artigo pelos que deles participaram, não constitui motivo de oposição ao terceiro portador, salvo se este, ao adquirir o título, tiver agido de má-fé.

- *Vide* art. 10 do Anexo I do Decreto n. 57.663, de 24-1-1966.

Art. 892. Aquele que, sem ter poderes, ou excedendo os que tem, lança a sua assinatura em título de crédito, como mandatário ou representante de outrem, fica pessoalmente obrigado, e, pagando o título, tem ele os mesmos direitos que teria o suposto mandante ou representado.

- *Vide* arts. 661, 662, 663 e 665 do CC.

Art. 893. A transferência do título de crédito implica a de todos os direitos que lhe são inerentes.

Art. 894. O portador de título representativo de mercadoria tem o direito de transferi-lo, de conformidade com as normas que regulam a sua circulação, ou de receber aquela independentemente de quaisquer formalidades, além da entrega do título devidamente quitado.

- *Vide* arts. 319 a 321 do CC.
- Sobre conhecimento de depósito e respectivo *warrant*: arts. 18 a 22 do Decreto n. 1.102, de 21-11-1903.

Art. 895. Enquanto o título de crédito estiver em circulação, só ele poderá ser dado em garantia, ou ser objeto de medidas judiciais, e não, separadamente, os direitos ou mercadorias que representa.

- *Vide* art. 17 do Decreto n. 1.102, de 21-11-1903.

Art. 896. O título de crédito não pode ser reivindicado do portador que o adquiriu de boa-fé e na conformidade das normas que disciplinam a sua circulação.

- *Vide* art. 39, § 2.º, do Decreto n. 2.044, de 31-12-1908.
- *Vide* art. 21 do Decreto n. 57.595, de 7-1-1966.
- *Vide* art. 16 do Anexo I do Decreto n. 57.663, de 24-1-1966.
- *Vide* art. 24 da Lei n. 7.357, de 2-9-1985.

Art. 897. O pagamento de título de crédito, que contenha obrigação de pagar soma determinada, pode ser garantido por aval.

Parágrafo único. É vedado o aval parcial.

- Garantia cambial por meio de aval: letra de câmbio e nota promissória (Decreto n. 57.663, de 24-1-1966, arts. 30 a 32); cheque (Lei n. 7.357, de 2-9-1985, arts. 29 a 31); duplicata (Lei n. 5.474, de 18-7-1968, art. 12).

Art. 898. O aval deve ser dado no verso ou no anverso do próprio título.

§ 1.º Para a validade do aval, dado no anverso do título, é suficiente a simples assinatura do avalista.

§ 2.º Considera-se não escrito o aval cancelado.

Art. 899. O avalista equipara-se àquele cujo nome indicar; na falta de indicação, ao emitente ou devedor final.

- *Vide* art. 349 do CC.
- *Vide* Súmula 26 do STJ.

§ 1.º Pagando o título, tem o avalista ação de regresso contra o seu avalizado e demais coobrigados anteriores.

§ 2.º Subsiste a responsabilidade do avalista, ainda que nula a obrigação daquele a quem se equipara, a menos que a nulidade decorra de vício de forma.

Art. 900. O aval posterior ao vencimento produz os mesmos efeitos do anteriormente dado.

Art. 901. Fica validamente desonerado o devedor que paga título de crédito ao legítimo portador, no vencimento, sem oposição, salvo se agiu de má-fé.

Parágrafo único. Pagando, pode o devedor exigir do credor, além da entrega do título, quitação regular.

- *Vide* art. 324 do CC.

Art. 902. Não é o credor obrigado a receber o pagamento antes do vencimento do título, e aquele que o paga, antes do vencimento, fica responsável pela validade do pagamento.

§ 1.º No vencimento, não pode o credor recusar pagamento, ainda que parcial.

§ 2.º No caso de pagamento parcial, em que se não opera a tradição do título, além da quitação em separado, outra deverá ser firmada no próprio título.

Art. 903. Salvo disposição diversa em lei especial, regem-se os títulos de crédito pelo disposto neste Código.

Capítulo II
DO TÍTULO AO PORTADOR

•• A Lei n. 8.021, de 12-4-1990, que dispõe sobre a identificação dos contribuintes para fins fiscais e dá outras providências, estabelece em seu art. 2.º, I e II: "A partir da data de publicação desta Lei fica vedada: I – a emissão de quotas ao portador ou nominativas-endossáveis, pelos fundos em condomínio; II – a emissão de títulos e a captação de depósitos ou aplicações ao portador ou nominativos-endossáveis".

- O bilhete de loteria é considerado, para todos os efeitos, título ao portador – art. 23 do Decreto-lei n. 6.259, de 10-2-1944.

Art. 904. A transferência de título ao portador se faz por simples tradição.

Art. 905. O possuidor de título ao portador tem direito à prestação nele indicada, mediante a sua simples apresentação ao devedor.

- *Vide* art. 311 do CC.

Parágrafo único. A prestação é devida ainda que o título tenha entrado em circulação contra a vontade do emitente.

Art. 906. O devedor só poderá opor ao portador exceção fundada em direito pessoal, ou em nulidade de sua obrigação.

- *Vide* art. 371 do CC.
- *Vide* art. 51 do Decreto n. 2.044, de 31-12-1908 (letras de câmbio).

Art. 907. É nulo o título ao portador emitido sem autorização de lei especial.

- O art. 292 do CP dispõe sobre a emissão de título ao portador sem permissão legal.

Art. 908. O possuidor de título dilacerado, porém identificável, tem direito a obter do emitente a substituição do anterior, mediante a restituição do primeiro e o pagamento das despesas.

Art. 909. O proprietário, que perder ou extraviar título, ou for injustamente desapossado dele, poderá obter novo título em juízo, bem como impedir sejam pagos a outrem capital e rendimentos.

• *Vide* arts. 321 e 1.268 do CC.

Parágrafo único. O pagamento, feito antes de ter ciência da ação referida neste artigo, exonera o devedor, salvo se se provar que ele tinha conhecimento do fato.

Capítulo III
DO TÍTULO À ORDEM

Art. 910. O endosso deve ser lançado pelo endossante no verso ou anverso do próprio título.

§ 1.º Pode o endossante designar o endossatário, e para validade do endosso, dado no verso do título, é suficiente a simples assinatura do endossante.

§ 2.º A transferência por endosso completa-se com a tradição do título.

• *Vide* art. 324 do CC.

§ 3.º Considera-se não escrito o endosso cancelado, total ou parcialmente.

Art. 911. Considera-se legítimo possuidor o portador do título à ordem com série regular e ininterrupta de endossos, ainda que o último seja em branco.

• *Vide* art. 19 do Decreto n. 57.595, de 7-1-1966, art. 16 do Decreto n. 57.663, de 24-1-1966, e art. 22, *caput*, da Lei n. 7.357, de 2-9-1985.

Parágrafo único. Aquele que paga o título está obrigado a verificar a regularidade da série de endossos, mas não a autenticidade das assinaturas.

Art. 912. Considera-se não escrita no endosso qualquer condição a que o subordine o endossante.

Parágrafo único. É nulo o endosso parcial.

Art. 913. O endossatário de endosso em branco pode mudá-lo para endosso em preto, completando-o com o seu nome ou de terceiro; pode endossar novamente o título, em branco ou em preto; ou pode transferi-lo sem novo endosso.

Art. 914. Ressalvada cláusula expressa em contrário, constante do endosso, não responde o endossante pelo cumprimento da prestação constante do título.

§ 1.º Assumindo responsabilidade pelo pagamento, o endossante se torna devedor solidário.

• *Vide* arts. 275 a 285 do CC.

§ 2.º Pagando o título, tem o endossante ação de regresso contra os coobrigados anteriores.

Art. 915. O devedor, além das exceções fundadas nas relações pessoais que tiver com o portador, só poderá opor a este as exceções relativas à forma do título e ao seu conteúdo literal, à falsidade da própria assinatura, a defeito de capacidade ou de representação no momento da subscrição, e à falta de requisito necessário ao exercício da ação.

Art. 916. As exceções, fundadas em relação do devedor com os portadores precedentes, somente poderão ser por ele opostas ao portador, se este, ao adquirir o título, tiver agido de má-fé.

Art. 917. A cláusula constitutiva de mandato, lançada no endosso, confere ao endossatário o exercício dos direitos inerentes ao título, salvo restrição expressamente estatuída.

• *Vide* Súmula 476 do STJ.

§ 1.º O endossatário de endosso-mandato só pode endossar novamente o título na qualidade de procurador, com os mesmos poderes que recebeu.

§ 2.º Com a morte ou a superveniente incapacidade do endossante, não perde eficácia o endosso-mandato.

§ 3.º Pode o devedor opor ao endossatário de endosso-mandato somente as exceções que tiver contra o endossante.

Art. 918. A cláusula constitutiva de penhor, lançada no endosso, confere ao endossatário o exercício dos direitos inerentes ao título.

• *Vide* arts. 1.458 a 1.460 do CC.

§ 1.º O endossatário de endosso-penhor só pode endossar novamente o título na qualidade de procurador.

§ 2.º Não pode o devedor opor ao endossatário de endosso-penhor as exceções que tinha contra o endossante, salvo se aquele tiver agido de má-fé.

Art. 919. A aquisição de título à ordem, por meio diverso do endosso, tem efeito de cessão civil.

• *Vide* arts. 286 a 298 do CC.

Art. 920. O endosso posterior ao vencimento produz os mesmos efeitos do anterior.

• *Vide* art. 8.º, § 2.º, do Decreto n. 2.044, de 31-12-1908.
• *Vide* art. 24 do Decreto n. 57.595, de 7-1-1966.
• *Vide* art. 20 do Anexo I do Decreto n. 57.663, de 24-1-1966.

Capítulo IV
DO TÍTULO NOMINATIVO

Art. 921. É título nominativo o emitido em favor de pessoa cujo nome conste no registro do emitente.

Art. 922. Transfere-se o título nominativo mediante termo, em registro do emitente, assinado pelo proprietário e pelo adquirente.

Art. 923. O título nominativo também pode ser transferido por endosso que contenha o nome do endossatário.

§ 1.º A transferência mediante endosso só tem eficácia perante o emitente, uma vez feita a competente averbação em seu registro, podendo o emitente exigir do endossatário que comprove a autenticidade da assinatura do endossante.

§ 2.º O endossatário, legitimado por série regular e ininterrupta de endossos, tem o direito de obter a averbação no registro do emitente, comprovada a autenticidade das assinaturas de todos os endossantes.

§ 3.º Caso o título original contenha o nome do primitivo proprietário, tem direito o adquirente a obter do emitente novo título, em seu nome, devendo a emissão do novo título constar no registro do emitente.

Art. 924. Ressalvada proibição legal, pode o título nominativo ser transformado em à ordem ou ao portador, a pedido do proprietário e à sua custa.

• *Vide* arts. 904 a 920 do CC.

Art. 925. Fica desonerado de responsabilidade o emitente que de boa-fé fizer a transferência pelos modos indicados nos artigos antecedentes.

Art. 926. Qualquer negócio ou medida judicial, que tenha por objeto o título, só produz efeito perante o emitente ou terceiros, uma vez feita a competente averbação no registro do emitente.

Título IX
DA RESPONSABILIDADE CIVIL

Capítulo I
DA OBRIGAÇÃO DE INDENIZAR

Art. 927. Aquele que, por ato ilícito (arts. 186 e 187), causar dano a outrem, fica obrigado a repará-lo.

• *Vide* arts. 934 e 942 a 954 do CC.
• Reparação de dano moral decorrente de calúnia, difamação ou injúria, *vide* art. 243 da Lei n. 4.737, de 15-7-1965.
• *Vide* Súmulas 28, 161, 229, 491, 492 e 562 do STF.
• *Vide* Súmulas 37, 43, 130, 137, 145, 186, 221, 227, 246, 403, 479 e 595 do STJ.

Parágrafo único. Haverá obrigação de reparar o dano, independentemente de culpa, nos casos especificados em lei, ou quando a atividade normalmente desenvolvida pelo autor do dano implicar, por sua natureza, risco para os direitos de outrem.

•• *Vide* Súmula 479 do STJ.
• *Vide* arts. 5.º, V e X, e 37, § 6.º, da CF.

Art. 928. O incapaz responde pelos prejuízos que causar, se as pessoas por ele responsáveis não tiverem obrigação de fazê-lo ou não dispuserem de meios suficientes.

• *Vide* arts. 932 a 934 e 942, parágrafo único, do CC.

Parágrafo único. A indenização prevista neste artigo, que deverá ser equitativa, não terá lugar se privar do necessário o incapaz ou as pessoas que dele dependem.

• *Vide* art. 116 do ECA.

Art. 929. Se a pessoa lesada, ou o dono da coisa, no caso do inciso II do art. 188, não forem culpados do perigo, assistir-lhes-á direito à indenização do prejuízo que sofreram.

Art. 930. No caso do inciso II do art. 188, se o perigo ocorrer por culpa de terceiro, contra este terá o autor do dano ação regressiva para haver a importância que tiver ressarcido ao lesado.

Parágrafo único. A mesma ação competirá contra aquele em defesa de quem se causou o dano (art. 188, inciso I).

• *Vide* art. 125, II, do CPC.

Art. 931. Ressalvados outros casos previstos em lei especial, os empresários individuais e as empresas respondem independentemente de culpa pelos danos causados pelos produtos postos em circulação.

• *Vide* arts. 12, 18, 19 e 23 a 25 da Lei n. 8.078, de 11-9-1990 (CDC).

Art. 932. São também responsáveis pela reparação civil:

• *Vide* arts. 934 e 942, parágrafo único, do CC.

I – os pais, pelos filhos menores que estiverem sob sua autoridade e em sua companhia;

• ECA (Lei n. 8.069, de 13-7-1990), art. 116.

II – o tutor e o curador, pelos pupilos e curatelados, que se acharem nas mesmas condições;

III – o empregador ou comitente, por seus empregados, serviçais e prepostos, no exercício do trabalho que lhes competir, ou em razão dele;

• *Vide* art. 149 do CC.

• A Lei n. 7.195, de 12-6-1984, dispõe sobre a responsabilidade civil das agências de empregados domésticos.

• *Vide* Súmulas 341 do STF e 130 do STJ.

IV – os donos de hotéis, hospedarias, casas ou estabelecimentos onde se albergue por dinheiro, mesmo para fins de educação, pelos seus hóspedes, moradores e educandos;

• *Vide* arts. 649 e 650 do CC.

V – os que gratuitamente houverem participado nos produtos do crime, até a concorrente quantia.

• O Decreto n. 2.681, de 7-12-1912, regula a responsabilidade civil das estradas de ferro.

• O art. 91 do CP trata sobre os efeitos genéricos e específicos da condenação.

• O art. 64 do CPP trata sobre a ação para ressarcimento de dano.

• *Vide* Súmula 492 do STF.

Art. 933. As pessoas indicadas nos incisos I a V do artigo antecedente, ainda que não haja culpa de sua parte, responderão pelos atos praticados pelos terceiros ali referidos.

Art. 934. Aquele que ressarcir o dano causado por outrem pode reaver o que houver pago daquele por quem pagou, salvo se o causador do dano for descendente seu, absoluta ou relativamente incapaz.

• *Vide* Súmulas 187 e 188 do STF.

Art. 935. A responsabilidade civil é independente da criminal, não se podendo questionar mais sobre a existência do fato, ou sobre quem seja o seu autor, quando estas questões se acharem decididas no juízo criminal.

• Faz coisa julgada no cível a sentença penal que reconhecer ter sido o ato praticado em estado de necessidade, em legítima defesa, em estrito cumprimento de dever legal ou no exercício regular de direito: art. 65 do CPP.

• *Vide* arts. 313, V, *a*, e 315 do CPC.

Art. 936. O dono, ou detentor, do animal ressarcirá o dano por este causado, se não provar culpa da vítima ou força maior.

• *Vide* art. 393 do CC.

Art. 937. O dono de edifício ou construção responde pelos danos que resultarem de sua ruína, se esta provier de falta de reparos, cuja necessidade fosse manifesta.

•• A Lei n. 13.425, de 30-3-2017, propôs o acréscimo dos §§ 1.º e 2.º a este artigo, porém teve seu texto vetado.

•• *Vide* arts. 618 e 1.280 do CC.

Art. 938. Aquele que habitar prédio, ou parte dele, responde pelo dano proveniente das coisas que dele caírem ou forem lançadas em lugar indevido.

• *Vide* arts. 1.331 a 1.358 (condomínio edilício) do CC.

• *Vide* Lei n. 4.591, de 16-12-1964.

Art. 939. O credor que demandar o devedor antes de vencida a dívida, fora dos casos em que a lei o permita, ficará obrigado a esperar o tempo que faltava para o vencimento, a descontar os juros correspondentes, embora estipulados, e a pagar as custas em dobro.

Art. 940. Aquele que demandar por dívida já paga, no todo ou em parte, sem ressalvar as quantias recebidas ou pedir mais do que for devido, ficará obrigado a pagar ao devedor, no primeiro caso, o dobro do que houver cobrado e, no segundo, o equivalente do que dele exigir, salvo se houver prescrição.

• *Vide* arts. 79 e s. do CPC.

• *Vide* art. 42, parágrafo único, do CDC.

• *Vide* Súmula 159 do STF.

Art. 941. As penas previstas nos arts. 939 e 940 não se aplicarão quando o autor desistir da ação antes de contestada a lide, salvo ao réu o direito de haver indenização por algum prejuízo que prove ter sofrido.

• *Vide* arts. 79 e s. e 485, § 4.º, do CPC.

Art. 942. Os bens do responsável pela ofensa ou violação do direito de outrem ficam sujeitos à reparação do dano causado; e, se a ofensa tiver mais de um autor, todos responderão solidariamente pela reparação.

• *Vide* arts. 186 e 927 do CC.

• *Vide* arts. 5.º, V e X, e 37, § 6.º (indenização), da CF.

• *Vide* Súmulas 221 e 246 do STJ.

Parágrafo único. São solidariamente responsáveis com os autores os coautores e as pessoas designadas no art. 932.

• *Vide* arts. 264 a 285 e 934 do CC.

Art. 943. O direito de exigir reparação e a obrigação de prestá-la transmitem-se com a herança.

•• *Vide* Súmula 642 do STJ.

• *Vide* arts. 1.792, 1.821 e 1.997 do CC.

• *Vide* Súmula 35 do STF.

Capítulo II
DA INDENIZAÇÃO

Art. 944. A indenização mede-se pela extensão do dano.

• *Vide* arts. 948 a 954 do CC.

• *Vide* Súmula 37 do STJ.

Parágrafo único. Se houver excessiva desproporção entre a gravidade da culpa e o dano, poderá o juiz reduzir, equitativamente, a indenização.

• *Vide* art. 5.º do Decreto-lei n. 4.657, de 4-9-1942 (LINDB).

• *Vide* Súmulas 491 e 562 do STF.

Art. 945. Se a vítima tiver concorrido culposamente para o evento danoso, a sua indenização será fixada tendo-se em conta a gravidade de sua culpa em confronto com a do autor do dano.

• *Vide* Súmula 28 do STF.

Art. 946. Se a obrigação for indeterminada, e não houver na lei ou no contrato disposição fixando a indenização devida pelo inadimplente, apurar-se-á o valor das perdas e danos na forma que a lei processual determinar.

Art. 947. Se o devedor não puder cumprir a prestação na espécie ajustada, substituir-se-á pelo seu valor, em moeda corrente.

• *Vide* art. 809, § 2.º, do CPC.

Art. 948. No caso de homicídio, a indenização consiste, sem excluir outras reparações:

•• *Vide* Súmula 642 do STJ.

I – no pagamento das despesas com o tratamento da vítima, seu funeral e o luto da família;

II – na prestação de alimentos às pessoas a quem o morto os devia, levando-se em conta a duração provável da vida da vítima.

• *Vide* arts. 1.694 a 1.710 do CC.

• Sobre os honorários de advogado que completam a indenização, *vide* arts. 22 a 26 da Lei n. 8.906, de 4-7-1994 (EAOAB).

• *Vide* Súmulas 490 e 491 do STF.

Art. 949. No caso de lesão ou outra ofensa à saúde, o ofensor indenizará o ofendido das despesas do tratamento e dos lucros cessantes até ao fim da convalescença, além de algum outro prejuízo que o ofendido prove haver sofrido.

• *Vide* arts. 402 e 403 do CC.

Art. 950. Se da ofensa resultar defeito pelo qual o ofendido não possa exercer o seu ofício ou profissão, ou se lhe diminua a capacidade de trabalho, a indenização, além das despesas do tratamento e lucros cessantes até ao fim da convalescença, incluirá pensão correspondente à importância do trabalho para que se inabilitou, ou da depreciação que ele sofreu.

• *Vide* Súmula 490 do STF.

Parágrafo único. O prejudicado, se preferir, poderá exigir que a indenização seja arbitrada e paga de uma só vez.

Art. 951. O disposto nos arts. 948, 949 e 950 aplica-se ainda no caso de indenização devida por aquele que, no exercício de atividade profissional, por negligência, imprudência ou imperícia, causar a morte do paciente, agravar-lhe o mal, causar-lhe lesão, ou inabilitá-lo para o trabalho.

• *Vide* arts. 14, § 4.º, e 17 da Lei n. 8.078, de 11-9-1990 (CDC).

- *Vide* Súmulas 341 do STF, 37 do STJ e Súmula Vinculante 22.

Art. 952. Havendo usurpação ou esbulho do alheio, além da restituição da coisa, a indenização consistirá em pagar o valor das suas deteriorações e o devido a título de lucros cessantes; faltando a coisa, dever-se-á reembolsar o seu equivalente ao prejudicado.

- *Vide* arts. 402, 403, 1.210 e 1.228 do CC.
- *Vide* arts. 555, I, 556 e 560 do CPC.
- Os arts. 161 e 162 do CP dispõem sobre usucapião.
- *Vide* Súmula 562 do STF.

Parágrafo único. Para se restituir o equivalente, quando não exista a própria coisa, estimar-se-á ela pelo seu preço ordinário e pelo de afeição, contanto que este não se avantaje àquele.

Art. 953. A indenização por injúria, difamação ou calúnia consistirá na reparação do dano que delas resulte ao ofendido.

- Os arts. 138, 139 e 140 do CP dispõem respectivamente sobre calúnia, difamação e injúria.

Parágrafo único. Se o ofendido não puder provar prejuízo material, caberá ao juiz fixar, equitativamente, o valor da indenização, na conformidade das circunstâncias do caso.

- Os arts. 49 a 52 do CP dispõem sobre pena de multa.

Art. 954. A indenização por ofensa à liberdade pessoal consistirá no pagamento das perdas e danos que sobrevierem ao ofendido, e se este não puder provar prejuízo, tem aplicação o disposto no parágrafo único do artigo antecedente.

- *Vide* arts. 402 a 405 (perdas e danos) do CC.

Parágrafo único. Consideram-se ofensivos da liberdade pessoal:

- *Vide* Súmula Vinculante 11.

I – o cárcere privado;

- O art. 148 do CP dispõe sobre o crime de sequestro e cárcere privado.

II – a prisão por queixa ou denúncia falsa e de má-fé;

III – a prisão ilegal.

- *Vide* art. 5.º, LXV, da CF.

Título X
DAS PREFERÊNCIAS E PRIVILÉGIOS CREDITÓRIOS

Art. 955. Procede-se à declaração de insolvência toda vez que as dívidas excedam à importância dos bens do devedor.

- LEF: Lei n. 6.830, de 22-9-1980.

Art. 956. A discussão entre os credores pode versar quer sobre a preferência entre eles disputada, quer sobre a nulidade, simulação, fraude, ou falsidade das dívidas e contratos.

- *Vide* arts. 158 a 165 (fraude), 166, 167 (simulação) e 171 do CC.

Art. 957. Não havendo título legal à preferência, terão os credores igual direito sobre os bens do devedor comum.

Art. 958. Os títulos legais de preferência são os privilégios e os direitos reais.

- *Vide* arts. 964 (privilégio especial) e 1.225 (direitos reais) do CC.
- Sobre o privilégio fiscal, dispõe a Lei n. 5.172, de 25-10-1966, arts. 186 e s.
- Sobre a preferência de créditos trabalhistas, dispõe a CLT, arts. 144 e 449, § 1.º.
- *Vide* Decretos-leis n. 167, de 14-2-1967, e 413, de 9-1-1969.

Art. 959. Conservam seus respectivos direitos os credores, hipotecários ou privilegiados:

I – sobre o preço do seguro da coisa gravada com hipoteca ou privilégio, ou sobre a indenização devida, havendo responsável pela perda ou danificação da coisa;

- *Vide* arts. 785 e 1.425, IV, do CC.

II – sobre o valor da indenização, se a coisa obrigada a hipoteca ou privilégio for desapropriada.

- *Vide* art. 1.425, V, do CC.
- *Vide* art. 30 do Decreto-lei n. 3.365, de 21-6-1941, que dispõe sobre desapropriações.
- O Decreto-lei n. 167, de 14-2-1967, dispõe sobre títulos de crédito rural.

Art. 960. Nos casos a que se refere o artigo antecedente, o devedor do seguro, ou da indenização, exonera-se pagando sem oposição dos credores hipotecários ou privilegiados.

Art. 961. O crédito real prefere ao pessoal de qualquer espécie; o crédito pessoal privilegiado, ao simples; e o privilégio especial, ao geral.

- *Vide* arts. 963 e 1.509, § 1.º, do CC.

Art. 962. Quando concorrerem aos mesmos bens, e por título igual, dois ou mais credores da mesma classe especialmente privilegiados, haverá entre eles rateio proporcional ao valor dos respectivos créditos, se o produto não bastar para o pagamento integral de todos.

- *Vide* art. 908 do CPC (concorrência, credores).

Art. 963. O privilégio especial só compreende os bens sujeitos, por expressa disposição de lei, ao pagamento do crédito que ele favorece; e o geral, todos os bens não sujeitos a crédito real nem a privilégio especial.

Art. 964. Têm privilégio especial:

I – sobre a coisa arrecadada e liquidada, o credor de custas e despesas judiciais feitas com a arrecadação e liquidação;

II – sobre a coisa salvada, o credor por despesas de salvamento;

III – sobre a coisa beneficiada, o credor por benfeitorias necessárias ou úteis;

- *Vide* art. 96 do CC.
- O art. 13 da Lei n. 7.203, de 3-7-1984, dispõe sobre as dívidas decorrentes das operações de assistência e salvamento.

IV – sobre os prédios rústicos ou urbanos, fábricas, oficinas, ou quaisquer outras construções, o credor de materiais, dinheiro, ou serviços para a sua edificação, reconstrução, ou melhoramento;

V – sobre os frutos agrícolas, o credor por sementes, instrumentos e serviços à cultura, ou à colheita;

VI – sobre as alfaias e utensílios de uso doméstico, nos prédios rústicos ou urbanos, o credor de aluguéis, quanto às prestações do ano corrente e do anterior;

VII – sobre os exemplares da obra existente na massa do editor, o autor dela, ou seus legítimos representantes, pelo crédito fundado contra aquele no contrato da edição;

- *Vide* Lei n. 9.610, de 19-2-1998.

VIII – sobre o produto da colheita, para a qual houver concorrido com o seu trabalho, e precipuamente a quaisquer outros créditos, ainda que reais, o trabalhador agrícola, quanto à dívida dos seus salários;

- *Vide* art. 1.422, *caput*, do CC.

IX – sobre os produtos do abate, o credor por animais.

- •• Inciso IX acrescentado pela Lei n. 13.176, de 21-10-2015.

Art. 965. Goza de privilégio geral, na ordem seguinte, sobre os bens do devedor:

I – o crédito por despesa de seu funeral, feito segundo a condição do morto e o costume do lugar;

II – o crédito por custas judiciais, ou por despesas com a arrecadação e liquidação da massa;

III – o crédito por despesas com o luto do cônjuge sobrevivo e dos filhos do devedor falecido, se foram moderadas;

IV – o crédito por despesas com a doença de que faleceu o devedor, no semestre anterior à sua morte;

V – o crédito pelos gastos necessários à mantença do devedor falecido e sua família, no trimestre anterior ao falecimento;

VI – o crédito pelos impostos devidos à Fazenda Pública, no ano corrente e no anterior;

VII – o crédito pelos salários dos empregados do serviço doméstico do devedor, nos seus derradeiros seis meses de vida;

- A Fazenda, na cobrança da sua dívida ativa, não está sujeita a concurso de credores, nem a habilitação de crédito em falência, concordata, ou inventário (art. 187 da Lei n. 5.172, de 25-10-1966, e art. 29 da Lei n. 6.830, de 22-9-1980).
- Privilégio, em caso de falência ou concordata, de crédito relativo às cédulas hipotecárias – *vide* § 2.º do art. 35 do Decreto-lei n. 70, de 21-11-1966.
- Em matéria falimentar – *vide* arts. 83 e s. da Lei n. 11.101, de 9-2-2005 (Lei de Falências).

VIII – os demais créditos de privilégio geral.

Livro II
DO DIREITO DE EMPRESA

Título I
DO EMPRESÁRIO

Capítulo I
DA CARACTERIZAÇÃO E DA INSCRIÇÃO

- •• *Vide* Lei Complementar n. 123, de 14-12-2006, que institui o Estatuto Nacional da Microempresa e da Empresa de Pequeno Porte.

Art. 966. Considera-se empresário quem exerce profissionalmente atividade econômica organizada para a produção ou a circulação de bens ou de serviços.

• *Vide* arts. 972, 974, 975, 2.031 e 2.037 do CC.
• *Vide* art. 3.º da Lei Complementar n. 123, de 14-12-2006.
• A Resolução n. 48, de 11-10-2018, do CGSIM, dispõe sobre o procedimento especial para registro e legalização do microempreendedor individual – MEI, por meio do portal do empreendedor.
• A Instrução Normativa n. 81, de 10-6-2020, do DREI, dispõe sobre a padronização nacional na formulação de exigências aplicáveis aos processos físicos e digitais nos atos de constituição, alteração, dissolução ou extinção de empresas de que trata este artigo.

Parágrafo único. Não se considera empresário quem exerce profissão intelectual, de natureza científica, literária ou artística, ainda com o concurso de auxiliares ou colaboradores, salvo se o exercício da profissão constituir elemento de empresa.

• *Vide* arts. 1.155 e 1.156 do CC.
• *Vide* Lei n. 9.610, de 19-2-1998 (direitos autorais).

Art. 967. É obrigatória a inscrição do empresário no Registro Público de Empresas Mercantis da respectiva sede, antes do início de sua atividade.

• *Vide* arts. 982, 985 e 1.150 a 1.154 do CC.
• *Vide* arts. 32, II, 36, 37 e 38 da Lei n. 8.934, de 18-11-1994 (Registro Público de Empresas Mercantis), regulamentada pelo Decreto n. 1.800, de 30-1-1996.

Art. 968. A inscrição do empresário far-se-á mediante requerimento que contenha:

• *Vide* arts. 971 e 984 do CC.

I – o seu nome, nacionalidade, domicílio, estado civil e, se casado, o regime de bens;

• *Vide* art. 12 (nacionalidade) da CF.
• *Vide* arts. 70 a 72, 75, IV, §§ 1.º e 2.º, 977 a 980, 1.639 e s. do CC.

II – a firma, com a respectiva assinatura autógrafa que poderá ser substituída pela assinatura autenticada com certificação digital ou meio equivalente que comprove a sua autenticidade, ressalvado o disposto no inciso I do § 1.º do art. 4.º da Lei Complementar n. 123, de 14 de dezembro de 2006;

•• Inciso II com redação determinada pela Lei Complementar n. 147, de 7-8-2014.

III – o capital;

IV – o objeto e a sede da empresa.

• *Vide* art. 1.142 do CC.

§ 1.º Com as indicações estabelecidas neste artigo, a inscrição será tomada por termo no livro próprio do Registro Público de Empresas Mercantis, e obedecerá a número de ordem contínuo para todos os empresários inscritos.

• *Vide* art. 971 do CC.

§ 2.º À margem da inscrição, e com as mesmas formalidades, serão averbadas quaisquer modificações nela ocorrentes.

• *Vide* art. 971 do CC.

§ 3.º Caso venha a admitir sócios, o empresário individual poderá solicitar ao Registro Público de Empresas Mercantis a transformação de seu registro de empresário para registro de sociedade empresária, observado, no que couber, o disposto nos arts. 1.113 a 1.115 deste Código.

•• § 3.º acrescentado pela Lei Complementar n. 128, de 19-12-2008.
• A Instrução Normativa n. 81, de 10-6-2020, do DREI, dispõe sobre as normas e diretrizes gerais do Registro Público de Empresas.
• A Instrução Normativa n. 81, de 10-6-2020, do DREI, dispõe sobre a padronização nacional na formulação de exigências aplicáveis aos processos físicos e digitais nos atos de constituição, alteração, dissolução ou extinção de empresas de que trata o dispositivo.

§ 4.º O processo de abertura, registro, alteração e baixa do microempreendedor individual de que trata o art. 18-A da Lei Complementar n. 123, de 14 de dezembro de 2006, bem como qualquer exigência para o início de seu funcionamento deverão ter trâmite especial e simplificado, preferentemente eletrônico, opcional para o empreendedor, na forma a ser disciplinada pelo Comitê para Gestão da Rede Nacional para a Simplificação do Registro e da Legalização de Empresas e Negócios – CGSIM, de que trata o inciso III do art. 2.º da mesma Lei.

•• § 4.º acrescentado pela Lei n. 12.470, de 31-8-2011.
• A citada Lei Complementar n. 123, de 14-12-2006, institui o Estatuto Nacional da Microempresa e da Empresa de Pequeno Porte e consta nesta obra.

§ 5.º Para fins do disposto no § 4.º, poderão ser dispensados o uso da firma, com a respectiva assinatura autógrafa, o capital, requerimentos, demais assinaturas, informações relativas à nacionalidade, estado civil e regime de bens, bem como remessa de documentos, na forma estabelecida pelo CGSIM.

•• § 5.º acrescentado pela Lei n. 12.470, de 31-8-2011.

Art. 969. O empresário que instituir sucursal, filial ou agência, em lugar sujeito à jurisdição de outro Registro Público de Empresas Mercantis, neste deverá também inscrevê-la, com a prova da inscrição originária.

• *Vide* art. 24, III, da CF.
• *Vide* arts. 37 e 38 da Lei n. 8.934, de 18-11-1994 (Registro Público de Empresas Mercantis), regulamentada pelo Decreto n. 1.800, de 30-1-1996.

Parágrafo único. Em qualquer caso, a constituição do estabelecimento secundário deverá ser averbada no Registro Público de Empresas Mercantis da respectiva sede.

Art. 970. A lei assegurará tratamento favorecido, diferenciado e simplificado ao empresário rural e ao pequeno empresário, quanto à inscrição e aos efeitos daí decorrentes.

•• *Vide* art. 1.179, § 2.º, do CC.
• *Vide* art. 170, IX, da CF.
• Tratamento diferenciado e simplificado: *vide* Lei Complementar n. 123, de 14-12-2006.

Art. 971. O empresário, cuja atividade rural constitua sua principal profissão, pode, observadas as formalidades de que tratam o art. 968 e seus parágrafos, requerer inscrição no Registro Público de Empresas Mercantis da respectiva sede, caso em que, depois de inscrito, ficará equiparado, para todos os efeitos, ao empresário sujeito a registro.

• *Vide* arts. 984 e 1.150 do CC.
• Estatuto da Terra: Lei n. 4.504, de 30-11-1964.
• Direito Agrário: Lei n. 4.947, de 6-4-1966.
• Trabalho Rural: Lei n. 5.889, de 8-6-1973.
• Registro Público de Empresas Mercantis: Lei n. 8.934, de 18-11-1994, regulamentada pelo Decreto n. 1.800, de 30-1-1996.

Parágrafo único. Aplica-se o disposto no *caput* deste artigo à associação que desenvolva atividade futebolística em caráter habitual e profissional, caso em que, com a inscrição, será considerada empresária, para todos os efeitos.

•• Parágrafo único acrescentado pela Lei n. 14.193, de 6-8-2021.

Capítulo II
DA CAPACIDADE

• *Vide* art. 7.º do Decreto-lei n. 4.657, de 4-9-1942 (LINDB).

Art. 972. Podem exercer a atividade de empresário os que estiverem em pleno gozo da capacidade civil e não forem legalmente impedidos.

• *Vide* art. 5.º do CC.
• Legalmente impedidos: art. 54, II, *a*, da CF; arts. 147, §1.º, e 159, § 2.º, da Lei n. 6.404, de 15-12-1976 (LSA); art. 1.011, § 1.º, do CC; art. 181 da Lei n. 11.101, de 9-2-2005 (Lei de Falências); art. 117, X, da Lei n. 8.112, de 11-12-1990; art. 36, I e II, da Lei Orgânica da Magistratura Nacional – LOMAN; e art. 44, III, da Lei n. 8.625, de 12-2-1993.

Art. 973. A pessoa legalmente impedida de exercer atividade própria de empresário, se a exercer, responderá pelas obrigações contraídas.

• LSA (Lei n. 6.404, de 15-12-1976): art. 158 (responsabilidade dos administradores).

Art. 974. Poderá o incapaz, por meio de representante ou devidamente assistido, continuar a empresa antes exercida por ele enquanto capaz, por seus pais ou pelo autor de herança.

• *Vide* arts. 3.º a 5.º do CC.

§ 1.º Nos casos deste artigo, precederá autorização judicial, após exame das circunstâncias e dos riscos da empresa, bem como da conveniência em continuá-la, podendo a autorização ser revogada pelo juiz, ouvidos os pais, tutores ou representantes legais do menor ou do interdito, sem prejuízo dos direitos adquiridos por terceiros.

§ 2.º Não ficam sujeitos ao resultado da empresa os bens que o incapaz já possuía, ao tempo da sucessão ou da interdição, desde que estranhos ao acervo daquela, devendo tais fatos constar do alvará que conceder a autorização.

§ 3.º O Registro Público de Empresas Mercantis a cargo das Juntas Comerciais deverá registrar contratos ou alterações contratuais de sociedade que envolva sócio incapaz, desde que atendidos, de forma conjunta, os seguintes pressupostos:

•• § 3.º, *caput*, acrescentado pela Lei n. 12.399, de 1.º-4-2011.

I – o sócio incapaz não pode exercer a administração da sociedade;

•• Inciso I acrescentado pela Lei n. 12.399, de 1.º-4-2011.

II – o capital social deve ser totalmente integralizado;

•• Inciso II acrescentado pela Lei n. 12.399, de 1.º-4-2011.

III – o sócio relativamente incapaz deve ser assistido e o absolutamente incapaz deve ser representado por seus representantes legais.

•• Inciso III acrescentado pela Lei n. 12.399, de 1.º-4-2011.

Art. 975. Se o representante ou assistente do incapaz for pessoa que, por disposição de lei, não puder exercer atividade de empresário, nomeará, com a aprovação do juiz, um ou mais gerentes.

• *Vide* arts. 1.172 a 1.176 do CC.

§ 1.º Do mesmo modo será nomeado gerente em todos os casos em que o juiz entender ser conveniente.

§ 2.º A aprovação do juiz não exime o representante ou assistente do menor ou do interdito da responsabilidade pelos atos dos gerentes nomeados.

Art. 976. A prova da emancipação e da autorização do incapaz, nos casos do art. 974, e a de eventual revogação desta, serão inscritas ou averbadas no Registro Público de Empresas Mercantis.

• *Vide* arts. 5.º, parágrafo único, V, e 968, § 2.º, do CC.

• Registro Público de Empresas Mercantis: *vide* art. 32, II, *e*, da Lei n. 8.934, de 18-11-1994, regulamentada pelo Decreto n. 1.800, de 30-1-1996.

Parágrafo único. O uso da nova firma caberá, conforme o caso, ao gerente; ou ao representante do incapaz; ou a este, quando puder ser autorizado.

• *Vide* arts. 1.172 a 1.176 do CC.

Art. 977. Faculta-se aos cônjuges contratar sociedade, entre si ou com terceiros, desde que não tenham casado no regime da comunhão universal de bens, ou no da separação obrigatória.

• *Vide* arts. 1.641, 1.667 e 1.668 do CC.

Art. 978. O empresário casado pode, sem necessidade de outorga conjugal, qualquer que seja o regime de bens, alienar os imóveis que integrem o patrimônio da empresa ou gravá-los de ônus real.

• *Vide* art. 5.º, I, da CF.

• *Vide* arts. 1.642 e 1.647 do CC.

Art. 979. Além de no Registro Civil, serão arquivados e averbados, no Registro Público de Empresas Mercantis, os pactos e declarações antenupciais do empresário, o título de doação, herança, ou legado, de bens clausulados de incomunicabilidade ou inalienabilidade.

• *Vide* arts. 1.653 a 1.668, 1.674, 1.848 e 1.911 do CC.

• *Vide* arts. 167, I, n. 12, e II, n. 1, 244 e 245 da Lei n. 6.015, de 31-12-1973 (LRP).

• Registro Público de Empresas Mercantis: *vide* Lei n. 8.934, de 18-11-1994, regulamentada pelo Decreto n. 1.800, de 30-1-1996.

Art. 980. A sentença que decretar ou homologar a separação judicial do empresário e o ato de reconciliação não podem ser opostos a terceiros, antes de arquivados e averbados no Registro Público de Empresas Mercantis.

•• *Vide* art. 226, § 6.º, da CF.

• *Vide* arts. 167, II, n. 5, 10 e 14, da Lei n. 6.015, de 31-12-1973 (LRP).

• Registro Público de Empresas Mercantis: *vide* Lei n. 8.934, de 18-11-1994, regulamentada pelo Decreto n. 1.800, de 30-1-1996.

• *Vide* art. 1.571, III, do CC.

TÍTULO I-A
DA EMPRESA INDIVIDUAL DE RESPONSABILIDADE LIMITADA

(*Revogado pela Lei n. 14.382, de 27-6-2022.*)

Art. 980-A. (*Revogado pela Lei n. 14.382, de 27-6-2022.*)

TÍTULO II
DA SOCIEDADE

• Sobre sociedades cooperativas: *vide* art. 174, § 2.º, da CF e Lei n. 5.764, de 16-12-1971.

• O CC de 1916 tratava desta matéria em seus arts. 1.363 a 1.409.

• Sobre sociedades de crédito imobiliário: *vide* Lei n. 4.380, de 21-8-1964.

• Das sociedades imobiliárias: art. 62 da Lei n. 4.728, de 14-7-1965.

• Sobre seguros: Decreto-lei n. 73, de 21-11-1966.

• Sobre registro civil das pessoas jurídicas: *vide* arts. 114 a 126 da Lei n. 6.015, de 31-12-1973 (LRP).

• CDC (Lei n. 8.078, de 11-9-1990): *vide* art. 28 e §§ 1.º a 5.º sobre desconsideração da personalidade jurídica.

• Sobre sociedade de advogados: Lei n. 8.906, de 4-7-1994, arts. 15 a 17.

• Sobre registro público de empresas mercantis e atividades afins: *vide* Lei n. 8.934, de 18-11-1994, regulamentada pelo Decreto n. 1.800, de 30-1-1996.

• Organizações da Sociedade Civil de Interesse Público: *vide* Lei n. 9.790, de 23-3-1999, regulamentada pelo Decreto n. 3.100, de 30-6-1999.

• Sociedade civil ou comercial de assistência médica, hospitalar e odontológica: art. 19 da Lei n. 9.961, de 28-1-2000.

• Da Microempresa e da Empresa de Pequeno Porte: Lei Complementar n. 123, de 14-12-2006.

Capítulo Único
DISPOSIÇÕES GERAIS

Art. 981. Celebram contrato de sociedade as pessoas que reciprocamente se obrigam a contribuir, com bens ou serviços, para o exercício de atividade econômica e a partilha, entre si, dos resultados.

•• A Lei n. 14.195, de 26-8-2021, propôs alteração neste artigo, porém teve seu texto vetado.

• *Vide* Súmula 329 do STF.

Parágrafo único. A atividade pode restringir-se à realização de um ou mais negócios determinados.

Art. 982. Salvo as exceções expressas, considera-se empresária a sociedade que tem por objeto o exercício de atividade própria de empresário sujeito a registro (art. 967); e, simples, as demais.

•• A Lei n. 14.195, de 26-8-2021, propôs a revogação deste artigo, todavia teve seu texto vetado.

• Sobre registro público de empresas mercantis e atividades afins: *vide* Lei n. 8.934, de 18-11-1994, regulamentada pelo Decreto n. 1.800, de 30-1-1996.

Parágrafo único. Independentemente de seu objeto, considera-se empresária a sociedade por ações; e, simples, a cooperativa.

• *Vide* arts. 1.088 e 1.089 (sociedade anônima), e 1.093 a 1.096 (sociedade cooperativa) do CC.

• Sobre sociedades cooperativas: *vide* Lei n. 5.764, de 16-12-1971.

• LSA: Lei n. 6.404, de 15-12-1976.

Art. 983. A sociedade empresária deve constituir-se segundo um dos tipos regulados nos arts. 1.039 a 1.092; a sociedade simples pode constituir-se de conformidade com um desses tipos, e, não o fazendo, subordina-se às normas que lhe são próprias.

•• A Lei n. 14.195, de 26-8-2021, propôs alteração neste artigo, porém teve seu texto vetado.

• *Vide* arts. 966, 997 a 1.038 (sociedade simples) e 2.037 do CC.

Parágrafo único. Ressalvam-se as disposições concernentes à sociedade em conta de participação e à cooperativa, bem como as constantes de leis especiais que, para o exercício de certas atividades, imponham a constituição da sociedade segundo determinado tipo.

• *Vide* arts. 991 a 996 (sociedade em conta de participação) e 1.093 a 1.096 (sociedade cooperativa) do CC.

Art. 984. A sociedade que tenha por objeto o exercício de atividade própria de empresário rural e seja constituída, ou transformada, de acordo com um dos tipos de sociedade empresária, pode, com as formalidades do art. 968, requerer inscrição no Registro Público de Empresas Mercantis da sua sede, caso em que, depois de inscrita, ficará equiparada, para todos os efeitos, à sociedade empresária.

• *Vide* arts. 970, 971 e 1.113 a 1.115 do CC.

• Sobre registro público de empresas mercantis e atividades afins: *vide* Lei n. 8.934, de 18-11-1994, regulamentada pelo Decreto n. 1.800, de 30-1-1996.

Parágrafo único. Embora já constituída a sociedade segundo um daqueles tipos, o pedido de inscrição se subordinará, no que for aplicável, às normas que regem a transformação.

Art. 985. A sociedade adquire personalidade jurídica com a inscrição, no registro próprio e na forma da lei, dos seus atos constitutivos (arts. 45 e 1.150).

• LRP: *vide* Lei n. 6.015, de 31-12-1973.

• Sobre registro público de empresas mercantis e atividades afins: *vide* Lei n. 8.934, de 18-11-1994, regulamentada pelo Decreto n. 1.800, de 30-1-1996.

Subtítulo I
DA SOCIEDADE NÃO PERSONIFICADA

•• *Vide* Lei n. 11.795, de 8-10-2008, que dispõe em seu art. 3.º que o Grupo de Consórcio é uma sociedade não personificada.

Capítulo I
DA SOCIEDADE EM COMUM

Art. 986. Enquanto não inscritos os atos constitutivos, reger-se-á a sociedade, exceto por ações em organização, pelo disposto neste Capítulo, observadas, subsidiariamente e no que com ele forem compatíveis, as normas da sociedade simples.

•• A Lei n. 14.195, de 26-8-2021, propôs alteração neste artigo, porém teve seu texto vetado.

• *Vide* arts. 997 a 1.038 (sociedade simples) e 1.089 (sociedade por ações) do CC.

• *Vide* art. 75, § 2.º, do CPC.

• A Lei n. 6.404, de 15-12-1976, dispõe sobre as sociedades por ações.

Art. 987. Os sócios, nas relações entre si ou com terceiros, somente por escrito podem provar a existência da sociedade, mas os terceiros podem prová-la de qualquer modo.

• Da prova no CC: *vide* art. 212, I a V.

• *Vide* art. 75, § 2.º, do CPC.

Art. 988. Os bens e dívidas sociais constituem patrimônio especial, do qual os sócios são titulares em comum.

Art. 989. Os bens sociais respondem pelos atos de gestão praticados por qualquer dos sócios, salvo pacto expresso limitativo de poderes, que somente terá eficácia contra o terceiro que o conheça ou deva conhecer.

• *Vide* art. 47 do CC.

Art. 990. Todos os sócios respondem solidária e ilimitadamente pelas obrigações sociais, excluído do benefício de ordem, previsto no art. 1.024, aquele que contratou pela sociedade.

Capítulo II
DA SOCIEDADE EM CONTA DE PARTICIPAÇÃO

Art. 991. Na sociedade em conta de participação, a atividade constitutiva do objeto social é exercida unicamente pelo sócio ostensivo, em seu nome individual e sob sua própria e exclusiva responsabilidade, participando os demais dos resultados correspondentes.

• *Vide* art. 1.162 do CC.

Parágrafo único. Obriga-se perante terceiro tão somente o sócio ostensivo; e, exclusivamente perante este, o sócio participante, nos termos do contrato social.

Art. 992. A constituição da sociedade em conta de participação independe de qualquer formalidade e pode provar-se por todos os meios de direito.

• *Vide* art. 104 do CC.

• Da Prova no CC: *vide* art. 212, I a V.

Art. 993. O contrato social produz efeito somente entre os sócios, e a eventual inscrição de seu instrumento em qualquer registro não confere personalidade jurídica à sociedade.

Parágrafo único. Sem prejuízo do direito de fiscalizar a gestão dos negócios sociais, o sócio participante não pode tomar parte nas relações do sócio ostensivo com terceiros, sob pena de responder solidariamente com este pelas obrigações em que intervier.

Art. 994. A contribuição do sócio participante constitui, com a do sócio ostensivo, patrimônio especial, objeto da conta de participação relativa aos negócios sociais.

§ 1.º A especialização patrimonial somente produz efeitos em relação aos sócios.

§ 2.º A falência do sócio ostensivo acarreta a dissolução da sociedade e a liquidação da respectiva conta, cujo saldo constituirá crédito quirografário.

§ 3.º Falindo o sócio participante, o contrato social fica sujeito às normas que regulam os efeitos da falência nos contratos bilaterais do falido.

• *Vide* art. 104 do CC.

• Lei de Falências: Lei n. 11.101, de 9-2-2005, arts. 82 e 117.

Art. 995. Salvo estipulação em contrário, o sócio ostensivo não pode admitir novo sócio sem o consentimento expresso dos demais.

Art. 996. Aplica-se à sociedade em conta de participação, subsidiariamente e no que com ela for compatível, o disposto para a sociedade simples, e a sua liquidação rege-se pelas normas relativas à prestação de contas, na forma da lei processual.

•• A Lei n. 14.195, de 26-8-2021, propôs alteração neste artigo, porém teve seu texto vetado.

• Da Sociedade Simples: *vide* arts. 997 a 1.038 do CC.

• *Vide* arts. 550 e s. do CPC (exigir contas).

Parágrafo único. Havendo mais de um sócio ostensivo, as respectivas contas serão prestadas e julgadas no mesmo processo.

Subtítulo II
DA SOCIEDADE PERSONIFICADA

Capítulo I
DA SOCIEDADE SIMPLES

•• A Lei n. 14.195, de 26-8-2021, propôs alteração neste artigo, porém teve seu texto vetado.

Seção I
Do Contrato Social

Art. 997. A sociedade constitui-se mediante contrato escrito, particular ou público, que, além de cláusulas estipuladas pelas partes, mencionará:

• Cláusulas contratuais obrigatórias: *vide* art. 120 da Lei n. 6.015, de 31-12-1973.

• *Vide* arts. 999, 1.041 e 1.054 do CC.

I – nome, nacionalidade, estado civil, profissão e residência dos sócios, se pessoas naturais, e a firma ou a denominação, nacionalidade e sede dos sócios, se jurídicas;

II – denominação, objeto, sede e prazo da sociedade;

III – capital da sociedade, expresso em moeda corrente, podendo compreender qualquer espécie de bens, suscetíveis de avaliação pecuniária;

IV – a quota de cada sócio no capital social, e o modo de realizá-la;

V – as prestações a que se obriga o sócio, cuja contribuição consista em serviços;

•• A Lei n. 14.195, de 26-8-2021, propôs alteração neste inciso, porém teve seu texto vetado.

• *Vide* art. 1.006 do CC.

VI – as pessoas naturais incumbidas da administração da sociedade, e seus poderes e atribuições;

VII – a participação de cada sócio nos lucros e nas perdas;

VIII – se os sócios respondem, ou não, subsidiariamente, pelas obrigações sociais.

Parágrafo único. É ineficaz em relação a terceiros qualquer pacto separado, contrário ao disposto no instrumento do contrato.

• *Vide* arts. 981 e 983 do CC.

Art. 998. Nos trinta dias subsequentes à sua constituição, a sociedade deverá requerer a inscrição do contrato social no Registro Civil das Pessoas Jurídicas do local de sua sede.

•• A Lei n. 14.195, de 26-8-2021, propôs a revogação deste artigo, todavia teve seu texto vetado.

• *Vide* arts. 45 e 75, IV, do CC.

• *Vide* arts. 114 a 126 da Lei n. 6.015, de 31-12-1973.

§ 1.º O pedido de inscrição será acompanhado do instrumento autenticado do contrato, e, se algum sócio nele houver sido representado por procurador, o da respectiva procuração, bem como, se for o caso, da prova de autorização da autoridade competente.

§ 2.º Com todas as indicações enumeradas no artigo antecedente, será a inscrição tomada por termo no livro de registro próprio, e obedecerá a número de ordem contínua para todas as sociedades inscritas.

• *Vide* art. 46 do CC.

Art. 999. As modificações do contrato social, que tenham por objeto matéria indicada no art. 997, dependem do consentimento de todos os sócios; as demais podem ser decididas por maioria absoluta de votos, se o contrato não determinar a necessidade de deliberação unânime.

• Exigências para modificações do contrato social no CC de 1916: arts. 18, parágrafo único, 1.394 e 1.399, VI.

• *Vide* arts. 45, 1.002, 1.003 e 2.033 do CC.

Parágrafo único. Qualquer modificação do contrato social será averbada, cumprindo-se as formalidades previstas no artigo antecedente.

•• A Lei n. 14.195, de 26-8-2021, propôs a revogação deste artigo, todavia teve seu texto vetado.

Art. 1.000. A sociedade simples que instituir sucursal, filial ou agência na circunscrição de outro Registro Civil das Pessoas Jurídicas, neste deverá também inscrevê-la, com a prova da inscrição originária.

•• A Lei n. 14.195, de 26-8-2021, propôs a revogação deste artigo, todavia teve seu texto vetado.

Parágrafo único. Em qualquer caso, a constituição da sucursal, filial ou agência deverá ser averbada no Registro Civil da respectiva sede.

• *Vide* art. 997 do CC.

Seção II
Dos Direitos e Obrigações dos Sócios

• *Vide* art. 28 da Lei n. 8.078, de 11-9-1990.

• Dos direitos e obrigações dos sócios no CCom de 1850: art. 329, revogado por esta Lei.

Art. 1.001. As obrigações dos sócios começam imediatamente com o contrato, se este não fixar outra data, e terminam quando, liquidada a sociedade, se extinguirem as responsabilidades sociais.

• *Vide* art. 417 do CPC.

Art. 1.002. O sócio não pode ser substituído no exercício das suas funções, sem o consentimento dos demais sócios, expresso em modificação do contrato social.

• *Vide* art. 999 do CC.

Art. 1.003. A cessão total ou parcial de quota, sem a correspondente modificação do contrato social com o consentimento dos demais sócios, não terá eficácia quanto a estes e à sociedade.

Parágrafo único. Até dois anos depois de averbada a modificação do contrato, responde o cedente solidariamente com o cessionário, perante a sociedade e terceiros, pelas obrigações que tinha como sócio.

• *Vide* arts. 275, 999, 1.032 e 1.057 do CC.

• *Vide* art. 81 da Lei n. 11.101, de 9-2-2005.

Art. 1.004. Os sócios são obrigados, na forma e prazo previstos, às contribuições estabelecidas no contrato social, e aquele que deixar de fazê-lo, nos trinta dias seguintes ao da notificação pela sociedade, responderá perante esta pelo dano emergente da mora.

• *Vide* arts. 394 a 401, 997, IV, e 1.030 do CC.

Parágrafo único. Verificada a mora, poderá a maioria dos demais sócios preferir, à indenização, a exclusão do sócio remisso, ou reduzir-lhe a quota ao montante já realizado, aplicando-se, em ambos os casos, o disposto no § 1.º do art. 1.031.

•• *Vide* arts. 394 a 401, 997, IV, e 1.030 do CC.

Art. 1.005. O sócio que, a título de quota social, transmitir domínio, posse ou uso, responde pela evicção; e pela solvência do devedor, aquele que transferir crédito.

• *Vide* arts. 297, 447 a 457 e 1.004 do CC.

Art. 1.006. O sócio, cuja contribuição consista em serviços, não pode, salvo convenção em contrário, empregar-se em atividade estranha à sociedade, sob pena de ser privado de seus lucros e dela excluído.

• *Vide* arts. 997, V, e 1.030 do CC.

Art. 1.007. Salvo estipulação em contrário, o sócio participa dos lucros e das perdas, na proporção das respectivas quotas, mas aquele, cuja contribuição consiste em serviços, somente participa dos lucros na proporção da média do valor das quotas.

•• A Lei n. 14.195, de 26-8-2021, propôs alteração neste artigo, porém teve seu texto vetado.

• *Vide* art. 997, V e VII, do CC.

Art. 1.008. É nula a estipulação contratual que exclua qualquer sócio de participar dos lucros e das perdas.

• *Vide* art. 997, V e VII, do CC.

Art. 1.009. A distribuição de lucros ilícitos ou fictícios acarreta responsabilidade solidária dos administradores que a realizarem e dos sócios que os receberem, conhecendo ou devendo conhecer-lhes a ilegitimidade.

• *Vide* arts. 264 a 285 (das obrigações solidárias) do CC.

Seção III
Da Administração

Art. 1.010. Quando, por lei ou pelo contrato social, competir aos sócios decidir sobre os negócios da sociedade, as deliberações serão tomadas por maioria de votos, contados segundo o valor das quotas de cada um.

• *Vide* art. 1.072 do CC.

§ 1.º Para formação da maioria absoluta são necessários votos correspondentes a mais de metade do capital.

§ 2.º Prevalece a decisão sufragada por maior número de sócios no caso de empate, e, se este persistir, decidirá o juiz.

§ 3.º Responde por perdas e danos o sócio que, tendo em alguma operação interesse contrário ao da sociedade, participar da deliberação que a aprove graças a seu voto.

• *Vide* arts. 402 a 405 (perdas e danos) do CC.

Art. 1.011. O administrador da sociedade deverá ter, no exercício de suas funções, o cuidado e a diligência que todo homem ativo e probo costuma empregar na administração de seus próprios negócios.

• *Vide* arts. 653 a 691 (do mandato) do CC.

• O art. 153 da Lei n. 6.404, de 15-12-1976 (LSA), estabelece idêntica determinação (dever de diligência).

§ 1.º Não podem ser administradores, além das pessoas impedidas por lei especial, os condenados a pena que vede, ainda que temporariamente, o acesso a cargos públicos; ou por crime falimentar, de prevaricação, peita ou suborno, concussão, peculato; ou contra a economia popular, contra o sistema financeiro nacional, contra as normas de defesa da concorrência, contra as relações de consumo, a fé pública ou a propriedade, enquanto perdurarem os efeitos da condenação.

• *Vide* art. 1.066, § 1.º, do CC.

• CP (Decreto-lei n. 2.848, de 7-12-1940): arts. 155 a 183 (crimes contra o patrimônio), arts. 289 a 311 (crimes contra a fé pública), arts. 312 a 327 (crimes contra a administração pública – concussão, corrupção, peculato, prevaricação) e art. 333 (peita ou suborno – corrupção ativa).

• Crimes contra a economia popular: arts. 1.º a 11 da Lei n. 1.521, de 26-12-1951.

• O Regime Jurídico dos Servidores Públicos Civis da União, das Autarquias e das Fundações Públicas Federais (Lei n. 8.112, de 11-12-1990), em seu art. 117, X, dispõe: "Ao servidor é proibido: X – participar de gerência ou administração de sociedade privada, personificada ou não personificada, exercer o comércio, exceto na qualidade de acionista, cotista ou comanditário;".

• Crimes contra o Sistema Financeiro Nacional: arts. 2.º a 25 da Lei n. 7.492, de 16-6-1986.

• Crimes contra as relações de consumo: arts. 61 a 80 da Lei n. 8.078, de 11-9-1990 (CDC), e arts. 4.º a 23 da Lei n. 8.137, de 27-12-1990.

• Dos Crimes Falimentares: Lei de Falências (Lei n. 11.101, de 9-2-2005), arts. 168 e s.

§ 2.º Aplicam-se à atividade dos administradores, no que couber, as disposições concernentes ao mandato.

Art. 1.012. O administrador, nomeado por instrumento em separado, deve averbá-lo à margem da inscrição da sociedade, e, pelos atos que praticar, antes de requerer a averbação, responde pessoal e solidariamente com a sociedade.

• Da solidariedade passiva: arts. 275 a 285 do CC.

Art. 1.013. A administração da sociedade, nada dispondo o contrato social, compete separadamente a cada um dos sócios.

• *Vide* art. 1.060 do CC.

§ 1.º Se a administração competir separadamente a vários administradores, cada um pode impugnar operação pretendida por outro, cabendo a decisão aos sócios, por maioria de votos.

• *Vide* arts. 402 a 405 (das perdas e danos), 997, VI (do contrato social), e 1.010 (da administração) do CC.

§ 2.º Responde por perdas e danos perante a sociedade o administrador que realizar operações, sabendo ou devendo saber que estava agindo em desacordo com a maioria.

Art. 1.014. Nos atos de competência conjunta de vários administradores, torna-se necessário o concurso de todos, salvo nos casos urgentes, em que a omissão ou retardo das providências possa ocasionar dano irreparável ou grave.

• *Vide* arts. 402 a 405 (das perdas e danos), 997, VI (do contrato social), e 1.010 (da administração) do CC.

Art. 1.015. No silêncio do contrato, os administradores podem praticar todos os atos pertinentes à gestão da sociedade; não constituindo objeto social, a oneração ou a venda de bens imóveis depende do que a maioria dos sócios decidir.

Parágrafo único. (*Revogado pela Lei n. 14.195, de 26-8-2021.*)

Art. 1.016. Os administradores respondem solidariamente perante a sociedade e os terceiros prejudicados, por culpa no desempenho de suas funções.

• *Vide* arts. 275 a 285 (solidariedade passiva) e 1.070 (do conselho fiscal) do CC.

Art. 1.017. O administrador que, sem consentimento escrito dos sócios, aplicar créditos ou bens sociais em proveito próprio ou de terceiros, terá de restituí-los à sociedade, ou pagar o equivalente, com todos os lucros resultantes, e, se houver prejuízo, por ele também responderá.

• *Vide* arts. 402 a 405 (das perdas e danos) do CC.

Parágrafo único. Fica sujeito às sanções o administrador que, tendo em qualquer operação interesse contrário ao da sociedade, tome parte na correspondente deliberação.

Art. 1.018. Ao administrador é vedado fazer-se substituir no exercício de suas funções, sendo-lhe facultado, nos limites de seus poderes, constituir mandatários da sociedade, especificados no instrumento os atos e operações que poderão praticar.

• *Vide* arts. 653 a 691 (do mandato) e art. 1.012 (da administração) do CC.

Art. 1.019. São irrevogáveis os poderes do sócio investido na administração por cláusula expressa do contrato social, salvo justa causa, reconhecida judicialmente, a pedido de qualquer dos sócios.

Parágrafo único. São revogáveis, a qualquer tempo, os poderes conferidos a sócio por ato separado, ou a quem não seja sócio.

• *Vide* arts. 997, VI, e 999 do CC.

Art. 1.020. Os administradores são obrigados a prestar aos sócios contas justificadas de sua administração, e apresentar-lhes o inventário anualmente, bem como o balanço patrimonial e o de resultado econômico.

• *Vide* arts. 1.179 a 1.195 (da escrituração) do CC.
• *Vide* art. 31 da Lei n. 4.595, de 31-12-1964.
• *Vide* LSA (Lei n. 6.404, de 15-12-1976), art. 109. Sobre balanço patrimonial dispõem os arts. 178 a 184 da Lei de Sociedades Anônimas.
• *Vide* art. 178 da Lei n. 11.101, de 9-2-2005.
• *Vide* Súmulas 260 e 439 do STF.

Art. 1.021. Salvo estipulação que determine época própria, o sócio pode, a qualquer tempo, examinar os livros e documentos, e o estado da caixa e da carteira da sociedade.

• CCom de 1850: art. 501 (escrituração).
• *Vide* art. 795 do CPC.
• CTN: art. 195 (exame dos livros comerciais).
• Escrituração e livros mercantis: Decreto-lei n. 486, de 3-3-1969.
• LSA (Lei n. 6.404, de 15-12-1976): arts. 100 (livros sociais) e 177 (escrituração).

Seção IV
Das Relações com Terceiros

Art. 1.022. A sociedade adquire direitos, assume obrigações e procede judicialmente, por meio de administradores com poderes especiais, ou, não os havendo, por intermédio de qualquer administrador.

• *Vide* art. 75 do CPC (representação).

Art. 1.023. Se os bens da sociedade não lhe cobrirem as dívidas, respondem os sócios pelo saldo, na proporção em que participem das perdas sociais, salvo cláusula de responsabilidade solidária.

• *Vide* arts. 275 a 285 (responsabilidade solidária) do CC.
• *Vide* arts. 790, II, e 795 (responsabilidade patrimonial).
• *Vide* art. 2.º do Provimento OAB n. 112, de 10-9-2006.

Art. 1.024. Os bens particulares dos sócios não podem ser executados por dívidas da sociedade, senão depois de executados os bens sociais.

• *Vide* art. 990 do CC.
• *Vide* art. 795 do CPC (responsabilidade patrimonial).

Art. 1.025. O sócio, admitido em sociedade já constituída, não se exime das dívidas sociais anteriores à admissão.

• *Vide* art. 1.003, parágrafo único, do CC.

Art. 1.026. O credor particular de sócio pode, na insuficiência de outros bens do devedor, fazer recair a execução sobre o que a este couber nos lucros da sociedade, ou na parte que lhe tocar em liquidação.

Parágrafo único. Se a sociedade não estiver dissolvida, pode o credor requerer a liquidação da quota do devedor, cujo valor, apurado na forma do art. 1.031, será depositado em dinheiro, no juízo da execução, até noventa dias após aquela liquidação.

• *Vide* art. 1.030, parágrafo único, do CC.

Art. 1.027. Os herdeiros do cônjuge de sócio, ou o cônjuge do que se separou judicialmente, não podem exigir desde logo a parte que lhes couber na quota social, mas concorrer à divisão periódica dos lucros, até que se liquide a sociedade.

• *Vide* art. 1.028, III, do CC.

Seção V
Da Resolução da Sociedade em Relação a um Sócio

• *Vide* art. 5.º, XX, da CF.

Art. 1.028. No caso de morte de sócio, liquidar-se-á sua quota, salvo:

• *Vide* arts. 997, 999 e 1.032 do CC.

I – se o contrato dispuser diferentemente;

II – se os sócios remanescentes optarem pela dissolução da sociedade;

• A empresa em débito salarial com seus empregados não pode ser dissolvida: art. 1.º, III, do Decreto-lei n. 368, de 19-12-1968.

III – se, por acordo com os herdeiros, regular-se a substituição do sócio falecido.

Art. 1.029. Além dos casos previstos na lei ou no contrato, qualquer sócio pode retirar-se da sociedade; se de prazo indeterminado, mediante notificação aos demais sócios, com antecedência mínima de sessenta dias; se de prazo determinado, provando judicialmente justa causa.

• *Vide* art. 1.031 do CC.

Parágrafo único. Nos trinta dias subsequentes à notificação, podem os demais sócios optar pela dissolução da sociedade.

Art. 1.030. Ressalvado o disposto no art. 1.004 e seu parágrafo único, pode o sócio ser excluído judicialmente, mediante iniciativa da maioria dos demais sócios, por falta grave no cumprimento de suas obrigações, ou, ainda, por incapacidade superveniente.

• *Vide* arts. 1.031 e 1.034 do CC.

Parágrafo único. Será de pleno direito excluído da sociedade o sócio declarado falido, ou aquele cuja quota tenha sido liquidada nos termos do parágrafo único do art. 1.026.

• A Lei n. 11.101, de 9-2-2005, regula a recuperação judicial e extrajudicial e a falência do empresário e da sociedade empresária.

Art. 1.031. Nos casos em que a sociedade se resolver em relação a um sócio, o valor da sua quota, considerada pelo montante efetivamente realizado, liquidar-se-á, salvo disposição contratual em contrário, com base na situação patrimonial da sociedade, à data da resolução, verificada em balanço especialmente levantado.

• *Vide* arts. 1.026, parágrafo único, e 1.077 do CC.
• *Vide* Súmula 265 do STF.

§ 1.º O capital social sofrerá a correspondente redução, salvo se os demais sócios suprirem o valor da quota.

• *Vide* art. 1.004, parágrafo único, do CC.

§ 2.º A quota liquidada será paga em dinheiro, no prazo de noventa dias, a partir da liquidação, salvo acordo, ou estipulação contratual em contrário.

Art. 1.032. A retirada, exclusão ou morte do sócio, não o exime, ou a seus herdeiros, da responsabilidade pelas obrigações sociais anteriores, até dois anos após averbada a resolução da sociedade; nem nos dois primeiros casos, pelas posteriores e em igual prazo, enquanto não se requerer a averbação.

• *Vide* art. 1.003, parágrafo único, do CC.
• Lei de Falências: art. 81 da Lei n. 11.101, de 9-2-2005.

Seção VI
Da Dissolução

• *Vide* art. 5.º, XIX, da CF.
• Dissolução de sociedades na LSA (Lei n. 6.404, de 15-12-1976): arts. 206 e 207.

Art. 1.033. Dissolve-se a sociedade quando ocorrer:

I – o vencimento do prazo de duração, salvo se, vencido este e sem oposição de sócio, não entrar a sociedade em liquidação, caso em que se prorrogará por tempo indeterminado;

II – o consenso unânime dos sócios;

III – a deliberação dos sócios, por maioria absoluta, na sociedade de prazo indeterminado;

IV – (*Revogado pela Lei n. 14.195, de 26-8-2021.*)

V – a extinção, na forma da lei, de autorização para funcionar.

• *Vide* arts. 51, 1.037, *caput*, 1.044 e 1.123 do CC.

Parágrafo único. (*Revogado pela Lei n. 14.195, de 26-8-2021.*)

• A Instrução Normativa n. 81, de 10-6-2020, do DREI, dispõe sobre as normas e diretrizes gerais do Registro Público de Empresas e dispõe sobre a padronização nacional na formulação de exigências aplicáveis aos processos físicos e digitais nos atos de constituição, alteração, dissolução ou extinção de empresas de que trata este dispositivo.

Art. 1.034. A sociedade pode ser dissolvida judicialmente, a requerimento de qualquer dos sócios, quando:

I – anulada a sua constituição;

II – exaurido o fim social, ou verificada a sua inexequibilidade.

Art. 1.035. O contrato pode prever outras causas de dissolução, a serem verificadas judicialmente quando contestadas.

Art. 1.036. Ocorrida a dissolução, cumpre aos administradores providenciar imediatamente a investidura do liquidante, e restringir a gestão própria aos negócios inadiáveis, vedadas novas operações, pelas quais responderão solidária e ilimitadamente.

• *Vide* arts. 275 a 285 do CC.

Parágrafo único. Dissolvida de pleno direito a sociedade, pode o sócio requerer, desde logo, a liquidação judicial.

• *Vide* arts. 1.102 a 1.112 do CC.

Art. 1.037. Ocorrendo a hipótese prevista no inciso V do art. 1.033, o Ministério Público, tão logo lhe comunique a autoridade competente, promoverá a liquidação judicial da sociedade, se os administradores não o tiverem feito nos trinta dias seguintes à perda da autorização, ou se o sócio não houver exercido a faculdade assegurada no parágrafo único do artigo antecedente.

Parágrafo único. Caso o Ministério Público não promova a liquidação judicial da sociedade nos quinze dias subsequentes ao recebimento da comunicação, a autoridade competente para conceder a autorização nomeará interventor com poderes para requerer a medida e administrar a sociedade até que seja nomeado o liquidante.

• *Vide* arts. 51, 1.111, 1.112 e 1.123 do CC.

Art. 1.038. Se não estiver designado no contrato social, o liquidante será eleito por deliberação dos sócios, podendo a escolha recair em pessoa estranha à sociedade.

• *Vide* arts. 1.103 a 1.105 do CC.

§ 1.º O liquidante pode ser destituído, a todo tempo:

I – se eleito pela forma prevista neste artigo, mediante deliberação dos sócios;

II – em qualquer caso, por via judicial, a requerimento de um ou mais sócios, ocorrendo justa causa.

§ 2.º A liquidação da sociedade se processa de conformidade com o disposto no Capítulo IX, deste Subtítulo.

• *Vide* arts. 1.103 a 1.112 do CC.

Capítulo II

DA SOCIEDADE EM NOME COLETIVO

• *Vide* art. 983 do CC.

Art. 1.039. Somente pessoas físicas podem tomar parte na sociedade em nome coletivo, respondendo todos os sócios, solidária e ilimitadamente, pelas obrigações sociais.

• *Vide* arts. 275 a 285 e 974 do CC.

Parágrafo único. Sem prejuízo da responsabilidade perante terceiros, podem os sócios, no ato constitutivo, ou por unânime convenção posterior, limitar entre si a responsabilidade de cada um.

Art. 1.040. A sociedade em nome coletivo se rege pelas normas deste Capítulo e, no que seja omisso, pelas do Capítulo antecedente.

Art. 1.041. O contrato deve mencionar, além das indicações referidas no art. 997, a firma social.

Art. 1.042. A administração da sociedade compete exclusivamente a sócios, sendo o uso da firma, nos limites do contrato, privativo dos que tenham os necessários poderes.

Art. 1.043. O credor particular de sócio não pode, antes de dissolver-se a sociedade, pretender a liquidação da quota do devedor.

Parágrafo único. Poderá fazê-lo quando:

I – a sociedade houver sido prorrogada tacitamente;

II – tendo ocorrido prorrogação contratual, for acolhida judicialmente oposição do credor, levantada no prazo de noventa dias, contado da publicação do ato dilatório.

Art. 1.044. A sociedade se dissolve de pleno direito por qualquer das causas enumeradas no art. 1.033 e, se empresária, também pela declaração da falência.

• Lei de Falências: arts. 6.º e 126 da Lei n. 11.101, de 9-2-2005.

• *Vide* arts. 1.051, I, e 1.087 do CC.

Capítulo III

DA SOCIEDADE EM COMANDITA SIMPLES

• *Vide* art. 983 do CC.

Art. 1.045. Na sociedade em comandita simples tomam parte sócios de duas categorias: os comanditados, pessoas físicas, responsáveis solidária e ilimitadamente pelas obrigações sociais; e os comanditários, obrigados somente pelo valor de sua quota.

• *Vide* arts. 265, 966 e 974 do CC.

• *Vide* art. 795 do CPC.

Parágrafo único. O contrato deve discriminar os comanditados e os comanditários.

Art. 1.046. Aplicam-se à sociedade em comandita simples as normas da sociedade em nome coletivo, no que forem compatíveis com as deste Capítulo.

• *Vide* arts. 1.039 a 1.044 do CC.

Parágrafo único. Aos comanditados cabem os mesmos direitos e obrigações dos sócios da sociedade em nome coletivo.

Art. 1.047. Sem prejuízo da faculdade de participar das deliberações da sociedade e de lhe fiscalizar as operações, não pode o comanditário praticar qualquer ato de gestão, nem ter o nome na firma social, sob pena de ficar sujeito às responsabilidades de sócio comanditado.

Parágrafo único. Pode o comanditário ser constituído procurador da sociedade, para negócio determinado e com poderes especiais.

Art. 1.048. Somente após averbada a modificação do contrato, produz efeito, quanto a terceiros, a diminuição da quota do comanditário, em consequência de ter sido reduzido o capital social, sempre sem prejuízo dos credores preexistentes.

• *Vide* art. 1.045, parágrafo único, do CC.

Art. 1.049. O sócio comanditário não é obrigado à reposição de lucros recebidos de boa-fé e de acordo com o balanço.

Parágrafo único. Diminuído o capital social por perdas supervenientes, não pode o comanditário receber quaisquer lucros, antes de reintegrado aquele.

Art. 1.050. No caso de morte de sócio comanditário, a sociedade, salvo disposição do contrato, continuará com os seus sucessores, que designarão quem os represente.

• *Vide* arts. 997 e 999 do CC.

Art. 1.051. Dissolve-se de pleno direito a sociedade:

• *Vide* art. 1.033 do CC.

I – por qualquer das causas previstas no art. 1.044;

• Lei de Falências: art. 6.º da Lei n. 11.101, de 9-2-2005.

II – quando por mais de cento e oitenta dias perdurar a falta de uma das categorias de sócio.

Parágrafo único. Na falta de sócio comanditado, os comanditários nomearão administrador provisório para praticar, durante o período referido no inciso II e sem assumir a condição de sócio, os atos de administração.

Capítulo IV

DA SOCIEDADE LIMITADA

•• A Lei Complementar n. 182, de 1.º-6-2021, institui o marco legal das *startups* e do empreendedorismo inovador.

• *Vide* art. 983 do CC.

Seção I

Disposições Preliminares

Art. 1.052. Na sociedade limitada, a responsabilidade de cada sócio é restrita ao valor de suas quotas, mas todos respondem solidariamente pela integralização do capital social.

• *Vide* arts. 275 a 285, 1.056, § 2.º, e 1.158 do CC.

§ 1.º A sociedade limitada pode ser constituída por 1 (uma) ou mais pessoas.

•• § 1.º acrescentado pela Lei n. 13.874, de 20-9-2019.

§ 2.º Se for unipessoal, aplicar-se-ão ao documento de constituição do sócio único, no que couber, as disposições sobre o contrato social.

•• § 2.º acrescentado pela Lei n. 13.874, de 20-9-2019.

Art. 1.053. A sociedade limitada rege-se, nas omissões deste Capítulo, pelas normas da sociedade simples.

•• A Lei n. 14.195, de 26-8-2021, propôs alteração neste artigo, porém teve seu texto vetado.

• *Vide* arts. 997 a 1.038 (da sociedade simples) do CC.

Parágrafo único. O contrato social poderá prever a regência supletiva da sociedade limitada pelas normas da sociedade anônima.

• LSA: Lei n. 6.404, de 15-12-1976.

Art. 1.054. O contrato mencionará, no que couber, as indicações do art. 997, e, se for o caso, a firma social.

• *Vide* art. 1.064 do CC.

Seção II
Das Quotas

Art. 1.055. O capital social divide-se em quotas, iguais ou desiguais, cabendo uma ou diversas a cada sócio.

§ 1.º Pela exata estimação de bens conferidos ao capital social respondem solidariamente todos os sócios, até o prazo de cinco anos da data do registro da sociedade.

• *Vide* arts. 275 a 285 do CC.

§ 2.º É vedada contribuição que consista em prestação de serviços.

Art. 1.056. A quota é indivisível em relação à sociedade, salvo para efeito de transferência, caso em que se observará o disposto no artigo seguinte.

• *Vide* arts. 275 a 285 do CC.

§ 1.º No caso de condomínio de quota, os direitos a ela inerentes somente podem ser exercidos pelo condômino representante, ou pelo inventariante do espólio de sócio falecido.

§ 2.º Sem prejuízo do disposto no art. 1.052, os condôminos de quota indivisa respondem solidariamente pelas prestações necessárias à sua integralização.

Art. 1.057. Na omissão do contrato, o sócio pode ceder sua quota, total ou parcialmente, a quem seja sócio, independentemente de audiência dos outros, ou a estranho, se não houver oposição de titulares de mais de um quarto do capital social.

• *Vide* art. 1.081, § 2.º, do CC.

Parágrafo único. A cessão terá eficácia quanto à sociedade e terceiros, inclusive para os fins do parágrafo único do art. 1.003, a partir da averbação do respectivo instrumento, subscrito pelos sócios anuentes.

Art. 1.058. Não integralizada a quota de sócio remisso, os outros sócios podem, sem prejuízo do disposto no art. 1.004 e seu parágrafo único, tomá-la para si ou transferi-la a terceiros, excluindo o primitivo titular e devolvendo-lhe o que houver pago, deduzidos os juros da mora, as prestações estabelecidas no contrato mais as despesas.

Art. 1.059. Os sócios serão obrigados à reposição dos lucros e das quantias retiradas, a qualquer título, ainda que autorizados pelo contrato, quando tais lucros ou quantia se distribuírem com prejuízo do capital.

Seção III
Da Administração

Art. 1.060. A sociedade limitada é administrada por uma ou mais pessoas designadas no contrato social ou em ato separado.

• *Vide* arts. 1.013 a 1.172 do CC.

Parágrafo único. A administração atribuída no contrato a todos os sócios não se estende de pleno direito aos que posteriormente adquiram essa qualidade.

•• *Vide* art. 1.076, *caput*, do CC.

Art. 1.061. A designação de administradores não sócios dependerá da aprovação de, no mínimo, 2/3 (dois terços) dos sócios, enquanto o capital não estiver integralizado, e da aprovação de titulares de quotas correspondentes a mais da metade do capital social, após a integralização.

•• Artigo com redação determinada pela Lei n. 14.451, de 21-9-2022.

Art. 1.062. O administrador designado em ato separado investir-se-á no cargo mediante termo de posse no livro de atas da administração.

§ 1.º Se o termo não for assinado nos trinta dias seguintes à designação, esta se tornará sem efeito.

§ 2.º Nos dez dias seguintes ao da investidura, deve o administrador requerer seja averbada sua nomeação no registro competente, mencionando o seu nome, nacionalidade, estado civil, residência, com exibição de documento de identidade, o ato e a data da nomeação e o prazo de gestão.

Art. 1.063. O exercício do cargo de administrador cessa pela destituição, em qualquer tempo, do titular, ou pelo término do prazo se, fixado no contrato ou em ato separado, não houver recondução.

•• *Vide* art. 1.076 do CC.

§ 1.º Tratando-se de sócio nomeado administrador no contrato, sua destituição somente se opera pela aprovação de titulares de quotas correspondentes a mais da metade do capital social, salvo disposição contratual diversa.

•• § 1.º com redação determinada pela Lei n. 13.792, de 3-1-2019.

§ 2.º A cessação do exercício do cargo de administrador deve ser averbada no registro competente, mediante requerimento apresentado nos dez dias seguintes ao da ocorrência.

§ 3.º A renúncia de administrador torna-se eficaz, em relação à sociedade, desde o momento em que esta toma conhecimento da comunicação escrita do renunciante; e, em relação a terceiros, após a averbação e publicação.

Art. 1.064. O uso da firma ou denominação social é privativo dos administradores que tenham os necessários poderes.

Art. 1.065. Ao término de cada exercício social, proceder-se-á à elaboração do inventário, do balanço patrimonial e do balanço de resultado econômico.

• *Vide* arts. 1.179 a 1.195 do CC.

Seção IV
Do Conselho Fiscal

• *Vide* art. 1.078 do CC.

• LSA: arts. 161 a 165 (do conselho fiscal) da Lei n. 6.404, de 15-12-1976.

Art. 1.066. Sem prejuízo dos poderes da assembleia dos sócios, pode o contrato instituir conselho fiscal composto de três ou mais membros e respectivos suplentes, sócios ou não, residentes no País, eleitos na assembleia anual prevista no art. 1.078.

§ 1.º Não podem fazer parte do conselho fiscal, além dos inelegíveis enumerados no § 1.º do art. 1.011, os membros dos demais órgãos da sociedade ou de outra por ela controlada, os empregados de quaisquer delas ou dos respectivos administradores, o cônjuge ou parente destes até o terceiro grau.

§ 2.º É assegurado aos sócios minoritários, que representarem pelo menos um quinto do capital social, o direito de eleger, separadamente, um dos membros do conselho fiscal e o respectivo suplente.

Art. 1.067. O membro ou suplente eleito, assinando termo de posse lavrado no livro de atas e pareceres do conselho fiscal, em que se mencione o seu nome, nacionalidade, estado civil, residência e a data da escolha, ficará investido nas suas funções, que exercerá, salvo cessação anterior, até a subsequente assembleia anual.

Parágrafo único. Se o termo não for assinado nos trinta dias seguintes ao da eleição, esta se tornará sem efeito.

Art. 1.068. A remuneração dos membros do conselho fiscal será fixada, anualmente, pela assembleia dos sócios que os eleger.

Art. 1.069. Além de outras atribuições determinadas na lei ou no contrato social, aos membros do conselho fiscal incumbem, individual ou conjuntamente, os deveres seguintes:

I – examinar, pelo menos trimestralmente, os livros e papéis da sociedade e o estado da caixa e da carteira, devendo os administradores ou liquidantes prestar-lhes as informações solicitadas;

II – lavrar no livro de atas e pareceres do conselho fiscal o resultado dos exames referidos no inciso I deste artigo;

III – exarar no mesmo livro e apresentar à assembleia anual dos sócios parecer sobre os negócios e as operações sociais do exercício em que servirem, tomando por base o balanço patrimonial e o de resultado econômico;

IV – denunciar os erros, fraudes ou crimes que descobrirem, sugerindo providências úteis à sociedade;

V – convocar a assembleia dos sócios se a diretoria retardar por mais de trinta dias a sua convocação anual, ou sempre que ocorram motivos graves e urgentes;

VI – praticar, durante o período da liquidação da sociedade, os atos a que se refere este artigo, tendo em vista as disposições especiais reguladoras da liquidação.

• *Vide* arts. 1.065, 1.073, II, 1.078, I, 1.102 a 1.112, 1.188 e 1.189 do CC.

• LSA: arts. 175 a 188 (exercício social e demonstrações financeiras) da Lei n. 6.404, de 15-12-1976.

Art. 1.070. As atribuições e poderes conferidos pela lei ao conselho fiscal não podem ser outorgados a outro órgão da sociedade, e a responsabilidade de seus membros obedece à regra que define a dos administradores (art. 1.016).

Parágrafo único. O conselho fiscal poderá escolher para assisti-lo no exame dos livros, dos balanços e das contas, contabilista legalmente habilitado, mediante remuneração aprovada pela assembleia dos sócios.

Seção V
Das Deliberações dos Sócios

• LSA: arts. 121 a 137 (assembleia geral) da Lei n. 6.404, de 15-12-1976.

Art. 1.071. Dependem da deliberação dos sócios, além de outras matérias indicadas na lei ou no contrato:

I – a aprovação das contas da administração;

II – a designação dos administradores, quando feita em ato separado;

• *Vide* art. 1.076, II, do CC.

III – a destituição dos administradores;

• *Vide* art. 1.076, II, do CC.

IV – o modo de sua remuneração, quando não estabelecido no contrato;

• *Vide* art. 1.076, II, do CC.

V – a modificação do contrato social;

VI – a incorporação, a fusão e a dissolução da sociedade, ou a cessação do estado de liquidação;

VII – a nomeação e destituição dos liquidantes e o julgamento das suas contas;

VIII – o pedido de concordata.

•• A Lei n. 11.101, de 9-2-2005, substitui a concordata pela recuperação judicial e extrajudicial do empresário e da sociedade empresária. *Vide* art. 48 do mencionado diploma.

• *Vide* arts. 1.072, § 4.º, e 1.076, II, do CC.

Art. 1.072. As deliberações dos sócios, obedecido o disposto no art. 1.010, serão tomadas em reunião ou em assembleia, conforme previsto no contrato social, devendo ser convocadas pelos administradores nos casos previstos em lei ou no contrato.

• *Vide* art. 1.152, § 3.º, do CC.

§ 1.º A deliberação em assembleia será obrigatória se o número dos sócios for superior a dez.

• *Vide* art. 1.079 do CC.

§ 2.º Dispensam-se as formalidades de convocação previstas no § 3.º do art. 1.152, quando todos os sócios comparecerem ou se declararem, por escrito, cientes do local, data, hora e ordem do dia.

§ 3.º A reunião ou a assembleia tornam-se dispensáveis quando todos os sócios decidirem, por escrito, sobre a matéria que seria objeto delas.

§ 4.º No caso do inciso VIII do artigo antecedente, os administradores, se houver urgência e com autorização de titulares de mais da metade do capital social, podem requerer concordata preventiva.

§ 5.º As deliberações tomadas de conformidade com a lei e o contrato vinculam todos os sócios, ainda que ausentes ou dissidentes.

§ 6.º Aplica-se às reuniões dos sócios, nos casos omissos no contrato, o disposto na presente Seção sobre a assembleia.

Art. 1.073. A reunião ou a assembleia podem também ser convocadas:

I – por sócio, quando os administradores retardarem a convocação, por mais de sessenta dias, nos casos previstos em lei ou no contrato, ou por titulares de mais de um quinto do capital, quando não atendido, no prazo de oito dias, pedido de convocação fundamentado, com indicação das matérias a serem tratadas;

II – pelo conselho fiscal, se houver, nos casos a que se refere o inciso V do art. 1.069.

Art. 1.074. A assembleia dos sócios instala-se com a presença, em primeira convocação, de titulares de no mínimo três quartos do capital social, e, em segunda, com qualquer número.

§ 1.º O sócio pode ser representado na assembleia por outro sócio, ou por advogado, mediante outorga de mandato com especificação dos atos autorizados, devendo o instrumento ser levado a registro, juntamente com a ata.

§ 2.º Nenhum sócio, por si ou na condição de mandatário, pode votar matéria que lhe diga respeito diretamente.

Art. 1.075. A assembleia será presidida e secretariada por sócios escolhidos entre os presentes.

§ 1.º Dos trabalhos e deliberações será lavrada, no livro de atas da assembleia, ata assinada pelos membros da mesa e por sócios participantes da reunião, quantos bastem à validade das deliberações, mas sem prejuízo dos que queiram assiná-la.

§ 2.º Cópia da ata autenticada pelos administradores, ou pela mesa, será, nos vinte dias subsequentes à reunião, apresentada ao Registro Público de Empresas Mercantis para arquivamento e averbação.

• Registro Público de Empresas Mercantis: Lei n. 8.934, de 18-11-1994.

§ 3.º Ao sócio, que a solicitar, será entregue cópia autenticada da ata.

Art. 1.076. Ressalvado o disposto no art. 1.061, as deliberações dos sócios serão tomadas:

•• *Caput* com redação determinada pela Lei n. 13.792, de 3-1-2019.

I – (*Revogado pela Lei n. 14.451, de 21-9-2022.*);

II – **pelos votos correspondentes a mais da metade do capital social, nos casos previstos nos incisos II, III, IV, V, VI e VIII do *caput* do art. 1.071 deste Código;**

•• Inciso II com redação determinada pela Lei n. 14.451, de 21-9-2022.

III – pela maioria de votos dos presentes, nos demais casos previstos na lei ou no contrato, se este não exigir maioria mais elevada.

Art. 1.077. Quando houver modificação do contrato, fusão da sociedade, incorporação de outra, ou dela por outra, terá o sócio que dissentiu o direito de retirar-se da sociedade, nos trinta dias subsequentes à reunião, aplicando-se, no silêncio do contrato social antes vigente, o disposto no art. 1.031.

• *Vide* arts. 1.113 a 1.122 do CC.

Art. 1.078. A assembleia dos sócios deve realizar-se ao menos uma vez por ano, nos quatro meses seguintes ao término do exercício social, com o objetivo de:

•• *Vide* art. 4.º da Lei n. 14.030, de 28-7-2020.

I – tomar as contas dos administradores e deliberar sobre o balanço patrimonial e o de resultado econômico;

II – designar administradores, quando for o caso;

III – tratar de qualquer outro assunto constante da ordem do dia.

• *Vide* art. 1.066 do CC.

§ 1.º Até trinta dias antes da data marcada para a assembleia, os documentos referidos no inciso I deste artigo devem ser postos, por escrito, e com a prova do respectivo recebimento, à disposição dos sócios que não exerçam a administração.

§ 2.º Instalada a assembleia, proceder-se-á à leitura dos documentos referidos no parágrafo antecedente, os quais serão submetidos, pelo presidente, a discussão e votação, nesta não podendo tomar parte os membros da administração e, se houver, os do conselho fiscal.

§ 3.º A aprovação, sem reserva, do balanço patrimonial e do de resultado econômico, salvo erro, dolo ou simulação, exonera de responsabilidade os membros da administração e, se houver, os do conselho fiscal.

• *Vide* arts. 138 a 150 a 167 do CC.

§ 4.º Extingue-se em dois anos o direito de anular a aprovação a que se refere o parágrafo antecedente.

Art. 1.079. Aplica-se às reuniões dos sócios, nos casos omissos no contrato, o estabelecido nesta Seção sobre a assembleia, obedecido o disposto no § 1.º do art. 1.072.

Art. 1.080. As deliberações infringentes do contrato ou da lei tornam ilimitada a responsabilidade dos que expressamente as aprovaram.

• *Vide* art. 50 do CC.

Art. 1.080-A. O sócio poderá participar e votar a distância em reunião ou em assembleia, nos termos do regulamento do órgão competente do Poder Executivo federal.

•• *Caput* acrescentado pela Lei n. 14.030, de 28-7-2020.

Parágrafo único. A reunião ou a assembleia poderá ser realizada de forma digital, respeitados os direitos legalmente previstos de participação e de manifestação dos sócios e os demais requisitos regulamentares.

•• Parágrafo único acrescentado pela Lei n. 14.030, de 28-7-2020.

Seção VI
Do Aumento e da Redução do Capital

• *Vide* art. 1.053, parágrafo único, do CC.

Art. 1.081. Ressalvado o disposto em lei especial, integralizadas as quotas, pode ser o capital aumentado, com a correspondente modificação do contrato.

§ 1.º Até trinta dias após a deliberação, terão os sócios preferência para participar do aumento, na proporção das quotas de que sejam titulares.

• LSA: art. 171 (direito de preferência) da Lei n. 6.404, de 15-12-1976.

§ 2.º À cessão do direito de preferência, aplica-se o disposto no *caput* do art. 1.057.

§ 3.º Decorrido o prazo da preferência, e assumida pelos sócios, ou por terceiros, a totalidade do aumento, haverá reunião ou assembleia dos sócios, para que seja aprovada a modificação do contrato.

Art. 1.082. Pode a sociedade reduzir o capital, mediante a correspondente modificação do contrato:

• *Vide* art. 173 da LSA.

I – depois de integralizado, se houver perdas irreparáveis;

• *Vide* art. 1.083 do CC.

II – se excessivo em relação ao objeto da sociedade.

• LSA: art. 173 da Lei n. 6.404, de 15-12-1976.

Art. 1.083. No caso do inciso I do artigo antecedente, a redução do capital será realizada com a diminuição proporcional do valor nominal das quotas, tornando-se efetiva a partir da averbação, no Registro Público de Empresas Mercantis, da ata da assembleia que a tenha aprovado.

• Registro Público de Empresas Mercantis: Lei n. 8.934, de 18-11-1994.

Art. 1.084. No caso do inciso II do art. 1.082, a redução do capital será feita restituindo-se parte do valor das quotas aos sócios, ou dispensando-se as prestações ainda devidas, com diminuição proporcional, em ambos os casos, do valor nominal das quotas.

§ 1.º No prazo de noventa dias, contado da data da publicação da ata da assembleia que aprovar a redução, o credor quirografário, por título líquido anterior a essa data, poderá opor-se ao deliberado.

§ 2.º A redução somente se tornará eficaz se, no prazo estabelecido no parágrafo antecedente, não for impugnada, ou se provado o pagamento da dívida ou o depósito judicial do respectivo valor.

§ 3.º Satisfeitas as condições estabelecidas no parágrafo antecedente, proceder-se-á à averbação, no Registro Público de Empresas Mercantis, da ata que tenha aprovado a redução.

• Registro Público de Empresas Mercantis: Lei n. 8.934, de 18-11-1994.

Seção VII
Da Resolução da Sociedade em Relação a Sócios Minoritários

Art. 1.085. Ressalvado o disposto no art. 1.030, quando a maioria dos sócios, representativa de mais da metade do capital social, entender que um ou mais sócios estão pondo em risco a continuidade da empresa, em virtude de atos de inegável gravidade, poderá excluí-los da sociedade, mediante alteração do contrato social, desde que prevista neste a exclusão por justa causa.

Parágrafo único. Ressalvado o caso em que haja apenas dois sócios na sociedade, a exclusão de um sócio somente poderá ser determinada em reunião ou assembleia especialmente convocada para esse fim, ciente o acusado em tempo hábil para permitir seu comparecimento e o exercício do direito de defesa.

•• Parágrafo único com redação determinada pela Lei n. 13.792, de 3-1-2019.

Art. 1.086. Efetuado o registro da alteração contratual, aplicar-se-á o disposto nos arts. 1.031 e 1.032.

Seção VIII
Da Dissolução

• Lei de Falências: Lei n. 11.101, de 9-2-2005.

Art. 1.087. A sociedade dissolve-se, de pleno direito, por qualquer das causas previstas no art. 1.044.

• *Vide* art. 1.033 do CC.

• *Vide* art. 206, I, da LSA.

Capítulo V
DA SOCIEDADE ANÔNIMA

•• A Lei Complementar n. 182, de 1.º-6-2021, institui o marco legal das *startups* e do empreendedorismo inovador.

•• *Vide* art. 983 do CC.

• LSA: Lei n. 6.404, de 15-12-1976.

• A Instrução Normativa n. 81, de 10-6-2020, do DREI, dispõe sobre as normas e diretrizes gerais do Registro Público de Empresas.

Seção Única
Da Caracterização

Art. 1.088. Na sociedade anônima ou companhia, o capital divide-se em ações, obrigando-se cada sócio ou acionista somente pelo preço de emissão das ações que subscrever ou adquirir.

• LSA: arts. 1.º e 2.º, § 1.º, da Lei n. 6.404, de 15-12-1976.

• O Decreto n. 2.400, de 21-11-1997, promulga a Convenção Interamericana sobre Conflitos em matéria de Sociedades Mercantis.

Art. 1.089. A sociedade anônima rege-se por lei especial, aplicando-se-lhe, nos casos omissos, as disposições deste Código.

• *Vide* arts. 982, parágrafo único, 1.126, parágrafo único, 1.128, 1.132, 1.134 e 1.160 do CC.

• LSA: Lei n. 6.404, de 15-12-1976.

Capítulo VI
DA SOCIEDADE EM COMANDITA POR AÇÕES

• *Vide* art. 983 do CC.

Art. 1.090. A sociedade em comandita por ações tem o capital dividido em ações, regendo-se pelas normas relativas à sociedade anônima, sem prejuízo das modificações constantes deste Capítulo, e opera sob firma ou denominação.

• *Vide* art. 1.161 do CC.

• LSA: arts. 280 a 284 da Lei n. 6.404, de 15-12-1976.

Art. 1.091. Somente o acionista tem qualidade para administrar a sociedade e, como diretor, responde subsidiária e ilimitadamente pelas obrigações da sociedade.

• LSA: art. 282 da Lei n. 6.404, de 15-12-1976.

§ 1.º Se houver mais de um diretor, serão solidariamente responsáveis, depois de esgotados os bens sociais.

• *Vide* arts. 275 a 285 do CC.

§ 2.º Os diretores serão nomeados no ato constitutivo da sociedade, sem limitação de tempo, e somente poderão ser destituídos por deliberação de acionistas que representem no mínimo dois terços do capital social.

§ 3.º O diretor destituído ou exonerado continua, durante dois anos, responsável pelas obrigações sociais contraídas sob sua administração.

Art. 1.092. A assembleia geral não pode, sem o consentimento dos diretores, mudar o objeto essencial da sociedade, prorrogar-lhe o prazo de duração, aumentar ou diminuir o capital social, criar debêntures, ou partes beneficiárias.

• *Vide* art. 983 do CC.

• LSA: art. 283 da Lei n. 6.404, de 15-12-1976.

Capítulo VII
DA SOCIEDADE COOPERATIVA

• CC de 1916: art. 20, § 1.º.

• *Vide* arts. 982, parágrafo único, e 983 do CC.

• A Instrução Normativa n. 81, de 10-6-2020, do DREI, dispõe sobre as normas e diretrizes gerais do Registro Público de Empresas.

Art. 1.093. A sociedade cooperativa reger-se-á pelo disposto no presente Capítulo, ressalvada a legislação especial.

•• *Vide* Lei n. 5.764, de 16-12-1971.

•• Sobre cooperativas: arts. 174, § 2.º, e 187, VI, da CF.

• A Lei n. 9.867, de 10-11-1999, dispõe sobre a criação e o funcionamento das cooperativas sociais, visando a integração social dos cidadãos.

• A Lei Complementar n. 130, de 17-4-2009, dispõe sobre o Sistema Nacional de Crédito Cooperativo.

• A Lei n. 12.690, de 19-7-2012, dispõe sobre a organização e o funcionamento das Cooperativas de Trabalho; institui o Programa Nacional de Fomento às Cooperativas de Trabalho – PRONACOOP e dá outras providências.

Art. 1.094. São características da sociedade cooperativa:

• *Vide* art. 4.º da Lei n. 5.764, de 16-12-1971.

• *Vide* art. 1.096 do CC.

I – variabilidade, ou dispensa do capital social;

II – concurso de sócios em número mínimo necessário a compor a administração da sociedade, sem limitação de número máximo;

• *Vide* art. 6.º da Lei n. 5.764, de 16-12-1971.

III – limitação do valor da soma de quotas do capital social que cada sócio poderá tomar;

IV – intransferibilidade das quotas do capital a terceiros estranhos à sociedade, ainda que por herança;

V – *quorum*, para a assembleia geral funcionar e deliberar, fundado no número de sócios presentes à reunião, e não no capital social representado;

VI – direito de cada sócio a um só voto nas deliberações, tenha ou não capital a sociedade, e qualquer que seja o valor de sua participação;

VII – distribuição dos resultados, proporcionalmente ao valor das operações efetuadas pelo sócio com a sociedade, podendo ser atribuído juro fixo ao capital realizado;

VIII – indivisibilidade do fundo de reserva entre os sócios, ainda que em caso de dissolução da sociedade.

Art. 1.095. Na sociedade cooperativa, a responsabilidade dos sócios pode ser limitada ou ilimitada.

- *Vide* arts. 11 e 12 da Lei n. 5.764, de 16-12-1971.

§ 1.º É limitada a responsabilidade na cooperativa em que o sócio responde somente pelo valor de suas quotas e pelo prejuízo verificado nas operações sociais, guardada a proporção de sua participação nas mesmas operações.

§ 2.º É ilimitada a responsabilidade na cooperativa em que o sócio responde solidária e ilimitadamente pelas obrigações sociais.

Art. 1.096. No que a lei for omissa, aplicam-se as disposições referentes à sociedade simples, resguardadas as características estabelecidas no art. 1.094.

•• A Lei n. 14.195, de 26-8-2021, propôs alteração neste artigo, porém teve seu texto vetado.

- *Vide* arts. 997 a 1.038 do CC.

Capítulo VIII
DAS SOCIEDADES COLIGADAS

Art. 1.097. Consideram-se coligadas as sociedades que, em suas relações de capital, são controladas, filiadas, ou de simples participação, na forma dos artigos seguintes.

•• Sociedades Coligadas, Controladoras e Controladas: arts. 243 a 264 da Lei n. 6.404, de 15-12-1976 (LSA).

Art. 1.098. É controlada:

I – a sociedade de cujo capital outra sociedade possua a maioria dos votos nas deliberações dos quotistas ou da assembleia geral e o poder de eleger a maioria dos administradores;

II – a sociedade cujo controle, referido no inciso antecedente, esteja em poder de outra, mediante ações ou quotas possuídas por sociedades ou sociedades por esta já controladas.

- LSA: arts. 116 e 243, § 2.º, da Lei n. 6.404, de 15-12-1976.

Art. 1.099. Diz-se coligada ou filiada a sociedade de cujo capital outra sociedade participa com dez por cento ou mais, do capital da outra, sem controlá-la.

- LSA: art. 243, § 1.º, da Lei n. 6.404, de 15-12-1976.

Art. 1.100. É de simples participação a sociedade de cujo capital outra sociedade possua menos de dez por cento do capital com direito de voto.

Art. 1.101. Salvo disposição especial de lei, a sociedade não pode participar de outra, que seja sua sócia, por montante superior, segundo o balanço, ao das próprias reservas, excluída a reserva legal.

- LSA: art. 244 da Lei n. 6.404, de 15-12-1976.

Parágrafo único. Aprovado o balanço em que se verifique ter sido excedido esse limite, a sociedade não poderá exercer o direito de voto correspondente às ações ou quotas em excesso, as quais devem ser alienadas nos cento e oitenta dias seguintes àquela aprovação.

Capítulo IX
DA LIQUIDAÇÃO DA SOCIEDADE

- *Vide* arts. 44, 2.033 e 2.034 do CC.

Art. 1.102. Dissolvida a sociedade e nomeado o liquidante na forma do disposto neste Livro, procede-se à sua liquidação, de conformidade com os preceitos deste Capítulo, ressalvado o disposto no ato constitutivo ou no instrumento da dissolução.

- Liquidação de sociedades na LSA: arts. 207 e 208 a 218 da Lei n. 6.404, de 15-12-1976.

Parágrafo único. O liquidante, que não seja administrador da sociedade, investir-se-á nas funções, averbada a sua nomeação no registro próprio.

- Sociedade Simples: Registro Civil das Pessoas Jurídicas: arts. 114 a 126 da Lei n. 6.015, de 31-12-1973.
- Registro Público de Empresas Mercantis: *vide* Lei n. 8.934, de 18-11-1994.

Art. 1.103. Constituem deveres do liquidante:

I – averbar e publicar a ata, sentença ou instrumento de dissolução da sociedade;

II – arrecadar os bens, livros e documentos da sociedade, onde quer que estejam;

III – proceder, nos quinze dias seguintes ao da sua investidura e com a assistência, sempre que possível, dos administradores, à elaboração do inventário e do balanço geral do ativo e do passivo;

IV – ultimar os negócios da sociedade, realizar o ativo, pagar o passivo e partilhar o remanescente entre os sócios ou acionistas;

V – exigir dos quotistas, quando insuficiente o ativo à solução do passivo, a integralização de suas quotas e, se for o caso, as quantias necessárias, nos limites da responsabilidade de cada um e proporcionalmente à respectiva participação nas perdas, repartindo-se, entre os sócios solventes e na mesma proporção, o devido pelo insolvente;

VI – convocar assembleia dos quotistas, cada seis meses, para apresentar relatório e balanço do estado da liquidação, prestando conta dos atos praticados durante o semestre, ou sempre que necessário;

VII – confessar a falência da sociedade e pedir concordata, de acordo com as formalidades prescritas para o tipo de sociedade liquidanda;

VIII – finda a liquidação, apresentar aos sócios o relatório da liquidação e as suas contas finais;

IX – averbar a ata da reunião ou da assembleia, ou o instrumento firmado pelos sócios, que considerar encerrada a liquidação.

- LSA: art. 217 (responsabilidade na liquidação) da Lei n. 6.404, de 15-12-1976.

Parágrafo único. Em todos os atos, documentos ou publicações, o liquidante empregará a firma ou denominação social sempre seguida da cláusula "em liquidação" e de sua assinatura individual, com a declaração de sua qualidade.

Art. 1.104. As obrigações e a responsabilidade do liquidante regem-se pelos preceitos peculiares às dos administradores da sociedade liquidanda.

Art. 1.105. Compete ao liquidante representar a sociedade e praticar todos os atos necessários à sua liquidação, inclusive alienar bens móveis ou imóveis, transigir, receber e dar quitação.

- Poderes do liquidante: *vide* art. 211 da LSA.

Parágrafo único. Sem estar expressamente autorizado pelo contrato social, ou pelo voto da maioria dos sócios, não pode o liquidante gravar de ônus reais os móveis e imóveis, contrair empréstimos, salvo quando indispensáveis ao pagamento de obrigações inadiáveis, nem prosseguir, embora para facilitar a liquidação, na atividade social.

Art. 1.106. Respeitados os direitos dos credores preferenciais, pagará o liquidante as dívidas sociais proporcionalmente, sem distinção entre vencidas e vincendas, mas, em relação a estas, com desconto.

- *Vide* arts. 955 a 965 (das preferências e privilégios creditórios) do CC.

Parágrafo único. Se o ativo for superior ao passivo, pode o liquidante, sob sua responsabilidade pessoal, pagar integralmente as dívidas vencidas.

Art. 1.107. Os sócios podem resolver, por maioria de votos, antes de ultimada a liquidação, mas depois de pagos os credores, que o liquidante faça rateios por antecipação da partilha, à medida em que se apurem os haveres sociais.

Art. 1.108. Pago o passivo e partilhado o remanescente, convocará o liquidante assembleia dos sócios para a prestação final de contas.

Art. 1.109. Aprovadas as contas, encerra-se a liquidação, e a sociedade se extingue, ao ser averbada no registro próprio a ata da assembleia.

Parágrafo único. O dissidente tem o prazo de trinta dias, a contar da publicação da ata, devidamente averbada, para promover a ação que couber.

Art. 1.110. Encerrada a liquidação, o credor não satisfeito só terá direito a exigir dos sócios, individualmente, o pagamento do seu crédito, até o limite da soma por eles recebida em partilha, e a propor contra o liquidante ação de perdas e danos.

- *Vide* arts. 402 a 405 (perdas e danos) do CC.

Art. 1.111. No caso de liquidação judicial, será observado o disposto na lei processual.

- Lei de Falências: arts. 139 a 160 da Lei n. 11.101, de 9-2-2005.

Art. 1.112. No curso de liquidação judicial, o juiz convocará, se necessário, reunião ou assembleia para deliberar sobre os interesses da liquidação, e as presidirá, resolvendo sumariamente as questões suscitadas.

Parágrafo único. As atas das assembleias serão, em cópia autêntica, apensadas ao processo judicial.

Capítulo X
DA TRANSFORMAÇÃO, DA INCORPORAÇÃO, DA FUSÃO E DA CISÃO DAS SOCIEDADES

•• *Vide* arts. 1.033 e 2.033 do CC.

- LSA: arts. 220 a 234 da Lei n. 6.404, de 15-12-1976.

Art. 1.113. O ato de transformação independe de dissolução ou liquidação da sociedade, e obedecerá aos preceitos reguladores da constituição e inscrição próprios do tipo em que vai converter-se.

- LSA: art. 220 (transformação de sociedade – conceito e forma) da Lei n. 6.404, de 15-12-1976.

Art. 1.114. A transformação depende do consentimento de todos os sócios, salvo se prevista no ato constitutivo, caso em que o dissidente poderá retirar-se da sociedade, aplicando-se, no silêncio do estatuto ou do contrato social, o disposto no art. 1.031.

- LSA: art. 221 (aprovação da transformação de sociedade – deliberação) da Lei n. 6.404, de 15-12-1976.

Art. 1.115. A transformação não modificará nem prejudicará, em qualquer caso, os direitos dos credores.

- LSA: art. 222 (direitos dos credores) da Lei n. 6.404, de 15-12-1976.

Parágrafo único. A falência da sociedade transformada somente produzirá efeitos em relação aos sócios que, no tipo anterior, a eles estariam sujeitos, se o pedirem os titulares de créditos anteriores à transformação, e somente a estes beneficiará.

- LSA: art. 222 (direitos dos credores) da Lei n. 6.404, de 15-12-1976.

Art. 1.116. Na incorporação, uma ou várias sociedades são absorvidas por outra, que lhes sucede em todos os direitos e obrigações, devendo todas aprová-la, na forma estabelecida para os respectivos tipos.

•• *Vide* art. 2.033 do CC.

- LSA: art. 227 (incorporação – conceito) da Lei n. 6.404, de 15-12-1976.

Art. 1.117. A deliberação dos sócios da sociedade incorporada deverá aprovar as bases da operação e o projeto de reforma do ato constitutivo.

§ 1.º A sociedade que houver de ser incorporada tomará conhecimento desse ato, e, se o aprovar, autorizará os administradores a praticar o necessário à incorporação, inclusive a subscrição em bens pelo valor da diferença que se verificar entre o ativo e o passivo.

§ 2.º A deliberação dos sócios da sociedade incorporadora compreenderá a nomeação dos peritos para a avaliação do patrimônio líquido da sociedade, que tenha de ser incorporada.

- LSA: art. 227 (procedimentos) da Lei n. 6.404, de 15-12-1976.

Art. 1.118. Aprovados os atos da incorporação, a incorporadora declarará extinta a incorporada, e promoverá a respectiva averbação no registro próprio.

- LSA: art. 234 (averbação) da Lei n. 6.404, de 15-12-1976.

Art. 1.119. A fusão determina a extinção das sociedades que se unem, para formar sociedade nova, que a elas sucederá nos direitos e obrigações.

•• *Vide* art. 2.033 do CC.

- LSA: art. 228 (fusão – conceito) da Lei n. 6.404, de 15-12-1976.

Art. 1.120. A fusão será decidida, na forma estabelecida para os respectivos tipos, pelas sociedades que pretendam unir-se.

§ 1.º Em reunião ou assembleia dos sócios de cada sociedade, deliberada a fusão e aprovado o projeto do ato constitutivo da nova sociedade, bem como o plano de distribuição do capital social, serão nomeados os peritos para a avaliação do patrimônio da sociedade.

§ 2.º Apresentados os laudos, os administradores convocarão reunião ou assembleia dos sócios para tomar conhecimento deles, decidindo sobre a constituição definitiva da nova sociedade.

§ 3.º É vedado aos sócios votar o laudo de avaliação do patrimônio da sociedade de que façam parte.

- LSA: art. 228 (formalização da fusão) da Lei n. 6.404, de 15-12-1976.

Art. 1.121. Constituída a nova sociedade, aos administradores incumbe fazer inscrever, no registro próprio da sede, os atos relativos à fusão.

- LSA: art. 234 (averbação) da Lei n. 6.404, de 15-12-1976.

Art. 1.122. Até noventa dias após publicados os atos relativos à incorporação, fusão ou cisão, o credor anterior, por ela prejudicado, poderá promover judicialmente a anulação deles.

§ 1.º A consignação em pagamento prejudicará a anulação pleiteada.

- *Vide* arts. 539 e s. do CPC.

§ 2.º Sendo ilíquida a dívida, a sociedade poderá garantir-lhe a execução, suspendendo-se o processo de anulação.

§ 3.º Ocorrendo, no prazo deste artigo, a falência da sociedade incorporadora, da sociedade nova ou da cindida, qualquer credor anterior terá direito a pedir a separação dos patrimônios, para o fim de serem os créditos pagos pelos bens das respectivas massas.

- *Vide* art. 2.033 do CC.
- LSA: art. 229 da Lei n. 6.404, de 15-12-1976.

Capítulo XI
DA SOCIEDADE DEPENDENTE DE AUTORIZAÇÃO

- CF: *vide* art. 176, § 1.º.
- CC de 1916: art. 18.
- *Vide* arts. 45, *caput*, 1.132 e 1.133 do CC.
- Sociedades Estrangeiras: arts. 59 a 73 do Decreto-lei n. 2.627, de 26-9-1940.
- *Vide* art. 11, § 1.º, do Decreto-lei n. 4.657, de 4-9-1942 (LINDB).
- Instituições Financeiras (monetárias, bancárias e creditícias): art. 10, §§ 1.º e 2.º, da Lei n. 4.595, de 31-12-1964.
- Lei de Mercado de Capitais (Bolsa de Valores): arts. 11 e 49 da Lei n. 4.728, de 14-7-1965.
- Lei de Cooperativas: arts. 17 a 20, 57, 63, VI, e 92, § 1.º, da Lei n. 5.764, de 16-12-1971.
- Lei de Mercado de Valores Mobiliários: arts. 16, 18, 21, § 5.º, e 23 da Lei n. 6.385, de 7-12-1976.
- LSA: arts. 30, § 2.º, 73, § 4.º, 136, § 2.º, 255 e 268 da Lei n. 6.404, de 15-12-1976.
- *Vide* art. 35, VIII, da Lei n. 8.934, de 18-11-1994 (Registro Público de Empresas Mercantis).

Seção I
Disposições Gerais

Art. 1.123. A sociedade que dependa de autorização do Poder Executivo para funcionar reger-se-á por este título, sem prejuízo do disposto em lei especial.

Parágrafo único. A competência para a autorização será sempre do Poder Executivo federal.

Art. 1.124. Na falta de prazo estipulado em lei ou em ato do poder público, será considerada caduca a autorização se a sociedade não entrar em funcionamento nos doze meses seguintes à respectiva publicação.

Art. 1.125. Ao Poder Executivo é facultado, a qualquer tempo, cassar a autorização concedida a sociedade nacional ou estrangeira que infringir disposição de ordem pública ou praticar atos contrários aos fins declarados no seu estatuto.

Seção II
Da Sociedade Nacional

Art. 1.126. É nacional a sociedade organizada de conformidade com a lei brasileira e que tenha no País a sede de sua administração.

- *Vide* arts. 170, IX, 176, § 1.º, 222 e 223 da CF.
- *Vide* art. 75, *caput*, do CC.
- Sociedade Nacional: art. 60 do Decreto-lei n. 2.627, de 26-9-1940.

Parágrafo único. Quando a lei exigir que todos ou alguns sócios sejam brasileiros, as ações da sociedade anônima revestirão, no silêncio da lei, a forma nominativa. Qualquer que seja o tipo da sociedade, na sua sede ficará arquivada cópia autêntica do documento comprobatório da nacionalidade dos sócios.

- A Lei n. 10.610, de 20-12-2002, dispõe sobre a participação de capital estrangeiro nas empresas jornalísticas e de radiodifusão sonora e de sons e imagens e dá outras providências.

Art. 1.127. Não haverá mudança de nacionalidade de sociedade brasileira sem o consentimento unânime dos sócios ou acionistas.

Art. 1.128. O requerimento de autorização de sociedade nacional deve ser acompanhado de cópia do contrato, assinada por todos os sócios, ou, tratando-se de sociedade anônima, de cópia, autenticada pelos fundadores, dos documentos exigidos pela lei especial.

Parágrafo único. Se a sociedade tiver sido constituída por escritura pública, bastará juntar-se ao requerimento a respectiva certidão.

- *Vide* art. 1.131, *caput*, do CC.

Art. 1.129. Ao Poder Executivo é facultado exigir que se procedam a alterações ou aditamento no contrato ou no estatuto, devendo os sócios, ou, tratando-se de sociedade anônima, os fundadores, cumprir as formalidades legais para revisão dos atos constitutivos, e juntar ao processo prova regular.

- *Vide* art. 1.131, *caput*, do CC.

Art. 1.130. Ao Poder Executivo é facultado recusar a autorização, se a sociedade não atender às condições econômicas, financeiras ou jurídicas especificadas em lei.

- Recusa da autorização: art. 62 do Decreto-lei n. 2.627, de 26-9-1940.

Art. 1.131. Expedido o decreto de autorização, cumprirá à sociedade publicar os atos referidos nos arts. 1.128 e 1.129, em trinta dias, no órgão oficial da União, cujo exemplar representará prova para inscrição, no registro próprio, dos atos constitutivos da sociedade.

- Publicação do ato de autorização: art. 61, § 3.º, do Decreto-lei n. 2.627, de 26-9-1940.
- *Vide* art. 1.135, parágrafo único, do CC.

Parágrafo único. A sociedade promoverá, também no órgão oficial da União e no prazo de trinta dias, a publicação do termo de inscrição.

- *Vide* art. 1.136, § 3.º, do CC.

Art. 1.132. As sociedades anônimas nacionais, que dependam de autorização do Poder Executivo para funcionar, não se constituirão sem obtê-la, quando seus fundadores pretenderem recorrer a subscrição pública para a formação do capital.

§ 1.º Os fundadores deverão juntar ao requerimento cópias autênticas do projeto do estatuto e do prospecto.

- *Vide* art. 1.135, parágrafo único, do CC.
- A redação do parágrafo único do art. 64 do Decreto-lei n. 2.627, de 26-9-1940, foi reproduzida neste parágrafo.

§ 2.º Obtida a autorização e constituída a sociedade, proceder-se-á à inscrição dos seus atos constitutivos.

- O art. 63 do Decreto-lei n. 2.627, de 26-9-1940, tem redação semelhante ao disposto neste artigo.
- Os arts. 82 a 87 da Lei de Sociedades Anônimas (Lei n. 6.404, de 15-12-1976) tratam da constituição de companhia por subscrição pública.

Art. 1.133. Dependem de aprovação as modificações do contrato ou do estatuto de sociedade sujeita a autorização do Poder Executivo, salvo se decorrerem de aumento do capital social, em virtude de utilização de reservas ou reavaliação do ativo.

Seção III
Da Sociedade Estrangeira

- O Decreto n. 8.803, de 6-7-2016, delega competência ao Ministro de Estado do Desenvolvimento, Indústria e Comércio Exterior para autorizar o funcionamento no Brasil de sociedade estrangeira, bem como suas alterações estatutárias ou contratuais, nacionalização e cassação da autorização.
- A Instrução Normativa n. 77, de 18-3-2020, do DREI, dispõe sobre os pedidos de autorização para funcionamento de filial, agência, sucursal ou estabelecimento no País, por sociedade empresária estrangeira.

Art. 1.134. A sociedade estrangeira, qualquer que seja o seu objeto, não pode, sem autorização do Poder Executivo, funcionar no País, ainda que por estabelecimentos subordinados, podendo, todavia, ressalvados os casos expressos em lei, ser acionista de sociedade anônima brasileira.

- *Vide* arts. 1.089 e 1.141, § 1.º, do CC.
- LINDB: arts. 11 e 17 do Decreto-lei n. 4.657, de 4-9-1942.
- Registro Público de Empresas Mercantis e Atividades Afins: art. 32, II, *c* (atos pertinentes ao registro), da Lei n. 8.934, de 18-11-1994.

§ 1.º Ao requerimento de autorização devem juntar-se:

I – prova de se achar a sociedade constituída conforme a lei de seu país;

II – inteiro teor do contrato ou do estatuto;

III – relação dos membros de todos os órgãos da administração da sociedade, com nome, nacionalidade, profissão, domicílio e, salvo quanto a ações ao portador, o valor da participação de cada um no capital da sociedade;

IV – cópia do ato que autorizou o funcionamento no Brasil e fixou o capital destinado às operações no território nacional;

V – prova de nomeação do representante no Brasil, com poderes expressos para aceitar as condições exigidas para a autorização;

VI – último balanço.

- •• A redação do parágrafo único do art. 64 do Decreto-lei n. 2.627, de 26-9-1940, foi reproduzido neste parágrafo.

§ 2.º Os documentos serão autenticados, de conformidade com a lei nacional da sociedade requerente, legalizados no consulado brasileiro da respectiva sede e acompanhados de tradução em vernáculo.

Art. 1.135. É facultado ao Poder Executivo, para conceder a autorização, estabelecer condições convenientes à defesa dos interesses nacionais.

Parágrafo único. Aceitas as condições, expedirá o Poder Executivo decreto de autorização, do qual constará o montante de capital destinado às operações no País, cabendo à sociedade promover a publicação dos atos referidos no art. 1.131 e no § 1.º do art. 1.134.

- •• A redação deste artigo reproduz o contido no art. 65 do Decreto-lei n. 2.627, de 26-9-1940.

Art. 1.136. A sociedade autorizada não pode iniciar sua atividade antes de inscrita no registro próprio do lugar em que se deva estabelecer.

§ 1.º O requerimento de inscrição será instruído com exemplar da publicação exigida no parágrafo único do artigo antecedente, acompanhado de documento do depósito em dinheiro, em estabelecimento bancário oficial, do capital ali mencionado.

- Decreto-lei n. 2.627, de 26-9-1940: art. 65, parágrafo único.

§ 2.º Arquivados esses documentos, a inscrição será feita por termo em livro especial para as sociedades estrangeiras, com número de ordem contínuo para todas as sociedades inscritas; no termo constarão:

I – nome, objeto, duração e sede da sociedade no estrangeiro;

II – lugar da sucursal, filial ou agência, no País;

III – data e número do decreto de autorização;

IV – capital destinado às operações no País;

V – individuação do seu representante permanente.

§ 3.º Inscrita a sociedade, promover-se-á a publicação determinada no parágrafo único do art. 1.131.

Art. 1.137. A sociedade estrangeira autorizada a funcionar ficará sujeita às leis e aos tribunais brasileiros, quanto aos atos ou operações praticados no Brasil.

Parágrafo único. A sociedade estrangeira funcionará no território nacional com o nome que tiver em seu país de origem, podendo acrescentar as palavras "do Brasil" ou "para o Brasil".

- *Vide* arts. 21 e s. do CPC.
- LINDB: arts. 9.º e 12 do Decreto-lei n. 4.657, de 4-9-1942.
- Disposições semelhantes: arts. 66 e 68 do Decreto-lei n. 2.627, de 26-9-1940.

Art. 1.138. A sociedade estrangeira autorizada a funcionar é obrigada a ter, permanentemente, representante no Brasil, com poderes para resolver quaisquer questões e receber citação judicial pela sociedade.

Parágrafo único. O representante somente pode agir perante terceiros depois de arquivado e averbado o instrumento de sua nomeação.

- Disposições semelhantes: art. 67 do Decreto-lei n. 2.627, de 26-9-1940.

Art. 1.139. Qualquer modificação no contrato ou no estatuto dependerá da aprovação do Poder Executivo, para produzir efeitos no território nacional.

•• O Decreto n. 8.803, de 6-7-2016, delega competência ao Ministro de Estado do Desenvolvimento, Indústria e Comércio Exterior para autorizar alterações estatutárias ou contratuais de sociedade estrangeira.

• Disposições semelhantes: art. 69 do Decreto-lei n. 2.627, de 26-9-1940.

Art. 1.140. A sociedade estrangeira deve, sob pena de lhe ser cassada a autorização, reproduzir no órgão oficial da União, e do Estado, se for o caso, as publicações que, segundo a sua lei nacional, seja obrigada a fazer relativamente ao balanço patrimonial e ao de resultado econômico, bem como aos atos de sua administração.

• *Vide* arts. 1.188 e 1.189 do CC.

• Disposição semelhante: art. 70 do Decreto-lei n. 2.627, de 26-9-1940.

Parágrafo único. Sob pena, também, de lhe ser cassada a autorização, a sociedade estrangeira deverá publicar o balanço patrimonial e o de resultado econômico das sucursais, filiais ou agências existentes no País.

Art. 1.141. Mediante autorização do Poder Executivo, a sociedade estrangeira admitida a funcionar no País pode nacionalizar-se, transferindo sua sede para o Brasil.

•• O Decreto n. 8.803, de 6-7-2016, delega competência ao Ministro de Estado do Desenvolvimento, Indústria e Comércio Exterior para autorizar alterações estatutárias ou contratuais de sociedade estrangeira.

• *Vide* art. 75, IV, do CC.

• LINDB: art. 11 do Decreto-lei n. 4.657, de 4-9-1942.

• Disposição semelhante: art. 71 do Decreto-lei n. 2.627, de 26-9-1940.

§ 1.º Para o fim previsto neste artigo, deverá a sociedade, por seus representantes, oferecer, com o requerimento, os documentos exigidos no art. 1.134, e ainda a prova da realização do capital, pela forma declarada no contrato, ou no estatuto, e do ato em que foi deliberada a nacionalização.

§ 2.º O Poder Executivo poderá impor as condições que julgar convenientes à defesa dos interesses nacionais.

§ 3.º Aceitas as condições pelo representante, proceder-se-á, após a expedição do decreto de autorização, à inscrição da sociedade e publicação do respectivo termo.

Título III
DO ESTABELECIMENTO

•• A Lei n. 12.291, de 20-7-2010, torna obrigatória a manutenção de exemplar do Código de Defesa do Consumidor nos estabelecimentos comerciais e de prestação de serviços.

Capítulo Único
DISPOSIÇÕES GERAIS

Art. 1.142. Considera-se estabelecimento todo complexo de bens organizado, para exercício da empresa, por empresário, ou por sociedade empresária.

•• *Vide* Súmula 451 do STJ.

• *Vide* Súmula 645 do STF.

§ 1.º O estabelecimento não se confunde com o local onde se exerce a atividade empresarial, que poderá ser físico ou virtual.

•• § 1.º com redação determinada pela Lei n. 14.382, de 27-6-2022.

§ 2.º Quando o local onde se exerce a atividade empresarial for virtual, o endereço informado para fins de registro poderá ser, conforme o caso, o endereço do empresário individual ou o de um dos sócios da sociedade empresária.

•• § 2.º com redação determinada pela Lei n. 14.382, de 27-6-2022.

§ 3.º Quando o local onde se exerce a atividade empresarial for físico, a fixação do horário de funcionamento competirá ao Município, observada a regra geral prevista no inciso II do *caput* do art. 3.º da Lei n. 13.874, de 20 de setembro de 2019.

•• § 3.º com redação determinada pela Lei n. 14.382, de 27-6-2022.

Art. 1.143. Pode o estabelecimento ser objeto unitário de direitos e de negócios jurídicos, translativos ou constitutivos, que sejam compatíveis com a sua natureza.

Art. 1.144. O contrato que tenha por objeto a alienação, o usufruto ou arrendamento do estabelecimento, só produzirá efeitos quanto a terceiros depois de averbado à margem da inscrição do empresário, ou da sociedade empresária, no Registro Público de Empresas Mercantis, e de publicado na imprensa oficial.

• Registro Público de Empresas Mercantis e Atividades Afins: Lei n. 8.934, de 18-11-1994.

Art. 1.145. Se ao alienante não restarem bens suficientes para solver o seu passivo, a eficácia da alienação do estabelecimento depende do pagamento de todos os credores, ou do consentimento destes, de modo expresso ou tácito, em trinta dias a partir de sua notificação.

• Lei de Falências: arts. 66, 94 e 129, VI, da Lei n. 11.101, de 9-2-2005.

Art. 1.146. O adquirente do estabelecimento responde pelo pagamento dos débitos anteriores à transferência, desde que regularmente contabilizados, continuando o devedor primitivo solidariamente obrigado pelo prazo de um ano, a partir, quanto aos créditos vencidos, da publicação, e, quanto aos outros, da data do vencimento.

•• *Vide* art. 81, § 1.º, da Lei de Falências (Lei n. 11.101, de 9-2-2005), que dispõe sobre o sócio que tenha se retirado voluntariamente ou que tenha sido excluído da sociedade, há menos de 2 (dois) anos.

• *Vide* arts. 275 a 285 do CC.

• Dispõe a CLT (Decreto-lei n. 5.452, de 1.º-5-1943), em seu art. 448: "A mudança na propriedade ou na estrutura jurídica da empresa não afetará os contratos de trabalho dos respectivos empregados".

• Estabelece o CTN (Lei n. 5.172, de 25-10-1966), no *caput* do seu art. 133: "A pessoa natural ou jurídica de direito privado que adquirir de outra, por qualquer título, fundo de comércio ou estabelecimento comercial, industrial ou profissional, e continuar a respectiva exploração, sob a mesma ou outra razão social ou sob firma ou nome individual, responde pelos tributos, relativos ao fundo ou estabelecimento adquirido, devidos até a data do ato: I – integralmente, se o alienante cessar a exploração do comércio, indústria ou atividade; II – subsidiariamente com o alienante, se este prosseguir na exploração ou iniciar dentro de 6 (seis) meses, a contar da data da alienação, nova atividade no mesmo ou em outro ramo de comércio, indústria ou profissão".

• *Vide* Súmula 554 do STJ.

Art. 1.147. Não havendo autorização expressa, o alienante do estabelecimento não pode fazer concorrência ao adquirente, nos cinco anos subsequentes à transferência.

Parágrafo único. No caso de arrendamento ou usufruto do estabelecimento, a proibição prevista neste artigo persistirá durante o prazo do contrato.

Art. 1.148. Salvo disposição em contrário, a transferência importa a sub-rogação do adquirente nos contratos estipulados para exploração do estabelecimento, se não tiverem caráter pessoal, podendo os terceiros rescindir o contrato em noventa dias a contar da publicação da transferência, se ocorrer justa causa, ressalvada, neste caso, a responsabilidade do alienante.

• *Vide* arts. 346 e 1.152, § 1.º, do CC.

• *Vide* art. 13 da Lei n. 8.245, de 18-10-1991.

Art. 1.149. A cessão dos créditos referentes ao estabelecimento transferido produzirá efeito em relação aos respectivos devedores, desde o momento da publicação da transferência, mas o devedor ficará exonerado se de boa-fé pagar ao cedente.

• *Vide* art. 290 do CC.

Título IV
DOS INSTITUTOS COMPLEMENTARES

Capítulo I
DO REGISTRO

• *Vide* art. 985 do CC.

Art. 1.150. O empresário e a sociedade empresária vinculam-se ao Registro Público de Empresas Mercantis a cargo das Juntas Comerciais, e a sociedade simples ao Registro Civil das Pessoas Jurídicas, o qual deverá obedecer às normas fixadas para aquele registro, se a sociedade simples adotar um dos tipos de sociedade empresária.

•• A Lei n. 14.195, de 26-8-2021, propôs alteração neste artigo, porém teve seu texto vetado.

• *Vide* arts. 45, 966, 968, 985, 997 e 998 do CC.

• *Vide* art. 114, II, da Lei n. 6.015, de 31-12-1973 (sociedade simples).

• *Vide* art. 3.º, II, da Lei n. 8.934, de 18-11-1994 (sociedade empresária).

• *Vide* art. 15, § 1.º, da Lei n. 8.906, de 4-7-1994 (EAOAB).

Art. 1.151. O registro dos atos sujeitos à formalidade exigida no artigo antecedente será requerido pela pessoa obrigada em lei, e, no caso de omissão ou demora, pelo sócio ou qualquer interessado.

§ 1.º Os documentos necessários ao registro deverão ser apresentados no prazo de trinta dias, contado da lavratura dos atos respectivos.

• *Vide* art. 36 (prazo) da Lei n. 8.934, de 18-11-1994 (Registro Público de Empresas Mercantis e Atividades Afins).

§ 2.º Requerido além do prazo previsto neste artigo, o registro somente produzirá efeito a partir da data de sua concessão.

§ 3.º As pessoas obrigadas a requerer o registro responderão por perdas e danos, em caso de omissão ou demora.

- *Vide* arts. 402 a 405 do CC.

Art. 1.152. Cabe ao órgão incumbido do registro verificar a regularidade das publicações determinadas em lei, de acordo com o disposto nos parágrafos deste artigo.

§ 1.º Salvo exceção expressa, as publicações ordenadas neste Livro serão feitas no órgão oficial da União ou do Estado, conforme o local da sede do empresário ou da sociedade, e em jornal de grande circulação.

§ 2.º As publicações das sociedades estrangeiras serão feitas nos órgãos oficiais da União e do Estado onde tiverem sucursais, filiais ou agências.

§ 3.º O anúncio de convocação da assembleia de sócios será publicado por três vezes, ao menos, devendo mediar, entre a data da primeira inserção e a da realização da assembleia, o prazo mínimo de oito dias, para a primeira convocação, e de cinco dias, para as posteriores.

- LSA: art. 124 da Lei n. 6.404, de 15-12-1976.
- *Vide* art. 1.072, § 2.º, do CC.

Art. 1.153. Cumpre à autoridade competente, antes de efetivar o registro, verificar a autenticidade e a legitimidade do signatário do requerimento, bem como fiscalizar a observância das prescrições legais concernentes ao ato ou aos documentos apresentados.

- LSA: art. 97 da Lei n. 6.404, de 15-12-1976.
- *Vide* arts. 37, 40 e 63 da Lei n. 8.934, de 18-11-1994.

Parágrafo único. Das irregularidades encontradas deve ser notificado o requerente, que, se for o caso, poderá saná-las, obedecendo às formalidades da lei.

Art. 1.154. O ato sujeito a registro, ressalvadas disposições especiais da lei, não pode, antes do cumprimento das respectivas formalidades, ser oposto a terceiro, salvo prova de que este o conhecia.

Parágrafo único. O terceiro não pode alegar ignorância, desde que cumpridas as referidas formalidades.

Capítulo II
DO NOME EMPRESARIAL

- Sobre proteção do nome empresarial *vide* arts. 33 e 34 da Lei n. 8.934, de 18-11-1994.
- O Decreto n. 1.800, de 30-1-1996, que regulamenta a citada Lei, dispõe sobre o nome empresarial em seus arts. 61 e 62.
- *Vide* art. 5.º, XXIX (proteção constitucional), da CF.

Art. 1.155. Considera-se nome empresarial a firma ou a denominação adotada, de conformidade com este Capítulo, para o exercício de empresa.

- •• A Lei n. 14.195, de 26-8-2021, propôs alteração neste artigo, porém teve seu texto vetado.
- *Vide* art. 72 da Lei Complementar n. 123, de 14-12-2006 (microempresa e empresa de pequeno porte).

Parágrafo único. Equipara-se ao nome empresarial, para os efeitos da proteção da lei, a denominação das sociedades simples, associações e fundações.

- *Vide* arts. 33 e 34 da Lei n. 8.934, de 18-11-1994.

Art. 1.156. O empresário opera sob firma constituída por seu nome, completo ou abreviado, aditando-lhe, se quiser, designação mais precisa da sua pessoa ou do gênero de atividade.

- Lei de Registro Público de Empresas Mercantis e Atividades Afins: Lei n. 8.934, de 18-11-1994, regulamentada pelo Decreto n. 1.800, de 30-1-1996.

Art. 1.157. A sociedade em que houver sócios de responsabilidade ilimitada operará sob firma, na qual somente os nomes daqueles poderão figurar, bastando para formá-la aditar ao nome de um deles a expressão "e companhia" ou sua abreviatura.

Parágrafo único. Ficam solidária e ilimitadamente responsáveis pelas obrigações contraídas sob a firma social aqueles que, por seus nomes, figurarem na firma da sociedade de que trata este artigo.

- *Vide* arts. 275 a 285 do CC.

Art. 1.158. Pode a sociedade limitada adotar firma ou denominação, integradas pela palavra final "limitada" ou a sua abreviatura.

§ 1.º A firma será composta com o nome de um ou mais sócios, desde que pessoas físicas, de modo indicativo da relação social.

§ 2.º A denominação deve designar o objeto da sociedade, sendo permitido nela figurar o nome de um ou mais sócios.

§ 3.º A omissão da palavra "limitada" determina a responsabilidade solidária e ilimitada dos administradores que assim empregarem a firma ou a denominação da sociedade.

- *Vide* arts. 1.052 a 1.087 do CC.

Art. 1.159. A sociedade cooperativa funciona sob denominação integrada pelo vocábulo "cooperativa".

- Sociedades cooperativas: art. 5.º da Lei n. 5.764, de 16-12-1971.

Art. 1.160. A sociedade anônima opera sob denominação integrada pelas expressões sociedade anônima ou companhia, por extenso ou abreviadamente, facultada a designação do objeto social.

- •• *Caput* com redação determinada pela Lei n. 14.382, de 27-6-2022.
- *Vide* arts. 1.088 e 1.089 do CC.
- LSA: art. 3.º da Lei n. 6.404, de 15-12-1976.

Parágrafo único. Pode constar da denominação o nome do fundador, acionista, ou pessoa que haja concorrido para o bom êxito da formação da empresa.

Art. 1.161. A sociedade em comandita por ações pode, em lugar de firma, adotar denominação aditada da expressão comandita por ações, facultada a designação do objeto social.

- •• Artigo com redação determinada pela Lei n. 14.382, de 27-6-2022.
- *Vide* arts. 1.090 a 1.092 do CC.
- LSA: art. 281 da Lei n. 6.404, de 15-12-1976.

Art. 1.162. A sociedade em conta de participação não pode ter firma ou denominação.

- *Vide* arts. 991 a 996 do CC.

Art. 1.163. O nome de empresário deve distinguir-se de qualquer outro já inscrito no mesmo registro.

- LSA: art. 3.º, § 2.º, da Lei n. 6.404, de 15-12-1976.
- Lei de Registro Público de Empresas Mercantis e Atividades Afins: art. 35, V, da Lei n. 8.934, de 18-11-1994.
- Lei de Propriedade Industrial: arts. 124, V, e 195, V, da Lei n. 9.279, de 14-5-1996.

Parágrafo único. Se o empresário tiver nome idêntico ao de outros já inscritos, deverá acrescentar designação que o distinga.

Art. 1.164. O nome empresarial não pode ser objeto de alienação.

- *Vide* arts. 1.143 e 1.144 do CC.

Parágrafo único. O adquirente de estabelecimento, por ato entre vivos, pode, se o contrato o permitir, usar o nome do alienante, precedido do seu próprio, com a qualificação de sucessor.

Art. 1.165. O nome de sócio que vier a falecer, for excluído ou se retirar, não pode ser conservado na firma social.

- *Vide* arts. 1.143 e 1.144 do CC.

Art. 1.166. A inscrição do empresário, ou dos atos constitutivos das pessoas jurídicas, ou as respectivas averbações, no registro próprio, asseguram o uso exclusivo do nome nos limites do respectivo Estado.

- *Vide* art. 1.154, parágrafo único, do CC.
- Lei de Registro Público de Empresas Mercantis e Atividades Afins: arts. 1.º, I, 33 e 34 da Lei n. 8.934, de 18-11-1994, regulamentada pelo Decreto n. 1.800, de 30-1-1996.

Parágrafo único. O uso previsto neste artigo estender-se-á a todo o território nacional, se registrado na forma da lei especial.

Art. 1.167. Cabe ao prejudicado, a qualquer tempo, ação para anular a inscrição do nome empresarial feita com violação da lei ou do contrato.

- LSA: art. 3.º, § 2.º, da Lei n. 6.404, de 15-12-1976.
- Lei de Registro Público de Empresas Mercantis e Atividades Afins: arts. 44 a 51 da Lei n. 8.934, de 18-11-1994, regulamentada pelo Decreto n. 1.800, de 30-1-1996.

Art. 1.168. A inscrição do nome empresarial será cancelada, a requerimento de qualquer interessado, quando cessar o exercício da atividade para que foi adotado, ou quando ultimar-se a liquidação da sociedade que o inscreveu.

- Lei de Registro Público de Empresas Mercantis e Atividades Afins: arts. 59 e 60, § 1.º, da Lei n. 8.934, de 18-11-1994, regulamentada pelo Decreto n. 1.800, de 30-1-1996.

Capítulo III
DOS PREPOSTOS

Seção I
Disposições Gerais

Art. 1.169. O preposto não pode, sem autorização escrita, fazer-se substituir no desempenho da preposição, sob pena de responder pessoalmente pelos atos do substituto e pelas obrigações por ele contraídas.

Art. 1.170. O preposto, salvo autorização expressa, não pode negociar por conta própria ou de terceiro, nem participar, embora indiretamente, de operação do mesmo gênero da que lhe foi cometida, sob pena de responder por perdas e danos e de serem retidos pelo preponente os lucros da operação.

- *Vide* arts. 402 a 405 (perdas e danos) do CC.

Art. 1.171. Considera-se perfeita a entrega de papéis, bens ou valores ao preposto, encarregado pelo preponente, se os recebeu sem protesto, salvo nos casos em que haja prazo para reclamação.

Seção II
Do Gerente

Art. 1.172. Considera-se gerente o preposto permanente no exercício da empresa, na sede desta, ou em sucursal, filial ou agência.

Art. 1.173. Quando a lei não exigir poderes especiais, considera-se o gerente autorizado a praticar todos os atos necessários ao exercício dos poderes que lhe foram outorgados.

Parágrafo único. Na falta de estipulação diversa, consideram-se solidários os poderes conferidos a dois ou mais gerentes.

Art. 1.174. As limitações contidas na outorga de poderes, para serem opostas a terceiros, dependem do arquivamento e averbação do instrumento no Registro Público de Empresas Mercantis, salvo se provado serem conhecidas da pessoa que tratou com o gerente.

Parágrafo único. Para o mesmo efeito e com idêntica ressalva, deve a modificação ou revogação do mandato ser arquivada e averbada no Registro Público de Empresas Mercantis.

- *Vide* arts. 660, 661 e 1.182 do CC.
- Lei de Registro Público de Empresas Mercantis e Atividades Afins: Lei n. 8.934, de 18-11-1994, regulamentada pelo Decreto n. 1.800, de 30-1-1996.

Art. 1.175. O preponente responde com o gerente pelos atos que este pratique em seu próprio nome, mas à conta daquele.

- *Vide* art. 34 do CDC.

Art. 1.176. O gerente pode estar em juízo em nome do preponente, pelas obrigações resultantes do exercício da sua função.

- *Vide* art. 242, § 1.º, do CPC.

Seção III
Do Contabilista e Outros Auxiliares

Art. 1.177. Os assentos lançados nos livros ou fichas do preponente, por qualquer dos prepostos encarregados de sua escrituração, produzem, salvo se houver procedido de má-fé, os mesmos efeitos como se o fossem por aquele.

- O Decreto-lei n. 806, de 4-9-1969, regulamentado pelo Decreto n. 66.408, de 3-4-1970, dispõe sobre a profissão de atuário.

Parágrafo único. No exercício de suas funções, os prepostos são pessoalmente responsáveis, perante os preponentes, pelos atos culposos; e, perante terceiros, solidariamente com o preponente, pelos atos dolosos.

- *Vide* arts. 275 a 285 do CC.

Art. 1.178. Os preponentes são responsáveis pelos atos de quaisquer prepostos, praticados nos seus estabelecimentos e relativos à atividade da empresa, ainda que não autorizados por escrito.

Parágrafo único. Quando tais atos forem praticados fora do estabelecimento, somente obrigarão o preponente nos limites dos poderes conferidos por escrito, cujo instrumento pode ser suprido pela certidão ou cópia autêntica do seu teor.

Capítulo IV
DA ESCRITURAÇÃO

- O Decreto n. 6.022, de 22-1-2007, institui o Sistema Público de Escrituração Digital - Sped.
- A Instrução Normativa n. 82, de 19-2-2021, do DREI, institui os procedimentos para autenticação dos livros contábeis ou não dos empresários individuais, das empresas individuais de responsabilidade limitada - Eireli, das sociedades, bem como dos livros dos agentes auxiliares do comércio.

Art. 1.179. O empresário e a sociedade empresária são obrigados a seguir um sistema de contabilidade, mecanizado ou não, com base na escrituração uniforme de seus livros, em correspondência com a documentação respectiva, e a levantar anualmente o balanço patrimonial e o de resultado econômico.

- Falsificação de documento público: art. 297, § 2.º, do CP (Decreto-lei n. 2.848, de 7-12-1940).
- LSA: arts. 175 a 188 da Lei n. 6.404, de 15-12-1976.
- *Vide* Lei Complementar n. 123, de 14-12-2006, art. 68.

§ 1.º Salvo o disposto no art. 1.180, o número e a espécie de livros ficam a critério dos interessados.

§ 2.º É dispensado das exigências deste artigo o pequeno empresário a que se refere o art. 970.

- Estatuto Nacional da Microempresa e da Empresa de Pequeno Porte: Lei Complementar n. 123, de 14-12-2006.

Art. 1.180. Além dos demais livros exigidos por lei, é indispensável o Diário, que pode ser substituído por fichas no caso de escrituração mecanizada ou eletrônica.

- Lei de Duplicatas: art. 19 da Lei n. 5.474, de 18-7-1968.
- LSA: art. 100 da Lei n. 6.404, de 15-12-1976.

Parágrafo único. A adoção de fichas não dispensa o uso de livro apropriado para o lançamento do balanço patrimonial e do de resultado econômico.

Art. 1.181. Salvo disposição especial de lei, os livros obrigatórios e, se for o caso, as fichas, antes de postos em uso, devem ser autenticados no Registro Público de Empresas Mercantis.

- Lei de Registro Público das Empresas Mercantis: art. 30 da Lei n. 8.934, de 18-11-1994.

Parágrafo único. A autenticação não se fará sem que esteja inscrito o empresário, ou a sociedade empresária, que poderá fazer autenticar livros não obrigatórios.

Art. 1.182. Sem prejuízo do disposto no art. 1.174, a escrituração ficará sob a responsabilidade de contabilista legalmente habilitado, salvo se nenhum houver na localidade.

Art. 1.183. A escrituração será feita em idioma e moeda corrente nacionais e em forma contábil, por ordem cronológica de dia, mês e ano, sem intervalos em branco, nem entrelinhas, borrões, rasuras, emendas ou transportes para as margens.

- *Vide* art. 226 do CC.
- *Vide* arts. 192, parágrafo único, e 418 do CPC.

Parágrafo único. É permitido o uso de código de números ou de abreviaturas, que constem de livro próprio, regularmente autenticado.

Art. 1.184. No Diário serão lançadas, com individuação, clareza e caracterização do documento respectivo, dia a dia, por escrita direta ou reprodução, todas as operações relativas ao exercício da empresa.

§ 1.º Admite-se a escrituração resumida do Diário, com totais que não excedam o período de trinta dias, relativamente a contas cujas operações sejam numerosas ou realizadas fora da sede do estabelecimento, desde que utilizados livros auxiliares regularmente autenticados, para registro individualizado, e conservados os documentos que permitam a sua perfeita verificação.

§ 2.º Serão lançados no Diário o balanço patrimonial e o de resultado econômico, devendo ambos ser assinados por técnico em Ciências Contábeis legalmente habilitado e pelo empresário ou sociedade empresária.

- *Vide* arts. 1.180 e 1.182 do CC.

Art. 1.185. O empresário ou sociedade empresária que adotar o sistema de fichas de lançamentos poderá substituir o livro Diário pelo livro Balancetes Diários e Balanços, observadas as mesmas formalidades extrínsecas exigidas para aquele.

Art. 1.186. O livro Balancetes Diários e Balanços será escriturado de modo que registre:

I – a posição diária de cada uma das contas ou títulos contábeis, pelo respectivo saldo, em forma de balancetes diários;

II – o balanço patrimonial e o de resultado econômico, no encerramento do exercício.

Art. 1.187. Na coleta dos elementos para o inventário serão observados os critérios de avaliação a seguir determinados:

I – os bens destinados à exploração da atividade serão avaliados pelo custo de aquisição, devendo, na avaliação dos que se desgastam ou depreciam com o uso, pela ação do tempo ou outros fatores, atender-se à desvalorização respectiva, criando-se fundos de amortização para assegurar-lhes a substituição ou a conservação do valor;

II – os valores mobiliários, matéria-prima, bens destinados à alienação, ou que constituem produtos ou artigos da indústria ou comércio da empresa, podem ser estimados pelo custo de aquisição ou de fabricação, ou pelo preço corrente, sempre que este for inferior ao preço de custo, e quando o preço corrente ou venal estiver acima do valor do custo de aquisição, ou fabricação, e os bens forem avaliados pelo preço corrente, a diferença entre este e o preço de custo não será levada em conta para a distribuição de lucros, nem para as percentagens referentes a fundos de reserva;

III – o valor das ações e dos títulos de renda fixa pode ser determinado com base na respectiva cotação da Bolsa de Valores; os não cotados e as participações não acionárias serão considerados pelo seu valor de aquisição;

IV – os créditos serão considerados de conformidade com o presumível valor de realização, não se levando em conta os prescritos ou de difícil liquidação, salvo se houver, quanto aos últimos, previsão equivalente.

Parágrafo único. Entre os valores do ativo podem figurar, desde que se preceda, anualmente, à sua amortização:

•• Mantivemos "preceda" conforme publicação oficial. Entendemos que o correto seria "proceda".

I – as despesas de instalação da sociedade, até o limite correspondente a dez por cento do capital social;

II – os juros pagos aos acionistas da sociedade anônima, no período antecedente ao início das operações sociais, à taxa não superior a doze por cento ao ano, fixada no estatuto;

III – a quantia efetivamente paga a título de aviamento de estabelecimento adquirido pelo empresário ou sociedade.

• LSA: art. 183 da Lei n. 6.404, de 15-12-1976.

Art. 1.188. O balanço patrimonial deverá exprimir, com fidelidade e clareza, a situação real da empresa e, atendidas as peculiaridades desta, bem como as disposições das leis especiais, indicará, distintamente, o ativo e o passivo.

• *Vide* arts. 1.053, parágrafo único, e 1.097 a 1.101 do CC.

• LSA: arts. 178 a 188 e 247 a 253 da Lei n. 6.404, de 15-12-1976.

• Lei de Falências: art. 51, II, da Lei n. 11.101, de 9-2-2005.

Parágrafo único. Lei especial disporá sobre as informações que acompanharão o balanço patrimonial, em caso de sociedades coligadas.

Art. 1.189. O balanço de resultado econômico, ou demonstração da conta de lucros e perdas, acompanhará o balanço patrimonial e dele constarão crédito e débito, na forma da lei especial.

•• LSA: art. 176 da Lei n. 6.404, de 15-12-1976.

Art. 1.190. Ressalvados os casos previstos em lei, nenhuma autoridade, juiz ou tribunal, sob qualquer pretexto, poderá fazer ou ordenar diligência para verificar se o empresário ou a sociedade empresária observam, ou não, em seus livros e fichas, as formalidades prescritas em lei.

• *Vide* art. 226 do CC.

• Lei de Falências: art. 178 da Lei n. 11.101, de 9-2-2005.

Art. 1.191. O juiz só poderá autorizar a exibição integral dos livros e papéis de escrituração quando necessária para resolver questões relativas a sucessão, comunhão ou sociedade, administração ou gestão à conta de outrem, ou em caso de falência.

§ 1.º O juiz ou tribunal que conhecer de medida cautelar ou de ação pode, a requerimento ou de ofício, ordenar que os livros de qualquer das partes, ou de ambas, sejam examinados na presença do empresário ou da sociedade empresária a que pertencerem, ou de pessoas por estes nomeadas, para deles se extrair o que interessar à questão.

§ 2.º Achando-se os livros em outra jurisdição, nela se fará o exame, perante o respectivo juiz.

• *Vide* arts. 396 e s., 417, 418, 420 e 421 do CPC.

• LSA: art. 105 da Lei n. 6.404, de 15-12-1976.

• Lei de Falências: art. 51 da Lei n. 11.101, de 9-2-2005.

• Súmulas 260, 390 e 439 do STF.

Art. 1.192. Recusada a apresentação dos livros, nos casos do artigo antecedente, serão apreendidos judicialmente e, no do seu § 1.º, ter-se-á como verdadeiro o alegado pela parte contrária para se provar pelos livros.

• *Vide* arts. 396, 399 e 400 do CPC.

Parágrafo único. A confissão resultante da recusa pode ser elidida por prova documental em contrário.

Art. 1.193. As restrições estabelecidas neste Capítulo ao exame da escrituração, em parte ou por inteiro, não se aplicam às autoridades fazendárias, no exercício da fiscalização do pagamento de impostos, nos termos estritos das respectivas leis especiais.

Art. 1.194. O empresário e a sociedade empresária são obrigados a conservar em boa guarda toda a escrituração, correspondência e mais papéis concernentes à sua atividade, enquanto não ocorrer prescrição ou decadência no tocante aos atos neles consignados.

• *Vide* arts. 205 a 211 (prescrição e decadência) do CC.

Art. 1.195. As disposições deste Capítulo aplicam-se às sucursais, filiais ou agências, no Brasil, do empresário ou sociedade com sede em país estrangeiro.

• *Vide* arts. 1.134 a 1.141 do CC.

• Decreto-lei n. 2.627, de 26-9-1940 (sociedade estrangeira).

Livro III
DO DIREITO DAS COISAS

Título I
DA POSSE

Capítulo I
DA POSSE E SUA CLASSIFICAÇÃO

Art. 1.196. Considera-se possuidor todo aquele que tem de fato o exercício, pleno ou não, de algum dos poderes inerentes à propriedade.

• *Vide* art. 1.228 do CC.

• *Vide* arts. 554 e s. do CPC (ações possessórias).

Art. 1.197. A posse direta, de pessoa que tem a coisa em seu poder, temporariamente, em virtude de direito pessoal, ou real, não anula a indireta, de quem aquela foi havida, podendo o possuidor direto defender a sua posse contra o indireto.

• *Vide* arts. 1.210, § 1.º, e 1.267, parágrafo único, do CC.

• *Vide* arts. 554 e s. do CPC (ações possessórias).

Art. 1.198. Considera-se detentor aquele que, achando-se em relação de dependência para com outro, conserva a posse em nome deste e em cumprimento de ordens ou instruções suas.

• *Vide* art. 1.208 do CC.

Parágrafo único. Aquele que começou a comportar-se do modo como prescreve este artigo, em relação ao bem e à outra pessoa, presume-se detentor, até que prove o contrário.

• *Vide* art. 1.203 do CC.

Art. 1.199. Se duas ou mais pessoas possuírem coisa indivisa, poderá cada uma exercer sobre ela atos possessórios, contanto que não excluam os dos outros compossuidores.

Art. 1.200. É justa a posse que não for violenta, clandestina ou precária.

• *Vide* art. 1.208 do CC.

Art. 1.201. É de boa-fé a posse, se o possuidor ignora o vício, ou o obstáculo que impede a aquisição da coisa.

Parágrafo único. O possuidor com justo título tem por si a presunção de boa-fé, salvo prova em contrário, ou quando a lei expressamente não admite esta presunção.

• *Vide* arts. 307, parágrafo único, 1.214, *caput*, 1.217, 1.219, 1.242, 1.255, 1.258, *caput*, 1.259, 1.260 e 1.261 do CC, relativos ao possuidor de boa-fé.

• Sobre possuidor de má-fé, *vide* arts. 1.214, parágrafo único, 1.216, 1.218, 1.220, 1.254, 1.255, *caput*, 1.256, 1.258, parágrafo único, e 1.259 do CC.

Art. 1.202. A posse de boa-fé só perde este caráter no caso e desde o momento em que as circunstâncias façam presumir que o possuidor não ignora que possui indevidamente.

• *Vide* art. 113 do CC.

Art. 1.203. Salvo prova em contrário, entende-se manter a posse o mesmo caráter com que foi adquirida.

• *Vide* arts. 1.206 e 1.208 do CC.

Capítulo II

DA AQUISIÇÃO DA POSSE

Art. 1.204. Adquire-se a posse desde o momento em que se torna possível o exercício, em nome próprio, de qualquer dos poderes inerentes à propriedade.

- *Vide* art. 1.228 do CC.

Art. 1.205. A posse pode ser adquirida:

I – pela própria pessoa que a pretende ou por seu representante;

II – por terceiro sem mandato, dependendo de ratificação.

- *Vide* art. 873 do CC.

Art. 1.206. A posse transmite-se aos herdeiros ou legatários do possuidor com os mesmos caracteres.

- *Vide* arts. 1.203 e 1.784 do CC.

Art. 1.207. O sucessor universal continua de direito a posse do seu antecessor; e ao sucessor singular é facultado unir sua posse à do antecessor, para os efeitos legais.

- *Vide* arts. 1.243 e 1.784 do CC.

Art. 1.208. Não induzem posse os atos de mera permissão ou tolerância assim como não autorizam a sua aquisição os atos violentos, ou clandestinos, senão depois de cessar a violência ou a clandestinidade.

- *Vide* arts. 1.200 e 1.203 do CC.
- *Vide* Súmula 619 do STJ.

Art. 1.209. A posse do imóvel faz presumir, até prova contrária, a das coisas móveis que nele estiverem.

- *Vide* art. 92 do CC.

Capítulo III

DOS EFEITOS DA POSSE

Art. 1.210. O possuidor tem direito a ser mantido na posse em caso de turbação, restituído no de esbulho, e segurado de violência iminente, se tiver justo receio de ser molestado.

- *Vide* art. 554 do CPC.
- *Vide* Súmula 487 do STF.

§ 1.º O possuidor turbado, ou esbulhado, poderá manter-se ou restituir-se por sua própria força, contanto que o faça logo; os atos de defesa, ou de desforço, não podem ir além do indispensável à manutenção, ou restituição da posse.

- *Vide* art. 1.224 do CC.

§ 2.º Não obsta à manutenção ou reintegração na posse a alegação de propriedade, ou de outro direito sobre a coisa.

- *Vide* art. 557 do CPC.
- *Vide* Súmula 487 do STF.
- •• *Vide* Súmula 637 do STJ.

Art. 1.211. Quando mais de uma pessoa se disser possuidora, manter-se-á provisoriamente a que tiver a coisa, se não estiver manifesto que a obteve de alguma das outras por modo vicioso.

Art. 1.212. O possuidor pode intentar a ação de esbulho, ou a de indenização, contra o terceiro, que recebeu a coisa esbulhada sabendo que o era.

- *Vide* arts. 554 e s. do CPC.

Art. 1.213. O disposto nos artigos antecedentes não se aplica às servidões não aparentes, salvo quando os respectivos títulos provierem do possuidor do prédio serviente, ou daqueles de quem este o houve.

- *Vide* arts. 1.378 a 1.389 (servidões prediais) do CC.
- *Vide* Súmula 415 do STF.

Art. 1.214. O possuidor de boa-fé tem direito, enquanto ela durar, aos frutos percebidos.

Parágrafo único. Os frutos pendentes ao tempo em que cessar a boa-fé devem ser restituídos, depois de deduzidas as despesas da produção e custeio; devem ser também restituídos os frutos colhidos com antecipação.

Art. 1.215. Os frutos naturais e industriais reputam-se colhidos e percebidos, logo que são separados; os civis reputam-se percebidos dia por dia.

Art. 1.216. O possuidor de má-fé responde por todos os frutos colhidos e percebidos, bem como pelos que, por culpa sua, deixou de perceber, desde o momento em que se constituiu de má-fé; tem direito às despesas da produção e custeio.

Art. 1.217. O possuidor de boa-fé não responde pela perda ou deterioração da coisa, a que não der causa.

- *Vide* art. 1.201 do CC.

Art. 1.218. O possuidor de má-fé responde pela perda, ou deterioração da coisa, ainda que acidentais, salvo se provar que de igual modo se teriam dado, estando ela na posse do reivindicante.

- *Vide* art. 1.202 do CC.

Art. 1.219. O possuidor de boa-fé tem direito à indenização das benfeitorias necessárias e úteis, bem como, quanto às voluptuárias, se não lhe forem pagas, a levantá-las, quando o puder sem detrimento da coisa, e poderá exercer o direito de retenção pelo valor das benfeitorias necessárias e úteis.

- *Vide* arts. 96 e 964, III, do CC.
- *Vide* Lei n. 6.766, de 19-12-1979, art. 34 e parágrafo único.
- *Vide* Lei n. 8.078, de 11-9-1990 (CDC), art. 51, XVI.
- *Vide* art. 27, § 4.º, da Lei n. 9.514, de 20-11-1997.
- *Vide* Súmula 158 do STF.
- Acerca das benfeitorias feitas na vigência de contrato de locação, *vide* art. 35 da Lei n. 8.245, de 18-10-1991.

Art. 1.220. Ao possuidor de má-fé serão ressarcidas somente as benfeitorias necessárias; não lhe assiste o direito de retenção pela importância destas, nem o de levantar as voluptuárias.

- *Vide* art. 96 do CC.

Art. 1.221. As benfeitorias compensam-se com os danos, e só obrigam ao ressarcimento se ao tempo da evicção ainda existirem.

- *Vide* arts. 368 a 380 do CC.

Art. 1.222. O reivindicante, obrigado a indenizar as benfeitorias ao possuidor de má-fé, tem o direito de optar entre o seu valor atual e o seu custo; ao possuidor de boa-fé indenizará pelo valor atual.

- *Vide* arts. 242 e 878 do CC.

Capítulo IV

DA PERDA DA POSSE

Art. 1.223. Perde-se a posse quando cessa, embora contra a vontade do possuidor, o poder sobre o bem, ao qual se refere o art. 1.196.

- *Vide* art. 1.275 do CC.

Art. 1.224. Só se considera perdida a posse para quem não presenciou o esbulho, quando, tendo notícia dele, se abstém de retornar a coisa, ou, tentando recuperá-la, é violentamente repelido.

- •• Mantivemos "retornar" conforme publicação oficial. Entendemos que o correto seria "retomar".
- *Vide* art. 1.210, § 1.º, do CC.

TÍTULO II

DOS DIREITOS REAIS

Capítulo Único

DISPOSIÇÕES GERAIS

Art. 1.225. São direitos reais:

- Sobre direito real relativo à concessão de uso de superfície de espaço aéreo: Decreto-lei n. 271, de 28-2-1967, arts. 7.º e 8.º.
- Constituem direitos reais sobre os respectivos imóveis as garantias dos empréstimos destinados ao financiamento da construção ou venda de unidades imobiliárias: Decreto-lei n. 70, de 21-11-1966, art. 43, parágrafo único.
- *Vide* arts. 80, I, e 108 do CC.

I – a propriedade;

- *Vide* arts. 1.228 a 1.368 do CC.

II – a superfície;

- *Vide* arts. 1.369 a 1.377 do CC.

III – as servidões;

- *Vide* arts. 1.378 a 1.389 do CC.

IV – o usufruto;

- *Vide* arts. 1.390 a 1.411 do CC.

V – o uso;

- *Vide* arts. 1.412 a 1.413 do CC.

VI – a habitação;

- *Vide* arts. 1.414 a 1.416 do CC.

VII – o direito do promitente comprador do imóvel;

- *Vide* arts. 1.417 e 1.418 do CC.

VIII – o penhor;

- *Vide* arts. 1.431 a 1.472 do CC.

IX – a hipoteca;

- *Vide* arts. 1.473 a 1.505 do CC.

X – a anticrese;

- *Vide* arts. 1.506 a 1.510 do CC.

XI – a concessão de uso especial para fins de moradia;

- •• Inciso XI acrescentado pela Lei n. 11.481, de 31-5-2007.
- A Medida Provisória n. 2.220, de 4-9-2001, dispõe sobre a concessão de uso especial de imóvel em área urbana.

XII – a concessão de direito real de uso; e

- •• Inciso XII com redação determinada pela Lei n. 13.465, de 11-7-2017.

XIII – a laje.

- •• Inciso XIII acrescentado pela Lei n. 13.465, de 11-7-2017.

Art. 1.226. Os direitos reais sobre coisas móveis, quando constituídos, ou transmitidos por atos entre vivos, só se adquirem com a tradição.

- *Vide* arts. 1.267 e 1.268 do CC.

Art. 1.227. Os direitos reais sobre imóveis constituídos, ou transmitidos por atos entre vivos, só se adquirem com o registro no Cartório de Registro de Imóveis dos referidos títulos (arts. 1.245 a 1.247), salvo os casos expressos neste Código.

- Sobre registro imobiliário, *vide* arts. 167 e 168 da Lei n. 6.015, de 31-12-1973 (LRP).
- *Vide* Lei n. 8.935, de 18-11-1994.
- *Vide* arts. 108, 215, 1.245 a 1.247, 1.391, 1.417 e 1.509 do CC.

Título III
DA PROPRIEDADE

- *Vide* CF, arts. 5.º, XXII a XXVI, e 68 do ADCT.

Capítulo I
DA PROPRIEDADE EM GERAL

Seção I
Disposições Preliminares

Art. 1.228. O proprietário tem a faculdade de usar, gozar e dispor da coisa, e o direito de reavê-la do poder de quem quer que injustamente a possua ou detenha.

- *Vide* art. 1.784 do CC.
- Sobre desapropriações, *vide* arts. 1.228, §§ 3.º a 5.º, 1.275, I, e 2.030 do CC e o Decreto-lei n. 3.365, de 21-6-1941, que dispõe sobre desapropriação por utilidade pública.
- Sobre a perda da propriedade, dispõe o art. 91, II, do CP.
- O Decreto-lei n. 3.240, de 8-5-1941, sujeita a sequestro os bens de pessoas indiciadas por crimes de que resulta prejuízo para a Fazenda Pública, e outros.
- A Lei n. 4.504, de 30-11-1964, dispõe sobre o Estatuto da Terra e dá outras providências.
- A Lei n. 6.634, de 2-5-1979, regulamentada pelo Decreto n. 85.064, de 26-8-1980, dispõe sobre a Faixa de Fronteira.
- Sobre loteamento, *vide* Lei n. 6.766, de 19-12-1979.
- A Lei n. 9.279, de 14-5-1996, regula direitos e obrigações relativos à propriedade industrial.
- *Vide* Lei n. 9.609, de 19-2-1998 (propriedade intelectual de programas de computador).
- *Vide* Lei n. 9.610, de 19-2-1998 (direitos autorais).

§ 1.º O direito de propriedade deve ser exercido em consonância com as suas finalidades econômicas e sociais e de modo que sejam preservados, de conformidade com o estabelecido em lei especial, a flora, a fauna, as belezas naturais, o equilíbrio ecológico e o patrimônio histórico e artístico, bem como evitada a poluição do ar e das águas.

- *Vide* arts. 5.º, XXIII, 182, § 2.º, 186 e 225 da CF.
- *Vide* arts. 1.º a 4.º da Lei n. 10.257, de 10-7-2001 (Estatuto da Cidade).

§ 2.º São defesos os atos que não trazem ao proprietário qualquer comodidade, ou utilidade, e sejam animados pela intenção de prejudicar outrem.

- *Vide* arts. 1.277 e 1.299 a 1.313 do CC.

§ 3.º O proprietário pode ser privado da coisa, nos casos de desapropriação, por necessidade ou utilidade pública ou interesse social, bem como no de requisição, em caso de perigo público iminente.

- *Vide* art. 519 do CC.
- *Vide* arts. 5.º, XXIV, 22, II, e 182, §§ 3.º e 4.º, da CF.
- *Vide* Decreto-lei n. 3.365, de 21-6-1941.
- *Vide* art. 8.º da Lei n. 10.257, de 10-7-2001 (Estatuto da Cidade).
- *Vide* art. 8.º, IX, do Decreto n. 9.310, de 15-3-2018.

§ 4.º O proprietário também pode ser privado da coisa se o imóvel reivindicado consistir em extensa área, na posse ininterrupta e de boa-fé, por mais de cinco anos, de considerável número de pessoas, e estas nela houverem realizado, em conjunto ou separadamente, obras e serviços considerados pelo juiz de interesse social e econômico relevante.

- •• *Vide* arts. 1.238, 2.029 e 2.031 do CC.
- *Vide* art. 8.º, III, do Decreto n. 9.310, de 15-3-2018.

§ 5.º No caso do parágrafo antecedente, o juiz fixará a justa indenização devida ao proprietário; pago o preço, valerá a sentença como título para o registro do imóvel em nome dos possuidores.

- *Vide* art. 8.º, III, do Decreto n. 9.310, de 15-3-2018.

Art. 1.229. A propriedade do solo abrange a do espaço aéreo e subsolo correspondentes, em altura e profundidade úteis ao seu exercício, não podendo o proprietário opor-se a atividades que sejam realizadas, por terceiros, a uma altura ou profundidade tais, que não tenha ele interesse legítimo em impedi-las.

- *Vide* arts. 21, XXV, 22, XII, 176 e 177 da CF.
- *Vide* notas ao art. 79 do CC.

Art. 1.230. A propriedade do solo não abrange as jazidas, minas e demais recursos minerais, os potenciais de energia hidráulica, os monumentos arqueológicos e outros bens referidos por leis especiais.

- *Vide* notas ao artigo anterior.

Parágrafo único. O proprietário do solo tem o direito de explorar os recursos minerais de emprego imediato na construção civil, desde que não submetidos a transformação industrial, obedecido o disposto em lei especial.

Art. 1.231. A propriedade presume-se plena e exclusiva, até prova em contrário.

- *Vide* Súmula 496 do STJ.

Art. 1.232. Os frutos e mais produtos da coisa pertencem, ainda quando separados, ao seu proprietário, salvo se, por preceito jurídico especial, couberem a outrem.

- *Vide* arts. 95, 1.214 a 1.216 e 1.255 a 1.257 do CC.

Seção II
Da Descoberta

Art. 1.233. Quem quer que ache coisa alheia perdida há de restituí-la ao dono ou legítimo possuidor.

Parágrafo único. Não o conhecendo, o descobridor fará por encontrá-lo, e, se não o encontrar, entregará a coisa achada à autoridade competente.

Art. 1.234. Aquele que restituir a coisa achada, nos termos do artigo antecedente, terá direito a uma recompensa não inferior a cinco por cento do seu valor, e à indenização pelas despesas que houver feito com a conservação e transporte da coisa, se o dono não preferir abandoná-la.

Parágrafo único. Na determinação do montante da recompensa, considerar-se-á o esforço desenvolvido pelo descobridor para encontrar o dono, ou o legítimo possuidor, as possibilidades que teria este de encontrar a coisa e a situação econômica de ambos.

Art. 1.235. O descobridor responde pelos prejuízos causados ao proprietário ou possuidor legítimo, quando tiver procedido com dolo.

Art. 1.236. A autoridade competente dará conhecimento da descoberta através da imprensa e outros meios de informação, somente expedindo editais se o seu valor os comportar.

Art. 1.237. Decorridos sessenta dias da divulgação da notícia pela imprensa, ou do edital, não se apresentando quem comprove a propriedade sobre a coisa, será esta vendida em hasta pública e, deduzidas do preço as despesas, mais a recompensa do descobridor, pertencerá o remanescente ao Município em cuja circunscrição se deparou o objeto perdido.

- *Vide* art. 746 do CPC (das coisas vagas).

Parágrafo único. Sendo de diminuto valor, poderá o Município abandonar a coisa em favor de quem a achou.

Capítulo II
DA AQUISIÇÃO DA PROPRIEDADE IMÓVEL

- •• *Vide* Decreto-lei n. 58, de 10-12-1937, regulamentado pelo Decreto n. 3.079, de 15-9-1938 (loteamento e venda de terrenos), e Lei n. 6.766, de 19-12-1979, sobre parcelamento do solo urbano.
- A Lei n. 6.001, de 19-12-1973 (Estatuto do Índio), trata, nos arts. 17 a 38, sobre terras indígenas.
- O Decreto n. 1.775, de 8-1-1996, dispõe sobre o processo administrativo de demarcação das terras indígenas.
- Sistema de financiamento imobiliário, e alienação fiduciária de coisa imóvel – *vide* Lei n. 9.514, de 20-11-1997.

Seção I
Da Usucapião

- •• *Vide* art. 10 da Lei n. 14.010, de 10-6-2020.

Art. 1.238. Aquele que, por quinze anos, sem interrupção, nem oposição, possuir como seu um imóvel, adquire-lhe a propriedade, independentemente de título e boa-fé; podendo requerer ao juiz que assim o declare por sentença, a qual servirá de título para o registro no Cartório de Registro de Imóveis.

• *Vide* arts. 183 e §§ 1.º a 3.º e 191 e parágrafo único da CF, sobre usucapião urbano, social urbano ou constitucional urbano.
• *Vide* art. 1.379 do CC.
• *Vide* Lei n. 6.015, de 31-12-1973, arts. 167, I, n. 28 (sentença declaratória de usucapião) e 226 (requisitos de matrícula).
• *Vide* Lei n. 6.969, de 10-12-1981, sobre usucapião.
• *Vide* arts. 9.º a 14 da Lei n. 10.257, de 10-7-2001 (Estatuto da Cidade).
• *Vide* art. 8.º, II, do Decreto n. 9.310, de 15-3-2018.
• *Vide* Súmulas 237, 263, 340, 391 e 445 do STF.
• *Vide* Súmulas 11 e 119 do STJ.

Parágrafo único. O prazo estabelecido neste artigo reduzir-se-á a dez anos se o possuidor houver estabelecido no imóvel a sua moradia habitual, ou nele realizado obras ou serviços de caráter produtivo.
•• *Vide* art. 2.029 do CC.

Art. 1.239. Aquele que, não sendo proprietário de imóvel rural ou urbano, possua como sua, por cinco anos ininterruptos, sem oposição, área de terra em zona rural não superior a cinquenta hectares, tornando-a produtiva por seu trabalho ou de sua família, tendo nela sua moradia, adquirir-lhe-á a propriedade.
• *Vide* art. 8.º, II, do Decreto n. 9.310, de 15-3-2018.

Art. 1.240. Aquele que possuir, como sua, área urbana de até duzentos e cinquenta metros quadrados, por cinco anos ininterruptamente e sem oposição, utilizando-a para sua moradia ou de sua família, adquirir-lhe-á o domínio, desde que não seja proprietário de outro imóvel urbano ou rural.
• *Vide* art. 8.º, II, do Decreto n. 9.310, de 15-3-2018.

§ 1.º O título de domínio e a concessão de uso serão conferidos ao homem ou à mulher, ou a ambos, independentemente do estado civil.

§ 2.º O direito previsto no parágrafo antecedente não será reconhecido ao mesmo possuidor mais de uma vez.
• *Vide* art. 183 da CF.
• *Vide* arts. 9.º a 14 da Lei n. 10.257, de 10-7-2001 (Estatuto da Cidade).

Art. 1.240-A. Aquele que exercer, por 2 (dois) anos ininterruptamente e sem oposição, posse direta, com exclusividade, sobre imóvel urbano de até 250 m² (duzentos e cinquenta metros quadrados) cuja propriedade divida com ex-cônjuge ou ex-companheiro que abandonou o lar, utilizando-o para sua moradia ou de sua família, adquirir-lhe-á o domínio integral, desde que não seja proprietário de outro imóvel urbano ou rural.
•• *Caput* acrescentado pela Lei n. 12.424, de 16-6-2011.
• *Vide* art. 8.º, II, do Decreto n. 9.310, de 15-3-2018.

§ 1.º O direito previsto no *caput* não será reconhecido ao mesmo possuidor mais de uma vez.
•• § 1.º acrescentado pela Lei n. 12.424, de 16-6-2011.

§ 2.º (*Vetado*.)
•• § 2.º acrescentado pela Lei n. 12.424, de 16-6-2011.

Art. 1.241. Poderá o possuidor requerer ao juiz seja declarada adquirida, mediante usucapião, a propriedade imóvel.
• *Vide* art. 8.º, II, do Decreto n. 9.310, de 15-3-2018.

Parágrafo único. A declaração obtida na forma deste artigo constituirá título hábil para o registro no Cartório de Registro de Imóveis.
• *Vide* art. 19 do CPC.
• *Vide* arts. 167, I, n. 28, e 226 da Lei n. 6.015, de 31-12-1973 (LRP).

Art. 1.242. Adquire também a propriedade do imóvel aquele que, contínua e incontestadamente, com justo título e boa-fé, o possuir por dez anos.
• Sobre o Estatuto da Terra, *vide* art. 191, parágrafo único, da CF e Súmula 11 do STJ.
• *Vide* art. 1.379 do CC.
• *Vide* art. 8.º, II, do Decreto n. 9.310, de 15-3-2018.
• *Vide* Súmula 340 do STF.

Parágrafo único. Será de cinco anos o prazo previsto neste artigo se o imóvel houver sido adquirido, onerosamente, com base no registro constante do respectivo cartório, cancelada posteriormente, desde que os possuidores nele tiverem estabelecido a sua moradia, ou realizado investimentos de interesse social e econômico.
•• *Vide* art. 2.029 do CC.

Art. 1.243. O possuidor pode, para o fim de contar o tempo exigido pelos artigos antecedentes, acrescentar à sua posse a dos seus antecessores (art. 1.207), contanto que todas sejam contínuas, pacíficas e, nos casos do art. 1.242, com justo título e de boa-fé.
•• *Vide* art. 1.262 do CC.
• *Vide* art. 8.º, II, do Decreto n. 9.310, de 15-3-2018.

Art. 1.244. Estende-se ao possuidor o disposto quanto ao devedor acerca das causas que obstam, suspendem ou interrompem a prescrição, as quais também se aplicam à usucapião.
• *Vide* arts. 197 a 206 do CC, sobre prescrição.
• *Vide* art. 8.º, II, do Decreto n. 9.310, de 15-3-2018.

Seção II
Da Aquisição pelo Registro do Título

• *Vide* arts. 167 a 288 da Lei n. 6.015, de 31-12-1973, sobre registro de imóveis.

Art. 1.245. Transfere-se entre vivos a propriedade mediante o registro do título translativo no Registro de Imóveis.
• *Vide* arts. 1.227, 1.246, 1.247 e 1.275, parágrafo único, do CC.

§ 1.º Enquanto não se registrar o título translativo, o alienante continua a ser havido como dono do imóvel.
• A Súmula 52, de 3-9-2010, da AGU, dispõe: "É cabível a utilização de embargos de terceiros fundados na posse decorrente do compromisso de compra e venda, mesmo que desprovido de registro".

§ 2.º Enquanto não se promover, por meio de ação própria, a decretação de invalidade do registro, e o respectivo cancelamento, o adquirente continua a ser havido como dono do imóvel.

Art. 1.246. O registro é eficaz desde o momento em que se apresentar o título ao oficial do registro, e este o prenotar no protocolo.
• *Vide* arts. 182, 186 e 205 da Lei n. 6.015, de 31-12-1973 (LRP).

Art. 1.247. Se o teor do registro não exprimir a verdade, poderá o interessado reclamar que se retifique ou anule.

Parágrafo único. Cancelado o registro, poderá o proprietário reivindicar o imóvel, independentemente da boa-fé ou do título do terceiro adquirente.
• *Vide* arts. 212, 213 e 216 da Lei n. 6.015, de 31-12-1973 (LRP).

Seção III
Da Aquisição por Acessão

Art. 1.248. A acessão pode dar-se:
I – por formação de ilhas;
• *Vide* art. 1.249 do CC.
II – por aluvião;
• *Vide* art. 1.250 do CC.
III – por avulsão;
• *Vide* art. 1.251 do CC.
IV – por abandono de álveo;
• *Vide* art. 1.252 do CC.
V – por plantações ou construções.
• *Vide* art. 1.253 do CC.

Subseção I
Das ilhas

Art. 1.249. As ilhas que se formarem em correntes comuns ou particulares pertencem aos proprietários ribeirinhos fronteiros, observadas as regras seguintes:
I – as que se formarem no meio do rio consideram-se acréscimos sobrevindos aos terrenos ribeirinhos fronteiros de ambas as margens, na proporção de suas testadas, até a linha que dividir o álveo em duas partes iguais;
II – as que se formarem entre a referida linha e uma das margens consideram-se acréscimos aos terrenos ribeirinhos fronteiros desse mesmo lado;
III – as que se formarem pelo desdobramento de um novo braço do rio continuam a pertencer aos proprietários dos terrenos à custa dos quais se constituíram.
• *Vide* arts. 20, IV, 26, II e III, da CF.

Subseção II
Da aluvião

Art. 1.250. Os acréscimos formados, sucessiva e imperceptivelmente, por depósitos e aterros naturais ao longo das margens das correntes, ou pelo desvio das águas destas, pertencem aos donos dos terrenos marginais, sem indenização.

Parágrafo único. O terreno aluvial, que se formar em frente de prédios de proprietários diferentes, dividir-se-á entre eles, na proporção da testada de cada um sobre a antiga margem.

Subseção III
Da avulsão

Art. 1.251. Quando, por força natural violenta, uma porção de terra se destacar de um prédio e se juntar a outro, o dono deste adquirirá a propriedade do acréscimo, se indenizar o dono do primeiro ou, sem indenização, se, em um ano, ninguém houver reclamado.

Parágrafo único. Recusando-se ao pagamento de indenização, o dono do prédio a que se juntou a porção de terra deverá aquiescer a que se remova a parte acrescida.

Subseção IV
Do álveo abandonado

Art. 1.252. O álveo abandonado de corrente pertence aos proprietários ribeirinhos das duas margens, sem que tenham indenização os donos dos terrenos por onde as águas abrirem novo curso, entendendo-se que os prédios marginais se estendem até o meio do álveo.

Subseção V
Das construções e plantações

Art. 1.253. Toda construção ou plantação existente em um terreno presume-se feita pelo proprietário e à sua custa, até que se prove o contrário.

Art. 1.254. Aquele que semeia, planta ou edifica em terreno próprio com sementes, plantas ou materiais alheios, adquire a propriedade destes; mas fica obrigado a pagar-lhes o valor, além de responder por perdas e danos, se agiu de má-fé.

- *Vide* arts. 1.214 a 1.222 do CC.

Art. 1.255. Aquele que semeia, planta ou edifica em terreno alheio perde, em proveito do proprietário, as sementes, plantas e construções; se procedeu de boa-fé, terá direito a indenização.

Parágrafo único. Se a construção ou a plantação exceder consideravelmente o valor do terreno, aquele que, de boa-fé, plantou ou edificou, adquirirá a propriedade do solo, mediante pagamento da indenização fixada judicialmente, se não houver acordo.

Art. 1.256. Se de ambas as partes houve má-fé, adquirirá o proprietário as sementes, plantas e construções, devendo ressarcir o valor das acessões.

Parágrafo único. Presume-se má-fé no proprietário, quando o trabalho de construção, ou lavoura, se fez em sua presença e sem impugnação sua.

Art. 1.257. O disposto no artigo antecedente aplica-se ao caso de não pertencerem as sementes, plantas ou materiais a quem de boa-fé os empregou em solo alheio.

Parágrafo único. O proprietário das sementes, plantas ou materiais poderá cobrar do proprietário do solo a indenização devida, quando não puder havê-la do plantador ou construtor.

Art. 1.258. Se a construção, feita parcialmente em solo próprio, invade solo alheio em proporção não superior à vigésima parte deste, adquire o construtor de boa-fé a propriedade da parte do solo invadido, se o valor da construção exceder o dessa parte, e responde por indenização que represente, também, o valor da área perdida e a desvalorização da área remanescente.

Parágrafo único. Pagando em décuplo as perdas e danos previstos neste artigo, o construtor de má-fé adquire a propriedade da parte do solo que invadiu, se em proporção à vigésima parte deste e o valor da construção exceder consideravelmente o dessa parte e não se puder demolir a porção invasora sem grave prejuízo para a construção.

- *Vide* arts. 402 a 405 do CC.

Art. 1.259. Se o construtor estiver de boa-fé, e a invasão do solo alheio exceder a vigésima parte deste, adquire a propriedade da parte do solo invadido, e responde por perdas e danos que abranjam o valor que a invasão acrescer à construção, mais o da área perdida e o da desvalorização da área remanescente; se de má-fé, é obrigado a demolir o que nele construiu, pagando as perdas e danos apurados, que serão devidos em dobro.

- *Vide* arts. 402 a 405 do CC.

Capítulo III
DA AQUISIÇÃO DA PROPRIEDADE MÓVEL

Seção I
Da Usucapião

- •• *Vide* art. 10 da Lei n. 14.010, de 10-6-2020.
- *Vide* arts. 1.243 e 1.244 do CC.
- *Vide* Súmulas 237 e 263 do STF.

Art. 1.260. Aquele que possuir coisa móvel como sua, contínua e incontestadamente durante três anos, com justo título e boa-fé, adquirir-lhe-á a propriedade.

- *Vide* art. 1.208 do CC.
- *Vide* Súmula 340 do STF.

Art. 1.261. Se a posse da coisa móvel se prolongar por cinco anos, produzirá usucapião, independentemente de título ou boa-fé.

Art. 1.262. Aplica-se à usucapião das coisas móveis o disposto nos arts. 1.243 e 1.244.

- A Lei n. 370, de 4-1-1937, dispõe sobre o dinheiro e objetos de valor depositados nos estabelecimentos bancários e comerciais, considerando-os abandonados, quando a conta tiver ficado sem movimento e os objetos não houverem sido reclamados durante 30 (trinta) anos, contados do depósito. A Lei n. 2.313, de 3-9-1954, regulamentada pelo Decreto n. 40.395, de 21-11-1956, dispõe sobre o prazo dos depósitos, reduzindo o que era previsto pela Lei n. 370.

Seção II
Da Ocupação

Art. 1.263. Quem se assenhorear de coisa sem dono para logo lhe adquire a propriedade, não sendo essa ocupação defesa por lei.

- *Vide* arts. 1.233 a 1.237 (descoberta) do CC.

Seção III
Do Achado do Tesouro

- A Lei n. 3.924, de 26-7-1961, dispõe sobre as descobertas fortuitas (arts. 17 a 19).

Art. 1.264. O depósito antigo de coisas preciosas, oculto e de cujo dono não haja memória, será dividido por igual entre o proprietário do prédio e o que achar o tesouro casualmente.

- *Vide* art. 1.392, § 3.º, do CC.

Art. 1.265. O tesouro pertencerá por inteiro ao proprietário do prédio, se for achado por ele, ou em pesquisa que ordenou, ou por terceiro não autorizado.

Art. 1.266. Achando-se em terreno aforado, o tesouro será dividido por igual entre o descobridor e o enfiteuta, ou será deste por inteiro quando ele mesmo seja o descobridor.

- •• *Vide* art. 2.038 do CC.

Seção IV
Da Tradição

- Dispositivos sobre tradição no CC: arts. 234, 237, *caput*, 238, 291, 328, 444, 490, 492, *caput*, 495, 541, parágrafo único, 579, 587, 809, 1.226 e 1.431, *caput*.

Art. 1.267. A propriedade das coisas não se transfere pelos negócios jurídicos antes da tradição.

Parágrafo único. Subentende-se a tradição quando o transmitente continua a possuir pelo constituto possessório; quando cede ao adquirente o direito à restituição da coisa, que se encontra em poder de terceiro; ou quando o adquirente já está na posse da coisa, por ocasião do negócio jurídico.

Art. 1.268. Feita por quem não seja proprietário, a tradição não aliena a propriedade, exceto se a coisa, oferecida ao público, em leilão ou estabelecimento comercial, for transferida em circunstâncias tais que, ao adquirente de boa-fé, como a qualquer pessoa, o alienante se afigurar dono.

§ 1.º Se o adquirente estiver de boa-fé e o alienante adquirir depois a propriedade, considera-se realizada a transferência desde o momento em que ocorreu a tradição.

- *Vide* art. 1.420, § 1.º, do CC.

§ 2.º Não transfere a propriedade a tradição, quando tiver por título um negócio jurídico nulo.

- *Vide* arts. 166 e 167 do CC.

Seção V
Da Especificação

Art. 1.269. Aquele que, trabalhando em matéria-prima em parte alheia, obtiver espécie nova, desta será proprietário, se não se puder restituir à forma anterior.

- *Vide* art. 1.274 do CC.

Art. 1.270. Se toda a matéria for alheia, e não se puder reduzir à forma precedente, será do especificador de boa-fé a espécie nova.

§ 1.º Sendo praticável a redução, ou quando impraticável, se a espécie nova se obteve de má-fé, pertencerá ao dono da matéria-prima.

§ 2.º Em qualquer caso, inclusive o da pintura em relação à tela, da escultura, escritura e outro qualquer trabalho gráfico em relação à matéria-prima, a espécie nova será do especificador, se o seu valor exceder consideravelmente o da matéria-prima.

Art. 1.271. Aos prejudicados, nas hipóteses dos arts. 1.269 e 1.270, se ressarcirá o dano que sofrerem, menos ao especificador de má-fé, no caso do § 1.º do artigo antecedente, quando irredutível a especificação.

Seção VI
Da Confusão, da Comissão e da Adjunção

•• Mantivemos "comissão" conforme publicação oficial. Entendemos que o correto seria "comistão".

Art. 1.272. As coisas pertencentes a diversos donos, confundidas, misturadas ou adjuntadas sem o consentimento deles, continuam a pertencer-lhes, sendo possível separá-las sem deterioração.

§ 1.º Não sendo possível a separação das coisas, ou exigindo dispêndio excessivo, subsiste indiviso o todo, cabendo a cada um dos donos quinhão proporcional ao valor da coisa com que entrou para a mistura ou agregado.

§ 2.º Se uma das coisas puder considerar-se principal, o dono sê-lo-á do todo, indenizando os outros.

• *Vide* art. 92 (principal) do CC.

Art. 1.273. Se a confusão, comissão ou adjunção se operou de má-fé, à outra parte caberá escolher entre adquirir a propriedade do todo, pagando o que não for seu, abatida a indenização que lhe for devida, ou renunciar ao que lhe pertencer, caso em que será indenizado.

•• Mantivemos "comissão" conforme publicação oficial. Entendemos que o correto seria "comistão".

Art. 1.274. Se da união de matérias de natureza diversa se formar espécie nova, à confusão, comissão ou adjunção aplicam-se as normas dos arts. 1.272 e 1.273.

•• Mantivemos "comissão" conforme publicação oficial. Entendemos que o correto seria "comistão".

• *Vide* art. 1.269 do CC.

Capítulo IV
DA PERDA DA PROPRIEDADE

Art. 1.275. Além das causas consideradas neste Código, perde-se a propriedade:

I – por alienação;

II – pela renúncia;

III – por abandono;

IV – por perecimento da coisa;

V – por desapropriação.

• *Vide* arts. 5.º, XXIV, 22, II, e 182, §§ 3.º e 4.º, da CF.

• *Vide* art. 519 (retrocessão) do CC.

• *Vide* Decreto-lei n. 3.365, de 21-6-1941.

• *Vide* art. 8.º da Lei n. 10.257, de 10-7-2001 (Estatuto da Cidade).

Parágrafo único. Nos casos dos incisos I e II, os efeitos da perda da propriedade imóvel serão subordinados ao registro do título transmissivo ou do ato renunciativo no Registro de Imóveis.

Art. 1.276. O imóvel urbano que o proprietário abandonar, com a intenção de não mais o conservar em seu patrimônio, e que se não encontrar na posse de outrem, poderá ser arrecadado, como bem vago, e passar, três anos depois, à propriedade do Município ou à do Distrito Federal, se se achar nas respectivas circunscrições.

§ 1.º O imóvel situado na zona rural, abandonado nas mesmas circunstâncias, poderá ser arrecadado, como bem vago, e passar, três anos depois, à propriedade da União, onde quer que ele se localize.

• *Vide* arts. 26, 98, 1.819, 1.823 e 1.844 do CC.

§ 2.º Presumir-se-á de modo absoluto a intenção a que se refere este artigo, quando, cessados os atos de posse, deixar o proprietário de satisfazer os ônus fiscais.

Capítulo V
DOS DIREITOS DE VIZINHANÇA

• O art. 18 do Decreto-lei n. 25, de 30-11-1937, trata da construção na vizinhança de coisa tombada.

Seção I
Do Uso Anormal da Propriedade

Art. 1.277. O proprietário ou o possuidor de um prédio tem o direito de fazer cessar as interferências prejudiciais à segurança, ao sossego e à saúde dos que o habitam, provocadas pela utilização de propriedade vizinha.

Parágrafo único. Proíbem-se as interferências considerando-se a natureza da utilização, a localização do prédio, atendidas as normas que distribuem as edificações em zonas, e os limites ordinários de tolerância dos moradores da vizinhança.

• *Vide* art. 1.228, § 2.º, do CC.

• *Vide* art. 47, § 1.º, do CPC.

• Sobre limitações em prédios de apartamentos, *vide* art. 19 da Lei n. 4.591, de 16-12-1964.

Art. 1.278. O direito a que se refere o artigo antecedente não prevalece quando as interferências forem justificadas por interesse público, caso em que o proprietário ou o possuidor, causador delas, pagará ao vizinho indenização cabal.

Art. 1.279. Ainda que por decisão judicial devam ser toleradas as interferências, poderá o vizinho exigir a sua redução, ou eliminação, quando estas se tornarem possíveis.

Art. 1.280. O proprietário ou o possuidor tem direito a exigir do dono do prédio vizinho a demolição, ou a reparação deste, quando ameace ruína, bem como que lhe preste caução pelo dano iminente.

• *Vide* art. 937 do CC.

Art. 1.281. O proprietário ou o possuidor de um prédio, em que alguém tenha direito de fazer obras, pode, no caso de dano iminente, exigir do autor delas as necessárias garantias contra o prejuízo eventual.

• *Vide* arts. 1.311 e 1.313 do CC.

• *Vide* arts. 9.º, IV, e 26 da Lei n. 8.245, de 18-10-1991 (Lei de Locação de Imóveis).

Seção II
Das Árvores Limítrofes

Art. 1.282. A árvore, cujo tronco estiver na linha divisória, presume-se pertencer em comum aos donos dos prédios confinantes.

• *Vide* art. 1.327 do CC.

Art. 1.283. As raízes e os ramos de árvore, que ultrapassarem a estrema do prédio, poderão ser cortados, até o plano vertical divisório, pelo proprietário do terreno invadido.

Art. 1.284. Os frutos caídos de árvore do terreno vizinho pertencem ao dono do solo onde caíram, se este for de propriedade particular.

Seção III
Da Passagem Forçada

Art. 1.285. O dono do prédio que não tiver acesso a via pública, nascente ou porto, pode, mediante pagamento de indenização cabal, constranger o vizinho a lhe dar passagem, cujo rumo será judicialmente fixado, se necessário.

• *Vide* art. 1.388, II, do CC.

§ 1.º Sofrerá o constrangimento o vizinho cujo imóvel mais natural e facilmente se prestar à passagem.

§ 2.º Se ocorrer alienação parcial do prédio, de modo que uma das partes perca o acesso a via pública, nascente ou porto, o proprietário da outra deve tolerar a passagem.

§ 3.º Aplica-se o disposto no parágrafo antecedente ainda quando, antes da alienação, existia passagem através de imóvel vizinho, não estando o proprietário deste constrangido, depois, a dar uma outra.

Seção IV
Da Passagem de Cabos e Tubulações

• A Lei n. 8.977, de 6-1-1995, regulamentada pelo Decreto n. 2.206, de 14-4-1997, dispõe sobre o serviço de TV a cabo.

Art. 1.286. Mediante recebimento de indenização que atenda, também, à desvalorização da área remanescente, o proprietário é obrigado a tolerar a passagem, através de seu imóvel, de cabos, tubulações e outros condutos subterrâneos de serviços de utilidade pública, em proveito de proprietários vizinhos, quando de outro modo for impossível ou excessivamente onerosa.

Parágrafo único. O proprietário prejudicado pode exigir que a instalação seja feita de modo menos gravoso ao prédio onerado, bem como, depois, seja removida, à sua custa, para outro local do imóvel.

Art. 1.287. Se as instalações oferecerem grave risco, será facultado ao proprietário do prédio onerado exigir a realização de obras de segurança.

Seção V
Das Águas

• *Vide* art. 22, IV, da CF.

• Sobre o crime de usurpação de água, dispõe o art. 161, § 1.º, I, do CP.

- O Decreto-lei n. 3.094, de 5-3-1941, dispõe sobre as fontes de águas minerais, terrais e gasosas.
- A Lei n. 9.605, de 12-2-1998, que dispõe sobre os crimes ambientais, trata, em seus arts. 29 a 69, sobre os crimes contra a fauna, a flora, a poluição e sobre outros crimes contra o meio ambiente.

Art. 1.288. O dono ou o possuidor do prédio inferior é obrigado a receber as águas que correm naturalmente do superior, não podendo realizar obras que embaracem o seu fluxo; porém a condição natural e anterior do prédio inferior não pode ser agravada por obras feitas pelo dono ou possuidor do prédio superior.

Art. 1.289. Quando as águas, artificialmente levadas ao prédio superior, ou aí colhidas, correrem dele para o inferior, poderá o dono deste reclamar que se desviem, ou se lhe indenize o prejuízo que sofrer.

Parágrafo único. Da indenização será deduzido o valor do benefício obtido.

Art. 1.290. O proprietário de nascente, ou do solo onde caem águas pluviais, satisfeitas as necessidades de seu consumo, não pode impedir, ou desviar o curso natural das águas remanescentes pelos prédios inferiores.

Art. 1.291. O possuidor do imóvel superior não poderá poluir as águas indispensáveis às primeiras necessidades da vida dos possuidores dos imóveis inferiores; as demais, que poluir, deverá recuperar, ressarcindo os danos que estes sofrerem, se não for possível a recuperação ou o desvio do curso artificial das águas.

Art. 1.292. O proprietário tem direito de construir barragens, açudes, ou outras obras para represamento de água em seu prédio; se as águas represadas invadirem prédio alheio, será o seu proprietário indenizado pelo dano sofrido, deduzido o valor do benefício obtido.

Art. 1.293. É permitido a quem quer que seja, mediante prévia indenização aos proprietários prejudicados, construir canais, através de prédios alheios, para receber as águas a que tenha direito, indispensáveis às primeiras necessidades da vida, e, desde que não cause prejuízo considerável à agricultura e à indústria, bem como para o escoamento de águas supérfluas ou acumuladas, ou a drenagem de terrenos.

§ 1.º Ao proprietário prejudicado, em tal caso, também assiste direito a ressarcimento pelos danos que de futuro lhe advenham da infiltração ou irrupção das águas, bem como da deterioração das obras destinadas a canalizá-las.

§ 2.º O proprietário prejudicado poderá exigir que seja subterrânea a canalização que atravessa áreas edificadas, pátios, hortas, jardins ou quintais.

§ 3.º O aqueduto será construído de maneira que cause o menor prejuízo aos proprietários dos imóveis vizinhos, e a expensas do seu dono, a quem incumbem também as despesas de conservação.

Art. 1.294. Aplica-se ao direito de aqueduto o disposto nos arts. 1.286 e 1.287.

Art. 1.295. O aqueduto não impedirá que os proprietários cerquem os imóveis e construam sobre ele, sem prejuízo para a sua segurança e conservação; os proprietários dos imóveis poderão usar das águas do aqueduto para as primeiras necessidades da vida.

Art. 1.296. Havendo no aqueduto águas supérfluas, outros poderão canalizá-las, para os fins previstos no art. 1.293, mediante pagamento de indenização aos proprietários prejudicados e ao dono do aqueduto, de importância equivalente às despesas que então seriam necessárias para a condução das águas até o ponto de derivação.

Parágrafo único. Têm preferência os proprietários dos imóveis atravessados pelo aqueduto.

Seção VI
Dos Limites entre Prédios e do Direito de Tapagem

Art. 1.297. O proprietário tem direito a cercar, murar, valar ou tapar de qualquer modo o seu prédio, urbano ou rural, e pode constranger o seu confinante a proceder com ele à demarcação entre os dois prédios, a aviventar rumos apagados e a renovar marcos destruídos ou arruinados, repartindo-se proporcionalmente entre os interessados as respectivas despesas.

- *Vide* arts. 1.327 e s. do CC.
- *Vide* arts. 569 e s. do CPC.
- *Vide* art. 167, I, n. 23, da Lei n. 6.015, de 31-12-1973 (LRP).

§ 1.º Os intervalos, muros, cercas e os tapumes divisórios, tais como sebes vivas, cercas de arame ou de madeira, valas ou banquetas, presumem-se, até prova em contrário, pertencer a ambos os proprietários confinantes, sendo estes obrigados, de conformidade com os costumes da localidade, a concorrer, em partes iguais, para as despesas de sua construção e conservação.

- *Vide* arts. 1.328 e 1.330 do CC.

§ 2.º As sebes vivas, as árvores, ou plantas quaisquer, que servem de marco divisório, só podem ser cortadas, ou arrancadas, de comum acordo entre proprietários.

§ 3.º A construção de tapumes especiais para impedir a passagem de animais de pequeno porte, ou para outro fim, pode ser exigida de quem provocou a necessidade deles, pelo proprietário, que não está obrigado a concorrer para as despesas.

Art. 1.298. Sendo confusos, os limites, em falta de outro meio, se determinarão de conformidade com a posse justa; e, não se achando ela provada, o terreno contestado se dividirá por partes iguais entre os prédios, ou, não sendo possível a divisão cômoda, se adjudicará a um deles, mediante indenização ao outro.

Seção VII
Do Direito de Construir

- Estatuto da Cidade: *vide* Lei n. 10.257, de 10-7-2001.

Art. 1.299. O proprietário pode levantar em seu terreno as construções que lhe aprouver, salvo o direito dos vizinhos e os regulamentos administrativos.

- *Vide* arts. 1.277 a 1.298 do CC.
- A Lei n. 7.565, de 19-12-1986 (CBA), dispõe sobre a zona de proteção de aeródromos.

Art. 1.300. O proprietário construirá de maneira que o seu prédio não despeje águas, diretamente, sobre o prédio vizinho.

- *Vide* arts. 1.288 a 1.296 do CC.

Art. 1.301. É defeso abrir janelas, ou fazer eirado, terraço ou varanda, a menos de metro e meio do terreno vizinho.

- *Vide* Súmulas 120 e 414 do STF.

§ 1.º As janelas cuja visão não incida sobre a linha divisória, bem como as perpendiculares, não poderão ser abertas a menos de setenta e cinco centímetros.

§ 2.º As disposições deste artigo não abrangem as aberturas para luz ou ventilação, não maiores de dez centímetros de largura sobre vinte de comprimento e construídas a mais de dois metros de altura de cada piso.

Art. 1.302. O proprietário pode, no lapso de ano e dia após a conclusão da obra, exigir que se desfaça janela, sacada, terraço ou goteira sobre o seu prédio; escoado o prazo, não poderá, por sua vez, edificar sem atender ao disposto no artigo antecedente, nem impedir, ou dificultar, o escoamento das águas da goteira, com prejuízo para o prédio vizinho.

Parágrafo único. Em se tratando de vãos, ou aberturas para luz, seja qual for a quantidade, altura e disposição, o vizinho poderá, a todo tempo, levantar a sua edificação, ou contramuro, ainda que lhes vede a claridade.

Art. 1.303. Na zona rural, não será permitido levantar edificações a menos de três metros do terreno vizinho.

Art. 1.304. Nas cidades, vilas e povoados cuja edificação estiver adstrita a alinhamento, o dono de um terreno pode nele edificar, madeirando na parede divisória do prédio contíguo, se ela suportar a nova construção; mas terá de embolsar ao vizinho metade do valor da parede e do chão correspondentes.

Art. 1.305. O confinante, que primeiro construir, pode assentar a parede divisória até meia espessura no terreno contíguo, sem perder por isso o direito a haver meio valor dela se o vizinho a travejar, caso em que o primeiro fixará a largura e a profundidade do alicerce.

- *Vide* art. 1.312 do CC.

Parágrafo único. Se a parede divisória pertencer a um dos vizinhos, e não tiver capacidade para ser travejada pelo outro, não poderá este fazer-lhe alicerce ao pé sem prestar caução àquele, pelo risco a que expõe a construção anterior.

Art. 1.306. O condômino da parede-meia pode utilizá-la até ao meio da espessura, não pondo em risco a segurança ou a separação dos dois prédios, e avisando previamente o outro condômino das obras que ali tenciona fazer; não pode sem consentimento do outro, fazer, na parede-meia, armários, ou obras semelhantes, correspondendo a outras, da mesma natureza, já feitas do lado oposto.

Art. 1.307. Qualquer dos confinantes pode altear a parede divisória, se necessário reconstruindo-a, para suportar o alteamento; arcará com todas as despesas, inclusive de conservação, ou com metade, se o vizinho adquirir meação também na parte aumentada.

Art. 1.308. Não é lícito encostar à parede divisória chaminés, fogões, fornos ou quaisquer aparelhos ou depósitos suscetíveis de produzir infiltrações ou interferências prejudiciais ao vizinho.

Parágrafo único. A disposição anterior não abrange as chaminés ordinárias e os fogões de cozinha.

Art. 1.309. São proibidas construções capazes de poluir, ou inutilizar, para uso ordinário, a água do poço, ou nascente alheia, a elas preexistentes.

Art. 1.310. Não é permitido fazer escavações ou quaisquer obras que tirem ao poço ou à nascente de outrem a água indispensável às suas necessidades normais.

- *Vide* arts. 1.288 a 1.296 do CC.

Art. 1.311. Não é permitida a execução de qualquer obra ou serviço suscetível de provocar desmoronamento ou deslocação de terra, ou que comprometa a segurança do prédio vizinho, senão após haverem sido feitas as obras acautelatórias.

- *Vide* arts. 1.280 a 1.281 do CC.

Parágrafo único. O proprietário do prédio vizinho tem direito a ressarcimento pelos prejuízos que sofrer, não obstante haverem sido realizadas as obras acautelatórias.

Art. 1.312. Todo aquele que violar as proibições estabelecidas nesta Seção é obrigado a demolir as construções feitas, respondendo por perdas e danos.

- *Vide* arts. 1.280 a 1.281 do CC.

Art. 1.313. O proprietário ou ocupante do imóvel é obrigado a tolerar que o vizinho entre no prédio, mediante prévio aviso, para:

I – dele temporariamente usar, quando indispensável à reparação, construção, reconstrução ou limpeza de sua casa ou do muro divisório;

II – apoderar-se de coisas suas, inclusive animais que aí se encontrem casualmente.

§ 1.º O disposto neste artigo aplica-se aos casos de limpeza ou reparação de esgotos, goteiras, aparelhos higiênicos, poços e nascentes e ao aparo de cerca viva.

§ 2.º Na hipótese do inciso II, uma vez entregues as coisas buscadas pelo vizinho, poderá ser impedida a sua entrada no imóvel.

§ 3.º Se do exercício do direito assegurado neste artigo provier dano, terá o prejudicado direito a ressarcimento.

Capítulo VI
DO CONDOMÍNIO GERAL

- Sobre condomínio: Decreto n. 24.643, de 10-7-1934, art. 148, parágrafo único (quedas-d'água); Decreto-lei n. 3.365, de 21-6-1941, art. 16 (desapropriação); Lei n. 3.924, de 26-7-1961, art. 9.º, parágrafo único (jazida em área de condomínio); Lei n. 4.504, de 30-11-1964, art. 3.º (entidades privadas, direito à propriedade da terra); Lei n. 4.591, de 16-12-1964 (condomínio em edificações e incorporações imobiliárias); Lei n. 4.593, de 29-12-1964, arts. 20 e 22 (desapropriação, extinção do condomínio); Decreto n. 55.891, de 31-3-1965, arts. 24, 51 e 54 (disposições do regulamento do Estatuto da Terra); Lei n. 4.728, de 14-7-1965, art. 62 (sociedades imobiliárias); Decreto n. 56.792, de 26-8-1965, arts. 19, I, *b*, 21, IV, 26, IV, e 28, §§ 1.º e 2.º (disposições do regulamento do Estatuto da Terra); Lei n. 4.864, de 29-11-1965, arts. 1.º, I, e 6.º (estímulo à indústria da construção civil); Decreto-lei n. 271, de 28-2-1967, art. 3.º, § 2.º (loteamento urbano); Decreto n. 72.106, de 18-4-1973, art. 39 (divisão de condomínio); Lei n. 6.015, de 31-12-1973, arts. 167, I (registro de imóveis), e 178, III (registro da convenção de condomínio); Decreto-lei n. 1.381, de 23-12-1974, art. 9.º, § 3.º, *a* (empresas imobiliárias); Lei n. 6.530, de 12-5-1978, art. 20, V (corretor de imóveis); Lei n. 6.855, de 18-11-1980, art. 29, III (empréstimo); Decreto-lei n. 2.251, de 26-2-1985, art. 13, parágrafo único (ocupação de imóvel da União); Decreto n. 93.902, de 9-1-1987, art. 5.º, parágrafo único, *b* (locação pela administração federal); Provimento n. 66, de 20-12-1988, do Conselho Federal da OAB, art. 3.º (elaboração de memoriais no âmbito da Lei de Condomínio); Decreto n. 99.266, de 28-5-1990, arts. 35, *caput*, e 36 (bens imóveis residenciais da União); Lei n. 8.245, de 18-10-1991, arts. 22, X e parágrafo único (despesas de condomínio), 23, X, XII, § 1.º (obrigações do locatário), 25, *caput* (cobrança de despesa ordinária), e 34 (exercício do direito de preferência); Decreto n. 980, de 11-11-1993, art. 13, III (imóvel de propriedade da União); Lei n. 8.981, de 20-1-1995, art. 49 (tributação, incorporação de prédio em condomínio); Lei n. 12.651, de 25-5-2012, art. 16; e Lei n. 13.105, de 16-3-2015 (CPC), arts. 75, XI (representação em juízo), e 784, VIII (taxas e despesas).

Seção I
Do Condomínio Voluntário

Subseção I
Dos direitos e deveres dos condôminos

Art. 1.314. Cada condômino pode usar da coisa conforme sua destinação, sobre ela exercer todos os direitos compatíveis com a indivisão, reivindicá-la de terceiro, defender a sua posse e alhear a respectiva parte ideal, ou gravá-la.

- *Vide* art. 1.199 do CC.

Parágrafo único. Nenhum dos condôminos pode alterar a destinação da coisa comum, nem dar posse, uso ou gozo dela a estranhos, sem o consenso dos outros.

- *Vide* arts. 1.331 a 1.358 (condomínio edilício) do CC.
- A Lei n. 4.591, de 16-12-1964, dispõe sobre o condomínio e as incorporações imobiliárias.
- No caso de falência de condômino, *vide* art. 123, § 2.º, da Lei n. 11.101, de 9-2-2005 (Lei de Falências).

Art. 1.315. O condômino é obrigado, na proporção de sua parte, a concorrer para as despesas de conservação ou divisão da coisa, e a suportar os ônus a que estiver sujeita.

- Pelo art. 3.º da Lei n. 2.757, de 23-4-1956, os condôminos responderão, proporcionalmente, pelas obrigações previstas nas leis trabalhistas, relativas aos empregados, porteiros, zeladores, faxineiros e serventes de prédios de apartamentos.

Parágrafo único. Presumem-se iguais as partes ideais dos condôminos.

- *Vide* arts. 1.320 e 1.322 do CC.

Art. 1.316. Pode o condômino eximir-se do pagamento das despesas e dívidas, renunciando à parte ideal.

§ 1.º Se os demais condôminos assumem as despesas e as dívidas, a renúncia lhes aproveita, adquirindo a parte ideal de quem renunciou, na proporção dos pagamentos que fizerem.

§ 2.º Se não há condômino que faça os pagamentos, a coisa comum será dividida.

Art. 1.317. Quando a dívida houver sido contraída por todos os condôminos, sem se discriminar a parte de cada um na obrigação, nem se estipular solidariedade, entende-se que cada qual se obrigou proporcionalmente ao seu quinhão na coisa comum.

- *Vide* arts. 275 a 285 (solidariedade passiva) do CC.

Art. 1.318. As dívidas contraídas por um dos condôminos em proveito da comunhão, e durante ela, obrigam o contratante; mas terá este ação regressiva contra os demais.

- *Vide* art. 125, II, do CPC.

Art. 1.319. Cada condômino responde aos outros pelos frutos que percebeu da coisa e pelo dano que lhe causou.

- *Vide* art. 1.326 do CC.

Art. 1.320. A todo tempo será lícito ao condômino exigir a divisão da coisa comum, respondendo o quinhão de cada um pela sua parte nas despesas da divisão.

- *Vide* art. 1.322 do CC.

§ 1.º Podem os condôminos acordar que fique indivisa a coisa comum por prazo não maior de cinco anos, suscetível de prorrogação ulterior.

- *Vide* art. 569 do CPC.

§ 2.º Não poderá exceder de cinco anos a indivisão estabelecida pelo doador ou pelo testador.

§ 3.º A requerimento de qualquer interessado e se graves razões o aconselharem, pode o juiz determinar a divisão da coisa comum antes do prazo.

Art. 1.321. Aplicam-se à divisão do condomínio, no que couber, as regras de partilha de herança (arts. 2.013 a 2.022).

Art. 1.322. Quando a coisa for indivisível, e os consortes não quiserem adjudicá-la a um só, indenizando os outros, será vendida e repartido o apurado, preferindo-se, na venda, em condições iguais de oferta, o condômino ao estranho, e entre os condôminos aquele que tiver na coisa benfeitorias mais valiosas, e, não as havendo, o de quinhão maior.

• *Vide* arts. 96, 504 e 2.019 do CC.

• O art. 8.º da Lei n. 5.868, de 12-12-1972, dispõe sobre o desmembramento ou divisão de área.

Parágrafo único. Se nenhum dos condôminos tem benfeitorias na coisa comum e participam todos do condomínio em partes iguais, realizar-se-á licitação entre estranhos e, antes de adjudicada a coisa àquele que ofereceu maior lanço, proceder-se-á à licitação entre os condôminos, a fim de que a coisa seja adjudicada a quem afinal oferecer melhor lanço, preferindo, em condições iguais, o condômino ao estranho.

Subseção II
Da administração do condomínio

Art. 1.323. Deliberando a maioria sobre a administração da coisa comum, escolherá o administrador, que poderá ser estranho ao condomínio; resolvendo alugá-la, preferir-se-á, em condições iguais, o condômino ao que não o é.

• Relativamente à administração de condomínio em prédios, *vide* arts. 1.347 a 1.356 do CC e 9.º da Lei n. 4.591, de 16-12-1964.

Art. 1.324. O condômino que administrar sem oposição dos outros presume-se representante comum.

• *Vide* art. 656 do CC.

Art. 1.325. A maioria será calculada pelo valor dos quinhões.

§ 1.º As deliberações serão obrigatórias, sendo tomadas por maioria absoluta.

§ 2.º Não sendo possível alcançar maioria absoluta, decidirá o juiz, a requerimento de qualquer condômino, ouvidos os outros.

§ 3.º Havendo dúvida quanto ao valor do quinhão, será este avaliado judicialmente.

Art. 1.326. Os frutos da coisa comum, não havendo em contrário estipulação ou disposição de última vontade, serão partilhados na proporção dos quinhões.

• *Vide* arts. 1.319 e 1.320, § 2.º, do CC.

Seção II
Do Condomínio Necessário

Art. 1.327. O condomínio por meação de paredes, cercas, muros e valas regula-se pelo disposto neste Código (arts. 1.297 e 1.298; 1.304 a 1.307).

• Arts. 1.297 e 1.298: direito de tapagem; arts. 1.304 a 1.307: direito de construir.

• *Vide* art. 1.282 do CC.

• *Vide* art. 5.º da Lei n. 4.591, de 16-12-1964, sobre condomínio em prédios.

Art. 1.328. O proprietário que tiver direito a estremar um imóvel com paredes, cercas, muros, valas ou valados, tê-lo-á igualmente a adquirir meação na parede, muro, valado ou cerca do vizinho, embolsando-lhe metade do que atualmente valer a obra e o terreno por ela ocupado (art. 1.297).

• *Vide* art. 1.297, § 1.º, do CC.

Art. 1.329. Não convindo os dois no preço da obra, será este arbitrado por peritos, a expensas de ambos os confinantes.

Art. 1.330. Qualquer que seja o valor da meação, enquanto aquele que pretender a divisão não o pagar ou depositar, nenhum uso poderá fazer na parede, muro, vala, cerca ou qualquer outra obra divisória.

Capítulo VII
DO CONDOMÍNIO EDILÍCIO

• *Vide* Lei n. 4.591, de 16-12-1964, que dispõe sobre o condomínio em edificações e incorporações imobiliárias.

Seção I
Disposições Gerais

Art. 1.331. Pode haver, em edificações, partes que são propriedade exclusiva, e partes que são propriedade comum dos condôminos.

§ 1.º As partes suscetíveis de utilização independente, tais como apartamentos, escritórios, salas, lojas e sobrelojas, com as respectivas frações ideais no solo e nas outras partes comuns, sujeitam-se a propriedade exclusiva, podendo ser alienadas e gravadas livremente por seus proprietários, exceto os abrigos para veículos, que não poderão ser alienados ou alugados a pessoas estranhas ao condomínio, salvo autorização expressa na convenção de condomínio.

•• § 1.º com redação determinada pela Lei n. 12.607, de 4-4-2012.

§ 2.º O solo, a estrutura do prédio, o telhado, a rede geral de distribuição de água, esgoto, gás e eletricidade, a calefação e refrigeração centrais, e as demais partes comuns, inclusive o acesso ao logradouro público, são utilizados em comum pelos condôminos, não podendo ser alienados separadamente, ou divididos.

• *Vide* Lei n. 4.591, de 16-12-1964, que dispõe sobre o condomínio em edificações e incorporações imobiliárias.

§ 3.º A cada unidade imobiliária caberá, como parte inseparável, uma fração ideal no solo e nas outras partes comuns, que será identificada em forma decimal ou ordinária no instrumento de instituição do condomínio.

•• § 3.º com redação determinada pela Lei n. 10.931, de 2-8-2004.

§ 4.º Nenhuma unidade imobiliária pode ser privada do acesso ao logradouro público.

§ 5.º O terraço de cobertura é parte comum, salvo disposição contrária da escritura de constituição do condomínio.

• *Vide* art. 1.344 do CC.

Art. 1.332. Institui-se o condomínio edilício por ato entre vivos ou testamento, registrado no Cartório de Registro de Imóveis, devendo constar daquele ato, além do disposto em lei especial:

I – a discriminação e individualização das unidades de propriedade exclusiva, estremadas uma das outras e das partes comuns;

II – a determinação da fração ideal atribuída a cada unidade, relativamente ao terreno e partes comuns;

III – o fim a que as unidades se destinam.

• *Vide* art. 7.º da Lei n. 4.591, de 16-12-1964.

• *Vide* art. 167, I, n. 17, da Lei n. 6.015, de 31-12-1973 (LRP).

Art. 1.333. A convenção que constitui o condomínio edilício deve ser subscrita pelos titulares de, no mínimo, dois terços das frações ideais e torna-se, desde logo, obrigatória para os titulares de direito sobre as unidades, ou para quantos sobre elas tenham posse ou detenção.

Parágrafo único. Para ser oponível contra terceiros, a convenção do condomínio deverá ser registrada no Cartório de Registro de Imóveis.

• *Vide* Súmula 260 do STJ.

Art. 1.334. Além das cláusulas referidas no art. 1.332 e das que os interessados houverem por bem estipular, a convenção determinará:

I – a quota proporcional e o modo de pagamento das contribuições dos condôminos para atender às despesas ordinárias e extraordinárias do condomínio;

II – sua forma de administração;

III – a competência das assembleias, forma de sua convocação e *quorum* exigido para as deliberações;

IV – as sanções a que estão sujeitos os condôminos, ou possuidores;

V – o regimento interno.

§ 1.º A convenção poderá ser feita por escritura pública ou por instrumento particular.

§ 2.º São equiparados aos proprietários, para os fins deste artigo, salvo disposição em contrário, os promitentes compradores e os cessionários de direitos relativos às unidades autônomas.

• *Vide* arts. 286 a 298, 1.417 e 1.418 do CC.

• *Vide* arts. 9.º a 11 (convenção de condomínio) da Lei n. 4.591, de 16-12-1964.

Art. 1.335. São direitos do condômino:

I – usar, fruir e livremente dispor das suas unidades;

II – usar das partes comuns, conforme a sua destinação, e contanto que não exclua a utilização dos demais compossuidores;

III – votar nas deliberações da assembleia e delas participar, estando quite.

• *Vide* art. 19 da Lei n. 4.591, de 16-12-1964.

Art. 1.336. São deveres do condômino:

I – contribuir para as despesas do condomínio, na proporção das suas frações ideais, salvo disposição em contrário na convenção;

•• Inciso I com redação determinada pela Lei n. 10.931, de 2-8-2004.

• *Vide* art. 12, § 3.º, da Lei n. 4.591, de 16-12-1964.

II – não realizar obras que comprometam a segurança da edificação;

• *Vide* art. 10, III, da Lei n. 4.591, de 16-12-1964.

III – não alterar a forma e a cor da fachada, das partes e esquadrias externas;

• *Vide* art. 10, I e II, da Lei n. 4.591, de 16-12-1964.

IV – dar às suas partes a mesma destinação que tem a edificação, e não as utilizar de maneira prejudicial ao sossego, salubridade e segurança dos possuidores, ou aos bons costumes.

- *Vide* art. 938 do CC.
- *Vide* art. 10, III, da Lei n. 4.591, de 16-12-1964.

§ 1.º O condômino que não pagar a sua contribuição ficará sujeito aos juros moratórios convencionados ou, não sendo previstos, os de um por cento ao mês e multa de até dois por cento sobre o débito.

•• A Lei n. 10.931, de 2-8-2004, propôs nova redação para este parágrafo, porém o texto sofreu veto presidencial.

- *Vide* art. 2.035 do CC.
- *Vide* art. 12, § 3.º, da Lei n. 4.591, de 16-12-1964.

§ 2.º O condômino, que não cumprir qualquer dos deveres estabelecidos nos incisos II a IV, pagará a multa prevista no ato constitutivo ou na convenção, não podendo ela ser superior a cinco vezes o valor de suas contribuições mensais, independentemente das perdas e danos que se apurarem; não havendo disposição expressa, caberá à assembleia geral, por dois terços no mínimo dos condôminos restantes, deliberar sobre a cobrança da multa.

- *Vide* art. 10, § 1.º, da Lei n. 4.591, de 16-12-1964.

Art. 1.337. O condômino, ou possuidor, que não cumpre reiteradamente com os seus deveres perante o condomínio poderá, por deliberação de três quartos dos condôminos restantes, ser constrangido a pagar multa correspondente até ao quíntuplo do valor atribuído à contribuição para as despesas condominiais, conforme a gravidade das faltas e a reiteração, independentemente das perdas e danos que se apurem.

- *Vide* arts. 402 a 405 do CC.

Parágrafo único. O condômino ou possuidor que, por seu reiterado comportamento antissocial, gerar incompatibilidade de convivência com os demais condôminos ou possuidores, poderá ser constrangido a pagar multa correspondente ao décuplo do valor atribuído à contribuição para as despesas condominiais, até ulterior deliberação da assembleia.

- *Vide* art. 21 da Lei n. 4.591, de 16-12-1964.

Art. 1.338. Resolvendo o condômino alugar área no abrigo para veículos, preferir-se-á, em condições iguais, qualquer dos condôminos a estranhos, e, entre todos, os possuidores.

- Da locação de coisas no CC: *vide* arts. 565 a 578.
- *Vide* art. 2.º, §§ 1.º e 2.º, da Lei n. 4.591, de 16-12-1964.
- *Vide* Súmula 449 do STJ.

Art. 1.339. Os direitos de cada condômino às partes comuns são inseparáveis de sua propriedade exclusiva; são também inseparáveis das frações ideais correspondentes as unidades imobiliárias, com as suas partes acessórias.

§ 1.º Nos casos deste artigo é proibido alienar ou gravar os bens em separado.

§ 2.º É permitido ao condômino alienar parte acessória de sua unidade imobiliária a outro condômino, só podendo fazê-lo a terceiro se essa faculdade constar do ato constitutivo do condomínio, e se a ela não se opuser a respectiva assembleia geral.

- *Vide* arts. 2.º, §§ 1.º a 3.º, e 4.º da Lei n. 4.591, de 16-12-1964.

Art. 1.340. As despesas relativas a partes comuns de uso exclusivo de um condômino, ou de alguns deles, incumbem a quem delas se serve.

Art. 1.341. A realização de obras no condomínio depende:

I – se voluptuárias, de voto de dois terços dos condôminos;

- *Vide* art. 96, § 1.º, do CC.

II – se úteis, de voto da maioria dos condôminos.

- *Vide* art. 96, § 2.º, do CC.

§ 1.º As obras ou reparações necessárias podem ser realizadas, independentemente de autorização, pelo síndico, ou, em caso de omissão ou impedimento deste, por qualquer condômino.

§ 2.º Se as obras ou reparos necessários forem urgentes e importarem em despesas excessivas, determinada sua realização, o síndico ou o condômino que tomou a iniciativa delas dará ciência à assembleia, que deverá ser convocada imediatamente.

§ 3.º Não sendo urgentes, as obras ou reparos necessários, que importarem em despesas excessivas, somente poderão ser efetuadas após autorização da assembleia, especialmente convocada pelo síndico, ou, em caso de omissão ou impedimento deste, por qualquer dos condôminos.

§ 4.º O condômino que realizar obras ou reparos necessários será reembolsado das despesas que efetuar, não tendo direito à restituição das que fizer com obras ou reparos de outra natureza, embora de interesse comum.

- *Vide* art. 12, § 4.º, da Lei n. 4.591, de 16-12-1964.

Art. 1.342. A realização de obras, em partes comuns, em acréscimo às já existentes, a fim de lhes facilitar ou aumentar a utilização, depende da aprovação de dois terços dos votos dos condôminos, não sendo permitidas construções, nas partes comuns, suscetíveis de prejudicar a utilização, por qualquer dos condôminos, das partes próprias, ou comuns.

Art. 1.343. A construção de outro pavimento, ou, no solo comum, de outro edifício, destinado a conter novas unidades imobiliárias, depende da aprovação da unanimidade dos condôminos.

Art. 1.344. Ao proprietário do terraço de cobertura incumbem as despesas da sua conservação, de modo que não haja danos às unidades imobiliárias inferiores.

Art. 1.345. O adquirente de unidade responde pelos débitos do alienante, em relação ao condomínio, inclusive multas e juros moratórios.

Art. 1.346. É obrigatório o seguro de toda a edificação contra o risco de incêndio ou destruição, total ou parcial.

- *Vide* arts. 757 a 788 do CC.
- *Vide* art. 13 da Lei n. 4.591, de 16-12-1964.

Seção II
Da Administração do Condomínio

Art. 1.347. A assembleia escolherá um síndico, que poderá não ser condômino, para administrar o condomínio, por prazo não superior a dois anos, o qual poderá renovar-se.

- *Vide* arts. 22 e 23 da Lei n. 4.591, de 16-12-1964.

Art. 1.348. Compete ao síndico:

- *Vide* arts. 115 a 120 do CC.
- *Vide* arts. 22 e 23 da Lei n. 4.591, de 16-12-1964.

I – convocar a assembleia dos condôminos;

- *Vide* arts. 24 a 27 da Lei n. 4.591, de 16-12-1964.

II – representar, ativa e passivamente, o condomínio, praticando, em juízo ou fora dele, os atos necessários à defesa dos interesses comuns;

- *Vide* art. 75, XI, do CPC.
- *Vide* art. 22, § 1.º, da Lei n. 4.591, de 16-12-1964.

III – dar imediato conhecimento à assembleia da existência de procedimento judicial ou administrativo, de interesse do condomínio;

IV – cumprir e fazer cumprir a convenção, o regimento interno e as determinações da assembleia;

V – diligenciar a conservação e a guarda das partes comuns e zelar pela prestação dos serviços que interessem aos possuidores;

VI – elaborar o orçamento da receita e da despesa relativa a cada ano;

VII – cobrar dos condôminos as suas contribuições, bem como impor e cobrar as multas devidas;

VIII – prestar contas à assembleia, anualmente e quando exigidas;

IX – realizar o seguro da edificação.

§ 1.º Poderá a assembleia investir outra pessoa, em lugar do síndico, em poderes de representação.

§ 2.º O síndico pode transferir a outrem, total ou parcialmente, os poderes de representação ou as funções administrativas, mediante aprovação da assembleia, salvo disposição em contrário da convenção.

•• *Vide* art. 12 da Lei n. 14.010, de 10-6-2020.

Art. 1.349. A assembleia, especialmente convocada para o fim estabelecido no § 2.º do artigo antecedente, poderá, pelo voto da maioria absoluta de seus membros, destituir o síndico que praticar irregularidades, não prestar contas, ou não administrar convenientemente o condomínio.

Art. 1.350. Convocará o síndico, anualmente, reunião da assembleia dos condôminos, na forma prevista na convenção, a fim de aprovar o orçamento das despesas, as contribuições dos condôminos e a prestação de contas, e eventualmente eleger-lhe o substituto e alterar o regimento interno.

•• *Vide* art. 12 da Lei n. 14.010, de 10-6-2020.

- *Vide* art. 24 da Lei n. 4.591, de 16-12-1964.

§ 1.º Se o síndico não convocar a assembleia, um quarto dos condôminos poderá fazê-lo.

§ 2.º Se a assembleia não se reunir, o juiz decidirá, a requerimento de qualquer condômino.

• *Vide* art. 27 da Lei n. 4.591, de 16-12-1964.

Art. 1.351. Depende da aprovação de 2/3 (dois terços) dos votos dos condôminos a alteração da convenção, bem como a mudança da destinação do edifício ou da unidade imobiliária.

•• Artigo com redação determinada pela Lei n. 14.405, de 12-7-2022.

• *Vide* arts. 1.333 e 1.334 do CC.

Art. 1.352. Salvo quando exigido *quorum* especial, as deliberações da assembleia serão tomadas, em primeira convocação, por maioria de votos dos condôminos presentes que representem pelo menos metade das frações ideais.

Parágrafo único. Os votos serão proporcionais às frações ideais no solo e nas outras partes comuns pertencentes a cada condômino, salvo disposição diversa da convenção de constituição do condomínio.

Art. 1.353. Em segunda convocação, a assembleia poderá deliberar por maioria dos votos dos presentes, salvo quando exigido *quorum* especial.

§ 1.º Quando a deliberação exigir quórum especial previsto em lei ou em convenção e ele não for atingido, a assembleia poderá, por decisão da maioria dos presentes, autorizar o presidente a converter a reunião em sessão permanente, desde que cumulativamente:

•• § 1.º, *caput*, acrescentado pela Lei n. 14.309, de 8-3-2022.

I – sejam indicadas a data e a hora da sessão em seguimento, que não poderá ultrapassar 60 (sessenta) dias, e identificadas as deliberações pretendidas, em razão do quórum especial não atingido;

•• Inciso I acrescentado pela Lei n. 14.309, de 8-3-2022.

II – fiquem expressamente convocados os presentes e sejam obrigatoriamente convocadas as unidades ausentes, na forma prevista em convenção;

•• Inciso II acrescentado pela Lei n. 14.309, de 8-3-2022.

III – seja lavrada ata parcial, relativa ao segmento presencial da reunião da assembleia, da qual deverão constar as transcrições circunstanciadas de todos os argumentos até então apresentados relativos à ordem do dia, que deverá ser remetida aos condôminos ausentes;

•• Inciso III acrescentado pela Lei n. 14.309, de 8-3-2022.

IV – seja dada continuidade às deliberações no dia e na hora designados, e seja a ata correspondente lavrada em seguimento à que estava parcialmente redigida, com a consolidação de todas as deliberações.

•• Inciso IV acrescentado pela Lei n. 14.309, de 8-3-2022.

§ 2.º Os votos consignados na primeira sessão ficarão registrados, sem que haja necessidade de comparecimento dos condôminos para sua confirmação, os quais poderão, se estiverem presentes no encontro seguinte, requerer a alteração do seu voto até o desfecho da deliberação pretendida.

•• § 2.º acrescentado pela Lei n. 14.309, de 8-3-2022.

§ 3.º A sessão permanente poderá ser prorrogada tantas vezes quantas necessárias, desde que a assembleia seja concluída no prazo total de 90 (noventa) dias, contado da data de sua abertura inicial.

•• § 3.º acrescentado pela Lei n. 14.309, de 8-3-2022.

Art. 1.354. A assembleia não poderá deliberar se todos os condôminos não forem convocados para a reunião.

Art. 1.354-A. A convocação, a realização e a deliberação de quaisquer modalidades de assembleia poderão dar-se de forma eletrônica, desde que:

•• *Caput* acrescentado pela Lei n. 14.309, de 8-3-2022.

I – tal possibilidade não seja vedada na convenção de condomínio;

•• Inciso I acrescentado pela Lei n. 14.309, de 8-3-2022.

II – sejam preservados aos condôminos os direitos de voz, de debate e de voto.

•• Inciso II acrescentado pela Lei n. 14.309, de 8-3-2022.

§ 1.º Do instrumento de convocação deverá constar que a assembleia será realizada por meio eletrônico, bem como as instruções sobre acesso, manifestação e forma de coleta de votos dos condôminos.

•• § 1.º acrescentado pela Lei n. 14.309, de 8-3-2022.

§ 2.º A administração do condomínio não poderá ser responsabilizada por problemas decorrentes dos equipamentos de informática ou da conexão à internet dos condôminos ou de seus representantes nem por quaisquer outras situações que não estejam sob o seu controle.

•• § 2.º acrescentado pela Lei n. 14.309, de 8-3-2022.

§ 3.º Somente após a somatória de todos os votos e a sua divulgação será lavrada a respectiva ata, também eletrônica, e encerrada a assembleia geral.

•• § 3.º acrescentado pela Lei n. 14.309, de 8-3-2022.

§ 4.º A assembleia eletrônica deverá obedecer aos preceitos de instalação, de funcionamento e de encerramento previstos no edital de convocação e poderá ser realizada de forma híbrida, com a presença física e virtual de condôminos concomitantemente no mesmo ato.

•• § 4.º acrescentado pela Lei n. 14.309, de 8-3-2022.

§ 5.º Normas complementares relativas às assembleias eletrônicas poderão ser previstas no regimento interno do condomínio e definidas mediante aprovação da maioria simples dos presentes em assembleia convocada para essa finalidade.

•• § 5.º acrescentado pela Lei n. 14.309, de 8-3-2022.

§ 6.º Os documentos pertinentes à ordem do dia poderão ser disponibilizados de forma física ou eletrônica aos participantes.

•• § 6.º acrescentado pela Lei n. 14.309, de 8-3-2022.

Art. 1.355. Assembleias extraordinárias poderão ser convocadas pelo síndico ou por um quarto dos condôminos.

• *Vide* art. 25, *caput*, da Lei n. 4.591, de 16-12-1964.

Art. 1.356. Poderá haver no condomínio um conselho fiscal, composto de três membros, eleitos pela assembleia, por prazo não superior a dois anos, ao qual compete dar parecer sobre as contas do síndico.

• *Vide* art. 23 da Lei n. 4.591, de 16-12-1964.

Seção III
Da Extinção do Condomínio

Art. 1.357. Se a edificação for total ou consideravelmente destruída, ou ameace ruína, os condôminos deliberarão em assembleia sobre a reconstrução, ou venda, por votos que representem metade mais uma das frações ideais.

§ 1.º Deliberada a reconstrução, poderá o condômino eximir-se do pagamento das despesas respectivas, alienando os seus direitos a outros condôminos, mediante avaliação judicial.

§ 2.º Realizada a venda, em que se preferirá, em condições iguais de oferta, o condômino ao estranho, será repartido o apurado entre os condôminos, proporcionalmente ao valor das suas unidades imobiliárias.

• *Vide* art. 14 e parágrafos da Lei n. 4.591, de 16-12-1964.

Art. 1.358. Se ocorrer desapropriação, a indenização será repartida na proporção a que se refere o § 2.º do artigo antecedente.

• *Vide* art. 1.275, V, do CC.

Seção IV
Do Condomínio de Lotes

•• Seção IV acrescentada pela Lei n. 13.465, de 11-7-2017.

Art. 1.358-A. Pode haver, em terrenos, partes designadas de lotes que são propriedade exclusiva e partes que são propriedade comum dos condôminos.

•• *Caput* acrescentado pela Lei n. 13.465, de 11-7-2017.

§ 1.º A fração ideal de cada condômino poderá ser proporcional à área do solo de cada unidade autônoma, ao respectivo potencial construtivo ou a outros critérios indicados no ato de instituição.

•• § 1.º acrescentado pela Lei n. 13.465, de 11-7-2017.

§ 2.º Aplica-se, no que couber, ao condomínio de lotes:

•• § 2.º, *caput*, com redação determinada pela Lei n. 14.382, de 27-6-2022.

I – **o disposto sobre condomínio edilício neste Capítulo, respeitada a legislação urbanística; e**

•• Inciso I acrescentado pela Lei n. 14.382, de 27-6-2022.

II – **o regime jurídico das incorporações imobiliárias de que trata o Capítulo I do Título II da Lei n. 4.591, de 16 de dezembro de 1964, equiparando-se o empreendedor ao incorporador quanto aos aspectos civis e registrários.**

•• Inciso II acrescentado pela Lei n. 14.382, de 27-6-2022.

§ 3.º Para fins de incorporação imobiliária, a implantação de toda a infraestrutura ficará a cargo do empreendedor.

•• § 3.º acrescentado pela Lei n. 13.465, de 11-7-2017.

Capítulo VII-A
DO CONDOMÍNIO EM MULTIPROPRIEDADE

•• Capítulo VII-A acrescentado pela Lei n. 13.777, de 20-12-2018.

Seção I
Disposições Gerais

•• Seção I acrescentada pela Lei n. 13.777, de 20-12-2018.

Art. 1.358-B. A multipropriedade reger-se-á pelo disposto neste Capítulo e, de forma supletiva e subsidiária, pelas demais disposições deste Código e pelas disposições das Leis n. 4.591, de 16 de dezembro de 1964, e 8.078, de 11 de setembro de 1990 (Código de Defesa do Consumidor).

•• Artigo acrescentado pela Lei n. 13.777, de 20-12-2018.

Art. 1.358-C. Multipropriedade é o regime de condomínio em que cada um dos proprietários de um mesmo imóvel é titular de uma fração de tempo, à qual corresponde a faculdade de uso e gozo, com exclusividade, da totalidade do imóvel, a ser exercida pelos proprietários de forma alternada.

•• *Caput* acrescentado pela Lei n. 13.777, de 20-12-2018.

Parágrafo único. A multipropriedade não se extinguirá automaticamente se todas as frações de tempo forem do mesmo multiproprietário.

•• Parágrafo único acrescentado pela Lei n. 13.777, de 20-12-2018.

Art. 1.358-D. O imóvel objeto da multipropriedade:

•• *Caput* acrescentado pela Lei n. 13.777, de 20-12-2018.

I – é indivisível, não se sujeitando a ação de divisão ou de extinção de condomínio;

•• Inciso I acrescentado pela Lei n. 13.777, de 20-12-2018.

II – inclui as instalações, os equipamentos e o mobiliário destinados a seu uso e gozo.

•• Inciso II acrescentado pela Lei n. 13.777, de 20-12-2018.

Art. 1.358-E. Cada fração de tempo é indivisível.

•• *Caput* acrescentado pela Lei n. 13.777, de 20-12-2018.

§ 1.º O período correspondente a cada fração de tempo será de, no mínimo, 7 (sete) dias, seguidos ou intercalados, e poderá ser:

•• § 1.º, *caput*, acrescentado pela Lei n. 13.777, de 20-12-2018.

I – fixo e determinado, no mesmo período de cada ano;

•• Inciso I acrescentado pela Lei n. 13.777, de 20-12-2018.

II – flutuante, caso em que a determinação do período será realizada de forma periódica, mediante procedimento objetivo que respeite, em relação a todos os multiproprietários, o princípio da isonomia, devendo ser previamente divulgado; ou

•• Inciso II acrescentado pela Lei n. 13.777, de 20-12-2018.

III – misto, combinando os sistemas fixo e flutuante.

•• Inciso III acrescentado pela Lei n. 13.777, de 20-12-2018.

§ 2.º Todos os multiproprietários terão direito a uma mesma quantidade mínima de dias seguidos durante o ano, podendo haver a aquisição de frações maiores que a mínima, com o correspondente direito ao uso por períodos também maiores.

•• § 2.º acrescentado pela Lei n. 13.777, de 20-12-2018.

Seção II
Da Instituição da Multipropriedade

•• Seção II acrescentada pela Lei n. 13.777, de 20-12-2018.

Art. 1.358-F. Institui-se a multipropriedade por ato entre vivos ou testamento, registrado no competente cartório de registro de imóveis, devendo constar daquele ato a duração dos períodos correspondentes a cada fração de tempo.

•• Artigo acrescentado pela Lei n. 13.777, de 20-12-2018.

Art. 1.358-G. Além das cláusulas que os multiproprietários decidirem estipular, a convenção de condomínio em multipropriedade determinará:

•• *Caput* acrescentado pela Lei n. 13.777, de 20-12-2018.

I – os poderes e deveres dos multiproprietários, especialmente em matéria de instalações, equipamentos e mobiliário do imóvel, de manutenção ordinária e extraordinária, de conservação e limpeza e de pagamento da contribuição condominial;

•• Inciso I acrescentado pela Lei n. 13.777, de 20-12-2018.

II – o número máximo de pessoas que podem ocupar simultaneamente o imóvel no período correspondente a cada fração de tempo;

•• Inciso II acrescentado pela Lei n. 13.777, de 20-12-2018.

III – as regras de acesso do administrador condominial ao imóvel para cumprimento do dever de manutenção, conservação e limpeza;

•• Inciso IIII acrescentado pela Lei n. 13.777, de 20-12-2018.

IV – a criação de fundo de reserva para reposição e manutenção dos equipamentos, instalações e mobiliário;

•• Inciso IV acrescentado pela Lei n. 13.777, de 20-12-2018.

V – o regime aplicável em caso de perda ou destruição parcial ou total do imóvel, inclusive para efeitos de participação no risco ou no valor do seguro, da indenização ou da parte restante;

•• Inciso V acrescentado pela Lei n. 13.777, de 20-12-2018.

VI – as multas aplicáveis ao multiproprietário nas hipóteses de descumprimento de deveres.

•• Inciso VI acrescentado pela Lei n. 13.777, de 20-12-2018.

Art. 1.358-H. O instrumento de instituição da multipropriedade ou a convenção de condomínio em multipropriedade poderá estabelecer o limite máximo de frações de tempo no mesmo imóvel que poderão ser detidas pela mesma pessoa natural ou jurídica.

•• *Caput* acrescentado pela Lei n. 13.777, de 20-12-2018.

Parágrafo único. Em caso de instituição da multipropriedade para posterior venda das frações de tempo a terceiros, o atendimento a eventual limite de frações de tempo por titular estabelecido no instrumento de instituição será obrigatório somente após a venda das frações.

•• Parágrafo único acrescentado pela Lei n. 13.777, de 20-12-2018.

Seção III
Dos Direitos e das Obrigações do Multiproprietário

•• Seção III acrescentada pela Lei n. 13.777, de 20-12-2018.

Art. 1.358-I. São direitos do multiproprietário, além daqueles previstos no instrumento de instituição e na convenção de condomínio em multipropriedade:

•• *Caput* acrescentado pela Lei n. 13.777, de 20-12-2018.

I – usar e gozar, durante o período correspondente à sua fração de tempo, do imóvel e de suas instalações, equipamentos e mobiliário;

•• Inciso I acrescentado pela Lei n. 13.777, de 20-12-2018.

II – ceder a fração de tempo em locação ou comodato;

•• Inciso II acrescentado pela Lei n. 13.777, de 20-12-2018.

III – alienar a fração de tempo, por ato entre vivos ou por causa de morte, a título oneroso ou gratuito, ou onerá-la, devendo a alienação e a qualificação do sucessor, ou a oneração, ser informadas ao administrador;

•• Inciso III acrescentado pela Lei n. 13.777, de 20-12-2018.

IV – participar e votar, pessoalmente ou por intermédio de representante ou procurador, desde que esteja quite com as obrigações condominiais, em:

Código Civil

•• Inciso IV, *caput*, acrescentado pela Lei n. 13.777, de 20-12-2018.

a) assembleia geral do condomínio em multipropriedade, e o voto do multiproprietário corresponderá à quota de sua fração de tempo no imóvel;

•• Alínea *a* acrescentada pela Lei n. 13.777, de 20-12-2018.

b) assembleia geral do condomínio edilício, quando for o caso, e o voto do multiproprietário corresponderá à quota de sua fração de tempo em relação à quota de poder político atribuído à unidade autônoma na respectiva convenção de condomínio edilício.

•• Alínea *b* acrescentada pela Lei n. 13.777, de 20-12-2018.

Art. 1.358-J. São obrigações do multiproprietário, além daquelas previstas no instrumento de instituição e na convenção de condomínio em multipropriedade:

•• *Caput* acrescentado pela Lei n. 13.777, de 20-12-2018.

I – pagar a contribuição condominial do condomínio em multipropriedade e, quando for o caso, do condomínio edilício, ainda que renuncie ao uso e gozo, total ou parcial, do imóvel, das áreas comuns ou das respectivas instalações, equipamentos e mobiliário;

•• Inciso I acrescentado pela Lei n. 13.777, de 20-12-2018.

II – responder por danos causados ao imóvel, às instalações, aos equipamentos e ao mobiliário por si, por qualquer de seus acompanhantes, convidados ou prepostos ou por pessoas por ele autorizadas;

•• Inciso II acrescentado pela Lei n. 13.777, de 20-12-2018.

III – comunicar imediatamente ao administrador os defeitos, avarias e vícios no imóvel dos quais tiver ciência durante a utilização;

•• Inciso III acrescentado pela Lei n. 13.777, de 20-12-2018.

IV – não modificar, alterar ou substituir o mobiliário, os equipamentos e as instalações do imóvel;

•• Inciso IV acrescentado pela Lei n. 13.777, de 20-12-2018.

V – manter o imóvel em estado de conservação e limpeza condizente com os fins a que se destina e com a natureza da respectiva construção;

•• Inciso V acrescentado pela Lei n. 13.777, de 20-12-2018.

VI – usar o imóvel, bem como suas instalações, equipamentos e mobiliário, conforme seu destino e natureza;

•• Inciso VI acrescentado pela Lei n. 13.777, de 20-12-2018.

VII – usar o imóvel exclusivamente durante o período correspondente à sua fração de tempo;

•• Inciso VII acrescentado pela Lei n. 13.777, de 20-12-2018.

VIII – desocupar o imóvel, impreterivelmente, até o dia e hora fixados no instrumento de instituição ou na convenção de condomínio em multipropriedade, sob pena de multa diária, conforme convencionado no instrumento pertinente;

•• Inciso VIII acrescentado pela Lei n. 13.777, de 20-12-2018.

IX – permitir a realização de obras ou reparos urgentes.

•• Inciso IX acrescentado pela Lei n. 13.777, de 20-12-2018.

§ 1.º Conforme previsão que deverá constar da respectiva convenção de condomínio em multipropriedade, o multiproprietário estará sujeito a:

•• § 1.º, *caput*, acrescentado pela Lei n. 13.777, de 20-12-2018.

I – multa, no caso de descumprimento de qualquer de seus deveres;

•• Inciso I acrescentado pela Lei n. 13.777, de 20-12-2018.

II – multa progressiva e perda temporária do direito de utilização do imóvel no período correspondente à sua fração de tempo, no caso de descumprimento reiterado de deveres.

•• Inciso II acrescentado pela Lei n. 13.777, de 20-12-2018.

§ 2.º A responsabilidade pelas despesas referentes a reparos no imóvel, bem como suas instalações, equipamentos e mobiliário, será:

•• § 2.º, *caput*, acrescentado pela Lei n. 13.777, de 20-12-2018.

I – de todos os multiproprietários, quando decorrentes do uso normal e do desgaste natural do imóvel;

•• Inciso I acrescentado pela Lei n. 13.777, de 20-12-2018.

II – exclusivamente do multiproprietário responsável pelo uso anormal, sem prejuízo de multa, quando decorrentes de uso anormal do imóvel.

•• Inciso II acrescentado pela Lei n. 13.777, de 20-12-2018.

§ 3.º a 5.º (*Vetados.*)

•• §§ 3.º a 5.º acrescentados pela Lei n. 13.777, de 20-12-2018.

Art. 1.358-K. Para os efeitos do disposto nesta Seção, são equiparados aos multiproprietários os promitentes compradores e os cessionários de direitos relativos a cada fração de tempo.

•• Artigo acrescentado pela Lei n. 13.777, de 20-12-2018.

Seção IV
Da Transferência da Multipropriedade

•• Seção IV acrescentada pela Lei n. 13.777, de 20-12-2018.

Art. 1.358-L. A transferência do direito de multipropriedade e a sua produção de efeitos perante terceiros dar-se-ão na forma da lei civil e não dependerão da anuência ou cientificação dos demais multiproprietários.

•• *Caput* acrescentado pela Lei n. 13.777, de 20-12-2018.

§ 1.º Não haverá direito de preferência na alienação de fração de tempo, salvo se estabelecido no instrumento de instituição ou na convenção do condomínio em multipropriedade em favor dos demais multiproprietários ou do instituidor do condomínio em multipropriedade.

•• § 1.º acrescentado pela Lei n. 13.777, de 20-12-2018.

§ 2.º O adquirente será solidariamente responsável com o alienante pelas obrigações de que trata o § 5.º do art. 1.358-J deste Código caso não obtenha a declaração de inexistência de débitos referente à fração de tempo no momento de sua aquisição.

•• § 2.º acrescentado pela Lei n. 13.777, de 20-12-2018.

Seção V
Da Administração da Multipropriedade

•• Seção V acrescentada pela Lei n. 13.777, de 20-12-2018.

Art. 1.358-M. A administração do imóvel e de suas instalações, equipamentos e mobiliário será de responsabilidade da pessoa indicada no instrumento de instituição ou na convenção de condomínio em multipropriedade, ou, na falta de indicação, de pessoa escolhida em assembleia geral dos condôminos.

•• *Caput* acrescentado pela Lei n. 13.777, de 20-12-2018.

§ 1.º O administrador exercerá, além daquelas previstas no instrumento de instituição e na convenção de condomínio em multipropriedade, as seguintes atribuições:

•• § 1.º, *caput*, acrescentado pela Lei n. 13.777, de 20-12-2018.

I – coordenação da utilização do imóvel pelos multiproprietários durante o período correspondente a suas respectivas frações de tempo;

•• Inciso I acrescentado pela Lei n. 13.777, de 20-12-2018.

II – determinação, no caso dos sistemas flutuante ou misto, dos períodos concretos de uso e gozo exclusivos de cada multiproprietário em cada ano;

•• Inciso II acrescentado pela Lei n. 13.777, de 20-12-2018.

III – manutenção, conservação e limpeza do imóvel;

•• Inciso III acrescentado pela Lei n. 13.777, de 20-12-2018.

IV – troca ou substituição de instalações, equipamentos ou mobiliário, inclusive:

•• Inciso IV, *caput*, acrescentado pela Lei n. 13.777, de 20-12-2018.

a) determinar a necessidade da troca ou substituição;

•• Alínea *a* acrescentada pela Lei n. 13.777, de 20-12-2018.

b) providenciar os orçamentos necessários para a troca ou substituição;

•• Alínea *b* acrescentada pela Lei n. 13.777, de 20-12-2018.

c) submeter os orçamentos à aprovação pela maioria simples dos condôminos em assembleia;

•• Alínea *c* acrescentada pela Lei n. 13.777, de 20-12-2018.

V – elaboração do orçamento anual, com previsão das receitas e despesas;

•• Inciso V acrescentado pela Lei n. 13.777, de 20-12-2018.

VI – cobrança das quotas de custeio de responsabilidade dos multiproprietários;

•• Inciso VI acrescentado pela Lei n. 13.777, de 20-12-2018.

VII – pagamento, por conta do condomínio edilício ou voluntário, com os fundos comuns arrecadados, de todas as despesas comuns.

•• Inciso VII acrescentado pela Lei n. 13.777, de 20-12-2018.

§ 2.º A convenção de condomínio em multipropriedade poderá regrar de forma diversa a atribuição prevista no inciso IV do § 1.º deste artigo.

•• § 2.º acrescentado pela Lei n. 13.777, de 20-12-2018.

Art. 1.358-N. O instrumento de instituição poderá prever fração de tempo destinada à realização, no imóvel e em suas instalações, em seus equipamentos e em seu mobiliário, de reparos indispensáveis ao exercício normal do direito de multipropriedade.

•• *Caput* acrescentado pela Lei n. 13.777, de 20-12-2018.

§ 1.º A fração de tempo de que trata o *caput* deste artigo poderá ser atribuída:

•• § 1.º, *caput*, acrescentado pela Lei n. 13.777, de 20-12-2018.

I – ao instituidor da multipropriedade; ou

•• Inciso I acrescentado pela Lei n. 13.777, de 20-12-2018.

II – aos multiproprietários, proporcionalmente às respectivas frações.

•• Inciso II acrescentado pela Lei n. 13.777, de 20-12-2018.

•• *Vide* art. 176, § 12, da Lei n. 6.015, de 31-12-1973.

§ 2.º Em caso de emergência, os reparos de que trata o *caput* deste artigo poderão ser feitos durante o período correspondente à fração de tempo de um dos multiproprietários.

•• § 2.º acrescentado pela Lei n. 13.777, de 20-12-2018.

Seção VI
Disposições Específicas Relativas às Unidades Autônomas de Condomínios Edilícios

•• Seção VI acrescentada pela Lei n. 13.777, de 20-12-2018.

Art. 1.358-O. O condomínio edilício poderá adotar o regime de multipropriedade em parte ou na totalidade de suas unidades autônomas, mediante:

•• *Caput* acrescentado pela Lei n. 13.777, de 20-12-2018.

I – previsão no instrumento de instituição; ou

•• Inciso I acrescentado pela Lei n. 13.777, de 20-12-2018.

II – deliberação da maioria absoluta dos condôminos.

•• Inciso II acrescentado pela Lei n. 13.777, de 20-12-2018.

Parágrafo único. No caso previsto no inciso I do *caput* deste artigo, a iniciativa e a responsabilidade para a instituição do regime da multipropriedade serão atribuídas às mesmas pessoas e observarão os mesmos requisitos indicados nas alíneas *a*, *b* e *c* e no § 1.º do art. 31 da Lei n. 4.591, de 16 de dezembro de 1964.

•• Parágrafo único acrescentado pela Lei n. 13.777, de 20-12-2018.

Art. 1.358-P. Na hipótese do art. 1.358-O, a convenção de condomínio edilício deve prever, além das matérias elencadas nos arts. 1.332, 1.334 e, se for o caso, 1.358-G deste Código:

•• *Caput* acrescentado pela Lei n. 13.777, de 20-12-2018.

I – a identificação das unidades sujeitas ao regime da multipropriedade, no caso de empreendimentos mistos;

•• Inciso I acrescentado pela Lei n. 13.777, de 20-12-2018.

II – a indicação da duração das frações de tempo de cada unidade autônoma sujeita ao regime da multipropriedade;

•• Inciso II acrescentado pela Lei n. 13.777, de 20-12-2018.

III – a forma de rateio, entre os multiproprietários de uma mesma unidade autônoma, das contribuições condominiais relativas à unidade, que, salvo se disciplinada de forma diversa no instrumento de instituição ou na convenção de condomínio em multipropriedade, será proporcional à fração de tempo de cada multiproprietário;

•• Inciso III acrescentado pela Lei n. 13.777, de 20-12-2018.

IV – a especificação das despesas ordinárias, cujo custeio será obrigatório, independentemente do uso e gozo do imóvel e das áreas comuns;

•• Inciso IV acrescentado pela Lei n. 13.777, de 20-12-2018.

V – os órgãos de administração da multipropriedade;

•• Inciso V acrescentado pela Lei n. 13.777, de 20-12-2018.

VI – a indicação, se for o caso, de que o empreendimento conta com sistema de administração de intercâmbio, na forma prevista no § 2.º do art. 23 da Lei n. 11.771, de 17 de setembro de 2008, seja do período de fruição da fração de tempo, seja do local de fruição, caso em que a responsabilidade e as obrigações da companhia de intercâmbio limitam-se ao contido na documentação de sua contratação;

•• Inciso VI acrescentado pela Lei n. 13.777, de 20-12-2018.

VII – a competência para a imposição de sanções e o respectivo procedimento, especialmente nos casos de mora no cumprimento das obrigações de custeio e nos casos de descumprimento da obrigação de desocupar o imóvel até o dia e hora previstos;

•• Inciso VII acrescentado pela Lei n. 13.777, de 20-12-2018.

VIII – o quórum exigido para a deliberação de adjudicação da fração de tempo na hipótese de inadimplemento do respectivo multiproprietário;

•• Inciso VIII acrescentado pela Lei n. 13.777, de 20-12-2018.

IX – o quórum exigido para a deliberação de alienação, pelo condomínio edilício, da fração de tempo adjudicada em virtude do inadimplemento do respectivo multiproprietário.

•• Inciso IX acrescentado pela Lei n. 13.777, de 20-12-2018.

Art. 1.358-Q. Na hipótese do art. 1.358-O deste Código, o regimento interno do condomínio edilício deve prever:

•• *Caput* acrescentado pela Lei n. 13.777, de 20-12-2018.

I – os direitos dos multiproprietários sobre as partes comuns do condomínio edilício;

•• Inciso I acrescentado pela Lei n. 13.777, de 20-12-2018.

II – os direitos e obrigações do administrador, inclusive quanto ao acesso ao imóvel para cumprimento do dever de manutenção, conservação e limpeza;

•• Inciso II acrescentado pela Lei n. 13.777, de 20-12-2018.

III – as condições e regras para uso das áreas comuns;

•• Inciso III acrescentado pela Lei n. 13.777, de 20-12-2018.

IV – os procedimentos a serem observados para uso e gozo dos imóveis e das instalações, equipamentos e mobiliário destinados ao regime da multipropriedade;

•• Inciso IV acrescentado pela Lei n. 13.777, de 20-12-2018.

V – o número máximo de pessoas que podem ocupar simultaneamente o imóvel no período correspondente a cada fração de tempo;

•• Inciso V acrescentado pela Lei n. 13.777, de 20-12-2018.

VI – as regras de convivência entre os multiproprietários e os ocupantes de unidades autônomas não sujeitas ao regime da multipropriedade, quando se tratar de empreendimentos mistos;

•• Inciso VI acrescentado pela Lei n. 13.777, de 20-12-2018.

VII – a forma de contribuição, destinação e gestão do fundo de reserva específico para cada imóvel, para reposição e manutenção dos equipamentos, instalações e mobiliário, sem prejuízo do fundo de reserva do condomínio edilício;

•• Inciso VII acrescentado pela Lei n. 13.777, de 20-12-2018.

VIII – a possibilidade de realização de assembleias não presenciais, inclusive por meio eletrônico;

•• Inciso VIII acrescentado pela Lei n. 13.777, de 20-12-2018.

IX – os mecanismos de participação e representação dos titulares;

•• Inciso IX acrescentado pela Lei n. 13.777, de 20-12-2018.

X – o funcionamento do sistema de reserva, os meios de confirmação e os requisitos a serem cumpridos pelo multiproprietário quando não exercer diretamente sua faculdade de uso;

•• Inciso X acrescentado pela Lei n. 13.777, de 20-12-2018.

XI – a descrição dos serviços adicionais, se existentes, e as regras para seu uso e custeio.

•• Inciso XI acrescentado pela Lei n. 13.777, de 20-12-2018.

Parágrafo único. O regimento interno poderá ser instituído por escritura pública ou por instrumento particular.

•• Parágrafo único acrescentado pela Lei n. 13.777, de 20-12-2018.

Art. 1.358-R. O condomínio edilício em que tenha sido instituído o regime de multipropriedade em parte ou na totalidade de suas unidades autônomas terá necessariamente um administrador profissional.

•• *Caput* acrescentado pela Lei n. 13.777, de 20-12-2018.

§ 1.º O prazo de duração do contrato de administração será livremente convencionado.

•• § 1.º acrescentado pela Lei n. 13.777, de 20-12-2018.

§ 2.º O administrador do condomínio referido no *caput* deste artigo será também o administrador de todos os condomínios em multipropriedade de suas unidades autônomas.

•• § 2.º acrescentado pela Lei n. 13.777, de 20-12-2018.

§ 3.º O administrador será mandatário legal de todos os multiproprietários, exclusivamente para a realização dos atos de gestão ordinária da multipropriedade, incluindo manutenção, conservação e limpeza do imóvel e de suas instalações, equipamentos e mobiliário.

•• § 3.º acrescentado pela Lei n. 13.777, de 20-12-2018.

§ 4.º O administrador poderá modificar o regimento interno quanto aos aspectos estritamente operacionais da gestão da multipropriedade no condomínio edilício.

•• § 4.º acrescentado pela Lei n. 13.777, de 20-12-2018.

§ 5.º O administrador pode ser ou não um prestador de serviços de hospedagem.

•• § 5.º acrescentado pela Lei n. 13.777, de 20-12-2018.

Art. 1.358-S. Na hipótese de inadimplemento, por parte do multiproprietário, da obrigação de custeio das despesas ordinárias ou extraordinárias, é cabível, na forma da lei processual civil, a adjudicação ao condomínio edilício da fração de tempo correspondente.

•• *Caput* acrescentado pela Lei n. 13.777, de 20-12-2018.

Parágrafo único. Na hipótese de o imóvel objeto da multipropriedade ser parte integrante de empreendimento em que haja sistema de locação das frações de tempo no qual os titulares possam ou sejam obrigados a locar suas frações de tempo exclusivamente por meio de uma administração única, repartindo entre si as receitas das locações independentemente da efetiva ocupação de cada unidade autônoma, poderá a convenção do condomínio edilício regrar que em caso de inadimplência:

•• Parágrafo único, *caput*, acrescentado pela Lei n. 13.777, de 20-12-2018.

I – o inadimplente fique proibido de utilizar o imóvel até a integral quitação da dívida;

•• Inciso I acrescentado pela Lei n. 13.777, de 20-12-2018.

II – a fração de tempo do inadimplente passe a integrar o *pool* da administradora;

•• Inciso II acrescentado pela Lei n. 13.777, de 20-12-2018.

III – a administradora do sistema de locação fique automaticamente munida de poderes e obrigada a, por conta e ordem do inadimplente, utilizar a integralidade dos valores líquidos a que o inadimplente tiver direito para amortizar suas dívidas condominiais, seja do condomínio edilício, seja do condomínio em multipropriedade, até sua integral quitação, devendo eventual saldo ser imediatamente repassado ao multiproprietário.

•• Inciso III acrescentado pela Lei n. 13.777, de 20-12-2018.

Art. 1.358-T. O multiproprietário somente poderá renunciar de forma translativa a seu direito de multipropriedade em favor do condomínio edilício.

•• *Caput* acrescentado pela Lei n. 13.777, de 20-12-2018.

Parágrafo único. A renúncia de que trata o *caput* deste artigo só é admitida se o multiproprietário estiver em dia com as contribuições condominiais, com os tributos imobiliários e, se houver, com o foro ou a taxa de ocupação.

•• Parágrafo único acrescentado pela Lei n. 13.777, de 20-12-2018.

Art. 1.358-U. As convenções dos condomínios edilícios, os memoriais de loteamentos e os instrumentos de venda dos lotes em loteamentos urbanos poderão limitar ou impedir a instituição da multipropriedade nos respectivos imóveis, vedação que somente poderá ser alterada no mínimo pela maioria absoluta dos condôminos.

•• Artigo acrescentado pela Lei n. 13.777, de 20-12-2018.

Capítulo VIII
DA PROPRIEDADE RESOLÚVEL

Art. 1.359. Resolvida a propriedade pelo implemento da condição ou pelo advento do termo, entendem-se também resolvidos os direitos reais concedidos na sua pendência, e o proprietário, em cujo favor se opera a resolução, pode reivindicar a coisa do poder de quem a possua ou detenha.

• *Vide* arts. 127, 128, 507, 513, 547 e 1.953 do CC.

• A Lei n. 7.565, de 19-12-1986 (CBA), dispõe, em seus arts. 148 a 152, sobre a transferência de domínio resolúvel de aeronave.

Art. 1.360. Se a propriedade se resolver por outra causa superveniente, o possuidor, que a tiver adquirido por título anterior à sua resolução, será considerado proprietário perfeito, restando à pessoa, em cujo benefício houve a resolução, ação contra aquele cuja propriedade se resolveu para haver a própria coisa ou o seu valor.

Capítulo IX
DA PROPRIEDADE FIDUCIÁRIA

• *Vide* Decreto-lei n. 911, de 1.º-10-1969 (alienação fiduciária em garantia), c/c o art. 2.043 do CC.

Art. 1.361. Considera-se fiduciária a propriedade resolúvel de coisa móvel infungível que o devedor, com escopo de garantia, transfere ao credor.

• Alienação fiduciária de coisa imóvel: *vide* arts. 22 a 33 da Lei n. 9.514, de 20-11-1997.

§ 1.º Constitui-se a propriedade fiduciária com o registro do contrato, celebrado por instrumento público ou particular, que lhe serve de título, no Registro de Títulos e Documentos do domicílio do devedor, ou, em se tratando de veículos, na repartição competente para o licenciamento, fazendo-se a anotação no certificado de registro.

• *Vide* arts. 129, n. 5.º, 130 e 131 (registro de títulos e documentos) da Lei n. 6.015, de 31-12-1973 (LRP).

§ 2.º Com a constituição da propriedade fiduciária, dá-se o desdobramento da posse, tornando-se o devedor possuidor direto da coisa.

• *Vide* art. 1.197 do CC.

§ 3.º A propriedade superveniente, adquirida pelo devedor, torna eficaz, desde o arquivamento, a transferência da propriedade fiduciária.

• *Vide* Súmulas 28 e 92 do STJ.

Art. 1.362. O contrato, que serve de título à propriedade fiduciária, conterá:

I – o total da dívida, ou sua estimativa;

II – o prazo, ou a época do pagamento;

III – a taxa de juros, se houver;

IV – a descrição da coisa objeto da transferência, com os elementos indispensáveis à sua identificação.

• *Vide* art. 1.361, § 1.º, do CC.

Art. 1.363. Antes de vencida a dívida, o devedor, a suas expensas e risco, pode usar a coisa segundo sua destinação, sendo obrigado, como depositário:

I – a empregar na guarda da coisa a diligência exigida por sua natureza;

II – a entregá-la ao credor, se a dívida não for paga no vencimento.

Art. 1.364. Vencida a dívida, e não paga, fica o credor obrigado a vender, judicial ou extrajudicialmente, a coisa a terceiros, a aplicar o preço no pagamento de seu crédito e das despesas de cobrança, e a entregar o saldo, se houver, ao devedor.

• *Vide* Súmulas 72 e 245 do STJ.

Art. 1.365. É nula a cláusula que autoriza o proprietário fiduciário a ficar com a coisa alienada em garantia, se a dívida não for paga no vencimento.

Parágrafo único. O devedor pode, com a anuência do credor, dar seu direito eventual à coisa em pagamento da dívida, após o vencimento desta.

• *Vide* art. 1.428 do CC.

Art. 1.366. Quando, vendida a coisa, o produto não bastar para o pagamento da dívida e das despesas de cobrança, continuará o devedor obrigado pelo restante.

Art. 1.367. A propriedade fiduciária em garantia de bens móveis ou imóveis sujeita-se às disposições do Capítulo I do Título X do Livro III da Parte Especial deste Código e, no que for específico, à legislação especial pertinente, não se equiparando, para quaisquer efeitos, à propriedade plena de que trata o art. 1.231.

•• Artigo com redação determinada pela Lei n. 13.043, de 13-11-2014.

Art. 1.368. O terceiro, interessado ou não, que pagar a dívida, se sub-rogará de pleno direito no crédito e na propriedade fiduciária.

• *Vide* arts. 346 a 351 (sub-rogação) do CC.

Art. 1.368-A. As demais espécies de propriedade fiduciária ou de titularidade fiduciária submetem-se à disciplina específica das respectivas leis especiais, somente se aplicando as disposições deste Código naquilo que não for incompatível com a legislação especial.

•• Artigo acrescentado pela Lei n. 10.931, de 2-8-2004.

Art. 1.368-B. A alienação fiduciária em garantia de bem móvel ou imóvel confere direito real de aquisição ao fiduciante, seu cessionário ou sucessor.

•• *Caput* acrescentado pela Lei n. 13.043, de 13-11-2014.

Parágrafo único. O credor fiduciário que se tornar proprietário pleno do bem, por efeito de realização da garantia, mediante consolidação da propriedade, adjudicação, dação ou outra forma pela qual lhe tenha sido transmitida a propriedade plena, passa a responder pelo pagamento dos tributos sobre a propriedade e a posse, taxas, despesas condominiais e quaisquer outros encargos, tributários ou não, incidentes sobre o bem objeto da garantia, a partir da data em que vier a ser imitido na posse direta do bem.

•• Parágrafo único acrescentado pela Lei n. 13.043, de 13-11-2014.

Capítulo X
DO FUNDO DE INVESTIMENTO

•• Capítulo X acrescentado pela Lei n. 13.874, de 20-9-2019.

Art. 1.368-C. O fundo de investimento é uma comunhão de recursos, constituído sob a forma de condomínio de natureza especial, destinado à aplicação em ativos financeiros, bens e direitos de qualquer natureza.

•• *Caput* acrescentado pela Lei n. 13.874, de 20-9-2019.

§ 1.º Não se aplicam ao fundo de investimento as disposições constantes dos arts. 1.314 ao 1.358-A deste Código.

•• § 1.º acrescentado pela Lei n. 13.874, de 20-9-2019.

§ 2.º Competirá à Comissão de Valores Mobiliários disciplinar o disposto no *caput* deste artigo.

•• § 2.º acrescentado pela Lei n. 13.874, de 20-9-2019.

• A Resolução n. 175, de 23-12-2022, da CVM, dispõe sobre a constituição, o funcionamento e a divulgação de informações dos fundos de investimento, bem como sobre a prestação de serviços para os fundos.

§ 3.º O registro dos regulamentos dos fundos de investimentos na Comissão de Valores Mobiliários é condição suficiente para garantir a sua publicidade e a oponibilidade de efeitos em relação a terceiros.

•• § 3.º acrescentado pela Lei n. 13.874, de 20-9-2019.

Art. 1.368-D. O regulamento do fundo de investimento poderá, observado o disposto na regulamentação a que se refere o § 2.º do art. 1.368-C desta Lei, estabelecer:

•• *Caput* acrescentado pela Lei n. 13.874, de 20-9-2019.

I – a limitação da responsabilidade de cada investidor ao valor de suas cotas;

•• Inciso I acrescentado pela Lei n. 13.874, de 20-9-2019.

II – a limitação da responsabilidade, bem como parâmetros de sua aferição, dos prestadores de serviços do fundo de investimento, perante o condomínio e entre si, ao cumprimento dos deveres particulares de cada um, sem solidariedade; e

•• Inciso II acrescentado pela Lei n. 13.874, de 20-9-2019.

III – classes de cotas com direitos e obrigações distintos, com possibilidade de constituir patrimônio segregado para cada classe.

•• Inciso III acrescentado pela Lei n. 13.874, de 20-9-2019.

§ 1.º A adoção da responsabilidade limitada por fundo de investimento constituído sem a limitação de responsabilidade somente abrangerá fatos ocorridos após a respectiva mudança em seu regulamento.

•• § 1.º acrescentado pela Lei n. 13.874, de 20-9-2019.

§ 2.º A avaliação de responsabilidade dos prestadores de serviço deverá levar sempre em consideração os riscos inerentes às aplicações nos mercados de atuação do fundo de investimento e a natureza de obrigação de meio de seus serviços.

•• § 2.º acrescentado pela Lei n. 13.874, de 20-9-2019.

§ 3.º O patrimônio segregado referido no inciso III do *caput* deste artigo só responderá por obrigações vinculadas à classe respectiva, nos termos do regulamento.

•• § 3.º acrescentado pela Lei n. 13.874, de 20-9-2019.

Art. 1.368-E. Os fundos de investimento respondem diretamente pelas obrigações legais e contratuais por eles assumidas, e os prestadores de serviço não respondem por essas obrigações, mas respondem pelos prejuízos que causarem quando procederem com dolo ou má-fé.

•• *Caput* acrescentado pela Lei n. 13.874, de 20-9-2019.

§ 1.º Se o fundo de investimento com limitação de responsabilidade não possuir patrimônio suficiente para responder por suas dívidas, aplicam-se as regras de insolvência previstas nos arts. 955 a 965 deste Código.

•• § 1.º acrescentado pela Lei n. 13.874, de 20-9-2019.

§ 2.º A insolvência pode ser requerida judicialmente por credores, por deliberação própria dos cotistas do fundo de investimento, nos termos de seu regulamento, ou pela Comissão de Valores Mobiliários.

•• § 2.º acrescentado pela Lei n. 13.874, de 20-9-2019.

Art. 1.368-F. O fundo de investimento constituído por lei específica e regulamentado pela Comissão de Valores Mobiliários deverá, no que couber, seguir as disposições deste Capítulo.

•• Artigo acrescentado pela Lei n. 13.874, de 20-9-2019.

Título IV
DA SUPERFÍCIE

• *Vide* arts. 21 a 24 da Lei n. 10.257, de 10-7-2001 (Estatuto da Cidade).

Art. 1.369. O proprietário pode conceder a outrem o direito de construir ou de plantar em seu terreno, por tempo determinado, mediante escritura pública devidamente registrada no Cartório de Registro de Imóveis.

• *Vide* art. 167, I, n. 39, da Lei n. 6.015, de 31-12-1973 (LRP).

• *Vide* art. 21, *caput*, da Lei n. 10.257, de 10-7-2001 (Estatuto da Cidade).

Parágrafo único. O direito de superfície não autoriza obra no subsolo, salvo se for inerente ao objeto da concessão.

• *Vide* art. 21, § 1.º, da Lei n. 10.257, de 10-7-2001 (Estatuto da Cidade).

Art. 1.370. A concessão da superfície será gratuita ou onerosa; se onerosa, estipularão as partes se o pagamento será feito de uma só vez, ou parceladamente.

• *Vide* art. 21, § 2.º, da Lei n. 10.257, de 10-7-2001 (Estatuto da Cidade).

Art. 1.371. O superficiário responderá pelos encargos e tributos que incidirem sobre o imóvel.

• *Vide* art. 21, § 3.º, da Lei n. 10.257, de 10-7-2001 (Estatuto da Cidade).

Art. 1.372. O direito de superfície pode transferir-se a terceiros e, por morte do superficiário, aos seus herdeiros.

Parágrafo único. Não poderá ser estipulado pelo concedente, a nenhum título, qualquer pagamento pela transferência.

• *Vide* art. 21, §§ 4.º e 5.º, da Lei n. 10.257, de 10-7-2001 (Estatuto da Cidade).

Art. 1.373. Em caso de alienação do imóvel ou do direito de superfície, o superficiário ou o proprietário tem direito de preferência, em igualdade de condições.

• *Vide* art. 22 da Lei n. 10.257, de 10-7-2001 (Estatuto da Cidade).

Art. 1.374. Antes do termo final, resolver-se-á a concessão se o superficiário der ao terreno destinação diversa daquela para que foi concedida.

• *Vide* art. 24, § 1.º, da Lei n. 10.257, de 10-7-2001 (Estatuto da Cidade).

Art. 1.375. Extinta a concessão, o proprietário passará a ter a propriedade plena sobre o terreno, construção ou plantação, independentemente de indenização, se as partes não houverem estipulado o contrário.

• *Vide* art. 24, *caput*, e § 2.º, da Lei n. 10.257, de 10-7-2001 (Estatuto da Cidade).

Art. 1.376. No caso de extinção do direito de superfície em consequência de desapropriação, a indenização cabe ao proprietário e ao superficiário, no valor correspondente ao direito real de cada um.

• *Vide* art. 1.275, V, do CC.

Art. 1.377. O direito de superfície, constituído por pessoa jurídica de direito público interno, rege-se por este Código, no que não for diversamente disciplinado em lei especial.

Título V
DAS SERVIDÕES

• *Vide* art. 47, § 1.º, do CPC (foro competente).
• *Vide* Decreto-lei n. 58, de 10-12-1937 (loteamento).
• *Vide* Lei n. 6.015, de 31-12-1973, arts. 256 e 257 (cancelamento).
• *Vide* Lei n. 10.257, de 10-7-2001 (Estatuto da Cidade).
• *Vide* Súmulas 120 e 415 do STF e 56 do STJ.

Capítulo I
DA CONSTITUIÇÃO DAS SERVIDÕES

Art. 1.378. A servidão proporciona utilidade para o prédio dominante, e grava o prédio serviente, que pertence a diverso dono, e constitui-se mediante declaração expressa dos proprietários, ou por testamento, e subsequente registro no Cartório de Registro de Imóveis.

• *Vide* art. 1.227 do CC.
• No Registro de Imóveis será feito o registro das servidões (Lei n. 6.015, de 31-12-1973, arts. 167, I, n. 6, e 168).

Art. 1.379. O exercício incontestado e contínuo de uma servidão aparente, por dez anos, nos termos do art. 1.242, autoriza o interessado a registrá-la em seu nome no Registro de Imóveis, valendo-lhe como título a sentença que julgar consumada a usucapião.

Parágrafo único. Se o possuidor não tiver título, o prazo da usucapião será de vinte anos.

• *Vide* art. 1.238 do CC.
• *Vide* Súmula 415 do STF.

Capítulo II
DO EXERCÍCIO DAS SERVIDÕES

Art. 1.380. O dono de uma servidão pode fazer todas as obras necessárias à sua conservação e uso, e, se a servidão pertencer a mais de um prédio, serão as despesas rateadas entre os respectivos donos.

Art. 1.381. As obras a que se refere o artigo antecedente devem ser feitas pelo dono do prédio dominante, se o contrário não dispuser expressamente o título.

Art. 1.382. Quando a obrigação incumbir ao dono do prédio serviente, este poderá exonerar-se, abandonando, total ou parcialmente, a propriedade ao dono do dominante.

Parágrafo único. Se o proprietário do prédio dominante se recusar a receber a propriedade do serviente, ou parte dela, caber-lhe-á custear as obras.

Art. 1.383. O dono do prédio serviente não poderá embaraçar de modo algum o exercício legítimo da servidão.

• *Vide* art. 1.210 do CC.

Art. 1.384. A servidão pode ser removida, de um local para outro, pelo dono do prédio serviente e à sua custa, se em nada diminuir as vantagens do prédio dominante, ou pelo dono deste e à sua custa, se houver considerável incremento da utilidade e não prejudicar o prédio serviente.

Art. 1.385. Restringir-se-á o exercício da servidão às necessidades do prédio dominante, evitando-se, quanto possível, agravar o encargo ao prédio serviente.

§ 1.º Constituída para certo fim, a servidão não se pode ampliar a outro.

§ 2.º Nas servidões de trânsito, a de maior inclui a de menor ônus, e a menor exclui a mais onerosa.

§ 3.º Se as necessidades da cultura, ou da indústria, do prédio dominante impuserem à servidão maior largueza, o dono do serviente é obrigado a sofrê-la; mas tem direito a ser indenizado pelo excesso.

Art. 1.386. As servidões prediais são indivisíveis, e subsistem, no caso de divisão dos imóveis, em benefício de cada uma das porções do prédio dominante, e continuam a gravar cada uma das do prédio serviente, salvo se, por natureza, ou destino, só se aplicarem a certa parte de um ou de outro.

Capítulo III
DA EXTINÇÃO DAS SERVIDÕES

Art. 1.387. Salvo nas desapropriações, a servidão, uma vez registrada, só se extingue, com respeito a terceiros, quando cancelada.

• *Vide* arts. 256 e 257 da Lei n. 6.015, de 31-12-1973 (LRP).

Parágrafo único. Se o prédio dominante estiver hipotecado, e a servidão se mencionar no título hipotecário, será também preciso, para a cancelar, o consentimento do credor.

• *Vide* arts. 1.473 a 1.505 do CC.
• O cancelamento da servidão, quando o prédio dominante estiver hipotecado, só poderá ser feito com aquiescência do credor, expressamente manifestada (arts. 256 e 257 da Lei n. 6.015, de 31-12-1973).

Art. 1.388. O dono do prédio serviente tem direito, pelos meios judiciais, ao cancelamento do registro, embora o dono do prédio dominante lho impugne:

I – quando o titular houver renunciado a sua servidão;

II – quando tiver cessado, para o prédio dominante, a utilidade ou a comodidade, que determinou a constituição da servidão;

III – quando o dono do prédio serviente resgatar a servidão.

Art. 1.389. Também se extingue a servidão, ficando ao dono do prédio serviente a faculdade de fazê-la cancelar, mediante a prova da extinção:

I – pela reunião dos dois prédios no domínio da mesma pessoa;

II – pela supressão das respectivas obras por efeito de contrato, ou de outro título expresso;

III – pelo não uso, durante dez anos contínuos.

Título VI
DO USUFRUTO

• Dispositivos sobre usufruto no CC: arts. 1.225, IV, 1.413, 1.689, I, 1.693, 1.816, parágrafo único, 1.921 e 1.946, *caput* e parágrafo único.
• Sobre usufruto: Decreto-lei n. 3.200, de 19-4-1941, art. 17 (organização e proteção da família); Lei n. 13.105, de 16-3-2015 (CPC), arts. 725, VI, 799, I, 804, 825, III, 904, II, e 867 e s.; Lei n. 6.015, de 31-12-1973, arts. 167, I, n. 7, e 220, V; Lei n. 6.404, de 15-12-1976, arts. 114, 169, § 2.º, e 171 (Lei de Sociedades Anônimas); Lei n. 6.515, de 26-12-1977, art. 21, § 1.º (Lei do Divórcio); Lei n. 8.245, de 18-10-1991, art. 7.º, parágrafo único (Lei de Locação de Imóveis Urbanos); Lei n. 8.971, de 29-12-1994, art. 2.º, I e II (direitos dos companheiros a alimentos e à sucessão); e CF, art. 231, § 2.º.

Capítulo I
DISPOSIÇÕES GERAIS

Art. 1.390. O usufruto pode recair em um ou mais bens, móveis ou imóveis, em um patrimônio inteiro, ou parte deste, abrangendo-lhe, no todo ou em parte, os frutos e utilidades.

• *Vide* art. 231, § 2.º, da CF.
• *Vide* arts. 1.225, IV, 1.413, 1.416, 1.652, I, 1.689, I, 1.693, 1.816, parágrafo único, 1.921, 1.946 e 1.952 do CC.

Art. 1.391. O usufruto de imóveis, quando não resulte de usucapião, constituir-se-á mediante registro no Cartório de Registro de Imóveis.

• *Vide* arts. 1.227, 1.652, I, e 1.689, I, do CC.
• Registro de usufruto – *vide* art. 167, I, n. 7, da Lei n. 6.015, de 31-12-1973 (LRP).

Art. 1.392. Salvo disposição em contrário, o usufruto estende-se aos acessórios da coisa e seus acrescidos.

• *Vide* arts. 92, 96, 97 e 1.248 do CC.

§ 1.º Se, entre os acessórios e os acrescidos, houver coisas consumíveis, terá o usufrutuário o dever de restituir, findo o usufruto, as que ainda houver e, das outras, o equivalente em gênero, qualidade e quantidade, ou, não sendo possível, o seu valor, estimado ao tempo da restituição.

• *Vide* art. 86 do CC.

§ 2.º Se há no prédio em que recai o usufruto florestas ou os recursos minerais a que se refere o art. 1.230, devem o dono e o usufrutuário prefixar-lhe a extensão do gozo e a maneira de exploração.

§ 3.º Se o usufruto recai sobre universalidade ou quota-parte de bens, o usufrutuário tem direito à parte do tesouro achado por outrem, e ao preço pago pelo vizinho do prédio usufruído, para obter meação em parede, cerca, muro, vala ou valado.

• *Vide* arts. 90 e 1.264 a 1.266 do CC.

Art. 1.393. Não se pode transferir o usufruto por alienação; mas o seu exercício pode ceder-se por título gratuito ou oneroso.

Capítulo II
DOS DIREITOS DO USUFRUTUÁRIO

Art. 1.394. O usufrutuário tem direito à posse, uso, administração e percepção dos frutos.

• *Vide* arts. 1.197, 1.392, 1.396, 1.398, 1.401 e 1.402 do CC.

Art. 1.395. Quando o usufruto recai em títulos de crédito, o usufrutuário tem direito a perceber os frutos e a cobrar as respectivas dívidas.

• *Vide* arts. 887 e s. do CC.

Parágrafo único. Cobradas as dívidas, o usufrutuário aplicará, de imediato, a importância em títulos da mesma natureza, ou em títulos da dívida pública federal, com cláusula de atualização monetária segundo índices oficiais regularmente estabelecidos.

Art. 1.396. Salvo direito adquirido por outrem, o usufrutuário faz seus os frutos naturais, pendentes ao começar o usufruto, sem encargo de pagar as despesas de produção.

• *Vide* art. 1.215 do CC.

Parágrafo único. Os frutos naturais, pendentes ao tempo em que cessa o usufruto, pertencem ao dono, também sem compensação das despesas.

Art. 1.397. As crias dos animais pertencem ao usufrutuário, deduzidas quantas bastem para inteirar as cabeças de gado existentes ao começar o usufruto.

Art. 1.398. Os frutos civis, vencidos na data inicial do usufruto, pertencem ao proprietário, e ao usufrutuário os vencidos na data em que cessa o usufruto.

• *Vide* art. 1.215 do CC.

Art. 1.399. O usufrutuário pode usufruir em pessoa, ou mediante arrendamento, o prédio, mas não mudar-lhe a destinação econômica, sem expressa autorização do proprietário.

• *Vide* art. 1.393 do CC.

Capítulo III
DOS DEVERES DO USUFRUTUÁRIO

Art. 1.400. O usufrutuário, antes de assumir o usufruto, inventariará, à sua custa, os bens que receber, determinando o estado em que se acham, e dará caução, fidejussória ou real, se lha exigir o dono, de velar-lhes pela conservação, e entregá-los findo o usufruto.

Parágrafo único. Não é obrigado à caução o doador que se reservar o usufruto da coisa doada.

Art. 1.401. O usufrutuário que não quiser ou não puder dar caução suficiente perderá o direito de administrar o usufruto; e, neste caso, os bens serão administrados pelo proprietário, que ficará obrigado, mediante caução, a entregar ao usufrutuário o rendimento deles, deduzidas as despesas de administração, entre as quais se incluirá a quantia fixada pelo juiz como remuneração do administrador.

Art. 1.402. O usufrutuário não é obrigado a pagar as deteriorações resultantes do exercício regular do usufruto.

• *Vide* art. 569, IV, do CC.

Art. 1.403. Incumbem ao usufrutuário:

I – as despesas ordinárias de conservação dos bens no estado em que os recebeu;

• *Vide* art. 23 da Lei n. 8.245, de 18-10-1991.

II – as prestações e os tributos devidos pela posse ou rendimento da coisa usufruída.

Art. 1.404. Incumbem ao dono as reparações extraordinárias e as que não forem de custo módico; mas o usufrutuário lhe pagará os juros do capital despendido com as que forem necessárias à conservação, ou aumentarem o rendimento da coisa usufruída.

• *Vide* art. 22 da Lei n. 8.245, de 18-10-1991.

§ 1.º Não se consideram módicas as despesas superiores a dois terços do líquido rendimento em um ano.

§ 2.º Se o dono não fizer as reparações a que está obrigado, e que são indispensáveis à conservação da coisa, o usufrutuário pode realizá-las, cobrando daquele a importância despendida.

Art. 1.405. Se o usufruto recair num patrimônio, ou parte deste, será o usufrutuário obrigado aos juros da dívida que onerar o patrimônio ou a parte dele.

• *Vide* art. 89 do CC.

Art. 1.406. O usufrutuário é obrigado a dar ciência ao dono de qualquer lesão produzida contra a posse da coisa, ou os direitos deste.

Art. 1.407. Se a coisa estiver segurada, incumbe ao usufrutuário pagar, durante o usufruto, as contribuições do seguro.

• *Vide* arts. 757 a 788 do CC.

§ 1.º Se o usufrutuário fizer o seguro, ao proprietário caberá o direito dele resultante contra o segurador.

§ 2.º Em qualquer hipótese, o direito do usufrutuário fica sub-rogado no valor da indenização do seguro.

Art. 1.408. Se um edifício sujeito a usufruto for destruído sem culpa do proprietário, não será este obrigado a reconstruí-lo, nem o usufruto se restabelecerá, se o proprietário reconstruir à sua custa o prédio; mas se a indenização do seguro for aplicada à reconstrução do prédio, restabelecer-se-á o usufruto.

• *Vide* art. 1.275, IV, do CC.

Art. 1.409. Também fica sub-rogada no ônus do usufruto, em lugar do prédio, a indenização paga, se ele for desapropriado, ou a importância do dano, ressarcido pelo terceiro responsável no caso de danificação ou perda.

Capítulo IV
DA EXTINÇÃO DO USUFRUTO

Art. 1.410. O usufruto extingue-se, cancelando-se o registro no Cartório de Registro de Imóveis:

• *Vide* art. 725, VI, do CPC.

I – pela renúncia ou morte do usufrutuário;

• *Vide* art. 1.921 do CC.

II – pelo termo de sua duração;

III – pela extinção da pessoa jurídica, em favor de quem o usufruto foi constituído, ou, se ela perdurar, pelo decurso de trinta anos da data em que se começou a exercer;

IV – pela cessação do motivo de que se origina;

V – pela destruição da coisa, guardadas as disposições dos arts. 1.407, 1.408, 2.ª parte, e 1.409;

• *Vide* art. 1.392, § 1.º, do CC.

VI – pela consolidação;

VII – por culpa do usufrutuário, quando aliena, deteriora, ou deixa arruinar os bens, não lhes acudindo com os reparos de conservação, ou quando, no usufruto de títulos de crédito, não dá às importâncias recebidas a aplicação prevista no parágrafo único do art. 1.395;

VIII – pelo não uso, ou não fruição, da coisa em que o usufruto recai (arts. 1.390 e 1.399).

Art. 1.411. Constituído o usufruto em favor de duas ou mais pessoas, extinguir-se-á a parte em relação a cada uma das que falecerem, salvo se, por estipulação expressa, o quinhão desses couber ao sobrevivente.

• *Vide* art. 1.946 do CC.

Título VII
DO USO

• *Vide* Lei n. 6.015, de 31-12-1973 (LRP), arts. 167, I, n. 7 (registro do uso sobre imóveis), e 220, II (escrituração).

Art. 1.412. O usuário usará da coisa e perceberá os seus frutos, quanto o exigirem as necessidades suas e de sua família.

§ 1.º Avaliar-se-ão as necessidades pessoais do usuário conforme a sua condição social e o lugar onde viver.

§ 2.º As necessidades da família do usuário compreendem as de seu cônjuge, dos filhos solteiros e das pessoas de seu serviço doméstico.

Art. 1.413. São aplicáveis ao uso, no que não for contrário à sua natureza, as disposições relativas ao usufruto.

• *Vide* arts. 1.390 a 1.411 (usufruto) do CC.

Título VIII
DA HABITAÇÃO

Art. 1.414. Quando o uso consistir no direito de habitar gratuitamente casa alheia, o titular deste direito não a pode alugar, nem emprestar, mas simplesmente ocupá-la com sua família.

- *Vide* art. 1.831 do CC.
- *Vide* Lei n. 6.015, de 31-12-1973 (LRP), art. 167, I, n. 7.
- *Vide* art. 7.º, parágrafo único, da Lei n. 9.278, de 10-5-1996.

Art. 1.415. Se o direito real de habitação for conferido a mais de uma pessoa, qualquer delas que sozinha habite a casa não terá de pagar aluguel à outra, ou às outras, mas não as pode inibir de exercerem, querendo, o direito, que também lhes compete, de habitá-la.

- *Vide* art. 1.831 do CC.

Art. 1.416. São aplicáveis à habitação, no que não for contrário à sua natureza, as disposições relativas ao usufruto.

- Usufruto no CC: arts. 1.390 a 1.411.

Título IX
DO DIREITO DO PROMITENTE COMPRADOR

- *Vide* Decreto-lei n. 58, de 10-12-1937.
- *Vide* Lei n. 6.766, de 19-12-1979.

Art. 1.417. Mediante promessa de compra e venda, em que se não pactuou arrependimento, celebrada por instrumento público ou particular, e registrada no Cartório de Registro de Imóveis, adquire o promitente comprador direito real à aquisição do imóvel.

- *Vide* arts. 417 a 420 do CC.
- *Vide* Súmulas 76 e 84 do STJ.

Art. 1.418. O promitente comprador, titular de direito real, pode exigir do promitente vendedor, ou de terceiros, a quem os direitos deste forem cedidos, a outorga da escritura definitiva de compra e venda, conforme o disposto no instrumento preliminar; e, se houver recusa, requerer ao juiz a adjudicação do imóvel.

- *Vide* Súmula 239 do STJ.

Título X
DO PENHOR, DA HIPOTECA E DA ANTICRESE

Capítulo I
DISPOSIÇÕES GERAIS

Art. 1.419. Nas dívidas garantidas por penhor, anticrese ou hipoteca, o bem dado em garantia fica sujeito, por vínculo real, ao cumprimento da obrigação.

- *Vide* art. 961 do CC.
- *Vide* art. 83, II, da Lei n. 11.101, de 9-2-2005 (Lei de Falências).

Art. 1.420. Só aquele que pode alienar poderá empenhar, hipotecar ou dar em anticrese; só os bens que se podem alienar poderão ser dados em penhor, anticrese ou hipoteca.

- *Vide* arts. 1.314, 1.647, I, 1.691, *caput*, 1.717 e 1.848 do CC.

§ 1.º A propriedade superveniente torna eficaz, desde o registro, as garantias reais estabelecidas por quem não era dono.

- *Vide* arts. 1.268 e 1.912 do CC.

§ 2.º A coisa comum a dois ou mais proprietários não pode ser dada em garantia real, na sua totalidade, sem o consentimento de todos; mas cada um pode individualmente dar em garantia real a parte que tiver.

- *Vide* arts. 87 e 1.314 do CC.

Art. 1.421. O pagamento de uma ou mais prestações da dívida não importa exoneração correspondente da garantia, ainda que esta compreenda vários bens, salvo disposição expressa no título ou na quitação.

- Sobre liquidação ou amortização da dívida antes do vencimento, *vide* o Decreto n. 22.626, de 7-4-1933, art. 7.º.

Art. 1.422. O credor hipotecário e o pignoratício têm o direito de excutir a coisa hipotecada ou empenhada, e preferir, no pagamento, a outros credores, observada, quanto à hipoteca, a prioridade no registro.

- *Vide* arts. 958, 959, 961 e 1.493, parágrafo único, do CC.
- *Vide* art. 83 da Lei n. 11.101, de 9-2-2005 (Lei de Falências).
- *Vide* arts. 784, V, e 835, § 3.º, do CPC.
- *Vide* Decreto-lei n. 167, de 14-2-1967, sobre títulos de crédito rural.

Parágrafo único. Excetuam-se da regra estabelecida neste artigo as dívidas que, em virtude de outras leis, devam ser pagas precipuamente a quaisquer outros créditos.

- *Vide* art. 964 do CC.

Art. 1.423. O credor anticrético tem direito a reter em seu poder o bem, enquanto a dívida não for paga; extingue-se esse direito decorridos quinze anos da data de sua constituição.

- *Vide* arts. 1.507, *caput* e § 2.º, e 1.509, *caput* e § 1.º, do CC.
- *Vide* arts. 167, I, n. 11, e 168 da Lei n. 6.015, de 31-12-1973 (LRP).

Art. 1.424. Os contratos de penhor, anticrese ou hipoteca declararão, sob pena de não terem eficácia:

I – o valor do crédito, sua estimação, ou valor máximo;

II – o prazo fixado para pagamento;

III – a taxa dos juros, se houver;

IV – o bem dado em garantia com as suas especificações.

Art. 1.425. A dívida considera-se vencida:

I – se, deteriorando-se, ou depreciando-se o bem dado em segurança, desfalcar a garantia, e o devedor, intimado, não a reforçar ou substituir;

II – se o devedor cair em insolvência ou falir;

- *Vide* arts. 322 e 333, II, do CC.

III – se as prestações não forem pontualmente pagas, toda vez que deste modo se achar estipulado o pagamento. Neste caso, o recebimento posterior da prestação atrasada importa renúncia do credor ao seu direito de execução imediata;

IV – se perecer o bem dado em garantia, e não for substituído;

V – se se desapropriar o bem dado em garantia, hipótese na qual se depositará a parte do preço que for necessária para o pagamento integral do credor.

- *Vide* arts. 959, II, e 1.275, V, do CC.
- *Vide* Decreto-lei n. 3.365, de 21-6-1941, art. 31, acerca de desapropriações.

§ 1.º Nos casos de perecimento da coisa dada em garantia, esta se sub-rogará na indenização do seguro, ou no ressarcimento do dano, em benefício do credor, a quem assistirá sobre ela preferência até seu completo reembolso.

§ 2.º Nos casos dos incisos IV e V, só se vencerá a hipoteca antes do prazo estipulado, se o perecimento, ou a desapropriação recair sobre o bem dado em garantia, e esta não abranger outras; subsistindo, no caso contrário, a dívida reduzida, com a respectiva garantia sobre os demais bens, não desapropriados ou destruídos.

Art. 1.426. Nas hipóteses do artigo anterior, de vencimento antecipado da dívida, não se compreendem os juros correspondentes ao tempo ainda não decorrido.

Art. 1.427. Salvo cláusula expressa, o terceiro que presta garantia real por dívida alheia não fica obrigado a substituí-la, ou reforçá-la, quando, sem culpa sua, se perca, deteriore, ou desvalorize.

Art. 1.428. É nula a cláusula que autoriza o credor pignoratício, anticrético ou hipotecário a ficar com o objeto da garantia, se a dívida não for paga no vencimento.

Parágrafo único. Após o vencimento, poderá o devedor dar a coisa em pagamento da dívida.

Art. 1.429. Os sucessores do devedor não podem remir parcialmente o penhor ou a hipoteca na proporção dos seus quinhões; qualquer deles, porém, pode fazê-lo no todo.

Parágrafo único. O herdeiro ou sucessor que fizer a remição fica sub-rogado nos direitos do credor pelas quotas que houver satisfeito.

Art. 1.430. Quando, excutido o penhor, ou executada a hipoteca, o produto não bastar para pagamento da dívida e despesas judiciais, continuará o devedor obrigado pessoalmente pelo restante.

- *Vide* art. 1.488, § 3.º, do CC.

Capítulo II
DO PENHOR

- Sobre penhor no CC, *vide* arts. 30, *caput*, 165, parágrafo único, 333, II, 364 e 1.225, VIII.
- Sobre penhor no CPC: arts. 784, V (contrato de penhor, título executivo extrajudicial), 804 (alienação de bem gravado por penhor) e 703 e s. (homologação do penhor legal).
- *Vide* art. 8.º, § 2.º, do Decreto-lei n. 4.657, de 4-9-1942 (LINDB).
- O Decreto-lei n. 182, de 5-1-1938, revogou disposições contidas no Decreto n. 22.626, de 7-4-1933, e nas Leis ns. 454, de 9-7-1937 e 492, de 30-8-1937 (sobre limitação dos juros nos contratos).

• O Decreto-lei n. 1.113, de 22-2-1939, dispõe sobre a taxa de juros nos empréstimos feitos pelas casas de penhores.
• O Decreto-lei n. 2.612, de 20-9-1940, dispõe sobre o registro do penhor rural.
• O Decreto-lei n. 4.360, de 5-6-1942, modifica prazos para o penhor agrícola e pecuário.
• A Lei n. 2.666, de 6-12-1955, dispõe sobre o penhor de produtos agrícolas.
• O Decreto-lei n. 167, de 14-2-1967, dispõe sobre títulos de crédito rural nos arts. 14, V, 15, 17, 19, 25, V, 26, 41, § 1.º, 44, parágrafo único, 55 a 58, 61 e parágrafo único, 66, 68 e 69.
• *Vide* Lei n. 4.717, de 29-6-1965 (ação popular), art. 4.º, II, *b*.
• *Vide* Lei n. 4.728, de 14-7-1965 (mercado de capitais), arts. 35, parágrafo único, e 38, § 2.º.
• *Vide* Decreto-lei n. 413, de 9-1-1969, arts. 14, V, 19, I, 20, 23, 30, 41, n. 2, 3, 4 e 6, 44, 45 e parágrafo único, 46, 48, 57 (títulos de crédito industrial).
• Sobre penhor: Lei n. 6.015, de 31-12-1973 (LRP), arts. 127, II e IV (transcrição de penhor comum e do contrato de penhor de animais), 129, VII (registro de títulos e documentos, penhor de automóveis), 135, n. 3 (anotação e protocolo), 144 e 145 (registro de contrato de penhor), 167, I, n. 4 (penhor de máquinas e aparelhos utilizados na indústria), 167, I, n. 15 (registro dos contratos de penhor rural), 178, I, IV e VI (registro auxiliar – Livro n. 3) e 219 (registro de penhor rural); Lei n. 6.404, de 15-12-1976 (LSA), arts. 39 e §§ (penhor de ações), 43, § 2.º (certificado de depósito), 72, *caput* (penhor de debêntures), 100, I, *f* (livro para registro do penhor pela companhia), 113, *caput* (penhor de ação, direito de voto), e 148, *caput* (garantia de gestão).
• *Vide* Lei n. 6.840, de 3-11-1980, art. 3.º (título de crédito comercial).
• *Vide* Lei n. 8.929, de 22-8-1994, arts. 5.º, II, 7.º e §§ 1.º a 3.º, 12, 16 e 18, que institui a cédula de produto rural.
• Sobre penhor na Lei de Falências (Lei n. 11.101, de 9-2-2005), *vide* art. 22, III, *m* (dever do síndico, remissão de penhor).

Seção I
Da Constituição do Penhor

Art. 1.431. Constitui-se o penhor pela transferência efetiva da posse que, em garantia do débito ao credor ou a quem o represente, faz o devedor, ou alguém por ele, de uma coisa móvel, suscetível de alienação.
• *Vide* art. 1.196 do CC.
• *Vide* art. 8.º, § 2.º, da LINDB.

Parágrafo único. No penhor rural, industrial, mercantil e de veículos, as coisas empenhadas continuam em poder do devedor, que as deve guardar e conservar.

Art. 1.432. O instrumento do penhor deverá ser levado a registro, por qualquer dos contratantes; o do penhor comum será registrado no Cartório de Títulos e Documentos.
• *Vide* arts. 221, 1.438, 1.452 e 1.462 do CC.
• *Vide* arts. 127, II e IV, 167, I, n. 4, e 219 da Lei n. 6.015, de 31-12-1973.

Seção II
Dos Direitos do Credor Pignoratício

Art. 1.433. O credor pignoratício tem direito:
I – à posse da coisa empenhada;
• *Vide* arts. 1.196 e s. do CC.
II – à retenção dela, até que o indenizem das despesas devidamente justificadas, que tiver feito, não sendo ocasionadas por culpa sua;
• *Vide* arts. 319, 964, III, e 1.219 do CC.
III – ao ressarcimento do prejuízo que houver sofrido por vício da coisa empenhada;
IV – a promover a execução judicial, ou a venda amigável, se lhe permitir expressamente o contrato, ou lhe autorizar o devedor mediante procuração;
V – a apropriar-se dos frutos da coisa empenhada que se encontra em seu poder;
• *Vide* art. 1.435, III, do CC.
VI – a promover a venda antecipada, mediante prévia autorização judicial, sempre que haja receio fundado de que a coisa empenhada se perca ou deteriore, devendo o preço ser depositado. O dono da coisa empenhada pode impedir a venda antecipada, substituindo-a, ou oferecendo outra garantia real idônea.

Art. 1.434. O credor não pode ser constrangido a devolver a coisa empenhada, ou uma parte dela, antes de ser integralmente pago, podendo o juiz, a requerimento do proprietário, determinar que seja vendida apenas uma das coisas, ou parte da coisa empenhada, suficiente para o pagamento do credor.
• *Vide* art. 964, III, do CC.

Seção III
Das Obrigações do Credor Pignoratício

Art. 1.435. O credor pignoratício é obrigado:
I – à custódia da coisa, como depositário, e a ressarcir ao dono a perda ou deterioração de que for culpado, podendo ser compensada na dívida, até a concorrente quantia, a importância da responsabilidade;
• *Vide* arts. 368 a 380 (compensação) e 627 a 652 (depósito) do CC.
II – à defesa da posse da coisa empenhada e a dar ciência, ao dono dela, das circunstâncias que tornarem necessário o exercício de ação possessória;
• *Vide* arts. 1.210 e s. do CC.
• *Vide* arts. 554 e s. do CPC.
III – a imputar o valor dos frutos, de que se apropriar (art. 1.433, inciso V) nas despesas de guarda e conservação, nos juros e no capital da obrigação garantida, sucessivamente;
IV – a restituí-la, com os respectivos frutos e acessões, uma vez paga a dívida;
V – a entregar o que sobeje do preço, quando a dívida for paga, no caso do inciso IV do art. 1.433.
• *Vide* arts. 1.428, *caput*, e 1.436, V, do CC.
• *Vide* arts. 784, V, e 907 do CPC.

Seção IV
Da Extinção do Penhor

Art. 1.436. Extingue-se o penhor:
I – extinguindo-se a obrigação;
• *Vide* arts. 1.433 e 1.434 do CC.
II – perecendo a coisa;
III – renunciando o credor;
IV – confundindo-se na mesma pessoa as qualidades de credor e de dono da coisa;
• *Vide* art. 381 do CC.
V – dando-se a adjudicação judicial, a remissão ou a venda da coisa empenhada, feita pelo credor ou por ele autorizada.
•• Mantivemos "remissão" conforme publicação oficial. Entendemos que o correto seria "remição".
• *Vide* art. 1.435, V, do CC.

§ 1.º Presume-se a renúncia do credor quando consentir na venda particular do penhor sem reserva de preço, quando restituir a sua posse ao devedor, ou quando anuir à sua substituição por outra garantia.
• *Vide* art. 387 do CC.

§ 2.º Operando-se a confusão tão somente quanto à parte da dívida pignoratícia, subsistirá inteiro o penhor quanto ao resto.
• *Vide* arts. 381 a 384 (confusão) do CC.

Art. 1.437. Produz efeitos a extinção do penhor depois de averbado o cancelamento do registro, à vista da respectiva prova.
• Sobre cancelamento do registro, *vide* arts. 164 a 166 da Lei n. 6.015, de 31-12-1973 (LRP).

Seção V
Do Penhor Rural

• *Vide* art. 8.º, § 2.º, do Decreto-lei n. 4.657, de 4-9-1942 (LINDB).
• A Lei n. 492, de 30-8-1937, regula o penhor rural e a cédula pignoratícia.
• *Vide* Lei n. 8.929, de 22-8-1994, que institui a cédula de produto rural.

Subseção I
Disposições gerais

Art. 1.438. Constitui-se o penhor rural mediante instrumento público ou particular, registrado no Cartório de Registro de Imóveis da circunscrição em que estiverem situadas as coisas empenhadas.
• Sobre o registro no Registro de Imóveis, *vide* Lei n. 6.015, de 31-12-1973, art. 167, I, ns. 4, 13, 14 e 15.

Parágrafo único. Prometendo pagar em dinheiro a dívida, que garante com penhor rural, o devedor poderá emitir, em favor do credor, cédula rural pignoratícia, na forma determinada em lei especial.

Art. 1.439. O penhor agrícola e o penhor pecuário não podem ser convencionados por prazos superiores aos das obrigações garantidas.
•• *Caput* com redação determinada pela Lei n. 12.873, de 24-10-2013.
•• *Vide* art. 61 do Decreto-lei n. 167, de 14-2-1967.

§ 1.º Embora vencidos os prazos, permanece a garantia, enquanto subsistirem os bens que a constituem.

§ 2.º A prorrogação deve ser averbada à margem do registro respectivo, mediante requerimento do credor e do devedor.

Art. 1.440. Se o prédio estiver hipotecado, o penhor rural poderá constituir-se independentemente da anuência do credor hipotecário, mas não lhe prejudica o direito de

Código Civil

preferência, nem restringe a extensão da hipoteca, ao ser executada.

Art. 1.441. Tem o credor direito a verificar o estado das coisas empenhadas, inspecionando-as onde se acharem, por si ou por pessoa que credenciar.

Subseção II

Do penhor agrícola

- •• *Vide* art. 61 do Decreto-lei n. 167, de 14-2-1967.
- • O Decreto-lei n. 4.360, de 5-6-1942, modifica prazos para o penhor agrícola e pecuário.
- • A Lei n. 2.666, de 6-12-1955, dispõe sobre o penhor de produtos agrícolas.
- • *Vide* Lei n. 8.929, de 22-8-1994, que institui a cédula de produto rural.

Art. 1.442. Podem ser objeto de penhor:

I – máquinas e instrumentos de agricultura;

II – colheitas pendentes, ou em via de formação;

- • *Vide* art. 1.443 do CC.

III – frutos acondicionados ou armazenados;

IV – lenha cortada e carvão vegetal;

V – animais do serviço ordinário de estabelecimento agrícola.

- • A Lei n. 492, de 30-8-1937 (regula o penhor rural e a cédula pignoratícia), trata do penhor agrícola nos arts. 6.º a 9.º.
- • *Vide* Decreto-lei n. 167, de 14-2-1967, que dispõe sobre títulos de crédito rural.

Art. 1.443. O penhor agrícola que recai sobre colheita pendente, ou em via de formação, abrange a imediatamente seguinte, no caso de frustrar-se ou ser insuficiente a que se deu em garantia.

Parágrafo único. Se o credor não financiar a nova safra, poderá o devedor constituir com outrem novo penhor, em quantia máxima equivalente à do primeiro; o segundo penhor terá preferência sobre o primeiro, abrangendo este apenas o excesso apurado na colheita seguinte.

Subseção III

Do penhor pecuário

- •• *Vide* art. 61 do Decreto-lei n. 167, de 14-2-1967.
- • O Decreto-lei n. 4.360, de 5-6-1942, modifica prazos para o penhor agrícola e pecuário.
- • Sobre transcrição do contrato de penhor de animais no Registro de Títulos e Documentos: *vide* art. 127, IV, da Lei n. 6.015, de 31-12-1973 (LRP).

Art. 1.444. Podem ser objeto de penhor os animais que integram a atividade pastoril, agrícola ou de lacticínios.

Art. 1.445. O devedor não poderá alienar os animais empenhados sem prévio consentimento, por escrito, do credor.

Parágrafo único. Quando o devedor pretende alienar o gado empenhado ou, por negligência, ameace prejudicar o credor, poderá este requerer se depositem os animais sob a guarda de terceiro, ou exigir que se lhe pague a dívida de imediato.

Art. 1.446. Os animais da mesma espécie, comprados para substituir os mortos, ficam sub-rogados no penhor.

Parágrafo único. Presume-se a substituição prevista neste artigo, mas não terá eficácia contra terceiros, se não constar de menção adicional ao respectivo contrato, a qual deverá ser averbada.

Seção VI

Do Penhor Industrial e Mercantil

- • *Vide* Decreto-lei n. 413, de 9-1-1969, que dispõe sobre títulos de crédito industrial.
- • O Decreto n. 1.102, de 21-11-1903, trata do penhor de mercadorias depositadas em armazéns gerais.
- • *Vide* Lei n. 6.015, de 31-12-1973, sobre o registro de penhor de máquinas e de aparelhos utilizados na indústria, instalados e em funcionamento, com os respectivos pertences ou sem eles (art. 167, I, n. 4).

Art. 1.447. Podem ser objeto de penhor máquinas, aparelhos, materiais, instrumentos, instalados e em funcionamento, com os acessórios ou sem eles; animais, utilizados na indústria; sal e bens destinados à exploração das salinas; produtos de suinocultura, animais destinados à industrialização de carnes e derivados; matérias-primas e produtos industrializados.

Parágrafo único. Regula-se pelas disposições relativas aos armazéns gerais o penhor das mercadorias neles depositadas.

Art. 1.448. Constitui-se o penhor industrial, ou o mercantil, mediante instrumento público ou particular, registrado no Cartório de Registro de Imóveis da circunscrição onde estiverem situadas as coisas empenhadas.

- • *Vide* art. 167, I, n. 4, da Lei n. 6.015, de 31-12-1973 (LRP).

Parágrafo único. Prometendo pagar em dinheiro a dívida, que garante com penhor industrial ou mercantil, o devedor poderá emitir, em favor do credor, cédula do respectivo crédito, na forma e para os fins que a lei especial determinar.

Art. 1.449. O devedor não pode, sem o consentimento por escrito do credor, alterar as coisas empenhadas ou mudar-lhes a situação, nem delas dispor. O devedor que, anuindo o credor, alienar as coisas empenhadas, deverá repor outros bens da mesma natureza, que ficarão sub-rogados no penhor.

Art. 1.450. Tem o credor direito a verificar o estado das coisas empenhadas, inspecionando-as onde se acharem, por si ou por pessoa que credenciar.

Seção VII

Do Penhor de Direitos e Títulos de Crédito

- • *Vide* arts. 887 a 926 do CC (títulos de crédito).
- • *Vide* art. 784 do CPC.
- • Sobre títulos de crédito: Decreto n. 2.044, de 31-12-1908 (letra de câmbio e nota promissória); Decreto n. 57.595, de 7-1-1966 (lei uniforme em matéria de cheques); Decreto n. 57.663, de 24-1-1966 (lei uniforme em matéria de letras de câmbio e notas promissórias); Decreto-lei n. 167, de 14-2-1967 (títulos de crédito rural); Decreto-lei n. 413, de 9-1-1969 (títulos de crédito industrial); Lei n. 6.313, de 16-12-1975 (títulos de crédito à exportação); Lei n. 6.840, de 3-11-1980 (títulos de crédito comercial); Lei n. 5.474, de 18-7-1968 (duplicatas); Decreto-lei n. 413, de 9-1-1969 (títulos de crédito industrial); Lei n. 6.313, de 16-12-1975 (títulos de crédito à exportação); Lei n. 6.840, de 3-11-1980 (títulos de crédito comercial); Lei n. 7.357, de 2-9-1985 (Lei do Cheque); Lei n. 8.929, de 22-8-1994 (cédula de produto rural); Lei n. 10.931, de 2-8-2004 (letra de crédito imobiliário e cédula de crédito imobiliário e cédula de crédito bancário).
- • A Lei n. 4.728, de 14-7-1965, disciplina o mercado de capitais e estabelece medidas para o seu desenvolvimento; a Lei n. 6.385, de 7-12-1976, dispõe sobre o mercado de valores mobiliários e cria a CVM; a Lei n. 6.404, de 15-12-1976, dispõe sobre as sociedades por ações.

Art. 1.451. Podem ser objeto de penhor direitos, suscetíveis de cessão, sobre coisas móveis.

- • *Vide* art. 83, II, do CC.

Art. 1.452. Constitui-se o penhor de direito mediante instrumento público ou particular, registrado no Registro de Títulos e Documentos.

- • *Vide* arts. 127 e 129 da Lei n. 6.015, de 31-12-1973 (LRP).

Parágrafo único. O titular de direito empenhado deverá entregar ao credor pignoratício os documentos comprobatórios desse direito, salvo se tiver interesse legítimo em conservá-los.

Art. 1.453. O penhor de crédito não tem eficácia senão quando notificado ao devedor; por notificado tem-se o devedor que, em instrumento público ou particular, declarar-se ciente da existência do penhor.

Art. 1.454. O credor pignoratício deve praticar os atos necessários à conservação e defesa do direito empenhado e cobrar os juros e mais prestações acessórias compreendidas na garantia.

Art. 1.455. Deverá o credor pignoratício cobrar o crédito empenhado, assim que se torne exigível. Se este consistir numa prestação pecuniária, depositará a importância recebida, de acordo com o devedor pignoratício, ou onde o juiz determinar; se consistir na entrega da coisa, nesta se sub-rogará o penhor.

Parágrafo único. Estando vencido o crédito pignoratício, tem o credor direito a reter, da quantia recebida, o que lhe é devido, restituindo o restante ao devedor; ou a excutir a coisa a ele entregue.

- • *Vide* arts. 1.433 e 1.434 do CC.

Art. 1.456. Se o mesmo crédito for objeto de vários penhores, só ao credor pignoratício, cujo direito prefira aos demais, o devedor deve pagar; responde por perdas e danos aos demais credores o credor preferente que, notificado por qualquer um deles, não promover oportunamente a cobrança.

- • *Vide* arts. 402 a 405 do CC.

Art. 1.457. O titular do crédito empenhado só pode receber o pagamento com a anuência, por escrito, do credor pignoratício, caso em que o penhor se extinguirá.

- • *Vide* arts. 1.436 e 1.437 do CC.
- • Sobre cancelamento do registro, *vide* arts. 164 a 166 da Lei n. 6.015, de 31-12-1973 (LRP).

Art. 1.458. O penhor, que recai sobre título de crédito, constitui-se mediante instrumento público ou particular ou endosso pignoratício, com a tradição do título ao credor, regendo-se pelas Disposições Gerais deste Título e, no que couber, pela presente Seção.

• *Vide* arts. 127, III, e 129, n. 2.º, da Lei n. 6.015, de 31-12-1973 (LRP).

Art. 1.459. Ao credor, em penhor de título de crédito, compete o direito de:

I – conservar a posse do título e recuperá-la de quem quer que o detenha;

II – usar dos meios judiciais convenientes para assegurar os seus direitos, e os do credor do título empenhado;

III – fazer intimar ao devedor do título que não pague ao seu credor, enquanto durar o penhor;

IV – receber a importância consubstanciada no título e os respectivos juros, se exigíveis, restituindo o título ao devedor, quando este solver a obrigação.

• *Vide* arts. 319, 324 e 1.433 do CC.

Art. 1.460. O devedor do título empenhado que receber a intimação prevista no inciso III do artigo antecedente, ou se der por ciente do penhor, não poderá pagar ao seu credor. Se o fizer, responderá solidariamente por este, por perdas e danos, perante o credor pignoratício.

• *Vide* arts. 264 a 285 (obrigações solidárias) e 402 a 405 (perdas e danos) do CC.

Parágrafo único. Se o credor der quitação ao devedor do título empenhado, deverá saldar imediatamente a dívida, em cuja garantia se constituiu o penhor.

Seção VIII
Do Penhor de Veículos

Art. 1.461. Podem ser objeto de penhor os veículos empregados em qualquer espécie de transporte ou condução.

• Do contrato de transporte no CC: arts. 730 a 756.

Art. 1.462. Constitui-se o penhor, a que se refere o artigo antecedente, mediante instrumento público ou particular, registrado no Cartório de Títulos e Documentos do domicílio do devedor, e anotado no certificado de propriedade.

• *Vide* art. 129, n. 7.º, da Lei n. 6.015, de 31-12-1973 (LRP).

Parágrafo único. Prometendo pagar em dinheiro a dívida garantida com o penhor, poderá o devedor emitir cédula de crédito, na forma e para os fins que a lei especial determinar.

Art. 1.463. (*Revogado pela Lei n. 14.179, de 30-6-2021.*)

Art. 1.464. Tem o credor direito a verificar o estado do veículo empenhado, inspecionando-o onde se achar, por si ou por pessoa que credenciar.

Art. 1.465. A alienação, ou a mudança, do veículo empenhado sem prévia comunicação ao credor importa no vencimento antecipado do crédito pignoratício.

• Sobre vencimento antecipado da dívida, *vide* arts. 333, 1.425 e 1.426 do CC.

Art. 1.466. O penhor de veículos só se pode convencionar pelo prazo máximo de dois anos, prorrogável até o limite de igual tempo, averbada a prorrogação à margem do registro respectivo.

Seção IX
Do Penhor Legal

Art. 1.467. São credores pignoratícios, independentemente de convenção:

I – os hospedeiros, ou fornecedores de pousada ou alimento, sobre as bagagens, móveis, joias ou dinheiro que os seus consumidores ou fregueses tiverem consigo nas respectivas casas ou estabelecimentos, pelas despesas ou consumo que aí tiverem feito;

• *Vide* arts. 932, IV, e 933 (responsabilidade civil) e 1.419 (vínculo real) do CC.

II – o dono do prédio rústico ou urbano, sobre os bens móveis que o rendeiro ou inquilino tiver guarnecendo o mesmo prédio, pelos aluguéis ou rendas.

• Da locação de coisas no CC: arts. 565 a 578.

• *Vide* Lei n. 8.245, de 18-10-1991 (locação de imóveis urbanos).

Art. 1.468. A conta das dívidas enumeradas no inciso I do artigo antecedente será extraída conforme a tabela impressa, prévia e ostensivamente exposta na casa, dos preços de hospedagem, da pensão ou dos gêneros fornecidos, sob pena de nulidade do penhor.

• *Vide* art. 6.º, III, da Lei n. 8.078, de 11-9-1990 (CDC).

Art. 1.469. Em cada um dos casos do art. 1.467, o credor poderá tomar em garantia um ou mais objetos até o valor da dívida.

Art. 1.470. Os credores, compreendidos no art. 1.467, podem fazer efetivo o penhor, antes de recorrerem à autoridade judiciária, sempre que haja perigo na demora, dando aos devedores comprovante dos bens de que se apossarem.

Art. 1.471. Tomado o penhor, requererá o credor, ato contínuo, a sua homologação judicial.

• O processo de homologação do penhor legal está regulado pelos arts. 703 e s. do CPC.

Art. 1.472. Pode o locatário impedir a constituição do penhor mediante caução idônea.

• *Vide* arts. 37 a 39 da Lei n. 8.245, de 18-10-1991 (locação de imóveis urbanos).

Capítulo III
DA HIPOTECA

• Sobre hipoteca no CC: arts. 30, *caput*, 165, parágrafo único, 364, 959, 1.225, IX, 1.419, 1.420, *caput*, 1.422, 1.424, 1.425, § 2.º, 1.429, *caput*, e 1.430.

• Sobre hipoteca no CPC: arts. 495, 784, V, 799, I, 804, 833, X, e 674, § 2.º, IV.

• Sobre hipoteca no CCom: arts. 468, 470, 564, 565, 626, 632, 633, 634, n. 8, 658 e 662.

• Sobre hipoteca na legislação esparsa: Lei n. 4.717, de 29-6-1965 (ação popular), art. 4.º, II, *b*; Lei n. 6.015, de 31-12-1973 (LRP), arts. 167, II, n. 15, 178, I e II, 189, 238, 251, 266 a 276 e 279; Lei n. 8.009, de 29-3-1990 (impenhorabilidade do bem de família), art. 3.º, V; Lei n. 8.069, de 13-7-1990 (ECA), arts. 37 e parágrafo único, e 201, IV; Lei n. 8.929, de 22-8-1994 (cédula de produto rural), arts. 6.º e parágrafo único, 12, § 1.º, e 16, *caput*; e Lei n. 11.101, de 9-2-2005 (Lei de Falências), art. 129, III.

Seção I
Disposições Gerais

Art. 1.473. Podem ser objeto de hipoteca:

I – os imóveis e os acessórios dos imóveis conjuntamente com eles;

• *Vide* arts. 79 a 81 e 92 do CC.

II – o domínio direto;

• *Vide* art. 2.038 do CC.

III – o domínio útil;

IV – as estradas de ferro;

• *Vide* arts. 1.502 a 1.505 do CC.

V – os recursos naturais a que se refere o art. 1.230, independentemente do solo onde se acham;

VI – os navios;

VII – as aeronaves;

VIII – o direito de uso especial para fins de moradia;

•• Inciso VIII acrescentado pela Lei n. 11.481, de 31-5-2007.

IX – o direito real de uso;

•• Inciso IX acrescentado pela Lei n. 11.481, de 31-5-2007.

X – a propriedade superficiária.

•• Inciso X acrescentado pela Lei n. 11.481, de 31-5-2007.

§ 1.º A hipoteca dos navios e das aeronaves reger-se-á pelo disposto em lei especial.

• Os arts. 138 a 152 da Lei n. 7.565, de 19-12-1986 – CBA – dispõem sobre a hipoteca e a alienação fiduciária de aeronaves.

§ 2.º Os direitos de garantia instituídos nas hipóteses dos incisos IX e X do *caput* deste artigo ficam limitados à duração da concessão ou direito de superfície, caso tenham sido transferidos por período determinado.

•• § 2.º acrescentado pela Lei n. 11.481, de 31-5-2007.

Art. 1.474. A hipoteca abrange todas as acessões, melhoramentos ou construções do imóvel. Subsistem os ônus reais constituídos e registrados, anteriormente à hipoteca, sobre o mesmo imóvel.

• *Vide* arts. 1.248 e 1.252 e s. do CC.

Art. 1.475. É nula a cláusula que proíbe ao proprietário alienar imóvel hipotecado.

Parágrafo único. Pode convencionar-se que vencerá o crédito hipotecário, se o imóvel for alienado.

Art. 1.476. O dono do imóvel hipotecado pode constituir outra hipoteca sobre ele, mediante novo título, em favor do mesmo ou de outro credor.

Art. 1.477. Salvo o caso de insolvência do devedor, o credor da segunda hipoteca, embora vencida, não poderá executar o imóvel antes de vencida a primeira.

Parágrafo único. Não se considera insolvente o devedor por faltar ao pagamento das obrigações garantidas por hipotecas posteriores à primeira.

Art. 1.478. Se o devedor da obrigação garantida pela primeira hipoteca não se oferecer, no vencimento, para pagá-la, o credor da segunda pode promover-lhe a extinção, consignando a importância e citando o primeiro credor para recebê-la e o devedor para pagá-la; se este não pagar, o segundo credor, efetuando o pagamento, se sub-rogará nos direitos da hipoteca anterior, sem prejuízo dos que lhe competirem contra o devedor comum.

- *Vide* art. 346, I, do CC.
- *Vide* arts. 270 a 273 da Lei n. 6.015, de 31-12-1973 (credor e devedor de hipoteca).

Parágrafo único. Se o primeiro credor estiver promovendo a execução da hipoteca, o credor da segunda depositará a importância do débito e as despesas judiciais.

Art. 1.479. O adquirente do imóvel hipotecado, desde que não se tenha obrigado pessoalmente a pagar as dívidas aos credores hipotecários, poderá exonerar-se da hipoteca, abandonando-lhes o imóvel.

Art. 1.480. O adquirente notificará o vendedor e os credores hipotecários, deferindo-lhes, conjuntamente, a posse do imóvel, ou o depositará em juízo.

Parágrafo único. Poderá o adquirente exercer a faculdade de abandonar o imóvel hipotecado, até as vinte e quatro horas subsequentes à citação, com que se inicia o procedimento executivo.

Art. 1.481. Dentro em trinta dias, contados do registro do título aquisitivo, tem o adquirente do imóvel hipotecado o direito de remi-lo, citando os credores hipotecários e propondo importância não inferior ao preço por que o adquiriu.

- *Vide* arts. 346, II, e 1.499, V, do CC.
- *Vide* arts. 266 e s. da Lei n. 6.015, de 31-12-1973.

§ 1.º Se o credor impugnar o preço da aquisição ou a importância oferecida, realizar-se-á licitação, efetuando-se a venda judicial a quem oferecer maior preço, assegurada preferência ao adquirente do imóvel.

§ 2.º Não impugnado pelo credor, o preço da aquisição ou o preço proposto pelo adquirente, haver-se-á por definitivamente fixado para a remissão do imóvel, que ficará livre de hipoteca, uma vez pago ou depositado o preço.

•• Mantivemos "remissão" conforme publicação oficial. Entendemos que o correto seria "remição".

§ 3.º Se o adquirente deixar de remir o imóvel, sujeitando-o a execução, ficará obrigado a ressarcir os credores hipotecários da desvalorização que, por sua culpa, o mesmo vier a sofrer, além das despesas judiciais da execução.

§ 4.º Disporá de ação regressiva contra o vendedor o adquirente que ficar privado do imóvel em consequência de licitação ou penhora, o que pagar a hipoteca, o que, por causa de adjudicação ou licitação, desembolsar com o pagamento da hipoteca importância excedente à da compra e o que suportar custas e despesas judiciais.

- *Vide* art. 346, II, do CC.

Arts. 1.482 e 1.483. (*Revogados pela Lei n. 13.105, de 16-3-2015.*)

Art. 1.484. É lícito aos interessados fazer constar das escrituras o valor entre si ajustado dos imóveis hipotecados, o qual, devidamente atualizado, será a base para as arrematações, adjudicações e remições, dispensada a avaliação.

- *Vide* art. 273 da Lei n. 6.015, de 31-12-1973 (LRP).

Art. 1.485. Mediante simples averbação, requerida por ambas as partes, poderá prorrogar-se a hipoteca, até 30 (trinta) anos da data do contrato. Desde que perfaça esse prazo, só poderá subsistir o contrato de hipoteca, reconstituindo-se por novo título e novo registro; e, nesse caso, lhe será mantida a precedência, que então lhe competir.

•• Artigo com redação determinada pela Lei n. 10.931, de 2-8-2004.

- *Vide* art. 238 da Lei n. 6.015, de 31-12-1973 (LRP).

Art. 1.486. Podem o credor e o devedor, no ato constitutivo da hipoteca, autorizar a emissão da correspondente cédula hipotecária, na forma e para os fins previstos em lei especial.

Art. 1.487. A hipoteca pode ser constituída para garantia de dívida futura ou condicionada, desde que determinado o valor máximo do crédito a ser garantido.

§ 1.º Nos casos deste artigo, a execução da hipoteca dependerá de prévia e expressa concordância do devedor quanto à verificação da condição, ou ao montante da dívida.

§ 2.º Havendo divergência entre o credor e o devedor, caberá àquele fazer prova de seu crédito. Reconhecido este, o devedor responderá, inclusive, por perdas e danos, em razão da superveniente desvalorização do imóvel.

- *Vide* arts. 402 a 405 do CC.

Art. 1.488. Se o imóvel, dado em garantia hipotecária, vier a ser loteado, ou se nele se constituir condomínio edilício, poderá o ônus ser dividido, gravando cada lote ou unidade autônoma, se o requererem ao juiz o credor, o devedor ou os donos, obedecida a proporção entre o valor de cada um deles e o crédito.

- *Vide* arts. 1.331 a 1.358 (condomínio edilício) do CC.

§ 1.º O credor só poderá se opor ao pedido de desmembramento do ônus, provando que o mesmo importa em diminuição de sua garantia.

§ 2.º Salvo convenção em contrário, todas as despesas judiciais ou extrajudiciais necessárias ao desmembramento do ônus correm por conta de quem o requerer.

§ 3.º O desmembramento do ônus não exonera o devedor originário da responsabilidade a que se refere o art. 1.430, salvo anuência do credor.

Seção II
Da Hipoteca Legal

- Sobre hipoteca legal no CC: arts. 1.492, parágrafo único, 1.497 e 2.040.
- Sobre hipoteca legal na LRP (Lei n. 6.015, de 31-12-1973), art. 274.

Art. 1.489. A lei confere hipoteca:

I – às pessoas de direito público interno (art. 41) sobre os imóveis pertencentes aos encarregados da cobrança, guarda ou administração dos respectivos fundos e rendas;

II – aos filhos, sobre os imóveis do pai ou da mãe que passar a outras núpcias, antes de fazer o inventário do casal anterior;

- *Vide* arts. 1.523, I, e 1.641, I, do CC.

III – ao ofendido, ou aos seus herdeiros, sobre os imóveis do delinquente, para satisfação do dano causado pelo delito e pagamento das despesas judiciais;

- *Vide* arts. 186 e 927 do CC.

IV – ao coerdeiro, para garantia do seu quinhão ou torna da partilha, sobre o imóvel adjudicado ao herdeiro reponente;

- *Vide* art. 2.019, *caput* e § 1.º, do CC.

V – ao credor sobre o imóvel arrematado, para garantia do pagamento do restante do preço da arrematação.

Art. 1.490. O credor da hipoteca legal, ou quem o represente, poderá, provando a insuficiência dos imóveis especializados, exigir do devedor que seja reforçado com outros.

- *Vide* art. 1.208 do CC.

Art. 1.491. A hipoteca legal pode ser substituída por caução de títulos da dívida pública federal ou estadual, recebidos pelo valor de sua cotação mínima no ano corrente; ou por outra garantia, a critério do juiz, a requerimento do devedor.

Seção III
Do Registro da Hipoteca

Art. 1.492. As hipotecas serão registradas no cartório do lugar do imóvel, ou no de cada um deles, se o título se referir a mais de um.

- *Vide* art. 1.502 do CC.
- Sobre a averbação de cédulas hipotecárias, *vide* Decreto-lei n. 70, de 21-11-1966.
- *Vide* arts. 167, I, n. 2, e 169, II, da Lei n. 6.015, de 31-12-1973 (LRP).

Parágrafo único. Compete aos interessados, exibido o título, requerer o registro da hipoteca.

- *Vide* art. 1.497 do CC.

Art. 1.493. Os registros e averbações seguirão a ordem em que forem requeridas, verificando-se ela pela da sua numeração sucessiva no protocolo.

Parágrafo único. O número de ordem determina a prioridade, e esta a preferência entre as hipotecas.

- *Vide* art. 1.422, *caput*, do CC.
- *Vide* art. 186 da Lei n. 6.015, de 31-12-1973 (LRP).

Art. 1.494. (*Revogado pela Lei n. 14.382, de 27-6-2022.*)

Art. 1.495. Quando se apresentar ao oficial do registro título de hipoteca que mencione a constituição de anterior, não registrada, sobrestará ele na inscrição da nova, depois de a prenotar, até trinta dias, aguardando que o interessado inscreva a precedente; esgotado o prazo, sem que se requeira a inscrição desta, a hipoteca ulterior será registrada e obterá preferência.

• *Vide* art. 189 da Lei n. 6.015, de 31-12-1973 (LRP).

Art. 1.496. Se tiver dúvida sobre a legalidade do registro requerido, o oficial fará, ainda assim, a prenotação do pedido. Se a dúvida, dentro em noventa dias, for julgada improcedente, o registro efetuar-se-á com o mesmo número que teria na data da prenotação; no caso contrário, cancelada esta, receberá o registro o número correspondente à data em que se tornar a requerer.

• *Vide* arts. 198 a 207 da Lei n. 6.015, de 31-12-1973 (LRP).

Art. 1.497. As hipotecas legais, de qualquer natureza, deverão ser registradas e especializadas.

§ 1.º O registro e a especialização das hipotecas legais incumbem a quem está obrigado a prestar a garantia, mas os interessados podem promover a inscrição delas, ou solicitar ao Ministério Público que o faça.

§ 2.º As pessoas, às quais incumbir o registro e a especialização das hipotecas legais, estão sujeitas a perdas e danos pela omissão.

• *Vide* arts. 402 a 405 do CC.

Art. 1.498. Vale o registro da hipoteca, enquanto a obrigação perdurar; mas a especialização, em completando vinte anos, deve ser renovada.

• Registro da hipoteca: arts. 167, I, n. 2, e 238 da Lei n. 6.015, de 31-12-1973 (LRP).

Seção IV
Da Extinção da Hipoteca

Art. 1.499. A hipoteca extingue-se:

I – pela extinção da obrigação principal;

II – pelo perecimento da coisa;

III – pela resolução da propriedade;

• *Vide* art. 1.359 do CC.

IV – pela renúncia do credor;

V – pela remição;

• *Vide* arts. 1.478, 1.481 e 1.484 do CC.

VI – pela arrematação ou adjudicação.

•• No caso de desapropriação, *vide* art. 31 do Decreto-lei n. 3.365, de 21-6-1941.

• *Vide* art. 251 da Lei n. 6.015, de 31-12-1973 (LRP).

Art. 1.500. Extingue-se ainda a hipoteca com a averbação, no Registro de Imóveis, do cancelamento do registro, à vista da respectiva prova.

• *Vide* arts. 251 e 259 da Lei n. 6.015, de 31-12-1973 (LRP).

Art. 1.501. Não extinguirá a hipoteca, devidamente registrada, a arrematação ou adjudicação, sem que tenham sido notificados judicialmente os respectivos credores hipotecários, que não forem de qualquer modo partes na execução.

• *Vide* arts. 792 e 804 do CPC.

• *Vide* arts. 29 e 31 do Decreto-lei n. 70, de 21-11-1966, que dispõe sobre a cobrança de hipoteca vencida, por intermédio de agente fiduciário.

• O art. 142 da Lei n. 11.101, de 9-2-2005 (Lei de Falências), dispõe sobre a alienação do ativo.

Seção V
Da Hipoteca de Vias Férreas

• O Decreto-lei n. 3.109, de 12-3-1941, dispõe sobre o registro das alienações das estradas de ferro.

Art. 1.502. As hipotecas sobre as estradas de ferro serão registradas no Município da estação inicial da respectiva linha.

• *Vide* art. 1.492, *caput*, do CC.

• *Vide* art. 171 da Lei n. 6.015, de 31-12-1973 (LRP).

Art. 1.503. Os credores hipotecários não podem embaraçar a exploração da linha, nem contrariar as modificações, que a administração deliberar, no leito da estrada, em suas dependências, ou no seu material.

Art. 1.504. A hipoteca será circunscrita à linha ou às linhas especificadas na escritura e ao respectivo material de exploração, no estado em que ao tempo da execução estiverem; mas os credores hipotecários poderão opor-se à venda da estrada, à de suas linhas, de seus ramais ou de parte considerável do material de exploração; bem como à fusão com outra empresa, sempre que com isso a garantia do débito enfraquecer.

Art. 1.505. Na execução das hipotecas será intimado o representante da União ou do Estado, para, dentro em quinze dias, remir a estrada de ferro hipotecada, pagando o preço da arrematação ou da adjudicação.

Capítulo IV
DA ANTICRESE

• Sobre anticrese no CC: arts. 165, parágrafo único, 364, 1.225, X, 1.419, 1.420, *caput*, 1.423 e 1.424.

• Sobre anticrese no CPC: arts. 784, V, 799, I, 804 e 674, § 2.º, IV.

• Sobre anticrese: Lei n. 6.015, de 31-12-1973 (LRP), arts. 167, I, n. 11, 178, I, 220, IV, e 241.

Art. 1.506. Pode o devedor ou outrem por ele, com a entrega do imóvel ao credor, ceder-lhe o direito de perceber, em compensação da dívida, os frutos e rendimentos.

§ 1.º É permitido estipular que os frutos e rendimentos do imóvel sejam percebidos pelo credor à conta de juros, mas se o seu valor ultrapassar a taxa máxima permitida em lei para as operações financeiras, o remanescente será imputado ao capital.

§ 2.º Quando a anticrese recair sobre bem imóvel, este poderá ser hipotecado pelo devedor ao credor anticrético, ou a terceiros, assim como o imóvel hipotecado poderá ser dado em anticrese.

Art. 1.507. O credor anticrético pode administrar os bens dados em anticrese e fruir seus frutos e utilidades, mas deverá apresentar anualmente balanço, exato e fiel, de sua administração.

• *Vide* art. 1.423 do CC.

§ 1.º Se o devedor anticrético não concordar com o que se contém no balanço, por ser inexato, ou ruinosa a administração, poderá impugná-lo, e, se o quiser, requerer a transformação em arrendamento, fixando o juiz o valor mensal do aluguel, o qual poderá ser corrigido anualmente.

§ 2.º O credor anticrético pode, salvo pacto em sentido contrário, arrendar os bens dados em anticrese a terceiro, mantendo, até ser pago, direito de retenção do imóvel, embora o aluguel desse arrendamento não seja vinculativo para o devedor.

• *Vide* art. 1.423 do CC.

Art. 1.508. O credor anticrético responde pelas deteriorações que, por culpa sua, o imóvel vier a sofrer, e pelos frutos e rendimentos que, por sua negligência, deixar de perceber.

• *Vide* art. 569, IV, do CC.

Art. 1.509. O credor anticrético pode vindicar os seus direitos contra o adquirente dos bens, os credores quirografários e os hipotecários posteriores ao registro da anticrese.

• *Vide* arts. 1.423 e 1.507, *caput* e § 2.º, do CC.

§ 1.º Se executar os bens por falta de pagamento da dívida, ou permitir que outro credor o execute, sem opor o seu direito de retenção ao exequente, não terá preferência sobre o preço.

§ 2.º O credor anticrético não terá preferência sobre a indenização do seguro, quando o prédio seja destruído, nem, se forem desapropriados os bens, com relação à desapropriação.

Art. 1.510. O adquirente dos bens dados em anticrese poderá remi-los, antes do vencimento da dívida, pagando a sua totalidade à data do pedido de remição e imitir-se-á, se for o caso, na sua posse.

Título XI
DA LAJE

•• Título XI acrescentado pela Lei n. 13.465, de 11-7-2017.

•• O Decreto n. 9.310, de 15-3-2018, institui as normas gerais e os procedimentos aplicáveis à regularização fundiária urbana, inclusive ao direito real de laje, e estabelece os procedimentos para a avaliação e a alienação dos imóveis da União.

Art. 1.510-A. O proprietário de uma construção-base poderá ceder a superfície superior ou inferior de sua construção a fim de que o titular da laje mantenha unidade distinta daquela originalmente construída sobre o solo.

•• *Caput* acrescentado pela Lei n. 13.465, de 11-7-2017.

§ 1.º O direito real de laje contempla o espaço aéreo ou o subsolo de terrenos públicos ou privados, tomados em projeção vertical, como unidade imobiliária autônoma, não contemplando as demais áreas edificadas ou não pertencentes ao proprietário da construção-base.

•• § 1.º acrescentado pela Lei n. 13.465, de 11-7-2017.

§ 2.º O titular do direito real de laje responderá pelos encargos e tributos que incidirem sobre a sua unidade.

•• § 2.º acrescentado pela Lei n. 13.465, de 11-7-2017.

§ 3.º Os titulares da laje, unidade imobiliária autônoma constituída em matrícula própria, poderão dela usar, gozar e dispor.

•• § 3.º acrescentado pela Lei n. 13.465, de 11-7-2017.

§ 4.º A instituição do direito real de laje não implica a atribuição de fração ideal de terreno ao titular da laje ou a participação proporcional em áreas já edificadas.

•• § 4.º acrescentado pela Lei n. 13.465, de 11-7-2017.

§ 5.º Os Municípios e o Distrito Federal poderão dispor sobre posturas edilícias e urbanísticas associadas ao direito real de laje.

•• § 5.º acrescentado pela Lei n. 13.465, de 11-7-2017.

§ 6.º O titular da laje poderá ceder a superfície de sua construção para a instituição de um sucessivo direito real de laje, desde que haja autorização expressa dos titulares da construção-base e das demais lajes, respeitadas as posturas edilícias e urbanísticas vigentes.

•• § 6.º acrescentado pela Lei n. 13.465, de 11-7-2017.

Art. 1.510-B. É expressamente vedado ao titular da laje prejudicar com obras novas ou com falta de reparação a segurança, a linha arquitetônica ou o arranjo estético do edifício, observadas as posturas previstas em legislação local.

•• Artigo acrescentado pela Lei n. 13.465, de 11-7-2017.

Art. 1.510-C. Sem prejuízo, no que couber, das normas aplicáveis aos condomínios edilícios, para fins do direito real de laje, as despesas necessárias à conservação e fruição das partes que sirvam a todo o edifício e ao pagamento de serviços de interesse comum serão partilhadas entre o proprietário da construção-base e o titular da laje, na proporção que venha a ser estipulada em contrato.

•• *Caput* acrescentado pela Lei n. 13.465, de 11-7-2017.

§ 1.º São partes que servem a todo o edifício:

•• § 1.º, *caput*, acrescentado pela Lei n. 13.465, de 11-7-2017.

I – os alicerces, colunas, pilares, paredes-mestras e todas as partes restantes que constituam a estrutura do prédio;

•• Inciso I acrescentado pela Lei n. 13.465, de 11-7-2017.

II – o telhado ou os terraços de cobertura, ainda que destinados ao uso exclusivo do titular da laje;

•• Inciso II acrescentado pela Lei n. 13.465, de 11-7-2017.

III – as instalações gerais de água, esgoto, eletricidade, aquecimento, ar condicionado, gás, comunicações e semelhantes que sirvam a todo o edifício; e

•• Inciso III acrescentado pela Lei n. 13.465, de 11-7-2017.

IV – em geral, as coisas que sejam afetadas ao uso de todo o edifício.

•• Inciso IV acrescentado pela Lei n. 13.465, de 11-7-2017.

§ 2.º É assegurado, em qualquer caso, o direito de qualquer interessado em promover reparações urgentes na construção na forma do parágrafo único do art. 249 deste Código.

•• § 2.º acrescentado pela Lei n. 13.465, de 11-7-2017.

Art. 1.510-D. Em caso de alienação de qualquer das unidades sobrepostas, terão direito de preferência, em igualdade de condições com terceiros, os titulares da construção-base e da laje, nessa ordem, que serão cientificados por escrito para que se manifestem no prazo de trinta dias, salvo se o contrato dispuser de modo diverso.

•• *Caput* acrescentado pela Lei n. 13.465, de 11-7-2017.

§ 1.º O titular da construção-base ou da laje a quem não se der conhecimento da alienação poderá, mediante depósito do respectivo preço, haver para si a parte alienada a terceiros, se o requerer no prazo decadencial de cento e oitenta dias, contado da data de alienação.

•• § 1.º acrescentado pela Lei n. 13.465, de 11-7-2017.

§ 2.º Se houver mais de uma laje, terá preferência, sucessivamente, o titular das lajes ascendentes e o titular das lajes descendentes, assegurada a prioridade para a laje mais próxima à unidade sobreposta a ser alienada.

•• § 2.º acrescentado pela Lei n. 13.465, de 11-7-2017.

Art. 1.510-E. A ruína da construção-base implica extinção do direito real de laje, salvo:

•• *Caput* acrescentado pela Lei n. 13.465, de 11-7-2017.

I – se este tiver sido instituído sobre o subsolo;

•• Inciso I acrescentado pela Lei n. 13.465, de 11-7-2017.

II – se a construção-base for reconstruída no prazo de 5 (cinco) anos.

•• Inciso II com redação determinada pela Lei n. 14.382, de 27-6-2022.

Parágrafo único. O disposto neste artigo não afasta o direito a eventual reparação civil contra o culpado pela ruína.

•• Parágrafo único acrescentado pela Lei n. 13.465, de 11-7-2017.

Livro IV
DO DIREITO DE FAMÍLIA

Título I
DO DIREITO PESSOAL

Subtítulo I
DO CASAMENTO

• Sobre casamento na CF: arts. 98, II (celebração pela Justiça de Paz), 226, §§ 1.º (gratuidade pela celebração do casamento civil), 2.º (efeito civil do casamento religioso), 3.º (conversão da união estável em casamento) e 6.º (dissolução do casamento pelo divórcio), 227, § 6.º (direitos e qualificações dos filhos), e 239, § 2.º (retirada do PIS/PASEP pelo motivo de casamento).

• Sobre casamento no CC: arts. 5.º, parágrafo único, II, 9.º, I, 215, § 1.º, III, 546, 564, IV, e 2.039.

• Sobre casamento no CPC: arts. 53, I (foro competente para anulação), 189, II (segredo de justiça), 388, parágrafo único (depoimento), e 731 (separação consensual, petição inicial).

• Sobre casamento no CP: arts. 235 a 239 (crimes contra o casamento).

• Sobre casamento na Lei n. 6.015, de 31-12-1973 (LRP): arts. 29, § 1.º, *a* e *b*, 32, *caput*, 33, II e III, 44, 45, 49, *caput*, 57, § 2.º, 67 a 75, 76 e §§ 1.º a 5.º, 80, n. 4, 92, n. 2, 100 e §§ 1.º a 5.º, 102, n. 1, 103, 107 e §§ 1.º e 2.º.

• Casamento na Lei n. 8.069, de 13-7-1990 (ECA): arts. 20 (direitos e qualificações dos filhos), 26 (reconhecimento dos filhos havidos fora do casamento) e 148, parágrafo único, *c* (consentimento para casamento, capacidade).

• Sobre investigação de paternidade dos filhos havidos fora do casamento: Lei n. 8.560, de 29-12-1992.

• *Vide* art. 8.º da Lei n. 9.278, de 10-5-1996.

• Sobre casamento: Súmula 377 do STF.

Capítulo I
DISPOSIÇÕES GERAIS

Art. 1.511. O casamento estabelece comunhão plena de vida, com base na igualdade de direitos e deveres dos cônjuges.

• *Vide* art. 226, § 5.º, da CF.

• Da eficácia do casamento: *vide* arts. 1.565 a 1.570 do CC.

Art. 1.512. O casamento é civil e gratuita a sua celebração.

• *Vide* art. 226, § 1.º, da CF.

Parágrafo único. A habilitação para o casamento, o registro e a primeira certidão serão isentos de selos, emolumentos e custas, para as pessoas cuja pobreza for declarada, sob as penas da lei.

Art. 1.513. É defeso a qualquer pessoa, de direito público ou privado, interferir na comunhão de vida instituída pela família.

• Sobre planejamento familiar como livre decisão do casal, *vide*: arts. 1.565, § 2.º, do CC, 226, § 7.º, da CF e Lei n. 9.263, de 12-1-1996.

Art. 1.514. O casamento se realiza no momento em que o homem e a mulher manifestam, perante o juiz, a sua vontade de estabelecer vínculo conjugal, e o juiz os declara casados.

• *Vide* arts. 1.535, 1.538 e 1.542 do CC.

Art. 1.515. O casamento religioso, que atender às exigências da lei para a validade do casamento civil, equipara-se a este, desde que registrado no registro próprio, produzindo efeitos a partir da data de sua celebração.

• *Vide* art. 226, § 2.º, da CF.

• *Vide* arts. 71 a 75 da Lei n. 6.015, de 31-12-1973.

Art. 1.516. O registro do casamento religioso submete-se aos mesmos requisitos exigidos para o casamento civil.

• *Vide* arts. 71 a 75 da LRP.

§ 1.º O registro civil do casamento religioso deverá ser promovido dentro de noventa dias de sua realização, mediante comunicação do celebrante ao ofício competente, ou por iniciativa de qualquer interessado, desde que haja sido homologada previamente a habilitação regulada neste Código. Após o referido prazo, o registro dependerá de nova habilitação.

•• O art. 73, *caput*, da Lei n. 6.015, de 31-12-1973, estabelece o prazo de 30 (trinta) dias para o registro civil do casamento religioso.

• *Vide* arts. 1.525 a 1.532 do CC (habilitação para o casamento).

• *Vide* arts. 67 a 69 (habilitação para o casamento) e 71 a 75 (registro do casamento religioso para efeitos civis) da Lei n. 6.015, de 31-12-1973.

§ 2.º O casamento religioso, celebrado sem as formalidades exigidas neste Código, terá efeitos civis se, a requerimento do casal, for registrado, a qualquer tempo, no registro civil, mediante prévia habilitação perante a autoridade competente e observado o prazo do art. 1.532.

• *Vide* art. 74 da Lei n. 6.015, de 31-12-1973.

§ 3.º Será nulo o registro civil do casamento religioso se, antes dele, qualquer dos consorciados houver contraído com outrem casamento civil.

• *Vide* art. 1.521, VI, do CC.

Capítulo II
DA CAPACIDADE PARA O CASAMENTO

Art. 1.517. O homem e a mulher com dezesseis anos podem casar, exigindo-se autorização de ambos os pais, ou de seus representantes legais, enquanto não atingida a maioridade civil.

• *Vide* arts. 5.º, 1.519, 1.631, 1.634, III, 1.690 e 1.747, I, do CC.

• *Vide* arts. 5.º, I, e 226, § 5.º, da CF.

Parágrafo único. Se houver divergência entre os pais, aplica-se o disposto no parágrafo único do art. 1.631.

• *Vide* arts. 1.551 a 1.553, 1.555, 1.560, § 1.º, e 1.641 do CC.

• O Decreto n. 66.605, de 20-5-1970, promulga Convenção sobre Consentimento para o Casamento.

Art. 1.518. Até a celebração do casamento podem os pais ou tutores revogar a autorização.

•• Artigo com redação determinada pela Lei n. 13.146, de 6-7-2015.

Art. 1.519. A denegação do consentimento, quando injusta, pode ser suprida pelo juiz.

• CPC, arts. 513, 888, IV, 1.103 e 1.110.

• ECA (Lei n. 8.069, de 13-7-1990), art. 148, parágrafo único, *c*.

Art. 1.520. Não será permitido, em qualquer caso, o casamento de quem não atingiu a idade núbil, observado o disposto no art. 1.517 deste Código.

•• Artigo com redação determinada pela Lei n. 13.811, de 12-3-2019.

Capítulo III
DOS IMPEDIMENTOS

Art. 1.521. Não podem casar:

• *Vide* arts. 1.529 e 1.723, § 1.º, do CC.

I – os ascendentes com os descendentes, seja o parentesco natural ou civil;

• *Vide* art. 1.591 do CC.

II – os afins em linha reta;

• *Vide* art. 1.595 do CC.

III – o adotante com quem foi cônjuge do adotado e o adotado com quem o foi do adotante;

IV – os irmãos, unilaterais ou bilaterais, e demais colaterais, até o terceiro grau inclusive;

•• *Vide* arts. 1.º a 3.º do Decreto-lei n. 3.200, de 19-4-1941, que permite o casamento de colaterais de terceiro grau.

V – o adotado com o filho do adotante;

• ECA (Lei n. 8.069, de 13-7-1990), art. 41.

VI – as pessoas casadas;

• Constitui crime contrair casamento, induzindo em erro essencial o outro contraente, ocultando-lhe o impedimento que não seja casamento anterior (art. 236 do CP).

• Também é crime contrair casamento conhecendo a existência de impedimento que lhe cause nulidade absoluta (CP, art. 237).

• *Vide* art. 1.723, § 1.º, do CC.

VII – o cônjuge sobrevivente com o condenado por homicídio ou tentativa de homicídio contra o seu consorte.

Art. 1.522. Os impedimentos podem ser opostos, até o momento da celebração do casamento, por qualquer pessoa capaz.

• *Vide* art. 1.529 do CC.

• *Vide* art. 67, § 5.º, da Lei n. 6.015, de 31-12-1973.

Parágrafo único. Se o juiz, ou o oficial de registro, tiver conhecimento da existência de algum impedimento, será obrigado a declará-lo.

Capítulo IV
DAS CAUSAS SUSPENSIVAS

Art. 1.523. Não devem casar:

I – o viúvo ou a viúva que tiver filho do cônjuge falecido, enquanto não fizer inventário dos bens do casal e der partilha aos herdeiros;

• *Vide* arts. 1.489, II, e 1.641, I, do CC.

II – a viúva, ou a mulher cujo casamento se desfez por ser nulo ou ter sido anulado, até dez meses depois do começo da viuvez, ou da dissolução da sociedade conjugal;

• *Vide* arts. 1.598 e 1.641, I, do CC.

III – o divorciado, enquanto não houver sido homologada ou decidida a partilha dos bens do casal;

• *Vide* arts. 1.581 e 1.641, I, do CC.

IV – o tutor ou o curador e os seus descendentes, ascendentes, irmãos, cunhados ou sobrinhos, com a pessoa tutelada ou curatelada, enquanto não cessar a tutela ou curatela, e não estiverem saldadas as respectivas contas.

• *Vide* arts. 1.641, I, 1.755 a 1.762 (prestação de contas), 1.763 a 1.766 (cessação da tutela) e 1.781 do CC.

Parágrafo único. É permitido aos nubentes solicitar ao juiz que não lhes sejam aplicadas as causas suspensivas previstas nos incisos I, III e IV deste artigo, provando-se a inexistência de prejuízo, respectivamente, para o herdeiro, para o ex-cônjuge e para a pessoa tutelada ou curatelada; no caso do inciso II, a nubente deverá provar nascimento de filho, ou inexistência de gravidez, na fluência do prazo.

Art. 1.524. As causas suspensivas da celebração do casamento podem ser arguidas pelos parentes em linha reta de um dos nubentes, sejam consanguíneos ou afins, e pelos colaterais em segundo grau, sejam também consanguíneos ou afins.

• *Vide* arts. 1.591 a 1.595 (relações de parentescos) do CC.

Capítulo V
DO PROCESSO DE HABILITAÇÃO PARA O CASAMENTO

•• A Resolução n. 175, de 14-5-2013, do CNJ, determina que é vedada às autoridades competentes a recusa de habilitação, celebração de casamento civil ou de conversão de união estável em casamento entre pessoas de mesmo sexo.

• *Vide* arts. 67 a 69 da Lei n. 6.015, de 31-12-1973 (LRP).

Art. 1.525. O requerimento de habilitação para o casamento será firmado por ambos os nubentes, de próprio punho, ou, a seu pedido, por procurador, e deve ser instruído com os seguintes documentos:

I – certidão de nascimento ou documento equivalente;

• *Vide* arts. 1.517, 1.550, I, e 1.641, II, do CC.

II – autorização por escrito das pessoas sob cuja dependência legal estiverem, ou ato judicial que a supra;

• *Vide* arts. 1.517 a 1.519 e 1.550, II, do CC.

III – declaração de duas testemunhas maiores, parentes ou não, que atestem conhecê-los e afirmem não existir impedimento que os iniba de casar;

• *Vide* art. 228 do CC.

• Os arts. 342 e 343 do CP dispõem sobre os crimes de falso testemunho ou falsa perícia.

IV – declaração do estado civil, do domicílio e da residência atual dos contraentes e de seus pais, se forem conhecidos;

V – certidão de óbito do cônjuge falecido, de sentença declaratória de nulidade ou de anulação de casamento, transitada em julgado, ou do registro da sentença de divórcio.

• CF, art. 226, §§ 1.º a 4.º.

• *Vide* art. 1.521, VI, do CC.

• Os arts. 235 a 239 do CP dispõem sobre os crimes contra o casamento.

• LINDB, arts. 7.º, 18 e 19.

• A Lei n. 1.110, de 23-5-1950, regula o reconhecimento dos efeitos civis do casamento religioso. O art. 10 dessa Lei declarou revogada a Lei n. 379, de 16-1-1937, e derrogados os arts. 4.º e 5.º do Decreto-lei n. 3.200, de 19-4-1941, que também dispunham sobre o casamento religioso.

• *Vide* arts. 67 a 69 (processo de habilitação para o casamento) e 70 e s. da Lei n. 6.015, de 31-12-1973.

Art. 1.526. A habilitação será feita pessoalmente perante o oficial do Registro Civil, com a audiência do Ministério Público.

•• *Caput* com redação determinada pela Lei n. 12.133, de 17-12-2009.

Parágrafo único. Caso haja impugnação do oficial, do Ministério Público ou de terceiro, a habilitação será submetida ao juiz.

•• Parágrafo único acrescentado pela Lei n. 12.133, de 17-12-2009.

Art. 1.527. Estando em ordem a documentação, o oficial extrairá o edital, que se afixará durante quinze dias nas circunscrições do Registro Civil de ambos os nubentes, e, obrigatoriamente, se publicará na imprensa local, se houver.

• *Vide* arts. 44 e 67, § 4.º, da Lei n. 6.015, de 31-12-1973 (LRP).

Parágrafo único. A autoridade competente, havendo urgência, poderá dispensar a publicação.

• *Vide* arts. 43, 44 a 67 e 70 e s. da Lei n. 6.015, de 31-12-1973 (LRP).

Art. 1.528. É dever do oficial do registro esclarecer os nubentes a respeito dos fatos que podem ocasionar a invalidade do casamento, bem como sobre os diversos regimes de bens.

• *Vide* arts. 1.548 a 1.564 (invalidade do casamento) e 1.639 a 1.688 (regime de bens) do CC.

• *Vide* art. 28 da Lei n. 6.015, de 31-12-1973 (responsabilidade do oficial).

Art. 1.529. Tanto os impedimentos quanto as causas suspensivas serão opostos em declaração escrita e assinada, instruída com as provas do fato alegado, ou com a indicação do lugar onde possam ser obtidas.

• *Vide* arts. 1.521 e 1.522 (impedimentos) e 1.523 e 1.524 (causas suspensivas) do CC.

Art. 1.530. O oficial do registro dará aos nubentes ou a seus representantes nota da oposição, indicando os fundamentos, as provas e o nome de quem a ofereceu.

Parágrafo único. Podem os nubentes requerer prazo razoável para fazer prova contrária aos fatos alegados, e promover as ações civis e criminais contra o oponente de má-fé.

• *Vide* art. 67, § 5.º, da Lei n. 6.015, de 31-12-1973.

Art. 1.531. Cumpridas as formalidades dos arts. 1.526 e 1.527 e verificada a inexistência de fato obstativo, o oficial do registro extrairá o certificado de habilitação.

Art. 1.532. A eficácia da habilitação será de noventa dias, a contar da data em que foi extraído o certificado.

Capítulo VI
DA CELEBRAÇÃO DO CASAMENTO

•• A Resolução n. 175, de 14-5-2013, do CNJ, determina que é vedada às autoridades competentes a recusa de habilitação, celebração de casamento civil ou de conversão de união estável em casamento entre pessoas de mesmo sexo.

Art. 1.533. Celebrar-se-á o casamento, no dia, hora e lugar previamente designados pela autoridade que houver de presidir o ato, mediante petição dos contraentes, que se mostrem habilitados com a certidão do art. 1.531.

• *Vide* arts. 5.º, LXXVI, *a*, e 226 e §§ 1.º a 6.º da CF.

• Sobre a celebração do casamento religioso, *vide* Lei n. 6.015, de 31-12-1973, arts. 71, 73, 74 e 75.

Art. 1.534. A solenidade realizar-se-á na sede do cartório, com toda publicidade, a portas abertas, presentes pelo menos duas testemunhas, parentes ou não dos contraentes, ou, querendo as partes e consentindo a autoridade celebrante, noutro edifício público ou particular.

• *Vide* art. 1.539 do CC.

§ 1.º Quando o casamento for em edifício particular, ficará este de portas abertas durante o ato.

§ 2.º Serão quatro as testemunhas na hipótese do parágrafo anterior e se algum dos contraentes não souber ou não puder escrever.

• *Vide* art. 228 do CC.

Art. 1.535. Presentes os contraentes, em pessoa ou por procurador especial, juntamente com as testemunhas e o oficial do registro, o presidente do ato, ouvida aos nubentes a afirmação de que pretendem casar por livre e espontânea vontade, declarará efetuado o casamento, nestes termos: "De acordo com a vontade que ambos acabais de afirmar perante mim, de vos receberdes por marido e mulher, eu, em nome da lei, vos declaro casados".

• *Vide* arts. 1.538 e 1.542 do CC.

Art. 1.536. Do casamento, logo depois de celebrado, lavrar-se-á o assento no livro de registro. No assento, assinado pelo presidente do ato, pelos cônjuges, as testemunhas, e o oficial do registro, serão exarados:

I – os prenomes, sobrenomes, datas de nascimento, profissão, domicílio e residência atual dos cônjuges;

II – os prenomes, sobrenomes, datas de nascimento ou de morte, domicílio e residência atual dos pais;

III – o prenome e sobrenome do cônjuge precedente e a data da dissolução do casamento anterior;

IV – a data da publicação dos proclamas e da celebração do casamento;

V – a relação dos documentos apresentados ao oficial do registro;

VI – o prenome, sobrenome, profissão, domicílio e residência atual das testemunhas;

VII – o regime do casamento, com a declaração da data e do cartório em cujas notas foi lavrada a escritura antenupcial, quando o regime não for o da comunhão parcial, ou o obrigatoriamente estabelecido.

• Poderá constar, ainda, o nome que passa a ter um dos cônjuges em virtude de casamento – *vide* art. 1.565, § 1.º, do CC.

• *Vide* art. 70 da Lei n. 6.015, de 31-12-1973.

Art. 1.537. O instrumento da autorização para casar transcrever-se-á integralmente na escritura antenupcial.

• *Vide* arts. 220, 1.517 a 1.520, 1.634, III, e 1.653 do CC.

Art. 1.538. A celebração do casamento será imediatamente suspensa se algum dos contraentes:

I – recusar a solene afirmação da sua vontade;

II – declarar que esta não é livre e espontânea;

III – manifestar-se arrependido.

Parágrafo único. O nubente que, por algum dos fatos mencionados neste artigo, der causa à suspensão do ato, não será admitido a retratar-se no mesmo dia.

Art. 1.539. No caso de moléstia grave de um dos nubentes, o presidente do ato irá celebrá-lo onde se encontrar o impedido, sendo urgente, ainda que à noite, perante duas testemunhas que saibam ler e escrever.

• *Vide* art. 1.534, §§ 1.º e 2.º, do CC.

§ 1.º A falta ou impedimento da autoridade competente para presidir o casamento suprir-se-á por qualquer dos seus substitutos legais, e a do oficial do Registro Civil por outro *ad hoc*, nomeado pelo presidente do ato.

§ 2.º O termo avulso, lavrado pelo oficial *ad hoc*, será registrado no respectivo registro dentro em cinco dias, perante duas testemunhas, ficando arquivado.

Art. 1.540. Quando algum dos contraentes estiver em iminente risco de vida, não obtendo a presença da autoridade à qual incumba presidir o ato, nem a de seu substituto, poderá o casamento ser celebrado na presença de seis testemunhas, que com os nubentes não tenham parentesco em linha reta, ou, na colateral, até segundo grau.

• *Vide* art. 1.527, parágrafo único, do CC.

• *Vide* art. 76 da Lei n. 6.015, de 31-12-1973.

Art. 1.541. Realizado o casamento, devem as testemunhas comparecer perante a autoridade judicial mais próxima, dentro em dez dias, pedindo que lhes tome por termo a declaração de:

I – que foram convocadas por parte do enfermo;

II – que este parecia em perigo de vida, mas em seu juízo;

III – que, em sua presença, declararam os contraentes, livre e espontaneamente, receber-se por marido e mulher.

• *Vide* art. 76, *caput*, da Lei n. 6.015, de 31-12-1973.

§ 1.º Autuado o pedido e tomadas as declarações, o juiz procederá às diligências necessárias para verificar se os contraentes podiam ter-se habilitado, na forma ordinária, ouvidos os interessados que o requererem, dentro em quinze dias.

•• *Vide* art. 76, § 3.º, da Lei n. 6.015, de 31-12-1973.

§ 2.º Verificada a idoneidade dos cônjuges para o casamento, assim o decidirá a autoridade competente, com recurso voluntário às partes.

§ 3.º Se da decisão não se tiver recorrido, ou se ela passar em julgado, apesar dos recursos interpostos, o juiz mandará registrá-la no livro do Registro dos Casamentos.

§ 4.º O assento assim lavrado retrotrairá os efeitos do casamento, quanto ao estado dos cônjuges, à data da celebração.

§ 5.º Serão dispensadas as formalidades deste e do artigo antecedente, se o enfermo convalescer e puder ratificar o casamento na presença da autoridade competente e do oficial do registro.

Art. 1.542. O casamento pode celebrar-se mediante procuração, por instrumento público, com poderes especiais.

§ 1.º A revogação do mandato não necessita chegar ao conhecimento do mandatário; mas, celebrado o casamento sem que o mandatário ou o outro contraente tivessem ciência da revogação, responderá o mandante por perdas e danos.

- *Vide* arts. 402 a 405 e 1.550, V, do CC.

§ 2.º O nubente que não estiver em iminente risco de vida poderá fazer-se representar no casamento nuncupativo.

§ 3.º A eficácia do mandato não ultrapassará noventa dias.

§ 4.º Só por instrumento público se poderá revogar o mandato.

- *Vide* art. 7, § 1.º, da LINDB.

Capítulo VII
DAS PROVAS DO CASAMENTO

Art. 1.543. O casamento celebrado no Brasil prova-se pela certidão do registro.

Parágrafo único. Justificada a falta ou perda do registro civil, é admissível qualquer outra espécie de prova.

- *Vide* art. 7.º, § 1.º, da LINDB.
- O Decreto-lei n. 6.707, de 18-7-1944, determina a aceitação da carteira profissional para prova do registro civil, nos institutos de previdência social, e dá outras providências.

Art. 1.544. O casamento de brasileiro, celebrado no estrangeiro, perante as respectivas autoridades ou os cônsules brasileiros, deverá ser registrado em cento e oitenta dias, a contar da volta de um ou de ambos os cônjuges ao Brasil, no cartório do respectivo domicílio, ou, em sua falta, no 1.º Ofício da Capital do Estado em que passarem a residir.

•• *Vide* art. 32 da Lei n. 6.015, de 31-12-1973.

- *Vide* arts. 7.º, 13, 18 e 19 da LINDB.

Art. 1.545. O casamento de pessoas que, na posse do estado de casadas, não possam manifestar vontade, ou tenham falecido, não se pode contestar em prejuízo da prole comum, salvo mediante certidão do Registro Civil que prove que já era casada alguma delas, quando contraiu o casamento impugnado.

Art. 1.546. Quando a prova da celebração legal do casamento resultar de processo judicial, o registro da sentença no livro do Registro Civil produzirá, tanto no que toca aos cônjuges como no que respeita aos filhos, todos os efeitos civis desde a data do casamento.

Art. 1.547. Na dúvida entre as provas favoráveis e contrárias, julgar-se-á pelo casamento, se os cônjuges, cujo casamento se impugna, viverem ou tiverem vivido na posse do estado de casados.

Capítulo VIII
DA INVALIDADE DO CASAMENTO

Art. 1.548. É nulo o casamento contraído:

I – (*Revogado pela Lei n. 13.146, de 6-7-2015.*);

- *Vide* arts. 3.º, II, e 166, I, do CC.

II – por infringência de impedimento.

- *Vide* arts. 1.521 e 1.522 do CC.

Art. 1.549. A decretação de nulidade de casamento, pelos motivos previstos no artigo antecedente, pode ser promovida mediante ação direta, por qualquer interessado, ou pelo Ministério Público.

- *Vide* arts. 17 e 177 do CPC.

Art. 1.550. É anulável o casamento:

- *Vide* arts. 1.551, 1.556 e 1.561, *caput*, do CC.

I – de quem não completou a idade mínima para casar;

•• *Vide* arts. 1.517 e 1.520 do CC.

II – do menor em idade núbil, quando não autorizado por seu representante legal;

- *Vide* art. 1.560, IV, do CC.

III – por vício da vontade, nos termos dos arts. 1.556 a 1.558;

- *Vide* art. 1.560, IV, do CC.

IV – do incapaz de consentir ou manifestar, de modo inequívoco, o consentimento;

•• *Vide* art. 1.560, I, do CC.

V – realizado pelo mandatário, sem que ele ou o outro contraente soubesse da revogação do mandato, e não sobrevindo coabitação entre os cônjuges;

- *Vide* arts. 1.542 e 1.560, § 2.º, do CC.

VI – por incompetência da autoridade celebrante.

•• *Vide* arts. 1.554 e 1.560, II, do CC.

§ 1.º Equipara-se à revogação a invalidade do mandato judicialmente decretada.

•• Parágrafo único renumerado pela Lei n. 13.146, de 6-7-2015.

§ 2.º A pessoa com deficiência mental ou intelectual em idade núbia poderá contrair matrimônio, expressando sua vontade diretamente ou por meio de seu responsável ou curador.

•• § 2.º acrescentado pela Lei n. 13.146, de 6-7-2015.

Art. 1.551. Não se anulará, por motivo de idade, o casamento de que resultou gravidez.

- *Vide* art. 1.520 do CC.

Art. 1.552. A anulação do casamento dos menores de dezesseis anos será requerida:

I – pelo próprio cônjuge menor;

II – por seus representantes legais;

III – por seus ascendentes.

- *Vide* art. 1.560, § 1.º, do CC.

Art. 1.553. O menor que não atingiu a idade núbil poderá, depois de completá-la, confirmar seu casamento, com a autorização de seus representantes legais, se necessária, ou com suprimento judicial.

Art. 1.554. Subsiste o casamento celebrado por aquele que, sem possuir a competência exigida na lei, exercer publicamente as funções de juiz de casamentos e, nessa qualidade, tiver registrado o ato no Registro Civil.

Art. 1.555. O casamento do menor em idade núbil, quando não autorizado por seu representante legal, só poderá ser anulado se a ação for proposta em cento e oitenta dias, por iniciativa do incapaz, ao deixar de sê-lo, de seus representantes legais ou de seus herdeiros necessários.

- *Vide* art. 1.845 do CC.

§ 1.º O prazo estabelecido neste artigo será contado do dia em que cessou a incapacidade, no primeiro caso; a partir do casamento, no segundo; e, no terceiro, da morte do incapaz.

§ 2.º Não se anulará o casamento quando à sua celebração houverem assistido os representantes legais do incapaz, ou tiverem, por qualquer modo, manifestado sua aprovação.

Art. 1.556. O casamento pode ser anulado por vício da vontade, se houve por parte de um dos nubentes, ao consentir, erro essencial quanto à pessoa do outro.

- O CP, art. 236, dispõe sobre induzimento a erro essencial e ocultação de impedimento.

Art. 1.557. Considera-se erro essencial sobre a pessoa do outro cônjuge:

•• *Vide* art. 1.560, III, do CC.

I – o que diz respeito à sua identidade, sua honra e boa fama, sendo esse erro tal que o seu conhecimento ulterior torne insuportável a vida em comum ao cônjuge enganado;

II – a ignorância de crime, anterior ao casamento, que, por sua natureza, torne insuportável a vida conjugal;

III – a ignorância, anterior ao casamento, de defeito físico irremediável que não caracterize deficiência ou de moléstia grave e transmissível, por contágio ou por herança, capaz de pôr em risco a saúde do outro cônjuge ou de sua descendência;

•• Inciso III com redação determinada pela Lei n. 13.146, de 6-7-2015.

IV – (*Revogado pela Lei n. 13.146, de 6-7-2015.*)

Art. 1.558. É anulável o casamento em virtude de coação, quando o consentimento de um ou de ambos os cônjuges houver sido captado mediante fundado temor de mal considerável e iminente para a vida, a saúde e a honra, sua ou de seus familiares.

- *Vide* art. 1.560, IV, do CC.

Art. 1.559. Somente o cônjuge que incidiu em erro, ou sofreu coação, pode demandar a anulação do casamento; mas a coabitação, havendo ciência do vício, valida o ato, ressalvadas as hipóteses dos incisos III e IV do art. 1.557.

Art. 1.560. O prazo para ser intentada a ação de anulação do casamento, a contar da data da celebração, é de:

I – cento e oitenta dias, no caso do inciso IV do art. 1.550;

II – dois anos, se incompetente a autoridade celebrante;

III – três anos, nos casos dos incisos I a IV do art. 1.557;

IV – quatro anos, se houver coação.

- O Decreto-lei n. 4.529, de 30-7-1942, estabelecia que a ação do cônjuge coato para anular o casamento prescrevia em 2 (dois) anos contados da data de sua celebração, não se aplicando aos processos já ajuizados naquela data, de acordo com o Decreto-lei n. 5.383, de 8-4-1943, desde que a ação tivesse sido proposta antes de decorrido o dobro daquele prazo fixado.

§ 1.º Extingue-se, em cento e oitenta dias, o direito de anular o casamento dos menores de dezesseis anos, contado o prazo para o menor do dia em que perfez essa idade; e da data do casamento, para seus representantes legais ou ascendentes.

§ 2.º Na hipótese do inciso V do art. 1.550, o prazo para anulação do casamento é de cento e oitenta dias, a partir da data em que o mandante tiver conhecimento da celebração.

Art. 1.561. Embora anulável ou mesmo nulo, se contraído de boa-fé por ambos os cônjuges, o casamento, em relação a estes como aos filhos, produz todos os efeitos até o dia da sentença anulatória.

- *Vide* arts. 1.563 e 1.564 do CC.

§ 1.º Se um dos cônjuges estava de boa-fé ao celebrar o casamento, os seus efeitos civis só a ele e aos filhos aproveitarão.

§ 2.º Se ambos os cônjuges estavam de má-fé ao celebrar o casamento, os seus efeitos civis só aos filhos aproveitarão.

Art. 1.562. Antes de mover a ação de nulidade do casamento, a de anulação, a de separação judicial, a de divórcio direto ou a de dissolução de união estável, poderá requerer a parte, comprovando sua necessidade, a separação de corpos, que será concedida pelo juiz com a possível brevidade.

•• *Vide* art. 226, § 6.º, da CF.

- *Vide* art. 69, parágrafo único, da Lei n. 9.099, de 26-9-1995 (Lei dos Juizados Especiais).

Art. 1.563. A sentença que decretar a nulidade do casamento retroagirá à data da sua celebração, sem prejudicar a aquisição de direitos, a título oneroso, por terceiros de boa-fé, nem a resultante de sentença transitada em julgado.

- *Vide* art. 227, § 6.º, da CF.
- Foro competente para ação de anulação do casamento: art. 53, I, do CPC.
- Sobre averbação no registro civil, da sentença anulatória de casamento, *vide* art. 100 da Lei n. 6.015, de 31-12-1973.
- *Vide* art. 27 do ECA.

Art. 1.564. Quando o casamento for anulado por culpa de um dos cônjuges, este incorrerá:

I – na perda de todas as vantagens havidas do cônjuge inocente;

II – na obrigação de cumprir as promessas que lhe fez no contrato antenupcial.

- *Vide* arts. 1.653 a 1.657 do CC.

Capítulo IX
DA EFICÁCIA DO CASAMENTO

•• *Vide* art. 226, § 6.º, da CF.

Art. 1.565. Pelo casamento, homem e mulher assumem mutuamente a condição de consortes, companheiros e responsáveis pelos encargos da família.

- *Vide* art. 226, § 5.º, da CF.

§ 1.º Qualquer dos nubentes, querendo, poderá acrescer ao seu o sobrenome do outro.

- *Vide* arts. 1.571, § 2.º, e 1.578 do CC.

§ 2.º O planejamento familiar é de livre decisão do casal, competindo ao Estado propiciar recursos educacionais e financeiros para o exercício desse direito, vedado qualquer tipo de coerção por parte de instituições privadas ou públicas.

- *Vide* art. 1.513 do CC.
- *Vide* art. 226, § 7.º, da CF.
- *Vide* Lei n. 9.263, de 12-1-1996.

Art. 1.566. São deveres de ambos os cônjuges:

I – fidelidade recíproca;

- *Vide* art. 1.573, I, do CC.

II – vida em comum, no domicílio conjugal;

- *Vide* arts. 1.569 e 1.573, IV, do CC.

III – mútua assistência;

- Sobre abandono material: art. 244 do CP.

IV – sustento, guarda e educação dos filhos;

- *Vide* CF, arts. 226, § 5.º, 227 e 229.
- *Vide* arts. 1.583 a 1.590, 1.634, 1.635, V, e 1.638, do CC.
- Sobre sustento, guarda e educação dos filhos, *vide* as disposições do ECA (Lei n. 8.069, de 13-7-1990).

V – respeito e consideração mútuos.

Art. 1.567. A direção da sociedade conjugal será exercida, em colaboração, pelo marido e pela mulher, sempre no interesse do casal e dos filhos.

Parágrafo único. Havendo divergência, qualquer dos cônjuges poderá recorrer ao juiz, que decidirá tendo em consideração aqueles interesses.

- *Vide* art. 1.631, parágrafo único, do CC.

Art. 1.568. Os cônjuges são obrigados a concorrer, na proporção de seus bens e dos rendimentos do trabalho, para o sustento da família e a educação dos filhos, qualquer que seja o regime patrimonial.

- *Vide* art. 226, § 5.º, do CC.

Art. 1.569. O domicílio do casal será escolhido por ambos os cônjuges, mas um e outro podem ausentar-se do domicílio conjugal para atender a encargos públicos, ao exercício de sua profissão, ou a interesses particulares relevantes.

Art. 1.570. Se qualquer dos cônjuges estiver em lugar remoto ou não sabido, encarcerado por mais de cento e oitenta dias, interditado judicialmente ou privado, episodicamente, de consciência, em virtude de enfermidade ou de acidente, o outro exercerá com exclusividade a direção da família, cabendo-lhe a administração dos bens.

- *Vide* arts. 25 e 1.651 do CC.

Capítulo X
DA DISSOLUÇÃO DA SOCIEDADE E DO VÍNCULO CONJUGAL

•• *Vide* art. 226, § 6.º, da CF.

Art. 1.571. A sociedade conjugal termina:

I – pela morte de um dos cônjuges;

II – pela nulidade ou anulação do casamento;

- *Vide* arts. 1.548 a 1.564 do CC.

III – pela separação judicial;

•• *Vide* art. 226, § 6.º, da CF.

IV – pelo divórcio.

•• *Vide* art. 226, § 6.º, da CF.

§ 1.º O casamento válido só se dissolve pela morte de um dos cônjuges ou pelo divórcio, aplicando-se a presunção estabelecida neste Código quanto ao ausente.

- *Vide* arts. 6.º e 22 a 39 do CC.

§ 2.º Dissolvido o casamento pelo divórcio direto ou por conversão, o cônjuge poderá manter o nome de casado; salvo, no segundo caso, dispondo em contrário a sentença de separação judicial.

Art. 1.572. Qualquer dos cônjuges poderá propor a ação de separação judicial, imputando ao outro qualquer ato que importe grave violação dos deveres do casamento e torne insuportável a vida em comum.

•• *Vide* art. 226, § 6.º, da CF.

§ 1.º A separação judicial pode também ser pedida se um dos cônjuges provar ruptura da vida em comum há mais de um ano e a impossibilidade de sua reconstituição.

§ 2.º O cônjuge pode ainda pedir a separação judicial quando o outro estiver acometido de doença mental grave, manifestada após o casamento, que torne impossível a continuação da vida em comum, desde que, após uma duração de dois anos, a enfermidade tenha sido reconhecida de cura improvável.

§ 3.º No caso do parágrafo 2.º, reverterão ao cônjuge enfermo, que não houver pedido a separação judicial, os remanescentes dos bens que levou para o casamento, e se o regime dos bens adotado o permitir, a meação dos adquiridos na constância da sociedade conjugal.

Art. 1.573. Podem caracterizar a impossibilidade da comunhão de vida a ocorrência de algum dos seguintes motivos:

•• *Vide* art. 226, § 6.º, da CF.

I – adultério;

- *Vide* art. 1.566, I, do CC.

II – tentativa de morte;

III – sevícia ou injúria grave;

IV – abandono voluntário do lar conjugal, durante um ano contínuo;

- *Vide* art. 1.566, II, do CC.

V – condenação por crime infamante;

VI – conduta desonrosa.

- *Vide* art. 1.566, V, do CC.

Parágrafo único. O juiz poderá considerar outros fatos que tornem evidente a impossibilidade da vida em comum.

Art. 1.574. Dar-se-á a separação judicial por mútuo consentimento dos cônjuges se forem casados por mais de um ano e o manifestarem perante o juiz, sendo por ele devidamente homologada a convenção.

•• *Vide* art. 226, § 6.º, da CF.
• *Vide* art. 733 do CPC.

Parágrafo único. O juiz pode recusar a homologação e não decretar a separação judicial se apurar que a convenção não preserva suficientemente os interesses dos filhos ou de um dos cônjuges.

Art. 1.575. A sentença de separação judicial importa a separação de corpos e a partilha de bens.

•• *Vide* art. 226, § 6.º, da CF.
• *Vide* notas ao art. 1.562 do CC.

Parágrafo único. A partilha de bens poderá ser feita mediante proposta dos cônjuges e homologada pelo juiz ou por este decidida.

Art. 1.576. A separação judicial põe termo aos deveres de coabitação e fidelidade recíproca e ao regime de bens.

•• *Vide* art. 226, § 6.º, da CF.

Parágrafo único. O procedimento judicial da separação caberá somente aos cônjuges, e, no caso de incapacidade, serão representados pelo curador, pelo ascendente ou pelo irmão.

Art. 1.577. Seja qual for a causa da separação judicial e o modo como esta se faça, é lícito aos cônjuges restabelecer, a todo tempo, a sociedade conjugal, por ato regular em juízo.

•• *Vide* art. 226, § 6.º, da CF.

Parágrafo único. A reconciliação em nada prejudicará o direito de terceiros, adquirido antes e durante o estado de separado, seja qual for o regime de bens.

• *Vide* art. 101 da Lei n. 6.015, de 31-12-1973.

Art. 1.578. O cônjuge declarado culpado na ação de separação judicial perde o direito de usar o sobrenome do outro, desde que expressamente requerido pelo cônjuge inocente e se a alteração não acarretar:

•• *Vide* art. 226, § 6.º, da CF.

I – evidente prejuízo para a sua identificação;

II – manifesta distinção entre o seu nome de família e o dos filhos havidos da união dissolvida;

III – dano grave reconhecido na decisão judicial.

§ 1.º O cônjuge inocente na ação de separação judicial poderá renunciar, a qualquer momento, ao direito de usar o sobrenome do outro.

§ 2.º Nos demais casos caberá a opção pela conservação do nome de casado.

Art. 1.579. O divórcio não modificará os direitos e deveres dos pais em relação aos filhos.

Parágrafo único. Novo casamento de qualquer dos pais, ou de ambos, não poderá importar restrições aos direitos e deveres previstos neste artigo.

• *Vide* art. 229 da CF.
• *Vide* arts. 1.634 e 1.636 do CC.
• *Vide* art. 27 da Lei n. 6.515, de 26-12-1977.
• *Vide* art. 22 da Lei n. 8.069, de 13-7-1990.

Art. 1.580. Decorrido um ano do trânsito em julgado da sentença que houver decretado a separação judicial, ou da decisão concessiva da medida cautelar de separação de corpos, qualquer das partes poderá requerer sua conversão em divórcio.

•• *Vide* art. 226, § 6.º, da CF.

§ 1.º A conversão em divórcio da separação judicial dos cônjuges será decretada por sentença, da qual não constará referência à causa que a determinou.

§ 2.º O divórcio poderá ser requerido, por um ou por ambos os cônjuges, no caso de comprovada separação de fato por mais de dois anos.

Art. 1.581. O divórcio pode ser concedido sem que haja prévia partilha de bens.

•• *Vide* art. 31 da Lei n. 6.515, de 26-12-1977.
• *Vide* art. 731 do CPC.
• *Vide* Súmula 197 do STJ.

Art. 1.582. O pedido de divórcio somente competirá aos cônjuges.

Parágrafo único. Se o cônjuge for incapaz para propor a ação ou defender-se, poderá fazê-lo o curador, o ascendente ou o irmão.

• *Vide* art. 24 da Lei n. 6.515, de 26-12-1977.

Capítulo XI
DA PROTEÇÃO DA PESSOA DOS FILHOS

• *Vide* Lei n. 12.318, de 26-8-2010, sobre alienação parental.

Art. 1.583. A guarda será unilateral ou compartilhada.

•• *Caput* com redação determinada pela Lei n. 11.698, de 13-6-2008.

§ 1.º Compreende-se por guarda unilateral a atribuída a um só dos genitores ou a alguém que o substitua (art. 1.584, § 5.º) e, por guarda compartilhada a responsabilização conjunta e o exercício de direitos e deveres do pai e da mãe que não vivam sob o mesmo teto, concernentes ao poder familiar dos filhos comuns.

•• § 1.º acrescentado pela Lei n. 11.698, de 13-6-2008.

§ 2.º Na guarda compartilhada, o tempo de convívio com os filhos deve ser dividido de forma equilibrada com a mãe e com o pai, sempre tendo em vista as condições fáticas e os interesses dos filhos.

•• § 2.º com redação determinada pela Lei n. 13.058, de 22-12-2014.

I a III – (*Revogados pela Lei n. 13.058, de 22-12-2014.*)

§ 3.º Na guarda compartilhada, a cidade considerada base de moradia dos filhos será aquela que melhor atender aos interesses dos filhos.

•• § 3.º com redação determinada pela Lei n. 13.058, de 22-12-2014.

§ 4.º (*Vetado.*)

•• § 4.º acrescentado pela Lei n. 11.698, de 13-6-2008.

§ 5.º A guarda unilateral obriga o pai ou a mãe que não a detenha a supervisionar os interesses dos filhos, e, para possibilitar tal supervisão, qualquer dos genitores sempre será parte legítima para solicitar informações e/ou prestação de contas, objetivas ou subjetivas, em assuntos ou situações que direta ou indiretamente afetem a saúde física e psicológica e a educação de seus filhos.

•• § 5.º acrescentado pela Lei n. 13.058, de 22-12-2014.

Art. 1.584. A guarda, unilateral ou compartilhada, poderá ser:

•• *Caput* com redação determinada pela Lei n. 11.698, de 13-6-2008.

I – requerida, por consenso, pelo pai e pela mãe, ou por qualquer deles, em ação autônoma de separação, de divórcio, de dissolução de união estável ou em medida cautelar;

•• Inciso I acrescentado pela Lei n. 11.698, de 13-6-2008.

II – decretada pelo juiz, em atenção a necessidades específicas do filho, ou em razão da distribuição de tempo necessário ao convívio deste com o pai e com a mãe.

•• Inciso II acrescentado pela Lei n. 11.698, de 13-6-2008.

§ 1.º Na audiência de conciliação, o juiz informará ao pai e à mãe o significado da guarda compartilhada, a sua importância, a similitude de deveres e direitos atribuídos aos genitores e as sanções pelo descumprimento de suas cláusulas.

•• § 1.º acrescentado pela Lei n. 11.698, de 13-6-2008.

§ 2.º Quando não houver acordo entre a mãe e o pai quanto à guarda do filho, encontrando-se ambos os genitores aptos a exercer o poder familiar, será aplicada a guarda compartilhada, salvo se um dos genitores declarar ao magistrado que não deseja a guarda do menor.

•• § 2.º com redação determinada pela Lei n. 13.058, de 22-12-2014.

§ 3.º Para estabelecer as atribuições do pai e da mãe e os períodos de convivência sob guarda compartilhada, o juiz, de ofício ou a requerimento do Ministério Público, poderá basear-se em orientação técnico-profissional ou de equipe interdisciplinar, que deverá visar à divisão equilibrada do tempo com o pai e com a mãe.

•• § 3.º com redação determinada pela Lei n. 13.058, de 22-12-2014.

§ 4.º A alteração não autorizada ou o descumprimento imotivado de cláusula de guarda unilateral ou compartilhada poderá implicar a redução de prerrogativas atribuídas ao seu detentor.

•• § 4.º com redação determinada pela Lei n. 13.058, de 22-12-2014.

§ 5.º Se o juiz verificar que o filho não deve permanecer sob a guarda do pai ou da mãe, deferirá a guarda a pessoa que revele compatibilidade com a natureza da medida, considerados, de preferência, o grau de parentesco e as relações de afinidade e afetividade.

•• § 5.º com redação determinada pela Lei n. 13.058, de 22-12-2014.

§ 6.º Qualquer estabelecimento público ou privado é obrigado a prestar informações a qualquer dos genitores sobre os filhos destes, sob pena de multa de R$ 200,00 (duzentos reais) a R$ 500,00 (quinhentos reais) por dia pelo não atendimento da solicitação.

•• § 6.º acrescentado pela Lei n. 13.058, de 22-12-2014.

• *Vide* art. 1.583 desta Lei.

• *Vide* art. 28 da Lei n. 8.069, de 13-7-1990.

Art. 1.585. Em sede de medida cautelar de separação de corpos, em sede de medida cautelar de guarda ou em outra sede de fixação liminar de guarda, a decisão sobre guarda de filhos, mesmo que provisória, será proferida preferencialmente após a oitiva de ambas as partes perante o juiz, salvo se a proteção aos interesses dos filhos exigir a concessão de liminar sem a oitiva da outra parte, aplicando-se as disposições do art. 1.584.

•• Artigo com redação determinada pela Lei n. 13.058, de 22-12-2014.

• *Vide* art. 1.562 do CC.

• *Vide* arts. 294 e 305 do CPC.

• *Vide* art. 1.562 do CC.

• *Vide* CPC, arts. 796, 801 e 888, III.

Art. 1.586. Havendo motivos graves, poderá o juiz, em qualquer caso, a bem dos filhos, regular de maneira diferente da estabelecida nos artigos antecedentes a situação deles para com os pais.

Art. 1.587. No caso de invalidade do casamento, havendo filhos comuns, observar-se-á o disposto nos arts. 1.584 e 1.586.

• *Vide* arts. 1.548 a 1.564 do CC.

Art. 1.588. O pai ou a mãe que contrair novas núpcias não perde o direito de ter consigo os filhos, que só lhe poderão ser retirados por mandado judicial, provado que não são tratados convenientemente.

• *Vide* arts. 1.579, parágrafo único, e 1.636 do CC.

Art. 1.589. O pai ou a mãe, em cuja guarda não estejam os filhos, poderá visitá-los e tê-los em sua companhia, segundo o que acordar com o outro cônjuge, ou for fixado pelo juiz, bem como fiscalizar sua manutenção e educação.

• *Vide* art. 1.579 do CC.

• *Vide* art. 15 da Lei n. 6.515, de 26-12-1977.

Parágrafo único. O direito de visita estende-se a qualquer dos avós, a critério do juiz, observados os interesses da criança ou do adolescente.

•• Parágrafo único acrescentado pela Lei n. 12.398, de 28-3-2011.

Art. 1.590. As disposições relativas à guarda e prestação de alimentos aos filhos menores estendem-se aos maiores incapazes.

• *Vide* art. 16 da Lei n. 6.515, de 26-12-1977.

• *Vide* arts. 3.º, 4.º, 1.584 a 1.589 e 1.703 do CC.

Subtítulo II
DAS RELAÇÕES DE PARENTESCO

Capítulo I
DISPOSIÇÕES GERAIS

Art. 1.591. São parentes em linha reta as pessoas que estão umas para com as outras na relação de ascendentes e descendentes.

• *Vide* arts. 1.521, I, e 1.723, § 1.º, do CC.

Art. 1.592. São parentes em linha colateral ou transversal, até o quarto grau, as pessoas provenientes de um só tronco, sem descenderem uma da outra.

• *Vide* art. 1.839 do CC.

Art. 1.593. O parentesco é natural ou civil, conforme resulte de consanguinidade ou outra origem.

• *Vide* arts. 226, § 4.º, e 227, §§ 5.º e 6.º, da CF.

• Adoção no ECA (Lei n. 8.069, de 13-7-1990): arts. 39 a 52-D.

Art. 1.594. Contam-se, na linha reta, os graus de parentesco pelo número de gerações, e, na colateral, também pelo número delas, subindo de um dos parentes até ao ascendente comum, e descendo até encontrar o outro parente.

Art. 1.595. Cada cônjuge ou companheiro é aliado aos parentes do outro pelo vínculo da afinidade.

§ 1.º O parentesco por afinidade limita-se aos ascendentes, aos descendentes e aos irmãos do cônjuge ou companheiro.

§ 2.º Na linha reta, a afinidade não se extingue com a dissolução do casamento ou da união estável.

• *Vide* art. 1.521, II, do CC.

Capítulo II
DA FILIAÇÃO

Art. 1.596. Os filhos, havidos ou não da relação de casamento, ou por adoção, terão os mesmos direitos e qualificações, proibidas quaisquer designações discriminatórias relativas à filiação.

• *Vide* art. 227, § 6.º, da CF.

• *Vide* art. 20 da Lei n. 8.069, de 13-7-1990 (ECA).

• *Vide* arts. 5.º e 6.º da Lei n. 8.560, de 29-12-1992.

Art. 1.597. Presumem-se concebidos na constância do casamento os filhos:

I – nascidos cento e oitenta dias, pelo menos, depois de estabelecida a convivência conjugal;

II – nascidos nos trezentos dias subsequentes à dissolução da sociedade conjugal, por morte, separação judicial, nulidade e anulação do casamento;

• *Vide* Lei n. 6.515, de 26-12-1977 (Lei do Divórcio).

III – havidos por fecundação artificial homóloga, mesmo que falecido o marido;

IV – havidos, a qualquer tempo, quando se tratar de embriões excedentários, decorrentes de concepção artificial homóloga;

V – havidos por inseminação artificial heteróloga, desde que tenha prévia autorização do marido.

• *Vide* art. 227, § 6.º, da CF.

• *Vide* art. 2.º do CC.

Art. 1.598. Salvo prova em contrário, se, antes de decorrido o prazo previsto no inciso II do art. 1.523, a mulher contrair novas núpcias e lhe nascer algum filho, este se presume do primeiro marido, se nascido dentro dos trezentos dias a contar da data do falecimento deste e, do segundo, se o nascimento ocorrer após esse período e já decorrido o prazo a que se refere o inciso I do art. 1.597.

• *Vide* art. 227, § 6.º, da CF.

Art. 1.599. A prova da impotência do cônjuge para gerar, à época da concepção, ilide a presunção da paternidade.

Art. 1.600. Não basta o adultério da mulher, ainda que confessado, para ilidir a presunção legal da paternidade.

Art. 1.601. Cabe ao marido o direito de contestar a paternidade dos filhos nascidos de sua mulher, sendo tal ação imprescritível.

• *Vide* art. 227, § 6.º, da CF.

• *Vide* art. 102, § 1.º, da Lei n. 6.015, de 31-12-1973 (LRP).

• *Vide* art. 27 do ECA.

Parágrafo único. Contestada a filiação, os herdeiros do impugnante têm direito de prosseguir na ação.

Art. 1.602. Não basta a confissão materna para excluir a paternidade.

Art. 1.603. A filiação prova-se pela certidão do termo de nascimento registrada no Registro Civil.

• *Vide* arts. 50 a 66 da Lei n. 6.015, de 31-12-1973 (LRP).

• *Vide* Lei n. 12.662, de 5-6-2012, que trata da Declaração de Nascido Vivo.

Art. 1.604. Ninguém pode vindicar estado contrário ao que resulta do registro de nascimento, salvo provando-se erro ou falsidade do registro.

• *Vide* art. 227, § 6.º, da CF.

• Os arts. 241 a 243 do CP dispõem sobre os crimes contra o estado de filiação.

• *Vide* art. 114 da Lei n. 6.015, de 31-12-1973 (LRP).

• *Vide* art. 63 da Lei n. 13.445, de 24-5-2017 (Lei de Migração).

Art. 1.605. Na falta, ou defeito, do termo de nascimento, poderá provar-se a filiação por qualquer modo admissível em direito:

• *Vide* art. 369 do CPC.

I – quando houver começo de prova por escrito, proveniente dos pais, conjunta ou separadamente;

II – quando existirem veementes presunções resultantes de fatos já certos.

• *Vide* art. 227, § 6.º, da CF.

• *Vide* arts. 212 a 232 do CC.

Art. 1.606. A ação de prova de filiação compete ao filho, enquanto viver, passando aos herdeiros, se ele morrer menor ou incapaz.

• *Vide* art. 227, § 6.º, da CF.

• *Vide* ECA, art. 27.

• *Vide* Lei n. 8.560, de 29-12-1992.

Parágrafo único. Se iniciada a ação pelo filho, os herdeiros poderão continuá-la, salvo se julgado extinto o processo.

• *Vide* art. 227, § 6.º, da CF.

• *Vide* art. 485 do CPC.

Capítulo III
DO RECONHECIMENTO DOS FILHOS

• A Lei n. 10.317, de 6-12-2001, altera a Lei n. 1.060, de 5-2-1950 (assistência judiciária aos necessitados), para conceder a gratuidade do exame de DNA nos casos que especifica.

Art. 1.607. O filho havido fora do casamento pode ser reconhecido pelos pais, conjunta ou separadamente.

• *Vide* art. 227, § 6.º, da CF.
• *Vide* art. 59 da Lei n. 6.015, de 31-12-1973 (LRP).
• Lei n. 8.069, de 13-7-1990, art. 26 (ECA).
• Lei n. 8.560, de 29-12-1992.
• *Vide* Súmula 301 do STJ.

Art. 1.608. Quando a maternidade constar do termo do nascimento do filho, a mãe só poderá contestá-la, provando a falsidade do termo, ou das declarações nele contidas.

Art. 1.609. O reconhecimento dos filhos havidos fora do casamento é irrevogável e será feito:

I – no registro do nascimento;

II – por escritura pública ou escrito particular, a ser arquivado em cartório;

III – por testamento, ainda que incidentalmente manifestado;

IV – por manifestação direta e expressa perante o juiz, ainda que o reconhecimento não haja sido o objeto único e principal do ato que o contém.

• *Vide* art. 227, § 6.º, da CF.
• Lei n. 8.069, de 13-7-1990, art. 26.
• Lei n. 8.560, de 29-12-1992, art. 1.º, I a IV.

Parágrafo único. O reconhecimento pode preceder o nascimento do filho ou ser posterior ao seu falecimento, se ele deixar descendentes.

• Lei n. 8.069, de 13-7-1990, art. 26, parágrafo único (ECA).

Art. 1.610. O reconhecimento não pode ser revogado, nem mesmo quando feito em testamento.

Art. 1.611. O filho havido fora do casamento, reconhecido por um dos cônjuges, não poderá residir no lar conjugal sem o consentimento do outro.

• *Vide* art. 227, § 6.º, da CF.
• *Vide* art. 15 do Decreto-lei n. 3.200, de 19-4-1941.

Art. 1.612. O filho reconhecido, enquanto menor, ficará sob a guarda do genitor que o reconheceu, e, se ambos o reconheceram e não houver acordo, sob a de quem melhor atender aos interesses do menor.

• *Vide* arts. 226, § 5.º, e 227, § 6.º, da CF.
• *Vide* art. 16 do Decreto-lei n. 3.200, de 1941, alterado pela Lei n. 5.582, de 1970.

Art. 1.613. São ineficazes a condição e o termo apostos ao ato de reconhecimento do filho.

• *Vide* arts. 121, 131 e 136 do CC.

Art. 1.614. O filho maior não pode ser reconhecido sem o seu consentimento, e o menor pode impugnar o reconhecimento, nos quatro anos que se seguirem à maioridade, ou à emancipação.

• Lei n. 8.560, de 29-12-1992, art. 4.º.

Art. 1.615. Qualquer pessoa, que justo interesse tenha, pode contestar a ação de investigação de paternidade, ou maternidade.

• *Vide* Súmula 149 do STF.

Art. 1.616. A sentença que julgar procedente a ação de investigação produzirá os mesmos efeitos do reconhecimento; mas poderá ordenar que o filho se crie e eduque fora da companhia dos pais ou daquele que lhe contestou essa qualidade.

• Lei n. 6.015, de 31-12-1973, arts. 29, § 1.º, *d*, e 109, § 4.º (LRP).

Art. 1.617. A filiação materna ou paterna pode resultar de casamento declarado nulo, ainda mesmo sem as condições do putativo.

• *Vide* art. 227, § 6.º, da CF.
• *Vide* art. 1.561 do CC.

Capítulo IV
DA ADOÇÃO

• *Vide* art. 227, § 6.º, da CF.
• Outros dispositivos sobre adoção no CC: arts. 1.521, III e V, 1.593, 1.635, IV, e 1.763, II.
• Sobre adoção no ECA (Lei n. 8.069, de 13-7-1990): arts. 8.º, § 5.º, 13, § 1.º, 20, 28, 31, 33, 39 a 52-D, 87, VII, 102, § 4.º, 148, III, 165, parágrafo único, 166, 167, 170, 197-A a 197-E, 199-A, 199-C, 240, § 2.º, III, 258-A, parágrafo único, e 258-B.
• A Resolução n. 289, de 14-8-2019 do CNJ, dispõe sobre a implantação e o funcionamento do Sistema Nacional de Adoção e Acolhimento – SNA.

Art. 1.618. A adoção de crianças e adolescentes será deferida na forma prevista pela Lei n. 8.069, de 13 de julho de 1990 – Estatuto da Criança e do Adolescente.

•• *Caput* com redação determinada pela Lei n. 12.010, de 3-8-2009.
•• *Vide* arts. 39 a 52-D da Lei n. 8.069, de 13-7-1990.

Parágrafo único. (*Revogado pela Lei n. 12.010, de 3-8-2009.*)

Art. 1.619. A adoção de maiores de 18 (dezoito) anos dependerá da assistência efetiva do poder público e de sentença constitutiva, aplicando-se, no que couber, as regras gerais da Lei n. 8.069, de 13 de julho de 1990 – Estatuto da Criança e do Adolescente.

•• Artigo com redação determinada pela Lei n. 12.010, de 3-8-2009.

Arts. 1.620 a 1.629. (*Revogados pela Lei n. 12.010, de 3-8-2009.*)

Capítulo V
DO PODER FAMILIAR

• Dispositivos do CC sobre poder familiar: arts. 197, II, 1.728, II, 1.730, 1.733, § 2.º, 1.763, II, e 1.779, *caput*.
• Dispositivos do ECA (Lei n. 8.069, de 13-7-1990) sobre poder familiar: arts. 21, 23, *caput*, 24, 36, parágrafo único, 45, § 1.º, 49, 129, X, 136, 148, parágrafo único, *b*, *d*, 155 a 163, 166, *caput*, 169, *caput*, 201, III, e 249, *caput*.

Seção I
Disposições Gerais

Art. 1.630. Os filhos estão sujeitos ao poder familiar, enquanto menores.

• *Vide* arts. 5.º, 1.612 e 1.635 do CC.

Art. 1.631. Durante o casamento e a união estável, compete o poder familiar aos pais; na falta ou impedimento de um deles, o outro o exercerá com exclusividade.

Parágrafo único. Divergindo os pais quanto ao exercício do poder familiar, é assegurado a qualquer deles recorrer ao juiz para solução do desacordo.

• *Vide* art. 1.517, parágrafo único, do CC.
• Lei n. 8.069, de 13-7-1990, art. 21 (ECA).

Art. 1.632. A separação judicial, o divórcio e a dissolução da união estável não alteram as relações entre pais e filhos senão quanto ao direito, que aos primeiros cabe, de terem em sua companhia os segundos.

• *Vide* Lei n. 6.515, de 26-12-1977, art. 27 (Lei do Divórcio).

Art. 1.633. O filho, não reconhecido pelo pai, fica sob poder familiar exclusivo da mãe; se a mãe não for conhecida ou capaz de exercê-lo, dar-se-á tutor ao menor.

• *Vide* arts. 226, § 5.º, e 227, § 6.º, da CF.
• *Vide* art. 1.612 do CC.
• *Vide* art. 16 do Decreto-lei n. 3.200, de 19-4-1941.

Seção II
Do Exercício do Poder Familiar

Art. 1.634. Compete a ambos os pais, qualquer que seja a sua situação conjugal, o pleno exercício do poder familiar, que consiste em, quanto aos filhos:

•• *Caput* com redação determinada pela Lei n. 13.058, de 22-12-2014.

I – dirigir-lhes a criação e a educação;

•• Inciso I com redação determinada pela Lei n. 13.058, de 22-12-2014.
• *Vide* art. 229 da CF.
• *Vide* art. 21 do ECA.

II – exercer a guarda unilateral ou compartilhada nos termos do art. 1.584;

•• Inciso II com redação determinada pela Lei n. 13.058, de 22-12-2014.
• *Vide* arts. 1.583 a 1.590, 1.612 e 1.631, *caput*, do CC.
• *Vide* arts. 33 a 35 do ECA.

III – conceder-lhes ou negar-lhes consentimento para casarem;

•• Inciso III com redação determinada pela Lei n. 13.058, de 22-12-2014.
• *Vide* arts. 1.517, *caput*, 1.519, 1.550, II, e 1.641, III, do CC.

IV – conceder-lhes ou negar-lhes consentimento para viajarem ao exterior;

•• Inciso IV com redação determinada pela Lei n. 13.058, de 22-12-2014.
• *Vide* art. 1.729 do CC.

V – conceder-lhes ou negar-lhes consentimento para mudarem sua residência permanente para outro Município;

•• Inciso V com redação determinada pela Lei n. 13.058, de 22-12-2014.

VI – nomear-lhes tutor por testamento ou documento autêntico, se o outro dos pais não lhe sobreviver, ou o sobrevivo não puder exercer o poder familiar;

•• Inciso VI com redação determinada pela Lei n. 13.058, de 22-12-2014.

VII – representá-los judicial e extrajudicialmente até os 16 (dezesseis) anos, nos atos da vida civil, e assisti-los, após essa idade, nos atos em que forem partes, suprindo-lhes o consentimento;

•• Inciso VII com redação determinada pela Lei n. 13.058, de 22-12-2014.

VIII – reclamá-los de quem ilegalmente os detenha;

•• Inciso VIII acrescentado pela Lei n. 13.058, de 22-12-2014.

IX – exigir que lhes prestem obediência, respeito e os serviços próprios de sua idade e condição.

•• Inciso IX acrescentado pela Lei n. 13.058, de 22-12-2014.

Seção III
Da Suspensão e Extinção do Poder Familiar

• *Vide* arts. 24, 148, parágrafo único, *b*, e 155 a 163, da Lei n. 8.069, de 13-7-1990 (ECA).

Art. 1.635. Extingue-se o poder familiar:

I – pela morte dos pais ou do filho;

II – pela emancipação, nos termos do art. 5.º, parágrafo único;

III – pela maioridade;

• *Vide* art. 5.º, *caput*, do CC.

IV – pela adoção;

V – por decisão judicial, na forma do artigo 1.638.

Art. 1.636. O pai ou a mãe que contrai novas núpcias, ou estabelece união estável, não perde, quanto aos filhos do relacionamento anterior, os direitos ao poder familiar, exercendo-os sem qualquer interferência do novo cônjuge ou companheiro.

Parágrafo único. Igual preceito ao estabelecido neste artigo aplica-se ao pai ou à mãe solteiros que casarem ou estabelecerem união estável.

• *Vide* art. 1.588 do CC.

Art. 1.637. Se o pai, ou a mãe, abusar de sua autoridade, faltando aos deveres a eles inerentes ou arruinando os bens dos filhos, cabe ao juiz, requerendo algum parente, ou o Ministério Público, adotar a medida que lhe pareça reclamada pela segurança do menor e seus haveres, até suspendendo o poder familiar, quando convenha.

• Arts. 244 a 247 do CP: crimes contra a assistência familiar.

• *Vide* ECA (Lei n. 8.069, de 13-7-1990), arts. 24, 129, X, 130 e 155 a 163.

Parágrafo único. Suspende-se igualmente o exercício do poder familiar ao pai ou à mãe condenados por sentença irrecorrível, em virtude de crime cuja pena exceda a dois anos de prisão.

• *Vide* ECA, arts. 155 a 163.

• CP: o art. 92, II, dispõe sobre a incapacidade do exercício do poder familiar, tutela ou curatela, na condenação em crimes dolosos, sujeitos à pena de reclusão, cometidos contra filho, tutelado ou curatelado.

Art. 1.638. Perderá por ato judicial o poder familiar o pai ou a mãe que:

I – castigar imoderadamente o filho;

II – deixar o filho em abandono;

III – praticar atos contrários à moral e aos bons costumes;

IV – incidir, reiteradamente, nas faltas previstas no artigo antecedente;

V – entregar de forma irregular o filho a terceiros para fins de adoção.

•• Inciso V acrescentado pela Lei n. 13.509, de 22-11-2017.

Parágrafo único. Perderá também por ato judicial o poder familiar aquele que:

•• Parágrafo único, *caput*, acrescentado pela Lei n. 13.715, de 24-9-2018.

I – praticar contra outrem igualmente titular do mesmo poder familiar:

•• Inciso I acrescentado pela Lei n. 13.715, de 24-9-2018.

a) homicídio, feminicídio ou lesão corporal de natureza grave ou seguida de morte, quando se tratar de crime doloso envolvendo violência doméstica e familiar ou menosprezo ou discriminação à condição de mulher;

•• Alínea *a* acrescentada pela Lei n. 13.715, de 24-9-2018.

b) estupro ou outro crime contra a dignidade sexual sujeito à pena de reclusão;

•• Alínea *b* acrescentada pela Lei n. 13.715, de 24-9-2018.

II – praticar contra filho, filha ou outro descendente:

•• Inciso II acrescentado pela Lei n. 13.715, de 24-9-2018.

a) homicídio, feminicídio ou lesão corporal de natureza grave ou seguida de morte, quando se tratar de crime doloso envolvendo violência doméstica e familiar ou menosprezo ou discriminação à condição de mulher;

•• Alínea *a* acrescentada pela Lei n. 13.715, de 24-9-2018.

b) estupro, estupro de vulnerável ou outro crime contra a dignidade sexual sujeito à pena de reclusão.

•• Alínea *b* acrescentada pela Lei n. 13.715, de 24-9-2018.

Título II
DO DIREITO PATRIMONIAL

Subtítulo I
DO REGIME DE BENS ENTRE OS CÔNJUGES

•• *Vide* art. 2.039 do CC.

Capítulo I
DISPOSIÇÕES GERAIS

Art. 1.639. É lícito aos nubentes, antes de celebrado o casamento, estipular, quanto aos seus bens, o que lhes aprouver.

• *Vide* art. 1.536, VII, do CC.

§ 1.º O regime de bens entre os cônjuges começa a vigorar desde a data do casamento.

• *Vide* art. 7.º, §§ 4.º e 5.º, da LINDB (Decreto-lei n. 4.657, de 4-9-1942).

§ 2.º É admissível alteração do regime de bens, mediante autorização judicial em pedido motivado de ambos os cônjuges, apurada a procedência das razões invocadas e ressalvados os direitos de terceiros.

Art. 1.640. Não havendo convenção, ou sendo ela nula ou ineficaz, vigorará, quanto aos bens entre os cônjuges, o regime da comunhão parcial.

Parágrafo único. Poderão os nubentes, no processo de habilitação, optar por qualquer dos regimes que este Código regula. Quanto à forma, reduzir-se-á a termo a opção pela comunhão parcial, fazendo-se o pacto antenupcial por escritura pública, nas demais escolhas.

• *Vide* arts. 1.653 a 1.657 (pacto antenupcial) e 1.658 a 1.666 (regime de comunhão parcial) do CC.

• *Vide* Súmula 377 do STF.

Art. 1.641. É obrigatório o regime da separação de bens no casamento:

• *Vide* Súmula 377 do STF.

I – das pessoas que o contraírem com inobservância das causas suspensivas da celebração do casamento;

• *Vide* arts. 1.523 e 1.524 do CC.

II – da pessoa maior de 70 (setenta) anos;

•• Inciso II com redação determinada pela Lei n. 12.344, de 9-12-2010.

•• *Vide* Súmula 655 do STJ.

• *Vide* art. 45 da Lei n. 6.515, de 26-12-1977 (Lei do Divórcio).

III – de todos os que dependerem, para casar, de suprimento judicial.

• *Vide* arts. 977, 1.517, 1.519, 1.634, III, 1.747, I, e 1.774 do CC.

Art. 1.642. Qualquer que seja o regime de bens, tanto o marido quanto a mulher podem livremente:

I – praticar todos os atos de disposição e de administração necessários ao desempenho de sua profissão, com as limitações estabelecidas no inciso I do art. 1.647;

II – administrar os bens próprios;

III – desobrigar ou reivindicar os imóveis que tenham sido gravados ou alienados sem o seu consentimento ou sem suprimento judicial;

IV – demandar a rescisão dos contratos de fiança e doação, ou a invalidação do aval, realizados pelo outro cônjuge com infração do disposto nos incisos III e IV do art. 1.647;

V – reivindicar os bens comuns, móveis ou imóveis, doados ou transferidos pelo outro cônjuge ao concubino, desde que provado que os bens não foram adquiridos pelo esforço comum destes, se o casal estiver separado de fato por mais de cinco anos;

• *Vide* art. 550 do CC.

VI – praticar todos os atos que não lhes forem vedados expressamente.

Art. 1.643. Podem os cônjuges, independentemente de autorização um do outro:

I – comprar, ainda a crédito, as coisas necessárias à economia doméstica;

II – obter, por empréstimo, as quantias que a aquisição dessas coisas possa exigir.

Art. 1.644. As dívidas contraídas para os fins do artigo antecedente obrigam solidariamente ambos os cônjuges.

• *Vide* arts. 275 a 285 do CC.

Art. 1.645. As ações fundadas nos incisos III, IV e V do art. 1.642 competem ao cônjuge prejudicado e a seus herdeiros.

Art. 1.646. No caso dos incisos III e IV do art. 1.642, o terceiro, prejudicado com a sentença favorável ao autor, terá direito regressivo contra o cônjuge, que realizou o negócio jurídico, ou seus herdeiros.

• *Vide* art. 125, II, do CPC.

Art. 1.647. Ressalvado o disposto no art. 1.648, nenhum dos cônjuges pode, sem autorização do outro, exceto no regime da separação absoluta:

• *Vide* art. 73-A da Lei n. 11.977, de 7-7-2009.

I – alienar ou gravar de ônus real os bens imóveis;

• *Vide* arts. 220, 1.642, 1.645 e 1.650 do CC.

• Decretos-leis n. 58, de 10-12-1937, art. 11, § 2.º, e n. 70, de 21-11-1966, art. 17, § 2.º; Leis n. 6.766, de 19-12-1979, art. 18, VII e § 3.º, e n. 11.101, de 9-2-2005, art. 142.

II – pleitear, como autor ou réu, acerca desses bens ou direitos;

• *Vide* arts. 73 e 76 do CPC.

III – prestar fiança ou aval;

•• *Vide* arts. 1.642, IV, e 1.645 do CC.

•• *Vide* Súmula 332 do STJ.

IV – fazer doação, não sendo remuneratória, de bens comuns, ou dos que possam integrar futura meação.

• *Vide* art. 226, § 5.º, da CF.

• *Vide* arts. 1.642, IV, e 1.645 do CC.

• Suprimento judicial do consentimento do cônjuge: art. 74 do CPC.

• Nos processos de desapropriação a citação do marido dispensa a da mulher – *vide* Decreto-lei n. 3.365, de 21-6-1941, art. 16.

• A emissão e o endosso da cédula hipotecária dispensam a outorga uxória – *vide* § 2.º do art. 17 do Decreto-lei n. 70, de 21-11-1966.

• *Vide* Lei n. 8.245, de 18-10-1991, art. 3.º.

Parágrafo único. São válidas as doações nupciais feitas aos filhos quando casarem ou estabelecerem economia separada.

Art. 1.648. Cabe ao juiz, nos casos do artigo antecedente, suprir a outorga, quando um dos cônjuges a denegue sem motivo justo, ou lhe seja impossível concedê-la.

• *Vide* art. 74 do CPC.

Art. 1.649. A falta de autorização, não suprida pelo juiz, quando necessária (art. 1.647), tornará anulável o ato praticado, podendo o outro cônjuge pleitear-lhe a anulação, até dois anos depois de terminada a sociedade conjugal.

Parágrafo único. A aprovação torna válido o ato, desde que feita por instrumento público, ou particular, autenticado.

Art. 1.650. A decretação de invalidade dos atos praticados sem outorga, sem consentimento, ou sem suprimento do juiz, só poderá ser demandada pelo cônjuge a quem cabia concedê-la, ou por seus herdeiros.

• *Vide* art. 226, § 5.º, da CF.

• *Vide* arts. 1.645 e 1.646 do CC.

Art. 1.651. Quando um dos cônjuges não puder exercer a administração dos bens que lhe incumbe, segundo o regime de bens, caberá ao outro:

I – gerir os bens comuns e os do consorte;

II – alienar os bens móveis comuns;

III – alienar os imóveis comuns e os móveis ou imóveis do consorte, mediante autorização judicial.

• *Vide* art. 226, § 5.º, da CF.

Art. 1.652. O cônjuge, que estiver na posse dos bens particulares do outro, será para com este e seus herdeiros responsável:

I – como usufrutuário, se o rendimento for comum;

• *Vide* arts. 1.400 a 1.409 do CC.

II – como procurador, se tiver mandato expresso ou tácito para os administrar;

• *Vide* arts. 667 a 674 do CC.

III – como depositário, se não for usufrutuário, nem administrador.

• *Vide* arts. 627 a 652 do CC.

Capítulo II
DO PACTO ANTENUPCIAL

Art. 1.653. É nulo o pacto antenupcial se não for feito por escritura pública, e ineficaz se não lhe seguir o casamento.

• *Vide* arts. 1.536, VII, 1.537 e 1.564, II, do CC.

• *Vide* Lei n. 6.015, de 31-12-1973, arts. 167, I, n. 12, II, n. 1, e 178, V.

Art. 1.654. A eficácia do pacto antenupcial, realizado por menor, fica condicionada à aprovação de seu representante legal, salvo as hipóteses de regime obrigatório de separação de bens.

Art. 1.655. É nula a convenção ou cláusula dela que contravenha disposição absoluta de lei.

Art. 1.656. No pacto antenupcial, que adotar o regime de participação final nos aquestos, poder-se-á convencionar a livre disposição dos bens imóveis, desde que particulares.

• Do regime de participação final nos aquestos: arts. 1.672 a 1.686 do CC.

Art. 1.657. As convenções antenupciais não terão efeito perante terceiros senão depois de registradas, em livro especial, pelo oficial do Registro de Imóveis do domicílio dos cônjuges.

• *Vide* arts. 167, I, n. 12, e II, n. 1, 244 e 245 da Lei n. 6.015, de 31-12-1973 (LRP).

Capítulo III
DO REGIME DE COMUNHÃO PARCIAL

Art. 1.658. No regime de comunhão parcial, comunicam-se os bens que sobrevierem ao casal, na constância do casamento, com as exceções dos artigos seguintes.

Art. 1.659. Excluem-se da comunhão:

I – os bens que cada cônjuge possuir ao casar, e os que lhe sobrevierem, na constância do casamento, por doação ou sucessão, e os sub-rogados em seu lugar;

II – os bens adquiridos com valores exclusivamente pertencentes a um dos cônjuges em sub-rogação dos bens particulares;

• *Vide* art. 1.660, I, do CC.

III – as obrigações anteriores ao casamento;

IV – as obrigações provenientes de atos ilícitos, salvo reversão em proveito do casal;

V – os bens de uso pessoal, os livros e instrumentos de profissão;

VI – os proventos do trabalho pessoal de cada cônjuge;

VII – as pensões, meios-soldos, montepios e outras rendas semelhantes.

Art. 1.660. Entram na comunhão:

I – os bens adquiridos na constância do casamento por título oneroso, ainda que só em nome de um dos cônjuges;

• *Vide* art. 1.659, II, do CC.

II – os bens adquiridos por fato eventual, com ou sem o concurso de trabalho ou despesa anterior;

III – os bens adquiridos por doação, herança ou legado, em favor de ambos os cônjuges;

IV – as benfeitorias em bens particulares de cada cônjuge;

• *Vide* arts. 96 e 97 do CC (benfeitorias).

V – os frutos dos bens comuns, ou dos particulares de cada cônjuge, percebidos na constância do casamento, ou pendentes ao tempo de cessar a comunhão.

Art. 1.661. São incomunicáveis os bens cuja aquisição tiver por título uma causa anterior ao casamento.

Art. 1.662. No regime da comunhão parcial, presumem-se adquiridos na constância do casamento os bens móveis, quando não se provar que o foram em data anterior.

Art. 1.663. A administração do patrimônio comum compete a qualquer dos cônjuges.

• *Vide* art. 226, § 5.º, da CF.

§ 1.º As dívidas contraídas no exercício da administração obrigam os bens comuns e particulares do cônjuge que os administra, e os do outro na razão do proveito que houver auferido.

§ 2.º A anuência de ambos os cônjuges é necessária para os atos, a título gratuito, que impliquem cessão do uso ou gozo dos bens comuns.

§ 3.º Em caso de malversação dos bens, o juiz poderá atribuir a administração a apenas um dos cônjuges.

Art. 1.664. Os bens da comunhão respondem pelas obrigações contraídas pelo marido ou pela mulher para atender aos encargos da família, às despesas de administração e às decorrentes de imposição legal.

• *Vide* art. 1.643, I e II, do CC (benfeitorias).

Art. 1.665. A administração e a disposição dos bens constitutivos do patrimônio particular competem ao cônjuge proprietário, salvo convenção diversa em pacto antenupcial.

• *Vide* arts. 1.639, 1.642, II, e 1.647, I, do CC (benfeitorias).

Art. 1.666. As dívidas, contraídas por qualquer dos cônjuges na administração de seus bens particulares e em benefício destes, não obrigam os bens comuns.

Capítulo IV
DO REGIME DE COMUNHÃO UNIVERSAL

Art. 1.667. O regime de comunhão universal importa a comunicação de todos os bens presentes e futuros dos cônjuges e suas dívidas passivas, com as exceções do artigo seguinte.

• *Vide* art. 1.640 do CC (benfeitorias).

Art. 1.668. São excluídos da comunhão:

I – os bens doados ou herdados com a cláusula de incomunicabilidade e os sub-rogados em seu lugar;

II – os bens gravados de fideicomisso e o direito do herdeiro fideicomissário, antes de realizada a condição suspensiva;

• Fideicomisso no CC: arts. 1.951 a 1.960.

III – as dívidas anteriores ao casamento, salvo se provierem de despesas com seus aprestos, ou reverterem em proveito comum;

IV – as doações antenupciais feitas por um dos cônjuges ao outro com a cláusula de incomunicabilidade;

V – os bens referidos nos incisos V a VII do art. 1.659.

Art. 1.669. A incomunicabilidade dos bens enumerados no artigo antecedente não se estende aos frutos, quando se percebam ou vençam durante o casamento.

Art. 1.670. Aplica-se ao regime da comunhão universal o disposto no Capítulo antecedente, quanto à administração dos bens.

• *Vide* arts. 1.663 a 1.666 do CC.

Art. 1.671. Extinta a comunhão, e efetuada a divisão do ativo e do passivo, cessará a responsabilidade de cada um dos cônjuges para com os credores do outro.

• Da dissolução da sociedade e do vínculo conjugal: arts. 1.571 a 1.582 do CC.

Capítulo V
DO REGIME DE PARTICIPAÇÃO FINAL NOS AQUESTOS

Art. 1.672. No regime de participação final nos aquestos, cada cônjuge possui patrimônio próprio, consoante disposto no artigo seguinte, e lhe cabe, à época da dissolução da sociedade conjugal, direito à metade dos bens adquiridos pelo casal, a título oneroso, na constância do casamento.

Art. 1.673. Integram o patrimônio próprio os bens que cada cônjuge possuía ao casar e os por ele adquiridos, a qualquer título, na constância do casamento.

Parágrafo único. A administração desses bens é exclusiva de cada cônjuge, que os poderá livremente alienar, se forem móveis.

• *Vide* arts. 82 a 84 (bens móveis) do CC.

Art. 1.674. Sobrevindo a dissolução da sociedade conjugal, apurar-se-á o montante dos aquestos, excluindo-se da soma dos patrimônios próprios:

I – os bens anteriores ao casamento e os que em seu lugar se sub-rogaram;

II – os que sobrevieram a cada cônjuge por sucessão ou liberalidade;

III – as dívidas relativas a esses bens.

Parágrafo único. Salvo prova em contrário, presumem-se adquiridos durante o casamento os bens móveis.

• *Vide* art. 1.680 do CC.

Art. 1.675. Ao determinar-se o montante dos aquestos, computar-se-á o valor das doações feitas por um dos cônjuges, sem a necessária autorização do outro; nesse caso, o bem poderá ser reivindicado pelo cônjuge prejudicado ou por seus herdeiros, ou declarado no monte partilhável, por valor equivalente ao da época da dissolução.

• *Vide* art. 1.647, IV, do CC.

Art. 1.676. Incorpora-se ao monte o valor dos bens alienados em detrimento da meação, se não houver preferência do cônjuge lesado, ou de seus herdeiros, de os reivindicar.

Art. 1.677. Pelas dívidas posteriores ao casamento, contraídas por um dos cônjuges, somente este responderá, salvo prova de terem revertido, parcial ou totalmente, em benefício do outro.

Art. 1.678. Se um dos cônjuges solveu uma dívida do outro com bens do seu patrimônio, o valor do pagamento deve ser atualizado e imputado, na data da dissolução, à meação do outro cônjuge.

Art. 1.679. No caso de bens adquiridos pelo trabalho conjunto, terá cada um dos cônjuges uma quota igual no condomínio ou no crédito por aquele modo estabelecido.

Art. 1.680. As coisas móveis, em face de terceiros, presumem-se do domínio do cônjuge devedor, salvo se o bem for de uso pessoal do outro.

• *Vide* arts. 82 a 84 (bens móveis) e 1.674, parágrafo único, do CC.

Art. 1.681. Os bens imóveis são de propriedade do cônjuge cujo nome constar no registro.

Parágrafo único. Impugnada a titularidade, caberá ao cônjuge proprietário provar a aquisição regular dos bens.

Art. 1.682. O direito à meação não é renunciável, cessível ou penhorável na vigência do regime matrimonial.

Art. 1.683. Na dissolução do regime de bens por separação judicial ou por divórcio, verificar-se-á o montante dos aquestos à data em que cessou a convivência.

Art. 1.684. Se não for possível nem conveniente a divisão de todos os bens em natureza, calcular-se-á o valor de alguns ou de todos para reposição em dinheiro ao cônjuge não proprietário.

Parágrafo único. Não se podendo realizar a reposição em dinheiro, serão avaliados e, mediante autorização judicial, alienados tantos bens quantos bastarem.

Art. 1.685. Na dissolução da sociedade conjugal por morte, verificar-se-á a meação do cônjuge sobrevivente de conformidade com os artigos antecedentes, deferindo-se a herança aos herdeiros na forma estabelecida neste Código.

• *Vide* arts. 1.784 e s. do CC.

Art. 1.686. As dívidas de um dos cônjuges, quando superiores à sua meação, não obrigam ao outro, ou a seus herdeiros.

• *Vide* art. 1.792 do CC.

Capítulo VI
DO REGIME DE SEPARAÇÃO DE BENS

Art. 1.687. Estipulada a separação de bens, estes permanecerão sob a administração exclusiva de cada um dos cônjuges, que os poderá livremente alienar ou gravar de ônus real.

• *Vide* arts. 1.652 e 1.838 do CC.

Art. 1.688. Ambos os cônjuges são obrigados a contribuir para as despesas do casal na proporção dos rendimentos de seu trabalho e de seus bens, salvo estipulação em contrário no pacto antenupcial.

• *Vide* art. 226, § 5.º, da CF.

SUBTÍTULO II
DO USUFRUTO E DA ADMINISTRAÇÃO DOS BENS DE FILHOS MENORES

Art. 1.689. O pai e a mãe, enquanto no exercício do poder familiar:

I – são usufrutuários dos bens dos filhos;

II – têm a administração dos bens dos filhos menores sob sua autoridade.

• *Vide* art. 1.637, *caput*, do CC.

Art. 1.690. Compete aos pais, e na falta de um deles ao outro, com exclusividade, representar os filhos menores de dezesseis anos, bem como assisti-los até completarem a maioridade ou serem emancipados.

Parágrafo único. Os pais devem decidir em comum as questões relativas aos filhos e a seus bens; havendo divergência, poderá qualquer deles recorrer ao juiz para a solução necessária.

•• *Vide* art. 1.517, parágrafo único, do CC.

• Lei n. 8.069, de 13-7-1990, art. 21 (ECA).

Art. 1.691. Não podem os pais alienar, ou gravar de ônus real os imóveis dos filhos, nem contrair, em nome deles, obrigações que ultrapassem os limites da simples administração, salvo por necessidade ou evidente interesse da prole, mediante prévia autorização do juiz.

• *Vide* art. 1.637, *caput*, do CC.

Parágrafo único. Podem pleitear a declaração de nulidade dos atos previstos neste artigo:

I – os filhos;

II – os herdeiros;

III – o representante legal.

Art. 1.692. Sempre que no exercício do poder familiar colidir o interesse dos pais com o do filho, a requerimento deste ou do Ministério Público o juiz lhe dará curador especial.

• Lei n. 8.069, de 13-7-1990, arts. 142, parágrafo único, e 148, parágrafo único, *f* (ECA).

Art. 1.693. Excluem-se do usufruto e da administração dos pais:

I – os bens adquiridos pelo filho havido fora do casamento, antes do reconhecimento;

• *Vide* arts. 5.º, I, e 227, § 6.º, da CF.

II – os valores auferidos pelo filho maior de dezesseis anos, no exercício de atividade profissional e os bens com tais recursos adquiridos;

• *Vide* art. 589, III, do CC.

III – os bens deixados ou doados ao filho, sob a condição de não serem usufruídos, ou administrados, pelos pais;

• *Vide* art. 1.848 do CC.

IV – os bens que aos filhos couberem na herança, quando os pais forem excluídos da sucessão.

• *Vide* art. 1.816, parágrafo único, do CC.

Subtítulo III
DOS ALIMENTOS

• Dispositivos do CC sobre alimentos: arts. 373, II, 557, IV, 871, 948, II, 1.740, I, 1.920 e 1.928.

• Sobre alimentos, dispositivos: arts. 15 e 30 do Decreto-lei n. 3.200, de 19-4-1941; Lei n. 5.478, de 25-7-1968 (Lei de Alimentos); arts. 16, 19 a 23 e 28 da Lei n. 6.515, de 26-12-1977; arts. 148, parágrafo único, *g*, e 201, III, da Lei n. 8.069, de 13-7-1990 (ECA); art. 7.º da Lei n. 8.560, de 29-12-1992; Lei n. 8.971, de 29-12-1994; arts. 11 a 14 da Lei n. 10.741, de 1.º-10-2003 (Estatuto da Pessoa Idosa).

• Alimentos no CPC: arts. 53, II (foro competente), 189, II (segredo de justiça), 215, II (processamento durante férias forenses), 292, III (valor da causa), 1.012, § 1.º, II (apelação só no efeito devolutivo), 833 e 834 (bens impenhoráveis), 528 e s. (cumprimento de sentença) e 911 e s. (execução de alimentos).

• Sobre o direito dos companheiros a alimentos e a sucessão trata a Lei n. 8.971, de 29-12-1994.

• Alimentos gravídicos: *vide* Lei n. 11.804, de 5-11-2008.

• Sobre alimentos trata a Súmula 226 do STF.

• *Vide* Decreto n. 9.176, de 19-10-2017, Convenção sobre a Cobrança Internacional de Alimentos para Crianças e outros membros da família.

Art. 1.694. Podem os parentes, os cônjuges ou companheiros pedir uns aos outros os alimentos de que necessitem para viver de modo compatível com a sua condição social, inclusive para atender às necessidades de sua educação.

•• *Vide* Súmula 358 do STJ.

• *Vide*, sobre ação de alimentos, Lei n. 5.478, de 25-7-1968 (Lei de Alimentos).

• *Vide* art. 1.º da Lei n. 8.971, de 29-12-1994.

• *Vide* arts. 11 a 14 da Lei n. 10.741, de 1.º-10-2003 (Estatuto da Pessoa Idosa).

§ 1.º Os alimentos devem ser fixados na proporção das necessidades do reclamante e dos recursos da pessoa obrigada.

§ 2.º Os alimentos serão apenas os indispensáveis à subsistência, quando a situação de necessidade resultar de culpa de quem os pleiteia.

Art. 1.695. São devidos os alimentos quando quem os pretende não tem bens suficientes, nem pode prover, pelo seu trabalho, à própria mantença, e aquele, de quem se reclamam, pode fornecê-los, sem desfalque do necessário ao seu sustento.

Art. 1.696. O direito à prestação de alimentos é recíproco entre pais e filhos, e extensivo a todos os ascendentes, recaindo a obrigação nos mais próximos em grau, uns em falta de outros.

•• *Vide* Súmula 596 do STJ.

• *Vide* CF, art. 229.

• O art. 244 do CP dispõe sobre o crime de abandono material.

Art. 1.697. Na falta dos ascendentes cabe a obrigação aos descendentes, guardada a ordem de sucessão e, faltando estes, aos irmãos, assim germanos como unilaterais.

Art. 1.698. Se o parente, que deve alimentos em primeiro lugar, não estiver em condições de suportar totalmente o encargo, serão chamados a concorrer os de grau imediato; sendo várias as pessoas obrigadas a prestar alimentos, todas devem concorrer na proporção dos respectivos recursos, e, intentada ação contra uma delas, poderão as demais ser chamadas a integrar a lide.

•• *Vide* Súmula 596 do STJ.

• *Vide* art. 1.694, § 1.º, do CC.

• *Vide* arts. 12 e 14 do Estatuto da Pessoa Idosa.

Art. 1.699. Se, fixados os alimentos, sobrevier mudança na situação financeira de quem os supre, ou na de quem os recebe, poderá o interessado reclamar ao juiz, conforme as circunstâncias, exoneração, redução ou majoração do encargo.

• Lei n. 5.478, de 25-7-1968, arts. 13 e 15 (Lei de Alimentos).

• *Vide* art. 505, I, do CPC.

Art. 1.700. A obrigação de prestar alimentos transmite-se aos herdeiros do devedor, na forma do art. 1.694.

• *Vide* art. 1.997 do CC.

• *Vide* art. 23 da Lei n. 6.515, de 26-12-1977 (Lei do Divórcio).

Art. 1.701. A pessoa obrigada a suprir alimentos poderá pensionar o alimentando, ou dar-lhe hospedagem e sustento, sem prejuízo do dever de prestar o necessário à sua educação, quando menor.

• *Vide* art. 1.920 do CC.

Parágrafo único. Compete ao juiz, se as circunstâncias o exigirem, fixar a forma do cumprimento da prestação.

• *Vide* art. 25 da Lei n. 5.478, de 25-7-1968.

Art. 1.702. Na separação judicial litigiosa, sendo um dos cônjuges inocente e desprovido de recursos, prestar-lhe-á o outro a pensão alimentícia que o juiz fixar, obedecidos os critérios estabelecidos no art. 1.694.

• *Vide* art. 19 da Lei n. 6.515, de 26-12-1977 (Lei do Divórcio).

Art. 1.703. Para a manutenção dos filhos, os cônjuges separados judicialmente contribuirão na proporção de seus recursos.

• *Vide* art. 20 da Lei n. 6.515, de 26-12-1977 (Lei do Divórcio).

Art. 1.704. Se um dos cônjuges separados judicialmente vier a necessitar de alimentos, será o outro obrigado a prestá-los mediante pensão a ser fixada pelo juiz, caso não tenha sido declarado culpado na ação de separação judicial.

• *Vide* art. 19 da Lei n. 6.515, de 26-12-1977 (Lei do Divórcio).

Parágrafo único. Se o cônjuge declarado culpado vier a necessitar de alimentos, e não tiver parentes em condições de prestá-los, nem aptidão para o trabalho, o outro cônjuge será obrigado a assegurá-los, fixando o juiz o valor indispensável à sobrevivência.

Art. 1.705. Para obter alimentos, o filho havido fora do casamento pode acionar o genitor, sendo facultado ao juiz determinar, a pedido de qualquer das partes, que a ação se processe em segredo de justiça.

• *Vide* art. 227, § 6.º, da CF.

• *Vide* art. 7.º da Lei n. 8.560, de 29-12-1992.

Art. 1.706. Os alimentos provisionais serão fixados pelo juiz, nos termos da lei processual.

• *Vide* arts. 528 e s. do CPC.

Art. 1.707. Pode o credor não exercer, porém lhe é vedado renunciar o direito a alimentos, sendo o respectivo crédito insuscetível de cessão, compensação ou penhora.

• *Vide* art. 206, § 2.º, do CC.

• *Vide* art. 834 do CPC.

• *Vide* Súmula 336 do STJ.

Art. 1.708. Com o casamento, a união estável ou o concubinato do credor, cessa o dever de prestar alimentos.

• *Vide* art. 29 da Lei n. 6.515, de 26-12-1977 (Lei do Divórcio).

Parágrafo único. Com relação ao credor cessa, também, o direito a alimentos, se tiver procedimento indigno em relação ao devedor.

Art. 1.709. O novo casamento do cônjuge devedor não extingue a obrigação constante da sentença de divórcio.

• *Vide* art. 30 da Lei n. 6.515, de 26-12-1977 (Lei do Divórcio).

Art. 1.710. As prestações alimentícias, de qualquer natureza, serão atualizadas segundo índice oficial regularmente estabelecido.

Subtítulo IV
DO BEM DE FAMÍLIA

•• *Vide* Lei n. 8.009, de 29-3-1990, que dispõe sobre a impenhorabilidade do bem de família.

• *Vide* arts. 19 a 23 do Decreto-lei n. 3.200, de 19-4-1941.

• *Vide* Súmula 205 do STJ.

Art. 1.711. Podem os cônjuges, ou a entidade familiar, mediante escritura pública ou testamento, destinar parte de seu patrimônio para instituir bem de família, desde que não ultrapasse um terço do patrimônio líquido existente ao tempo da instituição, mantidas as regras sobre a impenhorabilidade do imóvel residencial estabelecida em lei especial.

• *Vide* Lei n. 8.009, de 29-3-1990.
• *Vide* Súmula 205 do STJ.

Parágrafo único. O terceiro poderá igualmente instituir bem de família por testamento ou doação, dependendo a eficácia do ato da aceitação expressa de ambos os cônjuges beneficiados ou da entidade familiar beneficiada.

Art. 1.712. O bem de família consistirá em prédio residencial urbano ou rural, com suas pertenças e acessórios, destinando-se em ambos os casos a domicílio familiar, e poderá abranger valores mobiliários, cuja renda será aplicada na conservação do imóvel e no sustento da família.

• *Vide* arts. 92 e 93 do CC.
• *Vide* art. 4.º, § 2.º, da Lei n. 8.009, de 29-3-1990.

Art. 1.713. Os valores mobiliários, destinados aos fins previstos no artigo antecedente, não poderão exceder o valor do prédio instituído em bem de família, à época de sua instituição.

§ 1.º Deverão os valores mobiliários ser devidamente individualizados no instrumento de instituição do bem de família.

§ 2.º Se se tratar de títulos nominativos, a sua instituição como bem de família deverá constar dos respectivos livros de registro.

• Dos títulos nominativos no CC: arts. 921 a 926.

§ 3.º O instituidor poderá determinar que a administração dos valores mobiliários seja confiada a instituição financeira, bem como disciplinar a forma de pagamento da respectiva renda aos beneficiários, caso em que a responsabilidade dos administradores obedecerá às regras do contrato de depósito.

• *Vide* arts. 627 a 652 do CC (depósito).

Art. 1.714. O bem de família, quer instituído pelos cônjuges ou por terceiro, constitui-se pelo registro de seu título no Registro de Imóveis.

• *Vide* arts. 167, I, n. 1, e 260 a 265 da Lei n. 6.015, de 31-12-1973 (LRP).

Art. 1.715. O bem de família é isento de execução por dívidas posteriores à sua instituição, salvo as que provierem de tributos relativos ao prédio, ou de despesas de condomínio.

• *Vide* art. 1.711 do CC.
• *Vide* art. 833, I, do CPC.
• O art. 108, § 4.º, da Lei n. 11.101, de 9-2-2005 (Lei de Falências) estabelece que não serão arrecadados os bens absolutamente impenhoráveis.

Parágrafo único. No caso de execução pelas dívidas referidas neste artigo, o saldo existente será aplicado em outro prédio, como bem de família, ou em títulos da dívida pública, para sustento familiar, salvo se motivos relevantes aconselharem outra solução, a critério do juiz.

Art. 1.716. A isenção de que trata o artigo antecedente durará enquanto viver um dos cônjuges, ou, na falta destes, até que os filhos completem a maioridade.

Art. 1.717. O prédio e os valores mobiliários, constituídos como bem da família, não podem ter destino diverso do previsto no art. 1.712 ou serem alienados sem o consentimento dos interessados e seus representantes legais, ouvido o Ministério Público.

• *Vide* art. 1.719 do CC.

Art. 1.718. Qualquer forma de liquidação da entidade administradora, a que se refere o § 3.º do art. 1.713, não atingirá os valores a ela confiados, ordenando o juiz a sua transferência para outra instituição semelhante, obedecendo-se, no caso de falência, ao disposto sobre pedido de restituição.

• Os arts. 85 a 93 da Lei n. 11.101, de 9-2-2005 (Lei de Falências) dispõem sobre o pedido de restituição.

Art. 1.719. Comprovada a impossibilidade da manutenção do bem de família nas condições em que foi instituído, poderá o juiz, a requerimento dos interessados, extingui-lo ou autorizar a sub-rogação dos bens que o constituem em outros, ouvidos o instituidor e o Ministério Público.

Art. 1.720. Salvo disposição em contrário do ato de instituição, a administração do bem de família compete a ambos os cônjuges, resolvendo o juiz em caso de divergência.

• *Vide* art. 226, § 5.º, da CF.
• *Vide* art. 1.567 do CC.

Parágrafo único. Com o falecimento de ambos os cônjuges, a administração passará ao filho mais velho, se for maior, e, do contrário, a seu tutor.

Art. 1.721. A dissolução da sociedade conjugal não extingue o bem de família.

Parágrafo único. Dissolvida a sociedade conjugal pela morte de um dos cônjuges, o sobrevivente poderá pedir a extinção do bem de família, se for o único bem do casal.

• Da dissolução da sociedade e do vínculo conjugal no CC: arts. 1.571 a 1.582.

Art. 1.722. Extingue-se, igualmente, o bem de família com a morte de ambos os cônjuges e a maioridade dos filhos, desde que não sujeitos a curatela.

TÍTULO III
DA UNIÃO ESTÁVEL

•• *Vide* Lei n. 8.971, de 29-12-1994.
•• *Vide* Lei n. 9.278, de 10-5-1996.
•• O Provimento n. 37, de 7-7-2014, do CNJ, dispõe sobre o registro de união estável, no Livro "E", por Oficial de Registro Civil das Pessoas Naturais.

Art. 1.723. É reconhecida como entidade familiar a união estável entre o homem e a mulher, configurada na convivência pública, contínua e duradoura e estabelecida com o objetivo de constituição de família.

•• O STF, em 5-5-2011, declarou procedente a ADI n. 4.277 (*DOU* de 1.º-12-2014) e a ADPF n. 132 (DOU de 3-11-2014), com eficácia *erga omnes* e efeito vinculante, conferindo interpretação conforme a CF a este artigo, a fim de declarar a aplicabilidade de regime da união estável às uniões homoafetivas.
• *Vide* art. 226, § 3.º, da CF.
• *Vide* art. 793 do CC.
• *Vide* art. 1.º da Lei n. 9.278, de 10-5-1996.

§ 1.º A união estável não se constituirá se ocorrerem os impedimentos do art. 1.521; não se aplicando a incidência do inciso VI no caso de a pessoa casada se achar separada de fato ou judicialmente.

•• *Vide* art. 1.727 do CC.

§ 2.º As causas suspensivas do art. 1.523 não impedirão a caracterização da união estável.

Art. 1.724. As relações pessoais entre os companheiros obedecerão aos deveres de lealdade, respeito e assistência, e de guarda, sustento e educação dos filhos.

• *Vide* arts. 1.566 (deveres dos cônjuges), 1.583 a 1.590 (proteção dos filhos) e 1.694 e s. (alimentos) do CC.
• *Vide* art. 2.º da Lei n. 9.278, de 10-5-1996 (direitos e deveres dos conviventes).

Art. 1.725. Na união estável, salvo contrato escrito entre os companheiros, aplica-se às relações patrimoniais, no que couber, o regime da comunhão parcial de bens.

• Regime de comunhão parcial de bens no CC: arts. 1.658 a 1.666.
• *Vide* também art. 1.641, I e II, do CC.
• *Vide* art. 5.º da Lei n. 9.278, de 10-5-1996.

Art. 1.726. A união estável poderá converter-se em casamento, mediante pedido dos companheiros ao juiz e assento no Registro Civil.

•• A Resolução n. 175, de 14-5-2013, do CNJ, determina que é vedada às autoridades competentes a recusa de habilitação, celebração de casamento civil ou de conversão de união estável em casamento entre pessoas de mesmo sexo.
• *Vide* art. 226, § 3.º, da CF.
• *Vide* art. 8.º da Lei n. 9.278, de 10-5-1996.

Art. 1.727. As relações não eventuais entre o homem e a mulher, impedidos de casar, constituem concubinato.

•• *Vide* art. 1.723, § 1.º, do CC.
• *Vide* art. 226, § 3.º, da CF.
• *Vide* art. 8.º da Lei n. 9.278, de 10-5-1996.

TÍTULO IV
DA TUTELA, DA CURATELA E DA TOMADA DE DECISÃO APOIADA

•• Título com denominação determinada pela Lei n. 13.146, de 6-7-2015.

Capítulo I
DA TUTELA

• Dispositivos do CC sobre tutela: arts. 197, III, 206, § 4.º, e 1.523, IV.
• Sobre tutela na Lei n. 8.069, de 13-7-1990 (ECA): arts. 28, *caput* (colocação em família substituta), 32 (desempenho do encargo), 33 e §§ 1.º a 3.º (guarda), 36 a 38 (tutela), 40 (adotando), 13, 56, 90, parágrafo único, 91, parágrafo único, 95, 131 a 140, 148, VII, 191 e 194, 236, 262 (Conselho Tutelar), 129, IX (destituição), 148, parágrafo único (competência da Justiça da Infância e da Juventude), 164 e 169 (destituição) e 249 (apenação).
• Lei n. 8.935, de 18-11-1994, dispositivos sobre tutela: arts. 5.º, VI, e 12 (serviços notariais e de registro).

Seção I
Dos Tutores

Art. 1.728. Os filhos menores são postos em tutela:

I – com o falecimento dos pais, ou sendo estes julgados ausentes;

• *Vide* arts. 22 e 1.635, I, do CC.

II – em caso de os pais decaírem do poder familiar.

• *Vide* arts. 1.636 a 1.638 do CC.
• Sobre nomeação e remoção de tutor: *vide* arts. 759 e s. do CPC.

Art. 1.729. O direito de nomear tutor compete aos pais, em conjunto.

• *Vide* arts. 5.º, I, e 226, § 5.º, da CF.
• *Vide* art. 1.634, IV, do CC.

Parágrafo único. A nomeação deve constar de testamento ou de qualquer outro documento autêntico.

Art. 1.730. É nula a nomeação de tutor pelo pai ou pela mãe que, ao tempo de sua morte, não tinha o poder familiar.

• *Vide* arts. 5.º, I, e 226, § 5.º, da CF.

Art. 1.731. Em falta de tutor nomeado pelos pais incumbe a tutela aos parentes consanguíneos do menor, por esta ordem:

I – aos ascendentes, preferindo o de grau mais próximo ao mais remoto;

II – aos colaterais até o terceiro grau, preferindo os mais próximos aos mais remotos, e, no mesmo grau, os mais velhos aos mais moços; em qualquer dos casos, o juiz escolherá entre eles o mais apto a exercer a tutela em benefício do menor.

Art. 1.732. O juiz nomeará tutor idôneo e residente no domicílio do menor:

• *Vide* art. 759 do CPC.

I – na falta de tutor testamentário ou legítimo;

II – quando estes forem excluídos ou escusados da tutela;

• *Vide* arts. 1.735 a 1.739 do CC.

III – quando removidos por não idôneos o tutor legítimo e o testamentário.

• *Vide* arts. 761 e 762 do CPC.

Art. 1.733. Aos irmãos órfãos dar-se-á um só tutor.

§ 1.º No caso de ser nomeado mais de um tutor por disposição testamentária sem indicação de precedência, entende-se que a tutela foi cometida ao primeiro, e que os outros lhe sucederão pela ordem de nomeação, se ocorrer morte, incapacidade, escusa ou qualquer outro impedimento.

§ 2.º Quem institui um menor herdeiro, ou legatário seu, poderá nomear-lhe curador especial para os bens deixados, ainda que o beneficiário se encontre sob o poder familiar, ou tutela.

Art. 1.734. As crianças e os adolescentes cujos pais forem desconhecidos, falecidos ou que tiverem sido suspensos ou destituídos do poder familiar terão tutores nomeados pelo Juiz ou serão incluídos em programa de colocação familiar, na forma prevista pela Lei n. 8.069, de 13 de julho de 1990 – Estatuto da Criança e do Adolescente.

•• Artigo com redação determinada pela Lei n. 12.010, de 3-8-2009.

Seção II
Dos Incapazes de Exercer a Tutela

Art. 1.735. Não podem ser tutores e serão exonerados da tutela, caso a exerçam:

I – aqueles que não tiverem a livre administração de seus bens;

II – aqueles que, no momento de lhes ser deferida a tutela, se acharem constituídos em obrigação para com o menor, ou tiverem que fazer valer direitos contra este, e aqueles cujos pais, filhos ou cônjuges tiverem demanda contra o menor;

III – os inimigos do menor, ou de seus pais, ou que tiverem sido por estes expressamente excluídos da tutela;

IV – os condenados por crime de furto, roubo, estelionato, falsidade, contra a família ou os costumes, tenham ou não cumprido pena;

V – as pessoas de mau procedimento, ou falhas em probidade, e as culpadas de abuso em tutorias anteriores;

VI – aqueles que exercerem função pública incompatível com a boa administração da tutela.

• *Vide* art. 1.751 do CC.
• *Vide* arts. 759 e s. do CPC.

Seção III
Da Escusa dos Tutores

Art. 1.736. Podem escusar-se da tutela:

I – mulheres casadas;

•• *Vide* art. 5.º, I, da CF.

II – maiores de sessenta anos;

III – aqueles que tiverem sob sua autoridade mais de três filhos;

IV – os impossibilitados por enfermidade;

V – aqueles que habitarem longe do lugar onde se haja de exercer a tutela;

VI – aqueles que já exercerem tutela ou curatela;

VII – militares em serviço.

Art. 1.737. Quem não for parente do menor não poderá ser obrigado a aceitar a tutela, se houver no lugar parente idôneo, consanguíneo ou afim, em condições de exercê-la.

Art. 1.738. A escusa apresentar-se-á nos dez dias subsequentes à designação, sob pena de entender-se renunciado o direito de alegá-la; se o motivo escusatório ocorrer depois de aceita a tutela, os dez dias contar-se-ão do em que ele sobrevier.

•• O art. 760 do CPC estabelece prazo de 5 (cinco) dias para a escusa.

Art. 1.739. Se o juiz não admitir a escusa, exercerá o nomeado a tutela, enquanto o recurso interposto não tiver provimento, e responderá desde logo pelas perdas e danos que o menor venha a sofrer.

• *Vide* art. 760, § 2.º, do CPC.

Seção IV
Do Exercício da Tutela

Art. 1.740. Incumbe ao tutor, quanto à pessoa do menor:

I – dirigir-lhe a educação, defendê-lo e prestar-lhe alimentos, conforme os seus haveres e condição;

II – reclamar do juiz que providencie, como houver por bem, quando o menor haja mister correção;

• *Vide* Lei n. 8.069, de 13-7-1990, arts. 13, 53, 55 e 58.

III – adimplir os demais deveres que normalmente cabem aos pais, ouvida a opinião do menor, se este já contar doze anos de idade.

Art. 1.741. Incumbe ao tutor, sob a inspeção do juiz, administrar os bens do tutelado, em proveito deste, cumprindo seus deveres com zelo e boa-fé.

• *Vide* Lei n. 8.069, de 13-7-1990, art. 249.

Art. 1.742. Para fiscalização dos atos do tutor, pode o juiz nomear um protutor.

Art. 1.743. Se os bens e interesses administrativos exigirem conhecimentos técnicos, forem complexos, ou realizados em lugares distantes do domicílio do tutor, poderá este, mediante aprovação judicial, delegar a outras pessoas físicas ou jurídicas o exercício parcial da tutela.

Art. 1.744. A responsabilidade do juiz será:

I – direta e pessoal, quando não tiver nomeado o tutor, ou não o houver feito oportunamente;

II – subsidiária, quando não tiver exigido garantia legal do tutor, nem o removido, tanto que se tornou suspeito.

Art. 1.745. Os bens do menor serão entregues ao tutor mediante termo especificado deles e seus valores, ainda que os pais o tenham dispensado.

Parágrafo único. Se o patrimônio do menor for de valor considerável, poderá o juiz condicionar o exercício da tutela à prestação de caução bastante, podendo dispensá-la se o tutor for de reconhecida idoneidade.

•• *Vide* art. 2.040 do CC.

Art. 1.746. Se o menor possuir bens, será sustentado e educado a expensas deles, arbitrando o juiz para tal fim as quantias que lhe pareçam necessárias, considerado o rendimento da fortuna do pupilo quando o pai ou a mãe não as houver fixado.

Art. 1.747. Compete mais ao tutor:

I – representar o menor, até os dezesseis anos, nos atos da vida civil, e assisti-lo, após essa idade, nos atos em que for parte;

•• *Vide* arts. 3.º, I, e 4.º, I, do CC.

II – receber as rendas e pensões do menor, e as quantias a ele devidas;

III – fazer-lhe as despesas de subsistência e educação, bem como as de administração, conservação e melhoramentos de seus bens;

IV – alienar os bens do menor destinados a venda;

V – promover-lhe, mediante preço conveniente, o arrendamento de bens de raiz.

Art. 1.748. Compete também ao tutor, com autorização do juiz:

I – pagar as dívidas do menor;

II – aceitar por ele heranças, legados ou doações, ainda que com encargos;

III – transigir;

IV – vender-lhe os bens móveis, cuja conservação não convier, e os imóveis nos casos em que for permitido;

V – propor em juízo as ações, ou nelas assistir o menor, e promover todas as diligências a bem deste, assim como defendê-lo nos pleitos contra ele movidos.

Parágrafo único. No caso de falta de autorização, a eficácia de ato do tutor depende da aprovação ulterior do juiz.

Art. 1.749. Ainda com a autorização judicial, não pode o tutor, sob pena de nulidade:

I – adquirir por si, ou por interposta pessoa, mediante contrato particular, bens móveis ou imóveis pertencentes ao menor;

• *Vide* arts. 82, 83 e 497, I, do CC.

II – dispor dos bens do menor a título gratuito;

III – constituir-se cessionário de crédito ou de direito, contra o menor.

• *Vide* art. 497, I, do CC.

Art. 1.750. Os imóveis pertencentes aos menores sob tutela somente podem ser vendidos quando houver manifesta vantagem, mediante prévia avaliação judicial e aprovação do juiz.

• *Vide* art. 1.748, IV, do CC.
• *Vide* arts. 725, III, e 730 do CPC.

Art. 1.751. Antes de assumir a tutela, o tutor declarará tudo o que o menor lhe deva, sob pena de não lhe poder cobrar, enquanto exerça a tutoria, salvo provando que não conhecia o débito quando a assumiu.

• *Vide* art. 1.735, II, do CC.

Art. 1.752. O tutor responde pelos prejuízos que, por culpa, ou dolo, causar ao tutelado; mas tem direito a ser pago pelo que realmente despender no exercício da tutela, salvo no caso do art. 1.734, e a perceber remuneração proporcional à importância dos bens administrados.

• *Vide* arts. 402 a 405 do CC.

§ 1.º Ao protutor será arbitrada uma gratificação módica pela fiscalização efetuada.

§ 2.º São solidariamente responsáveis pelos prejuízos as pessoas às quais competia fiscalizar a atividade do tutor, e as que concorreram para o dano.

Seção V
Dos Bens do Tutelado

Art. 1.753. Os tutores não podem conservar em seu poder dinheiro dos tutelados, além do necessário para as despesas ordinárias com o seu sustento, a sua educação e a administração de seus bens.

§ 1.º Se houver necessidade, os objetos de ouro e prata, pedras preciosas e móveis serão avaliados por pessoa idônea e, após autorização judicial, alienados, e o seu produto convertido em títulos, obrigações e letras de responsabilidade direta ou indireta da União ou dos Estados, atendendo-se preferentemente à rentabilidade, e recolhidos ao estabelecimento bancário oficial ou aplicado na aquisição de imóveis, conforme for determinado pelo juiz.

§ 2.º O mesmo destino previsto no parágrafo antecedente terá o dinheiro proveniente de qualquer outra procedência.

• *Vide* arts. 725, II e III, 730 e 840, I, do CPC.

§ 3.º Os tutores respondem pela demora na aplicação dos valores acima referidos, pagando os juros legais desde o dia em que deveriam dar esse destino, o que não os exime da obrigação, que o juiz fará efetiva, da referida aplicação.

Art. 1.754. Os valores que existirem em estabelecimento bancário oficial, na forma do artigo antecedente, não se poderão retirar, senão mediante ordem do juiz, e somente:

I – para as despesas com o sustento e educação do tutelado, ou a administração de seus bens;

II – para se comprarem bens imóveis e títulos, obrigações ou letras, nas condições previstas no § 1.º do artigo antecedente;

III – para se empregarem em conformidade com o disposto por quem os houver doado, ou deixado;

IV – para se entregarem aos órfãos, quando emancipados, ou maiores, ou, mortos eles, aos seus herdeiros.

Seção VI
Da Prestação de Contas

Art. 1.755. Os tutores, embora o contrário tivessem disposto os pais dos tutelados, são obrigados a prestar contas da sua administração.

Art. 1.756. No fim de cada ano de administração, os tutores submeterão ao juiz o balanço respectivo, que, depois de aprovado, se anexará aos autos do inventário.

Art. 1.757. Os tutores prestarão contas de dois em dois anos, e também quando, por qualquer motivo, deixarem o exercício da tutela ou toda vez que o juiz achar conveniente.

Parágrafo único. As contas serão prestadas em juízo, e julgadas depois da audiência dos interessados, recolhendo o tutor imediatamente a estabelecimento bancário oficial os saldos, ou adquirindo bens imóveis, ou títulos, obrigações ou letras, na forma do § 1.º do art. 1.753.

• *Vide* art. 1.753 do CC.
• *Vide* arts. 550 e s. do CPC.

Art. 1.758. Finda a tutela pela emancipação ou maioridade, a quitação do menor não produzirá efeito antes de aprovadas as contas pelo juiz, subsistindo inteira, até então, a responsabilidade do tutor.

Art. 1.759. Nos casos de morte, ausência, ou interdição do tutor, as contas serão prestadas por seus herdeiros ou representantes.

Art. 1.760. Serão levadas a crédito do tutor todas as despesas justificadas e reconhecidamente proveitosas ao menor.

• *Vide* art. 1.752 do CC.

Art. 1.761. As despesas com a prestação das contas serão pagas pelo tutelado.

Art. 1.762. O alcance do tutor, bem como o saldo contra o tutelado, são dívidas de valor e vencem juros desde o julgamento definitivo das contas.

• *Vide* art. 398 do CC.

Seção VII
Da Cessação da Tutela

Art. 1.763. Cessa a condição de tutelado:

I – com a maioridade ou a emancipação do menor;

II – ao cair o menor sob o poder familiar, no caso de reconhecimento ou adoção.

• *Vide* art. 227, § 6.º, da CF.

Art. 1.764. Cessam as funções do tutor:

I – ao expirar o termo, em que era obrigado a servir;

• *Vide* art. 1.765 do CC.

II – ao sobrevir escusa legítima;

• *Vide* art. 1.736 do CC.

III – ao ser removido.

• *Vide* arts. 1.735 e 1.766 do CC.
• *Vide* arts. 761 e 762 do CPC.
• Lei n. 8.069, de 13-7-1990, arts. 24, 38 e 164.

Art. 1.765. O tutor é obrigado a servir por espaço de dois anos.

Parágrafo único. Pode o tutor continuar no exercício da tutela, além do prazo previsto neste artigo, se o quiser e o juiz julgar conveniente ao menor.

• *Vide* art. 763, § 1.º, do CPC.

Art. 1.766. Será destituído o tutor, quando negligente, prevaricador ou incurso em incapacidade.

• *Vide* arts. 761 e 762 do CPC.
• *Vide* art. 164 da Lei n. 8.069, de 13-7-1990 (ECA).

Capítulo II
DA CURATELA

• Dispositivos sobre curatela no CC: arts. 22 a 25 (dos ausentes), 197, III, 932, II, e 1.800.
• Lei n. 6.015, de 31-12-1973 (LRP): arts. 94, n. 6 (registro da sentença declaratória), e 104, *caput* (alterações dos limites da curatela, averbação).
• Lei n. 8.069, de 13-7-1990 (ECA): art. 44 (adoção, impedimento).

Seção I
Dos Interditos

Art. 1.767. Estão sujeitos a curatela:

• Dispositivos do CPC sobre curatela: arts. 747 e s. e 759 e s. do CPC.

I – aqueles que, por causa transitória ou permanente, não puderem exprimir sua vontade;

•• Inciso I com redação determinada pela Lei n. 13.146, de 6-7-2015.

II – (*Revogado pela Lei n. 13.146, de 6-7-2015.*)

III – os ébrios habituais e os viciados em tóxico;

•• Inciso III com redação determinada pela Lei n. 13.146, de 6-7-2015.

IV – (*Revogado pela Lei n. 13.146, de 6-7-2015.*)

V – os pródigos.

• *Vide* arts. 4.º, IV, 9.º, III, e 1.782 do CC.

Art. 1.768. (*Revogado pela Lei n. 13.105, de 16-3-2015.*)

•• A Lei n. 13.146, de 6-7-2015, alterou a redação deste artigo:

"Art. 1.768. O processo que define os termos da curatela deve ser promovido:

•• *Caput* com redação determinada pela Lei n. 13.146, de 6-7-2015.

I – pelos pais ou tutores;

II – pelo cônjuge, ou por qualquer parente;

III – pelo Ministério Público;

IV – pela própria pessoa.

•• Inciso IV acrescentado pela Lei n. 13.146, de 6-7-2015".

Art. 1.769. (*Revogado pela Lei n. 13.105, de 16-3-2015.*)

•• A Lei n. 13.146, de 6-7-2015, alterou a redação deste artigo:

"Art. 1.769. O Ministério Público somente promoverá o processo que define os termos da curatela:

•• *Caput* com redação determinada pela Lei n. 13.146, de 6-7-2015.

I – nos casos de deficiência mental ou intelectual;

•• Inciso I com redação determinada pela Lei n. 13.146, de 6-7-2015.

II – se não existir ou não promover a interdição alguma das pessoas designadas nos incisos I e II do artigo antecedente;

III – se, existindo, forem menores ou incapazes as pessoas mencionadas no inciso II.

•• Inciso III com redação determinada pela Lei n. 13.146, de 6-7-2015".

Art. 1.770. (*Revogado pela Lei n. 13.105, de 16-3-2015.*)

Art. 1.771. (*Revogado pela Lei n. 13.105, de 16-3-2015.*)

•• A Lei n. 13.146, de 6-7-2015, alterou a redação deste artigo:

"Art. 1.771. Antes de se pronunciar acerca dos termos da curatela, o juiz, que deverá ser assistido por equipe multidisciplinar, entrevistará pessoalmente o interditando".

Art. 1.772. (*Revogado pela Lei n. 13.105, de 16-3-2015.*)

•• A Lei n. 13.146, de 6-7-2015, alterou a redação deste artigo:

"Art. 1.772. O juiz determinará, segundo as potencialidades da pessoa, os limites da curatela, circunscritos às restrições constantes do art. 1.782, e indicará curador.

•• *Caput* com redação determinada pela Lei n. 13.146, de 6-7-2015.

Parágrafo único. Para a escolha do curador, o juiz levará em conta a vontade e as preferências do interditando, a ausência de conflito de interesses e de influência indevida, a proporcionalidade e a adequação às circunstâncias da pessoa.

•• Parágrafo único acrescentado pela Lei n. 13.146, de 6-7-2015".

Art. 1.773. (*Revogado pela Lei n. 13.105, de 16-3-2015.*)

Art. 1.774. Aplicam-se à curatela as disposições concernentes à tutela, com as modificações dos artigos seguintes.

• *Vide* arts. 1.728 a 1.766 do CC.

Art. 1.775. O cônjuge ou companheiro, não separado judicialmente ou de fato, é, de direito, curador do outro, quando interdito.

• *Vide* arts. 1.570 e 1.783 do CC.

§ 1.º Na falta do cônjuge ou companheiro, é curador legítimo o pai ou a mãe; na falta destes, o descendente que se demonstrar mais apto.

§ 2.º Entre os descendentes, os mais próximos precedem aos mais remotos.

§ 3.º Na falta das pessoas mencionadas neste artigo, compete ao juiz a escolha do curador.

Art. 1.775-A. Na nomeação de curador para a pessoa com deficiência, o juiz poderá estabelecer curatela compartilhada a mais de uma pessoa.

•• Artigo acrescentado pela Lei n. 13.146, de 6-7-2015.

Art. 1.776. (*Revogado pela Lei n. 13.146, de 6-7-2015.*)

Art. 1.777. As pessoas referidas no inciso I do art. 1.767 receberão todo o apoio necessário para ter preservado o direito à convivência familiar e comunitária, sendo evitado o seu recolhimento em estabelecimento que os afaste desse convívio.

•• Artigo com redação determinada pela Lei n. 13.146, de 6-7-2015.

Art. 1.778. A autoridade do curador estende-se à pessoa e aos bens dos filhos do curatelado, observado o art. 5.º.

Seção II
Da Curatela do Nascituro e do Enfermo ou Portador de Deficiência Física

Art. 1.779. Dar-se-á curador ao nascituro, se o pai falecer estando grávida a mulher, e não tendo o poder familiar.

• *Vide* art. 2.º do CC.

Parágrafo único. Se a mulher estiver interdita, seu curador será o do nascituro.

Art. 1.780. (*Revogado pela Lei n. 13.146, de 6-7-2015.*)

Seção III
Do Exercício da Curatela

Art. 1.781. As regras a respeito do exercício da tutela aplicam-se ao da curatela, com a restrição do art. 1.772 e as desta Seção.

• *Vide* arts. 1.728 a 1.766 do CC.

Art. 1.782. A interdição do pródigo só o privará de, sem curador, emprestar, transigir, dar quitação, alienar, hipotecar, demandar ou ser demandado, e praticar, em geral, os atos que não sejam de mera administração.

• *Vide* arts. 4.º, IV, e 1.767, V, do CC.

Art. 1.783. Quando o curador for o cônjuge e o regime de bens do casamento for de comunhão universal, não será obrigado à prestação de contas, salvo determinação judicial.

• *Vide* arts. 1.570, 1.651 e 1.667 a 1.671 do CC.

Capítulo III
DA TOMADA DE DECISÃO APOIADA

•• Capítulo III acrescentado pela Lei n. 13.146, de 6-7-2015.

Art. 1.783-A. A tomada de decisão apoiada é o processo pelo qual a pessoa com deficiência elege pelo menos 2 (duas) pessoas idôneas, com as quais mantenha vínculos e que gozem de sua confiança, para prestar-lhe apoio na tomada de decisão sobre atos da vida civil, fornecendo-lhes os elementos e informações necessários para que possa exercer sua capacidade.

•• *Caput* acrescentado pela Lei n. 13.146, de 6-7-2015.

§ 1.º Para formular pedido de tomada de decisão apoiada, a pessoa com deficiência e os apoiadores devem apresentar termo em que constem os limites do apoio a ser oferecido e os compromissos dos apoiadores, inclusive o prazo de vigência do acordo e o respeito à vontade, aos direitos e aos interesses da pessoa que devem apoiar.

•• § 1.º acrescentado pela Lei n. 13.146, de 6-7-2015.

§ 2.º O pedido de tomada de decisão apoiada será requerido pela pessoa a ser apoiada, com indicação expressa das pessoas aptas a prestarem o apoio previsto no *caput* deste artigo.

•• § 2.º acrescentado pela Lei n. 13.146, de 6-7-2015.

§ 3.º Antes de se pronunciar sobre o pedido de tomada de decisão apoiada, o juiz, assistido por equipe multidisciplinar, após oitiva do Ministério Público, ouvirá pessoalmente o requerente e as pessoas que lhe prestarão apoio.

•• § 3.º acrescentado pela Lei n. 13.146, de 6-7-2015.

§ 4.º A decisão tomada por pessoa apoiada terá validade e efeitos sobre terceiros, sem restrições, desde que esteja inserida nos limites do apoio acordado.

•• § 4.º acrescentado pela Lei n. 13.146, de 6-7-2015.

§ 5.º Terceiro com quem a pessoa apoiada mantenha relação negocial pode solicitar que os apoiadores contra-assinem o contrato ou acordo, especificando, por escrito, sua função em relação ao apoiado.

•• § 5.º acrescentado pela Lei n. 13.146, de 6-7-2015.

§ 6.º Em caso de negócio jurídico que possa trazer risco ou prejuízo relevante, havendo divergência de opiniões entre a pessoa apoiada e um dos apoiadores, deverá o juiz, ouvido o Ministério Público, decidir sobre a questão.

•• § 6.º acrescentado pela Lei n. 13.146, de 6-7-2015.

§ 7.º Se o apoiador agir com negligência, exercer pressão indevida ou não adimplir as obrigações assumidas, poderá a pessoa apoiada ou qualquer pessoa apresentar denúncia ao Ministério Público ou ao juiz.

•• § 7.º acrescentado pela Lei n. 13.146, de 6-7-2015.

§ 8.º Se procedente a denúncia, o juiz destituirá o apoiador e nomeará, ouvida a pessoa apoiada e se for de seu interesse, outra pessoa para prestação de apoio.

•• § 8.º acrescentado pela Lei n. 13.146, de 6-7-2015.

§ 9.º A pessoa apoiada pode, a qualquer tempo, solicitar o término de acordo firmado em processo de tomada de decisão apoiada.

•• § 9.º acrescentado pela Lei n. 13.146, de 6-7-2015.

§ 10. O apoiador pode solicitar ao juiz a exclusão de sua participação do processo de tomada de decisão apoiada, sendo seu desligamento condicionado à manifestação do juiz sobre a matéria.

•• § 10 acrescentado pela Lei n. 13.146, de 6-7-2015.

§ 11. Aplicam-se à tomada de decisão apoiada, no que couber, as disposições referentes à prestação de contas na curatela.

•• § 11 acrescentado pela Lei n. 13.146, de 6-7-2015.

Livro V
DO DIREITO DAS SUCESSÕES

Título I
DA SUCESSÃO EM GERAL

Capítulo I
DISPOSIÇÕES GERAIS

Art. 1.784. Aberta a sucessão, a herança transmite-se, desde logo, aos herdeiros legítimos e testamentários.

- *Vide* art. 5.º, XXX e XXXI, da CF.
- *Vide* arts. 426, 1.206, 1.207, 1.791, 1.829 a 1.844 e 1.923 do CC.
- *Vide* LINDB, art. 10.
- *Vide* Súmula 590 do STF.

Art. 1.785. A sucessão abre-se no lugar do último domicílio do falecido.

- *Vide* art. 5.º, XXVII, XXX e XXXI, da CF.
- *Vide* arts. 70 a 78 do CC.
- *Vide* art. 48 do CPC.
- *Vide* LINDB, art. 10.

Art. 1.786. A sucessão dá-se por lei ou por disposição de última vontade.

- *Vide* arts. 426 e 1.857 a 1.859 do CC.

Art. 1.787. Regula a sucessão e a legitimação para suceder a lei vigente ao tempo da abertura daquela.

- *Vide* arts. 70 a 78 do CC.
- *Vide* art. 48 do CPC.
- *Vide* art. 10, § 2.º, da LINDB.

Art. 1.788. Morrendo a pessoa sem testamento, transmite a herança aos herdeiros legítimos; o mesmo ocorrerá quanto aos bens que não forem compreendidos no testamento; e subsiste a sucessão legítima se o testamento caducar, ou for julgado nulo.

- *Vide* arts. 1.829, 1.906, 1.908, 1.943, 1.944, 1.955, 1.966 e 1.969 a 1.975 do CC.
- *Vide* Súmula 590 do STF.

Art. 1.789. Havendo herdeiros necessários, o testador só poderá dispor da metade da herança.

- *Vide* arts. 549, 1.846, 1.961, 1.973 a 1.975 e 2.018 do CC.

Art. 1.790. A companheira ou o companheiro participará da sucessão do outro, quanto aos bens adquiridos onerosamente na vigência da união estável, nas condições seguintes:

I – se concorrer com filhos comuns, terá direito a uma quota equivalente à que por lei for atribuída ao filho;

II – se concorrer com descendentes só do autor da herança, tocar-lhe-á a metade do que couber a cada um daqueles;

III – se concorrer com outros parentes sucessíveis, terá direito a um terço da herança;

IV – não havendo parentes sucessíveis, terá direito à totalidade da herança.

- *Vide* arts. 1.829 e 1.844 do CC.
- *Vide* Lei n. 8.971, de 29-12-1994.
- *Vide* Lei n. 9.278, de 10-5-1996.

Capítulo II
DA HERANÇA E DE SUA ADMINISTRAÇÃO

Art. 1.791. A herança defere-se como um todo unitário, ainda que vários sejam os herdeiros.

Parágrafo único. Até a partilha, o direito dos coerdeiros, quanto à propriedade e posse da herança, será indivisível, e regular-se-á pelas normas relativas ao condomínio.

- *Vide* arts. 88, 91, 1.199, 1.314 e 2.013 a 2.022 do CC.

Art. 1.792. O herdeiro não responde por encargos superiores às forças da herança; incumbe-lhe, porém, a prova do excesso, salvo se houver inventário que a escuse, demonstrando o valor dos bens herdados.

- *Vide* arts. 836 e 1.997 do CC.
- *Vide* art. 796 do CPC.

Art. 1.793. O direito à sucessão aberta, bem como o quinhão de que disponha o coerdeiro, pode ser objeto de cessão por escritura pública.

§ 1.º Os direitos, conferidos ao herdeiro em consequência de substituição ou de direito de acrescer, presumem-se não abrangidos pela cessão feita anteriormente.

- *Vide* arts. 1.941 a 1.946 (direito de acrescer) e 1.947 a 1.960 (substituições) do CC.

§ 2.º É ineficaz a cessão, pelo coerdeiro, de seu direito hereditário sobre qualquer bem da herança considerado singularmente.

§ 3.º Ineficaz é a disposição, sem prévia autorização do juiz da sucessão, por qualquer herdeiro, de bem componente do acervo hereditário, pendente a indivisibilidade.

Art. 1.794. O coerdeiro não poderá ceder a sua quota hereditária a pessoa estranha à sucessão, se outro coerdeiro a quiser, tanto por tanto.

- *Vide* art. 504 do CC.

Art. 1.795. O coerdeiro, a quem não se der conhecimento da cessão, poderá, depositado o preço, haver para si a quota cedida a estranho, se o requerer até cento e oitenta dias após a transmissão.

- *Vide* art. 504, *caput*, 2.ª parte, do CC.

Parágrafo único. Sendo vários os coerdeiros a exercer a preferência, entre eles se distribuirá o quinhão cedido, na proporção das respectivas quotas hereditárias.

Art. 1.796. No prazo de trinta dias, a contar da abertura da sucessão, instaurar-se-á inventário do patrimônio hereditário, perante o juízo competente no lugar da sucessão, para fins de liquidação e, quando for o caso, de partilha da herança.

•• *Vide* art. 611 do CPC, que determina que o processo de inventário e de partilha deve ser instaurado dentro de 2 (dois) meses, a contar da abertura de sucessão, ultimando-se nos 12 (doze) meses subsequentes, podendo o juiz prorrogar esses prazos, de ofício ou a requerimento da parte.

- *Vide* arts. 70 a 73 do CC.
- *Vide* art. 48 do CPC.
- *Vide* arts. 7.º e 10 da LINDB.
- *Vide* Súmula 542 do STF.

Art. 1.797. Até o compromisso do inventariante, a administração da herança caberá, sucessivamente:

- *Vide* arts. 613, 614 e 617 do CPC.

I – ao cônjuge ou companheiro, se com o outro convivia ao tempo da abertura da sucessão;

II – ao herdeiro que estiver na posse e administração dos bens, e, se houver mais de um nessas condições, ao mais velho;

III – ao testamenteiro;

- *Vide* art. 1.977 do CC.

IV – a pessoa de confiança do juiz, na falta ou escusa das indicadas nos incisos antecedentes, ou quando tiverem de ser afastadas por motivo grave levado ao conhecimento do juiz.

Capítulo III
DA VOCAÇÃO HEREDITÁRIA

Art. 1.798. Legitimam-se a suceder as pessoas nascidas ou já concebidas no momento da abertura da sucessão.

Art. 1.799. Na sucessão testamentária podem ainda ser chamados a suceder:

- *Vide* arts. 1.857 e s. do CC.

I – os filhos, ainda não concebidos, de pessoas indicadas pelo testador, desde que vivas estas ao abrir-se a sucessão;

- *Vide* art. 2.º do CC.

II – as pessoas jurídicas;

- *Vide* arts. 40 a 69 do CC.

III – as pessoas jurídicas, cuja organização for determinada pelo testador sob a forma de fundação.

- *Vide* arts. 62 a 69 do CC.

Art. 1.800. No caso do inciso I do artigo antecedente, os bens da herança serão confiados, após a liquidação ou partilha, a curador nomeado pelo juiz.

§ 1.º Salvo disposição testamentária em contrário, a curatela caberá à pessoa cujo filho o testador esperava ter por herdeiro, e, sucessivamente, às pessoas indicadas no art. 1.775.

•• Entendemos que a remissão correta deveria ser feita ao art. 1.797 do CC.

§ 2.º Os poderes, deveres e responsabilidades do curador, assim nomeado, regem-se pelas disposições concernentes à curatela dos incapazes, no que couber.

• *Vide* arts. 1.740 a 1.781 do CC.

§ 3.º Nascendo com vida o herdeiro esperado, ser-lhe-á deferida a sucessão, com os frutos e rendimentos relativos à deixa, a partir da morte do testador.

§ 4.º Se, decorridos dois anos após a abertura da sucessão, não for concebido o herdeiro esperado, os bens reservados, salvo disposição em contrário do testador, caberão aos herdeiros legítimos.

• *Vide* art. 1.829 do CC.

Art. 1.801. Não podem ser nomeados herdeiros nem legatários:

I – a pessoa que, a rogo, escreveu o testamento, nem o seu cônjuge ou companheiro, ou os seus ascendentes e irmãos;

• *Vide* art. 1.868 do CC.

II – as testemunhas do testamento;

III – o concubino do testador casado, salvo se este, sem culpa sua, estiver separado de fato do cônjuge há mais de cinco anos;

• *Vide* Súmula 447 do STF.

IV – o tabelião, civil ou militar, ou o comandante ou escrivão, perante quem se fizer, assim como o que fizer ou aprovar o testamento.

• *Vide* arts. 1.864, I, e 1.868 do CC.

Art. 1.802. São nulas as disposições testamentárias em favor de pessoas não legitimadas a suceder, ainda quando simuladas sob a forma de contrato oneroso, ou feitas mediante interposta pessoa.

Parágrafo único. Presumem-se pessoas interpostas os ascendentes, os descendentes, os irmãos e o cônjuge ou companheiro do não legitimado a suceder.

Art. 1.803. É lícita a deixa ao filho do concubino, quando também o for do testador.

• *Vide* art. 227, § 6.º, da CF.

• *Vide* Súmula 447 do STF.

Capítulo IV
DA ACEITAÇÃO E RENÚNCIA DA HERANÇA

Art. 1.804. Aceita a herança, torna-se definitiva a sua transmissão ao herdeiro, desde a abertura da sucessão.

• *Vide* art. 1.784 do CC.

Parágrafo único. A transmissão tem-se por não verificada quando o herdeiro renunciar à herança.

Art. 1.805. A aceitação da herança, quando expressa, faz-se por declaração escrita; quando tácita, há de resultar tão somente de atos próprios da qualidade de herdeiro.

§ 1.º Não exprimem aceitação de herança os atos oficiosos, como o funeral do finado, os meramente conservatórios, ou os de administração e guarda provisória.

§ 2.º Não importa igualmente aceitação a cessão gratuita, pura e simples, da herança, aos demais coerdeiros.

• *Vide* art. 1.810 do CC.

Art. 1.806. A renúncia da herança deve constar expressamente de instrumento público ou termo judicial.

• *Vide* arts. 80, II, 108, 166, IV, e 215 do CC.

Art. 1.807. O interessado em que o herdeiro declare se aceita, ou não, a herança, poderá, vinte dias após aberta a sucessão, requerer ao juiz prazo razoável, não maior de trinta dias, para, nele, se pronunciar o herdeiro, sob pena de se haver a herança por aceita.

Art. 1.808. Não se pode aceitar ou renunciar a herança em parte, sob condição ou a termo.

• *Vide* arts. 121, 131, 133 e 135 do CC.

§ 1.º O herdeiro, a quem se testarem legados, pode aceitá-los, renunciando a herança; ou, aceitando-a, repudiá-los.

• *Vide* arts. 1.912 a 1.940 do CC.

§ 2.º O herdeiro, chamado, na mesma sucessão, a mais de um quinhão hereditário, sob títulos sucessórios diversos, pode livremente deliberar quanto aos quinhões que aceita e aos que renuncia.

Art. 1.809. Falecendo o herdeiro antes de declarar se aceita a herança, o poder de aceitar passa-lhe aos herdeiros, a menos que se trate de vocação adstrita a uma condição suspensiva, ainda não verificada.

• *Vide* arts. 125 e 1.933 do CC.

Parágrafo único. Os chamados à sucessão do herdeiro falecido antes da aceitação, desde que concordem em receber a segunda herança, poderão aceitar ou renunciar a primeira.

Art. 1.810. Na sucessão legítima, a parte do renunciante acresce à dos outros herdeiros da mesma classe e, sendo ele o único desta, devolve-se aos da subsequente.

• *Vide* arts. 1.829 a 1.856 do CC.

Art. 1.811. Ninguém pode suceder, representando herdeiro renunciante. Se, porém, ele for o único legítimo da sua classe, ou se todos os outros da mesma classe renunciarem a herança, poderão os filhos vir à sucessão, por direito próprio, e por cabeça.

• *Vide* arts. 1.835 e 1.856 do CC.

Art. 1.812. São irrevogáveis os atos de aceitação ou de renúncia da herança.

Art. 1.813. Quando o herdeiro prejudicar os seus credores, renunciando à herança, poderão eles, com autorização do juiz, aceitá-la em nome do renunciante.

§ 1.º A habilitação dos credores se fará no prazo de trinta dias seguintes ao conhecimento do fato.

§ 2.º Pagas as dívidas do renunciante, prevalece a renúncia quanto ao remanescente, que será devolvido aos demais herdeiros.

• *Vide* arts. 158 a 165 (fraude contra credores) do CC.

• *Vide* art. 129, V, da Lei n. 11.101, de 9-2-2005 (Lei de Falências).

Capítulo V
DOS EXCLUÍDOS DA SUCESSÃO

Art. 1.814. São excluídos da sucessão os herdeiros ou legatários:

I – que houverem sido autores, coautores ou partícipes de homicídio doloso, ou tentativa deste, contra a pessoa de cuja sucessão se tratar, seu cônjuge, companheiro, ascendente ou descendente;

II – que houverem acusado caluniosamente em juízo o autor da herança ou incorrerem em crime contra a sua honra, ou de seu cônjuge ou companheiro;

III – que, por violência ou meios fraudulentos, inibirem ou obstarem o autor da herança de dispor livremente de seus bens por ato de última vontade.

• *Vide* arts. 557, 935, 1.939, IV, e 1.961 a 1.965 do CC.

Art. 1.815. A exclusão do herdeiro ou legatário, em qualquer desses casos de indignidade, será declarada por sentença.

§ 1.º O direito de demandar a exclusão do herdeiro ou legatário extingue-se em quatro anos, contados da abertura da sucessão.

•• Parágrafo único renumerado pela Lei n. 13.532, de 7-12-2017.

§ 2.º Na hipótese do inciso I do art. 1.814, o Ministério Público tem legitimidade para demandar a exclusão do herdeiro ou legatário.

•• § 2.º acrescentado pela Lei n. 13.532, de 7-12-2017.

Art. 1.816. São pessoais os efeitos da exclusão; os descendentes do herdeiro excluído sucedem, como se ele morto fosse antes da abertura da sucessão.

Parágrafo único. O excluído da sucessão não terá direito ao usufruto ou à administração dos bens que a seus sucessores couberem na herança, nem à sucessão eventual desses bens.

• *Vide* arts. 1.689 e 1.693, IV, do CC.

Art. 1.817. São válidas as alienações onerosas de bens hereditários a terceiros de boa-fé, e os atos de administração legalmente praticados pelo herdeiro, antes da sentença de exclusão; mas aos herdeiros subsiste, quando prejudicados, o direito de demandar-lhe perdas e danos.

• *Vide* arts. 402 a 405 do CC.

Parágrafo único. O excluído da sucessão é obrigado a restituir os frutos e rendimentos que dos bens da herança houver percebido, mas tem direito a ser indenizado das despesas com a conservação deles.

• *Vide* art. 884 do CC.

Art. 1.818. Aquele que incorreu em atos que determinem a exclusão da herança será admitido a suceder, se o ofendido o tiver expressamente reabilitado em testamento, ou em outro ato autêntico.

Parágrafo único. Não havendo reabilitação expressa, o indigno, contemplado em testamento do ofendido, quando o testador, ao testar, já conhecia a causa da indignidade, pode suceder no limite da disposição testamentária.

Capítulo VI
DA HERANÇA JACENTE

• Sobre processo de arrecadação e administração da herança jacente: *vide* arts. 738 e s. do CPC.
• Sobre representação judicial da herança: *vide* art. 75, VI, do CPC.
• *Vide* art. 48 do CPC.

Art. 1.819. Falecendo alguém sem deixar testamento nem herdeiro legítimo notoriamente conhecido, os bens da herança, depois de arrecadados, ficarão sob a guarda e administração de um curador, até a sua entrega ao sucessor devidamente habilitado ou à declaração de sua vacância.

• *Vide* art. 75, VI, do CPC.

Art. 1.820. Praticadas as diligências de arrecadação e ultimado o inventário, serão expedidos editais na forma da lei processual, e, decorrido um ano de sua primeira publicação, sem que haja herdeiro habilitado, ou penda habilitação, será a herança declarada vacante.

• *Vide* arts. 75, VI, e 743, *caput* e § 1.º, do CPC.

Art. 1.821. É assegurado aos credores o direito de pedir o pagamento das dívidas reconhecidas, nos limites das forças da herança.

• *Vide* art. 741, § 4.º, do CPC.

Art. 1.822. A declaração de vacância da herança não prejudicará os herdeiros que legalmente se habilitarem; mas, decorridos cinco anos da abertura da sucessão, os bens arrecadados passarão ao domínio do Município ou do Distrito Federal, se localizados nas respectivas circunscrições, incorporando-se ao domínio da União quando situados em território federal.

• *Vide* art. 1.884 do CC.

Parágrafo único. Não se habilitando até a declaração de vacância, os colaterais ficarão excluídos da sucessão.

Art. 1.823. Quando todos os chamados a suceder renunciarem à herança, será esta desde logo declarada vacante.

• *Vide* arts. 1.804, parágrafo único, e 1.806 do CC.

Capítulo VII
DA PETIÇÃO DE HERANÇA

Art. 1.824. O herdeiro pode, em ação de petição de herança, demandar o reconhecimento de seu direito sucessório, para obter a restituição da herança, ou de parte dela, contra quem, na qualidade de herdeiro, ou mesmo sem título, a possua.

• *Vide* Súmula 149 do STF.
• *Vide* art. 205 do CC.

Art. 1.825. A ação de petição de herança, ainda que exercida por um só dos herdeiros, poderá compreender todos os bens hereditários.

• *Vide* art. 1.791 do CC.

Art. 1.826. O possuidor da herança está obrigado à restituição dos bens do acervo, fixando-se-lhe a responsabilidade segundo a sua posse, observado o disposto nos arts. 1.214 a 1.222.

Parágrafo único. A partir da citação, a responsabilidade do possuidor se há de aferir pelas regras concernentes à posse de má-fé e à mora.

• *Vide* art. 395 do CC.

Art. 1.827. O herdeiro pode demandar os bens da herança, mesmo em poder de terceiros, sem prejuízo da responsabilidade do possuidor originário pelo valor dos bens alienados.

Parágrafo único. São eficazes as alienações feitas, a título oneroso, pelo herdeiro aparente a terceiro de boa-fé.

Art. 1.828. O herdeiro aparente, que de boa-fé houver pago um legado, não está obrigado a prestar o equivalente ao verdadeiro sucessor, ressalvado a este o direito de proceder contra quem o recebeu.

• *Vide* art. 1.934 do CC.

TÍTULO II
DA SUCESSÃO LEGÍTIMA

Capítulo I
DA ORDEM DA VOCAÇÃO HEREDITÁRIA

•• *Vide* art. 2.041 do CC.

Art. 1.829. A sucessão legítima defere-se na ordem seguinte:

•• *Vide* Súmula 642 do STJ.
• *Vide* art. 1.685 do CC.
• *Vide* art. 1.790 (sucessão dos companheiros) do CC.
• *Vide* arts. 1.845 a 1.850 (herdeiros necessários) e 1.961 a 1.965 (deserdação) do CC.

I – aos descendentes, em concorrência com o cônjuge sobrevivente, salvo se casado este com o falecido no regime da comunhão universal, ou no da separação obrigatória de bens (art. 1.640, parágrafo único); ou se, no regime da comunhão parcial, o autor da herança não houver deixado bens particulares;

• *Vide* CF, art. 227, § 6.º.
• *Vide* arts. 1.641 (separação obrigatória), 1.658 a 1.666 (comunhão parcial), 1.667 a 1.671 (comunhão universal) e 1.835 do CC.

II – aos ascendentes, em concorrência com o cônjuge;

• *Vide* art. 1.836 do CC

III – ao cônjuge sobrevivente;

•• *Vide* art. 2.º, III, da Lei n. 8.971, de 29-12-1994.
• *Vide* art. 1.838 do CC.

IV – aos colaterais.

• *Vide* arts. 1.592 e 1.839 a 1.843 do CC.
• A vocação para suceder em bens de estrangeiro existentes no Brasil será regulada pela lei brasileira e em benefício do cônjuge ou de filhos brasileiros, sempre que lhes não seja mais favorável a lei nacional do *de cujus*. LINDB (Decreto-lei n. 4.657, de 4-9-1942), art. 10, § 1.º; CF, art. 5.º, XXXI.
• *Vide* art. 17 do Decreto-lei n. 3.200, de 19-4-1941, com a nova redação dada pelo Decreto-lei n. 5.187, de 13-1-1943. O art. 18 do Decreto-lei n. 3.200, que dispunha sobre herança de filhos brasileiros de casal sob regime que excluísse a comunhão de bens, foi revogado pela Lei n. 2.514, de 27-6-1955.

Art. 1.830. Somente é reconhecido direito sucessório ao cônjuge sobrevivente se, ao tempo da morte do outro, não estavam separados judicialmente, nem separados de fato há mais de dois anos, salvo prova, neste caso, de que essa convivência se tornara impossível sem culpa do sobrevivente.

• *Vide* art. 226, § 6.º, da CF.

Art. 1.831. Ao cônjuge sobrevivente, qualquer que seja o regime de bens, será assegurado, sem prejuízo da participação que lhe caiba na herança, o direito real de habitação relativamente ao imóvel destinado à residência da família, desde que seja o único daquela natureza a inventariar.

•• *Vide* art. 7.º, parágrafo único, da Lei n. 9.278, de 10-5-1996.
• *Vide* arts. 1.414 a 1.416 (habitação) do CC.
• *Vide* Lei n. 8.971, de 29-12-1994.

Art. 1.832. Em concorrência com os descendentes (art. 1.829, I) caberá ao cônjuge quinhão igual ao dos que sucederem por cabeça, não podendo a sua quota ser inferior à quarta parte da herança, se for ascendente dos herdeiros com que concorrer.

Art. 1.833. Entre os descendentes, os em grau mais próximo excluem os mais remotos, salvo o direito de representação.

• *Vide* arts. 1.851 a 1.856 do CC.

Art. 1.834. Os descendentes da mesma classe têm os mesmos direitos à sucessão de seus ascendentes.

• *Vide* art. 41 do ECA.

Art. 1.835. Na linha descendente, os filhos sucedem por cabeça, e os outros descendentes, por cabeça ou por estirpe, conforme se achem ou não no mesmo grau.

• *Vide* arts. 1.810, 1.811 e 1.816, *caput*, do CC.

Art. 1.836. Na falta de descendentes, são chamados à sucessão os ascendentes, em concorrência com o cônjuge sobrevivente.

• *Vide* art. 1.829, II, do CC.

§ 1.º Na classe dos ascendentes, o grau mais próximo exclui o mais remoto, sem distinção de linhas.

• *Vide* art. 1.594 do CC.

§ 2.º Havendo igualdade em grau e diversidade em linha, os ascendentes da linha paterna herdam a metade, cabendo a outra aos da linha materna.

Art. 1.837. Concorrendo com ascendente em primeiro grau, ao cônjuge tocará um terço da herança; caber-lhe-á a metade desta se houver um só ascendente, ou se maior for aquele grau.

Art. 1.838. Em falta de descendentes e ascendentes, será deferida a sucessão por inteiro ao cônjuge sobrevivente.

•• *Vide* art. 2.º, III, da Lei n. 8.971, de 29-12-1994.
• *Vide* art. 1.830 do CC.

Art. 1.839. Se não houver cônjuge sobrevivente, nas condições estabelecidas no art. 1.830, serão chamados a suceder os colaterais até o quarto grau.

•• *Vide* Súmula 642 do STJ.

Art. 1.840. Na classe dos colaterais, os mais próximos excluem os mais remotos, salvo o direito de representação concedido aos filhos de irmãos.

- *Vide* arts. 1.810, 1.811, 1.816, *caput*, 1.843, 1.851 e 1.853 do CC.

Art. 1.841. Concorrendo à herança do falecido irmãos bilaterais com irmãos unilaterais, cada um destes herdará metade do que cada um daqueles herdar.

Art. 1.842. Não concorrendo à herança irmão bilateral, herdarão, em partes iguais, os unilaterais.

Art. 1.843. Na falta de irmãos, herdarão os filhos destes e, não os havendo, os tios.

§ 1.º Se concorrerem à herança somente filhos de irmãos falecidos, herdarão por cabeça.

- *Vide* art. 1.853 do CC.

§ 2.º Se concorrem filhos de irmãos bilaterais com filhos de irmãos unilaterais, cada um destes herdará a metade do que herdar cada um daqueles.

§ 3.º Se todos forem filhos de irmãos bilaterais, ou todos de irmãos unilaterais, herdarão por igual.

Art. 1.844. Não sobrevivendo cônjuge, ou companheiro, nem parente algum sucessível, ou tendo eles renunciado a herança, esta se devolve ao Município ou ao Distrito Federal, se localizada nas respectivas circunscrições, ou à União, quando situada em território federal.

- *Vide* art. 1.822, *caput*, do CC.

Capítulo II
DOS HERDEIROS NECESSÁRIOS

Art. 1.845. São herdeiros necessários os descendentes, os ascendentes e o cônjuge.

- *Vide* arts. 549, 1.961 a 1.965, 1.814, 1.829, 1.830, 1.847, 1.961 e 2.018 do CC.

Art. 1.846. Pertence aos herdeiros necessários, de pleno direito, a metade dos bens da herança, constituindo a legítima.

- *Vide* arts. 544, 549, 1.789, 1.814, 1.847, 1.857, § 1.º, e 1.961 do CC.

Art. 1.847. Calcula-se a legítima sobre o valor dos bens existentes na abertura da sucessão, abatidas as dívidas e as despesas do funeral, adicionando-se, em seguida, o valor dos bens sujeitos a colação.

- *Vide* arts. 544, 1.998 e 2.002 a 2.012 (colação) do CC.

Art. 1.848. Salvo se houver justa causa, declarada no testamento, não pode o testador estabelecer cláusula de inalienabilidade, impenhorabilidade, e de incomunicabilidade, sobre os bens da legítima.

•• *Vide* art. 2.042 do CC.

§ 1.º Não é permitido ao testador estabelecer a conversão dos bens da legítima em outros de espécie diversa.

§ 2.º Mediante autorização judicial e havendo justa causa, podem ser alienados os bens gravados, convertendo-se o produto em outros bens, que ficarão sub-rogados nos ônus dos primeiros.

- *Vide* arts. 1.668, I, e 1.911 do CC.
- *Vide* art. 833 do CPC.
- *Vide* Lei n. 6.015, de 31-12-1973, arts. 167, II, n. 11, e 247 (LRP).
- *Vide* Súmula 49 do STF.

Art. 1.849. O herdeiro necessário, a quem o testador deixar a sua parte disponível, ou algum legado, não perderá o direito à legítima.

- *Vide* art. 1.789 do CC.

Art. 1.850. Para excluir da sucessão os herdeiros colaterais, basta que o testador disponha de seu patrimônio sem os contemplar.

- *Vide* art. 1.908 do CC.

Capítulo III
DO DIREITO DE REPRESENTAÇÃO

Art. 1.851. Dá-se o direito de representação, quando a lei chama certos parentes do falecido a suceder em todos os direitos, em que ele sucederia, se vivo fosse.

- *Vide* arts. 1.810, 1.811, 1.816, *caput*, 1.854 e 1.855 do CC.

Art. 1.852. O direito de representação dá-se na linha reta descendente, mas nunca na ascendente.

- *Vide* art. 1.835 do CC.

Art. 1.853. Na linha transversal, somente se dá o direito de representação em favor dos filhos de irmãos do falecido, quando com irmãos deste concorrerem.

- *Vide* arts. 1.840 e 1.843, *caput*, do CC.

Art. 1.854. Os representantes só podem herdar, como tais, o que herdaria o representado, se vivo fosse.

Art. 1.855. O quinhão do representado partir-se-á por igual entre os representantes.

Art. 1.856. O renunciante à herança de uma pessoa poderá representá-la na sucessão de outra.

- *Vide* arts. 1.810 e 1.811 do CC.

TÍTULO III
DA SUCESSÃO TESTAMENTÁRIA

Capítulo I
DO TESTAMENTO EM GERAL

Art. 1.857. Toda pessoa capaz pode dispor, por testamento, da totalidade dos seus bens, ou de parte deles, para depois de sua morte.

- *Vide* art. 1.881 do CC.

§ 1.º A legítima dos herdeiros necessários não poderá ser incluída no testamento.

§ 2.º São válidas as disposições testamentárias de caráter não patrimonial, ainda que o testador somente a elas se tenha limitado.

- *Vide*, como exemplo, os arts. 14, 791, 792, 1.609, III, 1.634, IV, 1.729, parágrafo único, 1.796 e 1.881 do CC.

Art. 1.858. O testamento é ato personalíssimo, podendo ser mudado a qualquer tempo.

- *Vide* art. 1.969 do CC.

Art. 1.859. Extingue-se em cinco anos o direito de impugnar a validade do testamento, contado o prazo da data do seu registro.

- *Vide* art. 1.909, parágrafo único, do CC.

Capítulo II
DA CAPACIDADE DE TESTAR

Art. 1.860. Além dos incapazes, não podem testar os que, no ato de fazê-lo, não tiverem pleno discernimento.

- *Vide* arts. 3.º e 1.767 do CC.

Parágrafo único. Podem testar os maiores de dezesseis anos.

Art. 1.861. A incapacidade superveniente do testador não invalida o testamento, nem o testamento do incapaz se valida com a superveniência da capacidade.

Capítulo III
DAS FORMAS ORDINÁRIAS DO TESTAMENTO

Seção I
Disposições Gerais

Art. 1.862. São testamentos ordinários:

I – o público;

- *Vide* arts. 1.864 a 1.867 do CC.

II – o cerrado;

- *Vide* arts. 1.868 a 1.880 do CC.

III – o particular.

- *Vide* art. 426 do CC.

Art. 1.863. É proibido o testamento conjuntivo, seja simultâneo, recíproco ou correspectivo.

- *Vide* arts. 1.868 a 1.880 do CC.

Seção II
Do Testamento Público

Art. 1.864. São requisitos essenciais do testamento público:

- *Vide* art. 426 do CC.
- *Vide* art. 736 do CPC.

I – ser escrito por tabelião ou por seu substituto legal em seu livro de notas, de acordo com as declarações do testador, podendo este servir-se de minuta, notas ou apontamentos;

- *Vide* arts. 7.º, II, e 20, § 4.º, da Lei n. 8.935, de 18-11-1994, que regulamenta o art. 236 da CF, dispondo sobre serviços notariais e de registro.

II – lavrado o instrumento, ser lido em voz alta pelo tabelião ao testador e a duas testemunhas, a um só tempo; ou pelo testador, se o quiser, na presença destas e do oficial;

III – ser o instrumento, em seguida à leitura, assinado pelo testador, pelas testemunhas e pelo tabelião.

- *Vide* art. 1.865 do CC.

Parágrafo único. O testamento público pode ser escrito manualmente ou mecanicamente, bem como ser feito pela inserção da declaração de vontade em partes impressas de livro de notas, desde que rubricadas todas as páginas pelo testador, se mais de uma.

Art. 1.865. Se o testador não souber, ou não puder assinar, o tabelião ou seu substituto legal assim o declarará, assinando, neste caso, pelo testador, e, a seu rogo, uma das testemunhas instrumentárias.

Art. 1.866. O indivíduo inteiramente surdo, sabendo ler, lerá o seu testamento, e, se não o souber, designará quem o leia em seu lugar, presentes as testemunhas.

Art. 1.867. Ao cego só se permite o testamento público, que lhe será lido, em voz alta, duas vezes, uma pelo tabelião ou por seu substituto legal, e a outra por uma das testemunhas, designada pelo testador, fazendo-se de tudo circunstanciada menção no testamento.

Seção III
Do Testamento Cerrado

Art. 1.868. O testamento escrito pelo testador, ou por outra pessoa, a seu rogo, e por aquele assinado, será válido se aprovado pelo tabelião ou seu substituto legal, observadas as seguintes formalidades:

- *Vide* arts. 1.801, I, 1.870 e 1.871 do CC.
- *Vide* art. 735 do CPC.
- *Vide* art. 7.º, II, da Lei n. 8.935, de 18-11-1994.

I – que o testador o entregue ao tabelião em presença de duas testemunhas;

II – que o testador declare que aquele é o seu testamento e quer que seja aprovado;

III – que o tabelião lavre, desde logo, o auto de aprovação, na presença de duas testemunhas, e o leia, em seguida, ao testador e testemunhas;

IV – que o auto de aprovação seja assinado pelo tabelião, pelas testemunhas e pelo testador.

Parágrafo único. O testamento cerrado pode ser escrito mecanicamente, desde que seu subscritor numere e autentique, com a sua assinatura, todas as páginas.

Art. 1.869. O tabelião deve começar o auto de aprovação imediatamente depois da última palavra do testador, declarando, sob sua fé, que o testador lhe entregou para ser aprovado na presença das testemunhas; passando a cerrar e coser o instrumento aprovado.

Parágrafo único. Se não houver espaço na última folha do testamento, para início da aprovação, o tabelião aporá nele o seu sinal público, mencionando a circunstância no auto.

Art. 1.870. Se o tabelião tiver escrito o testamento a rogo do testador, poderá, não obstante, aprová-lo.

Art. 1.871. O testamento pode ser escrito em língua nacional ou estrangeira, pelo próprio testador, ou por outrem, a seu rogo.

Art. 1.872. Não pode dispor de seus bens em testamento cerrado quem não saiba ou não possa ler.

Art. 1.873. Pode fazer testamento cerrado o surdo-mudo, contanto que o escreva todo, e o assine de sua mão, e que, ao entregá-lo ao oficial público, ante as duas testemunhas, escreva, na face externa do papel ou do envoltório, que aquele é o seu testamento, cuja aprovação lhe pede.

Art. 1.874. Depois de aprovado e cerrado, será o testamento entregue ao testador, e o tabelião lançará, no seu livro, nota do lugar, dia, mês e ano em que o testamento foi aprovado e entregue.

- *Vide* art. 1.972 do CC.

Art. 1.875. Falecido o testador, o testamento será apresentado ao juiz, que o abrirá e o fará registrar, ordenando seja cumprido, se não achar vício externo que o torne eivado de nulidade ou suspeito de falsidade.

- *Vide* art. 735 do CPC.

Seção IV
Do Testamento Particular

Art. 1.876. O testamento particular pode ser escrito de próprio punho ou mediante processo mecânico.

- *Vide* art. 1.880 do CC.
- *Vide* art. 737 do CPC.

§ 1.º Se escrito de próprio punho, são requisitos essenciais à sua validade seja lido e assinado por quem o escreveu, na presença de pelo menos três testemunhas, que o devem subscrever.

- *Vide* art. 228 do CC.

§ 2.º Se elaborado por processo mecânico, não pode conter rasuras ou espaços em branco, devendo ser assinado pelo testador, depois de o ter lido na presença de pelo menos três testemunhas, que o subscreverão.

Art. 1.877. Morto o testador, publicar-se-á em juízo o testamento, com citação dos herdeiros legítimos.

- *Vide* art. 737 do CPC.

Art. 1.878. Se as testemunhas forem contestes sobre o fato da disposição, ou, ao menos, sobre a sua leitura perante elas, e se reconhecerem as próprias assinaturas, assim como a do testador, o testamento será confirmado.

Parágrafo único. Se faltarem testemunhas, por morte ou ausência, e se pelo menos uma delas o reconhecer, o testamento poderá ser confirmado, se, a critério do juiz, houver prova suficiente de sua veracidade.

Art. 1.879. Em circunstâncias excepcionais declaradas na cédula, o testamento particular de próprio punho e assinado pelo testador, sem testemunhas, poderá ser confirmado, a critério do juiz.

Art. 1.880. O testamento particular pode ser escrito em língua estrangeira, contanto que as testemunhas a compreendam.

Capítulo IV
DOS CODICILOS

Art. 1.881. Toda pessoa capaz de testar poderá, mediante escrito particular seu, datado e assinado, fazer disposições especiais sobre o seu enterro, sobre esmolas de pouca monta a certas e determinadas pessoas, ou, indeterminadamente, aos pobres de certo lugar, assim como legar móveis, roupas ou joias, de pouco valor, de seu uso pessoal.

- *Vide* arts. 1.860 e 1.998 do CC.

Art. 1.882. Os atos a que se refere o artigo antecedente, salvo direito de terceiro, valerão como codicilos, deixe ou não testamento o autor.

Art. 1.883. Pelo modo estabelecido no art. 1.881, poder-se-ão nomear ou substituir testamenteiros.

- *Vide* art. 1.976 do CC.

Art. 1.884. Os atos previstos nos artigos antecedentes revogam-se por atos iguais, e consideram-se revogados, se, havendo testamento posterior, de qualquer natureza, este os não confirmar ou modificar.

Art. 1.885. Se estiver fechado o codicilo, abrir-se-á do mesmo modo que o testamento cerrado.

- *Vide* art. 1.875 do CC.

Capítulo V
DOS TESTAMENTOS ESPECIAIS

Seção I
Disposições Gerais

Art. 1.886. São testamentos especiais:

I – o marítimo;

II – o aeronáutico;

III – o militar.

Art. 1.887. Não se admitem outros testamentos especiais além dos contemplados neste Código.

Seção II
Do Testamento Marítimo e do Testamento Aeronáutico

Art. 1.888. Quem estiver em viagem, a bordo de navio nacional, de guerra ou mercante, pode testar perante o comandante, em presença de duas testemunhas, por forma que corresponda ao testamento público ou ao cerrado.

- *Vide* arts. 1.864 e 1.868 do CC.

Parágrafo único. O registro do testamento será feito no diário de bordo.

Art. 1.889. Quem estiver em viagem, a bordo de aeronave militar ou comercial, pode testar perante pessoa designada pelo comandante, observado o disposto no artigo antecedente.

- *Vide* art. 1.801, I, do CC.

Art. 1.890. O testamento marítimo ou aeronáutico ficará sob a guarda do comandante, que o entregará às autoridades administrativas do primeiro porto ou aeroporto nacional, contra recibo averbado no diário de bordo.

Art. 1.891. Caducará o testamento marítimo, ou aeronáutico, se o testador não morrer na viagem, nem nos noventa dias subsequentes ao seu desembarque em terra, onde possa fazer, na forma ordinária, outro testamento.

Art. 1.892. Não valerá o testamento marítimo, ainda que feito no curso de uma viagem, se, ao tempo em que se fez, o navio estava em porto onde o testador pudesse desembarcar e testar na forma ordinária.

Seção III
Do Testamento Militar

Art. 1.893. O testamento dos militares e demais pessoas a serviço das Forças Armadas em campanha, dentro do País ou fora dele, assim como em praça sitiada, ou que esteja de comunicações interrompidas, poderá fazer-se, não havendo tabelião ou seu substituto legal, ante duas, ou três testemunhas, se o testador não puder, ou não souber assinar, caso em que assinará por ele uma delas.

§ 1.º Se o testador pertencer a corpo ou seção de corpo destacado, o testamento será escrito pelo respectivo comandante, ainda que de graduação ou posto inferior.

§ 2.º Se o testador estiver em tratamento em hospital, o testamento será escrito pelo respectivo oficial de saúde, ou pelo diretor do estabelecimento.

§ 3.º Se o testador for o oficial mais graduado, o testamento será escrito por aquele que o substituir.

Art. 1.894. Se o testador souber escrever, poderá fazer o testamento de seu punho, contanto que o date e assine por extenso, e o apresente aberto ou cerrado, na presença de duas testemunhas ao auditor, ou ao oficial de patente, que lhe faça as vezes neste mister.

Parágrafo único. O auditor, ou o oficial a quem o testamento se apresente notará, em qualquer parte dele, lugar, dia, mês e ano, em que lhe for apresentado, nota esta que será assinada por ele e pelas testemunhas.

Art. 1.895. Caduca o testamento militar, desde que, depois dele, o testador esteja, noventa dias seguidos, em lugar onde possa testar na forma ordinária, salvo se esse testamento apresentar as solenidades prescritas no parágrafo único do artigo antecedente.

Art. 1.896. As pessoas designadas no art. 1.893, estando empenhadas em combate, ou feridas, podem testar oralmente, confiando a sua última vontade a duas testemunhas.

• *Vide* arts. 121, 128, 1.ª parte, 136 e 1.733, § 2.º, do CC.

Parágrafo único. Não terá efeito o testamento se o testador não morrer na guerra ou convalescer do ferimento.

Capítulo VI
DAS DISPOSIÇÕES TESTAMENTÁRIAS

Art. 1.897. A nomeação de herdeiro, ou legatário, pode fazer-se pura e simplesmente, sob condição, para certo fim ou modo, ou por certo motivo.

• *Vide* arts. 121, 128. 1.ª parte, 136 e 1.733, § 2.º, do CC.

Art. 1.898. A designação do tempo em que deva começar ou cessar o direito do herdeiro, salvo nas disposições fideicomissárias, ter-se-á por não escrita.

• *Vide* arts. 1.951 a 1.960 (substituição fideicomissária) do CC.

Art. 1.899. Quando a cláusula testamentária for suscetível de interpretações diferentes, prevalecerá a que melhor assegure a observância da vontade do testador.

• *Vide* art. 112 do CC.
• *Vide* Súmula 49 do STF.

Art. 1.900. É nula a disposição:

I – que institua herdeiro ou legatário sob a condição captatória de que este disponha, também por testamento, em benefício do testador, ou de terceiro;

II – que se refira a pessoa incerta, cuja identidade não se possa averiguar;

III – que favoreça a pessoa incerta, cometendo a determinação de sua identidade a terceiro;

• *Vide* art. 1.901, I, do CC.

IV – que deixe a arbítrio do herdeiro, ou de outrem, fixar o valor do legado;

V – que favoreça as pessoas a que se referem os arts. 1.801 e 1.802.

• *Vide* art. 1.859 do CC.

Art. 1.901. Valerá a disposição:

I – em favor de pessoa incerta que deva ser determinada por terceiro, dentre duas ou mais pessoas mencionadas pelo testador, ou pertencentes a uma família, ou a um corpo coletivo, ou a um estabelecimento por ele designado;

II – em remuneração de serviços prestados ao testador, por ocasião da moléstia de que faleceu, ainda que fique ao arbítrio do herdeiro ou de outrem determinar o valor do legado.

Art. 1.902. A disposição geral em favor dos pobres, dos estabelecimentos particulares de caridade, ou dos de assistência pública, entender-se-á relativa aos pobres do lugar do domicílio do testador ao tempo de sua morte, ou dos estabelecimentos aí sitos, salvo se manifestamente constar que tinha em mente beneficiar os de outra localidade.

Parágrafo único. Nos casos deste artigo, as instituições particulares preferirão sempre às públicas.

Art. 1.903. O erro na designação da pessoa do herdeiro, do legatário, ou da coisa legada anula a disposição, salvo se, pelo contexto do testamento, por outros documentos, ou por fatos inequívocos, se puder identificar a pessoa ou coisa a que o testador queria referir-se.

• *Vide* arts. 142, 1.899 e 1.909 do CC.

Art. 1.904. Se o testamento nomear dois ou mais herdeiros, sem discriminar a parte de cada um, partilhar-se-á por igual, entre todos, a porção disponível do testador.

• *Vide* art. 1.789 do CC.

Art. 1.905. Se o testador nomear certos herdeiros individualmente e outros coletivamente, a herança será dividida em tantas quotas quantos forem os indivíduos e os grupos designados.

Art. 1.906. Se forem determinadas as quotas de cada herdeiro, e não absorverem toda a herança, o remanescente pertencerá aos herdeiros legítimos, segundo a ordem da vocação hereditária.

• *Vide* art. 1.829 do CC.

Art. 1.907. Se forem determinados os quinhões de uns e não os de outros herdeiros, distribuir-se-á por igual a estes últimos o que restar, depois de completas as porções hereditárias dos primeiros.

Art. 1.908. Dispondo o testador que não caiba ao herdeiro instituído certo e determinado objeto, dentre os da herança, tocará ele aos herdeiros legítimos.

• *Vide* art. 1.788 do CC.

Art. 1.909. São anuláveis as disposições testamentárias inquinadas de erro, dolo ou coação.

• *Vide* arts. 138 a 155 do CC.

Parágrafo único. Extingue-se em quatro anos o direito de anular a disposição, contados de quando o interessado tiver conhecimento do vício.

• *Vide* arts. 177 e 178, I e II, do CC.

Art. 1.910. A ineficácia de uma disposição testamentária importa a das outras que, sem aquela, não teriam sido determinadas pelo testador.

• *Vide* art. 184 do CC.

Art. 1.911. A cláusula de inalienabilidade, imposta aos bens por ato de liberalidade, implica impenhorabilidade e incomunicabilidade.

Parágrafo único. No caso de desapropriação de bens clausulados, ou de sua alienação, por conveniência econômica do donatário ou do herdeiro, mediante autorização judicial, o produto da venda converter-se-á em outros bens, sobre os quais incidirão as restrições apostas aos primeiros.

• *Vide* art. 1.848 do CC.
• *Vide* arts. 833 e 834 do CPC.
• *Vide* art. 31 do Decreto-lei n. 3.365, de 21-6-1941, que dispõe sobre desapropriações.
• *Vide* Lei n. 6.015, de 31-12-1973, arts. 167, II, n. 11, e 247 (LRP).
• *Vide* art. 169, § 2.º, da Lei n. 6.404, de 15-12-1976 (inalienabilidade das ações).
• *Vide* Lei n. 6.830, de 22-9-1980, art. 30 (LEF).
• *Vide* art. 108, § 4.º, da Lei de Falências (Lei n. 11.101, de 9-2-2005).
• *Vide* Súmula 49 do STF.

Capítulo VII
DOS LEGADOS

Seção I
Disposições Gerais

Art. 1.912. É ineficaz o legado de coisa certa que não pertença ao testador no momento da abertura da sucessão.

• *Vide* arts. 1.914 e 1.939, II, do CC.

Art. 1.913. Se o testador ordenar que o herdeiro ou legatário entregue coisa de sua propriedade a outrem, não o cumprindo ele, entender-se-á que renunciou à herança ou ao legado.

• *Vide* art. 1.935 do CC.

Art. 1.914. Se tão somente em parte a coisa legada pertencer ao testador, ou, no caso do artigo antecedente, ao herdeiro ou ao legatário, só quanto a essa parte valerá o legado.

Art. 1.915. Se o legado for de coisa que se determine pelo gênero, será o mesmo cumprido, ainda que tal coisa não exista entre os bens deixados pelo testador.

• *Vide* art. 85 do CC.

Art. 1.916. Se o testador legar coisa sua, singularizando-a, só terá eficácia o legado se, ao tempo do seu falecimento, ela se achava entre os bens da herança; se a coisa legada existir entre os bens do testador, mas em quantidade inferior à do legado, este será eficaz apenas quanto à existente.

• *Vide* art. 1.939 do CC.

Art. 1.917. O legado de coisa que deva encontrar-se em determinado lugar só terá eficácia se nele for achada, salvo se removida a título transitório.

Art. 1.918. O legado de crédito, ou de quitação de dívida, terá eficácia somente até a importância desta, ou daquele, ao tempo da morte do testador.

§ 1.º Cumpre-se o legado, entregando o herdeiro ao legatário o título respectivo.

§ 2.º Este legado não compreende as dívidas posteriores à data do testamento.

Art. 1.919. Não o declarando expressamente o testador, não se reputará compensação da sua dívida o legado que ele faça ao credor.

• *Vide* arts. 368 a 380 do CC.

Parágrafo único. Subsistirá integralmente o legado, se a dívida lhe foi posterior, e o testador a solveu antes de morrer.

Art. 1.920. O legado de alimentos abrange o sustento, a cura, o vestuário e a casa, enquanto o legatário viver, além da educação, se ele for menor.

• *Vide* art. 1.694, § 1.º, do CC.

Art. 1.921. O legado de usufruto, sem fixação de tempo, entende-se deixado ao legatário por toda a sua vida.

• *Vide* art. 1.410, I, do CC.

Art. 1.922. Se aquele que legar um imóvel lhe ajuntar depois novas aquisições, estas, ainda que contíguas, não se compreendem no legado, salvo expressa declaração em contrário do testador.

Parágrafo único. Não se aplica o disposto neste artigo às benfeitorias necessárias, úteis ou voluptuárias feitas no prédio legado.

• *Vide* art. 96 do CC.

Seção II
Dos Efeitos do Legado e do seu Pagamento

Art. 1.923. Desde a abertura da sucessão, pertence ao legatário a coisa certa, existente no acervo, salvo se o legado estiver sob condição suspensiva.

§ 1.º Não se defere de imediato a posse da coisa, nem nela pode o legatário entrar por autoridade própria.

§ 2.º O legado de coisa certa existente na herança transfere também ao legatário os frutos que produzir, desde a morte do testador, exceto se dependente de condição suspensiva, ou de termo inicial.

• *Vide* arts. 121, 125, 1.784 e 1.937 do CC.

Art. 1.924. O direito de pedir o legado não se exercerá, enquanto se litigue sobre a validade do testamento, e, nos legados condicionais, ou a prazo, enquanto esteja pendente a condição ou o prazo não se vença.

Art. 1.925. O legado em dinheiro só vence juros desde o dia em que se constituir em mora a pessoa obrigada a prestá-lo.

• *Vide* arts. 394 a 401 do CC.

Art. 1.926. Se o legado consistir em renda vitalícia ou pensão periódica, esta ou aquela correrá da morte do testador.

Art. 1.927. Se o legado for de quantidades certas, em prestações periódicas, datará da morte do testador o primeiro período, e o legatário terá direito a cada prestação, uma vez encetado cada um dos períodos sucessivos, ainda que venha a falecer antes do termo dele.

Art. 1.928. Sendo periódicas as prestações, só no termo de cada período se poderão exigir.

Parágrafo único. Se as prestações forem deixadas a título de alimentos, pagar-se-ão no começo de cada período, sempre que outra coisa não tenha disposto o testador.

Art. 1.929. Se o legado consiste em coisa determinada pelo gênero, ao herdeiro tocará escolhê-la, guardando o meio-termo entre as congêneres da melhor e pior qualidade.

• *Vide* arts. 244 e 915 do CC.

Art. 1.930. O estabelecido no artigo antecedente será observado, quando a escolha for deixada a arbítrio de terceiro; e, se este não a quiser ou não a puder exercer, ao juiz competirá fazê-la, guardado o disposto na última parte do artigo antecedente.

Art. 1.931. Se a opção foi deixada ao legatário, este poderá escolher, do gênero determinado, a melhor coisa que houver na herança; e, se nesta não existir coisa de tal gênero, dar-lhe-á de outra congênere o herdeiro, observada a disposição na última parte do art. 1.929.

Art. 1.932. No legado alternativo, presume-se deixada ao herdeiro a opção.

• *Vide* art. 255 do CC.

Art. 1.933. Se o herdeiro ou legatário a quem couber a opção falecer antes de exercê-la, passará este poder aos seus herdeiros.

• *Vide* art. 1.809 do CC.

Art. 1.934. No silêncio do testamento, o cumprimento dos legados incumbe aos herdeiros e, não os havendo, aos legatários, na proporção do que herdaram.

Parágrafo único. O encargo estabelecido neste artigo, não havendo disposição testamentária em contrário, caberá ao herdeiro ou legatário incumbido pelo testador da execução do legado; quando indicados mais de um, os onerados dividirão entre si o ônus, na proporção do que recebam da herança.

• *Vide* art. 125, II, do CPC.

Art. 1.935. Se algum legado consistir em coisa pertencente a herdeiro ou legatário (art. 1.913), só a ele incumbirá cumpri-lo, com regresso contra os coerdeiros, pela quota de cada um, salvo se o contrário expressamente dispôs o testador.

Art. 1.936. As despesas e os riscos da entrega do legado correm à conta do legatário, se não dispuser diversamente o testador.

Art. 1.937. A coisa legada entregar-se-á, com seus acessórios, no lugar e estado em que se achava ao falecer o testador, passando ao legatário com todos os encargos que a onerarem.

Art. 1.938. Nos legados com encargo, aplica-se ao legatário o disposto neste Código quanto às doações de igual natureza.

• *Vide* arts. 136 e 553 do CC.

Seção III
Da Caducidade dos Legados

Art. 1.939. Caducará o legado:

I – se, depois do testamento, o testador modificar a coisa legada, ao ponto de já não ter a forma nem lhe caber a denominação que possuía;

II – se o testador, por qualquer título, alienar no todo ou em parte a coisa legada; nesse caso, caducará até onde ela deixou de pertencer ao testador;

• *Vide* arts. 1.912 e 1.914 do CC.

III – se a coisa perecer ou for evicta, vivo ou morto o testador, sem culpa do herdeiro ou legatário incumbido do seu cumprimento;

• *Vide* arts. 447 a 457 do CC.

IV – se o legatário for excluído da sucessão, nos termos do art. 1.815;

V – se o legatário falecer antes do testador.

Art. 1.940. Se o legado for de duas ou mais coisas alternativamente, e algumas delas perecerem, subsistirá quanto às restantes; perecendo parte de uma, valerá, quanto ao seu remanescente, o legado.

• *Vide* art. 253 do CC.

Capítulo VIII
DO DIREITO DE ACRESCER ENTRE HERDEIROS E LEGATÁRIOS

Art. 1.941. Quando vários herdeiros, pela mesma disposição testamentária, forem conjuntamente chamados à herança em quinhões não determinados, e qualquer deles não puder ou não quiser aceitá-la, a sua parte acrescerá à dos coerdeiros, salvo o direito do substituto.

• *Vide* art. 1.947 do CC.

Art. 1.942. O direito de acrescer competirá aos colegatários, quando nomeados conjuntamente a respeito de uma só coisa, determinada e certa, ou quando o objeto do legado não puder ser dividido sem risco de desvalorização.

• *Vide* art. 1.929 do CC.

Art. 1.943. Se um dos coerdeiros ou colegatários, nas condições do artigo antecedente, morrer antes do testador; se renunciar a herança ou legado, ou destes for excluído, e, se a condição sob a qual foi instituído não se verificar, acrescerá o seu quinhão, salvo o direito do substituto, à parte dos coerdeiros ou colegatários conjuntos.

• *Vide* arts. 1.809 e 1.947 do CC.

Parágrafo único. Os coerdeiros ou colegatários, aos quais acresceu o quinhão daquele que não quis ou não pôde suceder, ficam sujeitos às obrigações ou encargos que o oneravam.

Art. 1.944. Quando não se efetua o direito de acrescer, transmite-se aos herdeiros legítimos a quota vaga do nomeado.

• *Vide* art. 1.788 do CC.

Parágrafo único. Não existindo o direito de acrescer entre os colegatários, a quota do que faltar acresce ao herdeiro ou ao legatário incumbido de satisfazer esse legado, ou a todos os herdeiros, na proporção dos seus quinhões, se o legado se deduziu da herança.

Art. 1.945. Não pode o beneficiário do acréscimo repudiá-lo separadamente da herança ou legado que lhe caiba, salvo se o acréscimo comportar encargos especiais impostos pelo testador; nesse caso, uma vez repudiado, reverte o acréscimo para a pessoa a favor de quem os encargos foram instituídos.

Art. 1.946. Legado um só usufruto conjuntamente a duas ou mais pessoas, a parte da que faltar acresce aos colegatários.

Parágrafo único. Se não houver conjunção entre os colegatários, ou se, apesar de conjuntos, só lhes foi legada certa parte do usufruto, consolidar-se-ão na propriedade as quotas dos que faltarem, à medida que eles forem faltando.

• *Vide* art. 1.411 do CC.

Capítulo IX
DAS SUBSTITUIÇÕES

Seção I
Da Substituição Vulgar e da Recíproca

Art. 1.947. O testador pode substituir outra pessoa ao herdeiro ou ao legatário nomeado, para o caso de um ou outro não querer ou não poder aceitar a herança ou o legado, presumindo-se que a substituição foi determinada para as duas alternativas, ainda que o testador só a uma se refira.

• *Vide* art. 1.799 do CC.

Art. 1.948. Também é lícito ao testador substituir muitas pessoas por uma só, ou vice-versa, e ainda substituir com reciprocidade ou sem ela.

Art. 1.949. O substituto fica sujeito à condição ou encargo imposto ao substituído, quando não for diversa a intenção manifestada pelo testador, ou não resultar outra coisa da natureza da condição ou do encargo.

• *Vide* arts. 121 e 136 do CC.

Art. 1.950. Se, entre muitos coerdeiros ou legatários de partes desiguais, for estabelecida substituição recíproca, a proporção dos quinhões fixada na primeira disposição entender-se-á mantida na segunda; se, com as outras anteriormente nomeadas, for incluída mais alguma pessoa na substituição, o quinhão vago pertencerá em partes iguais aos substitutos.

Seção II
Da Substituição Fideicomissária

Art. 1.951. Pode o testador instituir herdeiros ou legatários, estabelecendo que, por ocasião de sua morte, a herança ou o legado se transmita ao fiduciário, resolvendo-se o direito deste, por sua morte, a certo tempo ou sob certa condição, em favor de outrem, que se qualifica de fideicomissário.

• *Vide* arts. 1.668, II, e 1.898 do CC.

• *Vide* Lei n. 6.015, de 31-12-1973, art. 167, II, n. 11.

Art. 1.952. A substituição fideicomissária somente se permite em favor dos não concebidos ao tempo da morte do testador.

Parágrafo único. Se, ao tempo da morte do testador, já houver nascido o fideicomissário, adquirirá este a propriedade dos bens fideicometidos, convertendo-se em usufruto o direito do fiduciário.

• *Vide* arts. 1.390 a 1.411, 1.784 e 1.799, I, do CC.

Art. 1.953. O fiduciário tem a propriedade da herança ou legado, mas restrita e resolúvel.

• *Vide* art. 1.359 do CC.

Parágrafo único. O fiduciário é obrigado a proceder ao inventário dos bens gravados, e a prestar caução de restituí-los se o exigir o fideicomissário.

Art. 1.954. Salvo disposição em contrário do testador, se o fiduciário renunciar a herança ou o legado, defere-se ao fideicomissário o poder de aceitar.

Art. 1.955. O fideicomissário pode renunciar a herança ou o legado, e, neste caso, o fideicomisso caduca, deixando de ser resolúvel a propriedade do fiduciário, se não houver disposição contrária do testador.

Art. 1.956. Se o fideicomissário aceitar a herança ou o legado, terá direito à parte que, ao fiduciário, em qualquer tempo acrescer.

Art. 1.957. Ao sobrevir a sucessão, o fideicomissário responde pelos encargos da herança que ainda restarem.

Art. 1.958. Caduca o fideicomisso se o fideicomissário morrer antes do fiduciário, ou antes de realizar-se a condição resolutória do direito deste último; nesse caso, a propriedade consolida-se no fiduciário, nos termos do art. 1.955.

Art. 1.959. São nulos os fideicomissos além do segundo grau.

Art. 1.960. A nulidade da substituição ilegal não prejudica a instituição, que valerá sem o encargo resolutório.

Capítulo X
DA DESERDAÇÃO

Art. 1.961. Os herdeiros necessários podem ser privados de sua legítima, ou deserdados, em todos os casos em que podem ser excluídos da sucessão.

• *Vide* arts. 1.814 a 1.818, 1.962 e 1.963 do CC.

Art. 1.962. Além das causas mencionadas no art. 1.814, autorizam a deserdação dos descendentes por seus ascendentes:

I – ofensa física;

II – injúria grave;

III – relações ilícitas com a madrasta ou com o padrasto;

IV – desamparo do ascendente em alienação mental ou grave enfermidade.

• *Vide* art. 229 da CF.

Art. 1.963. Além das causas enumeradas no art. 1.814, autorizam a deserdação dos ascendentes pelos descendentes:

I – ofensa física;

II – injúria grave;

III – relações ilícitas com a mulher ou companheira do filho ou a do neto, ou com o marido ou companheiro da filha ou o da neta;

IV – desamparo do filho ou neto com deficiência mental ou grave enfermidade.

Art. 1.964. Somente com expressa declaração de causa pode a deserdação ser ordenada em testamento.

Art. 1.965. Ao herdeiro instituído, ou àquele a quem aproveite a deserdação, incumbe provar a veracidade da causa alegada pelo testador.

Parágrafo único. O direito de provar a causa da deserdação extingue-se no prazo de quatro anos, a contar da data da abertura do testamento.

• *Vide* art. 1.815, parágrafo único, do CC.

Capítulo XI
DA REDUÇÃO DAS DISPOSIÇÕES TESTAMENTÁRIAS

Art. 1.966. O remanescente pertencerá aos herdeiros legítimos, quando o testador só em parte dispuser da quota hereditária disponível.

• *Vide* arts. 1.788, 1.829, 1.845 a 1.850, 1.906 e 1.908 do CC.

Art. 1.967. As disposições que excederem a parte disponível reduzir-se-ão aos limites dela, de conformidade com o disposto nos parágrafos seguintes.

• *Vide* arts. 549 a 1.847 do CC.

§ 1.º Em se verificando excederem as disposições testamentárias a porção disponível, serão proporcionalmente reduzidas as quotas do herdeiro ou herdeiros instituídos, até onde baste, e, não bastando, também os legados, na proporção do seu valor.

§ 2.º Se o testador, prevenindo o caso, dispuser que se inteirem, de preferência, certos herdeiros e legatários, a redução far-se-á nos outros quinhões ou legados, observando-se a seu respeito a ordem estabelecida no parágrafo antecedente.

Art. 1.968. Quando consistir em prédio divisível o legado sujeito a redução, far-se-á esta dividindo-o proporcionalmente.

§ 1.º Se não for possível a divisão, e o excesso do legado montar a mais de um quarto do valor do prédio, o legatário deixará inteiro na herança o imóvel legado, ficando com o direito de pedir aos herdeiros o valor que couber na parte disponível; se o excesso não for de mais de um quarto, aos herdeiros fará tornar em dinheiro o legatário, que ficará com o prédio.

§ 2.º Se o legatário for ao mesmo tempo herdeiro necessário, poderá inteirar sua legítima no mesmo imóvel, de preferência aos outros, sempre que ela e a parte subsistente do legado lhe absorverem o valor.

Capítulo XII
DA REVOGAÇÃO DO TESTAMENTO

Art. 1.969. O testamento pode ser revogado pelo mesmo modo e forma como pode ser feito.

•• *Vide* art. 1.º, III, da Lei n. 8.560, de 29-12-1992.

• *Vide* art. 1.858 do CC.

Art. 1.970. A revogação do testamento pode ser total ou parcial.

Parágrafo único. Se parcial, ou se o testamento posterior não contiver cláusula revogatória expressa, o anterior subsiste em tudo que não for contrário ao posterior.

Art. 1.971. A revogação produzirá seus efeitos, ainda quando o testamento, que a encerra, vier a caducar por exclusão, incapacidade ou renúncia do herdeiro nele nomeado; não valerá, se o testamento revogatório for anulado por omissão ou infração de solenidades essenciais ou por vícios intrínsecos.

Art. 1.972. O testamento cerrado que o testador abrir ou dilacerar, ou for aberto ou dilacerado com seu consentimento, haver-se-á como revogado.

• *Vide* arts. 1.868 a 1.875 do CC.

Capítulo XIII
DO ROMPIMENTO DO TESTAMENTO

Art. 1.973. Sobrevindo descendente sucessível ao testador, que não o tinha ou não o conhecia quando testou, rompe-se o testamento em todas as suas disposições, se esse descendente sobreviver ao testador.

• *Vide* arts. 1.939 e 1.940 do CC.

Art. 1.974. Rompe-se também o testamento feito na ignorância de existirem outros herdeiros necessários.

Art. 1.975. Não se rompe o testamento, se o testador dispuser da sua metade, não contemplando os herdeiros necessários de cuja existência saiba, ou quando os exclua dessa parte.

• *Vide* arts. 1.789, 1.845 e 1.961 a 1.965 do CC.

Capítulo XIV
DO TESTAMENTEIRO

Art. 1.976. O testador pode nomear um ou mais testamenteiros, conjuntos ou separados, para lhe darem cumprimento às disposições de última vontade.

• *Vide* arts. 1.883 a 1.986 do CC.

• *Vide* arts. 617, V, e 890 do CPC.

Art. 1.977. O testador pode conceder ao testamenteiro a posse e a administração da herança, ou de parte dela, não havendo cônjuge ou herdeiros necessários.

• *Vide* arts. 615 e 616, IV, do CPC.

Parágrafo único. Qualquer herdeiro pode requerer partilha imediata, ou devolução da herança, habilitando o testamenteiro com os meios necessários para o cumprimento dos legados, ou dando caução de prestá-los.

Art. 1.978. Tendo o testamenteiro a posse e a administração dos bens, incumbe-lhe requerer inventário e cumprir o testamento.

Art. 1.979. O testamenteiro nomeado, ou qualquer parte interessada, pode requerer, assim como o juiz pode ordenar, de ofício, ao detentor do testamento, que o leve a registro.

•• *Vide* arts. 1.127 e 1.129 e parágrafo único, do CC.

Art. 1.980. O testamenteiro é obrigado a cumprir as disposições testamentárias, no prazo marcado pelo testador, e a dar contas do que recebeu e despendeu, subsistindo sua responsabilidade enquanto durar a execução do testamento.

• *Vide* art. 1.983 do CC.

Art. 1.981. Compete ao testamenteiro, com ou sem o concurso do inventariante e dos herdeiros instituídos, defender a validade do testamento.

Art. 1.982. Além das atribuições exaradas nos artigos antecedentes, terá o testamenteiro as que lhe conferir o testador, nos limites da lei.

Art. 1.983. Não concedendo o testador prazo maior, cumprirá o testamenteiro o testamento e prestará contas em cento e oitenta dias, contados da aceitação da testamentaria.

Parágrafo único. Pode esse prazo ser prorrogado se houver motivo suficiente.

Art. 1.984. Na falta de testamenteiro nomeado pelo testador, a execução testamentária compete a um dos cônjuges, e, em falta destes, ao herdeiro nomeado pelo juiz.

• *Vide* art. 226, § 5.º, da CF.

Art. 1.985. O encargo da testamentaria não se transmite aos herdeiros do testamenteiro, nem é delegável; mas o testamenteiro pode fazer-se representar em juízo e fora dele, mediante mandatário com poderes especiais.

Art. 1.986. Havendo simultaneamente mais de um testamenteiro, que tenha aceitado o cargo, poderá cada qual exercê-lo, em falta dos outros; mas todos ficam solidariamente obrigados a dar conta dos bens que lhes forem confiados, salvo se cada um tiver, pelo testamento, funções distintas, e a elas se limitar.

• *Vide* arts. 264 a 285 do CC.

Art. 1.987. Salvo disposição testamentária em contrário, o testamenteiro, que não seja herdeiro ou legatário, terá direito a um prêmio, que, se o testador não o houver fixado, será de um a cinco por cento, arbitrado pelo juiz, sobre a herança líquida, conforme a importância dela e maior ou menor dificuldade na execução do testamento.

Parágrafo único. O prêmio arbitrado será pago à conta da parte disponível, quando houver herdeiro necessário.

Art. 1.988. O herdeiro ou o legatário nomeado testamenteiro poderá preferir o prêmio à herança ou ao legado.

Art. 1.989. Reverterá à herança o prêmio que o testamenteiro perder, por ser removido ou por não ter cumprido o testamento.

Art. 1.990. Se o testador tiver distribuído toda a herança em legados, exercerá o testamenteiro as funções de inventariante.

• *Vide* art. 617, VII, do CPC.

TÍTULO IV
DO INVENTÁRIO E DA PARTILHA

•• *Vide* art. 610 do CPC.

Capítulo I
DO INVENTÁRIO

Art. 1.991. Desde a assinatura do compromisso até a homologação da partilha, a administração da herança será exercida pelo inventariante.

• *Vide* arts. 1.796, 1.977, 1.978, 1.981 e 1.990 do CC.

• *Vide* arts. 617 e s. do CPC.

Capítulo II
DOS SONEGADOS

Art. 1.992. O herdeiro que sonegar bens da herança, não os descrevendo no inventário quando estejam em seu poder, ou, com o seu conhecimento, no de outrem, ou que os omitir na colação, a que os deva levar, ou que deixar de restituí-los, perderá o direito que sobre eles lhe cabia.

Art. 1.993. Além da pena cominada no artigo antecedente, se o sonegador for o próprio inventariante, remover-se-á, em se provando a sonegação, ou negando ele a existência dos bens, quando indicados.

• *Vide* arts. 621 e 622, VI, do CPC.

Art. 1.994. A pena de sonegados só se pode requerer e impor em ação movida pelos herdeiros ou pelos credores da herança.

• *Vide* art. 621 do CPC.

Parágrafo único. A sentença que se proferir na ação de sonegados, movida por qualquer dos herdeiros ou credores, aproveita aos demais interessados.

Art. 1.995. Se não se restituírem os bens sonegados, por já não os ter o sonegador em seu poder, pagará ele a importância dos valores que ocultou, mais as perdas e danos.

• *Vide* arts. 402 a 405 (perdas e danos) do CC.

Art. 1.996. Só se pode arguir de sonegação o inventariante depois de encerrada a descrição dos bens, com a declaração, por ele feita, de não existirem outros por inventariar e partir, assim como arguir o herdeiro, depois de declarar-se no inventário que não os possui.

• *Vide* art. 621 do CPC.

Capítulo III
DO PAGAMENTO DAS DÍVIDAS

• *Vide* arts. 642 e s. do CPC.

Art. 1.997. A herança responde pelo pagamento das dívidas do falecido; mas, feita a partilha, só respondem os herdeiros, cada qual em proporção da parte que na herança lhe coube.

• *Vide* arts. 276, 836, 1.700 e 1.792 do CC.

• Transmissão de obrigação alimentar: *vide* art. 23 da Lei n. 6.515, de 26-12-1977, e art. 1.700 deste Código.

• A cobrança judicial da dívida ativa da Fazenda Pública não é sujeita a concurso de credores ou habilitação em inventário (art. 29 da Lei n. 6.830, de 22-9-1980).

§ 1.º Quando, antes da partilha, for requerido no inventário o pagamento de dívidas constantes de documentos, revestidos de formalidades legais, constituindo prova bastante da obrigação, e houver impugnação, que não se funde na alegação de pagamento, acompanhada de prova valiosa, o juiz mandará reservar, em poder do inventariante, bens suficientes para solução do débito, sobre os quais venha a recair oportunamente a execução.

§ 2.º No caso previsto no parágrafo antecedente, o credor será obrigado a iniciar a ação de cobrança no prazo de trinta dias, sob pena de se tornar de nenhum efeito a providência indicada.

• *Vide* arts. 642 e s. do CPC.

Art. 1.998. As despesas funerárias, haja ou não herdeiros legítimos, sairão do monte da herança; mas as de sufrágios por alma do falecido só obrigarão a herança quando ordenadas em testamento ou codicilo.

• *Vide* arts. 965, I, e 1.847 do CC.

Art. 1.999. Sempre que houver ação regressiva de uns contra outros herdeiros, a parte do coerdeiro insolvente dividir-se-á em proporção entre os demais.

• *Vide* art. 125, II, do CPC.

Art. 2.000. Os legatários e credores da herança podem exigir que do patrimônio do falecido se discrimine o do herdeiro, e, em concurso com os credores deste, ser-lhes-ão preferidos no pagamento.

Art. 2.001. Se o herdeiro for devedor ao espólio, sua dívida será partilhada igualmente entre todos, salvo se a maioria consentir que o débito seja imputado inteiramente no quinhão do devedor.

Capítulo IV
DA COLAÇÃO

• *Vide* arts. 639 e s. do CPC.

Art. 2.002. Os descendentes que concorrerem à sucessão do ascendente comum são obrigados, para igualar as legítimas, a conferir o valor das doações que dele em vida receberam, sob pena de sonegação.

• *Vide* arts. 544, 549, 2.010 e 2.011 do CC.

Parágrafo único. Para cálculo da legítima, o valor dos bens conferidos será computado na parte indisponível, sem aumentar a disponível.

Art. 2.003. A colação tem por fim igualar, na proporção estabelecida neste Código, as legítimas dos descendentes e do cônjuge sobrevivente, obrigando também os donatários que, ao tempo do falecimento do doador, já não possuírem os bens doados.

• *Vide* art. 2.009 do CC.

Parágrafo único. Se, computados os valores das doações feitas em adiantamento de legítima, não houver no acervo bens suficientes para igualar as legítimas dos descendentes e do cônjuge, os bens assim doados serão conferidos em espécie, ou, quando deles já não disponha o donatário, pelo seu valor ao tempo da liberalidade.

Art. 2.004. O valor de colação dos bens doados será aquele, certo ou estimativo, que lhes atribuir o ato de liberalidade.

•• *Vide* art. 639, parágrafo único, do CPC.

§ 1.º Se do ato de doação não constar valor certo, nem houver estimação feita naquela época, os bens serão conferidos na partilha pelo que então se calcular valessem ao tempo da liberalidade.

§ 2.º Só o valor dos bens doados entrará em colação; não assim o das benfeitorias acrescidas, as quais pertencerão ao herdeiro donatário, correndo também à conta deste os rendimentos ou lucros, assim como os danos e perdas que eles sofrerem.

• *Vide* arts. 96 (benfeitorias) e 402 a 405 (perdas e danos) do CC.

Art. 2.005. São dispensadas da colação as doações que o doador determinar saiam da parte disponível, contanto que não a excedam, computado o seu valor ao tempo da doação.

Parágrafo único. Presume-se imputada na parte disponível a liberalidade feita a descendente que, ao tempo do ato, não seria chamado à sucessão na qualidade de herdeiro necessário.

Art. 2.006. A dispensa da colação pode ser outorgada pelo doador em testamento, ou no próprio título de liberalidade.

Art. 2.007. São sujeitas à redução as doações em que se apurar excesso quanto ao que o doador poderia dispor, no momento da liberalidade.

• *Vide* arts. 549 e 1.967 do CC.

§ 1.º O excesso será apurado com base no valor que os bens doados tinham, no momento da liberalidade.

§ 2.º A redução da liberalidade far-se-á pela restituição ao monte do excesso assim apurado; a restituição será em espécie, ou, se não mais existir o bem em poder do donatário, em dinheiro, segundo o seu valor ao tempo da abertura da sucessão, observadas, no que forem aplicáveis, as regras deste Código sobre a redução das disposições testamentárias.

§ 3.º Sujeita-se a redução, nos termos do parágrafo antecedente, a parte da doação feita a herdeiros necessários que exceder a legítima e mais a quota disponível.

§ 4.º Sendo várias as doações a herdeiros necessários, feitas em diferentes datas, serão elas reduzidas a partir da última, até a eliminação do excesso.

Art. 2.008. Aquele que renunciou a herança ou dela foi excluído, deve, não obstante, conferir as doações recebidas, para o fim de repor o que exceder o disponível.

• *Vide* arts. 1.804 a 1.813 do CC.

• *Vide* art. 640 do CPC.

Art. 2.009. Quando os netos, representando os seus pais, sucederem aos avós, serão obrigados a trazer à colação, ainda que não o hajam herdado, o que os pais teriam de conferir.

•• *Vide* arts. 1.851 e 1.852 do CC.

Art. 2.010. Não virão à colação os gastos ordinários do ascendente com o descendente, enquanto menor, na sua educação, estudos, sustento, vestuário, tratamento nas enfermidades, enxoval, assim como as despesas de casamento, ou as feitas no interesse de sua defesa em processo-crime.

Art. 2.011. As doações remuneratórias de serviços feitos ao ascendente também não estão sujeitas a colação.

Art. 2.012. Sendo feita a doação por ambos os cônjuges, no inventário de cada um se conferirá por metade.

Capítulo V
DA PARTILHA

• Sobre o procedimento da partilha: *vide* arts. 647 e s. do CPC.

Art. 2.013. O herdeiro pode sempre requerer a partilha, ainda que o testador o proíba, cabendo igual faculdade aos seus cessionários e credores.

Art. 2.014. Pode o testador indicar os bens e valores que devem compor os quinhões hereditários, deliberando ele próprio a partilha, que prevalecerá, salvo se o valor dos bens não corresponder às quotas estabelecidas.

Art. 2.015. Se os herdeiros forem capazes, poderão fazer partilha amigável, por escritura pública, termo nos autos do inventário, ou escrito particular, homologado pelo juiz.

• *Vide* art. 659 do CPC.

Art. 2.016. Será sempre judicial a partilha, se os herdeiros divergirem, assim como se algum deles for incapaz.

• *Vide* Súmula 265 do STF.

Art. 2.017. No partilhar os bens, observar-se-á, quanto ao seu valor, natureza e qualidade, a maior igualdade possível.

Art. 2.018. É válida a partilha feita por ascendente, por ato entre vivos ou de última vontade, contanto que não prejudique a legítima dos herdeiros necessários.

Art. 2.019. Os bens insuscetíveis de divisão cômoda, que não couberem na meação do cônjuge sobrevivente ou no quinhão de um só herdeiro, serão vendidos judicialmente, partilhando-se o valor apurado, a não ser que haja acordo para serem adjudicados a todos.

§ 1.º Não se fará a venda judicial se o cônjuge sobrevivente ou um ou mais herdeiros requererem lhes seja adjudicado o bem, repondo aos outros, em dinheiro, a diferença, após avaliação atualizada.

§ 2.º Se a adjudicação for requerida por mais de um herdeiro, observar-se-á o processo da licitação.

- *Vide* arts. 1.322 e 1.489, IV, do CC.

Art. 2.020. Os herdeiros em posse dos bens da herança, o cônjuge sobrevivente e o inventariante são obrigados a trazer ao acervo os frutos que perceberam, desde a abertura da sucessão; têm direito ao reembolso das despesas necessárias e úteis que fizeram, e respondem pelo dano a que, por dolo ou culpa, deram causa.

- *Vide* art. 614 do CPC.

Art. 2.021. Quando parte da herança consistir em bens remotos do lugar do inventário, litigiosos, ou de liquidação morosa ou difícil, poderá proceder-se, no prazo legal, à partilha dos outros, reservando-se aqueles para uma ou mais sobrepartilhas, sob a guarda e a administração do mesmo ou diverso inventariante, e consentimento da maioria dos herdeiros.

- *Vide* art. 661 do CPC.

Art. 2.022. Ficam sujeitos a sobrepartilha os bens sonegados e quaisquer outros bens da herança de que se tiver ciência após a partilha.

- *Vide* art. 661 do CPC.

Capítulo VI
DA GARANTIA DOS QUINHÕES HEREDITÁRIOS

Art. 2.023. Julgada a partilha, fica o direito de cada um dos herdeiros circunscrito aos bens do seu quinhão.

Art. 2.024. Os coerdeiros são reciprocamente obrigados a indenizar-se no caso de evicção dos bens aquinhoados.

- *Vide* arts. 447 a 457 (evicção) do CC.

Art. 2.025. Cessa a obrigação mútua estabelecida no artigo antecedente, havendo convenção em contrário, e bem assim dando-se a evicção por culpa do evicto, ou por fato posterior à partilha.

- *Vide* arts. 447 a 457 do CC.

Art. 2.026. O evicto será indenizado pelos coerdeiros na proporção de suas quotas hereditárias, mas, se algum deles se achar insolvente, responderão os demais na mesma proporção, pela parte desse, menos a quota que corresponderia ao indenizado.

- *Vide* arts. 447 a 457 do CC.

Capítulo VII
DA ANULAÇÃO DA PARTILHA

Art. 2.027. A partilha é anulável pelos vícios e defeitos que invalidam, em geral, os negócios jurídicos.

•• *Caput* com redação determinada pela Lei n. 13.105, de 16-3-2015.

- *Vide* arts. 171 e s. do CC.
- Vícios redibitórios: arts. 441 a 446 do CC.
- Negócio jurídico: arts. 104 a 184 do CC.
- *Vide* arts. 657, parágrafo único, e 966, § 4.º, do CPC.

Parágrafo único. Extingue-se em um ano o direito de anular a partilha.

Livro Complementar
DAS DISPOSIÇÕES FINAIS E TRANSITÓRIAS

Art. 2.028. Serão os da lei anterior os prazos, quando reduzidos por este Código, e se, na data de sua entrada em vigor, já houver transcorrido mais da metade do tempo estabelecido na lei revogada.

- *Vide* Súmula 371 do STJ.

Art. 2.029. Até dois anos após a entrada em vigor deste Código, os prazos estabelecidos no parágrafo único do art. 1.238 e no parágrafo único do art. 1.242 serão acrescidos de dois anos, qualquer que seja o tempo transcorrido na vigência do anterior, Lei n. 3.071, de 1.º de janeiro de 1916.

Art. 2.030. O acréscimo de que trata o artigo antecedente, será feito nos casos a que se refere o § 4.º do art. 1.228.

Art. 2.031. As associações, sociedades e fundações, constituídas na forma das leis anteriores, bem como os empresários, deverão se adaptar às disposições deste Código até 11 de janeiro de 2007.

•• *Caput* com redação determinada pela Lei n. 11.127, de 28-6-2005.

•• A Lei n. 12.879, de 5-11-2013, determina em seu art. 1.º que as associações de moradores são isentas do pagamento de preços, taxas e emolumentos remuneratórios do registro necessário à sua adaptação estatutária a este artigo, assim como para fins de sua qualificação como Organizações da Sociedade Civil de Interesse Público, de que trata a Lei n. 9.790, de 23-3-1999.

- A Portaria n. 2, de 8-1-2004, da Secretaria de Previdência Complementar, dispõe sobre os Estatutos das Entidades Fechadas de Previdência Complementar em face deste artigo.

Parágrafo único. O disposto neste artigo não se aplica às organizações religiosas nem aos partidos políticos.

•• Parágrafo único acrescentado pela Lei n. 10.825, de 22-12-2003.

Art. 2.032. As fundações, instituídas segundo a legislação anterior, inclusive as de fins diversos dos previstos no parágrafo único do art. 62, subordinam-se, quanto ao seu funcionamento, ao disposto neste Código.

Art. 2.033. Salvo o disposto em lei especial, as modificações dos atos constitutivos das pessoas jurídicas referidas no art. 44, bem como a sua transformação, incorporação, cisão ou fusão, regem-se desde logo por este Código.

- *Vide* arts. 1.033 a 1.038 e 1.102 a 1.112 do CC.

Art. 2.034. A dissolução e a liquidação das pessoas jurídicas referidas no artigo antecedente, quando iniciadas antes da vigência deste Código, obedecerão ao disposto nas leis anteriores.

Art. 2.035. A validade dos negócios e demais atos jurídicos, constituídos antes da entrada em vigor deste Código, obedece ao disposto nas leis anteriores, referidas no art. 2.045, mas os seus efeitos, produzidos após a vigência deste Código, aos preceitos dele se subordinam, salvo se houver sido prevista pelas partes determinada forma de execução.

- *Vide* arts. 5.º, XXXVI, da CF e 6.º da LINDB (Decreto-lei n. 4.657, de 4-9-1942).

Parágrafo único. Nenhuma convenção prevalecerá se contrariar preceitos de ordem pública, tais como os estabelecidos por este Código para assegurar a função social da propriedade e dos contratos.

Art. 2.036. A locação de prédio urbano, que esteja sujeita à lei especial, por esta continua a ser regida.

•• *Vide* Lei n. 8.245, de 18-10-1991.

- *Vide* art. 835 do CC.

Art. 2.037. Salvo disposição em contrário, aplicam-se aos empresários e sociedades empresárias as disposições de lei não revogadas por este Código, referentes a comerciantes, ou a sociedades comerciais, bem como a atividades mercantis.

- *Vide* arts. 966 a 1.195 do CC.

Art. 2.038. Fica proibida a constituição de enfiteuses e subenfiteuses, subordinando-se as existentes, até sua extinção, às disposições do Código Civil anterior, Lei n. 3.071, de 1.º de janeiro de 1916, e leis posteriores.

§ 1.º Nos aforamentos a que se refere este artigo é defeso:

I – cobrar laudêmio ou prestação análoga nas transmissões de bem aforado, sobre o valor das construções ou plantações;

II – constituir subenfiteuse.

§ 2.º A enfiteuse dos terrenos de marinha e acrescidos regula-se por lei especial.

Art. 2.039. O regime de bens nos casamentos celebrados na vigência do Código Civil anterior, Lei n. 3.071, de 1.º de janeiro de 1916, é o por ele estabelecido.

- *Vide* arts. 5.º, XXXVI, da CF e 6.º da LINDB (Decreto-lei n. 4.657, de 4-9-1942).

Art. 2.040. A hipoteca legal dos bens do tutor ou curador, inscrita em conformidade com o inciso IV do art. 827 do Código Civil anterior, Lei n. 3.071, de 1.º de janeiro de 1916, poderá ser cancelada, obedecido o disposto no parágrafo único do art. 1.745 deste Código.

- *Vide* arts. 759 e s. do CPC.
- *Vide* art. 37 do ECA.

Art. 2.041. As disposições deste Código relativas à ordem da vocação hereditária (arts. 1.829 a 1.844) não se aplicam à sucessão aberta antes de sua vigência, prevalecendo o disposto na lei anterior (Lei n. 3.071, de 1.º-1-1916).

- *Vide* arts. 1.784, 1.787, 1.829 e 1.844 do CC.

Art. 2.042. Aplica-se o disposto no *caput* do art. 1.848, quando aberta a sucessão no prazo de um ano após a entrada em vigor deste Código, ainda que o testamento tenha sido feito na vigência do anterior, Lei n. 3.071, de 1.º de janeiro de 1916; se, no prazo, o testador não aditar o testamento para declarar a justa causa de cláusula aposta à legítima, não subsistirá a restrição.

Art. 2.043. Até que por outra forma se disciplinem, continuam em vigor as disposições de natureza processual, administrativa ou penal, constantes de leis cujos preceitos de natureza civil hajam sido incorporados a este Código.

Art. 2.044. Este Código entrará em vigor um ano após a sua publicação.

Art. 2.045. Revogam-se a Lei n. 3.071, de 1.º de janeiro de 1916 – Código Civil e a Parte Primeira do Código Comercial, Lei n. 556, de 25 de junho de 1850.

•• *Vide* art. 2.035 do CC.

Art. 2.046. Todas as remissões, em diplomas legislativos, aos Códigos referidos no artigo antecedente, consideram-se feitas às disposições correspondentes deste Código.

Brasília, 10 de janeiro de 2002; 181.º da Independência e 114.º da República.

FERNANDO HENRIQUE CARDOSO

ÍNDICE ALFABÉTICO-REMISSIVO DO CÓDIGO CIVIL

ABANDONO
- álveo: art. 1.248
- coisa móvel: art. 1.263
- coisa perdida: art. 1.234
- destituição de poder familiar: art. 1.638, II
- lar conjugal: art. 1.240-A

ABATIMENTO
- contrato – vício redibitório: art. 442
- preço: arts. 500 e 616

ABSOLUTAMENTE INCAPAZ
- negócios jurídicos: art. 166, I
- nulidade do casamento: art. 1.551
- prescrição: art. 198, I
- representação: art. 112

ACEITAÇÃO
- contrato entre ausentes: art. 434
- de doação ao nascituro: art. 542
- de doação, pessoas que não podem contratar: art. 543
- de doação, prazo fixado pelo donatário: art. 539
- de doação, sua falta não anula: art. 546
- de fideicomisso: arts. 1.956 e 1.957
- de herança, direito dos credores do herdeiro: art. 1.813
- de herança, expressa ou tácita: art. 1.805
- de herança, falecimento do herdeiro antes da: art. 1.809
- de herança, parcial, sob condição ou a termo: art. 1.808
- de herança, prazo para declarar: art. 1.807
- de herança, retratação: art. 1.812
- de mandato, pode ser tácita: art. 659
- de proposta de contrato: arts. 430 a 434
- de proposta de seguro, omissões: art. 766
- de proposta, dispensa de aceitação: art. 432
- de proposta, fora de prazo: art. 431
- de proposta, inexistência: art. 433
- responsabilidade do herdeiro: art. 1.792
- testamentária, abertura do prazo para prestar contas: art. 1.983

ACESSÃO
- como se dá: art. 1.248
- hipoteca, abrange: art. 1.474
- meio de aquisição do imóvel: art. 1.248
- repetição do indébito: art. 878

ACESSÓRIOS
- cessão de crédito, abrange: art. 287
- conceito: art. 92
- obrigação de dar coisa certa: art. 233
- pertence ao devedor, até a tradição: art. 237
- usufruto: art. 1.392, *caput*

ACRESCER
- direito de acrescer: arts. 1.941 a 1.946

ADIÇÃO
- da herança: arts. 1.804 a 1.813 e 1.956

ADMINISTRAÇÃO
- da pessoa jurídica: arts. 48 e 49
- da sociedade conjugal: art. 1.567
- de condomínio: arts. 1.323 a 1.326
- dos bens da herança: arts. 1.797, 1.977 e 1.978
- dos bens dos filhos: arts. 1.689 a 1.693
- dos bens dos menores: arts. 1.689 a 1.693

ADMINISTRADOR
- não podem comprar: art. 497
- não podem emprestar: art. 580

ADOÇÃO
- aplicação da Lei n. 8.069/90: art. 1.618
- de maiores de 18 anos: art. 1.619
- impedimentos matrimoniais: art. 1.521, III

ADQUIRENTE
- ação regressiva contra alienante: art. 1.481, § 4.º
- boa-fé: art. 1.268, parágrafo único
- de bens de insolvente: art. 160
- de coisa móvel: arts. 1.260 a 1.274

AFINIDADE
- em que consiste: art. 1.595

AGÊNCIA E DISTRIBUIÇÃO
- contrato; disposições gerais: arts. 710 a 721

ÁGUAS
- artificialmente levadas ao prédio superior: art. 1.289
- construção de aquedutos: arts. 1.293 a 1.296
- construção de barragens, açudes ou outra obra para represamento: art. 1.292
- de nascentes: art. 1.290
- de rios públicos, utilização: arts. 99, I, e 100
- do prédio superior, recebimento pelo inferior: art. 1.288
- mares e rios públicos: arts. 99, I, e 100
- obras que prejudiquem poço ou nascente alheios: arts. 1.309 e 1.310
- reclamação do dono do prédio inferior: art. 1.289

ALICERCE
- paredes divisórias: arts. 1.305 e 1.312

ALICIAMENTO
- de contratados: art. 608

ALIENAÇÃO
- de bens da herança, pelo herdeiro excluído: art. 1.817
- de bens gravados: art. 1.911
- de coisa alugada: art. 576
- de imóvel ou direito real, por pessoa casada: arts. 1.647, I, e 1.651, III
- de propriedade: art. 1.420
- de propriedade agrícola, efeito sobre a prestação de serviço: art. 609
- do usufruto: art. 1.393
- extinção da propriedade: art. 1.275
- fraude contra credores: art. 158
- mandatário, poderes especiais: art. 661, § 1.º
- mental: arts. 1.962, IV, e 1.963, IV
- pródigo: art. 1.792
- usufruto: arts. 1.393 e 1.410, VII

ALIMENTOS
- arts. 1.694 a 1.710
- compensação com outras dívidas, proibição: art. 373, II
- definitivos: art. 1.706
- exoneração: art. 1.699
- legado: art. 1.920
- linha colateral; apenas até 2.º grau: art. 1.697
- prescrição das prestações alimentares: art. 206, § 2.º
- prestados pelo autor do homicídio de quem os deve: art. 948, II
- prestados por terceiro, na ausência do devedor: art. 871
- provisionais: art. 1.706
- recusa injusta, motivo de revogação de doação: art. 557, IV

ALUGUEL
- alienação no curso da locação: art. 576
- coisa emprestada: art. 582
- da coisa: arts. 565 a 578

ALUVIÃO
- modo de acessão: art. 1.248, II
- propriedade do terreno aluvial: art. 1.250

ÁLVEO
- abandonado, a quem pertence: art. 1.252
- modo de acessão: art. 1.248, II e IV

AMEAÇA
- a direitos da personalidade: art. 12
- de exercício normal de direito, não constitui coação: art. 153
- de violência contra a posse: art. 1.210
- ruína de prédio: art. 1.280

AMOSTRAS
- venda realizada mediante amostras: art. 484

ANTICRESE
- arts. 1.506 a 1.510
- declarações essenciais: art. 1.424
- devolução do objeto: art. 1.428
- direito de retenção: arts. 1.423 e 1.507, § 2.º
- dívidas garantidas: art. 1.419

ANUÊNCIA
– de outrem, como se prova: art. 220
– silêncio, quando importa anuência nos negócios jurídicos: art. 111

ANULAÇÃO
– de ato de cônjuge, por falta de outorga do outro: art. 1.650
– de casamento, prazo: art. 1.560
– de negócio jurídico: art. 171
– de negócio jurídico, restituição das partes ao estado anterior: art. 182
– fraude contra credores – ação pauliana: arts. 158 a 165
– obrigações contraídas por menores de dezesseis a dezoito anos: arts. 180 e 181
– quando começa o efeito: art. 177

ANÚNCIO
– promessa de recompensa: arts. 854 e 855

APÓLICES
– de seguro: art. 760
– de seguro, cláusula permissiva de transmissão: art. 785
– de seguro, expedidas após o risco: art. 773

APOSTA
– arts. 814 a 817

AQUISIÇÃO
– da posse: arts. 1.204 a 1.209
– de direito, o encargo não suspende: art. 136
– de direito, termo inicial: art. 131
– de propriedade imóvel: arts. 1.238 a 1.259
– de propriedade móvel, arts. 1.260 a 1.274
– de tesouro: arts. 1.264 a 1.266
– exigência de registro: art. 1.227
– por testamento: arts. 1.799 e 1.800

ARRAS
– arts. 417 a 420

ARREMATAÇÃO
– bens que não podem ser arrematados: art. 497
– hipoteca: art. 1.484

ÁRVORE
– limítrofes: arts. 1.282 a 1.284

ASCENDENTES
– alimentos, direito a eles e dever de prestá-los: art. 1.696
– casamento, impedimento matrimonial: art. 1.521, I
– herdeiros necessários: art. 1.845
– parentes em linha reta: art. 1.591
– pedido de divórcio do incapaz: art. 1.582, parágrafo único
– prescrição, não corre durante o poder familiar: art. 197, II
– sucessão definitiva do ausente: art. 39
– sucessão provisória do ausente: arts. 26 e 27, II
– sucessor legítimo: arts. 1.829, II, e 1.836
– testemunha; impedimento: art. 228, V
– troca de bens com descendentes: art. 533, II
– venda a descendentes: art. 496

ASSOCIAÇÕES
– arts. 53 a 61
– cisão, rege-se desde logo por este Código: art. 2.033
– constituídas na forma de leis anteriores a este Código, prazo de dois anos para adaptação a suas disposições: art. 2.031
– dissolução e liquidação iniciadas antes da vigência deste Código: art. 2.034
– efeito dos atos e negócios jurídicos produzido após a vigência deste Código: art. 2.035
– fusão, rege-se desde logo por este Código: art. 2.033
– incorporação, rege-se desde logo por este Código: art. 2.033
– transformação, rege-se desde logo por este Código: art. 2.033

ASSUNÇÃO DE DÍVIDA
– arts. 299 a 303

ATOS
– anulação, prazo: art. 179
– da vida civil, capacidade jurídica: arts. 3.º, 4.º e 5.º
– da vida civil, representação dos incapazes: arts. 1.634, V, e 1.747
– do cônjuge, sem autorização do outro: arts. 1.648 a 1.650
– entre vivos, instituição de condomínio edilício: art. 1.332
– lícitos: art. 185
– sem prazo, exequibilidade: art. 134

ATOS ILÍCITOS
– arts. 186 a 188
– inexistência de ilícitos: art. 188
– liquidação do dano: arts. 948 a 954
– obrigação de reparação: art. 927

AUSÊNCIA
– curadoria: arts. 22 a 25
– filhos do ausente: art. 1.728, I
– perda da posse: art. 1.224
– presunção de morte: arts. 6.º, 37 e 38
– regresso do ausente: arts. 36 e 39
– sentença declaratória da ausência: art. 9.º, IV
– sucessão definitiva: arts. 37 a 39
– sucessão provisória: arts. 26 a 36
– venda de bens: arts. 29 e 33
– voluntária e injustificada, efeitos: art. 33, parágrafo único

AVERBAÇÃO
– de título de crédito nominativo, necessidade para produzir efeito perante o emitente ou terceiros: art. 926
– em registro público, quando é exigida: art. 10

AVÓS
– direito de visita: art. 1.589
– incumbência de tutela: art. 1.731

AVULSÃO
– art. 1.251
– causa de acessão: art. 1.248

BAGAGENS
– de viajantes, hóspedes ou fregueses, nas hospedarias: art. 1.467, I
– objeto de depósito necessário: art. 649
– roubo: art. 649

BEM DE FAMÍLIA
– arts. 1.711 a 1.722
– dissolução da sociedade conjugal: art. 1.721
– impossibilidade de alienação: art. 1.717
– registro: art. 1.715

BENFEITORIAS
– colação em inventário, quando não vêm: art. 2.004, § 2.º
– compensação com os danos: art. 1.221
– condômino que as tiver, preferência na compra da coisa comum: art. 1.322
– direito de retenção de coisa locada: art. 578
– em bens dos cônjuges, no regime de comunhão parcial: art. 1.660, IV
– em coisas dadas em pagamento indevido: art. 878
– espécies: art. 96
– evicção, indenização pelo alienante: arts. 453 e 454
– melhoramento sem intervenção do proprietário, não se considera: art. 97
– possuidor de boa-fé: art. 1.219
– possuidor de má-fé: art. 1.220
– privilégio especial do credor: art. 964, III
– reivindicação, direito de optar pelo valor atual ou pelo custo: art. 1.222
– retrovenda, reembolso dos melhoramentos: art. 505

BENS
– de ausentes: arts. 26 e 28
– de menor herdeiro, nomeação de curador para os bens: art. 1.733, § 2.º
– de menor tutelado, administração: arts. 1.740 a 1.752
– de menor tutelado, aplicação e conservação pelos tutores: arts. 1.753 e 1.754
– de menor tutelado, garantia da administração: art. 1.741
– de menor tutelado, prestação de contas pelo tutor: arts. 1.755 a 1.762
– dominicais: art. 99, parágrafo único
– dos filhos, exercício do poder familiar: arts. 1.689 a 1.693
– excluídos da comunhão: art. 1.668
– frutos e produtos ainda não separados do bem principal, objeto de negócios jurídicos: art. 95
– negócios jurídicos que digam respeito apenas ao bem principal, não abrangem as pertenças: art. 94
– pertenças, o que são: art. 93
– públicos, não estão sujeitos a usucapião: art. 102

BENS IMÓVEIS
– arts. 79 a 81

Índice

BENS MÓVEIS
– arts. 82 a 84

BENS PARAFERNAIS
– alienação: art. 1.687

BENS PÚBLICOS
– arts. 98 a 103

BENS VAGOS
– herança jacente: arts. 1.819 a 1.823
– imóveis abandonados: art. 1.276

BOA-FÉ
– adquirente, na aquisição feita *a non domino*: art. 1.268
– alienação de imóvel indevidamente recebido: art. 879
– casamento anulável contraído de boa-fé: art. 1.561, § 1.º
– construções e plantações em solo alheio: arts. 1.255, 1.258 e 1.259
– contrato de seguro: arts. 765 e 766
– especificador: art. 1.270
– na interpretação dos negócios jurídicos: art. 113
– posse, conceito: art. 1.201
– posse, conservação do caráter: arts. 1.202 e 1.203
– posse, efeitos: arts. 1.214 a 1.219
– presunção, nos negócios ordinários para manutenção de estabelecimento do insolvente: art. 164
– terceiro em contrato que encubra dívida de jogo: art. 814, § 1.º
– terceiro que contrata com insolvente: art. 164
– terceiro que trata com o procurador após a revogação do mandato: art. 686
– títulos ao portador, detentor de boa-fé: art. 906
– usucapião: arts. 1.243 e 1.260

BONS COSTUMES
– ato de disposição do próprio corpo que contrarie os bons costumes, proibição: art. 13
– atos contrários, perda do poder familiar: art. 1.638, III

CADUCIDADE
– do direito do herdeiro: art. 1.943
– do fideicomisso: arts. 1.955 e 1.958
– dos legados: arts. 1.939 e 1.940
– do testamento aeronáutico e marítimo: art. 1.891
– do testamento militar: art. 1.895

CALÚNIA
– revogação de doação: art. 557, III
– satisfação do dano: art. 953

CAPACIDADE
– civil: arts. 1.º, 3.º, 4.º e 5.º
– para adquirir por testamento: arts. 1.799 e 1.800
– para exercer atividade de empresário: art. 972
– para fazer testamento: art. 1.860
– para suceder, é a do tempo da abertura da sucessão: art. 1.787

CÁRCERE PRIVADO
– considera-se ofensivo da liberdade pessoal: art. 954, parágrafo único, I

CASAMENTO
– arts. 1.511 a 1.590
– anulável: arts. 1.550 e 1.557
– capacidade para o: arts. 1.517 a 1.520
– causas suspensivas: art. 1.523 a 1.524
– celebração: arts. 1.533 a 1.542
– celebração fora do Brasil, prova: art. 1.544
– celebrado na vigência do Código anterior, regime de bens: art. 2.039
– convenções antenupciais: arts. 1.653 a 1.657
– deveres dos cônjuges: arts. 1.566 e 1.568
– eficácia: arts. 1.565 a 1.570
– disposições gerais: arts. 1.511 a 1.516
– dissolução da sociedade e do vínculo conjugal: arts. 1.571 a 1.582
– doação em contemplação de casamento futuro: arts. 546 e 564, IV
– efeitos jurídicos, cessação da incapacidade do menor: art. 5.º, parágrafo único, II
– filhos; proteção: arts. 1.583 a 1.590
– habilitação: arts. 1.525 a 1.532
– idade núbil: arts. 1.517 e 1.520
– impedimentos: arts. 1.520 a 1.522
– *in extremis*: arts. 1.540 e 1.541
– invalidade do casamento: arts. 1.548 a 1.564
– nulidade do casamento, casos: art. 1.548
– nuncupativo: arts. 1.540, 1.541 e 1.542, § 2.º
– pacto antenupcial: arts. 1.653 a 1.657
– procuração: art. 1.542
– provas do casamento: arts. 1.543 a 1.547
– putativo: art. 1.561
– regime de bens, alteração: art. 1.639, § 2.º
– regime de bens, espécies: arts. 1.658 e segs.
– registro público: art. 9.º, I
– religioso: art. 1.516, § 2.º
– separação de bens, obrigatoriedade: art. 1.641
– separação de corpos: art. 1.562
– válido, como se dissolve: art. 1.571, § 1.º

CASO FORTUITO
– comodatário, quando responde: art. 583
– comprador, quando ocorre no ato de contar, marcar ou assinalar a coisa: art. 492, § 1.º
– conceito: art. 393, parágrafo único
– dano causado por animal, prova que compete ao dono: art. 936
– depositário, não responde: art. 642
– devedor por coisa certa, quando não pode alegar: art. 246
– gestão de negócio, quando responde o gestor: arts. 862, 863 e 868
– hospedeiros, prova de não poderem evitar os fatos prejudiciais: art. 650
– locatário, em mora: art. 575
– mandatário, quando responde: art. 667, § 1.º
– mora do devedor: art. 399
– mora do locatário: art. 575

CAUÇÃO
– construção, dano iminente: art. 1.280
– de ratificação dos demais credores, pagamento de dívida indivisível: art. 260, II
– herdeiros do ausente, dever de prestá-la: art. 30
– herdeiros do ausente, levantamento: art. 37
– risco da construção pela obra nova, exigência: art. 1.305, parágrafo único
– usufrutuário, obrigação de prestá-la: arts. 1.400 e 1.401

CEGO
– como pode testar: art. 1.867
– quando não pode ser testemunha: art. 228, III

CESSÃO
– de crédito: arts. 286 a 298
– de crédito, compensação de dívidas: art. 377
– de crédito, dação em pagamento: art. 358
– de crédito, sub-rogação do cessionário: art. 348
– de herança, quando não importa aceitação: art. 1.805, §§ 1.º e 2.º

CESSIONÁRIO
– de herdeiro, direito de requerer a partilha: art. 2.013

CLANDESTINIDADE
– atos clandestinos não autorizam a aquisição da posse: art. 1.208

CLÁUSULA(S)
– ambígua nos contratos, interpretação: art. 423
– comissória, nos direitos reais de garantia, nulidade: art. 1.428
– condição, o que seja: art. 121
– condição resolutiva: art. 127
– condição suspensiva: arts. 125, 126 e 136
– condições impossíveis: art. 124
– *constituti*, no penhor rural, industrial, mercantil e de veículos: art. 1.431, parágrafo único
– de preempção: arts. 513 a 520
– de venda a contento: arts. 509 a 512
– "em causa própria", no mandato: art. 685
– encargo: art. 136
– especiais à compra e venda: arts. 505 a 532
– ilícitas: art. 122
– inalienabilidade: art. 1.911
– nulas, no contrato de adesão: art. 424
– nulidade de cláusula de transação, efeito: art. 848
– nulidade parcial do ato jurídico: art. 184
– que autoriza o credor a ficar com o objeto da garantia: art. 1.428

– que contravenha disposição de lei, nulidade: art. 1.655
– resolutiva: art. 474

CLÁUSULA PENAL
– arts. 408 a 416
– alternativa em prol do credor: art. 410
– estipulação: arts. 409 e 410
– redução equitativa: art. 413
– valor: arts. 412 e 416

COAÇÃO
– arts. 151 a 155
– anula o negócio jurídico: arts. 171, II, e 177
– decadência para anular o negócio jurídico, prazo: art. 178, I
– no casamento: arts. 1.558 e 1.559

CODICILO
– arts. 1.881 a 1.885

CÓDIGO CIVIL
– entrada em vigor: art. 2.044
– revogação das leis incompatíveis: art. 2.045

COISA JULGADA
– influência do julgado criminal sobre o cível: art. 935
– transação, posterior, quando é nula: art. 850

COISAS
– alheias, achadas, direitos do inventor: arts. 1.233 a 1.235
– alheias alienadas, evicção: arts. 447 a 457
– alheias legadas, nulidade: art. 1.912
– conceito: arts. 79 a 91
– consumíveis, conceito: art. 51
– consumíveis, no usufruto, restituição: art. 1.392, § 1.º
– direito das coisas: arts. 1.196 a 1.510
– divisíveis e indivisíveis: arts. 87 e 88
– divisíveis, em depósito feito por vários depositantes: art. 639
– divisíveis, no legado excessivo da quota disponível, redução: art. 1.968
– fungíveis, conceito: art. 85
– fungíveis, em depósito: art. 645
– fungíveis, na compensação de dívidas: arts. 369 e 370
– futuras, contratos aleatórios: arts. 458 e 459
– indivisíveis, efeito da transação: art. 844
– indivisíveis, no legado excessivo da quota disponível: art. 1.968, §§ 1.º e 2.º
– legadas: arts. 1.912 a 1.917
– litigiosas, como objeto de contrato: art. 457
– perdidas, invenção: arts. 1.233 a 1.237
– principais, conceito: art. 92
– principais, mistura, confusão ou adjunção: art. 1.272, § 2.º

COLAÇÃO
– arts. 2.002 a 2.012
– bens sonegados: art. 1.992
– dispensa de colação: arts. 2.005 e 2.006
– doação inoficiosa: art. 2.008
– seguro de vida, não está sujeito: art. 794

COLATERAIS
– casamento, impedimento matrimonial: arts. 1.521, IV, e 1.522
– casamento, nulidade: art. 1.548, II
– conceito: art. 1.592
– direito de arguir causas suspensivas matrimoniais: art. 1.524
– graus de parentesco, como se contam: art. 1.594
– testemunho, impedimento: art. 228, V
– vocação hereditária: arts. 1.798 a 1.803 e 1.829 a 1.844

COMERCIANTE
– emancipação: art. 5.º, parágrafo único, V

COMISSÃO
– arts. 693 a 709

COMISTÃO
– modo de adquirir: art. 1.272
– operada de má-fé: art. 1.273
– resultando nova espécie: art. 1.274

COMITENTE
– responsabilidade por ato do preposto: art. 932, III

COMODATO
– arts. 579 a 585
– dívida originada de comodato, não se pode compensar: art. 373, II

COMORIENTES
– presunção de morte simultânea: art. 8.º

COMPANHEIROS
– deveres: art. 1.724
– direito a alimentos: art. 1.694
– direito sucessório entre eles: art. 1.790
– impedidos de casar, caracterização de concubinato: art. 1.727
– regime de bens: art. 1.725

COMPENSAÇÃO
– arts. 368 a 380
– benfeitorias com os danos: art. 1.221
– com o legado feito ao credor: art. 1.919
– depósito, restituição: art. 638
– mandatário e mandante: art. 669
– obrigação indivisível: art. 262, parágrafo único
– remissão de dívida solidária: art. 262, parágrafo único

COMPOSSE
– art. 1.199

COMPRA E VENDA
– arts. 481 a 532
– amostras: art. 484
– condômino: art. 504
– dação em pagamento, considera-se: art. 357
– de estrada de ferro hipotecada, oposição pelo credor: art. 1.504
– evicção: arts. 447 a 457

COMPROMISSO
– arts. 851 a 853
– mandatário, necessidade de poderes especiais: art. 661, § 2.º

CONCUBINO
– doação do cônjuge adúltero, prazo para a anulação: art. 550
– doação feita por pessoa casada de bens comuns: arts. 1.642, V, e 1.647, IV
– do testador casado, não pode ser nomeado herdeiro ou legatário: art. 1.801, III
– relação entre concubinos impedidos de casar, impossibilidade de constituição em união estável: art. 1.727

CONCURSO DE CREDORES
– causa vencimento antecipado da dívida: art. 333, I
– credores hipotecários e privilegiados, direito sobre o preço do seguro e o valor da desapropriação: arts. 959 e 960
– discussão entre credores, sobre o que pode versar: art. 956
– preferência do credor da herança: art. 2.000
– preferência e privilégios: arts. 961 a 965
– privilégio especial, objeto: arts. 963 e 964
– privilégio geral, objeto: art. 965
– quando se procede: art. 955
– rateio, quando se procede: art. 962
– títulos de preferência, ausência: art. 957
– títulos de preferência, quais são: art. 958

CONDIÇÃO
– arts. 121 a 137
– captatória de herança, nulidade: art. 1.900, I
– implemento, nas obrigações condicionais: art. 332
– implemento, resolução do domínio: art. 1.359
– na nomeação de herdeiro ou legatário: art. 1.897
– não se admite na aceitação ou renúncia da herança: art. 1.808
– não se admite no reconhecimento de filho: art. 1.613
– obrigações condicionais, quando se cumprem: art. 332
– pendente, obsta a entrega do legado: art. 1.924
– resolutiva, caducidade do fideicomisso: art. 1.958
– substituição hereditária, quando se transfere ao substituto: art. 1.949
– suspensiva, direito do herdeiro fideicomissário, exclusão da comunhão: art. 1.668, II
– suspensiva, impede a entrega do legado: art. 1.924
– suspensiva, perda da coisa, pendente a condição: arts. 509 a 512

CONDOMÍNIO
– arts. 1.314 a 1.322
– administração: arts. 1.323 a 1.326
– coisa indivisível, adjudicação ou venda: arts. 504 e 1.322, *caput*
– de lotes: art. 1.358-A
– de parede divisória: arts. 1.297, § 1.º, e 1.306

– direito de preempção: art. 517
– extinção: arts. 1.357 e 1.358
– garantia real, constituição, como pode ser: art. 1.420, § 2.º
– necessário: arts. 1.327 a 1.330
– preferência do condômino: arts. 504, 1.322 e 1.323
– retrovenda, efeitos: art. 508
– venda de coisa indivisível: arts. 504 e 1.322
– voluntário: arts. 1.314 a 1.326

CONDOMÍNIO DE LOTES
– art. 1.358-A

CONDOMÍNIO EDILÍCIO
– arts. 1.331 a 1.358
– despesas: art. 1.336, I
– obras no condomínio: arts. 1.341 e 1.342
– regime de multipropriedade: arts. 1.358-O a 1.358-U
– regimento interno; alteração: art. 1.351
– seguro obrigatório: art. 1.346
– síndico – competência: arts. 1.348 a 1.350
– vaga de garagem – aluguel: art. 1.338

CONDOMÍNIO EM MULTIPROPRIEDADE
– arts. 1.358-B a 1.358-U
– condomínios edilícios; unidades autônomas: arts. 1.358-O a 1.358-U
– multipropriedade; administração: arts. 1.358-M e 1.358-N
– multipropriedade; instituição: arts. 1.358-F a 1.358-H
– multipropriedade; transferência: art. 1.358-L
– multiproprietário; direitos e obrigações: arts. 1.358-I a 1.358-K

CONFIRMAÇÃO
– de obrigação anulável: art. 367
– do testamento particular: art. 1.878

CONFISSÃO
– arts. 212 a 214
– materna, não exclui a paternidade: art. 1.602

CONFUSÃO
– arts. 381 a 384
– coisas pertencentes a diversos donos: art. 1.272
– da dívida, operada na pessoa do credor ou do devedor solidário: art. 383
– modo de adquirir: arts. 1.272 a 1.274

CÔNJUGES
– administração dos bens, quando um dos cônjuges não puder exercê-la: art. 1.651
– afinidade com os parentes do outro: art. 1.595
– anulabilidade dos atos praticados sem autorização do outro cônjuge: art. 1.649
– atos que dependem de autorização do outro cônjuge: art. 1.647
– casamento com o condenado por homicídio, ou tentativa, do outro, impedimento: art. 1.521, VII
– considera-se interposta pessoa, nas disposições em favor de incapaz de adquirir por testamento: art. 1.802
– direito a alimentos: art. 1.694
– direitos que independem de autorização do outro cônjuge: art. 1.643
– direitos que independem do regime de bens adotado: art. 1.642
– dívidas, quando obrigam a ambos: art. 1.644
– doação; bens comuns: art. 1.647, IV
– guarda dos filhos: arts. 1.583 a 1.590
– herdeiros necessários: art. 1.845
– interdição do pródigo: art. 1.783
– prescrição, não corre entre eles: art. 197, I
– testemunho, impedimento: art. 228, V
– vocação hereditária: arts. 1.829 a 1.844

CONSENTIMENTO
– do cônjuge, para residência de filho reconhecido do outro, no lar conjugal: art. 1.611
– do devedor, para a fiança, desnecessidade: art. 820
– do filho, para reconhecimento: art. 1.614
– dos descendentes, para a venda por ascendente a um deles: art. 496
– para a venda particular do penhor: art. 1.436, § 1.º
– para casamento de filhos: arts. 1.517 e 1.518
– para casamento, prova na habilitação: art. 1.525, II
– para casamento, suprimento judicial: art. 1.519
– para casamento, transcrição na escritura antenupcial: art. 1.537

CONSIGNAÇÃO
– arts. 334 a 345
– no contrato estimatório: arts. 534 a 537

CONSTITUIÇÃO DE RENDA
– arts. 803 a 813

CONSTITUTO POSSESSÓRIO
– aquisição da posse: art. 1.196
– bem imóvel: art. 1.196
– bem móvel: art. 1.205
– no penhor rural, industrial, mercantil e de veículos: art. 1.431, parágrafo único
– tradição ficta: art. 1.267, parágrafo único

CONSTRANGIMENTO
– a tratamento médico que implique risco de vida, proibição: art. 15

CONSTRUÇÕES
– arts. 1.299 a 1.313
– de aquedutos: arts. 1.293 a 1.296
– de barragens, açudes, direito do proprietário: art. 1.292
– em solo próprio que invadem solo alheio, efeitos: art. 1.258
– em solo próprio que invadem solo alheio, estando o construtor de boa-fé: art. 1.259
– janelas, distância que devem guardar: art. 1.301
– má-fé do que constrói e do proprietário do terreno: art. 1.256
– materiais alheios em terreno alheio: art. 1.257
– materiais alheios em terreno próprio: art. 1.254
– materiais próprios em terreno alheio: art. 1.255
– modo de adquirir: art. 1.248, V
– responsabilidade do dono pelos danos resultantes da ruína: art. 937
– responsabilidade do proprietário do terreno: art. 1.253
– restrições ao direito de construir: arts. 1.300 a 1.311

CONTAS
– da curatela: arts. 1.774 e 1.783
– da tutela: arts. 1.755 a 1.762
– de hospedeiros, estalajadeiros ou fornecedores de pousada: arts. 1.468 e 1.469
– do inventariante: art. 2.020
– do mandatário: art. 668
– do sucessor provisório: art. 33
– do testamenteiro: arts. 1.980 e 1.983
– do tutor, não saldadas, impedimento para casamento: art. 1.523, IV

CONTRATOS
– arts. 421 a 853
– benéficos, responsabilidade pela inexecução: art. 392
– boa-fé: art. 422
– de agência e distribuição: arts. 710 a 721
– de comissão: arts. 693 a 709
– de comodato: arts. 579 a 585
– de compra e venda: arts. 481 a 532
– de compromisso: arts. 851 a 853
– de constituição de renda: arts. 803 a 813
– de corretagem: arts. 722 a 729
– de depósito: arts. 627 a 652
– de doação: arts. 538 a 564
– de empreitada: arts. 610 a 626
– de fiança: arts. 818 a 839
– de jogo e aposta: arts. 814 a 817
– de locação de coisas: arts. 565 a 578
– de locação de serviços: arts. 593 a 609
– de mandato: arts. 653 a 692
– de mútuo: arts. 586 a 592
– de prestação de serviço: arts. 593 a 609
– de seguro: arts. 757 a 802
– de transação: arts. 840 a 850
– de transporte: arts. 730 a 756
– de troca: art. 533
– disposições gerais: arts. 421 a 471
– distrato: arts. 472 e 473
– escritura pública: art. 215
– estimatórios: arts. 534 a 537
– extinção: arts. 472 a 480
– forma: arts. 107 a 109
– interpretação: arts. 112 a 114
– onerosos, fraude contra credores: art. 159
– prazo, ausência, execução imediata: art. 134
– prazos, presumem-se em proveito do devedor: art. 133
– preliminares: arts. 462 a 466

– resolução por onerosidade excessiva: arts. 478 a 480
– unilaterais, inexecução: art. 389
– venda com reserva de domínio: arts. 521 a 528
– venda sobre documentos: arts. 529 a 532
– vícios redibitórios: arts. 441 a 446

CONVENÇÕES
– antenupciais: arts. 1.653 a 1.657

CORRETAGEM
– arts. 722 a 729

CREDOR
– a ele deve ser feito o pagamento: art. 308
– ausente ou desconhecido, incerto ou incapaz de receber: art. 335
– cessão de crédito, direito e limitações: art. 286
– concurso de credores: arts. 955 a 965
– da herança: art. 2.000
– de crédito penhorado: art. 312
– despesas com o pagamento: art. 325
– direito de escolher o fiador: art. 825
– do herdeiro, pode requerer a partilha: art. 2.013
– escolha do lugar do pagamento, quando designados dois ou mais: art. 327, parágrafo único
– incapaz de quitar: art. 310
– mora do credor: arts. 394, 400 e 401, II
– pignoratício, direitos: arts. 1.433 e 1.434
– prescrição do credor não pago na liquidação da sociedade: art. 206, § 1.º, V
– putativo, pagamento de boa-fé: art. 309
– que demanda antes do vencimento ou por dívida já paga: arts. 939 a 941
– recusa do pagamento ou da quitação: art. 335, I
– renúncia de garantia real: art. 387
– solidários: arts. 267 a 274
– solidários, suspensão da prescrição em favor de um: art. 201

CRIME
– anulação de casamento feito com a ignorância de crime anterior: art. 1.557, II
– liquidação das obrigações resultantes: arts. 948 a 954
– obrigação de reparar o dano: art. 927
– responsabilidade civil independe da criminal: art. 935
– responsabilidade civil, transmissão com a herança: art. 943
– responsabilidade dos que houverem participado dos produtos do crime: art. 932, V
– responsabilidade solidária dos autores e coautores: art. 942

CULPA
– de cônjuge, que determina anulação do casamento, penas que decorrem: art. 1.564
– de terceiro, ação regressiva do autor do dano: art. 930
– do administrador da herança: art. 2.020
– do credor anticrético: art. 1.508
– do devedor, na obrigação de dar coisa certa: arts. 234 a 240
– do devedor, na obrigação de dar coisa incerta: art. 246
– do devedor, na obrigação de fazer: art. 248
– do devedor, nas obrigações alternativas: arts. 254 a 256
– do devedor, nas obrigações indivisíveis: art. 263
– do gestor de negócio: art. 866
– do mandatário: arts. 667, 676 e 678
– do possuidor de má-fé na percepção de frutos: art. 1.216
– dos devedores solidários: arts. 279 e 414
– do tutor, responsabilidade pelos prejuízos: art. 1.752
– do usufrutuário: art. 1.410, VII
– nos contratos unilaterais e bilaterais: art. 392
– verificação da culpa e avaliação da responsabilidade: arts. 927 a 943 e 948 a 954

CURADOR
– arts. 1.775 a 1.783
– da herança jacente: art. 1.819
– do ausente: arts. 22 a 25
– dos bens da herança: art. 1.800, §§ 1.º e 2.º
– escolha feita pelo juiz: art. 25, § 3.º
– especial ao filho quando colidentes os seus interesses com os de seus pais: art. 1.692
– especial dos bens deixados a menor: art. 1.733
– impedimento matrimonial: art. 1.523, IV
– pedido de divórcio do incapaz: art. 1.582, parágrafo único
– prescrição entre ele e o curatelado: art. 197, III
– proibição de adquirir bens do curatelado: art. 497, I e parágrafo único
– proibição de dar bens do curatelado em comodato: art. 580
– responsabilidade civil pelos atos do curatelado: art. 932, II

CURATELA
– compartilhada: art. 1.775-A
– arts. 1.767 a 1.783
– de ausentes: arts. 22 a 25
– dos bens da herança: art. 1.800, §§ 1.º e 2.º

CUSTAS
– incluem-se nas perdas e danos, nas obrigações de pagamento em dinheiro: art. 403
– pagamento em dobro pelo credor que demanda antes de vencida a dívida: art. 939
– preferência e privilégio em concurso de credores: arts. 964, I, e 965, II
– prescrição: art. 206, § 1.º, III

DAÇÃO
– em pagamento: arts. 356 a 359
– sem consentimento do fiador: art. 838, III

DANO
– ação regressiva contra o causador: art. 934
– arbitramento da indenização: art. 946
– benfeitorias, compensam-se com o dano: art. 1.221
– causado pela antecipada cobrança de dívida: art. 939
– causado pela indevida cobrança: art. 940
– causado pelo condômino, reparação: art. 1.319
– causado pelo vizinho durante reparação, construção ou limpeza de sua casa: art. 1.313, § 3.º
– causado por animal: art. 936
– causado por calúnia ou injúria: art. 953
– causado por coação: arts. 154 e 155
– causado por culpa, obrigação de reparar: arts. 186 e 927
– causado por culpa profissional: art. 951
– causado por esbulho ou usurpação: art. 952, *caput*
– causado por ferimento: art. 949
– causado por homicídio: art. 948
– causado por inexecução de obrigação: arts. 389 e 393
– causado por lançamento ou queda de objetos: art. 938
– causado por ofensa à liberdade pessoal: art. 954
– causado por representantes de pessoas jurídicas de direito público: art. 43
– causado por ruína de edifício ou construção: arts. 937, 1.280 e 1.281
– culpa de terceiro: arts. 930 a 934
– deterioração ou destruição da coisa alheia, para remover perigo iminente: arts. 188, II, e 929
– iminente: arts. 1.280 e 1.281
– infecto: art. 1.277
– moral: arts. 953 e 954
– na especificação: art. 1.271
– obras no prédio contíguo, exigência de caução: arts. 1.280 e 1.281
– os bens dos responsáveis ficam sujeitos à reparação: art. 942, parágrafo único
– perdas e danos, o que compreendem: arts. 402 a 405
– possuidor de boa-fé: art. 1.217
– responsabilidade indireta: art. 932
– resultante de crime: arts. 948 e 949
– sofrido pelos bens que devem vir à colação: art. 2.004, § 2.º
– solidariedade dos responsáveis: art. 942, parágrafo único

DECADÊNCIA
– arts. 207 a 211
– ação anulatória: art. 179
– anulação de negócio jurídico: art. 178
– convencional: art. 211
– distinção; prescrição: art. 207

DECLARAÇÃO
– de ausência: arts. 28 e 37
– de filiação, averbação no registro público: art. 10, II

- de indignidade do herdeiro: arts. 1.815 e 1.818
- de morte presumida, quando pode ser requerida: art. 7.º, parágrafo único
- de vacância da herança: arts. 1.822 e 1.823
- de vontade: *vide* SILÊNCIO
- de vontade, atende-se mais à intenção que o sentido literal: art. 112
- de vontade, causado por dolo: arts. 145 a 150
- de vontade, emanada de erro substancial: art. 138
- de vontade, erro na indicação de pessoa ou coisa: art. 142
- de vontade, independe de forma especial: art. 107
- de vontade, mediante coação: arts. 151 a 155
- do segurado: arts. 765 e 766
- escritas, presumem-se verdadeiras em relação ao signatário: art. 219
- na habilitação para casamento: art. 1.525, IV
- transmissão errônea, nulidade: art. 141

DEFEITOS
- dos negócios jurídicos: arts. 138 a 165
- em construções, responsabilidade do empreiteiro: art. 618
- físicos, irremediáveis, anulação do casamento: art. 1.557, III
- ocultos, vícios redibitórios: arts. 441 a 446
- resultantes de ofensa, reparação do dano: art. 950
- venda realizada à vista de amostras: art. 484

DEPOSITÁRIO
- despesas e prejuízos provenientes do depósito: arts. 643 e 644
- herdeiro que de boa-fé vende a coisa depositada: art. 637
- incapacidade sobrevinda: art. 641
- infiel, penas a que fica sujeito: art. 652
- não responde pelos casos fortuitos, nem de força maior: art. 642
- necessário, remuneração: art. 651
- obrigações: art. 629

DEPÓSITO
- arts. 627 a 652
- bagagem: arts. 649 e 650
- dívida por depósito, não se compensa: arts. 373, II, e 638

DESAPROPRIAÇÃO
- de coisa dada em garantia: art. 1.425, V e § 2.º
- de coisa usufruída, destino do preço: art. 1.409
- de imóvel dado em anticrese: art. 1.509, § 2.º
- de servidões: art. 1.387, *caput*
- direito de prelação, quando não é dada a destinação para a qual se fez a desapropriação: art. 519
- direito do credor hipotecário ou privilegiado sobre o valor da indenização: art. 959, II
- perda da propriedade: art. 1.275, V
- por necessidade ou utilidade pública ou interesse social: arts. 1.228, § 3.º, e 2.030

DESCENDENTES
- alimentos, direito de exigir e dever de prestá-los: arts. 1.696 e 1.697
- colação de bens recebidos dos ascendentes: art. 2.002
- compra de bens de ascendentes, consentimento dos demais: art. 496
- curador de bens do ascendente ausente: art. 25, §§ 1.º e 2.º
- curador do ascendente interdito: art. 1.775, §§ 1.º e 2.º
- deserdação: arts. 1.962 e 1.963
- direito de representação na sucessão: art. 1.852
- graus de parentesco, contagem: art. 1.594
- herdeiros necessários: art. 1.845
- impedidos de servir como testemunhas: art. 228, V
- impedimento matrimonial: art. 1.521, I
- prescrição, não corre entre eles e os ascendentes: art. 197, II
- sobrevindo ao testamento, quando o rompe: art. 1.973
- sucessão do herdeiro excluído: art. 1.816
- sucessores legítimos: arts. 1.829, I, e 1.836
- troca de bens com ascendentes, anuência dos demais: art. 533, II
- vocação hereditária: arts. 1.829 a 1.844

DESCOBERTA
- arts. 1.233 a 1.237
- de tesouro: arts. 1.264 a 1.266

DESCONSIDERAÇÃO DA PERSONALIDADE JURÍDICA
- confusão patrimonial: art. 50, § 2.º
- desvio de finalidade: art. 50, §§ 1.º e 5.º

DESERDAÇÃO
- arts. 1.961 a 1.965
- autorização: art. 1.962
- extinção: art. 1.965

DESPESAS
- colação, quais as que não vêm: art. 2.010
- com a coisa depositada: arts. 643 e 644
- com a conservação da coisa, na mora do credor: art. 400
- com a doença do devedor falecido, privilégio: art. 965, IV
- com a entrega do legado: art. 1.936
- com a mantença do devedor falecido e sua família, privilégio: art. 965, V
- com o pagamento e a quitação: art. 325
- da escritura, a quem cabem: art. 490
- da tradição, a quem cabem: art. 490
- da troca: art. 533, I
- de conservação dos bens em usufruto: art. 1.403, I
- de produção e custeio, com a coisa possuída de má-fé: art. 1.216
- do casal, no regime de separação: art. 1.688
- feitas pelo testamenteiro, prestação de contas: art. 1.757
- funerárias, privilégio: art. 965, III
- funerárias, saem do monte da herança: art. 1.998
- judiciais, privilégio em concurso de credores: arts. 964, I, e 965, II
- judiciais, responsabilidade do fiador: art. 822
- justificadas pelo credor pignoratício: art. 1.433, II
- justificadas pelo tutor: art. 1.760
- na consignação: arts. 338 e 343
- na gestão de negócios: art. 868, parágrafo único
- necessárias à compensação de dívidas não pagáveis no mesmo lugar: art. 378
- no comodato: art. 584
- prestação de contas da tutela: art. 1.761

DETENÇÃO
- detentor, conceito: art. 1.198
- melhoras na coisa: art. 97
- testamenteiro: art. 1.979

DETERIORAÇÃO
- como se resolve a obrigação: arts. 235, 240 e 246
- da coisa alugada: art. 567
- resultante do uso regular da coisa locada: art. 569, IV
- resultante do uso regular do usufruto: art. 1.402

DEVEDOR
- cláusula penal, quando incorre: art. 408
- demandado antes do vencimento da dívida: arts. 939 e 941
- demandado, na solidariedade passiva, exceções que pode opor: art. 281
- demandado por dívida já paga: arts. 940 e 941
- desoneração pela entrega voluntária do título da obrigação: art. 386
- despesas com o pagamento e quitação: art. 325
- direito à quitação: art. 319
- dívida solidária que interessa a um só dos devedores: art. 285
- em mora: art. 394
- insolvente, fraude contra credores: arts. 158 a 165
- insolvente, na novação: art. 363
- novação, quando se dá: art. 360
- obrigação alternativa: arts. 252 a 256
- obrigação de dar coisa incerta: arts. 243 a 246
- obrigação de fazer: arts. 247 a 249
- obrigação divisível: art. 257
- obrigação litigiosa, consignação: arts. 344 e 345
- obrigação solidária, pagamento por inteiro, ação regressiva: art. 283
- pagamento feito por outrem: art. 306

– perdas e danos, o que compreendem: arts. 402 a 405
– presume-se o prazo em seu favor: art. 133
– quando não responde por caso fortuito: art. 393
– remissão das dívidas: arts. 385 a 388
– solidariedade passiva: arts. 275 a 285
– solidários, aproveitam a transação feita com um deles: art. 844, § 3.º
– solidários, desoneração pela novação: art. 365
– solidários, interrupção da prescrição: art. 204
– solidários, remissão da dívida: art. 388
– substituição do devedor: art. 362
– transação, aproveita ao fiador e aos codevedores: art. 844, §§ 1.º e 3.º
– venda de gado empenhado: art. 1.445

DIREITO
– a alimentos: arts. 1.694 a 1.710
– adquirido por terceiro, quando revogada a doação por ingratidão: art. 563
– à sucessão aberta, coisa imóvel: art. 80, II
– da personalidade: arts. 11 a 21
– das coisas: arts. 1.196 a 1.510
– das obrigações: arts. 233 a 965
– das sucessões: arts. 1.784 a 2.027
– de acrescer, entre herdeiros e legatários: arts. 1.941 a 1.946
– de acrescer, na constituição de renda: art. 812
– de acrescer, na renúncia de herança: art. 1.810
– de acrescer, no usufruto: arts. 1.411 e 1.946
– de construir: arts. 1.299 a 1.313
– de empresa: arts. 966 a 1.195
– de família: arts. 1.511 a 1.783
– de passagem pelo prédio contíguo: art. 1.285
– de propriedade: art. 1.228
– de representação, na sucessão: arts. 1.851 a 1.856
– de retenção, da coisa depositada: art. 644
– de retenção, do credor anticrético: art. 1.423
– de retenção, do credor pignoratício: art. 1.433, II
– de retenção, do locatário: arts. 571, parágrafo único, e 578
– de retenção, do pagamento: art. 319
– de retenção, na compra e venda: arts. 491 e 495
– de retenção, na gestão de negócios: art. 869
– de retenção, por benfeitorias necessárias e úteis: art. 1.219
– de retenção, sobre o objeto do mandato: art. 681
– de tapagem: art. 1.297
– real de laje: arts. 1.510-A a 1.510-E
– regressivo, contra terceiro culpado: arts. 930, parágrafo único, e 934
– regressivo do condômino: art. 1.318
– regressivo, do devedor solidário que satisfaz a dívida por inteiro: art. 283
– regressivo do fiador: art. 831
– regressivo, no pagamento com sub-rogação: arts. 346 a 351

DIREITO DE SUPERFÍCIE
– arts. 1.369 a 1.377
– direito real: art. 1.225, II

DIREITO DO PROMITENTE COMPRADOR
– arts. 1.417 e 1.418
– adjudicação compulsória: art. 1.418
– direito real: art. 1.225, VII

DIREITOS
– da personalidade da pessoa jurídica: art. 52
– da personalidade da pessoa natural: arts. 11 a 21
– de vizinhança: arts. 1.277 a 1.313
– do credor, na cessão de crédito: arts. 286 a 298
– do credor, nas dívidas com garantia real: arts. 1.419 a 1.510
– do depositário: art. 644
– do mandatário: art. 681
– do possuidor: arts. 1.210, 1.219 e 1.220
– do proprietário: art. 1.228
– dos condôminos: arts. 1.314 a 1.322
– dos cônjuges: arts. 1.642 e 1.643
– dos nubentes, quanto aos bens: art. 1.639
– do titular da habitação: arts. 1.414 a 1.416
– do usuário: arts. 1.412 e 1.413
– do usufrutuário: arts. 1.394 a 1.399
– reais: arts. 1.225 e s.
– reais de garantia: arts. 1.419 e s.
– reais sobre coisas móveis, como se adquirem: art. 1.226
– reais sobre imóveis, como se adquirem: art. 1.227
– reais sobre imóveis, escritura pública essencial ao negócio jurídico: art. 108

DISPOSIÇÃO
– do próprio corpo: arts. 13 e 14

DISPOSIÇÕES
– captatórias, nulidade: art. 1.900, I
– de última vontade, cumprimento: art. 1.976
– finais e transitórias do Código: arts. 2.028 e s.
– testamentárias: arts. 1.897 a 1.911

DISSOLUÇÃO
– da sociedade e do vínculo conjugal: arts. 1.571 a 1.582
– da sociedade e do vínculo conjugal, guarda dos filhos: arts. 1.583 a 1.590
– do regime de bens: art. 1.576

DISTRATO
– forma: arts. 472 e 473

DISTRITO FEDERAL
– domicílio da União: art. 75, I
– personalidade jurídica: art. 41, II
– propriedade da herança vacante: art. 1.822, *caput*
– propriedade do imóvel abandonado: art. 1.276, *caput*

DÍVIDAS
– assunção de dívidas: arts. 299 a 303
– da herança: arts. 1.997 a 2.001
– de funeral: art. 1.998
– de herdeiro: art. 2.001
– de jogo e aposta: art. 814
– demandada antes de vencida: art. 939
– demandada depois de paga: art. 940
– direito de cobrança do credor: art. 333
– dos cônjuges, no regime da comunhão parcial: art. 1.663, § 1.º
– futuras, fianças relativas: art. 821
– incomunicáveis: art. 1.668, III
– líquidas, prescrição: art. 206, § 5.º, I
– no condomínio, responsabilidade dos condôminos: arts. 1.317 e 1.318
– obrigações solidárias: arts. 264 a 285
– prescritas, pagamento, não se pode repetir o indébito: art. 882
– remissão: arts. 385 a 388
– repetição do indébito: arts. 876, 882 e 883
– vencimento antecipado: arts. 333, 1.425 e 1.426

DIVISÃO
– coisas divisíveis e indivisíveis, conceito: arts. 87 e 88
– da coisa comum: arts. 1.315 a 1.322
– dos frutos da coisa comum: art. 1.326
– mediante sorteio: art. 817

DIVÓRCIO
– arts. 1.571 a 1.582
– averbação em registro público: art. 10, I
– guarda dos filhos: arts. 1.583 a 1.590

DOAÇÃO
– arts. 538 a 564
– a descendentes, quando e como vêm os bens à colação: arts. 2.002 a 2.012
– adiantamento da herança: art. 544
– a marido e mulher, entra em comunhão: art. 1.660, III
– aos filhos, quando casarem ou se estabelecerem com economia separada: art. 1.647, parágrafo único
– cláusula de inalienabilidade: art. 1.911
– cláusula de incomunicabilidade: art. 1.668, I
– cláusula de reversão: art. 547, parágrafo único
– conjuntiva: art. 551
– encargo: arts. 441, parágrafo único, 540, 553, 555 e 564
– escritura pública: art. 541
– inoficiosa: arts. 549 e 2.007
– pelos cônjuges, necessidade de autorização do outro: art.1.647, IV
– proibição ao tutor de dispor gratuitamente dos bens do tutelado: art. 1.749, II

DOCUMENTOS
– casamento: art. 1.525

– declarações em relação aos signatários: art. 219
– em língua estrangeira: art. 224
– públicos ou particulares, meio de prova: art. 212, II

DOLO
– arts. 145 a 150
– de menor que oculta a idade: art. 180
– essencial: art. 145
– nos contratos aleatórios: art. 461
– perdas e danos nas inexecuções dolosas: art. 403
– torna anuláveis os negócios jurídicos: arts. 145 e 171, II

DOMICÍLIO
– arts. 70 a 78
– ausente: art. 39
– conjugal: arts. 72, 1.569 e 1.566
– do devedor, lugar do pagamento: art. 327
– do falecido, abertura da sucessão: art. 1.785
– necessário: art. 76
– profissional: art. 72

DOMÍNIO
– alegação nas ações possessórias: art. 1.210, § 2.º
– aquisição por usucapião, bens imóveis: arts. 1.238 a 1.244
– aquisição por usucapião, bens móveis: arts. 1.260 a 1.262
– bens públicos: arts. 98 a 103
– da herança: arts. 1.784 e 1.791
– de bens dados em compensação da renda: art. 809
– direto, pode ser objeto de hipoteca: art. 1.473, II
– exclusivo e ilimitado, presume-se: art. 1.231
– perda da propriedade: arts. 1.275 e 1.276
– resolução pelo implemento da condição ou pelo advento do termo ou outra causa: arts. 1.359 e 1.360
– resolúvel, no fideicomisso: art. 1.953
– superveniência, revalida a garantia real: art. 1.420, § 1.º
– superveniente, revalida a transferência: art. 1.268, § 1.º
– tradição nula, não transfere: art. 1.268
– transferência pelo registro: art. 1.245
– útil, pode ser hipotecado: art. 1.473, III

ÉBRIO
– incapacidade: art. 4.º

EDIFICAÇÃO
– arts. 1.253 a 1.259
– direito de construir: arts. 1.299 a 1.313
– responsabilidade do empreiteiro: art. 618

EMANCIPAÇÃO
– extingue a tutela: art. 1.763, I
– extingue o poder familiar: art. 1.635, II
– inscrição no assento de nascimento: art. 9.º, II
– quando se dá: art. 5.º, parágrafo único
– registro público: art. 9.º, II

EMPREGADOS
– públicos, domicílio: art. 76
– públicos, proibição de comprar certos bens: arts. 497 e 498
– públicos, responsabilidade civil do empregador: art. 932, III

EMPREITADA
– arts. 610 a 626

EMPRESÁRIO
– arts. 966 a 980
– aplicação de leis comerciais e mercantis não revogadas por este Código: art. 2.037
– escrituração a que está sujeito: arts. 1.179 a 1.195
– prepostos: arts. 1.169 a 1.178
– registro de seus atos: arts. 1.150 a 1.154

ENCARGO
– efeito: art. 136
– ilícito ou impossível, considera-se não escrito: art. 137
– na doação: arts. 441 e parágrafo único, 540, 553, 555 e 564, II
– nas substituições e fideicomissos: arts. 1.949 e 1.957
– nos legados: arts. 1.937 e 1.938

ENFITEUSE
– art. 2.038

ENRIQUECIMENTO SEM CAUSA
– arts. 884 a 886
– ressarcimento, prescrição: art. 206, § 3.º, IV

ENTERRO
– disposições especiais no codicilo: art. 1.881
– feito por terceiro, cobrança aos parentes: art. 872

ERRO
– arts. 138 a 144
– anulabilidade do negócio jurídico: arts. 138 e 171, II
– de direito, não anula a transação: art. 849, parágrafo único
– essencial de pessoa, no casamento: arts. 1.556 e 1.557
– essencial, na transação: art. 849
– na designação do herdeiro, do legatário ou da coisa legada: art. 1.903
– na partilha: art. 2.027
– no casamento, anulação: arts. 1.556 e 1.557
– prescrição da ação para anular o ato: art. 178, II
– repetição do indébito, ônus da prova: art. 877

ESBULHO
– arts. 1.210 a 1.212
– indenização do dano: arts. 952 e 1.212
– não se compensa a dívida proveniente: art. 373, I

ESCRITOS
– acessório da matéria-prima que os recebe, não se considera: art. 1.270, § 2.º
– em língua estrangeira: art. 224
– presumem-se verdadeiras as declarações em relação aos signatários: art. 219

ESCRITURA PÚBLICA
– art. 215
– antenupcial: arts. 1.536, VII, e 1.537
– convenção de condomínio edilício: art. 1.334, § 1.º
– de compra e venda, despesas a cargo do comprador: art. 490
– de constituição de renda: art. 807
– de reconhecimento de filho: art. 1.609
– de transação: art. 842
– fundação, instituição: art. 62
– prova de quitação: art. 324
– quando é da substância do ato: arts. 108 e 109

ESCRIVÃO
– prescrição de custas: art. 206, § 1.º, III
– proibição de comprar: art. 497, III

ESPECIFICAÇÃO
– arts. 1.269 a 1.271

ESTABELECIMENTO
– arts. 1.142 a 1.149

ESTADO
– civil: art. 1.525, IV
– de necessidade: art. 188, parágrafo único

ESTADO DA UNIÃO
– bens públicos: art. 98
– domicílio da pessoa jurídica: art. 75, II
– pessoa jurídica: art. 41, II

ESTADO DE PERIGO
– anulação do negócio jurídico, prazo decadencial: art. 178, II
– quando se configura: art. 156

ESTATUTOS
– das fundações: arts. 65 e 67 a 69

ESTELIONATÁRIO
– proibição de exercer tutela: art. 1.735, IV

ESTIPULAÇÕES
– em favor de terceiro: arts. 436 a 438

EVICÇÃO
– arts. 447 a 457
– ação de evicção, sua pendência impede o curso da prescrição: art. 199, III
– bens aquinhoados na partilha: arts. 2.024 e 2.026
– dação em pagamento, credor evicto, efeito: art. 359
– doador, não está sujeito: art. 552
– legado, caducidade por evicção: art. 1.939, III
– transação, evicção da coisa renunciada: art. 669

EXCEÇÕES
– contrato não cumprido: arts. 476 e 477
– do devedor, na cessão de crédito: art. 294
– do devedor, na obrigação solidária: art. 281
– do emissor de título ao portador: art. 906
– do fiador: art. 837

EXECUÇÃO
– ação executiva hipotecária: art. 1.501

– de hipoteca ou de penhor: arts. 1.422 e 1.430
– fiador, benefício de ordem: art. 827
– fiador, direito de prosseguir na iniciada contra o devedor: art. 834
– por dívida: arts. 939 a 941

EXERCÍCIO
– de direito, a ameaça não constitui coação: art. 153
– de direito, não constitui ato ilícito: art. 188, I
– de direitos, incapacidade civil: arts. 3.º e 4.º

EXTINÇÃO
– bem de família: art. 1.722
– da dívida, não prova a entrega do objeto empenhado: art. 387
– da dívida, novação: arts. 360 a 367
– da dívida, pagamento: art. 304
– da fiança: arts. 837 a 839
– da hipoteca: arts. 1.499 a 1.501
– das associações: art. 61
– da servidão: arts. 1.387 a 1.389
– das fundações: art. 69
– da tutela: arts. 1.763 a 1.766
– do mandato: arts. 682 a 691
– do poder familiar: arts. 1.635 a 1.638
– do usufruto: arts. 1.410 e 1.411

FALÊNCIA
– determina o vencimento antecipado da dívida garantida por penhor, hipoteca ou anticrese: art. 1.425, II
– do devedor, exclusão do benefício de ordem: art. 828, III

FAMÍLIA
– do direito de família: arts. 1.511 a 1.783
– do usuário, necessidades: art. 1.412, § 2.º

FAZENDA PÚBLICA
– hipoteca legal sobre imóveis: art. 1.489
– privilégio geral dos impostos: art. 965, VI

FERIADOS
– dia de vencimento de prazo, prorrogação: art. 132, § 1.º

FIADOR
– arts. 818 a 839
– benefício de ordem: arts. 827 e 828
– casado, necessidade de autorização do cônjuge: arts. 1.647, III, e 1.649
– compensação de dívida com o credor: art. 372
– exoneração da fiança: arts. 366 e 835
– falência do afiançado: art. 828, III
– insolvência do afiançado: art. 828, III
– interrupção de prescrição: art. 204, § 3.º
– licitação em execução hipotecária: art. 1.481, § 1.º
– morte do afiançado: art. 836
– mútuo feito a menor sem prévia autorização: arts. 588 e 589
– novação sem seu consenso: art. 366
– sub-rogação do crédito ao terceiro que pagou a dívida não o desonera: art. 349
– transação, efeito: art. 844, § 1.º

FIANÇA
– arts. 818 a 839
– ação para anular a prestada pelo cônjuge sem autorização, prazo: art. 1.649
– compensação da dívida: art. 371
– de dívida de jogo ou aposta: art. 814, § 1.º
– de mútuos feitos a menores: arts. 588, 589 e 824, parágrafo único
– exoneração da fiança: arts. 366 e 835
– prestada por um dos cônjuges: art. 1.647, III
– prestada por um dos cônjuges sem autorização do outro, ação para anulá-la: art. 1.642, IV

FIDEICOMISSO
– arts. 1.951 a 1.960
– exclusão da comunhão de bens: art. 1.668, II

FILHOS
– abandono: art. 1.638, II
– adotivo: art. 1.626
– alimentos, direito recíproco entre pais e filhos: art. 1.694
– autorização para casamento: art. 1.517
– de separados ou divorciados, não se alteram as relações do poder familiar: art. 1.632
– deserdação: art. 1.962
– guarda dos reconhecidos por sentença: art. 1.616
– guarda em caso de separação judicial ou divórcio: arts. 1.583 a 1.586, 1.589 e 1.590
– guarda, fora da companhia daquele dos pais que negou esta qualidade: art. 1.617
– guarda, mãe ou pai bínubos: art. 1.588
– guarda pelo cônjuge que o reconheceu: art. 1.611
– herdeiros necessários: art. 1.845
– hipoteca legal sobre os bens dos pais: art. 1.489, II
– interesses colidentes com os dos pais, nomeação de curador especial: art. 1.692
– investigação de paternidade e maternidade: arts. 1.615 e 1.616
– parentesco com os ascendentes: art. 1.591
– poder familiar, mãe ou pai bínubos: art. 1.636
– poder familiar quanto aos bens dos filhos: arts. 1.689 a 1.693
– poder familiar quanto à pessoa dos filhos: art. 1.634
– poder familiar, sujeição dos filhos: art. 1.630
– poder familiar, suspensão e extinção: arts. 1.635 a 1.638
– prescrição, não corre entre eles e os ascendentes, durante o poder familiar: art. 197, II
– proteção da pessoa: arts. 1.583 a 1.590
– prova da filiação, ação: art. 1.606
– reconhecimento, averbação no registro público: art. 10, II
– reconhecimento, consentimento ou impugnação: art. 1.614
– reconhecimento, irrevogabilidade: arts. 1.609 e 1.610
– reconhecimento, não admite condição ou termo: art. 1.613
– sucessão legítima: arts. 1.829, I, e 1.835

FILIAÇÃO
– arts. 1.596 a 1.606
– presunção legal no casamento: art. 1.598
– reconhecimento, averbação no registro público: art. 10, II

FORÇA MAIOR
– adquirente que não pode demandar pela evicção: art. 457
– causa de inexecução de obrigações: art. 393
– depositário, não responde: art. 642
– depositário que perde a coisa depositada e recebe outra em seu lugar: art. 636
– quando não exime o devedor de responsabilidade: arts. 246, 393 e 399
– responsabilidade dos hospedeiros e estalajadeiros: art. 650

FRAUDE
– contra credores: arts. 158 a 165
– contra credores, anulação do negócio jurídico: art. 171, II
– contra credores, na renúncia de herança: art. 1.813
– discussão no concurso de credores: art. 956

FRUTOS
– civis, quando se reputam percebidos: art. 1.215
– da árvore do vizinho: art. 1.284
– da coisa dada em pagamento indevido: art. 878
– da coisa legada: art. 1.923, § 2.º
– da coisa possuída, a quem pertencem: arts. 1.214, 1.215 e 1.232
– de bens incomunicáveis: art. 1.669
– dos bens da herança, partilha: art. 2.020
– dos bens da herança, responsabilidade do herdeiro excluído: art. 1.817, parágrafo único
– industriais, quando se reputam percebidos: art. 1.215
– na anticrese: arts. 1.506 e 1.507
– na posse: arts. 1.214 e 1.215
– na revogação da doação: art. 563
– nas obrigações de dar coisa certa: arts. 237, parágrafo único, e 242, parágrafo único
– naturais, quando se reputam percebidos: art. 1.215
– no condomínio: arts. 1.319 e 1.326
– no depósito, restituição: art. 629
– no penhor, restituição: art. 1.435, IV
– no regime de comunhão parcial: art. 1.660, V
– no usufruto: arts. 1.396 a 1.398
– pertencem ao proprietário: art. 1.232
– são bens imóveis: art. 79

FUNDAÇÕES
– arts. 62 a 69
– cisão, rege-se desde logo por este Código: art. 2.033
– dissolução e liquidação iniciadas antes da vigência deste Código: art. 2.034
– efeito dos atos e negócios jurídicos produzido após a vigência deste Código: art. 2.035
– fusão, rege-se desde logo por este Código: art. 2.033
– incorporação, rege-se desde logo por este Código: art. 2.033
– instituídas na forma de leis anteriores a este Código, funcionamento: art. 2.032
– instituídas na forma de leis anteriores a este Código, prazo de dois anos para adaptação a suas disposições: art. 2.031
– instituídas por testamento: art. 1.799, III
– pessoas jurídicas de direito privado: art. 44
– transformação, rege-se desde logo por este Código: art. 2.033

FUNDO DE INVESTIMENTO
– constituído por lei específica: art. 1.368-F
– definição: art. 1.368-C
– regulamento: art. 1.368-D
– responsabilidade: art. 1.368-E

FUNERAIS
– despesas abatidas para cálculo da meação disponível: art. 1.847
– despesas, podem ser cobradas da pessoa que tinha obrigação de alimentar: art. 872
– despesas, privilégio geral: art. 965, I
– do *de cujus*, não exprime aceitação da herança: art. 1.805, § 2.º
– indenização em caso de homicídio: art. 948, I

FURTO
– compensação das obrigações resultantes, proibição: art. 373, I
– condenação, incapacidade para o exercício da tutela: art. 1.735, IV

GARANTIA
– de cumprimento de contrato bilateral: art. 476
– devedor insolvente: art. 163
– direitos reais de garantia: arts. 1.419 a 1.510
– do débito, insuficiência, cobrança antecipada: art. 333, III
– dos quinhões hereditários: arts. 2.023 a 2.026
– fraudatória, presume-se a dada pelo devedor insolvente: art. 163
– no contrato de mútuo: art. 590
– novação, efeitos: arts. 364 e 365
– real: arts. 1.419, 1.420, 1.421 e 1.427
– renúncia, prova pela entrega do objeto empenhado: art. 387

GESTÃO DE NEGÓCIOS
– arts. 861 a 875
– gestor, mandatário que excede ou contraria os poderes do mandato: art. 665

GRAVIDEZ
– direitos do nascituro: art. 2.º
– impede anulação de casamento por defeito de idade: art. 1.551

GUARDA DOS FILHOS
– arts. 1.583 a 1.590
– compartilhada: arts. 1.583 e 1.584

GUERRA
– desaparecimento de pessoa durante esta, até dois anos após seu término, presunção de morte: art. 7.º, II

HABILITAÇÃO
– casamento: arts. 1.525 a 1.527
– hipoteca: art. 1.822

HABITAÇÃO
– arts. 1.414 a 1.416
– direito real: art. 1.225, VI

HASTA PÚBLICA
– alienação de bens de interditos: art. 1.774
– alienação e arrendamento de bens de menores sob tutela: arts. 1.748, II, e 1.750
– coisas achadas, sem dono conhecido: art. 1.237
– pessoas que não podem adquirir nem em hasta pública: art. 497

HERANÇA
– arts. 1.791 a 1.828
– abertura da sucessão: art. 1.784
– ação contra a herança: art. 1.997
– aceitação e renúncia: arts. 1.804 a 1.813
– administração: art. 1.991
– constitui universalidade: art. 91
– credores da herança, em concurso com herdeiros: art. 2.000
– de pessoa viva, não pode ser objeto de contrato: art. 426
– despesas funerárias, saem da herança: art. 1.998
– dívidas, pagamento: arts. 1.997 a 2.001
– domínio e posse, transmitem-se com a abertura da sucessão: art. 1.784
– expectativa de direito: art. 1.789
– inventário e partilha: arts. 1.991 a 2.027
– metade disponível: arts. 1.789, 1.846 e 1.847
– partilha, anulação: art. 2.027
– quando não entram e quando entram na comunhão os bens herdados: arts. 1.659, I, e 1.660, III
– quando não há testamento ou este caduca: art. 1.788
– universalidade: arts. 91 e 1.791

HERDEIROS
– aceitação da herança do herdeiro falecido: art. 1.809
– aceitação e renúncia da herança: arts. 1.804 a 1.813
– cláusula de inalienabilidade: art. 1.911
– coerdeiros, direito de preferência na cessão de quotas: arts. 1.794 e 1.795
– continuam a posse do falecido: arts. 1.206 e 1.207
– curador, nomeação pelo juiz: art. 1.800
– de comprador, preempção: art. 520
– de credor solidário: art. 270
– de depositário que aliena a coisa depositada: art. 636
– de devedor de alimentos: art. 1.700
– de doador e de donatário, na revogação da doação: art. 560
– de mandatário: arts. 690 e 691
– deserdação: arts. 1.961 a 1.965
– despesas com a herança, reembolso: art. 2.020
– de testamenteiro: art. 1.985
– devedor ao espólio: art. 2.001
– direito de acrescer: arts. 1.941 a 1.946
– direito de exigir reparação devida ao sucedido: art. 943
– direito de representação: arts. 1.851 a 1.856
– do devedor hipotecário, remição da dívida: art. 1.429, parágrafo único
– do devedor solidário: art. 276
– domínio e posse da herança: art. 1.784
– dos bens do ausente, imissão na posse: art. 30
– erro na designação, quando não anula a disposição: art. 1.903
– evicção de bens do quinhão: arts. 2.024 a 2.026
– exclusão: arts. 1.814 a 1.818
– execução do testamento por nomeação judicial: art. 1.984
– filho do concubino e do testador: art. 1.803
– instituição, como pode ser feita: art. 1.897
– instituído conjuntamente com outros: arts. 1.904 a 1.907
– instituído, obrigação de executar os legados: art. 1.934
– instituído, quem não pode ser: art. 1.801
– instituído sob condição captatória: art. 1.900, I
– interrupção de prescrição contra o sucedido: art. 204
– legítimos: arts. 1.829 e s.
– maiores, partilha dos bens: art. 2.015
– necessários: arts. 1.845 a 1.850
– nomeação em testamento: arts. 1.897 a 1.911
– obrigação de reparar danos causados pelo sucedido: art. 943
– obrigação de trazer bens à colação: arts. 2.002 a 2.012
– ordem de vocação hereditária: arts. 1.829 a 1.844
– petição de herança: arts. 1.824 a 1.828
– posse dos bens da herança, direitos e deveres: art. 2.020
– renúncia e aceitação da herança: arts. 1.804 a 1.813
– responsabilidade por encargos da herança: art. 1.792
– sonegadores, pena: arts. 1.992 a 1.995
– sucessão testamentária: art. 1.799

HIPOTECA
– arts. 1.473 a 1.505
– adquirente de imóvel hipotecado, assunção da dívida: art. 303
– bens de terceiro, por dívida alheia: art. 1.427
– cancelamento: art. 1.500
– cláusula que permite ao credor ficar com a coisa dada em garantia, nulidade: art. 1.428
– coisa comum a dois ou mais proprietários: art. 1.420, § 2.º
– coisas que podem ser hipotecadas: art. 1.420
– credor, direito de excutir: art. 1.422
– credor, direito sobre o preço do seguro e sobre a indenização: arts. 959, I, e 960
– credor, notificação na venda judicial em que não for parte: art. 1.501
– credor, oposição ao pagamento do seguro ou de indenização: art. 960
– credor, preferência a outros credores: arts. 958 a 963 e 1.422
– credor, renúncia ao direito de execução imediata: art. 1.425, III
– direito real: arts. 1.225, IX, e 1.419
– escritura, requisitos: art. 1.424
– fraude contra credores: art. 165, parágrafo único
– indivisibilidade: art. 1.420, § 2.º
– insuficiência do valor dos bens, permanência de obrigação pessoal: art. 1.430
– legal, dos bens do tutor ou curador, inscrita na forma do Código anterior: art. 2.040
– pacto comissório, nulidade: art. 1.428
– pagamento de prestação não corresponde à exoneração da garantia: art. 1.421
– prédio dominante, menção da servidão, cancelamento: art. 1.387, parágrafo único
– preferência ao crédito: art. 961
– prioridade no registro, efeito: art. 1.422
– quem pode hipotecar: art. 1.420
– reforço de garantia: art. 1.427
– remissão pelos sucessores do devedor: art. 1.429
– servidão mencionada no título, cancelamento: art. 1.387, parágrafo único
– vencimento antecipado da dívida: arts. 333, II, 1.425 e 1.426
– vínculo real sobre a coisa dada em garantia: art. 1.419

HOMOLOGAÇÃO
– penhor legal: art. 1.471
– termo de transação: art. 842

IDADE
– anulação do casamento por defeito de idade, quem pode requerer: art. 1.552
– capacidade jurídica: arts. 3.º a 5.º
– casamento de menor de que resultou gravidez, não se anula por defeito de idade: art. 1.520
– do ausente, que faz presumir a morte: art. 38
– limite mínimo para o casamento: art. 1.517
– separação de bens obrigatória, em virtude da idade dos cônjuges: art. 1.641
– suprimento judicial para casamento de menores: art. 1.520

IGNORÂNCIA
– causa de anulação de negócios jurídicos: arts. 138 a 144

IMÓVEIS
– aquisição, modos: arts. 1.238 e segs.
– bens dessa natureza: art. 79
– bens que se consideram, para efeitos legais: art. 80
– de ausentes, alienação: art. 31
– materiais provisoriamente separados do prédio: art. 81, II
– objeto de hipoteca: art. 1.473, I
– perda da propriedade: arts. 1.275 e 1.276
– pertencente a menor tutelado, venda: art. 1.750

IMPEDIMENTOS
– matrimoniais e causas suspensivas: arts. 1.521 a 1.524

IMPENHORABILIDADE
– prestação de coisa impenhorável, não se pode compensar: art. 373, III

IMPERÍCIA
– do empreiteiro, responsabilidade pelo material: art. 617
– no exercício da atividade profissional: art. 951

IMPOSSIBILIDADE
– condições impossíveis invalidam o negócio jurídico: art. 123, I
– da prestação: arts. 234, 238, 239, 248 e 250
– do objeto do contrato, nulidade do negócio jurídico: art. 166, II
– responsabilidade do devedor em mora: art. 399

IMPUTAÇÃO
– do pagamento: arts. 352 a 355 e 379

INALIENABILIDADE
– de bens da legítima, proibição: art. 1.848
– de bens públicos: art. 100
– do bem de família: art. 1.717
– imposta por disposição testamentária ou em doação: art. 1.911

INCAPACIDADE
– absoluta, casos: art. 3.º
– anulação do negócio jurídico, prazo decadencial: art. 178, III
– de uma parte, quando aproveita à outra: art. 105
– do depositário: art. 641
– do fiador: art. 826
– dos menores, quando cessa: art. 5.º
– não pode ser invocada em proveito próprio: art. 105
– para adquirir por testamento: art. 1.802
– para o exercício da tutela e curatela: arts. 1.735 e 1.774
– relativa, casos: art. 4.º
– relativa do agente, anulável o negócio jurídico: art. 171, I
– superveniente, não invalida o testamento: art. 1.861

INCAPAZES
– anulação do negócio jurídico, prazo decadencial: art. 178, III
– anulação e nulidade dos negócios jurídicos: arts. 166, I, e 171, I
– de receber por testamento: art. 1.802
– direito regressivo contra o representante que dá causa a prescrição: art. 195
– dispensa de aceitação nas doações puras: art. 543
– não corre prescrição no caso de incapacidade absoluta: art. 198, I
– pedido de divórcio, quem pode fazê-lo: art. 1.582, parágrafo único
– responsabilidade por prejuízos causados: art. 928
– sócio de empresa: art. 974

INDENIZAÇÃO
– arts. 944 a 954
– desapropriação do prédio em usufruto: art. 1.409
– dolo de ambas as partes: art. 150
– esbulho possessório, ação contra o terceiro que recebeu a coisa esbulhada: art. 1.212
– paga por dano em prédio em usufruto: art. 1.409
– pela passagem de cabos e tubulações na propriedade: art. 1.286
– pela passagem em prédio encravado: art. 1.285
– perigo iminente, dano causado para evitá-lo: arts. 188, II, 929 e 930
– possuidor de boa-fé, direito de indenização: art. 1.219
– possuidor de má-fé, responsabilidade: art. 1.216
– reivindicante obrigado a indenizar, opção entre o valor e o custo: art. 1.222
– seguro do prédio em usufruto: art. 1.408
– uso indevido de imagem de pessoa: art. 20
– usurpação ou esbulho: arts. 952, 1.212 e 1.216

INDIGNIDADE
– exclusão do herdeiro: arts. 1.814 a 1.818

ÍNDIOS
– capacidade civil: art. 4.º, parágrafo único

INDIVISÍVEL
– coisas em condomínio, venda: art. 1.322
– coisas que podem ser: art. 88

INEXECUÇÃO
– das obrigações: arts. 389 a 393

INSOLVÊNCIA
– contratos benéficos: art. 114
– devedor de crédito cedido: arts. 296 a 298
– devedor solidário: arts. 283 e 284

– dívida com garantia real, vencimento antecipado: art. 1.425, II
– dívida hipotecária: art. 1.477
– do fiador: arts. 826, 828, III, 831, parágrafo único, e 839
– do herdeiro: art. 1.999
– fraude contra credores: arts. 158 a 165

INSTRUMENTO
– em língua estrangeira: art. 224
– nulidade, não induz a do negócio jurídico: art. 183
– particular, prova, obrigações convencionais: arts. 212, II, e 231
– público, traslados e certidões: art. 218

INTERDIÇÃO
– curatela: art. 1.767
– do mandante ou do mandatário: arts. 674 e 682, II
– pródigos: art. 1.782
– registro público: art. 9.º, III
– restituição de pagamento feito no jogo, pelo interdito: art. 814
– sujeição à curatela: art. 1.767

INTERPRETAÇÃO
– da declaração de vontade: art. 112
– da fiança: art. 819
– da transação: art. 843
– dos contratos benéficos: art. 114
– dos testamentos: art. 1.899

INVENTARIANTE
– administração da herança: art. 1.991
– administração da herança até o compromisso do inventariante: art. 1.797
– direito ao reembolso de despesas: art. 2.020
– obrigação de trazer ao acervo os frutos percebidos: art. 2.020
– sobrepartilha: art. 2.021
– sonegação de bens, pena: arts. 1.992, 1.993 e 1.995

INVENTÁRIO
– apresentação de título de crédito em inventário, interrupção de prescrição: art. 202, IV
– colações: arts. 2.002 a 2.012
– dos bens de ausentes: art. 28
– foro competente: art. 1.796
– pagamento das dívidas: arts. 1.997 a 2.001
– prazo: art. 1.796
– sonegação de bens: arts. 1.992 a 1.996

INVESTIGAÇÃO
– de maternidade e de paternidade: arts. 1.615 e 1.616

IRMÃOS
– direitos sucessórios: arts. 1.839 a 1.843
– impedimento matrimonial: art. 1.521, IV
– obrigação alimentar: art. 1.697
– pedido de divórcio do incapaz, possibilidade de fazê-lo: art. 1.582, parágrafo único
– tutela: art. 1.731, II

JOGO
– arts. 814 a 817

JUIZ
– de casamentos, pode opor impedimentos: art. 1.522, parágrafo único
– proibição de adquirir bens em litígio: art. 497, III
– responsabilidade na tutela: art. 1.744

JUROS
– da mora: art. 407
– da mora, desde quando se contam: art. 405
– da mora, não os deve o doador: art. 552
– dívidas garantidas por coisas em usufruto, responsabilidade do usufrutuário: art. 1.405
– legados, desde quando vencem juros: arts. 1.925 e 1.926
– legais: arts. 406 e 407
– na gestão de negócios, em favor do gestor: art. 869
– obrigações solidárias: arts. 264 a 285
– perdas e danos, nas obrigações de pagamento de dinheiro: art. 404
– presumem-se pagos quando há quitação do capital: art. 323
– responsabilidade do fiador e seus direitos: arts. 822 e 833
– responsabilidade do mandatário pelos da quantia utilizada em proveito próprio: art. 670
– responsabilidade do tutor pela demora na aplicação dos bens do tutelado: art. 1.753, § 3.º
– responsabilidade do tutor quanto ao alcance de suas contas: art. 1.762
– responsabilidade do usufrutuário: art. 1.405
– sobre adiantamentos feitos pelos mandatários: art. 677
– taxa legal, fixação abaixo ou acima, no mútuo: art. 591
– vencimento antecipado da dívida: art. 1.426

JUSTO TÍTULO
– do possuidor, boa-fé presumida: art. 1.201, parágrafo único
– do possuidor, usucapião: arts. 1.242 e 1.260

LAJE
– direito real: arts. 1.510-A a 1.510-E

LEGADOS
– aceitação do legado e renúncia da herança: art. 1.808
– aceitação pelo tutor: art. 1.748, II
– ao testamenteiro, perda ou preferência do prêmio: arts. 1.987 e 1.988
– caducidade: arts. 1.939 e 1.940
– capacidade para adquirir: arts. 1.799 a 1.802
– cláusula de inalienabilidade: art. 1.911
– cláusula de incomunicabilidade: art. 1.668
– de todos os bens da herança, funções do testamenteiro: art. 1.990
– de usufruto, conjuntamente a dois ou mais legatários: art. 1.946
– direito de acrescer: arts. 1.941 a 1.946
– disposições gerais: arts. 1.912 a 1.922
– efeitos: arts. 1.923 a 1.938
– em favor de órfão, aceitação e destino: arts. 1.748, II, e 1.754, III
– fideicomisso: arts. 1.951 a 1.960
– legado, não prejudica a legítima: art. 1.849
– no regime de comunhão parcial: art. 1.660, III
– no regime de comunhão universal: art. 1.668
– redução aos limites do disponível: arts. 1.966 a 1.968
– renúncia do legado e aceitação da herança: art. 1.808
– substituição de legatários: arts. 1.947 a 1.960

LEGATÁRIOS
– capacidade para adquirir: arts. 1.799 a 1.802
– direito de acrescer: arts. 1.941 a 1.946
– direito de escolher a coisa legada: art. 1.931
– erro em sua designação: art. 1.903
– excluídos da sucessão: arts. 1.814 a 1.818
– fideicomisso: arts. 1.951 a 1.960
– herdeiro necessário, preferência para inteirar sua legítima no mesmo imóvel, quando há redução: art. 1.968, § 2.º
– incapazes de adquirir: arts. 1.801 e 1.802
– nomeação, pode ser pura ou condicional: art. 1.897
– preferência em concurso com os credores: art. 2.000
– renúncia, caso em que se subentende haver: art. 1.913
– substituições: arts. 1.947 a 1.960

LEGÍTIMA
– cálculo: art. 1.847
– cláusulas que podem ser impostas: art. 1.848
– colação, necessária para igualar as legítimas: art. 2.003
– como se calcula: art. 1.847
– conceito: art. 1.846
– deserdação: arts. 1.961 a 1.965
– doação de pais a filhos importa em adiantamento: art. 544
– exclusão dos colaterais: art. 1.850
– legatário, não perde o direito a ela: art. 1.849
– quota indisponível: art. 1.789
– redução dos legados para não diminuir as legítimas: arts. 1.967 e 1.968

LEGÍTIMA DEFESA
– da posse: art. 1.210, § 1.º
– de outrem, como dano de coisa, indenização: art. 930, parágrafo único
– não constitui ato ilícito: art. 188, I

LEI(S)
- anteriores ao Código Civil, revogação: art. 2.045
- aplicação da lei anterior, quanto aos prazos, quando reduzidos por este Código: art. 2.028
- disposições processuais, administrativas ou penais constantes de leis de natureza civil incorporadas por este Código, vigência: art. 2.043
- que regula a capacidade para suceder: art. 1.787
- remissões às leis, ou códigos, civis e mercantis anteriores a este Código: art. 2.046

LESÃO
- a direitos da personalidade, reclamação de perdas e danos: art. 12
- quando não anula o negócio jurídico: art. 157, § 2.º
- quando ocorre: art. 157

LOCAÇÃO DE COISAS
- arts. 565 a 578

LOCAÇÃO DE PRÉDIOS
- urbanos, sujeita a lei especial: art. 2.036

LUCROS CESSANTES
- quando são devidos: arts. 402 e 403

MÃE
- bínuba: art. 1.636
- contestação da maternidade: art. 1.608
- curadora dos bens de ausentes: art. 25, § 1.º
- curatela legítima: art. 1.775, § 1.º
- investigação de maternidade: arts. 1.615 e 1.616
- poder familiar sobre o filho não reconhecido pelo pai: art. 1.633

MÁ-FÉ
- de terceiro adquirente, nas alienações em fraude: art. 161
- do especificador: arts. 1.270, § 1.º, e 1.271
- na cessão de crédito: art. 295
- na confusão, comistão e adjunção: art. 1.273
- na novação, substituição por novo devedor insolvente: art. 363
- na posse, efeitos: arts. 1.216, 1.218 e 1.220
- na posse, quando há: arts. 1.201 e 1.203
- nas construções e plantações: arts. 1.254 a 1.259
- presume-se na garantia dada pelo devedor insolvente: art. 163

MAIORIDADE
- capacidade testamentária; 16 anos: art. 1.860, parágrafo único
- extingue o poder familiar: art. 1.635, III
- faz cessar a tutela: arts. 1.758 e 1.763, I
- quando começa: art. 5.º

MANDATO
- disposições gerais: arts. 653 a 666
- excesso de mandato: arts. 662 e 665
- extinção do mandato: arts. 682 a 691
- judicial: art. 692
- mandante, obrigações: arts. 675 a 681
- mandatário, obrigações: arts. 667 a 674

MATERNIDADE
- contestação pela mãe: art. 1.608
- investigação: arts. 1.615 e 1.616

MEAÇÃO
- de parede: art. 1.392, § 3.º
- doação excedente: art. 549
- doação inoficiosa: art. 549
- herdeiros necessários: arts. 1.846 e 1.849
- redução testamentária: arts. 1.966 a 1.968

MENORES
- abandonados, tutela e recolhimento: art. 1.734
- casamento, anulação: arts. 1.550, I e II, 1.552 e 1.560
- casamento, dispensa de idade para evitar processo criminal: art. 1.520
- casamento, não se anula por defeito de idade quando resultou gravidez: art. 1.551
- de dezesseis anos, impedidos de ser testemunhas: art. 228, I
- de dezesseis anos, incapacidade absoluta: art. 3.º, I
- de dezoito e maiores de dezesseis anos, anulação das obrigações contraídas: arts. 180 e 181
- de dezoito e maiores de dezesseis anos, capacidade para testar: art. 1.860, parágrafo único
- de dezoito e maiores de dezesseis anos, incapacidade relativa: art. 4.º, I
- de dezoito e maiores de dezesseis anos, não se eximem da obrigação quando dolosamente ocultaram a idade: art. 180
- dívida de jogo: art. 814
- emancipação: art. 5.º, parágrafo único
- mútuo feito a: arts. 588 e 589
- pagamento feito a incapazes por obrigação anulada: art. 181
- partilha em que haja interesses: art. 2.016
- representação e assistência: arts. 1.634, V, e 1.747, I
- responsabilidade civil dos pais e tutores: art. 932, I e II
- testemunhas – impedimento: art. 228, I

MILITAR
- domicílio: art. 76
- escusa de tutela: art. 1.736, VII
- prescrição contra, quando não corre: art. 198, III
- testamento, em campanha: arts. 1.893 a 1.896

MINISTÉRIO PÚBLICO
- abuso do poder familiar, promoção de medidas: art. 1.637
- atribuições em relação às fundações: arts. 65 a 69
- intervenção na extinção do bem de família: art. 1.719
- intervenção nos casos de abuso da personalidade jurídica: art. 50
- nomeação de curador especial ao menor cujo interesse colide com o dos pais: art. 1.692
- nulidade de casamento, promoção: art. 1.549
- nulidades que pode alegar: art. 168

MORA
- arts. 394 a 401
- cláusula penal, efeitos: art. 411
- do comodatário: art. 582
- do comprador: art. 492, § 2.º
- do credor, obrigações suas e desonerações do devedor: art. 400
- do devedor, interrupção da prescrição: art. 202, V
- juros: art. 405
- na empreitada: arts. 611 e 613
- na entrega do legado em dinheiro: art. 1.925

MORTE
- abertura da sucessão: arts. 1.784, 1.785, 1.787 e 1.923
- comorientes: art. 8.º
- declaração de morte presumida, quando pode ser requerida: art. 7.º, parágrafo único
- declaração de morte presumida sem decretação de ausência, casos: art. 7.º
- do ausente: art. 35
- do mandante: arts. 674 e 682, II
- do mandatário: arts. 682, II, 690 e 691
- do testador: art. 1.923, § 2.º
- fim da existência de pessoa natural: art. 6.º
- presumida: art. 6.º
- registro do óbito: art. 9.º, I

MULHER
- bínuba, conservação da guarda dos filhos: art. 1.636
- capacidade para o casamento: art. 1.517
- casamento antes de dez meses da viuvez ou da anulação de casamento ou dissolução da sociedade conjugal: art. 1.523, II
- poder familiar sobre filhos não reconhecidos pelo pai: art. 1.633

MULTA
- alternativa a benefício do credor: art. 410
- contratual, como pode ser estipulada: art. 409
- em segurança de outra cláusula: art. 411
- exigência independe de alegação de prejuízo: art. 416, *caput*
- obrigações divisíveis, proporcionalidade: art. 415
- obrigações indivisíveis: art. 414
- para a mora: arts. 409 e 411
- quando incorre o devedor: art. 408
- relativa à inexecução ou à mora: art. 409

MUNICÍPIO
- domicílio: art. 75, III
- herança vacante, passagem para domínio do: art. 1.822
- pessoa jurídica: art. 41, III

Índice

– sucessão de bens vagos: art. 39, parágrafo único

MÚTUO
– conceito: art. 586
– garantia de restituição, quando pode ser exigida: art. 590
– obrigação do mutuário: art. 586
– para jogo ou aposta: art. 815
– prazo para o pagamento: art. 592
– restituição da coisa: art. 589
– transfere o domínio: art. 587

NASCIMENTO
– começo da personalidade: art. 2.º
– registro público: art. 9.º, I

NASCITURO
– direitos assegurados desde a concepção: art. 2.º
– doação a ele feita, aceitação: art. 542
– herança, capacidade para adquirir: arts. 1.798 e 1.799, I

NEGLIGÊNCIA
– quando constitui culpa: art. 186

NEGÓCIOS ANULADOS
– interrompem a prescrição: art. 202
– restituição das partes ao estado anterior: art. 182

NEGÓCIOS ANULÁVEIS
– casos: art. 171
– efeito da anulação, quando tem início: art. 177
– nulidade do instrumento, quando não induz a do negócio: art. 183
– obrigações contraídas por menores: art. 180
– parcialmente: art. 184
– prazo para anulação: art. 179
– ratificação: arts. 172 a 175

NEGÓCIOS JURÍDICOS
– anuláveis: art. 171
– condições de sua validade: art. 104
– de boa-fé: art. 164
– escritura pública, quando é substancial: arts. 108 e 109
– falso motivo, vício: art. 140
– forma: arts. 107 a 109
– incapacidade de parte: art. 105
– interpretação conforme a boa-fé e usos do lugar: art. 113
– interpretação da declaração de vontade: art. 112
– invalidade: arts. 166 a 184
– nulos, não se confirmam ou convalidam: art. 169
– nulos que contêm requisitos de outro, efeito: art. 170
– prazo para anulação: art. 179
– provas em geral: arts. 212 a 232
– representação: arts. 115 a 120
– validade: art. 104

NETOS
– colação de bens: arts. 2.002 a 2.012

NOME
– cônjuge declarado culpado na separação judicial, direito de usar o nome do outro: art. 1.578
– direito da personalidade: art. 16
– empresarial: arts. 1.155 a 1.168
– não pode ser usado sem autorização da pessoa: art. 18
– pseudônimo utilizado em atividades lícitas, proteção: art. 19
– uso em publicações, quando não está autorizado: art. 17

NOVAÇÃO
– arts. 360 a 367
– de dívida de jogo: art. 814, § 1.º
– nas obrigações indivisíveis: art. 262, parágrafo único

NULIDADE
– anulação de negócio jurídico, casos: art. 171
– da doação: arts. 548 a 550
– da partilha: art. 2.027
– das obrigações contraídas por menores e incapazes: arts. 180 e 181
– da transação: arts. 848 e 850
– de disposição testamentária: art. 1.900
– discussão no concurso de credores: art. 956
– do instrumento, não induz a do negócio: art. 183
– do legado: arts. 1.912 e 1.914
– dos negócios jurídicos, casos: art. 166
– negócio anulável, ratificação: arts. 172 a 176
– parcial, efeito: art. 184
– quem pode alegar: art. 168
– relativa, casos: art. 171
– restituição das partes ao estado anterior: art. 182

ÓBITO
– registro público: art. 9.º, I

OBRIGAÇÕES
– alternativas: arts. 252 a 256
– cessão de crédito: arts. 286 a 298
– cláusula penal: arts. 408 a 416
– compensação: arts. 368 a 380
– confusão: arts. 381 a 384
– dação em pagamento: arts. 356 a 359
– de dar coisa certa: arts. 233 a 242
– de dar coisa incerta: arts. 243 a 246
– de fazer: arts. 247 a 249
– de não fazer: arts. 250 e 251
– divisíveis e indivisíveis: arts. 257 a 263
– extinção pela confusão: art. 381
– imputação do pagamento: arts. 352 a 355
– inadimplemento, bens do devedor respondem por ele: art. 391
– inexecução, consequências: arts. 389 a 393
– juros legais: arts. 406 e 407
– mora: arts. 394 a 401
– novação: arts. 360 a 367
– pagamento, condições gerais: arts. 304 a 333
– pagamento em consignação: arts. 334 a 345
– perdas e danos: arts. 402 a 405
– prestações sucessivas, aumento progressivo: art. 316
– remissão da dívida: arts. 385 a 388
– solidárias ativas: arts. 267 a 274
– solidárias, noções gerais: arts. 264 a 266
– solidárias passivas: arts. 275 a 285
– sub-rogação: arts. 346 a 351
– transação: arts. 840 a 850

OCUPAÇÃO
– meio de aquisição da propriedade: art. 1.263

OFICIAL DE REGISTRO CIVIL
– celebração de casamento: arts. 1.533 a 1.542
– habilitação para casamento: arts. 1.525 a 1.532

ORGANIZAÇÕES RELIGIOSAS
– criação, organização e estruturação interna: art. 44, § 1.º

PACTO
– arts. 1.653 a 1.657
– comissório, na hipoteca, penhor e anticrese, nulidade: art. 1.428

PAGAMENTO
– a incapaz, reclamação: art. 181
– antecipado, fraude contra credores: art. 162
– a quem se deve pagar: arts. 308 a 312
– a um dos credores solidários: art. 269
– compensação: arts. 368 a 380
– consignação, quando tem lugar: art. 335
– dação em pagamento: arts. 356 a 359
– de dívidas, no inventário: arts. 1.997 a 2.001
– demandado antes do vencimento: art. 939
– do devedor, quando não há: art. 396
– em coisa fungível: art. 307, parágrafo único
– entrega do objeto empenhado não prova o pagamento: art. 387
– entrega do título da obrigação: art. 386
– imputação do pagamento: arts. 352 a 355
– indevido, repetição: arts. 876 a 883
– lugar do pagamento: arts. 327 a 330
– mora, conceito: art. 394
– mora do credor, efeitos: art. 400
– mora do devedor, efeitos: arts. 395 e 399
– mora, purgação: art. 401
– mora, quando começa: arts. 397 e 398
– objeto do pagamento: arts. 313 a 326
– parcial, da dívida com garantia real: art. 1.421
– prova do pagamento: arts. 319 a 326
– quem deve pagar: arts. 304 a 307
– remissão: art. 388
– repetição do indébito: arts. 876 a 883
– retenção do pagamento por falta de quitação: arts. 319 a 321

– sub-rogação, quando se opera e efeitos: arts. 346 a 351
– tempo do pagamento: arts. 331 a 333

PAI
– curador legítimo do filho interdito: art. 1.775, § 1.º
– direito de nomear tutor: arts. 1.729 e 1.730
– direitos e deveres quanto aos bens dos filhos: arts. 1.689 a 1.693
– direitos recíprocos e alimentos: arts. 1.694 a 1.710
– emancipação do filho, concessão: art. 5.º, parágrafo único, I
– herdeiro do filho: arts. 1.829, II, e 1.836
– investigação de paternidade: arts. 1.615 e 1.616
– poder familiar, exercício: art. 1.634
– prescrição, não corre entre ele e o filho durante o poder familiar: art. 197, II
– representação e assistência dos filhos incapazes: art. 1.634, V
– responsabilidade civil por ato ilícito do filho: art. 932, I
– testemunha em caso do filho, inadmissibilidade: art. 228, V

PARENTESCO
– adoção: art. 1.593
– afinidade: art. 1.595
– graus, como se contam: art. 1.594
– impedimento matrimonial: arts. 1.521, I a V, e 1.548, II
– linha colateral: arts. 1.592 e 1.594
– linha reta: arts. 1.591, 1.594 e 1.595, § 2.º
– natural: art. 1.593
– transversais: art. 1.840

PARTIDOS POLÍTICOS
– organização e funcionamento: art. 44, § 3.º
– pessoa jurídica de direito privado: art. 44

PARTILHA
– divorciado, casamento antes de homologar e decidir a partilha dos bens do casamento anterior, proibição: art. 1.523, III
– dos bens do ausente, definitiva: arts. 37 a 39
– dos bens do ausente, provisória: arts. 26 a 36
– na separação judicial: art. 1.575
– viúvo(a), casamento antes de inventariar e dar partilha dos bens do casal, proibição: art. 1.523, I

PARTILHA DE HERANÇA
– arts. 2.013 a 2.022
– colação: arts. 2.002 a 2.012
– de dívida do herdeiro: art. 2.001
– julgamento, efeitos: arts. 1.997 e 2.023 a 2.026
– pagamento das dívidas do falecido: arts. 1.997 a 2.001
– prazo para anular: art. 2.027, parágrafo único

PATERNIDADE
– ação de investigação: arts. 1.615 e 1.616
– confissão materna não exclui: art. 1.602
– contestação: art. 1.601
– prova: arts. 1.604 a 1.606

PATRIMÔNIO
– constitui coisa coletiva ou universalidade: art. 91
– das associações, na dissolução: art. 61
– das fundações, destino: art. 69
– da União, dos Estados e dos Municípios: arts. 39, parágrafo único, 99, III, e 1.822
– objeto de usufruto: art. 1.390

PENA
– convencional: arts. 408 a 416
– convencional, admite-se na transação: art. 847
– convencional, não se prejudica pelo pagamento de perdas e danos: art. 404

PENHOR
– agrícola: arts. 1.442 e 1.443
– bens: art. 1.420
– caução: art. 1.460
– coisas que podem ser empenhadas: art. 1.420, *caput*
– como se constitui: arts. 1.431 e 1.432
– conceito: art. 1.431, *caput*
– contrato, o que deve declarar: art. 1.424
– credor pignoratício, direitos: arts. 1.433 e 1.434
– credor pignoratício, obrigações: art. 1.435
– de coisa comum: art. 1.420, § 2.º
– de crédito, eficácia: art. 1.453
– de direitos e títulos de crédito: arts. 1.451 a 1.460
– depreciação ou deterioração de coisa empenhada: art. 1.425, I e § 1.º
– desapropriação da coisa empenhada: art. 1.425, V
– de veículos: arts. 1.461 a 1.466
– dívida, quando se considera vencida: art. 1.425
– domínio superveniente, revalida a garantia: art. 1.420, § 1.º
– eficácia do contrato: art. 1.424
– excussão do penhor: art. 1.422
– excussão, produto insuficiente: art. 1.430
– extinção do penhor: arts. 1.436 e 1.437
– extinção pela novação: arts. 364 e 365
– garantia prestada por terceiro: art. 1.427
– impontualidade: art. 1.425, III
– industrial e mercantil: arts. 1.447 a 1.450
– insolvência ou falência do devedor: art. 1.425, II
– juros, no vencimento antecipado da dívida: art. 1.426
– legal: arts. 1.467 a 1.472
– pacto comissório, proibição: art. 1.428
– pagamento de prestação não importa em correspondente desoneração da garantia: art. 1.421
– pecuário: arts. 1.444 a 1.446
– preferência em concurso de credores: art. 1.422
– prejuízo do credor sofrido por vício da coisa empenhada: art. 1.433, III
– quem pode empenhar: art. 1.420, *caput*
– remição pelos sucessores do devedor: art. 1.429
– renúncia do credor, quando se presume: art. 1.436, § 1.º
– retenção da coisa empenhada: arts. 1.433, II, e 1.434
– rural: arts. 1.438 a 1.441
– vício da coisa empenhada: art. 1.433

PENHORA
– coisa suscetível, não se compensa: art. 373, III
– de título de crédito notificado ao devedor, efeitos: art. 298
– devedor que se torna credor após a penhora: art. 380
– do crédito, intimação ao devedor, efeito: art. 312
– impenhorabilidade das rendas: art. 813

PERDAS E DANOS
– ameaça ou lesão a direitos da personalidade: art. 12
– coação exercida por terceiros: arts. 154 e 155
– extensão, o que abrangem: arts. 402 a 404
– inexecução dolosa: art. 403
– juros de mora: art. 405
– lucros cessantes: arts. 402 e 403
– na gestão de negócios: arts. 862 a 868 e 870
– na obrigação de dar coisa certa: arts. 234 a 236
– na obrigação de fazer: arts. 247 a 249
– na obrigação de não fazer: art. 251
– nas obrigações convencionais: art. 389
– nas obrigações de pagamento em dinheiro: art. 404, *caput*
– nas obrigações indivisíveis: art. 263
– na solidariedade ativa: art. 271
– na solidariedade passiva: art. 279
– na suspensão da empreitada: art. 624
– nos contratos bilaterais: art. 475
– pela evicção: art. 845, *caput*
– por dano causado por coisas que caírem ou forem lançadas: art. 938
– por dolo acidental: art. 146
– responsabilidade do comprador na preempção: art. 518
– responsabilidade do construtor de obras prejudiciais aos vizinhos: art. 1.312
– responsabilidade do depositante: arts. 643 e 644
– responsabilidade do depositário: arts. 640 e 642
– responsabilidade do depositário no depósito necessário: arts. 649, 650 e 652
– responsabilidade do devedor na fiança: art. 832
– responsabilidade do herdeiro sonegador: art. 1.995

– responsabilidade do mandante: art. 678
– responsabilidade do possuidor de má-fé: art. 1.218
– responsabilidade do proponente se não comunicar a tardia recepção da aceitação: art. 430
– responsabilidade do que constrói ou semeia de má-fé: arts. 1.254 e 1.255
– responsabilidade do tutor, desde a nomeação: art. 1.739

PERECIMENTO
– da coisa empenhada: art. 1.436, II
– da coisa, por vício oculto: art. 444
– do imóvel, perda da propriedade: art. 1.275, IV

PERITOS
– arbitramento de preço de obra divisória: art. 1.329
– prescrição contra os peritos: art. 206, § 1.º, IV
– prescrição de honorários: art. 206, § 1.º, III
– proibição de comprar bens sobre cujo preço possam influir: art. 497, III

PERSONALIDADE
– civil da pessoa natural: arts. 2.º e 6.º
– direitos da pessoa jurídica: art. 52
– direitos inerentes à pessoa natural: arts. 11 a 21
– jurídica; desconsideração: art. 50

PESSOA JURÍDICA
– abuso da personalidade jurídica: art. 50
– administração coletiva, voto nas decisões: art. 48
– administrador provisório, quando e como é nomeado: art. 49
– atos dos administradores, responsabilidade: art. 47
– de direito privado, quais são: art. 44
– de direito privado, registro civil: arts. 45 e 46
– de direito público, domicílio: art. 75
– de direito público externo, quais são: art. 42
– de direito público interno a que é dada estrutura de direito privado: art. 41, parágrafo único
– de direito público interno, quais são: art. 41
– de direito público, responsabilidade civil: art. 43
– direitos da personalidade: art. 52
– dissolução: art. 51
– distinção entre as de direito público e as de direito privado: art. 40
– registro: art. 46
– sucessão testamentária: art. 1.799, II e III
– usufruto em seu favor, duração: art. 1.410, III

PESSOA NATURAL
– capacidade jurídica: art. 1.º
– comorientes: art. 8.º
– domicílio: arts. 70 a 74
– incapacidade absoluta: art. 3.º
– incapacidade dos menores, cessação: art. 5.º, parágrafo único
– incapacidade relativa: art. 4.º
– início da personalidade: art. 2.º
– morte, fim da existência da pessoa natural: art. 6.º
– morte, quando se presume: art. 8.º
– nascituros: art. 2.º
– registro público: art. 9.º

PLANEJAMENTO FAMILIAR
– livre decisão do casal: art. 1.565, § 2.º

PLANTAÇÕES
– aquisição por acessão: art. 1.248, V
– de semente alheia em terreno alheio: art. 1.257
– de semente alheia em terreno próprio: arts. 1.254 e 1.256
– de semente própria em terreno alheio: arts. 1.255 e 1.256
– presume-se pertencer ao proprietário do terreno: art. 1.253

PODER FAMILIAR
– arts. 1.630 a 1.638
– curador especial, nomeação quando colidem os interesses dos pais com o do filho: art. 1.692
– curador especial para bens legados a menor sob poder familiar: art. 1.733, § 2.º
– nomeação de tutor, no caso de decaírem os pais: art. 1.728, II
– nomeação de tutor pelo pai que ao tempo da morte não tinha o poder familiar, nulidade: art. 1.730
– prescrição, não corre durante o poder familiar: art. 197, II
– quanto aos bens dos filhos: arts. 1.689 a 1.693

POSSE
– ação de esbulho ou indenização: art. 1.212
– aquisição: arts. 1.204 a 1.209
– bens de ausentes, imissão dos herdeiros: arts. 30, 32 e 34
– composse: art. 1.199
– constituto possessório: art. 1.267, parágrafo único
– da coisa legada, não pode tomar o legatário por autoridade própria: art. 1.923, § 1.º
– da herança, pelo testamenteiro: arts. 1.977 e 1.978
– da herança, quando adquirem os herdeiros e legatários: arts. 1.784 e 1.791
– de boa-fé, conceito: art. 1.201
– de boa-fé, quando perde esse caráter: art. 1.202
– de estado de casado: arts. 1.545 e 1.547
– de servidão: art. 1.379
– direta, temporária, não exclui a indireta: art. 1.197
– efeitos: arts. 1.210 a 1.222
– justa, conceito: art. 1.200
– justo título, faz presumir boa-fé: art. 1.201, parágrafo único
– perda da posse: arts. 1.223 e 1.224
– por ela se determinam os limites confusos: art. 1.298
– possuidor da propriedade resolúvel: art. 1.360
– possuidor, quem não se considera: art. 1.198
– possuidor, quem se considera: art. 1.196
– usucapião da coisa imóvel: arts. 1.238 a 1.259
– usucapião da coisa móvel: arts. 1.260 a 1.274
– vícios da posse: arts. 1.200 e 1.208

PRAZOS
– anulação dos negócios jurídicos: art. 178
– anulação dos negócios jurídicos sem prazo estabelecido em lei: art. 179
– atos sem prazo: art. 134
– certidão de habilitação: art. 1.516, parágrafo único
– como se contam: art. 132
– da habilitação para casamento: art. 1.532
– da hipoteca: arts. 1.485 e 1.498
– da prestação de serviços: arts. 598 a 600
– da prisão do depositário: art. 652
– de favor, não obstam a compensação: art. 372
– de prescrição: arts. 205 e 206
– do comodato: art. 581
– do direito de preempção: art. 516
– do penhor agrícola: art. 1.439
– do penhor pecuário: art. 1.439
– nos concursos com promessas de recompensa: art. 859
– nos contratos, presumem-se em favor do devedor: art. 133
– nos testamentos, presumem-se em favor do herdeiro: art. 133
– para aceitar doação: art. 539
– para anular casamento de menor sem autorização do representante legal: art. 1.555
– para cumprimento do testamento: arts. 1.980 e 1.983
– para execução de tarefa com promessa de recompensa: art. 856
– para interpor ação de anulação de casamento: art. 1.560
– para restituição do depósito: art. 633
– para vacância da herança: arts. 1.820 e 1.822
– reduzidos por este Código, aplicam-se os da lei anterior: art. 2.028

PRÉDIO
– construções, presumem-se do dono do terreno: art. 1.253
– construído com material alheio: arts. 1.254 e 1.257
– construído com material próprio em terreno alheio: art. 1.255
– direito de construir: arts. 1.299 a 1.313
– direito de tapagem: art. 1.297

– direito real de habitação: arts. 1.414 a 1.416
– encravado, passagem forçada: art. 1.285
– inferior, águas que vêm do superior: arts. 1.288 e 1.289
– limites: arts. 1.297 e 1.298
– servidões prediais: arts. 1.378 a 1.389
– uso anormal da propriedade: arts. 1.277 a 1.281

PREEMPÇÃO
– normas que a regem: arts. 513 a 520

PREFERÊNCIA
– de credores em concurso: arts. 955 a 965
– direito de superfície: art. 1.373
– em favor do condômino: arts. 1.322 e 1.323
– na compra: arts. 513 a 520
– perda pelo credor que concorda com o levantamento da consignação: art. 340
– seguro: arts. 757, 760 e 766
– testamenteiro: arts. 1.987, 1.988 e 1.989

PRESCRIÇÃO
– alegação em qualquer instância: art. 193
– causada pelos representantes de incapazes: art. 195
– continua a correr contra o herdeiro: art. 196
– contra quem não corre: arts. 197 e 198
– exceção, quando prescreve: art. 190
– interrupção: arts. 202 a 204
– no caso de violação de direito: arts. 189, 205 e 206
– prazos especiais: art. 206
– prazos, não podem ser alterados pelas partes: art. 192
– prazos não previstos: art. 205
– quando não corre: arts. 197 a 199
– renúncia: art. 191
– suspensão: arts. 197 a 201
– suspensão em favor de um dos credores solidários, efeito: art. 201

PRESTAÇÃO DE SERVIÇOS
– arts. 593 a 609

PRESUNÇÃO
– de filhos concebidos na constância do casamento: art. 1.597
– de filiação, no caso de novas núpcias: art. 1.598
– meio de prova: art. 212, IV
– morte simultânea: art. 8.º
– na dívida solidária, igualdade das partes: art. 283
– pagamento de juros, na quitação do capital: art. 323
– pagamento de quotas periódicas: art. 322
– pagamento pela entrega do título ao devedor: art. 324
– renúncia da garantia pignoratícia: art. 1.436, § 1.º
– solidariedade das obrigações: art. 265

PRISÃO
– de um dos cônjuges por mais de cento e oitenta dias: art. 1.570
– do depositário infiel: art. 652
– injusta ou ilegal, satisfação do dano: art. 954

PROCLAMAS
– de casamento: arts. 1.525 a 1.532

PROCURAÇÃO
– *ad judicia*: art. 692
– definição: art. 653
– forma e requisitos: arts. 654 e 655
– para casamento: arts. 1.535 e 1.542

PRÓDIGO
– curatela, limites: art. 1.782
– curatela, sujeição: art. 1.767, V
– incapacidade civil relativa: art. 4.º, IV
– interdição, registro: art. 9.º, III
– relativamente incapaz: art. 4.º, IV

PROFESSORES
– prescrição de honorários: art. 206, § 5.º, II
– responsabilidade civil por atos dos educandos: art. 932, IV

PROGRAMA DE COLOCAÇÃO FAMILIAR
– crianças e adolescentes; pais desconhecidos, falecidos ou destituídos do poder familiar: art. 1.734

PROMESSA
– de fato de terceiro: arts. 439 e 440
– de recompensa: arts. 854 a 860

PROPOSTA
– de contratos: arts. 427 a 432

PROPRIEDADE
– abandono: arts. 1.275, III, e 1.276
– águas, direitos de vizinhança: arts. 1.288 a 1.296
– alienação: art. 1.275, I e parágrafo único
– aluvião: arts. 1.248, II, e 1.250
– álveo abandonado: arts. 1.248, IV, e 1.252
– aquisição; imóveis: arts. 1.238 a 1.259
– aquisição; móveis: arts. 1.260 a 1.274
– árvores limítrofes: arts. 1.282 a 1.284
– avulsão: arts. 1.248, III, e 1.251
– condomínio: arts. 1.314 a 1.330
– construções, direito de construir: arts. 1.299 a 1.313
– construções e plantações: arts. 1.253 a 1.259
– desapropriação: arts. 1.228, § 3.º, 1.275, V, e 2.030
– descoberta: arts. 1.233 a 1.237
– direito real: art. 1.225, I
– direitos do proprietário: art. 1.228
– do espaço aéreo: art. 1.229
– domínio, presume-se exclusivo e ilimitado: art. 1.231
– do solo, direito de exploração pelo proprietário: art. 1.230, parágrafo único
– do solo, o que abrange: art. 1.229
– do solo, o que não abrange: art. 1.230
– fiduciária: arts. 1.361 a 1.368
– frutos e produtos da coisa, a quem pertencem: art. 1.232
– ilhas: arts. 1.248, I, e 1.249
– imóvel: arts. 1.238 a 1.259
– móvel: arts. 1.260 a 1.274
– resolúvel: arts. 1.359 e 1.360

PROTESTO
– para constituir a mora: art. 397
– para interrupção da prescrição: art. 202, II e III

PROVAS
– certidões, valor: arts. 216 e 217
– da fiança: art. 819
– de depósito voluntário: art. 646
– do casamento: arts. 1.543 e 1.547
– do erro, na repetição do indébito: art. 877
– do pagamento: arts. 319 e 326
– dos fatos jurídicos: arts. 212 a 232
– testemunhal: art. 228

QUINHÃO
– dos condôminos: arts. 1.314 a 1.326
– hereditário, garantia: arts. 2.023 a 2.026
– hereditário, hipoteca legal para garantia da torna: art. 1.489, II

QUITAÇÃO
– ao tutor, quando é válida: art. 1.758
– declarações que deve conter: art. 320
– despesas com a quitação: art. 325
– de título caucionado: art. 1.460
– devolução de título perdido: art. 321
– direito do devedor que paga: art. 319
– do capital, sem reserva dos juros, presunção que cria: art. 323
– entrega do título, presunção: art. 324
– instrumento particular: art. 320
– legado consistente em quitação de dívida: art. 1.918
– na imputação de pagamento: arts. 352 a 355
– portador, presume-se autorizado a receber: art. 311
– quotas periódicas, quitação da última, presunção que cria: art. 322
– tutela; prestação de contas: art. 1.758

RATIFICAÇÃO
– ato de ratificação, requisitos: art. 173
– de casamento contraído por incapaz: art. 1.553
– de negócio anulável: arts. 172 a 176

RECONHECIMENTO
– de dívida, interrupção da prescrição: art. 202, VI
– de firma em documento: art. 221
– dos filhos: arts. 1.607 a 1.617
– voluntário; filho fora do casamento: art. 1.607

REGIME DE BENS
– alteração: art. 1.639, § 2.º
– constará do assento de casamento: art. 1.536, VII
– convenções antenupciais, necessidade de registro para validade em relação a terceiros: art. 1.657
– de casamentos celebrados na vigência do Código anterior: art. 2.039

- de comunhão parcial: arts. 1.658 a 1.666
- de comunhão universal: arts. 1.667 a 1.671
- de participação final nos aquestos: arts. 1.672 a 1.686
- de separação: arts. 1.687 a 1.688
- direitos dos cônjuges que independem do regime adotado: art. 1.642
- disposições gerais: arts. 1.639 a 1.652
- início do vigor: art. 1.639, § 1.º

REGISTRO DE IMÓVEIS
- alienação, necessidade de registro: art. 1.275, parágrafo único
- aquisição da propriedade pelo registro do título: art. 1.245
- convenção de condomínio edilício: art. 1.333, parágrafo único
- direito real, aquisição pelo registro no cartório: art. 1.227
- hipoteca, averbação da prorrogação: art. 1.485
- hipoteca de vias férreas, registro, onde se faz: art. 1.502
- hipoteca, registro: arts. 1.492 a 1.498
- instituição de condomínio edilício: art. 1.332
- penhor agrícola, registro: art. 1.438
- prenotação do título: art. 1.496
- registro de instrumento particular, para validade contra terceiros: art. 221
- registro de promessa de compra e venda, direito real: art. 1.417
- renúncia da propriedade imóvel, registro: art. 1.275, parágrafo único
- retificação ou anulação: art. 1.247
- servidões, cancelamento do registro: arts. 1.387 a 1.389
- servidões, usucapião, registro: art. 1.379
- usucapião de imóveis, registro: arts. 1.238 e 1.241, parágrafo único
- usucapião de servidões, registro: art. 1.379
- usufruto, registro, necessidade: art. 1.391

REGISTRO PÚBLICO
- atos sujeitos a registro no registro público das pessoas naturais: art. 9.º
- averbação, quando é exigida: art. 10
- das pessoas jurídicas, declarações que deve conter: art. 46
- das pessoas jurídicas, efeito: art. 45
- de ausência declarada por sentença: art. 9.º, IV
- de casamento: arts. 9.º, I, 1.536 e 1.543, parágrafo único
- de emancipação: art. 9.º, II
- de empresas mercantis; empresário e sociedade empresária: art. 1.150
- de empresas mercantis; obrigatoriedade: art. 967
- de empresas mercantis; sócio incapaz ou relativamente incapaz: art. 974, § 3.º
- de interdição: art. 9.º, III
- de nascimento: art. 9.º, I
- de nascimento, contestação da maternidade nele declarada: art. 1.608
- de nascimento, falta ou defeito, como se prova a filiação: art. 1.605
- de nascimento, ninguém pode vindicar estado contrário: art. 1.604
- de nascimento, reconhecimento voluntário de filho: art. 1.609
- de óbito: art. 9.º, I
- do bem de família instituído pelos cônjuges: art. 1.714
- sociedade simples; Registro Civil das Pessoas Jurídicas: art. 1.150

REINTEGRAÇÃO
- de posse: arts. 1.210 a 1.212

REIVINDICAÇÃO
- de avulsão: art. 1.251
- de coisa comum, cabe a ação a cada condômino: art. 1.314
- de propriedade resolúvel: art. 1.359

REMIÇÃO
- da hipoteca, pelo credor da segunda: art. 1.478
- da hipoteca, pelo herdeiro: art. 1.429
- do penhor, pelo herdeiro: art. 1.429

REMISSÃO
- das dívidas: arts. 385 a 388
- efeito na solidariedade passiva: art. 277
- em prejuízo de credores: art. 158

RENÚNCIA
- da herança: arts. 1.805, §§ 1.º e 2.º, a 1.807 e 1.810 a 1.813
- da propriedade imóvel: art. 1.275, II e parágrafo único
- da servidão: art. 1.388, I
- de ações, pela ratificação do ato anulável ou pela sua execução voluntária: art. 175
- de fideicomisso: art. 1.955
- de prescrição: art. 191

REPRESENTAÇÃO
- arts. 115 a 120
- direito de representação, na sucessão hereditária: arts. 1.851 a 1.856

RESERVA
- de bens para pagamento de dívida, no inventário: art. 1.997, §§ 1.º e 2.º
- do usufruto, pelo donatário: art. 1.400, parágrafo único

RESPONSABILIDADE CIVIL
- bens do responsável pela ofensa, sujeitam-se à reparação do dano: art. 942
- concorrência da vítima no dano: art. 945
- culpa de terceiro, ação regressiva: art. 930
- dano causado por ato ilícito: art. 927
- das empresas, pelos danos causados por produtos postos em circulação: art. 931
- das pessoas jurídicas de direito público: art. 43
- direito de exigir reparação, transmite-se com a herança: art. 943
- do credor que demanda dívida não vencida ou já paga: arts. 939 a 941
- do dono de estabelecimento de educação: art. 932, IV
- do dono do animal: art. 936
- do dono do edifício em ruína: art. 937
- do dono do hotel: art. 932, IV
- do empregador ou comitente: arts. 932, III, e 933
- do habitante da casa de onde caírem ou forem lançadas coisas: art. 938
- do incapaz, quando responde pelos prejuízos causados: art. 928
- dos empresários individuais, pelos danos causados por produtos postos em circulação: art. 931
- dos pais, pelos filhos menores: arts. 932, I, e 933
- dos que gratuitamente participarem de crime: art. 932, V
- do tutor e do curador: arts. 932, II, e 933
- independe da criminal: art. 935
- independente de culpa: art. 927, parágrafo único
- obrigação de reparar o dano, transmite-se com a herança: art. 943
- por atos de terceiros, independente de culpa: art. 933
- reparação civil, prescrição: art. 206, § 3.º, V
- ressarcimento de dano causado por outrem: art. 934
- solidária: art. 942, parágrafo único

RETENÇÃO
- da coisa empenhada: art. 1.433, II
- do pagamento: art. 319
- por benfeitorias: art. 1.219

RETRATAÇÃO
- de aceitação de contrato: art. 433
- de aceitação ou renúncia de herança: art. 1.812
- de proposta de contrato: art. 428, IV
- do consentimento para casamento: art. 1.518

RETROVENDA
- cláusula especial na compra e venda: arts. 505 a 508
- conceito: art. 505
- prazo; até 3 anos: art. 505

REVOGAÇÃO
- da legislação incompatível com este Código: art. 2.045
- do codicilo: art. 1.884
- do testamento: arts. 1.969 a 1.972

SEGURO
- agentes autorizados do segurador, representação de atos relativos ao contrato: art. 775
- apólices: arts. 759 e 760
- contrato, boa-fé exigida das partes: art. 765
- contrato, como se prova: art. 758
- contrato, conceito: art. 757
- contrato, declarações inverídicas do segurado, efeitos: art. 766
- contrato, nulidade para garantia de risco proveniente de ato doloso: art. 762

– contrato sobre risco passado: art. 773
– de coisa dada em garantia real: art. 1.425, § 1.º
– de coisa em usufruto: arts. 1.407 e 1.408
– de dano: arts. 778 a 788
– de pessoa: arts. 789 a 802
– de prédio anticrético: art. 1.509, § 2.º
– disposições aplicáveis a todos os contratos de seguro: art. 777
– mora do segurador: art. 772
– obrigações do segurador: art. 776
– obrigatório, prescrição: art. 206, § 3.º, IX
– prêmio, revisão, quando cabe: art. 770
– prescrição do segurado contra o segurador: art. 206, § 1.º, II
– recondução tácita do contrato: art. 774
– risco assumido em cosseguro: art. 761
– risco, diminuição no curso do contrato: art. 770
– segurador, quem pode ser: art. 757, parágrafo único

SENTENÇA
– de abertura de sucessão provisória, efeitos: art. 28
– de anulação de casamento, efeitos: art. 1.563
– de anulação ou nulidade de casamento, averbação no registro público: art. 10, I
– declaratória de ausência, registro: art. 9.º, IV
– declaratória de nulidade de negócio jurídico: art. 177
– de conversão da separação judicial em divórcio: art. 1.580, § 1.º
– de restabelecimento da sociedade conjugal, averbação no registro público: art. 10, I
– de separação judicial, averbação no registro público: art. 10, I
– de separação judicial, o que importa: art. 1.575
– do depósito em pagamento, efeito: art. 339
– do divórcio, averbação no registro público: art. 10, I
– em ação de investigação de paternidade ou maternidade, efeitos: art. 1.616
– julgamento da partilha: arts. 2.023 e 2.027
– usucapião de imóvel, declaração: arts. 1.238 e 1.241, parágrafo único

SEPARAÇÃO
– de corpos, requerida antes da ação de anulação de casamento: art. 1.562

SEPARAÇÃO JUDICIAL
– ação, legitimidade para sua proposição: art. 1.572
– conversão em divórcio: art. 1.580
– deveres a que põe fim: art. 1.576, *caput*
– dissolução da sociedade e do vínculo conjugal: art. 1.571, III
– guarda dos filhos: arts. 1.583 a 1.590
– impossibilidade de vida em comum: art. 1.573
– litigiosa, alimentos: art. 1.702
– mútuo consentimento dos cônjuges: art. 1.574
– restabelecimento da sociedade conjugal: art. 1.577
– sentença, o que importa: art. 1.575

SERVIDÕES
– constituição: arts. 1.378 e 1.379
– de águas e aquedutos: arts. 1.288 a 1.296
– de janela, sacada, terraço, goteira: art. 1.302
– de luz: art. 1.301
– de parede divisória: arts. 1.304 a 1.306 e 1.308
– de passagem forçada: art. 1.285
– exercício das: arts. 1.380 a 1.386
– extinção: arts. 1.387 a 1.389
– não aparentes, proteção possessória: art. 1.213

SILÊNCIO
– do ausente que tem notícia de esbulho possessório: art. 1.224
– do proprietário, no caso de construções feitas em seu terreno: art. 1.256, parágrafo único
– na aceitação da herança: arts. 1.805, § 1.º, e 1.807
– nos negócios jurídicos, quando importa anuência: art. 111
– renúncia tácita da prescrição: art. 191
– ruídos incômodos constituem uso nocivo da propriedade: art. 1.277

SIMULAÇÃO
– arts. 166 a 168
– discussão no concurso de credores: art. 956

SOBREPARTILHA
– quando se procede: art. 2.022

SOBRINHOS
– direitos hereditários: arts. 1.840, 1.841 e 1.853

SOCIEDADE ANÔNIMA
– arts. 1.088 e 1.089

SOCIEDADE CONJUGAL
– direção: art. 1.567
– dissolução: arts. 1.571 a 1.582
– filiação, presunção na sua constância: art. 1.597

SOCIEDADE COOPERATIVA
– arts. 1.093 a 1.096

SOCIEDADE EM COMANDITA POR AÇÕES
– arts. 1.090 a 1.092

SOCIEDADE EM COMANDITA SIMPLES
– arts. 1.045 a 1.051

SOCIEDADE EM COMUM
– arts. 986 a 990

SOCIEDADE EM CONTA DE PARTICIPAÇÃO
– arts. 991 a 996

SOCIEDADE EM NOME COLETIVO
– arts. 1.039 a 1.044

SOCIEDADE LIMITADA
– arts. 1.052 a 1.087
– sócios; reunião ou assembleia; votação a distância: 1.080-A

SOCIEDADES
– aplicação de leis comerciais não revogadas por este Código: art. 2.037
– cisão: arts. 1.113 a 1.122 e 2.033
– constituídas na forma de leis anteriores a este Código, prazo de dois anos para adaptação a suas disposições: art. 2.031
– contabilista e outros auxiliares: arts. 1.177 e 1.178
– dependentes de autorização: arts. 1.123 a 1.141
– disposições gerais: arts. 981 a 985
– dissolução e liquidação iniciadas antes da vigência deste Código: art. 2.034
– efeito dos atos e negócios jurídicos produzido após a vigência deste Código: art. 2.035
– escrituração: arts. 1.179 a 1.195
– estabelecimento: arts. 1.142 a 1.149
– estrangeiras: arts. 1.134 a 1.141
– fusão: arts. 1.113 a 1.122 e 2.033
– gerente: arts. 1.172 a 1.176
– incorporação: arts. 1.113 a 1.122 e 2.033
– liquidação: arts. 1.102 a 1.112 e 2.034
– modificação dos seus atos constitutivos, regência por este Código: art. 2.033
– nacionais: arts. 1.126 a 1.133
– não personificadas: arts. 986 a 996
– nome empresarial: arts. 1.155 a 1.168
– personificadas: arts. 997 e s.
– prazos prescricionais: art. 206, § 3.º, VI e VII
– prepostos: arts. 1.169 a 1.178
– registro: arts. 1.150 a 1.154
– transformação: arts. 1.113 a 1.122 e 2.033

SOCIEDADES COLIGADAS
– arts. 1.097 a 1.101

SOCIEDADE SIMPLES
– arts. 997 a 1.038

SOLIDARIEDADE
– ativa: arts. 267 a 274
– conceito: art. 264
– condicional: art. 266
– dos condôminos: art. 1.317
– efeito da novação: art. 365
– efeito na confusão de dívidas: art. 383
– não se presume: art. 265
– nulidade dos negócios jurídicos, efeito: art. 177
– passiva: arts. 275 a 285
– remissão da dívida: art. 388

SONEGADOS
– ação de sonegados: art. 1.994
– pena ao herdeiro sonegador: art. 1.992
– quando pode ser arguida a sonegação do inventariante: art. 1.996
– responsabilidade do sonegador pelo valor dos bens que não se restituam: art. 1.995

Índice

– sobrepartilha dos bens sonegados: art. 2.021
– sonegação feita pelo inventariante: art. 1.993

SUBENFITEUSE
– constituição proibida: art. 2.038
– existente antes da vigência deste Código: art. 2.038

SUB-ROGAÇÃO
– convencional, quando há: art. 347
– da garantia real, na indenização ou no seguro: art. 1.425, § 1.º
– de devedor que paga a dívida indivisível: art. 259, parágrafo único
– do produto da venda de bens gravados: art. 1.911, parágrafo único
– do usufruto, na indenização paga por desapropriação ou dano no prédio: art. 1.409
– efeitos do pagamento com sub-rogação: art. 350
– pagamento com sub-rogação: arts. 346 a 351

SUCESSÃO
– aberta antes da vigência deste Código: art. 2.041
– abertura, transmissão do domínio e posse da herança: art. 1.784
– aceitação e renúncia da herança: arts. 1.804 a 1.813
– capacidade para adquirir por testamento: arts. 1.799 e 1.800
– capacidade para suceder, lei que a rege: art. 1.787
– cessão por escritura pública: art. 1.793
– coerdeiro, direito de preferência na cessão de quotas: arts. 1.794 e 1.795
– companheiro, direito sucessório entre eles: art. 1.790
– cônjuge, concorrência com ascendentes: art. 1.837
– cônjuge sobrevivente: arts. 1.831 e 1.832
– de herdeiros ou legatários: arts. 1.947 e 1.960
– descendentes da mesma classe: art. 1.834
– descendentes, exclusão do grau mais remoto: art. 1.833
– deserdação: arts. 1.961 a 1.965
– direito de acrescer entre herdeiros e legatários: arts. 1.941 a 1.946
– direito de representação: arts. 1.851 a 1.856
– excluídos da sucessão: arts. 1.814 a 1.818
– herança jacente: arts. 1.819 a 1.823
– herdeiros necessários: arts. 1.845 a 1.850
– legados: arts. 1.912 a 1.922
– legados, caducidade: arts. 1.939 e 1.940
– legados, efeitos e pagamento: arts. 1.923 a 1.938
– legítima: arts. 1.786 e 1.829 a 1.856
– provisória: arts. 26 a 36
– redução das disposições testamentárias: arts. 1.966 a 1.968
– substituições ao herdeiro ou legatário: arts. 1.947 a 1.960
– testamentária, havendo herdeiros necessários: arts. 1.789 e 1.845 a 1.850
– transmissão da herança: arts. 1.784, 1.785 e 1.791
– vocação hereditária: arts. 1.829 a 1.844

SURDO-MUDO
– quando não puder exprimir sua vontade, incapacidade civil: art. 3.º, III
– quando pode fazer testamento cerrado: art. 1.873
– quando pode fazer testamento público: art. 1.866

SUSPENSÃO
– da celebração do casamento: art. 1.538
– da prescrição: arts. 197 a 201
– do poder familiar: arts. 1.635 a 1.638

TERCEIROS
– aceitação de herança pelos credores prejudicados: art. 1.813
– adquirente de má-fé, na fraude contra credores: art. 161
– aquisição de posse: art. 1.205, II
– cessão de crédito, depende de instrumento formal para valer contra terceiros: art. 288
– coação exercida por terceiro vicia o negócio: arts. 154 e 155
– codicilo, não prejudica direitos de terceiros: art. 1.882
– contratos de penhor, anticrese e hipoteca, requisitos para valer contra terceiros: art. 1.424
– dolo de terceiro, ciente uma das partes, anulação do negócio: art. 148
– estipulação em seu favor: arts. 436 a 438
– instituição do bem de família: arts. 1.711, parágrafo único, e 1.714
– interessado na interrupção da prescrição: art. 203
– legado de coisa a ser escolhida por terceiro: art. 1.930
– legado sob condição de entregar certa coisa a terceiro: art. 1.913
– pagamento feito por terceiro: arts. 304 a 306
– partilha, requerimento pelos credores do herdeiro: art. 2.013
– posse da coisa alienada: art. 1.267
– prescrição, interrupção: art. 203
– prescrição, renúncia: art. 191
– promessa de fato de terceiros: arts. 439 e 440
– ratificação de negócio anulável, não prejudica direito de terceiros: art. 172
– recebimento de coisa esbulhada, sabendo que o era, responsabilidade: art. 1.212
– registro de convenções antenupciais, para valerem contra terceiros: art. 1.657
– registro de instrumento particular para valer contra: art. 221
– reivindicação da propriedade pelo condômino: art. 1.314

TERMO
– final, condição resolutiva: art. 135
– inicial, condição suspensiva: art. 135
– inicial, suspende o exercício do direito: art. 131
– na contagem dos prazos: art. 132
– não se admite no reconhecimento de filho: art. 1.613

TESOURO
– arts. 1.264 a 1.266

TESTADORES
– analfabeto, não pode fazer testamento cerrado nem particular: arts. 1.872 e 1.876
– capacidade para fazer testamento: arts. 1.860 e 1.861
– cego, como pode fazer testamento: art. 1.867
– codicilo, quem o pode fazer: art. 1.881
– de testamento marítimo: arts. 1.888 a 1.892
– maiores de dezesseis anos: art. 1.860, parágrafo único
– militares em campanha: arts. 1.893, 1.894 e 1.896
– não podem dispor de mais da metade disponível: art. 1.846
– partilha da herança, deliberação: art. 2.014
– podem deserdar: arts. 1.961 a 1.964
– que não saibam ou não possam assinar o testamento: art. 1.865
– revogação do testamento: arts. 1.969 a 1.972
– surdos, como podem fazer o testamento público: art. 1.866
– surdos-mudos, como podem fazer testamento cerrado: art. 1.873
– testamento público, devem-se fazer as declarações de viva voz: art. 1.867
– testamentos feitos em língua estrangeira: arts. 1.871 e 1.880

TESTAMENTEIRO
– arts. 1.976 a 1.990

TESTAMENTO
– aeronáutico: arts. 1.889 a 1.891
– ato personalíssimo: art. 1.858
– bens excluídos pertencem aos herdeiros legítimos: art. 1.908
– bens remanescentes pertencem aos herdeiros legítimos: art. 1.907
– capacidade para adquirir por testamento: arts. 1.799 e 1.800
– capacidade para fazer: arts. 1.860 e 1.861
– cerrado: arts. 1.868 a 1.875
– cláusula de impenhorabilidade: arts. 1.848 e 2.042
– cláusula de inalienabilidade: arts. 1.848, 1.911 e 2.042
– cláusula de incomunicabilidade: arts. 1.848 e 2.042
– cláusulas do testamento: arts. 1.897 a 1.911
– cláusulas nulas: art. 1.900

– codicilos: arts. 1.881 a 1.885
– com excesso de metade disponível: art. 1.967
– conjuntivo, proibição: art. 1.863
– deserdação: arts. 1.961 a 1.965
– direito de acrescer: arts. 1.941 a 1.946
– disposição de parte da metade disponível: art. 1.966
– disposições em geral: arts. 1.897 a 1.911
– disposições, ineficácia: art. 1.910
– disposições nulas: art. 1.900
– disposições permitidas: art. 1.901
– disposições, prazo para anulá-las: art. 1.909, parágrafo único
– em favor dos pobres, de estabelecimentos de caridade ou de assistência pública: art. 1.902 e parágrafo único
– erro na designação da pessoa do herdeiro ou da coisa legada: art. 1.903
– especiais: arts. 1.886 e s.
– especiais, não se admitem outros, além dos previstos no Código: art. 1.887
– fideicomisso: arts. 1.951 a 1.960
– formas ordinárias: art. 1.862
– havendo herdeiros necessários, limitações: arts. 1.846 a 1.850
– impugnação, prazo: art. 1.859
– instituição de condomínio edilício: art. 1.332
– instituição de fundações: art. 62
– interpretação das cláusulas testamentárias: art. 1.899
– legado a dois ou mais herdeiros, partilha das quotas: arts. 1.904 e 1.905
– legado, caducidade: arts. 1.939 e 1.940
– legado com encargo: art. 1.938
– legado de alimentos: arts. 1.920 e 1.928
– legado de coisa alheia: arts. 1.912 e 1.914
– legado de coisa móvel determinável pelo gênero ou espécie: arts. 1.915 e 1.929 a 1.931
– legado de coisa que deva encontrar-se em certo lugar: art. 1.917
– legado de coisa singularizada: art. 1.916
– legado de crédito ou de quitação de dívida: arts. 1.918 e 1.919
– legado de quantidades certas em prestações periódicas: arts. 1.927 e 1.928
– legado de renda vitalícia ou pensão periódica: art. 1.926
– legado, despesas e riscos: art. 1.936
– legado de usufruto conjuntamente a duas ou mais pessoas: art. 1.946
– legado, efeitos e pagamento: arts. 1.923 a 1.938
– legado, normas gerais: arts. 1.912 a 1.922
– legado sob condição de entrega de coisa pertencente ao legatário: art. 1.911
– legatário, quem não pode ser: arts. 1.799 e 1.800
– marítimo: arts. 1.888 a 1.892
– metade disponível: arts. 1.846 a 1.950
– militar: arts. 1.893 a 1.896
– particular: arts. 1.876 a 1.880
– prazo concedido para o cumprimento: art. 1.983
– prazos estabelecidos, presumem-se em favor do herdeiro: art. 133
– público: arts. 1.864 a 1.867
– reconhecimento de filho feito em: art. 1.609, III
– redução das disposições testamentárias: arts. 1.966 a 1.968
– revogação: arts. 1.969 a 1.972
– rompimento: arts. 1.973 a 1.975
– substituição fideicomissária: arts. 1.951 a 1.960
– substituições dos herdeiros e legatários: arts. 1.947 e s.

TESTEMUNHAS

– do casamento: arts. 1.534 a 1.536 e 1.539
– do casamento nuncupativo: arts. 1.540 e 1.541
– do testamento cerrado: arts. 1.868, I, III e IV, e 1.873
– do testamento, impedidas: art. 1.801, II
– do testamento marítimo: art. 1.888
– do testamento militar: arts. 1.893, 1.894 e 1.896
– do testamento particular: arts. 1.876 a 1.880
– do testamento público: arts. 1.864, II e III, e 1.866
– impedidas de depor: art. 228
– instrumentárias: art. 221
– prova testemunhal dos fatos jurídicos: art. 212, III

TIOS

– casamento, impedimento matrimonial: art. 1.521, IV
– direitos hereditários: arts. 1.829, IV, 1.840 e 1.853
– exercício da tutela: art. 1.731, II
– parentes transversais: art. 1.840

TÍTULO DE CRÉDITO

– ao portador: arts. 904 a 909
– à ordem: arts. 910 a 920
– assinatura de quem não tem poderes ou os excede, consequências: art. 892
– aval: arts. 897 e 898
– avalista, a quem se equipara: art. 899
– aval posterior ao vencimento, efeitos: art. 900
– cláusulas consideradas não escritas: art. 890
– direito do devedor quando a quitação consiste na devolução: art. 321
– disposições aplicáveis: art. 903
– em circulação: art. 895
– incompleto ao tempo da emissão: art. 891
– nominativo: arts. 921 a 926
– omissão de requisitos legais no título: art. 888
– o que deve conter: art. 889
– pagamento antes do vencimento do título: art. 902
– pagamento ao legítimo portador, desoneração do devedor de boa-fé: art. 901
– penhor: arts. 1.451 a 1.460
– portador de título representativo de mercadoria, direitos: art. 894
– prescrição: art. 206, § 3.º, VIII
– prescrição, interrupção: art. 202, III e IV
– quando produz efeitos: art. 887
– reivindicado do portador que o adquiriu de boa-fé, proibição: art. 896
– sua entrega ao devedor faz presumir o pagamento: art. 324
– transferência: art. 893
– usufruto: art. 1.395

TOMADA DE DECISÃO APOIADA

– art. 1.783-A

TRADIÇÃO

– constituição de direitos reais sobre coisas móveis: art. 1.226
– da coisa empenhada: art. 1.431
– feita por quem não seja proprietário: art. 1.268
– na cessão de crédito: art. 291
– na obrigação de dar coisa certa: art. 237
– transferência do domínio de coisas móveis: arts. 1.267 e 1.268

TRANSAÇÃO

– arts. 840 a 850

TRANSPLANTE

– atos de disposição do próprio corpo, admissão nos casos de transplante: art. 13, parágrafo único

TRANSPORTE

– disposições gerais: arts. 730 a 733

TRANSPORTE DE COISAS

– arts. 743 a 756

TRANSPORTE DE PESSOAS

– arts. 734 a 742

TURBAÇÃO

– de posse: art. 1.210
– terceiros: art. 568

TUTELA

– casos em que os menores são postos sob tutela: art. 1.728
– contas, alcance do tutor: art. 1.762
– contas, balanço anual: art. 1.756
– contas, despesas com a tutela: arts. 1.760 e 1.761
– contas, julgamento: art. 1.757, parágrafo único
– contas não saldadas, causa suspensiva matrimonial: art. 1.523, IV
– contas, obrigatoriedade da prestação: art. 1.755
– contas, prestação pelos herdeiros e representantes do tutor morto, ausente ou interdito: art. 1.759
– contas, quitação do emancipado ou do que atingir a maioridade: art. 1.758
– curatela de bens legados: art. 1.733, § 2.º
– de irmãos órfãos: art. 1.733
– de menores abandonados: art. 1.734
– escusas: arts. 1.736 a 1.739

– exercício: arts. 1.740 a 1.752
– incapacidade para o exercício: art. 1.735
– nomeação pelo juiz: art. 1.732
– nomeação pelos pais: arts. 1.729 e 1.730
– pelos parentes, ordem: art. 1.731
– prescrição: art. 206, § 4.º
– prescrição, suspensão durante a tutela: art. 197, III

TUTOR(ES)

– atribuições: arts. 1.740, 1.747 e 1.748
– cessação da tutela: arts. 1.763 a 1.766
– destituição: art. 1.735
– deveres: arts. 1.740 e 1.741
– escusa: arts. 1.736 a 1.739
– exercício parcial da tutela: art. 1.743
– fiscalização de seus atos: art. 1.742
– morto, ausente ou interdito, prestação de suas contas: art. 1.759
– nomeação: arts. 1.728 a 1.734
– prescrição, interrupção: art. 203
– prescrição, não corre entre tutor e tutelado: art. 197, III
– prescrição, responsabilidade do tutor: art. 195
– prestação de contas: arts. 1.755 a 1.762
– protutor: arts. 1.742 e 1.752
– remoção da tutela: arts. 1.735, 1.764, III, e 1.766
– representação e assistência do tutelado: arts. 1.747, I, e 1.748, V
– responsabilidade em relação aos bens dos pupilos: arts. 1.752, 1.753, § 2.º, e 1.762

UNIÃO ESTÁVEL

– arts. 1.723 a 1.727
– conversão em casamento: art. 1.726
– impedimentos: art. 1.723, § 1.º
– regime de bens: art. 1.725

USO

– anormal da propriedade: arts. 1.277 a 1.281
– da coisa em condomínio: art. 1.314
– direito real de uso: arts. 1.225, V, 1.412 e 1.413

USUCAPIÃO

– arts. 1.260 a 1.262
– de bens públicos, proibição: art. 102
– de coisa móvel, prescrição, causas que a suspendem ou interrompem: art. 1.244
– de imóvel adquirido, onerosamente, com base em registro cancelado, prazo: art. 1.242, parágrafo único
– de imóvel, contagem do tempo da posse dos antecessores no prazo: art. 1.243
– de imóvel, declaração solicitada ao juiz pelo possuidor: art. 1.241
– de imóvel, direito reconhecido ao mesmo possuidor mais de uma vez, impossibilidade: art. 1.240, § 2.º
– de imóvel, posse com justo título e boa-fé, prazo: arts. 1.242 e 2.029
– de imóvel, posse de área urbana de até duzentos e cinquenta metros quadrados, requisitos e prazo: art. 1.240
– de imóvel, posse sem título ou boa-fé, prazo: arts. 1.238 e 2.029
– de imóvel, prescrição, causas que a suspendem ou interrompem: art. 1.244
– de servidão predial: art. 1.379

USUFRUTO

– deveres do usufrutuário: arts. 1.400 a 1.409
– direitos do usufrutuário: arts. 1.394 a 1.399
– disposições gerais: arts. 1.390 a 1.399
– dos bens dos filhos, inerente ao poder familiar: arts. 1.689 a 1.693 e 1.816, parágrafo único
– extinção do usufruto: arts. 1.410 e 1.411
– legado sem fixação de tempo, presume-se vitalício: art. 1.921
– posse de coisa usufruída não anula a posse indireta: art. 1.197
– quase usufruto: art. 1.392, § 1.º
– vitalício, quando se presume: art. 1.921

VENDA

– a contento: arts. 509 a 512
– com reserva de domínio: arts. 521 a 528
– do gado empenhado: art. 1.445
– em hasta pública, de bens de menor sob tutela: art. 1.750
– em hasta pública, de imóvel que não caiba no quinhão: art. 2.019
– judicial, de imóvel hipotecado, notificação necessária: art. 1.501
– sobre documentos: arts. 529 a 532

VÍCIOS

– anulação da partilha: art. 2.027
– da coisa empenhada: art. 1.433, III
– dos negócios jurídicos: arts. 138 a 165 e 171, II
– redibitórios: arts. 441 a 446

VIOLÊNCIA

– contra o testador: art. 1.814, III
– na posse, atos violentos não autorizam a aquisição: art. 1.208
– na posse, constitui vício: art. 1.200
– na posse, defesa do possuidor: art. 1.210, § 1.º

VIZINHOS

– direito de construir: arts. 1.299 a 1.313
– direito de tapagem: art. 1.297
– direitos e deveres quanto aos limites entre os prédios: arts. 1.297 e 1.298
– direitos e deveres quanto às águas: arts. 1.288 a 1.296
– direitos e deveres quanto às árvores limítrofes: arts. 1.282 a 1.284
– passagem forçada: art. 1.285
– uso nocivo da propriedade: arts. 1.277 e 1.280

VOCAÇÃO HEREDITÁRIA

– ascendente: art. 1.829, II
– capacidade para suceder: art. 1.798
– colaterais: art. 1.829, IV
– cônjuge sobrevivente: art. 1.829, III
– descendente: art. 1.829, I
– disposições relativas a ela, não aplicação à sucessão aberta antes da vigência deste Código: art. 2.041
– legitimação: art. 1.798
– ordem: arts. 1.829 a 1.844
– união estável e união homoafetiva: art. 1.790

VONTADE

– manifestação da vontade nos negócios jurídicos: art. 110
– reserva mental: art. 110
– silêncio, quando importa anuência: art. 111

Código Comercial

ÍNDICE SISTEMÁTICO DO CÓDIGO COMERCIAL

(LEI N. 556, DE 25-6-1850)

PARTE PRIMEIRA

DO COMÉRCIO EM GERAL

Arts. 1.º a 456 297

PARTE SEGUNDA

DO COMÉRCIO MARÍTIMO

TÍTULO I

DAS EMBARCAÇÕES

Arts. 457 a 483 297

TÍTULO II

DOS PROPRIETÁRIOS, COMPARTES E CAIXAS DE NAVIOS

Arts. 484 a 495 299

TÍTULO III

DOS CAPITÃES OU MESTRES DE NAVIO

Arts. 496 a 537 299

TÍTULO IV

DO PILOTO E CONTRAMESTRE

Arts. 538 a 542 302

TÍTULO V

DO AJUSTE E SOLDADAS DOS OFICIAIS E GENTE DA TRIPULAÇÃO, SEUS DIREITOS E OBRIGAÇÕES

Arts. 543 a 565 302

TÍTULO VI

DOS FRETAMENTOS

CAPÍTULO I – Da natureza e forma do contrato de fretamento e das cartas-partidas – arts. 566 a 574 304

CAPÍTULO II – Dos conhecimentos – arts. 575 a 589 304

CAPÍTULO III – Dos direitos e obrigações do fretador e afretador – arts. 590 a 628 305

CAPÍTULO IV – Dos passageiros – arts. 629 a 632 307

TÍTULO VII

DO CONTRATO DE DINHEIRO A RISCO OU CÂMBIO MARÍTIMO

Arts. 633 a 665 308

TÍTULO VIII

DOS SEGUROS MARÍTIMOS

CAPÍTULO I – Da natureza e forma do contrato de seguro marítimo – arts. 666 a 684 310

CAPÍTULO II – Das coisas que podem ser objeto de seguro marítimo – arts. 685 a 691 311

CAPÍTULO III – Da avaliação dos objetos seguros – arts. 692 a 701 311

CAPÍTULO IV – Do começo e fim dos riscos – arts. 702 a 709 312

CAPÍTULO V – Das obrigações recíprocas do segurador e do segurado – arts. 710 a 730 312

TÍTULO IX

DO NAUFRÁGIO E SALVADOS

Arts. 731 a 739 313

TÍTULO X

DAS ARRIBADAS FORÇADAS

Arts. 740 a 748 313

TÍTULO XI

DO DANO CAUSADO POR ABALROAÇÃO

Arts. 749 a 752 314

TÍTULO XII

DO ABANDONO

Arts. 753 a 760 314

TÍTULO XIII

DAS AVARIAS

CAPÍTULO I – Da natureza e classificação das avarias – arts. 761 a 771 314

CAPÍTULO II – Da liquidação, repartição e contribuição da avaria grossa – arts. 772 a 796 315

PARTE TERCEIRA

DAS QUEBRAS

Arts. 797 a 913 317

TÍTULO ÚNICO

DA ADMINISTRAÇÃO DA JUSTIÇA NOS NEGÓCIOS E CAUSAS COMERCIAIS

Arts. 1.º a 30 317

ÍNDICE CRONOLÓGICO DA LEGISLAÇÃO ALTERADORA DO CÓDIGO COMERCIAL

DECRETO-LEI N. 7.661, DE 21 DE JUNHO DE 1945
Revoga os arts. 797 a 913.

LEI N. 7.542, DE 26 DE SETEMBRO DE 1986
Revoga os arts. 731 a 739.

LEI N. 10.406, DE 10 DE JANEIRO DE 2002
Revoga os arts. 1.º a 456.

CÓDIGO COMERCIAL

LEI N. 556, DE 25 DE JUNHO DE 1850 (*)

Código Comercial Brasileiro.

Dom PEDRO SEGUNDO, por graça de DEUS e unânime aclamação dos povos, Imperador Constitucional e defensor perpétuo do Brasil:

Fazemos saber a todos os nossos súditos, que a Assembleia Geral decretou, e nós queremos, a Lei seguinte:

Parte Primeira

DO COMÉRCIO EM GERAL

Arts. 1.º a 456. (*Revogados pela Lei n. 10.406, de 10-1-2002.*)

•• *Vide* Lei n. 10.406, de 10-1-2002, que revogou expressamente a Parte Primeira do CCom e passou a dispor sobre a matéria nela tratada.

Parte Segunda

DO COMÉRCIO MARÍTIMO

Título I
DAS EMBARCAÇÕES

Art. 457. Somente podem gozar das prerrogativas e favores concedidos a embarcações brasileiras, as que verdadeiramente pertencerem a súditos do Império, sem que algum estrangeiro nelas possua parte ou interesse.

Provando-se que alguma embarcação, registrada debaixo do nome de brasileiro, pertence no todo ou em parte a estrangeiro, ou que este tem nela algum interesse, será apreendida como perdida; e metade do seu produto aplicado para o denunciante, havendo-o, e a outra metade a favor do cofre do Tribunal do Comércio respectivo.

Os súditos brasileiros domiciliados em país estrangeiro não podem possuir embarcação brasileira; salvo se nela for comparte alguma casa comercial brasileira estabelecida no Império.

• *Vide* art. 178 da CF.

• A Lei n. 9.966, de 28-4-2000, dispõe sobre a prevenção, o controle e a fiscalização da poluição causada por lançamento de óleo e outras substâncias nocivas ou perigosas em águas sob jurisdição nacional.

• A Lei n. 9.537, de 11-12-1997, dispõe sobre a segurança do tráfego aquaviário em águas sob jurisdição nacional.

(*) Sobre os valores constantes deste diploma legal, *vide* Nota dos Organizadores.

Art. 458. Acontecendo que alguma embarcação brasileira passe por algum título a domínio de estrangeiro no todo ou em parte, não poderá navegar com a natureza de propriedade brasileira, enquanto não for alienada a súdito do Império.

•• Registro Especial Brasileiro: art. 11 da Lei n. 9.432, de 8-1-1997, regulamentada pelo Decreto n. 2.256, de 17-6-1997.

Art. 459. É livre construir as embarcações pela forma e modo que mais conveniente parecer; nenhuma, porém, poderá aparelhar-se sem se reconhecer previamente, por vistoria feita na conformidade dos regulamentos do Governo, que se acha navegável. O auto original da vistoria será depositado na secretaria do Tribunal do Comércio respectivo; e antes deste depósito nenhuma embarcação será admitida a registro.

Art. 460. Toda embarcação brasileira destinada à navegação do alto-mar, com exceção somente das que se empregarem exclusivamente nas pescarias das costas, deve ser registrada no Tribunal do Comércio do domicílio do seu proprietário ostensivo ou armador (art. 484), e sem constar do registro não será admitida a despacho.

•• Inscrição, registro e embarcação: art. 3.º da Lei n. 7.652, de 3-2-1988.

Art. 461. O registro deve conter:

1. a declaração do lugar onde a embarcação foi construída, o nome do construtor, e a qualidade das madeiras principais;
2. as dimensões da embarcação em palmos e polegadas, e a sua capacidade em toneladas, comprovadas por certidão de arqueação com referência à sua data;
3. a armação de que usa, e quantas cobertas tem;
4. o dia em que foi lançada ao mar;
5. o nome de cada um dos donos ou compartes, e os seus respectivos domicílios;
6. menção especificada do quinhão de cada comparte, se for de mais de um proprietário, e a época da sua respectiva aquisição, com referência à natureza e data do título, que deverá acompanhar a petição para o registro. O nome da embarcação registrada e do seu proprietário ostensivo ou armador serão publicados por anúncios nos periódicos do lugar.

•• Requerimento de inscrição: art. 9.º, parágrafo único, da Lei n. 7.652, de 3-2-1988.

Art. 462. Se a embarcação for de construção estrangeira, além das especificações sobreditas, deverá declarar-se no registro a nação a que pertencia, o nome que tinha e o que tomou, e o título por que passou a ser de propriedade brasileira; podendo omitir-se, quando não conste dos documentos, o nome do construtor.

•• Embarcação adquirida no estrangeiro: art. 10 da Lei n. 7.652, de 3-2-1988.

Art. 463. O proprietário armador prestará juramento por si ou por seu procurador, nas mãos do presidente do tribunal, de que a sua declaração é verídica, e de que todos os proprietários da embarcação são verdadeiramente súditos brasileiros, obrigando-se por termo a não fazer uso ilegal do registro, e a entregá-lo dentro de 1 (um) ano no mesmo tribunal, no caso da embarcação ser vendida, perdida ou julgada incapaz de navegar; pena de incorrer na multa no mesmo termo declarada, que o tribunal arbitrará.

Nos lugares onde não houver Tribunal do Comércio, todas as diligências sobreditas serão praticadas perante o juiz de direito do comércio, que enviará ao tribunal competente as devidas participações, acompanhadas dos documentos respectivos.

• Competência do Tribunal Marítimo: arts. 10 a 21 da Lei n. 2.180, de 5-2-1954.

Art. 464. Todas as vezes que qualquer embarcação mudar de proprietário ou de nome, será o seu registro apresentado no Tribunal do Comércio respectivo para as competentes anotações.

•• Transferência de propriedade de embarcação sujeita a registro: arts. 4.º e 33 da Lei n. 7.652, de 3-2-1988.

Art. 465. Sempre que a embarcação mudar de capitão, será esta alteração anotada no registro, pela autoridade que tiver a seu cargo a matrícula dos navios, no porto onde a mudança tiver lugar.

Art. 466. Toda a embarcação brasileira em viagem é obrigada a ter a bordo:

1. o seu registro (art. 460);
2. o passaporte do navio;
3. o rol da equipagem ou matrícula;
4. a guia ou manifesto da Alfândega do porto brasileiro donde houver saído, feito na conformidade das leis, regulamentos e instruções fiscais;
5. a carta de fretamento nos casos em que este tiver lugar, e os conhecimentos da carga existente a bordo, se alguma existir;

6. os recibos das despesas dos portos donde sair, compreendidas as de pilotagem, ancoragem e mais direitos ou impostos de navegação;

7. um exemplar do Código Comercial.

Art. 467. A matrícula deve ser feita no porto do armamento da embarcação, e conter:

1. os nomes do navio, capitão, oficiais e gente da tripulação, com declaração de suas idades, estado, naturalidade e domicílio, e o emprego de cada um a bordo;

2. o porto da partida e o do destino, e a torna-viagem, se esta for determinada;

3. as soldadas ajustadas, especificando-se, se são por viagem ou ao mês, por quantia certa ou a frete, quinhão ou lucro na viagem;

4. as quantias adiantadas, que se tiverem pago ou prometido pagar por conta das soldadas;

• Livro da Receita e Despesa: art. 544 do CCom.

5. a assinatura do capitão, e de todos os oficiais do navio e mais indivíduos da tripulação que souberem escrever (arts. 511 e 512).

Art. 468. As alienações ou hipotecas de embarcações brasileiras destinadas à navegação do alto-mar, só podem fazer-se por escritura pública, na qual se deverá inserir o teor do seu registro, com todas as anotações que nele houver (arts. 472 e 474); pena de nulidade.

Todos os aprestos, aparelhos e mais pertences existentes a bordo de qualquer navio ao tempo da sua venda, deverão entender-se compreendidos nesta, ainda que deles se não faça expressa menção; salvo havendo no contrato convenção em contrário.

• Competência dos tabeliães e oficiais de registro de contratos marítimos: art. 10 da Lei n. 8.935, de 18-11-1994.

• Hipoteca marítima: art. 1.473, VI, do CC.

Art. 469. Vendendo-se algum navio em viagem, pertencem ao comprador os fretes que vencerem nesta viagem; mas se na data do contrato o navio tiver chegado ao lugar do seu destino, serão do vendedor; salvo convenção em contrário.

Art. 470. No caso de venda voluntária, a propriedade da embarcação passa para o comprador com todos os seus encargos; salvo os direitos dos credores privilegiados que nela tiverem hipoteca tácita. Tais são:

• Da hipoteca no CC: arts. 1.473 a 1.505.

1. os salários devidos por serviços prestados ao navio, compreendidos os de salvados e pilotagem;

• Preferência sobre outras dívidas: art. 627 do CCom.

2. todos os direitos de porto e impostos de navegação;

3. os vencimentos de depositários e despesas necessárias feitas na guarda do navio, compreendido o aluguel dos armazéns de depósito dos aprestos e aparelhos do mesmo navio;

4. todas as despesas do custeio do navio e seus pertences, que houverem sido feitas para sua guarda e conservação depois da última viagem e durante a sua estadia no porto da venda;

5. as soldadas do capitão, oficiais e gente da tripulação, vencidas na última viagem;

6. o principal e prêmio das letras de risco tomadas pelo capitão sobre o casco e aparelho ou sobre os fretes (art. 651) durante a última viagem, sendo o contrato celebrado e assinado antes do navio partir do porto onde tais obrigações forem contraídas;

7. o principal e prêmio de letras de risco, tomadas sobre o casco e aparelhos, ou fretes, antes de começar a última viagem, no porto da carga (art. 515);

8. as quantias emprestadas ao capitão, ou dívidas por ele contraídas para o conserto e custeio do navio, durante a última viagem, com os respectivos prêmios de seguro, quando em virtude de tais empréstimos o capitão houver evitado firmar letras de risco (art. 515);

9. faltas na entrega da carga, prêmios de seguro sobre o navio ou fretes, e avarias ordinárias, e tudo o que respeitar à última viagem somente.

• *Vide* arts. 472 a 476, 479 e 627 do CCom.

Art. 471. São igualmente privilegiadas, ainda que contraídas fossem anteriormente à última viagem:

1. as dívidas provenientes do contrato da construção do navio e juros respectivos, por tempo de 3 (três) anos, a contar do dia em que a construção ficar acabada;

2. as despesas do conserto do navio e seus aparelhos, e juros respectivos, por tempo dos 2 (dois) últimos anos, a contar do dia em que o conserto terminou.

• *Vide* arts. 472 a 476 e 479 do CCom.

Art. 472. Os créditos provenientes das dívidas especificadas no artigo precedente, e nos ns. 4, 6, 7 e 8 do art. 470, só serão considerados como privilegiados quando tiverem sido lançados no Registro do Comércio em tempo útil (art. 10, n. 2) e as suas importâncias se acharem anotadas no registro da embarcação (art. 468).

As mesmas dívidas, sendo contraídas fora do Império, só serão atendidas achando-se autenticadas com o – *Visto* – do respectivo cônsul.

Art. 473. Os credores contemplados nos arts. 470 e 471 preferem entre si pela ordem dos números em que estão colocados; as dívidas, contempladas debaixo do mesmo número e contraídas no mesmo porto, precederão entre si pela ordem em que ficam classificadas, e entrarão em concurso sendo de idêntica natureza; porém, se dívidas idênticas se fizerem por necessidade em outros portos, ou no mesmo porto a que voltar o navio, as posteriores preferirão às anteriores.

Art. 474. Em seguimento dos créditos mencionados nos arts. 470 e 471, são também privilegiados o preço da compra do navio não pago, e os juros respectivos, por tempo de 3 (três) anos, a contar da data do instrumento do contrato; contanto, porém, que tais créditos constem de documentos inscritos lançados no Registro do Comércio em tempo útil, e a sua importância se ache anotada no registro da embarcação.

• *Vide* arts. 475, 476 e 479 do CCom.

Art. 475. No caso de quebra ou insolvência do armador do navio, todos os créditos a cargo da embarcação, que se acharem nas precisas circunstâncias dos arts. 470, 471 e 474, preferirão sobre o preço do navio a outros credores da massa.

Art. 476. O vendedor de embarcação é obrigado a dar ao comprador uma nota por ele assinada de todos os créditos privilegiados a que a mesma embarcação possa achar-se obrigada (arts. 470, 471 e 474), a qual deverá ser incorporada na escritura da venda em seguimento do registro da embarcação. A falta de declaração de algum crédito privilegiado induz presunção de má-fé da parte do vendedor, contra o qual o comprador poderá intentar a ação criminal que seja competente, se for obrigado ao pagamento de algum crédito não declarado.

•• Dispositivos da Lei n. 7.652, de 3-2-1988: arts. 9.º, parágrafo único, *c* (prova de quitação de ônus fiscais e de encargos sociais), e 22, V (cancelamento de registro feito mediante declaração fraudulenta).

•• Falsidade ideológica: art. 299 do CP.

Art. 477. Nas vendas judiciais extingue-se toda a responsabilidade da embarcação para com todos e quaisquer credores, desde a data do termo da arrematação, e fica subsistindo somente sobre o preço, enquanto este se não levanta.

Todavia, se do registro do navio constar que este está obrigado por algum crédito privilegiado, o preço da arrematação será conservado em depósito, em tanto quanto baste para solução dos créditos privilegiados constantes do registro; e não poderá levantar-se antes de expirar o prazo da prescrição dos créditos privilegiados, ou se mostrar que estão todos pagos, ainda mesmo que o exequente seja credor privilegiado, salvo prestando fiança idônea; pena de nulidade do levantamento do depósito; competindo ao credor prejudicado ação para haver de quem indevidamente houver recebido, e de perdas e danos solidariamente contra o juiz e escrivão que tiverem passado e assinado a ordem ou mandado.

• *Vide* art. 265 do CC.

Art. 478. Ainda que as embarcações sejam reputadas bens móveis, contudo, nas vendas judiciais, se guardarão as regras que as leis prescrevem para as arrematações dos bens de raiz; devendo as ditas vendas, além da afixação dos editais nos lugares públicos, e particularmente nas praças do comércio, ser publicadas por três anúncios insertos, com o intervalo de 8 (oito) dias, nos jornais do lugar, que habitualmente publicarem anúncios, e, não os havendo, nos do lugar mais vizinho.

Nas mesmas vendas, as custas judiciais do processo da execução e arrematação preferem a todos os créditos privilegiados.

- Arrematação: arts. 881 e s. do CPC.

Art. 479. Enquanto durar a responsabilidade da embarcação por obrigações privilegiadas, pode esta ser embargada e detida, a requerimento de credores que apresentarem títulos legais (arts. 470, 471 e 474), em qualquer porto do Império onde se achar, estando sem carga ou não tendo recebido a bordo mais da quarta parte da que corresponder à sua lotação; o embargo, porém, não será admissível achando-se a embarcação com os despachos necessários para poder ser declarada desimpedida, qualquer que seja o estado da carga; salvo se a dívida proceder de fornecimentos feitos no mesmo porto, e para a mesma viagem.

- *Vide* art. 482 do CCom.

Art. 480. Nenhuma embarcação pode ser embargada ou detida por dívida não privilegiada; salvo no porto da sua matrícula; e mesmo neste, unicamente nos casos em que os devedores são por direito obrigados a prestar caução em juízo, achando-se previamente intentadas as ações competentes.

Art. 481. Nenhuma embarcação, depois de ter recebido mais da quarta parte da carga correspondente à sua lotação, pode ser embargada ou detida por dívidas particulares do armador, exceto se estas tiverem sido contraídas para aprontar o navio para a mesma viagem, e o devedor não tiver outros bens com que possa pagar; mas, mesmo neste caso, se mandará levantar o embargo, dando os mais compartes fiança pelo valor de seus respectivos quinhões, assinando o capitão termo de voltar ao mesmo lugar finda a viagem, e prestando os interessados na expedição fiança idônea à satisfação da dívida, no caso da embarcação não voltar por qualquer incidente, ainda que seja de força maior. O capitão que deixar de cumprir o referido termo responderá pessoalmente pela dívida, salvo o caso de força maior, e a sua falta será qualificada de barataria.

- *Vide* art. 712 do CCom.
- Força maior: art. 393 do CC.

Art. 482. Os navios estrangeiros surtos nos portos do Brasil não podem ser embargados nem detidos, ainda mesmo que se achem sem carga, por dívidas que não forem contraídas no território brasileiro em utilidade dos mesmos navios ou da sua carga; salvo provindo a dívida de letras de risco ou de câmbio sacadas em país estrangeiro no caso do art. 651, e vencidas em algum lugar do Império.

- Obrigatoriedade de transporte em navio de bandeira brasileira: Decreto-lei n. 666, de 2-7-1969.

Art. 483. Nenhum navio pode ser detido ou embargado, nem executado na sua totalidade por dívidas particulares de um comparte; poderá, porém, ter lugar a execução no valor do quinhão do devedor, sem prejuízo da livre navegação do mesmo navio, prestando os mais compartes fiança idônea.

- Fiança: art. 818 do CC.

Título II
DOS PROPRIETÁRIOS, COMPARTES E CAIXAS DE NAVIOS

Art. 484. Todos os cidadãos brasileiros podem adquirir e possuir embarcações brasileiras; mas a sua armação e expedição só pode girar debaixo do nome e responsabilidade de um proprietário ou comparte, armador ou caixa, que tenha as qualidades requeridas para ser comerciante (arts. 1.º e 4.º).

- *Vide* art. 460 do CCom.

Art. 485. Quando os compartes de um navio fazem dele uso comum, esta sociedade ou parceria marítima regula-se pelas disposições das sociedades comerciais (Parte I, Título XV); salvo as determinações contidas no presente Título.

Art. 486. Nas parcerias ou sociedades de navios, o parecer da maioria no valor dos interesses prevalece contra o da minoria nos mesmos interesses, ainda que esta seja representada pelo maior número de sócios e aquela por um só. Os votos computam-se na proporção dos quinhões; o menor quinhão será contado por um voto; no caso de empate decidirá a sorte, se os sócios não preferirem cometer a decisão a um terceiro.

Art. 487. Achando-se um navio necessitado de conserto, e convindo neste a maioria, os sócios dissidentes, se não quiserem anuir, serão obrigados a vender os seus quinhões aos outros compartes, estimando-se o preço antes de principiar-se o conserto; se estes não quiserem comprar, proceder-se-á à venda em hasta pública.

- *Vide* art. 730 do CPC.

Art. 488. Se o menor número entender que a embarcação necessita de conserto e a maioria se opuser, a minoria tem direito para requerer que se proceda a vistoria judicial; decidindo-se que o conserto é necessário, todos os compartes são obrigados a contribuir para ele.

Art. 489. Se algum comparte na embarcação quiser vender o seu quinhão, será obrigado a afrontar os outros parceiros; estes têm direito a preferir na compra em igualdade de condições, contanto que efetuem a entrega do preço à vista, ou o consignem em juízo no caso de contestação. Resolvendo-se a venda do navio por deliberação da maioria, a minoria pode exigir que se faça em hasta pública.

- *Vide* art. 730 do CPC.

Art. 490. Todos os compartes têm direito de preferir no fretamento a qualquer terceiro, em igualdade de condições; concorrendo na preferência para a mesma viagem dois ou mais compartes, preferirá o que tiver maior parte de interesses na embarcação; no caso de igualdade de interesses decidirá a sorte; todavia, esta preferência não dá direito para exigir que se varie o destino da viagem acordada pela maioria.

Art. 491. Toda a parceria ou sociedade de navio é administrada por um ou mais caixas, que representa em juízo e fora dele a todos os interessados, e os responsabiliza; salvo as restrições contidas no instrumento social, ou nos poderes do seu mandato, competentemente registrados (art. 10, n. 2).

Art. 492. O caixa deve ser nomeado dentre os compartes; salvo se todos convierem na nomeação de pessoa estranha à parceria; em todos os casos é necessário que o caixa tenha as qualidades exigidas no art. 484.

Art. 493. Ao caixa, não havendo estipulação em contrário, pertence nomear, ajustar e despedir o capitão e mais oficiais do navio, dar todas as ordens, e fazer todos os contratos relativos à administração, fretamento e viagens da embarcação; obrando sempre em conformidade do acordo da maioria e do seu mandato, debaixo de sua responsabilidade pessoal para com os compartes pelo que obrar contra o mesmo acordo, ou mandato.

Art. 494. Todos os proprietários e compartes são solidariamente responsáveis pelas dívidas que o capitão contrair para consertar, habilitar e aprovisionar o navio; sem que esta responsabilidade possa ser ilidida, alegando-se que o capitão excedeu os limites das suas faculdades, ou instruções, se os credores provarem que a quantia pedida foi empregada a benefício do navio (art. 517). Os mesmos proprietários e compartes são solidariamente responsáveis pelos prejuízos que o capitão causar a terceiro por falta da diligência que é obrigado a empregar para boa guarda, acondicionamento e conservação dos efeitos recebidos a bordo (art. 519). Esta responsabilidade cessa, fazendo aqueles abandono do navio e fretes vencidos e a vencer na respectiva viagem. Não é permitido o abandono ao proprietário ou comparte que for ao mesmo tempo capitão do navio.

Art. 495. O caixa é obrigado a dar aos proprietários ou compartes, no fim de cada viagem, uma conta da sua gestão, tanto relativa ao estado do navio e parceria, como da viagem finda, acompanhada dos documentos competentes, e a pagar sem demora o saldo líquido que a cada um couber; os proprietários ou compartes são obrigados a examinar a conta do caixa logo que lhes for apresentada, e a pagar sem demora a quota respectiva aos seus quinhões. A aprovação das contas do caixa dada pela maioria dos compartes do navio não obsta a que a minoria dos sócios intente contra eles as ações que julgar competentes.

Título III
DOS CAPITÃES OU MESTRES DE NAVIO

Art. 496. Para ser capitão ou mestre de embarcação brasileira, palavras sinônimas neste Código para todos os efeitos de direito, requer-se ser cidadão brasileiro, domiciliado no Império, com capacidade civil para poder contratar validamente.

• Capacidade civil: *vide* art. 5.º do CC.
• Nacionalidade brasileira: *vide* art. 12 da CF.

Art. 497. O capitão é o comandante da embarcação; toda a tripulação lhe está sujeita, e é obrigada a obedecer e cumprir as suas ordens em tudo quanto for relativo ao serviço do navio.

Art. 498. O capitão tem a faculdade de impor penas correcionais aos indivíduos da tripulação que perturbarem a ordem do navio, cometerem faltas de disciplina, ou deixarem de fazer o serviço que lhes competir; e até mesmo de proceder à prisão por motivo de insubordinação, ou de qualquer outro crime cometido a bordo, ainda mesmo que o delinquente seja passageiro; formando os necessários processos, os quais é obrigado a entregar com os presos às autoridades competentes no primeiro porto do Império aonde entrar.

•• *Vide* art. 555, n. 1 (causas justas para a despedida), do CCom.

Art. 499. Pertence ao capitão escolher e ajustar a gente da equipagem, e despedi-la, nos casos em que a despedida possa ter lugar (art. 555), obrando de conserto com o dono ou armador, caixa, ou consignatário do navio, nos lugares onde estes se acharem presentes. O capitão não pode ser obrigado a receber na equipagem indivíduo algum contra a sua vontade.

Art. 500. O capitão que seduzir ou desencaminhar marinheiro matriculado em outra embarcação será punido com a multa de cem mil-réis por cada indivíduo que desencaminhar, e obrigado a entregar o marinheiro seduzido, existindo a bordo do seu navio; e se a embarcação por esta falta deixar de fazer-se à vela, será responsável pelas estadias da demora.

Art. 501. O capitão é obrigado a ter escrituração regular de tudo quanto diz respeito à administração do navio, e à sua navegação; tendo para este fim três livros distintos, encadernados e rubricados pela autoridade a cargo de quem estiver a matrícula dos navios; pena de responder por perdas e danos que resultarem da sua falta de escrituração regular.

Art. 502. No primeiro, que se denominará – *Livro da Carga* – assentará diariamente as entradas e saídas da carga, com declaração específica das marcas e números dos volumes, nomes dos carregadores e consignatários, portos da carga e descarga, fretes ajustados, e quaisquer outras circunstâncias ocorrentes que possam servir para futuros esclarecimentos. No mesmo livro se lançarão também os nomes dos passageiros, com declaração do lugar do seu destino, preço e condições da passagem, e a relação da sua bagagem.

Art. 503. O segundo livro será da – *Receita e Despesa da Embarcação*; e nele, debaixo de competentes títulos, se lançará, em forma de contas correntes, tudo quanto o capitão receber e despender respectivamente à embarcação; abrindo-se assento a cada um dos indivíduos da tripulação, com declaração de seus vencimentos, e de qualquer ônus a que se achem obrigados, e a cargo do que receberem por conta de suas soldadas.

•• *Vide* art. 544 do CCom.

Art. 504. No terceiro livro, que será denominado – *Diário da Navegação* – se assentarão diariamente, enquanto o navio se achar em algum porto, os trabalhos que tiverem lugar a bordo, e os consertos ou reparos do navio. No mesmo livro se assentará também toda a derrota da viagem, notando-se diariamente as observações que os capitães e os pilotos são obrigados a fazer, todas as ocorrências interessantes à navegação, acontecimentos extraordinários que possam ter lugar a bordo, e com especialidade os temporais, e os danos ou avarias que o navio ou a carga possam sofrer, as deliberações que se tomarem por acordo dos oficiais da embarcação, e os competentes protestos.

•• *Vide* art. 539 do CCom.

Art. 505. Todos os processos testemunháveis e protestos formados a bordo, tendentes a comprovar sinistros, avarias, ou quaisquer perdas, devem ser ratificados com juramento do capitão perante a autoridade competente do primeiro lugar onde chegar; a qual deverá interrogar o mesmo capitão, oficiais, gente da equipagem (art. 545, n. 7) e passageiros sobre a veracidade dos fatos e suas circunstâncias, tendo presente o Diário da Navegação, se houver sido salvo.

•• Protestos marítimos e processos testemunháveis formados a bordo: arts. 766 e s. do CPC.

•• *Vide* arts. 526 e 743 do CCom.

Art. 506. Na véspera da partida do porto da carga, fará o capitão inventariar, em presença do piloto e contramestre, as amarras, âncoras, velames e mastreação, com declaração do estado em que se acharem. Este inventário será assinado pelo capitão, piloto e contramestre. Todas as alterações que durante a viagem sofrer qualquer dos sobreditos artigos serão anotadas no Diário da Navegação, e com as mesmas assinaturas.

Art. 507. O capitão é obrigado a permanecer a bordo desde o momento em que começa a viagem de mar, até a chegada do navio a surgidouro seguro e bom porto; e a tomar os pilotos e práticos necessários em todos os lugares em que os regulamentos, o uso e prudência o exigirem; pena de responder por perdas e danos que da sua falta resultarem.

Art. 508. É proibido ao capitão abandonar a embarcação, por maior perigo que se ofereça, fora do caso de naufrágio; e julgando-se indispensável o abandono, é obrigado a empregar a maior diligência possível para salvar todos os efeitos do navio e carga, e com preferência os papéis e livros da embarcação, dinheiro e mercadorias de maior valor. Se apesar de toda a diligência os objetos tirados do navio, ou os que nele ficarem se perderem ou forem roubados sem culpa sua, o capitão não será responsável.

Art. 509. Nenhuma desculpa poderá desonerar o capitão que alterar a derrota que era obrigado a seguir, ou que praticar algum ato extraordinário de que possa provir dano ao navio ou à carga, sem ter precedido deliberação tomada em junta composta de todos os oficiais da embarcação, e na presença dos interessados do navio ou na carga, se algum se achar a bordo. Em tais deliberações, e em todas as mais que for obrigado a tomar com acordo dos oficiais do navio, o capitão tem voto de qualidade, e até mesmo poderá obrar contra o vencido, debaixo de sua responsabilidade pessoal, sempre que o julgar conveniente.

•• *Vide* arts. 539 e 770 do CCom.

Art. 510. É proibido ao capitão entrar em porto estranho ao do seu destino; e, se ali for levado por força maior (art. 740), é obrigado a sair no primeiro tempo oportuno que se oferecer; pena de responder pelas perdas e danos que da demora resultarem ao navio ou à carga (art. 748).

• Força maior: art. 393 do CC.

Art. 511. O capitão que entrar em porto estrangeiro é obrigado a apresentar-se ao cônsul do Império nas primeiras 24 (vinte e quatro) horas úteis, e a depositar nas suas mãos a guia ou manifesto da Alfândega, indo de algum porto do Brasil, e a matrícula; e a declarar, e fazer anotar nesta pelo mesmo cônsul, no ato da apresentação, toda e qualquer alteração que tenha ocorrido sobre o mar na tripulação do navio; e antes da saída as que ocorrerem durante a sua estada no mesmo porto.

Quando a entrada for em porto do Império, o depósito do manifesto terá lugar na Alfândega respectiva, havendo-a, e o da matrícula na repartição onde esta se costuma fazer com as sobreditas declarações.

Art. 512. Na volta da embarcação ao porto donde saiu, ou naquele onde largar o seu comando, é o capitão obrigado a apresentar a matrícula original na repartição encarregada da matrícula dos navios, dentro de 24 (vinte e quatro) horas úteis depois que der fundo, e a fazer as mesmas declarações ordenadas no artigo precedente.

Passados 8 (oito) dias depois do referido tempo, prescreve qualquer ação de procedimento, que possa ter lugar contra o capitão por faltas por ele cometidas na matrícula durante a viagem.

O capitão que não apresentar todos os indivíduos matriculados, ou não fizer constar devidamente a razão da falta, será multado, pela autoridade encarregada da matrícula dos navios, em cem mil-réis por cada pessoa que apresentar de menos, com recurso para o Tribunal do Comércio competente.

• Prescrição: *vide* art. 189 do CC.

Art. 513. Não se achando presentes os proprietários, seus mandatários ou consignatários, incumbe ao capitão ajustar fretamentos, segundo as instruções que tiver recebido (art. 569).

Art. 514. O capitão, nos portos onde residirem os donos, seus mandatários ou consignatários, não pode, sem autorização especial destes, fazer despesa alguma extraordinária com a embarcação.

Art. 515. É permitido ao capitão em falta de fundos, durante a viagem, não se achando presente algum dos proprietários da embarcação, seus mandatários ou consignatários, e na falta deles algum interessado na carga, ou mesmo se, achando-se presentes, não providenciarem, contrair dívidas, tomar dinheiro a risco sobre o casco e pertences do navio e remanescentes dos fretes depois de pagas as soldadas, e até mesmo, na falta absoluta de outro recurso, vender mercadorias da carga, para o reparo ou provisão da embarcação; declarando nos títulos das obrigações que assinar a causa de que estas procedem (art. 517).

As mercadorias da carga que em tais casos se venderem serão pagas aos carregadores pelo preço que outras de igual qualidade obtiverem no porto da descarga, ou pelo que por arbitradores se estimar no caso da venda ter compreendido todas as da mesma qualidade (art. 621).

•• *Vide* arts. 633, 651, 695 e 754 do CCom.

Art. 516. Para poder ter lugar alguma das providências autorizadas no artigo precedente, é indispensável:

1. Que o capitão prove falta absoluta de fundos em seu poder pertencentes à embarcação.

2. Que não se ache presente o proprietário da embarcação, ou mandatário seu ou consignatário, e na sua falta algum dos interessados na carga; ou que, estando presentes, se dirigiu a eles e não providenciaram.

3. Que a deliberação seja tomada de acordo com os oficiais da embarcação, lavrando-se no Diário da Navegação termo da necessidade da medida tomada (art. 504).

A justificação destes requisitos será feita perante o juiz de direito do comércio do porto onde se tomar o dinheiro a risco ou se venderem as mercadorias, e por ele julgada procedente, e nos portos estrangeiros perante os cônsules do Império.

• *Vide* arts. 651 e 656, n. 5, do CCom.

Art. 517. O capitão que, nos títulos ou instrumentos das obrigações procedentes de despesas por ele feitas para fabrico, habilitação ou abastecimento da embarcação, deixar de declarar a causa de que procedem, ficará pessoalmente obrigado para com as pessoas com quem contratar; sem prejuízo da ação que estas possam ter contra os donos do navio provando que as quantias devidas foram efetivamente aplicadas a benefício deste (art. 494).

• *Vide* arts. 515 e 651 do CCom.

Art. 518. O capitão que tomar dinheiro sobre o casco do navio e seus pertences, empenhar ou vender mercadorias, fora dos casos em que por este Código lhe é permitido, e o que for convencido de fraude em suas contas, além das indenizações de perdas e danos, ficará sujeito à ação criminal que no caso couber.

•• *Vide* arts. 515 e 633 do CCom.

Art. 519. O capitão é considerado verdadeiro depositário da carga e de quaisquer efeitos que receber a bordo, e como tal está obrigado à sua guarda, bom acondicionamento e conservação, e à sua pronta entrega à vista dos conhecimentos (arts. 586 e 587).

A responsabilidade do capitão a respeito da carga principia a correr desde o momento em que a recebe, e continua até o ato da sua entrega no lugar que se houver convencionado, ou que estiver em uso no porto da descarga.

• *Vide* art. 494 do CCom.

Art. 520. O capitão tem direito para ser indenizado pelos donos de todas as despesas necessárias que fizer em utilidade da embarcação com fundos próprios ou alheios, contanto que não tenha excedido as suas instruções, nem as faculdades que por sua natureza são inerentes à sua qualidade de capitão.

Art. 521. É proibido ao capitão pôr carga alguma no convés da embarcação sem ordem ou consentimento por escrito dos carregadores; pena de responder pessoalmente por todo o prejuízo que daí possa resultar.

• *Vide* art. 790 do CCom.

Art. 522. Estando a embarcação fretada por inteiro, se o capitão receber carga de terceiro, o afretador tem direito a fazê-la desembarcar.

•• *Vide* arts. 570 e 596 do CCom.

Art. 523. O capitão, ou qualquer outro indivíduo da tripulação, que carregar na embarcação, ainda mesmo a pretexto de ser na sua câmara ou nos seus agasalhados, mercadorias de sua conta particular, sem consentimento por escrito do dono do navio ou dos afretadores, pode ser obrigado a pagar frete dobrado.

Art. 524. O capitão que navega em parceria a lucro comum sobre a carga não pode fazer comércio algum por sua conta particular a não haver convenção em contrário; pena de correrem por conta dele todos os riscos e perdas, e de pertencerem aos demais parceiros os lucros que houver.

Art. 525. É proibido ao capitão fazer com os carregadores ajustes públicos ou secretos que revertam em benefício seu particular, debaixo de qualquer título ou pretexto que seja; pena de correr por conta dele e dos carregadores todo o risco que acontecer, e de pertencer ao dono do navio todo o lucro que houver.

Art. 526. É obrigação do capitão resistir por todos os meios que lhe ditar a sua prudência a toda e qualquer violência que possa intentar-se contra a embarcação, seus pertences e carga; e se for obrigado a fazer entrega de tudo ou de parte, deverá munir-se com os competentes protestos e justificações no mesmo porto, ou no primeiro onde chegar (arts. 504 e 505).

Art. 527. O capitão não pode reter a bordo os efeitos da carga a título de segurança do frete; mas tem direito de exigir dos donos ou consignatários, no ato da entrega da carga, que depositem ou afiancem a importância do frete, avarias grossas e despesas a seu cargo; e na falta de pronto pagamento, depósito, ou fiança, poderá requerer embargo pelos fretes, avarias e despesas sobre as mercadorias da carga, enquanto estas se acharem em poder dos donos ou consignatários, ou estejam fora das estações públicas ou dentro delas; e mesmo para requerer a sua venda imediata, se forem de fácil deterioração, ou de guarda arriscada ou dispendiosa.

A ação de embargo prescreve passados 30 (trinta) dias a contar da data do último dia da descarga.

• *Vide* arts. 441 e 764 do CCom.

• *Vide* arts. 189 (prescrição) e 818 (fiança) do CC.

• Conhecimentos de transporte de mercadorias por terra, água ou ar: Decreto n. 19.473, de 10-12-1930.

Art. 528. Quando por ausência do consignatário, ou por se não apresentar o portador do conhecimento à ordem, o capitão ignorar a quem deva competentemente fazer a entrega, solicitará do juiz de direito do comércio, e onde o não houver da autoridade local a quem competir, que nomeie depositário para receber os gêneros, e pagar os fretes devidos por conta de quem pertencer.

• *Vide* arts. 583 e 585 do CCom.

Art. 529. O capitão é responsável por todas as perdas e danos que, por culpa sua, omissão ou imperícia, sobrevierem ao navio ou à carga; sem prejuízo das ações criminais a que a sua malversação ou dolo possa dar lugar (art. 608).

O capitão é também civilmente responsável pelos furtos, ou quaisquer danos praticados a bordo pelos indivíduos da tripulação nos objetos da carga, enquanto esta se achar debaixo da sua responsabilidade.

• Atos ilícitos: arts. 186, 188 e 927 do CC.

• *Vide* art. 540 do CCom.

Art. 530. Serão pagas pelo capitão todas as multas que forem impostas à embarcação por falta de exata observância das leis e regulamentos das Alfândegas e polícia dos portos; e igualmente os prejuízos que resultarem de discórdias entre os indivíduos da mesma tripulação no serviço desta, se não provar que empregou todos os meios convenientes para as evitar.

• *Vide* art. 718 do CCom.

Art. 531. O capitão que, fora do caso de inavegabilidade legalmente provada, vender o navio sem autorização especial dos donos, ficará responsável por perdas e danos, além da nulidade da venda, e do procedimento criminal que possa ter lugar.

Art. 532. O capitão que, sendo contratado para uma viagem certa, deixar de a concluir sem causa justificada, responderá aos proprietários, afretadores e carregadores pelas perdas e danos que dessa falta resultarem.

Em reciprocidade, o capitão, que sem justa causa for despedido antes de finda a viagem, será pago da sua soldada por inteiro, posto à custa do proprietário ou afretador no lugar onde começou a viagem, e indenizado de quaisquer vantagens que possa ter perdido pela despedida.

Pode, porém, ser despedido antes da viagem começada, sem direito a indenização, não havendo ajuste em contrário.

Art. 533. Sendo a embarcação fretada para porto determinado, só pode o capitão negar-se a fazer a viagem, sobrevindo peste, guerra, bloqueio ou impedimento legítimo da embarcação sem limitação de tempo.

Art. 534. Acontecendo falecer algum passageiro ou indivíduo da tripulação durante a viagem, o capitão procederá a inventário de todos os bens que o falecido deixar, com assistência dos oficiais da embarcação e de duas testemunhas, que serão com preferência passageiros, pondo tudo em boa arrecadação, e logo que chegar ao porto da saída fará entrega do inventário e bens às autoridades competentes.

Art. 535. Finda a viagem, o capitão é obrigado a dar sem demora contas da sua gestão ao dono ou caixa do navio, com entrega do dinheiro que em si tiver, livros e todos os mais papéis. E o dono ou caixa é obrigado a ajustar as contas do capitão logo que as receber, e a pagar a soma que lhe for devida. Havendo contestação sobre a conta, o capitão tem direito para ser pago imediatamente das soldadas vencidas, prestando fiança de as repor, a haver lugar.

- Fiança: *vide* art. 818 do CC.

Art. 536. Sendo o capitão o único proprietário da embarcação, será simultaneamente responsável aos afretadores e carregadores por todas as obrigações impostas aos capitães e aos armadores.

Art. 537. Toda a obrigação pela qual o capitão, sendo comparte do navio, for responsável à parceria, tem privilégio sobre o quinhão e lucros que o mesmo tiver no navio e fretes.

Título IV
DO PILOTO E CONTRAMESTRE

Art. 538. A habilitação e deveres dos pilotos e contramestres são prescritos nos regulamentos de Marinha.

- Ensino profissional marítimo: Lei n. 7.573, de 23-12-1986, regulamentada pelo Decreto n. 94.536, de 29-6-1987.

Art. 539. O piloto, quando julgar necessário mudar de rumo, comunicará ao capitão as razões que assim o exigem; e se este se opuser, desprezando as suas observações, que em tal caso deverá renovar-lhe na presença dos mais oficiais do navio, lançará o seu protesto no Diário da Navegação (art. 504), o qual deverá ser por todos assinado, e obedecerá às ordens do capitão, sobre quem recairá toda a responsabilidade.

- *Vide* art. 509 do CCom.

Art. 540. O piloto, que, por imperícia, omissão ou malícia, perder o navio ou lhe causar dano, será obrigado a ressarcir o prejuízo que sofrer o mesmo navio ou a carga; além de incorrer nas penas criminais que possam ter lugar; a responsabilidade do piloto não exclui a do capitão nos casos do art. 529.

- Responsabilidade civil do empregador por fato do preposto: art. 932, III, do CC.

Art. 541. Por morte ou impedimento do capitão recai o comando do navio no piloto, e na falta ou impedimento deste no contramestre, com todas as prerrogativas, faculdades, obrigações e responsabilidades inerentes ao lugar de capitão.

Art. 542. O contramestre que, recebendo ou entregando fazendas, não exige e entrega ao capitão as ordens, recibos, ou outros quaisquer documentos justificativos do seu ato, responde por perdas e danos daí resultantes.

- *Vide* nota ao art. 540 do CCom.

Título V
DO AJUSTE E SOLDADAS DOS OFICIAIS E GENTE DA TRIPULAÇÃO, SEUS DIREITOS E OBRIGAÇÕES

- O Decreto n. 2.596, de 18-5-1998, aprova em seu Anexo o Regulamento de Segurança do Tráfego Aquaviário em águas sob jurisdição nacional.

Art. 543. O capitão é obrigado a dar às pessoas da tripulação, que o exigirem, uma nota por ele assinada, em que se declare a natureza do ajuste e preço da soldada, e a lançar na mesma nota as quantias que se forem pagando por conta.

As condições do ajuste entre o capitão e a gente da tripulação, na falta de outro título do contrato, provam-se pelo rol da equipagem ou matrícula; subentendendo-se sempre compreendido no ajuste o sustento da tripulação.

Não constando pela matrícula, nem por outro escrito do contrato, o tempo determinado do ajuste, entende-se sempre que foi por viagem redonda ou de ida e volta ao lugar em que teve lugar a matrícula.

- Equipagens das Embarcações da Marinha Mercante Nacional, de Navegação Fluvial e Lacustre, do Tráfego nos Portos e da Pesca: arts. 248 a 252 da CLT.

Art. 544. Achando-se o Livro da Receita e Despesa do navio conforme à matrícula (art. 467), e escriturado com regularidade (art. 503), fará inteira fé para solução de quaisquer dúvidas que possam suscitar-se sobre as condições do contrato das soldadas; quanto, porém, às quantias entregues por conta, prevalecerão, em caso de dúvida, os assentos lançados nas notas de que trata o artigo precedente.

Art. 545. São obrigações dos oficiais e gente da tripulação:

1. ir para bordo prontos para seguir viagem no tempo ajustado; pena de poderem ser despedidos;
2. não sair do navio nem passar a noite fora sem licença do capitão; pena de perdimento de 1 (um) mês de soldada;
3. não retirar os seus efeitos de bordo sem serem visitados pelo capitão, ou pelo seu segundo, debaixo da mesma pena;
4. obedecer sem contradição ao capitão e mais oficiais nas suas respectivas qualidades, e abster-se de brigas; debaixo das penas declaradas nos arts. 498 e 555;
5. auxiliar o capitão, em caso de ataque do navio, ou desastre sobrevindo à embarcação ou à carga, seja qual for a natureza do sinistro; pena de perdimento das soldadas vencidas;
6. finda a viagem, fundear e desaparelhar o navio, conduzi-lo a surgidouro seguro, e amarrá-lo, sempre que o capitão o exigir; pena de perdimento das soldadas vencidas;
7. prestar os depoimentos necessários para ratificação dos processos testemunháveis, e protestos formados a bordo (art. 505), recebendo pelos dias da demora uma indenização proporcional às soldadas que venciam; faltando a este dever não terão ação para demandar as soldadas vencidas.

•• Justa causa para rescisão do contrato de trabalho pelo empregador: art. 482 da CLT.

Art. 546. Os oficiais e quaisquer outros indivíduos da tripulação, que, depois de matriculados, abandonarem a viagem antes de começada, ou se ausentarem antes de acabada, podem ser compelidos com prisão ao cumprimento do contrato, a repor o que se lhes houver pago adiantado, e a servir 1 (um) mês sem receberem soldada.

- Desligamento, por iniciativa do empregado, de trabalho em andamento: CLT, arts. 480 (contratos por prazo determinado) e 487 (contratos por prazo indeterminado).

Art. 547. Se depois de matriculada a equipagem se romper a viagem no porto da matrícula por fato do dono, capitão, ou afretador, a todos os indivíduos da tripulação justos ao mês se abonará a soldada de 1 (um) mês, além da que tiverem vencido; aos que estiverem contratados por viagem abonar-se-á metade da soldada ajustada.

Se, porém, o rompimento da viagem tiver lugar depois da saída do porto da matrícula, os indivíduos justos ao mês têm direito a receber, não só pelo tempo vencido, mas também pelo que seria necessário para regressarem ao porto da saída, ou para chegarem ao do destino, fazendo-se a conta por aquele que se achar mais próximo; aos contratados por viagem redonda se pagará como se a viagem se achasse terminada.

Tanto os indivíduos da equipagem justos por viagem, como os justos ao mês, têm direito a que se lhes pague a despesa da passagem do porto da despedida para aquele onde ou para onde se ajustarem, que for mais próximo. Cessa esta obrigação sempre que os indivíduos da equipagem podem encontrar soldada no porto da despedida.

• *Vide* nota ao art. 546 do CCom.

Art. 548. Rompendo-se a viagem por causa de força maior, a equipagem, se a embarcação se achar no porto do ajuste, só tem direito a exigir as soldadas vencidas.

São causas de força maior:

1. declaração de guerra, ou interdito de comércio entre o porto da saída e o porto do destino da viagem;
2. declaração de bloqueio do porto, ou peste declarada nele existente;
3. proibição de admissão no mesmo porto dos gêneros carregados na embarcação;
4. detenção ou embargo da embarcação (no caso de se não admitir fiança ou não ser possível dá-la), que exceda ao tempo de 90 (noventa) dias;
5. inavegabilidade da embarcação acontecida por sinistro.

• Força maior: arts. 501 a 504 da CLT.

Art. 549. Se o rompimento da viagem por causa de força maior acontecer achando-se a embarcação em algum porto de arribada, a equipagem contratada ao mês só tem direito a ser paga pelo tempo vencido desde a saída do porto até o dia em que for despedida, e a equipagem justa por viagem não tem direito a soldada alguma se a viagem não se conclui.

Art. 550. No caso de embargo ou detenção, os indivíduos da tripulação justos ao mês vencerão metade de suas soldadas durante o impedimento, não excedendo este de 90 (noventa) dias; findo este prazo caduca o ajuste. Aqueles, porém, que forem justos por viagem redonda são obrigados a cumprir seus contratos até o fim da viagem.

Todavia, se o proprietário da embarcação vier a receber indenização pelo embargo ou detenção, será obrigado a pagar as soldadas por inteiro aos que forem justos ao mês, e aos de viagem redonda na devida proporção.

Art. 551. Quando o proprietário, antes de começada a viagem, der à embarcação destino diferente daquele que tiver sido declarado no contrato, terá lugar novo ajuste; e os que se não ajustarem só terão direito a receber o vencido, ou a reter o que tiverem recebido adiantado.

• Rescisão indireta: art. 483 da CLT.

Art. 552. Se depois da chegada da embarcação ao porto do seu destino, e ultimada a descarga, o capitão, em lugar de fazer o seu retorno, fretar ou carregar a embarcação para ir a outro destino, é livre aos indivíduos da tripulação ajustarem-se de novo ou retirarem-se, não havendo no contrato estipulação em contrário.

Todavia, se o capitão, fora do Império, achar a bem navegar para outro porto livre, e nele carregar ou descarregar, a tripulação não pode despedir-se, posto que a viagem se prolongue além do ajuste; recebendo os indivíduos justos por viagem um aumento de soldada na proporção da prolongação.

• *Vide* nota ao art. 551 do CCom.

Art. 553. Sendo a tripulação justa a partes ou quinhão no frete, não lhe será devida indenização alguma pelo rompimento, retardação ou prolongação da viagem causada por força maior; mas se o rompimento, retardação ou prolongação provier de fato dos carregadores, terá parte nas indenizações que se concederem ao navio; fazendo-se a divisão entre os donos do navio e a gente da tripulação, na mesma proporção em que o frete deveria ser dividido.

Se o rompimento, retardação ou prolongação provier de fato do capitão ou proprietário do navio, estes serão obrigados às indenizações proporcionais respectivas.

Quando a viagem for mudada para porto mais vizinho, ou abreviada por outra qualquer causa, os indivíduos da tripulação justos por viagem serão pagos por inteiro.

Art. 554. Se alguém da tripulação depois de matriculado for despedido sem justa causa, terá direito de haver a soldada contratada por inteiro, sendo redonda, e se for ao mês far-se-á a conta pelo termo médio do tempo que costuma gastar-se nas viagens para o porto do ajuste. Em tais casos o capitão não tem direito para exigir do dono do navio as indenizações que for obrigado a pagar; salvo tendo obrado com sua autorização.

Art. 555. São causas justas para a despedida:

1. perpetração de algum crime, ou desordem grave que perturbe a ordem da embarcação, reincidência em insubordinação, falta de disciplina ou de cumprimento de deveres (art. 498);
2. embriaguez habitual;
3. ignorância do mister para que o despedido se tiver ajustado;
4. qualquer ocorrência que o inabilite para desempenhar as suas obrigações, com exceção do caso prevenido no art. 560.

•• Justa causa para rescisão do contrato de trabalho pelo empregador: art. 482 da CLT (Decreto-lei n. 5.452, de 1.º-5-1943).

•• Os arts. 32 e 34 do Decreto-lei n. 3.688, de 3-10-1941 (LCP), tratam da direção perigosa e falta de habilitação para dirigir embarcações.

•• Sobre atentado contra a segurança da embarcação trata o art. 261 do CP.

•• Incêndio e explosão de embarcação: arts. 250, § 1.º, II, c, e 251, § 2.º, do CP.

Art. 556. Os oficiais e gente da tripulação podem despedir-se, antes de começada a viagem, nos casos seguintes:

1. quando o capitão muda do destino ajustado (art. 551);
2. se depois do ajuste o Império é envolvido em guerra marítima, ou há notícias certas de peste no lugar do destino;
3. se assoldadados para ir em comboio, este não tem lugar;
4. morrendo o capitão, ou sendo despedido.

•• Rescisão do contrato de trabalho pelo empregado com direito a indenização: art. 483 da CLT (Decreto-lei n. 5.452, de 1.º-5-1943).

Art. 557. Nenhum indivíduo da tripulação pode intentar litígio contra o navio ou capitão, antes de terminada a viagem; todavia, achando-se o navio em bom porto, os indivíduos maltratados, ou a quem o capitão houver faltado com o devido sustento, poderão demandar a rescisão do contrato.

• *Vide* nota ao art. 556, n. 4, do CCom.

Art. 558. Sendo a embarcação apresada, ou naufragando, a tripulação não tem direito às soldadas vencidas na viagem do sinistro, nem o dono do navio a reclamar as que tiver pago adiantadas.

Art. 559. Se a embarcação aprisionada se recuperar achando-se ainda a tripulação a bordo, será esta paga de suas soldadas por inteiro.

Salvando-se do naufrágio alguma parte do navio ou da carga, a tripulação terá direito a ser paga das soldadas vencidas na última viagem, com preferência a outra qualquer dívida anterior, até onde chegar o valor da parte do navio que se puder salvar; e não chegando esta, ou se nenhuma parte se tiver salvado, pelos fretes da carga salva.

Entende-se última viagem, o tempo decorrido desde que a embarcação principiou a receber o lastro ou carga que tiver a bordo na ocasião do apresamento, ou naufrágio.

Se a tripulação estiver justa a partes, será paga somente pelos fretes dos salvados, e em devida proporção de rateio com o capitão.

• *Vide* art. 760 do CCom.

Art. 560. Não deixará de vencer a soldada ajustada qualquer indivíduo da tripulação que adoecer durante a viagem em serviço do navio, e o curativo será por conta deste; se, porém, a doença for adquirida fora do serviço do navio, cessará o vencimento da soldada enquanto ela durar, e a despesa do curativo será por conta das soldadas vencidas; e se estas não chegarem, por seus bens ou pelas soldadas que possam vir a vencer.

• Convenção da OIT n. 118, sobre igualdade de tratamento dos nacionais e não nacionais em matéria de Previdência Social: Decreto n. 66.497, de 27-4-1970.

• Normas internacionais protetivas da saúde e segurança do marítimo: art. 2.º da Convenção da OIT n. 147, sobre normas mínimas da Marinha Mercante, promulgada pelo Decreto n. 447, de 7-2-1992.

Art. 561. Falecendo algum indivíduo da tripulação durante a viagem, a despesa do seu enterro será paga por conta do navio; e seus herdeiros têm direito à soldada devida até o dia do falecimento, estando justo ao mês; até o porto do destino se a morte acontecer em caminho para ele, sendo o ajuste por viagem; e à de ida e volta acontecendo em torna-viagem, se o ajuste for por viagem redonda.

• *Vide* notas ao art. 560 do CCom.

Art. 562. Qualquer que tenha sido o ajuste, o indivíduo da tripulação que for morto em defesa da embarcação será considerado como vivo para todos os vencimentos e quaisquer interesses que possam vir aos da sua classe, até que a mesma embarcação chegue ao porto do seu destino.

O mesmo benefício gozará o que for aprisionado em ato de defesa da embarcação, se esta chegar a salvamento.

• *Vide* notas ao art. 560 do CCom.

Art. 563. Acabada a viagem, a tripulação tem ação para exigir o seu pagamento dentro de 3 (três) dias depois de ultimada a descarga, com os juros da lei no caso de mora (art. 449, n. 4).

Ajustando-se os oficiais e gente da tripulação para diversas viagens, poderão, terminada cada viagem, exigir as soldadas vencidas.

Art. 564. Todos os indivíduos da equipagem têm hipoteca tácita no navio e fretes para serem pagos das soldadas vencidas na última viagem com preferência a outras dívidas menos privilegiadas; e em nenhum caso o réu será ouvido sem depositar a quantia pedida.

Entender-se-á por equipagem ou tripulação para o dito efeito, e para todos os mais dispostos neste Título, o capitão, oficiais, marinheiros e todas as mais pessoas empregadas no serviço do navio, menos os sobrecargas.

• *Vide* art. 759 do CCom.
• Da hipoteca no CC: arts. 1.473 a 1.505.
• Execução no processo judicial do trabalho: arts. 876 a 892 da CLT.

Art. 565. O navio e frete respondem para com os donos da carga pelos danos que sofrerem por delitos, culpa ou omissão culposa do capitão ou gente da tripulação, perpetrados em serviço do navio; salvas as ações dos proprietários da embarcação contra o capitão, e deste contra a gente da tripulação.

O salário do capitão e as soldadas da equipagem são hipoteca especial nestas ações.

•• *Vide* nota ao art. 540 do CCom.
• Da hipoteca no CC: arts. 1.473 a 1.505.

Título VI
DOS FRETAMENTOS

Capítulo I
DA NATUREZA E FORMA DO CONTRATO DE FRETAMENTO E DAS CARTAS-PARTIDAS

Art. 566. O contrato de fretamento de qualquer embarcação, quer seja na sua totalidade ou em parte, para uma ou mais viagens, quer seja à carga, colheita ou prancha, o que tem lugar quando o capitão recebe carga de quantos se apresentam, deve provar-se por escrito. No primeiro caso o instrumento, que se chama *carta-partida* ou *carta de fretamento*, deve ser assinado pelo fretador e afretador, e por quaisquer outras pessoas que intervenham no contrato, do qual se dará a cada uma das partes um exemplar; e no segundo, o instrumento chama-se *conhecimento*, e basta ser assinado pelo capitão e o carregador. Entende-se por fretador o que dá, e por afretador o que toma a embarcação a frete.

• *Vide* art. 568 do CCom.
• *Vide* arts. 743 a 756 (transporte de coisas) do CC.

Art. 567. A carta-partida deve enunciar:

1. o nome do capitão e o do navio, o porte deste, a nação a que pertence, e o porto do seu registro (art. 460);

2. o nome do fretador e o do afretador, e seus respectivos domicílios; se o fretamento for por conta de terceiro deverá também declarar-se o seu nome e domicílio;

3. a designação da viagem, se é redonda ou ao mês, para uma ou mais viagens, e se estas são de ida e volta ou somente para ida ou volta, e finalmente se a embarcação se freta no todo ou em parte;

4. o gênero e quantidade da carga que o navio deve receber, designada por toneladas, números, peso ou volume, e por conta de quem a mesma será conduzida para bordo, e deste para terra;

5. o tempo da carga e descarga, portos de escala quando a haja, as estadias e sobre-estadias ou demoras, e a forma por que estas se hão de vencer e contar;

6. o preço do frete, quanto há de pagar-se de primagem ou gratificação, e de estadias e sobre-estadias, e a forma, tempo e lugar do pagamento;

7. se há lugares reservados no navio, além dos necessários para uso e acomodação do pessoal e material do serviço da embarcação;

• *Vide* art. 570 do CCom.

8. todas as mais estipulações em que as partes se acordarem.

Art. 568. As cartas de fretamento devem ser lançadas no Registro do Comércio, dentro de 15 (quinze) dias a contar da saída da embarcação nos lugares da residência dos Tribunais do Comércio, e nos outros, dentro do prazo que estes designarem (art. 31).

• Competência dos tabeliães e oficiais de registro de contratos marítimos: art. 10 da Lei n. 8.935, de 18-11-1994.

Art. 569. A carta de fretamento valerá como instrumento público tendo sido feita por intervenção e com assinatura de algum corretor de navios, ou na falta de corretor por tabelião que porte por fé ter sido passada na sua presença e de duas testemunhas com ele assinadas. A carta de fretamento que não for autenticada por alguma das duas referidas formas, obrigará as próprias partes mas não dará direito contra terceiro.

As cartas de fretamento assinadas pelo capitão valem ainda que este tenha excedido as faculdades das suas instruções; salvo o direito dos donos do navio por perdas e danos contra ele pelos abusos que cometer.

• *Vide* art. 513 do CCom.

Art. 570. Fretando-se o navio por inteiro, entende-se que fica somente reservada a câmara do capitão, os agasalhados da equipagem, e as acomodações necessárias para o material da embarcação.

•• *Vide* arts. 522 e 596 do CCom.

Art. 571. Dissolve-se o contrato de fretamento, sem que haja lugar a exigência alguma de parte a parte:

1. Se a saída da embarcação for impelida, antes da partida, por força maior sem limitação de tempo.

2. Sobrevindo, antes de principiada a viagem, declaração de guerra, ou interdito de comércio com o país para onde a embarcação é destinada, em consequência do qual o navio e a carga conjuntamente não sejam considerados como propriedade neutra.

3. Proibição de exportação de todas ou da maior parte das fazendas compreendidas na carta de fretamento do lugar donde a embarcação deva partir, ou de importação no de seu destino.

4. Declaração de bloqueio do porto da carga ou do seu destino, antes da partida do navio.

Em todos os referidos casos as despesas da descarga serão por conta do afretador ou carregadores.

• *Vide* art. 573 do CCom.
• Força maior: art. 393 do CC.

Art. 572. Se o interdito de comércio com o porto do destino do navio acontece durante a sua viagem, e se por este motivo o navio é obrigado a voltar com a carga, deve-se somente o frete pela ida, ainda que o navio tivesse sido fretado por ida e volta.

Art. 573. Achando-se um navio fretado em lastro para outro porto onde deva carregar, dissolve-se o contrato, se chegando a esse porto sobrevier algum dos impedimentos designados nos arts. 571 e 572, sem que possa ter lugar indenização alguma por nenhuma das partes, quer o impedimento venha só do navio, quer do navio e carga. Se, porém, o impedimento nascer da carga e não do navio, o afretador será obrigado a pagar metade do frete ajustado.

Art. 574. Poderá igualmente rescindir-se o contrato de fretamento a requerimento do afretador, se o capitão lhe tiver ocultado a verdadeira bandeira da embarcação; ficando este pessoalmente responsável ao mesmo afretador por todas as despesas da carga e descarga, e por perdas e danos, se o valor do navio não chegar para satisfazer o prejuízo.

Capítulo II
DOS CONHECIMENTOS

• *Vide* art. 566 do CCom.

Art. 575. O conhecimento deve ser datado, e declarar:

1. o nome do capitão, e o do carregador e consignatário (podendo omitir-se o nome

deste se for à ordem), e o nome e porte do navio;

2. a qualidade e a quantidade dos objetos da carga, suas marcas e números, anotados à margem;

3. o lugar da partida e o do destino, com declaração das escalas, havendo-as;

4. o preço do frete e primagem, se esta for estipulada, e o lugar e forma do pagamento;

5. a assinatura do capitão (art. 577), e a do carregador.

• *Vide* arts. 578, 586 e 587 do CCom.

• *Vide* art. 744 do CC.

Art. 576. Sendo a carga tomada em virtude de carta de fretamento, o portador do conhecimento não fica responsável por alguma condição ou obrigação especial contida na mesma carta, se o conhecimento não tiver a cláusula – *segundo a carta de fretamento*.

•• *Vide* art. 566 do CCom.

Art. 577. O capitão é obrigado a assinar todas as vias de um mesmo conhecimento que o carregador exigir, devendo ser todas do mesmo teor e da mesma data, e conter o número da via. Uma via ficará em poder do capitão, as outras pertencem ao carregador.

Se o capitão for ao mesmo tempo o carregador, os conhecimentos respectivos serão assinados por duas pessoas da tripulação a ele imediatas no comando do navio, e uma via será depositada nas mãos do armador ou do consignatário.

• *Vide* art. 575, n. 5, do CCom.

Art. 578. Os conhecimentos serão assinados e entregues dentro de 24 (vinte e quatro) horas, depois de ultimada a carga, em resgate dos recibos provisórios; pena de serem responsáveis por todos os danos que resultarem do retardamento da viagem, tanto o capitão como os carregadores que houverem sido remissos na entrega dos mesmos conhecimentos.

Art. 579. Seja qual for a natureza do conhecimento, não poderá o carregador variar a consignação por via de novos conhecimentos, sem que faça prévia entrega ao capitão de todas as vias que este houver assinado.

O capitão que assinar novos conhecimentos sem ter recolhido todas as vias do primeiro ficará responsável aos portadores legítimos que se apresentarem com alguma das mesmas vias.

Art. 580. Alegando-se extravio dos primeiros conhecimentos, o capitão não será obrigado a assinar segundos, sem que o carregador preste fiança à sua satisfação pelo valor da carga neles declarada.

• Fiança: *vide* art. 818 do CC.

Art. 581. Falecendo o capitão da embarcação antes de fazer-se à vela, ou deixando de exercer o seu ofício, os carregadores têm direito para exigir do sucessor que revalide com a sua assinatura os conhecimentos por aquele assinados, conferindo-se a carga com os mesmos conhecimentos; o capitão que os assinar sem esta conferência responderá pelas faltas; salvo se os carregadores convierem que ele declare nos conhecimentos que não conferiu a carga.

No caso de morte do capitão ou de ter sido despedido sem justa causa, serão pagas pelo dono do navio as despesas da conferência; mas se a despedida provier de fato do capitão, serão por conta deste.

Art. 582. Se as fazendas carregadas não tiverem sido entregues por número, peso ou medida, ou no caso de haver dúvida na contagem, o capitão pode declarar nos conhecimentos, que o mesmo número, peso ou medida lhe são desconhecidos; mas se o carregador não convier nesta declaração deverá proceder-se a nova contagem, correndo a despesa por conta de quem a tiver ocasionado.

Convindo o carregador na sobredita declaração, o capitão ficará somente obrigado a entregar no porto da descarga os efeitos que se acharem dentro da embarcação pertencentes ao mesmo carregador, sem que este tenha direito para exigir mais carga; salvo se provar que houve desvio da parte do capitão ou da tripulação.

Art. 583. Constando ao capitão que há diversos portadores das diferentes vias de um conhecimento das mesmas fazendas, ou tendo-se feito sequestro, arresto ou penhora nelas, é obrigado a pedir depósito judicial, por conta de quem pertencer.

Art. 584. Nenhuma penhora ou embargo de terceiro, que não for portador de alguma das vias de conhecimento, pode, fora do caso de reivindicação segundo as disposições deste Código (art. 874, n. 2), privar o portador do mesmo conhecimento da faculdade de requerer o depósito ou venda judicial das fazendas no caso sobredito; salvo o direito do exequente ou de terceiro opoente sobre o preço da venda.

•• *Vide* Lei n. 11.101, de 9-2-2005 (Lei de Falências), art. 119, I.

Art. 585. O capitão pode requerer o depósito judicial todas as vezes que os portadores de conhecimentos se não apresentarem para receber a carga imediatamente que ele der princípio à descarga, e nos casos em que o consignatário esteja ausente ou seja falecido.

•• *Vide* arts. 527 e 528 do CCom.

Art. 586. O conhecimento concebido nos termos enunciados no art. 575 faz inteira prova entre todas as partes interessadas na carga e frete, e entre elas e os seguradores; ficando salva a estes e aos donos do navio a prova em contrário.

Art. 587. O conhecimento feito em forma regular (art. 575) tem força e é acionável como escritura pública.

Sendo passado *à ordem* é transferível e negociável por via de endosso.

Art. 588. Contra os conhecimentos só pode opor-se falsidade, quitação, embargo, arresto ou penhora e depósito judicial, ou perdimento dos efeitos carregados por causa justificada.

Art. 589. Nenhuma ação entre o capitão e os carregadores ou seguradores será admissível em juízo se não for logo acompanhada do conhecimento original. A falta deste não pode ser suprida pelos recibos provisórios da carga; salvo provando-se que o carregador fez diligência para obtê-lo e que, fazendo-se o navio à vela sem o capitão o haver passado, interpôs competente protesto dentro dos primeiros 3 (três) dias úteis, contados da saída do navio, com intimação do armador, consignatário ou outro qualquer interessado, e na falta destes por editais; ou sendo a questão de seguros sobre sinistro acontecido no porto da carga, se provar que o mesmo sinistro aconteceu antes do conhecimento poder ser assinado.

Capítulo III

DOS DIREITOS E OBRIGAÇÕES DO FRETADOR E AFRETADOR

Art. 590. O fretador é obrigado a ter o navio prestes para receber a carga, e o afretador a efetuá-la no tempo marcado no contrato.

• *Vide* art. 566 do CCom.

Art. 591. Não se tendo determinado na carta de fretamento o tempo em que deve começar a carregar-se, entende-se que principia a correr desde o dia em que o capitão declarar que está pronto para receber a carga; se o tempo que deve durar a carga e a descarga não estiver fixado, ou quanto se há de pagar de primagem e estadias e sobre-estadias, e o tempo e modo do pagamento, será tudo regulado pelo uso do porto onde uma ou outra deva efetuar-se.

Art. 592. Vencido o prazo, e o das estadias e sobre-estadias que se tiverem ajustado, e, na falta de ajuste, as do uso no porto da carga, sem que o afretador tenha carregado efeitos alguns, terá o capitão a escolha, ou de resilir do contrato e exigir do afretador metade do frete ajustado e primagem com estadias e sobre-estadias, ou de empreender a viagem sem carga, e finda ela exigir dele o frete por inteiro e primagem, com as avarias que forem devidas, estadias e sobre-estadias.

• *Vide* art. 596 do CCom.

Art. 593. Quando o afretador carrega só parte da carga no tempo aprazado, o capitão, vencido o tempo das estadias e sobre-estadias, tem direito, ou de proceder a descarga por conta do mesmo afretador e pedir meio frete, ou de empreender a viagem com a parte da carga que tiver a bordo para haver o frete por inteiro no porto do seu destino, com as mais despesas declaradas no artigo antecedente.

• *Vide* art. 596 do CCom.

Art. 594. Renunciando o afretador ao contrato antes de começarem a correr os dias suplementares da carga, será obrigado a pagar metade do frete e primagem.

Art. 595. Sendo o navio fretado por inteiro, o afretador pode obrigar o fretador a que faça sair o navio logo que tiver metido a bordo carga suficiente para pagamento do frete e primagem, estadias e sobre-estadias, ou prestado fiança ao pagamento. O capitão neste caso não pode tomar carga de terceiro sem consentimento por escrito do afretador, nem recusar-se à saída; salvo por falta de prontificação do navio, que, segundo as cláusulas do fretamento, não possa ser imputável ao fretador.

- Fiança: *vide* art. 818 do CC.

Art. 596. Tendo o fretador direito de fazer sair o navio sem carga ou só com parte dela (arts. 592 e 593), poderá, para segurança do frete e de outras indenizações a que haja lugar, completar a carga por outros carregadores, independente de consentimento do afretador; mas o benefício do novo frete pertencerá a este.

- *Vide* art. 611 do CCom.

Art. 597. Se o fretador houver declarado na carta-partida maior capacidade daquela que o navio na realidade tiver, não excedendo da décima parte, o afretador terá opção para anular o contrato, ou exigir correspondente abatimento no frete, com indenização de perdas e danos; salvo se a declaração estiver conforme à lotação do navio.

Art. 598. O fretador pode fazer descarregar à custa do afretador os efeitos que este introduzir no navio além da carga ajustada na carta de fretamento; salvo prestando-se aquele a pagar o frete correspondente, se o navio os puder receber.

Art. 599. Os carregadores ou afretadores respondem pelos danos que resultarem, se, sem ciência e consentimento do capitão, introduzirem no navio fazendas, cuja saída ou entrada for proibida, e de qualquer outro fato ilícito que praticarem ao tempo da carga ou descarga; e, ainda que as fazendas sejam confiscadas, serão obrigados a pagar o frete e primagem por inteiro, e a avaria grossa.

- *Vide* art. 764 do CCom.

Art. 600. Provando-se que o capitão consentiu na introdução das fazendas proibidas, ou que, chegando ao seu conhecimento em tempo, as não fez descarregar, ou sendo informado depois da viagem começada as não denunciar no ato da primeira visita da Alfândega que receber a bordo no porto do seu destino, ficará solidariamente obrigado para com todos os interessados por perdas e danos que resultarem ao navio ou à carga, e sem ação para haver o frete, nem indenização alguma do carregador, ainda que esta se tenha estipulado.

Art. 601. Estando o navio a frete de carga geral, não pode o capitão, depois que tiver recebido alguma parte da carga, recusar-se a receber a mais que se lhe oferecer por frete igual, não achando outro mais vantajoso; pena de poder ser compelido pelos carregadores dos efeitos recebidos a que se faça à vela com o primeiro vento favorável, e de pagar as perdas e danos que da demora resultarem.

Art. 602. Se o capitão, quando tomar frete à colheita ou à prancha, fixar o tempo durante o qual a embarcação estará à carga, findo o tempo marcado será obrigado a partir com o primeiro vento favorável; pena de responder pelas perdas e danos que resultarem do retardamento da viagem; salvo convindo na demora a maioria dos carregadores em relação ao valor do frete.

Art. 603. Não tendo o capitão fixado o tempo da partida, é obrigado a sair com o primeiro vento favorável depois que tiver recebido mais de dois terços da carga correspondente à lotação do navio, se assim o exigir a maioria dos carregadores em relação ao valor do frete, sem que nenhum dos outros possa retirar as fazendas que tiver a bordo.

Art. 604. Se o capitão, no caso do artigo antecedente, não puder obter mais de dois terços da carga dentro de 1 (um) mês depois que houver posto o navio a frete geral, poderá sub-rogar outra embarcação para transporte da carga que tiver a bordo, contanto que seja igualmente apta para fazer a viagem, pagando a despesa da baldeação da carga, e o aumento de frete e do prêmio do seguro; será, porém, lícito aos carregadores retirar de bordo as suas fazendas, sem pagar frete, sendo por conta deles a despesa de desarrumação e descarga, restituindo os recibos provisórios ou conhecimentos, e dando fiança pelos que tiverem remetido. Se o capitão não puder achar navio, e os carregadores não quiserem descarregar, será obrigado a sair 60 (sessenta) dias depois que houver posto o navio à carga, com a que tiver a bordo.

- Fiança: *vide* art. 818 do CC.

Art. 605. Não tendo a embarcação capacidade para receber toda a carga contratada com diversos carregadores ou afretadores, terá preferência a que se achar a bordo, e depois a que tiver prioridade na data dos contratos; e se estes forem todos da mesma data haverá lugar a rateio, ficando o capitão responsável pela indenização dos danos causados.

Art. 606. Fretando-se a embarcação para ir receber carga em outro porto, logo que lá chegar, deverá o capitão apresentar-se sem demora ao consignatário, exigindo dele que lhe declare por escrito na carta de fretamento o dia, mês e ano de sua apresentação; pena de não principiar a correr o tempo do fretamento antes da sua apresentação.

Recusando o consignatário fazer na carta de fretamento a declaração requerida, deverá protestar e fazer-lhe intimar o protesto, e avisar o afretador. Se passado o tempo devido para a carga, e o da demora ou de estadias e sobre-estadias, o consignatário não tiver carregado o navio, o capitão, fazendo-o previamente intimar por via de novo protesto para efetuar a entrega da carga dentro do tempo ajustado, e não cumprindo ele, nem tendo recebido ordens do afretador, fará diligência para contratar carga por conta deste para o porto do seu destino; e com carga ou sem ela seguirá para ele, onde o afretador será obrigado a pagar-lhe o frete por inteiro com as demoras vencidas, fazendo encontro dos fretes da carga tomada por sua conta, se alguma houver tomado (art. 596).

- Protestos: arts. 202, II, e 397 do CC.
- *Vide* arts. 726 e s. do CPC.

Art. 607. Sendo um navio embargado na partida, em viagem, ou no lugar da descarga, por fato ou negligência do afretador ou de algum dos carregadores, ficará o culpado obrigado, para com o fretador ou capitão e os mais carregadores, pelas perdas e danos que o navio ou as fazendas vierem a sofrer provenientes desse fato.

Art. 608. O capitão é responsável ao dono do navio e ao afretador e carregadores por perdas e danos, se por culpa sua o navio for embargado ou retardado na partida, durante a viagem, ou no lugar do seu destino.

- *Vide* art. 529 do CCom.

Art. 609. Se antes de começada a viagem ou no curso dela, a saída da embarcação for impedida temporariamente por embargo ou força maior, subsistirá o contrato, sem haver lugar a indenizações de perdas e danos pelo retardamento. O carregador neste caso poderá descarregar os seus efeitos durante a demora, pagando a despesa, e prestando fiança de os tornar a carregar logo que cesse o impedimento, ou de pagar o frete por inteiro e estadias e sobre-estadias, não os reembarcando.

- *Vide* art. 612 do CCom.
- *Vide* arts. 393 (força maior) e 818 (fiança) do CC.

Art. 610. Se o navio não puder entrar no porto do seu destino por declaração de guerra, interdito de comércio, ou bloqueio, o capitão é obrigado a seguir imediatamente para aquele que tenha sido prevenido na sua carta de ordens. Não se achando prevenido, procurará o porto mais próximo que não estiver impedido; e daí fará os avisos competentes ao fretador e afretadores, cujas ordens deve esperar por tanto tempo quanto seja necessário para receber a resposta. Não recebendo esta, o capitão deve voltar para o porto da saída com a carga.

Art. 611. Sendo arrestado um navio no curso da viagem por ordem de uma potência, nenhum frete será devido pelo tempo da detenção sendo fretado ao mês, nem aumento de frete se for por viagem. Quando o navio for fretado para 2 (dois) ou mais portos e acontecer que em um deles se saiba ter sido declarada guerra contra a potência a que pertence o navio ou a carga, o capitão, se nem esta nem aquele forem livres, quando não possa partir em comboio ou por algum outro modo seguro, deverá ficar no porto da notícia até receber ordens do dono do navio ou do afretador. Se só o navio não for livre, o fretador pode resilir do contrato, com direito ao frete vencido, estadias e sobre-estadias e avaria grossa, pagando as despesas da descarga. Se, pelo contrário, só a carga não for livre, o afretador tem direito para rescindir o contrato, pagando a despesa da descarga, e o capitão procederá na conformidade dos arts. 592 e 596.

• *Vide* art. 764 do CCom.

Art. 612. Sendo o navio obrigado a voltar ao porto da saída, ou a arribar a outro qualquer por perigo de piratas ou de inimigos, podem os carregadores ou consignatários convir na sua total descarga, pagando as despesas desta e o frete da ida por inteiro, e prestando a fiança determinada no art. 609. Se o fretamento for ao mês, o frete é devido somente pelo tempo que o navio tiver sido empregado.

Art. 613. Se o capitão for obrigado a consertar a embarcação durante a viagem, o afretador, carregadores, ou consignatários, não querendo esperar pelo conserto, podem retirar as suas fazendas pagando todo o frete, estadias e sobre-estadias e avaria grossa, havendo-a, as despesas da descarga e desarrumação.

• *Vide* art. 764 do CCom.

Art. 614. Não admitindo o navio conserto, o capitão é obrigado a fretar por sua conta, e sem poder exigir aumento algum do frete, uma ou mais embarcações para transportar a carga ao lugar do destino. Se o capitão não puder fretar outro ou outros navios dentro de 60 (sessenta) dias depois que o navio for julgado inavegável, e quando o conserto for impraticável, deverá requerer depósito judicial da carga e interpor os competentes protestos para sua ressalva; neste caso o contrato ficará resciso, e somente se deverá o frete vencido. Se, porém, os afretadores ou carregadores provarem que o navio condenado por incapaz estava inavegável quando se fez à vela, não serão obrigados a frete algum, e terão ação de perdas e danos contra o fretador. Esta prova é admissível não obstante e contra os certificados da visita da saída.

• *Vide* arts. 746, 757 e 766, n. 5, do CCom.

Art. 615. Ajustando-se os fretes por peso, sem se designar se é líquido ou bruto, deverá entender-se que é peso bruto; compreendendo-se nele qualquer espécie de capa, caixa ou vasilha em que as fazendas se acharem acondicionadas.

Art. 616. Quando o frete for justo por número, peso ou medida, e houver condição de que a carga será entregue no portaló do navio, o capitão tem direito de requerer que os efeitos sejam contados, medidos ou pesados a bordo do mesmo navio antes da descarga; e procedendo-se a esta diligência não responderá por faltas que possam aparecer em terra; se, porém, as fazendas se descarregarem sem se contarem, medirem ou pesarem, o consignatário terá direito de verificar em terra a identidade, número, medição ou peso, e o capitão será obrigado a conformar-se com o resultado desta verificação.

Art. 617. Nos gêneros que por sua natureza são suscetíveis de aumento ou diminuição, independentemente de má arrumação ou falta de estiva, ou de defeito no vasilhame, como é, por exemplo, o sal, será por conta do dono qualquer diminuição ou aumento que os mesmos gêneros tiverem dentro do navio; e em um e outro caso deve-se frete do que se numerar, medir ou pesar no ato da descarga.

• *Vide* art. 711, n. 7, do CCom.

Art. 618. Havendo presunção de que as fazendas foram danificadas, roubadas ou diminuídas, o capitão é obrigado, e o consignatário e quaisquer outros interessados têm direito a requerer que sejam judicialmente visitadas e examinadas, e os danos estimados a bordo antes da descarga, ou dentro em 24 (vinte e quatro) horas depois; e ainda que este procedimento seja requerido pelo capitão não prejudicará os seus meios de defesa.

Se as fazendas forem entregues sem o referido exame, os consignatários têm direito de fazer proceder a exame judicial no preciso termo de 48 (quarenta e oito) horas depois da descarga; e passado este prazo não haverá mais lugar a reclamação alguma.

Todavia, não sendo a avaria ou diminuição visível por fora, o exame judicial poderá validamente fazer-se dentro de 10 (dez) dias depois que as fazendas passarem às mãos dos consignatários, nos termos do art. 211.

•• *Vide* Súmula 261 do STF.

Art. 619. O capitão ou fretador não pode reter fazendas no navio a pretexto de falta de pagamento de frete, avaria grossa ou despesas; poderá, porém, precedendo competente protesto, requerer o depósito de fazendas equivalentes, e pedir a venda delas, ficando-lhe direito salvo pelo resto contra o carregador, no caso de insuficiência do depósito.

A mesma disposição tem lugar quando o consignatário recusa receber a carga.

Nos dois referidos casos, se a avaria grossa não puder ser regulada imediatamente, é lícito ao capitão exigir o depósito judicial da soma que se arbitrar.

• *Vide* art. 764 do CCom.

Art. 620. O capitão que entregar fazendas antes de receber o frete, avaria grossa e despesas, sem pôr em prática os meios do artigo precedente, ou os que lhe facultarem as leis ou usos do lugar da descarga, não terá ação para exigir o pagamento do carregador ou afretador, provando este que carregou as fazendas por conta de terceiro.

• *Vide* art. 764 do CCom.

Art. 621. Pagam frete por inteiro as fazendas que se deteriorarem por avaria, ou diminuírem por mau acondicionamento das vasilhas, caixas, capas ou outra qualquer cobertura em que forem carregadas, provando o capitão que o dano não procedeu de falta de arrumação ou de estiva (art. 624).

Pagam igualmente frete por inteiro as fazendas que o capitão é obrigado a vender nas circunstâncias previstas no art. 515.

O frete das fazendas alijadas para salvação comum do navio e da carga abona-se por inteiro como avaria grossa (art. 764).

Art. 622. Não se deve frete das mercadorias perdidas por naufrágio ou varação, roubo de piratas ou presa de inimigo, e, tendo-se pago adiantado, repete-se; salvo convenção em contrário.

Todavia, resgatando-se o navio e fazendas, ou salvando-se do naufrágio, deve-se o frete correspondente até o lugar da presa, ou naufrágio; e será pago por inteiro se o capitão conduzir as fazendas salvas até o lugar do destino, contribuindo este ao fretador por avaria grossa no dano, ou resgate.

• *Vide* art. 764 do CCom.

Art. 623. Salvando-se no mar ou nas praias, sem cooperação da tripulação, fazendas que fizeram parte da carga, e sendo depois de salvas entregues por pessoas estranhas, não se deve por elas frete algum.

Art. 624. O carregador não pode abandonar as fazendas ao frete. Todavia pode ter lugar o abandono dos líquidos, cujas vasilhas se achem vazias ou quase vazias.

• *Vide* arts. 621 e 711, n. 5, do CCom.

Art. 625. A viagem para todos os efeitos do vencimento de fretes, se outra coisa se não ajustar, começa a correr desde o momento em que a carga fica debaixo da responsabilidade do capitão.

Art. 626. Os fretes e avarias grossas têm hipoteca tácita e especial nos efeitos que fazem objeto da carga, durante 30 (trinta) dias depois da entrega, se antes desse termo não houverem passado para o domínio de terceiro.

• Da hipoteca no CC: arts. 1.473 a 1.505.

Art. 627. A dívida de fretes, primagem, estadias e sobre-estadias, avarias e despesas da carga prefere a todas as outras sobre o valor dos efeitos carregados; salvo os casos de que trata o art. 470, n. 1.

Art. 628. O contrato de fretamento de um navio estrangeiro exequível no Brasil, há de ser determinado e julgado pelas regras estabelecidas neste Código, quer tenha sido ajustado dentro do Império, quer em país estrangeiro.

• *Vide* art. 566 do CCom.

Capítulo IV
DOS PASSAGEIROS

Art. 629. O passageiro de um navio deve achar-se a bordo no dia e hora que o capitão designar, quer no porto da partida, quer em qualquer outro de escala ou arribada; pena de ser obrigado ao pagamento do preço da sua passagem por inteiro, se o navio se fizer de vela sem ele.

• *Vide* arts. 46 a 54 da Lei n. 8.078, de 11-9-1990 (CDC).

Art. 630. Nenhum passageiro pode transferir a terceiro, sem consentimento do capitão, o seu direito de passagem.

Resilindo o passageiro do contrato antes da viagem começada, o capitão tem direito à metade do preço da passagem; e ao pagamento por inteiro, se aquele a não quiser continuar depois de começada.

Se o passageiro falecer antes da viagem começada, deve-se só metade do preço da passagem.

Art. 631. Se a viagem for suspensa ou interrompida por causa de força maior, no porto da partida, rescinde-se o contrato, sem que nem o capitão nem o passageiro tenham direito a indenização alguma; tendo lugar a suspensão ou interrupção em outro qualquer porto de escala ou arribada, deve somente o preço correspondente à viagem feita.

Interrompendo-se a viagem depois de começada por demora de conserto do navio, o passageiro pode tomar passagem em outro, pagando o preço correspondente à viagem feita. Se quiser esperar pelo conserto, o capitão não é obrigado ao seu sustento; salvo se o passageiro não encontrar outro navio em que comodamente se possa transportar, ou o preço da nova passagem exceder o da primeira, na proporção da viagem andada.

•• *Vide* arts. 393 e 741 do CC.

Art. 632. O capitão tem hipoteca privilegiada para pagamento do preço da passagem em todos os efeitos que o passageiro tiver a bordo, e direito de os reter enquanto não for pago.

O capitão só responde pelo dano sobrevindo aos efeitos que o passageiro tiver a bordo debaixo da sua imediata guarda, quando o dano provier de fato seu ou da tripulação.

• *Vide* art. 14 da Lei n. 8.078, de 11-9-1990 (CDC).
• Responsabilidade civil do empregador por fato do preposto: art. 932, III, do CC.
• Da hipoteca no CC: arts. 1.473 a 1.505.

Título VII
DO CONTRATO DE DINHEIRO A RISCO OU CÂMBIO MARÍTIMO

•• *Vide* arts. 764, n. 18, deste Código.

Art. 633. O contrato de empréstimo a risco ou câmbio marítimo, pelo qual o dador estipula do tomador um prêmio certo e determinado por preço dos riscos de mar que toma sobre si, ficando com hipoteca especial no objeto sobre que recai o empréstimo, e sujeitando-se a perder o capital e prêmio se o dito objeto vier a perecer por efeito dos riscos tomados no tempo e lugar convencionados, só pode provar-se por instrumento público ou particular, o qual será registrado no Tribunal do Comércio dentro de 8 (oito) dias da data da escritura ou letra. Se o contrato tiver lugar em país estrangeiro por súditos brasileiros, o instrumento deverá ser autenticado com o – *visto* – do cônsul do Império, se aí o houver, e em todo o caso anotado no verso do registro da embarcação, se versar sobre o navio ou fretes. Faltando no instrumento do contrato alguma das sobreditas formalidades, ficará este subsistindo entre as próprias partes, mas não estabelecerá direitos contra terceiro.

É permitido fazer empréstimo a risco não só em dinheiro, mas também em efeitos próprios para o serviço e consumo do navio, ou que possam ser objeto de comércio; mas em tais casos a coisa emprestada deve ser estimada em valor fixo para ser paga com dinheiro.

• *Vide* art. 515 do CCom.
• Da hipoteca no CC: arts. 1.473 a 1.505.
• Registro dos Direitos Reais e de Outros Ônus: arts. 12 a 14 da Lei n. 7.652, de 3-2-1988.

Art. 634. O instrumento do contrato de dinheiro a risco deve declarar:

1. A data e o lugar em que o empréstimo se faz.
2. O capital emprestado, e o preço do risco, aquele e este especificados separadamente.
3. O nome do dador e o do tomador, com o do navio e o do seu capitão.
4. O objeto ou efeito sobre que recai o empréstimo.
5. Os riscos tomados, com menção específica de cada um.
6. Se o empréstimo tem lugar por uma ou mais viagens, qual a viagem, e por que termo.
7. A época do pagamento por embolso, e o lugar onde deva efetuar-se.
8. Qualquer outra cláusula em que as partes convenham, contanto que não seja oposta à natureza deste contrato, ou proibida por lei.

O instrumento em que faltar alguma das declarações enunciadas será considerado como simples crédito de dinheiro de empréstimo ao prêmio da lei, sem hipoteca nos efeitos sobre que tiver sido dada, nem privilégio algum.

• *Vide* art. 637 do CCom.

Art. 635. A escritura ou letra de risco exarada à ordem tem força de letra de câmbio contra o tomador e garantes, e é transferível e exequível por via de endosso, com os mesmos direitos e pelas mesmas ações que as letras de câmbio.

O cessionário toma o lugar de endossador, tanto a respeito do capital como do prêmio e dos riscos, mas a garantia da solvabilidade do tomador é restrita ao capital; salvo condição em contrário quanto ao prêmio.

• Endosso nas letras de câmbio: *vide* art. 11 do Decreto n. 57.663, de 24-1-1966.

Art. 636. Não sendo a escritura ou letra de risco passada à ordem, só pode ser transferida por cessão, com as mesmas formalidades e efeitos das cessões civis, sem outra responsabilidade da parte do cedente, que não seja a de garantir a existência da dívida.

• Cessão de crédito: arts. 286 a 298 do CC.

Art. 637. Se no instrumento do contrato se não tiver feito menção específica dos riscos com reserva de algum, ou deixar de se estipular o tempo, entende-se que o dador do dinheiro tomará sobre si todos aqueles riscos marítimos, e pelo mesmo tempo que geralmente costumam receber os seguradores.

Art. 638. Não se declarando na escritura ou letra de risco que o empréstimo é só por ida ou só por volta, ou por uma e outra, o pagamento, recaindo o empréstimo sobre fazendas, é exequível no lugar do destino destas, declarado nos conhecimentos ou fretamento, e se recair sobre o navio, no fim de 2 (dois) meses depois da chegada ao porto do destino, se não aparelhar de volta.

Art. 639. O empréstimo a risco pode recair:

1. sobre o casco, fretes e pertences do navio;
2. sobre a carga;
3. sobre a totalidade destes objetos, conjunta ou separadamente, ou sobre uma parte determinada de cada um deles.

Art. 640. Recaindo o empréstimo a risco sobre o casco e pertences do navio, abrange na sua responsabilidade o frete da viagem respectiva.

Quando o contrato é celebrado sobre o navio e carga, o privilégio do dador é solidário sobre uma e outra coisa.

Se o empréstimo for feito sobre a carga ou sobre um objeto determinado do navio ou da carga, os seus efeitos não se estendem além desse objeto ou da carga.

Art. 641. Para o contrato surtir o seu efeito legal, é necessário que exista dentro do navio no momento do sinistro a importância da soma dada de empréstimo a risco, em fazendas ou no seu equivalente.

Art. 642. Quando o objeto sobre que se toma dinheiro a risco não chega a pôr-se efetivamente em risco por não se efetuar a viagem, rescinde-se o contrato; e o dador neste caso tem direito para haver o capital com os juros da lei desde o dia da entrega do dinheiro ao tomador, sem outro algum prêmio, e goza do privilégio de preferência quanto ao capital somente.

• Juros legais: arts. 406 e 407 do CC.

Art. 643. O tomador que não carregar efeitos no valor total da soma tomada a risco é obrigado a restituir o remanescente ao dador antes da partida do navio, ou todo se nenhum empregar; e se não restituir, dá-se ação pessoal contra o tomador pela parte descoberta, ainda que a parte coberta ou empregada venha a perder-se (art. 655).

O mesmo terá lugar quando o dinheiro a risco for tomado para habilitar o navio, se o tomador não chegar a fazer uso dele ou da coisa estimável, em todo ou em parte.

Art. 644. Quando no instrumento de risco sobre fazendas houver a faculdade de – *tocar* e *fazer escala* – ficam obrigados ao contrato, não só o dinheiro carregado em espécie para ser empregado na viagem, e as fazendas carregadas no lugar da partida, mas também as que forem carregadas em retorno por conta do tomador, sendo o contrato feito de ida e volta; e o tomador neste caso tem faculdade de trocá-las ou vendê-las e comprovar outras em todos os portos de escala.

Art. 645. Se ao tempo do sinistro parte dos efeitos objeto de risco já se achar em terra, a perda do dador será reduzida ao que tiver ficado dentro do navio; e se os efeitos salvos forem transportados em outro navio para o porto do destino originário (art. 614), neste continuam os riscos do dador.

Art. 646. O dador a risco sobre efeitos carregados em navio nominativamente designado no contrato não responde pela perda desses efeitos, ainda mesmo que seja acontecida por perigo de mar, se forem transferidos ou baldeados para outro navio, salvo provando-se legalmente que a baldeação tivera lugar por força maior.

• Força maior: art. 393 do CC.

Art. 647. Em caso de sinistro, salvando-se alguns efeitos da carga objeto de risco, a obrigação do pagamento de dinheiro a risco fica reduzida ao valor dos mesmos objetos estimado pela forma determinada nos arts. 694 e segs. O dador neste caso tem direito para ser pago do principal e prêmio por esse mesmo valor até onde alcançar, deduzidas as despesas de salvados, e as soldadas vencidas nessa viagem.

Sendo o dinheiro dado sobre o navio, o privilégio do dador compreende não só os fragmentos náufragos do mesmo navio, mas também o frete adquirido pelas fazendas salvas, deduzidas as despesas de salvados, e as soldadas vencidas na viagem respectiva, não havendo dinheiro a risco ou seguro especial sobre esse frete.

• *Vide* art. 688 do CCom.

Art. 648. Havendo sobre o mesmo navio ou sobre a mesma carga um contrato de risco e outro de seguro (art. 650), o produto dos efeitos salvos será dividido entre o segurador e o dador a risco pelo seu capital somente na proporção de seus respectivos interesses.

Art. 649. Não precedendo ajuste em contrário, o dador conserva seus direitos íntegros contra o tomador, ainda mesmo que a perda ou dano da coisa objeto do risco provenha de alguma das causas enumeradas no art. 711.

Art. 650. Quando alguns, mas não todos os riscos, ou uma parte somente do navio ou da carga se acham seguros, pode contrair-se empréstimo a risco pelos riscos ou parte não segura até à concorrência do seu valor por inteiro (art. 682).

• *Vide* arts. 648 e 656, n. 4, do CCom.

Art. 651. As letras mercantis provenientes de dinheiro recebido pelo capitão para despesas indispensáveis do navio ou da carga nos termos dos arts. 515 e 516, e os prêmios do seguro correspondente, quando a sua importância houver sido realmente segurada, têm o privilégio de letras de empréstimo a risco, se contiverem declaração expressa de que o importe foi destinado para as referidas despesas; e são exequíveis, ainda mesmo que tais objetos se percam por qualquer evento posterior, provando o dador que o dinheiro foi efetivamente empregado em benefício do navio ou da carga (arts. 515 e 517).

• *Vide* arts. 470, n. 6, 482, 695 e 791 do CCom.

Art. 652. O empréstimo de dinheiro a risco sobre o navio tomado pelo capitão no lugar do domicílio do dono, sem autorização escrita deste, produz ação e privilégio somente na parte que o capitão possa ter no navio e frete; e não obriga o dono, ainda mesmo que se pretenda provar que o dinheiro foi aplicado em benefício da embarcação.

Art. 653. O empréstimo a risco sobre fazendas, contraído antes da viagem começada, deve ser mencionado nos conhecimentos e no manifesto da carga, com designação da pessoa a quem o capitão deve participar a chegada feliz no lugar do destino. Omitida aquela declaração, o consignatário, tendo aceitado letras de câmbio, ou feito adiantamento na fé dos conhecimentos, preferirá ao portador da letra de risco. Na falta de designação a quem deva participar a chegada, o capitão pode descarregar as fazendas, sem responsabilidade alguma pessoal para com o portador da letra de risco.

Art. 654. Se entre o dador a risco e o capitão se der algum conluio por cujo meio os armadores ou carregadores sofram prejuízo, será este indenizado solidariamente pelo dador e pelo capitão, contra os quais poderá intentar-se a ação criminal que competente seja.

• Obrigações solidárias: arts. 264 e s. do CC.

Art. 655. Incorre no crime de estelionato o tomador que receber dinheiro a risco por valor maior que o do objeto do risco, ou quando este não tenha sido efetivamente embarcado (art. 643); e no mesmo crime incorre também o dador que, não podendo ignorar esta circunstância, a não declarar à pessoa a quem endossar a letra de risco. No primeiro caso o tomador, e no segundo o dador respondem solidariamente pela importância da letra, ainda quando tenha perecido o objeto do risco.

• Obrigações solidárias: arts. 264 e s. do CC.

Art. 656. É nulo o contrato de câmbio marítimo:

1. Sendo o empréstimo feito a gente da tripulação.
2. Tendo o empréstimo somente por objeto o frete a vencer, ou o lucro esperado de alguma negociação, ou um e outro simultânea e exclusivamente.
3. Quando o dador não corre algum risco dos objetos sobre os quais se deu o dinheiro.
4. Quando recai sobre objetos, cujos riscos já têm sido tomados por outrem no seu inteiro valor (art. 650).
5. Faltando o registro, ou as formalidades exigidas no art. 516 para o caso de que aí se trata.

Em todos os referidos casos, ainda que o contrato não surta os seus efeitos legais, o tomador responde pessoalmente pelo principal mutuado e juros legais, posto que a coisa objeto do contrato tenha perecido no tempo e no lugar dos riscos.

• Juros legais: *vide* notas aos arts. 406 e 407 do CC.

Art. 657. O privilégio do dador a risco sobre o navio compreende proporcionalmente, não só os fragmentos náufragos do mesmo navio, mas também o frete adquirido pelas fazendas salvas, deduzidas as despesas de salvados e as soldadas devidas por essa viagem, não havendo seguro ou risco especial sobre o mesmo frete.

Art. 658. Se o contrato a risco compreender navio e carga, as fazendas conservadas são hipoteca do dador, ainda que o navio pereça; o mesmo é, *vice-versa*, quando o navio se salva e as fazendas se perdem.

• Da hipoteca no CC: arts. 1.473 a 1.505.

Art. 659. É livre aos contraentes estipular o prêmio na quantidade, e o modo de pagamento que bem lhes pareça; mas uma vez concordado, a superveniência de risco não dá direito a exigência de aumento ou diminuição de prêmio; salvo se outra coisa for acordada no contrato.

Art. 660. Não estando fixada a época do pagamento, será este reputado vencido apenas se tiverem cessado os riscos. Desse dia em diante correm para o dador os juros da lei sobre o capital e prêmio no caso de mora; a qual só pode provar-se pelo protesto.

•• Define competência, regulamenta os serviços concernentes ao protesto de títulos e outros documentos de dívida: Lei n. 9.492, de 10-9-1997.

Art. 661. O portador, na falta de pagamento no termo devido, é obrigado a protestar e a praticar todos os deveres dos portadores de letras de câmbio para vencimento dos juros, e conservação do direito regressivo sobre os garantes do instrumento de risco.

•• *Vide* arts. 32 do Decreto n. 2.044, de 31-12-1908, e 28 e 43 a 54 do Decreto n. 57.663, de 24-1-1966.

Art. 662. O dador de dinheiro a risco adquire hipoteca no objeto sobre que recai o empréstimo, mas fica sujeito a perder todo o direito à soma mutuada, perecendo o objeto hipotecado no tempo e lugar, e pelos riscos convencionados; e só tem direito ao embolso do principal e prêmio por inteiro no caso de chegada a salvamento.

• Da hipoteca no CC: arts. 1.473 a 1.505.

Art. 663. Incumbe ao tomador provar a perda, e justificar que os feitos, objeto do empréstimo, existiam na embarcação na ocasião do sinistro.

Art. 664. Acontecendo presa ou desastre de mar ao navio ou fazendas sobre que recaiu o empréstimo a risco, o tomador tem obrigação de noticiar o acontecimento ao dador, apenas tal nova chegar ao seu conhecimento. Achando-se o tomador a esse tempo no navio, ou próximo aos objetos sobre que recaiu o empréstimo, é obrigado a empregar na sua reclamação e salvação as diligências próprias de um administrador exato; pena de responder por perdas e danos que da sua falta resultarem.

Art. 665. Quando sobre contrato de dinheiro a risco ocorra caso que se não ache prevenido neste Título, procurar-se-á a sua decisão por analogia, quanto seja compatível, no Título – *Dos seguros marítimos* – e *vice-versa*.

Título VIII
DOS SEGUROS MARÍTIMOS

Capítulo I
DA NATUREZA E FORMA DO CONTRATO DE SEGURO MARÍTIMO

Art. 666. O contrato de seguro marítimo, pelo qual o segurador, tomando sobre si a fortuna e riscos do mar, se obriga a indenizar ao segurado da perda ou dano que possa sobrevir ao objeto do seguro, mediante um prêmio ou soma determinada, equivalente ao risco tomado, só pode provar-se por escrito, a cujo instrumento se chama *apólice*; contudo julga-se subsistente para obrigar reciprocamente ao segurador e ao segurado desde o momento em que as partes se convierem, assinando ambas a minuta, a qual deve conter todas as declarações, cláusulas e condições da apólice.

•• Operações de seguros: Decreto-lei n. 73, de 21-11-1966, regulamentado pelo Decreto n. 60.459, de 13-3-1967.

• Seguro: *vide* arts. 757 a 802 do CC.

Art. 667. A apólice de seguro deve ser assinada pelos seguradores, e conter:

1. O nome e domicílio do segurador e o do segurado; declarando este se segura por sua conta ou por conta de terceiro, cujo nome pode omitir-se; omitindo-se o nome do segurado, o terceiro que faz o seguro em seu nome fica pessoal e solidariamente responsável.

•• *Vide* art. 760 do CC.

• *Vide* arts. 674 e 689 do CC.

• Obrigações solidárias: arts. 264 e s. do CC.

A apólice em nenhum caso pode ser concedida ao portador.

2. O nome, classe e bandeira do navio, e o nome do capitão; salvo não tendo o segurado certeza do navio (art. 670).

3. A natureza e qualidade do objeto seguro e o seu valor fixo ou estimado.

4. O lugar onde as mercadorias foram, deviam ou devam ser carregadas.

5. Os portos ou ancoradouros, onde o navio deve carregar ou descarregar, e aqueles onde deva tocar por escala.

6. O porto donde o navio partiu, devia ou deve partir; e a época da partida, quando esta houver sido positivamente ajustada.

7. Menção especial de todos os riscos que o segurador toma sobre si.

8. O tempo e o lugar em que os riscos devem começar e acabar.

9. O prêmio do seguro, e o lugar, época e forma do pagamento.

10. O tempo, lugar e forma do pagamento no caso de sinistro.

11. Declaração de que as partes se sujeitam à decisão arbitral, quando haja contestação, se elas assim o acordarem.

•• A Lei n. 9.307, de 23-9-1996, dispõe sobre a arbitragem.

12. A data do dia em que se concluiu o contrato, com declaração, se antes, se depois do meio-dia.

13. E geralmente todas as outras condições em que as partes convenham.

Uma apólice pode conter dois ou mais seguros diferentes.

Art. 668. Sendo diversos os seguradores, cada um deve declarar a quantia por que se obriga, e esta declaração será datada e assinada. Na falta de declaração, a assinatura importa em responsabilidade solidária por todo o valor segurado.

Se um dos seguradores se obrigar por certa e determinada quantia, os seguradores que depois dele assinarem sem declaração da quantia por que se obrigam, ficarão responsáveis cada um por outra igual soma.

Art. 669. O seguro pode recair sobre a totalidade de um objeto ou sobre parte dele somente; e pode ser feito antes da viagem começada ou durante o curso dela, de ida e volta, ou só por ida ou só por volta, por viagem inteira ou por tempo limitado dela, e contra os riscos de viagem e transporte por mar somente, ou compreender também os riscos de transportes por canais e rios.

Art. 670. Ignorando o segurado a espécie de fazendas que hão de ser carregadas, ou não tendo certeza do navio em que o devam ser, pode efetuar validamente o seguro debaixo do nome genérico – *fazendas* – no primeiro caso, e – *sobre um ou mais navios* – no segundo; sem que o segurado seja obrigado a designar o nome do navio, uma vez que na apólice declare que o ignora, mencionando a data e assinatura da última carta de aviso ou ordens que tenha recebido.

• *Vide* art. 667, n. 2, do CCom.

Art. 671. Efetuando-se o seguro debaixo do nome genérico de – *fazendas* – o segurado é obrigado a provar, no caso de sinistro, que efetivamente se embarcaram as fazendas no valor declarado na apólice; e se o seguro se tiver feito – *sobre um ou mais navios* – incumbe-lhe provar que as fazendas seguras foram efetivamente embarcadas no navio que sofreu o sinistro (art. 716).

Art. 672. A designação geral – *fazendas* – não compreende moeda de qualidade alguma, nem joias, ouro ou prata, pérolas ou pedras preciosas, nem munições de guerra; em seguros desta natureza é necessário que se declare a espécie do objeto sobre que recai o seguro.

Art. 673. Suscitando-se dúvida sobre a inteligência de alguma ou algumas das condições e cláusulas da apólice, a sua decisão será determinada pelas regras seguintes:

1. as cláusulas escritas terão mais força do que as impressas;

2. as que forem claras, e expuserem a natureza, objeto ou fim do seguro, servirão de regra para esclarecer as obscuras, e para fixar a intenção das partes na celebração do contrato;

3. o costume geral, observado em casos idênticos na praça onde se celebrou o contrato, prevalecerá a qualquer significação diversa que as palavras possam ter em uso vulgar;

4. em caso de ambiguidade que exija interpretação, será esta feita segundo as regras estabelecidas no art. 131.

• Nas declarações de vontade atenderá mais à intenção nelas consubstanciada do que ao sentido literal da linguagem (art. 112 do CC).

Art. 674. A cláusula de fazer escala compreende a faculdade de carregar e descarregar fazendas no lugar da escala, ainda que esta condição não seja expressa na apólice (art. 667, n. 5).

• *Vide* art. 672 do CCom.

Art. 675. A apólice de seguro é transferível e exequível por via de endosso, substituindo o endossado ao segurado em todas as suas obrigações, direitos e ações (art. 363).

• *Vide* art. 760 do CCom.

Art. 676. Mudando os efeitos segurados de proprietário durante o tempo do contrato, o seguro passa para o novo dono, independente de transferência da apólice; salvo condição em contrário.

Art. 677. O contrato de seguro é nulo:

1. Sendo feito por pessoa que não tenha interesse no objeto segurado.

2. Recaindo sobre algum dos objetos proibidos no art. 686.

3. Sempre que se provar fraude ou falsidade por alguma das partes.

4. Quando o objeto do seguro não chega a pôr-se efetivamente em risco.

5. Provando-se que o navio saiu antes da época designada na apólice, ou que se demorou além dela, sem ter sido obrigado por força maior.

• Força maior: *vide* art. 393 do CC.

6. Recaindo o seguro sobre objetos já segurados no seu inteiro valor, e pelos mesmos riscos. Se, porém, o primeiro seguro não abranger o valor da coisa por inteiro, ou houver sido efetuado com exceção de algum ou alguns riscos, o seguro prevalecerá na parte, e pelos riscos executados.

7. O seguro de lucro esperado, que não fixar soma determinada sobre o valor do objeto do seguro.

8. Sendo o seguro de mercadorias que se conduzirem em cima do convés, não se tendo feito na apólice declaração expressa desta circunstância.

• *Vide* art. 790 do CCom.

9. Sobre objetos que na data do contrato se achavam já perdidos ou salvos, havendo presunção fundada de que o segurado ou segurador podia ter notícia do evento ao tempo em que se efetuou o seguro. Existe esta presunção, provando-se por alguma forma que a notícia tinha chegado ao lugar em que se fez o seguro, ou àquele donde se expediu a ordem para ele se efetuar ao tempo da data da apólice ou da expedição da mesma ordem, e que o segurado ou o segurador a sabia.

Se, porém, a apólice contiver a cláusula – *perdido ou não perdido* – ou *sobre boa ou má nova* – cessa a presunção; salvo provando-se fraude.

• *Vide* arts. 762, 765 e 773 do CC.
• *Vide* art. 790 do CCom.

Art. 678. O seguro pode também anular-se:

1. quando o segurado oculta a verdade ou diz o que não é verdade;

2. quando faz declaração errônea, calando, falsificando ou alterando fatos ou circunstâncias, ou produzindo fatos ou circunstâncias não existentes, de tal natureza e importância que, a não se terem ocultado, falsificado ou produzido, os seguradores, ou não houveram admitido o seguro, ou o teriam efetuado debaixo de prêmio maior e mais restritas condições.

• *Vide* arts. 765 e 766 do CC.

Art. 679. No caso de fraude da parte do segurado, além da nulidade do seguro, será este condenado a pagar ao segurador o prêmio estipulado em dobro. Quando a fraude estiver da parte do segurador, será este condenado a retornar o prêmio recebido, e a pagar ao segurado outra igual quantia.

Em um e outro caso pode-se intentar ação criminal contra o fraudulento.

•• Fraude para recebimento de indenização ou valor de seguro: art. 171, V, do CP.

•• Regime repressivo às infrações cometidas por sociedades seguradoras: arts. 108 a 121 do Decreto-lei n. 73, de 21-11-1966, e 90 a 99 do Decreto n. 60.459, de 13-3-1967.

• *Vide* arts. 766 e 773 do CC.

Art. 680. A desviação voluntária da derrota da viagem, e a alteração na ordem das escalas, que não for obrigada por urgente necessidade ou força maior, anulará o seguro pelo resto da viagem (art. 509).

• *Vide* art. 711, n. 2, do CCom.
• Força maior: art. 764 do CC.

Art. 681. Se o navio tiver vários pontos de escala designados na apólice, é lícito ao segurado alterar a ordem das escalas; mas em tal caso só poderá escalar em um único porto dos especificados na mesma apólice.

Art. 682. Quando o seguro versar sobre dinheiro dado a risco, deve declarar-se na apólice, não só o nome do navio, do capitão, e do tomador do dinheiro, como outrossim fazer-se menção dos riscos que este quer segurar e o dador excetuara, ou qual o valor descoberto sobre que é permitido o seguro (art. 650). Além desta declaração é necessário mencionar também na apólice a causa da dívida para que serviu o dinheiro.

• *Vide* art. 633 do CCom.

Art. 683. Tendo-se efetuado sem fraude diversos seguros sobre o mesmo objeto, prevalecerá o mais antigo na data da apólice. Os seguradores cujas apólices forem posteriores são obrigados a restituir o prêmio recebido, retendo por indenização 0,5% (meio por cento) do valor segurado.

Art. 684. Em todos os casos em que o seguro se anular por fato que não resulte diretamente de força maior, o segurador adquire o prêmio por inteiro, se o objeto do seguro se tiver posto em risco; e se não se tiver posto em risco, retém 0,5% (meio por cento) do valor segurado.

Anulando-se, porém, algum seguro por viagem redonda com prêmio ligado, o segurador adquire metade (tão somente) do prêmio ajustado.

•• *Vide* art. 764 do CC.

Capítulo II

DAS COISAS QUE PODEM SER OBJETO DE SEGURO MARÍTIMO

•• Seguro obrigatório de danos pessoais causados por embarcações: Lei n. 8.374, de 30-12-1991.

Art. 685. Toda e qualquer coisa, todo e qualquer interesse apreciável a dinheiro, que tenha sido posto ou deva pôr-se a risco de mar, pode ser objeto de seguro marítimo, não havendo proibição em contrário.

Art. 686. É proibido o seguro:

1. sobre coisas, cujo comércio não seja lícito pelas leis do Império, e sobre os navios nacionais ou estrangeiros que nesse comércio se empregarem;

2. sobre a vida de alguma pessoa livre;

3. sobre soldadas a vencer de qualquer indivíduo da tripulação.

•• *Vide* art. 762 do CC.
• Seguro de pessoa: arts. 782 a 802 do CC.
• *Vide* art. 677, n. 2, do CCom.

Art. 687. O segurador pode ressegurar por outros seguradores os mesmos objetos que ele tiver segurado, com as mesmas ou diferentes condições, e por igual, maior ou menor prêmio.

O segurado pode tornar a segurar, quando o segurador ficar insolvente, antes da notícia da terminação do risco, pedindo em juízo anulação da primeira apólice; e se a esse tempo existir risco pelo qual seja devida alguma indenização ao segurado, entrará este pela sua importância na massa do segurador falido.

•• Realização de seguro sobre objeto ou interesse já contratado, mediante emissão de simples certificado: art. 11, § 4.º, do Decreto-lei n. 73, de 21-11-1966, regulamentado pelo Decreto n. 60.459, de 13-3-1967.

Art. 688. Não se declarando na apólice de seguro de dinheiro a risco, se o seguro compreende o capital e o prêmio, entende-se que compreende só o capital, o qual, no caso de sinistro, será indenizado pela forma determinada no art. 647.

• *Vide* art. 633 do CCom.

Art. 689. Pode segurar-se o navio, seu frete e fazendas na mesma apólice, mas neste caso há de determinar-se o valor de cada objeto distintamente; faltando esta especificação, o seguro ficará reduzido ao objeto definido na apólice somente.

• *Vide* arts. 672, 755 e 780 do CCom.

Art. 690. Declarando-se genericamente na apólice, que se segura o navio sem outra alguma especificação, entende-se que o seguro compreende o casco e todos os pertences da embarcação, aprestos, aparelhos, mastreação e velame, lanchas, escaleres, botes, utensílios e vitualhas ou provisões; mas em nenhum caso os fretes nem o carregamento, ainda que este seja por conta do capitão, dono, ou armador do navio.

Art. 691. As apólices de seguro por ida e volta cobrem os riscos seguros que sobrevierem durante as estadias intermédias, ainda que esta cláusula seja omissa na apólice.

• *Vide* art. 703 do CCom.

Capítulo III

DA AVALIAÇÃO DOS OBJETOS SEGUROS

Art. 692. O valor do objeto do seguro deve ser declarado na apólice em quantia certa, sempre que o segurado tiver dele conhecimento exato.

No seguro de navio, esta declaração é essencialmente necessária, e faltando ela o seguro julga-se improcedente.

Nos seguros sobre fazendas, não tendo o segurado conhecimento exato do seu verdadeiro importe, basta que o valor se declare por estimativa.

•• Menção ao valor máximo de cobertura dos riscos segurados: art. 83 do Decreto-lei n. 73, de 21-11-1966, regulamentado pelo Decreto n. 60.459, de 13-3-1967.

• *Vide* arts. 672, 700, 701 e 780 do CCom.

Art. 693. O valor declarado na apólice, quer tenha a cláusula – *valha mais ou valha menos* –, quer a não tenha, será considerado em juízo como ajustado e admitido entre as partes para todos os efeitos do seguro. Contudo, se o segurador alegar que a coisa segura valia ao tempo do contrato um quarto menos, ou daí para cima, do preço em que o segurado a estimou, será admitido a reclamar a avaliação; incumbindo-lhe justificar a reclamação pelos meios de prova admissíveis em comércio. Para este fim, e em ajuda de outras provas, poderá o segurador obrigar o segurado à exibição dos documentos ou das razões em que se fundara para o cálculo da avaliação que dera na apólice; e se presumirá ter havido dolo da parte do segurado se ele se negar a esta exibição.

• *Vide* art. 701 do CCom.

Art. 694. Não se tendo declarado na apólice o valor certo do seguro sobre fazenda, será este determinado pelo preço da compra das mesmas fazendas, aumentado com as despesas que estas tiverem feito até o embarque, e mais o prêmio do seguro e a comissão de se efetuar, quando esta se tiver pago; por forma que, no caso de perda total, o segurado seja embolsado de todo o valor posto a risco. Na apólice de seguro sobre fretes sem valor fixo, será este determinado pela carta de fretamento, ou pelos conhecimentos, e pelo manifesto, ou livro da carga, cumulativamente em ambos os casos.

• *Vide* arts. 566, 647, 696, 697 e 700 do CCom.

Art. 695. O valor do seguro sobre dinheiro a risco prova-se pelo contrato original, e o do seguro sobre despesas feitas com o navio ou carga durante a viagem (arts. 515 e 651) com as respectivas contas competentemente legalizadas.

• *Vide* art. 633 do CCom.

Art. 696. O valor de mercadorias provenientes de fábricas, lavras ou fazendas do segurado, que não for determinado na apólice, será avaliado pelo preço que outras tais mercadorias poderiam obter no lugar do desembarque, sendo aí vendidas, aumentado na forma do art. 694.

Art. 697. As fazendas adquiridas por troca estimam-se pelo preço que poderiam obter no mercado do lugar da descarga aquelas que por elas se trocaram, aumentado na forma do art. 694.

Art. 698. A avaliação em seguros feitos sobre moeda estrangeira faz-se, reduzindo-se esta ao valor da moeda corrente no Império pelo curso que o câmbio tinha na data da apólice.

•• Obrigatoriedade de valores expressos em moeda nacional: art. 83 do Decreto-lei n. 73, de 21-11-1966, regulamentado pelo Decreto n. 60.459, de 13-3-1967, e arts. 1.º e 2.º, I, do Decreto-lei n. 857, de 11-9-1969.

Art. 699. O segurador em nenhum caso pode obrigar o segurado a vender os objetos do seguro para determinar o seu valor.

Art. 700. Sempre que se provar que o segurado procedeu com fraude na declaração do valor declarado na apólice, ou na que posteriormente se fizer no caso de se não ter feito no ato do contrato (arts. 692 e 694), o juiz, reduzindo a estimação do objeto segurado ao seu verdadeiro valor, condenará o segurado a pagar ao segurador o dobro do prêmio estipulado.

Art. 701. A cláusula inserta na apólice – *valha mais ou valha menos* – não releva o segurado da condenação por fraude; nem pode ser valiosa sempre que se provar que o objeto seguro valia menos de um quarto que o preço fixado na apólice (arts. 692 e 693).

Capítulo IV

DO COMEÇO E FIM DOS RISCOS

Art. 702. Não constando da apólice do seguro o tempo em que os riscos devem começar e acabar, os riscos de seguro sobre navio principiam a correr por conta do segurador desde o momento em que a embarcação suspende a sua primeira âncora para velejar, e terminam depois que tem dado fundo e amarrado dentro do porto do seu destino, no lugar que aí for designado para descarregar, se levar carga, ou no lugar em que der fundo e amarrar, indo em lastro.

• *Vide* art. 760, *caput*, do CC.

Art. 703. Segurando-se o navio por ida e volta, ou por mais de uma viagem, os riscos correm sem interrupção por conta do segurador, desde o começo da primeira viagem até o fim da última (art. 691).

Art. 704. No seguro de navios por estadia em algum porto, os riscos começam a correr desde que o navio dá fundo e se amarra no mesmo porto, e findam desde o momento em que suspende a sua primeira âncora para seguir viagem.

Art. 705. Sendo o seguro sobre mercadorias, os riscos têm princípio desde o momento em que elas se começam a embarcar nos cais ou à borda d'água do lugar da carga, e só terminam depois que são postas a salvo no lugar da descarga; ainda mesmo no caso do capitão ser obrigado a descarregá-las em algum porto de escala, ou de arribada forçada.

• *Vide* art. 740 do CCom.

Art. 706. Fazendo-se seguro sobre fazendas a transportar alternadamente por mar e terra, rios ou canais, em navios, barcos, carros ou animais, os riscos começam logo que os efeitos são entregues no lugar onde devem ser carregados, e só expiram quando são descarregados a salvamento no lugar do destino.

• *Vide* art. 672 do CCom.

Art. 707. Os riscos de seguro sobre frete têm o seu começo desde o momento e à medida que são recebidas a bordo as fazendas que pagam frete; e acabam logo que saem para fora do portaló do navio, e à proporção que vão saindo; salvo se por ajuste ou por uso do porto o navio for obrigado a receber a carga à beira d'água, e pô-la em terra por sua conta.

O risco do frete, neste caso, acompanha o risco das mercadorias.

Art. 708. A fortuna das somas mutuadas a risco principia e acaba para os seguradores na mesma época, e pela mesma forma que corre para o dador do dinheiro a risco; no caso, porém, de se não ter feito no instrumento do contrato a risco menção específica dos riscos tomados, ou se não houver estipulado o tempo, entende-se que os seguradores tomaram sobre si todos os riscos, e pelo mesmo tempo que geralmente costumam receber os dadores de dinheiro a risco.

• *Vide* art. 633 do CCom.

Art. 709. No seguro de lucro esperado, os riscos acompanham a sorte das fazendas respectivas.

Capítulo V

DAS OBRIGAÇÕES RECÍPROCAS DO SEGURADOR E DO SEGURADO

Art. 710. São a cargo do segurador todas as perdas e danos que sobrevierem ao objeto seguro por algum dos riscos especificados na apólice.

Art. 711. O segurador não responde por dano ou avaria que aconteça por fato do segurado, ou por alguma das causas seguintes:

•• Responsabilidade do operador portuário: arts. 26, II e III, e 27, § 2.º, da Lei n. 12.815, de 5-6-2013.

1. desviação voluntária da derrota ordinária e usual da viagem;
2. alteração voluntária na ordem das escalas designadas na apólice; salvo a exceção estabelecida no art. 680;
3. prolongação voluntária da viagem, além do último porto atermado na apólice. Encurtando-se a viagem, o seguro surte pleno efeito, se o porto onde ela findar for de escala declarada na apólice; sem que o segurado tenha direito para exigir redução do prêmio estipulado;
4. separação espontânea de comboio, ou de outro navio armado, tendo-se estipulado na apólice de ir em conserva dele;
5. diminuição e derramamento de líquido (art. 624);
6. falta de estiva, ou defeituosa arrumação da carga;
7. diminuição natural de gêneros, que por sua qualidade são suscetíveis de dissolução, diminuição ou quebra em peso ou medida entre o seu embarque e o desembarque; salvo tendo estado encalhado o navio, ou tendo sido descarregadas essas fazendas por ocasião de força maior; devendo-se, em tais casos, fazer dedução da diminuição ordinária que costuma haver em gêneros de semelhante natureza (art. 617);
8. quando a mesma diminuição natural acontecer em cereais, açúcar, café, farinhas, tabaco, arroz, queijos, frutas secas ou verdes, livros ou papel e outros gêneros de semelhante natureza, se a avaria não exceder a 10% (dez por cento) do valor seguro; salvo se a embarcação tiver estado encalhada, ou as mesmas fazendas tiverem sido descarregadas por motivo de força maior, ou o contrário se houver estipulado na apólice;
9. danificação de amarras, mastreação, velame ou outro qualquer pertence do navio, procedida do uso ordinário do seu destino;
10. vício intrínseco, má qualidade, ou mau acondicionamento do objeto seguro;
11. avaria simples ou particular, que, incluída a despesa de documentos justificativos, não exceda de 3% (três por cento) do valor segurado;
12. rebeldia do capitão ou da equipagem; salvo havendo estipulação em contrário declarada na apólice. Esta estipulação é nula sendo o seguro feito pelo capitão, por con-

ta dele ou alheia, ou por terceiro por conta do capitão.

• *Vide* arts. 768, 769 e 784 do CC.
• *Vide* arts. 649 e 766 do CCom.

Art. 712. Todo e qualquer ato por sua natureza criminoso praticado pelo capitão no exercício do seu emprego, ou pela tripulação, ou por um e outra conjuntamente, do qual aconteça dano grave ao navio ou à carga, em oposição à presumida vontade legal do dono do navio, é rebeldia.

Art. 713. O segurador que toma o risco de rebeldia responde pela perda ou dano procedente do ato de rebeldia do capitão ou da equipagem, ou seja por consequência imediata, ou ainda casualmente, uma vez que a perda ou dano tenha acontecido dentro do tempo dos riscos tomados, e na viagem e portos da apólice.

Art. 714. A cláusula – *livre de avaria* – desobriga os seguradores das avarias simples ou particulares; a cláusula – *livre de todas as avarias* – desonera-os também das grossas. Nenhuma destas cláusulas, porém, os isenta nos casos em que tiver lugar o abandono.

• Abandono: arts. 753 a 760 do CCom.

Art. 715. Nos seguros feitos com a cláusula – *livre de hostilidade* – o segurador é livre, se os efeitos segurados perecem ou se deterioram por efeito de hostilidade. O seguro, neste caso, cessa desde que foi retardada a viagem, ou mudada a derrota por causa das hostilidades.

Art. 716. Contendo o seguro sobre fazendas a cláusula – *carregadas em um ou mais navios* –, o seguro surte todos os efeitos, provando-se que as fazendas seguras foram carregadas por inteiro em um só navio, ou por partes em diversas embarcações.

• *Vide* arts. 671 e 672 do CCom.

Art. 717. Sendo necessário baldear-se a carga, depois de começada a viagem, para embarcação diferente da que tiver sido designada na apólice, por inavegabilidade ou força maior, os riscos continuam a correr por conta do segurador até o navio substituído chegar ao porto do destino, ainda mesmo que tal navio seja de diversa bandeira, não sendo esta inimiga.

• Força maior: art. 393 do CC.

Art. 718. Ainda que o segurador não responda pelos danos que resultam ao navio por falta de exata observância das leis e regulamentos das Alfândegas e polícia dos portos (art. 530), esta falta não o desonera de responder pelos que daí sobrevierem à carga.

Art. 719. O segurado deve sem demora participar ao segurador, e, havendo mais de um, somente ao primeiro na ordem da subscrição, todas as notícias que receber de qualquer sinistro acontecido ao navio ou à carga. A omissão culposa do segurado a este respeito, pode ser qualificada de presunção de má-fé.

• *Vide* arts. 722 deste Código e 771 do CC.

Art. 720. Se passado 1 (um) ano a datar da saída do navio nas viagens para qualquer porto da América, ou 2 (dois) anos para outro qualquer porto do mundo, e, tendo expirado o tempo limitado na apólice, não houver notícia alguma do navio, presume-se este perdido, e o segurado pode fazer abandono ao segurador, e exigir o pagamento da apólice; o qual, todavia, será obrigado a restituir, se o navio se não houver perdido e se vier a provar que o sinistro aconteceu depois de ter expirado o termo dos riscos.

• *Vide* art. 753, n. 4, do CCom.

Art. 721. Nos casos de naufrágio ou varação, presa ou arresto de inimigo, o segurado é obrigado a empregar toda a diligência possível para salvar ou reclamar os objetos seguros, sem que para tais atos se faça necessária a procuração do segurador, do qual pode o segurado exigir o adiantamento do dinheiro preciso para a reclamação intentada ou que se possa intentar, sem que o mau sucesso desta prejudique ao embolso do segurado pelas despesas ocorridas.

• *Vide* arts. 724 e 753 a 760 do CCom.

Art. 722. Quando o segurado não pode fazer por si as devidas reclamações, por deverem ter lugar fora do Império, ou do seu domicílio, deve nomear para esse fim competente mandatário, avisando desta nomeação ao segurador (art. 719). Feita a nomeação e o aviso, cessa toda a sua responsabilidade, nem responde pelos atos do seu mandatário; ficando unicamente obrigado a fazer cessão ao segurador das ações que competirem, sempre que este o exigir.

• *Vide* art. 724 do CCom.

Art. 723. O segurado, no caso de presa ou arresto de inimigo, só está obrigado a seguir os termos da reclamação até a promulgação da sentença da primeira instância.

Art. 724. Nos casos dos três artigos precedentes, o segurado é obrigado a obrar de acordo com os seguradores. Não havendo tempo para os consultar, obrará como melhor entender, correndo as despesas por conta dos mesmos seguradores.

Em caso de abandono admitido pelos seguradores, ou destes tomarem sobre si as diligências dos salvados ou das reclamações, cessam todas as sobreditas obrigações do capitão e do segurado.

Art. 725. O julgamento de um tribunal estrangeiro, ainda que baseado pareça em fundamentos manifestamente injustos, ou fatos notoriamente falsos ou desfigurados, não desonera o segurador, mostrando o segurado que empregou os meios ao seu alcance, e produziu as provas que lhe era possível prestar para prevenir a injustiça do julgamento.

• Competência: arts. 42 e s. do CPC.

Art. 726. Os objetos segurados que forem restituídos gratuitamente pelos apresadores voltam ao domínio de seus donos, ainda que a restituição tenha sido feita a favor do capitão ou de qualquer outra pessoa.

Art. 727. Todo o ajuste que se fizer com os apresadores no alto-mar para resgatar a coisa segura é nulo; salvo havendo para isso autorização por escrito na apólice.

Art. 728. Pagando o segurador um dano acontecido à coisa segura, ficará sub-rogado em todos os direitos e ações que ao segurado competirem contra terceiro; e o segurado não pode praticar ato algum em prejuízo do direito adquirido dos seguradores.

• *Vide* Súmulas 188 e 257 do STF.
• Sub-rogação no CC: *vide* arts. 346 e s.

Art. 729. O prêmio do seguro é devido por inteiro, sempre que o segurado receber a indenização do sinistro.

Art. 730. O segurador é obrigado a pagar ao segurado as indenizações a que tiver direito, dentro de 15 (quinze) dias da apresentação da conta, instruída com os documentos respectivos; salvo se o prazo do pagamento tiver sido estipulado na apólice.

TÍTULO IX
DO NAUFRÁGIO E SALVADOS

Arts. 731 a 739. (*Revogados pela Lei n. 7.542, de 26-9-1986.*)

•• A Lei n. 7.542, de 26-9-1986, dispõe sobre a pesquisa, exploração, remoção e demolição de coisas ou bens afundados, submersos, encalhados e perdidos em águas sob jurisdição nacional, em terreno de marinha e seus acrescidos e em terrenos marginais, em decorrência de sinistro, alijamento ou fortuna do mar, e dá outras providências.

TÍTULO X
DAS ARRIBADAS FORÇADAS

Art. 740. Quando um navio entra por necessidade em algum porto ou lugar distinto dos determinados na viagem a que se propusera, diz-se que fez arribada forçada (art. 510).

Art. 741. São causas justas para arribada forçada:

1. falta de víveres ou aguada;
2. qualquer acidente acontecido à equipagem, carga ou navio, que impossibilite este de continuar a navegar;
3. temor fundado de inimigo ou pirata.

Art. 742. Todavia, não será justificada a arribada:

1. se a falta de víveres ou de aguada proceder de não haver-se feito a provisão necessária segundo o costume e uso da navegação, ou de haver-se perdido e estragado por má arrumação ou descuido, ou porque o capitão vendesse alguma parte dos mesmos víveres ou aguada;
2. nascendo a inavegabilidade do navio de mau conserto, de falta de apercebimento ou equipação, ou de má arrumação da carga;
3. se o temor de inimigo ou pirata não for fundado em fatos positivos que não deixem dúvida.

Art. 743. Dentro das primeiras 24 (vinte e quatro) horas úteis da entrada no porto de arribada, deve o capitão apresentar-se à autoridade competente para lhe tomar o protesto da arribada, que justificará perante a mesma autoridade (arts. 505 e 512).

Art. 744. As despesas ocasionadas pela arribada forçada correm por conta do fretador ou do afretador, ou de ambos, segundo for a causa que as motivou, com direito regressivo contra quem pertencer.

• *Vide* arts. 763 e 764, ns. 9 e 11, do CCom.

Art. 745. Sendo a arribada justificada, nem o dono do navio nem o capitão respondem pelos prejuízos que puderem resultar à carga; se, porém, não for justificada, um e outro serão responsáveis solidariamente até a concorrência do valor do navio e frete.

•• *Vide* nota ao art. 725 do CCom.

• Obrigações solidárias: *vide* arts. 264 e s. do CC.

Art. 746. Só pode autorizar-se descarga no porto de arribada, sendo indispensavelmente necessária para conserto no navio, ou reparo de avaria da carga (art. 614). O capitão, neste caso, é responsável pela boa guarda e conservação dos efeitos descarregados; salvo unicamente os casos de força maior, ou de tal natureza que não possam ser prevenidos.

A descarga será reputada legal em juízo quando tiver sido autorizada pelo juiz de direito do comércio. Nos países estrangeiros compete aos cônsules do Império dar a autorização necessária, e onde os não houver será requerida à autoridade local competente.

• *Vide* art. 92 do CC.

Art. 747. A carga avariada será reparada ou vendida, como parecer mais conveniente; mas em todo o caso deve preceder autorização competente.

Art. 748. O capitão não pode, debaixo de pretexto algum, diferir a partida do porto da arribada desde que cessa o motivo dela; pena de responder por perdas e danos resultantes da dilação voluntária (art. 510).

Título XI
DO DANO CAUSADO POR ABALROAÇÃO

Art. 749. Sendo um navio abalroado por outro, o dano inteiro causado ao navio abalroado e à sua carga será pago por aquele que tiver causado a abalroação, se esta tiver acontecido por falta de observância do regulamento do porto, imperícia, ou negligência do capitão ou da tripulação; fazendo-se a estimação por árbitros.

•• Convenção para salvaguarda da vida humana no mar e regras para se evitar abalroamento: Decreto Legislativo n. 64, de 30-11-1966.

•• Competência do Tribunal Marítimo: arts. 13 e 14 da Lei n. 2.180, de 5-2-1954.

• Busca e salvamento da vida humana em perigo no mar, nos portos e nas vias navegáveis interiores: Lei n. 7.273, de 10-12-1984.

Art. 750. Todos os casos de abalroação serão decididos, na menor dilação possível, por peritos, que julgarão qual dos navios foi o causador do dano, conformando-se com as disposições do regulamento do porto, e os usos e prática do lugar. No caso dos árbitros declararem que não podem julgar com segurança qual navio foi culpado, sofrerá cada um o dano que tiver recebido.

• Tribunal Marítimo: Lei n. 2.180, de 5-2-1954.

Art. 751. Se, acontecendo a abalroação no alto-mar, o navio abalroado for obrigado a procurar porto de arribada para poder consertar, e se perder nessa derrota, a perda do navio presume-se causada pela abalroação.

Art. 752. Todas as perdas resultantes de abalroação pertencem à classe de avarias particulares ou simples; excetua-se o único caso em que o navio, para evitar dano maior de uma abalroação iminente, pica as suas amarras, e abalroa a outro para sua própria salvação (art. 764). Os danos que o navio ou a carga, neste caso, sofre, são repartidos pelo navio, frete e carga por avaria grossa.

• *Vide* art. 766 do CCom.

Título XII
DO ABANDONO

Art. 753. É lícito ao segurado fazer abandono dos objetos seguros, e pedir ao segurador a indenização de perda total nos seguintes casos:

1. presa ou arresto por ordem de potência estrangeira, 6 (seis) meses depois de sua intimação, se o arresto durar por mais deste tempo;

2. naufrágio, varação, ou outro qualquer sinistro de mar compreendido na apólice, de que resulte não poder o navio navegar, ou cujo conserto importe em três quartos ou mais do valor por que o navio foi segurado;

3. perda total do objeto seguro, ou deterioração que importe pelo menos três quartos do valor da coisa segurada (arts. 759 e 777);

4. falta de notícia do navio sobre que se fez o seguro, ou em que se embarcaram os efeitos seguros (art. 720).

Art. 754. O segurado não é obrigado a fazer abandono; mas se o não fizer nos casos em que este Código o permite, não poderá exigir do segurador indenização maior do que teria direito a pedir se houvera acontecido perda total; exceto nos casos de letra de câmbio passada pelo capitão (art. 515), de naufrágio, reclamação de presa, ou arresto de inimigo, e de abalroação.

Art. 755. O abandono só é admissível quando as perdas acontecem depois de começada a viagem.

Não pode ser parcial, deve compreender todos os objetos contidos na apólice. Todavia, se na mesma apólice se tiver segurado o navio e a carga, pode ter lugar o abandono de cada um dos dois objetos separadamente (art. 689).

Art. 756. Não é admissível o abandono por título de inavegabilidade, se o navio, sendo consertado, pode ser posto em estado de continuar a viagem até o lugar do destino; salvo se à vista das avaliações legais, a que se deve proceder, se vier no conhecimento de que as despesas do conserto excederiam pelo menos a três quartos do preço estimado na apólice.

Art. 757. No caso de inavegabilidade do navio, se o capitão, carregadores, ou pessoa que os represente não puderem fretar outro para transportar a carga ao seu destino dentro de 60 (sessenta) dias depois de julgada a inavegabilidade (art. 614), o segurado pode fazer abandono.

Art. 758. Quando nos casos de presa constar que o navio foi retomado antes de intimado o abandono, não é este admissível; salvo se o dano sofrido por causa da presa, e a despesa com o prêmio da retomada, ou salvagem importa em três quartos, pelo menos, do valor segurado, ou se em consequência da represa os efeitos seguros tiverem passado a domínio de terceiro.

Art. 759. O abandono do navio compreende os fretes das mercadorias que se puderem salvar, os quais serão considerados como pertencentes aos seguradores; salva a preferência que sobre os mesmos possa competir à equipagem por suas soldadas vencidas na viagem (art. 564), e a outros quaisquer credores privilegiados (art. 738).

Art. 760. Se os fretes se acharem seguros, os que forem devidos pelas mercadorias salvas, pertencerão aos seguradores dos mesmos fretes, deduzidas as despesas dos salvados, e as soldadas devidas à tripulação pela viagem (art. 559).

Título XIII
DAS AVARIAS

• Transporte de mercadorias por via d'água nos portos brasileiros: Decreto-lei n. 116, de 25-1-1967, regulamentado pelo Decreto n. 64.387, de 22-4-1969.

Capítulo I
DA NATUREZA E CLASSIFICAÇÃO DAS AVARIAS

Art. 761. Todas as despesas extraordinárias feitas a bem do navio ou da carga, conjunta ou separadamente, e todos os danos acontecidos àquele ou a esta, desde o embarque e partida até a sua volta e desembarque, são reputadas avarias.

Art. 762. Não havendo entre as partes convenção especial exarada na carta-partida ou no conhecimento, as avarias hão de qualificar-se, e regular-se pelas disposições deste Código.

Art. 763. As avarias são de duas espécies: avarias grossas ou comuns, e avarias simples ou particulares. A importância das primeiras é repartida proporcionalmente entre o navio, seu frete e a carga; e a das segundas é suportada, ou só pelo navio, ou só pela coisa que sofreu o dano ou deu causa à despesa.

• *Vide* arts. 764 e 765 do CCom.

Art. 764. São avarias grossas:

1. Tudo o que se dá ao inimigo, corsário ou pirata por composição ou a título de resgate do navio e fazendas, conjunta ou separadamente.

2. As coisas alijadas para salvação comum.

3. Os cabos, mastros, velas e outros quaisquer aparelhos deliberadamente cortados, ou partidos por força de vela para salvação do navio e carga.

4. As âncoras, amarras e quaisquer outras coisas abandonadas para salvamento ou benefício comum.

5. Os danos causados pelo alijamento às fazendas restantes a bordo.

6. Os danos feitos deliberadamente ao navio para facilitar a evacuação d'água e os danos acontecidos por esta ocasião à carga.

7. O tratamento, curativo, sustento e indenizações da gente da tripulação ferida ou mutilada defendendo o navio.

8. A indenização ou resgate da gente da tripulação mandada ao mar ou à terra em serviço do navio e da carga, e nessa ocasião aprisionada ou retida.

9. As soldadas e sustento da tripulação durante arribada forçada.

10. Os direitos de pilotagem, e outros de entrada e saída num porto de arribada forçada.

11. Os aluguéis de armazéns em que se depositem, em porto de arribada forçada, as fazendas que não puderem continuar a bordo durante o conserto do navio.

12. As despesas da reclamação do navio e carga feitas conjuntamente pelo capitão numa só instância, e o sustento e soldadas da gente da tripulação durante a mesma reclamação, uma vez que o navio e carga sejam relaxados e restituídos.

13. Os gastos de descarga, e salários para aliviar o navio e entrar numa barra ou porto, quando o navio é obrigado a fazê-lo por borrasca, ou perseguição de inimigo, e os danos acontecidos às fazendas pela descarga e recarga do navio em perigo.

14. Os danos acontecidos ao corpo e quilha do navio, que premeditadamente se faz varar para prevenir perda total, ou presa do inimigo.

15. As despesas feitas para pôr a nado o navio encalhado, e toda a recompensa por serviços extraordinários feitos para prevenir a sua perda total, ou presa.

16. As perdas ou danos sobrevindos às fazendas carregadas em barcas ou lanchas, em consequência de perigo.

17. As soldadas e sustento da tripulação, se o navio depois da viagem começada é obrigado a suspendê-la por ordem de potência estrangeira, ou por superveniência de guerra; e isto por todo o tempo que o navio e carga forem impedidos.

18. O prêmio do empréstimo a risco, tomado para fazer face a despesas que devam entrar na regra de avaria grossa.

19. O prêmio do seguro das despesas de avaria grossa, e as perdas sofridas na venda da parte da carga no porto de arribada forçada para fazer face às mesmas despesas.

20. As custas judiciais para regular as avarias, e fazer a repartição das avarias grossas.

21. As despesas de uma quarentena extraordinária.

E, em geral, os danos causados deliberadamente em caso de perigo ou desastre imprevisto, e sofridos como consequência imediata destes eventos, bem como as despesas feitas em iguais circunstâncias, depois de deliberações motivadas (art. 509), em bem e salvamento comum do navio e mercadorias, desde a sua carga e partida até o seu retorno e descarga.

• *Vide* arts. 633, 672 e 740 do CCom.

Art. 765. Não serão reputadas avarias grossas, posto que feitas voluntariamente e por deliberações motivadas para o bem do navio e carga, as despesas causadas por vício interno do navio, ou por falta ou negligência do capitão ou da gente da tripulação. Todas estas despesas são a cargo do capitão ou do navio (art. 565).

Art. 766. São avarias simples e particulares:

1. O dano acontecido às fazendas por borrasca, presa, naufrágio, ou encalhe fortuito, durante a viagem, e as despesas feitas para as salvar.

2. A perda de cabos, amarras, âncoras, velas e mastros, causada por borrasca ou outro acidente do mar.

3. As despesas de reclamação, sendo o navio e fazendas reclamadas separadamente.

4. O conserto particular de vasilhas, e as despesas feitas para conservar os efeitos avariados.

5. O aumento de frete e despesa de carga e descarga; quando declarado o navio inavegável, as fazendas são levadas ao lugar do destino por um ou mais navios (art. 614).

Em geral, as despesas feitas e o dano sofrido só pelo navio, ou só pela carga, durante o tempo dos riscos.

Art. 767. Se em razão de baixios ou bancos de areia conhecidos o navio não puder dar à vela do lugar da partida com a carga inteira, nem chegar ao lugar do destino sem descarregar parte da carga em barcas, as despesas feitas para aligeirar o navio não são reputadas avarias, e correm por conta do navio somente, não havendo na carta-partida ou nos conhecimentos estipulação em contrário.

• *Vide* arts. 566, 761, 763 e 764 do CCom.

Art. 768. Não são igualmente reputadas avarias, mas simples despesas a cargo do navio, as despesas de pilotagem da costa e barras, e outras feitas por entrada e saída de abras ou rios; nem os direitos de licenças, visitas, tonelagem, marcas, ancoragem, e outros impostos de navegação.

• *Vide* arts. 761, 763, 764 e 766 do CCom.

Art. 769. Quando for indispensável lançar-se ao mar alguma parte da carga, deve começar-se pelas mercadorias e efeitos que estiverem em cima do convés; depois serão alijadas as mais pesadas e de menos valor, e dada igualdade, as que estiverem na coberta e mais à mão; fazendo-se toda a diligência possível para tomar nota das marcas e números dos volumes alijados.

• *Vide* art. 764, n. 2, do CCom.

Art. 770. Em seguimento da ata da deliberação que se houver tomado para o alijamento (art. 509) se fará declaração bem especificada das fazendas lançadas ao mar; e se pelo ato do alijamento algum dano tiver resultado ao navio ou à carga remanescente, se fará também menção deste acidente.

Art. 771. As danificações que sofrerem as fazendas postas a bordo de barcos para a sua condução ordinária, ou para aligeirar o navio em caso de perigo, serão reguladas pelas disposições estabelecidas neste Capítulo que lhes forem aplicáveis, segundo as diversas causas de que o dano resultar.

•• *Vide* art. 662 do CCom.

Capítulo II
DA LIQUIDAÇÃO, REPARTIÇÃO E CONTRIBUIÇÃO DA AVARIA GROSSA

Art. 772. Para que o dano sofrido pelo navio ou carga possa considerar-se avaria a cargo do segurador, é necessário que ele seja examinado por dois arbitradores peritos que declarem:

1. De que procedeu o dano.

2. A parte da carga que se acha avariada, e por que causa, indicando as suas marcas, números ou volumes.

3. Tratando-se do navio ou dos seus pertences, quanto valem os objetos avariados, e em quanto poderá importar o seu conserto ou reposição.

Todas estas diligências, exames e vistorias serão determinadas pelo juiz de direito do respectivo distrito, e praticada com citação dos interessados, por si ou seus procuradores; podendo o juiz, no caso de ausência das partes, nomear de ofício pessoa inteligente e idônea que as represente (art. 618).

As diligências, exames e vistorias sobre o casco do navio e seus pertences devem ser praticadas antes de dar-se princípio ao seu conserto, nos casos em que este possa ter lugar.

• *Vide* Súmula 261 do STF.

Art. 773. Os efeitos avariados serão sempre vendidos em público leilão a quem mais der, e pagos no ato da arrematação; e o mesmo se praticará com o navio, quando ele tenha de ser vendido segundo as disposições deste Código; em tais casos o juiz, se assim lhe parecer conveniente, ou se algum interessado o requerer, poderá determinar que o casco e cada um dos seus pertences se venda separadamente.

Art. 774. A estimação do preço para o cálculo da avaria será feita sobre a diferença entre o respectivo rendimento bruto das fazendas sãs e o das avariadas, vendidas a dinheiro no tempo da entrega; e em nenhum caso pelo seu rendimento líquido, nem por aquele que, demorada a venda ou sendo a prazo, poderiam vir a obter.

Art. 775. Se o dono ou consignatário não quiser vender a parte das mercadorias sãs, não pode ser compelido; e o preço para o cálculo será em tal caso o corrente que as mesmas fazendas, se vendidas fossem ao tempo da entrega, poderiam obter no mercado, certificado pelos preços correntes do lugar, ou, na falta destes, atestado, debaixo de juramento por dois comerciantes acreditados de fazendas do mesmo gênero.

Art. 776. O segurador não é obrigado a pagar mais de dois terços do custo do conserto das avarias que tiverem acontecido ao navio segurado por fortuna do mar, contanto que o navio fosse estimado na apólice por seu verdadeiro valor, e os consertos não excedam de três quartos desse valor no dizer de arbitradores expertos. Julgando estes, porém, que pelos consertos o valor real do navio se aumentaria além do terço da soma que custariam, o segurador pagará as despesas, abatido o excedente valor do navio.

Art. 777. Excedendo as despesas a três quartos do valor do navio, julga-se este declarado inavegável a respeito dos seguradores; os quais, neste caso, serão obrigados, não tendo havido abandono, a pagar a soma segurada, abatendo-se nesta o valor do navio danificado ou dos seus fragmentos, segundo o dizer de arbitradores expertos.

• *Vide* art. 753, n. 3, do CCom.

Art. 778. Tratando-se de avaria particular das mercadorias, e achando-se estas estimadas na apólice por valor certo, o cálculo do dano será feito sobre o preço que as mercadorias avariadas alcançarem no porto da entrega e o da venda das não avariadas no mesmo lugar e tempo, sendo de igual espécie e qualidade, ou se todas chegaram avariadas, sobre o preço que outras semelhantes não avariadas alcançaram ou poderiam alcançar; e a diferença, tomada a proporção entre umas e outras, será a soma devida ao segurado.

• *Vide* art. 766 do CCom.

Art. 779. Se o valor das mercadorias se não tiver fixado na apólice, a regra para achar-se a soma devida será a mesma do artigo precedente, contanto que primeiro se determine o valor das mercadorias não avariadas; o que se fará acrescentando às importâncias das faturas originais as despesas subsequentes (art. 694). E tomada a diferença proporcional entre o preço por que se venderam as não avariadas e as avariadas, se aplicará a proporção relativa à parte das fazendas avariadas pelo seu primeiro custo e despesas.

Art. 780. Contendo a apólice a cláusula de pagar-se avaria por marcas, volumes, caixas, sacas ou espécies, cada uma das partes designadas será considerada como um seguro separado para a forma da liquidação das avarias, ainda que essa parte se ache englobada no valor total do seguro (arts. 689 e 692).

Art. 781. Qualquer parte da carga, sendo objeto suscetível de avaliação separada, que se perca totalmente, ou que por algum dos riscos cobertos pela respectiva apólice fique tão danificada que não valha coisa alguma, será indenizada pelo segurador com perda total, ainda que relativamente ao todo ou à carga segura seja parcial, e o valor da parte perdida ou destruída pelo dano se ache incluído, ainda que indistintamente, no total do seguro.

Art. 782. Se a apólice contiver a cláusula de pagar avarias como perda de salvados, a diferença para menos do valor fixado na apólice, que resultar da venda líquida que os gêneros avariados produzirem no lugar onde se venderam, sem atenção alguma ao produto bruto que tenham no mercado do porto do seu destino, será a estimação da avaria.

Art. 783. A regulação, repartição ou rateio das avarias grossas serão feitos por árbitros, nomeados por ambas as partes, a instâncias do capitão.

Não se querendo as partes louvar, a nomeação de árbitros será feita pelo Tribunal do Comércio respectivo, ou pelo juiz de direito do comércio a que pertencer, nos lugares distantes do domicílio do mesmo tribunal.

Se o capitão for omisso em fazer efetuar o rateio das avarias grossas, pode a diligência ser promovida por outra qualquer pessoa que seja interessada.

• *Vide* arts. 764 e 765 do CCom.

Art. 784. O capitão tem direito para exigir, antes de abrir as escotilhas do navio, que os consignatários da carga prestem fiança idônea ao pagamento da avaria grossa, a que suas respectivas mercadorias forem obrigadas no rateio da contribuição comum.

• Fiança: *vide* art. 818 do CC.

Art. 785. Recusando-se os consignatários a prestar a fiança exigida, pode o capitão requerer o depósito judicial dos efeitos obrigados à contribuição, até ser pago, ficando o preço da venda sub-rogado, para se efetuar por ele o pagamento da avaria grossa, logo que o rateio tiver lugar.

•• *Vide* nota ao art. 784 do CCom.

Art. 786. A regulação e repartição das avarias grossas deverá fazer-se no porto da entrega da carga. Todavia, quando, por dano acontecido depois da saída, o navio for obrigado a regressar ao porto da carga, as despesas necessárias para reparar os danos da avaria grossa podem ser neste ajustadas.

• *Vide* arts. 764 e 765 do CCom.

Art. 787. Liquidando-se as avarias grossas ou comuns no porto da entrega da carga, hão de contribuir para a sua composição:

1. a carga, incluindo o dinheiro, prata, ouro, pedras preciosas, e todos os mais valores que se acharem a bordo;
2. o navio e seus pertences, pela sua avaliação no porto da descarga, qualquer que seja o seu estado;
3. os fretes, por metade do seu valor também.

Não entram para a contribuição o valor dos víveres que existirem a bordo para mantimento do navio, a bagagem do capitão, tripulação e passageiros, que for do seu uso pessoal, nem os objetos tirados do mar por mergulhadores à custa do dono.

• *Vide* arts. 764 e 765 do CCom.

Art. 788. Quando a liquidação se fizer no porto da carga, o valor da mesma será estimado pelas respectivas faturas, aumentando-se ao preço da compra as despesas até o embarque; e quanto ao navio e frete se observarão as regras estabelecidas no artigo antecedente.

Art. 789. Quer a liquidação se faça no porto da carga, quer no da descarga, contribuirão para as avarias grossas as importâncias que forem ressarcidas por via da respectiva contribuição.

Art. 790. Os objetos carregados sobre o convés (arts. 521 e 677, n. 8), e os que tiverem sido embarcados sem conhecimento assinado pelo capitão (art. 599) e os que o proprietário ou seu representante, na ocasião do risco de mar, tiver mudado do lugar em que se achavam arrumados sem licença do capitão contribuem pelos respectivos valores, chegando a salvamento; mas o dono, no segundo caso, não tem direito para a indenização recíproca, ainda quando fiquem deteriorados, ou tenham sido alijados a benefício comum.

Art. 791. Salvando-se qualquer coisa em consequência de algum ato deliberado de que resultou avaria grossa, não pode quem sofreu o prejuízo causado por este ato exigir indenização alguma por contribuição dos objetos salvados, se estes por algum acidente não chegarem ao poder do dono ou consignatários, ou se, vindo ao seu poder, não tiverem valor algum; salvo os casos dos arts. 651 e 764, ns. 12 e 19.

• *Vide* arts. 764 e 765 do CCom.

Art. 792. No caso de alijamento, se o navio se tiver salvado do perigo que o motivou, mas, continuando a viagem, vier a perder-se depois, as fazendas salvas do segundo perigo são obrigadas a contribuir por avaria grossa para a perda das que foram alijadas na ocasião do primeiro.

Se o navio se perder no primeiro perigo e algumas fazendas se puderem salvar, estas não contribuem para a indenização das que foram alijadas na ocasião do desastre que causou o naufrágio.

• *Vide* arts. 672, 764 e 765 do CCom.

Art. 793. A sentença que homologa a repartição das avarias grossas com condenação de cada um dos contribuintes tem força definitiva, e pode executar-se logo, ainda que dela se recorra.

Art. 794. Se, depois de pago o rateio, os donos recobrarem os efeitos indenizados por avaria grossa, serão obrigados a repor *pro rata* a todos os contribuintes o valor líquido dos efeitos recobrados. Não tendo sido contemplados no rateio para a indenização, não estão obrigados a entrar para a contribuição da avaria grossa com o valor dos gêneros recobrados depois da partilha em que deixaram de ser considerados.

• *Vide* arts. 764 e 765 do CCom.

Art. 795. Se o segurador tiver pago uma perda total, e depois vier a provar-se que ela foi só parcial, o segurado não é obrigado a restituir o dinheiro recebido; mas neste caso o segurador fica sub-rogado em todos os direitos e ações do segurado, e faz suas todas as vantagens que puderem resultar dos efeitos salvos.

Art. 796. Se, independente de qualquer liquidação ou exame, o segurador se ajustar em preço certo de indenização, obrigando-se por escrito na apólice, ou de outra qualquer forma, a pagar dentro de certo prazo, e depois se recusar ao pagamento, exigindo que o segurado prove satisfatoriamente o valor real do dano, não será este obrigado à prova, senão no único caso em que o segurador tenha em tempo reclamado o ajuste por fraude manifesta da parte do mesmo segurado.

PARTE TERCEIRA

DAS QUEBRAS

Arts. 797 a 913. (*Revogados pelo Decreto-lei n. 7.661, de 21-6-1945.*)

•• A matéria relativa às quebras é, hoje, regulada pela Lei de Falências (Lei n. 11.101, de 9-2-2005).

TÍTULO ÚNICO
DA ADMINISTRAÇÃO DA JUSTIÇA NOS NEGÓCIOS E CAUSAS COMERCIAIS

Arts. 1.º a 30. (*Revogados pelo Decreto-lei n. 1.608, de 18-9-1939.*)

•• Com a vigência do Decreto-lei n. 1.608, de 18-9-1939, este título deixou de vigorar. O Decreto-lei citado foi substituído pela Lei n. 5.869, de 11-1-1973, revogada pela Lei n. 13.105, de 16-3-2015, atual CPC.

Mandamos, portanto, a todas as autoridades, a quem o conhecimento e execução da referida lei pertencer, que a cumpram e façam cumprir, e guardar tão inteiramente, como nela se contém. O Secretário de Estado dos Negócios da Justiça a faça imprimir, publicar e correr. Dada no Palácio do Rio de Janeiro, aos vinte e cinco de junho de mil oitocentos e cinquenta, vigésimo nono da Independência e do Império. Imperador, com rubrica e guarda. *Eusébio de Queirós Coutinho Matoso Câmara.*

Carta de Lei, pela qual V.M.I. manda executar o Decreto da Assembleia Geral, que houve por bem sancionar, sobre o Código Comercial do Império do Brasil, na forma acima declarada.

Para Vossa Majestade Imperial ver. *Antônio Álvares de Miranda Varejão* a fez. *Eusébio de Queirós Coutinho Matoso Câmara.*

Selada na Chancelaria do Império em 1.º de julho de 1850. *Josino do Nascimento Silva.*

Publicada na Secretaria de Estado dos Negócios da Justiça em 1.º de julho de 1850. *Josino do Nascimento Silva.*

Registrada a folha 8 do Livro 1.º das Leis e Resoluções, Secretaria de Estado dos Negócios da Justiça, 1.º de julho de 1850. *Manuel Antônio Ferreira da Silva.*

ÍNDICE ALFABÉTICO-REMISSIVO DO CÓDIGO COMERCIAL

ABALROAÇÃO DE NAVIO
– danos: arts. 749 a 752

ABANDONO
– arts. 720 a 724, e 753 a 760
– de embarcação; vedação ao capitão: art. 508
– de navio; vedação a proprietário ou comparte: art. 494, *in fine*

AÇÃO(ÕES)
– criminal contra dador a risco e capitão, por conluio: art. 654
– de capitão contra tripulante, por danos das cargas: art. 565, 2.ª parte
– de dador, para restituição de soma tomada a risco: art. 643, *in fine*
– de embargo de capitão, quanto a fretes, avarias e despesas: art. 527, *in fine*
– de proprietários de embarcação contra capitão, por danos das cargas: art. 565, 2.ª parte
– de tripulante de navio, para exigir seu pagamento, no término da viagem: art. 563
– entre capitão, carregadores e seguradores; exigibilidade do conhecimento: art. 589

AFRETADOR
– conceito: art. 566, *in fine*
– direitos e obrigações: arts. 590 a 628

AJUSTE E SOLDADAS DOS OFICIAIS E GENTE DA TRIPULAÇÃO, SEUS DIREITOS E OBRIGAÇÕES
– abandono de viagem: art. 546
– conceito de equipagem ou tripulação: art. 564
– delitos, culpa e omissão culposa: art. 565
– doença de tripulação: art. 560
– embargo ou detenção: art. 550
– falecimento de tripulação: arts. 561 e 562
– obrigações do capitão: art. 543
– obrigações dos oficiais e gente de tripulação: art. 545
– rescisão de contrato de trabalho com justa causa: art. 555
– rescisão de contrato de trabalho indireta: arts. 551, 552, 556 e 557
– rescisão de contrato de trabalho sem justa causa: art. 554
– rompimento de viagem: arts. 547 a 549 e 553
– soldadas vencidas: arts. 558, 559 e 563

ALICIAMENTO
– de capitão a marinheiros: art. 500

ALIENAÇÕES
– de embarcações brasileiras destinadas à navegação do alto-mar: art. 468

ALIJAMENTO DE CARGA
– arts. 769 e 770

APRESAMENTO
– de embarcação; soldadas da tripulação: arts. 558 e 559

ARBITRADORES
– arts. 515, 772, 776 e 777

ARMADOR
– juramento: art. 463
– quebra ou insolvência: art. 475

ARREMATAÇÃO
– de embarcação; créditos privilegiados constantes do registro: art. 477, 2.ª parte

ARRESTO
– arts. 583 e 588
– de carga de navio; depósito judicial: arts. 583 e 584
– oposição a conhecimento de transporte de carga por embarcações: art. 588

ARRIBADA FORÇADA
– arts. 740 a 748

AVALIAÇÃO
– de objetos seguros: arts. 692 a 701

AVARIAS
– conceito: arts. 761, 767 e 768
– grossas: arts. 764 e 765
– simples e particulares: art. 766
– espécies: art. 763
– liquidação, repartição e contribuição arts. 772 a 796
– natureza e classificação: arts. 761 a 771

BALDEAÇÃO
– de carga, após o início da viagem; riscos: art. 717

BRASILEIROS
– domiciliados em país estrangeiro; propriedade de embarcação registrada como brasileira: art. 457, 3.ª parte

CAIXAS
– de navios: arts. 484 a 495
– de navios; tomada de contas do capitão: art. 535

CÂMBIO MARÍTIMO
– conceito: art. 633

CAPITÃES OU MESTRES DE NAVIO
– arts. 496 a 537
– atribuições: arts. 498 e 499
– conceito: art. 497
– conhecimento; assinatura: art. 577
– conluio com dador a risco; penalidades: art. 654
– danos causados pelo excesso de carga contratada; responsabilidade: art. 605
– embargo ou retardo da partida; perdas e danos; responsabilidade: art. 608
– hipoteca privilegiada: art. 632
– impedimento de entrada da embarcação no porto de destino; diligências: art. 610
– inavegabilidade da embarcação no curso da viagem; diligências: art. 614
– morte ou impedimento: art. 541
– multas: arts. 512 e 530
– nomeação e dispensa: art. 493
– obrigações: art. 507
– prestação de contas no término da viagem: art. 535
– rebeldia; conceito: art. 712
– requisitos: art. 496
– responsabilidade por prejuízos decorrentes de discórdia da tripulação: art. 530, 2.ª parte
– retardamento da viagem; responsabilidades: arts. 601 e 602

CARGA
– acidentada; causa justa para arribada forçada: art. 741, n. 2
– avariada; reparação ou venda: art. 747
– colocação no convés da embarcação, pelo capitão, sem consentimento dos carregadores: art. 521
– descarga para conserto do navio ou reparo de avaria: art. 746
– e descarga; tempo de duração: art. 591
– lançamento parcial ao mar: art. 769
– remanescente de alijamento; dano: art. 770
– viagem inconclusa; responsabilidade: art. 532

CARREGADOR
– abandono: art. 624
– responsabilidades: arts. 599 e 607

CARTAS DE FRETAMENTO OU CARTAS-PARTIDAS
– natureza e forma: art. 566

CLÁUSULA(S)
– "carregadas em um ou mais navios", nos contratos de seguro marítimo; efeitos: art. 716
– "livre de avaria", no contrato de seguro marítimo; desobrigação dos seguradores: art. 714
– "livre de hostilidade", no contrato de seguro marítimo; desobrigação do segurador: art. 715
– "livre de todas as avarias", no contrato de seguro marítimo; desobrigação dos seguradores: art. 714
– "valha mais ou valha menos", nos contratos de seguro marítimo: arts. 693 e 701

COMÉRCIO
– marítimo: arts. 457 a 796

COMPARTES
– de navios: arts. 484 a 495

CONHECIMENTO(S)
– arts. 575 a 589

CONTRAMESTRE DE NAVIO
– arts. 538 a 542

CONTRATO(S)
– de empréstimo a risco ou câmbio marítimo: art. 633
– de fretamento; natureza e forma: art. 566
– de seguro marítimo: arts. 666 a 684

CRÉDITOS PRIVILEGIADOS
– de embarcação; requisitos: art. 472

CREDOR(ES)
– privilegiados; venda voluntária de embarcações: arts. 470 a 475

CUSTAS JUDICIAIS
– art. 478

DANOS
– causados à carga; responsabilidade do segurador: art. 718
– causados em navio por abalroação: arts. 749 a 752

DEPOSITÁRIO
– de carga e efeitos recebidos a bordo de navio: art. 519
– recebimento da carga de navio, na ausência de consignatário: art. 528

DEPÓSITO JUDICIAL
– de carga de navio: arts. 583 e 584

DESCARGA
– no porto de arribada: art. 746

DIÁRIO DA NAVEGAÇÃO
– arts. 504, 505, 506, 516 e 539

DÍVIDA(S)
– não privilegiada; apreensão e detenção de embarcação: art. 480
– particulares de armador; apreensão e detenção de embarcação: art. 481
– particulares de comparte de navio; detenção ou embargo da embarcação: art. 483

DOCUMENTOS
– obrigatórios das embarcações brasileiras em viagem: art. 466

EFEITOS
– danificados; venda: art. 773

EMBARCAÇÃO(ÕES)
– arts. 457 a 483
– brasileiras adquiridas por estrangeiros; perda da natureza de propriedade brasileira: art. 458
– brasileiras; armação e expedição: art. 484
– brasileiras destinadas à navegação do alto-mar; alienações ou hipotecas: art. 468
– brasileiras destinadas à navegação do alto-mar; registro: arts. 460 e 461
– brasileiras em viagem; documentação: art. 466
– brasileiras; matrícula; conteúdo: art. 467
– brasileiras; proprietários: art. 457
– brasileiras; qualidades para ser proprietário: art. 484
– estrangeiras; em portos do Brasil: art. 482
– estrangeiras; registro: art. 462
– mudança de proprietário; apresentação do registro para anotações: art. 464
– venda judicial; procedimento: art. 478
– venda judicial; responsabilidade para com credores: art. 477
– venda voluntária; nota dos créditos privilegiados: art. 476
– venda voluntária; transmissão da propriedade: art. 470

EMBARGO
– a conhecimento de transporte de carga por embarcações: art. 588
– de embarcações com mais de quarta parte da carga: art. 481
– de embarcações estrangeiras: art. 482
– de embarcações por credores não privilegiados: art. 480
– de embarcações por credores privilegiados: art. 479
– de navio fretado; responsabilidades: arts. 607 e 608
– de navio por dívidas particulares de comparte: art. 483
– por fretes, avarias e despesas sobre as mercadorias da carga: art. 527

EMPRÉSTIMO DE DINHEIRO A RISCO
– arts. 633 a 665
– conceito: art. 633
– contrato: art. 634
– dador de dinheiro a risco: arts. 645 a 647, 657 e 662
– época do pagamento: art. 660
– nulidades: art. 656
– sobre o que pode recair: art. 639

ENDOSSO
– de apólice de seguro marítimo: art. 675
– de conhecimento à ordem: art. 587, 2.ª parte
– para transferência e execução da escritura ou letra de risco à ordem: art. 635

EQUIPAGEM
– conceito: art. 564, 2.ª parte

ESCALAS
– de viagens de navios; alteração da ordem: arts. 680 e 681

EXECUÇÃO
– de navios por dívidas particulares de comparte: art. 483

FALÊNCIA
– ou insolvência de armador de navio; preferência de créditos: art. 475

FAZENDAS
– adquiridas por troca; estimativa: art. 697
– deterioradas por avaria, ou diminuídas por mau acondicionamento; frete: art. 621
– entrega, pelo capitão, antes do recebimento do frete: art. 620
– presunção de danificação, roubo ou diminuição; visita e exame: art. 618
– salvadas em auxílio da tripulação; frete: art. 623

FIANÇA
– de carregador para assinatura de novos conhecimentos: art. 580
– de consignatários; recusa de prestação: art. 785

FORÇA MAIOR
– rompimento de viagem: arts. 548 e 549

FRETADOR
– conceito: art. 566, *in fine*
– direitos e obrigações: arts. 590 a 628

FRETAMENTO(S)
– arts. 566 a 632

FRETES
– interdição do porto de destino do navio; retorno com a carga: art. 572
– pagamento em dobro: art. 523
– responsabilidade por danos da carga, decorrentes de delitos, culpa ou omissão do capitão ou tripulantes: art. 565
– vincendos; navio vendido em viagem: art. 469

HASTA PÚBLICA
– venda de navio deliberada pela maioria dos compartes: art. 489, 2.ª parte
– venda de quinhões de navios: art. 487

HIPOTECA
– adquirida por dador de dinheiro a risco: art. 662
– de embarcações brasileiras destinadas à navegação do alto-mar: art. 468
– do dador a risco sobre navio e carga: art. 658
– especial; salário do capitão e soldadas dos tripulantes: art. 565, *in fine*
– privilegiada, em favor do capitão, para pagamento de passagem: art. 632
– tácita de credores privilegiados; venda voluntária de embarcação: art. 470
– tácita de equipagem, na embarcação e fretes: art. 564
– tácita e especial, dos fretes e avarias grossas, sobre a carga: art. 626

INDENIZAÇÃO
– perda total de objetos seguros: art. 753
– prejuízos sofridos por armadores ou carregadores, em razão de conluio entre dador a risco e capitão: art. 654
– recíproca para o dono de objetos embarcados sem conhecimento assinado pelo capitão: art. 790, *in fine*

INVENTÁRIO
– de amarras, âncoras, velames e mastreação de navio: art. 506

JURAMENTO
– de capitão, na ratificação de processos testemunháveis e protestos formados a bordo: art. 505
– de proprietário armador, no recebimento de registro de embarcação brasileira: art. 463

JUROS
– legais em favor do doador a risco: art. 660

LEILÃO
– navio e efeitos avariados: art. 773

LETRAS MERCANTIS
– e prêmios do seguro respectivo; privilégio sobre as letras de empréstimo a risco: art. 651

LIVROS
- da Receita e Despesa da embarcação: arts. 503 e 544
- de escrituração da administração e da navegação de navio: arts. 501 a 504

MATRÍCULA
- de embarcações brasileiras para viagem; conteúdo: art. 467

MOEDA
- estrangeira; seguro marítimo; avaliação: art. 698

MULTA(S)
- imposta a capitão de navio, pela falta de apresentação de todos os indivíduos matriculados: art. 512, 3.ª parte
- impostas a embarcações; pagamento: art. 530

NAUFRÁGIO
- capitão; diligências: art. 508, 2.ª parte
- segurado; direito a indenização: art. 754, *in fine*
- segurado e segurador; obrigações: art. 721
- tripulantes; soldadas: arts. 558 e 559

NULIDADE
- de ajuste com apresadores para resgate de objetos segurados: art. 727
- de contrato de seguro marítimo: art. 677
- de empréstimo de dinheiro a risco: art. 656
- de venda de navio sem autorização dos donos: art. 531

OBRIGAÇÃO(ÕES)
- recíprocas do segurador e do segurado: arts. 710 a 730

OFICIAIS
- causa justa para despedida: art. 555
- de navio; ajuste e soldadas: arts. 543 e 544
- de navio; nomeação e dispensa: art. 493
- de navio; obrigações: art. 545

PARCERIA MARÍTIMA
- administração: art. 491
- normas aplicáveis: art. 485

PASSAGEIRO DE NAVIO
- arts. 629 a 632
- obrigações: arts. 629 e 630
- resilição de contrato: arts. 630 e 631

PENA(S)
- correcional; imposição pelo capitão de navio a tripulantes ou passageiros: art. 498

PENHORA
- carga de navio; depósito judicial: arts. 583 e 584
- oposição a conhecimento de transportes: art. 588

PERDAS E DANOS
- a cargo do segurador: art. 710
- causados pela entrada de navio em porto estranho ao do seu destino: art. 510
- causados pelo contramestre, resultantes da entrega de fazendas sem anuência do capitão: art. 542
- decorrentes da venda de navio, por capitão, sem autorização dos donos: art. 531
- decorrentes de diligências não permitidas a capitão: art. 518
- decorrentes do adiamento da partida do porto de arribada: art. 748
- decorrentes do descumprimento de obrigações pelo capitão: art. 507, *in fine*
- de navio ou carga: art. 529
- pela falta de conclusão de viagem, por capitão de navio: art. 532
- pelo embargo de navio fretado arts. 607 e 608
- por ocultação da verdadeira bandeira da embarcação: art. 574
- procedentes de ato de rebeldia do capitão ou da equipagem: art. 713
- sofridos pelos donos de cargas transportadas em navio: art. 565

PILOTO DE NAVIO
- dano ou perda da embarcação; responsabilidades: art. 540

PRAZO(S)
- de apresentação, do capitão, à autoridade para tomada de protesto, em caso de arribada forçada: art. 743
- de pagamento de indenizações do segurado, no seguro marítimo: art. 730
- para entrega de conhecimentos: art. 578
- para exame judicial de fazendas presumivelmente danificadas, roubadas ou diminuídas a bordo: art. 618, 2.ª parte
- para lançamento, no Registro do Comércio, das cartas de fretamento: art. 568
- para o capitão apresentar a matrícula original ao deixar o comando do navio: art. 512

PRESCRIÇÃO
- ação contra capitão por faltas cometidas, na matrícula, durante a viagem: art. 512, 2.ª parte
- ação de embargo, do capitão, pelos fretes, avarias e despesas: art. 527, *in fine*

PRISÃO
- de oficiais e tripulantes para cumprimento do contrato: art. 546
- por crime cometido a bordo de navio: art. 498, 2.ª parte

PROCESSOS
- testemunháveis formados a bordo de navio; ratificação: art. 505

PROPRIETÁRIOS
- de navios: arts. 484 a 495

PROTESTO(S)
- de dador a risco pela mora no pagamento do capital em prêmio: art. 660, *in fine*
- de deliberações tomadas a bordo de navio; assentamento: art. 504, *in fine*
- de piloto, na falta de aquiescência do capitão, para mudança de rumo da embarcação: art. 539
- formados a bordo de navios; ratificação: art. 505

PROVA(S)
- seguro marítimo sobre despesas com navio ou carga: art. 695
- seguro marítimo sobre dinheiro a risco: art. 695

RECEITA E DESPESA DA EMBARCAÇÃO
- assentamento: art. 503

REGISTRO
- de embarcações; anotações em caso de mudança de proprietário: art. 464
- de embarcações brasileiras destinadas à navegação em alto-mar: arts. 460 e 461
- de embarcações de construção estrangeira; conteúdo: art. 462
- de embarcações; mudança de capitão; anotação: art. 465

REGISTRO DO COMÉRCIO
- lançamento de crédito para fins de privilégios: art. 472

RESPONSABILIDADE(S)
- arts. 538 a 542
- de capitão de navio: arts. 517, 529, 530, 531, 532 e 600
- de carregadores e afretadores: art. 599
- de segurado: arts. 719, 720 e 721
- de segurador: arts. 710, 713, 717, 718 e 721

RESSEGURO
- objetos segurados: art. 687

RISCOS
- no seguro marítimo; começo e fim: arts. 702 a 709

SALÁRIOS
- de capitão de navio; hipoteca especial: art. 565, 2.ª parte

SEGURADO
- *Vide* SEGURO MARÍTIMO

SEGURADOR
- *Vide* SEGURO MARÍTIMO

SEGURO
- prêmios; privilégio sobre as letras de risco: art. 651

SEGURO MARÍTIMO
- arts. 666 a 730
- anulabilidade: art. 678
- anulação por fato que não resulte de força maior: art. 684
- apólice; conteúdo: art. 667
- coisas que não podem ser objeto: art. 686
- com designação geral "fazendas": arts. 670 a 672
- com designação geral "sobre um ou mais navios": arts. 670 e 671
- contrato; conceito: art. 666
- contrato; natureza e forma: arts. 666 a 684
- contrato; nulidade: art. 677
- contrato; prova: art. 666
- de dinheiro a risco; abrangência: art. 688
- de ida e volta; estadias intermediárias: art. 691
- de lucro esperado; riscos: art. 709
- de navio; abrangência: art. 690
- diversidade de seguradores: art. 668
- diversidade de seguros sobre o mesmo objeto: art. 683

– efeitos segurados; mudança de proprietário: art. 676
– fraude do segurado ou do segurador; penalidades: art. 679
– indenizações do segurado; prazo de pagamento: art. 730
– normas; aplicação subsidiária ao empréstimo de dinheiro a risco: art. 665
– objeto: arts. 685 a 691
– objeto; abrangência total ou parcial: art. 669
– objetos seguros; avaliação: arts. 692 a 701
– perda de navio; prazo de presunção: art. 720
– realizado em moeda estrangeira; avaliação: art. 698
– resseguro: art. 687
– riscos; termo inicial e termo final: arts. 702 a 709
– segurado; obrigações: arts. 710 a 730
– segurador; dano ou avaria do objeto segurado; isenção de responsabilidade: art. 711
– segurador; inobservância de leis e regulamentos alfandegários; responsabilidade: art. 718
– segurador; obrigações: arts. 710 a 730
– valor declarado na apólice; fraude do segurado; penalidades: art. 700
– valor do objeto; declaração na apólice: art. 692

SENTENÇA
– homologatória de repartição das avarias grossas; força e execução: art. 793

SEQUESTRO
– carga de navio; depósito judicial: arts. 583 e 584

SUB-ROGAÇÃO
– preço de venda para pagamento de avaria: art. 785
– segurador que paga dano da coisa segura: art. 728

TRIBUNAL ESTRANGEIRO
– julgamento considerado injusto; efeitos quanto ao segurador: art. 725

TRIPULANTE DE NAVIO
– ajuste e soldadas: arts. 543 e 544
– conceito: art. 564, 2.ª parte
– despedida, sem justa causa, após a matrícula: art. 554
– justa causa para a despedida: art. 555
– obrigações: art. 545
– penas: art. 498
– rebeldia; conceito: art. 712
– rescisão do contrato: art. 557

VARAÇÃO
– mercadorias perdidas; pagamento e repetição do frete: art. 622

VENDA JUDICIAL
– de carga de navio: art. 584
– de embarcações; procedimento: art. 478
– de embarcações; responsabilidades para com credores: art. 477
– execução e arrematação; custas judiciais do processo: art. 478, 2.ª parte

VÍCIOS
– intrínsecos de objetos seguros; responsabilidade: art. 711, n. 10

VISTORIA(S)
– de embarcações novas: art. 459
– de navio ou carga: art. 772
– judicial de mercadorias presumivelmente danificadas, roubadas ou diminuídas: art. 618
– judicial para conserto de navio: art. 488

Código de Processo Civil

ÍNDICE SISTEMÁTICO DO CÓDIGO DE PROCESSO CIVIL

(LEI N. 13.105, DE 16-3-2015)

PARTE GERAL

Livro I

DAS NORMAS PROCESSUAIS CIVIS

Título Único

DAS NORMAS FUNDAMENTAIS E DA APLICAÇÃO DAS NORMAS PROCESSUAIS

Capítulo I – Das Normas Fundamentais do Processo Civil – arts. 1.º a 12 ... 331
Capítulo II – Da Aplicação das Normas Processuais – arts. 13 a 15 ... 332

Livro II

DA FUNÇÃO JURISDICIONAL

Título I

DA JURISDIÇÃO E DA AÇÃO

Arts. 16 a 20 ... 332

Título II

DOS LIMITES DA JURISDIÇÃO NACIONAL E DA COOPERAÇÃO INTERNACIONAL

Capítulo I – Dos Limites da Jurisdição Nacional – arts. 21 a 25 ... 332
Capítulo II – Da Cooperação Internacional – arts. 26 a 41 ... 332
Seção I – Disposições Gerais – arts. 26 e 27 ... 332
Seção II – Do Auxílio Direto – arts. 28 a 34 ... 333
Seção III – Da Carta Rogatória – arts. 35 e 36 ... 333
Seção IV – Disposições Comuns às Seções Anteriores – arts. 37 a 41 ... 333

Título III

DA COMPETÊNCIA INTERNA

Capítulo I – Da Competência – arts. 42 a 66 ... 333
Seção I – Disposições Gerais – arts. 42 a 53 ... 333
Seção II – Da Modificação da Competência – arts. 54 a 63 ... 334
Seção III – Da Incompetência – arts. 64 a 66 ... 335
Capítulo II – Da Cooperação Nacional – arts. 67 a 69 ... 335

Livro III

DOS SUJEITOS DO PROCESSO

Título I

DAS PARTES E DOS PROCURADORES

Capítulo I – Da Capacidade Processual – arts. 70 a 76 ... 335
Capítulo II – Dos Deveres das Partes e de seus Procuradores – arts. 77 a 102 ... 336
Seção I – Dos Deveres – arts. 77 e 78 ... 336
Seção II – Da Responsabilidade das Partes por Dano Processual – arts. 79 a 81 ... 337
Seção III – Das Despesas, dos Honorários Advocatícios e das Multas – arts. 82 a 97 ... 337
Seção IV – Da Gratuidade da Justiça – arts. 98 a 102. 339
Capítulo III – Dos Procuradores – arts. 103 a 107 ... 340
Capítulo IV – Da Sucessão das Partes e dos Procuradores – arts. 108 a 112 ... 340

Título II

DO LITISCONSÓRCIO

Arts. 113 a 118 ... 341

Título III

DA INTERVENÇÃO DE TERCEIROS

Capítulo I – Da Assistência – arts. 119 a 124 ... 341
Seção I – Disposições Comuns – arts. 119 e 120 ... 341
Seção II – Da Assistência Simples – arts. 121 a 123 ... 341
Seção III – Da Assistência Litisconsorcial – art. 124 ... 341
Capítulo II – Da Denunciação da Lide – arts. 125 a 129 ... 341
Capítulo III – Do Chamamento ao Processo – arts. 130 a 132 ... 342
Capítulo IV – Do Incidente de Desconsideração da Personalidade Jurídica – arts. 133 a 137 ... 342
Capítulo V – Do *Amicus Curiae* – art. 138 ... 342

Título IV

DO JUIZ E DOS AUXILIARES DA JUSTIÇA

Capítulo I – Dos Poderes, dos Deveres e da Responsabilidade do Juiz – arts. 139 a 143 ... 342
Capítulo II – Dos Impedimentos e da Suspeição – arts. 144 a 148 ... 343
Capítulo III – Dos Auxiliares da Justiça – arts. 149 a 175 ... 343
Seção I – Do Escrivão, do Chefe de Secretaria e do Oficial de Justiça – arts. 150 a 155 ... 344
Seção II – Do Perito – arts. 156 a 158 ... 344
Seção III – Do Depositário e do Administrador – arts. 159 a 161 ... 344
Seção IV – Do Intérprete e do Tradutor – arts. 162 a 164 ... 345
Seção V – Dos Conciliadores e Mediadores Judiciais – arts. 165 a 175 ... 345

Título V

DO MINISTÉRIO PÚBLICO

Arts. 176 a 181 ... 346

Título VI

DA ADVOCACIA PÚBLICA

Arts. 182 a 184 ... 346

Título VII

DA DEFENSORIA PÚBLICA

Arts. 185 a 187 ... 346

Livro IV

DOS ATOS PROCESSUAIS

Título I

DA FORMA, DO TEMPO E DO LUGAR DOS ATOS PROCESSUAIS

Capítulo I – Da Forma dos Atos Processuais – arts. 188 a 211 347
Seção I – Dos Atos em Geral – arts. 188 a 192 347
Seção II – Da Prática Eletrônica de Atos Processuais – arts. 193 a 199 347
Seção III – Dos Atos das Partes – arts. 200 a 202 347
Seção IV – Dos Pronunciamentos do Juiz – arts. 203 a 205 348
Seção V – Dos Atos do Escrivão ou do Chefe de Secretaria – arts. 206 a 211 348
Capítulo II – Do Tempo e do Lugar dos Atos Processuais – arts. 212 a 217 348
Seção I – Do Tempo – arts. 212 a 216 348
Seção II – Do Lugar – art. 217 348
Capítulo III – Dos Prazos – arts. 218 a 235 348
Seção I – Disposições Gerais – arts. 218 a 232 348
Seção II – Da Verificação dos Prazos e das Penalidades – arts. 233 a 235 350

Título II
DA COMUNICAÇÃO DOS ATOS PROCESSUAIS

Capítulo I – Disposições Gerais – arts. 236 e 237 350
Capítulo II – Da Citação – arts. 238 a 259 350
Capítulo III – Das Cartas – arts. 260 a 268 352
Capítulo IV – Das Intimações – arts. 269 a 275 353

Título III
DAS NULIDADES

Arts. 276 a 283 353

Título IV
DA DISTRIBUIÇÃO E DO REGISTRO

Arts. 284 a 290 354

Título V
DO VALOR DA CAUSA

Arts. 291 a 293 354

Livro V
DA TUTELA PROVISÓRIA

Título I
DISPOSIÇÕES GERAIS

Arts. 294 a 299 354

Título II
DA TUTELA DE URGÊNCIA

Capítulo I – Disposições Gerais – arts. 300 a 302 355
Capítulo II – Do Procedimento da Tutela Antecipada Requerida em Caráter Antecedente – arts. 303 e 304 355
Capítulo III – Do Procedimento da Tutela Cautelar Requerida em Caráter Antecedente – arts. 305 a 310 355

Título III
DA TUTELA DA EVIDÊNCIA

Art. 311 356

Livro VI
DA FORMAÇÃO, DA SUSPENSÃO E DA EXTINÇÃO DO PROCESSO

Título I
DA FORMAÇÃO DO PROCESSO

Art. 312 356

Título II
DA SUSPENSÃO DO PROCESSO

Arts. 313 a 315 356

Título III
DA EXTINÇÃO DO PROCESSO

Arts. 316 e 317 356

PARTE ESPECIAL

Livro I
DO PROCESSO DE CONHECIMENTO E DO CUMPRIMENTO DE SENTENÇA

Título I
DO PROCEDIMENTO COMUM

Capítulo I – Disposições Gerais – art. 318 357
Capítulo II – Da Petição Inicial – arts. 319 a 331 357
Seção I – Dos Requisitos da Petição Inicial – arts. 319 a 321 357
Seção II – Do Pedido – arts. 322 a 329 357
Seção III – Do Indeferimento da Petição Inicial – arts. 330 e 331 357
Capítulo III – Da Improcedência Liminar do Pedido – art. 332 358
Capítulo IV – Da Conversão da Ação Individual em Ação Coletiva – art. 333 358
Capítulo V – Da Audiência de Conciliação ou de Mediação – art. 334 358
Capítulo VI – Da Contestação – arts. 335 a 342 358
Capítulo VII – Da Reconvenção – art. 343 359
Capítulo VIII – Da Revelia – arts. 344 a 346 359
Capítulo IX – Das Providências Preliminares e do Saneamento – arts. 347 a 353 359
Seção I – Da Não Incidência dos Efeitos da Revelia – arts. 348 e 349 359
Seção II – Do Fato Impeditivo, Modificativo ou Extintivo do Direito do Autor – art. 350 359
Seção III – Das Alegações do Réu – arts. 351 a 353 ... 359
Capítulo X – Do Julgamento Conforme o Estado do Processo – arts. 354 a 357 360
Seção I – Da Extinção do Processo – art. 354 360
Seção II – Do Julgamento Antecipado do Mérito – art. 355 360
Seção III – Do Julgamento Antecipado Parcial do Mérito – art. 356 360
Seção IV – Do Saneamento e da Organização do Processo – art. 357 360
Capítulo XI – Da Audiência de Instrução e Julgamento – arts. 358 a 368 360
Capítulo XII – Das Provas – arts. 369 a 484 361
Seção I – Disposições Gerais – arts. 369 a 380 361
Seção II – Da Produção Antecipada da Prova – arts. 381 a 383 361
Seção III – Da Ata Notarial – art. 384 362
Seção IV – Do Depoimento Pessoal – arts. 385 a 388 362
Seção V – Da Confissão – arts. 389 a 395 362
Seção VI – Da Exibição de Documento ou Coisa – arts. 396 a 404 362

Seção VII – Da Prova Documental – arts. 405 a 438 .. 363
Subseção I – *Da força probante dos documentos* – arts. 405 a 429 363
Subseção II – *Da arguição de falsidade* – arts. 430 a 433 364
Subseção III – *Da produção da prova documental* – arts. 434 a 438 364
Seção VIII – Dos Documentos Eletrônicos – arts. 439 a 441 365
Seção IX – Da Prova Testemunhal – arts. 442 a 463 ... 365
Subseção I – *Da admissibilidade e do valor da prova testemunhal* – arts. 442 a 449 365
Subseção II – *Da produção da prova testemunhal* – arts. 450 a 463 365
Seção X – Da Prova Pericial – arts. 464 a 480 367
Seção XI – Da Inspeção Judicial – arts. 481 a 484 368
Capítulo XIII – Da Sentença e da Coisa Julgada – arts. 485 a 508 368
Seção I – Disposições Gerais – arts. 485 a 488 368
Seção II – Dos Elementos e dos Efeitos da Sentença – arts. 489 a 495 369
Seção III – Da Remessa Necessária – art. 496 369
Seção IV – Do Julgamento das Ações Relativas às restações de Fazer, de Não Fazer e de Entregar Coisa – arts. 497 a 501 370
Seção V – Da Coisa Julgada – arts. 502 a 508 370
Capítulo XIV – Da Liquidação de Sentença – arts. 509 a 512 370

Título II
DO CUMPRIMENTO DA SENTENÇA

Capítulo I – Disposições Gerais – arts. 513 a 519 370
Capítulo II – Do Cumprimento Provisório da Sentença que Reconhece a Exigibilidade de Obrigação de Pagar Quantia Certa – arts. 520 a 522 371
Capítulo III – Do Cumprimento Definitivo da Sentença que Reconhece a Exigibilidade de Obrigação de Pagar Quantia Certa – arts. 523 a 527 372
Capítulo IV – Do Cumprimento de Sentença que Reconheça a Exigibilidade de Obrigação de Prestar Alimentos – arts. 528 a 533 373
Capítulo V – Do Cumprimento de Sentença que Reconheça a Exigibilidade de Obrigação de Pagar Quantia Certa pela Fazenda Pública – arts. 534 e 535 373
Capítulo VI – Do Cumprimento de Sentença que Reconheça a Exigibilidade de Obrigação de Fazer, de Não Fazer ou de Entregar Coisa – arts. 536 a 538 374
Seção I – Do Cumprimento de Sentença que Reconheça a Exigibilidade de Obrigação de Fazer ou de Não Fazer – arts. 536 e 537 374
Seção II – Do Cumprimento de Sentença que Reconheça a Exigibilidade de Obrigação de Entregar Coisa – art. 538 374

Título III
DOS PROCEDIMENTOS ESPECIAIS

Capítulo I – Da Ação de Consignação em Pagamento – arts. 539 a 549 375
Capítulo II – Da Ação de Exigir Contas – arts. 550 a 553 .. 375
Capítulo III – Das Ações Possessórias – arts. 554 a 568 376
Seção I – Disposições Gerais – arts. 554 a 559 376
Seção II – Da Manutenção e da Reintegração de Posse – arts. 560 a 566 376
Seção III – Do Interdito Proibitório – arts. 567 e 568 . 376
Capítulo IV – Da Ação de Divisão e da Demarcação de Terras Particulares – arts. 569 a 598 376
Seção I – Disposições Gerais – arts. 569 a 573 376
Seção II – Da Demarcação – arts. 574 a 587 377
Seção III – Da Divisão – arts. 588 a 598 377
Capítulo V – Da Ação de Dissolução Parcial de Sociedade – arts. 599 a 609 378
Capítulo VI – Do Inventário e da Partilha – arts. 610 a 673 379
Seção I – Disposições Gerais – arts. 610 a 614 379
Seção II – Da Legitimidade para Requerer o Inventário – arts. 615 e 616 379
Seção III – Do Inventariante e das Primeiras Declarações – art. 617 a 625 379
Seção IV – Das Citações e das Impugnações – arts. 626 a 629 380
Seção V – Da Avaliação e do Cálculo do Imposto – arts. 630 a 638 380
Seção VI – Das Colações – arts. 639 a 641 381
Seção VII – Do Pagamento das Dívidas – arts. 642 a 646 381
Seção VIII – Da Partilha – arts. 647 a 658 381
Seção IX – Do Arrolamento – arts. 659 a 667 382
Seção X – Disposições Comuns a Todas as Seções – arts. 668 a 673 383
Capítulo VII – Dos Embargos de Terceiro – arts. 674 a 681 383
Capítulo VIII – Da Oposição – arts. 682 a 686 383
Capítulo IX – Da Habilitação – arts. 687 a 692 384
Capítulo X – Das Ações de Família – arts. 693 a 699 384
Capítulo XI – Da Ação Monitória – arts. 700 a 702 384
Capítulo XII – Da Homologação do Penhor Legal – arts. 703 a 706 385
Capítulo XIII – Da Regulação de Avaria Grossa – arts. 707 a 711 385
Capítulo XIV – Da Restauração de Autos – arts. 712 a 718 385
Capítulo XV – Dos Procedimentos de Jurisdição Voluntária – arts. 719 a 770 386
Seção I – Disposições Gerais – arts. 719 a 725 386
Seção II – Da Notificação e da Interpelação – arts. 726 a 729 386
Seção III – Da Alienação Judicial – art. 730 386
Seção IV – Do Divórcio e da Separação Consensuais, da Extinção Consensual de União Estável e da Alteração do Regime de Bens do Matrimônio – arts. 731 a 734 386
Seção V – Dos Testamentos e Codicilos – arts. 735 a 737 387
Seção VI – Da Herança Jacente – arts. 738 a 743 387
Seção VII – Dos Bens dos Ausentes – arts. 744 e 745 . 388
Seção VIII – Das Coisas Vagas – art. 746 388
Seção IX – Da Interdição – arts. 747 a 758 388
Seção X – Disposições Comuns à Tutela e à Curatela – arts. 759 a 763 389
Seção XI – Da Organização e da Fiscalização das Fundações – arts. 764 e 765 389
Seção XII – Da Ratificação dos Protestos Marítimos e dos Processos Testemunháveis Formados a Bordo – arts. 766 a 770 389

Livro II

DO PROCESSO DE EXECUÇÃO

Título I

DA EXECUÇÃO EM GERAL

Capítulo I – Disposições Gerais – arts. 771 a 777 389
Capítulo II – Das Partes – arts. 778 a 780 390
Capítulo III – Da Competência – arts. 781 e 782 390
Capítulo IV – Dos Requisitos Necessários para Realizar Qualquer Execução – arts. 783 a 788 390
Seção I – Do Título Executivo – arts. 783 a 785 390
Seção II – Da Exigibilidade da Obrigação – arts. 786 a 788 391
Capítulo V – Da Responsabilidade Patrimonial – arts. 789 a 796 391

Título II

DAS DIVERSAS ESPÉCIES DE EXECUÇÃO

Capítulo I – Disposições Gerais – arts. 797 a 805 392
Capítulo II – Da Execução para a Entrega de Coisa – arts. 806 a 813 393
Seção I – Da Entrega de Coisa Certa – arts. 806 a 810 393
Seção II – Da Entrega de Coisa Incerta – arts. 811 a 813 393
Capítulo III – Da Execução das Obrigações de Fazer ou de Não Fazer – arts. 814 a 823 393
Seção I – Disposições Comuns – art. 814 393
Seção II – Da Obrigação de Fazer – arts. 815 a 821 393
Seção III – Da Obrigação de Não Fazer – arts. 822 e 823 394
Capítulo IV – Da Execução por Quantia Certa – arts. 824 a 909 394
Seção I – Disposições Gerais – arts. 824 a 826 394
Seção II – Da Citação do Devedor e do Arresto – arts. 827 a 830 394
Seção III – Da Penhora, do Depósito e da Avaliação – arts. 831 a 875 394
Subseção I – *Do objeto da penhora* – arts. 831 a 836 394
Subseção II – *Da documentação da penhora, de seu registro e do depósito* – arts. 837 a 844. 395
Subseção III – *Do lugar de realização da penhora* – arts. 845 e 846 396
Subseção IV – *Das modificações da penhora* – arts. 847 a 853 396
Subseção V – *Da penhora de dinheiro em depósito ou em aplicação financeira* – art. 854 396
Subseção VI – *Da penhora de créditos* – arts. 855 a 860 397
Subseção VII – *Da penhora das quotas ou das ações de sociedades personificadas* – art. 861 397
Subseção VIII – *Da penhora de empresa, de outros estabelecimentos e de semoventes* – arts. 862 a 865 397
Subseção IX – *Da penhora de percentual de faturamento de empresa* – art. 866 398
Subseção X – *Da penhora de frutos e rendimentos de coisa móvel ou imóvel* – arts. 867 a 869 . 398
Subseção XI – *Da avaliação* – arts. 870 a 875 398
Seção IV – Da Expropriação de Bens – arts. 876 a 903 398
Subseção I – *Da adjudicação* – arts. 876 a 878 398
Subseção II – *Da alienação* – arts. 879 a 903 399
Seção V – Da Satisfação do Crédito – arts. 904 a 909 401
Capítulo V – Da Execução contra a Fazenda Pública – art. 910 402
Capítulo VI – Da Execução de Alimentos – arts. 911 a 913 402

Título III

DOS EMBARGOS À EXECUÇÃO

Arts. 914 a 920 402

Título IV

DA SUSPENSÃO E DA EXTINÇÃO DO PROCESSO DE EXECUÇÃO

Capítulo I – Da Suspensão do Processo de Execução – arts. 921 a 923 403
Capítulo II – Da Extinção do Processo de Execução – arts. 924 e 925 404

Livro III

DOS PROCESSOS NOS TRIBUNAIS E DOS MEIOS DE IMPUGNAÇÃO DAS DECISÕES JUDICIAIS

Título I

DA ORDEM DOS PROCESSOS E DOS PROCESSOS DE COMPETÊNCIA ORIGINÁRIA DOS TRIBUNAIS

Capítulo I – Disposições Gerais – arts. 926 a 928 404
Capítulo II – Da Ordem dos Processos no Tribunal – arts. 929 a 946 404
Capítulo III – Do Incidente de Assunção de Competência – art. 947 406
Capítulo IV – Do Incidente de Arguição de Inconstitucionalidade – arts. 948 a 950 406
Capítulo V – Do Conflito de Competência – arts. 951 a 959 406
Capítulo VI – Da Homologação de Decisão Estrangeira e da Concessão do *Exequatur* à Carta Rogatória – arts. 960 a 965 406
Capítulo VII – Da Ação Rescisória – arts. 966 a 975 407
Capítulo VIII – Do Incidente de Resolução de Demandas Repetitivas – arts. 976 a 987 408
Capítulo IX – Da Reclamação – arts. 988 a 993 409

Título II

DOS RECURSOS

Capítulo I – Disposições Gerais – arts. 994 a 1.008 409
Capítulo II – Da Apelação – arts. 1.009 a 1.014 410
Capítulo III – Do Agravo de Instrumento – arts. 1.015 a 1.020 411
Capítulo IV – Do Agravo Interno – art. 1.021 412
Capítulo V – Dos Embargos de Declaração – arts. 1.022 a 1.026 412
Capítulo VI – Dos Recursos para o Supremo Tribunal Federal e para o Superior Tribunal de Justiça – arts. 1.027 a 1.044 413

Seção I – Do Recurso Ordinário – arts. 1.027 e 1.028 413
Seção II – Do Recurso Extraordinário e do Recurso Especial – arts. 1.029 a 1.041 413
Subseção I – *Disposições gerais* – arts. 1.029 a 1.035 413
Subseção II – *Do julgamento dos recursos extraordinário e especial repetitivos* – arts. 1.036 a 1.041 414
Seção III – Do Agravo em Recurso Especial e em Recurso Extraordinário – art. 1.042 415
Seção IV – Dos Embargos de Divergência – arts. 1.043 e 1.044 416

Livro Complementar

DISPOSIÇÕES FINAIS E TRANSITÓRIAS

Arts. 1.045 a 1.072 416

ÍNDICE CRONOLÓGICO DA LEGISLAÇÃO ALTERADORA DO CÓDIGO DE PROCESSO CIVIL

LEI N. 13.256, DE 4 DE FEVEREIRO DE 2016
Altera os arts. 12, 153, 521, 537, 966, 988, 1.029, 1.030, 1.035, 1.036, 1.037, 1.038, 1.041, 1.042 e 1.043.
Revoga o art. 945, o § 2.º do art. 1.029, o inciso II do § 3.º e o § 10 do art. 1.035, os §§ 2.º e 5.º do art. 1.037, os incisos I a III e o § 1.º do art. 1.042 e os incisos II e IV e o § 5.º do art. 1.043.

LEI N. 13.363, DE 25 DE NOVEMBRO DE 2016
Altera o art. 313.

LEI N. 13.465, DE 11 DE JULHO DE 2017
Altera o art. 799.

LEI N. 13.793, DE 3 DE JANEIRO DE 2019
Altera o art. 107.

LEI N. 13.894, DE 29 DE OUTUBRO DE 2019
Altera os arts. 53, 698 e 1.048.

LEI N. 14.133, DE 1.º DE ABRIL DE 2021
Altera o art. 1.048.

LEI N. 14.195, DE 26 DE AGOSTO DE 2021
Altera os arts. 77, 231, 238, 246, 247, 397 e 921.
Revoga os incisos I a V do art. 246.

LEI N. 14.341, DE 18 DE MAIO DE 2022
Altera o art. 75.

LEI N. 14.365, DE 2 DE JUNHO DE 2022
Altera o art. 85.

CÓDIGO DE PROCESSO CIVIL

LEI N. 13.105, DE 16 DE MARÇO DE 2015 (*)

Institui o Código de Processo Civil.

A Presidenta da República
Faço saber que o Congresso Nacional decreta e eu sanciono a seguinte Lei:

PARTE GERAL

Livro I
DAS NORMAS PROCESSUAIS CIVIS

Título Único
DAS NORMAS FUNDAMENTAIS E DA APLICAÇÃO DAS NORMAS PROCESSUAIS

Capítulo I
DAS NORMAS FUNDAMENTAIS DO PROCESSO CIVIL

Art. 1.º O processo civil será ordenado, disciplinado e interpretado conforme os valores e as normas fundamentais estabelecidos na Constituição da República Federativa do Brasil, observando-se as disposições deste Código.

•• *Vide* arts. 14 e 1.046 do CPC.

Art. 2.º O processo começa por iniciativa da parte e se desenvolve por impulso oficial, salvo as exceções previstas em lei.

• *Vide* arts. 141 e 322 a 329 do CPC.

Art. 3.º Não se excluirá da apreciação jurisdicional ameaça ou lesão a direito.

•• *Vide* art. 5.º, XXXV, da CF.

§ 1.º É permitida a arbitragem, na forma da lei.

•• *Vide* Lei n. 9.307, de 23-9-1996.

•• *Vide* Súmula 485 do STJ.

• *Vide* arts. 189, IV, 337, X, 359 e 485, VII, do CPC.

§ 2.º O Estado promoverá, sempre que possível, a solução consensual dos conflitos.

§ 3.º A conciliação, a mediação e outros métodos de solução consensual de conflitos deverão ser estimulados por juízes, advogados, defensores públicos e membros do Ministério Público, inclusive no curso do processo judicial.

•• *Vide* Lei n. 13.140, de 26-6-2015, que dispõe sobre a mediação entre particulares como meio de solução de controvérsias e sobre a autocomposição de conflitos no âmbito da Administração Pública.

Art. 4.º As partes têm o direito de obter em prazo razoável a solução integral do mérito, incluída a atividade satisfativa.

•• *Vide* art. 5.º, LXXVIII, da CF.

Art. 5.º Aquele que de qualquer forma participa do processo deve comportar-se de acordo com a boa-fé.

•• *Vide* art. 113 do CC.

Art. 6.º Todos os sujeitos do processo devem cooperar entre si para que se obtenha, em tempo razoável, decisão de mérito justa e efetiva.

•• *Vide* art. 5.º, LXXVIII, da CF.

Art. 7.º É assegurada às partes paridade de tratamento em relação ao exercício de direitos e faculdades processuais, aos meios de defesa, aos ônus, aos deveres e à aplicação de sanções processuais, competindo ao juiz zelar pelo efetivo contraditório.

•• *Vide* art. 5.º, LV, da CF.

• *Vide* Súmulas Vinculantes 5 e 14.

Art. 8.º Ao aplicar o ordenamento jurídico, o juiz atenderá aos fins sociais e às exigências do bem comum, resguardando e promovendo a dignidade da pessoa humana e observando a proporcionalidade, a razoabilidade, a legalidade, a publicidade e a eficiência.

•• *Vide* art. 5.º da LINDB (Decreto-lei n. 4.657, de 4-9-1942).

Art. 9.º Não se proferirá decisão contra uma das partes sem que ela seja previamente ouvida.

•• *Vide* art. 5.º, LV, da CF.

Parágrafo único. O disposto no *caput* não se aplica:

I – à tutela provisória de urgência;

•• *Vide* arts. 294 e s. do CPC.

II – às hipóteses de tutela da evidência previstas no art. 311, incisos II e III;

III – à decisão prevista no art. 701.

Art. 10. O juiz não pode decidir, em grau algum de jurisdição, com base em fundamento a respeito do qual não se tenha dado às partes oportunidade de se manifestar, ainda que se trate de matéria sobre a qual deva decidir de ofício.

•• *Vide* art. 5.º, LV, da CF.

•• *Vide* art. 141 do CPC.

Art. 11. Todos os julgamentos dos órgãos do Poder Judiciário serão públicos, e fundamentadas todas as decisões, sob pena de nulidade.

•• *Vide* art. 5.º, LX, da CF.

• *Vide* art. 152, V, do CPC.

Parágrafo único. Nos casos de segredo de justiça, pode ser autorizada a presença somente das partes, de seus advogados, de defensores públicos ou do Ministério Público.

•• *Vide* art. 93, IX, da CF.

Art. 12. Os juízes e os tribunais atenderão, preferencialmente, à ordem cronológica de conclusão para proferir sentença ou acórdão.

•• *Caput* com redação determinada pela Lei n. 13.256, de 4-2-2016.

• *Vide* art. 153 do CPC.

§ 1.º A lista de processos aptos a julgamento deverá estar permanentemente à disposição para consulta pública em cartório e na rede mundial de computadores.

§ 2.º Estão excluídos da regra do *caput*:

I – as sentenças proferidas em audiência, homologatórias de acordo ou de improcedência liminar do pedido;

II – o julgamento de processos em bloco para aplicação de tese jurídica firmada em julgamento de casos repetitivos;

III – o julgamento de recursos repetitivos ou de incidente de resolução de demandas repetitivas;

•• *Vide* arts. 1.036 a 1.041 do CPC.

IV – as decisões proferidas com base nos arts. 485 e 932;

V – o julgamento de embargos de declaração;

•• *Vide* arts. 1.022 a 1.026 do CPC.

VI – o julgamento de agravo interno;

VII – as preferências legais e as metas estabelecidas pelo Conselho Nacional de Justiça;

VIII – os processos criminais, nos órgãos jurisdicionais que tenham competência penal;

IX – a causa que exija urgência no julgamento, assim reconhecida por decisão fundamentada.

§ 3.º Após elaboração de lista própria, respeitar-se-á a ordem cronológica das conclusões entre as preferências legais.

§ 4.º Após a inclusão do processo na lista de que trata o § 1.º, o requerimento formulado pela parte não altera a ordem cronológica para a decisão, exceto quando implicar a reabertura da instrução ou a conversão do julgamento em diligência.

§ 5.º Decidido o requerimento previsto no § 4.º, o processo retornará à mesma posição em que anteriormente se encontrava na lista.

(*) Publicada no *Diário Oficial da União*, de 17-3-2015.

§ 6.º Ocupará o primeiro lugar na lista prevista no § 1.º ou, conforme o caso, no § 3.º, o processo que:

I – tiver sua sentença ou acórdão anulado, salvo quando houver necessidade de realização de diligência ou de complementação da instrução;

II – se enquadrar na hipótese do art. 1.040, inciso II.

Capítulo II

DA APLICAÇÃO DAS NORMAS PROCESSUAIS

Art. 13. A jurisdição civil será regida pelas normas processuais brasileiras, ressalvadas as disposições específicas previstas em tratados, convenções ou acordos internacionais de que o Brasil seja parte.

• *Vide* art. 5.º, § 2.º, da CF.

Art. 14. A norma processual não retroagirá e será aplicável imediatamente aos processos em curso, respeitados os atos processuais praticados e as situações jurídicas consolidadas sob a vigência da norma revogada.

•• *Vide* art. 1.046 do CPC.

•• *Vide* art. 6.º da LINDB (Decreto-lei n. 4.657, de 4-9-1942).

Art. 15. Na ausência de normas que regulem processos eleitorais, trabalhistas ou administrativos, as disposições deste Código lhes serão aplicadas supletiva e subsidiariamente.

• Código Eleitoral: Lei n. 4.737, de 15-7-1965.

• CLT: Decreto-lei n. 5.452, de 1.º-5-1943.

Livro II

DA FUNÇÃO JURISDICIONAL

Título I

DA JURISDIÇÃO E DA AÇÃO

Art. 16. A jurisdição civil é exercida pelos juízes e pelos tribunais em todo o território nacional, conforme as disposições deste Código.

•• *Vide* art. 1.046 do CPC.

Art. 17. Para postular em juízo é necessário ter interesse e legitimidade.

•• *Vide* arts. 330, II e III, e 485, VI, do CPC.

Art. 18. Ninguém poderá pleitear direito alheio em nome próprio, salvo quando autorizado pelo ordenamento jurídico.

•• *Vide* arts. 108 e s. do CPC.

•• *Vide* Lei n. 8.906, de 4-7-1994, que dispõe sobre o EAOAB.

•• *Vide* arts. 81 e 82 do CDC.

• *Vide* art. 861 do CC.

Parágrafo único. Havendo substituição processual, o substituído poderá intervir como assistente litisconsorcial.

•• *Vide* art. 124 do CPC.

Art. 19. O interesse do autor pode limitar-se à declaração:

I – da existência, da inexistência ou do modo de ser de uma relação jurídica;

• *Vide* art. 20 do CPC.

II – da autenticidade ou da falsidade de documento.

• *Vide* arts. 405 a 441 do CPC.

Art. 20. É admissível a ação meramente declaratória, ainda que tenha ocorrido a violação do direito.

• *Vide* Súmula 258 do STF.

Título II

DOS LIMITES DA JURISDIÇÃO NACIONAL E DA COOPERAÇÃO INTERNACIONAL

Capítulo I

DOS LIMITES DA JURISDIÇÃO NACIONAL

Art. 21. Compete à autoridade judiciária brasileira processar e julgar as ações em que:

I – o réu, qualquer que seja a sua nacionalidade, estiver domiciliado no Brasil;

•• *Vide* art. 12 da LINDB (Decreto-lei n. 4.657, de 4-9-1942).

II – no Brasil tiver de ser cumprida a obrigação;

•• *Vide* art. 12 da LINDB (Decreto-lei n. 4.657, de 4-9-1942).

III – o fundamento seja fato ocorrido ou ato praticado no Brasil.

Parágrafo único. Para o fim do disposto no inciso I, considera-se domiciliada no Brasil a pessoa jurídica estrangeira que nele tiver agência, filial ou sucursal.

•• *Vide* art. 75, X e § 3.º, do CPC.

Art. 22. Compete, ainda, à autoridade judiciária brasileira processar e julgar as ações:

I – de alimentos, quando:

•• *Vide* arts. 911 a 913 do CPC.

•• *Vide* Lei n. 5.478, de 25-7-1968.

a) o credor tiver domicílio ou residência no Brasil;

b) o réu mantiver vínculos no Brasil, tais como posse ou propriedade de bens, recebimento de renda ou obtenção de benefícios econômicos;

II – decorrentes de relações de consumo, quando o consumidor tiver domicílio ou residência no Brasil;

•• CDC: Lei n. 8.078, de 11-9-1990.

III – em que as partes, expressa ou tacitamente, se submeterem à jurisdição nacional.

Art. 23. Compete à autoridade judiciária brasileira, com exclusão de qualquer outra:

I – conhecer de ações relativas a imóveis situados no Brasil;

•• *Vide* art. 12, § 1.º, da LINDB (Decreto-lei n. 4.657, de 4-9-1942).

II – em matéria de sucessão hereditária, proceder à confirmação de testamento particular e ao inventário e à partilha de bens situados no Brasil, ainda que o autor da herança seja de nacionalidade estrangeira ou tenha domicílio fora do território nacional;

•• *Vide* arts. 10 e 12, § 1.º, da LINDB (Decreto-lei n. 4.657, de 4-9-1942).

III – em divórcio, separação judicial ou dissolução de união estável, proceder à partilha de bens situados no Brasil, ainda que o titular seja de nacionalidade estrangeira ou tenha domicílio fora do território nacional.

•• *Vide* art. 53, I, do CPC.

Art. 24. A ação proposta perante tribunal estrangeiro não induz litispendência e não obsta a que a autoridade judiciária brasileira conheça da mesma causa e das que lhe são conexas, ressalvadas as disposições em contrário de tratados internacionais e acordos bilaterais em vigor no Brasil.

•• *Vide* art. 105, I, *i*, da CF.

•• *Vide* arts. 57 e 337, §§ 1.º a 3.º, do CPC.

Parágrafo único. A pendência de causa perante a jurisdição brasileira não impede a homologação de sentença judicial estrangeira quando exigida para produzir efeitos no Brasil.

•• *Vide* art. 105, I, *i*, da CF.

Art. 25. Não compete à autoridade judiciária brasileira o processamento e o julgamento da ação quando houver cláusula de eleição de foro exclusivo estrangeiro em contrato internacional, arguida pelo réu na contestação.

§ 1.º Não se aplica o disposto no *caput* às hipóteses de competência internacional exclusiva previstas neste Capítulo.

§ 2.º Aplica-se à hipótese do *caput* o art. 63, §§ 1.º a 4.º.

Capítulo II

DA COOPERAÇÃO INTERNACIONAL

Seção I

Disposições Gerais

Art. 26. A cooperação jurídica internacional será regida por tratado de que o Brasil faz parte e observará:

I – o respeito às garantias do devido processo legal no Estado requerente;

•• *Vide* art. 5.º, LIV, da CF.

II – a igualdade de tratamento entre nacionais e estrangeiros, residentes ou não no Brasil, em relação ao acesso à justiça e à tramitação dos processos, assegurando-se assistência judiciária aos necessitados;

•• *Vide* art. 5.º, LXXIV, da CF.

•• *Vide* arts. 98 a 102 do CPC.

III – a publicidade processual, exceto nas hipóteses de sigilo previstas na legislação brasileira ou na do Estado requerente;

•• *Vide* art. 5.º, LX, da CF.

•• *Vide* arts. 11 e 189 do CPC.

IV – a existência de autoridade central para recepção e transmissão dos pedidos de cooperação;

V – a espontaneidade na transmissão de informações a autoridades estrangeiras.

§ 1.º Na ausência de tratado, a cooperação jurídica internacional poderá realizar-se com base em reciprocidade, manifestada por via diplomática.

§ 2.º Não se exigirá a reciprocidade referida no § 1.º para homologação de sentença estrangeira.

•• *Vide* art. 105, I, *i*, da CF.

•• *Vide* arts. 960 a 965 do CPC.

§ 3.º Na cooperação jurídica internacional não será admitida a prática de atos que contrariem ou que produzam resultados incompatíveis com as normas fundamentais que regem o Estado brasileiro.

§ 4.º O Ministério da Justiça exercerá as funções de autoridade central na ausência de designação específica.

Art. 27. A cooperação jurídica internacional terá por objeto:

I – citação, intimação e notificação judicial e extrajudicial;

II – colheita de provas e obtenção de informações;

III – homologação e cumprimento de decisão;

IV – concessão de medida judicial de urgência;

V – assistência jurídica internacional;

VI – qualquer outra medida judicial ou extrajudicial não proibida pela lei brasileira.

Seção II

Do Auxílio Direto

•• O Regimento Interno do STJ dispõe, em seus arts. 216-A a 216-X, sobre processos oriundos de Estados estrangeiros.

Art. 28. Cabe auxílio direto quando a medida não decorrer diretamente de decisão de autoridade jurisdicional estrangeira a ser submetida a juízo de delibação no Brasil.

Art. 29. A solicitação de auxílio direto será encaminhada pelo órgão estrangeiro interessado à autoridade central, cabendo ao Estado requerente assegurar a autenticidade e a clareza do pedido.

Art. 30. Além dos casos previstos em tratados de que o Brasil faz parte, o auxílio direto terá os seguintes objetos:

I – obtenção e prestação de informações sobre o ordenamento jurídico e sobre processos administrativos ou jurisdicionais findos ou em curso;

II – colheita de provas, salvo se a medida for adotada em processo, em curso no estrangeiro, de competência exclusiva de autoridade judiciária brasileira;

III – qualquer outra medida judicial ou extrajudicial não proibida pela lei brasileira.

Art. 31. A autoridade central brasileira comunicar-se-á diretamente com suas congêneres e, se necessário, com outros órgãos estrangeiros responsáveis pela tramitação e pela execução de pedidos de cooperação enviados e recebidos pelo Estado brasileiro, respeitadas disposições específicas constantes de tratado.

Art. 32. No caso de auxílio direto para a prática de atos que, segundo a lei brasileira, não necessitem de prestação jurisdicional, a autoridade central adotará as providências necessárias para seu cumprimento.

Art. 33. Recebido o pedido de auxílio direto passivo, a autoridade central o encaminhará à Advocacia-Geral da União, que requererá em juízo a medida solicitada.

Parágrafo único. O Ministério Público requererá em juízo a medida solicitada quando for autoridade central.

Art. 34. Compete ao juízo federal do lugar em que deva ser executada a medida apreciar pedido de auxílio direto passivo que demande prestação de atividade jurisdicional.

Seção III

Da Carta Rogatória

•• *Vide* Decreto n. 9.039, de 27-4-2017, que promulga a Convenção sobre a Obtenção de Provas no Estrangeiro em Matéria Civil ou Comercial.

Art. 35. (*Vetado*.)

Art. 36. O procedimento da carta rogatória perante o Superior Tribunal de Justiça é de jurisdição contenciosa e deve assegurar às partes as garantias do devido processo legal.

•• *Vide* art. 5.º, LIV, da CF.

•• *Vide* art. 105, I, *i*, da CF.

§ 1.º A defesa restringir-se-á à discussão quanto ao atendimento dos requisitos para que o pronunciamento judicial estrangeiro produza efeitos no Brasil.

§ 2.º Em qualquer hipótese, é vedada a revisão do mérito do pronunciamento judicial estrangeiro pela autoridade judiciária brasileira.

Seção IV

Disposições Comuns às Seções Anteriores

Art. 37. O pedido de cooperação jurídica internacional oriundo de autoridade brasileira competente será encaminhado à autoridade central para posterior envio ao Estado requerido para lhe dar andamento.

Art. 38. O pedido de cooperação oriundo de autoridade brasileira competente e os documentos anexos que o instruem serão encaminhados à autoridade central, acompanhados de tradução para a língua oficial do Estado requerido.

Art. 39. O pedido passivo de cooperação jurídica internacional será recusado se configurar manifesta ofensa à ordem pública.

Art. 40. A cooperação jurídica internacional para execução de decisão estrangeira dar-se-á por meio de carta rogatória ou de ação de homologação de sentença estrangeira, de acordo com o art. 960.

•• *Vide* art. 105, I, *i*, da CF.

Art. 41. Considera-se autêntico o documento que instruir pedido de cooperação jurídica internacional, inclusive tradução para a língua portuguesa, quando encaminhado ao Estado brasileiro por meio de autoridade central ou por via diplomática, dispensando-se ajuramentação, autenticação ou qualquer procedimento de legalização.

Parágrafo único. O disposto no *caput* não impede, quando necessária, a aplicação pelo Estado brasileiro do princípio da reciprocidade de tratamento.

TÍTULO III
DA COMPETÊNCIA INTERNA

Capítulo I
DA COMPETÊNCIA

Seção I

Disposições Gerais

Art. 42. As causas cíveis serão processadas e decididas pelo juiz nos limites de sua competência, ressalvado às partes o direito de instituir juízo arbitral, na forma da lei.

•• *Vide* Lei n. 9.307, de 23-9-1996.

Art. 43. Determina-se a competência no momento do registro ou da distribuição da petição inicial, sendo irrelevantes as modificações do estado de fato ou de direito ocorridas posteriormente, salvo quando suprimirem órgão judiciário ou alterarem a competência absoluta.

•• *Vide* Súmula 58 do STJ.

Art. 44. Obedecidos os limites estabelecidos pela Constituição Federal, a competência é determinada pelas normas previstas neste Código ou em legislação especial, pelas normas de organização judiciária e, ainda, no que couber, pelas constituições dos Estados.

•• *Vide* arts. 54, 62 e 63 do CPC.

Art. 45. Tramitando o processo perante outro juízo, os autos serão remetidos ao juízo federal competente se nele intervier a União, suas empresas públicas, entidades autárquicas e fundações, ou conselho de fiscalização de atividade profissional, na qualidade de parte ou de terceiro interveniente, exceto as ações:

•• *Vide* art. 109 da CF.

I – de recuperação judicial, falência, insolvência civil e acidente de trabalho;

•• *Vide* art. 109, I, da CF.

II – sujeitas à justiça eleitoral e à justiça do trabalho.

•• *Vide* arts. 114 e 118 da CF.

§ 1.º Os autos não serão remetidos se houver pedido cuja apreciação seja de competência do juízo perante o qual foi proposta a ação.

§ 2.º Na hipótese do § 1.º, o juiz, ao não admitir a cumulação de pedidos em razão da incompetência para apreciar qualquer deles, não examinará o mérito daquele em que exista interesse da União, de suas entidades autárquicas ou de suas empresas públicas.

§ 3.º O juízo federal restituirá os autos ao juízo estadual sem suscitar conflito se o ente federal cuja presença ensejou a remessa for excluído do processo.

Art. 46. A ação fundada em direito pessoal ou em direito real sobre bens móveis será proposta, em regra, no foro de domicílio do réu.

•• *Vide* arts. 70 a 78 do CC.

•• *Vide* art. 12 da LINDB (Decreto-lei n. 4.657, de 4-9-1942).

§ 1.º Tendo mais de um domicílio, o réu será demandado no foro de qualquer deles.

• *Vide* art. 71 do CC.

§ 2.º Sendo incerto ou desconhecido o domicílio do réu, ele poderá ser demandado onde for encontrado ou no foro de domicílio do autor.

• *Vide* art. 73 do CC.

§ 3.º Quando o réu não tiver domicílio ou residência no Brasil, a ação será proposta no foro de domicílio do autor, e, se este também residir fora do Brasil, a ação será proposta em qualquer foro.

•• *Vide* art. 12 da LINDB (Decreto-lei n. 4.657, de 4-9-1942).

§ 4.º Havendo 2 (dois) ou mais réus com diferentes domicílios, serão demandados no foro de qualquer deles, à escolha do autor.

§ 5.º A execução fiscal será proposta no foro de domicílio do réu, no de sua residência ou no do lugar onde for encontrado.

•• *Vide* Lei n. 6.830, de 22-9-1980.

Art. 47. Para as ações fundadas em direito real sobre imóveis é competente o foro de situação da coisa.

•• *Vide* art. 12 da LINDB (Decreto-lei n. 4.657, de 4-9-1942).

•• *Vide* art. 48 da Lei n. 6.766, de 19-12-1979, sobre ações de loteamento.

• *Vide* arts. 554 e s. do CPC.

§ 1.º O autor pode optar pelo foro de domicílio do réu ou pelo foro de eleição se o litígio não recair sobre direito de propriedade, vizinhança, servidão, divisão e demarcação de terras e de nunciação de obra nova.

• *Vide* arts. 554 e s. do CPC.

§ 2.º A ação possessória imobiliária será proposta no foro de situação da coisa, cujo juízo tem competência absoluta.

• *Vide* arts. 554 e s. do CPC.

Art. 48. O foro de domicílio do autor da herança, no Brasil, é o competente para o inventário, a partilha, a arrecadação, o cumprimento de disposições de última vontade, a impugnação ou anulação de partilha extrajudicial e para todas as ações em que o espólio for réu, ainda que o óbito tenha ocorrido no estrangeiro.

•• *Vide* art. 23 do CPC.

•• *Vide* art.1.785 do CC.

• *Vide* arts. 610 a 673 do CPC.

Parágrafo único. Se o autor da herança não possuía domicílio certo, é competente:

I – o foro de situação dos bens imóveis;

II – havendo bens imóveis em foros diferentes, qualquer destes;

III – não havendo bens imóveis, o foro do local de qualquer dos bens do espólio.

Art. 49. A ação em que o ausente for réu será proposta no foro de seu último domicílio, também competente para a arrecadação, o inventário, a partilha e o cumprimento de disposições testamentárias.

•• *Vide* arts. 744 e 745 do CPC.

Art. 50. A ação em que o incapaz for réu será proposta no foro de domicílio de seu representante ou assistente.

• *Vide* art. 76 do CC.

Art. 51. É competente o foro de domicílio do réu para as causas em que seja autora a União.

•• *Vide* arts. 109 e 110 da CF.

Parágrafo único. Se a União for a demandada, a ação poderá ser proposta no foro de domicílio do autor, no de ocorrência do ato ou fato que originou a demanda, no de situação da coisa ou no Distrito Federal.

•• *Vide* arts. 109 e 110 da CF.

Art. 52. É competente o foro de domicílio do réu para as causas em que seja autor Estado ou o Distrito Federal.

Parágrafo único. Se Estado ou o Distrito Federal for o demandado, a ação poderá ser proposta no foro de domicílio do autor, no de ocorrência do ato ou fato que originou a demanda, no de situação da coisa ou na capital do respectivo ente federado.

Art. 53. É competente o foro:

•• *Vide* art. 80 da Lei n. 10.741, de 1.º-10-2003 (foro da pessoa idosa).

• *Vide* art. 101, I, do CDC.

I – para a ação de divórcio, separação, anulação de casamento e reconhecimento ou dissolução de união estável:

• *Vide* arts. 693 a 699 e 731 a 734 do CPC.

• *Vide* arts. 5.º, I, e 226, § 5.º, da CF.

a) de domicílio do guardião de filho incapaz;

b) do último domicílio do casal, caso não haja filho incapaz;

c) de domicílio do réu, se nenhuma das partes residir no antigo domicílio do casal;

d) de domicílio da vítima de violência doméstica e familiar, nos termos da Lei n. 11.340, de 7 de agosto de 2006 (Lei Maria da Penha);

•• Alínea *d* acrescentada pela Lei n. 13.894, de 29-10-2019.

II – de domicílio ou residência do alimentando, para a ação em que se pedem alimentos;

•• *Vide* art. 26 da Lei n. 5.478, de 25-7-1968 (ação de alimentos).

III – do lugar:

a) onde está a sede, para a ação em que for ré pessoa jurídica;

•• *Vide* art. 75 do CC.

• *Vide* Súmula 206 do STJ.

b) onde se acha agência ou sucursal, quanto às obrigações que a pessoa jurídica contraiu;

• *Vide* art. 75, § 1.º, do CC.

• *Vide* Súmula 206 do STJ.

c) onde exerce suas atividades, para a ação em que for ré sociedade ou associação sem personalidade jurídica;

•• *Vide* art. 75 do CPC.

d) onde a obrigação deve ser satisfeita, para a ação em que se lhe exigir o cumprimento;

•• *Vide* art. 540 do CPC.

•• *Vide* Súmula 363 do STF.

• *Vide* arts. 327 a 330 do CC.

e) de residência do idoso, para a causa que verse sobre direito previsto no respectivo estatuto;

•• *Vide* art. 80 da Lei n. 10.741, de 1.º-10-2003 (Estatuto da Pessoa Idosa).

f) da sede da serventia notarial ou de registro, para a ação de reparação de dano por ato praticado em razão do ofício;

IV – do lugar do ato ou fato para a ação:

a) de reparação de dano;

b) em que for réu administrador ou gestor de negócios alheios;

V – de domicílio do autor ou do local do fato, para a ação de reparação de dano sofrido em razão de delito ou acidente de veículos, inclusive aeronaves.

•• *Vide* Súmula 540 do STJ.

Seção II
Da Modificação da Competência

Art. 54. A competência relativa poderá modificar-se pela conexão ou pela continência, observado o disposto nesta Seção.

•• *Vide* art. 286 do CPC.

• *Vide* arts. 56 e 57 do CPC.

Art. 55. Reputam-se conexas 2 (duas) ou mais ações quando lhes for comum o pedido ou a causa de pedir.

• *Vide* Súmula 383 do STJ.

§ 1.º Os processos de ações conexas serão reunidos para decisão conjunta, salvo se um deles já houver sido sentenciado.

§ 2.º Aplica-se o disposto no *caput*:

I – à execução de título extrajudicial e à ação de conhecimento relativa ao mesmo ato jurídico;

II – às execuções fundadas no mesmo título executivo.

§ 3.º Serão reunidos para julgamento conjunto os processos que possam gerar risco de prolação de decisões conflitantes ou contraditórias caso decididos separadamente, mesmo sem conexão entre eles.

Art. 56. Dá-se a continência entre 2 (duas) ou mais ações quando houver identidade quanto às partes e à causa de pedir, mas o pedido de uma, por ser mais amplo, abrange o das demais.

Art. 57. Quando houver continência e a ação continente tiver sido proposta anteriormente, no processo relativo à ação contida será proferida sentença sem resolução de mérito, caso contrário, as ações serão necessariamente reunidas.

• *Vide* Súmulas 235 e 489 do STJ.

Art. 58. A reunião das ações propostas em separado far-se-á no juízo prevento, onde serão decididas simultaneamente.

•• *Vide* art. 240 do CPC.

Art. 59. O registro ou a distribuição da petição inicial torna prevento o juízo.

• *Vide* Súmulas 106 e 204 do STJ.

• *Vide* art. 238 do CPC.

Art. 60. Se o imóvel se achar situado em mais de um Estado, comarca, seção ou subseção judiciária, a competência territorial do juízo prevento estender-se-á sobre a totalidade do imóvel.

Art. 61. A ação acessória será proposta no juízo competente para a ação principal.

•• *Vide* art. 299 do CPC.

• *Vide* arts. 132 e 137 da Lei n. 11.101, de 9-2-2005 (Lei de Falências).

Art. 62. A competência determinada em razão da matéria, da pessoa ou da função é inderrogável por convenção das partes.

•• *Vide* Súmula 335 do STF.

• *Vide* art. 78 do CC.

Art. 63. As partes podem modificar a competência em razão do valor e do território, elegendo foro onde será proposta ação oriunda de direitos e obrigações.

•• *Vide* Súmula 335 do STF.

• *Vide* art. 78 do CC.

§ 1.º A eleição de foro só produz efeito quando constar de instrumento escrito e aludir expressamente a determinado negócio jurídico.

§ 2.º O foro contratual obriga os herdeiros e sucessores das partes.

§ 3.º Antes da citação, a cláusula de eleição de foro, se abusiva, pode ser reputada ineficaz de ofício pelo juiz, que determinará a remessa dos autos ao juízo do foro de domicílio do réu.

§ 4.º Citado, incumbe ao réu alegar a abusividade da cláusula de eleição de foro na contestação, sob pena de preclusão.

Seção III

Da Incompetência

Art. 64. A incompetência, absoluta ou relativa, será alegada como questão preliminar de contestação.

•• *Vide* Súmula 33 do STJ.

§ 1.º A incompetência absoluta pode ser alegada em qualquer tempo e grau de jurisdição e deve ser declarada de ofício.

•• *Vide* arts. 957 e 966, II, do CPC.

•• *Vide* Súmula 33 do STJ.

§ 2.º Após manifestação da parte contrária, o juiz decidirá imediatamente a alegação de incompetência.

•• *Vide* Súmula 59 do STJ.

§ 3.º Caso a alegação de incompetência seja acolhida, os autos serão remetidos ao juízo competente.

•• *Vide* Súmula 59 do STJ.

§ 4.º Salvo decisão judicial em sentido contrário, conservar-se-ão os efeitos de decisão proferida pelo juízo incompetente até que outra seja proferida, se for o caso, pelo juízo competente.

Art. 65. Prorrogar-se-á a competência relativa se o réu não alegar a incompetência em preliminar de contestação.

•• *Vide* art. 335 do CPC.

Parágrafo único. A incompetência relativa pode ser alegada pelo Ministério Público nas causas em que atuar.

Art. 66. Há conflito de competência quando:

I – 2 (dois) ou mais juízes se declaram competentes;

II – 2 (dois) ou mais juízes se consideram incompetentes, atribuindo um ao outro a competência;

III – entre 2 (dois) ou mais juízes surge controvérsia acerca da reunião ou separação de processos.

• *Vide* art. 57 do CPC.

• *Vide* Súmulas 236 e 489 do STJ.

Parágrafo único. O juiz que não acolher a competência declinada deverá suscitar o conflito, salvo se a atribuir a outro juízo.

Capítulo II

DA COOPERAÇÃO NACIONAL

Art. 67. Aos órgãos do Poder Judiciário, estadual ou federal, especializado ou comum, em todas as instâncias e graus de jurisdição, inclusive aos tribunais superiores, incumbe o dever de recíproca cooperação, por meio de seus magistrados e servidores.

Art. 68. Os juízos poderão formular entre si pedido de cooperação para prática de qualquer ato processual.

Art. 69. O pedido de cooperação jurisdicional deve ser prontamente atendido, prescinde de forma específica e pode ser executado como:

• *Vide* arts. 236 e 237 do CPC.

I – auxílio direto;

II – reunião ou apensamento de processos;

III – prestação de informações;

IV – atos concertados entre os juízes cooperantes.

§ 1.º As cartas de ordem, precatória e arbitral seguirão o regime previsto neste Código.

• *Vide* arts. 232 e 237 do CPC.

§ 2.º Os atos concertados entre os juízes cooperantes poderão consistir, além de outros, no estabelecimento de procedimento para:

I – a prática de citação, intimação ou notificação de ato;

II – a obtenção e apresentação de provas e a coleta de depoimentos;

III – a efetivação de tutela provisória;

IV – a efetivação de medidas e providências para recuperação e preservação de empresas;

V – a facilitação de habilitação de créditos na falência e na recuperação judicial;

VI – a centralização de processos repetitivos;

VII – a execução de decisão jurisdicional.

§ 3.º O pedido de cooperação judiciária pode ser realizado entre órgãos jurisdicionais de diferentes ramos do Poder Judiciário.

Livro III

DOS SUJEITOS DO PROCESSO

Título I

DAS PARTES E DOS PROCURADORES

Capítulo I

DA CAPACIDADE PROCESSUAL

Art. 70. Toda pessoa que se encontre no exercício de seus direitos tem capacidade para estar em juízo.

•• *Vide* art. 8.º, § 2.º, da Lei n. 9.099, de 26-9-1995 (Lei dos Juizados Especiais).

•• *Vide* art. 5.º do CC.

Art. 71. O incapaz será representado ou assistido por seus pais, por tutor ou por curador, na forma da lei.

• *Vide* arts. 3.º, 4.º, 1.634, V, 1.690, 1.692, 1.747, I, 1.748, V, 1.767, 1.774, 1.778, 1.779 e 1.782 do CC.

Art. 72. O juiz nomeará curador especial ao:

I – incapaz, se não tiver representante legal ou se os interesses deste colidirem com os daquele, enquanto durar a incapacidade;

• *Vide* arts. 3.º e 4.º do CC.

II – réu preso revel, bem como ao réu revel citado por edital ou com hora certa, enquanto não for constituído advogado.

•• *Vide* arts. 245, §§ 4.º e 5.º, e 671 do CPC.

• *Vide* art. 1.692 do CC.

• *Vide* Súmula 196 do STJ.

Parágrafo único. A curatela especial será exercida pela Defensoria Pública, nos termos da lei.

Art. 73. O cônjuge necessitará do consentimento do outro para propor ação que verse sobre direito real imobiliário, salvo quando casados sob o regime de separação absoluta de bens.

•• *Vide* arts. 1.647 e 1.723 do CC.

§ 1.º Ambos os cônjuges serão necessariamente citados para a ação:

I – que verse sobre direito real imobiliário, salvo quando casados sob o regime de separação absoluta de bens;

II – resultante de fato que diga respeito a ambos os cônjuges ou de ato praticado por eles;

III – fundada em dívida contraída por um dos cônjuges a bem da família;

• *Vide* art. 226, § 5.º, da CF.

• *Vide* arts. 1.643 e 1.644 do CC.

IV – que tenha por objeto o reconhecimento, a constituição ou a extinção de ônus sobre imóvel de um ou de ambos os cônjuges.

•• *Vide* arts. 1.642, III, 1.648 e 1.663, *caput* e § 1.º, do CC.

• *Vide* arts. 1.225, 1.570 e 1.848 do CC.

§ 2.º Nas ações possessórias, a participação do cônjuge do autor ou do réu somente é indispensável nas hipóteses de composse ou de ato por ambos praticado.

• *Vide* arts. 1.199 e 1.335, II, do CC.

§ 3.º Aplica-se o disposto neste artigo à união estável comprovada nos autos.

Art. 74. O consentimento previsto no art. 73 pode ser suprido judicialmente quando for negado por um dos cônjuges sem justo motivo, ou quando lhe seja impossível concedê-lo.

•• *Vide* art. 226, § 5.º, da CF.

• *Vide* art. 1.647 do CC.

Parágrafo único. A falta de consentimento, quando necessário e não suprido pelo juiz, invalida o processo.

•• *Vide* arts. 485, IV, e 337, IX, do CPC.

•• *Vide* art. 226, § 5.º, da CF.

• *Vide* arts. 352 e 486, § 3.º, do CPC.

• *Vide* art. 1.648 do CC.

Art. 75. Serão representados em juízo, ativa e passivamente:

I – a União, pela Advocacia-Geral da União, diretamente ou mediante órgão vinculado;

II – o Estado e o Distrito Federal, por seus procuradores;

III – o Município, por seu prefeito, procurador ou Associação de Representação de Municípios, quando expressamente autorizada;

•• Inciso III com redação determinada pela Lei n. 14.341, de 18-5-2022.

IV – a autarquia e a fundação de direito público, por quem a lei do ente federado designar;

V – a massa falida, pelo administrador judicial;

• *Vide* art. 21 da Lei n. 11.101, de 9-2-2005 (Lei de Falências).

VI – a herança jacente ou vacante, por seu curador;

• *Vide* art. 739, § 1.º, I, do CPC.

VII – o espólio, pelo inventariante;

• *Vide* art. 1.991 do CC.

VIII – a pessoa jurídica, por quem os respectivos atos constitutivos designarem ou, não havendo essa designação, por seus diretores;

IX – a sociedade e a associação irregulares e outros entes organizados sem personalidade jurídica, pela pessoa a quem couber a administração de seus bens;

X – a pessoa jurídica estrangeira, pelo gerente, representante ou administrador de sua filial, agência ou sucursal aberta ou instalada no Brasil;

XI – o condomínio, pelo administrador ou síndico.

• *Vide* art. 68, § 3.º, da LSA.

• *Vide* arts. 9.º, 46 e 1.348 do CC.

• *Vide* art. 22, § 1.º, da Lei n. 4.591, de 16-12-1964, sobre prédios em condomínio.

• *Vide* art. 22, III, *n*, da Lei n. 11.101, de 9-2-2005 (Lei de Falências).

§ 1.º Quando o inventariante for dativo, os sucessores do falecido serão intimados no processo no qual o espólio seja parte.

•• *Vide* art. 618, I, do CPC.

§ 2.º A sociedade ou associação sem personalidade jurídica não poderá opor a irregularidade de sua constituição quando demandada.

• *Vide* art. 45 do CC.

§ 3.º O gerente de filial ou agência presume-se autorizado pela pessoa jurídica estrangeira a receber citação para qualquer processo.

§ 4.º Os Estados e o Distrito Federal poderão ajustar compromisso recíproco para prática de ato processual por seus procuradores em favor de outro ente federado, mediante convênio firmado pelas respectivas procuradorias.

§ 5.º A representação judicial do Município pela Associação de Representação de Municípios somente poderá ocorrer em questões de interesse comum dos Municípios associados e dependerá de autorização do respectivo chefe do Poder Executivo municipal, com indicação específica do direito ou da obrigação a ser objeto das medidas judiciais.

•• § 5.º acrescentado pela Lei n. 14.341, de 18-5-2022.

Art. 76. Verificada a incapacidade processual ou a irregularidade da representação da parte, o juiz suspenderá o processo e designará prazo razoável para que seja sanado o vício.

• *Vide* arts. 313, I, e 485, IV, do CPC.

§ 1.º Descumprida a determinação, caso o processo esteja na instância originária:

I – o processo será extinto, se a providência couber ao autor;

II – o réu será considerado revel, se a providência lhe couber;

•• *Vide* art. 344 do CPC.

III – o terceiro será considerado revel ou excluído do processo, dependendo do polo em que se encontre.

•• *Vide* arts. 313, I, e 485, IV, do CPC.

§ 2.º Descumprida a determinação em fase recursal perante tribunal de justiça, tribunal regional federal ou tribunal superior, o relator:

I – não conhecerá do recurso, se a providência couber ao recorrente;

II – determinará o desentranhamento das contrarrazões, se a providência couber ao recorrido.

Capítulo II
DOS DEVERES DAS PARTES E DE SEUS PROCURADORES

Seção I
Dos Deveres

Art. 77. Além de outros previstos neste Código, são deveres das partes, de seus procuradores e de todos aqueles que de qualquer forma participem do processo:

I – expor os fatos em juízo conforme a verdade;

• *Vide* art. 319, III, do CPC.

II – não formular pretensão ou de apresentar defesa quando cientes de que são destituídas de fundamento;

III – não produzir provas e não praticar atos inúteis ou desnecessários à declaração ou à defesa do direito;

IV – cumprir com exatidão as decisões jurisdicionais, de natureza provisória ou final, e não criar embaraços à sua efetivação;

•• *Vide* arts. 80 e 379 do CPC.

V – declinar, no primeiro momento que lhes couber falar nos autos, o endereço residencial ou profissional onde receberão intimações, atualizando essa informação sempre que ocorrer qualquer modificação temporária ou definitiva;

VI – não praticar inovação ilegal no estado de fato de bem ou direito litigioso.

VII – informar e manter atualizados seus dados cadastrais perante os órgãos do Poder Judiciário e, no caso do § 6.º do art. 246 deste Código, da Administração Tributária, para recebimento de citações e intimações.

•• Inciso VII acrescentado pela Lei n. 14.195, de 26-8-2021.

§ 1.º Nas hipóteses dos incisos IV e VI, o juiz advertirá qualquer das pessoas mencionadas no *caput* de que sua conduta poderá ser punida como ato atentatório à dignidade da justiça.

§ 2.º A violação ao disposto nos incisos IV e VI constitui ato atentatório à dignidade da justiça, devendo o juiz, sem prejuízo das sanções criminais, civis e processuais cabíveis, aplicar ao responsável multa de até vinte por cento do valor da causa, de acordo com a gravidade da conduta.

§ 3.º Não sendo paga no prazo a ser fixado pelo juiz, a multa prevista no § 2.º será inscrita como dívida ativa da União ou do Estado após o trânsito em julgado da decisão que a fixou, e sua execução observará o procedimento da execução fiscal, revertendo-se aos fundos previstos no art. 97.

• *Vide* Lei n. 6.830, de 22-9-1980.

§ 4.º A multa estabelecida no § 2.º poderá ser fixada independentemente da incidência das previstas nos arts. 523, § 1.º, e 536, § 1.º.

§ 5.º Quando o valor da causa for irrisório ou inestimável, a multa prevista no § 2.º poderá ser fixada em até 10 (dez) vezes o valor do salário mínimo.

§ 6.º Aos advogados públicos ou privados e aos membros da Defensoria Pública e do Ministério Público não se aplica o disposto nos §§ 2.º a 5.º, devendo eventual responsabilidade disciplinar ser apurada pelo respectivo órgão de classe ou corregedoria, ao qual o juiz oficiará.

§ 7.º Reconhecida violação ao disposto no inciso VI, o juiz determinará o restabelecimento do estado anterior, podendo, ainda, proibir a parte de falar nos autos até a purgação do atentado, sem prejuízo da aplicação do § 2.º.

§ 8.º O representante judicial da parte não pode ser compelido a cumprir decisão em seu lugar.

Art. 78. É vedado às partes, a seus procuradores, aos juízes, aos membros do Ministério Público e da Defensoria Pública e a qualquer pessoa que participe do processo empregar expressões ofensivas nos escritos apresentados.

•• *Vide* art. 360 do CPC.

• *Vide* art. 7.º, § 2.º, do EAOAB.

§ 1.º Quando expressões ou condutas ofensivas forem manifestadas oral ou presencialmente, o juiz advertirá o ofensor de que não as deve usar ou repetir, sob pena de lhe ser cassada a palavra.

- *Vide* art. 360 do CPC.
- *Vide* art. 7.º, § 2.º, do EAOAB.

§ 2.º De ofício ou a requerimento do ofendido, o juiz determinará que as expressões ofensivas sejam riscadas e, a requerimento do ofendido, determinará a expedição de certidão com inteiro teor das expressões ofensivas e a colocará à disposição da parte interessada.

Seção II
Da Responsabilidade das Partes por Dano Processual

Art. 79. Responde por perdas e danos aquele que litigar de má-fé como autor, réu ou interveniente.

•• *Vide* arts. 302 e 776 do CPC.
• *Vide* arts. 186, 402 a 405, 927 e 940 do CC.

Art. 80. Considera-se litigante de má-fé aquele que:

•• *Vide* arts. 142, 772, II, e 774 do CPC.

I – deduzir pretensão ou defesa contra texto expresso de lei ou fato incontroverso;

II – alterar a verdade dos fatos;

III – usar do processo para conseguir objetivo ilegal;

IV – opuser resistência injustificada ao andamento do processo;

V – proceder de modo temerário em qualquer incidente ou ato do processo;

VI – provocar incidente manifestamente infundado;

VII – interpuser recurso com intuito manifestamente protelatório.

- *Vide* arts. 77, 142, 772, II, e 774, parágrafo único, do CPC.

Art. 81. De ofício ou a requerimento, o juiz condenará o litigante de má-fé a pagar multa, que deverá ser superior a um por cento e inferior a dez por cento do valor corrigido da causa, a indenizar a parte contrária pelos prejuízos que esta sofreu e a arcar com os honorários advocatícios e com todas as despesas que efetuou.

- *Vide* art. 32 do EAOAB.

§ 1.º Quando forem 2 (dois) ou mais os litigantes de má-fé, o juiz condenará cada um na proporção de seu respectivo interesse na causa ou solidariamente aqueles que se coligaram para lesar a parte contrária.

§ 2.º Quando o valor da causa for irrisório ou inestimável, a multa poderá ser fixada em até 10 (dez) vezes o valor do salário mínimo.

§ 3.º O valor da indenização será fixado pelo juiz ou, caso não seja possível mensurá-lo, liquidado por arbitramento ou pelo procedimento comum, nos próprios autos.

- *Vide* art. 85, § 8.º, do CPC.
- *Vide* arts. 275 a 285 do CC.

Seção III
Das Despesas, dos Honorários Advocatícios e das Multas

Art. 82. Salvo as disposições concernentes à gratuidade da justiça, incumbe às partes prover as despesas dos atos que realizarem ou requererem no processo, antecipando-lhes o pagamento, desde o início até a sentença final ou, na execução, até a plena satisfação do direito reconhecido no título.

- *Vide* art. 1.º da Lei n. 5.478, de 25-7-1968 (ação de alimentos).
- *Vide* arts. 10 e 30 do Decreto-lei n. 3.365, de 21-6-1941.

§ 1.º Incumbe ao autor adiantar as despesas relativas a ato cuja realização o juiz determinar de ofício ou a requerimento do Ministério Público, quando sua intervenção ocorrer como fiscal da ordem jurídica.

§ 2.º A sentença condenará o vencido a pagar ao vencedor as despesas que antecipou.

•• *Vide* Súmulas 14 e 105 do STJ.
• *Vide* Súmula 185 do STF.
• *Vide* Lei n. 6.899, de 8-4-1981 (correção monetária).
• *Vide* art. 23 do EAOAB.

Art. 83. O autor, brasileiro ou estrangeiro, que residir fora do Brasil ou deixar de residir no país ao longo da tramitação de processo prestará caução suficiente ao pagamento das custas e dos honorários de advogado da parte contrária nas ações que propuser, se não tiver no Brasil bens imóveis que lhes assegurem o pagamento.

§ 1.º Não se exigirá a caução de que trata o *caput*:

I – quando houver dispensa prevista em acordo ou tratado internacional de que o Brasil faz parte;

II – na execução fundada em título extrajudicial e no cumprimento de sentença;

III – na reconvenção.

•• *Vide* art. 343 do CPC.

§ 2.º Verificando-se no trâmite do processo que se desfalcou a garantia, poderá o interessado exigir reforço da caução, justificando seu pedido com a indicação da depreciação do bem dado em garantia e a importância do reforço que pretende obter.

Art. 84. As despesas abrangem as custas dos atos do processo, a indenização de viagem, a remuneração do assistente técnico e a diária de testemunha.

•• *Vide* art. 462 do CPC.

Art. 85. A sentença condenará o vencido a pagar honorários ao advogado do vencedor.

•• *Vide* Súmulas 14 e 105 do STJ.
• *Vide* Súmula 185 do STF.
• *Vide* Lei n. 6.899, de 8-4-1981 (correção monetária).
• *Vide* art. 23 do EAOAB.

§ 1.º São devidos honorários advocatícios na reconvenção, no cumprimento de sentença, provisório ou definitivo, na execução, resistida ou não, e nos recursos interpostos, cumulativamente.

•• *Vide* art. 343 do CPC.

§ 2.º Os honorários serão fixados entre o mínimo de dez e o máximo de vinte por cento sobre o valor da condenação, do proveito econômico obtido ou, não sendo possível mensurá-lo, sobre o valor atualizado da causa, atendidos:

I – o grau de zelo do profissional;

II – o lugar de prestação do serviço;

III – a natureza e a importância da causa;

IV – o trabalho realizado pelo advogado e o tempo exigido para o seu serviço.

§ 3.º Nas causas em que a Fazenda Pública for parte, a fixação dos honorários observará os critérios estabelecidos nos incisos I a IV do § 2.º e os seguintes percentuais:

I – mínimo de dez e máximo de vinte por cento sobre o valor da condenação ou do proveito econômico obtido até 200 (duzentos) salários mínimos;

II – mínimo de oito e máximo de dez por cento sobre o valor da condenação ou do proveito econômico obtido acima de 200 (duzentos) salários mínimos até 2.000 (dois mil) salários mínimos;

III – mínimo de cinco e máximo de oito por cento sobre o valor da condenação ou do proveito econômico obtido acima de 2.000 (dois mil) salários mínimos até 20.000 (vinte mil) salários mínimos;

IV – mínimo de três e máximo de cinco por cento sobre o valor da condenação ou do proveito econômico obtido acima de 20.000 (vinte mil) salários mínimos até 100.000 (cem mil) salários mínimos;

V – mínimo de um e máximo de três por cento sobre o valor da condenação ou do proveito econômico obtido acima de 100.000 (cem mil) salários mínimos.

§ 4.º Em qualquer das hipóteses do § 3.º:

I – os percentuais previstos nos incisos I a V devem ser aplicados desde logo, quando for líquida a sentença;

II – não sendo líquida a sentença, a definição do percentual, nos termos previstos nos incisos I a V, somente ocorrerá quando liquidado o julgado;

III – não havendo condenação principal ou não sendo possível mensurar o proveito econômico obtido, a condenação em honorários dar-se-á sobre o valor atualizado da causa;

IV – será considerado o salário mínimo vigente quando prolatada sentença líquida ou o que estiver em vigor na data da decisão de liquidação.

§ 5.º Quando, conforme o caso, a condenação contra a Fazenda Pública ou o benefício econômico obtido pelo vencedor ou o valor da causa for superior ao valor previsto no inciso I do § 3.º, a fixação do percentual de honorários deve observar a faixa inicial e, naquilo que a exceder, a faixa subsequente, e assim sucessivamente.

§ 6.º Os limites e critérios previstos nos §§ 2.º e 3.º aplicam-se independentemente de qual seja o conteúdo da decisão, inclusive aos casos de improcedência ou de sentença sem resolução de mérito.

§ 6.º-A. **Quando o valor da condenação ou do proveito econômico obtido ou o va-**

lor atualizado da causa for líquido ou liquidável, para fins de fixação dos honorários advocatícios, nos termos dos §§ 2.º e 3.º, é proibida a apreciação equitativa, salvo nas hipóteses expressamente previstas no § 8.º deste artigo.

•• § 6.º-A acrescentado pela Lei n. 14.365, de 2-6-2022.

§ 7.º Não serão devidos honorários no cumprimento de sentença contra a Fazenda Pública que enseje expedição de precatório, desde que não tenha sido impugnada.

§ 8.º Nas causas em que for inestimável ou irrisório o proveito econômico ou, ainda, quando o valor da causa for muito baixo, o juiz fixará o valor dos honorários por apreciação equitativa, observando o disposto nos incisos do § 2.º.

•• *Vide* Súmulas 153, 201 e 345 do STJ.

• *Vide* art. 140, parágrafo único, do CPC.

§ 8.º-A. Na hipótese do § 8.º deste artigo, para fins de fixação equitativa de honorários sucumbenciais, o juiz deverá observar os valores recomendados pelo Conselho Seccional da Ordem dos Advogados do Brasil a título de honorários advocatícios ou o limite mínimo de 10% (dez por cento) estabelecido no § 2.º deste artigo, aplicando-se o que for maior.

•• § 8.º-A acrescentado pela Lei n. 14.365, de 2-6-2022.

§ 9.º Na ação de indenização por ato ilícito contra pessoa, o percentual de honorários incidirá sobre a soma das prestações vencidas acrescida de 12 (doze) prestações vincendas.

•• *Vide* art. 927 do CC.

•• *Vide* Súmulas 234, 389 e 512 do STF.

•• *Vide* Súmula 111 do STJ.

§ 10. Nos casos de perda do objeto, os honorários serão devidos por quem deu causa ao processo.

§ 11. O tribunal, ao julgar recurso, majorará os honorários fixados anteriormente levando em conta o trabalho adicional realizado em grau recursal, observando, conforme o caso, o disposto nos §§ 2.º a 6.º, sendo vedado ao tribunal, no cômputo geral da fixação de honorários devidos ao advogado do vencedor, ultrapassar os respectivos limites estabelecidos nos §§ 2.º e 3.º para a fase de conhecimento.

§ 12. Os honorários referidos no § 11 são cumuláveis com multas e outras sanções processuais, inclusive as previstas no art. 77.

§ 13. As verbas de sucumbência arbitradas em embargos à execução rejeitados ou julgados improcedentes e em fase de cumprimento de sentença serão acrescidas no valor do débito principal, para todos os efeitos legais.

§ 14. Os honorários constituem direito do advogado e têm natureza alimentar, com os mesmos privilégios dos créditos oriundos da legislação do trabalho, sendo vedada a compensação em caso de sucumbência parcial.

§ 15. O advogado pode requerer que o pagamento dos honorários que lhe caibam seja efetuado em favor da sociedade de advogados que integra na qualidade de sócio, aplicando-se à hipótese o disposto no § 14.

§ 16. Quando os honorários forem fixados em quantia certa, os juros moratórios incidirão a partir da data do trânsito em julgado da decisão.

§ 17. Os honorários serão devidos quando o advogado atuar em causa própria.

§ 18. Caso a decisão transitada em julgado seja omissa quanto ao direito aos honorários ou ao seu valor, é cabível ação autônoma para sua definição e cobrança.

§ 19. Os advogados públicos perceberão honorários de sucumbência, nos termos da lei.

§ 20. O disposto nos §§ 2.º, 3.º, 4.º, 5.º, 6.º, 6.º-A, 8.º, 8.º-A, 9.º e 10 deste artigo aplica-se aos honorários fixados por arbitramento judicial.

•• § 20 acrescentado pela Lei n. 14.365, de 2-6-2022.

Art. 86. Se cada litigante for, em parte, vencedor e vencido, serão proporcionalmente distribuídas entre eles as despesas.

• *Vide* art. 87 do CPC.

Parágrafo único. Se um litigante sucumbir em parte mínima do pedido, o outro responderá, por inteiro, pelas despesas e pelos honorários.

Art. 87. Concorrendo diversos autores ou diversos réus, os vencidos respondem proporcionalmente pelas despesas e pelos honorários.

• *Vide* art. 86 do CPC.

• *Vide* art. 257 do CC.

§ 1.º A sentença deverá distribuir entre os litisconsortes, de forma expressa, a responsabilidade proporcional pelo pagamento das verbas previstas no *caput*.

§ 2.º Se a distribuição de que trata o § 1.º não for feita, os vencidos responderão solidariamente pelas despesas e pelos honorários.

Art. 88. Nos procedimentos de jurisdição voluntária, as despesas serão adiantadas pelo requerente e rateadas entre os interessados.

• *Vide* arts. 719 a 770 do CPC.

Art. 89. Nos juízos divisórios, não havendo litígio, os interessados pagarão as despesas proporcionalmente a seus quinhões.

• *Vide* arts. 560 e s. do CPC.

Art. 90. Proferida sentença com fundamento em desistência, em renúncia ou em reconhecimento do pedido, as despesas e os honorários serão pagos pela parte que desistiu, renunciou ou reconheceu.

•• *Vide* art. 487 do CPC.

§ 1.º Sendo parcial a desistência, a renúncia ou o reconhecimento, a responsabilidade pelas despesas e pelos honorários será proporcional à parcela reconhecida, à qual se renunciou ou da qual se desistiu.

§ 2.º Havendo transação e nada tendo as partes disposto quanto às despesas, estas serão divididas igualmente.

§ 3.º Se a transação ocorrer antes da sentença, as partes ficam dispensadas do pagamento das custas processuais remanescentes, se houver.

§ 4.º Se o réu reconhecer a procedência do pedido e, simultaneamente, cumprir integralmente a prestação reconhecida, os honorários serão reduzidos pela metade.

Art. 91. As despesas dos atos processuais praticados a requerimento da Fazenda Pública, do Ministério Público ou da Defensoria Pública serão pagas ao final pelo vencido.

• *Vide* Súmula 483 do STJ.

§ 1.º As perícias requeridas pela Fazenda Pública, pelo Ministério Público ou pela Defensoria Pública poderão ser realizadas por entidade pública ou, havendo previsão orçamentária, ter os valores adiantados por aquele que requerer a prova.

§ 2.º Não havendo previsão orçamentária no exercício financeiro para adiantamento dos honorários periciais, eles serão pagos no exercício seguinte ou ao final, pelo vencido, caso o processo se encerre antes do adiantamento a ser feito pelo ente público.

Art. 92. Quando, a requerimento do réu, o juiz proferir sentença sem resolver o mérito, o autor não poderá propor novamente a ação sem pagar ou depositar em cartório as despesas e os honorários a que foi condenado.

Art. 93. As despesas de atos adiados ou cuja repetição for necessária ficarão a cargo da parte, do auxiliar da justiça, do órgão do Ministério Público ou da Defensoria Pública ou do juiz que, sem justo motivo, houver dado causa ao adiamento ou à repetição.

•• *Vide* arts. 143, 362, § 3.º, 485, § 3.º, e 455, § 5.º, do CPC.

Art. 94. Se o assistido for vencido, o assistente será condenado ao pagamento das custas em proporção à atividade que houver exercido no processo.

• *Vide* art. 121 do CPC.

Art. 95. Cada parte adiantará a remuneração do assistente técnico que houver indicado, sendo a do perito adiantada pela parte que houver requerido a perícia ou rateada quando a perícia for determinada de ofício ou requerida por ambas as partes.

•• *Vide* art. 84 do CPC.

• *Vide* arts. 464 e s. do CPC.

• *Vide* Súmula 232 do STJ.

§ 1.º O juiz poderá determinar que a parte responsável pelo pagamento dos honorários do perito deposite em juízo o valor correspondente.

§ 2.º A quantia recolhida em depósito bancário à ordem do juízo será corrigida monetariamente e paga de acordo com o art. 465, § 4.º.

§ 3.º Quando o pagamento da perícia for de responsabilidade de beneficiário de gratuidade da justiça, ela poderá ser:

I – custeada com recursos alocados no orçamento do ente público e realizada por servidor do Poder Judiciário ou por órgão público conveniado;

II – paga com recursos alocados no orçamento da União, do Estado ou do Distrito Federal, no caso de ser realizada por particular, hipótese em que o valor será fixado conforme tabela do tribunal respectivo ou, em caso de sua omissão, do Conselho Nacional de Justiça.

•• A Resolução n. 232, de 13-7-2016, do CNJ, fixa os valores dos honorários a serem pagos aos peritos, no âmbito da Justiça de 1.º e 2.º graus, nos termos deste inciso.

§ 4.º Na hipótese do § 3.º, o juiz, após o trânsito em julgado da decisão final, oficiará a Fazenda Pública para que promova, contra quem tiver sido condenado ao pagamento das despesas processuais, a execução dos valores gastos com a perícia particular ou com a utilização de servidor público ou da estrutura de órgão público, observando-se, caso o responsável pelo pagamento das despesas seja beneficiário de gratuidade da justiça, o disposto no art. 98, § 2.º.

§ 5.º Para fins de aplicação do § 3.º, é vedada a utilização de recursos do fundo de custeio da Defensoria Pública.

Art. 96. O valor das sanções impostas ao litigante de má-fé reverterá em benefício da parte contrária, e o valor das sanções impostas aos serventuários pertencerá ao Estado ou à União.

•• *Vide* arts. 81, 202, 234, 258, 468 e 968, II, do CPC.

Art. 97. A União e os Estados podem criar fundos de modernização do Poder Judiciário, aos quais serão revertidos os valores das sanções pecuniárias processuais destinadas à União e aos Estados, e outras verbas previstas em lei.

Seção IV
Da Gratuidade da Justiça

Art. 98. A pessoa natural ou jurídica, brasileira ou estrangeira, com insuficiência de recursos para pagar as custas, as despesas processuais e os honorários advocatícios tem direito à gratuidade da justiça, na forma da lei.

•• *Vide* art. 5.º, LXXIV, da CF.

•• Defensoria Pública: Lei Complementar n. 80, de 12-1-1994.

•• *Vide* art. 71, § 3.º, da Lei n. 10.741, de 1.º-10-2003.

§ 1.º A gratuidade da justiça compreende:

I – as taxas ou as custas judiciais;

II – os selos postais;

III – as despesas com publicação na imprensa oficial, dispensando-se a publicação em outros meios;

IV – a indenização devida à testemunha que, quando empregada, receberá do empregador salário integral, como se em serviço estivesse;

V – as despesas com a realização de exame de código genético – DNA e de outros exames considerados essenciais;

VI – os honorários do advogado e do perito e a remuneração do intérprete ou do tradutor nomeado para apresentação de versão em português de documento redigido em língua estrangeira;

VII – o custo com a elaboração de memória de cálculo, quando exigida para instauração da execução;

VIII – os depósitos previstos em lei para interposição de recurso, para propositura de ação e para a prática de outros atos processuais inerentes ao exercício da ampla defesa e do contraditório;

IX – os emolumentos devidos a notários ou registradores em decorrência da prática de registro, averbação ou qualquer outro ato notarial necessário à efetivação de decisão judicial ou à continuidade de processo judicial no qual o benefício tenha sido concedido.

§ 2.º A concessão de gratuidade não afasta a responsabilidade do beneficiário pelas despesas processuais e pelos honorários advocatícios decorrentes de sua sucumbência.

§ 3.º Vencido o beneficiário, as obrigações decorrentes de sua sucumbência ficarão sob condição suspensiva de exigibilidade e somente poderão ser executadas se, nos 5 (cinco) anos subsequentes ao trânsito em julgado da decisão que as certificou, o credor demonstrar que deixou de existir a situação de insuficiência de recursos que justificou a concessão de gratuidade, extinguindo-se, passado esse prazo, tais obrigações do beneficiário.

§ 4.º A concessão de gratuidade não afasta o dever de o beneficiário pagar, ao final, as multas processuais que lhe sejam impostas.

§ 5.º A gratuidade poderá ser concedida em relação a algum ou a todos os atos processuais, ou consistir na redução percentual de despesas processuais que o beneficiário tiver de adiantar no curso do procedimento.

§ 6.º Conforme o caso, o juiz poderá conceder direito ao parcelamento de despesas processuais que o beneficiário tiver de adiantar no curso do procedimento.

§ 7.º Aplica-se o disposto no art. 95, §§ 3.º a 5.º, ao custeio dos emolumentos previstos no § 1.º, inciso IX, do presente artigo, observada a tabela e as condições da lei estadual ou distrital respectiva.

§ 8.º Na hipótese do § 1.º, inciso IX, havendo dúvida fundada quanto ao preenchimento atual dos pressupostos para a concessão de gratuidade, o notário ou registrador, após praticar o ato, pode requerer, ao juízo competente para decidir questões notariais ou registrais, a revogação total ou parcial do benefício ou a sua substituição pelo parcelamento de que trata o § 6.º deste artigo, caso em que o beneficiário será citado para, em 15 (quinze) dias, manifestar-se sobre esse requerimento.

Art. 99. O pedido de gratuidade da justiça pode ser formulado na petição inicial, na contestação, na petição para ingresso de terceiro no processo ou em recurso.

• *Vide* arts. 119 a 138, 319 a 331, 335 a 342 e 994 e s. do CPC.

§ 1.º Se superveniente à primeira manifestação da parte na instância, o pedido poderá ser formulado por petição simples, nos autos do próprio processo, e não suspenderá seu curso.

§ 2.º O juiz somente poderá indeferir o pedido se houver nos autos elementos que evidenciem a falta dos pressupostos legais para a concessão de gratuidade, devendo, antes de indeferir o pedido, determinar à parte a comprovação do preenchimento dos referidos pressupostos.

§ 3.º Presume-se verdadeira a alegação de insuficiência deduzida exclusivamente por pessoa natural.

§ 4.º A assistência do requerente por advogado particular não impede a concessão de gratuidade da justiça.

§ 5.º Na hipótese do § 4.º, o recurso que verse exclusivamente sobre valor de honorários de sucumbência fixados em favor do advogado de beneficiário estará sujeito a preparo, salvo se o próprio advogado demonstrar que tem direito à gratuidade.

§ 6.º O direito à gratuidade da justiça é pessoal, não se estendendo a litisconsorte ou a sucessor do beneficiário, salvo requerimento e deferimento expressos.

§ 7.º Requerida a concessão de gratuidade da justiça em recurso, o recorrente estará dispensado de comprovar o recolhimento do preparo, incumbindo ao relator, neste caso, apreciar o requerimento e, se indeferi-lo, fixar prazo para realização do recolhimento.

Art. 100. Deferido o pedido, a parte contrária poderá oferecer impugnação na contestação, na réplica, nas contrarrazões de recurso ou, nos casos de pedido superveniente ou formulado por terceiro, por meio de petição simples, a ser apresentada no prazo de 15 (quinze) dias, nos autos do próprio processo, sem suspensão de seu curso.

Parágrafo único. Revogado o benefício, a parte arcará com as despesas processuais que tiver deixado de adiantar e pagará, em caso de má-fé, até o décuplo de seu valor a título de multa, que será revertida em benefício da Fazenda Pública estadual ou federal e poderá ser inscrita em dívida ativa.

•• *Vide* Lei n. 6.830, de 22-9-1980.

Art. 101. Contra a decisão que indeferir a gratuidade ou a que acolher pedido de sua revogação caberá agravo de instrumento, exceto quando a questão for resolvida na sentença, contra a qual caberá apelação.

• *Vide* arts. 1.009 a 1.020 do CPC.

§ 1.º O recorrente estará dispensado do recolhimento de custas até decisão do relator sobre a questão, preliminarmente ao julgamento do recurso.

§ 2.º Confirmada a denegação ou a revogação da gratuidade, o relator ou o órgão colegiado determinará ao recorrente o recolhimento das custas processuais, no prazo de 5 (cinco) dias, sob pena de não conhecimento do recurso.

Art. 102. Sobrevindo o trânsito em julgado de decisão que revoga a gratuidade, a parte deverá efetuar o recolhimento de todas as despesas de cujo adiantamento foi dispensada, inclusive as relativas ao recurso interposto, se houver, no prazo fixado pelo juiz, sem prejuízo de aplicação das sanções previstas em lei.

Parágrafo único. Não efetuado o recolhimento, o processo será extinto sem resolução de mérito, tratando-se do autor, e, nos demais casos, não poderá ser deferida a realização de nenhum ato ou diligência requerida pela parte enquanto não efetuado o depósito.

Capítulo III

DOS PROCURADORES

Art. 103. A parte será representada em juízo por advogado regularmente inscrito na Ordem dos Advogados do Brasil.

•• *Vide* art. 133 da CF.

•• *Vide* arts. 111, 287 e 313, § 3.º, do CPC.

•• *Vide* art. 1.º, I, do EAOAB.

•• *Vide* art. 2.º da Lei n. 5.478, de 25-7-1968.

• *Vide* art. 692 do CC.

• *Vide* art. 9.º da Lei n. 9.099, de 26-9-1995.

Parágrafo único. É lícito à parte postular em causa própria quando tiver habilitação legal.

Art. 104. O advogado não será admitido a postular em juízo sem procuração, salvo para evitar preclusão, decadência ou prescrição, ou para praticar ato considerado urgente.

•• *Vide* art. 287, parágrafo único, do CPC.

•• *Vide* Súmula 115 do STJ.

• *Vide* arts. 653 e 692 do CC.

§ 1.º Nas hipóteses previstas no *caput*, o advogado deverá, independentemente de caução, exibir a procuração no prazo de 15 (quinze) dias, prorrogável por igual período por despacho do juiz.

• *Vide* art. 5.º, § 1.º, do EAOAB.

§ 2.º O ato não ratificado será considerado ineficaz relativamente àquele em cujo nome foi praticado, respondendo o advogado pelas despesas e por perdas e danos.

• *Vide* art. 402 do CC.

Art. 105. A procuração geral para o foro, outorgada por instrumento público ou particular assinado pela parte, habilita o advogado a praticar todos os atos do processo, exceto receber citação, confessar, reconhecer a procedência do pedido, transigir, desistir, renunciar ao direito sobre o qual se funda a ação, receber, dar quitação, firmar compromisso e assinar declaração de hipossuficiência econômica, que devem constar de cláusula específica.

•• *Vide* art. 390, § 1.º, do CPC.

• *Vide* art. 654 do CC.

§ 1.º A procuração pode ser assinada digitalmente, na forma da lei.

•• *Vide* Lei n. 11.419, de 19-12-2006, que dispõe sobre a informatização do processo judicial.

§ 2.º A procuração deverá conter o nome do advogado, seu número de inscrição na Ordem dos Advogados do Brasil e endereço completo.

•• *Vide* art. 4.º do EAOAB.

§ 3.º Se o outorgado integrar sociedade de advogados, a procuração também deverá conter o nome dessa, seu número de registro na Ordem dos Advogados do Brasil e endereço completo.

• *Vide* arts. 15 a 17 do EAOAB.

§ 4.º Salvo disposição expressa em sentido contrário constante do próprio instrumento, a procuração outorgada na fase de conhecimento é eficaz para todas as fases do processo, inclusive para o cumprimento de sentença.

Art. 106. Quando postular em causa própria, incumbe ao advogado:

I – declarar, na petição inicial ou na contestação, o endereço, seu número de inscrição na Ordem dos Advogados do Brasil e o nome da sociedade de advogados da qual participa, para o recebimento de intimações;

II – comunicar ao juízo qualquer mudança de endereço.

§ 1.º Se o advogado descumprir o disposto no inciso I, o juiz ordenará que se supra a omissão, no prazo de 5 (cinco) dias, antes de determinar a citação do réu, sob pena de indeferimento da petição.

§ 2.º Se o advogado infringir o previsto no inciso II, serão consideradas válidas as intimações enviadas por carta registrada ou meio eletrônico ao endereço constante dos autos.

Art. 107. O advogado tem direito a:

•• *Vide* art. 289 do CPC.

•• *Vide* art. 7.º do EAOAB.

I – examinar, em cartório de fórum e secretaria de tribunal, mesmo sem procuração, autos de qualquer processo, independentemente da fase de tramitação, assegurados a obtenção de cópias e o registro de anotações, salvo na hipótese de segredo de justiça, nas quais apenas o advogado constituído terá acesso aos autos;

•• *Vide* Súmula Vinculante 14 do STF.

• *Vide* art. 7.º, XIII a XV, do EAOAB.

II – requerer, como procurador, vista dos autos de qualquer processo, pelo prazo de 5 (cinco) dias;

• *Vide* art. 234 do CPC.

III – retirar os autos do cartório ou da secretaria, pelo prazo legal, sempre que neles lhe couber falar por determinação do juiz, nos casos previstos em lei.

§ 1.º Ao receber os autos, o advogado assinará carga em livro ou documento próprio.

§ 2.º Sendo o prazo comum às partes, os procuradores poderão retirar os autos somente em conjunto ou mediante prévio ajuste, por petição nos autos.

§ 3.º Na hipótese do § 2.º, é lícito ao procurador retirar os autos para obtenção de cópias, pelo prazo de 2 (duas) a 6 (seis) horas, independentemente de ajuste e sem prejuízo da continuidade do prazo.

§ 4.º O procurador perderá no mesmo processo o direito a que se refere o § 3.º se não devolver os autos tempestivamente, salvo se o prazo for prorrogado pelo juiz.

§ 5.º O disposto no inciso I do *caput* deste artigo aplica-se integralmente a processos eletrônicos.

•• § 5.º acrescentado pela Lei n. 13.793, de 3-1-2019.

Capítulo IV

DA SUCESSÃO DAS PARTES E DOS PROCURADORES

Art. 108. No curso do processo, somente é lícita a sucessão voluntária das partes nos casos expressos em lei.

•• *Vide* art. 778, § 1.º, do CPC.

Art. 109. A alienação da coisa ou do direito litigioso por ato entre vivos, a título particular, não altera a legitimidade das partes.

•• *Vide* arts. 59, 240, 778, § 1.º, 790, I, e 808 do CPC.

§ 1.º O adquirente ou cessionário não poderá ingressar em juízo, sucedendo o alienante ou cedente, sem que o consinta a parte contrária.

§ 2.º O adquirente ou cessionário poderá intervir no processo como assistente litisconsorcial do alienante ou cedente.

•• *Vide* arts. 119 a 124 do CPC.

§ 3.º Estendem-se os efeitos da sentença proferida entre as partes originárias ao adquirente ou cessionário.

Art. 110. Ocorrendo a morte de qualquer das partes, dar-se-á a sucessão pelo seu espólio ou pelos seus sucessores, observado o disposto no art. 313, §§ 1.º e 2.º.

•• *Vide* arts. 75, VII, 221 e 618 do CPC.

Art. 111. A parte que revogar o mandato outorgado a seu advogado constituirá, no mesmo ato, outro que assuma o patrocínio da causa.

Parágrafo único. Não sendo constituído novo procurador no prazo de 15 (quinze) dias, observar-se-á o disposto no art. 76.

Art. 112. O advogado poderá renunciar ao mandato a qualquer tempo, provando, na forma prevista neste Código, que comunicou a renúncia ao mandante, a fim de que este nomeie sucessor.

•• *Vide* art. 688 do CC.

• *Vide* art. 313, I, do CPC.

§ 1.º Durante os 10 (dez) dias seguintes, o advogado continuará a representar o mandante, desde que necessário para lhe evitar prejuízo.

• *Vide* art. 13 do Código de Ética e Disciplina da OAB.

§ 2.º Dispensa-se a comunicação referida no *caput* quando a procuração tiver sido outorgada a vários advogados e a parte continuar representada por outro, apesar da renúncia.

Título II
DO LITISCONSÓRCIO

•• *Vide* art. 1.005 do CPC.

Art. 113. Duas ou mais pessoas podem litigar, no mesmo processo, em conjunto, ativa ou passivamente, quando:

• *Vide* art. 94, § 1.º, da Lei n. 11.101, de 9-2-2005 (Lei de Falências).

I – entre elas houver comunhão de direitos ou de obrigações relativamente à lide;

II – entre as causas houver conexão pelo pedido ou pela causa de pedir;

•• *Vide* art. 54 do CPC.

• *Vide* Súmula 235 do STJ.

III – ocorrer afinidade de questões por ponto comum de fato ou de direito.

• A Lei n. 3.751, de 13-4-1960 (art. 2.º, § 5.º), dispõe sobre a intervenção da Fazenda do Distrito Federal (Brasília) nos processos judiciais que lhe possam resultar direitos ou obrigações.

§ 1.º O juiz poderá limitar o litisconsórcio facultativo quanto ao número de litigantes na fase de conhecimento, na liquidação de sentença ou na execução, quando este comprometer a rápida solução do litígio ou dificultar a defesa ou o cumprimento da sentença.

•• *Vide* art. 139, II e III, do CPC.

§ 2.º O requerimento de limitação interrompe o prazo para manifestação ou resposta, que recomeçará da intimação da decisão que o solucionar.

Art. 114. O litisconsórcio será necessário por disposição de lei ou quando, pela natureza da relação jurídica controvertida, a eficácia da sentença depender da citação de todos que devam ser litisconsortes.

•• *Vide* Súmula 631 do STF.

Art. 115. A sentença de mérito, quando proferida sem a integração do contraditório, será:

I – nula, se a decisão deveria ser uniforme em relação a todos que deveriam ter integrado o processo;

II – ineficaz, nos outros casos, apenas para os que não foram citados.

Parágrafo único. Nos casos de litisconsórcio passivo necessário, o juiz determinará ao autor que requeira a citação de todos que devam ser litisconsortes, dentro do prazo que assinar, sob pena de extinção do processo.

•• *Vide* art. 94 do CDC.

•• *Vide* art. 485, III, do CPC.

• *Vide* Súmula 631 do STF.

Art. 116. O litisconsórcio será unitário quando, pela natureza da relação jurídica, o juiz tiver de decidir o mérito de modo uniforme para todos os litisconsortes.

Art. 117. Os litisconsortes serão considerados, em suas relações com a parte adversa, como litigantes distintos, exceto no litisconsórcio unitário, caso em que os atos e as omissões de um não prejudicarão os outros, mas os poderão beneficiar.

•• *Vide* art. 1.005 do CPC.

Art. 118. Cada litisconsorte tem o direito de promover o andamento do processo, e todos devem ser intimados dos respectivos atos.

•• *Vide* art. 229 do CPC.

Título III
DA INTERVENÇÃO DE TERCEIROS

Capítulo I
DA ASSISTÊNCIA

Seção I
Disposições Comuns

Art. 119. Pendendo causa entre 2 (duas) ou mais pessoas, o terceiro juridicamente interessado em que a sentença seja favorável a uma delas poderá intervir no processo para assisti-la.

•• *Vide* art. 364, § 1.º, do CPC.

Parágrafo único. A assistência será admitida em qualquer procedimento e em todos os graus de jurisdição, recebendo o assistente o processo no estado em que se encontre.

Art. 120. Não havendo impugnação no prazo de 15 (quinze) dias, o pedido do assistente será deferido, salvo se for caso de rejeição liminar.

Parágrafo único. Se qualquer parte alegar que falta ao requerente interesse jurídico para intervir, o juiz decidirá o incidente, sem suspensão do processo.

• *Vide* art. 330, III, do CPC.

Seção II
Da Assistência Simples

Art. 121. O assistente simples atuará como auxiliar da parte principal, exercerá os mesmos poderes e sujeitar-se-á aos mesmos ônus processuais que o assistido.

• *Vide* art. 94 do CPC.

Parágrafo único. Sendo revel ou, de qualquer outro modo, omisso o assistido, o assistente será considerado seu substituto processual.

• *Vide* arts. 319 a 322 do CPC.

Art. 122. A assistência simples não obsta a que a parte principal reconheça a procedência do pedido, desista da ação, renuncie ao direito sobre o que se funda a ação ou transija sobre direitos controvertidos.

Art. 123. Transitada em julgado a sentença no processo em que interveio o assistente, este não poderá, em processo posterior, discutir a justiça da decisão, salvo se alegar e provar que:

I – pelo estado em que recebeu o processo ou pelas declarações e pelos atos do assistido, foi impedido de produzir provas suscetíveis de influir na sentença;

II – desconhecia a existência de alegações ou de provas das quais o assistido, por dolo ou culpa, não se valeu.

• *Vide* art. 506 do CPC.

Seção III
Da Assistência Litisconsorcial

Art. 124. Considera-se litisconsorte da parte principal o assistente sempre que a sentença influir na relação jurídica entre ele e o adversário do assistido.

• *Vide* art. 229 do CPC.

Capítulo II
DA DENUNCIAÇÃO DA LIDE

Art. 125. É admissível a denunciação da lide, promovida por qualquer das partes:

I – ao alienante imediato, no processo relativo à coisa cujo domínio foi transferido ao denunciante, a fim de que possa exercer os direitos que da evicção lhe resultam;

•• *Vide* arts. 447 e s. do CC.

II – àquele que estiver obrigado, por lei ou pelo contrato, a indenizar, em ação regressiva, o prejuízo de quem for vencido no processo.

• *Vide* art. 757 do CC.

• *Vide* art. 101, II, do CDC.

§ 1.º O direito regressivo será exercido por ação autônoma quando a denunciação da lide for indeferida, deixar de ser promovida ou não for permitida.

§ 2.º Admite-se uma única denunciação sucessiva, promovida pelo denunciado, contra seu antecessor imediato na cadeia dominial ou quem seja responsável por indenizá-lo, não podendo o denunciado sucessivo promover nova denunciação, hipótese em que eventual direito de regresso será exercido por ação autônoma.

Art. 126. A citação do denunciado será requerida na petição inicial, se o denunciante for autor, ou na contestação, se o denunciante for réu, devendo ser realizada na forma e nos prazos previstos no art. 131.

Art. 127. Feita a denunciação pelo autor, o denunciado poderá assumir a posição de litisconsorte do denunciante e acrescentar novos argumentos à petição inicial, procedendo-se em seguida à citação do réu.

•• *Vide* arts. 113 a 118 do CPC.

Art. 128. Feita a denunciação pelo réu:

I – se o denunciado contestar o pedido formulado pelo autor, o processo prosseguirá tendo, na ação principal, em litisconsórcio, denunciante e denunciado;

II – se o denunciado for revel, o denunciante pode deixar de prosseguir com sua defesa, eventualmente oferecida, e abster-se de recorrer, restringindo sua atuação à ação regressiva;

•• *Vide* art. 344 do CPC.

III – se o denunciado confessar os fatos alegados pelo autor na ação principal, o denunciante poderá prosseguir com sua defesa ou, aderindo a tal reconhecimento, pedir apenas a procedência da ação de regresso.

Parágrafo único. Procedente o pedido da ação principal, pode o autor, se for o caso, requerer o cumprimento da sentença também contra o denunciado, nos limites da condenação deste na ação regressiva.

Art. 129. Se o denunciante for vencido na ação principal, o juiz passará ao julgamento da denunciação da lide.

Parágrafo único. Se o denunciante for vencedor, a ação de denunciação não terá o seu pedido examinado, sem prejuízo da condenação do denunciante ao pagamento das verbas de sucumbência em favor do denunciado.

Capítulo III
DO CHAMAMENTO AO PROCESSO

Art. 130. É admissível o chamamento ao processo, requerido pelo réu:

• *Vide* art. 831 do CC.

I – do afiançado, na ação em que o fiador for réu;

• *Vide* art. 827 do CC.

II – dos demais fiadores, na ação proposta contra um ou alguns deles;

• *Vide* art. 829 do CC.

III – dos demais devedores solidários, quando o credor exigir de um ou de alguns o pagamento da dívida comum.

• *Vide* arts. 275, 827 e 829 do CC.

Art. 131. A citação daqueles que devam figurar em litisconsórcio passivo será requerida pelo réu na contestação e deve ser promovida no prazo de 30 (trinta) dias, sob pena de ficar sem efeito o chamamento.

Parágrafo único. Se o chamado residir em outra comarca, seção ou subseção judiciárias, ou em lugar incerto, o prazo será de 2 (dois) meses.

Art. 132. A sentença de procedência valerá como título executivo em favor do réu que satisfizer a dívida, a fim de que possa exigi-la, por inteiro, do devedor principal, ou, de cada um dos codevedores, a sua quota, na proporção que lhes tocar.

•• *Vide* arts. 283 a 285 e 831 do CC.

Capítulo IV
DO INCIDENTE DE DESCONSIDERAÇÃO DA PERSONALIDADE JURÍDICA

Art. 133. O incidente de desconsideração da personalidade jurídica será instaurado a pedido da parte ou do Ministério Público, quando lhe couber intervir no processo.

•• *Vide* arts. 795 e 1.062 do CPC.

•• *Vide* art. 50 do CC.

•• *Vide* art. 28 do CDC.

§ 1.º O pedido de desconsideração da personalidade jurídica observará os pressupostos previstos em lei.

§ 2.º Aplica-se o disposto neste Capítulo à hipótese de desconsideração inversa da personalidade jurídica.

Art. 134. O incidente de desconsideração é cabível em todas as fases do processo de conhecimento, no cumprimento de sentença e na execução fundada em título executivo extrajudicial.

•• *Vide* art. 790, VII, do CPC.

§ 1.º A instauração do incidente será imediatamente comunicada ao distribuidor para as anotações devidas.

•• *Vide* art. 134, § 1.º, do CPC.

§ 2.º Dispensa-se a instauração do incidente se a desconsideração da personalidade jurídica for requerida na petição inicial, hipótese em que será citado o sócio ou a pessoa jurídica.

§ 3.º A instauração do incidente suspenderá o processo, salvo na hipótese do § 2.º.

§ 4.º O requerimento deve demonstrar o preenchimento dos pressupostos legais específicos para desconsideração da personalidade jurídica.

Art. 135. Instaurado o incidente, o sócio ou a pessoa jurídica será citado para manifestar-se e requerer as provas cabíveis no prazo de 15 (quinze) dias.

Art. 136. Concluída a instrução, se necessária, o incidente será resolvido por decisão interlocutória.

Parágrafo único. Se a decisão for proferida pelo relator, cabe agravo interno.

Art. 137. Acolhido o pedido de desconsideração, a alienação ou a oneração de bens, havida em fraude de execução, será ineficaz em relação ao requerente.

Capítulo V
DO *AMICUS CURIAE*

Art. 138. O juiz ou o relator, considerando a relevância da matéria, a especificidade do tema objeto da demanda ou a repercussão social da controvérsia, poderá, por decisão irrecorrível, de ofício ou a requerimento das partes ou de quem pretenda manifestar-se, solicitar ou admitir a participação de pessoa natural ou jurídica, órgão ou entidade especializada, com representatividade adequada, no prazo de 15 (quinze) dias de sua intimação.

§ 1.º A intervenção de que trata o *caput* não implica alteração de competência nem autoriza a interposição de recursos, ressalvadas a oposição de embargos de declaração e a hipótese do § 3.º.

§ 2.º Caberá ao juiz ou ao relator, na decisão que solicitar ou admitir a intervenção, definir os poderes do *amicus curiae*.

§ 3.º O *amicus curiae* pode recorrer da decisão que julgar o incidente de resolução de demandas repetitivas.

TÍTULO IV
DO JUIZ E DOS AUXILIARES DA JUSTIÇA

Capítulo I
DOS PODERES, DOS DEVERES E DA RESPONSABILIDADE DO JUIZ

Art. 139. O juiz dirigirá o processo conforme as disposições deste Código, incumbindo-lhe:

I – assegurar às partes igualdade de tratamento;

•• *Vide* Súmula 121 do STJ.

II – velar pela duração razoável do processo;

• O art. 35, II, da Lei Complementar n. 35, de 14-3-1979, dispõe sobre excesso de prazo.

III – prevenir ou reprimir qualquer ato contrário à dignidade da justiça e indeferir postulações meramente protelatórias;

•• *Vide* arts. 78, 360, 772, II, e 774 do CPC.

IV – determinar todas as medidas indutivas, coercitivas, mandamentais ou sub-rogatórias necessárias para assegurar o cumprimento de ordem judicial, inclusive nas ações que tenham por objeto prestação pecuniária;

V – promover, a qualquer tempo, a autocomposição, preferencialmente com auxílio de conciliadores e mediadores judiciais;

VI – dilatar os prazos processuais e alterar a ordem de produção dos meios de prova, adequando-os às necessidades do conflito de modo a conferir maior efetividade à tutela do direito;

VII – exercer o poder de polícia, requisitando, quando necessário, força policial, além da segurança interna dos fóruns e tribunais;

VIII – determinar, a qualquer tempo, o comparecimento pessoal das partes, para inquiri-las sobre os fatos da causa, hipótese em que não incidirá a pena de confesso;

IX – determinar o suprimento de pressupostos processuais e o saneamento de outros vícios processuais;

X – quando se deparar com diversas demandas individuais repetitivas, oficiar o Ministério Público, a Defensoria Pública e, na medida do possível, outros legitimados a que se referem o art. 5.º da Lei n. 7.347, de 24 de julho de 1985, e o art. 82 da Lei n. 8.078, de 11 de setembro de 1990, para, se for o caso, promover a propositura da ação coletiva respectiva.

Parágrafo único. A dilação de prazos prevista no inciso VI somente pode ser determinada antes de encerrado o prazo regular.

Art. 140. O juiz não se exime de decidir sob a alegação de lacuna ou obscuridade do ordenamento jurídico.

•• *Vide* arts. 4.º e 5.º da LINDB (Decreto-lei n. 4.657, de 4-9-1942).

• *Vide* art. 375 do CPC.

Parágrafo único. O juiz só decidirá por equidade nos casos previstos em lei.

•• *Vide* arts. 4.º e 5.º da LINDB (Decreto-lei n. 4.657, de 4-9-1942).

• *Vide* art. 375 do CPC.

Art. 141. O juiz decidirá o mérito nos limites propostos pelas partes, sendo-lhe vedado conhecer de questões não suscitadas a cujo respeito a lei exige iniciativa da parte.

• *Vide* arts. 490 e 492 do CPC.

Art. 142. Convencendo-se, pelas circunstâncias, de que autor e réu se serviram do processo para praticar ato simulado ou conseguir fim vedado por lei, o juiz proferirá decisão que impeça os objetivos das partes, aplicando, de ofício, as penalidades da litigância de má-fé.

•• *Vide* arts. 79 a 81 e 96 do CPC.

Art. 143. O juiz responderá, civil e regressivamente, por perdas e danos quando:

•• *Vide* art. 37, § 6.º, da CF.

• *Vide* arts. 402 e s. e 927 do CC.

I – no exercício de suas funções, proceder com dolo ou fraude;

II – recusar, omitir ou retardar, sem justo motivo, providência que deva ordenar de ofício ou a requerimento da parte.

•• O art. 319 do CP dispõe sobre o crime de prevaricação.

Parágrafo único. As hipóteses previstas no inciso II somente serão verificadas depois que a parte requerer ao juiz que determine a providência e o requerimento não for apreciado no prazo de 10 (dez) dias.

•• *Vide* art. 226 do CPC.

• *Vide* arts. 93 e 235 do CPC.

• *Vide* arts. 402 a 405 do CC.

Capítulo II
DOS IMPEDIMENTOS E DA SUSPEIÇÃO

Art. 144. Há impedimento do juiz, sendo-lhe vedado exercer suas funções no processo:

•• *Vide* art. 966, II, do CPC.

I – em que interveio como mandatário da parte, oficiou como perito, funcionou como membro do Ministério Público ou prestou depoimento como testemunha;

• *Vide* art. 452, I, do CPC.

II – de que conheceu em outro grau de jurisdição, tendo proferido decisão;

• *Vide* Súmula 252 do STF.

III – quando nele estiver postulando, como defensor público, advogado ou membro do Ministério Público, seu cônjuge ou companheiro, ou qualquer parente, consanguíneo ou afim, em linha reta ou colateral, até o terceiro grau, inclusive;

IV – quando for parte no processo ele próprio, seu cônjuge ou companheiro, ou parente, consanguíneo ou afim, em linha reta ou colateral, até o terceiro grau, inclusive;

V – quando for sócio ou membro de direção ou de administração de pessoa jurídica parte no processo;

VI – quando for herdeiro presuntivo, donatário ou empregador de qualquer das partes;

VII – em que figure como parte instituição de ensino com a qual tenha relação de emprego ou decorrente de contrato de prestação de serviços;

VIII – em que figure como parte cliente do escritório de advocacia de seu cônjuge, companheiro ou parente, consanguíneo ou afim, em linha reta ou colateral, até o terceiro grau, inclusive, mesmo que patrocinado por advogado de outro escritório;

IX – quando promover ação contra a parte ou seu advogado.

§ 1.º Na hipótese do inciso III, o impedimento só se verifica quando o defensor público, o advogado ou o membro do Ministério Público já integrava o processo antes do início da atividade judicante do juiz.

§ 2.º É vedada a criação de fato superveniente a fim de caracterizar impedimento do juiz.

§ 3.º O impedimento previsto no inciso III também se verifica no caso de mandato conferido a membro de escritório de advocacia que tenha em seus quadros advogado que individualmente ostente a condição nele prevista, mesmo que não intervenha diretamente no processo.

Art. 145. Há suspeição do juiz:

I – amigo íntimo ou inimigo de qualquer das partes ou de seus advogados;

II – que receber presentes de pessoas que tiverem interesse na causa antes ou depois de iniciado o processo, que aconselhar alguma das partes acerca do objeto da causa ou que subministrar meios para atender às despesas do litígio;

III – quando qualquer das partes for sua credora ou devedora, de seu cônjuge ou companheiro ou de parentes destes, em linha reta até o terceiro grau, inclusive;

IV – interessado no julgamento do processo em favor de qualquer das partes.

•• *Vide* art. 148 do CPC.

§ 1.º Poderá o juiz declarar-se suspeito por motivo de foro íntimo, sem necessidade de declarar suas razões.

§ 2.º Será ilegítima a alegação de suspeição quando:

I – houver sido provocada por quem a alega;

II – a parte que a alega houver praticado ato que signifique manifesta aceitação do arguido.

Art. 146. No prazo de 15 (quinze) dias, a contar do conhecimento do fato, a parte alegará o impedimento ou a suspeição, em petição específica dirigida ao juiz do processo, na qual indicará o fundamento da recusa, podendo instruí-la com documentos em que se fundar a alegação e com rol de testemunhas.

•• *Vide* art. 313, III, do CPC.

§ 1.º Se reconhecer o impedimento ou a suspeição ao receber a petição, o juiz ordenará imediatamente a remessa dos autos a seu substituto legal, caso contrário, determinará a autuação em apartado da petição e, no prazo de 15 (quinze) dias, apresentará suas razões, acompanhadas de documentos e de rol de testemunhas, se houver, ordenando a remessa do incidente ao tribunal.

§ 2.º Distribuído o incidente, o relator deverá declarar os seus efeitos, sendo que, se o incidente for recebido:

I – sem efeito suspensivo, o processo voltará a correr;

II – com efeito suspensivo, o processo permanecerá suspenso até o julgamento do incidente.

§ 3.º Enquanto não for declarado o efeito em que é recebido o incidente ou quando este for recebido com efeito suspensivo, a tutela de urgência será requerida ao substituto legal.

§ 4.º Verificando que a alegação de impedimento ou de suspeição é improcedente, o tribunal rejeitá-la-á.

§ 5.º Acolhida a alegação, tratando-se de impedimento ou de manifesta suspeição, o tribunal condenará o juiz nas custas e remeterá os autos ao seu substituto legal, podendo o juiz recorrer da decisão.

§ 6.º Reconhecido o impedimento ou a suspeição, o tribunal fixará o momento a partir do qual o juiz não poderia ter atuado.

§ 7.º O tribunal decretará a nulidade dos atos do juiz, se praticados quando já presente o motivo de impedimento ou de suspeição.

Art. 147. Quando 2 (dois) ou mais juízes forem parentes, consanguíneos ou afins, em linha reta ou colateral, até o terceiro grau, inclusive, o primeiro que conhecer do processo impede que o outro nele atue, caso em que o segundo se escusará, remetendo os autos ao seu substituto legal.

Art. 148. Aplicam-se os motivos de impedimento e de suspeição:

I – ao membro do Ministério Público;

• *Vide* arts. 176 a 181 do CPC.

II – aos auxiliares da justiça;

• *Vide* arts. 149 a 175 do CPC.

III – aos demais sujeitos imparciais do processo.

§ 1.º A parte interessada deverá arguir o impedimento ou a suspeição, em petição fundamentada e devidamente instruída, na primeira oportunidade em que lhe couber falar nos autos.

§ 2.º O juiz mandará processar o incidente em separado e sem suspensão do processo, ouvindo o arguido no prazo de 15 (quinze) dias e facultando a produção de prova, quando necessária.

§ 3.º Nos tribunais, a arguição a que se refere o § 1.º será disciplinada pelo regimento interno.

§ 4.º O disposto nos §§ 1.º e 2.º não se aplica à arguição de impedimento ou de suspeição de testemunha.

Capítulo III
DOS AUXILIARES DA JUSTIÇA

Art. 149. São auxiliares da Justiça, além de outros cujas atribuições sejam determinadas pelas normas de organização judiciária, o escrivão, o chefe de secretaria, o oficial de justiça, o perito, o depositário, o administrador, o intérprete, o tradutor, o mediador, o conciliador judicial, o partidor, o distribuidor, o contabilista e o regulador de avarias.

Seção I
Do Escrivão, do Chefe de Secretaria e do Oficial de Justiça

Art. 150. Em cada juízo haverá um ou mais ofícios de justiça, cujas atribuições serão determinadas pelas normas de organização judiciária.

Art. 151. Em cada comarca, seção ou subseção judiciária haverá, no mínimo, tantos oficiais de justiça quantos sejam os juízos.

Art. 152. Incumbe ao escrivão ou ao chefe de secretaria:

I – redigir, na forma legal, os ofícios, os mandados, as cartas precatórias e os demais atos que pertençam ao seu ofício;

II – efetivar as ordens judiciais, realizar citações e intimações, bem como praticar todos os demais atos que lhe forem atribuídos pelas normas de organização judiciária;

III – comparecer às audiências ou, não podendo fazê-lo, designar servidor para substituí-lo;

IV – manter sob sua guarda e responsabilidade os autos, não permitindo que saiam do cartório, exceto:

a) quando tenham de seguir à conclusão do juiz;

b) com vista a procurador, à Defensoria Pública, ao Ministério Público ou à Fazenda Pública;

c) quando devam ser remetidos ao contabilista ou ao partidor;

d) quando forem remetidos a outro juízo em razão da modificação da competência;

V – fornecer certidão de qualquer ato ou termo do processo, independentemente de despacho, observadas as disposições referentes ao segredo de justiça;

VI – praticar, de ofício, os atos meramente ordinatórios.

§ 1.º O juiz titular editará ato a fim de regulamentar a atribuição prevista no inciso VI.

§ 2.º No impedimento do escrivão ou chefe de secretaria, o juiz convocará substituto e, não o havendo, nomeará pessoa idônea para o ato.

Art. 153. O escrivão ou o chefe de secretaria atenderá, preferencialmente, à ordem cronológica de recebimento para publicação e efetivação dos pronunciamentos judiciais.

•• *Caput* com redação determinada pela Lei n. 13.256, de 4-2-2016.

§ 1.º A lista de processos recebidos deverá ser disponibilizada, de forma permanente, para consulta pública.

§ 2.º Estão excluídos da regra do *caput*:

I – os atos urgentes, assim reconhecidos pelo juiz no pronunciamento judicial a ser efetivado;

II – as preferências legais.

§ 3.º Após elaboração de lista própria, respeitar-se-ão a ordem cronológica de recebimento entre os atos urgentes e as preferências legais.

§ 4.º A parte que se considerar preterida na ordem cronológica poderá reclamar, nos próprios autos, ao juiz do processo, que requisitará informações ao servidor, a serem prestadas no prazo de 2 (dois) dias.

§ 5.º Constatada a preterição, o juiz determinará o imediato cumprimento do ato e a instauração de processo administrativo disciplinar contra o servidor.

Art. 154. Incumbe ao oficial de justiça:

I – fazer pessoalmente citações, prisões, penhoras, arrestos e demais diligências próprias do seu ofício, sempre que possível na presença de 2 (duas) testemunhas, certificando no mandado o ocorrido, com menção ao lugar, ao dia e à hora;

II – executar as ordens do juiz a que estiver subordinado;

III – entregar o mandado em cartório após seu cumprimento;

IV – auxiliar o juiz na manutenção da ordem;

V – efetuar avaliações, quando for o caso;

VI – certificar, em mandado, proposta de autocomposição apresentada por qualquer das partes, na ocasião de realização de ato de comunicação que lhe couber.

Parágrafo único. Certificada a proposta de autocomposição prevista no inciso VI, o juiz ordenará a intimação da parte contrária para manifestar-se, no prazo de 5 (cinco) dias, sem prejuízo do andamento regular do processo, entendendo-se o silêncio como recusa.

Art. 155. O escrivão, o chefe de secretaria e o oficial de justiça são responsáveis, civil e regressivamente, quando:

•• *Vide* art. 37, § 6.º, da CF.

I – sem justo motivo, se recusarem a cumprir no prazo os atos impostos pela lei ou pelo juiz a que estão subordinados;

II – praticarem ato nulo com dolo ou culpa.

Seção II
Do Perito

Art. 156. O juiz será assistido por perito quando a prova do fato depender de conhecimento técnico ou científico.

• *Vide* Súmula 232 do STJ.

§ 1.º Os peritos serão nomeados entre os profissionais legalmente habilitados e os órgãos técnicos ou científicos devidamente inscritos em cadastro mantido pelo tribunal ao qual o juiz está vinculado.

§ 2.º Para formação do cadastro, os tribunais devem realizar consulta pública, por meio de divulgação na rede mundial de computadores ou em jornais de grande circulação, além de consulta direta a universidades, a conselhos de classe, ao Ministério Público, à Defensoria Pública e à Ordem dos Advogados do Brasil, para a indicação de profissionais ou de órgãos técnicos interessados.

§ 3.º Os tribunais realizarão avaliações e reavaliações periódicas para manutenção do cadastro, considerando a formação profissional, a atualização do conhecimento e a experiência dos peritos interessados.

§ 4.º Para verificação de eventual impedimento ou motivo de suspeição, nos termos dos arts. 148 e 467, o órgão técnico ou científico nomeado para realização da perícia informará ao juiz os nomes e os dados de qualificação dos profissionais que participarão da atividade.

§ 5.º Na localidade onde não houver inscrito no cadastro disponibilizado pelo tribunal, a nomeação do perito é de livre escolha pelo juiz e deverá recair sobre profissional ou órgão técnico ou científico comprovadamente detentor do conhecimento necessário à realização da perícia.

Art. 157. O perito tem o dever de cumprir o ofício no prazo que lhe designar o juiz, empregando toda sua diligência, podendo escusar-se do encargo alegando motivo legítimo.

•• *Vide* arts. 466 e 467 do CPC.

§ 1.º A escusa será apresentada no prazo de 15 (quinze) dias, contado da intimação, da suspeição ou do impedimento supervenientes, sob pena de renúncia ao direito a alegá-la.

§ 2.º Será organizada lista de peritos na vara ou na secretaria, com disponibilização dos documentos exigidos para habilitação à consulta de interessados, para que a nomeação seja distribuída de modo equitativo, observadas a capacidade técnica e a área de conhecimento.

Art. 158. O perito que, por dolo ou culpa, prestar informações inverídicas responderá pelos prejuízos que causar à parte e ficará inabilitado para atuar em outras perícias no prazo de 2 (dois) a 5 (cinco) anos, independentemente das demais sanções previstas em lei, devendo o juiz comunicar o fato ao respectivo órgão de classe para adoção das medidas que entender cabíveis.

•• O art. 342 do CP dispõe sobre falso testemunho ou falsa perícia.

Seção III
Do Depositário e do Administrador

Art. 159. A guarda e a conservação de bens penhorados, arrestados, sequestrados ou arrecadados serão confiadas a depositário ou a administrador, não dispondo a lei de outro modo.

•• *Vide* art. 5.º, LXVII, da CF.

• *Vide* art. 840 do CPC.

Art. 160. Por seu trabalho o depositário ou o administrador perceberá remuneração que o juiz fixará levando em conta a situação dos bens, ao tempo do serviço e às dificuldades de sua execução.

Parágrafo único. O juiz poderá nomear um ou mais prepostos por indicação do depositário ou do administrador.

Art. 161. O depositário ou o administrador responde pelos prejuízos que, por dolo ou culpa, causar à parte, perdendo a remuneração que lhe foi arbitrada, mas tem o direito a haver o que legitimamente despendeu no exercício do encargo.

•• *Vide* art. 553 do CPC.

Parágrafo único. O depositário infiel responde civilmente pelos prejuízos causados, sem prejuízo de sua responsabilidade penal e da imposição de sanção por ato atentatório à dignidade da justiça.

• O art. 168, § 1.º, II, do CP estabelece o aumento de pena do crime de apropriação indébita para o depositário judicial.

Seção IV
Do Intérprete e do Tradutor

•• A Lei n. 14.195, de 26-8-2021, dispõe sobre a profissão de tradutor e intérprete público.

Art. 162. O juiz nomeará intérprete ou tradutor quando necessário para:

I – traduzir documento redigido em língua estrangeira;

II – verter para o português as declarações das partes e das testemunhas que não conhecerem o idioma nacional;

• *Vide* art. 192 do CPC.

• *Vide* arts. 1.871 e 1.880 do CC.

III – realizar a interpretação simultânea dos depoimentos das partes e testemunhas com deficiência auditiva que se comuniquem por meio da Língua Brasileira de Sinais, ou equivalente, quando assim for solicitado.

Art. 163. Não pode ser intérprete ou tradutor quem:

I – não tiver a livre administração de seus bens;

II – for arrolado como testemunha ou atuar como perito no processo;

III – estiver inabilitado para o exercício da profissão por sentença penal condenatória, enquanto durarem seus efeitos.

Art. 164. O intérprete ou tradutor, oficial ou não, é obrigado a desempenhar seu ofício, aplicando-se-lhe o disposto nos arts. 157 e 158.

Seção V
Dos Conciliadores e Mediadores Judiciais

•• *Vide* Lei n. 13.140, de 26-6-2015, que dispõe sobre a mediação entre particulares como meio de solução de controvérsias e sobre a autocomposição de conflitos no âmbito da Administração Pública.

•• A Resolução n. 125, de 29-11-2010, dispõe sobre conflitos de interesses do Judiciário.

Art. 165. Os tribunais criarão centros judiciários de solução consensual de conflitos, responsáveis pela realização de sessões e audiências de conciliação e mediação e pelo desenvolvimento de programas destinados a auxiliar, orientar e estimular a autocomposição.

•• *Vide* art. 334 do CPC.

•• *Vide* arts. 24 a 29 da Lei n. 13.140, de 26-6-2015.

•• *Vide* art. 7.º da Resolução n. 125, de 29-11-2010.

§ 1.º A composição e a organização dos centros serão definidas pelo respectivo tribunal, observadas as normas do Conselho Nacional de Justiça.

•• *Vide* arts. 4.º a 6.º da Resolução n. 125, de 29-11-2010.

§ 2.º O conciliador, que atuará preferencialmente nos casos em que não houver vínculo anterior entre as partes, poderá sugerir soluções para o litígio, sendo vedada a utilização de qualquer tipo de constrangimento ou intimidação para que as partes conciliem.

§ 3.º O mediador, que atuará preferencialmente nos casos em que houver vínculo anterior entre as partes, auxiliará aos interessados a compreender as questões e os interesses em conflito, de modo que eles possam, pelo restabelecimento da comunicação, identificar, por si próprios, soluções consensuais que gerem benefícios mútuos.

Art. 166. A conciliação e a mediação são informadas pelos princípios da independência, da imparcialidade, da autonomia da vontade, da confidencialidade, da oralidade, da informalidade e da decisão informada.

•• *Vide* art. 1.º do Anexo III da Resolução n. 125, de 29-11-2010.

• O Provimento n. 67, de 26-3-2018, do CNJ, dispõe sobre os procedimentos de conciliação e de mediação nos serviços notariais e de registro do Brasil.

§ 1.º A confidencialidade estende-se a todas as informações produzidas no curso do procedimento, cujo teor não poderá ser utilizado para fim diverso daquele previsto por expressa deliberação das partes.

§ 2.º Em razão do dever de sigilo, inerente às suas funções, o conciliador e o mediador, assim como os membros de suas equipes, não poderão divulgar ou depor acerca de fatos ou elementos oriundos da conciliação ou da mediação.

§ 3.º Admite-se a aplicação de técnicas negociais, com o objetivo de proporcionar ambiente favorável à autocomposição.

§ 4.º A mediação e a conciliação serão regidas conforme a livre autonomia dos interessados, inclusive no que diz respeito à definição das regras procedimentais.

Art. 167. Os conciliadores, os mediadores e as câmaras privadas de conciliação e mediação serão inscritos em cadastro nacional e em cadastro de tribunal de justiça ou de tribunal regional federal, que manterá registro de profissionais habilitados, com indicação de sua área profissional.

•• *Vide* art. 12 da Lei n. 13.140, de 26-6-2015.

§ 1.º Preenchendo o requisito da capacitação mínima, por meio de curso realizado por entidade credenciada, conforme parâmetro curricular definido pelo Conselho Nacional de Justiça em conjunto com o Ministério da Justiça, o conciliador ou o mediador, com o respectivo certificado, poderá requerer sua inscrição no cadastro nacional e no cadastro de tribunal de justiça ou de tribunal regional federal.

•• *Vide* art. 11 da Lei n. 13.140, de 26-6-2015.

§ 2.º Efetivado o registro, que poderá ser precedido de concurso público, o tribunal remeterá ao diretor do foro da comarca, seção ou subseção judiciária onde atuará o conciliador ou o mediador os dados necessários para que seu nome passe a constar da respectiva lista, a ser observada na distribuição alternada e aleatória, respeitado o princípio da igualdade dentro da mesma área de atuação profissional.

§ 3.º Do credenciamento das câmaras e do cadastro de conciliadores e mediadores constarão todos os dados relevantes para a sua atuação, tais como o número de processos de que participou, o sucesso ou insucesso da atividade, a matéria sobre a qual versou a controvérsia, bem como outros dados que o tribunal julgar relevantes.

•• *Vide* art. 13 da Resolução n. 125, de 29-11-2010.

§ 4.º Os dados colhidos na forma do § 3.º serão classificados sistematicamente pelo tribunal, que os publicará, ao menos anualmente, para conhecimento da população e para fins estatísticos e de avaliação da conciliação, da mediação, das câmaras privadas de conciliação e de mediação, dos conciliadores e dos mediadores.

•• *Vide* art. 13 da Resolução n. 125, de 29-11-2010.

§ 5.º Os conciliadores e mediadores judiciais cadastrados na forma do *caput*, se advogados, estarão impedidos de exercer a advocacia nos juízos em que desempenhem suas funções.

§ 6.º O tribunal poderá optar pela criação de quadro próprio de conciliadores e mediadores, a ser preenchido por concurso público de provas e títulos, observadas as disposições deste Capítulo.

Art. 168. As partes podem escolher, de comum acordo, o conciliador, o mediador ou a câmara privada de conciliação e de mediação.

§ 1.º O conciliador ou mediador escolhido pelas partes poderá ou não estar cadastrado no tribunal.

§ 2.º Inexistindo acordo quanto à escolha do mediador ou conciliador, haverá distribuição entre aqueles cadastrados no registro do tribunal, observada a respectiva formação.

§ 3.º Sempre que recomendável, haverá a designação de mais de um mediador ou conciliador.

Art. 169. Ressalvada a hipótese do art. 167, § 6.º, o conciliador e o mediador receberão pelo seu trabalho remuneração prevista em tabela fixada pelo tribunal, conforme parâmetros estabelecidos pelo Conselho Nacional de Justiça.

•• *Vide* art. 13 da Lei n. 13.140, de 26-6-2015.

§ 1.º A mediação e a conciliação podem ser realizadas como trabalho voluntário, observada a legislação pertinente e a regulamentação do tribunal.

§ 2.º Os tribunais determinarão o percentual de audiências não remuneradas que deverão ser suportadas pelas câmaras privadas de conciliação e mediação, com o fim de atender aos processos em que deferida gratuidade da justiça, como contrapartida de seu credenciamento.

Art. 170. No caso de impedimento, o conciliador ou mediador o comunicará imediatamente, de preferência por meio eletrônico, e devolverá os autos ao juiz do processo ou ao coordenador do centro judiciário de solução de conflitos, devendo este realizar nova distribuição.

Parágrafo único. Se a causa de impedimento for apurada quando já iniciado o procedimento, a atividade será interrompida, lavrando-se ata com relatório do ocorrido e solicitação de distribuição para novo conciliador ou mediador.

Art. 171. No caso de impossibilidade temporária do exercício da função, o conciliador ou mediador informará o fato ao centro, preferencialmente por meio eletrônico, para que, durante o período em que perdurar a impossibilidade, não haja novas distribuições.

Art. 172. O conciliador e o mediador ficam impedidos, pelo prazo de 1 (um) ano, contado do término da última audiência em que atuaram, de assessorar, representar ou patrocinar qualquer das partes.

•• *Vide* art. 7.º do Anexo III da Resolução n. 125, de 29-11-2010.

Art. 173. Será excluído do cadastro de conciliadores e mediadores aquele que:

•• *Vide* art. 8.º do Anexo III da Resolução n. 125, de 29-11-2010.

I – agir com dolo ou culpa na condução da conciliação ou da mediação sob sua responsabilidade ou violar qualquer dos deveres decorrentes do art. 166, §§ 1.º e 2.º;

II – atuar em procedimento de mediação ou conciliação, apesar de impedido ou suspeito.

§ 1.º Os casos previstos neste artigo serão apurados em processo administrativo.

§ 2.º O juiz do processo ou o juiz coordenador do centro de conciliação e mediação, se houver, verificando atuação inadequada do mediador ou conciliador, poderá afastá-lo de suas atividades por até 180 (cento e oitenta) dias, por decisão fundamentada, informando o fato imediatamente ao tribunal para instauração do respectivo processo administrativo.

Art. 174. A União, os Estados, o Distrito Federal e os Municípios criarão câmaras de mediação e conciliação, com atribuições relacionadas à solução consensual de conflitos no âmbito administrativo, tais como:

I – dirimir conflitos envolvendo órgãos e entidades da administração pública;

II – avaliar a admissibilidade dos pedidos de resolução de conflitos, por meio de conciliação, no âmbito da administração pública;

III – promover, quando couber, a celebração de termo de ajustamento de conduta.

Art. 175. As disposições desta Seção não excluem outras formas de conciliação e mediação extrajudiciais vinculadas a órgãos institucionais ou realizadas por intermédio de profissionais independentes, que poderão ser regulamentadas por lei específica.

Parágrafo único. Os dispositivos desta Seção aplicam-se, no que couber, às câmaras privadas de conciliação e mediação.

Título V
DO MINISTÉRIO PÚBLICO

•• *Vide* arts. 127 a 130-A da CF.

•• Lei Orgânica Nacional do Ministério Público: Lei n. 8.625, de 12-2-1993.

•• Organização, atribuições e Estatuto do Ministério Público da União: Lei Complementar n. 75, de 20-5-1993.

• *Vide* Súmulas 99 e 329 do STJ.

Art. 176. O Ministério Público atuará na defesa da ordem jurídica, do regime democrático e dos interesses e direitos sociais e individuais indisponíveis.

Art. 177. O Ministério Público exercerá o direito de ação em conformidade com suas atribuições constitucionais.

•• *Vide* arts. 180 e 272 do CPC.

Art. 178. O Ministério Público será intimado para, no prazo de 30 (trinta) dias, intervir como fiscal da ordem jurídica nas hipóteses previstas em lei ou na Constituição Federal e nos processos que envolvam:

•• *Vide* art. 279 do CPC.

I – interesse público ou social;

II – interesse de incapaz;

•• *Vide* arts. 3.º e 4.º do CC.

III – litígios coletivos pela posse de terra rural ou urbana.

•• *Vide* art. 279 do CPC.

•• *Vide* art. 75 da Lei n. 10.741, de 1.º-10-2003 (Estatuto do Idoso).

• *Vide* Súmula 226 do STJ.

Parágrafo único. A participação da Fazenda Pública não configura, por si só, hipótese de intervenção do Ministério Público.

Art. 179. Nos casos de intervenção como fiscal da ordem jurídica, o Ministério Público:

I – terá vista dos autos depois das partes, sendo intimado de todos os atos do processo;

•• *Vide* arts. 234 e 235 do CPC.

II – poderá produzir provas, requerer as medidas processuais pertinentes e recorrer.

•• *Vide* arts. 234 e 235 do CPC.

Art. 180. O Ministério Público gozará de prazo em dobro para manifestar-se nos autos, que terá início a partir de sua intimação pessoal, nos termos do art. 183, § 1.º.

•• *Vide* Súmula 116 do STJ.

§ 1.º Findo o prazo para manifestação do Ministério Público sem o oferecimento de parecer, o juiz requisitará os autos e dará andamento ao processo.

§ 2.º Não se aplica o benefício da contagem em dobro quando a lei estabelecer, de forma expressa, prazo próprio para o Ministério Público.

Art. 181. O membro do Ministério Público será civil e regressivamente responsável quando agir com dolo ou fraude no exercício de suas funções.

•• *Vide* art. 37, § 6.º, da CF.

•• *Vide* arts. 186 a 188 e 927 do CC.

Título VI
DA ADVOCACIA PÚBLICA

•• *Vide* arts. 131 e 132 da CF.

• Lei Orgânica da Advocacia-Geral da União: Lei Complementar n. 73, de 10-2-1993.

• Exercício das atribuições institucionais da Advocacia-Geral da União, em caráter emergencial e provisório: Lei n. 9.028, de 12-4-1995.

Art. 182. Incumbe à Advocacia Pública, na forma da lei, defender e promover os interesses públicos da União, dos Estados, do Distrito Federal e dos Municípios, por meio da representação judicial, em todos os âmbitos federativos, das pessoas jurídicas de direito público que integram a administração direta e indireta.

•• *Vide* Decreto n. 4.250, de 27-5-2002, que regulamenta a representação judicial da União, autarquias, fundações e empresas públicas federais perante os Juizados Especiais Federais.

Art. 183. A União, os Estados, o Distrito Federal, os Municípios e suas respectivas autarquias e fundações de direito público gozarão de prazo em dobro para todas as suas manifestações processuais, cuja contagem terá início a partir da intimação pessoal.

§ 1.º A intimação pessoal far-se-á por carga, remessa ou meio eletrônico.

• *Vide* arts. 269 a 275 do CPC.

§ 2.º Não se aplica o benefício da contagem em dobro quando a lei estabelecer, de forma expressa, prazo próprio para o ente público.

Art. 184. O membro da Advocacia Pública será civil e regressivamente responsável quando agir com dolo ou fraude no exercício de suas funções.

•• *Vide* art. 37, § 6.º, da CF.

•• *Vide* arts. 186 a 188 e 927 do CC.

Título VII
DA DEFENSORIA PÚBLICA

•• *Vide* arts. 134 e 135 da CF.

•• Defensoria Pública: Lei Complementar n. 80, de 12-1-1994.

Art. 185. A Defensoria Pública exercerá a orientação jurídica, a promoção dos direitos humanos e a defesa dos direitos individuais e coletivos dos necessitados, em todos os graus, de forma integral e gratuita.

•• *Vide* Súmula 421 do STJ.

Art. 186. A Defensoria Pública gozará de prazo em dobro para todas as suas manifestações processuais.

§ 1.º O prazo tem início com a intimação pessoal do defensor público, nos termos do art. 183, § 1.º.

• *Vide* arts. 269 a 275 do CPC.

§ 2.º A requerimento da Defensoria Pública, o juiz determinará a intimação pessoal da parte patrocinada quando o ato processual depender de providência ou informação que somente por ela possa ser realizada ou prestada.

§ 3.º O disposto no *caput* aplica-se aos escritórios de prática jurídica das faculdades de Direito reconhecidas na forma da lei e às entidades que prestam assistência jurídica gratuita em razão de convênios firmados com a Defensoria Pública.

§ 4.º Não se aplica o benefício da contagem em dobro quando a lei estabelecer, de forma expressa, prazo próprio para a Defensoria Pública.

Art. 187. O membro da Defensoria Pública será civil e regressivamente responsável quando agir com dolo ou fraude no exercício de suas funções.

•• *Vide* art. 37, § 6.º, da CF.

•• *Vide* arts. 186 a 188 e 927 do CC.

Livro IV
DOS ATOS PROCESSUAIS

Título I
DA FORMA, DO TEMPO E DO LUGAR DOS ATOS PROCESSUAIS

Capítulo I
DA FORMA DOS ATOS PROCESSUAIS

Seção I
Dos Atos em Geral

Art. 188. Os atos e os termos processuais independem de forma determinada, salvo quando a lei expressamente a exigir, considerando-se válidos os que, realizados de outro modo, lhe preencham a finalidade essencial.

•• *Vide* arts. 276 e 277 do CPC.

•• *Vide* Lei n. 9.800, de 26-5-1999.

Art. 189. Os atos processuais são públicos, todavia tramitam em segredo de justiça os processos:

•• *Vide* art. 5.º, LX, da CF.

• *Vide* art. 152, V, do CPC.

I – em que o exija o interesse público ou social;

II – que versem sobre casamento, separação de corpos, divórcio, separação, união estável, filiação, alimentos e guarda de crianças e adolescentes;

• *Vide* arts. 107, I, 152, V, e 368 do CPC.

• *Vide* arts. 1.511 a 1.590, 1.630 a 1.638 e 1.723 a 1.727 do CC.

• *Vide* Lei n. 5.478, de 25-7-1968.

• *Vide* Lei n. 6.515, de 26-12-1977.

• *Vide* Lei n. 8.069, de 13-7-1990 (ECA).

III – em que constem dados protegidos pelo direito constitucional à intimidade;

• *Vide* art. 5.º, X, da CF.

IV – que versem sobre arbitragem, inclusive sobre cumprimento de carta arbitral, desde que a confidencialidade estipulada na arbitragem seja comprovada perante o juízo.

• *Vide* Lei n. 9.307, de 23-9-1996.

§ 1.º O direito de consultar os autos de processo que tramite em segredo de justiça e de pedir certidões de seus atos é restrito às partes e aos seus procuradores.

•• *Vide* Lei n. 8.906, de 4-7-1994 (EAOAB).

§ 2.º O terceiro que demonstrar interesse jurídico pode requerer ao juiz certidão do dispositivo da sentença, bem como de inventário e de partilha resultantes de divórcio ou separação.

Art. 190. Versando o processo sobre direitos que admitam autocomposição, é lícito às partes plenamente capazes estipular mudanças no procedimento para ajustá-lo às especificidades da causa e convencionar sobre os seus ônus, poderes, faculdades e deveres processuais, antes ou durante o processo.

Parágrafo único. De ofício ou a requerimento, o juiz controlará a validade das convenções previstas neste artigo, recusando-lhes aplicação somente nos casos de nulidade ou de inserção abusiva em contrato de adesão ou em que alguma parte se encontre em manifesta situação de vulnerabilidade.

Art. 191. De comum acordo, o juiz e as partes podem fixar calendário para a prática dos atos processuais, quando for o caso.

§ 1.º O calendário vincula as partes e o juiz, e os prazos nele previstos somente serão modificados em casos excepcionais, devidamente justificados.

§ 2.º Dispensa-se a intimação das partes para a prática de ato processual ou a realização de audiência cujas datas tiverem sido designadas no calendário.

Art. 192. Em todos os atos e termos do processo é obrigatório o uso da língua portuguesa.

• *Vide* art. 13 da CF.

Parágrafo único. O documento redigido em língua estrangeira somente poderá ser juntado aos autos quando acompanhado de versão para a língua portuguesa tramitada por via diplomática ou pela autoridade central, ou firmada por tradutor juramentado.

•• *Vide* Súmula 259 do STF.

• *Vide* arts. 162 e 425 do CPC.

• *Vide* art. 224 do CC.

Seção II
Da Prática Eletrônica de Atos Processuais

Art. 193. Os atos processuais podem ser total ou parcialmente digitais, de forma a permitir que sejam produzidos, comunicados, armazenados e validados por meio eletrônico, na forma da lei.

•• *Vide* art. 8.º da Lei n. 11.419, de 19-12-2006 (informatização do processo judicial).

•• A Instrução Normativa n. 11, de 11-4-2019, do STJ, regulamenta a disponibilização em meio eletrônico de carta de sentença para cumprimento de decisão estrangeira homologada.

Parágrafo único. O disposto nesta Seção aplica-se, no que for cabível, à prática de atos notariais e de registro.

•• *Vide* Lei n. 8.935, de 18-11-1994.

Art. 194. Os sistemas de automação processual respeitarão a publicidade dos atos, o acesso e a participação das partes e de seus procuradores, inclusive nas audiências e sessões de julgamento, observadas as garantias da disponibilidade, independência da plataforma computacional, acessibilidade e interoperabilidade dos sistemas, serviços, dados e informações que o Poder Judiciário administre no exercício de suas funções.

Art. 195. O registro de ato processual eletrônico deverá ser feito em padrões abertos, que atenderão aos requisitos de autenticidade, integridade, temporalidade, não repúdio, conservação e, nos casos que tramitem em segredo de justiça, confidencialidade, observada a infraestrutura de chaves públicas unificada nacionalmente, nos termos da lei.

•• *Vide* art. 14 da Lei n. 11.419, de 19-12-2006 (informatização do processo judicial).

Art. 196. Compete ao Conselho Nacional de Justiça e, supletivamente, aos tribunais, regulamentar a prática e a comunicação oficial de atos processuais por meio eletrônico e velar pela compatibilidade dos sistemas, disciplinando a incorporação progressiva de novos avanços tecnológicos e editando, para esse fim, os atos que forem necessários, respeitadas as normas fundamentais deste Código.

Art. 197. Os tribunais divulgarão as informações constantes de seu sistema de automação em página própria na rede mundial de computadores, gozando a divulgação de presunção de veracidade e confiabilidade.

Parágrafo único. Nos casos de problema técnico do sistema e de erro ou omissão do auxiliar da justiça responsável pelo registro dos andamentos, poderá ser configurada a justa causa prevista no art. 223, *caput* e § 1.º.

•• *Vide* art. 10, § 2.º, da Lei n. 11.419, de 19-12-2006 (informatização do processo judicial).

Art. 198. As unidades do Poder Judiciário deverão manter gratuitamente, à disposição dos interessados, equipamentos necessários à prática de atos processuais e à consulta e ao acesso ao sistema e aos documentos dele constantes.

•• *Vide* art. 10, § 3.º, da Lei n. 11.419, de 19-12-2006 (informatização do processo judicial).

Parágrafo único. Será admitida a prática de atos por meio não eletrônico no local onde não estiverem disponibilizados os equipamentos previstos no *caput*.

Art. 199. As unidades do Poder Judiciário assegurarão às pessoas com deficiência acessibilidade aos seus sítios na rede mundial de computadores, ao meio eletrônico de prática de atos judiciais, à comunicação eletrônica dos atos processuais e à assinatura eletrônica.

Seção III
Dos Atos das Partes

Art. 200. Os atos das partes consistentes em declarações unilaterais ou bilaterais de vontade produzem imediatamente a constituição, modificação ou extinção de direitos processuais.

Parágrafo único. A desistência da ação só produzirá efeitos após homologação judicial.

•• *Vide* arts. 90, 485, VIII e § 4.º, e 343, § 2.º, do CPC.

Art. 201. As partes poderão exigir recibo de petições, arrazoados, papéis e documentos que entregarem em cartório.

Art. 202. É vedado lançar nos autos cotas marginais ou interlineares, as quais o juiz mandará riscar, impondo a quem as escrever multa correspondente à metade do salário mínimo.

Seção IV
Dos Pronunciamentos do Juiz

Art. 203. Os pronunciamentos do juiz consistirão em sentenças, decisões interlocutórias e despachos.

§ 1.º Ressalvadas as disposições expressas dos procedimentos especiais, sentença é o pronunciamento por meio do qual o juiz, com fundamento nos arts. 485 e 487, põe fim à fase cognitiva do procedimento comum, bem como extingue a execução.

§ 2.º Decisão interlocutória é todo pronunciamento judicial de natureza decisória que não se enquadre no § 1.º.

§ 3.º São despachos todos os demais pronunciamentos do juiz praticados no processo, de ofício ou a requerimento da parte.

§ 4.º Os atos meramente ordinatórios, como a juntada e a vista obrigatória, independem de despacho, devendo ser praticados de ofício pelo servidor e revistos pelo juiz quando necessário.

Art. 204. Acórdão é o julgamento colegiado proferido pelos tribunais.

• *Vide* arts. 941, 943, §§ 1.º e 2.º, 1.035, § 11 e 1.040 do CPC.

Art. 205. Os despachos, as decisões, as sentenças e os acórdãos serão redigidos, datados e assinados pelos juízes.

•• *Vide* arts. 152 e 210 do CPC.

§ 1.º Quando os pronunciamentos previstos no *caput* forem proferidos oralmente, o servidor os documentará, submetendo-os aos juízes para revisão e assinatura.

§ 2.º A assinatura dos juízes, em todos os graus de jurisdição, pode ser feita eletronicamente, na forma da lei.

•• *Vide* Lei n. 11.419, de 19-12-2006, que dispõe sobre a informatização do processo judicial.

§ 3.º Os despachos, as decisões interlocutórias, o dispositivo das sentenças e a ementa dos acórdãos serão publicados no *Diário de Justiça Eletrônico*.

Seção V
Dos Atos do Escrivão ou do Chefe de Secretaria

Art. 206. Ao receber a petição inicial de processo, o escrivão ou o chefe de secretaria a autuará, mencionando o juízo, a natureza do processo, o número de seu registro, os nomes das partes e a data de seu início, e procederá do mesmo modo em relação aos volumes em formação.

Art. 207. O escrivão ou o chefe de secretaria numerará e rubricará todas as folhas dos autos.

Parágrafo único. À parte, ao procurador, ao membro do Ministério Público, ao defensor público e aos auxiliares da justiça é facultado rubricar as folhas correspondentes aos atos em que intervierem.

Art. 208. Os termos de juntada, vista, conclusão e outros semelhantes constarão de notas datadas e rubricadas pelo escrivão ou pelo chefe de secretaria.

Art. 209. Os atos e os termos do processo serão assinados pelas pessoas que neles intervierem, todavia, quando essas não puderem ou não quiserem firmá-los, o escrivão ou o chefe de secretaria certificará a ocorrência.

§ 1.º Quando se tratar de processo total ou parcialmente documentado em autos eletrônicos, os atos processuais praticados na presença do juiz poderão ser produzidos e armazenados de modo integralmente digital em arquivo eletrônico inviolável, na forma da lei, mediante registro em termo, que será assinado digitalmente pelo juiz e pelo escrivão ou chefe de secretaria, bem como pelos advogados das partes.

§ 2.º Na hipótese do § 1.º, eventuais contradições na transcrição deverão ser suscitadas oralmente no momento de realização do ato, sob pena de preclusão, devendo o juiz decidir de plano e ordenar o registro, no termo, da alegação e da decisão.

Art. 210. É lícito o uso da taquigrafia, da estenotipia ou de outro método idôneo em qualquer juízo ou tribunal.

• *Vide* arts. 152, III, e 205 do CPC.

Art. 211. Não se admitem nos atos e termos processuais espaços em branco, salvo os que forem inutilizados, assim como entrelinhas, emendas ou rasuras, exceto quando expressamente ressalvadas.

•• *Vide* art. 426 do CPC.

Capítulo II
DO TEMPO E DO LUGAR DOS ATOS PROCESSUAIS

Seção I
Do Tempo

Art. 212. Os atos processuais serão realizados em dias úteis, das 6 (seis) às 20 (vinte) horas.

•• *Vide* art. 5.º, XI, da CF.

§ 1.º Serão concluídos após as 20 (vinte) horas os atos iniciados antes, quando o adiamento prejudicar a diligência ou causar grave dano.

§ 2.º Independentemente de autorização judicial, as citações, intimações e penhoras poderão realizar-se no período de férias forenses, onde as houver, e nos feriados ou dias úteis fora do horário estabelecido neste artigo, observado o disposto no art. 5.º, inciso XI, da Constituição Federal.

§ 3.º Quando o ato tiver de ser praticado por meio de petição em autos não eletrônicos, essa deverá ser protocolada no horário de funcionamento do fórum ou tribunal, conforme o disposto na lei de organização judiciária local.

Art. 213. A prática eletrônica de ato processual pode ocorrer em qualquer horário até as 24 (vinte e quatro) horas do último dia do prazo.

Parágrafo único. O horário vigente no juízo perante o qual o ato deve ser praticado será considerado para fins de atendimento do prazo.

•• *Vide* art. 10, § 1.º, da Lei n. 11.419, de 19-12-2006 (informatização do processo judicial).

Art. 214. Durante as férias forenses e nos feriados, não se praticarão atos processuais, excetuando-se:

I – os atos previstos no art. 212, § 2.º;

II – a tutela de urgência.

Art. 215. Processam-se durante as férias forenses, onde as houver, e não se suspendem pela superveniência delas:

I – os procedimentos de jurisdição voluntária e os necessários à conservação de direitos, quando puderem ser prejudicados pelo adiamento;

II – a ação de alimentos e os processos de nomeação ou remoção de tutor e curador;

III – os processos que a lei determinar.

• A Lei n. 6.338, de 7-6-1976, inclui as ações de indenização por acidente do trabalho entre as que têm curso nas férias forenses.

Art. 216. Além dos declarados em lei, são feriados, para efeito forense, os sábados, os domingos e os dias em que não haja expediente forense.

Seção II
Do Lugar

Art. 217. Os atos processuais realizar-se-ão ordinariamente na sede do juízo, ou, excepcionalmente, em outro lugar em razão de deferência, de interesse da justiça, da natureza do ato ou de obstáculo arguido pelo interessado e acolhido pelo juiz.

•• *Vide* arts. 454, 481 e 483 do CPC.

Capítulo III
DOS PRAZOS

Seção I
Disposições Gerais

Art. 218. Os atos processuais serão realizados nos prazos prescritos em lei.

§ 1.º Quando a lei for omissa, o juiz determinará os prazos em consideração à complexidade do ato.

§ 2.º Quando a lei ou o juiz não determinar prazo, as intimações somente obrigarão a comparecimento após decorridas 48 (quarenta e oito) horas.

§ 3.º Inexistindo preceito legal ou prazo determinado pelo juiz, será de 5 (cinco) dias o prazo para a prática de ato processual a cargo da parte.

§ 4.º Será considerado tempestivo o ato praticado antes do termo inicial do prazo.

• *Vide* Súmula 579 do STJ.

Art. 219. Na contagem de prazo em dias, estabelecido por lei ou pelo juiz, computar-se-ão somente os dias úteis.

• *Vide* art. 12-A da Lei n. 9.099, de 26-9-1995.

Parágrafo único. O disposto neste artigo aplica-se somente aos prazos processuais.

Art. 220. Suspende-se o curso do prazo processual nos dias compreendidos entre 20 de dezembro e 20 de janeiro, inclusive.

§ 1.º Ressalvadas as férias individuais e os feriados instituídos por lei, os juízes, os membros do Ministério Público, da Defensoria Pública e da Advocacia Pública e os auxiliares da Justiça exercerão suas atribuições durante o período previsto no *caput*.

§ 2.º Durante a suspensão do prazo, não se realizarão audiências nem sessões de julgamento.

Art. 221. Suspende-se o curso do prazo por obstáculo criado em detrimento da parte ou ocorrendo qualquer das hipóteses do art. 313, devendo o prazo ser restituído por tempo igual ao que faltava para sua complementação.

Parágrafo único. Suspendem-se os prazos durante a execução de programa instituído pelo Poder Judiciário para promover a autocomposição, incumbindo aos tribunais especificar, com antecedência, a duração dos trabalhos.

Art. 222. Na comarca, seção ou subseção judiciária onde for difícil o transporte, o juiz poderá prorrogar os prazos por até 2 (dois) meses.

§ 1.º Ao juiz é vedado reduzir prazos peremptórios sem anuência das partes.

§ 2.º Havendo calamidade pública, o limite previsto no *caput* para prorrogação de prazos poderá ser excedido.

Art. 223. Decorrido o prazo, extingue-se o direito de praticar ou de emendar o ato processual, independentemente de declaração judicial, ficando assegurado, porém, à parte provar que não o realizou por justa causa.

§ 1.º Considera-se justa causa o evento alheio à vontade da parte e que a impediu de praticar o ato por si ou por mandatário.

§ 2.º Verificada a justa causa, o juiz permitirá à parte a prática do ato no prazo que lhe assinar.

•• *Vide* art. 1.004 do CPC.

Art. 224. Salvo disposição em contrário, os prazos serão contados excluindo o dia do começo e incluindo o dia do vencimento.

§ 1.º Os dias do começo e do vencimento do prazo serão protraídos para o primeiro dia útil seguinte, se coincidirem com dia em que o expediente forense for encerrado antes ou iniciado depois da hora normal ou houver indisponibilidade da comunicação eletrônica.

§ 2.º Considera-se como data de publicação o primeiro dia útil seguinte ao da disponibilização da informação no *Diário da Justiça eletrônico*.

•• *Vide* art. 4.º, § 3.º, da Lei n. 11.419, de 19-12-2006 (informatização do processo judicial).

§ 3.º A contagem do prazo terá início no primeiro dia útil que seguir ao da publicação.

•• *Vide* art. 1.003 do CPC.

•• *Vide* Súmula 117 do STJ.

• O art. 132 do CC dispõe sobre a corretagem dos prazos.

• O art. 775 da CLT (Decreto-lei n. 5.452, de 1.º-5-1943) dispõe sobre a corretagem dos prazos trabalhistas.

• O art. 798 do CPP estabelece que todos os prazos correrão em cartório e serão contínuos e peremptórios, não se interrompendo por férias, domingo ou dia de feriado.

• O art. 210 do CTN dispõe sobre a contagem dos prazos.

• O Decreto-lei n. 3.602, de 9-9-1941, dispõe sobre a contagem dos prazos em processos ou causas de natureza fiscal ou administrativa.

Art. 225. A parte poderá renunciar ao prazo estabelecido exclusivamente em seu favor, desde que o faça de maneira expressa.

Art. 226. O juiz proferirá:

• *Vide* arts. 143 e 235 do CPC.

I – os despachos no prazo de 5 (cinco) dias;

II – as decisões interlocutórias no prazo de 10 (dez) dias;

III – as sentenças no prazo de 30 (trinta) dias.

Art. 227. Em qualquer grau de jurisdição, havendo motivo justificado, pode o juiz exceder, por igual tempo, os prazos a que está submetido.

Art. 228. Incumbirá ao serventuário remeter os autos conclusos no prazo de 1 (um) dia e executar os atos processuais no prazo de 5 (cinco) dias, contado da data em que:

•• *Vide* art. 155, I, do CPC.

I – houver concluído o ato processual anterior, se lhe foi imposto pela lei;

II – tiver ciência da ordem, quando determinada pelo juiz.

§ 1.º Ao receber os autos, o serventuário certificará o dia e a hora em que teve ciência da ordem referida no inciso II.

§ 2.º Nos processos em autos eletrônicos, a juntada de petições ou de manifestações em geral ocorrerá de forma automática, independentemente de ato de serventuário da justiça.

•• *Vide* art. 10, *caput*, da Lei n. 11.419, de 19-12-2006 (informatização do processo judicial).

Art. 229. Os litisconsortes que tiverem diferentes procuradores, de escritórios de advocacia distintos, terão prazos contados em dobro para todas as suas manifestações, em qualquer juízo ou tribunal, independentemente de requerimento.

•• *Vide* art. 118 do CPC.

• *Vide* Súmula 641 do STF.

§ 1.º Cessa a contagem do prazo em dobro se, havendo apenas 2 (dois) réus, é oferecida a defesa por apenas um deles.

§ 2.º Não se aplica o disposto no *caput* aos processos em autos eletrônicos.

Art. 230. O prazo para a parte, o procurador, a Advocacia Pública, a Defensoria Pública e o Ministério Público será contado da citação, da intimação ou da notificação.

Art. 231. Salvo disposição em sentido diverso, considera-se dia do começo do prazo:

I – a data de juntada aos autos do aviso de recebimento, quando a citação ou a intimação for pelo correio;

II – a data de juntada aos autos do mandado cumprido, quando a citação ou a intimação for por oficial de justiça;

III – a data de ocorrência da citação ou da intimação, quando ela se der por ato do escrivão ou do chefe de secretaria;

IV – o dia útil seguinte ao fim da dilação assinada pelo juiz, quando a citação ou a intimação for por edital;

V – o dia útil seguinte à consulta ao teor da citação ou da intimação ou ao término do prazo para que a consulta se dê, quando a citação ou a intimação for eletrônica;

•• *Vide* art. 5.º da Lei n. 11.419, de 19-12-2006 (informatização do processo judicial).

VI – a data de juntada do comunicado de que trata o art. 232 ou, não havendo esse, a data de juntada da carta aos autos de origem devidamente cumprida, quando a citação ou a intimação se realizar em cumprimento de carta;

VII – a data de publicação, quando a intimação se der pelo Diário da Justiça impresso ou eletrônico;

VIII – o dia da carga, quando a intimação se der por meio da retirada dos autos, em carga, do cartório ou da secretaria.

IX – o quinto dia útil seguinte à confirmação, na forma prevista na mensagem de citação, do recebimento da citação realizada por meio eletrônico.

•• Inciso IX acrescentado pela Lei n. 14.195, de 26-8-2021.

§ 1.º Quando houver mais de um réu, o dia do começo do prazo para contestar corresponderá à última das datas a que se referem os incisos I a VI do *caput*.

§ 2.º Havendo mais de um intimado, o prazo para cada um é contado individualmente.

§ 3.º Quando o ato tiver de ser praticado diretamente pela parte ou por quem, de qualquer forma, participe do processo, sem a intermediação de representante judicial, o dia do começo do prazo para cumprimento da determinação judicial corresponderá à data em que se der a comunicação.

§ 4.º Aplica-se o disposto no inciso II do *caput* à citação com hora certa.

Art. 232. Nos atos de comunicação por carta precatória, rogatória ou de ordem, a realização da citação ou da intimação será imediatamente informada, por meio eletrônico, pelo juiz deprecado ao juiz deprecante.

• *Vide* arts. 69, § 1.º, e 237 do CPC.

Seção II
Da Verificação dos Prazos e das Penalidades

Art. 233. Incumbe ao juiz verificar se o serventuário excedeu, sem motivo legítimo, os prazos estabelecidos em lei.

•• *Vide* art. 228 do CPC.

§ 1.º Constatada a falta, o juiz ordenará a instauração de processo administrativo, na forma da lei.

§ 2.º Qualquer das partes, o Ministério Público ou a Defensoria Pública poderá representar ao juiz contra o serventuário que injustificadamente exceder os prazos previstos em lei.

Art. 234. Os advogados públicos ou privados, o defensor público e o membro do Ministério Público devem restituir os autos no prazo do ato a ser praticado.

•• *Vide* art. 34, XXII, da Lei n. 8.906, de 4-7-1994 (EAOAB).

§ 1.º É lícito a qualquer interessado exigir os autos do advogado que exceder prazo legal.

§ 2.º Se, intimado, o advogado não devolver os autos no prazo de 3 (três) dias, perderá o direito à vista fora de cartório e incorrerá em multa correspondente à metade do salário mínimo.

§ 3.º Verificada a falta, o juiz comunicará o fato à seção local da Ordem dos Advogados do Brasil para procedimento disciplinar e imposição de multa.

•• *Vide* art. 37, I, da Lei n. 8.906, de 4-7-1994 (EAOAB).

§ 4.º Se a situação envolver membro do Ministério Público, da Defensoria Pública ou da Advocacia Pública, a multa, se for o caso, será aplicada ao agente público responsável pelo ato.

§ 5.º Verificada a falta, o juiz comunicará o fato ao órgão competente responsável pela instauração de procedimento disciplinar contra o membro que atuou no feito.

Art. 235. Qualquer parte, o Ministério Público ou a Defensoria Pública poderá representar ao corregedor do tribunal ou ao Conselho Nacional de Justiça contra juiz ou relator que injustificadamente exceder os prazos previstos em lei, regulamento ou regimento interno.

§ 1.º Distribuída a representação ao órgão competente e ouvido previamente o juiz, não sendo caso de arquivamento liminar, será instaurado procedimento para apuração da responsabilidade, com intimação do representado por meio eletrônico para, querendo, apresentar justificativa no prazo de 15 (quinze) dias.

§ 2.º Sem prejuízo das sanções administrativas cabíveis, em até 48 (quarenta e oito) horas após a apresentação ou não da justificativa de que trata o § 1.º, se for o caso, o corregedor do tribunal ou o relator no Conselho Nacional de Justiça determinará a intimação do representado por meio eletrônico para que, em 10 (dez) dias, pratique o ato.

§ 3.º Mantida a inércia, os autos serão remetidos ao substituto legal do juiz ou do relator contra o qual se representou para decisão em 10 (dez) dias.

TÍTULO II
DA COMUNICAÇÃO DOS ATOS PROCESSUAIS

Capítulo I
DISPOSIÇÕES GERAIS

Art. 236. Os atos processuais serão cumpridos por ordem judicial.

•• *Vide* arts. 67 a 69 do CPC.

§ 1.º Será expedida carta para a prática de atos fora dos limites territoriais do tribunal, da comarca, da seção ou da subseção judiciárias, ressalvadas as hipóteses previstas em lei.

§ 2.º O tribunal poderá expedir carta para juízo a ele vinculado, se o ato houver de se realizar fora dos limites territoriais do local de sua sede.

§ 3.º Admite-se a prática de atos processuais por meio de videoconferência ou outro recurso tecnológico de transmissão de sons e imagens em tempo real.

•• A Resolução n. 354, de 19-11-2020, do CNJ, dispõe sobre o cumprimento digital de ato processual e de ordem judicial e dá outras providências.

Art. 237. Será expedida carta:

I – de ordem, pelo tribunal, na hipótese do § 2.º do art. 236;

• *Vide* arts. 845, § 2.º, e 914, § 2.º, do CPC.

II – rogatória, para que órgão jurisdicional estrangeiro pratique ato de cooperação jurídica internacional, relativo a processo em curso perante órgão jurisdicional brasileiro;

III – precatória, para que órgão jurisdicional brasileiro pratique ou determine o cumprimento, na área de sua competência territorial, de ato relativo a pedido de cooperação judiciária formulado por órgão jurisdicional de competência territorial diversa;

• *Vide* arts. 69, § 1.º, e 232 do CPC.

IV – arbitral, para que órgão do Poder Judiciário pratique ou determine o cumprimento, na área de sua competência territorial, de ato objeto de pedido de cooperação judiciária formulado por juízo arbitral, inclusive os que importem efetivação de tutela provisória.

Parágrafo único. Se o ato relativo a processo em curso na justiça federal ou em tribunal superior houver de ser praticado em local onde não haja vara federal, a carta poderá ser dirigida ao juízo estadual da respectiva comarca.

Capítulo II
DA CITAÇÃO

Art. 238. Citação é o ato pelo qual são convocados o réu, o executado ou o interessado para integrar a relação processual.

• *Vide* arts. 114, 126, 127, 240, 243, 246, 254, 256, 329, 334, 337, I, 525, § 1.º, I, 829 e 915, § 1.º, do CPC.

Parágrafo único. A citação será efetivada em até 45 (quarenta e cinco) dias a partir da propositura da ação.

•• Parágrafo único acrescentado pela Lei n. 14.195, de 26-8-2021.

Art. 239. Para a validade do processo é indispensável a citação do réu ou do executado, ressalvadas as hipóteses de indeferimento da petição inicial ou de improcedência liminar do pedido.

§ 1.º O comparecimento espontâneo do réu ou do executado supre a falta ou a nulidade da citação, fluindo a partir desta data o prazo para apresentação de contestação ou de embargos à execução.

§ 2.º Rejeitada a alegação de nulidade, tratando-se de processo de:

I – conhecimento, o réu será considerado revel;

II – execução, o feito terá seguimento.

Art. 240. A citação válida, ainda quando ordenada por juízo incompetente, induz litispendência, torna litigiosa a coisa e constitui em mora o devedor, ressalvado o disposto nos arts. 397 e 398 da Lei n. 10.406, de 10 de janeiro de 2002 (Código Civil).

• *Vide* art. 238 do CPC.

• *Vide* Súmulas 106, 204 e 426 do STJ.

§ 1.º A interrupção da prescrição, operada pelo despacho que ordena a citação, ainda que proferido por juízo incompetente, retroagirá à data de propositura da ação.

•• O art. 202, I, do CC estabelece: "Art. 202. A interrupção da prescrição, que somente poderá ocorrer uma vez, dar-se-á: I – por despacho do juiz, mesmo incompetente, que ordenar a citação, se o interessado a promover no prazo e na forma da lei processual;".

• *Vide* arts. 312 e 802 do CPC.

• *Vide* art. 8.º, § 2.º, da Lei n. 6.830, de 22-9-1980.

§ 2.º Incumbe ao autor adotar, no prazo de 10 (dez) dias, as providências necessárias para viabilizar a citação, sob pena de não se aplicar o disposto no § 1.º.

§ 3.º A parte não será prejudicada pela demora imputável exclusivamente ao serviço judiciário.

§ 4.º O efeito retroativo a que se refere o § 1.º aplica-se à decadência e aos demais prazos extintivos previstos em lei.

Art. 241. Transitada em julgado a sentença de mérito proferida em favor do réu antes da citação, incumbe ao escrivão ou ao chefe de secretaria comunicar-lhe o resultado do julgamento.

Art. 242. A citação será pessoal, podendo, no entanto, ser feita na pessoa do representante legal ou do procurador do réu, do executado ou do interessado.

• *Vide* art. 214, I, do CPC.

• *Vide* Súmula 429 do STJ.

§ 1.º Na ausência do citando, a citação será feita na pessoa de seu mandatário, administrador, preposto ou gerente, quando a ação se originar de atos por eles praticados.

•• O art. 119 da Lei n. 6.404, de 15-12-1976 (LSA), dispõe sobre a representação de acionista residente ou domiciliado no exterior.

§ 2.º O locador que se ausentar do Brasil sem cientificar o locatário de que deixou, na localidade onde estiver situado o imóvel, procurador com poderes para receber citação será citado na pessoa do administrador do imóvel encarregado do recebimento dos aluguéis, que será considerado habilitado para representar o locador em juízo.

§ 3.º A citação da União, dos Estados, do Distrito Federal, dos Municípios e de suas respectivas autarquias e fundações de direito público será realizada perante o órgão de Advocacia Pública responsável por sua representação judicial.

Art. 243. A citação poderá ser feita em qualquer lugar em que se encontre o réu, o executado ou o interessado.

Parágrafo único. O militar em serviço ativo será citado na unidade em que estiver servindo, se não for conhecida sua residência ou nela não for encontrado.

Art. 244. Não se fará a citação, salvo para evitar o perecimento do direito:

I – de quem estiver participando de ato de culto religioso;

II – de cônjuge, de companheiro ou de qualquer parente do morto, consanguíneo ou afim, em linha reta ou na linha colateral em segundo grau, no dia do falecimento e nos 7 (sete) dias seguintes;

• *Vide* art. 1.592 do CC.

III – de noivos, nos 3 (três) primeiros dias seguintes ao casamento;

IV – de doente, enquanto grave o seu estado.

Art. 245. Não se fará citação quando se verificar que o citando é mentalmente incapaz ou está impossibilitado de recebê-la.

•• *Vide* arts. 3.º e 4.º do CC.

§ 1.º O oficial de justiça descreverá e certificará minuciosamente a ocorrência.

§ 2.º Para examinar o citando, o juiz nomeará médico, que apresentará laudo no prazo de 5 (cinco) dias.

§ 3.º Dispensa-se a nomeação de que trata o § 2.º se pessoa da família apresentar declaração do médico do citando que ateste a incapacidade deste.

§ 4.º Reconhecida a impossibilidade, o juiz nomeará curador ao citando, observando, quanto à sua escolha, a preferência estabelecida em lei e restringindo a nomeação à causa.

•• O art. 1.775 do CC dispõe que o cônjuge ou companheiro não separado judicialmente ou de fato, é, de direito, curador do outro, quando interdito.

§ 5.º A citação será feita na pessoa do curador, a quem incumbirá a defesa dos interesses do citando.

Art. 246. A citação será feita preferencialmente por meio eletrônico, no prazo de até 2 (dois) dias úteis, contado da decisão que a determinar, por meio dos endereços eletrônicos indicados pelo citando no banco de dados do Poder Judiciário, conforme regulamento do Conselho Nacional de Justiça.

•• *Caput* com redação determinada pela Lei n. 14.195, de 26-8-2021.

I a V – (*Revogados pela Lei n. 14.195, de 26-8-2021.*)

§ 1.º As empresas públicas e privadas são obrigadas a manter cadastro nos sistemas de processo em autos eletrônicos, para efeito de recebimento de citações e intimações, as quais serão efetuadas preferencialmente por esse meio.

•• § 1.º com redação determinada pela Lei n. 14.195, de 26-8-2021.

•• Vide art. 1.051 do CPC.

• Vide art. 270, parágrafo único, do CPC.

§ 1.º-A. A ausência de confirmação, em até 3 (três) dias úteis, contados do recebimento da citação eletrônica, implicará a realização da citação:

•• § 1.º-A, *caput*, acrescentado pela Lei n. 14.195, de 26-8-2021.

I – pelo correio;

•• Inciso I acrescentado pela Lei n. 14.195, de 26-8-2021.

II – por oficial de justiça;

•• Inciso II acrescentado pela Lei n. 14.195, de 26-8-2021.

III – pelo escrivão ou chefe de secretaria, se o citando comparecer em cartório;

•• Inciso III acrescentado pela Lei n. 14.195, de 26-8-2021.

IV – por edital.

•• Inciso IV acrescentado pela Lei n. 14.195, de 26-8-2021.

§ 1.º-B. Na primeira oportunidade de falar nos autos, o réu citado nas formas previstas nos incisos I, II, III e IV do § 1.º-A deste artigo deverá apresentar justa causa para a ausência de confirmação do recebimento da citação enviada eletronicamente.

•• § 1.º-B acrescentado pela Lei n. 14.195, de 26-8-2021.

§ 1.º-C. Considera-se ato atentatório à dignidade da justiça, passível de multa de até 5% (cinco por cento) do valor da causa, deixar de confirmar no prazo legal, sem justa causa, o recebimento da citação recebida por meio eletrônico.

•• § 1.º-C acrescentado pela Lei n. 14.195, de 26-8-2021.

§ 2.º O disposto no § 1.º aplica-se à União, aos Estados, ao Distrito Federal, aos Municípios e às entidades da administração indireta.

•• *Vide* art. 1.050 do CPC.

§ 3.º Na ação de usucapião de imóvel, os confinantes serão citados pessoalmente, exceto quando tiver por objeto unidade autônoma de prédio em condomínio, caso em que tal citação é dispensada.

§ 4.º As citações por correio eletrônico serão acompanhadas das orientações para realização da confirmação de recebimento e de código identificador que permitirá a sua identificação na página eletrônica do órgão judicial citante.

•• § 4.º acrescentado pela Lei n. 14.195, de 26-8-2021.

§ 5.º As microempresas e as pequenas empresas somente se sujeitam ao disposto no § 1.º deste artigo quando não possuírem endereço eletrônico cadastrado no sistema integrado da Rede Nacional para a Simplificação do Registro e da Legalização de Empresas e Negócios (Redesim).

•• § 5.º acrescentado pela Lei n. 14.195, de 26-8-2021.

§ 6.º Para os fins do § 5.º deste artigo, deverá haver compartilhamento de cadastro com o órgão do Poder Judiciário, incluído o endereço eletrônico constante do sistema integrado da Redesim, nos termos da legislação aplicável ao sigilo fiscal e ao tratamento de dados pessoais.

•• § 6.º acrescentado pela Lei n. 14.195, de 26-8-2021.

Art. 247. A citação será feita por meio eletrônico ou pelo correio para qualquer comarca do País, exceto:

•• *Caput* com redação determinada pela Lei n. 14.195, de 26-8-2021.

• *Vide* Súmula 429 do STJ.

I – nas ações de estado, observado o disposto no art. 695, § 3.º;

II – quando o citando for incapaz;

III – quando o citando for pessoa de direito público;

IV – quando o citando residir em local não atendido pela entrega domiciliar de correspondência;

V – quando o autor, justificadamente, a requerer de outra forma.

Art. 248. Deferida a citação pelo correio, o escrivão ou o chefe de secretaria remeterá ao citando cópias da petição inicial e do despacho do juiz e comunicará o prazo para resposta, o endereço do juízo e o respectivo cartório.

§ 1.º A carta será registrada para entrega ao citando, exigindo-lhe o carteiro, ao fazer a entrega, que assine o recibo.

§ 2.º Sendo o citando pessoa jurídica, será válida a entrega do mandado a pessoa com poderes de gerência geral ou de administração ou, ainda, a funcionário responsável pelo recebimento de correspondências.

• *Vide* Súmula 429 do STJ.

§ 3.º Da carta de citação no processo de conhecimento constarão os requisitos do art. 250.

§ 4.º Nos condomínios edilícios ou nos loteamentos com controle de acesso, será válida a entrega do mandado a funcionário da portaria responsável pelo recebimento de correspondência, que, entretanto, poderá recusar o recebimento, se declarar, por escrito, sob as penas da lei, que o destinatário da correspondência está ausente.

Art. 249. A citação será feita por meio de oficial de justiça nas hipóteses previstas neste Código ou em lei, ou quando frustrada a citação pelo correio.

• *Vide* art. 626, § 1.º, do CPC.

Art. 250. O mandado que o oficial de justiça tiver de cumprir conterá:

I – os nomes do autor e do citando e seus respectivos domicílios ou residências;

II – a finalidade da citação, com todas as especificações constantes da petição inicial, bem como a menção do prazo para contestar, sob pena de revelia, ou para embargar a execução;

III – a aplicação de sanção para o caso de descumprimento da ordem, se houver;

IV – se for o caso, a intimação do citando para comparecer, acompanhado de advogado ou de defensor público, à audiência de conciliação ou de mediação, com a menção do dia, da hora e do lugar do comparecimento;

V – a cópia da petição inicial, do despacho ou da decisão que deferir tutela provisória;

VI – a assinatura do escrivão ou do chefe de secretaria e a declaração de que o subscreve por ordem do juiz.

Art. 251. Incumbe ao oficial de justiça procurar o citando e, onde o encontrar, citá-lo:

I – lendo-lhe o mandado e entregando-lhe a contrafé;

II – portando por fé se recebeu ou recusou a contrafé;

III – obtendo a nota de ciente ou certificando que o citando não a após no mandado.

• *Vide* art. 214, I, do CPC.

Art. 252. Quando, por 2 (duas) vezes, o oficial de justiça houver procurado o citando em seu domicílio ou residência sem o encontrar, deverá, havendo suspeita de ocultação, intimar qualquer pessoa da família ou, em sua falta, qualquer vizinho de que, no dia útil imediato, voltará a fim de efetuar a citação, na hora que designar.

Parágrafo único. Nos condomínios edilícios ou nos loteamentos com controle de acesso, será válida a intimação a que se refere o *caput* feita a funcionário da portaria responsável pelo recebimento de correspondência.

Art. 253. No dia e na hora designados, o oficial de justiça, independentemente de novo despacho, comparecerá ao domicílio ou à residência do citando a fim de realizar a diligência.

§ 1.º Se o citando não estiver presente, o oficial de justiça procurará informar-se das razões da ausência, dando por feita a citação, ainda que o citando se tenha ocultado em outra comarca, seção ou subseção judiciárias.

§ 2.º A citação com hora certa será efetivada mesmo que a pessoa da família ou o vizinho que houver sido intimado esteja ausente, ou se, embora presente, a pessoa da família ou o vizinho se recusar a receber o mandado.

§ 3.º Da certidão da ocorrência, o oficial de justiça deixará contrafé com qualquer pessoa da família ou vizinho, conforme o caso, declarando-lhe o nome.

§ 4.º O oficial de justiça fará constar do mandado a advertência de que será nomeado curador especial se houver revelia.

Art. 254. Feita a citação com hora certa, o escrivão ou chefe de secretaria enviará ao réu, executado ou interessado, no prazo de 10 (dez) dias, contado da data da juntada do mandado aos autos, carta, telegrama ou correspondência eletrônica, dando-lhe de tudo ciência.

Art. 255. Nas comarcas contíguas de fácil comunicação e nas que se situem na mesma região metropolitana, o oficial de justiça poderá efetuar, em qualquer delas, citações, intimações, notificações, penhoras e quaisquer outros atos executivos.

• *Vide* art. 274 do CPC.

Art. 256. A citação por edital será feita:

I – quando desconhecido ou incerto o citando;

II – quando ignorado, incerto ou inacessível o lugar em que se encontrar o citando;

III – nos casos expressos em lei.

• *Vide* art. 830, § 2.º, do CPC.

§ 1.º Considera-se inacessível, para efeito de citação por edital, o país que recusar o cumprimento de carta rogatória.

§ 2.º No caso de ser inacessível o lugar em que se encontrar o réu, a notícia de sua citação será divulgada também pelo rádio, se na comarca houver emissora de radiodifusão.

§ 3.º O réu será considerado em local ignorado ou incerto se infrutíferas as tentativas de sua localização, inclusive mediante requisição pelo juízo de informações sobre seu endereço nos cadastros de órgãos públicos ou de concessionárias de serviços públicos.

Art. 257. São requisitos da citação por edital:

I – a afirmação do autor ou a certidão do oficial informando a presença das circunstâncias autorizadoras;

II – a publicação do edital na rede mundial de computadores, no sítio do respectivo tribunal e na plataforma de editais do Conselho Nacional de Justiça, que deve ser certificada nos autos;

• **A Lei n. 8.639, de 31-3-1993, disciplina o uso de caracteres nas publicações obrigatórias.**

III – a determinação, pelo juiz, do prazo, que variará entre 20 (vinte) e 60 (sessenta) dias, fluindo da data da publicação única ou, havendo mais de uma, da primeira;

IV – a advertência de que será nomeado curador especial em caso de revelia.

Parágrafo único. O juiz poderá determinar que a publicação do edital seja feita também em jornal local de ampla circulação ou por outros meios, considerando as peculiaridades da comarca, da seção ou da subseção judiciárias.

Art. 258. A parte que requerer a citação por edital, alegando dolosamente a ocorrência das circunstâncias autorizadoras para sua realização, incorrerá em multa de 5 (cinco) vezes o salário mínimo.

Parágrafo único. A multa reverterá em benefício do citando.

Art. 259. Serão publicados editais:

I – na ação de usucapião de imóvel;

II – na ação de recuperação ou substituição de título ao portador;

III – em qualquer ação em que seja necessária, por determinação legal, a provocação, para participação no processo, de interessados incertos ou desconhecidos.

Capítulo III

DAS CARTAS

Art. 260. São requisitos das cartas de ordem, precatória e rogatória:

I – a indicação dos juízes de origem e de cumprimento do ato;

II – o inteiro teor da petição, do despacho judicial e do instrumento do mandato conferido ao advogado;

III – a menção do ato processual que lhe constitui o objeto;

IV – o encerramento com a assinatura do juiz.

§ 1.º O juiz mandará trasladar para a carta quaisquer outras peças, bem como instruí-la com mapa, desenho ou gráfico, sempre que esses documentos devam ser examinados, na diligência, pelas partes, pelos peritos ou pelas testemunhas.

§ 2.º Quando o objeto da carta for exame pericial sobre documento, este será remetido em original, ficando nos autos reprodução fotográfica.

§ 3.º A carta arbitral atenderá, no que couber, aos requisitos a que se refere o *caput* e será instruída com a convenção de arbitragem e com as provas da nomeação do árbitro e de sua aceitação da função.

• *Vide* art. 263 do CPC.

Art. 261. Em todas as cartas o juiz fixará o prazo para cumprimento, atendendo à facilidade das comunicações e à natureza da diligência.

• *Vide* arts. 313, V, *b*, e 377 do CPC.

§ 1.º As partes deverão ser intimadas pelo juiz do ato de expedição da carta.

§ 2.º Expedida a carta, as partes acompanharão o cumprimento da diligência perante o juízo destinatário, ao qual compete a prática dos atos de comunicação.

§ 3.º A parte a quem interessar o cumprimento da diligência cooperará para que o prazo a que se refere o *caput* seja cumprido.

Art. 262. A carta tem caráter itinerante, podendo, antes ou depois de lhe ser ordenado o cumprimento, ser encaminhada a juízo diverso do que dela consta, a fim de se praticar o ato.

• *Vide* art. 262 do CPC.

Parágrafo único. O encaminhamento da carta a outro juízo será imediatamente comunicado ao órgão expedidor, que intimará as partes.

Art. 263. As cartas deverão, preferencialmente, ser expedidas por meio eletrônico, caso em que a assinatura do juiz deverá ser eletrônica, na forma da lei.

•• *Vide* art. 7.º da Lei n. 11.419, de 19-12-2006 (informatização do processo judicial).

Art. 264. A carta de ordem e a carta precatória por meio eletrônico, por telefone ou por telegrama conterão, em resumo substancial, os requisitos mencionados no art. 250, especialmente no que se refere à aferição da autenticidade.

• *Vide* art. 413 do CPC.

Art. 265. O secretário do tribunal, o escrivão ou o chefe de secretaria do juízo deprecante transmitirá, por telefone, a carta de ordem ou a carta precatória ao juízo em que houver de se cumprir o ato, por intermédio do escrivão do primeiro ofício da primeira vara, se houver na comarca mais de um ofício ou de uma vara, observando-se, quanto aos requisitos, o disposto no art. 264.

§ 1.º O escrivão ou o chefe de secretaria, no mesmo dia ou no dia útil imediato, telefonará ou enviará mensagem eletrônica ao secretário do tribunal, ao escrivão ou ao chefe de secretaria do juízo deprecante, lendo-lhe os termos da carta e solicitando-lhe que os confirme.

§ 2.º Sendo confirmada, o escrivão ou o chefe de secretaria submeterá a carta a despacho.

Art. 266. Serão praticados de ofício os atos requisitados por meio eletrônico e de telegrama, devendo a parte depositar, contudo, na secretaria do tribunal ou no cartório do juízo deprecante, a importância correspondente às despesas que serão feitas no juízo em que houver de praticar-se o ato.

Art. 267. O juiz recusará cumprimento a carta precatória ou arbitral, devolvendo-a com decisão motivada quando:

I – a carta não estiver revestida dos requisitos legais;

II – faltar ao juiz competência em razão da matéria ou da hierarquia;

III – o juiz tiver dúvida acerca de sua autenticidade.

Parágrafo único. No caso de incompetência em razão da matéria ou da hierarquia, o juiz deprecado, conforme o ato a ser praticado, poderá remeter a carta ao juiz ou ao tribunal competente.

Art. 268. Cumprida a carta, será devolvida ao juízo de origem no prazo de 10 (dez) dias, independentemente de traslado, pagas as custas pela parte.

Capítulo IV
DAS INTIMAÇÕES

•• *Vide* Súmulas 310 e 708 do STF.

Art. 269. Intimação é o ato pelo qual se dá ciência a alguém dos atos e dos termos do processo.

§ 1.º É facultado aos advogados promover a intimação do advogado da outra parte por meio do correio, juntando aos autos, a seguir, cópia do ofício de intimação e do aviso de recebimento.

§ 2.º O ofício de intimação deverá ser instruído com cópia do despacho, da decisão ou da sentença.

§ 3.º A intimação da União, dos Estados, do Distrito Federal, dos Municípios e de suas respectivas autarquias e fundações de direito público será realizada perante o órgão de Advocacia Pública responsável por sua representação judicial.

Art. 270. As intimações realizam-se, sempre que possível, por meio eletrônico, na forma da lei.

•• *Vide* Lei n. 11.419, de 19-12-2006 (informatização do processo judicial).

Parágrafo único. Aplica-se ao Ministério Público, à Defensoria Pública e à Advocacia Pública o disposto no § 1.º do art. 246.

•• *Vide* art. 1.050 do CPC.

Art. 271. O juiz determinará de ofício as intimações em processos pendentes, salvo disposição em contrário.

Art. 272. Quando não realizadas por meio eletrônico, consideram-se feitas as intimações pela publicação dos atos no órgão oficial.

§ 1.º Os advogados poderão requerer que, na intimação a eles dirigida, figure apenas o nome da sociedade a que pertençam, desde que devidamente registrada na Ordem dos Advogados do Brasil.

§ 2.º Sob pena de nulidade, é indispensável que da publicação constem os nomes das partes e de seus advogados, com o respectivo número de inscrição na Ordem dos Advogados do Brasil, ou, se assim requerido, da sociedade de advogados.

§ 3.º A grafia dos nomes das partes não deve conter abreviaturas.

§ 4.º A grafia dos nomes dos advogados deve corresponder ao nome completo e ser a mesma que constar da procuração ou que estiver registrada na Ordem dos Advogados do Brasil.

§ 5.º Constando dos autos pedido expresso para que as comunicações dos atos processuais sejam feitas em nome dos advogados indicados, o seu desatendimento implicará nulidade.

§ 6.º A retirada dos autos do cartório ou da secretaria em carga pelo advogado, por pessoa credenciada a pedido do advogado ou da sociedade de advogados, pela Advocacia Pública, pela Defensoria Pública ou pelo Ministério Público implicará intimação de qualquer decisão contida no processo retirado, ainda que pendente de publicação.

§ 7.º O advogado e a sociedade de advogados deverão requerer o respectivo credenciamento para a retirada de autos por preposto.

§ 8.º A parte arguirá a nulidade da intimação em capítulo preliminar do próprio ato que lhe caiba praticar, o qual será tido por tempestivo se o vício for reconhecido.

§ 9.º Não sendo possível a prática imediata do ato diante da necessidade de acesso prévio aos autos, a parte limitar-se-á a arguir a nulidade da intimação, caso em que o prazo será contado da intimação da decisão que a reconheça.

Art. 273. Se inviável a intimação por meio eletrônico e não houver na localidade publicação em órgão oficial, incumbirá ao escrivão ou chefe de secretaria intimar de todos os atos do processo os advogados das partes:

I – pessoalmente, se tiverem domicílio na sede do juízo;

II – por carta registrada, com aviso de recebimento, quando forem domiciliados fora do juízo.

Art. 274. Não dispondo a lei de outro modo, as intimações serão feitas às partes, aos seus representantes legais, aos advogados e aos demais sujeitos do processo pelo correio ou, se presentes em cartório, diretamente pelo escrivão ou chefe de secretaria.

• *Vide* art. 255 do CPC.

Parágrafo único. Presumem-se válidas as intimações dirigidas ao endereço constante dos autos, ainda que não recebidas pessoalmente pelo interessado, se a modificação temporária ou definitiva não tiver sido devidamente comunicada ao juízo, fluindo os prazos a partir da juntada aos autos do comprovante de entrega da correspondência no primitivo endereço.

Art. 275. A intimação será feita por oficial de justiça quando frustrada a realização por meio eletrônico ou pelo correio.

§ 1.º A certidão de intimação deve conter:

I – a indicação do lugar e a descrição da pessoa intimada, mencionando, quando possível, o número de seu documento de identidade e o órgão que o expediu;

II – a declaração de entrega da contrafé;

III – a nota de ciente ou a certidão de que o interessado não a apôs no mandado.

§ 2.º Caso necessário, a intimação poderá ser efetuada com hora certa ou por edital.

Título III
DAS NULIDADES

Art. 276. Quando a lei prescrever determinada forma sob pena de nulidade, a decretação desta não pode ser requerida pela parte que lhe deu causa.

• *Vide* art. 166, IV, do CC.

Art. 277. Quando a lei prescrever determinada forma, o juiz considerará válido o ato se, realizado de outro modo, lhe alcançar a finalidade.

Art. 278. A nulidade dos atos deve ser alegada na primeira oportunidade em que couber à parte falar nos autos, sob pena de preclusão.

Parágrafo único. Não se aplica o disposto no *caput* às nulidades que o juiz deva decretar de ofício, nem prevalece a preclusão provando a parte legítimo impedimento.

• *Vide* art. 485, § 3.º, do CPC.

Art. 279. É nulo o processo quando o membro do Ministério Público não for intimado a acompanhar o feito em que deva intervir.

•• *Vide* art. 178 do CPC.

§ 1.º Se o processo tiver tramitado sem conhecimento do membro do Ministério Público, o juiz invalidará os atos praticados a partir do momento em que ele deveria ter sido intimado.

§ 2.º A nulidade só pode ser decretada após a intimação do Ministério Público, que se manifestará sobre a existência ou a inexistência de prejuízo.

Art. 280. As citações e as intimações serão nulas quando feitas sem observância das prescrições legais.

• *Vide* art. 239 do CPC.

Art. 281. Anulado o ato, consideram-se de nenhum efeito todos os subsequentes que dele dependam, todavia, a nulidade de uma parte do ato não prejudicará as outras que dela sejam independentes.

Art. 282. Ao pronunciar a nulidade, o juiz declarará que atos são atingidos e ordenará as providências necessárias a fim de que sejam repetidos ou retificados.

•• *Vide* art. 352 do CPC.

§ 1.º O ato não será repetido nem sua falta será suprida quando não prejudicar a parte.

§ 2.º Quando puder decidir o mérito a favor da parte a quem aproveite a decretação da nulidade, o juiz não a pronunciará nem mandará repetir o ato ou suprir-lhe a falta.

Art. 283. O erro de forma do processo acarreta unicamente a anulação dos atos que não possam ser aproveitados, devendo ser praticados os que forem necessários a fim de se observarem as prescrições legais.

Parágrafo único. Dar-se-á o aproveitamento dos atos praticados desde que não resulte prejuízo à defesa de qualquer parte.

TÍTULO IV
DA DISTRIBUIÇÃO E DO REGISTRO

Art. 284. Todos os processos estão sujeitos a registro, devendo ser distribuídos onde houver mais de um juiz.

Art. 285. A distribuição, que poderá ser eletrônica, será alternada e aleatória, obedecendo-se rigorosa igualdade.

Parágrafo único. A lista de distribuição deverá ser publicada no *Diário de Justiça*.

Art. 286. Serão distribuídas por dependência as causas de qualquer natureza:

I – quando se relacionarem, por conexão ou continência, com outra já ajuizada;

•• *Vide* Súmula 235 do STJ.

• *Vide* arts. 54, 56 e 57 do CPC.

II – quando, tendo sido extinto o processo sem resolução de mérito, for reiterado o pedido, ainda que em litisconsórcio com outros autores ou que sejam parcialmente alterados os réus da demanda;

III – quando houver ajuizamento de ações nos termos do art. 55, § 3.º, ao juízo prevento.

Parágrafo único. Havendo intervenção de terceiro, reconvenção ou outra hipótese de ampliação objetiva do processo, o juiz, de ofício, mandará proceder à respectiva anotação pelo distribuidor.

• *Vide* arts. 119 a 138 e 343 do CPC.

Art. 287. A petição inicial deve vir acompanhada de procuração, que conterá os endereços do advogado, eletrônico e não eletrônico.

Parágrafo único. Dispensa-se a juntada da procuração:

I – no caso previsto no art. 104;

II – se a parte estiver representada pela Defensoria Pública;

•• Defensoria Pública: Lei Complementar n. 80, de 12-1-1994.

III – se a representação decorrer diretamente de norma prevista na Constituição Federal ou em lei.

Art. 288. O juiz, de ofício ou a requerimento do interessado, corrigirá o erro ou compensará a falta de distribuição.

Art. 289. A distribuição poderá ser fiscalizada pela parte, por seu procurador, pelo Ministério Público e pela Defensoria Pública.

Art. 290. Será cancelada a distribuição do feito se a parte, intimada na pessoa de seu advogado, não realizar o pagamento das custas e despesas de ingresso em 15 (quinze) dias.

TÍTULO V
DO VALOR DA CAUSA

Art. 291. A toda causa será atribuído valor certo, ainda que não tenha conteúdo econômico imediatamente aferível.

Art. 292. O valor da causa constará da petição inicial ou da reconvenção e será:

•• *Vide* art. 58, III, da Lei n. 8.245, de 18-10-1991 (12 vezes o valor do aluguel mensal).

•• *Vide* art. 3.º, I, da Lei n. 9.099, de 26-9-1995 (Juizados Especiais).

•• *Vide* art. 2.º da Lei n. 12.153, de 22-12-2009 (Juizados Especiais da Fazenda Pública).

I – na ação de cobrança de dívida, a soma monetariamente corrigida do principal, dos juros de mora vencidos e de outras penalidades, se houver, até a data de propositura da ação;

II – na ação que tiver por objeto a existência, a validade, o cumprimento, a modificação, a resolução, a resilição ou a rescisão de ato jurídico, o valor do ato ou o de sua parte controvertida;

III – na ação de alimentos, a soma de 12 (doze) prestações mensais pedidas pelo autor;

IV – na ação de divisão, de demarcação e de reivindicação, o valor de avaliação da área ou do bem objeto do pedido;

V – na ação indenizatória, inclusive a fundada em dano moral, o valor pretendido;

VI – na ação em que há cumulação de pedidos, a quantia correspondente à soma dos valores de todos eles;

VII – na ação em que os pedidos são alternativos, o de maior valor;

VIII – na ação em que houver pedido subsidiário, o valor do pedido principal.

§ 1.º Quando se pedirem prestações vencidas e vincendas, considerar-se-á o valor de umas e outras.

§ 2.º O valor das prestações vincendas será igual a uma prestação anual, se a obrigação for por tempo indeterminado ou por tempo superior a 1 (um) ano, e, se por tempo inferior, será igual à soma das prestações.

§ 3.º O juiz corrigirá, de ofício e por arbitramento, o valor da causa quando verificar que não corresponde ao conteúdo patrimonial em discussão ou ao proveito econômico perseguido pelo autor, caso em que se procederá ao recolhimento das custas correspondentes.

Art. 293. O réu poderá impugnar, em preliminar da contestação, o valor atribuído à causa pelo autor, sob pena de preclusão, e o juiz decidirá a respeito, impondo, se for o caso, a complementação das custas.

Livro V
DA TUTELA PROVISÓRIA

TÍTULO I
DISPOSIÇÕES GERAIS

Art. 294. A tutela provisória pode fundamentar-se em urgência ou evidência.

Parágrafo único. A tutela provisória de urgência, cautelar ou antecipada, pode ser concedida em caráter antecedente ou incidental.

•• Concessão de medidas cautelares contra atos do Poder Público: *vide* Lei n. 8.437, de 30-6-1992.

•• *Vide* art. 102, I, *p*, da CF.

• *Vide* arts. 300, 305, 311 e 519 do CPC.

• *Vide* art. 7.º, § 1.º, da Lei n. 6.515, de 26-12-1977.

• *Vide* Lei n. 9.494, de 10-9-1997 (tutela antecipada contra a Fazenda Pública).

Art. 295. A tutela provisória requerida em caráter incidental independe do pagamento de custas.

Art. 296. A tutela provisória conserva sua eficácia na pendência do processo, mas pode, a qualquer tempo, ser revogada ou modificada.

Parágrafo único. Salvo decisão judicial em contrário, a tutela provisória conservará a eficácia durante o período de suspensão do processo.

Art. 297. O juiz poderá determinar as medidas que considerar adequadas para efetivação da tutela provisória.

- *Vide* art. 300, §§ 1.º e 2.º, do CPC.

Parágrafo único. A efetivação da tutela provisória observará as normas referentes ao cumprimento provisório da sentença, no que couber.

Art. 298. Na decisão que conceder, negar, modificar ou revogar a tutela provisória, o juiz motivará seu convencimento de modo claro e preciso.

Art. 299. A tutela provisória será requerida ao juízo da causa e, quando antecedente, ao juízo competente para conhecer do pedido principal.

Parágrafo único. Ressalvada disposição especial, na ação de competência originária de tribunal e nos recursos a tutela provisória será requerida ao órgão jurisdicional competente para apreciar o mérito.

- *Vide* Súmulas 634 e 635 do STF.

Título II
DA TUTELA DE URGÊNCIA

Capítulo I
DISPOSIÇÕES GERAIS

•• *Vide* arts. 22-A e 22-B da Lei n. 9.307, de 23-9-1996.

Art. 300. A tutela de urgência será concedida quando houver elementos que evidenciem a probabilidade do direito e o perigo de dano ou o risco ao resultado útil do processo.

•• *Vide* Lei n. 9.494, de 10-9-1997.

§ 1.º Para a concessão da tutela de urgência, o juiz pode, conforme o caso, exigir caução real ou fidejussória idônea para ressarcir os danos que a outra parte possa vir a sofrer, podendo a caução ser dispensada se a parte economicamente hipossuficiente não puder oferecê-la.

- *Vide* art. 84, § 3.º, do CDC.

§ 2.º A tutela de urgência pode ser concedida liminarmente ou após justificação prévia.

§ 3.º A tutela de urgência de natureza antecipada não será concedida quando houver perigo de irreversibilidade dos efeitos da decisão.

Art. 301. A tutela de urgência de natureza cautelar pode ser efetivada mediante arresto, sequestro, arrolamento de bens, registro de protesto contra alienação de bem e qualquer outra medida idônea para asseguração do direito.

Art. 302. Independentemente da reparação por dano processual, a parte responde pelo prejuízo que a efetivação da tutela de urgência causar à parte adversa, se:

I – a sentença lhe for desfavorável;

II – obtida liminarmente a tutela em caráter antecedente, não fornecer os meios necessários para a citação do requerido no prazo de 5 (cinco) dias;

III – ocorrer a cessação da eficácia da medida em qualquer hipótese legal;

IV – o juiz acolher a alegação de decadência ou prescrição da pretensão do autor.

Parágrafo único. A indenização será liquidada nos autos em que a medida tiver sido concedida, sempre que possível.

Capítulo II
DO PROCEDIMENTO DA TUTELA ANTECIPADA REQUERIDA EM CARÁTER ANTECEDENTE

Art. 303. Nos casos em que a urgência for contemporânea à propositura da ação, a petição inicial pode limitar-se ao requerimento da tutela antecipada e à indicação do pedido de tutela final, com a exposição da lide, do direito que se busca realizar e do perigo de dano ou do risco ao resultado útil do processo.

§ 1.º Concedida a tutela antecipada a que se refere o *caput* deste artigo:

I – o autor deverá aditar a petição inicial, com a complementação de sua argumentação, a juntada de novos documentos e a confirmação do pedido de tutela final, em 15 (quinze) dias ou em outro prazo maior que o juiz fixar;

II – o réu será citado e intimado para a audiência de conciliação ou de mediação na forma do art. 334;

III – não havendo autocomposição, o prazo para contestação será contado na forma do art. 335.

§ 2.º Não realizado o aditamento a que se refere o inciso I do § 1.º deste artigo, o processo será extinto sem resolução do mérito.

§ 3.º O aditamento a que se refere o inciso I do § 1.º deste artigo dar-se-á nos mesmos autos, sem incidência de novas custas processuais.

§ 4.º Na petição inicial a que se refere o *caput* deste artigo, o autor terá de indicar o valor da causa, que deve levar em consideração o pedido de tutela final.

§ 5.º O autor indicará na petição inicial, ainda, que pretende valer-se do benefício previsto no *caput* deste artigo.

§ 6.º Caso entenda que não há elementos para a concessão de tutela antecipada, o órgão jurisdicional determinará a emenda da petição inicial em até 5 (cinco) dias, sob pena de ser indeferida e de o processo ser extinto sem resolução de mérito.

Art. 304. A tutela antecipada, concedida nos termos do art. 303, torna-se estável se da decisão que a conceder não for interposto o respectivo recurso.

§ 1.º No caso previsto no *caput*, o processo será extinto.

§ 2.º Qualquer das partes poderá demandar a outra com o intuito de rever, reformar ou invalidar a tutela antecipada estabilizada nos termos do *caput*.

§ 3.º A tutela antecipada conservará seus efeitos enquanto não revista, reformada ou invalidada por decisão de mérito proferida na ação de que trata o § 2.º.

§ 4.º Qualquer das partes poderá requerer o desarquivamento dos autos em que foi concedida a medida, para instruir a petição inicial da ação a que se refere o § 2.º, prevento o juízo em que a tutela antecipada foi concedida.

§ 5.º O direito de rever, reformar ou invalidar a tutela antecipada, previsto no § 2.º deste artigo, extingue-se após 2 (dois) anos, contados da ciência da decisão que extinguiu o processo, nos termos do § 1.º.

§ 6.º A decisão que concede a tutela não fará coisa julgada, mas a estabilidade dos respectivos efeitos só será afastada por decisão que a revir, reformar ou invalidar, proferida em ação ajuizada por uma das partes, nos termos do § 2.º deste artigo.

Capítulo III
DO PROCEDIMENTO DA TUTELA CAUTELAR REQUERIDA EM CARÁTER ANTECEDENTE

Art. 305. A petição inicial da ação que visa à prestação de tutela cautelar em caráter antecedente indicará a lide e seu fundamento, a exposição sumária do direito que se objetiva assegurar e o perigo de dano ou o risco ao resultado útil do processo.

- *Vide* arts. 319 a 321 do CPC.

Parágrafo único. Caso entenda que o pedido a que se refere o *caput* tem natureza antecipada, o juiz observará o disposto no art. 303.

Art. 306. O réu será citado para, no prazo de 5 (cinco) dias, contestar o pedido e indicar as provas que pretende produzir.

- *Vide* arts. 229 e 714 do CPC.

Art. 307. Não sendo contestado o pedido, os fatos alegados pelo autor presumir-se-ão aceitos pelo réu como ocorridos, caso em que o juiz decidirá dentro de 5 (cinco) dias.

Parágrafo único. Contestado o pedido no prazo legal, observar-se-á o procedimento comum.

Art. 308. Efetivada a tutela cautelar, o pedido principal terá de ser formulado pelo autor no prazo de 30 (trinta) dias, caso em que será apresentado nos mesmos autos em que deduzido o pedido de tutela cautelar, não dependendo do adiantamento de novas custas processuais.

- *Vide* Súmula 482 do STJ.

§ 1.º O pedido principal pode ser formulado conjuntamente com o pedido de tutela cautelar.

§ 2.º A causa de pedir poderá ser aditada no momento de formulação do pedido principal.

§ 3.º Apresentado o pedido principal, as partes serão intimadas para a audiência de conciliação ou de mediação, na forma do art. 334, por seus advogados ou pessoalmente, sem necessidade de nova citação do réu.

§ 4.º Não havendo autocomposição, o prazo para contestação será contado na forma do art. 335.

Art. 309. Cessa a eficácia da tutela concedida em caráter antecedente, se:

I – o autor não deduzir o pedido principal no prazo legal;

• *Vide* art. 302, III, do CPC.

II – não for efetivada dentro de 30 (trinta) dias;

III – o juiz julgar improcedente o pedido principal formulado pelo autor ou extinguir o processo sem resolução de mérito.

Parágrafo único. Se por qualquer motivo cessar a eficácia da tutela cautelar, é vedado à parte renovar o pedido, salvo sob novo fundamento.

Art. 310. O indeferimento da tutela cautelar não obsta a que a parte formule o pedido principal, nem influi no julgamento desse, salvo se o motivo do indeferimento for o reconhecimento de decadência ou de prescrição.

• *Vide* art. 302, IV, do CPC.

Título III
DA TUTELA DA EVIDÊNCIA

Art. 311. A tutela da evidência será concedida, independentemente da demonstração de perigo de dano ou de risco ao resultado útil do processo, quando:

• *Vide* art. 300 do CPC.

I – ficar caracterizado o abuso do direito de defesa ou o manifesto propósito protelatório da parte;

• *Vide* art. 80 do CPC.

II – as alegações de fato puderem ser comprovadas apenas documentalmente e houver tese firmada em julgamento de casos repetitivos ou em súmula vinculante;

III – se tratar de pedido reipersecutório fundado em prova documental adequada do contrato de depósito, caso em que será decretada a ordem de entrega do objeto custodiado, sob cominação de multa;

IV – a petição inicial for instruída com prova documental suficiente dos fatos constitutivos do direito do autor, a que o réu não oponha prova capaz de gerar dúvida razoável.

Parágrafo único. Nas hipóteses dos incisos II e III, o juiz poderá decidir liminarmente.

Livro VI
DA FORMAÇÃO, DA SUSPENSÃO E DA EXTINÇÃO DO PROCESSO

Título I
DA FORMAÇÃO DO PROCESSO

Art. 312. Considera-se proposta a ação quando a petição inicial for protocolada, todavia, a propositura da ação só produz quanto ao réu os efeitos mencionados no art. 240 depois que for validamente citado.

Título II
DA SUSPENSÃO DO PROCESSO

Art. 313. Suspende-se o processo:

I – pela morte ou pela perda da capacidade processual de qualquer das partes, de seu representante legal ou de seu procurador;

• *Vide* arts. 76, 221 e 921, I, do CPC.

II – pela convenção das partes;

• *Vide* art. 921, II, do CPC.

III – pela arguição de impedimento ou de suspeição;

• *Vide* art. 221 do CPC.

IV – pela admissão de incidente de resolução de demandas repetitivas;

V – quando a sentença de mérito:

a) depender do julgamento de outra causa ou da declaração de existência ou de inexistência de relação jurídica que constitua o objeto principal de outro processo pendente;

b) tiver de ser proferida somente após a verificação de determinado fato ou a produção de certa prova, requisitada a outro juízo;

• *Vide* art. 377, *caput*, do CPC.

VI – por motivo de força maior;

• *Vide* art. 182 do CPC.

VII – quando se discutir em juízo questão decorrente de acidentes e fatos da navegação de competência do Tribunal Marítimo;

VIII – nos demais casos que este Código regula;

IX – pelo parto ou pela concessão de adoção, quando a advogada responsável pelo processo constituir a única patrona da causa;

•• Inciso IX acrescentado pela Lei n. 13.363, de 25-11-2016.

X – quando o advogado responsável pelo processo constituir o único patrono da causa e tornar-se pai.

•• Inciso X acrescentado pela Lei n. 13.363, de 25-11-2016.

§ 1.º Na hipótese do inciso I, o juiz suspenderá o processo, nos termos do art. 689.

§ 2.º Não ajuizada ação de habilitação, ao tomar conhecimento da morte, o juiz determinará a suspensão do processo e observará o seguinte:

I – falecido o réu, ordenará a intimação do autor para que promova a citação do respectivo espólio, de quem for o sucessor ou, se for o caso, dos herdeiros, no prazo que designar, de no mínimo 2 (dois) e no máximo 6 (seis) meses;

II – falecido o autor e sendo transmissível o direito em litígio, determinará a intimação de seu espólio, de quem for o sucessor ou, se for o caso, dos herdeiros, pelos meios de divulgação que reputar mais adequados, para que manifestem interesse na sucessão processual e promovam a respectiva habilitação no prazo designado, sob pena de extinção do processo sem resolução de mérito.

§ 3.º No caso de morte do procurador de qualquer das partes, ainda que iniciada a audiência de instrução e julgamento, o juiz determinará que a parte constitua novo mandatário, no prazo de 15 (quinze) dias, ao final do qual extinguirá o processo sem resolução de mérito, se o autor não nomear novo mandatário, ou ordenará o prosseguimento do processo à revelia do réu, se falecido o procurador deste.

§ 4.º O prazo de suspensão do processo nunca poderá exceder 1 (um) ano nas hipóteses do inciso V e 6 (seis) meses naquela prevista no inciso II.

§ 5.º O juiz determinará o prosseguimento do processo assim que esgotados os prazos previstos no § 4.º.

§ 6.º No caso do inciso IX, o período de suspensão será de 30 (trinta) dias, contado a partir da data do parto ou da concessão da adoção, mediante apresentação de certidão de nascimento ou documento similar que comprove a realização do parto, ou de termo judicial que tenha concedido a adoção, desde que haja notificação ao cliente.

•• § 6.º acrescentado pela Lei n. 13.363, de 25-11-2016.

§ 7.º No caso do inciso X, o período de suspensão será de 8 (oito) dias, contado a partir da data do parto ou da concessão da adoção, mediante apresentação de certidão de nascimento ou documento similar que comprove a realização do parto, ou de termo judicial que tenha concedido a adoção, desde que haja notificação ao cliente.

•• § 7.º acrescentado pela Lei n. 13.363, de 25-11-2016.

Art. 314. Durante a suspensão é vedado praticar qualquer ato processual, podendo o juiz, todavia, determinar a realização de atos urgentes a fim de evitar dano irreparável, salvo no caso de arguição de impedimento e de suspeição.

• *Vide* art. 923 do CPC.

Art. 315. Se o conhecimento do mérito depender de verificação da existência de fato delituoso, o juiz pode determinar a suspensão do processo até que se pronuncie a justiça criminal.

•• Dispõe o art. 65 do CPP: "Faz coisa julgada no cível a sentença penal que reconhecer ter sido o ato praticado em estado de necessidade, em legítima defesa, em estrito cumprimento de dever legal ou no exercício regular de direito".

§ 1.º Se a ação penal não for proposta no prazo de 3 (três) meses, contado da intimação do ato de suspensão, cessará o efeito desse, incumbindo ao juiz cível examinar incidentemente a questão prévia.

§ 2.º Proposta a ação penal, o processo ficará suspenso pelo prazo máximo de 1 (um) ano, ao final do qual aplicar-se-á o disposto na parte final do § 1.º.

Título III
DA EXTINÇÃO DO PROCESSO

Art. 316. A extinção do processo dar-se-á por sentença.

Art. 317. Antes de proferir decisão sem resolução de mérito, o juiz deverá conceder à parte oportunidade para, se possível, corrigir o vício.

PARTE ESPECIAL

Livro I
DO PROCESSO DE CONHECIMENTO E DO CUMPRIMENTO DE SENTENÇA

Título I
DO PROCEDIMENTO COMUM

Capítulo I
DISPOSIÇÕES GERAIS

Art. 318. Aplica-se a todas as causas o procedimento comum, salvo disposição em contrário deste Código ou de lei.

Parágrafo único. O procedimento comum aplica-se subsidiariamente aos demais procedimentos especiais e ao processo de execução.

Capítulo II
DA PETIÇÃO INICIAL

Seção I
Dos Requisitos da Petição Inicial

Art. 319. A petição inicial indicará:

• *Vide* arts. 294 e 330 do CPC.

I – o juízo a que é dirigida;

II – os nomes, os prenomes, o estado civil, a existência de união estável, a profissão, o número de inscrição no Cadastro de Pessoas Físicas ou no Cadastro Nacional da Pessoa Jurídica, o endereço eletrônico, o domicílio e a residência do autor e do réu;

III – o fato e os fundamentos jurídicos do pedido;

IV – o pedido com as suas especificações;

• *Vide* arts. 322 a 329 do CPC.

V – o valor da causa;

• *Vide* arts. 291 a 293 do CPC.

VI – as provas com que o autor pretende demonstrar a verdade dos fatos alegados;

• *Vide* arts. 369 a 484 do CPC.

VII – a opção do autor pela realização ou não de audiência de conciliação ou de mediação.

• *Vide* art. 334 do CPC.

§ 1.º Caso não disponha das informações previstas no inciso II, poderá o autor, na petição inicial, requerer ao juiz diligências necessárias a sua obtenção.

§ 2.º A petição inicial não será indeferida se, a despeito da falta de informações a que se refere o inciso II, for possível a citação do réu.

§ 3.º A petição inicial não será indeferida pelo não atendimento ao disposto no inciso II deste artigo se a obtenção de tais informações tornar impossível ou excessivamente oneroso o acesso à justiça.

• *Vide* art. 330 do CPC.

Art. 320. A petição inicial será instruída com os documentos indispensáveis à propositura da ação.

• *Vide* arts. 434 e 798 do CPC.

• *Vide* art. 8.º da Lei n. 9.507, de 12-11-1997.

Art. 321. O juiz, ao verificar que a petição inicial não preenche os requisitos dos arts. 319 e 320 ou que apresenta defeitos e irregularidades capazes de dificultar o julgamento de mérito, determinará que o autor, no prazo de 15 (quinze) dias, a emende ou a complete, indicando com precisão o que deve ser corrigido ou completado.

Parágrafo único. Se o autor não cumprir a diligência, o juiz indeferirá a petição inicial.

• *Vide* art. 485 do CPC.

Seção II
Do Pedido

Art. 322. O pedido deve ser certo.

§ 1.º Compreendem-se no principal os juros legais, a correção monetária e as verbas de sucumbência, inclusive os honorários advocatícios.

• *Vide* Súmula 254 do STF.

§ 2.º A interpretação do pedido considerará o conjunto da postulação e observará o princípio da boa-fé.

Art. 323. Na ação que tiver por objeto cumprimento de obrigação em prestações sucessivas, essas serão consideradas incluídas no pedido, independentemente de declaração expressa do autor, e serão incluídas na condenação, enquanto durar a obrigação, se o devedor, no curso do processo, deixar de pagá-las ou de consigná-las.

Art. 324. O pedido deve ser determinado.

• *Vide* art. 490 do CPC.

§ 1.º É lícito, porém, formular pedido genérico:

I – nas ações universais, se o autor não puder individuar os bens demandados;

II – quando não for possível determinar, desde logo, as consequências do ato ou do fato;

III – quando a determinação do objeto ou do valor da condenação depender de ato que deva ser praticado pelo réu.

§ 2.º O disposto neste artigo aplica-se à reconvenção.

Art. 325. O pedido será alternativo quando, pela natureza da obrigação, o devedor puder cumprir a prestação de mais de um modo.

Parágrafo único. Quando, pela lei ou pelo contrato, a escolha couber ao devedor, o juiz lhe assegurará o direito de cumprir a prestação de um ou de outro modo, ainda que o autor não tenha formulado pedido alternativo.

• *Vide* art. 292, VII, do CPC.

Art. 326. É lícito formular mais de um pedido em ordem subsidiária, a fim de que o juiz conheça do posterior, quando não acolher o anterior.

• *Vide* art. 292, VIII, do CPC.

Parágrafo único. É lícito formular mais de um pedido, alternativamente, para que o juiz acolha um deles.

Art. 327. É lícita a cumulação, em um único processo, contra o mesmo réu, de vários pedidos, ainda que entre eles não haja conexão.

• *Vide* art. 292, VI, do CPC.

§ 1.º São requisitos de admissibilidade da cumulação que:

I – os pedidos sejam compatíveis entre si;

II – seja competente para conhecer deles o mesmo juízo;

III – seja adequado para todos os pedidos o tipo de procedimento.

§ 2.º Quando, para cada pedido, corresponder tipo diverso de procedimento, será admitida a cumulação se o autor empregar o procedimento comum, sem prejuízo do emprego das técnicas processuais diferenciadas previstas nos procedimentos especiais a que se sujeitam um ou mais pedidos cumulados, que não forem incompatíveis com as disposições sobre o procedimento comum.

§ 3.º O inciso I do § 1.º não se aplica às cumulações de pedidos de que trata o art. 326.

Art. 328. Na obrigação indivisível com pluralidade de credores, aquele que não participou do processo receberá sua parte, deduzidas as despesas na proporção de seu crédito.

• *Vide* arts. 260 e 261 do CC.

Art. 329. O autor poderá:

I – até a citação, aditar ou alterar o pedido ou a causa de pedir, independentemente de consentimento do réu;

II – até o saneamento do processo, aditar ou alterar o pedido e a causa de pedir, com consentimento do réu, assegurado o contraditório mediante a possibilidade de manifestação deste no prazo mínimo de 15 (quinze) dias, facultado o requerimento de prova suplementar.

Parágrafo único. Aplica-se o disposto neste artigo à reconvenção e à respectiva causa de pedir.

• *Vide* art. 343 do CPC.

Seção III
Do Indeferimento da Petição Inicial

Art. 330. A petição inicial será indeferida quando:

I – for inepta;

II – a parte for manifestamente ilegítima;

III – o autor carecer de interesse processual;

• *Vide* art. 120 do CPC.

IV – não atendidas as prescrições dos arts. 106 e 321.

§ 1.º Considera-se inepta a petição inicial quando:

I – lhe faltar pedido ou causa de pedir;

• *Vide* arts. 322 a 329 do CPC.

II – o pedido for indeterminado, ressalvadas as hipóteses legais em que se permite o pedido genérico;

• *Vide* art. 286 do CPC.

III – da narração dos fatos não decorrer logicamente a conclusão;

IV – contiver pedidos incompatíveis entre si.

§ 2.º Nas ações que tenham por objeto a revisão de obrigação decorrente de empréstimo, de financiamento ou de alienação de bens, o autor terá de, sob pena de inépcia, discriminar na petição inicial, dentre as obrigações contratuais, aquelas que pretende controverter, além de quantificar o valor incontroverso do débito.

§ 3.º Na hipótese do § 2.º, o valor incontroverso deverá continuar a ser pago no tempo e modo contratados.

Art. 331. Indeferida a petição inicial, o autor poderá apelar, facultado ao juiz, no prazo de 5 (cinco) dias, retratar-se.

• *Vide* art. 198, VII, do ECA.

§ 1.º Se não houver retratação, o juiz mandará citar o réu para responder ao recurso.

§ 2.º Sendo a sentença reformada pelo tribunal, o prazo para a contestação começará a correr da intimação do retorno dos autos, observado o disposto no art. 334.

§ 3.º Não interposta a apelação, o réu será intimado do trânsito em julgado da sentença.

Capítulo III
DA IMPROCEDÊNCIA LIMINAR DO PEDIDO

Art. 332. Nas causas que dispensem a fase instrutória, o juiz, independentemente da citação do réu, julgará liminarmente improcedente o pedido que contrariar:

I – enunciado de súmula do Supremo Tribunal Federal ou do Superior Tribunal de Justiça;

II – acórdão proferido pelo Supremo Tribunal Federal ou pelo Superior Tribunal de Justiça em julgamento de recursos repetitivos;

III – entendimento firmado em incidente de resolução de demandas repetitivas ou de assunção de competência;

IV – enunciado de súmula de tribunal de justiça sobre direito local.

§ 1.º O juiz também poderá julgar liminarmente improcedente o pedido se verificar, desde logo, a ocorrência de decadência ou de prescrição.

§ 2.º Não interposta a apelação, o réu será intimado do trânsito em julgado da sentença, nos termos do art. 241.

§ 3.º Interposta a apelação, o juiz poderá retratar-se em 5 (cinco) dias.

• *Vide* arts. 513 e s. do CPC.

§ 4.º Se houver retratação, o juiz determinará o prosseguimento do processo, com a citação do réu, e, se não houver retratação, determinará a citação do réu para apresentar contrarrazões, no prazo de 15 (quinze) dias.

Capítulo IV
DA CONVERSÃO DA AÇÃO INDIVIDUAL EM AÇÃO COLETIVA

Art. 333. (*Vetado*.)

Capítulo V
DA AUDIÊNCIA DE CONCILIAÇÃO OU DE MEDIAÇÃO

•• *Vide* Lei n. 13.140, de 26-6-2015, que dispõe sobre a mediação entre particulares como meio de solução de controvérsias e sobre a autocomposição de conflitos no âmbito da Administração Pública.

Art. 334. Se a petição inicial preencher os requisitos essenciais e não for o caso de improcedência liminar do pedido, o juiz designará audiência de conciliação ou de mediação com antecedência mínima de 30 (trinta) dias, devendo ser citado o réu com pelo menos 20 (vinte) dias de antecedência.

• *Vide* arts. 248, 257, 307 e 344 do CPC.

§ 1.º O conciliador ou mediador, onde houver, atuará necessariamente na audiência de conciliação ou de mediação, observando o disposto neste Código, bem como as disposições da lei de organização judiciária.

•• *Vide* arts. 165 e s. do CPC.

§ 2.º Poderá haver mais de uma sessão destinada à conciliação e à mediação, não podendo exceder a 2 (dois) meses da data de realização da primeira sessão, desde que necessárias à composição das partes.

§ 3.º A intimação do autor para a audiência será feita na pessoa de seu advogado.

§ 4.º A audiência não será realizada:

I – se ambas as partes manifestarem, expressamente, desinteresse na composição consensual;

II – quando não se admitir a autocomposição.

§ 5.º O autor deverá indicar, na petição inicial, seu desinteresse na autocomposição, e o réu deverá fazê-lo, por petição, apresentada com 10 (dez) dias de antecedência, contados da data da audiência.

§ 6.º Havendo litisconsórcio, o desinteresse na realização da audiência deve ser manifestado por todos os litisconsortes.

§ 7.º A audiência de conciliação ou de mediação pode realizar-se por meio eletrônico, nos termos da lei.

§ 8.º O não comparecimento injustificado do autor ou do réu à audiência de conciliação é considerado ato atentatório à dignidade da justiça e será sancionado com multa de até dois por cento da vantagem econômica pretendida ou do valor da causa, revertida em favor da União ou do Estado.

§ 9.º As partes devem estar acompanhadas por seus advogados ou defensores públicos.

• *Vide* art. 133 da CF.

§ 10. A parte poderá constituir representante, por meio de procuração específica, com poderes para negociar e transigir.

§ 11. A autocomposição obtida será reduzida a termo e homologada por sentença.

§ 12. A pauta das audiências de conciliação ou de mediação será organizada de modo a respeitar o intervalo mínimo de 20 (vinte) minutos entre o início de uma e o início da seguinte.

Capítulo VI
DA CONTESTAÇÃO

Art. 335. O réu poderá oferecer contestação, por petição, no prazo de 15 (quinze) dias, cujo termo inicial será a data:

• *Vide* art. 434 do CPC.

I – da audiência de conciliação ou de mediação, ou da última sessão de conciliação, quando qualquer parte não comparecer ou, comparecendo, não houver autocomposição;

II – do protocolo do pedido de cancelamento da audiência de conciliação ou de mediação apresentado pelo réu, quando ocorrer a hipótese do art. 334, § 4.º, inciso I;

III – prevista no art. 231, de acordo com o modo como foi feita a citação, nos demais casos.

§ 1.º No caso de litisconsórcio passivo, ocorrendo a hipótese do art. 334, § 6.º, o termo inicial previsto no inciso II será, para cada um dos réus, a data de apresentação de seu respectivo pedido de cancelamento da audiência.

§ 2.º Quando ocorrer a hipótese do art. 334, § 4.º, inciso II, havendo litisconsórcio passivo e o autor desistir da ação em relação a réu ainda não citado, o prazo para resposta correrá da data de intimação da decisão que homologar a desistência.

Art. 336. Incumbe ao réu alegar, na contestação, toda a matéria de defesa, expondo as razões de fato e de direito com que impugna o pedido do autor e especificando as provas que pretende produzir.

Art. 337. Incumbe ao réu, antes de discutir o mérito, alegar:

• *Vide* arts. 351, 352 e 938 do CPC.

I – inexistência ou nulidade da citação;

• *Vide* art. 348 do CPC.

II – incompetência absoluta e relativa;

• *Vide* art. 64 do CPC.

III – incorreção do valor da causa;

IV – inépcia da petição inicial;

• *Vide* art. 330, I, do CPC.

V – perempção;

•• *Vide* art. 486, § 3.º, do CPC.

VI – litispendência;

• *Vide* art. 240 do CPC.

VII – coisa julgada;

•• *Vide* art. 5.º, XXXVI, da CF.

• *Vide* arts. 502 a 508 do CPC.

VIII – conexão;

• *Vide* Súmula 235 do STJ.

IX – incapacidade da parte, defeito de representação ou falta de autorização;

X – convenção de arbitragem;

• *Vide* art. 485, VII, do CPC.

• *Vide* Lei n. 9.307, de 23-9-1996 (arbitragem).

• *Vide* Súmula 485 do STJ.

XI – ausência de legitimidade ou de interesse processual;

XII – falta de caução ou de outra prestação que a lei exige como preliminar;

XIII – indevida concessão do benefício de gratuidade de justiça.

§ 1.º Verifica-se a litispendência ou a coisa julgada quando se reproduz ação anteriormente ajuizada.

•• *Vide* art. 5.º, XXXVI, da CF.

§ 2.º Uma ação é idêntica a outra quando possui as mesmas partes, a mesma causa de pedir e o mesmo pedido.

§ 3.º Há litispendência quando se repete ação que está em curso.

• *Vide* art. 240 do CPC.

§ 4.º Há coisa julgada quando se repete ação que já foi decidida por decisão transitada em julgado.

§ 5.º Excetuadas a convenção de arbitragem e a incompetência relativa, o juiz conhecerá de ofício das matérias enumeradas neste artigo.

§ 6.º A ausência de alegação da existência de convenção de arbitragem, na forma prevista neste Capítulo, implica aceitação da jurisdição estatal e renúncia ao juízo arbitral.

Art. 338. Alegando o réu, na contestação, ser parte ilegítima ou não ser o responsável pelo prejuízo invocado, o juiz facultará ao autor, em 15 (quinze) dias, a alteração da petição inicial para substituição do réu.

Parágrafo único. Realizada a substituição, o autor reembolsará as despesas e pagará os honorários ao procurador do réu excluído, que serão fixados entre três e cinco por cento do valor da causa ou, sendo este irrisório, nos termos do art. 85, § 8.º.

Art. 339. Quando alegar sua ilegitimidade, incumbe ao réu indicar o sujeito passivo da relação jurídica discutida sempre que tiver conhecimento, sob pena de arcar com as despesas processuais e de indenizar o autor pelos prejuízos decorrentes da falta de indicação.

§ 1.º O autor, ao aceitar a indicação, procederá, no prazo de 15 (quinze) dias, à alteração da petição inicial para a substituição do réu, observando-se, ainda, o parágrafo único do art. 338.

§ 2.º No prazo de 15 (quinze) dias, o autor pode optar por alterar a petição inicial para incluir, como litisconsorte passivo, o sujeito indicado pelo réu.

Art. 340. Havendo alegação de incompetência relativa ou absoluta, a contestação poderá ser protocolada no foro de domicílio do réu, fato que será imediatamente comunicado ao juiz da causa, preferencialmente por meio eletrônico.

§ 1.º A contestação será submetida a livre distribuição ou, se o réu houver sido citado por meio de carta precatória, juntada aos autos dessa carta, seguindo-se a sua imediata remessa para o juízo da causa.

§ 2.º Reconhecida a competência do foro indicado pelo réu, o juízo para o qual for distribuída a contestação ou a carta precatória será considerado prevento.

§ 3.º Alegada a incompetência nos termos do *caput*, será suspensa a realização da audiência de conciliação ou de mediação, se tiver sido designada.

§ 4.º Definida a competência, o juízo competente designará nova data para a audiência de conciliação ou de mediação.

Art. 341. Incumbe também ao réu manifestar-se precisamente sobre as alegações de fato constantes da petição inicial, presumindo-se verdadeiras as não impugnadas, salvo se:

I – não for admissível, a seu respeito, a confissão;

•• *Vide* arts. 344 e 345 do CPC.

II – a petição inicial não estiver acompanhada de instrumento que a lei considerar da substância do ato;

III – estiverem em contradição com a defesa, considerada em seu conjunto.

Parágrafo único. O ônus da impugnação especificada dos fatos não se aplica ao defensor público, ao advogado dativo e ao curador especial.

Art. 342. Depois da contestação, só é lícito ao réu deduzir novas alegações quando:

I – relativas a direito ou a fato superveniente;

II – competir ao juiz conhecer delas de ofício;

III – por expressa autorização legal, puderem ser formuladas em qualquer tempo e grau de jurisdição.

Capítulo VII
DA RECONVENÇÃO

Art. 343. Na contestação, é lícito ao réu propor reconvenção para manifestar pretensão própria, conexa com a ação principal ou com o fundamento da defesa.

•• *Vide* art. 16, § 3.º, da LEF.

•• *Vide* art. 36, *caput*, da Lei n. 6.515, de 26-12-1977 (Lei do Divórcio).

§ 1.º Proposta a reconvenção, o autor será intimado, na pessoa de seu advogado, para apresentar resposta no prazo de 15 (quinze) dias.

§ 2.º A desistência da ação ou a ocorrência de causa extintiva que impeça o exame de seu mérito não obsta ao prosseguimento do processo quanto à reconvenção.

§ 3.º A reconvenção pode ser proposta contra o autor e terceiro.

§ 4.º A reconvenção pode ser proposta pelo réu em litisconsórcio com terceiro.

§ 5.º Se o autor for substituto processual, o reconvinte deverá afirmar ser titular de direito em face do substituído, e a reconvenção deverá ser proposta em face do autor, também na qualidade de substituto processual.

§ 6.º O réu pode propor reconvenção independentemente de oferecer contestação.

Capítulo VIII
DA REVELIA

Art. 344. Se o réu não contestar a ação, será considerado revel e presumir-se-ão verdadeiras as alegações de fato formuladas pelo autor.

Art. 345. A revelia não produz o efeito mencionado no art. 344 se:

I – havendo pluralidade de réus, algum deles contestar a ação;

II – o litígio versar sobre direitos indisponíveis;

III – a petição inicial não estiver acompanhada de instrumento que a lei considere indispensável à prova do ato;

• *Vide* art. 341, II, do CPC.

IV – as alegações de fato formuladas pelo autor forem inverossímeis ou estiverem em contradição com prova constante dos autos.

Art. 346. Os prazos contra o revel que não tenha patrono nos autos fluirão da data de publicação do ato decisório no órgão oficial.

Parágrafo único. O revel poderá intervir no processo em qualquer fase, recebendo-o no estado em que se encontrar.

Capítulo IX
DAS PROVIDÊNCIAS PRELIMINARES E DO SANEAMENTO

Art. 347. Findo o prazo para a contestação, o juiz tomará, conforme o caso, as providências preliminares constantes das seções deste Capítulo.

Seção I
Da Não Incidência dos Efeitos da Revelia

Art. 348. Se o réu não contestar a ação, o juiz, verificando a inocorrência do efeito da revelia previsto no art. 344, ordenará que o autor especifique as provas que pretenda produzir, se ainda não as tiver indicado.

• *Vide* art. 355 do CPC.

Art. 349. Ao réu revel será lícita a produção de provas, contrapostas às alegações do autor, desde que se faça representar nos autos a tempo de praticar os atos processuais indispensáveis a essa produção.

Seção II
Do Fato Impeditivo, Modificativo ou Extintivo do Direito do Autor

Art. 350. Se o réu alegar fato impeditivo, modificativo ou extintivo do direito do autor, este será ouvido no prazo de 15 (quinze) dias, permitindo-lhe o juiz a produção de prova.

Seção III
Das Alegações do Réu

Art. 351. Se o réu alegar qualquer das matérias enumeradas no art. 337, o juiz determinará a oitiva do autor no prazo de 15 (quinze) dias, permitindo-lhe a produção de prova.

Art. 352. Verificando a existência de irregularidades ou de vícios sanáveis, o juiz determinará sua correção em prazo nunca superior a 30 (trinta) dias.

Art. 353. Cumpridas as providências preliminares ou não havendo necessidade delas, o juiz proferirá julgamento conforme o estado do processo, observando o que dispõe o Capítulo X.

Capítulo X
DO JULGAMENTO CONFORME O ESTADO DO PROCESSO

Seção I
Da Extinção do Processo

Art. 354. Ocorrendo qualquer das hipóteses previstas nos arts. 485 e 487, incisos II e III, o juiz proferirá sentença.

Parágrafo único. A decisão a que se refere o *caput* pode dizer respeito a apenas parcela do processo, caso em que será impugnável por agravo de instrumento.

Seção II
Do Julgamento Antecipado do Mérito

Art. 355. O juiz julgará antecipadamente o pedido, proferindo sentença com resolução de mérito, quando:

I – não houver necessidade de produção de outras provas;

II – o réu for revel, ocorrer o efeito previsto no art. 344 e não houver requerimento de prova, na forma do art. 349.

Seção III
Do Julgamento Antecipado Parcial do Mérito

Art. 356. O juiz decidirá parcialmente o mérito quando um ou mais dos pedidos formulados ou parcela deles:

I – mostrar-se incontroverso;

II – estiver em condições de imediato julgamento, nos termos do art. 355.

§ 1.º A decisão que julgar parcialmente o mérito poderá reconhecer a existência de obrigação líquida ou ilíquida.

§ 2.º A parte poderá liquidar ou executar, desde logo, a obrigação reconhecida na decisão que julgar parcialmente o mérito, independentemente de caução, ainda que haja recurso contra essa interposto.

§ 3.º Na hipótese do § 2.º, se houver trânsito em julgado da decisão, a execução será definitiva.

§ 4.º A liquidação e o cumprimento da decisão que julgar parcialmente o mérito poderão ser processados em autos suplementares, a requerimento da parte ou a critério do juiz.

§ 5.º A decisão proferida com base neste artigo é impugnável por agravo de instrumento.

Seção IV
Do Saneamento e da Organização do Processo

Art. 357. Não ocorrendo nenhuma das hipóteses deste Capítulo, deverá o juiz, em decisão de saneamento e de organização do processo:

I – resolver as questões processuais pendentes, se houver;

II – delimitar as questões de fato sobre as quais recairá a atividade probatória, especificando os meios de prova admitidos;

III – definir a distribuição do ônus da prova, observado o art. 373;

IV – delimitar as questões de direito relevantes para a decisão do mérito;

V – designar, se necessário, audiência de instrução e julgamento.

§ 1.º Realizado o saneamento, as partes têm o direito de pedir esclarecimentos ou solicitar ajustes, no prazo comum de 5 (cinco) dias, findo o qual a decisão se torna estável.

§ 2.º As partes podem apresentar ao juiz, para homologação, delimitação consensual das questões de fato e de direito a que se referem os incisos II e IV, a qual, se homologada, vincula as partes e o juiz.

§ 3.º Se a causa apresentar complexidade em matéria de fato ou de direito, deverá o juiz designar audiência para que o saneamento seja feito em cooperação com as partes, oportunidade em que o juiz, se for o caso, convidará as partes a integrar ou esclarecer suas alegações.

§ 4.º Caso tenha sido determinada a produção de prova testemunhal, o juiz fixará prazo comum não superior a 15 (quinze) dias para que as partes apresentem rol de testemunhas.

§ 5.º Na hipótese do § 3.º, as partes devem levar, para a audiência prevista, o respectivo rol de testemunhas.

§ 6.º O número de testemunhas arroladas não pode ser superior a 10 (dez), sendo 3 (três), no máximo, para a prova de cada fato.

§ 7.º O juiz poderá limitar o número de testemunhas levando em conta a complexidade da causa e dos fatos individualmente considerados.

§ 8.º Caso tenha sido determinada a produção de prova pericial, o juiz deve observar o disposto no art. 465 e, se possível, estabelecer, desde logo, calendário para sua realização.

§ 9.º As pautas deverão ser preparadas com intervalo mínimo de 1 (uma) hora entre as audiências.

Capítulo XI
DA AUDIÊNCIA DE INSTRUÇÃO E JULGAMENTO

Art. 358. No dia e na hora designados, o juiz declarará aberta a audiência de instrução e julgamento e mandará apregoar as partes e os respectivos advogados, bem como outras pessoas que dela devam participar.

Art. 359. Instalada a audiência, o juiz tentará conciliar as partes, independentemente do emprego anterior de outros métodos de solução consensual de conflitos, como a mediação e a arbitragem.

Art. 360. O juiz exerce o poder de polícia, incumbindo-lhe:

I – manter a ordem e o decoro na audiência;

II – ordenar que se retirem da sala de audiência os que se comportarem inconvenientemente;

III – requisitar, quando necessário, força policial;

IV – tratar com urbanidade as partes, os advogados, os membros do Ministério Público e da Defensoria Pública e qualquer pessoa que participe do processo;

V – registrar em ata, com exatidão, todos os requerimentos apresentados em audiência.

Art. 361. As provas orais serão produzidas em audiência, ouvindo-se nesta ordem, preferencialmente:

I – o perito e os assistentes técnicos, que responderão aos quesitos de esclarecimentos requeridos no prazo e na forma do art. 477, caso não respondidos anteriormente por escrito;

II – o autor e, em seguida, o réu, que prestarão depoimentos pessoais;

III – as testemunhas arroladas pelo autor e pelo réu, que serão inquiridas.

Parágrafo único. Enquanto depuserem o perito, os assistentes técnicos, as partes e as testemunhas, não poderão os advogados e o Ministério Público intervir ou apartear, sem licença do juiz.

Art. 362. A audiência poderá ser adiada:

I – por convenção das partes;

II – se não puder comparecer, por motivo justificado, qualquer pessoa que dela deva necessariamente participar;

III – por atraso injustificado de seu início em tempo superior a 30 (trinta) minutos do horário marcado.

•• *Vide* art. 7.º, XX, do EAOAB.

§ 1.º O impedimento deverá ser comprovado até a abertura da audiência, e, não o sendo, o juiz procederá à instrução.

§ 2.º O juiz poderá dispensar a produção das provas requeridas pela parte cujo advogado ou defensor público não tenha comparecido à audiência, aplicando-se a mesma regra ao Ministério Público.

§ 3.º Quem der causa ao adiamento responderá pelas despesas acrescidas.

Art. 363. Havendo antecipação ou adiamento da audiência, o juiz, de ofício ou a requerimento da parte, determinará a intimação dos advogados ou da sociedade de advogados para ciência da nova designação.

Art. 364. Finda a instrução, o juiz dará a palavra ao advogado do autor e do réu, bem como ao membro do Ministério Público, se for o caso de sua intervenção, sucessivamente, pelo prazo de 20 (vinte) minutos para cada um, prorrogável por 10 (dez) minutos, a critério do juiz.

§ 1.º Havendo litisconsorte ou terceiro interveniente, o prazo, que formará com o da prorrogação um só todo, dividir-se-á entre os do mesmo grupo, se não convencionarem de modo diverso.

§ 2.º Quando a causa apresentar questões complexas de fato ou de direito, o debate oral poderá ser substituído por razões finais escritas, que serão apresentadas pelo autor e pelo réu, bem como pelo Ministério Público, se for o caso de sua intervenção, em prazos sucessivos de 15 (quinze) dias, assegurada vista dos autos.

Art. 365. A audiência é una e contínua, podendo ser excepcional e justificadamente cindida na ausência de perito ou de testemunha, desde que haja concordância das partes.

Parágrafo único. Diante da impossibilidade de realização da instrução, do debate e do julgamento no mesmo dia, o juiz marcará seu prosseguimento para a data mais próxima possível, em pauta preferencial.

Art. 366. Encerrado o debate ou oferecidas as razões finais, o juiz proferirá sentença em audiência ou no prazo de 30 (trinta) dias.

Art. 367. O servidor lavrará, sob ditado do juiz, termo que conterá, em resumo, o ocorrido na audiência, bem como, por extenso, os despachos, as decisões e a sentença, se proferida no ato.

• *Vide* art. 459, § 3.º, do CPC.

§ 1.º Quando o termo não for registrado em meio eletrônico, o juiz rubricar-lhe-á as folhas, que serão encadernadas em volume próprio.

§ 2.º Subscreverão o termo o juiz, os advogados, o membro do Ministério Público e o escrivão ou chefe de secretaria, dispensadas as partes, exceto quando houver ato de disposição para cuja prática os advogados não tenham poderes.

§ 3.º O escrivão ou chefe de secretaria trasladará para os autos cópia autêntica do termo de audiência.

§ 4.º Tratando-se de autos eletrônicos, observar-se-á o disposto neste Código, em legislação específica e nas normas internas dos tribunais.

§ 5.º A audiência poderá ser integralmente gravada em imagem e em áudio, em meio digital ou analógico, desde que assegure o rápido acesso das partes e dos órgãos julgadores, observada a legislação específica.

§ 6.º A gravação a que se refere o § 5.º também pode ser realizada diretamente por qualquer das partes, independentemente de autorização judicial.

Art. 368. A audiência será pública, ressalvadas as exceções legais.

•• *Vide* art. 189 do CPC.

•• *Vide* art. 143 do ECA.

Capítulo XII
DAS PROVAS

Seção I
Disposições Gerais

Art. 369. As partes têm o direito de empregar todos os meios legais, bem como os moralmente legítimos, ainda que não especificados neste Código, para provar a verdade dos fatos em que se funda o pedido ou a defesa e influir eficazmente na convicção do juiz.

•• *Vide* art. 5.º, LVI, da CF.

•• *Vide* art. 212 do CC.

Art. 370. Caberá ao juiz, de ofício ou a requerimento da parte, determinar as provas necessárias ao julgamento do mérito.

Parágrafo único. O juiz indeferirá, em decisão fundamentada, as diligências inúteis ou meramente protelatórias.

Art. 371. O juiz apreciará a prova constante dos autos, independentemente do sujeito que a tiver promovido, e indicará na decisão as razões da formação de seu convencimento.

• *Vide* art. 489, II, do CPC.

Art. 372. O juiz poderá admitir a utilização de prova produzida em outro processo, atribuindo-lhe o valor que considerar adequado, observado o contraditório.

Art. 373. O ônus da prova incumbe:

• *Vide* arts. 6.º, VIII, 38 e 51, VI, do CDC.

I – ao autor, quanto ao fato constitutivo de seu direito;

II – ao réu, quanto à existência de fato impeditivo, modificativo ou extintivo do direito do autor.

§ 1.º Nos casos previstos em lei ou diante de peculiaridades da causa relacionadas à impossibilidade ou à excessiva dificuldade de cumprir o encargo nos termos do *caput* ou à maior facilidade de obtenção da prova do fato contrário, poderá o juiz atribuir o ônus da prova de modo diverso, desde que o faça por decisão fundamentada, caso em que deverá dar à parte a oportunidade de se desincumbir do ônus que lhe foi atribuído.

§ 2.º A decisão prevista no § 1.º deste artigo não pode gerar situação em que a desincumbência do encargo pela parte seja impossível ou excessivamente difícil.

§ 3.º A distribuição diversa do ônus da prova também pode ocorrer por convenção das partes, salvo quando:

I – recair sobre direito indisponível da parte;

II – tornar excessivamente difícil a uma parte o exercício do direito.

§ 4.º A convenção de que trata o § 3.º pode ser celebrada antes ou durante o processo.

Art. 374. Não dependem de prova os fatos:

I – notórios;

II – afirmados por uma parte e confessados pela parte contrária;

• *Vide* art. 348 do CPC.

III – admitidos no processo como incontroversos;

IV – em cujo favor milita presunção legal de existência ou de veracidade.

Art. 375. O juiz aplicará as regras de experiência comum subministradas pela observação do que ordinariamente acontece e, ainda, as regras de experiência técnica, ressalvado, quanto a estas, o exame pericial.

• *Vide* art. 140 do CPC.

Art. 376. A parte que alegar direito municipal, estadual, estrangeiro ou consuetudinário provar-lhe-á o teor e a vigência, se assim o juiz determinar.

Art. 377. A carta precatória, a carta rogatória e o auxílio direto suspenderão o julgamento da causa no caso previsto no art. 313, inciso V, alínea *b*, quando, tendo sido requeridos antes da decisão de saneamento, a prova neles solicitada for imprescindível.

Parágrafo único. A carta precatória e a carta rogatória não devolvidas no prazo ou concedidas sem efeito suspensivo poderão ser juntadas aos autos a qualquer momento.

Art. 378. Ninguém se exime do dever de colaborar com o Poder Judiciário para o descobrimento da verdade.

Art. 379. Preservado o direito de não produzir prova contra si própria, incumbe à parte:

I – comparecer em juízo, respondendo ao que lhe for interrogado;

II – colaborar com o juízo na realização de inspeção judicial que for considerada necessária;

• *Vide* arts. 481 a 484 do CPC.

III – praticar o ato que lhe for determinado.

•• *Vide* art. 5.º, II, da CF.

Art. 380. Incumbe ao terceiro, em relação a qualquer causa:

I – informar ao juiz os fatos e as circunstâncias de que tenha conhecimento;

•• *Vide* art. 5.º, XIV, da CF.

II – exibir coisa ou documento que esteja em seu poder.

• *Vide* arts. 396 e 401 do CPC.

Parágrafo único. Poderá o juiz, em caso de descumprimento, determinar, além da imposição de multa, outras medidas indutivas, coercitivas, mandamentais ou sub-rogatórias.

Seção II
Da Produção Antecipada da Prova

Art. 381. A produção antecipada da prova será admitida nos casos em que:

I – haja fundado receio de que venha a tornar-se impossível ou muito difícil a verificação de certos fatos na pendência da ação;

II – a prova a ser produzida seja suscetível de viabilizar a autocomposição ou outro meio adequado de solução de conflito;

III – o prévio conhecimento dos fatos possa justificar ou evitar o ajuizamento de ação.

§ 1.º O arrolamento de bens observará o disposto nesta Seção quando tiver por finalidade apenas a realização de documentação e não a prática de atos de apreensão.

§ 2.º A produção antecipada da prova é da competência do juízo do foro onde esta deva ser produzida ou do foro de domicílio do réu.

§ 3.º A produção antecipada da prova não previne a competência do juízo para a ação que venha a ser proposta.

§ 4.º O juízo estadual tem competência para produção antecipada de prova requerida em face da União, de entidade autárquica ou de empresa pública federal se, na localidade, não houver vara federal.

§ 5.º Aplica-se o disposto nesta Seção àquele que pretender justificar a existência de algum fato ou relação jurídica para simples documento e sem caráter contencioso, que exporá, em petição circunstanciada, a sua intenção.

Art. 382. Na petição, o requerente apresentará as razões que justificam a necessidade de antecipação da prova e mencionará com precisão os fatos sobre os quais a prova há de recair.

§ 1.º O juiz determinará, de ofício ou a requerimento da parte, a citação de interessados na produção da prova ou no fato a ser provado, salvo se inexistente caráter contencioso.

§ 2.º O juiz não se pronunciará sobre a ocorrência ou a inocorrência do fato, nem sobre as respectivas consequências jurídicas.

§ 3.º Os interessados poderão requerer a produção de qualquer prova no mesmo procedimento, desde que relacionada ao mesmo fato, salvo se a sua produção conjunta acarretar excessiva demora.

§ 4.º Neste procedimento, não se admitirá defesa ou recurso, salvo contra decisão que indeferir totalmente a produção da prova pleiteada pelo requerente originário.

Art. 383. Os autos permanecerão em cartório durante 1 (um) mês para extração de cópias e certidões pelos interessados.

Parágrafo único. Findo o prazo, os autos serão entregues ao promovente da medida.

Seção III
Da Ata Notarial

Art. 384. A existência e o modo de existir de algum fato podem ser atestados ou documentados, a requerimento do interessado, mediante ata lavrada por tabelião.

•• *Vide* arts. 6.º, III, e 7.º, III, da Lei n. 8.935, de 18-11-1994.

Parágrafo único. Dados representados por imagem ou som gravados em arquivos eletrônicos poderão constar da ata notarial.

Seção IV
Do Depoimento Pessoal

Art. 385. Cabe à parte requerer o depoimento pessoal da outra parte, a fim de que esta seja interrogada na audiência de instrução e julgamento, sem prejuízo do poder do juiz de ordená-lo de ofício.

§ 1.º Se a parte, pessoalmente intimada para prestar depoimento pessoal e advertida da pena de confesso, não comparecer ou, comparecendo, se recusar a depor, o juiz aplicar-lhe-á a pena.

§ 2.º É vedado a quem ainda não depôs assistir ao interrogatório da outra parte.

§ 3.º O depoimento pessoal da parte que residir em comarca, seção ou subseção judiciária diversa daquela onde tramita o processo poderá ser colhido por meio de videoconferência ou outro recurso tecnológico de transmissão de sons e imagens em tempo real, o que poderá ocorrer, inclusive, durante a realização da audiência de instrução e julgamento.

•• O art. 222, § 3.º, do CPP prevê a oitiva de testemunhas por videoconferência no processo penal.

•• A Resolução n. 354, de 19-11-2020, do CNJ, dispõe sobre o cumprimento digital de ato processual e de ordem judicial e dá outras providências.

Art. 386. Quando a parte, sem motivo justificado, deixar de responder ao que lhe for perguntado ou empregar evasivas, o juiz, apreciando as demais circunstâncias e os elementos de prova, declarará, na sentença, se houve recusa de depor.

Art. 387. A parte responderá pessoalmente sobre os fatos articulados, não podendo servir-se de escritos anteriormente preparados, permitindo-lhe o juiz, todavia, a consulta a notas breves, desde que objetivem completar esclarecimentos.

Art. 388. A parte não é obrigada a depor sobre fatos:

I – criminosos ou torpes que lhe forem imputados;

II – a cujo respeito, por estado ou profissão, deva guardar sigilo;

III – acerca dos quais não possa responder sem desonra própria, de seu cônjuge, de seu companheiro ou de parente em grau sucessível;

IV – que coloquem em perigo a vida do depoente ou das pessoas referidas no inciso III.

Parágrafo único. Esta disposição não se aplica às ações de estado e de família.

Seção V
Da Confissão

Art. 389. Há confissão, judicial ou extrajudicial, quando a parte admite a verdade de fato contrário ao seu interesse e favorável ao do adversário.

• *Vide* art. 371 do CPC.

Art. 390. A confissão judicial pode ser espontânea ou provocada.

§ 1.º A confissão espontânea pode ser feita pela própria parte ou por representante com poder especial.

• *Vide* art. 105 do CPC.

§ 2.º A confissão provocada constará do termo de depoimento pessoal.

Art. 391. A confissão judicial faz prova contra o confitente, não prejudicando, todavia, os litisconsortes.

Parágrafo único. Nas ações que versarem sobre bens imóveis ou direitos reais sobre imóveis alheios, a confissão de um cônjuge ou companheiro não valerá sem a do outro, salvo se o regime de casamento for o de separação absoluta de bens.

Art. 392. Não vale como confissão a admissão, em juízo, de fatos relativos a direitos indisponíveis.

§ 1.º A confissão será ineficaz se feita por quem não for capaz de dispor do direito a que se referem os fatos confessados.

•• *Vide* art. 213 do CC.

§ 2.º A confissão feita por um representante somente é eficaz nos limites em que este pode vincular o representado.

•• *Vide* art. 213 do CC.

Art. 393. A confissão é irrevogável, mas pode ser anulada se decorreu de erro de fato ou de coação.

•• *Vide* art. 214 do CC.

Parágrafo único. A legitimidade para a ação prevista no *caput* é exclusiva do confitente e pode ser transferida a seus herdeiros se ele falecer após a propositura.

Art. 394. A confissão extrajudicial, quando feita oralmente, só terá eficácia nos casos em que a lei não exija prova literal.

• *Vide* art. 212, I, do CC.

Art. 395. A confissão é, em regra, indivisível, não podendo a parte que a quiser invocar como prova aceitá-la no tópico que a beneficiar e rejeitá-la no que lhe for desfavorável, porém cindir-se-á quando o confitente a ela aduzir fatos novos, capazes de constituir fundamento de defesa de direito material ou de reconvenção.

• *Vide* art. 412 do CPC.

Seção VI
Da Exibição de Documento ou Coisa

• *Vide* Súmula 372 do STJ.

Art. 396. O juiz pode ordenar que a parte exiba documento ou coisa que se encontre em seu poder.

• *Vide* art. 5.º, XII e XIV, da CF.

• *Vide* art. 380, II, do CPC.

Art. 397. O pedido formulado pela parte conterá:

I – a descrição, tão completa quanto possível, do documento ou da coisa, ou das categorias de documentos ou de coisas buscados;

•• Inciso I com redação determinada pela Lei n. 14.195, de 26-8-2021.

II – a finalidade da prova, com indicação dos fatos que se relacionam com o documento ou com a coisa, ou com suas categorias;

•• Inciso II com redação determinada pela Lei n. 14.195, de 26-8-2021.

III – as circunstâncias em que se funda o requerente para afirmar que o documento ou a coisa existe, ainda que a referência seja a categoria de documentos ou de coisas, e se acha em poder da parte contrária.

•• Inciso III com redação determinada pela Lei n. 14.195, de 26-8-2021.

Art. 398. O requerido dará sua resposta nos 5 (cinco) dias subsequentes à sua intimação.

Parágrafo único. Se o requerido afirmar que não possui o documento ou a coisa, o juiz permitirá que o requerente prove, por qualquer meio, que a declaração não corresponde à verdade.

• *Vide* art. 400 do CPC.

Art. 399. O juiz não admitirá a recusa se:

I – o requerido tiver obrigação legal de exibir;

II – o requerido tiver aludido ao documento ou à coisa, no processo, com o intuito de constituir prova;

III – o documento, por seu conteúdo, for comum às partes.

Art. 400. Ao decidir o pedido, o juiz admitirá como verdadeiros os fatos que, por meio do documento ou da coisa, a parte pretendia provar se:

I – o requerido não efetuar a exibição nem fizer nenhuma declaração no prazo do art. 398;

II – a recusa for havida por ilegítima.

Parágrafo único. Sendo necessário, o juiz pode adotar medidas indutivas, coercitivas, mandamentais ou sub-rogatórias para que o documento seja exibido.

Art. 401. Quando o documento ou a coisa estiver em poder de terceiro, o juiz ordenará sua citação para responder no prazo de 15 (quinze) dias.

• *Vide* art. 380, I e II, do CPC.

Art. 402. Se o terceiro negar a obrigação de exibir ou a posse do documento ou da coisa, o juiz designará audiência especial, tomando-lhe o depoimento, bem como o das partes e, se necessário, o de testemunhas, e em seguida proferirá decisão.

Art. 403. Se o terceiro, sem justo motivo, se recusar a efetuar a exibição, o juiz ordenar-lhe-á que proceda ao respectivo depósito em cartório ou em outro lugar designado, no prazo de 5 (cinco) dias, impondo ao requerente que o ressarça pelas despesas que tiver.

Parágrafo único. Se o terceiro descumprir a ordem, o juiz expedirá mandado de apreensão, requisitando, se necessário, força policial, sem prejuízo da responsabilidade por crime de desobediência, pagamento de multa e outras medidas indutivas, coercitivas, mandamentais ou sub-rogatórias necessárias para assegurar a efetivação da decisão.

•• Crime de desobediência: art. 330 do CP.

• *Vide* art. 7.º, II, §§ 6.º e 7.º, do EOAB.

• *Vide* arts. 23, 99, III, e 104 da Lei n. 11.101, de 9-2-2005.

Art. 404. A parte e o terceiro se escusam de exibir, em juízo, o documento ou a coisa se:

I – concernente a negócios da própria vida da família;

II – sua apresentação puder violar dever de honra;

III – sua publicidade redundar em desonra à parte ou ao terceiro, bem como a seus parentes consanguíneos ou afins até o terceiro grau, ou lhes representar perigo de ação penal;

IV – sua exibição acarretar a divulgação de fatos a cujo respeito, por estado ou profissão, devam guardar segredo;

V – subsistirem outros motivos graves que, segundo o prudente arbítrio do juiz, justifiquem a recusa da exibição;

VI – houver disposição legal que justifique a recusa da exibição.

Parágrafo único. Se os motivos de que tratam os incisos I a VI do *caput* disserem respeito a apenas uma parcela do documento, a parte ou o terceiro exibirá a outra em cartório, para dela ser extraída cópia reprográfica, de tudo sendo lavrado auto circunstanciado.

Seção VII
Da Prova Documental

Subseção I
Da Força Probante dos Documentos

• A Lei n. 7.115, de 29-8-1983, dispõe sobre prova documental em alguns casos específicos.

Art. 405. O documento público faz prova não só da sua formação, mas também dos fatos que o escrivão, o chefe de secretaria, o tabelião ou o servidor declarar que ocorreram em sua presença.

Art. 406. Quando a lei exigir instrumento público como da substância do ato, nenhuma outra prova, por mais especial que seja, pode suprir-lhe a falta.

• *Vide* art. 109 do CC.

Art. 407. O documento feito por oficial público incompetente ou sem a observância das formalidades legais, sendo subscrito pelas partes, tem a mesma eficácia probatória do documento particular.

Art. 408. As declarações constantes do documento particular escrito e assinado ou somente assinado presumem-se verdadeiras em relação ao signatário.

• *Vide* art. 219 do CC.

Parágrafo único. Quando, todavia, contiver declaração de ciência de determinado fato, o documento particular prova a ciência, mas não o fato em si, incumbindo o ônus de prová-lo ao interessado em sua veracidade.

Art. 409. A data do documento particular, quando a seu respeito surgir dúvida ou impugnação entre os litigantes, provar-se-á por todos os meios de direito.

Parágrafo único. Em relação a terceiros, considerar-se-á datado o documento particular:

I – no dia em que foi registrado;

• *Vide* art. 127, I, da LRP.

II – desde a morte de algum dos signatários;

III – a partir da impossibilidade física que sobreveio a qualquer dos signatários;

IV – da sua apresentação em repartição pública ou em juízo;

V – do ato ou do fato que estabeleça, de modo certo, a anterioridade da formação do documento.

• *Vide* Súmula 132 do STJ.

Art. 410. Considera-se autor do documento particular:

I – aquele que o fez e o assinou;

II – aquele por conta de quem ele foi feito, estando assinado;

III – aquele que, mandando compô-lo, não o firmou porque, conforme a experiência comum, não se costuma assinar, como livros empresariais e assentos domésticos.

Art. 411. Considera-se autêntico o documento quando:

I – o tabelião reconhecer a firma do signatário;

II – a autoria estiver identificada por qualquer outro meio legal de certificação, inclusive eletrônico, nos termos da lei;

III – não houver impugnação da parte contra quem foi produzido o documento.

Art. 412. O documento particular de cuja autenticidade não se duvida prova que o seu autor fez a declaração que lhe é atribuída.

Parágrafo único. O documento particular admitido expressa ou tacitamente é indivisível, sendo vedado à parte que pretende utilizar-se dele aceitar os fatos que lhe são favoráveis e recusar os que são contrários ao seu interesse, salvo se provar que estes não ocorreram.

• *Vide* art. 419 do CPC.

Art. 413. O telegrama, o radiograma ou qualquer outro meio de transmissão tem a mesma força probatória do documento particular se o original constante da estação expedidora tiver sido assinado pelo remetente.

• *Vide* Súmula 216 do STJ.

Parágrafo único. A firma do remetente poderá ser reconhecida pelo tabelião, declarando-se essa circunstância no original depositado na estação expedidora.

Art. 414. O telegrama ou o radiograma presume-se conforme com o original, provando as datas de sua expedição e de seu recebimento pelo destinatário.

Art. 415. As cartas e os registros domésticos provam contra quem os escreveu quando:

I – enunciam o recebimento de um crédito;

II – contêm anotação que visa a suprir a falta de título em favor de quem é apontado como credor;

III – expressam conhecimento de fatos para os quais não se exija determinada prova.

Art. 416. A nota escrita pelo credor em qualquer parte de documento representativo de obrigação, ainda que não assinada, faz prova em benefício do devedor.

Parágrafo único. Aplica-se essa regra tanto para o documento que o credor conservar em seu poder quanto para aquele que se achar em poder do devedor ou de terceiro.

Art. 417. Os livros empresariais provam contra seu autor, sendo lícito ao empresário, todavia, demonstrar, por todos os meios permitidos em direito, que os lançamentos não correspondem à verdade dos fatos.

Art. 418. Os livros empresariais que preencham os requisitos exigidos por lei provam a favor de seu autor no litígio entre empresários.

Art. 419. A escrituração contábil é indivisível, e, se dos fatos que resultam dos lançamentos, uns são favoráveis ao interesse de seu autor e outros lhe são contrários, ambos serão considerados em conjunto, como unidade.

• *Vide* arts. 395 e 419 do CPC.

Art. 420. O juiz pode ordenar, a requerimento da parte, a exibição integral dos livros empresariais e dos documentos do arquivo:

• *Vide* art. 1.191 do CC.

I – na liquidação de sociedade;

II – na sucessão por morte de sócio;

III – quando e como determinar a lei.

Art. 421. O juiz pode, de ofício, ordenar à parte a exibição parcial dos livros e dos documentos, extraindo-se deles a suma que interessar ao litígio, bem como reproduções autenticadas.

• *Vide* Súmula 260 do STF.

Art. 422. Qualquer reprodução mecânica, como a fotográfica, a cinematográfica, a fonográfica ou de outra espécie, tem aptidão para fazer prova dos fatos ou das coisas representadas, se a sua conformidade com o documento original não for impugnada por aquele contra quem foi produzida.

§ 1.º As fotografias digitais e as extraídas da rede mundial de computadores fazem prova das imagens que reproduzem, devendo, se impugnadas, ser apresentada a respectiva autenticação eletrônica ou, não sendo possível, realizada perícia.

§ 2.º Se se tratar de fotografia publicada em jornal ou revista, será exigido um exemplar original do periódico, caso impugnada a veracidade pela outra parte.

§ 3.º Aplica-se o disposto neste artigo à forma impressa de mensagem eletrônica.

Art. 423. As reproduções dos documentos particulares, fotográficas ou obtidas por outros processos de repetição, valem como certidões sempre que o escrivão ou o chefe de secretaria certificar sua conformidade com o original.

Art. 424. A cópia de documento particular tem o mesmo valor probante que o original, cabendo ao escrivão, intimadas as partes, proceder à conferência e certificar a conformidade entre a cópia e o original.

Art. 425. Fazem a mesma prova que os originais:

I – as certidões textuais de qualquer peça dos autos, do protocolo das audiências ou de outro livro a cargo do escrivão ou do chefe de secretaria, se extraídas por ele ou sob sua vigilância e por ele subscritas;

II – os traslados e as certidões extraídas por oficial público de instrumentos ou documentos lançados em suas notas;

III – as reproduções dos documentos públicos, desde que autenticadas por oficial público ou conferidas em cartório com os respectivos originais;

• *Vide* arts. 216 e 217 do CC.

IV – as cópias reprográficas de peças do próprio processo judicial declaradas autênticas pelo advogado, sob sua responsabilidade pessoal, se não lhes for impugnada a autenticidade;

V – os extratos digitais de bancos de dados públicos e privados, desde que atestado pelo seu emitente, sob as penas da lei, que as informações conferem com o que consta na origem;

VI – as reproduções digitalizadas de qualquer documento público ou particular, quando juntadas aos autos pelos órgãos da justiça e seus auxiliares, pelo Ministério Público e seus auxiliares, pela Defensoria Pública e seus auxiliares, pelas procuradorias, pelas repartições públicas em geral e por advogados, ressalvada a alegação motivada e fundamentada de adulteração.

§ 1.º Os originais dos documentos digitalizados mencionados no inciso VI deverão ser preservados pelo seu detentor até o final do prazo para propositura de ação rescisória.

§ 2.º Tratando-se de cópia digital de título executivo extrajudicial ou de documento relevante à instrução do processo, o juiz poderá determinar seu depósito em cartório ou secretaria.

Art. 426. O juiz apreciará fundamentadamente a fé que deva merecer o documento, quando em ponto substancial e sem ressalva contiver entrelinha, emenda, borrão ou cancelamento.

• *Vide* art. 171 do CPC.

Art. 427. Cessa a fé do documento público ou particular sendo-lhe declarada judicialmente a falsidade.

• Falsificação de documento público ou particular: arts. 297 e 298 do CP.

Parágrafo único. A falsidade consiste em:

I – formar documento não verdadeiro;

II – alterar documento verdadeiro.

Art. 428. Cessa a fé do documento particular quando:

• Falsificação de documento particular: art. 298 do CP.

I – for impugnada sua autenticidade e enquanto não se comprovar sua veracidade;

II – assinado em branco, for impugnado seu conteúdo, por preenchimento abusivo.

Parágrafo único. Dar-se-á abuso quando aquele que recebeu documento assinado com texto não escrito no todo ou em parte formá-lo ou completá-lo por si ou por meio de outrem, violando o pacto feito com o signatário.

Art. 429. Incumbe o ônus da prova quando:

I – se tratar de falsidade de documento ou de preenchimento abusivo, à parte que a arguir;

II – se tratar de impugnação da autenticidade, à parte que produziu o documento.

Subseção II
Da Arguição de Falsidade

Art. 430. A falsidade deve ser suscitada na contestação, na réplica ou no prazo de 15 (quinze) dias, contado a partir da intimação da juntada do documento aos autos.

Parágrafo único. Uma vez arguida, a falsidade será resolvida como questão incidental, salvo se a parte requerer que o juiz a decida como questão principal, nos termos do inciso II do art. 19.

Art. 431. A parte arguirá a falsidade expondo os motivos em que funda a sua pretensão e os meios com que provará o alegado.

Art. 432. Depois de ouvida a outra parte no prazo de 15 (quinze) dias, será realizado o exame pericial.

•• *Vide* art. 478 do CPC.

Parágrafo único. Não se procederá ao exame pericial se a parte que produziu o documento concordar em retirá-lo.

Art. 433. A declaração sobre a falsidade do documento, quando suscitada como questão principal, constará da parte dispositiva da sentença e sobre ela incidirá também a autoridade da coisa julgada.

Subseção III
Da Produção da Prova Documental

Art. 434. Incumbe à parte instruir a petição inicial ou a contestação com os documentos destinados a provar suas alegações.

• *Vide* art. 212, II, do CC.

Parágrafo único. Quando o documento consistir em reprodução cinematográfica ou fonográfica, a parte deverá trazê-lo nos termos do *caput*, mas sua exposição será realizada em audiência, intimando-se previamente as partes.

Art. 435. É lícito às partes, em qualquer tempo, juntar aos autos documentos novos, quando destinados a fazer prova de fatos ocorridos depois dos articulados ou para contrapô-los aos que foram produzidos nos autos.

Parágrafo único. Admite-se também a juntada posterior de documentos formados após a petição inicial ou a contestação, bem como dos que se tornaram conhecidos, acessíveis ou disponíveis após esses atos, cabendo à parte que os produzir comprovar o motivo que a impediu de juntá-los anteriormente e incumbindo ao juiz, em qualquer caso, avaliar a conduta da parte de acordo com o art. 5.º.

Art. 436. A parte, intimada a falar sobre documento constante dos autos, poderá:

I – impugnar a admissibilidade da prova documental;

II – impugnar sua autenticidade;

III – suscitar sua falsidade, com ou sem deflagração do incidente de arguição de falsidade;

IV – manifestar-se sobre seu conteúdo.

Parágrafo único. Nas hipóteses dos incisos II e III, a impugnação deverá basear-se em argumentação específica, não se admitindo alegação genérica de falsidade.

Art. 437. O réu manifestar-se-á na contestação sobre os documentos anexados à inicial, e o autor manifestar-se-á na réplica sobre os documentos anexados à contestação.

§ 1.º Sempre que uma das partes requerer a juntada de documento aos autos, o juiz ouvirá, a seu respeito, a outra parte, que disporá do prazo de 15 (quinze) dias para adotar qualquer das posturas indicadas no art. 436.

§ 2.º Poderá o juiz, a requerimento da parte, dilatar o prazo para manifestação sobre a prova documental produzida, levando em consideração a quantidade e a complexidade da documentação.

Art. 438. O juiz requisitará às repartições públicas, em qualquer tempo ou grau de jurisdição:

I – as certidões necessárias à prova das alegações das partes;

II – os procedimentos administrativos nas causas em que forem interessados a União, os Estados, o Distrito Federal, os Municípios ou entidades da administração indireta.

- *Vide* art. 41, parágrafo único, da LEF.

§ 1.º Recebidos os autos, o juiz mandará extrair, no prazo máximo e improrrogável de 1 (um) mês, certidões ou reproduções fotográficas das peças que indicar e das que forem indicadas pelas partes, e, em seguida, devolverá os autos à repartição de origem.

§ 2.º As repartições públicas poderão fornecer todos os documentos em meio eletrônico, conforme disposto em lei, certificando, pelo mesmo meio, que se trata de extrato fiel do que consta em seu banco de dados ou no documento digitalizado.

- *Vide* Lei n. 11.419, de 19-12-2006, que dispõe sobre a informatização do processo judicial.

Seção VIII
Dos Documentos Eletrônicos

Art. 439. A utilização de documentos eletrônicos no processo convencional dependerá de sua conversão à forma impressa e da verificação de sua autenticidade, na forma da lei.

Art. 440. O juiz apreciará o valor probante do documento eletrônico não convertido, assegurado às partes o acesso ao seu teor.

Art. 441. Serão admitidos documentos eletrônicos produzidos e conservados com a observância da legislação específica.

- A Instrução Normativa n. 11, de 11-4-2019, do STJ, regulamenta a disponibilização em meio eletrônico de carta de sentença para cumprimento de decisão estrangeira homologada.

Seção IX
Da Prova Testemunhal

Subseção I
Da Admissibilidade e do Valor da Prova Testemunhal

Art. 442. A prova testemunhal é sempre admissível, não dispondo a lei de modo diverso.

Art. 443. O juiz indeferirá a inquirição de testemunhas sobre fatos:

I – já provados por documento ou confissão da parte;

II – que só por documento ou por exame pericial puderem ser provados.

Art. 444. Nos casos em que a lei exigir prova escrita da obrigação, é admissível a prova testemunhal quando houver começo de prova por escrito, emanado da parte contra a qual se pretende produzir a prova.

Art. 445. Também se admite a prova testemunhal quando o credor não pode ou não podia, moral ou materialmente, obter a prova escrita da obrigação, em casos como o de parentesco, de depósito necessário ou de hospedagem em hotel ou em razão das práticas comerciais do local onde contraída a obrigação.

Art. 446. É lícito à parte provar com testemunhas:

I – nos contratos simulados, a divergência entre a vontade real e a vontade declarada;

II – nos contratos em geral, os vícios de consentimento.

Art. 447. Podem depor como testemunhas todas as pessoas, exceto as incapazes, impedidas ou suspeitas.

•• *Vide* art. 228 do CC.

§ 1.º São incapazes:

I – o interdito por enfermidade ou deficiência mental;

- *Vide* art. 1.767, I, do CC.

II – o que, acometido por enfermidade ou retardamento mental, ao tempo em que ocorreram os fatos, não podia discerni-los, ou, ao tempo em que deve depor, não está habilitado a transmitir as percepções;

III – o que tiver menos de 16 (dezesseis) anos;

IV – o cego e o surdo, quando a ciência do fato depender dos sentidos que lhes faltam.

§ 2.º São impedidos:

I – o cônjuge, o companheiro, o ascendente e o descendente em qualquer grau e o colateral, até o terceiro grau, de alguma das partes, por consanguinidade ou afinidade, salvo se o exigir o interesse público ou, tratando-se de causa relativa ao estado da pessoa, não se puder obter de outro modo a prova que o juiz repute necessária ao julgamento do mérito;

II – o que é parte na causa;

III – o que intervém em nome de uma parte, como o tutor, o representante legal da pessoa jurídica, o juiz, o advogado e outros que assistam ou tenham assistido as partes.

•• *Vide* art. 7.º, XIX, da Lei n. 8.906, de 4-7-1994 (EAOAB).

§ 3.º São suspeitos:

I – o inimigo da parte ou o seu amigo íntimo;

II – o que tiver interesse no litígio.

§ 4.º Sendo necessário, pode o juiz admitir o depoimento das testemunhas menores, impedidas ou suspeitas.

§ 5.º Os depoimentos referidos no § 4.º serão prestados independentemente de compromisso, e o juiz lhes atribuirá o valor que possam merecer.

Art. 448. A testemunha não é obrigada a depor sobre fatos:

I – que lhe acarretem grave dano, bem como ao seu cônjuge ou companheiro e aos seus parentes consanguíneos ou afins, em linha reta ou colateral, até o terceiro grau;

- *Vide* arts. 1.591 a 1.595 do CC.

II – a cujo respeito, por estado ou profissão, deva guardar sigilo.

- *Vide* art. 457, § 3.º, do CPC.

Art. 449. Salvo disposição especial em contrário, as testemunhas devem ser ouvidas na sede do juízo.

- *Vide* art. 361 do CPC.

Parágrafo único. Quando a parte ou a testemunha, por enfermidade ou por outro motivo relevante, estiver impossibilitada de comparecer, mas não de prestar depoimento, o juiz designará, conforme as circunstâncias, dia, hora e lugar para inquiri-la.

•• A Resolução n. 354, de 19-11-2020, do CNJ, dispõe sobre o cumprimento digital de ato processual e de ordem judicial e dá outras providências.

Subseção II
Da Produção da Prova Testemunhal

Art. 450. O rol de testemunhas conterá, sempre que possível, o nome, a profissão, o estado civil, a idade, o número de inscrição no Cadastro de Pessoas Físicas, o número de registro de identidade e o endereço completo da residência e do local de trabalho.

Art. 451. Depois de apresentado o rol de que tratam os §§ 4.º e 5.º do art. 357, a parte só pode substituir a testemunha:

I – que falecer;

II – que, por enfermidade, não estiver em condições de depor;

III – que, tendo mudado de residência ou de local de trabalho, não for encontrada.

Art. 452. Quando for arrolado como testemunha, o juiz da causa:

I – declarar-se-á impedido, se tiver conhecimento de fatos que possam influir na decisão, caso em que será vedado à parte que o incluiu no rol desistir de seu depoimento;

II – se nada souber, mandará excluir o seu nome.

Art. 453. As testemunhas depõem, na audiência de instrução e julgamento, perante o juiz da causa, exceto:

I – as que prestam depoimento antecipadamente;

II – as que são inquiridas por carta.

§ 1.º A oitiva de testemunha que residir em comarca, seção ou subseção judiciária diversa daquela onde tramita o processo poderá ser realizada por meio de videoconferência ou outro recurso tecnológico de transmissão e recepção de sons e imagens em tempo real, o que poderá ocorrer, inclusive, durante a audiência de instrução e julgamento.

•• O art. 222, § 3.º, do CPP prevê a oitiva de testemunhas por videoconferência no processo penal.

•• A Resolução n. 354, de 19-11-2020, do CNJ, dispõe sobre o cumprimento digital de ato processual e de ordem judicial e dá outras providências.

§ 2.º Os juízos deverão manter equipamento para a transmissão e recepção de sons e imagens a que se refere o § 1.º.

Art. 454. São inquiridos em sua residência ou onde exercem sua função:

• *Vide* art. 217 do CPC.

I – o presidente e o vice-presidente da República;

II – os ministros de Estado;

III – os ministros do Supremo Tribunal Federal, os conselheiros do Conselho Nacional de Justiça e os ministros do Superior Tribunal de Justiça, do Superior Tribunal Militar, do Tribunal Superior Eleitoral, do Tribunal Superior do Trabalho e do Tribunal de Contas da União;

IV – o procurador-geral da República e os conselheiros do Conselho Nacional do Ministério Público;

V – o advogado-geral da União, o procurador-geral do Estado, o procurador-geral do Município, o defensor público-geral federal e o defensor público-geral do Estado;

VI – os senadores e os deputados federais;

VII – os governadores dos Estados e do Distrito Federal;

VIII – o prefeito;

IX – os deputados estaduais e distritais;

X – os desembargadores dos Tribunais de Justiça, dos Tribunais Regionais Federais, dos Tribunais Regionais do Trabalho e dos Tribunais Regionais Eleitorais e os conselheiros dos Tribunais de Contas dos Estados e do Distrito Federal;

XI – o procurador-geral de justiça;

XII – o embaixador de país que, por lei ou tratado, concede idêntica prerrogativa a agente diplomático do Brasil.

§ 1.º O juiz solicitará à autoridade que indique dia, hora e local a fim de ser inquirida, remetendo-lhe cópia da petição inicial ou da defesa oferecida pela parte que a arrolou como testemunha.

§ 2.º Passado 1 (um) mês sem manifestação da autoridade, o juiz designará dia, hora e local para o depoimento, preferencialmente na sede do juízo.

§ 3.º O juiz também designará dia, hora e local para o depoimento, quando a autoridade não comparecer, injustificadamente, à sessão agendada para a colheita de seu testemunho no dia, hora e local por ela mesma indicados.

Art. 455. Cabe ao advogado da parte informar ou intimar a testemunha por ele arrolada do dia, da hora e do local da audiência designada, dispensando-se a intimação do juízo.

§ 1.º A intimação deverá ser realizada por carta com aviso de recebimento, cumprindo ao advogado juntar aos autos, com antecedência de pelo menos 3 (três) dias da data da audiência, cópia da correspondência de intimação e do comprovante de recebimento.

§ 2.º A parte pode comprometer-se a levar a testemunha à audiência, independentemente da intimação de que trata o § 1.º, presumindo-se, caso a testemunha não compareça, que a parte desistiu de sua inquirição.

§ 3.º A inércia na realização da intimação a que se refere o § 1.º importa desistência da inquirição da testemunha.

§ 4.º A intimação será feita pela via judicial quando:

I – for frustrada a intimação prevista no § 1.º deste artigo;

II – sua necessidade for devidamente demonstrada pela parte ao juiz;

III – figurar no rol de testemunhas servidor público ou militar, hipótese em que o juiz o requisitará ao chefe da repartição ou ao comando do corpo em que servir;

IV – a testemunha houver sido arrolada pelo Ministério Público ou pela Defensoria Pública;

V – a testemunha for uma daquelas previstas no art. 454.

§ 5.º A testemunha que, intimada na forma do § 1.º ou do § 4.º, deixar de comparecer sem motivo justificado será conduzida e responderá pelas despesas do adiamento.

Art. 456. O juiz inquirirá as testemunhas separada e sucessivamente, primeiro as do autor e depois as do réu, e providenciará para que uma não ouça o depoimento das outras.

Parágrafo único. O juiz poderá alterar a ordem estabelecida no *caput* se as partes concordarem.

Art. 457. Antes de depor, a testemunha será qualificada, declarará ou confirmará seus dados e informará se tem relações de parentesco com a parte ou interesse no objeto do processo.

§ 1.º É lícito à parte contraditar a testemunha, arguindo-lhe a incapacidade, o impedimento ou a suspeição, bem como, caso a testemunha negue os fatos que lhe são imputados, provar a contradita com documentos ou com testemunhas, até 3 (três), apresentadas no ato e inquiridas em separado.

§ 2.º Sendo provados ou confessados os fatos a que se refere o § 1.º, o juiz dispensará a testemunha ou lhe tomará o depoimento como informante.

§ 3.º A testemunha pode requerer ao juiz que a escuse de depor, alegando os motivos previstos neste Código, decidindo o juiz de plano após ouvidas as partes.

Art. 458. Ao início da inquirição, a testemunha prestará o compromisso de dizer a verdade do que souber e lhe for perguntado.

• *Vide* art. 447, §§ 4.º e 5.º, do CPC.

Parágrafo único. O juiz advertirá à testemunha que incorre em sanção penal quem faz afirmação falsa, cala ou oculta a verdade.

• O art. 342 do CP dispõe sobre o crime de falso testemunho e falsa perícia.

Art. 459. As perguntas serão formuladas pelas partes diretamente à testemunha, começando pela que a arrolou, não admitindo o juiz aquelas que puderem induzir a resposta, não tiverem relação com as questões de fato objeto da atividade probatória ou importarem repetição de outra já respondida.

§ 1.º O juiz poderá inquirir a testemunha tanto antes quanto depois da inquirição feita pelas partes.

§ 2.º As testemunhas devem ser tratadas com urbanidade, não se lhes fazendo perguntas ou considerações impertinentes, capciosas ou vexatórias.

§ 3.º As perguntas que o juiz indeferir serão transcritas no termo, se a parte o requerer.

Art. 460. O depoimento poderá ser documentado por meio de gravação.

•• A Resolução n. 354, de 19-11-2020, do CNJ, dispõe sobre o cumprimento digital de ato processual e de ordem judicial e dá outras providências.

§ 1.º Quando digitado ou registrado por taquigrafia, estenotipia ou outro método idôneo de documentação, o depoimento será assinado pelo juiz, pelo depoente e pelos procuradores.

§ 2.º Se houver recurso em processo em autos não eletrônicos, o depoimento somente será digitado quando for impossível o envio de sua documentação eletrônica.

§ 3.º Tratando-se de autos eletrônicos, observar-se-á o disposto neste Código e na legislação específica sobre a prática eletrônica de atos processuais.

Art. 461. O juiz pode ordenar, de ofício ou a requerimento da parte:

I – a inquirição de testemunhas referidas nas declarações da parte ou das testemunhas;

II – a acareação de 2 (duas) ou mais testemunhas ou de alguma delas com a parte, quando, sobre fato determinado que possa influir na decisão da causa, divergirem as suas declarações.

§ 1.º Os acareados serão reperguntados para que expliquem os pontos de divergência, reduzindo-se a termo o ato de acareação.

§ 2.º A acareação pode ser realizada por videoconferência ou por outro recurso tecnológico de transmissão de sons e imagens em tempo real.

•• A Resolução n. 354, de 19-11-2020, do CNJ, dispõe sobre o cumprimento digital de ato processual e de ordem judicial e dá outras providências.

Art. 462. A testemunha pode requerer ao juiz o pagamento da despesa que efetuou para comparecimento à audiência, devendo a parte pagá-la logo que arbitrada ou depositá-la em cartório dentro de 3 (três) dias.

Art. 463. O depoimento prestado em juízo é considerado serviço público.

Parágrafo único. A testemunha, quando sujeita ao regime da legislação trabalhista, não sofre, por comparecer à audiência, perda de salário nem desconto no tempo de serviço.

Seção X
Da Prova Pericial

Art. 464. A prova pericial consiste em exame, vistoria ou avaliação.

§ 1.º O juiz indeferirá a perícia quando:

I – a prova do fato não depender de conhecimento especial de técnico;

II – for desnecessária em vista de outras provas produzidas;

III – a verificação for impraticável.

§ 2.º De ofício ou a requerimento das partes, o juiz poderá, em substituição à perícia, determinar a produção de prova técnica simplificada, quando o ponto controvertido for de menor complexidade.

§ 3.º A prova técnica simplificada consistirá apenas na inquirição de especialista, pelo juiz, sobre ponto controvertido da causa que demande especial conhecimento científico ou técnico.

§ 4.º Durante a arguição, o especialista, que deverá ter formação acadêmica específica na área objeto de seu depoimento, poderá valer-se de qualquer recurso tecnológico de transmissão de sons e imagens com o fim de esclarecer os pontos controvertidos da causa.

Art. 465. O juiz nomeará perito especializado no objeto da perícia e fixará de imediato o prazo para a entrega do laudo.

§ 1.º Incumbe às partes, dentro de 15 (quinze) dias contados da intimação do despacho de nomeação do perito:

I – arguir o impedimento ou a suspeição do perito, se for o caso;

II – indicar assistente técnico;

III – apresentar quesitos.

§ 2.º Ciente da nomeação, o perito apresentará em 5 (cinco) dias:

I – proposta de honorários;

II – currículo, com comprovação de especialização;

III – contatos profissionais, em especial o endereço eletrônico, para onde serão dirigidas as intimações pessoais.

§ 3.º As partes serão intimadas da proposta de honorários para, querendo, manifestar-se no prazo comum de 5 (cinco) dias, após o que o juiz arbitrará o valor, intimando-se as partes para os fins do art. 95.

§ 4.º O juiz poderá autorizar o pagamento de até cinquenta por cento dos honorários arbitrados a favor do perito no início dos trabalhos, devendo o remanescente ser pago apenas ao final, depois de entregue o laudo e prestados todos os esclarecimentos necessários.

§ 5.º Quando a perícia for inconclusiva ou deficiente, o juiz poderá reduzir a remuneração inicialmente arbitrada para o trabalho.

§ 6.º Quando tiver de realizar-se por carta, poder-se-á proceder à nomeação de perito e à indicação de assistentes técnicos no juízo ao qual se requisitar a perícia.

• *Vide* art. 260, § 2.º, do CPC.

Art. 466. O perito cumprirá escrupulosamente o encargo que lhe foi cometido, independentemente de termo de compromisso.

§ 1.º Os assistentes técnicos são de confiança da parte e não estão sujeitos a impedimento ou suspeição.

§ 2.º O perito deve assegurar aos assistentes das partes o acesso e o acompanhamento das diligências e dos exames que realizar, com prévia comunicação, comprovada nos autos, com antecedência mínima de 5 (cinco) dias.

Art. 467. O perito pode escusar-se ou ser recusado por impedimento ou suspeição.

Parágrafo único. O juiz, ao aceitar a escusa ou ao julgar procedente a impugnação, nomeará novo perito.

Art. 468. O perito pode ser substituído quando:

I – faltar-lhe conhecimento técnico ou científico;

II – sem motivo legítimo, deixar de cumprir o encargo no prazo que lhe foi assinado.

§ 1.º No caso previsto no inciso II, o juiz comunicará a ocorrência à corporação profissional respectiva, podendo, ainda, impor multa ao perito, fixada tendo em vista o valor da causa e o possível prejuízo decorrente do atraso no processo.

§ 2.º O perito substituído restituirá, no prazo de 15 (quinze) dias, os valores recebidos pelo trabalho não realizado, sob pena de ficar impedido de atuar como perito judicial pelo prazo de 5 (cinco) anos.

§ 3.º Não ocorrendo a restituição voluntária de que trata o § 2.º, a parte que tiver realizado o adiantamento dos honorários poderá promover execução contra o perito, na forma dos arts. 513 e seguintes deste Código, com fundamento na decisão que determinar a devolução do numerário.

Art. 469. As partes poderão apresentar quesitos suplementares durante a diligência, que poderão ser respondidos pelo perito previamente ou na audiência de instrução e julgamento.

Parágrafo único. O escrivão dará à parte contrária ciência da juntada dos quesitos aos autos.

Art. 470. Incumbe ao juiz:

I – indeferir quesitos impertinentes;

II – formular os quesitos que entender necessários ao esclarecimento da causa.

Art. 471. As partes podem, de comum acordo, escolher o perito, indicando-o mediante requerimento, desde que:

I – sejam plenamente capazes;

II – a causa possa ser resolvida por autocomposição.

§ 1.º As partes, ao escolher o perito, já devem indicar os respectivos assistentes técnicos para acompanhar a realização da perícia, que se realizará em data e local previamente anunciados.

§ 2.º O perito e os assistentes técnicos devem entregar, respectivamente, laudo e pareceres em prazo fixado pelo juiz.

§ 3.º A perícia consensual substitui, para todos os efeitos, a que seria realizada por perito nomeado pelo juiz.

Art. 472. O juiz poderá dispensar prova pericial quando as partes, na inicial e na contestação, apresentarem, sobre as questões de fato, pareceres técnicos ou documentos elucidativos que considerar suficientes.

Art. 473. O laudo pericial deverá conter:

I – a exposição do objeto da perícia;

II – a análise técnica ou científica realizada pelo perito;

III – a indicação do método utilizado, esclarecendo-o e demonstrando ser predominantemente aceito pelos especialistas da área do conhecimento da qual se originou;

IV – resposta conclusiva a todos os quesitos apresentados pelo juiz, pelas partes e pelo órgão do Ministério Público.

§ 1.º No laudo, o perito deve apresentar sua fundamentação em linguagem simples e com coerência lógica, indicando como alcançou suas conclusões.

§ 2.º É vedado ao perito ultrapassar os limites de sua designação, bem como emitir opiniões pessoais que excedam o exame técnico ou científico do objeto da perícia.

§ 3.º Para o desempenho de sua função, o perito e os assistentes técnicos podem valer-se de todos os meios necessários, ouvindo testemunhas, obtendo informações, solicitando documentos que estejam em poder da parte, de terceiros ou em repartições públicas, bem como instruir o laudo com planilhas, mapas, plantas, desenhos, fotografias ou outros elementos necessários ao esclarecimento do objeto da perícia.

Art. 474. As partes terão ciência da data e do local designados pelo juiz ou indicados pelo perito para ter início a produção da prova.

Art. 475. Tratando-se de perícia complexa que abranja mais de uma área de conhecimento especializado, o juiz poderá nomear mais de um perito, e a parte, indicar mais de um assistente técnico.

Art. 476. Se o perito, por motivo justificado, não puder apresentar o laudo dentro do prazo, o juiz poderá conceder-lhe, por uma vez, prorrogação pela metade do prazo originalmente fixado.

Art. 477. O perito protocolará o laudo em juízo, no prazo fixado pelo juiz, pelo menos 20 (vinte) dias antes da audiência de instrução e julgamento.

§ 1.º As partes serão intimadas para, querendo, manifestar-se sobre o laudo do perito do juízo no prazo comum de 15 (quinze) dias, podendo o assistente técnico de cada uma das partes, em igual prazo, apresentar seu respectivo parecer.

§ 2.º O perito do juízo tem o dever de, no prazo de 15 (quinze) dias, esclarecer ponto:

I – sobre o qual exista divergência ou dúvida de qualquer das partes, do juiz ou do órgão do Ministério Público;

II – divergente apresentado no parecer do assistente técnico da parte.

§ 3.º Se ainda houver necessidade de esclarecimentos, a parte requererá ao juiz que mande intimar o perito ou o assistente técnico a comparecer à audiência de instrução e julgamento, formulando, desde logo, as perguntas, sob forma de quesitos.

•• *Vide* art. 361, I, do CPC.

§ 4.º O perito ou o assistente técnico será intimado por meio eletrônico, com pelo menos 10 (dez) dias de antecedência da audiência.

Art. 478. Quando o exame tiver por objeto a autenticidade ou a falsidade de documento ou for de natureza médico-legal, o perito será escolhido, de preferência, entre os técnicos dos estabelecimentos oficiais especializados, a cujos diretores o juiz autorizará a remessa dos autos, bem como do material sujeito a exame.

§ 1.º Nas hipóteses de gratuidade de justiça, os órgãos e as repartições oficiais deverão cumprir a determinação judicial com preferência, no prazo estabelecido.

§ 2.º A prorrogação do prazo referido no § 1.º pode ser requerida motivadamente.

§ 3.º Quando o exame tiver por objeto a autenticidade da letra e da firma, o perito poderá requisitar, para efeito de comparação, documentos existentes em repartições públicas e, na falta destes, poderá requerer ao juiz que a pessoa a quem se atribuir a autoria do documento lance em folha de papel, por cópia ou sob ditado, dizeres diferentes, para fins de comparação.

Art. 479. O juiz apreciará a prova pericial de acordo com o disposto no art. 371, indicando na sentença os motivos que o levaram a considerar ou a deixar de considerar as conclusões do laudo, levando em conta o método utilizado pelo perito.

Art. 480. O juiz determinará, de ofício ou a requerimento da parte, a realização de nova perícia quando a matéria não estiver suficientemente esclarecida.

§ 1.º A segunda perícia tem por objeto os mesmos fatos sobre os quais recaiu a primeira e destina-se a corrigir eventual omissão ou inexatidão dos resultados a que esta conduziu.

§ 2.º A segunda perícia rege-se pelas disposições estabelecidas para a primeira.

§ 3.º A segunda perícia não substitui a primeira, cabendo ao juiz apreciar o valor de uma e de outra.

Seção XI
Da Inspeção Judicial

Art. 481. O juiz, de ofício ou a requerimento da parte, pode, em qualquer fase do processo, inspecionar pessoas ou coisas, a fim de se esclarecer sobre fato que interesse à decisão da causa.

•• *Vide* art. 35, parágrafo único, da Lei n. 9.099, de 26-9-1995 (Juizados Especiais).

Art. 482. Ao realizar a inspeção, o juiz poderá ser assistido por um ou mais peritos.

Art. 483. O juiz irá ao local onde se encontre a pessoa ou a coisa quando:

I – julgar necessário para a melhor verificação ou interpretação dos fatos que deva observar;

II – a coisa não puder ser apresentada em juízo sem consideráveis despesas ou graves dificuldades;

III – determinar a reconstituição dos fatos.

Parágrafo único. As partes têm sempre direito a assistir à inspeção, prestando esclarecimentos e fazendo observações que considerem de interesse para a causa.

Art. 484. Concluída a diligência, o juiz mandará lavrar auto circunstanciado, mencionando nele tudo quanto for útil ao julgamento da causa.

Parágrafo único. O auto poderá ser instruído com desenho, gráfico ou fotografia.

Capítulo XIII
DA SENTENÇA E DA COISA JULGADA

Seção I
Disposições Gerais

Art. 485. O juiz não resolverá o mérito quando:

•• *Vide* art. 203, § 1.º, do CPC.

I – indeferir a petição inicial;

• *Vide* art. 330 do CPC.

II – o processo ficar parado durante mais de 1 (um) ano por negligência das partes;

III – por não promover os atos e as diligências que lhe incumbir, o autor abandonar a causa por mais de 30 (trinta) dias;

• *Vide* Súmula 631 do STF.

• *Vide* Súmula 240 do STJ.

IV – verificar a ausência de pressupostos de constituição e de desenvolvimento válido e regular do processo;

V – reconhecer a existência de perempção, de litispendência ou de coisa julgada;

• *Vide* art. 5.º, XXXVI, da CF.

• *Vide* arts. 337, V, e 486 do CPC.

VI – verificar ausência de legitimidade ou de interesse processual;

VII – acolher a alegação de existência de convenção de arbitragem ou quando o juízo arbitral reconhecer sua competência;

• *Vide* arts. 3.º a 12 da Lei n. 9.307, de 23-9-1996.

VIII – homologar a desistência da ação;

IX – em caso de morte da parte, a ação for considerada intransmissível por disposição legal; e

X – nos demais casos prescritos neste Código.

§ 1.º Nas hipóteses descritas nos incisos II e III, a parte será intimada pessoalmente para suprir a falta no prazo de 5 (cinco) dias.

§ 2.º No caso do § 1.º, quanto ao inciso II, as partes pagarão proporcionalmente as custas, e, quanto ao inciso III, o autor será condenado ao pagamento das despesas e dos honorários de advogado.

§ 3.º O juiz conhecerá de ofício da matéria constante dos incisos IV, V, VI e IX, em qualquer tempo e grau de jurisdição, enquanto não ocorrer o trânsito em julgado.

§ 4.º Oferecida a contestação, o autor não poderá, sem o consentimento do réu, desistir da ação.

§ 5.º A desistência da ação pode ser apresentada até a sentença.

§ 6.º Oferecida a contestação, a extinção do processo por abandono da causa pelo autor depende de requerimento do réu.

§ 7.º Interposta a apelação em qualquer dos casos de que tratam os incisos deste artigo, o juiz terá 5 (cinco) dias para retratar-se.

Art. 486. O pronunciamento judicial que não resolve o mérito não obsta a que a parte proponha de novo a ação.

• *Vide* art. 486, *caput*, do CPC.

§ 1.º No caso de extinção em razão de litispendência e nos casos dos incisos I, IV, VI e VII do art. 485, a propositura da nova ação depende da correção do vício que levou à sentença sem resolução do mérito.

§ 2.º A petição inicial, todavia, não será despachada sem a prova do pagamento ou do depósito das custas e dos honorários de advogado.

§ 3.º Se o autor der causa, por 3 (três) vezes, a sentença fundada em abandono da causa, não poderá propor nova ação contra o réu com o mesmo objeto, ficando-lhe ressalvada, entretanto, a possibilidade de alegar em defesa o seu direito.

• *Vide* art. 486, § 3.º, do CPC.

Art. 487. Haverá resolução de mérito quando o juiz:

•• *Vide* art. 203, § 1.º, do CPC.

I – acolher ou rejeitar o pedido formulado na ação ou na reconvenção;

II – decidir, de ofício ou a requerimento, sobre a ocorrência de decadência ou prescrição;

• *Vide* art. 354 do CPC.

III – homologar:

• *Vide* art. 354 do CPC.

a) o reconhecimento da procedência do pedido formulado na ação ou na reconvenção;

b) a transação;

c) a renúncia à pretensão formulada na ação ou na reconvenção.

Parágrafo único. Ressalvada a hipótese do § 1.º do art. 332, a prescrição e a decadência não serão reconhecidas sem que antes seja dada às partes oportunidade de manifestar-se.

Art. 488. Desde que possível, o juiz resolverá o mérito sempre que a decisão for favorável à parte a quem aproveitaria eventual pronunciamento nos termos do art. 485.

Seção II
Dos Elementos e dos Efeitos da Sentença

Art. 489. São elementos essenciais da sentença:

I – o relatório, que conterá os nomes das partes, a identificação do caso, com a suma do pedido e da contestação, e o registro das principais ocorrências havidas no andamento do processo;

II – os fundamentos, em que o juiz analisará as questões de fato e de direito;

III – o dispositivo, em que o juiz resolverá as questões principais que as partes lhe submeterem.

§ 1.º Não se considera fundamentada qualquer decisão judicial, seja ela interlocutória, sentença ou acórdão, que:

•• *Vide* art. 140 do CPC.

I – se limitar à indicação, à reprodução ou à paráfrase de ato normativo, sem explicar sua relação com a causa ou a questão decidida;

II – empregar conceitos jurídicos indeterminados, sem explicar o motivo concreto de sua incidência no caso;

III – invocar motivos que se prestariam a justificar qualquer outra decisão;

IV – não enfrentar todos os argumentos deduzidos no processo capazes de, em tese, infirmar a conclusão adotada pelo julgador;

V – se limitar a invocar precedente ou enunciado de súmula, sem identificar seus fundamentos determinantes nem demonstrar que o caso sob julgamento se ajusta àqueles fundamentos;

VI – deixar de seguir enunciado de súmula, jurisprudência ou precedente invocado pela parte, sem demonstrar a existência de distinção no caso em julgamento ou a superação do entendimento.

§ 2.º No caso de colisão entre normas, o juiz deve justificar o objeto e os critérios gerais da ponderação efetuada, enunciando as razões que autorizam a interferência na norma afastada e as premissas fáticas que fundamentam a conclusão.

§ 3.º A decisão judicial deve ser interpretada a partir da conjugação de todos os seus elementos e em conformidade com o princípio da boa-fé.

Art. 490. O juiz resolverá o mérito acolhendo ou rejeitando, no todo ou em parte, os pedidos formulados pelas partes.

• *Vide* arts. 1.009 e s. do CPC.

Art. 491. Na ação relativa à obrigação de pagar quantia, ainda que formulado pedido genérico, a decisão definirá desde logo a extensão da obrigação, o índice de correção monetária, a taxa de juros, o termo inicial de ambos e a periodicidade da capitalização dos juros, se for o caso, salvo quando:

I – não for possível determinar, de modo definitivo, o montante devido;

II – a apuração do valor devido depender da produção de prova de realização demorada ou excessivamente dispendiosa, assim reconhecida na sentença.

§ 1.º Nos casos previstos neste artigo, seguir-se-á a apuração do valor devido por liquidação.

§ 2.º O disposto no *caput* também se aplica quando o acórdão alterar a sentença.

Art. 492. É vedado ao juiz proferir decisão de natureza diversa da pedida, bem como condenar a parte em quantidade superior ou em objeto diverso do que lhe foi demandado.

• *Vide* art. 141 do CPC.

Parágrafo único. A decisão deve ser certa, ainda que resolva relação jurídica condicional.

Art. 493. Se, depois da propositura da ação, algum fato constitutivo, modificativo ou extintivo do direito influir no julgamento do mérito, caberá ao juiz tomá-lo em consideração, de ofício ou a requerimento da parte, no momento de proferir a decisão.

Parágrafo único. Se constatar de ofício o fato novo, o juiz ouvirá as partes sobre ele antes de decidir.

Art. 494. Publicada a sentença, o juiz só poderá alterá-la:

• *Vide* arts. 505 e 656 do CPC.

I – para corrigir-lhe, de ofício ou a requerimento da parte, inexatidões materiais ou erros de cálculo;

II – por meio de embargos de declaração.

• *Vide* arts. 1.022 a 1.026 do CPC.

Art. 495. A decisão que condenar o réu ao pagamento de prestação consistente em dinheiro e a que determinar a conversão de prestação de fazer, de não fazer ou de dar coisa em prestação pecuniária valerão como título constitutivo de hipoteca judiciária.

§ 1.º A decisão produz a hipoteca judiciária:

• *Vide* art. 1.489 do CC.

I – embora a condenação seja genérica;

II – ainda que o credor possa promover o cumprimento provisório da sentença ou esteja pendente arresto sobre bem do devedor;

III – mesmo que impugnada por recurso dotado de efeito suspensivo.

§ 2.º A hipoteca judiciária poderá ser realizada mediante apresentação de cópia da sentença perante o cartório de registro imobiliário, independentemente de ordem judicial, de declaração expressa do juiz ou de demonstração de urgência.

§ 3.º No prazo de até 15 (quinze) dias da data de realização da hipoteca, a parte informá-la-á ao juízo da causa, que determinará a intimação da outra parte para que tome ciência do ato.

§ 4.º A hipoteca judiciária, uma vez constituída, implicará, para o credor hipotecário, o direito de preferência, quanto ao pagamento, em relação a outros credores, observada a prioridade no registro.

§ 5.º Sobrevindo a reforma ou a invalidação da decisão que impôs o pagamento de quantia, a parte responderá, independentemente de culpa, pelos danos que a outra parte tiver sofrido em razão da constituição da garantia, devendo o valor da indenização ser liquidado e executado nos próprios autos.

Seção III
Da Remessa Necessária

Art. 496. Está sujeita ao duplo grau de jurisdição, não produzindo efeito senão depois de confirmada pelo tribunal, a sentença:

I – proferida contra a União, os Estados, o Distrito Federal, os Municípios e suas respectivas autarquias e fundações de direito público;

II – que julgar procedentes, no todo ou em parte, os embargos à execução fiscal.

• *Vide* Súmula 45 do STJ.

• *Vide* Lei n. 6.830, de 22-9-1980, que dispõe sobre a cobrança da dívida ativa da Fazenda Pública.

§ 1.º Nos casos previstos neste artigo, não interposta a apelação no prazo legal, o juiz ordenará a remessa dos autos ao tribunal, e, se não o fizer, o presidente do respectivo tribunal avocá-los-á.

§ 2.º Em qualquer dos casos referidos no § 1.º, o tribunal julgará a remessa necessária.

§ 3.º Não se aplica o disposto neste artigo quando a condenação ou o proveito econômico obtido na causa for de valor certo e líquido inferior a:

I – 1.000 (mil) salários mínimos para a União e as respectivas autarquias e fundações de direito público;

II – 500 (quinhentos) salários mínimos para os Estados, o Distrito Federal, as respectivas autarquias e fundações de direito público e os Municípios que constituam capitais dos Estados;

III – 100 (cem) salários mínimos para todos os demais Municípios e respectivas autarquias e fundações de direito público.

§ 4.º Também não se aplica o disposto neste artigo quando a sentença estiver fundada em:

I – súmula de tribunal superior;

II – acórdão proferido pelo Supremo Tribunal Federal ou pelo Superior Tribunal de Justiça em julgamento de recursos repetitivos;

• *Vide* arts. 1.036 a 1.041 do CPC.

III – entendimento firmado em incidente de resolução de demandas repetitivas ou de assunção de competência;

IV – entendimento coincidente com orientação vinculante firmada no âmbito administrativo do próprio ente público, consolidada em manifestação, parecer ou súmula administrativa.

Seção IV
Do Julgamento das Ações Relativas às Prestações de Fazer, de Não Fazer e de Entregar Coisa

Art. 497. Na ação que tenha por objeto a prestação de fazer ou de não fazer, o juiz, se procedente o pedido, concederá a tutela específica ou determinará providências que assegurem a obtenção de tutela pelo resultado prático equivalente.

•• *Vide* Lei n. 9.494, de 10-9-1997.

•• *Vide* art. 513 do CPC.

• *Vide* art. 84 do CDC.

• *Vide* art. 213 do ECA.

• *Vide* art. 52, V, da Lei n. 9.099, de 26-9-1995.

Parágrafo único. Para a concessão da tutela específica destinada a inibir a prática, a reiteração ou a continuação de um ilícito, ou a sua remoção, é irrelevante a demonstração da ocorrência de dano ou da existência de culpa ou dolo.

Art. 498. Na ação que tenha por objeto a entrega de coisa, o juiz, ao conceder a tutela específica, fixará o prazo para o cumprimento da obrigação.

Parágrafo único. Tratando-se de entrega de coisa determinada pelo gênero e pela quantidade, o autor individualizá-la-á na petição inicial, se lhe couber a escolha, ou, se a escolha couber ao réu, este a entregará individualizada, no prazo fixado pelo juiz.

Art. 499. A obrigação somente será convertida em perdas e danos se o autor o requerer ou se impossível a tutela específica ou a obtenção de tutela pelo resultado prático equivalente.

Art. 500. A indenização por perdas e danos dar-se-á sem prejuízo da multa fixada periodicamente para compelir o réu ao cumprimento específico da obrigação.

Art. 501. Na ação que tenha por objeto a emissão de declaração de vontade, a sentença que julgar procedente o pedido, uma vez transitada em julgado, produzirá todos os efeitos da declaração não emitida.

Seção V
Da Coisa Julgada

Art. 502. Denomina-se coisa julgada material a autoridade que torna imutável e indiscutível a decisão de mérito não mais sujeita a recurso.

• *Vide* art. 5.º, XXXVI, da CF.

• *Vide* art. 337, § 1.º, do CPC.

• *Vide* art. 6.º, *caput* e § 1.º, da LINDB.

Art. 503. A decisão que julgar total ou parcialmente o mérito tem força de lei nos limites da questão principal expressamente decidida.

§ 1.º O disposto no *caput* aplica-se à resolução de questão prejudicial, decidida expressa e incidentemente no processo, se:

•• *Vide* art. 1.054 do CPC.

I – dessa resolução depender o julgamento do mérito;

II – a seu respeito tiver havido contraditório prévio e efetivo, não se aplicando no caso de revelia;

III – o juízo tiver competência em razão da matéria e da pessoa para resolvê-la como questão principal.

§ 2.º A hipótese do § 1.º não se aplica se no processo houver restrições probatórias ou limitações à cognição que impeçam o aprofundamento da análise da questão prejudicial.

Art. 504. Não fazem coisa julgada:

I – os motivos, ainda que importantes para determinar o alcance da parte dispositiva da sentença;

II – a verdade dos fatos, estabelecida como fundamento da sentença.

Art. 505. Nenhum juiz decidirá novamente as questões já decididas relativas à mesma lide, salvo:

I – se, tratando-se de relação jurídica de trato continuado, sobreveio modificação no estado de fato ou de direito, caso em que poderá a parte pedir a revisão do que foi estatuído na sentença;

•• *Vide* art. 15 da Lei n. 5.478, de 25-7-1968 (Lei de Alimentos).

II – nos demais casos prescritos em lei.

• *Vide* arts. 493 e 494 do CPC.

Art. 506. A sentença faz coisa julgada às partes entre as quais é dada, não prejudicando terceiros.

Art. 507. É vedado à parte discutir no curso do processo as questões já decididas a cujo respeito se operou a preclusão.

Art. 508. Transitada em julgado a decisão de mérito, considerar-se-ão deduzidas e repelidas todas as alegações e as defesas que a parte poderia opor tanto ao acolhimento quanto à rejeição do pedido.

Capítulo XIV
DA LIQUIDAÇÃO DE SENTENÇA

Art. 509. Quando a sentença condenar ao pagamento de quantia ilíquida, proceder-se-á à sua liquidação, a requerimento do credor ou do devedor:

I – por arbitramento, quando determinado pela sentença, convencionado pelas partes ou exigido pela natureza do objeto da liquidação;

II – pelo procedimento comum, quando houver necessidade de alegar e provar fato novo.

§ 1.º Quando na sentença houver uma parte líquida e outra ilíquida, ao credor é lícito promover simultaneamente a execução daquela e, em autos apartados, a liquidação desta.

• Sobre execução: *vide* arts. 778 e s. do CPC.

§ 2.º Quando a apuração do valor depender apenas de cálculo aritmético, o credor poderá promover, desde logo, o cumprimento da sentença.

§ 3.º O Conselho Nacional de Justiça desenvolverá e colocará à disposição dos interessados programa de atualização financeira.

§ 4.º Na liquidação é vedado discutir de novo a lide ou modificar a sentença que a julgou.

Art. 510. Na liquidação por arbitramento, o juiz intimará as partes para a apresentação de pareceres ou documentos elucidativos, no prazo que fixar, e, caso não possa decidir de plano, nomeará perito, observando-se, no que couber, o procedimento da prova pericial.

Art. 511. Na liquidação pelo procedimento comum, o juiz determinará a intimação do requerido, na pessoa de seu advogado ou da sociedade de advogados a que estiver vinculado, para, querendo, apresentar contestação no prazo de 15 (quinze) dias, observando-se, a seguir, no que couber, o disposto no Livro I da Parte Especial deste Código.

Art. 512. A liquidação poderá ser realizada na pendência de recurso, processando-se em autos apartados no juízo de origem, cumprindo ao liquidante instruir o pedido com cópias das peças processuais pertinentes.

TÍTULO II
DO CUMPRIMENTO DA SENTENÇA

Capítulo I
DISPOSIÇÕES GERAIS

Art. 513. O cumprimento da sentença será feito segundo as regras deste Título, observando-se, no que couber e conforme a natureza da obrigação, o disposto no Livro II da Parte Especial deste Código.

§ 1.º O cumprimento da sentença que reconhece o dever de pagar quantia, provisório ou definitivo, far-se-á a requerimento do exequente.

§ 2.º O devedor será intimado para cumprir a sentença:

I – pelo *Diário da Justiça*, na pessoa de seu advogado constituído nos autos;

II – por carta com aviso de recebimento, quando representado pela Defensoria Pública ou quando não tiver procurador constituído nos autos, ressalvada a hipótese do inciso IV;

III – por meio eletrônico, quando, no caso do § 1.º do art. 246, não tiver procurador constituído nos autos;

IV – por edital, quando, citado na forma do art. 256, tiver sido revel na fase de conhecimento.

§ 3.º Na hipótese do § 2.º, incisos II e III, considera-se realizada a intimação quando o devedor houver mudado de endereço sem prévia comunicação ao juízo, observado o disposto no parágrafo único do art. 274.

§ 4.º Se o requerimento a que alude o § 1.º for formulado após 1 (um) ano do trânsito em julgado da sentença, a intimação será feita na pessoa do devedor, por meio de carta com aviso de recebimento encaminhada ao endereço constante dos autos, observado o disposto no parágrafo único do art. 274 e no § 3.º deste artigo.

§ 5.º O cumprimento da sentença não poderá ser promovido em face do fiador, do coobrigado ou do corresponsável que não tiver participado da fase de conhecimento.

Art. 514. Quando o juiz decidir relação jurídica sujeita a condição ou termo, o cumprimento da sentença dependerá de demonstração de que se realizou a condição ou de que ocorreu o termo.

•• *Vide* arts. 798 e 803, III, do CPC.

• *Vide* arts. 121 a 137 do CC.

Art. 515. São títulos executivos judiciais, cujo cumprimento dar-se-á de acordo com os artigos previstos neste Título:

I – as decisões proferidas no processo civil que reconheçam a exigibilidade de obrigação de pagar quantia, de fazer, de não fazer ou de entregar coisa;

• *Vide* art. 24 da Lei n. 8.906, de 4-7-1994 (EAOAB).

II – a decisão homologatória de autocomposição judicial;

• *Vide* arts. 22, parágrafo único, e 74 da Lei n. 9.099, de 26-9-1995.

III – a decisão homologatória de autocomposição extrajudicial de qualquer natureza;

• *Vide* art. 57, *caput*, da Lei n. 9.099, de 26-9-1995.

IV – o formal e a certidão de partilha, exclusivamente em relação ao inventariante, aos herdeiros e aos sucessores a título singular ou universal;

•• *Vide* art. 655 do CPC.

V – o crédito de auxiliar da justiça, quando as custas, emolumentos ou honorários tiverem sido aprovados por decisão judicial;

VI – a sentença penal condenatória transitada em julgado;

• A Lei n. 7.210, de 11-7-1984, dispõe sobre pena de multa em seus arts. 164 a 170.

VII – a sentença arbitral;

• *Vide* art. 31 da Lei n. 9.307, de 23-9-1996.

VIII – a sentença estrangeira homologada pelo Superior Tribunal de Justiça;

IX – a decisão interlocutória estrangeira, após a concessão do *exequatur* à carta rogatória pelo Superior Tribunal de Justiça;

X – (*Vetado.*)

§ 1.º Nos casos dos incisos VI a IX, o devedor será citado no juízo cível para o cumprimento da sentença ou para a liquidação no prazo de 15 (quinze) dias.

§ 2.º A autocomposição judicial pode envolver sujeito estranho ao processo e versar sobre relação jurídica que não tenha sido deduzida em juízo.

Art. 516. O cumprimento da sentença efetuar-se-á perante:

I – os tribunais, nas causas de sua competência originária;

II – o juízo que decidiu a causa no primeiro grau de jurisdição;

III – o juízo cível competente, quando se tratar de sentença penal condenatória, de sentença arbitral, de sentença estrangeira ou de acórdão proferido pelo Tribunal Marítimo.

Parágrafo único. Nas hipóteses dos incisos II e III, o exequente poderá optar pelo juízo do atual domicílio do executado, pelo juízo do local onde se encontrem os bens sujeitos à execução ou pelo juízo do local onde deva ser executada a obrigação de fazer ou de não fazer, casos em que a remessa dos autos do processo será solicitada ao juízo de origem.

Art. 517. A decisão judicial transitada em julgado poderá ser levada a protesto, nos termos da lei, depois de transcorrido o prazo para pagamento voluntário previsto no art. 523.

§ 1.º Para efetivar o protesto, incumbe ao exequente apresentar certidão de teor da decisão.

§ 2.º A certidão de teor da decisão deverá ser fornecida no prazo de 3 (três) dias e indicará o nome e a qualificação do exequente e do executado, o número do processo, o valor da dívida e a data de decurso do prazo para pagamento voluntário.

§ 3.º O executado que tiver proposto ação rescisória para impugnar a decisão exequenda pode requerer, a suas expensas e sob sua responsabilidade, a anotação da propositura da ação à margem do título protestado.

§ 4.º A requerimento do executado, o protesto será cancelado por determinação do juiz, mediante ofício a ser expedido ao cartório, no prazo de 3 (três) dias, contado da data de protocolo do requerimento, desde que comprovada a satisfação integral da obrigação.

Art. 518. Todas as questões relativas à validade do procedimento de cumprimento da sentença e dos atos executivos subsequentes poderão ser arguidas pelo executado nos próprios autos e nestes serão decididas pelo juiz.

Art. 519. Aplicam-se as disposições relativas ao cumprimento da sentença, provisório ou definitivo, e à liquidação, no que couber, às decisões que concederem tutela provisória.

Capítulo II

DO CUMPRIMENTO PROVISÓRIO DA SENTENÇA QUE RECONHECE A EXIGIBILIDADE DE OBRIGAÇÃO DE PAGAR QUANTIA CERTA

Art. 520. O cumprimento provisório da sentença impugnada por recurso desprovido de efeito suspensivo será realizado da mesma forma que o cumprimento definitivo, sujeitando-se ao seguinte regime:

• Sobre execução: *vide* arts. 566 e s. do CPC.

I – corre por iniciativa e responsabilidade do exequente, que se obriga, se a sentença for reformada, a reparar os danos que o executado haja sofrido;

II – fica sem efeito, sobrevindo decisão que modifique ou anule a sentença objeto da execução, restituindo-se as partes ao estado anterior e liquidando-se eventuais prejuízos nos mesmos autos;

III – se a sentença objeto de cumprimento provisório for modificada ou anulada apenas em parte, somente nesta ficará sem efeito a execução;

IV – o levantamento de depósito em dinheiro e a prática de atos que importem transferência de posse ou alienação de propriedade ou de outro direito real, ou dos quais possa resultar grave dano ao executado, dependem de caução suficiente e idônea, arbitrada de plano pelo juiz e prestada nos próprios autos.

§ 1.º No cumprimento provisório da sentença, o executado poderá apresentar impugnação, se quiser, nos termos do art. 525.

§ 2.º A multa e os honorários a que se refere o § 1.º do art. 523 são devidos no cumprimento provisório de sentença condenatória ao pagamento de quantia certa.

§ 3.º Se o executado comparecer tempestivamente e depositar o valor, com a finalidade de isentar-se da multa, o ato não será havido como incompatível com o recurso por ele interposto.

§ 4.º A restituição ao estado anterior a que se refere o inciso II não implica o desfazimento da transferência de posse ou da alienação de propriedade ou de outro direito real eventualmente já realizada, ressalvado, sempre, o direito à reparação dos prejuízos causados ao executado.

§ 5.º Ao cumprimento provisório de sentença que reconheça obrigação de fazer, de não fazer ou de dar coisa aplica-se, no que couber, o disposto neste Capítulo.

Art. 521. A caução prevista no inciso IV do art. 520 poderá ser dispensada nos casos em que:

I – o crédito for de natureza alimentar, independentemente de sua origem;

II – o credor demonstrar situação de necessidade;

III – pender o agravo do art. 1.042;

•• Inciso III com redação determinada pela Lei n. 13.256, de 4-2-2016.

IV – a sentença a ser provisoriamente cumprida estiver em consonância com súmula da jurisprudência do Supremo Tribunal Federal ou do Superior Tribunal de Justiça ou em conformidade com acórdão proferido no julgamento de casos repetitivos.

Parágrafo único. A exigência de caução será mantida quando da dispensa possa resultar manifesto risco de grave dano de difícil ou incerta reparação.

Art. 522. O cumprimento provisório da sentença será requerido por petição dirigida ao juízo competente.

Parágrafo único. Não sendo eletrônicos os autos, a petição será acompanhada de cópias das seguintes peças do processo, cuja autenticidade poderá ser certificada pelo próprio advogado, sob sua responsabilidade pessoal:

I – decisão exequenda;

II – certidão de interposição do recurso não dotado de efeito suspensivo;

III – procurações outorgadas pelas partes;

IV – decisão de habilitação, se for o caso;

V – facultativamente, outras peças processuais consideradas necessárias para demonstrar a existência do crédito.

Capítulo III

DO CUMPRIMENTO DEFINITIVO DA SENTENÇA QUE RECONHECE A EXIGIBILIDADE DE OBRIGAÇÃO DE PAGAR QUANTIA CERTA

Art. 523. No caso de condenação em quantia certa, ou já fixada em liquidação, e no caso de decisão sobre parcela incontroversa, o cumprimento definitivo da sentença far-se-á a requerimento do exequente, sendo o executado intimado para pagar o débito, no prazo de 15 (quinze) dias, acrescido de custas, se houver.

- Sobre penhora: *vide* arts. 824 e s. do CPC.

§ 1.º Não ocorrendo pagamento voluntário no prazo do *caput*, o débito será acrescido de multa de dez por cento e, também, de honorários de advogado de dez por cento.

§ 2.º Efetuado o pagamento parcial no prazo previsto no *caput*, a multa e os honorários previstos no § 1.º incidirão sobre o restante.

§ 3.º Não efetuado tempestivamente o pagamento voluntário, será expedido, desde logo, mandado de penhora e avaliação, seguindo-se os atos de expropriação.

- Sobre avaliação: *vide* arts. 870 e s. do CPC.

Art. 524. O requerimento previsto no art. 523 será instruído com demonstrativo discriminado e atualizado do crédito, devendo a petição conter:

I – o nome completo, o número de inscrição no Cadastro de Pessoas Físicas ou no Cadastro Nacional da Pessoa Jurídica do exequente e do executado, observado o disposto no art. 319, §§ 1.º a 3.º;

II – o índice de correção monetária adotado;

III – os juros aplicados e as respectivas taxas;

IV – o termo inicial e o termo final dos juros e da correção monetária utilizados;

V – a periodicidade da capitalização dos juros, se for o caso;

VI – especificação dos eventuais descontos obrigatórios realizados;

VII – indicação dos bens passíveis de penhora, sempre que possível.

§ 1.º Quando o valor apontado no demonstrativo aparentemente exceder os limites da condenação, a execução será iniciada pelo valor pretendido, mas a penhora terá por base a importância que o juiz entender adequada.

§ 2.º Para a verificação dos cálculos, o juiz poderá valer-se de contabilista do juízo, que terá o prazo máximo de 30 (trinta) dias para efetuá-la, exceto se outro lhe for determinado.

§ 3.º Quando a elaboração do demonstrativo depender de dados em poder de terceiros ou do executado, o juiz poderá requisitá-los, sob cominação do crime de desobediência.

§ 4.º Quando a complementação do demonstrativo depender de dados adicionais em poder do executado, o juiz poderá, a requerimento do exequente, requisitá-los, fixando prazo de até 30 (trinta) dias para o cumprimento da diligência.

§ 5.º Se os dados adicionais a que se refere o § 4.º não forem apresentados pelo executado, sem justificativa, no prazo designado, reputar-se-ão corretos os cálculos apresentados pelo exequente apenas com base nos dados de que dispõe.

Art. 525. Transcorrido o prazo previsto no art. 523 sem o pagamento voluntário, inicia-se o prazo de 15 (quinze) dias para que o executado, independentemente de penhora ou nova intimação, apresente, nos próprios autos, sua impugnação.

§ 1.º Na impugnação, o executado poderá alegar:

I – falta ou nulidade da citação se, na fase de conhecimento, o processo correu à revelia;

II – ilegitimidade de parte;

III – inexequibilidade do título ou inexigibilidade da obrigação;

IV – penhora incorreta ou avaliação errônea;

V – excesso de execução ou cumulação indevida de execuções;

•• *Vide* art. 917, § 2.º, do CPC.

VI – incompetência absoluta ou relativa do juízo da execução;

VII – qualquer causa modificativa ou extintiva da obrigação, como pagamento, novação, compensação, transação ou prescrição, desde que supervenientes à sentença.

§ 2.º A alegação de impedimento ou suspeição observará o disposto nos arts. 146 e 148.

§ 3.º Aplica-se à impugnação o disposto no art. 229.

§ 4.º Quando o executado alegar que o exequente, em excesso de execução, pleiteia quantia superior à resultante da sentença, cumprir-lhe-á declarar de imediato o valor que entende correto, apresentando demonstrativo discriminado e atualizado de seu cálculo.

- Sobre excesso de execução: *vide* art. 917, § 2.º, do CPC.

§ 5.º Na hipótese do § 4.º, não apontado o valor correto ou não apresentado o demonstrativo, a impugnação será liminarmente rejeitada, se o excesso de execução for o seu único fundamento, ou, se houver outro, a impugnação será processada, mas o juiz não examinará a alegação de excesso de execução.

- Sobre excesso de execução: *vide* art. 917, § 2.º, do CPC.

§ 6.º A apresentação de impugnação não impede a prática dos atos executivos, inclusive os de expropriação, podendo o juiz, a requerimento do executado e desde que garantido o juízo com penhora, caução ou depósito suficientes, atribuir-lhe efeito suspensivo, se seus fundamentos forem relevantes e se o prosseguimento da execução for manifestamente suscetível de causar ao executado grave dano de difícil ou incerta reparação.

- Sobre penhora e depósito: *vide* arts. 831 e s. do CPC.

§ 7.º A concessão de efeito suspensivo a que se refere o § 6.º não impedirá a efetivação dos atos de substituição, de reforço ou de redução da penhora e de avaliação dos bens.

§ 8.º Quando o efeito suspensivo atribuído à impugnação disser respeito apenas a parte do objeto da execução, esta prosseguirá quanto à parte restante.

§ 9.º A concessão de efeito suspensivo à impugnação deduzida por um dos executados não suspenderá a execução contra os que não impugnaram, quando o respectivo fundamento disser respeito exclusivamente ao impugnante.

§ 10. Ainda que atribuído efeito suspensivo à impugnação, é lícito ao exequente requerer o prosseguimento da execução, oferecendo e prestando, nos próprios autos, caução suficiente e idônea a ser arbitrada pelo juiz.

§ 11. As questões relativas a fato superveniente ao término do prazo para apresentação da impugnação, assim como aquelas relativas à validade e à adequação da penhora, da avaliação e dos atos executivos subsequentes, podem ser arguidas por simples petição, tendo o executado, em qualquer dos casos, o prazo de 15 (quinze) dias para formular esta arguição, contado da comprovada ciência do fato ou da intimação do ato.

§ 12. Para efeito do disposto no inciso III do § 1.º deste artigo, considera-se também inexigível a obrigação reconhecida em título executivo judicial fundado em lei ou ato normativo considerado inconstitucional pelo Supremo Tribunal Federal, ou fundado em aplicação ou interpretação da lei ou do ato normativo tido pelo Supremo Tribunal Federal como incompatível com a Constituição Federal, em controle de constitucionalidade concentrado ou difuso.

§ 13. No caso do § 12, os efeitos da decisão do Supremo Tribunal Federal poderão ser modulados no tempo, em atenção à segurança jurídica.

•• *Vide* art. 27 da Lei n. 9.868, de 10-11-1999.

§ 14. A decisão do Supremo Tribunal Federal referida no § 12 deve ser anterior ao trânsito em julgado da decisão exequenda.

•• *Vide* art. 1.057 do CPC.

§ 15. Se a decisão referida no § 12 for proferida após o trânsito em julgado da decisão exequenda, caberá ação rescisória, cujo prazo será contado do trânsito em julgado da decisão proferida pelo Supremo Tribunal Federal.

•• *Vide* art. 1.057 do CPC.

Art. 526. É lícito ao réu, antes de ser intimado para o cumprimento da sentença, comparecer em juízo e oferecer em pagamento o valor que entender devido, apresentando memória discriminada do cálculo.

§ 1.º O autor será ouvido no prazo de 5 (cinco) dias, podendo impugnar o valor depositado, sem prejuízo do levantamento do depósito a título de parcela incontroversa.

§ 2.º Concluindo o juiz pela insuficiência do depósito, sobre a diferença incidirão multa de dez por cento e honorários advocatícios, também fixados em dez por cento, seguindo-se a execução com penhora e atos subsequentes.

§ 3.º Se o autor não se opuser, o juiz declarará satisfeita a obrigação e extinguirá o processo.

Art. 527. Aplicam-se as disposições deste Capítulo ao cumprimento provisório da sentença, no que couber.

Capítulo IV

DO CUMPRIMENTO DE SENTENÇA QUE RECONHEÇA A EXIGIBILIDADE DE OBRIGAÇÃO DE PRESTAR ALIMENTOS

Art. 528. No cumprimento de sentença que condene ao pagamento de prestação alimentícia ou de decisão interlocutória que fixe alimentos, o juiz, a requerimento do exequente, mandará intimar o executado pessoalmente para, em 3 (três) dias, pagar o débito, provar que o fez ou justificar a impossibilidade de efetuá-lo.

•• *Vide* Lei n. 5.478, de 25-7-1968 (Lei de Alimentos).

•• *Vide* Lei n. 11.804, de 5-11-2008 (alimentos gravídicos).

§ 1.º Caso o executado, no prazo referido no *caput*, não efetue o pagamento, não prove que o efetuou ou não apresente justificativa da impossibilidade de efetuá-lo, o juiz mandará protestar o pronunciamento judicial, aplicando-se, no que couber, o disposto no art. 517.

§ 2.º Somente a comprovação de fato que gere a impossibilidade absoluta de pagar justificará o inadimplemento.

§ 3.º Se o executado não pagar ou se a justificativa apresentada não for aceita, o juiz, além de mandar protestar o pronunciamento judicial na forma do § 1.º, decretar-lhe-á a prisão pelo prazo de 1 (um) a 3 (três) meses.

•• *Vide* CF, art. 5.º, LXVII (prisão civil por dívida de alimento).

•• *Vide* Súmula 309 do STJ.

•• *Vide* art. 19 da Lei n. 5.478, de 25-7-1968 (Lei de Alimentos).

•• *Vide* art. 15 da Lei n. 14.010, de 10-6-2020.

§ 4.º A prisão será cumprida em regime fechado, devendo o preso ficar separado dos presos comuns.

§ 5.º O cumprimento da pena não exime o executado do pagamento das prestações vencidas e vincendas.

§ 6.º Paga a prestação alimentícia, o juiz suspenderá o cumprimento da ordem de prisão.

§ 7.º O débito alimentar que autoriza a prisão civil do alimentante é o que compreende até as 3 (três) prestações anteriores ao ajuizamento da execução e as que se vencerem no curso do processo.

§ 8.º O exequente pode optar por promover o cumprimento da sentença ou decisão desde logo, nos termos do disposto neste Livro, Título II, Capítulo III, caso em que não será admissível a prisão do executado, e, recaindo a penhora em dinheiro, a concessão de efeito suspensivo à impugnação não obsta a que o exequente levante mensalmente a importância da prestação.

§ 9.º Além das opções previstas no art. 516, parágrafo único, o exequente pode promover o cumprimento da sentença ou decisão que condena ao pagamento de prestação alimentícia no juízo de seu domicílio.

Art. 529. Quando o executado for funcionário público, militar, diretor ou gerente de empresa ou empregado sujeito à legislação do trabalho, o exequente poderá requerer o desconto em folha de pagamento da importância da prestação alimentícia.

•• *Vide* art. 833, IV, do CPC.

•• *Vide* art. 1.701, parágrafo único, do CC.

•• *Vide* art. 22, parágrafo único, da Lei n. 5.478, de 25-7-1998, que pune, de qualquer modo, todo aquele que ajuda o devedor a eximir-se da obrigação alimentar.

• O art. 115, IV, da Lei n. 8.213, de 24-7-1991 (Previdência Social), dispõe que a pensão de alimentos decretada em separação judicial pode ser descontada dos benefícios.

• O art. 462, *caput*, da CLT dispõe que ao empregador é vedado efetuar qualquer desconto nos salários do empregado, salvo quando este resultar de adiantamentos, de dispositivos de lei ou de contrato coletivo.

§ 1.º Ao proferir a decisão, o juiz oficiará à autoridade, à empresa ou ao empregador, determinando, sob pena de crime de desobediência, o desconto a partir da primeira remuneração posterior do executado, a contar do protocolo do ofício.

§ 2.º O ofício conterá o nome e o número de inscrição no Cadastro de Pessoas Físicas do exequente e do executado, a importância a ser descontada mensalmente, o tempo de sua duração e a conta na qual deve ser feito o depósito.

§ 3.º Sem prejuízo do pagamento dos alimentos vincendos, o débito objeto de execução pode ser descontado dos rendimentos ou rendas do executado, de forma parcelada, nos termos do *caput* deste artigo, contanto que, somado à parcela devida, não ultrapasse cinquenta por cento de seus ganhos líquidos.

Art. 530. Não cumprida a obrigação, observar-se-á o disposto nos arts. 831 e seguintes.

Art. 531. O disposto neste Capítulo aplica-se aos alimentos definitivos ou provisórios.

§ 1.º A execução dos alimentos provisórios, bem como a dos alimentos fixados em sentença ainda não transitada em julgado, se processa em autos apartados.

§ 2.º O cumprimento definitivo da obrigação de prestar alimentos será processado nos mesmos autos em que tenha sido proferida a sentença.

Art. 532. Verificada a conduta procrastinatória do executado, o juiz deverá, se for o caso, dar ciência ao Ministério Público dos indícios da prática do crime de abandono material.

Art. 533. Quando a indenização por ato ilícito incluir prestação de alimentos, caberá ao executado, a requerimento do exequente, constituir capital cuja renda assegure o pagamento do valor mensal da pensão.

• *Vide* art. 1.694 do CC.

§ 1.º O capital a que se refere o *caput*, representado por imóveis ou por direitos reais sobre imóveis suscetíveis de alienação, títulos da dívida pública ou aplicações financeiras em banco oficial, será inalienável e impenhorável enquanto durar a obrigação do executado, além de constituir-se em patrimônio de afetação.

§ 2.º O juiz poderá substituir a constituição do capital pela inclusão do exequente em folha de pagamento de pessoa jurídica de notória capacidade econômica ou, a requerimento do executado, por fiança bancária ou garantia real, em valor a ser arbitrado de imediato pelo juiz.

§ 3.º Se sobrevier modificação nas condições econômicas, poderá a parte requerer, conforme as circunstâncias, redução ou aumento da prestação.

§ 4.º A prestação alimentícia poderá ser fixada tomando por base o salário mínimo.

§ 5.º Finda a obrigação de prestar alimentos, o juiz mandará liberar o capital, cessar o desconto em folha ou cancelar as garantias prestadas.

Capítulo V

DO CUMPRIMENTO DE SENTENÇA QUE RECONHEÇA A EXIGIBILIDADE DE OBRIGAÇÃO DE PAGAR QUANTIA CERTA PELA FAZENDA PÚBLICA

Art. 534. No cumprimento de sentença que impuser à Fazenda Pública o dever de pagar quantia certa, o exequente apresentará demonstrativo discriminado e atualizado do crédito contendo:

I – o nome completo e o número de inscrição no Cadastro de Pessoas Físicas ou no Cadastro Nacional da Pessoa Jurídica do exequente;

II – o índice de correção monetária adotado;

III – os juros aplicados e as respectivas taxas;

IV – o termo inicial e o termo final dos juros e da correção monetária utilizados;

V – a periodicidade da capitalização dos juros, se for o caso;

VI – a especificação dos eventuais descontos obrigatórios realizados.

§ 1.º Havendo pluralidade de exequentes, cada um deverá apresentar o seu próprio demonstrativo, aplicando-se à hipótese, se for o caso, o disposto nos §§ 1.º e 2.º do art. 113.

§ 2.º A multa prevista no § 1.º do art. 523 não se aplica à Fazenda Pública.

Art. 535. A Fazenda Pública será intimada na pessoa de seu representante judicial, por carga, remessa ou meio eletrônico, para, querendo, no prazo de 30 (trinta) dias e nos próprios autos, impugnar a execução, podendo arguir:

I – falta ou nulidade da citação se, na fase de conhecimento, o processo correu à revelia;

II – ilegitimidade de parte;

III – inexequibilidade do título ou inexigibilidade da obrigação;

IV – excesso de execução ou cumulação indevida de execuções;

V – incompetência absoluta ou relativa do juízo da execução;

VI – qualquer causa modificativa ou extintiva da obrigação, como pagamento, novação, compensação, transação ou prescrição, desde que supervenientes ao trânsito em julgado da sentença.

§ 1.º A alegação de impedimento ou suspeição observará o disposto nos arts. 146 e 148.

§ 2.º Quando se alegar que o exequente, em excesso de execução, pleiteia quantia superior à resultante do título, cumprirá à executada declarar de imediato o valor que entende correto, sob pena de não conhecimento da arguição.

§ 3.º Não impugnada a execução ou rejeitadas as arguições da executada:

I – expedir-se-á, por intermédio do presidente do tribunal competente, precatório em favor do exequente, observando-se o disposto na Constituição Federal;

II – por ordem do juiz, dirigida à autoridade na pessoa de quem o ente público foi citado para o processo, o pagamento de obrigação de pequeno valor será realizado no prazo de 2 (dois) meses contado da entrega da requisição, mediante depósito na agência de banco oficial mais próxima da residência do exequente.

•• O STF julgou parcialmente procedente a ADI n. 5.534, nas sessões virtuais de 11-12-2020 a 18-12-2020 (*DOU* de 8-1-2021), para declarar a constitucionalidade desse inciso II.

§ 4.º Tratando-se de impugnação parcial, a parte não questionada pela executada será, desde logo, objeto de cumprimento.

•• O STF julgou parcialmente procedente a ADI n. 5.534, nas sessões virtuais de 11-12-2020 a 18-12-2020 (*DOU* de 8-1-2021), para conferir interpretação conforme a Constituição a esse § 4.º, "no sentido de que, para efeito de determinação do regime de pagamento do valor incontroverso, deve ser observado o valor total da condenação".

§ 5.º Para efeito do disposto no inciso III do *caput* deste artigo, considera-se também inexigível a obrigação reconhecida em título executivo judicial fundado em lei ou ato normativo considerado inconstitucional pelo Supremo Tribunal Federal, ou fundado em aplicação ou interpretação da lei ou do ato normativo tido pelo Supremo Tribunal Federal como incompatível com a Constituição Federal, em controle de constitucionalidade concentrado ou difuso.

•• *Vide* Súmula 487 do STJ.

§ 6.º No caso do § 5.º, os efeitos da decisão do Supremo Tribunal Federal poderão ser modulados no tempo, de modo a favorecer a segurança jurídica.

•• *Vide* art. 27 da Lei n. 9.868, de 10-11-1999.

§ 7.º A decisão do Supremo Tribunal Federal referida no § 5.º deve ter sido proferida antes do trânsito em julgado da decisão exequenda.

•• *Vide* art. 1.057 do CPC.

§ 8.º Se a decisão referida no § 5.º for proferida após o trânsito em julgado da decisão exequenda, caberá ação rescisória, cujo prazo será contado do trânsito em julgado da decisão proferida pelo Supremo Tribunal Federal.

•• *Vide* art. 1.057 do CPC.

Capítulo VI
DO CUMPRIMENTO DE SENTENÇA QUE RECONHEÇA A EXIGIBILIDADE DE OBRIGAÇÃO DE FAZER, DE NÃO FAZER OU DE ENTREGAR COISA

Seção I
Do Cumprimento de Sentença que Reconheça a Exigibilidade de Obrigação de Fazer ou de Não Fazer

Art. 536. No cumprimento de sentença que reconheça a exigibilidade de obrigação de fazer ou de não fazer, o juiz poderá, de ofício ou a requerimento, para a efetivação da tutela específica ou a obtenção de tutela pelo resultado prático equivalente, determinar as medidas necessárias à satisfação do exequente.

• *Vide* arts. 814 a 823 do CPC.

• *Vide* Lei n. 9.494, de 10-9-1997.

§ 1.º Para atender ao disposto no *caput*, o juiz poderá determinar, entre outras medidas, a imposição de multa, a busca e apreensão, a remoção de pessoas e coisas, o desfazimento de obras e o impedimento de atividade nociva, podendo, caso necessário, requisitar o auxílio de força policial.

• *Vide* art. 519 do CPC.

§ 2.º O mandado de busca e apreensão de pessoas e coisas será cumprido por 2 (dois) oficiais de justiça, observando-se o disposto no art. 846, §§ 1.º a 4.º, se houver necessidade de arrombamento.

§ 3.º O executado incidirá nas penas de litigância de má-fé quando injustificadamente descumprir a ordem judicial, sem prejuízo de sua responsabilização por crime de desobediência.

§ 4.º No cumprimento de sentença que reconheça a exigibilidade de obrigação de fazer ou de não fazer, aplica-se o art. 525, no que couber.

§ 5.º O disposto neste artigo aplica-se, no que couber, ao cumprimento de sentença que reconheça deveres de fazer e de não fazer de natureza não obrigacional.

Art. 537. A multa independe de requerimento da parte e poderá ser aplicada na fase de conhecimento, em tutela provisória ou na sentença, ou na fase de execução, desde que seja suficiente e compatível com a obrigação e que se determine prazo razoável para cumprimento do preceito.

§ 1.º O juiz poderá, de ofício ou a requerimento, modificar o valor ou a periodicidade da multa vincenda ou excluí-la, caso verifique que:

I – se tornou insuficiente ou excessiva;

II – o obrigado demonstrou cumprimento parcial superveniente da obrigação ou justa causa para o descumprimento.

§ 2.º O valor da multa será devido ao exequente.

§ 3.º A decisão que fixa a multa é passível de cumprimento provisório, devendo ser depositada em juízo, permitido o levantamento do valor após o trânsito em julgado da sentença favorável à parte.

•• § 3.º com redação determinada pela Lei n. 13.256, de 4-2-2016.

§ 4.º A multa será devida desde o dia em que se configurar o descumprimento da decisão e incidirá enquanto não for cumprida a decisão que a tiver cominado.

§ 5.º O disposto neste artigo aplica-se, no que couber, ao cumprimento de sentença que reconheça deveres de fazer e de não fazer de natureza não obrigacional.

Seção II
Do Cumprimento de Sentença que Reconheça a Exigibilidade de Obrigação de Entregar Coisa

Art. 538. Não cumprida a obrigação de entregar coisa no prazo estabelecido na sentença, será expedido mandado de busca e apreensão ou de imissão na posse em favor do credor, conforme se tratar de coisa móvel ou imóvel.

• *Vide* arts. 806 a 813 do CPC.

§ 1.º A existência de benfeitorias deve ser alegada na fase de conhecimento, em contestação, de forma discriminada e com atribuição, sempre que possível e justificadamente, do respectivo valor.

§ 2.º O direito de retenção por benfeitorias deve ser exercido na contestação, na fase de conhecimento.

§ 3.º Aplicam-se ao procedimento previsto neste artigo, no que couber, as disposições sobre o cumprimento de obrigação de fazer ou de não fazer.

TÍTULO III
DOS PROCEDIMENTOS ESPECIAIS

Capítulo I
DA AÇÃO DE CONSIGNAÇÃO EM PAGAMENTO

Art. 539. Nos casos previstos em lei, poderá o devedor ou terceiro requerer, com efeito de pagamento, a consignação da quantia ou da coisa devida.

•• *Vide* art. 67 da Lei n. 8.245, de 18-10-1991 (Lei de Locação de Imóveis Urbanos).

• *Vide* arts. 334 a 345 do CC.

§ 1.º Tratando-se de obrigação em dinheiro, poderá o valor ser depositado em estabelecimento bancário, oficial onde houver, situado no lugar do pagamento, cientificando-se o credor por carta com aviso de recebimento, assinado o prazo de 10 (dez) dias para a manifestação de recusa.

§ 2.º Decorrido o prazo do § 1.º, contado do retorno do aviso de recebimento, sem a manifestação de recusa, considerar-se-á o devedor liberado da obrigação, ficando à disposição do credor a quantia depositada.

§ 3.º Ocorrendo a recusa, manifestada por escrito ao estabelecimento bancário, poderá ser proposta, dentro de 1 (um) mês, a ação de consignação, instruindo-se a inicial com a prova do depósito e da recusa.

•• *Vide* art. 542, I, do CPC.

§ 4.º Não proposta a ação no prazo do § 3.º, ficará sem efeito o depósito, podendo levantá-lo o depositante.

Art. 540. Requerer-se-á a consignação no lugar do pagamento, cessando para o devedor, à data do depósito, os juros e os riscos, salvo se a demanda for julgada improcedente.

• *Vide* art. 53, III, *d*, do CPC.

Art. 541. Tratando-se de prestações sucessivas, consignada uma delas, pode o devedor continuar a depositar, no mesmo processo e sem mais formalidades, as que se forem vencendo, desde que o faça em até 5 (cinco) dias contados da data do respectivo vencimento.

•• *Vide* art. 323 do CPC.

•• *Vide* art. 67, III, da Lei n. 8.245, de 18-10-1991 (Lei de Locação de Imóveis Urbanos).

Art. 542. Na petição inicial, o autor requererá:

•• *Vide* art. 292, § 1.º do CPC.

I – o depósito da quantia ou da coisa devida, a ser efetivado no prazo de 5 (cinco) dias contados do deferimento, ressalvada a hipótese do art. 539, § 3.º;

II – a citação do réu para levantar o depósito ou oferecer contestação.

Parágrafo único. Não realizado o depósito no prazo do inciso I, o processo será extinto sem resolução do mérito.

Art. 543. Se o objeto da prestação for coisa indeterminada e a escolha couber ao credor, será este citado para exercer o direito dentro de 5 (cinco) dias, se outro prazo não constar de lei ou do contrato, ou para aceitar que o devedor a faça, devendo o juiz, ao despachar a petição inicial, fixar lugar, dia e hora em que se fará a entrega, sob pena de depósito.

Art. 544. Na contestação, o réu poderá alegar que:

I – não houve recusa ou mora em receber a quantia ou a coisa devida;

II – foi justa a recusa;

III – o depósito não se efetuou no prazo ou no lugar do pagamento;

IV – o depósito não é integral.

Parágrafo único. No caso do inciso IV, a alegação somente será admissível se o réu indicar o montante que entende devido.

Art. 545. Alegada a insuficiência do depósito, é lícito ao autor completá-lo, em 10 (dez) dias, salvo se corresponder a prestação cujo inadimplemento acarrete a rescisão do contrato.

§ 1.º No caso do *caput*, poderá o réu levantar, desde logo, a quantia ou a coisa depositada, com a consequente liberação parcial do autor, prosseguindo o processo quanto à parcela controvertida.

§ 2.º A sentença que concluir pela insuficiência do depósito determinará, sempre que possível, o montante devido e valerá como título executivo, facultado ao credor promover-lhe o cumprimento nos mesmos autos, após liquidação, se necessária.

Art. 546. Julgado procedente o pedido, o juiz declarará extinta a obrigação e condenará o réu ao pagamento de custas e honorários advocatícios.

Parágrafo único. Proceder-se-á do mesmo modo se o credor receber e der quitação.

Art. 547. Se ocorrer dúvida sobre quem deva legitimamente receber o pagamento, o autor requererá o depósito e a citação dos possíveis titulares do crédito para provarem o seu direito.

Art. 548. No caso do art. 547:

I – não comparecendo pretendente algum, converter-se-á o depósito em arrecadação de coisas vagas;

II – comparecendo apenas um, o juiz decidirá de plano;

III – comparecendo mais de um, o juiz declarará efetuado o depósito e extinta a obrigação, continuando o processo a correr unicamente entre os presuntivos credores, observado o procedimento comum.

Art. 549. Aplica-se o procedimento estabelecido neste Capítulo, no que couber, ao resgate do aforamento.

Capítulo II
DA AÇÃO DE EXIGIR CONTAS

Art. 550. Aquele que afirmar ser titular do direito de exigir contas requererá a citação do réu para que as preste ou ofereça contestação no prazo de 15 (quinze) dias.

§ 1.º Na petição inicial, o autor especificará, detalhadamente, as razões pelas quais exige as contas, instruindo-a com documentos comprobatórios dessa necessidade, se existirem.

§ 2.º Prestadas as contas, o autor terá 15 (quinze) dias para se manifestar, prosseguindo-se o processo na forma do Capítulo X do Título I deste Livro.

§ 3.º A impugnação das contas apresentadas pelo réu deverá ser fundamentada e específica, com referência expressa ao lançamento questionado.

§ 4.º Se o réu não contestar o pedido, observar-se-á o disposto no art. 355.

§ 5.º A decisão que julgar procedente o pedido condenará o réu a prestar as contas no prazo de 15 (quinze) dias, sob pena de não lhe ser lícito impugnar as que o autor apresentar.

§ 6.º Se o réu apresentar as contas no prazo previsto no § 5.º, seguir-se-á o procedimento do § 2.º, caso contrário, o autor apresentá-las-á no prazo de 15 (quinze) dias, podendo o juiz determinar a realização de exame pericial, se necessário.

Art. 551. As contas do réu serão apresentadas na forma adequada, especificando-se as receitas, a aplicação das despesas e os investimentos, se houver.

§ 1.º Havendo impugnação específica e fundamentada pelo autor, o juiz estabelecerá prazo razoável para que o réu apresente os documentos justificativos dos lançamentos individualmente impugnados.

§ 2.º As contas do autor, para os fins do art. 550, § 5.º, serão apresentadas na forma adequada, já instruídas com os documentos justificativos, especificando-se as receitas, a aplicação das despesas e os investimentos, se houver, bem como o respectivo saldo.

Art. 552. A sentença apurará o saldo e constituirá título executivo judicial.

Art. 553. As contas do inventariante, do tutor, do curador, do depositário e de qualquer outro administrador serão prestadas em apenso aos autos do processo em que tiver sido nomeado.

Parágrafo único. Se qualquer dos referidos no *caput* for condenado a pagar o saldo e não o fizer no prazo legal, o juiz poderá destituí-lo, sequestrar os bens sob sua guarda, glosar o prêmio ou a gratificação a que teria direito e determinar as medidas executivas necessárias à recomposição do prejuízo.

Capítulo III
DAS AÇÕES POSSESSÓRIAS

Seção I
Disposições Gerais

Art. 554. A propositura de uma ação possessória em vez de outra não obstará a que o juiz conheça do pedido e outorgue a proteção legal correspondente àquela cujos pressupostos estejam provados.

•• *Vide* arts. 47, § 1.º, e 73, § 2.º, do CPC.

§ 1.º No caso de ação possessória em que figure no polo passivo grande número de pessoas, serão feitas a citação pessoal dos ocupantes que forem encontrados no local e a citação por edital dos demais, determinando-se, ainda, a intimação do Ministério Público e, se envolver pessoas em situação de hipossuficiência econômica, da Defensoria Pública.

§ 2.º Para fim da citação pessoal prevista no § 1.º, o oficial de justiça procurará os ocupantes no local por uma vez, citando-se por edital os que não forem encontrados.

§ 3.º O juiz deverá determinar que se dê ampla publicidade da existência da ação prevista no § 1.º e dos respectivos prazos processuais, podendo, para tanto, valer-se de anúncios em jornal ou rádio locais, da publicação de cartazes na região do conflito e de outros meios.

Art. 555. É lícito ao autor cumular ao pedido possessório o de:

I – condenação em perdas e danos;

• *Vide* arts. 402 e s. do CC.

II – indenização dos frutos.

Parágrafo único. Pode o autor requerer, ainda, imposição de medida necessária e adequada para:

I – evitar nova turbação ou esbulho;

II – cumprir-se a tutela provisória ou final.

Art. 556. É lícito ao réu, na contestação, alegando que foi o ofendido em sua posse, demandar a proteção possessória e a indenização pelos prejuízos resultantes da turbação ou do esbulho cometido pelo autor.

Art. 557. Na pendência de ação possessória é vedado, tanto ao autor quanto ao réu, propor ação de reconhecimento do domínio, exceto se a pretensão for deduzida em face de terceira pessoa.

•• *Vide* Súmula 487 do STF.

• O art. 1.210, § 2.º, do CC dispõe que não obsta à manutenção ou reintegração na posse a alegação de propriedade ou de outro direito sobre a coisa.

•• *Vide* Súmula 637 do STJ.

Parágrafo único. Não obsta à manutenção ou à reintegração de posse a alegação de propriedade ou de outro direito sobre a coisa.

Art. 558. Regem o procedimento de manutenção e de reintegração de posse as normas da *Seção* II deste Capítulo quando a ação for proposta dentro de ano e dia da turbação ou do esbulho afirmado na petição inicial.

Parágrafo único. Passado o prazo referido no *caput*, será comum o procedimento, não perdendo, contudo, o caráter possessório.

Art. 559. Se o réu provar, em qualquer tempo, que o autor provisoriamente mantido ou reintegrado na posse carece de idoneidade financeira para, no caso de sucumbência, responder por perdas e danos, o juiz designar-lhe-á o prazo de 5 (cinco) dias para requerer caução, real ou fidejussória, sob pena de ser depositada a coisa litigiosa, ressalvada a impossibilidade da parte economicamente hipossuficiente.

Seção II
Da Manutenção e da Reintegração de Posse

Art. 560. O possuidor tem direito a ser mantido na posse em caso de turbação e reintegrado em caso de esbulho.

•• *Vide* arts. 47 e 73 do CPC.

• O art. 1.210, *caput*, do CC dispõe sobre os efeitos da posse.

• Usucapião: arts. 183 da CF e 1.238 a 1.244 e 1.379 do CC.

Art. 561. Incumbe ao autor provar:

I – a sua posse;

• *Vide* art. 373, I, do CPC.

II – a turbação ou o esbulho praticado pelo réu;

• *Vide* art. 1.224 do CC.

III – a data da turbação ou do esbulho;

IV – a continuação da posse, embora turbada, na ação de manutenção, ou a perda da posse, na ação de reintegração.

Art. 562. Estando a petição inicial devidamente instruída, o juiz deferirá, sem ouvir o réu, a expedição do mandado liminar de manutenção ou de reintegração, caso contrário, determinará que o autor justifique previamente o alegado, citando-se o réu para comparecer à audiência que for designada.

• *Vide* Súmula 262 do STF.

Parágrafo único. Contra as pessoas jurídicas de direito público não será deferida a manutenção ou a reintegração liminar sem prévia audiência dos respectivos representantes judiciais.

Art. 563. Considerada suficiente a justificação, o juiz fará logo expedir mandado de manutenção ou de reintegração.

Art. 564. Concedido ou não o mandado liminar de manutenção ou de reintegração, o autor promoverá, nos 5 (cinco) dias subsequentes, a citação do réu para, querendo, contestar a ação no prazo de 15 (quinze) dias.

Parágrafo único. Quando for ordenada a justificação prévia, o prazo para contestar será contado da intimação da decisão que deferir ou não a medida liminar.

Art. 565. No litígio coletivo pela posse de imóvel, quando o esbulho ou a turbação afirmado na petição inicial houver ocorrido há mais de ano e dia, o juiz, antes de apreciar o pedido de concessão da medida liminar, deverá designar audiência de mediação, a realizar-se em até 30 (trinta) dias, que observará o disposto nos §§ 2.º e 4.º.

§ 1.º Concedida a liminar, se essa não for executada no prazo de 1 (um) ano, a contar da data de distribuição, caberá ao juiz designar audiência de mediação, nos termos dos §§ 2.º a 4.º deste artigo.

§ 2.º O Ministério Público será intimado para comparecer à audiência, e a Defensoria Pública será intimada sempre que houver parte beneficiária de gratuidade da justiça.

§ 3.º O juiz poderá comparecer à área objeto do litígio quando sua presença se fizer necessária à efetivação da tutela jurisdicional.

§ 4.º Os órgãos responsáveis pela política agrária e pela política urbana da União, de Estado ou do Distrito Federal e de Município onde se situe a área objeto do litígio poderão ser intimados para a audiência, a fim de se manifestarem sobre seu interesse no processo e sobre a existência de possibilidade de solução para o conflito possessório.

§ 5.º Aplica-se o disposto neste artigo ao litígio sobre propriedade de imóvel.

Art. 566. Aplica-se, quanto ao mais, o procedimento comum.

Seção III
Do Interdito Proibitório

Art. 567. O possuidor direto ou indireto que tenha justo receio de ser molestado na posse poderá requerer ao juiz que o segure da turbação ou esbulho iminente, mediante mandado proibitório em que se comine ao réu determinada pena pecuniária caso transgrida o preceito.

•• *Vide* arts. 47 e 73 do CPC.

Art. 568. Aplica-se ao interdito proibitório o disposto na Seção II deste Capítulo.

Capítulo IV
DA AÇÃO DE DIVISÃO E DA DEMARCAÇÃO DE TERRAS PARTICULARES

Seção I
Disposições Gerais

Art. 569. Cabe:

I – ao proprietário a ação de demarcação, para obrigar o seu confinante a estremar os respectivos prédios, fixando-se novos limites entre eles ou aviventando-se os já apagados;

• *Vide* arts. 1.297, *caput*, e 1.298 do CC.

II – ao condômino a ação de divisão, para obrigar os demais consortes a estremar os quinhões.

•• *Vide* arts. 47 e 73 do CPC.

• *Vide* art. 1.320 do CC.

• A Lei n. 6.383, de 7-12-1976, dispõe sobre ações discriminatórias de terras públicas.

Art. 570. É lícita a cumulação dessas ações, caso em que deverá processar-se primeiramente a demarcação total ou parcial da coisa comum, citando-se os confinantes e os condôminos.

Art. 571. A demarcação e a divisão poderão ser realizadas por escritura pública, desde que maiores, capazes e concordes todos os interessados, observando-se, no que couber, os dispositivos deste Capítulo.

Art. 572. Fixados os marcos da linha de demarcação, os confinantes considerar-se-ão terceiros quanto ao processo divisório, ficando-lhes, porém, ressalvado o direito de vindicar os terrenos de que se julguem despojados por invasão das linhas limítrofes constitutivas do perímetro ou de reclamar indenização correspondente ao seu valor.

§ 1.º No caso do *caput*, serão citados para a ação todos os condôminos, se a sentença homologatória da divisão ainda não houver transitado em julgado, e todos os quinhoeiros dos terrenos vindicados, se a ação for proposta posteriormente.

§ 2.º Neste último caso, a sentença que julga procedente a ação, condenando a restituir os terrenos ou a pagar a indenização, valerá como título executivo em favor dos quinhoeiros para haverem dos outros condôminos que forem parte na divisão ou de seus sucessores a título universal, na proporção que lhes tocar, a composição pecuniária do desfalque sofrido.

Art. 573. Tratando-se de imóvel georreferenciado, com averbação no registro de imóveis, pode o juiz dispensar a realização de prova pericial.

Seção II

Da Demarcação

Art. 574. Na petição inicial, instruída com os títulos da propriedade, designar-se-á o imóvel pela situação e pela denominação, descrever-se-ão os limites por constituir, aviventar ou renovar e nomear-se-ão todos os confinantes da linha demarcanda.

•• *Vide* arts. 47 e 73 do CPC.

• *Vide* art. 292, IV, do CPC.

Art. 575. Qualquer condômino é parte legítima para promover a demarcação do imóvel comum, requerendo a intimação dos demais para, querendo, intervir no processo.

Art. 576. A citação dos réus será feita por correio, observado o disposto no art. 247.

• *Vide* art. 589 do CPC.

Parágrafo único. Será publicado edital, nos termos do inciso III do art. 259.

Art. 577. Feitas as citações, terão os réus o prazo comum de 15 (quinze) dias para contestar.

• *Vide* art. 589 do CPC.

Art. 578. Após o prazo de resposta do réu, observar-se-á o procedimento comum.

• *Vide* art. 589 do CPC.

Art. 579. Antes de proferir a sentença, o juiz nomeará um ou mais peritos para levantar o traçado da linha demarcanda.

Art. 580. Concluídos os estudos, os peritos apresentarão minucioso laudo sobre o traçado da linha demarcanda, considerando os títulos, os marcos, os rumos, a fama da vizinhança, as informações de antigos moradores do lugar e outros elementos que coligirem.

Art. 581. A sentença que julgar procedente o pedido determinará o traçado da linha demarcanda.

Parágrafo único. A sentença proferida na ação demarcatória determinará a restituição da área invadida, se houver, declarando o domínio ou a posse do prejudicado, ou ambos.

Art. 582. Transitada em julgado a sentença, o perito efetuará a demarcação e colocará os marcos necessários.

• *Vide* art. 584 do CPC.

Parágrafo único. Todas as operações serão consignadas em planta e memorial descritivo com as referências convenientes para a identificação, em qualquer tempo, dos pontos assinalados, observada a legislação especial que dispõe sobre a identificação do imóvel rural.

Art. 583. As plantas serão acompanhadas das cadernetas de operações de campo e do memorial descritivo, que conterá:

I – o ponto de partida, os rumos seguidos e a aviventação dos antigos com os respectivos cálculos;

II – os acidentes encontrados, as cercas, os valos, os marcos antigos, os córregos, os rios, as lagoas e outros;

III – a indicação minuciosa dos novos marcos cravados, dos antigos aproveitados, das culturas existentes e da sua produção anual;

IV – a composição geológica dos terrenos, bem como a qualidade e a extensão dos campos, das matas e das capoeiras;

V – as vias de comunicação;

VI – as distâncias a pontos de referência, tais como rodovias federais e estaduais, ferrovias, portos, aglomerações urbanas e polos comerciais;

VII – a indicação de tudo o mais que for útil para o levantamento da linha ou para a identificação da linha já levantada.

Art. 584. É obrigatória a colocação de marcos tanto na estação inicial, dita marco primordial, quanto nos vértices dos ângulos, salvo se algum desses últimos pontos for assinalado por acidentes naturais de difícil remoção ou destruição.

•• *Vide* arts. 582 e 596 do CPC.

Art. 585. A linha será percorrida pelos peritos, que examinarão os marcos e os rumos, consignando em relatório escrito a exatidão do memorial e da planta apresentados pelo agrimensor ou as divergências porventura encontradas.

Art. 586. Juntado aos autos o relatório dos peritos, o juiz determinará que as partes se manifestem sobre ele no prazo comum de 15 (quinze) dias.

Parágrafo único. Executadas as correções e as retificações que o juiz determinar, lavrar-se-á, em seguida, o auto de demarcação em que os limites demarcandos serão minuciosamente descritos de acordo com o memorial e a planta.

Art. 587. Assinado o auto pelo juiz e pelos peritos, será proferida a sentença homologatória da demarcação.

Seção III

Da Divisão

Art. 588. A petição inicial será instruída com os títulos de domínio do promovente e conterá:

•• *Vide* arts. 47, 73 e 1.320 a 1.332 do CPC.

I – a indicação da origem da comunhão e a denominação, a situação, os limites e as características do imóvel;

II – o nome, o estado civil, a profissão e a residência de todos os condôminos, especificando-se os estabelecidos no imóvel com benfeitorias e culturas;

III – as benfeitorias comuns.

• *Vide* art. 292, IV, do CPC.

Art. 589. Feitas as citações como preceitua o art. 576, prosseguir-se-á na forma dos arts. 577 e 578.

Art. 590. O juiz nomeará um ou mais peritos para promover a medição do imóvel e as operações de divisão, observada a legislação especial que dispõe sobre a identificação do imóvel rural.

Parágrafo único. O perito deverá indicar as vias de comunicação existentes, as construções e as benfeitorias, com a indicação dos seus valores e dos respectivos proprietários e ocupantes, as águas principais que banham o imóvel e quaisquer outras informações que possam concorrer para facilitar a partilha.

Art. 591. Todos os condôminos serão intimados a apresentar, dentro de 10 (dez) dias, os seus títulos, se ainda não o tiverem feito, e a formular os seus pedidos sobre a constituição dos quinhões.

Art. 592. O juiz ouvirá as partes no prazo comum de 15 (quinze) dias.

§ 1.º Não havendo impugnação, o juiz determinará a divisão geodésica do imóvel.

§ 2.º Havendo impugnação, o juiz proferirá, no prazo de 10 (dez) dias, decisão sobre os pedidos e os títulos que devam ser atendidos na formação dos quinhões.

Art. 593. Se qualquer linha do perímetro atingir benfeitorias permanentes dos confinantes feitas há mais de 1 (um) ano, serão elas respeitadas, bem como os terrenos onde estiverem, os quais não se computarão na área dividenda.

Art. 594. Os confinantes do imóvel dividendo podem demandar a restituição dos terrenos que lhes tenham sido usurpados.

§ 1.º Serão citados para a ação todos os condôminos, se a sentença homologatória da divisão ainda não houver transitado em julgado, e todos os quinhoeiros dos terrenos vindicados, se a ação for proposta posteriormente.

§ 2.º Nesse último caso terão os quinhoeiros o direito, pela mesma sentença que os obrigar à restituição, a haver dos outros condôminos do processo divisório ou de seus sucessores a título universal a composição pecuniária proporcional ao desfalque sofrido.

Art. 595. Os peritos proporão, em laudo fundamentado, a forma da divisão, devendo consultar, quanto possível, a comodidade das partes, respeitar, para adjudicação a cada condômino, a preferência dos terrenos contíguos às suas residências e benfeitorias e evitar o retalhamento dos quinhões em glebas separadas.

Art. 596. Ouvidas as partes, no prazo comum de 15 (quinze) dias, sobre o cálculo e o plano da divisão, o juiz deliberará a partilha.

Parágrafo único. Em cumprimento dessa decisão, o perito procederá à demarcação dos quinhões, observando, além do disposto nos arts. 584 e 585, as seguintes regras:

I – as benfeitorias comuns que não comportarem divisão cômoda serão adjudicadas a um dos condôminos mediante compensação;

II – instituir-se-ão as servidões que forem indispensáveis em favor de uns quinhões sobre os outros, incluindo o respectivo valor no orçamento para que, não se tratando de servidões naturais, seja compensado o condômino aquinhoado com o prédio serviente;

III – as benfeitorias particulares dos condôminos que excederem à área a que têm direito serão adjudicadas ao quinhoeiro vizinho mediante reposição;

IV – se outra coisa não acordarem as partes, as compensações e as reposições serão feitas em dinheiro.

Art. 597. Terminados os trabalhos e desenhados na planta os quinhões e as servidões aparentes, o perito organizará o memorial descritivo.

• *Vide* art. 89 do CPC.

§ 1.º Cumprido o disposto no art. 586, o escrivão, em seguida, lavrará o auto de divisão, acompanhado de uma folha de pagamento para cada condômino.

• *Vide* art. 89 do CPC.

§ 2.º Assinado o auto pelo juiz e pelo perito, será proferida sentença homologatória da divisão.

• *Vide* art. 89 do CPC.

§ 3.º O auto conterá:

I – a confinação e a extensão superficial do imóvel;

II – a classificação das terras com o cálculo das áreas de cada consorte e com a respectiva avaliação ou, quando a homogeneidade das terras não determinar diversidade de valores, a avaliação do imóvel na sua integridade;

III – o valor e a quantidade geométrica que couber a cada condômino, declarando-se as reduções e as compensações resultantes da diversidade de valores das glebas componentes de cada quinhão.

§ 4.º Cada folha de pagamento conterá:

I – a descrição das linhas divisórias do quinhão, mencionadas as confinantes;

II – a relação das benfeitorias e das culturas do próprio quinhoeiro e das que lhe foram adjudicadas por serem comuns ou mediante compensação;

III – a declaração das servidões instituídas, especificados os lugares, a extensão e o modo de exercício.

Art. 598. Aplica-se às divisões o disposto nos arts. 575 a 578.

Capítulo V
DA AÇÃO DE DISSOLUÇÃO PARCIAL DE SOCIEDADE

Art. 599. A ação de dissolução parcial de sociedade pode ter por objeto:

• Sociedades personificadas: arts. 997 e s. do CC.

I – a resolução da sociedade empresária contratual ou simples em relação ao sócio falecido, excluído ou que exerceu o direito de retirada ou recesso; e

II – a apuração dos haveres do sócio falecido, excluído ou que exerceu o direito de retirada ou recesso; ou

III – somente a resolução ou a apuração de haveres.

§ 1.º A petição inicial será necessariamente instruída com o contrato social consolidado.

§ 2.º A ação de dissolução parcial de sociedade pode ter também por objeto a sociedade anônima de capital fechado quando demonstrado, por acionista ou acionistas que representem cinco por cento ou mais do capital social, que não pode preencher o seu fim.

•• *Vide* art. 206, II, *b*, da LSA.

Art. 600. A ação pode ser proposta:

I – pelo espólio do sócio falecido, quando a totalidade dos sucessores não ingressar na sociedade;

II – pelos sucessores, após concluída a partilha do sócio falecido;

III – pela sociedade, se os sócios sobreviventes não admitirem o ingresso do espólio ou dos sucessores do falecido na sociedade, quando esse direito decorrer do contrato social;

IV – pelo sócio que exerceu o direito de retirada ou recesso, se não tiver sido providenciada, pelos demais sócios, a alteração contratual consensual formalizando o desligamento, depois de transcorridos 10 (dez) dias do exercício do direito;

V – pela sociedade, nos casos em que a lei não autoriza a exclusão extrajudicial; ou

VI – pelo sócio excluído.

Parágrafo único. O cônjuge ou companheiro do sócio cujo casamento, união estável ou convivência terminou poderá requerer a apuração de seus haveres na sociedade, que serão pagos à conta da quota social titulada por este sócio.

Art. 601. Os sócios e a sociedade serão citados para, no prazo de 15 (quinze) dias, concordar com o pedido ou apresentar contestação.

Parágrafo único. A sociedade não será citada se todos os seus sócios o forem, mas ficará sujeita aos efeitos da decisão e à coisa julgada.

Art. 602. A sociedade poderá formular pedido de indenização compensável com o valor dos haveres a apurar.

Art. 603. Havendo manifestação expressa e unânime pela concordância da dissolução, o juiz a decretará, passando-se imediatamente à fase de liquidação.

§ 1.º Na hipótese prevista no *caput*, não haverá condenação em honorários advocatícios de nenhuma das partes, e as custas serão rateadas segundo a participação das partes no capital social.

§ 2.º Havendo contestação, observar-se-á o procedimento comum, mas a liquidação da sentença seguirá o disposto neste Capítulo.

Art. 604. Para apuração dos haveres, o juiz:

I – fixará a data da resolução da sociedade;

II – definirá o critério de apuração dos haveres à vista do disposto no contrato social; e

III – nomeará o perito.

§ 1.º O juiz determinará à sociedade ou aos sócios que nela permanecerem que depositem em juízo a parte incontroversa dos haveres devidos.

§ 2.º O depósito poderá ser, desde logo, levantado pelo ex-sócio, pelo espólio ou pelos sucessores.

§ 3.º Se o contrato social estabelecer o pagamento dos haveres, será observado o que nele se dispôs no depósito judicial da parte incontroversa.

Art. 605. A data da resolução da sociedade será:

I – no caso de falecimento do sócio, a do óbito;

II – na retirada imotivada, o sexagésimo dia seguinte ao do recebimento, pela sociedade, da notificação do sócio retirante;

III – no recesso, o dia do recebimento, pela sociedade, da notificação do sócio dissidente;

IV – na retirada por justa causa de sociedade por prazo determinado e na exclusão judicial de sócio, a do trânsito em julgado da decisão que dissolver a sociedade; e

V – na exclusão extrajudicial, a data da assembleia ou da reunião de sócios que a tiver deliberado.

Art. 606. Em caso de omissão do contrato social, o juiz definirá, como critério de apuração de haveres, o valor patrimonial apurado em balanço de determinação, tomando-se por referência a data da resolução e avaliando-se bens e direitos do ativo, tangíveis e intangíveis, a preço de saída, além do passivo também a ser apurado de igual forma.

Parágrafo único. Em todos os casos em que seja necessária a realização de perícia, a nomeação do perito recairá preferencialmente sobre especialista em avaliação de sociedades.

Art. 607. A data da resolução e o critério de apuração de haveres podem ser revistos pelo juiz, a pedido da parte, a qualquer tempo antes do início da perícia.

Art. 608. Até a data da resolução, integram o valor devido ao ex-sócio, ao espólio ou aos sucessores a participação nos lucros ou os juros sobre o capital próprio declarados pela sociedade e, se for o caso, a remuneração como administrador.

Parágrafo único. Após a data da resolução, o ex-sócio, o espólio ou os sucessores terão direito apenas à correção monetária dos valores apurados e aos juros contratuais ou legais.

Art. 609. Uma vez apurados, os haveres do sócio retirante serão pagos conforme disciplinar o contrato social e, no silêncio deste, nos termos do § 2.º do art. 1.031 da Lei n. 10.406, de 10 de janeiro de 2002 (Código Civil).

Capítulo VI
DO INVENTÁRIO E DA PARTILHA

- *Vide* art. 5.º, XXVII, XXX e XXXI, da CF, sobre herança.
- O Provimento n. 56, de 14-7-2016 do CNJ, dispõe sobre a obrigatoriedade de consulta ao Registro Central de Testamentos On-Line (RCTO) para processar os inventários e partilhas judiciais e lavrar escrituras públicas de inventários extrajudiciais.

Seção I
Disposições Gerais

Art. 610. Havendo testamento ou interessado incapaz, proceder-se-á ao inventário judicial.

§ 1.º Se todos forem capazes e concordes, o inventário e a partilha poderão ser feitos por escritura pública, a qual constituirá documento hábil para qualquer ato de registro, bem como para levantamento de importância depositada em instituições financeiras.

§ 2.º O tabelião somente lavrará a escritura pública se todas as partes interessadas estiverem assistidas por advogado ou por defensor público, cuja qualificação e assinatura constarão do ato notarial.

•• O art. 1.º, *caput*, da Lei n. 6.858, de 24-11-1980, dispõe sobre pagamento a dependentes ou sucessores de valores não recebidos em vida.

•• Os arts. 2.015 e 2.016 do CC dispõem sobre a partilha amigável e judicial respectivamente.

•• Dispõe o art. 112 da Lei n. 8.213, de 24-7-1991 (benefícios da Previdência Social): "O valor não recebido em vida pelo segurado só será pago aos seus dependentes habilitados à pensão por morte ou, na falta deles, aos sucessores na forma da lei civil, independentemente de inventário ou arrolamento".

• O Provimento OAB n. 118, de 7-5-2007, disciplina as atividades profissionais dos advogados em escrituras públicas de inventários, partilhas, separações e divórcios.

Art. 611. O processo de inventário e de partilha deve ser instaurado dentro de 2 (dois) meses, a contar da abertura da sucessão, ultimando-se nos 12 (doze) meses subsequentes, podendo o juiz prorrogar esses prazos, de ofício ou a requerimento de parte.

•• Prazo para requerer inventário: art. 1.796 do CC.

•• *Vide* Súmula 542 do STF.

•• Sobre os prazos de que trata este artigo: *vide* art. 16 da Lei n. 14.010, de 10-6-2020.

• *Vide* arts. 1.991 e s. do CC (inventário e partilha).

• *Vide* art. 48 do CPC.

Art. 612. O juiz decidirá todas as questões de direito desde que os fatos relevantes estejam provados por documento, só remetendo para as vias ordinárias as questões que dependerem de outras provas.

Art. 613. Até que o inventariante preste o compromisso, continuará o espólio na posse do administrador provisório.

Art. 614. O administrador provisório representa ativa e passivamente o espólio, é obrigado a trazer ao acervo os frutos que desde a abertura da sucessão percebeu, tem direito ao reembolso das despesas necessárias e úteis que fez e responde pelo dano a que, por dolo ou culpa, der causa.

Seção II
Da Legitimidade para Requerer o Inventário

Art. 615. O requerimento de inventário e de partilha incumbe a quem estiver na posse e na administração do espólio, no prazo estabelecido no art. 611.

Parágrafo único. O requerimento será instruído com a certidão de óbito do autor da herança.

Art. 616. Têm, contudo, legitimidade concorrente:

I – o cônjuge ou companheiro supérstite;

II – o herdeiro;

III – o legatário;

IV – o testamenteiro;

V – o cessionário do herdeiro ou do legatário;

VI – o credor do herdeiro, do legatário ou do autor da herança;

VII – o Ministério Público, havendo herdeiros incapazes;

VIII – a Fazenda Pública, quando tiver interesse;

IX – o administrador judicial da falência do herdeiro, do legatário, do autor da herança ou do cônjuge ou companheiro supérstite.

Seção III
Do Inventariante e das Primeiras Declarações

Art. 617. O juiz nomeará inventariante na seguinte ordem:

• *Vide* art. 1.991 do CC.

I – o cônjuge ou companheiro sobrevivente, desde que estivesse convivendo com o outro ao tempo da morte deste;

• *Vide* art. 1.830 do CC.

II – o herdeiro que se achar na posse e na administração do espólio, se não houver cônjuge ou companheiro sobrevivente ou se estes não puderem ser nomeados;

III – qualquer herdeiro, quando nenhum deles estiver na posse e na administração do espólio;

IV – o herdeiro menor, por seu representante legal;

V – o testamenteiro, se lhe tiver sido confiada a administração do espólio ou se toda a herança estiver distribuída em legados;

VI – o cessionário do herdeiro ou do legatário;

VII – o inventariante judicial, se houver;

VIII – pessoa estranha idônea, quando não houver inventariante judicial.

Parágrafo único. O inventariante, intimado da nomeação, prestará, dentro de 5 (cinco) dias, o compromisso de bem e fielmente desempenhar a função.

Art. 618. Incumbe ao inventariante:

I – representar o espólio ativa e passivamente, em juízo ou fora dele, observando-se, quanto ao dativo, o disposto no art. 75, § 1.º;

II – administrar o espólio, velando-lhe os bens com a mesma diligência que teria se seus fossem;

III – prestar as primeiras e as últimas declarações pessoalmente ou por procurador com poderes especiais;

IV – exibir em cartório, a qualquer tempo, para exame das partes, os documentos relativos ao espólio;

V – juntar aos autos certidão do testamento, se houver;

VI – trazer à colação os bens recebidos pelo herdeiro ausente, renunciante ou excluído;

• *Vide* arts. 2.002 a 2.012 do CC.

VII – prestar contas de sua gestão ao deixar o cargo ou sempre que o juiz lhe determinar;

•• *Vide* art. 622, V, do CPC.

VIII – requerer a declaração de insolvência.

Art. 619. Incumbe ainda ao inventariante, ouvidos os interessados e com autorização do juiz:

I – alienar bens de qualquer espécie;

II – transigir em juízo ou fora dele;

III – pagar dívidas do espólio;

• *Vide* arts. 642 a 646 do CPC.

IV – fazer as despesas necessárias para a conservação e o melhoramento dos bens do espólio.

Art. 620. Dentro de 20 (vinte) dias contados da data em que prestou o compromisso, o inventariante fará as primeiras declarações, das quais se lavrará termo circunstanciado, assinado pelo juiz, pelo escrivão e pelo inventariante, no qual serão exarados:

I – o nome, o estado, a idade e o domicílio do autor da herança, o dia e o lugar em que faleceu e se deixou testamento;

II – o nome, o estado, a idade, o endereço eletrônico e a residência dos herdeiros e, havendo cônjuge ou companheiro supérstite, além dos respectivos dados pessoais, o regime de bens do casamento ou da união estável;

III – a qualidade dos herdeiros e o grau de parentesco com o inventariado;

IV – a relação completa e individualizada de todos os bens do espólio, inclusive aqueles que devem ser conferidos à colação, e dos bens alheios que nele forem encontrados, descrevendo-se:

• *Vide* art. 674, *caput*, do CPC.

a) os imóveis, com as suas especificações, nomeadamente local em que se encontram, extensão da área, limites, confrontações, benfeitorias, origem dos títulos, números das matrículas e ônus que os gravam;

b) os móveis, com os sinais característicos;

• *Vide* arts. 82 e 84 do CC.

c) os semoventes, seu número, suas espécies, suas marcas e seus sinais distintivos;

d) o dinheiro, as joias, os objetos de ouro e prata e as pedras preciosas, declarando-se-lhes especificadamente a qualidade, o peso e a importância;

e) os títulos da dívida pública, bem como as ações, as quotas e os títulos de sociedade, mencionando-se-lhes o número, o valor e a data;

f) as dívidas ativas e passivas, indicando-se-lhes as datas, os títulos, a origem da obrigação e os nomes dos credores e dos devedores;

g) direitos e ações;

h) o valor corrente de cada um dos bens do espólio.

§ 1.º O juiz determinará que se proceda:

•• *Vide* art. 1.003, parágrafo único, do CPC.

I – ao balanço do estabelecimento, se o autor da herança era empresário individual;

II – à apuração de haveres, se o autor da herança era sócio de sociedade que não anônima.

• *Vide* Súmula 265 do STF.

§ 2.º As declarações podem ser prestadas mediante petição, firmada por procurador com poderes especiais, à qual o termo se reportará.

Art. 621. Só se pode arguir sonegação ao inventariante depois de encerrada a descrição dos bens, com a declaração, por ele feita, de não existirem outros por inventariar.

•• Os arts. 1.992 a 1.996 do CC dispõem sobre os sonegados.

Art. 622. O inventariante será removido de ofício ou a requerimento:

I – se não prestar, no prazo legal, as primeiras ou as últimas declarações;

II – se não der ao inventário andamento regular, se suscitar dúvidas infundadas ou se praticar atos meramente protelatórios;

III – se, por culpa sua, bens do espólio se deteriorarem, forem dilapidados ou sofrerem dano;

IV – se não defender o espólio nas ações em que for citado, se deixar de cobrar dívidas ativas ou se não promover as medidas necessárias para evitar o perecimento de direitos;

V – se não prestar contas ou se as que prestar não forem julgadas boas;

•• *Vide* art. 553 do CPC.

VI – se sonegar, ocultar ou desviar bens do espólio.

•• Os arts. 1.992 a 1.996 do CC dispõem sobre os sonegados.

Art. 623. Requerida a remoção com fundamento em qualquer dos incisos do art. 622, será intimado o inventariante para, no prazo de 15 (quinze) dias, defender-se e produzir provas.

Parágrafo único. O incidente da remoção correrá em apenso aos autos do inventário.

Art. 624. Decorrido o prazo, com a defesa do inventariante ou sem ela, o juiz decidirá.

Parágrafo único. Se remover o inventariante, o juiz nomeará outro, observada a ordem estabelecida no art. 617.

Art. 625. O inventariante removido entregará imediatamente ao substituto os bens do espólio e, caso deixe de fazê-lo, será compelido mediante mandado de busca e apreensão ou de imissão na posse, conforme se tratar de bem móvel ou imóvel, sem prejuízo da multa a ser fixada pelo juiz em montante não superior a três por cento do valor dos bens inventariados.

Seção IV
Das Citações e das Impugnações

Art. 626. Feitas as primeiras declarações, o juiz mandará citar, para os termos do inventário e da partilha, o cônjuge, o companheiro, os herdeiros e os legatários e intimar a Fazenda Pública, o Ministério Público, se houver herdeiro incapaz ou ausente, e o testamenteiro, se houver testamento.

§ 1.º O cônjuge ou o companheiro, os herdeiros e os legatários serão citados pelo correio, observado o disposto no art. 247, sendo, ainda, publicado edital, nos termos do inciso III do art. 259.

§ 2.º Das primeiras declarações extrair-se-ão tantas cópias quantas forem as partes.

§ 3.º A citação será acompanhada de cópia das primeiras declarações.

§ 4.º Incumbe ao escrivão remeter cópias à Fazenda Pública, ao Ministério Público, ao testamenteiro, se houver, e ao advogado, se a parte já estiver representada nos autos.

Art. 627. Concluídas as citações, abrir-se-á vista às partes, em cartório e pelo prazo comum de 15 (quinze) dias, para que se manifestem sobre as primeiras declarações, incumbindo às partes:

I – arguir erros, omissões e sonegação de bens;

II – reclamar contra a nomeação de inventariante;

III – contestar a qualidade de quem foi incluído no título de herdeiro.

§ 1.º Julgando procedente a impugnação referida no inciso I, o juiz mandará retificar as primeiras declarações.

§ 2.º Se acolher o pedido de que trata o inciso II, o juiz nomeará outro inventariante, observada a preferência legal.

§ 3.º Verificando que a disputa sobre a qualidade de herdeiro a que alude o inciso III demanda produção de provas que não a documental, o juiz remeterá a parte às vias ordinárias e sobrestará, até o julgamento da ação, a entrega do quinhão que na partilha couber ao herdeiro admitido.

Art. 628. Aquele que se julgar preterido poderá demandar sua admissão no inventário, requerendo-a antes da partilha.

§ 1.º Ouvidas as partes no prazo de 15 (quinze) dias, o juiz decidirá.

§ 2.º Se para solução da questão for necessária a produção de provas que não a documental, o juiz remeterá o requerente às vias ordinárias, mandando reservar, em poder do inventariante, o quinhão do herdeiro excluído até que se decida o litígio.

Art. 629. A Fazenda Pública, no prazo de 15 (quinze) dias, após a vista de que trata o art. 627, informará ao juízo, de acordo com os dados que constam de seu cadastro imobiliário, o valor dos bens de raiz descritos nas primeiras declarações.

Seção V
Da Avaliação e do Cálculo do Imposto

Art. 630. Findo o prazo previsto no art. 627 sem impugnação ou decidida a impugnação que houver sido oposta, o juiz nomeará, se for o caso, perito para avaliar os bens do espólio, se não houver na comarca avaliador judicial.

Parágrafo único. Na hipótese prevista no art. 620, § 1.º, o juiz nomeará perito para avaliação das quotas sociais ou apuração dos haveres.

Art. 631. Ao avaliar os bens do espólio, o perito observará, no que for aplicável, o disposto nos arts. 872 e 873.

Art. 632. Não se expedirá carta precatória para a avaliação de bens situados fora da comarca onde corre o inventário se eles forem de pequeno valor ou perfeitamente conhecidos do perito nomeado.

Art. 633. Sendo capazes todas as partes, não se procederá à avaliação se a Fazenda Pública, intimada pessoalmente, concordar de forma expressa com o valor atribuído, nas primeiras declarações, aos bens do espólio.

Art. 634. Se os herdeiros concordarem com o valor dos bens declarados pela Fazenda Pública, a avaliação cingir-se-á aos demais.

Art. 635. Entregue o laudo de avaliação, o juiz mandará que as partes se manifestem no prazo de 15 (quinze) dias, que correrá em cartório.

§ 1.º Versando a impugnação sobre o valor dado pelo perito, o juiz a decidirá de plano, à vista do que constar dos autos.

§ 2.º Julgando procedente a impugnação, o juiz determinará que o perito retifique a avaliação, observando os fundamentos da decisão.

Art. 636. Aceito o laudo ou resolvidas as impugnações suscitadas a seu respeito, lavrar-se-á em seguida o termo de últimas declarações, no qual o inventariante poderá emendar, aditar ou completar as primeiras.

• *Vide* art. 622, I, do CPC.

Art. 637. Ouvidas as partes sobre as últimas declarações no prazo comum de 15 (quinze) dias, proceder-se-á ao cálculo do tributo.

•• *Vide* Súmulas 112, 113, 114, 115 e 116 do STF.

Art. 638. Feito o cálculo, sobre ele serão ouvidas todas as partes no prazo comum de 5 (cinco) dias, que correrá em cartório, e, em seguida, a Fazenda Pública.

§ 1.º Se acolher eventual impugnação, o juiz ordenará nova remessa dos autos ao contabilista, determinando as alterações que devam ser feitas no cálculo.

§ 2.º Cumprido o despacho, o juiz julgará o cálculo do tributo.

Seção VI
Das Colações

•• Os arts. 2.002 a 2.012 do CC dispõem sobre colação.

Art. 639. No prazo estabelecido no art. 627, o herdeiro obrigado à colação conferirá por termo nos autos ou por petição à qual o termo se reportará os bens que recebeu ou, se já não os possuir, trar-lhes-á o valor.

Parágrafo único. Os bens a serem conferidos na partilha, assim como as acessões e as benfeitorias que o donatário fez, calcular-se-ão pelo valor que tiverem ao tempo da abertura da sucessão.

Art. 640. O herdeiro que renunciou à herança ou o que dela foi excluído não se exime, pelo fato da renúncia ou da exclusão, de conferir, para o efeito de repor a parte inoficiosa, as liberalidades que obteve do doador.

§ 1.º É lícito ao donatário escolher, dentre os bens doados, tantos quantos bastem para perfazer a legítima e a metade disponível, entrando na partilha o excedente para ser dividido entre os demais herdeiros.

§ 2.º Se a parte inoficiosa da doação recair sobre bem imóvel que não comporte divisão cômoda, o juiz determinará que sobre ela se proceda a licitação entre os herdeiros.

§ 3.º O donatário poderá concorrer na licitação referida no § 2.º e, em igualdade de condições, terá preferência sobre os herdeiros.

Art. 641. Se o herdeiro negar o recebimento dos bens ou a obrigação de os conferir, o juiz, ouvidas as partes no prazo comum de 15 (quinze) dias, decidirá à vista das alegações e das provas produzidas.

§ 1.º Declarada improcedente a oposição, se o herdeiro, no prazo improrrogável de 15 (quinze) dias, não proceder à conferência, o juiz mandará sequestrar-lhe, para serem inventariados e partilhados, os bens sujeitos à colação ou imputar ao seu quinhão hereditário o valor deles, se já não os possuir.

§ 2.º Se a matéria exigir dilação probatória diversa da documental, o juiz remeterá as partes às vias ordinárias, não podendo o herdeiro receber o seu quinhão hereditário, enquanto pender a demanda, sem prestar caução correspondente ao valor dos bens sobre os quais versar a conferência.

Seção VII
Do Pagamento das Dívidas

Art. 642. Antes da partilha, poderão os credores do espólio requerer ao juízo do inventário o pagamento das dívidas vencidas e exigíveis.

•• *Vide* art. 4.º da Lei n. 6.830, de 22-9-1980, sobre cobrança judicial da dívida ativa da Fazenda Pública.

• *Vide* art. 619, III, do CPC.

• O art. 1.997 do CC dispõe que a herança responde pelo pagamento das dívidas do falecido; mas, feita a partilha, só respondem os herdeiros, cada qual em proporção da parte que na herança lhe coube.

• O art. 189 do CTN estabelece que são pagos preferencialmente quaisquer créditos habilitados em inventário ou arrolamento.

§ 1.º A petição, acompanhada de prova literal da dívida, será distribuída por dependência e autuada em apenso aos autos do processo de inventário.

§ 2.º Concordando as partes com o pedido, o juiz, ao declarar habilitado o credor, mandará que se faça a separação de dinheiro ou, em sua falta, de bens suficientes para o pagamento.

§ 3.º Separados os bens, tantos quantos forem necessários para o pagamento dos credores habilitados, o juiz mandará aliená-los, observando-se as disposições deste Código relativas à expropriação.

• *Vide* art. 647 do CPC.

§ 4.º Se o credor requerer que, em vez de dinheiro, lhe sejam adjudicados, para o seu pagamento, os bens já reservados, o juiz deferir-lhe-á o pedido, concordando todas as partes.

§ 5.º Os donatários serão chamados a pronunciar-se sobre a aprovação das dívidas, sempre que haja possibilidade de resultar delas a redução das liberalidades.

Art. 643. Não havendo concordância de todas as partes sobre o pedido de pagamento feito pelo credor, será o pedido remetido às vias ordinárias.

• *Vide* art. 668, I, do CPC.

Parágrafo único. O juiz mandará, porém, reservar, em poder do inventariante, bens suficientes para pagar o credor quando a dívida constar de documento que comprove suficientemente a obrigação e a impugnação não se fundar em quitação.

Art. 644. O credor de dívida líquida e certa, ainda não vencida, pode requerer habilitação no inventário.

Parágrafo único. Concordando as partes com o pedido referido no *caput*, o juiz, ao julgar habilitado o crédito, mandará que se faça separação de bens para o futuro pagamento.

Art. 645. O legatário é parte legítima para manifestar-se sobre as dívidas do espólio:

I – quando toda a herança for dividida em legados;

• Os arts. 1.912 a 1.940 do CC dispõem sobre legado.

II – quando o reconhecimento das dívidas importar redução dos legados.

• Os arts. 1.912 a 1.940 do CC dispõem sobre legado.

Art. 646. Sem prejuízo do disposto no art. 860, é lícito aos herdeiros, ao separarem bens para o pagamento de dívidas, autorizar que o inventariante os indique à penhora no processo em que o espólio for executado.

Seção VIII
Da Partilha

Art. 647. Cumprido o disposto no art. 642, § 3.º, o juiz facultará às partes que, no prazo comum de 15 (quinze) dias, formulem o pedido de quinhão e, em seguida, proferirá a decisão de deliberação da partilha, resolvendo os pedidos das partes e designando os bens que devam constituir quinhão de cada herdeiro e legatário.

• Os arts. 2.013 e s. do CC dispõem sobre partilha.

Parágrafo único. O juiz poderá, em decisão fundamentada, deferir antecipadamente a qualquer dos herdeiros o exercício dos direitos de usar e de fruir de determinado bem, com a condição de que, ao término do inventário, tal bem integre a cota desse herdeiro, cabendo a este, desde o deferimento, todos os ônus e bônus decorrentes do exercício daqueles direitos.

Art. 648. Na partilha, serão observadas as seguintes regras:

I – a máxima igualdade possível quanto ao valor, à natureza e à qualidade dos bens;

•• *Vide* art. 2.017 do CC.

II – a prevenção de litígios futuros;

III – a máxima comodidade dos coerdeiros, do cônjuge ou do companheiro, se for o caso.

Art. 649. Os bens insuscetíveis de divisão cômoda que não couberem na parte do cônjuge ou companheiro supérstite ou no quinhão de um só herdeiro serão licitados entre os interessados ou vendidos judicialmente, partilhando-se o valor apurado, salvo se houver acordo para que sejam adjudicados a todos.

•• *Vide* art. 2.019 do CC.

Art. 650. Se um dos interessados for nascituro, o quinhão que lhe caberá será reservado em poder do inventariante até o seu nascimento.

Art. 651. O partidor organizará o esboço da partilha de acordo com a decisão judicial, observando nos pagamentos a seguinte ordem:

I – dívidas atendidas;

II – meação do cônjuge;

III – meação disponível;

IV – quinhões hereditários, a começar pelo coerdeiro mais velho.

Art. 652. Feito o esboço, as partes manifestar-se-ão sobre esse no prazo comum de 15 (quinze) dias, e, resolvidas as reclamações, a partilha será lançada nos autos.

Art. 653. A partilha constará:

I – de auto de orçamento, que mencionará:

a) os nomes do autor da herança, do inventariante, do cônjuge ou companheiro supérstite, dos herdeiros, dos legatários e dos credores admitidos;

b) o ativo, o passivo e o líquido partível, com as necessárias especificações;

c) o valor de cada quinhão;

II – de folha de pagamento para cada parte, declarando a quota a pagar-lhe, a razão do pagamento e a relação dos bens que lhe compõem o quinhão, as características que os individualizam e os ônus que os gravam.

Parágrafo único. O auto e cada uma das folhas serão assinados pelo juiz e pelo escrivão.

Art. 654. Pago o imposto de transmissão a título de morte e juntada aos autos certidão ou informação negativa de dívida para com a Fazenda Pública, o juiz julgará por sentença a partilha.

- O art. 192 do CTN estabelece que nenhuma sentença de julgamento de partilha ou adjudicação será proferida sem prova da quitação de todos os tributos relativos aos bens.

Parágrafo único. A existência de dívida para com a Fazenda Pública não impedirá o julgamento da partilha, desde que o seu pagamento esteja devidamente garantido.

Art. 655. Transitada em julgado a sentença mencionada no art. 654, receberá o herdeiro os bens que lhe tocarem e um formal de partilha, do qual constarão as seguintes peças:

I – termo de inventariante e título de herdeiros;

II – avaliação dos bens que constituíram o quinhão do herdeiro;

III – pagamento do quinhão hereditário;

IV – quitação dos impostos;

V – sentença.

Parágrafo único. O formal de partilha poderá ser substituído por certidão de pagamento do quinhão hereditário quando esse não exceder a 5 (cinco) vezes o salário mínimo, caso em que se transcreverá nela a sentença de partilha transitada em julgado.

Art. 656. A partilha, mesmo depois de transitada em julgado a sentença, pode ser emendada nos mesmos autos do inventário, convindo todas as partes, quando tenha havido erro de fato na descrição dos bens, podendo o juiz, de ofício ou a requerimento da parte, a qualquer tempo, corrigir-lhe as inexatidões materiais.

Art. 657. A partilha amigável, lavrada em instrumento público, reduzida a termo nos autos do inventário ou constante de escrito particular homologado pelo juiz, pode ser anulada por dolo, coação, erro essencial ou intervenção de incapaz, observado o disposto no § 4.º do art. 966.

Parágrafo único. O direito à anulação de partilha amigável extingue-se em 1 (um) ano, contado esse prazo:

I – no caso de coação, do dia em que ela cessou;

II – no caso de erro ou dolo, do dia em que se realizou o ato;

III – quanto ao incapaz, do dia em que cessar a incapacidade.

•• O art. 2.027 do CC dispõe sobre anulação da partilha.

- Os arts. 171 e 2.015 do CC dispõem sobre o ato anulável do negócio jurídico e sobre a partilha amigável respectivamente.

Art. 658. É rescindível a partilha julgada por sentença:

I – nos casos mencionados no art. 657;

II – se feita com preterição de formalidades legais;

III – se preteriu herdeiro ou incluiu quem não o seja.

- *Vide* art. 966 do CPC.

Seção IX

Do Arrolamento

Art. 659. A partilha amigável, celebrada entre partes capazes, nos termos da lei, será homologada de plano pelo juiz, com observância dos arts. 660 a 663.

- A Resolução n. 35, de 24-4-2007, do CNJ, disciplina o disposto neste artigo quanto à partilha feita por escritura pública.

§ 1.º O disposto neste artigo aplica-se, também, ao pedido de adjudicação, quando houver herdeiro único.

§ 2.º Transitada em julgado a sentença de homologação de partilha ou de adjudicação, será lavrado o formal de partilha ou elaborada a carta de adjudicação e, em seguida, serão expedidos os alvarás referentes aos bens e às rendas por ele abrangidos, intimando-se o fisco para lançamento administrativo do imposto de transmissão e de outros tributos porventura incidentes, conforme dispuser a legislação tributária, nos termos do § 2.º do art. 662.

Art. 660. Na petição de inventário, que se processará na forma de arrolamento sumário, independentemente da lavratura de termos de qualquer espécie, os herdeiros:

I – requererão ao juiz a nomeação do inventariante que designarem;

II – declararão os títulos dos herdeiros e os bens do espólio, observado o disposto no art. 630;

III – atribuirão valor aos bens do espólio, para fins de partilha.

Art. 661. Ressalvada a hipótese prevista no parágrafo único do art. 663, não se procederá à avaliação dos bens do espólio para nenhuma finalidade.

Art. 662. No arrolamento, não serão conhecidas ou apreciadas questões relativas ao lançamento, ao pagamento ou à quitação de taxas judiciárias e de tributos incidentes sobre a transmissão da propriedade dos bens do espólio.

•• *Vide* art. 659, § 2.º, do CPC.

§ 1.º A taxa judiciária, se devida, será calculada com base no valor atribuído pelos herdeiros, cabendo ao fisco, se apurar em processo administrativo valor diverso do estimado, exigir a eventual diferença pelos meios adequados ao lançamento de créditos tributários em geral.

§ 2.º O imposto de transmissão será objeto de lançamento administrativo, conforme dispuser a legislação tributária, não ficando as autoridades fazendárias adstritas aos valores dos bens do espólio atribuídos pelos herdeiros.

Art. 663. A existência de credores do espólio não impedirá a homologação da partilha ou da adjudicação, se forem reservados bens suficientes para o pagamento da dívida.

Parágrafo único. A reserva de bens será realizada pelo valor estimado pelas partes, salvo se o credor, regularmente notificado, impugnar a estimativa, caso em que se promoverá a avaliação dos bens a serem reservados.

Art. 664. Quando o valor dos bens do espólio for igual ou inferior a 1.000 (mil) salários mínimos, o inventário processar-se-á na forma de arrolamento, cabendo ao inventariante nomeado, independentemente de assinatura de termo de compromisso, apresentar, com suas declarações, a atribuição de valor aos bens do espólio e o plano da partilha.

•• O art. 1.º da Lei n. 6.858, de 24-11-1980, dispõe sobre pagamento a dependentes ou sucessores de valores não recebidos em vida.

•• Dispõe o art. 112 da Lei n. 8.213, de 24-7-1991: "O valor não recebido em vida pelo segurado só será pago aos dependentes habilitados à pensão por morte ou, na falta deles, aos sucessores na forma da lei civil, independentemente de inventário ou arrolamento".

§ 1.º Se qualquer das partes ou o Ministério Público impugnar a estimativa, o juiz nomeará avaliador, que oferecerá laudo em 10 (dez) dias.

§ 2.º Apresentado o laudo, o juiz, em audiência que designar, deliberará sobre a partilha, decidindo de plano todas as reclamações e mandando pagar as dívidas não impugnadas.

§ 3.º Lavrar-se-á de tudo um só termo, assinado pelo juiz, pelo inventariante e pelas partes presentes ou por seus advogados.

§ 4.º Aplicam-se a essa espécie de arrolamento, no que couber, as disposições do art. 672, relativamente ao lançamento, ao pagamento e à quitação da taxa judiciária e do imposto sobre a transmissão da propriedade dos bens do espólio.

•• Entendemos que a remissão correta seja ao art. 662 do CPC.

§ 5.º Provada a quitação dos tributos relativos aos bens do espólio e às suas rendas, o juiz julgará a partilha.

Art. 665. O inventário processar-se-á também na forma do art. 664, ainda que haja interessado incapaz, desde que concordem todas as partes e o Ministério Público.

Art. 666. Independerá de inventário ou de arrolamento o pagamento dos valores previstos na Lei n. 6.858, de 24 de novembro de 1980.

Art. 667. Aplicam-se subsidiariamente a esta Seção as disposições das Seções VII e VIII deste Capítulo.

Seção X
Disposições Comuns a Todas as Seções

Art. 668. Cessa a eficácia da tutela provisória prevista nas Seções deste Capítulo:

• *Vide* arts. 308 e 309 do CPC.

I – se a ação não for proposta em 30 (trinta) dias contados da data em que da decisão foi intimado o impugnante, o herdeiro excluído ou o credor não admitido;

II – se o juiz extinguir o processo de inventário com ou sem resolução de mérito.

Art. 669. São sujeitos à sobrepartilha os bens:

I – sonegados;

• *Vide* arts. 1.992 a 1.996 do CC.

II – da herança descobertos após a partilha;

III – litigiosos, assim como os de liquidação difícil ou morosa;

IV – situados em lugar remoto da sede do juízo onde se processa o inventário.

Parágrafo único. Os bens mencionados nos incisos III e IV serão reservados à sobrepartilha sob a guarda e a administração do mesmo ou de diverso inventariante, a consentimento da maioria dos herdeiros.

Art. 670. Na sobrepartilha dos bens, observar-se-á o processo de inventário e de partilha.

Parágrafo único. A sobrepartilha correrá nos autos do inventário do autor da herança.

Art. 671. O juiz nomeará curador especial:

• *Vide* art. 72 do CPC.

I – ao ausente, se não o tiver;

II – ao incapaz, se concorrer na partilha com o seu representante, desde que exista colisão de interesses.

•• *Vide* art. 72 do CPC.

• O art. 1.692 do CC trata do usufruto e da administração dos bens de filhos menores.

Art. 672. É lícita a cumulação de inventários para a partilha de heranças de pessoas diversas quando houver:

I – identidade de pessoas entre as quais devam ser repartidos os bens;

II – heranças deixadas pelos dois cônjuges ou companheiros;

III – dependência de uma das partilhas em relação à outra.

Parágrafo único. No caso previsto no inciso III, se a dependência for parcial, por haver outros bens, o juiz pode ordenar a tramitação separada, se melhor convier ao interesse das partes ou à celeridade processual.

Art. 673. No caso previsto no art. 672, inciso II, prevalecerão as primeiras declarações, assim como o laudo de avaliação, salvo se alterado o valor dos bens.

Capítulo VII
DOS EMBARGOS DE TERCEIRO

• *Vide* Súmula 621 do STF.

• *Vide* Súmulas 84, 134, 195, 196 e 303 do STJ.

Art. 674. Quem, não sendo parte no processo, sofrer constrição ou ameaça de constrição sobre bens que possua ou sobre os quais tenha direito incompatível com o ato constritivo, poderá requerer seu desfazimento ou sua inibição por meio de embargos de terceiro.

§ 1.º Os embargos podem ser de terceiro proprietário, inclusive fiduciário, ou possuidor.

•• *Vide* Súmulas 84 e 134 do STJ.

§ 2.º Considera-se terceiro, para ajuizamento dos embargos:

I – o cônjuge ou companheiro, quando defende a posse de bens próprios ou de sua meação, ressalvado o disposto no art. 843;

II – o adquirente de bens cuja constrição decorreu de decisão que declara a ineficácia da alienação realizada em fraude à execução;

III – quem sofre constrição judicial de seus bens por força de desconsideração da personalidade jurídica, de cujo incidente não fez parte;

IV – o credor com garantia real para obstar expropriação judicial do objeto de direito real de garantia, caso não tenha sido intimado, nos termos legais dos atos expropriatórios respectivos.

Art. 675. Os embargos podem ser opostos a qualquer tempo no processo de conhecimento enquanto não transitada em julgado a sentença e, no cumprimento de sentença ou no processo de execução, até 5 (cinco) dias depois da adjudicação, da alienação por iniciativa particular ou da arrematação, mas sempre antes da assinatura da respectiva carta.

• *Vide* art. 214, I, do CPC.

Parágrafo único. Caso identifique a existência de terceiro titular de interesse em embargar o ato, o juiz mandará intimá-lo pessoalmente.

Art. 676. Os embargos serão distribuídos por dependência ao juízo que ordenou a constrição e autuados em apartado.

•• *Vide* art. 914, § 2.º, do CPC.

Parágrafo único. Nos casos de ato de constrição realizado por carta, os embargos serão oferecidos no juízo deprecado, salvo se indicado pelo juízo deprecante o bem constrito ou se já devolvida a carta.

Art. 677. Na petição inicial, o embargante fará a prova sumária de sua posse ou de seu domínio e da qualidade de terceiro, oferecendo documentos e rol de testemunhas.

§ 1.º É facultada a prova da posse em audiência preliminar designada pelo juiz.

§ 2.º O possuidor direto pode alegar, além da sua posse, o domínio alheio.

§ 3.º A citação será pessoal, se o embargado não tiver procurador constituído nos autos da ação principal.

§ 4.º Será legitimado passivo o sujeito a quem o ato de constrição aproveita, assim como o será seu adversário no processo principal quando for sua a indicação do bem para a constrição judicial.

Art. 678. A decisão que reconhecer suficientemente provado o domínio ou a posse determinará a suspensão das medidas constritivas sobre os bens litigiosos objeto dos embargos, bem como a manutenção ou a reintegração provisória da posse, se o embargante a houver requerido.

Parágrafo único. O juiz poderá condicionar a ordem de manutenção ou de reintegração provisória de posse à prestação de caução pelo requerente, ressalvada a impossibilidade da parte economicamente hipossuficiente.

Art. 679. Os embargos poderão ser contestados no prazo de 15 (quinze) dias, findo o qual se seguirá o procedimento comum.

Art. 680. Contra os embargos do credor com garantia real, o embargado somente poderá alegar que:

I – o devedor comum é insolvente;

II – o título é nulo ou não obriga a terceiro;

III – outra é a coisa dada em garantia.

Art. 681. Acolhido o pedido inicial, o ato de constrição judicial indevida será cancelado, com o reconhecimento do domínio, da manutenção da posse ou da reintegração definitiva do bem ou do direito ao embargante.

Capítulo VIII
DA OPOSIÇÃO

Art. 682. Quem pretender, no todo ou em parte, a coisa ou o direito sobre que controvertem autor e réu poderá, até ser proferida a sentença, oferecer oposição contra ambos.

Art. 683. O opoente deduzirá o pedido em observação aos requisitos exigidos para propositura da ação.

Parágrafo único. Distribuída a oposição por dependência, serão os opostos citados, na pessoa de seus respectivos advogados, para contestar o pedido no prazo comum de 15 (quinze) dias.

Art. 684. Se um dos opostos reconhecer a procedência do pedido, contra o outro prosseguirá o opoente.

Art. 685. Admitido o processamento, a oposição será apensada aos autos e tramitará simultaneamente à ação originária, sendo ambas julgadas pela mesma sentença.

Parágrafo único. Se a oposição for proposta após o início da audiência de instrução, o juiz suspenderá o curso do processo ao fim da produção das provas, salvo se concluir que a unidade da instrução atende melhor ao princípio da duração razoável do processo.

Art. 686. Cabendo ao juiz decidir simultaneamente a ação originária e a oposição, desta conhecerá em primeiro lugar.

Capítulo IX
DA HABILITAÇÃO

Art. 687. A habilitação ocorre quando, por falecimento de qualquer das partes, os interessados houverem de suceder-lhe no processo.

Art. 688. A habilitação pode ser requerida:

I – pela parte, em relação aos sucessores do falecido;

II – pelos sucessores do falecido, em relação à parte.

Art. 689. Proceder-se-á à habilitação nos autos do processo principal, na instância em que estiver, suspendendo-se, a partir de então, o processo.

Art. 690. Recebida a petição, o juiz ordenará a citação dos requeridos para se pronunciarem no prazo de 5 (cinco) dias.

Parágrafo único. A citação será pessoal, se a parte não tiver procurador constituído nos autos.

Art. 691. O juiz decidirá o pedido de habilitação imediatamente, salvo se este for impugnado e houver necessidade de dilação probatória diversa da documental, caso em que determinará que o pedido seja autuado em apartado e disporá sobre a instrução.

Art. 692. Transitada em julgado a sentença de habilitação, o processo principal retomará o seu curso, e cópia da sentença será juntada aos autos respectivos.

Capítulo X
DAS AÇÕES DE FAMÍLIA

Art. 693. As normas deste Capítulo aplicam-se aos processos contenciosos de divórcio, separação, reconhecimento e extinção de união estável, guarda, visitação e filiação.

•• A Emenda Constitucional n. 66, de 13-7-2010, instituiu o divórcio direto.

• Lei do Divórcio: Lei n. 6.515, de 26-12-1977 (Lei do Divórcio).

• União estável: Leis n. 8.971, de 29-12-1994, e 9.278, de 10-5-1996.

• *Vide* arts. 1.583 e s. do CC (guarda dos filhos).

• *Vide* Lei n. 12.318, de 26-8-2010 (alienação parental).

Parágrafo único. A ação de alimentos e a que versar sobre interesse de criança ou de adolescente observarão o procedimento previsto em legislação específica, aplicando-se, no que couber, as disposições deste Capítulo.

•• *Vide* Lei n. 5.478, de 25-7-1968.

Art. 694. Nas ações de família, todos os esforços serão empreendidos para a solução consensual da controvérsia, devendo o juiz dispor do auxílio de profissionais de outras áreas de conhecimento para a mediação e conciliação.

Parágrafo único. A requerimento das partes, o juiz pode determinar a suspensão do processo enquanto os litigantes se submetem a mediação extrajudicial ou a atendimento multidisciplinar.

Art. 695. Recebida a petição inicial e, se for o caso, tomadas as providências referentes à tutela provisória, o juiz ordenará a citação do réu para comparecer à audiência de mediação e conciliação, observado o disposto no art. 694.

§ 1.º O mandado de citação conterá apenas os dados necessários à audiência e deverá estar desacompanhado de cópia da petição inicial, assegurado ao réu o direito de examinar seu conteúdo a qualquer tempo.

§ 2.º A citação ocorrerá com antecedência mínima de 15 (quinze) dias da data designada para a audiência.

§ 3.º A citação será feita na pessoa do réu.

§ 4.º Na audiência, as partes deverão estar acompanhadas de seus advogados ou de defensores públicos.

Art. 696. A audiência de mediação e conciliação poderá dividir-se em tantas sessões quantas sejam necessárias para viabilizar a solução consensual, sem prejuízo de providências jurisdicionais para evitar o perecimento do direito.

Art. 697. Não realizado o acordo, passarão a incidir, a partir de então, as normas do procedimento comum, observado o art. 335.

Art. 698. Nas ações de família, o Ministério Público somente intervirá quando houver interesse de incapaz e deverá ser ouvido previamente à homologação de acordo.

Parágrafo único. O Ministério Público intervirá, quando não for parte, nas ações de família em que figure como parte vítima de violência doméstica e familiar, nos termos da Lei n. 11.340, de 7 de agosto de 2006 (Lei Maria da Penha).

•• Parágrafo único acrescentado pela Lei n. 13.894, de 29-10-2019.

Art. 699. Quando o processo envolver discussão sobre fato relacionado a abuso ou a alienação parental, o juiz, ao tomar o depoimento do incapaz, deverá estar acompanhado por especialista.

• *Vide* Lei n. 12.318, de 26-8-2010 (alienação parental).

Capítulo XI
DA AÇÃO MONITÓRIA

Art. 700. A ação monitória pode ser proposta por aquele que afirmar, com base em prova escrita sem eficácia de título executivo, ter direito de exigir do devedor capaz:

• *Vide* Súmulas 233, 299, 384 e 531 do STJ.

I – o pagamento de quantia em dinheiro;

II – a entrega de coisa fungível ou infungível ou de bem móvel ou imóvel;

III – o adimplemento de obrigação de fazer ou de não fazer.

§ 1.º A prova escrita pode consistir em prova oral documentada, produzida antecipadamente nos termos do art. 381.

§ 2.º Na petição inicial, incumbe ao autor explicitar, conforme o caso:

I – a importância devida, instruindo-a com memória de cálculo;

II – o valor atual da coisa reclamada;

III – o conteúdo patrimonial em discussão ou o proveito econômico perseguido.

§ 3.º O valor da causa deverá corresponder à importância prevista no § 2.º, incisos I a III.

§ 4.º Além das hipóteses do art. 330, a petição inicial será indeferida quando não atendido o disposto no § 2.º deste artigo.

§ 5.º Havendo dúvida quanto à idoneidade de prova documental apresentada pelo autor, o juiz intimá-lo-á para, querendo, emendar a petição inicial, adaptando-a ao procedimento comum.

§ 6.º É admissível ação monitória em face da Fazenda Pública.

§ 7.º Na ação monitória, admite-se citação por qualquer dos meios permitidos para o procedimento comum.

Art. 701. Sendo evidente o direito do autor, o juiz deferirá a expedição de mandado de pagamento, de entrega de coisa ou para execução de obrigação de fazer ou de não fazer, concedendo ao réu prazo de 15 (quinze) dias para o cumprimento e o pagamento de honorários advocatícios de cinco por cento do valor atribuído à causa.

• *Vide* Súmula 282 do STJ.

§ 1.º O réu será isento do pagamento de custas processuais se cumprir o mandado no prazo.

§ 2.º Constituir-se-á de pleno direito o título executivo judicial, independentemente de qualquer formalidade, se não realizado o pagamento e não apresentados os embargos previstos no art. 702, observando-se, no que couber, o Título II do Livro I da Parte Especial.

§ 3.º É cabível ação rescisória da decisão prevista no *caput* quando ocorrer a hipótese do § 2.º.

§ 4.º Sendo a ré Fazenda Pública, não apresentados os embargos previstos no art. 702, aplicar-se-á o disposto no art. 496, observando-se, a seguir, no que couber, o Título II do Livro I da Parte Especial.

§ 5.º Aplica-se à ação monitória, no que couber, o art. 916.

Art. 702. Independentemente de prévia segurança do juízo, o réu poderá opor, nos próprios autos, no prazo previsto no art. 701, embargos à ação monitória.

• *Vide* Súmula 292 do STJ.

§ 1.º Os embargos podem se fundar em matéria passível de alegação como defesa no procedimento comum.

§ 2.º Quando o réu alegar que o autor pleiteia quantia superior à devida, cumprir-lhe-á declarar de imediato o valor que entende correto, apresentando demonstrativo discriminado e atualizado da dívida.

§ 3.º Não apontado o valor correto ou não apresentado o demonstrativo, os embargos serão liminarmente rejeitados, se esse for o seu único fundamento, e, se houver outro fundamento, os embargos serão processados, mas o juiz deixará de examinar a alegação de excesso.

§ 4.º A oposição dos embargos suspende a eficácia da decisão referida no *caput* do art. 701 até o julgamento em primeiro grau.

§ 5.º O autor será intimado para responder aos embargos no prazo de 15 (quinze) dias.

§ 6.º Na ação monitória admite-se a reconvenção, sendo vedado o oferecimento de reconvenção à reconvenção.

• *Vide* art. 343 do CPC.

§ 7.º A critério do juiz, os embargos serão autuados em apartado, se parciais, constituindo-se de pleno direito o título executivo judicial em relação à parcela incontroversa.

§ 8.º Rejeitados os embargos, constituir-se-á de pleno direito o título executivo judicial, prosseguindo-se o processo em observância ao disposto no Título II do Livro I da Parte Especial, no que for cabível.

§ 9.º Cabe apelação contra a sentença que acolhe ou rejeita os embargos.

§ 10. O juiz condenará o autor de ação monitória proposta indevidamente e de má-fé ao pagamento, em favor do réu, de multa de até dez por cento sobre o valor da causa.

§ 11. O juiz condenará o réu que de má-fé opuser embargos à ação monitória ao pagamento de multa de até dez por cento sobre o valor atribuído à causa, em favor do autor.

Capítulo XII
DA HOMOLOGAÇÃO DO PENHOR LEGAL

•• Os arts. 1.467 a 1.472 do CC dispõem sobre penhor legal.

Art. 703. Tomado o penhor legal nos casos previstos em lei, requererá o credor, ato contínuo, a homologação.

§ 1.º Na petição inicial, instruída com o contrato de locação ou a conta pormenorizada das despesas, a tabela dos preços e a relação dos objetos retidos, o credor pedirá a citação do devedor para pagar ou contestar na audiência preliminar que for designada.

§ 2.º A homologação do penhor legal poderá ser promovida pela via extrajudicial mediante requerimento, que conterá os requisitos previstos no § 1.º deste artigo, do credor a notário de sua livre escolha.

§ 3.º Recebido o requerimento, o notário promoverá a notificação extrajudicial do devedor para, no prazo de 5 (cinco) dias, pagar o débito ou impugnar sua cobrança, alegando por escrito uma das causas previstas no art. 704, hipótese em que o procedimento será encaminhado ao juízo competente para decisão.

§ 4.º Transcorrido o prazo sem manifestação do devedor, o notário formalizará a homologação do penhor legal por escritura pública.

Art. 704. A defesa só pode consistir em:

I – nulidade do processo;

II – extinção da obrigação;

III – não estar a dívida compreendida entre as previstas em lei ou não estarem os bens sujeitos a penhor legal;

IV – alegação de haver sido ofertada caução idônea, rejeitada pelo credor.

Art. 705. A partir da audiência preliminar, observar-se-á o procedimento comum.

Art. 706. Homologado judicialmente o penhor legal, consolidar-se-á a posse do autor sobre o objeto.

§ 1.º Negada a homologação, o objeto será entregue ao réu, ressalvado ao autor o direito de cobrar a dívida pelo procedimento comum, salvo se acolhida a alegação de extinção da obrigação.

§ 2.º Contra a sentença caberá apelação, e, na pendência de recurso, poderá o relator ordenar que a coisa permaneça depositada ou em poder do autor.

Capítulo XIII
DA REGULAÇÃO DE AVARIA GROSSA

Art. 707. Quando inexistir consenso acerca da nomeação de um regulador de avarias, o juiz de direito da comarca do primeiro porto onde o navio houver chegado, provocado por qualquer parte interessada, nomeará um de notório conhecimento.

•• *Vide* art. 783 do Código Comercial.

Art. 708. O regulador declarará justificadamente se os danos são passíveis de rateio na forma de avaria grossa e exigirá das partes envolvidas a apresentação de garantias idôneas para que possam ser liberadas as cargas aos consignatários.

•• *Vide* art. 784 do Código Comercial.

§ 1.º A parte que não concordar com o regulador quanto à declaração de abertura da avaria grossa deverá justificar suas razões ao juiz, que decidirá no prazo de 10 (dez) dias.

§ 2.º Se o consignatário não apresentar garantia idônea a critério do regulador, este fixará o valor da contribuição provisória com base nos fatos narrados e nos documentos que instruírem a petição inicial, que deverá ser caucionado sob a forma de depósito judicial ou de garantia bancária.

§ 3.º Recusando-se o consignatário a prestar caução, o regulador requererá ao juiz a alienação judicial de sua carga na forma dos arts. 879 a 903.

§ 4.º É permitido o levantamento, por alvará, das quantias necessárias ao pagamento das despesas da alienação a serem arcadas pelo consignatário, mantendo-se o saldo remanescente em depósito judicial até o encerramento da regulação.

Art. 709. As partes deverão apresentar nos autos os documentos necessários à regulação da avaria grossa em prazo razoável a ser fixado pelo regulador.

Art. 710. O regulador apresentará o regulamento da avaria grossa no prazo de até 12 (doze) meses, contado da data da entrega dos documentos nos autos pelas partes, podendo o prazo ser estendido a critério do juiz.

§ 1.º Oferecido o regulamento da avaria grossa, dele terão vista as partes pelo prazo comum de 15 (quinze) dias, e, não havendo impugnação, o regulamento será homologado por sentença.

§ 2.º Havendo impugnação ao regulamento, o juiz decidirá no prazo de 10 (dez) dias, após a oitiva do regulador.

Art. 711. Aplicam-se ao regulador de avarias os arts. 156 a 158, no que couber.

Capítulo XIV
DA RESTAURAÇÃO DE AUTOS

Art. 712. Verificado o desaparecimento dos autos, eletrônicos ou não, pode o juiz, de ofício, qualquer das partes ou o Ministério Público, se for o caso, promover-lhes a restauração.

• *Vide* art. 47 da Lei n. 6.515, de 26-12-1977 (Lei do Divórcio).

Parágrafo único. Havendo autos suplementares, nesses prosseguirá o processo.

Art. 713. Na petição inicial, declarará a parte o estado do processo ao tempo do desaparecimento dos autos, oferecendo:

I – certidões dos atos constantes do protocolo de audiências do cartório por onde haja corrido o processo;

II – cópia das peças que tenha em seu poder;

III – qualquer outro documento que facilite a restauração.

Art. 714. A parte contrária será citada para contestar o pedido no prazo de 5 (cinco) dias, cabendo-lhe exibir as cópias, as contrafés e as reproduções dos atos e dos documentos que estiverem em seu poder.

§ 1.º Se a parte concordar com a restauração, lavrar-se-á o auto que, assinado pelas partes e homologado pelo juiz, suprirá o processo desaparecido.

§ 2.º Se a parte não contestar ou se a concordância for parcial, observar-se-á o procedimento comum.

Art. 715. Se a perda dos autos tiver ocorrido depois da produção das provas em audiência, o juiz, se necessário, mandará repeti-las.

§ 1.º Serão reinquiridas as mesmas testemunhas, que, em caso de impossibilidade, poderão ser substituídas de ofício ou a requerimento.

§ 2.º Não havendo certidão ou cópia do laudo, far-se-á nova perícia, sempre que possível pelo mesmo perito.

§ 3.º Não havendo certidão de documentos, esses serão reconstituídos mediante cópias ou, na falta dessas, pelos meios ordinários de prova.

§ 4.º Os serventuários e os auxiliares da justiça não podem eximir-se de depor como testemunhas a respeito de atos que tenham praticado ou assistido.

§ 5.º Se o juiz houver proferido sentença da qual ele próprio ou o escrivão possua cópia, esta será juntada aos autos e terá a mesma autoridade da original.

Art. 716. Julgada a restauração, seguirá o processo os seus termos.

Parágrafo único. Aparecendo os autos originais, neles se prosseguirá, sendo-lhes apensados os autos da restauração.

Art. 717. Se o desaparecimento dos autos tiver ocorrido no tribunal, o processo de restauração será distribuído, sempre que possível, ao relator do processo.

§ 1.º A restauração far-se-á no juízo de origem quanto aos atos nele realizados.

§ 2.º Remetidos os autos ao tribunal, nele completar-se-á a restauração e proceder-se-á ao julgamento.

Art. 718. Quem houver dado causa ao desaparecimento dos autos responderá pelas custas da restauração e pelos honorários de advogado, sem prejuízo da responsabilidade civil ou penal em que incorrer.

• *Vide* art. 81 do CPC.

Capítulo XV
DOS PROCEDIMENTOS DE JURISDIÇÃO VOLUNTÁRIA

Seção I
Disposições Gerais

Art. 719. Quando este Código não estabelecer procedimento especial, regem os procedimentos de jurisdição voluntária as disposições constantes desta Seção.

•• *Vide* art. 215, I, do CPC.

Art. 720. O procedimento terá início por provocação do interessado, do Ministério Público ou da Defensoria Pública, cabendo-lhes formular o pedido devidamente instruído com os documentos necessários e com a indicação da providência judicial.

Art. 721. Serão citados todos os interessados, bem como intimado o Ministério Público, nos casos do art. 178, para que se manifestem, querendo, no prazo de 15 (quinze) dias.

•• *Vide* art. 279, § 1.º, do CPC.

Art. 722. A Fazenda Pública será sempre ouvida nos casos em que tiver interesse.

Art. 723. O juiz decidirá o pedido no prazo de 10 (dez) dias.

Parágrafo único. O juiz não é obrigado a observar critério de legalidade estrita, podendo adotar em cada caso a solução que considerar mais conveniente ou oportuna.

Art. 724. Da sentença caberá apelação.

Art. 725. Processar-se-á na forma estabelecida nesta Seção o pedido de:

I – emancipação;

• *Vide* arts. 5.º, parágrafo único, I, e 9.º, II, do CC.

• *Vide* arts. 89 e s. da LRP.

II – sub-rogação;

III – alienação, arrendamento ou oneração de bens de crianças ou adolescentes, de órfãos e de interditos;

IV – alienação, locação e administração da coisa comum;

V – alienação de quinhão em coisa comum;

VI – extinção de usufruto, quando não decorrer da morte do usufrutuário, do termo da sua duração ou da consolidação, e de fideicomisso, quando decorrer de renúncia ou quando ocorrer antes do evento que caracterizar a condição resolutória;

VII – expedição de alvará judicial;

VIII – homologação de autocomposição extrajudicial, de qualquer natureza ou valor.

Parágrafo único. As normas desta Seção aplicam-se, no que couber, aos procedimentos regulados nas seções seguintes.

Seção II
Da Notificação e da Interpelação

Art. 726. Quem tiver interesse em manifestar formalmente sua vontade a outrem sobre assunto juridicamente relevante poderá notificar pessoas participantes da mesma relação jurídica para dar-lhes ciência de seu propósito.

§ 1.º Se a pretensão for a de dar conhecimento geral ao público, mediante edital, o juiz só a deferirá se a tiver por fundada e necessária ao resguardo de direito.

§ 2.º Aplica-se o disposto nesta Seção, no que couber, ao protesto judicial.

Art. 727. Também poderá o interessado interpelar o requerido, no caso do art. 726, para que faça ou deixe de fazer o que o requerente entenda ser de seu direito.

Art. 728. O requerido será previamente ouvido antes do deferimento da notificação ou do respectivo edital:

I – se houver suspeita de que o requerente, por meio da notificação ou do edital, pretende alcançar fim ilícito;

II – se tiver sido requerida a averbação da notificação em registro público.

Art. 729. Deferida e realizada a notificação ou interpelação, os autos serão entregues ao requerente.

Seção III
Da Alienação Judicial

Art. 730. Nos casos expressos em lei, não havendo acordo entre os interessados sobre o modo como se deve realizar a alienação do bem, o juiz, de ofício ou a requerimento dos interessados ou do depositário, mandará aliená-lo em leilão, observando-se o disposto na Seção I deste Capítulo e, no que couber, o disposto nos arts. 879 a 903.

• *Vide* Decreto-lei n. 911, de 1.º-10-1969, sobre alienação fiduciária.

Seção IV
Do Divórcio e da Separação Consensuais, da Extinção Consensual de União Estável e da Alteração do Regime de Bens do Matrimônio

Art. 731. A homologação do divórcio ou da separação consensuais, observados os requisitos legais, poderá ser requerida em petição assinada por ambos os cônjuges, da qual constarão:

•• A Emenda Constitucional n. 66, de 13-7-2010, instituiu o divórcio direto.

I – as disposições relativas à descrição e à partilha dos bens comuns;

II – as disposições relativas à pensão alimentícia entre os cônjuges;

•• *Vide* art. 5.º, I, da CF.

• *Vide* art. 4.º da Lei n. 6.515, de 26-12-1977 (Lei do Divórcio).

• *Vide* arts. 1.694 e s. do CC.

III – o acordo relativo à guarda dos filhos incapazes e ao regime de visitas; e

•• *Vide* art. 15 da Lei n. 6.515, de 26-12-1977 (Lei do Divórcio).

•• *Vide* arts. 1.583 e s. do CC (guarda dos filhos).

IV – o valor da contribuição para criar e educar os filhos.

•• *Vide* art. 20 da Lei n. 6.515, de 26-12-1977 (Lei do Divórcio).

Parágrafo único. Se os cônjuges não acordarem sobre a partilha dos bens, far-se-á esta depois de homologado o divórcio, na forma estabelecida nos arts. 647 a 658.

Art. 732. As disposições relativas ao processo de homologação judicial de divórcio ou de separação consensuais aplicam-se, no que couber, ao processo de homologação da extinção consensual de união estável.

• União estável: arts. 1.723 e s. do CC.

Art. 733. O divórcio consensual, a separação consensual e a extinção consensual de união estável, não havendo nascituro ou filhos incapazes e observados os requisitos legais, poderão ser realizados por escritura pública, da qual constarão as disposições de que trata o art. 731.

•• A Emenda Constitucional n. 66, de 13-7-2010, instituiu o divórcio direto.

§ 1.º A escritura não depende de homologação judicial e constitui título hábil para qualquer ato de registro, bem como para levantamento de importância depositada em instituições financeiras.

§ 2.º O tabelião somente lavrará a escritura se os interessados estiverem assistidos por advogado ou por defensor público, cuja qualificação e assinatura constarão do ato notarial.

• O Provimento OAB n. 118, de 7-5-2007, disciplina as atividades profissionais dos advogados em escrituras públicas de inventários, partilhas e divórcios.

Art. 734. A alteração do regime de bens do casamento, observados os requisitos legais, poderá ser requerida, motivadamente, em petição assinada por ambos os cônjuges, na qual serão expostas as razões que justificam a alteração, ressalvados os direitos de terceiros.

•• *Vide* art. 1.639, § 2.º, do CC.

§ 1.º Ao receber a petição inicial, o juiz determinará a intimação do Ministério Público e a publicação de edital que divulgue a pretendida alteração de bens, somente podendo decidir depois de decorrido o prazo de 30 (trinta) dias da publicação do edital.

§ 2.º Os cônjuges, na petição inicial ou em petição avulsa, podem propor ao juiz meio alternativo de divulgação da alteração do regime de bens, a fim de resguardar direitos de terceiros.

§ 3.º Após o trânsito em julgado da sentença, serão expedidos mandados de averbação aos cartórios de registro civil e de imóveis e, caso qualquer dos cônjuges seja empresário, ao Registro Público de Empresas Mercantis e Atividades Afins.

Seção V
Dos Testamentos e dos Codicilos

Art. 735. Recebendo testamento cerrado, o juiz, se não achar vício externo que o torne suspeito de nulidade ou falsidade, o abrirá e mandará que o escrivão o leia em presença do apresentante.

•• *Vide* art. 214, I, do CPC.

• Os arts. 1.868 a 1.875 do CC dispõem sobre o testamento cerrado.

§ 1.º Do termo de abertura constarão o nome do apresentante e como ele obteve o testamento, a data e o lugar do falecimento do testador, com as respectivas provas, e qualquer circunstância digna de nota.

§ 2.º Depois de ouvido o Ministério Público, não havendo dúvidas a serem esclarecidas, o juiz mandará registrar, arquivar e cumprir o testamento.

§ 3.º Feito o registro, será intimado o testamenteiro para assinar o termo da testamentária.

§ 4.º Se não houver testamenteiro nomeado ou se ele estiver ausente ou não aceitar o encargo, o juiz nomeará testamenteiro dativo, observando-se a preferência legal.

§ 5.º O testamenteiro deverá cumprir as disposições testamentárias e prestar contas em juízo do que recebeu e despendeu, observando-se o disposto em lei.

•• *Vide* art. 1.980 do CC.

Art. 736. Qualquer interessado, exibindo o traslado ou a certidão de testamento público, poderá requerer ao juiz que ordene o seu cumprimento, observando-se, no que couber, o disposto nos parágrafos do art. 735.

Art. 737. A publicação do testamento particular poderá ser requerida, depois da morte do testador, pelo herdeiro, pelo legatário ou pelo testamenteiro, bem como pelo terceiro detentor do testamento, se impossibilitado de entregá-lo a algum dos outros legitimados para requerê-la.

• O art. 1.878 do CC dispõe que, morto o testador, publicar-se-á em juízo o testamento, com citação dos herdeiros legítimos.

§ 1.º Serão intimados os herdeiros que não tiverem requerido a publicação do testamento.

§ 2.º Verificando a presença dos requisitos da lei, ouvido o Ministério Público, o juiz confirmará o testamento.

§ 3.º Aplica-se o disposto neste artigo ao codicilo e aos testamentos marítimo, aeronáutico, militar e nuncupativo.

§ 4.º Observar-se-á, no cumprimento do testamento, o disposto nos parágrafos do art. 735.

Seção VI
Da Herança Jacente

Art. 738. Nos casos em que a lei considere jacente a herança, o juiz em cuja comarca tiver domicílio o falecido procederá imediatamente à arrecadação dos respectivos bens.

• Os arts. 1.819 a 1.823 do CC tratam da herança jacente.

Art. 739. A herança jacente ficará sob a guarda, a conservação e a administração de um curador até a respectiva entrega ao sucessor legalmente habilitado ou até a declaração de vacância.

•• *Vide* art. 75, VI, do CPC.

§ 1.º Incumbe ao curador:

•• *Vide* art. 739 do CPC.

I – representar a herança em juízo ou fora dele, com intervenção do Ministério Público;

•• *Vide* art. 75, VI, do CPC.

II – ter em boa guarda e conservação os bens arrecadados e promover a arrecadação de outros porventura existentes;

III – executar as medidas conservatórias dos direitos da herança;

IV – apresentar mensalmente ao juiz balancete da receita e da despesa;

V – prestar contas ao final de sua gestão.

§ 2.º Aplica-se ao curador o disposto nos arts. 159 a 161.

Art. 740. O juiz ordenará que o oficial de justiça, acompanhado do escrivão ou do chefe de secretaria e do curador, arrole os bens e descreva-os em auto circunstanciado.

§ 1.º Não podendo comparecer ao local, o juiz requisitará à autoridade policial que proceda à arrecadação e ao arrolamento dos bens, com 2 (duas) testemunhas, que assistirão às diligências.

§ 2.º Não estando ainda nomeado o curador, o juiz designará depositário e lhe entregará os bens, mediante simples termo nos autos, depois de compromissado.

§ 3.º Durante a arrecadação, o juiz ou a autoridade policial inquirirá os moradores da casa e da vizinhança sobre a qualificação do falecido, o paradeiro de seus sucessores e a existência de outros bens, lavrando-se de tudo auto de inquirição e informação.

§ 4.º O juiz examinará reservadamente os papéis, as cartas missivas e os livros domésticos e, verificando que não apresentam interesse, mandará empacotá-los e lacrá-los para serem assim entregues aos sucessores do falecido ou queimados quando os bens forem declarados vacantes.

§ 5.º Se constar ao juiz a existência de bens em outra comarca, mandará expedir carta precatória a fim de serem arrecadados.

§ 6.º Não se fará a arrecadação, ou essa será suspensa, quando, iniciada, apresentarem-se para reclamar os bens o cônjuge ou companheiro, o herdeiro ou o testamenteiro notoriamente reconhecido e não houver oposição motivada do curador, de qualquer interessado, do Ministério Público ou do representante da Fazenda Pública.

Art. 741. Ultimada a arrecadação, o juiz mandará expedir edital, que será publicado na rede mundial de computadores, no sítio do tribunal a que estiver vinculado o juízo e na plataforma de editais do Conselho Nacional de Justiça, onde permanecerá por 3 (três) meses, ou, não havendo sítio, no órgão oficial e na imprensa da comarca, por 3 (três) vezes com intervalos de 1 (um) mês, para que os sucessores do falecido venham a habilitar-se no prazo de 6 (seis) meses contado da primeira publicação.

§ 1.º Verificada a existência de sucessor ou de testamenteiro em lugar certo, far-se-á a sua citação, sem prejuízo do edital.

§ 2.º Quando o falecido for estrangeiro, será também comunicado o fato à autoridade consular.

§ 3.º Julgada a habilitação do herdeiro, reconhecida a qualidade do testamenteiro ou provada a identidade do cônjuge ou companheiro, a arrecadação converter-se-á em inventário.

§ 4.º Os credores da herança poderão habilitar-se como nos inventários ou propor a ação de cobrança.

Art. 742. O juiz poderá autorizar a alienação:

• *Vide* art. 730 do CPC.

I – de bens móveis, se forem de conservação difícil ou dispendiosa;

II – de semoventes, quando não empregados na exploração de alguma indústria;

III – de títulos e papéis de crédito, havendo fundado receio de depreciação;

IV – de ações de sociedade quando, reclamada a integralização, não dispuser a herança de dinheiro para o pagamento;

V – de bens imóveis:

a) se ameaçarem ruína, não convindo a reparação;

b) se estiverem hipotecados e vencer-se a dívida, não havendo dinheiro para o pagamento.

§ 1.º Não se procederá, entretanto, à venda se a Fazenda Pública ou o habilitando adiantar a importância para as despesas.

§ 2.º Os bens com valor de afeição, como retratos, objetos de uso pessoal, livros e obras de arte, só serão alienados depois de declarada a vacância da herança.

Art. 743. Passado 1 (um) ano da primeira publicação do edital e não havendo herdeiro habilitado nem habilitação pendente, será a herança declarada vacante.

•• *Vide* arts. 1.822 e 1.823 do CC.

§ 1.º Pendendo habilitação, a vacância será declarada pela mesma sentença que a julgar improcedente, aguardando-se, no caso de serem diversas as habilitações, o julgamento da última.

§ 2.º Transitada em julgado a sentença que declarou a vacância, o cônjuge, o companheiro, os herdeiros e os credores só poderão reclamar o seu direito por ação direta.

Seção VII
Dos Bens dos Ausentes

Art. 744. Declarada a ausência nos casos previstos em lei, o juiz mandará arrecadar os bens do ausente e nomear-lhes-á curador na forma estabelecida na Seção VI, observando-se o disposto em lei.

•• *Vide* art. 71 do CPC.

• O art. 22 do CC trata da curadoria dos bens dos ausentes.

• A Lei n. 9.140, de 4-12-1995, reconhece como mortas pessoas desaparecidas em razão de participação, ou acusação de participação, em atividades políticas, no período de 2-9-1961 a 5-10-1988.

Art. 745. Feita a arrecadação, o juiz mandará publicar editais na rede mundial de computadores, no sítio do tribunal a que estiver vinculado e na plataforma de editais do Conselho Nacional de Justiça, onde permanecerá por 1 (um) ano, ou, não havendo sítio, no órgão oficial e na imprensa da comarca, durante 1 (um) ano, reproduzida de 2 (dois) em 2 (dois) meses, anunciando a arrecadação e chamando o ausente a entrar na posse de seus bens.

§ 1.º Findo o prazo previsto no edital, poderão os interessados requerer a abertura da sucessão provisória, observando-se o disposto em lei.

§ 2.º O interessado, ao requerer a abertura da sucessão provisória, pedirá a citação pessoal dos herdeiros presentes e do curador e, por editais, a dos ausentes para requererem habilitação, na forma dos arts. 689 a 692.

§ 3.º Presentes os requisitos legais, poderá ser requerida a conversão da sucessão provisória em definitiva.

§ 4.º Regressando o ausente ou algum de seus descendentes ou ascendentes para requerer ao juiz a entrega de bens, serão citados para contestar o pedido os sucessores provisórios ou definitivos, o Ministério Público e o representante da Fazenda Pública, seguindo-se o procedimento comum.

Seção VIII
Das Coisas Vagas

Art. 746. Recebendo do descobridor coisa alheia perdida, o juiz mandará lavrar o respectivo auto, do qual constará a descrição do bem e as declarações do descobridor.

•• Os arts. 1.233 a 1.237 do CC dispõem sobre descoberta.

• O art. 169, parágrafo único, I, do CP dispõe sobre crime de apropriação de tesouro.

§ 1.º Recebida a coisa por autoridade policial, esta a remeterá em seguida ao juízo competente.

§ 2.º Depositada a coisa, o juiz mandará publicar edital na rede mundial de computadores, no sítio do tribunal a que estiver vinculado e na plataforma de editais do Conselho Nacional de Justiça ou, não havendo sítio, no órgão oficial e na imprensa da comarca, para que o dono ou o legítimo possuidor a reclame, salvo se se tratar de coisa de pequeno valor e não for possível a publicação no sítio do tribunal, caso em que o edital será apenas afixado no átrio do edifício do fórum.

§ 3.º Observar-se-á, quanto ao mais, o disposto em lei.

Seção IX
Da Interdição

Art. 747. A interdição pode ser promovida:

I – pelo cônjuge ou companheiro;

II – pelos parentes ou tutores;

• *Vide* art. 5.º, I, da CF.

III – pelo representante da entidade em que se encontra abrigado o interditando;

IV – pelo Ministério Público.

Parágrafo único. A legitimidade deverá ser comprovada por documentação que acompanhe a petição inicial.

Art. 748. O Ministério Público só promoverá interdição em caso de doença mental grave:

I – se as pessoas designadas nos incisos I, II e III do art. 747 não existirem ou não promoverem a interdição;

II – se, existindo, forem incapazes as pessoas mencionadas nos incisos I e II do art. 747.

Art. 749. Incumbe ao autor, na petição inicial, especificar os fatos que demonstram a incapacidade do interditando para administrar seus bens e, se for o caso, para praticar atos da vida civil, bem como o momento em que a incapacidade se revelou.

Parágrafo único. Justificada a urgência, o juiz pode nomear curador provisório ao interditando para a prática de determinados atos.

• *Vide* art. 1.767 do CC.

Art. 750. O requerente deverá juntar laudo médico para fazer prova de suas alegações ou informar a impossibilidade de fazê-lo.

Art. 751. O interditando será citado para, em dia designado, comparecer perante o juiz, que o entrevistará minuciosamente acerca de sua vida, negócios, bens, vontades, preferências e laços familiares e afetivos e sobre o que mais lhe parecer necessário para convencimento quanto à sua capacidade para praticar atos da vida civil, devendo ser reduzidas a termo as perguntas e respostas.

§ 1.º Não podendo o interditando deslocar-se, o juiz o ouvirá no local onde estiver.

§ 2.º A entrevista poderá ser acompanhada por especialista.

§ 3.º Durante a entrevista, é assegurado o emprego de recursos tecnológicos capazes de permitir ou de auxiliar o interditando a expressar suas vontades e preferências e a responder às perguntas formuladas.

§ 4.º A critério do juiz, poderá ser requisitada a oitiva de parentes e de pessoas próximas.

Art. 752. Dentro do prazo de 15 (quinze) dias contado da entrevista, o interditando poderá impugnar o pedido.

§ 1.º O Ministério Público intervirá como fiscal da ordem jurídica.

§ 2.º O interditando poderá constituir advogado, e, caso não o faça, deverá ser nomeado curador especial.

§ 3.º Caso o interditando não constitua advogado, o seu cônjuge, companheiro ou qualquer parente sucessível poderá intervir como assistente.

Art. 753. Decorrido o prazo previsto no art. 752, o juiz determinará a produção de prova pericial para avaliação da capacidade do interditando para praticar atos da vida civil.

§ 1.º A perícia pode ser realizada por equipe composta por expertos com formação multidisciplinar.

§ 2.º O laudo pericial indicará especificadamente, se for o caso, os atos para os quais haverá necessidade de curatela.

Art. 754. Apresentado o laudo, produzidas as demais provas e ouvidos os interessados, o juiz proferirá sentença.

Art. 755. Na sentença que decretar a interdição, o juiz:

I – nomeará curador, que poderá ser o requerente da interdição, e fixará os limites da curatela, segundo o estado e o desenvolvimento mental do interdito;

• *Vide* art. 1.767 do CC.

II – considerará as características pessoais do interdito, observando suas potencialidades, habilidades, vontades e preferências.

§ 1.º A curatela deve ser atribuída a quem melhor possa atender aos interesses do curatelado.

§ 2.º Havendo, ao tempo da interdição, pessoa incapaz sob a guarda e a responsabilidade do interdito, o juiz atribuirá a curatela a quem melhor puder atender aos interesses do interdito e do incapaz.

§ 3.º A sentença de interdição será inscrita no registro de pessoas naturais e imediatamente publicada na rede mundial de computadores, no sítio do tribunal a que estiver vinculado o juízo e na plataforma de editais do Conselho Nacional de Justiça, onde permanecerá por 6 (seis) meses, na imprensa local, 1 (uma) vez, e no órgão oficial, por

3 (três) vezes, com intervalo de 10 (dez) dias, constando do edital os nomes do interdito e do curador, a causa da interdição, os limites da curatela e, não sendo total a interdição, os atos que o interdito poderá praticar autonomamente.

• *Vide* art. 9.º, III, do CC.
• *Vide* arts. 29, V, e 92 da LRP.

Art. 756. Levantar-se-á a curatela quando cessar a causa que a determinou.

§ 1.º O pedido de levantamento da curatela poderá ser feito pelo interdito, pelo curador ou pelo Ministério Público e será apensado aos autos da interdição.

§ 2.º O juiz nomeará perito ou equipe multidisciplinar para proceder ao exame do interdito e designará audiência de instrução e julgamento após a apresentação do laudo.

§ 3.º Acolhido o pedido, o juiz decretará o levantamento da interdição e determinará a publicação da sentença, após o trânsito em julgado, na forma do art. 755, § 3.º, ou, não sendo possível, na imprensa local e no órgão oficial, por 3 (três) vezes, com intervalo de 10 (dez) dias, seguindo-se a averbação no registro de pessoas naturais.

§ 4.º A interdição poderá ser levantada parcialmente quando demonstrada a capacidade do interdito para praticar alguns atos da vida civil.

Art. 757. A autoridade do curador estende-se à pessoa e aos bens do incapaz que se encontrar sob a guarda e a responsabilidade do curatelado ao tempo da interdição, salvo se o juiz considerar outra solução como mais conveniente aos interesses do incapaz.

Art. 758. O curador deverá buscar tratamento e apoio apropriados à conquista da autonomia pelo interdito.

Seção X
Disposições Comuns à Tutela e à Curatela

Art. 759. O tutor ou o curador será intimado a prestar compromisso no prazo de 5 (cinco) dias contado da:

I – nomeação feita em conformidade com a lei;

II – intimação do despacho que mandar cumprir o testamento ou o instrumento público que o houver instituído.

• *Vide* art. 32 da Lei n. 8.069, de 13-7-1990 (ECA).

§ 1.º O tutor ou o curador prestará o compromisso por termo em livro rubricado pelo juiz.

• *Vide* art. 37 da Lei n. 8.069, de 13-7-1990 (ECA).

§ 2.º Prestado o compromisso, o tutor ou o curador assume a administração dos bens do tutelado ou do interditado.

Art. 760. O tutor ou o curador poderá eximir-se do encargo apresentando escusa ao juiz no prazo de 5 (cinco) dias contado:

• *Vide* art. 1.738 do CC.

I – antes de aceitar o encargo, da intimação para prestar compromisso;

II – depois de entrar em exercício, do dia em que sobrevier o motivo da escusa.

§ 1.º Não sendo requerida a escusa no prazo estabelecido neste artigo, considerar-se-á renunciado o direito de alegá-la.

§ 2.º O juiz decidirá de plano o pedido de escusa, e, não o admitindo, exercerá o nomeado a tutela ou a curatela enquanto não for dispensado por sentença transitada em julgado.

• *Vide* art. 1.739 do CC.

Art. 761. Incumbe ao Ministério Público ou a quem tenha legítimo interesse requerer, nos casos previstos em lei, a remoção do tutor ou do curador.

• *Vide* art. 201, III e IV, da Lei n. 8.069, de 13-7-1990 (ECA).

Parágrafo único. O tutor ou o curador será citado para contestar a arguição no prazo de 5 (cinco) dias, findo o qual observar-se-á o procedimento comum.

Art. 762. Em caso de extrema gravidade, o juiz poderá suspender o tutor ou o curador do exercício de suas funções, nomeando substituto interino.

Art. 763. Cessando as funções do tutor ou do curador pelo decurso do prazo em que era obrigado a servir, ser-lhe-á lícito requerer a exoneração do encargo.

§ 1.º Caso o tutor ou o curador não requeira a exoneração do encargo dentro dos 10 (dez) dias seguintes à expiração do termo, entender-se-á reconduzido, salvo se o juiz o dispensar.

§ 2.º Cessada a tutela ou a curatela, é indispensável a prestação de contas pelo tutor ou pelo curador, na forma da lei civil.

Seção XI
Da Organização e da Fiscalização das Fundações

Art. 764. O juiz decidirá sobre a aprovação do estatuto das fundações e de suas alterações sempre que o requeira o interessado, quando:

I – ela for negada previamente pelo Ministério Público ou por este forem exigidas modificações com as quais o interessado não concorde;

•• *Vide* art. 67, III, do CC.

II – o interessado discordar do estatuto elaborado pelo Ministério Público.

§ 1.º O estatuto das fundações deve observar o disposto na Lei n. 10.406, de 10 de janeiro de 2002 (Código Civil).

•• *Vide* arts. 62 a 69 do CC.

§ 2.º Antes de suprir a aprovação, o juiz poderá mandar fazer no estatuto modificações a fim de adaptá-lo ao objetivo do instituidor.

Art. 765. Qualquer interessado ou o Ministério Público promoverá em juízo a extinção da fundação quando:

I – se tornar ilícito o seu objeto;

II – for impossível a sua manutenção;

III – vencer o prazo de sua existência.

• O art. 69 do CC dispõe sobre a extinção da fundação.

Seção XII
Da Ratificação dos Protestos Marítimos e dos Processos Testemunháveis Formados a Bordo

Art. 766. Todos os protestos e os processos testemunháveis formados a bordo e lançados no livro Diário da Navegação deverão ser apresentados pelo comandante ao juiz de direito do primeiro porto, nas primeiras 24 (vinte e quatro) horas de chegada da embarcação, para sua ratificação judicial.

Art. 767. A petição inicial conterá a transcrição dos termos lançados no livro Diário da Navegação e deverá ser instruída com cópias das páginas que contenham os termos que serão ratificados, dos documentos de identificação do comandante e das testemunhas arroladas, do rol de tripulantes, do documento de registro da embarcação e, quando for o caso, do manifesto das cargas sinistradas e a qualificação de seus consignatários, traduzidos, quando for o caso, de forma livre para o português.

Art. 768. A petição inicial deverá ser distribuída com urgência e encaminhada ao juiz, que ouvirá, sob compromisso a ser prestado no mesmo dia, o comandante e as testemunhas em número mínimo de 2 (duas) e máximo de 4 (quatro), que deverão comparecer ao ato independentemente de intimação.

§ 1.º Tratando-se de estrangeiros que não dominem a língua portuguesa, o autor deverá fazer-se acompanhar por tradutor, que prestará compromisso em audiência.

§ 2.º Caso o autor não se faça acompanhar por tradutor, o juiz deverá nomear outro que preste compromisso em audiência.

Art. 769. Aberta a audiência, o juiz mandará apregoar os consignatários das cargas indicados na petição inicial e outros eventuais interessados, nomeando para os ausentes curador para o ato.

Art. 770. Inquiridos o comandante e as testemunhas, o juiz, convencido da veracidade dos termos lançados no Diário da Navegação, em audiência, ratificará por sentença o protesto ou o processo testemunhável lavrado a bordo, dispensado o relatório.

Parágrafo único. Independentemente do trânsito em julgado, o juiz determinará a entrega dos autos ao autor ou ao seu advogado, mediante a apresentação de traslado.

Livro II
DO PROCESSO DE EXECUÇÃO

Título I
DA EXECUÇÃO EM GERAL

Capítulo I
DISPOSIÇÕES GERAIS

Art. 771. Este Livro regula o procedimento da execução fundada em título extrajudicial, e suas disposições aplicam-se, também, no que couber, aos procedimentos especiais de execução, aos atos executivos realizados no procedimento de cumprimento de sentença, bem como aos efeitos de atos ou fatos processuais a que a lei atribuir força executiva.

•• *Vide* arts. 783 a 785 do CPC.

Parágrafo único. Aplicam-se subsidiariamente à execução as disposições do Livro I da Parte Especial.

• *Vide* Súmula 196 do STJ.

Art. 772. O juiz pode, em qualquer momento do processo:

I – ordenar o comparecimento das partes;

II – advertir o executado de que seu procedimento constitui ato atentatório à dignidade da justiça;

III – determinar que sujeitos indicados pelo exequente forneçam informações em geral relacionadas ao objeto da execução, tais como documentos e dados que tenham em seu poder, assinando-lhes prazo razoável.

Art. 773. O juiz poderá, de ofício ou a requerimento, determinar as medidas necessárias ao cumprimento da ordem de entrega de documentos e dados.

Parágrafo único. Quando, em decorrência do disposto neste artigo, o juízo receber dados sigilosos para os fins da execução, o juiz adotará as medidas necessárias para assegurar a confidencialidade.

Art. 774. Considera-se atentatória à dignidade da justiça a conduta comissiva ou omissiva do executado que:

• *Vide* art. 847, § 2.º, do CPC.

I – frauda a execução;

• *Vide* art. 792 do CPC.

II – se opõe maliciosamente à execução, empregando ardis e meios artificiosos;

III – dificulta ou embaraça a realização da penhora;

IV – resiste injustificadamente às ordens judiciais;

V – intimado, não indica ao juiz quais são e onde estão os bens sujeitos à penhora e os respectivos valores, nem exibe prova de sua propriedade e, se for o caso, certidão negativa de ônus.

Parágrafo único. Nos casos previstos neste artigo, o juiz fixará multa em montante não superior a vinte por cento do valor atualizado do débito em execução, a qual será revertida em proveito do exequente, exigível nos próprios autos do processo, sem prejuízo de outras sanções de natureza processual ou material.

Art. 775. O exequente tem o direito de desistir de toda a execução ou de apenas alguma medida executiva.

•• *Vide* art. 200, parágrafo único, do CPC.

Parágrafo único. Na desistência da execução, observar-se-á o seguinte:

I – serão extintos a impugnação e os embargos que versarem apenas sobre questões processuais, pagando o exequente as custas processuais e os honorários advocatícios;

II – nos demais casos, a extinção dependerá da concordância do impugnante ou do embargante.

Art. 776. O exequente ressarcirá ao executado os danos que este sofreu, quando a sentença, transitada em julgado, declarar inexistente, no todo ou em parte, a obrigação que ensejou a execução.

Art. 777. A cobrança de multas ou de indenizações decorrentes de litigância de má-fé ou de prática de ato atentatório à dignidade da justiça será promovida nos próprios autos do processo.

Capítulo II
DAS PARTES

Art. 778. Pode promover a execução forçada o credor a quem a lei confere título executivo.

•• *Vide* arts. 783 a 785 do CPC.

§ 1.º Podem promover a execução forçada ou nela prosseguir, em sucessão ao exequente originário:

I – o Ministério Público, nos casos previstos em lei;

II – o espólio, os herdeiros ou os sucessores do credor, sempre que, por morte deste, lhes for transmitido o direito resultante do título executivo;

III – o cessionário, quando o direito resultante do título executivo lhe for transferido por ato entre vivos;

•• *Vide* art. 109, § 1.º, do CPC.

IV – o sub-rogado, nos casos de sub-rogação legal ou convencional.

•• *Vide* art. 857 do CPC.

• *Vide* arts. 346 a 351 do CC.

§ 2.º A sucessão prevista no § 1.º independe de consentimento do executado.

Art. 779. A execução pode ser promovida contra:

I – o devedor, reconhecido como tal no título executivo;

II – o espólio, os herdeiros ou os sucessores do devedor;

III – o novo devedor que assumiu, com o consentimento do credor, a obrigação resultante do título executivo;

•• *Vide* art. 109, § 1.º, do CPC.

IV – o fiador do débito constante em título extrajudicial;

•• *Vide* art. 794, *caput* e § 1.º, do CPC.

• *Vide* Súmula 268 do STJ.

V – o responsável titular do bem vinculado por garantia real ao pagamento do débito;

VI – o responsável tributário, assim definido em lei.

Art. 780. O exequente pode cumular várias execuções, ainda que fundadas em títulos diferentes, quando o executado for o mesmo e desde que para todas elas seja competente o mesmo juízo e idêntico o procedimento.

Capítulo III
DA COMPETÊNCIA

Art. 781. A execução fundada em título extrajudicial será processada perante o juízo competente, observando-se o seguinte:

I – a execução poderá ser proposta no foro de domicílio do executado, de eleição constante do título ou, ainda, de situação dos bens a ela sujeitos;

II – tendo mais de um domicílio, o executado poderá ser demandado no foro de qualquer deles;

III – sendo incerto ou desconhecido o domicílio do executado, a execução poderá ser proposta no lugar onde for encontrado ou no foro de domicílio do exequente;

IV – havendo mais de um devedor, com diferentes domicílios, a execução será proposta no foro de qualquer deles, à escolha do exequente;

V – a execução poderá ser proposta no foro do lugar em que se praticou o ato ou em que ocorreu o fato que deu origem ao título, mesmo que nele não mais resida o executado.

Art. 782. Não dispondo a lei de modo diverso, o juiz determinará os atos executivos, e o oficial de justiça os cumprirá.

§ 1.º O oficial de justiça poderá cumprir os atos executivos determinados pelo juiz também nas comarcas contíguas, de fácil comunicação, e nas que se situem na mesma região metropolitana.

§ 2.º Sempre que, para efetivar a execução, for necessário o emprego de força policial, o juiz a requisitará.

§ 3.º A requerimento da parte, o juiz pode determinar a inclusão do nome do executado em cadastros de inadimplentes.

§ 4.º A inscrição será cancelada imediatamente se for efetuado o pagamento, se for garantida a execução ou se a execução for extinta por qualquer outro motivo.

§ 5.º O disposto nos §§ 3.º e 4.º aplica-se à execução definitiva de título judicial.

Capítulo IV
DOS REQUISITOS NECESSÁRIOS PARA REALIZAR QUALQUER EXECUÇÃO

Seção I
Do Título Executivo

Art. 783. A execução para cobrança de crédito fundar-se-á sempre em título de obrigação certa, líquida e exigível.

Art. 784. São títulos executivos extrajudiciais:

I – a letra de câmbio, a nota promissória, a duplicata, a debênture e o cheque;

• Decreto n. 2.044, de 31-12-1908, arts. 49, 50, 51 e 56 (letras de câmbio e notas promissórias).

• Lei n. 7.357, de 2-9-1985 (Lei do Cheque).

• Decreto-lei n. 167, de 14-2-1967 (títulos de crédito rural).

• Decreto n. 57.595, de 7-1-1966 (Lei uniforme em matéria de cheque).

- Decreto n. 57.663, de 24-1-1966 (Lei uniforme sobre letras de câmbio e notas promissórias).
- Lei n. 5.474, de 18-7-1968 (Lei de Duplicatas).
- Decreto-lei n. 413, de 9-1-1969 (título de crédito industrial).
- *Vide* Súmula 258 do STJ.

II – a escritura pública ou outro documento público assinado pelo devedor;

- *Vide* arts. 215 e 221 do CC.
- O Decreto-lei n. 1.042, de 21-10-1969, dispõe sobre exigência de escritura pública para confissão de dívida.
- *Vide* Súmula 300 do STJ.

III – o documento particular assinado pelo devedor e por 2 (duas) testemunhas;

IV – o instrumento de transação referendado pelo Ministério Público, pela Defensoria Pública, pela Advocacia Pública, pelos advogados dos transatores ou por conciliador ou mediador credenciado por tribunal;

•• *Vide* art. 57, parágrafo único, da Lei n. 9.099, de 26-9-1995 (Juizados Especiais).

- *Vide* art. 13 da Lei n. 10.741, de 1.º-10-2003.

V – o contrato garantido por hipoteca, penhor, anticrese ou outro direito real de garantia e aquele garantido por caução;

VI – o contrato de seguro de vida em caso de morte;

- *Vide* arts. 789 a 802 do CC (seguro de pessoa).

VII – o crédito decorrente de foro e laudêmio;

VIII – o crédito, documentalmente comprovado, decorrente de aluguel de imóvel, bem como de encargos acessórios, tais como taxas e despesas de condomínio;

- A Lei n. 4.591, de 16-12-1964, dispõe sobre o condomínio em edificações e as incorporações imobiliárias.

IX – a certidão de dívida ativa da Fazenda Pública da União, dos Estados, do Distrito Federal e dos Municípios, correspondente aos créditos inscritos na forma da lei;

- *Vide* Lei n. 6.830, de 22-9-1980 (LEF).
- A Portaria Interministerial n. 1, de 23-8-2013, do Banco Central do Brasil e da AGU, dispõe sobre o protesto extrajudicial das Certidões de Dívida Ativa do Banco Central.

X – o crédito referente às contribuições ordinárias ou extraordinárias de condomínio edilício, previstas na respectiva convenção ou aprovadas em assembleia geral, desde que documentalmente comprovadas;

- *Vide* arts. 1.331 a 1.358 do CC.
- *Vide* Lei n. 4.591, de 16-12-1964.

XI – a certidão expedida por serventia notarial ou de registro relativa a valores de emolumentos e demais despesas devidas pelos atos por ela praticados, fixados nas tabelas estabelecidas em lei;

XII – todos os demais títulos aos quais, por disposição expressa, a lei atribuir força executiva.

•• *Vide* art. 24 da Lei n. 8.906, de 4-7-1994 (EAOAB).

•• *Vide* art. 211 da Lei n. 8.069, de 13-7-1990 (ECA).

•• *Vide* art. 142 da Lei n. 11.101, de 9-2-2005 (Lei de Falências e Recuperação de Empresas).

- *Vide* Súmula 233 do STJ.

§ 1.º A propositura de qualquer ação relativa a débito constante de título executivo não inibe o credor de promover-lhe a execução.

§ 2.º Os títulos executivos extrajudiciais oriundos de país estrangeiro não dependem de homologação para serem executados.

§ 3.º O título estrangeiro só terá eficácia executiva quando satisfeitos os requisitos de formação exigidos pela lei do lugar de sua celebração e quando o Brasil for indicado como o lugar de cumprimento da obrigação.

Art. 785. A existência de título executivo extrajudicial não impede a parte de optar pelo processo de conhecimento, a fim de obter título executivo judicial.

Seção II
Da Exigibilidade da Obrigação

Art. 786. A execução pode ser instaurada caso o devedor não satisfaça a obrigação certa, líquida e exigível consubstanciada em título executivo.

Parágrafo único. A necessidade de simples operações aritméticas para apurar o crédito exequendo não retira a liquidez da obrigação constante do título.

Art. 787. Se o devedor não for obrigado a satisfazer sua prestação senão mediante a contraprestação do credor, este deverá provar que a adimpliu ao requerer a execução, sob pena de extinção do processo.

•• *Vide* arts. 799 e 917, § 2.º, IV, do CPC.

Parágrafo único. O executado poderá eximir-se da obrigação, depositando em juízo a prestação ou a coisa, caso em que o juiz não permitirá que o credor a receba sem cumprir a contraprestação que lhe tocar.

Art. 788. O credor não poderá iniciar a execução ou nela prosseguir se o devedor cumprir a obrigação, mas poderá recusar o recebimento da prestação se ela não corresponder ao direito ou à obrigação estabelecidos no título executivo, caso em que poderá requerer a execução forçada, ressalvado ao devedor o direito de embargá-la.

•• O art. 313 do CC dispõe que o credor não é obrigado a receber prestação diversa da que lhe é devida, ainda que mais valiosa.

Capítulo V
DA RESPONSABILIDADE PATRIMONIAL

Art. 789. O devedor responde com todos os seus bens presentes e futuros para o cumprimento de suas obrigações, salvo as restrições estabelecidas em lei.

- *Vide* art. 824 do CPC.

Art. 790. São sujeitos à execução os bens:

I – do sucessor a título singular, tratando-se de execução fundada em direito real ou obrigação reipersecutória;

II – do sócio, nos termos da lei;

- *Vide* art. 795 do CPC.

III – do devedor, ainda que em poder de terceiros;

IV – do cônjuge ou companheiro, nos casos em que seus bens próprios ou de sua meação respondem pela dívida;

V – alienados ou gravados com ônus real em fraude à execução;

VI – cuja alienação ou gravação com ônus real tenha sido anulada em razão do reconhecimento, em ação autônoma, de fraude contra credores;

VII – do responsável, nos casos de desconsideração da personalidade jurídica.

Art. 791. Se a execução tiver por objeto obrigação de que seja sujeito passivo o proprietário de terreno submetido ao regime do direito de superfície, ou o superficiário, responderá pela dívida, exclusivamente, o direito real do qual é titular o executado, recaindo a penhora ou outros atos de constrição exclusivamente sobre o terreno, no primeiro caso, ou sobre a construção ou a plantação, no segundo caso.

- *Vide* arts. 1.510-A a 1.510-E e 1.369 a 1.377 do CC.
- *Vide* arts. 21 a 24 da Lei n. 10.257, de 10-7-2001 (Estatuto da Cidade).

§ 1.º Os atos de constrição a que se refere o *caput* serão averbados separadamente na matrícula do imóvel, com a identificação do executado, do valor do crédito e do objeto sobre o qual recai o gravame, devendo o oficial destacar o bem que responde pela dívida, se o terreno, a construção ou a plantação, de modo a assegurar a publicidade da responsabilidade patrimonial de cada um deles pelas dívidas e pelas obrigações que a eles estão vinculadas.

§ 2.º Aplica-se, no que couber, o disposto neste artigo à enfiteuse, à concessão de uso especial para fins de moradia e à concessão de direito real de uso.

- Concessão de uso especial para fins de moradia: Medida Provisória n. 2.220, de 4-9-2001.

Art. 792. A alienação ou a oneração de bem é considerada fraude à execução:

•• *Vide* arts. 828, § 4.º, e 856, § 3.º, do CPC.

I – quando sobre o bem pender ação fundada em direito real ou com pretensão reipersecutória, desde que a pendência do processo tenha sido averbada no respectivo registro público, se houver;

II – quando tiver sido averbada, no registro do bem, a pendência do processo de execução, na forma do art. 828;

III – quando tiver sido averbado, no registro do bem, hipoteca judiciária ou outro ato de constrição judicial originário do processo onde foi arguida a fraude;

IV – quando, ao tempo da alienação ou da oneração, tramitava contra o devedor ação capaz de reduzi-lo à insolvência;

- *Vide* Súmula 375 do STJ.

V – nos demais casos expressos em lei.

•• *Vide* arts. 774, I, 828, § 4.º, e 856, § 3.º, do CPC.

§ 1.º A alienação em fraude à execução é ineficaz em relação ao exequente.

§ 2.º No caso de aquisição de bem não sujeito a registro, o terceiro adquirente tem o ônus de provar que adotou as cautelas necessárias para a aquisição, mediante a exibição das certidões pertinentes, obtidas no domicílio do vendedor e no local onde se encontra o bem.

§ 3.º Nos casos de desconsideração da personalidade jurídica, a fraude à execução verifica-se a partir da citação da parte cuja personalidade se pretende desconsiderar.

•• *Vide* arts. 133 a 137 do CPC.

•• *Vide* art. 50 do CC.

• *Vide* art. 28 do CDC.

§ 4.º Antes de declarar a fraude à execução, o juiz deverá intimar o terceiro adquirente, que, se quiser, poderá opor embargos de terceiro, no prazo de 15 (quinze) dias.

Art. 793. O exequente que estiver, por direito de retenção, na posse de coisa pertencente ao devedor não poderá promover a execução sobre outros bens senão depois de excutida a coisa que se achar em seu poder.

Art. 794. O fiador, quando executado, tem o direito de exigir que primeiro sejam executados os bens do devedor situados na mesma comarca, livres e desembargados, indicando-os pormenorizadamente à penhora.

•• *Vide* art. 827 do CC.

§ 1.º Os bens do fiador ficarão sujeitos à execução se os do devedor, situados na mesma comarca que os seus, forem insuficientes à satisfação do direito do credor.

§ 2.º O fiador que pagar a dívida poderá executar o afiançado nos autos do mesmo processo.

§ 3.º O disposto no *caput* não se aplica se o fiador houver renunciado ao benefício de ordem.

Art. 795. Os bens particulares dos sócios não respondem pelas dívidas da sociedade, senão nos casos previstos em lei.

• *Vide* art. 790, II, do CPC.

§ 1.º O sócio réu, quando responsável pelo pagamento da dívida da sociedade, tem o direito de exigir que primeiro sejam excutidos os bens da sociedade.

• *Vide* art. 790, II, do CPC.

§ 2.º Incumbe ao sócio que alegar o benefício do § 1.º nomear quantos bens da sociedade situados na mesma comarca, livres e desembargados, bastem para pagar o débito.

§ 3.º O sócio que pagar a dívida poderá executar a sociedade nos autos do mesmo processo.

§ 4.º Para a desconsideração da personalidade jurídica é obrigatória a observância do incidente previsto neste Código.

•• *Vide* arts. 133 a 137 do CPC.

Art. 796. O espólio responde pelas dívidas do falecido, mas, feita a partilha, cada herdeiro responde por elas dentro das forças da herança e na proporção da parte que lhe coube.

TÍTULO II
DAS DIVERSAS ESPÉCIES DE EXECUÇÃO

Capítulo I
DISPOSIÇÕES GERAIS

Art. 797. Ressalvado o caso de insolvência do devedor, em que tem lugar o concurso universal, realiza-se a execução no interesse do exequente que adquire, pela penhora, o direito de preferência sobre os bens penhorados.

Parágrafo único. Recaindo mais de uma penhora sobre o mesmo bem, cada exequente conservará o seu título de preferência.

•• O art. 187, parágrafo único, do CTN estabelece a ordem de preferência entre as pessoas jurídicas de direito público.

•• *Vide* arts. 908 e 909 do CPC.

Art. 798. Ao propor a execução, incumbe ao exequente:

I – instruir a petição inicial com:

a) o título executivo extrajudicial;

b) o demonstrativo do débito atualizado até a data de propositura da ação, quando se tratar de execução por quantia certa;

c) a prova de que se verificou a condição ou ocorreu o termo, se for o caso;

•• *Vide* art. 917, § 2.º, V, do CPC.

d) a prova, se for o caso, de que adimpliu a contraprestação que lhe corresponde ou que lhe assegura o cumprimento, se o executado não for obrigado a satisfazer a sua prestação senão mediante a contraprestação do exequente;

•• *Vide* art. 787 do CPC.

II – indicar:

a) a espécie de execução de sua preferência, quando por mais de um modo puder ser realizada;

•• *Vide* art. 805 do CPC.

b) os nomes completos do exequente e do executado e seus números de inscrição no Cadastro de Pessoas Físicas ou no Cadastro Nacional da Pessoa Jurídica;

c) os bens suscetíveis de penhora, sempre que possível.

Parágrafo único. O demonstrativo do débito deverá conter:

I – o índice de correção monetária adotado;

II – a taxa de juros aplicada;

III – os termos inicial e final de incidência do índice de correção monetária e da taxa de juros utilizados;

IV – a periodicidade da capitalização dos juros, se for o caso;

V – a especificação de desconto obrigatório realizado.

Art. 799. Incumbe ainda ao exequente:

I – requerer a intimação do credor pignoratício, hipotecário, anticrético ou fiduciário, quando a penhora recair sobre bens gravados por penhor, hipoteca, anticrese ou alienação fiduciária;

•• *Vide* art. 804 do CPC.

II – requerer a intimação do titular de usufruto, uso ou habitação, quando a penhora recair sobre bem gravado por usufruto, uso ou habitação;

III – requerer a intimação do promitente comprador, quando a penhora recair sobre bem em relação ao qual haja promessa de compra e venda registrada;

IV – requerer a intimação do promitente vendedor, quando a penhora recair sobre direito aquisitivo derivado de promessa de compra e venda registrada;

V – requerer a intimação do superficiário, enfiteuta ou concessionário, em caso de direito de superfície, enfiteuse, concessão de uso especial para fins de moradia ou concessão de direito real de uso, quando a penhora recair sobre imóvel submetido ao regime do direito de superfície, enfiteuse ou concessão;

VI – requerer a intimação do proprietário de terreno com regime de direito de superfície, enfiteuse, concessão de uso especial para fins de moradia ou concessão de direito real de uso, quando a penhora recair sobre direitos do superficiário, do enfiteuta ou do concessionário;

VII – requerer a intimação da sociedade, no caso de penhora de quota social ou de ação de sociedade anônima fechada, para o fim previsto no art. 876, § 7.º;

VIII – pleitear, se for o caso, medidas urgentes;

IX – proceder à averbação em registro público do ato de propositura da execução e dos atos de constrição realizados, para conhecimento de terceiros;

X – requerer a intimação do titular da construção-base, bem como, se for o caso, do titular de lajes anteriores, quando a penhora recair sobre o direito real de laje;

•• Inciso X acrescentado pela Lei n. 13.465, de 11-7-2017.

XI – requerer a intimação do titular das lajes, quando a penhora recair sobre a construção-base.

•• Inciso XI acrescentado pela Lei n. 13.465, de 11-7-2017.

Art. 800. Nas obrigações alternativas, quando a escolha couber ao devedor, esse será citado para exercer a opção e realizar a prestação dentro de 10 (dez) dias, se outro prazo não lhe foi determinado em lei ou em contrato.

§ 1.º Devolver-se-á ao credor a opção, se o devedor não a exercer no prazo determinado.

§ 2.º A escolha será indicada na petição inicial da execução quando couber ao credor exercê-la.

• Os arts. 252 a 256 do CC dispõem sobre obrigações alternativas.

Art. 801. Verificando que a petição inicial está incompleta ou que não está acompanhada dos documentos indispensáveis à propositura da execução, o juiz determinará que o exequente a corrija, no prazo de 15 (quinze) dias, sob pena de indeferimento.

Art. 802. Na execução, o despacho que ordena a citação, desde que realizada em observância ao disposto no § 2.º do art. 240, interrompe a prescrição, ainda que proferido por juízo incompetente.

•• *Vide* Súmula 150 do STF.

Parágrafo único. A interrupção da prescrição retroagirá à data de propositura da ação.

Art. 803. É nula a execução se:

I – o título executivo extrajudicial não corresponder a obrigação certa, líquida e exigível;

II – o executado não for regularmente citado;

III – for instaurada antes de se verificar a condição ou de ocorrer o termo.

Parágrafo único. A nulidade de que cuida este artigo será pronunciada pelo juiz, de ofício ou a requerimento da parte, independentemente de embargos à execução.

Art. 804. A alienação de bem gravado por penhor, hipoteca ou anticrese será ineficaz em relação ao credor pignoratício, hipotecário ou anticrético não intimado.

• *Vide* art. 799, I, do CPC.

§ 1.º A alienação de bem objeto de promessa de compra e venda ou de cessão registrada será ineficaz em relação ao promitente comprador ou ao cessionário não intimado.

§ 2.º A alienação de bem sobre o qual tenha sido instituído direito de superfície, seja do solo, da plantação ou da construção, será ineficaz em relação ao concedente ou ao concessionário não intimado.

• *Vide* arts. 1.369 a 1.377 do CC.

• *Vide* arts. 21 a 24 da Lei n. 10.257, de 10-7-2001 (Estatuto da Cidade).

§ 3.º A alienação de direito aquisitivo de bem objeto de promessa de venda, de promessa de cessão ou de alienação fiduciária será ineficaz em relação ao promitente vendedor, ao promitente cedente ou ao proprietário fiduciário não intimado.

§ 4.º A alienação de imóvel sobre o qual tenha sido instituída enfiteuse, concessão de uso especial para fins de moradia ou concessão de direito real de uso será ineficaz em relação ao enfiteuta ou ao concessionário não intimado.

• Concessão de uso especial para fins de moradia: Medida Provisória n. 2.220, de 4-9-2001.

§ 5.º A alienação de direitos do enfiteuta, do concessionário de direito real de uso ou do concessionário de uso especial para fins de moradia será ineficaz em relação ao proprietário do respectivo imóvel não intimado.

§ 6.º A alienação de bem sobre o qual tenha sido instituído usufruto, uso ou habitação será ineficaz em relação ao titular desses direitos reais não intimado.

Art. 805. Quando por vários meios o exequente puder promover a execução, o juiz mandará que se faça pelo modo menos gravoso para o executado.

•• *Vide* arts. 798, II, *a*, 847 e 867 do CPC.

• *Vide* Súmula 417 do STJ.

Parágrafo único. Ao executado que alegar ser a medida executiva mais gravosa incumbe indicar outros meios mais eficazes e menos onerosos, sob pena de manutenção dos atos executivos já determinados.

Capítulo II
DA EXECUÇÃO PARA A ENTREGA DE COISA

Seção I
Da Entrega de Coisa Certa

Art. 806. O devedor de obrigação de entrega de coisa certa, constante de título executivo extrajudicial, será citado para, em 15 (quinze) dias, satisfazer a obrigação.

• *Vide* arts. 233 e 238 do CC.

• *Vide* Súmula 196 do STJ.

§ 1.º Ao despachar a inicial, o juiz poderá fixar multa por dia de atraso no cumprimento da obrigação, ficando o respectivo valor sujeito a alteração, caso se revele insuficiente ou excessivo.

§ 2.º Do mandado de citação constará ordem para imissão na posse ou busca e apreensão, conforme se tratar de bem imóvel ou móvel, cujo cumprimento se dará de imediato, se o executado não satisfizer a obrigação no prazo que lhe foi designado.

Art. 807. Se o executado entregar a coisa, será lavrado o termo respectivo e considerada satisfeita a obrigação, prosseguindo-se a execução para o pagamento de frutos ou o ressarcimento de prejuízos, se houver.

• *Vide* arts. 498 e 806 do CPC.

• *Vide* arts. 233 e 234 do CC.

Art. 808. Alienada a coisa quando já litigiosa, será expedido mandado contra o terceiro adquirente, que somente será ouvido após depositá-la.

• *Vide* art. 674 do CPC.

Art. 809. O exequente tem direito a receber, além de perdas e danos, o valor da coisa, quando essa se deteriorar, não lhe for entregue, não for encontrada ou não for reclamada do poder de terceiro adquirente.

§ 1.º Não constando do título o valor da coisa e sendo impossível sua avaliação, o exequente apresentará estimativa, sujeitando-a ao arbitramento judicial.

§ 2.º Serão apurados em liquidação o valor da coisa e os prejuízos.

Art. 810. Havendo benfeitorias indenizáveis feitas na coisa pelo executado ou por terceiros de cujo poder ela houver sido tirada, a liquidação prévia é obrigatória.

• *Vide* art. 1.219 do CC.

• *Vide* art. 51, XVI, do CDC.

• *Vide* art. 35 da Lei n. 8.245, de 18-10-1991.

Parágrafo único. Havendo saldo:

I – em favor do executado ou de terceiros, o exequente o depositará ao requerer a entrega da coisa;

II – em favor do exequente, esse poderá cobrá-lo nos autos do mesmo processo.

Seção II
Da Entrega de Coisa Incerta

Art. 811. Quando a execução recair sobre coisa determinada pelo gênero e pela quantidade, o executado será citado para entregá-la individualizada, se lhe couber a escolha.

• *Vide* arts. 243 e 246 do CC.

Parágrafo único. Se a escolha couber ao exequente, esse deverá indicá-la na petição inicial.

Art. 812. Qualquer das partes poderá, no prazo de 15 (quinze) dias, impugnar a escolha feita pela outra, e o juiz decidirá de plano ou, se necessário, ouvindo perito de sua nomeação.

Art. 813. Aplicar-se-ão à execução para entrega de coisa incerta, no que couber, as disposições da Seção I deste Capítulo.

Capítulo III
DA EXECUÇÃO DAS OBRIGAÇÕES DE FAZER OU DE NÃO FAZER

Seção I
Disposições Comuns

Art. 814. Na execução de obrigação de fazer ou de não fazer fundada em título extrajudicial, ao despachar a inicial, o juiz fixará multa por período de atraso no cumprimento da obrigação e a data a partir da qual será devida.

• *Vide* arts. 500 e 537 do CPC.

Parágrafo único. Se o valor da multa estiver previsto no título e for excessivo, o juiz poderá reduzi-lo.

Seção II
Da Obrigação de Fazer

Art. 815. Quando o objeto da execução for obrigação de fazer, o executado será citado para satisfazê-la no prazo que o juiz lhe designar, se outro não estiver determinado no título executivo.

• *Vide* arts. 247 a 249 do CC.

• *Vide* Súmula 410 do STJ.

Art. 816. Se o executado não satisfizer a obrigação no prazo designado, é lícito ao exequente, nos próprios autos do processo, requerer a satisfação da obrigação à custa do executado ou perdas e danos, hipótese em que se converterá em indenização.

•• *Vide* art. 249 do CC.

Parágrafo único. O valor das perdas e danos será apurado em liquidação, seguindo-se a execução para cobrança de quantia certa.

• *Vide* arts. 402 e s. do CC.

Art. 817. Se a obrigação puder ser satisfeita por terceiro, é lícito ao juiz autorizar, a requerimento do exequente, que aquele a satisfaça à custa do executado.

Parágrafo único. O exequente adiantará as quantias previstas na proposta que, ouvidas as partes, o juiz houver aprovado.

Art. 818. Realizada a prestação, o juiz ouvirá as partes no prazo de 10 (dez) dias e, não havendo impugnação, considerará satisfeita a obrigação.

Parágrafo único. Caso haja impugnação, o juiz a decidirá.

Art. 819. Se o terceiro contratado não realizar a prestação no prazo ou se o fizer de modo incompleto ou defeituoso, poderá o exequente requerer ao juiz, no prazo de 15 (quinze) dias, que o autorize a concluí-la ou a repará-la à custa do contratante.

Parágrafo único. Ouvido o contratante no prazo de 15 (quinze) dias, o juiz mandará avaliar o custo das despesas necessárias e o condenará a pagá-lo.

Art. 820. Se o exequente quiser executar ou mandar executar, sob sua direção e vigilância, as obras e os trabalhos necessários à realização da prestação, terá preferência, em igualdade de condições de oferta, em relação ao terceiro.

Parágrafo único. O direito de preferência deverá ser exercido no prazo de 5 (cinco) dias, após aprovada a proposta do terceiro.

Art. 821. Na obrigação de fazer, quando se convencionar que o executado a satisfaça pessoalmente, o exequente poderá requerer ao juiz que lhe assine prazo para cumpri-la.

- *Vide* art. 247 do CC.

Parágrafo único. Havendo recusa ou mora do executado, sua obrigação pessoal será convertida em perdas e danos, caso em que se observará o procedimento de execução por quantia certa.

Seção III
Da Obrigação de Não Fazer

Art. 822. Se o executado praticou ato a cuja abstenção estava obrigado por lei ou por contrato, o exequente requererá ao juiz que assine prazo ao executado para desfazê-lo.

- *Vide* art. 251 do CC.

Art. 823. Havendo recusa ou mora do executado, o exequente requererá ao juiz que mande desfazer o ato à custa daquele, que responderá por perdas e danos.

Parágrafo único. Não sendo possível desfazer-se o ato, a obrigação resolve-se em perdas e danos, caso em que, após a liquidação, se observará o procedimento de execução por quantia certa.

Capítulo IV
DA EXECUÇÃO POR QUANTIA CERTA

Seção I
Disposições Gerais

Art. 824. A execução por quantia certa realiza-se pela expropriação de bens do executado, ressalvadas as execuções especiais.

- *Vide* art. 792 do CPC.

Art. 825. A expropriação consiste em:

I – adjudicação;

II – alienação;

III – apropriação de frutos e rendimentos de empresa ou de estabelecimentos e de outros bens.

- *Vide* arts. 881 e 886 do CPC.

Art. 826. Antes de adjudicados ou alienados os bens, o executado pode, a todo tempo, remir a execução, pagando ou consignando a importância atualizada da dívida, acrescida de juros, custas e honorários advocatícios.

- *Vide* art. 901 do CPC.
- *Vide* arts. 304 e 305 do CC.
- *Vide* art. 19, I e II, da LEF.

Seção II
Da Citação do Devedor e do Arresto

Art. 827. Ao despachar a inicial, o juiz fixará, de plano, os honorários advocatícios de dez por cento, a serem pagos pelo executado.

§ 1.º No caso de integral pagamento no prazo de 3 (três) dias, o valor dos honorários advocatícios será reduzido pela metade.

§ 2.º O valor dos honorários poderá ser elevado até vinte por cento, quando rejeitados os embargos à execução, podendo a majoração, caso não opostos os embargos, ocorrer ao final do procedimento executivo, levando-se em conta o trabalho realizado pelo advogado do exequente.

Art. 828. O exequente poderá obter certidão de que a execução foi admitida pelo juiz, com identificação das partes e do valor da causa, para fins de averbação no registro de imóveis, de veículos ou de outros bens sujeitos a penhora, arresto ou indisponibilidade.

§ 1.º No prazo de 10 (dez) dias de sua concretização, o exequente deverá comunicar ao juízo as averbações efetivadas.

§ 2.º Formalizada penhora sobre bens suficientes para cobrir o valor da dívida, o exequente providenciará, no prazo de 10 (dez) dias, o cancelamento das averbações relativas àqueles não penhorados.

§ 3.º O juiz determinará o cancelamento das averbações, de ofício ou a requerimento, caso o exequente não o faça no prazo.

§ 4.º Presume-se em fraude à execução a alienação ou a oneração de bens efetuada após a averbação.

§ 5.º O exequente que promover averbação manifestamente indevida ou não cancelar as averbações nos termos do § 2.º indenizará a parte contrária, processando-se o incidente em autos apartados.

Art. 829. O executado será citado para pagar a dívida no prazo de 3 (três) dias, contado da citação.

- *Vide* arts. 238 e s. do CPC.
- *Vide* Lei n. 6.899, de 8-4-1981.

§ 1.º Do mandado de citação constarão, também, a ordem de penhora e a avaliação a serem cumpridas pelo oficial de justiça tão logo verificado o não pagamento no prazo assinalado, de tudo lavrando-se auto, com intimação do executado.

§ 2.º A penhora recairá sobre os bens indicados pelo exequente, salvo se outros forem indicados pelo executado e aceitos pelo juiz, mediante demonstração de que a constrição proposta lhe será menos onerosa e não trará prejuízo ao exequente.

Art. 830. Se o oficial de justiça não encontrar o executado, arrestar-lhe-á tantos bens quantos bastem para garantir a execução.

§ 1.º Nos 10 (dez) dias seguintes à efetivação do arresto, o oficial de justiça procurará o executado 2 (duas) vezes em dias distintos e, havendo suspeita de ocultação, realizará a citação com hora certa, certificando pormenorizadamente o ocorrido.

§ 2.º Incumbe ao exequente requerer a citação por edital, uma vez frustradas a pessoal e a com hora certa.

§ 3.º Aperfeiçoada a citação e transcorrido o prazo de pagamento, o arresto converter-se-á em penhora, independentemente de termo.

Seção III
Da Penhora, do Depósito e da Avaliação

Subseção I
Do objeto da penhora

Art. 831. A penhora deverá recair sobre tantos bens quantos bastem para o pagamento do principal atualizado, dos juros, das custas e dos honorários advocatícios.

- *Vide* arts. 212 e 214 do CPC.

Art. 832. Não estão sujeitos à execução os bens que a lei considera impenhoráveis ou inalienáveis.

- *Vide* arts. 1.711, *caput*, e 1.715 do CC.
- *Vide* Lei n. 8.009, de 29-3-1990 (Impenhorabilidade do Bem de Família).

Art. 833. São impenhoráveis:

•• *Vide* art. 4.º da Lei n. 8.009, de 29-3-1990.

I – os bens inalienáveis e os declarados, por ato voluntário, não sujeitos à execução;

- *Vide* Súmula 205 do STJ.

II – os móveis, os pertences e as utilidades domésticas que guarnecem a residência do executado, salvo os de elevado valor ou os que ultrapassem as necessidades comuns correspondentes a um médio padrão de vida;

III – os vestuários, bem como os pertences de uso pessoal do executado, salvo se de elevado valor;

IV – os vencimentos, os subsídios, os soldos, os salários, as remunerações, os proventos de aposentadoria, as pensões, os pecúlios e os montepios, bem como as quantias recebidas por liberalidade de terceiro e destinadas ao sustento do devedor e de sua família, os ganhos de trabalhador autônomo e os honorários de profissional liberal, ressalvado o § 2.º;

- *Vide* arts. 529 e 912 do CPC.

V – os livros, as máquinas, as ferramentas, os utensílios, os instrumentos ou outros bens móveis necessários ou úteis ao exercício da profissão do executado;

- *Vide* Súmula 451 do STJ.

VI – o seguro de vida;

•• *Vide* art. 5.º, parágrafo único, do Decreto-lei n. 911, de 1.º-10-1969.

VII – os materiais necessários para obras em andamento, salvo se essas forem penhoradas;

VIII – a pequena propriedade rural, assim definida em lei, desde que trabalhada pela família;

IX – os recursos públicos recebidos por instituições privadas para aplicação compulsória em educação, saúde ou assistência social;

X – a quantia depositada em caderneta de poupança, até o limite de 40 (quarenta) salários mínimos;

XI – os recursos públicos do fundo partidário recebidos por partido político, nos termos da lei;

XII – os créditos oriundos de alienação de unidades imobiliárias, sob regime de incorporação imobiliária, vinculados à execução da obra.

§ 1.º A impenhorabilidade não é oponível à execução de dívida relativa ao próprio bem, inclusive àquela contraída para sua aquisição.

§ 2.º O disposto nos incisos IV e X do *caput* não se aplica à hipótese de penhora para pagamento de prestação alimentícia, independentemente de sua origem, bem como às importâncias excedentes a 50 (cinquenta) salários mínimos mensais, devendo a constrição observar o disposto no art. 528, § 8.º, e no art. 529, § 3.º.

§ 3.º Incluem-se na impenhorabilidade prevista no inciso V do *caput* os equipamentos, os implementos e as máquinas agrícolas pertencentes a pessoa física ou a empresa individual produtora rural, exceto quando tais bens tenham sido objeto de financiamento e estejam vinculados em garantia a negócio jurídico ou quando respondam por dívida de natureza alimentar, trabalhista ou previdenciária.

Art. 834. Podem ser penhorados, à falta de outros bens, os frutos e os rendimentos dos bens inalienáveis.

Art. 835. A penhora observará, preferencialmente, a seguinte ordem:

- *Vide* Súmula 417 do STJ.

I – dinheiro, em espécie ou em depósito ou aplicação em instituição financeira;

II – títulos da dívida pública da União, dos Estados e do Distrito Federal com cotação em mercado;

III – títulos e valores mobiliários com cotação em mercado;

IV – veículos de via terrestre;

V – bens imóveis;

VI – bens móveis em geral;

VII – semoventes;

VIII – navios e aeronaves;

IX – ações e quotas de sociedades simples e empresárias;

X – percentual do faturamento de empresa devedora;

XI – pedras e metais preciosos;

XII – direitos aquisitivos derivados de promessa de compra e venda e de alienação fiduciária em garantia;

XIII – outros direitos.

§ 1.º É prioritária a penhora em dinheiro, podendo o juiz, nas demais hipóteses, alterar a ordem prevista no *caput* de acordo com as circunstâncias do caso concreto.

§ 2.º Para fins de substituição da penhora, equiparam-se a dinheiro a fiança bancária e o seguro garantia judicial, desde que em valor não inferior ao do débito constante da inicial, acrescido de trinta por cento.

§ 3.º Na execução de crédito com garantia real, a penhora recairá sobre a coisa dada em garantia, e, se a coisa pertencer a terceiro garantidor, este também será intimado da penhora.

Art. 836. Não se levará a efeito a penhora quando ficar evidente que o produto da execução dos bens encontrados será totalmente absorvido pelo pagamento das custas da execução.

§ 1.º Quando não encontrar bens penhoráveis, independentemente de determinação judicial expressa, o oficial de justiça descreverá na certidão os bens que guarnecem a residência ou o estabelecimento do executado, quando este for pessoa jurídica.

§ 2.º Elaborada a lista, o executado ou seu representante legal será nomeado depositário provisório de tais bens até ulterior determinação do juiz.

Subseção II
Da documentação da penhora, de seu registro e do depósito

Art. 837. Obedecidas as normas de segurança instituídas sob critérios uniformes pelo Conselho Nacional de Justiça, a penhora de dinheiro e as averbações de penhoras de bens imóveis e móveis podem ser realizadas por meio eletrônico.

•• A Resolução n. 356, de 27-11-2020, do CNJ, dispõe sobre a alienação de bens apreendidos em procedimentos criminais e dá outras providências.

Art. 838. A penhora será realizada mediante auto ou termo, que conterá:

I – a indicação do dia, do mês, do ano e do lugar em que foi feita;

II – os nomes do exequente e do executado;

III – a descrição dos bens penhorados, com as suas características;

IV – a nomeação do depositário dos bens.

Art. 839. Considerar-se-á feita a penhora mediante a apreensão e o depósito dos bens, lavrando-se um só auto se as diligências forem concluídas no mesmo dia.

Parágrafo único. Havendo mais de uma penhora, serão lavrados autos individuais.

Art. 840. Serão preferencialmente depositados:

I – as quantias em dinheiro, os papéis de crédito e as pedras e os metais preciosos, no Banco do Brasil, na Caixa Econômica Federal ou em banco do qual o Estado ou o Distrito Federal possua mais da metade do capital social integralizado, ou, na falta desses estabelecimentos, em qualquer instituição de crédito designada pelo juiz;

•• *Vide* art. 1.058 do CPC.

• *Vide* art. 38, §§ 1.º e 2.º, da Lei n. 6.766, de 19-12-1979.

• *Vide* art. 32 da LEF.

II – os móveis, os semoventes, os imóveis urbanos e os direitos aquisitivos sobre imóveis urbanos, em poder do depositário judicial;

III – os imóveis rurais, os direitos aquisitivos sobre imóveis rurais, as máquinas, os utensílios e os instrumentos necessários ou úteis à atividade agrícola, mediante caução idônea, em poder do executado.

§ 1.º No caso do inciso II do *caput*, se não houver depositário judicial, os bens ficarão em poder do exequente.

§ 2.º Os bens poderão ser depositados em poder do executado nos casos de difícil remoção ou quando anuir o exequente.

§ 3.º As joias, as pedras e os objetos preciosos deverão ser depositados com registro do valor estimado de resgate.

Art. 841. Formalizada a penhora por qualquer dos meios legais, dela será imediatamente intimado o executado.

§ 1.º A intimação da penhora será feita ao advogado do executado ou à sociedade de advogados a que aquele pertença.

§ 2.º Se não houver constituído advogado nos autos, o executado será intimado pessoalmente, de preferência por via postal.

§ 3.º O disposto no § 1.º não se aplica aos casos de penhora realizada na presença do executado, que se reputa intimado.

§ 4.º Considera-se realizada a intimação a que se refere o § 2.º quando o executado houver mudado de endereço sem prévia comunicação ao juízo, observado o disposto no parágrafo único do art. 274.

Art. 842. Recaindo a penhora sobre bem imóvel ou direito real sobre imóvel, será intimado também o cônjuge do executado, salvo se forem casados em regime de separação absoluta de bens.

Art. 843. Tratando-se de penhora de bem indivisível, o equivalente à quota-parte do coproprietário ou do cônjuge alheio à execução recairá sobre o produto da alienação do bem.

§ 1.º É reservada ao coproprietário ou ao cônjuge não executado a preferência na arrematação do bem em igualdade de condições.

§ 2.º Não será levada a efeito expropriação por preço inferior ao da avaliação na qual o valor auferido seja incapaz de garantir, ao coproprietário ou ao cônjuge alheio à execução, o correspondente à sua quota-parte calculado sobre o valor da avaliação.

Art. 844. Para presunção absoluta de conhecimento por terceiros, cabe ao exequente providenciar a averbação do arresto ou da penhora no registro competente, mediante apresentação de cópia do auto ou do termo, independentemente de mandado judicial.

•• A Resolução n. 356, de 27-11-2020, do CNJ, dispõe sobre a alienação de bens apreendidos em procedimentos criminais e dá outras providências.

• *Vide* Súmula 375 do STJ.

Subseção III
Do lugar de realização da penhora

Art. 845. Efetuar-se-á a penhora onde se encontrem os bens, ainda que sob a posse, a detenção ou a guarda de terceiros.

§ 1.º A penhora de imóveis, independentemente de onde se localizem, quando apresentada certidão da respectiva matrícula, e a penhora de veículos automotores, quando apresentada certidão que ateste a sua existência, serão realizadas por termo nos autos.

§ 2.º Se o executado não tiver bens no foro do processo, não sendo possível a realização da penhora nos termos do § 1.º, a execução será feita por carta, penhorando-se, avaliando-se e alienando-se os bens no foro da situação.

• *Vide* Súmula 46 do STJ.

Art. 846. Se o executado fechar as portas da casa a fim de obstar a penhora dos bens, o oficial de justiça comunicará o fato ao juiz, solicitando-lhe ordem de arrombamento.

•• *Vide* art. 5.º, XI, da CF.

•• *Vide* arts. 212 a 216 do CPC.

§ 1.º Deferido o pedido, 2 (dois) oficiais de justiça cumprirão o mandado, arrombando cômodos e móveis em que se presuma estarem os bens, e lavrarão de tudo auto circunstanciado, que será assinado por 2 (duas) testemunhas presentes à diligência.

§ 2.º Sempre que necessário, o juiz requisitará força policial, a fim de auxiliar os oficiais de justiça na penhora dos bens.

• *Vide* art. 782, § 2.º, do CPC.

§ 3.º Os oficiais de justiça lavrarão em duplicata o auto da ocorrência, entregando uma via ao escrivão ou ao chefe de secretaria, para ser juntada aos autos, e a outra à autoridade policial a quem couber a apuração criminal dos eventuais delitos de desobediência ou de resistência.

§ 4.º Do auto da ocorrência constará o rol de testemunhas, com a respectiva qualificação.

Subseção IV
Das modificações da penhora

Art. 847. O executado pode, no prazo de 10 (dez) dias contado da intimação da penhora, requerer a substituição do bem penhorado, desde que comprove que lhe será menos onerosa e não trará prejuízo ao exequente.

§ 1.º O juiz só autorizará a substituição se o executado:

I – comprovar as respectivas matrículas e os registros por certidão do correspondente ofício, quanto aos bens imóveis;

II – descrever os bens móveis, com todas as suas propriedades e características, bem como o estado deles e o lugar onde se encontram;

III – descrever os semoventes, com indicação de espécie, de número, de marca ou sinal e do local onde se encontram;

IV – identificar os créditos, indicando quem seja o devedor, qual a origem da dívida, o título que a representa e a data do vencimento; e

V – atribuir, em qualquer caso, valor aos bens indicados à penhora, além de especificar os ônus e os encargos a que estejam sujeitos.

§ 2.º Requerida a substituição do bem penhorado, o executado deve indicar onde se encontram os bens sujeitos à execução, exibir a prova de sua propriedade e a certidão negativa ou positiva de ônus, bem como abster-se de qualquer atitude que dificulte ou embarace a realização da penhora.

§ 3.º O executado somente poderá oferecer bem imóvel em substituição caso o requeira com a expressa anuência do cônjuge, salvo se o regime for o de separação absoluta de bens.

§ 4.º O juiz intimará o exequente para manifestar-se sobre o requerimento de substituição do bem penhorado.

Art. 848. As partes poderão requerer a substituição da penhora se:

•• Vide art.15 da LEF.

• *Vide* Súmula 406 do STJ.

I – ela não obedecer à ordem legal;

II – ela não incidir sobre os bens designados em lei, contrato ou ato judicial para o pagamento;

III – havendo bens no foro da execução, outros tiverem sido penhorados;

IV – havendo bens livres, ela tiver recaído sobre bens já penhorados ou objeto de gravame;

V – ela incidir sobre bens de baixa liquidez;

VI – fracassar a tentativa de alienação judicial do bem; ou

VII – o executado não indicar o valor dos bens ou omitir qualquer das indicações previstas em lei.

Parágrafo único. A penhora pode ser substituída por fiança bancária ou por seguro garantia judicial, em valor não inferior ao do débito constante da inicial, acrescido de trinta por cento.

Art. 849. Sempre que ocorrer a substituição dos bens inicialmente penhorados, será lavrado novo termo.

Art. 850. Será admitida a redução ou a ampliação da penhora, bem como sua transferência para outros bens, se, no curso do processo, o valor de mercado dos bens penhorados sofrer alteração significativa.

Art. 851. Não se procede à segunda penhora, salvo se:

I – a primeira for anulada;

II – executados os bens, o produto da alienação não bastar para o pagamento do exequente;

• *Vide* art. 874, II, do CPC.

III – o exequente desistir da primeira penhora, por serem litigiosos os bens ou por estarem submetidos a constrição judicial.

Art. 852. O juiz determinará a alienação antecipada dos bens penhorados quando:

I – se tratar de veículos automotores, de pedras e metais preciosos e de outros bens móveis sujeitos à depreciação ou à deterioração;

II – houver manifesta vantagem.

Art. 853. Quando uma das partes requerer alguma das medidas previstas nesta Subseção, o juiz ouvirá sempre a outra, no prazo de 3 (três) dias, antes de decidir.

Parágrafo único. O juiz decidirá de plano qualquer questão suscitada.

Subseção V
Da penhora de dinheiro em depósito ou em aplicação financeira

Art. 854. Para possibilitar a penhora de dinheiro em depósito ou em aplicação financeira, o juiz, a requerimento do exequente, sem dar ciência prévia do ato ao executado, determinará às instituições financeiras, por meio de sistema eletrônico gerido pela autoridade supervisora do sistema financeiro nacional, que torne indisponíveis ativos financeiros existentes em nome do executado, limitando-se a indisponibilidade ao valor indicado na execução.

§ 1.º No prazo de 24 (vinte e quatro) horas a contar da resposta, de ofício, o juiz determinará o cancelamento de eventual indisponibilidade excessiva, o que deverá ser cumprido pela instituição financeira em igual prazo.

§ 2.º Tornados indisponíveis os ativos financeiros do executado, este será intimado na pessoa de seu advogado ou, não o tendo, pessoalmente.

§ 3.º Incumbe ao executado, no prazo de 5 (cinco) dias, comprovar que:

I – as quantias tornadas indisponíveis são impenhoráveis;

II – ainda remanesce indisponibilidade excessiva de ativos financeiros.

§ 4.º Acolhida qualquer das arguições dos incisos I e II do § 3.º, o juiz determinará o cancelamento de eventual indisponibilidade irregular ou excessiva, a ser cumprido pela instituição financeira em 24 (vinte e quatro) horas.

§ 5.º Rejeitada ou não apresentada a manifestação do executado, converter-se-á a indisponibilidade em penhora, sem necessidade de lavratura de termo, devendo o juiz da execução determinar à instituição financeira depositária que, no prazo de 24 (vinte e quatro) horas, transfira o montante indisponível para conta vinculada ao juízo da execução.

§ 6.º Realizado o pagamento da dívida por outro meio, o juiz determinará, imediatamente, por sistema eletrônico gerido pela autoridade supervisora do sistema financeiro nacional, a notificação da instituição financeira para que, em até 24 (vinte e quatro) horas, cancele a indisponibilidade.

§ 7.º As transmissões das ordens de indisponibilidade, de seu cancelamento e de determinação de penhora previstas neste artigo far-se-ão por meio de sistema eletrônico gerido pela autoridade supervisora do sistema financeiro nacional.

§ 8.º A instituição financeira será responsável pelos prejuízos causados ao executado em decorrência da indisponibilidade de ativos financeiros em valor superior ao indicado na execução ou pelo juiz, bem como na hipótese de não cancelamento da indisponibilidade no prazo de 24 (vinte e quatro) horas, quando assim determinar o juiz.

§ 9.º Quando se tratar de execução contra partido político, o juiz, a requerimento do exequente, determinará às instituições financeiras, por meio de sistema eletrônico gerido por autoridade supervisora do sistema bancário, que tornem indisponíveis ativos financeiros somente em nome do órgão partidário que tenha contraído a dívida executada ou que tenha dado causa à violação de direito ou ao dano, ao qual cabe exclusivamente a responsabilidade pelos atos praticados, na forma da lei.

Subseção VI
Da penhora de créditos

Art. 855. Quando recair em crédito do executado, enquanto não ocorrer a hipótese prevista no art. 856, considerar-se-á feita a penhora pela intimação:

I – ao terceiro devedor para que não pague ao executado, seu credor;

- *Vide* art. 312 do CC.

II – ao executado, credor do terceiro, para que não pratique ato de disposição do crédito.

- *Vide* arts. 298, 312 e 1.451 a 1.460 do CC.

Art. 856. A penhora de crédito representado por letra de câmbio, nota promissória, duplicata, cheque ou outros títulos far-se-á pela apreensão do documento, esteja ou não este em poder do executado.

§ 1.º Se o título não for apreendido, mas o terceiro confessar a dívida, será este tido como depositário da importância.

§ 2.º O terceiro só se exonerará da obrigação depositando em juízo a importância da dívida.

§ 3.º Se o terceiro negar o débito em conluio com o executado, a quitação que este lhe der caracterizará fraude à execução.

- *Vide* art. 789 do CPC.

§ 4.º A requerimento do exequente, o juiz determinará o comparecimento, em audiência especialmente designada, do executado e do terceiro, a fim de lhes tomar os depoimentos.

Art. 857. Feita a penhora em direito e ação do executado, e não tendo ele oferecido embargos ou sendo estes rejeitados, o exequente ficará sub-rogado nos direitos do executado até a concorrência de seu crédito.

§ 1.º O exequente pode preferir, em vez da sub-rogação, a alienação judicial do direito penhorado, caso em que declarará sua vontade no prazo de 10 (dez) dias contado da realização da penhora.

§ 2.º A sub-rogação não impede o sub-rogado, se não receber o crédito do executado, de prosseguir na execução, nos mesmos autos, penhorando outros bens.

Art. 858. Quando a penhora recair sobre dívidas de dinheiro a juros, de direito a rendas ou de prestações periódicas, o exequente poderá levantar os juros, os rendimentos ou as prestações à medida que forem sendo depositados, abatendo-se do crédito as importâncias recebidas, conforme as regras de imputação do pagamento.

Art. 859. Recaindo a penhora sobre direito a prestação ou a restituição de coisa determinada, o executado será intimado para, no vencimento, depositá-la, correndo sobre ela a execução.

Art. 860. Quando o direito estiver sendo pleiteado em juízo, a penhora que recair sobre ele será averbada, com destaque, nos autos pertinentes ao direito e na ação correspondente à penhora, a fim de que esta seja efetivada nos bens que forem adjudicados ou que vierem a caber ao executado.

- *Vide* art. 646 do CPC.

Subseção VII
Da penhora das quotas ou das ações de sociedades personificadas

Art. 861. Penhoradas as quotas ou as ações de sócio em sociedade simples ou empresária, o juiz assinará prazo razoável, não superior a 3 (três) meses, para que a sociedade:

- Sociedades personificadas: arts. 997 e s. do CC.

I – apresente balanço especial, na forma da lei;

II – ofereça as quotas ou as ações aos demais sócios, observado o direito de preferência legal ou contratual;

III – não havendo interesse dos sócios na aquisição das ações, proceda à liquidação das quotas ou das ações, depositando em juízo o valor apurado, em dinheiro.

§ 1.º Para evitar a liquidação das quotas ou das ações, a sociedade poderá adquiri-las sem redução do capital social e com utilização de reservas, para manutenção em tesouraria.

§ 2.º O disposto no *caput* e no § 1.º não se aplica à sociedade anônima de capital aberto, cujas ações serão adjudicadas ao exequente ou alienadas em bolsa de valores, conforme o caso.

§ 3.º Para os fins da liquidação de que trata o inciso III do *caput*, o juiz poderá, a requerimento do exequente ou da sociedade, nomear administrador, que deverá submeter à aprovação judicial a forma de liquidação.

§ 4.º O prazo previsto no *caput* poderá ser ampliado pelo juiz, se o pagamento das quotas ou das ações liquidadas:

I – superar o valor do saldo de lucros ou reservas, exceto a legal, e sem diminuição do capital social, ou por doação; ou

II – colocar em risco a estabilidade financeira da sociedade simples ou empresária.

§ 5.º Caso não haja interesse dos demais sócios no exercício de direito de preferência, não ocorra a aquisição das quotas ou das ações pela sociedade e a liquidação do inciso III do *caput* seja excessivamente onerosa para a sociedade, o juiz poderá determinar o leilão judicial das quotas ou das ações.

Subseção VIII
Da penhora de empresa, de outros estabelecimentos e de semoventes

Art. 862. Quando a penhora recair em estabelecimento comercial, industrial ou agrícola, bem como em semoventes, plantações ou edifícios em construção, o juiz nomeará administrador-depositário, determinando-lhe que apresente em 10 (dez) dias o plano de administração.

§ 1.º Ouvidas as partes, o juiz decidirá.

§ 2.º É lícito às partes ajustar a forma de administração e escolher o depositário, hipótese em que o juiz homologará por despacho a indicação.

§ 3.º Em relação aos edifícios em construção sob regime de incorporação imobiliária, a penhora somente poderá recair sobre as unidades imobiliárias ainda não comercializadas pelo incorporador.

§ 4.º Sendo necessário afastar o incorporador da administração da incorporação, será ela exercida pela comissão de representantes dos adquirentes ou, se se tratar de construção financiada, por empresa ou profissional indicado pela instituição fornecedora dos recursos para a obra, devendo ser ouvida, neste último caso, a comissão de representantes dos adquirentes.

Art. 863. A penhora de empresa que funcione mediante concessão ou autorização far-se-á, conforme o valor do crédito, sobre a renda, sobre determinados bens ou sobre todo o patrimônio, e o juiz nomeará como depositário, de preferência, um de seus diretores.

- Sociedades dependentes de autorização: arts. 1.123 e s. do CC.

§ 1.º Quando a penhora recair sobre a renda ou sobre determinados bens, o administrador-depositário apresentará a forma de administração e o esquema de pagamento, observando-se, quanto ao mais, o disposto em relação ao regime de penhora de frutos e rendimentos de coisa móvel e imóvel.

§ 2.º Recaindo a penhora sobre todo o patrimônio, prosseguirá a execução em seus ulteriores termos, ouvindo-se, antes da arrematação ou da adjudicação, o ente público que houver outorgado a concessão.

Art. 864. A penhora de navio ou de aeronave não obsta que continuem navegando ou operando até a alienação, mas o juiz, ao conceder a autorização para tanto, não permitirá que saiam do porto ou do aeroporto antes que o executado faça o seguro usual contra riscos.

Art. 865. A penhora de que trata esta Subseção somente será determinada se não houver outro meio eficaz para a efetivação do crédito.

Subseção IX

Da penhora de percentual de faturamento de empresa

Art. 866. Se o executado não tiver outros bens penhoráveis ou se, tendo-os, esses forem de difícil alienação ou insuficientes para saldar o crédito executado, o juiz poderá ordenar a penhora de percentual de faturamento de empresa.

§ 1.º O juiz fixará percentual que propicie a satisfação do crédito exequendo em tempo razoável, mas que não torne inviável o exercício da atividade empresarial.

§ 2.º O juiz nomeará administrador-depositário, o qual submeterá à aprovação judicial a forma de sua atuação e prestará contas mensalmente, entregando em juízo as quantias recebidas, com os respectivos balancetes mensais, a fim de serem imputadas no pagamento da dívida.

§ 3.º Na penhora de percentual de faturamento de empresa, observar-se-á, no que couber, o disposto quanto ao regime de penhora de frutos e rendimentos de coisa móvel e imóvel.

Subseção X

Da penhora de frutos e rendimentos de coisa móvel ou imóvel

Art. 867. O juiz pode ordenar a penhora de frutos e rendimentos de coisa móvel ou imóvel quando a considerar mais eficiente para o recebimento do crédito e menos gravosa ao executado.

- *Vide* art. 805 do CPC.
- *Vide* art. 1.390 do CC.

Art. 868. Ordenada a penhora de frutos e rendimentos, o juiz nomeará administrador-depositário, que será investido de todos os poderes que concernem à administração do bem e à fruição de seus frutos e utilidades, perdendo o executado o direito de gozo do bem, até que o exequente seja pago do principal, dos juros, das custas e dos honorários advocatícios.

- *Vide* Lei n. 6.899, de 8-4-1981 (correção monetária).

§ 1.º A medida terá eficácia em relação a terceiros a partir da publicação da decisão que a conceda ou de sua averbação no ofício imobiliário, em caso de imóveis.

- *Vide* art. 1.391 do CC.
- Registro de usufruto: *vide* art. 167, I, n. 7, da LRP.

§ 2.º O exequente providenciará a averbação no ofício imobiliário mediante a apresentação de certidão de inteiro teor do ato, independentemente de mandado judicial.

Art. 869. O juiz poderá nomear administrador-depositário o exequente ou o executado, ouvida a parte contrária, e, não havendo acordo, nomeará profissional qualificado para o desempenho da função.

- *Vide* art. 1.394 do CC.

§ 1.º O administrador submeterá à aprovação judicial a forma de administração e a de prestar contas periodicamente.

§ 2.º Havendo discordância entre as partes ou entre essas e o administrador, o juiz decidirá a melhor forma de administração do bem.

§ 3.º Se o imóvel estiver arrendado, o inquilino pagará o aluguel diretamente ao exequente, salvo se houver administrador.

§ 4.º O exequente ou o administrador poderá celebrar locação do móvel ou do imóvel, ouvido o executado.

§ 5.º As quantias recebidas pelo administrador serão entregues ao exequente, a fim de serem imputadas ao pagamento da dívida.

§ 6.º O exequente dará ao executado, por termo nos autos, quitação das quantias recebidas.

Subseção XI

Da avaliação

Art. 870. A avaliação será feita pelo oficial de justiça.

Parágrafo único. Se forem necessários conhecimentos especializados e o valor da execução o comportar, o juiz nomeará avaliador, fixando-lhe prazo não superior a 10 (dez) dias para entrega do laudo.

Art. 871. Não se procederá à avaliação quando:

- *Vide* art. 1.484 do CC.

I – uma das partes aceitar a estimativa feita pela outra;

II – se tratar de títulos ou de mercadorias que tenham cotação em bolsa, comprovada por certidão ou publicação no órgão oficial;

III – se tratar de títulos da dívida pública, de ações de sociedades e de títulos de crédito negociáveis em bolsa, cujo valor será o da cotação oficial do dia, comprovada por certidão ou publicação no órgão oficial;

IV – se tratar de veículos automotores ou de outros bens cujo preço médio de mercado possa ser conhecido por meio de pesquisas realizadas por órgãos oficiais ou de anúncios de venda divulgados em meios de comunicação, caso em que caberá a quem fizer a nomeação o encargo de comprovar a cotação de mercado.

Parágrafo único. Ocorrendo a hipótese do inciso I deste artigo, a avaliação poderá ser realizada quando houver fundada dúvida do juiz quanto ao real valor do bem.

Art. 872. A avaliação realizada pelo oficial de justiça constará de vistoria e de laudo anexados ao auto de penhora ou, em caso de perícia realizada por avaliador, de laudo apresentado no prazo fixado pelo juiz, devendo-se, em qualquer hipótese, especificar:

I – os bens, com as suas características, e o estado em que se encontram;

II – o valor dos bens.

- *Vide* arts. 631 e 873 do CPC.

§ 1.º Quando o imóvel for suscetível de cômoda divisão, a avaliação, tendo em conta o crédito reclamado, será realizada em partes, sugerindo-se, com a apresentação de memorial descritivo, os possíveis desmembramentos para alienação.

§ 2.º Realizada a avaliação e, sendo o caso, apresentada a proposta de desmembramento, as partes serão ouvidas no prazo de 5 (cinco) dias.

Art. 873. É admitida nova avaliação quando:

I – qualquer das partes arguir, fundamentadamente, a ocorrência de erro na avaliação ou dolo do avaliador;

II – se verificar, posteriormente à avaliação, que houve majoração ou diminuição no valor do bem;

III – o juiz tiver fundada dúvida sobre o valor atribuído ao bem na primeira avaliação.

Parágrafo único. Aplica-se o art. 480 à nova avaliação prevista no inciso III do *caput* deste artigo.

Art. 874. Após a avaliação, o juiz poderá, a requerimento do interessado e ouvida a parte contrária, mandar:

I – reduzir a penhora aos bens suficientes ou transferi-la para outros, se o valor dos bens penhorados for consideravelmente superior ao crédito do exequente e dos acessórios;

II – ampliar a penhora ou transferi-la para outros bens mais valiosos, se o valor dos bens penhorados for inferior ao crédito do exequente.

- *Vide* art. 15, II, da LEF.
- *Vide* Súmula 406 do STJ.

Art. 875. Realizadas a penhora e a avaliação, o juiz dará início aos atos de expropriação do bem.

Seção IV

Da Expropriação de Bens

Subseção I

Da adjudicação

Art. 876. É lícito ao exequente, oferecendo preço não inferior ao da avaliação, requerer que lhe sejam adjudicados os bens penhorados.

- *Vide* art. 1.436, V, do CC.

§ 1.º Requerida a adjudicação, o executado será intimado do pedido:

I – pelo Diário da Justiça, na pessoa de seu advogado constituído nos autos;

II – por carta com aviso de recebimento, quando representado pela Defensoria Pública ou quando não tiver procurador constituído nos autos;

III – por meio eletrônico, quando, sendo o caso do § 1.º do art. 246, não tiver procurador constituído nos autos.

§ 2.º Considera-se realizada a intimação quando o executado houver mudado de endereço sem prévia comunicação ao juízo, observado o disposto no art. 274, parágrafo único.

§ 3.º Se o executado, citado por edital, não tiver procurador constituído nos autos, é dispensável a intimação prevista no § 1.º.

§ 4.º Se o valor do crédito for:

I – inferior ao dos bens, o requerente da adjudicação depositará de imediato a diferença, que ficará à disposição do executado;

II – superior ao dos bens, a execução prosseguirá pelo saldo remanescente.

§ 5.º Idêntico direito pode ser exercido por aqueles indicados no art. 889, incisos II a VIII, pelos credores concorrentes que hajam penhorado o mesmo bem, pelo cônjuge, pelo companheiro, pelos descendentes ou pelos ascendentes do executado.

§ 6.º Se houver mais de um pretendente, proceder-se-á a licitação entre eles, tendo preferência, em caso de igualdade de oferta, o cônjuge, o companheiro, o descendente ou o ascendente, nessa ordem.

§ 7.º No caso de penhora de quota social ou de ação de sociedade anônima fechada realizada em favor de exequente alheio à sociedade, esta será intimada, ficando responsável por informar aos sócios a ocorrência da penhora, assegurando-se a estes a preferência.

Art. 877. Transcorrido o prazo de 5 (cinco) dias, contado da última intimação, e decididas eventuais questões, o juiz ordenará a lavratura do auto de adjudicação.

§ 1.º Considera-se perfeita e acabada a adjudicação com a lavratura e a assinatura do auto pelo juiz, pelo adjudicatário, pelo escrivão ou chefe de secretaria, e, se estiver presente, pelo executado, expedindo-se:

I – a carta de adjudicação e o mandado de imissão na posse, quando se tratar de bem imóvel;

II – a ordem de entrega ao adjudicatário, quando se tratar de bem móvel.

§ 2.º A carta de adjudicação conterá a descrição do imóvel, com remissão à sua matrícula e aos seus registros, a cópia do auto de adjudicação e a prova de quitação do imposto de transmissão.

§ 3.º No caso de penhora de bem hipotecado, o executado poderá remi-lo até a assinatura do auto de adjudicação, oferecendo preço igual ao da avaliação, se não tiver havido licitantes, ou ao do maior lance oferecido.

§ 4.º Na hipótese de falência ou de insolvência do devedor hipotecário, o direito de remição previsto no § 3.º será deferido à massa ou aos credores em concurso, não podendo o exequente recusar o preço da avaliação do imóvel.

Art. 878. Frustradas as tentativas de alienação do bem, será reaberta oportunidade para requerimento de adjudicação, caso em que também se poderá pleitear a realização de nova avaliação.

Subseção II
Da alienação

Art. 879. A alienação far-se-á:

I – por iniciativa particular;

II – em leilão judicial eletrônico ou presencial.

Art. 880. Não efetivada a adjudicação, o exequente poderá requerer a alienação por sua própria iniciativa ou por intermédio de corretor ou leiloeiro público credenciado perante o órgão judiciário.

•• A Resolução n. 160, de 8-11-2011, do CJF, regulamenta o procedimento de alienação por iniciativa particular.

§ 1.º O juiz fixará o prazo em que a alienação deve ser efetivada, a forma de publicidade, o preço mínimo, as condições de pagamento, as garantias e, se for o caso, a comissão de corretagem.

§ 2.º A alienação será formalizada por termo nos autos, com a assinatura do juiz, do exequente, do adquirente e, se estiver presente, do executado, expedindo-se:

I – a carta de alienação e o mandado de imissão na posse, quando se tratar de bem imóvel;

II – a ordem de entrega ao adquirente, quando se tratar de bem móvel.

§ 3.º Os tribunais poderão editar disposições complementares sobre o procedimento da alienação prevista neste artigo, admitindo, quando for o caso, o concurso de meios eletrônicos, e dispor sobre o credenciamento dos corretores e leiloeiros públicos, os quais deverão estar em exercício profissional por não menos que 3 (três) anos.

§ 4.º Nas localidades em que não houver corretor ou leiloeiro público credenciado nos termos do § 3.º, a indicação será de livre escolha do exequente.

Art. 881. A alienação far-se-á em leilão judicial se não efetivada a adjudicação ou a alienação por iniciativa particular.

§ 1.º O leilão do bem penhorado será realizado por leiloeiro público.

• Leiloeiro: Decreto n. 21.981, de 19-10-1932.

§ 2.º Ressalvados os casos de alienação a cargo de corretores de bolsa de valores, todos os demais bens serão alienados em leilão público.

Art. 882. Não sendo possível a sua realização por meio eletrônico, o leilão será presencial.

§ 1.º A alienação judicial por meio eletrônico será realizada, observando-se as garantias processuais das partes, de acordo com regulamentação específica do Conselho Nacional de Justiça.

•• A Resolução n. 236, de 13-7-2016, do CNJ, regulamenta, no âmbito do Poder Judiciário, procedimentos relativos à alienação judicial por meio eletrônico, conforme este parágrafo.

§ 2.º A alienação judicial por meio eletrônico deverá atender aos requisitos de ampla publicidade, autenticidade e segurança, com observância das regras estabelecidas na legislação sobre certificação digital.

§ 3.º O leilão presencial será realizado no local designado pelo juiz.

Art. 883. Caberá ao juiz a designação do leiloeiro público, que poderá ser indicado pelo exequente.

Art. 884. Incumbe ao leiloeiro público:

I – publicar o edital, anunciando a alienação;

II – realizar o leilão onde se encontrem os bens ou no lugar designado pelo juiz;

III – expor aos pretendentes os bens ou as amostras das mercadorias;

IV – receber e depositar, dentro de 1 (um) dia, à ordem do juiz, o produto da alienação;

V – prestar contas nos 2 (dois) dias subsequentes ao depósito.

Parágrafo único. O leiloeiro tem o direito de receber do arrematante a comissão estabelecida em lei ou arbitrada pelo juiz.

Art. 885. O juiz da execução estabelecerá o preço mínimo, as condições de pagamento e as garantias que poderão ser prestadas pelo arrematante.

Art. 886. O leilão será precedido de publicação de edital, que conterá:

• *Vide* art. 22 da LEF.

I – a descrição do bem penhorado, com suas características, e, tratando-se de imóvel, sua situação e suas divisas, com remissão à matrícula e aos registros;

II – o valor pelo qual o bem foi avaliado, o preço mínimo pelo qual poderá ser alienado, as condições de pagamento e, se for o caso, a comissão do leiloeiro designado;

III – o lugar onde estiverem os móveis, os veículos e os semoventes e, tratando-se de créditos ou direitos, a identificação dos autos do processo em que foram penhorados;

IV – o sítio, na rede mundial de computadores, e o período em que se realizará o leilão, salvo se este se der de modo presencial, hipótese em que serão indicados o local, o dia e a hora de sua realização;

V – a indicação de local, dia e hora de segundo leilão presencial, para a hipótese de não haver interessado no primeiro;

VI – menção da existência de ônus, recurso ou processo pendente sobre os bens a serem leiloados.

Parágrafo único. No caso de títulos da dívida pública e de títulos negociados em bolsa, constará do edital o valor da última cotação.

Art. 887. O leiloeiro público designado adotará providências para a ampla divulgação da alienação.

§ 1.º A publicação do edital deverá ocorrer pelo menos 5 (cinco) dias antes da data marcada para o leilão.

§ 2.º O edital será publicado na rede mundial de computadores, em sítio designado pelo juízo da execução, e conterá descrição detalhada e, sempre que possível, ilustrada dos bens, informando expressamente se o leilão se realizará de forma eletrônica ou presencial.

§ 3.º Não sendo possível a publicação na rede mundial de computadores ou considerando o juiz, em atenção às condições da sede do juízo, que esse modo de divulgação é insuficiente ou inadequado, o edital será afixado em local de costume e publicado, em resumo, pelo menos uma vez em jornal de ampla circulação local.

§ 4.º Atendendo ao valor dos bens e às condições da sede do juízo, o juiz poderá alterar a forma e a frequência da publicidade na imprensa, mandar publicar o edital em local de ampla circulação de pessoas e divulgar avisos em emissora de rádio ou televisão local, bem como em sítios distintos do indicado no § 2.º.

§ 5.º Os editais de leilão de imóveis e de veículos automotores serão publicados pela imprensa ou por outros meios de divulgação, preferencialmente na seção ou no local reservados à publicidade dos respectivos negócios.

§ 6.º O juiz poderá determinar a reunião de publicações em listas referentes a mais de uma execução.

Art. 888. Não se realizando o leilão por qualquer motivo, o juiz mandará publicar a transferência, observando-se o disposto no art. 887.

Parágrafo único. O escrivão, o chefe de secretaria ou o leiloeiro que culposamente der causa à transferência responde pelas despesas da nova publicação, podendo o juiz aplicar-lhe a pena de suspensão por 5 (cinco) dias a 3 (três) meses, em procedimento administrativo regular.

Art. 889. Serão cientificados da alienação judicial, com pelo menos 5 (cinco) dias de antecedência:

I – o executado, por meio de seu advogado ou, se não tiver procurador constituído nos autos, por carta registrada, mandado, edital ou outro meio idôneo;

- *Vide* art. 804 do CPC.
- *Vide* art. 1.501 do CC.
- *Vide* Súmula 121 do STJ.

II – o coproprietário de bem indivisível do qual tenha sido penhorada fração ideal;

III – o titular de usufruto, uso, habitação, enfiteuse, direito de superfície, concessão de uso especial para fins de moradia ou concessão de direito real de uso, quando a penhora recair sobre bem gravado com tais direitos reais;

•• *Vide* arts. 1.510-A a 1.510-E do CC.

IV – o proprietário do terreno submetido ao regime de direito de superfície, enfiteuse, concessão de uso especial para fins de moradia ou concessão de direito real de uso, quando a penhora recair sobre tais direitos reais;

V – o credor pignoratício, hipotecário, anticrético, fiduciário ou com penhora anteriormente averbada, quando a penhora recair sobre bens com tais gravames, caso não seja o credor, de qualquer modo, parte na execução;

- *Vide* art. 1.501 do CC.

VI – o promitente comprador, quando a penhora recair sobre bem em relação ao qual haja promessa de compra e venda registrada;

- *Vide* arts. 1.417 e 1.418 do CC.

VII – o promitente vendedor, quando a penhora recair sobre direito aquisitivo derivado de promessa de compra e venda registrada;

- *Vide* arts. 1.417 e 1.418 do CC.

VIII – a União, o Estado e o Município, no caso de alienação de bem tombado.

Parágrafo único. Se o executado for revel e não tiver advogado constituído, não constando dos autos seu endereço atual ou, ainda, não sendo ele encontrado no endereço constante do processo, a intimação considerar-se-á feita por meio do próprio edital de leilão.

Art. 890. Pode oferecer lance quem estiver na livre administração de seus bens, com exceção:

I – dos tutores, dos curadores, dos testamenteiros, dos administradores ou dos liquidantes, quanto aos bens confiados à sua guarda e à sua responsabilidade;

- *Vide* arts. 1.753 e 1.781 do CC.

II – dos mandatários, quanto aos bens de cuja administração ou alienação estejam encarregados;

- *Vide* arts. 653 e s. do CC.

III – do juiz, do membro do Ministério Público e da Defensoria Pública, do escrivão, do chefe de secretaria e dos demais servidores e auxiliares da justiça, em relação aos bens e direitos objeto de alienação na localidade onde servirem ou a que se estender a sua autoridade;

IV – dos servidores públicos em geral, quanto aos bens ou aos direitos da pessoa jurídica a que servirem ou que estejam sob sua administração direta ou indireta;

V – dos leiloeiros e seus prepostos, quanto aos bens de cuja venda estejam encarregados;

VI – dos advogados de qualquer das partes.

Art. 891. Não será aceito lance que ofereça preço vil.

- *Vide* Súmula 128 do STJ.

Parágrafo único. Considera-se vil o preço inferior ao mínimo estipulado pelo juiz e constante do edital, e, não tendo sido fixado preço mínimo, considera-se vil o preço inferior a cinquenta por cento do valor da avaliação.

Art. 892. Salvo pronunciamento judicial em sentido diverso, o pagamento deverá ser realizado de imediato pelo arrematante, por depósito judicial ou por meio eletrônico.

§ 1.º Se o exequente arrematar os bens e for o único credor, não estará obrigado a exibir o preço, mas, se o valor dos bens exceder ao seu crédito, depositará, dentro de 3 (três) dias, a diferença, sob pena de tornar-se sem efeito a arrematação, e, nesse caso, realizar-se-á novo leilão, à custa do exequente.

§ 2.º Se houver mais de um pretendente, proceder-se-á entre eles à licitação, e, no caso de igualdade de oferta, terá preferência o cônjuge, o companheiro, o descendente ou o ascendente do executado, nessa ordem.

§ 3.º No caso de leilão de bem tombado, a União, os Estados e os Municípios terão, nessa ordem, o direito de preferência na arrematação, em igualdade de oferta.

Art. 893. Se o leilão for de diversos bens e houver mais de um lançador, terá preferência aquele que se propuser a arrematá-los todos, em conjunto, oferecendo, para os bens que não tiverem lance, preço igual ao da avaliação e, para os demais, preço igual ao do maior lance que, na tentativa de arrematação individualizada, tenha sido oferecido para eles.

- *Vide* art. 23, § 1.º, da LEF.

Art. 894. Quando o imóvel admitir cômoda divisão, o juiz, a requerimento do executado, ordenará a alienação judicial de parte dele, desde que suficiente para o pagamento do exequente e para a satisfação das despesas da execução.

- *Vide* art. 87 do CC.

§ 1.º Não havendo lançador, far-se-á a alienação do imóvel em sua integridade.

§ 2.º A alienação por partes deverá ser requerida a tempo de permitir a avaliação das glebas destacadas e sua inclusão no edital, e, nesse caso, caberá ao executado instruir o requerimento com planta e memorial descritivo subscritos por profissional habilitado.

Art. 895. O interessado em adquirir o bem penhorado em prestações poderá apresentar, por escrito:

I – até o início do primeiro leilão, proposta de aquisição do bem por valor não inferior ao da avaliação;

II – até o início do segundo leilão, proposta de aquisição do bem por valor que não seja considerado vil.

§ 1.º A proposta conterá, em qualquer hipótese, oferta de pagamento de pelo menos vinte e cinco por cento do valor do lance à vista e o restante parcelado em até 30 (trinta) meses, garantido por caução idônea, quando se tratar de móveis, e por hipoteca do próprio bem, quando se tratar de imóveis.

§ 2.º As propostas para aquisição em prestações indicarão o prazo, a modalidade, o indexador de correção monetária e as condições de pagamento do saldo.

§ 3.º (*Vetado.*)

§ 4.º No caso de atraso no pagamento de qualquer das prestações, incidirá multa de dez por cento sobre a soma da parcela inadimplida com as parcelas vincendas.

§ 5.º O inadimplemento autoriza o exequente a pedir a resolução da arrematação ou promover, em face do arrematante, a execução do valor devido, devendo ambos os pedidos ser formulados nos autos da execução em que se deu a arrematação.

§ 6.º A apresentação da proposta prevista neste artigo não suspende o leilão.

§ 7.º A proposta de pagamento do lance à vista sempre prevalecerá sobre as propostas de pagamento parcelado.

§ 8.º Havendo mais de uma proposta de pagamento parcelado:

I – em diferentes condições, o juiz decidirá pela mais vantajosa, assim compreendida, sempre, a de maior valor;

II – em iguais condições, o juiz decidirá pela formulada em primeiro lugar.

§ 9.º No caso de arrematação a prazo, os pagamentos feitos pelo arrematante pertencerão ao exequente até o limite de seu crédito, e os subsequentes, ao executado.

Art. 896. Quando o imóvel de incapaz não alcançar em leilão pelo menos oitenta por cento do valor da avaliação, o juiz o confiará à guarda e à administração de depositário idôneo, adiando a alienação por prazo não superior a 1 (um) ano.

§ 1.º Se, durante o adiamento, algum pretendente assegurar, mediante caução idônea, o preço da avaliação, o juiz ordenará a alienação em leilão.

§ 2.º Se o pretendente à arrematação se arrepender, o juiz impor-lhe-á multa de vinte por cento sobre o valor da avaliação, em benefício do incapaz, valendo a decisão como título executivo.

§ 3.º Sem prejuízo do disposto nos §§ 1.º e 2.º, o juiz poderá autorizar a locação do imóvel no prazo do adiamento.

§ 4.º Findo o prazo do adiamento, o imóvel será submetido a novo leilão.

Art. 897. Se o arrematante ou seu fiador não pagar o preço no prazo estabelecido, o juiz impor-lhe-á, em favor do exequente, a perda da caução, voltando os bens a novo leilão, do qual não serão admitidos a participar o arrematante e o fiador remissos.

Art. 898. O fiador do arrematante que pagar o valor do lance e a multa poderá requerer que a arrematação lhe seja transferida.

Art. 899. Será suspensa a arrematação logo que o produto da alienação dos bens for suficiente para o pagamento do credor e para a satisfação das despesas da execução.

- *Vide* Súmula 128 do STJ.

Art. 900. O leilão prosseguirá no dia útil imediato, à mesma hora em que teve início, independentemente de novo edital, se for ultrapassado o horário de expediente forense.

- *Vide* arts. 212 a 216 do CPC.

Art. 901. A arrematação constará de auto que será lavrado de imediato e poderá abranger bens penhorados em mais de uma execução, nele mencionadas as condições nas quais foi alienado o bem.

§ 1.º A ordem de entrega do bem móvel ou a carta de arrematação do bem imóvel, com o respectivo mandado de imissão na posse, será expedida depois de efetuado o depósito ou prestadas as garantias pelo arrematante, bem como realizado o pagamento da comissão do leiloeiro e das demais despesas da execução.

- *Vide* art. 826 do CPC.

§ 2.º A carta de arrematação conterá a descrição do imóvel, com remissão à sua matrícula ou individuação e aos seus registros, a cópia do auto de arrematação e a prova de pagamento do imposto de transmissão, além da indicação da existência de eventual ônus real ou gravame.

Art. 902. No caso de leilão de bem hipotecado, o executado poderá remi-lo até a assinatura do auto de arrematação, oferecendo preço igual ao do maior lance oferecido.

Parágrafo único. No caso de falência ou insolvência do devedor hipotecário, o direito de remição previsto no *caput* defere-se à massa ou aos credores em concurso, não podendo o exequente recusar o preço da avaliação do imóvel.

Art. 903. Qualquer que seja a modalidade de leilão, assinado o auto pelo juiz, pelo arrematante e pelo leiloeiro, a arrematação será considerada perfeita, acabada e irretratável, ainda que venham a ser julgados procedentes os embargos do executado ou a ação autônoma de que trata o § 4.º deste artigo, assegurada a possibilidade de reparação pelos prejuízos sofridos.

§ 1.º Ressalvadas outras situações previstas neste Código, a arrematação poderá, no entanto, ser:

I – invalidada, quando realizada por preço vil ou com outro vício;

II – considerada ineficaz, se não observado o disposto no art. 804;

III – resolvida, se não for pago o preço ou se não for prestada a caução.

§ 2.º O juiz decidirá acerca das situações referidas no § 1.º, se for provocado em até 10 (dez) dias após o aperfeiçoamento da arrematação.

§ 3.º Passado o prazo previsto no § 2.º sem que tenha havido alegação de qualquer das situações previstas no § 1.º, será expedida a carta de arrematação e, conforme o caso, a ordem de entrega ou mandado de imissão na posse.

§ 4.º Após a expedição da carta de arrematação ou da ordem de entrega, a invalidação da arrematação poderá ser pleiteada por ação autônoma, em cujo processo o arrematante figurará como litisconsorte necessário.

§ 5.º O arrematante poderá desistir da arrematação, sendo-lhe imediatamente devolvido o depósito que tiver feito:

I – se provar, nos 10 (dez) dias seguintes, a existência de ônus real ou gravame não mencionado no edital;

II – se, antes de expedida a carta de arrematação ou a ordem de entrega, o executado alegar alguma das situações previstas no § 1.º;

III – uma vez citado para responder a ação autônoma de que trata o § 4.º deste artigo, desde que apresente a desistência no prazo de que dispõe para responder a essa ação.

§ 6.º Considera-se ato atentatório à dignidade da justiça a suscitação infundada de vício com o objetivo de ensejar a desistência do arrematante, devendo o suscitante ser condenado, sem prejuízo da responsabilidade por perdas e danos, ao pagamento de multa, a ser fixada pelo juiz e devida ao exequente, em montante não superior a vinte por cento do valor atualizado do bem.

Seção V
Da Satisfação do Crédito

Art. 904. A satisfação do crédito exequendo far-se-á:

I – pela entrega do dinheiro;

II – pela adjudicação dos bens penhorados.

Art. 905. O juiz autorizará que o exequente levante, até a satisfação integral de seu crédito, o dinheiro depositado para segurar o juízo ou o produto dos bens alienados, bem como do faturamento de empresa ou de outros frutos e rendimentos de coisas ou empresas penhoradas, quando:

- *Vide* art. 858 do CPC.

I – a execução for movida só a benefício do exequente singular, a quem, por força da penhora, cabe o direito de preferência sobre os bens penhorados e alienados;

II – não houver sobre os bens alienados outros privilégios ou preferências instituídos anteriormente à penhora.

Parágrafo único. Durante o plantão judiciário, veda-se a concessão de pedidos de levantamento de importância em dinheiro ou valores ou de liberação de bens apreendidos.

Art. 906. Ao receber o mandado de levantamento, o exequente dará ao executado, por termo nos autos, quitação da quantia paga.

Parágrafo único. A expedição de mandado de levantamento poderá ser substituída pela transferência eletrônica do valor depositado em conta vinculada ao juízo para outra indicada pelo exequente.

Art. 907. Pago ao exequente o principal, os juros, as custas e os honorários, a importância que sobrar será restituída ao executado.

- *Vide* art. 1.º da Lei n. 6.899, de 8-4-1981 (correção monetária).
- *Vide* arts. 389, 395 e 404 do CC.

• Honorários advocatícios: *vide* arts. 22 a 26 do EAOAB.
• *Vide* Súmulas 14, 36 e 67 do STJ.

Art. 908. Havendo pluralidade de credores ou exequentes, o dinheiro lhes será distribuído e entregue consoante a ordem das respectivas preferências.

• *Vide* art. 797, parágrafo único, do CPC.
• *Vide* art. 99 do CDC.
• *Vide* art. 24 do EAOAB.

§ 1.º No caso de adjudicação ou alienação, os créditos que recaem sobre o bem, inclusive os de natureza *propter rem*, sub-rogam-se sobre o respectivo preço, observada a ordem de preferência.

§ 2.º Não havendo título legal à preferência, o dinheiro será distribuído entre os concorrentes, observando-se a anterioridade de cada penhora.

Art. 909. Os exequentes formularão as suas pretensões, que versarão unicamente sobre o direito de preferência e a anterioridade da penhora, e, apresentadas as razões, o juiz decidirá.

Capítulo V
DA EXECUÇÃO CONTRA A FAZENDA PÚBLICA

Art. 910. Na execução fundada em título extrajudicial, a Fazenda Pública será citada para opor embargos em 30 (trinta) dias.

• *Vide* art. 100 da CF.
• *Vide* Súmulas 279 e 339 do STJ.
• A Resolução n. 303, de 18-12-2019, do CNJ, dispõe sobre a gestão dos precatórios e respectivos procedimentos operacionais no âmbito do Poder Judiciário.

§ 1.º Não opostos embargos ou transitada em julgado a decisão que os rejeitar, expedir-se-á precatório ou requisição de pequeno valor em favor do exequente, observando-se o disposto no art. 100 da Constituição Federal.

§ 2.º Nos embargos, a Fazenda Pública poderá alegar qualquer matéria que lhe seria lícito deduzir como defesa no processo de conhecimento.

§ 3.º Aplica-se a este Capítulo, no que couber, o disposto nos arts. 534 e 535.

Capítulo VI
DA EXECUÇÃO DE ALIMENTOS

•• *Vide* Lei n. 5.478, de 27-7-1968, que regula a ação de alimentos.
•• *Vide* art. 5.º, LXVII, da CF (prisão civil por dívida de alimentos).
•• *Vide* arts. 1.694 a 1.710 e 1.920 do CC.
• *Vide* Súmula 309 do STJ.

Art. 911. Na execução fundada em título executivo extrajudicial que contenha obrigação alimentar, o juiz mandará citar o executado para, em 3 (três) dias, efetuar o pagamento das parcelas anteriores ao início da execução e das que se vencerem no seu curso, provar que o fez ou justificar a impossibilidade de fazê-lo.

• *Vide* art. 523, §§ 1.º e 3.º, do CPC.
• O art. 244 do CP dispõe sobre o crime de abandono material.

Parágrafo único. Aplicam-se, no que couber, os §§ 2.º a 7.º do art. 528.

Art. 912. Quando o executado for funcionário público, militar, diretor ou gerente de empresa, bem como empregado sujeito à legislação do trabalho, o exequente poderá requerer o desconto em folha de pagamento de pessoal da importância da prestação alimentícia.

• *Vide* art. 833, IV, do CPC.
• *Vide* art. 1.701 do CC.

§ 1.º Ao despachar a inicial, o juiz oficiará à autoridade, à empresa ou ao empregador, determinando, sob pena de crime de desobediência, o desconto a partir da primeira remuneração posterior do executado, a contar do protocolo do ofício.

§ 2.º O ofício conterá os nomes e o número de inscrição no Cadastro de Pessoas Físicas do exequente e do executado, a importância a ser descontada mensalmente, a conta na qual deve ser feito o depósito e, se for o caso, o tempo de sua duração.

Art. 913. Não requerida a execução nos termos deste Capítulo, observar-se-á o disposto nos arts. 824 e seguintes, com a ressalva de que, recaindo a penhora em dinheiro, a concessão de efeito suspensivo aos embargos à execução não obsta a que o exequente levante mensalmente a importância da prestação.

Título III
DOS EMBARGOS À EXECUÇÃO

Art. 914. O executado, independentemente de penhora, depósito ou caução, poderá se opor à execução por meio de embargos.

• *Vide* arts. 535 e 917 do CPC.

§ 1.º Os embargos à execução serão distribuídos por dependência, autuados em apartado e instruídos com cópias das peças processuais relevantes, que poderão ser declaradas autênticas pelo próprio advogado, sob sua responsabilidade pessoal.

§ 2.º Na execução por carta, os embargos serão oferecidos no juízo deprecante ou no juízo deprecado, mas a competência para julgá-los é do juízo deprecante, salvo se versarem unicamente sobre vícios ou defeitos da penhora, da avaliação ou da alienação dos bens efetuadas no juízo deprecado.

Art. 915. Os embargos serão oferecidos no prazo de 15 (quinze) dias, contado, conforme o caso, na forma do art. 231.

• *Vide* art. 16 da LEF.
• *Vide* Súmula 394 do STJ.

§ 1.º Quando houver mais de um executado, o prazo para cada um deles embargar conta-se a partir da juntada do respectivo comprovante da citação, salvo no caso de cônjuges ou de companheiros, quando será contado a partir da juntada do último.

§ 2.º Nas execuções por carta, o prazo para embargos será contado:

I – da juntada, na carta, da certificação da citação, quando versarem unicamente sobre vícios ou defeitos da penhora, da avaliação ou da alienação dos bens;

II – da juntada, nos autos de origem, do comunicado de que trata o § 4.º deste artigo ou, não havendo este, da juntada da carta devidamente cumprida, quando versarem sobre questões diversas da prevista no inciso I deste parágrafo.

§ 3.º Em relação ao prazo para oferecimento dos embargos à execução, não se aplica o disposto no art. 229.

§ 4.º Nos atos de comunicação por carta precatória, rogatória ou de ordem, a realização da citação será imediatamente informada, por meio eletrônico, pelo juiz deprecado ao juiz deprecante.

Art. 916. No prazo para embargos, reconhecendo o crédito do exequente e comprovando o depósito de trinta por cento do valor em execução, acrescido de custas e de honorários de advogado, o executado poderá requerer que lhe seja permitido pagar o restante em até 6 (seis) parcelas mensais, acrescidas de correção monetária e de juros de um por cento ao mês.

§ 1.º O exequente será intimado para manifestar-se sobre o preenchimento dos pressupostos do *caput*, e o juiz decidirá o requerimento em 5 (cinco) dias.

§ 2.º Enquanto não apreciado o requerimento, o executado terá de depositar as parcelas vincendas, facultado ao exequente seu levantamento.

§ 3.º Deferida a proposta, o exequente levantará a quantia depositada, e serão suspensos os atos executivos.

§ 4.º Indeferida a proposta, seguir-se-ão os atos executivos, mantido o depósito, que será convertido em penhora.

§ 5.º O não pagamento de qualquer das prestações acarretará cumulativamente:

I – o vencimento das prestações subsequentes e o prosseguimento do processo, com o imediato reinício dos atos executivos;

II – a imposição ao executado de multa de dez por cento sobre o valor das prestações não pagas.

§ 6.º A opção pelo parcelamento de que trata este artigo importa renúncia ao direito de opor embargos.

§ 7.º O disposto neste artigo não se aplica ao cumprimento da sentença.

Art. 917. Nos embargos à execução, o executado poderá alegar:

I – inexequibilidade do título ou inexigibilidade da obrigação;

II – penhora incorreta ou avaliação errônea;

III – excesso de execução ou cumulação indevida de execuções;

• *Vide* art. 917, §§ 3.º e 4.º, do CPC.

IV – retenção por benfeitorias necessárias ou úteis, nos casos de execução para entrega de coisa certa;

V – incompetência absoluta ou relativa do juízo da execução;

VI – qualquer matéria que lhe seria lícito deduzir como defesa em processo de conhecimento.

§ 1.º A incorreção da penhora ou da avaliação poderá ser impugnada por simples petição, no prazo de 15 (quinze) dias, contado da ciência do ato.

§ 2.º Há excesso de execução quando:

I – o exequente pleiteia quantia superior à do título;

II – ela recai sobre coisa diversa daquela declarada no título;

III – ela se processa de modo diferente do que foi determinado no título;

IV – o exequente, sem cumprir a prestação que lhe corresponde, exige o adimplemento da prestação do executado;

V – o exequente não prova que a condição se realizou.

§ 3.º Quando alegar que o exequente, em excesso de execução, pleiteia quantia superior à do título, o embargante declarará na petição inicial o valor que entende correto, apresentando demonstrativo discriminado e atualizado de seu cálculo.

§ 4.º Não apontado o valor correto ou não apresentado o demonstrativo, os embargos à execução:

I – serão liminarmente rejeitados, sem resolução de mérito, se o excesso de execução for o seu único fundamento;

II – serão processados, se houver outro fundamento, mas o juiz não examinará a alegação de excesso de execução.

§ 5.º Nos embargos de retenção por benfeitorias, o exequente poderá requerer a compensação de seu valor com o dos frutos ou dos danos considerados devidos pelo executado, cumprindo ao juiz, para a apuração dos respectivos valores, nomear perito, observando-se, então, o art. 464.

- *Vide* arts. 964 e 1.219 do CC.
- Acerca das benfeitorias feitas na vigência de contrato de locação, *vide* art. 35 da Lei n. 8.245, de 18-10-1991.
- *Vide* Súmula 158 do STF.

§ 6.º O exequente poderá a qualquer tempo ser imitido na posse da coisa, prestando caução ou depositando o valor devido pelas benfeitorias ou resultante da compensação.

§ 7.º A arguição de impedimento e suspeição observará o disposto nos arts. 146 e 148.

Art. 918. O juiz rejeitará liminarmente os embargos:

- *Vide* art. 1.012, § 1.º, III, do CPC.

I – quando intempestivos;

II – nos casos de indeferimento da petição inicial e de improcedência liminar do pedido;

III – manifestamente protelatórios.

Parágrafo único. Considera-se conduta atentatória à dignidade da justiça o oferecimento de embargos manifestamente protelatórios.

Art. 919. Os embargos à execução não terão efeito suspensivo.

§ 1.º O juiz poderá, a requerimento do embargante, atribuir efeito suspensivo aos embargos quando verificados os requisitos para a concessão da tutela provisória e desde que a execução já esteja garantida por penhora, depósito ou caução suficientes.

§ 2.º Cessando as circunstâncias que a motivaram, a decisão relativa aos efeitos dos embargos poderá, a requerimento da parte, ser modificada ou revogada a qualquer tempo, em decisão fundamentada.

§ 3.º Quando o efeito suspensivo atribuído aos embargos disser respeito apenas a parte do objeto da execução, esta prosseguirá quanto à parte restante.

§ 4.º A concessão de efeito suspensivo aos embargos oferecidos por um dos executados não suspenderá a execução contra os que não embargaram quando o respectivo fundamento disser respeito exclusivamente ao embargante.

§ 5.º A concessão de efeito suspensivo não impedirá a efetivação dos atos de substituição, de reforço ou de redução da penhora e de avaliação dos bens.

Art. 920. Recebidos os embargos:

- *Vide* art. 17 da LEF.

I – o exequente será ouvido no prazo de 15 (quinze) dias;

II – a seguir, o juiz julgará imediatamente o pedido ou designará audiência;

III – encerrada a instrução, o juiz proferirá sentença.

Título IV
DA SUSPENSÃO E DA EXTINÇÃO DO PROCESSO DE EXECUÇÃO

Capítulo I
DA SUSPENSÃO DO PROCESSO DE EXECUÇÃO

Art. 921. Suspende-se a execução:

I – nas hipóteses dos arts. 313 e 315, no que couber;

II – no todo ou em parte, quando recebidos com efeito suspensivo os embargos à execução;

III – quando não for localizado o executado ou bens penhoráveis;

•• Inciso III com redação determinada pela Lei n. 14.195, de 26-8-2021.

- *Vide* art. 40 da LEF.
- *Vide* Súmula 314 do STJ.

IV – se a alienação dos bens penhorados não se realizar por falta de licitantes e o exequente, em 15 (quinze) dias, não requerer a adjudicação nem indicar outros bens penhoráveis;

V – quando concedido o parcelamento de que trata o art. 916.

§ 1.º Na hipótese do inciso III, o juiz suspenderá a execução pelo prazo de 1 (um) ano, durante o qual se suspenderá a prescrição.

§ 2.º Decorrido o prazo máximo de 1 (um) ano sem que seja localizado o executado ou que sejam encontrados bens penhoráveis, o juiz ordenará o arquivamento dos autos.

§ 3.º Os autos serão desarquivados para prosseguimento da execução se a qualquer tempo forem encontrados bens penhoráveis.

§ 4.º O termo inicial da prescrição no curso do processo será a ciência da primeira tentativa infrutífera de localização do devedor ou de bens penhoráveis, e será suspensa, por uma única vez, pelo prazo máximo previsto no § 1.º deste artigo.

•• § 4.º com redação determinada pela Lei n. 14.195, de 26-8-2021.

§ 4.º-A. A efetiva citação, intimação do devedor ou constrição de bens penhoráveis interrompe o prazo de prescrição, que não corre pelo tempo necessário à citação e à intimação do devedor, bem como para as formalidades da constrição patrimonial, se necessária, desde que o credor cumpra os prazos previstos na lei processual ou fixados pelo juiz.

•• § 4.º-A acrescentado pela Lei n. 14.195, de 26-8-2021.

§ 5.º O juiz, depois de ouvidas as partes, no prazo de 15 (quinze) dias, poderá, de ofício, reconhecer a prescrição no curso do processo e extingui-lo, sem ônus para as partes.

•• § 5.º com redação determinada pela Lei n. 14.195, de 26-8-2021.

§ 6.º A alegação de nulidade quanto ao procedimento previsto neste artigo somente será conhecida caso demonstrada a ocorrência de efetivo prejuízo, que será presumido apenas em caso de inexistência da intimação de que trata o § 4.º deste artigo.

•• § 6.º acrescentado pela Lei n. 14.195, de 26-8-2021.

§ 7.º Aplica-se o disposto neste artigo ao cumprimento de sentença de que trata o art. 523 deste Código.

•• § 7.º acrescentado pela Lei n. 14.195, de 26-8-2021.

Art. 922. Convindo as partes, o juiz declarará suspensa a execução durante o prazo concedido pelo exequente para que o executado cumpra voluntariamente a obrigação.

Parágrafo único. Findo o prazo sem cumprimento da obrigação, o processo retomará o seu curso.

Art. 923. Suspensa a execução, não serão praticados atos processuais, podendo o juiz, entretanto, salvo no caso de arguição de impedimento ou de suspeição, ordenar providências urgentes.

- *Vide* arts. 221 e 314 do CPC.

Capítulo II
DA EXTINÇÃO DO PROCESSO DE EXECUÇÃO

Art. 924. Extingue-se a execução quando:

I – a petição inicial for indeferida;

II – a obrigação for satisfeita;

• *Vide* art. 807 do CPC.

III – o executado obtiver, por qualquer outro meio, a extinção total da dívida;

• *Vide* arts. 385 a 388 e 840 a 850 do CC.

• Transação em matéria tributária: art. 171 do CTN.

IV – o exequente renunciar ao crédito;

• A Lei n. 9.469, de 10-7-1997, dispõe sobre a transação nas causas de interesse da União, suas autarquias, fundações e empresas públicas federais.

V – ocorrer a prescrição intercorrente.

•• *Vide* art. 1.056 do CPC.

Art. 925. A extinção só produz efeito quando declarada por sentença.

Livro III
DOS PROCESSOS NOS TRIBUNAIS E DOS MEIOS DE IMPUGNAÇÃO DAS DECISÕES JUDICIAIS

Título I
DA ORDEM DOS PROCESSOS E DOS PROCESSOS DE COMPETÊNCIA ORIGINÁRIA DOS TRIBUNAIS

Capítulo I
DISPOSIÇÕES GERAIS

Art. 926. Os tribunais devem uniformizar sua jurisprudência e mantê-la estável, íntegra e coerente.

§ 1.º Na forma estabelecida e segundo os pressupostos fixados no regimento interno, os tribunais editarão enunciados de súmula correspondentes a sua jurisprudência dominante.

§ 2.º Ao editar enunciados de súmula, os tribunais devem ater-se às circunstâncias fáticas dos precedentes que motivaram sua criação.

Art. 927. Os juízes e os tribunais observarão:

I – as decisões do Supremo Tribunal Federal em controle concentrado de constitucionalidade;

• *Vide* arts. 102, I, *a*, e 103 da CF.

II – os enunciados de súmula vinculante;

•• *Vide* art. 103-A da CF.

III – os acórdãos em incidente de assunção de competência ou de resolução de demandas repetitivas e em julgamento de recursos extraordinário e especial repetitivos;

• *Vide* arts. 1.036 a 1.041 do CPC.

IV – os enunciados das súmulas do Supremo Tribunal Federal em matéria constitucional e do Superior Tribunal de Justiça em matéria infraconstitucional;

V – a orientação do plenário ou do órgão especial aos quais estiverem vinculados.

§ 1.º Os juízes e os tribunais observarão o disposto no art. 10 e no art. 489, § 1.º, quando decidirem com fundamento neste artigo.

§ 2.º A alteração de tese jurídica adotada em enunciado de súmula ou em julgamento de casos repetitivos poderá ser precedida de audiências públicas e da participação de pessoas, órgãos ou entidades que possam contribuir para a rediscussão da tese.

§ 3.º Na hipótese de alteração de jurisprudência dominante do Supremo Tribunal Federal e dos tribunais superiores ou daquela oriunda de julgamento de casos repetitivos, pode haver modulação dos efeitos da alteração no interesse social e no da segurança jurídica.

§ 4.º A modificação de enunciado de súmula, de jurisprudência pacificada ou de tese adotada em julgamento de casos repetitivos observará a necessidade de fundamentação adequada e específica, considerando os princípios da segurança jurídica, da proteção da confiança e da isonomia.

§ 5.º Os tribunais darão publicidade a seus precedentes, organizando-os por questão jurídica decidida e divulgando-os, preferencialmente, na rede mundial de computadores.

Art. 928. Para os fins deste Código, considera-se julgamento de casos repetitivos a decisão proferida em:

I – incidente de resolução de demandas repetitivas;

• *Vide* arts. 976 a 987 do CPC.

II – recursos especial e extraordinário repetitivos.

• *Vide* arts. 1.036 a 1.041 do CPC.

Parágrafo único. O julgamento de casos repetitivos tem por objeto questão de direito material ou processual.

Capítulo II
DA ORDEM DOS PROCESSOS NO TRIBUNAL

Art. 929. Os autos serão registrados no protocolo do tribunal no dia de sua entrada, cabendo à secretaria ordená-los, com imediata distribuição.

Parágrafo único. A critério do tribunal, os serviços de protocolo poderão ser descentralizados, mediante delegação a ofícios de justiça de primeiro grau.

Art. 930. Far-se-á a distribuição de acordo com o regimento interno do tribunal, observando-se a alternatividade, o sorteio eletrônico e a publicidade.

Parágrafo único. O primeiro recurso protocolado no tribunal tornará prevento o relator para eventual recurso subsequente interposto no mesmo processo ou em processo conexo.

Art. 931. Distribuídos, os autos serão imediatamente conclusos ao relator, que, em 30 (trinta) dias, depois de elaborar o voto, restituí-los-á, com relatório, à secretaria.

Art. 932. Incumbe ao relator:

I – dirigir e ordenar o processo no tribunal, inclusive em relação à produção de prova, bem como, quando for o caso, homologar autocomposição das partes;

II – apreciar o pedido de tutela provisória nos recursos e nos processos de competência originária do tribunal;

III – não conhecer de recurso inadmissível, prejudicado ou que não tenha impugnado especificamente os fundamentos da decisão recorrida;

• *Vide* Súmula 316 do STJ.

IV – negar provimento a recurso que for contrário a:

a) súmula do Supremo Tribunal Federal, do Superior Tribunal de Justiça ou do próprio tribunal;

b) acórdão proferido pelo Supremo Tribunal Federal ou pelo Superior Tribunal de Justiça em julgamento de recursos repetitivos;

c) entendimento firmado em incidente de resolução de demandas repetitivas ou de assunção de competência;

V – depois de facultada a apresentação de contrarrazões, dar provimento ao recurso se a decisão recorrida for contrária a:

a) súmula do Supremo Tribunal Federal, do Superior Tribunal de Justiça ou do próprio tribunal;

b) acórdão proferido pelo Supremo Tribunal Federal ou pelo Superior Tribunal de Justiça em julgamento de recursos repetitivos;

• *Vide* arts. 1.036 a 1.041 do CPC.

c) entendimento firmado em incidente de resolução de demandas repetitivas ou de assunção de competência;

• *Vide* arts. 976 a 987 do CPC.

VI – decidir o incidente de desconsideração da personalidade jurídica, quando este for instaurado originariamente perante o tribunal;

• *Vide* art. 50 do CC.

VII – determinar a intimação do Ministério Público, quando for o caso;

VIII – exercer outras atribuições estabelecidas no regimento interno do tribunal.

Parágrafo único. Antes de considerar inadmissível o recurso, o relator concederá o prazo de 5 (cinco) dias ao recorrente para que seja sanado vício ou complementada a documentação exigível.

• *Vide* Súmula 385 do TST.

Art. 933. Se o relator constatar a ocorrência de fato superveniente à decisão recorrida ou a existência de questão apreciável de ofício ainda não examinada que devam ser considerados no julgamento do recurso, intimará as partes para que se manifestem no prazo de 5 (cinco) dias.

§ 1.º Se a constatação ocorrer durante a sessão de julgamento, esse será imediatamente suspenso a fim de que as partes se manifestem especificamente.

§ 2.º Se a constatação se der em vista dos autos, deverá o juiz que a solicitou encaminhá-los ao relator, que tomará as providências previstas no *caput* e, em seguida, solicitará a inclusão do feito em pauta para prosseguimento do julgamento, com submissão integral da nova questão aos julgadores.

Art. 934. Em seguida, os autos serão apresentados ao presidente, que designará dia para julgamento, ordenando, em todas as hipóteses previstas neste Livro, a publicação da pauta no órgão oficial.

Art. 935. Entre a data de publicação da pauta e a da sessão de julgamento decorrerá, pelo menos, o prazo de 5 (cinco) dias, incluindo-se em nova pauta os processos que não tenham sido julgados, salvo aqueles cujo julgamento tiver sido expressamente adiado para a primeira sessão seguinte.

§ 1.º Às partes será permitida vista dos autos em cartório após a publicação da pauta de julgamento.

§ 2.º Afixar-se-á a pauta na entrada da sala em que se realizar a sessão de julgamento.

Art. 936. Ressalvadas as preferências legais e regimentais, os recursos, a remessa necessária e os processos de competência originária serão julgados na seguinte ordem:

I – aqueles nos quais houver sustentação oral, observada a ordem dos requerimentos;

II – os requerimentos de preferência apresentados até o início da sessão de julgamento;

III – aqueles cujo julgamento tenha iniciado em sessão anterior; e

IV – os demais casos.

Art. 937. Na sessão de julgamento, depois da exposição da causa pelo relator, o presidente dará a palavra, sucessivamente, ao recorrente, ao recorrido e, nos casos de sua intervenção, ao membro do Ministério Público, pelo prazo improrrogável de 15 (quinze) minutos para cada um, a fim de sustentarem suas razões, nas seguintes hipóteses, nos termos da parte final do *caput* do art. 1.021:

I – no recurso de apelação;

• *Vide* arts. 1.009 a 1.014 do CPC.

II – no recurso ordinário;

• *Vide* arts. 1.027 e 1.028 do CPC.

III – no recurso especial;

• *Vide* arts. 1.029 a 1.041 do CPC.

IV – no recurso extraordinário;

• *Vide* arts. 1.029 a 1.041 do CPC.

V – nos embargos de divergência;

• *Vide* arts. 1.043 e 1.044 do CPC.

VI – na ação rescisória, no mandado de segurança e na reclamação;

• *Vide* arts. 966 a 975 e 988 a 993 do CPC.

• *Vide* Lei n. 12.016, de 7-8-2009.

VII – (*Vetado*.)

VIII – no agravo de instrumento interposto contra decisões interlocutórias que versem sobre tutelas provisórias de urgência ou da evidência;

• *Vide* arts. 300 a 311 e 1.015 a 1.020 do CPC.

IX – em outras hipóteses previstas em lei ou no regimento interno do tribunal.

§ 1.º A sustentação oral no incidente de resolução de demandas repetitivas observará o disposto no art. 984, no que couber.

§ 2.º O procurador que desejar proferir sustentação oral poderá requerer, até o início da sessão, que o processo seja julgado em primeiro lugar, sem prejuízo das preferências legais.

§ 3.º Nos processos de competência originária previstos no inciso VI, caberá sustentação oral no agravo interno interposto contra decisão de relator que o extinga.

§ 4.º É permitido ao advogado com domicílio profissional em cidade diversa daquela onde está sediado o tribunal realizar sustentação oral por meio de videoconferência ou outro recurso tecnológico de transmissão de sons e imagens em tempo real, desde que o requeira até o dia anterior ao da sessão.

•• A Resolução n. 354, de 19-11-2020, do CNJ, dispõe sobre o cumprimento digital de ato processual e de ordem judicial e dá outras providências.

Art. 938. A questão preliminar suscitada no julgamento será decidida antes do mérito, deste não se conhecendo caso seja incompatível com a decisão.

§ 1.º Constatada a ocorrência de vício sanável, inclusive aquele que possa ser conhecido de ofício, o relator determinará a realização ou a renovação do ato processual, no próprio tribunal ou em primeiro grau de jurisdição, intimadas as partes.

§ 2.º Cumprida a diligência de que trata o § 1.º, o relator, sempre que possível, prosseguirá no julgamento do recurso.

§ 3.º Reconhecida a necessidade de produção de prova, o relator converterá o julgamento em diligência, que se realizará no tribunal ou em primeiro grau de jurisdição, decidindo-se o recurso após a conclusão da instrução.

§ 4.º Quando não determinadas pelo relator, as providências indicadas nos §§ 1.º e 3.º poderão ser determinadas pelo órgão competente para julgamento do recurso.

Art. 939. Se a preliminar for rejeitada ou se a apreciação do mérito for com ela compatível, seguir-se-ão a discussão e o julgamento da matéria principal, sobre a qual deverão se pronunciar os juízes vencidos na preliminar.

Art. 940. O relator ou outro juiz que não se considerar habilitado a proferir imediatamente seu voto poderá solicitar vista pelo prazo máximo de 10 (dez) dias, após o qual o recurso será reincluído em pauta para julgamento na sessão seguinte à data da devolução.

• A Resolução n. 202, de 27-10-2015, do CNJ, regulamenta o prazo para a devolução dos pedidos de vista nos processos jurisdicionais e administrativos no âmbito do Poder Judiciário.

§ 1.º Se os autos não forem devolvidos tempestivamente ou se não for solicitada pelo juiz prorrogação de prazo de no máximo mais 10 (dez) dias, o presidente do órgão fracionário os requisitará para julgamento do recurso na sessão ordinária subsequente, com publicação da pauta em que for incluído.

§ 2.º Quando requisitar os autos na forma do § 1.º, se aquele que fez o pedido de vista ainda não se sentir habilitado a votar, o presidente convocará substituto para proferir voto, na forma estabelecida no regimento interno do tribunal.

Art. 941. Proferidos os votos, o presidente anunciará o resultado do julgamento, designando para redigir o acórdão o relator ou, se vencido este, o autor do primeiro voto vencedor.

§ 1.º O voto poderá ser alterado até o momento da proclamação do resultado pelo presidente, salvo aquele já proferido por juiz afastado ou substituído.

§ 2.º No julgamento de apelação ou de agravo de instrumento, a decisão será tomada, no órgão colegiado, pelo voto de 3 (três) juízes.

§ 3.º O voto vencido será necessariamente declarado e considerado parte integrante do acórdão para todos os fins legais, inclusive de prequestionamento.

Art. 942. Quando o resultado da apelação for não unânime, o julgamento terá prosseguimento em sessão a ser designada com a presença de outros julgadores, que serão convocados nos termos previamente definidos no regimento interno, em número suficiente para garantir a possibilidade de inversão do resultado inicial, assegurado às partes e a eventuais terceiros o direito de sustentar oralmente suas razões perante os novos julgadores.

§ 1.º Sendo possível, o prosseguimento do julgamento dar-se-á na mesma sessão, colhendo-se os votos de outros julgadores que porventura componham o órgão colegiado.

§ 2.º Os julgadores que já tiverem votado poderão rever seus votos por ocasião do prosseguimento do julgamento.

§ 3.º A técnica de julgamento prevista neste artigo aplica-se, igualmente, ao julgamento não unânime proferido em:

I – ação rescisória, quando o resultado for a rescisão da sentença, devendo, nesse caso, seu prosseguimento ocorrer em órgão de maior composição previsto no regimento interno;

II – agravo de instrumento, quando houver reforma da decisão que julgar parcialmente o mérito.

§ 4.º Não se aplica o disposto neste artigo ao julgamento:

I – do incidente de assunção de competência e ao de resolução de demandas repetitivas;

II – da remessa necessária;

III – não unânime proferido, nos tribunais, pelo plenário ou pela corte especial.

Art. 943. Os votos, os acórdãos e os demais atos processuais podem ser registrados em documento eletrônico inviolável e assinados eletronicamente, na forma da lei, devendo ser impressos para juntada aos autos do processo quando este não for eletrônico.

•• *Vide* Lei n. 11.419, de 19-12-2006, que dispõe sobre a informatização do processo judicial.

§ 1.º Todo acórdão conterá ementa.

§ 2.º Lavrado o acórdão, sua ementa será publicada no órgão oficial no prazo de 10 (dez) dias.

Art. 944. Não publicado o acórdão no prazo de 30 (trinta) dias, contado da data da sessão de julgamento, as notas taquigráficas o substituirão, para todos os fins legais, independentemente de revisão.

Parágrafo único. No caso do *caput*, o presidente do tribunal lavrará, de imediato, as conclusões e a ementa e mandará publicar o acórdão.

Art. 945. (*Revogado pela Lei n. 13.256, de 4-2-2016.*)

Art. 946. O agravo de instrumento será julgado antes da apelação interposta no mesmo processo.

Parágrafo único. Se ambos os recursos de que trata o *caput* houverem de ser julgados na mesma sessão, terá precedência o agravo de instrumento.

Capítulo III
DO INCIDENTE DE ASSUNÇÃO DE COMPETÊNCIA

Art. 947. É admissível a assunção de competência quando o julgamento de recurso, de remessa necessária ou de processo de competência originária envolver relevante questão de direito, com grande repercussão social, sem repetição em múltiplos processos.

§ 1.º Ocorrendo a hipótese de assunção de competência, o relator proporá, de ofício ou a requerimento da parte, do Ministério Público ou da Defensoria Pública, que seja o recurso, a remessa necessária ou o processo de competência originária julgado pelo órgão colegiado que o regimento indicar.

§ 2.º O órgão colegiado julgará o recurso, a remessa necessária ou o processo de competência originária se reconhecer interesse público na assunção de competência.

§ 3.º O acórdão proferido em assunção de competência vinculará todos os juízes e órgãos fracionários, exceto se houver revisão de tese.

§ 4.º Aplica-se o disposto neste artigo quando ocorrer relevante questão de direito a respeito da qual seja conveniente a prevenção ou a composição de divergência entre câmaras ou turmas do tribunal.

Capítulo IV
DO INCIDENTE DE ARGUIÇÃO DE INCONSTITUCIONALIDADE

• *Vide* arts. 52, X, 97, 102, I, *a*, e III, 103, 125 e 129, § 2.º, da CF.

Art. 948. Arguida, em controle difuso, a inconstitucionalidade de lei ou de ato normativo do poder público, o relator, após ouvir o Ministério Público e as partes, submeterá a questão à turma ou à câmara à qual competir o conhecimento do processo.

Art. 949. Se a arguição for:

I – rejeitada, prosseguirá o julgamento;

II – acolhida, a questão será submetida ao plenário do tribunal ou ao seu órgão especial, onde houver.

Parágrafo único. Os órgãos fracionários dos tribunais não submeterão ao plenário ou ao órgão especial a arguição de inconstitucionalidade quando já houver pronunciamento destes ou do plenário do Supremo Tribunal Federal sobre a questão.

Art. 950. Remetida cópia do acórdão a todos os juízes, o presidente do tribunal designará a sessão de julgamento.

§ 1.º As pessoas jurídicas de direito público responsáveis pela edição do ato questionado poderão manifestar-se no incidente de inconstitucionalidade se assim o requererem, observados os prazos e as condições previstos no regimento interno do tribunal.

§ 2.º A parte legitimada à propositura das ações previstas no art. 103 da Constituição Federal poderá manifestar-se, por escrito, sobre a questão constitucional objeto de apreciação, no prazo previsto pelo regimento interno, sendo-lhe assegurado o direito de apresentar memoriais ou de requerer a juntada de documentos.

§ 3.º Considerando a relevância da matéria e a representatividade dos postulantes, o relator poderá admitir, por despacho irrecorrível, a manifestação de outros órgãos ou entidades.

Capítulo V
DO CONFLITO DE COMPETÊNCIA

Art. 951. O conflito de competência pode ser suscitado por qualquer das partes, pelo Ministério Público ou pelo juiz.

Parágrafo único. O Ministério Público somente será ouvido nos conflitos de competência relativos aos processos previstos no art. 178, mas terá qualidade de parte nos conflitos que suscitar.

Art. 952. Não pode suscitar conflito a parte que, no processo, arguiu incompetência relativa.

Parágrafo único. O conflito de competência não obsta, porém, a que a parte que não o arguiu suscite a incompetência.

Art. 953. O conflito será suscitado ao tribunal:

• *Vide* Súmula 59 do STJ.

I – pelo juiz, por ofício;

II – pela parte e pelo Ministério Público, por petição.

Parágrafo único. O ofício e a petição serão instruídos com os documentos necessários à prova do conflito.

Art. 954. Após a distribuição, o relator determinará a oitiva dos juízes em conflito ou, se um deles for suscitante, apenas do suscitado.

Parágrafo único. No prazo designado pelo relator, incumbirá ao juiz ou aos juízes prestar as informações.

Art. 955. O relator poderá, de ofício ou a requerimento de qualquer das partes, determinar, quando o conflito for positivo, o sobrestamento do processo e, nesse caso, bem como no de conflito negativo, designará um dos juízes para resolver, em caráter provisório, as medidas urgentes.

Parágrafo único. O relator poderá julgar de plano o conflito de competência quando sua decisão se fundar em:

I – súmula do Supremo Tribunal Federal, do Superior Tribunal de Justiça ou do próprio tribunal;

II – tese firmada em julgamento de casos repetitivos ou em incidente de assunção de competência.

Art. 956. Decorrido o prazo designado pelo relator, será ouvido o Ministério Público, no prazo de 5 (cinco) dias, ainda que as informações não tenham sido prestadas, e, em seguida, o conflito irá a julgamento.

Art. 957. Ao decidir o conflito, o tribunal declarará qual o juízo competente, pronunciando-se também sobre a validade dos atos do juízo incompetente.

Parágrafo único. Os autos do processo em que se manifestou o conflito serão remetidos ao juiz declarado competente.

Art. 958. No conflito que envolva órgãos fracionários dos tribunais, desembargadores e juízes em exercício no tribunal, observar-se-á o que dispuser o regimento interno do tribunal.

Art. 959. O regimento interno do tribunal regulará o processo e o julgamento do conflito de atribuições entre autoridade judiciária e autoridade administrativa.

Capítulo VI
DA HOMOLOGAÇÃO DE DECISÃO ESTRANGEIRA E DA CONCESSÃO DO *EXEQUATUR* À CARTA ROGATÓRIA

• *Vide* art. 36 da Lei n. 9.307, de 23-9-1996 (Arbitragem).

Art. 960. A homologação de decisão estrangeira será requerida por ação de homologação de decisão estrangeira, salvo disposição especial em sentido contrário prevista em tratado.

§ 1.º A decisão interlocutória estrangeira poderá ser executada no Brasil por meio de carta rogatória.

§ 2.º A homologação obedecerá ao que dispuserem os tratados em vigor no Brasil e o Regimento Interno do Superior Tribunal de Justiça.

•• A homologação de sentenças estrangeiras passou a ser do STJ após o advento da EC n. 45, de 8-12-2004, que alterou o art. 105, I, *i*, da CF.

§ 3.º A homologação de decisão arbitral estrangeira obedecerá ao disposto em tratado e em lei, aplicando-se, subsidiariamente, as disposições deste Capítulo.

Art. 961. A decisão estrangeira somente terá eficácia no Brasil após a homologação de sentença estrangeira ou a concessão do *exequatur* às cartas rogatórias, salvo disposição em sentido contrário de lei ou tratado.

§ 1.º É passível de homologação a decisão judicial definitiva, bem como a decisão não judicial que, pela lei brasileira, teria natureza jurisdicional.

§ 2.º A decisão estrangeira poderá ser homologada parcialmente.

§ 3.º A autoridade judiciária brasileira poderá deferir pedidos de urgência e realizar atos de execução provisória no processo de homologação de decisão estrangeira.

§ 4.º Haverá homologação de decisão estrangeira para fins de execução fiscal quando prevista em tratado ou em promessa de reciprocidade apresentada à autoridade brasileira.

§ 5.º A sentença estrangeira de divórcio consensual produz efeitos no Brasil, independentemente de homologação pelo Superior Tribunal de Justiça.

§ 6.º Na hipótese do § 5.º, competirá a qualquer juiz examinar a validade da decisão, em caráter principal ou incidental, quando essa questão for suscitada em processo de sua competência.

Art. 962. É passível de execução a decisão estrangeira concessiva de medida de urgência.

§ 1.º A execução no Brasil de decisão interlocutória estrangeira concessiva de medida de urgência dar-se-á por carta rogatória.

§ 2.º A medida de urgência concedida sem audiência do réu poderá ser executada, desde que garantido o contraditório em momento posterior.

§ 3.º O juízo sobre a urgência da medida compete exclusivamente à autoridade jurisdicional prolatora da decisão estrangeira.

§ 4.º Quando dispensada a homologação para que a sentença estrangeira produza efeitos no Brasil, a decisão concessiva de medida de urgência dependerá, para produzir efeitos, de ter sua validade expressamente reconhecida pelo juiz competente para dar-lhe cumprimento, dispensada a homologação pelo Superior Tribunal de Justiça.

Art. 963. Constituem requisitos indispensáveis à homologação da decisão:

I – ser proferida por autoridade competente;

•• *Vide* art. 15, *a*, da LINDB.

II – ser precedida de citação regular, ainda que verificada a revelia;

•• *Vide* art. 15, *b*, da LINDB.

III – ser eficaz no país em que foi proferida;

•• *Vide* art. 15, *c*, da LINDB.

IV – não ofender a coisa julgada brasileira;

V – estar acompanhada de tradução oficial, salvo disposição que a dispense prevista em tratado;

•• *Vide* art. 15, *d*, da LINDB.

VI – não conter manifesta ofensa à ordem pública.

•• *Vide* art. 17 da LINDB.

Parágrafo único. Para a concessão do *exequatur* às cartas rogatórias, observar-se-ão os pressupostos previstos no *caput* deste artigo e no art. 962, § 2.º.

Art. 964. Não será homologada a decisão estrangeira na hipótese de competência exclusiva da autoridade judiciária brasileira.

Parágrafo único. O dispositivo também se aplica à concessão do *exequatur* à carta rogatória.

Art. 965. O cumprimento de decisão estrangeira far-se-á perante o juízo federal competente, a requerimento da parte, conforme as normas estabelecidas para o cumprimento de decisão nacional.

•• *Vide* art. 109, X, da CF.

•• *Vide* art. 221, III, da LRP.

•• A Instrução Normativa n. 11, de 11-4-2019, do STJ, regulamenta a disponibilização em meio eletrônico de carta de sentença para cumprimento de decisão estrangeira homologada.

Parágrafo único. O pedido de execução deverá ser instruído com cópia autenticada da decisão homologatória ou do *exequatur*, conforme o caso.

Capítulo VII
DA AÇÃO RESCISÓRIA

•• *Vide* CF, arts. 102, I, *j* (competência do STF para processar e julgar, originariamente, a revisão criminal e a ação rescisória de seus julgados), 105, I, *e* (competência do STJ para processar e julgar, originariamente, as revisões criminais e as ações rescisórias de seus julgados), 108, I, *b* (competência dos TRFs para processar e julgar, originariamente, as revisões criminais e as ações rescisórias de julgados seus ou dos juízes federais da região).

Art. 966. A decisão de mérito, transitada em julgado, pode ser rescindida quando:

I – se verificar que foi proferida por força de prevaricação, concussão ou corrupção do juiz;

• Os arts. 316, 317 e 319 do CP dispõem, respectivamente, sobre os crimes de concussão, corrupção passiva e prevaricação.

II – for proferida por juiz impedido ou por juízo absolutamente incompetente;

III – resultar de dolo ou coação da parte vencedora em detrimento da parte vencida ou, ainda, de simulação ou colusão entre as partes, a fim de fraudar a lei;

• *Vide* arts. 145 a 150, 171, II, 178, II, e 1.909 do CC.

IV – ofender a coisa julgada;

• *Vide* arts. 502 e s. do CPC.

V – violar manifestamente norma jurídica;

• *Vide* Súmula 343 do STF.

VI – for fundada em prova cuja falsidade tenha sido apurada em processo criminal ou venha a ser demonstrada na própria ação rescisória;

VII – obtiver o autor, posteriormente ao trânsito em julgado, prova nova cuja existência ignorava ou de que não pôde fazer uso, capaz, por si só, de lhe assegurar pronunciamento favorável;

VIII – for fundada em erro de fato verificável do exame dos autos.

§ 1.º Há erro de fato quando a decisão rescindenda admitir fato inexistente ou quando considerar inexistente fato efetivamente ocorrido, sendo indispensável, em ambos os casos, que o fato não represente ponto controvertido sobre o qual o juiz deveria ter se pronunciado.

§ 2.º Nas hipóteses previstas nos incisos do *caput*, será rescindível a decisão transitada em julgado que, embora não seja de mérito, impeça:

I – nova propositura da demanda; ou

II – admissibilidade do recurso correspondente.

§ 3.º A ação rescisória pode ter por objeto apenas 1 (um) capítulo da decisão.

§ 4.º Os atos de disposição de direitos, praticados pelas partes ou por outros participantes do processo e homologados pelo juízo, bem como os atos homologatórios praticados no curso da execução, estão sujeitos à anulação, nos termos da lei.

§ 5.º Cabe ação rescisória, com fundamento no inciso V do *caput* deste artigo, contra decisão baseada em enunciado de súmula ou acórdão proferido em julgamento de casos repetitivos que não tenha considerado a existência de distinção entre a questão discutida no processo e o padrão decisório que lhe deu fundamento.

•• § 5.º acrescentado pela Lei n. 13.256, de 4-2-2016.

§ 6.º Quando a ação rescisória fundar-se na hipótese do § 5.º deste artigo, caberá ao autor, sob pena de inépcia, demonstrar, fundamentadamente, tratar-se de situação particularizada por hipótese fática distinta ou de questão jurídica não examinada, a impor outra solução jurídica.

•• § 6.º acrescentado pela Lei n. 13.256, de 4-2-2016.

Art. 967. Têm legitimidade para propor a ação rescisória:

I – quem foi parte no processo ou o seu sucessor a título universal ou singular;

II – o terceiro juridicamente interessado;

III – o Ministério Público:

a) se não foi ouvido no processo em que lhe era obrigatória a intervenção;

b) quando a decisão rescindenda é o efeito de simulação ou de colusão das partes, a fim de fraudar a lei;

c) em outros casos em que se imponha sua atuação;

IV – aquele que não foi ouvido no processo em que lhe era obrigatória a intervenção.

Parágrafo único. Nas hipóteses do art. 178, o Ministério Público será intimado para intervir como fiscal da ordem jurídica quando não for parte.

Art. 968. A petição inicial será elaborada com observância dos requisitos essenciais do art. 319, devendo o autor:

I – cumular ao pedido de rescisão, se for o caso, o de novo julgamento do processo;

II – depositar a importância de cinco por cento sobre o valor da causa, que se converterá em multa caso a ação seja, por unanimidade de votos, declarada inadmissível ou improcedente.

§ 1.º Não se aplica o disposto no inciso II à União, aos Estados, ao Distrito Federal, aos Municípios, às suas respectivas autarquias e fundações de direito público, ao Ministério Público, à Defensoria Pública e aos que tenham obtido o benefício de gratuidade da justiça.

§ 2.º O depósito previsto no inciso II do *caput* deste artigo não será superior a 1.000 (mil) salários mínimos.

§ 3.º Além dos casos previstos no art. 330, a petição inicial será indeferida quando não efetuado o depósito exigido pelo inciso II do *caput* deste artigo.

§ 4.º Aplica-se à ação rescisória o disposto no art. 332.

§ 5.º Reconhecida a incompetência do tribunal para julgar a ação rescisória, o autor será intimado para emendar a petição inicial, a fim de adequar o objeto da ação rescisória, quando a decisão apontada como rescindenda:

I – não tiver apreciado o mérito e não se enquadrar na situação prevista no § 2.º do art. 966;

II – tiver sido substituída por decisão posterior.

§ 6.º Na hipótese do § 5.º, após a emenda da petição inicial, será permitido ao réu complementar os fundamentos de defesa, e, em seguida, os autos serão remetidos ao tribunal competente.

Art. 969. A propositura da ação rescisória não impede o cumprimento da decisão rescindenda, ressalvada a concessão de tutela provisória.

Art. 970. O relator ordenará a citação do réu, designando-lhe prazo nunca inferior a 15 (quinze) dias nem superior a 30 (trinta) dias para, querendo, apresentar resposta, ao fim do qual, com ou sem contestação, observar-se-á, no que couber, o procedimento comum.

Art. 971. Na ação rescisória, devolvidos os autos pelo relator, a secretaria do tribunal expedirá cópias do relatório e as distribuirá entre os juízes que compuserem o órgão competente para o julgamento.

Parágrafo único. A escolha de relator recairá, sempre que possível, em juiz que não haja participado do julgamento rescindendo.

Art. 972. Se os fatos alegados pelas partes dependerem de prova, o relator poderá delegar a competência ao órgão que proferiu a decisão rescindenda, fixando prazo de 1 (um) a 3 (três) meses para a devolução dos autos.

Art. 973. Concluída a instrução, será aberta vista ao autor e ao réu para razões finais, sucessivamente, pelo prazo de 10 (dez) dias.

• *Vide* Súmula 252 do STF.

Parágrafo único. Em seguida, os autos serão conclusos ao relator, procedendo-se ao julgamento pelo órgão competente.

• *Vide* Súmulas 249 e 515 do STF.

Art. 974. Julgando procedente o pedido, o tribunal rescindirá a decisão, proferirá, se for o caso, novo julgamento e determinará a restituição do depósito a que se refere o inciso II do art. 968.

Parágrafo único. Considerando, por unanimidade, inadmissível ou improcedente o pedido, o tribunal determinará a reversão, em favor do réu, da importância do depósito, sem prejuízo do disposto no § 2.º do art. 82.

Art. 975. O direito à rescisão se extingue em 2 (dois) anos contados do trânsito em julgado da última decisão proferida no processo.

§ 1.º Prorroga-se até o primeiro dia útil imediatamente subsequente o prazo a que se refere o *caput*, quando expirar durante férias forenses, recesso, feriados ou em dia em que não houver expediente forense.

§ 2.º Se fundada a ação no inciso VII do art. 966, o termo inicial do prazo será a data de descoberta da prova nova, observado o prazo máximo de 5 (cinco) anos, contado do trânsito em julgado da última decisão proferida no processo.

§ 3.º Nas hipóteses de simulação ou de colusão das partes, o prazo começa a contar, para o terceiro prejudicado e para o Ministério Público, que não interveio no processo, a partir do momento em que têm ciência da simulação ou da colusão.

Capítulo VIII
DO INCIDENTE DE RESOLUÇÃO DE DEMANDAS REPETITIVAS

Art. 976. É cabível a instauração do incidente de resolução de demandas repetitivas quando houver, simultaneamente:

I – efetiva repetição de processos que contenham controvérsia sobre a mesma questão unicamente de direito;

II – risco de ofensa à isonomia e à segurança jurídica.

§ 1.º A desistência ou o abandono do processo não impede o exame de mérito do incidente.

§ 2.º Se não for o requerente, o Ministério Público intervirá obrigatoriamente no incidente e deverá assumir sua titularidade em caso de desistência ou de abandono.

§ 3.º A inadmissão do incidente de resolução de demandas repetitivas por ausência de qualquer de seus pressupostos de admissibilidade não impede que, uma vez satisfeito o requisito, seja o incidente novamente suscitado.

§ 4.º É incabível o incidente de resolução de demandas repetitivas quando um dos tribunais superiores, no âmbito de sua respectiva competência, já tiver afetado recurso para definição de tese sobre questão de direito material ou processual repetitiva.

§ 5.º Não serão exigidas custas processuais no incidente de resolução de demandas repetitivas.

Art. 977. O pedido de instauração do incidente será dirigido ao presidente de tribunal:

I – pelo juiz ou relator, por ofício;

II – pelas partes, por petição;

III – pelo Ministério Público ou pela Defensoria Pública, por petição.

Parágrafo único. O ofício ou a petição será instruído com os documentos necessários à demonstração do preenchimento dos pressupostos para a instauração do incidente.

Art. 978. O julgamento do incidente caberá ao órgão indicado pelo regimento interno dentre aqueles responsáveis pela uniformização de jurisprudência do tribunal.

Parágrafo único. O órgão colegiado incumbido de julgar o incidente e de fixar a tese jurídica julgará igualmente o recurso, a remessa necessária ou o processo de competência originária de onde se originou o incidente.

Art. 979. A instauração e o julgamento do incidente serão sucedidos da mais ampla e específica divulgação e publicidade, por meio de registro eletrônico no Conselho Nacional de Justiça.

§ 1.º Os tribunais manterão banco eletrônico de dados atualizados com informações específicas sobre questões de direito submetidas ao incidente, comunicando-o imediatamente ao Conselho Nacional de Justiça para inclusão no cadastro.

§ 2.º Para possibilitar a identificação dos processos abrangidos pela decisão do incidente, o registro eletrônico das teses jurídicas constantes do cadastro conterá, no mínimo, os fundamentos determinantes da decisão e os dispositivos normativos a ela relacionados.

§ 3.º Aplica-se o disposto neste artigo ao julgamento de recursos repetitivos e da repercussão geral em recurso extraordinário.

Art. 980. O incidente será julgado no prazo de 1 (um) ano e terá preferência sobre os demais feitos, ressalvados os que envolvam réu preso e os pedidos de *habeas corpus*.

Parágrafo único. Superado o prazo previsto no *caput*, cessa a suspensão dos processos prevista no art. 982, salvo decisão fundamentada do relator em sentido contrário.

Art. 981. Após a distribuição, o órgão colegiado competente para julgar o incidente procederá ao seu juízo de admissibilidade, considerando a presença dos pressupostos do art. 976.

Art. 982. Admitido o incidente, o relator:

I – suspenderá os processos pendentes, individuais ou coletivos, que tramitam no Estado ou na região, conforme o caso;

II – poderá requisitar informações a órgãos em cujo juízo tramita processo no qual se discute o objeto do incidente, que as prestarão no prazo de 15 (quinze) dias;

III – intimará o Ministério Público para, querendo, manifestar-se no prazo de 15 (quinze) dias.

§ 1.º A suspensão será comunicada aos órgãos jurisdicionais competentes.

§ 2.º Durante a suspensão, o pedido de tutela de urgência deverá ser dirigido ao juízo onde tramita o processo suspenso.

§ 3.º Visando à garantia da segurança jurídica, qualquer legitimado mencionado no art. 977, incisos II e III, poderá requerer, ao tribunal competente para conhecer do recurso extraordinário ou especial, a suspensão de todos os processos individuais ou coletivos em curso no território nacional que versem sobre a questão objeto do incidente já instaurado.

§ 4.º Independentemente dos limites da competência territorial, a parte no processo em curso no qual se discuta a mesma questão objeto do incidente é legitimada para requerer a providência prevista no § 3.º deste artigo.

§ 5.º Cessa a suspensão a que se refere o inciso I do *caput* deste artigo se não for interposto recurso especial ou recurso extraordinário contra a decisão proferida no incidente.

Art. 983. O relator ouvirá as partes e os demais interessados, inclusive pessoas, órgãos e entidades com interesse na controvérsia, que, no prazo comum de 15 (quinze) dias, poderão requerer a juntada de documentos, bem como as diligências necessárias para a elucidação da questão de direito controvertida, e, em seguida, manifestar-se-á o Ministério Público, no mesmo prazo.

§ 1.º Para instruir o incidente, o relator poderá designar data para, em audiência pública, ouvir depoimentos de pessoas com experiência e conhecimento na matéria.

§ 2.º Concluídas as diligências, o relator solicitará dia para o julgamento do incidente.

Art. 984. No julgamento do incidente, observar-se-á a seguinte ordem:

I – o relator fará a exposição do objeto do incidente;

II – poderão sustentar suas razões, sucessivamente:

a) o autor e o réu do processo originário e o Ministério Público, pelo prazo de 30 (trinta) minutos;

b) os demais interessados, no prazo de 30 (trinta) minutos, divididos entre todos, sendo exigida inscrição com 2 (dois) dias de antecedência.

§ 1.º Considerando o número de inscritos, o prazo poderá ser ampliado.

§ 2.º O conteúdo do acórdão abrangerá a análise de todos os fundamentos suscitados concernentes à tese jurídica discutida, sejam favoráveis ou contrários.

Art. 985. Julgado o incidente, a tese jurídica será aplicada:

I – a todos os processos individuais ou coletivos que versem sobre idêntica questão de direito e que tramitem na área de jurisdição do respectivo tribunal, inclusive àqueles que tramitem nos juizados especiais do respectivo Estado ou região;

II – aos casos futuros que versem idêntica questão de direito e que venham a tramitar no território de competência do tribunal, salvo revisão na forma do art. 986.

§ 1.º Não observada a tese adotada no incidente, caberá reclamação.

§ 2.º Se o incidente tiver por objeto questão relativa a prestação de serviço concedido, permitido ou autorizado, o resultado do julgamento será comunicado ao órgão, ao ente ou à agência reguladora competente para fiscalização da efetiva aplicação, por parte dos entes sujeitos a regulação, da tese adotada.

Art. 986. A revisão da tese jurídica firmada no incidente far-se-á pelo mesmo tribunal, de ofício ou mediante requerimento dos legitimados mencionados no art. 977, inciso III.

Art. 987. Do julgamento do mérito do incidente caberá recurso extraordinário ou especial, conforme o caso.

§ 1.º O recurso tem efeito suspensivo, presumindo-se a repercussão geral de questão constitucional eventualmente discutida.

§ 2.º Apreciado o mérito do recurso, a tese jurídica adotada pelo Supremo Tribunal Federal ou pelo Superior Tribunal de Justiça será aplicada no território nacional a todos os processos individuais ou coletivos que versem sobre idêntica questão de direito.

Capítulo IX
DA RECLAMAÇÃO

Art. 988. Caberá reclamação da parte interessada ou do Ministério Público para:

• *Vide* art. 105, I, *f*, da CF.

I – preservar a competência do tribunal;

II – garantir a autoridade das decisões do tribunal;

III – garantir a observância de enunciado de súmula vinculante e de decisão do Supremo Tribunal Federal em controle concentrado de constitucionalidade;

•• Inciso III com redação determinada pela Lei n. 13.256, de 4-2-2016.

• *Vide* art. 102, I, *a*, da CF.

IV – garantir a observância de acórdão proferido em julgamento de incidente de resolução de demandas repetitivas ou de incidente de assunção de competência;

•• Inciso IV com redação determinada pela Lei n. 13.256, de 4-2-2016.

• *Vide* art. 103-A da CF.

§ 1.º A reclamação pode ser proposta perante qualquer tribunal, e seu julgamento compete ao órgão jurisdicional cuja competência se busca preservar ou cuja autoridade se pretenda garantir.

§ 2.º A reclamação deverá ser instruída com prova documental e dirigida ao presidente do tribunal.

§ 3.º Assim que recebida, a reclamação será autuada e distribuída ao relator do processo principal, sempre que possível.

§ 4.º As hipóteses dos incisos III e IV compreendem a aplicação indevida da tese jurídica e sua não aplicação aos casos que a ela correspondam.

§ 5.º É inadmissível a reclamação:

•• § 5.º, *caput*, com redação determinada pela Lei n. 13.256, de 4-2-2016.

I – proposta após o trânsito em julgado da decisão reclamada;

•• Inciso I acrescentado pela Lei n. 13.256, de 4-2-2016.

II – proposta para garantir a observância de acórdão de recurso extraordinário com repercussão geral reconhecida ou de acórdão proferido em julgamento de recursos extraordinário ou especial repetitivos, quando não esgotadas as instâncias ordinárias.

•• Inciso II acrescentado pela Lei n. 13.256, de 4-2-2016.

§ 6.º A inadmissibilidade ou o julgamento do recurso interposto contra a decisão proferida pelo órgão reclamado não prejudica a reclamação.

Art. 989. Ao despachar a reclamação, o relator:

I – requisitará informações da autoridade a quem for imputada a prática do ato impugnado, que as prestará no prazo de 10 (dez) dias;

II – se necessário, ordenará a suspensão do processo ou do ato impugnado para evitar dano irreparável;

III – determinará a citação do beneficiário da decisão impugnada, que terá prazo de 15 (quinze) dias para apresentar a sua contestação.

Art. 990. Qualquer interessado poderá impugnar o pedido do reclamante.

Art. 991. Na reclamação que não houver formulado, o Ministério Público terá vista do processo por 5 (cinco) dias, após o decurso do prazo para informações e para o oferecimento da contestação pelo beneficiário do ato impugnado.

Art. 992. Julgando procedente a reclamação, o tribunal cassará a decisão exorbitante de seu julgado ou determinará medida adequada à solução da controvérsia.

Art. 993. O presidente do tribunal determinará o imediato cumprimento da decisão, lavrando-se o acórdão posteriormente.

TÍTULO II
DOS RECURSOS

Capítulo I
DISPOSIÇÕES GERAIS

Art. 994. São cabíveis os seguintes recursos:

I – apelação;
- *Vide* arts. 1.009 a 1.014 do CPC.

II – agravo de instrumento;
- *Vide* arts. 1.015 a 1.020 do CPC.

III – agravo interno;
- *Vide* art. 1.021 do CPC.

IV – embargos de declaração;
- *Vide* arts. 1.022 a 1.026 do CPC.

V – recurso ordinário;
- *Vide* arts. 1.027 e 1.028 do CPC.

VI – recurso especial;
- •• *Vide* art. 105, III, da CF.
- *Vide* arts. 1.029 a 1.042 do CPC.

VII – recurso extraordinário;
- *Vide* arts. 1.029 a 1.042 do CPC.

VIII – agravo em recurso especial ou extraordinário;
- *Vide* art. 1.042 do CPC.

IX – embargos de divergência.
- *Vide* arts. 1.043 e 1.044 do CPC.

Art. 995. Os recursos não impedem a eficácia da decisão, salvo disposição legal ou decisão judicial em sentido diverso.
- *Vide* art. 1.030 do CPC.

Parágrafo único. A eficácia da decisão recorrida poderá ser suspensa por decisão do relator, se da imediata produção de seus efeitos houver risco de dano grave, de difícil ou impossível reparação, e ficar demonstrada a probabilidade de provimento do recurso.

Art. 996. O recurso pode ser interposto pela parte vencida, pelo terceiro prejudicado e pelo Ministério Público, como parte ou como fiscal da ordem jurídica.
- *Vide* arts. 177 a 181 do CPC.
- *Vide* Súmulas 99, 202 e 226 do STJ.

Parágrafo único. Cumpre ao terceiro demonstrar a possibilidade de a decisão sobre a relação jurídica submetida à apreciação judicial atingir direito de que se afirme titular ou que possa discutir em juízo como substituto processual.
- *Vide* Súmula 202 do STJ.

Art. 997. Cada parte interporá o recurso independentemente, no prazo e com observância das exigências legais.

§ 1.º Sendo vencidos autor e réu, ao recurso interposto por qualquer deles poderá aderir o outro.

§ 2.º O recurso adesivo fica subordinado ao recurso independente, sendo-lhe aplicáveis as mesmas regras deste quanto aos requisitos de admissibilidade e julgamento no tribunal, salvo disposição legal diversa, observado, ainda, o seguinte:

I – será dirigido ao órgão perante o qual o recurso independente fora interposto, no prazo de que a parte dispõe para responder;

II – será admissível na apelação, no recurso extraordinário e no recurso especial;

III – não será conhecido, se houver desistência do recurso principal ou se for ele considerado inadmissível.

Art. 998. O recorrente poderá, a qualquer tempo, sem a anuência do recorrido ou dos litisconsortes, desistir do recurso.

Parágrafo único. A desistência do recurso não impede a análise de questão cuja repercussão geral já tenha sido reconhecida e daquela objeto de julgamento de recursos extraordinários ou especiais repetitivos.

Art. 999. A renúncia ao direito de recorrer independe da aceitação da outra parte.

Art. 1.000. A parte que aceitar expressa ou tacitamente a decisão não poderá recorrer.

Parágrafo único. Considera-se aceitação tácita a prática, sem nenhuma reserva, de ato incompatível com a vontade de recorrer.

Art. 1.001. Dos despachos não cabe recurso.
- *Vide* arts. 1.022 e s. do CPC.

Art. 1.002. A decisão pode ser impugnada no todo ou em parte.

Art. 1.003. O prazo para interposição de recurso conta-se da data em que os advogados, a sociedade de advogados, a Advocacia Pública, a Defensoria Pública ou o Ministério Público são intimados da decisão.
- *Vide* Súmula 25 do STJ.

§ 1.º Os sujeitos previstos no *caput* considerar-se-ão intimados em audiência quando nesta for proferida a decisão.

§ 2.º Aplica-se o disposto no art. 231, incisos I a VI, ao prazo de interposição de recurso pelo réu contra decisão proferida anteriormente à citação.

§ 3.º No prazo para interposição de recurso, a petição será protocolada em cartório ou conforme as normas de organização judiciária, ressalvado o disposto em regra especial.

§ 4.º Para aferição da tempestividade do recurso remetido pelo correio, será considerada como data de interposição a data de postagem.

§ 5.º Excetuados os embargos de declaração, o prazo para interpor os recursos e para responder-lhes é de 15 (quinze) dias.

§ 6.º O recorrente comprovará a ocorrência de feriado local no ato de interposição do recurso.

Art. 1.004. Se, durante o prazo para a interposição do recurso, sobrevier o falecimento da parte ou de seu advogado ou ocorrer motivo de força maior que suspenda o curso do processo, será tal prazo restituído em proveito da parte, do herdeiro ou do sucessor, contra quem começará a correr novamente depois da intimação.
- *Vide* art. 222 do CPC.

Art. 1.005. O recurso interposto por um dos litisconsortes a todos aproveita, salvo se distintos ou opostos os seus interesses.
- *Vide* arts. 113 a 118 do CPC.

Parágrafo único. Havendo solidariedade passiva, o recurso interposto por um devedor aproveitará aos outros quando as defesas opostas ao credor lhes forem comuns.

Art. 1.006. Certificado o trânsito em julgado, com menção expressa da data de sua ocorrência, o escrivão ou o chefe de secretaria, independentemente de despacho, providenciará a baixa dos autos ao juízo de origem, no prazo de 5 (cinco) dias.

Art. 1.007. No ato de interposição do recurso, o recorrente comprovará, quando exigido pela legislação pertinente, o respectivo preparo, inclusive porte de remessa e de retorno, sob pena de deserção.
- *Vide* art. 42 da Lei n. 9.099, de 26-9-1999.
- *Vide* Súmula 187 do STJ.

§ 1.º São dispensados de preparo, inclusive porte de remessa e de retorno, os recursos interpostos pelo Ministério Público, pela União, pelo Distrito Federal, pelos Estados, pelos Municípios, e respectivas autarquias, e pelos que gozam de isenção legal.

§ 2.º A insuficiência no valor do preparo, inclusive porte de remessa e de retorno, implicará deserção se o recorrente, intimado na pessoa de seu advogado, não vier a supri-lo no prazo de 5 (cinco) dias.

§ 3.º É dispensado o recolhimento do porte de remessa e de retorno no processo em autos eletrônicos.

§ 4.º O recorrente que não comprovar, no ato de interposição do recurso, o recolhimento do preparo, inclusive porte de remessa e de retorno, será intimado, na pessoa de seu advogado, para realizar o recolhimento em dobro, sob pena de deserção.

§ 5.º É vedada a complementação se houver insuficiência parcial do preparo, inclusive porte de remessa e de retorno, no recolhimento realizado na forma do § 4.º.

§ 6.º Provando o recorrente justo impedimento, o relator relevará a pena de deserção, por decisão irrecorrível, fixando-lhe prazo de 5 (cinco) dias para efetuar o preparo.

§ 7.º O equívoco no preenchimento da guia de custas não implicará a aplicação da pena de deserção, cabendo ao relator, na hipótese de dúvida quanto ao recolhimento, intimar o recorrente para sanar o vício no prazo de 5 (cinco) dias.

Art. 1.008. O julgamento proferido pelo tribunal substituirá a decisão impugnada no que tiver sido objeto de recurso.

Capítulo II

DA APELAÇÃO

Art. 1.009. Da sentença cabe apelação.
- *Vide* art. 1.003, § 5.º, do CPC.
- *Vide* Súmula 216 do STJ.

§ 1.º As questões resolvidas na fase de conhecimento, se a decisão a seu respeito não comportar agravo de instrumento, não são cobertas pela preclusão e devem ser suscitadas em preliminar de apelação, eventualmente interposta contra a decisão final, ou nas contrarrazões.

§ 2.º Se as questões referidas no § 1.º forem suscitadas em contrarrazões, o recorrente será intimado para, em 15 (quinze) dias, manifestar-se a respeito delas.

§ 3.º O disposto no *caput* deste artigo aplica-se mesmo quando as questões mencionadas no art. 1.015 integrarem capítulo da sentença.

Art. 1.010. A apelação, interposta por petição dirigida ao juízo de primeiro grau, conterá:

I – os nomes e a qualificação das partes;

II – a exposição do fato e do direito;

III – as razões do pedido de reforma ou de decretação de nulidade;

IV – o pedido de nova decisão.

§ 1.º O apelado será intimado para apresentar contrarrazões no prazo de 15 (quinze) dias.

§ 2.º Se o apelado interpuser apelação adesiva, o juiz intimará o apelante para apresentar contrarrazões.

§ 3.º Após as formalidades previstas nos §§ 1.º e 2.º, os autos serão remetidos ao tribunal pelo juiz, independentemente de juízo de admissibilidade.

Art. 1.011. Recebido o recurso de apelação no tribunal e distribuído imediatamente, o relator:

I – decidi-lo-á monocraticamente apenas nas hipóteses do art. 932, incisos III a V;

II – se não for o caso de decisão monocrática, elaborará seu voto para julgamento do recurso pelo órgão colegiado.

Art. 1.012. A apelação terá efeito suspensivo.

§ 1.º Além de outras hipóteses previstas em lei, começa a produzir efeitos imediatamente após a sua publicação a sentença que:

I – homologa divisão ou demarcação de terras;

- *Vide* arts. 569, 570 e 572 do CPC.
- *Vide* Lei n. 6.766, de 19-12-1979 (parcelamento do solo urbano).

II – condena a pagar alimentos;

- *Vide* arts. 1.694 e s. do CC.
- *Vide* Lei n. 5.478, de 25-7-1968.

III – extingue sem resolução do mérito ou julga improcedentes os embargos do executado;

- *Vide* Súmulas 317 e 331 do STJ.

IV – julga procedente o pedido de instituição de arbitragem;

- *Vide* Lei n. 9.307, de 23-9-1996 (arbitragem).

V – confirma, concede ou revoga tutela provisória;

- *Vide* arts. 294 e 300 do CPC.

VI – decreta a interdição.

§ 2.º Nos casos do § 1.º, o apelado poderá promover o pedido de cumprimento provisório depois de publicada a sentença.

- *Vide* art. 520 do CPC.

§ 3.º O pedido de concessão de efeito suspensivo nas hipóteses do § 1.º poderá ser formulado por requerimento dirigido ao:

I – tribunal, no período compreendido entre a interposição da apelação e sua distribuição, ficando o relator designado para seu exame prevento para julgá-la;

II – relator, se já distribuída a apelação.

§ 4.º Nas hipóteses do § 1.º, a eficácia da sentença poderá ser suspensa pelo relator se o apelante demonstrar a probabilidade de provimento do recurso ou se, sendo relevante a fundamentação, houver risco de dano grave ou de difícil reparação.

Art. 1.013. A apelação devolverá ao tribunal o conhecimento da matéria impugnada.

- *Vide* art. 942 do CPC.

§ 1.º Serão, porém, objeto de apreciação e julgamento pelo tribunal todas as questões suscitadas e discutidas no processo, ainda que não tenham sido solucionadas, desde que relativas ao capítulo impugnado.

§ 2.º Quando o pedido ou a defesa tiver mais de um fundamento e o juiz acolher apenas um deles, a apelação devolverá ao tribunal o conhecimento dos demais.

§ 3.º Se o processo estiver em condições de imediato julgamento, o tribunal deve decidir desde logo o mérito quando:

I – reformar sentença fundada no art. 485;

II – decretar a nulidade da sentença por não ser ela congruente com os limites do pedido ou da causa de pedir;

III – constatar a omissão no exame de um dos pedidos, hipótese em que poderá julgá-lo;

IV – decretar a nulidade de sentença por falta de fundamentação.

§ 4.º Quando reformar sentença que reconheça a decadência ou a prescrição, o tribunal, se possível, julgará o mérito, examinando as demais questões, sem determinar o retorno do processo ao juízo de primeiro grau.

§ 5.º O capítulo da sentença que confirma, concede ou revoga a tutela provisória é impugnável na apelação.

Art. 1.014. As questões de fato não propostas no juízo inferior poderão ser suscitadas na apelação, se a parte provar que deixou de fazê-lo por motivo de força maior.

Capítulo III
DO AGRAVO DE INSTRUMENTO

Art. 1.015. Cabe agravo de instrumento contra as decisões interlocutórias que versarem sobre:

- *Vide* art. 203 do CPC.
- *Vide* Súmula 255 do STJ.

I – tutelas provisórias;

II – mérito do processo;

III – rejeição da alegação de convenção de arbitragem;

IV – incidente de desconsideração da personalidade jurídica;

V – rejeição do pedido de gratuidade da justiça ou acolhimento do pedido de sua revogação;

VI – exibição ou posse de documento ou coisa;

VII – exclusão de litisconsorte;

VIII – rejeição do pedido de limitação do litisconsórcio;

IX – admissão ou inadmissão de intervenção de terceiros;

X – concessão, modificação ou revogação do efeito suspensivo aos embargos à execução;

XI – redistribuição do ônus da prova nos termos do art. 373, § 1.º;

XII – (*Vetado*.)

XIII – outros casos expressamente referidos em lei.

Parágrafo único. Também caberá agravo de instrumento contra decisões interlocutórias proferidas na fase de liquidação de sentença ou de cumprimento de sentença, no processo de execução e no processo de inventário.

Art. 1.016. O agravo de instrumento será dirigido diretamente ao tribunal competente, por meio de petição com os seguintes requisitos:

- A Resolução n. 4, de 30-11-2006, do STJ, dispõe sobre o não conhecimento do agravo de instrumento manifestamente inadmissível.

I – os nomes das partes;

II – a exposição do fato e do direito;

III – as razões do pedido de reforma ou de invalidação da decisão e o próprio pedido;

- *Vide* Súmula 182 do STJ.

IV – o nome e o endereço completo dos advogados constantes do processo.

Art. 1.017. A petição de agravo de instrumento será instruída:

I – obrigatoriamente, com cópias da petição inicial, da contestação, da petição que ensejou a decisão agravada, da própria decisão agravada, da certidão da respectiva intimação ou outro documento oficial que comprove a tempestividade e das procurações outorgadas aos advogados do agravante e do agravado;

- *Vide* Súmulas 288 e 639 do STF.

II – com declaração de inexistência de qualquer dos documentos referidos no inciso I, feita pelo advogado do agravante, sob pena de sua responsabilidade pessoal;

III – facultativamente, com outras peças que o agravante reputar úteis.

§ 1.º Acompanhará a petição o comprovante do pagamento das respectivas custas e do porte de retorno, quando devidos, conforme tabela publicada pelos tribunais.

§ 2.º No prazo do recurso, o agravo será interposto por:

I – protocolo realizado diretamente no tribunal competente para julgá-lo;

II – protocolo realizado na própria comarca, seção ou subseção judiciárias;

III – postagem, sob registro, com aviso de recebimento;

IV – transmissão de dados tipo fac-símile, nos termos da lei;

V – outra forma prevista em lei.

- *Vide* art. 1.003 do CPC.

§ 3.º Na falta da cópia de qualquer peça ou no caso de algum outro vício que comprometa a admissibilidade do agravo de instrumento, deve o relator aplicar o disposto no art. 932, parágrafo único.

§ 4.º Se o recurso for interposto por sistema de transmissão de dados tipo fac-símile ou similar, as peças devem ser juntadas no momento de protocolo da petição original.

§ 5.º Sendo eletrônicos os autos do processo, dispensam-se as peças referidas nos incisos I e II do *caput*, facultando-se ao agravante anexar outros documentos que entender úteis para a compreensão da controvérsia.

Art. 1.018. O agravante poderá requerer a juntada, aos autos do processo, de cópia da petição do agravo de instrumento, do comprovante de sua interposição e da relação dos documentos que instruíram o recurso.

§ 1.º Se o juiz comunicar que reformou inteiramente a decisão, o relator considerará prejudicado o agravo de instrumento.

§ 2.º Não sendo eletrônicos os autos, o agravante tomará a providência prevista no *caput*, no prazo de 3 (três) dias a contar da interposição do agravo de instrumento.

§ 3.º O descumprimento da exigência de que trata o § 2.º, desde que arguido e provado pelo agravado, importa inadmissibilidade do agravo de instrumento.

Art. 1.019. Recebido o agravo de instrumento no tribunal e distribuído imediatamente, se não for o caso de aplicação do art. 932, incisos III e IV, o relator, no prazo de 5 (cinco) dias:

I – poderá atribuir efeito suspensivo ao recurso ou deferir, em antecipação de tutela, total ou parcialmente, a pretensão recursal, comunicando ao juiz sua decisão;

II – ordenará a intimação do agravado pessoalmente, por carta com aviso de recebimento, quando não tiver procurador constituído, ou pelo *Diário da Justiça* ou por carta com aviso de recebimento dirigida ao seu advogado, para que responda no prazo de 15 (quinze) dias, facultando-lhe juntar a documentação que entender necessária ao julgamento do recurso;

III – determinará a intimação do Ministério Público, preferencialmente por meio eletrônico, quando for o caso de sua intervenção, para que se manifeste no prazo de 15 (quinze) dias.

Art. 1.020. O relator solicitará dia para julgamento em prazo não superior a 1 (um) mês da intimação do agravado.

- *Vide* Súmula 640 do STF.

Capítulo IV
DO AGRAVO INTERNO

- A Resolução n. 587, de 29-7-2016, do STF, dispõe sobre o julgamento em ambiente eletrônico de agravos internos e embargos de declaração nesse Tribunal.

Art. 1.021. Contra decisão proferida pelo relator caberá agravo interno para o respectivo órgão colegiado, observadas, quanto ao processamento, as regras do regimento interno do tribunal.

•• A Resolução n. 450, de 3-12-2010, do STF, criou a classe processual "Recurso Extraordinário com Agravo - ARE", para o processamento de agravo interposto contra decisão que não admite recurso extraordinário ao STF, em razão da alteração feita pela Lei n 12.322, de 9-9-2010, que extinguiu o Agravo de Instrumento (AI) aplicado nesses casos.

•• A Resolução n. 451, de 3-12-2010, do STF, dispõe sobre a aplicação da Lei n. 12.322, de 9-9-2010, para os Recursos Extraordinários e Agravos sobre matéria penal e processual penal.

•• A Resolução n. 7, de 9-12-2010, do STJ, criou a classe processual de "Agravo em Recurso Especial - AREsp", para o processamento de agravo interposto contra decisão que inadmite recurso especial.

§ 1.º Na petição de agravo interno, o recorrente impugnará especificadamente os fundamentos da decisão agravada.

§ 2.º O agravo será dirigido ao relator, que intimará o agravado para manifestar-se sobre o recurso no prazo de 15 (quinze) dias, ao final do qual, não havendo retratação, o relator levá-lo-á a julgamento pelo órgão colegiado, com inclusão em pauta.

§ 3.º É vedado ao relator limitar-se à reprodução dos fundamentos da decisão agravada para julgar improcedente o agravo interno.

§ 4.º Quando o agravo interno for declarado manifestamente inadmissível ou improcedente em votação unânime, o órgão colegiado, em decisão fundamentada, condenará o agravante a pagar ao agravado multa fixada entre um e cinco por cento do valor atualizado da causa.

§ 5.º A interposição de qualquer outro recurso está condicionada ao depósito prévio do valor da multa prevista no § 4.º, à exceção da Fazenda Pública e do beneficiário de gratuidade da justiça, que farão o pagamento ao final.

Capítulo V
DOS EMBARGOS DE DECLARAÇÃO

- *Vide* Súmula 98 do STJ.
- A Resolução n. 587, de 29-7-2016, do STF, dispõe sobre o julgamento em ambiente eletrônico de agravos internos e embargos de declaração nesse Tribunal.

Art. 1.022. Cabem embargos de declaração contra qualquer decisão judicial para:

- *Vide* art. 494, II, do CPC.

I – esclarecer obscuridade ou eliminar contradição;

II – suprir omissão de ponto ou questão sobre o qual devia se pronunciar o juiz de ofício ou a requerimento;

- *Vide* Súmula 211 do STJ.

III – corrigir erro material.

Parágrafo único. Considera-se omissa a decisão que:

I – deixe de se manifestar sobre tese firmada em julgamento de casos repetitivos ou em incidente de assunção de competência aplicável ao caso sob julgamento;

II – incorra em qualquer das condutas descritas no art. 489, § 1.º.

Art. 1.023. Os embargos serão opostos, no prazo de 5 (cinco) dias, em petição dirigida ao juiz, com indicação do erro, obscuridade, contradição ou omissão, e não se sujeitam a preparo.

§ 1.º Aplica-se aos embargos de declaração o art. 229.

§ 2.º O juiz intimará o embargado para, querendo, manifestar-se, no prazo de 5 (cinco) dias, sobre os embargos opostos, caso seu eventual acolhimento implique a modificação da decisão embargada.

Art. 1.024. O juiz julgará os embargos em 5 (cinco) dias.

§ 1.º Nos tribunais, o relator apresentará os embargos em mesa na sessão subsequente, proferindo voto, e, não havendo julgamento nessa sessão, será o recurso incluído em pauta automaticamente.

§ 2.º Quando os embargos de declaração forem opostos contra decisão de relator ou outra decisão unipessoal proferida em tribunal, o órgão prolator da decisão embargada decidi-los-á monocraticamente.

§ 3.º O órgão julgador conhecerá dos embargos de declaração como agravo interno se entender ser este o recurso cabível, desde que determine previamente a intimação do recorrente para, no prazo de 5 (cinco) dias, complementar as razões recursais, de modo a ajustá-las às exigências do art. 1.021, § 1.º.

§ 4.º Caso o acolhimento dos embargos de declaração implique modificação da decisão embargada, o embargado que já tiver interposto outro recurso contra a decisão originária tem o direito de complementar ou alterar suas razões, nos exatos limites da modificação, no prazo de 15 (quinze) dias, contado da intimação da decisão dos embargos de declaração.

§ 5.º Se os embargos de declaração forem rejeitados ou não alterarem a conclusão do julgamento anterior, o recurso interposto pela outra parte antes da publicação do julgamento dos embargos de declaração será processado e julgado independentemente de ratificação.

- *Vide* Súmula 579 do STJ.

Art. 1.025. Consideram-se incluídos no acórdão os elementos que o embargante suscitou, para fins de prequestionamento, ainda que os embargos de declaração sejam inadmitidos ou rejeitados, caso o tribunal superior considere existentes erro, omissão, contradição ou obscuridade.

Art. 1.026. Os embargos de declaração não possuem efeito suspensivo e interrompem o prazo para a interposição de recurso.

§ 1.º A eficácia da decisão monocrática ou colegiada poderá ser suspensa pelo respectivo juiz ou relator se demonstrada a probabilidade de provimento do recurso ou, sendo relevante a fundamentação, se houver risco de dano grave ou de difícil reparação.

§ 2.º Quando manifestamente protelatórios os embargos de declaração, o juiz ou o tribunal, em decisão fundamentada, condenará o embargante a pagar ao embargado multa não excedente a dois por cento sobre o valor atualizado da causa.

§ 3.º Na reiteração de embargos de declaração manifestamente protelatórios, a multa será elevada a até dez por cento sobre o valor atualizado da causa, e a interposição de qualquer recurso ficará condicionada ao depósito prévio do valor da multa, à exceção da Fazenda Pública e do beneficiário de gratuidade da justiça, que a recolherão ao final.

§ 4.º Não serão admitidos novos embargos de declaração se os 2 (dois) anteriores houverem sido considerados protelatórios.

Capítulo VI

DOS RECURSOS PARA O SUPREMO TRIBUNAL FEDERAL E PARA O SUPERIOR TRIBUNAL DE JUSTIÇA

•• *Vide* CF, arts. 101 a 105, sobre a composição e competência do STF e STJ.

Seção I

Do Recurso Ordinário

Art. 1.027. Serão julgados em recurso ordinário:

I – pelo Supremo Tribunal Federal, os mandados de segurança, os *habeas data* e os mandados de injunção decididos em única instância pelos tribunais superiores, quando denegatória a decisão;

•• *Vide* art. 102, II, da CF.

II – pelo Superior Tribunal de Justiça:

a) os mandados de segurança decididos em única instância pelos tribunais regionais federais ou pelos tribunais de justiça dos Estados e do Distrito Federal e Territórios, quando denegatória a decisão;

•• *Vide* art. 105, II, da CF.

b) os processos em que forem partes, de um lado, Estado estrangeiro ou organismo internacional e, de outro, Município ou pessoa residente ou domiciliada no País.

§ 1.º Nos processos referidos no inciso II, alínea *b*, contra as decisões interlocutórias caberá agravo de instrumento dirigido ao Superior Tribunal de Justiça, nas hipóteses do art. 1.015.

§ 2.º Aplica-se ao recurso ordinário o disposto nos arts. 1.013, § 3.º, e 1.029, § 5.º.

Art. 1.028. Ao recurso mencionado no art. 1.027, inciso II, alínea *b*, aplicam-se, quanto aos requisitos de admissibilidade e ao procedimento, as disposições relativas à apelação e o Regimento Interno do Superior Tribunal de Justiça.

§ 1.º Na hipótese do art. 1.027, § 1.º, aplicam-se as disposições relativas ao agravo de instrumento e o Regimento Interno do Superior Tribunal de Justiça.

§ 2.º O recurso previsto no art. 1.027, incisos I e II, alínea *a*, deve ser interposto perante o tribunal de origem, cabendo ao seu presidente ou vice-presidente determinar a intimação do recorrido para, em 15 (quinze) dias, apresentar as contrarrazões.

§ 3.º Findo o prazo referido no § 2.º, os autos serão remetidos ao respectivo tribunal superior, independentemente de juízo de admissibilidade.

Seção II

Do Recurso Extraordinário e do Recurso Especial

Subseção I

Disposições gerais

Art. 1.029. O recurso extraordinário e o recurso especial, nos casos previstos na Constituição Federal, serão interpostos perante o presidente ou o vice-presidente do tribunal recorrido, em petições distintas que conterão:

•• *Vide* arts. 102, III e § 3.º, e 105, III, da CF.

I – a exposição do fato e do direito;

II – a demonstração do cabimento do recurso interposto;

III – as razões do pedido de reforma ou de invalidação da decisão recorrida.

§ 1.º Quando o recurso fundar-se em dissídio jurisprudencial, o recorrente fará a prova da divergência com a certidão, cópia ou citação do repositório de jurisprudência, oficial ou credenciado, inclusive em mídia eletrônica, em que houver sido publicado o acórdão divergente, ou ainda com a reprodução de julgado disponível na rede mundial de computadores, com indicação da respectiva fonte, devendo-se, em qualquer caso, mencionar as circunstâncias que identifiquem ou assemelhem os casos confrontados.

§ 2.º (*Revogado pela Lei n. 13.256, de 4-2-2016.*)

§ 3.º O Supremo Tribunal Federal ou o Superior Tribunal de Justiça poderá desconsiderar vício formal de recurso tempestivo ou determinar sua correção, desde que não o repute grave.

§ 4.º Quando, por ocasião do processamento do incidente de resolução de demandas repetitivas, o presidente do Supremo Tribunal Federal ou do Superior Tribunal de Justiça receber requerimento de suspensão de processos em que se discuta questão federal constitucional ou infraconstitucional, poderá, considerando razões de segurança jurídica ou de excepcional interesse social, estender a suspensão a todo o território nacional, até ulterior decisão do recurso extraordinário ou do recurso especial a ser interposto.

§ 5.º O pedido de concessão de efeito suspensivo a recurso extraordinário ou a recurso especial poderá ser formulado por requerimento dirigido:

I – ao tribunal superior respectivo, no período compreendido entre a publicação da decisão de admissão do recurso e sua distribuição, ficando o relator designado para seu exame prevento para julgá-lo;

•• Inciso I com redação determinada pela Lei n. 13.256, de 4-2-2016.

II – ao relator, se já distribuído o recurso;

III – ao presidente ou ao vice-presidente do tribunal recorrido, no período compreendido entre a interposição do recurso e a publicação da decisão de admissão do recurso, assim como no caso de o recurso ter sido sobrestado, nos termos do art. 1.037.

•• Inciso III com redação determinada pela Lei n. 13.256, de 4-2-2016.

Art. 1.030. Recebida a petição do recurso pela secretaria do tribunal, o recorrido será intimado para apresentar contrarrazões no prazo de 15 (quinze) dias, findo o qual os autos serão conclusos ao presidente ou ao vice-presidente do tribunal recorrido, que deverá:

•• *Caput* com redação determinada pela Lei n. 13.256, de 4-2-2016.

• *Vide* Súmula 216 do STJ.

I – negar seguimento:

•• Inciso I, *caput*, acrescentado pela Lei n. 13.256, de 4-2-2016.

a) a recurso extraordinário que discuta questão constitucional à qual o Supremo Tribunal Federal não tenha reconhecido a existência de repercussão geral ou a recurso extraordinário interposto contra acórdão que esteja em conformidade com entendimento do Supremo Tribunal Federal exarado no regime de repercussão geral;

•• Alínea *a* acrescentada pela Lei n. 13.256, de 4-2-2016.

b) a recurso extraordinário ou a recurso especial interposto contra acórdão que esteja em conformidade com entendimento do Supremo Tribunal Federal ou do Superior Tribunal de Justiça, respectivamente, exarado no regime de julgamento de recursos repetitivos;

•• Alínea *b* acrescentada pela Lei n. 13.256, de 4-2-2016.

II – encaminhar o processo ao órgão julgador para realização do juízo de retratação, se o acórdão recorrido divergir do entendimento do Supremo Tribunal Federal ou do Superior Tribunal de Justiça exarado, conforme o caso, nos regimes de repercussão geral ou de recursos repetitivos;

•• Inciso II acrescentado pela Lei n. 13.256, de 4-2-2016.

III – sobrestar o recurso que versar sobre controvérsia de caráter repetitivo ainda não decidida pelo Supremo Tribunal Federal ou pelo Superior Tribunal de Justiça, conforme se trate de matéria constitucional ou infraconstitucional;

•• Inciso III acrescentado pela Lei n. 13.256, de 4-2-2016.

IV – selecionar o recurso como representativo de controvérsia constitucional ou infraconstitucional, nos termos do § 6.º do art. 1.036;

•• Inciso IV acrescentado pela Lei n. 13.256, de 4-2-2016.

V – realizar o juízo de admissibilidade e, se positivo, remeter o feito ao Supremo Tribunal Federal ou ao Superior Tribunal de Justiça, desde que:

•• Inciso V, *caput*, acrescentado pela Lei n. 13.256, de 4-2-2016.

a) o recurso ainda não tenha sido submetido ao regime de repercussão geral ou de julgamento de recursos repetitivos;

•• Alínea *a* acrescentada pela Lei n. 13.256, de 4-2-2016.

b) o recurso tenha sido selecionado como representativo da controvérsia; ou

•• Alínea *b* acrescentada pela Lei n. 13.256, de 4-2-2016.

c) o tribunal recorrido tenha refutado o juízo de retratação.

•• Alínea *c* acrescentada pela Lei n. 13.256, de 4-2-2016.

§ 1.º Da decisão de inadmissibilidade proferida com fundamento no inciso V caberá agravo ao tribunal superior, nos termos do art. 1.042.

•• § 1.º acrescentado pela Lei n. 13.256, de 4-2-2016.

§ 2.º Da decisão proferida com fundamento nos incisos I e III caberá agravo interno, nos termos do art. 1.021.

•• § 2.º acrescentado pela Lei n. 13.256, de 4-2-2016.

Art. 1.031. Na hipótese de interposição conjunta de recurso extraordinário e recurso especial, os autos serão remetidos ao Superior Tribunal de Justiça.

§ 1.º Concluído o julgamento do recurso especial, os autos serão remetidos ao Supremo Tribunal Federal para apreciação do recurso extraordinário, se este não estiver prejudicado.

§ 2.º Se o relator do recurso especial considerar prejudicial o recurso extraordinário, em decisão irrecorrível, sobrestará o julgamento e remeterá os autos ao Supremo Tribunal Federal.

§ 3.º Na hipótese do § 2.º, se o relator do recurso extraordinário, em decisão irrecorrível, rejeitar a prejudicialidade, devolverá os autos ao Superior Tribunal de Justiça para o julgamento do recurso especial.

Art. 1.032. Se o relator, no Superior Tribunal de Justiça, entender que o recurso especial versa sobre questão constitucional, deverá conceder prazo de 15 (quinze) dias para que o recorrente demonstre a existência de repercussão geral e se manifeste sobre a questão constitucional.

Parágrafo único. Cumprida a diligência de que trata o *caput*, o relator remeterá o recurso ao Supremo Tribunal Federal, que, em juízo de admissibilidade, poderá devolvê-lo ao Superior Tribunal de Justiça.

Art. 1.033. Se o Supremo Tribunal Federal considerar como reflexa a ofensa à Constituição afirmada no recurso extraordinário, por pressupor a revisão da interpretação de lei federal ou de tratado, remetê-lo-á ao Superior Tribunal de Justiça para julgamento como recurso especial.

Art. 1.034. Admitido o recurso extraordinário ou o recurso especial, o Supremo Tribunal Federal ou o Superior Tribunal de Justiça julgará o processo, aplicando o direito.

Parágrafo único. Admitido o recurso extraordinário ou o recurso especial por um fundamento, devolve-se ao tribunal superior o conhecimento dos demais fundamentos para a solução do capítulo impugnado.

Art. 1.035. O Supremo Tribunal Federal, em decisão irrecorrível, não conhecerá do recurso extraordinário quando a questão constitucional nele versada não tiver repercussão geral, nos termos deste artigo.

§ 1.º Para efeito de repercussão geral, será considerada a existência ou não de questões relevantes do ponto de vista econômico, político, social ou jurídico que ultrapassem os interesses subjetivos do processo.

§ 2.º O recorrente deverá demonstrar a existência de repercussão geral para apreciação exclusiva pelo Supremo Tribunal Federal.

§ 3.º Haverá repercussão geral sempre que o recurso impugnar acórdão que:

I – contrarie súmula ou jurisprudência dominante do Supremo Tribunal Federal;

II – (*Revogado pela Lei n. 13.256, de 4-2-2016.*)

III – tenha reconhecido a inconstitucionalidade de tratado ou de lei federal, nos termos do art. 97 da Constituição Federal.

§ 4.º O relator poderá admitir, na análise da repercussão geral, a manifestação de terceiros, subscrita por procurador habilitado, nos termos do Regimento Interno do Supremo Tribunal Federal.

§ 5.º Reconhecida a repercussão geral, o relator no Supremo Tribunal Federal determinará a suspensão do processamento de todos os processos pendentes, individuais ou coletivos, que versem sobre a questão e tramitem no território nacional.

§ 6.º O interessado pode requerer, ao presidente ou ao vice-presidente do tribunal de origem, que exclua da decisão de sobrestamento e inadmita o recurso extraordinário que tenha sido interposto intempestivamente, tendo o recorrente o prazo de 5 (cinco) dias para manifestar-se sobre esse requerimento.

§ 7.º Da decisão que indeferir o requerimento referido no § 6.º ou que aplicar entendimento firmado em regime de repercussão geral ou em julgamento de recursos repetitivos caberá agravo interno.

•• § 7.º com redação determinada pela Lei n. 13.256, de 4-2-2016.

§ 8.º Negada a repercussão geral, o presidente ou o vice-presidente do tribunal de origem negará seguimento aos recursos extraordinários sobrestados na origem que versem sobre matéria idêntica.

§ 9.º O recurso que tiver a repercussão geral reconhecida deverá ser julgado no prazo de 1 (um) ano e terá preferência sobre os demais feitos, ressalvados os que envolvam réu preso e os pedidos de *habeas corpus*.

§ 10. (*Revogado pela Lei n. 13.256, de 4-2-2016.*)

§ 11. A súmula da decisão sobre a repercussão geral constará de ata, que será publicada no diário oficial e valerá como acórdão.

Subseção II

Do julgamento dos recursos extraordinário e especial repetitivos

Art. 1.036. Sempre que houver multiplicidade de recursos extraordinários ou especiais com fundamento em idêntica questão de direito, haverá afetação para julgamento de acordo com as disposições desta Subseção, observado o disposto no Regimento Interno do Supremo Tribunal Federal e no do Superior Tribunal de Justiça.

§ 1.º O presidente ou o vice-presidente de tribunal de justiça ou de tribunal regional federal selecionará 2 (dois) ou mais recursos representativos da controvérsia, que serão encaminhados ao Supremo Tribunal Federal ou ao Superior Tribunal de Justiça para fins de afetação, determinando a suspensão do trâmite de todos os processos pendentes, individuais ou coletivos, que tramitem no Estado ou na região, conforme o caso.

§ 2.º O interessado pode requerer, ao presidente ou ao vice-presidente, que exclua da decisão de sobrestamento e inadmita o recurso especial ou o recurso extraordinário que tenha sido interposto intempestivamente, tendo o recorrente o prazo de 5 (cinco) dias para manifestar-se sobre esse requerimento.

§ 3.º Da decisão que indeferir o requerimento referido no § 2.º caberá apenas agravo interno.

•• § 3.º com redação determinada pela Lei n. 13.256, de 4-2-2016.

§ 4.º A escolha feita pelo presidente ou vice-presidente do tribunal de justiça ou do tribunal regional federal não vinculará o relator no tribunal superior, que poderá selecionar outros recursos representativos da controvérsia.

§ 5.º O relator em tribunal superior também poderá selecionar 2 (dois) ou mais recursos representativos da controvérsia para julgamento da questão de direito independentemente da iniciativa do presidente ou do vice-presidente do tribunal de origem.

§ 6.º Somente podem ser selecionados recursos admissíveis que contenham abrangente argumentação e discussão a respeito da questão a ser decidida.

Art. 1.037. Selecionados os recursos, o relator, no tribunal superior, constatando a presença do pressuposto do *caput* do art. 1.036, proferirá decisão de afetação, na qual:

I – identificará com precisão a questão a ser submetida a julgamento;

II – determinará a suspensão do processamento de todos os processos pendentes, individuais ou coletivos, que versem sobre a questão e tramitem no território nacional;

III – poderá requisitar aos presidentes ou aos vice-presidentes dos tribunais de justiça ou dos tribunais regionais federais a remessa de um recurso representativo da controvérsia.

§ 1.º Se, após receber os recursos selecionados pelo presidente ou pelo vice-presidente de tribunal de justiça ou de tribunal regional federal, não se proceder à afetação, o relator, no tribunal superior, comunicará o fato ao presidente ou ao vice-presidente que os houver enviado, para que seja revogada a decisão de suspensão referida no art. 1.036, § 1.º.

§ 2.º (*Revogado pela Lei n. 13.256, de 4-2-2016.*)

§ 3.º Havendo mais de uma afetação, será prevento o relator que primeiro tiver proferido a decisão a que se refere o inciso I do *caput*.

§ 4.º Os recursos afetados deverão ser julgados no prazo de 1 (um) ano e terão preferência sobre os demais feitos, ressalvados os que envolvam réu preso e os pedidos de *habeas corpus*.

§ 5.º (*Revogado pela Lei n. 13.256, de 4-2-2016.*)

§ 6.º Ocorrendo a hipótese do § 5.º, é permitido a outro relator do respectivo tribunal superior afetar 2 (dois) ou mais recursos representativos da controvérsia na forma do art. 1.036.

§ 7.º Quando os recursos requisitados na forma do inciso III do *caput* contiverem outras questões além daquela que é objeto da afetação, caberá ao tribunal decidir esta em primeiro lugar e depois as demais, em acórdão específico para cada processo.

§ 8.º As partes deverão ser intimadas da decisão de suspensão de seu processo, a ser proferida pelo respectivo juiz ou relator quando informado da decisão a que se refere o inciso II do *caput*.

§ 9.º Demonstrando distinção entre a questão a ser decidida no processo e aquela a ser julgada no recurso especial ou extraordinário afetado, a parte poderá requerer o prosseguimento do seu processo.

§ 10. O requerimento a que se refere o § 9.º será dirigido:

I – ao juiz, se o processo sobrestado estiver em primeiro grau;

II – ao relator, se o processo sobrestado estiver no tribunal de origem;

III – ao relator do acórdão recorrido, se for sobrestado recurso especial ou recurso extraordinário no tribunal de origem;

IV – ao relator, no tribunal superior, de recurso especial ou de recurso extraordinário cujo processamento houver sido sobrestado.

§ 11. A outra parte deverá ser ouvida sobre o requerimento a que se refere o § 9.º, no prazo de 5 (cinco) dias.

§ 12. Reconhecida a distinção no caso:

I – dos incisos I, II e IV do § 10, o próprio juiz ou relator dará prosseguimento ao processo;

II – do inciso III do § 10, o relator comunicará a decisão ao presidente ou ao vice-presidente que houver determinado o sobrestamento, para que o recurso especial ou o recurso extraordinário seja encaminhado ao respectivo tribunal superior, na forma do art. 1.030, parágrafo único.

•• Prejudicada a referência ao art. 1.030, parágrafo único, modificado pela Lei n. 13.256, de 4-2-2016.

§ 13. Da decisão que resolver o requerimento a que se refere o § 9.º caberá:

I – agravo de instrumento, se o processo estiver em primeiro grau;

II – agravo interno, se a decisão for de relator.

Art. 1.038. O relator poderá:

I – solicitar ou admitir manifestação de pessoas, órgãos ou entidades com interesse na controvérsia, considerando a relevância da matéria e consoante dispuser o regimento interno;

•• *Vide* art. 138 do CPC.

• O Provimento n. 128, de 8-12-2008, estabelece parâmetros de atuação do Conselho Federal da OAB para manifestação em recursos repetitivos.

II – fixar data para, em audiência pública, ouvir depoimentos de pessoas com experiência e conhecimento na matéria, com a finalidade de instruir o procedimento;

III – requisitar informações aos tribunais inferiores a respeito da controvérsia e, cumprida a diligência, intimará o Ministério Público para manifestar-se.

§ 1.º No caso do inciso III, os prazos respectivos são de 15 (quinze) dias, e os atos serão praticados, sempre que possível, por meio eletrônico.

§ 2.º Transcorrido o prazo para o Ministério Público e remetida cópia do relatório aos demais ministros, haverá inclusão em pauta, devendo ocorrer o julgamento com preferência sobre os demais feitos, ressalvados os que envolvam réu preso e os pedidos de *habeas corpus*.

§ 3.º O conteúdo do acórdão abrangerá a análise dos fundamentos relevantes da tese jurídica discutida.

•• § 3.º com redação determinada pela Lei n. 13.256, de 4-2-2016.

Art. 1.039. Decididos os recursos afetados, os órgãos colegiados declararão prejudicados os demais recursos versando sobre idêntica controvérsia ou os decidirão aplicando a tese firmada.

Parágrafo único. Negada a existência de repercussão geral no recurso extraordinário afetado, serão considerados automaticamente inadmitidos os recursos extraordinários cujo processamento tenha sido sobrestado.

Art. 1.040. Publicado o acórdão paradigma:

I – o presidente ou o vice-presidente do tribunal de origem negará seguimento aos recursos especiais ou extraordinários sobrestados na origem, se o acórdão recorrido coincidir com a orientação do tribunal superior;

II – o órgão que proferiu o acórdão recorrido, na origem, reexaminará o processo de competência originária, a remessa necessária ou o recurso anteriormente julgado, se o acórdão recorrido contrariar a orientação do tribunal superior;

III – os processos suspensos em primeiro e segundo graus de jurisdição retomarão o curso para julgamento e aplicação da tese firmada pelo tribunal superior;

IV – se os recursos versarem sobre questão relativa a prestação de serviço público objeto de concessão, permissão ou autorização, o resultado do julgamento será comunicado ao órgão, ao ente ou à agência reguladora competente para fiscalização da efetiva aplicação, por parte dos entes sujeitos a regulação, da tese adotada.

§ 1.º A parte poderá desistir da ação em curso no primeiro grau de jurisdição, antes de proferida a sentença, se a questão nela discutida for idêntica à resolvida pelo recurso representativo da controvérsia.

§ 2.º Se a desistência ocorrer antes de oferecida contestação, a parte ficará isenta do pagamento de custas e de honorários de sucumbência.

§ 3.º A desistência apresentada nos termos do § 1.º independe de consentimento do réu, ainda que apresentada contestação.

Art. 1.041. Mantido o acórdão divergente pelo tribunal de origem, o recurso especial ou extraordinário será remetido ao respectivo tribunal superior, na forma do art. 1.036, § 1.º.

§ 1.º Realizado o juízo de retratação, com alteração do acórdão divergente, o tribunal de origem, se for o caso, decidirá as demais questões ainda não decididas cujo enfrentamento se tornou necessário em decorrência da alteração.

§ 2.º Quando ocorrer a hipótese do inciso II do *caput* do art. 1.040 e o recurso versar sobre outras questões, caberá ao presidente ou ao vice-presidente do tribunal recorrido, depois do reexame pelo órgão de origem e independentemente de ratificação do recurso, sendo positivo o juízo de admissibilidade, determinar a remessa do recurso ao tribunal superior para julgamento das demais questões.

•• § 2.º com redação determinada pela Lei n. 13.256, de 4-2-2016.

Seção III
Do Agravo em Recurso Especial e em Recurso Extraordinário

Art. 1.042. Cabe agravo contra decisão do presidente ou do vice-presidente do tribunal recorrido que inadmitir recurso extraordinário ou recurso especial, salvo quando fundada na aplicação de entendimento firmado em regime de repercussão geral ou em julgamento de recursos repetitivos.

•• *Caput* com redação determinada pela Lei n. 13.256, de 4-2-2016.

•• A Portaria Normativa n. 3, de 17-6-2021, da PGU, regulamenta os critérios para a dispensa da prática de atos e desistência de recursos, bem como procedimentos ligados a execuções e cumprimentos de sentença em face da União.

I a III – (*Revogados pela Lei n. 13.256, de 4-2-2016.*)

§ 1.º (*Revogado pela Lei n. 13.256, de 4-2-2016.*)

§ 2.º A petição de agravo será dirigida ao presidente ou ao vice-presidente do tribunal de origem e independe do pagamento de custas e despesas postais, aplicando-se a ela o regime de repercussão geral e de recursos repetitivos, inclusive quanto à possibilidade de sobrestamento e do juízo de retratação.

•• § 2.º com redação determinada pela Lei n. 13.256, de 4-2-2016.

§ 3.º O agravado será intimado, de imediato, para oferecer resposta no prazo de 15 (quinze) dias.

§ 4.º Após o prazo de resposta, não havendo retratação, o agravo será remetido ao tribunal superior competente.

§ 5.º O agravo poderá ser julgado, conforme o caso, conjuntamente com o recurso especial ou extraordinário, assegurada, neste caso, sustentação oral, observando-se, ainda, o disposto no regimento interno do tribunal respectivo.

§ 6.º Na hipótese de interposição conjunta de recursos extraordinário e especial, o agravante deverá interpor um agravo para cada recurso não admitido.

§ 7.º Havendo apenas um agravo, o recurso será remetido ao tribunal competente, e, havendo interposição conjunta, os autos serão remetidos ao Superior Tribunal de Justiça.

§ 8.º Concluído o julgamento do agravo pelo Superior Tribunal de Justiça e, se for o caso, do recurso especial, independentemente de pedido, os autos serão remetidos ao Supremo Tribunal Federal para apreciação do agravo a ele dirigido, salvo se estiver prejudicado.

Seção IV
Dos Embargos de Divergência

Art. 1.043. É embargável o acórdão de órgão fracionário que:

I – em recurso extraordinário ou em recurso especial, divergir do julgamento de qualquer outro órgão do mesmo tribunal, sendo os acórdãos, embargado e paradigma, de mérito;

II – (*Revogado pela Lei n. 13.256, de 4-2-2016.*)

III – em recurso extraordinário ou em recurso especial, divergir do julgamento de qualquer outro órgão do mesmo tribunal, sendo um acórdão de mérito e outro que não tenha conhecido do recurso, embora tenha apreciado a controvérsia;

IV – (*Revogado pela Lei n. 13.256, de 4-2-2016.*)

§ 1.º Poderão ser confrontadas teses jurídicas contidas em julgamentos de recursos e de ações de competência originária.

§ 2.º A divergência que autoriza a interposição de embargos de divergência pode verificar-se na aplicação do direito material ou do direito processual.

§ 3.º Cabem embargos de divergência quando o acórdão paradigma for da mesma turma que proferiu a decisão embargada, desde que sua composição tenha sofrido alteração em mais da metade de seus membros.

§ 4.º O recorrente provará a divergência com certidão, cópia ou citação de repositório oficial ou credenciado de jurisprudência, inclusive em mídia eletrônica, onde foi publicado o acórdão divergente, ou com a reprodução de julgado disponível na rede mundial de computadores, indicando a respectiva fonte, e mencionará as circunstâncias que identificam ou assemelham os casos confrontados.

§ 5.º (*Revogado pela Lei n. 13.256, de 4-2-2016.*)

Art. 1.044. No recurso de embargos de divergência, será observado o procedimento estabelecido no regimento interno do respectivo tribunal superior.

§ 1.º A interposição de embargos de divergência no Superior Tribunal de Justiça interrompe o prazo para interposição de recurso extraordinário por qualquer das partes.

§ 2.º Se os embargos de divergência forem desprovidos ou não alterarem a conclusão do julgamento anterior, o recurso extraordinário interposto pela outra parte antes da publicação do julgamento dos embargos de divergência será processado e julgado independentemente de ratificação.

Livro Complementar
DISPOSIÇÕES FINAIS E TRANSITÓRIAS

Art. 1.045. Este Código entra em vigor após decorrido 1 (um) ano da data de sua publicação oficial.

Art. 1.046. Ao entrar em vigor este Código, suas disposições se aplicarão desde logo aos processos pendentes, ficando revogada a Lei n. 5.869, de 11 de janeiro de 1973.

§ 1.º As disposições da Lei n. 5.869, de 11 de janeiro de 1973, relativas ao procedimento sumário e aos procedimentos especiais que forem revogadas aplicar-se-ão às ações propostas e não sentenciadas até o início da vigência deste Código.

§ 2.º Permanecem em vigor as disposições especiais dos procedimentos regulados em outras leis, aos quais se aplicará supletivamente este Código.

§ 3.º Os processos mencionados no art. 1.218 da Lei n. 5.869, de 11 de janeiro de 1973, cujo procedimento ainda não tenha sido incorporado por lei submetem-se ao procedimento comum previsto neste Código.

§ 4.º As remissões a disposições do Código de Processo Civil revogado, existentes em outras leis, passam a referir-se às que lhes são correspondentes neste Código.

§ 5.º A primeira lista de processos para julgamento em ordem cronológica observará a antiguidade da distribuição entre os já conclusos na data da entrada em vigor deste Código.

Art. 1.047. As disposições de direito probatório adotadas neste Código aplicam-se apenas às provas requeridas ou determinadas de ofício a partir da data de início de sua vigência.

Art. 1.048. Terão prioridade de tramitação, em qualquer juízo ou tribunal, os procedimentos judiciais:

I – em que figure como parte ou interessado pessoa com idade igual ou superior a 60 (sessenta) anos ou portadora de doença grave, assim compreendida qualquer das enumeradas no art. 6.º, inciso XIV, da Lei n. 7.713, de 22 de dezembro de 1988;

• *Vide* art. 71 da Lei n. 10.741, de 1.º-10-2003 (Estatuto do Idoso).

II – regulados pela Lei n. 8.069, de 13 de julho de 1990 (Estatuto da Criança e do Adolescente);

III – em que figure como parte a vítima de violência doméstica e familiar, nos termos da Lei n. 11.340, de 7 de agosto de 2006 (Lei Maria da Penha).

•• Inciso III acrescentado pela Lei n. 13.894, de 29-10-2019.

IV – em que se discuta a aplicação do disposto nas normas gerais de licitação e contratação a que se refere o inciso XXVII do *caput* do art. 22 da Constituição Federal.

•• Inciso IV acrescentado pela Lei n. 14.133, de 1.º-4-2021.

§ 1.º A pessoa interessada na obtenção do benefício, juntando prova de sua condição, deverá requerê-lo à autoridade judiciária competente para decidir o feito, que determinará ao cartório do juízo as providências a serem cumpridas.

§ 2.º Deferida a prioridade, os autos receberão identificação própria que evidencie o regime de tramitação prioritária.

§ 3.º Concedida a prioridade, essa não cessará com a morte do beneficiado, estendendo-se em favor do cônjuge supérstite ou do companheiro em união estável.

§ 4.º A tramitação prioritária independe de deferimento pelo órgão jurisdicional e deverá ser imediatamente concedida diante da prova da condição de beneficiário.

Art. 1.049. Sempre que a lei remeter a procedimento previsto na lei processual sem especificá-lo, será observado o procedimento comum previsto neste Código.

Parágrafo único. Na hipótese de a lei remeter ao procedimento sumário, será observado o procedimento comum previsto neste Código, com as modificações previstas na própria lei especial, se houver.

Art. 1.050. A União, os Estados, o Distrito Federal, os Municípios, suas respectivas entidades da administração indireta, o Ministério Público, a Defensoria Pública e a Advocacia Pública, no prazo de 30 (trinta) dias a contar da data da entrada em vigor deste Código, deverão se cadastrar perante a administração do tribunal no qual atuem para cumprimento do disposto nos arts. 246, § 2.º, e 270, parágrafo único.

Art. 1.051. As empresas públicas e privadas devem cumprir o disposto no art. 246, § 1.º, no prazo de 30 (trinta) dias, a contar da data de inscrição do ato constitutivo da pessoa jurídica, perante o juízo onde tenham sede ou filial.

Parágrafo único. O disposto no *caput* não se aplica às microempresas e às empresas de pequeno porte.

Art. 1.052. Até a edição de lei específica, as execuções contra devedor insolvente, em curso ou que venham a ser propostas, permanecem reguladas pelo Livro II, Título IV, da Lei n. 5.869, de 11 de janeiro de 1973.

Art. 1.053. Os atos processuais praticados por meio eletrônico até a transição definitiva para certificação digital ficam convalidados, ainda que não tenham observado os requisitos mínimos estabelecidos por este Código, desde que tenham atingido sua finalidade e não tenha havido prejuízo à defesa de qualquer das partes.

Art. 1.054. O disposto no art. 503, § 1.º, somente se aplica aos processos iniciados após a vigência deste Código, aplicando-se aos anteriores o disposto nos arts. 5.º, 325 e 470 da Lei n. 5.869, de 11 de janeiro de 1973.

Art. 1.055. (*Vetado.*)

Art. 1.056. Considerar-se-á como termo inicial do prazo da prescrição prevista no art. 924, inciso V, inclusive para as execuções em curso, a data de vigência deste Código.

Art. 1.057. O disposto no art. 525, §§ 14 e 15, e no art. 535, §§ 7.º e 8.º, aplica-se às decisões transitadas em julgado após a entrada em vigor deste Código, e, às decisões transitadas em julgado anteriormente, aplica-se o disposto no art. 475-L, § 1.º, e no art. 741, parágrafo único, da Lei n. 5.869, de 11 de janeiro de 1973.

Art. 1.058. Em todos os casos em que houver recolhimento de importância em dinheiro, esta será depositada em nome da parte ou do interessado, em conta especial movimentada por ordem do juiz, nos termos do art. 840, inciso I.

Art. 1.059. À tutela provisória requerida contra a Fazenda Pública aplica-se o disposto nos arts. 1.º a 4.º da Lei n. 8.437, de 30 de junho de 1992, e no art. 7.º, § 2.º, da Lei n. 12.016, de 7 de agosto de 2009.

Art. 1.060. O inciso II do art. 14 da Lei n. 9.289, de 4 de julho de 1996, passa a vigorar com a seguinte redação:

"Art. 14.

II – aquele que recorrer da sentença adiantará a outra metade das custas, comprovando o adiantamento no ato de interposição do recurso, sob pena de deserção, observado o disposto nos §§ 1.º a 7.º do art. 1.007 do Código de Processo Civil;

...."

• A Lei n. 9.289, de 4-7-1996, dispõe sobre as custas devidas à União na Justiça Federal de 1.º e 2.º graus e dá outras providências.

Art. 1.061. O § 3.º do art. 33 da Lei n. 9.307, de 23 de setembro de 1996 (Lei de Arbitragem), passa a vigorar com a seguinte redação:

•• Alteração já processada no diploma modificado.

Art. 1.062. O incidente de desconsideração da personalidade jurídica aplica-se ao processo de competência dos juizados especiais.

•• *Vide* arts. 133 a 137 do CPC.

Art. 1.063. Até a edição de lei específica, os juizados especiais cíveis previstos na Lei n. 9.099, de 26 de setembro de 1995, continuam competentes para o processamento e julgamento das causas previstas no art. 275, inciso II, da Lei n. 5.869, de 11 de janeiro de 1973.

Art. 1.064. O *caput* do art. 48 da Lei n. 9.099, de 26 de setembro de 1995, passa a vigorar com a seguinte redação:

•• Alteração já processada no diploma modificado.

Art. 1.065. O art. 50 da Lei n. 9.099, de 26 de setembro de 1995, passa a vigorar com a seguinte redação:

•• Alteração já processada no diploma modificado.

Art. 1.066. O art. 83 da Lei n. 9.099, de 26 de setembro de 1995, passa a vigorar com a seguinte redação:

•• Alteração já processada no diploma modificado.

Art. 1.067. O art. 275 da Lei n. 4.737, de 15 de julho de 1965 (Código Eleitoral), passa a vigorar com a seguinte redação:

"Art. 275. São admissíveis embargos de declaração nas hipóteses previstas no Código de Processo Civil.

§ 1.º Os embargos de declaração serão opostos no prazo de 3 (três) dias, contado da data de publicação da decisão embargada, em petição dirigida ao juiz ou relator, com a indicação do ponto que lhes deu causa.

§ 2.º Os embargos de declaração não estão sujeitos a preparo.

§ 3.º O juiz julgará os embargos em 5 (cinco) dias.

§ 4.º Nos tribunais:

I – o relator apresentará os embargos em mesa na sessão subsequente, proferindo voto;

II – não havendo julgamento na sessão referida no inciso I, será o recurso incluído em pauta;

III – vencido o relator, outro será designado para lavrar o acórdão.

§ 5.º Os embargos de declaração interrompem o prazo para a interposição de recurso.

§ 6.º Quando manifestamente protelatórios os embargos de declaração, o juiz ou o tribunal, em decisão fundamentada, condenará o embargante a pagar ao embargado multa não excedente a 2 (dois) salários mínimos.

§ 7.º Na reiteração de embargos de declaração manifestamente protelatórios, a multa será elevada a até 10 (dez) salários mínimos".

Art. 1.068. O art. 274 e o *caput* do art. 2.027 da Lei n. 10.406, de 10 de janeiro de 2002 (Código Civil), passam a vigorar com a seguinte redação:

•• Alterações já processadas no diploma modificado.

Art. 1.069. O Conselho Nacional de Justiça promoverá, periodicamente, pesquisas estatísticas para avaliação da efetividade das normas previstas neste Código.

Art. 1.070. É de 15 (quinze) dias o prazo para a interposição de qualquer agravo, previsto em lei ou em regimento interno de tribunal, contra decisão de relator ou outra decisão unipessoal proferida em tribunal.

Art. 1.071. O Capítulo III do Título V da Lei n. 6.015, de 31 de dezembro de 1973 (Lei de Registros Públicos), passa a vigorar acrescida do seguinte art. 216-A:

•• Alteração já processada no diploma modificado.

Art. 1.072. Revogam-se:

I – o art. 22 do Decreto-lei n. 25, de 30 de novembro de 1937;

II – os arts. 227, *caput*, 229, 230, 456, 1.482, 1.483 e 1.768 a 1.773 da Lei n. 10.406, de 10 de janeiro de 2002 (Código Civil);

III – os arts. 2.º, 3.º, 4.º, 6.º, 7.º, 11, 12 e 17 da Lei n. 1.060, de 5 de fevereiro de 1950;

IV – os arts. 13 a 18, 26 a 29 e 38 da Lei n. 8.038, de 28 de maio de 1990;

V – os arts. 16 a 18 da Lei n. 5.478, de 25 de julho de 1968; e

VI – o art. 98, § 4.º, da Lei n. 12.529, de 30 de novembro de 2011.

Brasília, 16 de março de 2015; 194.º da Independência e 127.º da República.

DILMA ROUSSEFF

ÍNDICE ALFABÉTICO-REMISSIVO DO CÓDIGO DE PROCESSO CIVIL

ABUSO DO DIREITO DE DEFESA
- tutela da evidência: art. 311, I

AÇÃO
- legitimidade: art. 17
- meramente declaratória; admissibilidade: art. 20
- propositura: art. 312
- sobre direito real imobiliário; consentimento do cônjuge: arts. 73 e 74
- substituição processual: art. 18
- valor: arts. 291 a 293

AÇÃO ACESSÓRIA
- juízo competente: art. 61

AÇÃO ANULATÓRIA
- partilha: art. 657, parágrafo único

AÇÃO DE ALIMENTOS
- desconto em folha: art. 912
- foro competente: art. 53, II
- sentença condenatória, efeito suspensivo: art. 1.012, § 1.º, II

AÇÃO DE CONSIGNAÇÃO EM PAGAMENTO
- arts. 539 a 549
- contestação; alegação do réu: art. 544
- conversão do depósito em arrecadação de coisas vagas: art. 548, I
- de coisa indeterminada com escolha do credor: art. 543
- depósito incompleto: art. 545
- depósito, seus efeitos: art. 540
- fundada em dúvida sobre quem deva receber: art. 547
- fundada em dúvida sobre quem deva receber, decisão: art. 548
- insuficiência de depósito: art. 545
- julgamento sumário: art. 546
- onde requerer: art. 540
- o que será requerido na petição inicial: art. 542
- prazo para completar o depósito: art. 545
- prestações periódicas: art. 541
- recebimento pelo credor: art. 546, parágrafo único
- resgate de aforamento: art. 549

AÇÃO DE DEMARCAÇÃO
- auto de demarcação, lavratura e homologação: arts. 586 e 587
- citação: arts. 576 e 577
- colocação dos marcos: arts. 582 e 584
- cumulação com divisão: art. 570
- laudo, elaboração: art. 580
- legitimidade ativa: arts. 569, I, e 575
- peritos: art. 579
- petição inicial: art. 574
- planta, acompanhamento: art. 583
- procedimento comum: art. 578
- sentença: art. 581
- sentença com efeito meramente devolutivo: art. 1.012, § 1.º, I

AÇÃO DE DISSOLUÇÃO PARCIAL DE SOCIEDADE
- arts. 599 a 609
- apuração dos haveres: art. 604
- citação: art. 601
- concordância da dissolução; manifestação expressa e unânime: art. 603, *caput*, e § 1.º
- contestação; procedimento comum: art. 603, § 2.º
- indenização: art. 602
- legitimidade ativa: art. 600
- objeto: art. 599
- omissão do contrato social: art. 606
- resolução da sociedade: art. 605

AÇÃO DE DIVISÃO
- auto de divisão: art. 597
- benfeitorias de confinantes, respeito: art. 593
- citações: arts. 576 e 589
- condôminos, apresentação dos títulos e pedidos de quinhões: art. 591
- confinantes, demanda de restituição de terreno usurpado: art. 594
- cumulação com demarcação: art. 570
- decisão sobre títulos e pedidos: art. 592
- deliberação da partilha: art. 596
- demarcação dos quinhões: art. 596, parágrafo único
- dispensa da realização de prova pericial: art. 573
- laudo fundamentado: art. 595
- peritos: art. 590
- petição inicial: art. 588

AÇÃO DE EXIGIR CONTAS
- apuração de sentença, saldo credor, constituição de título executivo judicial: art. 552
- contas do réu, forma adequada: art. 551
- para exigi-las, procedimento: art. 550

AÇÃO DE REPARAÇÃO DE DANO
- competência do lugar: art. 53, IV, *a*, e V

AÇÃO DE USUCAPIÃO
- citação: art. 246, § 3.º
- edital: art. 259, I

AÇÃO MONITÓRIA
- arts. 700 a 702
- a quem compete: art. 700
- citação: art. 700, § 7.º
- embargos: art. 702
- expedição do mandado de pagamento ou entrega da coisa; prazo: art. 701
- isenção de custas e honorários advocatícios; disposições: art. 701, § 1.º

AÇÃO PAULIANA
- embargos de terceiro: arts. 674 a 681
- fraude contra credores: art. 792

AÇÃO REGRESSIVA
- do fiador: art. 794, § 2.º
- do sócio: art. 795, § 3.º

AÇÃO RESCISÓRIA
- casos de admissão: art. 966
- decadência: art. 975
- de partilha julgada por sentença: art. 658
- legitimidade ativa: art. 967
- não tem efeito suspensivo da sentença rescindenda; exceções: art. 969
- petição inicial, indeferimento: art. 968, § 3.º
- petição inicial, requisitos: art. 968
- provas, delegação de competência a juiz de direito: art. 972
- razões finais: art. 973
- relatório, cópia aos juízes: art. 971

ACAREAÇÃO
- de testemunhas: art. 461, II

AÇÕES DE FAMÍLIA
- arts. 693 a 699
- abuso ou alienação parental: art. 699
- citação do réu: art. 695
- depoimento do incapaz: art. 699
- divórcio, processos contenciosos: art. 693
- guarda: art. 693
- mediação e conciliação: art. 694, *caput*
- mediação extrajudicial: art. 694, parágrafo único
- Ministério Público: art. 698
- reconhecimento e extinção de união estável: art. 693
- solução consensual da controvérsia: art. 694
- suspensão do processo, requerimento das partes: art. 694, parágrafo único
- visitação e filiação: art. 693

AÇÕES DE MANUTENÇÃO E REINTEGRAÇÃO DE POSSE
- citação do réu: art. 564
- contra pessoas jurídicas de direito público: art. 562, parágrafo único
- cumulação de pedido: art. 555
- direito do possuidor: art. 560
- esbulho: arts. 555, parágrafo único, I, 556, 558, 560 e 561
- exceção de domínio: art. 557
- indenização dos frutos: art. 555, II
- litígio coletivo pela posse de imóvel: art. 565
- mandado liminar: arts. 562 a 564
- natureza dúplice: art. 556
- perdas e danos: art. 555, I

– procedimento comum: art. 566
– provas que incumbem ao autor para o mandado liminar: art. 561
– turbação: arts. 555, parágrafo único, I, 556, 558, 560 e 561
– tutela provisória: art. 555, parágrafo único, II

AÇÕES IMOBILIÁRIAS
– competência do juiz brasileiro: art. 23

AÇÕES POSSESSÓRIAS
– com rito comum: art. 558, parágrafo único
– contestação, alegação de que é sua a posse ofendida: art. 556
– manutenção provisória, idoneidade financeira do autor: art. 559
– prazo de ano e dia: art. 558
– propositura de uma por outra: art. 554
– reconvenção: art. 556
– reintegração provisória, idoneidade financeira do autor: art. 559

ACÓRDÃO(S)
– definição: art. 204
– embargos declaratórios: art. 1.022
– registrado em arquivo eletrônico: art. 943

ADJUDICAÇÃO
– de bens do devedor, em execução: art. 825, I
– de bens penhorados, pagamento ao credor: art. 904, II
– lavratura do auto de: art. 877
– processamento: art. 876
– requerimento de: art. 878

ADMINISTRADOR
– guarda e conservação de bens: art. 159
– de imóvel ou empresa em usufruto concedido em execução: art. 869
– do espólio: arts. 613 e 614
– prestação de contas, procedimento: art. 553

ADVOCACIA PÚBLICA
– arts. 182 a 184

ADVOGADO
– direitos: art. 107
– falecimento, restituição de prazo para recurso: art. 1.004
– postulação em causa própria: art. 106
– procuração: art. 104
– procuração geral para o foro: art. 105
– público; restituição dos autos; prazo: art. 234
– renúncia de mandato: art. 112
– representação em juízo: art. 103
– sustentação de recurso perante tribunal: art. 937

AERONAVE
– ação de reparação de dano, foro competente: art. 53, V
– penhora, efeitos: art. 835, VIII

AFORAMENTO
– resgate: art. 549

AGRAVO
– cabimento: art. 1.042

AGRAVO DE INSTRUMENTO
– a quem será dirigido: art. 1.016
– cabimento: arts. 994, II, e 1.015
– custas; comprovante de pagamento: art. 1.017, § 1.º
– das decisões interlocutórias; quando é cabível: art. 1.015
– decisão do relator: arts. 1.019 e 932, III
– juntada da cópia de petição; prazo: art. 1.018 e § 2.º
– peças facultativas: art. 1.017, III
– peças obrigatórias: arts. 1.016 e 1.017, I e II
– petição; instrução: art. 1.017
– petição; será protocolada ou postada: art. 1.017, § 2.º
– prejudicado: art. 1.018, § 1.º
– recebido; manifestação do relator: art. 1.019
– requisitos: art. 1.016
– resposta; contrarrazões: art. 1.019, II

AGRAVO INTERNO
– cabimento: art. 994, III
– prazo: art. 1.021, § 2.º

ALIENAÇÕES JUDICIAIS
– leilão: art. 730

ALIMENTOS
– execução: art. 911

AMICUS CURIAE
– art. 138

ANTICRESE
– ineficácia da alienação em execução, relativamente ao credor não intimado: art. 804
– título executivo: art. 784, V

APELAÇÃO
– admite recurso adesivo: arts. 997, § 2.º, II, e 1.010, § 2.º
– de sentença: art. 1.009
– efeito devolutivo: art. 1.013
– efeito suspensivo: art. 1.012
– interposição, requisitos da petição: art. 1.010
– intimação do apelado para contrarrazoar: art. 1.010, § 1.º
– qualificação das partes: art. 1.010, I
– questão de fato não proposta no juízo inferior: art. 1.014
– recebimento: art. 1.011
– resultado não unânime: art. 942

APRECIAÇÃO JURISDICIONAL
– art. 3.º

ARRECADAÇÃO DE BENS
– ausentes: arts. 744 e 745
– coisa vaga: art. 746
– herança jacente: arts. 738 a 743

ARREMATAÇÃO
– auto de arrematação: arts. 901 a 903
– desfazimento; casos: art. 903, § 1.º
– edital de leilão; que deve conter: art. 886
– falta de pagamento, por parte do arrematante e seu fiador, efeitos: art. 897
– lance; preço vil: art. 891
– pagamento; imediato ou mediante caução: art. 895, § 1.º
– preferência ao arrematante da totalidade dos bens: art. 893
– publicidade na imprensa: art. 887, § 4.º
– quando pode desfazer-se: art. 903, § 1.º
– suspensão; momento: art. 899

ARREMATANTE
– remisso, sanções: art. 897

ARRESTO
– arts. 827 a 830

ARROLAMENTO
– arts. 659 a 667
– avaliação dos bens do espólio: art. 661
– credores do espólio e homologação da partilha ou da adjudicação: art. 663
– imposto de transmissão; lançamento: art. 662, § 2.º
– partilha amigável entre capazes; homologação: art. 659, § 2.º
– pedido de adjudicação: art. 659 e § 1.º
– petição de inventário; elementos: art. 660
– taxas judiciárias e tributos: art. 662

ASSISTÊNCIA
– arts. 119 a 124
– admissibilidade: art. 119, parágrafo único
– em litisconsórcio: art. 124
– simples: arts. 121 a 123
– trânsito em julgado da sentença: art. 123

ASTREINTES – PENA PECUNIÁRIA
– casos: art. 806, § 1.º

ATOS ATENTATÓRIOS
– à dignidade da justiça: arts. 772, II, e 774

ATOS DO ESCRIVÃO
– como são procedidos: arts. 206 a 211

ATOS EXECUTIVOS
– determinação judicial, cumprimento pelos oficiais de justiça: art. 782

ATOS PROCESSUAIS
– arts. 188 a 293
– comunicação: arts. 236 a 275
– fixação de calendário: art. 191
– lugar: art. 217
– prática eletrônica: arts. 193 a 199
– prazos: arts. 218 a 235
– prioridade na tramitação: art. 1.048
– publicidade: arts. 11 e 189
– tempo: arts. 212 a 216

AUDIÊNCIA
– de conciliação ou mediação: art. 334
– de instrução e julgamento: arts. 358 a 368
– será pública, salvo casos especiais: art. 368
– termo: art. 367
– una e contínua: art. 365

AUTENTICAÇÃO
– de reprodução de documentos: art. 423

AUTORIDADE ADMINISTRATIVA
– conflito de competência com autoridade judiciária: art. 959

AUTOS
– desaparecimento, restauração: art. 718

AUXILIARES DA JUSTIÇA
– arts. 149 a 175

AVALIAÇÃO
– de bens penhorados: arts. 870 a 875
– por oficial de justiça; ressalva: art. 870

AVARIA GROSSA
– arts. 707 a 711
– declaração justificada, danos passíveis de rateio: art. 708
– documentos necessários à regulação de: art. 709
– nomeação de regulador de avarias, inexistência: art. 707
– regulamento da avaria grossa, prazo: art. 710

BENFEITORIAS
– em coisa certa, objeto de execução: art. 810
– indenização: art. 810

BENS
– sujeitos à execução: arts. 789 e 790

BENS DE AUSENTES
– declaração de ausência: art. 744
– regresso do ausente: art. 745, § 4.º
– sucessão definitiva: art. 745, § 3.º
– sucessão provisória; quem pode requerer: art. 745, § 1.º

BENS IMÓVEIS
– divisíveis, arrematação parcial: art. 894

BENS IMPENHORÁVEIS
– enumeração: arts. 833 e 834

BENS INALIENÁVEIS
– frutos, quando são penhoráveis: art. 834
– são impenhoráveis: art. 833, I

BUSCA E APREENSÃO
– mandado, obrigação de entregar coisa no prazo estabelecido na sentença: art. 538
– mandado, entrega de coisa certa: art. 806, § 2.º

CAPACIDADE
– para postular: art. 70

CARTA
– arbitral: art. 237, IV
– de ordem: art. 237, I
– precatória: art. 237, III
– recusa no cumprimento; precatória ou arbitral: art. 267
– requisitos; de ordem, precatória e rogatória: art. 260
– rogatória: art. 237, II
– rogatória; procedimento perante o STJ: art. 36

CARTA PRECATÓRIA
– art. 237, III
– para arrecadação de bens de herança jacente: art. 740, § 5.º
– requisitos: art. 260

CARTA ROGATÓRIA
– art. 36
– requisitos: art. 260

CASAMENTO
– regime de bens, alteração: art. 734

CAUÇÃO
– arrematação: art. 895
– mandado liminar em embargos de terceiro: art. 678

CHAMAMENTO AO PROCESSO
– arts. 130 a 132

CHEQUE
– penhora sobre: art. 856 e parágrafos

CITAÇÃO
– arts. 238 a 259
– de devedor de obrigação de entrega de coisa certa; prazo para apresentar embargos: art. 806
– de opostos: art. 683, parágrafo único
– execução por quantia certa: art. 829
– meios: arts. 246 a 249
– na pessoa do procurador ou representante: art. 242
– por edital: arts. 256 a 259
– por edital, execução por quantia certa: art. 830, § 2.º
– procedimento de jurisdição voluntária: art. 721
– vedações: arts. 244 e 245

COAÇÃO
– confissão: art. 393
– partilha: art. 657

COISA CERTA
– execução para entrega: arts. 806 a 810

COISA INCERTA
– execução para entrega: arts. 811 a 813

COISA JULGADA
– arts. 502 a 508
– ação rescisória: art. 966, IV
– acolhimento da alegação: art. 485, V
– em relação a terceiros: art. 506
– homologação de decisão estrangeira: art. 963, IV
– na tutela antecipada; não faz: art. 304, § 6.º
– quando ocorre: art. 337, §§ 1.º e 4.º

COISAS VAGAS
– edital de chamamento do dono: art. 746, § 2.º
– recebimento por autoridade policial: art. 746, § 1.º

COMPETÊNCIA
– arts. 42 a 66
– ação acessória: art. 61
– ação sobre bens imóveis: art. 47
– ação sobre bens móveis: art. 46
– ações de inventário e partilha: art. 48
– ações em que a União é autora: art. 51
– ações em que o Estado ou Distrito Federal são autores: art. 52
– conflito: art. 66
– continência: art. 56
– determinação: arts. 43 e 44
– em razão da matéria; inderrogabilidade: art. 62
– execução: arts. 781 e 782
– incompetência absoluta ou relativa; alegação: art. 64
– modificação: arts. 54 a 63
– perante a Justiça Federal: art. 45
– prorrogação: art. 65
– relativa; modificação por conexão ou continência: art. 54
– relativa; prorrogação: art. 65
– segundo o foro: art. 53

CONCILIAÇÃO
– e mediadores judiciais: arts. 165 a 175
– impedimento: art. 170 e 172
– princípios: art. 166
– *vide* também AUXILIARES DA JUSTIÇA

CONCURSO DE CREDORES
– execução por quantia certa: art. 908

CONEXÃO
– distribuição por dependência: art. 286, I
– litisconsórcio: art. 113, II
– modificação da competência: art. 54

CONFISSÃO
– arts. 389 a 395
– de dívida, título executivo: art. 784, II

CONFLITO DE COMPETÊNCIA
– autoridade judiciária e autoridade administrativa: art. 959
– dirigido ao presidente do tribunal: art. 953
– entre desembargadores e juízes em exercício no tribunal: art. 958
– incompetência relativa: art. 952
– Ministério Público, prazo: art. 956
– procedimento: arts. 954 a 957
– quem pode suscitar: art. 951
– remessa dos autos ao juiz competente: art. 957, parágrafo único
– sobrestamento do processo: art. 955

CÔNJUGES
– necessidade de consentimento para propor ação: arts. 73 e 74
– quando seus bens respondem por dívida: art. 790, IV

CONTESTAÇÃO
– arts. 335 a 342
– alegação de toda a matéria de defesa: art. 336
– novas alegações: art. 342
– prazo para oferecê-lo: art. 335
– preliminares: art. 337
– presume-se verdadeiros os fatos não impugnados: art. 341
– réu, parte ilegítima: arts. 338 e 339

CONTINÊNCIA
– ação continente proposta anteriormente: art. 57
– distribuição por dependência: art. 286, I
– modificação da competência: art. 54
– quando ocorre: art. 56

COOPERAÇÃO JURÍDICA INTERNACIONAL
– arts. 26 a 41
– auxílio direto: arts. 28 a 34
– carta rogatória: art. 36

COOPERAÇÃO JURÍDICA NACIONAL
– arts. 67 a 69

CREDORES
– a execução se faz no seu interesse: art. 797
– com direito de retenção: art. 793
– com garantia real, intimação de penhora: art. 799, I
– com título executivo, legitimidade para a execução: art. 778, § 1.º, II e III
– execução, medidas acautelatórias: art. 799, VIII
– inadimplente, excesso de execução: art. 917, § 2.º, IV
– preferência sobre bens penhorados: art. 797
– sujeito a contraprestação, prova de adimplemento: art. 798, I, *d*
– *vide* também EXEQUENTE

CUMULAÇÃO DE PEDIDOS
– incompetência: art. 45, § 2.º
– valor da causa: art. 292, VI

CURADOR
– contestação do pedido de remoção e dispensa de tutor ou curador: art. 761, parágrafo único
– escusa do encargo: art. 760
– especial; nomeação: art. 72
– nomeação, compromisso: art. 759
– prestação de contas, procedimento: art. 553
– remoção, quem requer: art. 761
– requerimento de exoneração: art. 763
– suspensão, substituto interino: art. 762

CURATELA
– disposições comuns com a tutela: arts. 759 a 763

CURATELA DE INTERDITOS
– arts. 747 a 758
– citação do interditando: art. 751
– impugnação da pretensão: art. 752
– legitimidade para propor: art. 747
– perícia médica: art. 753

DECADÊNCIA
– de ação rescisória: art. 975

DECISÃO
– sem oitiva das partes: art. 9.º
– sem oportunidade de manifestação das partes: art. 10

DECISÃO INTERLOCUTÓRIA
– agravo de instrumento: art. 1.015
– conceito: art. 203, § 2.º
– tutela de urgência: art. 300

DECLARAÇÃO DE INCONSTITUCIONALIDADE
– questão admitida, submissão ao tribunal pleno: art. 949
– questão rejeitada; prosseguimento do julgamento: art. 949
– submissão da questão à turma ou câmara, pelo relator: art. 948

DEFENSORIA PÚBLICA
– arts. 185 a 187
– conceito: art. 185
– dispensa de procuração com a petição inicial: art. 287, parágrafo único, II
– representação contra juiz ou relator; excesso de prazo: art. 235
– restituição dos autos; prazo: art. 234

DENUNCIAÇÃO DA LIDE
– arts. 125 a 129
– citação do denunciado: art. 126
– pelo autor; litisconsorte do denunciado: art. 127
– pelo réu; efeitos: art. 128

DEPOSITÁRIO
– arts. 159 a 161
– guarda e conservação de bens penhorados, arrestados, sequestrados ou arrecadados: art. 159
– prepostos: art. 160, parágrafo único
– prestação de contas: art. 553
– remuneração: art. 160
– responsabilidade por danos: art. 161
– *vide* também AUXILIARES DA JUSTIÇA

DEPÓSITO
– da coisa litigiosa, em ação possessória: art. 559
– da prestação, em execução dependente de contraprestação: art. 787
– de bens penhorados: arts. 838, I, 839 e 840
– de empresa penhorada: art. 851

DESISTÊNCIA
– da ação, extinção do processo: art. 485, VIII
– da ação, não pode ocorrer sem consentimento do réu, oferecida contestação: art. 485, § 4.º
– de ação, a assistência não a impede: art. 122
– de ação, contra réu não citado: art. 335, § 2.º
– de execução, faculdade do credor: art. 775
– de recurso: art. 998
– só produz efeito após homologação judicial: art. 200, parágrafo único

DESPACHO
– conceito: art. 203, § 3.º
– embargos de declaração: art. 1.022
– irrecorribilidade: art. 1.001

DESPESAS JUDICIAIS
– atos adiados ou repetidos, encargo daquele que deu causa: art. 93
– atos processuais praticados a requerimento da Fazenda Pública, do Ministério Público ou da Defensoria Pública: art. 91
– cartas precatórias, de ordem e rogatórias: arts. 266 e 268
– condenação em sentença: art. 82, § 2.º
– distribuição proporcional: art. 86
– em caso de extinção do processo: art. 485, § 2.º
– encargos das partes: art. 82
– honorários de advogado: art. 85, §§ 2.º e 8.º
– juízo divisório. Rateio: art. 89
– justiça gratuita: art. 82
– pagamento, para renovar a ação: art. 486, § 2.º
– procedimentos de jurisdição voluntária, rateio: art. 88
– proporcionalidade entre diversos autores ou diversos réus vencidos: art. 87
– processuais: arts. 82 a 102
– reconvenção: art. 85, § 1.º
– remuneração de perito e de assistente técnico: art. 95
– responsabilidade das partes por danos processuais: arts. 79 a 81
– responsabilidade de advogado que não exibe procuração: art. 104

DEVEDOR
– citação do; obrigação de fazer: art. 815
– cumprimento da obrigação obsta a execução: art. 788
– embargos: art. 914
– insolvente: art. 680, I
– intimação pessoal da realização de praça ou leilão: art. 886
– responde com seus bens pelas obrigações: art. 789
– sucessores, legitimidade passiva em execução: art. 779

DIREITO DE RETENÇÃO
– impede execução sobre outros bens do devedor: art. 793

DISSÍDIO JURISPRUDENCIAL
– prova da divergência: art. 1.029, § 1.º

DISTRIBUIÇÃO
– anotação de intervenção de terceiro, reconvenção ou outra hipótese de ampliação objetiva do processo: art. 286, parágrafo único
– cancelamento de feito não preparado: art. 290
– considera-se proposta a ação: art. 312
– de oposição, por dependência: art. 683, parágrafo único
– de processo no tribunal: art. 930
– de processos, onde houver mais de um juiz: art. 284
– erro, compensação: art. 288
– fiscalização pela parte, advogado, Ministério Público e Defensoria Pública: art. 289
– petição desacompanhada de procuração: art. 287, parágrafo único
– por dependência: art. 286

DÍVIDA ATIVA
– da Fazenda Pública, certidão, título executivo: art. 784, IX

DIVÓRCIO CONSENSUAL
– realizado por escritura pública: art. 733

DOCUMENTO
– autenticidade; exame: art. 478, *caput*
– autêntico, quando se reputa: art. 411

Índice

– certidão textual, força probante: art. 425, I
– cópias reprográficas de peças do processo; força probante: art. 425, IV
– declaração de autenticidade ou falsidade: art. 19, II
– dever de exibição, compete a terceiros: art. 380, II
– em língua estrangeira, nomeação de intérprete ou tradutor: art. 162
– em língua estrangeira, só poderá ser juntado com tradução: art. 192, parágrafo único
– entregue em cartório, recibo: art. 201
– entrelinha, emenda, borrão ou cancelamento: art. 426
– falsidade, cessa a fé: art. 427
– falsidade, perícia: arts. 430 e 432
– feito por oficial incompetente ou sem observância de formalidade, eficácia: art. 407
– força probante do documento público: art. 405
– indispensável, instrui a petição inicial: art. 320
– instrução da petição inicial e da resposta: art. 434
– instrumento público exigido por lei: art. 406
– juntada, deve ser ouvida a parte contrária: art. 437
– novo, juntada em qualquer tempo: art. 435
– obtenção após a sentença; ação rescisória: art. 966, VII
– particular, assinado em branco: art. 428, parágrafo único
– particular, autêntico, prova a declaração: art. 412
– particular, autoria: art. 410
– particular, declaração de ciência de determinado fato: art. 408, parágrafo único
– particular, declarações presumidas verdadeiras em relação ao signatário: art. 408
– particular, nota escrita pelo credor no título da obrigação: art. 416 e parágrafo único
– particular, prova da data: art. 409
– particular, cessa a fé: art. 428
– particular, telegrama e radiograma, presumem-se conforme o original: art. 414
– particular, telegrama, radiograma: art. 413 e parágrafo único
– particular, título executivo extrajudicial: art. 784, II
– produção de prova documental: arts. 434 a 438
– reprodução autenticada: art. 425, III
– reprodução fotográfica, autenticada por escrivão: art. 423
– reprodução mecânica, cinematográfica e fonográfica: arts. 422 e 423
– reproduções digitalizadas; força probante: art. 425, VI
– traslado, força probante: art. 425, II

DOLO
– das partes, ação rescisória: art. 966, III
– de órgão do Ministério Público: art. 181
– por parte do juiz, responsabilidade civil: art. 143
– prova testemunhal: art. 446

DOMICÍLIO
– da mulher, competência para separação e conversão em divórcio, e anulação de casamento: art. 53, I
– do autor da herança, competência territorial: art. 48
– do autor, quando o réu não tiver domicílio no Brasil: art. 46, § 3.º
– do réu, competência territorial: art. 46 e parágrafos
– inviolabilidade: art. 212, § 2.º

DUPLO GRAU
– de jurisdição; casos sujeitos: art. 496

EDITAL(AIS)
– arrematação; prazo para afixação: art. 887
– de citação: arts. 256 e 257

EDITAL DE LEILÃO
– que deve conter: art. 886

ELEIÇÃO DE FORO
– conceito: arts. 62 e 63

EMANCIPAÇÃO
– procedimento de jurisdição voluntária: art. 725, I

EMBARGOS
– devedor de obrigação de entrega de coisa certa; prazo para: art. 806
– na execução por carta; competência: art. 914, § 2.º
– recurso de; procedimento: art. 1.044

EMBARGOS À EXECUÇÃO DE SENTENÇA
– contra a Fazenda Pública; matéria alegável: art. 535
– fundada em título extrajudicial; embargos, matéria alegável: art. 917
– sentença que rejeita, apelação meramente devolutiva: art. 1.012, § 1.º, III

EMBARGOS DE DECLARAÇÃO
– cabimento: art. 1.022
– esclarecer obscuridade ou eliminar contradição: art. 1.022, I
– interrupção para interposição de outros recursos: art. 1.026 e § 2.º
– julgamento pelo juiz; prazo: art. 1.024
– manifestamente protelatórios; condenação do embargante: art. 1.026, § 2.º
– prazo em que serão opostos: art. 1.023
– recurso cabível: art. 994, IV

EMBARGOS DE DIVERGÊNCIA
– arts. 1.043 e 1.044
– em recurso especial e em recurso extraordinário: art. 1.043, II
– prazo para interpor e para responder: art. 1.003, § 5.º

EMBARGOS DE TERCEIRO(S)
– arts. 674 a 681
– contestação: arts. 679 e 680
– constrição judicial indevida: art. 681
– distribuição por dependência: art. 676
– do possuidor direto, alegação de domínio alheio: art. 677, § 2.º
– mandado liminar de manutenção na reintegração: art. 678
– não contestado: art. 679
– procedimento: art. 677
– processamento em autos distintos: art. 676
– quando podem ser opostos: art. 675
– quem pode oferecer: art. 674

EMBARGOS DO DEVEDOR
– distribuídos por dependência: art. 914, § 1.º
– efeito suspensivo: art. 919
– prazo para oferecimento: art. 915
– procedimento: art. 920
– rejeição: art. 918, *caput*

ENFITEUSE
– execução, alienação ineficaz em relação ao credor pignoratício não intimado: art. 804

EQUIDADE
– decisão nos casos previstos: art. 140, parágrafo único

ERRO
– prova testemunhal: art. 446
– sentença fundada em erro, ação rescisória: art. 966, II e § 1.º

ESBULHO
– ação de reintegração de posse: arts. 560 a 566

ESCRITURA PÚBLICA
– divórcio, separação, inventário e partilha realizados por via administrativa: arts. 610, 659 e 733
– título executivo extrajudicial: art. 784, II

ESCRIVÃO
– *ad hoc*, nomeado pelo juiz: art. 152, § 2.º
– atribuições legais: art. 152
– autuação: art. 206
– certidões de atos e termos de processo: art. 152, V
– como são procedidos os seus atos: arts. 206 a 211
– distribuição alternada de processos: art. 285
– impedimento, substituição: art. 152, § 2.º
– juntada, vista e conclusão: art. 208
– numeração e rubrica das folhas: art. 207
– responsabilidade civil: art. 155
– responsabilidade pela guarda dos autos: art. 152, IV
– *vide* também AUXILIARES DA JUSTIÇA

ESPÓLIO
– representação pelo inventariante: art. 75, VII e § 1.º, e art. 618, I
– responde pelas dívidas do falecido: art. 796
– réu, competência territorial: art. 48
– substitui o morto nas ações em que for parte: art. 110

EXCESSO DE EXECUÇÃO
– quando ocorre: art. 917, § 2.º

EXECUÇÃO(ÕES)
– atos atentatórios à dignidade da justiça: art. 774
– base em obrigação líquida, certa e exigível: art. 783
– bens que ficam sujeitos: arts. 789 e 790
– certidão comprobatória do ajuizamento da: art. 828
– citação, interrompe a prescrição: art. 802
– citação irregular, nulidade: art. 803, II
– condição não verificada, nulidade: art. 803, III
– contra a Fazenda Pública: art. 535
– credor com título executivo: art. 778
– cumulação, condições exigidas: art. 780
– da decisão interlocutória estrangeira; carta rogatória: art. 960, § 1.º
– de dívida antes de cumprida a obrigação do credor: art. 787
– de obrigação alternativa, exercício da opção e realização da prestação: art. 800
– de prestação do devedor, antes de adimplida a prestação do credor: art. 917, § 2.º, IV
– de saldo apurado em prestação de contas: art. 552
– depósito de 30% do valor; restante pago em até seis vezes: art. 916
– desistência; o que deve ser observado: art. 775, parágrafo único
– de título extrajudicial: art. 781
– escolha de modo, quando por mais de um pode efetuar-se: art. 798, II, *a*
– excesso, quando ocorre: art. 917, § 2.º
– extinção, casos, declaração por sentença: arts. 924 e 925
– extinção; efeitos: art. 925
– finda; entrega da coisa certa; termo: art. 807
– instauração; requisitos da obrigação: art. 786
– interesse do credor: art. 797
– intimação do credor pignoratício, hipotecário, anticrético, ou do usufrutuário, quando a penhora recair em bem gravado: art. 799, I
– menos gravosa: arts. 805 e 867
– Ministério Público, legitimação ativa: art. 778, § 1.º, I
– multa: art. 774, parágrafo único
– nulidade, quando ocorre: art. 803
– o cumprimento da obrigação obsta a execução: art. 788
– para entrega de coisa certa; benfeitorias indenizáveis: art. 810
– para entrega de coisa certa; citação para satisfazer o julgado: art. 806
– para entrega de coisa certa; mandado contra terceiro adquirente: art. 808
– para entrega de coisa certa; responsabilidade por danos quando a coisa não for encontrada ou não for reclamada do terceiro adquirente: art. 809
– para entrega de coisa incerta: arts. 811 a 813
– partes: arts. 778 e 779
– petição inicial, documentos que instruem: art. 798, I
– petição inicial, indeferimento: art. 801
– processo, aplicação das disposições do processo de conhecimento: art. 771, parágrafo único
– requisição de força policial: art. 782, § 2.º
– suspensão, casos: arts. 921 e 922
– termo não ocorrido, nulidade: art. 803, III
– vários meios, escolha do menos gravoso: art. 805

EXECUÇÃO DE OBRIGAÇÃO DE FAZER
– citação do executado para satisfazê-lo no prazo: art. 815
– conversão em perdas e danos: art. 816
– embargos do executado: arts. 914 a 920
– exequível por terceiro, realização à custa do devedor: arts. 817, 818 e 820
– obrigação a ser realizada pessoalmente pelo devedor, inadimplemento, perdas e danos: art. 821, parágrafo único
– obrigação executada à custa do devedor: art. 816

EXECUÇÃO DE OBRIGAÇÃO DE NÃO FAZER
– desfazimento à custa do executado: art. 823
– desfazimento impossível, conversão em perdas e danos: art. 823, parágrafo único
– prazo para desfazimento: art. 822

EXECUÇÃO DE SENTENÇA
– carta precatória, embargos: art. 914, § 2.º

EXECUÇÃO POR QUANTIA CERTA
– adjudicação de bens penhorados: art. 904, II
– arresto de bens do devedor: art. 830
– citação do executado: art. 829
– concurso de credores: arts. 908 e 909
– contra a Fazenda Pública: art. 910
– dinheiro que sobrar: art. 907
– embargos do devedor: arts. 914 a 920
– em que consiste: art. 824
– entrega de dinheiro ao credor, autorização do juiz: art. 905
– expropriação de bens, em que consiste: art. 825
– pagamento ao credor, como é feito: art. 904
– penhora de tantos bens quantos bastem: art. 831
– rateio do dinheiro entre os vários credores: art. 908
– remição de execução: art. 826
– usufruto de imóvel ou empresa: art. 867

EXEQUENTE
– a execução se faz no seu interesse: art. 797
– com direito de retenção: art. 793
– execução, medidas urgentes: art. 799, VIII
– inadimplente, excesso de execução: art. 917, § 2.º, IV
– preferência sobre bens penhorados: art. 797
– sujeito a contraprestação, prova de adimplemento: art. 798, I, *d*
– *vide* também CREDORES

EXIBIÇÃO DE DOCUMENTO OU COISA
– arts. 396 a 404
– causas justificativas de recusa: art. 404
– determinação judicial: art. 396
– dever de terceiros: art. 380, II
– negativa de terceiro, audiência para depoimentos: art. 402
– negativa de terceiro, ausência de justo motivo, providências judiciais: art. 365
– parcial, se outra parte não puder ser exibida: art. 404, parágrafo único
– por terceiro, prazo para resposta: art. 401
– recusa, efeitos processuais: art. 400
– recusa, quando não será admitida: art. 399
– requisitos do pedido: art. 397

EXTINÇÃO DO PROCESSO
– arts. 316 e 317
– em razão de litispendência: art. 486, § 1.º
– falta de citação do litisconsorte passivo necessário: art. 115, parágrafo único
– sem julgamento de mérito, casos: art. 485

FAC-SIMILE
– interposição de apelação: art. 1.010
– oposição de embargos: art. 1.022

FAZENDA PÚBLICA
– ato processual efetuado a seu requerimento, despesas processuais: art. 91
– dispensa de preparo de recurso: art. 1.007, § 1.º
– execução contra, processamento: art. 910
– manifestação em inventário e partilha: art. 616, VIII
– ouvida em processo de jurisdição voluntária: art. 722

FERIADOS
– não se aplicam atos processuais: art. 214
– quais são: art. 216

FÉRIAS
– atos que correm em férias: art. 215
– não se praticam atos processuais: art. 214
– suspensão de prazos: art. 220

FIADOR
– chamamento ao processo, do credor e de outros fiadores: art. 130, I e II
– nomeação à penhora de bens do devedor: art. 794
– que paga a dívida; ação regressiva nos mesmos autos: art. 794, § 2.º
– seus bens ficam sujeitos à execução: art. 794, § 1.º

FIADOR JUDICIAL
– legitimidade passiva em execução: art. 779, IV

FIDEICOMISSO
– extinção, procedimento de jurisdição voluntária: art. 725, VI

FORMA
– erro de forma do processo, efeito: art. 283
– os atos e termos não dependem de forma especial senão quando a lei exigir: art. 188
– prescrita em lei, nulidade processual: art. 276
– validade de ato que por outra forma alcançou sua finalidade: art. 277
– validade quando o ato preencha a finalidade essencial: art. 188

FORMAL DE PARTILHA
– instrumento: art. 655
– título executivo judicial: art. 515, IV

FORO DE ELEIÇÃO
– permissibilidade e efeitos: arts. 62 e 63

FOTOGRAFIA
– admissível como prova: arts. 422 e 423
– eficácia probatória: arts. 423 e 424
– publicada em jornal ou revista: art. 422, § 2.º

FRAUDE
– de órgão do Ministério Público: art. 181
– por parte do juiz, responsabilidade civil: art. 143, I

FRAUDE À EXECUÇÃO
– ato atentatório à dignidade da justiça: art. 774, I
– quando ocorre: art. 792
– terceiro que nega a existência de débito em conluio com o devedor: art. 856, § 3.º

FRUTOS
– de bens inalienáveis, penhora: art. 834

FUNDAÇÕES
– arts. 764 e 765
– aprovação do estatuto: art. 764
– extinção, quem e por que promove: art. 765
– Ministério Público, participa de sua instituição e vida social: art. 765

FUNGIBILIDADE
– possessórias: art. 554
– recursos: art. 994

GRATUIDADE DA JUSTIÇA
– arts. 98 a 102

HABILITAÇÃO
– arts. 687 a 692
– de sucessores, no processo: art. 687
– impugnado, pedido de habilitação: art. 691
– incidente nos autos principais e independentemente de sentença: art. 689
– quando tem lugar: art. 687
– quem pode requerer: art. 688
– processamento: art. 690

HERANÇA JACENTE
– alienação de bens: art. 742 e § 1.º
– arrecadação, como se processa: art. 740
– arrecadação, pela autoridade policial: art. 740, § 1.º
– arrecadação por carta precatória: art. 740, § 5.º
– arrecadação suspensa se aparecer cônjuge, herdeiro ou testamenteiro: art. 740, § 6.º
– conversão em inventário: art. 741, § 3.º
– credores, habilitação de cobrança: art. 741, § 4.º
– curador, atos que lhe incumbem: art. 739, § 1.º
– curador para guarda, conservação e administração: art. 739
– declaração de vacância, efeitos: art. 743, § 2.º
– expedição de edital de convocação de sucessores: art. 741
– inquirição sobre qualificação do falecido, paradeiro dos sucessores e existência de bens: art. 740, § 3.º
– papéis, cartas e livros arrecadados: art. 740, § 4.º

HIPOTECA
– cientificação do credor: art. 889, V
– ineficácia de alienação em execução relativamente ao credor não intimado: art. 804
– título executivo: art. 784, V

HOMOLOGAÇÃO DE PENHOR LEGAL
– arts. 703 a 706
– audiência preliminar: art. 705
– defesa: art. 704
– efeitos: art. 706
– negada: art. 706, § 1.º
– requerimento: art. 703

HOMOLOGAÇÃO DE SENTENÇA ESTRANGEIRA
– competência exclusiva da autoridade judiciária brasileira: art. 964
– eficácia, no Brasil, de sentença estrangeira: arts. 960 e 961
– medida de urgência; execução: art. 962
– requisitos: art. 963

HONORÁRIOS
– na execução: art. 827
– pagamento em processo sem resolução do mérito: art. 92
– pagamento por desistência, renúncia ou reconhecimento do pedido: art. 90
– sentença condenatória: art. 85

IMÓVEL
– rural; pequena propriedade; definição legal; caso de impenhorabilidade absoluta: art. 833, VIII

IMPEDIMENTO
– do juiz: art. 144

IMPENHORABILIDADE
– absoluta: art. 833
– relativa: art. 834

IMPULSO OFICIAL
– no desenvolvimento do processo: art. 2.º

INCAPACIDADE
– processual; suspensão do processo: art. 76

INCAPAZ
– representação ou assistência: art. 71

INCIDENTE DE RESOLUÇÃO DE DEMANDAS REPETITIVAS
– arts. 976 a 987
– *amicus curiae*; recurso contra decisão: art. 138, § 3.º
– cabimento: art. 976
– divulgação e publicidade do: art. 979
– improcedência liminar do pedido: art. 332, III
– pedido de instauração: art. 977
– prazo para julgamento: art. 980
– recurso cabível contra: art. 987
– relator; depoimento dos interessados: art. 983
– requisitos a serem observados no julgamento do: art. 984
– suspensão do processo: art. 313, IV
– tese jurídica; revisão: art. 986

INCOMPETÊNCIA
– conflitos de competência: arts. 951 a 959

INÉPCIA
– da petição inicial: art. 330, § 1.º

INSOLVÊNCIA
– concurso universal: art. 797
– do devedor hipotecário: arts. 877, § 4.º e 902, parágrafo único
– requerida pelo inventariante: art. 618, VIII

INSPEÇÃO JUDICIAL
– arts. 481 a 484

INSTRUMENTO PÚBLICO
– exigido por lei: art. 406

INTERDIÇÃO
– advogado para defesa do interditando: art. 752, §§ 2.º e 3.º
– curador, autoridade: art. 757
– exame pessoal do interditando: art. 751
– impugnação do pedido pelo interditando: art. 752
– intervenção do Ministério Público: art. 752, § 1.º
– levantamento, providências: art. 756
– petição inicial: art. 749
– produção de prova pericial: art. 753
– quem pode promovê-la: arts. 747 e 748
– sentença: arts. 754 e 755

INTERDITO PROIBITÓRIO
– procedimento: arts. 567 e 568

INTERESSE
– do autor; limitação à declaração: art. 19
– em postular; pressuposto: art. 17

INTÉRPRETE
– arts. 162 a 164
– *vide* também AUXILIARES DA JUSTIÇA

INTERVENÇÃO DE TERCEIROS
– arts. 119 a 138

INTIMAÇÃO
– arts. 269 a 275
– prazo para interposição de recurso a partir da: art. 1.003

INVENTARIANTE
– prestação de contas em autos apensados: art. 553

INVENTÁRIO
– adjudicação de bens para pagamento de dívida: art. 642, § 4.º
– administrador provisório: arts. 613 e 614
– admissão de sucessor preterido: art. 628
– auto de orçamento da partilha: art. 653, I
– avaliação dos bens: arts. 630 a 636
– bens fora da comarca: art. 632
– cálculo dos impostos: art. 637 e 638
– colação, conferência por termo: art. 639
– colação, oposição de herdeiros: art. 641
– colação pelo herdeiro renunciante ou excluído: art. 640
– credor de dívida certa, mas não vencida: art. 644
– cumulação de inventários para partilha: arts. 672 e 673
– curador especial: art. 671
– declaração de insolvência: art. 618, VIII
– de comerciante: arts. 620, § 1.º, e 630, parágrafo único
– dívida impugnada, reserva de bens para pagamento: art. 643, parágrafo único
– emenda da partilha: art. 656
– esboço de partilha: art. 651
– escritura pública; interessados capazes e concordes: art. 610
– herdeiro ausente, curadoria: art. 671, I
– incapaz, colisão de interesses com o representante; curador especial: art. 671, II
– incidente de negativa de colação: art. 641
– incidente de remoção de inventariante: arts. 622 a 625
– inventariante, atribuições: arts. 618 e 619
– inventariante dativo: arts. 75, § 1.º, 617, VIII, e 618, I
– inventariante, nomeação: art. 617
– inventariante, sonegação; quando pode ser arguida: art. 621
– julgamento da partilha: art. 654
– lançamento da partilha: art. 652
– laudo de avaliação, impugnações: art. 635
– legitimidade para requerer: art. 615
– nomeação de bens à penhora: art. 646
– pagamento das dívidas: art. 642
– pagamento de dívida, interesse de legatário: art. 645
– partilha amigável: art. 657
– partilha, deliberação: art. 647
– partilha, folha de pagamento: art. 653, II
– prazo para requerimento e conclusão: art. 611
– primeiras declarações: art. 620
– procedimento judicial: art. 610
– questões que dependam de outras provas: art. 612
– sobrepartilha: arts. 669 e 670
– sonegação: art. 621
– tutela provisória; cessação da eficácia: art. 668
– últimas declarações: art. 637
– valor dos bens, informação da Fazenda Pública: art. 629

IRRETROATIVIDADE
– da norma processual: art. 14

JUIZ
– apreciação da prova pericial: art. 479
– autorizado a deixar a legalidade estrita pela solução oportuna, em procedimento de jurisdição voluntária: art. 723
– decisões de mérito; limites: art. 141
– decisões em caso de litigância de má-fé: art. 142
– determinação de atos executivos: art. 782
– exercício da jurisdição: art. 16
– exercício do poder de polícia: art. 360
– extinção do processo sem resolução do mérito: art. 92
– impedimentos e suspeição: arts. 144 a 148
– incumbências: art. 139
– nomeação de curador: art. 72
– obrigatoriedade de decisão: art. 140
– prazos: art. 226
– prazos excedidos; possibilidade: art. 227
– pronunciamentos: arts. 203 a 205
– responsabilidade: art. 143
– sentenças; ordem cronológica de conclusão: art. 12

JULGAMENTO
– antecipado do mérito: arts. 355 e 356
– audiência de instrução e julgamento: arts. 358 a 368

JULGAMENTO ANTECIPADO
– do mérito: art. 355
– parcial do mérito: art. 356

JUROS LEGAIS
– implícitos no pedido: art. 322, § 1.º

JURISDIÇÃO
– civil; regulamentação: art. 13
– exercício: art. 16
– nacional; limites: arts. 21 a 25

JURISDIÇÃO VOLUNTÁRIA
– citação de todos os interessados: art. 721
– decisão pela solução mais conveniente ou oportuna: art. 723, parágrafo único
– decisão, prazo: art. 723
– disposições gerais: arts. 719 a 725
– iniciativa do procedimento: art. 720
– sentença, recurso de apelação: art. 724

JURISPRUDÊNCIA
– uniformização: art. 926

LEGITIMIDADE
– ativa, para execução: art. 778, § 1.º
– para postular; pressuposto: art. 17
– passiva, para a execução: art. 779

LEILÃO
– adiamento: art. 888
– atribuições do leiloeiro: art. 884
– de bem hipotecado: art. 902
– de bem penhorado: art. 881, § 1.º
– diversos bens; preferência do lançador que arrematar englobadamente: art. 893
– edital: art. 886
– eletrônico: art. 882
– quem não pode lançar: art. 890
– sobrevindo a noite; prosseguimento no dia imediato: art. 900
– transferência culposa; sanção contra o responsável: art. 888, parágrafo único

LIQUIDAÇÃO DE SENTENÇA
– arts. 509 a 512

LITIGÂNCIA DE MÁ-FÉ
– art. 80
– condenação: art. 81
– responsabilidade por perdas e danos: art. 79
– valor das sanções impostas: art. 96

LITISCONSÓRCIO
– arts. 113 a 118
– admissibilidade de assistência: art. 124
– litisconsortes com procuradores diferentes: art. 229
– recurso interposto por litisconsorte aproveita a todos: art. 1.005
– substituição processual: art. 18, parágrafo único

LITISCONSORTE
– legitimidade ativa em ação demarcatória: art. 575

LITISPENDÊNCIA
– acolhimento; extinção do processo: art. 485, V
– conhecimento de ofício: art. 485, § 3.º
– efeito da citação válida: art. 240
– não a induz a ação intentada no estrangeiro: art. 24
– quando ocorre: art. 337, §§ 1.º a 3.º

LUGAR
– dos atos processuais: art. 217

MANDADO
– citação; requisitos: art. 250

MANDADOS DE INJUNÇÃO
– julgamento pelo Supremo Tribunal Federal: art. 1.027, I

MANDADOS DE SEGURANÇA
– julgamento pelo Superior Tribunal de Justiça: art. 1.027, II
– julgamento pelo Supremo Tribunal Federal: art. 1.027, I

MANDATO
– renúncia do advogado: art. 112

MEMORIAIS – ALEGAÇÕES FINAIS
– debate de questões complexas: art. 950, § 2.º

MINISTÉRIO PÚBLICO
– arts. 176 a 181
– conflito de competência: art. 951
– contagem de prazo; início: art. 230
– dispensa de preparo de recurso: art. 1.007, § 1.º
– iniciativa de procedimento de jurisdição voluntária: art. 720
– interesses de incapaz, ações de família: art. 698
– intimação: art. 178
– intimação; ausência; nulidade do processo: art. 279

– inventário, citação: art. 626
– inventário, interessado incapaz: art. 665
– legitimidade ativa para ação rescisória: art. 967, III
– legitimidade para recorrer: art. 996
– legitimidade para requerer inventário e partilha: art. 616, VII
– ouvido em conflito de competência: art. 956
– representação contra juiz ou relator; excesso de prazo: art. 235
– requerimento de interdição: arts. 747, IV, e 748
– requerimento de remoção de tutor ou curador: art. 761
– restituição dos autos; prazo: art. 234

MORA
– ação de consignação em pagamento, depósito e seus efeitos: art. 540

MORTE
– de parte, suspensão do processo: arts. 313, I, e 1.004

MULTA
– ação rescisória inadmissível ou improcedente: art. 968, II
– ao arrematante que não paga o preço da arrematação: art. 897
– arrematação de bem imóvel de incapaz; arrependimento: art. 896, § 2.º
– embargos manifestamente protelatórios: art. 1.026, § 2.º
– insuficiente ou excessiva; alteração: art. 537, § 1.º, I
– limite para fixação pelo juiz em caso de atentado à dignidade da justiça: art. 774, parágrafo único

NAVIO
– nomeação de bens: art. 835, VIII
– penhora, efeitos: art. 864

NORMA PROCESSUAL
– irretroatividade: art. 14

NOTIFICAÇÃO E INTERPELAÇÃO
– arts. 726 a 729

NULIDADE
– arts. 276 a 283
– de arrematação: art. 903, § 1.º, I
– vício sanável: art. 938, § 1.º

OBRIGAÇÃO
– de fazer, não fazer e de entregar coisa: arts. 497 a 501
– de pagar quantia certa; cumprimento provisório da sentença: arts. 520 a 522

OBRIGAÇÃO ALTERNATIVA
– exercício da opção e realização da prestação: art. 800

OFICIAL DE JUSTIÇA
– art. 151
– citação: art. 249
– cumprimento de mandado executivo: art. 782
– incumbências: art. 154
– incumbências; citação: arts. 251 a 254
– realização de intimação: art. 275
– realização de penhora: art. 846
– *vide* também AUXILIARES DA JUSTIÇA

ÔNUS DA PROVA
– em matéria de falsidade de documento: art. 429
– incumbência: art. 373

OPOSIÇÃO
– arts. 682 a 686
– distribuição, citação, contestação: art. 683, parágrafo único
– oferecida após o início da audiência: art. 685, parágrafo único
– quem pode oferecer: art. 682
– reconhecimento da procedência por um só dos opostos: art. 684
– seu julgamento prefere o de ação originária: art. 686
– tramitação simultânea com a ação originária: art. 685

PAGAMENTO AO CREDOR
– na execução: art. 904

PARTE
– atos da: arts. 200 a 202
– comparecimento ordenado pelo juiz, na execução: art. 772, I
– da execução: art. 778
– igualdade de tratamento: art. 7.º
– decisão sem oitiva: art. 9.º
– deveres: art. 77
– falecimento, restituição de prazo para recurso: art. 1.004
– morte; sucessão pelo espólio: art. 110
– prioridade na tramitação de procedimentos judiciais: art. 1.048
– sucessão de procuradores e partes: arts. 108 a 112
– vencida, interposição de recurso: art. 996

PARTILHA
– amigável: art. 657
– auto de orçamento: art. 653, I
– bens insuscetíveis de divisão cômoda: art. 649
– esboço, elaboração: art. 651
– escritura pública; interessados capazes e concordes: art. 610
– folha de pagamento: art. 653, II
– julgamento por sentença: art. 654
– nascituro; quinhão do: art. 650
– pedidos de quinhões e deliberação da: art. 647
– regras a serem observadas: art. 648
– rescisão: art. 658

PEDIDO
– arts. 322 a 329
– improcedência liminar: art. 332

PENHORA
– alienação antecipada dos bens penhorados: arts. 852 e 853
– alienação dos bens penhorados em leilão judicial: art. 881
– alienação dos bens penhorados por iniciativa particular: art. 880
– ampliação ou transferência por outros bens: art. 874, II
– arrematação: art. 895
– auto em conjunto com o auto de depósito: art. 839
– auto, o que conterá: art. 838
– avaliação de imóvel divisível: art. 872, § 1.º
– avaliação, oficial de justiça: art. 870
– avaliação, prazo e conteúdo do laudo: art. 872
– avaliação, quando não se procede à: art. 871
– avaliação, quando pode ser repetida: art. 873
– averbada nos autos: art. 860
– de ações de sociedades: art. 861
– de aplicação financeira: art. 854
– de bem indivisível: art. 843
– de créditos: arts. 855 a 860
– de créditos, depoimentos do devedor e de terceiro: art. 856, § 4.º
– de dinheiro em depósito: art. 854
– de direito real sobre imóvel: art. 842
– de empresa concessionária: art. 863
– de estabelecimento: art. 862
– de frutos e rendimentos de coisa móvel ou imóvel: arts. 867 a 869
– de letra de câmbio: art. 856
– de percentual de faturamento de empresa: art. 866
– depositário, quem deve ser: art. 840
– depósito: art. 839
– em bens gravados, intimação do credor pignoratício, hipotecário ou anticrético, e do usufrutuário: art. 799, I
– em direito e ação, sub-rogação do credor: art. 857
– execução, alienação ineficaz em relação ao credor não intimado: art. 804
– incidência: art. 831
– lavratura de novo termo; substituição dos bens: art. 849
– lugar de realização: arts. 845 e 846
– mais de uma, vários credores, concurso de preferência: art. 908
– modificações: arts. 847 a 853
– nomeação de bens pelo inventariante: art. 646
– objeto: art. 831
– ordem a ser obedecida: art. 835
– ordem de arrombamento: art. 846
– por meios eletrônicos: art. 837
– por meios legais, intimação imediata do executado: art. 841
– preferência do credor pelo bem penhorado: art. 797
– quando se considera feita: art. 839
– quotas ou as ações de sócio em sociedade simples ou empresária: art. 861
– redução aos bens suficientes: art. 874, I
– redução ou ampliação: art. 850
– resistência, auto: art. 846, §§ 3.º e 4.º
– resistência, requisição de força: art. 846, § 2.º

– segunda penhora, quando se procede: art. 851
– sobre aeronave: art. 864
– sobre direito que tenha por objeto prestação ou restituição de coisa determinada: art. 859
– sobre dívida de dinheiro a juros: art. 858
– sobre navio: art. 864
– substituição; hipótese: arts. 847, §§ 2.º e 3.º, e 848
– substituição por fiança bancária ou seguro garantia judicial: art. 835, § 2.º
– título executivo extrajudicial: art. 784

PERDAS E DANOS
– litigância de má-fé; responsabilidade: arts. 79 a 81
– obrigação; conversão em: art. 499
– responsabilidade do juiz: art. 143

PEREMPÇÃO
– alegação; réu: art. 337, V
– conhecimento de ofício: art. 485, V e § 3.º

PERITO
– arts. 156 a 158
– nomeação: art. 465
– substituição: art. 468
– *vide* também AUXILIARES DA JUSTIÇA

PESSOAS JURÍDICAS DE DIREITO PÚBLICO
– ações possessórias: art. 562, parágrafo único

PETIÇÃO INICIAL
– ação de consignação em pagamento: art. 542
– ação de divisão: art. 588
– apresentada com a procuração: art. 287
– de ação demarcatória: art. 574
– de ação rescisória: art. 968
– de execução, indeferimento: art. 801
– de interdição: art. 749
– embargos de terceiro: art. 677
– em execução, documentos que instruem: art. 798, I
– indeferimento: arts. 330 e 331
– oposição, requisitos: art. 683
– protocolo; início da ação: art. 312
– requisitos: arts. 319 a 321
– requerimento de execução, pedido de citação do devedor; instrução da: art. 798
– restauração de autos: art. 713

POSTULAÇÃO EM JUÍZO
– atuação em causa própria: art. 106
– de direito alheio em nome próprio: art. 18
– interesse e legitimidade: art. 17

PRÁTICA ELETRÔNICA
– dos atos processuais: arts. 193 a 199

PRAZO
– agravo das decisões interlocutórias: arts. 1.019 e 1.020
– contagem: art. 219
– de recursos: art. 1.003
– dia do começo: art. 231
– dos atos processuais: arts. 218 a 235
– excedidos pelo juiz; possibilidade: art. 227
– início e vencimento: art. 224
– para afixação do edital em caso de arrematação: art. 887
– para apresentação de contrarrazões em caso de recurso extraordinário ou especial recebidos: art. 1.030, parágrafo único
– para o agravante requerer juntada, aos autos do processo, de cópia da petição do agravo de instrumento e do comprovante da interposição: art. 1.018
– para oferecimento de embargos à execução: art. 915
– para o juiz: art. 226
– para os litisconsortes: art. 229
– para proposição da ação de consignação: art. 539, §§ 3.º e 4.º
– renúncia: art. 225
– suspensão; férias: art. 220
– suspensão; obstáculo criado em detrimento da parte: art. 221

PRECATÓRIO
– execução contra a Fazenda Pública: art. 910, § 1.º

PRECLUSÃO
– consumativa: art. 1.007

PREPARO
– dispensa em favor da Fazenda Pública e autarquias: art. 1.007, § 1.º

PRESCRIÇÃO
– interrupção, citação para execução: art. 802

PRESTAÇÃO ALIMENTÍCIA
– desconto em folha de pagamento: art. 912
– levantamento mensal, penhora recaindo em dinheiro: art. 913

PREVENÇÃO
– do foro; imóvel situado em mais de uma comarca: art. 60
– quando ocorre: arts. 58 e 59

PRINCÍPIOS
– aplicação ao ordenamento jurídico: art. 8.º

PRISÃO
– devedor de prestação alimentícia: art. 528, § 3.º

PROCESSO
– prioridade na tramitação: art. 1.048

PROCESSO CIVIL
– distribuição e registro: arts. 284 a 290
– extinção: arts. 316 e 317
– início: art. 2.º
– normas fundamentais: arts. 1.º a 12
– ordenação, disciplina e interpretação: art. 1.º
– suspensão: arts. 313 a 315

PROCESSO NOS TRIBUNAIS
– acórdão não publicado, prazo: art. 944
– concluso ao relator: art. 931
– dia para julgamento: art. 934
– distribuição, alternatividade, sorteio e publicidade: art. 930
– julgamento, anúncio do resultado: art. 941
– julgamento do mérito: arts. 938 e 939
– ordem de julgamento: art. 936
– pauta de julgamento: arts. 934 e 935
– protocolo e registro: art. 929
– questão preliminar, decisão antes do mérito: art. 938
– relatório: art. 931
– sustentação do recurso: art. 937
– sustentação oral, requerimento de preferência: art. 937, § 2.º
– uniformização da jurisprudência: art. 926

PROCURAÇÃO
– obrigatoriedade para postular: art. 104

PROCURADORES
– arts. 103 a 107
– sucessão de procuradores e partes: arts. 108 a 112

PROTESTO MARÍTIMO
– arts. 766 a 770
– diário da navegação: arts. 766 e s.
– distribuição com urgência, petição inicial: art. 768
– petição inicial: art. 767
– ratificação judicial, prazo: art. 766

PROVAS
– arts. 369 a 484
– documental: arts. 405 a 438
– documentos eletrônicos: arts. 439 a 441
– ônus: art. 373
– pericial: arts. 464 a 480
– produção antecipada: arts. 381 a 383
– produção de prova documental: arts. 434 a 438
– repetição, em restauração de autos: art. 715
– testemunhal: arts. 442 a 463

PUBLICAÇÃO
– edital de leilão: art. 887

PUBLICIDADE
– dos atos processuais: art. 10
– dos julgamentos: art. 11

QUITAÇÃO
– levantamento de dinheiro em execução, termos nos autos: art. 906

RATEIO
– execução por quantia certa, vários credores: art. 908

RECLAMAÇÃO
– arts. 988 a 993
– cabimento: art. 988
– cumprimento da decisão: art. 993
– da parte interessada: art. 988
– despacho: art. 989
– do Ministério Público: art. 988
– impugnação: art. 990
– lavratura do acórdão: art. 993
– Ministério Público, vista do processo: art. 991
– procedência da: art. 992

RECONHECIMENTO DO PEDIDO
- em oposição: art. 684

RECONVENÇÃO
- art. 343
- causa de pedir: art. 329
- honorários: art. 85, § 1.º
- na ação monitória: art. 702, § 6.º
- pedido: art. 324
- valor da causa: art. 292

RECURSO(S)
- adesivo, subordina-se ao principal: art. 997, § 2.º
- adiamento, preferência no julgamento: art. 936, III
- baixa dos autos ao juízo de origem: art. 1.006
- desistência a qualquer tempo: art. 998
- dispensa de preparo, casos: art. 1.007, § 1.º
- especial: arts. 1.029 a 1.042
- extraordinário: arts. 1.029 a 1.042
- impugnação da sentença no todo ou em parte: art. 1.002
- legitimidade para interposição: art. 996
- litisconsorte, aproveita aos demais: art. 1.005
- ordinário: arts. 1.027 e 1.028
- prazo, quando se restitui: art. 1.004
- quais os cabíveis: art. 994
- renúncia do direito de recorrer: art. 999
- seguimento prejudicado; casos: art. 932, III
- solidariedade passiva, interposição por um devedor aproveita aos demais: art. 1.005, parágrafo único
- sustentação perante tribunal: art. 937

RECURSO ESPECIAL
- art. 994, VI
- agravo em: art. 1.042
- admite recurso adesivo: art. 997, § 2.º, II
- conclusão; remessa dos autos ao STF: art. 1.031, § 1.º
- decisão de instância superior durante suspensão do processo: art. 1.041
- disposições gerais: arts. 1.029 a 1.035
- embargos de divergência: art. 1.043
- interposição: art. 1.029
- interposição conjunta de recurso extraordinário: art. 1.031
- julgamento de mérito, incidente de resolução: art. 987
- multiplicidade com fundamento em idêntica questão de direito: art. 1.036
- não impede a eficácia da decisão: art. 995
- prazo para interpor e para responder: art. 1.002, § 5.º
- publicação de acórdão paradigma: art. 1.040
- questão constitucional, prazo: art. 1.032
- recebido; prazo para apresentação de contrarrazões: art. 1.030
- recebimento pelo Tribunal e intimação do recorrido: art. 1.030
- repercussão geral: art. 1.032
- repetitivo; julgamento: arts. 1.036 a 1.041
- requisição de informações aos tribunais inferiores: art. 1.038

RECURSO EXTRAORDINÁRIO
- art. 994, VII
- admite recurso adesivo: art. 997, § 2.º, II
- agravo em: art. 1.042
- apreciação em caso de conclusão do julgamento do recurso especial: art. 1.031, § 1.º
- decisão de instância superior durante suspensão do processo: art. 1.041
- disposições gerais: arts. 1.029 a 1.035
- embargos de divergência: art. 1.043
- interposição: art. 1.029
- interposição conjunta de recurso especial: art. 1.031
- julgamento de mérito, incidente de resolução: art. 987
- não impede a eficácia da sentença: art. 995
- prazo para interpor e para responder: art. 1.003, § 5.º
- prejudicial ao recurso especial; cessação do julgamento e remessa dos autos ao STF: art. 1.031, §§ 2.º e 3.º
- publicação de acórdão paradigma: art. 1.040
- questão constitucional; prazo: art. 1.032
- recebido; prazo para apresentação de contrarrazões: art. 1.030
- recebimento pelo Tribunal e intimação do recorrido: art. 1.030
- repercussão geral: art. 1.035
- repetitivo; julgamento: arts. 1.036 a 1.041
- requisição de informações aos tribunais inferiores: art. 1.038
- questão constitucional, prazo: art. 1.032

RECURSO ORDINÁRIO
- julgamento pelo STJ: art. 1.027, II
- julgamento pelo STF: art. 1.027, I
- prazo para interpor e para responder: art. 1.003, § 5.º

RECURSOS REPETITIVOS
- especial e extraordinário; julgamento: arts. 1.036 a 1.041

REGIME DE BENS
- do casamento; alteração: art. 734

REGIMENTOS INTERNOS DOS TRIBUNAIS
- conflito de competência entre autoridade judiciária e autoridade administrativa: art. 959
- conflito de competência nos tribunais: art. 958
- disposição sobre distribuição de processos: art. 930
- incidente de resolução de demandas repetitivas; julgamento: art. 982

RELATOR
- redação de acórdão: art. 941
- restauração de autos desaparecidos: art. 717

REMIÇÃO
- ação rescisória: art. 966, § 4.º
- antes de adjudicados ou alienados os bens: art. 826

REMISSÃO
- da dívida, extinção da execução: art. 924

RENÚNCIA
- do direito de recorrer: art. 999

REPERCUSSÃO GERAL
- julgamento dos recursos extraordinário e especial repetitivos: arts. 1.036 a 1.041
- multiplicidade de recursos; análise da; procedimento: art. 1.036
- recurso extraordinário; não conhecimento; ausência de: art. 1.035

RESTAURAÇÃO DE AUTOS
- aparecimento dos autos originais: art. 716, parágrafo único
- cópia de sentença: art. 715, § 5.º
- desaparecimento de autos: art. 712
- havendo autos suplementares: art. 712, parágrafo único
- inquirição de serventuários e auxiliares da justiça: art. 715, § 4.º
- manifestação da parte contrária: art. 714
- nos tribunais: art. 717
- petição inicial: art. 713
- repetição das provas: art. 715

RÉU
- alegações: arts. 351 a 353

REVELIA
- arts. 344 a 346
- não incidência: arts. 348 e 349

SANEAMENTO DO PROCESSO
- arts. 347 a 353

SATISFAÇÃO DO CRÉDITO
- arts. 904 a 909

SEGREDO DE JUSTIÇA
- tramitação: art. 189

SENTENÇA
- arts. 485 a 501
- aceitação tácita ou expressa: art. 1.000
- condenação ao pagamento de honorários: art. 85
- cumprimento: arts. 513 a 519
- cumprimento; prestação de alimentos; reconhecimento da exigibilidade de obrigação: arts. 528 a 533
- cumprimento; reconhecimento da exigibilidade de obrigação de fazer e de não fazer: arts. 536 e 537
- cumprimento; reconhecimento da exigibilidade de obrigação de pagar quantia certa pela Fazenda Pública: arts. 534 e 535
- cumprimento definitivo; obrigação de pagar quantia certa: arts. 523 a 527
- cumprimento provisório; obrigação de pagar quantia certa: arts. 520 a 522
- de extinção de execução: art. 925
- em ação demarcatória: art. 581
- entrega da coisa; descumprimento do prazo da obrigação: art. 538

– estrangeira; eficácia: art. 961
– intimação; prazo para interposição de recurso: art. 1.003
– liquidação: arts. 509 a 512
– obedecimento à ordem cronológica de conclusão: art. 12
– procedimento de jurisdição voluntária; prazo: art. 723
– trânsito em julgado; assistência: art. 123

SEPARAÇÃO CONSENSUAL
– arts. 731 a 733

SEQUESTRO
– da coisa litigiosa em ações possessórias: art. 559
– de bem confiado a guarda, quando não aprovadas as contas do administrador: art. 553

SOCIEDADE
– execução sobre bens dos sócios: art. 795

SÓCIO
– bens sujeitos à execução: art. 790, II

SOLDO
– impenhorabilidade: art. 833, IV

SOLIDARIEDADE
– passiva, interposição de recurso por um dos devedores, efeito: art. 1.005, parágrafo único

SUB-ROGAÇÃO
– penhora em direito e ação do devedor: art. 797
– procedimento de jurisdição voluntária: art. 725, II

SUCESSOR
– bens sujeitos à execução: art. 790, I

SÚMULA
– recurso contrário a: art. 932, IV

SUPERIOR TRIBUNAL DE JUSTIÇA
– dos recursos para o: arts. 1.027 a 1.044

SUPREMO TRIBUNAL FEDERAL
– recursos para o: arts. 1.027 a 1.044

SUSPEIÇÃO
– a quem se aplica: art. 148
– do juiz: art. 145
– do juiz; alegação: art. 146

SUSPENSÃO
– da execução: arts. 921 a 923
– do processo; prazo para sanar o vício: art. 76

SUBSIDIARIEDADE
– de normas: art. 15

SUJEITOS PROCESSUAIS
– arts. 70 a 76

TEMPO
– dos atos processuais: arts. 212 a 216

TERCEIRO INTERESSADO
– legitimidade ativa para ação rescisória: art. 967, II

TERCEIRO PREJUDICADO
– interposição de recurso: art. 996

TERCEIROS
– bens do devedor em poder de: art. 790, III
– mandado executivo contra terceiro adquirente de coisa litigiosa: art. 808
– penhora de crédito: art. 856

TERMO
– não ocorrido, nulidade de execução: art. 803, III
– prova de que ocorreu, para o início da execução: art. 798, I

TESTAMENTO
– arts. 735 a 737
– testamento particular, publicação: art. 737
– testamento público, certidão de: art. 736
– traslado: art. 736

TÍTULO
– de crédito, penhora sobre: art. 856
– de obrigação certa, líquida e exigível; base da execução: art. 783
– executivo por força da lei: art. 784, XII

TÍTULO EXECUTIVO
– decisão que aplica multa em arrematação: art. 896, § 2.º
– legitimidade do credor para a execução: art. 778
– legitimidade dos sucessores do credor para a execução: art. 778, § 1.º

TÍTULO EXECUTIVO EXTRAJUDICIAL
– de obrigação certa, líquida e exigível; não correspondência; nulidade da execução: art. 803, I
– enumeração: art. 784
– execução: art. 781

TRADUTOR
– arts. 162 a 164
– *vide* também AUXILIARES DA JUSTIÇA

TRANSAÇÃO
– por inventariante: art. 619, II

TRASLADOS
– agravo de instrumento: art. 1.016

TUTELA
– antecipada; procedimento: arts. 303 e 304
– cautelar: arts. 305 a 310
– da evidência: art. 311
– da urgência: arts. 300 a 302
– disposições comuns com a curatela: arts. 759 a 763
– provisória: arts. 294 a 311

TUTOR
– prestação de contas, procedimento: art. 553

USUFRUTO
– alienação do bem; ineficácia: art. 804, § 6.º
– eficácia: art. 868, § 1.º
– extinção, procedimento de jurisdição voluntária: art. 725, VI

USUFRUTUÁRIO
– ciência da alienação judicial; prazo: art. 889, III
– não intimado para a execução, ineficácia de alienação: art. 804, § 6.º

VALOR DA CAUSA
– arts. 291 a 293
– impugnação: art. 293

VENCIMENTOS
– impenhorabilidade: art. 833, IV

Legislação Complementar

LEGISLAÇÃO COMPLEMENTAR

DECRETO N. 1.102, DE 21 DE NOVEMBRO DE 1903 (*)

Institui regras para o estabelecimento de empresas de armazéns gerais, determinando os direitos e obrigações dessas empresas.

O Presidente da República dos Estados Unidos do Brasil:

Faço saber que o Congresso Nacional decretou e eu sanciono a Resolução seguinte:

DOS ARMAZÉNS GERAIS

Capítulo I

ESTABELECIMENTO, OBRIGAÇÕES E DIREITOS DAS EMPRESAS DE ARMAZÉNS GERAIS

•• Por força do art. 82, § 1.º, da Lei n. 5.764, de 16-12-1971, equiparam-se aos armazéns gerais os armazéns das cooperativas, com as prerrogativas e obrigações daqueles.

Art. 1.º As pessoas naturais ou jurídicas, aptas para o exercício do comércio, que pretenderem estabelecer empresas de armazéns gerais, tendo por fim a guarda e conservação de mercadorias e a emissão de títulos especiais, que as representem, deverão declarar à Junta Comercial do respectivo distrito:

•• A Instrução Normativa n. 52, de 29-7-2022, do DREI, dispõe sobre o exercício das profissões de administrador de armazéns gerais, trapicheiro, leiloeiro oficial e tradutor e intérprete público.

1.º) a sua firma, ou, se se tratar de sociedade anônima, a designação que lhe for própria, o capital da empresa e o domicílio;

2.º) a denominação, a situação, o número, a capacidade, a comodidade e a segurança dos armazéns;

3.º) a natureza das mercadorias que recebem em depósito;

4.º) as operações e serviços a que se propõem.

A essas declarações juntarão:

a) o regulamento interno dos armazéns e da sala de vendas públicas;

b) a tarifa remuneratória do depósito e dos outros serviços;

c) a certidão do contrato social ou estatutos, devidamente registrados, se se tratar de pessoa jurídica.

§ 1.º A Junta Comercial, verificando que o regulamento interno não infringe os preceitos da presente Lei, ordenará a matrícula do pretendente no Registro do Comércio e, dentro do prazo de 1 (um) mês, contado do dia desta matrícula, fará publicar, por edital, as declarações, o regulamento interno e a tarifa.

§ 2.º Arquivado na secretaria da Junta Comercial um exemplar das folhas em que se fizer a publicação, o empresário assinará termo de responsabilidade, como fiel depositário dos gêneros e mercadorias que receber, e só depois de preenchida esta formalidade, que se fará conhecida de terceiros por novo edital da junta, poderão ser iniciados os serviços e operações que constituem objeto da empresa.

§ 3.º As alterações ao regimento interno e à tarifa entrarão em vigor 30 (trinta) dias depois da publicação, por edital, da Junta Comercial, e não se aplicarão aos depósitos realizados até a véspera do dia em que elas entrarem em vigor, salvo se trouxerem vantagens ou benefícios aos depositantes.

§ 4.º Os administradores dos armazéns gerais, quando não forem os próprios empresários, os fiéis e outros prepostos, antes de entrarem em exercício, receberão do proponente uma nomeação escrita, que farão inscrever no Registro do Comércio (Código Comercial, arts. 74 e 10, n. 2).

§ 5.º Não poderão ser empresários, administradores ou fiéis de armazéns gerais os que tiverem sofrido condenação pelos crimes de falência culposa ou fraudulenta, estelionato, abuso de confiança, falsidade, roubo ou furto.

•• Lei de Falências: Lei n. 11.101, de 9-2-2005.

§ 6.º As publicações a que se refere este artigo devem ser feitas no *Diário Oficial da União* ou do Estado e no jornal de maior circulação da sede dos armazéns gerais, e à custa do interessado.

Art. 2.º O Governo Federal designará as Alfândegas que estiverem em condições de emitir os títulos de que trata o Capítulo II sobre mercadorias recolhidas em seus armazéns, e, por decreto expedido pelo Ministério da Fazenda, dará as instruções sobre o respectivo serviço e a tarifa.

Parágrafo único. Os títulos emanados destas repartições serão em tudo equiparados aos que as empresas particulares emitirem, e as mercadorias por eles representadas ficarão sob o regime da presente Lei.

Art. 3.º Nas estações de estrada de ferro da União poderá o Governo, por intermédio do Ministério da Indústria, Viação e Obras Públicas, estabelecer armazéns gerais, expedindo as necessárias instruções e a tarifa, sendo aplicada às mercadorias em depósito e aos títulos emitidos a disposição do parágrafo único do art. 2.º.

•• Desmembrado citado Ministério em Ministério do Desenvolvimento, Indústria e Comércio Exterior e Ministério dos Transportes. *Vide* Nota dos Organizadores, sobre a denominação atual dos Ministérios.

Parágrafo único. As companhias ou empresas particulares de estrada de ferro ficarão sujeitas às disposições do art. 1.º se quiserem emitir os títulos de que trata o Capítulo II sobre mercadorias recolhidas a armazéns de suas estações, devendo apresentar, com as declarações a que se refere aquele artigo, autorização especial do Governo que lhes fez a concessão.

Art. 4.º As empresas ou companhias de docas que recebem em seus armazéns mercadorias de importação e exportação (Decreto Legislativo n. 1.746, de 13 de outubro de 1869, art. 1.º) e os concessionários de entrepostos e trapiches alfandegados poderão solicitar do Governo Federal autorização para emitirem sobre mercadorias em depósito os títulos de que trata o Capítulo II, declarando as garantias que oferecem à Fazenda Nacional e apresentando o regulamento interno dos armazéns e a tarifa remuneratória do depósito e outros serviços a que se proponham.

Nestes regulamentos serão estabelecidas as relações das companhias de docas e concessionárias de entrepostos e trapiches alfandegados com os empregados aduaneiros.

A autorização para a emissão dos títulos e a aprovação do regulamento e tarifa serão dadas por decreto expedido pelo Ministério da Fazenda.

Nenhuma alteração será feita ao regulamento ou à tarifa sem as mesmas formalidades, prevalecendo a disposição da segunda parte do § 3.º do art. 1.º.

• Citado Decreto Legislativo autorizou o Governo a contratar a construção, nos diferentes portos do Império, de docas e armazéns para carga, descarga, guarda e conservação das mercadorias de importação e exportação.

Parágrafo único. Obtida a autorização, as docas, os entrepostos particulares e os trapiches alfandegados ficarão sujeitos às disposições da presente Lei, adquirindo a qualidade de armazéns gerais.

Art. 5.º Na porta principal dos entrepostos públicos ou armazéns das Alfândegas e das estações de estrada de ferro da União (arts. 2.º e 3.º), na dos estabelecimentos mantidos e custeados por empresas particulares (arts. 1.º e 4.º) e nas salas de vendas públicas (art. 28) serão afixadas, em lugar visível, as instruções oficiais ou o regulamento interno, e a tarifa e exemplares impressos destas peças serão entregues, gratuitamente, aos interessados que os solicitarem.

(*) Sobre os valores constantes deste diploma legal, *vide* Nota dos Organizadores.

Art. 6.º Das mercadorias confiadas a sua guarda os armazéns gerais passarão recibo, declarando nele a natureza, quantidade, número e marcas, fazendo pesar, medir ou contar, no ato do recebimento, as que forem suscetíveis de ser pesadas, medidas ou contadas.

No verso deste recibo serão anotadas pelo armazém geral as retiradas parciais das mercadorias, durante o depósito.

Esta disposição não se aplica às mercadorias estrangeiras sujeitas a direitos de importação, a respeito das quais se observarão os regulamentos fiscais.

Parágrafo único. O recibo será restituído no armazém geral contra a entrega das mercadorias ou dos títulos do art. 15, que, a pedido do dono, forem emitidos. A quem tiver o direito de livre disposição das mercadorias é facultado, durante o prazo do depósito (art. 10), substituir esses títulos por aquele recibo.

Art. 7.º Além dos livros mencionados no art. 11 do Código Comercial, as empresas de armazéns gerais são obrigadas a ter, revestido das formalidades do art. 13 do mesmo Código, e escriturado rigorosamente dia a dia, um livro de entrada e saída de mercadorias, devendo os lançamentos ser feitos na forma do art. 88, II, do citado Código, sendo anotadas as consignações em pagamento (art. 22), as vendas e todas as circunstâncias que ocorrerem relativamente às mercadorias depositadas.

As docas, entrepostos particulares e trapiches alfandegados lançarão naquele livro as mercadorias estrangeiras sujeitas a direitos de importação sobre as quais, a pedido do dono, tenham de emitir os títulos do art. 15.

O Governo, nas instruções que expedir para as Alfândegas e armazéns de estrada de ferro da União, determinará os livros destinados ao serviço do registro das mercadorias sobre as quais forem emitidos os títulos do art. 15 e seus requisitos de autenticidade.

Art. 8.º Não podem os armazéns gerais:

§ 1.º Estabelecer preferência entre os depositantes a respeito de qualquer serviço.

§ 2.º Recusar o depósito, exceto:

a) se a mercadoria que se desejar armazenar não for tolerada pelo regulamento interno;

b) se não houver espaço para sua acomodação;

c) se, em virtude das condições em que ela se achar, puder danificar as já depositadas.

§ 3.º Abater o preço marcado na tarifa em benefício de qualquer depositante.

§ 4.º Exercer o comércio de mercadorias idênticas às que se propõem receber em depósito, e adquirir, para si ou para outrem, mercadorias expostas à venda em seus estabelecimentos, ainda que seja a pretexto de consumo particular.

§ 5.º Emprestar ou fazer, por conta própria ou alheia, qualquer negociação sobre os títulos que emitirem.

Art. 9.º Serão permitidos aos interessados o exame e a verificação das mercadorias depositadas e a conferência das amostras, podendo, no regulamento interno do armazém, ser indicadas as horas para esse fim e tomadas as cautelas convenientes.

Parágrafo único. As mercadorias de que trata o art. 12 serão examinadas pelas amostras que deverão ser expostas no armazém.

Art. 10. O prazo do depósito, para os efeitos deste artigo, começará a correr da data da entrada da mercadoria nos armazéns gerais e será de 6 (seis) meses, podendo ser prorrogado livremente por acordo das partes.

Para as mercadorias estrangeiras sujeitas a direitos de importação e sobre as quais tenham sido emitidos os títulos do art. 15, o prazo de 6 (seis) meses poderá ser prorrogado até mais 1 (um) ano, pelo inspetor da Alfândega, se o estado das mercadorias garantir o pagamento integral daqueles direitos, armazenagens e as despesas e adiantamentos referidos no art. 14.

Se estas mercadorias estiverem depositadas nas docas, nos entrepostos particulares e nos trapiches alfandegados, a prorrogação do prazo dependerá também do consentimento da respectiva companhia ou concessionário.

§ 1.º Vencido o prazo do depósito, a mercadoria reputar-se-á abandonada, e o armazém geral dará aviso ao depositante marcando-lhe o prazo de 8 (oito) dias improrrogáveis para a retirada da mercadoria contra a entrega do recibo (art. 6.º) ou dos títulos emitidos (art. 15).

Findo este prazo, que correrá do dia em que o aviso for registrado no Correio, o armazém geral mandará vender a mercadoria por corretor ou leiloeiro, em leilão público anunciado com antecedência de 3 (três) dias, pelo menos, observando-se as disposições do art. 28, §§ 3.º, 4.º, 6.º e 7.º.

§ 2.º Para prova do aviso bastarão a sua transcrição no copiador do armazém geral e o certificado do registro da expedição pelo Correio.

§ 3.º O produto da venda, deduzidos os créditos indicados no art. 26, § 1.º, se não for procurado por quem de direito, dentro do prazo de 8 (oito) dias, será depositado judicialmente por conta de quem pertencer.

As Alfândegas reterão em seus cofres esse saldo e a administração da estrada de ferro da União o recolherá à repartição fiscal designada pelo Governo nas instruções expedidas na conformidade do art. 3.º.

§ 4.º Não obstante o processo do art. 27, §§ 2.º e 3.º, verificado o caso do § 1.º do presente artigo, o armazém geral ou a competente repartição federal fará vender a mercadoria, cientificando, com antecedência de 5 (cinco) dias, ao juiz daquele processo.

Deduzidos do produto da venda os créditos indicados no art. 26, § 1.º, o líquido será posto à disposição do juiz.

É permitido ao que perder o título obstar a venda, ficando prorrogado o depósito por mais 3 (três) meses, se pagar os impostos fiscais e as despesas declaradas no art. 23, § 6.º.

Art. 11. As empresas de armazéns gerais, além das responsabilidades especialmente estabelecidas nesta Lei, respondem:

1.º) Pela guarda, conservação e pronta e fiel entrega das mercadorias que tiverem recebido em depósito, sob pena de serem presos os empresários, gerentes, superintendentes ou administradores sempre que não efetuarem aquela entrega dentro de 24 (vinte e quatro) horas depois que judicialmente forem requeridas.

- *Vide* art. 753, § 4.º, do CC.

Cessa a responsabilidade nos casos de avarias ou vícios provenientes da natureza e acondicionamento das mercadorias, e de força maior, salvo a disposição do art. 37, parágrafo único.

2.º) Pela culpa, fraude ou dolo de seus empregados e prepostos e pelos furtos acontecidos aos gêneros e mercadorias dentro dos armazéns.

§ 1.º A indenização devida pelos armazéns gerais, nos casos referidos neste artigo, será correspondente ao preço da mercadoria em bom estado no lugar e no tempo em que devia ser entregue.

O direito de indenização prescreve em 3 (três) meses, contados do dia em que a mercadoria foi ou devia ser entregue.

§ 2.º Pelas Alfândegas e estradas de ferro da União responde diretamente a Fazenda Nacional, com ação regressiva contra seus funcionários culpados.

Art. 12. Nos armazéns gerais podem ser recebidas mercadorias da mesma natureza e qualidade, pertencentes a diversos donos, guardando-se misturadas.

Para este gênero de depósito deverão os armazéns gerais dispor de lugares próprios e se aparelhar para o bom desempenho do serviço.

Às declarações de que trata o art. 1.º juntará o empresário a descrição minuciosa de todos os aprestos do armazém, e a matrícula no Registro do Comércio somente será feita depois do exame, mandado proceder pela Junta Comercial, por profissionais e à custa do interessado.

§ 1.º Neste depósito, além das disposições especiais na presente Lei, observar-se-ão as seguintes:

1.º) o armazém geral não é obrigado a restituir a própria mercadoria recebida, mas pode entregar mercadoria da mesma qualidade;

2.º) o armazém geral responde pelas perdas e avarias da mercadoria, ainda mesmo no caso de força maior.

§ 2.º Relativamente às docas, entrepostos particulares e trapiches alfandegados, a atribuição acima conferida à Junta Comercial cabe ao Governo Federal.

Art. 13. Os armazéns gerais ficam sob a imediata fiscalização das Juntas Comerciais, às quais os empresários remeterão até o dia 15 dos meses de abril, julho, outubro e janeiro de cada ano um balanço, em resumo, das mercadorias que, no trimestre anterior, tiverem entrado e saído e das que existirem, bem como a demonstração do movimento dos títulos que emitirem, a importância dos valores que com os mesmos títulos forem negociados, as quantias consignadas, na conformidade do art. 22, e o movimento das vendas públicas, onde existirem as salas de que trata o Capítulo III.

Até o dia 15 de março as empresas apresentarão o balanço detalhado de todas as operações e serviços realizados, durante o ano anterior, nos armazéns gerais e salas de vendas públicas, fazendo-o acompanhar de um relatório circunstanciado, contendo as considerações que julgarem úteis.

§ 1.º As Alfândegas, docas, entrepostos particulares e trapiches alfandegados, ficarão, porém, sob a exclusiva fiscalização do Ministério da Fazenda, e os armazéns das estações de estradas de ferro da União, sob a do Ministério da Indústria, Viação e Obras Públicas.

Os inspetores das Alfândegas, empresas, ou companhias de docas, concessionários de entrepostos e trapiches alfandegados e diretores de estradas de ferro federais enviarão, nas épocas acima designadas, os balanços trimensais e o balanço e o relatório anuais ao respectivo Ministério.

§ 2.º O Ministério da Fazenda, o da Indústria, Viação e Obras Públicas e as Juntas Comerciais poderão, sempre que acharem conveniente, mandar inspecionar os armazéns sob sua fiscalização, a fim de verificarem se os balanços apresentados estão exatos, ou se têm sido fielmente cumpridas as instruções ou regulamento interno e a tarifa.

•• *Vide* nota ao art. 3.º deste Decreto.

Art. 14. As empresas de armazéns gerais têm o direito de retenção para garantia do pagamento das armazenagens e despesas com a conservação e com as operações, benefícios e serviços prestados às mercadorias, a pedido do dono, dos adiantamentos feitos com fretes e seguro, e das comissões e juros, quando as mercadorias lhes tenham sido remetidas em consignação (Código Comercial, art. 189).

Esse direito de retenção pode ser oposto à massa falida do devedor.

Também têm as empresas de armazéns gerais direito de indenização pelos prejuízos que lhes venham por culpa ou dolo do depositante.

•• Lei de Falências: Lei n. 11.101, de 9-2-2005.

Capítulo II

EMISSÃO, CIRCULAÇÃO E EXTINÇÃO DOS TÍTULOS EMITIDOS PELAS EMPRESAS DE ARMAZÉNS GERAIS

Art. 15. Os armazéns gerais emitirão, quando lhes for pedido pelo depositante, dois títulos unidos, mas separáveis à vontade, denominados – conhecimento de depósito e *warrant*.

•• O CP, em seu art. 178, apena com reclusão de 1 a 4 anos e multa a emissão de conhecimento de depósito ou *warrant*, em desacordo com disposição legal.

§ 1.º Cada um destes títulos deve ter a ordem e conter, além da sua designação particular:

1.º) a denominação da empresa do armazém geral e sua sede;

2.º) o nome, profissão e domicílio do depositante ou de terceiro por este indicado;

3.º) o lugar e o prazo do depósito, facultado aos interessados acordarem, entre si, na transferência posterior das mesmas mercadorias de um para outro armazém da emitente, ainda que se encontrem em localidade diversa da em que foi feito o depósito inicial. Em tais casos, far-se-ão, nos conhecimentos e *warrants* respectivos, as seguintes anotações:

a) local para onde se transferirá a mercadoria em depósito;

b) para os fins do art. 26, § 2.º, as despesas decorrentes da transferência, inclusive as de seguro por todos os riscos;

•• Item 3.º com redação determinada pela Lei Delegada n. 3, de 26-9-1962.

4.º) a natureza e quantidade das mercadorias em depósito, designadas pelos nomes mais usados no comércio, seu peso, o estado dos envoltórios e todas as marcas e indicações próprias para estabelecerem a sua identidade, ressalvadas as peculiaridades das mercadorias depositadas a granel;

•• Item 4.º com redação determinada pela Lei Delegada n. 3, de 26-9-1962.

5.º) a qualidade da mercadoria, tratando-se daquelas a que se refere o art. 12;

6.º) a indicação do segurador da mercadoria e o valor do seguro (art. 16);

7.º) a declaração dos impostos e direitos fiscais, dos encargos e despesas a que a mercadoria está sujeita, e do dia em que começaram a correr as armazenagens (art. 26, § 2.º);

8.º) a data da emissão dos títulos e a assinatura do empresário ou pessoa devidamente habilitada por este.

§ 2.º Os referidos títulos serão extraídos de um livro de talão, o qual conterá todas as declarações acima mencionadas e o número de ordem correspondente.

No verso do respectivo talão o depositante, ou terceiro por este autorizado, passará recibo dos títulos. Se a empresa, a pedido do depositante, os expedir pelo Correio, mencionará esta circunstância e o número e data do certificado do registro postal.

Anotar-se-ão também no verso do talão as ocorrências que se derem com os títulos dele extraídos, como substituição, restituição, perda, roubo etc.

§ 3.º Os armazéns gerais são responsáveis para com terceiros pelas irregularidades e inexatidões encontradas nos títulos que emitirem, relativamente à quantidade, natureza e peso da mercadoria.

• *Vide* art. 82, *caput*, da Lei n. 5.764, de 16-12-1971.

Art. 16. As mercadorias, para servirem de base à emissão dos títulos, devem ser seguradas contra riscos de incêndio no valor designado pelo depositante.

Os armazéns gerais poderão ter apólices especiais ou abertas, para este fim.

No caso de sinistro, o armazém geral é competente para receber a indenização devida pelo segurador, e sobre esta exercerão a Fazenda Nacional, a empresa de armazéns gerais e os portadores de conhecimentos de depósito e *warrants*, os mesmos direitos e privilégios que tenham sobre a mercadoria segurada.

Parágrafo único. As mercadorias de que trata o art. 12 serão seguradas em nome da empresa do armazém geral, a qual fica responsável pela indenização, no caso de sinistro.

Art. 17. Emitidos os títulos de que trata o art. 15, os gêneros e mercadorias não poderão sofrer embargo, penhora, sequestro ou qualquer outro embaraço que prejudique a sua livre e plena disposição, salvo nos casos do art. 27.

O conhecimento de depósito e o *warrant*, ao contrário, podem ser penhorados, arrestados por dívidas ao portador.

Art. 18. O conhecimento de depósito e o *warrant* podem ser transferidos, unidos ou separados, por endosso.

§ 1.º O endosso pode ser em branco; neste caso confere ao portador do título os direitos de cessionário.

§ 2.º O endosso dos títulos unidos confere ao cessionário o direito de livre disposição da mercadoria depositada; o do *warrant* separado do conhecimento de depósito o direito de penhor sobre a mesma mercadoria e o do conhecimento de depósito a faculdade de dispor da mercadoria, salvo os direitos do credor, portador do *warrant*.

• Sobre penhor industrial e mercantil, *vide* arts. 1.447 a 1.450 do CC.

Art. 19. O primeiro endosso do *warrant* declarará a importância do crédito garantido pelo penhor da mercadoria, a taxa dos juros e a data do vencimento.

Essas declarações serão transcritas no conhecimento de depósito e assinadas pelos endossatários do *warrant*.

Art. 20. O portador dos dois títulos tem o direito de pedir a divisão da mercadoria em tantos lotes quantos lhe convenham, e a entrega de conhecimentos de depósito e *war-*

rants correspondentes a cada um dos lotes, sendo restituídos, e ficando anulados os títulos anteriormente emitidos.

Esta divisão somente será facultada se a mercadoria continuar a garantir os créditos preferenciais do art. 26, § 1.º.

Parágrafo único. Outrossim, é permitido ao portador dos dois títulos pedir novos títulos a sua ordem, ou de terceiro que indicar, em substituição dos primitivos, que serão restituídos ao armazém geral e anulados.

Art. 21. A mercadoria depositada será retirada do armazém geral contra a entrega do conhecimento de depósito e do *warrant* correspondente, liberta pelo pagamento do principal e juros da dívida, se foi negociado.

Art. 22. Ao portador do conhecimento de depósito é permitido retirar a mercadoria antes do vencimento da dívida constante do *warrant*, consignando no armazém geral o principal e juros até o vencimento e pagando os impostos fiscais, armazenagens vencidas e mais despesas.

Da quantia consignada o armazém geral passará o recibo, extraído de um livro de talão.

§ 1.º O armazém geral dará por carta registrada imediato aviso desta consignação ao primeiro endossador do *warrant*.

Este aviso, quando contestado, será provado nos termos do art. 10, § 2.º.

§ 2.º A consignação equivale a real e efetivo pagamento, e a quantia consignada será prontamente entregue ao credor mediante a restituição do *warrant* com a devida quitação.

§ 3.º Se o *warrant* não for apresentado ao armazém geral até 8 (oito) dias depois do vencimento da dívida, a quantia consignada será levada a depósito judicial por conta de quem pertencer.

Nas Alfândegas e estradas de ferro federais, essa quantia terá o destino declarado no art. 10, § 3.º, *in fine*.

§ 4.º A perda, o roubo ou extravio do *warrant* não prejudicarão o exercício do direito que este artigo confere ao portador do conhecimento de depósito.

Art. 23. O portador do *warrant* que, no dia do vencimento, não for pago, e que não achar consignada no armazém geral a importância do seu crédito e juros (art. 22), deverá interpor o respectivo protesto nos prazos e pela forma aplicáveis ao protesto das letras de câmbio, no caso de não pagamento.

O oficial dos protestos entregará ao protestante o respectivo instrumento, dentro do prazo de 3 (três) dias, sob pena de responsabilidade e de satisfazer perdas e danos.

§ 1.º O portador do *warrant* fará vender em leilão, por intermédio do corretor, ou leiloeiro, que escolher as mercadorias especificadas no título, independente de formalidades judiciais.

§ 2.º Igual direito de venda cabe ao primeiro endossador que pagar a dívida do *warrant*, sem que seja necessário constituir em mora os endossadores do conhecimento de depósito.

§ 3.º O corretor ou leiloeiro, encarregado da venda, depois de avisar o administrador do armazém geral ou o chefe da competente repartição federal, anunciará pela imprensa o leilão, com antecedência de 4 (quatro) dias, especificando as mercadorias conforme as declarações do *warrant* e declarando o dia e hora da venda, as condições dessa e o lugar onde podem ser examinadas aquelas mercadorias.

O agente da venda conformar-se-á em tudo com as disposições do regulamento interno dos armazéns e das salas de vendas públicas ou com as instruções oficiais, tratando-se de repartição federal.

§ 4.º Se o arrematante não pagar o preço da venda aplicar-se-á a disposição do art. 28, § 6.º.

§ 5.º A perda ou extravio do conhecimento de depósito (art. 27, § 1.º), a falência, os meios preventivos de sua declaração e a morte do devedor não suspendem nem interrompem a venda anunciada.

§ 6.º O devedor poderá evitar a venda até o momento de ser a mercadoria adjudicada ao que maior lanço oferecer, pagando imediatamente a dívida do *warrant*, os impostos fiscais, despesas devidas ao armazém e todas as mais a que a execução deu lugar, inclusive custas do protesto, comissões do corretor ou agente de leilões e juros da mora.

§ 7.º O portador do *warrant* que, em tempo útil, não interpuser o protesto por falta de pagamento, ou que, dentro de 10 (dez) dias, contados da data do instrumento do protesto, não promover a venda da mercadoria, conservará tão somente ação contra o primeiro endossador do *warrant* e contra os endossadores do conhecimento de depósito.

Art. 24. Efetuada a venda, o corretor ou leiloeiro dará a nota do contrato ou conta de venda ao armazém geral, o qual receberá o preço e entregará ao comprador a mercadoria.

§ 1.º O armazém geral, imediatamente após o recebimento do produto da venda, fará as deduções dos créditos preferenciais do art. 26, § 1.º, e, com o líquido, pagará o portador do *warrant* nos termos do art. 26, princípio.

§ 2.º O portador do *warrant*, que ficar integralmente pago, entregará ao armazém geral o título com a quitação; no caso contrário, o armazém geral mencionará no *warrant* o pagamento parcial feito e o restituirá ao portador.

§ 3.º Pago o credor, o excedente do preço da venda será entregue ao portador do conhecimento de depósito contra a restituição deste título.

§ 4.º As quantias reservadas ao portador do *warrant* ou ao do conhecimento de depósito, quando não reclamadas no prazo de 30 (trinta) dias depois da venda da mercadoria, terão o destino declarado no art. 10, § 3.º.

Art. 25. Se o portador do *warrant* não ficar integralmente pago, em virtude da insuficiência do produto líquido da venda da mercadoria ou da indenização do seguro, no caso de sinistro, tem ação para haver o saldo contra os endossadores anteriores solidariamente, observando-se a esse respeito as mesmas disposições (substanciais e processuais de fundo e de forma) relativas às letras de câmbio.

O prazo para a prescrição de ação regressiva corre do dia da venda.

Art. 26. O portador do *warrant* será pago do seu crédito, juros convencionais e da mora à razão de 6% (seis por cento) ao ano e despesas do protesto, precipuamente, pelo produto da venda da mercadoria.

§ 1.º Preferem, porém, a este credor:

1.º) a Fazenda Nacional, pelos direitos ou impostos que lhe forem devidos;

2.º) o corretor ou leiloeiro, pelas comissões taxadas em seus regimentos ou reguladas por convenção entre ele e os comitentes, e pelas despesas com anúncio da venda;

3.º) o armazém geral, por todas as despesas declaradas no art. 14, a respeito das quais lhe é garantido o direito de retenção.

§ 2.º Os créditos do § 1.º, n. 1 e 3, devem ser expressamente referidos nos títulos (art. 15, § 1.º, n. 7), declarando-se a quantia exata dos impostos devidos à Fazenda Nacional e de todas as despesas líquidas até o momento da emissão daqueles títulos, sob pena de perda da preferência.

Todas as vezes que lhe for exigido pelo portador do conhecimento de depósito ou do *warrant*, o armazém geral é obrigado a liquidar os créditos que preferem ao *warrant* e fornecer a nota da liquidação, datada e assinada, referindo-se ao número do título e ao nome da pessoa à ordem de quem foi emitido.

Art. 27. Aquele que perder o título avisará ao armazém geral e anunciará o fato durante 3 (três) dias, pelo jornal de maior circulação da sede daquele armazém.

•• *Vide* art. 909 do CC.

§ 1.º Se se tratar do conhecimento de depósito e correspondente *warrant*, ou só do primeiro, o interessado poderá obter duplicata ou a entrega da mercadoria, garantido o direito do portador do *warrant*, se este foi negociado, ou do saldo a sua disposição, se a mercadoria foi vendida, observando-se o processo do § 2.º, que correrá perante o juiz do comércio em cuja jurisdição se achar o armazém geral.

§ 2.º O interessado requererá a notificação do armazém geral para não entregar, sem ordem judicial, a mercadoria ou saldo disponível no caso de ser ou de ter sido ela vendida na conformidade dos arts. 10, § 4.º, e 23, § 1.º, e justificará sumariamente a sua propriedade.

O requerimento deve ser instruído com um exemplar do jornal em que for anunciada perda e com a cópia fiel do talão do título perdido, fornecida pelo armazém geral, e por este autenticada.

O armazém geral terá ciência do dia e da hora da justificação, e para esta, se o *warrant* foi negociado e ainda não voltou ao armazém geral, será citado o endossatário desse título, cujo nome devia constar do correspondente conhecimento do depósito perdido (art. 19, 2.ª parte).

O juiz, na sentença que julgar procedente a justificação, mandará publicar editais com o prazo de 30 (trinta) dias para reclamações.

Estes editais produzirão todas as declarações constantes do talão do título perdido e serão publicados no *Diário Oficial* e no jornal onde o interessado anunciou a referida perda e afixados na porta do armazém e na sala de vendas públicas.

Não havendo reclamação, o juiz expedirá mandado conforme o requerido ao armazém geral ou depositário.

Sendo ordenada a duplicata, dela constará esta circunstância.

Se, porém, aparecer reclamação, o juiz marcará o prazo de 10 (dez) dias para prova, e, findos estes, arrazoando o embargante e o embargado em 5 (cinco) dias cada um, julgará afinal com apelação sem efeito suspensivo.

Estes prazos serão improrrogáveis e fatais e correrão em cartório, independente de lançamento em audiência.

§ 3.º No caso de perda do *warrant*, o interessado, que provar a sua propriedade, tem o direito de receber a importância do crédito garantido.

Observar-se-á o mesmo processo do § 2.º com as seguintes modificações:

a) para justificação sumária, serão citados o primeiro endossador e outros que forem conhecidos. O armazém será avisado do dia e hora da justificação, e notificado judicialmente da perda do título;

b) o mandado judicial de pagamento será expedido contra o primeiro endossador ou contra quem tiver em consignação ou depósito a importância correspondente à dívida do *warrant*.

O referido mandado, se a dívida não está vencida, será apresentado àquele primeiro endossador no dia do vencimento, sendo aplicável a disposição do art. 23 no caso de não pagamento.

§ 4.º Cessa a responsabilidade do armazém geral e do devedor quando, em virtude de ordem judicial, emitir duplicata ou entregar a mercadoria ou o saldo em seu poder ou pagar a dívida. O prejudicado terá ação somente contra quem indevidamente dispôs da mercadoria ou embolsou a quantia.

§ 5.º O que fica disposto sobre perda do título aplica-se aos casos de roubo, furto, extravio ou destruição.

Capítulo III

SALAS DE VENDAS PÚBLICAS

Art. 28. Anexas aos seus estabelecimentos, as empresas de armazéns gerais poderão ter salas apropriadas para vendas públicas, voluntárias, dos gêneros e mercadorias em depósito, observando-se as seguintes disposições:

§ 1.º Estas salas serão franqueadas ao público, e os depositantes poderão ter aí exposição de amostras.

§ 2.º É livre aos interessados escolher o agente da venda dentre os corretores ou leiloeiros da respectiva praça.

§ 3.º A venda será anunciada pelo corretor ou leiloeiro, nos jornais locais, declarando-se o dia, hora e condições do leilão e da entrega da mercadoria, número, natureza e quantidade de cada lote, armazéns onde se acha, e as horas durante as quais pode ser examinada.

Além disso, afixará aviso na praça do comércio e na sala onde tenha de efetuar a venda.

§ 4.º O público será admitido a examinar a mercadoria anunciada à venda, sendo proporcionadas todas as facilidades pelo administrador do armazém onde ela se achar.

§ 5.º A venda será feita por atacado, não podendo cada lote ser de valor inferior a dois contos de réis, calculado pela cotação média da mercadoria.

§ 6.º Se o arrematante não pagar o preço no prazo marcado nos anúncios, e, na falta destes, dentro de 24 (vinte e quatro) horas depois da venda, será a mercadoria levada a novo leilão por sua conta e risco, ficando obrigado a completar o preço por que a comprou e perdendo em benefício do vendedor o sinal que houver dado.

Para a cobrança da diferença terá a parte interessada a ação executiva dos arts. 309 e segs. do Decreto n. 373, de 25 de novembro de 1850, devendo a petição inicial ser instruída com certidão extraída dos livros do corretor ou agentes de leilões.

§ 7.º Tratando-se das mercadorias a que se refere o art. 12, observar-se-á o disposto no § 1.º, n. 1, do mesmo artigo.

Art. 29. Onde existirem salas de vendas públicas serão nelas efetuadas as vendas de que tratam os arts. 10, § 1.º, e 23, § 1.º, não sendo então aplicável a disposição restritiva do art. 28, § 5.º.

Capítulo IV

DISPOSIÇÕES FISCAIS E PENAIS

Art. 30. São sujeitos ao selo fixo de trezentos réis:

1.º) o recibo das mercadorias depositadas nos armazéns gerais (art. 6.º);

2.º) o conhecimento de depósito.

O mesmo selo das letras de câmbio e de terra pagará o *warrant* quando, separado de depósito, for pela primeira vez endossado.

Art. 31. Não podem ser taxados pelos Estados nem pelas Municipalidades os depósitos nos armazéns gerais, bem como as compras e vendas realizadas nas salas anexas a estes armazéns.

Art. 32. Incorrerão na multa de duzentos mil-réis a cinco contos de réis os empresários de armazéns gerais, que não observarem as prescrições dos arts. 5.º, 7.º e 8.º, §§ 1.º a 4.º, 13 e 22, § 3.º, 24, §§ 1.º e 4.º, 26, § 2.º, última parte.

Parágrafo único. A multa será imposta por quem tiver a seu cargo a fiscalização do armazém, e cobrada executivamente por intermédio do Ministério Público, se não for paga dentro de 8 (oito) dias depois de notificada, revertendo em benefício das misericórdias e orfanatos existentes na sede dos armazéns.

Art. 33. Será cassada a matrícula (art. 1.º, § 1.º) ou revogada a autorização (art. 4.º), por quem a ordenou ou concedeu, nos casos seguintes:

1.º) falência e meios preventivos ou liquidação da respectiva empresa;

2.º) cessão ou transferência da empresa a terceiro, sem prévio aviso à Junta Comercial, ou sem autorização do Governo, nos casos em que esta for necessária;

3.º) infração do regulamento interno em prejuízo do comércio ou da Fazenda Nacional.

Parágrafo único. A disposição deste artigo não prejudica a imposição das multas cominadas no art. 32, nem a aplicação das outras penas em que, porventura, tenham incorrido os empresários de armazéns e seus prepostos.

Art. 34. As penas estabelecidas para os casos dos arts. 32 e 33, n. 2 e 3, só poderão ser impostas depois de ouvidos o empresário do armazém geral, o gerente ou superintendente das companhias de docas e os concessionários de entrepostos e trapiches alfandegados, em prazo razoável, facultando-se-lhe a leitura do inquérito, relatório, denúncia e provas colhidas.

Art. 35. Incorrerão nas penas de prisão celular por 1 (um) a 4 (quatro) anos e multa de cem mil-réis a um conto de réis:

•• O art. 2.º da Lei n. 7.209, de 11-7-1984, cancela, na Parte Especial do CP e nas leis especiais alcançadas pelo art. 12 do mesmo Código, quaisquer referências a valores de multas, substituindo-se a expressão *multa de* por *multa*.

1.º) os que emitirem os títulos referidos no Capítulo II, sem que tenham cumprido as disposições dos arts. 1.º e 4.º desta Lei;

2.º) os empresários ou administradores de armazéns gerais, que emitirem os ditos títulos sem que existam em depósito as mercadorias ou gêneros nele especificados; ou que emitirem mais de um conhecimento de depósito de *warrant* sobre as mesmas mercadorias ou gêneros, salvo os casos do art. 20;

3.º) os empresários ou administradores de armazéns gerais que fizerem empréstimos ou quaisquer negociações, por conta própria ou de terceiro, sobre títulos que emitirem;

4.º) os empresários ou administradores de armazéns gerais, que desviarem, no todo ou em parte, fraudarem ou substituírem por outras, as mercadorias confiadas a sua guarda, sem prejuízo da pena de prisão de que trata o art. 2.º, n. 1;

5.º) os empresários ou administradores de armazéns gerais, que não entregarem no devido tempo, a quem de direito, a importância das consignações de que trata o art. 22 e as quantias que lhe sejam confiadas nos termos desta Lei.

§ 1.º Se a empresa for sociedade anônima ou comanditária por ações, incorrerão nas penas acima cominadas os seus administradores, superintendentes, gerentes ou fiéis de armazéns que para o fato criminoso tenham concorrido direta ou indiretamente.

§ 2.º Se os títulos forem emitidos pelas repartições federais de que tratam os arts. 2.º e 3.º, incorrerão nas penas acima os fiéis ou quaisquer funcionários que concorram para o fato.

§ 3.º Nesses crimes cabe a ação pública.

Capítulo V
DISPOSIÇÕES GERAIS

Art. 36. Ficam compreendidos na disposição do art. 19, § 3.º, do Decreto n. 737, de 25 de novembro de 1850, os depósitos nos armazéns gerais e as operações sobre os títulos que as respectivas empresas emitirem e os contratos de compra e venda a que se refere o art. 28.

- O Decreto n. 737, de 25-11-1850, determina a ordem do juízo no processo comercial.

Art. 37. São nulas as convenções ou cláusulas que diminuam ou restrinjam as obrigações e responsabilidades que, por esta Lei, são impostas às empresas de armazéns gerais e aos que figurarem nos títulos que elas emitirem.

Parágrafo único. Ao contrário, podem os armazéns gerais se obrigar, por convenção com os depositantes e mediante a taxa combinada, a indenizar os prejuízos acontecidos à mercadoria por avarias, vícios intrínsecos, falta de acondicionamento e mesmo pelos casos de força maior.

Esta Convenção, para que tenha efeitos para com terceiros, deverá constar dos títulos de que trata o art. 15.

Art. 38. A presente Lei não modifica as disposições do Capítulo V, do Título III, da Parte I do Código Comercial, que continuam em inteiro vigor.

Art. 39. Revogam-se as disposições em contrário.

Rio de Janeiro, 21 de novembro de 1903; 81.º da Independência e 14.º da República.

FRANCISCO DE PAULA RODRIGUES ALVES

DECRETO N. 2.044, DE 31 DE DEZEMBRO DE 1908

Define a letra de câmbio e a nota promissória e regula as operações cambiais.

O Presidente da República dos Estados Unidos do Brasil:

Faço saber que o Congresso Nacional decreta e eu sanciono a seguinte Resolução:

TÍTULO I
DA LETRA DE CÂMBIO

Capítulo I
DO SAQUE

Art. 1.º A letra de câmbio é uma ordem de pagamento e deve conter estes requisitos, lançados, por extenso, no contexto:

I – a denominação "letra de câmbio" ou a denominação equivalente na língua em que for emitida;

II – a soma de dinheiro a pagar e a espécie de moeda;

III – o nome da pessoa que deve pagá-la. Esta indicação pode ser inserida abaixo do contexto;

IV – o nome da pessoa a quem deve ser paga. A letra pode ser ao portador e também pode ser emitida por ordem e conta de terceiro. O sacador pode designar-se como tomador;

V – a assinatura do próprio punho do sacador ou do mandatário especial. A assinatura deve ser firmada abaixo do contexto.

- *Vide* art. 892 do CC.

Art. 2.º Não será letra de câmbio o escrito a que faltar qualquer dos requisitos acima enumerados.

Art. 3.º Esses requisitos são considerados lançados ao tempo da emissão da letra. A prova em contrário será admitida no caso de má-fé do portador.

Art. 4.º Presume-se mandato ao portador para inserir a data e o lugar do saque, na letra que não os contiver.

Art. 5.º Havendo diferença entre o valor lançado por algarismo e o que se achar por extenso no corpo da letra, este último será sempre considerado verdadeiro e a diferença não prejudicará a letra. Diversificando as indicações da soma de dinheiro no contexto, o título não será letra de câmbio.

Art. 6.º A letra pode ser passada:

I – à vista;

II – a dia certo;

III – a tempo certo da data;

IV – a tempo certo da vista.

Art. 7.º A época do pagamento deve ser precisa, uma e única para a totalidade da soma cambial.

Capítulo II
DO ENDOSSO

Art. 8.º O endosso transmite a propriedade da letra de câmbio.

Para a validade do endosso, é suficiente a simples assinatura do próprio punho do endossador ou do mandatário especial, no verso da letra. O endossatário pode completar este endosso.

- • *Vide* art. 910, *caput*, do CC.

§ 1.º A cláusula "por procuração", lançada no endosso, indica o mandato com todos os poderes, salvo o caso de restrição, que deve ser expressa no mesmo endosso.

- *Vide* art. 917 do CC.

§ 2.º O endosso posterior ao vencimento da letra tem o efeito de cessão civil.

§ 3.º É vedado o endosso parcial.

Capítulo III
DO ACEITE

Art. 9.º A apresentação da letra ao aceite é facultativa quando certa a data do vencimento. A letra a tempo certo da vista deve ser apresentada ao aceite do sacado, dentro do prazo nela marcado; na falta de designação, dentro de 6 (seis) meses contados da data da emissão do título, sob pena de perder o portador o direito regressivo contra o sacador, endossadores e avalistas.

Parágrafo único. O aceite da letra, a tempo certo da vista, deve ser datado, presumindo-se, na falta de data, o mandado ao portador para inseri-la.

Art. 10. Sendo dois ou mais os sacados, o portador deve apresentar a letra ao primeiro nomeado; na falta ou recusa do aceite, ao segundo, se estiver domiciliado na mesma praça; assim, sucessivamente, sem embargo da forma da indicação na letra dos nomes dos sacados.

Art. 11. Para a validade do aceite é suficiente a simples assinatura do próprio punho do sacado ou do mandatário especial, no anverso da letra.

Vale, como aceite puro, a declaração que não traduzir inequivocamente a recusa, limitação ou modificação.

Parágrafo único. Para os efeitos cambiais, a limitação ou modificação do aceite equivale à recusa, ficando, porém, o aceitante cambialmente vinculado, nos termos da limitação ou modificação.

Art. 12. O aceite, uma vez firmado, não pode ser cancelado nem retirado.

Art. 13. A falta ou recusa do aceite prova-se pelo protesto.

Capítulo IV
DO AVAL

Art. 14. O pagamento de uma letra de câmbio, independente do aceite e do endosso, pode ser garantido por aval. Para a validade do aval, é suficiente a simples assinatura do próprio punho do avalista ou do mandatário especial, no verso ou no anverso da letra.

Art. 15. O avalista é equiparado àquele cujo nome indicar; na falta de indicação, àquele abaixo de cuja assinatura lançar a sua; fora destes casos, ao aceitante e, não estando aceita a letra, ao sacador.

Capítulo V
DA MULTIPLICAÇÃO DA LETRA DE CÂMBIO

Seção Única
Das Duplicatas

Art. 16. O sacador, sob pena de responder por perdas e interesses, é obrigado a dar, ao portador, as vias de letra que este reclamar antes do vencimento, diferençadas, no contexto, por números de ordem ou pela ressalva, das que se extraviaram. Na falta da diferenciação ou da ressalva, que torne inequívoca a unicidade da obrigação, cada exemplar valerá como letra distinta.

§ 1.º O endossador e o avalista, sob pena de responderem por perdas e interesses, são obrigados a repetir, na duplicata, o endosso e o aval firmados no original.

§ 2.º O sacado fica cambialmente obrigado por cada um dos exemplares em que firmar o aceite.

§ 3.º O endossador de dois ou mais exemplares da mesma letra a pessoas diferentes, e os sucessivos endossadores e avalistas ficam cambialmente obrigados.

§ 4.º O detentor da letra expedida para o aceite é obrigado a entregá-la ao legítimo portador da duplicata, sob pena de responder por perdas e interesses.

Capítulo VI
DO VENCIMENTO

Art. 17. A letra à vista vence-se no ato da apresentação ao sacado.

A letra, a dia certo, vence-se nesse dia. A letra, a dias da data ou da vista, vence-se no último dia do prazo; não se conta, para a primeira, o dia do saque, e, para a segunda, o dia do aceite.

A letra a semanas, meses ou anos da data ou da vista vence no dia da semana, mês ou ano do pagamento, correspondente ao dia do saque ou dia do aceite. Na falta do dia correspondente, vence-se no último dia do mês do pagamento.

Art. 18. Sacada a letra em país onde vigorar outro calendário, sem a declaração do adotado, verifica-se o termo do vencimento contando-se do dia do calendário gregoriano, correspondente ao da emissão da letra pelo outro calendário.

Art. 19. A letra é considerada vencida, quando protestada:

I – pela falta ou recusa do aceite;

II – pela falência do aceitante.

O pagamento, nestes casos, continua diferido até o dia do vencimento ordinário da letra, ocorrendo o aceite de outro sacado nomeado ou, na falta, a aquiescência do portador expressa no ato do protesto, ao aceite na letra, pelo interveniente voluntário.

Capítulo VII
DO PAGAMENTO

Art. 20. A letra deve ser apresentada ao sacado ou ao aceitante para o pagamento, no lugar designado e no dia do vencimento ou, sendo este dia feriado por lei, no primeiro dia útil imediato, sob pena de perder o portador o direito de regresso contra o sacador, endossadores e avalistas.

§ 1.º Será pagável à vista a letra que não indicar a época do vencimento. Será pagável, no lugar mencionado ao pé do nome do sacado, a letra que não indicar o lugar do pagamento.

É facultada a indicação alternativa de lugares de pagamento, tendo o portador direito de opção. A letra pode ser sacada sobre uma pessoa, para ser paga no domicílio de outra, indicada pelo sacador ou pelo aceitante.

§ 2.º No caso de recusa ou falta de pagamento pelo aceitante, sendo dois ou mais os sacados, o portador deve apresentar a letra ao primeiro nomeado, se estiver domiciliado na mesma praça; assim sucessivamente, sem embargo da forma da indicação na letra dos nomes dos sacados.

§ 3.º Sobrevindo caso fortuito ou força maior, a apresentação deve ser feita, logo que cessar o impedimento.

Art. 21. A letra à vista deve ser apresentada ao pagamento dentro do prazo nela marcado; na falta desta designação, dentro de 12 (doze) meses, contados da data da emissão do título, sob pena de perder o portador o direito de regresso contra o sacador, endossadores e avalistas.

Art. 22. O portador não é obrigado a receber o pagamento antes do vencimento da letra. Aquele que paga uma letra, antes do respectivo vencimento, fica responsável pela validade desse pagamento.

§ 1.º O portador é obrigado a receber o pagamento parcial, ao tempo do vencimento.

§ 2.º O portador é obrigado a entregar a letra com a quitação àquele que efetua o pagamento; no caso do pagamento parcial, em que se não opera a tradição do título, além da quitação em separado, outra deve ser firmada na própria letra.

Art. 23. Presume-se validamente desonerado aquele que paga a letra no vencimento, sem oposição.

Parágrafo único. A oposição ao pagamento é somente admissível no caso de extravio da letra, de falência ou incapacidade do portador para recebê-lo.

Art. 24. O pagamento feito pelo aceitante ou pelos respectivos avalistas desonera da responsabilidade cambial todos os coobrigados.

O pagamento feito pelo sacador, pelos endossadores ou respectivos avalistas desonera da responsabilidade cambial os coobrigados posteriores.

Parágrafo único. O endossador ou avalista, que paga ao endossatário ou ao avalista posterior, pode riscar o próprio endosso ou aval e os dos endossadores ou avalistas posteriores.

Art. 25. A letra de câmbio deve ser paga na moeda indicada. Designada moeda estrangeira, o pagamento, salvo determinação em contrário, expressa na letra, deve ser efetuado em moeda nacional, ao câmbio à vista do dia do vencimento e do lugar do pagamento; não havendo no lugar curso de câmbio, pelo da praça mais próxima.

Art. 26. Se o pagamento de uma letra de câmbio não for exigido no vencimento, o aceitante pode, depois de expirado o prazo para o protesto por falta de pagamento, depositar o valor da mesma, por conta e risco do portador, independente de qualquer citação.

Art. 27. A falta ou recusa, total ou parcial, de pagamento, prova-se pelo protesto.

Capítulo VIII
DO PROTESTO

•• *Vide* Lei n. 9.492, de 10-9-1997.

Art. 28. A letra que houver de ser protestada por falta de aceite ou de pagamento deve ser entregue ao oficial competente, no primeiro dia útil que se seguir ao da recusa do aceite ou ao do vencimento, e o respectivo protesto tirado dentro de 3 (três) dias úteis.

Parágrafo único. O protesto deve ser tirado do lugar indicado na letra para o aceite ou para o pagamento. Sacada ou aceita a letra para ser paga em outro domicílio que não o do sacado, naquele domicílio deve ser tirado o protesto.

Art. 29. O instrumento de protesto deve conter:

I – A data.

II – A transcrição literal da letra e das declarações nela inseridas pela ordem respectiva.

III – A certidão da intimação ao sacado ou ao aceitante ou aos outros sacados, nomeados na letra para aceitar ou pagar, a resposta dada ou a declaração da falta da resposta.

A intimação é dispensada no caso do sacado ou aceitante firmar na letra a declaração da recusa do aceite ou do pagamento e, na hipótese de protesto, por causa da falência do aceitante.

IV – A certidão de não haver sido encontrada ou de ser desconhecida a pessoa indicada para aceitar ou para pagar. Nesta hipótese, o oficial afixará a intimação nos lugares do estilo e, se possível, a publicará pela imprensa.

V – A indicação dos intervenientes voluntários e das firmas por eles honradas.

VI – A aquiescência do portador ao aceite por honra.

VII – A assinatura, com o sinal público, do oficial do protesto.

Parágrafo único. Este instrumento, depois de registrado no livro de protesto, deverá ser entregue ao detentor ou portador da letra ou àquele que houver efetuado o pagamento.

Art. 30. O portador é obrigado a dar aviso do protesto ao último endossador, dentro de 2 (dois) dias, contados da data do instrumento do protesto e cada endossatário, dentro de 2 (dois) dias, contados do recebimento do aviso, deve transmiti-lo ao seu endossador, sob pena de responder por perdas e interesses.

Não constando do endosso o domicílio ou a residência do endossador, o aviso deve ser transmitido ao endossador anterior, que houver satisfeito aquela formalidade.

Parágrafo único. O aviso pode ser dado em carta registrada. Para esse fim, a carta será levada aberta ao Correio, onde, verificada a existência do aviso, se declarará o conteúdo da carta registrada no conhecimento e talão respectivo.

Art. 31. Recusada a entrega da letra por aquele que a recebeu para firmar o aceite ou para efetuar o pagamento, o protesto pode ser tirado por outro exemplar ou, na falta, pelas indicações do protestante.

Parágrafo único. Pela prova do fato, pode ser decretada a prisão do detentor da letra, salvo depositando este a soma cambial e a importância das despesas feitas.

Art. 32. O portador que não tira, em tempo útil e forma regular, o instrumento do protesto da letra, perde o direito de regresso contra o sacador, endossadores e avalistas.

Art. 33. O oficial que não lavra, em tempo útil e forma regular, o instrumento do protesto, além da pena em que incorrer, segundo o Código Penal, responde por perdas e interesses.

Capítulo IX

DA INTERVENÇÃO

Art. 34. No ato do protesto pela falta ou recusa do aceite, a letra pode ser aceita por terceiro, mediante a aquiescência do detentor ou portador.

A responsabilidade cambial deste interveniente é equiparada à do sacado que aceita.

Art. 35. No ato do protesto, excetuada apenas a hipótese do artigo anterior, qualquer pessoa tem o direito de intervir para efetuar o pagamento da letra, por honra de qualquer das firmas.

§ 1.º O pagamento, por honra da firma do aceitante ou dos respectivos avalistas, desonera da responsabilidade cambial todos os coobrigados.

O pagamento, por honra da firma do sacador, do endossador ou dos respectivos avalistas, desonera da responsabilidade cambial todos os coobrigados posteriores.

§ 2.º Não indicada a firma, entende-se ter sido honrada a do sacador; quando aceita a letra, a do aceitante.

§ 3.º Sendo múltiplas as intervenções, concorram ou não coobrigados, deve ser preferido o interveniente que desonera maior número de firmas.

Múltiplas as intervenções pela mesma firma, deve ser preferido o interveniente coobrigado; na falta deste, o sacado; na falta de ambos, o detentor ou portador tem a opção. É vedada a intervenção ao aceitante ou ao respectivo avalista.

Capítulo X

DA ANULAÇÃO DA LETRA

Art. 36. Justificando a propriedade e o extravio ou a destruição total ou parcial da letra, descrita com clareza e precisão, o proprietário pode requerer ao juiz competente do lugar do pagamento, na hipótese de extravio, a intimação do sacado ou do aceitante e dos coobrigados, para não pagarem a aludida letra, e a citação do detentor para apresentá-la em juízo, dentro do prazo de 3 (três) meses, e, nos casos de extravio e de destruição, a citação dos coobrigados para, dentro do referido prazo, oporem contestação firmada em defeito de forma do título ou, na falta de requisito essencial, ao exercício da ação cambial.

Estas citações e intimações devem ser feitas pela imprensa, publicadas no jornal oficial do Estado e no *Diário Oficial* para o Distrito Federal e nos periódicos indicados pelo juiz, além de afixadas nos lugares do estilo e na bolsa da praça do pagamento.

• *Vide* art. 909 do CC.

§ 1.º O prazo de 3 (três) meses corre da data do vencimento; estando vencida a letra, da data da publicação no jornal oficial.

§ 2.º Durante o curso desse prazo, munido da certidão do requerimento e do despacho favorável do juiz, fica o proprietário autorizado a praticar todos os atos necessários à garantia do direito creditório, podendo, vencida a letra, reclamar do aceitante o depósito judicial da soma devida.

§ 3.º Decorrido o prazo, sem se apresentar o portador legitimado (art. 39) da letra, ou sem a contestação do coobrigado (art. 36), o juiz decretará a nulidade do título extraviado ou destruído e ordenará, em benefício do proprietário, o levantamento do depósito da soma, caso tenha sido feito.

§ 4.º Por esta sentença, fica o proprietário habilitado, para o exercício da ação executiva, contra o aceitante e os outros coobrigados.

§ 5.º Apresentada a letra pelo portador legitimado (art. 39) ou oferecida a contestação (art. 36) pelo coobrigado, o juiz julgará prejudicado o pedido de anulação da letra, deixando, salvo à parte, o recurso aos meios ordinários.

§ 6.º Da sentença proferida no processo cabe o recurso de agravo com efeito suspensivo.

§ 7.º Este processo não impede o recurso à duplicata e nem para os efeitos da responsabilidade civil do coobrigado dispensa o aviso imediato do extravio, por cartas registradas endereçadas ao sacado, ao aceitante e aos outros coobrigados, pela forma indicada no parágrafo único do art. 30.

Capítulo XI

DO RESSAQUE

Art. 37. O portador da letra protestada pode haver o embolso da soma devida, pelo ressaque de nova letra de câmbio, à vista, sobre qualquer dos obrigados.

O ressacado que paga pode, por seu turno, ressacar sobre qualquer dos coobrigados a ele anteriores.

Parágrafo único. O ressaque deve ser acompanhado da letra protestada, do instrumento do protesto e da conta de retorno.

Art. 38. A conta de retorno deve indicar:

I – a soma cambial e a dos juros legais, desde o dia do vencimento;

II – a soma das despesas legais: protesto, comissão, porte de cartas, selos, e dos juros legais, desde o dia em que foram feitas;

III – o nome do ressacado;

IV – o preço do câmbio, certificado por corretor ou, na falta, por dois comerciantes.

§ 1.º O recâmbio é regulado pelo curso do câmbio da praça do pagamento, sobre a praça do domicílio ou da residência do ressacado; o recâmbio, devido ao endossador ou ao avalista que ressaca, é regulado pelo curso do câmbio da praça do ressaque, sobre a praça da residência ou do domicílio do ressacado.

Não havendo curso de câmbio na praça do ressaque, o recâmbio é regulado pelo curso do câmbio da praça mais próxima.

§ 2.º É facultado o cúmulo dos recâmbios nos sucessivos ressaques.

Capítulo XII

DOS DIREITOS E DAS OBRIGAÇÕES CAMBIAIS

Seção I

Dos Direitos

Art. 39. O possuidor é considerado legítimo proprietário da letra ao portador e da letra endossada em branco.

O último endossatário é considerado legítimo proprietário da letra endossada em preto, se o primeiro endosso estiver assinado pelo tomador e cada um dos outros, pelo endossatário do endosso, imediatamente anterior.

Seguindo-se ao endosso em branco outro endosso presume-se haver o endossador deste adquirido por aquele a propriedade da letra.

§ 1.º No caso de pluralidade de tomadores ou de endossatários, conjuntos ou disjuntos, o tomador ou o endossatário possuidor da letra é considerado, para os efeitos cambiais, o credor único da obrigação.

§ 2.º O possuidor, legitimado de acordo com este artigo, somente no caso de má-fé na aquisição, pode ser obrigado a abrir mão da letra de câmbio.

Art. 40. Quem paga não está obrigado a verificar a autenticidade dos endossos.

Parágrafo único. O interveniente voluntário que paga fica sub-rogado em todos os direitos daquele, cuja firma foi por ele honrada.

Art. 41. O detentor, embora sem título algum, está autorizado a praticar as diligências necessárias à garantia do crédito, a reclamar o aceite, a tirar os protestos, a exigir, ao tempo do vencimento, o depósito da soma cambial.

Seção II
Das Obrigações

Art. 42. Pode obrigar-se, por letra de câmbio, quem tem a capacidade civil ou comercial.

Parágrafo único. Tendo a capacidade pela lei brasileira, o estrangeiro fica obrigado pela declaração que firmar, sem embargo da sua incapacidade, pela lei do Estado a que pertencer.

Art. 43. As obrigações cambiais são autônomas e independentes umas das outras. O signatário da declaração cambial fica, por ela, vinculado e solidariamente responsável pelo aceite e pelo pagamento da letra, sem embargo da falsidade, da falsificação ou da nulidade de qualquer outra assinatura.

•• *Vide* art. 914, *caput*, do CC.

Art. 44. Para os efeitos cambiais, são consideradas não escritas:

I – a cláusula de juros;

II – a cláusula proibitiva do endosso ou do protesto, a excludente da responsabilidade pelas despesas e qualquer outra, dispensando a observância dos termos ou das formalidades prescritas por esta Lei;

III – a cláusula proibitiva da apresentação da letra ao aceite do sacado;

IV – a cláusula excludente ou restritiva da responsabilidade e qualquer outra beneficiando o devedor ou o credor, além dos limites fixados por esta Lei.

§ 1.º Para os efeitos cambiais, o endosso ou aval cancelado é considerado não escrito.

§ 2.º Não é letra de câmbio o título em que o emitente exclui ou restringe a sua responsabilidade cambial.

Art. 45. Pelo aceite, o sacado fica cambialmente obrigado para com o sacador e respectivos avalistas.

§ 1.º A letra endossada ao aceitante pode ser por este reendossada, antes do vencimento.

§ 2.º Pelo reendosso da letra, endossada ao sacador, ao endossado ou ao avalista, continuam cambialmente obrigados os codevedores intermédios.

Art. 46. Aquele que assina a declaração cambial, como mandatário ou representante legal de outrem, sem estar devidamente autorizado, fica, por ela, pessoalmente obrigado.

Art. 47. A substância, os efeitos, a forma extrínseca e os meios de prova da obrigação cambial são regulados pela lei do lugar onde a obrigação foi firmada.

Art. 48. Sem embargo da desoneração da responsabilidade cambial, o sacador ou aceitante fica obrigado a restituir ao portador com os juros legais, a soma com a qual se locupletou à custa deste.

A ação do portador, para este fim, é ordinária.

Capítulo XIII
DA AÇÃO CAMBIAL

Art. 49. A ação cambial é a executiva.

Por ela tem também o credor o direito de reclamar a importância que receberia pelo ressaque (art. 38).

Art. 50. A ação cambial pode ser proposta contra um, alguns ou todos os coobrigados, sem estar o credor adstrito à observância da ordem dos endossos.

Art. 51. Na ação cambial, somente é admissível defesa fundada no direito pessoal do réu contra o autor, em defeito de forma do título e na falta de requisito necessário ao exercício da ação.

• *Vide* art. 906 do CC.

Capítulo XIV
DA PRESCRIÇÃO DA AÇÃO CAMBIAL

Art. 52. A ação cambial, contra o sacador, aceitante e respectivos avalistas, prescreve em 5 (cinco) anos.

A ação cambial contra o endossador e respectivo avalista prescreve em 12 (doze) meses.

•• *Vide* arts. 70 e 77 do Decreto n. 57.663, de 24-1-1966, sobre o prazo previsto neste artigo.

Art. 53. O prazo da prescrição é contado do dia em que a ação pode ser proposta; para o endossador ou respectivo avalista que paga, do dia desse pagamento.

•• *Vide* nota ao artigo anterior.

TÍTULO II
DA NOTA PROMISSÓRIA

Capítulo I
DA EMISSÃO

Art. 54. A nota promissória é uma promessa de pagamento e deve conter estes requisitos essenciais, lançados, por extenso, no contexto:

I – a denominação de "nota promissória" ou termo correspondente, na língua em que for emitida;

II – a soma de dinheiro a pagar;

III – o nome da pessoa a quem deve ser paga;

IV – a assinatura do próprio punho do emitente ou do mandatário especial.

§ 1.º Presume-se ter o portador o mandato para inserir a data e lugar da emissão da nota promissória, que não contiver estes requisitos.

§ 2.º Será pagável à vista a nota promissória que não indicar a época do vencimento. Será pagável no domicílio do emitente a nota promissória que não indicar o lugar do pagamento.

É facultada a indicação alternativa de lugar de pagamento, tendo o portador direito de opção.

§ 3.º Diversificando as indicações da soma do dinheiro, será considerada verdadeira a que se achar lançada por extenso no contexto.

Diversificando no contexto as indicações da soma de dinheiro, o título não será nota promissória.

§ 4.º Não será nota promissória o escrito ao qual faltar qualquer dos requisitos acima enumerados. Os requisitos essenciais são considerados lançados ao tempo da emissão da nota promissória. No caso de má-fé do portador, será admitida prova em contrário.

Art. 55. A nota promissória pode ser passada:

I – à vista;

II – a dia certo;

III – a tempo certo da data.

Parágrafo único. A época do pagamento deve ser precisa e única para toda a soma devida.

Capítulo II
DISPOSIÇÕES GERAIS

Art. 56. São aplicáveis à nota promissória, com as modificações necessárias, todos os dispositivos do Título I desta Lei, exceto os que se referem ao aceite e às duplicatas.

Para o efeito da aplicação de tais dispositivos, o emitente da nota promissória é equiparado ao aceitante da letra de câmbio.

Art. 57. Ficam revogados todos os artigos do Título XVI do Código Comercial e mais disposições em contrário.

Rio de Janeiro, 31 de dezembro de 1908; 20.º da República.

AFONSO AUGUSTO MOREIRA PENA

DECRETO N. 20.910, DE 6 DE JANEIRO DE 1932 (*)

Regula a prescrição quinquenal.

O Chefe do Governo Provisório da República dos Estados Unidos do Brasil, usando das atribuições contidas no art. 1.º do Decreto n. 19.398, de 11 de novembro de 1930, decreta:

Art. 1.º As dívidas passivas da União, dos Estados e dos Municípios, bem assim todo e qualquer direito ou ação contra a Fazenda federal, estadual ou municipal, seja qual for a sua natureza, prescrevem em 5 (cinco) anos, contados da data do ato ou fato do qual se originarem.

•• Prescreve em apenas 2 (dois) anos a ação anulatória da decisão administrativa que denega restituição de tributos, segundo o disposto no art. 169 da Lei n. 5.172, de 25-10-1966, cujo parágrafo único regula a interrupção dessa prescrição.

(*) Publicado no *Diário Oficial da União*, de 8-1-1932. Consulte-se o Decreto-lei n. 4.597, de 19-8-1942.

Art. 2.º Prescrevem igualmente no mesmo prazo todo o direito e as prestações correspondentes a pensões vencidas ou por vencerem, ao meio soldo e ao montepio civil e militar ou a quaisquer restituições ou diferenças.

Art. 3.º Quando o pagamento se dividir por dias, meses ou anos, a prescrição atingirá progressivamente as prestações, à medida que completarem os prazos estabelecidos pelo presente decreto.

Art. 4.º Não corre a prescrição durante a demora que, no estudo, no reconhecimento ou no pagamento da dívida, considerada líquida, tiverem as repartições ou funcionários encarregados de estudar e apurá-la.

Parágrafo único. A suspensão da prescrição, neste caso, verificar-se-á pela entrada do requerimento do titular do direito ou do credor nos livros ou protocolos das repartições públicas, com designação do dia, mês e ano.

•• *Vide* Súmula 625 do STJ.

Art. 5.º (*Revogado pela Lei n. 2.211, de 31-5-1954.*)

Art. 6.º O direito à reclamação administrativa, que não tiver prazo fixado em disposição de lei para ser formulada, prescreve em 1 (um) ano a contar da data do ato ou fato do qual a mesma se originar.

Art. 7.º A citação inicial não interrompe a prescrição quando, por qualquer motivo, o processo tenha sido anulado.

Art. 8.º A prescrição somente poderá ser interrompida uma vez.

Art. 9.º A prescrição interrompida recomeça a correr, pela metade do prazo, da data do ato que a interrompeu ou do último ato ou termo do respectivo processo.

Art. 10. O disposto nos artigos anteriores não altera as prescrições de menor prazo, constantes das leis e regulamentos, as quais ficam subordinadas às mesmas regras.

Art. 11. Revogam-se as disposições em contrário.

Rio de Janeiro, 6 de janeiro de 1932; 111.º da Independência e 44.º da República.

GETÚLIO VARGAS

DECRETO N. 22.626, DE 7 DE ABRIL DE 1933 (*)

Dispõe sobre os juros nos contratos e dá outras providências.

O Chefe do Governo Provisório da República dos Estados Unidos do Brasil:

Considerando que todas as legislações modernas adotam normas severas para regular, impedir e reprimir os excessos praticados pela usura;

Considerando que é de interesse superior da economia do país não tenha o capital remuneração exagerada impedindo o desenvolvimento das classes produtoras;

Decreta:

Art. 1.º É vedado, e será punido nos termos desta Lei, estipular em quaisquer contratos taxas de juros superiores ao dobro da taxa legal.

•• Sobre juros legais *vide* arts. 406 e 407 do CC.

• *Vide* Súmula Vinculante 7.

§§ 1.º e 2.º (*Revogados pelo Decreto-lei n. 182, de 5-1-1938.*)

§ 3.º A taxa de juros deve ser estipulada em escritura pública ou escrito particular, e, não o sendo, entender-se-á que as partes acordaram nos juros de 6% (seis por cento) ao ano, a contar da data da propositura da respectiva ação ou do protesto cambial.

Art. 2.º É vedado, a pretexto de comissão, receber taxas maiores do que as permitidas por esta Lei.

Art. 3.º As taxas de juros estabelecidas nesta Lei entrarão em vigor com a sua publicação e a partir desta data serão aplicáveis aos contratos existentes ou já ajuizados.

• *Vide* Súmula 285 do STJ.

Art. 4.º É proibido contar juros dos juros; esta proibição não compreende a acumulação de juros vencidos aos saldos líquidos em conta corrente de ano a ano.

•• *Vide* Súmulas 539 e 541 do STJ.

• *Vide* Súmulas 102 e 283 do STJ.

Art. 5.º Admite-se que pela mora dos juros contratados estes sejam elevados de 1% (um por cento) e não mais.

Art. 6.º Tratando-se de operações a prazo superior a 6 (seis) meses, quando os juros ajustados forem pagos por antecipação, o cálculo deve ser feito de modo que a importância desses juros não exceda a que produziria a importância líquida da operação no prazo convencionado, às taxas máximas que esta Lei permite.

Art. 7.º O devedor poderá sempre liquidar ou amortizar a dívida quando hipotecária ou pignoratícia antes do vencimento, sem sofrer imposição de multa, gravame ou encargo de qualquer natureza por motivo dessa antecipação.

• *Vide* art. 1.421 do CC.

§ 1.º O credor poderá exigir que a amortização não seja inferior a 25% (vinte e cinco por cento) do valor inicial da dívida.

§ 2.º Em caso de amortização, os juros só serão devidos sobre o saldo devedor.

Art. 8.º As multas ou cláusulas penais, quando convencionadas, reputam-se estabelecidas para atender a despesas judiciais, e honorários de advogados, e não poderão ser exigidas quando não for intentada ação judicial para cobrança da respectiva obrigação.

Parágrafo único. Quando se tratar de empréstimo até cem mil cruzeiros e com garantia hipotecária, as multas ou cláusulas penais convencionadas reputam-se estabelecidas para atender, apenas, a honorários de advogado, sendo as despesas judiciais pagas de acordo com a conta feita nos autos da ação judicial para cobrança da respectiva obrigação.

•• Parágrafo único acrescentado pela Lei n. 3.942, de 21-8-1961.

Art. 9.º Não é válida cláusula penal superior à importância de 10% (dez por cento) do valor da dívida.

Art. 10. As dívidas a que se refere o art. 1.º, § 1.º, *in fine*, e 2.º, se existentes ao tempo da publicação desta Lei, quando efetivamente cobertas, poderão ser pagas em 10 (dez) prestações anuais iguais e continuadas, se assim entender o devedor.

Parágrafo único. A falta de pagamento de uma prestação, decorrido 1 (um) ano da publicação desta Lei, determina o vencimento da dívida e dá ao credor o direito da excussão.

Art. 11. O contrato celebrado com infração desta Lei é nulo de pleno direito, ficando assegurada ao devedor a repetição do que houver pago a mais.

Art. 12. Os corretores e intermediários, que aceitarem negócios contrários ao texto da presente Lei, incorrerão em multa de cinco contos de réis a vinte contos de réis, aplicada pelo Ministro da Fazenda e, em caso de reincidência, serão demitidos, sem prejuízo de outras penalidades aplicáveis.

Art. 13. É considerada delito de usura toda a simulação ou prática tendente a ocultar a verdadeira taxa do juro ou a fraudar os dispositivos desta Lei, para o fim de sujeitar o devedor a maiores prestações ou encargos, além dos estabelecidos no respectivo título ou instrumento.

Penas: Prisão de 6 (seis) meses a 1 (um) ano e multas de cinco contos de réis a cinquenta contos de réis.

•• O art. 2.º da Lei n. 7.209, de 11-7-1984, cancela, na Parte Especial do CP e nas leis especiais alcançadas pelo art. 12 do mesmo Código, quaisquer referências a valores de multas, substituindo a expressão *multa de* por *multa*.

No caso de reincidência, tais penas serão elevadas ao dobro.

Parágrafo único. Serão responsáveis como coautores o agente e o intermediário, e em se tratando de pessoa jurídica, os que tiverem qualidade para representá-la.

Art. 14. A tentativa deste crime é punível nos termos da lei penal vigente.

Art. 15. São consideradas circunstâncias agravantes o fato de, para conseguir aceitação de exigências contrárias a esta Lei, valer-se o credor da inexperiência ou das paixões do menor, ou da deficiência ou doença mental de alguém, ainda que não esteja interdito, ou de circunstâncias aflitivas em que se encontre o devedor.

(*) Publicado no *Diário Oficial da União*, de 8-4-1933. Retificado em 17-4-1933. Revogado pelo Decreto s/n., de 25-4-1991, mas revigorado pelo Decreto s/n., de 29-11-1991.

São originais os valores constantes deste diploma legal, correntemente conhecido como *Lei da Usura*. *Vide* Súmula 596 do STF e Súmula Vinculante 7.

Art. 16. Continuam em vigor os arts. 24, parágrafo único, n. 4, e 27 do Decreto n. 5.746, de 9 de dezembro de 1929, e art. 44, n. 1, do Decreto n. 2.044, de 17 de dezembro de 1908, e as disposições do Código Comercial no que não contravierem com esta Lei.

•• A Primeira Parte do CCom (Lei n. 556, de 25-6-1850), na qual constavam disposições referentes a juros, foi revogada pela Lei n. 10.406, de 10-1-2002 (CC), que passou a tratar do assunto em seus arts. 406 e 407.

•• *Vide* a Lei de Falências (Lei n. 11.101, de 9-2-2005), arts. 83, VII, e 124.

Art. 17. O Governo Federal baixará uma lei especial, dispondo sobre as casas de empréstimos, sobre penhores e congêneres.

Art. 18. O teor desta Lei será transmitido por telegrama a todos os interventores federais, para que a façam publicar *incontinenti*.

Art. 19. Revogam-se as disposições em contrário.

Rio de Janeiro, 7 de abril de 1933; 112.º da Independência e 45.º da República.

GETÚLIO VARGAS

DECRETO N. 24.778, DE 14 DE JULHO DE 1934 (*)

Dispõe sobre a caução de hipoteca e penhor.

O Chefe do Governo Provisório da República dos Estados Unidos do Brasil, usando das atribuições que lhe confere o art. 1.º do Decreto n. 19.398, de 11 de novembro de 1930, e:

Considerando que se têm suscitado dúvidas quanto à validade do penhor, ou caução, de créditos hipotecários e pignoratícios, dúvidas que ainda perduram apesar de as ter resolvido, implicitamente, o Decreto n. 21.449, de 9 de junho de 1932, que inclui tais cauções entre as operações da Caixa de Mobilização Bancária;

Considerando que a exclusão desses penhores, contrariando, grandemente, as mais fortes exigências da economia contemporânea, não se funda em princípio jurídico essencial, visto como os *warrants*, debêntures e letras hipotecárias são, correntemente, objeto de caução, e a lei já conhece penhor, o agrícola, que recai sobre imóveis;

Decreta:

Art. 1.º Podem ser objeto de penhor os créditos garantidos por hipoteca ou penhor, os quais, para esse efeito, considerar-se-ão coisa móvel.

Art. 2.º O credor pignoratício poderá levar à praça os créditos dados em garantia, ou executá-los diretamente, para seu pagamento.

(*) Este Decreto, que goza de força de lei, não poderia ser revogado expressamente, como foi, pelo Decreto s/n., de 25-4-1991. Daí sua manutenção nesta obra. Sobre penhor e hipoteca *vide* arts. 1.419 a 1.505 do CC.

Art. 3.º Revogam-se as disposições em contrário.

Rio de Janeiro, 14 de julho de 1934; 113.º da Independência e 46.º da República.

GETÚLIO VARGAS

DECRETO-LEI N. 58, DE 10 DE DEZEMBRO DE 1937 (**)

Dispõe sobre o loteamento e a venda de terrenos para pagamento em prestações.

O Presidente da República dos Estados Unidos do Brasil, usando da atribuição que lhe confere o art. 180 da Constituição:

Considerando o crescente desenvolvimento da loteação de terrenos para venda mediante o pagamento do preço em prestações;

Considerando que as transações assim realizadas não transferem o domínio ao comprador, uma vez que o art. 1.088 do Código Civil permite a qualquer das partes arrepender-se antes de assinada a escritura da compra e venda;

•• A referência é feita a dispositivo do CC de 1916. Não há artigo correspondente no Código vigente. *Vide*, porém, sobre o assunto os arts. 462 a 466 (contrato preliminar).

Considerando que esse dispositivo deixa praticamente sem amparo numerosos compradores de lotes, que têm assim por exclusiva garantia a seriedade, a boa-fé e a solvabilidade das empresas vendedoras;

Considerando que, para segurança das transações realizadas mediante contrato de compromisso de compra e venda de lotes, cumpre acautelar o compromissário contra futuras alienações ou onerações dos lotes comprometidos;

Considerando ainda que a loteação e venda de terrenos urbanos e rurais se opera frequentemente sem que aos compradores seja possível a verificação dos títulos de propriedade dos vendedores;

Decreta:

Art. 1.º Os proprietários ou coproprietários de terras rurais ou terrenos urbanos, que pretendam vendê-los, divididos em lotes e por oferta pública, mediante pagamento do preço a prazo em prestações sucessivas e periódicas, são obrigados, antes de anunciar a venda, a depositar no Cartório do Registro de Imóveis da circunscrição respectiva:

I – um memorial por eles assinado ou por procuradores com poderes especiais, contendo:

(**) Publicado no *Diário Oficial da União*, de 13 e retificado em 17-12-1937. Republicado em 8-4-1974, Suplemento. Regulamentado pelo Decreto n. 3.079, de 15-9-1938. *Vide* Lei n. 4.380, de 21-8-1964, sobre contratos imobiliários e Decreto-lei n. 271, de 28-2-1967, sobre loteamento urbano. São originais os valores constantes deste diploma legal.

a) denominação, área, limites, situação e outros característicos do imóvel;

b) relação cronológica dos títulos de domínio, desde 30 (trinta) anos, com indicação da natureza e data de cada um, e do número e data das transcrições, ou cópia autêntica dos títulos e prova de que se acham devidamente transcritos;

•• O texto original diz 30 (trinta) anos, mas esse prazo foi reduzido, posteriormente, para 20 (vinte) anos, pela Lei n. 2.437, de 7-3-1955. O CC, em seu art. 1.238, reduziu esse prazo para 15 (quinze) anos.

c) plano de loteamento de que conste o programa de desenvolvimento urbano, ou de aproveitamento industrial ou agrícola; nesta última hipótese, informações sobre a qualidade das terras, águas, servidões ativas e passivas, estradas e caminhos, distância da sede do município e das estações de transportes de acesso mais fácil;

II – planta do imóvel, assinada também pelo engenheiro que haja efetuado a medição e o loteamento e com todos os requisitos técnicos e legais; indicadas a situação, as dimensões e a numeração dos lotes, as dimensões e a nomenclatura das vias de comunicação e espaços livres, as construções e benfeitorias, e as vias públicas de comunicação;

III – exemplar de caderneta ou do contrato-tipo de compromisso de venda dos lotes;

IV – certidão negativa de impostos e de ônus reais;

V – certidão dos documentos referidos na letra *b* do n. I.

§ 1.º Tratando-se de propriedade urbana, o plano e a planta de loteamento devem ser previamente aprovados pela Prefeitura Municipal, ouvidas, quanto ao que lhes disser respeito, as autoridades sanitárias, militares e, desde que se trate de área total ou parcialmente florestada, as autoridades florestais.

•• § 1.º com redação determinada pela Lei n. 4.778, de 22-9-1965.

• A Lei n. 9.605, de 12-2-1998, dispõe sobre as atividades lesivas ao meio ambiente.

§ 2.º As certidões positivas da existência de ônus reais, de impostos e de qualquer ação real ou pessoal, bem como qualquer protesto de título de dívida civil ou comercial não impedem o registro.

§ 3.º Se a propriedade estiver gravada de ônus real, o memorial será acompanhado de escritura pública em que o respectivo titular estipule as condições em que se obriga a liberar os lotes no ato do instrumento definitivo de compra e venda.

• *Vide* art. 16 deste Decreto-lei.

§ 4.º O plano de loteamento poderá ser modificado quanto aos lotes não comprometidos e o de arruamento desde que a modificação não prejudique os lotes comprometidos ou definitivamente adquiridos, se a Prefeitura Municipal aprovar a modificação. A planta e o memorial assim aprovados serão depositados no Cartório do Registro para nova inscrição observando o disposto no art. 2.º e parágrafos.

§ 5.º O memorial, o plano de loteamento e os documentos depositados serão franqueados, pelo oficial do registro, ao exame de qualquer interessado, independentemente do pagamento de emolumentos, ainda que a título de busca.

O oficial, neste caso, receberá apenas as custas regimentais das certidões que fornecer.

§ 6.º Sob pena de incorrerem em crime de fraude, os vendedores, se quiserem invocar, como argumento de propaganda, a proximidade do terreno com algum acidente geográfico, cidade, fonte hidromineral ou termal ou qualquer outro motivo de atração ou valorização, serão obrigados a declarar no memorial descritivo e a mencionar nas divulgações, anúncios e prospectos de propaganda, a distância métrica a que se situa o imóvel do ponto invocado ou tomado como referência.

•• § 6.º com redação determinada pela Lei n. 5.532, de 14-11-1968.

Art. 2.º Recebidos o memorial e os documentos mencionados no art. 1.º, o oficial do registro dará recibo ao depositante, e, depois de autuá-los e verificar a sua conformidade com a lei, tornará público o depósito por edital afixado no lugar do costume e publicado três vezes, durante 10 (dez) dias, no jornal oficial do Estado e em jornal da sede da comarca, ou que nesta circule.

§ 1.º Decorridos 30 (trinta) dias da última publicação, e não havendo impugnação de terceiros, o oficial procederá ao registro se os documentos estiverem em ordem. Caso contrário, os autos serão desde logo conclusos ao juiz competente para conhecer da dúvida ou impugnação, publicada a sentença em cartório pelo oficial, que dela dará ciência aos interessados.

•• § 1.º com redação determinada pela Lei n. 6.014, de 27-12-1973.

§ 2.º Da sentença que negar ou conceder o registro caberá apelação.

•• § 2.º com redação determinada pela Lei n. 6.014, de 27-12-1973.

Art. 3.º A inscrição torna inalienáveis, por qualquer título, as vias de comunicação e os espaços livres constantes do memorial e da planta.

Art. 4.º Nos Cartórios do Registro Imobiliário haverá um livro auxiliar na forma da lei respectiva e de acordo com o modelo anexo.

Nele se registrarão, resumidamente:

a) por inscrição, o memorial de propriedade loteada;

b) por averbação, os contratos de compromisso de venda e de financiamento, suas transferências e rescisões.

Parágrafo único. No livro de transcrição e à margem do registro da propriedade loteada, averbar-se-á a inscrição assim que efetuada.

Art. 5.º A averbação atribui ao compromissário direito real oponível a terceiro, quanto à alienação ou oneração posterior, e far-se-á à vista do instrumento de compromisso de venda, em que o oficial lançará a nota indicativa do livro, página e data do assentamento.

Art. 6.º A inscrição não pode ser cancelada senão:

a) em cumprimento de sentença;

b) a requerimento do proprietário, enquanto nenhum lote for objeto de compromisso devidamente inscrito, ou mediante o consentimento de todos os compromissários ou seus cessionários, expresso em documento por eles assinado ou por procuradores com poderes especiais.

Art. 7.º Cancela-se a averbação:

a) a requerimento das partes contratantes do compromisso de venda;

b) pela resolução do contrato;

c) pela transcrição do contrato definitivo de compra e venda;

d) por mandado judicial.

Art. 8.º O registro instituído por esta Lei, tanto por inscrição quanto por averbação, não dispensa nem substitui o dos atos constitutivos ou translativos de direitos reais na forma e para os efeitos das leis e regulamentos dos registros públicos.

Art. 9.º O adquirente por ato *inter vivos*, ainda que em hasta pública, ou por sucessão legítima ou testamentária, da propriedade loteada e inscrita, sub-roga-se nos direitos e obrigações dos alienantes, autores da herança ou testadores, sendo nula qualquer disposição em contrário.

Art. 10. Nos anúncios e outras publicações de propaganda de venda de lotes a prestações, sempre se mencionará o número e data da inscrição do memorial e dos documentos no registro imobiliário.

Art. 11. Do compromisso de compra e venda a que se refere esta Lei, contratado por instrumento público ou particular, constarão sempre as seguintes especificações:

a) nome, nacionalidade, estado e domicílio dos contratantes;

b) denominação e situação da propriedade, número e data da inscrição;

c) descrição do lote ou dos lotes que forem objeto do compromisso, confrontações, áreas e outros característicos, bem como os números correspondentes na planta arquivada;

d) prazo, preço e forma de pagamento, e importância do sinal;

e) juros devidos sobre o débito em aberto e sobre as prestações vencidas e não pagas;

f) cláusula penal não superior a 10% (dez por cento) do débito e só exigível no caso de intervenção judicial;

g) declaração da existência ou inexistência de servidão ativa ou passiva e outros ônus reais ou quaisquer outras restrições ao direito de propriedade;

h) indicação do contratante a quem incumbe o pagamento das taxas e impostos.

§ 1.º O contrato, que será manuscrito, datilografado ou impresso, com espaços em branco preenchíveis em cada caso, lavrar-se-á em duas vias, assinadas pelas partes, e por duas testemunhas, devidamente reconhecidas as firmas por tabelião.

Ambas as vias serão entregues dentro em 10 (dez) dias ao oficial do registro, para averbá-las e restituí-las devidamente anotadas a cada uma das partes.

§ 2.º É indispensável a outorga uxória quando seja casado o vendedor.

§ 3.º As procurações dos contratantes que não tiverem sido arquivadas anteriormente sê-lo-ão no Cartório do Registro, junto aos respectivos autos.

Art. 12. Subentende-se no contrato a condição resolutiva da legitimidade e validade do título de domínio.

§ 1.º Em caso de resolução, além de se devolverem as prestações recebidas, com juros convencionados ou os da lei desde a data do pagamento, haverá, quando provada a má-fé, direito a indenização de perdas e danos.

§ 2.º O falecimento dos contratantes não resolve o contrato, que se transmitirá aos herdeiros.

Também não o resolve a sentença declaratória de falência; na dos proprietários, dar-lhe-ão cumprimento o síndico e o liquidatário; na dos compromissários, será ele arrecadado pelo síndico e vendido, em hasta pública, pelo liquidatário.

• *Vide* Lei n. 11.101, de 9-2-2005 (Lei de Falências), art. 119, IX.

Art. 13. O contrato transfere-se por simples trespasse lançado no verso das duas vias, ou por instrumento separado, sempre com as formalidades dos parágrafos do art. 11.

§ 1.º No primeiro caso, presume-se a anuência do proprietário. A falta do consentimento não impede a transferência, mas torna os adquirentes e os alienantes solidários nos direitos e obrigações contratuais.

§ 2.º Averbando transferência para a qual não conste o assentimento do proprietário, o oficial dela lhe dará ciência por escrito.

Art. 14. Vencida e não paga a prestação, considera-se o contrato rescindido 30 (trinta) dias depois de constituído em mora o devedor.

§ 1.º Para este efeito será ele intimado, a requerimento do compromitente, pelo oficial do registro a satisfazer as prestações vencidas e as que se vencerem até a data do pagamento, juros convencionados e custas da intimação.

§ 2.º Purgada a mora, convalescerá o compromisso.

§ 3.º Com a certidão de não haver sido feito pagamento em cartório, os compromitentes requererão ao oficial do registro o cancelamento da averbação.

Art. 15. Os compromissários têm o direito de, antecipando ou ultimando o pagamento integral do preço, e estando quites com os impostos e taxas, exigir a outorga da escritura de compra e venda.

• *Vide* Súmula 166 do STF.

Art. 16. Recusando-se os compromitentes a outorgar a escritura definitiva no caso do art. 15, o compromissário poderá propor, para o cumprimento da obrigação, ação de adjudicação compulsória, que tomará o rito sumaríssimo.

•• *Caput* com redação determinada pela Lei n. 6.014, de 27-12-1973.

§ 1.º A ação não será acolhida se a parte, que a intentou, não cumprir a sua prestação nem a oferecer nos casos e formas legais.

•• § 1.º com redação determinada pela Lei n. 6.014, de 27-12-1973.

• *Vide* Súmula 413 do STF.

§ 2.º Julgada procedente a ação, a sentença, uma vez transitada em julgado, adjudicará o imóvel ao compromissário, valendo como título para a transcrição.

•• § 2.º com redação determinada pela Lei n. 6.014, de 27-12-1973.

§ 3.º Das sentenças proferidas nos casos deste artigo, caberá apelação.

•• § 3.º com redação determinada pela Lei n. 6.014, de 27-12-1973.

Art. 17. Pagas todas as prestações do preço, é lícito ao compromitente requerer a intimação judicial do compromissário para, no prazo de 30 (trinta) dias, que correrá em cartório, receber a escritura de compra e venda.

Parágrafo único. Não sendo assinada a escritura nesse prazo, depositar-se-á o lote comprometido por conta e risco do compromissário, respondendo este pelas despesas judiciais e custas do depósito.

Art. 18. Os proprietários ou coproprietários dos terrenos urbanos loteados a prestação, na forma desta Lei, que se dispuserem a fornecer aos compromissários, por empréstimo, recursos para a construção do prédio, nos lotes comprometidos, ou tomá-la por empreitada, por conta dos compromissários, depositarão no Cartório do Registro Imobiliário um memorial indicando as condições gerais do empréstimo ou da empreitada e da amortização da dívida em prestações.

§ 1.º O contrato, denominado de financiamento, será feito por instrumento público ou particular, com as especificações do art. 11, que lhe forem aplicáveis. Esse contrato será registrado, por averbação, no livro a que alude o art. 4.º, fazendo-se-lhe resumida referência na coluna apropriada.

§ 2.º Com o memorial também se depositará o contrato-tipo de financiamento, contendo as cláusulas gerais para todos os casos, com os claros a serem preenchidos em cada caso.

Art. 19. O contrato de compromisso não poderá ser transferido sem o de financiamento, nem este sem aquele. A rescisão do compromisso de venda acarretará a do contrato de financiamento, e vice-versa, na forma do art. 14.

Art. 20. O adquirente, por qualquer título, do lote fica solidariamente responsável, com o compromissário, pelas obrigações constantes e decorrentes do contrato de financiamento, se devidamente averbado.

Art. 21. Em caso de falência, os contratos de compromisso de venda e de financiamento serão vendidos conjuntamente em hasta pública, anunciada dentro de 15 (quinze) dias, depois da primeira assembleia de credores, sob pena de destituição do liquidatário. Essa pena será aplicada pelo juiz a requerimento dos interessados, que poderão pedir designação de dia e hora para a hasta pública.

• Os arts. 119, IX, e 142 da Lei n. 11.101, de 9-2-2005 (Lei de Falências), dispõem respectivamente sobre os patrimônios de afetação, constituídos para cumprimento de destinação específica, e sobre as modalidades de alienação do ativo.

DISPOSIÇÕES GERAIS

Art. 22. Os contratos, sem cláusula de arrependimento, de compromisso de compra e venda e cessão de direitos de imóveis não loteados, cujo preço tenha sido pago no ato de sua constituição ou deva sê-lo em uma ou mais prestações, desde que inscritos a qualquer tempo, atribuem aos compromissários direito real oponível a terceiros, e lhes conferem o direito de adjudicação compulsória nos termos dos arts. 16 desta Lei, 640 e 641 do Código de Processo Civil.

•• Artigo com redação determinada pela Lei n. 6.014, de 27-12-1973.

•• O Decreto-lei n. 745, de 7-8-1969, estabelece que nos contratos a que se refere este artigo, ainda que deles conste cláusula resolutiva expressa, a constituição em mora do promissário comprador depende de prévia interpelação, judicial ou por intermédio de Cartório de Registro de Títulos e Documentos, com 15 dias de antecedência.

•• Os arts. 640 e 641 do CPC foram revogados pela Lei n. 11.232, de 22-12-2005.

•• Extensão de igual direito ao titular de promessa de cessão: art. 69 da Lei n. 4.380, de 21-8-1964.

• A constituição em mora, ainda quando existente cláusula resolutiva expressa, depende de interpelação com o prazo de 15 (quinze) dias, judicialmente ou por intermédio de Cartório de Registro de Títulos e Documentos, nos termos do Decreto-lei n. 745, de 7-8-1969.

• *Vide* Súmula 413 do STF.

• *Vide* Súmula 76 do STJ.

Art. 23. Nenhuma ação ou defesa se admitirá, fundada nos dispositivos desta Lei, sem apresentação de documento comprobatório do registro por ela instituído.

• *Vide* Súmulas 167 e 168 do STF.

Art. 24. Em todos os casos de procedimento judicial, o foro competente será o da situação do lote comprometido ou o a que se referir o contrato de financiamento, quando as partes não hajam contratado outro foro.

Art. 25. O oficial do registro perceberá:

a) pelo depósito e inscrição, a taxa fixa de cem mil-réis, além das custas que forem devidas pelos demais atos;

b) pela averbação, a de cinco mil-réis por via de compromisso de venda ou de financiamento;

c) pelo cancelamento de averbação, a de cinco mil-réis.

Art. 26. Todos os requerimentos e documentos atinentes ao registro se juntarão aos autos respectivos, independentemente de despacho judicial.

DISPOSIÇÕES TRANSITÓRIAS

Art. 1.º Os proprietários de terras e terrenos loteados em curso de venda deverão, dentro de 3 (três) meses, proceder ao depósito e registro nos termos desta Lei, indicando no memorial os lotes já comprometidos cujas prestações estejam em dia. Se até 30 (trinta) dias depois de esgotado esse prazo não houverem cumprido o disposto na lei, incorrerão os vendedores em multas de dez contos de réis a vinte contos de réis, aplicadas no dobro, quando decorridos mais de 3 (três) meses.

•• O prazo concedido na primeira parte deste artigo foi sucessivamente prorrogado, por 60 (sessenta) dias, pelo Decreto-lei n. 371, de 13-4-1938, até 30-9-1938, pelo Decreto-lei n. 508, de 21-6-1938, e até 31-12-1938, pelo Decreto n. 3.328, de 25-11-1938.

Parágrafo único. Efetuada a inscrição da propriedade loteada, os compromissários apresentarão as suas cadernetas ou contratos para serem averbados, ainda que não tenham todos os requisitos do art. 11, contanto que sejam anteriores a esta Lei.

• *Vide* art. 167, I, n. 19, da Lei n. 6.015, de 31-12-1973.

Art. 2.º As penhoras, arrestos e sequestros de imóveis, para os efeitos da apreciação da fraude de alienações posteriores, serão inscritos obrigatoriamente, dependendo da prova desse procedimento o curso da ação.

• *Vide* art. 167, I, n. 5, da Lei n. 6.015, de 31-12-1973.

Art. 3.º A mudança de numeração, a construção, a reconstrução, a demolição, a adjudicação, o desmembramento, a alteração do nome por casamento ou desquite serão obrigatoriamente averbados nas transcrições dos imóveis a que se referirem, mediante prova, a critério do oficial do registro de imóveis.

• *Vide* art. 167, II, n. 5, da Lei n. 6.015, de 31-12-1973.

• *Vide* arts. 17 e 18 da Lei n. 6.515, de 26-12-1977, sobre dissolução da sociedade conjugal e do casamento.

Art. 4.º Esta Lei entrará em vigor na data da sua publicação, revogadas as disposições em contrário.

Rio de Janeiro, 10 de dezembro de 1937; 116.º da Independência e 49.º da República.

GETÚLIO VARGAS

Modelo do Livro Auxiliar a que se refere o art. 4.º

LIVRO AUXILIAR N. 8

Número	*Registro*	*Averbações*

Largura total: 0,40 – Altura: 0,50.

DECRETO-LEI N. 1.027, DE 2 DE JANEIRO DE 1939 (*)

Dispõe sobre o registro de contratos de compra e venda com reserva de domínio.

O Presidente da República, usando da atribuição que lhe confere o art. 180 da Constituição, decreta:

Art. 1.º O contrato de compra e venda de bens, de natureza civil ou comercial, com a cláusula de reserva do domínio, para valer contra terceiros, deverá ser transcrito no todo ou em parte, no registro público de títulos e documentos do domicílio do comprador.

Art. 2.º Revogam-se as disposições em contrário.

Rio de Janeiro, 2 de janeiro de 1939, 118.º da Independência e 51.º da República.

GETULIO VARGAS

DECRETO-LEI N. 2.627, DE 26 DE SETEMBRO DE 1940 (**)

Dispõe sobre as sociedades por ações.

....

Capítulo VIII
DA SOCIEDADE ANÔNIMA OU COMPANHIA CUJO FUNCIONAMENTO DEPENDE DE AUTORIZAÇÃO DO GOVERNO, SOCIEDADES ANÔNIMAS OU COMPANHIAS NACIONAIS E ESTRANGEIRAS

•• *Vide* arts. 1.123 a 1.141 do CC.

• A Instrução Normativa n. 77, de 18-3-2020, do DREI, dispõe sobre os pedidos de autorização para funcionamento de filial, agência, sucursal ou estabelecimento no País, por sociedade empresária estrangeira.

Art. 59. A sociedade anônima ou companhia, que dependa de autorização do Governo para funcionar, reger-se-á por esta Lei, sem prejuízo do que estabelecer a lei especial.

Parágrafo único. A competência para autorização é sempre do Governo Federal.

• *Vide* art. 1.126 do CC.
• *Vide* art. 222 da CF.

Art. 60. São nacionais as sociedades organizadas na conformidade da lei brasileira e que têm no País a sede de sua administração.

Parágrafo único. Quando a lei exigir que todos os acionistas ou certo número deles sejam brasileiros, as ações da companhia ou sociedade anônima revestirão a forma nominativa. Na sede da sociedade ficará arquivada uma cópia autêntica do documento comprobatório da nacionalidade.

Art. 61. O requerimento ou pedido de autorização das sociedades nacionais deve ser acompanhado:

a) do projeto dos estatutos;

b) da lista dos subscritores, organizada como se prescreve em o art. 42;

c) do documento comprobatório do depósito, em dinheiro, da décima parte do capital, se maior percentagem não for exigida pela lei especial (art. 38);

d) de cópia autêntica da ata da assembleia de constituição ou certidão da escritura pública, se por essa forma se houver constituído a sociedade.

§ 1.º O Governo poderá determinar alterações ou aditamentos nos estatutos da sociedade. Verificada tal hipótese, os fundadores convocarão os subscritores, a fim de que deliberem, em assembleia, que funcionará na forma prevista no art. 44, sobre as alterações ou aditamentos exigidos pelo Governo; aprovadas as alterações ou aditamentos, os fundadores juntarão ao processo de autorização cópia autêntica da ata.

§ 2.º O Governo poderá ordenar que a sociedade, cumpridas as formalidades legais para o seu funcionamento, promova, na Bolsa de Valores da Capital da República, a cotação de seus títulos. Essa determinação é obrigatória para as sociedades que gozem, ou venham a gozar, de favores do Governo Federal.

§ 3.º Concedida a autorização, o respectivo decreto e os demais atos a que alude este artigo deverão, mediante certidões passadas pela repartição competente e dentro de 30 (trinta) dias, depois de pagos os emolumentos e impostos devidos, ser publicados no órgão oficial da União, do qual se arquivará um exemplar no Registro do Comércio da sede da sociedade.

• *Vide* art. 1.131 do CC.

§ 4.º A certidão do arquivamento será publicada no referido órgão oficial.

§ 5.º Qualquer alteração ou modificação dos estatutos sociais dependerá de aprovação do Governo Federal.

Art. 62. O Governo Federal poderá recusar a autorização pedida, se a sociedade anônima ou companhia não satisfizer as condições econômicas, financeiras ou jurídicas especificadas na lei, ou quando sua criação contrariar os interesses da economia nacional.

• *Vide* art. 1.130 do CC.

Art. 63. As sociedades anônimas ou companhias nacionais, que dependem de autorização do Governo para funcionar, não poderão constituir-se sem prévia autorização,

(*) Publicado no *Diário Oficial da União*, de 6-1-1939.

(**) Publicado no *Diário Oficial da União*, de 1.º-10-1940. Mantidos os arts. 59 a 73 pela LSA (Lei n. 6.404, de 15-12-1976).

quando seus fundadores pretenderem recorrer à subscrição pública para a formação do capital.

Parágrafo único. Os fundadores deverão juntar ao seu requerimento cópias autênticas do projeto dos estatutos e do prospecto (art. 40, I e II), observando-se o disposto nos §§ 1.º e 2.º do art. 61. Obtida a autorização e constituída a sociedade, serão os respectivos atos arquivados e publicados, como dispõem os arts. 51 a 54.

• *Vide* art. 1.132 do CC.

Art. 64. As sociedades anônimas ou companhias estrangeiras, qualquer que seja o seu objeto, não podem, sem autorização do Governo Federal, funcionar no País, por si mesmas, ou por filiais, sucursais, agências, ou estabelecimentos que as representem, podendo, todavia, ressalvados os casos expressos em lei, ser acionistas de sociedade anônima brasileira (art. 60).

Parágrafo único. O pedido ou requerimento de autorização deve ser instruído com:

a) prova de achar-se a sociedade constituída conforme a lei de seu país;

b) o inteiro teor dos estatutos;

c) a lista dos acionistas, com os nomes, profissões, domicílios e número de ações de cada um, salvo quando, por serem as ações ao portador, for impossível cumprir tal exigência;

d) cópia da ata da assembleia geral que autorizou o funcionamento no Brasil e fixou o capital destinado às operações no território nacional;

e) prova de nomeação do representante no Brasil, ao qual devem ser concedidos poderes para aceitar as condições em que é dada a autorização;

f) o último balanço.

Todos os documentos devem estar autenticados, na conformidade da lei nacional da sociedade anônima requerente, e legalizados no Consulado Brasileiro da sede respectiva.

Com os documentos originais, serão oferecidas as respectivas traduções em vernáculo, feitas por tradutor público juramentado.

• *Vide* art. 1.134, §§ 1.º e 2.º, do CC.

Art. 65. O Governo Federal, na autorização, poderá estabelecer as condições que julgar convenientes à defesa dos interesses nacionais, além das exigidas por lei especial, inclusive a constante do art. 61, § 2.º.

Aceitas as condições pelo representante da sociedade anônima requerente, o Governo expedirá o decreto de autorização, observando-se, em seguida, as prescrições dos §§ 3.º e 4.º do art. 61.

• *Vide* art. 1.135 do CC.

Parágrafo único. Será também arquivado o documento comprobatório do depósito, em dinheiro, da parte do capital destinado às operações no País, capital que o Governo fixará no decreto de autorização.

• *Vide* art. 1.136, § 1.º, do CC.

Art. 66. As sociedades anônimas estrangeiras funcionarão no território nacional com a mesma denominação que tiverem no seu país de origem, podendo, entretanto, acrescentar as palavras – "do Brasil" ou "para o Brasil".

• *Vide* art. 1.137 do CC.

Art. 67. As sociedades anônimas estrangeiras, autorizadas a funcionar, são obrigadas a ter, permanentemente, representante no Brasil, com plenos poderes para tratar de quaisquer questões e resolvê-las definitivamente, podendo ser demandado e receber citação inicial pela sociedade.

Parágrafo único. Só depois de arquivado no Registro do Comércio o instrumento de sua nomeação poderá o representante entrar em relação com terceiros.

• *Vide* art. 1.138 do CC.

Art. 68. As sociedades anônimas estrangeiras autorizadas a funcionar ficarão sujeitas às leis e aos tribunais brasileiros quanto aos atos ou operações que praticarem no Brasil.

•• O Decreto n. 8.803, de 6-7-2016, delega competência ao Ministro de Estado do Desenvolvimento, Indústria e Comércio Exterior, vedada a subdelegação, para decidir e praticar atos de autorização de funcionamento no Brasil de empresa ou sociedade estrangeira, inclusive para a alteração de estatutos e a cassação de autorização de funcionamento.

• *Vide* art. 1.137 do CC.

Art. 69. Qualquer alteração que a sociedade anônima estrangeira fizer nos seus estatutos dependerá de aprovação do Governo Federal para produzir efeitos em território brasileiro.

• *Vide* art. 1.139 do CC.

Art. 70. As sociedades anônimas estrangeiras devem, sob pena de ser-lhes cassada a autorização para funcionar no País, reproduzir no órgão oficial da União, e do Estado, se for o caso (art. 173), as publicações que, segundo a sua lei nacional ou de origem, sejam obrigadas a fazer relativamente ao balanço, conta de lucros e perdas e atos de sua administração.

Parágrafo único. Sob a mesma pena, deverão as referidas sociedades publicar o balanço anual e a conta de lucros e perdas das sucursais, filiais ou agências existentes no País.

• *Vide* art. 1.140 do CC.

Art. 71. A sociedade anônima estrangeira, autorizada a funcionar no País, pode, mediante autorização do Governo Federal, nacionalizar-se, transferindo sua sede para o Brasil.

§ 1.º Para esse fim, deverá, por seus representantes habilitados, oferecer, com o requerimento, os documentos exigidos no art. 64, parágrafo único, *a*, *b* e *c*, sem a exceção admitida nesta letra, e *f*, a prova de realização do capital, pela forma declarada nos estatutos, e a ata da assembleia geral em que foi resolvida a nacionalização.

§ 2.º O Governo Federal poderá impor as condições que julgar convenientes à defesa dos interesses nacionais.

§ 3.º Aceitas pelo representante habilitado as condições, expedirá o Governo Federal o decreto de nacionalização, observando-se, em seguida, o disposto nos §§ 3.º e 4.º do art. 61.

• *Vide* art. 1.141 do CC.

Art. 72. A sociedade anônima ou companhia brasileira somente poderá mudar de nacionalidade mediante o consentimento unânime dos acionistas.

Art. 73. O Governo Federal poderá, a qualquer tempo, e sem prejuízo da responsabilidade penal que couber, cassar a autorização concedida às sociedades anônimas, nacionais ou estrangeiras, quando infringirem disposições de ordem pública ou praticarem atos contrários aos fins declarados nos estatutos ou nocivos à economia nacional.

....

Rio de Janeiro, 26 de setembro de 1940; 119.º da Independência e 52.º da República.

GETÚLIO VARGAS

DECRETO-LEI N. 3.200, DE 19 DE ABRIL DE 1941 (*)

Dispõe sobre a organização e proteção da família.

O Presidente da República, usando da atribuição que lhe confere o art. 180 da Constituição, decreta:

Capítulo I
DO CASAMENTO DE COLATERAIS DO TERCEIRO GRAU

Art. 1.º O casamento de colaterais, legítimos ou ilegítimos, do terceiro grau, é permitido nos termos do presente Decreto-lei.

•• *Vide* art. 1.521, IV, do CC.

Art. 2.º Os colaterais do terceiro grau, que pretendam casar-se, ou seus representantes legais, se forem menores, requererão ao juiz competente para a habilitação que nomeie dois médicos de reconhecida capacidade, isentos de suspeição, para examiná-los e atestar-lhes a sanidade, afirmando não haver inconveniente, sob o ponto de vista da saúde de qualquer deles e da prole, na realização do matrimônio.

§ 1.º Se os dois médicos divergirem quanto à conveniência do matrimônio, poderão os nubentes, conjuntamente, requerer ao juiz que nomeie terceiro, como desempatador.

§ 2.º Sempre que, a critério do juiz, não for possível a nomeação de dois médicos idôneos, poderá ele incumbir do exame um só médico, cujo parecer será conclusivo.

(*) Publicado no *Diário Oficial da União*, de 19-4-1941. São originais os valores constantes deste diploma legal.

Legislação Complementar

§ 3.º O exame médico será feito extrajudicialmente, sem qualquer formalidade, mediante simples apresentação do requerimento despachado pelo juiz.

§ 4.º Poderá o exame médico concluir não apenas pela declaração da possibilidade ou da irrestrita inconveniência do casamento, mas ainda pelo reconhecimento de sua viabilidade em época ulterior, uma vez feito, por um dos nubentes ou por ambos, o necessário tratamento de saúde. Nesta última hipótese, provando a realização do tratamento, poderão os interessados pedir ao juiz que determine novo exame médico, na forma do presente artigo.

§ 5.º (*Revogado pela Lei n. 5.891, de 12-6-1973.*)

§ 6.º O atestado, constante de um só ou mais instrumentos, será entregue aos interessados, não podendo qualquer deles divulgar o que se refira ao outro, sob as penas do art. 153 do Código Penal.

§ 7.º Quando o atestado dos dois médicos, havendo ou não desempatador, ou do único médico, no caso do § 2.º deste artigo, afirmar a inexistência de motivo que desaconselhe o matrimônio, poderão os interessados promover o processo de habilitação, apresentando, com o requerimento inicial, a prova de sanidade, devidamente autenticada. Se o atestado declarar a inconveniência do casamento, prevalecerá em toda a plenitude o impedimento matrimonial.

§ 8.º Sempre que na localidade não se encontrar médico, que possa ser nomeado, o juiz designará profissional de localidade próxima, a que irão os nubentes.

§ 9.º (*Revogado pela Lei n. 5.891, de 12-6-1973.*)

Art. 3.º Se algum dos nubentes, para frustrar os efeitos do exame médico desfavorável, pretender habilitar-se, ou habilitar-se para casamento, perante outro juiz, incorrerá na pena do art. 237 do Código Penal.

Capítulo II
DO CASAMENTO RELIGIOSO COM EFEITOS CIVIS

•• *Vide* Lei n. 1.110, de 23-5-1950, e arts. 1.515 e 1.516 do CC.

....

Capítulo III
DA GRATUIDADE DO CASAMENTO CIVIL

• *Vide* arts. 1.515 e 1.516 do CC.

Art. 6.º No Distrito Federal e no Território do Acre, serão inteiramente gratuitos, e isentos de selos e quaisquer emolumentos ou custas, para as pessoas reconhecidamente pobres, mediante atestado passado pelo prefeito, ou pelo funcionário que este designar, a habilitação para casamento, assim como a sua celebração, registro e primeira certidão.

•• A Lei n. 4.070, de 15-6-1962, elevou o Território do Acre à categoria de Estado.

§ 1.º O oficial do registro civil, exibindo o atestado referido no artigo precedente e o recibo da certidão de casamento, firmado por um dos cônjuges, ou, se ambos não souberem escrever, por pessoa idônea, a rogo de qualquer deles, com duas testemunhas, poderá cobrar da municipalidade metade dos emolumentos ou custas que a ele e ao juiz couberem.

§ 2.º Nos Estados, será a gratuidade do casamento civil assegurada nos termos deste artigo, na conformidade do disposto no art. 41 do presente Decreto-lei.

Capítulo IV
DAS PENSÕES ALIMENTÍCIAS

Art. 7.º Sempre que o pagamento da pensão alimentícia fixada por sentença judicial ou por acordo homologado em juízo, não estiver suficientemente assegurado ou não se fizer com inteira regularidade, será ela descontada, a requerimento do interessado e por ordem do juiz, das vantagens pecuniárias do cargo ou função pública ou do emprego em serviço ou empresa particular, que exerça o devedor, e paga diretamente ao beneficiário.

Parágrafo único. Quando não seja aplicável o preceito do presente artigo, ou se verifique a insuficiência das vantagens referidas, poderá ser a pensão cobrada de alugueres de prédios ou de quaisquer outros rendimentos do devedor, que o juiz destinará a esse efeito, ressalvados os encargos fiscais e de conservação, e que serão recebidos pelo alimentando diretamente, ou por depositário para isto designado.

• Os arts. 1.694 a 1.710 do CC dispõem sobre alimentos.

• *Vide* arts. 528 e s. (alimentos, cumprimento de sentença) e arts. 911 e s. (execução de alimentos) do CPC.

Capítulo V
DOS MÚTUOS PARA CASAMENTO

Art. 8.º Ficam autorizados os institutos e caixas de previdência, assim como as Caixas Econômicas Federais, a conceder, respectivamente, a seus associados, ou a trabalhadores de qualquer categoria de idade inferior a 30 (trinta) anos e residentes na localidade em que tenham sede, mútuos para casamento, nos termos do presente artigo.

§ 1.º Serão os mútuos efetuados dentro do limite fixado, para cada instituição, pelo Presidente da República.

§ 2.º Para obtenção do mútuo, apresentará o requerente declaração autenticada do propósito de casamento, feita pelo outro nubente, e submeter-se-ão ambos, sem qualquer dispêndio, a exame de sanidade pelo médico ou médicos que a instituição designar.

§ 3.º Será dada, pelo médico ou pelos médicos que hajam feito o exame, comunicação confidencial do resultado aos nubentes. Somente na hipótese de ser a conclusão favorável à realização do casamento, poderá ser concedido o mútuo, juntando-se o atestado ao processo respectivo. São os nubentes obrigados a sigilo, na conformidade do disposto no § 6.º do art. 2.º deste Decreto-lei, sob as mesmas penas aí indicadas.

§ 4.º O mútuo não excederá do montante, em um triênio, da retribuição que o nubente interessado ou os dois, caso ambos trabalhem, já tenham vencido por 2 (dois) anos contínuos e será aplicado em imóvel, adquirido pela instituição mutuante, em nome do mutuário, por indicação deste. A assinatura da escritura de compra far-se-á, posteriormente ao matrimônio, no mesmo dia se possível.

§ 5.º Será feita a transcrição do título de transferência da propriedade, em nome do mutuário, com a averbação de bem de família, e com as cláusulas de inalienabilidade e de impenhorabilidade a não ser pelo crédito da instituição mutuante.

§ 6.º O resgate do mútuo se fará no prazo máximo de 20 (vinte) anos, mediante amortizações mensais, com os juros de 5% (cinco por cento) ao ano, ressalvado o disposto nos dois parágrafos seguintes.

§ 7.º Por motivo do nascimento de cada filho do casal, mediante apresentação da certidão do respectivo registro e atestado de saúde passado por médico designado pela instituição credora, depois do trigésimo dia de vida, se fará no mútuo dedução da importância correspondente a 10% (dez por cento) da importância inicialmente devida, ou redução de 10% (dez por cento) da amortização mensal, como preferir o mutuário. Quando cada filho completar 10 (dez) anos de idade, o mutuário, provando que lhe presta a assistência devida, educando-o convenientemente, obterá nova redução de 10% (dez por cento) da importância do mútuo, ou, se preferir, de 10% (dez por cento) da amortização mensal a que se obrigou.

§ 8.º Por motivo comprovado de doença ou de perda involuntária de emprego, a administração da instituição mutuante poderá conceder moratória para o pagamento das quotas mensais de amortização ou reduzir temporariamente a importância destas.

§ 9.º A falta injustificada de pagamento pontual da amortização acarretará, de pleno direito, a rescisão da venda. A instituição mutuante terá direito a obter a adjudicação e a imissão na posse do imóvel, cumprindo-lhe devolver as prestações pagas, deduzidas as despesas e os juros vencidos.

§ 10. As quotas mensais de amortização serão pagas, mediante desconto das vantagens pecuniárias do empregado, diretamente pela pessoa natural ou jurídica que o tiver a seu serviço, desde que a instituição mutuante lhe comunique o mútuo realizado.

§ 11. O prédio adquirido na conformidade deste artigo, no Distrito Federal e no Território do Acre, gozará de isenção de imposto predial, enquanto não pago o mútuo respectivo. A isenção do imposto predial nos Estados será estabelecida na conformidade do disposto no art. 41 deste Decreto-lei.

§ 12. A instituição mutuante será pela União indenizada da importância da dívida que não possa receber do mutuário, excluídos os juros.

Art. 9.º Ficam autorizados os institutos e caixas de previdência e bem assim as Caixas Econômicas Federais a conceder, respectivamente, aos seus associados, ou, em geral, a trabalhadores de qualquer condição, que, pretendendo casar-se, não hajam obtido empréstimos nos termos do art. 8.º deste Decreto-lei, mútuos de importância correspondente a 1 (um) ano de suas vantagens pecuniárias, porém não excedentes de seis contos de réis, a juros de 6% (seis por cento) anuais, para aquisição de enxoval e instalação de casa, amortizáveis em prestações mensais no prazo de 5 (cinco) anos.

§ 1.º Aplicam-se ao mútuo de que trata o presente artigo as disposições dos §§ 1.º, 2.º, 3.º, 8.º, 10 e 12 do artigo precedente.

§ 2.º Só se iniciará o pagamento depois de decorridos 12 (doze) meses do matrimônio e caso até então não tenha o casal tido filho vivo ou não se tenha verificado a gravidez da mulher; ocorrendo uma destas hipóteses, será prorrogado por 24 (vinte e quatro) meses o início do pagamento, o qual só entrará a ser exigível se, decorrido o prazo, não tenha tido o casal segundo filho vivo ou não esteja novamente grávida a mulher; verificando-se um ou outro caso, será novamente adiado por 24 (vinte e quatro) meses o início do pagamento, e só será exigível se até então não tiver nascido terceiro filho vivo ou não estiver de novo grávida a mulher; e sendo afirmativa uma destas hipóteses, novo adiamento far-se-á por 24 (vinte e quatro) meses, iniciando-se, depois deles, o pagamento, caso não tenha o casal tido quarto filho vivo ou não esteja mais uma vez grávida a mulher. Verificando-se as hipóteses de nascimento ou de gravidez, conforme os termos do presente parágrafo, será a importância do mútuo sucessivamente deduzida de 20% (vinte por cento), de mais de 20% (vinte por cento), e de mais 30% (trinta por cento) e enfim extinta, com o nascimento, com vida, do primeiro, do segundo, do terceiro e do quarto filho.

Art. 10. É proibida a acumulação de empréstimos para casamento, seja qual for a sua natureza, provenham de uma só ou mais instituições.

Art. 11. Em caso de morte do devedor, ficando sua família em condição precária, será concedida, a critério do Ministro a que esteja afeta a instituição credora, quitação do restante da dívida, correndo o ônus da indenização à conta dos cofres federais.

Capítulo VI
DOS MÚTUOS A PESSOAS CASADAS

Art. 12. Quando concorrem vários pretendentes aos mútuos dos institutos e caixas de previdência, serão preferidos os casados que tenham filho, e, dentre os casados, os de prole mais numerosa.

Capítulo VII
DOS FILHOS NATURAIS

•• *Vide* art. 227, § 6.º, da CF.

Art. 13. Os atos de reconhecimento de filhos naturais são isentos, no Distrito Federal e no Território do Acre, de quaisquer selos, emolumentos ou custas. É assegurada a concessão dos mesmos favores nos Estados, na forma do art. 41 deste Decreto-lei.

•• *Vide* arts. 1.607 a 1.617 do CC.

• *Vide* Lei n. 8.560, de 29-12-1992.

Art. 14. Nas certidões de registro civil, não se mencionará a circunstância de ser legítima, ou não, a filiação, salvo a requerimento do próprio interessado ou em virtude de determinação judicial.

•• *Vide* art. 227, § 6.º, da CF.

Art. 15. Se um dos cônjuges negar consentimento para que resida no lar conjugal o filho natural reconhecido do outro, caberá ao pai ou à mãe, que o reconheceu, prestar-lhe, fora do seu lar, inteira assistência, assim como alimentos correspondentes à condição social em que viva, iguais aos que prestar ao filho legítimo se o tiver.

• *Vide* art. 1.611 do CC.

Art. 16. O filho natural enquanto menor ficará sob o poder do genitor que o reconheceu e, se ambos o reconheceram, sob o poder da mãe, salvo se de tal solução advier prejuízo ao menor.

•• *Caput* com redação determinada pela Lei n. 5.582, de 16-6-1970.

§ 1.º Verificado que não deve o filho permanecer em poder da mãe ou do pai, deferirá o juiz a sua guarda a pessoa notoriamente idônea, de preferência da família de qualquer dos genitores.

•• § 1.º acrescentado pela Lei n. 5.582, de 16-6-1970.

§ 2.º Havendo motivos graves, devidamente comprovados, poderá o juiz, a qualquer tempo e caso, decidir de outro modo, no interesse do menor.

•• § 2.º acrescentado pela Lei n. 5.582, de 16-6-1970.

• *Vide* art. 1.612 do CC.

Capítulo VIII
DA SUCESSÃO EM CASO DE REGIME MATRIMONIAL EXCLUSIVO DA COMUNHÃO

Art. 17. À brasileira, casada com estrangeiro sob regime que exclua a comunhão universal, caberá, por morte do marido, o usufruto vitalício de quarta parte dos bens deste, se houver filhos brasileiros do casal ou do marido, e de metade, se não os houver.

•• Artigo com redação determinada pelo Decreto-lei n. 5.187, de 13-1-1943.

• *Vide* art. 10, § 1.º, da LINDB.

Art. 18. (*Revogado pelo art. 2.º da Lei n. 2.514, de 27-6-1955.*)

Capítulo IX
DO BEM DE FAMÍLIA

• *Vide* arts. 1.711 a 1.722 do CC e 261 e s. da Lei n. 6.015, de 31-12-1973.

• *Vide* Lei n. 8.009, de 29-3-1990, que dispõe sobre a impenhorabilidade do bem de família.

Art. 19. Não há limite de valor para o bem de família desde que o imóvel seja a residência dos interessados por mais de 2 (dois) anos.

•• Artigo com redação determinada pela Lei n. 6.742, de 5-12-1979.

Art. 20. Por morte do instituidor, ou de seu cônjuge, o prédio instituído em bem de família não entrará em inventário, nem será partilhado, enquanto continuar a residir nele o cônjuge sobrevivente ou filho de menor idade. Num e noutro caso, não sofrerá modificação a transcrição.

Art. 21. A cláusula de bem de família somente será eliminada, por mandado do juiz, e a requerimento do instituidor, ou, nos casos do art. 20, de qualquer interessado, se o prédio deixar de ser domicílio da família, ou por motivo relevante plenamente comprovado.

§ 1.º Sempre que possível, o juiz determinará que a cláusula recaia em outro prédio, em que a família estabeleça domicílio.

§ 2.º Eliminada a cláusula, caso se tenha verificado uma das hipóteses do art. 20, entrará o prédio logo em inventário para ser partilhado. Não se cobrará juro de mora sobre o Imposto de Transmissão relativamente ao período decorrido da abertura da sucessão ao cancelamento da cláusula.

Art. 22. Quando instituído em bem de família prédio de zona rural, poderão ficar incluídos na instituição a mobília e utensílios de uso doméstico, gado e instrumento de trabalho, mencionados discriminadamente na escritura respectiva.

Art. 23. São isentos de qualquer imposto federal, inclusive selos, todos os atos relativos à aquisição de imóvel, de valor não superior a cinquenta contos de réis, que se institua em bem de família. Eliminada a cláusula, será pago o imposto que tenha sido dispensado por ocasião da instituição.

§ 1.º Os prédios urbanos e rurais, de valor superior a trinta contos de réis, instituídos em bem de família, gozarão de redução de 50% (cinquenta por cento) dos impostos federais que neles recaiam ou em seus rendimentos.

§ 2.º A isenção e redução de que trata o presente artigo são extensivas aos impostos pertencentes ao Distrito Federal, cabendo aos Estados e aos Municípios regular a matéria, no que lhes diz respeito, de acordo com o disposto no art. 41 deste Decreto-lei.

Capítulo X
DO ENSINO SECUNDÁRIO, NORMAL E PROFISSIONAL

Art. 24. As taxas de matrícula, de exame e quaisquer outras relativas ao ensino, nos estabelecimentos de educação secundária, normal e profissional, oficiais ou fiscalizados, e bem assim quaisquer impostos federais que recaiam em atos da vida escolar discente, nesses estabelecimentos, serão cobrados com as seguintes reduções, para as famílias com mais de um filho: para o segundo filho, redução de 20% (vinte por cento); para o terceiro, de 40% (quarenta por cento); para o quarto e seguintes, de 60% (sessenta por cento).

Parágrafo único. Para gozar dessas reduções, demonstrará o interessado que dois ou mais filhos seus estão sujeitos ao pagamento das citadas taxas, no mesmo estabelecimento.

Art. 25. Nos internatos oficiais de ensino secundário, normal e profissional, serão reservados, em cada ano, havendo candidatos, 10% (dez por cento) dos lugares para matrícula de filhos de família com mais de dois filhos, e que preencham as condições pedagógicas exigidas.

Capítulo XI
DOS SERVIDORES DO ESTADO

Art. 26. (*Revogado pelo Decreto-lei n. 5.976, de 10-11-1943.*)

Art. 27. A mulher de funcionário público, que também seja funcionária, sendo o marido mandado servir, independentemente de solicitação, em outra localidade, será, sempre que possível, sem prejuízo, aí aproveitada em serviço.

Capítulo XII
DOS ABONOS FAMILIARES

Art. 28. A todo funcionário público, federal, estadual ou municipal, em comissão, em efetivo exercício, interino, em disponibilidade ou aposentado, ao extranumerário de qualquer modalidade, em qualquer esfera do serviço público, ou ao militar da ativa, da reserva ou reformado, mesmo, em qualquer dos casos, quando licenciado com o total de sua retribuição ou parte dela, sendo chefe de família numerosa e percebendo, por mês, menos de um conto de réis de vencimentos, remuneração, gratificação, provento ou salário, conceder-se-á, mensalmente, o abono familiar de vinte mil-réis por filho, se a retribuição mensal, que tenha, for de quinhentos mil-réis ou menos, ou de dez mil-réis por filho, se essa retribuição mensal for de mais de quinhentos mil-réis, observada a disposição da alínea *a* do art. 37 deste Decreto-lei.

§ 1.º Ao inativo não será concedido o abono familiar a que, nesta qualidade, tenha direito, se entrar a exercer outro cargo ou função, remunerada, a menos que desse exercício só provenha gratificação que a lei permita receber além do provento da inatividade.

§ 2.º Quando também a mãe exercer ou tiver exercido emprego público, as vantagens pecuniárias, que a ela caibam, serão adicionadas à retribuição do chefe de família, para os efeitos deste artigo.

§ 3.º Poderão a União, os Estados, o Distrito Federal e os Municípios, cada qual de acordo com as suas possibilidades financeiras, estabelecer, para os seus servidores, abonos familiares mais amplos ou mais elevados do que os fixados no presente artigo.

Art. 29. (*Revogado pela Lei Complementar n. 11, de 25-5-1971.*)

Capítulo XIII
DAS FAMÍLIAS EM SITUAÇÃO DE MISÉRIA

Art. 30. As instituições assistenciais, já organizadas ou que se organizarem para dar proteção às famílias em situação de miséria, seja qual for a extensão da prole, mediante a prestação de alimentos, internamento dos filhos menores para fins de educação e outras providências de natureza semelhante, serão, de modo especial, subvencionadas pela União, pelos Estados, pelo Distrito Federal e pelos Municípios.

Capítulo XIV
DA INSCRIÇÃO EM SOCIEDADES RECREATIVAS E DESPORTIVAS

Art. 31. Toda associação recreativa ou desportiva, que gozar de favor oficial, admitirá, gratuitamente, como seus associados, na proporção de um por vinte dos sócios inscritos por título oneroso, filhos de famílias numerosas e pobres, residentes na localidade.

§ 1.º A designação caberá ao prefeito e recairá em jovens, até 18 (dezoito) anos de idade, que preencham os requisitos dos estatutos da associação, preferindo-se, em equivalência de condições, os filhos das famílias de maior prole e de melhor educação.

§ 2.º Se não houver, na localidade, filhos de famílias numerosas, nas condições do parágrafo precedente, em número suficiente para preencher todas as vagas, serão indicados filhos de famílias não consideradas numerosas, preferindo-se sempre os das que tenham maior prole.

§ 3.º Em caso de exclusão de associado admitido na forma dos parágrafos anteriores, em observância dos estatutos da associação, designará o prefeito outro jovem que lhe preencha o lugar.

Capítulo XV
DISPOSIÇÕES FISCAIS

Art. 32. Os contribuintes do Imposto de Renda, solteiros ou viúvos sem filhos, maiores de 25 (vinte e cinco) anos, pagarão o adicional de 15% (quinze por cento), e os casados, também maiores de 25 (vinte e cinco) anos, sem filho, pagarão o adicional de 10% (dez por cento), sobre a importância, a que estiverem obrigados, do mesmo imposto.

Art. 33. Os contribuintes do Imposto de Renda, maiores de 45 (quarenta e cinco) anos, que tenham um só filho, pagarão o adicional de 5% (cinco por cento) sobre a importância do mesmo imposto, a que estiverem sujeitos.

Art. 34. Os impostos adicionais, a que se referem os arts. 32 e 33, serão mencionados nas declarações de rendimentos e pagos de uma só vez juntamente com o total ou a primeira quota do Imposto de Renda, mas escriturados destacadamente pelas repartições arrecadadoras.

Art. 35. Para efeito do pagamento dos impostos de que trata o presente Capítulo, ficam os contribuintes do Imposto de Renda obrigados a indicar, em suas declarações, a partir do exercício de 1941, a respectiva idade.

Art. 36. São extensivos aos impostos ora criados os dispositivos legais sobre o Imposto de Renda, que lhes forem aplicáveis.

Capítulo XVI
DISPOSIÇÕES GERAIS

Art. 37. Para os efeitos do presente Decreto-lei:

a) considerar-se-á família numerosa a que compreender oito ou mais filhos, brasileiros, até 18 (dezoito) anos de idade, ou incapazes de trabalhar, vivendo em companhia e a expensas dos pais ou de quem os tenha sob sua guarda, criando e educando-os à sua custa;

b) será equiparado ao pai quem tiver, permanentemente, sob sua guarda, criando-o e educando-o a suas expensas, menor de 18 (dezoito) anos;

c) não se computarão os filhos que hajam atingido a maioridade, e ainda os casados e os que exerçam qualquer atividade remunerada.

Art. 38. Sempre que este Decreto-lei se referir, de modo geral, a filhos, entender-se-á que só abrange os legítimos, os legitimados, os naturais reconhecidos e os adotivos.

Art. 39. Para obtenção dos favores concedidos por este Decreto-lei, por motivo de prole, será sempre exigida do interessado prova de que tem feito ministrar a seus filhos educação não só física e intelectual senão também moral, respeitada a orientação religiosa paterna, e adequada à sua condição, como permitam as circunstâncias. Esta prova será renovada anualmente.

Art. 40. A concessão dos favores estabelecidos por este Decreto-lei se fará a requerimento do interessado, com a prova documental do alegado. O requerimento e todos os documentos serão isentos de selos.

Art. 41. Os Estados e os Municípios deverão expedir os atos necessários à concessão dos mesmos favores de que tratam os arts. 6.º, 8.º, § 11, 13 e 23 deste Decreto-lei.

Art. 42. A execução do disposto nos arts. 28 e 29 deste Decreto-lei terá início depois que a sua matéria for regulamentada.

•• Artigo com redação determinada pelo Decreto-lei n. 3.747, de 23-10-1941.

Art. 43. Revogam-se as disposições em contrário.

Rio de Janeiro, 19 de abril de 1941; 120.º da Independência e 53.º da República.

GETÚLIO VARGAS

DECRETO-LEI N. 3.365, DE 21 DE JUNHO DE 1941 (*)

Dispõe sobre desapropriações por utilidade pública.

O Presidente da República, usando da atribuição que lhe confere o art. 180 da Constituição, decreta:

DISPOSIÇÕES PRELIMINARES

Art. 1.º A desapropriação por utilidade pública regular-se-á por esta Lei, em todo o território nacional.

Art. 2.º Mediante declaração de utilidade pública, todos os bens poderão ser desapropriados, pela União, pelos Estados, Municípios, Distrito Federal e Territórios.

• *Vide* art. 4.º, V, *a*, da Lei n. 10.257, de 10-7-2001.

§ 1.º A desapropriação do espaço aéreo ou do subsolo só se tornará necessária, quando de sua utilização resultar prejuízo patrimonial do proprietário do solo.

§ 2.º Os bens do domínio dos Estados, Municípios, Distrito Federal e Territórios poderão ser desapropriados pela União, e os dos Municípios pelos Estados, mas, em qualquer caso, ao ato deverá preceder autorização legislativa.

§ 3.º É vedada a desapropriação, pelos Estados, Distrito Federal, Territórios e Municípios, de ações, cotas e direitos representativos do capital de instituições e empresas cujo funcionamento dependa de autorização do Governo Federal e se subordine à sua fiscalização, salvo mediante prévia autorização, por decreto do Presidente da República.

•• § 3.º acrescentado pelo Decreto-lei n. 856, de 11-9-1969.

Art. 3.º Podem promover a desapropriação, mediante autorização expressa constante de lei ou contrato:

•• *Caput* com redação determinada pela Lei n. 14.273, de 23-12-2021.

I – os concessionários, inclusive aqueles contratados nos termos da Lei n. 11.079, de 30 de dezembro de 2004;

•• Inciso I acrescentado pela Lei n. 14.273, de 23-12-2021.

II – as entidades públicas;

•• Inciso II acrescentado pela Lei n. 14.273, de 23-12-2021.

III – as entidades que exerçam funções delegadas do poder público; e

•• Inciso III acrescentado pela Lei n. 14.273, de 23-12-2021.

IV – as autorizatárias para a exploração de ferrovias como atividade econômica.

•• Inciso IV acrescentado pela Lei n. 14.273, de 23-12-2021.

Art. 4.º A desapropriação poderá abranger a área contígua necessária ao desenvolvimento da obra a que se destina, e as zonas que se valorizarem extraordinariamente, em consequência da realização do serviço. Em qualquer caso, a declaração de utilidade pública deverá compreendê-las, mencionando-se quais as indispensáveis à continuação da obra e as que se destinam à revenda.

Parágrafo único. Quando a desapropriação destinar-se à execução de planos de urbanização, de renovação urbana ou de parcelamento ou reparcelamento do solo, a receita decorrente da revenda ou da exploração imobiliária dos imóveis produzidos poderá compor a remuneração do agente executor.

•• Parágrafo único com redação determinada pela Lei n. 14.273, de 23-12-2021.

Art. 5.º Consideram-se casos de utilidade pública:

a) a segurança nacional;

b) a defesa do Estado;

c) o socorro público em caso de calamidade;

d) a salubridade pública;

e) a criação e melhoramento de centros de população, seu abastecimento regular de meios de subsistência;

f) o aproveitamento industrial das minas e das jazidas minerais, das águas e da energia hidráulica;

g) a assistência pública, as obras de higiene e decoração, casas de saúde, clínicas, estações de clima e fontes medicinais;

h) a exploração e a conservação dos serviços públicos;

i) a abertura, conservação e melhoramento de vias ou logradouros públicos; a execução de planos de urbanização; o parcelamento do solo, com ou sem edificação, para sua melhor utilização econômica, higiênica ou estética; a construção ou ampliação de distritos industriais;

•• Alínea *i* com redação determinada pela Lei n. 9.785, de 29-1-1999.

j) o funcionamento dos meios de transporte coletivo;

k) a preservação e conservação dos monumentos históricos e artísticos, isolados ou integrados em conjuntos urbanos ou rurais, bem como as medidas necessárias a manter-lhes e realçar-lhes os aspectos mais valiosos ou característicos e, ainda, a proteção de paisagens e locais particularmente dotados pela natureza;

l) a preservação e a conservação adequada de arquivos, documentos e outros bens móveis de valor histórico ou artístico;

m) a construção de edifícios públicos, monumentos comemorativos e cemitérios;

n) a criação de estádios, aeródromos ou campos de pouso para aeronaves;

o) a reedição ou divulgação de obra ou invento de natureza científica, artística ou literária;

p) os demais casos previstos por leis especiais.

§ 1.º A construção ou ampliação de distritos industriais, de que trata a alínea *i* do *caput* deste artigo, inclui o loteamento das áreas necessárias à instalação de indústrias e atividades correlatas, bem como a revenda ou locação dos respectivos lotes a empresas previamente qualificadas.

•• § 1.º acrescentado pela Lei n. 6.602, de 7-12-1978.

§ 2.º A efetivação da desapropriação para fins de criação ou ampliação de distritos industriais depende de aprovação, prévia e expressa, pelo Poder Público competente, do respectivo projeto de implantação.

•• § 2.º acrescentado pela Lei n. 6.602, de 7-12-1978.

§ 3.º Ao imóvel desapropriado para implantação de parcelamento popular, destinado às classes de menor renda, não se dará outra utilização nem haverá retrocessão.

•• § 3.º acrescentado pela Lei n. 9.785, de 29-1-1999.

§ 4.º Os bens desapropriados para fins de utilidade pública e os direitos decorrentes da respectiva imissão na posse poderão ser alienados a terceiros, locados, cedidos, arrendados, outorgados em regimes de concessão de direito real de uso, de concessão comum ou de parceria público-privada e ainda transferidos como integralização de fundos de investimento ou sociedades de propósito específico.

•• § 4.º acrescentado pela Lei n. 14.273, de 23-12-2021.

§ 5.º Aplica-se o disposto no § 4.º deste artigo nos casos de desapropriação para fins de execução de planos de urbanização, de renovação urbana ou de parcelamento ou reparcelamento do solo, desde que seja assegurada a destinação prevista no referido plano.

•• § 5.º acrescentado pela Lei n. 14.273, de 23-12-2021.

Art. 6.º A declaração de utilidade pública far-se-á por decreto do Presidente da República, governador, interventor ou prefeito.

Art. 7.º Declarada a utilidade pública, ficam as autoridades administrativas autorizadas a penetrar nos prédios compreendidos na declaração, podendo recorrer, em caso de oposição, ao auxílio de força policial. Àquele que for molestado por excesso ou abuso de poder, cabe indenização por perdas e danos, sem prejuízo da ação penal.

(*) Publicado no *Diário Oficial da União*, de 18-7-1941. São originais os valores constantes deste Decreto-lei. *Vide* Nota dos Organizadores.

Legislação Complementar

Art. 8.º O Poder Legislativo poderá tomar a iniciativa da desapropriação, cumprindo, neste caso, ao Executivo, praticar os atos necessários à sua efetivação.

Art. 9.º Ao Poder Judiciário é vedado, no processo de desapropriação, decidir se se verificam ou não os casos de utilidade pública.

Art. 10. A desapropriação deverá efetivar-se mediante acordo ou intentar-se judicialmente dentro de 5 (cinco) anos, contados da data da expedição do respectivo decreto e findos os quais este caducará.

Neste caso, somente decorrido 1 (um) ano, poderá ser o mesmo bem objeto de nova declaração.

• *Vide* Súmula 23 do STF.

Parágrafo único. Extingue-se em 5 (cinco) anos o direito de propor ação que vise a indenização por restrições decorrentes de atos do Poder Público.

•• Parágrafo único acrescentado pela Medida Provisória n. 2.183-56, de 24-8-2001.

•• A Lei n. 13.867, de 26-8-2019, propôs nova redação para este artigo, todavia teve seu texto vetado.

Art. 10-A. O poder público deverá notificar o proprietário e apresentar-lhe oferta de indenização.

•• *Caput* acrescentado pela Lei n. 13.867, de 26-8-2019.

§ 1.º A notificação de que trata o caput deste artigo conterá:

•• § 1.º, caput, acrescentado pela Lei n. 13.867, de 26-8-2019.

I – cópia do ato de declaração de utilidade pública;

•• Inciso I acrescentado pela Lei n. 13.867, de 26-8-2019.

II – planta ou descrição dos bens e suas confrontações;

•• Inciso II acrescentado pela Lei n. 13.867, de 26-8-2019.

III – valor da oferta;

•• Inciso III acrescentado pela Lei n. 13.867, de 26-8-2019.

IV – informação de que o prazo para aceitar ou rejeitar a oferta é de 15 (quinze) dias e de que o silêncio será considerado rejeição;

•• Inciso IV acrescentado pela Lei n. 13.867, de 26-8-2019.

V – (*Vetado*.)

•• Inciso V acrescentado pela Lei n. 13.867, de 26-8-2019.

§ 2.º Aceita a oferta e realizado o pagamento, será lavrado acordo, o qual será título hábil para a transcrição no registro de imóveis.

•• § 2.º acrescentado pela Lei n. 13.867, de 26-8-2019.

§ 3.º Rejeitada a oferta, ou transcorrido o prazo sem manifestação, o poder público procederá na forma dos arts. 11 e seguintes deste Decreto-lei.

•• § 3.º acrescentado pela Lei n. 13.867, de 26-8-2019.

Art. 10-B. Feita a opção pela mediação ou pela via arbitral, o particular indicará um dos órgãos ou instituições especializados em mediação ou arbitragem previamente cadastrados pelo órgão responsável pela desapropriação.

•• *Caput* acrescentado pela Lei n. 13.867, de 26-8-2019.

§ 1.º A mediação seguirá as normas da Lei n. 13.140, de 26 de junho de 2015, e, subsidiariamente, os regulamentos do órgão ou instituição responsável.

•• § 1.º acrescentado pela Lei n. 13.867, de 26-8-2019.

§ 2.º Poderá ser eleita câmara de mediação criada pelo poder público, nos termos do art. 32 da Lei n. 13.140, de 26 de junho de 2015.

•• § 2.º acrescentado pela Lei n. 13.867, de 26-8-2019.

§ 3.º (*Vetado*.)

•• § 3.º acrescentado pela Lei n. 13.867, de 26-8-2019.

§ 4.º A arbitragem seguirá as normas da Lei n. 9.307, de 23 de setembro de 1996, e, subsidiariamente, os regulamentos do órgão ou instituição responsável.

•• § 4.º acrescentado pela Lei n. 13.867, de 26-8-2019.

§ 5.º (*Vetado*.)

•• § 5.º acrescentado pela Lei n. 13.867, de 26-8-2019.

DO PROCESSO JUDICIAL

Art. 11. A ação, quando a União for autora, será proposta no Distrito Federal ou no foro da Capital do Estado onde for domiciliado o réu, perante o juízo privativo, se houver; sendo outro o autor, no foro da situação dos bens.

Art. 12. Somente os juízes que tiverem garantia da vitaliciedade, inamovibilidade e irredutibilidade de vencimentos poderão conhecer dos processos de desapropriação.

Art. 13. A petição inicial, além dos requisitos previstos no Código de Processo Civil, conterá a oferta do preço e será instruída com um exemplar do contrato, ou do jornal oficial que houver publicado o decreto de desapropriação, ou cópia autenticada dos mesmos, e a planta ou descrição dos bens e suas confrontações.

• *Vide* arts. 319 e s. do CPC, sobre os requisitos da petição inicial.

Parágrafo único. Sendo o valor da causa igual ou inferior a dois contos de réis, dispensam-se os autos suplementares.

Art. 14. Ao despachar a inicial, o juiz designará um perito de sua livre escolha, sempre que possível, técnico, para proceder à avaliação dos bens.

Parágrafo único. O autor e o réu poderão indicar assistente técnico do perito.

Art. 15. Se o expropriante alegar urgência e depositar quantia arbitrada de conformidade com o art. 685 do Código de Processo Civil, o juiz mandará imiti-lo provisoriamente na posse dos bens.

•• A referência é feita a dispositivos do CPC de 1939. A matéria era tratada nos arts. 826 a 838 do CPC de 1973. Sem correspondência no CPC de 2015.

• *Vide* Súmulas 23, 164 e 476 do STF.

• *Vide* Súmula 70 do STJ.

§ 1.º A imissão provisória poderá ser feita, independentemente da citação do réu, mediante o depósito:

a) do preço oferecido, se este for superior a 20 (vinte) vezes o valor locativo, caso o imóvel esteja sujeito ao imposto predial;

b) da quantia correspondente a 20 (vinte) vezes o valor locativo, estando o imóvel sujeito ao imposto predial e sendo menor o preço oferecido;

c) do valor cadastral do imóvel, para fins de lançamento do imposto territorial, urbano ou rural, caso o referido valor tenha sido atualizado no ano fiscal imediatamente anterior;

d) não tendo havido a atualização a que se refere o inciso *c*, o juiz fixará, independentemente de avaliação, a importância do depósito, tendo em vista a época em que houver sido fixado originariamente o valor cadastral e a valorização ou desvalorização posterior do imóvel.

•• § 1.º com redação determinada pela Lei n. 2.786, de 21-5-1956.

•• *Vide* Súmula 652 do STF.

§ 2.º A alegação de urgência, que não poderá ser renovada, obrigará o expropriante a requerer a imissão provisória dentro do prazo improrrogável de 120 (cento e vinte) dias.

•• § 2.º com redação determinada pela Lei n. 2.786, de 21-5-1956.

• *Vide* notas ao *caput* deste artigo.

§ 3.º Excedido o prazo fixado no parágrafo anterior não será concedida a imissão provisória.

•• § 3.º com redação determinada pela Lei n. 2.786, de 21-5-1956.

• *Vide* nota ao *caput* deste artigo.

§ 4.º A imissão provisória na posse será registrada no registro de imóveis competente.

•• § 4.º acrescentado pela Lei n. 11.977, de 7-7-2009.

Art. 15-A. No caso de imissão prévia na posse, na desapropriação por necessidade ou utilidade pública e interesse social, inclusive para fins de reforma agrária, havendo divergência entre o preço ofertado em juízo e o valor do bem, fixado na sentença, expressos em termos reais, incidirão juros compensatórios de até seis por cento ao ano sobre o valor da diferença eventualmente apurada, a contar da imissão na posse, vedado o cálculo de juros compostos.

•• O STF, na ADI n. 2.332, de 17-5-2018 (*DOU* de 28-5-2018), declarou a inconstitucionalidade do vocábulo "até" e deu interpretação conforme a CF ao *caput* deste artigo.

•• *Vide* Súmula 618 do STF.

§ 1.º Os juros compensatórios destinam-se, apenas, a compensar a perda de renda comprovadamente sofrida pelo proprietário.

•• O STF, na ADI n. 2.332, de 17-5-2018 (*DOU* de 28-5-2018), reconheceu a constitucionalidade deste § 1.º.

§ 2.º Não serão devidos juros compensatórios quando o imóvel possuir graus de utilização da terra e de eficiência na exploração iguais a zero.

•• O STF, na ADI n. 2.332, de 17-5-2018 (*DOU* de 28-5-2018), reconheceu a constitucionalidade deste § 2.º.

§ 3.º O disposto no *caput* deste artigo aplica-se também às ações ordinárias de indenização por apossamento administrativo ou desapropriação indireta, bem assim às ações que visem a indenização por restrições decorrentes de atos do Poder Público, em especial aqueles destinados à proteção ambiental, incidindo os juros sobre o valor fixado na sentença.

•• § 3.º acrescentado pela Medida Provisória n. 2.183-56, de 24-8-2001.

•• O STF, na ADI n. 2.332, de 17-5-2018 (*DOU* de 28-5-2018), reconheceu a constitucionalidade deste § 3.º.

§ 4.º Nas ações referidas no § 3.º, não será o Poder Público onerado por juros compensatórios relativos a período anterior à aquisição da propriedade ou posse titulada pelo autor da ação.

•• § 4.º acrescentado pela Medida Provisória n. 2.183-56, de 24-8-2001.

•• O STF, na ADI n. 2.332, de 17-5-2018 (*DOU* de 28-5-2018), declarou a inconstitucionalidade deste § 4.º.

Art. 15-B. Nas ações a que se refere o art. 15-A, os juros moratórios destinam-se a recompor a perda decorrente do atraso no efetivo pagamento da indenização fixada na decisão final de mérito, e somente serão devidos à razão de até 6% (seis por cento) ao ano, a partir de 1.º de janeiro do exercício seguinte àquele em que o pagamento deveria ser feito, nos termos do art. 100 da Constituição.

•• Artigo acrescentado pela Medida Provisória n. 2.183-56, de 24-8-2001.

Art. 16. A citação far-se-á por mandado na pessoa do proprietário dos bens; a do marido dispensa a da mulher; a de um sócio, ou administrador, a dos demais, quando o bem pertencer a sociedade; a do administrador da coisa, no caso de condomínio, exceto o de edifício de apartamento constituindo cada um propriedade autônoma, a dos demais condôminos e a do inventariante, e, se não houver, a do cônjuge, herdeiro, ou legatário, detentor da herança, a dos demais interessados, quando o bem pertencer a espólio.

Parágrafo único. Quando não encontrar o citando, mas ciente de que se encontra no território da jurisdição do juiz, o oficial portador do mandado marcará desde logo hora certa para a citação, ao fim de 48 (quarenta e oito) horas, independentemente de nova diligência ou despacho.

Art. 17. Quando a ação não for proposta no foro do domicílio ou da residência do réu, a citação far-se-á por precatória, se o mesmo estiver em lugar certo, fora do território da jurisdição do juiz.

Art. 18. A citação far-se-á por edital se o citando não for conhecido, ou estiver em lugar ignorado, incerto ou inacessível, ou, ainda, no estrangeiro, o que dois oficiais do juízo certificarão.

Art. 19. Feita a citação, a causa seguirá com o rito ordinário.

Art. 20. A contestação só poderá versar sobre vício do processo judicial ou impugnação do preço; qualquer outra questão deverá ser decidida por ação direta.

Art. 21. A instância não se interrompe. No caso de falecimento do réu, ou perda de sua capacidade civil, o juiz, logo que disso tenha conhecimento, nomeará curador à lide, até que se habilite o interessado.

Parágrafo único. Os atos praticados da data do falecimento ou perda da capacidade à investidura do curador à lide poderão ser ratificados ou impugnados por ele, ou pelo representante do espólio ou do incapaz.

Art. 22. Havendo concordância sobre o preço, o juiz o homologará por sentença no despacho saneador.

Art. 23. Findo o prazo para a contestação e não havendo concordância expressa quanto ao preço, o perito apresentará o laudo em cartório até 5 (cinco) dias, pelo menos, antes da audiência de instrução e julgamento.

§ 1.º O perito poderá requisitar das autoridades públicas os esclarecimentos ou documentos que se tornarem necessários à elaboração do laudo, e deverá indicar nele, entre outras circunstâncias atendíveis para a fixação da indenização, as enumeradas no art. 27.

Ser-lhe-ão abonadas, como custas, as despesas com certidões e, a arbítrio do juiz, as de outros documentos que juntar ao laudo.

§ 2.º Antes de proferido o despacho saneador, poderá o perito solicitar prazo especial para apresentação do laudo.

Art. 24. Na audiência de instrução e julgamento proceder-se-á na conformidade do Código de Processo Civil. Encerrado o debate, o juiz proferirá sentença fixando o preço da indenização.

Parágrafo único. Se não se julgar habilitado a decidir, o juiz designará desde logo outra audiência que se realizará dentro de 10 (dez) dias, a fim de publicar a sentença.

Art. 25. O principal e os acessórios serão computados em parcelas autônomas.

Parágrafo único. O juiz poderá arbitrar quantia módica para desmonte e transporte de maquinismos instalados e em funcionamento.

Art. 26. No valor da indenização que será contemporâneo da avaliação não se incluirão direitos de terceiros contra o expropriado.

•• *Caput* com redação determinada pela Lei n. 2.786, de 21-5-1956.

• *Vide* Súmula 70 do STJ.

§ 1.º Serão atendidas as benfeitorias necessárias feitas após a desapropriação; as úteis, quando feitas com autorização do expropriante.

•• § 1.º com redação determinada pela Lei n. 4.686, de 21-6-1965.

• *Vide* Súmula 23 do STF.

§ 2.º Decorrido prazo superior a 1 (um) ano a partir da avaliação, o juiz ou o tribunal, antes da decisão final, determinará a correção monetária do valor apurado, conforme índice que será fixado, trimestralmente, pela Secretaria de Planejamento da Presidência da República.

•• § 2.º com redação determinada pela Lei n. 6.306, de 15-12-1975.

• *Vide* Súmula 475 do STF.

• *Vide* Súmulas 113 e 114 do STJ.

Art. 27. O juiz indicará na sentença os fatos que motivaram o seu convencimento e deverá atender, especialmente, à estimação dos bens para efeitos fiscais; ao preço de aquisição e interesse que deles aufere o proprietário; à sua situação, estado de conservação e segurança; ao valor venal dos da mesma espécie, nos últimos 5 (cinco) anos, à valorização ou depreciação de área remanescente, pertencente ao réu.

§ 1.º A sentença que fixar o valor da indenização quando este for superior ao preço oferecido condenará o desapropriante a pagar honorários do advogado, que serão fixados entre 0,5 (meio) e 5% (cinco por cento) do valor da diferença, observado o disposto no § 4.º do art. 20 do Código de Processo Civil, não podendo os honorários ultrapassar R$ 151.000,00 (cento e cinquenta e um mil reais).

•• § 1.º com redação determinada pela Medida Provisória n. 2.183-56, de 24-8-2001.

•• A referência é feita ao CPC de 1973. *Vide* art. 85, § 8.º, do CPC.

•• O STF, na ADI n. 2.332, de 17-5-2018 (*DOU* de 28-5-2018), declarou a constitucionalidade da estipulação de parâmetros mínimo e máximo para a concessão de honorários advocatícios previstos no § 1.º do art. 27 do Decreto-Lei n. 3.365/41 e declarou a inconstitucionalidade da expressão "não podendo os honorários ultrapassar R$ 151.000,00 (cento e cinquenta e um mil reais)".

• *Vide* Súmula 141 do STJ.

§ 2.º A transmissão da propriedade decorrente de desapropriação amigável ou judicial, não ficará sujeita ao Imposto de Lucro Imobiliário.

•• § 2.º acrescentado pela Lei n. 2.786, de 21-5-1956.

§ 3.º O disposto no § 1.º deste artigo se aplica:

I – ao procedimento contraditório especial, de rito sumário, para o processo de desapropriação de imóvel rural, por interesse social, para fins de reforma agrária;

II – às ações de indenização por apossamento administrativo ou desapropriação indireta.

•• § 3.º acrescentado pela Medida Provisória n. 2.183-56, de 24-8-2001.

§ 4.º O valor a que se refere o § 1.º será atualizado, a partir de maio de 2000, no dia 1.º de janeiro de cada ano, com base na variação acumulada do Índice de Preços ao Consumidor Amplo – IPCA do respectivo período.

•• § 4.º acrescentado pela Medida Provisória n. 2.183-56, de 24-8-2001.

Art. 28. Da sentença que fixar o preço da indenização caberá apelação com efeito simplesmente devolutivo, quando interposta pelo expropriado, e com ambos os efeitos, quando o for pelo expropriante.

§ 1.º A sentença que condenar a Fazenda Pública em quantia superior ao dobro da oferecida fica sujeita ao duplo grau de jurisdição.

•• § 1.º com redação determinada pela Lei n. 6.071, de 3-7-1974.

§ 2.º Nas causas de valor igual ou inferior a dois contos de réis observar-se-á o disposto no art. 839 do Código de Processo Civil.

•• A norma deste parágrafo tornou-se prejudicada com o advento do novo CPC.

Art. 29. Efetuando o pagamento ou a consignação, expedir-se-á, em favor do expropriante, mandado de imissão de posse valendo a sentença como título hábil para a transcrição no Registro de Imóveis.

Art. 30. As custas serão pagas pelo autor se o réu aceitar o preço oferecido; em caso contrário, pelo vencido, ou em proporção, na forma da lei.

DISPOSIÇÕES FINAIS

Art. 31. Ficam sub-rogados no preço quaisquer ônus ou direitos que recaiam sobre o bem expropriado.

Art. 32. O pagamento do preço será prévio e em dinheiro.

•• *Caput* com redação determinada pela Lei n. 2.786, de 21-5-1956.

• *Vide* Súmula 416 do STF.

§ 1.º As dívidas fiscais serão deduzidas dos valores depositados, quando inscritas e ajuizadas.

•• § 1.º acrescentado pela Lei n. 11.977, de 7-7-2009.

§ 2.º Incluem-se na disposição prevista no § 1.º as multas decorrentes de inadimplemento e de obrigações fiscais.

•• § 2.º acrescentado pela Lei n. 11.977, de 7-7-2009.

§ 3.º A discussão acerca dos valores inscritos ou executados será realizada em ação própria.

•• § 3.º acrescentado pela Lei n. 11.977, de 7-7-2009.

Art. 33. O depósito do preço fixado por sentença, à disposição do juiz da causa, é considerado pagamento prévio da indenização.

§ 1.º O depósito far-se-á no Banco do Brasil ou, onde este não tiver agência, em estabelecimento bancário acreditado, a critério do juiz.

•• Anterior parágrafo único, passado a § 1.º pela Lei n. 2.786, de 21-5-1956.

§ 2.º O desapropriado, ainda que discorde do preço oferecido, do arbitrado ou do fixado pela sentença, poderá levantar até 80% (oitenta por cento) do depósito feito para o fim previsto neste e no art. 15, observado o processo estabelecido no art. 34.

•• § 2.º acrescentado pela Lei n. 2.786, de 21-5-1956.

Art. 34. O levantamento do preço será deferido mediante prova de propriedade, de quitação de dívidas fiscais que recaiam sobre o bem expropriado, e publicação de editais, com o prazo de 10 (dez) dias, para conhecimento de terceiros.

Parágrafo único. Se o juiz verificar que há dúvida fundada sobre o domínio, o preço ficará em depósito, ressalvada aos interessados a ação própria para disputá-lo.

•• *Vide* art. 5.º do Decreto-lei n. 1.075, de 22-1-1970.

Art. 34-A. Se houver concordância, reduzida a termo, do expropriado, a decisão concessiva da imissão provisória na posse implicará a aquisição da propriedade pelo expropriante com o consequente registro da propriedade na matrícula do imóvel.

•• *Caput* acrescentado pela Lei n. 13.465, de 11-7-2017.

§ 1.º A concordância escrita do expropriado não implica renúncia ao seu direito de questionar o preço ofertado em juízo.

•• § 1.º acrescentado pela Lei n. 13.465, de 11-7-2017.

§ 2.º Na hipótese deste artigo, o expropriado poderá levantar 100% (cem por cento) do depósito de que trata o art. 33 deste Decreto-lei.

•• § 2.º acrescentado pela Lei n. 13.465, de 11-7-2017.

§ 3.º Do valor a ser levantado pelo expropriado devem ser deduzidos os valores dispostos nos §§ 1.º e 2.º do art. 32 deste Decreto-lei, bem como, a critério do juiz, aqueles tidos como necessários para o custeio das despesas processuais.

•• § 3.º acrescentado pela Lei n. 13.465, de 11-7-2017.

§ 4.º **Após a apresentação da contestação pelo expropriado, se não houver oposição expressa com relação à validade do decreto desapropriatório, deverá ser determinada a imediata transferência da propriedade do imóvel para o expropriante, independentemente de anuência expressa do expropriado, e prosseguirá o processo somente para resolução das questões litigiosas.**

•• § 4.º acrescentado pela Lei n. 14.421, de 20-7-2022.

Art. 35. Os bens expropriados, uma vez incorporados à Fazenda Pública, não podem ser objeto de reivindicação, ainda que fundada em nulidade do processo de desapropriação. Qualquer ação, julgada procedente, resolver-se-á em perdas e danos.

Art. 36. É permitida a ocupação temporária, que será indenizada, a final, por ação própria, de terrenos não edificados, vizinhos às obras e necessários à sua realização.

O expropriante prestará caução, quando exigida.

Art. 37. Aquele cujo bem for prejudicado extraordinariamente em sua destinação econômica pela desapropriação de áreas contíguas terá direito a reclamar perdas e danos do expropriante.

Art. 38. O réu responderá perante terceiros, e por ação própria, pela omissão ou sonegação de quaisquer informações que possam interessar à marcha do processo ou ao recebimento da indenização.

Art. 39. A ação de desapropriação pode ser proposta durante as férias forenses, e não se interrompe pela superveniência destas.

Art. 40. O expropriante poderá constituir servidões, mediante indenização na forma desta Lei.

Art. 41. As disposições desta Lei aplicam-se aos processos de desapropriação em curso, não se permitindo depois de sua vigência outros termos e atos além dos por ela admitidos, nem o seu processamento por forma diversa da que por ela é regulada.

Art. 42. No que esta Lei for omissa aplica-se o Código de Processo Civil.

Art. 43. Esta Lei entrará em vigor 10 (dez) dias depois de publicada, no Distrito Federal, e 30 (trinta) dias nos Estados e Território do Acre; revogadas as disposições em contrário.

Rio de Janeiro, em 21 de junho de 1941; 120.º da Independência e 53.º da República.

GETÚLIO VARGAS

DECRETO-LEI N. 4.657, DE 4 DE SETEMBRO DE 1942 (*)

Lei de Introdução às Normas do Direito Brasileiro.

•• Ementa com redação determinada pela Lei n. 12.376, de 30-12-2010.

O Presidente da República, usando da atribuição que lhe confere o art. 180 da Constituição, decreta:

Art. 1.º Salvo disposição contrária, a lei começa a vigorar em todo o País 45 (quarenta e cinco) dias depois de oficialmente publicada.

•• *Vide* art. 62, §§ 3.º, 4.º, 6.º e 7.º, da CF.

(*) Publicado no *Diário Oficial da União*, de 9-9-1942. Retificado em 8-10-1942 e em 17-6-1943. Entrou em vigor no dia 24-10-1942, por força do disposto no Decreto-lei n. 4.707, de 17-9-1942. A Lei Complementar n. 95, de 26-2-1998, regulamentada pelo Decreto n. 4.176, de 28-3-2002, dispõe sobre a elaboração, a redação, a alteração e a consolidação das leis conforme determina o parágrafo único do art. 59 da Constituição Federal, e estabelece normas para a consolidação dos atos normativos que menciona. *Vide* Decreto n. 9.830, de 10-6-2019, que regulamenta o disposto nos arts. 20 a 30 da LINDB.

• Sobre vigência de leis tributárias, dos atos administrativos, decisões normativas de órgãos administrativos, convênios tributários, dispõe a Lei n. 5.172, de 25-10-1966 (CTN), arts. 101 a 104.

• Dispõe o art. 8.º da Lei Complementar n. 95, de 26-2-1998:

"Art. 8.º A vigência da lei será indicada de forma expressa e de modo a contemplar prazo razoável para que dela se tenha amplo conhecimento, reservada a cláusula 'entra em vigor na data de sua publicação' para as leis de pequena repercussão. § 1.º A contagem do prazo para entrada em vigor das leis que estabeleçam período de vacância far-se-á com a inclusão da data da publicação e do último dia do prazo, entrando em vigor no dia subsequente à sua consumação integral. § 2.º As leis que estabeleçam período de vacância deverão utilizar a cláusula 'esta lei entra em vigor após decorridos (o número de) dias de sua publicação oficial'".

§ 1.º Nos Estados estrangeiros, a obrigatoriedade da lei brasileira, quando admitida, se inicia 3 (três) meses depois de oficialmente publicada.

Art. 2.ºArt. 3.º Ninguém se escusa de cumprir a lei, alegando que não a conhece.

Art. 4.º Quando a lei for omissa, o juiz decidirá o caso de acordo com a analogia, os costumes e os princípios gerais de direito.

• Normas complementares das leis tributárias: arts. 100 e s. do CTN.

Art. 5.º Na aplicação da lei, o juiz atenderá aos fins sociais a que ela se dirige e às exigências do bem comum.

• *Vide* art. 5.º, LIV, da CF.

• Normas de interpretação das leis tributárias: arts. 107 a 112 da Lei n. 5.172, de 25-10-1966.

• *Vide* art. 6.º da Lei n. 9.099, de 26-9-1995.

Art. 6.º A Lei em vigor terá efeito imediato e geral, respeitados o ato jurídico perfeito, o direito adquirido e a coisa julgada.

•• *Vide* art. 5.º, XXXVI, da CF.

§ 1.º Reputa-se ato jurídico perfeito o já consumado segundo a lei vigente ao tempo em que se efetuou.

§ 2.º Consideram-se adquiridos assim os direitos que o seu titular, ou alguém por ele, possa exercer, como aqueles cujo começo do exercício tenha termo pré-fixo, ou condição preestabelecida inalterável, a arbítrio de outrem.

•• *Vide* arts. 121, 126, 130, 131 e 135 do CC.

§ 3.º Chama-se coisa julgada ou caso julgado a decisão judicial de que já não caiba recurso.

•• § 3.º com redação determinada pela Lei n. 3.238, de 1.º-8-1957.

• *Vide* art. 5.º, XXXVI, da CF.

• Aplicação da lei tributária: Lei n. 5.172, de 25-10-1966, arts. 105 e 106 (CTN).

• *Vide* arts. 337, § 1.º, e 502 do CPC.

Art. 7.º A lei do país em que for domiciliada a pessoa determina as regras sobre o começo e o fim da personalidade, o nome, a capacidade e os direitos de família.

•• *Vide* arts. 1.º a 8.º, 11 a 21, 70 a 78 e 1.511 a 1.783 do CC.

• *Vide* arts. 55 a 58 da Lei n. 6.015, de 31-12-1973 (LRF).

§ 1.º Realizando-se o casamento no Brasil, será aplicada a lei brasileira quanto aos impedimentos dirimentes e às formalidades da celebração.

•• *Vide* arts. 1.521 e 1.533 a 1.542 do CC.

• *Vide* Lei n. 6.015, de 31-12-1973.

• A Lei n. 1.110, de 23-5-1950, regula o reconhecimento dos efeitos civis do casamento religioso.

§ 2.º O casamento de estrangeiros poderá celebrar-se perante autoridades diplomáticas ou consulares do país de ambos os nubentes.

•• § 2.º com redação determinada pela Lei n. 3.238, de 1.º-8-1957.

§ 3.º Tendo os nubentes domicílio diverso, regerá os casos de invalidade do matrimônio a lei do primeiro domicílio conjugal.

•• *Vide* arts. 1.548 a 1.564 do CC.

§ 4.º O regime de bens, legal ou convencional, obedece à lei do país em que tiverem os nubentes domicílios, e, se este for diverso, à do primeiro domicílio conjugal.

•• *Vide* arts. 1.639, 1.640 e 1.653 do CC.

§ 5.º O estrangeiro casado, que se naturalizar brasileiro, pode, mediante expressa anuência de seu cônjuge, requerer ao juiz, no ato de entrega do decreto de naturalização, se apostile ao mesmo a adoção do regime de comunhão parcial de bens, respeitados os direitos de terceiros e dada esta adoção ao competente registro.

•• § 5.º com redação determinada pela Lei n. 6.515, de 26-12-1977.

•• *Vide* arts. 1.658 a 1.666 do CC.

§ 6.º O divórcio realizado no estrangeiro, se um ou ambos os cônjuges forem brasileiros, só será reconhecido no Brasil depois de 1 (um) ano da data da sentença, salvo se houver sido antecedida de separação judicial por igual prazo, caso em que a homologação produzirá efeito imediato, obedecidas as condições estabelecidas para a eficácia das sentenças estrangeiras no país. O Superior Tribunal de Justiça, na forma de seu regimento interno, poderá reexaminar, a requerimento do interessado, decisões já proferidas em pedidos de homologação de sentenças estrangeiras de divórcio de brasileiros, a fim de que passem a produzir todos os efeitos legais.

•• § 6.º com redação determinada pela Lei n. 12.036, de 1.º-10-2009.

•• O Provimento n. 51, de 22-9-2015, do CNJ, dispõe sobre a averbação de carta de sentença expedida após homologação de sentença estrangeira relativa a divórcio ou separação judicial.

•• *Vide* arts. 1.571 e s. do CC.

•• *Vide* art. 226, § 6.º, da CF.

• *Vide* art. 227, § 6.º, da CF.

• *Vide* a Lei n. 6.515, de 26-12-1977 (Lei do Divórcio).

• *Vide* art. 961 do CPC.

§ 7.º Salvo o caso de abandono, o domicílio do chefe da família estende-se ao outro cônjuge e aos filhos não emancipados, e o do tutor ou curador aos incapazes sob sua guarda.

•• *Vide* art. 76 do CC.

•• *Vide* art. 226, § 5.º, da CF.

§ 8.º Quando a pessoa não tiver domicílio, considerar-se-á domiciliada no lugar de sua residência ou naquele em que se encontre.

•• *Vide* arts. 70 e s. do CC.

•• *Vide* art. 46, § 3.º do CPC.

Art. 8.º Para qualificar os bens e regular as relações a eles concernentes, aplicar-se-á a lei do país em que estiverem situados.

§ 1.º Aplicar-se-á a lei do país em que for domiciliado o proprietário, quanto aos bens móveis que ele trouxer ou se destinarem a transporte para outros lugares.

§ 2.º O penhor regula-se pela lei do domicílio que tiver a pessoa, em cuja posse se encontre a coisa apenhada.

•• *Vide* arts. 1.431 e s. do CC.

Art. 9.º Para qualificar e reger as obrigações, aplicar-se-á a lei do país em que se constituírem.

§ 1.º Destinando-se a obrigação a ser executada no Brasil e dependendo de forma essencial, será esta observada, admitidas as peculiaridades da lei estrangeira quanto aos requisitos extrínsecos do ato.

§ 2.º A obrigação resultante do contrato reputa-se constituída no lugar em que residir o proponente.

•• *Vide* art. 435 do CC.

Art. 10. A sucessão por morte ou por ausência obedece à lei do país em que era domiciliado o defunto ou o desaparecido, qualquer que seja a natureza e a situação dos bens.

•• *Vide* arts. 26 a 39 e 1.784 a 1.990 do CC.

§ 1.º A sucessão de bens de estrangeiros, situados no País, será regulada pela lei brasileira em benefício do cônjuge ou dos filhos brasileiros, ou de quem os represente, sempre que não lhes seja mais favorável a lei pessoal do *de cujus*.

•• § 1.º com redação determinada pela Lei n. 9.047, de 18-5-1995.

•• *Vide* art. 5.º, XXXI, da CF.

• *Vide* art. 17 do Decreto-lei n. 3.200, de 19-4-1941.

• *Vide* arts. 1.851 a 1.856 do CC.

§ 2.º A lei do domicílio do herdeiro ou legatário regula a capacidade para suceder.

•• *Vide* arts. 1.787 e 1.798 a 1.803 do CC.

• *Vide* art. 23 do CPC.

Art. 11. As organizações destinadas a fins de interesse coletivo, como as sociedades e as fundações, obedecem à lei do Estado em que se constituírem.

•• *Vide* arts. 62 a 69 e 981 a 1.141 do CC.

§ 1.º Não poderão, entretanto, ter no Brasil filiais, agências ou estabelecimentos antes de serem os atos constitutivos aprovados pelo Governo brasileiro, ficando sujeitas à lei brasileira.

•• Do registro das sociedades no CC: arts. 1.150 a 1.154.

•• Das sociedades estrangeiras no CC: arts. 1.134 a 1.141.

•• *Vide* Lei n. 8.934, de 18-11-1994, art. 32, II, *c*, que dispõe sobre atos alusivos ao registro público de empresas mercantis estrangeiras autorizadas a funcionar no Brasil.

• *Vide* art. 170, parágrafo único, da CF.

§ 2.º Os governos estrangeiros, bem como as organizações de qualquer natureza, que eles tenham constituído, dirijam ou hajam investido de funções públicas, não poderão adquirir no Brasil bens imóveis ou suscetíveis de desapropriação.

§ 3.º Os governos estrangeiros podem adquirir a propriedade dos prédios necessários à sede dos representantes diplomáticos ou dos agentes consulares.

• A Lei n. 4.331, de 1.º-6-1964, dispõe sobre a aquisição por governos estrangeiros no Distrito Federal de imóveis necessários à residência dos agentes diplomáticos das respectivas missões diplomáticas.

Art. 12. É competente a autoridade judiciária brasileira, quando for o réu domiciliado no Brasil ou aqui tiver de ser cumprida a obrigação.

• *Vide* nota ao art. 10, § 2.º.

§ 1.º Só à autoridade judiciária brasileira compete conhecer das ações relativas a imóveis situados no Brasil.

§ 2.º A autoridade judiciária brasileira cumprirá, concedido o *exequatur* e segundo a forma estabelecida pela lei brasileira, as diligências deprecadas por autoridade estrangeira competente, observando a lei desta, quanto ao objeto das diligências.

•• *Vide* arts. 105, I, *i*, e 109, X, da CF.

Art. 13. A prova dos fatos ocorridos em país estrangeiro rege-se pela lei que nele vigorar, quanto ao ônus e aos meios de produzir-se, não admitindo os tribunais brasileiros provas que a lei brasileira desconheça.

•• *Vide* arts. 109 e 212 a 232 do CC.

• Sobre provas, *vide* arts. 369 e s. do CPC.

• *Vide* art. 32 da Lei n. 6.015, de 31-12-1973 (LRP).

Art. 14. Não conhecendo a lei estrangeira, poderá o juiz exigir de quem a invoca prova do texto e da vigência.

• *Vide* art. 376 do CPC.

Art. 15. Será executada no Brasil a sentença proferida no estrangeiro, que reúna os seguintes requisitos:

• Os arts. 787 a 790 do CPP e os arts. 960 e s. do CPC dispõem sobre homologação de sentença estrangeira.

• *Vide* art. 35 da Lei n. 9.307, de 23-9-1996.

a) haver sido proferida por juiz competente;

b) terem sido as partes citadas ou haver-se legalmente verificado a revelia;

c) ter passado em julgado e estar revestida das formalidades necessárias para a execução no lugar em que foi proferida;

d) estar traduzida por intérprete autorizado;

e) ter sido homologada pelo Supremo Tribunal Federal.

•• Com o advento da Emenda Constitucional n. 45, de 8-12-2004, que alterou o art. 105, I, *i*, da CF, a competência para homologar sentenças estrangeiras passou a ser do STJ.

• *Vide* art. 961 do CPC.

• *Vide* art. 9.º do CP.

• *Vide* arts. 787 a 790 do CPP.

Parágrafo único. (*Revogado pela Lei n. 12.036, de 1.º-10-2009.*)

Art. 16. Quando, nos termos dos artigos precedentes, se houver de aplicar a lei estrangeira, ter-se-á em vista a disposição desta, sem considerar-se qualquer remissão por ela feita a outra lei.

Art. 17. As leis, atos e sentenças de outro país, bem como quaisquer declarações de vontade, não terão eficácia no Brasil, quando ofenderem a soberania nacional, a ordem pública e os bons costumes.

• O art. 781 do CPP dispõe sobre sentenças estrangeiras.

Art. 18. Tratando-se de brasileiros, são competentes as autoridades consulares brasileiras para lhes celebrar o casamento e os mais atos de Registro Civil e de tabelionato, inclusive o registro de nascimento e de óbito dos filhos de brasileiro ou brasileira nascidos no país da sede do Consulado.

•• *Caput* com redação determinada pela Lei n. 3.238, de 1.º-8-1957.

•• *Vide* art. 12, I, *c*, da CF.

•• *Vide* art. 32 da Lei n. 6.015, de 31-12-1973.

• O Decreto n. 8.742, de 4-5-2016, simplifica a legalização de certidões de atos consulares.

§ 1.º As autoridades consulares brasileiras também poderão celebrar a separação consensual e o divórcio consensual de brasileiros, não havendo filhos menores ou incapazes do casal e observados os requisitos legais quanto aos prazos, devendo constar da respectiva escritura pública as disposições relativas à descrição e à partilha dos bens comuns e à pensão alimentícia e, ainda, ao acordo quanto à retomada pelo cônjuge de seu nome de solteiro ou à manutenção do nome adotado quando se deu o casamento.

•• § 1.º acrescentado pela Lei n. 12.874, de 29-10-2013.

§ 2.º É indispensável a assistência de advogado, devidamente constituído, que se dará mediante a subscrição de petição, juntamente com ambas as partes, ou com apenas uma delas, caso a outra constitua advogado próprio, não se fazendo necessário que a assinatura do advogado conste da escritura pública.

•• § 2.º acrescentado pela Lei n. 12.874, de 29-10-2013.

Art. 19. Reputam-se válidos todos os atos indicados no artigo anterior e celebrados pelos cônsules brasileiros na vigência do Decreto-lei n. 4.657, de 4 de setembro de 1942, desde que satisfaçam todos os requisitos legais.

•• *Caput* acrescentado pela Lei n. 3.238, de 1.º-8-1957.

Parágrafo único. No caso em que a celebração desses atos tiver sido recusada pelas autoridades consulares, com fundamento no art. 18 do mesmo Decreto-lei, ao interessado é facultado renovar o pedido dentro em 90 (noventa) dias contados da data da publicação desta Lei.

•• Parágrafo único acrescentado pela Lei n. 3.238, de 1.º-8-1957.

Art. 20. Nas esferas administrativa, controladora e judicial, não se decidirá com base em valores jurídicos abstratos sem que sejam consideradas as consequências práticas da decisão.

•• *Caput* acrescentado pela Lei n. 13.655, de 25-4-2018.

•• Artigo regulamentado pelo Decreto n. 9.830, de 10-6-2019.

•• *Vide* art. 3.º do Decreto n. 9.830, de 10-6-2019.

Parágrafo único. A motivação demonstrará a necessidade e a adequação da medida imposta ou da invalidação de ato, contrato, ajuste, processo ou norma administrativa, inclusive em face das possíveis alternativas.

•• Parágrafo único acrescentado pela Lei n. 13.655, de 25-4-2018.

Art. 21. A decisão que, nas esferas administrativa, controladora ou judicial, decretar a invalidação de ato, contrato, ajuste, processo ou norma administrativa deverá indicar de modo expresso suas consequências jurídicas e administrativas.

•• *Caput* acrescentado pela Lei n. 13.655, de 25-4-2018.

•• Artigo regulamentado pelo Decreto n. 9.830, de 10-6-2019.

Parágrafo único. A decisão a que se refere o *caput* deste artigo deverá, quando for o caso, indicar as condições para que a regularização ocorra de modo proporcional e equânime e sem prejuízo aos interesses gerais, não se podendo impor aos sujeitos atingidos ônus ou perdas que, em função das peculiaridades do caso, sejam anormais ou excessivos.

•• Parágrafo único acrescentado pela Lei n. 13.655, de 25-4-2018.

Art. 22. Na interpretação de normas sobre gestão pública, serão considerados os obstáculos e as dificuldades reais do gestor e as exigências das políticas públicas a seu cargo, sem prejuízo dos direitos dos administrados.

•• *Caput* acrescentado pela Lei n. 13.655, de 25-4-2018.

•• Artigo regulamentado pelo Decreto n. 9.830, de 10-6-2019.

§ 1.º Em decisão sobre regularidade de conduta ou validade de ato, contrato, ajuste, processo ou norma administrativa, serão consideradas as circunstâncias práticas que houverem imposto, limitado ou condicionado a ação do agente.

•• § 1.º acrescentado pela Lei n. 13.655, de 25-4-2018.

§ 2.º Na aplicação de sanções, serão consideradas a natureza e a gravidade da infração cometida, os danos que dela provierem para a administração pública, as circunstâncias agravantes ou atenuantes e os antecedentes do agente.

•• § 2.º acrescentado pela Lei n. 13.655, de 25-4-2018.

§ 3.º As sanções aplicadas ao agente serão levadas em conta na dosimetria das demais sanções de mesma natureza e relativas ao mesmo fato.

•• § 3.º acrescentado pela Lei n. 13.655, de 25-4-2018.

Art. 23. A decisão administrativa, controladora ou judicial que estabelecer interpretação ou orientação nova sobre norma de conteúdo indeterminado, impondo novo dever ou novo condicionamento de direito, deverá prever regime de transição quando indispensável para que o novo dever ou condicionamento de direito seja cumprido de modo proporcional, equânime e eficiente e sem prejuízo aos interesses gerais.

•• *Caput* acrescentado pela Lei n. 13.655, de 25-4-2018.

•• Artigo regulamentado pelo Decreto n. 9.830, de 10-6-2019.

Parágrafo único. (*Vetado*.)

•• Parágrafo único acrescentado pela Lei n. 13.655, de 25-4-2018.

Art. 24. A revisão, nas esferas administrativa, controladora ou judicial, quanto à validade de ato, contrato, ajuste, processo ou norma administrativa cuja produção já se houver completado levará em conta as orientações gerais da época, sendo vedado que, com base em mudança posterior de orientação geral, se declarem inválidas situações plenamente constituídas.

•• Caput acrescentado pela Lei n. 13.655, de 25-4-2018.

•• Artigo regulamentado pelo Decreto n. 9.830, de 10-6-2019.

Parágrafo único. Consideram-se orientações gerais as interpretações e especificações contidas em atos públicos de caráter geral ou em jurisprudência judicial ou administrativa majoritária, e ainda as adotadas por prática administrativa reiterada e de amplo conhecimento público.

•• Parágrafo único acrescentado pela Lei n. 13.655, de 25-4-2018.

Art. 25. (*Vetado*.)

•• Artigo acrescentado pela Lei n. 13.655, de 25-4-2018.

Art. 26. Para eliminar irregularidade, incerteza jurídica ou situação contenciosa na aplicação do direito público, inclusive no caso de expedição de licença, a autoridade administrativa poderá, após oitiva do órgão jurídico e, quando for o caso, após realização de consulta pública, e presentes razões de relevante interesse geral, celebrar compromisso com os interessados, observada a legislação aplicável, o qual só produzirá efeitos a partir de sua publicação oficial.

•• *Caput* acrescentado pela Lei n. 13.655, de 25-4-2018.

•• Artigo regulamentado pelo Decreto n. 9.830, de 10-6-2019

§ 1.º O compromisso referido no *caput* deste artigo:

•• § 1.º acrescentado pela Lei n. 13.655, de 25-4-2018.

I – buscará solução jurídica proporcional, equânime, eficiente e compatível com os interesses gerais;

•• Inciso I acrescentado pela Lei n. 13.655, de 25-4-2018.

II – (*Vetado*.);

•• Inciso II acrescentado pela Lei n. 13.655, de 25-4-2018.

III – não poderá conferir desoneração permanente de dever ou condicionamento de direito reconhecidos por orientação geral;

•• Inciso III acrescentado pela Lei n. 13.655, de 25-4-2018.

IV – deverá prever com clareza as obrigações das partes, o prazo para seu cumprimento e as sanções aplicáveis em caso de descumprimento.

•• Inciso IV acrescentado pela Lei n. 13.655, de 25-4-2018.

§ 2.º (*Vetado*.)

•• § 2.º acrescentado pela Lei n. 13.655, de 25-4-2018.

Art. 27. A decisão do processo, nas esferas administrativa, controladora ou judicial, poderá impor compensação por benefícios indevidos ou prejuízos anormais ou injustos resultantes do processo ou da conduta dos envolvidos.

•• *Caput* acrescentado pela Lei n. 13.655, de 25-4-2018.

•• Artigo regulamentado pelo Decreto n. 9.830, de 10-6-2019.

§ 1.º A decisão sobre a compensação será motivada, ouvidas previamente as partes sobre seu cabimento, sua forma e, se for o caso, seu valor.

•• § 1.º acrescentado pela Lei n. 13.655, de 25-4-2018.

§ 2.º Para prevenir ou regular a compensação, poderá ser celebrado compromisso processual entre os envolvidos.

•• § 2.º acrescentado pela Lei n. 13.655, de 25-4-2018.

Art. 28. O agente público responderá pessoalmente por suas decisões ou opiniões técnicas em caso de dolo ou erro grosseiro.

•• *Caput* acrescentado pela Lei n. 13.655, de 25-4-2018.

•• Artigo regulamentado pelo Decreto n. 9.830, de 10-6-2019.

•• *Vide* arts. 12 a 17 do Decreto n. 9.830, de 10-6-2019.

§ 1.º (*Vetado*.)

•• § 1.º acrescentado pela Lei n. 13.655, de 25-4-2018.

§ 2.º (*Vetado*.)

•• § 2.º acrescentado pela Lei n. 13.655, de 25-4-2018.

§ 3.º (*Vetado*.)

•• § 3.º acrescentado pela Lei n. 13.655, de 25-4-2018.

Art. 29. Em qualquer órgão ou Poder, a edição de atos normativos por autoridade administrativa, salvo os de mera organização interna, poderá ser precedida de consulta pública para manifestação de interessados, preferencialmente por meio eletrônico, a qual será considerada na decisão.

•• *Caput* acrescentado pela Lei n. 13.655, de 25-4-2018.

•• Artigo regulamentado pelo Decreto n. 9.830, de 10-6-2019.

§ 1.º A convocação conterá a minuta do ato normativo e fixará o prazo e demais condições da consulta pública, observadas as normas legais e regulamentares específicas, se houver.

•• § 1.º acrescentado pela Lei n. 13.655, de 25-4-2018.

§ 2.º (*Vetado*.)

•• § 2.º acrescentado pela Lei n. 13.655, de 25-4-2018.

Art. 30. As autoridades públicas devem atuar para aumentar a segurança jurídica na aplicação das normas, inclusive por meio de regulamentos, súmulas administrativas e respostas a consultas.

•• *Caput* acrescentado pela Lei n. 13.655, de 25-4-2018.

•• Artigo regulamentado pelo Decreto n. 9.830, de 10-6-2019.

•• *Vide* arts. 18 e 19 do Decreto n. 9.830, de 10-6-2019.

Parágrafo único. Os instrumentos previstos no *caput* deste artigo terão caráter vinculante em relação ao órgão ou entidade a que se destinam, até ulterior revisão.

•• Parágrafo único acrescentado pela Lei n. 13.655, de 25-4-2018.

Rio de Janeiro, 4 de setembro de 1942; 121.º da Independência e 54.º da República.

GETÚLIO VARGAS

LEI N. 810, DE 6 DE SETEMBRO DE 1949 (*)

Define o ano civil.

O Presidente da República:

Faço saber que o Congresso Nacional decreta e eu sanciono a seguinte Lei:

Art. 1.º Considera-se ano o período de 12 (doze) meses contados do dia do início ao dia e mês correspondentes do ano seguinte.

Art. 2.º Considera-se mês o período do tempo contado do dia do início ao dia correspondente do mês seguinte.

Art. 3.º Quando no ano ou mês do vencimento não houver o dia correspondente ao do início do prazo, este findará no primeiro dia subsequente.

Art. 4.º Revogam-se as disposições em contrário.

Rio de Janeiro, 6 de setembro de 1949; 128.º da Independência e 61.º da República.

EURICO G. DUTRA

LEI N. 1.060, DE 5 DE FEVEREIRO DE 1950 (**)

Estabelece normas para a concessão da assistência judiciária aos necessitados.

(*) Publicada no *Diário Oficial da União*, de 16-9-1949.

(**) Publicada no *Diário Oficial da União*, de 13-2-1950, e republicada em 8-4-1974, Suplemento. O Decreto n. 6.086, de 19-4-2007, promulga o Acordo sobre o Benefício da Justiça Gratuita e Assistência Jurídica Gratuita entre os Estados-Partes do Mercosul.

O Presidente da República:

Faço saber que o Congresso Nacional decreta e eu sanciono a seguinte Lei:

Art. 1.º Os poderes públicos federal e estadual, independentemente da colaboração que possam receber dos municípios e da Ordem dos Advogados do Brasil – OAB, concederão assistência judiciária aos necessitados, nos termos desta Lei (*Vetado*).

•• Artigo com redação determinada pela Lei n. 7.510, de 4-7-1986.

Arts. 2.º a 4.º *(Revogados pela Lei n. 13.105, de 16-3-2015.)*

Art. 5.º O juiz, se não tiver fundadas razões para indeferir o pedido, deverá julgá-lo de plano, motivando ou não o deferimento dentro do prazo de 72 (setenta e duas) horas.

§ 1.º Deferido o pedido, o juiz determinará que o serviço de assistência judiciária, organizado e mantido pelo Estado, onde houver, indique, no prazo de 2 (dois) dias úteis, o advogado que patrocinará a causa do necessitado.

§ 2.º Se no Estado não houver serviço de assistência judiciária, por ele mantido, caberá a indicação à Ordem dos Advogados, por suas Seções Estaduais, ou Subseções Municipais.

§ 3.º Nos municípios em que não existirem Subseções da Ordem dos Advogados do Brasil, o próprio juiz fará a nomeação do advogado que patrocinará a causa do necessitado.

§ 4.º Será preferido para a defesa da causa o advogado que o interessado indicar e que declare aceitar o encargo.

§ 5.º Nos Estados onde a Assistência Judiciária seja organizada e por eles mantida, o Defensor Público, ou quem exerça cargo equivalente, será intimado pessoalmente de todos os atos do processo, em ambas as Instâncias, contando-se-lhes em dobro todos os prazos.

•• § 5.º acrescentado pela Lei n. 7.871, de 8-11-1989.

Arts. 6.º e 7.º *(Revogados pela Lei n. 13.105, de 16-3-2015.)*

Art. 8.º Ocorrendo as circunstâncias mencionadas no artigo anterior, poderá o juiz, *ex officio*, decretar a revogação dos benefícios, ouvida a parte interessada dentro de 48 (quarenta e oito) horas improrrogáveis.

Art. 9.º Os benefícios da assistência judiciária compreendem todos os atos do processo até decisão final do litígio, em todas as instâncias.

Art. 10. São individuais e concedidos em cada caso ocorrente os benefícios de assistência judiciária que se não transmitem ao cessionário de direito e se extinguem pela morte do beneficiário, podendo, entretanto, ser concedidos aos herdeiros que continuarem a demanda e que necessitarem de tais favores, na forma estabelecida nesta Lei.

Arts. 11 e 12. *(Revogados pela Lei n. 13.105, de 16-3-2015.)*

Art. 13. Se o assistido puder atender, em parte, as despesas do processo, o juiz mandará pagar as custas que serão rateadas entre os que tiverem direito ao seu recebimento.

Art. 14. Os profissionais liberais designados para o desempenho do encargo de defensor ou de perito, conforme o caso, salvo justo motivo previsto em lei ou, na sua omissão, a critério da autoridade judiciária competente, são obrigados ao respectivo cumprimento, sob pena de multa de Cr$ 1.000,00 (mil cruzeiros) a Cr$ 10.000,00 (dez mil cruzeiros), sujeita ao reajustamento estabelecido na Lei n. 6.205, de 29 de abril de 1975, sem prejuízo da sanção disciplinar cabível.

•• *Caput* com redação determinada pela Lei n. 6.465, de 14-11-1977.

•• Sobre valores, *vide* Nota dos Organizadores.

§ 1.º Na falta de indicação pela assistência ou pela própria parte, o juiz solicitará a do órgão de classe respectivo.

•• § 1.º com redação determinada pela Lei n. 6.465, de 14-11-1977.

§ 2.º A multa prevista neste artigo reverterá em benefício do profissional que assumir o encargo na causa.

•• § 2.º com redação determinada pela Lei n. 6.465, de 14-11-1977.

Art. 15. São motivos para a recusa do mandato pelo advogado designado ou nomeado:

1.º) estar impedido de exercer a advocacia;

2.º) ser procurador constituído pela parte contrária ou ter com ela relações profissionais de interesse atual;

3.º) ter necessidade de se ausentar da sede do juízo para atender a outro mandato anteriormente outorgado ou para defender interesses próprios inadiáveis;

4.º) já haver manifestado por escrito sua opinião contrária ao direito que o necessitado pretende pleitear;

5.º) haver dado à parte contrária parecer escrito sobre a contenda.

Parágrafo único. A recusa será solicitada ao juiz que, de plano, a concederá, temporária ou definitivamente, ou a denegará.

Art. 16. Se o advogado, ao comparecer em juízo, não exibir o instrumento do mandato outorgado pelo assistido, o juiz determinará que se exarem na ata da audiência os termos da referida outorga.

Parágrafo único. O instrumento de mandato não será exigido, quando a parte for representada em juízo por advogado integrante de entidade de direito público incumbido, na forma da lei, de prestação de assistência judiciária gratuita, ressalvados:

•• *Vide* Súmula 644 do STJ.

a) os atos previstos no art. 38 do Código de Processo Civil;

b) o requerimento de abertura de inquérito por crime de ação privada, a proposição de ação penal privada ou o oferecimento de representação por crime de ação pública condicionada.

•• Parágrafo único acrescentado pela Lei n. 6.248, de 8-10-1975.

Art. 17. *(Revogado pela Lei n. 13.105, de 16-3-2015.)*

Art. 18. Os acadêmicos de direito, a partir da 4.ª série, poderão ser indicados pela assistência judiciária, ou nomeados pelo juiz para auxiliar o patrocínio das causas dos necessitados, ficando sujeitos às mesmas obrigações impostas por esta Lei aos advogados.

Art. 19. Esta Lei entrará em vigor 30 (trinta) dias depois da sua publicação no *Diário Oficial da União*, revogadas as disposições em contrário.

Rio de Janeiro, 5 de fevereiro de 1950; 129.º da Independência e 62.º da República.

EURICO G. DUTRA

LEI N. 1.110, DE 23 DE MAIO DE 1950 (*)

Regula o reconhecimento dos efeitos civis do casamento religioso.

O Presidente da República:

Faço saber que o Congresso Nacional decreta e eu sanciono a seguinte Lei:

Art. 1.º O casamento religioso equivalerá ao civil, se observadas as prescrições desta Lei (Constituição Federal, art. 163, §§ 1.º e 2.º).

•• Refere-se à Constituição de 1946. *Vide* art. 226, § 2.º, da CF.

HABILITAÇÃO PRÉVIA

Art. 2.º Terminada a habilitação para o casamento perante o oficial do registro civil (Código Civil, arts. 180 e 182 e seu parágrafo) é facultado aos nubentes, para se casarem perante a autoridade civil ou ministro religioso, requerer a certidão de que estão habilitados, na forma da lei civil, deixando-a, obrigatoriamente, em poder da autoridade celebrante, para ser arquivada.

•• A referência é feita a dispositivos do CC de 1916. *Vide* arts. 1.525 e 1.527 do Código vigente.

Art. 3.º Dentro nos 3 (três) meses imediatos à entrega da certidão, a que se refere o artigo anterior (Código Civil, art. 181, § 1.º), o celebrante do casamento religioso ou qualquer interessado poderá requerer a sua inscrição, no registro público.

•• A referência é feita a dispositivo do CC de 1916. *Vide* arts. 1.531 e 1.532 do Código vigente.

§ 1.º A prova do ato do casamento religioso, subscrita pelo celebrante, conterá os requisitos constantes dos incisos do art. 81 do Decreto n. 4.857, de 9 de novembro de 1939, exceto o de n. 5 (Lei dos Registros Públicos).

•• O Decreto n. 4.857, de 9-11-1939, foi revogado pela Lei n. 6.015, de 31-12-1973, atual LRP, constante deste volume.

(*) Publicada no *Diário Oficial da União*, de 27-5-1950.

§ 2.º O oficial do registro civil anotará a entrada no prazo do requerimento e, dentro em 24 (vinte e quatro) horas, fará a inscrição.

HABILITAÇÃO POSTERIOR

Art. 4.º Os casamentos religiosos, celebrados sem a prévia habilitação perante o oficial do registro público, anteriores ou posteriores à presente Lei, poderão ser inscritos, desde que apresentados pelos nubentes, com o requerimento de inscrição, a prova do ato religioso e os documentos exigidos pelo art. 180 do Código Civil.

•• A referência é feita a dispositivo do CC de 1916. *Vide* art. 1.525 do Código vigente.

Parágrafo único. Se a certidão do ato do casamento não contiver os requisitos constantes dos incisos do art. 81 do Decreto n. 4.857, de 9 de novembro de 1939, exceto o de n. 5 (Lei dos Registros Públicos), os requerentes deverão suprir os que faltarem.

•• *Vide* Lei n. 6.015, de 31-12-1973, art. 70.

Art. 5.º Processada a habilitação dos requerentes e publicados os editais, na forma do disposto no Código Civil, o oficial do registro certificará que está findo o processo de habilitação, sem nada que impeça o registro do casamento religioso já realizado.

Art. 6.º No mesmo dia, o juiz ordenará a inscrição do casamento religioso, de acordo com a prova do ato religioso e os dados constantes do processo, tendo em vista o disposto no art. 81 do Decreto n. 4.857, de 9 de novembro de 1939 (Lei dos Registros Públicos).

•• *Vide* Lei n. 6.015, de 31-12-1973, art. 70.

DISPOSIÇÕES FINAIS

Art. 7.º A inscrição produzirá os efeitos jurídicos a contar do momento da celebração do casamento.

Art. 8.º A inscrição no Registro revalida os atos praticados com omissão de qualquer das formalidades exigidas, ressalvado o disposto nos arts. 207 e 209 do Código Civil.

•• A referência é feita a dispositivos do CC de 1916. *Vide* arts. 1.548, *caput* e II, e 1.550, *caput*, do Código vigente.

Art. 9.º As ações, para invalidar efeitos civis de casamento religioso, obedecerão exclusivamente aos preceitos da lei civil.

Art. 10. São derrogados os arts. 4.º e 5.º do Decreto-lei n. 3.200, de 19 de abril de 1941, e revogadas a Lei n. 379, de 16 de janeiro de 1937, e demais disposições em contrário.

Rio de Janeiro, 23 de maio de 1950; 129.º da Independência e 62.º da República.

EURICO G. DUTRA

LEI N. 1.408, DE 9 DE AGOSTO DE 1951 (*)

Prorroga vencimentos de prazos judiciais e dá outras providências.

O Presidente da República:

Faço saber que o Congresso Nacional decreta e eu sanciono a seguinte Lei:

Art. 1.º Sempre que, por motivo de ordem pública, se fizer necessário o fechamento do Foro, de edifícios anexos ou de quaisquer dependências do serviço judiciário ou o respectivo expediente tiver de ser encerrado antes da hora legal, observar-se-á o seguinte:

a) os prazos serão restituídos aos interessados na medida em que houverem sido atingidos pela providência tomada;

b) as audiências, que ficarem prejudicadas, serão realizadas em outro dia mediante designação da autoridade competente.

Art. 2.º O fechamento extraordinário do Foro e dos edifícios anexos e as demais medidas, a que se refere o art. 1.º, poderão ser determinados pelo presidente dos Tribunais de Justiça, nas comarcas onde esses tribunais tiverem a sede e pelos juízes de direito nas respectivas comarcas.

Art. 3.º Os prazos judiciais que se iniciarem ou vencerem aos sábados, serão prorrogados por um dia útil.

•• Artigo com redação determinada pela Lei n. 4.674, de 15-6-1965.

Art. 4.º Se o jornal, que divulgar o expediente oficial do Foro, se publicar à tarde, serão dilatados de 1 (um) dia os prazos que devam correr de sua inserção nessa folha e feitas, na véspera da realização do ato oficial, as publicações que devam ser efetuadas no dia fixado para esse ato.

Art. 5.º Não haverá expediente do Foro e nos ofícios de justiça, no "Dia da Justiça", nos feriados nacionais, na terça-feira de Carnaval, na Sexta-feira Santa, e nos dias que a lei estadual designar.

Parágrafo único. Os casamentos e atos de registro civil serão realizados em qualquer dia.

Art. 6.º Esta Lei entrará em vigor na data de sua publicação, revogadas as disposições em contrário.

Rio de Janeiro, 9 de agosto de 1951; 130.º da Independência e 63.º da República.

GETÚLIO VARGAS

LEI N. 2.313, DE 3 DE SETEMBRO DE 1954 (**)

Dispõe sobre os prazos dos contratos de depósito regular e voluntário de bens de qualquer espécie, e dá outras providências.

O Congresso Nacional decreta e eu promulgo, nos termos do art. 70, § 4.º, da Constituição Federal, a seguinte Lei:

Art. 1.º Os contratos de depósito regular e voluntário de bens de qualquer espécie extinguem-se no prazo de 25 (vinte e cinco) anos, podendo, entretanto, ser renovados por expressa aquiescência das partes.

§ 1.º Extintos esses contratos, pelo decurso do prazo, os bens depositados serão recolhidos ao Tesouro Nacional e, aí, devidamente relacionados, em nome dos seus proprietários, permanecerão, se não forem estes reclamados no prazo de 5 (cinco) anos, findo o qual se incorporarão ao patrimônio nacional.

§ 2.º Por ocasião desse recolhimento ao Tesouro Nacional, os depositários dele darão conhecimento aos interessados por meio de publicidade no *Diário Oficial*, e na imprensa local, onde houver, pelo menos 3 (três) vezes.

Art. 2.º Os créditos resultantes de contratos de qualquer natureza que se encontrarem em poder de estabelecimentos bancários, comerciais e industriais e nas Caixas Econômicas, e não forem reclamados ou movimentadas as respectivas contas pelos credores por mais de 25 (vinte e cinco) anos serão recolhidos, observado o disposto no § 2.º do art. 1.º, ao Tesouro Nacional e aí escriturados em conta especial, sem juros, à disposição dos seus proprietários ou de seus sucessores, durante 5 (cinco) anos, em cujo termo se transferirão ao patrimônio nacional.

§ 1.º Excetuam-se do disposto neste artigo os depósitos populares feitos nos estabelecimentos mencionados, que são imprescritíveis, e os casos para os quais a lei determine prazo de prescrição menor de 25 (vinte e cinco) anos.

§ 2.º Valerá como reclamação dos créditos e movimentação das contas a apresentação ou remessa, aos ditos estabelecimentos, da caderneta para contagem e lançamentos de juros, ou de qualquer documento pelo qual os credores acusem ciência dos seus saldos ou queiram deles conhecer, ressalvado também os meios idôneos admitidos em lei.

§ 3.º Suspendem-se os prazos acima estipulados em tempo de guerra, pelo tempo que esta durar, em favor dos credores, a serviço das Forças Armadas dentro ou fora do País.

Art. 3.º Revogam-se as disposições em contrário.

Senado Federal, em 3 de setembro de 1954.

Alexandre Marcondes Filho

LEI N. 3.764, DE 25 DE ABRIL DE 1960 (***)

Estabelece rito sumaríssimo para retificações no registro civil.

O Presidente da República:

Faço saber que o Congresso Nacional decreta e eu sanciono a seguinte Lei:

(*) Publicada no *Diário Oficial da União*, de 13-8-1951.

(**) Publicada no *Diário Oficial da União*, de 13-9-1954. Regulamentada pelo Decreto n. 40.395, de 21-11-1956.

(***) Publicada no *Diário Oficial da União*, de 28-4-1960. *Vide* Lei n. 6.015, de 31-12-1973, arts. 109 a 113.

Art. 1.º A retificação de registro de pessoa natural poderá ser processada no próprio cartório onde se encontrar o assentamento, mediante petição assinada pelo interessado, ou procurador, independentemente do pagamento de selos e taxas.

Art. 2.º Recebida a petição, protocolada e autuada, o oficial de registro a submeterá com documentos ao órgão do Ministério Público e fará os autos conclusos ao juiz togado da circunscrição, que despachará em 48 (quarenta e oito) horas.

§ 1.º Quando a prova depender de dados existentes no próprio cartório, poderá o oficial certificá-lo nos autos.

§ 2.º A identidade do requerente e a veracidade de suas declarações poderão ser atestadas pelo próprio oficial ou por duas testemunhas idôneas.

Art. 3.º Deferido o pedido, o oficial averbará a retificação à margem do registro, mencionando número do protocolo, a data da decisão e seu trânsito em julgado.

Art. 4.º Entendendo o juiz que o pedido exige maior indagação, ou sendo impugnado pelo órgão do Ministério Público, mandará distribuir os autos a um dos cartórios judiciais da circunscrição, procedendo-se à retificação na forma da lei processual, assistida por advogado.

Art. 5.º Os atos praticados no cartório do registro vencerão emolumentos, conforme o regimento de custas, dispensado delas o requerente reconhecidamente pobre.

Parágrafo único. Quando o erro do registro for atribuível ao oficial, não lhe serão devidos emolumentos pela retificação.

Art. 6.º Esta Lei entrará em vigor na data de sua publicação, revogadas as disposições em contrário.

Brasília, 25 de abril de 1960; 139.º da Independência e 72.º da República.

JUSCELINO KUBITSCHEK

LEI N. 4.132, DE 10 DE SETEMBRO DE 1962 (*)

Define os casos de desapropriação por interesse social e dispõe sobre sua aplicação.

O Presidente da República:

Faço saber que o Congresso Nacional decreta e eu sanciono a seguinte Lei:

Art. 1.º A desapropriação por interesse social será decretada para promover a justa distribuição da propriedade ou condicionar o seu uso ao bem-estar social, na forma do art. 147 da Constituição Federal.

•• A referência é à CF de 1946. Na vigente Constituição de 1988, a matéria é tratada no art. 184.

Art. 2.º Considera-se de interesse social:

I – o aproveitamento de todo bem improdutivo ou explorado sem correspondência com as necessidades de habitação, trabalho e consumo dos centros de população a que deve ou possa suprir por seu destino econômico;

II – a instalação ou a intensificação das culturas nas áreas em cuja exploração não se obedeça a plano de zoneamento agrícola (*Vetado*);

III – o estabelecimento e a manutenção de colônias ou cooperativas de povoamento e trabalho agrícola;

IV – a manutenção de posseiros em terrenos urbanos onde, com a tolerância expressa ou tácita do proprietário, tenham construído sua habitação, formando núcleos residenciais de mais de dez famílias;

V – a construção de casas populares;

VI – as terras e águas suscetíveis de valorização extraordinária, pela conclusão de obras e serviços públicos, notadamente de saneamento, portos, transporte, eletrificação, armazenamento de água e irrigação, no caso em que não sejam ditas áreas socialmente aproveitadas;

VII – a proteção do solo e a preservação de cursos e mananciais de água e de reservas florestais;

VIII – a utilização de áreas, locais ou bens que, por suas características, sejam apropriados ao desenvolvimento de atividades turísticas.

•• Inciso VIII acrescentado pela Lei n. 6.513, de 20-12-1977.

§ 1.º O disposto no item I deste artigo só se aplicará nos casos de bens retirados de produção ou tratando-se de imóveis rurais cuja produção, por ineficientemente explorados, seja inferior à média da região, atendidas as condições naturais do seu solo e sua situação em relação aos mercados.

§ 2.º As necessidades de habitação, trabalho e consumo serão apuradas anualmente segundo a conjuntura e condições econômicas locais, cabendo o seu estudo e verificação às autoridades encarregadas de velar pelo bem-estar e pelo abastecimento das respectivas populações.

Art. 3.º O expropriante tem o prazo de 2 (dois) anos, a partir da decretação da desapropriação por interesse social, para efetivar a aludida desapropriação e iniciar as providências de aproveitamento do bem expropriado.

Parágrafo único. (*Vetado.*)

Art. 4.º Os bens desapropriados serão objeto de venda ou locação, a quem estiver em condições de dar-lhes a destinação social prevista.

Art. 5.º No que esta Lei for omissa aplicam-se as normas legais que regulam a desapropriação por utilidade pública, inclusive no tocante ao processo e à justa indenização devida ao proprietário.

Art. 6.º Revogam-se as disposições em contrário.

Brasília, 10 de setembro de 1962; 141.º da Independência e 74.º da República.

JOÃO GOULART

(*) Publicada no *Diário Oficial da União*, de 13-11-1962.

LEI N. 4.380, DE 21 DE AGOSTO DE 1964 (**)

Institui a correção monetária nos contratos imobiliários de interesse social, o sistema financeiro para a aquisição da casa própria, cria o Banco Nacional da Habitação (BNH), e sociedades de crédito imobiliário, as letras imobiliárias, o Serviço Federal de Habitação e Urbanismo e dá outras providências.

O Presidente da República:

Faço saber que o Congresso Nacional decreta e eu sanciono a seguinte Lei:

Capítulo I

DA COORDENAÇÃO DOS ÓRGÃOS PÚBLICOS E DA INICIATIVA PRIVADA

Art. 1.º O Governo Federal, através do Ministro de Planejamento, formulará a política nacional de habitação e de planejamento territorial, coordenando a ação dos órgãos públicos e orientando a iniciativa privada no sentido de estimular a construção de habitações de interesse social e o financiamento da aquisição da casa própria, especialmente pelas classes da população de menor renda.

Art. 2.º O Governo Federal intervirá no setor habitacional por intermédio:

I – do Banco Nacional da Habitação;

II – do Serviço Federal de Habitação e Urbanismo;

III – das Caixas Econômicas Federais, IPASE, das Caixas Militares, dos órgãos federais de desenvolvimento regional e das sociedades de economia mista.

Art. 3.º Os órgãos federais enumerados no artigo anterior exercerão de preferência atividades de coordenação, orientação e assistência técnica e financeira, ficando reservadas:

I – aos Estados e Municípios, com a assistência dos órgãos federais, a elaboração e execução de planos diretores, projetos e orçamentos para a solução dos seus problemas habitacionais;

II – à iniciativa privada, a promoção e execução de projetos de construção de habitações segundo as diretrizes urbanísticas locais.

§ 1.º Será estimulada a coordenação dos esforços, na mesma área ou local, dos órgãos

(**) Publicada no *Diário Oficial da União*, de 11-9-1964. As partes mantidas pelo Congresso Nacional foram publicadas em 30-9-1964. *Vide* o art. 11 da Lei n. 5.741, de 1.º-12-1971. *Vide* art. 39, I, da Lei n. 9.514, de 20-11-1997, sobre operações de financiamento imobiliário. A Lei n. 10.150, de 21-12-2000, dispõe sobre a novação de dívidas de responsabilidade do Fundo de Compensação de Variações Salariais – FCVS. *Vide* arts. 46 a 52 da Lei n. 10.931, de 2-8-2004, sobre contratos de financiamento de imóveis. *Vide* Lei n. 13.097, de 19-1-2015. Sobre BNH, *vide* Nota dos Organizadores. São originais os valores constantes deste diploma legal.

públicos federais estaduais e municipais, bem como das iniciativas privadas, de modo que se obtenha a concentração e melhor utilização dos recursos disponíveis.

§ 2.º A execução dos projetos somente caberá aos órgãos federais para suprir a falta de iniciativa local, pública ou privada.

Art. 4.º Terão prioridade na aplicação dos recursos:

I – a construção de conjuntos habitacionais destinados à eliminação de favelas, mocambos e outras aglomerações em condições sub-humanas de habitação;

II – os projetos municipais ou estaduais que, com as ofertas de terrenos já urbanizados e dotados dos necessários melhoramentos, permitirem o início imediato da construção de habitações;

III – os projetos de cooperativas e outras formas associativas de construção de casa própria;

IV – os projetos da iniciativa privada que contribuam para a solução dos problemas habitacionais ... (*Vetado*);

V – a construção de moradia para a população rural.

•• Mantido este item V pelo Congresso após veto presidencial.

Capítulo II
DA CORREÇÃO MONETÁRIA NOS CONTRATOS IMOBILIÁRIOS

Art. 5.º Observado o disposto na presente Lei, os contratos de vendas ou construção de habitações para pagamento a prazo ou de empréstimos para aquisição ou construção de habitações poderão prever o reajustamento das prestações mensais de amortização e juros, com a consequente correção do valor monetário da dívida toda vez que o salário mínimo legal for alterado.

§ 1.º O reajustamento será baseado em índice geral de preços mensalmente apurado ou adotado pelo Conselho Nacional de Economia que reflita adequadamente as variações no poder aquisitivo da moeda nacional.

§ 2.º O reajustamento contratual será efetuado ... (*Vetado*) ... na mesma proporção da variação do índice referido no parágrafo anterior:

a) desde o mês da data do contrato até o mês da entrada em vigor do novo nível de salário mínimo, no primeiro reajustamento após a data do contrato;

b) entre os meses de duas alterações sucessivas do nível de salário mínimo, nos reajustamentos subsequentes ao primeiro.

§ 3.º Cada reajustamento entrará em vigor após 60 (sessenta) dias da data de vigência da alteração do salário mínimo que o autorizar e a prestação mensal reajustada vigorará até novo reajustamento.

§ 4.º Do contrato constará, obrigatoriamente, na hipótese de adotada a cláusula de reajustamento, a relação original entre a prestação mensal de amortização e juros e o salário mínimo em vigor na data do contrato.

§ 5.º Durante a vigência do contrato, a prestação mensal reajustada não poderá exceder, em relação ao salário mínimo em vigor, a percentagem nele estabelecida.

§ 6.º Para o efeito de determinar a data do reajustamento e a percentagem referida no parágrafo anterior, tomar-se-á por base o salário mínimo da região onde se acha situado o imóvel.

§§ 7.º e 8.º (*Vetados.*)

§ 9.º O disposto neste artigo, quando o adquirente for servidor público ou autárquico, poderá ser aplicado tomando como base a vigência da lei que lhes altere os vencimentos.

Art. 6.º O disposto no artigo anterior somente se aplicará aos contratos de venda, promessa de venda, cessão ou promessa de cessão, ou empréstimos que satisfaçam às seguintes condições:

a) e ***b)*** (*Revogadas pela Lei n. 4.864, de 29-11-1965.*)

c) ao menos parte do financiamento, ou do preço a ser pago, seja amortizado em prestações mensais sucessivas, de igual valor, antes do reajustamento, que incluam amortização e juros;

•• *Vide* Súmula 450 do STJ.

d) além das prestações mensais referidas na alínea anterior, quando convencionadas prestações intermediárias, fica vedado o reajustamento das mesmas e do saldo devedor a elas correspondente;

e) os juros convencionais não excedam de 10% (dez por cento) ao ano;

•• *Vide* Súmula 422 do STJ.

f) se assegure ao devedor, comprador, promitente comprador, cessionário ou promitente cessionário o direito a liquidar antecipadamente a dívida em forma obrigatoriamente prevista no contrato, a qual poderá prever a correção monetária do saldo devedor, de acordo com os limites previstos no § 1.º do artigo anterior.

Parágrafo único. As restrições das alíneas *a* e *b* não obrigam as entidades integrantes do Sistema Financeiro da Habitação, cujas aplicações, a este respeito, são regidas pelos arts. 11 e 12.

•• Remissão prejudicada em face da revogação das alíneas *a* e *b*.

Art. 7.º Após 180 (cento e oitenta) dias da concessão do "habite-se", caracterizando a conclusão da construção, nenhuma unidade residencial pode ser vendida ou prometida vender, ou ceder, com o benefício de pagamentos regidos pelos arts. 5.º e 6.º desta Lei.

§ 1.º Para os efeitos desse artigo equipara-se ao "habite-se" das autoridades municipais a ocupação efetiva da unidade residencial.

§ 2.º O disposto neste artigo não se aplica aos imóveis já construídos cuja alienação seja contratada nos termos dos arts. 5.º e 6.º, pelos respectivos titulares, desde que estes incorporem ao capital de sociedade de crédito imobiliário o preço da transação.

§ 3.º Aos imóveis de propriedade das pessoas jurídicas de direito público ou de sociedade de economia mista, de que o Poder Público seja majoritário, não se aplica o disposto neste artigo.

§ 4.º A restrição deste artigo não se aplicará àquele que, não sendo proprietário, promitente comprador ou promitente cessionário de mais de uma habitação, desejar aliená-la de modo a adquirir outra, na forma dos arts. 5.º e 6.º desta Lei, desde que a aquisição seja de qualquer forma contratada simultaneamente com a alienação.

§ 5.º Não se aplicam as restrições deste artigo aos imóveis ocupados há mais de 2 (dois) anos, pelo locatário que pretender adquiri-los mediante financiamento de qualquer dos agentes financeiros do Sistema Financeiro da Habitação, desde que os recursos obtidos pelo locador sejam utilizados na construção de novas habitações, conforme normas regulamentares a serem baixadas pelo Banco Nacional da Habitação ou que permaneçam depositados no Sistema Financeiro da Habitação, pelo prazo mínimo de 5 (cinco) anos.

•• § 5.º acrescentado pela Lei n. 5.455, de 19-6-1968.

Capítulo III
DO SISTEMA FINANCEIRO DA HABITAÇÃO DE INTERESSE SOCIAL

Seção I
Órgãos Componentes do Sistema

Art. 8.º O Sistema Financeiro da Habitação, destinado a facilitar e promover a construção e a aquisição da casa própria ou moradia, especialmente pelas classes de menor renda da população, será integrado:

•• *Caput* com redação determinada pela Lei n. 8.245, de 18-10-1991.

I – pelos bancos múltiplos;

•• Inciso I com redação determinada pela Lei n. 11.977, de 7-7-2009.

II – pelos bancos comerciais;

•• Inciso II com redação determinada pela Lei n. 11.977, de 7-7-2009.

III – pelas caixas econômicas;

•• Inciso III com redação determinada pela Lei n. 11.977, de 7-7-2009.

IV – pelas sociedades de crédito imobiliário;

•• Inciso IV com redação determinada pela Lei n. 11.977, de 7-7-2009.

V – pelas associações de poupança e empréstimo;

•• Inciso V acrescentado pela Lei n. 11.977, de 7-7-2009.

VI – pelas companhias hipotecárias;

•• Inciso VI acrescentado pela Lei n. 11.977, de 7-7-2009.

VII – pelos órgãos federais, estaduais e municipais, inclusive sociedades de economia mista em que haja participação majoritária do poder público, que operem, de acordo com o disposto nesta Lei, no financiamento de habitações e obras conexas;

•• Inciso VII acrescentado pela Lei n. 11.977, de 7-7-2009.

VIII – pelas fundações, cooperativas e outras formas associativas para construção ou aquisição da casa própria sem finalidade de lucro, que se constituirão de acordo com as diretrizes desta Lei;

•• Inciso VIII acrescentado pela Lei n. 11.977, de 7-7-2009.

IX – pelas caixas militares;

•• Inciso IX acrescentado pela Lei n. 11.977, de 7-7-2009.

X – pelas entidades abertas de previdência complementar;

•• Inciso X acrescentado pela Lei n. 11.977, de 7-7-2009.

XI – pelas companhias securitizadoras de crédito imobiliário;

•• Inciso XI acrescentado pela Lei n. 11.977, de 7-7-2009.

XII – por outras instituições que venham a ser consideradas pelo Conselho Monetário Nacional como integrantes do Sistema Financeiro da Habitação.

•• Inciso XII acrescentado pela Lei n. 11.977, de 7-7-2009.

Parágrafo único. O Conselho da Superintendência da Moeda e do Crédito fixará as normas que regulem as relações entre o Sistema Financeiro da Habitação e o restante do sistema financeiro nacional, especialmente quanto à possibilidade, às condições e aos limites de aplicação de recursos da rede bancária em letras imobiliárias, emitidas, nos termos desta Lei, pelo Banco Nacional da Habitação.

Seção II
Das Aplicações do Sistema Financeiro da Habitação

Art. 9.º Todas as aplicações do Sistema terão por objeto, fundamentalmente, a aquisição de casa para residência do adquirente, sua família e seus dependentes, vedadas quaisquer aplicações em terrenos não construídos, salvo como parte de operação financeira destinada à construção da mesma.

§ 1.º (*Revogado pela Medida Provisória n. 2.197-43, de 24-8-2001.*)

• *Vide* Súmula 31 do STJ.

§ 2.º Após 180 (cento e oitenta) dias da concessão do "habite-se", caracterizando a conclusão da construção, nenhuma unidade residencial pode ser objeto de aplicação pelo Sistema Financeiro da Habitação, equiparando-se ao "habite-se" das autoridades municipais a ocupação efetiva da unidade residencial.

§ 3.º O disposto no parágrafo anterior não se aplicará aos imóveis já construídos, que sejam alienados a partir desta Lei por seus proprietários ou promitentes compradores, por motivo de aquisição de outro imóvel que satisfaça às condições desta Lei para ser objeto de aplicação pelo Sistema Financeiro da Habitação.

Art. 10. Todas as aplicações do Sistema Financeiro da Habitação revestirão a forma de créditos reajustáveis de acordo com os arts. 5.º e 6.º desta Lei.

§ 1.º Os financiamentos para aquisição ou construção de habitações e as vendas a prazo de habitações, efetuadas pelas Caixas Econômicas (*Vetado*) e outras autarquias (*Vetado*) ou por sociedades de economia mista (*Vetado*), estabelecerão, obrigatoriamente, o reajustamento do saldo devedor e das prestações de amortização e juros, obedecidas as disposições dos arts. 5.º e 6.º.

§ 2.º As entidades estatais, inclusive as sociedades de economia mista, em que o Poder Público seja majoritário, adotarão, nos seus financiamentos, critérios e classificação dos candidatos aprovados pelo Banco Nacional da Habitação, ouvido o Serviço Federal de Habitação e Urbanismo, e darão, obrigatoriamente, ampla publicidade das inscrições e dos financiamentos concedidos.

§ 3.º Os órgãos federais deverão aplicar os recursos por eles arrecadados para o Sistema Financeiro da Habitação, até 50% (cinquenta por cento) no Estado de origem dos recursos, redistribuindo o restante pelas unidades federativas compreendidas em regiões de menor desenvolvimento econômico.

Art. 11. Os recursos destinados ao setor habitacional pelas entidades estatais, inclusive sociedades de economia mista de que o Poder Público seja majoritário, distribuir-se-ão, permanentemente, da seguinte forma:

I – em habitações de valor unitário inferior a 100 (cem) vezes o maior salário mínimo mensal, vigente no País, uma percentagem mínima dos recursos a ser fixada, bienalmente, pelo Banco Nacional da Habitação, em função das condições do mercado e das regiões, e por instituição ou tipo de instituição;

II – em habitações de valor unitário compreendido entre 300 (trezentas) e 400 (quatrocentas) vezes o maior salário mínimo, vigente no País, no máximo, 20% (vinte por cento) dos recursos, vedadas as aplicações em habitações de valor unitário superior a 400 (quatrocentas) vezes o maior salário mínimo citado.

•• *Caput* com redação determinada pela Lei n. 4.864, de 29-11-1965.

§ 1.º Dentro do limite de recursos obrigatoriamente aplicados em habitações de valor unitário inferior a 100 (cem) vezes o maior salário mínimo no País, o Banco Nacional da Habitação fixará, para cada região ou localidade, a percentagem mínima de recursos que devem ser aplicados no financiamento de projetos destinados à eliminação de favelas, mocambos e outras aglomerações em condições subumanas de habitação.

•• § 1.º com redação determinada pela Lei n. 4.864, de 29-11-1965.

§ 2.º Nas aplicações a que se refere o inciso II, a parcela financiada do valor do imóvel não poderá ultrapassar 80% (oitenta por cento) do mesmo.

•• § 2.º com redação determinada pela Lei n. 4.864, de 29-11-1965.

§ 3.º Os recursos aplicados ou com aplicação contratada, no setor habitacional, na data da publicação desta Lei, pelas entidades estatais, inclusive sociedades de economia mista, não serão computados nas percentagens de aplicação a que se refere este artigo.

•• § 3.º com redação determinada pela Lei n. 4.864, de 29-11-1965.

§ 4.º O disposto neste artigo não se aplica aos processos das Caixas Econômicas Federais, Caixas Militares e IPASE, já deferidos pelos órgãos e autoridades competentes, na data da publicação desta Lei.

•• § 4.º com redação determinada pela Lei n. 4.864, de 29-11-1965.

§ 5.º Em função das condições de mercado e das regiões, o Banco Nacional da Habitação poderá alterar os critérios de distribuição das aplicações previstas no inciso II deste artigo.

•• § 5.º com redação determinada pela Lei n. 4.864, de 29-11-1965.

Art. 12. Os recursos aplicados pelas entidades privadas integrantes do Sistema Financeiro da Habitação se distribuirão permanentemente da seguinte forma:

I – no mínimo 60% (sessenta por cento) dos recursos deverão estar aplicados em habitações de valor unitário inferior a 300 (trezentas) vezes o maior salário mínimo mensal vigente no País;

•• Inciso I com redação determinada pela Lei n. 4.864, de 29-11-1965.

II – no máximo 20% (vinte por cento) dos recursos poderão estar aplicados em habitações de valor unitário superior a 400 (quatrocentas) vezes o maior salário mínimo mensal vigente no País;

•• Inciso II com redação determinada pela Lei n. 4.864, de 29-11-1965.

III – serão vedadas as aplicações em habitações de valor unitário superior a 500 (quinhentas) vezes o maior salário mínimo mensal vigente no País.

•• Inciso III com redação determinada pela Lei n. 4.864, de 29-11-1965.

Parágrafo único. Nas aplicações a que se refere o inciso II, a parcela financiada do valor do imóvel não poderá ultrapassar de 80% (oitenta por cento) do mesmo.

Art. 13. A partir do terceiro ano da aplicação da presente Lei, o Banco Nacional da Habitação poderá alterar os critérios de distribuição das aplicações previstas nos artigos anteriores.

Art. 14. (*Revogado pela Medida Provisória n. 2.197-43, de 24-8-2001.*)

Seção III
Dos Recursos do Sistema Financeiro da Habitação

Art. 15. As entidades integrantes do Sistema Financeiro da Habitação poderão assegurar reajustamento monetário nas condições previstas no art. 5.º:

I – aos depósitos no sistema que obedeçam às normas gerais fixadas pelo Banco Nacional da Habitação, cujo prazo não poderá ser inferior a 1 (um) ano, e que não poderão ser movimentados com cheques;

II – aos financiamentos contraídos no País ou no Exterior para a execução de projetos de habitações, desde que observem os limites e as normas gerais estabelecidas pelo Banco Nacional da Habitação;

III – às letras imobiliárias emitidas nos termos desta Lei pelo Banco Nacional da Habitação ou pelas sociedades de crédito imobiliário.

§ 1.º Em relação às Caixas Econômicas Federais e a outras entidades do sistema, que não operem exclusivamente no setor habitacional, o reajustamento previsto neste artigo somente poderá ser assegurado aos depósitos e empréstimos das suas carteiras especializadas no setor habitacional.

§ 2.º O sistema manterá depósitos especiais de acumulação de poupanças para os pretendentes a financiamento de casa própria, cujos titulares terão preferência na obtenção desses financiamentos, obedecidas as condições gerais estabelecidas pelo Banco Nacional da Habitação.

§ 3.º Todos os financiamentos externos e acordos de assistência técnica relacionados com a habitação dependerão da aprovação prévia do Banco Nacional da Habitação e não poderão estar condicionados à utilização de patentes, licenças e materiais de procedência estrangeira.

Art. 15-A. É permitida a pactuação de capitalização de juros com periodicidade mensal nas operações realizadas pelas entidades integrantes do Sistema Financeiro da Habitação – SFH.

•• *Caput* acrescentado pela Lei n. 11.977, de 7-7-2009.

§ 1.º No ato da contratação e sempre que solicitado pelo devedor será apresentado pelo credor, por meio de planilha de cálculo que evidencie de modo claro e preciso, e de fácil entendimento e compreensão, o seguinte conjunto de informações:

•• § 1.º, *caput*, acrescentado pela Lei n. 11.977, de 7-7-2009.

I – saldo devedor e prazo remanescente do contrato;

•• Inciso I acrescentado pela Lei n. 11.977, de 7-7-2009.

II – taxa de juros contratual, nominal e efetiva nas periodicidades mensal e anual;

•• Inciso II acrescentado pela Lei n. 11.977, de 7-7-2009.

III – valores repassados pela instituição credora às seguradoras, a título de pagamento de prêmio de seguro pelo mutuário, por tipo de seguro;

•• Inciso III acrescentado pela Lei n. 11.977, de 7-7-2009.

IV – taxas, custas e demais despesas cobradas juntamente com a prestação, discriminadas uma a uma;

•• Inciso IV acrescentado pela Lei n. 11.977, de 7-7-2009.

V – somatório dos valores já pagos ou repassados relativos a:

a) juros;

b) amortização;

c) prêmio de seguro por tipo de seguro;

d) taxas, custas e demais despesas, discriminando por tipo;

•• Inciso V acrescentado pela Lei n. 11.977, de 7-7-2009.

VI – valor mensal projetado das prestações ainda não pagas, pelo prazo remanescente do contrato, e o respectivo somatório, decompostos em juros e amortizações;

•• Inciso VI acrescentado pela Lei n. 11.977, de 7-7-2009.

VII – valor devido em multas e demais penalidades contratuais quando houver atraso no pagamento da prestação.

•• Inciso VII acrescentado pela Lei n. 11.977, de 7-7-2009.

§ 2.º No cômputo dos valores de que trata o inciso VI do § 1.º, a instituição credora deve desconsiderar os efeitos de eventual previsão contratual de atualização monetária do saldo devedor ou das prestações.

•• § 2.º acrescentado pela Lei n. 11.977, de 7-7-2009.

Art. 15-B. Nas operações de empréstimo ou financiamento realizadas por instituições integrantes do Sistema Financeiro da Habitação que prevejam pagamentos por meio de prestações periódicas, os sistemas de amortização do saldo devedor poderão ser livremente pactuados entre as partes.

•• *Caput* acrescentado pela Lei n. 11.977, de 7-7-2009.

§ 1.º O valor presente do fluxo futuro das prestações compostas de amortização do principal e juros geradas pelas operações de que trata o *caput*, deve ser calculado com a utilização da taxa de juros pactuada no contrato, não podendo resultar em valor diferente ao do empréstimo ou do financiamento concedido.

•• § 1.º acrescentado pela Lei n. 11.977, de 7-7-2009.

§ 2.º No caso de empréstimos e financiamentos com previsão de atualização monetária do saldo devedor ou das prestações, para fins de apuração do valor presente de que trata o § 1.º, não serão considerados os efeitos da referida atualização monetária.

•• § 2.º acrescentado pela Lei n. 11.977, de 7-7-2009.

§ 3.º Nas operações de empréstimo ou financiamento de que dispõe o *caput* é obrigatório o oferecimento ao mutuário do Sistema de Amortização Constante – SAC e de, no mínimo, outro sistema de amortização que atenda o disposto nos §§ 1.º e 2.º, entre eles o Sistema de Amortização Crescente – SACRE e o Sistema Francês de Amortização (Tabela Price).

•• § 3.º acrescentado pela Lei n. 11.977, de 7-7-2009.

Capítulo IV

DO BANCO NACIONAL DA HABITAÇÃO

Art. 16. Fica criado, vinculado ao Ministério da Fazenda, o Banco Nacional da Habitação (BNH), que terá personalidade jurídica de direito público, patrimônio próprio e autonomia administrativa, gozando de imunidade tributária.

§ 1.º O Banco Nacional da Habitação poderá instalar agências em todo o território nacional, mas operará, de preferência, usando como agentes e representantes as Caixas Econômicas Federais e Estaduais, os bancos oficiais e de economia mista e as demais entidades integrantes do Sistema Financeiro da Habitação.

§ 2.º O Banco Nacional da Habitação poderá utilizar-se da rede bancária comercial nas localidades em que não haja agentes ou representantes das entidades referidas no parágrafo anterior.

Art. 17. O Banco Nacional da Habitação terá por finalidade:

I – orientar, disciplinar e controlar o Sistema Financeiro da Habitação;

II – incentivar a formação de poupança e sua canalização para o Sistema Financeiro da Habitação;

III – disciplinar o acesso das sociedades de crédito imobiliário ao mercado nacional de capitais;

IV – manter serviços de redesconto e de seguro para garantia das aplicações do Sistema Financeiro da Habitação e dos recursos a ele entregues;

V – manter serviços de seguro de vida de renda temporária para os compradores de imóveis objeto de aplicações do Sistema;

VI – financiar ou refinanciar a elaboração e execução de projetos promovidos por entidades locais (*Vetado*) de conjuntos habitacionais, obras e serviços correlatos;

VII – refinanciar as operações das sociedades de crédito imobiliário;

VIII – financiar ou refinanciar projetos relativos a (*Vetado*) instalação e desenvolvimento da indústria (*Vetado*) de materiais de construção e pesquisas tecnológicas, necessárias à melhoria das condições habitacionais do País (*Vetado*).

Parágrafo único. O Banco Nacional da Habitação operará exclusivamente como órgão orientador, disciplinador e de assistência financeira, sendo-lhe vedado operar diretamente em financiamento, compra e venda ou construção de habitações, salvo para a venda dos terrenos referidos no art. 26 ou para realização de bens recebidos em liquidação de garantias.

Art. 18. Compete ao Banco Nacional da Habitação:

I – autorizar e fiscalizar o funcionamento das sociedades de crédito imobiliário;

II – fixar as condições gerais quanto a limites, prazos, retiradas, juros e seguro obrigatório das contas de depósito no Sistema Financeiro da Habitação;

III – estabelecer as condições gerais a que deverão satisfazer as aplicações do Sistema Financeiro da Habitação quanto a garantias, juros, prazos, limites de risco e valores máximos de financiamento e de aquisição dos imóveis financiados no âmbito do Sistema Financeiro da Habitação;

•• Inciso III com redação determinada pela Medida Provisória n. 2.197-43, de 24-8-2001.

IV – fixar os limites, em relação ao capital e reservas, dos depósitos recebidos e dos empréstimos tomados pelas sociedades de crédito imobiliário;

V – fixar os limites mínimos de diversificações de aplicações a serem observados pelas entidades integrantes do Sistema Financeiro da Habitação;

VI – fixar os limites de emissão e as condições de colocação, vencimento e juros das letras imobiliárias, bem como as condições dos seguros de suas emissões;

VII – fixar as condições e os prêmios dos seguros de depósitos e de aplicações a que serão obrigadas as entidades integrantes do Sistema Financeiro da Habitação;

VIII – fixar as condições gerais de operação da sua carteira de redesconto das aplicações do Sistema Financeiro da Habitação;

IX – determinar as condições em que a rede seguradora privada nacional operará nas várias modalidades de seguro previstas na presente Lei;

X – (*Vetado*);

XI – exercer as demais atribuições previstas nesta Lei.

Parágrafo único. No exercício de suas atribuições, o Banco Nacional da Habitação obedecerá aos limites globais e às condições gerais fixadas pelo Conselho da Superintendência da Moeda e do Crédito, com o objetivo de subordinar o Sistema Financeiro da Habitação à política financeira, monetária e econômica em execução pelo Governo Federal.

Art. 19. O Banco Nacional da Habitação (*Vetado*) poderá receber depósitos:

a) de entidades governamentais, autárquicas, paraestatais e de economia mista;

b) das entidades integrantes do Sistema Financeiro da Habitação;

c) que resultem de operações realizadas pelo Banco ou que a elas estejam diretamente vinculadas.

Art. 20. Mediante autorização do Ministro da Fazenda, o Banco Nacional da Habitação poderá tomar empréstimos, no País ou no Exterior, a fim de obter recursos para a realização das suas finalidades.

§ 1.º Os empréstimos internos referidos neste artigo poderão ser corrigidos de acordo com o art. 5.º ou revestir a forma de letras imobiliárias.

§ 2.º O Ministro da Fazenda poderá dar a garantia do Tesouro Nacional aos empréstimos referidos neste artigo, até um saldo devedor total, em cada momento, de um trilhão de cruzeiros para os empréstimos internos e trezentos milhões de dólares ou equivalente em outras moedas, para os empréstimos em moeda estrangeira.

§ 3.º O limite em cruzados constante do parágrafo anterior será anualmente reajustado pelos índices referidos no art. 5.º.

Art. 21. O Serviço Social da Indústria (SESI) e o Serviço Social do Comércio (SESC), inclusive os Departamentos Regionais, aplicarão anualmente na aquisição de letras imobiliárias de emissão do Banco Nacional da Habitação, a partir do exercício de 1965, 20% (vinte por cento) das receitas compulsórias a eles vinculadas.

§ 1.º (*Vetado*.)

§ 2.º O Ministro da Fazenda fixará periodicamente a percentagem dos depósitos das Caixas Econômicas Federais, que deverá ser obrigatoriamente aplicada em depósitos no BNH.

•• Primitivo § 3.º renumerado pela Lei n. 5.455, de 19-6-1968.

Art. 22. Todas as empresas do País que mantenham empregados sujeitos a desconto para Institutos de Aposentadoria e Pensões são obrigadas a contribuir com a percentagem de 1% (um por cento) mensal sobre o montante de suas folhas de pagamento para a constituição do capital do Banco Nacional da Habitação.

§ 1.º A cobrança dessa percentagem obedecerá aos dispositivos da legislação vigente sobre as contribuições previdenciárias.

§ 2.º Os Institutos de Aposentadoria e Pensões recolherão mensalmente ao Banco Nacional da Habitação o produto da arrecadação prevista neste artigo, descontada a taxa correspondente às despesas de administração fixada de comum acordo entre o DNPS e o Banco Nacional da Habitação.

§ 3.º O recolhimento a que se refere o presente artigo será devido a partir do segundo mês após a promulgação desta Lei.

§ 4.º Na forma a ser estabelecida em regulamento a ser baixado pelo BNH, as empresas abrangidas por este artigo poderão deduzir a importância correspondente a 50% (cinquenta por cento) do valor das aplicações que façam em planos de habitação destinados à casa própria de seus empregados, da contribuição prevista neste artigo.

§ 5.º Os planos a que se refere o parágrafo anterior dependem de prévia aprovação e execução controlada pelo BNH, diretamente ou por delegação.

§ 6.º Não estão obrigados ao recolhimento da contribuição prevista neste artigo as instituições de educação e de assistência social, amparadas pela Lei n. 3.193, de 4 de julho de 1957, e Lei n. 3.577, de 4 de julho de 1959, bem como pelo Decreto n. 1.117, de 1.º de junho de 1962.

•• § 6.º acrescentado pela Lei n. 5.127, de 29-9-1966.

Art. 23. A construção de prédios residenciais, cujo custo seja superior a 850 (oitocentas e cinquenta) vezes o maior salário mínimo vigente no País, considerado este custo para cada unidade residencial, seja em prédio individual, seja em edifícios de apartamentos ou vilas, fica sujeito ao pagamento de uma subscrição pelo proprietário, promitente comprador ou promitente cessionário do respectivo terreno, de letras imobiliárias emitidas pelo Banco Nacional da Habitação, com as características do art. 45 desta Lei.

•• *Caput* com redação determinada pela Lei n. 4.864, de 29-11-1965.

§ 1.º O montante dessa subscrição será de 5% (cinco por cento) sobre o valor da construção, quando esta estiver entre os limites de 850 (oitocentas e cinquenta) a 1.150 (mil cento e cinquenta) vezes o maior salário mínimo vigente no País à época da concessão do respectivo "habite-se" e de 10% (dez por cento) sobre o que exceder de tal limite.

•• § 1.º com redação determinada pela Lei n. 4.864, de 29-11-1965.

§ 2.º As autoridades municipais, antes de concederem o "habite-se" para os prédios residenciais exigirão do construtor uma declaração do seu custo efetivo e, quando for o caso, do proprietário comprovação do cumprimento do disposto no presente artigo.

•• § 2.º com redação determinada pela Lei n. 4.864, de 29-11-1965.

§ 3.º Só poderão gozar dos benefícios e vantagens previstos na presente Lei os Municípios que obedecerem ao disposto neste artigo.

•• § 3.º com redação determinada pela Lei n. 4.864, de 29-11-1965.

Art. 24. O Banco Nacional da Habitação poderá operar em:

I – prestação de garantia em financiamento obtido, no País ou no Exterior, pelas entidades integrantes do Sistema Financeiro da Habitação, destinado à execução de projetos de habitação de interesse social;

II – carteira de seguro dos créditos resultantes da venda ou construção de habitação a prazo, ou de empréstimos para aquisição ou construção de habitações;

III – carteira de seguro dos depósitos nas entidades integrantes do Sistema Financeiro da Habitação;

IV – carteira de redesconto para assegurar a liquidez do Sistema Financeiro da Habitação;

V – carteira de seguro de vida de renda temporária dos adquirentes, financiados pelo Sistema Financeiro da Habitação;

VI – carteira de seguro de resgate e pagamento de juros das letras imobiliárias emitidas pelas sociedades de crédito imobiliário;

VII – financiamento ou refinanciamento da elaboração ou execução de projetos de construção de conjuntos habitacionais (*Vetado*) instalação e desenvolvimento da indústria (*Vetado*) de materiais de construção e pesquisas tecnológicas;

VIII – refinanciamento parcial dos créditos concedidos pelas sociedades de crédito imobiliário.

§ 1.º O Banco Nacional da Habitação somente operará (*Vetado*) para aplicação dos recursos disponíveis, depois de asseguradas as reservas técnicas necessárias às operações referidas nos incisos I a VI, inclusive.

§ 2.º Os recursos disponíveis do Banco Nacional da Habitação serão mantidos em depósito no Banco do Brasil S.A. (*Vetado*).

§ 3.º Dos recursos recolhidos ao Banco Nacional da Habitação, serão destinadas anualmente as verbas necessárias ao custeio das atividades do Serviço Federal da Habitação e Urbanismo (*Vetado*).

Art. 25. O capital do Banco Nacional da Habitação pertencerá integralmente à União Federal.

Parágrafo único. O capital inicial do Banco Nacional da Habitação será de um bilhão de cruzeiros.

Art. 26. O Poder Executivo transferirá, dentro de 1 (um) ano, para o patrimônio do Banco Nacional da Habitação, terrenos de propriedade da União Federal que não sejam necessários aos serviços públicos federais ou que possam ser vendidos para realizar recursos líquidos destinados ao aumento do capital do Banco, desde que se prestem à construção de conjuntos residenciais de interesse social.

§ 1.º O Banco poderá igualmente receber dos Governos Estaduais, Municipais e particulares ou de entidades de direito privado, estes sob a forma de doações, terras ou terrenos rurais ou urbanos, apropriados para a construção de imóveis.

§ 2.º No caso de doações previstas no parágrafo anterior, nenhum ônus recairá sobre o doador de terras ou terrenos recebidos pelo Banco.

Art. 27. O Banco Nacional da Habitação será administrado por um Conselho de Administração e uma diretoria, cujos membros serão nomeados pelo Presidente da República e aprovados pelo Senado Federal.

§ 1.º O Conselho de Administração será composto de:

a) o presidente do Banco Nacional da Habitação, como seu presidente, e com voto de qualidade;

b) de seis a nove Conselheiros, com mandato de 3 (três) anos cada um;

c) os diretores do Banco.

§ 2.º A diretoria será composta de:

a) o presidente do Banco Nacional da Habitação demissível *ad nutum*;

b) o diretor superintendente com mandato de 4 (quatro) anos;

c) dois a cinco diretores com mandato de 4 (quatro) anos.

Art. 28. Os membros da diretoria e três dos membros do Conselho de Administração serão escolhidos dentre cidadãos de reconhecida idoneidade moral e comprovada capacidade em assuntos econômico-financeiros, sendo dois outros membros do Conselho de Administração escolhidos dentre os especialistas, respectivamente, em assuntos de saúde pública, de previdência social, e o sexto o superintendente do Serviço Federal da Habitação e Urbanismo.

§ 1.º (*Vetado.*)

§ 2.º Os conselheiros serão anualmente renovados pelo terço e, na composição inicial, um terço terá mandato de 1 (um) ano, um terço mandato de 2 (dois) anos e um terço mandato de 3 (três) anos.

§ 3.º Na composição inicial da diretoria, metade dos diretores terá mandato de 2 (dois) anos.

Art. 29. Compete ao Conselho de Administração:

I – organizar e modificar o Regimento Interno do Banco, que será aprovado por ato do Ministro da Fazenda;

II – decidir sobre a orientação geral das operações do Banco;

III – exercer as atribuições normativas do Banco como órgão de orientação, disciplina e controle do Sistema Financeiro da Habitação;

IV – aprovar os orçamentos de custeio, recursos e aplicações do Banco e as normas gerais a serem observadas nos seus serviços;

V – distribuir os serviços do Banco entre os diretores, observado o disposto nesta Lei;

VI – criar ou extinguir cargo e funções, fixando os respectivos vencimentos e vantagens, mediante proposta do diretor superintendente, bem como dirimir dúvidas quanto aos direitos, vantagens e deveres dos servidores, podendo ainda baixar o Regulamento do Pessoal do Banco;

VII – examinar e aprovar os balancetes e balanços do Banco, financeiros e patrimoniais;

VIII – escolher substitutos no caso de vaga ou impedimento dos diretores, até que o Presidente da República o faça em caráter efetivo;

IX – examinar e dar parecer sobre a prestação anual das contas do Banco;

X – deliberar sobre os assuntos que lhe forem submetidos pela diretoria.

Art. 30. Compete à diretoria:

I – decidir sobre todos os assuntos da direção executiva do Banco, de acordo com o seu Regimento Interno;

II – aprovar as operações do Banco, que excedam os limites fixados pelo Regimento Interno para cada diretor.

Art. 31. Compete ao presidente do Banco:

I – representar o Banco em suas relações com terceiros, em juízo ou fora dele, sem prejuízo do disposto no art. 29;

II – convocar extraordinariamente o Conselho e a diretoria sempre que necessário;

III – enviar ao Tribunal de Contas, até 31 de janeiro de cada ano, as contas dos administradores do Banco relativas ao exercício anterior para os fins do art. 77, II, da Constituição;

•• Refere-se à Constituição de 1946.

IV – enviar ao Tribunal de Contas, até 31 de janeiro de cada ano, as contas gerais do Banco relativas ao exercício anterior.

Art. 32. Compete ao diretor superintendente:

I – substituir o presidente nos seus impedimentos ocasionais, sem prejuízo do exercício normal de suas funções;

II – administrar e dirigir os negócios ordinários do Banco decidindo das operações que se contiverem no limite da sua competência, de acordo com o Regimento Interno;

III – outorgar e aceitar escrituras, ou assinar contratos, conjuntamente com o presidente ou outro diretor;

IV – designar, conjuntamente com o presidente procuradores com poderes especiais, agentes ou representantes do Banco;

V – praticar os atos referentes à administração do pessoal, podendo delegar poderes, salvo quando se tratar de nomeação, promoção ou demissão;

VI – superintender e coordenar os serviços dos diferentes setores do Banco e zelar pelo fiel cumprimento das deliberações do Conselho de Administração e da diretoria;

VII – prover, interinamente, até que o Presidente da República o faça em caráter efetivo, as vagas dos membros do Conselho de Administração, cuja substituição não esteja prevista no Regulamento do Banco.

Art. 33. Os diretores referidos no art. 27, § 2.º, *c*, terão as atribuições que forem determinadas no Regimento Interno.

Art. 34. O pessoal contratado pelo Banco será regido pela Consolidação das Leis do Trabalho e legislação complementar e admitido mediante concurso de provas ou de provas e títulos.

§ 1.º Poderão ser requisitados pelo Banco servidores dos quadros do serviço público federal, das autarquias federais, ou de sociedades de economia mista controladas pelo Governo Federal.

§ 2.º (*Vetado.*)

Capítulo V
DAS SOCIEDADES DE CRÉDITO IMOBILIÁRIO

Art. 35. As sociedades de crédito imobiliário são instituições de crédito especializado, dependem de autorização do Banco Nacional da Habitação para funcionar, e estão sujeitas a permanente fiscalização do Governo Federal, através do referido Banco e da Superintendência da Moeda e do Crédito.

§ 1.º As sociedades de crédito imobiliário se organizarão sob a forma anônima de ações nominativas, observando nos atos de sua constituição todos os dispositivos legais aplicáveis, mas só poderão dar início às suas atividades após publicação, no *Diário Oficial da União*, da autorização do Banco Nacional da Habitação.

§ 2.º As sociedades de crédito imobiliário serão constituídas com o capital mínimo de Cz$ 100 mil (cem mil cruzados) em moeda corrente, na forma da legislação que rege as sociedades anônimas, mas a emissão de autorização para funcionar dependerá da integralização mínima de 50% (cinquenta por cento), mediante depósito do BNH.

§ 3.º O limite mínimo referido no parágrafo anterior será anualmente atualizado, com base nos índices de que trata o art. 5.º, § 1.º.

Art. 36. A autorização para funcionar será concedida por tempo indeterminado, enquanto a sociedade observar as disposições legais e regulamentares em vigor.

§ 1.º Somente poderão ser membros dos órgãos da administração e do Conselho Fiscal das sociedades de crédito imobiliário pessoas de reconhecida idoneidade moral e comercial, sendo que dois diretores deverão comprovar capacidade financeira e técnica.

§ 2.º Os diretores somente poderão ser investidos nos seus cargos depois da aprovação pelo Banco Nacional da Habitação, à vista das provas exigidas pela SUMOC para investimento de diretores de estabelecimento bancário em geral.

§ 3.º A responsabilidade dos administradores de sociedade de crédito imobiliário é a mesma prevista na lei para os diretores de Bancos.

§ 4.º A expressão "crédito imobiliário" constará obrigatoriamente da denominação das sociedades referidas neste artigo.

§ 5.º As sociedades de crédito imobiliário enviarão para publicação até o 10.º dia de cada mês, no *Diário Oficial do Estado* onde funcionarem, os balancetes mensais.

Art. 37. Ficarão sujeitas à prévia aprovação do Banco Nacional da Habitação:

I – as alterações dos estatutos sociais das sociedades de crédito imobiliário;

II – abertura de agências ou escritórios das referidas sociedades;

III – a cessação de operações da matriz ou das dependências das referidas sociedades.

Art. 38. Os pedidos de autorização para funcionamento, alteração estatutária, abertura ou fechamento de agências ou dependências e aprovação de administradores deverão ser decididos pelo Banco Nacional da Habitação, dentro de 120 (cento e vinte) dias da sua apresentação e das decisões do Banco caberá recurso voluntário para o Ministro da Fazenda.

Parágrafo único. O regulamento discriminará a documentação a ser apresentada, com os requerimentos referidos neste artigo, podendo o Banco Nacional da Habitação fazer as exigências que considerar de interesse para a apreciação do pedido e fixar prazo razoável para o seu atendimento.

Art. 39. As sociedades de crédito imobiliário somente poderão operar em financiamento para construção, venda ou aquisição de habitações mediante:

I – abertura de crédito a favor de empresários que promovam projetos de construção de habitações para venda a prazo;

II – abertura de crédito para a compra ou construção de casa própria com liquidação a prazo de crédito utilizado;

III – desconto, mediante cessão de direitos de receber a prazo o preço da construção ou venda de habitações;

IV – outras modalidades de operações autorizadas pelo Banco Nacional da Habitação.

§ 1.º Cada sociedade de crédito imobiliário somente poderá operar com imóveis situados na área geográfica para a qual for autorizada a funcionar.

§ 2.º As sociedades de crédito imobiliário não poderão operar em compra e venda ou construção de imóveis, salvo para liquidação de bens que tenham recebido em pagamento dos seus créditos ou no caso dos imóveis necessários à instalação de seus serviços.

§ 3.º Nas suas operações as sociedades de crédito imobiliário observarão as normas desta Lei e as expedidas pelo Banco Nacional da Habitação com relação dos limites do valor unitário, prazo, condições de pagamento, juros, garantias, seguro, ágios e deságios na colocação de letras imobiliárias e diversificação de aplicações.

§ 4.º As disponibilidades das sociedades de crédito imobiliário serão mantidas em depósito no Banco Nacional da Habitação, no Banco do Brasil, nos demais bancos oficiais da União e dos Estados e nas Caixas Econômicas (*Vetado*).

Art. 40. As sociedades de crédito imobiliário não poderão:

a) receber depósitos de terceiros que não sejam proprietários de ações nominativas, a não ser nas condições e nos limites autorizados pelo Banco Nacional da Habitação;

b) tomar empréstimos em moeda nacional ou estrangeira, a não ser nas condições mínimas de prazo e nos limites máximos, em relação ao capital e reservas estabelecidos pelo Banco Nacional da Habitação;

c) emitir letras imobiliárias em valor superior aos limites máximos aprovados pelo Banco Nacional da Habitação em relação ao capital e reservas e ao montante dos créditos em carteira;

d) admitir a movimentação de suas contas por meio de cheques contra ela girados ou emitir cheques na forma do Decreto n. 24.777, de 14 de julho de 1934;

e) possuir participação em outras empresas.

§ 1.º O Banco Nacional da Habitação fixará o limite de recursos de terceiros que as sociedades poderão receber, até o máximo de 15 (quinze) vezes os recursos próprios.

§ 2.º O Banco Nacional da Habitação fixará também os limites mínimos de prazo dos vencimentos dos recursos de terceiros recebidos pela sociedade em relação aos prazos de suas aplicações.

Art. 41. O Banco Nacional da Habitação e a SUMOC manterão fiscalização permanente e ampla das sociedades de crédito imobiliário podendo para isso, a qualquer tempo, examinar livros e registros, papéis e documentação de qualquer natureza, atos e contratos.

§ 1.º As sociedades são obrigadas a prestar toda e qualquer informação que lhes for solicitada pelo Banco Nacional da Habitação ou pela SUMOC.

§ 2.º A recusa, a criação de embaraços, a divulgação ou fornecimento de informações falsas sobre as operações e as condições financeiras da sociedade serão punidas na forma da lei.

§ 3.º O Banco Nacional da Habitação e a SUMOC manterão sigilo com relação a documentos e informações que as sociedades de crédito imobiliário lhes fornecerem.

Art. 42. As sociedades de crédito imobiliário são obrigadas a observar o plano de contas e as normas de contabilização aprovadas pelo Banco Nacional da Habitação, bem como a divulgar, em seus relatórios semestrais, as informações mínimas exigidas pelo Banco Nacional da Habitação, quanto às suas condições financeiras.

§ 1.º As sociedades de crédito imobiliário são obrigadas a enviar ao Banco Nacional da Habitação até o último dia do mês seguinte, cópia do balancete do mês anterior, do balanço semestral e da demonstração de lucros e perdas, bem como prova de envio para publicação das atas de assembleias gerais, dentro de 30 (trinta) dias da realização destas.

§ 2.º O BNH poderá exigir quando, a seu critério, considerar necessário, que sociedades de crédito imobiliário se sujeitem à auditoria externa por empresas especializadas por ele aprovadas.

§ 3.º As sociedades de crédito imobiliário mencionarão em sua publicidade os respectivos capitais realizados, suas reservas e o total de recursos mutuados aplicados, constantes de seu último balancete mensal.

Art. 43. (*Revogado pela Lei n. 13.506, de 13-11-2017.*)

Capítulo VI
LETRAS IMOBILIÁRIAS

Arts. 44 a 53. (*Revogados pela Lei n. 13.137, de 19-6-2015.*)

Capítulo VII
DO SERVIÇO FEDERAL DE HABITAÇÃO E URBANISMO

Art. 54. A Fundação da Casa Popular, criada pelo Decreto-lei n. 9.218, de 1.º de maio de 1946, passa a constituir com o seu patrimônio, revogada a legislação que lhe concerne, o "Serviço Federal de Habitação e Urbanismo", entidade autárquica (*Vetado*).

§ 1.º O Serviço Federal de Habitação e Urbanismo será dirigido por um superintendente (*Vetado*).

§ 2.º O superintendente, de notória competência em matéria de habitação e urbanismo, será nomeado (*Vetado*) pelo Conselho de Administração do Banco Nacional da Habitação.

§ 3.º (*Vetado*.)

§ 4.º Ficam extintos o Conselho Central, o Conselho Técnico e a Junta de Controle da Fundação da Casa Popular.

§ 5.º Os servidores do Serviço Federal de Habitação e Urbanismo serão admitidos no regime da legislação trabalhista (*Vetado*).

§ 6.º Os servidores da atual Fundação da Casa Popular serão aproveitados no Serviço Nacional de Habitação e Urbanismo ou em outros serviços de igual regime.

•• § 6.º vetado pelo Presidente da República, mantido pelo Congresso Nacional.

Art. 55. O Serviço Federal de Habitação e Urbanismo terá as seguintes atribuições:

a) promover pesquisas e estudos relativos ao *deficit* habitacional, aspectos do planejamento físico, técnico e socioeconômico da habitação;

b) promover, coordenar e prestar assistência técnica a programas regionais e municipais de habitação de interesse social, os quais deverão necessariamente ser acompanhados de programas educativos e de desenvolvimento e organização de comunidade;

c) fomentar o desenvolvimento da indústria de construção, através de pesquisas e assistência técnica, estimulando a iniciativa regional e local;

d) incentivar o aproveitamento de mão de obra e dos materiais característicos de cada região;

e) estimular a organização de fundações, cooperativas, mútuas e outras formas associativas em programas habitacionais, propiciando-lhes assistência técnica;

f) incentivar a investigação tecnológica, a formação de técnicos, em qualquer nível, relacionadas com habitação e urbanismo;

g) prestar assistência técnica aos Estados e Municípios na elaboração dos planos diretores, bem como no planejamento da desapropriação por interesse social, de áreas urbanas adequadas a construção de conjuntos habitacionais;

h) promover, em colaboração com o Instituto Brasileiro de Geografia e Estatística, a realização de estatísticas sobre habitação no País;

i) (*Vetado*);

j) prestar assistência técnica aos Estados, aos Municípios e às empresas do País para constituição, organização e implantação de entidades de caráter público, de economia mista ou privada, que terão por objetivo promover a execução de planos habitacionais ou financiá-los, inclusive assisti-los para se candidatarem aos empréstimos do Banco Nacional da Habitação ou das sociedades de crédito imobiliário;

l) prestar assistência técnica na elaboração de planos de emergência, intervindo na normalização de situações provocadas por calamidades públicas;

m) estabelecer normas técnicas para a elaboração de planos diretores, de acordo com as peculiaridades das diversas regiões do País;

n) assistir aos Municípios na elaboração ou adaptação de seus planos diretores às normas técnicas a que se refere o item anterior.

§ 1.º Os Municípios que não tiverem códigos de obras adaptados às normas técnicas do Serviço Federal de Habitação e Urbanismo ou que aprovarem projetos e planos habitacionais em desacordo com as mesmas normas, não poderão receber recursos provenientes de entidades governamentais, destinados a programas de habitação e urbanismo.

§ 2.º (*Vetado*.)

Art. 56. A organização administrativa do Serviço Federal de Habitação e Urbanismo será estabelecida em decreto, devendo ser prevista a sua descentralização regional.

Parágrafo único. (*Vetado*.)

Capítulo VIII
DISPOSIÇÕES GERAIS E TRANSITÓRIAS

Art. 57. (*Revogado pelo Decreto-lei n. 1.338, de 23-7-1974.*)

Art. 58. Ficam isentos do Imposto de Renda, até 31 de dezembro de 1970, os lucros e rendimentos auferidos pelas pessoas físicas ou jurídicas, resultantes de operações de construção e primeira transação, inclusive alienação e locação, relativos aos prédios residenciais que vierem a ser construídos no Distrito Federal, cujo valor não ultrapasse 60 (sessenta) vezes o salário mínimo da região.

Parágrafo único. Ficam igualmente isentos os mesmos imóveis, pelo mesmo prazo, dos Impostos de Transmissão *causa mortis* e *inter vivos* relativos à primeira transferência de propriedade.

Art. 59. São isentos de Imposto do Selo:

a) a emissão, colocação, transferência, cessão, endosso, inscrição ou averbação de letras imobiliárias;

b) os atos e contratos, de qualquer natureza, entre as entidades que integram o Sistema Financeiro da Habitação;

c) os contratos de que participem entidades integrantes do Sistema Financeiro da Habitação, e que tenham por objeto habitações de menos de 50 (cinquenta) metros quadrados não incluídas as partes comuns, se for o caso, e de valor inferior a 60 (sessenta) vezes o maior salário mínimo legal vigente no País;

d) os contratos de construção, venda, ou promessa de venda a prazo, promessa de cessão e hipoteca, de habitações que satisfaçam aos requisitos da alínea anterior.

• A Lei n. 5.143, de 20-10-1966, instituiu o Imposto sobre Operações Financeiras e, em seu art. 15, revogou as leis relativas ao Imposto do Selo.

Art. 60. A aplicação da presente Lei, pelo seu sentido social, far-se-á de modo a que sejam simplificados todos os processos e métodos pertinentes às respectivas transações, objetivando principalmente:

I – o maior rendimento dos serviços e a segurança e rapidez na tramitação dos processos e papéis;

II – economia de tempo e de emolumentos devidos aos cartórios;

III – simplificação das escrituras e dos critérios para efeito do Registro de Imóveis.

Art. 61. Para plena consecução do disposto no artigo anterior, as escrituras deverão consignar exclusivamente as cláusulas, termos ou condições variáveis ou específicas.

•• *Vide* art. 1.º, § 1.º, da Lei n. 7.433, de 18-12-1985.

§ 1.º As cláusulas legais, regulamentares, regimentais ou ainda quaisquer normas administrativas ou técnicas e, portanto, comuns a todos os mutuários não figurarão expressamente nas respectivas escrituras.

§ 2.º As escrituras, no entanto, consignarão obrigatoriamente que as partes contratantes adotam e se comprometem a cumprir as cláusulas, termos e condições a que se refere o parágrafo anterior, sempre transcritas, *verbo ad verbum*, no respectivo cartório ou ofício, mencionado inclusive o número do livro e das folhas do competente registro.

§ 3.º Aos mutuários, ao receberem os respectivos traslados de escritura, será obrigatoriamente entregue cópia, impressa ou mimeografada, autenticada, do contrato-padrão constante das cláusulas, termos e condições referidas no § 1.º deste artigo.

§ 4.º Os Cartórios de Registro de Imóveis, obrigatoriamente, para os devidos efeitos legais e jurídicos, receberão, autenticamente, das pessoas jurídicas mencionadas na presente Lei, o instrumento a que se refere o parágrafo anterior, tudo de modo a facilitar os competentes registros.

§ 5.º Os contratos de que forem parte o Banco Nacional da Habitação ou entidades que integrem o Sistema Financeiro da Habitação, bem como as operações efetuadas por determinação da presente Lei, poderão ser celebrados por instrumento particular, os quais poderão ser impressos, não se aplicando aos mesmos as disposições do art. 134, II, do Código Civil, atribuindo-se o caráter de escritura pública, para todos os fins de direito, aos contratos particulares firmados pelas entidades acima citadas até a data da publicação desta Lei.

•• § 5.º acrescentado pelo art. 1.º da Lei n. 5.049, de 29-6-1966.

•• A referência é feita a dispositivo do CC de 1916. *Vide* art. 108 do Código vigente.

§ 6.º Os contratos de que trata o parágrafo anterior serão obrigatoriamente rubricados por todas as partes em todas as suas folhas.

•• § 6.º acrescentado pelo art. 1.º da Lei n. 5.049, de 29-6-1966.

§ 7.º Todos os contratos públicos ou particulares serão obrigatoriamente transcritos no Cartório de Registro de Imóveis competente, dentro do prazo de 15 (quinze) dias, a contar da data de sua assinatura, devendo tal obrigação figurar como cláusula contratual.

•• § 7.º acrescentado pelo art. 1.º da Lei n. 5.049, de 29-6-1966.

Art. 62. Os oficiais do registro de imóveis inscreverão, obrigatoriamente, os contratos de promessa de venda, promessa de cessão ou de hipoteca celebrados de acordo com a presente Lei, declarando expressamente que os valores deles constantes são meramente estimativos, estando sujeitos os saldos devedores, assim como as prestações mensais, às correções do valor, determinadas nesta Lei.

§ 1.º Mediante simples requerimento, firmado por ambas as partes contratantes, os oficiais do registro de imóveis averbarão, à margem das respectivas inscrições, as correções de valores determinados por esta Lei, com indicação do novo valor do preço ou da dívida e do saldo respectivo, bem como da nova prestação contratual.

§ 2.º Se o promitente comprador, promitente cessionário ou mutuário se recusar a assinar o requerimento de averbação das correções verificadas, ficará, não obstante, obrigado ao pagamento da nova prestação, podendo a entidade financiadora, se lhe convier, rescindir o contrato, com notificação prévia no prazo de 90 (noventa) dias.

Art. 63. Os órgãos da administração federal, centralizada ou descentralizada, ficam autorizados a firmar acordos ou convênios com as entidades estaduais e municipais, buscando sempre a plena execução da presente Lei e o máximo de cooperação interadministrativa.

Art. 64. O Banco Nacional da Habitação poderá promover desapropriações por utilidade pública ou por interesse social.

Art. 65. A partir da data da vigência desta Lei as Carteiras Imobiliárias dos Institutos de Aposentadoria e Pensões não poderão iniciar novas operações imobiliárias e seus segurados passarão a ser atendidos de conformidade com este Diploma legal.

§ 1.º Institutos de Aposentadoria e Pensões, as Autarquias em geral, as Fundações e as Sociedades de Economia Mista, inclusive a Petrobrás S.A. e o Banco do Brasil S.A., efetuarão, no prazo de 12 (doze) meses, a venda de seus conjuntos e unidades residenciais, em consonância com o Sistema Financeiro da Habitação, de que trata esta lei, de acordo com as instruções expedidas, no prazo de 90 (noventa) dias, conjuntamente, pelo Banco Nacional de Habitação e Departamento Nacional de Previdência Social.

•• § 1.º com redação determinada pela Lei n. 5.049, de 29-6-1966.

•• A Resolução do Senado Federal n. 6, de 5-5-1970, suspende, por inconstitucionalidade, a expressão "e as Sociedades de Economia Mista, inclusive a Petrobrás S.A. e o Banco do Brasil S.A.", contida neste § 1.º.

• O Decreto-lei n. 163, de 13-2-1967, exclui deste sistema os imóveis da Petrobras e do Banco do Brasil.

§ 2.º Os recursos provenientes da alienação de que trata o parágrafo anterior serão aplicados na aquisição ou construção de imóveis destinados à instalação de órgãos do Instituto.

•• § 2.º com redação determinada pela Lei n. 5.455, de 19-6-1968.

§ 3.º Não sendo oportuna a aplicação prevista no parágrafo anterior, os recursos serão aplicados em letras imobiliárias, cuja liquidação se fará em 24 (vinte e quatro) parcelas mensais consecutivas, para a aquisição ou construção de edifícios-sede.

•• § 3.º acrescentado pela Lei n. 5.455, de 19-6-1968, renumerando-se os demais.

§ 4.º Os órgãos referidos no § 1.º deste artigo que possuam unidades residenciais em Brasília, conjuntamente com a Caixa Econômica Federal de Brasília, submeterão à aprovação do Presidente da República, por intermédio do Ministro do Planejamento e Coordenação Econômica, no prazo de 90 (noventa) dias, sugestões e normas, em consonância com o Sistema Financeiro da Habitação, referentes à sua alienação.

§ 5.º Os órgãos de que trata o parágrafo anterior celebrarão convênio com a Caixa Econômica Federal de Brasília, incumbindo-a da alienação, aos respectivos ocupantes, dos imóveis residenciais que possuírem no Distrito Federal, devendo o produto da operação constituir fundo rotativo destinado a novos investimentos em construções residenciais em Brasília, assegurado às entidades convenentes rateio financeiro anual, que lhes permita a retirada de valores correspondentes no mínimo a 50% (cinquenta por cento) da renda líquida atual, efetivamente realizada, com a locação de tais imóveis.

§ 6.º Os imóveis residenciais que deixarem de ser alienados aos ocupantes, por desinteresse ou impossibilidade legal dos mesmos, serão objeto de aquisição pela União que poderá para resgatá-los solicitar a abertura de crédito especial, dar em pagamento imóveis não necessários aos seus serviços ou ações de sua propriedade em empresas de economia mista, mantida, nesta hipótese, a situação majoritária da União.

§ 7.º A administração dos imóveis adquiridos pela União, na forma do parágrafo anterior, será feita pelo Serviço do Patrimônio da União.

§ 8.º Realizadas as operações previstas no § 1.º, extinguir-se-ão as Carteiras Imobiliárias dos IAPs.

§ 9.º Os atuais inquilinos ou ocupantes de imóveis residenciais dos IAPs e, sucessivamente, os seus contribuintes, estes inscritos e classificados de acordo com a legislação vigente, terão preferência no atendimento pelos órgãos estatais integrantes do Sistema Financeiro da Habitação.

Art. 66. O Ministro do Planejamento adotará as medidas necessárias para a criação de um Fundo de Assistência Habitacional objetivando o financiamento às populações de renda insuficiente, destinando-lhes recursos próprios.

Art. 67. O Banco Nacional da Habitação e o Serviço Federal de Habitação e Urbanismo deverão publicar mensalmente a relação dos servidores admitidos ao seu serviço, a qualquer título, no mês anterior à publicação.

Art. 68. O Poder Executivo baixará os regulamentos necessários à execução desta Lei, inclusive os relativos à extinção dos órgãos federais que vêm exercendo funções e atividades que possam ser por ela reguladas, podendo incorporar serviços, órgãos e departamentos dispondo sobre a situação dos respectivos servidores e objetivando o enquadramento dos órgãos federais que integram o Sistema Financeiro da Habitação.

Parágrafo único. Dentro do prazo de 90 (noventa) dias, o Poder Executivo baixará os atos necessários à adaptação do funcionamento das Caixas Econômicas Federais, Caixas Militares e IPASE aos dispositivos desta Lei.

Art. 69. O contrato de promessa de cessão de direitos relativos a imóveis não loteados, sem cláusula de arrependimento e com imissão de posse, uma vez inscrita no Registro Geral de Imóveis, atribui ao promitente cessionário direito real oponível a terceiro e confere direito a obtenção compulsória da escritura definitiva de cessão, aplicando-se, neste caso, no que couber, o disposto no art. 16 do Decreto-lei n. 58, de 10 de dezembro de 1937, e no art. 346 do Código de Processo Civil.

•• Refere-se ao Código de 1939.

Parágrafo único. O disposto neste artigo se aplica aos contratos em via de execução compulsória, em qualquer instância.

Art. 70. Fica assegurada às Caixas Econômicas Federais, na forma em que o Poder Executivo regulamentar, dentro do prazo previsto no parágrafo único do art. 68, a exploração da Loteria Federal.

Parágrafo único. (*Revogado pelo Decreto-lei n. 204, de 27-2-1967.*)

Art. 71. Fica o Poder Executivo autorizado a abrir, pelo Ministério da Fazenda, crédito especial no montante de um bilhão de cruzeiros, com vigência durante 3 (três) anos, destinados à integralização gradativa do capital do Banco Nacional da Habitação.

Art. 72. Esta Lei entrará em vigor na data da sua publicação, revogadas as disposições em contrário.

Brasília, 21 de agosto de 1964; 143.º da Independência e 76.º da República.

H. CASTELLO BRANCO

LEI N. 4.591, DE 16 DE DEZEMBRO DE 1964 (*)

Dispõe sobre o condomínio em edificações e as incorporações imobiliárias.

O Presidente da República:

Faço saber que o Congresso Nacional decreta e eu sanciono a seguinte Lei:

TÍTULO I
DO CONDOMÍNIO

•• *Vide* arts. 1.331 a 1.358 do CC.

Art. 1.º As edificações ou conjuntos de edificações, de um ou mais pavimentos, construídos sob a forma de unidades isoladas entre si, destinadas a fins residenciais ou não residenciais, poderão ser alienados, no todo ou em parte, objetivamente considerados, e constituirá, cada unidade, propriedade autônoma sujeita às limitações desta Lei.

§ 1.º Cada unidade será assinalada por designação especial, numérica ou alfabética, para efeitos de identificação e discriminação.

§ 2.º A cada unidade caberá, como parte inseparável, uma fração ideal do terreno e coisas comuns, expressa sob forma decimal ou ordinária.

Art. 2.º Cada unidade com saída para a via pública, diretamente ou por processo de passagem comum, será sempre tratada como objeto de propriedade exclusiva, qualquer que seja o número de suas peças e sua destinação, inclusive (*Vetado*) edifício-garagem, com ressalva das restrições que se lhe imponham.

•• *Vide* Súmula 449 do STJ.

§ 1.º O direito à guarda de veículos nas garagens ou locais a isso destinados nas edificações ou conjuntos de edificações será tratado como objeto de propriedade exclusiva, com ressalva das restrições que ao mesmo sejam impostas por instrumentos contratuais adequados, e será vinculada à unidade habitacional a que corresponder, no caso de não lhe ser atribuída fração ideal específica de terreno.

•• § 1.º acrescentado pela Lei n. 4.864, de 29-11-1965.

• *Vide* art. 1.338 do CC.

§ 2.º O direito de que trata o § 1.º deste artigo poderá ser transferido a outro condômino independentemente da alienação da unidade a que corresponder, vedada sua transferência a pessoas estranhas ao condomínio.

•• § 2.º acrescentado pela Lei n. 4.864, de 29-11-1965.

• *Vide* art. 1.338 do CC.

§ 3.º Nos edifícios-garagens, às vagas serão atribuídas frações ideais de terreno específicas.

•• § 3.º acrescentado pela Lei n. 4.864, de 29-11-1965.

Art. 3.º O terreno em que se levantam a edificação ou conjunto de edificações e suas instalações, bem como as fundações, paredes externas, o teto, as áreas internas de ventilação, e tudo o mais que sirva a qualquer dependência de uso comum dos proprietários ou titulares de direito à aquisição de unidades ou ocupantes, constituirão condomínio de todos, e serão insuscetíveis de divisão, ou de alienação destacada da respectiva unidade. Serão, também, insuscetíveis de utilização exclusiva por qualquer condômino (*Vetado*).

• *Vide* art. 1.331, § 2.º, do CC.

Art. 4.º A alienação de cada unidade, a transferência de direitos pertinentes à sua aquisição e a constituição de direitos reais sobre ela independerão do consentimento dos condôminos (*Vetado*).

Parágrafo único. A alienação ou transferência de direitos de que trata este artigo dependerá de prova de quitação das obrigações do alienante para com o respectivo condomínio.

•• Parágrafo único com redação determinada pela Lei n. 7.182, de 27-3-1984.

• Para os fins do disposto neste parágrafo único considerar-se-á prova de quitação a declaração feita pelo alienante ou seu procurador, sob as penas da Lei, a ser expressamente consignada nos instrumentos de alienação ou de transferência de direitos: *vide* Lei n. 7.433, de 18-12-1985, art. 2.º, § 2.º.

Art. 5.º O condomínio por meação de parede, soalhos e tetos das unidades isoladas regular-se-á pelo disposto no Código Civil, no que lhe for aplicável.

•• A referência é feita ao CC de 1916. *Vide* arts. 1.327 a 1.330 do Código vigente.

Art. 6.º Sem prejuízo do disposto nesta Lei, regular-se-á pelas disposições de direito comum o condomínio por quota ideal de mais de uma pessoa sobre a mesma unidade autônoma.

Art. 7.º O condomínio por unidades autônomas instituir-se-á por ato entre vivos ou por testamento, com inscrição obrigatória, no Registro de Imóveis, dele constando: a individualização de cada unidade, sua identificação e discriminação, bem como a fração ideal sobre o terreno e partes comuns, atribuída a cada unidade, dispensando-se a descrição interna da unidade.

• *Vide* arts. 1.332 e 1.334 do CC.

Art. 8.º Quando, em terreno onde não houver edificação, o proprietário, o promitente comprador, o cessionário deste ou promitente cessionário sobre ele desejar erigir mais de uma edificação, observar-se-á também o seguinte:

a) em relação às unidades autônomas que se constituírem em casas térreas ou assobradadas, será discriminada a parte do terreno ocupada pela edificação e também aquela eventualmente reservada como de utilização exclusiva dessas casas, como jardim e quintal, bem assim a fração ideal do todo do terreno e de partes comuns, que corresponderá às unidades;

b) em relação às unidades autônomas que constituírem edifícios de dois ou mais pavimentos, será discriminada a parte do terreno ocupada pela edificação, aquela que eventualmente for reservada como de utilização exclusiva, correspondente às unidades do edifício, e ainda a fração ideal do todo do terreno e de partes comuns, que corresponderá a cada uma das unidades;

c) serão discriminadas as partes do total do terreno que poderão ser utilizadas em comum pelos titulares de direito sobre os vários tipos de unidades autônomas;

d) serão discriminadas as áreas que se constituírem em passagem comum para as vias públicas ou para as unidades entre si.

Capítulo II
DA CONVENÇÃO DE CONDOMÍNIO

• *Vide* arts. 1.333 e 1.334 do CC.

Art. 9.º Os proprietários, promitentes compradores, cessionários ou promitentes cessionários dos direitos pertinentes à aquisição de unidades autônomas, em edificações a serem construídas, em construção ou já construídas, elaborarão, por escrito, a Convenção de Condomínio, e deverão, também, por contrato ou por deliberação, em assembleia, aprovar o Regimento Interno da edificação ou conjunto de edificações.

• *Vide* Súmula 260 do STJ.

§ 1.º Far-se-á o registro da Convenção no Registro de Imóveis bem como a averbação das suas eventuais alterações.

§ 2.º Considera-se aprovada, e obrigatória para os proprietários de unidades, promitentes compradores, cessionários e promitentes cessionários, atuais e futuros, como para qualquer ocupante, a Convenção que reúna as assinaturas de titulares de direitos que representem, no mínimo, dois terços das frações ideais que compõem o condomínio.

§ 3.º Além de outras normas aprovadas pelos interessados, a Convenção deverá conter:

• *Vide* arts. 1.332 e 1.334 do CC.

(*) Publicada no *Diário Oficial da União*, de 21-12-1964, sem a epígrafe do Capítulo I, do Título I. Retificada em 1.º-2-1965. *Vide* Decreto-lei n. 271, de 28-2-1967. Sobre BNH, *vide* Nota dos Organizadores. São originais os valores constantes deste diploma legal.

a) a discriminação das partes de propriedade exclusiva, e as de condomínio, com especificações das diferentes áreas;

b) o destino das diferentes partes;

c) o modo de usar as coisas e serviços comuns;

d) encargos, forma e proporção das contribuições dos condôminos para as despesas de custeio e para as extraordinárias;

e) o modo de escolher o síndico e o Conselho Consultivo;

f) as atribuições do síndico, além das legais;

g) a definição da natureza gratuita ou remunerada de suas funções;

h) o modo e o prazo de convocação das assembleias gerais dos condôminos;

i) o *quorum* para os diversos tipos de votações;

j) a forma de contribuição para constituição de fundo de reserva;

l) a forma e o *quorum* para as alterações de convenção;

m) a forma e o *quorum* para a aprovação do Regimento Interno quando não incluídos na própria Convenção.

§ 4.º No caso de conjunto de edificações, a que se refere o art. 8.º, a Convenção de Condomínio fixará os direitos e as relações de propriedade entre os condôminos das várias edificações, podendo estipular formas pelas quais se possam desmembrar e alienar porções do terreno, inclusive as edificadas.

•• § 4.º acrescentado pela Lei n. 4.864, de 29-11-1965.

Art. 10. É defeso a qualquer condômino:

• *Vide* art. 1.336, II a IV, do CC.

I – alterar a forma externa da fachada;

II – decorar as partes e esquadrias externas com tonalidades ou cores diversas das empregadas no conjunto da edificação;

III – destinar a unidade a utilização diversa de finalidade do prédio, ou usá-la de forma nociva ou perigosa ao sossego, à salubridade e à segurança dos demais condôminos;

IV – embaraçar o uso das partes comuns.

§ 1.º O transgressor ficará sujeito ao pagamento de multa prevista na Convenção ou no Regulamento do Condomínio, além de ser compelido a desfazer a obra ou abster-se da prática do ato, cabendo ao síndico, com autorização judicial, mandar desmanchá-la, à custa do transgressor, se este não a desfizer no prazo que lhe for estipulado.

•• *Vide* art. 1.336, § 2.º, do CC.

§ 2.º O proprietário ou titular de direito à aquisição de unidade poderá fazer obra que (*Vetado*) ou modifique sua fachada, se obtiver a aquiescência da unanimidade dos condôminos.

Art. 11. Para efeitos tributários, cada unidade autônoma será tratada como prédio isolado, contribuindo o respectivo condômino, diretamente, com as importâncias relativas aos impostos e taxas federais, estaduais e municipais, na forma dos respectivos lançamentos.

Capítulo III
DAS DESPESAS DO CONDOMÍNIO

Art. 12. Cada condômino concorrerá nas despesas do condomínio, recolhendo, nos prazos previstos na Convenção, a quota-parte que lhe couber em rateio.

§ 1.º Salvo disposição em contrário na Convenção, a fixação da quota do rateio corresponderá à fração ideal do terreno de cada unidade.

§ 2.º Cabe ao síndico arrecadar as contribuições, competindo-lhe promover, por via executiva, a cobrança judicial das quotas atrasadas.

•• *Vide* CPC, arts. 275, II, *b* e *c*, e 585, IV.

§ 3.º O condômino que não pagar a sua contribuição no prazo fixado na Convenção fica sujeito ao juro moratório de 1% (um por cento) ao mês, e multa de até 20% (vinte por cento) sobre o débito, que será atualizado, se o estipular a Convenção, com a aplicação dos índices de correção monetária levantados pelo Conselho Nacional de Economia, no caso da mora por período igual ou superior a 6 (seis) meses.

•• *Vide* art. 1.336, § 1.º, do CC.

• *Vide* art. 2.º, § 1.º, do Decreto-lei n. 4.657, de 4-9-1942 (LINDB).

§ 4.º As obras que interessarem à estrutura integral da edificação ou conjunto de edificações, ou ao serviço comum, serão feitas com o concurso pecuniário de todos os proprietários ou titulares de direito à aquisição de unidades, mediante orçamento prévio aprovado em assembleia geral, podendo incumbir-se de sua execução o síndico, ou outra pessoa, com aprovação da assembleia.

• *Vide* art. 1.341 do CC.

§ 5.º A renúncia de qualquer condômino aos seus direitos, em caso algum valerá como escusa para exonerá-lo de seus encargos.

Capítulo IV
DO SEGURO, DO INCÊNDIO, DA DEMOLIÇÃO E DA RECONSTRUÇÃO OBRIGATÓRIA

Art. 13. Proceder-se-á ao seguro da edificação ou do conjunto de edificações, neste caso, discriminadamente, abrangendo todas as unidades autônomas e partes comuns, contra incêndio ou outro sinistro que cause destruição no todo ou em parte, computando-se o prêmio nas despesas ordinárias do condomínio.

• *Vide* arts. 5.º, § 3.º, e 8.º, parágrafo único, da Lei n. 9.514, de 20-11-1997.

Parágrafo único. O seguro de que trata este artigo será obrigatoriamente feito dentro de 120 (cento e vinte) dias, contados da data da concessão do "habite-se", sob pena de ficar o condomínio sujeito à multa mensal equivalente a um doze avos do imposto predial, cobrável executivamente pela Municipalidade.

• *Vide* art. 1.346 do CC.

Art. 14. Na ocorrência de sinistro total, ou que destrua mais de dois terços de uma edificação, seus condôminos reunir-se-ão em assembleia especial, e deliberarão sobre a sua reconstrução ou venda do terreno e materiais, por *quorum* mínimo de votos que representem metade mais uma das frações ideais do respectivo terreno.

§ 1.º Rejeitada a proposta de reconstrução, a mesma assembleia, ou outra para este fim convocada, decidirá, pelo mesmo *quorum*, do destino a ser dado ao terreno, e aprovará a partilha do valor do seguro entre os condôminos, sem prejuízo do que receber cada um pelo seguro facultativo de sua unidade.

§ 2.º Aprovada, a reconstrução será feita, guardados, obrigatoriamente, o mesmo destino, a mesma forma externa e a mesma disposição interna.

§ 3.º Na hipótese do parágrafo anterior, a minoria não poderá ser obrigada a contribuir para a reedificação, caso em que a maioria poderá adquirir as partes dos dissidentes, mediante avaliação judicial, feita em vistoria.

• *Vide* art. 1.357 do CC.

Art. 15. Na hipótese de que trata o § 3.º do artigo antecedente, à maioria poderão ser adjudicadas, por sentença, as frações ideais da minoria.

§ 1.º Como condição para o exercício da ação prevista neste artigo, com a inicial, a maioria oferecerá e depositará, à disposição do juízo, as importâncias arbitradas na vistoria para avaliação, prevalecendo as de eventual desempatador.

§ 2.º Feito o depósito de que trata o parágrafo anterior, o juiz, liminarmente, poderá autorizar a adjudicação à maioria, e a minoria poderá levantar as importâncias depositadas; o oficial de registro de imóveis, nestes casos, fará constar do registro que a adjudicação foi resultante de medida liminar.

§ 3.º Feito o depósito, será expedido o mandado de citação, com o prazo de 10 (dez) dias para a contestação (*Vetado*).

§ 4.º Se não contestado, o juiz, imediatamente, julgará o pedido.

§ 5.º Se contestado o pedido, seguirá o processo o rito ordinário.

§ 6.º Se a sentença fixar valor superior ao da avaliação feita na vistoria, o condomínio, em execução, restituirá à minoria a respectiva diferença, acrescida de juros de mora à razão de 1% (um por cento) ao mês, desde a data da concessão de eventual liminar, ou pagará o total devido, com os juros da mora a contar da citação.

§ 7.º Transitada em julgado a sentença, servirá ela de título definitivo para a maioria, que deverá registrá-la no Registro de Imóveis.

§ 8.º A maioria poderá pagar e cobrar da minoria, em execução de sentença, encargos fiscais necessários à adjudicação definitiva a cujo pagamento se recusar a minoria.

Art. 16. Em caso de sinistro que destrua menos de dois terços da edificação, o síndico promoverá o recebimento do seguro e a reconstrução ou os reparos nas partes danificadas.

Art. 17. Os condôminos que representem, pelo menos, dois terços do total de unidades isoladas e frações ideais correspondentes a 80% (oitenta por cento) do terreno e coisas comuns poderão decidir sobre a demolição e reconstrução do prédio, ou sua alienação, por motivos urbanísticos ou arquitetônicos, ou, ainda, no caso de condenação do edifício pela autoridade pública, em razão de sua insegurança ou insalubridade.

•• *Caput* com redação determinada pela Lei n. 6.709, de 31-10-1979.

§ 1.º A minoria não fica obrigada a contribuir para as obras, mas assegura-se à maioria o direito de adquirir as partes dos dissidentes, mediante avaliação judicial, aplicando-se o processo previsto no art. 15.

•• § 1.º com redação determinada pela Lei n. 6.709, de 31-10-1979.

§ 2.º Ocorrendo desgaste, pela ação do tempo, das unidades habitacionais de uma edificação, que deprecie seu valor unitário em relação ao valor global do terreno onde se acha construída, os condôminos, pelo *quorum* mínimo de votos que representem dois terços das unidades isoladas e frações ideais correspondentes a 80% (oitenta por cento) do terreno e coisas comuns, poderão decidir por sua alienação total, procedendo-se em relação à minoria na forma estabelecida no art. 15, e seus parágrafos, desta Lei.

•• § 2.º com redação determinada pela Lei n. 6.709, de 31-10-1979.

§ 3.º Decidida por maioria a alienação do prédio, o valor atribuído à quota dos condôminos vencidos será correspondente ao preço efetivo e, no mínimo, à avaliação prevista no § 2.º ou, a critério desses, a imóvel localizado em área próxima ou adjacente com a mesma área útil de construção.

•• § 3.º com redação determinada pela Lei n. 6.709, de 31-10-1979.

• *Vide* art. 1.357 do CC.

Art. 18. A aquisição parcial de uma edificação, ou de um conjunto de edificações, ainda que por força de desapropriação, importará no ingresso do adquirente no condomínio, ficando sujeito às disposições desta Lei, bem assim às da Convenção do Condomínio e do Regulamento Interno.

•• Artigo com redação determinada pelo Decreto-lei n. 981, de 21-10-1969.

• *Vide* art. 1.358 do CC.

Capítulo V
UTILIZAÇÃO DA EDIFICAÇÃO OU DO CONJUNTO DE EDIFICAÇÕES

Art. 19. Cada condômino tem o direito de usar e fruir, com exclusividade, de sua unidade autônoma, segundo suas conveniências e interesses, condicionados, umas e outros, às normas de boa vizinhança, e poderá usar as partes e coisas comuns, de maneira a não causar dano ou incômodo aos demais condôminos ou moradores, nem obstáculo ou embaraço ao bom uso das mesmas partes por todos.

• *Vide* art. 1.335 do CC.

Parágrafo único. (*Vetado.*)

Art. 20. Aplicam-se ao ocupante do imóvel, a qualquer título, todas as obrigações referentes ao uso, fruição e destino da unidade.

Art. 21. A violação de qualquer dos deveres estipulados na Convenção sujeitará o infrator à multa fixada na própria Convenção ou no Regimento Interno, sem prejuízo da responsabilidade civil ou criminal que, no caso, couber.

Parágrafo único. Compete ao síndico a iniciativa do processo e a cobrança da multa, por via executiva, em benefício do condomínio, e, em caso de omitir-se ele, a qualquer condômino.

•• *Vide* art. 1.337 do CC.

Capítulo VI
DA ADMINISTRAÇÃO DO CONDOMÍNIO

• *Vide* arts. 1.347 a 1.356 do CC.

Art. 22. Será eleito, na forma prevista pela Convenção, um síndico do condomínio, cujo mandato não poderá exceder a 2 (dois) anos, permitida a reeleição.

§ 1.º Compete ao síndico:

a) representar, ativa e passivamente, o condomínio, em juízo ou fora dele, e praticar os atos de defesa dos interesses comuns, nos limites das atribuições conferidas por esta Lei ou pela Convenção;

b) exercer a administração interna da edificação ou do conjunto de edificações, no que respeita à sua vigilância, moralidade e segurança, bem como aos serviços que interessam a todos os moradores;

c) praticar os atos que lhe atribuírem as leis, a Convenção e o Regimento Interno;

d) impor as multas estabelecidas na Lei, na Convenção ou no Regimento Interno;

e) cumprir e fazer cumprir a Convenção e o Regimento Interno, bem como executar e fazer executar as deliberações da assembleia;

f) prestar contas à assembleia dos condôminos;

g) manter guardada durante o prazo de 5 (cinco) anos, para eventuais necessidades de verificação contábil, toda a documentação relativa ao condomínio.

•• Alínea *g* acrescentada pela Lei n. 6.434, de 15-7-1977.

§ 2.º As funções administrativas podem ser delegadas a pessoas de confiança do síndico, e sob a sua inteira responsabilidade, mediante aprovação da assembleia geral dos condôminos.

§ 3.º A Convenção poderá estipular que dos atos do síndico caiba recurso para a assembleia, convocada pelo interessado.

§ 4.º Ao síndico, que poderá ser condômino ou pessoa física ou jurídica estranha ao condomínio, será fixada a remuneração pela mesma assembleia que o eleger, salvo se a Convenção dispuser diferentemente.

§ 5.º O síndico poderá ser destituído pela forma e sob as condições previstas na Convenção, ou, no silêncio desta, pelo voto de dois terços dos condôminos, presentes, em assembleia geral especialmente convocada.

§ 6.º A Convenção poderá prever a eleição de subsíndicos, definindo-lhes atribuições e fixando-lhes o mandato, que não poderá exceder de 2 (dois) anos, permitida a reeleição.

Art. 23. Será eleito, na forma prevista na Convenção, um Conselho Consultivo, constituído de três condôminos, com mandatos que não poderão exceder de 2 (dois) anos, permitida a reeleição.

Parágrafo único. Funcionará o Conselho como órgão consultivo do síndico, para assessorá-lo na solução dos problemas que digam respeito ao condomínio, podendo a Convenção definir suas atribuições específicas.

Capítulo VII
DA ASSEMBLEIA GERAL

• *Vide* arts. 1.350 a 1.356 do CC.

Art. 24. Haverá, anualmente, uma assembleia geral ordinária dos condôminos, convocada pelo síndico na forma prevista na Convenção, à qual compete, além das demais matérias inscritas na ordem do dia, aprovar, por maioria dos presentes, as verbas para as despesas de condomínio, compreendendo as de conservação da edificação ou conjunto de edificações, manutenção de seus serviços e correlatas.

§ 1.º As decisões da assembleia, tomadas, em cada caso, pelo *quorum* que a Convenção fixar, obrigam todos os condôminos.

§ 2.º O síndico, nos 8 (oito) dias subsequentes à assembleia, comunicará aos condôminos o que tiver sido deliberado, inclusive no tocante à previsão orçamentária, o rateio das despesas, e promoverá a arrecadação, tudo na forma que a Convenção previr.

§ 3.º Nas assembleias gerais, os votos serão proporcionais às frações ideais do terreno e partes comuns, pertencentes a cada condômino, salvo disposição diversa da Convenção.

§ 4.º Nas decisões da assembleia que não envolvam despesas extraordinárias do condomínio, o locatário poderá votar, caso o condômino-locador a ela não compareça.

•• § 4.º com redação determinada pela Lei n. 9.267, de 25-3-1996.

Art. 25. Ressalvado o disposto no § 3.º do art. 22, poderá haver assembleias gerais extraordinárias, convocadas pelo síndico ou por condôminos que representem um quarto, no mínimo, do condomínio, sempre que o exigirem os interesses gerais.

Parágrafo único. Salvo estipulação diversa da Convenção, esta só poderá ser modificada em assembleia geral extraordinária, pelo voto mínimo de condôminos que representem dois terços do total das frações ideais.

Art. 26. (*Vetado*.)

Art. 27. Se a assembleia não se reunir para exercer qualquer dos poderes que lhe competem, 15 (quinze) dias após o pedido de convocação, o juiz decidirá a respeito, mediante requerimento dos interessados.

TÍTULO II
DAS INCORPORAÇÕES

• A Instrução Normativa n. 1.435, de 30-12-2013, da SRFB, dispõe sobre o regime especial de tributação aplicável às incorporações imobiliárias.

Capítulo I
DISPOSIÇÕES GERAIS

Art. 28. As incorporações imobiliárias, em todo o território nacional, reger-se-ão pela presente Lei.

Parágrafo único. Para efeito desta Lei, considera-se incorporação imobiliária a atividade exercida com o intuito de promover e realizar a construção, para alienação total ou parcial, de edificações, ou conjunto de edificações compostas de unidades autônomas (*Vetado*).

•• As disposições deste artigo e seguintes não se aplicam às incorporações iniciadas antes de 10-3-1965, segundo dispõe o art. 9.º e parágrafos da Lei n. 4.864, de 29-11-1965.

Art. 29. Considera-se incorporador a pessoa física ou jurídica, comerciante ou não, que, embora não efetuando a construção, compromisse ou efetive a venda de frações ideais de terreno objetivando a vinculação de tais frações a unidades autônomas (*Vetado*), em edificações a serem construídas ou em construção sob regime condominial, ou que meramente aceita propostas para efetivação de tais transações, coordenando e levando a termo a incorporação e responsabilizando-se, conforme o caso, pela entrega, a certo prazo, preço e determinadas condições, das obras concluídas.

Parágrafo único. Presume-se a vinculação entre a alienação das frações do terreno e o negócio de construção, se, ao ser contratada a venda, ou promessa de venda ou de cessão das frações de terreno, já houver sido aprovado e estiver em vigor, ou pender de aprovação de autoridade administrativa, o respectivo projeto de construção, respondendo o alienante como incorporador.

Art. 30. Estende-se a condição de incorporador aos proprietários e titulares de direitos aquisitivos que contratem a construção de edifícios que se destinem a constituição em condomínio, sempre que iniciarem as alienações antes da conclusão das obras.

Art. 31. A iniciativa e a responsabilidade das incorporações imobiliárias caberão ao incorporador, que somente poderá ser:

a) o proprietário do terreno, o promitente comprador, o cessionário deste ou promitente cessionário com título que satisfaça os requisitos da alínea *a* do art. 32;

b) o construtor (Decretos n. 23.569, de 11-12-1933, e 3.995, de 31-12-1941, e Decreto-lei n. 8.620, de 10-1-1946) ou corretor de imóveis (Lei n. 6.530, de 12-5-1978);

c) o ente da Federação imitido na posse a partir de decisão proferida em processo judicial de desapropriação em curso ou o cessionário deste, conforme comprovado mediante registro no registro de imóveis competente.

•• Alínea *c* acrescentada pela Lei n. 12.424, de 16-6-2011.

§ 1.º No caso da alínea *b*, o incorporador será investido, pelo proprietário do terreno, o promitente comprador e cessionário deste ou o promitente cessionário, de mandato outorgado por instrumento público, onde se faça menção expressa desta Lei e se transcreva o disposto no § 4.º do art. 35, para concluir todos os negócios tendentes à alienação das frações ideais de terreno, mas se obrigará pessoalmente pelos atos que praticar na qualidade de incorporador.

§ 2.º Nenhuma incorporação poderá ser proposta à venda sem a indicação expressa do incorporador, devendo também seu nome permanecer indicado ostensivamente no local da construção.

§ 3.º Toda e qualquer incorporação, independentemente da forma por que seja constituída, terá um ou mais incorporadores solidariamente responsáveis, ainda que em fase subordinada a período de carência, referido no art. 34.

Capítulo I-A
DO PATRIMÔNIO DE AFETAÇÃO

•• Capítulo acrescentado pela Lei n. 10.931, de 2-8-2004.

Art. 31-A. A critério do incorporador, a incorporação poderá ser submetida ao regime da afetação, pelo qual o terreno e as acessões objeto de incorporação imobiliária, bem como os demais bens e direitos a ela vinculados, manter-se-ão apartados do patrimônio do incorporador e constituirão patrimônio de afetação, destinado à consecução da incorporação correspondente e à entrega das unidades imobiliárias aos respectivos adquirentes.

•• *Caput* acrescentado pela Lei n. 10.931, de 2-8-2004.

§ 1.º O patrimônio de afetação não se comunica com os demais bens, direitos e obrigações do patrimônio geral do incorporador ou de outros patrimônios de afetação por ele constituídos e só responde por dívidas e obrigações vinculadas à incorporação respectiva.

•• § 1.º acrescentado pela Lei n. 10.931, de 2-8-2004.

§ 2.º O incorporador responde pelos prejuízos que causar ao patrimônio de afetação.

•• § 2.º acrescentado pela Lei n. 10.931, de 2-8-2004.

§ 3.º Os bens e direitos integrantes do patrimônio de afetação somente poderão ser objeto de garantia real em operação de crédito cujo produto seja integralmente destinado à consecução da edificação correspondente e à entrega das unidades imobiliárias aos respectivos adquirentes.

•• § 3.º acrescentado pela Lei n. 10.931, de 2-8-2004.

§ 4.º No caso de cessão, plena ou fiduciária, de direitos creditórios oriundos da comercialização das unidades imobiliárias componentes da incorporação, o produto da cessão também passará a integrar o patrimônio de afetação, observado o disposto no § 6.º.

•• § 4.º acrescentado pela Lei n. 10.931, de 2-8-2004.

§ 5.º As quotas de construção correspondentes a acessões vinculadas a frações ideais serão pagas pelo incorporador até que a responsabilidade pela sua construção tenha sido assumida por terceiros, nos termos da parte final do § 6.º do art. 35.

•• § 5.º acrescentado pela Lei n. 10.931, de 2-8-2004.

§ 6.º Os recursos financeiros integrantes do patrimônio de afetação serão utilizados para pagamento ou reembolso das despesas inerentes à incorporação.

•• § 6.º acrescentado pela Lei n. 10.931, de 2-8-2004.

§ 7.º O reembolso do preço de aquisição do terreno somente poderá ser feito quando da alienação das unidades autônomas, na proporção das respectivas frações ideais, considerando-se tão somente os valores efetivamente recebidos pela alienação.

•• § 7.º acrescentado pela Lei n. 10.931, de 2-8-2004.

§ 8.º Excluem-se do patrimônio de afetação:

I – os recursos financeiros que excederem a importância necessária à conclusão da obra (art. 44), considerando-se os valores a receber até sua conclusão e, bem assim, os recursos necessários à quitação de financiamento para a construção, se houver; e

II – o valor referente ao preço de alienação da fração ideal de terreno de cada unidade vendida, no caso de incorporação em que a construção seja contratada sob o regime por empreitada (art. 55) ou por administração (art. 58).

•• § 8.º acrescentado pela Lei n. 10.931, de 2-8-2004.

§ 9.º No caso de conjuntos de edificações de que trata o art. 8.º, poderão ser constituídos patrimônios de afetação separados, tantos quantos forem os:

I – subconjuntos de casas para as quais esteja prevista a mesma data de conclusão (art. 8.º, *a*); e

II – edifícios de dois ou mais pavimentos (art. 8.º, *b*).

•• § 9.º acrescentado pela Lei n. 10.931, de 2-8-2004.

§ 10. A constituição de patrimônios de afetação separados de que trata o § 9.º deverá estar declarada no memorial de incorporação.

•• § 10 acrescentado pela Lei n. 10.931, de 2-8-2004.

§ 11. Nas incorporações objeto de financiamento, a comercialização das unidades deverá contar com a anuência da instituição financiadora ou deverá ser a ela cientificada, conforme vier a ser estabelecido no contrato de financiamento.

•• § 11 acrescentado pela Lei n. 10.931, de 2-8-2004.

§ 12. A contratação de financiamento e constituição de garantias, inclusive mediante transmissão, para o credor, da propriedade fiduciária sobre as unidades imobiliárias integrantes da incorporação, bem como a cessão, plena ou fiduciária, de direitos creditórios decorrentes da comercialização dessas unidades, não implicam a transferência para o credor de nenhuma das obrigações ou responsabilidades do cedente, do incorporador ou do construtor, permanecendo estes como únicos responsáveis pelas obrigações e pelos deveres que lhes são imputáveis.

•• § 12 acrescentado pela Lei n. 10.931, de 2-8-2004.

Art. 31-B. Considera-se constituído o patrimônio de afetação mediante averbação, a qualquer tempo, no Registro de Imóveis, de termo firmado pelo incorporador e, quando for o caso, também pelos titulares de direitos reais de aquisição sobre o terreno.

•• *Caput* acrescentado pela Lei n. 10.931, de 2-8-2004.

Parágrafo único. A averbação não será obstada pela existência de ônus reais que tenham sido constituídos sobre o imóvel objeto da incorporação para garantia do pagamento do preço de sua aquisição ou do cumprimento de obrigação de construir o empreendimento.

•• Parágrafo único acrescentado pela Lei n. 10.931, de 2-8-2004.

Art. 31-C. A Comissão de Representantes e a instituição financiadora da construção poderão nomear, às suas expensas, pessoa física ou jurídica para fiscalizar e acompanhar o patrimônio de afetação.

•• *Caput* acrescentado pela Lei n. 10.931, de 2-8-2004.

§ 1.º A nomeação a que se refere o *caput* não transfere para o nomeante qualquer responsabilidade pela qualidade da obra, pelo prazo de entrega do imóvel ou por qualquer outra obrigação decorrente da responsabilidade do incorporador ou do construtor, seja legal ou a oriunda dos contratos de alienação das unidades imobiliárias, de construção e de outros contratos eventualmente vinculados à incorporação.

•• § 1.º acrescentado pela Lei n. 10.931, de 2-8-2004.

§ 2.º A pessoa que, em decorrência do exercício da fiscalização de que trata o *caput* deste artigo, obtiver acesso às informações comerciais, tributárias e de qualquer outra natureza referentes ao patrimônio afetado responderá pela falta de zelo, dedicação e sigilo destas informações.

•• § 2.º acrescentado pela Lei n. 10.931, de 2-8-2004.

§ 3.º A pessoa nomeada pela instituição financiadora deverá fornecer cópia de seu relatório ou parecer à Comissão de Representantes, a requerimento desta, não constituindo esse fornecimento quebra de sigilo de que trata o § 2.º deste artigo.

•• § 3.º acrescentado pela Lei n. 10.931, de 2-8-2004.

Art. 31-D. Incumbe ao incorporador:

•• *Caput* acrescentado pela Lei n. 10.931, de 2-8-2004.

I – promover todos os atos necessários à boa administração e à preservação do patrimônio de afetação, inclusive mediante adoção de medidas judiciais;

•• Inciso I acrescentado pela Lei n. 10.931, de 2-8-2004.

II – manter apartados os bens e direitos objeto de cada incorporação;

•• Inciso II acrescentado pela Lei n. 10.931, de 2-8-2004.

III – diligenciar a captação dos recursos necessários à incorporação e aplicá-los na forma prevista nesta Lei, cuidando de preservar os recursos necessários à conclusão da obra;

•• Inciso III acrescentado pela Lei n. 10.931, de 2-8-2004.

IV – entregar à Comissão de Representantes, no mínimo a cada três meses, demonstrativo do estado da obra e de sua correspondência com o prazo pactuado ou com os recursos financeiros que integrem o patrimônio de afetação recebidos no período, firmados por profissionais habilitados, ressalvadas eventuais modificações sugeridas pelo incorporador e aprovadas pela Comissão de Representantes;

•• Inciso IV acrescentado pela Lei n. 10.931, de 2-8-2004.

V – manter e movimentar os recursos financeiros do patrimônio de afetação em conta de depósito aberta especificamente para tal fim;

•• Inciso V acrescentado pela Lei n. 10.931, de 2-8-2004.

VI – entregar à Comissão de Representantes balancetes coincidentes com o trimestre civil, relativos a cada patrimônio de afetação;

•• Inciso VI acrescentado pela Lei n. 10.931, de 2-8-2004.

VII – assegurar à pessoa nomeada nos termos do art. 31-C o livre acesso à obra, bem como aos livros, contratos, movimentação da conta de depósito exclusiva referida no inciso V deste artigo e quaisquer outros documentos relativos ao patrimônio de afetação; e

•• Inciso VII acrescentado pela Lei n. 10.931, de 2-8-2004.

VIII – manter escrituração contábil completa, ainda que esteja desobrigado pela legislação tributária.

•• Inciso VIII acrescentado pela Lei n. 10.931, de 2-8-2004.

Art. 31-E. O patrimônio de afetação extinguir-se-á pela:

•• *Caput* acrescentado pela Lei n. 10.931, de 2-8-2004.

I – averbação da construção, registro dos títulos de domínio ou de direito de aquisição em nome dos respectivos adquirentes e, quando for o caso, extinção das obrigações do incorporador perante a instituição financiadora do empreendimento;

•• Inciso I acrescentado pela Lei n. 10.931, de 2-8-2004.

II – revogação em razão de denúncia da incorporação, depois de restituídas aos adquirentes as quantias por eles pagas (art. 36), ou de outras hipóteses previstas em lei; e

•• Inciso II acrescentado pela Lei n. 10.931, de 2-8-2004.

III – liquidação deliberada pela assembleia geral nos termos do art. 31-F, § 1.º.

•• Inciso III acrescentado pela Lei n. 10.931, de 2-8-2004.

§ 1.º **Na hipótese prevista no inciso I do *caput* deste artigo, uma vez averbada a construção, o registro de cada contrato de compra e venda ou de promessa de venda, acompanhado do respectivo termo de quitação da instituição financiadora da construção, importará a extinção automática do patrimônio de afetação em relação à respectiva unidade, sem necessidade de averbação específica.**

•• § 1.º acrescentado pela Lei n. 14.382, de 27-6-2022, originalmente vetado, todavia promulgado em 5-1-2023.

§ 2.º **Por ocasião da extinção integral das obrigações do incorporador perante a instituição financiadora do empreendimento e após a averbação da construção, a afetação das unidades não negociadas será cancelada mediante averbação, sem conteúdo financeiro, do respectivo termo de quitação na matrícula matriz do empreendimento ou nas respectivas matrículas das unidades imobiliárias eventualmente abertas.**

•• § 2.º acrescentado pela Lei n. 14.382, de 27-6-2022.

§ 3.º **A extinção no patrimônio de afetação nas hipóteses do inciso I do *caput* e do § 1.º deste artigo não implica a extinção do regime de tributação instituído pelo art. 1.º da Lei n. 10.931, de 2 de agosto de 2004.**

•• § 3.º acrescentado pela Lei n. 14.382, de 27-6-2022, originalmente vetado, todavia promulgado em 5-1-2023.

§ 4.º **Após a denúncia da incorporação, proceder-se-á ao cancelamento do patrimônio de afetação, mediante o cumprimento das obrigações previstas neste artigo, no art. 34 desta Lei e nas demais disposições legais.**

•• § 4.º acrescentado pela Lei n. 14.382, de 27-6-2022.

Art. 31-F. Os efeitos da decretação da falência ou da insolvência civil do incorporador não atingem os patrimônios de afetação constituídos, não integrando a massa concursal o terreno, as acessões e demais bens, direitos creditórios, obrigações e encargos objeto da incorporação.

•• *Caput* acrescentado pela Lei n. 10.931, de 2-8-2004.

§ 1.º Nos sessenta dias que se seguirem à decretação da falência ou da insolvência civil do incorporador, o condomínio dos adquirentes, por convocação da sua Comissão de Representantes ou, na sua falta, de um sexto dos titulares de frações ideais, ou, ainda, por determinação do juiz prolator da decisão, realizará assembleia geral, na qual, por maioria simples, ratificará o mandato da Comissão de Representantes ou elegerá novos membros, e, em primeira convocação, por dois terços dos votos dos adquirentes ou, em segunda convocação, pela maioria absoluta desses votos, instituirá o condomínio da construção, por instrumento público ou particular, e deliberará sobre os termos da continuação da obra ou da liquidação do patrimônio de afetação (art. 43, III); havendo financiamento para construção, a convocação poderá ser feita pela instituição financiadora.

•• § 1.º acrescentado pela Lei n. 10.931, de 2-8-2004.

§ 2.º O disposto no § 1.º aplica-se também à hipótese de paralisação das obras prevista no art. 43, VI.

•• § 2.º acrescentado pela Lei n. 10.931, de 2-8-2004.

§ 3.º Na hipótese de que tratam os §§ 1.º e 2.º, a Comissão de Representantes ficará investida de mandato irrevogável para firmar com os adquirentes das unidades autônomas o contrato definitivo a que estiverem obrigados o incorporador, o titular do domínio e o titular dos direitos aquisitivos do imóvel objeto da incorporação em decorrência de contratos preliminares.

•• § 3.º acrescentado pela Lei n. 10.931, de 2-8-2004.

§ 4.º O mandato a que se refere o § 3.º será válido mesmo depois de concluída a obra.

•• § 4.º acrescentado pela Lei n. 10.931, de 2-8-2004.

§ 5.º O mandato outorgado à Comissão de Representantes confere poderes para transmitir domínio, direito, posse e ação, manifestar a responsabilidade do alienante pela evicção e imitir os adquirentes na posse das unidades respectivas.

•• § 5.º acrescentado pela Lei n. 10.931, de 2-8-2004.

§ 6.º Os contratos definitivos serão celebrados mesmo com os adquirentes que tenham obrigações a cumprir perante o incorporador ou a instituição financiadora, desde que comprovadamente adimplentes, situação em que a outorga do contrato fica condicionada à constituição de garantia real sobre o imóvel, para assegurar o pagamento do débito remanescente.

•• § 6.º acrescentado pela Lei n. 10.931, de 2-8-2004.

§ 7.º Ainda na hipótese dos §§ 1.º e 2.º, a Comissão de Representantes ficará investida de mandato irrevogável para, em nome dos adquirentes, e em cumprimento da decisão da assembleia geral que deliberar pela liquidação do patrimônio de afetação, efetivar a alienação do terreno e das acessões, transmitindo posse, direito, domínio e ação, manifestar a responsabilidade pela evicção, imitir os futuros adquirentes na posse do terreno e das acessões.

•• § 7.º acrescentado pela Lei n. 10.931, de 2-8-2004.

§ 8.º Na hipótese do § 7.º, será firmado o respectivo contrato de venda, promessa de venda ou outra modalidade de contrato compatível com os direitos objeto da transmissão.

•• § 8.º acrescentado pela Lei n. 10.931, de 2-8-2004.

§ 9.º A Comissão de Representantes cumprirá o mandato nos termos e nos limites estabelecidos pela deliberação da assembleia geral e prestará contas aos adquirentes, entregando-lhes o produto líquido da alienação, no prazo de cinco dias da data em que tiver recebido o preço ou cada parcela do preço.

•• § 9.º acrescentado pela Lei n. 10.931, de 2-8-2004.

§ 10. Os valores pertencentes aos adquirentes não localizados deverão ser depositados em Juízo pela Comissão de Representantes.

•• § 10 acrescentado pela Lei n. 10.931, de 2-8-2004.

§ 11. Caso decidam pela continuação da obra, os adquirentes ficarão automaticamente sub-rogados nos direitos, nas obrigações e nos encargos relativos à incorporação, inclusive aqueles relativos ao contrato de financiamento da obra, se houver.

•• § 11 acrescentado pela Lei n. 10.931, de 2-8-2004.

§ 12. Para os efeitos do § 11 deste artigo, cada adquirente responderá individualmente pelo saldo porventura existente entre as receitas do empreendimento e o custo da conclusão da incorporação na proporção dos coeficientes de construção atribuíveis às respectivas unidades, se outro critério de rateio não for deliberado em assembleia geral por dois terços dos votos dos adquirentes, observado o seguinte:

I – os saldos dos preços das frações ideais e acessões integrantes da incorporação que não tenham sido pagos ao incorporador até a data da decretação da falência ou da insolvência civil passarão a ser pagos à Comissão de Representantes, permanecendo o somatório desses recursos submetido à afetação, nos termos do art. 31-A, até o limite necessário à conclusão da incorporação;

II – para cumprimento do seu encargo de administradora da incorporação, a Comissão de Representantes fica investida de mandato legal, em caráter irrevogável, para, em nome do incorporador ou do condomínio de construção, conforme o caso, receber as parcelas do saldo do preço e dar quitação, bem como promover as medidas extrajudiciais ou judiciais necessárias a esse recebimento, praticando todos os atos relativos ao leilão de que trata o art. 63 ou os atos relativos à consolidação da propriedade e ao leilão de que tratam os arts. 26 e 27 da Lei n. 9.514, de 20 de novembro de 1997, devendo realizar a garantia e aplicar na incorporação todo o produto do recebimento do saldo do preço e do leilão;

III – consideram-se receitas do empreendimento os valores das parcelas a receber, vincendas e vencidas e ainda não pagas, de cada adquirente, correspondentes ao preço de aquisição das respectivas unidades ou do preço de custeio de construção, bem como os recursos disponíveis afetados; e

IV – compreendem-se no custo de conclusão da incorporação todo o custeio da construção do edifício e a averbação da construção das edificações para efeito de individualização e discriminação das unidades, nos termos do art. 44.

•• § 12 acrescentado pela Lei n. 10.931, de 2-8-2004.

§ 13. Havendo saldo positivo entre as receitas da incorporação e o custo da conclusão da incorporação, o valor correspondente a esse saldo deverá ser entregue à massa falida pela Comissão de Representantes.

•• § 13 acrescentado pela Lei n. 10.931, de 2-8-2004.

§ 14. Para assegurar as medidas necessárias ao prosseguimento das obras ou à liquidação do patrimônio de afetação, a Comissão de Representantes, no prazo de sessenta dias, a contar da data de realização da assembleia geral de que trata o § 1.º, promoverá, em leilão público, com observância dos critérios estabelecidos pelo art. 63, a venda das frações ideais e respectivas acessões que, até a data da decretação da falência ou insolvência não tiverem sido alienadas pelo incorporador.

•• § 14 acrescentado pela Lei n. 10.931, de 2-8-2004.

§ 15. Na hipótese de que trata o § 14, o arrematante ficará sub-rogado, na proporção atribuível à fração e acessões adquiridas, nos direitos e nas obrigações relativas ao empreendimento, inclusive nas obrigações de eventual financiamento, e, em se tratando da hipótese do art. 39 desta Lei, nas obrigações perante o proprietário do terreno.

•• § 15 acrescentado pela Lei n. 10.931, de 2-8-2004.

§ 16. Dos documentos para anúncio da venda de que trata o § 14 e, bem assim, o inciso III do art. 43, constarão o valor das acessões não pagas pelo incorporador (art. 35, § 6.º) e o preço da fração ideal do terreno e das acessões (arts. 40 e 41).

•• § 16 acrescentado pela Lei n. 10.931, de 2-8-2004.

§ 17. No processo de venda de que trata o § 14, serão asseguradas, sucessivamente, em igualdade de condições com terceiros:

I – ao proprietário do terreno, nas hipóteses em que este seja pessoa distinta da pessoa do incorporador, a preferência para aquisição das acessões vinculadas à fração objeto da venda, a ser exercida nas vinte e quatro horas seguintes à data designada para a venda; e

II – ao condomínio, caso não exercida a preferência de que trata o inciso I, ou caso não haja licitantes, a preferência para aquisição da fração ideal e acessões, desde que deliberada em assembleia geral, pelo voto da maioria simples dos adquirentes presentes, e exercida no prazo de quarenta e oito horas a contar da data designada para a venda.

•• § 17 acrescentado pela Lei n. 10.931, de 2-8-2004.

§ 18. Realizada a venda prevista no § 14, incumbirá à Comissão de Representantes, sucessivamente, nos cinco dias que se seguirem ao recebimento do preço:

I – pagar as obrigações trabalhistas, previdenciárias e tributárias, vinculadas ao respectivo patrimônio de afetação, observada a ordem de preferência prevista na legislação, em especial o disposto no art. 186 do Código Tributário Nacional;

II – reembolsar aos adquirentes as quantias que tenham adiantado, com recursos próprios, para pagamento das obrigações referidas no inciso I;

III – reembolsar à instituição financiadora a quantia que esta tiver entregue para a construção, salvo se outra forma for convencionada entre as partes interessadas;

IV – entregar ao condomínio o valor que este tiver desembolsado para construção das acessões de responsabilidade do incorporador (§ 6.º do art. 35 e § 5.º do art. 31-A), na proporção do valor obtido na venda;

V – entregar ao proprietário do terreno, nas hipóteses em que este seja pessoa distinta da pessoa do incorporador, o valor apurado na venda, em proporção ao valor atribuído à fração ideal; e

VI – entregar à massa falida o saldo que porventura remanescer.

•• § 18 acrescentado pela Lei n. 10.931, de 2-8-2004.

§ 19. O incorporador deve assegurar à pessoa nomeada nos termos do art. 31-C, o acesso a todas as informações necessárias à verificação do montante das obrigações referidas no § 12, I, do art. 31-F vinculadas ao respectivo patrimônio de afetação.

•• § 19 acrescentado pela Lei n. 10.931, de 2-8-2004.

§ 20. Ficam excluídas da responsabilidade dos adquirentes as obrigações relativas, de maneira direta ou indireta, ao imposto de renda e à contribuição social sobre o lucro, devidas pela pessoa jurídica do incorporador, inclusive por equiparação, bem como as obrigações oriundas de outras atividades do incorporador não relacionadas diretamente com as incorporações objeto de afetação.

•• § 20 acrescentado pela Lei n. 10.931, de 2-8-2004.

Capítulo II

DAS OBRIGAÇÕES E DIREITOS DO INCORPORADOR

Art. 32. O incorporador somente poderá alienar ou onerar as frações ideais de terrenos e acessões que corresponderão às futuras unidades autônomas após o registro, no registro de imóveis competente, do memorial de incorporação composto pelos seguintes documentos:

•• *Caput* com redação determinada pela Lei n. 14.382, de 27-6-2022.

a) título de propriedade de terreno, ou de promessa, irrevogável e irretratável, de compra e venda ou de cessão de direitos ou de permuta, do qual conste cláusula de imissão na posse do imóvel, não haja estipulações impeditivas de sua alienação em frações ideais e inclua consentimento para demolição e construção, devidamente registrado;

b) certidões negativas de impostos federais, estaduais e municipais, de protesto de títulos, de ações cíveis e criminais e de ônus reais relativamente ao imóvel, aos alienantes do terreno e ao incorporador;

c) histórico dos títulos de propriedade do imóvel, abrangendo os últimos 20 (vinte) anos, acompanhado de certidão dos respectivos registros;

d) projeto de construção devidamente aprovado pelas autoridades competentes;

e) cálculo das áreas das edificações, discriminando, além da global, a das partes comuns, e indicando, para cada tipo de unidade, a respectiva metragem de área construída;

f) certidão negativa de débito para com a Previdência Social, quando o titular de direitos sobre o terreno for responsável pela arrecadação das respectivas contribuições;

g) memorial descritivo das especificações da obra projetada, segundo modelo a que se refere o inciso IV, do art. 53, desta Lei;

h) avaliação do custo global da obra, atualizada à data do arquivamento, calculada de acordo com a norma do inciso III, do art. 53, com base nos custos unitários referidos no art. 54, discriminando-se, também, o custo de construção de cada unidade, devidamente autenticada pelo profissional responsável pela obra;

i) **instrumento de divisão do terreno em frações ideais autônomas que contenham a sua discriminação e a descrição, a caracterização e a destinação das futuras unidades e partes comuns que a elas acederão;**

•• Alínea *i* com redação determinada pela Lei n. 14.382, de 27-6-2022.

j) **minuta de convenção de condomínio que disciplinará o uso das futuras unidades e partes comuns do conjunto imobiliário;**

•• Alínea *j* com redação determinada pela Lei n. 14.382, de 27-6-2022.

l) declaração em que se defina a parcela do preço de que trata o inciso II, do art. 39;

m) certidão do instrumento público de mandato, referido no § 1.º do art. 31;

n) declaração expressa em que se fixe, se houver, o prazo de carência (art. 34);

o) (*Revogada pela Lei n. 14.382, de 27-6-2022.*)

p) declaração, acompanhada de plantas elucidativas, sobre o número de veículos que a garagem comporta e os locais destinados à guarda dos mesmos.

•• Alínea *p* acrescentada pela Lei n. 4.864, de 29-11-1965.

§ 1.º A documentação referida neste artigo, após o exame do oficial de registro de imóveis, será arquivada em cartório, fazendo-se o competente registro.

§ 1.º-A **O registro do memorial de incorporação sujeita as frações do terreno e as respectivas acessões a regime condominial especial, investe o incorporador e os futuros adquirentes na faculdade de sua livre disposição ou oneração e independe de anuência dos demais condôminos.**

•• § 1.º-A acrescentado pela Lei n. 14.382, de 27-6-2022.

§ 2.º Os contratos de compra e venda, promessa de venda, cessão ou promessa de cessão de unidades autônomas são irretratáveis e, uma vez registrados, conferem direito real oponível a terceiros, atribuindo direito a adjudicação compulsória perante o incorporador ou a quem o suceder, inclusive na hipótese de insolvência posterior ao término da obra.

•• § 2.º com redação determinada pela Lei n. 10.931, de 2-8-2004.

§ 3.º O número do registro referido no § 1.º, bem como a indicação do cartório competente, constará, obrigatoriamente, dos anúncios, impressos, publicações, propostas, contratos, preliminares ou definitivos, referentes à incorporação, salvo dos anúncios "classificados".

§ 4.º O Registro de Imóveis dará certidão ou fornecerá, a quem o solicitar, cópia fotostática, heliográfica, termofax, microfilmagem ou outra equivalente, dos documentos especificados neste artigo, ou autenticará cópia apresentada pela parte interessada.

§ 5.º A existência de ônus fiscais ou reais, salvo os impeditivos de alienação, não impedem o registro, que será feito com as devidas ressalvas, mencionando-se, em todos os documentos, extraídos do registro, a existência e a extensão dos ônus.

§ 6.º **Os oficiais do registro de imóveis terão 10 (dez) dias úteis para apresentar, por escrito, todas as exigências que julgarem necessárias ao registro e, satisfeitas as referidas exigências, terão o prazo de 10 (dez) dias úteis para fornecer certidão e devolver**

a segunda via autenticada da documentação, quando apresentada por meio físico, com exceção dos documentos públicos, e caberá ao oficial, em caso de divergência, suscitar a dúvida, segundo as normas processuais aplicáveis.

•• § 6.º com redação determinada pela Lei n. 14.382, de 27-6-2022.

§ 7.º O oficial do registro de imóveis responde, civil e criminalmente, se efetuar o arquivamento de documentação contraveniente à lei ou der certidão ... (*Vetado*) ... sem o arquivamento de todos os documentos exigidos.

§ 8.º O oficial do registro de imóveis que não observar o prazo previsto no § 6.º ficará sujeito à penalidade imposta pela autoridade judiciária competente em montante igual ao dos emolumentos devidos pelo registro de que trata este artigo, aplicável por quinzena ou fração de quinzena de superação de cada um daqueles prazos.

•• § 8.º acrescentado pela Lei n. 4.864, de 29-11-1965.

§ 9.º O oficial do registro de imóveis não responde pela exatidão dos documentos que lhe forem apresentados para arquivamento em obediência ao disposto nas alíneas *e*, *g*, *h*, *l* e *p* deste artigo, desde que assinados pelo profissional responsável pela obra.

•• § 9.º acrescentado pela Lei n. 4.864, de 29-11-1965.

§ 10. As plantas do projeto aprovado (alínea *d* deste artigo) poderão ser apresentadas em cópia autenticada pelo profissional responsável pela obra, acompanhada de cópia de licença de construção.

•• § 10 acrescentado pela Lei n. 4.864, de 29-11-1965.

§ 11. Até 30 de junho de 1966, se, dentro de 15 (quinze) dias da entrega ao Cartório do Registro de Imóveis da documentação completa prevista neste artigo, feita por carta enviada pelo Ofício de Títulos e Documentos, não tiver o Cartório de Imóveis entregue a certidão de arquivamento e registro, nem formulado, por escrito, as exigências previstas no § 6.º, considerar-se-á de pleno direito completado o registro provisório.

•• § 11 acrescentado pela Lei n. 4.864, de 29-11-1965.

§ 12. O registro provisório previsto no parágrafo anterior autoriza o incorporador a negociar as unidades da incorporação, indicando na sua publicação o número do Registro de Títulos e Documentos referente à remessa dos documentos ao Cartório de Imóveis, sem prejuízo, todavia, da sua responsabilidade perante o adquirente da unidade e da obrigação de satisfazer as exigências posteriormente formuladas pelo Cartório, bem como de completar o registro definitivo.

•• § 12 acrescentado pela Lei n. 4.864, de 29-11-1965.

§ 13. Na incorporação sobre imóvel objeto de imissão na posse registrada conforme item 36 do inciso I do art. 167 da Lei n. 6.015, de 31 de dezembro de 1973, fica dispensada a apresentação, relativamente ao ente público, dos documentos mencionados nas alíneas *a*, *b*, *c*, *f* e *o* deste artigo, devendo o incorporador celebrar contrato de cessão de posse com os adquirentes das unidades autônomas, aplicando-se a regra prevista nos §§ 4.º, 5.º e 6.º do art. 26 da Lei n. 6.766, de 19 de dezembro de 1979.

•• § 13 acrescentado pela Lei n. 12.424, de 16-6-2011.

§ 14. Quando demonstrar de modo suficiente o estado do processo e a repercussão econômica do litígio, a certidão esclarecedora de ação cível ou penal poderá ser substituída por impressão do andamento do processo digital.

•• § 14 acrescentado pela Lei n. 14.382, de 27-6-2022.

§ 15. O registro do memorial de incorporação e da instituição do condomínio sobre as frações ideais constitui ato registral único.

•• § 15 acrescentado pela Lei n. 14.382, de 27-6-2022.

Art. 33. Se, após 180 (cento e oitenta) dias da data do registro da incorporação, ela ainda não se houver concretizado, por meio da formalização da alienação ou da oneração de alguma unidade futura, da contratação de financiamento para a construção ou do início das obras do empreendimento, o incorporador somente poderá negociar unidades depois de averbar a atualização das certidões e de eventuais documentos com prazo de validade vencido a que se refere o art. 32 desta Lei.

•• *Caput* com redação determinada pela Lei n. 14.382, de 27-6-2022.

Parágrafo único. Enquanto não concretizada a incorporação, o procedimento de que trata o *caput* deste artigo deverá ser realizado a cada 180 (cento e oitenta) dias.

•• Parágrafo único acrescentado pela Lei n. 14.382, de 27-6-2022.

Art. 34. O incorporador poderá fixar, para efetivação da incorporação, prazo de carência, dentro do qual lhe é lícito desistir do empreendimento.

§ 1.º A fixação do prazo de carência será feita pela declaração a que se refere a alínea *n*, do art. 32, onde se fixem as condições que autorizarão o incorporador a desistir do empreendimento.

§ 2.º Em caso algum poderá o prazo de carência ultrapassar o termo final do prazo da validade do registro ou, se for o caso, de sua revalidação.

§ 3.º Os documentos preliminares de ajuste, se houver, mencionarão, obrigatoriamente, o prazo de carência, inclusive para efeitos do art. 45.

§ 4.º A desistência da incorporação será denunciada, por escrito, ao Registro de Imóveis ... (*Vetado*) ... e comunicada, por escrito, a cada um dos adquirentes ou candidatos à aquisição, sob pena de responsabilidade civil e criminal do incorporador.

§ 5.º Será averbada no registro da incorporação a desistência de que trata o parágrafo anterior, arquivando-se em cartório o respectivo documento.

§ 6.º O prazo de carência é improrrogável.

Art. 35. O incorporador terá o prazo máximo de 45 (quarenta e cinco) dias, a contar do termo final do prazo de carência, se houver, para promover a celebração do competente contrato relativo à fração ideal de terreno, e, bem assim, do contrato de construção e da Convenção do Condomínio, de acordo com discriminação constante da alínea *i* do art. 32.

•• O prazo de 60 (sessenta) dias foi determinado pelo art. 13 da Lei n. 4.864, de 29-11-1965.

§ 1.º No caso de não haver prazo de carência, o prazo acima se contará da data de qualquer documento de ajuste preliminar.

§ 2.º Quando houver prazo de carência, a obrigação somente deixará de existir se o incorporador tiver denunciado, dentro do mesmo prazo e nas condições previamente estabelecidas, por escrito, ao Registro de Imóveis, a não concretização do empreendimento.

§ 3.º Se, dentro do prazo de carência, o incorporador não denunciar a incorporação, embora não se tenham reunido as condições a que se refere o § 1.º, o outorgante do mandato, de que trata o § 1.º, do art. 31, poderá fazê-lo nos 5 (cinco) dias subsequentes ao prazo de carência, e nesse caso ficará solidariamente responsável com o incorporador pela devolução das quantias que os adquirentes ou candidatos à aquisição houverem entregue ao incorporador, resguardado o direito de regresso sobre eles, dispensando-se, então, do cumprimento da obrigação fixada no *caput* deste artigo.

§ 4.º Descumprida pelo incorporador e pelo mandante de que trata o § 1.º do art. 31 a obrigação da outorga dos contratos referidos no *caput* deste artigo, nos prazos ora fixados, a carta-proposta ou o documento de ajuste preliminar poderão ser averbados no Registro de Imóveis, averbação que conferirá direito real oponível a terceiros, com o consequente direito à obtenção compulsória do contrato correspondente.

§ 5.º Na hipótese do parágrafo anterior, o incorporador incorrerá também na multa de 50% (cinquenta por cento) sobre a quantia que efetivamente tiver recebido, cobrável por via executiva, em favor do adquirente ou candidato à aquisição.

§ 6.º Ressalvado o disposto no art. 43, do contrato de construção deverá constar expressamente a menção dos responsáveis pelo pagamento da construção de cada uma das unidades. O incorporador responde, em igualdade de condições, com os demais contratantes, pelo pagamento da construção das unidades que não tenham tido a responsabilidade pela sua construção assumida por terceiros e até que o tenham.

Art. 35-A. Os contratos de compra e venda, promessa de venda, cessão ou promessa de cessão de unidades autônomas integrantes de incorporação imobiliária serão iniciados por quadro-resumo, que deverá conter:

•• *Caput* acrescentado pela Lei n. 13.786, de 27-12-2018.

I – o preço total a ser pago pelo imóvel;

•• Inciso I acrescentado pela Lei n. 13.786, de 27-12-2018.

II – o valor da parcela do preço a ser tratada como entrada, a sua forma de pagamento, com destaque para o valor pago à vista, e os seus percentuais sobre o valor total do contrato;

•• Inciso II acrescentado pela Lei n. 13.786, de 27-12-2018.

III – o valor referente à corretagem, suas condições de pagamento e a identificação precisa de seu beneficiário;

•• Inciso III acrescentado pela Lei n. 13.786, de 27-12-2018.

IV – a forma de pagamento do preço, com indicação clara dos valores e vencimentos das parcelas;

•• Inciso IV acrescentado pela Lei n. 13.786, de 27-12-2018.

V – os índices de correção monetária aplicáveis ao contrato e, quando houver pluralidade de índices, o período de aplicação de cada um;

•• Inciso V acrescentado pela Lei n. 13.786, de 27-12-2018.

VI – as consequências do desfazimento do contrato, seja por meio de distrato, seja por meio de resolução contratual motivada por inadimplemento de obrigação do adquirente ou do incorporador, com destaque negritado para as penalidades aplicáveis e para os prazos para devolução de valores ao adquirente;

•• Inciso VI acrescentado pela Lei n. 13.786, de 27-12-2018.

VII – as taxas de juros eventualmente aplicadas, se mensais ou anuais, se nominais ou efetivas, o seu período de incidência e o sistema de amortização;

•• Inciso VII acrescentado pela Lei n. 13.786, de 27-12-2018.

VIII – as informações acerca da possibilidade do exercício, por parte do adquirente do imóvel, do direito de arrependimento previsto no art. 49 da Lei n. 8.078, de 11 de setembro de 1990 (Código de Defesa do Consumidor), em todos os contratos firmados em estandes de vendas e fora da sede do incorporador ou do estabelecimento comercial;

•• Inciso VIII acrescentado pela Lei n. 13.786, de 27-12-2018.

IX – o prazo para quitação das obrigações pelo adquirente após a obtenção do auto de conclusão da obra pelo incorporador;

•• Inciso IX acrescentado pela Lei n. 13.786, de 27-12-2018.

X – as informações acerca dos ônus que recaiam sobre o imóvel, em especial quando o vinculem como garantia real do financiamento destinado à construção do investimento;

•• Inciso X acrescentado pela Lei n. 13.786, de 27-12-2018.

XI – o número do registro do memorial de incorporação, a matrícula do imóvel e a identificação do cartório de registro de imóveis competente;

•• Inciso XI acrescentado pela Lei n. 13.786, de 27-12-2018.

XII – o termo final para obtenção do auto de conclusão da obra (habite-se) e os efeitos contratuais da intempestividade prevista no art. 43-A desta Lei.

•• Inciso XII acrescentado pela Lei n. 13.786, de 27-12-2018.

§ 1.º Identificada a ausência de quaisquer das informações previstas no *caput* deste artigo, será concedido prazo de 30 (trinta) dias para aditamento do contrato e saneamento da omissão, findo o qual, essa omissão, se não sanada, caracterizará justa causa para rescisão contratual por parte do adquirente.

•• § 1.º acrescentado pela Lei n. 13.786, de 27-12-2018.

§ 2.º A efetivação das consequências do desfazimento do contrato, referidas no inciso VI do *caput* deste artigo, dependerá de anuência prévia e específica do adquirente a seu respeito, mediante assinatura junto a essas cláusulas, que deverão ser redigidas conforme o disposto no § 4.º do art. 54 da Lei n. 8.078, de 11 de setembro de 1990 (Código de Defesa do Consumidor).

•• § 2.º acrescentado pela Lei n. 13.786, de 27-12-2018.

Art. 36. No caso de denúncia de incorporação, nos termos do art. 34, se o incorporador, até 30 (trinta) dias a contar da denúncia, não restituir aos adquirentes as importâncias pagas, estes poderão cobrá-la por via executiva, reajustado o seu valor a contar da data do recebimento, em função do índice geral de preços mensalmente publicado pelo Conselho Nacional de Economia, que reflita as variações no poder aquisitivo da moeda nacional, e acrescido de juros de 6% (seis por cento) ao ano, sobre o total corrigido.

Art. 37. Se o imóvel estiver gravado de ônus real ou fiscal ou se contra os alienantes houver qualquer ação que possa comprometê-lo, o fato será obrigatoriamente mencionado em todos os documentos de ajuste, com a indicação de sua natureza e das condições de liberação.

Art. 38. Também constará, obrigatoriamente, dos documentos de ajuste, se for o caso, o fato de encontrar-se ocupado o imóvel, esclarecendo-se a que título se deve esta ocupação e quais as condições de desocupação.

Art. 39. Nas incorporações em que a aquisição do terreno se der com pagamento total ou parcial em unidades a serem construídas, deverão ser discriminadas em todos os documentos de ajuste:

I – a parcela que, se houver, será paga em dinheiro;

II – a quota-parte da área das unidades a serem entregues em pagamento do terreno que corresponderá a cada uma das unidades, a qual deverá ser expressa em metros quadrados.

Parágrafo único. Deverá constar, também, de todos os documentos de ajuste, se o alienante do terreno ficou ou não sujeito a qualquer prestação ou encargo.

Art. 40. No caso de rescisão de contrato de alienação do terreno ou de fração ideal, ficarão rescindidas as cessões ou promessas de cessão de direitos correspondentes à aquisição do terreno.

§ 1.º Nesta hipótese, consolidar-se-á, no alienante em cujo favor se opera a resolução, o direito sobre a construção porventura existente.

§ 2.º No caso do parágrafo anterior, cada um dos ex-titulares de direito à aquisição de unidades autônomas haverá do mencionado alienante o valor da parcela de construção que haja adicionado à unidade, salvo se a rescisão houver sido causada pelo ex-titular.

§ 3.º Na hipótese dos parágrafos anteriores, sob pena de nulidade, não poderá o alienante em cujo favor se operou a resolução voltar a negociar seus direitos sobre a unidade autônoma, sem a prévia indenização aos titulares, de que trata o § 2.º.

§ 4.º No caso do parágrafo anterior, se os ex-titulares tiverem de recorrer à cobrança judicial do que lhes for devido, somente poderão garantir o seu pagamento a unidade e respectiva fração de terreno objeto do presente artigo.

Art. 41. Quando as unidades imobiliárias forem contratadas pelo incorporador por preço global compreendendo quota de terreno e construção, inclusive com parte do pagamento após a entrega da unidade, discriminar-se-ão, no contrato, o preço da quota de terreno e o da construção.

§ 1.º Poder-se-á estipular que, na hipótese de o adquirente atrasar o pagamento de parcela relativa a construção, os efeitos da mora recairão não apenas sobre a aquisição da parte construída, mas, também, sobre a fração ideal de terreno, ainda que esta tenha sido totalmente paga.

§ 2.º Poder-se-á também estipular que, na hipótese de o adquirente atrasar o pagamento da parcela relativa à fração ideal de terreno, os efeitos da mora recairão não apenas sobre a aquisição da fração ideal, mas, também, sobre a parte construída, ainda que totalmente paga.

Art. 42. No caso de rescisão do contrato relativo à fração ideal de terreno e partes comuns, a pessoa em cujo favor se tenha operado a resolução sub-rogar-se-á nos direitos e obrigações contratualmente atribuídos ao inadimplente, com relação a construção.

Art. 43. Quando o incorporador contratar a entrega da unidade a prazo e preços certos, determinados ou determináveis, mesmo quando pessoa física, ser-lhe-ão impostas as seguintes normas:

I – encaminhar à comissão de representantes:

•• Inciso I, *caput*, com redação determinada pela Lei n. 14.382, de 27-6-2022.

a) a cada 3 (três) meses, o demonstrativo do estado da obra e de sua correspondência com o prazo pactuado para entrega do conjunto imobiliário; e

•• Alínea *a* acrescentada pela Lei n. 14.382, de 27-6-2022.

b) quando solicitada, a relação dos adquirentes com os seus endereços residenciais e eletrônicos, devendo os integrantes da comissão de representantes, no tratamento de tais dados, atender ao disposto na Lei n. 13.709, de 14 de agosto de 2018 (Lei Geral de Proteção de Dados Pessoais), no que for aplicável;

•• Alínea *b* acrescentada pela Lei n. 14.382, de 27-6-2022.

II – responder civilmente pela execução da incorporação, devendo indenizar os adquirentes ou compromissários, dos prejuízos que a estes advierem do fato de não se concluir a edificação ou de se retardar injustificadamente a conclusão das obras, cabendo-lhe ação regressiva contra o construtor, se for o caso e se a este couber a culpa;

• *Vide* Súmula 194 do STJ.

III – em caso de falência do incorporador, pessoa física ou jurídica, e não ser possível à maioria prosseguir na construção das edificações, os subscritores ou candidatos à aquisição de unidades serão credores privilegiados pelas quantias que houverem pago ao incorporador, respondendo subsidiariamente os bens pessoais deste;

IV – é vedado ao incorporador alterar o projeto, especialmente no que se refere à unidade do adquirente e às partes comuns, modificar as especificações, ou desviar-se do plano da construção, salvo autorização unânime dos interessados ou exigência legal;

V – não poderá modificar as condições de pagamento nem reajustar o preço das unidades, ainda no caso de elevação dos preços dos materiais e da mão de obra, salvo se tiver sido expressamente ajustada a faculdade de reajustamento, procedendo-se, então, nas condições estipuladas;

VI – se o incorporador, sem justa causa devidamente comprovada, paralisar as obras por mais de 30 (trinta) dias, ou retardar-lhes excessivamente o andamento, poderá o juiz notificá-lo para que no prazo mínimo de 30 (trinta) dias as reinicie ou torne a dar-lhes o andamento normal. Desatendida a notificação, poderá o incorporador ser destituído pela maioria absoluta dos votos dos adquirentes, sem prejuízo da responsabilidade civil ou penal que couber, sujeito à cobrança executiva das importâncias comprovadamente devidas, facultando-se aos interessados prosseguir na obra (*Vetado*);

VII – em caso de insolvência do incorporador que tiver optado pelo regime da afetação e não sendo possível à maioria prosseguir na construção, a assembleia geral poderá, pelo voto de 2/3 (dois terços) dos adquirentes, deliberar pela venda do terreno, das acessões e demais bens e direitos integrantes do patrimônio de afetação, mediante leilão ou outra forma que estabelecer, distribuindo entre si, na proporção dos recursos que comprovadamente tiverem aportado, o resultado líquido da venda, depois de pagas as dívidas do patrimônio de afetação e deduzido e entregue ao proprietário do terreno a quantia que lhe couber, nos termos do art. 40; não se obtendo, na venda, a reposição dos aportes efetivados pelos adquirentes, reajustada na forma da lei e de acordo com os critérios do contrato celebrado com o incorporador, os adquirentes serão credores privilegiados pelos valores da diferença não reembolsada, respondendo subsidiariamente os bens pessoais do incorporador.

•• Inciso VII acrescentado pela Lei n. 10.931, de 2-8-2004.

§ 1.º Deliberada a destituição de que tratam os incisos VI e VII do *caput* deste artigo, o incorporador será notificado extrajudicialmente pelo oficial do registro de imóveis da circunscrição em que estiver localizado o empreendimento para que, no prazo de 15 (quinze) dias, contado da data da entrega da notificação na sede do incorporador ou no seu endereço eletrônico:

•• § 1.º, *caput*, acrescentado pela Lei n. 14.382, de 27-6-2022.

I – imita a comissão de representantes na posse do empreendimento e lhe entregue:

•• Inciso I, *caput*, acrescentado pela Lei n. 14.382, de 27-6-2022.

a) os documentos correspondentes à incorporação; e

•• Alínea *a* acrescentada pela Lei n. 14.382, de 27-6-2022.

b) os comprovantes de quitação das quotas de construção de sua responsabilidade a que se referem o § 5.º do art. 31-A e o § 6.º do art. 35 desta Lei; ou

•• Alínea *b* acrescentada pela Lei n. 14.382, de 27-6-2022.

II – efetive o pagamento das quotas que estiverem pendentes, de modo a viabilizar a realização da auditoria a que se refere o art. 31-C desta Lei.

•• Inciso II acrescentado pela Lei n. 14.382, de 27-6-2022.

§ 2.º Da ata da assembleia geral que deliberar a destituição do incorporador deverão constar os nomes dos adquirentes presentes e as seguintes informações:

•• § 2.º, *caput*, acrescentado pela Lei n. 14.382, de 27-6-2022.

I – a qualificação;

•• Inciso I acrescentado pela Lei n. 14.382, de 27-6-2022.

II – o documento de identidade;

•• Inciso II acrescentado pela Lei n. 14.382, de 27-6-2022.

III – as inscrições no Cadastro de Pessoas Físicas (CPF) ou no Cadastro Nacional de Pessoas Jurídicas (CNPJ) da Secretaria Especial da Receita Federal do Brasil do Ministério da Economia;

•• Inciso III acrescentado pela Lei n. 14.382, de 27-6-2022.

IV – os endereços residenciais ou comerciais completos; e

•• Inciso IV acrescentado pela Lei n. 14.382, de 27-6-2022.

V – as respectivas frações ideais e acessões a que se vincularão as suas futuras unidades imobiliárias, com a indicação dos correspondentes títulos aquisitivos, públicos ou particulares, ainda que não registrados no registro de imóveis.

•• Inciso V acrescentado pela Lei n. 14.382, de 27-6-2022.

§ 3.º A ata de que trata o § 2.º deste artigo, registrada no registro de títulos e documentos, constituirá documento hábil para:

•• § 3.º, *caput*, acrescentado pela Lei n. 14.382, de 27-6-2022.

I – averbação da destituição do incorporador na matrícula do registro de imóveis da circunscrição em que estiver registrado o memorial de incorporação; e

•• Inciso I acrescentado pela Lei n. 14.382, de 27-6-2022.

II – implementação das medidas judiciais ou extrajudiciais necessárias:

•• Inciso II, *caput*, acrescentado pela Lei n. 14.382, de 27-6-2022.

a) à imissão da comissão de representantes na posse do empreendimento;

•• Alínea *a* acrescentada pela Lei n. 14.382, de 27-6-2022.

b) à investidura da comissão de representantes na administração e nos poderes para a prática dos atos de disposição que lhe são conferidos pelos arts. 31-F e 63 desta Lei;

•• Alínea *b* acrescentada pela Lei n. 14.382, de 27-6-2022.

c) à inscrição do respectivo condomínio da construção no CNPJ; e

•• Alínea *c* acrescentada pela Lei n. 14.382, de 27-6-2022.

d) quaisquer outros atos necessários à efetividade da norma instituída no *caput* deste artigo, inclusive para prosseguimento da obra ou liquidação do patrimônio da incorporação.

•• Alínea *d* acrescentada pela Lei n. 14.382, de 27-6-2022.

§ 4.º As unidades não negociadas pelo incorporador e vinculadas ao pagamento das correspondentes quotas de construção nos termos do § 6.º do art. 35 desta Lei ficam indisponíveis e insuscetíveis de constrição por dívidas estranhas à respectiva incorporação até que o incorporador comprove a regularidade do pagamento.

•• § 4.º acrescentado pela Lei n. 14.382, de 27-6-2022.

§ 5.º Fica autorizada a comissão de representantes a promover a venda, com fundamento no § 14 do art. 31-F e no art. 63 desta Lei, das unidades de que trata o § 4.º, expirado o prazo da notificação a que se refere o § 1.º deste artigo, com aplicação do produto obtido no pagamento do débito correspondente.

•• § 5.º acrescentado pela Lei n. 14.382, de 27-6-2022.

Art. 43-A. A entrega do imóvel em até 180 (cento e oitenta) dias corridos da data estipulada contratualmente como data prevista para conclusão do empreendimento, desde que expressamente pactuado, de forma clara e destacada, não dará causa à resolução do contrato por parte do adquirente nem ensejará o pagamento de qualquer penalidade pelo incorporador.

•• *Caput* acrescentado pela Lei n. 13.786, de 27-12-2018.

§ 1.º Se a entrega do imóvel ultrapassar o prazo estabelecido no *caput* deste artigo, desde que o adquirente não tenha dado causa ao atraso, poderá ser promovida por este a resolução do contrato, sem prejuízo da devolução da integralidade de todos os valores pagos e da multa estabelecida, em até 60 (sessenta) dias corridos contados da resolução, corrigidos nos termos do § 8.º do art. 67-A desta Lei.

•• § 1.º acrescentado pela Lei n. 13.786, de 27-12-2018.

§ 2.º Na hipótese de a entrega do imóvel estender-se por prazo superior àquele previsto no *caput* deste artigo, e não se tratar de resolução do contrato, será devida ao adquirente adimplente, por ocasião da entrega da unidade, indenização de 1% (um por cento) do valor efetivamente pago à incorporadora, para cada mês de atraso, *pro rata die*, corrigido monetariamente conforme índice estipulado em contrato.

•• § 2.º acrescentado pela Lei n. 13.786, de 27-12-2018.

§ 3.º A multa prevista no § 2.º deste artigo, referente a mora no cumprimento da obrigação, em hipótese alguma poderá ser cumulada com a multa estabelecida no § 1.º deste artigo, que trata da inexecução total da obrigação.

•• § 3.º acrescentado pela Lei n. 13.786, de 27-12-2018.

Art. 44. Após a concessão do habite-se pela autoridade administrativa, incumbe ao incorporador a averbação da construção em correspondência às frações ideais discriminadas na matrícula do terreno, respondendo perante os adquirentes pelas perdas e danos que resultem da demora no cumprimento dessa obrigação.

•• *Caput* com redação determinada pela Lei n. 14.382, de 27-6-2022.

§ 1.º Se o incorporador não requerer a averbação (*Vetado*) o construtor requerê-la-á (*Vetado*) sob pena de ficar solidariamente responsável com o incorporador perante os adquirentes.

§ 2.º Na omissão do incorporador e do construtor, a averbação poderá ser requerida por qualquer dos adquirentes de unidade.

Art. 45. É lícito ao incorporador recolher o Imposto do Selo devido, mediante apresentação dos contratos preliminares, até 10 (dez) dias a contar do vencimento do prazo de carência a que se refere o art. 34, extinta a obrigação se, dentro deste prazo, for denunciada a incorporação.

•• Com a reforma tributária de 1965 foi extinto o Imposto do Selo, o qual foi substituído pelo Imposto sobre Operações de Crédito, Câmbio e Seguro ou Relativas a Títulos ou Valores Mobiliários.

Art. 46. Quando o pagamento do Imposto sobre Lucro Imobiliário e respectivos acréscimos e adicionais for de responsabilidade do vendedor do terreno, será lícito ao adquirente reter o pagamento das últimas prestações anteriores à data-limite em que é lícito pagar, sem reajuste, o referido imposto e os adicionais, caso o vendedor não apresente a quitação até 10 (dez) dias antes do vencimento das prestações cujo pagamento torne inferior ao débito fiscal a parte do preço a ser ainda paga até a referida data-limite.

Parágrafo único. No caso de retenção pelo adquirente, esse ficará responsável, para todos os efeitos, perante o Fisco, pelo recolhimento do tributo, adicionais e acréscimos, inclusive pelos reajustamentos que vier a sofrer o débito fiscal (*Vetado*).

Art. 47. Quando se fixar no contrato que a obrigação do pagamento do Imposto sobre Lucro Imobiliário, acréscimos e adicionais devidos pelo alienante é transferida ao adquirente, dever-se-á explicitar o montante que tal obrigação atingiria, se sua satisfação se desse na data da escritura.

§ 1.º Neste caso, o adquirente será tido, para todos os efeitos, como responsável perante o Fisco.

§ 2.º Havendo parcela restituível, a restituição será feita ao adquirente, e, se for o caso, em nome deste serão emitidas as Obrigações do Tesouro Nacional a que se refere o art. 4.º da Lei n. 4.357, de 16 de julho de 1964.

§ 3.º Para efeitos fiscais, não importará em aumento do preço de aquisição a circunstância de obrigar-se o adquirente ao pagamento do Imposto sobre Lucro Imobiliário, seus acréscimos e adicionais.

Capítulo III
DA CONSTRUÇÃO DE EDIFICAÇÕES EM CONDOMÍNIO

Seção I
Da Construção em Geral

Art. 48. A construção de imóveis, objeto de incorporação nos moldes previstos nesta Lei, poderá ser contratada sob o regime da empreitada ou de administração, conforme adiante definidos, e poderá estar incluída no contrato com o incorporador (*Vetado*), ou ser contratada diretamente entre os adquirentes e o construtor.

§ 1.º O projeto e o memorial descritivo das edificações farão parte integrante e complementar do contrato.

§ 2.º Do contrato deverá constar o prazo da entrega das obras e as condições e formas de sua eventual prorrogação.

Art. 49. Os contratantes da construção, inclusive no caso do art. 43, para tratar de seus interesses, com relação a ela, poderão reunir-se em assembleia, cujas deliberações, desde que aprovadas por maioria simples dos votos presentes, serão válidas e obrigatórias para todos eles, salvo no que afetar ao direito de propriedade previsto na legislação.

§ 1.º As assembleias serão convocadas, pelo menos, por um terço dos votos dos contratantes, pelo incorporador ou pelo construtor, com menção expressa do assunto a tratar, sendo admitido comparecimento de procurador bastante.

§ 2.º A convocação da assembleia será feita por carta registrada ou protocolo, com antecedência mínima de 5 (cinco) dias para a primeira convocação, e mais 3 (três) dias para a segunda, podendo ambas as convocações ser feitas no mesmo aviso.

§ 3.º A assembleia instalar-se-á, no mínimo, com metade dos contratantes, em primeira convocação, e com qualquer número, em segunda, sendo, porém, obrigatória a presença, em qualquer caso, do incorporador ou do construtor, quando convocantes, e, pelo menos, com metade dos contratantes que a tenham convocado, se for o caso.

§ 4.º Na assembleia os votos dos contratantes serão proporcionais às respectivas frações ideais de terreno.

Art. 50. Será designada no contrato de construção ou eleita em assembleia geral a ser realizada por iniciativa do incorporador no prazo de até 6 (seis) meses, contado da data do registro do memorial de incorporação, uma comissão de representantes composta por, no mínimo, 3 (três) membros escolhidos entre os adquirentes para representá-los perante o construtor ou, no caso previsto no art. 43 desta Lei, o incorporador, em tudo o que interessar ao bom andamento da incorporação e, em especial, perante terceiros, para praticar os atos resultantes da aplicação do disposto nos art. 31-A a art. 31-F desta Lei.

•• *Caput* com redação determinada pela Lei n. 14.382, de 27-6-2022.

§ 1.º Uma vez eleita a Comissão, cuja constituição se comprovará com a ata da assembleia, devidamente inscrita no Registro de Títulos e Documentos, esta ficará de pleno direito investida dos poderes necessários para exercer todas as atribuições e praticar todos os atos que esta Lei e o contrato de construção lhe deferirem, sem necessidade de instrumento especial outorgado pelos contratantes ou, se for o caso, pelos que se sub-rogarem nos direitos e obrigações destes.

§ 2.º A assembleia geral poderá, pela maioria absoluta dos votos dos adquirentes, alterar a composição da Comissão de Representantes e revogar qualquer de suas decisões, ressalvados os direitos de terceiros quanto aos efeitos já produzidos.

•• § 2.º com redação determinada pela Lei n. 10.931, de 2-8-2004.

§ 3.º Respeitados os limites constantes desta Lei, o contrato poderá discriminar as atribuições da Comissão e deverá dispor sobre os mandatos de seus membros, sua destituição e a forma de preenchimento das vagas eventuais, sendo lícita a estipulação de que o mandato conferido a qualquer membro, no caso de sub-rogação de seu contrato a terceiros, se tenha por transferido, de pleno direito, ao sub-rogatário, salvo se este não o aceitar.

§ 4.º Nas incorporações em que o número de contratantes de unidades for igual ou inferior a três, a totalidade deles exercerá, em conjunto, as atribuições que esta Lei confere à Comissão, aplicando-se, no que couber, o disposto nos parágrafos anteriores.

Art. 51. Nos contratos de construção, seja qual for seu regime, deverá constar expressamente a quem caberão as despesas com ligações de serviços públicos, devidas ao Poder Público, bem como as despesas indispensáveis à instalação, funcionamento e regulamentação do condomínio.

Parágrafo único. Quando o serviço público for explorado mediante concessão, os contratos de construção deverão também especificar a quem caberão as despesas com as ligações que incumbam às concessionárias, no caso de não estarem elas obrigadas a fazê-las, ou, em o estando, se a isto se recusarem ou alegarem impossibilidade.

Art. 52. Cada contratante da construção só será imitido na posse de sua unidade se estiver em dia com as obrigações assumidas, inclusive as relativas à construção, exercendo o construtor e o condomínio, até então, o direito de retenção sobre a respectiva unidade; no caso do art. 43, este direito será exercido pelo incorporador.

Art. 53. O Poder Executivo, através do Banco Nacional da Habitação, promoverá a celebração de contratos, com a Associação Brasileira de Normas Técnicas (ABNT), no sentido de que esta, tendo em vista o disposto na Lei n. 4.150, de 21 de novembro de 1962, prepare, no prazo máximo de 120 (cento e vinte) dias, normas que estabeleçam, para cada tipo de prédio que padronizar:

I – critérios e normas para cálculo de custos unitários de construção para uso dos sindicatos, na forma do art. 54;

II – critérios e normas para execução de orçamentos de custo de construção, para fins do disposto no art. 59;

III – critérios e normas para avaliação de custo global de obra, para fins da alínea *h*, do art. 32;

IV – modelo de memorial descritivo dos acabamentos de edificação, para fins do disposto no art. 32;

V – critério para entrosamento entre o cronograma das obras e o pagamento das prestações, que poderá ser introduzido nos contratos de incorporação inclusive para o efeito de aplicação do disposto no § 2.º do art. 48.

§ 1.º O número de tipos padronizados deverá ser reduzido e na fixação se atenderá primordialmente:

a) o número de pavimentos e a existência de pavimentos especiais (subsolo, *pilotis* etc.);

b) o padrão da construção (baixo, normal, alto), tendo em conta as condições de acabamento, a qualidade dos materiais empregados, os equipamentos, o número de elevadores e as inovações de conforto;

c) as áreas de construção.

§ 2.º Para custear o serviço a ser feito pela ABNT, definido neste artigo, fica autorizado o Poder Executivo a abrir um crédito especial no valor de dez milhões de cruzeiros, em favor do Banco Nacional da Habitação, vinculado a este fim, podendo o Banco adiantar a importância à ABNT, se necessário.

§ 3.º No contrato a ser celebrado com a ABNT, estipular-se-á a atualização periódica das normas previstas neste artigo, mediante remuneração razoável.

Art. 54. Os sindicatos estaduais da indústria da construção civil ficam obrigados a divulgar mensalmente, até o dia 5 de cada mês, os custos unitários de construção a serem adotados nas respectivas regiões jurisdicionais, calculados com observância dos critérios e normas a que se refere o inciso I do artigo anterior.

§ 1.º O sindicato estadual que deixar de cumprir a obrigação prevista neste artigo deixará de receber dos cofres públicos, enquanto perdurar a omissão, qualquer subvenção ou auxílio que pleiteie ou a que tenha direito.

§ 2.º Na ocorrência de omissão de sindicato estadual, o construtor usará os índices fixados por outro sindicato estadual, em cuja região os custos de construção mais lhe pareçam aproximados dos da sua.

§ 3.º Os orçamentos ou estimativas baseados nos custos unitários a que se refere este artigo só poderão ser considerados atualizados, em certo mês, para os efeitos desta Lei, se baseados em custos unitários relativos ao próprio mês ou a um dos dois meses anteriores.

Seção II

Da Construção por Empreitada

Art. 55. Nas incorporações em que a construção seja feita pelo regime de empreitada, esta poderá ser a preço fixo, ou a preço reajustável por índices previamente determinados.

§ 1.º Na empreitada a preço fixo, o preço da construção será irreajustável, independentemente das variações que sofrer o custo efetivo das obras e quaisquer que sejam suas causas.

§ 2.º Na empreitada a preço reajustável, o preço fixado no contrato será reajustado na forma e nas épocas nele expressamente previstas, em função da variação dos índices adotados, também previstos obrigatoriamente no contrato.

§ 3.º Nos contratos de construção por empreitada, a Comissão de Representantes fiscalizará o andamento da obra e a obediência ao projeto e às especificações exercendo as demais obrigações inerentes à sua função representativa dos contratantes e fiscalizadora da construção.

§ 4.º Nos contratos de construção fixados sob regime de empreitada, reajustável, a Comissão de Representantes fiscalizará, também, o cálculo do reajustamento.

§ 5.º No contrato deverá ser mencionado o montante do orçamento atualizado da obra, calculado de acordo com as normas do inciso III do art. 53, com base nos custos unitários referidos no art. 54, quando o preço estipulado for inferior ao mesmo.

§ 6.º Na forma de expressa referência, os contratos de empreitada entendem-se como sendo a preço fixo.

Art. 56. Em toda a publicidade ou propaganda escrita, destinada a promover a venda de incorporação com construção pelo regime de empreitada reajustável, em que conste preço, serão discriminados explicitamente o preço da fração ideal do terreno e o preço da construção, com indicação expressa da reajustabilidade.

§ 1.º As mesmas indicações deverão constar em todos os papéis utilizados para a realização da incorporação, tais como cartas, propostas, escrituras, contratos e documentos semelhantes.

§ 2.º Esta exigência será dispensada nos anúncios "classificados" dos jornais.

Art. 57. Ao construtor que contratar, por empreitada a preço fixo, uma obra de incorporação, aplicar-se-á, no que couber, o disposto nos itens II, III, IV (*Vetado*) e VI do art. 43.

Seção III
Da Construção por Administração

Art. 58. Nas incorporações em que a construção for contratada pelo regime de administração, também chamado "a preço de custo", será de responsabilidade dos proprietários ou adquirentes o pagamento do custo integral de obra, observadas as seguintes disposições:

I – todas as faturas, duplicatas, recibos e quaisquer documentos referentes às transações ou aquisições para construção, serão emitidos em nome do condomínio dos contratantes da construção;

II – todas as contribuições dos condôminos, para qualquer fim relacionado com a construção, serão depositadas em contas abertas em nome do condomínio dos contratantes em estabelecimentos bancários, as quais serão movimentadas pela forma que for fixada no contrato.

Art. 59. No regime de construção por administração será obrigatório constar do respectivo contrato o montante do orçamento do custo da obra, elaborado com estrita observância dos critérios e normas referidos no inciso II do art. 53, e a data em que se iniciará efetivamente a obra.

§ 1.º Nos contratos lavrados até o término das funções, este montante não poderá ser inferior ao da estimativa atualizada, a que se refere o § 3.º do art. 54.

§ 2.º Nos contratos celebrados após o término das funções, este montante não poderá ser inferior à última revisão efetivada na forma do artigo seguinte.

§ 3.º Às transferências e sub-rogações do contrato, em qualquer fase da obra, aplicar-se-á o disposto neste artigo.

Art. 60. As revisões da estimativa de custo da obra serão efetuadas, pelo menos semestralmente, em comum entre a Comissão de Representantes e o construtor. O contrato poderá estipular que, em função das necessidades da obra, sejam alteráveis os esquemas de contribuições quanto ao total, ao número, ao valor e à distribuição no tempo das prestações.

Parágrafo único. Em caso de majoração de prestações, o novo esquema deverá ser comunicado aos contratantes, com antecedência mínima de 45 (quarenta e cinco) dias da data em que deverão ser efetuados os depósitos das primeiras prestações alteradas.

Art. 61. A Comissão de Representantes terá poderes para, em nome de todos os contratantes e na forma prevista no contrato:

a) examinar os balancetes organizados pelos construtores, dos recebimentos e despesas do condomínio dos contratantes, aprová-los ou impugná-los, examinando a documentação respectiva;

b) fiscalizar concorrências relativas às compras dos materiais necessários à obra ou aos serviços a ela pertinentes;

c) contratar, em nome do condomínio, com qualquer condômino, modificações por ele solicitadas em sua respectiva unidade, a serem administradas pelo construtor, desde que não prejudiquem unidade de outro condômino e não estejam em desacordo com o parecer técnico do construtor;

d) fiscalizar a arrecadação das contribuições destinadas à construção;

e) exercer as demais obrigações inerentes a sua função representativa dos contratantes e fiscalizadora da construção, e praticar todos os atos necessários ao funcionamento regular do condomínio.

Art. 62. Em toda publicidade ou propaganda escrita destinada a promover a venda de incorporação com construção pelo regime de administração em que conste preço, serão discriminados explicitamente o preço da fração ideal de terreno e o montante do orçamento atualizado do custo da construção, na forma dos arts. 59 e 60, com a indicação do mês a que se refere o dito orçamento e do tipo padronizado a que se vincule o mesmo.

§ 1.º As mesmas indicações deverão constar em todos os papéis utilizados para a realização da incorporação, tais como cartas, propostas, escrituras, contratos e documentos semelhantes.

§ 2.º Esta exigência será dispensada nos anúncios "classificados" dos jornais.

Capítulo IV
DAS INFRAÇÕES

Art. 63. É lícito estipular no contrato, sem prejuízo de outras sanções, que a falta de pagamento, por parte do adquirente ou contratante, de três prestações do preço da construção, quer estabelecidas inicialmente, quer alteradas ou criadas posteriormente, quando for o caso, depois de prévia notificação com o prazo de 10 (dez) dias para purgação da mora, implique na rescisão do contrato, conforme nele se fixar, ou que, na falta de pagamento pelo débito respondem os direitos à respectiva fração ideal de terreno e à parte construída adicionada, na forma abaixo estabelecida, se outra forma não fixar o contrato.

§ 1.º Se o débito não for liquidado no prazo de 10 (dez) dias, após solicitação da Comissão de Representantes, esta ficará, desde logo, de pleno direito, autorizada a efetuar, no prazo que fixar, em público leilão anunciado pela forma que o contrato previr, a venda, promessa de venda ou de cessão, ou a cessão da quota de terreno e correspondente parte construída e direitos, bem como a sub-rogação do contrato de construção.

§ 2.º Se o maior lanço obtido for inferior ao desembolso efetuado pelo inadimplente, para a quota do terreno e a construção, despesas acarretadas e as percentagens expressas no parágrafo seguinte, será realizada nova praça no prazo estipulado no contrato. Nesta segunda praça, será aceito o maior lanço apurado, ainda que inferior àquele total (*Vetado*).

§ 3.º No prazo de 24 (vinte e quatro) horas após a realização do leilão final, o condomínio, por decisão unânime de assembleia geral em condições de igualdade com terceiros, terá preferência na aquisição dos bens, caso em que serão adjudicados ao condomínio.

§ 4.º Do preço que for apurado no leilão, serão deduzidas as quantias em débito, todas as despesas ocorridas, inclusive honorários de advogado e anúncios, e mais 5% (cinco por cento) a título de comissão e 10% (dez por cento) de multa compensatória, que reverterão em benefício do condomínio de todos os contratantes, com exceção do faltoso, ao qual será entregue o saldo, se houver.

§ 5.º Para os fins das medidas estipuladas neste artigo, a Comissão de Representantes ficará investida de mandato irrevogável, isento do Imposto do Selo, na vigência do contrato geral de construção da obra, com poderes necessários para, em nome do condômino inadimplente, efetuar as citadas transações, podendo para este fim fixar preços, ajustar condições, sub-rogar o arrematante nos direitos e obrigações decorrentes do contrato de construção e da quota de terreno e construção; outorgar as competentes escrituras e contratos, receber preços, dar quitações; imitir o arrematante na posse do imóvel; transmitir domínio, direito e ação; responder pela evicção; receber citação, propor e variar de ações; e também dos poderes *ad juditia*, a serem substabelecidos a advogado legalmente habilitado.

• *Vide* nota ao art. 45 desta Lei.

§ 6.º A morte, falência ou concordata do condômino ou sua dissolução, se se tratar de sociedade, não revogará o mandato de que trata o parágrafo anterior, o qual poderá ser exercido pela Comissão de Representantes até a conclusão dos pagamentos devidos, ainda que a unidade pertença a menor de idade.

§ 7.º Os eventuais débitos, fiscais ou para com a Previdência Social, não impedirão a alienação por leilão público. Neste caso, ao condômino somente será entregue o saldo, se houver, desde que prove estar quite com o Fisco e a Previdência Social, devendo a Comissão de Representantes, em caso contrário, consignar judicialmente a importância equivalente aos débitos existentes, dando ciência do fato à entidade credora.

§ 8.º Independentemente das disposições deste artigo e seus parágrafos, e como penalidades preliminares, poderá o contrato de construção estabelecer a incidência de multas e juros de mora em caso de atraso no depósito de contribuições sem prejuízo do disposto no parágrafo seguinte.

§ 9.º O contrato poderá dispor que o valor das prestações, pagas com atraso, seja corrigível em função da variação do índice geral de preços mensalmente publicado pelo Conselho Nacional de Economia, que reflita as oscilações do poder aquisitivo da moeda nacional.

§ 10. O membro da Comissão de Representantes que incorrer na falta prevista neste artigo estará sujeito à perda automática do mandato e deverá ser substituído segundo dispuser o contrato.

Art. 64. Os órgãos de informação e publicidade que divulgarem publicidade sem os requisitos exigidos pelo § 3.º do art. 32 e pelos arts. 56 e 62, desta Lei, sujeitar-se-ão à multa em importância correspondente ao dobro do preço pago pelo anunciante, a qual reverterá em favor da respectiva Municipalidade.

Art. 65. É crime contra a economia popular promover incorporação, fazendo, em proposta, contratos, prospectos ou comunicação ao público ou aos interessados, afirmação falsa sobre a constituição do condomínio, alienação das frações ideais do terreno ou sobre a construção das edificações.

Pena – reclusão de 1 (um) a 4 (quatro) anos e multa de 5 (cinco) a 50 (cinquenta) vezes o maior salário mínimo legal vigente no País.

•• O art. 2.º da Lei n. 7.209, de 11-7-1984, cancela, na Parte Especial do CP e nas leis especiais alcançadas pelo art. 12 do mesmo Código, quaisquer referências a valores de multa, substituindo-a expressão *multa de* por *multa*.

§ 1.º Incorrem na mesma pena:

I – o incorporador, o corretor e o construtor, individuais, bem como os diretores ou gerentes de empresa coletiva, incorporadora, corretora ou construtora que, em proposta, contrato, publicidade, prospecto, relatório, parecer, balanço ou comunicação ao público ou aos condôminos, candidatos ou subscritores de unidades, fizerem afirmação falsa sobre a constituição do condomínio, alienação das frações ideais ou sobre a construção das edificações;

II – o incorporador, o corretor e o construtor individuais, bem como os diretores ou gerentes de empresa coletiva, incorporadora, corretora ou construtora que usar, ainda que a título de empréstimo, em proveito próprio ou de terceiro, bens ou haveres destinados a incorporação contratada por administração, sem prévia autorização dos interessados.

§ 2.º O julgamento destes crimes será de competência de juízo singular, aplicando-se os arts. 5.º, 6.º e 7.º da Lei n. 1.521, de 26 de dezembro de 1951.

§ 3.º Em qualquer fase do procedimento criminal objeto deste artigo, a prisão do indiciado dependerá sempre de mandado do juízo referido no § 2.º.

•• § 3.º acrescentado pela Lei n. 4.864, de 29-11-1965.

Art. 66. São contravenções relativas à economia popular, puníveis na forma do art. 10 da Lei n. 1.521, de 26 de dezembro de 1951:

I – negociar o incorporador frações ideais de terreno, sem previamente satisfazer às exigências constantes desta Lei;

II – omitir o incorporador, em qualquer documento de ajuste, as indicações a que se referem os arts. 37 e 38, desta Lei;

III – deixar o incorporador, sem justa causa, no prazo do art. 35 e ressalvada a hipótese de seus §§ 2.º e 3.º, de promover a celebração do contrato relativo à fração ideal de terreno, do contrato de construção ou da Convenção do Condomínio;

IV – (*Vetado*);

V – omitir o incorporador, no contrato, a indicação a que se refere o § 5.º do art. 55 desta Lei;

VI – paralisar o incorporador a obra, por mais de 30 (trinta) dias, ou retardar-lhe excessivamente o andamento sem justa causa.

Pena – multa de 5 (cinco) a 20 (vinte) vezes o maior salário mínimo legal vigente no País.

•• *Vide* nota ao art. 65, *caput*.

Parágrafo único. No caso de contratos relativos a incorporações, de que não participe o incorporador, responderão solidariamente pelas faltas capituladas neste artigo o construtor, o corretor, o proprietário ou titular de direitos aquisitivos do terreno, desde que figurem no contrato, com direito regressivo sobre o incorporador, se as faltas cometidas lhe forem imputáveis.

Capítulo V
DAS DISPOSIÇÕES FINAIS E TRANSITÓRIAS

Art. 67. Os contratos poderão consignar exclusivamente as cláusulas, termos ou condições variáveis ou específicas.

§ 1.º As cláusulas comuns a todos os adquirentes não precisarão figurar expressamente nos respectivos contratos.

§ 2.º Os contratos, no entanto, consignarão obrigatoriamente que as partes contratantes adotem e se comprometam a cumprir as cláusulas, termos e condições contratuais a que se refere o parágrafo anterior, sempre transcritas, *verbo ad verbum*, no respectivo cartório ou ofício, mencionando, inclusive, o número do livro e das folhas do competente registro.

§ 3.º Aos adquirentes, ao receberem os respectivos instrumentos, será obrigatoriamente entregue cópia, impressa ou mimeografada, autenticada, do contrato-padrão contendo as cláusulas, termos e condições referidas no § 1.º deste artigo.

§ 4.º Os Cartórios de Registro de Imóveis, para os devidos efeitos, receberão dos incorporadores, autenticadamente, o instrumento a que se refere o parágrafo anterior.

Art. 67-A. Em caso de desfazimento do contrato celebrado exclusivamente com o incorporador, mediante distrato ou resolução por inadimplemento absoluto de obrigação do adquirente, este fará jus à restituição das quantias que houver pago diretamente ao incorporador, atualizadas com base no índice contratualmente estabelecido para a correção monetária das parcelas do preço do imóvel, delas deduzidas, cumulativamente:

•• *Caput* acrescentado pela Lei n. 13.786, de 27-12-2018.

I – a integralidade da comissão de corretagem;

•• Inciso I acrescentado pela Lei n. 13.786, de 27-12-2018.

II – a pena convencional, que não poderá exceder a 25% (vinte e cinco por cento) da quantia paga.

•• Inciso II acrescentado pela Lei n. 13.786, de 27-12-2018.

§ 1.º Para exigir a pena convencional, não é necessário que o incorporador alegue prejuízo.

•• § 1.º acrescentado pela Lei n. 13.786, de 27-12-2018.

§ 2.º Em função do período em que teve disponibilizada a unidade imobiliária, responde ainda o adquirente, em caso de resolução ou de distrato, sem prejuízo do disposto no *caput* e no § 1.º deste artigo, pelos seguintes valores:

•• § 2.º, *caput*, acrescentado pela Lei n. 13.786, de 27-12-2018.

I – quantias correspondentes aos impostos reais incidentes sobre o imóvel;

•• Inciso I acrescentado pela Lei n. 13.786, de 27-12-2018.

II – cotas de condomínio e contribuições devidas a associações de moradores;

•• Inciso II acrescentado pela Lei n. 13.786, de 27-12-2018.

III – valor correspondente à fruição do imóvel, equivalente à 0,5% (cinco décimos por cento) sobre o valor atualizado do contrato, *pro rata die*;

•• Inciso III acrescentado pela Lei n. 13.786, de 27-12-2018.

IV – demais encargos incidentes sobre o imóvel e despesas previstas no contrato.

•• Inciso IV acrescentado pela Lei n. 13.786, de 27-12-2018.

§ 3.º Os débitos do adquirente correspondentes às deduções de que trata o § 2.º deste artigo poderão ser pagos mediante compensação com a quantia a ser restituída.

•• § 3.º acrescentado pela Lei n. 13.786, de 27-12-2018.

§ 4.º Os descontos e as retenções de que trata este artigo, após o desfazimento do contrato, estão limitados aos valores efetivamente pagos pelo adquirente, salvo em relação às quantias relativas à fruição do imóvel.

•• § 4.º acrescentado pela Lei n. 13.786, de 27-12-2018.

§ 5.º Quando a incorporação estiver submetida ao regime do patrimônio de afetação, de que tratam os arts. 31-A a 31-F desta Lei, o incorporador restituirá os valores pagos pelo adquirente, deduzidos os valores descritos neste artigo e atualizados com base no índice contratualmente estabelecido para a correção monetária das parcelas do preço do imóvel, no prazo máximo de 30 (trinta) dias após o habite-se ou documento equivalente expedido pelo órgão público municipal competente, admitindo-se, nessa hipótese, que a pena referida no inciso II do *caput* deste artigo seja estabelecida até o limite de 50% (cinquenta por cento) da quantia paga.

•• § 5.º acrescentado pela Lei n. 13.786, de 27-12-2018.

§ 6.º Caso a incorporação não esteja submetida ao regime do patrimônio de afetação de que trata a Lei n. 10.931, de 2 de agosto de 2004, e após as deduções a que se referem os parágrafos anteriores, se houver remanescente a ser ressarcido ao adquirente, o pagamento será realizado em parcela única, após o prazo de 180 (cento e oitenta) dias, contado da data do desfazimento do contrato.

•• § 6.º acrescentado pela Lei n. 13.786, de 27-12-2018.

§ 7.º Caso ocorra a revenda da unidade antes de transcorrido o prazo a que se referem os §§ 5.º ou 6.º deste artigo, o valor remanescente devido ao adquirente será pago em até 30 (trinta) dias da revenda.

•• § 7.º acrescentado pela Lei n. 13.786, de 27-12-2018.

§ 8.º O valor remanescente a ser pago ao adquirente nos termos do § 7.º deste artigo deve ser atualizado com base no índice contratualmente estabelecido para a correção monetária das parcelas do preço do imóvel.

•• § 8.º acrescentado pela Lei n. 13.786, de 27-12-2018.

§ 9.º Não incidirá a cláusula penal contratualmente prevista na hipótese de o adquirente que der causa ao desfazimento do contrato encontrar comprador substituto que o sub-rogue nos direitos e obrigações originalmente assumidos, desde que haja a devida anuência do incorporador e a aprovação dos cadastros e da capacidade financeira e econômica do comprador substituto.

•• § 9.º acrescentado pela Lei n. 13.786, de 27-12-2018.

§ 10. Os contratos firmados em estandes de vendas e fora da sede do incorporador permitem ao adquirente o exercício do direito de arrependimento, durante o prazo improrrogável de 7 (sete) dias, com a devolução de todos os valores eventualmente antecipados, inclusive a comissão de corretagem.

•• § 10 acrescentado pela Lei n. 13.786, de 27-12-2018.

§ 11. Caberá ao adquirente demonstrar o exercício tempestivo do direito de arrependimento por meio de carta registrada, com aviso de recebimento, considerada a data da postagem como data inicial da contagem do prazo a que se refere o § 10 deste artigo.

•• § 11 acrescentado pela Lei n. 13.786, de 27-12-2018.

§ 12. Transcorrido o prazo de 7 (sete) dias a que se refere o § 10 deste artigo sem que tenha sido exercido o direito de arrependimento, será observada a irretratabilidade do contrato de incorporação imobiliária, conforme disposto no § 2.º do art. 32 da Lei n. 4.591, de 16 de dezembro de 1964.

•• § 12 acrescentado pela Lei n. 13.786, de 27-12-2018.

§ 13. Poderão as partes, em comum acordo, por meio de instrumento específico de distrato, definir condições diferenciadas das previstas nesta Lei.

•• § 13 acrescentado pela Lei n. 13.786, de 27-12-2018.

§ 14. Nas hipóteses de leilão de imóvel objeto de contrato de compra e venda com pagamento parcelado, com ou sem garantia real, de promessa de compra e venda ou de cessão e de compra e venda com pacto adjeto de alienação fiduciária em garantia, realizado o leilão no contexto de execução judicial ou de procedimento extrajudicial de execução ou de resolução, a restituição far-se-á de acordo com os critérios estabelecidos na respectiva lei especial ou com as normas aplicáveis à execução em geral.

•• § 14 acrescentado pela Lei n. 13.786, de 27-12-2018.

Art. 68. A atividade de alienação de lotes integrantes de desmembramento ou loteamento, quando vinculada à construção de casas isoladas ou geminadas, promovida por uma das pessoas indicadas no art. 31 desta Lei ou no art. 2.º-A da Lei n. 6.766, de 19 de dezembro de 1979, caracteriza incorporação imobiliária sujeita ao regime jurídico instituído por esta Lei e às demais normas legais a ele aplicáveis.

•• *Caput* com redação determinada pela Lei n. 14.382, de 27-6-2022.

§ 1.º A modalidade de incorporação de que trata este artigo poderá abranger a totalidade ou apenas parte dos lotes integrantes do parcelamento, ainda que sem área comum, e não sujeita o conjunto imobiliário dela resultante ao regime do condomínio edilício, permanecendo as vias e as áreas por ele abrangidas sob domínio público.

•• § 1.º acrescentado pela Lei n. 14.382, de 27-6-2022.

§ 2.º O memorial de incorporação do empreendimento indicará a metragem de cada lote e da área de construção de cada casa, dispensada a apresentação dos documentos referidos nas alíneas *e*, *i*, *j*, *l* e *n* do *caput* do art. 32 desta Lei.

•• § 2.º acrescentado pela Lei n. 14.382, de 27-6-2022.

§ 3.º A incorporação será registrada na matrícula de origem em que tiver sido registrado o parcelamento, na qual serão também assentados o respectivo termo de afetação de que tratam o art. 31-B desta Lei e o art. 2.º da Lei n.º 10.931, de 2 de agosto de 2004, e os demais atos correspondentes à incorporação.

•• § 3.º acrescentado pela Lei n. 14.382, de 27-6-2022.

§ 4.º Após o registro do memorial de incorporação, e até a emissão da carta de habite-se do conjunto imobiliário, as averbações e os registros correspondentes aos atos e negócios relativos ao empreendimento sujeitam-se às normas do art. 237-A da Lei n. 6.015, de 31 de dezembro de 1973 (Lei de Registros Públicos).

•• § 4.º acrescentado pela Lei n. 14.382, de 27-6-2022.

Art. 69. O Poder Executivo baixará, no prazo de 90 (noventa) dias, regulamento sobre o registro no Registro de Imóveis (*Vetado*).

Art. 70. A presente Lei entrará em vigor na data de sua publicação, revogados o Decreto n. 5.481, de 25 de junho de 1928 e quaisquer disposições em contrário.

Brasília, 16 de dezembro de 1964; 143.º da Independência e 76.º da República.

H. CASTELLO BRANCO

LEI N. 4.595, DE 31 DE DEZEMBRO DE 1964 (*)

Dispõe sobre a Política e as Instituições monetárias, bancárias e creditícias, cria o Conselho Monetário Nacional e dá outras providências.

O Presidente da República:

Faço saber que o Congresso Nacional decreta e eu sanciono a seguinte Lei:

Capítulo I
DO SISTEMA FINANCEIRO NACIONAL

Art. 1.º O Sistema Financeiro Nacional, estruturado e regulado pela presente Lei, será constituído:

•• *Vide* Lei n. 13.294, de 6-6-2016.

I – do Conselho Monetário Nacional;

II – do Banco Central do Brasil;

III – do Banco do Brasil S.A.;

IV – do Banco Nacional do Desenvolvimento Econômico;

•• O Banco Nacional do Desenvolvimento Econômico teve sua denominação alterada para Banco Nacional do Desenvolvimento Econômico e Social – BNDES.

V – das demais instituições financeiras públicas e privadas.

Capítulo II
DO CONSELHO MONETÁRIO NACIONAL

• O Decreto n. 1.307, de 9-11-1994, aprova o Regimento Interno do Conselho Monetário Nacional.

(*) Publicada no *Diário Oficial da União*, de 31-12-1964. Retificada em 3-2-1965.

O Decreto-lei n. 278, de 28-2-1967, alterou a denominação do Banco Central da República do Brasil para Banco Central do Brasil. Sobre BNH, *vide* Nota dos Organizadores.

Art. 2.º Fica extinto o Conselho da atual Superintendência da Moeda e do Crédito, e criado, em substituição, o Conselho Monetário Nacional, com a finalidade de formular a política da moeda e do crédito, como previsto nesta Lei, objetivando o progresso econômico e social do País.

Art. 3.º A política do Conselho Monetário Nacional objetivará:

I a III – (*Revogados pela Lei Complementar n. 179, de 24-2-2021.*)

IV – orientar a aplicação dos recursos das instituições financeiras, quer públicas, quer privadas; tendo em vista propiciar, nas diferentes regiões do País, condições favoráveis ao desenvolvimento harmônico da economia nacional;

V – propiciar o aperfeiçoamento das instituições e dos instrumentos financeiros, com vistas à maior eficiência do sistema de pagamentos e de mobilização de recursos;

VI – zelar pela liquidez e solvência das instituições financeiras;

VII – coordenar as políticas monetária, creditícia, orçamentária, fiscal e da dívida pública, interna e externa.

Art. 4.º Compete ao Conselho Monetário Nacional, segundo diretrizes estabelecidas pelo Presidente da República:

•• *Caput* com redação determinada pela Lei n. 6.045, de 15-5-1974.

I e II – (*Revogados pela Lei Complementar n. 179, de 24-2-2021.*)

III – Aprovar os orçamentos monetários, preparados pelo Banco Central do Brasil, por meio dos quais se estimarão as necessidades globais de moeda e crédito.

IV – Determinar as características gerais (*Vetado*) das cédulas e das moedas.

V – Fixar as diretrizes e normas da política cambial, inclusive quanto à compra e venda de ouro e quaisquer operações em Direitos Especiais de Saque e em moeda estrangeira.

•• Inciso V com redação determinada pelo Decreto-lei n. 581, de 14-5-1969.

VI – Disciplinar o crédito em todas as suas modalidades e as operações creditícias em todas as suas formas, inclusive aceites, avais e prestações de quaisquer garantias por parte das instituições financeiras.

VII – Coordenar a política de que trata o art. 3.º desta Lei com a de investimentos do Governo Federal.

VIII – Regular a constituição, funcionamento e fiscalização dos que exercerem atividades subordinadas a esta Lei, bem como a aplicação das penalidades previstas.

IX – Limitar, sempre que necessário, as taxas de juros, descontos, comissões e qualquer outra forma de remuneração de operações e serviços bancários ou financeiros, inclusive os prestados pelo Banco Central do Brasil, assegurando taxas favorecidas aos financiamentos que se destinem a promover:

•• A Resolução n. 3.919, de 25-11-2010, do Banco Central do Brasil, consolida as normas sobre a cobrança de tarifas pela prestação de serviços por parte das instituições financeiras e demais instituições autorizadas a funcionar pelo Banco Central (em vigor a partir de 1.º-3-2011).

– recuperação e fertilização do solo;

– reflorestamento;

– combate a epizootias e pragas, nas atividades rurais;

– eletrificação rural;

– mecanização;

– irrigação;

– investimentos indispensáveis às atividades agropecuárias.

X – Determinar a percentagem máxima dos recursos que as instituições financeiras poderão emprestar a um mesmo cliente ou grupo de empresas.

XI – Estipular índices e outras condições técnicas sobre encaixes, mobilizações e outras relações patrimoniais, a serem observadas pelas instituições financeiras.

XII – Expedir normas gerais de contabilidade e estatística a serem observadas pelas instituições financeiras.

XIII – Delimitar, com periodicidade não inferior a 2 (dois) anos, o capital mínimo das instituições financeiras privadas, levando em conta sua natureza, bem como a localização de suas sedes e agências ou filiais.

XIV – (*Revogado pela Lei Complementar n. 179, de 24-2-2021.*)

XV – Estabelecer para as instituições financeiras públicas a dedução dos depósitos de pessoas jurídicas de direito público que lhes detenham o controle acionário, bem como dos das respectivas autarquias e sociedades de economia mista, no cálculo a que se refere o inciso anterior.

XVI e XVII – (*Revogados pela Lei Complementar n. 179, de 24-2-2021.*)

XVIII – Outorgar ao Banco Central do Brasil o monopólio das operações de câmbio quando ocorrer grave desequilíbrio no balanço de pagamentos ou houver sérias razões para prever a iminência de tal situação.

XIX – (*Revogado pela Lei Complementar n. 179, de 24-2-2021.*)

XX – Autorizar o Banco Central do Brasil e as instituições financeiras públicas federais a efetuar a subscrição, compra e venda de ações e outros papéis emitidos ou de responsabilidade das sociedades de economia mista e empresas do Estado.

XXI – Disciplinar as atividades das bolsas de valores e dos corretores de fundos públicos.

•• *Vide* art. 1.º, IV, da Lei n. 6.385, de 7-12-1976, que dispõe sobre o mercado de valores mobiliários e cria a CVM.

XXII – Estatuir normas para as operações das instituições financeiras públicas, para preservar sua solidez e adequar seu funcionamento aos objetivos desta Lei.

XXIII – Fixar, até 15 (quinze) vezes a soma do capital realizado e reservas livres, o limite além do qual os excedentes dos depósitos das instituições financeiras serão recolhidos ao Banco Central do Brasil ou aplicados de acordo com as normas que o Conselho estabelecer.

XXIV – Decidir de sua própria organização, elaborando seu regimento interno no prazo máximo de 30 (trinta) dias.

XXV – (*Revogado pela Lei Complementar n. 179, de 24-2-2021.*)

XXVI – Conhecer dos recursos de decisões do Banco Central do Brasil.

•• Criado, no Ministério da Fazenda, o Conselho de Recursos do Sistema Financeiro Nacional, com a finalidade de julgar, em segunda e última instância, os recursos interpostos das decisões relativas à aplicação de penalidades administrativas previstas no inciso XXVI e no § 7.º do art. 4.º, e nos incisos I, II, III e IV do art. 44 desta Lei; Decretos n. 91.152, de 15-3-1985, art. 1.º, I e III, e 8.652, de 28-1-2016, art. 2.º.

XXVII – Aprovar o regimento interno e as contas do Banco Central do Brasil e decidir sobre seu orçamento e sobre seus sistemas de contabilidade, bem como sobre a forma e prazo de transferência de seus resultados para o Tesouro Nacional, sem prejuízo da competência do Tribunal de Contas da União.

•• Inciso XXVII com redação determinada pelo Decreto-lei n. 2.376, de 25-11-1987.

XXVIII – Aplicar aos bancos estrangeiros que funcionem no País as mesmas vedações ou restrições equivalentes, que vigorem, nas praças de suas matrizes, em relação a bancos brasileiros ali instalados ou que nelas desejem estabelecer-se.

XXIX – Colaborar com o Senado Federal, na instrução dos processos de empréstimos externos dos Estados, do Distrito Federal e dos Municípios, para cumprimento do disposto no art. 63, II, da Constituição Federal.

•• Refere-se à CF de 1946. *Vide* art. 52, V, da CF.

XXX – Expedir normas e regulamentação para as designações e demais efeitos do art. 7.º desta Lei.

XXXI – (*Revogado pela Lei n. 14.286, de 29-12-2021.*)

XXXII – Regular os depósitos a prazo de instituições financeiras e demais sociedades autorizadas a funcionar pelo Banco Central do Brasil, inclusive entre aquelas sujeitas ao mesmo controle acionário ou coligadas.

•• Inciso XXXII com redação determinada pelo Decreto-lei n. 2.290, de 21-11-1986.

§ 1.º O Conselho Monetário Nacional, no exercício das atribuições previstas no inciso VIII deste artigo, poderá determinar que o Banco Central do Brasil recuse autorização para o funcionamento de novas instituições financeiras, em função de conveniências de ordem geral.

§ 2.º Competirá ao Banco Central do Brasil acompanhar a execução dos orçamentos monetários e relatar a matéria ao Conselho Monetário Nacional, apresentando as sugestões que considerar convenientes.

§ 3.º (*Revogado pela Lei Complementar n. 179, de 24-2-2021.*)

§ 4.º O Conselho Monetário Nacional poderá convidar autoridades, pessoas ou entidades para prestar esclarecimentos considerados necessários.

§ 5.º Nas hipóteses do art. 4.º, I, e do § 6.º do art. 49 desta Lei, se o Congresso Nacional negar homologação à emissão extraordinária efetuada, as autoridades responsáveis serão responsabilizadas nos termos da Lei n. 1.079, de 10 de abril de 1950.

§ 6.º O Conselho Monetário Nacional encaminhará ao Congresso Nacional, até 31 de março de cada ano, relatório da evolução da situação monetária e creditícia do País no ano anterior, no qual descreverá, minudentemente, as providências adotadas para cumprimento dos objetivos estabelecidos nesta Lei, justificando, destacadamente, os montantes das emissões de papel-moeda que tenham sido feitas para atendimento das atividades produtivas.

§ 7.º O Banco Nacional da Habitação é o principal instrumento de execução da política habitacional do Governo Federal e integra o sistema financeiro nacional, juntamente com as sociedades de crédito imobiliário, sob orientação, autorização, coordenação e fiscalização do Conselho Monetário Nacional e do Banco Central do Brasil, quanto à execução, nos termos desta Lei, revogadas as disposições especiais em contrário.

•• *Vide* nota ao inciso XXVI.

Art. 5.º As deliberações do Conselho Monetário Nacional entendem-se de responsabilidade de seu presidente para os efeitos do art. 104, I, *b*, da Constituição Federal e obrigarão também os órgãos oficiais, inclusive autarquias e sociedades de economia mista, nas atividades que afetem o mercado financeiro e o de capitais.

•• Refere-se à CF de 1946. *Vide* art. 105, I, *b*, da CF.

Arts. 6.º e 7.º (*Revogados pela Lei Complementar n. 179, de 24-2-2021.*)

Capítulo III

DO BANCO CENTRAL DO BRASIL

Art. 8.º A atual Superintendência da Moeda e do Crédito é transformada em autarquia federal, tendo sede e foro na Capital da República, sob a denominação de Banco Central do Brasil, com personalidade jurídica e patrimônio próprios, este constituído dos bens, direitos e valores que lhe são transferidos na forma desta Lei e ainda da apropriação dos juros e rendas resultantes, na data da vigência desta Lei, do disposto no art. 9.º do Decreto-lei n. 8.495, de 28 de dezembro de 1945, dispositivo que ora é expressamente revogado.

Parágrafo único. Os resultados obtidos pelo Banco Central do Brasil, consideradas as receitas e despesas de todas as suas operações, serão, a partir de 1.º de janeiro de 1988, apurados pelo regime de competência e transferidos para o Tesouro Nacional, após compensados eventuais prejuízos de exercícios anteriores.

•• Parágrafo único com redação determinada pelo Decreto-lei n. 2.376, de 25-11-1987.

Art. 9.º Compete ao Banco Central do Brasil cumprir e fazer cumprir as disposições que lhe são atribuídas pela legislação em vigor e as normas expedidas pelo Conselho Monetário Nacional.

• *Vide* Súmula 23 do STJ.

Art. 10. Compete privativamente ao Banco Central do Brasil:

I – emitir moeda-papel e moeda metálica, nas condições e limites autorizados pelo Conselho Monetário Nacional (*Vetado*);

•• A competência para emissão de moeda é da União (CF, art. 21, VII). Cabe ao Congresso Nacional, com a sanção do Presidente da República, dispor sobre moeda, seus limites de emissão e montante da dívida mobiliária federal (CF, art. 48, XIV). A competência da União para emitir moeda será exercida exclusivamente pelo Banco Central. É vedado ao Banco Central conceder, direta ou indiretamente, empréstimos ao Tesouro Nacional e a qualquer órgão ou entidade que não seja instituição financeira. O Banco Central poderá comprar e vender títulos de emissão do Tesouro Nacional, com o objetivo de regular a oferta de moeda ou a taxa de juros. As disponibilidades de caixa da União serão depositadas no Banco Central (CF, art. 164, *caput*, e §§ 1.º a 3.º).

II – executar os serviços do meio circulante;

III – determinar o recolhimento de até 100% (cem por cento) do total dos depósitos à vista e de até 60% (sessenta por cento) de outros títulos contábeis das instituições financeiras, seja na forma de subscrição de Letras ou Obrigações do Tesouro Nacional ou compra de títulos da Dívida Pública Federal, seja através de recolhimento em espécie, em ambos os casos entregues ao Banco Central do Brasil, a forma e condições por ele determinadas, podendo: a) adotar percentagens diferentes em função: 1 – das regiões geoeconômicas; 2 – das prioridades que atribuir às aplicações; 3 – da natureza das instituições financeiras; b) determinar percentuais que não serão recolhidos, desde que tenham sido reaplicados em financiamentos à agricultura, sob juros favorecidos e outras condições por ele fixadas;

•• Inciso acrescentado pela Lei n. 7.730, de 31-1-1989.

IV – receber os recolhimentos compulsórios de que trata o inciso anterior e, ainda, os depósitos voluntários à vista das instituições financeiras, nos termos do inciso III e § 2.º do art. 19;

•• Inciso renumerado pela Lei n. 7.730, de 31-1-1989.

V – realizar operações de redesconto e empréstimo com instituições financeiras públicas e privadas, consoante remuneração, limites, prazos, garantias, formas de negociação e outras condições estabelecidos em regulamentação por ele editada;

•• Inciso V com redação determinada pela Lei Complementar n. 179, de 24-2-2021.

VI – exercer o controle do crédito sob todas as suas formas;

•• Inciso renumerado pela Lei n. 7.730, de 31-1-1989.

VII – efetuar o controle dos capitais estrangeiros, nos termos da lei;

VIII – ser depositário das reservas oficiais de ouro de moeda estrangeira e de Direitos Especiais de Saque e fazer com estas últimas todas e quaisquer operações previstas no Convênio Constitutivo do Fundo Monetário Internacional;

•• Inciso VIII com redação determinada pelo Decreto-lei n. 581, de 14-5-1969, renumerado pela Lei n. 7.730, de 31-1-1989.

IX – exercer a fiscalização das instituições financeiras e aplicar as penalidades previstas;

•• Inciso renumerado pela Lei n. 7.730, de 31-1-1989.

X – conceder autorização às instituições financeiras, a fim de que possam:

•• Inciso renumerado pela Lei n. 7.730, de 31-1-1989.

a) funcionar no País;

b) instalar ou transferir suas sedes, ou dependências, inclusive no Exterior;

c) ser transformadas, fundidas, incorporadas ou encampadas;

d) praticar operações de câmbio, crédito real e venda habitual de títulos da dívida pública federal, estadual ou municipal, ações, debêntures, letras hipotecárias e outros títulos de crédito ou imobiliários;

e) ter prorrogados os prazos concedidos para funcionamento;

f) alterar seus estatutos;

g) alienar ou, por qualquer outra forma, transferir o seu controle acionário;

•• Alínea *g* acrescentada pelo Decreto-lei n. 2.321, de 25-2-1987.

• *Vide* Súmula 283 do STJ.

XI – estabelecer condições para a posse e para o exercício de quaisquer cargos de administração de instituições financeiras privadas, assim como para o exercício de quaisquer funções em órgãos consultivos, fiscais e semelhantes, segundo normas que forem expedidas pelo Conselho Monetário Nacional;

•• Inciso renumerado pela Lei n. 7.730, de 31-1-1989.

XII – efetuar, como instrumento de política monetária, operações de compra e venda de títulos públicos federais, consoante remuneração, limites, prazos, formas de negociação e outras condições estabelecidos em regulamentação por ele editada, sem prejuízo do disposto no art. 39 da Lei Complementar n. 101, de 4 de maio de 2000;

•• Inciso XII com redação determinada pela Lei Complementar n. 179, de 24-2-2021.

XIII – determinar que as matrizes das instituições financeiras registrem os cadastros das firmas que operam com suas agências há mais de 1 (um) ano.

•• Inciso renumerado pela Lei n. 7.730, de 31-1-1989.

XIV – aprovar seu regimento interno;

•• Inciso XIV acrescentado pela Lei Complementar n. 179, de 24-2-2021.

XV – efetuar, como instrumento de política cambial, operações de compra e venda e moeda estrangeira e operações com instrumentos derivativos no mercado interno, consoante remuneração, limites, prazos, formas de negociação e outras condições estabelecidos em regulamentação por ele editada.

•• Inciso XV acrescentado pela Lei Complementar n. 179, de 24-2-2021.

§ 1.º No exercício das atribuições a que se refere o inciso IX deste artigo, com base nas normas estabelecidas pelo Conselho Monetário Nacional, o Banco Central do Brasil estudará os pedidos que lhe sejam formulados e resolverá conceder ou recusar a autorização pleiteada, podendo (*Vetado*) incluir as cláusulas que reputar convenientes ao interesse público.

•• Citado inciso IX passou a X por determinação da Lei n. 7.730, de 31-1-1989.

• *Vide* arts. 1.123 a 1.141 do CC.

§ 2.º Observado o disposto no parágrafo anterior, as instituições financeiras estrangeiras dependem de autorização do Poder Executivo, mediante decreto, para que possam funcionar no País (*Vetado*).

• *Vide* arts. 1.123 a 1.141 do CC.

§ 3.º O Banco Central do Brasil informará previamente ao Conselho Monetário Nacional sobre o deferimento de operações na forma estabelecida no inciso V do *caput* deste artigo, sempre que identificar a possibilidade de impacto fiscal relevante.

•• § 3.º acrescentado pela Lei Complementar n. 179, de 24-2-2021.

Art. 11. Compete ao Banco Central do Brasil:

I – entender-se, em nome do Governo brasileiro, com as instituições financeiras estrangeiras e internacionais;

II – promover, como agente do Governo Federal, a colocação de empréstimos internos ou externos, podendo, também, encarregar-se dos respectivos serviços;

III – atuar no sentido de funcionamento regular do mercado cambial, da estabilidade relativa das taxas de câmbio e do equilíbrio no balanço de pagamentos, podendo para esse fim comprar e vender ouro e moeda estrangeira, bem como realizar operações de crédito no exterior, inclusive as referentes aos Direitos Especiais de Saque e separar os mercados de câmbio financeiro e comercial;

•• Inciso III com redação determinada pelo Decreto-lei n. 581, de 14-5-1969.

IV – (*Revogado pela Lei Complementar n. 179, de 24-2-2021.*)

V – emitir títulos de responsabilidade própria, de acordo com as condições estabelecidas pelo Conselho Monetário Nacional;

VI – regular a execução dos serviços de compensação de cheques e outros papéis;

VII – exercer permanente vigilância nos mercados financeiros e de capitais sobre empresas que, direta, ou indiretamente, interfiram nesses mercados e em relação às modalidades ou processos operacionais que utilizem;

VIII – prover, sob controle do Conselho Monetário Nacional, os serviços de sua Secretaria.

§ 1.º No exercício das atribuições a que se refere o inciso VIII do art. 10 desta Lei, o Banco Central do Brasil poderá examinar os livros e documentos das pessoas naturais ou jurídicas que detenham o controle acionário de instituição financeira, ficando essas pessoas sujeitas ao disposto no art. 44, § 8.º, desta Lei.

•• § 1.º acrescentado pelo Decreto-lei n. 2.321, de 25-2-1987.

•• Citado inciso VIII passado a IX pela Lei n. 7.730, de 31-1-1989.

§ 2.º O Banco Central do Brasil instalará delegacias, com autorização do Conselho Monetário Nacional, nas diferentes regiões geoeconômicas do País, tendo em vista a descentralização administrativa para distribuição e recolhimento da moeda e o cumprimento das decisões adotadas pelo mesmo Conselho ou prescritas em lei.

•• Anterior parágrafo único transformado em § 2.º pelo Decreto-lei n. 2.321, de 25-2-1987.

Art. 12. O Banco Central do Brasil operará exclusivamente com instituições financeiras públicas e privadas, vedadas operações bancárias de qualquer natureza com outras pessoas de direito público ou privado, salvo as expressamente autorizadas por lei.

Art. 13. Os encargos e serviços de competência do Banco Central, quando por ele não executados diretamente, serão contratados de preferência com o Banco do Brasil S.A., exceto nos casos especialmente autorizados pelo Conselho Monetário Nacional.

•• Artigo com redação determinada pelo Decreto-lei n. 278, de 28-2-1967.

Art. 14. (*Revogado pela Lei Complementar n. 179, de 24-2-2021.*)

Art. 15. O regimento interno do Banco Central do Brasil, a que se refere o inciso XXVII do art. 4.º desta Lei, prescreverá as atribuições do presidente e dos diretores e especificará os casos que dependerão de deliberação da diretoria, a qual será tomada por maioria de votos, presentes no mínimo o presidente ou seu substituto eventual e dois outros diretores, cabendo ao presidente também o voto de qualidade.

Parágrafo único. A diretoria se reunirá, ordinariamente, uma vez por semana, e, extraordinariamente, sempre que necessário, por convocação do presidente ou a requerimento de, pelo menos, dois de seus membros.

Art. 16. Constituem receita do Banco Central do Brasil as rendas:

I – de operações financeiras e de outras aplicações de seus recursos;

II – das suas operações de câmbio, da compra e venda de ouro e de quaisquer outras operações em moeda estrangeira;

III – eventuais, inclusive as derivadas de multas e de juros de mora aplicados por força do disposto na legislação em vigor.

•• *Caput* com redação determinada pelo Decreto-lei n. 2.376, de 25-11-1987.

§ 1.º Do resultado das operações de câmbio de que trata o inciso II deste artigo, ocorrido a partir da data de entrada em vigor desta Lei, 75% (setenta e cinco por cento) da parte referente ao lucro realizado na compra e venda de moeda estrangeira destinar-se-á à formação de reserva monetária do Banco Central do Brasil, que registrará esses recursos em conta específica, na forma que for estabelecida pelo Conselho Monetário Nacional.

•• § 1.º com redação determinada pelo Decreto-lei n. 2.076, de 20-12-1983.

§ 2.º A critério do Conselho Monetário Nacional, poderão também ser destinados à reserva monetária de que trata o § 1.º os recursos provenientes de rendimentos gerados por:

a) suprimentos específicos do Banco Central do Brasil ao Banco do Brasil S.A., concedidos nos termos do § 1.º, do art. 19, desta Lei;

b) suprimentos especiais do Banco Central do Brasil aos fundos e programas que administra.

•• § 2.º acrescentado pelo Decreto-lei n. 2.076, de 20-12-1983.

§ 3.º O Conselho Monetário Nacional estabelecerá, observado o disposto no § 1.º do art. 19 desta Lei, a cada exercício, as bases da remuneração das operações referidas no § 2.º e as condições para incorporação desses rendimentos à referida reserva monetária.

•• § 3.º acrescentado pelo Decreto-lei n. 2.076, de 20-12-1983.

Capítulo IV
DAS INSTITUIÇÕES FINANCEIRAS

Seção I
Da Caracterização e Subordinação

Art. 17. Consideram-se instituições financeiras, para os efeitos da legislação em vigor, as pessoas jurídicas públicas ou privadas, que tenham como atividade principal ou acessória a coleta, intermediação ou aplicação de recursos financeiros próprios ou de terceiros, em moeda nacional ou estrangeira, e a custódia de valor de propriedade de terceiros.

Parágrafo único. Para os efeitos desta Lei e da legislação em vigor, equiparam-se às instituições financeiras as pessoas físicas que exerçam qualquer das atividades referidas neste artigo, de forma permanente ou eventual.

•• A Lei n. 7.492, de 16-6-1986, define os crimes contra o sistema financeiro nacional.

•• A Lei n. 10.305, de 7-11-2001, que estabelece normas para registro do resultado líquido negativo decorrente do ajuste dos valores em reais de obrigações e créditos e dá outras providências, não se aplica às instituições financeiras e demais instituições autorizadas a funcionar pelo Banco Central do Brasil.

Art. 18. As instituições financeiras somente poderão funcionar no País mediante prévia autorização do Banco Central do Brasil ou decreto do Poder Executivo, quando forem estrangeiras.

§ 1.º Além dos estabelecimentos bancários oficiais ou privados, das sociedades de crédito, financiamento e investimentos, das caixas econômicas e das cooperativas de crédito ou a seção de crédito das cooperativas que a tenham, também se subordinam às disposições e disciplinas desta Lei no que for aplicável, as bolsas de valores, companhias de seguros e de capitalização, as sociedades que efetuam distribuição de prêmios em imóveis, mercadoria ou dinheiro, mediante sorteio de títulos de sua emissão ou por qualquer forma, e as pessoas físicas ou jurídicas que exerçam, por conta própria ou de terceiros, atividade relacionada com a compra e venda de ações e outros quaisquer títulos, realizando, nos mercados financeiros e de capitais, operações ou serviços de natureza dos executados pelas instituições financeiras.

§ 2.º O Banco Central do Brasil, no exercício da fiscalização que lhe compete, regulará as condições de concorrência entre instituições financeiras, coibindo-lhes os abusos com a aplicação da pena (*Vetado*) nos termos desta Lei.

§ 3.º Dependerão de prévia autorização do Banco Central do Brasil as campanhas destinadas à coleta de recursos do público, praticadas por pessoas físicas ou jurídicas abrangidas neste artigo, salvo para subscrição pública de ações, nos termos da lei das sociedades por ações.

Seção II

Do Banco do Brasil S.A.

• O Decreto n. 3.905, de 31-8-2001, dispõe sobre a composição, indicação, eleição e nomeação dos membros dos órgãos colegiados do Banco do Brasil S.A.

Art. 19. Ao Banco do Brasil S.A. competirá, precipuamente, sob a supervisão do Conselho Monetário Nacional e como instrumento de execução da política creditícia e financeira do Governo Federal:

I – na qualidade de Agente Financeiro do Tesouro Nacional, sem prejuízo de outras funções que lhe venham a ser atribuídas e ressalvado o disposto no art. 8.º da Lei n. 1.628, de 20 de junho de 1952:

a) receber, a crédito do Tesouro Nacional, as importâncias provenientes da arrecadação de tributos ou rendas federais e ainda o produto das operações de que trata o art. 49 desta Lei;

b) realizar os pagamentos e suprimentos necessários à execução do Orçamento Geral da União e leis complementares que lhe forem transmitidas pelo Ministério da Fazenda, as quais não poderão exceder o montante global dos recursos a que se refere a letra anterior, vedada a concessão, pelo Banco, de créditos de qualquer natureza ao Tesouro Nacional;

c) conceder aval, fiança e outras garantias, consoante expressa autorização legal;

d) adquirir e financiar estoques de produção exportável;

e) executar a política de preços mínimos dos produtos agropastoris;

f) ser agente pagador e recebedor fora do País;

g) executar o serviço da dívida pública consolidada;

II – como principal executor dos serviços bancários de interesse do Governo Federal, inclusive suas autarquias, receber em depósito, com exclusividade, as disponibilidades de quaisquer entidades federais, compreendendo as repartições de todos os ministérios civis e militares, instituições de previdência e outras autarquias, comissões, departamentos, entidades em regime especial de administração e quaisquer pessoas físicas ou jurídicas responsáveis por adiantamentos, ressalvados o disposto no § 5.º deste artigo, as exceções previstas em lei ou casos especiais, expressamente autorizadas pelo Conselho Monetário Nacional, por proposta do Banco Central do Brasil;

III – arrecadar os depósitos voluntários, à vista, das instituições de que trata o inciso III, do art. 10, desta Lei, escriturando as respectivas contas;

•• Inciso III com redação determinada pelo Decreto-lei n. 2.284, de 10-3-1986.

•• Atualmente a matéria é tratada pelo art. 10, IV, desta Lei.

IV – executar os serviços de compensação de cheques e outros papéis;

V – receber, com exclusividade, os depósitos de que tratam os arts. 38, item 3.º, do Decreto-lei n. 2.627, de 26 de setembro de 1940, e 1.º do Decreto-lei n. 5.956, de 1.º de novembro de 1943, ressalvado o disposto no art. 27 desta Lei;

• *Vide* art. 80, III, da Lei n. 6.404, de 15-12-1976 (LSA).

VI – realizar, por conta própria, operações de compra e venda de moeda estrangeira e, por conta do Banco Central do Brasil, nas condições estabelecidas pelo Conselho Monetário Nacional;

VII – realizar recebimento ou pagamentos e outros serviços de interesse do Banco Central do Brasil, mediante contratação na forma do art. 13 desta Lei;

VIII – dar execução à política de comércio exterior (*Vetado*);

IX – financiar a aquisição e instalação da pequena e média propriedade rural, nos termos da legislação que regular a matéria;

X – financiar as atividades industriais e rurais, estas com o favorecimento referido no art. 4.º, IX, e art. 53 desta Lei;

XI – difundir e orientar o crédito, inclusive as atividades comerciais suplementando a ação da rede bancária:

a) no financiamento das atividades econômicas, atendendo às necessidades creditícias das diferentes regiões do País;

b) no financiamento, das exportações e importações.

§ 1.º O Conselho Monetário Nacional assegurará recursos específicos que possibilitem ao Banco do Brasil S.A., sob adequada remuneração, o atendimento dos encargos previstos nesta Lei.

§ 2.º Do montante global dos depósitos arrecadados, na forma do inciso III deste artigo, o Banco do Brasil S.A. colocará à disposição do Banco Central do Brasil, observadas as normas que forem estabelecidas pelo Conselho Monetário Nacional, a parcela que exceder as necessidades normais de movimentação das contas respectivas, em função dos serviços aludidos no inciso IV deste artigo.

§ 3.º Os encargos referidos no inciso I deste artigo serão objeto de contratação entre o Banco do Brasil S.A. e a União Federal, esta representada pelo Ministro da Fazenda.

§ 4.º O Banco do Brasil S.A. prestará ao Banco Central do Brasil todas as informações por este julgadas necessárias para a exata execução desta Lei.

§ 5.º Os depósitos de que trata o inciso II deste artigo também poderão ser feitos nas Caixas Econômicas Federais, nos limites e condições fixados pelo Conselho Monetário Nacional.

Art. 20. O Banco do Brasil S.A. e o Banco Central do Brasil elaborarão, em conjunto, o programa global de aplicações e recursos do primeiro, para fins de inclusão nos orçamentos monetários de que trata o inciso III do art. 4.º desta Lei.

Art. 21. O presidente e os diretores do Banco do Brasil S.A. deverão ser pessoas de reputação ilibada e notória capacidade.

§ 1.º A nomeação do presidente do Banco do Brasil S.A. será feita pelo Presidente da República, após aprovação do Senado Federal.

§ 2.º As substituições eventuais do presidente do Banco do Brasil S.A. não poderão exceder o prazo de 30 (trinta) dias consecutivos, sem que o Presidente da República submeta ao Senado Federal o nome do substituto.

§ 3.º (*Vetado*.)

§ 4.º (*Vetado*.)

Seção III

Das Instituições Financeiras Públicas

Art. 22. As instituições financeiras públicas são órgãos auxiliares da execução da política de crédito do Governo Federal.

§ 1.º O Conselho Monetário Nacional regulará as atividades, capacidade e modalidade operacionais das instituições financeiras públicas federais, que deverão submeter à aprovação daquele órgão, com a prioridade por ele prescrita, seus programas de recursos e aplicações, de forma que se ajustem à política de crédito do Governo Federal.

§ 2.º A escolha dos diretores ou administradores das instituições financeiras públicas federais e a nomeação dos respectivos presidentes e designação dos substitutos observarão o disposto no art. 21, §§ 1.º e 2.º, desta Lei.

§ 3.º A atuação das instituições financeiras públicas será coordenada nos termos do art. 4.º desta Lei.

Art. 23. O Banco Nacional do Desenvolvimento Econômico é o principal instrumento de execução de política de investimentos do Governo Federal, nos termos das Leis ns. 1.628, de 20 de junho de 1952, e 2.973, de 26 de novembro de 1956.

Art. 24. As instituições financeiras públicas não federais ficam sujeitas às disposições relativas às instituições financeiras privadas, assegurada a forma de constituição das existentes na data da publicação desta Lei.

Parágrafo único. As Caixas Econômicas Estaduais equiparam-se, no que couber, às Caixas Econômicas Federais, para os efeitos da legislação em vigor, estando isentas do recolhimento a que se refere o art. 4.º, XIV, e à taxa de fiscalização, mencionada no art. 16 desta Lei.

Seção IV
Das Instituições Financeiras Privadas

Art. 25. As instituições financeiras privadas, exceto as cooperativas de crédito, constituir-se-ão unicamente sob a forma de sociedade anônima, devendo a totalidade de seu capital com direito a voto ser representada por ações nominativas.

•• *Caput* com redação determinada pela Lei n. 5.710, de 7-10-1971.

§ 1.º Observadas as normas fixadas pelo Conselho Monetário Nacional, as instituições a que se refere este artigo poderão emitir até o limite de 50% (cinquenta por cento) de seu capital social em ações preferenciais, nas formas nominativas, e ao portador, sem direito a voto, às quais não se aplicará o disposto no parágrafo único do art. 81 do Decreto-lei n. 2.627, de 26 de setembro de 1940.

•• § 1.º acrescentado pela Lei n. 5.710, de 7-10-1971.

•• O citado art. 81 do Decreto-lei n. 2.627, de 26-9-1940, foi revogado pela Lei n. 6.404, de 15-12-1976 (LSA).

§ 2.º A emissão de ações preferenciais ao portador, que poderá ser feita em virtude de aumento de capital, conversão de ações ordinárias ou de ações preferenciais nominativas, ficará sujeita a alterações prévias dos estatutos das sociedades, a fim de que sejam neles incluídas as declarações sobre:

I – as vantagens preferenciais e restrições atribuídas a cada classe de ações preferenciais, de acordo com o Decreto-lei n. 2.627, de 26 de setembro de 1940;

•• *Vide* Lei n. 6.404, de 15-12-1976 (LSA).

II – as formas e prazos em que poderá ser autorizada a conversão das ações, vedada a conversão das ações preferenciais em outro tipo de ações com direito a voto.

•• § 2.º acrescentado pela Lei n. 5.710, de 7-10-1971.

§ 3.º Os títulos e cautelas representativas das ações preferenciais, emitidos nos termos dos parágrafos anteriores, deverão conter expressamente as restrições ali especificadas.

•• § 3.º acrescentado pela Lei n. 5.710, de 7-10-1971.

Art. 26. O capital inicial das instituições financeiras públicas e privadas será sempre realizado em moeda corrente.

Art. 27. Na subscrição do capital inicial e na de seus aumentos em moeda corrente, será exigida no ato a realização de, pelo menos, 50% (cinquenta por cento) do montante subscrito.

§ 1.º As quantias recebidas dos subscritores de ações serão recolhidas no prazo de 5 (cinco) dias, contados do recebimento, ao Banco Central do Brasil, permanecendo indisponíveis até a solução do respectivo processo.

§ 2.º O remanescente do capital subscrito, inicial ou aumentado, em moeda corrente, deverá ser integralizado dentro de 1 (um) ano da data da solução do respectivo processo.

Art. 28. Os aumentos de capital, que não forem realizados em moeda corrente, poderão decorrer da incorporação de reservas, segundo normas expedidas pelo Conselho Monetário Nacional, e da reavaliação da parcela dos bens do ativo imobilizado, representado por imóveis de uso e instalações, aplicados no caso, como limite máximo, os índices fixados pelo Conselho Nacional de Economia.

Art. 29. As instituições financeiras privadas deverão aplicar, de preferência, não menos de 50% (cinquenta por cento) dos depósitos do público que recolherem, na respectiva Unidade Federada ou Território.

§ 1.º O Conselho Monetário Nacional poderá, em casos especiais, admitir que o percentual referido neste artigo seja aplicado em cada Estado e Território isoladamente ou por grupos de Estados e Territórios componentes da mesma região geoeconômica.

§ 2.º (*Revogado pelo Decreto-lei n. 48, de 18-11-1966.*)

Art. 30. As instituições financeiras de direito privado, exceto as de investimento, só poderão participar de capital de quaisquer sociedades com prévia autorização do Banco Central do Brasil, solicitada justificadamente e concedida expressamente, ressalvados os casos de garantia de subscrição, nas condições que forem estabelecidas, em caráter geral, pelo Conselho Monetário Nacional.

Parágrafo único. (*Vetado.*)

Art. 31. As instituições financeiras levantarão balanços gerais a 30 de junho e 31 de dezembro de cada ano, obrigatoriamente, com observância das regras contábeis estabelecidas pelo Conselho Monetário Nacional.

Art. 32. As instituições financeiras públicas deverão comunicar ao Banco Central do Brasil a nomeação ou a eleição de diretores e membros de órgãos consultivos, fiscais e semelhantes, no prazo de 15 (quinze) dias da data de sua ocorrência.

Art. 33. As instituições financeiras privadas deverão comunicar ao Banco Central do Brasil os atos relativos à eleição de diretores e membros de órgãos consultivos, fiscais e semelhantes, no prazo de 15 (quinze) dias de sua ocorrência, de acordo com o estabelecido no art. 10, X, desta Lei.

•• Citado inciso X passado a XI pela Lei n. 7.730, de 31-1-1989.

§ 1.º O Banco Central do Brasil, no prazo máximo de 60 (sessenta) dias, decidirá aceitar ou recusar o nome do eleito, que não atender às condições a que se refere o art. 10, X, desta Lei.

§ 2.º A posse do eleito dependerá da aceitação a que se refere o parágrafo anterior.

§ 3.º Oferecida integralmente a documentação prevista nas normas referidas no art. 10, X, desta Lei, e decorrido, sem manifestações do Banco Central do Brasil, o prazo mencionado no § 1.º deste artigo, entender-se-á não ter havido recusa à posse.

Art. 34. É vedado às instituições financeiras realizar operação de crédito com a parte relacionada.

•• *Caput* com redação determinada pela Lei n. 13.506, de 13-11-2017.

•• A Resolução n. 4.693, de 29-10-2018, do Banco Central do Brasil, dispõe sobre condições e limites para a realização de operações de crédito com partes relacionadas por instituições financeiras e por sociedades de arrendamento mercantil, para fins do disposto neste artigo.

§§ 1.º e 2.º (*Revogados pela Lei n. 13.506, de 13-11-2017.*)

§ 3.º Considera-se parte relacionada à instituição financeira, para efeitos deste artigo:

•• § 3.º, *caput*, acrescentado pela Lei n. 13.506, de 13-11-2017.

I – seus controladores, pessoas físicas ou jurídicas, nos termos do art. 116 da Lei n. 6.404, de 15 de dezembro de 1976;

•• Inciso I acrescentado pela Lei n. 13.506, de 13-11-2017.

II – seus diretores e membros de órgãos estatutários ou contratuais;

•• Inciso II acrescentado pela Lei n. 13.506, de 13-11-2017.

III – o cônjuge, o companheiro e os parentes, consanguíneos ou afins, até o segundo grau, das pessoas mencionadas nos incisos I e II deste parágrafo;

•• Inciso III acrescentado pela Lei n. 13.506, de 13-11-2017.

IV – as pessoas físicas com participação societária qualificada em seu capital; e

•• Inciso IV acrescentado pela Lei n. 13.506, de 13-11-2017.

V – as pessoas jurídicas:

•• Inciso V, *caput*, acrescentado pela Lei n. 13.506, de 13-11-2017.

a) com participação qualificada em seu capital;

•• Alínea *a* acrescentada pela Lei n. 13.506, de 13-11-2017.

b) em cujo capital, direta ou indiretamente, haja participação societária qualificada;

•• Alínea *b* acrescentada pela Lei n. 13.506, de 13-11-2017.

c) nas quais haja controle operacional efetivo ou preponderância nas deliberações, independentemente da participação societária; e

•• Alínea *c* acrescentada pela Lei n. 13.506, de 13-11-2017.

d) que possuírem diretor ou membro de conselho de administração em comum.

•• Alínea *d* acrescentada pela Lei n. 13.506, de 13-11-2017.

§ 4.º Excetuam-se da vedação de que trata o *caput* deste artigo, respeitados os limites e as condições estabelecidos em regulamentação:

•• § 4.º acrescentado pela Lei n. 13.506, de 13-11-2017.

I – as operações realizadas em condições compatíveis com as de mercado, inclusive quanto a limites, taxas de juros, carência, prazos, garantias requeridas e critérios para classificação de risco para fins de constituição de provisão para perdas prováveis e baixa como prejuízo, sem benefícios adicionais ou diferenciados comparativamente às operações deferidas aos demais clientes de mesmo perfil das respectivas instituições;

•• Inciso I acrescentado pela Lei n. 13.506, de 13-11-2017.

II – as operações com empresas controladas pela União, no caso das instituições financeiras públicas federais;

•• Inciso II acrescentado pela Lei n. 13.506, de 13-11-2017.

III – as operações de crédito que tenham como contraparte instituição financeira integrante do mesmo conglomerado prudencial, desde que contenham cláusula contratual de subordinação, observado o disposto no inciso V do art. 10 desta Lei, no caso das instituições financeiras bancárias;

•• Inciso III acrescentado pela Lei n. 13.506, de 13-11-2017.

IV – os depósitos interfinanceiros regulados na forma do inciso XXXII do *caput* do art. 4.º desta Lei;

•• Inciso IV acrescentado pela Lei n. 13.506, de 13-11-2017.

V – as obrigações assumidas entre partes relacionadas em decorrência de responsabilidade imposta a membros de compensação e demais participantes de câmaras ou prestadores de serviços de compensação e de liquidação autorizados pelo Banco Central do Brasil ou pela Comissão de Valores Mobiliários e suas respectivas contrapartes em operações conduzidas no âmbito das referidas câmaras ou prestadores de serviços; e

•• Inciso V acrescentado pela Lei n. 13.506, de 13-11-2017.

VI – os demais casos autorizados pelo Conselho Monetário Nacional.

•• Inciso VI acrescentado pela Lei n. 13.506, de 13-11-2017.

§ 5.º Considera-se também realizada com parte relacionada qualquer operação que caracterize negócio indireto, simulado ou mediante interposição de terceiro, com o fim de realizar operação vedada nos termos deste artigo.

•• § 5.º acrescentado pela Lei n. 13.506, de 13-11-2017.

§ 6.º O Conselho Monetário Nacional disciplinará o disposto neste artigo, inclusive a definição de operação de crédito, de limites e de participação qualificada.

•• § 6.º acrescentado pela Lei n. 13.506, de 13-11-2017.

Arts. 35 e 36. (*Revogados pela Lei n. 13.506, de 13-11-2017.*)

Art. 37. As instituições financeiras, entidades e pessoas referidas nos arts. 17 e 18 desta Lei, bem como os corretores de fundos públicos, ficam obrigados a fornecer ao Banco Central do Brasil, na forma por ele determinada, os dados ou informes julgados necessários para o fiel desempenho de suas atribuições.

Art. 38. (*Revogado pela Lei Complementar n. 105, de 10-1-2001.*)

Art. 39. Aplicam-se às instituições financeiras estrangeiras, em funcionamento ou que venham a se instalar no País, as disposições da presente Lei, sem prejuízo das que se contêm na legislação vigente.

Arts. 40 e 41. (*Revogados pela Lei Complementar n. 130, de 17-4-2009.*)

Capítulo V
DAS PENALIDADES

•• Os crimes contra o Sistema Financeiro Nacional estão previstos na Lei n. 7.492, de 16-6-1986.

Arts. 42 a 44. (*Revogados pela Lei n. 13.506, de 13-11-2017.*)

Art. 45. As instituições financeiras públicas não federais e as privadas estão sujeitas, nos termos da legislação vigente, à intervenção efetuada pelo Banco Central do Brasil ou à liquidação extrajudicial.

Parágrafo único. A partir da vigência desta Lei, as instituições de que trata este artigo não poderão impetrar concordata.

Capítulo VI
DISPOSIÇÕES GERAIS

Art. 46. Ficam transferidas as atribuições legais e regulamentares do Ministério da Fazenda relativamente ao meio circulante, inclusive as exercidas pela Caixa de Amortização para o Conselho Monetário Nacional, e (*Vetado*) para o Banco Central do Brasil.

Art. 47. Será transferido à responsabilidade do Tesouro Nacional, mediante encampação, sendo definitivamente incorporado ao meio circulante, o montante das emissões feitas por solicitação da Carteira de Redesconto do Banco do Brasil S.A., e da Caixa de Mobilização Bancária.

§ 1.º O valor correspondente à encampação será destinado à liquidação das responsabilidades financeiras do Tesouro Nacional no Banco do Brasil S.A., inclusive as decorrentes de operações de câmbio concluídas até a data da vigência desta Lei, mediante aprovação específica do Poder Legislativo, ao qual será submetida a lista completa dos débitos assim amortizados.

§ 2.º Para a liquidação do saldo remanescente das responsabilidades do Tesouro Nacional, após a encampação das emissões atuais por solicitação da Carteira de Redescontos do Banco do Brasil S.A., e da Caixa de Mobilização Bancária, o Poder Executivo submeterá ao Poder Legislativo proposta específica, indicando os recursos e os meios necessários a esse fim.

Art. 48. Concluídos os acertos financeiros previstos no artigo anterior, a responsabilidade da moeda em circulação passará a ser do Banco Central do Brasil.

Art. 49. As operações de crédito da União, por antecipação de receita orçamentária ou a qualquer outro título dentro dos limites legalmente autorizados, somente serão realizadas mediante colocação de obrigações, apólices ou letras do Tesouro Nacional.

§ 1.º A lei de orçamento, nos termos do art. 73, § 1.º, II, da Constituição Federal, determinará, quando for o caso, a parcela do déficit que poderá ser coberta pela venda de títulos do Tesouro Nacional diretamente ao Banco Central do Brasil.

•• Refere-se à CF de 1946. Do orçamento na CF: arts. 165 a 169.

§ 2.º O Banco Central do Brasil, mediante autorização do Conselho Monetário Nacional baseada na lei orçamentária do exercício, poderá adquirir diretamente letras do Tesouro Nacional, com emissão de papel-moeda.

§ 3.º O Conselho Monetário Nacional decidirá, a seu exclusivo critério, a política de sustentação em bolsa da cotação dos títulos de emissão do Tesouro Nacional.

§ 4.º No caso de despesas urgentes e inadiáveis do Governo Federal, a serem atendidas mediante critérios suplementares ou especiais, autorizados após a lei do orçamento, o Congresso Nacional determinará, especificamente, os recursos a serem utilizados na cobertura de tais despesas, estabelecendo, quando a situação do Tesouro Nacional for deficitária, a discriminação prevista neste artigo.

§ 5.º Na ocorrência das hipóteses citadas no parágrafo único do art. 75 da Constituição Federal, o Presidente da República poderá determinar que o Conselho Monetário Nacional, através do Banco Central do Brasil, faça aquisição de letras do Tesouro Nacional com a emissão de papel-moeda até o montante do crédito extraordinário que tiver sido decretado.

•• Refere-se à CF de 1946. A matéria agora é tratada no art. 167, § 3.º, da CF.

§ 6.º O Presidente da República fará acompanhar a determinação ao Conselho Monetário Nacional, mencionada no parágrafo anterior, de cópia da mensagem que deverá dirigir ao Congresso Nacional, indicando os motivos que tornaram indispensável a emissão e solicitando a sua homologação.

§ 7.º As letras do Tesouro Nacional, colocadas por antecipação de receita, não poderão ter vencimentos posteriores a 120 (cento e vinte) dias do encerramento do exercício respectivo.

§ 8.º Até 15 de março do ano seguinte, o Poder Executivo enviará mensagem ao Poder Legislativo, propondo a forma de liquidação das letras do Tesouro Nacional emitidas no exercício anterior e não resgatadas.

§ 9.º É vedada a aquisição dos títulos mencionados neste artigo pelo Banco do Brasil S.A., e pelas instituições bancárias de que a União detenha a maioria das ações.

Art. 50. O Conselho Monetário Nacional, o Banco Central do Brasil, o Banco Nacional do Desenvolvimento Econômico, o Banco do Brasil S.A., o Banco do Nordeste do Brasil S.A. e o Banco de Crédito da Amazônia S.A. gozarão dos favores, isenções e privilégios, inclusive fiscais, que são próprios da Fazenda Nacional, ressalvado quanto aos três últimos o regime especial de tributação do Imposto de Renda a que estão sujeitos na forma da legislação em vigor.

Parágrafo único. São mantidos os favores, isenções e privilégios de que atualmente gozam as instituições financeiras.

Art. 51. Ficam abolidas, após 3 (três) meses da data da vigência desta Lei, as exigências de "visto" em "pedidos de licença" para efeito de exportação, excetuadas as referentes às armas, munições, entorpecentes, materiais estratégicos, objetos e obras de valor artístico, cultural ou histórico.

Parágrafo único. Quando o interesse nacional exigir, o Conselho Monetário Nacional criará o "visto" ou exigência equivalente.

Art. 52. O quadro de pessoal do Banco Central do Brasil será constituído de:

I – pessoal próprio, admitido mediante concurso público de provas ou de títulos e provas, sujeita à pena de nulidade a admissão que se processar com inobservância destas exigências;

II – pessoal requisitado ao Banco do Brasil S.A. e a outras instituições financeiras federais, de comum acordo com as respectivas administrações;

III – pessoal requisitado a outras instituições e que venham prestando serviços à Superintendência da Moeda e do Crédito há mais de 1 (um) ano, contado da data da publicação desta Lei.

§ 1.º O Banco Central do Brasil baixará, dentro de 90 (noventa) dias da vigência desta Lei, o estatuto de seus funcionários e servidores, no qual serão garantidos os direitos legalmente atribuídos a seus atuais servidores e mantidos deveres e obrigações que lhes são inerentes.

§ 2.º Aos funcionários e servidores requisitados, na forma deste artigo, as instituições de origem lhes assegurarão os direitos e vantagens que lhes cabem ou lhes venham a ser atribuídos, como se em efetivo exercício nelas estivessem.

§ 3.º Correrão por conta do Banco Central do Brasil todas as despesas decorrentes do cumprimento do disposto no parágrafo anterior, inclusive as de aposentadoria e pensão que sejam de responsabilidade das instituições de origem ali mencionadas, estas últimas rateadas proporcionalmente em função dos prazos de vigência da requisição.

§ 4.º Os funcionários do quadro pessoal próprio permanecerão com seus direitos e garantias regidos pela legislação de proteção ao trabalho e de previdência social, incluídos na categoria profissional de bancários.

§ 5.º Durante o prazo de 10 (dez) anos, contados da data da vigência desta Lei, e facultado aos funcionários de que tratam os incisos II e III deste artigo, manifestarem opção para transferência para o quadro do pessoal próprio do Banco Central do Brasil, desde que:

a) tenham sido admitidos nas respectivas instituições de origem, consoante determina o inciso I deste artigo;

b) estejam em exercício (*Vetado*) há mais de 2 (dois) anos;

c) seja a opção feita pela diretoria do Banco Central do Brasil, que sobre ela deverá pronunciar-se conclusivamente no prazo máximo de 3 (três) meses, contados da entrega do respectivo requerimento.

Art. 53. (*Revogado pela Lei n. 4.829, de 5-11-1965.*)

Capítulo VII
DISPOSIÇÕES TRANSITÓRIAS

Art. 54. O Poder Executivo, com base em proposta do Conselho Monetário Nacional, que deverá ser apresentada dentro de 90 (noventa) dias de sua instalação, submeterá ao Poder Legislativo projeto de lei que institucionalize o crédito rural, regule seu campo específico e caracterize as modalidades de aplicação, indicando as respectivas fontes de recursos.

Parágrafo único. A Comissão Consultiva do Crédito Rural dará assessoramento ao Conselho Monetário Nacional, na elaboração da proposta que estabelecerá a coordenação das instituições existentes ou que venham a ser criadas, com o objetivo de garantir sua melhor utilização e da rede bancária privada na difusão do crédito rural, inclusive com redução de seu custo.

Art. 55. Ficam transferidas ao Banco Central do Brasil as atribuições cometidas por lei ao Ministério da Agricultura, no que concerne à autorização de funcionamento e fiscalização de cooperativas de crédito de qualquer tipo, bem assim da seção de crédito das cooperativas que a tenham.

•• A Resolução n. 4.434, de 5-8-2015, do Banco Central do Brasil, dispõe sobre a constituição, a autorização para funcionamento, o funcionamento, as alterações estatutárias e o cancelamento de autorização para funcionamento das cooperativas de crédito.

Art. 56. Ficam extintas a Carteira de Redescontos do Banco do Brasil S.A. e a Caixa de Mobilização Bancária, incorporando-se seus bens, direitos e obrigações ao Banco Central do Brasil.

Parágrafo único. As atribuições e prerrogativas legais da Caixa de Mobilização Bancária passam a ser exercidas pelo Banco Central do Brasil, sem solução de continuidade.

Art. 57. (*Revogado pela Lei n. 14.286, de 29-12-2021.*)

Parágrafo único. Fica extinta a Fiscalização Bancária do Banco do Brasil S.A., passando suas atribuições e prerrogativas legais ao Banco Central do Brasil.

Art. 58. Os prejuízos decorrentes das operações de câmbio concluídas e eventualmente não regularizadas nos termos desta Lei, bem como os das operações de câmbio contratadas e não concluídas até a data de vigência desta Lei, pelo Banco do Brasil S.A., como mandatário do Governo Federal, serão, na medida em que se efetivarem, transferidos ao Banco Central do Brasil, sendo neste registrados como responsabilidade do Tesouro Nacional.

§ 1.º Os débitos do Tesouro Nacional perante o Banco Central do Brasil, provenientes das transferências de que trata este artigo, serão regularizados com recursos orçamentários da União.

§ 2.º O disposto neste artigo se aplica também aos prejuízos decorrentes de operações de câmbio que outras instituições financeiras federais, de natureza bancária, tenham realizado como mandatárias do Governo Federal.

Art. 59. É mantida, no Banco do Brasil S.A., a Carteira de Comércio Exterior, criada nos termos da Lei n. 2.145, de 29 de dezembro de 1953, e regulamentada pelo Decreto n. 42.820, de 16 de dezembro de 1957, como órgão executor da política de comércio exterior (*Vetado*).

Art. 60. O valor equivalente aos recursos financeiros que, nos termos desta Lei, passarem à responsabilidade do Banco Central do Brasil, e estejam, na data de sua vigência, em poder do Banco do Brasil S.A., será neste escriturado em conta e em nome do primeiro, considerando-se como suprimento de recursos, nos termos do § 1.º do art. 19 desta Lei.

Art. 61. Para cumprir as disposições desta Lei, o Banco do Brasil S.A. tomará providências no sentido de que seja remodelada sua estrutura administrativa, a fim de que possa eficazmente exercer os encargos e executar os serviços que lhe estão reservados, como principal instrumento de execução da política de crédito do Governo Federal.

Art. 62. O Conselho Monetário Nacional determinará providências no sentido de que a transferência de atribuições dos órgãos existentes para o Banco Central do Brasil se processe sem solução de continuidade dos serviços atingidos por esta Lei.

Art. 63. Os mandatos dos primeiros membros do Conselho Monetário Nacional, a que alude o inciso IV do art. 6.º desta Lei, serão respectivamente de 6 (seis), 5 (cinco), 4 (quatro), 3 (três), 2 (dois) e 1 (um) anos.

Art. 64. O Conselho Monetário Nacional fixará prazo de até 1 (um) ano de vigência desta Lei para a adaptação das instituições financeiras às disposições desta Lei.

§ 1.º Em casos excepcionais o Conselho Monetário Nacional poderá prorrogar até mais de 1 (um) ano o prazo para que seja complementada a adaptação a que se refere este artigo.

§ 2.º Será de 1 (um) ano, prorrogável, nos termos do parágrafo anterior, o prazo para cumprimento do estabelecido por força do art. 30 desta Lei.

Art. 65. Esta Lei entrará em vigor 90 (noventa) dias após a data de sua publicação, revogadas as disposições em contrário.

Brasília, 31 de dezembro de 1964; 143.º da Independência e 76.º da República.

H. CASTELLO BRANCO

LEI N. 4.717, DE 29 DE JUNHO DE 1965 (*)

Regula a ação popular.

O Presidente da República:

Faço saber que o Congresso Nacional decreta e eu sanciono a seguinte Lei:

DA AÇÃO POPULAR

Art. 1.º Qualquer cidadão será parte legítima para pleitear a anulação ou a declaração de nulidade de atos lesivos ao patrimônio da União, do Distrito Federal, dos Estados e dos Municípios, de entidades autárquicas, de sociedades de economia mista (Constituição, art. 141, § 38), de sociedades mútuas de seguro nas quais a União represente os segurados ausentes, de empresas públicas, de serviços sociais autônomos, de instituições ou fundações para cuja criação ou custeio o tesouro público haja concorrido ou concorra com mais de 50% (cinquenta por cento) do patrimônio ou da receita ânua de empresas incorporadas ao patrimônio da União, do Distrito Federal, dos Estados e dos Municípios e de quaisquer pessoas jurídicas ou entidades subvencionadas pelos cofres públicos.

•• A referência é à CF de 1946.

§ 1.º Consideram-se patrimônio público para os fins referidos neste artigo, os bens e direitos de valor econômico, artístico, estético, histórico ou turístico.

•• § 1.º com redação determinada pela Lei n. 6.513, de 20-12-1977.

§ 2.º Em se tratando de instituições ou fundações, para cuja criação ou custeio o tesouro público concorra com menos de 50% (cinquenta por cento) do patrimônio ou da receita ânua, bem como de pessoas jurídicas ou entidades subvencionadas, as consequências patrimoniais da invalidez dos atos lesivos terão por limite a repercussão deles sobre a contribuição dos cofres públicos.

§ 3.º A prova da cidadania, para ingresso em juízo, será feita com o título eleitoral, ou com documento que a ele corresponda.

§ 4.º Para instruir a inicial, o cidadão poderá requerer às entidades a que se refere este artigo, as certidões e informações que julgar necessárias, bastando para isso indicar a finalidade das mesmas.

§ 5.º As certidões e informações, a que se refere o parágrafo anterior, deverão ser fornecidas dentro de 15 (quinze) dias da entrega, sob recibo, dos respectivos requerimentos, e só poderão ser utilizadas para a instrução de ação popular.

§ 6.º Somente nos casos em que o interesse público, devidamente justificado, impuser sigilo, poderá ser negada certidão ou informação.

§ 7.º Ocorrendo a hipótese do parágrafo anterior, a ação poderá ser proposta desacompanhada das certidões ou informações negadas, cabendo ao juiz, após apreciar os motivos do indeferimento e salvo em se tratando de razão de segurança nacional, requisitar umas e outras; feita a requisição, o processo correrá em segredo de justiça, que cessará com o trânsito em julgado de sentença condenatória.

Art. 2.º São nulos os atos lesivos ao patrimônio das entidades mencionadas no artigo anterior, nos casos de:

a) incompetência;

b) vício de forma;

c) ilegalidade do objeto;

d) inexistência dos motivos;

e) desvio de finalidade.

Parágrafo único. Para a conceituação dos casos de nulidade observar-se-ão as seguintes normas:

a) a incompetência fica caracterizada quando o ato não se incluir nas atribuições legais do agente que o praticou;

b) o vício de forma consiste na omissão ou na observância incompleta ou irregular de formalidades indispensáveis à existência ou seriedade do ato;

c) a ilegalidade do objeto ocorre quando o resultado do ato importa em violação de lei, regulamento ou outro ato normativo;

d) a inexistência dos motivos se verifica quando a matéria de fato ou de direito, em que se fundamenta o ato, é materialmente inexistente ou juridicamente inadequada ao resultado obtido;

e) o desvio da finalidade se verifica quando o agente pratica o ato visando a fim diverso daquele previsto, explícita ou implicitamente, na regra de competência.

Art. 3.º Os atos lesivos ao patrimônio das pessoas de direito público ou privado, ou das entidades mencionadas no art. 1.º, cujos vícios não se compreendam nas especificações do artigo anterior, serão anuláveis, segundo as prescrições legais, enquanto compatíveis com a natureza deles.

Art. 4.º São também nulos os seguintes atos ou contratos, praticados ou celebrados por quaisquer das pessoas ou entidades referidas no art. 1.º:

I – a admissão ao serviço público remunerado, com desobediência, quanto às condições de habilitação das normas legais, regulamentares ou constantes de instruções gerais;

II – a operação bancária ou de crédito real, quando:

a) for realizada com desobediência a normas legais, regulamentares, estatutárias, regimentais ou internas;

b) o valor real do bem dado em hipoteca ou penhor for inferior ao constante de escritura, contrato ou avaliação;

III – a empreitada, a tarefa e a concessão do serviço público, quando:

a) o respectivo contrato houver sido celebrado sem prévia concorrência pública ou administrativa, sem que essa condição seja estabelecida em lei, regulamento ou norma geral;

b) no edital de concorrência forem incluídas cláusulas ou condições, que comprometam o seu caráter competitivo;

c) a concorrência administrativa for processada em condições que impliquem na limitação das possibilidades normais de competição;

IV – as modificações ou vantagens, inclusive prorrogações que forem admitidas, em favor do adjudicatário, durante a execução dos contratos de empreitada, tarefa e concessão de serviço público, sem que estejam previstas em lei ou nos respectivos instrumentos;

V – a compra e venda de bens móveis ou imóveis, nos casos em que não for cabível

(*) Publicada no *Diário Oficial da União*, de 5-7-1965. Republicada em 8-4-1974, por determinação do art. 20 da Lei n. 6.014, de 27-12-1973. *Vide* art. 5.º, LXXIII, da CF.

concorrência pública ou administrativa, quando:

a) for realizada com desobediência a normas legais regulamentares, ou constantes de instruções gerais;

b) o preço de compra dos bens for superior ao corrente no mercado, na época da operação;

c) o preço de venda dos bens for inferior ao corrente no mercado, na época da operação;

VI – a concessão de licença de exportação ou importação, qualquer que seja a sua modalidade, quando:

a) houver sido praticada com violação das normas legais e regulamentares ou de instruções e ordens de serviço;

b) resulta em exceção ou privilégio, em favor de exportador ou importador;

VII – a operação de redesconto quando, sob qualquer aspecto, inclusive o limite de valor, desobedecer a normas legais, regulamentares ou constantes de instruções gerais;

VIII – o empréstimo concedido pelo Banco Central da República, quando:

a) concedido com desobediência de quaisquer normas legais, regulamentares, regimentais ou constantes de instruções gerais;

b) o valor dos bens dados em garantia, na época da operação, for inferior ao da avaliação;

IX – a emissão quando efetuada sem observância das normas constitucionais, legais e regulamentadoras que regem a espécie.

DA COMPETÊNCIA

Art. 5.º Conforme a origem do ato impugnado, é competente para conhecer da ação, processá-la e julgá-la, o juiz que, de acordo com a organização judiciária de cada Estado, o for para as causas que interessem à União, ao Distrito Federal, ao Estado ou ao Município.

§ 1.º Para fins de competência, equiparam-se a atos da União, do Distrito Federal, do Estado ou dos Municípios os atos das pessoas criadas ou mantidas por essas pessoas jurídicas de direito público, bem como os atos das sociedades de que elas sejam acionistas e os das pessoas ou entidades por elas subvencionadas ou em relação às quais tenham interesse patrimonial.

§ 2.º Quando o pleito interessar simultaneamente à União e a qualquer outra pessoa ou entidade, será competente o juiz das causas da União, se houver; quando interessar simultaneamente ao Estado e ao Município, será competente o juiz das causas do Estado, se houver.

§ 3.º A propositura da ação prevenirá a jurisdição do juízo para todas as ações, que forem posteriormente intentadas contra as mesmas partes e sob os mesmos fundamentos.

§ 4.º Na defesa do patrimônio público caberá a suspensão liminar do ato lesivo impugnado.

•• § 4.º acrescentado pela Lei n. 6.513, de 20-12-1977.

DOS SUJEITOS PASSIVOS DA AÇÃO E DOS ASSISTENTES

Art. 6.º A ação será proposta contra as pessoas públicas ou privadas e as entidades referidas no art. 1.º, contra as autoridades, funcionários ou administradores que houverem autorizado, aprovado, ratificado ou praticado o ato impugnado, ou que, por omissão, tiverem dado oportunidade à lesão, e contra os beneficiários diretos do mesmo.

§ 1.º Se não houver beneficiário direto do ato lesivo, ou se for ele indeterminado ou desconhecido, a ação será proposta somente contra as outras pessoas indicadas neste artigo.

§ 2.º No caso de que trata o inciso II, *b*, do art. 4.º, quando o valor real do bem for inferior ao da avaliação, citar-se-ão como réus, além das pessoas públicas ou privadas e entidades referidas no art. 1.º, apenas os responsáveis pela avaliação inexata e os beneficiários da mesma.

§ 3.º A pessoa jurídica de direito público ou de direito privado, cujo ato seja objeto de impugnação, poderá abster-se de contestar o pedido, ou poderá atuar ao lado do autor, desde que isso se afigure útil ao interesse público, a juízo do respectivo representante legal ou dirigente.

• *Vide* § 3.º do art. 17 da Lei n. 8.429, de 2-6-1992.

§ 4.º O Ministério Público acompanhará a ação, cabendo-lhe apressar a produção da prova e promover a responsabilidade, civil ou criminal, dos que nela incidirem, sendo-lhe vedado, em qualquer hipótese, assumir a defesa do ato impugnado ou dos seus autores.

§ 5.º É facultado a qualquer cidadão habilitar-se como litisconsorte ou assistente do autor da ação popular.

DO PROCESSO

Art. 7.º A ação obedecerá o procedimento ordinário, previsto no Código de Processo Civil, observadas as seguintes normas modificativas:

I – Ao despachar a inicial o juiz ordenará:

a) além da citação dos réus, a intimação do representante do Ministério Público;

b) a requisição às entidades indicadas na petição inicial, dos documentos que tiverem sido referidos pelo autor (art. 1.º, § 6.º), bem como a de outros que se lhe afigurem necessários ao esclarecimento dos fatos, fixando o prazo de 15 (quinze) a 30 (trinta) dias para o atendimento.

§ 1.º O representante do Ministério Público providenciará para que as requisições, a que se refere o inciso anterior, sejam atendidas dentro dos prazos fixados pelo juiz.

§ 2.º Se os documentos e informações não puderem ser oferecidos nos prazos assinalados, o juiz poderá autorizar prorrogação dos mesmos, por prazo razoável.

II – Quando o autor o preferir, a citação dos beneficiários far-se-á por edital com o prazo de 30 (trinta) dias, afixado na sede do juízo e publicado três vezes no jornal oficial do Distrito Federal, ou da Capital do Estado ou Território em que seja ajuizada a ação. A publicação será gratuita e deverá iniciar-se no máximo 3 (três) dias após a entrega, na repartição competente, sob protocolo, de uma via autenticada do mandado.

III – Qualquer pessoa, beneficiada ou responsável pelo ato impugnado, cuja existência ou identidade se torne conhecida no curso do processo e antes de proferida a sentença final de primeira instância, deverá ser citada para a integração do contraditório, sendo-lhe restituído o prazo para contestação e produção de provas. Salvo quanto a beneficiário, se a citação se houver feito na forma do inciso anterior.

IV – O prazo de contestação é de 20 (vinte) dias prorrogáveis por mais 20 (vinte), a requerimento do interessado, se particularmente difícil a produção de prova documental, e será comum a todos os interessados, correndo da entrega em cartório do mandado cumprido, ou, quando for o caso, do decurso do prazo assinado em edital.

V – Caso não requerida, até o despacho saneador, a produção de prova testemunhal ou pericial, o juiz ordenará vista às partes por 10 (dez) dias, para alegações, sendo-lhe os autos conclusos, para sentença, 48 (quarenta e oito) horas após a expiração desse prazo; havendo requerimento de prova, o processo tomará o rito ordinário.

VI – A sentença, quando não prolatada em audiência de instrução e julgamento, deverá ser proferida dentro de 15 (quinze) dias do recebimento dos autos pelo juiz.

Parágrafo único. O proferimento da sentença além do prazo estabelecido privará o juiz da inclusão em lista de merecimento para promoção, durante 2 (dois) anos, e acarretará a perda, para efeito de promoção por antiguidade, de tantos dias, quantos forem os do retardamento; salvo motivo justo, declinado nos autos e comprovado perante o órgão disciplinar competente.

Art. 8.º Ficará sujeita à pena de desobediência, salvo motivo justo devidamente comprovado, a autoridade, o administrador ou o dirigente, que deixar de fornecer, no prazo fixado no art. 1.º, § 5.º, ou naquele que tiver sido estipulado pelo juiz (art. 7.º, I, *b*), informações e certidão ou fotocópia de documentos necessários à instrução da causa.

Parágrafo único. O prazo contar-se-á do dia em que entregue, sob recibo, o requerimento do interessado ou o ofício de requisição (art. 1.º, § 5.º, e art. 7.º, I, *b*).

Art. 9.º Se o autor desistir da ação ou der motivo à absolvição da instância, serão publicados editais nos prazos e condições previstos no art. 7.º, II, ficando assegurado a qualquer cidadão bem como ao representante do Ministério Público, dentro do prazo de 90 (noventa) dias da última publicação feita, promover o prosseguimento da ação.

Art. 10. As partes só pagarão custas e preparo a final.

•• *Vide* art. 5.º, LXXIII, da CF (isenção de custas).

Art. 11. A sentença que julgando procedente a ação popular decretar a invalidade do ato impugnado, condenará ao pagamento de perdas e danos os responsáveis pela sua prática e os beneficiários dele, ressalvada a ação regressiva contra os funcionários causadores de dano, quando incorrerem em culpa.

Art. 12. A sentença incluirá sempre na condenação dos réus, o pagamento, ao autor, das custas e demais despesas, judiciais e extrajudiciais, diretamente relacionadas com a ação e comprovadas, bem como o dos honorários de advogado.

Art. 13. A sentença que, apreciando o fundamento de direito do pedido, julgar a lide manifestamente temerária, condenará o autor ao pagamento do décuplo das custas.

Art. 14. Se o valor da lesão ficar provado no curso da causa, será indicado na sentença; se depender da avaliação ou perícia, será apurado na execução.

§ 1.º Quando a lesão resultar da falta ou isenção de qualquer pagamento, a condenação imporá o pagamento devido, com acréscimo de juros de mora e multa legal ou contratual, se houver.

§ 2.º Quando a lesão resultar da execução fraudulenta, simulada ou irreal de contratos, a condenação versará sobre a reposição do débito, com juros de mora.

§ 3.º Quando o réu condenado perceber dos cofres públicos, a execução far-se-á por desconto em folha até o integral ressarcimento de dano causado, se assim mais convier ao interesse público.

§ 4.º A parte condenada a restituir bens ou valores ficará sujeita a sequestro e penhora, desde a prolação da sentença condenatória.

Art. 15. Se, no curso da ação, ficar provada a infringência da lei penal ou a prática de falta disciplinar a que a lei comine a pena de demissão, ou a de rescisão de contrato de trabalho, o juiz, *ex officio*, determinará a remessa de cópia autenticada das peças necessárias às autoridades ou aos administradores a quem competir aplicar a sanção.

Art. 16. Caso decorridos 60 (sessenta) dias de publicação da sentença condenatória de segunda instância, sem que o autor ou terceiro promova a respectiva execução, o representante do Ministério Público a promoverá nos 30 (trinta) dias seguintes, sob pena de falta grave.

Art. 17. É sempre permitido às pessoas ou entidades referidas no art. 1.º, ainda que hajam contestado a ação, promover, em qualquer tempo, e no que as beneficiar, a execução da sentença contra os demais réus.

Art. 18. A sentença terá eficácia de coisa julgada oponível *erga omnes*, exceto no caso de haver sido a ação julgada improcedente por deficiência de prova; neste caso, qualquer cidadão poderá intentar outra ação com idêntico fundamento, valendo-se de nova prova.

Art. 19. A sentença que concluir pela carência ou pela improcedência da ação está sujeita ao duplo grau de jurisdição, não produzindo efeito senão depois de confirmada pelo tribunal; da que julgar a ação procedente, caberá apelação, com efeito suspensivo.

•• *Caput* com redação determinada pela Lei n. 6.014, de 27-12-1973.

§ 1.º Das decisões interlocutórias cabe agravo de instrumento.

•• § 1.º com redação determinada pela Lei n. 6.014, de 27-12-1973.

§ 2.º Das sentenças e decisões proferidas contra o autor da ação e suscetíveis de recurso, poderá recorrer qualquer cidadão e também o Ministério Público.

•• § 2.º com redação determinada pela Lei n. 6.014, de 27-12-1973.

DISPOSIÇÕES GERAIS

Art. 20. Para os fins desta Lei, consideram-se entidades autárquicas:

a) o serviço estatal descentralizado com personalidade jurídica, custeado mediante orçamento próprio, independente do orçamento geral;

b) as pessoas jurídicas especialmente instituídas por lei, para a execução de serviços de interesse público ou social, custeados por tributos de qualquer natureza ou por outros recursos oriundos do Tesouro Público;

c) as entidades de direito público ou privado a que a lei tiver atribuído competência para receber e aplicar contribuições parafiscais.

Art. 21. A ação prevista nesta Lei prescreve em 5 (cinco) anos.

Art. 22. Aplicam-se à ação popular as regras do Código de Processo Civil, naquilo em que não contrariem os dispositivos desta Lei, nem a natureza específica da ação.

Brasília, 29 de junho de 1965; 144.º da Independência e 77.º da República.

H. CASTELLO BRANCO

LEI N. 4.728, DE 14 DE JULHO DE 1965 (*)

Disciplina o mercado de capitais e estabelece medidas para o seu desenvolvimento.

O Presidente da República:

Faço saber que o Congresso Nacional decreta e eu sanciono a seguinte Lei:

(*) Publicada no *Diário Oficial da União*, de 16-7-1965. Retificada em 16-8-1965. Sobre os valores constantes deste diploma legal, sobre OTN e sobre BNH, *vide* Nota dos Organizadores.

Seção I
Atribuições dos Órgãos Administrativos

Art. 1.º Os mercados financeiro e de capitais serão disciplinados pelo Conselho Monetário Nacional e fiscalizados pelo Banco Central da República do Brasil.

Art. 2.º O Conselho Monetário Nacional e o Banco Central exercerão as suas atribuições legais relativas aos mercados financeiro e de capitais com a finalidade de:

I – facilitar o acesso do público a informações sobre os títulos ou valores mobiliários distribuídos no mercado e sobre as sociedades que os emitirem;

II – proteger os investidores contra emissões ilegais ou fraudulentas de títulos ou valores mobiliários;

III – evitar modalidades de fraude e manipulação destinadas a criar condições artificiais da demanda, oferta ou preço de títulos ou valores mobiliários distribuídos no mercado;

IV – assegurar a observância de práticas comerciais equitativas por todos aqueles que exerçam, profissionalmente, funções de intermediação na distribuição ou negociação de títulos ou valores mobiliários;

V – disciplinar a utilização do crédito no mercado de títulos ou valores mobiliários;

VI – (*Revogado pela Lei n. 14.286, de 29-12-2021.*)

Art. 3.º Compete ao Banco Central:

I – autorizar a constituição e fiscalizar o funcionamento das Bolsas de Valores;

II – autorizar o funcionamento e fiscalizar as operações das sociedades corretoras membros das Bolsas de Valores (arts. 8.º e 9.º) das sociedades de investimento;

III – autorizar o funcionamento e fiscalizar as operações das instituições financeiras, sociedades ou firmas individuais que tenham por objeto a subscrição para revenda e a distribuição de títulos ou valores mobiliários;

IV – manter registro e fiscalizar as operações das sociedades e firmas individuais que exerçam as atividades de intermediação na distribuição de títulos ou valores mobiliários, ou que efetuem, com qualquer propósito, a captação de poupança popular no mercado de capitais;

V – registrar títulos e valores mobiliários para efeito de sua negociação nas Bolsas de Valores;

VI – registrar as emissões de títulos ou valores mobiliários a serem distribuídos no mercado de capitais;

VII – fiscalizar a observância, pelas sociedades emissoras de títulos ou valores mobiliários negociados na Bolsa, das disposições legais e regulamentares relativas a:

a) publicidade da situação econômica e financeira da sociedade, sua administração e aplicação dos seus resultados;

b) proteção dos interesses dos portadores de títulos e valores mobiliários distribuídos nos mercados financeiro e de capitais;

VIII – fiscalizar a observância das normas legais e regulamentares relativas à emissão, ao lançamento, à subscrição e à distribuição de títulos ou valores mobiliários colocados no mercado de capitais;

IX – manter e divulgar as estatísticas relativas ao mercado de capitais, em coordenação com o sistema estatístico nacional;

X – fiscalizar a utilização de informações não divulgadas ao público em benefício próprio ou de terceiros, por acionistas ou pessoas que, por força de cargos que exerçam, a elas tenham acesso.

Art. 4.º No exercício de suas atribuições, o Banco Central poderá examinar os livros e documentos das instituições financeiras, sociedades, empresas e pessoas referidas no artigo anterior, as quais serão obrigadas a prestar as informações e os esclarecimentos solicitados pelo Banco Central.

§ 1.º Nenhuma sanção será imposta pelo Banco Central, sem antes ter assinado prazo, não inferior a 30 (trinta) dias, ao interessado, para se manifestar, ressalvado o disposto no § 3.º do art. 16, desta Lei.

§ 2.º Quando, no exercício das suas atribuições, o Banco Central tomar conhecimento de crime definido em lei como de ação pública, oficiará ao Ministério Público para instalação de inquérito policial.

§ 3.º Os pedidos de registro submetidos ao Banco Central, nos termos dos arts. 19 e 20 desta Lei, consideram-se deferidos dentro de 30 (trinta) dias da sua apresentação, se nesse prazo não forem indeferidos.

§ 4.º A fluência do prazo referido no parágrafo anterior poderá ser interrompida uma única vez, se o Banco Central pedir informações ou documentos suplementares, em cumprimento das normas legais ou regulamentares em vigor.

§ 5.º Ressalvado o disposto no § 3.º, o Conselho Monetário Nacional fixará os prazos em que o Banco Central deverá processar os pedidos de autorização, registro ou aprovação previstos nesta Lei.

§ 6.º (*Revogado pela Lei n. 13.506, de 13-11-2017.*)

Seção II
Sistema de Distribuição no Mercado de Capitais

Art. 5.º O sistema de distribuição de títulos ou valores mobiliários no mercado de capitais será constituído:

I – das Bolsas de Valores e das sociedades corretoras que sejam seus membros;

II – das instituições financeiras autorizadas a operar no mercado de capitais;

III – das sociedades ou empresas que tenham por objeto a subscrição de títulos para revenda, ou sua distribuição no mercado, e que sejam autorizadas a funcionar nos termos do art. 11;

IV – das sociedades ou empresas que tenham por objeto atividades de intermediação na distribuição de títulos ou valores mobiliários, e que estejam registradas nos termos do art. 12.

Art. 6.º As Bolsas de Valores terão autonomia administrativa, financeira e patrimonial, e operarão sob a supervisão do Banco Central, de acordo com a regulamentação expedida pelo Conselho Monetário Nacional.

Art. 7.º Compete ao Conselho Monetário Nacional fixar as normas gerais a serem observadas na constituição, organização e funcionamento das Bolsas de Valores, e relativas a:

I – condições de constituição e extinção; forma jurídica; órgãos de administração e seu preenchimento; exercício de poder disciplinar sobre os membros da Bolsa, imposição de penas e condições de exclusão;

II – número de sociedades corretoras membros da Bolsa, requisitos ou condições de admissão quanto à idoneidade, capacidade financeira, habilitação técnica dos seus administradores e forma de representação nas Bolsas;

III – espécies de operações admitidas nas Bolsas; normas, métodos e práticas a serem observados nessas operações; responsabilidade das sociedades corretoras nas operações;

IV – administração financeira das Bolsas; emolumentos, comissões e quaisquer outros custos cobrados pelas Bolsas ou seus membros;

V – normas destinadas a evitar ou reprimir manipulações de preços e operações fraudulentas; condições a serem observadas nas operações autorizadas de sustentação de preços;

VI – registro das operações a ser mantido pelas Bolsas e seus membros; dados estatísticos a serem apurados pelas Bolsas e fornecidos ao Banco Central;

VII – fiscalização do cumprimento de obrigações legais pelas sociedades cujos títulos sejam negociados na Bolsa;

VIII – percentagem mínima do preço dos títulos negociados a termo, que deverá ser obrigatoriamente liquidada à vista;

IX – crédito para aquisição de títulos e valores mobiliários no mercado de capitais.

§ 1.º Exceto na matéria prevista no inciso VIII, as normas a que se refere este artigo somente poderão ser aprovadas pelo Conselho Monetário Nacional depois de publicadas para receber sugestões durante 30 (trinta) dias.

§ 2.º As sugestões referidas no parágrafo anterior serão feitas por escrito, por intermédio do Banco Central.

Art. 8.º A intermediação dos negócios nas Bolsas de Valores será exercida por sociedades corretoras membros da Bolsa, cujo capital mínimo será fixado pelo Conselho Monetário Nacional.

§ 1.º (*Revogado pelo Decreto-lei n. 2.313, de 23-12-1986.*)

§ 2.º As sociedades referidas neste artigo somente poderão funcionar depois de autorizadas pelo Banco Central, e a investidura dos seus dirigentes estará sujeita às condições legais vigentes para os administradores de instituições financeiras.

§ 3.º Nas condições fixadas pelo Conselho Monetário Nacional, a sociedade corretora poderá ser membro de mais de uma Bolsa de Valores.

§ 4.º Os administradores das sociedades corretoras não poderão exercer qualquer cargo administrativo, consultivo, fiscal ou deliberativo em outras empresas cujos títulos ou valores mobiliários sejam negociados em Bolsa.

§ 5.º As sociedades referidas neste artigo, ainda que não revistam a forma anônima, são obrigadas a observar as normas de que trata o art. 20, § 1.º, *a* e *b*.

§ 6.º O Conselho Monetário Nacional assegurará aos atuais corretores de fundos públicos a faculdade de se registrarem no Banco Central, para intermediar a negociação nas Bolsas de Valores, sob a forma da firma individual, observados os mesmos requisitos estabelecidos para as sociedades corretoras previstas neste artigo, e sob a condição de extinção da firma, por morte do respectivo titular, ou pela participação deste em sociedade corretora.

Art. 9.º (*Revogado pela Lei n. 14.286, de 29-12-2021.*)

§ 1.º A partir de 1 (um) ano, a contar da vigência desta Lei, prorrogável, no máximo, por mais 3 (três) meses, a critério do Conselho Monetário Nacional, será facultativa a intervenção de corretores nas operações de câmbio e negociações das respectivas letras, quando realizadas fora das Bolsas.

§ 2.º Para efeito da fixação do curso de câmbio, todas as operações serão obrigatoriamente comunicadas ao Banco Central.

§ 3.º Aos atuais corretores inscritos nas Bolsas de Valores será permitido o exercício simultâneo da profissão de corretor de câmbio com a de membro da sociedade corretora ou de titular de firma individual organizada de acordo com o § 6.º do art. 8.º desta Lei.

§ 4.º O Conselho Monetário Nacional fixará o prazo de até 1 (um) ano, prorrogável, a seu critério, por mais 1 (um) ano, para que as Bolsas de Valores existentes e os atuais corretores de fundos públicos se adaptem aos dispositivos desta Lei.

§ 5.º A facultatividade a que se refere o § 1.º deste artigo entrará em vigor na data da vigência desta Lei, para as transações de compra e venda de câmbio por parte da União, dos Estados, dos Municípios, das sociedades de economia mista, das autarquias e das entidades paraestatais excetuadas as operações de câmbio dos bancos oficiais com pessoas físicas ou jurídicas não estatais.

§ 6.º O Banco Central é autorizado, durante o prazo de 2 (dois) anos, a contar da vigência desta Lei, a prestar assistência financeira às Bolsas de Valores, quando, a seu critério, se fizer necessário para que se adaptem aos dispositivos desta Lei.

Art. 9.º-A. Compete ao Banco Central do Brasil, observadas as diretrizes do Conselho Monetário Nacional, sem prejuízo do disposto na Lei n. 6.385, de 7 de dezembro de 1976:

•• *Caput* acrescentado pela Lei n. 14.286, de 29-12-2021.

I – disciplinar as condições de constituição e de funcionamento das sociedades corretoras de títulos e valores mobiliários, das sociedades corretoras de câmbio e das sociedades distribuidoras de títulos e valores mobiliários;

•• Inciso I acrescentado pela Lei n. 14.286, de 29-12-2021.

II – autorizar a constituição e o funcionamento e supervisionar as atividades das sociedades corretoras de títulos e valores mobiliários, das sociedades corretoras de câmbio e das sociedades distribuidoras de títulos e valores mobiliários.

•• Inciso II acrescentado pela Lei n. 14.286, de 29-12-2021.

Parágrafo único. Para os fins deste artigo, aplica-se o disposto na Lei 4.595, de 31 de dezembro de 1964, na Lei n. 6.024, de 13 de março de 1974, no Decreto-lei n. 2.321, de 25 de fevereiro de 1987, na Lei n. 9.447, de 14 de março de 1997, na Lei n. 13.506, de 13 de novembro de 2017, e nas demais disposições da legislação referentes às instituições financeiras:

•• Parágrafo único, *caput*, acrescentado pela Lei n. 14.286, de 29-12-2021.

I – às sociedades corretoras de títulos e valores mobiliários, às sociedades corretoras de câmbio e às sociedades distribuidoras de títulos e valores mobiliários;

•• Inciso I acrescentado pela Lei n. 14.286, de 29-12-2021.

II – aos administradores e aos membros da diretoria, do conselho de administração, do conselho fiscal, do comitê de auditoria e de outros órgãos previstos no estatuto social ou no contrato social das sociedades referidas no inciso I deste parágrafo;

•• Inciso II acrescentado pela Lei n. 14.286, de 29-12-2021.

III – às pessoas físicas e jurídicas e aos administradores e responsáveis técnicos de pessoas jurídicas que prestem serviço de auditoria independente às sociedades referidas no inciso I deste parágrafo.

•• Inciso III acrescentado pela Lei n. 14.286, de 29-12-2021.

Art. 10. Compete ao Conselho Monetário Nacional fixar as normas gerais a serem observadas no exercício das atividades de subscrição para revenda, distribuição, ou intermediação na colocação, no mercado, de títulos ou valores mobiliários, e relativos a:

I – capital mínimo das sociedades que tenham por objeto a subscrição para revenda e a distribuição de títulos no mercado;

II – condições de registro das sociedades ou firmas individuais que tenham por objeto atividades de intermediação na distribuição de títulos no mercado;

III – condições de idoneidade, capacidade financeira e habilitação técnica a que deverão satisfazer os administradores ou responsáveis pelas sociedades ou firmas individuais referidas nos incisos anteriores;

IV – procedimento administrativo de autorização para funcionar das sociedades referidas no inciso I e do registro das sociedades e firmas individuais referidas no inciso II;

V – espécies de operações das sociedades referidas nos incisos anteriores; normas, métodos e práticas a serem observados nessas operações;

VI – comissões, ágios, descontos ou quaisquer outros custos cobrados pelas sociedades de empresas referidas nos incisos anteriores;

VII – normas destinadas a evitar manipulações de preço e operações fraudulentas;

VIII – registro das operações a serem mantidas pelas sociedades e empresas referidas nos incisos anteriores, e dados estatísticos a serem apurados e fornecidos ao Banco Central;

IX – condições de pagamento a prazo dos títulos negociados.

Art. 11. Depende de prévia autorização do Banco Central o funcionamento de sociedades ou firmas individuais que tenham por objeto a subscrição para revenda e a distribuição no mercado de títulos ou valores mobiliários.

Parágrafo único. Depende igualmente de aprovação pelo Banco Central:

a) a modificação de contratos ou estatutos sociais das sociedades referidas neste artigo;

b) a investidura de administradores, responsáveis ou prepostos das sociedades e empresas referidas neste artigo.

Art. 12. Depende de prévio registro no Banco Central o funcionamento de sociedades que tenham por objeto qualquer atividade de intermediação na distribuição, ou colocação no mercado, de títulos ou valores mobiliários.

Art. 13. A autorização para funcionar e o registro referidos nos arts. 11 e 12 observarão o disposto no § 1.º do art. 10 da Lei n. 4.595, de 31 de dezembro de 1964, e somente poderão ser cassados nos casos previstos em normas gerais aprovadas pelo Conselho Monetário Nacional.

Art. 14. Compete ao Conselho Monetário Nacional fixar as normas gerais a serem observadas nas operações das instituições financeiras autorizadas a operar em aceite ou coobrigação em títulos cambiais a serem distribuídos no mercado, e relativas a:

I – capital mínimo;

II – limites de riscos, prazo mínimo e máximo dos títulos, espécie das garantias recebidas, relação entre o valor das garantias e o valor dos títulos objeto do aceite ou coobrigação;

III – disciplina ou proibição de redesconto de papéis;

IV – fiscalização das operações pelo Banco Central;

V – organização e funcionamento de consórcios (art. 15).

Art. 15. As instituições financeiras autorizadas a operar no mercado financeiro e de capitais poderão organizar consórcio para o fim especial de colocar títulos ou valores mobiliários no mercado.

§ 1.º Quando o consórcio tiver por objetivo aceite ou coobrigação em títulos cambiais, a responsabilidade poderá ser distribuída entre os membros do consórcio.

§ 2.º O consórcio será regulado por contrato que só entrará em vigor depois de registrado no Banco Central e do qual constarão, obrigatoriamente, as condições e os limites de coobrigação de cada instituição participante, a designação da instituição líder do consórcio e a outorga, a esta, de poderes de representação das demais participantes.

§ 3.º A responsabilidade de cada uma das instituições participantes do consórcio formado nos termos deste artigo será limitada ao montante do risco que assumir no instrumento de contrato de que trata o parágrafo anterior.

§ 4.º Os contratos previstos no presente artigo são isentos do Imposto do Selo.

•• Com a reforma tributária de 1965 foi extinto o Imposto do Selo, o qual foi substituído pelo Imposto sobre Operações de Crédito, Câmbio e Seguro ou Relativas a Títulos ou Valores Mobiliários.

Seção III
Acesso aos Mercados Financeiro e de Capitais

Art. 16. As emissões de títulos ou valores mobiliários somente poderão ser feitas nos mercados financeiro e de capitais através do sistema de distribuição previsto no art. 5.º.

§ 1.º Para os efeitos deste artigo considera-se emissão a oferta ou negociação de títulos ou valores mobiliários:

a) pela sociedade emissora ou coobrigada;

b) por sociedades ou empresas que exerçam habitualmente as atividades de subscrição, distribuição ou intermediação na colocação no mercado de títulos ou valores mobiliários;

c) pela pessoa natural ou jurídica que mantém o controle da sociedade emissora dos títulos ou valores mobiliários oferecidos ou negociados.

§ 2.º Entende-se por colocação ou distribuição de títulos ou valores mobiliários nos mercados financeiro e de capitais a negociação, oferta ou aceitação de oferta para negociação:

a) mediante qualquer modalidade de oferta pública;

b) mediante a utilização de serviços públicos de comunicação;

c) em lojas, escritórios ou quaisquer outros estabelecimentos acessíveis ao público;

d) através de corretores ou intermediários que procurem tomadores para os títulos.

§ 3.º As sociedades que infringirem o disposto neste artigo ficarão sujeitas à cessação imediata de suas atividades de colocação de títulos ou valores mobiliários no mercado, mediante intimação do Banco Central, que requisitará, se necessário, a intervenção da autoridade policial.

Art. 17. Os títulos cambiais deverão ter a coobrigação de instituição financeira para sua colocação no mercado, salvo os casos regulamentados pelo Conselho Monetário Nacional em caráter geral e de modo a assegurar garantia adequada aos que os adquirirem.

§ 1.º As empresas que, a partir da publicação desta Lei, colocarem papéis no mercado de capitais em desobediência ao disposto neste Capítulo, não terão acesso aos bancos oficiais e os títulos de sua emissão ou aceite não terão curso na Carteira de Redescontos, ressalvado o disposto no parágrafo seguinte.

§ 2.º As empresas que, na data da publicação desta Lei, tiverem em circulação títulos cambiais com sua responsabilidade em condições proibidas por esta Lei, poderão ser autorizadas pelo Banco Central a continuar a colocação com a redução gradativa do total dos papéis em circulação, desde que dentro de 60 (sessenta) dias o requeiram, com a indicação do valor total dos títulos em circulação e apresentação da proposta de sua liquidação no prazo de até 12 (doze) meses, prorrogável, pelo Banco Central, no caso de comprovada necessidade, no máximo, por mais 6 (seis) meses.

§ 3.º As empresas que utilizarem a faculdade indicada no parágrafo anterior poderão realizar assembleia geral ou alterar seus contratos sociais, no prazo de 60 (sessenta) dias da vigência desta Lei, de modo a assegurar opção aos tomadores para converter seus créditos em ações ou cotas de capital da empresa devedora, opção válida até a data do vencimento dos respectivos títulos.

§ 4.º A infração ao disposto neste artigo sujeitará os emitentes, coobrigados e tomadores de títulos de crédito à multa de até 50% (cinquenta por cento) do valor do título.

Art. 18. São isentas do Imposto do Selo quaisquer conversões, livremente pactuadas, em ações ou cotas do capital das empresas obrigadas em títulos de dívida em circulação na data da presente Lei, sem a coobrigação de instituições financeiras, concretizadas no prazo de 180 (cento e oitenta) dias da vigência desta Lei.

•• *Vide* nota ao art. 15, § 4.º, desta Lei.

Art. 19. Somente poderão ser negociados nas Bolsas de Valores os títulos ou valores mobiliários de emissão:

I – de pessoas jurídicas de direito público;

II – de pessoas jurídicas de direito privado registradas no Banco Central.

§ 1.º O disposto neste artigo não se aplica aos títulos cambiais colocados no mercado de acordo com o art. 17.

§ 2.º Para as sociedades que já tenham requerido a cotação de suas ações nas Bolsas de Valores, o disposto neste artigo entrará em vigor a partir de 1.º de janeiro de 1966, quando ficará revogado o Decreto-lei n. 9.783, de 6 de setembro de 1946.

Art. 20. Compete ao Conselho Monetário Nacional expedir normas gerais sobre o registro referido no inciso II do artigo anterior, e relativas a:

I – informações e documentos a serem apresentados para obtenção do registro inicial;

II – informações e documentos a serem apresentados periodicamente para a manutenção do registro;

III – casos em que o Banco Central poderá recusar, suspender ou cancelar o registro.

§ 1.º Caberá ainda ao Conselho Monetário Nacional expedir normas a serem observadas pelas pessoas jurídicas referidas neste artigo, e relativas a:

a) natureza, detalhe e periodicidade da publicação de informações sobre a situação econômica e financeira da pessoa jurídica, suas operações, administração e acionistas que controlam a maioria do seu capital votante;

b) organização do balanço e das demonstrações de resultado, padrões de organização contábil, relatórios e pareceres de auditores independentes registrados no Banco Central;

c) manutenção de mandatários para a prática dos atos relativos ao registro de ações e obrigações nominativas, ou nominativas endossáveis.

§ 2.º As normas referidas neste artigo não poderão ser aprovadas antes de decorridos 30 (trinta) dias de sua publicação para receber sugestões.

Art. 21. Nenhuma emissão de títulos ou valores mobiliários poderá ser lançada, oferecida publicamente, ou ter iniciada a sua distribuição no mercado, sem estar registrada no Banco Central.

§ 1.º Caberá ao Conselho Monetário Nacional estabelecer normas gerais relativas às informações que deverão ser prestadas no pedido de registro previsto neste artigo em matéria de:

a) pessoa jurídica emitente ou coobrigada, sua situação econômica e financeira, administração e acionistas que controlam a maioria de seu capital votante;

b) características e condições dos títulos ou valores mobiliários a serem distribuídos;

c) pessoas que participarão da distribuição.

§ 2.º O pedido de registro será acompanhado dos prospectos e quaisquer outros documentos a serem publicados, ou distribuídos, para oferta, anúncio ou promoção de lançamento da emissão.

§ 3.º O Banco Central poderá suspender ou proibir a distribuição de títulos ou valores:

a) cuja oferta, lançamento, promoção ou anúncio esteja sendo feito em condições diversas das constantes do registro da emissão, ou com a divulgação de informações falsas ou manifestamente tendenciosas ou imprecisas;

b) cuja emissão tenha sido julgada ilegal ou fraudulenta, ainda que em data posterior ao respectivo registro.

§ 4.º O disposto neste artigo não se aplica aos títulos cambiais colocados no mercado com a coobrigação de instituições financeiras.

Seção IV
Acesso de Empresas de Capital Estrangeiro ao Sistema Financeiro Nacional

Art. 22. (*Revogado pela Lei n. 14.286, de 29-12-2021.*)

Art. 23. (*Revogado pela Lei n. 14.286, de 29-12-2021.*)

Art. 24. (*Revogado pela Lei n. 14.286, de 29-12-2021.*)

Art. 25. (*Revogado pela Lei n. 14.286, de 29-12-2021.*)

Seção V
Obrigações com Cláusula de Correção Monetária

Art. 26. As sociedades por ações poderão emitir debêntures ou obrigações ao portador ou nominativas endossáveis, com cláusula de correção monetária, desde que observadas as seguintes condições:

I – prazo de vencimento igual ou superior a 1 (um) ano;

II – correção efetuada em períodos não inferiores a 3 (três) meses, em bases idênticas às aplicáveis às Obrigações do Tesouro Nacional;

•• Inciso II com redação determinada pelo Decreto-lei n. 614, de 6-6-1969.

III – subscrição por instituições financeiras especialmente autorizadas pelo Banco Central, ou colocação no mercado de capitais com a intermediação dessas instituições.

§ 1.º A emissão de debêntures nos termos deste artigo terá por limite máximo a importância do patrimônio líquido da companhia, apurado nos termos fixados pelo Conselho Monetário Nacional.

§ 2.º O Conselho Monetário Nacional expedirá, para cada tipo de atividade, normas relativas a:

a) limite da emissão de debêntures observado o máximo estabelecido no parágrafo anterior;

b) análise técnica e econômico-financeira da empresa emissora e do projeto a ser financiado com os recursos da emissão, que deverá ser procedida pela instituição financeira que subscrever ou colocar a emissão;

c) coeficientes ou índices mínimos de rentabilidade, solvabilidade ou liquidez a que deverá satisfazer a empresa emissora;

d) sustentação das debêntures no mercado pelas instituições financeiras que participem da colocação.

§ 3.º As diferenças nominais resultantes da correção do principal das debêntures emitidas nos termos deste artigo não constituem rendimento tributável para efeitos do Imposto de Renda, nem obrigarão a complementação do Imposto do Selo pago na emissão das debêntures.

•• *Vide* nota ao art. 15, § 4.º, desta Lei.

§ 4.º Será assegurado às instituições financeiras intermediárias no lançamento das debêntures a que se refere este artigo, enquanto obrigadas à sustentação prevista na alínea *d* do § 2.º, o direito de indicar um representante como membro do Conselho Fiscal da empresa emissora, até o final resgate de todas as obrigações emitidas.

§ 5.º A instituição financeira intermediária na colocação representa os portadores de debêntures ausentes das assembleias de debenturistas.

§ 6.º As condições de correção monetária estabelecidas no inciso II deste artigo poderão ser aplicadas às operações previstas nos arts. 5.º, 15 e 52, § 2.º, da Lei n. 4.380, de 21 de agosto de 1964.

Art. 27. As sociedades de fins econômicos poderão sacar, emitir ou aceitar letras de câmbio ou notas promissórias cujo principal fique sujeito à correção monetária, desde que observadas as seguintes condições:

I – prazo de vencimento igual ou superior a 1 (um) ano, e dentro do limite máximo fixado pelo Conselho Monetário Nacional;

II – correção segundo os coeficientes aprovados pelo Conselho Nacional de Economia para a correção atribuída às Obrigações do Tesouro;

III – sejam destinadas à colocação no mercado de capitais com o aceite ou coobrigação de instituições financeiras autorizadas pelo Banco Central.

§ 1.º O disposto no art. 26, § 3.º, aplica-se à correção monetária dos títulos referidos neste artigo.

§ 2.º As letras de câmbio e as promissórias a que se refere este artigo deverão conter, no seu contexto, a cláusula de correção monetária.

Art. 28. As instituições financeiras que satisfizerem as condições gerais fixadas pelo Banco Central, para esses tipos de operações, poderão assegurar a correção monetária a depósitos a prazo fixo não inferior a 1 (um) ano e não movimentáveis durante todo seu prazo.

§ 1.º Observadas as normas aprovadas pelo Conselho Monetário Nacional, as instituições financeiras a que se refere este artigo poderão contratar empréstimos com as mesmas condições de correção, desde que:

a) tenham prazo mínimo de 1 (um) ano;

b) o total dos empréstimos corrigidos não exceda o montante dos depósitos corrigidos referidos neste artigo;

c) o total da remuneração da instituição financeira, nessas transações, não exceda os limites fixados pelo Conselho Monetário Nacional.

§ 2.º Os depósitos e empréstimos referidos neste artigo não poderão ser corrigidos além dos coeficientes fixados pelo Conselho Nacional de Economia para a correção das Obrigações do Tesouro.

§ 3.º As diferenças nominais, resultantes da correção, nos termos deste artigo, do principal de depósitos, não constituem rendimento tributável para os efeitos do Imposto de Renda.

Art. 29. Compete ao Banco Central autorizar a constituição de bancos de investimento de natureza privada cujas operações e condições de funcionamento serão reguladas pelo Conselho Monetário Nacional, prevendo:

I – o capital mínimo;

II – a proibição de receber depósitos à vista ou movimentáveis por cheque;

III – a permissão para receber depósitos a prazo não inferior a 1 (um) ano, não movimentáveis e com cláusula de correção monetária do seu valor;

IV – a permissão para conceder empréstimos a prazo não inferior a 1 (um) ano, com cláusula de correção monetária;

V – a permissão para administração dos fundos em condomínio de que trata o art. 50;

VI – os juros e taxas máximas admitidos nas operações indicadas nos incisos III e VI;

VII – as condições operacionais, de modo geral, inclusive garantias exigíveis, montantes e prazos máximos.

§ 1.º O Conselho Monetário Nacional fixará ainda as normas a serem observadas pelos bancos de investimento e relativas a:

a) espécies de operações ativas e passivas, inclusive as condições para concessão de aval em moeda nacional ou estrangeira;

b) análise econômico-financeira e técnica do mutuário e do projeto a ser financiado; coeficientes ou índices mínimos de rentabilidade, solvabilidade e liquidez a que deverá satisfazer o mutuário;

c) condições de diversificação de riscos.

§ 2.º Os bancos de investimentos adotarão em suas operações ativas e passivas sujeitas à correção monetária as mesmas regras ditadas no art. 28.

§ 3.º Os bancos de que trata este artigo ficarão sujeitos à disciplina ditada pela Lei n. 4.595, de 31 de dezembro de 1964, para as instituições financeiras privadas.

§ 4.º Atendidas as exigências que forem estabelecidas em caráter geral pelo Conselho Monetário Nacional, o Banco Central autorizará a transformação, em bancos de investimentos, de instituições financeiras que pratiquem operações relacionadas com a concessão de crédito a médio e longo prazos, por conta própria ou de terceiros, a subscrição para revenda e a distribuição no mercado de títulos ou valores mobiliários.

Art. 30. *(Revogado pela Lei n. 13.986, de 7-4-2020.)*

Art. 31. Os bancos referidos no art. 29, quando previamente autorizados pelo Banco Central e nas condições estabelecidas pelo Conselho Monetário Nacional, poderão emitir "certificados de depósitos em garantia", relativos a ações preferenciais, obrigações, debêntures ou títulos cambiais emitidos por sociedades interessadas em negociá-las em mercados externos, ou no País.

§ 1.º Os títulos depositados nestas condições permanecerão custodiados no estabelecimento emitente do certificado até a devolução deste.

§ 2.º O certificado poderá ser desdobrado por conveniências do seu proprietário.

§ 3.º *(Revogado pela Lei n. 14.286, de 29-12-2021.)*

§ 4.º A emissão de "certificados de depósitos em garantia" e respectivas inscrições, ou averbações, não estão sujeitas ao Imposto do Selo.

•• *Vide* nota ao art. 15, § 4.º, desta Lei.

Seção VI
Ações e Obrigações Endossáveis

Art. 32. As ações de sociedades anônimas, além das formas nominativas e ao portador, poderão ser endossáveis.

§ 1.º As sociedades por ações, além do "Livro de Registro de Ações Nominativas", deverão ter o "Livro de Registro de Ações Endossáveis".

§ 2.º No Livro de Registro de Ações Endossáveis será inscrita a propriedade das ações endossáveis e averbadas as transferências de propriedade e os direitos sobre elas constituídos.

§ 3.º Os registros referidos neste artigo poderão ser mantidos em livros ou em diários copiativos, nos quais serão copiados cronologicamente os atos sujeitos a registro.

Art. 33. O certificado de ação endossável conterá, além dos demais requisitos da lei:

I – a declaração de sua transferibilidade mediante endosso;

II – o nome e a qualificação do proprietário da ação inscrito no "Livro de Registro das Ações Endossáveis";

III – se a ação não estiver integralizada, o débito do acionista e a época e lugar de seu pagamento, de acordo com o estatuto ou as condições da subscrição.

Art. 34. A transferência das ações endossáveis opera-se:

I – pela averbação do nome do adquirente no livro de registro e no próprio certificado efetuado pela sociedade emitente ou pela emissão de novo certificado em nome do adquirente;

II – no caso de ação integralizada, mediante endosso no próprio certificado, datado e assinado pelo proprietário da ação, ou por mandatário especial, com a indicação do nome e a qualificação do endossatário;

III – no caso de ação não integralizada, mediante endosso nas condições do inciso anterior e assinatura do endossatário no próprio certificado.

§ 1.º Aquele que pedir averbação da ação endossável em favor de terceiro, ou a emissão de novo certificado em nome de terceiro, deverá provar perante a sociedade emitente sua identidade e o poder de dispor da ação.

§ 2.º O adquirente que pedir a averbação da transferência ou a emissão de novo certificado em seu nome deve apresentar à sociedade emitente o instrumento de aquisição, que será por esta arquivado.

§ 3.º Se a ação não estiver integralizada, a sociedade somente procederá à averbação da transferência para terceiro, ou à emissão de novo certificado em nome de terceiro, se o adquirente assinar o certificado averbado ou cancelado.

§ 4.º A transferência mediante endosso não terá eficácia perante a sociedade emitente, enquanto não for feita a averbação no livro de registro e no próprio certificado, mas o endossatário que demonstrar ser possuidor do título, com base em série contínua de endossos, tem direito a obter a averbação da transferência ou a emissão de novo certificado em seu nome, ou no nome que indicar.

§ 5.º O adquirente da ação não integralizada responde pela sua integralização.

§ 6.º Aqueles que transferirem ação endossável antes de sua integralização responderão subsidiariamente pelo pagamento devido à sociedade, se esta não conseguir receber o seu crédito em ação executiva contra o proprietário da ação, ou mediante a venda da ação.

§ 7.º As sociedades por ações deverão completar, dentro de 15 (quinze) dias do pedido do acionista ou interessado, os atos de registro, averbação, conversão ou transferência de ações.

§ 8.º A falta de cumprimento, do disposto no parágrafo anterior, autorizará o acionista a exigir indenização correspondente a 1% (um por cento) sobre o valor nominal das ações objeto do pedido de registro, averbação ou transferência.

§ 9.º Se o estatuto social admite mais de uma forma de ação não poderá limitar a conversibilidade de uma forma em outra, ressalvada a cobrança do custo de substituição dos certificados.

§ 10. As sociedades cujas ações sejam admitidas à cotação das Bolsas de Valores deverão colocar à disposição dos acionistas, no prazo máximo de 60 (sessenta) dias, a contar da data da publicação da Ata da Assembleia Geral, os dividendos e as bonificações em dinheiro distribuídos, assim como as ações correspondentes ao aumento de capital mediante incorporação de reservas e correção monetária.

•• § 10 com redação determinada pela Lei n. 5.589, de 3-7-1970.

§ 11. As sociedades por ações são obrigadas a comunicar, às Bolsas nas quais os seus títulos são negociados, a suspensão transitória de transferência de ações no livro competente, com 15 (quinze) dias de antecedência, aceitando o registro das transferências que lhes forem apresentadas com data anterior.

§ 12. É facultado às sociedades por ações o direito de suspender os serviços de conversão, transferência e desdobramento de ações, para atender a determinações de assembleia geral, não podendo fazê-lo, porém, por mais de 90 (noventa) dias intercalados durante o ano, nem por mais de 15 (quinze) dias consecutivos.

Art. 35. Os direitos constituídos sobre ações endossáveis somente produzem efeitos perante a sociedade emitente e terceiros, depois de anotada a sua constituição no livro de registro.

Parágrafo único. As ações endossáveis poderão, entretanto, ser dadas em penhor ou caução mediante endosso com a expressa indicação dessa finalidade e, a requerimento de credor pignoratício ou do proprietário da ação, a sociedade emitente averbará o penhor no "Livro de Registro".

Art. 36. A sociedade emitente fiscalizará, por ocasião da averbação ou emissão do novo certificado, a regularidade das transferências e dos direitos constituídos sobre a ação.

§ 1.º As dúvidas suscitadas entre a sociedade emitente e o titular da ação ou qualquer interessado, a respeito das emissões ou averbações previstas nos artigos anteriores, serão dirimidas pelo juiz competente para solucionar as dúvidas levantadas pelos oficiais dos registros públicos, excetuadas as questões atinentes à substância do direito.

§ 2.º A autenticidade do endosso não poderá ser posta em dúvida pela sociedade emitente da ação, quando atestada por sociedade corretora membro da Bolsa de Valores, reconhecida por cartório de ofício de notas, ou abonada por estabelecimento bancário.

§ 3.º Nas transferências feitas por procurador ou representante legal do cedente, a sociedade emitente fiscalizará a regularidade da representação e arquivará o respectivo instrumento.

Art. 37. No caso de perda ou extravio do certificado das ações endossáveis, cabe ao respectivo titular ou a seus sucessores, a ação de recuperação prevista nos arts. 336 e 341 do Código de Processo Civil, para obter a expedição de novo certificado em substituição ao extraviado.

•• A referência é feita ao CPC de 1939. A matéria era tratada nos arts. 907 a 913 do CPC de 1973. Sem correspondência no CPC de 2015.

Parágrafo único. Até que os certificados sejam recuperados ou substituídos, as transferências serão averbadas sob condição, e a sociedade emitente poderá exigir do titular ou cessionário, para o pagamento dos dividendos, garantia de sua eventual restituição, mediante fiança idônea.

Art. 38. A sociedade anônima somente poderá pagar dividendos, bonificações em dinheiro, amortizações, reembolso ou resgate às ações endossáveis, contra recibo da pessoa registrada como proprietária da ação, no Livro de Registro das Ações Endossáveis, ou mediante cheque nominativo a favor dessa pessoa.

•• *Vide* art. 205 e parágrafos da LSA (Lei n. 6.404, de 15-12-1976).

§ 1.º Se a ação tiver sido transferida desde a época do último pagamento do dividendo, bonificação ou amortização, a transferência deverá ser obrigatoriamente averbada no livro de registro e no certificado da ação antes do novo pagamento.

§ 2.º O recibo do dividendo, bonificação, amortização, reembolso ou resgate poderá ser assinado por sociedade corretora de Bolsa de Valores, ou instituição financeira que tenha o título em custódia, depósito ou penhor, e que certifique continuar o mesmo de propriedade da pessoa em cujo nome se acha inscrito ou averbado no Livro de Registro das Ações Endossáveis.

Art. 39. O certificado, ação ou respectiva cautela, deverá conter a assinatura de um diretor ou de um procurador especialmente designado pela diretoria para esse fim.

§ 1.º A sociedade anônima poderá constituir instituição financeira, ou sociedade corretora membro de Bolsa de Valores, como mandatária, para a prática dos atos relativos ao registro e averbação de transferência das ações endossáveis e a constituição de direitos sobre as mesmas.

§ 2.º (*Revogado pela Lei n. 5.589, de 3-7-1970.*)

•• A Lei n. 5.589, de 3-7-1970, revogou o § 2.º deste artigo, não determinando expressamente se passasse o então § 1.º a parágrafo único.

Art. 40. As debêntures ou obrigações emitidas por sociedades anônimas poderão ser ao portador ou endossáveis.

Parágrafo único. As sociedades que emitirem obrigações nominativas endossáveis manterão um "Livro de Registro de Obrigações Endossáveis", ao qual se aplicarão, no que couber, os dispositivos relativos aos livros das ações endossáveis de sociedades anônimas.

Art. 41. Aplica-se às obrigações endossáveis o disposto no § 3.º do art. 32 e nos arts. 33 a 37 e 39.

Art. 42. As sociedades anônimas somente poderão pagar juros, amortização ou resgate de obrigações endossáveis, contra recibo da pessoa registrada como proprietária do respectivo título no Livro de Registro de Obrigações Endossáveis, ou mediante cheque nominativo a favor dessa pessoa.

§ 1.º Se a obrigação tiver sido transferida desde a época do último pagamento de juros ou amortizações, a transferência deverá ser obrigatoriamente averbada no livro de registro e no certificado, antes do novo pagamento.

§ 2.º Aplica-se às obrigações endossáveis o disposto no art. 38, § 2.º.

Art. 43. O Imposto do Selo não incide nos negócios de transferência, promessa de transferência, opção, ou constituição de direitos sobre ações, obrigações endossáveis, quotas de fundos em condomínios, e respectivos contratos, inscrições ou averbações.

•• *Vide* nota ao art. 15, § 4.º, desta Lei.

Seção VII
Debêntures Conversíveis em Ações

Art. 44. As sociedades anônimas poderão emitir debêntures ou obrigações, assegurando aos respectivos titulares o direito de convertê-las em ações do capital da sociedade emissora.

§ 1.º Constarão obrigatoriamente da ata da assembleia geral, que terá força de escritura autorizando a emissão de debêntures ou obrigações ao portador, as condições para conversão em ações relativas a:

a) prazo ou épocas para exercício do direito à conversão;

b) bases da conversão, com relação ao número de ações a serem emitidas por debêntures ou obrigações endossáveis ou entre o valor do principal das debêntures e das ações em que forem convertidas.

§ 2.º As condições de conversão deverão constar também dos certificados ou cautelas das debêntures.

§ 3.º As condições da emissão de debêntures ou obrigações conversíveis em ações deverão ser aprovadas pela assembleia de acionistas observado *quorum* previsto nos arts. 94 e 104 do Decreto-lei n. 2.627, de 26 de setembro de 1940.

§ 4.º A conversão de debêntures ou obrigações em ações, nas condições da emissão aprovada pela assembleia geral, independerá de nova assembleia de acionistas e será efetivada pela diretoria da sociedade, à vista da quitação da obrigação e pedido escrito do seu titular, no caso de obrigações endossáveis ou mediante tradição do certificado da debênture, no caso de obrigação ao portador.

§ 5.º Dentro de 30 (trinta) dias de cada aumento de capital efetuado nos termos do parágrafo anterior a diretoria da sociedade o registrará mediante requerimento ao Registro do Comércio.

§ 6.º Os acionistas da sociedade por ações do capital subscrito terão preferência para aquisição das debêntures e obrigações conversíveis em ações, nos termos do art. 111, do Decreto-lei n. 2.627, de 26 de setembro de 1940.

•• Prejudicada a referência ao art. 111 do Decreto-lei n. 2.627, de 1940. *Vide* art. 171, § 3.º, da Lei n. 6.404, de 15-12-1976.

§ 7.º Nas sociedades anônimas de capital autorizado, a preferência dos acionistas à aquisição das debêntures e das obrigações conversíveis em ação obedecerá às mesmas normas de preferência para subscrição das emissões de capital autorizado.

§ 8.º O direito à subscrição de capital poderá ser negociado ou transferido separadamente da debênture conversível em ação, desde que seja objeto de cupão destacável ou sua transferência seja averbada pela sociedade emissora, no próximo título e no livro de registro, se for o caso.

§ 9.º O Imposto do Selo não incide na conversão de debêntures ou obrigações em ações e, assim, no aumento do capital pela incorporação dos respectivos valores.

•• *Vide* nota ao art. 15, § 4.º, desta Lei.

Seção VIII
Sociedades Anônimas de Capital Autorizado

Art. 45. As sociedades anônimas cujas ações sejam nominativas, ou endossáveis, poderão ser constituídas com capital subscrito inferior ao autorizado pelo estatuto social.

§ 1.º As sociedades referidas neste artigo poderão, outrossim, aumentar o seu capital autorizado, independentemente de subscrição, ou com a subscrição imediata, de apenas parte do aumento.

§ 2.º Em todas as publicações e documentos em que declarar o seu capital, a sociedade com capital autorizado deverá indicar o montante do seu capital subscrito e integralizado.

§ 3.º A emissão de ações dentro dos limites do capital autorizado não importa modificação do estatuto social.

§ 4.º Dentro de 30 (trinta) dias de cada emissão de ações do capital autorizado, a diretoria da sociedade registrará o aumento do capital subscrito, mediante requerimento ao Registro do Comércio.

§ 5.º Na subscrição de ações de sociedade de capital autorizado, o mínimo de integralização inicial será fixado pelo Conselho Monetário Nacional, e as importâncias correspondentes poderão ser recebidas pela sociedade, independentemente de depósito bancário.

§ 6.º As sociedades referidas neste artigo não poderão emitir ações ... (*Vetado*)... de gozo ou fruição, ou partes beneficiárias.

Art. 46. O estatuto da sociedade com capital autorizado regulará obrigatoriamente:

I – a emissão e colocação das ações com prévia aprovação da assembleia geral ou por deliberação da diretoria;

II – as condições de subscrição e integralização a serem observadas pela assembleia geral ou pela diretoria, na emissão e colocação das ações de capital autorizado;

III – a emissão e colocação das ações, com ou sem preferência para os acionistas da sociedade, e as condições do exercício do direito de preferência, quando houver.

§ 1.º As ações do capital autorizado não podem ser colocadas por valor inferior ao nominal.

§ 2.º Salvo disposição expressa no estatuto social, a emissão de ações para integralização em bens ou créditos, dependerá de prévia aprovação pela assembleia geral.

§ 3.º Nem o estatuto social nem a assembleia geral poderão negar a preferência dos acionistas à subscrição das ações emitidas que se destinem à colocação:

a) por valor inferior ao de sua cotação em Bolsa, se as ações da sociedade forem negociáveis nas Bolsas de Valores; ou

b) por valor inferior ao do patrimônio líquido, se as ações da sociedade não tiverem cotação nas Bolsas de Valores.

§ 4.º Quando a emissão de ações se processar por deliberação da diretoria, será obrigatória a prévia audiência do Conselho Fiscal.

Art. 47. As sociedades anônimas de capital autorizado somente poderão adquirir as próprias ações mediante a aplicação de lucros acumulados ou capital excedente, e sem redução do capital subscrito, ou por doação.

§ 1.º O capital em circulação da sociedade corresponde ao subscrito menos as ações adquiridas e em tesouraria.

§ 2.º As ações em tesouraria na sociedade não terão direito de voto enquanto não forem novamente colocadas no mercado.

Art. 48. Nas condições previstas no estatuto, ou aprovadas pela assembleia geral, a sociedade poderá assegurar opções para a subscrição futura de ações do capital autorizado.

Seção IX
Sociedades e Fundos de Investimento

Art. 49. Depende de prévia autorização do Banco Central o funcionamento das sociedades de investimento que tenham por objeto:

I – a aplicação de capital em carteira diversificada de títulos ou valores mobiliários; ou

II – a administração de fundos em condomínio ou de terceiros, para aplicação nos termos do inciso anterior.

§ 1.º Compete ao Conselho Monetário Nacional fixar as normas a serem observadas pelas sociedades referidas neste artigo, e relativas a:

a) diversificação mínima da carteira segundo empresas, grupos de empresas associadas, e espécie de atividade;

b) limites máximos de aplicação em títulos de crédito;

c) condições de reembolso ou aquisição de suas ações pelas sociedades de investimento, ou de resgate das quotas de participação do fundo em condomínio;

d) normas e práticas na administração da carteira de títulos e limites máximos de custos de administração.

§ 2.º As sociedades de investimento terão sempre a forma anônima, e suas ações serão nominativas, ou endossáveis.

§ 3.º Compete ao Banco Central, de acordo com as normas fixadas pelo Conselho Monetário Nacional, fiscalizar as sociedades de investimento e os fundos por elas administrados.

§ 4.º A alteração do estatuto social e a investidura de administradores das sociedades de investimentos dependerão de prévia aprovação do Banco Central.

Art. 50. Os fundos em condomínios de títulos ou valores mobiliários poderão converter-se em sociedades anônimas de capital autorizado, a que se refere a Seção VIII, ficando isentos de encargos fiscais os atos relativos à transformação.

§ 1.º A administração da carteira de investimentos dos fundos, a que se refere este artigo, será sempre contratada com companhia de investimentos, com observância das normas gerais que serão traçadas pelo Conselho Monetário Nacional.

§ 2.º Anualmente os administradores dos fundos em condomínios farão realizar assembleia geral dos condôminos, com a finalidade de tomar as contas aos administradores e deliberar sobre o balanço por eles apresentado.

§ 3.º Será obrigatória aos fundos em condomínio a auditoria realizada por auditor independente, registrado no Banco Central.

§ 4.º As quotas de Fundos Mútuos de Investimento constituídos em condomínio, observadas as condições estabelecidas pelo Conselho Monetário Nacional, poderão ser emitidas sob a forma nominativa, endossável ou ao portador, podendo assumir a forma escritural.

•• § 4.º com redação determinada pelo Decreto-lei n. 2.287, de 23-7-1986.

•• *Vide* art. 2.º, I, da Lei n. 8.021, de 12-4-1990.

•• *Vide* arts. 904 a 909 do CC.

§§ 5.º a 7.º (*Vetado.*)

Seção X

Contas Correntes Bancárias

Art. 51. Os bancos e casas bancárias que devolvem aos seus depositantes os cheques por estes sacados depois de liquidados, poderão fazer prova da movimentação das respectivas contas de depósito mediante cópia fotográfica ou microfotográfica dos cheques devolvidos desde que mantenham esse serviço de acordo com as normas de segurança aprovadas pelo Banco Central.

Art. 52. O endosso no cheque nominativo, pago pelo banco contra o qual foi sacado, prova o recebimento da respectiva importância pela pessoa a favor da qual foi emitido, e pelos endossantes subsequentes.

Parágrafo único. Se o cheque indica a nota, fatura, conta, cambial, imposto lançado ou declarado a cujo pagamento se destina, ou outra causa da sua emissão, o endosso do cheque pela pessoa a favor da qual foi emitido e a sua liquidação pelo banco sacado provam o pagamento da obrigação indicada no cheque.

Seção XI

Tributação de Rendimentos de Títulos de Crédito e Ações

Art. 53. Está sujeito ao desconto do Imposto de Renda na fonte, à razão de 15% (quinze por cento) o deságio concedido na venda, ou colocação no mercado por pessoa jurídica a pessoa física, de debêntures ou obrigações ao portador, letras de câmbio ou outros quaisquer títulos de crédito.

§ 1.º Considera-se deságio a diferença para menos entre o valor nominal do título e o prazo de sua venda ou colocação no mercado.

§ 2.º Na circulação dos títulos referidos no presente artigo, o imposto não incidirá na fonte nos deságios concedidos entre pessoas jurídicas, mas a primeira pessoa jurídica que vender ou revender o título a pessoa física deverá:

a) reter o imposto previsto neste artigo, calculado sobre o deságio referido ao valor nominal do título;

b) exigir a identificação do adquirente e o recibo correspondente ao deságio;

c) declarar no próprio título a retenção do imposto nos termos da alínea *a*, e o montante do deságio sobre o qual incidiu;

d) fornecer ao beneficiário do deságio declaração da retenção do imposto, da qual deverão constar a identificação do título e as datas de sua negociação e do seu vencimento.

§ 3.º Os títulos dos quais constar a anotação de retenção do imposto previsto no § 2.º, *c*, deste artigo, poderão circular entre pessoas jurídicas e físicas sem nova incidência do imposto, salvo se uma pessoa jurídica revendê-lo a pessoa física com deságio superior ao que serviu de base à incidência do imposto pago, caso em que o imposto incidirá sobre a diferença entre o novo deságio e o já tributado, observado o disposto no § 2.º.

§ 4.º O deságio percebido por pessoas físicas na aquisição das obrigações ou títulos cambiais referidos neste artigo será obrigatoriamente incluído pelo beneficiário na sua declaração anual de rendimentos, classificado como juros compensando-se o imposto retido na fonte com o devido, de acordo com a declaração anual de rendimentos.

§ 5.º Se o prazo entre a aquisição e o vencimento do título tiver sido superior a 12 (doze) meses, a pessoa física beneficiária do primeiro deságio poderá deduzir do respectivo rendimento bruto, na sua declaração anual do Imposto de Renda, a importância correspondente à correção monetária do capital aplicado na obrigação ou letra de câmbio, observadas as seguintes normas:

a) a correção será procedida entre as datas de aquisição e liquidação do título, segundo os coeficientes de correção monetária fixados pelo Conselho Nacional de Economia, para a correção das Obrigações do Tesouro;

b) a data e o valor de aquisição serão comprovados através da declaração de retenção do imposto (§ 2.º, *d*) anexada à declaração.

§ 6.º Os lucros obtidos por pessoas jurídicas na aquisição e revenda, ou liquidação, de obrigações e títulos cambiais, integrarão o respectivo lucro real sem compensação de imposto na fonte referido neste artigo, se tiver sido pago, e com a dedução da correção monetária nos casos e nos termos previstos no § 5.º.

§ 7.º Para efeito da declaração anual de renda, o rendimento dos títulos, a que se refere o § 5.º, considera-se percebido no ano da sua liquidação.

§ 8.º O disposto no presente artigo entrará em vigor a 1.º de janeiro de 1967, quando ficarão revogadas as disposições vigentes relativas à tributação de deságio, inclusive a opção pela não identificação do respectivo beneficiário; salvo em relação ao disposto nos §§ 5.º e 7.º, que será aplicável desde a publicação desta Lei, nos casos em que o beneficiário do deságio optar pela sua identificação.

Art. 54. Os juros de debêntures ou obrigações ao portador e a remuneração das partes beneficiárias estão sujeitos à incidência do Imposto de Renda na fonte:

I – à razão de 15% (quinze por cento), no caso de identificação do beneficiário nos termos do art. 3.º, da Lei n. 4.154, de 23 de novembro de 1962;

II – à razão de 60% (sessenta por cento), se o beneficiário optar pela não identificação.

Parágrafo único. No caso do inciso I deste artigo o imposto retido na fonte será compensado com o imposto devido com base na declaração anual de renda, na qual serão obrigatoriamente incluídos os juros percebidos.

Art. 55. A incidência do Imposto de Renda na fonte, a que se refere o art. 18 da Lei n. 4.357, de 16 de julho de 1964, sobre rendimentos de ações ao portador, quando o beneficiário não se identifica, fica reduzida para 25% (vinte e cinco por cento), quando se tratar de sociedade anônima de capital aberto definida nos termos do art. 59 desta Lei, e 40% (quarenta por cento) para as demais sociedades.

§ 1.º O Imposto de Renda não incidirá na fonte sobre os rendimentos distribuídos por sociedades anônimas de capital aberto aos seus acionistas titulares de ações nominativas, endossáveis ou ao portador, se optarem pela identificação, bem como sobre os juros dos títulos da dívida pública federal, estadual ou municipal, subscritos voluntariamente.

§§ 2.º e 3.º (*Revogados pelo Decreto-lei n. 1.338, de 23-7-1974.*)

Arts. 56 e 57. (*Revogados pelo Decreto-lei n. 1.338, de 23-7-1974.*)

Art. 58. Na emissão de ações, as importâncias recebidas dos subscritores a título de ágio não serão consideradas como rendimento tributável da pessoa jurídica, constituindo obrigatoriamente reserva específica, enquanto não forem incorporadas ao capital da sociedade.

•• *Caput* com redação determinada pela Lei n. 4.862, de 29-11-1965.

§ 1.º Não sofrerão nova tributação na declaração de pessoa física, ou na fonte, os aumentos de capital das pessoas jurídicas mediante a utilização das importâncias recebidas a título de ágio, quando realizados, nos termos deste artigo, por sociedades das quais sejam as referidas pessoas físicas acionistas, bem como as novas ações distribuídas em virtude daqueles aumentos de capital.

•• § 1.º com redação determinada pela Lei n. 4.862, de 29-11-1965.

§ 2.º As quantias relativas aos aumentos de capital das pessoas jurídicas, mediante a utilização de acréscimos do valor do ativo decorrentes de aumentos de capital realizados nos termos deste artigo por sociedades das quais sejam acionistas, não sofrerão nova tributação.

•• § 2.º com redação determinada pela Lei n. 4.862, de 29-11-1965.

Art. 59. Caberá ao Conselho Monetário Nacional fixar periodicamente as condições em que, para efeitos legais, a sociedade anônima é considerada de capital aberto.

§ 1.º A deliberação do Conselho Monetário Nacional aumentando as exigências para a conceituação das sociedades de capital aberto somente entrará em vigor no exercício financeiro que se inicie, no mínimo, 6 (seis) meses depois da data em que for publicada a deliberação.

§ 2.º Para efeito do cálculo da percentagem mínima do capital com direito a voto, representado por ações efetivamente cotadas nas Bolsas de Valores, o Conselho Monetário Nacional levará em conta a participação acionária da União, dos Estados, dos Municípios, das autarquias, bem como das instituições de educação e de assistência social, das fundações e das ordens religiosas de qualquer culto.

Seção XII
Da Alienação de Ações das Sociedades de Economia Mista

Art. 60. O Poder Executivo poderá promover a alienação de ações de propriedade da União representativas do capital social de sociedades anônimas de economia mista, mantendo-se 51% (cinquenta e um por cento), no mínimo, das ações com direito a voto, das empresas nas quais deva assegurar o controle estatal.

•• *Caput* com redação determinada pela Lei n. 5.710, de 7-10-1971.

Parágrafo único. As transferências de ações de propriedade da União, representativas de capital social da Petróleo Brasileiro S.A. – PETROBRAS – e de suas subsidiárias em território nacional, reger-se-ão pelo disposto no art. 11 da Lei n. 2.004, de 3 de outubro de 1953.

•• Parágrafo único com redação determinada pela Lei n. 5.710, de 7-10-1971.

•• A Lei n. 2.004, de 3-10-1953, foi revogada pela Lei n. 9.478, de 6-8-1997.

Art. 61. O Conselho Monetário Nacional fixará a participação da União nas diferentes sociedades referidas no artigo anterior, ouvido o Conselho de Segurança Nacional, nos casos de sua competência e no das empresas cujo controle estatal é determinado em Lei especial.

•• *Caput* com redação determinada pela Lei n. 5.710, de 7-10-1971.

§ 1.º As ações de que tratam este artigo e o anterior serão negociadas através do sistema de distribuição instituído no art. 5.º desta Lei, com a participação do Banco Central do Brasil, na forma do inciso IV do art. 11 da Lei n. 4.595, de 31 de dezembro de 1964.

•• § 1.º acrescentado pela Lei n. 5.710, de 7-10-1971.

§ 2.º O Poder Executivo, através do Ministério da Fazenda, poderá manter no Banco Central do Brasil, em conta especial de depósitos, os recursos originários da alienação de ações de propriedade da União, representativas do capital social de sociedades referidas no art. 60.

•• § 2.º acrescentado pela Lei n. 5.710, de 7-10-1971.

Seção XIII
Das Sociedades Imobiliárias

Art. 62. As sociedades que tenham por objeto a compra e venda de imóveis construídos ou em construção, a construção e venda de unidades habitacionais, a incorporação de edificações ou conjunto de edificações em condomínio e a venda de terrenos loteados e construídos ou com a construção contratada, quando revestirem a forma anônima, poderão ter o seu capital dividido em ações nominativas ou nominativas endossáveis.

Art. 63. Na alienação, promessa de alienação ou transferência de direito à aquisição de imóveis, quando o adquirente for sociedade que tenha por objeto alguma das atividades referidas no artigo anterior, a pessoa física que alienar ou prometer alienar o imóvel, ceder ou prometer ceder o direito à sua aquisição, ficará sujeita ao Imposto sobre Lucro Imobiliário, à taxa de 5% (cinco por cento).

§ 1.º Nos casos previstos neste artigo, o contribuinte poderá optar pela subscrição de Obrigações do Tesouro, nos termos do art. 3.º, § 8.º, da Lei n. 4.357, de 16 de julho de 1964.

§ 2.º Nos casos previstos neste artigo, se a sociedade adquirente vier, a qualquer tempo, a alienar o terreno ou transferir o direito à sua aquisição sem construí-lo ou sem a simultânea contratação de sua construção, responderá pela diferença do imposto da pessoa física, entre as taxas normais e a prevista neste artigo, diferença que será atualizada nos termos do art. 7.º, da Lei n. 4.357, de 16 de julho de 1964.

Art. 64. As sociedades que tenham por objeto alguma das atividades referidas no art. 62 poderão corrigir, nos termos do art. 3.º da Lei n. 4.357, de 16 de julho de 1964, o custo do terreno e da construção objeto de suas transações.

§ 1.º Para efeito de determinar o lucro auferido pelas sociedades mencionadas neste artigo, o custo do terreno e da construção poderá ser atualizado, em cada operação, com base nos coeficientes a que se refere o art. 7.º, § 1.º, da Lei n. 4.357, de 16 de julho de 1964, e as diferenças nominais resultantes dessa atualização terão o mesmo tratamento fiscal previsto na lei para o resultado das correções a que se refere o art. 3.º da referida Lei ... (*Vetado*)...

§ 2.º Nas operações a prazo, das sociedades referidas neste artigo, a apuração do lucro obedecerá ao disposto no parágrafo anterior, até o final do pagamento.

Art. 65. Por proposta do Banco Nacional da Habitação, o Conselho Monetário Nacional poderá autorizar a emissão de Letras Imobiliárias com prazo superior a 1 (um) ano.

Parágrafo único. O Banco Nacional da Habitação deverá regulamentar, adaptando-as ao disposto nesta Lei, as condições e características das Letras Imobiliárias previstas no art. 44 da Lei n. 4.380, de 21 de agosto de 1964.

Seção XIV
Alienação Fiduciária em Garantia no Âmbito do Mercado Financeiro e de Capitais

•• Seção XIV com denominação determinada pela Lei n. 10.931, de 2-8-2004.

Arts. 66 e 66-A. (*Revogados pela Lei n. 10.931, de 2-8-2004.*)

Art. 66-B. O contrato de alienação fiduciária celebrado no âmbito do mercado financeiro e de capitais, bem como em garantia de créditos fiscais e previdenciários, deverá conter, além dos requisitos definidos na

Lei n. 10.406, de 10 de janeiro de 2002 – Código Civil, a taxa de juros, a cláusula penal, o índice de atualização monetária, se houver, e as demais comissões e encargos.

•• *Caput* acrescentado pela Lei n. 10.931, de 2-8-2004.

§ 1.º Se a coisa objeto de propriedade fiduciária não se identifica por números, marcas e sinais no contrato de alienação fiduciária, cabe ao proprietário fiduciário o ônus da prova, contra terceiros, da identificação dos bens do seu domínio que se encontram em poder do devedor.

•• § 1.º acrescentado pela Lei n. 10.931, de 2-8-2004.

§ 2.º O devedor que alienar, ou der em garantia a terceiros, coisa que já alienara fiduciariamente em garantia, ficará sujeito à pena prevista no art. 171, § 2.º, I, do Código Penal.

•• § 2.º acrescentado pela Lei n. 10.931, de 2-8-2004.

§ 3.º É admitida a alienação fiduciária de coisa fungível e a cessão fiduciária de direitos sobre coisas móveis, bem como de títulos de crédito, hipóteses em que, salvo disposição em contrário, a posse direta e indireta do bem objeto da propriedade fiduciária ou do título representativo do direito ou do crédito é atribuída ao credor, que, em caso de inadimplemento ou mora da obrigação garantida, poderá vender a terceiros o bem objeto da propriedade fiduciária independente de leilão, hasta pública ou qualquer outra medida judicial ou extrajudicial, devendo aplicar o preço da venda no pagamento do seu crédito e das despesas decorrentes da realização da garantia, entregando ao devedor o saldo, se houver, acompanhado do demonstrativo da operação realizada.

•• § 3.º acrescentado pela Lei n. 10.931, de 2-8-2004.

§ 4.º No tocante à cessão fiduciária de direitos sobre coisas móveis ou sobre títulos de crédito aplica-se, também, o disposto nos arts. 18 a 20 da Lei n. 9.514, de 20 de novembro de 1997.

•• § 4.º acrescentado pela Lei n. 10.931, de 2-8-2004.

§ 5.º Aplicam-se à alienação fiduciária e à cessão fiduciária de que trata esta Lei os arts. 1.421, 1.425, 1.426, 1.435 e 1.436 da Lei n. 10.406, de 10 de janeiro de 2002.

•• § 5.º acrescentado pela Lei n. 10.931, de 2-8-2004.

§ 6.º Não se aplica à alienação fiduciária e à cessão fiduciária de que trata esta Lei o disposto no art. 644 da Lei n. 10.406, de 10 de janeiro de 2002.

•• § 6.º acrescentado pela Lei n. 10.931, de 2-8-2004.

Seção XV
Disposições Diversas

Art. 67. O Conselho Monetário Nacional poderá autorizar emissões de Obrigações do Tesouro a que se refere a Lei n. 4.357, de 16 de julho de 1964, com prazos inferiores a 3 (três) anos.

Art. 68. O resultado líquido das correções monetárias do ativo imobilizado e do capital de giro próprio, efetuadas nos termos da legislação em vigor, poderão, à opção da pessoa jurídica, ser incorporados ao capital social ou a reservas.

§ 1.º No caso de correção monetária do ativo imobilizado, o imposto devido, sem prejuízo do disposto no art. 76 da Lei n. 4.506, de 30 de novembro de 1964, incidirá sobre o aumento líquido do ativo resultante da correção, independentemente de sua incorporação ao capital.

§ 2.º (*Revogado pelo Decreto-lei n. 1.283, de 20-8-1973.*)

•• O § 2.º deste artigo foi novamente revogado, expressamente, pelo Decreto-lei n. 1.338, de 23-7-1974, conforme disposto no art. 28, *e*, *in fine*.

§ 3.º (*Revogado pelo Decreto-lei n. 1.283, de 20-8-1973.*)

§ 4.º As sociedades que no corrente exercício, e em virtude de correção monetária, tenham aprovado aumento de capital ainda não registrado pelo Registro do Comércio, poderão usar da opção prevista neste artigo, desde que paguem imposto nos termos do § 1.º.

Art. 69. Os fundos contábeis de natureza financeira, em estabelecimentos oficiais de crédito, para aplicação de doações, dotações ou financiamentos, obtidos de entidades nacionais ou estrangeiras, não incluídos no orçamento, dependem de decreto do Presidente da República.

§ 1.º Os fundos contábeis consistirão de contas gráficas abertas e serão exclusivamente para os objetos designados pelo decreto do Poder Executivo, admitidas apenas as deduções necessárias ao custeio das operações.

§ 2.º O decreto executivo de constituição de fundo deverá indicar:

I – origem dos recursos que o constituirão;

II – objetivo das aplicações explicitando a natureza das operações, o setor de aplicação e demais condições;

III – mecanismo geral das operações;

IV – a gestão do fundo, podendo atribuí-la ao próprio estabelecimento de crédito no qual será aberta a conta, ou a um administrador ou órgão colegiado;

V – a representação ativa e passiva do órgão gestor do fundo.

Art. 70. O Imposto de Consumo, relativo a produto industrializado saído do estabelecimento produtor diretamente para depósito em armazém geral, poderá ser recolhido, mediante guia especial, na quinzena imediatamente subsequente à sua saída do armazém geral.

§ 1.º Para o transporte do produto até o armazém geral a que se destinar, o estabelecimento produtor remetente emitirá guia de trânsito, na forma do art. 54 da Lei n. 4.502, de 30 de novembro de 1964.

§ 2.º A empresa de armazém geral fica obrigada a manter escrituração que permita à repartição fiscal competente o controle da movimentação de produtos feita na forma supra, da qual constarão os tipos, quantidades, lotes, valores, destinos e notas fiscais respectivas.

§ 3.º No verso do recibo de depósito, do *warrant* e da guia de trânsito, emitidos para estes fins, constará expressa referência ao presente artigo de lei e seus parágrafos.

§ 4.º Não terá aplicação este artigo de lei nos casos do art. 26, I e II, da Lei n. 4.502, de 30 de novembro de 1964.

•• O art. 26, II, da referida Lei foi revogado por disposição expressa do Decreto-lei n. 623, de 11-6-1969.

§ 5.º O Departamento de Rendas Internas do Ministério da Fazenda expedirá as instruções e promoverá os formulários necessários ao cumprimento do presente dispositivo.

•• Artigo regulamentado pelo Decreto n. 59.560, de 14-11-1966.

Art. 71. Não se aplicam aos títulos da Dívida Pública Federal, Estadual ou Municipal, as disposições do art. 1.509 e seu parágrafo único, do Código Civil, ficando, consequentemente, a Fazenda Pública da União, dos Estados e dos Municípios excluídas da formalidade de intimação prevista neste ou em quaisquer outros dispositivos legais reguladores do processo de recuperação de títulos ao portador, extraviados.

•• O art. 1.509 do CC de 1916 (Lei n. 3.071, de 1.º-1-1916) corresponde ao art. 909 da Lei n. 10.406, de 10-1-2002 – CC, constante deste volume.

§ 1.º Os juros e as amortizações ou resgates dos títulos a que se refere este artigo serão pagos, nas épocas próprias, pelas repartições competentes, à vista dos cupões respectivos, verificada a autenticidade destes e independentemente de outras formalidades.

§ 2.º Fica dispensada, para a caução de títulos ao portador, a certidão a que se refere a primeira parte da alínea *a* do § 1.º do art. 860 do Regulamento Geral de Contabilidade Pública, ou outros documentos semelhantes.

Art. 72. Ninguém poderá gravar ou produzir clichês, compor tipograficamente, imprimir, fazer, reproduzir ou fabricar, de qualquer forma, papéis representativos de ações ou cautelas, que os representem, ou títulos negociáveis de sociedades, sem autorização escrita e assinada pelos respectivos representantes legais, na quantidade autorizada.

Art. 73. Ninguém poderá fazer, imprimir ou fabricar ações de sociedades anônimas, ou cautelas que as representem, sem autorização escrita e assinada pela respectiva representação legal da sociedade, com firmas reconhecidas.

§ 1.º Ninguém poderá fazer, imprimir ou fabricar prospectos ou qualquer material de propaganda para venda de ações de sociedade anônima, sem autorização dada pela respectiva representação legal da sociedade.

§ 2.º A violação de qualquer dos dispositivos constituirá crime de ação pública, punido com pena de 1 (um) a 3 (três) anos de detenção, recaindo a responsabilidade, quando se tratar de pessoa jurídica, em todos os seus diretores.

Art. 74. Quem colocar no mercado ações de sociedade anônima, ou cautelas que a representem, falsas ou falsificadas, responderá por delito de ação pública, e será punido com pena de 1 (um) a 4 (quatro) anos de reclusão.

•• *Caput* com redação determinada pela Lei n. 5.589, de 3-7-1970.

Parágrafo único. Incorrerá nas penas previstas neste artigo quem falsificar ou concorrer para a falsificação ou uso indevido de assinatura autenticada mediante chancela mecânica.

•• Parágrafo único acrescentado pela Lei n. 5.589, de 3-7-1970.

Art. 75. O contrato de câmbio, desde que protestado por oficial competente para o protesto de títulos, constitui instrumento bastante para requerer a ação executiva.

§ 1.º Por esta via, o credor haverá a diferença entre a taxa de câmbio do contrato e a data em que se efetuar o pagamento, conforme cotação fornecida pelo Banco Central, acrescida dos juros de mora.

§ 2.º Pelo mesmo rito, serão processadas as ações para cobrança dos adiantamentos feitos pelas instituições financeiras aos exportadores, por conta do valor do contrato de câmbio, desde que as importâncias correspondentes estejam averbadas no contrato, com anuência do vendedor.

§ 3.º No caso de falência ou concordata, o credor poderá pedir a restituição das importâncias adiantadas, a que se refere o parágrafo anterior.

§ 4.º As importâncias adiantadas na forma do § 2.º deste artigo serão destinadas, na hipótese de falência, liquidação extrajudicial ou intervenção em instituição financeira, ao pagamento das linhas de crédito comercial que lhes deram origem, nos termos e condições estabelecidas pelo Banco Central do Brasil.

•• § 4.º acrescentado pela Lei n. 9.450, de 14-3-1997.

Art. 76. O Conselho Monetário Nacional, quando entender aconselhável, em face de situação conjuntural da economia, poderá autorizar as companhias de seguro a aplicarem, em percentagens por ele fixadas, parte de suas reservas técnicas em letras de câmbio, ações de sociedades anônimas de capital aberto, e em quotas de fundos em condomínio de títulos ou valores mobiliários.

Art. 77. Os contribuintes em débito para com a Fazenda Nacional, em decorrência do não pagamento do Imposto do Selo federal, incidente sobre contratos ou quaisquer outros atos jurídicos em que tenham sido parte ou interveniente a União, os Estados, os Municípios, o Distrito Federal, os Territórios, e suas autarquias, levados a efeito anteriormente à Lei n. 4.388, de 28 de agosto de 1964, poderão, dentro do prazo de 30 (trinta) dias, a contar da publicação desta Lei, recolher aos cofres federais o imposto devido, isentos de qualquer penalidade ou correção monetária.

•• *Vide* nota ao art. 15, § 4.º, desta Lei.

Art. 78. A alínea *i* do art. 20 do Decreto-lei n. 2.627, de 26 de setembro de 1940, passa a vigorar com a seguinte redação:

•• Prejudicado pela revogação do Decreto-lei n. 2.627, de 1940, pela Lei n. 6.404, de 15-12-1976 (LSA).

Art. 79. O art. 21 do Decreto-lei n. 2.627, de 26 de setembro de 1940, é acrescido do seguinte parágrafo:

•• *Vide* nota ao artigo anterior.

Art. 80. É fixado o prazo máximo de 12 (doze) meses, a contar da data da publicação desta Lei, para que as companhias ou sociedades anônimas cujas ações ou títulos que as representem tenham o valor nominal inferior a hum mil cruzeiros providenciem o reajustamento delas para este valor, através da necessária modificação estatutária, sob pena de não terem os seus títulos admitidos à cotação nas Bolsas de Valores.

Art. 81. Os membros dos Conselhos Administrativos das Caixas Econômicas Federais nos Estados serão nomeados pelo Presidente da República, escolhidos entre brasileiros de ilibada reputação e notória capacidade em assuntos administrativos ou econômico-financeiros, com o mandato de 5 (cinco) anos, podendo ser reconduzidos.

Parágrafo único. As nomeações de que trata o artigo anterior, bem como as designações dos presidentes dos respectivos Conselhos, também pelo Presidente da República, independerão da aprovação do Senado Federal, prevista no § 2.º do art. 22 da Lei n. 4.595, de 31 de dezembro de 1964.

Art. 82. Até que sejam expedidos os Títulos da Dívida Agrária, criados pelo art. 105 da Lei n. 4.504, de 30 de novembro de 1964, poderá o Poder Executivo, para os fins previstos naquela Lei, se utilizar das Obrigações do Tesouro Nacional – Tipo Reajustável, criadas pela Lei n. 4.357, de 16 de julho de 1964.

Parágrafo único. As condições e vantagens asseguradas aos Títulos da Dívida Agrária serão atribuídas às Obrigações do Tesouro Nacional – Tipo Reajustável, emitidas na forma deste artigo, e constarão obrigatoriamente dos respectivos certificados.

Art. 83. A presente Lei entra em vigor na data de sua publicação.

Art. 84. Revogam-se as disposições em contrário.

Brasília, 14 de julho de 1965; 144.º da Independência e 77.º da República.

H. CASTELLO BRANCO

DECRETO N. 56.826, DE 2 DE SETEMBRO DE 1965

Promulga a Convenção sobre a prestação de alimentos no estrangeiro.

O Presidente da República, havendo o Congresso Nacional aprovado pelo Decreto Legislativo n.10, de 1958, a Convenção sobre prestação de alimentos no estrangeiro, assinada pelo Brasil a 31 de dezembro de 1956;

Havendo a referida Convenção entrado em vigor, para o Brasil em 14 de dezembro de 1960, trinta dias após o depósito do instrumento brasileiro de ratificação junto ao Secretário Geral das Nações Unidas realizado a 14 de novembro de 1960;

E havendo a Procuradoria Geral do Distrito Federal assumido no Brasil as funções de Autoridade Remetente e Instituição Intermediária, previstos nos parágrafos 1 e 2 do artigo 2 da Convenção, decreta:

Que a mesma, apensa por cópia ao presente decreto, seja executada e cumprida tão inteiramente como nela se contém.

Brasília, 2 de setembro de 1965; 144.º da Independência e 77.º da República.

H. CASTELLO BRANCO

CONVENÇÃO SOBRE A PRESTAÇÃO DE ALIMENTOS NO ESTRANGEIRO

Preâmbulo

Considerando a urgência de uma solução para o problema humanitário surgido pela situação das pessoas sem recursos que dependem, para o seu sustento, de pessoas no estrangeiro,

Considerando que, no estrangeiro, a execução de ações sobre prestação de alimentos ou o cumprimento de decisões relativas ao assunto suscita sérias dificuldades legais e práticas,

Dispostas a prover os meios que permitam resolver estes problemas e vencer estas dificuldades,

As Partes Contratantes convieram nas seguintes disposições:

ARTIGO I
Objeto de Convenção

1. A presente Convenção tem como objeto facilitar a uma pessoa, doravante designada como demandante, que se encontra no território de uma das Partes Contratantes, a obtenção de alimentos aos quais pretende ter direito por parte de outra pessoa, doravante designada como demandado, que se encontra sob jurisdição de outra Parte Contratante. Os organismos utilizados para este fim serão doravante designados como Autoridades Remetentes e Instituições Intermediárias.

2. Os meios jurídicos previstos na presente Convenção completarão, sem os substituir, quaisquer outros meios jurídicos existentes em direito interno ou internacional.

ARTIGO II
Designação das Instituições

1. Cada Parte Contratante designará, no momento do depósito do instrumento de ratificação ou de adesão, uma ou mais autoridades administrativas ou judiciárias que exercerão em seu território as funções de Autoridades Remetentes.

2. Cada Parte Contratante designará, no momento do depósito do instrumento de ratificação ou adesão, um organismo público ou particular que exercerá em seu território as funções de Instituição Intermediária.

3. Cada Parte Contratante comunicará, sem demora, ao Secretário Geral das Nações Unidas, as designações feitas de acordo com as disposições dos parágrafos 1 e 2, bem como qualquer modificação a respeito.

4. As Autoridades Remetentes e as Instituições Intermediárias poderão entrar em contato direto com as Autoridades Remetentes e as Instituições Intermediárias das outras Partes Contratantes.

ARTIGO III
Apresentação do Pedido à Autoridade Remetente

1. Se o demandante se encontrar no território de uma Parte Contratante, doravante designada como o Estado do demandante, e o demandante se encontrar sob a jurisdição de outra Parte Contratante, doravante designada como o Estado do demandado, o primeiro poderá encaminhar um pedido a uma Autoridade Remetente do Estado onde se encontrar para obter alimentos da parte do demandado.

2. Cada Parte Contratante informará o Secretário Geral dos elementos de prova normalmente exigidos pela lei do Estado da Instituição Intermediária para justificar os pedidos de prestação de alimentos, assim como das condições em que estes elementos devem ser apresentados para serem admissíveis e das outras condições estabelecidas por lei.

3. O pedido deverá ser acompanhado de todos os documentos pertinentes, inclusive, se necessário for, de uma procuração que autorize a Instituição Intermediária a agir em nome do demandante ou a designar uma pessoa habilitada para o fazer; deverá ser, igualmente, acompanhado de uma fotografia do demandante e, se possível, de uma fotografia do demandado.

4. A Autoridade Remetente tomará todas as medidas que estiverem ao seu alcance para assegurar o cumprimento dos requisitos exigidos pela lei do Estado da Instituição Intermediária; ressalvadas as disposições desta lei, o pedido incluirá as seguintes informações:

a) Nome e prenomes, endereços, data de nascimento, nacionalidade e profissão do demandante, bem como, se necessário for, nome e endereço de seu representante legal;

b) Nome e prenomes do demandado e, na medida em que o demandante deles tiver conhecimento, os seus endereços sucessivos durante os cinco últimos anos, sua data de nascimento, sua nacionalidade e sua profissão;

c) Uma exposição pormenorizada dos motivos nos quais for baseado o pedido, o objeto deste e quaisquer outras informações pertinentes, inclusive as relativas à situação econômica e familiar do demandante e do demandado.

ARTIGO IV
Transmissão de documentos

1. A Autoridade Remetente transmitirá os documentos à Instituição Intermediária designada pelo Estado do demandado, a menos que considere que o pedido não foi formulado de boa-fé.

2. Antes de transmitir os documentos a Autoridade Remetente certificar-se-á de que estes últimos se encontram, pela lei do Estado do demandante, em boa e devida forma.

3. A Autoridade Remetente poderá manifestar a Instituição Intermediária sua opinião sobre o mérito do pedido e recomendar que se conceda ao demandante assistência judiciária gratuita e isenção de custos.

ARTIGO V
Transmissão de Sentenças e outros Atos Judiciários

1. A Autoridade Remetente transmitirá, a pedido do demandante e em conformidade com as disposições com o artigo IV, qualquer decisão, em matéria de alimento, provisória ou definitiva ou qualquer outro ato judiciário emanado, em favor do demandante, de tribunal competente de uma das Partes Contratantes, e, se necessário e possível, o relatório dos debates durante os quais esta decisão tenha sido tomada.

2. As decisões e atos judiciários referidos no parágrafo precedente poderão substituir ou completar os documentos mencionados no artigo III.

3. O procedimento previsto no artigo VI poderá incluir, conforme a lei do Estado do demandado, o *exequatur* ou o registro, ou ainda uma nova ação, baseada na decisão transmitida em virtude das disposições do parágrafo 1.

ARTIGO VI
Funções da Instituição Intermediária

1. A Instituição Intermediária, atuando dentro dos limites dos poderes conferidos pelo demandante, tomará, em nome deste, quaisquer medidas apropriadas para assegurar a prestação dos alimentos. Ela poderá, igualmente, transigir e, quando necessário, iniciar e prosseguir uma ação alimentar e fazer executar qualquer sentença, decisão ou outro ato judiciário.

2. A Instituição Intermediária manterá a Autoridade Remetente informada e, se não puder atuar, a notificará das razões e lhe devolverá a documentação.

3. Não obstante qualquer disposição da presente Convenção, a lei que regerá as ações mencionadas e qualquer questão conexa será a do Estado do demandado, inclusive em matéria de direito internacional privado.

ARTIGO VII
Cartas Rogatórias

Se a lei das duas Partes Contratantes interessadas admitir cartas rogatórias serão aplicáveis as seguintes disposições:

a) O tribunal ao qual tiver sido submetida a ação alimentar poderá, para obter documentos ou outras provas, pedir a execução de uma carta rogatória, seja ao tribunal competente da outra Parte Contratante em cujo território a carta deverá ser executada.

b) A fim de que as Partes possam assistir a este procedimento ou nele se fazer representar, a autoridade referida deverá informar a Autoridade Remetente e a Instituição Intermediária interessadas, bem como o demandado, da data e do lugar em que se procederá à medida solicitada.

c) A carta rogatória deverá ser executada com toda a diligência desejada; se não houver sido executada dentro de um período de quatro meses a partir da data do recebimento da carta pela autoridade requerida, a autoridade requerente deverá ser informada das razões da não execução ou do atraso.

d) A execução da carta rogatória não poderá dar lugar ao reembolso de taxas ou de despesas de qualquer natureza.

e) Só poderá negar-se a execução da carta rogatória:

1) Se a autenticidade do documento não tiver sido provada.

2) Se a Parte Contratante, em cujo território a carta rogatória deverá ser executada, julgar que esta última comprometeria a sua soberania ou a sua segurança.

ARTIGO VIII
Modificação das Decisões Judiciárias

As disposições da presente Convenção serão igualmente aplicáveis aos pedidos de modificação das decisões judiciárias sobre prestação de alimentos.

ARTIGO IX
Isenções e Facilidades

1. Nos procedimentos previstos na presente Convenção, os demandantes gozarão do tratamento e das isenções de custos e de despesas concedidas aos demandantes residentes no Estado em cujo território for proposta a ação.

2. Dos demandantes estrangeiros ou não residentes não poderá ser exigida uma caução *judicatum solvi*, ou qualquer outro pagamento ou depósito para garantir a cobertura das despesas.

3. As autoridades remetentes e as Instituições intermediárias não poderão perceber remuneração alguma pelos serviços que prestarem em conformidade com as disposições da presente Convenção.

ARTIGO X

Transferência de Fundos

As Partes Contratantes cuja lei imponha restrições à transferência de fundos para o estrangeiro, concederão a máxima prioridade à transferência de fundos destinados ao pagamento de alimentos ou à cobertura das despesas ocasionadas por qualquer procedimento judicial previsto na presente Convenção.

ARTIGO XI

Cláusula Federal

No caso de um Estado Federal ou não unitário, serão aplicadas as seguintes disposições:

a) No que concerne aos artigos da presente Convenção cuja execução dependa da ação legislativa do poder legislativo federal, as obrigações do Governo Federal serão, nesta medida, as mesmas que as das Partes que não são Estados federais;

b) No que concerne aos artigos da presente Convenção cuja aplicação dependa da ação legislativa de cada um dos Estados, províncias ou cantões constitutivos e que não estejam, em virtude do sistema constitucional da Federação, obrigados a tomar medidas legislativas, o Governo Federal levará, no mais breve possível e com parecer favorável, os artigos mencionados ao conhecimento das autoridades competentes dos Estados províncias ou cantões;

c) Todo Estado federal que seja Parte na Presente Convenção fornecerá, a pedido de qualquer outra Parte Contratante lhe tenha sido transmitido pelo Secretário Geral, um relato da legislação e das práticas em vigor na Federação e nas suas unidades constitutivas, no que concerne a determinada disposição da Convenção, indicando a medida em que, por uma ação legislativa ou outra, tal disposição tenha sido aplicada.

ARTIGO XII

Aplicação Territorial

As disposições da presente Convenção serão aplicadas, nas mesmas condições, aos territórios não autônomos, sob tutela e a qualquer território representado, no plano internacional, por uma Parte Contratante a menos que esta última, ao ratificar a presente Convenção ou a ela aderir, declare que esta não se aplicará a determinado território ou territórios que estejam nestas condições. Qualquer Parte Contratante que tenha feito esta declaração poderá ulteriormente, a qualquer momento, por notificação ao Secretário Geral, estender a aplicação da Convenção aos territórios assim excluídos ou a qualquer um dentre eles.

ARTIGO XIII

Assinatura, Ratificação e Adesão

1. A presente Convenção ficará aberta, até 31 de dezembro de 1956, à assinatura de qualquer Estado Membro da Organização das Nações Unidas, de qualquer Estado não membro que seja Parte no Estatuto da Corte Internacional de Justiça ou membro de uma agência especializada assim de como qualquer outro Estado não membro convidado, pelo Conselho Econômico e Social, a se tornar parte na Convenção.

2. A presente Convenção será ratificada. Os instrumentos de ratificação serão depositados em poder do Secretário Geral.

3. Qualquer um dos Estados mencionados no parágrafo 1 do presente artigo poderá, a qualquer momento, aderir à presente Convenção. Os instrumentos de adesão serão depositados em poder do Secretário Geral.

ARTIGO XIV

Entrada em Vigor

1. A presente Convenção entrará em vigor no trigésimo dia seguinte à data do depósito do terceiro instrumento de ratificação ou de adesão, efetuado em conformidade com as disposições do art. XIII.

2. Para cada um dos Estados que ratificarem ou que a ela aderirem depois do depósito do terceiro instrumento de ratificação ou de adesão, a Convenção entrará em vigor no trigésimo dia seguinte à data do depósito, por este Estado, do seu instrumento de ratificação ou de adesão.

ARTIGO XV

Denúncia

1. Qualquer Parte Contratante poderá denunciar a presente Convenção, por notificação dirigida ao Secretário Geral. A denúncia poderá igualmente se aplicar a todos ou a um dos territórios mencionados no art. XII.

2. A denúncia entrará em vigor um ano após a data em que o Secretário Geral tiver recebido a notificação, com exceção das questões que estiverem sendo tratadas no momento em que ela se tornar efetiva.

ARTIGO XVI

Solução de Controvérsias

Se surgir entre quaisquer das Partes Contratantes uma controvérsia relativa a interpretação ou à aplicação da presente Convenção, e se esta controvérsia não tiver sido resolvida por outros meios, será submetida à Corte Internacional da Justiça, seja por notificação de um acordo especial, seja a pedido de uma das partes na controvérsia.

ARTIGO XVII

Reservas

1. Se, no momento da assinatura, da ratificação ou da adesão, um Estado fizer uma reserva a um dos artigos da presente Convenção, o Secretário Geral comunicará o texto da reserva às demais Partes Contratantes e aos outros Estados referidos no art. XIII; Qualquer Parte Contratante que não aceitar a reserva mencionada poderá, num prazo de noventa dias a contar da data desta comunicação, notificar ao Secretário Geral que não aceita a reserva e neste caso, a convenção não entrará em vigor entre o Estado que apresentar a objeção e o Estado autor da reserva. Qualquer Estado que posteriormente aderir à Convenção poderá, no momento do depósito do instrumento de adesão, efetuar uma notificação deste gênero.

2. Uma Parte Contratante poderá, a qualquer momento, retirar uma reserva que tenha formulado anteriormente, e deverá notificar esta decisão ao Secretário Geral.

ARTIGO XVIII

Reciprocidade

Uma Parte Contratante poderá invocar as disposições da presente Convenção contra outras Partes Contratantes somente na medida em que ela mesma estiver obrigada pela Convenção.

ARTIGO XIX

Notificações do Secretário Geral

O Secretário Geral notificará a todos os Estados Membros das Nações Unidas e aos Estados não membros referidos no art. XIII:

a) As comunicações previstas no § 3.º do art. II;

b) As informações recebidas em conformidade com as disposições do § 2.º do art. III;

c) As declarações e notificações feitas em conformidade com as disposições do art. XII;

d) As assinaturas, ratificações e adesões feitas em conformidade com as disposições do art. XIII;

e) A data na qual a Convenção entrou em vigor, em conformidade com o § 1.º do art. XIV;

f) As denúncias feitas em conformidade com as disposições do § 1.º do art. XV;

g) As reservas e notificações feitas em conformidade com as disposições do art. XVII.

2. O Secretário Geral notificará a todas as partes Contratantes os pedidos de revisão, bem como as respostas aos mesmos, enviadas em virtude do art. XX.

ARTIGO XX

1. Qualquer Parte Contratante poderá pedir a qualquer momento por notificação dirigida ao Secretário Geral, a revisão da presente Convenção.

2. O Secretário Geral transmitirá esta notificação a cada uma das Partes Contratantes, pedindo-lhes que lhe comuniquem, dentro de um prazo de quatro meses, se desejam a reunião de uma conferência para examinar a revisão proposta. Se a maioria da Partes Contratantes responder afirmativamente, o Secretário Geral convocará esta conferência.

ARTIGO XXI
Depósito da Convenção e Línguas

O original da presente Convenção, cujos textos nas línguas inglesa, chinesa, espanhola, francesa e russa fazem igualmente fé, será depositado em poder do Secretário Geral que enviará cópias autenticadas a todos os Estados referidos no art. XIII.

LEI N. 4.886, DE 9 DE DEZEMBRO DE 1965 (*)

Regula as atividades dos representantes comerciais autônomos.

O Presidente da República:

Faço saber que o Congresso Nacional decreta e eu sanciono a seguinte Lei:

Art. 1.º Exerce a representação comercial autônoma a pessoa jurídica ou a pessoa física, sem relação de emprego, que desempenha, em caráter não eventual por conta de uma ou mais pessoas, a mediação para a realização de negócios mercantis, agenciando propostas ou pedidos, para transmiti-los aos representados, praticando ou não atos relacionados com a execução dos negócios.

•• *Vide* arts. 710 a 721 (contrato de agência e distribuição) do CC.

Parágrafo único. Quando a representação comercial incluir poderes atinentes ao mandato mercantil, serão aplicáveis, quanto ao exercício deste, os preceitos próprios da legislação comercial.

•• O mandato mercantil era tratado pelo CCom de 1850 nos arts. 140 a 164, revogados pela Lei n. 10.406, de 10-1-2002, que instituiu o CC e passou a tratar da matéria em seus arts. 653 a 692.

•• *Vide* art. 721 do CC.

Art. 2.º É obrigatório o registro dos que exerçam a representação comercial autônoma nos Conselhos Regionais criados pelo art. 6.º desta Lei.

Parágrafo único. As pessoas que, na data da publicação da presente Lei, estiverem no exercício da atividade, deverão registrar-se nos Conselhos Regionais, no prazo de 90 (noventa) dias a contar da data em que estes forem instalados.

Art. 3.º O candidato a registro, como representante comercial, deverá apresentar:

a) prova de identidade;

b) prova de quitação com o serviço militar, quando a ele obrigado;

c) prova de estar em dia com as exigências da legislação eleitoral;

d) folha-corrida de antecedentes, expedida pelos cartórios criminais das comarcas em que o registrado houver sido domiciliado nos últimos 10 (dez) anos;

e) quitação com o Imposto Sindical.

§ 1.º O estrangeiro é desobrigado da apresentação dos documentos constantes das alíneas *b* e c deste artigo.

§ 2.º Nos casos de transferência ou de exercício simultâneo da profissão, em mais de uma região, serão feitas as devidas anotações na carteira profissional do interessado, pelos respectivos Conselhos Regionais.

§ 3.º As pessoas jurídicas deverão fazer prova de sua existência legal.

Art. 4.º Não pode ser representante comercial:

a) o que não pode ser comerciante;

b) o falido não reabilitado;

c) o que tenha sido condenado por infração penal de natureza infamante, tais como falsidade, estelionato, apropriação indébita, contrabando, roubo, furto, lenocínio ou crimes também punidos com a perda de cargo público;

d) o que estiver com seu registro comercial cancelado como penalidade.

Art. 5.º Somente será devida remuneração, como mediador de negócios comerciais, a representante comercial devidamente registrado.

Art. 6.º São criados o Conselho Federal e os Conselhos Regionais dos Representantes Comerciais, aos quais incumbirá a fiscalização do exercício da profissão, na forma desta Lei.

Parágrafo único. É vedado, aos Conselhos Federal e Regionais dos Representantes Comerciais, desenvolverem quaisquer atividades não compreendidas em suas finalidades previstas nesta Lei, inclusive as de caráter político e partidárias.

Art. 7.º O Conselho Federal instalar-se-á dentro de 90 (noventa) dias, a contar da vigência da presente Lei, no Estado da Guanabara, onde funcionará provisoriamente, transferindo-se para a Capital da República, quando estiver em condições de fazê-lo, a juízo da maioria dos Conselhos Regionais.

•• A Lei Complementar n. 20, de 1.º-7-1974, determinou a fusão dos Estados do Rio de Janeiro e da Guanabara, com a denominação de Estado do Rio de Janeiro.

§ 1.º O Conselho Federal será presidido por um dos seus membros, na forma que dispuser o Regimento Interno do Conselho, cabendo-lhe, além do próprio voto, o de qualidade, no caso de empate.

§ 2.º A renda do Conselho Federal será constituída de 20% (vinte por cento) da renda bruta dos Conselhos Regionais.

Art. 8.º O Conselho Federal será composto de representantes comerciais de cada Estado, eleitos pelos Conselhos Regionais, dentre seus membros, cabendo a cada Conselho Regional a escolha de dois delegados.

Art. 9.º Compete ao Conselho Federal determinar o número dos Conselhos Regionais, o qual não poderá ser superior a um por Estado, Território Federal e Distrito Federal e estabelecer-lhes as bases territoriais.

Art. 10. Compete, privativamente, ao Conselho Federal:

I – elaborar o seu regimento interno;

•• Anterior alínea *a* renumerada pela Lei n. 12.246, de 27-5-2010.

II – dirimir as dúvidas suscitadas pelos Conselhos Regionais;

•• Anterior alínea *b* renumerada pela Lei n. 12.246, de 27-5-2010.

III – aprovar os regimentos internos dos Conselhos Regionais;

•• Anterior alínea *c* renumerada pela Lei n. 12.246, de 27-5-2010.

IV – julgar quaisquer recursos relativos às decisões dos Conselhos Regionais;

•• Anterior alínea *d* renumerada pela Lei n. 12.246, de 27-5-2010.

V – baixar instruções para a fiel observância da presente Lei;

•• Anterior alínea *e* renumerada pela Lei n. 12.246, de 27-5-2010.

VI – elaborar o Código de Ética Profissional;

•• Anterior alínea *f* renumerada pela Lei n. 12.246, de 27-5-2010.

VII – resolver os casos omissos;

•• Anterior alínea *g* renumerada pela Lei n. 12.246, de 27-5-2010.

VIII – fixar, mediante resolução, os valores das anuidades e emolumentos devidos pelos representantes comerciais, pessoas físicas e jurídicas, aos Conselhos Regionais dos Representantes Comerciais nos quais estejam registrados, observadas as peculiaridades regionais e demais situações inerentes à capacidade contributiva da categoria profissional nos respectivos Estados e necessidades de cada entidade, e respeitados os seguintes limites máximos:

•• Inciso VIII, *caput*, acrescentado pela Lei n. 12.246, de 27-5-2010.

a) anuidade para pessoas físicas – até R$ 300,00 (trezentos reais);

•• Alínea *a* acrescentada pela Lei n. 12.246, de 27-5-2010.

•• A Resolução n. 2.041, de 29-9-2022, do Conselho Federal dos Representantes Comerciais, corrige o valor máximo descrito nesta alínea para até R$ 615,80 (seiscentos e quinze reais e oitenta centavos).

b) (*Vetada.*)

•• Alínea *b* acrescentada pela Lei n. 12.246, de 27-5-2010.

c) anuidade para pessoas jurídicas, de acordo com as seguintes classes de capital social:

1. de R$ 1,00 (um real) a R$ 10.000,00 (dez mil reais) – até R$ 350,00 (trezentos e cinquenta reais);

•• A Resolução n. 2.041, de 29-9-2022, do Conselho Federal dos Representantes Comerciais, corrige o valor máximo descrito neste item para até R$ 718,42 (setecentos e dezoito reais e quarenta e dois centavos).

2. de R$ 10.000,01 (dez mil reais e um centavo) a R$ 50.000,00 (cinquenta mil reais) – até R$ 420,00 (quatrocentos e vinte reais);

•• A Resolução n. 2.041, de 29-9-2022, do Conselho Federal dos Representantes Comerciais, corrige o valor máximo descrito neste item para até R$ 862,10 (oitocentos e sessenta e dois reais e dez centavos).

(*) Publicada no *Diário Oficial da União*, de 10 e retificada em 20-12-1965.

3. de R$ 50.000,01 (cinquenta mil reais e um centavo) a R$ 100.000,00 (cem mil reais) – até R$ 504,00 (quinhentos e quatro reais);

•• A Resolução n. 2.041, de 29-9-2022, do Conselho Federal dos Representantes Comerciais, corrige o valor máximo descrito neste item para até R$ 1.034,52 (um mil e trinta e quatro reais e cinquenta e dois centavos).

4. de R$ 100.000,01 (cem mil reais e um centavo) a R$ 300.000,00 (trezentos mil reais) – até R$ 604,00 (seiscentos e quatro reais);

•• A Resolução n. 2.041, de 29-9-2022, do Conselho Federal dos Representantes Comerciais, corrige o valor máximo descrito neste item para até R$ 1.239,82 (um mil, duzentos e trinta e nove reais e oitenta e dois centavos).

5. de R$ 300.000,01 (trezentos mil reais e um centavo) a R$ 500.000,00 (quinhentos mil reais) – até R$ 920,00 (novecentos e vinte reais);

•• A Resolução n. 2.041, de 29-9-2022, do Conselho Federal dos Representantes Comerciais, corrige o valor máximo descrito neste item para até R$ 1.888,51 (um mil, oitocentos e oitenta e oito reais e cinquenta e um centavos).

6. acima de R$ 500.000,00 (quinhentos mil reais) – até R$ 1.370,00 (mil, trezentos e setenta reais);

•• Alínea *c* acrescentada pela Lei n. 12.246, de 27-5-2010.

•• A Resolução n. 2.041, de 29-9-2022, do Conselho Federal dos Representantes Comerciais, corrige o valor máximo descrito neste item para até R$ 2.812,24 (dois mil, oitocentos e doze reais e vinte e quatro centavos).

d) (*Vetada.*)

•• Alínea *d* acrescentada pela Lei n. 12.246, de 27-5-2010.

e) (*Vetada.*)

•• Alínea *e* acrescentada pela Lei n. 12.246, de 27-5-2010.

§ 1.º (*Revogado pela Lei n. 12.246, de 27-5-2010.*)

§ 2.º Os valores correspondentes aos limites máximos estabelecidos neste artigo serão corrigidos anualmente pelo índice oficial de preços ao consumidor.

•• § 2.º acrescentado pela Lei n. 12.246, de 27-5-2010.

§ 3.º O pagamento da anuidade será efetuado pelo representante comercial, pessoa física ou jurídica, até o dia 31 de março de cada ano, com desconto de 10% (dez por cento), ou em até 3 (três) parcelas, sem descontos, vencendo-se a primeira em 30 de abril, a segunda em 31 de agosto e a terceira em 31 de dezembro de cada ano.

•• § 3.º acrescentado pela Lei n. 12.246, de 27-5-2010.

§ 4.º Ao pagamento antecipado será concedido desconto de 20% (vinte por cento) até 31 de janeiro e 15% (quinze por cento) até 28 de fevereiro de cada ano.

•• § 4.º acrescentado pela Lei n. 12.246, de 27-5-2010.

§ 5.º As anuidades que forem pagas após o vencimento serão acrescidas de 2% (dois por cento) de multa, 1% (um por cento) de juros de mora por mês de atraso e atualização monetária pelo índice oficial de preços ao consumidor.

•• § 5.º acrescentado pela Lei n. 12.246, de 27-5-2010.

§ 6.º A filial ou representação de pessoa jurídica instalada em jurisdição de outro Conselho Regional que não o da sua sede pagará anuidade em valor que não exceda a 50% (cinquenta por cento) do que for pago pela matriz.

•• § 6.º acrescentado pela Lei n. 12.246, de 27-5-2010.

§ 7.º (*Vetado.*)

•• § 7.º acrescentado pela Lei n. 12.246, de 27-5-2010.

§ 8.º (*Vetado.*)

•• § 8.º acrescentado pela Lei n. 12.246, de 27-5-2010.

§ 9.º O representante comercial pessoa física, como responsável técnico de pessoa jurídica devidamente registrada no Conselho Regional dos Representantes Comerciais, pagará anuidade em valor correspondente a 50% (cinquenta por cento) da anuidade devida pelos demais profissionais autônomos registrados no mesmo Conselho.

•• § 9.º acrescentado pela Lei n. 12.246, de 27-5-2010.

Parágrafo único. (*Revogado pela Lei n. 8.420, de 8-5-1992.*)

Art. 11. Dentro de 60 (sessenta) dias, contados da vigência da presente Lei, serão instalados os Conselhos Regionais correspondentes aos Estados onde existirem órgãos sindicais de representação da classe dos representantes comerciais, atualmente reconhecidos pelo Ministério do Trabalho e Previdência Social.

Art. 12. Os Conselhos Regionais terão a seguinte composição:

a) dois terços de seus membros serão constituídos pelo presidente do mais antigo sindicato da classe do respectivo Estado e por diretores de sindicatos da classe, do mesmo Estado, eleitos estes em assembleia geral;

b) um terço formado de representantes comerciais no exercício efetivo da profissão, eleitos em assembleia geral realizada no sindicato da classe.

§ 1.º A secretaria do sindicato incumbido da realização das eleições organizará cédula única, por ordem alfabética dos candidatos, destinada à votação.

§ 2.º Se os órgãos sindicais de representação da classe não tomarem as providências previstas quanto à instalação dos Conselhos Regionais, o Conselho Federal determinará, imediatamente, a sua constituição, mediante eleições em assembleia geral, com a participação dos representantes comerciais no exercício efetivo da profissão no respectivo Estado.

§ 3.º Havendo, num mesmo Estado, mais de um sindicato de representantes comerciais, as eleições a que se refere este artigo se processarão na sede do sindicato da classe situado na Capital e, na sua falta, na sede do mais antigo.

§ 4.º O Conselho Regional será presidido por um dos seus membros, na forma que dispuser o seu Regimento Interno, cabendo-lhe, além do próprio voto, o de qualidade, no caso de empate.

§ 5.º Os Conselhos Regionais terão no máximo 30 (trinta) membros e, no mínimo, o número que for fixado pelo Conselho Federal.

Art. 13. Os mandatos dos membros do Conselho Federal e dos Conselhos Regionais serão de 3 (três) anos.

§ 1.º Todos os mandatos serão exercidos gratuitamente.

§ 2.º A aceitação do cargo de presidente, secretário ou tesoureiro importará na obrigação de residir na localidade em que estiver sediado o respectivo Conselho.

Art. 14. O Conselho Federal e os Conselhos Regionais serão administrados por uma diretoria que não poderá exceder a um terço dos seus integrantes.

Art. 15. Os presidentes dos Conselhos Federal e Regionais completarão o prazo do seu mandato, caso sejam substituídos na presidência do sindicato.

Art. 16. Constituem renda dos Conselhos Regionais as contribuições e multas devidas pelos representantes comerciais, pessoas físicas ou jurídicas, neles registrados.

Art. 17. Compete aos Conselhos Regionais:

a) elaborar o seu regimento interno, submetendo-o à apreciação do Conselho Federal;

b) decidir sobre os pedidos de registros de representantes comerciais, pessoas físicas ou jurídicas, na conformidade desta Lei;

c) manter o cadastro profissional;

d) expedir as carteiras profissionais e anotá-las, quando necessário;

e) impor as sanções disciplinares previstas nesta Lei, mediante a feitura de processo adequado, de acordo com o disposto no art. 18;

f) arrecadar, cobrar e executar as anuidades e emolumentos devidos pelos representantes comerciais, pessoas físicas e jurídicas, registrados, servindo como título executivo extrajudicial a certidão relativa aos seus créditos.

•• Alínea *f* com redação determinada pela Lei n. 12.246, de 27-5-2010.

Parágrafo único. (*Revogado pela Lei n. 8.420, de 8-5-1992.*)

Art. 18. Compete aos Conselhos Regionais aplicar, ao representante comercial faltoso, as seguintes penas disciplinares:

a) advertência, sempre sem publicidade;

b) multa até a importância equivalente ao maior salário mínimo vigente no País;

c) suspensão do exercício profissional, até 1 (um) ano;

d) cancelamento do registro, com apreensão da carteira profissional.

§ 1.º No caso de reincidência ou de falta manifestamente grave, o representante comercial poderá ser suspenso do exercício de sua atividade ou ter cancelado o seu registro.

§ 2.º As penas disciplinares serão aplicadas após processo regular, sem prejuízo, quando couber, da responsabilidade civil ou criminal.

§ 3.º O acusado deverá ser citado, inicialmente, dando-se-lhe ciência do inteiro teor da denúncia ou queixa, sendo-lhe assegurado, sempre, o amplo direito de defesa, por si ou por procurador regularmente constituído.

§ 4.º O processo disciplinar será presidido por um dos membros do Conselho Regional, ao qual incumbirá coligir as provas necessárias.

§ 5.º Encerradas as provas de iniciativa da autoridade processante, ao acusado será dado requerer e produzir as suas próprias provas, após o que lhe será assegurado o direito de apresentar, por escrito, defesa final e o de sustentar, oralmente, suas razões, na sessão do julgamento.

§ 6.º Da decisão dos Conselhos Regionais caberá recurso voluntário, com efeito suspensivo, para o Conselho Federal.

Art. 19. Constituem faltas no exercício da profissão de representante comercial:

a) prejudicar, por dolo ou culpa, os interesses confiados aos seus cuidados;

b) auxiliar ou facilitar, por qualquer meio, o exercício da profissão aos que estiverem proibidos, impedidos ou não habilitados a exercê-la;

c) promover ou facilitar negócios ilícitos, bem como quaisquer transações que prejudiquem interesse da Fazenda Pública;

d) violar o sigilo profissional;

e) negar ao representado as competentes prestações de contas, recibos de quantias ou documentos que lhe tiverem sido entregues, para qualquer fim;

f) recusar a apresentação da carteira profissional, quando solicitada por quem de direito.

Art. 20. Observados os princípios desta Lei, o Conselho Federal dos Representantes Comerciais expedirá instruções relativas à aplicação das penalidades em geral e, em particular, aos casos em que couber imposições da pena de multa.

Art. 21. As repartições federais, estaduais e municipais, ao receberem tributos relativos à atividade do representante comercial, pessoa física ou jurídica, exigirão prova de seu registro no Conselho Regional da respectiva região.

Art. 22. Da propaganda deverá constar, obrigatoriamente, o número da carteira profissional.

Parágrafo único. As pessoas jurídicas farão constar, também, da propaganda, além do número da carteira do representante comercial responsável, o seu próprio número de registro no Conselho Regional.

Art. 23. O exercício financeiro dos Conselhos Federal e Regionais coincidirá com o ano civil.

Art. 24. As diretorias dos Conselhos Regionais prestarão contas da sua gestão ao próprio Conselho, até o dia 15 de fevereiro de cada ano.

•• Artigo com redação determinada pela Lei n. 8.420, de 8-5-1992.

Art. 25. Os Conselhos Regionais prestarão contas até o último dia do mês de fevereiro de cada ano ao Conselho Federal.

•• *Caput* com redação determinada pela Lei n. 8.420, de 8-5-1992.

Parágrafo único. A diretoria do Conselho Federal prestará contas ao respectivo plenário até o último dia do mês de março de cada ano.

•• Parágrafo único com redação determinada pela Lei n. 8.420, de 8-5-1992.

Art. 26. Os sindicatos incumbidos do processamento das eleições, a que se refere o art. 12, deverão tomar, dentro do prazo de 30 (trinta) dias, a contar da publicação desta Lei, as providências necessárias à instalação dos Conselhos Regionais dentro do prazo previsto no art. 11.

Art. 27. Do contrato de representação comercial, além dos elementos comuns e outros, a juízo dos interessados, constarão, obrigatoriamente:

•• *Caput* com redação determinada pela Lei n. 8.420, de 8-5-1992.

a) condições e requisitos gerais da representação;

b) indicação genérica ou específica dos produtos ou artigos objeto da representação;

c) prazo certo ou indeterminado da representação;

d) indicação da zona ou zonas em que será exercida a representação;

•• Alínea *d* com redação determinada pela Lei n. 8.420, de 8-5-1992.

e) garantia ou não, parcial ou total, ou por certo prazo, da exclusividade de zona ou setor de zona;

f) retribuição e época do pagamento, pelo exercício da representação, dependente da efetiva realização dos negócios, e recebimento, ou não, pelo representado, dos valores respectivos;

g) os casos em que se justifique a restrição de zona concedida com exclusividade;

h) obrigações e responsabilidades das partes contratantes;

i) exercício exclusivo ou não da representação a favor do representado;

j) indenização devida ao representante, pela rescisão do contrato fora dos casos previstos no art. 35, cujo montante não poderá ser inferior a 1/12 (um doze avos) do total da retribuição auferida durante o tempo em que exerceu a representação.

•• Alínea *j* com redação determinada pela Lei n. 8.420, de 8-5-1992.

§ 1.º Na hipótese de contrato a prazo certo, a indenização corresponderá à importância equivalente à média mensal da retribuição auferida até a data da rescisão, multiplicada pela metade dos meses resultantes do prazo contratual.

•• § 1.º acrescentado pela Lei n. 8.420, de 8-5-1992.

§ 2.º O contrato com prazo determinado, uma vez prorrogado o prazo inicial, tácita ou expressamente, torna-se a prazo indeterminado.

•• § 2.º acrescentado pela Lei n. 8.420, de 8-5-1992.

§ 3.º Considera-se por prazo indeterminado todo contrato que suceder, dentro de 6 (seis) meses, a outro contrato, com ou sem determinação de prazo.

•• § 3.º acrescentado pela Lei n. 8.420, de 8-5-1992.

Art. 28. O representante comercial fica obrigado a fornecer ao representado, segundo as disposições do contrato ou, sendo este omisso, quando lhe for solicitado, informações detalhadas sobre o andamento dos negócios a seu cargo, devendo dedicar-se à representação, de modo a expandir os negócios do representado e promover os seus produtos.

Art. 29. Salvo autorização expressa, não poderá o representante conceder abatimentos, descontos ou dilações, nem agir em desacordo com as instruções do representado.

• *Vide* art. 712 do CC.

Art. 30. Para que o representante possa exercer a representação em juízo, em nome do representado, requer-se mandato expresso. Incumbir-lhe-á, porém, tomar conhecimento das reclamações atinentes aos negócios, transmitindo-as ao representado e sugerindo as providências acauteladoras do interesse deste.

Parágrafo único. O representante, quanto aos atos que praticar, responde segundo as normas do contrato e, sendo este omisso, na conformidade do direito comum.

Art. 31. Prevendo o contrato de representação a exclusividade de zona ou zonas, ou quando este for omisso, fará jus o representante à comissão pelos negócios aí realizados, ainda que diretamente pelo representado ou por intermédio de terceiros.

•• *Caput* com redação determinada pela Lei n. 8.420, de 8-5-1992.

• *Vide* art. 714 do CC.

Parágrafo único. A exclusividade de representação não se presume na ausência de ajustes expressos.

•• Parágrafo único com redação determinada pela Lei n. 8.420, de 8-5-1992.

• *Vide* art. 711 do CC.

Art. 32. O representante comercial adquire o direito às comissões quando do pagamento dos pedidos ou propostas.

•• *Caput* com redação determinada pela Lei n. 8.420, de 8-5-1992.

§ 1.º O pagamento das comissões deverá ser efetuado até o dia 15 (quinze) do mês subsequente ao da liquidação da fatura, acompanhada das respectivas cópias das notas fiscais.

•• § 1.º acrescentado pela Lei n. 8.420, de 8-5-1992.

§ 2.º As comissões pagas fora do prazo previsto no parágrafo anterior deverão ser corrigidas monetariamente.

•• § 2.º acrescentado pela Lei n. 8.420, de 8-5-1992.

§ 3.º É facultado ao representante comercial emitir títulos de créditos para cobrança de comissões.

•• § 3.º acrescentado pela Lei n. 8.420, de 8-5-1992.

§ 4.º As comissões deverão ser calculadas pelo valor total das mercadorias.

•• § 4.º acrescentado pela Lei n. 8.420, de 8-5-1992.

§ 5.º Em caso de rescisão injusta do contrato por parte do representando, a eventual retribuição pendente, gerada por pedidos em carteira ou em fase de execução e recebimento, terá vencimento na data da rescisão.

•• § 5.º acrescentado pela Lei n. 8.420, de 8-5-1992.

§ 6.º (*Vetado.*)

•• § 6.º acrescentado pela Lei n. 8.420, de 8-5-1992.

§ 7.º São vedadas na representação comercial alterações que impliquem, direta ou indiretamente, a diminuição da média dos resultados auferidos pelo representante nos últimos 6 (seis) meses de vigência.

•• § 7.º acrescentado pela Lei n. 8.420, de 8-5-1992.

• *Vide* art. 716 do CC.

Art. 33. Não sendo previstos, no contrato de representação, os prazos para recusa das propostas ou pedidos, que hajam sido entregues pelo representante, acompanhados dos requisitos exigíveis, ficará o representado obrigado a creditar-lhe a respectiva comissão, se não manifestar a recusa, por escrito, nos prazos de 15 (quinze), 30 (trinta), 60 (sessenta) ou 120 (cento e vinte) dias, conforme se trate de comprador domiciliado, respectivamente, na mesma praça, em outra do mesmo Estado, em outro Estado ou no estrangeiro.

§ 1.º Nenhuma retribuição será devida ao representante comercial, se a falta de pagamento resultar de insolvência do comprador, bem como se o negócio vier a ser por ele desfeito ou for sustada a entrega de mercadorias devido à situação comercial do comprador, capaz de comprometer ou tornar duvidosa a liquidação.

§ 2.º Salvo ajuste em contrário, as comissões devidas serão pagas mensalmente, expedindo o representado a conta respectiva, conforme cópias das faturas remetidas aos compradores, no respectivo período.

§ 3.º Os valores das comissões para efeito tanto do pré-aviso como da indenização, prevista nesta Lei, deverão ser corrigidos monetariamente.

•• § 3.º acrescentado pela Lei n. 8.420, de 8-5-1992.

Art. 34. A denúncia, por qualquer das partes, sem causa justificada, do contrato de representação, ajustado por tempo indeterminado e que haja vigorado por mais de 6 (seis) meses, obriga o denunciante, salvo outra garantia prevista no contrato, à concessão de pré-aviso, com antecedência mínima de 30 (trinta) dias, ou ao pagamento de importância igual a um terço das comissões auferidas pelo representante, nos 3 (três) meses anteriores.

•• *Vide* art. 720, *caput*, do CC.

Art. 35. Constituem motivos justos para rescisão do contrato de representação comercial, pelo representado:

a) a desídia do representante no cumprimento das obrigações decorrentes do contrato;

b) a prática de atos que importem em descrédito comercial do representado;

c) a falta de cumprimento de quaisquer obrigações inerentes ao contrato de representação comercial;

d) a condenação definitiva por crime considerado infamante;

e) força maior.

Art. 36. Constituem motivos justos para rescisão do contrato de representação comercial, pelo representante:

a) redução de esfera de atividade do representante em desacordo com as cláusulas do contrato;

b) a quebra, direta ou indireta, da exclusividade, se prevista no contrato;

c) a fixação abusiva de preços em relação à zona do representante, com o exclusivo escopo de impossibilitar-lhe ação regular;

d) o não pagamento de sua retribuição na época devida;

e) força maior.

Art. 37. Somente ocorrendo motivo justo para a rescisão do contrato, poderá o representado reter comissões devidas ao representante, com o fim de ressarcir-se de danos por este causados e, bem assim, nas hipóteses previstas no art. 35, a título de compensação.

Art. 38. Não serão prejudicados os direitos dos representantes comerciais quando, a título de cooperação, desempenhem, temporariamente, a pedido do representado, encargos ou atribuições diversos dos previstos no contrato de representação.

Art. 39. Para julgamento das controvérsias que surgirem entre representante e representado é competente a Justiça Comum e o Foro do domicílio do representante, aplicando-se o procedimento sumaríssimo previsto no art. 275 do Código de Processo Civil, ressalvada a competência do Juizado de Pequenas Causas.

•• Artigo com redação determinada pela Lei n. 8.420, de 8-5-1992.

•• A referência é feita a dispositivo do CPC de 1973. Sem correspondência no CPC de 2015.

• A Lei n. 9.099, de 26-9-1995, em seu art. 3.º, I e II, outorga aos Juizados Especiais Cíveis competência para conciliação, processo e julgamento das causas com valor até 40 (quarenta) vezes o salário mínimo.

• Juizados Especiais Cíveis e Criminais no âmbito da Justiça Federal: Lei n. 10.259, de 12-7-2001.

Art. 40. Dentro de 180 (cento e oitenta) dias da publicação da presente Lei, serão formalizadas, entre representado e representantes, em documento escrito, as condições das representações comerciais vigentes.

Parágrafo único. A indenização devida pela rescisão dos contratos de representação comercial vigentes na data desta Lei, fora dos casos previstos no art. 35, e quando as partes não tenham usado da faculdade prevista neste artigo, será calculada, sobre a retribuição percebida, pelo representante, nos últimos 5 (cinco) anos anteriores à vigência desta Lei.

Art. 41. Ressalvada expressa vedação contratual, o representante comercial poderá exercer sua atividade para mais de uma empresa e empregá-la em outros misteres ou ramos de negócios.

•• Artigo acrescentado pela Lei n. 8.420, de 8-5-1992.

Art. 42. Observadas as disposições constantes do artigo anterior, é facultado ao representante contratar com outros representantes comerciais a execução dos serviços relacionados com a representação.

•• *Caput* acrescentado pela Lei n. 8.420, de 8-5-1992.

§ 1.º Na hipótese deste artigo, o pagamento das comissões a representante comercial contratado dependerá da liquidação da conta de comissão devida pelo representando ao representante contratante.

•• § 1.º acrescentado pela Lei n. 8.420, de 8-5-1992.

§ 2.º Ao representante contratado, no caso de rescisão de representação, será devida pelo representante contratante a participação no que houver recebido da representada a título de indenização e aviso prévio, proporcionalmente às retribuições auferidas pelo representante contratado na vigência do contrato.

•• § 2.º acrescentado pela Lei n. 8.420, de 8-5-1992.

§ 3.º Se o contrato referido no *caput* deste artigo for rescindido sem motivo justo pelo representante contratante, o representante contratado fará jus ao aviso prévio e indenização na forma da lei.

•• § 3.º acrescentado pela Lei n. 8.420, de 8-5-1992.

§ 4.º Os prazos de que trata o art. 33 desta Lei são aumentados em 10 (dez) dias quando se tratar de contrato realizado entre representantes comerciais.

•• § 4.º acrescentado pela Lei n. 8.420, de 8-5-1992.

Art. 43. É vedada no contrato de representação comercial a inclusão de cláusulas *del credere*.

•• Artigo acrescentado pela Lei n. 8.420, de 8-5-1992.

Art. 44. No caso de falência ou de recuperação judicial do representado, as importâncias por ele devidas ao representante comercial, relacionadas com a representação, inclusive comissões vencidas e vincendas, indenização e aviso prévio, e qualquer outra verba devida ao representante oriunda da relação estabelecida com base nesta Lei, serão consideradas créditos da mesma natureza dos créditos trabalhistas para fins de inclusão no pedido de falência ou plano de recuperação judicial.

•• *Caput* com redação determinada pela Lei n. 14.195, de 26-8-2021.

Parágrafo único. Os créditos devidos ao representante comercial reconhecidos em título executivo judicial transitado em julgado após o deferimento do processamento da recuperação judicial, e a sua respectiva execução, inclusive quanto aos honorários advocatícios, não se sujeitarão à recuperação judicial, aos seus efeitos e à competência do juízo da recuperação, ainda que existentes na data do pedido, e prescreverá em 5 (cinco) anos a ação do representante comercial para pleitear a retribuição que lhe é devida e os demais direitos garantidos por esta Lei.

•• Parágrafo único com redação determinada pela Lei n. 14.195, de 26-8-2021.

Art. 45. Não constitui motivo justo para rescisão do contrato de representação comercial o impedimento temporário do representante comercial que estiver em gozo do benefício de auxílio-doença concedido pela Previdência Social.

•• Artigo acrescentado pela Lei n. 8.420, de 8-5-1992.

Art. 46. Os valores a que se referem a alínea *j* do art. 27, o § 5.º do art. 32 e o art. 34 desta Lei serão corrigidos monetariamente com base na variação dos BTNs ou por outro indexador que venha a substituí-los e legislação ulterior aplicável à matéria.

•• Artigo acrescentado pela Lei n. 8.420, de 8-5-1992.

Art. 47. Compete ao Conselho Federal dos Representantes Comerciais fiscalizar a execução da presente Lei.

•• *Caput* acrescentado pela Lei n. 8.420, de 8-5-1992.

Parágrafo único. Em caso de inobservância das prescrições legais, caberá intervenção do Conselho Federal nos Conselhos Regionais, por decisão da Diretoria do primeiro, *ad referendum* da reunião plenária, assegurado, em qualquer caso, o direito de defesa. A intervenção cessará quando do cumprimento da Lei.

•• Parágrafo único acrescentado pela Lei n. 8.420, de 8-5-1992.

Art. 48. Esta Lei entra em vigor na data de sua publicação.

•• Artigo renumerado em decorrência dos acréscimos determinados pela Lei n. 8.420, de 8-5-1992.

Art. 49. Revogam-se as disposições em contrário.

•• Artigo renumerado em decorrência dos acréscimos determinados pela Lei n. 8.420, de 8-5-1992.

Brasília, 9 de dezembro de 1965; 144.º da Independência e 77.º da República.

H. Castello Branco

DECRETO N. 57.595, DE 7 DE JANEIRO DE 1966 (*)

Promulga as Convenções para adoção de uma Lei Uniforme em matéria de cheques.

O Presidente da República:

Havendo o Governo brasileiro, por nota da Legação em Berna, datada de 26 de agosto de 1942, ao secretário-geral da Liga das Nações, aderido às seguintes Convenções assinadas em Genebra, a 19 de março de 1931:

1.º) Convenção para adoção de uma Lei Uniforme sobre cheques, Anexos e Protocolo, com reservas aos arts. 2, 3, 4, 5, 6, 7, 8, 9, 10, 11, 12, 14, 15, 16, 17, 18, 19, 20, 21, 23, 25, 26, 29 e 30 do Anexo II;

2.º) Convenção destinada a regular certos conflitos de leis em matéria de cheques e Protocolo;

3.º) Convenção relativa ao Imposto de Selo em matéria de cheques e Protocolo;

Havendo as referidas Convenções entrado em vigor para o Brasil 90 (noventa) dias após a data do registro pela Secretaria-Geral da Liga das Nações, isto é, a 26 de novembro de 1942;

E havendo o Congresso Nacional aprovado pelo Decreto Legislativo n. 54, de 1964, as referidas Convenções;

Decreta que as mesmas, apensas por cópia ao presente Decreto, sejam executadas e cumpridas tão inteiramente como nelas se contém, observadas as reservas feitas à Convenção relativa à Lei Uniforme sobre cheques.

Brasília, 7 de janeiro de 1966; 145.º da Independência e 78.º da República.

H. Castello Branco

CONVENÇÃO PARA ADOÇÃO DE UMA LEI UNIFORME EM MATÉRIA DE CHEQUES

O Presidente do Reich Alemão; O Presidente Federal da República Austríaca; Sua Majestade o Rei dos Belgas; Sua Majestade o Rei da Dinamarca e da Islândia; O Presidente da República da Polônia pela Cidade Livre de Dantzig; O Presidente da República do Equador; Sua Majestade o Rei da Espanha; O Presidente da República da Finlândia; O Presidente da República Francesa; O Presidente da República Helênica; Sua Alteza Sereníssima o Regente do Reino da Hungria; Sua Majestade o Rei da Itália; Sua Majestade o Imperador do Japão; Sua Alteza Real a Grã-Duquesa do Luxemburgo; O Presidente dos Estados Unidos do México; Sua Alteza Sereníssima o Príncipe de Mônaco; Sua Majestade o Rei da Noruega; Sua Majestade a Rainha da Holanda; O Presidente da República da Polônia; O Presidente da República Portuguesa; Sua Majestade o Rei da Rumânia; Sua Majestade o Rei da Suécia; O Conselho Federal Suíço; O Presidente da República Tchecoslovaca; O Presidente da República Turca; Sua Majestade o Rei da Iugoslávia,

Desejando evitar as dificuldades originadas pela diversidade de legislação nos vários países em que os cheques circulam e aumentar assim a segurança e rapidez das relações do comércio internacional,

Designaram como seus plenipotenciários,

Os quais, depois de terem apresentado os seus plenos poderes, achados em boa e devida forma, acordaram nas disposições seguintes:

Artigo 1.º

As Altas Partes Contratantes obrigam-se a adotar nos territórios respectivos, quer num dos textos originais, quer nas suas línguas nacionais, a Lei Uniforme que constitui o Anexo I da presente Convenção.

Esta obrigação poderá ficar subordinada a certas reservas, que deverão eventualmente ser formuladas por cada uma das Altas Partes Contratantes no momento da sua ratificação ou adesão. Estas reservas deverão ser escolhidas entre as mencionadas no Anexo II da presente Convenção.

Todavia, as reservas a que se referem os arts. 9.º, 22, 27 e 30 do citado Anexo II poderão ser feitas posteriormente à ratificação ou adesão, desde que sejam notificadas ao secretário-geral da Sociedade das Nações, o qual imediatamente comunicará o seu texto aos membros da Sociedade das Nações e aos Estados não membros em cujo nome tenha sido ratificada a presente Convenção ou que a ela tenham aderido. Essas reservas só produzirão efeitos 90 (noventa) dias depois de o secretário-geral ter recebido a referida notificação.

Qualquer das Altas Partes Contratantes poderá, em caso de urgência, fazer uso, depois da ratificação ou da adesão, das reservas indicadas nos arts. 17 e 28 do referido Anexo II. Neste caso deverá comunicar essas reservas direta e imediatamente a todas as outras Altas Partes Contratantes e ao secretário-geral da Sociedade das Nações. Esta notificação produzirá os seus efeitos 2 (dois) dias depois de recebida a dita comunicação pelas Altas Partes Contratantes.

Artigo 2.º

A Lei Uniforme não será aplicável no território de cada uma das Altas Partes Contratantes aos cheques já passados à data da entrada em vigor da presente Convenção.

Artigo 3.º

A presente Convenção, cujos textos em francês e inglês farão ambos igualmente fé, terá a data de hoje.

(*) Publicado no *Diário Oficial da União*, de 17-1-1966. O STF, através do Recurso Extraordinário n. 71.154-PR, julgado em 4-8-1971, declarou a vigência da Lei Uniforme sobre cheques como lei interna.

Poderá ser ulteriormente assinada, até 15 de julho de 1931, em nome de qualquer membro da Sociedade das Nações e qualquer Estado não membro.

Artigo 4.º

A presente Convenção será ratificada.

Os instrumentos de ratificação serão transmitidos, antes de 1.º de setembro de 1933, ao secretário-geral da Sociedade das Nações, que notificará imediatamente do seu depósito todos os membros da Sociedade das Nações e os Estados não membros em nome dos quais a presente Convenção tenha sido assinada ou que a ela tenham aderido.

Artigo 5.º

A partir de 15 de julho de 1931, qualquer membro da Sociedade das Nações e qualquer Estado não membro poderá aderir à presente Convenção.

Esta adesão efetuar-se-á por meio de notificação ao secretário-geral da Sociedade das Nações, que será depositada nos Arquivos do Secretariado.

O secretário-geral notificará imediatamente desse depósito todos os membros da Sociedade das Nações e os Estados não membros em nome dos quais a presente Convenção tenha sido assinada ou que a ela tenham aderido.

Artigo 6.º

A presente Convenção somente entrará em vigor depois de ter sido ratificada ou de a ela terem aderido sete membros da Sociedade das Nações ou Estados não membros, entre os quais deverão figurar três dos membros da Sociedade das Nações com representação permanente no Conselho.

Começará a vigorar 90 (noventa) dias depois de recebida pelo secretário-geral da Sociedade das Nações a sétima ratificação ou adesão, em conformidade com o disposto na alínea primeira do presente artigo.

O secretário-geral da Sociedade das Nações, nas notificações previstas nos arts. 4.º e 5.º, fará menção especial de terem sido recebidas as ratificações ou adesões a que se refere a alínea primeira do presente artigo.

Artigo 7.º

As ratificações ou adesões, após a entrada em vigor da presente Convenção, em conformidade com o disposto no art. 6.º, produzirão os seus efeitos 90 (noventa) dias depois da data da sua recepção pelo secretário-geral da Sociedade das Nações.

Artigo 8.º

Exceto nos casos de urgência, a presente Convenção não poderá ser denunciada antes de decorrido um prazo de 2 (dois) anos a contar da data em que tiver começado a vigorar para o membro da Sociedade das Nações ou para o Estado não membro que a denuncia; esta denúncia produzirá os seus efeitos 90 (noventa) dias depois de recebida pelo secretário-geral a respectiva notificação.

Qualquer denúncia será imediatamente comunicada pelo secretário-geral da Sociedade das Nações a todas as Altas Partes Contratantes.

Nos casos de urgência a Alta Parte Contratante que efetuar a denúncia comunicará esse fato direta e imediatamente a todas as outras Altas Partes Contratantes, e a denúncia produzirá os seus efeitos 2 (dois) dias depois de recebida a dita comunicação pelas respectivas Altas Partes Contratantes. A Alta Parte Contratante que fizer a denúncia nestas condições dará igualmente conhecimento da sua decisão ao secretário-geral da Sociedade das Nações.

Qualquer denúncia só produzirá efeitos em relação à Alta Parte Contratante em nome da qual ela tenha sido feita.

Artigo 9.º

Decorrido um prazo de 4 (quatro) anos da entrada em vigor da presente Convenção, qualquer membro da Sociedade das Nações ou Estado não membro a ela ligado poderá formular ao secretário-geral da Sociedade das Nações um pedido de revisão de algumas ou de todas as disposições da Convenção.

Se este pedido, comunicado aos outros membros ou Estados não membros para os quais a Convenção estiver então em vigor, for apoiado dentro do prazo de 1 (um) ano por seis, pelo menos, dentre eles, o Conselho da Sociedade das Nações decidirá se deve ser convocada uma Conferência para aquele fim.

Artigo 10

Qualquer das Altas Partes Contratantes poderá declarar no momento da assinatura, da ratificação ou da adesão que, aceitando a presente Convenção, não assume nenhuma obrigação pelo que respeita a todas ou parte das suas colônias, protetorados ou territórios sob a sua soberania ou mandato, caso em que a presente Convenção se não aplicará aos territórios mencionados nessa declaração. Qualquer das Altas Partes Contratantes poderá, posteriormente, comunicar ao secretário-geral da Sociedade das Nações o seu desejo de que a presente Convenção se aplique a todos ou parte dos seus territórios que tenham sido objeto da declaração prevista na alínea precedente, e nesse caso a presente Convenção aplicar-se-á aos territórios mencionados nessa comunicação 90 (noventa) dias depois desta ter sido recebida pelo secretário-geral da Sociedade das Nações.

As Altas Partes Contratantes reservam-se igualmente o direito, nos termos do art. 8.º, de denunciar a presente Convenção pelo que se refere a todas ou parte das suas colônias, protetorados ou territórios sob a sua soberania ou mandato.

Artigo 11

A presente Convenção será registrada pelo secretário-geral da Sociedade das Nações desde que entre em vigor.

Em fé do que os plenipotenciários acima designados assinaram a presente Convenção.

Feito em Genebra, aos dezenove de março de mil novecentos e trinta e um, num só exemplar, que será depositado nos arquivos do Secretariado da Sociedade das Nações. Será transmitida cópia autêntica a todos os membros da Sociedade das Nações e a todos os Estados não membros representados na Conferência.

Alemanha: *L. Quassowski, Doutor Albrecht, Erwin Patzold*; Áustria: *Dr. Guido Strobele*; Bélgica: *De La Vallée Poussin*; Dinamarca: *Helper, V. Efgtved*; Cidade Livre de Dantzig: *Jósef Sulkowski*; Equador: *Alej. Gastelú*; Espanha: *Francisco Bernis*; Finlândia: *F. Gruvall*; França: *Percerou*; Grécia: *R. Raphael, A. Contoumas*; Hungria: *Pelénvi*; Itália: *Amedeo Giannini, Giovanni Zappala*; Japão: *N. Kawashima, Ukitsu Tanaka*; Luxemburgo: *Ch. G. Vermaire*; México: *Antonio Castro-Leal*; Mônaco: *C. Hentsch, "Ad referendum"*; Noruega: *Stub Holmboe*; Holanda: *J. Kosters*; Polônia: *Jósef Sulkowski*; Portugal: *José Caieiro da Mata*; Rumânia: *C. Antoniade*; Suécia: *E. Marks von Wurtemberg, Birger Ekeberg, K. Dahlberg*; Sob reserva de ratificação por *S. M. o Rei da Suécia*, com a aprovação do *Riksdag*; Suíça: *Vischer Hulftegger*; Tchecoslováquia: *Dr. Karel Hermann-Otavsky*; Turquia: *Cemal Hüsnü*; Iugoslávia: I. *Choumenkovitch*.

Anexo I

LEI UNIFORME RELATIVA AO CHEQUE

Capítulo I

DA EMISSÃO E FORMA DO CHEQUE

Artigo 1.º

O cheque contém:

1.º) a palavra "cheque" inserta no próprio texto do título e expressa na língua empregada para a redação deste título;

2.º) o mandato puro e simples de pagar uma quantia determinada;

3.º) o nome de quem deve pagar (sacado);

4.º) a indicação do lugar em que o pagamento se deve efetuar;

5.º) a indicação da data em que e do lugar onde o cheque é passado;

6.º) a assinatura de quem passa o cheque (sacador).

Artigo 2.º

O título a que faltar qualquer dos requisitos enumerados no artigo precedente não produz efeito como cheque, salvo nos casos determinados nas alíneas seguintes:

Na falta de indicação especial, o lugar designado ao lado do nome do sacado considera-se como sendo o lugar de pagamento. Se forem indicados vários lugares ao lado do nome do sacado, o cheque é pagável no primeiro lugar indicado.

Na ausência destas indicações ou de qualquer outra indicação, o cheque é pagável no lugar em que o sacado tem o seu estabelecimento principal.

O cheque sem indicação do lugar da sua emissão considera-se passado no lugar designado ao lado do nome do sacador.

Artigo 3.º

O cheque é sacado sobre um banqueiro que tenha fundos à disposição do sacador e em harmonia com uma convenção expressa ou tácita, segundo a qual o sacador tem o direito de dispor desses fundos por meio de cheque. A validade do título como cheque não fica, todavia, prejudicada no caso de inobservância destas prescrições.

Artigo 4.º

O cheque não pode ser aceito. A menção de aceite lançada no cheque considera-se como não escrita.

Artigo 5.º

O cheque pode ser feito pagável:

a uma determinada pessoa, com ou sem cláusula expressa "à ordem";

a uma determinada pessoa, com a cláusula "não à ordem" ou outra equivalente;

ao portador.

O cheque passado a favor duma determinada pessoa, mas que contenha a menção "ou ao portador", ou outra equivalente, é considerado como cheque ao portador.

O cheque sem indicação do beneficiário é considerado como cheque ao portador.

Artigo 6.º

O cheque pode ser passado à ordem do próprio sacador.

O cheque pode ser sacado por conta de terceiro.

O cheque não pode ser passado sobre o próprio sacador, salvo no caso em que se trate dum cheque sacado por um estabelecimento sobre outro estabelecimento, ambos pertencentes ao mesmo sacador.

Artigo 7.º

Considera-se como não escrita qualquer estipulação de juros inserta no cheque.

Artigo 8.º

O cheque pode ser pagável no domicílio de terceiro, quer na localidade onde o sacado tem o seu domicílio, quer numa outra localidade, sob a condição no entanto de que o terceiro seja banqueiro.

Artigo 9.º

O cheque cuja importância for expressa por extenso e em algarismos vale, em caso de divergência, pela quantia designada por extenso.

O cheque cuja importância for expressa várias vezes, quer por extenso, quer em algarismos, vale, em caso de divergência, pela menor quantia indicada.

Artigo 10

Se o cheque contém assinaturas de pessoas incapazes de se obrigarem por cheque, assinaturas falsas, assinaturas de pessoas fictícias, ou assinaturas que por qualquer outra razão não poderiam obrigar as pessoas que assinarem o cheque, ou em nome das quais ele foi assinado, as obrigações dos outros signatários não deixam por esse fato de ser válidas.

Artigo 11

Todo aquele que apuser a sua assinatura num cheque, como representante duma pessoa, para representar a qual não tinha de fato poderes, fica obrigado em virtude do cheque e, se o pagar, tem os mesmos direitos que o pretendido representado. A mesma regra se aplica ao representante que tenha excedido os seus poderes.

Artigo 12

O sacador garante o pagamento. Considera-se como não escrita qualquer declaração pela qual o sacador se exima a esta garantia.

Artigo 13

Se um cheque incompleto no momento de ser passado tiver sido completado contrariamente aos acordos realizados, não pode a inobservância desses acordos ser motivo de oposição ao portador, salvo se este tiver adquirido o cheque de má-fé, ou, adquirindo-o, tenha cometido uma falta grave.

Capítulo II
DA TRANSMISSÃO

Artigo 14

O cheque estipulado pagável a favor duma determinada pessoa, com ou sem cláusula expressa "à ordem", é transmissível por via de endosso.

O cheque estipulado pagável a favor duma determinada pessoa, com a cláusula "não à ordem" ou outra equivalente, só é transmissível pela forma e com os efeitos duma cessão ordinária.

O endosso deve ser puro e simples, a favor do sacador ou de qualquer outro coobrigado. Essas pessoas podem endossar novamente o cheque.

Artigo 15

O endosso deve ser puro e simples. Considera-se como não escrita qualquer condição a que ele esteja subordinado.

É nulo o endosso parcial.

É nulo igualmente o endosso feito pelo sacado.

O endosso ao portador vale como endosso em branco.

O endosso ao sacado só vale como quitação, salvo no caso de o sacado ter vários estabelecimentos e de o endosso ser feito em benefício de um estabelecimento diferente daquele sobre o qual o cheque foi sacado.

Artigo 16

O endosso deve ser escrito no cheque ou numa folha ligada a este (Anexo). Deve ser assinado pelo endossante.

O endosso pode não designar o beneficiário ou consistir simplesmente na assinatura do endossante (endosso em branco). Neste último caso o endosso, para ser válido, deve ser escrito no verso do cheque ou na folha anexa.

Artigo 17

O endosso transmite todos os direitos resultantes do cheque.

Se o endosso é em branco, o portador pode:

1.º) preencher o espaço em branco, quer com o seu nome, quer com o nome de outra pessoa;

2.º) endossar o cheque de novo em branco ou a outra pessoa;

3.º) transferir o cheque a um terceiro sem preencher o espaço em branco nem o endossar.

Artigo 18

Salvo estipulação em contrário, o endossante garante o pagamento.

O endossante pode proibir um novo endosso, e neste caso não garante o pagamento às pessoas a quem o cheque for posteriormente endossado.

Artigo 19

O detentor de um cheque endossável é considerado portador legítimo se justifica o seu direito por uma série ininterrupta de endossos, mesmo se o último for em branco. Os endossos riscados são, para este efeito, considerados como não escritos. Quando o endosso em branco é seguido de um outro endosso, presume-se que o signatário deste adquiriu o cheque pelo endosso em branco.

Artigo 20

Um endosso num cheque passado ao portador torna o endossante responsável nos termos das disposições que regulam o direito de ação, mas nem por isso converte o título num cheque à ordem.

Artigo 21

Quando uma pessoa foi por qualquer maneira desapossada de um cheque, o detentor a cujas mãos ele foi parar – quer se trate de um cheque ao portador, quer se trate de um cheque endossável em relação ao qual o detentor justifique o seu direito pela forma indicada no art. 19 – não é obrigado a restituí-lo, a não ser que o tenha adquirido de má-fé, ou que, adquirindo-o, tenha cometido uma falta grave.

Artigo 22

As pessoas acionadas em virtude de um cheque não podem opor ao portador as exceções fundadas sobre as relações pessoais delas com o sacador, ou com os portadores anteriores, salvo se o portador ao adquirir o cheque tiver procedido conscientemente em detrimento do devedor.

Artigo 23

Quando um endosso contém a menção "valor a cobrar" (*valeur en recouvrement*), "para cobrança" (*pour encaissement*), "por procuração" (*par procuration*), ou qualquer outra menção que implique um simples mandato, o portador pode exercer todos os direitos resultantes do cheque, mas só pode endossá-lo na qualidade de procurador.

Os coobrigados neste caso só podem invocar contra o portador as exceções que eram oponíveis ao endossante.

O mandato que resulta de um endosso por procuração não se extingue por morte ou pela superveniência de incapacidade legal do mandatário.

Artigo 24

O endosso feito depois de protesto ou uma declaração equivalente, ou depois de ter terminado o prazo para apresentação, produz apenas os efeitos de uma cessão ordinária.

Salvo prova em contrário, presume-se que um endosso sem data haja sido feito antes do protesto ou das declarações equivalentes ou antes de findo o prazo indicado na alínea precedente.

Capítulo III

DO AVAL

Artigo 25

O pagamento de um cheque pode ser garantido no todo ou em parte do seu valor por um aval.

Esta garantia pode ser dada por um terceiro, excetuado o sacado, ou mesmo por um signatário do cheque.

Artigo 26

O aval é dado sobre o cheque ou sobre a folha anexa.

Exprime-se pelas palavras "bom para aval", ou por qualquer outra fórmula equivalente; é assinado pelo avalista.

Considera-se como resultante da simples aposição da assinatura do avalista na face do cheque, exceto quando se trate da assinatura do sacador.

O aval deve indicar a quem é prestado. Na falta desta indicação considera-se prestado ao sacador.

Artigo 27

O avalista é obrigado da mesma forma que a pessoa que ele garante.

A sua responsabilidade subsiste ainda mesmo que a obrigação que ele garantiu fosse nula por qualquer razão que não seja um vício de forma.

Pagando o cheque, o avalista adquire os direitos resultantes dele contra o garantido e contra os obrigados para com este em virtude do cheque.

Capítulo IV

DA APRESENTAÇÃO E DO PAGAMENTO

Artigo 28

O cheque é pagável à vista. Considera-se como não escrita qualquer menção em contrário.

O cheque apresentado a pagamento antes do dia indicado como data da emissão é pagável no dia da apresentação.

Artigo 29

O cheque pagável no país onde foi passado deve ser apresentado a pagamento no prazo de 8 (oito) dias.

O cheque passado num país diferente daquele em que é pagável deve ser apresentado respectivamente num prazo de 20 (vinte) dias ou de 70 (setenta) dias, conforme o lugar de emissão e o lugar de pagamento se encontrem situados na mesma ou em diferentes partes do mundo.

Para este efeito os cheques passados num país europeu e pagáveis num país à beira do Mediterrâneo, ou vice-versa, são considerados como passados e pagáveis na mesma parte do mundo.

Os prazos acima indicados começam a contar-se do dia indicado no cheque como data da emissão.

Artigo 30

Quando o cheque for passado num lugar e pagável noutro em que se adote um calendário diferente, a data da emissão será o dia correspondente no calendário do lugar do pagamento.

Artigo 31

A apresentação do cheque a uma câmara de compensação equivale à apresentação a pagamento.

Artigo 32

A revogação do cheque só produz efeito depois de findo o prazo de apresentação.

Se o cheque não tiver sido revogado, o sacado pode pagá-lo mesmo depois de findo o prazo.

Artigo 33

A morte do sacador ou a sua incapacidade posterior à emissão do cheque não invalidam os efeitos deste.

Artigo 34

O sacador pode exigir, ao pagar o cheque, que este lhe seja entregue munido de recibo passado pelo portador.

O portador não pode recusar um pagamento parcial.

No caso de pagamento parcial, o sacado pode exigir que desse pagamento se faça menção no cheque e que lhe seja entregue o respectivo recibo.

Artigo 35

O sacado que paga um cheque endossável é obrigado a verificar a regularidade da sucessão dos endossos, mas não a assinatura dos endossantes.

Artigo 36

Quando um cheque é pagável numa moeda que não tem curso no lugar do pagamento, a sua importância pode ser paga, dentro do prazo da apresentação do cheque, na moeda do país em que é apresentado, segundo o seu valor no dia do pagamento. Se o pagamento não foi efetuado à apresentação, o portador pode, à sua escolha, pedir que o pagamento da importância do cheque na moeda do país em que é apresentado seja efetuado ao câmbio, quer do dia da apresentação, quer do dia do pagamento.

A determinação do valor da moeda estrangeira será feita segundo os usos do lugar de pagamento. O sacador pode, todavia, estipular que a soma a pagar seja calculada segundo uma taxa indicada no cheque.

As regras acima indicadas não se aplicam ao caso em que o sacador tenha estipulado que o pagamento deverá ser efetuado numa certa moeda especificada (cláusula de pagamento efetivo em moeda estrangeira).

Se a importância do cheque for indicada numa moeda que tenha a mesma denominação mas valor diferente no país de emissão e no de pagamento, presume-se que se fez referência à moeda do lugar de pagamento.

Capítulo V

DOS CHEQUES CRUZADOS E CHEQUES A LEVAR EM CONTA

Artigo 37

O sacador ou o portador dum cheque pode cruzá-lo, produzindo assim os efeitos indicados no artigo seguinte.

O cruzamento efetua-se por meio de duas linhas paralelas traçadas na face do cheque e pode ser geral ou especial.

O cruzamento é geral quando consiste apenas nos dois traçados paralelos, ou se entre eles está escrita a palavra "banqueiro" ou outra equivalente; é especial quando tem escrito entre os dois traços o nome dum banqueiro.

O cruzamento geral pode ser convertido em cruzamento especial, mas este não pode ser convertido em cruzamento geral.

A inutilização do cruzamento ou do nome do banqueiro indicado considera-se como não feita.

Artigo 38

Um cheque com cruzamento geral só pode ser pago pelo sacado a um banqueiro ou a um cliente do sacado.

Um cheque com cruzamento especial só pode ser pago pelo sacado ao banqueiro designado, ou, se este é o sacado, ao seu cliente. O banqueiro designado pode, contudo, recorrer a outro banqueiro para liquidar o cheque.

Um banqueiro só pode adquirir um cheque cruzado a um dos seus clientes ou a outro banqueiro. Não pode cobrá-lo por conta doutras pessoas que não sejam as acima indicadas.

Um cheque que contenha vários cruzamentos especiais só poderá ser pago pelo sacado no caso de se tratar de dois cruzamentos, dos quais um para liquidação por uma câmara de compensação.

O sacado ou o banqueiro que deixar de observar as disposições acima referidas é responsável pelo prejuízo que daí possa resultar até uma importância igual ao valor do cheque.

Artigo 39

O sacador ou o portador dum cheque podem proibir o seu pagamento em numerário inserindo na face do cheque transversalmente a menção "para levar em conta", ou outra equivalente.

Neste caso o sacado só pode fazer a liquidação do cheque por lançamento de escrita (crédito em conta, transferência duma conta para outra ou compensação). A liquidação por lançamento de escrita vale como pagamento.

A inutilização da menção "para levar em conta" considera-se como não feita.

O sacado que deixar de observar as disposições acima referidas é responsável pelo prejuízo que daí possa resultar até uma importância igual ao valor do cheque.

Capítulo VI
DA AÇÃO POR FALTA DE PAGAMENTO

Artigo 40

O portador pode exercer os seus direitos de ação contra os endossantes, sacador e outros coobrigados, se o cheque, apresentado em tempo útil, não for pago e se a recusa de pagamento for verificada:

1.º) quer por um ato formal (protesto);

2.º) quer por uma declaração do sacado, datada e escrita sobre o cheque, com a indicação do dia em que este foi apresentado;

3.º) quer por uma declaração datada duma câmara de compensação, constatando que o cheque foi apresentado em tempo útil e não foi pago.

Artigo 41

O protesto ou declaração equivalente devem ser feitos antes de expirar o prazo para a apresentação.

Se o cheque for apresentado no último dia do prazo, o protesto ou a declaração equivalente podem ser feitos no primeiro dia útil seguinte.

Artigo 42

O portador deve avisar da falta de pagamento o seu endossante e o sacador, dentro dos 4 (quatro) dias úteis que se seguirem ao dia do protesto, ou da declaração equivalente, ou que contiver a cláusula "sem despesas". Cada um dos endossantes deve por sua vez, dentro dos 2 (dois) dias úteis que se seguirem ao da recepção do aviso, informar o seu endossante do aviso que recebeu, indicando os nomes e endereços dos que enviaram os avisos precedentes, e assim contam-se a partir da recepção do aviso precedente.

Quando, em conformidade com o disposto na alínea anterior, se avisou um signatário do cheque, deve avisar-se igualmente o seu avalista dentro do mesmo prazo de tempo.

No caso de um endossante não ter indicado o seu endereço, ou de o ter feito de maneira ilegível, basta que o aviso seja enviado ao endossante que o precede.

A pessoa que tenha de enviar um aviso pode fazê-lo por qualquer forma, mesmo pela simples devolução do cheque.

Essa pessoa deverá provar que o aviso foi enviado dentro do prazo prescrito. O prazo considerar-se-á como tendo sido observado desde que a carta que contém o aviso tenha sido posta no correio dentro dele.

A pessoa que não der o aviso dentro do prazo acima indicado não perde os seus direitos. Será responsável pelo prejuízo, se o houver, motivado pela sua negligência, sem que a responsabilidade possa exceder o valor do cheque.

Artigo 43

O sacador, um endossante ou um avalista, pode, pela cláusula "sem despesas", "sem protesto", ou outra cláusula equivalente, dispensar o portador de estabelecer um protesto ou outra declaração equivalente para exercer os seus direitos de ação.

Essa cláusula não dispensa o portador da apresentação do cheque dentro do prazo prescrito nem tampouco dos avisos a dar. A prova da inobservância do prazo incumbe àquele que dela se prevaleça contra o portador.

Se a cláusula foi escrita pelo sacador, produz os seus efeitos em relação a todos os signatários do cheque; se for inserida por um endossante ou por um avalista, só produz efeito em relação a esse endossante ou avalista. Se, apesar da cláusula escrita pelo sacador, o portador faz o protesto ou a declaração equivalente, as respectivas despesas serão por conta dele. Quando a cláusula emanar de um endossante ou de um avalista, as despesas do protesto, ou da declaração equivalente, se for feito, podem ser cobradas de todos os signatários do cheque.

Artigo 44

Todas as pessoas obrigadas em virtude de um cheque são solidariamente responsáveis para com o portador.

O portador tem o direito de proceder contra essas pessoas, individual ou coletivamente, sem necessidade de observar a ordem segundo a qual elas se obrigaram.

O mesmo direito tem todo o signatário dum cheque que o tenha pago.

A ação intentada contra um dos coobrigados não obsta ao procedimento contra os outros, embora esses se tivessem obrigado posteriormente àquele que foi acionado em primeiro lugar.

Artigo 45

O portador pode reclamar daquele contra o qual exerceu o seu direito de ação:

1.º) a importância do cheque não pago;

2.º) os juros à taxa de 6% (seis por cento) desde o dia da apresentação;

3.º) as despesas do protesto ou da declaração equivalente, as dos avisos feitos e as outras despesas.

Artigo 46

A pessoa que tenha pago o cheque pode reclamar daqueles que são responsáveis para com ele:

1.º) a importância integral que pagou;

2.º) os juros da mesma importância, à taxa de 6% (seis por cento), desde o dia em que a pagou;

3.º) as despesas por ela feitas.

Artigo 47

Qualquer dos coobrigados, contra o qual se intentou ou pode ser intentada uma ação, pode exigir, desde que reembolse o cheque, a sua entrega com o protesto ou declaração equivalente e um recibo.

Qualquer endossante que tenha pago o cheque pode inutilizar o seu endosso e os endossos dos endossantes subsequentes.

Artigo 48

Quando a apresentação do cheque, o seu protesto ou a declaração equivalente não puder efetuar-se dentro dos prazos indicados por motivo de obstáculo insuperável (prescrição legal declarada por um Estado qualquer ou caso de força maior), esses prazos serão prorrogados.

O portador deverá avisar imediatamente do caso de força maior o seu endossante e fazer menção datada e assinada desse aviso no cheque ou na folha anexa; para os demais aplicar-se-ão as disposições do art. 42.

Desde que tenha cessado o caso de força maior, o portador deve apresentar imediatamente o cheque a pagamento, e, caso haja motivo para tal, fazer o protesto ou uma declaração equivalente.

Se o caso de força maior se prolongar além de 15 (quinze) dias a contar da data em que o portador, mesmo antes de expirado o prazo para a apresentação, avisou o endossante do dito caso de força maior, podem promover-se ações sem que haja necessidade de apresentação, de protesto ou de declaração equivalente.

Não são considerados casos de força maior os fatos que sejam de interesse puramente pessoal do portador ou da pessoa por ele encarregada da apresentação do cheque ou de efetivar o protesto ou a declaração equivalente.

Capítulo VII
DA PLURALIDADE DE EXEMPLARES

Artigo 49

Excetuado o cheque ao portador, qualquer outro cheque emitido num país e pagável noutro país ou numa possessão ultramarina desse país, e vice-versa, ou ainda emitido e pagável na mesma possessão ou em diversas possessões ultramarinas do mesmo país, pode ser passado em vários exemplares idênticos. Quando um cheque é passado em vários exemplares, esses exemplares devem ser numerados no texto do próprio título, pois do contrário cada um será considerado como sendo um cheque distinto.

Artigo 50

O pagamento efetuado contra um dos exemplares é liberatório, mesmo quando não esteja estipulado que este pagamento anula o efeito dos outros.

O endossante que transmitiu os exemplares do cheque a várias pessoas, bem como os endossantes subsequentes, são responsáveis por todos os exemplares por eles assinados que não forem restituídos.

Capítulo VIII
DAS ALTERAÇÕES

Artigo 51

No caso de alteração do texto dum cheque, os signatários posteriores a essa alteração ficam obrigados nos termos do texto alterado; os signatários anteriores são obrigados nos termos do original.

Capítulo IX
DA PRESCRIÇÃO

Artigo 52

Toda a ação do portador contra os endossantes, contra o sacador ou contra os demais coobrigados prescreve decorridos que sejam 6 (seis) meses, contados do termo do prazo de apresentação.

Toda a ação de um dos coobrigados no pagamento de um cheque contra os demais prescreve no prazo de 6 (seis) meses, contados do dia em que ele tenha pago o cheque ou do dia em que ele próprio foi acionado.

Artigo 53

A interrupção da prescrição só produz efeito em relação à pessoa para a qual a interrupção foi feita.

Capítulo X
DISPOSIÇÕES GERAIS

Artigo 54

Na presente Lei a palavra "banqueiro" compreende também as pessoas ou instituições assimiladas por lei aos banqueiros.

Artigo 55

A apresentação e o protesto dum cheque só podem efetuar-se em dia útil.

Quando o último dia do prazo prescrito na lei para a realização dos atos relativos ao cheque, e principalmente para a sua apresentação ou estabelecimento do protesto ou dum ato equivalente, for feriado legal, esse prazo é prorrogado até ao primeiro dia útil que se seguir ao termo do mesmo. Os dias feriados intermédios são compreendidos na contagem do prazo.

Artigo 56

Os prazos previstos na presente Lei não compreendem o dia que marca o seu início.

Artigo 57

Não são admitidos dias de perdão, quer legal quer judicial.

ANEXO II

Artigo 1.º

Qualquer das Altas Partes Contratantes pode prescrever que a obrigação de inserir nos cheques passados no seu território a palavra "cheque" prevista no art. 1.º, n. 1, da Lei Uniforme, e bem assim a obrigação, a que se refere o n. 5 do mesmo artigo, de indicar o lugar onde o cheque é passado, só se aplicarão 6 (seis) meses após a entrada em vigor da presente Convenção.

Artigo 2.º

Qualquer das Altas Partes Contratantes tem, pelo que respeita às obrigações contraídas em matéria de cheques no seu território, a faculdade de determinar de que maneira pode ser suprida a falta da assinatura, desde que por uma declaração autêntica escrita no cheque se possa constatar a vontade daquele que deveria ter assinado.

Artigo 3.º

Por derrogação da alínea 3 do art. 2.º da Lei Uniforme qualquer das Altas Partes Contratantes tem a faculdade de prescrever que um cheque sem indicação do lugar de pagamento é considerado pagável no lugar onde foi passado.

Artigo 4.º

Qualquer das Altas Partes Contratantes reserva-se a faculdade, quanto aos cheques passados e pagáveis no seu território, de decidir que os cheques sacados sobre pessoas que não sejam banqueiros ou entidades ou instituições assimiladas por lei aos banqueiros não são válidos como cheques.

Qualquer das Altas Partes Contratantes reserva-se igualmente a faculdade de inserir na sua lei nacional o art. 3.º da Lei Uniforme na forma e termos que melhor se adaptem ao uso que ela fizer das disposições da alínea precedente.

Artigo 5.º

Qualquer das Altas Partes Contratantes tem a faculdade de determinar em que momento deve o sacador ter fundos disponíveis em poder do sacado.

Artigo 6.º

Qualquer das Altas Partes Contratantes tem a faculdade de admitir que o sacado inscreva sobre o cheque uma menção de certificação, confirmação, visto ou outra declaração equivalente e de regular os seus efeitos jurídicos; tal menção não deve ter, porém, o efeito dum aceite.

Artigo 7.º

Por derrogação dos arts. 5.º e 14 da Lei Uniforme, qualquer das Altas Partes Contratantes reserva-se a faculdade de determinar, no que respeita aos cheques pagáveis no seu território que contenham a cláusula "não transmissível", que eles só podem ser pagos aos portadores que os tenham recebido com essa cláusula.

Artigo 8.º

Qualquer das Altas Partes Contratantes reserva-se a faculdade de decidir se, fora dos casos previstos no art. 6.º da Lei Uniforme, um cheque pode ser sacado sobre o próprio sacador.

Artigo 9.º

Por derrogação do art. 6.º da Lei Uniforme, qualquer das Altas Partes Contratantes, quer admita de uma maneira geral o cheque sacado sobre o próprio sacador (art. 8.º do presente Anexo), quer o admita somente no caso de múltiplos estabelecimentos (art. 6.º da Lei Uniforme), reserva-se o direito de proibir a emissão ao portador de cheques deste gênero.

Artigo 10

Qualquer das Altas Partes Contratantes, por derrogação do art. 8.º da Lei Uniforme, reserva-se a faculdade de admitir que um cheque possa ser pago no domicílio de terceiro que não seja banqueiro.

Artigo 11

Qualquer das Altas Partes Contratantes reserva-se a faculdade de não inserir na sua lei nacional o art. 13 da Lei Uniforme.

Artigo 12

Qualquer das Altas Partes Contratantes reserva-se a faculdade de não aplicar o art. 21 da Lei Uniforme pelo que respeita a cheques ao portador.

Artigo 13

Por derrogação do art. 26 da Lei Uniforme qualquer das Altas Partes Contratantes tem a faculdade de admitir a possibilidade de ser dado um aval no seu território por ato separado em que se indique o lugar onde foi feito.

Artigo 14

Qualquer das Altas Partes Contratantes reserva-se a faculdade de prolongar o prazo fixado na alínea 1 do art. 29 da Lei Uniforme e de determinar os prazos da apresentação pelo que respeita aos territórios submetidos à sua soberania ou autoridade.

Qualquer das Altas Partes Contratantes, por derrogação da alínea 2 do art. 29 da Lei Uniforme, reserva-se a faculdade de prolongar os prazos previstos na referida alínea para os cheques emitidos e pagáveis em diferentes partes do mundo ou em diferentes países de outra parte do mundo que não seja a Europa.

Duas ou mais das Altas Partes Contratantes têm a faculdade, pelo que respeita aos cheques passados e pagáveis nos seus respectivos territórios, de acordarem entre si uma modificação dos prazos a que se refere a alínea 2 do art. 29 da Lei Uniforme.

Artigo 15

Para os efeitos da aplicação do art. 31 da Lei Uniforme, qualquer das Altas Partes Contratantes tem a faculdade de determinar as instituições que, segundo a lei nacional, devam ser consideradas câmaras de compensação.

Artigo 16

Qualquer das Altas Partes Contratantes, por derrogação do art. 32 da Lei Uniforme, reserva-se a faculdade de, no que respeita aos cheques pagáveis no seu território:

a) admitir a revogação do cheque mesmo antes de expirado o prazo de apresentação;

b) proibir a revogação do cheque mesmo depois de expirado o prazo de apresentação.

Qualquer das Altas Partes Contratantes tem, além disso, a faculdade de determinar as medidas a tomar em caso de perda ou roubo dum cheque e de regular os seus efeitos jurídicos.

Artigo 17

Pelo que se refere aos cheques pagáveis no seu território, qualquer das Altas Partes Contratantes tem a faculdade de sustar, se o julgar necessário em circunstâncias excepcionais relacionadas com a taxa de câmbio da moeda nacional, os efeitos da cláusula prevista no art. 36 da Lei Uniforme, relativa ao pagamento efetivo em moeda estrangeira. A mesma regra se aplica no que respeita à emissão no território nacional de cheques em moedas estrangeiras.

Artigo 18

Por derrogação dos arts. 37, 38 e 39 da Lei Uniforme, qualquer das Altas Partes Contratantes reserva-se a faculdade de só admitir na sua lei nacional os cheques cruzados ou os cheques para levar em conta. Todavia, os cheques cruzados e para levar em conta emitidos no estrangeiro e pagáveis no território de uma dessas Altas Partes Contratantes serão respectivamente considerados como cheques para levar em conta e como cheques cruzados.

Artigo 19

A Lei Uniforme não abrange a questão de saber se o portador tem direitos especiais sobre a provisão e quais são as consequências desses direitos.

O mesmo sucede relativamente a qualquer outra questão que diz respeito às relações jurídicas que serviram de base à emissão do cheque.

Artigo 20

Qualquer das Altas Partes Contratantes reserva-se a faculdade de não subordinar à apresentação do cheque e ao estabelecimento do protesto ou duma declaração equivalente em tempo útil a conservação do direito de ação contra o sacador, bem como a faculdade de determinar os efeitos dessa ação.

Artigo 21

Qualquer das Altas Partes Contratantes reserva-se a faculdade de determinar, pelo que respeita aos cheques pagáveis no seu território, que a verificação da recusa de pagamento prevista nos arts. 40 e 41 da Lei Uniforme, para a conservação do direito de ação deve ser obrigatoriamente feita por meio de protesto, com exclusão de qualquer outro ato equivalente.

Qualquer das Altas Partes Contratantes tem igualmente a faculdade de determinar que as declarações previstas nos ns. 2.º e 3.º do art. 40 da Lei Uniforme sejam transcritas num registro público dentro do prazo fixado para o protesto.

Artigo 22

Por derrogação do art. 42 da Lei Uniforme, qualquer das Altas Partes Contratantes tem a faculdade de manter ou de introduzir o sistema de aviso por intermédio de um agente público, que consiste no seguinte: ao fazer o protesto, o notário ou o funcionário incumbido desse serviço, em conformidade com a lei nacional, é obrigado a dar comunicação por escrito desse protesto às pessoas obrigadas pelo cheque, cujos endereços figurem nele, ou sejam conhecidos do agente que faz o protesto, ou sejam indicados pelas pessoas que exigiram o protesto. As despesas originadas por esses avisos serão adicionadas às despesas do protesto.

Artigo 23

Qualquer das Altas Partes Contratantes tem a faculdade de determinar, quanto aos cheques passados e pagáveis no seu território, que a taxa de juro a que se refere o art. 45, n. 2.º, e o art. 46, n. 2.º, da Lei Uniforme poderá ser substituída pela taxa legal em vigor no seu território.

Artigo 24

Por derrogação do art. 45 da Lei Uniforme, qualquer das Altas Partes Contratantes reserva-se a faculdade de inserir na lei nacional uma disposição determinando que o portador pode reclamar daquele contra o qual exerce o seu direito de ação uma comissão cuja importância será fixada pela mesma lei nacional.

Por derrogação do art. 46 da Lei Uniforme, a mesma regra é aplicável à pessoa que, tendo pago o cheque, reclama o seu valor aos que para com ele são responsáveis.

Artigo 25

Qualquer das Altas Partes Contratantes tem liberdade de decidir que, no caso de perda de direitos ou de prescrição, no seu território subsistirá o direito de procedimento contra o sacador que não constituir provisão ou contra um sacador ou endossante que tenha feito lucros ilegítimos.

Artigo 26

A cada uma das Altas Partes Contratantes compete determinar na sua legislação nacional as causas de interrupção e de suspensão da prescrição das ações relativas a cheques que os seus tribunais são chamados a conhecer.

As outras Altas Partes Contratantes têm a faculdade de determinar as condições a que subordinarão o conhecimento de tais causas. O mesmo sucede quanto ao efeito de uma ação como meio de indicação do início do prazo de prescrição, a que se refere a alínea 2 do art. 52 da Lei Uniforme.

Artigo 27

Qualquer das Altas Partes Contratantes tem a faculdade de determinar que certos dias úteis sejam assimilados aos dias feriados legais, pelo que respeita ao prazo de apresentação e a todos os atos relativos a cheques.

Artigo 28

Qualquer das Altas Partes Contratantes tem a faculdade de tomar medidas excepcionais de ordem geral relativas ao adiantamento do pagamento e aos prazos de tempo que dizem respeito a atos tendentes à conservação de direitos.

Artigo 29

Compete a cada uma das Altas Partes Contratantes, para os efeitos da aplicação da Lei Uniforme, determinar as pessoas que devem ser consideradas banqueiros e as entidades ou instituições que, em virtude da natureza das suas funções, devem ser assimiladas a banqueiros.

Artigo 30

Qualquer das Altas Partes Contratantes reserva-se o direito de excluir, no todo ou em parte, da aplicação da Lei Uniforme os cheques postais e os cheques especiais, quer dos Bancos emissores, quer das caixas do Tesouro, quer das instituições públicas de crédito, na medida em que os instrumentos acima mencionados estejam submetidos a uma legislação especial.

Artigo 31

Qualquer das Altas Partes Contratantes compromete-se a reconhecer as disposições adotadas por outra das Altas Partes Contratantes em virtude dos arts. 1.º a 13, 14, alíneas 1 e 2, 15 e 16, 18 a 25, 27, 29 e 30 do presente Anexo.

PROTOCOLO

Ao assinar a Convenção datada de hoje, estabelecendo uma Lei Uniforme em matéria de cheques, os abaixo-assinados, devidamente autorizados, acordaram nas disposições seguintes:

A

Os membros da Sociedade das Nações e os Estados não membros que não tenham podido efetuar, antes de 1.º de setembro de 1933, o depósito da ratificação da referida Convenção obrigam-se a enviar, dentro de 15 (quinze) dias, a contar daquela data, uma comunicação ao secretário-geral da Sociedade das Nações, dando-lhe a conhecer a situação em que se encontram no que diz respeito à ratificação.

B

Se em 1.º de novembro de 1933 não se tiverem verificado as condições previstas na alínea 1 do art. 6.º para a entrada em vigor da Convenção, o secretário-geral da Sociedade das Nações convocará uma reunião dos membros da Sociedade das Nações e Estados não membros que tenham assinado a Convenção ou a ela tenham aderido, a fim de ser examinada a situação e as medidas que devam porventura ser tomadas para a resolver.

C

As Altas Partes Contratantes comunicar-se-ão, reciprocamente, a partir da sua entrada em vigor, as disposições legislativas promulgadas nos respectivos territórios para tornar efetiva a Convenção.

Em fé do que os plenipotenciários acima mencionados assinaram o presente Protocolo.

Feito em Genebra, aos dezenove de março de mil novecentos e trinta e um, num só exemplar que será depositado nos arquivos do Secretariado da Sociedade das Nações. Será transmitida cópia autêntica a todos os membros da Sociedade das Nações e a todos os Estados não membros representados na Conferência.

•• Seguem-se as mesmas assinaturas colocadas após o art. 11 da Convenção para adoção de uma Lei Uniforme em matéria de cheques.

CONVENÇÃO DESTINADA A REGULAR CERTOS CONFLITOS DE LEIS EM MATÉRIA DE CHEQUES E PROTOCOLO

O Presidente do Reich Alemão; o Presidente Federal da República Austríaca; Sua Majestade o Rei dos Belgas; Sua Majestade o Rei da Dinamarca e da Islândia; o Presidente da República da Polônia, pela Cidade Livre de Dantzig; o Presidente da República do Equador; Sua Majestade o Rei da Espanha; o Presidente da República da Finlândia; o Presidente da República Francesa; o Presidente da República Helênica; Sua Alteza Sereníssima o Regente do Reino da Hungria; Sua Majestade o Rei da Itália; Sua Majestade o Imperador do Japão; Sua Alteza Real a Grã-Duquesa do Luxemburgo; o Presidente dos Estados Unidos do México; Sua Alteza Sereníssima o Príncipe de Mônaco; Sua Majestade o Rei da Noruega; Sua Majestade a Rainha da Holanda; o Presidente da República da Polônia; o Presidente da República Portuguesa; Sua Majestade o Rei da Rumânia; Sua Majestade o Rei da Suécia; o Conselho Federal Suíço; o Presidente da República Tchecoslovaca; o Presidente da República Turca; Sua Majestade o Rei da Iugoslávia,

Desejando adotar disposições para regular certos conflitos de leis em matéria de cheques, designaram seus plenipotenciários,

Os quais, depois de terem apresentado os seus plenos poderes, achados em boa e devida forma, acordaram nas disposições seguintes:

Artigo 1.º

As Altas Partes Contratantes obrigam-se mutuamente a aplicar para a solução dos conflitos de leis em matéria de cheques, a seguir enumerados, as disposições constantes dos artigos seguintes:

Artigo 2.º

A capacidade de uma pessoa para se obrigar por virtude de um cheque é regulada pela respectiva lei nacional. Se a lei nacional declarar competente a lei de um outro país, será aplicada esta última.

A pessoa incapaz, segundo a lei indicada na alínea precedente, é contudo havida como validamente obrigada se tiver aposto a sua assinatura em território de um país segundo cuja legislação teria sido considerada capaz.

Qualquer das Altas Partes Contratantes tem a faculdade de não reconhecer como válida a obrigação contraída em matéria de cheques por um dos seus nacionais, desde que para essa obrigação ser válida no território das outras Altas Partes Contratantes seja necessária a aplicação da alínea precedente deste artigo.

Artigo 3.º

A lei do país em que o cheque é pagável determina quais as pessoas sobre as quais pode ser sacado um cheque.

Se, em conformidade com esta Lei, o título não for válido como cheque por causa da pessoa sobre quem é sacado, nem por isso deixam de ser válidas as assinaturas nele apostas em outros países cujas leis não contenham tal disposição.

Artigo 4.º

A forma das obrigações contraídas em matéria de cheques é regulada pela lei do país em cujo território essas obrigações tenham sido assumidas. Será, todavia, suficiente o cumprimento das formas prescritas pela lei do lugar do pagamento.

No entanto, se as obrigações contraídas por virtude de um cheque não forem válidas nos termos da alínea precedente, mas o forem em face da legislação do país em que tenha posteriormente sido contraída uma outra obrigação, o fato de as primeiras obrigações serem irregulares quanto à forma não afeta a validade da obrigação posterior.

Qualquer das Altas Partes Contratantes tem a faculdade de determinar que as obrigações contraídas no estrangeiro por um dos seus nacionais, em matéria de cheques, serão válidas no seu próprio território em relação a qualquer outro dos seus nacionais desde que tenham sido contraídas na forma estabelecida na lei nacional.

Artigo 5.º

A lei do país em cujo território as obrigações emergentes do cheque forem contraídas regula os efeitos dessas obrigações.

Artigo 6.º

Os prazos para o exercício do direito de ação são regulados por todos os signatários pela lei do lugar da criação do título.

Artigo 7.º

A lei do país em que o cheque é pagável regula:

1.º) se o cheque é necessariamente à vista ou se pode ser sacado a um determinado prazo de vista, e também quais os efeitos de o cheque ser pós-datado;

2.º) o prazo da apresentação;

3.º) se o cheque pode ser aceito, certificado, confirmado ou visado, e quais os efeitos destas menções;

4.º) se o portador pode exigir e se é obrigado a receber um pagamento parcial;

5.º) se o cheque pode ser cruzado ou conter a cláusula "para levar em conta", ou outra expressão equivalente, e quais os efeitos desse cruzamento, dessa cláusula ou da expressão equivalente;

6.º) se o portador tem direitos especiais sobre a provisão e qual a natureza desses direitos;

7.º) se o sacador pode revogar o cheque ou opor-se ao seu pagamento;

8.º) as medidas a tomar em caso de perda ou roubo do cheque;

9.º) se é necessário um protesto, ou uma declaração equivalente para conservar o direito de ação contra o endossante, o sacador e os outros coobrigados.

Artigo 8.º

A forma e os prazos do protesto, assim como a forma dos outros atos necessários ao exercício ou à conservação dos direitos em matéria de cheques são regulados pela lei do país em cujo território se deva fazer o protesto ou praticar os referidos atos.

Artigo 9.º

Qualquer das Altas Partes Contratantes reserva-se a faculdade de não aplicar os princípios de direito internacional privado consignado na presente Convenção pelo que respeita:

1.º) a uma obrigação contraída fora do território de uma das Altas Partes Contratantes;

2.º) a uma lei que seria aplicável em conformidade com estes princípios, mas que não seja lei em vigor no território de uma das Altas Partes Contratantes.

Artigo 10

As disposições da presente Convenção não serão aplicáveis no território de cada uma das Altas Partes Contratantes, aos cheques já emitidos à data da entrada em vigor da Convenção.

Artigo 11

A presente Convenção, cujos textos francês e inglês farão, ambos, igualmente fé, terá a data de hoje.

Poderá ser ulteriormente assinada, até 15 de julho de 1931, em nome de qualquer membro da Liga das Nações e qualquer Estado não membro.

Artigo 12

A presente Convenção será ratificada.

Os instrumentos de ratificação serão transmitidos, antes de 1.º de setembro de 1933, ao secretário-geral da Liga das Nações, que notificará imediatamente do seu depósito todos os membros da Liga das Nações e os Estados não membros em nome dos quais a presente Convenção tenha sido assinada ou que a ela tenham aderido.

Artigo 13

A partir de 15 de julho de 1931 qualquer membro da Liga das Nações e qualquer Estado não membro poderá aderir à presente Convenção.

Esta adesão efetuar-se-á por meio de notificação ao secretário-geral da Liga das Nações que será depositada nos arquivos do Secretariado.

O secretário-geral notificará imediatamente desse depósito todos os membros da Liga das Nações e os Estados não membros em nome dos quais a presente Convenção tenha sido assinada ou que a ela tenham aderido.

Artigo 14

A presente Convenção somente entrará em vigor depois de ter sido ratificada ou de a ela terem aderido sete membros da Liga das Nações ou Estados não membros, entre os quais deverão figurar três dos membros da Liga das Nações com representação permanente no Conselho.

Começará vigorar 90 (noventa) dias depois de recebida pelo secretário-geral da Liga das Nações a sétima ratificação ou adesão, em conformidade com o disposto na alínea 1.ª do presente artigo.

O secretário-geral da Liga das Nações, nas notificações previstas nos arts. 12 e 13, fará menção especial de terem sido recebidas as ratificações ou adesões a que se refere a alínea 1.ª do presente artigo.

Artigo 15

As ratificações ou adesões após a entrada em vigor da presente Convenção em conformidade com o disposto no art. 14 produzirão os seus efeitos 90 (noventa) dias depois da data da sua recepção pelo secretário-geral da Liga das Nações.

Artigo 16

A presente Convenção não poderá ser denunciada antes de decorrido um prazo de 2 (dois) anos a contar da data em que ela tiver começado a vigorar para o membro da Liga das Nações ou para o Estado não membro que a denuncia; esta denúncia produzirá os seus efeitos 90 (noventa) dias depois de recebida pelo secretário-geral a respectiva notificação.

Qualquer denúncia será imediatamente comunicada pelo secretário-geral da Liga das Nações, a todos os membros da Liga das Nações e aos Estados não membros em nome dos quais a presente Convenção tenha sido assinada ou que a ela tenham aderido.

A denúncia só produzirá efeito em relação ao membro da Liga das Nações ou ao Estado não membro em nome do qual ela tenha sido feita.

Artigo 17

Decorrido um prazo de 4 (quatro) anos da entrada em vigor da presente Convenção, qualquer membro da Liga das Nações ou Estado não membro ligado à Convenção poderá formular ao secretário-geral da Liga das Nações um pedido de revisão de algumas ou de todas as suas disposições.

Se este pedido, comunicado aos outros membros ou Estados não membros para os quais a Convenção estiver então em vigor, for apoiado dentro do prazo de 1 (um) ano por 6 (seis), pelo menos, dentre eles, o Conselho da Liga das Nações decidirá se deve ser convocada uma conferência para aquele fim.

Artigo 18

Qualquer das Altas Partes Contratantes poderá declarar no momento da assinatura, da ratificação ou da adesão, que ao aceitar a presente Convenção não assume nenhuma obrigação pelo que respeita, a todas ou parte das suas colônias, protetorados ou territórios sob a sua soberania ou mandato, caso em que a presente Convenção se não aplicará aos territórios mencionados nessa declaração.

Qualquer das Altas Partes Contratantes poderá, posteriormente, comunicar ao secretário-geral da Liga das Nações o seu desejo de que a presente Convenção se aplique a todos ou parte dos seus territórios que tenham sido objeto da declaração prevista na alínea precedente, e nesse caso a presente Convenção aplicar-se-á aos territórios mencionados nessa comunicação 90 (noventa) dias depois de esta ter sido recebida pelo secretário-geral da Liga das Nações.

Qualquer das Altas Partes Contratantes poderá, a todo o tempo, declarar que deseja que a presente Convenção cesse de se aplicar a todas ou parte das suas colônias, protetorados ou territórios sob a sua soberania ou mandato, caso em que a Convenção deixará de se aplicar aos territórios mencionados nessa declaração 1 (um) ano após esta ter sido recebida pelo secretário-geral da Liga das Nações.

Artigo 19

A presente Convenção será registrada pelo secretário-geral da Liga das Nações desde que entre em vigor.

Em fé do que os plenipotenciários acima designados assinaram a presente Convenção.

Feito em Genebra, aos dezenove de março de mil novecentos e trinta e um, num só exemplar, que será depositado nos arquivos do Secretariado da Liga das Nações. Será transmitida cópia autêntica a todos os membros da Liga das Nações e a todos os Estados não membros representados na Conferência.

•• Seguem-se as mesmas assinaturas colocadas após o art. 11 da Convenção para adoção de uma Lei Uniforme em matéria de cheques.

PROTOCOLO

Ao assinar a Convenção datada de hoje, destinada a regular certos conflitos de leis em matéria de cheques, os abaixo-assinados, devidamente autorizados, acordaram nas disposições seguintes:

A

Os membros da Liga das Nações e os Estados não membros que não tenham podido efetuar, antes de 1.º de setembro de 1933, o depósito da ratificação da referida Convenção obrigam-se a enviar, dentro de 15 (quinze) dias a partir daquela data, uma comunicação ao secretário-geral da Liga das Nações, dando-lhe a conhecer a situação em que se encontram no que diz respeito à ratificação.

B

Se, em 1.º de novembro de 1933, não se tiverem verificado as condições previstas na alínea 1 do art. 14 para a entrada em vigor da Convenção, o secretário-geral da Liga das Nações convocará uma reunião dos membros da Liga das Nações e Estados não membros que tenham assinado a Convenção ou a ela tenham aderido, a fim de ser examinada a situação e as medidas que devam porventura ser tomadas para a resolver.

C

As Altas Partes Contratantes comunicar-se-ão, reciprocamente a partir de sua entrada em vigor, as disposições legislativas promulgadas nos respectivos territórios para tornar efetiva a Convenção.

Em fé do que os plenipotenciários acima designados assinaram a presente Convenção.

Feito em Genebra, aos dezenove de março de mil novecentos e trinta e um, num só exemplar, que será depositado nos arquivos do Secretariado da Liga das Nações. Será transmitida cópia autêntica a todos os membros da Liga das Nações e a todos os Estados não membros representados na Conferência.

•• Seguem-se as mesmas assinaturas colocadas após o art. 11 da Convenção para adoção de uma Lei Uniforme em matéria de cheques.

CONVENÇÃO RELATIVA AO IMPOSTO DO SELO EM MATÉRIA DE CHEQUES

•• Deixamos de transcrever a íntegra desta Convenção por referir-se a tributo extinto no Brasil.

DECRETO N. 57.663, DE 24 DE JANEIRO DE 1966 (*)

Promulga as Convenções para adoção de uma Lei Uniforme em matéria de letras de câmbio e notas promissórias.

O Presidente da República:

Havendo o Governo brasileiro, por nota da Legação em Berna, datada de 26 de agosto de 1942, ao secretário-geral da Liga das Nações, aderido às seguintes Convenções assinadas em Genebra, a 7 de junho de 1930:

1.ª) Convenção para adoção de uma Lei Uniforme sobre letras de câmbio e notas promissórias, anexos e protocolo, com reservas aos arts. 2.º, 3.º, 5.º, 6.º, 7.º, 9.º, 10, 13, 15, 16, 17, 19 e 20 do Anexo II;

2.ª) Convenção destinada a regular conflitos de leis em matéria de letras de câmbio e notas promissórias, com Protocolo;

3.ª) Convenção relativa ao Imposto do Selo, em matéria de letras de câmbio e de notas promissórias, com Protocolo;

Havendo as referidas Convenções entrado em vigor para o Brasil 90 (noventa) dias após a data do registro pela Secretaria-Geral da Liga das Nações, isto é, a 26 de novembro de 1942;

E havendo o Congresso Nacional aprovado pelo Decreto Legislativo n. 54, de 1964, as referidas Convenções;

Decreta que as mesmas, apensas por cópia ao presente Decreto, sejam executadas e cumpridas tão inteiramente como nelas se contém, observadas as reservas feitas à Convenção relativa à Lei Uniforme sobre letras de câmbio e notas promissórias.

Brasília, 24 de janeiro de 1966; 145.º da Independência e 78.º da República.

H. CASTELLO BRANCO

CONVENÇÃO PARA A ADOÇÃO DE UMA LEI UNIFORME SOBRE LETRAS DE CÂMBIO E NOTAS PROMISSÓRIAS

O Presidente do Reich Alemão; o Presidente Federal da República Austríaca; Sua Majestade o Rei dos Belgas; o Presidente da República dos Estados Unidos do Brasil; o Presidente da República da Colômbia; Sua Majestade o Rei da Dinamarca; o Presidente da República da Polônia pela Cidade Livre de Dantzig; o Presidente da República do Equador; Sua Majestade o Rei da Espanha; o Presidente da República da Finlândia; o Presidente da República Francesa; o Presidente da República Helênica; Sua Alteza Sereníssima o Regente do Reino da Hungria; Sua Majestade o Rei da Itália; Sua Majestade o Imperador do Japão; Sua Alteza Real a Grã-Duquesa do Luxemburgo; Sua Majestade o Rei da Noruega; Sua Majestade a Rainha da Holanda; o Presidente da República da Polônia; o Presidente da República Portuguesa; Sua Majestade o Rei da Suécia; o Conselho Federal Suíço; o Presidente da República da Tchecoslováquia; o Presidente da República da Turquia; Sua Majestade o Rei da Iugoslávia.

Desejando evitar as dificuldades originadas pela diversidade de legislação nos vários países em que as letras circulam e aumentar assim a segurança e rapidez das relações do comércio internacional;

Designaram como seus plenipotenciários:

Os quais, depois de terem apresentado os seus plenos poderes, achados em boa e devida forma, acordaram nas disposições seguintes:

Artigo 1.º

As Altas Partes Contratantes obrigam-se a adotar nos territórios respectivos, quer num dos textos originais, quer nas suas línguas nacionais, a Lei Uniforme que constitui o Anexo I da presente Convenção.

Esta obrigação poderá ficar subordinada a certas reservas que deverão eventualmente ser formuladas por cada uma das Altas Partes Contratantes no momento da sua ratificação ou adesão. Estas reservas deverão ser recolhidas entre as mencionadas no Anexo II da presente Convenção.

Todavia, as reservas a que se referem os arts. 8.º, 12 e 18 do citado Anexo II poderão ser feitas posteriormente à ratificação ou adesão, desde que sejam notificadas ao secretário-geral da Sociedade das Nações, o qual imediatamente comunicará o seu texto aos membros da Sociedade das Nações e aos Estados não membros em cujo nome tenha sido ratificada a presente Convenção ou que a ela tenham aderido. Essas reservas só produzirão efeitos 90 (noventa) dias depois de o secretário-geral ter recebido a referida notificação.

Qualquer das Altas Partes Contratantes poderá, em caso de urgência, fazer uso, depois da ratificação ou da adesão, das reservas indicadas nos arts. 7.º e 22 do referido Anexo II. Neste caso deverá comunicar essas reservas direta e imediatamente a todas as outras Altas Partes Contratantes e ao secretário-geral da Sociedade das Nações. Esta notificação produzirá os seus efeitos 2 (dois) dias depois de recebida a dita comunicação pelas Altas Partes Contratantes.

Artigo 2.º

A Lei Uniforme não será aplicável no território de cada uma das Altas Partes Contratantes às letras e notas promissórias já passadas à data da entrada em vigor da presente Convenção.

Artigo 3.º

A presente Convenção, cujos textos francês e inglês farão, ambos, igualmente fé, terá a data de hoje.

Poderá ser ulteriormente assinada, até 6 de setembro de 1930, em nome de qualquer membro da Sociedade das Nações e de qualquer Estado não membro.

Artigo 4.º

A presente Convenção será ratificada.

Os instrumentos de ratificação serão transmitidos, antes de 1.º de setembro de 1932, ao secretário-geral da Sociedade das Nações, que notificará imediatamente do seu depósito todos os membros da Sociedade das Nações e os Estados não membros que sejam Partes na presente Convenção.

Artigo 5.º

A partir de 6 de setembro de 1930, qualquer membro da Sociedade das Nações e qualquer Estado não membro poderá aderir à presente Convenção.

Esta adesão efetuar-se-á por meio de notificação ao secretário-geral da Sociedade das Nações, que será depositada nos arquivos do Secretariado.

O secretário-geral notificará imediatamente desse depósito todos os Estados que tenham assinado ou aderido à presente Convenção.

Artigo 6.º

A presente Convenção somente entrará em vigor depois de ter sido ratificada ou de a ela terem aderido sete membros da Sociedade das Nações ou Estados não membros, entre os quais deverão figurar três dos membros da Sociedade das Nações com representação permanente no Conselho.

Começará a vigorar 90 (noventa) dias depois de recebida pelo secretário-geral da Sociedade das Nações a 7.ª ratificação ou adesão, em conformidade com o disposto na alínea primeira do presente artigo.

O secretário-geral da Sociedade das Nações, nas notificações previstas nos arts. 4.º e 5.º,

(*) Publicado no *Diário Oficial da União*, de 31-1-1966, e retificado em 2-3-1966.

fará menção especial de terem sido recebidas as ratificações ou adesões a que se refere a alínea primeira do presente artigo.

Artigo 7.º

As ratificações ou adesões após a entrada em vigor da presente Convenção em conformidade com o disposto no art. 6.º produzirão os seus efeitos 90 (noventa) dias depois da data da sua recepção pelo secretário-geral da Sociedade das Nações.

Artigo 8.º

Exceto nos casos de urgência, a presente Convenção não poderá ser denunciada antes de decorrido um prazo de 2 (dois) anos a contar da data em que tiver começado a vigorar para o membro da Sociedade das Nações ou para o Estado não membro que a denuncia; esta denúncia produzirá os seus efeitos 90 (noventa) dias depois de recebida pelo secretário-geral a respectiva notificação.

Qualquer denúncia será imediatamente comunicada pelo secretário-geral da Sociedade das Nações a todas as outras Altas Partes Contratantes.

Nos casos de urgência, a Alta Parte Contratante que efetuar a denúncia comunicará esse fato direta e imediatamente a todas as outras Altas Partes Contratantes, e a denúncia produzirá os seus efeitos 2 (dois) dias depois de recebida a dita comunicação pelas respectivas Altas Partes Contratantes. A Alta Parte Contratante que fizer a denúncia nestas condições dará igualmente conhecimento da sua decisão ao secretário-geral da Sociedade das Nações.

Qualquer denúncia só produzirá efeitos em relação à Alta Parte Contratante em nome da qual ela tenha sido feita.

Artigo 9.º

Decorrido um prazo de 4 (quatro) anos da entrada em vigor da presente Convenção, qualquer membro da Sociedade das Nações ou Estado não membro ligado à Convenção poderá formular ao secretário-geral da Sociedade das Nações um pedido de revisão de algumas ou de todas as suas disposições.

Se este pedido, comunicado aos outros membros ou Estados não membros para os quais a Convenção estiver em vigor, for apoiado dentro do prazo de 1 (um) ano por seis, pelo menos, dentre eles, o Conselho da Sociedade das Nações decidirá se deve ser convocada uma conferência para aquele fim.

Artigo 10

As Altas Partes Contratantes poderão declarar no momento da assinatura da ratificação ou da adesão que, aceitando a presente Convenção, não assumem nenhuma obrigação pelo que respeita a todas ou partes das suas colônias, protetorados ou territórios sob a sua soberania ou mandato, caso em que a presente Convenção se não aplicará aos territórios mencionados nessa declaração.

As Altas Partes Contratantes poderão a todo o tempo mais tarde notificar o secretário-geral da Sociedade das Nações de que desejam que a presente Convenção se aplique a todos ou parte dos territórios que tenham sido objeto da declaração prevista na alínea precedente, e nesse caso a Convenção aplicar-se-á aos territórios mencionados na comunicação 90 (noventa) dias depois de esta ter sido recebida pelo secretário-geral da Sociedade das Nações.

Da mesma forma, as Altas Partes Contratantes podem, nos termos do art. 8.º, denunciar a presente Convenção para todas ou parte das suas colônias, protetorados ou territórios sob a sua soberania ou mandato.

Artigo 11

A presente Convenção será registrada pelo secretário-geral da Sociedade das Nações desde que entre em vigor. Será publicada, logo que for possível, na "Coleção de Tratados" da Sociedade das Nações.

Em fé do que os plenipotenciários acima designados assinaram a presente Convenção.

Feito em Genebra, aos sete de junho de mil novecentos e trinta, num só exemplar, que será depositado nos arquivos do Secretariado da Sociedade das Nações. Será transmitida cópia autêntica a todos os membros da Sociedade das Nações e a todos os Estados não membros representados na Conferência.

Alemanha: *Leo Quassowski, Dr. Albrecht, Dr. Ullmann*; Áustria: *Dr. Strobele*; Bélgica: *Vte. P. Poullert de la Vallée Poussin*; Brasil: *Deoclécio de Campos*; Colômbia: *A. J. Restrepo*; Dinamarca: *A. Helper, V. Eigtved*; Cidade Livre de Dantzig: *Sulkowski*; Equador: *Alej. Gastolú*; Espanha: *Juan Gómez Monteio*; Finlândia: *F. Gronvall*; França: *J. Percerou*; Grécia: *R. Raphael*; Hungria: *Dr. Baranyai, Zoltán*; Itália: *Amedeo Giannini*; Japão: *M. Ohno, T. Shimada*; Luxemburgo: *Ch. G. Vermaire*; Noruega: *Stub Holmboe*; Holanda: *Molengraaff*; Peru: *J. M. Barreto*; Polônia: *Sulkowski*; Portugal: *José Caieiro da Matta*; Suécia: *E. Marks von Wurtemberg, Birger Ekeberg*; Suíça: *Vischer*; Tchecoslováquia: *Prof. Dr. Karel Hermann-Otavsky*; Turquia: *"Ad referendum", Mehmed Munir*; Iugoslávia: *I. Choumenkovitch*.

Anexo I

LEI UNIFORME RELATIVA ÀS LETRAS DE CÂMBIO E NOTAS PROMISSÓRIAS

Título I
DAS LETRAS

Capítulo I
DA EMISSÃO E FORMA DA LETRA

Artigo 1.º

A letra contém:

1. a palavra "letra" inserta no próprio texto do título e expressa na língua empregada para a redação desse título;
2. o mandato puro e simples de pagar uma quantia determinada;
3. o nome daquele que deve pagar (sacado);
4. a época do pagamento;
5. a indicação do lugar em que se deve efetuar o pagamento;
6. o nome da pessoa a quem ou à ordem de quem deve ser paga;
7. a indicação da data em que, e do lugar onde a letra é passada;
8. a assinatura de quem passa a letra (sacador).

Artigo 2.º

O escrito em que faltar algum dos requisitos indicados no artigo anterior não produzirá efeito como letra, salvo nos casos determinados nas alíneas seguintes:

A letra em que se não indique a época do pagamento entende-se pagável à vista.

Na falta de indicação especial, o lugar designado ao lado do nome do sacado considera-se como sendo o lugar do pagamento, e, ao mesmo tempo, o lugar do domicílio do sacado.

A letra sem indicação do lugar onde foi passada considera-se como tendo-o sido no lugar designado, ao lado do nome do sacador.

Artigo 3.º

A letra pode ser à ordem do próprio sacador.

Pode ser sacada sobre o próprio sacador.

Pode ser sacada por ordem e conta de terceiro.

Artigo 4.º

A letra pode ser pagável no domicílio de terceiro, quer na localidade onde o sacado tem o seu domicílio, quer noutra localidade.

Artigo 5.º

Numa letra pagável à vista ou a um certo termo de vista, pode o sacador estipular que a sua importância vencerá juros. Em qualquer outra espécie de letra a estipulação de juros será considerada como não escrita.

•• *Vide* art. 890 do CC.

A taxa de juros deve ser indicada na letra; na falta de indicação, a cláusula de juros é considerada como não escrita.

Os juros contam-se da data da letra, se outra data não for indicada.

Artigo 6.º

Se na letra a indicação da quantia a satisfazer se achar feita por extenso e em algarismos, e houver divergência entre uma e outra, prevalece a que estiver feita por extenso.

Se na letra a indicação da quantia a satisfazer se achar feita por mais de uma vez, quer por extenso, quer em algarismos, e houver divergências entre as diversas indicações, prevalecerá a que se achar feita pela quantia inferior.

Artigo 7.º

Se a letra contém assinaturas de pessoas incapazes de se obrigarem por letras, assinaturas falsas, assinaturas de pessoas fictícias, ou assinaturas que por qualquer outra razão não poderiam obrigar as pessoas que assinaram a letra, ou em nome das quais ela foi assinada, as obrigações dos outros signatários nem por isso deixam de ser válidas.

Artigo 8.º

Todo aquele que apuser a sua assinatura numa letra, como representante de uma pessoa, para representar a qual não tinha de fato poderes, fica obrigado em virtude da letra e, se a pagar, tem os mesmos direitos que o pretendido representado. A mesma regra se aplica ao representante que tenha excedido os seus poderes.

Artigo 9.º

O sacador é garante tanto da aceitação como do pagamento de letra.

O sacador pode exonerar-se da garantia da aceitação; toda e qualquer cláusula pela qual ele se exonere da garantia do pagamento considera-se como não escrita.

Artigo 10

Se uma letra incompleta no momento de ser passada tiver sido completada contrariamente aos acordos realizados, não pode a inobservância desses acordos ser motivo de oposição ao portador, salvo se este tiver adquirido a letra de má-fé ou, adquirindo-a, tenha cometido uma falta grave.

• *Vide* art. 891 do CC.

Capítulo II
DO ENDOSSO

Artigo 11

Toda letra de câmbio, mesmo que não envolva expressamente a cláusula à ordem, é transmissível por via de endosso.

Quando o sacador tiver inserido na letra as palavras "não à ordem", ou uma expressão equivalente, a letra só é transmissível pela forma e com os efeitos de uma cessão ordinária de créditos.

O endosso pode ser feito mesmo a favor do sacado, aceitando ou não, do sacador, ou de qualquer outro coobrigado. Estas pessoas podem endossar novamente a letra.

Artigo 12

O endosso deve ser puro e simples. Qualquer condição a que ele seja subordinado considera-se como não escrita.

O endosso parcial é nulo.

O endosso ao portador vale como endosso em branco.

Artigo 13

O endosso deve ser escrito na letra ou numa folha ligada a esta (anexo). Deve ser assinado pelo endossante.

O endosso pode não designar o benefício, ou consistir simplesmente na assinatura do endossante (endosso em branco). Neste último caso, o endosso para ser válido deve ser escrito no verso da letra ou na folha anexa.

Artigo 14

O endosso transmite todos os direitos emergentes da letra.

Se o endosso for em branco, o portador pode:

1.º) preencher o espaço em branco, quer com o seu nome, quer com o nome de outra pessoa;

2.º) endossar de novo a letra em branco ou a favor de outra pessoa;

3.º) remeter a letra a um terceiro, sem preencher o espaço em branco e sem a endossar.

Artigo 15

O endossante, salvo cláusula em contrário, é garante tanto da aceitação como do pagamento da letra.

O endossante pode proibir um novo endosso, e, neste caso, não garante o pagamento às pessoas a quem a letra for posteriormente endossada.

•• *Vide* art. 890 do CC.

Artigo 16

O detentor de uma letra é considerado portador legítimo se justifica o seu direito por uma série ininterrupta de endossos, mesmo se o último for em branco. Os endossos riscados consideram-se, para este efeito, como não escritos. Quando um endosso em branco é seguido de um outro endosso, presume-se que o signatário deste adquiriu a letra pelo endosso em branco.

Se uma pessoa foi por qualquer maneira desapossada de uma letra, o portador dela, desde que justifique o seu direito pela maneira indicada na alínea precedente, não é obrigado a restituí-la, salvo se a adquiriu de má-fé ou se, adquirindo-a, cometeu uma falta grave.

Artigo 17

As pessoas acionadas em virtude de uma letra não podem opor ao portador exceções fundadas sobre as relações pessoais delas com o sacador ou com os portadores anteriores, a menos que o portador ao adquirir a letra tenha procedido conscientemente em detrimento do devedor.

Artigo 18

• *Vide* Súmula 476 do STJ.

Quando o endosso contém a menção "valor a cobrar" (*valeur en recouvrement*), "para cobrança" (*pour encaissement*), "por procuração" (*par procuration*), ou qualquer outra menção que implique um simples mandato, o portador pode exercer todos os direitos emergentes da letra, mas só pode endossá-la na qualidade de procurador.

Os coobrigados, neste caso, só podem invocar contra o portador as exceções que eram oponíveis ao endossante.

O mandato que resulta de um endosso por procuração não se extingue por morte ou sobrevinda incapacidade legal do mandatário.

Artigo 19

Quando o endosso contém a menção "valor em garantia", "valor em penhor" ou qualquer outra menção que implique uma caução, o portador pode exercer todos os direitos emergentes da letra, mas um endosso feito por ele só vale como endosso a título de procuração.

Os coobrigados não podem invocar contra o portador as exceções fundadas sobre as relações pessoais deles com o endossante, a menos que o portador, ao receber a letra, tenha procedido conscientemente em detrimento do devedor.

• *Vide* art. 918 do CC.

Artigo 20

O endosso posterior ao vencimento tem os mesmos efeitos que o endosso anterior. Todavia, o endosso posterior ao protesto por falta de pagamento, ou feito depois de expirado o prazo fixado para se fazer o protesto, produz apenas os efeitos de uma cessão ordinária de créditos.

Salvo prova em contrário, presume-se que um endosso sem data foi feito antes de expirado o prazo fixado para se fazer o protesto.

• *Vide* art. 920 do CC.

Capítulo III
DO ACEITE

Artigo 21

A letra pode ser apresentada, até o vencimento, ao aceite do sacado, no seu domicílio, pelo portador ou até por um simples detentor.

Artigo 22

O sacador pode, em qualquer letra, estipular que ela será apresentada ao aceite, com ou sem fixação de prazo.

Pode proibir na própria letra a sua apresentação ao aceite, salvo se se tratar de uma letra pagável em domicílio de terceiro, ou de uma letra pagável em localidade diferente da do domicílio do sacado, ou de uma letra sacada a certo termo de vista.

O sacador pode também estipular que a apresentação ao aceite não poderá efetuar-se antes de determinada data.

Todo endossante pode estipular que a letra deve ser apresentada ao aceite, com ou sem fixação de prazo, salvo se ela tiver sido declarada não aceitável pelo sacador.

Artigo 23

As letras a certo termo de vista devem ser apresentadas ao aceite dentro do prazo de 1 (um) ano das suas datas.

O sacador pode reduzir este prazo ou estipular um prazo maior.

Esses prazos podem ser reduzidos pelos endossantes.

Artigo 24

O sacado pode pedir que a letra lhe seja apresentada uma segunda vez no dia seguinte ao da primeira apresentação. Os interessados somente podem ser admitidos a pretender que não foi dada satisfação a este pedido no caso de ele figurar no protesto.

O portador não é obrigado a deixar nas mãos do aceitante a letra apresentada ao aceite.

Artigo 25

O aceite é escrito na própria letra. Exprime-se pela palavra "aceite" ou qualquer outra palavra equivalente; o aceite é assinado pelo sacado. Vale como aceite a simples assinatura do sacado aposta na parte anterior da letra.

Quando se trate de uma letra pagável a certo termo de vista, ou que deva ser apresentada ao aceite dentro de um prazo determinado por estipulação especial, o aceite deve ser datado do dia em que foi dado, salvo se o portador exigir que a data seja a da apresentação. À falta de data, o portador, para conservar os seus direitos de recurso contra os endossantes e contra o sacador, deve fazer constar essa omissão por um protesto, feito em tempo útil.

Artigo 26

O aceite é puro e simples, mas o sacado pode limitá-lo a uma parte da importância sacada.

Qualquer outra modificação introduzida pelo aceite no enunciado da letra equivale a uma recusa de aceite. O aceitante fica, todavia, obrigado nos termos do seu aceite.

Artigo 27

Quando o sacador tiver indicado na letra um lugar de pagamento diverso do domicílio do sacado, sem designar um terceiro em cujo domicílio o pagamento se deva efetuar, o sacado pode designar no ato do aceite a pessoa que deve pagar a letra. Na falta dessa indicação, considera-se que o aceitante se obriga, ele próprio, a efetuar o pagamento no lugar indicado na letra.

Se a letra é pagável no domicílio do sacado, este pode, no ato do aceite, indicar, para ser efetuado o pagamento, um outro domicílio no mesmo lugar.

Artigo 28

O sacado obriga-se pelo aceite pagar a letra à data do vencimento.

Na falta de pagamento, o portador, mesmo no caso de ser ele o sacador, tem contra o aceitante um direito de ação resultante da letra, em relação a tudo que pode ser exigido nos termos dos arts. 48 e 49.

Artigo 29

Se o sacado, antes da restituição da letra, riscar o aceite que tiver dado, tal aceite é considerado como recusado. Salvo prova em contrário, a anulação do aceite considera-se feita antes da restituição da letra.

Se, porém, o sacado tiver informado por escrito o portador ou qualquer outro signatário da letra de que aceita, fica obrigado para com estes, nos termos do seu aceite.

Capítulo IV
DO AVAL

- *Vide* arts. 897 a 900 do CC.

Artigo 30

O pagamento de uma letra pode ser no todo ou em parte garantido por aval.

•• *Vide* art. 897, parágrafo único, do CC.

Esta garantia é dada por um terceiro ou mesmo por um signatário da letra.

Artigo 31

O aval é escrito na própria letra ou numa folha anexa.

Exprime-se pelas palavras "bom para aval" ou por qualquer fórmula equivalente; e assinado pelo dador do aval.

O aval considera-se como resultante da simples assinatura do dador aposta na face anterior da letra, salvo se se trata das assinaturas do sacado ou do sacador.

O aval deve indicar a pessoa por quem se dá. Na falta de indicação, entender-se-á pelo sacador.

Artigo 32

O dador de aval é responsável da mesma maneira que a pessoa por ele afiançada.

A sua obrigação mantém-se, mesmo no caso de a obrigação que ele garantiu ser nula por qualquer razão que não seja um vício de forma.

Se o dador de aval paga a letra, fica sub-rogado nos direitos emergentes da letra contra a pessoa a favor de quem foi dado o aval e contra os obrigados para com esta em virtude da letra.

- *Vide* art. 899, §§ 1.º e 2.º, do CC.

Capítulo V
DO VENCIMENTO

Artigo 33

Uma letra pode ser sacada:

à vista;

a um certo termo de vista;

a um certo termo de data;

pagável num dia fixado.

As letras, quer com vencimentos diferentes, quer com vencimentos sucessivos, são nulas.

Artigo 34

A letra à vista é pagável à apresentação. Deve ser apresentada a pagamento dentro do prazo de 1 (um) ano, a contar da sua data. O sacador pode reduzir este prazo ou estipular um outro mais longo. Estes prazos podem ser encurtados pelos endossantes.

O sacador pode estipular que uma letra pagável à vista não deverá ser apresentada a pagamento antes de uma certa data. Nesse caso, o prazo para a apresentação conta-se dessa data.

Artigo 35

O vencimento de uma letra a certo termo de vista determina-se, quer pela data do aceite, quer pela do protesto. Na falta de protesto, o aceite não datado entende-se, no que respeita ao aceitante, como tendo sido dado no último dia do prazo para a apresentação ao aceite.

Artigo 36

O vencimento de uma letra sacada a 1 (um) ou mais meses de data ou de vista será na data correspondente do mês em que o pagamento se deve efetuar. Na falta de data correspondente, o vencimento será no último dia desse mês.

Quando a letra é sacada a 1 (um) ou mais meses e meio de data ou de vista, contam-se primeiro os meses inteiros.

Se o vencimento for fixado para o princípio, meado ou fim do mês, entende-se que a letra será vencível no primeiro, no dia 15 (quinze), ou no último dia desse mês.

As expressões "oito dias" ou "quinze dias" entendem-se não como 1 (uma) ou 2 (duas) semanas, mas como um prazo de 8 (oito) ou 15 (quinze) dias efetivos.

A expressão "meio mês" indica um prazo de 15 (quinze) dias.

Artigo 37

Quando uma letra é pagável num dia fixo num lugar em que o calendário é diferente do lugar de emissão, a data do vencimento é considerada como fixada segundo o calendário do lugar de pagamento.

Quando uma letra sacada entre duas praças que em calendários diferentes é pagável a certo termo de vista, o dia da emissão é referido ao dia correspondente do calendário do lugar de pagamento, para o efeito da determinação da data do vencimento.

Os prazos de apresentação das letras são calculados segundo as regras da alínea precedente.

Estas regras não se aplicam se uma cláusula da letra, ou até o simples enunciado do título, indicar que houve intenção de adotar regras diferentes.

Capítulo VI
DO PAGAMENTO

Artigo 38

O portador de uma letra pagável em dia fixo ou a certo termo de data ou de vista deve apresentá-la a pagamento no dia em que ela é pagável ou num dos 2 (dois) dias úteis seguintes.

A apresentação da letra a uma câmara de compensação equivale a apresentação a pagamento.

Artigo 39

O sacado que paga uma letra pode exigir que ela lhe seja entregue com a respectiva quitação.

O portador não pode recusar qualquer pagamento parcial.

No caso de pagamento parcial, o sacado pode exigir que desse pagamento se faça menção na letra e que dele lhe seja dada quitação.

Artigo 40

O portador de uma letra não pode ser obrigado a receber o pagamento dela antes do vencimento.

O sacado que paga uma letra antes do vencimento fá-lo sob sua responsabilidade.

Aquele que paga uma letra no vencimento fica validamente desobrigado, salvo se da sua parte tiver havido fraude ou falta grave. É obrigado a verificar a regularidade da sucessão dos endossos mas não a assinatura dos endossantes.

Artigo 41

Se numa letra se estipular o pagamento em moeda que não tenha curso legal no lugar do pagamento, pode a sua importância ser paga na moeda do país, segundo o seu valor no dia do vencimento. Se o devedor está em atraso, o portador pode, à sua escolha, pedir que o pagamento da importância da letra seja feito na moeda do país ao câmbio do dia do vencimento ou ao câmbio do dia do pagamento.

A determinação do valor da moeda estrangeira será feita segundo os usos do lugar de pagamento. O sacador pode, todavia, estipular que a soma a pagar seja calculada segundo um câmbio fixado na letra.

As regras acima indicadas não se aplicam ao caso em que o sacador tenha estipulado que o pagamento deverá ser efetuado numa certa moeda especificada (cláusula de pagamento efetivo numa moeda estrangeira).

Se a importância da letra for indicada numa moeda que tenha a mesma denominação mas o valor diferente no país de emissão e no de pagamento, presume-se que se fez referência à moeda do lugar de pagamento.

Artigo 42

Se a letra não for apresentada a pagamento dentro do prazo fixado no art. 38, qualquer devedor tem a faculdade de depositar a sua importância junto da autoridade competente à custa do portador e sob a responsabilidade deste.

Capítulo VII
DA AÇÃO POR FALTA DE ACEITE E FALTA DE PAGAMENTO

Artigo 43

O portador de uma letra pode exercer os seus direitos de ação contra os endossantes, sacador e outros coobrigados:

no vencimento;

se o pagamento não foi efetuado;

mesmo antes do vencimento:

1.º) se houve recusa total ou parcial de aceite;

2.º) nos casos de falência do sacado, quer ele tenha aceite, quer não, de suspensão de pagamentos do mesmo, ainda que não constatada por sentença, ou de ter sido promovida, sem resultado, execução dos seus bens;

3.º) nos casos de falência do sacador de uma letra não aceitável.

Artigo 44

A recusa de aceite ou de pagamento deve ser comprovada por um ato formal (protesto por falta de aceite ou falta de pagamento).

O protesto por falta de aceite deve ser feito nos prazos fixados para a apresentação ao aceite. Se, no caso previsto na alínea 1.ª do art. 24, a primeira apresentação da letra tiver sido feita no último dia do prazo, pode fazer-se ainda o protesto no dia seguinte.

O protesto por falta de pagamento de uma letra pagável em dia fixo ou a certo termo de data ou de vista deve ser feito num dos 2 (dois) dias úteis seguintes àquele em que a letra é pagável. Se se trata de uma letra pagável à vista, o protesto deve ser feito nas condições indicadas na alínea precedente para o protesto por falta de aceite.

O protesto por falta de aceite dispensa a apresentação a pagamento e o protesto por falta de pagamento.

No caso de suspensão de pagamentos do sacado, quer seja aceitante, quer não, ou no caso de lhe ter sido promovida, sem resultado, execução dos bens, o portador da letra só pode exercer o seu direito de ação após apresentação da mesma ao sacado para pagamento e depois de feito o protesto.

No caso de falência declarada do sacado, quer seja aceitante, quer não, bem como no caso de falência declarada do sacador de uma letra não aceitável, a apresentação da sentença de declaração de falência é suficiente para que o portador da letra possa exercer o seu direito de ação.

Artigo 45

O portador deve avisar da falta de aceite ou de pagamento o seu endossante e o sacador dentro dos 4 (quatro) dias úteis que se seguirem ao dia do protesto ou da apresentação, no caso de a letra conter a cláusula "sem despesas". Cada um dos endossantes deve, por sua vez, dentro dos 2 (dois) dias úteis que se seguirem ao da recepção do aviso, informar o seu endossante do aviso que recebeu, indicando os nomes e endereços dos que enviaram os avisos precedentes, e assim sucessivamente até se chegar ao sacador. Os prazos acima indicados contam-se a partir da recepção do aviso precedente.

Quando, em conformidade com o disposto na alínea anterior, se avisou um signatário da letra, deve avisar-se também o seu avalista dentro do mesmo prazo de tempo.

No caso de um endossante não ter indicado o seu endereço, ou de o ter feito de maneira ilegível, basta que o aviso seja enviado ao endossante que o precede.

A pessoa que tenha de enviar um aviso pode fazê-lo por qualquer forma, mesmo pela simples devolução da letra.

Essa pessoa deverá provar que o aviso foi enviado dentro do prazo prescrito. O prazo considerar-se-á como tendo sido observado desde que a carta contendo o aviso tenha sido posta no Correio dentro dele.

A pessoa que não der o aviso dentro do prazo acima indicado não perde os seus direitos; será responsável pelo prejuízo, se o houver, motivado pela sua negligência, sem que a responsabilidade possa exceder a importância da letra.

Artigo 46

O sacador, um endossante ou um avalista pode, pela cláusula "sem despesas", "sem protesto", ou outra cláusula equivalente, dispensar o portador de fazer um protesto por falta de aceite ou falta de pagamento, para poder exercer os seus direitos de ação.

Essa cláusula não dispensa o portador da apresentação da letra dentro do prazo prescrito nem tampouco dos avisos a dar. A prova da inobservância do prazo incumbe àquele que dela se prevaleça contra o portador.

Se a cláusula foi escrita pelo sacador produz os seus efeitos em relação a todos os signatários da letra; se for inserida por um endossante ou por avalista, só produz efeito em relação a esse endossante ou avalista. Se, apesar da cláusula escrita pelo sacador, o portador faz o protesto, as respectivas despesas serão de conta dele. Quando a cláusula emanar de um endossante ou de um avalista, as despesas do protesto, se for feito, podem ser cobradas de todos os signatários da letra.

Artigo 47

Os sacadores, aceitantes, endossantes ou avalistas de uma letra são todos solidariamente responsáveis para com o portador.

O portador tem o direito de acionar todas estas pessoas individualmente, sem estar adstrito a observar a ordem por que elas se obrigaram.

O mesmo direito possui qualquer dos signatários de uma letra quando a tenha pago.

A ação intentada contra um dos coobrigados não impede acionar os outros, mesmo os posteriores àquele que foi acionado em primeiro lugar.

Artigo 48

O portador pode reclamar daquele contra quem exerce o seu direito de ação:

1.º) o pagamento da letra não aceita, não paga, com juros se assim foi estipulado;

2.º) os juros à taxa de 6% (seis por cento) desde a data do vencimento;

3.º) as despesas do protesto, as dos avisos dados e as outras despesas.

Se a ação for interposta antes do vencimento da letra, a sua importância será reduzida de um desconto. Esse desconto será calculado de acordo com a taxa oficial de desconto (taxa de Banco) em vigor no lugar do domicílio do portador à data da ação.

Artigo 49

A pessoa que pagou uma letra pode reclamar dos seus garantes:

1.º) a soma integral que pagou;

2.º) os juros da dita soma, calculados à taxa de 6% (seis por cento), desde a data em que a pagou;

3.º) as despesas que tiver feito.

Artigo 50

Qualquer dos coobrigados, contra o qual se intentou ou pode ser intentada uma ação, pode exigir, desde que pague a letra, que ela lhe seja entregue com o protesto e um recibo.

Qualquer dos endossantes que tenha pago uma letra pode riscar o seu endosso e os dos endossantes subsequentes.

Artigo 51

No caso de ação intentada depois de um aceite parcial, a pessoa que pagar a importância pela qual a letra não foi aceita pode exigir que esse pagamento seja mencionado na letra e que dele lhe seja dada quitação. O portador deve, além disso, entregar a essa pessoa uma cópia autêntica da letra e o protesto, de maneira a permitir o exercício de ulteriores direitos de ação.

Artigo 52

Qualquer pessoa que goze do direito de ação pode, salvo estipulação em contrário, embolsar-se por meio de uma nova letra (ressaque) à vista, sacada sobre um dos coobrigados e pagável no domicílio deste.

O ressaque inclui, além das importâncias indicadas nos arts. 48 e 49, um direito de corretagem e a importância do selo do ressaque.

Se o ressaque é sacado pelo portador, a sua importância é fixada segundo a taxa para uma letra à vista, sacada do lugar onde a primitiva letra era pagável sobre o lugar do domicílio do coobrigado. Se o ressaque é sacado por um endossante a sua importância é fixada segundo a taxa para uma letra à vista, sacada do lugar onde o sacador do ressaque tem o seu domicílio sobre o lugar do domicílio do coobrigado.

Artigo 53

Depois de expirados os prazos fixados:

– para a apresentação de uma letra à vista ou a certo termo de vista;

– para se fazer o protesto por falta de aceite ou por falta de pagamento;

– para a apresentação a pagamento no caso da cláusula "sem despesas".

O portador perdeu os seus direitos de ação contra os endossantes, contra o sacador e contra os outros coobrigados, à exceção do aceitante.

Na falta de apresentação ao aceite no prazo estipulado pelo sacador, o portador perdeu os seus direitos de ação, tanto por falta de pagamento como por falta de aceite, a não ser que dos termos da estipulação se conclua que o sacador apenas teve em vista exonerar-se da garantia do aceite.

Se a estipulação de um prazo para a apresentação constar de um endosso, somente aproveita ao respectivo endossante.

Artigo 54

Quando a apresentação da letra ou o seu protesto não puder fazer-se dentro dos prazos indicados por motivo insuperável (prescrição legal declarada por um Estado qualquer ou outro caso de força maior), esses prazos serão prorrogados.

O portador deverá avisar imediatamente o seu endossante do caso de força maior e fazer menção desse aviso, datada e assinada, na letra ou numa folha anexa; para os demais são aplicáveis as disposições do art. 45.

Desde que tenha cessado o caso de força maior, o portador deve apresentar sem demora a letra ao aceite ou a pagamento, e, caso haja motivo para tal, fazer o protesto.

Se o caso de força maior se prolongar além de 30 (trinta) dias a contar da data do vencimento, podem promover-se ações sem que haja necessidade de apresentação ou protesto.

Para as letras à vista ou a certo termo de vista, o prazo de 30 (trinta) dias conta-se da data em que o portador, mesmo antes de expirado o prazo para a apresentação, deu o aviso do caso de força maior ao seu endossante; para as letras a certo termo de vista, o prazo de 30 (trinta) dias fica acrescido do prazo de vista indicado na letra.

Não são considerados casos de força maior os fatos que sejam de interesse puramente pessoal do portador ou da pessoa por ele encarregada da apresentação da letra ou de fazer o protesto.

Capítulo VIII
DA INTERVENÇÃO

1 – Disposições Gerais

Artigo 55

O sacador, um endossante ou um avalista, podem indicar uma pessoa para em caso de necessidade aceitar ou pagar.

A letra pode, nas condições a seguir indicadas, ser aceita ou paga por uma pessoa que intervenha por um devedor qualquer contra quem existe direito de ação.

O interveniente pode ser um terceiro, ou mesmo o sacado, ou uma pessoa já obrigada em virtude da letra, exceto o aceitante.

O interveniente é obrigado a participar, no prazo de 2 (dois) dias úteis, a sua intervenção à pessoa por quem interveio. Em caso de inobservância deste prazo, o interveniente é responsável pelo prejuízo, se o houver, resultante da sua negligência, sem que as perdas e danos possam exceder a importância da letra.

2 – Aceite por Intervenção

Artigo 56

O aceite por intervenção pode realizar-se em todos os casos em que o portador de uma letra aceitável tem direito de ação antes do vencimento.

Quando na letra se indica uma pessoa para em caso de necessidade a aceitar ou a pagar no lugar do pagamento, o portador não pode exercer o seu direito de ação antes do vencimento contra aquele que indicou essa pessoa e contra os signatários subsequentes a não ser que tenha apresentado a letra à pessoa designada e que, tendo esta recusado o aceite, se tenha feito o protesto.

Nos outros casos de intervenção, o portador pode recusar o aceite por intervenção. Se, porém, o admitir, perde o direito de ação antes do vencimento contra aquele por quem a aceitação foi dada e contra os signatários subsequentes.

Artigo 57

O aceite por intervenção será mencionado na letra e assinado pelo interveniente. Deverá indicar por honra de quem se fez a intervenção; na falta desta indicação, presume-se que interveio pelo sacador.

Artigo 58

O aceitante por intervenção fica obrigado para com o portador e para com os endossantes posteriores àquele por honra de quem interveio da mesma forma que este.

Não obstante o aceite por intervenção, aquele por honra de quem ele foi feito e os seus garantes podem exigir do portador, contra o pagamento da importância indicada, no art. 48, a entrega da letra, do instrumento do protesto e, havendo lugar, de uma conta com a respectiva quitação.

3 – Pagamento por Intervenção

Artigo 59

O pagamento por intervenção pode realizar-se em todos os casos em que o portador de uma letra tem direito de ação à data do vencimento ou antes dessa data.

O pagamento deve abranger a totalidade da importância que teria a pagar aquele por honra de quem a intervenção se realizou.

O pagamento deve ser feito o mais tardar no dia seguinte ao último em que é permitido fazer o protesto por falta de pagamento.

Artigo 60

Se a letra foi aceita por intervenientes tendo o seu domicílio no lugar do pagamento, ou se foram indicadas pessoas tendo o seu domicílio no mesmo lugar para, em caso de necessidade, pagarem a letra, o portador deve apresentá-la a todas essas pessoas e, se houver lugar, fazer o protesto por falta de pagamento o mais tardar no dia seguinte e ao último em que era permitido fazer o protesto.

Na falta de protesto dentro deste prazo, aquele que tiver indicado pessoas para pagarem em caso de necessidade, ou por conta de quem a letra tiver sido aceita, bem como os endossantes posteriores, ficam desonerados.

Artigo 61

O portador que recusar o pagamento por intervenção perde o seu direito de ação contra aqueles que teriam ficado desonerados.

Artigo 62

O pagamento por intervenção deve ficar constatado por um recibo passado na letra, contendo a indicação da pessoa por honra de quem foi feito. Na falta desta indicação presume-se que o pagamento foi feito por honra do sacador.

A letra e o instrumento do protesto, se o houve, devem ser entregues à pessoa que pagou por intervenção.

Artigo 63

O que paga por intervenção fica sub-rogado nos direitos emergentes da letra contra aquele por honra de quem pagou e contra os que são obrigados para com este em virtude da letra. Não pode, todavia, endossar de novo a letra.

Os endossantes posteriores ao signatário por honra de quem foi feito o pagamento ficam desonerados.

Quando se apresentarem várias pessoas para pagar uma letra por intervenção, será preferida aquela que desonerar maior número de obrigados. Aquele que, com conhecimento de causa, intervir contrariamente a esta regra, perde os seus direitos de ação contra os que teriam sido desonerados.

Capítulo IX
DA PLURALIDADE DE EXEMPLARES E DAS CÓPIAS

1 – Pluralidade de Exemplares

Artigo 64

A letra pode ser sacada por várias vias

Essas vias devem ser numeradas no próprio texto, na falta do que, cada via será considerada como uma letra distinta.

O portador de uma letra que não contenha a indicação de ter sido sacada numa única via pode exigir à sua custa a entrega de várias vias. Para este efeito o portador deve dirigir-se ao seu endossante imediato, para que este o auxilie a proceder contra o seu próprio endossante e assim sucessivamente até se chegar ao sacador. Os endossantes são obrigados a reproduzir os endossos nas novas vias.

Artigo 65

O pagamento de uma das vias é liberatório, mesmo que não esteja estipulado que esse pagamento anula o efeito das outras. O sacado fica, porém, responsável por cada uma das vias que tenham o seu aceite e lhe não hajam sido restituídas.

O endossante que transferiu vias da mesma letra a várias pessoas e os endossantes subsequentes são responsáveis por todas as vias que contenham as suas assinaturas e que não hajam sido restituídas.

Artigo 66

Aquele que enviar ao aceite uma das vias da letra deve indicar nas outras o nome da pessoa em cujas mãos aquela se encontra. Essa pessoa é obrigada a entregar essa via ao portador legítimo doutro exemplar.

Se se recusar a fazê-lo, o portador só pode exercer seu direito de ação depois de ter feito constatar por um protesto:

1.º) que a via enviada ao aceite lhe não foi restituída a seu pedido;

2.º) que não foi possível conseguir o aceite ou o pagamento de uma outra via.

2 – Cópias

Artigo 67

O portador de uma letra tem o direito de tirar cópias dela.

A cópia deve reproduzir exatamente o original, com os endossos e todas as outras menções que nela figurem. Deve mencionar onde acaba a cópia.

A cópia pode ser endossada e avalizada da mesma maneira e produzindo os mesmos efeitos que o original.

Artigo 68

A cópia deve indicar a pessoa em cuja posse se encontra o título original. Esta é obrigada a remeter o dito título ao portador legítimo da cópia.

Se se recusar a fazê-lo, o portador só pode exercer o seu direito de ação contra as pessoas que tenham endossado ou avalizado a cópia, depois de ter feito constatar por um protesto que o original lhe não foi entregue a seu pedido.

Se o título original, em seguida ao último endosso feito antes de tirada a cópia, contiver a cláusula "daqui em diante só é válido o endosso na cópia" ou qualquer outra fórmula equivalente, é nulo qualquer endosso assinado ulteriormente no original.

Capítulo X
DAS ALTERAÇÕES

Artigo 69

No caso de alteração do texto de uma letra, os signatários posteriores a essa alteração ficam obrigados nos termos do texto alterado; os signatários anteriores são obrigados nos termos do texto original.

Capítulo XI
DA PRESCRIÇÃO

Artigo 70

Todas as ações contra o aceitante relativas a letras prescrevem em 3 (três) anos a contar do seu vencimento.

As ações do portador contra os endossantes e contra o sacador prescrevem num ano, a contar da data do protesto feito em tempo útil, ou da data do vencimento, se se trata de letra que contenha cláusula "sem despesas".

As ações dos endossantes uns contra os outros e contra o sacador prescrevem em 6 (seis) meses a contar do dia em que o endossante pagou a letra ou em que ele próprio foi acionado.

Artigo 71

A interrupção da prescrição só produz efeito em relação à pessoa para quem a interrupção foi feita.

Capítulo XII
DISPOSIÇÕES GERAIS

Artigo 72

O pagamento de uma letra cujo vencimento recai em dia feriado legal só pode ser exigido no primeiro dia útil seguinte. Da mesma maneira, todos os atos relativos a letras, especialmente a apresentação ao aceite e o protesto, somente podem ser feitos em dia útil.

Quando um desses atos tem de ser realizado num determinado prazo, e o último dia desse prazo é feriado legal, fica o dito prazo prorrogado até ao primeiro dia útil que se seguir ao seu termo.

Artigo 73

Os prazos legais ou convencionais não compreendem o dia que marca o seu início.

Artigo 74

Não são admitidos dias de perdão quer legal, quer judicial.

TÍTULO II
DA NOTA PROMISSÓRIA

Artigo 75

A nota promissória contém:

1. denominação "nota promissória" inserta no próprio texto do título e expressa na língua empregada para a redação desse título;
2. a promessa pura e simples de pagar uma quantia determinada;
3. a época do pagamento;
4. a indicação do lugar em que se efetuar o pagamento;
5. o nome da pessoa a quem ou à ordem de quem deve ser paga;
6. a indicação da data em que e do lugar onde a nota promissória é passada;
7. a assinatura de quem passa a nota promissória (subscritor).

Artigo 76

O título em que faltar algum dos requisitos indicados no artigo anterior não produzirá efeito como nota promissória, salvo nos casos determinados das alíneas seguintes.

A nota promissória em que se não indique a época do pagamento será considerada à vista.

Na falta de indicação especial, o lugar onde o título foi passado considera-se como sendo o lugar do pagamento e, ao mesmo tempo, o lugar do domicílio do subscritor da nota promissória.

A nota promissória que não contenha indicação do lugar onde foi passada considera-se como tendo-o sido no lugar designado ao lado do nome do subscritor.

Artigo 77

São aplicáveis às notas promissórias, na parte em que não sejam contrárias à natureza deste título, as disposições relativas às letras e concernentes: endosso (arts. 11 a 20);

vencimento (arts. 33 a 37);

pagamento (arts. 38 a 42);

direito de ação por falta de pagamento (arts. 43 a 50 e 52 a 54);

pagamento por intervenção (arts. 55 e 59 a 63);

cópias (arts. 67 e 68);

alterações (art. 69);

prescrição (arts. 70 e 71);

dias feriados, contagem de prazos e interdição de dias de perdão (arts. 72 a 74).

São igualmente aplicáveis às notas promissórias as disposições relativas às letras pagáveis no domicílio de terceiro ou numa localidade diversa da do domicílio do sacado (arts. 4.º e 27), a estipulação de juros (art. 5.º), as divergências das indicações da quantia a pagar (art. 6.º), as consequências da aposição de uma assinatura nas condições indicadas no art. 7.º, as da assinatura de uma pessoa que age sem poderes ou excedendo os seus poderes (art. 8.º) e a letra em branco (art. 10).

São também aplicáveis às notas promissórias as disposições relativas ao aval (arts. 30 a 32); no caso previsto na última alínea do art. 31, se o aval não indicar a pessoa por quem é dado, entender-se-á ser pelo subscritor da nota promissória.

Artigo 78

O subscritor de uma nota promissória é responsável da mesma forma que o aceitante de uma letra.

As notas promissórias pagáveis a certo termo de vista devem ser presentes ao visto dos subscritores nos prazos fixados no art. 23. O termo de vista conta-se da data do visto dado pelo subscritor. A recusa do subscritor a dar o seu visto é comprovada por um protesto (art. 25), cuja data serve de início ao termo de vista.

ANEXO II

Artigo 1.º

Qualquer das Altas Partes Contratantes pode prescrever que a obrigação de inserir nas letras passadas no seu território a palavra "letra", prevista no art. 1.º, n. 1, da Lei Uniforme, só se aplicará 6 (seis) meses após a entrada em vigor da presente Convenção.

Artigo 2.º

Qualquer das Altas Partes Contratantes tem, pelo que respeita às obrigações contraídas em matéria de letras no seu território, a faculdade de determinar de que maneira pode ser suprida a falta de assinatura, desde que por uma declaração autêntica escrita na letra se possa constatar a vontade daquele que deveria ter assinado.

Artigo 3.º

Qualquer das Altas Partes Contratantes reserva-se a faculdade de não inserir o art. 10 da Lei Uniforme na sua lei nacional.

Artigo 4.º

Por derrogação da alínea primeira do art. 31 da Lei Uniforme, qualquer das Altas Partes Contratantes tem a faculdade de admitir a possibilidade de ser dado um aval no seu território por ato separado em que se indique o lugar onde foi feito.

Artigo 5.º

Qualquer das Altas Partes Contratantes pode completar o art. 38 da Lei Uniforme dispondo que, em relação às letras pagáveis no seu território, o portador deverá fazer a apresentação no próprio dia do vencimento; a inobservância desta obrigação só acarreta responsabilidade por perdas e danos.

As outras Altas Partes Contratantes terão a faculdade de fixar as condições em que reconhecerão uma tal obrigação.

Artigo 6.º

A cada uma das Altas Partes Contratantes incumbe determinar, para os efeitos da aplicação da última alínea do art. 38, quais as instituições que, segundo a lei nacional, devam ser consideradas câmaras de compensação.

Artigo 7.º

Pelo que se refere às letras pagáveis no seu território, qualquer das Altas Partes Contratantes tem a faculdade de sustar, se o julgar necessário, em circunstâncias excepcionais relacionadas com a taxa de câmbio da moeda nacional, os efeitos da cláusula prevista no art. 41 relativa ao pagamento efetivo em moeda estrangeira. A mesma regra se aplica no que respeita à emissão no território nacional de letras em moedas estrangeiras.

Artigo 8.º

Qualquer das Altas Partes Contratantes tem a faculdade de determinar que os protestos a fazer no seu território possam ser substituídos por uma declaração datada, escrita na própria letra e assinada pelo sacado, exceto no caso de o sacador exigir no texto da letra que se faça um protesto com as formalidades devidas.

Qualquer das Altas Partes Contratantes tem igualmente a faculdade de determinar que a dita declaração seja transcrita num registro público no prazo fixado para os protestos.

No caso previsto nas alíneas precedentes o endosso sem data presume se ter sido feito anteriormente ao protesto.

Artigo 9.º

Por derrogação da alínea terceira do art. 44 da Lei Uniforme, qualquer das Altas Partes Contratantes tem a faculdade de determinar que o protesto por falta de pagamento deve ser feito no dia em que a letra é pagável ou num dos 2 (dois) dias úteis seguintes.

Artigo 10

Fica reservada para a legislação de cada uma das Altas Partes Contratantes a determinação precisa das situações jurídicas a que se referem os n. 2 e 3 do art. 43 e os n. 5 e 6 do art. 44 da Lei Uniforme.

Artigo 11

Por derrogação dos n. 2 e 3 do art. 43 e do art. 74 da Lei Uniforme, qualquer das Altas Partes Contratantes reserva-se a faculdade de admitir na sua legislação a possibilidade, para os garantes de uma letra que tenham sido acionados, de ser concedido um alongamento de prazos, os quais não poderão em caso algum ir além da data do vencimento da letra.

Artigo 12

Por derrogação do art. 45 da Lei Uniforme, qualquer das Altas Partes Contratantes tem a faculdade de manter ou de introduzir o sistema de aviso por intermédio de um agente público, que consiste no seguinte: ao fazer o protesto por falta de aceite ou por falta de pagamento, o notário ou o funcionário público incumbido desse serviço, segundo a lei nacional, é obrigado a dar comunicação por escrito desse protesto às pessoas obrigadas pela letra, cujos endereços figuram nela, ou que sejam conhecidos do agente que faz o protesto, ou sejam indicados pelas pessoas que exigiram o protesto.

As despesas originadas por esses avisos serão adicionadas às despesas do protesto.

Artigo 13

Qualquer das Altas Partes Contratantes tem a faculdade de determinar, no que respeita às letras passadas e pagáveis no seu território, que a taxa de juro a que referem os n. 2 dos arts. 48 e 49 da Lei Uniforme poderá ser substituída pela taxa legal em vigor no território da respectiva Alta Parte Contratante.

Artigo 14

Por derrogação do art. 48 da Lei Uniforme, qualquer das Altas Partes Contratantes reserva-se a faculdade de inserir na lei nacional uma disposição pela qual o portador pode reclamar daquele contra quem exerce o seu direito de ação uma comissão cujo quantitativo será fixado pela mesma lei nacional.

A mesma doutrina se aplica, por derrogação do art. 49 da Lei Uniforme, no que se refere à pessoa que, tendo pago uma letra, reclama a sua importância aos seus garantes.

Artigo 15

Qualquer das Altas Partes Contratantes tem a liberdade de decidir que, no caso de perda de direitos ou de prescrição, no seu território subsistirá o direito de proceder contra o sacador que não constituir provisão ou contra um sacador ou endossante que tenha feito lucros ilegítimos. A mesma faculdade existe, em caso de prescrição, pelo que respeita ao aceitante que recebeu provisão ou tenha realizado lucros ilegítimos.

Artigo 16

A questão de saber se o sacador é obrigado a constituir provisão à data do vencimento e se o portador tem direitos especiais sobre essa provisão está fora do âmbito da Lei Uniforme.

O mesmo sucede relativamente a qualquer outra questão respeitante às relações jurídicas que serviram de base à emissão da letra.

Artigo 17

A cada uma das Altas Partes Contratantes compete determinar na sua legislação nacional as causas de interrupção e de suspensão da prescrição das ações relativas a letras que os seus tribunais são chamados a conhecer.

As outras Altas Partes Contratantes têm a faculdade de determinar as condições a que subordinarão o conhecimento de tais causas. O mesmo sucede quanto ao efeito de uma ação como meio de indicação do início do prazo de prescrição, a que se refere a alínea terceira do art. 70 da Lei Uniforme.

Artigo 18

Qualquer das Altas Partes Contratantes tem a faculdade de determinar que certos dias úteis sejam assimilados aos dias feriados legais, pelo que respeita à apresentação ao aceite ou ao pagamento e demais atos relativos às letras.

Artigo 19

Qualquer das Altas Partes Contratantes pode determinar o nome a dar nas leis nacionais aos títulos a que se refere o art. 75 da Lei Uniforme ou dispensar esses títulos de qualquer denominação especial, uma vez que contenham a indicação expressa de que são à ordem.

Artigo 20

As disposições dos arts. 1.º a 18 do presente Anexo, relativas às letras, aplicam-se igualmente às notas promissórias.

Artigo 21

Qualquer das Altas Partes Contratantes reserva-se a faculdade de limitar a obrigação assumida, em virtude do art. 1.º da Convenção, exclusivamente às disposições relativas às letras, não introduzindo no seu território as disposições sobre notas promissórias constantes do Título II da Lei Uniforme. Neste caso, a Alta Parte Contratante que fizer uso desta reserva será considerada Parte Contratante apenas pelo que respeita às letras.

Qualquer das Altas Partes Contratantes reserva-se igualmente a faculdade de compilar num regulamento especial as disposições relativas às notas promissórias, regulamento que será inteiramente conforme com as estipulações do Título II da Lei Uniforme e que deverá reproduzir as disposições sobre letras referidas no mesmo título sujeitas apenas às modificações resultantes dos arts. 75, 76, 77 e 78 da Lei Uniforme e dos arts. 19 e 20 do presente Anexo.

Artigo 22

Qualquer das Altas Partes Contratantes tem a faculdade de tomar medidas excepcionais de ordem geral relativas à prorrogação dos prazos relativos a atos tendentes à conservação de direitos e à prorrogação do vencimento das letras.

Artigo 23

Cada uma das Altas Partes Contratantes obriga-se a reconhecer as disposições adotadas por qualquer das outras Altas Partes Contratantes em virtude dos arts. 1.º a 4.º, 6.º, 8.º a 16 e 18 a 21 do presente Anexo.

PROTOCOLO

Ao assinar a Convenção datada de hoje, estabelecendo uma Lei Uniforme em matéria de letras e notas promissórias, os abaixo-assinados, devidamente autorizados, acordaram nas disposições seguintes:

A

Os membros da Sociedade das Nações e os Estados não membros que não tenham podido efetuar antes de 1.º de setembro de 1932 o depósito da ratificação da referida Convenção obrigam-se a enviar, dentro de 15 (quinze) dias, a contar daquela data, uma comunicação ao secretário-geral da Sociedade das Nações, dando-lhe a conhecer a situação em que se encontram no que diz respeito à ratificação.

B

Se, em 1.º de novembro de 1932, não se tiverem verificado as condições previstas na alínea primeira do art. 6.º para a entrada em vigor da Convenção, o secretário-geral da Sociedade nas Nações convocará uma reunião dos membros da Sociedade das Nações e dos Estados não membros que tenham assinado a Convenção ou a ela tenham aderido, a fim de serem examinadas a situação e as medidas que porventura devam ser tomadas para a resolver.

C

As Altas Partes Contratantes comunicar-se-ão reciprocamente, a partir da sua entrada em vigor, as disposições legislativas promulgadas nos respectivos territórios para tornar efetiva a Convenção.

Em fé do que os plenipotenciários acima mencionados assinaram o presente Protocolo.

Feito em Genebra, aos sete de junho de mil novecentos e trinta, num só exemplar, que será depositado nos arquivos do Secretariado da Sociedade das Nações, será transmitida cópia autêntica a todos os membros da Sociedade das Nações e a todos os Estados não membros representados na Conferência.

•• Seguem-se as mesmas assinaturas colocadas após o art. 11 da Convenção.

CONVENÇÃO DESTINADA A REGULAR CERTOS CONFLITOS DE LEIS EM MATÉRIA DAS LETRAS DE CÂMBIO E NOTAS PROMISSÓRIAS E PROTOCOLO

O Presidente do Reich Alemão...

Desejando adotar disposições para resolver certos conflitos de leis em matéria de letras e de notas promissórias, designaram como seus plenipotenciários:

Os quais depois de terem apresentado os seus plenos poderes, achados em boa e devida forma, acordaram nas disposições seguintes:

Artigo 1.º

As Altas Partes Contratantes obrigam-se mutuamente a aplicar para a solução dos conflitos de leis em matéria de letras e de notas promissórias, a seguir enumerados, as disposições constantes dos artigos seguintes:

Artigo 2.º

A capacidade de uma pessoa para se obrigar por letra ou nota promissória é regulada pela respectiva lei nacional. Se a lei nacional declarar competente a lei de um outro país, será aplicada esta última.

A pessoa incapaz, segundo a lei indicada na alínea precedente, é contudo havida como validamente obrigada se tiver aposto a sua assinatura em território de um país segundo cuja legislação teria sido considerada capaz.

Qualquer das Altas Partes Contratantes tem a faculdade de não reconhecer a validade da obrigação contraída em matéria de letras ou notas promissórias por um dos seus nacionais, quando essa obrigação só seja válida no território das outras Altas Partes Contratantes pela aplicação da alínea anterior do presente artigo.

Artigo 3.º

A forma das obrigações contraídas em matéria de letras e notas promissórias é regulada pela lei do país em cujo território essas obrigações tenham sido assumidas.

No entanto, se as obrigações assumidas em virtude de uma letra ou nota promissória não forem válidas nos termos da alínea precedente, mas o forem em face da legislação do país em que tenha posteriormente sido contraída uma outra obrigação, o fato de as primeiras obrigações serem irregulares quanto à forma não afeta a validade da obrigação posterior.

Qualquer das Altas Partes Contratantes tem a faculdade de determinar que as obrigações contraídas no estrangeiro por algum dos seus nacionais, em matéria de letras e notas promissórias, serão válidas no seu próprio território, em relação a qualquer outro dos seus nacionais, desde que tenham sido contraídas pela forma estabelecida na lei nacional.

Artigo 4.º

Os efeitos das obrigações do aceitante de uma letra e do subscritor de uma nota promissória são determinados pela lei do lugar onde esses títulos sejam pagáveis.

Os efeitos provenientes das assinaturas dos outros coobrigados por letra ou nota promissória são determinados pela lei do país em cujo território as assinaturas forem apostas.

Artigo 5.º

Os prazos para o exercício do direito de ação são determinados para todos os signatários pela lei do lugar de emissão do título.

Artigo 6.º

A lei do lugar de emissão do título determina se o portador de uma letra adquire o crédito que originou a emissão do título.

Artigo 7.º

A lei do país em que a letra é pagável determina se o aceite pode ser restrito a uma parte da importância a pagar ou se o portador é ou não obrigado a receber um pagamento parcial.

A mesma regra é aplicável ao pagamento de notas promissórias.

Artigo 8.º

A forma e os prazos do protesto, assim como a forma dos outros atos necessários ao exercício ou à conservação dos direitos em matéria de letras e notas promissórias, são regulados pelas leis do país em cujo território se deva fazer o protesto ou praticar os referidos atos.

Artigo 9.º

As medidas a tomar em caso de perda ou de roubo de uma letra ou de uma nota promissória são determinadas pela lei do país em que esses títulos sejam pagáveis.

Artigo 10

Qualquer das Altas Partes Contratantes reserva-se a faculdade de não aplicar os princípios de Direito Internacional privado consignados na presente Convenção, pelo que respeita:

1.º) uma obrigação contraída fora do território de uma das Altas Partes Contratantes;

2.º) a uma lei que seria aplicável em conformidade com estes princípios, mas que não seja lei em vigor no território de uma das Altas Partes Contratantes.

Artigo 11

As disposições da presente Convenção não serão aplicáveis, no território de cada uma das Altas Partes Contratantes, às letras e notas promissórias já criadas à data de entrada em vigor da Convenção.

Artigo 12

A presente Convenção, cujos textos francês e inglês farão, ambos, igualmente fé, terá a data de hoje.

Poderá ser ulteriormente assinada até 6 de setembro de 1930 em nome de qualquer membro da Sociedade das Nações e de qualquer Estado não membro.

Artigo 13

A presente Convenção será ratificada.

Os instrumentos de ratificação serão transmitidos, antes de 1.º de setembro de 1932, ao secretário-geral da Sociedade das Nações, que notificará imediatamente do seu depósito todos os membros da Sociedade das Nações e os Estados não membros que sejam partes na presente Convenção.

Artigo 14

A partir de 6 de setembro de 1930, qualquer membro da Sociedade das Nações e qualquer Estado não membro poderá aderir à presente Convenção.

Esta adesão efetuar-se-á por meio de notificação ao secretário-geral da Sociedade das Nações, que será depositada nos arquivos do Secretariado.

O secretário-geral notificará imediatamente desse depósito todos os Estados que tenham assinado a presente Convenção ou a ela tenham aderido.

Artigo 15

A presente Convenção somente entrará em vigor depois de ter sido ratificada ou de a ela terem aderido sete membros da Sociedade das Nações ou Estados não membros, entre os quais deverão figurar três dos membros da Sociedade das Nações com representação no Conselho.

Começará a vigorar 90 (noventa) dias depois de recebida pelo secretário-geral da Sociedade das Nações a 7.ª ratificação ou adesão, em conformidade com o disposto na alínea primeira do presente artigo.

O secretário-geral da Sociedade das Nações, nas notificações previstas nos arts. 13 e 14, fará menção especial de terem sido recebidas as ratificações ou adesões a que se refere a alínea primeira do presente artigo.

Artigo 16

As ratificações ou adesões após a entrada em vigor da presente Convenção, em conformidade com o disposto no art. 15 produzirão os seus efeitos 90 (noventa) dias depois da data da sua recepção pelo secretário-geral da Sociedade das Nações.

Artigo 17

A presente Convenção não poderá ser denunciada antes de decorrido um prazo de 2 (dois) anos a contar da data em que ela tiver começado a vigorar para o membro da Sociedade das Nações ou para o Estado não membro que a denuncia; esta denúncia produzirá os seus efeitos 90 (noventa) dias depois de recebida pelo secretário-geral a respectiva notificação.

Qualquer denúncia será imediatamente comunicada pelo secretário-geral da Sociedade das Nações a todas as outras Altas Partes Contratantes.

A denúncia só produzirá efeito em relação à Alta Parte Contratante em nome da qual ela tenha sido feita.

Artigo 18

Decorrido um prazo de 4 (quatro) anos da entrada em vigor da presente Convenção, qualquer membro da Sociedade das Nações, ou Estado não membro ligado à Convenção poderá formular ao secretário-geral da Sociedade das Nações um pedido de revisão de algumas ou de todas as suas disposições.

Se este pedido, comunicado aos outros membros da Sociedade das Nações ou Estados não membros para os quais a Convenção estiver então em vigor, for apoiado dentro do prazo de 1 (um) ano por seis, pelo menos, dentre eles, o Conselho da Sociedade das Nações decidirá se deve ser convocada uma conferência para aquele fim.

Artigo 19

As Altas Partes Contratantes podem declarar no momento da assinatura da ratificação ou da adesão que, aceitando a presente Convenção, não assumem nenhuma obrigação pelo que respeita a todas ou parte das suas colônias, protetorados ou territórios sob a sua soberania ou mandato, caso em que a presente Convenção se não aplicará aos territórios mencionados nessa declaração.

As Altas Partes Contratantes poderão mais tarde notificar o secretário-geral da Sociedade das Nações de que desejam que a presente Convenção se aplique a todos ou parte dos territórios que tenham sido objeto da declaração prevista na alínea precedente, e nesse caso a Convenção aplicar-se-á aos territórios mencionados na comunicação, 90 (noventa) dias depois de esta ter sido recebida pelo secretário-geral da Sociedade das Nações.

As Altas Partes Contratantes podem a todo o tempo declarar que desejam que a presente Convenção cesse de se aplicar a toda ou parte das suas colônias, protetorados ou territórios sob a sua soberania ou mandato, caso em que a Convenção deixará de se aplicar aos territórios mencionados nessa declaração 1 (um) ano após esta ter sido recebida pelo secretário-geral da Sociedade das Nações.

Artigo 20

A presente Convenção será registrada pelo secretário-geral da Sociedade das Nações desde que entre em vigor. Será publicada, logo que for possível, na "Coleção de Tratados" da Sociedade das Nações.

Em fé do que os plenipotenciários acima designados assinaram a presente Convenção.

Feito em Genebra, aos sete de junho de mil novecentos e trinta, num só exemplar, que será depositado nos arquivos do Secretariado da Sociedade das Nações. Será transmitida cópia autêntica a todos os membros da Sociedade das Nações e a todos os Estados não membros representados na Conferência.

•• Seguem-se as mesmas assinaturas colocadas após o art. 11 da Convenção para a adoção de uma Lei Uniforme sobre letras de câmbio e notas promissórias.

PROTOCOLO

Ao assinar a Convenção datada de hoje, destinada a regular certos conflitos de leis em matéria de letras e de notas promissórias, os abaixo-assinados, devidamente autorizados, acordaram nas disposições seguintes:

A

Os membros da Sociedade das Nações e os Estados não membros que não tenham podido efetuar, antes de 1.º de setembro de 1932, o depósito da ratificação da referida Convenção, obrigam-se a enviar, dentro de 15 (quinze) dias a contar daquela data, uma comunicação ao secretário-geral da Sociedade das Nações dando-lhe a conhecer a situação em que se encontram no que diz respeito à ratificação.

B

Se, em 1.º de novembro de 1932, não se tiverem verificado as condições previstas na alínea primeira do art. 15 para a entrada em vigor da Convenção, o secretário-geral da Sociedade das Nações convocará uma reunião dos membros da Sociedade das Nações e dos Estados não membros que tenham assinado a Convenção ou a ela tenham aderido, a fim de ser examinada a situação e as medidas que porventura devem ser tomadas para a resolver.

C

As Altas Partes Contratantes comunicar-se-ão, reciprocamente, a partir da sua entrada em vigor, as disposições legislativas promulgadas nos respectivos territórios para tornar efetiva a Convenção.

Em fé do que os plenipotenciários acima mencionados assinaram o presente Protocolo.

Feito em Genebra, aos sete de junho de mil novecentos e trinta, num só exemplar, que será depositado nos arquivos do Secretariado da Sociedade das Nações, será transmitida cópia autêntica a todos os membros da Sociedade das Nações e a todos os Estados não membros representados na Conferência.

•• Seguem-se as mesmas assinaturas colocadas após o art. 11 da Convenção para a adoção de uma Lei Uniforme sobre letras de câmbio e notas promissórias.

DECRETO-LEI N. 70, DE 21 DE NOVEMBRO DE 1966 (*)

Autoriza o funcionamento de associações de poupança e empréstimo e institui a cédula hipotecária.

O Presidente da República, com base no disposto pelo art. 31, parágrafo único, do Ato Institucional n. 2, de 27 de outubro de 1965, e tendo em vista o Ato Complementar n. 23, de 20 de outubro de 1966, decreta:

Capítulo I
DAS ASSOCIAÇÕES DE POUPANÇA E EMPRÉSTIMO

Art. 1.º Dentro das normas gerais que forem estabelecidas pelo Conselho Monetário Nacional, poderão ser autorizadas a funcionar, nos termos deste Decreto-lei, associações de poupança e empréstimo, que se constituirão obrigatoriamente sob a forma de sociedades civis, de âmbito regional restrito, tendo por objetivos fundamentais:

I – propiciar ou facilitar a aquisição de casa própria aos associados;

II – captar, incentivar e disseminar a poupança.

§ 1.º As associações de poupança e empréstimo estarão compreendidas no Sistema Financeiro da Habitação no item IV do art. 8.º da Lei n. 4.380, de 21 de agosto de 1964, e legislação complementar, com todos os encargos e vantagens decorrentes.

§ 2.º As associações de poupança e empréstimo e seus administradores ficam subordinados aos mesmos preceitos e normas atinentes às instituições financeiras, estabelecidos no Capítulo V da Lei n. 4.595, de 31 de dezembro de 1964.

Art. 2.º São características essenciais das associações de poupança e empréstimo:

I – a formação de vínculo societário, para todos os efeitos legais, através de depósitos em dinheiro efetuados por pessoas físicas interessadas em delas participar;

II – a distribuição aos associados, como dividendos, da totalidade dos resultados líquidos operacionais, uma vez deduzidas as importâncias destinadas à constituição dos fundos de reserva e de emergência e a participação da administração nos resultados das associações.

Art. 3.º É assegurado aos associados:

I – retirar ou movimentar seus depósitos, observadas as condições regulamentares;

II – tomar parte nas assembleias gerais, com plena autonomia deliberativa, em todos os assuntos da competência delas;

III – votar e ser votado.

Art. 4.º Para o exercício de seus direitos societários, cada associado terá pelo menos um voto, qualquer que seja o volume de seus depósitos na associação, e terá tantos votos quantas "Unidades-Padrão de Capital do Banco Nacional da Habitação" se contenham no respectivo depósito, nos termos do art. 52 e seus parágrafos da Lei n. 4.380, de 21 de agosto de 1964, e art. 9.º e seus parágrafos deste Decreto-lei.

§ 1.º Quando o associado dispuser de mais de um voto, a soma respectiva será apurada na forma prevista neste artigo, sendo desprezadas as frações inferiores a uma "Unidade-Padrão de Capital".

§ 2.º Poderá ser limitado, como norma geral, variável de região a região, o número máximo de votos correspondentes a cada depósito ou a cada depositante.

Art. 5.º Será obrigatório, como despesa operacional das associações de poupança e empréstimo, o pagamento de prêmio para seguro dos depósitos.

Art. 6.º O Banco Nacional da Habitação poderá determinar, deliberando inclusive quanto à maneira de fazê-lo, a reorganização, incorporação, fusão ou liquidação de associações de poupança e empréstimo, bem como intervir nas mesmas, através de interventor ou interventores especialmente nomeados, independentemente das respectivas assembleias gerais sempre que verificada uma ou mais das seguintes hipóteses:

a) insolvência;

(*) Publicado no *Diário Oficial da União*, de 22-11-1966. Sobre BNH e OTN, *vide* Nota dos Organizadores.

b) violação das leis ou dos regulamentos;

c) negativa em exibir papéis e documentos ou tentativa de impedir inspeções;

d) realização de operações inseguras ou antieconômicas;

e) operação em regime de perda.

Art. 7.º As associações de poupança e empréstimo são isentas de Imposto de Renda; são também isentas de Imposto de Renda as correções monetárias que vierem a pagar a seus depositantes.

Art. 8.º Aplicam-se às associações de poupança e empréstimo, no que este Decreto-lei não contrariar, os arts. 1.363 e segs. do Código Civil ou legislação substitutiva ou modificativa deles.

•• A referência é feita a dispositivos do CC de 1916. Não há correspondentes no Código vigente.

Capítulo II
DA CÉDULA HIPOTECÁRIA

Art. 9.º Os contratos de empréstimo com garantia hipotecária, com exceção das que consubstanciam operações de crédito rural, poderão prever o reajustamento das respectivas prestações de amortização e juros com a consequente correção monetária da dívida.

§ 1.º Nas hipotecas não vinculadas ao Sistema Financeiro da Habitação, a correção monetária da dívida obedecerá ao que for disposto para o Sistema Financeiro da Habitação.

§ 2.º A menção a Obrigações do Tesouro Nacional nas operações mencionadas no § 2.º do art. 1.º do Decreto-lei n. 19, de 30 de agosto de 1966, e neste Decreto-lei entende-se como equivalente a menção de Unidades-Padrão de Capital do Banco Nacional da Habitação e o valor destas será sempre corrigido monetariamente durante a vigência do contrato, segundo os critérios do art. 7.º, § 1.º, da Lei n. 4.357/64.

§ 3.º A cláusula de correção monetária utilizável nas operações do Sistema Financeiro da Habitação poderá ser aplicada em todas as operações mencionadas no § 2.º do art. 1.º do Decreto-lei n. 19, de 30 de agosto de 1966, que vierem a ser pactuadas por pessoas não integrantes daquele Sistema, desde que os atos jurídicos se refiram a operações imobiliárias.

Art. 10. É instituída a cédula hipotecária para hipotecas inscritas no Registro Geral de Imóveis, como instrumento hábil para a representação dos respectivos créditos hipotecários, a qual poderá ser emitida pelo credor hipotecário nos casos de:

I – operações compreendidas no Sistema Financeiro da Habitação;

II – hipotecas de que sejam credores instituições financeiras em geral, e companhias de seguro;

III – hipotecas entre outras partes, desde que a cédula hipotecária seja originariamente emitida em favor das pessoas jurídicas a que se refere o inciso II *supra*.

§ 1.º A cédula hipotecária poderá ser integral quando representar a totalidade do crédito hipotecário, ou fracionária, quando representar parte dele, entendido que a soma do principal das cédulas hipotecárias fracionárias emitidas sobre uma determinada hipoteca e ainda em circulação não poderá exceder, em hipótese alguma, o valor total do respectivo crédito hipotecário em nenhum momento.

§ 2.º Para os efeitos do valor total mencionado no parágrafo anterior, admite-se o cômputo das correções efetivamente realizadas, na forma do art. 9.º, do valor monetário da dívida envolvida.

§ 3.º As cédulas hipotecárias fracionárias poderão ser emitidas em conjunto ou isoladamente a critério do credor, a qualquer momento antes do vencimento da correspondente dívida hipotecária.

Art. 11. É admitida a emissão de cédula hipotecária sobre segunda hipoteca, desde que tal circunstância seja expressamente declarada com evidência, no seu anverso.

Art. 12. O valor nominal de cada cédula hipotecária vinculada ao Sistema Financeiro da Habitação poderá ser expresso pela sua equivalência em Obrigações do Tesouro Nacional ou Unidades-Padrão de Capital do Banco Nacional da Habitação e representado pelo quociente da divisão do valor inicial da dívida ou da prestação, prestações ou frações de prestações de amortizações e juros da dívida originária pelo valor corrigido de uma Obrigação do Tesouro Nacional ou Unidades-Padrão de Capital do Banco Nacional da Habitação no trimestre de constituição da dívida.

§ 1.º O valor real ou o valor corrigido de cada cédula hipotecária corresponderá ao produto de seu valor nominal, definido neste artigo, pelo valor corrigido de uma Obrigação do Tesouro Nacional ou Unidade-Padrão de Capital do Banco Nacional da Habitação no momento da apuração desse valor real.

§ 2.º O valor nominal discriminará, na forma deste artigo, a parcela de amortização de capital e a parcela de juros representados pela cédula hipotecária, bem como o prêmio mensal dos seguros obrigatórios estipulados pelo Banco Nacional da Habitação.

Art. 13. A cédula hipotecária só poderá ser lançada à circulação depois de averbada à margem da inscrição da hipoteca a que disser respeito, no Registro Geral de Imóveis, observando-se para essa averbação o disposto na legislação e regulamentação dos serviços concernentes aos registros públicos, no que couber.

• *Vide* art. 11, parágrafo único, da Lei n. 5.741, de 1.º-12-1971.

Parágrafo único. Cada cédula hipotecária averbada será autenticada pelo oficial do registro geral de imóveis competente, com indicação de seu número, série e data, bem como do livro, folhas e a data da inscrição da hipoteca a que corresponder a emissão e à margem da qual for averbada.

Art. 14. Não será permitida a averbação de cédula hipotecária, quando haja prenotação, inscrição ou averbação de qualquer outro ônus real, ação, penhora ou procedimento judicial que afetem o imóvel, direta ou indiretamente, ou de cédula hipotecária anterior, salvo nos casos dos arts. 10, § 1.º, e 11.

Art. 15. A cédula hipotecária conterá obrigatoriamente:

I – no anverso:

a) nome, qualificação e endereço do emitente, e do devedor;

b) número e série da cédula hipotecária, com indicação da parcela ou totalidade do crédito que represente;

c) número, data, livro e folhas do Registro Geral de Imóveis em que foi inscrita a hipoteca e averbada a cédula hipotecária;

d) individualização do imóvel dado em garantia;

e) o valor da cédula, como previsto nos arts. 10 e 12, os juros convencionados e a multa estipulada para o caso de inadimplemento;

f) o número de ordem da prestação a que corresponder a cédula hipotecária, quando houver;

g) a data do vencimento da cédula hipotecária ou quando representativa de várias prestações, os seus vencimentos de amortização e juros;

h) a autenticação feita pelo oficial do registro geral de imóveis;

i) a data da emissão, e as assinaturas do emitente, com a promessa de pagamento do devedor;

j) o lugar de pagamento do principal, juros, seguros e taxas;

II – no verso, a menção ou locais apropriados para o lançamento dos seguintes elementos:

a) data ou datas de transferência por endosso;

b) nome, assinatura e endereço do endossante;

c) nome, qualificação, endereço e assinatura do endossatário;

d) as condições do endosso;

e) a designação do agente recebedor e sua comissão.

Parágrafo único. A cédula hipotecária vinculada ao Sistema Financeiro da Habitação deverá conter ainda, no verso, a indicação dos seguros obrigatórios, estipulados pelo Banco Nacional da Habitação.

Art. 16. A cédula hipotecária é sempre nominativa, e de emissão do credor da hipoteca a que disser respeito, podendo ser transferida por endosso em preto lançado no seu verso, na forma do art. 15, II, aplicando-se à espécie, no que este Decreto-lei não contrarie, os arts. 1.065 e segs. do Código Civil.

•• A referência é feita a dispositivos do CC de 1916. *Vide* arts. 286 e s. do Código vigente.

Parágrafo único. Emitida a cédula hipotecária, passa a hipoteca sobre a qual incidir a fazer parte integrante dela, acompanhando-a nos endossos subsequentes, sub-rogando-se automaticamente o favorecido ou o endossatário em todos os direitos creditícios respectivos, que serão exercidos pelo último deles, titular pelo endosso em preto.

Art. 17. Na emissão e no endosso da cédula hipotecária, o emitente e o endossante permanecem solidariamente responsáveis pela boa liquidação do crédito, a menos que avisem o devedor hipotecário e o segurador, quando houver, de cada emissão ou endosso, até 30 (trinta) dias após sua realização através de carta (do emitente ou do endossante, conforme o caso), entregue mediante recibo ou enviada pelo Registro de Títulos e Documentos, ou ainda por meio de notificação judicial, indicando-se, na carta ou na notificação, o nome, a qualificação e o endereço completo do beneficiário (se se tratar de emissão) ou do endossatário (se se tratar de endosso).

§ 1.º O Conselho Monetário Nacional fixará as condições em que as companhias de seguro e as instituições financeiras poderão realizar endossos de cédulas hipotecárias permanecendo solidariamente responsáveis por sua boa liquidação, inclusive despesas judiciais, hipótese em que deverão indicar na própria cédula, obrigatoriamente, o custo de tais serviços.

§ 2.º Na emissão e no endosso da cédula hipotecária é dispensável a outorga uxória.

Art. 18. A liquidação total ou parcial da hipoteca sobre a qual haja sido emitida cédula hipotecária prova-se pela restituição da mesma cédula hipotecária, quitada, ao devedor, ou, na falta dela, por outros meios admitidos em lei.

Parágrafo único. O emitente, endossante ou endossatário de cédula hipotecária que receber seu pagamento sem restituí-la ao devedor, permanece responsável por todas as consequências de sua permanência em circulação.

Art. 19. Nenhuma cédula hipotecária poderá ter prazo de resgate diferente do prazo da dívida hipotecária a que disser respeito, cujo vencimento antecipado, por qualquer motivo, acarretará automaticamente o vencimento, identicamente antecipado, de todas as cédulas hipotecárias que sobre ela houverem sido emitidas.

Art. 20. É a cédula hipotecária resgatável antecipadamente, desde que o devedor efetue o pagamento correspondente ao seu valor, corrigido monetariamente até a data da liquidação antecipada; se o credor recusar infundadamente o recebimento, poderá o devedor consignar judicialmente as importâncias devidas, cabendo ao juízo determinar a expedição de comunicação ao Registro Geral de Imóveis para o cancelamento da correspondente averbação ou da inscrição hipotecária, quando se trate de liquidação integral desta.

Art. 21. É vedada a emissão de cédulas hipotecárias sobre hipotecas cujos contratos não prevejam a obrigação do devedor de:

I – conservar o imóvel hipotecado em condições normais de uso;

II – pagar nas épocas próprias todos os impostos, taxas, multas ou quaisquer outras obrigações fiscais que recaiam ou venham a recair sobre o imóvel;

III – manter o imóvel segurado por quantia no mínimo correspondente ao do seu valor monetário corrigido.

Parágrafo único. O Conselho de Administração do Banco Nacional da Habitação poderá determinar a adoção de instrumentos-padrão, cujos termos fixará para as hipotecas do Sistema Financeiro da Habitação.

Art. 22. As instituições financeiras em geral e as companhias de seguro poderão adquirir cédulas hipotecárias ou recebê-las em caução, nas condições que o Conselho Monetário Nacional estabelecer.

Art. 23. Na hipótese de penhora, arresto, sequestro ou outra medida judicial que venha a recair em imóvel objeto de hipoteca sobre a qual haja sido emitida cédula hipotecária, fica o devedor obrigado a denunciar ao juízo da ação ou execução a existência do fato, comunicando-o incontinenti aos oficiais incumbidos da diligência, sob pena de responder pelos prejuízos que de sua omissão advierem para o credor.

Art. 24. O cancelamento da averbação da cédula hipotecária e da inscrição da hipoteca respectiva, quando se trate de liquidação integral desta, far-se-ão:

I – à vista das cédulas hipotecárias devidamente quitadas, exibidas pelo devedor ao oficial do registro geral de imóveis;

II – nos casos dos arts. 18 e 20, *in fine*;

III – por sentença judicial transitada em julgado.

Parágrafo único. Se o devedor não possuir a cédula hipotecária quitada, poderá suprir a falta com a apresentação de declaração de quitação do emitente ou endossante em documento à parte.

Art. 25. É proibida a emissão de cédulas hipotecárias sobre hipotecas convencionadas anteriormente à vigência deste Decreto-lei, salvo novo acordo entre credor e devedor, ou quando tenha sido prevista a correção monetária nos termos dos arts. 9.º e 11.

Art. 26. Todos os atos previstos neste Decreto-lei poderão ser feitos por instrumento particular, aplicando-se ao seu extravio, no que couber, o disposto no Título VII, do Livro IV, do Código de Processo Civil.

•• Refere-se ao Código de 1939.

Art. 27. A emissão ou o endosso de cédula hipotecária, com infringência deste Decreto-lei, constitui, para o emitente ou o endossante, crime de estelionato, sujeitando-o às sanções do art. 171 do Código Penal.

Art. 28. Ficam isentos do Imposto de Operações Financeiras os atos jurídicos e os instrumentos mencionados neste Capítulo, bem como todas as operações passivas de entidades integrantes do Sistema Financeiro da Habitação; não estarão sujeitos, outrossim, ao Imposto de Renda:

I – durante o exercício financeiro de 1967, os juros das operações previstas no mesmo capítulo, quando vinculados ao Sistema Financeiro da Habitação;

II – a correção monetária dessas operações, em todos os casos.

Capítulo III

•• Sem epígrafe, conforme publicação oficial.

Art. 29. As hipotecas a que se referem os arts. 9.º e 10 e seus incisos, quando não pagas no vencimento, poderão, à escolha do credor, ser objeto de execução na forma do Código de Processo Civil (arts. 298 e 301) ou deste Decreto-lei (arts. 31 a 38).

•• Refere-se ao Código de 1939.

Parágrafo único. A falta de pagamento do principal, no todo ou em parte, ou de qualquer parcela de juros, nas épocas próprias, bem como o descumprimento das obrigações constantes do art. 21, importará, automaticamente, salvo disposição diversa do contrato de hipoteca em exigibilidade imediata de toda a dívida.

Art. 30. Para os efeitos de exercício da opção do art. 29, será agente fiduciário, com as funções determinadas nos arts. 31 a 38:

I – nas hipotecas compreendidas no Sistema Financeiro da Habitação, o Banco Nacional da Habitação;

II – nas demais, as instituições financeiras inclusive sociedades de crédito imobiliário, credenciadas a tanto pelo Banco Central da República do Brasil, nas condições que o Conselho Monetário Nacional venha a autorizar.

•• O Banco Central da República do Brasil passou a denominar-se Banco Central do Brasil: Decreto-lei n. 278, de 28-2-1967.

•• *Vide* art. 39, II, da Lei n. 9.514, de 20-11-1997, sobre operações de financiamento imobiliário.

§ 1.º O Conselho de Administração do Banco Nacional da Habitação poderá determinar que este exerça as funções de agente fiduciário, conforme o inciso I, diretamente ou através das pessoas jurídicas mencionadas no inciso II, fixando os critérios de atuação delas.

§ 2.º As pessoas jurídicas mencionadas no inciso II, a fim de poderem exercer as funções de agente fiduciário deste Decreto-lei, deverão ter sido escolhidas para tanto, de comum acordo entre o credor e o devedor no contrato originário de hipoteca ou em aditamento ao mesmo, salvo se estiverem agindo em nome do Banco Nacional da Habitação ou nas hipóteses do art. 41.

§ 3.º Os agentes fiduciários não poderão ter ou manter vínculos societários com os credores ou devedores das hipotecas em que sejam envolvidos.

§ 4.º É lícito às partes, em qualquer tempo, substituir o agente fiduciário eleito, em aditamento ao contrato de hipoteca.

Art. 31. Vencida e não paga a dívida hipotecária, no todo ou em parte, o credor que houver preferido executá-la de acordo com este Decreto-lei formalizará ao agente fiduciário a solicitação de execução da dívida, instruindo-a com os seguintes documentos:

I – o título da dívida devidamente registrado;

II – a indicação discriminada do valor das prestações e encargos não pagos;

III – o demonstrativo do saldo devedor, discriminando as parcelas relativas a principal, juros, multa e outros encargos contratuais e legais; e

IV – cópia dos avisos reclamando pagamento da dívida, expedidos segundo instruções regulamentares relativas ao SFH.

•• *Caput* e incisos com redação determinada pela Lei n. 8.004, de 14-3-1990.

• *Vide* Lei n. 5.741, de 1.º-12-1971.

§ 1.º Recebida a solicitação da execução da dívida, o agente fiduciário, nos 10 (dez) dias subsequentes, promoverá a notificação do devedor, por intermédio de Cartório de Títulos e Documentos, concedendo-lhe o prazo de 20 (vinte) dias para a purgação da mora.

•• § 1.º com redação determinada pela Lei n. 8.004, de 14-3-1990.

§ 2.º Quando o devedor se encontrar em lugar incerto ou não sabido, o oficial certificará o fato, cabendo, então, ao agente fiduciário promover a notificação por edital, publicado por 3 (três) dias, pelo menos, em um dos jornais de maior circulação local, ou noutro de comarca de fácil acesso, se no local não houver imprensa diária.

•• § 2.º com redação determinada pela Lei n. 8.004, de 14-3-1990.

Art. 32. Não acudindo o devedor à purgação do débito, o agente fiduciário estará de pleno direito autorizado a publicar editais e a efetuar, no decurso dos 15 (quinze) dias imediatos, o primeiro público leilão do imóvel hipotecado.

• *Vide* Lei n. 5.741, de 1.º-12-1971.

§ 1.º Se, no primeiro público leilão, o maior lance obtido for inferior ao saldo devedor no momento, acrescido das despesas constantes do art. 33 mais as do anúncio e contratação da praça, será realizado o segundo público leilão, nos 15 (quinze) dias seguintes, no qual será aceito o maior lance apurado, ainda que inferior à soma das aludidas quantias.

§ 2.º Se o maior lance do segundo público leilão for inferior àquela soma, serão pagas inicialmente as despesas componentes da mesma soma, e a diferença entregue ao credor, que poderá cobrar do devedor, por via executiva, o valor remanescente de seu crédito, sem nenhum direito de retenção ou indenização sobre o imóvel alienado.

§ 3.º Se o lance de alienação do imóvel, em qualquer dos dois públicos leilões, for superior ao total das importâncias referidas no *caput* deste artigo, a diferença a final apurada será entregue ao devedor.

§ 4.º A morte do devedor pessoa física, ou a falência, concordata ou dissolução do devedor pessoa jurídica, não impede a aplicação deste artigo.

Art. 33. Compreende-se no montante do débito hipotecado, para os efeitos do art. 32, a qualquer momento de sua execução, as demais obrigações contratuais vencidas, especialmente em relação à Fazenda Pública federal, estadual ou municipal, e a prêmios de seguro, que serão pagos com preferência sobre o credor hipotecário.

Parágrafo único. Na hipótese do segundo público leilão não cobrir sequer as despesas do artigo *supra*, o credor nada receberá, permanecendo íntegra a responsabilidade de adquirente do imóvel por este garantida, em relação aos créditos remanescentes da Fazenda Pública e das seguradoras.

Art. 34. É lícito ao devedor, a qualquer momento, até a assinatura do auto de arrematação, purgar o débito totalizado de acordo com o art. 33, e acrescido ainda dos seguintes encargos:

I – se a purgação se efetuar conforme o § 1.º do art. 31, o débito será acrescido das penalidades previstas no contrato de hipoteca, até 10% (dez por cento) do valor do mesmo débito, e da remuneração do agente fiduciário;

II – daí em diante, o débito, para os efeitos de purgação, abrangerá ainda os juros de mora e a correção monetária incidente até o momento da purgação.

Art. 35. O agente fiduciário é autorizado, independentemente de mandato do credor ou do devedor, a receber as quantias que resultarem da purgação do débito ou do primeiro ou segundo públicos leilões, que deverá entregar ao credor ou ao devedor, conforme o caso deduzidas de sua própria remuneração.

§ 1.º A entrega em causa será feita até 5 (cinco) dias após o recebimento das quantias envolvidas, sob pena de cobrança, contra o agente fiduciário, pela parte que tiver direito às quantias, por ação executiva.

§ 2.º Os créditos previstos neste artigo, contra agente fiduciário, são privilegiados, em caso de falência ou concordata.

Art. 36. Os públicos leilões regulados pelo art. 32 serão anunciados e realizados, no que este Decreto-lei não prever, de acordo com o que estabelecer o contrato de hipoteca, ou, quando se tratar do Sistema Financeiro da Habitação, o que o Conselho de Administração do Banco Nacional da Habitação estabelecer.

Parágrafo único. Considera-se não escrita a cláusula contratual que sob qualquer pretexto preveja condições que subtraiam ao devedor o conhecimento dos públicos leilões de imóvel hipotecado, ou que autorizem sua promoção e realização sem publicidade pelo menos igual à usualmente adotada pelos leiloeiros públicos em sua atividade corrente.

Art. 37. Uma vez efetivada a alienação do imóvel, de acordo com o art. 32, será emitida a respectiva carta de arrematação, assinada pelo leiloeiro, pelo credor, pelo agente fiduciário, e por cinco pessoas físicas idôneas, absolutamente capazes, como testemunhas, documento que servirá como título para a transcrição no Registro Geral de Imóveis.

§ 1.º O devedor, se estiver presente ao público leilão, deverá assinar a carta de arrematação que, em caso contrário, conterá necessariamente a constatação de sua ausência ou de sua recusa em subscrevê-la.

§ 2.º Uma vez transcrita no Registro Geral de Imóveis a carta de arrematação, poderá o adquirente requerer ao juízo competente imissão da posse no imóvel que lhe será concedida liminarmente, após decorridas as 48 (quarenta e oito) horas mencionadas no § 3.º deste artigo, sem prejuízo de se prosseguir no feito, em rito ordinário, para o debate das alegações que o devedor porventura aduzir em contestação.

§ 3.º A concessão da medida liminar do parágrafo anterior só será negada se o devedor, citado, comprovar, no prazo de 48 (quarenta e oito) horas, que resgatou ou consignou judicialmente o valor de seu débito, antes da realização do primeiro ou do segundo público leilão.

Art. 38. No período que mediar entre a transcrição da carta de arrematação no Registro Geral de Imóveis e a efetiva imissão do adquirente na posse do imóvel alienado em público leilão, o juiz arbitrará uma taxa mensal de ocupação compatível com o rendimento que deveria proporcionar o investimento realizado na aquisição cobrável por ação executiva.

Art. 39. O contrato de hipoteca deverá prever os honorários do agente fiduciário, que somente lhe serão devidos se se verificar sua intervenção na cobrança do crédito; tais honorários não poderão ultrapassar a 5% (cinco por cento) do mesmo crédito, no momento da intervenção.

Parágrafo único. Para as hipotecas do Sistema Financeiro da Habitação o Conselho de Administração do Banco Nacional da Habitação poderá fixar tabelas de remuneração do agente fiduciário, dentro dos limites fixados neste artigo.

Art. 40. O agente fiduciário que, mediante ato ilícito, fraude, simulação ou comprovada má-fé, alienar imóvel hipotecado em prejuízo do credor ou devedor envolvido, responderá por seus atos, perante as autoridades competentes, na forma do Capítulo V da Lei n. 4.595, de 31 de dezembro de 1964, e, perante a parte lesada, por perdas e danos, que levarão em conta os critérios de correção monetária adotados neste Decreto-lei ou no contrato hipotecário.

Art. 41. Se, por qualquer motivo, o agente fiduciário eleito no contrato hipotecário não puder continuar no exercício da função, deverá comunicar o fato imediatamente ao credor e ao devedor, que, se não chegarem a um acordo para eleger outro, em aditamento ao mesmo contrato, poderão pedir ao juízo competente, a nomeação de substituto.

§ 1.º Se o credor ou o devedor, a qualquer tempo antes do início da execução conforme o art. 31, tiverem fundadas razões para pôr em dúvida a imparcialidade ou idoneidade do agente fiduciário eleito no contrato hipotecário, e se não houver acordo entre eles para substituí-lo, qualquer dos dois poderá pedir ao juízo competente sua destituição.

§ 2.º Os pedidos a que se refere este artigo e o parágrafo anterior serão processados segundo o que determina o Código de Processo Civil para as ações declaratórias, com a citação das outras partes envolvidas no contrato hipotecário e do agente fiduciário.

§ 3.º O pedido previsto no § 2.º pode ser de iniciativa do agente fiduciário.

§ 4.º Destituído o agente fiduciário, o juiz nomeará outro em seu lugar, que assumirá imediatamente as funções, mediante termo lavrado nos autos, que será levado a averbação no Registro Geral de Imóveis e passará a constituir parte integrante do contrato hipotecário.

§ 5.º Até a sentença destitutória transitar em julgado, o agente fiduciário destituído continuará no pleno exercício de suas funções, salvo nos casos do parágrafo seguinte.

§ 6.º Sempre que o juiz julgar necessário, poderá, nos casos deste artigo, nomear liminarmente o novo agente fiduciário, mantendo-o ou substituindo-o na decisão final do pedido.

§ 7.º A destituição do agente fiduciário não exclui a aplicação de sanções cabíveis em virtude de sua ação ou omissão dolosa.

Capítulo IV
DAS DISPOSIÇÕES FINAIS

Art. 42. (*Revogado pelo Decreto-lei n. 1.494, de 7-12-1976.*)

Art. 43. Os empréstimos destinados ao financiamento da construção ou da venda de unidades imobiliárias poderão ser garantidos pela caução, cessão parcial ou cessão fiduciária dos direitos decorrentes de alienação de imóveis, aplicando-se, no que couber, o disposto nos §§ 1.º e 2.º do art. 22 da Lei n. 4.864, de 9 de novembro de 1965.

Parágrafo único. As garantias a que se refere este artigo constituem direitos reais sobre os respectivos imóveis.

Art. 44. São passíveis de inscrição, nos Cartórios do Registro de Imóveis, os contratos a que se refere o art. 43 e os de hipoteca de unidades imobiliárias em construção ou já construídas mas ainda sem "habite-se" das autoridades públicas competentes e respectiva averbação, desde que estejam devidamente registrados os lotes de terreno em que elas se situem.

Art. 45. Este Decreto-lei entra em vigor na data de sua publicação.

Art. 46. Revogam-se as disposições em contrário.

Brasília, 21 de novembro de 1966; 145.º da Independência e 78.º da República.

H. CASTELLO BRANCO

DECRETO-LEI N. 73, DE 21 DE NOVEMBRO DE 1966 (*)

Dispõe sobre o Sistema Nacional de Seguros Privados, regula as Operações de Seguros e Resseguros e dá outras providências.

O Presidente da República, usando da atribuição que lhe confere o artigo 2.º do Ato Complementar n. 23, de 20 de outubro de 1966, decreta:

Capítulo I
INTRODUÇÃO

Art. 1.º Todas as operações de seguros privados realizados no País ficarão subordinadas às disposições do presente Decreto-lei.

•• Sobre contrato de seguro dispõem os arts. 757 a 802 do CC.

• O Decreto n. 10.016, de 17-9-2019, dispõe sobre Conselho de Recursos do Sistema Nacional de Seguros Privados, de Previdência Privada Aberta e de Capitalização.

Art. 2.º O controle do Estado se exercerá pelos órgãos instituídos neste Decreto-lei, no interesse dos segurados e beneficiários dos contratos de seguro.

Art. 3.º Consideram-se operações de seguros privados os seguros de coisas, pessoas, bens, responsabilidades, obrigações, direitos e garantias.

Parágrafo único. Ficam excluídos das disposições deste Decreto-lei os seguros do âmbito da Previdência Social, regidos pela legislação especial pertinente.

Art. 4.º Integra-se nas operações de seguros privados o sistema de cosseguro, resseguro e retrocessão, por forma a pulverizar os riscos e fortalecer as relações econômicas do mercado.

Parágrafo único. Aplicam-se aos estabelecimentos autorizados a operar em resseguro e retrocessão, no que couber, as regras estabelecidas para as sociedades seguradoras.

•• Parágrafo único acrescentado pela Lei n. 9.932, de 20-12-1999.

Art. 5.º A política de seguros privados objetivará:

I – promover a expansão do mercado de seguros e propiciar condições operacionais necessárias para sua integração no processo econômico e social do País;

II – evitar evasão de divisas, pelo equilíbrio de balanço dos resultados do intercâmbio de negócios com o exterior;

III – (*Revogado pela Lei n. 13.874, de 20-9-2019.*)

IV – promover o aperfeiçoamento das Sociedades Seguradoras;

V – preservar a liquidez e a solvência das Sociedades Seguradoras;

VI – coordenar a política de seguros com a política de investimentos do Governo Federal, observados os critérios estabelecidos para as políticas monetária, creditícia e fiscal.

Art. 6.º (*Revogado pela Lei Complementar n. 126, de 15-1-2007.*)

Capítulo II
DO SISTEMA NACIONAL DE SEGUROS PRIVADOS

Art. 7.º Compete privativamente ao Governo Federal formular a política de seguros privados, legislar sobre suas normas gerais e fiscalizar as operações no mercado nacional.

Art. 8.º Fica instituído o Sistema Nacional de Seguros Privados, regulado pelo presente Decreto-lei e constituído:

a) do Conselho Nacional de Seguros Privados – CNSP;

b) da Superintendência de Seguros Privados – SUSEP;

c) dos resseguradores;

•• Alínea *c* com redação determinada pela Lei Complementar n. 126, de 15-1-2007.

d) das Sociedades autorizadas a operar em seguros privados;

e) dos corretores habilitados.

Capítulo III
DISPOSIÇÕES ESPECIAIS APLICÁVEIS AO SISTEMA

Art. 9.º Os seguros serão contratados mediante propostas assinadas pelo segurado, seu representante legal ou por corretor habilitado, com emissão das respectivas apólices, ressalvado o disposto no artigo seguinte.

Art. 10. É autorizada a contratação de seguros por simples emissão de bilhete de seguro, mediante solicitação verbal do interessado.

(*) Publicado no *Diário Oficial da União*, de 22-11-1966. Retificado pelo Decreto-lei n. 296, de 28-2-1967. O Decreto n. 60.459, de 13-3-1967, regulamenta este Decreto-lei. *Vide* Lei Complementar n. 126, de 15-1-2007, que dispõe sobre a política de resseguro, retrocessão e sua intermediação, as operações de cosseguro, as contratações de seguro no exterior e as operações em moeda estrangeira do setor securitário. Sobre a denominação dos Ministérios, *vide* Nota dos Organizadores.

§ 1.º O CNSP regulamentará os casos previstos neste artigo, padronizando as cláusulas e os impressos necessários.

§ 2.º Não se aplicam a tais seguros as disposições do art. 1.433 do Código Civil.

•• Refere-se ao CC de 1916. O atual CC dispõe sobre seguros nos arts. 757 a 802.

Art. 11. Quando o seguro for contratado na forma estabelecida no artigo anterior, a boa-fé da Sociedade Seguradora, em sua aceitação, constitui presunção *juris tantum*.

§ 1.º Sobrevindo o sinistro, a prova da ocorrência do risco coberto pelo seguro e a justificação de seu valor competirão ao segurado ou beneficiário.

§ 2.º Será lícito à Sociedade Seguradora arguir a existência de circunstância relativa ao objeto ou interesse segurado cujo conhecimento prévio influiria na sua aceitação ou na taxa de seguro, para exonerar-se da responsabilidade assumida, até no caso de sinistro. Nessa hipótese, competirá ao segurado ou beneficiário provar que a Sociedade Seguradora teve ciência prévia da circunstância arguida.

§ 3.º A violação ou inobservância pelo segurado, seu preposto ou beneficiário, de qualquer das condições estabelecidas para a contratação de seguros na forma do disposto no art. 10 exonera a Sociedade Seguradora da responsabilidade assumida.

§ 4.º É vedada a realização de mais de um seguro cobrindo o mesmo objeto ou interesse, desde que qualquer deles seja contratado mediante a emissão de simples certificado, salvo nos casos de seguros de pessoas.

Art. 12. A obrigação do pagamento do prêmio pelo segurado vigerá a partir do dia previsto na apólice ou bilhete de seguro, ficando suspensa a cobertura do seguro até o pagamento do prêmio e demais encargos.

Parágrafo único. Qualquer indenização decorrente do contrato de seguros dependerá de prova de pagamento do prêmio devido, antes da ocorrência do sinistro.

Art. 13. As apólices não poderão conter cláusula que permita rescisão unilateral dos contratos de seguro ou por qualquer modo subtraia sua eficácia e validade além das situações previstas em Lei.

Art. 14. Fica autorizada a contratação de seguros com a cláusula de correção monetária para capitais e valores, observada a equivalência atuarial dos compromissos futuros assumidos pelas partes contratantes, na forma das instruções do Conselho Nacional de Seguros Privados.

Art. 15. (*Revogado pela Lei n. 9.932, de 20-12-1999, e pela Lei Complementar n. 126, de 15-1-2007.*)

Art. 16. É criado o Fundo de Estabilidade do Seguro Rural, com a finalidade de garantir a estabilidade dessas operações e atender à cobertura suplementar dos riscos de catástrofe.

•• A partir da vigência do Fundo instituído pela Lei Complementar n. 137, de 26-8-2010, cujo objetivo é a cobertura suplementar dos riscos do seguro rural, de acordo com os arts. 18 e 22, IV, respectivamente, do citado diploma, extinguir-se-á o Fundo de Estabilidade do Seguro Rural e revogar-se-á este artigo.

•• A Resolução CNSP n. 404, de 26-3-2021, dispõe sobre o Seguro Rural e o Fundo de Estabilidade do Seguro Rural – FESR, estabelecidos neste artigo.

Parágrafo único. O Fundo será administrado pelo IRB e seus recursos aplicados segundo o estabelecido pelo CNSP.

•• A Lei Complementar n. 126, de 15-1-2007, propôs nova redação para este parágrafo, mas teve seu texto vetado.

Art. 17. O Fundo de Estabilidade do Seguro Rural será constituído:

•• A partir da vigência do Fundo instituído pela Lei Complementar n. 137, de 26-8-2010, cujo objetivo é a cobertura suplementar dos riscos do seguro rural, de acordo com os arts. 18 e 22, IV, respectivamente, do citado diploma, extinguir-se-á o Fundo de Estabilidade do Seguro Rural e revogar-se-á este artigo.

•• A Resolução CNSP n. 404, de 26-3-2021, dispõe sobre o Seguro Rural e o Fundo de Estabilidade do Seguro Rural – FESR, estabelecidos neste artigo.

a) dos excedentes do máximo admissível tecnicamente como lucro nas operações de seguros de crédito rural, seus resseguros e suas retrocessões, segundo os limites fixados pelo CNSP;

b) dos recursos previstos no art. 23, § 3.º, deste Decreto-lei;

•• O art. 23 deste Decreto-lei foi revogado pela Lei Complementar n. 126, de 15-1-2007.

c) por dotações orçamentárias anuais, durante dez anos, a partir do presente Decreto-lei ou mediante o crédito especial necessário para cobrir a deficiência operacional do exercício anterior.

Art. 18. (*Revogado pela Lei Complementar n. 126, de 15-1-2007.*)

Art. 19. As operações de Seguro Rural gozam de isenção tributária irrestrita de quaisquer impostos ou tributos federais.

•• A partir de 1.º de julho do ano seguinte ao do início de operação do Fundo instituído pela Lei Complementar n. 137, de 26-8-2010, cujo objetivo é a cobertura suplementar dos riscos do seguro rural, revogar-se-á este artigo, de acordo com o art. 22, III, do citado diploma.

Art. 20. Sem prejuízo do disposto em leis especiais, são obrigatórios os seguros de:

•• O Decreto n. 61.687, de 7-12-1967, regulamenta os seguros obrigatórios previstos neste artigo.

a) danos pessoais a passageiros de aeronaves comerciais;

b) responsabilidade civil do proprietário de aeronaves e do transportador aéreo;

•• Alínea *b* com redação determinada pela Lei n. 8.374, de 30-12-1991.

c) responsabilidade civil do construtor de imóveis em zonas urbanas por danos a pessoas ou coisas;

d) (*Revogada pela Lei n. 13.986, de 7-4-2020.*)

e) garantia do cumprimento das obrigações do incorporador e construtor de imóveis;

f) garantia do pagamento a cargo de mutuário da construção civil, inclusive obrigação imobiliária;

g) edifícios divididos em unidades autônomas;

•• A Resolução n. 392, de 30-10-2020, da SUSEP, estabelece critérios para operação do seguro obrigatório de que trata esta alínea.

h) incêndio e transporte de bens pertencentes a pessoas jurídicas, situados no País ou nele transportados;

•• A Resolução n. 392, de 30-10-2020, da SUSEP, estabelece critérios para operação do seguro obrigatório de que trata esta alínea.

i) (*Revogada pela Lei Complementar n. 126, de 15-1-2007*);

j) crédito à exportação, quando julgado conveniente pelo CNSP, ouvido o Conselho Nacional do Comércio Exterior (CONCEX);

•• Alínea *j* com redação determinada pelo Decreto-lei n. 826, de 5-9-1969.

l) danos pessoais causados por veículos automotores de vias terrestres e por embarcações, ou por sua carga, a pessoas transportadas ou não;

•• Alínea *l* com redação determinada pela Lei n. 8.374, de 30-12-1991.

•• A Lei n. 8.374, de 30-12-1991, regulamenta o Seguro Obrigatório de Danos Pessoais causados por embarcações ou por sua carga.

•• A Medida Provisória n. 904, de 11-11-2019, propôs a revogação desta alínea *l*, todavia, o STF, no julgamento da ADI n. 6.262, deferiu medida cautelar, na sessão virtual de 13-12-2019 a 19-12-2019 (*DOU* de 6-2-2020), para suspender seus efeitos.

m) responsabilidade civil dos transportadores terrestres, marítimos, fluviais e lacustres, por danos à carga transportada.

•• Alínea *m* acrescentada pela Lei n. 8.374, de 30-12-1991.

Parágrafo único. Não se aplica à União a obrigatoriedade estatuída na alínea *h* deste artigo.

•• Parágrafo único acrescentado pela Lei n. 10.190, de 14-2-2001.

Art. 21. Nos casos de seguros legalmente obrigatórios, o estipulante equipara-se ao segurado para os efeitos de contratação e manutenção de seguro.

§ 1.º Para os efeitos desde Decreto-lei, estipulante é a pessoa que contrata seguro por conta de terceiros, podendo acumular a condição de beneficiário.

§ 2.º Nos seguros facultativos o estipulante é mandatário dos segurados.

§ 3.º O CNSP estabelecerá os direitos e obrigações do estipulante, quando for o caso, na regulamentação de cada ramo ou modalidade de seguro.

§ 4.º O não recolhimento dos prêmios recebidos de segurados, nos prazos devidos, sujeita o estipulante à multa, imposta pela SUSEP, de importância igual ao dobro do valor dos prêmios por ele retidos, sem prejuízo da ação penal que couber.

•• § 4.º acrescentado pela Lei n. 5.627, de 1.º-12-1970.

Art. 22. As instituições financeiras públicas não poderão realizar operações ativas de crédito com as pessoas jurídicas e firmas individuais que não tenham em dia os seguros obrigatórios por lei, salvo mediante aplicação da parcela do crédito, que for concedido, no pagamento dos prêmios em atraso.

Parágrafo único. Para participar de concorrências abertas pelo Poder Público, é indispensável comprovar o pagamento dos prêmios dos seguros legalmente obrigatórios.

Art. 23. (*Revogado pela Lei Complementar n. 126, de 15-1-2007.*)

Art. 24. Poderão operar em seguros privados apenas Sociedades Anônimas ou Cooperativas, devidamente autorizadas.

• A Lei n. 5.764, de 16-12-1971, dispõe sobre a Política Nacional de Cooperativismo, e a Lei n. 6.404, de 15-12-1976, dispõe sobre as sociedades por ações.

Parágrafo único. As Sociedades Cooperativas operarão unicamente em seguros agrícolas, de saúde e de acidentes do trabalho.

Art. 25. As ações das Sociedades Seguradoras serão sempre nominativas.

Art. 26. As sociedades seguradoras não poderão requerer concordata e não estão sujeitas à falência, salvo, neste último caso, se decretada a liquidação extrajudicial, o ativo não for suficiente para o pagamento de pelo menos a metade dos credores quirografários, ou quando houver fundados indícios da ocorrência de crime falimentar.

•• Artigo com redação determinada pela Lei n. 10.190, de 14-2-2001.

•• A Lei n. 11.101, de 9-2-2005, que regula a recuperação judicial, a extrajudicial e a falência do empresário e da sociedade empresária, extinguiu a figura da concordata.

Art. 27. Serão processadas pela forma executiva as ações de cobrança dos prêmios dos contratos de seguro.

Art. 28. A partir da vigência deste Decreto-lei, a aplicação das reservas técnicas das Sociedades Seguradoras será feita conforme as diretrizes do Conselho Monetário Nacional.

Art. 29. Os investimentos compulsórios das Sociedades Seguradoras obedecerão a critérios que garantam remuneração adequada, segurança e liquidez.

Parágrafo único. Nos casos de seguros contratados com a cláusula de correção monetária é obrigatório o investimento das respectivas reservas nas condições estabelecidas neste artigo.

Art. 30. As Sociedades Seguradoras não poderão conceder aos segurados comissões ou bonificações de qualquer espécie, nem vantagens especiais que importem dispensa ou redução de prêmio.

Art. 31. É assegurada ampla defesa em qualquer processo instaurado por infração ao presente Decreto-lei, sendo nulas as decisões proferidas com inobservância deste preceito.

Capítulo IV
DO CONSELHO NACIONAL DE SEGUROS PRIVADOS

Art. 32. É criado o Conselho Nacional de Seguros Privados – CNSP, ao qual compete privativamente:

I – fixar as diretrizes e normas da política de seguros privados;

II – regular a constituição, organização, funcionamento e fiscalização dos que exercerem atividades subordinadas a este Decreto-lei, bem como a aplicação das penalidades previstas;

III – estipular índices e demais condições técnicas sobre tarifas, investimentos e outras relações patrimoniais a serem observadas pelas Sociedades Seguradoras;

IV – fixar as características gerais dos contratos de seguros;

• A Resolução CNSP n. 407, de 29-3-2021, dispõe sobre os princípios e as características gerais para a elaboração e a comercialização de contratos de seguros de danos para cobertura de grandes riscos.

V – fixar normas gerais de contabilidade e estatística a serem observadas pelas Sociedades Seguradoras;

VI – delimitar o capital das sociedades seguradoras e dos resseguradores;

•• Inciso VI com redação determinada pela Lei Complementar n. 126, de 15-1-2007.

VII – estabelecer as diretrizes gerais das operações de resseguro;

VIII – disciplinar as operações de cosseguro;

•• Inciso VIII com redação determinada pela Lei Complementar n. 126, de 15-1-2007.

IX – (*Revogado pela Lei Complementar n. 126, de 15-1-2007*);

X – (*Revogado pela Lei n. 13.874, de 20-9-2019.*)

XI – prescrever os critérios de constituição das Sociedades Seguradoras, com fixação dos limites legais e técnicos das operações de seguro;

XII – disciplinar a corretagem de seguros e a profissão de corretor;

XIII – (*Revogado pela Lei Complementar n. 126, de 15-1-2007*);

XIV – decidir sobre sua própria organização, elaborando o respectivo Regimento Interno;

XV – regular a organização, a composição e o funcionamento de suas Comissões Consultivas;

XVI – regular a instalação e o funcionamento das Bolsas de Seguro;

XVII – fixar as condições de constituição e extinção de entidades autorreguladoras do mercado de corretagem, sua forma jurídica, seus órgãos de administração e a forma de preenchimento de cargos administrativos;

•• Inciso XVII acrescentado pela Lei Complementar n. 137, de 26-8-2010.

XVIII – regular o exercício do poder disciplinar das entidades autorreguladoras do mercado de corretagem sobre seus membros, inclusive do poder de impor penalidades e de excluir membros;

•• Inciso XVIII acrescentado pela Lei Complementar n. 137, de 26-8-2010.

XIX – disciplinar a administração das entidades autorreguladoras do mercado de corretagem e a fixação de emolumentos, comissões e quaisquer outras despesas cobradas por tais entidades, quando for o caso.

•• Inciso XIX acrescentado pela Lei Complementar n. 137, de 26-8-2010.

Art. 33. O CNSP será integrado pelos seguintes membros:

•• *Caput* com redação determinada pela Lei n. 10.190, de 14-2-2001.

I – Ministro de Estado da Fazenda, ou seu representante;

•• Inciso I com redação determinada pela Lei n. 10.190, de 14-2-2001.

II – representante do Ministério da Justiça;

•• Inciso II com redação determinada pela Lei n. 10.190, de 14-2-2001.

III – representante do Ministério da Previdência e Assistência Social;

•• Inciso III com redação determinada pela Lei n. 10.190, de 14-2-2001.

IV – Superintendente da Superintendência de Seguros Privados – SUSEP;

•• Inciso IV com redação determinada pela Lei n. 10.190, de 14-2-2001.

V – representante do Banco Central do Brasil;

•• Inciso V com redação determinada pela Lei n. 10.190, de 14-2-2001.

VI – representante da Comissão de Valores Mobiliários – CVM.

•• Inciso VI com redação determinada pela Lei n. 10.190, de 14-2-2001.

§ 1.º O CNSP será presidido pelo Ministro de Estado da Fazenda e, na sua ausência, pelo Superintendente da SUSEP.

•• § 1.º com redação determinada pela Lei n. 10.190, de 14-2-2001.

§ 2.º O CNSP terá seu funcionamento regulado em regimento interno.

•• § 2.º com redação determinada pela Lei n. 10.190, de 14-2-2001.

Art. 34. Com audiência obrigatória nas deliberações relativas às respectivas finalidades específicas, funcionarão junto ao CNSP as seguintes Comissões Consultivas:

I – de Saúde;

II – do Trabalho;

III – de Transporte;

IV – Mobiliária e de Habitação;

V – Rural;

VI – Aeronáutica;

VII – de Crédito;

VIII – de Corretores.

§ 1.º O CNSP poderá criar outras Comissões Consultivas, desde que ocorra justificada necessidade.

§ 2.º A organização, a composição e o funcionamento das Comissões Consultivas serão regulados pelo CNSP, cabendo ao seu

Presidente designar os representantes que as integrarão, mediante indicação das entidades participantes delas.

Capítulo V
DA SUPERINTENDÊNCIA DE SEGUROS PRIVADOS

Seção I

•• Na publicação oficial não constou epígrafe nesta Seção I.

Art. 35. Fica criada a Superintendência de Seguros Privados (SUSEP), entidade autárquica, jurisdicionada ao Ministério da Indústria e do Comércio, dotada de personalidade jurídica de Direito Público, com autonomia administrativa e financeira.

Parágrafo único. A sede da SUSEP será na cidade do Rio de Janeiro, Estado da Guanabara, até que o Poder Executivo a fixe, em definitivo, em Brasília.

Art. 36. Compete à SUSEP, na qualidade de executora da política traçada pelo CNSP, como órgão fiscalizador da constituição, organização, funcionamento e operações das Sociedades Seguradoras:

a) processar os pedidos de autorização, para constituição, organização, funcionamento, fusão, encampação, grupamento, transferência de controle acionário e reforma dos Estatutos das Sociedades Seguradoras, opinar sobre os mesmos e encaminhá-los ao CNSP;

b) baixar instruções e expedir circulares relativas à regulamentação das operações de seguro, de acordo com as diretrizes do CNSP;

c) fixar condições de apólices, planos de operações e tarifas a serem utilizadas obrigatoriamente pelo mercado segurador nacional;

d) aprovar os limites de operações das Sociedades Seguradoras, de conformidade com o critério fixado pelo CNSP;

e) examinar e aprovar as condições de coberturas especiais, bem como fixar as taxas aplicáveis;

f) autorizar a movimentação e liberação dos bens e valores obrigatoriamente inscritos em garantia das reservas técnicas e do capital vinculado;

g) fiscalizar a execução das normas gerais de contabilidade e estatística fixadas pelo CNSP para as Sociedades Seguradoras;

h) fiscalizar as operações das Sociedades Seguradoras, inclusive o exato cumprimento deste Decreto-lei, de outras leis pertinentes, disposições regulamentares em geral, resoluções do CNSP e aplicar as penalidades cabíveis;

i) proceder à liquidação das Sociedades Seguradoras que tiverem cassada a autorização para funcionar no País;

j) organizar seus serviços, elaborar e executar seu orçamento;

k) fiscalizar as operações das entidades autorreguladoras do mercado de corretagem, inclusive o exato cumprimento deste Decreto-lei, de outras leis pertinentes, disposições regulamentares em geral e de resoluções do Conselho Nacional de Seguros Privados (CNSP), e aplicar as penalidades cabíveis; e

•• Alínea *k* acrescentada pela Lei Complementar n. 137, de 26-8-2010.

l) celebrar convênios para a execução dos serviços de sua competência em qualquer parte do território nacional, observadas as normas da legislação em vigor.

•• Alínea *l* acrescentada pela Lei Complementar n. 137, de 26-8-2010.

Seção II
Da Administração da SUSEP

Art. 37. A administração da SUSEP será exercida por um Superintendente, nomeado pelo Presidente da República, mediante indicação do Ministro da Indústria e do Comércio, que terá as suas atribuições definidas no Regulamento deste Decreto-lei e seus vencimentos fixados em Portaria do mesmo Ministro.

•• *Caput* com redação determinada pelo Decreto-lei n. 168, de 14-2-1967.

Parágrafo único. A organização interna da SUSEP constará de seu Regimento, que será aprovado pelo CNSP.

•• Parágrafo único com redação determinada pelo Decreto-lei n. 168, de 14-2-1967.

• A Resolução n. 374, de 28-8-2019, do Conselho Nacional de Seguros Privados, dispõe sobre o Regimento Interno da SUSEP.

Seção III

•• Na publicação oficial não constou epígrafe nesta Seção III.

Art. 38. Os cargos da SUSEP somente poderão ser preenchidos mediante concurso público de provas, ou de provas e títulos, salvo os da direção e os casos de contratação, por prazo determinado, de prestação de serviços técnicos ou de natureza especializada.

•• *Caput* com redação determinada pelo Decreto-lei n. 168, de 14-2-1967.

Parágrafo único. O pessoal da SUSEP reger-se-á pela legislação trabalhista e os seus níveis salariais serão fixados pelo Superintendente, com observância do mercado de trabalho, ouvido o CNSP.

•• Parágrafo único com redação determinada pelo Decreto-lei n. 168, de 14-2-1967.

Seção IV
Dos Recursos Financeiros

Art. 39. Do produto da arrecadação do imposto sobre operações financeiras a que se refere a Lei n. 5.143, de 20 de outubro de 1966, será destacada a parcela necessária ao custeio das atividades da SUSEP.

Art. 40. Constituem ainda recursos da SUSEP:

I – o produto das multas aplicadas pela SUSEP;

II – dotação orçamentária específica ou créditos especiais;

III – juros de depósitos bancários;

IV – a participação que lhe for atribuída pelo CNSP no fundo previsto no art. 16;

V – outras receitas ou valores adventícios, resultantes de suas atividades.

Capítulo VI
DO INSTITUTO DE RESSEGUROS DO BRASIL

Seção I
Da Natureza Jurídica, Finalidade, Constituição e Competência

Art. 41. O IRB é uma sociedade de economia mista, dotada de personalidade jurídica própria de Direito Privado e gozando de autonomia administrativa e financeira.

Parágrafo único. O IRB será representado em juízo ou fora dele por seu Presidente e responderá no foro comum.

Art. 42. (*Revogado pela Lei Complementar n. 126, de 15-1-2007.*)

Art. 43. O capital social do IRB é representado por ações escriturais, ordinárias e preferenciais, todas sem valor nominal.

•• *Caput* com redação determinada pela Lei n. 9.482, de 13-8-1997.

Parágrafo único. As ações ordinárias, com direito a voto, representam, no mínimo, cinquenta por cento do capital social.

•• Parágrafo único com redação determinada pela Lei n. 9.482, de 13-8-1997.

Art. 44. (*Revogado pela Lei Complementar n. 126, de 15-1-2007.*)

Art. 45. (*Revogado pela Lei n. 9.932, de 20-12-1999, e pela Lei Complementar n. 126, de 15-1-2007.*)

Seção II
Da Administração e do Conselho Fiscal

Art. 46. São órgãos de administração do IRB o Conselho de Administração e a Diretoria.

•• *Caput* com redação determinada pela Lei n. 9.482, de 13-8-1997.

§ 1.º O Conselho de Administração é composto por seis membros, eleitos pela Assembleia Geral, sendo:

•• § 1.º, *caput*, acrescentado pela Lei n. 9.482, de 13-8-1997.

I – três membros indicados pelo Ministro de Estado da Fazenda, dentre eles:

a) o Presidente do Conselho;

b) o Presidente do IRB, que será o Vice-Presidente do Conselho;

•• Inciso I acrescentado pela Lei n. 9.482, de 13-8-1997.

II – um membro indicado pelo Ministro de Estado do Planejamento e Orçamento;

•• Inciso II acrescentado pela Lei n. 9.482, de 13-8-1997.

III – um membro indicado pelos acionistas detentores de ações preferenciais;

•• Inciso III acrescentado pela Lei n. 9.482, de 13-8-1997.

IV – um membro indicado pelos acionistas minoritários, detentores de ações ordinárias.

•• Inciso IV acrescentado pela Lei n. 9.482, de 13-8-1997.

§ 2.º A Diretoria do IRB é composta por seis membros, sendo o Presidente e o Vice-Presidente Executivo nomeados pelo Presidente da República, por indicação do Ministro de Estado da Fazenda, e os demais eleitos pelo Conselho de Administração.

•• § 2.º acrescentado pela Lei n. 9.482, de 13-8-1997.

§ 3.º Enquanto a totalidade das ações ordinárias permanecer com a União, aos acionistas detentores de ações preferenciais será facultado o direito de indicar até dois membros para o Conselho de Administração do IRB.

•• § 3.º acrescentado pela Lei n. 9.482, de 13-8-1997.

§ 4.º Os membros do Conselho de Administração e da Diretoria do IRB terão mandato de três anos, observado o disposto na Lei n. 6.404, de 15 de dezembro de 1976.

•• § 4.º acrescentado pela Lei n. 9.482, de 13-8-1997.

Art. 47. O Conselho Fiscal do IRB é composto por cinco membros efetivos e respectivos suplentes, eleitos pela Assembleia Geral, sendo:

•• *Caput* com redação determinada pela Lei n. 9.482, de 13-8-1997.

I – três membros e respectivos suplentes indicados pelo Ministro de Estado da Fazenda, dentre os quais um representante do Tesouro Nacional;

•• Inciso I acrescentado pela Lei n. 9.482, de 13-8-1997.

II – um membro e respectivo suplente eleitos, em votação em separado, pelos acionistas minoritários detentores de ações ordinárias;

•• Inciso II acrescentado pela Lei n. 9.482, de 13-8-1997.

III – um membro e respectivo suplente eleitos pelos acionistas detentores de ações preferenciais sem direito a voto ou com voto restrito, excluído o acionista controlador, se detentor dessa espécie de ação.

•• Inciso III acrescentado pela Lei n. 9.482, de 13-8-1997.

Parágrafo único. Enquanto a totalidade das ações ordinárias permanecer com a União, aos acionistas detentores de ações preferenciais será facultado o direito de indicar até dois membros para o Conselho Fiscal do IRB.

•• Parágrafo único acrescentado pela Lei n. 9.482, de 13-8-1997.

Art. 48. Os estatutos fixarão a competência do Conselho de Administração e da Diretoria do IRB.

•• Artigo com redação determinada pela Lei n. 9.482, de 13-8-1997.

Arts. 49 a 54. (*Revogados pela Lei n. 9.482, de 13-8-1997.*)

Seção III
Do Pessoal

Art. 55. Os serviços do IRB serão executados por pessoal admitido mediante concurso público de provas ou de provas e títulos, cabendo aos Estatutos regular suas condições de realização, bem como os direitos, vantagens e deveres dos servidores, inclusive as punições aplicáveis.

§ 1.º A nomeação para cargo em comissão será feita pelo Presidente, depois de aprovada sua criação pelo Conselho Técnico.

§ 2.º É permitida a contratação de pessoal destinado a funções técnicas especializadas ou para serviços auxiliares de manutenção, transporte, higiene e limpeza.

§ 3.º Ficam assegurados aos servidores do IRB os direitos decorrentes de normas legais em vigor no que digam respeito à participação nos lucros, aposentadoria, enquadramento sindical, estabilidade e aplicação da legislação do trabalho.

§ 4.º (*Revogado pela Lei Complementar n. 126, de 15-1-2007.*)

Seção IV
Das Operações

Arts. 56 a 64. (*Revogados pela Lei n. 9.932, de 20-12-1999, e pela Lei Complementar n. 126, de 15-1-2007.*)

Seção V
Das Liquidações de Sinistros

Arts. 65 a 69. (*Revogados pela Lei n. 9.932, de 20-12-1999, e pela Lei Complementar n. 126, de 15-1-2007.*)

Seção VI
Do Balanço e Distribuição de Lucros

Arts. 70 e 71. (*Revogados pela Lei n. 9.932, de 20-12-1999, e pela Lei Complementar n. 126, de 15-1-2007.*)

Capítulo VII
DAS SOCIEDADES SEGURADORAS

Seção I
Legislação Aplicável

Art. 72. As Sociedades Seguradoras serão reguladas pela legislação geral no que lhes for aplicável e, em especial, pelas disposições do presente Decreto-lei.

Parágrafo único. Aplica-se às sociedades seguradoras o disposto no art. 25 da Lei n. 4.595, de 31 de dezembro de 1964, com a redação que lhe dá o art. 1.º desta Lei.

•• Parágrafo único acrescentado pela Lei n. 5.710, de 7-10-1971.

Art. 73. As Sociedades Seguradoras não poderão explorar qualquer outro ramo de comércio ou indústria.

Seção II
Da Autorização para Funcionamento

Art. 74. A autorização para funcionamento será concedida através de Portaria do Ministro da Indústria e do Comércio, mediante requerimento firmado pelos incorporadores, dirigido ao CNSP e apresentado por intermédio da SUSEP.

Art. 75. Concedida a autorização para funcionamento, a Sociedade terá o prazo de noventa dias para comprovar perante a SUSEP, o cumprimento de todas as formalidades legais ou exigências feitas no ato da autorização.

Art. 76. Feita a comprovação referida no artigo anterior, será expedida a carta-patente pelo Ministro da Indústria e do Comércio.

Art. 77. As alterações dos Estatutos das Sociedades Seguradoras dependerão de prévia autorização do Ministro da Indústria e do Comércio, ouvidos SUSEP e o CNSP.

Seção III
Das Operações das Sociedades Seguradoras

Art. 78. As Sociedades Seguradoras só poderão operar em seguros para os quais tenham a necessária autorização, segundo os planos, tarifas e normas aprovadas pelo CNSP.

Art. 79. É vedado às Sociedades Seguradoras reter responsabilidades cujo valor ultrapasse os limites técnicos, fixados pela SUSEP de acordo com as normas aprovadas pelo CNSP e que levarão em conta:

a) a situação econômico-financeira das Sociedades Seguradoras;

b) as condições técnicas das respectivas carteiras;

c) (*Revogada pela Lei Complementar n. 126, de 15-1-2007.*)

§ 1.º (*Revogado pela Lei Complementar n. 126, de 15-1-2007.*)

§ 2.º Não haverá cobertura de resseguro para as responsabilidades assumidas pelas Sociedades Seguradoras em desacordo com as normas e instruções em vigor.

Art. 80. As operações de cosseguro obedecerão a critérios fixados pelo CNSP, quanto à obrigatoriedade e normas técnicas.

Art. 81. (*Revogado pela Lei n. 9.932, de 20-12-1999, e pela Lei Complementar n. 126, de 15-1-2007.*)

Art. 82. (*Revogado pela Lei Complementar n. 126, de 15-1-2007.*)

Art. 83. As apólices, certificados e bilhetes de seguro mencionarão a responsabilidade máxima da Sociedade Seguradora, expressa em moeda nacional para cobertura dos riscos neles descritos e caracterizados.

Art. 84. Para garantia de todas as suas obrigações, as Sociedades Seguradoras constituirão reservas técnicas, fundos especiais e provisões, de conformidade com os critérios fixados pelo CNSP, além das reservas e fundos determinados em leis especiais.

§§ 1.º a 3.º (*Revogados pela Lei n. 11.941, de 27-5-2009.*)

Art. 85. Os bens garantidores das reservas técnicas, fundos e provisões serão registrados na SUSEP e não poderão ser alienados, prometidos alienar ou de qualquer forma gravados sem sua prévia e expressa autorização, sendo nulas de pleno direito, as alienações realizadas ou os gravames constituídos com violação deste artigo.

Parágrafo único. Quando a garantia recair em bem imóvel, será obrigatoriamente inscrita no competente Cartório de Registro Geral de Imóveis, mediante simples requerimento firmado pela Sociedade Seguradora e pela SUSEP.

Art. 86. Os segurados e beneficiários que sejam credores por indenização ajustada ou por ajustar têm privilégio especial sobre reservas técnicas, fundos especiais ou provisões garantidoras das operações de seguro, de resseguro e de retrocessão.

•• *Caput* com redação determinada pela Lei Complementar n. 126, de 15-1-2007.

Parágrafo único. Após o pagamento aos segurados e beneficiários mencionados no *caput* deste artigo, o privilégio citado será conferido, relativamente aos fundos especiais, reservas técnicas ou provisões garantidoras das operações de resseguro e de retrocessão, às sociedades seguradoras e, posteriormente, aos resseguradores.

•• Parágrafo único acrescentado pela Lei Complementar n. 126, de 15-1-2007.

Art. 87. As Sociedades Seguradoras não poderão distribuir lucros ou quaisquer fundos correspondentes às reservas patrimoniais, desde que essa distribuição possa prejudicar o investimento obrigatório do capital e reserva, de conformidade com os critérios estabelecidos neste Decreto-lei.

Art. 88. As sociedades seguradoras e os resseguradores obedecerão às normas e instruções dos órgãos regulador e fiscalizador de seguros sobre operações de seguro, cosseguro, resseguro e retrocessão, bem como lhes fornecerão dados e informações atinentes a quaisquer aspectos de suas atividades.

•• *Caput* com redação determinada pela Lei Complementar n. 126, de 15-1-2007.

Parágrafo único. Os inspetores e funcionários credenciados do órgão fiscalizador de seguros terão livre acesso às sociedades seguradoras e aos resseguradores, deles podendo requisitar e apreender livros, notas técnicas e documentos, caracterizando-se como embaraço à fiscalização, sujeito às penas previstas neste Decreto-lei, qualquer dificuldade oposta aos objetivos deste artigo.

•• Parágrafo único com redação determinada pela Lei Complementar n. 126, de 15-1-2007.

Capítulo VIII
DO REGIME ESPECIAL DE FISCALIZAÇÃO

Art. 89. Em caso de insuficiência de cobertura das reservas técnicas ou de má situação econômico-financeira da Sociedade Seguradora, a critério da SUSEP, poderá esta, além de outras providências cabíveis, inclusive fiscalização especial, nomear, por tempo indeterminado, às expensas da Sociedade Seguradora, um diretor-fiscal com as atribuições e vantagens que lhe forem indicadas pelo CNSP.

§ 1.º Sempre que julgar necessário ou conveniente à defesa dos interesses dos segurados, a SUSEP verificará, nas indenizações, o fiel cumprimento do contrato, inclusive a exatidão do cálculo da reserva técnica e se as causas protelatórias do pagamento, porventura existentes, decorrem de dificuldades econômico-financeiras da empresa.

•• Primitivo parágrafo único renumerado pelo Decreto-lei n. 1.115, de 24-7-1970.

§ 2.º *(Revogado pela Lei n. 9.932, de 20-12-1999, e pela Lei Complementar n. 126, de 15-1-2007.)*

Art. 90. Não surtindo efeito as medidas especiais ou a intervenção, a SUSEP encaminhará ao CNSP proposta de cassação da autorização para funcionamento da Sociedade Seguradora.

Parágrafo único. Aplica-se à intervenção a que se refere este artigo o disposto nos arts. 55 a 62 da Lei n. 6.435, de 15 de julho de 1977.

•• Parágrafo único acrescentado pela Lei n. 10.190, de 14-2-2001.

Art. 91. O descumprimento de qualquer determinação do Diretor-Fiscal por Diretores, administradores, gerentes, fiscais ou funcionários da Sociedade Seguradora em regime especial de fiscalização acarretará o afastamento do infrator, sem prejuízo das sanções penais cabíveis.

Art. 92. Os administradores das Sociedades Seguradoras ficarão suspensos do exercício de suas funções desde que instaurado processo-crime por atos ou fatos relativos à respectiva gestão, perdendo imediatamente seu mandato na hipótese de condenação.

Art. 93. Cassada a autorização de uma Sociedade Seguradora para funcionar, a alienação ou gravame de qualquer de seus bens dependerá de autorização da SUSEP, que, para salvaguarda dessa inalienabilidade, terá poderes para controlar o movimento de contas bancárias e promover o levantamento do respectivo ônus junto às Autoridades ou Registros Públicos.

Capítulo IX
DA LIQUIDAÇÃO DAS SOCIEDADES SEGURADORAS

Art. 94. A cessação das operações das Sociedades Seguradoras poderá ser:

a) voluntária, por deliberação dos sócios em Assembleia Geral;

b) compulsória, por ato do Ministro da Indústria e do Comércio, nos termos deste Decreto-lei.

Art. 95. Nos casos de cessação voluntária das operações, os Diretores requererão ao Ministro da Indústria e do Comércio o cancelamento da autorização para funcionamento da Sociedade Seguradora, no prazo de cinco dias da respectiva Assembleia Geral.

Parágrafo único. Devidamente instruído, o requerimento será encaminhado por intermédio da SUSEP, que opinará sobre a cessação deliberada.

Art. 96. Além dos casos previstos neste Decreto-lei ou em outras leis, ocorrerá a cessação compulsória das operações da Sociedade Seguradora que:

a) praticar atos nocivos à política de seguros determinada pelo CNSP;

b) não formar as reservas, fundos e provisões a que esteja obrigada ou deixar de aplicá-las pela forma prescrita neste Decreto-lei;

c) acumular obrigações vultosas devidas aos resseguradores, a juízo do órgão fiscalizador de seguros, observadas as determinações do órgão regulador de seguros;

•• Alínea *c* com redação determinada pela Lei Complementar n. 126, de 15-1-2007.

d) configurar a insolvência econômico-financeira.

Art. 97. A liquidação voluntária ou compulsória das Sociedades Seguradoras será processada pela SUSEP.

• A Circular n. 478, de 30-9-2013, dispõe sobre os critérios, condições e requisitos referentes à designação, à atuação e à remuneração dos liquidantes nomeados pela Susep, e estabelece os respectivos deveres.

Art. 98. O ato da cassação será publicado no *Diário Oficial da União*, produzindo imediatamente os seguintes efeitos:

a) suspensão das ações e execuções judiciais, excetuadas as que tiveram início anteriormente, quando intentadas por credores com privilégio sobre determinados bens da Sociedade Seguradora;

b) vencimento de todas as obrigações civis ou comerciais da Sociedade Seguradora liquidanda, incluídas as cláusulas penais dos contratos;

c) suspensão da incidência de juros, ainda que estipulados, se a massa liquidanda não bastar para o pagamento do principal;

d) cancelamento dos poderes de todos os órgãos de administração da Sociedade liquidanda.

§ 1.º Durante a liquidação, fica interrompida a prescrição extintiva contra ou a favor da massa liquidanda.

•• Primitivo parágrafo único renumerado pelo Decreto-lei n. 296, de 28-2-1967.

§ 2.º Quando a sociedade tiver credores por salários ou indenizações trabalhistas, também ficarão suspensas as ações e execuções a que se refere a parte final da alínea *a* deste artigo.

•• § 2.º acrescentado pelo Decreto-lei n. 296, de 28-2-1967.

§ 3.º Poderá ser arguida em qualquer fase processual, inclusive quanto às questões trabalhistas, a nulidade dos despachos ou decisões que contravenham o disposto na alínea *a* deste artigo ou em seu § 2.º. Nos processos sujeitos à suspensão, caberá à sociedade liquidanda, para realização do ativo, requerer o levantamento de penhoras, arrestos e quaisquer outras medidas de apreensão ou reserva de bens, sem prejuízo do estatuído adiante no parágrafo único do art. 103.

•• § 3.º acrescentado pelo Decreto-lei n. 296, de 28-2-1967.

§ 4.º A massa liquidanda não estará obrigada a reajustamentos salariais sobrevindos durante a liquidação, nem responderá pelo pagamento de multas, custas, honorários e demais despesas feitas pelos credores em interesse próprio, assim como não se aplicará correção monetária aos créditos pela mora resultante de liquidação.

•• § 4.º acrescentado pelo Decreto-lei n. 296, de 28-2-1967.

Art. 99. Além dos poderes gerais de administração, a SUSEP ficará investida de poderes especiais para representar a Sociedade Seguradora liquidanda ativa e passivamente, em juízo ou fora dele, podendo:

a) propor e contestar ações, inclusive para integralização de capital pelos acionistas;

b) nomear e demitir funcionários;

c) fixar os vencimentos de funcionários;

d) outorgar ou revogar mandatos;

e) transigir;

f) vender valores móveis e bens imóveis.

Art. 100. Dentro de 90 (noventa) dias da cassação para funcionamento, a SUSEP levantará o balanço do ativo e do passivo da Sociedade Seguradora liquidanda e organizará:

a) o arrolamento pormenorizado dos bens do ativo, com as respectivas avaliações, especificando os garantidores das reservas técnicas ou do capital;

b) a lista dos credores por dívida de indenização de sinistro, capital garantidor de reservas técnicas ou restituição de prêmios com a indicação das respectivas importâncias;

c) a relação dos créditos da Fazenda Pública e da Previdência Social;

•• Alínea *c* com redação determinada pela Lei Complementar n. 126, de 15-1-2007.

d) a relação dos demais credores, com indicação das importâncias e procedência dos créditos, bem como sua classificação, de acordo com a legislação de falências.

•• A Lei n. 11.101, de 9-2-2005, regula a recuperação judicial, a extrajudicial e a falência do empresário e da sociedade empresária.

Parágrafo único. (*Revogado pela Lei n. 9.932, de 20-12-1999.*)

Art. 101. Os interessados poderão impugnar o quadro geral de credores, mas decairão desse direito se não o exercerem no prazo de quinze dias.

Art. 102. A SUSEP examinará as impugnações e fará publicar no *Diário Oficial da União* sua decisão, dela notificando os recorrentes por via postal, sob AR.

Parágrafo único. Da decisão da SUSEP caberá recurso para o Ministro da Indústria e do Comércio, no prazo de quinze dias.

Art. 103. Depois da decisão relativa a seus créditos ou aos créditos contra os quais tenham reclamado, os credores não incluídos nas relações a que se refere o art. 100, os delas excluídos, os incluídos sem os privilégios a que se julguem com direito, inclusive por atribuição de importância inferior à reclamada, poderão prosseguir na ação já iniciada ou propor a que lhes competir.

Parágrafo único. Até que sejam julgadas as ações, a SUSEP reservará cota proporcional do ativo para garantia dos credores de que trata este artigo.

Art. 104. A SUSEP promoverá a realização do ativo e efetuará o pagamento dos credores pelo crédito apurado e aprovado, no prazo de seis meses, observados os respectivos privilégios e classificação, de acordo com a cota apurada em rateio.

Art. 105. Ultimada a liquidação e levantado o balanço final, será o mesmo submetido à aprovação do Ministro da Indústria e do Comércio, com relatório da SUSEP.

Art. 106. A SUSEP terá direito à comissão de cinco por cento sobre o ativo apurado nos trabalhos de liquidação, competindo ao Superintendente arbitrar a gratificação a ser paga aos inspetores e funcionários encarregados de executá-los.

Art. 107. Nos casos omissos, são aplicáveis as disposições da legislação de falências, desde que não contrariem as disposições do presente Decreto-lei.

•• A Lei n. 11.101, de 9-2-2005, regula a recuperação judicial, a extrajudicial e a falência do empresário e da sociedade empresária.

Parágrafo único. Nos casos de cessação parcial, restrita às operações de um ramo, serão observadas as disposições deste Capítulo, na parte aplicável.

Capítulo X
DO REGIME REPRESSIVO

Art. 108. A infração às normas referentes às atividades de seguro, cosseguro, resseguro, retrocessão e capitalização sujeita, na forma definida pelo órgão regulador de seguros, a pessoa natural ou jurídica responsável às seguintes penalidades administrativas, aplicadas pelo órgão fiscalizador de seguros:

•• *Caput* com redação determinada pela Lei Complementar n. 137, de 26-8-2010.

I – advertência;

•• Inciso I com redação mantida pela Lei Complementar n. 126, de 15-1-2007.

II – suspensão do exercício das atividades ou profissão abrangidas por este Decreto-lei pelo prazo de até 180 (cento e oitenta) dias;

•• Inciso II com redação determinada pela Lei Complementar n. 126, de 15-1-2007.

III – inabilitação, pelo prazo de 2 (dois) anos a 10 (dez) anos, para o exercício de cargo ou função no serviço público e em empresas públicas, sociedades de economia mista e respectivas subsidiárias, entidades de previdência complementar, sociedades de capitalização, instituições financeiras, sociedades seguradoras e resseguradores;

•• Inciso III com redação determinada pela Lei Complementar n. 126, de 15-1-2007.

IV – multa de R$ 10.000,00 (dez mil reais) a R$ 1.000.000,00 (um milhão de reais); e

•• Inciso IV com redação determinada pela Lei Complementar n. 126, de 15-1-2007.

V – suspensão para atuação em 1 (um) ou mais ramos de seguro ou resseguro;

•• Inciso V com redação determinada pela Lei Complementar n. 126, de 15-1-2007.

VI a IX – (*Revogados pela Lei Complementar n. 126, de 15-1-2007.*)

§ 1.º Caso a penalidade prevista no inciso IV do *caput* deste artigo seja aplicada à pessoa natural, responderá solidariamente o ressegurador ou a sociedade seguradora ou de capitalização, assegurado o direito de regresso, e a penalidade poderá ser cumulada com aquelas constantes dos incisos I, II, III ou V do *caput* deste artigo.

•• § 1.º com redação determinada pela Lei n. 13.195, de 25-11-2015.

•• A alteração promovida neste § 1.º pela Lei n. 13.195, de 25-11-2015, aplica-se a ato ou fato pretérito não definitivamente julgado quando lhe comine penalidade menos severa que a prevista na lei vigente ao tempo da sua prática.

§ 2.º Das decisões do órgão fiscalizador de seguros caberá recurso, no prazo de 30 (trinta) dias, com efeito suspensivo, ao órgão competente.

•• § 2.º acrescentado pela Lei Complementar n. 126, de 15-1-2007.

§ 3.º O recurso a que se refere o § 2.º deste artigo, na hipótese do inciso IV do *caput* deste artigo, somente será conhecido se for comprovado pelo requerente o pagamento antecipado, em favor do órgão fiscalizador de seguros, de 30% (trinta por cento) do valor da multa aplicada.

•• § 3.º acrescentado pela Lei Complementar n. 126, de 15-1-2007.

§ 4.º Julgada improcedente a aplicação da penalidade de multa, o órgão fiscalizador de seguros devolverá, no prazo máximo de 90 (noventa) dias a partir de requerimento da parte interessada, o valor depositado.

•• § 4.º acrescentado pela Lei Complementar n. 126, de 15-1-2007.

§ 5.º Em caso de reincidência, a multa será agravada até o dobro em relação à multa anterior, conforme critérios estipulados pelo órgão regulador de seguros.

•• § 5.º acrescentado pela Lei Complementar n. 126, de 15-1-2007.

Art. 109. Os Diretores, administradores, gerentes e fiscais das Sociedades Seguradoras responderão solidariamente com a mesma pelos prejuízos causados a terceiros, inclusive aos seus acionistas, em consequência do descumprimento de leis, normas e instruções referentes às operações de seguro, cosseguro, resseguro ou retrocessão, e em especial, pela falta de constituição das reservas obrigatórias.

Art. 110. Constitui crime contra a economia popular, punível de acordo com a legislação respectiva, a ação ou omissão, pessoal ou coletiva, de que decorra a insuficiência das reservas e de sua cobertura, vinculadas à garantia das obrigações das Sociedades Seguradoras.

• A Lei n. 1.521, de 26-12-1951, dispõe sobre os crimes contra a economia popular.

Art. 111. Compete ao órgão fiscalizador de seguros expedir normas sobre relatórios e pareceres de prestadores de serviços de auditoria independente aos resseguradores, às sociedades seguradoras, às sociedades de capitalização e às entidades abertas de previdência complementar.

•• *Caput* com redação determinada pela Lei Complementar n. 126, de 15-1-2007.

a) a ***e)*** (*Revogadas pela Lei Complementar n. 126, de 15-1-2007.*)

f) (*Revogada pela Lei n. 9.932, de 20-12-1999.*)

g) a ***i)*** (*Revogadas pela Lei Complementar n. 126, de 15-1-2007.*)

§ 1.º Os prestadores de serviços de auditoria independente aos resseguradores, às sociedades seguradoras, às sociedades de capitalização e às entidades abertas de previdência complementar responderão, civilmente, pelos prejuízos que causarem a terceiros em virtude de culpa ou dolo no exercício das funções previstas neste artigo.

•• § 1.º acrescentado pela Lei Complementar n. 126, de 15-1-2007.

§ 2.º Sem prejuízo do disposto no *caput* deste artigo, os prestadores de serviços de auditoria independente responderão administrativamente perante o órgão fiscalizador de seguros pelos atos praticados ou omissões em que houverem incorrido no desempenho das atividades de auditoria independente aos resseguradores, às sociedades seguradoras, às sociedades de capitalização e às entidades abertas de previdência complementar.

•• § 2.º acrescentado pela Lei Complementar n. 126, de 15-1-2007.

§ 3.º Instaurado processo administrativo contra resseguradores, sociedades seguradoras, sociedades de capitalização e entidades abertas de previdência complementar, o órgão fiscalizador poderá, considerada a gravidade da infração, cautelarmente, determinar a essas empresas a substituição do prestador de serviços de auditoria independente.

•• § 3.º acrescentado pela Lei Complementar n. 126, de 15-1-2007.

§ 4.º Apurada a existência de irregularidade cometida pelo prestador de serviços de auditoria independente mencionado no *caput* deste artigo, serão a ele aplicadas as penalidades previstas no art. 108 deste Decreto-lei.

•• § 4.º acrescentado pela Lei Complementar n. 126, de 15-1-2007.

§ 5.º Quando as entidades auditadas relacionadas no *caput* deste artigo forem reguladas ou fiscalizadas pela Comissão de Valores Mobiliários ou pelos demais órgãos reguladores e fiscalizadores, o disposto neste artigo não afastará a competência desses órgãos para disciplinar e fiscalizar a atuação dos respectivos prestadores de serviço de auditoria independente e para aplicar, inclusive a esses auditores, as penalidades previstas na legislação própria.

•• § 5.º acrescentado pela Lei Complementar n. 126, de 15-1-2007.

Art. 112. Às pessoas que deixarem de contratar os seguros legalmente obrigatórios, sem prejuízo de outras sanções legais, será aplicada multa de:

•• *Caput* com redação determinada pela Lei Complementar n. 126, de 15-1-2007.

I – o dobro do valor do prêmio, quando este for definido na legislação aplicável; e

•• Inciso I acrescentado pela Lei Complementar n. 126, de 15-1-2007.

II – nos demais casos, o que for maior entre 10% (dez por cento) da importância segurável ou R$ 1.000,00 (mil reais).

•• Inciso II acrescentado pela Lei Complementar n. 126, de 15-1-2007.

Art. 113. As pessoas naturais ou jurídicas que realizarem operações de capitalização, seguro, cosseguro ou resseguro sem a devida autorização estão sujeitas às penalidades administrativas previstas no art. 108, aplicadas pelo órgão fiscalizador de seguros, aumentadas até o triplo.

•• *Caput* com redação determinada pela Lei n. 13.195, de 25-11-2015.

•• A alteração promovida neste *caput* pela Lei n. 13.195, de 25-11-2015, aplica-se a ato ou fato pretérito não definitivamente julgado quando lhe comine penalidade menos severa que a prevista na lei vigente ao tempo da sua prática.

§ 1.º Caso a penalidade de multa seja aplicada à pessoa natural, responderá solidariamente a pessoa jurídica, assegurado o direito de regresso, e a penalidade poderá ser cumulada com aquelas constantes dos incisos I, II, III e V do *caput* do art. 108.

•• § 1.º acrescentado pela Lei n. 13.195, de 25-11-2015.

•• A alteração promovida neste § 1.º pela Lei n. 13.195, de 25-11-2015, aplica-se a ato ou fato pretérito não definitivamente julgado quando lhe comine penalidade menos severa que a prevista na lei vigente ao tempo da sua prática.

§ 2.º A multa prevista no *caput* será fixada com base na importância segurada ou em outro parâmetro a ser definido pelo órgão regulador de seguros.

•• § 2.º acrescentado pela Lei n. 13.195, de 25-11-2015.

•• A alteração promovida neste § 2.º pela Lei n. 13.195, de 25-11-2015, aplica-se a ato ou fato pretérito não definitivamente julgado quando lhe comine penalidade menos severa que a prevista na lei vigente ao tempo da sua prática.

Art. 114. (*Revogado pela Lei Complementar n. 126, de 15-1-2007.*)

Art. 115. A suspensão de autorização para operar em determinado ramo de seguro será aplicada quando verificada má condução técnica ou financeira dos respectivos negócios.

Art. 116. (*Revogado pela Lei n. 9.932, de 20-12-1999, e pela Lei Complementar n. 126, de 15-1-2007.*)

Art. 117. A cassação da carta patente se fará nas hipóteses de infringência dos arts. 81 e 82, nos casos previstos no art. 96 ou de reincidência na proibição estabelecida nas letras *c* e *i* do art. 111, todos do presente Decreto-lei.

Art. 118. As infrações serão apuradas mediante processo administrativo que tenha por base o auto, a representação ou a denúncia positivando fatos irregulares, e o CNSP disporá sobre as respectivas instaurações, recursos e seus efeitos, instâncias, prazos, perempção e outros atos processualísticos.

Art. 119. As multas aplicadas de conformidade com o disposto neste Capítulo e seguinte serão recolhidas aos cofres da SUSEP.

• *Vide* art. 128, parágrafo único, deste Decreto-lei.

Art. 120. Os valores monetários das penalidades previstas nos artigos precedentes ficam sujeitos à correção monetária pelo CNSP.

Art. 121. Provada qualquer infração penal a SUSEP remeterá cópia do processo ao Ministério Público para fins de direito.

Capítulo XI

DOS CORRETORES DE SEGUROS

Art. 122. O corretor de seguros, pessoa física ou jurídica, é o intermediário legalmente autorizado a angariar e promover contratos de seguro entre as Sociedades Seguradoras e as pessoas físicas ou jurídicas de Direito Privado.

Art. 123. O exercício da profissão de corretor de seguros depende de prévia habilitação e registro pelas entidades autorreguladoras de corretagem de seguros ou pela Susep, na forma definida pelo CNSP.

•• *Caput* com redação determinada pela Lei n. 14.430, de 3-8-2022.

§ 1.º (*Revogado pela Lei n. 14.430, de 3-8-2022.*)

§ 2.º (*Revogado pela Lei n. 14.430, de 3-8-2022.*)

§ 3.º (*Revogado pela Lei n. 14.430, de 3-8-2022.*)

Art. 124. As comissões de corretagem somente poderão ser pagas a corretor de seguros devidamente habilitado e deverão ser informadas aos segurados quando solicitadas.

•• Artigo com redação determinada pela Lei n. 14.430, de 3-8-2022, originalmente vetado, todavia promulgado em 22-12-2022.

Art. 125. É vedado aos corretores e seus prepostos:

a) aceitar ou exercer emprego de pessoa jurídica de Direito Público;

b) manter relação de emprego ou de direção com Sociedade Seguradora.

Parágrafo único. Os impedimentos deste artigo aplicam-se também aos Sócios e Diretores de Empresas de corretagem.

Art. 126. O corretor de seguros responderá civilmente perante os segurados e as Sociedades Seguradoras pelos prejuízos que causar, por omissão, imperícia ou negligência no exercício da profissão.

Art. 127. Caberá responsabilidade profissional perante a Susep ou perante as entidades autorreguladoras do mercado de corretagem, na forma definida pelo CNSP, ao corretor que deixar de cumprir as leis, os regulamentos e as resoluções em vigor, ou que der causa dolosa ou culposa a prejuízos às sociedades seguradoras ou aos segurados.

•• Artigo com redação determinada pela Lei n. 14.430, de 3-8-2022.

Art. 127-A. As entidades autorreguladoras do mercado de corretagem terão autonomia administrativa, financeira e patrimonial, operando sob a supervisão da Superintendência de Seguros Privados (Susep), aplicando-se a elas, inclusive, o disposto no art. 108 deste Decreto-lei.

•• *Caput* acrescentado pela Lei Complementar n. 137, de 26-8-2010.

•• A Resolução n. 233, de 1.º-4-2011, da SUSEP, dispõe sobre as condições de constituição, organização, funcionamento e extinção de entidades autorreguladoras do mercado de corretagem de seguros, resseguros, de capitalização e de previdência complementar aberta, na condição de auxiliares da SUSEP.

Parágrafo único. Incumbe às entidades autorreguladoras do mercado de corretagem, na condição de órgãos auxiliares da Susep, fiscalizar os respectivos membros e as operações de corretagem que estes realizarem.

•• Parágrafo único acrescentado pela Lei Complementar n. 137, de 26-8-2010.

Art. 128. O corretor de seguros estará sujeito às seguintes penalidades:

•• *Caput* com redação determinada pela Lei n. 14.430, de 3-8-2022.

a) (*Revogada pela Lei n. 14.430, de 3-8-2022.*)

b) (*Revogada pela Lei n. 14.430, de 3-8-2022.*)

c) (*Revogada pela Lei n. 14.430, de 3-8-2022.*)

I – advertência;

•• Inciso I acrescentado pela Lei n. 14.430, de 3-8-2022.

II – multa prevista no inciso IV do *caput* do art. 108 desta Lei;

•• Inciso II acrescentado pela Lei n. 14.430, de 3-8-2022.

III – suspensão temporária do exercício da profissão;

•• Inciso III acrescentado pela Lei n. 14.430, de 3-8-2022.

IV – cancelamento do registro.

•• Inciso IV acrescentado pela Lei n. 14.430, de 3-8-2022.

Parágrafo único. As penalidades serão aplicadas pela Susep ou pelas entidades autorreguladoras do mercado de corretagem, em processo regular, na forma definida pelo CNSP.

•• Parágrafo único com redação determinada pela Lei n. 14.430, de 3-8-2022.

Art. 128-A. Os corretores de seguros que não se associarem ou se filiarem a uma entidade autorreguladora do mercado de corretagem de forma facultativa deverão ser supervisionados pela Susep

•• Artigo acrescentado pela Lei n. 14.430, de 3-8-2022, originalmente vetado, todavia promulgado em 22-12-2022.

Capítulo XII
DISPOSIÇÕES GERAIS E TRANSITÓRIAS

Seção I
Do Seguro-Saúde

Art. 129. Fica instituído o Seguro-Saúde para dar cobertura aos riscos de assistência médica e hospitalar.

Art. 130. A garantia do Seguro-Saúde consistirá no pagamento em dinheiro, efetuado pela Sociedade Seguradora, à pessoa física ou jurídica prestante da assistência médico-hospitalar ao segurado.

§ 1.º A cobertura do Seguro-Saúde ficará sujeita ao regime de franquia, de acordo com os critérios fixados pelo CNSP.

§ 2.º A livre escolha do médico e do hospital é condição obrigatória nos contratos referidos no artigo anterior.

Art. 131. Para os efeitos do art. 130 deste Decreto-lei, o CNSP estabelecerá tabelas de honorários médico-hospitalares e fixará percentuais de participação obrigatória dos segurados nos sinistros.

§ 1.º Na elaboração das tabelas, o CNSP observará a média regional dos honorários e a renda média dos pacientes, incluindo a possibilidade da ampliação voluntária da cobertura pelo acréscimo do prêmio.

§ 2.º Na fixação das percentagens de participação, o CNSP levará em conta os índices salariais dos segurados e seus encargos familiares.

Art. 132. O pagamento das despesas cobertas pelo Seguro-Saúde dependerá de apresentação da documentação médico-hospitalar que possibilite a identificação do sinistro.

Art. 133. É vedado às Sociedades Seguradoras acumular assistência financeira com assistência médico-hospitalar.

Art. 134. As sociedades civis ou comerciais que, na data deste Decreto-lei, tenham vendido títulos, contratos, garantias de saúde, segurança de saúde, benefícios de saúde, títulos de saúde ou seguros sob qualquer outra denominação, para atendimento médico, farmacêutico e hospitalar, integral ou parcial, ficam proibidas de efetuar novas transações do mesmo gênero, ressalvado o disposto no art. 135.

§ 1.º As sociedades civis e comerciais que se enquadrem no disposto neste artigo poderão continuar prestando os serviços neles referidos exclusivamente às pessoas físicas ou jurídicas com as quais os tenham ajustado antes da promulgação deste Decreto-lei, facultada opção bilateral pelo regime do Seguro-Saúde.

§ 2.º No caso da opção prevista no parágrafo anterior, as pessoas jurídicas prestantes da assistência médica, farmacêutica e hospitalar, ora regulada, ficarão responsáveis pela contribuição do Seguro-Saúde devida pelas pessoas físicas optantes.

§ 3.º Ficam excluídas das obrigações previstas neste artigo as Sociedades Beneficentes que estiverem em funcionamento na data da promulgação desse Decreto-lei, as quais poderão preferir o regime do Seguro-Saúde a qualquer tempo.

Art. 135. As entidades organizadas sem objetivo de lucro, por profissionais médicos e paramédicos ou por estabelecimentos hospitalares, visando a institucionalizar suas atividades para a prática da medicina social e para a melhoria das condições técnicas e econômicas dos serviços assistenciais, isoladamente ou em regime de associação, poderão operar sistemas próprios de pré-pagamento de serviços médicos e/ou hospitalares, sujeitas ao que dispuser a Regulamentação desta Lei, às resoluções do CNSP e à fiscalização dos órgãos competentes.

Seção II

•• Na publicação oficial não constou epígrafe nesta Seção II.

Art. 136. Fica extinto o Departamento Nacional de Seguros Privados e Capitalização (DNSPC), da Secretaria do Comércio, do Ministério da Indústria e do Comércio, cujo acervo e documentação passarão para a Superintendência de Seguros Privados (SUSEP).

•• *Caput* com redação determinada pelo Decreto-lei n. 168, de 14-2-1967.

§ 1.º Até que entre em funcionamento a SUSEP, as atribuições a ela conferidas pelo presente Decreto-lei continuarão a ser desempenhadas pelo DNSPC.

•• § 1.º com redação determinada pelo Decreto-lei n. 168, de 14-2-1967.

....

Art. 141. Fica dissolvida a Companhia Nacional de Seguro Agrícola, competindo ao Ministério da Agricultura promover sua liquidação e aproveitamento de seu pessoal.

Art. 142. Ficam incorporadas ao Fundo de Estabilidade do Seguro Rural:

a) Fundo de Estabilidade do Seguro Agrário, a que se refere o art. 3.º da Lei n. 2.168, de 11 de janeiro de 1954;

b) o Fundo de Estabilização previsto no art. 3.º da Lei n. 4.430, de 20 de outubro de 1964.

Art. 143. Os órgãos do Poder Público que operam em seguros privados enquadrarão suas atividades ao regime deste Decreto-lei no prazo de cento e oitenta dias, ficando autorizados a constituir a necessária Sociedade Anônima ou Cooperativa.

§ 1.º As Associações de Classe, de Beneficência e de Socorros mútuos e os Montepios que instituem pensões ou pecúlios, atualmente em funcionamento, ficam excluídos do regime estabelecido neste Decreto-lei, facultado ao CNSP mandar fiscalizá-los se e quando julgar conveniente.

§ 2.º As Sociedades Seguradoras estrangeiras que operam no País adaptarão suas organizações às novas exigências legais, no prazo deste artigo e nas condições determinadas pelo CNSP.

Art. 144. O CNSP proporá ao Poder Executivo, no prazo de cento e oitenta dias, as normas de regulamentação dos seguros obrigatórios previstos no art. 20 deste Decreto-lei.

Art. 145. Até a instalação do CNSP e da SUSEP, será mantida a jurisdição e a competência do DNSPC, conservadas em vigor as disposições legais e regulamentares, inclusive as baixadas pelo IRB, no que forem cabíveis.

....

Art. 148. As resoluções do Conselho Nacional de Seguros Privados vigorarão imediatamente e serão publicadas no *Diário Oficial da União*.

Art. 149. O Poder Executivo regulamentará este Decreto-lei no prazo de 120 (cento e vinte) dias, vigendo idêntico prazo para a aprovação dos Estatutos do IRB.

•• Artigo com redação determinada pelo Decreto-lei n. 168, de 14-2-1967.

....

Art. 152. O risco de acidente de trabalho continua a ser regido pela legislação específica, devendo ser objeto de nova legislação dentro de 90 dias.

Art. 153. Este Decreto-lei entrará em vigor na data de sua publicação, ficando revogadas expressamente todas as disposições de leis, decretos e regulamentos que dispuserem em sentido contrário.

Brasília, 21 de novembro de 1966; 145.º da Independência e 78.º da República.

H. CASTELLO BRANCO

DECRETO-LEI N. 167, DE 14 DE FEVEREIRO DE 1967 (*)

Dispõe sobre títulos de crédito rural e dá outras providências.

O Presidente da República, usando da atribuição que lhe confere o § 2.º do art. 9.º do Ato Institucional n. 4, de 7 de dezembro de 1966, decreta:

Capítulo I

DO FINANCIAMENTO RURAL

Art. 1.º O financiamento rural concedido pelos órgãos integrantes do sistema nacional de crédito rural a pessoa física ou jurídica poderá efetuar-se por meio das cédulas de crédito rural previstas neste Decreto-lei.

• *Vide* Súmula 93 do STJ.

Parágrafo único. Faculta-se a utilização das cédulas para os financiamentos da mesma natureza concedidos pelas cooperativas rurais a seus associados ou às suas filiadas.

Art. 2.º O emitente da cédula fica obrigado a aplicar o financiamento nos fins ajustados, devendo comprovar essa aplicação no prazo e na forma exigidos pela instituição financiadora.

Parágrafo único. Nos casos de pluralidade de emitentes e não constando da cédula qualquer designação em contrário, a utilização do crédito poderá ser feita por qualquer um dos financiados, sob a responsabilidade solidária dos demais.

Art. 3.º A aplicação do financiamento poderá ajustar-se em orçamento assinado pelo financiado e autenticado pelo financiador, dele devendo constar expressamente qualquer alteração que convencionarem.

Parágrafo único. Na hipótese, far-se-á, na cédula, menção do orçamento, que a ela ficará vinculado.

Art. 4.º Quando for concedido financiamento para utilização parcelada, o financiador abrirá com o valor do financiamento conta vinculada à operação, que o financiado movimentará por meio de cheques, saques, recibos, ordens, cartas ou quaisquer outros documentos, na forma e tempo previstos na cédula ou no orçamento.

Art. 5.º As importâncias fornecidas pelo financiador vencerão juros às taxas que o Conselho Monetário Nacional fixar e serão exigíveis em 30 de junho e 31 de dezembro ou no vencimento das prestações, se assim acordado entre as partes; no vencimento do título e na liquidação, ou por outra forma que vier a ser determinada por aquele Conselho, podendo o financiador, nas datas previstas, capitalizar tais encargos na conta vinculada à operação.

Parágrafo único. Em caso de mora, a taxa de juros constante da cédula será elevável de 1% (um por cento) ao ano.

Art. 6.º O financiado facultará ao financiador a mais ampla fiscalização da aplicação da quantia financiada, exibindo, inclusive, os elementos que lhe forem exigidos.

Art. 7.º O credor poderá, sempre que julgar conveniente e por pessoas de sua indicação, não só percorrer todas e quaisquer dependências dos imóveis referidos no título, como verificar o andamento dos serviços neles existentes.

Art. 8.º Para ocorrer às despesas com os serviços de fiscalização, poderá ser ajustada na cédula taxa de comissão de fiscalização exigível na forma do disposto no art. 5.º, a qual será calculada sobre os saldos devedores da conta vinculada à operação, respondendo ainda o financiado pelo pagamento de quaisquer despesas que se verificarem com vistorias frustradas ou que forem efetuadas em consequência de procedimento seu que possa prejudicar as condições legais e cedulares.

Capítulo II

Seção I
Das Cédulas de Crédito Rural

Art. 9.º A cédula de crédito rural é promessa de pagamento em dinheiro, sem ou com garantia real cedularmente constituída, sob as seguintes denominações e modalidades:

• *Vide* Súmula 93 do STJ.

I – Cédula Rural Pignoratícia;

II – Cédula Rural Hipotecária;

III – Cédula Rural Pignoratícia e Hipotecária;

IV – Nota de Crédito Rural.

Art. 10. A cédula de crédito rural é título civil, líquido e certo, transferível e de livre negociação, exigível pelo seu valor ou pelo valor de seu endosso, além dos juros, da comissão de fiscalização, se houver, e das demais despesas feitas pelo credor para a segurança, a regularidade e a realização de seu direito creditório.

•• *Caput* com redação determinada pela Lei n. 13.986, de 7-4-2020.

§ 1.º Se o emitente houver deixado de levantar qualquer parcela do crédito referido ou tiver feito pagamentos parciais, o credor descontá-los-á da soma declarada na Cédula, tornando-se exigível apenas o saldo.

§ 2.º Não constando do endosso o valor pelo qual se transfere a cédula, prevalecerá o da soma declarada no título acrescido dos acessórios, na forma deste artigo, deduzido o valor das quitações parciais passadas no próprio título.

Art. 10-A. A cédula de crédito rural poderá ser emitida sob a forma escritural em sistema eletrônico de escrituração.

•• *Caput* acrescentado pela Lei n. 13.986, de 7-4-2020.

§ 1.º O sistema eletrônico de escrituração de que trata o *caput* deste artigo será mantido em entidade autorizada pelo Banco Central do Brasil a exercer a atividade de escrituração.

•• § 1.º acrescentado pela Lei n. 13.986, de 7-4-2020.

§ 2.º Compete ao Banco Central do Brasil:

•• § 2.º, *caput*, acrescentado pela Lei n. 13.986, de 7-4-2020.

I – estabelecer as condições para o exercício da atividade de escrituração de que trata o § 1.º deste artigo; e

•• Inciso I acrescentado pela Lei n. 13.986, de 7-4-2020.

II – autorizar e supervisionar o exercício da atividade prevista no inciso I deste parágrafo.

•• Inciso II acrescentado pela Lei n. 13.986, de 7-4-2020.

§ 3.º A autorização de que trata o inciso II do § 2.º deste artigo poderá, a critério do Banco Central do Brasil, ser concedida por segmento, por espécie ou por grupos de entidades que atendam a critérios específicos, dispensada a autorização individualizada.

•• § 3.º acrescentado pela Lei n. 13.986, de 7-4-2020.

§ 4.º As infrações às normas legais e regulamentares que regem a atividade de escrituração eletrônica sujeitam a entidade responsável pelo sistema eletrônico de escrituração, os seus administradores e os membros de seus órgãos estatutários ou contratuais ao disposto na Lei n. 13.506, de 13 de novembro de 2017.

•• § 4.º acrescentado pela Lei n. 13.986, de 7-4-2020.

(*) Publicado no *Diário Oficial da União*, de 15-2-1967. *Vide* a Lei n. 8.929, de 22-8-1994, que institui a Cédula de Produto Rural. Sobre os valores constantes deste diploma legal, *vide* Nota dos Organizadores.

Art. 10-B. A entidade responsável pelo sistema eletrônico de escrituração de que trata o art. 10-A deste Decreto-lei expedirá, mediante solicitação, certidão de inteiro teor do título, inclusive para fins de protesto e de execução judicial.

•• *Caput* acrescentado pela Lei n. 13.986, de 7-4-2020.

Parágrafo único. A certidão de que trata o *caput* deste artigo poderá ser emitida na forma eletrônica, observados os requisitos de segurança que garantam a autenticidade e a integridade do documento.

•• Parágrafo único acrescentado pela Lei n. 13.986, de 7-4-2020.

Art. 10-C. O Banco Central do Brasil poderá regulamentar aspectos relativos à emissão, à negociação e à liquidação da cédula de crédito rural emitida sob a forma escritural.

•• Artigo acrescentado pela Lei n. 13.986, de 7-4-2020.

Art. 10-D. O sistema eletrônico de escrituração de que trata o *caput* do art. 10-A deste Decreto-lei fará constar:

•• *Caput* acrescentado pela Lei n. 13.986, de 7-4-2020.

I – os requisitos essenciais do título;

•• Inciso I acrescentado pela Lei n. 13.986, de 7-4-2020.

II – o endosso e a respectiva cadeia de endossos, se houver;

•• Inciso II acrescentado pela Lei n. 13.986, de 7-4-2020.

III – a forma de pagamento ajustada no título;

•• Inciso III acrescentado pela Lei n. 13.986, de 7-4-2020.

IV – os aditamentos, as ratificações e as retificações de que trata o art. 12 deste Decreto-lei;

•• Inciso IV acrescentado pela Lei n. 13.986, de 7-4-2020.

V – a inclusão de notificações, de cláusulas contratuais, de informações ou de outras declarações referentes à cédula de crédito rural; e

•• Inciso V acrescentado pela Lei n. 13.986, de 7-4-2020.

VI – as ocorrências de pagamento, se houver.

•• Inciso VI acrescentado pela Lei n. 13.986, de 7-4-2020.

Parágrafo único. Na hipótese de serem constituídos garantias e quaisquer outros gravames e ônus, tais ocorrências serão informadas no sistema de que trata o art. 10-A deste Decreto-lei.

•• Parágrafo único acrescentado pela Lei n. 13.986, de 7-4-2020.

Art. 11. Importa vencimento da cédula de crédito rural, independentemente de aviso ou interpelação judicial ou extrajudicial, a inadimplência de qualquer obrigação convencional ou legal do emitente do título ou, sendo o caso, do terceiro prestante da garantia real.

Parágrafo único. Verificado o inadimplemento, poderá ainda o credor considerar vencidos antecipadamente todos os financiamentos rurais concedidos ao emitente e dos quais seja credor.

Art. 12. A cédula de crédito rural poderá ser aditada, ratificada e retificada por meio de menções adicionais e de aditivos, datados e assinados pelo emitente e pelo credor.

Parágrafo único. Se não bastar o espaço existente, continuar-se-á em folha do mesmo formato, que fará parte integrante do documento cedular.

Art. 13. A cédula de crédito rural admite amortizações periódicas e prorrogações de vencimento que serão ajustadas mediante a inclusão de cláusula, na forma prevista neste Decreto-lei.

Seção II
Da Cédula Rural Pignoratícia

Art. 14. A cédula rural pignoratícia conterá os seguintes requisitos, lançados no contexto:

I – denominação "Cédula Rural Pignoratícia";

II – data e condições de pagamento; havendo prestações periódicas ou prorrogações de vencimento, acrescentar: "nos termos da cláusula Forma de Pagamento abaixo" ou "nos termos da cláusula Ajuste de Prorrogação abaixo";

III – nome do credor e a cláusula à ordem;

IV – valor do crédito deferido, lançado em algarismos e por extenso, com indicação da finalidade ruralista a que se destina o financiamento concedido e a forma de sua utilização;

V – descrição dos bens vinculados em penhor, que se indicarão pela espécie, qualidade, quantidade, marca ou período de produção, se for o caso, além do local ou depósito em que os mesmos bens se encontrarem;

• Do penhor no CC: *vide* arts. 1.431 a 1.472.

VI – taxa dos juros a pagar, e da comissão de fiscalização, se houver, e o tempo de seu pagamento;

VII – praça do pagamento;

VIII – data e lugar da emissão;

IX – assinatura do emitente ou de representante com poderes especiais, admitida a assinatura sob a forma eletrônica, desde que garantida a identificação inequívoca de seu signatário.

•• Inciso IX com redação determinada pela Lei n. 13.986, de 7-4-2020.

§ 1.º As cláusulas "Forma de Pagamento" ou "Ajuste de Prorrogação", quando cabíveis, serão incluídas logo após a descrição da garantia, estabelecendo-se, na primeira, os valores e datas das prestações e, na segunda, as prorrogações previstas e as condições a que está sujeita sua efetivação.

§ 2.º A descrição dos bens vinculados à garantia poderá ser feita em documento à parte, em duas vias, assinadas pelo emitente e autenticadas pelo credor, fazendo-se, na cédula, menção a essa circunstância, logo após a indicação do grau do penhor e de seu valor global.

§ 3.º Além dos requisitos previstos neste artigo, é vedado ao registrador exigir qualquer outro documento complementar, como avaliação do bem ofertado em garantia, anotação de responsabilidade técnica, reconhecimento de firma ou sinal público.

•• § 3.º acrescentado pela Lei n. 13.986, de 7-4-2020.

§ 4.º É inexigível, para o registro de operações financeiras, a apresentação de Certidão Negativa de Débito (CND) para comprovação da quitação de créditos tributários, de contribuições federais e de outras imposições pecuniárias compulsórias.

•• § 4.º acrescentado pela Lei n. 13.986, de 7-4-2020.

§ 5.º É vedado negar o registro do título na hipótese em que o valor da garantia seja inferior ao crédito liberado.

•• § 5.º acrescentado pela Lei n. 13.986, de 7-4-2020.

§ 6.º As disposições dos §§ 3.º, 4.º e 5.º deste artigo aplicam-se às demais cédulas e instrumentos vinculados a financiamentos rurais.

•• § 6.º acrescentado pela Lei n. 13.986, de 7-4-2020.

Art. 15. Podem ser objeto do penhor cedular, nas condições deste Decreto-lei, os bens suscetíveis de penhor rural e de penhor mercantil.

• *Vide* arts. 1.438 a 1.446 (penhor rural) e 1.447 a 1.450 (penhor industrial e mercantil) do CC.

Art. 16. (*Revogado pelo Decreto-lei n. 784, de 25-8-1969.*)

Art. 17. Os bens apenhados continuam na posse imediata do emitente ou do terceiro prestante da garantia real, que responde por sua guarda e conservação como fiel depositário, seja pessoa física ou jurídica. Cuidando-se do penhor constituído por terceiro, o emitente da cédula responderá solidariamente com o empenhador pela guarda e conservação dos bens apenhados.

Art. 18. Antes da liquidação da cédula, não poderão os bens apenhados ser removidos das propriedades nela mencionadas, sob qualquer pretexto e para onde quer que seja, sem prévio consentimento escrito do credor.

Art. 19. Aplicam-se ao penhor constituído pela cédula rural pignoratícia as disposições das Leis n. 10.406, de 10 de janeiro de 2002 (Código Civil), 492, de 30 de agosto de 1937, e 2.666, de 6 de dezembro de 1955, bem como os preceitos legais vigentes relativos a penhor rural e mercantil que não colidirem com este Decreto-lei.

•• Artigo com redação determinada pela Lei n. 13.986, de 7-4-2020.

• *Vide* arts. 1.438 a 1.446 (penhor rural) e 1.447 a 1.450 (penhor industrial e mercantil) do CC.

Seção III

Da Cédula Rural Hipotecária

Art. 20. A cédula rural hipotecária conterá os seguintes requisitos, lançados no contexto:

I – denominação "Cédula Rural Hipotecária";

II – data e condições de pagamento; havendo prestações periódicas ou prorrogações de vencimento, acrescentar: "nos termos da cláusula Forma de Pagamento abaixo" ou "nos termos da cláusula Ajuste de Prorrogação abaixo";

III – nome do credor e a cláusula à ordem;

IV – valor do crédito deferido, lançado em algarismos e por extenso, com indicação da finalidade ruralista a que se destina o financiamento concedido e a forma de sua utilização;

V – descrição do imóvel hipotecado com indicação do nome, se houver, dimensões, confrontações, benfeitorias, título e data de aquisição e anotações (número, livro e folha) do registro imobiliário;

VI – taxa dos juros a pagar e a da comissão de fiscalização, se houver, e tempo de seu pagamento;

VII – praça do pagamento;

VIII – data e lugar da emissão;

IX – assinatura do emitente ou de representante com poderes especiais, admitida a assinatura sob a forma eletrônica, desde que garantida a identificação inequívoca de seu signatário.

•• Inciso IX com redação determinada pela Lei n. 13.986, de 7-4-2020.

§ 1.º Aplicam-se a este artigo as disposições dos §§ 1.º e 2.º do art. 14 deste Decreto-lei.

§ 2.º Se a descrição do imóvel hipotecado se processar em documento à parte, deverão constar também da cédula todas as indicações mencionadas no item V deste artigo, exceto confrontações e benfeitorias.

§ 3.º A especificação dos imóveis hipotecados, pela descrição pormenorizada, poderá ser substituída pela anexação à cédula de seus respectivos títulos de propriedade.

§ 4.º Nos casos do parágrafo anterior, deverão constar da cédula, além das indicações referidas no § 2.º deste artigo, menção expressa à anexação dos títulos de propriedade e a declaração de que eles farão parte integrante da cédula até sua final liquidação.

Art. 21. São abrangidos pela hipoteca constituída as construções, respectivos terrenos, maquinismos, instalações e benfeitorias.

Parágrafo único. Pratica crime de estelionato e fica sujeito às penas do art. 171 do Código Penal aquele que fizer declarações falsas ou inexatas acerca da área dos imóveis hipotecados, de suas características, instalações e acessórios, da pacificidade de sua posse, ou omitir, na cédula, a declaração de já estarem eles sujeitos a outros ônus ou responsabilidade de qualquer espécie, inclusive fiscais.

Art. 22. Incorporam-se na hipoteca constituída as máquinas, aparelhos, instalações e construções, adquiridos ou executados com o crédito, assim como quaisquer outras benfeitorias acrescidas aos imóveis na vigência da cédula, as quais, uma vez realizadas, não poderão ser retiradas, alteradas ou destruídas, sem o consentimento do credor, por escrito.

Parágrafo único. Faculta-se ao credor exigir que o emitente faça averbar, à margem da inscrição principal, a constituição do direito real sobre os bens e benfeitorias referidos neste artigo.

Art. 23. Podem ser objeto de hipoteca cedular imóveis rurais e urbanos.

Art. 24. Aplicam-se à hipoteca cedular os princípios da legislação ordinária sobre hipoteca no que não colidirem com o presente Decreto-lei.

Seção IV

Da Cédula Rural Pignoratícia e Hipotecária

Art. 25. A cédula rural pignoratícia e hipotecária conterá os seguintes requisitos, lançados no contexto:

I – denominação "Cédula Rural Pignoratícia e Hipotecária";

II – data e condições de pagamento; havendo prestações periódicas ou prorrogações de vencimento, acrescentar: "nos termos da cláusula Forma de Pagamento abaixo" ou "nos termos da cláusula Ajuste de Prorrogação abaixo";

III – nome do credor e a cláusula à ordem;

IV – valor do crédito deferido, lançado em algarismos e por extenso, com indicação da finalidade ruralista a que se destina o financiamento concedido e a forma de sua utilização;

V – descrição dos bens vinculados em penhor, os quais se indicarão pela espécie, qualidade, quantidade, marca ou período de produção, se for o caso, além do local ou depósito dos mesmos bens;

VI – descrição do imóvel hipotecado com indicação do nome, se houver, dimensões, confrontações, benfeitorias, título e data de aquisição e anotações (número, livro e folha) do registro imobiliário;

VII – taxa dos juros a pagar e da comissão de fiscalização, se houver, e tempo de seu pagamento;

VIII – praça do pagamento;

IX – data e lugar da emissão;

X – assinatura do emitente ou de representante com poderes especiais, admitida a assinatura sob a forma eletrônica, desde que garantida a identificação inequívoca de seu signatário.

•• Inciso X com redação determinada pela Lei n. 13.986, de 7-4-2020.

Art. 26. Aplica-se à hipoteca e ao penhor constituídos pela cédula rural pignoratícia e hipotecária o disposto nas Seções II e III do Capítulo II deste Decreto-lei.

Seção V

Da Nota de Crédito Rural

Art. 27. A nota de crédito rural conterá os seguintes requisitos, lançados no contexto:

I – denominação "Nota de Crédito Rural";

II – data e condições de pagamento; havendo prestações periódicas ou prorrogações de vencimento, acrescentar: "nos termos da cláusula Forma de Pagamento abaixo" ou "nos termos da cláusula Ajuste de Prorrogação abaixo";

III – nome do credor e a cláusula à ordem;

IV – valor do crédito deferido, lançado em algarismos e por extenso, com indicação da finalidade ruralista a que se destina o financiamento concedido e a forma de sua utilização;

V – taxa dos juros a pagar e da comissão de fiscalização, se houver, e tempo de seu pagamento;

VI – praça de pagamento;

VII – data e lugar da emissão;

VIII – assinatura do emitente ou de representante com poderes especiais, admitida a assinatura sob a forma eletrônica, desde que garantida a identificação inequívoca de seu signatário.

•• Inciso VIII com redação determinada pela Lei n. 13.986, de 7-4-2020.

Art. 28. O crédito pela nota de crédito rural tem privilégio especial sobre os bens discriminados no art. 1.563 do Código Civil.

•• O art. 1.563 do CC de 1916 (Lei n. 3.071, de 1.º-1-1916) não apresenta dispositivo correspondente na Lei n. 10.406, de 10-1-2002 – CC.

Art. 29. (*Revogado pelo Decreto-lei n. 784, de 25-8-1969.*)

Capítulo III

Seção I

Da Inscrição e Averbação da Cédula de Crédito Rural

Arts. 30. a 38. (*Revogados pela Lei n. 13.986, de 7-4-2020.*)

Seção II

Do Cancelamento da Inscrição da Cédula de Crédito Rural

Art. 39. (*Revogado pela Lei n. 13.986, de 7-4-2020.*)

Seção III

Da Correição dos Livros de Inscrição da Cédula de Crédito Rural

Art. 40. (*Revogado pela Lei n. 13.986, de 7-4-2020.*)

Capítulo IV

DA AÇÃO PARA COBRANÇA DE CÉDULA DE CRÉDITO RURAL

Art. 41. Cabe ação executiva para a cobrança da cédula rural.

• Os arts. 515 e 784 do CPC dispõem sobre títulos executivos.

§ 1.º Penhorados os bens constitutivos da garantia real, assistirá ao credor o direito de promover, a qualquer tempo, contestada ou não a ação, a venda daqueles bens, observado o disposto nos arts. 704 e 705 do Código de Processo Civil, podendo ainda levantar desde logo, mediante caução idônea, o produto líquido da venda, à conta e no limite de seu crédito, prosseguindo-se na ação.

•• A referência é feita ao CPC de 1939. O art. 730 do CPC de 2015 trata sobre alienações judiciais.

§ 2.º Decidida a ação por sentença passada em julgado, o credor restituirá a quantia ou o excesso levantado, conforme seja a ação julgada improcedente total ou parcialmente, sem prejuízos doutras cominações da lei processual.

§ 3.º Da caução a que se refere o § 1.º dispensam-se as cooperativas rurais e as instituições financeiras públicas (art. 22 da Lei n. 4.595, de 31-12-1964), inclusive o Banco do Brasil S.A.

Capítulo V
DA NOTA PROMISSÓRIA RURAL

Art. 42. Nas vendas a prazo de bens de natureza agrícola, extrativa ou pastoril, quando efetuadas diretamente por produtores rurais ou por suas cooperativas; nos recebimentos, pelas cooperativas, de produtos da mesma natureza entregues pelos seus cooperados, e nas entregas de bens de produção ou de consumo, feitas pelas cooperativas aos seus associados, poderá ser utilizada, como título de crédito, a nota promissória rural, nos termos deste Decreto-lei.

§ 1.º A nota promissória rural emitida pelas cooperativas de produção agropecuária em favor de seus cooperados, ao receberem produtos entregues por eles, constitui promessa de pagamento representativa de adiantamento por conta do preço dos produtos recebidos para venda.

•• § 1.º com redação determinada pela Lei n. 13.986, de 7-4-2020.

§ 2.º A nota promissória rural poderá ser emitida sob a forma escritural, mediante lançamento em sistema eletrônico de escrituração, observado, no que couber, o disposto nos arts. 10-A, 10-B, 10-C e 10-D deste Decreto-lei.

•• § 2.º acrescentado pela Lei n. 13.986, de 7-4-2020.

Art. 43. A nota promissória rural conterá os seguintes requisitos, lançados no contexto:

I – denominação "Nota Promissória Rural";

II – data do pagamento;

III – nome da pessoa ou entidade que vende ou entrega os bens e a qual deve ser paga, seguido da cláusula à ordem;

IV – praça do pagamento;

V – soma a pagar em dinheiro, lançada em algarismos e por extenso, que corresponderá ao preço dos produtos adquiridos ou recebidos ou no adiantamento por conta do preço dos produtos recebidos para venda;

VI – indicação dos produtos objeto da compra e venda ou da entrega;

VII – data e lugar da emissão;

VIII – assinatura do emitente ou de representante com poderes especiais, admitida a assinatura sob a forma eletrônica, desde que garantida a identificação inequívoca do signatário.

•• Inciso VIII com redação determinada pela Lei n. 13.986, de 7-4-2020.

Art. 44. Cabe ação executiva para a cobrança da nota promissória rural.

Parágrafo único. Penhorados os bens indicados na nota promissória rural, ou, em sua vez, outros da mesma espécie, qualidade e quantidade pertencentes ao emitente, assistirá ao credor o direito de proceder nos termos do § 1.º do art. 41, observado o disposto nos demais parágrafos do mesmo artigo.

Art. 45. A nota promissória rural goza de privilégio especial sobre os bens enumerados no art. 1.563 do Código Civil.

•• O art. 1.563 do CC de 1916 (Lei n. 3.071, de 1.º-1-1916) não apresenta dispositivo correspondente na Lei n. 10.406, de 10-1-2002 – CC.

Capítulo VI
DA DUPLICATA RURAL

Art. 46. Nas vendas a prazo de quaisquer bens de natureza agrícola, extrativa ou pastoril, quando efetuadas diretamente por produtores rurais ou por suas cooperativas, poderá ser utilizada também, como título de crédito, a duplicata rural, nos termos deste Decreto-lei.

Parágrafo único. A duplicata rural poderá ser emitida sob a forma escritural, mediante lançamento em sistema eletrônico de escrituração, observado, no que couber, o disposto nos arts. 10-A, 10-B, 10-C e 10-D deste Decreto-lei.

•• Parágrafo único acrescentado pela Lei n. 13.986, de 7-4-2020.

Art. 47. Emitida a duplicata rural pelo vendedor, este ficará obrigado a entregá-la ou a remetê-la ao comprador, que a devolverá depois de assiná-la.

Art. 48. A duplicata rural conterá os seguintes requisitos, lançados no contexto:

I – denominação "Duplicata Rural";

II – data do pagamento, ou a declaração de dar-se a tantos dias da data da apresentação ou de ser à vista;

III – nome e domicílio do vendedor;

IV – nome e domicílio do comprador;

V – soma a pagar em dinheiro, lançada em algarismos e por extenso, que corresponderá ao preço dos produtos adquiridos;

VI – praça do pagamento;

VII – indicação dos produtos objeto da compra e venda;

VIII – data e lugar da emissão;

IX – cláusula à ordem;

X – reconhecimento de sua exatidão e a obrigação de pagá-la, para ser firmada do próprio punho do comprador ou de representante com poderes especiais;

XI – assinatura do emitente ou de representante com poderes especiais, admitida a assinatura sob a forma eletrônica, desde que garantida a identificação inequívoca de seu signatário.

•• Inciso XI com redação determinada pela Lei n. 13.986, de 7-4-2020.

Art. 49. A perda ou extravio da duplicata rural obriga o vendedor a extrair novo documento que contenha a expressão "segunda via" em linhas paralelas que cruzem o título.

Art. 50. A remessa da duplicata rural poderá ser feita diretamente pelo vendedor ou por seus representantes, por intermédio de instituições financiadoras, procuradores ou correspondentes, que se incumbem de apresentá-la ao comprador na praça ou no lugar de seu domicílio, podendo os intermediários devolvê-la depois de assinada ou conservá-la em seu poder até o momento do resgate, segundo as instruções de quem lhe cometeu o encargo.

Art. 51. Na hipótese de a duplicata rural não ser paga à vista, o comprador deverá devolvê-la ao apresentante, no prazo de 10 (dez) dias, contado da data de apresentação, devidamente assinada ou acompanhada de declaração, que conterá as razões da falta de aceite.

•• *Caput* com redação determinada pela Lei n. 13.986, de 7-4-2020.

Parágrafo único. Na hipótese de não devolução do título dentro do prazo a que se refere este artigo, assiste ao vendedor o direito de protestá-lo por falta de aceite.

Art. 52. Cabe ação executiva para cobrança da duplicata rural.

• Os arts. 515 e 784 do CPC dispõem sobre títulos executivos.

Art. 53. A duplicata rural goza de privilégio especial sobre os bens enumerados no art. 1.563 do Código Civil.

•• O art. 1.563 do CC de 1916 (Lei n. 3.071, de 1.º-1-1916) não apresenta dispositivo correspondente na Lei n. 10.406, de 10-1-2002 – CC.

Art. 54. Incorrerá na pena de reclusão por 1 (um) a 4 (quatro) anos, além da multa de 10% (dez por cento) sobre o respectivo montante, o que expedir duplicata rural que não corresponda a uma venda efetiva de quaisquer dos bens a que se refere o art. 46, entregues real ou simbolicamente.

•• A Lei n. 7.209, de 11-7-1984, em seu art. 2.º, dispõe: "São canceladas, na Parte Especial do CP e nas leis especiais alcançadas pelo art. 12 do CP, quaisquer referências a valores de multas, substituindo-se a expressão multa de por multa". O art. 12 citado diz que as regras gerais do CP aplicam-se aos fatos incriminados por lei especial, se esta não dispuser de modo diverso.

Capítulo VII
DISPOSIÇÕES ESPECIAIS

Seção I
Das Garantias da Cédula de Crédito Rural

Art. 55. Podem ser objeto de penhor cedular os gêneros oriundos da produção agrícola, extrativa ou pastoril, ainda que destinados a beneficiamento ou transformação.

Art. 56. Podem ainda ser objeto de penhor cedular os seguintes bens e respectivos acessórios, quando destinados aos serviços das atividades rurais:

I – caminhões, camionetas de carga, furgões, jipes e quaisquer veículos automotores ou de tração mecânica;

II – carretas, carroças, carros, carroções e quaisquer veículos não automotores;

III – canoas, barcas, balsas e embarcações fluviais, com ou sem motores;

IV – máquinas e utensílios destinados ao preparo de rações ou ao beneficiamento, armazenagem, industrialização, frigorificação, conservação, acondicionamento e transporte de produtos e subprodutos agropecuários ou extrativos, ou utilizados nas atividades rurais, bem como bombas, motores, canos e demais pertences de irrigação;

V – incubadoras, chocadeiras, criadeiras, pinteiros e galinheiros desmontáveis ou móveis, gaiolas, bebedouros, campânulas e quaisquer máquinas e utensílios usados nas explorações avícolas e agropastoris.

Parágrafo único. O penhor será anotado nos assentamentos próprios da repartição competente para expedição de licença dos veículos, quando for o caso.

Art. 57. Os bens apenhados poderão ser objeto de novo penhor cedular em grau subsequente ao penhor originalmente constituído.

•• Artigo com redação determinada pela Lei n. 14.421, de 20-7-2022.

Art. 58. Em caso de mais de um financiamento, sendo os mesmos o emitente da cédula, o credor e os bens apenhados, poderá estender-se aos financiamentos subsequentes o penhor originariamente constituído, mediante menção da extensão nas cédulas posteriores, reputando-se um só penhor com cédulas rurais distintas.

§ 1.º A extensão será apenas averbada à margem da inscrição anterior e não impede que sejam vinculados outros bens à garantia.

§ 2.º (*Revogado pela Lei n. 14.421, de 20-7-2022.*)

§ 3.º Não será possível a extensão da garantia se tiver havido endosso ou se os bens vinculados já houverem sido objeto de nova gravação para com terceiros.

Art. 59. A venda dos bens apenhados ou hipotecados pela cédula de crédito rural depende de prévia anuência do credor, por escrito.

Art. 60. Aplicam-se à cédula de crédito rural, à nota promissória rural e à duplicata rural, no que forem cabíveis, as normas de direito cambial, inclusive quanto a aval, dispensado porém o protesto para assegurar o direito de regresso contra endossantes e seus avalistas.

§ 1.º O endossatário ou o portador de nota promissória rural ou duplicata rural não tem direito de regresso contra o primeiro endossante e seus avalistas.

•• § 1.º acrescentado pela Lei n. 6.754, de 17-12-1979.

§ 2.º É nulo o aval dado em nota promissória rural ou duplicata rural, salvo quando dado pelas pessoas físicas participantes da empresa emitente ou por outras pessoas jurídicas.

•• § 2.º acrescentado pela Lei n. 6.754, de 17-12-1979.

§ 3.º Também são nulas quaisquer outras garantias, reais ou pessoais, salvo quando prestadas pelas pessoas físicas participantes da empresa emitente, por esta ou por outras pessoas jurídicas.

•• § 3.º acrescentado pela Lei n. 6.754, de 17-12-1979.

§ 4.º Às transações realizadas entre produtores rurais e entre estes e suas cooperativas não se aplicam as disposições dos parágrafos anteriores.

•• § 4.º acrescentado pela Lei n. 6.754, de 17-12-1979.

Seção II
Dos Prazos e Prorrogações da Cédula de Crédito Rural

Art. 61. O prazo do penhor rural, agrícola ou pecuário, não excederá o da obrigação garantida e, embora vencido, permanecerá a garantia enquanto subsistirem os bens que a constituem ou a obrigação garantida.

•• *Caput* com redação determinada pela Lei n. 14.421, de 20-7-2022.

Parágrafo único. (*Revogado pela Lei n. 14.421, de 20-7-2022.*)

Art. 62. Nas prorrogações de que trata o art. 13 deste Decreto-lei, ainda que efetuadas após o vencimento original da operação, ficam dispensadas a lavratura de termo aditivo e a assinatura do emitente, bastando, para todos os efeitos, a anotação pelo credor no instrumento de crédito, salvo nas hipóteses estabelecidas pelo poder público.

•• *Caput* com redação determinada pela Lei n. 14.421, de 20-7-2022.

Parágrafo único. (*Revogado pela Lei n. 14.421, de 20-7-2022.*)

Capítulo VIII
DISPOSIÇÕES GERAIS

Art. 63. Dentro do prazo da cédula, o credor, se assim o entender, poderá autorizar o emitente a dispor de parte ou de todos os bens da garantia, na forma e condições que convencionarem.

Art. 64. Os bens dados em garantia assegurarão o pagamento do principal, juros, comissões, pena convencional, despesas legais e convencionais com as preferências estabelecidas na legislação em vigor.

Art. 65. Na hipótese de redução do valor dos bens oferecidos em garantia, o emitente reforçará a garantia por meio de suporte cartular ou escritural, no prazo de 15 (quinze) dias, contado da data de recebimento da notificação por escrito que o credor lhe fizer.

•• *Caput* com redação determinada pela Lei n. 13.986, de 7-4-2020.

Parágrafo único. Nos casos de substituição de animais por morte ou inutilização, assiste ao credor o direito de exigir que os substitutos sejam da mesma espécie e categoria dos substituídos.

Art. 66. Quando o penhor for constituído por animais, o emitente da cédula fica obrigado a manter todo o rebanho, inclusive os animais adquiridos com o financiamento, se for o caso, protegidos pelas medidas sanitárias e profiláticas recomendadas em cada caso, contra a incidência de zoonoses, moléstias infecciosas ou parasitárias de ocorrência frequente na região.

Art. 67. Nos financiamentos pecuários, poderá ser convencionado que o emitente se obriga a não vender, sem autorização por escrito do credor, durante a vigência do título, crias fêmeas ou vacas aptas à procriação, assistindo ao credor, na hipótese de não observância dessas condições, o direito de dar por vencida a cédula e exigir o total da dívida dela resultante, independentemente de aviso extrajudicial ou interpelação judicial.

Art. 68. Se os bens vinculados em penhor ou em hipoteca à cédula de crédito rural pertencerem a terceiros, estes subscreverão também o título, para que se constitua a garantia.

Art. 69. Os bens objeto de penhor ou de hipoteca constituídos pela cédula de crédito rural não serão penhorados, arrestados ou sequestrados por outras dívidas do emitente ou do terceiro empenhador ou hipotecante, cumprindo ao emitente ou ao terceiro empenhador ou hipotecante denunciar a existência da cédula às autoridades incumbidas da diligência ou a quem a determinou, sob pena de responderem pelos prejuízos resultantes de sua omissão.

Art. 70. O emitente da cédula de crédito rural, com ou sem garantia real, manterá em dia o pagamento dos tributos e encargos fiscais, previdenciários e trabalhistas de sua responsabilidade, inclusive a remuneração dos trabalhadores rurais, exibindo ao credor os respectivos comprovantes sempre que lhe forem exigidos.

Art. 71. Em caso de cobrança em processo contencioso ou não, judicial ou administrativo, o emitente da cédula de crédito rural ou da nota promissória rural ou o aceitante da duplicata rural responderá ainda pela multa de até 2% (dois por cento) sobre o principal e acessórios em débito, devida a partir do primeiro despacho da autoridade competente na petição de cobrança ou de habilitação de crédito.

•• Artigo com redação determinada pela Lei n. 13.986, de 7-4-2020.

Art. 72. As cédulas de crédito rural, a nota promissória rural e a duplicata rural poderão ser redescontadas no Banco Central da República do Brasil, nas condições estabelecidas pelo Conselho Monetário Nacional.

Art. 73. É também da competência do Conselho Monetário Nacional a fixação das taxas de desconto da nota promissória rural e da duplicata rural, que poderão ser elevadas de 1% (um por cento) ao ano em caso de mora.

Art. 74. Dentro do prazo da nota promissória rural e da duplicata rural, poderão ser feitos pagamentos parciais.

Parágrafo único. Ocorrida a hipótese, o credor declarará, no verso do título, sobre sua assinatura, a importância recebida e a data do recebimento, tornando-se exigível apenas o saldo.

Art. 75. Na hipótese de nomeação, por qualquer circunstância, de depositário para os bens apenhados, instituído judicial ou convencionalmente, entrará ele também na posse imediata das máquinas e de todas as instalações e pertences acaso necessários à transformação dos referidos bens nos produtos a que se tiver obrigado o emitente na respectiva cédula.

Art. 76. *(Revogado pela Lei n. 14.421, de 20-7-2022.)*

Art. 77. As cédulas de crédito rural, a nota promissória rural e a duplicata rural obedecerão aos modelos anexos n. 1 a 6.

Parágrafo único. Sem caráter de requisição essencial, as cédulas de crédito rural poderão conter disposições que resultem das peculiaridades do financiamento rural.

Art. 78. A exigência constante do art. 22, da Lei n. 4.947, de 6 de abril de 1966, não se aplica às operações de crédito rural propostas por produtores rurais e suas cooperativas, de conformidade com o disposto no art. 37 da Lei n. 4.829, de 5 de novembro de 1965.

Parágrafo único. A comunicação do Instituto Brasileiro de Reforma Agrária, de ajuizamento da cobrança de dívida fiscal ou de multa, impedirá a concessão de crédito rural ao devedor, a partir da data do recebimento da comunicação, pela instituição financiadora, salvo se for depositado em juízo o valor do débito em litígio.

•• O Instituto Nacional de Colonização e Reforma Agrária (INCRA) exerce as funções que competiam ao citado IBRA, hoje extinto.

Capítulo IX
DISPOSIÇÕES TRANSITÓRIAS

Art. 79. Este Decreto-lei entrará em vigor 90 (noventa) dias depois de publicado, revogando-se a Lei n. 3.253, de 27 de agosto de 1957, e as disposições em contrário.

Art. 80. As folhas em branco dos livros de registro das "Cédulas de Crédito Rural" sob o império da Lei n. 3.253, de 27 de agosto de 1957, serão inutilizadas, na data da vigência do presente Decreto-lei, pelo chefe da repartição arrecadadora federal a que pertencem, e devidamente guardados os livros.

Brasília, 14 de fevereiro de 1967; 146.º da Independência e 79.º da República.

H. CASTELLO BRANCO

DECRETO-LEI N. 271, DE 28 DE FEVEREIRO DE 1967 (*)

Dispõe sobre loteamento urbano, responsabilidade do loteador, concessão de uso do espaço aéreo, e dá outras providências.

O Presidente da República, usando da atribuição que lhe confere o art. 9.º, § 2.º, do Ato Institucional n. 4, de 7 de dezembro de 1966, decreta:

....

Art. 5.º Nas desapropriações, não se indenizarão as benfeitorias ou construções realizadas em lotes ou loteamentos irregulares, nem se considerarão como terrenos loteados ou loteáveis, para fins de indenização, as glebas não inscritas ou irregularmente inscritas como loteamentos urbanos ou para fins urbanos.

Art. 6.º O loteador, ainda que já tenha vendido todos os lotes, ou os vizinhos são partes legítimas para promover ação destinada a impedir construção em desacordo com as restrições urbanísticas do loteamento ou contrárias a quaisquer outras normas de edificação ou de urbanização referentes aos lotes.

Art. 7.º É instituída a concessão de uso de terrenos públicos ou particulares remunerada ou gratuita, por tempo certo ou indeterminado, como direito real resolúvel, para fins específicos de regularização fundiária de interesse social, urbanização, industrialização, edificação, cultivo da terra, aproveitamento sustentável das várzeas, preservação das comunidades tradicionais e seus meios de subsistência ou outras modalidades de interesse social em áreas urbanas.

•• *Caput* com redação determinada pela Lei n. 11.481, de 31-5-2007.

§ 1.º A concessão de uso poderá ser contratada por instrumento público ou particular, ou por simples termo administrativo, e será inscrita e cancelada em livro especial.

§ 2.º Desde a inscrição da concessão de uso, o concessionário fruirá plenamente do terreno para os fins estabelecidos no contrato e responderá por todos os encargos civis, administrativos e tributários que venham a incidir sobre o imóvel e suas rendas.

§ 3.º Resolve-se a concessão antes de seu termo desde que o concessionário dê ao imóvel destinação diversa da estabelecida no contrato ou termo, ou descumpra cláusula resolutória do ajuste, perdendo, neste caso, as benfeitorias de qualquer natureza.

§ 4.º A concessão de uso, salvo disposição contratual em contrário, transfere-se por ato *inter vivos*, ou por sucessão legítima ou testamentária, como os demais direitos reais sobre coisas alheias, registrando-se a transferência.

§ 5.º Para efeito de aplicação do disposto no *caput* deste artigo, deverá ser observada a anuência prévia:

•• § 5.º, *caput*, acrescentado pela Lei n. 11.481, de 31-5-2007.

I – do Ministério da Defesa e dos Comandos da Marinha, do Exército ou da Aeronáutica, quando se tratar de imóveis que estejam sob sua administração; e

•• Inciso I acrescentado pela Lei n. 11.481, de 31-5-2007.

II – do Gabinete de Segurança Institucional da Presidência de República, observados os termos do inciso III do § 1.º do art. 91 da Constituição Federal.

•• Inciso II acrescentado pela Lei n. 11.481, de 31-5-2007.

Art. 8.º É permitida a concessão de uso do espaço aéreo sobre a superfície de terrenos públicos ou particulares, tomada em projeção vertical, nos termos e para os fins do artigo anterior e na forma que for regulamentada.

Art. 9.º Este Decreto-lei não se aplica aos loteamentos que na data da publicação deste Decreto-lei já estiverem protocolados ou aprovados nas prefeituras municipais para os quais continua prevalecendo a legislação em vigor até essa data.

Parágrafo único. As alterações de loteamentos enquadrados no *caput* deste artigo estão, porém, sujeitas ao disposto neste Decreto-lei.

Art. 10. Este Decreto-lei entrará em vigor na data de sua publicação, mantidos o Decreto-lei n. 58, de 10 de dezembro de 1937, e o Decreto n. 3.079, de 15 de setembro de 1938, no que couber e não for revogado por dispositivo expresso deste Decreto-lei, da Lei n. 4.591, de 16 de dezembro de 1964, e dos atos normativos mencionados no art. 2.º deste Decreto-lei.

Brasília, 28 de fevereiro de 1967; 146.º da Independência e 79.º da República.

H. CASTELLO BRANCO

LEI N. 5.474, DE 18 DE JULHO DE 1968 (**)

Dispõe sobre as duplicatas e dá outras providências.

O Presidente da República:

(*) Publicado no *Diário Oficial da União*, de 28-2-1967. O loteamento de terreno urbano é regulado pela Lei n. 6.766, de 19-12-1979, que derrogou o presente Decreto-lei, naquilo em que com ela seja incompatível.

(**) Publicada no *Diário Oficial da União*, de 19-7-1968. Retificada em 25-7-1968. Sobre os valores constantes deste diploma legal, *vide* Nota dos Organizadores.

Faço saber que o Congresso Nacional decreta e eu sanciono a seguinte Lei:

Capítulo I
DA FATURA E DA DUPLICATA

Art. 1.º Em todo o contrato de compra e venda mercantil entre partes domiciliadas no território brasileiro, com prazo não inferior a 30 (trinta) dias, contado da data da entrega ou despacho das mercadorias, o vendedor extrairá a respectiva fatura para apresentação ao comprador.

•• *Vide* Lei n. 13.775, de 20-12-2018, que dispõe sobre a emissão de duplicata sob a forma escritural.

§ 1.º A fatura discriminará as mercadorias vendidas ou, quando convier ao vendedor, indicará somente os números e valores das notas parciais expedidas por ocasião das vendas, despachos ou entregas das mercadorias.

§ 2.º (*Revogado pelo Decreto-lei n. 436, de 27-1-1969.*)

•• O Decreto-lei n. 436, de 27-1-1969, revogou o § 2.º deste artigo, não determinando expressamente se passasse o então § 1.º a parágrafo único.

Art. 2.º No ato da emissão da fatura, dela poderá ser extraída uma duplicata para circulação como efeito comercial, não sendo admitida qualquer outra espécie de título de crédito para documentar o saque do vendedor pela importância faturada ao comprador.

§ 1.º A duplicata conterá:

I – a denominação "duplicata", a data de sua emissão e o número de ordem;

II – o número da fatura;

III – a data certa do vencimento ou a declaração de ser a duplicata à vista;

IV – o nome e domicílio do vendedor e do comprador;

V – a importância a pagar, em algarismos e por extenso;

VI – a praça de pagamento;

•• *Vide* art. 12, § 3.º, da Lei n. 13.775, de 20-12-2018 (duplicata eletrônica).

VII – a cláusula à ordem;

VIII – a declaração do reconhecimento de sua exatidão e da obrigação de pagá-la, a ser assinada pelo comprador, como aceite cambial;

IX – a assinatura do emitente.

§ 2.º Uma só duplicata não pode corresponder a mais de uma fatura.

§ 3.º Nos casos de venda para pagamento em parcelas, poderá ser emitida duplicata única, em que se discriminarão todas as prestações e seus vencimentos, ou série de duplicatas, uma para cada prestação, distinguindo-se a numeração a que se refere o item I do § 1.º deste artigo, pelo acréscimo de letra do alfabeto, em sequência.

Art. 3.º A duplicata indicará sempre o valor total da fatura, ainda que o comprador tenha direito a qualquer rebate, mencionando o vendedor o valor líquido que o comprador deverá reconhecer como obrigação de pagar.

§ 1.º Não se incluirão no valor total da duplicata os abatimentos de preços das mercadorias feitos pelo vendedor até o ato do faturamento, desde que constem da fatura.

§ 2.º A venda mercantil para pagamento contra a entrega da mercadoria ou do conhecimento de transporte, sejam ou não da mesma praça vendedor e comprador, ou para pagamento em prazo inferior a 30 (trinta) dias, contado da entrega ou despacho das mercadorias, poderá representar-se, também, por duplicata, em que se declarará que o pagamento será feito nessas condições.

Art. 4.º Nas vendas realizadas por consignatários ou comissários e faturadas em nome e por conta do consignante ou comitente, caberá àqueles cumprir os dispositivos desta Lei.

Art. 5.º Quando a mercadoria for vendida por conta do consignatário, este é obrigado, na ocasião de expedir a fatura e a duplicata, a comunicar a venda ao consignante.

§ 1.º Por sua vez, o consignante expedirá fatura e duplicata correspondente à mesma venda, a fim de ser esta assinada pelo consignatário, mencionando-se o prazo estipulado para a liquidação do saldo da conta.

§ 2.º Fica o consignatário dispensado de emitir duplicata quando na comunicação a que se refere o § 1.º declarar que o produto líquido apurado está à disposição do consignante.

Capítulo II
DA REMESSA E DA DEVOLUÇÃO DA DUPLICATA

Art. 6.º A remessa de duplicata poderá ser feita diretamente pelo vendedor ou por seus representantes, por intermédio de instituições financeiras, procuradores ou correspondentes que se incumbam de apresentá-la ao comprador na praça ou no lugar de seu estabelecimento, podendo os intermediários devolvê-la, depois de assinada, ou conservá-la em seu poder até o momento do resgate, segundo as instruções de quem lhes cometeu o encargo.

§ 1.º O prazo para remessa da duplicata será de 30 (trinta) dias, contado da data de sua emissão.

§ 2.º Se a remessa for feita por intermédio de representantes, instituições financeiras, procuradores ou correspondentes, estes deverão apresentar o título ao comprador dentro de 10 (dez) dias, contados da data de seu recebimento na praça de pagamento.

Art. 7.º A duplicata, quando não for à vista, deverá ser devolvida pelo comprador ao apresentante dentro do prazo de 10 (dez) dias, contados da data de sua apresentação, devidamente assinada ou acompanhada de declaração, por escrito, contendo as razões da falta do aceite.

•• *Vide* art. 12, § 2.º, da Lei n. 13.775, de 20-12-2018 (duplicata eletrônica).

§ 1.º Havendo expressa concordância da instituição financeira cobradora, o sacado poderá reter a duplicata em seu poder até a data do vencimento, desde que comunique, por escrito, à apresentante, o aceite e a retenção.

§ 2.º A comunicação de que trata o parágrafo anterior substituirá, quando necessário, no ato do protesto ou na execução judicial, a duplicata a que se refere.

•• § 2.º com redação determinada pela Lei n. 6.458, de 1.º-11-1977.

Art. 8.º O comprador só poderá deixar de aceitar a duplicata por motivo de:

•• *Vide* art. 12, § 2.º, da Lei n. 13.775, de 20-12-2018 (duplicata eletrônica).

I – avaria ou não recebimento das mercadorias, quando não expedidas ou não entregues por sua conta e risco;

II – vícios, defeitos e diferenças na qualidade ou na quantidade das mercadorias, devidamente comprovados;

III – divergência nos prazos ou nos preços ajustados.

Capítulo III
DO PAGAMENTO DAS DUPLICATAS

Art. 9.º É lícito ao comprador resgatar a duplicata antes de aceitá-la ou antes da data do vencimento.

§ 1.º A prova do pagamento é o recibo, passado pelo legítimo portador ou por seu representante com poderes especiais, no verso do próprio título ou em documento, em separado, com referência expressa à duplicata.

§ 2.º Constituirá, igualmente, prova de pagamento, total ou parcial, da duplicata, a liquidação de cheque, a favor do estabelecimento endossatário, no qual conste, no verso, que seu valor se destina à amortização ou liquidação da duplicata nele caracterizada.

Art. 10. No pagamento da duplicata poderão ser deduzidos quaisquer créditos a favor do devedor, resultantes de devolução de mercadorias, diferenças de preço, enganos verificados, pagamentos por conta e outros motivos assemelhados, desde que devidamente autorizados.

Art. 11. A duplicata admite reforma ou prorrogação do prazo de vencimento, mediante declaração em separado ou nela escrita, assinada pelo vendedor ou endossatário, ou por representante com poderes especiais.

Parágrafo único. A reforma ou prorrogação de que trata este artigo, para manter a coobrigação dos demais intervenientes por endosso ou aval, requer a anuência expressa destes.

Art. 12. O pagamento da duplicata poderá ser assegurado por aval, sendo o avalista equiparado àquele cujo nome indicar; na falta da indicação, àquele abaixo de cuja firma lançar a sua; fora desses casos, ao comprador.

Parágrafo único. O aval dado posteriormente ao vencimento do título produzirá os mesmos efeitos que o prestado anteriormente àquela ocorrência.

• *Vide* arts. 897 a 900 do CC.

Capítulo IV
DO PROTESTO

Art. 13. A duplicata é protestável por falta de aceite, de devolução ou de pagamento.

•• *Caput* com redação determinada pelo Decreto-lei n. 436, de 27-1-1969.

§ 1.º Por falta de aceite, de devolução ou de pagamento, o protesto será tirado, conforme o caso, mediante apresentação da duplicata, da triplicata, ou, ainda, por simples indicações do portador, na falta de devolução do título.

•• § 1.º com redação determinada pelo Decreto-lei n. 436, de 27-1-1969.

§ 2.º O fato de não ter sido exercida a faculdade de protestar o título, por falta de aceite ou de devolução, não elide a possibilidade de protesto por falta de pagamento.

•• § 2.º com redação determinada pelo Decreto-lei n. 436, de 27-1-1969.

§ 3.º O protesto será tirado na praça de pagamento constante do título.

•• § 3.º com redação determinada pelo Decreto-lei n. 436, de 27-1-1969.

§ 4.º O portador que não tirar o protesto da duplicata, em forma regular e dentro do prazo de 30 (trinta) dias, contado da data de seu vencimento, perderá o direito de regresso contra os endossantes e respectivos avalistas.

•• § 4.º com redação determinada pelo Decreto-lei n. 436, de 27-1-1969.

• *Vide* Súmula 475 do STJ.

Art. 14. Nos casos de protesto, por falta de aceite, de devolução ou de pagamento, ou feitos por indicações do portador o instrumento de protesto deverá conter os requisitos enumerados no art. 29 do Decreto n. 2.044, de 31 de dezembro de 1908, exceto a transcrição mencionada no inciso II, que será substituída pela reprodução das indicações feitas pelo portador do título.

•• Artigo com redação determinada pelo Decreto-lei n. 436, de 27-1-1969.

Capítulo V
DO PROCESSO PARA COBRANÇA DA DUPLICATA

Art. 15. A cobrança judicial de duplicata ou triplicata será efetuada de conformidade com o processo aplicável aos títulos executivos extrajudiciais, de que cogita o Livro II do Código de Processo Civil, quando se tratar:

•• A referência é feita ao CPC de 1939. *Vide* arts. 783 e s. do CPC vigente.

•• *Vide* arts. 6.º e 7.º da Lei n. 13.775, de 20-12-2018 (duplicata eletrônica).

I – de duplicata ou triplicata aceita, protestada ou não;

II – de duplicata ou triplicata não aceita, contanto que, cumulativamente:

a) haja sido protestada;

b) **esteja acompanhada de documento hábil comprobatório da entrega e do recebimento da mercadoria, permitida a sua comprovação por meio eletrônico;**

•• Alínea *b* com redação determinada pela Lei n. 14.301, de 7-1-2022.

c) o sacado não tenha, comprovadamente, recusado o aceite, no prazo, nas condições e pelos motivos previstos nos arts. 7.º e 8.º desta Lei.

•• *Caput* com redação determinada pela Lei n. 6.458, de 1.º-11-1977.

§ 1.º Contra o sacador, os endossantes e respectivos avalistas caberá o processo de execução referido neste artigo, quaisquer que sejam a forma e as condições do protesto.

•• § 1.º com redação determinada pela Lei n. 6.458, de 1.º-11-1977.

§ 2.º Processar-se-á também da mesma maneira a execução de duplicata ou triplicata não aceita e não devolvida, desde que haja sido protestada mediante indicações do credor ou do apresentante do título, nos termos do art. 14, preenchidas as condições do inciso II deste artigo.

•• § 2.º com redação determinada pela Lei n. 6.458, de 1.º-11-1977.

§ 3.º A comprovação por meio eletrônico de que trata a alínea *b* do inciso II do *caput* deste artigo poderá ser disciplinada em ato do Poder Executivo federal.

•• § 3.º acrescentado pela Lei n. 14.301, de 7-1-2022.

Art. 16. Aplica-se o procedimento ordinário previsto no Código de Processo Civil à ação do credor contra o devedor, por duplicata ou triplicata que não preencha os requisitos do art. 15, I e II, e §§ 1.º e 2.º, bem como à ação para ilidir as razões invocadas pelo devedor para o não aceite do título, nos casos previstos no art. 8.º.

•• Artigo com redação determinada pela Lei n. 6.458, de 1.º-11-1977.

Art. 17. O foro competente para a cobrança judicial da duplicata ou da triplicata é o da praça de pagamento constante do título, ou outra de domicílio do comprador e, no caso de ação regressiva, a dos sacadores, dos endossantes e respectivos avalistas.

•• Artigo com redação determinada pela Lei n. 6.458, de 1.º-11-1977.

Art. 18. A pretensão à execução da duplicata prescreve:

I – contra o sacado e respectivos avalistas, em 3 (três) anos, contados da data do vencimento do título;

II – contra endossante e seus avalistas, em 1 (um) ano, contado da data do protesto;

III – de qualquer dos coobrigados, contra os demais, em 1 (um) ano, contado da data em que haja sido efetuado o pagamento do título.

•• *Caput* com redação determinada pela Lei n. 6.458, de 1.º-11-1977.

§ 1.º A cobrança judicial poderá ser proposta contra um ou contra todos os coobrigados, sem observância da ordem em que figurem no título.

•• § 1.º com redação determinada pela Lei n. 6.458, de 1.º-11-1977.

§ 2.º Os coobrigados da duplicata respondem solidariamente pelo aceite e pelo pagamento.

•• § 2.º com redação determinada pela Lei n. 6.458, de 1.º-11-1977.

Capítulo VI
DA ESCRITA ESPECIAL

Art. 19. A adoção do regime de vendas de que trata o art. 2.º desta Lei obriga o vendedor a ter e a escriturar o Livro de Registro de Duplicatas.

•• *Vide* art. 9.º da Lei n. 13.775, de 20-12-2018 (duplicata eletrônica).

§ 1.º No Registro de Duplicatas serão escrituradas, cronologicamente, todas as duplicatas emitidas, com o número de ordem, data e valor das faturas originárias e data de sua expedição; nome e domicílio do comprador; anotações das reformas; prorrogações e outras circunstâncias necessárias.

§ 2.º Os Registros de Duplicatas, que não poderão conter emendas, borrões, rasuras ou entrelinhas, deverão ser conservados nos próprios estabelecimentos.

§ 3.º O Registro de Duplicatas poderá ser substituído por qualquer sistema mecanizado, desde que os requisitos deste artigo sejam observados.

• *Vide* art. 1.180 do CC.

Capítulo VII
DAS DUPLICATAS DE PRESTAÇÃO DE SERVIÇOS

Art. 20. Poderão emitir, na forma prevista nesta Lei, fatura e duplicata:

•• *Caput* com redação determinada pela Lei n. 14.206, de 27-9-2021.

I – as empresas, individuais ou coletivas, fundações ou sociedades civis que se dediquem à prestação de serviços; e

•• Inciso I acrescentado pela Lei n. 14.206, de 27-9-2021.

II – o Transportador Autônomo de Cargas (TAC), de que trata o inciso I do *caput* do art. 2.º da Lei n. 11.442, de 5 de janeiro de 2007

•• Inciso II acrescentado pela Lei n. 14.206, de 27-9-2021.

§ 1.º A fatura deverá discriminar a natureza dos serviços prestados.

§ 2.º A soma a pagar em dinheiro corresponderá ao preço dos serviços prestados.

§ 3.º Aplicam-se à fatura e à duplicata ou triplicata de prestação de serviços, com as adaptações cabíveis, as disposições referentes à fatura e à duplicata ou triplicata de venda mercantil, constituindo documento hábil, para transcrição do instrumento de protesto, qualquer documento que comprove a efetiva prestação dos serviços e o vínculo contratual que a autorizou.

•• § 3.º acrescentado pelo Decreto-lei n. 436, de 27-1-1969.

Art. 21. O sacado poderá deixar de aceitar a duplicata de prestação de serviços por motivo de:

I – não correspondência com os serviços efetivamente contratados;

II – vícios ou defeitos na qualidade dos serviços prestados, devidamente comprovados;

III – divergências nos prazos ou nos preços ajustados.

Art. 22. Equiparam-se às entidades constantes do art. 20, para os efeitos da presente Lei, ressalvado o disposto no Capítulo VI, os profissionais liberais e os que prestam serviço de natureza eventual, desde que o valor do serviço ultrapasse a cem cruzeiros novos.

§ 1.º Nos casos deste artigo, o credor enviará ao devedor fatura ou conta que mencione a natureza e valor dos serviços prestados, data e local do pagamento e o vínculo contratual que deu origem aos serviços executados.

§ 2.º Registrada a fatura ou conta no Cartório de Títulos e Documentos, será ela remetida ao devedor, com as cautelas constantes do art. 6.º.

§ 3.º O não pagamento da fatura ou conta no prazo nela fixado autorizará o credor a levá-la a protesto, valendo, na ausência do original, certidão do cartório competente.

§ 4.º O instrumento do protesto, elaborado com as cautelas do art. 14, discriminando a fatura ou conta original ou a certidão do Cartório de Títulos e Documentos, autorizará o ajuizamento do competente processo de execução na forma prescrita nesta Lei.

•• § 4.º com redação determinada pela Lei n. 6.458, de 1.º-11-1977.

Capítulo VIII
DAS DISPOSIÇÕES GERAIS

Art. 23. A perda ou extravio da duplicata obrigará o vendedor a extrair triplicata, que terá os mesmos efeitos e requisitos e obedecerá às mesmas formalidades daquela.

Art. 24. Da duplicata poderão constar outras indicações, desde que não alterem sua feição característica.

Art. 25. Aplicam-se à duplicata e à triplicata, no que couber, os dispositivos da legislação sobre emissão, circulação e pagamento das Letras de Câmbio.

Art. 26. O art. 172 do Código Penal (Decreto-lei n. 2.848, de 7-12-1940) passa a vigorar com a seguinte redação:

•• A alteração determinada por este artigo foi prejudicada em função de alteração posterior pela Lei n. 8.137, de 27-12-1990.

Art. 27. O Conselho Monetário Nacional, por proposta do Ministério da Indústria e do Comércio, baixará, dentro de 120 (cento e vinte) dias da data da publicação desta Lei, normas para padronização formal dos títulos e documentos nela referidos fixando prazo para sua adoção obrigatória.

Art. 28. Esta Lei entrará em vigor 30 (trinta) dias após a data de sua publicação, revogando-se a Lei n. 187, de 15 de janeiro de 1936, a Lei n. 4.068, de 9 de junho de 1962, os Decretos-leis n. 265, de 28 de fevereiro de 1967; 320, de 29 de março de 1967; 331, de 21 de setembro de 1967 e 345, de 28 de dezembro de 1967, na parte referente às duplicatas e todas as demais disposições em contrário.

Brasília, 18 de julho de 1968; 147.º da Independência e 80.º da República.

A. Costa e Silva

LEI N. 5.478, DE 25 DE JULHO DE 1968 (*)

Dispõe sobre ação de alimentos e dá outras providências.

O Presidente da República:

Faço saber que o Congresso Nacional decreta e eu sanciono a seguinte Lei:

Art. 1.º A ação de alimentos é de rito especial, independe de prévia distribuição e de anterior concessão do benefício de gratuidade.

§ 1.º A distribuição será determinada posteriormente por ofício do juízo, inclusive para o fim de registro do feito.

§ 2.º A parte que não estiver em condições de pagar as custas do processo, sem prejuízo do sustento próprio ou de sua família, gozará do benefício da gratuidade, por simples afirmativa dessas condições perante o juiz, sob pena de pagamento até o décuplo das custas judiciais.

§ 3.º Presume-se pobre, até prova em contrário, quem afirmar essa condição, nos termos desta Lei.

§ 4.º A impugnação do direito à gratuidade não suspende o curso do processo de alimentos e será feita em autos apartados.

Art. 2.º O credor, pessoalmente ou por intermédio de advogado, dirigir-se-á ao juiz competente, qualificando-se, e exporá suas necessidades, provando, apenas, o parentesco ou a obrigação de alimentar do devedor, indicando seu nome e sobrenome, residência ou local de trabalho, profissão e naturalidade, quanto ganha aproximadamente ou os recursos de que dispõe.

§ 1.º Dispensar-se-á a produção inicial de documentos probatórios:

I – quando existente em notas, registros, repartições ou estabelecimentos públicos e ocorrer impedimento ou demora em extrair certidões;

II – quando estiverem em poder do obrigado as prestações alimentícias ou de terceiro residente – em lugar incerto ou não sabido.

§ 2.º Os documentos públicos ficam isentos de reconhecimento de firma.

§ 3.º Se o credor comparecer pessoalmente e não indicar profissional que haja concordado em assisti-lo, o juiz designará desde logo quem o deva fazer.

Art. 3.º O pedido será apresentado por escrito, em três vias, e deverá conter a indicação do juiz a quem for dirigido, os elementos referidos no artigo anterior e um histórico sumário dos fatos.

§ 1.º Se houver sido designado pelo juiz defensor para assistir o solicitante, na forma prevista no art. 2.º, formulará o designado, dentro de 24 (vinte e quatro) horas da nomeação, o pedido, por escrito, podendo, se achar conveniente, indicar seja a solicitação verbal reduzida a termo.

§ 2.º O termo previsto no parágrafo anterior será em três vias, datadas e assinadas pelo escrivão, observado, no que couber, o disposto no *caput* do presente artigo.

Art. 4.º Ao despachar o pedido, o juiz fixará desde logo alimentos provisórios a serem pagos pelo devedor, salvo se o credor expressamente declarar que deles não necessita.

Parágrafo único. Se se tratar de alimentos provisórios pedidos pelo cônjuge, casado pelo regime da comunhão universal de bens, o juiz determinará igualmente que seja entregue ao credor, mensalmente, parte da renda líquida dos bens comuns, administrados pelo devedor.

Art. 5.º O escrivão, dentro em 48 (quarenta e oito) horas, remeterá ao devedor a segunda via da petição ou do termo, juntamente com a cópia do despacho do juiz, e a comunicação do dia e hora da realização da audiência de conciliação e julgamento.

§ 1.º Na designação da audiência o juiz fixará o prazo razoável que possibilite ao réu a contestação da ação proposta e a eventualidade de citação por edital.

§ 2.º A comunicação, que será feita mediante registro postal isento de taxas e com aviso de recebimento, importa em citação, para todos os efeitos legais.

§ 3.º Se o réu criar embaraços ao recebimento da citação, ou não for encontrado, repetir-se-á a diligência por intermédio do oficial de justiça, servindo de mandado a terceira via da petição ou do termo.

§ 4.º Impossibilitada a citação do réu por qualquer dos modos acima previstos, será ele citado por edital afixado na sede do juízo e publicado três vezes consecutivas no órgão oficial do Estado, correndo a despe-

(*) Publicada no *Diário Oficial da União*, de 26-7-1968. Republicada em 8-4-1974, por determinação do art. 20 da Lei n. 6.014, de 27-12-1973. *Vide* Lei n. 11.804, de 5-11-2008, que dispõe sobre alimentos gravídicos. *Vide* art. 7.º, *caput*, da Lei n. 9.278, de 10-5-1996. *Vide* Súmulas 379 do STF e 1, 277, 309, 336 e 358 do STJ. *Vide* art. 5.º, LXVII, da CF.

sa por conta do vencido, afinal, sendo previamente a conta juntada aos autos.

§ 5.º O edital deverá conter um resumo do pedido inicial, a íntegra do despacho nele exarado, a data e a hora da audiência.

§ 6.º O autor será notificado da data e hora da audiência no ato de recebimento da petição, ou da lavratura do termo.

§ 7.º O juiz, ao marcar a audiência, oficiará ao empregador do réu, ou, se o mesmo for funcionário público, ao responsável por sua repartição, solicitando o envio, no máximo até a data marcada para a audiência, de informações sobre o salário ou os vencimentos do devedor, sob as penas previstas no art. 22 desta Lei.

§ 8.º A citação do réu, mesmo no caso dos arts. 200 e 201 do Código de Processo Civil, far-se-á na forma do § 2.º do art. 5.º desta Lei.

•• § 8.º com redação determinada pela Lei n. 6.014, de 27-12-1973.

Art. 6.º Na audiência de conciliação e julgamento deverão estar presentes autor e réu, independentemente de intimação e de comparecimento de seus representantes.

Art. 7.º O não comparecimento do autor determina o arquivamento do pedido, e a ausência do réu importa em revelia, além de confissão quanto à matéria de fato.

Art. 8.º Autor e réu comparecerão à audiência acompanhados de suas testemunhas, três no máximo, apresentando, nessa ocasião, as demais provas.

Art. 9.º Aberta a audiência, lida a petição, ou o termo, e a resposta, se houver, ou dispensada a leitura, o juiz ouvirá as partes litigantes e o representante do Ministério Público, propondo conciliação.

•• *Caput* com redação determinada pela Lei n. 6.014, de 27-12-1973.

§ 1.º Se houver acordo, lavrar-se-á o respectivo termo, que será assinado pelo juiz, escrivão, partes e representantes do Ministério Público.

§ 2.º Não havendo acordo, o juiz tomará o depoimento pessoal das partes e das testemunhas, ouvidos os peritos, se houver, podendo julgar o feito sem a mencionada produção de provas, se as partes concordarem.

Art. 10. A audiência de julgamento será contínua; mas, se não for possível por motivo de força maior concluí-la no mesmo dia, o juiz marcará a sua continuação para o primeiro dia desimpedido independentemente de novas intimações.

Art. 11. Terminada a instrução poderão as partes e o Ministério Público aduzir alegações finais, em prazo não excedente de 10 (dez) minutos para cada um.

Parágrafo único. Em seguida, o juiz renovará a proposta de conciliação e, não sendo aceita, ditará sua sentença, que conterá sucinto relatório do ocorrido na audiência.

Art. 12. Da sentença serão as partes intimadas, pessoalmente ou através de seus representantes, na própria audiência, ainda quando ausentes, desde que intimadas de sua realização.

Art. 13. O disposto nesta Lei aplica-se igualmente, no que couber, às ordinárias de desquite, nulidade e anulação de casamento, à revisão de sentenças proferidas em pedidos de alimentos e respectivas execuções.

§ 1.º Os alimentos provisórios fixados na inicial poderão ser revistos a qualquer tempo, se houver modificação na situação financeira das partes, mas o pedido será sempre processado em apartado.

§ 2.º Em qualquer caso, os alimentos fixados retroagem à data da citação.

•• *Vide* Súmula 621 do STJ.

§ 3.º Os alimentos provisórios serão devidos até a decisão final, inclusive o julgamento do recurso extraordinário.

• *Vide* Súmula 277 do STJ.

Art. 14. Da sentença caberá apelação no efeito devolutivo.

•• Artigo com redação determinada pela Lei n. 6.014, de 27-12-1973.

Art. 15. A decisão judicial sobre alimentos não transita em julgado, pode a qualquer tempo ser revista em face da modificação da situação financeira dos interessados.

Arts. 16 a 18. *(Revogados pela Lei n. 13.105, de 16-3-2015.)*

Art. 19. O juiz, para instrução da causa, ou na execução da sentença ou do acordo, poderá tomar todas as providências necessárias para seu esclarecimento ou para o cumprimento do julgado ou do acordo, inclusive a decretação de prisão do devedor até 60 (sessenta) dias.

• O Decreto n. 678, de 6-11-1992, que promulga a Convenção Americana sobre Direitos Humanos (Pacto de São José da Costa Rica), estabelece em seu art. 7.º, item 7: "Ninguém deverá ser detido por dívida. Este princípio não limita os mandados de autoridade judiciária competente expedidos em virtude de inadimplemento de obrigação alimentar".

§ 1.º O cumprimento integral da pena de prisão não eximirá o devedor do pagamento das prestações alimentícias, vincendas ou vencidas e não pagas.

•• § 1.º com redação determinada pela Lei n. 6.014, de 27-12-1973.

§ 2.º Da decisão que decretar a prisão do devedor, caberá agravo de instrumento.

•• § 2.º com redação determinada pela Lei n. 6.014, de 27-12-1973.

§ 3.º A interposição do agravo não suspende a execução da ordem de prisão.

•• § 3.º com redação determinada pela Lei n. 6.014, de 27-12-1973.

Art. 20. As repartições públicas, civis ou militares, inclusive do Imposto de Renda, darão todas as informações necessárias à instrução dos processos previstos nesta Lei e à execução do que for decidido ou acordado em juízo.

Art. 21. O art. 244 do Código Penal passa a vigorar com a seguinte redação:

•• *Vide* art. 110 da Lei n. 10.741, de 1.º-10-2003 (Estatuto da Pessoa Idosa), que altera o *caput* do art. 244 do CP.

....

Art. 22. Constitui crime contra a administração da justiça deixar o empregador ou funcionário público de prestar ao juízo competente as informações necessárias à instrução de processo ou execução de sentença ou acordo que fixe pensão alimentícia:

Pena – Detenção de 6 (seis) meses a 1 (um) ano, sem prejuízo da pena acessória de suspensão do emprego de 30 (trinta) a 90 (noventa) dias.

Parágrafo único. Nas mesmas penas incide quem, de qualquer modo, ajude o devedor a eximir-se ao pagamento de pensão alimentícia judicialmente acordada, fixada ou majorada, ou se recusa, ou procrastina a executar ordem de descontos em folhas de pagamento, expedida pelo juiz competente.

Art. 23. A prescrição quinquenal referida no art. 178, § 10, I, do Código Civil só alcança as prestações mensais e não o direito a alimentos, que, embora irrenunciável, pode ser provisoriamente dispensado.

•• A referência é feita a dispositivo do CC de 1916. *Vide* art. 206, § 2.º, do Código vigente.

Art. 24. A parte responsável pelo sustento da família, e que deixar a residência comum por motivo que não necessitará declarar, poderá tomar a iniciativa de comunicar ao juízo os rendimentos de que dispõe e de pedir a citação do credor, para comparecer à audiência de conciliação e julgamento destinada à fixação dos alimentos a que está obrigada.

Art. 25. A prestação não pecuniária estabelecida no art. 403 do Código Civil só pode ser autorizada pelo juiz se a ela anuir o alimentando capaz.

•• A referência é feita a dispositivo do CC de 1916. *Vide* art. 1.701 do Código vigente.

Art. 26. É competente para as ações de alimentos decorrentes da aplicação do Decreto Legislativo n. 10, de 13 de novembro de 1958, e Decreto n. 56.826, de 2 de setembro de 1965, o juízo federal da capital da Unidade Federativa Brasileira em que reside o devedor, sendo considerada instituição intermediária, para os fins dos referidos decretos, a Procuradoria-Geral da República.

Parágrafo único. Nos termos do inciso III do art. 2.º da Convenção Internacional sobre ações de alimentos, o Governo brasileiro comunicará, sem demora, ao secretário-geral das Nações Unidas, o disposto neste artigo.

Art. 27. Aplicam-se supletivamente nos processos regulados por esta Lei as disposições do Código de Processo Civil.

Art. 28. Esta Lei entrará em vigor 30 (trinta) dias depois de sua publicação.

Art. 29. Revogam-se as disposições em contrário.

Brasília, 25 de julho de 1968; 147.º da Independência e 80.º da República.

A. Costa e Silva

DECRETO-LEI N. 413, DE 9 DE JANEIRO DE 1969 (*)

Dispõe sobre títulos de crédito industrial e dá outras providências.

O Presidente da República, no uso das atribuições que lhe confere o § 1.º do art. 2.º do Ato Institucional n. 5, de 13 de dezembro de 1968, decreta:

Capítulo I
DO FINANCIAMENTO INDUSTRIAL

Art. 1.º O financiamento concedido por instituições financeiras a pessoa física ou jurídica que se dedique à atividade industrial poderá efetuar-se por meio da cédula de crédito industrial prevista neste Decreto-lei.

• *Vide* Súmula 93 do STJ.

Art. 2.º O emitente da cédula fica obrigado a aplicar o financiamento nos fins ajustados, devendo comprovar essa aplicação no prazo e na forma exigidos pela instituição financiadora.

Art. 3.º A aplicação do financiamento ajustar-se-á em orçamento, assinado, em duas vias, pelo emitente e pelo credor, dele devendo constar expressamente qualquer alteração que convencionarem.

Parágrafo único. Far-se-á, na cédula, menção do orçamento que a ela ficará vinculado.

Art. 4.º O financiador abrirá, com o valor do financiamento, conta vinculada à operação, que o financiado movimentará por meio de cheques, saques, recibos, ordens, cartas ou quaisquer outros documentos, na forma e no tempo previstos na cédula ou no orçamento.

Art. 5.º As importâncias fornecidas pelo financiador vencerão juros e poderão sofrer correção monetária às taxas e aos índices que o Conselho Monetário Nacional fixar, calculados sobre os saldos devedores de conta vinculada à operação, e serão exigíveis em 30 de junho, 31 de dezembro, no vencimento, na liquidação da cédula ou, também, em outras datas convencionadas no título ou admitidas pelo referido Conselho.

Parágrafo único. Em caso de mora, a taxa de juros constante da cédula será elevável de 1% (um por cento) ao ano.

Art. 6.º O devedor facultará ao credor a mais ampla fiscalização do emprego da quantia financiada, exibindo, inclusive, os elementos que lhe forem exigidos.

Art. 7.º O financiador poderá, sempre que julgar conveniente e por pessoas de sua indicação, não só percorrer todas e quaisquer dependências dos estabelecimentos industriais referidos no título, como verificar o andamento dos serviços neles existentes.

Art. 8.º Para ocorrer às despesas com a fiscalização, poderá ser ajustada, na cédula, comissão fixada e exigível na forma do art. 5.º deste Decreto-lei, calculada sobre os saldos devedores da conta vinculada à operação, respondendo ainda o financiado pelo pagamento de quaisquer despesas que se verificarem com vistorias frustradas ou que forem efetuadas em consequência de procedimento seu que possa prejudicar as condições legais e cedulares.

Capítulo II
DA CÉDULA DE CRÉDITO INDUSTRIAL

Art. 9.º A cédula de crédito industrial é promessa de pagamento em dinheiro, com garantia real, cedularmente constituída.

Art. 10. A cédula de crédito industrial é título líquido e certo, exigível pela soma dela constante ou do endosso, além dos juros da comissão de fiscalização, se houver, e demais despesas que o credor fizer para segurança, regularidade e realização de seu direito creditório.

§ 1.º Se o emitente houver deixado de levantar qualquer parcela do crédito deferido, ou tiver feito pagamentos parciais, o credor descontá-los-á da soma declarada na cédula, tornando-se exigível apenas o saldo.

§ 2.º Não constando do endosso o valor pelo qual se transfere a cédula, prevalecerá o da soma declarada no título, acrescido dos acessórios, na forma deste artigo, deduzido o valor das quitações parciais passadas no próprio título.

Art. 11. Importa em vencimento antecipado da dívida resultante da cédula, independentemente de aviso ou de interpelação judicial, a inadimplência de qualquer obrigação do emitente do título ou, sendo o caso, do terceiro prestante da garantia real.

§ 1.º Verificado o inadimplemento, poderá, ainda, o financiador considerar vencidos antecipadamente todos os financiamentos concedidos ao emitente e dos quais seja credor.

§ 2.º A inadimplência, além de acarretar o vencimento antecipado da dívida resultante da cédula e permitir igual procedimento em relação a todos os financiamentos concedidos pelo financiador ao emitente e dos quais seja credor, facultará ao financiador a capitalização dos juros e da comissão de fiscalização, ainda que se trate de crédito fixo.

Art. 12. A cédula de crédito industrial poderá ser aditada, ratificada e retificada, por meio de menções adicionais e de aditivos, datados e assinados pelo emitente e pelo credor, lavrados em folha à parte do mesmo formato e que passarão a fazer parte integrante do documento cedular.

Art. 13. A cédula de crédito industrial admite amortizações periódicas que serão ajustadas mediante a inclusão de cláusula, na forma prevista neste Decreto-lei.

Art. 14. A cédula de crédito industrial conterá os seguintes requisitos, lançados no contexto:

I – denominação "Cédula de Crédito Industrial";

II – data do pagamento; se a cédula for emitida para pagamento parcelado, acrescentar-se-á cláusula discriminando valor e data de pagamento das prestações;

III – nome do credor e cláusula à ordem;

IV – valor do crédito deferido, lançado em algarismos e por extenso, e a forma de sua utilização;

V – descrição dos bens objeto do penhor, ou da alienação fiduciária, que se indicarão pela espécie, qualidade, quantidade e marca, se houver, além do local ou do depósito de sua situação, indicando-se, no caso de hipoteca, situação, dimensões, confrontações, benfeitorias, título e data de aquisição do imóvel e anotações (número, livro e folha) do registro imobiliário;

VI – taxa de juros a pagar e comissão de fiscalização, se houver, e épocas em que serão exigíveis, podendo ser capitalizadas;

VII – obrigatoriedade de seguro dos bens objeto da garantia;

VIII – praça do pagamento;

IX – data e lugar da emissão;

X – assinatura do próprio punho do emitente ou de representante com poderes especiais.

§ 1.º A cláusula discriminando os pagamentos parcelados, quando cabível, será incluída logo após a descrição das garantias.

§ 2.º A descrição dos bens vinculados poderá ser feita em documento à parte, em duas vias, assinado pelo emitente e pelo credor, fazendo-se, na cédula, menção a essa circunstância, logo após a indicação do grau do penhor ou da hipoteca, da alienação fiduciária e de seu valor global.

§ 3.º Da descrição a que se refere o inciso V deste artigo, dispensa-se qualquer alusão à data, forma e condições de aquisição dos bens apenhados. Dispensar-se-ão, também, para a caracterização do local ou do depósito dos bens apenhados ou alienados fiduciariamente, quaisquer referências a dimensões, confrontações, benfeitorias e a títulos de posse de domínio.

§ 4.º Se a descrição do imóvel hipotecado se processar em documento à parte, deverão constar também da cédula todas as indicações mencionadas no item V deste artigo, exceto confrontações e benfeitorias.

§ 5.º A especificação dos imóveis hipotecados, pela descrição pormenorizada, pode-

(*) Publicado no *Diário Oficial da União*, de 10-1-1969. Retificado em 14-1-1969 e 10-2-1969. Sobre os valores constantes deste diploma legal, *vide* Nota dos Organizadores.

rá ser substituída pela anexação à cédula de seus respectivos títulos de propriedade.

§ 6.º Nos casos do parágrafo anterior, deverão constar da cédula, além das indicações referidas no § 4.º deste artigo, menção expressa à anexação dos títulos de propriedade e a declaração de que eles farão parte integrante da cédula até sua final liquidação.

Capítulo III

DA NOTA DE CRÉDITO INDUSTRIAL

Art. 15. A nota de crédito industrial é promessa de pagamento em dinheiro, sem garantia real.

Art. 16. A nota de crédito industrial conterá os seguintes requisitos, lançados no contexto:

I – denominação "Nota de Crédito Industrial";

II – data do pagamento; se a nota for emitida para pagamento parcelado, acrescentar-se-á a cláusula discriminando valor e data de pagamento das prestações;

III – nome do credor e cláusula à ordem;

IV – valor do crédito deferido, lançado em algarismos e por extenso, e a forma de sua utilização;

V – taxa de juros a pagar e comissão de fiscalização, se houver, e épocas em que serão exigíveis, podendo ser capitalizadas;

VI – praça de pagamento;

VII – data e lugar da emissão;

VIII – assinatura do próprio punho do emitente ou de representante com poderes especiais.

Art. 17. O crédito pela nota de crédito industrial tem privilégio especial sobre os bens discriminados no art. 1.563 do Código Civil.

•• O art. 1.563 do CC de 1916 (Lei n. 3.071, de 1.º-1-1916) não apresenta dispositivo correspondente na Lei n. 10.406, de 10-1-2002 – CC.

Art. 18. Exceto no que se refere a garantias e à inscrição, aplicam-se à nota de crédito industrial as disposições deste Decreto-lei sobre cédula de crédito industrial.

Capítulo IV

DAS GARANTIAS DA CÉDULA DE CRÉDITO INDUSTRIAL

Art. 19. A cédula de crédito industrial pode ser garantida por:

I – penhor cedular;

• Do penhor industrial e mercantil no CC: *vide* arts. 1.447 a 1.450.

II – alienação fiduciária;

III – hipoteca cedular.

Art. 20. Podem ser objeto de penhor cedular nas condições deste Decreto-lei:

I – máquinas e aparelhos utilizados na indústria, com ou sem os respectivos pertences;

II – matérias-primas, produtos industrializados e materiais empregados no processo produtivo, inclusive embalagens;

III – animais destinados à industrialização de carnes, pescados, seus produtos e subprodutos, assim como os materiais empregados no processo produtivo, inclusive embalagens;

IV – sal que ainda esteja na salina, bem assim as instalações, máquinas, instrumentos, utensílios, animais de trabalho, veículos terrestres e embarcações, quando servirem à exploração salineira;

V – veículos automotores e equipamentos para execução de terraplenagem, pavimentação, extração de minério e construção civil, bem como quaisquer viaturas de tração mecânica, usadas nos transportes de passageiros e cargas e, ainda, nos serviços dos estabelecimentos industriais;

VI – dragas e implementos destinados à limpeza e à desobstrução de rios, portos e canais, ou à construção dos dois últimos, ou utilizados nos serviços dos estabelecimentos industriais;

VII – toda construção utilizada como meio de transporte por água, e destinada à indústria da navegação ou da pesca, quaisquer que sejam as suas características e lugar de tráfego;

VIII – todo aparelho manobrável em voo, apto a se sustentar, a circular no espaço aéreo mediante reações aerodinâmicas, e capaz de transportar pessoas ou coisas;

IX – letras de câmbio, promissórias, duplicatas, conhecimentos de embarques, ou conhecimentos de depósitos, unidos aos respectivos *warrants*;

X – outros bens que o Conselho Monetário Nacional venha a admitir como lastro dos financiamentos industriais.

Art. 21. Podem-se incluir na garantia os bens adquiridos ou pagos com financiamento, feita a respectiva averbação nos termos deste Decreto-lei.

Art. 22. Antes da liquidação da cédula, não poderão os bens apenhados ser removidos das propriedades nela mencionadas, sob qualquer pretexto e para onde quer que seja, sem prévio consentimento escrito do credor.

Parágrafo único. O disposto neste artigo não se aplica aos veículos referidos nos itens IV, V, VI, VII e VIII do art. 20 deste Decreto-lei, que poderão ser retirados temporariamente de seu local de situação, se assim o exigir a atividade financiada.

Art. 23. Aplicam-se ao penhor cedular os preceitos legais vigentes sobre penhor, no que não colidirem com o presente Decreto-lei.

• Penhor no CC: *vide* arts. 1.431 e s.

Art. 24. São abrangidos pela hipoteca constituída as construções, respectivos terrenos, instalações e benfeitorias.

• Hipoteca no CC: arts. 1.473 e s.

Art. 25. Incorporam-se na hipoteca constituída as instalações e construções, adquiridas ou executadas com o crédito, assim como quaisquer outras benfeitorias acrescidas aos imóveis na vigência da cédula, as quais, uma vez realizadas, não poderão ser retiradas ou destruídas sem o consentimento do credor, por escrito.

Parágrafo único. Faculta-se ao credor exigir que o emitente faça averbar, à margem da inscrição principal, a constituição de direito real sobre os bens e benfeitorias referidos neste artigo.

Art. 26. Aplicam-se à hipoteca cedular os princípios da legislação ordinária sobre hipoteca, no que não colidirem com o presente Decreto-lei.

• Hipoteca no CC: arts. 1.473 e s.

Art. 27. Quando da garantia da cédula de crédito industrial fizer parte a alienação fiduciária, observar-se-ão as disposições constantes da Seção XIV da Lei n. 4.728, de 14 de julho de 1965, no que não colidirem com este Decreto-lei.

• *Vide* a Seção XIV da Lei n. 4.728, de 14-7-1965, com as alterações determinadas pela Lei n. 10.931, de 2-8-2004, e o Decreto-lei n. 911, de 1.º-10-1969, sobre alienação fiduciária.

Art. 28. Os bens vinculados à cédula de crédito industrial continuam na posse imediata do emitente, ou do terceiro prestante da garantia real, que responderá por sua guarda e conservação como fiel depositário, seja pessoa física ou jurídica. Cuidando-se de garantia constituída por terceiro, este e o emitente da cédula responderão solidariamente pela guarda e conservação dos bens gravados.

Parágrafo único. O disposto neste artigo não se aplica aos papéis mencionados no item IX, art. 20, deste Decreto-lei, inclusive em consequência do endosso.

Capítulo V

Seção I

Da Inscrição e Averbação da Cédula de Crédito Industrial

Art. 29. A cédula de crédito industrial somente vale contra terceiros desde a data da inscrição. Antes da inscrição, a cédula obriga apenas seus signatários.

Art. 30. De acordo com a natureza da garantia constituída, a cédula de crédito industrial inscreve-se no Cartório de Registro de Imóveis da circunscrição do local de situação dos bens objeto do penhor cedular, da alienação fiduciária, ou em que esteja localizado o imóvel hipotecado.

Art. 31. A inscrição far-se-á na ordem de apresentação da cédula, em livro próprio denominado "Registro de Cédula de Crédito Industrial", observado o disposto nos arts. 183, 188, 190 e 202, do Decreto n. 4.857, de 9 de novembro de 1939.

•• Revogado citado Decreto. *Vide* art. 167, I, n. 14, da vigente LRP (Lei n. 6.015, de 31-12-1973).

§ 1.º Os livros destinados à inscrição da cédula de crédito industrial serão numerados em série crescente a começar de 1 (um), e cada livro conterá termos de abertura e de encerramento, assinados pelo juiz de direito da comarca, que rubricará todas as folhas.

§ 2.º As formalidades a que se refere o parágrafo anterior precederão à utilização do livro.

§ 3.º Em cada Cartório haverá, em uso, apenas um livro "Registro de Cédula de Crédito Industrial", utilizando-se o de número subsequente depois de findo o anterior.

Art. 32. A inscrição consistirá na anotação dos seguintes requisitos cedulares:

a) data e forma do pagamento;

b) nome do emitente, do financiador e, quando houver, do terceiro prestante da garantia real e do endossatário;

c) do valor do crédito deferido e forma de sua utilização;

d) praça do pagamento;

e) data e lugar da emissão.

§ 1.º Para a inscrição, o apresentante do título oferecerá, com o original da cédula, cópia em impresso idêntico, com a declaração "Via não negociável", em linhas paralelas transversais.

§ 2.º O Cartório conferirá a exatidão da cópia, autenticando-a.

§ 3.º Cada grupo de duzentas cópias será encadernado na ordem cronológica de seu arquivamento, em livro que o Cartório apresentará no prazo de 15 (quinze) dias depois de completado o grupo, ao juiz de direito da comarca, para abri-lo e encerrá-lo, rubricando as respectivas folhas numeradas em série crescente a começar de 1 (um).

§ 4.º Nos casos do § 5.º do art. 14 deste Decreto-lei, à via da cédula destinada ao Cartório será anexada cópia dos títulos de domínio, salvo se os imóveis hipotecados se acharem registrados no mesmo Cartório.

Art. 33. Ao efetuar a inscrição ou qualquer averbação, o oficial do Registro de Imóveis mencionará, no respectivo ato, a existência de qualquer documento anexo à cédula e nele aporá sua rubrica, independentemente de qualquer formalidade.

Art. 34. O Cartório anotará a inscrição, com indicação do número de ordem, livro e folhas, bem como o valor dos emolumentos cobrados, no verso da cédula, além de mencionar, se for o caso, os anexos apresentados.

§ 1.º Pela inscrição da cédula, serão cobrados do interessado, em todo o território nacional, os seguintes emolumentos, calculados sobre o valor do crédito referido:

a) até duzentos cruzeiros novos – 0,1%;

b) de duzentos cruzeiros novos e um centavo a quinhentos cruzeiros novos – 0,2%;

c) de quinhentos cruzeiros novos e um centavo a mil cruzeiros novos – 0,3%;

d) de mil cruzeiros novos e um centavo a mil e quinhentos cruzeiros novos – 0,4%;

e) acima de mil e quinhentos cruzeiros novos – 0,5% – até o máximo de um quarto do salário mínimo da região.

§ 2.º Cinquenta por cento dos emolumentos referidos no parágrafo anterior caberão ao oficial do registro de imóveis e os restantes 50% (cinquenta por cento) serão recolhidos ao Banco do Brasil S.A., a crédito do Tesouro Nacional.

•• A Lei n. 8.522, de 11-12-1992, que extingue taxas, emolumentos, contribuições, parcela da União das Custas e Emolumentos da Justiça do Distrito Federal, dispõe em seu art. 2.º: "Ficam extintas as parcelas devidas à União, do produto da arrecadação:... *b)* dos emolumentos sobre a inscrição e averbação das cédulas de crédito industrial, criados pelos arts. 34, §§ 1.º e 2.º, e 36, § 2.º, do Decreto-lei n. 413, de 9-1-1969; *c)* dos emolumentos sobre a inscrição e averbação das cédulas de créditos à exportação criados pelo art. 3.º da Lei n. 6.313, de 16-12-1975, c/c o disposto nos arts. 34, §§ 1.º e 2.º, e 36, § 2.º, do Decreto-lei n. 413, de 9-1-1969".

Art. 35. O oficial recusará efetuar a inscrição, se já houver registro anterior no grau de prioridade declarado no texto da cédula, ou se os bens já houverem sido objeto de alienação fiduciária, considerando-se nulo o ato que infringir este dispositivo.

Art. 36. Para os fins previstos no art. 29 deste Decreto-lei averbar-se-ão, à margem da inscrição da cédula, os endossos posteriores à inscrição, as menções adicionais, aditivos e qualquer outro ato que promova alteração na garantia ou nas condições pactuadas.

§ 1.º Dispensa-se a averbação dos pagamentos parciais e do endosso das instituições financiadoras em operações de redesconto ou caução.

§ 2.º Os emolumentos devidos pelos atos referidos neste artigo serão calculados na base de 10% (dez por cento) sobre os valores da tabela constante do parágrafo único do art. 34 deste Decreto-lei, cabendo ao oficial do registro de imóveis e ao juiz de direito da comarca as mesmas percentagens estabelecidas naquele dispositivo.

•• *Vide* nota ao art. 34, § 2.º, desta Lei.

Art. 37. Os emolumentos devidos pela inscrição da cédula ou pela averbação de atos posteriores poderão ser pagos pelo credor, a débito da conta a que se refere o art. 4.º deste Decreto-lei.

Art. 38. As inscrições das cédulas e as averbações posteriores serão efetuadas no prazo de 3 (três) dias úteis a contar da apresentação do título sob pena de responsabilidade funcional do oficial encarregado de promover os atos necessários.

§ 1.º A transgressão do disposto neste artigo poderá ser comunicada ao juiz de direito da comarca pelos interessados ou por qualquer pessoa que tenha conhecimento do fato.

§ 2.º Recebida a comunicação, o juiz instaurará imediatamente inquérito administrativo.

§ 3.º Apurada a irregularidade, o oficial pagará multa de valor correspondente aos emolumentos cobrados, por dia de atraso, aplicada pelo juiz de direito da comarca, devendo a respectiva importância ser recolhida, dentro de 15 (quinze) dias, a estabelecimento bancário que a transferirá ao Banco Central do Brasil, para crédito do Fundo Geral para Agricultura e Indústria – FUNAGRI, criado pelo Decreto n. 56.835, de 3 de setembro de 1965.

Seção II
Do Cancelamento da Inscrição da Cédula de Crédito Industrial

Art. 39. Cancela-se a inscrição mediante a averbação, no livro próprio:

I – da prova da quitação da cédula, lançada no próprio título ou passada em documento em separado com força probante;

II – da ordem judicial competente.

§ 1.º No ato da averbação do cancelamento, o serventuário mencionará o nome daquele que pagou, o daquele que recebeu, a data do pagamento e, em se tratando de quitação em separado, as características desse instrumento; no caso de cancelamento por ordem judicial, esta também será mencionada na averbação, pela indicação da data do mandado, juízo de que procede, nome do juiz que os subscreveu e demais características ocorrentes.

§ 2.º Arquivar-se-ão no Cartório a ordem judicial de cancelamento da inscrição ou uma das vias do documento da quitação da cédula, procedendo-se como se dispõe no § 3.º do art. 32 deste Decreto-lei.

Seção III
Da Correição dos Livros de Inscrição da Cédula de Crédito Industrial

Art. 40. O juiz de direito da comarca procederá à correção no livro "Registro de Cédula de Crédito Industrial" uma vez por semestre, no mínimo.

Capítulo VI
DA AÇÃO PARA COBRANÇA DA CÉDULA DE CRÉDITO INDUSTRIAL

Art. 41. Independentemente da inscrição de que trata o art. 30 deste Decreto-lei, o processo judicial para cobrança da cédula de crédito industrial seguirá o procedimento seguinte:

1.º) despachada a petição, serão os réus, sem que haja preparo ou expedição de mandado, citados pela simples entrega de outra via do requerimento, para, dentro de 24 (vinte e quatro) horas, pagar a dívida;

2.º) não depositado, naquele prazo, o montante do débito, proceder-se-á à penhora ou ao sequestro dos bens constitutivos da garantia ou, em se tratando de nota de crédito industrial, à daqueles enumerados no art. 1.563 do Código Civil (art. 17 deste Decreto-lei);

•• O art. 1.563 do CC de 1916 (Lei n. 3.071, de 1.º-1-1916) não apresenta dispositivo correspondente na Lei n. 10.406, de 10-1-2002 – CC.

3.º) no que não colidirem com este Decreto-lei, observar-se-ão, quanto à penhora, as disposições do Capítulo III, Título III, do Livro VIII do Código de Processo Civil;

•• A referência é feita ao CPC de 1939. Dispositivos correspondentes no CPC de 2015: arts. 824 e s.

4.º) feita a penhora, terão os réus, dentro de 48 (quarenta e oito) horas, prazo para impugnar o pedido;

5.º) findo o termo referido no item anterior, o juiz, impugnado ou não o pedido, procederá a uma instrução sumária, facultando às partes a produção de provas, decidindo em seguida;

6.º) a decisão será proferida dentro de 30 (trinta) dias, a contar da efetivação da penhora;

7.º) não terão efeito suspensivo os recursos interpostos das decisões proferidas na ação de cobrança a que se refere este artigo;

8.º) o foro competente será o da praça do pagamento da cédula de crédito industrial.

•• "Encontram-se revogadas, pelo art. 585, VI, do CPC de 1973, as normas contidas no art. 41 do Decreto-lei n. 413/69, estabelecendo procedimento próprio para a cobrança de débitos consubstanciados em cédulas de crédito industrial e que, caso vigentes, haveriam de aplicar-se às cédulas de crédito comercial (Lei n. 6.840/80)" (REsp 5344-MG, Rel. Min. Eduardo Ribeiro, *DJ* de 8-4-1991).

Capítulo VII
DISPOSIÇÕES ESPECIAIS

Art. 42. A concessão dos financiamentos previstos neste Decreto-lei bem como a constituição de suas garantias, pelas instituições de crédito, públicas e privadas, independe da exibição de comprovante de cumprimento de obrigações fiscais, da previdência social, ou de declaração de bens e certidão negativa de multas.

Parágrafo único. O ajuizamento da dívida fiscal ou previdenciária impedirá a concessão do financiamento industrial, desde que sua comunicação pela repartição competente às instituições de crédito seja por estas recebida antes da emissão da cédula, exceto se as garantias oferecidas assegurarem a solvabilidade do crédito em litígio e da operação proposta pelo interessado.

Art. 43. Pratica crime de estelionato e fica sujeito às penas do art. 171 do Código Penal aquele que fizer declarações falsas ou inexatas acerca de bens oferecidos em garantia de cédula de crédito industrial, inclusive omitir declaração de já estarem eles sujeitos a outros ônus ou responsabilidade de qualquer espécie, até mesmo de natureza fiscal.

Art. 44. Quando, do penhor cedular, fizer parte matéria-prima, o emitente se obriga a manter em estoque, na vigência da cédula, uma quantidade desses mesmos bens ou dos produtos resultantes de sua transformação suficiente para a cobertura do saldo devedor por ela garantido.

Art. 45. A transformação da matéria-prima oferecida em penhor cedular não extingue o vínculo real, que se transfere para os produtos e subprodutos.

Parágrafo único. O penhor dos bens resultantes da transformação industrial poderá ser substituído pelos títulos de crédito representativos da comercialização daqueles produtos, a critério do credor, mediante endosso pleno.

Art. 46. O penhor cedular de máquinas e aparelhos utilizados na indústria tem preferência sobre o penhor legal do locador do imóvel de sua situação.

Parágrafo único. Para a constituição da garantia cedular a que se refere este artigo, dispensa-se o consentimento do locador.

Art. 47. Dentro do prazo estabelecido para utilização do crédito, poderá ser admitida a reutilização, pelo devedor, para novas aplicações, das parcelas entregues para amortização do débito.

Art. 48. Quando, do penhor ou da alienação fiduciária, fizerem parte veículos automotores, embarcações ou aeronaves o gravame será anotado nos assentamentos próprios da repartição competente para expedição de licença ou registro dos veículos.

Art. 49. Os bens onerados poderão ser objeto de nova garantia cedular e a simples inscrição da respectiva cédula equivalerá à averbação, à margem da anterior, do vínculo constituído em grau subsequente.

Art. 50. Em caso de mais de um financiamento, sendo os mesmos o emitente da cédula, o credor e os bens onerados, poderá estender-se aos financiamentos subsequentes o vínculo originariamente constituído, mediante referência à extensão nas cédulas posteriores, reputando-se uma só garantia com cédulas industriais distintas.

§ 1.º A extensão será averbada à margem da inscrição anterior e não impede que sejam vinculados outros bens à garantia.

§ 2.º Havendo vinculação de novos bens, além da averbação, estará a cédula sujeita à inscrição no Cartório do Registro de Imóveis.

§ 3.º Não será possível a extensão se tiver havido endosso ou se os bens já houverem sido objeto de novo ônus em favor de terceiros.

Art. 51. A venda dos bens vinculados à cédula de crédito industrial depende de prévia anuência do credor, por escrito.

Art. 52. Aplicam-se à cédula de crédito industrial e à nota de crédito industrial, no que forem cabíveis, as normas do direito cambial, dispensado, porém, o protesto para garantir o direito de regresso contra endossantes e avalistas.

Capítulo VIII
DISPOSIÇÕES GERAIS

Art. 53. Dentro do prazo da cédula, o credor, se assim o entender, poderá autorizar o emitente a dispor de parte ou de todos os bens da garantia, na forma e condições que convencionarem.

Art. 54. Os bens dados em garantia assegurarão o pagamento do principal, juros, comissões, pena convencional, despesas legais e convencionais, com as preferências estabelecidas na legislação em vigor.

Art. 55. Se baixar no mercado o valor dos bens onerados ou se se verificar qualquer ocorrência que determine sua diminuição ou depreciação, o emitente reforçará a garantia dentro do prazo de 15 (quinze) dias da notificação que o credor lhe fizer, por carta enviada pelo Correio; ou pelo oficial do Cartório de Títulos e Documentos da comarca.

Art. 56. Se os bens oferecidos em garantia de cédula de crédito industrial pertencerem a terceiros, estes subscreverão também o título para que se constitua o vínculo.

Art. 57. Os bens vinculados à cédula de crédito industrial não serão penhorados ou sequestrados por outras dívidas do emitente ou do terceiro prestante da garantia real, cumprindo a qualquer deles denunciar a existência da cédula às autoridades incumbidas da diligência, ou a quem a determinou, sob pena de responderem pelos prejuízos resultantes de sua omissão.

Art. 58. Em caso de cobrança em processo contencioso ou não judicial ou administrativo, o emitente da cédula de crédito industrial responderá ainda pela multa de 10% (dez por cento) sob o principal e acessórios em débito, devida a partir do primeiro despacho da autoridade competente na petição de cobrança ou de habilitação do crédito.

Art. 59. No caso de execução judicial, os bens adquiridos ou pagos com o crédito concedido pela cédula de crédito industrial responderão primeiramente pela satisfação do título, não podendo ser vinculados ao pagamento de dívidas privilegiadas, enquanto não for liquidada a cédula.

Art. 60. O emitente da cédula manterá em dia o pagamento dos tributos e encargos fiscais, previdenciários e trabalhistas de sua responsabilidade, inclusive a remuneração dos empregados, exibindo ao credor os respectivos comprovantes sempre que lhe forem exigidos.

Art. 61. A cédula de crédito industrial e a nota de crédito industrial poderão ser redescontadas em condições estabelecidas pelo Conselho Monetário Nacional.

Art. 62. Da cédula de crédito industrial poderão constar outras condições da dívida ou obrigações do emitente, desde que não contrariem o disposto neste Decreto-lei e a natureza do título.

Parágrafo único. O Conselho Monetário Nacional, observadas as condições no mercado de crédito, poderá fixar prazos de vencimento dos títulos de crédito industrial, bem como determinar a inclusão de denominações que caracterizem a destinação dos bens e as condições da operação.

Art. 63. Os bens apenhados poderão, se convier ao credor, ser entregues à guarda de terceiro fiel depositário, que se sujeitará às obrigações e às responsabilidades legais e cedulares.

§ 1.º Os direitos e as obrigações do terceiro fiel depositário, inclusive a imissão, na posse, do imóvel da situação dos bens apenhados, independerão da lavratura de contrato de comodato e de prévio consentimento do locador, perdurando enquanto subsistir a dívida.

§ 2.º Todas as despesas de guarda e conservação dos bens confiados ao terceiro fiel-depositário correrão, exclusivamente, por conta do devedor.

§ 3.º Nenhuma responsabilidade terão credor e terceiro fiel-depositário pelos dispêndios que se tornarem precisos ou aconselháveis para boa conservação do imóvel e dos bens apenhados.

§ 4.º O devedor é obrigado a providenciar tudo o que for reclamado pelo credor para a pronta execução dos reparos ou obras de que, porventura, necessitar o imóvel ou que forem exigidos para a perfeita armazenagem dos bens apenhados.

Art. 64. Serão segurados, até final resgate da cédula, os bens nela descritos e caracterizados, observada a vigente legislação de seguros obrigatórios.

Art. 65. A cédula de crédito industrial e a nota de crédito industrial obedecerão aos modelos anexos, os quais poderão ser padronizados e alterados pelo Conselho Monetário Nacional, observado o disposto no art. 62 deste Decreto-lei.

Art. 66. Este Decreto-lei entrará em vigor 90 (noventa) dias depois de publicado, revogando-se os Decretos-leis n. 265, de 28 de fevereiro de 1967, 320, de 29 de março de 1967, e 331, de 21 de setembro de 1967, na parte referente à cédula industrial pignoratícia, 1.271, de 16 de maio de 1939, 1.697, de 23 de outubro de 1939, 2.064, de 7 de março de 1940, 3.169, de 2 de abril de 1941, 4.191, de 18 de março de 1942, 4.312, de 20 de maio de 1942, e Leis n. 2.931, de 27 de outubro de 1956, e 3.408, de 16 de junho de 1958, e as demais disposições em contrário.

Brasília, 9 de janeiro de 1969; 148.º da Independência e 81.º da República.

A. Costa e Silva

NOTA DE CRÉDITO INDUSTRIAL

N. .... Vencimento em ..... de .... de 19....

R$ ____________ A .... de .... de 19 .... pagar .... por esta nota de crédito industrial a ....ou à sua ordem, a quantia de ______________________________________em moeda corrente, valor do crédito deferido para aplicação na forma do orçamento anexo e que será utilizado do seguinte modo: ....Os juros são devidos à taxa de .... ao ano, exigíveis em 30 de junho, 31 de dezembro, no vencimento e na liquidação da cédula .... sendo de .... a comissão de fiscalização, exigível juntamente com os juros ....O pagamento será efetuado na praça de.. ....CÉDULA DE CRÉDITO INDUSTRIAL N. .... Vencimento em ..... de .... de 19.... R$____________ A ...... de .... de 19 .... pagar .... por esta cédula de crédito industrial a ....ou à sua ordem, a quantia de______________________________________ ________em moeda corrente, valor do crédito deferido para aplicação na forma do orçamento anexo e que será utilizado do seguinte modo: ....Os juros são devidos à taxa de.......... ao ano, exigíveis em 30 de junho, 31 de dezembro, no vencimento e na liquidação da cédula .... sendo de................................. .... a comissão de fiscalização exigível, juntamente com os juros ....O pagamento será efetuado na praça de .... Os bens vinculados, obrigatoriamente segurados, são os seguintes: ....

DECRETO-LEI N. 911, DE 1.º DE OUTUBRO DE 1969 (*)

Altera a redação do art. 66 da Lei n. 4.728, de 14 de julho de 1965, estabelece normas de processo sobre alienação fiduciária, e dá outras providências.

Os Ministros da Marinha de Guerra, do Exército e da Aeronáutica Militar, usando das atribuições que lhes confere o art. 1.º do Ato Institucional n. 12, de 31 de agosto de 1969, combinado com o § 1.º do Ato Institucional n. 5, de 13 de dezembro de 1968, decretam:

Art. 1.º O art. 66, da Lei n. 4.728, de 14 de julho de 1965, passa a ter a seguinte redação:

(*) Publicado no *Diário Oficial da União*, de 3-10-1969. A Lei n. 4.728, de 14-7-1965, disciplina o mercado de capitais e estabelece medidas para o seu desenvolvimento.

•• Alteração prejudicada em face da revogação do mencionado artigo pela Lei n. 10.931, de 2-8-2004.

Art. 2.º No caso de inadimplemento ou mora nas obrigações contratuais garantidas mediante alienação fiduciária, o proprietário fiduciário ou credor poderá vender a coisa a terceiros, independentemente de leilão, hasta pública, avaliação prévia ou qualquer outra medida judicial ou extrajudicial, salvo disposição expressa em contrário prevista no contrato, devendo aplicar o preço da venda no pagamento de seu crédito e das despesas decorrentes e entregar ao devedor o saldo apurado, se houver, com a devida prestação de contas.

•• *Caput* com redação determinada pela Lei n. 13.043, de 13-11-2014.

§ 1.º O crédito a que se refere o presente artigo abrange o principal, juros e comissões, além das taxas, cláusulas, pena e correção monetária, quando expressamente convencionados pelas partes.

§ 2.º A mora decorrerá do simples vencimento do prazo para pagamento e poderá ser comprovada por carta registrada com aviso de recebimento, não se exigindo que a assinatura constante do referido aviso seja a do próprio destinatário.

•• § 2.º com redação determinada pela Lei n. 13.043, de 13-11-2014.

• *Vide* Súmulas 72 e 245 do STJ.

§ 3.º A mora e o inadimplemento de obrigações contratuais garantidas por alienação fiduciária, ou a ocorrência legal ou convencional de algum dos casos de antecipação de vencimento da dívida, facultarão ao credor considerar, de pleno direito, vencidas todas as obrigações contratuais, independentemente de aviso ou notificação judicial ou extrajudicial.

• *Vide* Súmula 72 do STJ.

§ 4.º Os procedimentos previstos no *caput* e no seu § 2.º aplicam-se às operações de arrendamento mercantil previstas na forma da Lei n. 6.099, de 12 de setembro de 1974.

•• § 4.º acrescentado pela Lei n. 13.043, de 13-11-2014.

Art. 3.º O proprietário fiduciário ou credor poderá, desde que comprovada a mora, na forma estabelecida pelo § 2.º do art. 2.º, ou o inadimplemento, requerer contra o devedor ou terceiro a busca e apreensão do bem alienado fiduciariamente, a qual será concedida liminarmente, podendo ser apreciada em plantão judiciário.

•• *Caput* com redação determinada pela Lei n. 13.043, de 13-11-2014.

•• *Vide* Súmula 284 do STJ.

§ 1.º Cinco dias após executada a liminar mencionada no *caput*, consolidar-se-ão a propriedade e a posse plena e exclusiva do bem no patrimônio do credor fiduciário, cabendo às repartições competentes, quando for o caso, expedir novo certificado de registro de propriedade em nome do credor, ou de terceiro por ele indicado, livre do ônus da propriedade fiduciária.

•• § 1.º com redação determinada pela Lei n. 10.931, de 2-8-2004.

§ 2.º No prazo do § 1.º, o devedor fiduciante poderá pagar a integralidade da dívida pendente, segundo os valores apresentados pelo credor fiduciário na inicial, hipótese na qual o bem lhe será restituído livre do ônus.

•• § 2.º com redação determinada pela Lei n. 10.931, de 2-8-2004.

§ 3.º O devedor fiduciante apresentará resposta no prazo de quinze dias da execução da liminar.

•• § 3.º com redação determinada pela Lei n. 10.931, de 2-8-2004.

§ 4.º A resposta poderá ser apresentada ainda que o devedor tenha se utilizado da faculdade do § 2.º, caso entenda ter havido pagamento a maior e desejar restituição.

•• § 4.º com redação determinada pela Lei n. 10.931, de 2-8-2004.

§ 5.º Da sentença cabe apelação apenas no efeito devolutivo.

•• § 5.º com redação determinada pela Lei n. 10.931, de 2-8-2004.

§ 6.º Na sentença que decretar a improcedência da ação de busca e apreensão, o juiz condenará o credor fiduciário ao pagamento de multa, em favor do devedor fiduciante, equivalente a cinquenta por cento do valor originalmente financiado, devidamente atualizado, caso o bem já tenha sido alienado.

•• § 6.º com redação determinada pela Lei n. 10.931, de 2-8-2004.

§ 7.º A multa mencionada no § 6.º não exclui a responsabilidade do credor fiduciário por perdas e danos.

•• § 7.º acrescentado pela Lei n. 10.931, de 2-8-2004.

§ 8.º A busca e apreensão prevista no presente artigo constitui processo autônomo e independente de qualquer procedimento posterior.

•• § 8.º acrescentado pela Lei n. 10.931, de 2-8-2004.

§ 9.º Ao decretar a busca e apreensão de veículo, o juiz, caso tenha acesso à base de dados do Registro Nacional de Veículos Automotores – RENAVAM, inserirá diretamente a restrição judicial na base de dados do Renavam, bem como retirará tal restrição após a apreensão.

•• § 9.º acrescentado pela Lei n. 13.043, de 13-11-2014.

§ 10. Caso o juiz não tenha acesso à base de dados prevista no § 9.º, deverá oficiar ao departamento de trânsito competente para que:

•• § 10 acrescentado pela Lei n. 13.043, de 13-11-2014.

I – registre o gravame referente à decretação da busca e apreensão do veículo; e

•• Inciso I acrescentado pela Lei n. 13.043, de 13-11-2014.

II – retire o gravame após a apreensão do veículo.

•• Inciso II acrescentado pela Lei n. 13.043, de 13-11-2014.

§ 11. O juiz também determinará a inserção do mandado a que se refere o § 9.º em banco próprio de mandados.

•• § 11 acrescentado pela Lei n. 13.043, de 13-11-2014.

§ 12. A parte interessada poderá requerer diretamente ao juízo da comarca onde foi localizado o veículo com vistas à sua apreensão, sempre que o bem estiver em comarca distinta daquela da tramitação da ação, bastando que em tal requerimento conste a cópia da petição inicial da ação e, quando for o caso, a cópia do despacho que concedeu a busca e apreensão do veículo.

•• § 12 acrescentado pela Lei n. 13.043, de 13-11-2014.

§ 13. A apreensão do veículo será imediatamente comunicada ao juízo, que intimará a instituição financeira para retirar o veículo do local depositado no prazo máximo de 48 (quarenta e oito) horas.

•• § 13 acrescentado pela Lei n. 13.043, de 13-11-2014.

§ 14. O devedor, por ocasião do cumprimento do mandado de busca e apreensão, deverá entregar o bem e seus respectivos documentos.

•• § 14 acrescentado pela Lei n. 13.043, de 13-11-2014.

§ 15. As disposições deste artigo aplicam-se no caso de reintegração de posse de veículos referente às operações de arrendamento mercantil previstas na Lei n. 6.099, de 12 de setembro de 1974.

•• § 15 acrescentado pela Lei n. 13.043, de 13-11-2014.

Art. 4.º Se o bem alienado fiduciariamente não for encontrado ou não se achar na posse do devedor, fica facultado ao credor requerer, nos mesmos autos, a conversão do pedido de busca e apreensão em ação executiva, na forma prevista no Capítulo II do Livro II da Lei n. 5.869, de 11 de janeiro de 1973 – Código de Processo Civil.

•• Artigo com redação determinada pela Lei n. 13.043, de 13-11-2014.

Art. 5.º Se o credor preferir recorrer à ação executiva, direta ou a convertida na forma do art. 4.º, ou, se for o caso ao executivo fiscal, serão penhorados, a critério do autor da ação, bens do devedor quantos bastem para assegurar a execução.

•• *Caput* com redação determinada pela Lei n. 13.043, de 13-11-2014.

Parágrafo único. Não se aplica à alienação fiduciária o disposto nos incisos VI e VIII do art. 649 do Código de Processo Civil.

•• Parágrafo único com redação determinada pela Lei n. 6.071, de 3-7-1974.

•• A referência é feita ao CPC de 1973. *Vide* art. 833, VI e VIII, do CPC de 2015.

Art. 6.º O avalista, fiador ou terceiro interessado que pagar a dívida do alienante ou devedor, se sub-rogará, de pleno direito, no crédito e na garantia constituída pela alienação fiduciária.

Art. 6.º-A. O pedido de recuperação judicial ou extrajudicial pelo devedor nos termos da Lei n. 11.101, de 9 de fevereiro de 2005, não impede a distribuição e a busca e apreensão do bem.

•• Artigo acrescentado pela Lei n. 13.043, de 13-11-2014.

Art. 7.º Na falência do devedor alienante, fica assegurado ao credor ou proprietário fiduciário o direito de pedir, na forma prevista na lei, a restituição do bem alienado fiduciariamente.

Parágrafo único. Efetivada a restituição, o proprietário fiduciário agirá na forma prevista neste Decreto-lei.

•• Lei de Falências: Lei n. 11.101, de 9-2-2005.

Art. 7.º-A. Não será aceito bloqueio judicial de bens constituídos por alienação fiduciária nos termos deste Decreto-Lei, sendo que, qualquer discussão sobre concursos de preferências deverá ser resolvida pelo valor da venda do bem, nos termos do art. 2.º.

•• Artigo acrescentado pela Lei n. 13.043, de 13-11-2014.

Art. 8.º O Conselho Nacional de Trânsito, no prazo máximo de 60 (sessenta) dias, a contar da vigência do presente Decreto-lei, expedirá normas regulamentares relativas à alienação fiduciária de veículos automotores.

Art. 8.º-A. O procedimento judicial disposto neste Decreto-lei aplica-se exclusivamente às hipóteses da Seção XIV da Lei n. 4.728, de 14 de julho de 1965, ou quando o ônus da propriedade fiduciária tiver sido constituído para fins de garantia de débito fiscal ou previdenciário.

•• Artigo acrescentado pela Lei n. 10.931, de 2-8-2004.

Art. 9.º O presente Decreto-lei entrará em vigor na data de sua publicação, aplicando-se, desde logo, aos processos em curso, revogadas as disposições em contrário.

Brasília, 1.º de outubro de 1969; 148.º da Independência e 81.º da República.

Augusto Hamann Rademaker Grünewald

Aurélio de Lyra Tavares

Márcio de Souza e Mello

DECRETO-LEI N. 1.075, DE 22 DE JANEIRO DE 1970 (*)

Regula a imissão de posse, initio litis, *em imóveis residenciais urbanos.*

O Presidente da República, usando da atribuição que lhe confere o art. 55, I, da Constituição, e

Considerando que, na cidade de São Paulo, o grande número de desapropriações em zona residencial ameaça desalojar milhares de famílias;

Considerando que os proprietários de prédios residenciais encontram dificuldade, no sistema jurídico vigente, de obter, *initio litis*, uma indenização suficiente para a aquisição de nova casa própria;

Considerando que a oferta do poder expropriante, baseada em valor cadastral do imóvel, é inferior ao valor real apurado em avaliação no processo de desapropriação;

Considerando, finalmente, que o desabrigo dos expropriados causa grave risco à segurança nacional, por ser fermento de agitação social, decreta:

Art. 1.º Na desapropriação por utilidade pública de prédio urbano residencial, o expropriante, alegando urgência, poderá imitir-se provisoriamente na posse do bem, mediante o depósito do preço oferecido, se este não for impugnado pelo expropriado em 5 (cinco) dias da intimação da oferta.

Art. 2.º Impugnada a oferta pelo expropriado, o juiz, servindo-se, caso necessário, de perito avaliador, fixará em 48 (quarenta e oito) horas o valor provisório do imóvel.

Parágrafo único. O perito, quando designado, deverá apresentar o laudo no prazo máximo de 5 (cinco) dias.

Art. 3.º Quando o valor arbitrado for superior à oferta, o juiz só autorizará a imissão provisória na posse do imóvel, se o expropriante complementar o depósito para que este atinja a metade do valor arbitrado.

Art. 4.º No caso do artigo anterior, fica, porém, fixado em 2.300 (dois mil e trezentos) salários mínimos vigentes na região, o máximo do depósito a que será obrigado o expropriante.

Art. 5.º O expropriado, observadas as cautelas previstas no art. 34 do Decreto-lei n. 3.365, de 21 de junho de 1941, poderá levantar toda a importância depositada e complementada nos termos do art. 3.º.

Parágrafo único. Quando o valor arbitrado for inferior ou igual ao dobro do preço oferecido, é lícito ao expropriado optar entre o levantamento de 80% (oitenta por cento) do preço oferecido ou da metade do valor arbitrado.

Art. 6.º O disposto neste Decreto-lei só se aplica à desapropriação de prédio residencial urbano, habitado pelo proprietário ou compromissário comprador, cuja promessa de compra esteja devidamente inscrita no Registro de Imóveis.

Art. 7.º Este Decreto-lei entra em vigor na data de sua publicação, aplicando-se às ações já ajuizadas.

Art. 8.º Revogam-se as disposições em contrário.

Brasília, 22 de janeiro de 1970; 149.º da Independência e 82.º da República.

EMÍLIO G. MÉDICI

(*) Publicado no *Diário Oficial da União*, de 22-1-1970.

LEI N. 5.621, DE 4 DE NOVEMBRO DE 1970 (**)

Regulamenta o art. 144, § 5.º, da Constituição e dá outras providências.

O Presidente da República:

Faço saber que o Congresso Nacional decreta e eu sanciono a seguinte Lei:

Art. 1.º Caberá aos Tribunais de Justiça dos Estados dispor, em resolução aprovada pela maioria absoluta de seus membros, sobre a divisão e organização judiciárias.

Art. 2.º As alterações na divisão e organização judiciárias dos Estados somente poderão ser feitas de cinco em cinco anos, contados da vigência da primeira modificação posterior a esta Lei.

Art. 3.º As alterações a que alude o artigo antecedente entrarão em vigor a 1.º de janeiro do ano inicial de cada quinquênio.

§ 1.º A alteração imediatamente subsequente a esta Lei vigorará a partir de 1.º de janeiro do ano seguinte ao de sua promulgação.

§ 2.º Se no quinquênio posterior ao da última alteração não for adotada modificação na divisão e organização judiciárias do Estado, esta poderá ser realizada a qualquer tempo, vigendo a 1.º de janeiro do ano seguinte, quando se iniciará a contagem do novo quinquênio.

Art. 4.º Ressalvado o disposto na Constituição (arts. 115, II, e 144, § 6.º), deverão ser enviadas ao Governador do Estado, para a iniciativa do processo legislativo, as resoluções dos Tribunais de Justiça que implicarem em:

I – criação de cargos, funções ou empregos públicos;

II – aumento de vencimentos ou da despesa pública;

III – disciplina do regime jurídico dos servidores;

IV – forma e condições de provimento de cargos;

V – condições para aquisição de estabilidade.

Art. 5.º A divisão judiciária compreende a criação, a alteração e a extinção das seções, circunscrições, comarcas, termos e distritos judiciários, bem como a sua classificação.

Parágrafo único. Para a criação, a alteração, a extinção ou a classificação das comarcas e outras divisões judiciárias, os Estados observarão critérios uniformes com base em:

I – extensão territorial;

II – número de habitantes;

III – número de eleitores;

IV – receita tributária;

V – movimento forense.

Art. 6.º Respeitada a legislação federal, a organização judiciária compreende:

I – constituição, estrutura, atribuições e competência dos tribunais, bem como de seus órgãos de direção e fiscalização;

II – constituição, classificação, atribuições e competência dos juízes e varas;

III – organização e disciplina da carreira dos magistrados;

IV – organização, classificação, disciplina e atribuições dos serviços auxiliares da justiça, inclusive tabelionatos e ofícios de registros públicos.

§ 1.º Não se incluem na organização judiciária:

•• Na publicação oficial constou § 1.º em vez de parágrafo único.

I – a organização e disciplina da carreira do Ministério Público;

II – a elaboração dos regimentos internos dos tribunais.

Art. 7.º Esta Lei entra em vigor na data de sua publicação, revogadas as disposições em contrário.

Brasília, 4 de novembro de 1970; 149.º da Independência e 82.º da República.

EMÍLIO G. MÉDICI

(**) Publicada no *Diário Oficial da União*, de 5-11-1970. Refere-se à CF de 1969. *Vide* art. 96 da CF.

LEI N. 5.741, DE 1.º DE DEZEMBRO DE 1971 (***)

Dispõe sobre a proteção do financiamento de bens imóveis vinculados ao Sistema Financeiro da Habitação.

O Presidente da República:

Faço saber que o Congresso Nacional decreta e eu sanciono a seguinte Lei:

(***) Publicada no *Diário Oficial da União*, de 2-12-1971. *Vide* a Lei n. 4.380, de 21-8-1964. A Lei n. 8.004, de 14-3-1990, dispõe sobre a transferência de financiamento no âmbito do Sistema Financeiro da Habitação.

Art. 1.º Para a cobrança de crédito hipotecário vinculado ao Sistema Financeiro da Habitação, criado pela Lei n. 4.380, de 21 de agosto de 1964, é lícito ao credor promover a execução de que tratam os arts. 31 e 32 do Decreto-lei n. 70, de 21 de novembro de 1966, ou ajuizar a ação executiva na forma da presente Lei.

•• Somente serão objeto de execução, na conformidade dos procedimentos do Decreto-lei n. 70, de 21-11-1966, ou desta Lei, os financiamentos em que se verificar atraso de pagamento de três ou mais prestações, conforme estabelece o art. 21 da Lei n. 8.004, de 14-3-1990.

Art. 2.º A execução terá início por petição escrita, com os requisitos do art. 282 do Código de Processo Civil, apresentada em três vias, servindo a segunda e a terceira de mandado e contrafé, e sendo a primeira instruída com:

I – o título da dívida devidamente inscrita;

II – a indicação do valor das prestações e encargos cujo não pagamento deu lugar ao vencimento do contrato;

III – o saldo devedor, discriminadas as parcelas relativas a principal, juro, multa e outros encargos contratuais, fiscais e honorários advocatícios;

IV – cópia dos avisos regulamentares reclamando o pagamento da dívida, expedidos segundo instruções do Banco Nacional da Habitação.

•• Artigo com redação determinada pela Lei n. 6.071, de 3-7-1974.

Art. 3.º O devedor será citado para pagar o valor do crédito reclamado ou depositá-lo em juízo no prazo de 24 (vinte e quatro) horas, sob pena de lhe ser penhorado o imóvel hipotecado.

§ 1.º A citação far-se-á na pessoa do réu e de seu cônjuge ou de seus representantes legais.

•• § 1.º com redação determinada pela Lei n. 8.004, de 14-3-1990.

§ 2.º Se o executado e seu cônjuge se acharem fora da jurisdição da situação do imóvel, a citação far-se-á por meio de edital, pelo prazo de 10 (dez) dias, publicado, uma vez no órgão oficial do Estado e, pelo menos, duas vezes, em jornal local de grande circulação, onde houver.

Art. 4.º Se o executado não pagar a dívida indicada no inciso II do art. 2.º, acrescida das custas e honorários de advogado ou não depositar o saldo devedor, efetuar-se-á a penhora do imóvel hipotecado, sendo nomeado depositário o exequente ou quem este indicar.

§ 1.º Se o executado não estiver na posse direta do imóvel, o juiz ordenará a expedição de mandado de desocupação contra a pessoa que o estiver ocupando, para entregá-lo ao exequente no prazo de 10 (dez) dias.

§ 2.º Se o executado estiver na posse direta do imóvel, o juiz ordenará que o desocupe no prazo de 30 (trinta) dias, entregando-o ao exequente.

Art. 5.º O executado poderá opor embargos no prazo de 10 (dez) dias contados da penhora e que serão recebidos com efeito suspensivo, desde que alegue e prove:

I – que depositou por inteiro a importância reclamada na inicial;

II – que resgatou a dívida, oferecendo desde logo a prova da quitação.

•• *Caput* e incisos com redação determinada pela Lei n. 6.014, de 27-12-1973.

Parágrafo único. Os demais fundamentos de embargos, previstos no art. 741 do Código de Processo Civil, não suspendem a execução.

•• Parágrafo único com redação determinada pela Lei n. 6.014, de 27-12-1973.

Art. 6.º Rejeitados os embargos referidos no *caput* do artigo anterior, o juiz ordenará a venda do imóvel hipotecado em praça pública por preço não inferior ao saldo devedor, expedindo-se edital pelo prazo de 10 (dez) dias.

Parágrafo único. O edital será fixado à porta do edifício onde tiver sede o juízo, e publicado três vezes, por extrato, em um dos jornais locais de maior circulação, onde houver.

Art. 7.º Não havendo licitante na praça pública, o juiz adjudicará, dentro de 48 (quarenta e oito) horas, ao exequente o imóvel hipotecado, ficando exonerado o executado da obrigação de pagar o restante da dívida.

Art. 8.º É lícito ao executado remir o imóvel penhorado, desde que deposite em juízo, até a assinatura do auto de arrematação, a importância que baste ao pagamento da dívida reclamada, mais custas e honorários advocatícios; caso em que convalescerá o contrato hipotecado.

Art. 9.º Constitui crime de ação pública, punido com a pena de detenção de 6 (seis) meses a 2 (dois) anos e multa de 5 (cinco) a 20 (vinte) salários mínimos, invadir alguém ou ocupar, com o fim de esbulho possessório, terreno ou unidade residencial, construída ou em construção, objeto de financiamento do Sistema Financeiro da Habitação.

•• O art. 2.º da Lei n. 7.209, de 11-7-1984, cancela, na Parte Especial do CP e nas leis especiais alcançadas pelo art. 12 do mesmo Código, quaisquer referências a valores de multas, substituindo a expressão *multa de* por *multa*.

§ 1.º Se o agente usa de violência, incorre também nas penas a esta cominadas.

§ 2.º É isento da pena de esbulho o agente que, espontaneamente, desocupa o imóvel antes de qualquer medida coativa.

§ 3.º O salário a que se refere este artigo é o maior mensal vigente no País, à época do fato.

Art. 10. A ação executiva, fundada em outra causa que não a falta de pagamento pelo executado das prestações vencidas, será processada na forma do Código de Processo Civil, que se aplicará, subsidiariamente, à ação executiva de que trata esta Lei.

• Os arts. 771 e s. do CPC dispõem sobre o processo de execução.

Art. 11. Ficam dispensadas de averbação no Registro de Imóveis as alterações contratuais de qualquer natureza, desde que não importem em novação objetiva da dívida, realizadas em operações do Sistema Financeiro da Habitação, criado pela Lei n. 4.380, de 21 de agosto de 1964, sejam as operações consubstanciadas em instrumentos públicos ou particulares, ou em cédulas hipotecárias.

Parágrafo único. O registro da cédula hipotecária limitar-se-á à averbação de suas características originais, a que se refere o art. 13 do Decreto-lei n. 70, de 21 de novembro de 1966, ficando dispensadas de averbação também as alterações que decorram da circulação do título.

Art. 12. As entidades credoras integrantes do Sistema Financeiro da Habitação ficam obrigadas a fornecer, por escrito, no prazo de 5 (cinco) dias, as informações sobre as alterações de que trata o art. 11, quando requeridas por interessados.

Art. 13. Esta Lei entra em vigor na data de sua publicação.

Art. 14. Revogam-se as disposições em contrário.

Brasília, 1.º de dezembro de 1971; 150.º da Independência e 83.º da República.

EMÍLIO G. MÉDICI

LEI N. 5.764, DE 16 DE DEZEMBRO DE 1971 (*)

Define a Política Nacional de Cooperativismo, institui o regime jurídico das sociedades cooperativas, e dá outras providências.

O Presidente da República:

Faço saber que o Congresso Nacional decreta e eu sanciono a seguinte Lei:

Capítulo I
DA POLÍTICA NACIONAL DE COOPERATIVISMO

Art. 1.º Compreende-se como Política Nacional de Cooperativismo a atividade decorrente das iniciativas ligadas ao sistema cooperativo originárias de setor público ou privado, isoladas ou coordenadas entre si, desde que reconhecido seu interesse público.

Art. 2.º As atribuições do Governo Federal na coordenação e no estímulo às atividades de cooperativismo no território nacional se-

(*) Publicada no *Diário Oficial da União*, de 16-12-1971. A Lei n. 12.690, de 19-7-2012, dispõe sobre a organização e o funcionamento das Cooperativas de Trabalho e institui o Programa Nacional de Fomento às Cooperativas de Trabalho – PRONACOOP. A Instrução Normativa n. 81, de 10-6-2020, dispõe sobre as normas e diretrizes gerais do Registro Público de Empresas.

rão exercidas na forma desta Lei e das normas que surgirem em sua decorrência.

Parágrafo único. A ação do Poder Público se exercerá, principalmente, mediante prestação de assistência técnica e de incentivos financeiros e creditórios especiais, necessários à criação, desenvolvimento e integração das entidades cooperativas.

Capítulo II

DAS SOCIEDADES COOPERATIVAS

•• *Vide* Súmula 602 do STJ.

Art. 3.º Celebram contrato de sociedade cooperativa as pessoas que reciprocamente se obrigam a contribuir com bens ou serviços para o exercício de uma atividade econômica, de proveito comum, sem objetivo de lucro.

Art. 4.º As cooperativas são sociedades de pessoas, com forma e natureza jurídica próprias, de natureza civil, não sujeitas a falência, constituídas para prestar serviços aos associados, distinguindo-se das demais sociedades pelas seguintes características:

•• *Vide* art. 1.094 do CC.

I – adesão voluntária, com número ilimitado de associados, salvo impossibilidade técnica de prestação de serviços;

II – variabilidade do capital social representado por quotas-partes;

III – limitação do número de quotas-partes do capital para cada associado, facultado, porém, o estabelecimento de critérios de proporcionalidade, se assim for mais adequado para o cumprimento dos objetivos sociais;

IV – incessibilidade das quotas-partes do capital a terceiros, estranhos à sociedade;

V – singularidade de voto, podendo as cooperativas centrais, federações e confederações de cooperativas, com exceção das que exerçam atividade de crédito, optar pelo critério da proporcionalidade;

VI – *quorum* para o funcionamento e deliberação da assembleia geral baseado no número de associados e não no capital;

VII – retorno das sobras líquidas do exercício, proporcionalmente às operações realizadas pelo associado, salvo deliberação em contrário da assembleia geral;

VIII – indivisibilidade dos Fundos de Reserva e de Assistência Técnica Educacional e Social;

IX – neutralidade política e indiscriminação religiosa, racial e social;

X – prestação de assistência aos associados, e, quando previsto nos estatutos, aos empregados da cooperativa;

XI – área de admissão de associados limitada às possibilidades de reunião, controle, operações e prestação de serviços.

Capítulo III

DO OBJETIVO E CLASSIFICAÇÃO DAS SOCIEDADES COOPERATIVAS

Art. 5.º As sociedades cooperativas poderão adotar por objeto qualquer gênero de serviço, operação ou atividade, assegurando-se-lhes o direito exclusivo e exigindo-se-lhes a obrigação do uso da expressão "cooperativa" em sua denominação.

Parágrafo único. É vedado às cooperativas o uso da expressão "banco".

Art. 6.º As sociedades cooperativas são consideradas:

I – singulares, as constituídas pelo número mínimo de vinte pessoas físicas, sendo excepcionalmente permitida a admissão de pessoas jurídicas que tenham por objeto as mesmas ou correlatas atividades econômicas das pessoas físicas ou, ainda, aquelas sem fins lucrativos;

II – cooperativas centrais ou federações de cooperativas, as constituídas de, no mínimo, três singulares, podendo, excepcionalmente, admitir associados individuais;

III – confederações de cooperativas, as constituídas, pelo menos, de três federações de cooperativas ou cooperativas centrais, da mesma ou de diferentes modalidades.

§ 1.º Os associados individuais das cooperativas centrais e federações de cooperativas serão inscritos no Livro de Matrícula da sociedade e classificados em grupos visando à transformação, no futuro, em cooperativas singulares que a elas se filiarão.

§ 2.º A exceção estabelecida no item II, *in fine*, do *caput* deste artigo não se aplica às centrais e federações que exerçam atividades de crédito.

Art. 7.º As cooperativas singulares se caracterizam pela prestação direta de serviços aos associados.

Art. 8.º As cooperativas centrais e federações de cooperativas objetivam organizar, em comum e em maior escala, os serviços econômicos e assistenciais de interesse das filiadas, integrando e orientando suas atividades, bem como facilitando a utilização recíproca dos serviços.

Parágrafo único. Para a prestação de serviços de interesse comum, é permitida a constituição de cooperativas centrais, às quais se associem outras cooperativas de objetivo e finalidades diversas.

Art. 9.º As confederações de cooperativas têm por objetivo orientar e coordenar as atividades das filiadas, nos casos em que o vulto dos empreendimentos transcender o âmbito de capacidade ou conveniência de atuação das centrais e federações.

Art. 10. As cooperativas se classificam também de acordo com o objeto ou pela natureza das atividades desenvolvidas por elas ou por seus associados.

§ 1.º Além das modalidades de cooperativas já consagradas, caberá ao respectivo órgão controlador apreciar e caracterizar outras que se apresentem.

§ 2.º Serão consideradas mistas as cooperativas que apresentarem mais de um objeto de atividades.

§ 3.º (*Revogado pela Lei Complementar n. 130, de 17-4-2009.*)

Art. 11. As sociedades cooperativas serão de responsabilidade limitada, quando a responsabilidade do associado pelos compromissos da sociedade se limitar ao valor do capital por ele subscrito.

Art. 12. As sociedades cooperativas serão de responsabilidade ilimitada, quando a responsabilidade do associado pelos compromissos da sociedade for pessoal, solidária e não tiver limite.

Art. 13. A responsabilidade do associado para com terceiros, como membro da sociedade, somente poderá ser invocada depois de judicialmente exigida da cooperativa.

Capítulo IV

DA CONSTITUIÇÃO DAS SOCIEDADES COOPERATIVAS

Art. 14. A sociedade cooperativa constitui-se por deliberação da assembleia geral dos fundadores, constantes da respectiva ata ou por instrumento público.

Art. 15. O ato constitutivo, sob pena de nulidade, deverá declarar:

I – a denominação da entidade, sede e objeto de funcionamento;

II – o nome, nacionalidade, idade, estado civil, profissão e residência dos associados, fundadores que o assinaram, bem como o valor e número da quota-parte de cada um;

III – aprovação do estatuto da sociedade;

IV – o nome, nacionalidade, estado civil, profissão e residência dos associados eleitos para os órgãos de administração, fiscalização e outros.

Art. 16. O ato constitutivo da sociedade e os estatutos, quando não transcritos naquele, serão assinados pelos fundadores.

Seção I

Da Autorização de Funcionamento

Art. 17. A cooperativa constituída na forma da legislação vigente apresentará ao respectivo órgão executivo federal de controle, no Distrito Federal, Estados ou Territórios, ou ao órgão local para isso credenciado, dentro de 30 (trinta) dias da data da constituição, para fins de autorização, requerimento acompanhado de quatro vias do ato constitutivo, estatuto e lista nominativa, além de outros documentos considerados necessários.

Art. 18. Verificada, no prazo máximo de 60 (sessenta) dias, a contar da data de entrada em seu protocolo, pelo respectivo órgão executivo federal de controle ou órgão local para isso credenciado, a existência de condições de funcionamento da cooperativa em constituição, bem como a regularidade da documentação apresentada, o órgão controlador devolverá, devidamente autenticadas, duas vias à cooperativa, acompanhadas de documentos dirigidos à Junta

Comercial do Estado, onde a entidade estiver sediada, comunicando a aprovação do ato constitutivo da requerente.

§ 1.º Dentro desse prazo, o órgão controlador, quando julgar conveniente, no interesse do fortalecimento do sistema, poderá ouvir o Conselho Nacional de Cooperativismo, caso em que não se verificará a aprovação automática prevista no parágrafo seguinte.

§ 2.º A falta de manifestação do órgão controlador no prazo a que se refere este artigo implicará a aprovação do ato constitutivo e o seu subsequente arquivamento na Junta Comercial respectiva.

§ 3.º Se qualquer das condições citadas neste artigo não for atendida satisfatoriamente, o órgão ao qual compete conceder a autorização dará ciência ao requerente, indicando as exigências a serem cumpridas no prazo de 60 (sessenta) dias, findos os quais, se não atendidas, o pedido será automaticamente arquivado.

§ 4.º À parte é facultado interpor da decisão proferida pelo órgão controlador, nos Estados, Distrito Federal ou Territórios, recurso para a respectiva administração central, dentro do prazo de 30 (trinta) dias contado da data do recebimento da comunicação e, em segunda e última instância, ao Conselho Nacional de Cooperativismo, também no prazo de 30 (trinta) dias, exceção feita às cooperativas de crédito, às seções de crédito das cooperativas agrícolas mistas, e às cooperativas habitacionais, hipótese em que o recurso será apreciado pelo Conselho Monetário Nacional, no tocante às duas primeiras, e pelo Banco Nacional da Habitação em relação às últimas.

§ 5.º Cumpridas as exigências, deverá o despacho do deferimento ou indeferimento da autorização ser exarado dentro de 60 (sessenta) dias, findos os quais, na ausência de decisão, o requerimento será considerado deferido. Quando a autorização depender de dois ou mais órgãos do Poder Público, cada um deles terá o prazo de 60 (sessenta) dias para se manifestar.

§ 6.º Arquivados os documentos na Junta Comercial e feita a respectiva publicação, a cooperativa adquire personalidade jurídica, tornando-se apta a funcionar.

§ 7.º A autorização caducará, independentemente de qualquer despacho, se a cooperativa não entrar em atividade dentro do prazo de 90 (noventa) dias contados da data em que forem arquivados os documentos na Junta Comercial.

§ 8.º Cancelada a autorização, o órgão de controle expedirá comunicação à respectiva Junta Comercial, que dará baixa nos documentos arquivados.

§ 9.º A autorização para funcionamento das cooperativas de habitação, das de crédito e das seções de crédito das cooperativas agrícolas mistas subordina-se, ainda, à política dos respectivos órgãos normativos.

§ 10. (*Revogado pela Lei Complementar n. 130, de 17-4-2009.*)

Art. 19. A cooperativa escolar não estará sujeita ao arquivamento dos documentos de constituição, bastando remetê-los ao Instituto Nacional de Colonização e Reforma Agrária, ou respectivo órgão local de controle, devidamente autenticados pelo diretor do estabelecimento de ensino, ou a maior autoridade escolar do município, quando a cooperativa congregar associações de mais de um estabelecimento de ensino.

Art. 20. A reforma de estatutos obedecerá, no que couber, ao disposto nos artigos anteriores, observadas as prescrições dos órgãos normativos.

Seção II
Do Estatuto Social

Art. 21. O estatuto da cooperativa, além de atender ao disposto no art. 4.º, deverá indicar:

I – a denominação, sede, prazo de duração, área de ação, objeto da sociedade, fixação do exercício social e da data do levantamento do balanço geral;

II – os direitos e deveres dos associados, natureza de suas responsabilidades e as condições de admissão, demissão, eliminação e exclusão e as normas para sua representação nas assembleias gerais;

III – o capital mínimo, o valor da quota-parte, o mínimo de quotas-partes a ser subscrito pelo associado, o modo de integralização das quotas-partes, bem como as condições de sua retirada nos casos de demissão, eliminação ou de exclusão do associado;

IV – a forma de devolução das sobras registradas aos associados, ou do rateio das perdas apuradas por insuficiência de contribuição para cobertura das despesas da sociedade;

V – o modo de administração e fiscalização, estabelecendo os respectivos órgãos, com definição de suas atribuições, poderes e funcionamento, a representação ativa e passiva da sociedade em juízo ou fora dele, o prazo do mandato, bem como o processo de substituição dos administradores e conselheiros fiscais;

VI – as formalidades de convocação das assembleias gerais e a maioria requerida para a sua instalação e validade de suas deliberações, vedado o direito de voto aos que nelas tiverem interesse particular sem privá-los da participação nos debates;

VII – os casos de dissolução voluntária da sociedade;

VIII – o modo e o processo de alienação ou oneração de bens imóveis da sociedade;

IX – o modo de reformar o estatuto;

X – o número mínimo de associados;

XI – se a cooperativa tem poder para agir como substituta processual de seus associados, na forma do art. 88-A desta Lei.

•• Inciso XI acrescentado pela Lei n. 13.806, de 10-1-2019.

Capítulo V
DOS LIVROS

Art. 22. A sociedade cooperativa deverá possuir os seguintes livros:

I – de Matrícula;

II – de Atas das Assembleias Gerais;

III – de Atas dos Órgãos de Administração;

IV – de Atas do Conselho Fiscal;

V – de Presença dos Associados nas Assembleias Gerais;

VI – outros, fiscais e contábeis, obrigatórios.

Parágrafo único. É facultada a adoção de livros de folhas soltas ou fichas ou em meio digital, nos termos de regulamento do órgão competente do Poder Executivo federal.

•• Parágrafo único com redação determinada pela Lei n. 14.195, de 26-8-2021.

Art. 23. No Livro de Matrícula, os associados serão inscritos por ordem cronológica de admissão, dele constando:

I – o nome, idade, estado civil, nacionalidade, profissão e residência do associado;

II – a data de sua admissão e, quando for o caso, de sua demissão a pedido, eliminação ou exclusão;

III – a conta corrente das respectivas quotas-partes do capital social.

Capítulo VI
DO CAPITAL SOCIAL

Art. 24. O capital social será subdividido em quotas-partes, cujo valor unitário não poderá ser superior ao maior salário mínimo vigente no País.

§ 1.º Nenhum associado poderá subscrever mais de um terço do total das quotas-partes, salvo nas sociedades em que a subscrição deva ser diretamente proporcional ao movimento financeiro do cooperado ou ao quantitativo dos produtos a serem comercializados, beneficiados ou transformados, ou ainda, em relação à área cultivada ou ao número de plantas e animais em exploração.

§ 2.º Não estão sujeitas ao limite estabelecido no parágrafo anterior as pessoas jurídicas de direito público que participem de cooperativas de eletrificação, irrigação e telecomunicações.

§ 3.º É vedado às cooperativas distribuírem qualquer espécie de benefício às quotas-partes do capital ou estabelecer outras vantagens ou privilégios, financeiros ou não, em favor de quaisquer associados ou terceiros, excetuando-se os juros até o máximo de 12% (doze por cento) ao ano que incidirão sobre a parte integralizada.

§ 4.º As quotas de que trata o *caput* deixam de integrar o patrimônio líquido da cooperativa quando se tornar exigível, na forma prevista no estatuto social e na legislação vigente, a restituição do capital integralizado pelo associado, em razão do seu desligamento, por demissão, exclusão ou eliminação.

•• § 4.º acrescentado pela Lei n. 13.097, de 19-1-2015.

Art. 25. Para a formação do capital social poder-se-á estipular que o pagamento das quotas-partes seja realizado mediante prestações periódicas, independentemente de chamada, por meio de contribuições ou outra forma estabelecida a critério dos respectivos órgãos executivos federais.

Art. 26. A transferência de quotas-partes será averbada no Livro de Matrícula, mediante termo que conterá as assinaturas do cedente, do cessionário e do diretor que o estatuto designar.

Art. 27. A integralização das quotas-partes e o aumento do capital social poderão ser feitos com bens avaliados previamente e após homologação em assembleia geral ou mediante retenção de determinada porcentagem do valor do movimento financeiro de cada associado.

§ 1.º O disposto neste artigo não se aplica às cooperativas de crédito, às agrícolas mistas com seção de crédito e às habitacionais.

§ 2.º Nas sociedades cooperativas em que a subscrição de capital for diretamente proporcional ao movimento ou à expressão econômica de cada associado, o estatuto deverá prever sua revisão periódica para ajustamento às condições vigentes.

Capítulo VII
DOS FUNDOS

Art. 28. As cooperativas são obrigadas a constituir:

I – Fundo de Reserva destinado a reparar perdas e atender ao desenvolvimento de suas atividades, constituído com 10% (dez por cento), pelo menos, das sobras líquidas do exercício;

II – Fundo de Assistência Técnica, Educacional e Social, destinado a prestação de assistência aos associados, seus familiares e, quando previsto nos estatutos, aos empregados da cooperativa, constituído de 5% (cinco por cento), pelo menos, das sobras líquidas apuradas no exercício.

§ 1.º Além dos previstos neste artigo, a assembleia geral poderá criar outros fundos, inclusive rotativos, com recursos destinados a fins específicos fixando o modo de formação, aplicação e liquidação.

§ 2.º Os serviços a serem atendidos pelo Fundo de Assistência Técnica, Educacional e Social poderão ser executados mediante convênio com entidades públicas e privadas.

Capítulo VIII
DOS ASSOCIADOS

Art. 29. O ingresso nas cooperativas é livre a todos que desejarem utilizar os serviços prestados pela sociedade, desde que adiram aos propósitos sociais e preencham as condições estabelecidas no estatuto, ressalvado o disposto no art. 4.º, I, desta Lei.

§ 1.º A admissão dos associados poderá ser restrita, a critério do órgão normativo respectivo, às pessoas que exerçam determinada atividade ou profissão, ou estejam vinculadas a determinada entidade.

§ 2.º Poderão ingressar nas cooperativas de pesca e nas constituídas por produtores rurais ou extrativistas as pessoas jurídicas que pratiquem as mesmas atividades econômicas das pessoas físicas associadas.

§ 3.º Nas cooperativas de eletrificação, irrigação e telecomunicações, poderão ingressar as pessoas jurídicas que se localizem na respectiva área de operações.

§ 4.º Não poderão ingressar no quadro das cooperativas os agentes de comércio e empresários que operem no mesmo campo econômico da sociedade.

Art. 30. À exceção das cooperativas de crédito e das agrícolas mistas com seção de crédito, a admissão de associados, que se efetive mediante aprovação de seu pedido de ingresso pelo órgão de administração, complementa-se com a subscrição das quotas-partes de capital social e a sua assinatura no Livro de Matrícula.

Art. 31. O associado que aceitar e estabelecer relação empregatícia com a cooperativa perde o direito de votar e ser votado, até que sejam aprovadas as contas do exercício em que ele deixou o emprego.

Art. 32. A demissão do associado será unicamente a seu pedido.

Art. 33. A eliminação do associado é aplicada em virtude de infração legal ou estatutária, ou por fato especial previsto no estatuto, mediante termo firmado por quem de direito no Livro de Matrícula, com os motivos que a determinaram.

Art. 34. A diretoria da cooperativa tem o prazo de 30 (trinta) dias para comunicar ao interessado a sua eliminação.

Parágrafo único. Da eliminação cabe recurso, com efeito suspensivo, à primeira assembleia geral.

Art. 35. A exclusão do associado será feita:

I – por dissolução da pessoa jurídica;

II – por morte da pessoa física;

III – por incapacidade civil não suprida;

IV – por deixar de atender aos requisitos estatutários de ingresso ou permanência na cooperativa.

Art. 36. A responsabilidade do associado perante terceiros, por compromissos da sociedade, perdura para os demitidos, eliminados ou excluídos até quando aprovadas as contas do exercício em que se deu o desligamento.

Parágrafo único. As obrigações dos associados falecidos, contraídas com a sociedade, e as oriundas de sua responsabilidade como associado em face de terceiros, passam aos herdeiros, prescrevendo, porém, após 1 (um) ano contado do dia da abertura da sucessão, ressalvados os aspectos peculiares das cooperativas de eletrificação rural e habitacionais.

Art. 37. A cooperativa assegurará a igualdade de direitos dos associados, sendo-lhe defeso:

I – remunerar a quem agencie novos associados;

II – cobrar prêmios ou ágio pela entrada de novos associados ainda a título de compensação das reservas;

III – estabelecer restrições de qualquer espécie ao livre exercício dos direitos sociais.

Capítulo IX
DOS ÓRGÃOS SOCIAIS

Seção I
Das Assembleias Gerais

Art. 38. A assembleia geral dos associados é o órgão supremo da sociedade, dentro dos limites legais e estatutários, tendo poderes para decidir os negócios relativos ao objeto da sociedade e tomar as resoluções convenientes ao desenvolvimento e defesa desta, e suas deliberações vinculam a todos, ainda que ausentes ou discordantes.

§ 1.º As assembleias gerais serão convocadas com antecedência mínima de 10 (dez) dias, em primeira convocação, mediante editais afixados em locais apropriados das dependências comumente mais frequentadas pelos associados, publicação em jornal e comunicação aos associados por intermédio de circulares. Não havendo no horário estabelecido *quorum* de instalação, as assembleias poderão ser realizadas em segunda ou terceira convocações desde que assim permitam os estatutos e conste do respectivo edital, quando então será observado o intervalo mínimo de 1 (uma) hora entre a realização por uma ou outra convocação.

§ 2.º A convocação será feita pelo presidente, ou por qualquer dos órgãos de administração, pelo Conselho Fiscal, ou, após solicitação não atendida, por um quinto dos associados em pleno gozo dos seus direitos.

§ 3.º As deliberações nas assembleias gerais serão tomadas por maioria de votos dos associados presentes com direito de votar.

Art. 39. É da competência das assembleias gerais, ordinárias ou extraordinárias, a destituição dos membros dos órgãos de administração ou fiscalização.

Parágrafo único. Ocorrendo destituição que possa afetar a regularidade da administração ou fiscalização da entidade, poderá a assembleia designar administradores e conselheiros provisórios, até a posse dos novos, cuja eleição se efetuará no prazo máximo de 30 (trinta) dias.

Art. 40. Nas assembleias gerais o *quorum* de instalação será o seguinte:

I – dois terços do número de associados, em primeira convocação;

II – metade mais um dos associados em segunda convocação;

III – mínimo de dez associados na terceira convocação ressalvado o caso de cooperativas centrais e federações e confederações de cooperativas, que se instalarão com qualquer número.

Art. 41. Nas assembleias gerais das cooperativas centrais, federações e confederações de cooperativas, a representação será feita por delegados indicados na forma dos seus estatutos e credenciados pela diretoria das respectivas filiadas.

Parágrafo único. Os grupos de associados individuais das cooperativas centrais e federações de cooperativas serão representados por um delegado, escolhido entre seus membros e credenciado pela respectiva administração.

Art. 42. Nas cooperativas singulares, cada associado presente não terá direito a mais de um voto, qualquer que seja o número de suas quotas-partes.

•• *Caput* com redação determinada pela Lei n. 6.981, de 30-3-1982.

§ 1.º Não será permitida a representação por meio de mandatário.

•• § 1.º com redação determinada pela Lei n. 6.981, de 30-3-1982.

§ 2.º Quando o número de associados, nas cooperativas singulares, exceder a três mil, pode o estatuto estabelecer que os mesmos sejam representados, nas assembleias gerais, por delegados que tenham a qualidade de associados no gozo de seus direitos sociais e não exerçam cargos eletivos na sociedade.

•• § 2.º com redação determinada pela Lei n. 6.981, de 30-3-1982.

§ 3.º O estatuto determinará o número de delegados, a época e forma de sua escolha por grupos seccionais de associados de igual número e o tempo de duração da delegação.

•• § 3.º com redação determinada pela Lei n. 6.981, de 30-3-1982.

§ 4.º Admitir-se-á, também, a delegação definida no parágrafo anterior nas cooperativas singulares cujo número de associados seja inferior a três mil, desde que haja filiados residindo a mais de 50 km (cinquenta quilômetros) da sede.

•• § 4.º com redação determinada pela Lei n. 6.981, de 30-3-1982.

§ 5.º Os associados, integrantes de grupos seccionais, que não sejam delegados, poderão comparecer às assembleias gerais, privados, contudo, de voz e voto.

•• § 5.º com redação determinada pela Lei n. 6.981, de 30-3-1982.

§ 6.º As assembleias gerais compostas por delegados decidem sobre todas as matérias que, nos termos da lei ou dos estatutos, constituem objeto de decisão da assembleia geral dos associados.

•• § 6.º com redação determinada pela Lei n. 6.981, de 30-3-1982.

Art. 43. Prescreve em 4 (quatro) anos a ação para anular as deliberações da assembleia geral viciadas de erro, dolo, fraude ou simulação, ou tomadas com violação da lei ou do estatuto, contado o prazo da data em que a assembleia foi realizada.

Art. 43-A. O associado poderá participar e votar a distância em reunião ou em assembleia, que poderão ser realizadas em meio digital, nos termos do regulamento do órgão competente do Poder Executivo federal.

•• *Caput* acrescentado pela Lei n. 14.030, de 28-7-2020.

•• A Instrução Normativa n. 79, de 14-4-2020, do DREI, dispõe sobre a participação e votação a distância em reuniões e assembleias de sociedades anônimas fechadas, limitadas e cooperativas.

Parágrafo único. A assembleia geral poderá ser realizada de forma digital, respeitados os direitos legalmente previstos de participação e de manifestação dos associados e os demais requisitos regulamentares.

•• Parágrafo único acrescentado pela Lei n. 14.030, de 28-7-2020.

Seção II
Das Assembleias Gerais Ordinárias

Art. 44. A assembleia geral ordinária, que se realizará anualmente nos 3 (três) primeiros meses após o término do exercício social, deliberará sobre os seguintes assuntos que deverão constar da ordem do dia:

•• *Vide* art. 5.º da Lei n. 14.030, de 28-7-2020.

I – prestação de contas dos órgãos de administração acompanhada de parecer do Conselho Fiscal, compreendendo:

a) relatório da gestão;

b) balanço;

c) demonstrativo das sobras apuradas ou das perdas decorrentes da insuficiência das contribuições para cobertura das despesas da sociedade e o parecer do Conselho Fiscal;

II – destinação das sobras apuradas ou rateio das perdas decorrentes da insuficiência das contribuições para cobertura das despesas da sociedade, deduzindo-se, no primeiro caso, as parcelas para os fundos obrigatórios;

III – eleição dos componentes dos órgãos de administração, do Conselho Fiscal e de outros, quando for o caso;

IV – quando previsto, a fixação do valor dos honorários, gratificações e cédula de presença dos membros do Conselho de Administração ou da diretoria e do Conselho Fiscal;

V – quaisquer assuntos de interesse social, excluídos os enumerados no art. 46.

§ 1.º Os membros dos órgãos de administração e fiscalização não poderão participar da votação das matérias referidas nos itens I e IV deste artigo.

§ 2.º À exceção das cooperativas de crédito e das agrícolas mistas com seção de crédito, a aprovação do relatório, balanço e contas dos órgãos de administração, desonera seus componentes de responsabilidade, ressalvados os casos de erro, dolo, fraude ou simulação, bem como a infração da lei ou do estatuto.

Seção III
Das Assembleias Gerais Extraordinárias

Art. 45. A assembleia geral extraordinária realizar-se-á sempre que necessário e poderá deliberar sobre qualquer assunto de interesse da sociedade, desde que mencionado no edital de convocação.

Art. 46. É da competência exclusiva da assembleia geral extraordinária deliberar sobre os seguintes assuntos:

I – reforma do estatuto;

II – fusão, incorporação ou desmembramento;

III – mudança do objeto da sociedade;

IV – dissolução voluntária da sociedade e nomeação de liquidantes;

V – contas do liquidante.

Parágrafo único. São necessários os votos de dois terços dos associados presentes, para tornar válidas as deliberações de que trata este artigo.

Seção IV
Dos Órgãos de Administração

Art. 47. A sociedade será administrada por uma diretoria ou Conselho de Administração, composto exclusivamente de associados eleitos pela assembleia geral, com mandato nunca superior a 4 (quatro) anos, sendo obrigatória a renovação de, no mínimo, um terço do Conselho de Administração.

§ 1.º O estatuto poderá criar outros órgãos necessários à administração.

§ 2.º A posse dos administradores e conselheiros fiscais das cooperativas mistas com seção de crédito e habitacionais fica sujeita à prévia homologação dos respectivos órgãos normativos.

Art. 48. Os órgãos de administração podem contratar gerentes técnicos ou comerciais, que não pertençam ao quadro de associados, fixando-lhes as atribuições e salários.

Art. 49. Ressalvada a legislação específica que rege as cooperativas de crédito, as seções de crédito das cooperativas agrícolas mistas e as de habitação, os administradores eleitos ou contratados não serão pessoalmente responsáveis pelas obrigações que contraírem em nome da sociedade, mas responderão solidariamente pelos prejuízos resultantes de seus atos, se procederem com culpa ou dolo.

Parágrafo único. A sociedade responderá pelos atos a que se refere a última parte deste artigo se os houver ratificado ou deles logrado proveito.

Art. 50. Os participantes de ato ou operação social em que se oculte a natureza da sociedade podem ser declarados pessoalmente responsáveis pelas obrigações em nome dela contraídas, sem prejuízo das sanções penais cabíveis.

Art. 51. São inelegíveis, além das pessoas impedidas por lei, os condenados a pena que vede, ainda que temporariamente, o acesso a cargos públicos; ou por crime falimentar, de prevaricação, peita ou suborno, concussão, peculato, ou contra a economia popular, a fé pública ou a propriedade.

Parágrafo único. Não podem compor uma mesma diretoria ou Conselho de Administração, os parentes entre si até segundo grau, em linha reta ou colateral.

Art. 52. O diretor ou associado que, em qualquer operação, tenha interesse oposto ao da sociedade, não pode participar das deliberações referentes a essa operação, cumprindo-lhe acusar o seu impedimento.

Art. 53. Os componentes da Administração e do Conselho Fiscal, bem como os liquidantes, equiparam-se aos administradores das sociedades anônimas para efeito de responsabilidade criminal.

Art. 54. Sem prejuízo da ação que couber ao associado, a sociedade, por seus diretores, ou representada pelo associado escolhido em assembleia geral, terá direito de ação contra os administradores, para promover sua responsabilidade.

Art. 55. Os empregados de empresas que sejam eleitos diretores de sociedades cooperativas pelos mesmos criadas, gozarão das garantias asseguradas aos dirigentes sindicais pelo art. 543 da Consolidação das Leis do Trabalho (Decreto-lei n. 5.452, de 1.º de maio de 1943).

Seção V
Do Conselho Fiscal

Art. 56. A administração da sociedade será fiscalizada, assídua e minuciosamente, por um Conselho Fiscal, constituído de três membros efetivos e três suplentes, todos associados eleitos anualmente pela assembleia geral, sendo permitida apenas a reeleição de um terço dos seus componentes.

§ 1.º Não podem fazer parte do Conselho Fiscal, além dos inelegíveis enumerados no art. 51, os parentes dos diretores até o segundo grau, em linha reta ou colateral, bem como os parentes entre si até esse grau.

§ 2.º O associado não pode exercer cumulativamente cargos nos órgãos de administração e de fiscalização.

Capítulo X
FUSÃO, INCORPORAÇÃO E DESMEMBRAMENTO

Art. 57. Pela fusão, duas ou mais cooperativas formam nova sociedade.

§ 1.º Deliberada a fusão, cada cooperativa interessada indicará nomes para comporem comissão mista que procederá aos estudos necessários à constituição da nova sociedade, tais como o levantamento patrimonial, balanço geral, plano de distribuição de quotas-partes, destino dos fundos de reserva e outros e o projeto de estatuto.

§ 2.º Aprovado o relatório da comissão mista e constituída a nova sociedade em assembleia geral conjunta, os respectivos documentos serão arquivados, para aquisição de personalidade jurídica, na Junta Comercial competente, e duas vias dos mesmos, com a publicação do arquivamento, serão encaminhadas ao órgão executivo de controle ou ao órgão local credenciado.

§ 3.º Exclui-se do disposto no parágrafo anterior a fusão que envolver cooperativas que exerçam atividades de crédito. Nesse caso, aprovado o relatório da comissão mista e constituída a nova sociedade em assembleia geral conjunta, a autorização para funcionar e o registro dependerão de prévia anuência do Banco Central do Brasil.

Art. 58. A fusão determina a extinção das sociedades que se unem para formar a nova sociedade que lhe sucederá nos direitos e obrigações.

Art. 59. Pela incorporação, uma sociedade cooperativa absorve o patrimônio, recebe os associados, assume as obrigações e se investe nos direitos de outra ou outras cooperativas.

Parágrafo único. Na hipótese prevista neste artigo, serão obedecidas as mesmas formalidades estabelecidas para a fusão, limitadas as avaliações ao patrimônio da ou das sociedades incorporandas.

Art. 60. As sociedades cooperativas poderão desmembrar-se em tantas quantas forem necessárias para atender aos interesses dos seus associados, podendo uma das novas entidades ser constituída como cooperativa central ou federação de cooperativas, cujas autorizações de funcionamento e os arquivamentos serão requeridos conforme o disposto nos arts. 17 e segs.

Art. 61. Deliberado o desmembramento, a assembleia designará uma comissão para estudar as providências necessárias à efetivação da medida.

§ 1.º O relatório apresentado pela comissão, acompanhado dos projetos de estatutos das novas cooperativas, será apreciado em nova assembleia especialmente convocada para esse fim.

§ 2.º O plano de desmembramento preverá o rateio, entre as novas cooperativas, do ativo e passivo da sociedade desmembrada.

§ 3.º No rateio previsto no parágrafo anterior, atribuir-se-á a cada nova cooperativa parte do capital social da sociedade desmembrada em quota correspondente à participação dos associados que passam a integrá-la.

§ 4.º Quando uma das cooperativas for constituída como cooperativa central ou federação de cooperativas, prever-se-á o montante das quotas-partes que as associadas terão no capital social.

Art. 62. Constituídas as sociedades e observado o disposto nos arts. 17 e segs., proceder-se-á às transferências contábeis e patrimoniais necessárias à concretização das medidas adotadas.

Capítulo XI
DA DISSOLUÇÃO E LIQUIDAÇÃO

Art. 63. As sociedades cooperativas se dissolvem de pleno direito:

I – quando assim deliberar a assembleia geral, desde que os associados, totalizando o número mínimo exigido por esta Lei, não se disponham a assegurar a sua continuidade;

II – pelo decurso do prazo de duração;

III – pela consecução dos objetivos predeterminados;

IV – devido à alteração de sua forma jurídica;

V – pela redução do número mínimo de associados ou do capital social mínimo se, até a assembleia geral subsequente, realizada em prazo não inferior a 6 (seis) meses, eles não forem restabelecidos;

VI – pelo cancelamento da autorização para funcionar;

VII – pela paralisação de suas atividades por mais de 120 (cento e vinte) dias.

Parágrafo único. A dissolução da sociedade importará no cancelamento da autorização para funcionar e do registro.

Art. 64. Quando a dissolução da sociedade não for promovida voluntariamente, nas hipóteses previstas no artigo anterior, a medida poderá ser tomada judicialmente a pedido de qualquer associado ou por iniciativa do órgão executivo federal.

Art. 65. Quando a dissolução for deliberada pela assembleia geral, esta nomeará um liquidante ou mais, e um Conselho Fiscal de três membros para proceder à sua liquidação.

§ 1.º O processo de liquidação só poderá ser iniciado após a audiência do respectivo órgão executivo federal.

§ 2.º A assembleia geral, nos limites de suas atribuições, poderá, em qualquer época, destituir os liquidantes e os membros do Conselho Fiscal, designando os seus substitutos.

Art. 66. Em todos os atos e operações, os liquidantes deverão usar a denominação da cooperativa, seguida da expressão: "Em liquidação".

Art. 67. Os liquidantes terão todos os poderes normais de administração podendo praticar atos e operações necessários à realização do ativo e pagamento do passivo.

Art. 68. São obrigações dos liquidantes:

I – providenciar o arquivamento, na Junta Comercial, da Ata da Assembleia Geral em que foi deliberada a liquidação;

II – comunicar à administração central do respectivo órgão executivo federal e ao Banco Nacional de Crédito Cooperativo S/A a sua nomeação, fornecendo cópia da Ata da Assembleia Geral que decidiu a matéria;

III – arrecadar os bens, livros e documentos da sociedade, onde quer que estejam;

IV – convocar os credores e devedores e

promover o levantamento dos créditos e débitos da sociedade;

V – proceder nos 15 (quinze) dias seguintes ao de sua investidura e com a assistência, sempre que possível, dos administradores, ao levantamento do inventário e balanço geral do ativo e passivo;

VI – realizar o ativo social para saldar o passivo e reembolsar os associados de suas quotas-partes, destinando o remanescente, inclusive o dos fundos indivisíveis, ao Banco Nacional de Crédito Cooperativo S/A;

VII – exigir dos associados a integralização das respectivas quotas-partes do capital social não realizadas, quando o ativo não bastar para solução do passivo;

VIII – fornecer aos credores a relação dos associados, se a sociedade for de responsabilidade ilimitada e se os recursos apurados forem insuficientes para o pagamento das dívidas;

IX – convocar a assembleia geral, cada 6 (seis) meses ou sempre que necessário, para apresentar relatório e balanço do estado da liquidação e prestar contas dos atos praticados durante o período anterior;

X – apresentar à assembleia geral, finda a liquidação, o respectivo relatório e as contas finais;

XI – averbar, no órgão competente, a Ata da Assembleia Geral que considerar encerrada a liquidação.

Art. 69. As obrigações e as responsabilidades dos liquidantes regem-se pelos preceitos peculiares aos dos administradores da sociedade liquidanda.

Art. 70. Sem autorização da assembleia não poderá o liquidante gravar de ônus os móveis e imóveis, contrair empréstimos, salvo quando indispensáveis para o pagamento de obrigações inadiáveis, nem prosseguir, embora para facilitar a liquidação, na atividade social.

Art. 71. Respeitados os direitos dos credores preferenciais, pagará o liquidante as dívidas sociais proporcionalmente e sem distinção entre vencidas ou não.

Art. 72. A assembleia geral poderá resolver, antes de ultimada a liquidação, mas depois de pagos os credores, que o liquidante faça rateios por antecipação da partilha, à medida em que se apurem os haveres sociais.

Art. 73. Solucionado o passivo, reembolsados os cooperados até o valor de suas quotas-partes e encaminhado o remanescente conforme o estatuído, convocará o liquidante assembleia geral para prestação final de contas.

Art. 74. Aprovadas as contas, encerra-se a liquidação e a sociedade se extingue, devendo a ata da assembleia ser arquivada na Junta Comercial e publicada.

Parágrafo único. O associado discordante terá o prazo de 30 (trinta) dias, a contar da publicação da ata, para promover a ação que couber.

Art. 75. A liquidação extrajudicial das cooperativas poderá ser promovida por iniciativa do respectivo órgão executivo federal, que designará o liquidante, e será processada de acordo com a legislação específica e demais disposições regulamentares, desde que a sociedade deixe de oferecer condições operacionais, principalmente por constatada insolvência.

§ 1.º A liquidação extrajudicial, tanto quanto possível, deverá ser precedida de intervenção na sociedade.

§ 2.º Ao interventor, além dos poderes expressamente concedidos no ato de intervenção, são atribuídas funções, prerrogativas e obrigações dos órgãos de administração.

Art. 76. A publicação no *Diário Oficial*, da Ata da Assembleia Geral da sociedade, que deliberou sua liquidação, ou da decisão do órgão executivo federal quando a medida for de sua iniciativa, implicará a sustação de qualquer ação judicial contra a cooperativa, pelo prazo de 1 (um) ano, sem prejuízo, entretanto, da fluência dos juros legais ou pactuados e seus acessórios.

Parágrafo único. Decorrido o prazo previsto neste artigo, sem que, por motivo relevante, esteja encerrada a liquidação, poderá ser o mesmo prorrogado, no máximo por mais 1 (um) ano, mediante decisão do órgão citado no artigo, publicada, com os mesmos efeitos, no *Diário Oficial*.

Art. 77. Na realização do ativo da sociedade, o liquidante deverá:

I – mandar avaliar, por avaliadores judiciais ou de instituições financeiras públicas, os bens de sociedade;

II – proceder à venda dos bens necessários ao pagamento do passivo da sociedade, observadas, no que couber, as normas constantes dos arts. 117 e 118 do Decreto-lei n. 7.661, de 21 de junho de 1945.

•• O Decreto-lei n. 7.661, de 21-6-1945, foi revogado pela Lei n. 11.101, de 9-2-2005, que regula a recuperação judicial e extrajudicial e a falência do empresário e da sociedade empresária.

Art. 78. A liquidação das cooperativas de crédito e da seção de crédito das cooperativas agrícolas mistas reger-se-á pelas normas próprias legais e regulamentares.

Capítulo XII
DO SISTEMA OPERACIONAL DAS COOPERATIVAS

Seção I
Do Ato Cooperativo

Art. 79. Denominam-se atos cooperativos os praticados entre as cooperativas e seus associados, entre estes e aquelas e pelas cooperativas entre si quando associadas, para a consecução dos objetivos sociais.

Parágrafo único. O ato cooperativo não implica operação de mercado, nem contrato de compra e venda de produto ou mercadoria.

Seção II
Das Distribuições de Despesas

Art. 80. As despesas da sociedade serão cobertas pelos associados mediante rateio na proporção direta da fruição de serviços.

Parágrafo único. A cooperativa poderá, para melhor atender à equanimidade de cobertura das despesas da sociedade, estabelecer:

I – rateio, em partes iguais, das despesas gerais da sociedade entre todos os associados, quer tenham ou não, no ano, usufruído dos serviços por ela prestados, conforme definidas no estatuto;

II – rateio, em razão diretamente proporcional, entre os associados que tenham usufruído dos serviços durante o ano, das sobras líquidas ou dos prejuízos verificados no balanço do exercício, excluídas as despesas gerais já atendidas na forma do item anterior.

Art. 81. A cooperativa que tiver adotado o critério de separar as despesas da sociedade e estabelecido o seu rateio na forma indicada no parágrafo único do artigo anterior deverá levantar separadamente as despesas gerais.

Seção III
Das Operações da Cooperativa

Art. 82. A cooperativa que se dedicar a vendas em comum poderá registrar-se como armazém geral, podendo também desenvolver as atividades previstas na Lei n. 9.973, de 29 de maio de 2000, e nessa condição expedir Conhecimento de Depósito, *Warrant*, Certificado de Depósito Agropecuário – CDA e *Warrant* Agropecuário – WA para os produtos de seus associados conservados em seus armazéns, próprios ou arrendados, sem prejuízo da emissão de outros títulos decorrentes de suas atividades normais, aplicando-se, no que couber, a legislação específica.

•• *Caput* com redação determinada pela Lei n. 11.076, de 30-12-2004.

§ 1.º Para efeito deste artigo, os armazéns da cooperativa se equiparam aos "armazéns gerais", com as prerrogativas e obrigações destes, ficando os componentes do Conselho de Administração ou Diretoria Executiva, emitente do título, responsáveis, pessoal e solidariamente, pela boa guarda e conservação dos produtos vinculados, respondendo criminal e civilmente pelas declarações constantes do título, como também por qualquer ação ou omissão que acarrete o desvio, deterioração ou perda dos produtos.

§ 2.º Observado o disposto no § 1.º, as cooperativas poderão operar unidades de armazenagem, embalagem e frigorificação, bem como armazéns gerais alfandegários, nos termos do disposto no Capítulo IV da Lei n. 5.025, de 10 de junho de 1966.

Art. 83. A entrega da produção do associado à sua cooperativa significa a outorga a esta de plenos poderes para a sua livre disposição, inclusive para gravá-la e dá-la em garantia de operações de crédito realizadas pela sociedade, salvo se, tendo em vista os usos e costumes relativos à comercialização de determinados produtos, sendo de interesse do produtor, os estatutos dispuserem de outro modo.

Art. 84. (*Revogado pela Lei Complementar n. 130, de 17-4-2009.*)

Art. 85. As cooperativas agropecuárias e de pesca poderão adquirir produtos de não associados, agricultores, pecuaristas ou pescadores, para completar lotes destinados ao cumprimento de contratos ou suprir capacidade ociosa de instalações industriais das cooperativas que as possuem.

• *Vide* Súmula 262 do STJ.

Art. 86. As cooperativas poderão fornecer bens e serviços a não associados, desde que tal faculdade atenda aos objetivos sociais e esteja de conformidade com a presente Lei.

Parágrafo único. (*Revogado pela Lei Complementar n. 130, de 17-4-2009.*)

Art. 87. Os resultados das operações das cooperativas com não associados, mencionados nos arts. 85 e 86, serão levados à conta do "Fundo de Assistência Técnica, Educacional e Social" e serão contabilizados em separado, de molde a permitir cálculo para incidência de tributos.

• *Vide* Súmula 262 do STJ.

Art. 88. Poderão as cooperativas participar de sociedades não cooperativas para melhor atendimento dos próprios objetivos e de outros de caráter acessório ou complementar.

•• Artigo com redação determinada pela Medida Provisória n. 2.168-40, de 24-8-2001.

Art. 88-A. A cooperativa poderá ser dotada de legitimidade extraordinária autônoma concorrente para agir como substituta processual em defesa dos direitos coletivos de seus associados quando a causa de pedir versar sobre atos de interesse direto dos associados que tenham relação com as operações de mercado da cooperativa, desde que isso seja previsto em seu estatuto e haja, de forma expressa, autorização manifestada individualmente pelo associado ou por meio de assembleia geral que delibere sobre a propositura da medida judicial.

•• Artigo acrescentado pela Lei n. 13.806, de 10-1-2019.

Seção IV
Dos Prejuízos

Art. 89. Os prejuízos verificados no decorrer do exercício serão cobertos com recursos provenientes do Fundo de Reserva e, se insuficiente este, mediante rateio, entre os associados, na razão direta dos serviços usufruídos, ressalvada a opção prevista no parágrafo único do art. 80.

Seção V
Do Sistema Trabalhista

Art. 90. Qualquer que seja o tipo de cooperativa, não existe vínculo empregatício entre ela e seus associados.

Art. 91. As cooperativas igualam-se às demais empresas em relação aos seus empregados para os fins da legislação trabalhista e previdenciária.

Capítulo XIII
DA FISCALIZAÇÃO E CONTROLE

Art. 92. A fiscalização e o controle das sociedades cooperativas, nos termos desta Lei e dispositivos legais específicos, serão exercidos, de acordo com o objeto de funcionamento, da seguinte forma:

I – as de crédito e as seções de crédito das agrícolas mistas pelo Banco Central do Brasil;

II – as de habitação pelo Banco Nacional da Habitação;

III – as demais pelo Instituto Nacional de Colonização e Reforma Agrária.

§ 1.º Mediante autorização do Conselho Nacional de Cooperativismo, os órgãos controladores federais poderão solicitar, quando julgarem necessário, a colaboração de outros órgãos administrativos, na execução das atribuições previstas neste artigo.

§ 2.º As sociedades cooperativas permitirão quaisquer verificações determinadas pelos respectivos órgãos de controle, prestando os esclarecimentos que lhes forem solicitados, além de serem obrigadas a remeter-lhes anualmente a relação dos associados admitidos, demitidos, eliminados e excluídos no período, cópias de atas, de balanços e dos relatórios do exercício social e parecer do Conselho Fiscal.

Art. 93. O Poder Público por intermédio da administração central dos órgãos executivos federais competentes, por iniciativa própria ou solicitação da assembleia geral ou do Conselho Fiscal, intervirá nas cooperativas quando ocorrer um dos seguintes casos:

I – violação contumaz das disposições legais;

II – ameaça de insolvência em virtude de má administração da sociedade;

III – paralisação das atividades sociais por mais de 120 (cento e vinte) dias consecutivos;

IV – inobservância do art. 56, § 2.º.

Parágrafo único. Aplica-se, no que couber, às cooperativas habitacionais, o disposto neste artigo.

Art. 94. Observar-se-á, no processo de intervenção, a disposição constante do § 2.º do art. 75.

Capítulo XIV
DO CONSELHO NACIONAL DE COOPERATIVISMO

Art. 95. A orientação geral da política cooperativista nacional caberá ao Conselho Nacional de Cooperativismo – CNC, que passará a funcionar junto ao Instituto Nacional de Colonização e Reforma Agrária – INCRA, com plena autonomia administrativa e financeira, na forma do art. 172 do Decreto-lei n. 200, de 25 de fevereiro de 1967, sob a presidência do Ministro da Agricultura e composto de oito membros indicados pelos seguintes representados:

I – Ministério do Planejamento e Coordenação-Geral;

II – Ministério da Fazenda, por intermédio do Banco Central do Brasil;

III – Ministério do Interior, por intermédio do Banco Nacional da Habitação;

IV – Ministério da Agricultura, por intermédio do Instituto Nacional de Colonização e Reforma Agrária – INCRA, e do Banco Nacional de Crédito Cooperativo S/A;

V – Organização das Cooperativas Brasileiras.

Parágrafo único. A entidade referida no inciso V deste artigo contará com três elementos para fazer-se representar no Conselho.

Art. 96. O Conselho, que deverá reunir-se ordinariamente uma vez por mês, será presidido pelo Ministro da Agricultura, a quem caberá o voto de qualidade, sendo suas resoluções votadas por maioria simples, com a presença, no mínimo, de três representantes dos órgãos oficiais mencionados nos itens I a IV do artigo anterior.

Parágrafo único. Nos seus impedimentos eventuais, o substituto do presidente será o presidente do Instituto Nacional de Colonização e Reforma Agrária.

Art. 97. Ao Conselho Nacional de Cooperativismo compete:

I – editar atos normativos para a atividade cooperativista nacional;

II – baixar normas regulamentadoras, complementares e interpretativas, da legislação cooperativista;

III – organizar e manter atualizado o cadastro geral das cooperativas nacionais;

IV – decidir, em última instância, os recursos originários de decisões do respectivo órgão executivo federal;

V – apreciar os anteprojetos que objetivam a revisão da legislação cooperativista;

VI – estabelecer condições para o exercício de quaisquer cargos eletivos de administração ou fiscalização de cooperativas;

VII – definir as condições de funcionamento do empreendimento cooperativo, a que se refere o art. 18;

VIII – votar o seu próprio regimento;

IX – autorizar, onde houver condições, a criação de Conselhos Regionais de Cooperativismo, definindo-lhes as atribuições;

X – decidir sobre a aplicação do Fundo Nacional de Cooperativismo, nos termos do art. 102 desta Lei;

XI – estabelecer em ato normativo ou de caso a caso, conforme julgar necessário, o limite a ser observado nas operações com não associados a que se referem os arts. 85 e 86.

Parágrafo único. As atribuições do Conselho Nacional de Cooperativismo não se estendem às cooperativas de habitação, às de crédito e às seções de crédito das cooperativas agrícolas mistas, no que forem regidas por legislação própria.

Art. 98. O Conselho Nacional de Cooperativismo – CNC contará com uma secretaria executiva que se incumbirá de seus encargos administrativos, podendo seu secretário executivo requisitar funcionários de qualquer órgão da Administração Pública.

§ 1.º O secretário executivo do Conselho Nacional de Cooperativismo será o diretor do Departamento de Desenvolvimento Rural do Instituto Nacional de Colonização e Reforma Agrária – INCRA, devendo o Departamento referido incumbir-se dos encargos administrativos do Conselho Nacional de Cooperativismo.

§ 2.º Para os impedimentos eventuais do secretário executivo, este indicará à apreciação do Conselho seu substituto.

Art. 99. Compete ao presidente do Conselho Nacional de Cooperativismo:

I – presidir às reuniões;

II – convocar as reuniões extraordinárias;

III – proferir o voto de qualidade.

Art. 100. Compete à Secretaria Executiva do Conselho Nacional de Cooperativismo:

I – dar execução às resoluções do Conselho;

II – comunicar as decisões do Conselho ao respectivo órgão executivo federal;

III – manter relações com os órgãos executivos federais, bem assim com quaisquer outros órgãos públicos ou privados, nacionais ou estrangeiros, que possam influir no aperfeiçoamento do cooperativismo;

IV – transmitir aos órgãos executivos federais e entidade superior do movimento cooperativista nacional todas as informações relacionadas com a doutrina e prática cooperativistas de seu interesse;

V – organizar e manter atualizado o cadastro geral das cooperativas nacionais e expedir as respectivas certidões;

VI – apresentar ao Conselho, em tempo hábil, a proposta orçamentária do órgão, bem como o relatório anual de suas atividades;

VII – providenciar todos os meios que assegurem o regular funcionamento do Conselho;

VIII – executar quaisquer outras atividades necessárias ao pleno exercício das atribuições do Conselho.

Art. 101. O Ministério da Agricultura incluirá, em sua proposta orçamentária anual, os recursos financeiros solicitados pelo Conselho Nacional de Cooperativismo – CNC, para custear seu funcionamento.

Parágrafo único. As contas do Conselho Nacional de Cooperativismo – CNC, serão prestadas por intermédio do Ministério da Agricultura, observada a legislação específica que regula a matéria.

Art. 102. Fica mantido, junto ao Banco Nacional de Crédito Cooperativo S/A, o "Fundo Nacional de Cooperativismo", criado pelo Decreto-lei n. 59, de 21 de novembro de 1966, destinado a prover recursos de apoio ao movimento cooperativista nacional.

§ 1.º O Fundo de que trata este artigo será suprido por:

I – dotação incluída no orçamento do Ministério da Agricultura para o fim específico de incentivos às atividades cooperativas;

II – juros e amortizações dos financiamentos realizados com seus recursos;

III – doações, legados e outras rendas eventuais;

IV – dotações consignadas pelo Fundo Federal Agropecuário e pelo Instituto Nacional de Colonização e Reforma Agrária – INCRA.

§ 2.º Os recursos do Fundo, deduzido o necessário ao custeio de sua administração, serão aplicados pelo Banco Nacional de Crédito Cooperativo S/A, obrigatoriamente, em financiamento de atividades que interessem de maneira relevante ao abastecimento das populações, a critério do Conselho Nacional de Cooperativismo.

§ 3.º O Conselho Nacional de Cooperativismo poderá, por conta do Fundo, autorizar a concessão de estímulos ou auxílios para execução de atividades que, pela sua relevância socioeconômica, concorram para o desenvolvimento do sistema cooperativista nacional.

Capítulo XV
DOS ÓRGÃOS GOVERNAMENTAIS

Art. 103. As cooperativas permanecerão subordinadas, na parte normativa, ao Conselho Nacional de Cooperativismo, com exceção das de crédito, das seções de crédito das agrícolas mistas e das de habitação, cujas normas continuarão a ser baixadas pelo Conselho Monetário Nacional, relativamente às duas primeiras, e Banco Nacional da Habitação, com relação à última, observado o disposto no art. 92 desta Lei.

- A Resolução n. 4.434, de 5-8-2015, do Banco Central do Brasil, dispõe sobre a constituição e o funcionamento de cooperativas de crédito.

Parágrafo único. Os órgãos executivos federais, visando à execução descentralizada de seus serviços, poderão delegar sua competência, total ou parcialmente, a órgãos e entidades da administração estadual e municipal, bem como, excepcionalmente, a outros órgãos e entidades da administração federal.

Art. 104. Os órgãos executivos federais comunicarão todas as alterações havidas nas cooperativas sob a sua jurisdição ao Conselho Nacional de Cooperativismo, para fins de atualização do cadastro geral das cooperativas nacionais.

Capítulo XVI
DA REPRESENTAÇÃO DO SISTEMA COOPERATIVISTA

Art. 105. A representação do sistema cooperativista nacional cabe à Organização das Cooperativas Brasileiras – OCB, sociedade civil, com sede na Capital Federal, órgão técnico-consultivo do Governo, estruturada nos termos desta Lei, sem finalidade lucrativa, competindo-lhe precipuamente:

a) manter a neutralidade política e indiscriminação racial, religiosa e social;

b) integrar todos os ramos das atividades cooperativistas;

c) manter registro de todas as sociedades cooperativas que, para todos os efeitos, integram a Organização das Cooperativas Brasileiras – OCB;

d) manter serviços de assistência geral ao sistema cooperativista, seja quanto à estrutura social, seja quanto aos métodos operacionais e orientação jurídica, mediante pareceres e recomendações, sujeitas, quando for o caso, à aprovação do Conselho Nacional de Cooperativismo – CNC;

e) denunciar ao Conselho Nacional de Cooperativismo práticas nocivas ao desenvolvimento cooperativista;

f) opinar nos processos que lhe sejam encaminhados pelo Conselho Nacional de Cooperativismo;

g) dispor de setores consultivos especializados, de acordo com os ramos de cooperativismo;

h) fixar a política da organização com base nas proposições emanadas de seus órgãos técnicos;

i) exercer outras atividades inerentes à sua condição de órgão de representação e defesa do sistema cooperativista;

j) manter relações de integração com as entidades congêneres do exterior e suas cooperativas.

§ 1.º A Organização das Cooperativas Brasileiras – OCB será constituída de entidades, uma para cada Estado, Território e Distrito Federal, criadas com as mesmas características da organização nacional.

§ 2.º As assembleias gerais do órgão central serão formadas pelos representantes credenciados das filiadas, um por entidade, admitindo-se proporcionalidade de voto.

§ 3.º A proporcionalidade de voto, estabelecida no parágrafo anterior, ficará a critério da OCB, baseando-se no número de associados – pessoas físicas e as exceções previstas nesta Lei – que compõem o quadro das cooperativas filiadas.

§ 4.º A composição da diretoria da Organização das Cooperativas Brasileiras – OCB será estabelecida em seus estatutos sociais.

§ 5.º Para o exercício de cargos de diretoria e Conselho Fiscal, as eleições se processarão por escrutínio secreto, permitida a reeleição para mais um mandato consecutivo.

Art. 106. A atual Organização das Cooperativas Brasileiras e as suas filiadas ficam investidas das atribuições e prerrogativas conferidas nesta Lei, devendo, no prazo de 1 (um) ano, promover a adaptação de seus estatutos, e a transferência da sede nacional.

Art. 107. As cooperativas são obrigadas, para seu funcionamento, a registrar-se na Organização das Cooperativas Brasileiras ou na entidade estadual, se houver, mediante apresentação dos estatutos sociais e suas alterações posteriores.

Parágrafo único. Por ocasião do registro, a cooperativa pagará 10% (dez por cento) do maior salário mínimo vigente, se a soma do respectivo capital integralizado e fundos não exceder de 250 (duzentos e cinquenta) salários mínimos e 50% (cinquenta por cento) se aquele montante for superior.

Art. 108. Fica instituída, além do pagamento previsto no parágrafo único do artigo anterior, a Contribuição Cooperativista, que será recolhida anualmente pela cooperativa após o encerramento de seu exercício social, a favor da Organização das Cooperativas Brasileiras de que trata o art. 105 desta Lei.

§ 1.º A Contribuição Cooperativista constituir-se-á de importância correspondente a 0,2% (dois décimos por cento) do valor do capital integralizado e fundos da sociedade cooperativa, no exercício social do ano anterior, sendo o respectivo montante distribuído, por metade, a suas filiadas, quando constituídas.

§ 2.º No caso das cooperativas centrais ou federações, a Contribuição de que trata o parágrafo anterior será calculada sobre os fundos e reservas existentes.

§ 3.º A Organização das Cooperativas Brasileiras poderá estabelecer um teto à Contribuição Cooperativista, com base em estudos elaborados pelo seu corpo técnico.

Capítulo XVII
DOS ESTÍMULOS CREDITÍCIOS

Art. 109. Caberá ao Banco Nacional de Crédito Cooperativo S/A estimular e apoiar as cooperativas, mediante concessão de financiamentos necessários ao seu desenvolvimento.

§ 1.º Poderá o Banco Nacional de Crédito Cooperativo S/A receber depósitos das cooperativas de crédito e das seções de crédito das cooperativas agrícolas mistas.

§ 2.º Poderá o Banco Nacional de Crédito Cooperativo S/A operar com pessoas físicas ou jurídicas, estranhas ao quadro social cooperativo, desde que haja benefício para as cooperativas e estas figurem na operação bancária.

§ 3.º O Banco Nacional de Crédito Cooperativo S/A manterá linhas de crédito específicas para as cooperativas, de acordo com o objeto e a natureza de suas atividades, a juros módicos e prazos adequados inclusive com sistema de garantias ajustado às peculiaridades das cooperativas a que se destinam.

§ 4.º O Banco Nacional de Crédito Cooperativo S/A manterá linha especial de crédito para financiamento de quotas-partes de capital.

Art. 110. Fica extinta a contribuição de que trata o art. 13 do Decreto-lei n. 60, de 21 de novembro de 1966, com a redação dada pelo Decreto-lei n. 668, de 3 de julho de 1969.

Capítulo XVIII
DAS DISPOSIÇÕES GERAIS E TRANSITÓRIAS

Art. 111. Serão considerados como renda tributável os resultados positivos obtidos pelas cooperativas nas operações de que tratam os arts. 85, 86 e 88 desta Lei.

Art. 112. O Balanço Geral e o Relatório do exercício social que as cooperativas deverão encaminhar anualmente aos órgãos de controle serão acompanhados, a juízo destes, de parecer emitido por um serviço independente de auditoria credenciado pela Organização das Cooperativas Brasileiras.

Parágrafo único. Em casos especiais, tendo em vista a sede da Cooperativa, o volume de suas operações e outras circunstâncias dignas de consideração, a exigência da apresentação do parecer pode ser dispensada.

Art. 113. Atendidas as deduções determinadas pela legislação específica, às sociedades cooperativas ficará assegurada primeira prioridade para o recebimento de seus créditos de pessoas jurídicas que efetuem descontos na folha de pagamento de seus empregados, associados de cooperativas.

Art. 114. Fica estabelecido o prazo de 36 (trinta e seis) meses para que as cooperativas atualmente registradas nos órgãos competentes reformulem os seus estatutos, no que for cabível, adaptando-os ao disposto na presente Lei.

Art. 115. As Cooperativas dos Estados, Territórios ou do Distrito Federal, enquanto não constituírem seus órgãos de representação, serão convocadas às assembleias da OCB, como vogais, com 60 (sessenta) dias de antecedência, mediante editais publicados três vezes em jornal de grande circulação local.

Art. 116. A presente Lei não altera o disposto nos sistemas próprios instituídos para as cooperativas de habitação e cooperativas de crédito, aplicando-se ainda, no que couber, o regime instituído para essas últimas às seções de crédito das agrícolas mistas.

Art. 117. Esta Lei entrará em vigor na data de sua publicação, revogadas as disposições em contrário e especificamente o Decreto-lei n. 59, de 21 de novembro de 1966, bem como o Decreto n. 60.597, de 19 de abril de 1967.

EMÍLIO G. MÉDICI

LEI N. 6.015, DE 31 DE DEZEMBRO DE 1973 (*)

Dispõe sobre os Registros Públicos e dá outras providências.

O Presidente da República:

Faço saber que o Congresso Nacional decreta e eu sanciono a seguinte Lei:

TÍTULO I
DAS DISPOSIÇÕES GERAIS

Capítulo I
DAS ATRIBUIÇÕES

Art. 1.º Os serviços concernentes aos Registros Públicos, estabelecidos pela legislação civil para autenticidade, segurança e eficácia dos atos jurídicos, ficam sujeitos ao regime estabelecido nesta Lei.

§ 1.º Os registros referidos neste artigo são os seguintes:

I – o registro civil de pessoas naturais;

II – o registro civil de pessoas jurídicas;

III – o registro de títulos e documentos;

IV – o registro de imóveis.

• *Vide* a Lei n. 7.433, de 18-12-1985, sobre os requisitos para a lavratura de escrituras públicas.

§ 2.º Os demais registros reger-se-ão por leis próprias.

§ 3.º Os registros serão escriturados, publicizados e conservados em meio eletrônico, nos termos estabelecidos pela Corregedoria Nacional de Justiça do Conselho Nacional de Justiça, em especial quanto aos:

•• § 3.º, *caput*, com redação determinada pela Lei n. 14.382, de 27-6-2022.

I – padrões tecnológicos de escrituração, indexação, publicidade, segurança, redundância e conservação; e

•• Inciso I acrescentado pela Lei n. 14.382, de 27-6-2022.

II – prazos de implantação nos registros públicos de que trata este artigo.

•• Inciso II acrescentado pela Lei n. 14.382, de 27-6-2022.

§ 4.º É vedado às serventias dos registros públicos recusar a recepção, a conservação ou o registro de documentos em forma eletrônica produzidos nos termos estabelecidos pela Corregedoria Nacional de Justiça do Conselho Nacional de Justiça.

•• § 4.º acrescentado pela Lei n. 14.382, de 27-6-2022.

Art. 2.º Os registros indicados no § 1.º do

(*) Publicada no *Diário Oficial da União*, de 31-12-1973. Republicada em 16-9-1975 e retificada em 30-10-1975. *Vide* art. 236 e §§ 1.º a 3.º da CF e arts. 31 e 32 do ADCT. Sobre serviços notariais e de registro: Lei n. 8.935, de 18-11-1994. O Provimento n. 63, de 14-11-2017, do CNJ, institui modelos únicos de certidão de nascimento, de casamento e de óbito, a serem adotados pelos Ofícios de Registro Civil das Pessoas Naturais em todo o País.

artigo anterior ficam a cargo dos serventuários privativos nomeados de acordo com o estabelecido na Lei de Organização Administrativa e Judiciária do Distrito Federal e dos Territórios e nas Resoluções sobre a Divisão e Organização Judiciária dos Estados, e serão feitos:

I – o do item I, nos ofícios privativos, ou nos Cartórios de Registro de Nascimentos, Casamentos e Óbitos;

II – os dos itens II e III, nos ofícios privativos, ou nos Cartórios de Registro de Títulos e Documentos;

III – o do item IV, nos ofícios privativos, ou nos Cartórios de Registro de Imóveis.

Capítulo II
DA ESCRITURAÇÃO

Art. 3.º A escrituração será feita em livros encadernados, que obedecerão aos modelos anexos a esta Lei, sujeitos à correição da autoridade judiciária competente.

§ 1.º Os livros podem ter 0,22m até 0,40m de largura e de 0,33m até 0,55m de altura, cabendo ao oficial a escolha, dentro dessas dimensões, de acordo com a conveniência do serviço.

§ 2.º Para facilidade do serviço podem os livros ser escriturados mecanicamente, em folhas soltas, obedecidos os modelos aprovados pela autoridade judiciária competente.

Art. 4.º Os livros de escrituração serão abertos, numerados, autenticados e encerrados pelo oficial do registro, podendo ser utilizado, para tal fim, processo mecânico de autenticação previamente aprovado pela autoridade judiciária competente.

Parágrafo único. Os livros notariais, nos modelos existentes, em folhas fixas ou soltas, serão também abertos, numerados, autenticados e encerrados pelo tabelião, que determinará a respectiva quantidade a ser utilizada, de acordo com a necessidade do serviço.

•• Parágrafo único acrescentado pela Lei n. 9.955, de 6-1-2000.

Art. 5.º Considerando a quantidade dos registros, o juiz poderá autorizar a diminuição do número de páginas dos livros respectivos, até à terça parte do consignado nesta Lei.

Art. 6.º Findando-se um livro, o imediato tomará o número seguinte, acrescido à respectiva letra, salvo no registro de imóveis, em que o número será conservado, com a adição sucessiva de letras, na ordem alfabética simples, e, depois, repetidas em combinações com a primeira, com a segunda, e assim indefinidamente. Exemplos: 2-A a 2-Z; 2-AA a 2-AZ; 2-BA a 2-BZ etc.

Art. 7.º Os números de ordem dos registros não serão interrompidos no fim de cada livro, mas continuarão, indefinidamente, nos seguintes da mesma espécie.

Art. 7.º-A O disposto nos art. 3.º, 4.º, 5.º, 6.º e 7.º não se aplica à escrituração por meio eletrônico de que trata o § 3.º do art. 1.º desta Lei.

•• Artigo acrescentado pela Lei n. 14.382, de 27-6-2022.

Capítulo III
DA ORDEM DO SERVIÇO

Art. 8.º O serviço começará e terminará às mesmas horas em todos os dias úteis.

•• A Lei n. 14.011, de 10-6-2020, propôs nova redação para este *caput*, todavia teve o seu texto vetado.

Parágrafo único. O Registro Civil de Pessoas Naturais funcionará todos os dias, sem exceção.

Art. 9.º Será nulo o registro lavrado fora das horas regulamentares ou em dias em que não houver expediente, sendo civil e criminalmente responsável o oficial que der causa à nulidade.

§ 1.º Serão contados em dias e horas úteis os prazos estabelecidos para a vigência da prenotação, para os pagamentos de emolumentos e para a prática de atos pelos oficiais dos registros de imóveis, de títulos e documentos e civil de pessoas jurídicas, incluída a emissão de certidões, exceto nos casos previstos em lei e naqueles contados em meses e anos.

•• § 1.º acrescentado pela Lei n. 14.382, de 27-6-2022.

§ 2.º Para fins do disposto no § 1.º deste artigo, consideram-se:

•• § 2.º, *caput*, acrescentado pela Lei n. 14.382, de 27-6-2022.

I – dias úteis: aqueles em que houver expediente; e

•• Inciso I acrescentado pela Lei n. 14.382, de 27-6-2022.

II – horas úteis: as horas regulamentares do expediente.

•• Inciso II acrescentado pela Lei n. 14.382, de 27-6-2022.

§ 3.º A contagem dos prazos nos registros públicos observará os critérios estabelecidos na legislação processual civil.

•• § 3.º acrescentado pela Lei n. 14.382, de 27-6-2022.

Art. 10. Todos os títulos, apresentados no horário regulamentar e que não forem registrados até a hora do encerramento do serviço, aguardarão o dia seguinte, no qual serão registrados, preferencialmente, aos apresentados nesse dia.

Parágrafo único. O registro civil de pessoas naturais não poderá, entretanto, ser adiado.

Art. 11. Os oficiais adotarão o melhor regime interno de modo a assegurar às partes a ordem de precedência na apresentação dos seus títulos, estabelecendo-se, sempre, o número de ordem geral.

Art. 12. Nenhuma exigência fiscal, ou dúvida, obstará a apresentação de um título e o seu lançamento do Protocolo com o respectivo número de ordem, nos casos em que da precedência decorra prioridade de direitos para o apresentante.

Parágrafo único. Independem de apontamento no Protocolo os títulos apresentados apenas para exame e cálculo dos respectivos emolumentos.

Art. 13. Salvo as anotações e as averbações obrigatórias, os atos do registro serão praticados:

I – por ordem judicial;

II – a requerimento verbal ou escrito dos interessados;

III – a requerimento do Ministério Público, quando a lei autorizar.

§ 1.º O reconhecimento de firma nas comunicações ao Registro Civil pode ser exigido pelo respectivo oficial.

§ 2.º A emancipação concedida por sentença judicial será anotada às expensas do interessado.

Art. 14. Os oficiais do registro, pelos atos que praticarem em decorrência do disposto nesta Lei, terão direito, a título de remuneração, aos emolumentos fixados nos Regimentos de Custas do Distrito Federal, dos Estados e dos Territórios, os quais serão pagos pelo interessado que os requerer.

•• *Caput* com redação determinada pela Lei n. 14.382, de 27-6-2022.

Parágrafo único. O valor correspondente às custas de escrituras, certidões, buscas, averbações, registros de qualquer natureza, emolumentos e despesas legais constará, obrigatoriamente, do próprio documento, independentemente da expedição do recibo, quando solicitado.

•• Parágrafo único acrescentado pela Lei n. 6.724, de 19-11-1979.

• A Lei n. 10.150, de 21-12-2000, em seu art. 35, dispõe que os emolumentos devidos em todos os atos de que trata esta Lei, relacionados com o Programa de Arrendamento Residencial, instituído pela Lei n. 10.188, de 12-2-2001, serão reduzidos em 50% (cinquenta por cento).

Art. 15. Quando o interessado no registro for o oficial encarregado de fazê-lo, ou algum parente seu, em grau que determine impedimento, o ato incumbe ao substituto legal do oficial.

Capítulo IV
DA PUBLICIDADE

Art. 16. Os oficiais e os encarregados das repartições em que se façam os registros são obrigados:

1.º) a lavrar certidão do que lhes for requerido;

2.º) a fornecer às partes as informações solicitadas.

Art. 17. Qualquer pessoa pode requerer certidão do registro sem informar ao oficial ou ao funcionário o motivo ou interesse do pedido.

§ 1.º O acesso ou o envio de informações aos registros públicos, quando realizados por meio da internet, deverão ser assinados com o uso de assinatura avançada ou qualificada de que trata o art. 4.º da Lei n. 14.063, de 23 de setembro de 2020, nos termos estabelecidos pela Corregedoria Nacional de Justiça do Conselho Nacional de Justiça.

•• § 1.º com redação determinada pela Lei n. 14.382, de 27-6-2022.

§ 2.º Ato da Corregedoria Nacional de Justiça do Conselho Nacional de Justiça poderá estabelecer hipóteses de uso de assinatura avançada em atos que envolvam imóveis.

•• § 2.º acrescentado pela Lei n. 14.382, de 27-6-2022.

Art. 18. Ressalvado o disposto nos arts. 45, 57, § 7.º, e 95, parágrafo único, a certidão será lavrada independentemente de despacho judicial, devendo mencionar o livro de registro ou o documento arquivado no cartório.

•• Artigo com redação determinada pela Lei n. 9.807, de 13-7-1999.

Art. 19. A certidão será lavrada em inteiro teor, em resumo, ou em relatório, conforme quesitos, e devidamente autenticada pelo oficial ou seus substitutos legais, não podendo ser retardada por mais de 5 (cinco) dias.

§ 1.º A certidão de inteiro teor será extraída por meio reprográfico ou eletrônico.

•• § 1.º com redação determinada pela Lei n. 14.382, de 27-6-2022.

§ 2.º As certidões do registro civil das pessoas naturais mencionarão a data em que foi lavrado o assento.

•• § 2.º com redação determinada pela Lei n. 14.382, de 27-6-2022.

§ 3.º Nas certidões de registro civil, não se mencionará a circunstância de ser legítima, ou não, a filiação, salvo a requerimento do próprio interessado, ou em virtude de determinação judicial.

§ 4.º As certidões de nascimento mencionarão a data em que foi feito o assento, a data, por extenso, do nascimento e, ainda, expressamente, a naturalidade.

•• § 4.º com redação determinada pela Lei n. 13.484, de 26-9-2017.

§ 5.º As certidões extraídas dos registros públicos deverão, observado o disposto no § 1.º deste artigo, ser fornecidas eletronicamente, com uso de tecnologia que permita a sua impressão pelo usuário e a identificação segura de sua autenticidade, conforme critérios estabelecidos pela Corregedoria Nacional de Justiça do Conselho Nacional de Justiça, dispensada a materialização das certidões pelo oficial de registro.

•• § 5.º com redação determinada pela Lei n. 14.382, de 27-6-2022.

§ 6.º O interessado poderá solicitar a qualquer serventia certidões eletrônicas relativas a atos registrados em outra serventia, por meio do Sistema Eletrônico dos Registros Públicos (Serp), nos termos estabelecidos pela Corregedoria Nacional de Justiça do Conselho Nacional de Justiça.

•• § 6.º acrescentado pela Lei n. 14.382, de 27-6-2022.

§ 7.º A certidão impressa nos termos do § 5.º e a certidão eletrônica lavrada nos termos do § 6.º deste artigo terão validade e fé pública.

•• § 7.º acrescentado pela Lei n. 14.382, de 27-6-2022.

§ 8.º Os registros públicos de que trata esta Lei disponibilizarão, por meio do Serp, a visualização eletrônica dos atos neles transcritos, praticados, registrados ou averbados, na forma e nos prazos estabelecidos pela Corregedoria Nacional de Justiça do Conselho Nacional de Justiça.

•• § 8.º acrescentado pela Lei n. 14.382, de 27-6-2022.

§ 9.º A certidão da situação jurídica atualizada do imóvel compreende as informações vigentes de sua descrição, número de contribuinte, proprietário, direitos, ônus e restrições, judiciais e administrativas, incidentes sobre o imóvel e o respectivo titular, além das demais informações necessárias à comprovação da propriedade e à transmissão e à constituição de outros direitos reais.

•• § 9.º acrescentado pela Lei n. 14.382, de 27-6-2022.

§ 10. As certidões do registro de imóveis, inclusive aquelas de que trata o § 6.º deste artigo, serão emitidas nos seguintes prazos máximos, contados a partir do pagamento dos emolumentos:

•• § 10, *caput*, acrescentado pela Lei n. 14.382, de 27-6-2022.

I – 4 (quatro) horas, para a certidão de inteiro teor da matrícula ou do livro auxiliar, em meio eletrônico, requerida no horário de expediente, desde que fornecido pelo usuário o respectivo número;

•• Inciso I acrescentado pela Lei n. 14.382, de 27-6-2022.

II – 1 (um) dia, para a certidão da situação jurídica atualizada do imóvel; e

•• Inciso II acrescentado pela Lei n. 14.382, de 27-6-2022.

III – 5 (cinco) dias, para a certidão de transcrições e para os demais casos.

•• Inciso III acrescentado pela Lei n. 14.382, de 27-6-2022.

§ 11. No âmbito do registro de imóveis, a certidão de inteiro teor da matrícula conterá a reprodução de todo seu conteúdo e será suficiente para fins de comprovação de propriedade, direitos, ônus reais e restrições sobre o imóvel, independentemente de certificação específica pelo oficial.

•• § 11 acrescentado pela Lei n. 14.382, de 27-6-2022.

§ 12. Na localidade em que haja dificuldade de comunicação eletrônica, a Corregedoria-Geral da Justiça Estadual poderá autorizar, de modo excepcional e com expressa comunicação ao público, a aplicação de prazos maiores para emissão das certidões do registro de imóveis de que trata o § 10 deste artigo.

•• § 12 acrescentado pela Lei n. 14.382, de 27-6-2022.

Art. 20. No caso de recusa ou retardamento na expedição da certidão, o interessado poderá reclamar à autoridade competente, que aplicará, se for o caso, a pena disciplinar cabível.

Parágrafo único. Para a verificação do retardamento, o oficial, logo que receber alguma petição, fornecerá à parte uma nota de entrega devidamente autenticada.

Art. 21. Sempre que houver qualquer alteração posterior ao ato cuja certidão é pedida, deve o oficial mencioná-la, obrigatoriamente, não obstante as especificações do pedido, sob pena de responsabilidade civil e penal, ressalvado o disposto nos arts. 45 e 95.

Parágrafo único. A alteração a que se refere este artigo deverá ser anotada na própria certidão, contendo a inscrição de que "a presente certidão envolve elementos de averbação à margem do termo".

• O Provimento n. 82, de 3-7-2019, do CNJ, dispõe sobre o procedimento de averbação no registro de nascimento e no de casamento dos filhos, da alteração do nome do genitor e dá outras providências.

Capítulo V
DA CONSERVAÇÃO

Art. 22. Os livros de registro, bem como as fichas que os substituam, somente sairão do respectivo cartório mediante autorização judicial.

Art. 23. Todas as diligências judiciais e extrajudiciais que exigirem a apresentação de qualquer livro, ficha substitutiva de livro ou documento, efetuar-se-ão no próprio cartório.

Art. 24. Os oficiais devem manter, em segurança, permanentemente, os livros e documentos e respondem pela sua ordem e conservação.

Art. 25. Os papéis referentes ao serviço do registro serão arquivados em cartório mediante utilização de processos racionais que facilitem as buscas, facultada a utilização de microfilmagem e de outros meios de reprodução autorizados em lei.

Art. 26. Os livros e papéis pertencentes ao arquivo do cartório ali permanecerão indefinidamente.

Art. 27. Quando a lei criar novo cartório, e enquanto este não for instalado, os registros continuarão a ser feitos no cartório que sofreu o desmembramento, não sendo necessário repeti-los no novo ofício.

Parágrafo único. O arquivo do antigo cartório continuará a pertencer-lhe.

Capítulo VI
DA RESPONSABILIDADE

Art. 28. Além dos casos expressamente consignados, os oficiais são civilmente responsáveis por todos os prejuízos que, pessoalmente, ou pelos prepostos ou substitutos que indicarem, causarem, por culpa ou dolo, aos interessados no registro.

Parágrafo único. A responsabilidade civil independe da criminal pelos delitos que cometerem.

Título II
DO REGISTRO CIVIL DAS PESSOAS NATURAIS

- A Lei n. 9.454, de 7-4-1997, que institui o Registro de Identidade Civil, é regulamentada pelo Decreto n. 10.977, de 23-2-2022, para estabelecer o Serviço de Identificação do Cidadão como o Sistema Nacional de Registro de Identificação Civil.
- O Provimento n. 46, de 16-6-2015, dispõe sobre a Central de Informações de Registro Civil das Pessoas Naturais – CRC.

Capítulo I
DISPOSIÇÕES GERAIS

Art. 29. Serão registrados no Registro Civil de Pessoas Naturais:

- *Vide* art. 9.º do CC.

I – os nascimentos;

•• Inciso I regulamentado pelo Decreto n. 7.231, de 14-7-2010.

II – os casamentos;

•• Inciso II regulamentado pelo Decreto n. 7.231, de 14-7-2010.

III – os óbitos;

•• Inciso III regulamentado pelo Decreto n. 7.231, de 14-7-2010.

IV – as emancipações;

V – as interdições;

VI – as sentenças declaratórias de ausência;

VII – as opções de nacionalidade;

VIII – as sentenças que deferirem a legitimação adotiva.

•• *Vide* art. 227, § 6.º, da CF.

§ 1.º Serão averbados:

•• *Vide* art. 227, § 6.º, da CF.

a) as sentenças que decidirem a nulidade ou anulação do casamento, o desquite e o restabelecimento da sociedade conjugal;

b) as sentenças que julgarem ilegítimos os filhos concebidos na constância do casamento e as que declararem a filiação legítima;

c) os casamentos de que resultar a legitimação de filhos havidos ou concebidos anteriormente;

d) os atos judiciais ou extrajudiciais de reconhecimento de filhos ilegítimos;

e) as escrituras de adoção e os atos que a dissolverem;

f) as alterações ou abreviaturas de nomes.

§ 2.º É competente para a inscrição da opção de nacionalidade o cartório da residência do optante, ou de seus pais. Se forem residentes no estrangeiro, far-se-á o registro no Distrito Federal.

§ 3.º Os ofícios do registro civil das pessoas naturais são considerados ofícios da cidadania e estão autorizados a prestar outros serviços remunerados, na forma prevista em convênio, em credenciamento ou em matrícula com órgãos públicos e entidades interessadas.

•• § 3.º acrescentado pela Lei n. 13.484, de 26-9-2017.

•• O STF, na ADI n. 5.855, de 10-4-2019 (*DOU* de 24-4-2019), concedeu interpretação conforme a CF a este § 3.º.

§ 4.º O convênio referido no § 3.º deste artigo independe de homologação e será firmado pela entidade de classe dos registradores civis de pessoas naturais de mesma abrangência territorial do órgão ou da entidade interessada.

•• § 4.º acrescentado pela Lei n. 13.484, de 26-9-2017.

•• O STF, na ADI n. 5.855, de 10-4-2019 (*DOU* de 24-4-2019), declarou a "nulidade parcial com redução de texto da expressão 'independe de homologação'" constante neste § 4.º.

§ 5.º (*Vetado.*)

•• § 5.º acrescentado pela Lei n. 14.382, de 27-6-2022.

Art. 30. Não serão cobrados emolumentos pelo registro civil de nascimento e pelo assento de óbito, bem como pela primeira certidão respectiva.

•• *Caput* com redação determinada pela Lei n. 9.534, de 10-12-1997.

•• O STF, na ADI n. 5-2 (*DOU* de 18-6-2007), declara a constitucionalidade deste artigo.

§ 1.º Os reconhecidamente pobres estão isentos de pagamento de emolumentos pelas demais certidões extraídas pelo cartório de registro civil.

•• § 1.º com redação determinada pela Lei n. 9.534, de 10-12-1997.

§ 2.º O estado de pobreza será comprovado por declaração do próprio interessado ou a rogo, tratando-se de analfabeto, neste caso, acompanhada da assinatura de 2 (duas) testemunhas.

•• § 2.º com redação determinada pela Lei n. 9.534, de 10-12-1997.

§ 3.º A falsidade da declaração ensejará a responsabilidade civil e criminal do interessado.

•• § 3.º acrescentado pela Lei n. 9.534, de 10-12-1997.

§ 3.º-A. Comprovado o descumprimento, pelos oficiais de Cartórios de Registro Civil, do disposto no *caput* deste artigo, aplicar-se-ão as penalidades previstas nos arts. 32 e 33 da Lei n. 8.935, de 18 de novembro de 1994.

•• § 3.º-A acrescentado pela Lei n. 9.812, de 10-8-1999.

§ 3.º-B. Esgotadas as penalidades a que se refere o parágrafo anterior e verificando-se novo descumprimento, aplicar-se-á o disposto no art. 39 da Lei n. 8.935, de 18 de novembro de 1994.

•• § 3.º-B acrescentado pela Lei n. 9.812, de 10-8-1999.

§ 3.º-C. Os cartórios de registros públicos deverão afixar, em local de grande visibilidade, que permita fácil leitura e acesso ao público, quadros contendo tabelas atualizadas das custas e emolumentos, além de informações claras sobre a gratuidade prevista no *caput* deste artigo.

•• § 3.º-C acrescentado pela Lei n. 11.802, de 4-11-2008.

§ 4.º É proibida a inserção nas certidões de que trata o § 1.º deste artigo de expressões que indiquem condição de pobreza ou semelhantes.

•• § 4.º com redação determinada pela Lei n. 11.789, de 2-10-2008.

§§ 5.º a 8.º (*Vetados.*)

§ 9.º (*Vetado.*)

•• § 9.º acrescentado pela Lei n. 14.382, de 27-6-2022.

Art. 31. Os fatos concernentes ao registro civil, que se derem a bordo dos navios de guerra e mercantes, em viagem, e no exército, em campanha, serão imediatamente registrados e comunicados em tempo oportuno, por cópia autêntica, aos respectivos Ministérios, a fim de que, através do Ministério da Justiça, sejam ordenados os assentamentos, notas ou averbações nos livros competentes das circunscrições a que se referirem.

Art. 32. Os assentos de nascimento, óbito e de casamento de brasileiros em país estrangeiro serão considerados autênticos, nos termos da lei do lugar em que forem feitos, legalizadas as certidões pelos cônsules ou, quando por estes tomados, nos termos do regulamento consular.

•• *Vide* art. 1.544 do CC.

- A Resolução n. 155, de 16-7-2012, do CNJ, dispõe sobre traslado de certidões de registro civil de pessoas naturais emitidas no exterior.
- *Vide* art. 18 do Decreto-lei n. 4.657, de 4-9-1942.

§ 1.º Os assentos de que trata este artigo serão, porém, trasladados nos cartórios do 1.º Ofício do domicílio do registrado ou no 1.º Ofício do Distrito Federal, em falta de domicílio conhecido, quando tiverem de produzir efeito no País, ou, antes, por meio de segunda via que os cônsules serão obrigados a remeter por intermédio do Ministério das Relações Exteriores.

§ 2.º O filho de brasileiro ou brasileira, nascido no estrangeiro, e cujos pais não estejam ali a serviço do Brasil, desde que registrado em consulado brasileiro ou não registrado, venha a residir no território nacional antes de atingir a maioridade, poderá requerer, no juízo de seu domicílio, se registre, no livro "E" do 1.º Ofício do Registro Civil, o termo de nascimento.

§ 3.º Do termo e das respectivas certidões do nascimento registrado na forma do parágrafo antecedente constará que só valerão como prova de nacionalidade brasileira, até 4 (quatro) anos depois de atingida a maioridade.

§ 4.º Dentro do prazo de 4 (quatro) anos, depois de atingida a maioridade pelo interessado referido no § 2.º, deverá ele manifestar a sua opção pela nacionalidade brasileira perante o juízo federal. Deferido o pedido, proceder-se-á ao registro no livro

"E" do Cartório do 1.º Ofício do domicílio do optante.

§ 5.º Não se verificando a hipótese prevista no parágrafo anterior, o oficial cancelará, de ofício, o registro provisório efetuado na forma do § 2.º.

Capítulo II
DA ESCRITURAÇÃO E ORDEM DO SERVIÇO

Art. 33. Haverá, em cada cartório, os seguintes livros:

•• *Caput* com redação determinada pela Lei n. 14.382, de 27-6-2022.

I – "A" – de registro de nascimento;

II – "B" – de registro de casamento;

III – "B Auxiliar" – de registro de casamento religioso para efeitos civis;

IV – "C" – de registro de óbitos;

V – "C Auxiliar" – de registro de natimortos;

VI – "D" – de registro de proclama.

Parágrafo único. **No Cartório do 1.º Ofício ou da 1.ª subdivisão judiciária haverá, em cada comarca, outro livro para inscrição dos demais atos relativos ao estado civil, designado sob a letra "E".**

•• Parágrafo único com redação determinada pela Lei n. 14.382, de 27-6-2022.

Art. 34. O oficial juntará, a cada um dos livros, índice alfabético dos assentos lavrados pelos nomes das pessoas a quem se referirem.

Parágrafo único. O índice alfabético poderá, a critério do oficial, ser organizado pelo sistema de fichas, desde que preencham estas os requisitos de segurança, comodidade e pronta busca.

Art. 35. A escrituração será feita seguidamente, em ordem cronológica de declarações, sem abreviaturas, nem algarismos; no fim de cada assento e antes da subscrição e das assinaturas, serão ressalvadas as emendas, entrelinhas ou outras circunstâncias que puderem ocasionar dúvidas. Entre um assento e outro, será traçada uma linha de intervalo, tendo cada um o seu número de ordem.

Art. 36. Os livros de registro serão divididos em três partes, sendo na da esquerda lançado o número de ordem e na central o assento, ficando na da direita espaço para as notas, averbações e retificações.

Art. 37. As partes, ou seus procuradores, bem como as testemunhas, assinarão os assentos, inserindo-se neles as declarações feitas de acordo com a lei ou ordenadas por sentença. As procurações serão arquivadas, declarando-se no termo a data, o livro, a folha e o ofício em que foram lavradas, quando constarem de instrumento público.

§ 1.º Se os declarantes, ou as testemunhas não puderem, por qualquer circunstância, assinar, far-se-á declaração no assento, assinando a rogo outra pessoa e tomando-se a impressão dactiloscópica da que não assinar, à margem do assento.

§ 2.º As custas com o arquivamento das procurações ficarão a cargo dos interessados.

Art. 38. Antes da assinatura dos assentos, serão estes lidos às partes e às testemunhas, do que se fará menção.

Art. 39. Tendo havido omissão ou erro, de modo que seja necessário fazer adição ou emenda, estas serão feitas antes da assinatura ou ainda em seguida, mas antes de outro assento, sendo a ressalva novamente por todos assinada.

Art. 40. Fora da retificação feita no ato, qualquer outra só poderá ser efetuada nos termos dos arts. 109 a 112 desta Lei.

•• Artigo com redação determinada pela Lei n. 12.100, de 27-11-2009.

Art. 41. Reputam-se inexistentes e sem efeitos jurídicos quaisquer emendas ou alterações posteriores, não ressalvadas ou não lançadas na forma indicada nos arts. 39 e 40.

Art. 42. A testemunha para os assentos de registro deve satisfazer às condições exigidas pela lei civil, sendo admitido o parente, em qualquer grau, do registrando.

Parágrafo único. Quando a testemunha não for conhecida do oficial do registro, deverá apresentar documento hábil da sua identidade, do qual se fará, no assento, expressa menção.

Art. 43. Os livros de proclamas serão escriturados cronologicamente com o resumo do que constar dos editais expedidos pelo próprio cartório, ou recebidos de outros, todos assinados pelo oficial.

Parágrafo único. As despesas de publicação do edital serão pagas pelo interessado.

Art. 44. O registro do edital de casamento conterá todas as indicações quanto à época de publicação e aos documentos apresentados, abrangendo também o edital remetido por outro oficial processante.

Art. 45. A certidão relativa ao nascimento de filho legitimado por subsequente matrimônio deverá ser fornecida sem o teor da declaração ou averbação a esse respeito, como se fosse legítimo; na certidão de casamento também será omitida a referência àquele filho, salvo havendo, em qualquer dos casos, determinação judicial, deferida em favor de quem demonstre legítimo interesse em obtê-la.

Capítulo III
DAS PENALIDADES

Art. 46. As declarações de nascimento feitas após o decurso do prazo legal serão registradas no lugar de residência do interessado.

•• *Caput* com redação determinada pela Lei n. 11.790, de 2-10-2008.

§ 1.º O requerimento de registro será assinado por 2 (duas) testemunhas, sob as penas da lei.

•• § 1.º com redação determinada pela Lei n. 11.790, de 2-10-2008.

§ 2.º (*Revogado pela Lei n. 10.215, de 6-4-2001.*)

§ 3.º O oficial do Registro Civil, se suspeitar da falsidade da declaração, poderá exigir prova suficiente.

•• § 3.º com redação determinada pela Lei n. 11.790, de 2-10-2008.

§ 4.º Persistindo a suspeita, o oficial encaminhará os autos ao juízo competente.

•• § 4.º com redação determinada pela Lei n. 11.790, de 2-10-2008.

§ 5.º Se o juiz não fixar prazo menor, o oficial deverá lavrar o assento dentro em 5 (cinco) dias, sob pena de pagar multa correspondente a 1 (um) salário mínimo da região.

§ 6.º **Os órgãos do Poder Executivo e do Poder Judiciário detentores de bases biométricas poderão franquear ao oficial de registro civil de pessoas naturais acesso às bases para fins de conferência por ocasião do registro tardio de nascimento.**

•• § 6.º acrescentado pela Lei n. 14.382, de 27-6-2022.

Art. 47. Se o oficial do registro civil recusar fazer ou retardar qualquer registro, averbação ou anotação, bem como o fornecimento de certidão, as partes prejudicadas poderão queixar-se à autoridade judiciária, a qual, ouvindo o acusado, decidirá dentro de 5 (cinco) dias.

§ 1.º Se for injusta a recusa ou injustificada a demora, o juiz que tomar conhecimento do fato poderá impor ao oficial multa de 1 (um) a 10 (dez) salários mínimos da região, ordenando que, no prazo improrrogável de 24 (vinte e quatro) horas, seja feito o registro, a averbação, a anotação ou fornecida certidão, sob pena de prisão de 5 (cinco) a 20 (vinte) dias.

§ 2.º Os pedidos de certidão feitos por via postal, telegráfica ou bancária serão obrigatoriamente atendidos pelo oficial do registro civil, satisfeitos os emolumentos devidos, sob as penas previstas no parágrafo anterior.

Art. 48. Os juízes farão correição e fiscalização nos livros de registro, conforme as normas da organização judiciária.

Art. 49. Os oficiais do registro civil remeterão à Fundação Instituto Brasileiro de Geografia e Estatística, dentro dos primeiros 8 (oito) dias dos meses de janeiro, abril, julho e outubro de cada ano, um mapa dos nascimentos, casamentos e óbitos ocorridos no trimestre anterior.

•• *Caput* com redação determinada pela Lei n. 6.140, de 28-11-1974.

§ 1.º A Fundação Instituto Brasileiro de Geografia e Estatística fornecerá mapas para a execução do disposto neste artigo, podendo requisitar aos oficiais do registro que façam as correções que forem necessárias.

•• § 1.º com redação determinada pela Lei n. 6.140, de 28-11-1974.

§ 2.º Os oficiais que, no prazo legal, não remeterem os mapas, incorrerão na multa de 1 (um) a 5 (cinco) salários mínimos da região, que será cobrada como dívida ativa da União, sem prejuízo da ação penal que no caso couber.

•• § 2.º com redação determinada pela Lei n. 6.140, de 28-11-1974.

§ 3.º No mapa de que trata o *caput* deverá ser informado o número da identificação da Declaração de Nascido Vivo.

•• § 3.º acrescentado pela Lei n. 12.662, de 5-6-2012.

§ 4.º Os mapas dos nascimentos deverão ser remetidos aos órgãos públicos interessados no cruzamento das informações do registro civil e da Declaração de Nascido Vivo conforme o regulamento, com o objetivo de integrar a informação e promover a busca ativa de nascimentos.

•• § 4.º acrescentado pela Lei n. 12.662, de 5-6-2012.

§ 5.º Os mapas previstos no *caput* e no § 4.º deverão ser remetidos por meio digital quando o registrador detenha capacidade de transmissão de dados.

•• § 5.º acrescentado pela Lei n. 12.662, de 5-6-2012.

Capítulo IV
DO NASCIMENTO

Art. 50. Todo nascimento que ocorrer no território nacional deverá ser dado a registro, no lugar em que tiver ocorrido o parto ou no lugar da residência dos pais, dentro do prazo de 15 (quinze) dias, que será ampliado em até 3 (três) meses para os lugares distantes mais de 30 (trinta) quilômetros da sede do cartório.

•• *Caput* com redação determinada pela Lei n. 9.053, de 25-5-1995.

• A Lei n. 9.465, de 7-7-1997, dispõe sobre o fornecimento gratuito de registro extemporâneo de nascimento, quando destinado à obtenção de CTPS.

§ 1.º Quando for diverso o lugar da residência dos pais, observar-se-á a ordem contida nos itens 1.º e 2.º do art. 52.

•• § 1.º acrescentado pela Lei n. 9.053, de 25-5-1995.

§ 2.º Os índios, enquanto não integrados, não estão obrigados a inscrição do nascimento. Este poderá ser feito em livro próprio do órgão federal de assistência aos índios.

•• Primitivo § 1.º, passado a § 2.º por determinação da Lei n. 9.053, de 25-5-1995.

• A Resolução Conjunta n. 3, de 19-4-2012, do CNJ e CNMP, dispõe sobre o assento de nascimento de indígena no Registro Civil das Pessoas Naturais.

§ 3.º Os menores de 21 (vinte e um) anos e maiores de 18 (dezoito) anos poderão, pessoalmente e isentos de multa, requerer o registro de seu nascimento.

•• Primitivo § 2.º, passado a § 3.º por determinação da Lei n. 9.053, de 25-5-1995.

•• *Vide* art. 5.º do CC.

§ 4.º É facultado aos nascidos anteriormente à obrigatoriedade do registro civil requerer, isentos de multa, a inscrição de seu nascimento.

•• Primitivo § 3.º, passado a § 4.º por determinação da Lei n. 9.053, de 25-5-1995.

§ 5.º Aos brasileiros nascidos no estrangeiro aplicar-se-á o disposto neste artigo, ressalvadas as prescrições legais relativas aos consulados.

•• Primitivo § 4.º, passado a § 5.º por determinação da Lei n. 9.053, de 25-5-1995.

Art. 51. Os nascimentos ocorridos a bordo, quando não registrados nos termos do art. 64, deverão ser declarados dentro de 5 (cinco) dias, a contar da chegada do navio ou aeronave ao local do destino, no respectivo cartório ou consulado.

Art. 52. São obrigados a fazer a declaração de nascimento:

1.º) o pai ou a mãe, isoladamente ou em conjunto, observado o disposto no § 2.º do art. 54;

•• Item 1.º com redação determinada pela Lei n. 13.112, de 30-3-2015.

2.º) no caso de falta ou de impedimento de um dos indicados no item 1.º, outro indicado, que terá o prazo para declaração prorrogado por 45 (quarenta e cinco) dias.

•• Item 2.º com redação determinada pela Lei n. 13.112, de 30-3-2015.

3.º) no impedimento de ambos, o parente mais próximo, sendo maior e achando-se presente;

4.º) em falta ou impedimento do parente referido no número anterior, os administradores de hospitais ou os médicos e parteiras, que tiverem assistido o parto;

5.º) pessoa idônea da casa em que ocorrer, sendo fora da residência da mãe;

6.º) finalmente, as pessoas (*Vetado*) encarregadas da guarda do menor.

§ 1.º Quando o oficial tiver motivo para duvidar da declaração, poderá ir à casa do recém-nascido verificar a sua existência, ou exigir atestação do médico ou parteira que tiver assistido o parto, ou o testemunho de duas pessoas que não forem os pais e tiverem visto o recém-nascido.

• *Vide* art. 5.º, I, da CF.

§ 2.º Tratando-se de registro fora do prazo legal, o oficial, em caso de dúvida, poderá requerer ao juiz as providências que forem cabíveis para esclarecimento do fato.

• *Vide* art. 5.º, I, da CF.

• *Vide* nota ao art. 50, *caput*, desta Lei.

§ 3.º O oficial de registro civil comunicará o registro de nascimento ao Ministério da Economia e ao INSS pelo Sistema Nacional de Informações de Registro Civil (Sirc) ou por outro meio que venha a substituí-lo.

•• § 3.º acrescentado pela Lei n. 13.846, de 18-6-2019.

Art. 53. No caso de ter a criança nascido morta ou no de ter morrido na ocasião do parto, será, não obstante, feito o assento com os elementos que couberem e com remissão ao do óbito.

§ 1.º No caso de ter a criança nascido morta, será o registro feito no livro "C Auxiliar", com os elementos que couberem.

§ 2.º No caso de a criança morrer na ocasião do parto, tendo, entretanto, respirado, serão feitos os dois assentos, o de nascimento e o de óbito, com os elementos cabíveis e com remissões recíprocas.

Art. 54. O assento do nascimento deverá conter:

1.º) o dia, mês, ano e lugar do nascimento e a hora certa, sendo possível determiná-la, ou aproximada;

2.º) o sexo do registrando;

3.º) o fato de ser gêmeo, quando assim tiver acontecido;

4.º) o nome e o prenome, que forem postos à criança;

5.º) a declaração de que nasceu morta, ou morreu no ato ou logo depois do parto;

6.º) a ordem de filiação de outros irmãos do mesmo prenome que existirem ou tiverem existido;

7.º) os nomes e prenomes, a naturalidade, a profissão dos pais, o lugar e cartório onde se casaram, a idade da genitora, do registrando em anos completos, na ocasião do parto, e o domicílio ou a residência do casal;

•• Item 7.º com redação determinada pela Lei n. 6.140, de 28-11-1974.

•• *Vide* arts. 5.º, I, e 227, § 6.º, da CF.

8.º) os nomes e prenomes dos avós paternos e maternos;

9.º) os nomes e prenomes, a profissão e a residência das duas testemunhas do assento, quando se tratar de parto ocorrido sem assistência médica em residência ou fora de unidade hospitalar ou casa de saúde;

•• Item 9.º com redação determinada pela Lei n. 13.484, de 26-9-2017.

10) o número de identificação da Declaração de Nascido Vivo, com controle do dígito verificador, exceto na hipótese de registro tardio previsto no art. 46 desta Lei; e

•• Item 10 com redação determinada pela Lei n. 13.484, de 26-9-2017.

11) a naturalidade do registrando.

•• Item 11 acrescentado pela Lei n. 13.484, de 26-9-2017.

§ 1.º Não constituem motivo para recusa, devolução ou solicitação de retificação da Declaração de Nascido Vivo por parte do Registrador Civil das Pessoas Naturais:

•• § 1.º, *caput*, acrescentado pela Lei n. 12.662, de 5-6-2012.

I – equívocos ou divergências que não comprometam a identificação da mãe;

•• Inciso I acrescentado pela Lei n. 12.662, de 5-6-2012.

II – omissão do nome do recém-nascido ou do nome do pai;

•• Inciso II acrescentado pela Lei n. 12.662, de 5-6-2012.

III – divergência parcial ou total entre o nome do recém-nascido constante da declaração e o escolhido em manifestação perante o registrador no momento do registro de nascimento, prevalecendo este último;

•• Inciso III acrescentado pela Lei n. 12.662, de 5-6-2012.

IV – divergência parcial ou total entre o nome do pai constante da declaração e o verificado pelo registrador nos termos da legislação civil, prevalecendo este último;

•• Inciso IV acrescentado pela Lei n. 12.662, de 5-6-2012.

V – demais equívocos, omissões ou divergências que não comprometam informações relevantes para o registro de nascimento.

•• Inciso V acrescentado pela Lei n. 12.662, de 5-6-2012.

§ 2.º O nome do pai constante da Declaração de Nascido Vivo não constitui prova ou presunção da paternidade, somente podendo ser lançado no registro de nascimento quando verificado nos termos da legislação civil vigente.

•• § 2.º acrescentado pela Lei n. 12.662, de 5-6-2012.

§ 3.º Nos nascimentos frutos de partos sem assistência de profissionais da saúde ou parteiras tradicionais, a Declaração de Nascido Vivo será emitida pelos Oficiais de Registro Civil que lavrarem o registro de nascimento, sempre que haja demanda das Secretarias Estaduais ou Municipais de Saúde para que realizem tais emissões.

•• § 3.º acrescentado pela Lei n. 12.662, de 5-6-2012.

§ 4.º A naturalidade poderá ser do Município em que ocorreu o nascimento ou do Município de residência da mãe do registrando na data do nascimento, desde que localizado em território nacional, e a opção caberá ao declarante no ato de registro do nascimento.

•• § 4.º acrescentado pela Lei n. 13.484, de 26-9-2017.

§ 5.º O oficial de registro civil de pessoas naturais do Município poderá, mediante convênio e desde que não prejudique o regular funcionamento da serventia, instalar unidade interligada em estabelecimento público ou privado de saúde para recepção e remessa de dados, lavratura do registro de nascimento e emissão da respectiva certidão.

•• § 5.º acrescentado pela Lei n. 14.382, de 27-6-2022.

Art. 55. Toda pessoa tem direito ao nome, nele compreendidos o prenome e o sobrenome, observado que ao prenome serão acrescidos os sobrenomes dos genitores ou de seus ascendentes, em qualquer ordem e, na hipótese de acréscimo de sobrenome de ascendente que não conste das certidões apresentadas, deverão ser apresentadas as certidões necessárias para comprovar a linha ascendente.

•• *Caput* com redação determinada pela Lei n. 14.382, de 27-6-2022.

•• *Vide* arts. 5.º, I, e 227, § 6.º, da CF.

§ 1.º O oficial de registro civil não registrará prenomes suscetíveis de expor ao ridículo os seus portadores, observado que, quando os genitores não se conformarem com a recusa do oficial, este submeterá por escrito o caso à decisão do juiz competente, independentemente da cobrança de quaisquer emolumentos.

•• Parágrafo único renumerado pela Lei n. 14.382, de 27-6-2022.

§ 2.º Quando o declarante não indicar o nome completo, o oficial de registro lançará adiante do prenome escolhido ao menos um sobrenome de cada um dos genitores, na ordem que julgar mais conveniente para evitar homonímias.

•• § 2.º acrescentado pela Lei n. 14.382, de 27-6-2022.

§ 3.º O oficial de registro orientará os pais acerca da conveniência de acrescer sobrenomes, a fim de se evitar prejuízos à pessoa em razão da homonímia.

•• § 3.º acrescentado pela Lei n. 14.382, de 27-6-2022.

§ 4.º Em até 15 (quinze) dias após o registro, qualquer dos genitores poderá apresentar, perante o registro civil onde foi lavrado o assento de nascimento, oposição fundamentada ao prenome e sobrenomes indicados pelo declarante, observado que, se houver manifestação consensual dos genitores, será realizado o procedimento de retificação administrativa do registro, mas, se não houver consenso, a oposição será encaminhada ao juiz competente para decisão.

•• § 4.º acrescentado pela Lei n. 14.382, de 27-6-2022.

Art. 56. A pessoa registrada poderá, após ter atingido a maioridade civil, requerer pessoalmente e imotivadamente a alteração de seu prenome, independentemente de decisão judicial, e a alteração será averbada e publicada em meio eletrônico.

•• *Caput* com redação determinada pela Lei n. 14.382, de 27-6-2022.

§ 1.º A alteração imotivada de prenome poderá ser feita na via extrajudicial apenas 1 (uma) vez, e sua desconstituição dependerá de sentença judicial.

•• § 1.º acrescentado pela Lei n. 14.382, de 27-6-2022.

§ 2.º A averbação de alteração de prenome conterá, obrigatoriamente, o prenome anterior, os números de documento de identidade, de inscrição no Cadastro de Pessoas Físicas (CPF) da Secretaria Especial da Receita Federal do Brasil, de passaporte e de título de eleitor do registrado, dados esses que deverão constar expressamente de todas as certidões solicitadas.

•• § 2.º acrescentado pela Lei n. 14.382, de 27-6-2022.

§ 3.º Finalizado o procedimento de alteração no assento, o ofício de registro civil de pessoas naturais no qual se processou a alteração, a expensas do requerente, comunicará o ato oficialmente aos órgãos expedidores do documento de identidade, do CPF e do passaporte, bem como ao Tribunal Superior Eleitoral, preferencialmente por meio eletrônico.

•• § 3.º acrescentado pela Lei n. 14.382, de 27-6-2022.

§ 4.º Se suspeitar de fraude, falsidade, má-fé, vício de vontade ou simulação quanto à real intenção da pessoa requerente, o oficial de registro civil fundamentadamente recusará a retificação.

•• § 4.º acrescentado pela Lei n. 14.382, de 27-6-2022.

Art. 57. A alteração posterior de sobrenomes poderá ser requerida pessoalmente perante o oficial de registro civil, com a apresentação de certidões e de documentos necessários, e será averbada nos assentos de nascimento e casamento, independentemente de autorização judicial, a fim de:

•• *Caput* com redação determinada pela Lei n. 14.382, de 27-6-2022.

I – inclusão de sobrenomes familiares;

•• Inciso I acrescentado pela Lei n. 14.382, de 27-6-2022.

II – inclusão ou exclusão de sobrenome do cônjuge, na constância do casamento;

•• Inciso II acrescentado pela Lei n. 14.382, de 27-6-2022.

III – exclusão de sobrenome do ex-cônjuge, após a dissolução da sociedade conjugal, por qualquer de suas causas;

•• Inciso III acrescentado pela Lei n. 14.382, de 27-6-2022.

IV – inclusão e exclusão de sobrenomes em razão de alteração das relações de filiação, inclusive para os descendentes, cônjuge ou companheiro da pessoa que teve seu estado alterado.

•• Inciso IV acrescentado pela Lei n. 14.382, de 27-6-2022.

§ 1.º Poderá, também, ser averbado, nos mesmos termos, o nome abreviado, usado como firma comercial registrada ou em qualquer atividade profissional.

§ 2.º Os conviventes em união estável devidamente registrada no registro civil de pessoas naturais poderão requerer a inclusão de sobrenome de seu companheiro, a qualquer tempo, bem como alterar seus sobrenomes nas mesmas hipóteses previstas para as pessoas casadas.

•• § 2.º com redação determinada pela Lei n. 14.382, de 27-6-2022.

§ 3.º (*Revogado pela Lei n. 14.382, de 27-6-2022.*)

§ 3.º-A. O retorno ao nome de solteiro ou de solteira do companheiro ou da companheira será realizado por meio da averbação da extinção de união estável em seu registro.

•• § 3.º-A acrescentado pela Lei n. 14.382, de 27-6-2022.

§§ 4.º a 6.º (*Revogados pela Lei n. 14.382, de 27-6-2022.*)

§ 7.º Quando a alteração de nome for concedida em razão de fundada coação ou ameaça decorrente de colaboração com a apuração de crime, o juiz competente determinará que haja a averbação no registro de origem de menção da existência de sentença concessiva da alteração, sem a averbação do nome alterado, que somente poderá ser procedida mediante determinação posterior, que levará em consideração a cessação da coação ou ameaça que deu causa à alteração.

•• § 7.º acrescentado pela Lei n. 9.807, de 13-7-1999.

§ 8.º **O enteado ou a enteada, se houver motivo justificável, poderá requerer ao oficial de registro civil que, nos registros de nascimento e de casamento, seja averbado o nome de família de seu padrasto ou de sua madrasta, desde que haja expressa concordância destes, sem prejuízo de seus sobrenomes de família.**

•• § 8.º com redação determinada pela Lei n. 14.382, de 27-6-2022.

Art. 58. O prenome será definitivo, admitindo-se, todavia, a sua substituição por apelidos públicos notórios.

•• *Caput* com redação determinada pela Lei n. 9.708, de 18-11-1998.

•• O Provimento n. 73 do CNJ, de 28-6-2018, dispõe sobre a averbação do prenome e do gênero no RCPN.

•• O STF, no julgamento da ADI n. 4.275, de 1.º-3-2018 (*DOU* de 9-3-2018), deu interpretação conforme a Constituição e o Pacto de São José da Costa Rica a este artigo, "de modo a reconhecer aos transgêneros que assim o desejarem, independentemente da cirurgia de transgenitalização, ou da realização de tratamentos hormonais ou patologizantes, o direito à substituição de prenome e sexo diretamente no registro civil".

Parágrafo único. A substituição do prenome será ainda admitida em razão de fundada coação ou ameaça decorrente da colaboração com a apuração de crime, por determinação, em sentença, de juiz competente, ouvido o Ministério Público.

•• Parágrafo único com redação determinada pela Lei n. 9.807, de 13-7-1999.

Art. 59. Quando se tratar de filho ilegítimo, não será declarado o nome do pai sem que este expressamente o autorize e compareça, por si ou por procurador especial, para, reconhecendo-o, assinar, ou não sabendo ou não podendo, mandar assinar a seu rogo o respectivo assento com duas testemunhas.

•• *Vide* art. 227, § 6.º, da CF.

Art. 60. O registro conterá o nome do pai ou da mãe, ainda que ilegítimos, quando qualquer deles for o declarante.

•• *Vide* art. 227, § 6.º, da CF.

Art. 61. Tratando-se de exposto, o registro será feito de acordo com as declarações que os estabelecimentos de caridade, as autoridades ou os particulares comunicarem ao oficial competente, nos prazos mencionados no art. 51, a partir do achado ou entrega, sob a pena do art. 46, apresentando ao oficial, salvo motivo de força maior comprovada, o exposto e os objetos a que se refere o parágrafo único deste artigo.

Parágrafo único. Declarar-se-á o dia, mês e ano, lugar em que foi exposto, a hora em que foi encontrado e a sua idade aparente. Neste caso, o envoltório, roupas e quaisquer outros objetos e sinais que trouxer a criança e que possam a todo tempo fazê-la reconhecer, serão numerados, alistados e fechados em caixa lacrada e selada, com o seguinte rótulo: "Pertence ao exposto tal, assento de fls. ... do livro ..." e remetidos imediatamente, com uma guia em duplicata, ao juiz, para serem recolhidos a lugar seguro. Recebida e arquivada a duplicata com o competente recibo do depósito, far-se-á à margem do assento a correspondente anotação.

•• *Vide* art. 227, § 6.º, da CF.

Art. 62. O registro do nascimento do menor abandonado, sob jurisdição do juiz de menores, poderá fazer-se por iniciativa deste, à vista dos elementos de que dispuser e com observância, no que for aplicável, do que preceitua o artigo anterior.

Art. 63. No caso de gêmeos, será declarada no assento especial de cada um a ordem de nascimento. Os gêmeos que tiverem o prenome igual deverão ser inscritos com duplo prenome ou nome completo diverso, de modo que possam distinguir-se.

Parágrafo único. Também serão obrigados a duplo prenome, ou a nome completo diverso, os irmãos a que se pretender dar o mesmo prenome.

Art. 64. Os assentos de nascimentos em navio brasileiro mercante ou de guerra serão lavrados, logo que o fato se verificar, pelo modo estabelecido na legislação de marinha, devendo, porém, observar-se as disposições da presente Lei.

Art. 65. No primeiro porto a que se chegar, o comandante depositará imediatamente, na capitania do porto, ou em sua falta, na estação fiscal, ou ainda, no consulado, em se tratando de porto estrangeiro, duas cópias autenticadas dos assentos, referidos no artigo anterior, uma das quais será remetida, por intermédio do Ministério da Justiça, ao oficial do registro, para o registro, no lugar de residência dos pais ou, se não for possível descobri-lo, no 1.º Ofício do Distrito Federal. Uma terceira cópia será entregue pelo comandante ao interessado que, após conferência na capitania do porto, por ela poderá, também, promover o registro no cartório competente.

Parágrafo único. Os nascimentos ocorridos a bordo de quaisquer aeronaves, ou de navio estrangeiro, poderão ser dados a registro pelos pais brasileiros no cartório ou consulado do local do desembarque.

Art. 66. Pode ser tomado assento de nascimento de filho de militar ou assemelhado em livro criado pela administração militar mediante declaração feita pelo interessado ou remetida pelo comandante de unidade, quando em campanha. Esse assento será publicado em boletim da unidade e, logo que possível, trasladado por cópia autenticada, *ex officio* ou a requerimento do interessado, para o Cartório de Registro Civil a que competir ou para o do 1.º Ofício do Distrito Federal, quando não puder ser conhecida a residência do pai.

Parágrafo único. A providência de que trata este artigo será extensiva ao assento de nascimento de filho de civil, quando, em consequência de operações de guerra, não funcionarem os cartórios locais.

Capítulo V
DA HABILITAÇÃO PARA O CASAMENTO

•• *Vide* arts. 1.525 a 1.532 do CC.

Art. 67. Na habilitação para o casamento, os interessados, apresentando os documentos exigidos pela lei civil, requererão ao oficial do registro do distrito de residência de um dos nubentes, que lhes expeça certidão de que se acham habilitados para se casarem.

§ 1.º **Se estiver em ordem a documentação, o oficial de registro dará publicidade, em meio eletrônico, à habilitação e extrairá, no prazo de até 5 (cinco) dias, o certificado de habilitação, podendo os nubentes contrair matrimônio perante qualquer serventia de registro civil de pessoas naturais, de sua livre escolha, observado o prazo de eficácia do art. 1.532 da Lei n. 10.406, de 10 de janeiro de 2002 (Código Civil).**

•• § 1.º com redação determinada pela Lei n. 14.382, de 27-6-2022.

§§ 2.º a 4.º (*Revogados pela Lei n. 14.382, de 27-6-2022.*)

§ 4.º-A. **A identificação das partes e a apresentação dos documentos exigidos pela lei civil para fins de habilitação poderão ser realizadas eletronicamente mediante recepção e comprovação da autoria e da integridade dos documentos.**

•• § 4.º-A acrescentado pela Lei n. 14.382, de 27-6-2022.

§ 5.º **Se houver impedimento ou arguição de causa suspensiva, o oficial de registro dará ciência do fato aos nubentes, para que indiquem, em 24 (vinte e quatro) horas, prova que pretendam produzir, e remeterá os autos a juízo, e, produzidas as provas pelo oponente e pelos nubentes, no prazo de 3 (três) dias, com ciência do Ministério Público, e ouvidos os interessados e o órgão do Ministério Público em 5 (cinco) dias, decidirá o juiz em igual prazo.**

•• § 5.º com redação determinada pela Lei n. 14.382, de 27-6-2022.

§ 6.º **Quando a celebração do casamento ocorrer perante oficial de registro civil de pessoas naturais diverso daquele da habilitação, deverá ser comunicado o oficial de registro em que foi realizada a habilitação,**

por meio eletrônico, para a devida anotação no procedimento de habilitação.

•• § 6.º com redação determinada pela Lei n. 14.382, de 27-6-2022.

§ 7.º Expedido o certificado de habilitação, celebrar-se-á o casamento, no dia, hora e lugar solicitados pelos nubentes e designados pelo oficial de registro.

•• § 7.º acrescentado pela Lei n. 14.382, de 27-6-2022.

§ 8.º A celebração do casamento poderá ser realizada, a requerimento dos nubentes, em meio eletrônico, por sistema de videoconferência em que se possa verificar a livre manifestação da vontade dos contraentes.

•• § 8.º acrescentado pela Lei n. 14.382, de 27-6-2022.

Art. 68. Se o interessado quiser justificar fato necessário à habilitação para o casamento, deduzirá sua intenção perante o juiz competente, em petição circunstanciada, indicando testemunhas e apresentando documentos que comprovem as alegações.

§ 1.º Ouvidas as testemunhas, se houver, dentro do prazo de 5 (cinco) dias, com a ciência do órgão do Ministério Público, este terá o prazo de 24 (vinte e quatro) horas para manifestar-se, decidindo o juiz em igual prazo, sem recurso.

§ 2.º Os autos da justificação serão encaminhados ao oficial do registro para serem anexados ao processo da habilitação matrimonial.

Art. 69. Para a dispensa da publicação eletrônica dos proclamas, nos casos previstos em lei, os contraentes, em petição dirigida ao oficial de registro, deduzirão os motivos de urgência do casamento, provando o alegado, no prazo de 24 (vinte e quatro) horas, com documentos.

•• *Caput* com redação determinada pela Lei n. 14.382, de 27-6-2022.

§ 1.º (*Revogado pela Lei n. 14.382, de 27-6-2022.*)

§ 2.º O oficial de registro, no prazo de 24 (vinte quatro) horas, com base nas provas apresentadas, poderá dispensar ou não a publicação eletrônica, e caberá recurso da decisão ao juiz corregedor.

•• § 2.º acrescentado pela Lei n. 14.382, de 27-6-2022.

Capítulo VI

DO CASAMENTO

Art. 70. Do matrimônio, logo depois de celebrado, será lavrado assento, assinado pelo presidente do ato, os cônjuges, as testemunhas e o oficial, sendo exarados:

•• *Vide* art. 1.536 do CC.

1.º) os nomes, prenomes, nacionalidade, naturalidade, data de nascimento, profissão, domicílio e residência atual dos cônjuges;

•• Item 1.º com redação determinada pela Lei n. 13.484, de 26-9-2017.

2.º) os nomes, prenomes, nacionalidade, data de nascimento ou de morte, domicílio e residência atual dos pais;

3.º) os nomes e prenomes do cônjuge precedente e a data da dissolução do casamento anterior, quando for o caso;

4.º) a data da publicação dos proclamas e da celebração do casamento;

5.º) a relação dos documentos apresentados ao oficial do registro;

6.º) os nomes, prenomes, nacionalidade, profissão, domicílio e residência atual das testemunhas;

7.º) o regime de casamento, com declaração da data e do cartório em cujas notas foi tomada a escritura antenupcial, quando o regime não for o da comunhão ou o legal que, sendo conhecido, será declarado expressamente;

8.º) o nome, que passa a ter a mulher, em virtude do casamento;

•• *Vide* arts. 5.º, I, e 226, § 5.º, da CF.

•• *Vide* art. 1.565, § 1.º, do CC.

9.º) os nomes e as idades dos filhos havidos de matrimônio anterior ou legitimados pelo casamento;

10) à margem do termo, a impressão digital do contraente que não souber assinar o nome.

Parágrafo único. As testemunhas serão, pelo menos, duas, não dispondo a lei de modo diverso.

•• *Vide* art. 226, § 2.º, da CF.

•• *Vide* arts. 1.515 e 1.516 do CC.

Art. 70-A. A conversão da união estável em casamento deverá ser requerida pelos companheiros perante o oficial de registro civil de pessoas naturais de sua residência.

•• *Caput* acrescentado pela Lei n. 14.382, de 27-6-2022.

§ 1.º Recebido o requerimento, será iniciado o processo de habilitação sob o mesmo rito previsto para o casamento, e deverá constar dos proclamas que se trata de conversão de união estável em casamento.

•• § 1.º acrescentado pela Lei n. 14.382, de 27-6-2022.

§ 2.º Em caso de requerimento de conversão de união estável por mandato, a procuração deverá ser pública e com prazo máximo de 30 (trinta) dias.

•• § 2.º acrescentado pela Lei n. 14.382, de 27-6-2022.

§ 3.º Se estiver em termos o pedido, será lavrado o assento da conversão da união estável em casamento, independentemente de autorização judicial, prescindindo o ato da celebração do matrimônio.

•• § 3.º acrescentado pela Lei n. 14.382, de 27-6-2022.

§ 4.º O assento da conversão da união estável em casamento será lavrado no Livro B, sem a indicação da data e das testemunhas da celebração, do nome do presidente do ato e das assinaturas dos companheiros e das testemunhas, anotando-se no respectivo termo que se trata de conversão de união estável em casamento.

•• § 4.º acrescentado pela Lei n. 14.382, de 27-6-2022.

§ 5.º A conversão da união estável dependerá da superação dos impedimentos legais para o casamento, sujeitando-se à adoção do regime patrimonial de bens, na forma dos preceitos da lei civil.

•• § 5.º acrescentado pela Lei n. 14.382, de 27-6-2022.

§ 6.º Não constará do assento de casamento convertido a partir da união estável a data do início ou o período de duração desta, salvo no caso de prévio procedimento de certificação eletrônica de união estável realizado perante oficial de registro civil.

•• § 6.º acrescentado pela Lei n. 14.382, de 27-6-2022.

§ 7.º Se estiver em termos o pedido, o falecimento da parte no curso do processo de habilitação não impedirá a lavratura do assento de conversão de união estável em casamento.

•• § 7.º acrescentado pela Lei n. 14.382, de 27-6-2022.

Capítulo VII

DO REGISTRO DO CASAMENTO RELIGIOSO PARA EFEITOS CIVIS

•• *Vide* art. 226, § 2.º, da CF.

•• *Vide* arts. 1.515 e 1.516 do CC.

Art. 71. Os nubentes habilitados para o casamento poderão pedir ao oficial que lhes forneça a respectiva certidão, para se casarem perante autoridade ou ministro religioso, nela mencionando o prazo legal de validade da habilitação.

Art. 72. O termo ou assento do casamento religioso, subscrito pela autoridade ou ministro que o celebrar, pelos nubentes e por duas testemunhas, conterá os requisitos do art. 70, exceto o 5.º.

Art. 73. No prazo de 30 (trinta) dias a contar da realização, o celebrante ou qualquer interessado poderá, apresentando o assento ou termo do casamento religioso, requerer-lhe o registro ao oficial do cartório que expediu a certidão.

•• O CC passa a estabelecer o prazo de 90 (noventa) dias para o registro do casamento religioso (art. 1.516, § 1.º).

§ 1.º O assento ou termo conterá a data da celebração, o lugar, o culto religioso, o nome do celebrante, sua qualidade, o cartório que expediu a habilitação, sua data, os nomes, profissões, residências, nacionalidades das testemunhas que o assinarem e os nomes dos contraentes.

§ 2.º Anotada a entrada do requerimento, o oficial fará o registro no prazo de 24 (vinte e quatro) horas.

§ 3.º A autoridade ou ministro celebrante arquivará a certidão de habilitação que lhe foi apresentada, devendo, nela, anotar a data da celebração do casamento.

Art. 74. O casamento religioso, celebrado sem a prévia habilitação perante o oficial de registro público, poderá ser registrado desde que apresentados pelos nubentes, com o requerimento de registro, a prova do ato religioso e os documentos exigidos pelo Código Civil, suprindo eles eventual falta de requisitos no termo da celebração.

•• A referência é feita ao CC de 1916. *Vide* art. 1.525 do Código vigente.

Parágrafo único. Processada a habilitação com a publicação dos editais e certificada a inexistência de impedimentos, o oficial fará o registro do casamento religioso, de acordo com a prova do ato e os dados constantes do processo, observado o disposto no art. 70.

Art. 75. O registro produzirá efeitos jurídicos a contar da celebração do casamento.

Parágrafo único. O oficial de registro civil comunicará o registro ao Ministério da Economia e ao INSS pelo Sistema Nacional de Informações de Registro Civil (Sirc) ou por outro meio que venha a substituí-lo.

•• Parágrafo único acrescentado pela Lei n. 13.846, de 18-6-2019.

Capítulo VIII
DO CASAMENTO EM IMINENTE RISCO DE VIDA

•• *Vide* arts. 1.540 e 1.541 do CC.

Art. 76. Ocorrendo iminente risco de vida de algum dos contraentes, e não sendo possível a presença da autoridade competente para presidir o ato, o casamento poderá realizar-se na presença de seis testemunhas, que comparecerão, dentro de 5 (cinco) dias, perante a autoridade judiciária mais próxima, a fim de que sejam reduzidas a termo suas declarações.

•• *Vide* art. 1.541, *caput* e I a III, do CC.

§ 1.º Não comparecendo as testemunhas, espontaneamente, poderá qualquer interessado requerer a sua intimação.

§ 2.º Autuadas as declarações e encaminhadas à autoridade judiciária competente, se outra for a que as tomou por termo, será ouvido o órgão do Ministério Público e se realizarão as diligências necessárias para verificar a inexistência de impedimento para o casamento.

§ 3.º Ouvidos dentro de 5 (cinco) dias os interessados que o requerem e o órgão do Ministério Público, o juiz decidirá em igual prazo.

•• *Vide* art. 1.541, § 1.º, do CC.

§ 4.º Da decisão caberá apelação com ambos os efeitos.

§ 5.º Transitada em julgado a sentença, o juiz mandará registrá-la no Livro de Casamento.

•• *Vide* art. 1.541, §§ 3.º e 4.º, do CC.

Capítulo IX
DO ÓBITO

• A Lei n. 11.976, de 7-7-2009, dispõe sobre a Declaração de Óbito.

Art. 77. Nenhum sepultamento será feito sem certidão do oficial de registro do lugar do falecimento ou do lugar de residência do *de cujus*, quando o falecimento ocorrer em local diverso do seu domicílio, extraída após a lavratura do assento de óbito, em vista do atestado de médico, se houver no lugar, ou em caso contrário, de duas pessoas qualificadas que tiverem presenciado ou verificado a morte.

•• *Caput* com redação determinada pela Lei n. 13.484, de 26-9-2017.

• *Vide* art. 5.º, LXXVI, *b*, da CF.

§ 1.º Antes de proceder ao assento de óbito de criança de menos de 1 (um) ano, o oficial verificará se houve registro de nascimento, que, em caso de falta, será previamente feito.

§ 2.º A cremação de cadáver somente será feita daquele que houver manifestado a vontade de ser incinerado ou no interesse da saúde pública e se o atestado de óbito houver sido firmado por dois médicos ou por um médico legista e, no caso de morte violenta, depois de autorizada pela autoridade judiciária.

Art. 78. Na impossibilidade de ser feito o registro dentro de 24 (vinte e quatro) horas do falecimento, pela distância ou qualquer outro motivo relevante, o assento será lavrado depois, com a maior urgência, e dentro dos prazos fixados no art. 50.

Art. 79. São obrigados a fazer declaração de óbito:

1.º) o chefe de família, a respeito de sua mulher, filhos, hóspedes, agregados e fâmulos;

•• *Vide* arts. 5.º, I, e 227, § 6.º, da CF.

2.º) a viúva, a respeito de seu marido, e de cada uma das pessoas indicadas no número antecedente;

•• *Vide* arts. 5.º, I, e 227, § 6.º, da CF.

3.º) o filho, a respeito do pai ou da mãe; o irmão, a respeito dos irmãos, e demais pessoas de casa, indicadas no n. 1; o parente mais próximo maior e presente;

4.º) o administrador, diretor ou gerente de qualquer estabelecimento público ou particular, a respeito dos que nele faleceram, salvo se estiver presente algum parente em grau acima indicado;

5.º) na falta de pessoa competente, nos termos dos números anteriores, a que tiver assistido aos últimos momentos do finado, o médico, o sacerdote ou vizinho que do falecimento tiver notícia;

6.º) a autoridade policial, a respeito de pessoas encontradas mortas.

Parágrafo único. A declaração poderá ser feita por meio de preposto, autorizando-o o declarante em escrito de que constem os elementos necessários ao assento de óbito.

Art. 80. O assento de óbito deverá conter:

1.º) a hora, se possível, dia, mês e ano do falecimento;

2.º) o lugar do falecimento, com indicação precisa;

3.º) o prenome, nome, sexo, idade, cor, estado civil, profissão, naturalidade, domicílio e residência do morto;

4.º) se era casado, o nome do cônjuge sobrevivente, mesmo quando desquitado; se viúvo, o do cônjuge pré-defunto; e o cartório de casamento em ambos os casos;

5.º) os nomes, prenomes, profissão, naturalidade e residência dos pais;

6.º) se faleceu com testamento conhecido;

7.º) se deixou filhos, nome e idade de cada um;

8.º) se a morte foi natural ou violenta e a causa conhecida, com o nome dos atestantes;

9.º) o lugar do sepultamento;

10) se deixou bens e herdeiros menores ou interditos;

11) se era eleitor;

12) pelo menos uma das informações a seguir arroladas: número de inscrição do PIS/PASEP; número de inscrição no Instituto Nacional do Seguro Social – INSS, se contribuinte individual; número de benefício previdenciário – NB, se a pessoa falecida for titular de qualquer benefício pago pelo INSS; número do CPF; número de registro da Carteira de Identidade e respectivo órgão emissor; número do título de eleitor; número do registro de nascimento, com informação do livro, da folha e do termo; número e série da Carteira de Trabalho.

•• Item 12 acrescentado pela Medida Provisória n. 2.187-13, de 24-8-2001.

Parágrafo único. O oficial de registro civil comunicará o óbito à Receita Federal e à Secretaria de Segurança Pública da unidade da Federação que tenha emitido a cédula de identidade, exceto se, em razão da idade do falecido, essa informação for manifestamente desnecessária.

•• Parágrafo único acrescentado pela Lei n. 13.114, de 16-4-2015.

• A Portaria Conjunta n. 1.735, de 15-12-2015, da SRFB e do Ministério da Previdência Social, dispõe sobre a forma de comunicação de registro de óbitos pelos titulares das serventias de registro civil das pessoas naturais.

Art. 81. Sendo o finado desconhecido, o assento deverá conter declaração de estatura ou medida, se for possível, cor, sinais aparentes, idade presumida, vestuário e qualquer outra indicação que possa auxiliar de futuro o seu reconhecimento; e, no caso de ter sido encontrado morto, serão mencionados esta circunstância e o lugar em que se achava e o da necropsia, se tiver havido.

Parágrafo único. Neste caso, será extraída a individual dactiloscópica, se no local existir esse serviço.

Art. 82. O assento deverá ser assinado pela pessoa que fizer a comunicação ou por alguém a seu rogo, se não souber ou não puder assinar.

Art. 83. Quando o assento for posterior ao enterro, faltando atestado de médico ou de duas pessoas qualificadas, assinarão, com a que fizer a declaração, duas testemunhas que tiverem assistido ao falecimento ou ao funeral e puderem atestar, por conhecimento próprio ou por informação que tiverem colhido, a identidade do cadáver.

Art. 84. Os assentos de óbitos de pessoas falecidas a bordo de navio brasileiro serão lavrados de acordo com as regras estabelecidas para os nascimentos, no que lhes for aplicável, com as referências constantes do art. 80, salvo se o enterro for no porto, onde será tomado o assento.

Art. 85. Os óbitos, verificados em campanha, serão registrados em livro próprio, para esse fim designado, nas formações sanitárias e corpos de tropas, pelos oficiais da corporação militar correspondente, autenticado cada assento com a rubrica do respectivo médico chefe, ficando a cargo da unidade que proceder ao sepultamento o registro, nas condições especificadas, dos óbitos que se derem no próprio local de combate.

Art. 86. Os óbitos a que se refere o artigo anterior serão publicados em boletim da corporação e registrados no Registro Civil, mediante relações autenticadas, remetidas ao Ministério da Justiça, contendo os nomes dos mortos, idade, naturalidade, estado civil, designação dos corpos a que pertenciam, lugar da residência ou de mobilização, dia, mês, ano e lugar do falecimento e do sepultamento para, à vista dessas relações, se fazerem os assentamentos de conformidade com o que a respeito está disposto no art. 66.

Art. 87. O assentamento de óbito ocorrido em hospital, prisão ou outro qualquer estabelecimento público será feito, em falta de declaração de parentes, segundo a da respectiva administração, observadas as disposições dos arts. 80 a 83 e o relativo a pessoa encontrada acidental ou violentamente morta, segundo a comunicação, *ex officio*, das autoridades policiais, às quais incumbe fazê-la logo que tenham conhecimento do fato.

Art. 88. Poderão os juízes togados admitir justificação para o assento de óbito de pessoas desaparecidas em naufrágio, inundação, incêndio, terremoto ou qualquer outra catástrofe, quando estiver provada a sua presença no local do desastre e não for possível encontrar-se o cadáver para exame.

Parágrafo único. Será também admitida a justificação no caso de desaparecimento em campanha, provados a impossibilidade de ter sido feito o registro nos termos do art. 85 e os fatos que convençam da ocorrência do óbito.

Capítulo X

DA EMANCIPAÇÃO, INTERDIÇÃO E AUSÊNCIA

Art. 89. No Cartório do 1.º Ofício ou da 1.ª subdivisão judiciária de cada comarca serão registrados, em livro especial, as sentenças de emancipação, bem como os atos dos pais que a concederem, em relação aos menores nela domiciliados.

Art. 90. O registro será feito mediante trasladação da sentença oferecida em certidão ou do instrumento, limitando-se, se for de escritura pública, às referências da data, livro, folha e ofício em que for lavrada sem dependência, em qualquer dos casos, da presença de testemunhas, mas com a assinatura do apresentante. Dele sempre constarão:

1.º) data do registro e da emancipação;

2.º) nome, prenome, idade, filiação, profissão, naturalidade e residência do emancipado; data e cartório em que foi registrado o seu nascimento;

3.º) nome, profissão, naturalidade e residência dos pais ou do tutor.

Art. 91. Quando o juiz conceder emancipação, deverá comunicá-la, de ofício, ao oficial de registro, se não constar dos autos haver sido efetuado este dentro de 8 (oito) dias.

Parágrafo único. Antes do registro, a emancipação, em qualquer caso, não produzirá efeito.

Art. 92. As interdições serão registradas no mesmo cartório e no mesmo livro de que trata o art. 89, salvo a hipótese prevista na parte final do parágrafo único do art. 33, declarando-se:

1.º) data do registro;

2.º) nome, prenome, idade, estado civil, profissão, naturalidade, domicílio e residência do interdito, data e cartório em que forem registrados o nascimento e o casamento, bem como o nome do cônjuge, se for casado;

3.º) data da sentença, nome e vara do juiz que a proferiu;

4.º) nome, profissão, estado civil, domicílio e residência do curador;

5.º) nome do requerente da interdição e causa desta;

6.º) limites da curadoria, quando for parcial a interdição;

7.º) lugar onde está internado o interdito.

Art. 93. A comunicação, com os dados necessários, acompanhados de certidão de sentença, será remetida pelo juiz ao cartório, para registro de ofício, se o curador ou promovente não o tiver feito dentro de 8 (oito) dias.

Parágrafo único. Antes de registrada a sentença, não poderá o curador assinar o respectivo termo.

Art. 94. O registro das sentenças declaratórias de ausência, que nomearem curador, será feito no cartório do domicílio anterior do ausente, com as mesmas cautelas e efeitos do registro de interdição, declarando-se:

1.º) data do registro;

2.º) nome, idade, estado civil, profissão e domicílio anterior do ausente, data e cartório em que foram registrados o nascimento e o casamento, bem como o nome do cônjuge, se for casado;

3.º) tempo de ausência até a data da sentença;

4.º) nome do promotor do processo;

5.º) data da sentença e nome e vara do juiz que a proferiu;

6.º) nome, estado civil, profissão, domicílio e residência do curador e os limites da curatela.

Art. 94-A. Os registros das sentenças declaratórias de reconhecimento e dissolução, bem como dos termos declaratórios formalizados perante o oficial de registro civil e das escrituras públicas declaratórias e dos distratos que envolvam união estável, serão feitos no Livro E do registro civil de pessoas naturais em que os companheiros têm ou tiveram sua última residência, e dele deverão constar:

•• *Caput* acrescentado pela Lei n. 14.382, de 27-6-2022.

I – data do registro;

•• Inciso I acrescentado pela Lei n. 14.382, de 27-6-2022.

II – nome, estado civil, data de nascimento, profissão, CPF e residência dos companheiros;

•• Inciso II acrescentado pela Lei n. 14.382, de 27-6-2022.

III – nome dos pais dos companheiros;

•• Inciso III acrescentado pela Lei n. 14.382, de 27-6-2022.

IV – data e cartório em que foram registrados os nascimentos das partes, seus casamentos e uniões estáveis anteriores, bem como os óbitos de seus outros cônjuges ou companheiros, quando houver;

•• Inciso IV acrescentado pela Lei n. 14.382, de 27-6-2022.

V – data da sentença, trânsito em julgado da sentença e vara e nome do juiz que a proferiu, quando for o caso;

•• Inciso V acrescentado pela Lei n. 14.382, de 27-6-2022.

VI – data da escritura pública, mencionados o livro, a página e o tabelionato onde foi lavrado o ato;

•• Inciso VI acrescentado pela Lei n. 14.382, de 27-6-2022.

VII – regime de bens dos companheiros;

•• Inciso VII acrescentado pela Lei n. 14.382, de 27-6-2022.

VIII – nome que os companheiros passam a ter em virtude da união estável.

•• Inciso VIII acrescentado pela Lei n. 14.382, de 27-6-2022.

§ 1.º Não poderá ser promovido o registro, no Livro E, de união estável de pessoas casadas, ainda que separadas de fato, exceto se separadas judicialmente ou extrajudicialmente, ou se a declaração da união

estável decorrer de sentença judicial transitada em julgado.

•• § 1.º acrescentado pela Lei n. 14.382, de 27-6-2022.

§ 2.º As sentenças estrangeiras de reconhecimento de união estável, os termos extrajudiciais, os instrumentos particulares ou escrituras públicas declaratórias de união estável, bem como os respectivos distratos, lavrados no exterior, nos quais ao menos um dos companheiros seja brasileiro, poderão ser levados a registro no Livro E do registro civil de pessoas naturais em que qualquer dos companheiros tem ou tenha tido sua última residência no território nacional.

•• § 2.º acrescentado pela Lei n. 14.382, de 27-6-2022.

§ 3.º Para fins de registro, as sentenças estrangeiras de reconhecimento de união estável, os termos extrajudiciais, os instrumentos particulares ou escrituras públicas declaratórias de união estável, bem como os respectivos distratos, lavrados no exterior, deverão ser devidamente legalizados ou apostilados e acompanhados de tradução juramentada.

•• § 3.º acrescentado pela Lei n. 14.382, de 27-6-2022.

Capítulo XI
DA LEGITIMAÇÃO ADOTIVA

Art. 95. Serão registradas no registro de nascimento as sentenças de legitimação adotiva, consignando-se nele os nomes dos pais adotivos como pais legítimos e os dos ascendentes dos mesmos se já falecidos, ou sendo vivos, se houverem, em qualquer tempo, manifestado por escrito sua adesão ao ato (Lei n. 4.655, de 2-6-1965, art. 6.º).

•• Citada Lei n. 4.655/65 foi revogada pela Lei n. 6.697, de 10-10-1979 (Código de Menores), que por sua vez foi revogada pela Lei n. 8.069, de 13-7-1990 (ECA).

Parágrafo único. O mandado será arquivado, dele não podendo o oficial fornecer certidão, a não ser por determinação judicial e em segredo de justiça, para salvaguarda de direitos (Lei n. 4.655, de 2-6-1965, art. 8.º, parágrafo único).

•• *Vide* art. 227, § 6.º, da CF.

Art. 96. Feito o registro, será cancelado o assento de nascimento original do menor.

•• *Vide* art. 227, § 6.º, da CF.

Capítulo XII
DA AVERBAÇÃO

Art. 97. A averbação será feita pelo oficial do cartório em que constar o assento à vista da carta de sentença, de mandado ou de petição acompanhada de certidão ou documento legal e autêntico.

•• *Caput* com redação determinada pela Lei n. 13.484, de 26-9-2017.

Parágrafo único. Nas hipóteses em que o oficial suspeitar de fraude, falsidade ou má-fé nas declarações ou na documentação apresentada para fins de averbação, não praticará o ato pretendido e submeterá o caso ao representante do Ministério Público para manifestação, com a indicação, por escrito, dos motivos da suspeita.

•• Parágrafo único acrescentado pela Lei n. 13.484, de 26-9-2017.

Art. 98. A averbação será feita à margem do assento e, quando não houver espaço, no livro corrente, com as notas e remissões recíprocas, que facilitem a busca.

Art. 99. A averbação será feita mediante a indicação minuciosa da sentença ou ato que a determinar.

Art. 100. No livro de casamento, será feita averbação da sentença de nulidade e anulação de casamento, bem como de desquite, declarando-se a data em que o juiz a proferiu, a sua conclusão, os nomes das partes e o trânsito em julgado.

§ 1.º Antes de averbação, as sentenças não produzirão efeito contra terceiros.

§ 2.º As sentenças de nulidade ou anulação de casamento não serão averbadas enquanto sujeitas a recurso, qualquer que seja o seu efeito.

§ 3.º A averbação a que se refere o parágrafo anterior será feita à vista da carta de sentença, subscrita pelo presidente ou outro juiz do tribunal que julgar a ação em grau de recurso, da qual constem os requisitos mencionados neste artigo e, ainda, certidão do trânsito em julgado do acórdão.

§ 4.º O oficial do registro comunicará, dentro de 48 (quarenta e oito) horas, o lançamento da averbação respectiva ao juiz que houver subscrito a carta de sentença mediante ofício sob registro postal.

§ 5.º Ao oficial, que deixar de cumprir as obrigações consignadas nos parágrafos anteriores, será imposta a multa de 5 (cinco) salários mínimos da região e a suspensão do cargo até 6 (seis) meses; em caso de reincidência ser-lhe-á aplicada, em dobro, a pena pecuniária, ficando sujeito à perda do cargo.

Art. 101. Será também averbado, com as mesmas indicações e efeitos, o ato de restabelecimento de sociedade conjugal.

Art. 102. No livro de nascimento serão averbados:

1.º) as sentenças que julgarem ilegítimos os filhos concebidos na constância do casamento;

2.º) as sentenças que declararem legítima a filiação;

3.º) as escrituras de adoção e os atos que a dissolverem;

4.º) o reconhecimento judicial ou voluntário dos filhos ilegítimos;

5.º) a perda de nacionalidade brasileira, quando comunicada pelo Ministério da Justiça;

6.º) a perda e a suspensão do pátrio poder.

•• Item acrescentado pela Lei n. 8.069, de 13-7-1990.

Art. 103. Será feita, ainda de ofício, diretamente quando no mesmo cartório, ou por comunicação do oficial que registrar o casamento, a averbação da legitimação dos filhos por subsequente matrimônio dos pais, quando tal circunstância constar do assento de casamento.

•• *Vide* art. 227, § 6.º, da CF.

Art. 104. No livro de emancipação, interdições e ausências, será feita a averbação das sentenças que puserem termo à interdição, das substituições dos curadores de interditos ou ausentes, das alterações dos limites de curatela, da cessação ou mudança de internação, bem como da cessação de ausência pelo aparecimento do ausente, de acordo com o disposto nos artigos anteriores.

Parágrafo único. Averbar-se-á, também, no assento de ausência, a sentença de abertura de sucessão provisória, após o trânsito em julgado, com referência especial ao testamento do ausente se houver e indicação de seus herdeiros habilitados.

Art. 105. Para a averbação de escritura de adoção de pessoa cujo registro de nascimento haja sido feito fora do País, será trasladado, sem ônus para os interessados, no livro "A" do cartório do 1.º ofício ou da 1.ª subdivisão judiciária da comarca em que for domiciliado o adotante, aquele registro, legalmente traduzido, se for o caso, para que se faça, à margem dele, a competente averbação.

Capítulo XIII
DAS ANOTAÇÕES

Art. 106. Sempre que o oficial fizer algum registro ou averbação, deverá, no prazo de 5 (cinco) dias, anotá-lo nos atos anteriores, com remissões recíprocas, se lançados em seu cartório, ou fará comunicação, com resumo do assento, ao oficial em cujo cartório estiverem os registros primitivos, obedecendo-se sempre à forma prescrita no art. 98.

Parágrafo único. As comunicações serão feitas mediante cartas relacionadas em protocolo, anotando-se à margem ou sob o ato comunicado o número do protocolo e ficarão arquivadas no cartório que as receber.

Art. 107. O óbito deverá ser anotado, com as remissões recíprocas, nos assentos de casamento e nascimento, e o casamento no deste.

§ 1.º A emancipação, a interdição e a ausência serão anotadas pela mesma forma, nos assentos de nascimento e casamento, bem como a mudança do nome da mulher, em virtude de casamento, ou sua dissolução, anulação ou desquite.

•• *Vide* art. 227, § 6.º, da CF.

§ 2.º A dissolução e a anulação do casamento e o restabelecimento da sociedade conjugal serão, também, anotados nos assentos de nascimento dos cônjuges.

Art. 108. Os oficiais, além das penas disciplinares em que incorrerem, são responsáveis civil e criminalmente pela omissão ou atraso na remessa de comunicações a outros cartórios.

Capítulo XIV
DAS RETIFICAÇÕES, RESTAURAÇÕES E SUPRIMENTOS

Art. 109. Quem pretender que se restaure, supra ou retifique assentamento no Registro Civil, requererá, em petição fundamentada e instruída com documentos ou com indicação de testemunhas, que o juiz o ordene, ouvido o órgão do Ministério Público e os interessados, no prazo de 5 (cinco) dias, que correrá em cartório.

§ 1.º Se qualquer interessado ou o órgão do Ministério Público impugnar o pedido, o juiz determinará a produção da prova, dentro do prazo de 10 (dez) dias e ouvidos, sucessivamente, em 3 (três) dias, os interessados e o órgão do Ministério Público, decidirá em 5 (cinco) dias.

§ 2.º Se não houver impugnação ou necessidade de mais provas, o juiz decidirá no prazo de 5 (cinco) dias.

§ 3.º Da decisão do juiz, caberá o recurso de apelação com ambos os efeitos.

§ 4.º Julgado procedente o pedido, o juiz ordenará que se expeça mandado para que seja lavrado, restaurado ou retificado o assentamento, indicando, com precisão, os fatos ou circunstâncias que devam ser retificados, e em que sentido, ou os que devam ser objeto do novo assentamento.

§ 5.º Se houver de ser cumprido em jurisdição diversa, o mandado será remetido, por ofício, ao juiz sob cuja jurisdição estiver o cartório do Registro Civil e, com o seu "cumpra-se", executar-se-á.

§ 6.º As retificações serão feitas à margem do registro, com as indicações necessárias, ou, quando for o caso, com a trasladação do mandado, que ficará arquivado. Se não houver espaço, far-se-á o transporte do assento, com as remissões à margem do registro original.

Art. 110. O oficial retificará o registro, a averbação ou a anotação, de ofício ou a requerimento do interessado, mediante petição assinada pelo interessado, representante legal ou procurador, independentemente de prévia autorização judicial ou manifestação do Ministério Público, nos casos de:

•• *Caput* com redação determinada pela Lei n. 13.484, de 26-9-2017.

I – erros que não exijam qualquer indagação para a constatação imediata de necessidade de sua correção;

•• Inciso I acrescentado pela Lei n. 13.484, de 26-9-2017.

II – erro na transposição dos elementos constantes em ordens e mandados judiciais, termos ou requerimentos, bem como outros títulos a serem registrados, averbados ou anotados, e o documento utilizado para a referida averbação e/ou retificação ficará arquivado no registro no cartório;

•• Inciso II acrescentado pela Lei n. 13.484, de 26-9-2017.

III – inexatidão da ordem cronológica e sucessiva referente à numeração do livro, da folha, da página, do termo, bem como da data do registro;

•• Inciso III acrescentado pela Lei n. 13.484, de 26-9-2017.

IV – ausência de indicação do Município relativo ao nascimento ou naturalidade do registrado, nas hipóteses em que existir descrição precisa do endereço do local do nascimento;

•• Inciso IV acrescentado pela Lei n. 13.484, de 26-9-2017.

V – elevação de Distrito a Município ou alteração de suas nomenclaturas por força de lei.

•• Inciso V acrescentado pela Lei n. 13.484, de 26-9-2017.

§§ 1.º a 4.º (*Revogados pela Lei n. 13.484, de 26-9-2017.*)

§ 5.º Nos casos em que a retificação decorra de erro imputável ao oficial, por si ou por seus prepostos, não será devido pelos interessados o pagamento de selos e taxas.

•• § 5.º acrescentado pela Lei n. 13.484, de 26-9-2017.

Art. 111. Nenhuma justificação em matéria de registro civil, para retificação, restauração ou abertura de assento, será entregue à parte.

Art. 112. Em qualquer tempo poderá ser apreciado o valor probante da justificação, em original ou por traslado, pela autoridade judiciária competente ao conhecer de ações que se relacionem com os fatos justificados.

Art. 113. As questões de filiação legítima ou ilegítima serão decididas em processo contencioso para anulação ou reforma de assento.

•• *Vide* art. 227, § 6.º, da CF.

TÍTULO III
DO REGISTRO CIVIL DE PESSOAS JURÍDICAS

•• Sobre registro público de empresas mercantis e atividades afins, *vide* Lei n. 8.934, de 18-11-1994.

•• *Vide* art. 1.º, § 2.º, da Lei n. 8.906, de 4-7-1994.

Capítulo I
DA ESCRITURAÇÃO

Art. 114. No Registro Civil de Pessoas Jurídicas serão inscritos:

I – os contratos, os atos constitutivos, o estatuto ou compromissos das sociedades civis, religiosas, pias, morais, científicas, ou literárias, bem como o das fundações e das associações de utilidade pública;

II – as sociedades civis que revestirem as formas estabelecidas nas leis comerciais, salvo as anônimas;

III – os atos constitutivos e os estatutos dos partidos políticos.

•• Inciso III acrescentado pela Lei n. 9.096, de 19-9-1995.

Parágrafo único. No mesmo cartório será feito o registro dos jornais, periódicos, oficinas impressoras, empresas de radiodifusão e agências de notícias a que se refere o art. 8.º da Lei n. 5.250, de 9 de fevereiro de 1967.

•• O STF, no julgamento da ADPF n. 130-7, em 30-4-2009, declarou a não recepção da Lei n. 5.250, de 9-2-1967 (Lei de Imprensa), pela CF.

Art. 115. Não poderão ser registrados os atos constitutivos de pessoas jurídicas, quando o seu objeto ou circunstâncias relevantes indiquem destino ou atividades ilícitos, ou contrários, nocivos ou perigosos ao bem público, à segurança do Estado e da coletividade, à ordem pública ou social, à moral e aos bons costumes.

Parágrafo único. Ocorrendo qualquer dos motivos previstos neste artigo, o oficial do registro, de ofício ou por provocação de qualquer autoridade, sobrestará no processo de registro e suscitará dúvida para o juiz, que a decidirá.

Art. 116. Haverá, para o fim previsto nos artigos anteriores, os seguintes livros:

I – **Livro A, para os fins indicados nos incisos I e II do *caput* do art. 114 desta Lei; e**

•• Inciso I com redação determinada pela Lei n. 14.382, de 27-6-2022.

II – **Livro B, para matrícula das oficinas impressoras, jornais, periódicos, empresas de radiodifusão e agências de notícias.**

•• Inciso II com redação determinada pela Lei n. 14.382, de 27-6-2022.

Art. 117. Todos os exemplares de contratos, de atos, de estatuto e de publicações, registrados e arquivados, serão encadernados por períodos certos, acompanhados de índice que facilite a busca e o exame.

Art. 118. Os oficiais farão índices, pela ordem cronológica e alfabética, de todos os registros e arquivamentos, podendo adotar o sistema de fichas, mas ficando sempre responsáveis por qualquer erro ou omissão.

Art. 119. A existência legal das pessoas jurídicas só começa com o registro de seus atos constitutivos.

Parágrafo único. Quando o funcionamento da sociedade depender de aprovação da autoridade, sem esta não poderá ser feito o registro.

Capítulo II
DA PESSOA JURÍDICA

Art. 120. O registro das sociedades, fundações e partidos políticos consistirá na declaração, feita em livro, pelo oficial, do número de ordem, da data da apresentação e da espécie do ato constitutivo, com as seguintes indicações:

•• *Caput* com redação determinada pela Lei n. 9.096, de 19-9-1995.

I – a denominação, o fundo social, quando houver, os fins e a sede da associação ou fundação, bem como o tempo de sua duração;

II – o modo por que se administra e representa a sociedade, ativa e passivamente, judicial e extrajudicialmente;

III – se o estatuto, o contrato ou o compromisso é reformável, no tocante à administração, e de que modo;

IV – se os membros respondem ou não, subsidiariamente, pelas obrigações sociais;

V – as condições de extinção da pessoa jurídica e nesse caso o destino do seu patrimônio;

VI – os nomes dos fundadores ou instituidores e dos membros da diretoria, provisória ou definitiva, com indicação da nacionalidade, estado civil e profissão de cada um, bem como o nome e residência do apresentante dos exemplares.

Parágrafo único. Para o registro dos partidos políticos, serão obedecidos, além dos requisitos deste artigo, os estabelecidos em lei específica.

•• Parágrafo único acrescentado pela Lei n. 9.096, de 19-9-1995.

Art. 121. O registro será feito com base em uma via do estatuto, compromisso ou contrato, apresentada em papel ou em meio eletrônico, a requerimento do representante legal da pessoa jurídica.

•• *Caput* com redação determinada pela Lei n. 14.382, de 27-6-2022.

§ 1.º É dispensado o requerimento de que trata o *caput* deste artigo caso o representante legal da pessoa jurídica tenha subscrito o estatuto, compromisso ou contrato.

•• § 1.º acrescentado pela Lei n. 14.382, de 27-6-2022.

§ 2.º Os documentos apresentados em papel poderão ser retirados pelo apresentante nos 180 (cento e oitenta) dias após a data da certificação do registro ou da expedição de nota devolutiva.

•• § 2.º acrescentado pela Lei n. 14.382, de 27-6-2022.

§ 3.º Decorrido o prazo de que trata o § 2.º deste artigo, os documentos serão descartados.

•• § 3.º acrescentado pela Lei n. 14.382, de 27-6-2022.

Capítulo III

DO REGISTRO DE JORNAIS, OFICINAS IMPRESSORAS, EMPRESAS DE RADIODIFUSÃO E AGÊNCIAS DE NOTÍCIAS

Art. 122. No Registro Civil das Pessoas Jurídicas serão matriculados:

I – os jornais e demais publicações periódicas;

II – as oficinas impressoras de qualquer natureza, pertencentes a pessoas naturais ou jurídicas;

III – as empresas de radiodifusão que mantenham serviços de notícias, reportagens, comentários, debates e entrevistas;

IV – as empresas que tenham por objeto o agenciamento de notícias.

Art. 123. O pedido de matrícula conterá as informações e será instruído com os documentos seguintes:

I – no caso de jornais ou outras publicações periódicas:

a) título do jornal ou periódico, sede da redação, administração e oficinas impressoras, esclarecendo, quanto a estas, se são próprias ou de terceiros, e indicando, neste caso, os respectivos proprietários;

b) nome, idade, residência e prova da nacionalidade do diretor ou redator-chefe;

c) nome, idade, residência e prova da nacionalidade do proprietário;

d) se propriedade de pessoa jurídica, exemplar do respectivo estatuto ou contrato social e nome, idade, residência e prova da nacionalidade dos diretores, gerentes e sócios da pessoa jurídica proprietária;

II – nos casos de oficinas impressoras:

a) nome, nacionalidade, idade e residência do gerente e do proprietário, se pessoa natural;

b) sede da administração, lugar, rua e número onde funcionam as oficinas e denominações destas;

c) exemplar do contrato ou estatuto social, se pertencentes a pessoa jurídica;

III – no caso de empresas de radiodifusão:

a) designação da emissora, sede de sua administração e local das instalações do estúdio;

b) nome, idade, residência e prova de nacionalidade do diretor ou redator-chefe responsável pelos serviços de notícias, reportagens, comentários, debates e entrevistas;

IV – no caso de empresas noticiosas:

a) nome, nacionalidade, idade e residência do gerente e do proprietário, se pessoa natural;

b) sede da administração;

c) exemplar do contrato ou estatuto social, se pessoa jurídica.

§ 1.º As alterações em qualquer dessas declarações ou documentos deverão ser averbadas na matrícula no prazo de 8 (oito) dias.

§ 2.º A cada declaração a ser averbada deverá corresponder um requerimento.

Art. 124. A falta de matrícula das declarações, exigidas no artigo anterior, ou da averbação da alteração, será punida com multa que terá o valor de meio a 2 (dois) salários mínimos da região.

§ 1.º A sentença que impuser a multa fixará prazo, não inferior a 20 (vinte) dias, para matrícula ou alteração das declarações.

§ 2.º A multa será aplicada pela autoridade judiciária em representação feita pelo oficial, e cobrada por processo executivo, mediante ação do órgão competente.

§ 3.º Se a matrícula ou alteração não for efetivada no prazo referido no § 1.º deste artigo, o juiz poderá impor nova multa, agravando-a de 50% (cinquenta por cento) toda vez que seja ultrapassado de 10 (dez) dias o prazo assinalado na sentença.

Art. 125. Considera-se clandestino o jornal, ou outra publicação periódica, não matriculado nos termos do art. 122 ou de cuja matrícula não constem os nomes e as qualificações do diretor ou redator e do proprietário.

Art. 126. O processo de matrícula será o mesmo do registro prescrito no art. 121.

TÍTULO IV
DO REGISTRO DE TÍTULOS E DOCUMENTOS

•• A Lei n. 9.492, de 10-9-1997, define competência, regulamenta os serviços concernentes ao protesto de títulos e outros documentos de dívida e dá outras providências.

Capítulo I

DAS ATRIBUIÇÕES

Art. 127. No Registro de Títulos e Documentos será feita a transcrição:

I – dos instrumentos particulares, para a prova das obrigações convencionais de qualquer valor;

II – do penhor comum sobre coisas móveis;

III – da caução de títulos de crédito pessoal e da dívida pública federal, estadual ou municipal, ou de bolsa ao portador;

IV – (*Revogado pela Lei n. 14.382, de 27-6-2022.*)

V – do contrato de parceria agrícola ou pecuária;

VI – do mandado judicial de renovação do contrato de arrendamento para sua vigência, quer entre as partes contratantes, quer em face de terceiros (art. 19, § 2.º, do Decreto n. 24.150, de 20 de abril de 1934);

VII – facultativa, de quaisquer documentos, para sua conservação.

Parágrafo único. Caberá ao Registro de Títulos e Documentos a realização de quaisquer registros não atribuídos expressamente a outro ofício.

Art. 127-A. O registro facultativo para conservação de documentos ou conjunto de documentos de que trata o inciso VII do *caput* do art. 127 desta Lei terá a finalidade de arquivamento de conteúdo e data, não gerará efeitos em relação a terceiros e não poderá servir como instrumento para cobrança de dívidas, mesmo que de forma velada, nem para protesto, notificação extrajudicial, medida judicial ou negativação nos serviços de proteção ao crédito ou congêneres.

•• *Caput* acrescentado pela Lei n. 14.382, de 27-6-2022.

§ 1.º O acesso ao conteúdo do registro efetuado na forma prevista no *caput* deste artigo é restrito ao requerente, vedada a utilização do registro para qualquer outra finalidade, ressalvadas:

•• § 1.º, *caput*, acrescentado pela Lei n. 14.382, de 27-6-2022.

I – requisição da autoridade tributária, em caso de negativa de autorização sem justificativa aceita; e

•• Inciso I acrescentado pela Lei n. 14.382, de 27-6-2022.

II – determinação judicial.

•• Inciso II acrescentado pela Lei n. 14.382, de 27-6-2022.

§ 2.º Quando se tratar de registro para fins de conservação de documentos de interesse fiscal, administrativo ou judicial, o apresentante poderá autorizar, a qualquer momento, a sua disponibilização para os órgãos públicos pertinentes, que poderão acessá-los por meio do Serp, sem ônus, nos termos estabelecidos pela Corregedoria Nacional de Justiça do Conselho Nacional de Justiça, dispensada a guarda pelo apresentante.

•• § 2.º acrescentado pela Lei n. 14.382, de 27-6-2022.

§ 3.º A certificação do registro será feita por termo, com indicação do número total de páginas registradas, dispensada a chancela ou rubrica em qualquer uma delas.

•• § 3.º acrescentado pela Lei n. 14.382, de 27-6-2022.

§ 4.º (*Vetado.*)

•• § 4.º acrescentado pela Lei n. 14.382, de 27-6-2022.

Art. 128. À margem dos respectivos registros, serão averbadas quaisquer ocorrências que os alterem, quer em relação às obrigações, quer em atinência às pessoas que nos atos figurem, inclusive quanto à prorrogação dos prazos.

Art. 129. Estão sujeitos a registro, no Registro de Títulos e Documentos, para surtir efeitos em relação a terceiros:

1.º) os contratos de locação de prédios, sem prejuízo do disposto no art. 167, I, 3;

2.º) (*Revogado pela Lei n. 14.382, de 27-6-2022.*)

3.º) as cartas de fiança, em geral, feitas por instrumento particular, seja qual for a natureza do compromisso por elas abonado;

4.º) os contratos de locação de serviços não atribuídos a outras repartições;

5.º) os contratos de compra e venda em prestações, com reserva de domínio ou não, qualquer que seja a forma de que se revistam, e os contratos de alienação ou de promessas de venda referentes a bens móveis;

•• Item 5 com redação determinada pela Lei n. 14.382, de 27-6-2022.

6.º) todos os documentos de procedência estrangeira, acompanhados das respectivas traduções, para produzirem efeitos em repartições da União, dos Estados, do Distrito Federal, dos Territórios e dos Municípios ou em qualquer instância, juízo ou tribunal;

7.º) as quitações, recibos e contratos de compra e venda de automóveis, bem como o penhor destes, qualquer que seja a forma que revistam;

8.º) os atos administrativos expedidos para cumprimento de decisões judiciais, sem trânsito em julgado, pelas quais for determinada a entrega, pelas alfândegas e mesas de renda, de bens e mercadorias procedentes do Exterior;

9.º) os instrumentos de sub-rogação e de dação em pagamento;

•• Item 9 com redação determinada pela Lei n. 14.382, de 27-6-2022.

10.º) a cessão de direitos e de créditos, a reserva de domínio e a alienação fiduciária de bens móveis; e

•• Item 10.º acrescentado pela Lei n. 14.382, de 27-6-2022.

11.º) as constrições judiciais ou administrativas sobre bens móveis corpóreos e sobre direitos de crédito.

•• Item 11.º acrescentado pela Lei n. 14.382, de 27-6-2022.

§ 1.º A inscrição em dívida ativa da Fazenda Pública não se sujeita ao registro de que trata o *caput* deste artigo para efeito da presunção de fraude de que trata o art. 185 da Lei n. 5.172, de 25 de outubro de 1966 (Código Tributário Nacional).

•• § 1.º acrescentado pela Lei n. 14.382, de 27-6-2022.

§ 2.º O disposto no *caput* deste artigo não se aplica ao registro e à constituição de ônus e de gravames previstos em legislação específica, inclusive o estabelecido:

•• § 2.º, *caput*, acrescentado pela Lei n. 14.382, de 27-6-2022.

I – na Lei n. 9.503, de 23 de setembro de 1997 (Código de Trânsito Brasileiro); e

•• Inciso I acrescentado pela Lei n. 14.382, de 27-6-2022.

II – no art. 26 da Lei n. 12.810, de 15 de maio de 2013.

•• Inciso II acrescentado pela Lei n. 14.382, de 27-6-2022.

Art. 130. Dentro do prazo de 20 (vinte) dias da data da sua assinatura pelas partes, todos os atos enumerados nos arts. 127 e 129 serão registrados no domicílio das partes contratantes e, quando residam estas em circunscrições territoriais diversas, far-se-á o registro em todas elas.

•• A Lei n. 14.382, de 27-6-2022, em vigor em 1.º-1-2024, dá nova redação a este artigo:

"Art. 130. Os atos enumerados nos arts. 127 e 129 desta Lei serão registrados no domicílio:

I – das partes, quando residirem na mesma circunscrição territorial;

II – de um dos devedores ou garantidores, quando as partes residirem em circunscrições territoriais diversas; ou

III – de uma das partes, quando não houver devedor ou garantidor.

§ 1.º Os atos de que trata este artigo produzirão efeitos a partir da data do registro.

§ 2.º O registro de títulos e documentos não exigirá reconhecimento de firma, e caberá exclusivamente ao apresentante a responsabilidade pela autenticidade das assinaturas constantes de documento particular.

§ 3.º O documento de quitação ou de exoneração da obrigação constante do título registrado, quando apresentado em meio físico, deverá conter o reconhecimento de firma do credor."

•• A Lei n. 13.190, de 19-11-2015, propôs nova redação para este *caput*, porém teve seu texto vetado.

Parágrafo único. Os registros de documentos apresentados, depois de findo o prazo, produzirão efeitos a partir da data da apresentação.

•• A Lei n. 13.190, de 19-11-2015, propôs nova redação e renumeração para este parágrafo único, e o acréscimo do § 2.º, porém teve seu texto vetado.

Art. 131. Os registros referidos nos artigos anteriores serão feitos independentemente de prévia distribuição.

•• A Lei n. 13.190, de 19-11-2015, propôs nova redação para este artigo, porém teve seu texto vetado.

Capítulo II
DA ESCRITURAÇÃO

Art. 132. No registro de títulos e documentos, haverá os seguintes livros:

•• *Caput* com redação determinada pela Lei n. 14.382, de 27-6-2022.

I – Livro A – protocolo para apontamentos de todos os títulos, documentos e papéis apresentados, diariamente, para serem registrados, ou averbados;

II – Livro B – para trasladação integral de títulos e documentos, sua conservação e validade contra terceiros, ainda que registrados por extratos em outros livros;

III – Livro C – para inscrição, por extração, de títulos e documentos, a fim de surtirem efeitos em relação a terceiros e autenticação de data;

IV – Livro D – indicador pessoal, substituível pelo sistema de fichas, a critério e sob a responsabilidade do oficial, o qual é obrigado a fornecer com presteza as certidões pedidas pelos nomes das partes que figurarem, por qualquer modo, nos livros de registros;

•• Inciso IV com redação determinada pela Lei n. 14.382, de 27-6-2022.

V – Livro E – indicador real, para matrícula de todos os bens móveis que figurarem nos demais livros, devendo conter sua identificação, referência aos números de ordem dos outros livros e anotações necessárias, inclusive direitos e ônus incidentes sobre eles;

•• Inciso V acrescentado pela Lei n. 14.382, de 27-6-2022.

VI – Livro F – para registro facultativo de documentos ou conjunto de documentos para conservação de que tratam o inciso VII do *caput* do art. 127 e o art. 127-A desta Lei; e

•• Inciso VI acrescentado pela Lei n. 14.382, de 27-6-2022.

VII – Livro G – indicador pessoal específico para repositório dos nomes dos apresentantes que figurarem no Livro F, do qual deverá constar o respectivo número do re-

gistro, o nome do apresentante e o seu número de inscrição no Cadastro de Pessoas Físicas da Secretaria Especial da Receita Federal do Brasil do Ministério da Economia ou, no caso de pessoa jurídica, a denominação do apresentante e o seu número de inscrição no Cadastro Nacional da Pessoa Jurídica da Secretaria Especial da Receita Federal do Brasil do Ministério da Economia.

•• Inciso VII acrescentado pela Lei n. 14.382, de 27-6-2022.

Art. 133. Na parte superior de cada página do livro se escreverá o título, a letra com o número e o ano em que começar.

Art. 134. O juiz, em caso de afluência de serviço, poderá autorizar o desdobramento dos livros de registro para escrituração das várias espécies de atos, sem prejuízo da unidade do protocolo e de sua numeração em ordem rigorosa.

Parágrafo único. Esses livros desdobrados terão as indicações de E, F, G, H etc.

Art. 135. O protocolo deverá conter colunas para as seguintes anotações:

1.º) número de ordem, continuando, indefinidamente, nos seguintes;

2.º) dia e mês;

3.º) natureza do título e qualidade do lançamento (integral, resumido, penhor etc.);

4.º) o nome do apresentante;

5.º) anotações e averbações.

Parágrafo único. Em seguida ao registro, far-se-á, no protocolo, remissão ao número da página do livro em que foi ele lançado, mencionando-se, também, o número e a página de outros livros em que houver qualquer nota ou declaração concernente ao mesmo ato.

Art. 136. O livro de registro integral de títulos será escriturado nos termos do art. 142, lançando-se, antes de cada registro, o número de ordem, a data do protocolo e o nome do apresentante, e conterá colunas para as seguintes declarações:

1.º) número de ordem;

2.º) dia e mês;

3.º) transcrição;

4.º) anotações e averbações.

Art. 137. O livro de registro, por extrato, conterá colunas para as seguintes declarações:

1.º) número de ordem;

2.º) dia e mês;

3.º) espécie e resumo do título;

4.º) anotações e averbações.

Art. 138. O indicador pessoal será dividido alfabeticamente para a indicação do nome de todas as pessoas que, ativa ou passivamente, individual ou coletivamente, figurarem nos livros de registro e deverá conter, além dos nomes das pessoas, referências aos números de ordem e páginas dos outros livros e anotações.

Art. 139. Se a mesma pessoa já estiver mencionada no indicador, somente se fará, na coluna das anotações, uma referência ao número de ordem, página e número do livro em que estiver lançado o novo registro ou averbação.

Art. 140. Se no mesmo registro, ou averbação, figurar mais de uma pessoa, ativa ou passivamente, o nome de cada uma será lançado distintamente, no indicador, com referência recíproca na coluna das anotações.

Art. 141. *(Revogado pela Lei n. 14.382, de 27-6-2022.)*

Capítulo III
DA TRANSCRIÇÃO E DA AVERBAÇÃO

Art. 142. O registro integral dos documentos consistirá na trasladação dos mesmos, com a mesma ortografia e pontuação, com referências às entrelinhas ou quaisquer acréscimos, alterações, defeitos ou vícios que tiver o original apresentado, e, bem assim, com menção precisa aos seus característicos exteriores e às formalidades legais, podendo a transcrição dos documentos mercantis, quando levados a registro, ser feita na mesma disposição gráfica em que estiverem escritos, se o interessado assim o desejar.

§ 1.º Feita a trasladação, na última linha, de maneira a não ficar espaço em branco, será conferida e realizado o seu encerramento, depois do que o oficial, seu substituto legal ou escrevente designado pelo oficial e autorizado pelo juiz competente, ainda que o primeiro não esteja afastado, assinará o seu nome por inteiro.

§ 2.º Tratando-se de documento impresso, idêntico a outro já anteriormente registrado na íntegra, no mesmo livro, poderá o registro limitar-se a consignar o nome das partes contratantes, as características do objeto e demais dados constantes dos claros preenchidos, fazendo-se remissão, quanto ao mais, àquele já registrado.

Art. 143. O registro resumido consistirá na declaração da natureza do título, do documento ou papel, valor, prazo, lugar em que tenha sido feito, nome e condição jurídica das partes, nomes das testemunhas, data da assinatura e do reconhecimento de firma por tabelião, se houver, o nome deste, o do apresentante, o número de ordem e a data do protocolo, e da averbação, a importância e a qualidade do imposto pago, depois do que será datado e rubricado pelo oficial ou servidores referidos no art. 142, § 1.º.

Arts. 144 e 145. *(Revogados pela Lei n. 14.382, de 27-6-2022.)*

Capítulo IV
DA ORDEM DO SERVIÇO

Art. 146. Apresentado o título ou documento para registro ou averbação, serão anotados, no protocolo, a data de sua apresentação, sob o número de ordem que se seguir imediatamente, a natureza do instrumento, a espécie de lançamento a fazer (registro integral ou resumido, ou averbação), o nome do apresentante, reproduzindo-se as declarações relativas ao número de ordem, à data, e à espécie de lançamento a fazer no corpo do título, do documento ou do papel.

Art. 147. Protocolizado o título ou documento, far-se-á, em seguida, no livro respectivo, o lançamento (registro integral ou resumido, ou averbação) e, concluído este, declarar-se-á no corpo do título, documento ou papel, o número de ordem e a data do procedimento no livro competente, rubricando o oficial ou os servidores referidos no art. 142, § 1.º, esta declaração e as demais folhas do título, do documento ou do papel.

Art. 148. Os títulos, documentos e papéis escritos em língua estrangeira, uma vez adotados os caracteres comuns, poderão ser registrados no original, para o efeito da sua conservação ou perpetuidade. Para produzirem efeitos legais no País e para valerem contra terceiros, deverão, entretanto, ser vertidos em vernáculo e registrada a tradução, o que, também, se observará em relação às procurações lavradas em língua estrangeira.

Parágrafo único. Para o registro resumido, os títulos, documentos ou papéis em língua estrangeira, deverão ser sempre traduzidos.

Art. 149. Depois de concluídos os lançamentos nos livros respectivos, será feita, nas anotações do protocolo, referência ao número de ordem sob o qual tiver sido feito o registro, ou a averbação, no livro respectivo, datando e rubricando, em seguida, o oficial ou os servidores referidos no art. 142, § 1.º.

Art. 150. O apontamento do título, documento ou papel no protocolo será feito, seguida e imediatamente um depois do outro. Sem prejuízo da numeração individual de cada documento, se a mesma pessoa apresentar simultaneamente diversos documentos de idêntica natureza, para lançamento da mesma espécie, serão eles lançados no protocolo englobadamente.

Parágrafo único. Onde terminar cada apontamento, será traçada uma linha horizontal, separando-o do seguinte, sendo lavrado, no fim do expediente diário, o termo de encerramento do próprio punho do oficial, por ele datado e assinado.

Art. 151. O lançamento dos registros e das averbações nos livros respectivos será feito, também seguidamente, na ordem de prioridade do seu apontamento no protocolo, quando não for obstado por ordem de autoridade judiciária competente, ou por dúvida superveniente; neste caso, seguir-se-ão os registros ou averbações dos imediatos, sem prejuízo da data autenticada pelo competente apontamento.

Art. 152. Cada registro ou averbação será datado e assinado por inteiro, pelo oficial ou pelos servidores referidos no art. 142, § 1.º, separados, um do outro, por uma linha horizontal.

Art. 153. Os títulos terão sempre um número diferente, segundo a ordem de apresentação, ainda que se refiram à mesma pessoa. O registro e a averbação deverão ser imediatos, e, quando não o puderem ser, por acúmulo de serviço, o lançamento será feito no prazo estritamente necessário, e sem prejuízo da ordem da prenotação. Em qualquer desses casos, o oficial, depois de haver dado entrada no protocolo e lançado no corpo do título as declarações prescritas, fornecerá um recibo contendo a declaração da data da apresentação, o número de ordem desta no protocolo e a indicação do dia em que deverá ser entregue, devidamente legalizado; o recibo será restituído pelo apresentante contra a devolução do documento.

Art. 154. Nos termos de encerramento diário do protocolo, lavrados ao findar a hora regulamentar, deverão ser mencionados, pelos respectivos números, os títulos apresentados cujos registros ficarem adiados, com a declaração dos motivos do adiamento.

Parágrafo único. Ainda que o expediente continue para ultimação do serviço, nenhuma nova apresentação será admitida depois da hora regulamentar.

Art. 155. Quando o título, já registrado por extrato, for levado a registro integral, ou for exigido simultaneamente pelo apresentante o duplo registro, mencionar-se-á essa circunstância no lançamento posterior e, nas anotações do protocolo, far-se-ão referências recíprocas para verificação das diversas espécies de lançamento do mesmo título.

Art. 156. O oficial deverá recusar registro a título e a documento que não se revistam das formalidades legais.

Parágrafo único. Se tiver suspeita de falsificação, poderá o oficial sobrestar no registro, depois de protocolado o documento, até notificar o apresentante dessa circunstância; se este insistir, o registro será feito com essa nota, podendo o oficial, entretanto, submeter a dúvida ao juiz competente, ou notificar o signatário para assistir ao registro, mencionando também as alegações pelo último aduzidas.

Art. 157. O oficial, salvo quando agir de má-fé, devidamente comprovada, não será responsável pelos danos decorrentes da anulação do registro, ou da averbação, por vício intrínseco ou extrínseco do documento, título ou papel, mas, tão somente, pelos erros ou vícios no processo do registro.

Art. 158. (*Revogado pela Lei n. 14.382, de 27-6-2022.*)

•• O texto revogado dizia: "Art. 158. As procurações deverão trazer reconhecidas as firmas dos outorgantes".

Art. 159. As folhas do título, documento ou papel que tiver sido registrado e as das certidões serão rubricadas pelo oficial, antes de entregues aos apresentantes. As declarações no protocolo, bem como as dos registros e das averbações lançadas no título, documento ou papel e as respectivas datas poderão ser apostas por carimbo, sendo, porém, para autenticação, de próprio punho do oficial, ou de quem suas vezes fizer, a assinatura ou a rubrica.

Art. 160. O oficial será obrigado, quando o apresentante o requerer, a notificar do registro ou da averbação os demais interessados que figurarem no título, documento, ou papel apresentado, e a quaisquer terceiros que lhes sejam indicados, podendo requisitar dos oficiais de registro, em outros Municípios, as notificações necessárias. Por esse processo, também, poderão ser feitos avisos, denúncias e notificações, quando não for exigida a intervenção judicial.

§ 1.º Os certificados de notificação ou da entrega de registros serão lavrados nas colunas das anotações, no livro competente, à margem dos respectivos registros.

•• A Lei n. 13.190, de 19-11-2015, propôs nova redação para este § 1.º, porém teve seu texto vetado.

§ 2.º O serviço das notificações e demais diligências poderá ser realizado por escreventes designados pelo oficial e autorizados pelo juiz competente.

•• A Lei n. 13.190, de 19-11-2015, propôs nova redação para este § 2.º, porém teve seu texto vetado.

Art. 161. As certidões do registro de títulos e documentos terão a mesma eficácia e o mesmo valor probante dos documentos originais registrados, físicos ou nato-digitais, ressalvado o incidente de falsidade destes, oportunamente levantado em juízo.

•• *Caput* com redação determinada pela Lei n. 14.382, de 27-6-2022.

§§ 1.º e 2.º (*Revogados pela Lei n. 14.382, de 27-6-2022.*)

Art. 162. O fato da apresentação de um título, documento ou papel, para registro ou averbação, não constituirá, para o apresentante, direito sobre o mesmo, desde que não seja o próprio interessado.

Art. 163. Os tabeliães e escrivães, nos atos que praticarem, farão sempre referência ao livro e à folha do registro de títulos e documentos em que tenham sido trasladados os mandatos de origem estrangeira, a que tenham de reportar-se.

Capítulo V
DO CANCELAMENTO

Art. 164. O cancelamento poderá ser feito em virtude de sentença ou de documento autêntico de quitação ou de exoneração do título registrado.

Art. 165. Apresentado qualquer dos documentos referidos no artigo anterior, o oficial certificará, na coluna das averbações do livro respectivo, o cancelamento e a razão dele, mencionando-se o documento que o autorizou, datando e assinando a certidão, de tudo fazendo referência nas anotações do protocolo.

Parágrafo único. Quando não for suficiente o espaço da coluna das averbações, será feito novo registro, com referências recíprocas, na coluna própria.

Art. 166. Os requerimentos de cancelamento serão arquivados com os documentos que os instruírem.

Título V
DO REGISTRO DE IMÓVEIS

Capítulo I
DAS ATRIBUIÇÕES

Art. 167. No Registro de Imóveis, além da matrícula, serão feitos:

I – o registro:

1) da instituição de bem de família;

2) das hipotecas legais, judiciais e convencionais;

3) dos contratos de locação de prédios, nos quais tenha sido consignada cláusula de vigência no caso de alienação da coisa locada;

4) do penhor de máquinas e de aparelhos utilizados na indústria, instalados e em funcionamento, com os respectivos pertences ou sem eles;

5) das penhoras, arrestos e sequestros de imóveis;

6) das servidões em geral;

7) do usufruto e do uso sobre imóveis e da habitação, quando não resultarem do direito de família;

8) das rendas constituídas sobre imóveis ou a eles vinculadas por disposição de última vontade;

9) dos contratos de compromisso de compra e venda de cessão deste e de promessa de cessão, com ou sem cláusula de arrependimento, que tenham por objeto imóveis não loteados e cujo preço tenha sido pago no ato de sua celebração, ou deva sê-lo a prazo, de uma só vez ou em prestações;

10) da enfiteuse;

11) da anticrese;

12) das convenções antenupciais;

13) (*Revogado pela Lei n. 13.986, de 7-4-2020.*)

14) das cédulas de crédito industrial;

15) dos contratos de penhor rural;

16) dos empréstimos por obrigações ao portador ou debêntures, inclusive as conversíveis em ações;

17) das incorporações, instituições e convenções de condomínio;

18) **dos contratos de promessa de venda, cessão ou promessa de cessão de unidades autônomas condominiais e de promessa de**

permuta, a que se refere a Lei n. 4.591, de 16 de dezembro de 1964, quando a incorporação ou a instituição de condomínio se formalizar na vigência desta Lei;

•• Item 18 com redação determinada pela Lei n. 14.382, de 27-6-2022.

19) dos loteamentos urbanos e rurais;

20) dos contratos de promessa de compra e venda de terrenos loteados em conformidade com o Decreto-lei n. 58, de 10 de dezembro de 1937, e respectiva cessão e promessa de cessão, quando o loteamento se formalizar na vigência desta Lei;

•• O parcelamento do solo urbano é regulado pela Lei n. 6.766, de 19-12-1979.

21) das citações de ações reais ou pessoais reipersecutórias, relativas a imóveis;

22) (*Revogado pela Lei n. 6.850, de 12-11-1980.*)

23) dos julgados e atos jurídicos entre vivos que dividirem imóveis ou os demarcarem inclusive nos casos de incorporação que resultarem em constituição de condomínio e atribuírem uma ou mais unidades aos incorporadores;

24) das sentenças que nos inventários, arrolamentos e partilhas adjudicarem bens de raiz em pagamento das dívidas da herança;

25) dos atos de entrega de legados de imóveis, dos formais de partilha e das sentenças de adjudicação em inventário ou arrolamento quando não houver partilha;

26) da arrematação e da adjudicação em hasta pública;

27) do dote;

28) das sentenças declaratórias de usucapião;

•• Item 28 com redação determinada pela Medida Provisória n. 2.220, de 4-9-2001.

29) da compra e venda pura e da condicional;

30) da permuta e da promessa de permuta

•• Item 30 com redação determinada pela Lei n. 14.382, de 27-6-2022.

31) da dação em pagamento;

32) da transferência de imóvel a sociedade, quando integrar quota social;

33) da doação entre vivos;

34) da desapropriação amigável e das sentenças que, em processo de desapropriação, fixarem o valor da indenização;

35) da alienação fiduciária em garantia de coisa imóvel;

•• Item 35 acrescentado pela Lei n. 9.514, de 20-11-1997.

36) da imissão provisória na posse, quando concedida à União, aos Estados, ao Distrito Federal, aos Municípios ou às suas entidades delegadas, e respectiva cessão e promessa de cessão;

•• Item 36 com redação determinada pela Lei n. 12.424, de 16-6-2011.

37) dos termos administrativos ou das sentenças declaratórias da concessão de uso especial para fins de moradia;

•• Item 37 com redação determinada pela Medida Provisória n. 2.220, de 4-9-2001.

38) (*Vetado.*)

•• Item 38 acrescentado pela Lei n. 10.257, de 10-7-2001.

39) da constituição do direito de superfície de imóvel urbano;

•• Item 39 acrescentado pela Lei n. 10.257, de 10-7-2001.

•• A Lei n. 13.465, de 11-7-2017, propôs a revogação deste item 39, todavia teve seu texto vetado.

40) do contrato de concessão de direito real de uso de imóvel público;

•• Item 40 acrescentado pela Medida Provisória n. 2.220, de 4-9-2001.

41) da legitimação de posse;

•• Item 41 acrescentado pela Lei n. 11.977, de 7-7-2009.

42) da conversão da legitimação de posse em propriedade, prevista no art. 60 da Lei n. 11.977, de 7 de julho de 2009;

•• Item 42 acrescentado pela Lei n. 12.424, de 16-6-2011.

43) da Certidão de Regularização Fundiária (CRF);

•• Item 43 acrescentado pela Lei n. 13.465, de 11-7-2017.

44) da legitimação fundiária;

•• Item 44 com redação determinada pela Lei n. 14.382, de 27-6-2022.

45) do contrato de pagamento por serviços ambientais, quando este estipular obrigações de natureza *propter rem*; e

•• Item 45 com redação determinada pela Lei n. 14.382, de 27-6-2022.

46) do ato de tombamento definitivo, sem conteúdo financeiro;

•• Item 46 acrescentado pela Lei n. 14.382, de 27-6-2022.

47) do patrimônio rural em afetação em garantia;

•• Item 47 acrescentado pela Lei n. 14.421, de 20-7-2022.

II – a averbação:

1) das convenções antenupciais e do regime de bens diversos do legal, nos registros referentes a imóveis ou a direitos reais pertencentes a qualquer dos cônjuges, inclusive os adquiridos posteriormente ao casamento;

2) por cancelamento, da extinção dos ônus e direitos reais;

3) dos contratos de promessa de compra e venda, das cessões e das promessas de cessão a que alude o Decreto-lei n. 58, de 10 de dezembro de 1937, quando o loteamento se tiver formalizado anteriormente à vigência desta Lei;

•• *Vide* Lei n. 6.766, de 19-12-1979.

4) da mudança de denominação e de numeração dos prédios, da edificação, da reconstrução, da demolição, do desmembramento e do loteamento de imóveis;

5) da alteração do nome por casamento ou por desquite, ou, ainda, de outras circunstâncias que, de qualquer modo, tenham influência no registro ou nas pessoas nele interessadas;

•• *Vide* Lei n. 6.515, de 26-12-1977.

•• *Vide* arts. 5.º, I, e 226, § 5.º, da CF.

6) dos atos pertinentes a unidades autônomas condominiais a que alude a Lei n. 4.591, de 16 de dezembro de 1964, quando a incorporação tiver sido formalizada anteriormente à vigência desta Lei;

7) das cédulas hipotecárias;

8) da caução e da cessão fiduciária de direitos reais relativos a imóveis;

•• Item 8 com redação determinada pela Lei n. 14.382, de 27-6-2022.

9) das sentenças de separação de dote;

10) do restabelecimento da sociedade conjugal;

11) das cláusulas de inalienabilidade, impenhorabilidade e incomunicabilidade impostas a imóveis, bem como da constituição de fideicomisso;

12) das decisões, recursos e seus efeitos, que tenham por objeto atos ou títulos registrados ou averbados;

13) *ex officio*, dos nomes dos logradouros, decretados pelo poder público;

14) das sentenças de separação judicial, de divórcio e de nulidade ou anulação de casamento, quando nas respectivas partilhas existirem imóveis ou direitos reais sujeitos a registro;

•• Item 14 acrescentado pela Lei n. 6.850, de 12-11-1980.

15) da rerratificação do contrato de mútuo com pacto adjeto de hipoteca em favor de entidade integrante do Sistema Financeiro da Habitação, ainda que importando elevação da dívida, desde que mantidas as mesmas partes e que inexista outra hipoteca registrada em favor de terceiros;

•• Item 15 acrescentado pela Lei n. 6.941, de 14-9-1981.

16) do contrato de locação, para os fins de exercício de direito de preferência;

•• Item 16 acrescentado pela Lei n. 8.245, de 18-10-1991.

17) do Termo de Securitização de créditos imobiliários, quando submetidos a regime fiduciário.

•• Item 17 acrescentado pela Lei n. 9.514, de 20-11-1997.

18) da notificação para parcelamento, edificação ou utilização compulsórios de imóvel urbano;

•• Item 18 acrescentado pela Lei n. 10.257, de 10-7-2001.

19) da extinção da concessão de uso especial para fins de moradia;

•• Item 19 acrescentado pela Lei n. 10.257, de 10-7-2001.

20) da extinção do direito de superfície do imóvel urbano;

•• Item 20 acrescentado pela Lei n. 10.257, de 10-7-2001.

•• A Lei n. 13.465, de 11-7-2017, propôs a revogação deste item 20, todavia teve seu texto vetado.

21) da cessão do crédito com garantia real sobre imóvel, ressalvado o disposto no item 35 deste inciso;

•• Item 21 com redação determinada pela Lei n. 14.382, de 27-6-2022.

22) da reserva legal;

•• Item 22 acrescentado pela Lei n. 11.284, de 2-3-2006.

•• A Lei n. 12.727, de 17-10-2012, propôs a revogação deste item, todavia, sofreu veto presidencial.

23) da servidão ambiental;

•• Item 23 acrescentado pela Lei n. 11.284, de 2-3-2006.

24) do destaque de imóvel de gleba pública originária;

•• Item 24 acrescentado pela Lei n. 11.952, de 25-6-2009.

•• A Medida Provisória n. 458, de 10-2-2009, que foi convertida na Lei n. 11.952, de 25-6-2009, acrescentava os itens 24 e 25 a este inciso. Porém, na conversão, passou a acrescentar apenas o item 24 sem mencionar o item 25.

26) do auto de demarcação urbanística;

•• Item 26 acrescentado pela Lei n. 11.977, de 7-7-2009.

27) da extinção da legitimação de posse;

•• Item 27 acrescentado pela Lei n. 12.424, de 16-6-2011.

28) da extinção da concessão de uso especial para fins de moradia;

•• Item 28 acrescentado pela Lei n. 12.424, de 16-6-2011.

29) da extinção da concessão de direito real de uso;

•• Item 29 acrescentado pela Lei n. 12.424, de 16-6-2011.

30) da sub-rogação de dívida, da respectiva garantia fiduciária ou hipotecária e da alteração das condições contratuais, em nome do credor que venha a assumir essa condição nos termos do art. 31 da Lei n. 9.514, de 20 de novembro de 1997, ou do art. 347 da Lei n. 10.406, de 10 de janeiro de 2002 (Código Civil), realizada em ato único, a requerimento do interessado, instruído com documento comprobatório firmado pelo credor original e pelo mutuário, ressalvado o disposto no item 35 deste inciso;

•• Item 30 com redação determinada pela Lei n. 14.382, de 27-6-2022.

31) da certidão de liberação de condições resolutivas dos títulos de domínio resolúvel emitidos pelos órgãos fundiários;

•• Item 31 acrescentado pela Lei n. 13.465, de 11-7-2017.

32) do termo de quitação de contrato de compromisso de compra e venda registrado e do termo de quitação dos instrumentos públicos ou privados oriundos da implantação de empreendimentos ou de processo de regularização fundiária, firmado pelo empreendedor proprietário de imóvel ou pelo promotor do empreendimento ou da regularização fundiária objeto de loteamento, desmembramento, condomínio de qualquer modalidade ou de regularização fundiária, exclusivamente para fins de exoneração da sua responsabilidade sobre tributos municipais incidentes sobre o imóvel perante o Município, não implicando transferência de domínio ao compromissário comprador ou ao beneficiário da regularização.

•• Item 32 acrescentado pela Lei n. 13.465, de 11-7-2017.

34) da existência dos penhores previstos no art. 178 desta Lei, de ofício, sem conteúdo financeiro, por ocasião do registro no livro auxiliar em relação a imóveis de titularidade do devedor pignoratício ou a imóveis objeto de contratos registrados no Livro n. 2 – Registro Geral;

•• Item 34 acrescentado pela Lei n. 14.382, de 27-6-2022.

•• Numeração conforme publicação oficial.

35) da cessão de crédito ou da sub-rogação de dívida decorrentes de transferência do financiamento com garantia real sobre imóvel, nos termos do Capítulo II-A da Lei n. 9.514, de 20 de novembro de 1997; e

•• Item 35 acrescentado pela Lei n. 14.382, de 27-6-2022.

•• Numeração conforme publicação oficial.

36) do processo de tombamento de bens imóveis e de seu eventual cancelamento, sem conteúdo financeiro.

•• Item 36 acrescentado pela Lei n. 14.382, de 27-6-2022.

•• Numeração conforme publicação oficial.

Parágrafo único. O registro previsto no item 3 do inciso I do *caput* e a averbação prevista no item 16 do inciso II do *caput* deste artigo serão efetuados no registro de imóveis da circunscrição onde o imóvel estiver matriculado, mediante apresentação de uma via do contrato assinado pelas partes, admitida a forma eletrônica e bastando a coincidência entre o nome de um dos proprietários e o do locador.

•• Parágrafo único acrescentado pela Lei n. 14.382, de 27-6-2022.

Art. 168. Na designação genérica de registro, consideram-se englobadas a inscrição e a transcrição a que se referem as leis civis.

Art. 169. Todos os atos enumerados no art. 167 desta Lei são obrigatórios e serão efetuados na serventia da situação do imóvel, observado o seguinte:

•• *Caput* com redação determinada pela Lei n. 14.382, de 27-6-2022.

I – as averbações serão efetuadas na matrícula ou à margem do registro a que se referirem, ainda que o imóvel tenha passado a pertencer a outra circunscrição, observado o disposto no inciso I do § 1.º e no § 18 do art. 176 desta Lei;

•• Inciso I com redação determinada pela Lei n. 14.382, de 27-6-2022.

II – para o imóvel situado em duas ou mais circunscrições, serão abertas matrículas em ambas as serventias dos registros públicos; e

•• Inciso II com redação determinada pela Lei n. 14.382, de 27-6-2022.

III – (*Revogado pela Lei n. 14.382, de 27-6-2022.*)

IV – aberta matrícula na serventia da situação do imóvel, o oficial comunicará o fato à serventia de origem, para o encerramento, de ofício, da matrícula anterior.

•• Inciso IV acrescentado pela Lei n. 14.382, de 27-6-2022.

§ 1.º O registro do loteamento e do desmembramento que abranger imóvel localizado em mais de uma circunscrição imobiliária observará o disposto no inciso II do *caput* deste artigo, e as matrículas das unidades imobiliárias deverão ser abertas na serventia do registro de imóveis da circunscrição em que estiver situada a unidade imobiliária, procedendo-se às averbações remissivas.

•• § 1.º acrescentado pela Lei n. 14.382, de 27-6-2022.

§ 2.º As informações relativas às alterações de denominação de logradouro e de numeração predial serão enviadas pelo Município à serventia do registro de imóveis da circunscrição onde estiver situado o imóvel, por meio do Serp, e as informações de alteração de numeração predial poderão ser arquivadas para uso oportuno e a pedido do interessado.

•• § 2.º acrescentado pela Lei n. 14.382, de 27-6-2022.

§ 3.º Na hipótese prevista no inciso II do *caput* deste artigo, as matrículas serão abertas:

•• § 3.º, *caput*, acrescentado pela Lei n. 14.382, de 27-6-2022.

I – com remissões recíprocas;

•• Inciso I acrescentado pela Lei n. 14.382, de 27-6-2022.

II – com a prática dos atos de registro e de averbação apenas no registro de imóveis da circunscrição em que estiver situada a maior área, averbando-se, sem conteúdo financeiro, a circunstância na outra serventia; e

•• Inciso II acrescentado pela Lei n. 14.382, de 27-6-2022.

III – se a área for idêntica em ambas as circunscrições, adotar-se-á o mesmo procedimento e proceder-se-á aos registros e às averbações na serventia de escolha do interessado, averbada a circunstância na outra serventia, sem conteúdo financeiro.

•• Inciso III acrescentado pela Lei n. 14.382, de 27-6-2022.

§ 1.º O registro do loteamento e do desmembramento que abranger imóvel localizado em mais de uma circunscrição imobiliária observará o disposto no inciso II do *caput* deste artigo, e as matrículas das unidades imobiliárias deverão ser abertas na serventia do registro de imóveis da circunscrição em que estiver situada a unidade imobiliária, procedendo-se às averbações remissivas.

•• § 1.º acrescentado pela Lei n. 14.382, de 27-6-2022.

§ 2.º As informações relativas às alterações de denominação de logradouro e de numeração predial serão enviadas pelo Município à serventia do registro de imóveis da circunscrição onde estiver situado o imóvel, por meio do Serp, e as informações de alteração de numeração predial poderão ser arquivadas para uso oportuno e a pedido do interessado.

•• § 2.º acrescentado pela Lei n. 14.382, de 27-6-2022.

§ 3.º Na hipótese prevista no inciso II do *caput* deste artigo, as matrículas serão abertas:

•• § 3.º, *caput*, acrescentado pela Lei n. 14.382, de 27-6-2022.

I – com remissões recíprocas;

•• Inciso I acrescentado pela Lei n. 14.382, de 27-6-2022.

II – com a prática dos atos de registro e de averbação apenas no registro de imóveis da circunscrição em que estiver situada a maior área, averbando-se, sem conteúdo financeiro, a circunstância na outra serventia; e

•• Inciso II acrescentado pela Lei n. 14.382, de 27-6-2022.

III – se a área for idêntica em ambas as circunscrições, adotar-se-á o mesmo procedimento e proceder-se-á aos registros e às averbações na serventia de escolha do interessado, averbada a circunstância na outra serventia, sem conteúdo financeiro.

•• Inciso III acrescentado pela Lei n. 14.382, de 27-6-2022.

Art. 170. O desmembramento territorial posterior ao registro não exige sua repetição no novo cartório.

Art. 171. Os atos relativos a vias férreas serão registrados na circunscrição imobiliária onde se situe o imóvel.

•• *Caput* com redação determinada pela Lei n. 13.465, de 11-7-2017.

Parágrafo único. A requerimento do interessado, o oficial do cartório do registro de imóveis da circunscrição a que se refere o *caput* deste artigo abrirá a matrícula da área correspondente, com base em planta, memorial descritivo e certidão atualizada da matrícula ou da transcrição do imóvel, caso exista, podendo a apuração do remanescente ocorrer em momento posterior.

•• Parágrafo único acrescentado pela Lei n. 13.465, de 11-7-2017.

Capítulo II
DA ESCRITURAÇÃO

Art. 172. No Registro de Imóveis serão feitos, nos termos desta Lei, o registro e a averbação dos títulos ou atos constitutivos, declaratórios, translativos e extintivos de direitos reais sobre imóveis reconhecidos em lei, *inter vivos* ou *mortis causa*, quer para sua constituição, transferência e extinção, quer para sua validade em relação a terceiros, quer para a sua disponibilidade.

Art. 173. Haverá, no Registro de Imóveis, os seguintes livros:

I – Livro n. 1 – Protocolo;

II – Livro n. 2 – Registro Geral;

III – Livro n. 3 – Registro Auxiliar;

IV – Livro n. 4 – Indicador Real;

V – Livro n. 5 – Indicador Pessoal.

Parágrafo único. Observado o disposto no § 2.º do art. 3.º desta Lei, os Livros ns. 2, 3, 4 e 5 poderão ser substituídos por fichas.

Art. 174. O Livro n. 1 – Protocolo – servirá para apontamento de todos os títulos apresentados diariamente, ressalvado o disposto no parágrafo único do art. 12 desta Lei.

Art. 175. São requisitos da escrituração do Livro n. 1 – Protocolo:

I – o número de ordem, que seguirá indefinidamente nos livros da mesma espécie;

II – a data da apresentação;

III – o nome do apresentante;

IV – a natureza formal do título;

V – os atos que formalizar, resumidamente mencionados.

Art. 176. O Livro n. 2 – Registro Geral – será destinado à matrícula dos imóveis e ao registro ou averbação dos atos relacionados no art. 167 e não atribuídos ao Livro n. 3.

§ 1.º A escrituração do Livro n. 2 obedecerá às seguintes normas:

I – cada imóvel terá matrícula própria, que será aberta por ocasião do primeiro ato de registro ou de averbação caso a transcrição possua todos os requisitos elencados para a abertura de matrícula;

•• Inciso I com redação determinada pela Lei n. 14.382, de 27-6-2022.

II – são requisitos da matrícula:

1) o número de ordem, que seguirá ao infinito;

2) a data;

3) a identificação do imóvel, que será feita com indicação:

a) se rural, do código do imóvel, dos dados constantes do CCIR, da denominação e de suas características, confrontações, localização e área;

b) se urbano, de suas características e confrontações, localização, área, logradouro, número e de sua designação cadastral, se houver;

•• Item 3 com redação determinada pela Lei n. 10.267, de 28-8-2001.

4) o nome, domicílio e nacionalidade do proprietário, bem como:

a) tratando-se de pessoa física, o estado civil, a profissão, o número de inscrição no Cadastro de Pessoas Físicas do Ministério da Fazenda ou do Registro Geral da cédula de identidade, ou, à falta deste, sua filiação;

b) tratando-se de pessoa jurídica, a sede social e o número de inscrição no Cadastro Geral de Contribuintes do Ministério da Fazenda;

5) o número do registro anterior;

6) tratando-se de imóvel em regime de multipropriedade, a indicação da existência de matrículas, nos termos do § 10 deste artigo;

•• Item 6 acrescentado pela Lei n. 13.777, de 20-12-2018.

III – são requisitos do registro no Livro n. 2:

1) a data;

2) o nome, domicílio e nacionalidade do transmitente, ou do devedor, e do adquirente, ou credor, bem como:

a) tratando-se de pessoa física, o estado civil, a profissão e o número de inscrição no Cadastro de Pessoas Físicas do Ministério da Fazenda ou do Registro Geral da cédula de identidade, ou, à falta deste, sua filiação;

b) tratando-se de pessoa jurídica, a sede social e o número de inscrição no Cadastro Geral de Contribuintes do Ministério da Fazenda;

3) o título da transmissão ou do ônus;

4) a forma do título, sua procedência e caracterização;

5) o valor do contrato, da coisa ou da dívida, prazo desta, condições e mais especificações, inclusive os juros, se houver.

•• Item 5 com redação determinada pela Lei n. 6.688, de 17-9-1979.

§ 2.º Para a matrícula e registro das escrituras e partilhas, lavradas ou homologadas na vigência do Decreto n. 4.857, de 9 de novembro de 1939, não serão observadas as exigências deste artigo, devendo tais atos obedecer ao disposto na legislação anterior.

•• § 2.º acrescentado pela Lei n. 6.688, de 17-9-1979.

§ 3.º Nos casos de desmembramento, parcelamento ou remembramento de imóveis rurais, a identificação prevista na alínea *a* do item 3 do inciso II do § 1.º será obtida a partir do memorial descritivo, assinado por profissional habilitado e com a devida Anotação de Responsabilidade Técnica – ART, contendo as coordenadas dos vértices definidores dos limites dos imóveis rurais, georreferenciadas ao Sistema Geodésico Brasileiro e com precisão posicional a ser fixada pelo INCRA, garantida a isenção de custos financeiros aos proprietários de imóveis rurais cuja somatória da área não exceda a 4 (quatro) módulos fiscais.

•• § 3.º acrescentado pela Lei n. 10.267, de 28-8-2001.

§ 4.º A identificação de que trata o § 3.º tornar-se-á obrigatória para efetivação de registro, em qualquer situação de transferência de imóvel rural, nos prazos fixados por ato do Poder Executivo.

•• § 4.º acrescentado pela Lei n. 10.267, de 28-8-2001.

§ 5.º Nas hipóteses do § 3.º, caberá ao INCRA certificar que a poligonal objeto do memorial descritivo não se sobrepõe a nenhuma outra constante de seu cadastro georreferenciado e que o memorial atende às exigências técnicas, conforme ato normativo próprio.

•• § 5.º acrescentado pela Lei n. 11.952, de 25-6-2009.

• A Instrução Normativa n. 77, de 23-8-2013, do INCRA, regulamenta o procedimento estabelecido neste parágrafo.

§ 6.º A certificação do memorial descritivo de glebas públicas será referente apenas ao seu perímetro originário.

•• § 6.º acrescentado pela Lei n. 11.952, de 25-6-2009.

§ 7.º Não se exigirá, por ocasião da efetivação do registro do imóvel destacado de glebas públicas, a retificação do memorial descritivo da área remanescente, que somente ocorrerá a cada 3 (três) anos, contados a partir do primeiro destaque, englobando todos os destaques realizados no período.

•• § 7.º acrescentado pela Lei n. 11.952, de 25-6-2009.

§ 8.º O ente público proprietário ou imitido na posse a partir de decisão proferida em processo judicial de desapropriação em curso poderá requerer a abertura de matrícula de parte de imóvel situado em área urbana ou de expansão urbana, previamente matriculado ou não, com base em planta e memorial descritivo, podendo a apuração de remanescente ocorrer em momento posterior.

•• § 8.º acrescentado pela Lei n. 12.424, de 16-6-2011.

§ 9.º A instituição do direito real de laje ocorrerá por meio da abertura de uma matrícula própria no registro de imóveis e por meio da averbação desse fato na matrícula da construção-base e nas matrículas de lajes anteriores, com remissão recíproca.

•• § 9.º acrescentado pela Lei n. 13.465, de 11-7-2017.

§ 10. Quando o imóvel se destinar ao regime da multipropriedade, além da matrícula do imóvel, haverá uma matrícula para cada fração de tempo, na qual se registrarão e averbarão os atos referentes à respectiva fração de tempo, ressalvado o disposto no § 11 deste artigo.

•• § 10 acrescentado pela Lei n. 13.777, de 20-12-2018.

§ 11. Na hipótese prevista no § 10 deste artigo, cada fração de tempo poderá, em função de legislação tributária municipal, ser objeto de inscrição imobiliária individualizada.

•• § 11 acrescentado pela Lei n. 13.777, de 20-12-2018.

§ 12. Na hipótese prevista no inciso II do § 1.º do art. 1.358-N da Lei n. 10.406, de 10 de janeiro de 2002 (Código Civil), a fração de tempo adicional, destinada à realização de reparos, constará da matrícula referente à fração de tempo principal de cada multiproprietário e não será objeto de matrícula específica.

•• § 12 acrescentado pela Lei n. 13.777, de 20-12-2018.

§ 13. Para a identificação de que tratam os §§ 3.º e 4.º deste artigo, é dispensada a anuência dos confrontantes, bastando para tanto a declaração do requerente de que respeitou os limites e as confrontações.

•• § 13 acrescentado pela Lei n. 13.838, de 4-6-2019.

§ 14. É facultada a abertura da matrícula na circunscrição onde estiver situado o imóvel, a requerimento do interessado ou de ofício, por conveniência do serviço.

•• § 14 acrescentado pela Lei n. 14.382, de 27-6-2022.

§ 15. Ainda que ausentes alguns elementos de especialidade objetiva ou subjetiva, desde que haja segurança quanto à localização e à identificação do imóvel, a critério do oficial, e que constem os dados do registro anterior, a matrícula poderá ser aberta nos termos do § 14 deste artigo.

•• § 15 acrescentado pela Lei n. 14.382, de 27-6-2022.

§ 16. Se não forem suficientes os elementos de especialidade objetiva ou subjetiva, será exigida a retificação, no caso de requerimento do interessado na forma prevista no § 14 deste artigo, perante a circunscrição de situação do imóvel.

•• § 16 acrescentado pela Lei n. 14.382, de 27-6-2022.

§ 17. Os elementos de especialidade objetiva ou subjetiva que não alterarem elementos essenciais do ato ou negócio jurídico praticado, quando não constantes do título ou do acervo registral, poderão ser complementados por outros documentos ou, quando se tratar de manifestação de vontade, por declarações dos proprietários ou dos interessados, sob sua responsabilidade.

•• § 17 acrescentado pela Lei n. 14.382, de 27-6-2022.

§ 18. Quando se tratar de transcrição que não possua todos os requisitos para a abertura de matrícula, admitir-se-á que se façam na circunscrição de origem, à margem do título, as averbações necessárias.

•• § 18 acrescentado pela Lei n. 14.382, de 27-6-2022.

Art. 176-A. O registro de aquisição originária ou de desapropriação amigável ou judicial ocasionará a abertura de matrícula, se não houver, relativa ao imóvel adquirido ou quando atingir, total ou parcialmente, um ou mais imóveis objeto de registro anterior.

•• *Caput* acrescentado pela Lei n. 14.273, de 23-12-2021.

§ 1.º A matrícula será aberta com base em planta e memorial utilizados na instrução do procedimento administrativo ou judicial que ensejou a aquisição, os quais assegurarão a descrição e a caracterização objetiva do imóvel e as benfeitorias, nos termos do art. 176 desta Lei.

•• § 1.º acrescentado pela Lei n. 14.273, de 23-12-2021.

§ 2.º As matrículas atingidas serão encerradas ou receberão averbação dos desfalques, caso necessário, dispensada a retificação da planta e do memorial descritivo da área remanescente.

•• § 2.º acrescentado pela Lei n. 14.273, de 23-12-2021.

§ 3.º (*Vetado*.)

•• § 3.º acrescentado pela Lei n. 14.273, de 23-12-2021.

§ 4.º Na hipótese de a área adquirida em caráter originário ser maior do que a área constante do registro existente, a informação sobre a diferença apurada será averbada na matrícula aberta.

•• § 4.º acrescentado pela Lei n. 14.273, de 23-12-2021.

§ 5.º O disposto no *caput* deste artigo aplica-se ao registro de:

•• § 5.º, *caput*, acrescentado pela Lei n. 14.273, de 23-12-2021.

I – ato de imissão provisória na posse, em procedimento de desapropriação;

•• Inciso I acrescentado pela Lei n. 14.273, de 23-12-2021.

II – carta de adjudicação, em procedimento judicial de desapropriação;

•• Inciso II acrescentado pela Lei n. 14.273, de 23-12-2021.

III – escritura pública, termo ou contrato administrativo, em procedimento extrajudicial de desapropriação.

•• Inciso III acrescentado pela Lei n. 14.273, de 23-12-2021.

Art. 177. O Livro n. 3 – Registro Auxiliar – será destinado ao registro dos atos que, sendo atribuídos ao Registro de Imóveis por disposição legal, não digam respeito diretamente a imóvel matriculado.

Art. 178. Registrar-se-ão no Livro n. 3 – Registro Auxiliar:

I – a emissão de debêntures, sem prejuízo do registro eventual e definitivo, na matrícula do imóvel, da hipoteca, anticrese ou penhor que abonarem especialmente tais emissões, firmando-se pela ordem do registro a prioridade entre as séries de obrigações emitidas pela sociedade;

II – as cédulas de crédito industrial, sem prejuízo do registro da hipoteca cedular;

•• Inciso II com redação determinada pela Lei n. 13.986, de 7-4-2020.

III – as convenções de condomínio edilício, condomínio geral voluntário e condomínio em multipropriedade;

•• Inciso III com redação determinada pela Lei n. 13.777, de 20-12-2018.

IV – o penhor de máquinas e de aparelhos utilizados na indústria, instalados e em funcionamento, com os respectivos pertences ou sem eles;

V – as convenções antenupciais;

VI – os contratos de penhor rural;

VII – os títulos que, a requerimento do interessado, forem registrados no seu inteiro teor, sem prejuízo do ato praticado no Livro n. 2.

Art. 179. O Livro n. 4 – Indicador Real – será o repositório de todos os imóveis que figurarem nos demais livros, devendo conter sua identificação, referência aos números de ordem dos outros livros e anotações necessárias.

§ 1.º Se não for utilizado o sistema de fichas, o Livro n. 4 conterá, ainda, o número de ordem, que seguirá indefinidamente, nos livros da mesma espécie.

§ 2.º Adotado o sistema previsto no parágrafo precedente, os oficiais deverão ter, para auxiliar a consulta, um livro-índice ou fichas pelas ruas, quando se tratar de imóveis urbanos, e pelos nomes e situações, quando rurais.

Art. 180. O Livro n. 5 – Indicador Pessoal – dividido alfabeticamente, será o repositório dos nomes de todas as pessoas que, individual ou coletivamente, ativa ou passivamente, direta ou indiretamente, figurarem nos demais livros, fazendo-se referência aos respectivos números de ordem.

Parágrafo único. Se não for utilizado o sistema de fichas, o Livro n. 5 conterá, ainda, o número de ordem de cada letra do alfabeto, que seguirá, indefinidamente, nos livros da mesma espécie. Os oficiais poderão adotar, para auxiliar as buscas, um livro-índice ou fichas em ordem alfabética.

Art. 181. Poderão ser abertos e escriturados, concomitantemente, até 10 (dez) livros de "Registro Geral", obedecendo, neste caso, a sua escrituração ao algarismo final da matrícula, sendo as matrículas de número final 1 (um) feitas no Livro 2-1, as de final 2 (dois) no Livro 2-2 e as de final 3 (três) no Livro 2-3, e assim, sucessivamente.

Parágrafo único. Também poderão ser desdobrados, a critério do oficial, os Livros ns. 3 "Registro Auxiliar", 4 "Indicador Real" e 5 "Indicador Pessoal".

Capítulo III
DO PROCESSO DE REGISTRO

Art. 182. Todos os títulos tomarão, no Protocolo, o número de ordem que lhes competir em razão da sequência rigorosa de sua apresentação.

Art. 183. Reproduzir-se-á, em cada título, o número de ordem respectivo e a data de sua prenotação.

Art. 184. O Protocolo será encerrado diariamente.

Art. 185. A escrituração do Protocolo incumbirá tanto ao oficial titular como ao seu substituto legal, podendo ser feita, ainda, por escrevente auxiliar expressamente designado pelo oficial titular ou pelo seu substituto legal mediante autorização do juiz competente, ainda que os primeiros não estejam nem afastados nem impedidos.

Art. 186. O número de ordem determinará a prioridade do título, e esta a preferência dos direitos reais, ainda que apresentados pela mesma pessoa mais de um título simultaneamente.

Art. 187. Em caso de permuta, e pertencendo os imóveis à mesma circunscrição, serão feitos os registros nas matrículas correspondentes, sob um único número de ordem no Protocolo.

Art. 188. Protocolizado o título, proceder-se-á ao registro ou à emissão de nota devolutiva, no prazo de 10 (dez) dias, contado da data do protocolo, salvo nos casos previstos no § 1.º deste artigo e nos arts. 189, 190, 191 e 192 desta Lei.

•• *Caput* com redação determinada pela Lei n. 14.382, de 27-6-2022.

§ 1.º Se não houver exigências ou falta de pagamento de custas e emolumentos, deverão ser registrados, no prazo de 5 (cinco) dias:

•• § 1.º, *caput*, acrescentado pela Lei n. 14.382, de 27-6-2022.

I – as escrituras de compra e venda sem cláusulas especiais, os requerimentos de averbação de construção e de cancelamento de garantias;

•• Inciso I acrescentado pela Lei n. 14.382, de 27-6-2022.

II – os documentos eletrônicos apresentados por meio do SERP; e

•• Inciso II acrescentado pela Lei n. 14.382, de 27-6-2022.

III – os títulos que reingressarem na vigência da prenotação com o cumprimento integral das exigências formuladas anteriormente.

•• Inciso III acrescentado pela Lei n. 14.382, de 27-6-2022.

§ 2.º A inobservância do disposto neste artigo ensejará a aplicação das penas previstas no art. 32 da Lei n. 8.935, de 18 de novembro de 1994, nos termos estabelecidos pela Corregedoria Nacional de Justiça do Conselho Nacional de Justiça.

•• § 2.º acrescentado pela Lei n. 14.382, de 27-6-2022.

Art. 189. Apresentado título de segunda hipoteca, com referência expressa à existência de outra anterior, o oficial, depois de prenotá-lo, aguardará durante 30 (trinta) dias que os interessados na primeira promovam a inscrição. Esgotado esse prazo, que correrá da data da prenotação, sem que seja apresentado o título anterior, o segundo será inscrito e obterá preferência sobre aquele.

• *Vide* art. 1.495 do CC.

Art. 190. Não serão registrados, no mesmo dia, títulos pelos quais se constituam direitos reais contraditórios sobre o mesmo imóvel.

Art. 191. Prevalecerão, para efeito de prioridade de registro, quando apresentados no mesmo dia, os títulos prenotados no Protocolo sob número de ordem mais baixo, protelando-se o registro dos apresentados posteriormente, pelo prazo correspondente a, pelo menos, 1 (um) dia útil.

Art. 192. O disposto nos arts. 190 e 191 não se aplica às escrituras públicas, da mesma data e apresentadas no mesmo dia, que determinem, taxativamente, a hora da sua lavratura, prevalecendo, para efeito de prioridade, a que foi lavrada em primeiro lugar.

Art. 193. O registro será feito pela simples exibição do título, sem dependência de extratos.

Art. 194. Os títulos físicos serão digitalizados, devolvidos aos apresentantes e mantidos exclusivamente em arquivo digital, nos termos estabelecidos pela Corregedoria Nacional de Justiça do Conselho Nacional de Justiça.

•• Artigo com redação determinada pela Lei n. 14.382, de 27-6-2022.

Art. 195. Se o imóvel não estiver matriculado ou registrado em nome do outorgante, o oficial exigirá a prévia matrícula e o registro do título anterior, qualquer que seja a sua natureza, para manter a continuidade do registro.

Art. 195-A. O Município poderá solicitar ao cartório de registro de imóveis competente a abertura de matrícula de parte ou da totalidade de imóveis públicos oriundos de parcelamento do solo urbano implantado, ainda que não inscrito ou registrado, por meio de requerimento acompanhado dos seguintes documentos:

•• *Caput* com redação determinada pela Lei n. 13.465, de 11-7-2017.

I – planta e memorial descritivo do imóvel público a ser matriculado, dos quais constem a sua descrição, com medidas perimetrais, área total, localização, confrontantes e coordenadas preferencialmente georreferenciadas dos vértices definidores de seus limites;

•• Inciso I acrescentado pela Lei n. 12.424, de 16-6-2011.

II – comprovação de intimação dos confrontantes para que informem, no prazo de 15 (quinze) dias, se os limites definidos na planta e no memorial descritivo do imóvel público a ser matriculado se sobrepõem às suas respectivas áreas, se for o caso;

•• Inciso II acrescentado pela Lei n. 12.424, de 16-6-2011.

III – as respostas à intimação prevista no inciso II, quando houver; e

•• Inciso III acrescentado pela Lei n. 12.424, de 16-6-2011.

IV – planta de parcelamento ou do imóvel público a ser registrado, assinada pelo loteador ou elaborada e assinada por agente público da prefeitura, acompanhada de declaração de que o parcelamento encontra-

-se implantado, na hipótese de este não ter sido inscrito ou registrado.

•• Inciso IV com redação determinada pela Lei n. 13.465, de 11-7-2017.

§ 1.º Apresentados pelo Município os documentos relacionados no *caput*, o registro de imóveis deverá proceder ao registro dos imóveis públicos decorrentes do parcelamento do solo urbano na matrícula ou transcrição da gleba objeto de parcelamento.

•• § 1.º acrescentado pela Lei n. 12.424, de 16-6-2011.

§ 2.º Na abertura de matrícula de imóvel público oriundo de parcelamento do solo urbano, havendo divergência nas medidas perimetrais de que resulte, ou não, alteração de área, a situação de fato implantada do bem deverá prevalecer sobre a situação constante do registro ou da planta de parcelamento, respeitados os limites dos particulares lindeiros.

•• § 2.º acrescentado pela Lei n. 12.424, de 16-6-2011.

§ 3.º Não será exigido, para transferência de domínio, formalização da doação de áreas públicas pelo loteador nos casos de parcelamentos urbanos realizados na vigência do Decreto-Lei n. 58, de 10 de dezembro de 1937.

•• § 3.º acrescentado pela Lei n. 12.424, de 16-6-2011.

§ 4.º Recebido o requerimento e verificado o atendimento aos requisitos previstos neste artigo, o oficial do registro de imóveis abrirá a matrícula em nome do Município.

•• § 4.º acrescentado pela Lei n. 12.424, de 16-6-2011.

§ 5.º A abertura de matrícula de que trata o *caput* independe do regime jurídico do bem público.

•• § 5.º acrescentado pela Lei n. 12.424, de 16-6-2011.

§ 6.º Na hipótese de haver área remanescente, a sua apuração poderá ocorrer em momento posterior.

•• § 6.º acrescentado pela Lei n. 13.465, de 11-7-2017.

§ 7.º O procedimento definido neste artigo poderá ser adotado para abertura de matrícula de glebas municipais adquiridas por lei ou por outros meios legalmente admitidos, inclusive para as terras devolutas transferidas ao Município em razão de legislação estadual ou federal, dispensado o procedimento discriminatório administrativo ou judicial.

•• § 7.º acrescentado pela Lei n. 13.465, de 11-7-2017.

§ 8.º O disposto neste artigo aplica-se, em especial, às áreas de uso público utilizadas pelo sistema viário do parcelamento urbano irregular.

•• § 8.º acrescentado pela Lei n. 13.465, de 11-7-2017.

Art. 195-B. A União, os Estados e o Distrito Federal poderão solicitar ao registro de imóveis competente a abertura de matrícula de parte ou da totalidade de imóveis urbanos sem registro anterior, cujo domínio lhes tenha sido assegurado pela legislação, por meio de requerimento acompanhado dos documentos previstos nos incisos I, II e III do *caput* do art. 195-A, inclusive para as terras devolutas, dispensado o procedimento discriminatório administrativo ou judicial.

•• *Caput* com redação determinada pela Lei n. 13.465, de 11-7-2017.

§ 1.º Recebido o requerimento na forma prevista no *caput* deste artigo, o oficial do registro de imóveis abrirá a matrícula em nome do requerente, observado o disposto nos §§ 5.º e 6.º do art. 195-A.

•• § 1.º com redação determinada pela Lei n. 13.465, de 11-7-2017.

§ 2.º O Município poderá realizar, em acordo com o Estado, o procedimento de que trata este artigo e requerer, em nome deste, no registro de imóveis competente a abertura de matrícula de imóveis urbanos situados nos limites do respectivo território municipal.

•• § 2.º acrescentado pela Lei n. 12.424, de 16-6-2011.

§ 3.º O procedimento de que trata este artigo poderá ser adotado pela União para o registro de imóveis rurais de sua propriedade, observado o disposto nos §§ 3.º, 4.º, 5.º, 6.º e 7.º do art. 176 desta Lei.

•• § 3.º acrescentado pela Lei n. 13.465, de 11-7-2017.

§ 4.º Para a abertura de matrícula em nome da União com base neste artigo, a comprovação de que trata o inciso II do *caput* do art. 195-A será realizada, no que couber, mediante o procedimento de notificação previsto nos arts. 12-A e 12-B do Decreto-lei n. 9.760, de 5 de setembro de 1946, com ressalva quanto ao prazo para apresentação de eventuais impugnações, que será de quinze dias, na hipótese de notificação pessoal, e de trinta dias, na hipótese de notificação por edital.

•• § 4.º acrescentado pela Lei n. 13.465, de 11-7-2017.

Art. 196. A matrícula será feita à vista dos elementos constantes do título apresentado e do registro anterior que constar do próprio cartório.

Art. 197. Quando o título anterior estiver registrado em outro cartório, o novo título será apresentado juntamente com certidão atualizada, comprobatória do registro anterior, e da existência ou inexistência de ônus.

Art. 198. Se houver exigência a ser satisfeita, ela será indicada pelo oficial por escrito, dentro do prazo previsto no art. 188 desta Lei e de uma só vez, articuladamente, de forma clara e objetiva, com data, identificação e assinatura do oficial ou preposto responsável, para que:

•• *Caput* com redação determinada pela Lei n. 14.382, de 27-6-2022.

I a IV – (*Revogados pela Lei n. 14.382, de 27-6-2022.*)

V – o interessado possa satisfazê-la; ou

•• Inciso V acrescentado pela Lei n. 14.382, de 27-6-2022.

VI – caso não se conforme ou não seja possível cumprir a exigência, o interessado requeira que o título e a declaração de dúvida sejam remetidos ao juízo competente para dirimi-la.

•• Inciso VI acrescentado pela Lei n. 14.382, de 27-6-2022.

§ 1.º O procedimento da dúvida observará o seguinte:

•• § 1.º, *caput*, acrescentado pela Lei n. 14.382, de 27-6-2022.

I – no Protocolo, o oficial anotará, à margem da prenotação, a ocorrência da dúvida;

•• Inciso I acrescentado pela Lei n. 14.382, de 27-6-2022.

II – após certificar a prenotação e a suscitação da dúvida no título, o oficial rubricará todas as suas folhas;

•• Inciso II acrescentado pela Lei n. 14.382, de 27-6-2022.

III – em seguida, o oficial dará ciência dos termos da dúvida ao apresentante, fornecendo-lhe cópia da suscitação e notificando-o para impugná-la perante o juízo competente, no prazo de 15 (quinze) dias; e

•• Inciso III acrescentado pela Lei n. 14.382, de 27-6-2022.

IV – certificado o cumprimento do disposto no inciso III deste parágrafo, serão remetidos eletronicamente ao juízo competente as razões da dúvida e o título.

•• Inciso IV acrescentado pela Lei n. 14.382, de 27-6-2022.

§ 2.º A inobservância do disposto neste artigo ensejará a aplicação das penas previstas no art. 32 da Lei nº 8.935, de 18 de novembro de 1994, nos termos estabelecidos pela Corregedoria Nacional de Justiça do Conselho Nacional de Justiça.

•• § 2.º acrescentado pela Lei n. 14.382, de 27-6-2022.

Art. 199. Se o interessado não impugnar a dúvida no prazo referido no item III do artigo anterior, será ela, ainda assim, julgada por sentença.

Art. 200. Impugnada a dúvida com os documentos que o interessado apresentar, será ouvido o Ministério Público, no prazo de 10 (dez) dias.

Art. 201. Se não forem requeridas diligências, o juiz proferirá decisão no prazo de 15 (quinze) dias, com base nos elementos constantes dos autos.

Art. 202. Da sentença, poderão interpor apelação, com os efeitos devolutivo e suspensivo, o interessado, o Ministério Público e o terceiro prejudicado.

Art. 203. Transitada em julgado a decisão da dúvida, proceder-se-á do seguinte modo:

I – se for julgada procedente, os documentos serão restituídos à parte, independentemente de traslado, dando-se ciência da decisão ao oficial, para que a consigne no Protocolo e cancele a prenotação;

II – se for julgada improcedente, o interessado apresentará, de novo, os seus documentos, com o respectivo mandado, ou certidão da sentença, que ficarão arquivados, para que, desde logo, se proceda ao registro, declarando o oficial o fato na coluna de anotações do Protocolo.

Art. 204. A decisão da dúvida tem natureza administrativa e não impede o uso do processo contencioso competente.

Art. 205. Cessarão automaticamente os efeitos da prenotação se, decorridos 20 (vinte) dias da data do seu lançamento no Protocolo, o título não tiver sido registrado por omissão do interessado em atender às exigências legais.

•• *Caput* com redação determinada pela Lei n. 14.382, de 27-6-2022.

Parágrafo único. **Nos procedimentos de regularização fundiária de interesse social, os efeitos da prenotação cessarão decorridos 40 (quarenta) dias de seu lançamento no Protocolo.**

•• Parágrafo único com redação determinada pela Lei n. 14.382, de 27-6-2022.

Art. 206. Se o documento, uma vez prenotado, não puder ser registrado, ou o apresentante desistir do seu registro, a importância relativa às despesas previstas no art. 14 será restituída, deduzida a quantia correspondente às buscas e à prenotação.

Art. 206-A. Quando o título for apresentado para prenotação, o usuário poderá optar:

•• *Caput* acrescentado pela Lei n. 14.382, de 27-6-2022.

•• *Vide* art. 19 da Lei n. 14.382, de 27-6-2022.

I – pelo depósito do pagamento antecipado dos emolumentos e das custas; ou

•• Inciso I acrescentado pela Lei n. 14.382, de 27-6-2022.

II – pelo recolhimento do valor da prenotação e depósito posterior do pagamento do valor restante, no prazo de 5 (cinco) dias, contado da data da análise pelo oficial que concluir pela aptidão para registro.

•• Inciso II acrescentado pela Lei n. 14.382, de 27-6-2022.

§ 1.º Os efeitos da prenotação serão mantidos durante o prazo de que trata o inciso II do *caput* deste artigo.

•• § 1.º acrescentado pela Lei n. 14.382, de 27-6-2022.

§ 2.º Efetuado o depósito, os procedimentos registrais serão finalizados com a realização dos atos solicitados e a expedição da respectiva certidão.

•• § 2.º acrescentado pela Lei n. 14.382, de 27-6-2022.

§ 3.º Fica autorizada a devolução do título apto para registro, em caso de não efetivação do pagamento no prazo previsto no *caput* deste artigo, caso em que o apresentante perderá o valor da prenotação.

•• § 3.º acrescentado pela Lei n. 14.382, de 27-6-2022.

§ 4.º Os títulos apresentados por instituições financeiras e demais instituições autorizadas a funcionar pelo Banco Central do Brasil ou por entidades autorizadas pelo Banco Central do Brasil ou pela Comissão de Valores Mobiliários a exercer as atividades de depósito centralizado ou de registro de ativos financeiros e de valores mobiliários, nos termos dos arts. 22 e 28 da Lei n. 12.810, de 15 de maio de 2013, respectivamente, poderão efetuar o pagamento dos atos pertinentes à vista de fatura.

•• § 4.º acrescentado pela Lei n. 14.382, de 27-6-2022.

§ 5.º O disposto neste artigo aplica-se às unidades federativas que adotem forma de pagamento por meio de documento de arrecadação.

•• § 5.º acrescentado pela Lei n. 14.382, de 27-6-2022.

§ 6.º A reapresentação de título que tenha sido devolvido por falta de pagamento dos emolumentos, nos termos do § 3.º deste artigo, dependerá do pagamento integral do depósito prévio.

•• § 6.º acrescentado pela Lei n. 14.382, de 27-6-2022.

§ 7.º O prazo previsto no *caput* deste artigo não é computado dentro do prazo de registro de que trata o art. 188 desta Lei.

•• § 7.º acrescentado pela Lei n. 14.382, de 27-6-2022.

Art. 207. No processo de dúvida, somente serão devidas custas, a serem pagas pelo interessado, quando a dúvida for julgada procedente.

Art. 208. O registro começado dentro das horas fixadas não será interrompido, salvo motivo de força maior declarado, prorrogando-se o expediente até ser concluído.

Art. 209. Durante a prorrogação nenhuma nova apresentação será admitida, lavrando o termo de encerramento no Protocolo.

Art. 210. Todos os atos serão assinados e encerrados pelo oficial, por seu substituto legal, ou por escrevente expressamente designado pelo oficial ou por seu substituto legal e autorizado pelo juiz competente ainda que os primeiros não estejam nem afastados nem impedidos.

Art. 211. Nas vias dos títulos restituídas aos apresentantes, serão declarados resumidamente, por carimbo, os atos praticados.

Art. 212. Se o registro ou a averbação for omissa, imprecisa ou não exprimir a verdade, a retificação será feita pelo Oficial do Registro de Imóveis competente, a requerimento do interessado, por meio do procedimento administrativo previsto no art. 213, facultado ao interessado requerer a retificação por meio de procedimento judicial.

•• *Caput* com redação determinada pela Lei n. 10.931, de 2-8-2004.

Parágrafo único. A opção pelo procedimento administrativo previsto no art. 213 não exclui a prestação jurisdicional, a requerimento da parte prejudicada.

•• Parágrafo único acrescentado pela Lei n. 10.931, de 2-8-2004.

Art. 213. O oficial retificará o registro ou a averbação:

•• *Caput* com redação determinada pela Lei n. 10.931, de 2-8-2004.

I – de ofício ou a requerimento do interessado nos casos de:

a) omissão ou erro cometido na transposição de qualquer elemento do título;

b) indicação ou atualização de confrontação;

c) alteração de denominação de logradouro público, comprovada por documento oficial;

d) retificação que vise a indicação de rumos, ângulos de deflexão ou inserção de coordenadas georreferenciadas, em que não haja alteração das medidas perimetrais;

e) alteração ou inserção que resulte de mero cálculo matemático feito a partir das medidas perimetrais constantes do registro;

f) reprodução de descrição de linha divisória de imóvel confrontante que já tenha sido objeto de retificação;

g) inserção ou modificação dos dados de qualificação pessoal das partes, comprovada por documentos oficiais ou mediante despacho judicial quando houver necessidade de produção de outras provas;

•• Inciso I acrescentado pela Lei n. 10.931, de 2-8-2004.

II – a requerimento do interessado, no caso de inserção ou alteração de medida perimetral de que resulte, ou não, alteração de área, instruído com planta e memorial descritivo assinado por profissional legalmente habilitado, com prova de anotação de responsabilidade técnica no competente Conselho Regional de Engenharia e Arquitetura – CREA, bem assim pelos confrontantes.

•• Inciso II acrescentado pela Lei n. 10.931, de 2-8-2004.

§ 1.º Uma vez atendidos os requisitos de que trata o *caput* do art. 225, o oficial averbará a retificação.

•• § 1.º com redação determinada pela Lei n. 10.931, de 2-8-2004.

§ 2.º Se a planta não contiver a assinatura de algum confrontante, este será notificado pelo Oficial de Registro de Imóveis competente, a requerimento do interessado, para se manifestar em quinze dias, promovendo-se a notificação pessoalmente ou pelo correio, com aviso de recebimento, ou, ainda, por solicitação do Oficial de Registro de Imóveis, pelo Oficial de Registro de Títulos e Documentos da comarca da situação do imóvel ou do domicílio de quem deva recebê-la.

•• § 2.º com redação determinada pela Lei n. 10.931, de 2-8-2004.

§ 3.º A notificação será dirigida ao endereço do confrontante constante do Registro de Imóveis, podendo ser dirigida ao próprio imóvel contíguo ou àquele fornecido pelo requerente; não sendo encontrado o confrontante ou estando em lugar incerto e não sabido, tal fato será certificado pelo oficial encarregado da diligência, promovendo-se a notificação do confrontante mediante edital, com o mesmo prazo fixado no § 2.º, publicado por duas vezes em jornal local de grande circulação.

•• § 3.º com redação determinada pela Lei n. 10.931, de 2-8-2004.

§ 4.º Presumir-se-á a anuência do confrontante que deixar de apresentar impugnação no prazo da notificação.

•• § 4.º com redação determinada pela Lei n. 10.931, de 2-8-2004.

§ 5.º Findo o prazo sem impugnação, o oficial averbará a retificação requerida; se houver impugnação fundamentada por parte de algum confrontante, o oficial intimará o requerente e o profissional que houver assinado a planta e o memorial a fim de que, no prazo de cinco dias, se manifestem sobre a impugnação.

•• § 5.º com redação determinada pela Lei n. 10.931, de 2-8-2004.

§ 6.º Havendo impugnação e se as partes não tiverem formalizado transação amigável para solucioná-la, o oficial remeterá o processo ao juiz competente, que decidirá de plano ou após instrução sumária, salvo se a controvérsia versar sobre o direito de propriedade de alguma das partes, hipótese em que remeterá o interessado para as vias ordinárias.

•• § 6.º acrescentado pela Lei n. 10.931, de 2-8-2004.

§ 7.º Pelo mesmo procedimento previsto neste artigo poderão ser apurados os remanescentes de áreas parcialmente alienadas, caso em que serão considerados como confrontantes tão somente os confinantes das áreas remanescentes.

•• § 7.º acrescentado pela Lei n. 10.931, de 2-8-2004.

§ 8.º As áreas públicas poderão ser demarcadas ou ter seus registros retificados pelo mesmo procedimento previsto neste artigo, desde que constem do registro ou sejam logradouros devidamente averbados.

•• § 8.º acrescentado pela Lei n. 10.931, de 2-8-2004.

§ 9.º Independentemente de retificação, dois ou mais confrontantes poderão, por meio de escritura pública, alterar ou estabelecer as divisas entre si e, se houver transferência de área, com o recolhimento do devido imposto de transmissão e desde que preservadas, se rural o imóvel, a fração mínima de parcelamento e, quando urbano, a legislação urbanística.

•• § 9.º acrescentado pela Lei n. 10.931, de 2-8-2004.

§ 10. Entendem-se como confrontantes os proprietários e titulares de outros direitos reais e aquisitivos sobre os imóveis contíguos, observado o seguinte:

•• § 10, *caput*, com redação determinada pela Lei n. 14.382, de 27-6-2022.

I – o condomínio geral, de que trata o Capítulo VI do Título III do Livro III da Parte Especial da Lei n. 10.406, de 10 de janeiro de 2002 (Código Civil), será representado por qualquer um dos condôminos;

•• Inciso I acrescentado pela Lei n. 14.382, de 27-6-2022.

II – o condomínio edilício, de que tratam os arts. 1.331 a 1.358 da Lei n. 10.406, de 10 de janeiro de 2002 (Código Civil), será representado pelo síndico, e o condomínio por frações autônomas, de que trata o art. 32 da Lei n. 4.591, de 16 de dezembro de 1964, pela comissão de representantes; e

•• Inciso II acrescentado pela Lei n. 14.382, de 27-6-2022.

III – não se incluem como confrontantes:

•• Inciso III, *caput*, acrescentado pela Lei n. 14.382, de 27-6-2022.

a) os detentores de direitos reais de garantia hipotecária ou pignoratícia; ou

•• Alínea *a* acrescentada pela Lei n. 14.382, de 27-6-2022.

b) os titulares de crédito vincendo, cuja propriedade imobiliária esteja vinculada, temporariamente, à operação de crédito financeiro.

•• Alínea *b* acrescentada pela Lei n. 14.382, de 27-6-2022.

§ 11. Independe de retificação:

•• § 11, *caput*, acrescentado pela Lei n. 10.931, de 2-8-2004.

I – a regularização fundiária de interesse social realizada em Zonas Especiais de Interesse Social, promovida por Município ou pelo Distrito Federal, quando os lotes já estiverem cadastrados individualmente ou com lançamento fiscal há mais de 10 (dez) anos;

•• Inciso I com redação determinada pela Lei n. 12.424, de 16-6-2011.

II – a adequação da descrição de imóvel rural às exigências dos arts. 176, §§ 3.º e 4.º, e 225, § 3.º, desta Lei;

•• Inciso II acrescentado pela Lei n. 10.931, de 2-8-2004.

III – a adequação da descrição de imóvel urbano decorrente de transformação de coordenadas geodésicas entre os sistemas de georreferenciamento oficiais;

•• Inciso III acrescentado pela Lei n. 12.424, de 16-6-2011.

IV – a averbação do auto de demarcação urbanística e o registro do parcelamento decorrente de projeto de regularização fundiária de interesse social de que trata a Lei n. 11.977, de 7 de julho de 2009; e

•• Inciso IV acrescentado pela Lei n. 12.424, de 16-6-2011.

V – o registro do parcelamento de glebas para fins urbanos anterior a 19 de dezembro de 1979, que esteja implantado e integrado à cidade, nos termos do art. 71 da Lei n. 11.977, de 7 de julho de 2009.

•• Inciso V acrescentado pela Lei n. 12.424, de 16-6-2011.

§ 12. Poderá o oficial realizar diligências no imóvel para a constatação de sua situação em face dos confrontantes e localização na quadra.

•• § 12 acrescentado pela Lei n. 10.931, de 2-8-2004.

§ 13. Se não houver dúvida quanto à identificação do imóvel:

•• § 13, *caput*, com redação determinada pela Lei n. 14.382, de 27-6-2022.

I – o título anterior à retificação poderá ser levado a registro desde que requerido pelo adquirente, promovendo-se o registro em conformidade com a nova descrição; e

•• Inciso I acrescentado pela Lei n. 14.382, de 27-6-2022.

II – a prenotação do título anterior à retificação será prorrogada durante a análise da retificação de registro.

•• Inciso II acrescentado pela Lei n. 14.382, de 27-6-2022.

§ 14. Verificado a qualquer tempo não serem verdadeiros os fatos constantes do memorial descritivo, responderão os requerentes e o profissional que o elaborou pelos prejuízos causados, independentemente das sanções disciplinares e penais.

•• § 14 acrescentado pela Lei n. 10.931, de 2-8-2004.

§ 15. Não são devidos custas ou emolumentos notariais ou de registro decorrentes de regularização fundiária de interesse social a cargo da administração pública.

•• § 15 acrescentado pela Lei n. 10.931, de 2-8-2004.

§ 16. Na retificação de que trata o inciso II do *caput*, serão considerados confrontantes somente os confinantes de divisas que forem alcançadas pela inserção ou alteração de medidas perimetrais.

•• § 16 acrescentado pela Lei n. 12.424, de 16-6-2011.

Art. 214. As nulidades de pleno direito do registro, uma vez provadas, invalidam-no, independentemente de ação direta.

§ 1.º A nulidade será decretada depois de ouvidos os atingidos.

•• § 1.º acrescentado pela Lei n. 10.931, de 2-8-2004.

§ 2.º Da decisão tomada no caso do § 1.º caberá apelação ou agravo conforme o caso.

•• § 2.º acrescentado pela Lei n. 10.931, de 2-8-2004.

§ 3.º Se o juiz entender que a superveniência de novos registros poderá causar danos de difícil reparação poderá determinar de ofício, a qualquer momento, ainda que sem oitiva das partes, o bloqueio da matrícula do imóvel.

•• § 3.º acrescentado pela Lei n. 10.931, de 2-8-2004.

§ 4.º Bloqueada a matrícula, o oficial não poderá mais nela praticar qualquer ato, salvo com autorização judicial, permitindo-se, todavia, aos interessados a prenotação de seus títulos, que ficarão com o prazo prorrogado até a solução do bloqueio.

•• § 4.º acrescentado pela Lei n. 10.931, de 2-8-2004.

§ 5.º A nulidade não será decretada se atingir terceiro de boa-fé que já tiver preenchido as condições de usucapião do imóvel.

•• § 5.º acrescentado pela Lei n. 10.931, de 2-8-2004.

Art. 215. São nulos os registros efetuados após sentença de abertura de falência, ou do termo legal nele fixado, salvo se a apresentação tiver sido feita anteriormente.

Art. 216. O registro poderá também ser retificado ou anulado por sentença em processo contencioso, ou por efeito do julgado em ação de anulação ou de declaração de nulidade de ato jurídico, ou de julgado sobre fraude à execução.

Art. 216-A. Sem prejuízo da via jurisdicional, é admitido o pedido de reconhecimento extrajudicial de usucapião, que será processado diretamente perante o cartório do registro de imóveis da comarca em que estiver situado o imóvel usucapiendo, a requerimento do interessado, representado por advogado, instruído com:

•• *Caput* acrescentado pela Lei n. 13.105, de 16-3-2015.

• *Vide* art. 8.º, II, do Decreto n. 9.310, de 15-3-2018.

I – ata notarial lavrada pelo tabelião, atestando o tempo de posse do requerente e de seus antecessores, conforme o caso e suas circunstâncias, aplicando-se o disposto no art. 384 da Lei n. 13.105, de 16 de março de 2015 (Código de Processo Civil);

•• Inciso I com redação determinada pela Lei n. 13.465, de 11-7-2017.

II – planta e memorial descritivo assinado por profissional legalmente habilitado, com prova de anotação de responsabilidade técnica no respectivo conselho de fiscalização profissional, e pelos titulares de direitos registrados ou averbados na matrícula do imóvel usucapiendo ou na matrícula dos imóveis confinantes;

•• Inciso II com redação determinada pela Lei n. 13.465, de 11-7-2017.

III – certidões negativas dos distribuidores da comarca da situação do imóvel e do domicílio do requerente;

•• Inciso III acrescentado pela Lei n. 13.105, de 16-3-2015.

IV – justo título ou quaisquer outros documentos que demonstrem a origem, a continuidade, a natureza e o tempo da posse, tais como o pagamento dos impostos e das taxas que incidirem sobre o imóvel.

•• Inciso IV acrescentado pela Lei n. 13.105, de 16-3-2015.

§ 1.º O pedido será autuado pelo registrador, prorrogando-se o prazo da prenotação até o acolhimento ou a rejeição do pedido.

•• § 1.º acrescentado pela Lei n. 13.105, de 16-3-2015.

§ 2.º Se a planta não contiver a assinatura de qualquer um dos titulares de direitos registrados ou averbados na matrícula do imóvel usucapiendo ou na matrícula dos imóveis confinantes, o titular será notificado pelo registrador competente, pessoalmente ou pelo correio com aviso de recebimento, para manifestar consentimento expresso em quinze dias, interpretado o silêncio como concordância.

•• § 2.º com redação determinada pela Lei n. 13.465, de 11-7-2017.

§ 3.º O oficial de registro de imóveis dará ciência à União, ao Estado, ao Distrito Federal e ao Município, pessoalmente, por intermédio do oficial de registro de títulos e documentos, ou pelo correio com aviso de recebimento, para que se manifestem, em 15 (quinze) dias, sobre o pedido.

•• § 3.º acrescentado pela Lei n. 13.105, de 16-3-2015.

§ 4.º O oficial de registro de imóveis promoverá a publicação de edital em jornal de grande circulação, onde houver, para a ciência de terceiros eventualmente interessados, que poderão se manifestar em 15 (quinze) dias.

•• § 4.º acrescentado pela Lei n. 13.105, de 16-3-2015.

§ 5.º Para a elucidação de qualquer ponto de dúvida, poderão ser solicitadas ou realizadas diligências pelo oficial de registro de imóveis.

•• § 5.º acrescentado pela Lei n. 13.105, de 16-3-2015.

§ 6.º Transcorrido o prazo de que trata o § 4.º deste artigo, sem pendência de diligências na forma do § 5.º deste artigo e achando-se em ordem a documentação, o oficial de registro de imóveis registrará a aquisição do imóvel com as descrições apresentadas, sendo permitida a abertura de matrícula, se for o caso.

•• § 6.º com redação determinada pela Lei n. 13.465, de 11-7-2017.

§ 7.º Em qualquer caso, é lícito ao interessado suscitar o procedimento de dúvida, nos termos desta Lei.

•• § 7.º acrescentado pela Lei n. 13.105, de 16-3-2015.

§ 8.º Ao final das diligências, se a documentação não estiver em ordem, o oficial de registro de imóveis rejeitará o pedido.

•• § 8.º acrescentado pela Lei n. 13.105, de 16-3-2015.

§ 9.º A rejeição do pedido extrajudicial não impede o ajuizamento de ação de usucapião.

•• § 9.º acrescentado pela Lei n. 13.105, de 16-3-2015.

§ 10. **Em caso de impugnação justificada do pedido de reconhecimento extrajudicial de usucapião, o oficial de registro de imóveis remeterá os autos ao juízo competente da comarca da situação do imóvel, cabendo ao requerente emendar a petição inicial para adequá-la ao procedimento comum, porém, em caso de impugnação injustificada, esta não será admitida pelo registrador, cabendo ao interessado o manejo da suscitação de dúvida nos moldes do art. 198 desta Lei.**

•• § 10 com redação determinada pela Lei n. 14.382, de 27-6-2022.

§ 11. No caso de o imóvel usucapiendo ser unidade autônoma de condomínio edilício, fica dispensado consentimento dos titulares de direitos reais e outros direitos registrados ou averbados na matrícula dos imóveis confinantes e bastará a notificação do síndico para se manifestar na forma do § 2.º deste artigo.

•• § 11 acrescentado pela Lei n. 13.465, de 11-7-2017.

§ 12. Se o imóvel confinante contiver um condomínio edilício, bastará a notificação do síndico para o efeito do § 2.º deste artigo, dispensada a notificação de todos os condôminos.

•• § 12 acrescentado pela Lei n. 13.465, de 11-7-2017.

§ 13. Para efeito do § 2.º deste artigo, caso não seja encontrado o notificando ou caso ele esteja em lugar incerto ou não sabido, tal fato será certificado pelo registrador, que deverá promover a sua notificação por edital mediante publicação, por duas vezes, em jornal local de grande circulação, pelo prazo de quinze dias cada um, interpretado o silêncio do notificando como concordância.

•• § 13 acrescentado pela Lei n. 13.465, de 11-7-2017.

§ 14. Regulamento do órgão jurisdicional competente para a correição das serventias poderá autorizar a publicação do edital em meio eletrônico, caso em que ficará dispensada a publicação em jornais de grande circulação.

•• § 14 acrescentado pela Lei n. 13.465, de 11-7-2017.

§ 15. No caso de ausência ou insuficiência dos documentos de que trata o inciso IV do *caput* deste artigo, a posse e os demais dados necessários poderão ser comprovados em procedimento de justificação administrativa perante a serventia extrajudicial, que obedecerá, no que couber, ao disposto no § 5.º do art. 381 e ao rito previsto nos arts. 382 e 383 da Lei n. 13.105, de 16 março de 2015 (Código de Processo Civil).

•• § 15 acrescentado pela Lei n. 13.465, de 11-7-2017.

Art. 216-B. Sem prejuízo da via jurisdicional, a adjudicação compulsória de imóvel objeto de promessa de venda ou de cessão poderá ser efetivada extrajudicialmente no serviço de registro de imóveis da situação do imóvel, nos termos deste artigo.

•• *Caput* acrescentado pela Lei n. 14.382, de 27-6-2022.

§ 1.º **São legitimados a requerer a adjudicação o promitente comprador ou qualquer dos seus cessionários ou promitentes cessionários, ou seus sucessores, bem como o promitente vendedor, representados por advogado, e o pedido deverá ser instruído com os seguintes documentos:**

Legislação Complementar

•• § 1.º, *caput*, acrescentado pela Lei n. 14.382, de 27-6-2022.

I – instrumento de promessa de compra e venda ou de cessão ou de sucessão, quando for o caso;

•• Inciso I acrescentado pela Lei n. 14.382, de 27-6-2022.

II – prova do inadimplemento, caracterizado pela não celebração do título de transmissão da propriedade plena no prazo de 15 (quinze) dias, contado da entrega de notificação extrajudicial pelo oficial do registro de imóveis da situação do imóvel, que poderá delegar a diligência ao oficial do registro de títulos e documentos;

•• Inciso II acrescentado pela Lei n. 14.382, de 27-6-2022.

III – ata notarial lavrada por tabelião de notas da qual constem a identificação do imóvel, o nome e a qualificação do promitente comprador ou de seus sucessores constantes do contrato de promessa, a prova do pagamento do respectivo preço e da caracterização do inadimplemento da obrigação de outorgar ou receber o título de propriedade;

•• Inciso III acrescentado pela Lei n. 14.382, de 27-6-2022, originalmente vetado, todavia promulgado em 5-1-2023.

IV – certidões dos distribuidores forenses da comarca da situação do imóvel e do domicílio do requerente que demonstrem a inexistência de litígio envolvendo o contrato de promessa de compra e venda do imóvel objeto da adjudicação;

•• Inciso IV acrescentado pela Lei n. 14.382, de 27-6-2022.

V – comprovante de pagamento do respectivo Imposto sobre a Transmissão de Bens Imóveis (ITBI);

•• Inciso V acrescentado pela Lei n. 14.382, de 27-6-2022.

VI – procuração com poderes específicos.

•• Inciso VI acrescentado pela Lei n. 14.382, de 27-6-2022.

§ 2.º O deferimento da adjudicação independe de prévio registro dos instrumentos de promessa de compra e venda ou de cessão e da comprovação da regularidade fiscal do promitente vendedor.

•• § 2.º acrescentado pela Lei n. 14.382, de 27-6-2022, originalmente vetado, todavia promulgado em 5-1-2023.

§ 3.º À vista dos documentos a que se refere o § 1.º deste artigo, o oficial do registro de imóveis da circunscrição onde se situa o imóvel procederá ao registro do domínio em nome do promitente comprador, servindo de título a respectiva promessa de compra e venda ou de cessão ou o instrumento que comprove a sucessão.

•• § 3.º acrescentado pela Lei n. 14.382, de 27-6-2022.

Capítulo IV
DAS PESSOAS

Art. 217. O registro e a averbação poderão ser provocados por qualquer pessoa, incumbindo-lhe as despesas respectivas.

Art. 218. Nos atos a título gratuito, o registro pode também ser promovido pelo transferente, acompanhado da prova de aceitação do beneficiado.

Art. 219. O registro do penhor rural independe do consentimento do credor hipotecário.

Art. 220. São considerados, para fins de escrituração, credores e devedores, respectivamente:

I – nas servidões, o dono do prédio dominante e o dono do prédio serviente;

II – no uso, o usuário e o proprietário;

III – na habitação, o habitante e o proprietário;

IV – na anticrese, o mutuante e o mutuário;

V – no usufruto, o usufrutuário e o nu-proprietário;

VI – na enfiteuse, o senhorio e o enfiteuta;

VII – na constituição de renda, o beneficiário e o rendeiro censuário;

VIII – na locação, o locatário e o locador;

IX – nas promessas de compra e venda, o promitente comprador e o promitente vendedor;

X – nas penhoras e ações, o autor e o réu;

XI – nas cessões de direitos, o cessionário e o cedente;

XII – nas promessas de cessão de direitos, o promitente cessionário e o promitente cedente.

Capítulo V
DOS TÍTULOS

Art. 221. Somente são admitidos a registro:

I – escrituras públicas, inclusive as lavradas em consulados brasileiros;

II – escritos particulares autorizados em lei, assinados pelas partes e testemunhas, com as firmas reconhecidas, dispensado o reconhecimento quando se tratar de atos praticados por entidades vinculadas ao Sistema Financeiro da Habitação;

III – atos autênticos de países estrangeiros, com força de instrumento público, legalizados e traduzidos na forma da lei, e registrados no Cartório do Registro de Títulos e Documentos, assim como sentenças proferidas por tribunais estrangeiros após homologação pelo Supremo Tribunal Federal;

•• O art. 105, I, *i*, da CF, alterado pela Emenda Constitucional n. 45, de 8-12-2004, determina que a homologação de sentença estrangeira passa a ser competência do STJ.

IV – cartas de sentença, formais de partilha, certidões e mandados extraídos de autos de processo;

V – contratos ou termos administrativos, assinados com a União, Estados, Municípios ou o Distrito Federal, no âmbito de programas de regularização fundiária e de programas habitacionais de interesse social, dispensado o reconhecimento de firma.

•• Inciso V com redação determinada pela Lei n. 12.424, de 16-6-2011.

§ 1.º Serão registrados os contratos e termos mencionados no inciso V do *caput* assinados a rogo com a impressão dactiloscópica do beneficiário, quando este for analfabeto ou não puder assinar, acompanhados da assinatura de 2 (duas) testemunhas.

•• § 1.º acrescentado pela Lei n. 12.424, de 16-6-2011.

§ 2.º Os contratos ou termos administrativos mencionados no inciso V do *caput* poderão ser celebrados constando apenas o nome e o número de documento oficial do beneficiário, podendo sua qualificação completa ser efetuada posteriormente, no momento do registro do termo ou contrato, mediante simples requerimento do interessado dirigido ao registro de imóveis.

•• § 2.º acrescentado pela Lei n. 12.424, de 16-6-2011.

§ 3.º Fica dispensada a apresentação dos títulos previstos nos incisos I a V do *caput* deste artigo quando se tratar de registro do projeto de regularização fundiária e da constituição de direito real, sendo o ente público promotor da regularização fundiária urbana responsável pelo fornecimento das informações necessárias ao registro, ficando dispensada a apresentação de título individualizado, nos termos da legislação específica.

•• § 3.º acrescentado pela Lei n. 13.465, de 11-7-2017.

§ 4.º **Quando for requerida a prática de ato com base em título físico que tenha sido registrado, digitalizado ou armazenado, inclusive em outra serventia, será dispensada a reapresentação e bastará referência a ele ou a apresentação de certidão.**

•• § 4.º acrescentado pela Lei n. 14.382, de 27-6-2022.

Art. 222. Em todas as escrituras e em todos os atos relativos a imóveis, bem como nas cartas de sentença e formais de partilha, o tabelião ou escrivão deve fazer referência à matrícula ou ao registro anterior, seu número e cartório.

Art. 223. Ficam sujeitas à obrigação, a que alude o artigo anterior, as partes que, por instrumento particular, celebrarem atos relativos a imóveis.

Art. 224. Nas escrituras, lavradas em decorrência de autorização judicial, serão mencionados, por certidão, em breve relatório, com todas as minúcias que permitam identificá-los, os respectivos alvarás.

Art. 225. Os tabeliães, escrivães e juízes farão com que, nas escrituras e nos autos judiciais, as partes indiquem, com precisão, os característicos, as confrontações e as localizações dos imóveis, mencionando os nomes dos confrontantes e, ainda, quando se tratar só de terreno, se esse fica do lado par ou do lado ímpar do logradouro, em que quadra e a que distância métrica da edificação ou da esquina mais próxima, exigindo dos interessados certidão do Registro Imobiliário.

• *Vide* Lei n. 7.433, de 18-12-1985, sobre os requisitos para a lavratura de escrituras públicas.

§ 1.º As mesmas minúcias, com relação à caracterização do imóvel, devem constar dos instrumentos particulares apresentados em cartório para registro.

§ 2.º Consideram-se irregulares, para efeito de matrícula, os títulos nos quais a caracterização do imóvel não coincida com a que consta do registro anterior.

§ 3.º Nos autos judiciais que versem sobre imóveis rurais, a localização, os limites e as confrontações serão obtidos a partir de memorial descritivo assinado por profissional habilitado e com a devida Anotação de Responsabilidade Técnica – ART, contendo as coordenadas dos vértices definidores dos limites dos imóveis rurais, georreferenciadas ao Sistema Geodésico Brasileiro e com precisão posicional a ser fixada pelo INCRA, garantida a isenção de custos financeiros aos proprietários de imóveis rurais cuja somatória da área não exceda a 4 (quatro) módulos fiscais.

•• § 3.º acrescentado pela Lei n. 10.267, de 28-8-2001.

Art. 226. Tratando-se de usucapião, os requisitos da matrícula devem constar do mandado judicial.

Capítulo VI
DA MATRÍCULA

Art. 227. Todo imóvel objeto de título a ser registrado deve estar matriculado no Livro n. 2 – Registro Geral – obedecido o disposto no art. 176.

Art. 228. A matrícula será efetuada por ocasião do primeiro registro a ser lançado na vigência desta Lei, mediante os elementos constantes do título apresentado e do registro anterior nele mencionado.

Art. 229. Se o registro anterior foi efetuado em outra circunscrição, a matrícula será aberta com os elementos constantes do título apresentado e da certidão atualizada daquele registro, a qual ficará arquivada em cartório.

Art. 230. Se na certidão constar ônus, o oficial fará a matrícula, e, logo em seguida ao registro, averbará a existência do ônus, sua natureza e valor, certificando o fato no título que devolver à parte, o que ocorrerá, também, quando o ônus estiver lançado no próprio cartório.

Art. 231. No preenchimento dos livros, observar-se-ão as seguintes normas:

I – no alto da face de cada folha será lançada a matrícula do imóvel, com os requisitos constantes do art. 176, e, no espaço restante e no verso, serão lançados, por ordem cronológica e em forma narrativa, os registros e averbações dos atos pertinentes ao imóvel matriculado;

II – preenchida uma folha, será feito o transporte para a primeira folha em branco do mesmo livro ou do livro da mesma série que estiver em uso, onde continuarão os lançamentos, com remissões recíprocas.

Art. 232. Cada lançamento de registro será precedido pela letra "R" e o da averbação pelas letras "AV", seguindo-se o número de ordem do lançamento e o da matrícula (ex.: R-1-1, R-2-1, AV-3-1, R-4-1, AV-5-1 etc.).

Art. 233. A matrícula será cancelada:

I – por decisão judicial;

II – quando, em virtude de alienações parciais, o imóvel for inteiramente transferido a outros proprietários;

III – pela fusão, nos termos do artigo seguinte.

Art. 234. Quando dois ou mais imóveis contíguos, pertencentes ao mesmo proprietário, constarem de matrículas autônomas, pode ele requerer a fusão destas em uma só, de novo número, encerrando-se as primitivas.

Art. 235. Podem, ainda, ser unificados, com abertura de matrícula única:

I – dois ou mais imóveis constantes de transcrições anteriores a esta Lei, à margem das quais será averbada a abertura da matrícula que os unificar;

II – dois ou mais imóveis, registrados por ambos os sistemas, caso em que, nas transcrições, será feita a averbação prevista no item anterior, e as matrículas serão encerradas na forma do artigo anterior;

III – 2 (dois) ou mais imóveis contíguos objeto de imissão provisória na posse registrada em nome da União, dos Estados, do Distrito Federal, dos Municípios ou de suas entidades delegadas ou contratadas e sua respectiva cessão e promessa de cessão.

•• Inciso III com redação determinada pela Lei n. 14.273, de 23-12-2021.

§ 1.º Os imóveis de que trata este artigo, bem como os oriundos de desmembramentos, partilha e glebas destacadas de maior porção, serão desdobrados em novas matrículas, juntamente com os ônus que sobre eles existirem, sempre que ocorrer a transferência de 1 (uma) ou mais unidades, procedendo-se, em seguida, ao que estipula o inciso II do art. 233.

•• Anterior parágrafo único renumerado pela Lei n. 12.424, de 16-6-2011.

§ 2.º A hipótese de que trata o inciso III somente poderá ser utilizada nos casos de imóveis inseridos em área urbana ou de expansão urbana e com a finalidade de implementar programas habitacionais ou de regularização fundiária, o que deverá ser informado no requerimento de unificação.

•• § 2.º acrescentado pela Lei n. 12.424, de 16-6-2011.

§ 3.º Na hipótese de que trata o inciso III do *caput* deste artigo, a unificação poderá abranger matrículas ou transcrições relativas a imóveis contíguos àqueles que tenham sido objeto da imissão provisória na posse.

•• § 3.º com redação determinada pela Lei n. 14.273, de 23-12-2021.

Art. 235-A. Fica instituído o Código Nacional de Matrícula (CNM) que corresponde à numeração única de matrículas imobiliárias em âmbito nacional.

•• *Caput* acrescentado pela Lei n. 13.465, de 11-7-2017.

§ 1.º O CNM referente a matrícula encerrada ou cancelada não poderá ser reutilizado.

•• § 1.º acrescentado pela Lei n. 13.465, de 11-7-2017.

§ 2.º Ato da Corregedoria Nacional de Justiça do Conselho Nacional de Justiça regulamentará as características e a forma de implementação do CNM.

•• § 2.º acrescentado pela Lei n. 13.465, de 11-7-2017.

Capítulo VII
DO REGISTRO

Art. 236. Nenhum registro poderá ser feito sem que o imóvel a que se referir esteja matriculado.

Art. 237. Ainda que o imóvel esteja matriculado, não se fará registro que dependa da apresentação de título anterior, a fim de que se preserve a continuidade do registro.

Art. 237-A. Após o registro do parcelamento do solo, na modalidade loteamento ou na modalidade desmembramento, e da incorporação imobiliária, de condomínio edilício ou de condomínio de lotes, até que tenha sido averbada a conclusão das obras de infraestrutura ou da construção, as averbações e os registros relativos à pessoa do loteador ou do incorporador ou referentes a quaisquer direitos reais, inclusive de garantias, cessões ou demais negócios jurídicos que envolvam o empreendimento e suas unidades, bem como a própria averbação da conclusão do empreendimento, serão realizados na matrícula de origem do imóvel a ele destinado e replicados, sem custo adicional, em cada uma das matrículas recipiendárias dos lotes ou das unidades autônomas eventualmente abertas.

•• *Caput* com redação determinada pela Lei n. 14.382, de 27-6-2022.

§ 1.º Para efeito de cobrança de custas e emolumentos, as averbações e os registros relativos ao mesmo ato jurídico ou negócio jurídico e realizados com base no *caput* deste artigo serão considerados ato de registro único, não importando a quantidade de lotes ou de unidades autônomas envolvidas ou de atos intermediários existentes.

•• § 1.º com redação determinada pela Lei n. 14.382, de 27-6-2022.

§ 2.º Nos registros decorrentes de processo de parcelamento do solo ou de incorporação imobiliária, o registrador deverá observar o prazo máximo de 15 (quinze) dias para o fornecimento do número do registro ao interessado ou a indicação das pendências a serem satisfeitas para sua efetivação.

•• § 2.º acrescentado pela Lei n. 11.977, de 7-7-2009.

§ 3.º O registro da instituição de condomínio ou da especificação do empreendimento constituirá ato único para fins de cobrança de custas e emolumentos.

•• § 3.º acrescentado pela Lei n. 12.424, de 16-6-2011.

§ 4.º É facultada a abertura de matrícula para cada lote ou fração ideal que corresponderá a determinada unidade autônoma, após o registro do loteamento ou da incorporação imobiliária.

•• § 4.º acrescentado pela Lei n. 14.382, de 27-6-2022.

§ 5.º Na hipótese do § 4.º deste artigo, se a abertura da matrícula ocorrer no interes-

se do serviço, fica vedado o repasse das despesas dela decorrentes ao interessado, mas se a abertura da matrícula ocorrer por requerimento do interessado, o emolumento pelo ato praticado será devido por ele.

•• § 5.º acrescentado pela Lei n. 14.382, de 27-6-2022.

Art. 238. O registro de hipoteca convencional valerá pelo prazo de 30 (trinta) anos, findo o qual só será mantido o número anterior se reconstituída por novo título e novo registro.

Art. 239. As penhoras, arrestos e sequestros de imóveis serão registrados depois de pagas as custas do registro pela parte interessada, em cumprimento de mandado ou à vista de certidão do escrivão, de que constem, além dos requisitos exigidos para o registro, os nomes do juiz, do depositário, das partes e a natureza do processo.

Parágrafo único. A certidão será lavrada pelo escrivão do feito, com a declaração do fim especial a que se destina, após a entrega, em cartório, do mandado devidamente cumprido.

Art. 240. O registro da penhora faz prova quanto à fraude de qualquer transação posterior.

Art. 241. O registro da anticrese no Livro n. 2 declarará, também, o prazo, a época do pagamento e a forma de administração.

Art. 242. O contrato de locação, com cláusula expressa de vigência no caso de alienação do imóvel, registrado no Livro n. 2, consignará, também, o seu valor, a renda, o prazo, o tempo e o lugar do pagamento, bem como pena convencional.

Art. 243. A matrícula do imóvel promovida pelo titular do domínio direto aproveita ao titular do domínio útil, e vice-versa.

Art. 244. As escrituras antenupciais serão registradas no Livro n. 3 do cartório do domicílio conjugal, sem prejuízo de sua averbação obrigatória no lugar da situação dos imóveis de propriedade do casal, ou dos que forem sendo adquiridos e sujeitos a regime de bens diverso do comum, com a declaração das respectivas cláusulas, para ciência de terceiros.

Art. 245. Quando o regime de separação de bens for determinado por lei, far-se-á a respectiva averbação nos termos do artigo anterior, incumbindo ao Ministério Público zelar pela fiscalização e observância dessa providência.

Capítulo VIII
DA AVERBAÇÃO E DO CANCELAMENTO

Art. 246. Além dos casos expressamente indicados no inciso II do *caput* do art. 167 desta Lei, serão averbadas na matrícula as sub-rogações e outras ocorrências que, por qualquer modo, alterem o registro ou repercutam nos direitos relativos ao imóvel.

•• *Caput* com redação determinada pela Lei n. 14.382, de 27-6-2022.

§ 1.º As averbações a que se referem os itens 4 e 5 do inciso II do art. 167 serão as feitas a requerimento dos interessados, com firma reconhecida, instruído com documento dos interessados, com firma reconhecida, instruído com documento comprobatório fornecido pela autoridade competente. A alteração do nome só poderá ser averbada quando devidamente comprovada por certidão do Registro Civil.

•• § 1.º acrescentado pela Lei n. 10.267, de 28-8-2001.

§ 1.º-A. No caso das averbações de que trata o § 1.º deste artigo, o oficial poderá providenciar, preferencialmente por meio eletrônico, a requerimento e às custas do interessado, os documentos comprobatórios necessários perante as autoridades competentes.

•• § 1.º-A acrescentado pela Lei n. 14.382, de 27-6-2022.

§ 2.º Tratando-se de terra indígena com demarcação homologada, a União promoverá o registro da área em seu nome.

•• § 2.º acrescentado pela Lei n. 10.267, de 28-8-2001.

§ 3.º Constatada, durante o processo demarcatório, a existência de domínio privado nos limites da terra indígena, a União requererá ao Oficial de Registro a averbação, na respectiva matrícula, dessa circunstância.

•• § 3.º acrescentado pela Lei n. 10.267, de 28-8-2001.

§ 4.º As providências a que se referem os §§ 2.º e 3.º deste artigo deverão ser efetivadas pelo cartório, no prazo de 30 (trinta) dias, contado a partir do recebimento da solicitação de registro e averbação, sob pena de aplicação de multa diária no valor de R$ 1.000,00 (mil reais), sem prejuízo da responsabilidade civil e penal do Oficial de Registro.

•• § 4.º acrescentado pela Lei n. 10.267, de 28-8-2001.

Art. 247. Averbar-se-á, também, na matrícula, a declaração de indisponibilidade de bens, na forma prevista na lei.

Art. 247-A. É dispensado o habite-se expedido pela prefeitura municipal para a averbação de construção residencial urbana unifamiliar de um só pavimento finalizada há mais de 5 (cinco) anos em área ocupada predominantemente por população de baixa renda, inclusive para o fim de registro ou averbação decorrente de financiamento à moradia.

•• Artigo acrescentado pela Lei n. 13.865, de 8-8-2019.

Art. 248. O cancelamento efetuar-se-á mediante averbação, assinada pelo oficial, seu substituto legal ou escrevente autorizado, e declarará o motivo que o determinou, bem como o título em virtude do qual foi feito.

Art. 249. O cancelamento poderá ser total ou parcial e referir-se a qualquer dos atos do registro.

Art. 250. Far-se-á o cancelamento:

I – em cumprimento de decisão judicial transitada em julgado;

II – a requerimento unânime das partes que tenham participado do ato registrado, se capazes, com as firmas reconhecidas por tabelião;

III – a requerimento do interessado, instruído com documento hábil;

IV – a requerimento da Fazenda Pública, instruído com certidão de conclusão de processo administrativo que declarou, na forma da lei, a rescisão do título de domínio ou de concessão de direito real de uso de imóvel rural, expedido para fins de regularização fundiária, e a reversão do imóvel ao patrimônio público.

•• Inciso IV acrescentado pela Lei n. 11.952, de 25-6-2009.

Art. 251. O cancelamento de hipoteca só pode ser feito:

I – à vista de autorização expressa ou quitação outorgada pelo credor ou seu sucessor, em instrumento público ou particular;

II – em razão de procedimento administrativo ou contencioso, no qual o credor tenha sido intimado (art. 698 do Código de Processo Civil);

III – na conformidade da legislação referente às cédulas hipotecárias.

Art. 251-A. Em caso de falta de pagamento, o cancelamento do registro do compromisso de compra e venda de imóvel será efetuado em conformidade com o disposto neste artigo.

•• *Caput* acrescentado pela Lei n. 14.382, de 27-6-2022.

§ 1.º A requerimento do promitente vendedor, o promitente comprador, ou seu representante legal ou procurador regularmente constituído, será intimado pessoalmente pelo oficial do competente registro de imóveis a satisfazer, no prazo de 30 (trinta) dias, a prestação ou as prestações vencidas e as que vencerem até a data de pagamento, os juros convencionais, a correção monetária, as penalidades e os demais encargos contratuais, os encargos legais, inclusive tributos, as contribuições condominiais ou despesas de conservação e manutenção em loteamentos de acesso controlado, imputáveis ao imóvel, além das despesas de cobrança, de intimação, bem como do registro do contrato, caso esse tenha sido efetuado a requerimento do promitente vendedor.

•• § 1.º acrescentado pela Lei n. 14.382, de 27-6-2022.

§ 2.º O oficial do registro de imóveis poderá delegar a diligência de intimação ao oficial do registro de títulos e documentos da comarca da situação do imóvel ou do domicílio de quem deva recebê-la.

•• § 2.º acrescentado pela Lei n. 14.382, de 27-6-2022.

§ 3.º Aos procedimentos de intimação ou notificação efetuados pelos oficiais de registros públicos, aplicam-se, no que couber, os dispositivos referentes à citação e à intimação previstos na Lei n. 13.105, de 16 de março de 2015 (Código de Processo Civil).

•• § 3.º acrescentado pela Lei n. 14.382, de 27-6-2022.

§ 4.º A mora poderá ser purgada mediante pagamento ao oficial do registro de imóveis, que dará quitação ao promitente comprador ou ao seu cessionário das quantias recebidas no prazo de 3 (três) dias e depositará esse valor na conta bancária informada pelo promitente vendedor no próprio requerimento ou, na falta dessa informação, o cientificará de que o numerário está à sua disposição.

•• § 4.º acrescentado pela Lei n. 14.382, de 27-6-2022.

§ 5.º Se não ocorrer o pagamento, o oficial certificará o ocorrido e intimará o promitente vendedor a promover o recolhimento dos emolumentos para efetuar o cancelamento do registro.

•• § 5.º acrescentado pela Lei n. 14.382, de 27-6-2022.

§ 6.º A certidão do cancelamento do registro do compromisso de compra e venda reputa-se como prova relevante ou determinante para concessão da medida liminar de reintegração de posse.

•• § 6.º acrescentado pela Lei n. 14.382, de 27-6-2022.

Art. 252. O registro, enquanto não cancelado, produz todos os seus efeitos legais ainda que, por outra maneira, se prove que o título está desfeito, anulado, extinto ou rescindido.

Art. 253. Ao terceiro prejudicado é lícito, em juízo, fazer prova da extinção dos ônus reais, e promover o cancelamento do seu registro.

Art. 254. Se, cancelado o registro, subsistirem o título e os direitos dele decorrentes, poderá o credor promover novo registro, o qual só produzirá efeitos a partir da nova data.

Art. 255. Além dos casos previstos nesta Lei, a inscrição de incorporação ou loteamento só será cancelada a requerimento do incorporador ou loteador, enquanto nenhuma unidade ou lote for objeto de transação averbada, ou mediante o consentimento de todos os compromissários ou cessionários.

Art. 256. O cancelamento da servidão, quando o prédio dominante estiver hipotecado, só poderá ser feito com aquiescência do credor, expressamente manifestada.

Art. 257. O dono do prédio serviente terá, nos termos da lei, direito a cancelar a servidão.

Art. 258. O foreiro poderá, nos termos da lei, averbar a renúncia de seu direito, sem dependência do consentimento do senhorio direto.

Art. 259. O cancelamento não pode ser feito em virtude de sentença sujeita, ainda, a recurso.

Capítulo IX
DO BEM DE FAMÍLIA

• *Vide* arts. 1.711 e s. do CC.

Art. 260. A instituição do bem de família far-se-á por escritura pública, declarando o instituidor que determinado prédio se destina a domicílio de sua família e ficará isento de execução por dívida.

•• *Vide* art. 3.º da Lei n. 8.009, de 29-3-1990, sobre impenhorabilidade do bem de família.

Art. 261. Para a inscrição do bem de família, o instituidor apresentará ao oficial do registro a escritura pública de instituição, para que mande publicá-la na imprensa local e, à falta, na da capital do Estado ou do Território.

Art. 262. Se não ocorrer razão para dúvida, o oficial fará a publicação, em forma de edital, do qual constará:

I – o resumo da escritura, nome, naturalidade e profissão do instituidor, data do instrumento e nome do tabelião que o fez, situação e característicos do prédio;

II – o aviso de que, se alguém se julgar prejudicado, deverá, dentro em 30 (trinta) dias, contados da data da publicação, reclamar contra a instituição, por escrito e perante o oficial.

Art. 263. Findo o prazo do n. II do artigo anterior, sem que tenha havido reclamação, o oficial transcreverá a escritura, integralmente, no Livro n. 3 e fará a inscrição na competente matrícula, arquivando um exemplar do jornal em que a publicação houver sido feita e restituindo o instrumento ao apresentante, com a nota da inscrição.

Art. 264. Se for apresentada reclamação, dela fornecerá o oficial, ao instituidor, cópia autêntica e lhe restituirá a escritura, com a declaração de haver sido suspenso o registro, cancelando a prenotação.

§ 1.º O instituidor poderá requerer ao juiz que ordene o registro, sem embargo da reclamação.

§ 2.º Se o juiz determinar que se proceda ao registro, ressalvará ao reclamante o direito de recorrer à ação competente para anular a instituição ou de fazer execução sobre o prédio instituído, na hipótese de tratar-se de dívida anterior e cuja solução se tornou inexequível em virtude do ato da instituição.

§ 3.º O despacho do juiz será irrecorrível e, se deferir o pedido, será transcrito integralmente, juntamente com o instrumento.

Art. 265. Quando o bem de família for instituído juntamente com a transmissão da propriedade (Decreto-lei n. 3.200, de 14-4-1941, art. 8.º, § 5.º), a inscrição far-se-á imediatamente após o registro da transmissão ou, se for o caso, com a matrícula.

Capítulo X
DA REMIÇÃO DO IMÓVEL HIPOTECADO

Art. 266. Para remir o imóvel hipotecado, o adquirente requererá, no prazo legal, a citação dos credores hipotecários propondo, para a remição, no mínimo, o preço por que adquiriu o imóvel.

Art. 267. Se o credor, citado, não se opuser à remição, ou não comparecer, lavrar-se-á termo de pagamento e quitação e o juiz ordenará, por sentença, o cancelamento da hipoteca.

Parágrafo único. No caso de revelia, consignar-se-á o preço à custa do credor.

Art. 268. Se o credor, citado, comparecer e impugnar o preço oferecido, o juiz mandará promover a licitação entre os credores hipotecários, os fiadores e o próprio adquirente, autorizando a venda judicial a quem oferecer maior preço.

§ 1.º Na licitação, será preferido, em igualdade de condições, o lanço do adquirente.

§ 2.º Na falta de arrematante, o valor será o proposto pelo adquirente.

Art. 269. Arrematado o imóvel e depositado, dentro de 48 (quarenta e oito) horas, o respectivo preço, o juiz mandará cancelar a hipoteca, sub-rogando-se no produto da venda os direitos do credor hipotecário.

Art. 270. Se o credor de segunda hipoteca, embora não vencida a dívida, requerer a remição, juntará o título e certidão da inscrição da anterior e depositará a importância devida ao primeiro credor, pedindo a citação deste para levantar o depósito e a do devedor para dentro do prazo de 5 (cinco) dias remir a hipoteca, sob pena de ficar o requerente sub-rogado nos direitos creditórios, sem prejuízo dos que lhe couberem em virtude da segunda hipoteca.

Art. 271. Se o devedor não comparecer ou não remir a hipoteca, os autos serão conclusos ao juiz para julgar por sentença a remição pedida pelo segundo credor.

Art. 272. Se o devedor comparecer e quiser efetuar a remição, notificar-se-á o credor para receber o preço, ficando sem efeito o depósito realizado pelo autor.

Art. 273. Se o primeiro credor estiver promovendo a execução da hipoteca, a remição, que abrangerá a importância das custas e despesas realizadas, não se efetuará antes da primeira praça, nem depois de assinado o auto de arrematação.

Art. 274. Na remição de hipoteca legal em que haja interesse de incapaz intervirá o Ministério Público.

Art. 275. Das sentenças que julgarem o pedido de remição caberá o recurso de apelação com ambos os efeitos.

Art. 276. Não é necessária a remição quando o credor assinar, com o vendedor, escritura de venda do imóvel gravado.

Capítulo XI
DO REGISTRO TORRENS

Art. 277. Requerida a inscrição de imóvel rural no Registro Torrens, o oficial protocolizará e autuará o requerimento e documentos que o instruírem e verificará se o pedido se acha em termos de ser despachado.

Art. 278. O requerimento será instruído com:

I – os documentos comprobatórios do domínio do requerente;

II – a prova de quaisquer atos que modifiquem ou limitem a sua propriedade;

III – o memorial de que constem os encargos do imóvel, os nomes dos ocupantes, confrontantes, quaisquer interessados, e a indicação das respectivas residências;

IV – a planta do imóvel, cuja escala poderá variar entre os limites: 1:500m (1/500) e 1:5.000m (1/5.000).

§ 1.º O levantamento da planta obedecerá às seguintes regras:

a) empregar-se-ão goniômetros ou outros instrumentos de maior precisão;

b) a planta será orientada segundo o mediano do lugar, determinada a declinação magnética;

c) fixação dos pontos de referência necessários a verificações ulteriores e de marcos especiais, ligados a pontos certos e estáveis nas sedes das propriedades, de maneira que a planta possa incorporar-se à carta geral cadastral.

§ 2.º Às plantas serão anexados o memorial e as cadernetas das operações de campo, autenticadas pelo agrimensor.

Art. 279. O imóvel sujeito a hipoteca ou ônus real não será admitido a registro sem consentimento expresso do credor hipotecário ou da pessoa em favor de quem se tenha instituído o ônus.

Art. 280. Se o oficial considerar irregular o pedido ou a documentação, poderá conceder o prazo de 30 (trinta) dias para que o interessado os regularize. Se o requerente não estiver de acordo com a exigência do oficial, este suscitará dúvida.

Art. 281. Se o oficial considerar em termos o pedido, remetê-lo-á a juízo para ser despachado.

Art. 282. O juiz, distribuído o pedido a um dos cartórios judiciais, se entender que os documentos justificam a propriedade do requerente, mandará expedir edital que será afixado no lugar de costume e publicado uma vez no órgão oficial do Estado e três vezes na imprensa local, se houver, marcando prazo não menor de 2 (dois) meses, nem maior de 4 (quatro) meses para que se ofereça oposição.

Art. 283. O juiz ordenará, de ofício ou a requerimento da parte, que, à custa do peticionário, se notifiquem do requerimento as pessoas nele indicadas.

Art. 284. Em qualquer hipótese será ouvido o órgão do Ministério Público, que poderá impugnar o registro por falta de prova completa do domínio ou preterição de outra formalidade legal.

Art. 285. Feita a publicação do edital, a pessoa que se julgar com direito sobre o imóvel, no todo ou em parte, poderá contestar o pedido no prazo de 15 (quinze) dias.

§ 1.º A contestação mencionará o nome e a residência do réu, fará a descrição exata do imóvel e indicará os direitos reclamados e os títulos em que se fundarem.

§ 2.º Se não houver contestação, e se o Ministério Público não impugnar o pedido, o juiz ordenará que se inscreva o imóvel, que ficará, assim, submetido aos efeitos do Registro Torrens.

Art. 286. Se houver contestação ou impugnação, o procedimento será ordinário, cancelando-se, mediante mandado, a prenotação.

Art. 287. Da sentença que deferir, ou não, o pedido, cabe o recurso de apelação, com ambos os efeitos.

Art. 288. Transitada em julgado a sentença que deferir o pedido, o oficial inscreverá, na matrícula, o julgado que determinou a submissão do imóvel aos efeitos do Registro Torrens, arquivando em cartório a documentação autuada.

Capítulo XII
DO REGISTRO DA REGULARIZAÇÃO FUNDIÁRIA URBANA

•• Capítulo XII acrescentado pela Lei n. 12.424, de 16-6-2011.

Art. 288-A. O procedimento de registro da regularização fundiária urbana observará o disposto em legislação específica.

•• Artigo com redação determinada pela Lei n. 13.465, de 11-7-2017.

Arts. 288-B a 288-G. (*Revogados pela Lei n. 13.465, de 11-7-2017.*)

TÍTULO VI
DAS DISPOSIÇÕES FINAIS E TRANSITÓRIAS

Art. 289. No exercício de suas funções, cumpre aos oficiais de registro fazer rigorosa fiscalização do pagamento dos impostos devidos por força dos atos que lhes forem apresentados em razão do ofício.

• Dispõe o art. 3.º da Lei n. 6.941, de 14-9-1981: "É vedado incluir ou acrescer, às custas dos Registros Públicos, quaisquer taxas ou contribuições".

Art. 290. Os emolumentos devidos pelos atos relacionados com a primeira aquisição imobiliária para fins residenciais, financiada pelo Sistema Financeiro da Habitação, serão reduzidos em 50% (cinquenta por cento).

•• *Caput* com redação determinada pela Lei n. 6.941, de 14-9-1981.

§ 1.º O registro e a averbação referentes à aquisição da casa própria, em que seja parte cooperativa habitacional ou entidade assemelhada, serão considerados, para efeito de cálculo de custas e emolumentos, como um ato apenas, não podendo a sua cobrança exceder o limite correspondente a 40% (quarenta por cento) do maior valor de referência.

•• § 1.º com redação determinada pela Lei n. 6.941, de 14-9-1981.

§ 2.º Nos demais programas de interesse social, executados pelas Companhias de Habitação Popular – COHABs ou entidades assemelhadas, os emolumentos e as custas devidos pelos atos de aquisição de imóveis e pelos de averbação de construção estarão sujeitos às seguintes limitações:

a) imóvel de até 60 m^2 (sessenta metros quadrados) de área construída: 10% (dez por cento) do maior valor de referência;

b) de mais de 60 m^2 (sessenta metros quadrados) até 70 m^2 (setenta metros quadrados) de área construída: 15% (quinze por cento) do maior valor de referência;

c) de mais de 70 m^2 (setenta metros quadrados) e até 80 m^2 (oitenta metros quadrados) de área construída: 20% (vinte por cento) do maior valor de referência.

•• § 2.º com redação determinada pela Lei n. 6.941, de 14-9-1981.

§ 3.º Os emolumentos devidos pelos atos relativos a financiamento rural serão cobrados de acordo com a legislação federal.

•• § 3.º com redação determinada pela Lei n. 6.941, de 14-9-1981.

§ 4.º As custas e emolumentos devidos aos Cartórios de Notas e de Registro de Imóveis, nos atos relacionados com a aquisição imobiliária para fins residenciais, oriundos de programas e convênios com a União, Estados, Distrito Federal e Municípios, para a construção de habitações populares destinadas a famílias de baixa renda, pelo sistema de mutirão e autoconstrução orientada, serão reduzidos para vinte por cento da tabela cartorária normal, considerando-se que o imóvel será limitado a até sessenta e nove metros quadrados de área construída, em terreno de até duzentos e cinquenta metros quadrados.

•• § 4.º acrescentado pela Lei n. 9.934, de 20-12-1999.

§ 5.º Os cartórios que não cumprirem o disposto no § 4.º ficarão sujeitos a multa de até R$ 1.120,00 (um mil, cento e vinte reais) a ser aplicada pelo juiz, com a atualização que se fizer necessária, em caso de desvalorização da moeda.

•• § 5.º acrescentado pela Lei n. 9.934, de 20-12-1999.

• A Lei n. 10.150, de 21-12-2000, em seu art. 35, dispõe que os emolumentos devidos em todos os atos de que trata esta Lei, relacionados com o Programa de Arrendamento Residencial, instituído pela Lei n. 10.188, de 12-2-2001, serão reduzidos em 50% (cinquenta por cento).

Art. 290-A. Devem ser realizados independentemente do recolhimento de custas e emolumentos:

•• *Caput* acrescentado pela Lei n. 11.481, de 31-5-2007.

I – o primeiro registro de direito real constituído em favor de beneficiário de regularização fundiária de interesse social em áreas urbanas e em áreas rurais de agricultura familiar;

•• Inciso I acrescentado pela Lei n. 11.481, de 31-5-2007.

II – a primeira averbação de construção residencial de até 70 m² (setenta metros quadrados) de edificação em áreas urbanas objeto de regularização fundiária de interesse social;

•• Inciso II acrescentado pela Lei n. 11.481, de 31-5-2007.

III – o registro de título de legitimação de posse, concedido pelo poder público, de que trata o art. 59 da Lei n. 11.977, de 7 de julho de 2009, e de sua conversão em propriedade;

•• Inciso III acrescentado pela Lei n. 12.424, de 16-6-2011.

IV – o registro do título de transferência do direito real de propriedade ou de outro direito ao beneficiário de projetos de assentamento rurais promovidos pelo Instituto Nacional de Colonização e Reforma Agrária (Incra) com base nas Leis n. 4.504, de 30 de novembro de 1964, e 8.629, de 25 de fevereiro de 1993, ou em outra lei posterior com finalidade similar.

•• Inciso IV acrescentado pela Lei n. 14.382, de 27-6-2022.

§ 1.º O registro e a averbação de que tratam os incisos I, II e III do *caput* deste artigo independem da comprovação do pagamento de quaisquer tributos, inclusive previdenciários.

•• § 1.º com redação determinada pela Lei n. 12.424, de 16-6-2011.

§ 2.º (*Revogado pela Lei n. 12.424, de 16-6-2011.*)

Art. 291. A emissão ou averbação da cédula hipotecária, consolidando créditos hipotecários de um só credor, não implica modificação da ordem preferencial dessas hipotecas em relação a outras que lhes sejam posteriores e que garantam créditos não incluídos na consolidação.

•• Artigo acrescentado pela Lei n. 6.941, de 14-9-1981.

Art. 292. É vedado aos tabeliães e aos oficiais de registro de imóveis, sob pena de responsabilidade, lavrar ou registrar escritura ou escritos particulares autorizados por lei, que tenham por objeto imóvel hipotecado a entidade do Sistema Financeiro da Habitação, ou direitos a eles relativos, sem que conste dos mesmos, expressamente, a menção ao ônus real e ao credor, bem como a comunicação ao credor, necessariamente feita pelo alienante, com antecedência de, no mínimo, 30 (trinta) dias.

•• Artigo acrescentado pela Lei n. 6.941, de 14-9-1981.

Art. 293. Se a escritura deixar de ser lavrada no prazo de 60 (sessenta) dias a contar da data da comunicação do alienante, esta perderá a validade.

•• *Caput* acrescentado pela Lei n. 6.941, de 14-9-1981.

Parágrafo único. A ciência da comunicação não importará consentimento tácito do credor hipotecário.

•• Parágrafo único acrescentado pela Lei n. 6.941, de 14-9-1981.

Art. 294. Nos casos de incorporação de bens imóveis do patrimônio público, para a formação ou integralização do capital de sociedade por ações da administração indireta ou para a formação do patrimônio de empresa pública, o oficial do respectivo registro de imóveis fará o novo registro em nome da entidade a que os mesmos forem incorporados ou transferidos, valendo-se, para tanto, dos dados característicos e confrontações constantes do anterior.

§ 1.º Servirá como título hábil para o novo registro o instrumento pelo qual a incorporação ou transferência se verificou, em cópia autêntica, ou exemplar do órgão oficial no qual foi aquele publicado.

§ 2.º Na hipótese de não coincidência das características do imóvel com as constantes do registro existente, deverá a entidade, ao qual foi o mesmo incorporado ou transferido, promover a respectiva correção mediante termo aditivo ao instrumento de incorporação ou transferência e do qual deverão constar, entre outros elementos, seus limites ou confrontações, sua descrição e caracterização.

§ 3.º Para fins do registro de que trata o presente artigo, considerar-se-á, como valor de transferência dos bens, o constante do instrumento a que alude o § 1.º.

•• Anterior art. 291 renumerado pela Lei n. 6.941, de 14-9-1981.

Art. 295. O encerramento dos livros em uso, antes da vigência da presente Lei, não exclui a validade dos atos neles registrados, nem impede que, neles, se façam as averbações e anotações posteriores.

Parágrafo único. Se a averbação ou anotação dever ser feita no Livro n. 2 do Registro de Imóvel, pela presente Lei, e não houver espaço nos anteriores Livros de Transcrição das Transmissões, será aberta a matrícula do imóvel.

•• Anterior art. 292 renumerado pela Lei n. 6.941, de 14-9-1981.

Art. 296. Aplicam-se aos registros referidos no art. 1.º, § 1.º, I, II e III, desta Lei, as disposições relativas ao processo de dúvida no registro de imóveis.

•• Anterior art. 293 renumerado pela Lei n. 6.941, de 14-9-1981.

Art. 297. Os oficiais, na data de vigência desta Lei, lavrarão termo de encerramento nos livros, e dele remeterão cópia ao juiz a que estiverem subordinados.

Parágrafo único. Sem prejuízo do cumprimento integral das disposições desta Lei, os livros antigos poderão ser aproveitados, até o seu esgotamento, mediante autorização judicial e adaptação aos novos modelos, iniciando-se nova numeração.

•• Anterior art. 294 renumerado pela Lei n. 6.941, de 14-9-1981.

Art. 298. Esta Lei entrará em vigor no dia 1.º de janeiro de 1976.

•• Anterior art. 295 renumerado pela Lei n. 6.941, de 14-9-1981.

Art. 299. Revogam-se a Lei n. 4.827, de 7 de março de 1924, os Decretos n. 4.857, de 9 de novembro de 1939, 5.318, de 29 de fevereiro de 1940, 5.553, de 6 de maio de 1940, e as demais disposições em contrário.

•• Anterior art. 296 renumerado pela Lei n. 6.941, de 14-9-1981.

Brasília, 31 de dezembro de 1973; 152.º da Independência e 85.º da República.

EMÍLIO G. MÉDICI

REGISTRO DE IMÓVEIS – Modelo do Livro n. 1 – Protocolo

REGISTRO DE IMÓVEIS PROTOCOLO Livro n. 1 ANO				
N. de ordem	Data	NOME DO APRESENTANTE	Natureza formal do título	ANOTAÇÕES

Dimensões máximas de acordo com o art. 3.º, § 1.º:
Altura: 0,55m
Largura: 0,40m

REGISTRO DE IMÓVEIS – Modelo do Livro n. 2 – Registro Geral

REGISTRO DE IMÓVEIS REGISTRO GERAL	
Livro n. 2	Fl. ....
MATRÍCULA N. .... IDENTIFICAÇÃO NOMINAL NOME, DOMICÍLIO E NACIONALIDADE DO PROPRIETÁRIO NÚMERO DO REGISTRO ANTERIOR	Data ....

Dimensões máximas de acordo com o art. 3.º, § 1.º:
Altura: 0,55m
Largura: 0,40m

REGISTRO DE IMÓVEIS – Modelo do Livro n. 3 – Registro Auxiliar

REGISTRO DE IMÓVEIS REGISTRO AUXILIAR				
Livro n. 3				ANO:
N. de ordem	Data	REGISTRO	Ref. aos demais livros	AVERBAÇÕES

Dimensões máximas de acordo com o art. 3.º, § 1.º:
Altura: 0,55m
Largura: 0,40m

REGISTRO DE IMÓVEIS – Modelo do Livro n. 4 – Indicador Real

REGISTRO DE IMÓVEIS INDICADOR GERAL			
Livro n. 4			ANO:
N. de ordem	IDENTIFICAÇÃO DO IMÓVEL	Referências aos demais livros	ANOTAÇÕES

Dimensões máximas de acordo com o art. 3.º, § 1.º:
Altura: 0,55m
Largura: 0,40m

REGISTRO DE IMÓVEIS – Modelo do Livro n. 5 – Indicador Pessoal

REGISTRO DE IMÓVEIS INDICADOR PESSOAL			
Livro n. 5			ANO:
N. de ordem	PESSOAS	Referências aos demais livros	ANOTAÇÕES

Dimensões máximas de acordo com o art. 3.º, § 1.º:
Altura: 0,55m
Largura: 0,40m

LEI N. 6.024, DE 13 DE MARÇO DE 1974 (*)

Dispõe sobre a intervenção e a liquidação extrajudicial de instituições financeiras e dá outras providências.

O Presidente da República:

(*) Publicada no *Diário Oficial da União*, de 14-3-1974. Às sociedades seguradoras de capitalização e às entidades de previdência privada aberta aplica-se, no que couber, o disposto nos arts. 3.º a 49 desta Lei, conforme determina o art. 3.º da Lei n. 10.190, de 14-2-2001.

Faço saber que o Congresso Nacional decreta e eu sanciono a seguinte Lei:

Capítulo I
DISPOSIÇÃO PRELIMINAR

Art. 1.º As instituições financeiras privadas e as públicas não federais, assim como as cooperativas de crédito, estão sujeitas, nos termos desta Lei, à intervenção ou à liquidação extrajudicial, em ambos os casos efetuada e decretada pelo Banco Central do Brasil, sem prejuízo do disposto nos arts. 137 e 138 do Decreto-lei n. 2.627, de 26 de setembro de 1940, ou à falência, nos termos da legislação vigente.

•• Com a revogação do Decreto-lei n. 2.627, de 26-9-1940, passou a cuidar da matéria a Lei n. 6.404, de 15-12-1976 (LSA), em seus arts. 208 e 209.

Capítulo II
DA INTERVENÇÃO E SEU PROCESSO

Seção I
Da Intervenção

Art. 2.º Far-se-á a intervenção quando se verificarem as seguintes anormalidades nos negócios sociais da instituição:

I – a entidade sofrer prejuízo, decorrente de má administração, que sujeite a riscos os seus credores;

II – forem verificadas reiteradas infrações a dispositivos da legislação bancária não regularizadas após as determinações do Banco Central do Brasil, no uso das suas atribuições de fiscalização;

III – na hipótese de ocorrer qualquer dos fatos mencionados nos arts. 1.º e 2.º do Decreto-lei n. 7.661, de 21 de junho de 1945 (Lei de Falências), houver possibilidade de evitar-se a liquidação extrajudicial.

•• Liquidação das sociedades: arts. 208 e 218 da Lei n. 6.404, de 15-12-1976 (LSA).

Art. 3.º A intervenção será decretada *ex officio* pelo Banco Central do Brasil, ou por solicitação dos administradores da instituição – se o respectivo estatuto lhes conferir esta competência – com indicação das causas do pedido, sem prejuízo da responsabilidade civil e criminal em que incorrerem os mesmos administradores, pela indicação falsa ou dolosa.

Art. 4.º O período da intervenção não excederá a 6 (seis) meses, o qual, por decisão do Banco Central do Brasil, poderá ser prorrogado, uma única vez, até o máximo de outros 6 (seis) meses.

Art. 5.º A intervenção será executada por interventor nomeado pelo Banco Central do Brasil, com plenos poderes de gestão.

Parágrafo único. Dependerão de prévia e expressa autorização do Banco Central do Brasil os atos do interventor que impliquem em disposição ou oneração do patrimônio da sociedade, admissão e demissão de pessoal.

Art. 6.º A intervenção produzirá, desde sua decretação, os seguintes efeitos:

a) suspensão da exigibilidade das obrigações vencidas;

b) suspensão da fluência do prazo das obrigações vincendas anteriormente contraídas;

c) inexigibilidade dos depósitos já existentes à data de sua decretação.

Art. 7.º A intervenção cessará:

a) se os interessados, apresentando as necessárias condições de garantia, julgados a critério do Banco Central do Brasil, tomarem a si o prosseguimento das atividades econômicas da empresa;

b) quando, a critério do Banco Central do Brasil, a situação da entidade se houver normalizado;

c) se decretada a liquidação extrajudicial, ou a falência da entidade.

Seção II
Do Processo da Intervenção

Art. 8.º Independentemente da publicação do ato de sua nomeação, o interventor será investido, de imediato, em suas funções, mediante termo de posse lavrado no "Diário" da entidade, ou, na falta deste, no livro que o substituir, com a transcrição do ato que houver decretado a medida e que o tenha nomeado.

Art. 9.º Ao assumir suas funções, o interventor:

a) arrecadará, mediante termo, todos os livros da entidade e os documentos de interesse da administração;

b) levantará o balanço geral e o inventário de todos os livros, documentos, dinheiro e demais bens da entidade, ainda que em poder de terceiros, a qualquer título.

Parágrafo único. O termo de arrecadação, o balanço geral e o inventário, deverão ser assinados também pelos administradores em exercício no dia anterior ao da posse do interventor, os quais poderão apresentar, em separado, as declarações e observações que julgarem a bem dos seus interesses.

Art. 10. Os ex-administradores da entidade deverão entregar ao interventor, dentro de 5 (cinco) dias, contados da posse deste, declaração, assinada em conjunto por todos eles, de que conste a indicação:

a) do nome, nacionalidade, estado civil e endereço dos administradores e membros do Conselho Fiscal, que estiverem em exercício nos últimos 12 (doze) meses anteriores à decretação da medida;

b) dos mandatos que, porventura, tenham outorgado em nome da instituição, indicando o seu objeto, nome e endereço do mandatário;

c) dos bens imóveis, assim como dos móveis, que não se encontrem no estabelecimento;

d) da participação que, porventura, cada administrador ou membro do Conselho Fiscal tenha em outras sociedades, com a respectiva indicação.

Art. 11. O interventor, dentro em 60 (sessenta) dias, contados de sua posse, prorrogável se necessário, apresentará ao Banco Central do Brasil relatório, que conterá:

a) exame da escrituração, da aplicação dos fundos e disponibilidade, e da situação econômico-financeira da instituição;

b) indicação, devidamente comprovada, dos atos e omissões danosos que eventualmente tenha verificado;

c) proposta justificada da adoção das providências que lhe pareçam convenientes à instituição.

Parágrafo único. As disposições deste artigo não impedem que o interventor, antes da apresentação do relatório, proponha ao Banco Central do Brasil a adoção de qualquer providência que lhe pareça necessária e urgente.

Art. 12. À vista do relatório ou da proposta do interventor, o Banco Central do Brasil poderá:

a) determinar a cessação da intervenção, hipótese em que o interventor será autorizado a promover os atos que, nesse sentido, se tornaram necessários;

b) manter a instituição sob intervenção, até serem eliminadas as irregularidades que a motivaram, observado o disposto no art. 4.º;

c) decretar a liquidação extrajudicial da entidade;

d) autorizar o interventor a requerer a falência da entidade quando o seu ativo não for suficiente para cobrir sequer metade do valor dos créditos quirografários, ou quando julgada inconveniente a liquidação extrajudicial, ou quando a complexidade dos negócios da instituição ou a gravidade dos fatos apurados aconselharem a medida.

Art. 13. Das decisões do interventor caberá recurso, sem efeito suspensivo, dentro de 10 (dez) dias da respectiva ciência, para o Banco Central do Brasil, em única instância.

§ 1.º Findo o prazo, sem a interposição de recurso, a decisão assumirá caráter definitivo.

§ 2.º O recurso será entregue, mediante protocolo, ao interventor que o informará e o encaminhará, dentro em 5 (cinco) dias, ao Banco Central do Brasil.

Art. 14. O interventor prestará contas ao Banco Central do Brasil, independentemente de qualquer exigência, no momento em que deixar suas funções, ou a qualquer tempo, quando solicitado, e responderá, civil e criminalmente, por seus atos.

Capítulo III
DA LIQUIDAÇÃO EXTRAJUDICIAL

Seção I
Da Aplicação e dos Efeitos da Medida

Art. 15. Decretar-se-á a liquidação extrajudicial da instituição financeira:

I – *ex officio*:

a) em razão de ocorrências que comprometam sua situação econômica ou financeira especialmente quando deixar de satisfazer, com pontualidade, seus compromissos ou quando se caracterizar qualquer dos motivos que autorizem a declaração de falência;

b) quando a administração violar gravemente as normas legais e estatutárias que disciplinam a atividade da instituição, bem como as determinações do Conselho Monetário Nacional ou do Banco Central do Brasil, no uso de suas atribuições legais;

c) quando a instituição sofrer prejuízo que sujeite a risco anormal seus credores quirografários;

d) quando, cassada a autorização para funcionar, a instituição não iniciar, nos 90 (noventa) dias seguintes, sua liquidação ordinária, ou quando, iniciada esta, verificar o Banco Central do Brasil que a morosidade de sua administração pode acarretar prejuízo para os credores;

II – a requerimento dos administradores da instituição – se o respectivo estatuto social lhes conferir esta competência – ou por proposta do interventor, expostos circunstanciadamente os motivos justificadores da medida.

§ 1.º O Banco Central do Brasil decidirá sobre a gravidade dos fatos determinantes da liquidação extrajudicial, considerando as repercussões deste sobre os interesses dos mercados financeiro e de capitais, e, poderá, em lugar da liquidação, efetuar a intervenção, se julgar esta medida suficiente para a normalização dos negócios da instituição, e preservação daqueles interesses.

§ 2.º O ato do Banco Central do Brasil, que decretar a liquidação extrajudicial, indicará a data em que se tenha caracterizado o estado que a determinou, fixando o termo legal da liquidação que não poderá ser superior a 60 (sessenta) dias contados do primeiro protesto por falta de pagamento ou, na falta deste, do ato que haja decretado a intervenção ou a liquidação.

Art. 16. A liquidação extrajudicial será executada por liquidante nomeado pelo Banco Central do Brasil, com amplos poderes de administração e liquidação, especialmente os de verificação e classificação dos créditos, podendo nomear e demitir funcionários, fixando-lhes os vencimentos, outorgar e cassar mandatos, propor ações e representar a massa em juízo ou fora dele.

§ 1.º Com prévia e expressa autorização do Banco Central do Brasil, poderá o liquidante, em benefício da massa, ultimar os negócios pendentes e, a qualquer tempo, onerar ou alienar seus bens, neste último caso através de licitações.

§ 2.º Os honorários do liquidante, a serem pagos por conta da liquidanda, serão fixados pelo Banco Central do Brasil.

Art. 17. Em todos os atos, documentos e publicações de interesse da liquidação, será usada, obrigatoriamente, a expressão "Em liquidação extrajudicial", em seguida à denominação da entidade.

Art. 18. A decretação da liquidação extrajudicial produzirá, de imediato, os seguintes efeitos:

a) suspensão das ações e execuções iniciadas sobre direitos e interesses relativos ao acervo da entidade liquidanda, não podendo ser intentadas quaisquer outras, enquanto durar a liquidação;

b) vencimento antecipado das obrigações da liquidanda;

c) não atendimento das cláusulas penais dos contratos unilaterais vencidos em virtude da decretação da liquidação extrajudicial;

d) não fluência de juros, mesmo que estipulados, contra a massa, enquanto não integralmente pago o passivo;

e) interrupção da prescrição relativa a obrigações de responsabilidade da instituição;

f) não reclamação de correção monetária de quaisquer dívidas passivas, nem de penas pecuniárias por infração de leis penais ou administrativas.

Art. 19. A liquidação extrajudicial será encerrada:

•• *Caput* com redação determinada pela Lei n. 13.506, de 13-11-2017.

I – por decisão do Banco Central do Brasil, nas seguintes hipóteses:

•• Inciso I, *caput*, acrescentado pela Lei n. 13.506, de 13-11-2017.

a) pagamento integral dos credores quirografários;

•• Alínea *a* acrescentada pela Lei n. 13.506, de 13-11-2017.

b) mudança de objeto social da instituição para atividade econômica não integrante do Sistema Financeiro Nacional;

•• Alínea *b* acrescentada pela Lei n. 13.506, de 13-11-2017.

c) transferência do controle societário da instituição;

•• Alínea *c* acrescentada pela Lei n. 13.506, de 13-11-2017.

d) convolação em liquidação ordinária;

•• Alínea *d* acrescentada pela Lei n. 13.506, de 13-11-2017.

e) exaustão do ativo da instituição, mediante a sua realização total e a distribuição do produto entre os credores, ainda que não ocorra o pagamento integral dos créditos; ou

•• Alínea *e* acrescentada pela Lei n. 13.506, de 13-11-2017.

f) iliquidez ou difícil realização do ativo remanescente na instituição, reconhecidas pelo Banco Central do Brasil;

•• Alínea *f* acrescentada pela Lei n. 13.506, de 13-11-2017.

II – pela decretação da falência da instituição.

•• Inciso II acrescentado pela Lei n. 13.506, de 13-11-2017.

§ 1.º Encerrada a liquidação extrajudicial nas hipóteses previstas nas alíneas *a*, *b*, *d*, *e* e *f* do inciso I do *caput* deste artigo, o Banco Central do Brasil comunicará o encerramento ao órgão competente do registro do comércio, que deverá:

•• § 1.º, *caput*, acrescentado pela Lei n. 13.506, de 13-11-2017.

I – nas hipóteses das alíneas *b* e *d* do inciso I do *caput* deste artigo, promover as anotações pertinentes;

•• Inciso I acrescentado pela Lei n. 13.506, de 13-11-2017.

II – nas hipóteses das alíneas *a*, *e* e *f* do inciso I do *caput* deste artigo, proceder à anotação do encerramento da liquidação extrajudicial no registro correspondente e substituir, na denominação da sociedade, a expressão "Em liquidação extrajudicial" por "Liquidação extrajudicial encerrada".

•• Inciso II acrescentado pela Lei n. 13.506, de 13-11-2017.

§ 2.º Encerrada a liquidação extrajudicial nas hipóteses previstas no inciso I do *caput* deste artigo, o prazo prescricional relativo às obrigações da instituição voltará a contar da data da publicação do ato de encerramento do regime.

•• § 2.º acrescentado pela Lei n. 13.506, de 13-11-2017.

§ 3.º O encerramento da liquidação extrajudicial nas hipóteses previstas nas alíneas *b* e *d* do inciso I do *caput* deste artigo pode ser proposto ao Banco Central do Brasil, após a aprovação por maioria simples dos presentes à assembleia geral de credores, pelos:

•• § 3.º, *caput*, acrescentado pela Lei n. 13.506, de 13-11-2017.

I – cooperados ou associados, autorizados pela assembleia geral; ou

•• Inciso I acrescentado pela Lei n. 13.506, de 13-11-2017.

II – controladores.

•• Inciso II acrescentado pela Lei n. 13.506, de 13-11-2017.

§ 4.º A assembleia geral de credores a que se refere o § 3.º será presidida pelo liquidante e nela poderão votar os titulares de créditos inscritos no quadro geral de credores, computados os votos proporcionalmente ao valor dos créditos dos presentes.

•• § 4.º acrescentado pela Lei n. 13.506, de 13-11-2017.

§ 5.º Encerrada a liquidação extrajudicial nas hipóteses previstas no inciso I do *caput* deste artigo, o acervo remanescente da instituição, se houver, será restituído:

•• § 5.º, *caput*, acrescentado pela Lei n. 13.506, de 13-11-2017.

I – ao último sócio controlador ou a qualquer sócio participante do grupo de controle ou, na impossibilidade de identificá-lo ou localizá-lo, ao maior acionista ou cotista da sociedade; ou

•• Inciso I acrescentado pela Lei n. 13.506, de 13-11-2017.

II – a qualquer cooperado, no caso de cooperativa de crédito.

•• Inciso II acrescentado pela Lei n. 13.506, de 13-11-2017.

§ 6.º As pessoas referidas no § 5.º deste artigo não poderão recusar o recebimento do acervo remanescente e serão consideradas depositárias dos bens recebidos.

•• § 6.º acrescentado pela Lei n. 13.506, de 13-11-2017.

§ 7.º Na hipótese em que o lugar em que se encontrarem as pessoas referidas no § 5.º deste artigo for ignorado, incerto ou inacessível, ou na hipótese de suspeita de ocultação, é o liquidante autorizado a depositar o acervo remanescente em favor delas, no juízo ao qual caberia decretar a falência.

•• § 7.º acrescentado pela Lei n. 13.506, de 13-11-2017.

Seção II
Do Processo da Liquidação Extrajudicial

Art. 20. Aplicam-se, ao processo da liquidação extrajudicial, as disposições relativas ao processo da intervenção, constantes dos arts. 8.º, 9.º, 10 e 11, desta Lei.

Art. 21. À vista do relatório ou da proposta previstos no art. 11, apresentados pelo liquidante na conformidade do artigo anterior, o Banco Central do Brasil poderá autorizá-lo a:

a) prosseguir na liquidação extrajudicial;

b) requerer a falência da entidade, quando o seu ativo não for suficiente para cobrir pelo menos a metade do valor dos créditos quirografários, ou quando houver fundados indícios de crimes falimentares.

Parágrafo único. Sem prejuízo do disposto neste artigo, em qualquer tempo, o Banco Central do Brasil poderá estudar pedidos de cessação da liquidação extrajudicial, formulados pelos interessados, concedendo ou recusando a medida pleiteada, segundo as garantias oferecidas e as conveniências de ordem geral.

Art. 22. Se determinado o prosseguimento da liquidação extrajudicial o liquidante fará publicar, no *Diário Oficial da União* e em jornal de grande circulação do local da sede da entidade, aviso aos credores para que declarem os respectivos créditos, dispensados desta formalidade os credores por depósitos ou por letras de câmbio de aceite da instituição financeira liquidanda.

§ 1.º No aviso de que trata este artigo, o liquidante fixará o prazo para a declaração dos créditos, o qual não será inferior a 20 (vinte), nem superior a 40 (quarenta) dias, conforme a importância da liquidação e os interesses nela envolvidos.

§ 2.º Relativamente aos créditos dispensados de habilitação, o liquidante manterá, na sede da liquidanda, relação nominal dos depositantes e respectivos saldos, bem como relação das letras de câmbio de seu aceite.

§ 3.º Aos credores obrigados à declaração assegurar-se-á o direito de obterem do liquidante as informações, extratos de contas, saldos e outros elementos necessários à defesa dos seus interesses e à prova dos respectivos créditos.

§ 4.º O liquidante dará sempre recibo das declarações de crédito e dos documentos recebidos.

Art. 23. O liquidante juntará a cada declaração a informação completa a respeito do resultado das averiguações a que procedeu nos livros, papéis e assentamentos da entidade, relativos ao crédito declarado, bem como sua decisão quanto à legitimidade, valor e classificação.

Parágrafo único. O liquidante poderá exigir dos ex-administradores da instituição que prestem informações sobre qualquer dos créditos declarados.

Art. 24. Os credores serão notificados, por escrito, da decisão do liquidante, os quais, a contar da data do recebimento da notificação, terão o prazo de 10 (dez) dias para recorrer, ao Banco Central do Brasil, do ato que lhes pareça desfavorável.

Art. 25. Esgotado o prazo para a declaração de créditos e julgados estes, o liquidante organizará o quadro geral de credores e publicará, na forma prevista no art. 22, aviso de que dito quadro, juntamente com o balanço geral, se acha fixado na sede e demais dependências da entidade, para conhecimento dos interessados.

Parágrafo único. Após a publicação mencionada neste artigo, qualquer interessado poderá impugnar a legitimidade, valor, ou a classificação dos créditos constantes do referido quadro.

Art. 26. A impugnação será apresentada por escrito, devidamente justificada com os documentos julgados convenientes, dentro de 10 (dez) dias, contados da data da publicação de que trata o artigo anterior.

§ 1.º A entrega da impugnação será feita contra recibo, passado pelo liquidante, com cópia que será juntada ao processo.

§ 2.º O titular do crédito impugnado será notificado pelo liquidante e, a contar da data do recebimento da notificação, terá o prazo de 5 (cinco) dias para oferecer as alegações e provas que julgar convenientes à defesa dos seus direitos.

§ 3.º O liquidante encaminhará as impugnações com o seu parecer, juntando os elementos probatórios, à decisão do Banco Central do Brasil.

§ 4.º Julgadas todas as impugnações, o liquidante fará publicar avisos na forma do art. 22, sobre as eventuais modificações no quadro geral de credores que, a partir desse momento, será considerado definitivo.

Art. 27. Os credores que se julgarem prejudicados pelo não provimento do recurso interposto, ou pela decisão proferida na impugnação poderão prosseguir nas ações que tenham sido suspensas por força do art. 18, ou propor as que couberem, dando ciência do fato ao liquidante para que este reserve fundos suficientes à eventual satisfação dos respectivos pedidos.

Parágrafo único. Decairão do direito assegurado neste artigo os interessados que não o exercitarem dentro do prazo de 30 (trinta) dias, contados da data em que for considerado definitivo o quadro geral dos credores, com a publicação a que alude o § 4.º do artigo anterior.

Art. 28. Nos casos de descoberta de falsidade, dolo, simulação, fraude, erro essencial, ou de documentos ignorados na época do julgamento dos créditos, o liquidante ou qualquer credor admitido pode pedir ao Banco Central do Brasil, até ao encerramento da liquidação, a exclusão, ou outra classificação, ou a simples retificação de qualquer crédito.

Parágrafo único. O titular desse crédito será notificado do pedido e, a contar da data do recebimento da notificação, terá o prazo de 5 (cinco) dias para oferecer as alegações e provas que julgar convenientes, sendo-lhe assegurado o direito a que se refere o artigo anterior, se se julgar prejudicado pela decisão proferida, que lhe será notificada por escrito, contando-se da data do recebimento da notificação o prazo de decadência fixado no parágrafo único do mesmo artigo.

Art. 29. Incluem-se, entre os encargos da massa, as quantias a ela fornecidas pelos credores, pelo liquidante ou pelo Banco Central do Brasil.

Art. 30. Salvo expressa disposição em contrário desta Lei, das decisões do liquidante caberá recurso, sem efeito suspensivo, dentro em 10 (dez) dias da respectiva ciência, para o Banco Central do Brasil, em única instância.

§ 1.º Findo o prazo, sem a interposição de recurso, a decisão assumirá caráter definitivo.

§ 2.º O recurso será entregue, mediante protocolo, ao liquidante, que o informará e o encaminhará, dentro de 5 (cinco) dias, ao Banco Central do Brasil.

Art. 31. No resguardo da economia pública, da poupança privada e da segurança nacional, sempre que a atividade da entidade liquidanda colidir com os interesses daquelas áreas, poderá o liquidante, prévia e expressamente autorizado pelo Banco Central do Brasil, adotar qualquer forma especial ou qualificada de realização do ativo e liquidação do passivo, ceder o ativo a terceiros, organizar ou reorganizar sociedade para continuação geral ou parcial do negócio ou atividade da liquidanda.

•• Artigo regulamentado pelo Decreto n. 92.061, de 5-12-1985.

§ 1.º Os atos referidos neste artigo produzem efeitos jurídicos imediatos, independentemente de formalidades e registros.

§ 2.º Os registros correspondentes serão procedidos no prazo de 15 (quinze) dias, pelos Oficiais dos Registros de Imóveis e pelos Registros do Comércio, bem como pelos demais órgãos da administração pública, quando for o caso, à vista da comunicação formal, que lhes tenha sido feita pelo liquidante.

Art. 32. Apurados, no curso da liquidação, seguros elementos de prova, mesmo indiciária, da prática de contravenções penais ou crimes, por parte de qualquer dos antigos administradores e membros do Conselho Fiscal, o liquidante os encaminhará ao órgão do Ministério Público para que este promova a ação penal.

Art. 33. O liquidante prestará contas ao Banco Central do Brasil independentemente de qualquer exigência no momento em que deixar suas funções ou a qualquer tempo, quando solicitado, e responderá, civil e criminalmente, por seus atos.

Art. 34. Aplicam-se à liquidação extrajudicial no que couberem e não colidirem com os preceitos desta Lei, as disposições da Lei de Falências (Decreto-lei n. 7.661, de 21-6-1945, equiparando-se ao síndico, o liquidante, ao juiz da falência, o Banco Central do Brasil, sendo competente para conhecer da ação revocatória prevista no art. 55 daquele Decreto-lei, o juiz a quem caberia processar e julgar a falência da instituição liquidanda.

•• O Decreto-lei n. 7.661, de 21-6-1945, foi revogado pela Lei n. 11.101, de 9-2-2005 (Lei de Falências).

Art. 35. Os atos indicados nos arts. 52 e 53 da Lei de Falências (Decreto-lei n. 7.661, de 1945) praticados pelos administradores da liquidanda poderão ser declarados nulos ou revogados, cumprindo o disposto nos arts. 54 e 58 da mesma Lei.

Parágrafo único. A ação revocatória será proposta pelo liquidante, observado o disposto nos arts. 55, 56 e 57 da Lei de Falências.

Capítulo IV

DOS ADMINISTRADORES E MEMBROS DO CONSELHO FISCAL

Seção I

Da Indisponibilidade dos Bens

Art. 36. Os administradores das instituições financeiras em intervenção, em liquidação extrajudicial ou em falência, ficarão com todos os seus bens indisponíveis, não podendo, por qualquer forma, direta ou indireta, aliená-los ou onerá-los, até apuração e liquidação final de suas responsabilidades.

§ 1.º A indisponibilidade prevista neste artigo decorre do ato que decretar a intervenção, a liquidação extrajudicial ou a falência, e atinge a todos aqueles que tenham estado no exercício das funções nos 12 (doze) meses anteriores ao mesmo ato.

§ 2.º Por proposta do Banco Central do Brasil, aprovada pelo Conselho Monetário Nacional, a indisponibilidade prevista neste artigo poderá ser estendida:

a) aos bens de gerentes, conselheiros fiscais e aos de todos aqueles que, até o limite da responsabilidade estimada de cada um, tenham concorrido, nos últimos 12 (doze) meses, para a decretação da intervenção ou da liquidação extrajudicial;

b) aos bens de pessoas que, nos últimos 12 (doze) meses, os tenham a qualquer título, adquirido de administradores da instituição, ou das pessoas referidas na alínea anterior, desde que haja seguros elementos de convicção de que se trata de simulada transferência com o fim de evitar os efeitos desta Lei.

§ 3.º Não se incluem nas disposições deste artigo os bens considerados inalienáveis ou impenhoráveis pela legislação em vigor.

§ 4.º Não são igualmente atingidos pela indisponibilidade os bens objeto de contrato de alienação, de promessa de compra e venda, de cessão ou promessa de cessão de direitos, desde que os respectivos instrumentos tenham sido levados ao competente registro público, anteriormente à data da decretação da intervenção, da liquidação extrajudicial ou da falência.

Art. 37. Os abrangidos pela indisponibilidade de bens de que trata o artigo anterior não poderão ausentar-se do foro, da intervenção, da liquidação extrajudicial ou da falência, sem prévia e expressa autorização do Banco Central do Brasil ou do juiz da falência.

Art. 38. Decretada a intervenção, a liquidação extrajudicial ou a falência, o interventor, o liquidante ou escrivão da falência comunicará ao registro público competente e às Bolsas de Valores a indisponibilidade de bens imposta no art. 36.

Parágrafo único. Recebida a comunicação, a autoridade competente ficará relativamente a esses bens impedida de:

a) fazer transcrições, inscrições ou averbações de documentos públicos ou particulares;

b) arquivar atos ou contratos que importem em transferência de cotas sociais, ações ou partes beneficiárias;

c) realizar ou registrar operações e títulos de qualquer natureza;

d) processar a transferência de propriedade de veículos automotores.

Seção II

Da Responsabilidade dos Administradores e Membros do Conselho Fiscal

Art. 39. Os administradores e membros do Conselho Fiscal de instituições financeiras responderão, a qualquer tempo, salvo prescrição extintiva, pelos atos que tiverem praticado ou omissões em que houverem incorrido.

Art. 40. Os administradores de instituições financeiras respondem solidariamente pelas obrigações por elas assumidas durante sua gestão, até que se cumpram.

Parágrafo único. A responsabilidade solidária se circunscreverá ao montante dos prejuízos causados.

Art. 41. Decretada a intervenção, a liquidação extrajudicial ou a falência de instituição financeira, o Banco Central do Brasil procederá a inquérito, a fim de apurar as causas que levaram a sociedade àquela situação e a responsabilidade de seus administradores e membros do Conselho Fiscal.

•• A Portaria n. 107.768, de 1.º-7-2020, institui o regulamento aplicável aos inquéritos realizados pelo Banco Central do Brasil.

§ 1.º Para os efeitos deste artigo, decretada a falência, o escrivão do feito a comunicará, dentro em 24 (vinte e quatro) horas, ao Banco Central do Brasil.

§ 2.º O inquérito será aberto imediatamente à decretação da intervenção ou da liquidação extrajudicial, ou ao recebimento da comunicação da falência, e concluído dentro em 120 (cento e vinte) dias, prorrogáveis, se absolutamente necessário, por igual prazo.

§ 3.º No inquérito, o Banco Central do Brasil poderá:

a) examinar, quando e quantas vezes julgar necessário, a contabilidade, os arquivos, os documentos, os valores e mais elementos das instituições;

b) tomar depoimentos solicitando para isso, se necessário, o auxílio da polícia;

c) solicitar informações a qualquer autoridade ou repartição pública, ao juiz da falência, ao órgão do Ministério Público, ao síndico, ao liquidante ou ao interventor;

d) examinar, por pessoa que designar, os autos da falência e obter, mediante solicitação escrita, cópias ou certidões de peças desses autos;

e) examinar a contabilidade e os arquivos de terceiros com os quais a instituição financeira tiver negociado e no que entender com esses negócios, bem como a contabilidade e os arquivos dos ex-administradores, se comerciantes ou industriais sob firma individual, e as respectivas contas junto a outras instituições financeiras.

§ 4.º Os ex-administradores poderão acompanhar o inquérito, oferecer documentos e indicar diligências.

Art. 42. Concluída a apuração, os ex-administradores serão convidados, por carta, a apresentar, por escrito, suas alegações e explicações dentro em 5 (cinco) dias, comuns para todos.

Art. 43. Transcorrido o prazo do artigo anterior, com ou sem a defesa, será o inquérito encerrado com um relatório, do qual constarão, em síntese, a situação da entidade examinada, as causas de sua queda, o nome, a qualificação e a relação dos bens particulares dos que, nos últimos 5 (cinco) anos, geriram a sociedade, bem como o montante ou a estimativa dos prejuízos apurados em cada gestão.

Art. 44. Se o inquérito concluir pela inexistência de prejuízo, será, no caso de intervenção e de liquidação extrajudicial, arquivado no próprio Banco Central do Brasil, ou, no caso de falência, será remetido ao competente juiz, que o mandará apensar aos respectivos autos.

Parágrafo único. Na hipótese prevista neste artigo, o Banco Central do Brasil, nos casos de intervenção e de liquidação extrajudicial, ou o juiz, no caso de falência, de ofício ou a requerimento de qualquer interessado, determinará o levantamento da indisponibilidade de que trata o art. 36.

Art. 45. Concluindo o inquérito pela existência de prejuízos, será ele, com o respectivo relatório, remetido pelo Banco Central do Brasil ao juiz da falência, ou ao que for competente para decretá-la, o qual o fará com vista ao órgão do Ministério Público, que, em 8 (oito) dias, sob pena de responsabilidade, requererá o sequestro dos bens dos ex-administradores, que não tinham sido atingidos pela indisponibilidade prevista no art. 36, quantos bastem para a efetivação da responsabilidade.

§ 1.º Em caso de intervenção ou liquidação extrajudicial, a distribuição do inquérito ao juízo competente, na forma deste artigo, previne a jurisdição do mesmo juízo, na hipótese de vir a ser decretada a falência.

§ 2.º Feito o arresto, os bens serão depositados em mãos do interventor, do liquidante ou do síndico, conforme a hipótese, cumprindo ao depositário administrá-los, receber os respectivos rendimentos e prestar contas a final.

Art. 46. A responsabilidade dos ex-administradores, definida nesta Lei, será apurada em ação própria, proposta no juízo da falência ou no que for para ela competente.

Parágrafo único. O órgão do Ministério Público, nos casos de intervenção e liquidação extrajudicial, proporá a ação obrigatoriamente dentro em 30 (trinta) dias, a contar da realização do arresto, sob pena de responsabilidade e preclusão da sua iniciativa. Findo esse prazo, ficarão os autos em cartório, à disposição de qualquer credor, que poderá iniciar a ação, nos 15 (quinze) dias seguintes. Se neste último prazo ninguém o fizer, levantar-se-ão o arresto e a indisponibilidade, apensando-se os autos aos da falência, se for o caso.

Art. 47. Se, decretado o arresto ou proposta a ação, sobrevier a falência da entidade, competirá ao síndico tomar, daí por diante, as providências necessárias ao efetivo cumprimento das determinações desta Lei, cabendo-lhe promover a devida substituição processual, no prazo de 30 (trinta) dias, contados da data do seu compromisso.

Art. 48. Independentemente do inquérito e do arresto, qualquer das partes, a que se refere o parágrafo único do art. 46, no prazo nele previsto, poderá propor a ação de responsabilidade dos ex-administradores, na forma desta Lei.

Art. 49. Passada em julgado a sentença que declarar a responsabilidade dos ex-administradores, o arresto e a indisponibilidade de bens se convolarão em penhora, seguindo-se o processo de execução.

§ 1.º Apurados os bens penhorados e pagas as custas judiciais, o líquido será entregue ao interventor, ao liquidante ou ao síndico, conforme o caso, para rateio entre os credores da instituição.

§ 2.º Se, no curso da ação ou da execução, encerrar-se a intervenção ou a liquidação extrajudicial, o interventor ou o liquidante, por ofício, dará conhecimento da ocorrência ao juiz, solicitando sua substituição como depositário dos bens arrestados ou penhorados, e fornecendo a relação nominal e respectivos saldos dos credores a serem, nesta hipótese, diretamente contemplados com o rateio previsto no parágrafo anterior.

Capítulo V

DISPOSIÇÕES GERAIS

Art. 50. A intervenção determina a suspensão, e, a liquidação extrajudicial, a perda do mandato, respectivamente, dos administradores e membros do Conselho Fiscal e dos de quaisquer outros órgãos criados pelo estatuto, competindo, exclusivamente, ao interventor e ao liquidante a convocação da assembleia geral nos casos em que julgarem conveniente.

Art. 51. Com o objetivo de preservar os interesses da poupança popular e a integridade do acervo das entidades submetidas a intervenção ou a liquidação extrajudicial, o Banco Central do Brasil poderá estabelecer idêntico regime para as pessoas jurídicas que com elas tenham integração de atividade ou vínculo de interesse, ficando os seus administradores sujeitos aos preceitos desta Lei.

Parágrafo único. Verifica-se integração de atividade ou vínculo de interesse, quando as pessoas jurídicas referidas neste artigo forem devedoras da sociedade sob intervenção ou submetida a liquidação extrajudicial, ou quando seus sócios ou acionistas participarem do capital desta em importância superior a 10% (dez por cento), ou sejam cônjuges, ou parentes até o segundo grau, consanguíneos ou afins, de seus diretores ou membros dos conselhos consultivo, administrativo, fiscal ou semelhantes.

Art. 52. Aplicam-se as disposições da presente Lei às sociedades ou empresas que integram o sistema de distribuição de títulos ou valores mobiliários no mercado de capitais (art. 5.º da Lei n. 4.728, de 14-7-1965), assim como às sociedades ou empresas corretoras de câmbio.

§ 1.º A intervenção nessas sociedades ou empresas, ou sua liquidação extrajudicial, poderá ser decretada pelo Banco Central do Brasil por iniciativa própria ou por solicitação das Bolsas de Valores, quanto às corretoras a elas associadas, mediante representação fundamentada.

§ 2.º Por delegação de competência do Banco Central do Brasil e sem prejuízo de suas atribuições, a intervenção ou a liquidação extrajudicial das sociedades corretoras, membros das Bolsas de Valores, poderá ser processada por estas, sendo competente, no caso, aquela da área em que a sociedade tiver sede.

Art. 53. As sociedades ou empresas que integram o sistema de distribuição de títulos ou valores mobiliários no mercado de capitais, assim como as sociedades ou empresas corretoras de câmbio, não poderão como as instituições financeiras impetrar concordata.

Art. 54. As disposições da presente Lei estendem-se às intervenções e liquidações extrajudiciais em curso, no que couberem.

Art. 55. O Banco Central do Brasil é autorizado a prestar assistência financeira às Bolsas de Valores, nas condições fixadas pelo Conselho Monetário Nacional, quando, a seu critério, se fizer necessária para que elas se adaptem, inteiramente, às exigências do mercado de capitais.

Parágrafo único. A assistência financeira prevista neste artigo poderá ser estendida às Bolsas de Valores, nos casos de intervenção ou liquidação extrajudicial em sociedades corretoras de valores mobiliários e de câmbio, com vistas a resguardar legítimos interesses de investidores.

Art. 56. Ao art. 129 do Decreto-lei n. 2.627, de 26 de setembro de 1940, é acrescentado o seguinte parágrafo, além do que já lhe fora aditado pela Lei n. 5.589, de 3 de julho de 1970:

•• Prejudicado pela revogação do Decreto-lei n. 2.627, de 1940, pela Lei n. 6.404, de 15-12-1976 (LSA).

Art. 57. Esta Lei entrará em vigor na data de sua publicação, revogada a Lei n. 1.808, de 7 de janeiro de 1953, os Decretos-lei n. 9.228, de 3 de maio de 1946; 9.328, de 10 de junho de 1946; 9.346, de 10 de junho de 1946; 48, de 18 de novembro de 1966; 462, de 11 de fevereiro de 1969, e 685, de 17 de julho de 1969, e demais disposições gerais e especiais em contrário.

Brasília, 13 de março de 1974; 153.º da Independência e 86.º da República.

EMÍLIO G. MÉDICI

LEI N. 6.099, DE 12 DE SETEMBRO DE 1974 (*)

Dispõe sobre o tratamento tributário das operações de arrendamento mercantil, e dá outras providências.

O Presidente da República.

Faço saber que o Congresso Nacional decreta e eu sanciono a seguinte Lei:

Art. 1.º O tratamento tributário das operações de arrendamento mercantil reger-se-á pelas disposições desta Lei.

•• A Resolução n. 4.977, de 16-12-2021, do Conselho Monetário Nacional, disciplina as operações de arrendamento mercantil com o tratamento tributário previsto nesta Lei.

•• A Deliberação n. 645, de 2-12-2010, da CVM, aprova o Pronunciamento Técnico CPC 6 do Comitê de Pronunciamentos Contábeis, que trata de operações de arrendamento mercantil.

Parágrafo único. Considera-se arrendamento mercantil, para os efeitos desta Lei, o negócio jurídico realizado entre pessoa jurídica, na qualidade de arrendadora, e pessoa física ou jurídica, na qualidade de arrendatária, e que tenha por objeto o arrendamento de bens adquiridos pela arrendadora, segundo especificações da arrendatária e para uso próprio desta.

•• Parágrafo único com redação determinada pela Lei n. 7.132, de 26-10-1983.

Art. 2.º Não terá o tratamento previsto nesta Lei o arrendamento de bens contratado entre pessoas jurídicas direta ou indiretamente coligadas ou interdependentes, assim como o contratado com o próprio fabricante.

§ 1.º O Conselho Monetário Nacional especificará em regulamento os casos de coligação e interdependência.

(*) Publicada no *Diário Oficial da União*, de 13 e retificada em 20-9-1974. *Vide* Lei n. 11.649, de 4-4-2008, que dispõe sobre o arrendamento mercantil de veículo automotivo.

•• *Vide* nota ao art. 1.º, *caput*, desta Lei.

§ 2.º Somente farão jus ao tratamento previsto nesta Lei as operações realizadas ou por empresas arrendadoras que fizerem dessa operação o objeto principal de sua atividade ou que centralizarem tais operações em um departamento especializado com escrituração própria.

Art. 3.º Serão escriturados em conta especial do ativo imobilizado da arrendadora os bens destinados a arrendamento mercantil.

Art. 4.º A pessoa jurídica arrendadora manterá registro individualizado que permita a verificação do fator determinante da receita e do tempo efetivo de arrendamento.

Art. 5.º Os contratos de arrendamento mercantil conterão as seguintes disposições:

•• A Resolução n. 3.517, de 6-12-2007, do Banco Central do Brasil, dispõe sobre a informação e a divulgação do custo efetivo total correspondente a todos os encargos e despesas de operações de crédito e de arrendamento mercantil financeiro, contratadas ou ofertadas a pessoas físicas.

a) prazo do contrato;

b) valor de cada contraprestação por períodos determinados, não superiores a 1 (um) semestre;

c) opção de compra ou renovação de contrato, como faculdade do arrendatário;

d) preço para opção de compra ou critério para sua fixação, quando for estipulada esta cláusula.

Parágrafo único. Poderá o Conselho Monetário Nacional, nas operações que venha a definir, estabelecer que as contraprestações sejam estipuladas por períodos superiores aos previstos na alínea *b* deste artigo.

•• Parágrafo único acrescentado pela Lei n. 7.132, de 26-10-1983.

•• *Vide* nota ao art. 1.º, *caput*, desta Lei.

Art. 6.º O Conselho Monetário Nacional poderá estabelecer índices máximos para a soma das contraprestações, acrescida do preço para exercício da opção da compra nas operações de arrendamento mercantil.

•• *Vide* nota ao art. 1.º, *caput*, desta Lei.

§ 1.º Ficam sujeitas à regra deste artigo as prorrogações do arrendamento nele referido.

§ 2.º Os índices de que trata este artigo serão fixados, considerando o custo do arrendamento em relação ao do financiamento da compra e venda.

Art. 7.º Todas as operações de arrendamento mercantil subordinam-se ao controle e fiscalização do Banco Central do Brasil, segundo normas estabelecidas pelo Conselho Monetário Nacional, a elas se aplicando, no que couber, as disposições da Lei n. 4.595, de 31 de dezembro de 1964, e legislação posterior relativa ao Sistema Financeiro Nacional.

•• *Vide* nota ao art. 1.º, *caput*, desta Lei.

Art. 8.º O Conselho Monetário Nacional poderá baixar resolução disciplinando as condições segundo as quais as instituições financeiras poderão financiar suas controladas, coligadas ou interdependentes que se especializarem em operações de arrendamento mercantil.

•• *Caput* com redação determinada pela Lei n. 11.882, de 23-12-2008.

Parágrafo único. A aquisição de debêntures emitidas por sociedades de arrendamento mercantil em mercado primário ou secundário constitui obrigação de natureza cambiária, não caracterizando operação de empréstimo ou adiantamento.

•• Parágrafo único acrescentado pela Lei n. 11.882, de 23-12-2008.

Art. 9.º As operações de arrendamento mercantil contratadas com o próprio vendedor do bem ou com pessoas jurídicas a ele vinculadas, mediante quaisquer das relações previstas no art. 2.º desta Lei, poderão também ser realizadas por instituições financeiras expressamente autorizadas pelo Conselho Monetário Nacional, que estabelecerá as condições para a realização das operações previstas neste artigo.

•• *Caput* com redação determinada pela Lei n. 7.132, de 26-10-1983.

•• *Vide* nota ao art. 1.º, *caput*, desta Lei.

Parágrafo único. Nos casos deste artigo, o prejuízo decorrente da venda do bem não será dedutível na determinação do lucro real.

•• Parágrafo único com redação determinada pela Lei n. 7.132, de 26-10-1983.

Art. 10. Somente poderão ser objeto de arrendamento mercantil os bens de produção estrangeira que forem enumerados pelo Conselho Monetário Nacional, que poderá, também, estabelecer condições para seu arrendamento a empresas cujo controle acionário pertencer a pessoas residentes no Exterior.

•• *Vide* nota ao art. 1.º, *caput*, desta Lei.

•• A Resolução n. 1.969, de 30-9-1992, do Banco Central do Brasil, estabelece critérios a serem observados nas operações de arrendamento mercantil externo (*leasing*).

Art. 11. Serão considerados como custo ou despesa operacional da pessoa jurídica arrendatária as contraprestações pagas ou creditadas por força do contrato de arrendamento mercantil.

§ 1.º A aquisição pelo arrendatário de bens arrendados em desacordo com as disposições desta Lei será considerada operação de compra e venda a prestação.

• *Vide* Súmula 293 do STJ.

§ 2.º O preço de compra e venda, no caso do parágrafo anterior, será o total das contraprestações pagas durante a vigência do arrendamento, acrescido da parcela paga a título de preço de aquisição.

§ 3.º Na hipótese prevista no § 1.º deste artigo, as importâncias já deduzidas, como custo ou despesa operacional pela adquirente, acrescerão ao lucro tributável pelo Imposto sobre a Renda, no exercício correspondente à respectiva dedução.

§ 4.º O imposto não recolhido, na hipótese do parágrafo anterior, será devido com acréscimo de juros e correção monetária, multa e demais penalidades legais.

Art. 12. Serão admitidas como custos das pessoas jurídicas arrendadoras as cotas de depreciação do preço de aquisição de bem arrendado, calculadas de acordo com a vida útil do bem.

§ 1.º Entende-se por vida útil do bem o prazo durante o qual se possa esperar a sua efetiva utilização econômica.

§ 2.º A Secretaria da Receita Federal publicará periodicamente o prazo de vida útil admissível, em condições normais, para cada espécie de bem.

•• A Secretaria da Receita Federal passa a denominar-se Secretaria da Receita Federal do Brasil, por força da Lei n. 11.457, de 16-3-2007.

§ 3.º Enquanto não forem publicados os prazos de vida útil de que trata o parágrafo anterior, a sua determinação se fará segundo as normas previstas pela legislação do Imposto sobre a Renda para fixação da taxa de depreciação.

Art. 13. Nos casos de operações de vendas de bens que tenham sido objeto de arrendamento mercantil, o saldo não depreciado será admitido como custo para efeito de apuração do lucro tributável pelo Imposto sobre a Renda.

Art. 14. Não será dedutível, para fins de apuração do lucro tributável pelo Imposto sobre a Renda, a diferença a menor entre o valor contábil residual do bem arrendado e o seu preço de venda, quando do exercício da opção de compra.

Art. 15. (*Revogado pela Lei n. 12.973, de 13-5-2014.*)

Art. 16. (*Revogado pela Lei n. 14.286, de 29-12-2021.*)

§ 1.º O Conselho Monetário Nacional estabelecerá as normas para a concessão do registro a que se refere este artigo, observando as seguintes condições:

a) razoabilidade da contraprestação e de sua composição;

b) critérios para fixação do prazo de vida útil do bem;

c) compatibilidade do prazo de arrendamento do bem com a sua vida útil;

d) relação entre o preço internacional do bem e o custo total do arrendamento;

e) cláusula de opção de compra ou renovação do contrato;

f) outras cautelas ditadas pela política econômico-financeira nacional.

•• § 1.º com redação determinada pela Lei n. 7.132, de 26-10-1983.

• *Vide* nota ao art. 1.º, *caput*, desta Lei.

§ 2.º Mediante prévia autorização do Banco Central do Brasil, segundo normas para este fim expedidas pelo Conselho Monetário Nacional, os bens objeto das operações de que trata este artigo poderão ser arrendados a sociedades arrendadoras domiciliadas no País, para o fim de subarrendamento.

•• § 2.º com redação determinada pela Lei n. 7.132, de 26-10-1983.

§ 3.º Estender-se-ão ao subarrendamento as normas aplicáveis aos contratos de arrendamento mercantil celebrados com entidades domiciliadas no Exterior.

•• § 3.º acrescentado pela Lei n. 7.132, de 26-10-1983.

§ 4.º No subarrendamento poderá haver vínculo de coligação ou de interdependência entre a entidade domiciliada no Exterior e a sociedade arrendatária subarrendadora, domiciliada no País.

•• § 4.º acrescentado pela Lei n. 7.132, de 26-10-1983.

§ 5.º Mediante as condições que estabelecer, o Conselho Monetário Nacional poderá autorizar o registro de contratos sem cláusula de opção de compra, bem como fixar prazos mínimos para as operações previstas neste artigo.

•• § 5.º acrescentado pela Lei n. 7.132, de 26-10-1983.

Art. 17. A entrada no território nacional dos bens objeto de arrendamento mercantil, contratado com entidades arrendadoras domiciliadas no Exterior, não se confunde com o regime de admissão temporária de que trata o Decreto-lei n. 37, de 18 de novembro de 1966, e se sujeitará a todas as normas legais que regem a importação.

•• Artigo com redação determinada pela Lei n. 7.132, de 26-10-1983.

Art. 18. A base de cálculo, para efeito do Imposto sobre Produtos Industrializados, do fato gerador que ocorrer por ocasião da remessa de bens importados ao estabelecimento da empresa arrendatária, corresponderá ao preço atacado desse bem na praça em que a empresa arrendadora estiver domiciliada.

•• *Caput* com redação determinada pela Lei n. 7.132, de 26-10-1983.

§ 1.º (*Revogado pela Lei n. 9.532, de 10-12-1997.*)

§ 2.º Nas hipóteses em que o preço dos bens importados para o fim de arrendamento for igual ou superior ao que seria pago pelo arrendatário se os importasse diretamente, a base de cálculo mencionada no *caput* deste artigo será o valor que servir de base para o recolhimento do Imposto sobre Produtos Industrializados, por ocasião do desembaraço alfandegário desses bens.

Art. 19. Fica equiparada à exportação a compra e venda de bens no mercado interno, para o fim específico de arrendamento pelo comprador a arrendatário domiciliado no Exterior.

Art. 20. São assegurados ao vendedor dos bens de que trata o artigo anterior todos os benefícios fiscais concedidos por lei para incentivo à exportação, observadas as condições de qualidade da pessoa do vendedor e outras exigidas para os casos de exportação direta ou indireta.

§ 1.º Os benefícios fiscais de que trata este artigo serão concedidos sobre o equivalente em moeda nacional de garantia irrevogável do pagamento das contraprestações do arrendamento contratado, limitada a base de cálculo ao preço da compra e venda.

§ 2.º Para os fins do disposto no § 1.º, a equivalência em moeda nacional será determinada pela maior taxa de câmbio do dia da utilização dos benefícios fiscais, quando o pagamento das contraprestações do arrendamento contratado for efetivado em moeda estrangeira de livre conversibilidade.

•• § 2.º com redação determinada pela Lei n. 12.024, de 27-8-2009.

Art. 21. O Ministro da Fazenda poderá estender aos arrendatários de máquinas, aparelhos e equipamentos de produção nacional, objeto de arrendamento mercantil, os benefícios de que trata o Decreto-lei n. 1.136, de 7 de dezembro de 1970.

Art. 22. As pessoas jurídicas que estiverem operando com arrendamento de bens, e que se ajustarem às disposições desta Lei dentro de 180 (cento e oitenta) dias, a contar da sua vigência, terão as suas operações regidas por este Diploma legal, desde que ajustem convenientemente os seus contratos, mediante instrumentos de aditamento.

Art. 23. Fica o Conselho Monetário Nacional autorizado a:

a) expedir normas que visem a estabelecer mecanismos reguladores das atividades previstas nesta Lei, inclusive excluir modalidades de operações do tratamento nela previsto e limitar ou proibir sua prática por determinadas categorias de pessoas físicas ou jurídicas;

•• Alínea *a* com redação determinada pela Lei n. 7.132, de 26-10-1983.

b) enumerar restritivamente os bens que não poderão ser objeto de arrendamento mercantil, tendo em vista a política econômico-financeira do País.

•• *Vide* nota ao art. 1.º, *caput*, desta Lei.

Art. 24. (*Revogado pela Lei n. 14.286, de 29-12-2021.*)

Parágrafo único. Observado o disposto neste artigo, poderão ser transferidos, exclusiva e independentemente da cessão do contrato, os direitos de crédito relativos às contraprestações devidas.

•• Parágrafo único acrescentado pela Lei n. 7.132, de 26-10-1983.

Art. 25. Esta Lei entrará em vigor na data de sua publicação, revogadas as disposições em contrário.

•• Primitivo art. 24 renumerado pela Lei n. 7.132, de 26-10-1983.

Brasília, 12 de setembro de 1974; 153.º da Independência e 86.º da República.

ERNESTO GEISEL

LEI N. 6.194, DE 19 DE DEZEMBRO DE 1974 (*)

Dispõe sobre Seguro Obrigatório de Danos Pessoais causados por veículos automotores de via terrestre, ou por sua carga, a pessoas transportadas ou não.

O Presidente da República.

Faço saber que o Congresso Nacional decreta e eu sanciono a seguinte Lei:

....

Art. 3.º Os danos pessoais cobertos pelo seguro estabelecido no art. 2.º desta Lei compreendem as indenizações por morte, por invalidez permanente, total ou parcial, e por despesas de assistência médica e suplementares, nos valores e conforme as regras que se seguem, por pessoa vitimada:

•• *Caput* com redação determinada pela Lei n. 11.945, de 4-6-2009.

•• *Vide* Súmulas 426 e 474 do STJ.

I – R$ 13.500,00 (treze mil e quinhentos reais) – no caso de morte;

•• Inciso I acrescentado pela Lei n. 11.482, de 31-5-2007.

II – até R$ 13.500,00 (treze mil e quinhentos reais) – no caso de invalidez permanente; e

•• Inciso II acrescentado pela Lei n. 11.482, de 31-5-2007.

III – até R$ 2.700,00 (dois mil e setecentos reais) – como reembolso à vítima – no caso de despesas de assistência médica e suplementares devidamente comprovadas.

•• Inciso III acrescentado pela Lei n. 11.482, de 31-5-2007.

§ 1.º No caso da cobertura de que trata o inciso II, do *caput* deste artigo, deverão ser enquadradas na tabela anexa a esta Lei as lesões diretamente decorrentes de acidente e que não sejam suscetíveis de amenização proporcionada por qualquer medida terapêutica, classificando-se a invalidez permanente como total ou parcial, subdividindo-se a invalidez permanente parcial em completa e incompleta, conforme a extensão das perdas anatômicas ou funcionais, observado o disposto abaixo:

•• § 1.º, *caput*, acrescentado pela Lei n. 11.945, de 4-6-2009.

I – quando se tratar de invalidez permanente parcial completa, a perda anatômica ou funcional será diretamente enquadrada em um dos segmentos orgânicos ou corporais previstos na tabela anexa, correspondendo a indenização ao valor resultante da aplicação do percentual ali estabelecido ao valor máximo da cobertura; e

(*) Publicada no *Diário Oficial da União*, de 20-12-1974. A Circular n. 608, de 19-6-2020, da Susep, dispõe sobre os elementos mínimos do bilhete do seguro DPVAT. A Medida Provisória n. 904, de 11-11-2019, propôs a revogação desta Lei, todavia, o STF, no julgamento da ADI n. 6.262, deferiu medida cautelar, na sessão virtual de 13-12-2019 a 19-12-2019 (*DOU* de 6-2-2020), para suspender seus efeitos.

•• Inciso I acrescentado pela Lei n. 11.945, de 4-6-2009.

II – quando se tratar de invalidez permanente parcial incompleta, será efetuado o enquadramento da perda anatômica ou funcional na forma prevista no inciso I deste parágrafo, procedendo-se, em seguida, à redução proporcional da indenização que corresponderá a 75% (setenta e cinco por cento) para as perdas de repercussão intensa, 50% (cinquenta por cento) para as de média repercussão, 25% (vinte e cinco por cento) para as de leve repercussão, adotando-se ainda o percentual de 10% (dez por cento), nos casos de sequelas residuais.

•• Inciso II acrescentado pela Lei n. 11.945, de 4-6-2009.

§ 2.º Assegura-se à vítima o reembolso, no valor de até R$ 2.700,00 (dois mil e setecentos reais), previsto no inciso III do *caput* deste artigo, de despesas médico-hospitalares, desde que devidamente comprovadas, efetuadas pela rede credenciada junto ao Sistema Único de Saúde, quando em caráter privado, vedada a cessão de direitos.

•• § 2.º acrescentado pela Lei n. 11.945, de 4-6-2009.

§ 3.º As despesas de que trata o § 2.º deste artigo em nenhuma hipótese poderão ser reembolsadas quando o atendimento for realizado pelo SUS, sob pena de descredenciamento do estabelecimento de saúde do SUS, sem prejuízo das demais penalidades previstas em lei.

•• § 3.º acrescentado pela Lei n. 11.945, de 4-6-2009.

Art. 4.º A indenização no caso de morte será paga de acordo com o disposto no art. 792 da Lei n. 10.406, de 10 de janeiro de 2002 – Código Civil.

•• *Caput* com redação determinada pela Lei n. 11.482, de 31-5-2007.

§§ 1.º e **2.º** (*Revogados pela Lei n. 11.482, de 31-5-2007.*)

§ 3.º Nos demais casos, o pagamento será feito diretamente à vítima na forma que dispuser o Conselho Nacional de Seguros Privados – CNSP.

•• § 3.º acrescentado pela Lei n. 11.482, de 31-5-2007.

Art. 5.º O pagamento da indenização será efetuado mediante simples prova do acidente e do dano decorrente, independentemente da existência de culpa, haja ou não resseguro, abolida qualquer franquia de responsabilidade do segurado.

•• *Vide* Súmula 257 do STJ.

§ 1.º A indenização referida neste artigo será paga com base no valor vigente na época da ocorrência do sinistro, em cheque nominal aos beneficiários, descontável no dia e na praça da sucursal que fizer a liquidação, no prazo de 30 (trinta) dias da entrega dos seguintes documentos:

•• § 1.º, *caput*, com redação determinada pela Lei n. 11.482, de 31-5-2007.

a) certidão de óbito, registro da ocorrência no órgão policial competente e a prova de qualidade de beneficiários no caso de morte;

•• Alínea *a* com redação determinada pela Lei n. 8.441, de 13-7-1992.

b) prova das despesas efetuadas pela vítima com o seu atendimento por hospital, ambulatório ou médico assistente e registro da ocorrência no órgão policial competente – no caso de danos pessoais.

§ 2.º Os documentos referidos no § 1.º serão entregues à Sociedade Seguradora, mediante recibo, que os especificará.

§ 3.º Não se concluindo na certidão de óbito o nexo de causa e efeito entre a morte e o acidente, será acrescentada a certidão de auto de necropsia, fornecida diretamente pelo Instituto Médico Legal, independentemente de requisição ou autorização da autoridade policial ou da jurisdição do acidente.

•• § 3.º com redação determinada pela Lei n. 8.441, de 13-7-1992.

§ 4.º Havendo dúvida quanto ao nexo de causa e efeito entre o acidente e as lesões, em caso de despesas médicas suplementares e invalidez permanente, poderá ser acrescentado ao boletim de atendimento hospitalar, relatório de internamento ou tratamento, se houver, fornecido pela rede hospitalar e previdenciária, mediante pedido verbal ou escrito, pelos interessados, em formulário próprio da entidade fornecedora.

•• § 4.º com redação determinada pela Lei n. 8.441, de 13-7-1992.

§ 5.º O Instituto Médico Legal da jurisdição do acidente ou da residência da vítima deverá fornecer, no prazo de até 90 (noventa) dias, laudo à vítima com a verificação da existência e quantificação das lesões permanentes, totais ou parciais.

•• § 5.º com redação determinada pela Lei n. 11.945, de 4-6-2009.

•• *Vide* Súmula 473 do STJ.

§ 6.º O pagamento da indenização também poderá ser realizado por intermédio de depósito ou Transferência Eletrônica de Dados – TED para a contacorrente ou conta de poupança do beneficiário, observada a legislação do Sistema de Pagamentos Brasileiro.

•• § 6.º acrescentado pela Lei n. 11.482, de 31-5-2007.

§ 7.º Os valores correspondentes às indenizações, na hipótese de não cumprimento do prazo para o pagamento da respectiva obrigação pecuniária, sujeitam-se à correção monetária segundo índice oficial regularmente estabelecido e juros moratórios com base em critérios fixados na regulamentação específica de seguro privado.

•• § 7.º acrescentado pela Lei n. 11.482, de 31-5-2007.

•• *Vide* Súmula 580 do STJ.

Art. 6.º No caso de ocorrência do sinistro do qual participem 2 (dois) ou mais veículos, a indenização será paga pela Sociedade Seguradora do respectivo veículo em que cada pessoa vitimada era transportada.

§ 1.º Resultando do acidente vítimas não transportadas, as indenizações a elas correspondentes serão pagas, em partes iguais, pelas Sociedades Seguradoras dos veículos envolvidos.

§ 2.º Havendo veículos não identificados e identificados, a indenização será paga pelas Sociedades Seguradoras destes últimos.

Art. 7.º A indenização por pessoa vitimada por veículo não identificado, com seguradora não identificada, seguro não realizado ou vencido, será paga nos mesmos valores, condições e prazos dos demais casos por um Consórcio constituído obrigatoriamente, por todas as Sociedades Seguradoras que operem no seguro objeto desta Lei.

•• *Caput* com redação determinada pela Lei n. 8.441, de 13-7-1992.

•• *Vide* Súmula 257 do STJ.

§ 1.º O Consórcio de que trata este artigo poderá haver regressivamente do proprietário do veículo os valores que desembolsar, ficando o veículo, desde logo, como garantia da obrigação, ainda que vinculada a contrato de alienação fiduciária, reserva de domínio, *leasing* ou qualquer outro.

•• § 1.º com redação determinada pela Lei n. 8.441, de 13-7-1992.

•• *Vide* Súmula 405 do STJ.

§ 2.º O Conselho Nacional de Seguros Privados – CNSP estabelecerá normas para atender ao pagamento das indenizações previstas neste artigo, bem como a forma de sua distribuição pelas Seguradoras participantes do Consórcio.

Art. 8.º Comprovado o pagamento, a Sociedade Seguradora que houver pago a indenização poderá, mediante ação própria, haver do responsável a importância efetivamente indenizada.

•• *Vide* Súmula 405 do STJ.

Art. 9.º Nos seguros facultativos de responsabilidade civil dos proprietários de veículos automotores de via terrestre, as indenizações por danos materiais causados a terceiros serão pagas independentemente de responsabilidade que for apurada em ação judicial contra o causador do dano, cabendo à Seguradora o direito de regresso contra o responsável.

Art. 10. Observar-se-á o procedimento sumaríssimo do Código de Processo Civil nas causas relativas aos danos pessoais mencionados na presente Lei.

•• De acordo com a Lei n. 9.245, de 26-12-1995: procedimento sumário.

Art. 11. A sociedade seguradora que infringir as disposições desta Lei estará sujeita às penalidades previstas no art. 108 do Decreto-lei n. 73, de 21 de novembro de 1966, de acordo com a gravidade da irregularidade, observado o disposto no art. 118 do referido Decreto-lei.

•• Artigo com redação determinada pela Lei n. 11.482, de 31-5-2007.

Art. 12. O Conselho Nacional de Seguros Privados expedirá normas disciplinadoras e tarifas que atendam ao disposto nesta Lei.

§ 1.º O Conselho Nacional de Trânsito implantará e fiscalizará as medidas de sua competência, garantidoras do não licenciamento e não circulação de veículos automotores de vias terrestres, em via pública ou fora dela, a descoberta do seguro previsto nesta Lei.

•• § 1.º com redação determinada pela Lei n. 8.441, de 13-7-1992.

§ 2.º Para efeito do parágrafo anterior, o Conselho Nacional de Trânsito expedirá normas para o vencimento do seguro coincidir com o do IPVA, arquivando-se cópia do bilhete ou apólice no prontuário respectivo, bem como fazer constar no registro de ocorrências nome, qualificação, endereço residencial e profissional completos do proprietário do veículo, além do nome da Seguradora, número e vencimento do bilhete ou apólice de seguro.

•• § 2.º com redação determinada pela Lei n. 8.441, de 13-7-1992.

§ 3.º O CNSP estabelecerá anualmente o valor correspondente ao custo da emissão e da cobrança da apólice ou do bilhete do Seguro Obrigatório de Danos Pessoais causados por veículos automotores de vias terrestres.

•• § 3.º acrescentado pela Lei n. 11.945, de 4-6-2009.

§ 4.º O disposto no parágrafo único do art. 27 da Lei n. 8.212, de 24 de julho de 1991, não se aplica ao produto da arrecadação do ressarcimento do custo descrito no § 3.º deste artigo.

•• § 4.º acrescentado pela Lei n. 11.945, de 4-6-2009.

• O art. 27 da Lei n. 8.212, de 24-7-1991, estabelece outras receitas da Seguridade Social.

Art. 13. Esta Lei entrará em vigor na data de sua publicação, revogados o Decreto-lei n. 814, de 4 de setembro de 1969, e demais disposições em contrário.

Brasília, 19 de dezembro de 1974; 153.º da Independência e 86.º da República.

Ernesto Geisel

Anexo

ART. 3.º DA LEI N. 6.194, DE 19 DE DEZEMBRO DE 1974

Danos Corporais Totais Repercussão na Íntegra do Patrimônio Físico	**Percentual das Perdas**
Perda anatômica e/ou funcional completa de ambos os membros superiores ou inferiores	
Perda anatômica e/ou funcional completa de ambas as mãos ou de ambos os pés	
Perda anatômica e/ou funcional completa de um membro superior e de um membro inferior	
Perda completa da visão em ambos os olhos (cegueira bilateral) ou cegueira legal bilateral	
Lesões neurológicas que cursem com: (a) dano cognitivo-comportamental alienante; (b) impedimento do senso de orientação espacial e/ou do livre deslocamento corporal; (c) perda completa do controle esfincteriano; (d) comprometimento de função vital ou autonômica	100
Lesões de órgãos e estruturas crânio-faciais, cervicais, torácicos, abdominais, pélvicos ou retroperitoneais cursando com prejuízos funcionais não compensáveis de ordem autonômica, respiratória, cardiovascular, digestiva, excretora ou de qualquer outra espécie, desde que haja comprometimento de função vital	
Danos Corporais Segmentares (Parciais) Repercussões em Partes de Membros Superiores e Inferiores	**Percentuais das Perdas**
Perda anatômica e/ou funcional completa de um dos membros superiores e/ou de uma das mãos	70
Perda anatômica e/ou funcional completa de um dos membros inferiores	
Perda anatômica e/ou funcional completa de um dos pés	50
Perda completa da mobilidade de um dos ombros, cotovelos, punhos ou dedo polegar	25
Perda completa da mobilidade de um quadril, joelho ou tornozelo	
Perda anatômica e/ou funcional completa de qualquer um dentre os outros dedos da mão	10
Perda anatômica e/ou funcional completa de qualquer um dos dedos do pé	
Danos Corporais Segmentares (Parciais) Outras Repercussões em Órgãos e Estruturas Corporais	**Percentuais das Perdas**
Perda auditiva total bilateral (surdez completa) ou da fonação (mudez completa) ou da visão de um olho	50
Perda completa da mobilidade de um segmento da coluna vertebral exceto o sacral	25
Perda integral (retirada cirúrgica) do baço	10

•• Anexo acrescentado pela Lei n. 11.945, de 4-6-2009, retificado em 24-6-2009.

LEI N. 6.313, DE 16 DE DEZEMBRO DE 1975 (*)

Dispõe sobre títulos de crédito à exportação, e dá outras providências.

O Presidente da República:

Faço saber que o Congresso Nacional decreta e eu sanciono a seguinte Lei:

Art. 1.º As operações de financiamento à exportação ou à produção de bens para exportação, bem como às atividades de apoio e complementação integrantes e fundamentais da exportação, realizadas por instituições financeiras, poderão ser representadas por Cédula de Crédito à Exportação e por Nota de Crédito à Exportação com características idênticas, respectivamente, à Cédula de Crédito Industrial e à Nota de Crédito Industrial, instituídas pelo Decreto-lei n. 413, de 9 de janeiro de 1969.

Parágrafo único. A Cédula de Crédito à Exportação e a Nota de Crédito à Exportação poderão ser emitidas por pessoas físicas e jurídicas, que se dediquem a qualquer das atividades referidas neste artigo.

Art. 2.º Os financiamentos efetuados por meio de Cédula de Crédito à Exportação e da Nota de Crédito à Exportação ficarão isentos do Imposto sobre Operações Financeiras de que trata a Lei n. 5.143, de 20 de outubro de 1966.

•• A Lei n. 8.402, de 8-1-1992, restabeleceu o incentivo fiscal previsto neste artigo.

•• A isenção do imposto para operações de crédito efetuadas por meio de cédula, nota de crédito e nota de crédito à exportação também foi mantida pelo Decreto n. 6.306, de 14-12-2007 (art. 9.º, IV), que regulamenta o IOF.

Art. 3.º Serão aplicáveis à Cédula de Crédito à Exportação e à Nota de Crédito à Exportação, respectivamente, os dispositivos do Decreto-lei n. 413, de 9 de janeiro de 1969, referente à Cédula de Crédito Industrial e à Nota de Crédito Industrial.

•• A Lei n. 8.522, de 11-12-1992, que extingue taxas, emolumentos, contribuições, parcela da União das Custas e Emolumentos da Justiça do Distrito Federal, dispõe em seu art. 2.º: "Ficam extintas as parcelas devidas à União, do produto da arrecadação: ... *b*) dos emolumentos sobre a inscrição e averbação das cédulas de crédito industrial, criados pelos arts. 34, §§ 1.º e 2.º, e 36, § 2.º, do Decreto-lei n. 413, de 9-1-1969; *c*) dos emolumentos sobre a inscrição e averbação das cédulas de créditos à exportação criados pelo art. 3.º da Lei n. 6.313, de 16-12-1975, c/c o disposto nos arts. 34, §§ 1.º e 2.º, e 36, § 2.º, do Decreto-lei n. 413, de 9-1-1969".

Art. 4.º O registro da Cédula de Crédito à Exportação será feito no mesmo livro e observados os requisitos aplicáveis à Cédula Industrial.

Art. 5.º A Cédula de Crédito à Exportação e a Nota de Crédito à Exportação obedecerão aos modelos anexos ao Decreto-lei n. 413, de 9 de janeiro de 1969, respeitada, porém, em cada caso, a respectiva denominação.

Art. 6.º Esta Lei entrará em vigor na data de sua publicação, revogadas as disposições em contrário.

Brasília, 16 de dezembro de 1975; 154.º da Independência e 87.º da República.

ERNESTO GEISEL

(*) Publicada no *Diário Oficial da União*, de 17-12-1975. A Lei n. 9.818, de 23-8-1999, cria o Fundo de Garantia à Exportação – FGE.

LEI N. 6.385, DE 7 DE DEZEMBRO DE 1976 (**)

Dispõe sobre o mercado de valores mobiliários e cria a Comissão de Valores Mobiliários.

O Presidente da República:

Faço saber que o Congresso Nacional decretou e eu sanciono a seguinte Lei:

Capítulo I

DAS DISPOSIÇÕES GERAIS

Art. 1.º Serão disciplinadas e fiscalizadas de acordo com esta Lei as seguintes atividades:

•• *Caput* com redação anterior mantida pela Lei n. 10.303, de 31-10-2001.

I – a emissão e distribuição de valores mobiliários no mercado;

•• Inciso I com redação anterior mantida pela Lei n. 10.303, de 31-10-2001.

II – a negociação e intermediação no mercado de valores mobiliários;

•• Inciso II com redação anterior mantida pela Lei n. 10.303, de 31-10-2001.

III – a negociação e intermediação no mercado de derivativos;

•• Inciso III com redação determinada pela Lei n. 10.303, de 31-10-2001.

IV – a organização, o funcionamento e as operações das Bolsas de Valores;

•• Primitivo inciso III renumerado pela Lei n. 10.303, de 31-10-2001.

V – a organização, o funcionamento e as operações das Bolsas de Mercadorias e Futuros;

•• Inciso V com redação determinada pela Lei n. 10.303, de 31-10-2001.

VI – a administração de carteiras e a custódia de valores mobiliários;

•• Primitivo inciso IV renumerado pela Lei n. 10.303, de 31-10-2001.

VII – a auditoria das companhias abertas;

•• Primitivo inciso V renumerado pela Lei n. 10.303, de 31-10-2001.

VIII – os serviços de consultor e analista de valores mobiliários.

•• Primitivo inciso VI renumerado pela Lei n. 10.303, de 31-10-2001.

Art. 2.º São valores mobiliários sujeitos ao regime desta Lei:

•• *Caput* com redação anterior mantida pela Lei n. 10.303, de 31-10-2001.

I – as ações, debêntures e bônus de subscrição;

•• Inciso I com redação determinada pela Lei n. 10.303, de 31-10-2001.

II – os cupons, direitos, recibos de subscrição e certificados de desdobramento relativos aos valores mobiliários referidos no inciso II;

•• Inciso II com redação determinada pela Lei n. 10.303, de 31-10-2001.

III – os certificados de depósito de valores mobiliários;

•• Primitivo inciso II renumerado pela Lei n. 10.303, de 31-10-2001.

IV – as cédulas de debêntures;

•• Inciso IV com redação determinada pela Lei n. 10.303, de 31-10-2001.

V – as cotas de fundos de investimento em valores mobiliários ou de clubes de investimento em quaisquer ativos;

•• Inciso V com redação determinada pela Lei n. 10.303, de 31-10-2001.

• A Resolução n. 175, de 23-12-2022, da CVM, dispõe sobre a constituição, a administração, o funcionamento e a divulgação de informações dos fundos de investimento.

• A Resolução n. 11, de 18-11-2020, da CVM, dispõe sobre a constituição, a administração, o funcionamento, a divulgação de informações e a distribuição de cotas dos Clubes de Investimento.

VI – as notas comerciais;

•• Inciso VI com redação determinada pela Lei n. 10.303, de 31-10-2001.

•• A Lei n. 14.195, de 26-8-2021, trata da nota comercial em seus arts. 45 e s.

VII – os contratos futuros, de opções e outros derivativos, cujos ativos subjacentes sejam valores mobiliários;

•• Inciso VII com redação determinada pela Lei n. 10.303, de 31-10-2001.

VIII – outros contratos derivativos, independentemente dos ativos subjacentes; e

•• Inciso VIII com redação determinada pela Lei n. 10.303, de 31-10-2001.

IX – quando ofertados publicamente, quaisquer outros títulos ou contratos de investimento coletivo, que gerem direito de participação, de parceria ou de remuneração, inclusive resultante de prestação de serviços, cujos rendimentos advêm do esforço do empreendedor ou de terceiros.

•• Inciso IX com redação determinada pela Lei n. 10.303, de 31-10-2001.

§ 1.º Excluem-se do regime desta Lei:

I – os títulos da dívida pública federal, estadual ou municipal;

II – os títulos cambiais de responsabilidade de instituição financeira, exceto as debêntures.

•• Primitivo parágrafo único transformado em § 1.º pela Lei n. 10.303, de 31-10-2001.

§ 2.º Os emissores dos valores mobiliários referidos neste artigo, bem como seus administradores e controladores, sujeitam-se à disciplina prevista nesta Lei, para as companhias abertas.

•• § 2.º acrescentado pela Lei n. 10.303, de 31-10-2001.

(**) Publicada no *Diário Oficial da União*, de 9-12-1976.

§ 3.º Compete à Comissão de Valores Mobiliários expedir normas para a execução do disposto neste artigo, podendo:

•• § 3.º, *caput*, acrescentado pela Lei n. 10.303, de 31-10-2001.

I – exigir que os emissores se constituam sob a forma de sociedade anônima;

•• Inciso I acrescentado pela Lei n. 10.303, de 31-10-2001.

II – exigir que as demonstrações financeiras dos emissores, ou que as informações sobre o empreendimento ou projeto, sejam auditadas por auditor independente nela registrado;

•• Inciso II acrescentado pela Lei n. 10.303, de 31-10-2001.

III – dispensar, na distribuição pública dos valores mobiliários referidos neste artigo, a participação de sociedade integrante do sistema previsto no art. 15 desta Lei;

•• Inciso III acrescentado pela Lei n. 10.303, de 31-10-2001.

IV – estabelecer padrões de cláusulas e condições que devam ser adotadas nos títulos ou contratos de investimento, destinados à negociação em bolsa ou balcão, organizado ou não, e recusar a admissão ao mercado da emissão que não satisfaça a esses padrões.

•• Inciso IV acrescentado pela Lei n. 10.303, de 31-10-2001.

§ 4.º É condição de validade dos contratos derivativos, de que tratam os incisos VII e VIII do *caput*, celebrados a partir da entrada em vigor da Medida Provisória n. 539, de 26 de julho de 2011, o registro em câmaras ou prestadores de serviço de compensação, de liquidação e de registro autorizados pelo Banco Central do Brasil ou pela Comissão de Valores Mobiliários.

•• § 4.º acrescentado pela Lei n. 12.543, de 8-12-2011.

Art. 3.º Compete ao Conselho Monetário Nacional:

I – definir a política a ser observada na organização e no funcionamento do mercado de valores mobiliários;

II – regular a utilização do crédito nesse mercado;

III – fixar a orientação geral a ser observada pela Comissão de Valores Mobiliários no exercício de suas atribuições;

IV – definir as atividades da Comissão de Valores Mobiliários que devem ser exercidas em coordenação com o Banco Central do Brasil;

V – aprovar o Quadro e o Regulamento de Pessoal da Comissão de Valores Mobiliários, bem como fixar a retribuição do presidente, diretores, ocupantes de funções de confiança e demais servidores.

•• Inciso V acrescentado pela Lei n. 6.422, de 8-6-1977.

VI – estabelecer, para fins da política monetária e cambial, condições específicas para negociação de contratos derivativos, independentemente da natureza do investidor, podendo, inclusive:

•• Inciso VI acrescentado pela Lei n. 12.543, de 8-12-2011.

a) determinar depósitos sobre os valores nocionais dos contratos; e

•• Alínea *a* acrescentada pela Lei n. 12.543, de 8-12-2011.

b) fixar limites, prazos e outras condições sobre as negociações dos contratos derivativos.

•• Alínea *b* acrescentada pela Lei n. 12.543, de 8-12-2011.

§ 1.º Ressalvado o disposto nesta Lei, a fiscalização do mercado financeiro e de capitais continuará a ser exercida, nos termos da legislação em vigor, pelo Banco Central do Brasil.

•• Anterior parágrafo único renumerado para § 1.º pela Lei n. 12.543, de 8-12-2011.

§ 2.º As condições específicas de que trata o inciso VI do *caput* deste artigo não poderão ser exigidas para as operações em aberto na data de publicação do ato que as estabelecer.

•• § 2.º acrescentado pela Lei n. 12.543, de 8-12-2011.

Art. 4.º O Conselho Monetário Nacional e a Comissão de Valores Mobiliários exercerão as atribuições previstas na Lei para o fim de:

I – estimular a formação de poupança e a sua aplicação em valores mobiliários;

II – promover a expansão e o funcionamento eficiente e regular do mercado de ações, e estimular as aplicações permanentes em ações do capital social de companhias abertas sob controle de capitais privados nacionais;

III – assegurar o funcionamento eficiente e regular dos mercados da Bolsa e do balcão;

IV – proteger os titulares de valores mobiliários e os investidores do mercado contra:

a) emissões irregulares de valores mobiliários;

b) atos ilegais de administradores e acionistas controladores das companhias abertas, ou de administradores de carteira de valores mobiliários;

c) o uso de informação relevante não divulgada no mercado de valores mobiliários;

•• Alínea *c* acrescentada pela Lei n. 10.303, de 31-10-2001.

V – evitar ou coibir modalidades de fraude ou manipulação destinada a criar condições artificiais de demanda, oferta ou preço dos valores mobiliários negociados no mercado;

VI – assegurar o acesso do público a informações sobre os valores mobiliários negociados e as companhias que os tenham emitido;

VII – assegurar a observância de práticas comerciais equitativas no mercado de valores mobiliários;

VIII – assegurar a observância, no mercado, das condições de utilização de crédito fixadas pelo Conselho Monetário Nacional.

Capítulo II
DA COMISSÃO DE VALORES MOBILIÁRIOS

•• O Decreto s/n., de 14-6-1995, transfere a sede da CVM para a cidade do Rio de Janeiro.

Art. 5.º É instituída a Comissão de Valores Mobiliários, entidade autárquica em regime especial, vinculada ao Ministério da Fazenda, com personalidade jurídica e patrimônio próprios, dotada de autoridade administrativa independente, ausência de subordinação hierárquica, mandato fixo e estabilidade de seus dirigentes, e autonomia financeira e orçamentária.

•• Artigo com redação determinada pela Lei n. 10.411, de 26-2-2002.

Art. 6.º A Comissão de Valores Mobiliários será administrada por um Presidente e quatro Diretores, nomeados pelo Presidente da República, depois de aprovados pelo Senado Federal, dentre pessoas de ilibada reputação e reconhecida competência em matéria de mercado de capitais.

•• *Caput* com redação determinada pela Lei n. 10.411, de 26-2-2002.

•• Artigo regulamentado pelo Decreto n. 4.300, de 12-7-2002.

• A Lei n. 10.411, de 26-2-2002, em seu art. 2.º, dispõe: "Na composição da primeira Diretoria da Comissão de Valores Mobiliários com mandatos fixos e não coincidentes, o Presidente e os quatro diretores serão nomeados, respectivamente, com mandatos de cinco, quatro, três, dois e um ano".

• O Decreto n. 6.382, de 27-2-2008, aprova a Estrutura Regimental e o Quadro Demonstrativo dos Cargos em Comissão e das Funções Gratificadas da CVM, e dá outras providências.

§ 1.º O mandato dos dirigentes da Comissão será de 5 (cinco) anos, vedada a recondução, devendo ser renovado a cada ano 1/5 (um quinto) dos membros do Colegiado.

•• § 1.º com redação determinada pela Lei n. 10.411, de 26-2-2002.

§ 2.º Os dirigentes da Comissão somente perderão o mandato em virtude de renúncia, de condenação judicial transitada em julgado ou de processo administrativo disciplinar.

•• § 2.º com redação determinada pela Lei n. 10.411, de 26-2-2002.

§ 3.º Sem prejuízo do que preveem a lei penal e a lei de improbidade administrativa, será causa da perda do mandato a inobservância, pelo Presidente ou Diretor, dos deveres e das proibições inerentes ao cargo.

•• § 3.º com redação determinada pela Lei n. 10.411, de 26-2-2002.

§ 4.º Cabe ao Ministro de Estado da Fazenda instaurar o processo administrativo disciplinar, que será conduzido por comissão especial, competindo ao Presidente da República determinar o afastamento preventivo, quando for o caso, e proferir o julgamento.

•• § 4.º com redação determinada pela Lei n. 10.411, de 26-2-2002.

§ 5.º No caso de renúncia, morte ou perda de mandato do Presidente da Comissão de

Valores Mobiliários, assumirá o Diretor mais antigo ou o mais idoso, nessa ordem, até nova nomeação, sem prejuízo de suas atribuições.

•• § 5.º com redação determinada pela Lei n. 10.411, de 26-2-2002.

§ 6.º No caso de renúncia, morte ou perda de mandato de Diretor, proceder-se-á à nova nomeação pela forma disposta nesta Lei, para completar o mandato do substituído.

•• § 6.º com redação determinada pela Lei n. 10.411, de 26-2-2002.

§ 7.º A Comissão funcionará como órgão de deliberação colegiada de acordo com o seu regimento interno, e no qual serão fixadas as atribuições do Presidente, dos Diretores e do Colegiado.

•• § 7.º acrescentado pelo Decreto n. 3.995, de 31-10-2001.

Art. 7.º A Comissão custeará as despesas necessárias ao seu funcionamento com os recursos provenientes de:

•• *Caput* com redação anterior mantida pela Lei n. 10.303, de 31-10-2001.

I – dotações das reservas monetárias a que se refere o art. 12 da Lei n. 5.143, de 20 de outubro de 1966, alterado pelo Decreto-lei n. 1.342, de 28 de agosto de 1974, que lhe forem atribuídas pelo Conselho Monetário Nacional;

II – dotações que lhe forem consignadas no orçamento federal;

III – receitas provenientes da prestação de serviços pela Comissão, observada a tabela aprovada pelo Conselho Monetário Nacional;

IV – renda de bens patrimoniais e receitas eventuais;

V – receitas de taxas decorrentes do exercício de seu poder de polícia, nos termos da lei.

•• Inciso V acrescentado pela Lei n. 10.303, de 31-10-2001.

Art. 8.º Compete à Comissão de Valores Mobiliários:

•• *Caput* com redação anterior mantida pela Lei n. 10.303, de 31-10-2001.

I – regulamentar, com observância da política definida pelo Conselho Monetário Nacional, as matérias expressamente previstas nesta Lei e na Lei de Sociedades por Ações;

• *Vide* Lei n. 6.404, de 15-12-1976.

II – administrar os registros instituídos por esta Lei;

III – fiscalizar permanentemente as atividades e os serviços do mercado de valores mobiliários, de que trata o art. 1.º, bem como a veiculação de informações relativas ao mercado, às pessoas que dele participem, e aos valores nele negociados;

IV – propor ao Conselho Monetário Nacional a eventual fixação de limites máximos de preço, comissões, emolumentos e quaisquer outras vantagens cobradas pelos intermediários de mercado;

V – fiscalizar e inspecionar as companhias abertas, dada prioridade às que não apresentem lucro em balanço ou às que deixem de pagar o dividendo mínimo obrigatório.

§ 1.º O disposto neste artigo não exclui a competência das Bolsas de Valores, das Bolsas de Mercadorias e Futuros, e das entidades de compensação e liquidação com relação aos seus membros e aos valores mobiliários nelas negociados.

•• § 1.º com redação determinada pelo Decreto n. 3.995, de 31-10-2001.

§ 2.º Serão de acesso público todos os documentos e autos de processos administrativos, ressalvados aqueles cujo sigilo seja imprescindível para a defesa da intimidade ou do interesse social, ou cujo sigilo esteja assegurado por expressa disposição legal.

•• § 2.º com redação determinada pelo Decreto n. 3.995, de 31-10-2001.

§ 3.º Em conformidade com o que dispuser o seu Regimento, a Comissão de Valores Mobiliários poderá:

I – publicar projeto de ato normativo para receber sugestões de interessados;

II – convocar, a seu juízo, qualquer pessoa que possa contribuir com informações ou opiniões para o aperfeiçoamento das normas a serem promulgadas.

Art. 9.º A Comissão de Valores Mobiliários, observado o disposto no § 2.º do art. 15, poderá:

•• *Caput* com redação determinada pelo Decreto n. 3.995, de 31-10-2001.

I – examinar e extrair cópias de registros contábeis, livros ou documentos, inclusive programas eletrônicos e arquivos magnéticos, ópticos ou de qualquer outra natureza, bem como papéis de trabalho de auditores independentes, devendo tais documentos ser mantidos em perfeita ordem e estado de conservação pelo prazo mínimo de 5 (cinco) anos:

•• Inciso I com redação determinada pelo Decreto n. 3.995, de 31-10-2001.

a) das pessoas naturais e jurídicas que integram o sistema de distribuição de valores mobiliários (art. 15);

b) das companhias abertas e demais emissoras de valores mobiliários e, quando houver suspeita fundada de atos ilegais, das respectivas sociedades controladoras, controladas, coligadas e sociedades sob controle comum;

•• Alínea *b* com redação anterior mantida pela Lei n. 10.303, de 31-10-2001.

c) dos fundos e sociedades de investimento;

d) das carteiras e depósitos de valores mobiliários (arts. 23 e 24);

e) dos auditores independentes;

f) dos consultores e analistas de valores mobiliários;

g) de outras pessoas quaisquer, naturais ou jurídicas, quando da ocorrência de qualquer irregularidade a ser apurada nos termos do inciso V deste artigo, para efeito de verificação de ocorrência de atos ilegais ou práticas não equitativas;

•• Alínea *g* com redação determinada pelo Decreto n. 3.995, de 31-10-2001.

II – intimar as pessoas referidas no inciso I a prestar informações, ou esclarecimentos, sob cominação de multa, sem prejuízo da aplicação das penalidades previstas no art. 11;

•• Inciso II com redação anterior mantida pela Lei n. 10.303, de 31-10-2001.

III – requisitar informações de qualquer órgão público, autarquia ou empresa pública;

IV – determinar às companhias abertas que republiquem, com correções ou aditamentos, demonstrações financeiras, relatórios ou informações divulgadas;

V – apurar, mediante processo administrativo, atos ilegais e práticas não equitativas de administradores, membros do conselho fiscal e acionistas de companhias abertas, dos intermediários e dos demais participantes do mercado;

•• Inciso V com redação determinada pela Lei n. 10.303, de 31-10-2001.

VI – aplicar aos autores das infrações indicadas no inciso anterior as penalidades previstas no art. 11, sem prejuízo da responsabilidade civil ou penal.

§ 1.º Com o fim de prevenir ou corrigir situações anormais do mercado, a Comissão poderá:

•• § 1.º, *caput*, com redação determinada pelo Decreto n. 3.995, de 31-10-2001.

I – suspender a negociação de determinado valor mobiliário ou decretar o recesso de Bolsa de Valores;

II – suspender ou cancelar os registros de que trata esta Lei;

III – divulgar informações ou recomendações com o fim de esclarecer ou orientar os participantes do mercado;

IV – proibir aos participantes do mercado, sob cominação de multa, a prática de atos que especificar, prejudiciais ao seu funcionamento regular.

§ 2.º O processo, nos casos do inciso V deste artigo, poderá ser precedido de etapa investigativa, em que será assegurado o sigilo necessário à elucidação dos fatos ou exigido pelo interesse público, e observará o procedimento fixado pela Comissão.

•• § 2.º com redação determinada pelo Decreto n. 3.995, de 31-10-2001.

§ 3.º Quando o interesse público exigir, a Comissão poderá divulgar a instauração do procedimento investigativo a que se refere o § 2.º

•• § 3.º com redação determinada pelo Decreto n. 3.995, de 31-10-2001.

§ 4.º Na apuração de infrações da legislação do mercado de valores mobiliários, a Comissão priorizará as infrações de natureza grave, cuja apenação proporcione maior efeito educativo e preventivo para os participantes do mercado, e poderá deixar de instaurar o processo administrativo sancionador, consideradas a pouca relevância da conduta, a baixa expressividade da lesão ao bem jurídico tutelado e a utilização de outros instrumentos e medidas de supervisão que julgar mais efetivos.

•• § 4.º com redação determinada pela Lei n. 13.506, de 13-11-2017.

§ 5.º As sessões de julgamento do Colegiado, no processo administrativo de que trata o inciso V deste artigo, serão públicas, podendo ser restringido o acesso de terceiros em função do interesse público envolvido.

•• § 5.º com redação determinada pelo Decreto n. 3.995, de 31-10-2001.

§ 6.º A Comissão será competente para apurar e punir condutas fraudulentas no mercado de valores mobiliários sempre que:

I – seus efeitos ocasionem danos a pessoas residentes no território nacional, independentemente do local em que tenham ocorrido; e

II – os atos ou omissões relevantes tenham sido praticados em território nacional.

•• § 6.º com redação determinada pelo Decreto n. 3.995, de 31-10-2001.

Art. 10. A Comissão de Valores Mobiliários poderá celebrar convênios com órgãos similares de outros países, ou com entidades internacionais, para assistência e cooperação na condução de investigações para apurar transgressões às normas atinentes ao mercado de valores mobiliários ocorridas no País e no exterior.

•• *Caput* com redação determinada pela Lei n. 10.303, de 31-10-2001.

§ 1.º A Comissão de Valores Mobiliários poderá se recusar a prestar a assistência referida no *caput* deste artigo quando houver interesse público a ser resguardado.

•• § 1.º acrescentado pela Lei n. 10.303, de 31-10-2001.

§ 2.º O disposto neste artigo aplica-se, inclusive, às informações que, por disposição legal, estejam submetidas a sigilo.

•• § 2.º acrescentado pela Lei n. 10.303, de 31-10-2001.

Art. 10-A. A Comissão de Valores Mobiliários, o Banco Central do Brasil e demais órgãos e agências reguladoras poderão celebrar convênio com entidade que tenha por objeto o estudo e a divulgação de princípios, normas e padrões de contabilidade e de auditoria, podendo, no exercício de suas atribuições regulamentares, adotar, no todo ou em parte, os pronunciamentos e demais orientações técnicas emitidas.

•• *Caput* acrescentado pela Lei n. 11.638, de 28-12-2007.

Parágrafo único. A entidade referida no *caput* deste artigo deverá ser majoritariamente composta por contadores, dela fazendo parte, paritariamente, representantes de entidades representativas de sociedades submetidas ao regime de elaboração de demonstrações financeiras previstas nesta Lei, de sociedades que auditam e analisam as demonstrações financeiras, do órgão federal de fiscalização do exercício da profissão contábil e de universidade ou instituto de pesquisa com reconhecida atuação na área contábil e de mercado de capitais.

•• Parágrafo único acrescentado pela Lei n. 11.638, de 28-12-2007.

Art. 11. A Comissão de Valores Mobiliários poderá impor aos infratores das normas desta Lei, da Lei n. 6.404, de 15 de dezembro de 1976 (Lei de Sociedades por Ações), de suas resoluções e de outras normas legais cujo cumprimento lhe caiba fiscalizar as seguintes penalidades, isoladas ou cumulativamente:

•• *Caput* com redação determinada pela Lei n. 13.506, de 13-11-2017.

I – advertência;

II – multa;

III – (*Revogado pela Lei n. 13.506, de 13-11-2017.*);

IV – inabilitação temporária, até o máximo de 20 (vinte) anos, para o exercício de cargo de administrador ou de conselheiro fiscal de companhia aberta, de entidade do sistema de distribuição ou de outras entidades que dependam de autorização ou registro na Comissão de Valores Mobiliários;

•• Inciso IV com redação determinada pela Lei n. 13.506, de 13-11-2017.

V – suspensão da autorização ou registro para o exercício das atividades de que trata esta Lei;

VI – inabilitação temporária, até o máximo de 20 (vinte) anos, para o exercício das atividades de que trata esta Lei;

•• Inciso VI com redação determinada pela Lei n. 13.506, de 13-11-2017.

VII – proibição temporária, até o máximo de 20 (vinte) anos, de praticar determinadas atividades ou operações, para os integrantes do sistema de distribuição ou de outras entidades que dependam de autorização ou registro na Comissão de Valores Mobiliários;

•• Inciso VII acrescentado pela Lei n. 9.457, de 5-5-1997.

VIII – proibição temporária, até o máximo de 10 (dez) anos, de atuar, direta ou indiretamente, em uma ou mais modalidades de operação no mercado de valores mobiliários.

•• Inciso VIII acrescentado pela Lei n. 9.457, de 5-5-1997.

§ 1.º A multa deverá observar, para fins de dosimetria, os princípios da proporcionalidade e da razoabilidade, a capacidade econômica do infrator e os motivos que justifiquem sua imposição, e não deverá exceder o maior destes valores:

•• § 1.º, *caput*, com redação determinada pela Lei n. 13.506, de 13-11-2017.

I – R$ 50.000.000,00 (cinquenta milhões de reais);

•• Inciso I com redação determinada pela Lei n. 13.506, de 13-11-2017.

II – o dobro do valor da emissão ou da operação irregular;

•• Inciso II com redação determinada pela Lei n. 13.506, de 13-11-2017.

III – 3 (três) vezes o montante da vantagem econômica obtida ou da perda evitada em decorrência do ilícito; ou

•• Inciso III com redação determinada pela Lei n. 13.506, de 13-11-2017.

IV – o dobro do prejuízo causado aos investidores em decorrência do ilícito.

•• Inciso IV acrescentado pela Lei n. 13.506, de 13-11-2017.

§ 2.º Nas hipóteses de reincidência, poderá ser aplicada multa de até o triplo dos valores fixados no § 1.º deste artigo.

•• § 2.º com redação determinada pela Lei n. 13.506, de 13-11-2017.

§ 3.º As penalidades previstas nos incisos IV, V, VI, VII e VIII do *caput* deste artigo somente serão aplicadas nos casos de infração grave, assim definidas em normas da Comissão de Valores Mobiliários, ou nos casos de reincidência.

•• § 3.º com redação determinada pela Lei n. 13.506, de 13-11-2017.

§ 4.º As penalidades somente serão impostas com observância do procedimento previsto no § 2.º do art. 9.º desta Lei, cabendo recurso para o Conselho de Recursos do Sistema Financeiro Nacional.

•• § 4.º com redação determinada pela Lei n. 9.457, de 5-5-1997.

§ 5.º A Comissão de Valores Mobiliários, após análise de conveniência e oportunidade, com vistas a atender ao interesse público, poderá deixar de instaurar ou suspender, em qualquer fase que preceda a tomada da decisão de primeira instância, o procedimento administrativo destinado à apuração de infração prevista nas normas legais e regulamentares cujo cumprimento lhe caiba fiscalizar, se o investigado assinar termo de compromisso no qual se obrigue a:

•• § 5.º com redação determinada pela Lei n. 13.506, de 13-11-2017.

I – cessar a prática de atividades ou atos considerados ilícitos pela Comissão de Valores Mobiliários; e

•• Inciso I acrescentado pela Lei n. 9.457, de 5-5-1997.

II – corrigir as irregularidades apontadas, inclusive indenizando os prejuízos.

•• Inciso II acrescentado pela Lei n. 9.457, de 5-5-1997.

§ 6.º O compromisso a que se refere o parágrafo anterior não importará confissão quanto à matéria de fato, nem reconhecimento de ilicitude da conduta analisada.

•• § 6.º acrescentado pela Lei n. 9.457, de 5-5-1997.

§ 7.º O termo de compromisso deverá ser publicado no sítio eletrônico da Comissão de Valores Mobiliários, com discriminação do prazo para cumprimento das obrigações eventualmente assumidas, e constituirá título executivo extrajudicial.

•• § 7.º com redação determinada pela Lei n. 13.506, de 13-11-2017.

§ 8.º Não cumpridas as obrigações no prazo, a Comissão de Valores Mobiliários dará continuidade ao procedimento administrativo anteriormente suspenso, para a aplicação das penalidades cabíveis.

•• § 8.º acrescentado pela Lei n. 9.457, de 5-5-1997.

§ 9.º Serão considerados, na aplicação de penalidades previstas na lei, o arrependimento posterior ou a circunstância de qualquer pessoa, espontaneamente, confessar ilícito ou prestar informações relativas à sua materialidade.

•• § 9.º acrescentado pela Lei n. 9.457, de 5-5-1997.

§ 10. A Comissão de Valores Mobiliários regulamentará a aplicação do disposto nos §§ 5.º a 9.º deste artigo aos procedimentos conduzidos pelas Bolsas de Valores, Bolsas de Mercadorias e Futuros, entidades do mercado de balcão organizado e entidades de compensação e liquidação de operações com valores mobiliários.

•• § 10 com redação determinada pelo Decreto n. 3.995, de 31-10-2001.

§ 11. A multa aplicada pela inexecução de ordem da Comissão de Valores Mobiliários, nos termos do inciso II do *caput* e do inciso IV do § 1.º do art. 9.º desta Lei, independentemente do processo administrativo previsto no inciso V do *caput* do art. 9.º desta Lei, não excederá, por dia de atraso no seu cumprimento, o maior destes valores:

•• § 11, *caput*, com redação determinada pela Lei n. 13.506, de 13-11-2017.

I – 1/1.000 (um milésimo) do valor do faturamento total individual ou consolidado do grupo econômico, obtido no exercício anterior à aplicação da multa; ou

•• Inciso I acrescentado pela Lei n. 13.506, de 13-11-2017.

II – R$ 100.000,00 (cem mil reais).

•• Inciso II acrescentado pela Lei n. 13.506, de 13-11-2017.

§ 12. **Da decisão que aplicar a multa prevista no § 11 deste artigo caberá recurso na Comissão de Valores Mobiliários, em última instância e sem efeito suspensivo, no prazo de 10 (dez) dias, conforme estabelecido em regimento interno.**

•• § 12 com redação determinada pela Lei n. 14.317, de 29-3-2022.

§ 13. Adicionalmente às penalidades previstas no *caput* deste artigo, a Comissão de Valores Mobiliários poderá proibir os acusados de contratar, por até de 5 (cinco) anos, com instituições financeiras oficiais e de participar de licitação que tenha por objeto aquisições, alienações, realizações de obras e serviços e concessões de serviços públicos, no âmbito da administração pública federal, estadual, distrital e municipal e das entidades da administração pública indireta.

•• § 13 acrescentado pela Lei n. 13.506, de 13-11-2017.

§ 14. Os créditos oriundos de condenação do apenado ao pagamento de indenização em ação civil pública movida em benefício de investidores e demais credores do apenado e os créditos do Fundo Garantidor de Crédito (FGC) ou de outros mecanismos de ressarcimento aprovados pelo Banco Central do Brasil ou pela Comissão de Valores Mobiliários, se houver, preferirão aos créditos oriundos da aplicação da penalidade de multa.

•• § 14 acrescentado pela Lei n. 13.506, de 13-11-2017.

§ 15. Em caso de falência, liquidação extrajudicial ou qualquer outra forma de concurso de credores do apenado, os créditos da Comissão de Valores Mobiliários oriundos da aplicação da penalidade de multa de que trata o inciso II do *caput* deste artigo serão subordinados.

•• § 15 acrescentado pela Lei n. 13.506, de 13-11-2017.

Art. 12. Quando o inquérito, instaurado de acordo com o § 2.º do art. 9.º, concluir pela ocorrência de crime de ação pública, a Comissão de Valores Mobiliários oficiará ao Ministério Público, para a propositura da ação penal.

Art. 13. A Comissão de Valores Mobiliários manterá serviço para exercer atividade consultiva ou de orientação junto aos agentes do mercado de valores mobiliários ou a qualquer investidor.

Parágrafo único. Fica a critério da Comissão de Valores Mobiliários divulgar ou não as respostas às consultas ou aos critérios de orientação.

Art. 14. A Comissão de Valores Mobiliários poderá prever, em seu orçamento, dotações de verbas às Bolsas de Valores e às Bolsas de Mercadorias e Futuros.

•• Artigo com redação determinada pela Lei n. 10.303, de 31-10-2001.

Capítulo III
DO SISTEMA DE DISTRIBUIÇÃO

Art. 15. O sistema de distribuição de valores mobiliários compreende:

I – as instituições financeiras e demais sociedades que tenham por objeto distribuir emissão de valores mobiliários:

a) como agentes da companhia emissora;

b) por conta própria, subscrevendo ou comprando a emissão para a colocar no mercado;

II – as sociedades que tenham por objeto a compra de valores mobiliários em circulação no mercado, para os revender por conta própria;

III – **as sociedades e os assessores de investimentos que exerçam atividades de mediação na negociação de valores mobiliários em bolsas de valores ou no mercado de balcão;**

•• Inciso III com redação determinada pela Lei n. 14.317, de 29-3-2022.

• A Instrução n. 16, de 9-2-2021, da CVM, dispõe sobre a atividade de agente autônomo de investimento.

IV – as Bolsas de Valores;

V – entidades de mercado de balcão organizado;

•• Inciso V acrescentado pela Lei n. 9.457, de 5-5-1997.

VI – as corretoras de mercadorias, os operadores especiais e as Bolsas de Mercadorias e Futuros; e

•• Inciso VI acrescentado pela Lei n. 10.303, de 31-10-2001.

VII – as entidades de compensação e liquidação de operações com valores mobiliários.

•• Anterior inciso VI renumerado pela Lei n. 10.303, de 31-10-2001.

§ 1.º Compete à Comissão de Valores Mobiliários definir:

•• § 1.º, *caput*, com redação determinada pelo Decreto n. 3.995, de 31-10-2001.

I – os tipos de instituição financeira que poderão exercer atividades no mercado de valores mobiliários, bem como as espécies de operação que poderão realizar e de serviços que poderão prestar nesse mercado;

II – a especialização de operações ou serviços a ser observada pelas sociedades do mercado, e as condições em que poderão cumular espécies de operação ou serviços.

§ 2.º Em relação às instituições financeiras e demais sociedades autorizadas a explorar simultaneamente operações ou serviços no mercado de valores mobiliários e nos mercados sujeitos à fiscalização do Banco Central do Brasil, as atribuições da Comissão de Valores Mobiliários serão limitadas às atividades submetidas ao regime da presente Lei, e serão exercidas sem prejuízo das atribuições daquele.

§ 3.º Compete ao Conselho Monetário Nacional regulamentar o disposto no parágrafo anterior, assegurando a coordenação de serviços entre o Banco Central do Brasil e a Comissão de Valores Mobiliários.

Art. 16. Depende de prévia autorização da Comissão de Valores Mobiliários o exercício das seguintes atividades:

•• *Caput* com redação anterior mantida pela Lei n. 10.303, de 31-10-2001.

I – distribuição de emissão no mercado (art. 15, I);

II – compra de valores mobiliários para revendê-los por conta própria (art. 15, II);

III – mediação ou corretagem de operações com valores mobiliários; e

•• Inciso III com redação determinada pela Lei n. 10.411, de 26-2-2002.

IV – compensação e liquidação de operações com valores mobiliários.

•• Inciso IV com redação determinada pela Lei n. 10.411, de 26-2-2002.

Parágrafo único. **Somente os assessores de investimentos e as sociedades com registro na Comissão poderão exercer a atividade de mediação ou de corretagem de valores mobiliários fora da bolsa.**

•• Parágrafo único com redação determinada pela Lei n. 14.317, de 29-3-2022.

• A Instrução n. 16, de 9-2-2021, da CVM, dispõe sobre a atividade de agente autônomo de investimento.

Art. 17. As Bolsas de Valores, as Bolsas de Mercadorias e Futuros, as entidades do mercado de balcão organizado e as entidades de compensação e liquidação de operações com valores mobiliários terão autonomia administrativa, financeira e patrimonial, operando sob a supervisão da Comissão de Valores Mobiliários.

•• *Caput* com redação determinada pela Lei n. 10.303, de 31-10-2001.

• A Resolução n. 11, de 18-11-2020, da CVM, dispõe sobre a constituição, a administração, o funcionamento, a divulgação de informações e a distribuição de cotas dos Clubes de Investimento.

§ 1.º Às Bolsas de Valores, às Bolsas de Mercadorias e Futuros, às entidades do mercado de balcão organizado e às entidades de compensação e liquidação de operações com valores mobiliários incumbe, como órgãos auxiliares da Comissão de Valores Mobiliários, fiscalizar os respectivos membros e as operações com valores mobiliários nelas realizadas.

•• § 1.º acrescentado pela Lei n. 10.303, de 31-10-2001.

§ 2.º (*Vetado*.)

•• § 2.º acrescentado pela Lei n. 10.303, de 31-10-2001.

Art. 17-A. (*Vetado*.)

•• Artigo acrescentado pela Lei n. 10.303, de 31-10-2001.

Art. 18. Compete à Comissão de Valores Mobiliários:

•• *Caput* com redação anterior mantida pela Lei n. 10.411, de 26-2-2002.

I – editar normas gerais sobre:

•• Inciso I com redação determinada pela Lei n. 10.411, de 26-2-2002.

a) condições para obter autorização ou registro necessário ao exercício das atividades indicadas no art. 16, e respectivos procedimentos administrativos;

•• Alínea *a* com redação anterior mantida pela Lei n. 10.411, de 26-2-2002.

b) requisitos de idoneidade, habilitação técnica e capacidade financeira a que deverão satisfazer os administradores de sociedade e demais pessoas que atuem no mercado de valores mobiliários;

•• Alínea *b* com redação determinada pela Lei n. 10.411, de 26-2-2002.

c) condições de constituição e extinção das Bolsas de Valores, entidades do mercado de balcão organizado e das entidades de compensação e liquidação de operações com valores mobiliários, forma jurídica, órgãos de administração e seu preenchimento;

•• Alínea *c* com redação determinada pela Lei n. 10.411, de 26-2-2002.

d) exercício do poder disciplinar pelas Bolsas e pelas entidades do mercado de balcão organizado, no que se refere às negociações com valores mobiliários, e pelas entidades de compensação e liquidação de operações com valores mobiliários, sobre os seus membros, imposição de penas e casos de exclusão;

•• Alínea *d* com redação determinada pela Lei n. 10.411, de 26-2-2002.

e) número de sociedades corretoras, membros da Bolsa; requisitos ou condições de admissão quanto à idoneidade, capacidade financeira e habilitação técnica dos seus administradores; e representação no recinto da Bolsa;

f) administração das Bolsas, das entidades do mercado de balcão organizado e das entidades de compensação e liquidação de operações com valores mobiliários; emolumentos, comissões e quaisquer outros custos cobrados pelas Bolsas e pelas entidades de compensação e liquidação de operações com valores mobiliários ou seus membros, quando for o caso;

•• Alínea *f* com redação determinada pela Lei n. 10.411, de 26-2-2002.

g) condições de realização das operações a termo;

h) condições de constituição e extinção das Bolsas de Mercadorias e Futuros, forma jurídica, órgãos de administração e seu preenchimento;

•• Alínea *h* com redação determinada pela Lei n. 10.411, de 26-2-2002.

II – definir:

a) as espécies de operação autorizadas na Bolsa e no mercado de balcão; métodos e práticas que devem ser observados no mercado; e responsabilidade dos intermediários nas operações;

b) a configuração de condições artificiais de demanda, oferta ou preço de valores mobiliários, ou de manipulação de preço; operações fraudulentas e práticas não equitativas na distribuição ou intermediação de valores;

c) normas aplicáveis ao registro de operações a ser mantido pelas entidades do sistema de distribuição (art. 15).

Capítulo IV
DA NEGOCIAÇÃO NO MERCADO

Seção I
Emissão e Distribuição

Art. 19. Nenhuma emissão pública de valores mobiliários será distribuída no mercado sem prévio registro na Comissão.

§ 1.º São atos de distribuição, sujeitos à norma deste artigo, a venda, promessa de venda, oferta à venda ou subscrição, assim como a aceitação de pedido de venda ou subscrição de valores mobiliários, quando os pratiquem a companhia emissora, seus fundadores ou as pessoas a ela equiparadas.

§ 2.º Equiparam-se à companhia emissora para os fins deste artigo:

I – o seu acionista controlador e as pessoas por ela controladas;

II – o coobrigado nos títulos;

III – as instituições financeiras e demais sociedades a que se refere o art. 15, I;

IV – quem quer que tenha subscrito valores da emissão, ou os tenha adquirido à companhia emissora, com o fim de os colocar no mercado.

§ 3.º Caracterizam a emissão pública:

I – a utilização de listas ou boletins de venda ou subscrição, folhetos, prospectos ou anúncios destinados ao público;

II – a procura de subscritores ou adquirentes para os títulos, por meio de empregados, agentes ou corretores;

III – a negociação feita em loja, escritório ou estabelecimento aberto ao público, com a utilização dos serviços públicos de comunicação.

§ 4.º A emissão pública só poderá ser colocada no mercado através do sistema previsto no art. 15, podendo a Comissão exigir a participação de instituição financeira.

§ 5.º Compete à Comissão expedir normas para a execução do disposto neste artigo, podendo:

• A Instrução CVM n. 471, de 8-8-2008, dispõe sobre o procedimento simplificado para registro de ofertas públicas de distribuição de valores.

I – definir outras situações que configurem emissão pública, para fins de registro, assim como os casos em que este poderá ser dispensado, tendo em vista o interesse do público investidor;

II – fixar o procedimento do registro e especificar as informações que devam instruir o seu pedido, inclusive sobre:

a) a companhia emissora, os empreendimentos ou atividades que explora ou pretende explorar, sua situação econômica e financeira, administração e principais acionistas;

b) as características da emissão e a aplicação a ser dada aos recursos dela provenientes;

c) o vendedor dos valores mobiliários, se for o caso;

d) os participantes na distribuição, sua remuneração e seu relacionamento com a companhia emissora ou com o vendedor.

§ 6.º A Comissão poderá subordinar o registro a capital mínimo da companhia emissora e a valor mínimo da emissão, bem como a que sejam divulgadas as informações que julgar necessárias para proteger os interesses do público investidor.

§ 7.º O pedido de registro será acompanhado dos prospectos e outros documentos quaisquer a serem publicados ou distribuídos, para oferta, anúncio ou promoção do lançamento.

Art. 20. A Comissão mandará suspender a emissão ou a distribuição que se esteja processando em desacordo com o artigo anterior, particularmente quando:

I – a emissão tenha sido julgada fraudulenta ou ilegal, ainda que após efetuado o registro;

II – a oferta, o lançamento, a promoção ou o anúncio dos valores se esteja fazendo em condições diversas das constantes do registro, ou com informações falsas, dolosas ou substancialmente imprecisas.

Seção II
Negociação na Bolsa e no Mercado de Balcão

Art. 21. A Comissão de Valores Mobiliários manterá, além do registro de que trata o art. 19:

•• A Resolução n. 80, de 29-3-2022, da CVM, dispõe sobre o registro e a prestação de informações periódicas e eventuais dos emissores de valores mobiliários admitidos à negociação em mercados regulamentados de valores mobiliários.

I – o registro para negociação na Bolsa;

II – o registro para negociação no mercado de balcão, organizado ou não.

•• Inciso II com redação determinada pela Lei n. 9.457, de 5-5-1997.

§ 1.º Somente os valores mobiliários emitidos por companhia registrada nos termos deste artigo podem ser negociados na Bolsa e no mercado de balcão.

§ 2.º O registro do art. 19 importa registro para o mercado de balcão, mas não para a Bolsa ou entidade de mercado de balcão organizado.

•• § 2.º com redação determinada pela Lei n. 9.457, de 5-5-1997.

§ 3.º São atividades do mercado de balcão não organizado as realizadas com a participação das empresas ou profissionais indicados no art. 15, I, II e III, ou nos seus estabelecimentos, excluídas as operações efetuadas em Bolsas ou em sistemas administrados por entidades de balcão organizado.

•• § 3.º com redação determinada pela Lei n. 9.457, de 5-5-1997.

§ 4.º Cada Bolsa de Valores ou entidade de mercado de balcão organizado poderá estabelecer requisitos próprios para que os valores sejam admitidos à negociação no seu recinto ou sistema, mediante prévia aprovação da Comissão de Valores Mobiliários.

•• § 4.º com redação determinada pela Lei n. 9.457, de 5-5-1997.

§ 5.º O mercado de balcão organizado será administrado por entidades cujo funcionamento dependerá de autorização da Comissão de Valores Mobiliários, que expedirá normas gerais sobre:

•• § 5.º, *caput*, com redação determinada pela Lei n. 9.457, de 5-5-1997.

• *Vide* arts. 1.123 a 1.141 do CC.

I – condições de constituição e extinção, forma jurídica, órgãos de administração e seu preenchimento;

•• Inciso I com redação determinada pela Lei n. 9.457, de 5-5-1997.

II – exercício do poder disciplinar pelas entidades, sobre os seus participantes ou membros, imposição de penas e casos de exclusão;

•• Inciso II com redação determinada pela Lei n. 9.457, de 5-5-1997.

III – requisitos ou condições de admissão quanto à idoneidade, capacidade financeira e habilitação técnica dos administradores e representantes das sociedades participantes ou membros;

•• Inciso III com redação determinada pela Lei n. 9.457, de 5-5-1997.

IV – administração das entidades, emolumentos, comissões e quaisquer outros custos cobrados pelas entidades ou seus participantes ou membros, quando for o caso.

•• Inciso IV com redação determinada pela Lei n. 9.457, de 5-5-1997.

§ 6.º Compete à Comissão expedir normas para a execução do disposto neste artigo, especificando:

I – casos em que os registros podem ser dispensados, recusados, suspensos ou cancelados;

II – informações e documentos que devam ser apresentados pela companhia para a obtenção do registro, e seu procedimento;

III – casos em que os valores mobiliários poderão ser negociados simultaneamente nos mercados de bolsa e de balcão, organizado ou não.

•• Inciso III acrescentado pela Lei n. 9.457, de 5-5-1997.

Art. 21-A. A Comissão de Valores Mobiliários poderá expedir normas aplicáveis à natureza das informações mínimas e à periodicidade de sua apresentação por qualquer pessoa que tenha acesso a informação relevante.

•• Artigo acrescentado pelo Decreto n. 3.995, de 31-10-2001.

•• A Resolução n. 80, de 29-3-2022, da CVM, dispõe sobre o registro e a prestação de informações periódicas e eventuais dos emissores de valores mobiliários admitidos à negociação em mercados regulamentados de valores mobiliários.

Capítulo V
DAS COMPANHIAS ABERTAS

Art. 22. Considera-se aberta a companhia cujos valores mobiliários estejam admitidos à negociação na Bolsa ou no mercado de balcão.

§ 1.º Compete à Comissão de Valores Mobiliários expedir normas aplicáveis às companhias abertas sobre:

•• § 1.º, *caput*, com redação anterior mantida pelo Decreto n. 3.995, de 31-10-2001.

I – a natureza das informações que devam divulgar e a periodicidade da divulgação;

•• Inciso I com redação anterior mantida pelo Decreto n. 3.995, de 31-10-2001.

II – relatório da administração e demonstrações financeiras;

•• Inciso II com redação anterior mantida pelo Decreto n. 3.995, de 31-10-2001.

III – a compra de ações emitidas pela própria companhia e a alienação das ações em tesouraria;

•• Inciso III com redação anterior mantida pelo Decreto n. 3.995, de 31-10-2001.

IV – padrões de contabilidade, relatórios e pareceres de auditores independentes;

•• Inciso IV com redação anterior mantida pelo Decreto n. 3.995, de 31-10-2001.

V – informações que devam ser prestadas por administradores, membros do conselho fiscal, acionistas controladores e minoritários, relativas à compra, permuta ou venda de valores mobiliários emitidos pela companhia e por sociedades controladas ou controladoras;

•• Inciso V com redação determinada pelo Decreto n. 3.995, de 31-10-2001.

VI – a divulgação de deliberações da assembleia geral e dos órgãos de administração da companhia, ou de fatos relevantes ocorridos nos seus negócios, que possam influir, de modo ponderável, na decisão dos investidores do mercado, de vender ou comprar valores mobiliários emitidos pela companhia;

•• Inciso VI com redação anterior mantida pelo Decreto n. 3.995, de 31-10-2001.

VII – a realização, pelas companhias abertas com ações admitidas à negociação em bolsa ou no mercado de balcão organizado, de reuniões anuais com seus acionistas e agentes do mercado de valores mobiliários, no local de maior negociação dos títulos da companhia no ano anterior, para a divulgação de informações quanto à respectiva situação econômico-financeira, projeções de resultados e resposta aos esclarecimentos que lhes forem solicitados;

•• Inciso VII com redação anterior mantida pelo Decreto n. 3.995, de 31-10-2001.

VIII – as demais matérias previstas em lei.

•• Inciso VIII com redação anterior mantida pelo Decreto n. 3.995, de 31-10-2001.

§ 2.º As normas editadas pela Comissão de Valores Mobiliários em relação ao disposto nos incisos II e IV do § 1.º aplicam-se às instituições financeiras e demais entidades autorizadas a funcionar pelo Banco Central do Brasil, no que não forem conflitantes com as normas por ele baixadas.

•• § 2.º com redação determinada pelo Decreto n. 3.995, de 31-10-2001.

Capítulo VI
DA ADMINISTRAÇÃO DE CARTEIRAS E CUSTÓDIA DE VALORES MOBILIÁRIOS

Art. 23. O exercício profissional da administração de carteiras de valores mobiliários de outras pessoas está sujeito à autorização prévia da Comissão.

§ 1.º O disposto neste artigo se aplica à gestão profissional de recursos ou valores mobiliários entregues ao administrador, com autorização para que este compre ou venda valores mobiliários por conta do comitente.

§ 2.º Compete à Comissão estabelecer as normas a serem observadas pelos administradores na gestão de carteiras e sua remuneração, observado o disposto no art. 8.º, IV.

Art. 24. A prestação de serviços de custódia de valores mobiliários está sujeita à autorização prévia da Comissão de Valores Mobiliários.

•• *Caput* com redação determinada pela Lei n. 14.430, de 3-8-2022.

Parágrafo único. Considera-se custódia de valores mobiliários o depósito para guarda, recebimento de dividendos e bonificações, resgate, amortização ou reembolso, e exercício de direitos de subscrição, sem que o depositário tenha poderes, salvo autorização expressa do depositante em cada caso, para alienar os valores mobiliários depositados ou reaplicar as importâncias recebidas.

Art. 25. Salvo mandato expresso com prazo não superior a 1 (um) ano, o administrador de carteira e o depositário de valores mobiliários não podem exercer o direito de voto que couber às ações sob sua administração ou custódia.

Capítulo VII

DOS AUDITORES INDEPENDENTES, CONSULTORES E ANALISTAS DE VALORES MOBILIÁRIOS

Art. 26. Somente as empresas de auditoria contábil ou auditores contábeis independentes, registrados na Comissão de Valores Mobiliários, poderão auditar, para os efeitos desta Lei, as demonstrações financeiras de companhias abertas e das instituições, sociedades ou empresas que integram o sistema de distribuição e intermediação de valores mobiliários.

§ 1.º A Comissão estabelecerá as condições para o registro e o seu procedimento, e definirá os casos em que poderá ser recusado, suspenso ou cancelado.

§ 2.º As empresas de auditoria contábil ou auditores contábeis independentes responderão, civilmente, pelos prejuízos que causarem a terceiros em virtude de culpa ou dolo no exercício das funções previstas neste artigo.

§ 3.º Sem prejuízo do disposto no parágrafo precedente, as empresas de auditoria contábil ou os auditores contábeis independentes responderão administrativamente, perante o Banco Central do Brasil, pelos atos praticados ou omissões em que houverem incorrido no desempenho das atividades de auditoria de instituições financeiras e demais instituições autorizadas a funcionar pelo Banco Central do Brasil.

•• § 3.º acrescentado pela Lei n. 9.447, de 14-3-1997.

§ 4.º (*Revogado pela Lei n. 13.506, de 13-11-2017.*)

§ 5.º (*Vetado.*)

Art. 27. A Comissão poderá fixar normas sobre o exercício das atividades de consultor e analista de valores mobiliários.

• A Instrução n. 598, de 3-5-2018, da CVM, dispõe sobre a atividade de analista de valores mobiliários.

Capítulo VII-A

DO COMITÊ DE PADRÕES CONTÁBEIS

•• Capítulo VII-A acrescentado pela Lei n. 10.303, de 31-10-2001.

Art. 27-A. (*Vetado.*)

•• Artigo acrescentado pela Lei n. 10.303, de 31-10-2001.

Art. 27-B. (*Vetado.*)

•• Artigo acrescentado pela Lei n. 10.303, de 31-10-2001.

Capítulo VII-B

DOS CRIMES CONTRA O MERCADO DE CAPITAIS

•• Capítulo VII-B acrescentado pela Lei n. 10.303, de 31-10-2001.

Manipulação do Mercado

Art. 27-C. Realizar operações simuladas ou executar outras manobras fraudulentas destinadas a elevar, manter ou baixar a cotação, o preço ou o volume negociado de um valor mobiliário, com o fim de obter vantagem indevida ou lucro, para si ou para outrem, ou causar dano a terceiros:

•• *Caput*, com redação determinada pela Lei n. 13.506, de 13-11-2017.

Pena – reclusão, de 1 (um) a 8 (oito) anos, e multa de até 3 (três) vezes o montante da vantagem ilícita obtida em decorrência do crime.

•• Pena acrescentada pela Lei n. 10.303, de 31-10-2001.

Uso Indevido de Informação Privilegiada

Art. 27-D. Utilizar informação relevante de que tenha conhecimento, ainda não divulgada ao mercado, que seja capaz de propiciar, para si ou para outrem, vantagem indevida, mediante negociação, em nome próprio ou de terceiros, de valores mobiliários:

•• *Caput* com redação determinada pela Lei n. 13.506, de 13-11-2017.

Pena – reclusão, de 1 (um) a 5 (cinco) anos, e multa de até 3 (três) vezes o montante da vantagem ilícita obtida em decorrência do crime.

•• Pena acrescentada pela Lei n. 10.303, de 31-10-2001.

§ 1.º Incorre na mesma pena quem repassa informação sigilosa relativa a fato relevante a que tenha tido acesso em razão de cargo ou posição que ocupe em emissor de valores mobiliários ou em razão de relação comercial, profissional ou de confiança com o emissor.

•• § 1.º acrescentado pela Lei n. 13.506, de 13-11-2017.

§ 2.º A pena é aumentada em 1/3 (um terço) se o agente comete o crime previsto no *caput* deste artigo valendo-se de informação relevante de que tenha conhecimento e da qual deva manter sigilo.

•• § 2.º acrescentado pela Lei n. 13.506, de 13-11-2017.

Exercício Irregular de Cargo, Profissão, Atividade ou Função

Art. 27-E. Exercer, ainda que a título gratuito, no mercado de valores mobiliários, a atividade de administrador de carteira, de assessor de investimento, de auditor independente, de analista de valores mobiliários, de agente fiduciário ou qualquer outro cargo, profissão, atividade ou função, sem estar, para esse fim, autorizado ou registrado na autoridade administrativa competente, quando exigido por lei ou regulamento:

•• *Caput* com redação determinada pela Lei n. 14.317, de 29-3-2022.

Pena – detenção de 6 (seis) meses a 2 (dois) anos, e multa.

•• Pena acrescentada pela Lei n. 10.303, de 31-10-2001.

Art. 27-F. As multas cominadas para os crimes previstos nos arts. 27-C e 27-D deverão ser aplicadas em razão do dano provocado ou da vantagem ilícita auferida pelo agente.

•• *Caput* acrescentado pela Lei n. 10.303, de 31-10-2001.

Parágrafo único. Nos casos de reincidência, a multa pode ser de até o triplo dos valores fixados neste artigo.

•• Parágrafo único acrescentado pela Lei n. 10.303, de 31-10-2001.

Capítulo VIII

DAS DISPOSIÇÕES FINAIS E TRANSITÓRIAS

Art. 28. O Banco Central do Brasil, a Comissão de Valores Mobiliários, a Secretaria de Previdência Complementar, a Secretaria da Receita Federal e Superintendência de Seguros Privados manterão um sistema de intercâmbio de informações, relativas à fiscalização que exerçam, nas áreas de suas respectivas competências, no mercado de valores mobiliários.

•• *Caput* com redação determinada pela Lei n. 10.303, de 31-10-2001.

•• A Secretaria da Receita Federal passa a denominar-se Secretaria da Receita Federal do Brasil, por força da Lei n. 11.457, de 16-3-2007.

Parágrafo único. O dever de guardar sigilo de informações obtidas através do exercício do poder de fiscalização pelas entidades referidas no *caput* não poderá ser invocado como impedimento para o intercâmbio de que trata este artigo.

•• Parágrafo único acrescentado pela Lei n. 10.303, de 31-10-2001.

Arts. 29 e 30. (*Revogados pela Lei n. 10.303, de 31-10-2001.*)

Art. 31. Nos processos judiciais que tenham por objeto matéria incluída na competência da Comissão de Valores Mobiliários, será esta sempre intimada para, querendo, oferecer parecer ou prestar esclarecimentos, no prazo de 15 (quinze) dias a contar da intimação.

•• *Caput* com redação determinada pela Lei n. 6.616, de 16-12-1978.

§ 1.º A intimação far-se-á, logo após a contestação, por mandado ou por carta com aviso de recebimento, conforme a Comissão tenha, ou não, sede ou representação na comarca em que tenha sido proposta a ação.

•• § 1.º com redação determinada pela Lei n. 6.616, de 16-12-1978.

§ 2.º Se a Comissão oferecer parecer ou prestar esclarecimentos, será intimada de todos os atos processuais subsequentes, pelo jornal oficial que publica expediente forense ou por carta com aviso de recebimento, nos termos do parágrafo anterior.

•• § 2.º com redação determinada pela Lei n. 6.616, de 16-12-1978.

§ 3.º À Comissão é atribuída legitimidade para interpor recursos, quando as partes não o fizerem.

•• § 3.º com redação determinada pela Lei n. 6.616, de 16-12-1978.

§ 4.º O prazo para os efeitos do parágrafo anterior começará a correr, independentemente de nova intimação, no dia imediato àquele em que findar o das partes.

•• § 4.º com redação determinada pela Lei n. 6.616, de 16-12-1978.

Art. 32. As multas impostas pela Comissão de Valores Mobiliários, após a decisão final que as impôs na esfera administrativa, terão eficácia de título executivo e serão cobradas judicialmente, de acordo com o rito estabelecido pelo Código de Processo Civil para o processo de execução.

•• Artigo com redação determinada pela Lei n. 6.616, de 16-12-1978.

Art. 33. (*Revogado pela Lei n. 9.873, de 23-11-1999.*)

Art. 34. Esta lei entrará em vigor na data de sua publicação.

•• Primitivo art. 31 renumerado pela Lei n. 6.616, de 16-12-1978, e pela Lei n. 9.457, de 5-5-1997.

Art. 35. Revogam-se as disposições em contrário.

•• Primitivo art. 32 renumerado pela Lei n. 6.616, de 16-12-1978, e pela Lei n. 9.457, de 5-5-1997.

Brasília, 7 de dezembro de 1976; 155.º da Independência e 88.º da República.

ERNESTO GEISEL

LEI N. 6.404, DE 15 DE DEZEMBRO DE 1976 (*)

Dispõe sobre as sociedades por ações.

O Presidente da República:

Faço saber que o Congresso Nacional decreta e eu sanciono a seguinte Lei:

Capítulo I
CARACTERÍSTICAS E NATUREZA DA COMPANHIA OU SOCIEDADE ANÔNIMA

Características

Art. 1.º A companhia ou sociedade anônima terá o capital dividido em ações, e a responsabilidade dos sócios ou acionistas será limitada ao preço de emissão das ações subscritas ou adquiridas.

• *Vide* arts. 1.088 e 1.089 do CC.

Objetivo Social

Art. 2.º Pode ser objeto da companhia qualquer empresa de fim lucrativo, não contrário à lei, à ordem pública e aos bons costumes.

§ 1.º Qualquer que seja o objeto, a companhia é mercantil e se rege pelas leis e usos do comércio.

•• O Decreto n. 2.400, de 21-11-1997, promulga a Convenção Interamericana sobre Conflitos de Leis em Matéria de Sociedades Mercantis.

• *Vide* arts. 1.088 e 1.089 do CC.

§ 2.º O estatuto social definirá o objeto de modo preciso e completo.

§ 3.º A companhia pode ter por objeto participar de outras sociedades; ainda que não prevista no estatuto, a participação é facultada como meio de realizar o objeto social, ou para beneficiar-se de incentivos fiscais.

Denominação

Art. 3.º A sociedade será designada por denominação acompanhada das expressões "companhia", ou "sociedade anônima", expressas por extenso ou abreviadamente mas vedada a utilização da primeira ao final.

• *Vide* art. 1.160 do CC.

§ 1.º O nome do fundador, acionista, ou pessoa que, por qualquer outro modo tenha concorrido para o êxito da empresa, poderá figurar na denominação.

§ 2.º Se a denominação for idêntica ou semelhante a de companhia já existente assistirá à prejudicada o direito de requerer a modificação, por via administrativa (art. 97) ou em juízo, e demandar as perdas e danos resultantes.

• *Vide* arts. 1.163 e 1.167 do CC.

Companhia Aberta e Fechada

Art. 4.º Para os efeitos desta Lei, a companhia é aberta ou fechada conforme os valores mobiliários de sua emissão estejam ou não admitidos à negociação no mercado de valores mobiliários.

•• *Caput* com redação determinada pela Lei n. 10.303, de 31-10-2001.

• *Vide* Lei n. 6.385, de 7-12-1976.

§ 1.º Somente os valores mobiliários de emissão de companhia registrada na Comissão de Valores Mobiliários podem ser negociados no mercado de valores mobiliários.

•• § 1.º acrescentado pela Lei n. 10.303, de 31-10-2001.

§ 2.º Nenhuma distribuição pública de valores mobiliários será efetivada no mercado sem prévio registro na Comissão de Valores Mobiliários.

•• § 2.º acrescentado pela Lei n. 10.303, de 31-10-2001.

§ 3.º A Comissão de Valores Mobiliários poderá classificar as companhias abertas em categorias, segundo as espécies e classes dos valores mobiliários por ela emitidos negociados no mercado, e especificará as normas sobre companhias abertas aplicáveis a cada categoria.

•• § 3.º acrescentado pela Lei n. 10.303, de 31-10-2001.

§ 4.º O registro de companhia aberta para negociação de ações no mercado somente poderá ser cancelado se a companhia emissora de ações, o acionista controlador ou a sociedade que a controle, direta ou indiretamente, formular oferta pública para adquirir a totalidade das ações em circulação no mercado, por preço justo, ao menos igual ao valor de avaliação da companhia, apurado com base nos critérios, adotados de forma isolada ou combinada, de patrimônio líquido contábil, de patrimônio líquido avaliado a preço de mercado, de fluxo de caixa descontado, de comparação por múltiplos, de cotação das ações no mercado de valores mobiliários, ou com base em outro critério aceito pela Comissão de Valores Mobiliários, assegurada a revisão do valor da oferta, em conformidade com o disposto no art. 4.º-A.

•• § 4.º acrescentado pela Lei n. 10.303, de 31-10-2001.

§ 5.º Terminado o prazo da oferta pública fixado na regulamentação expedida pela Comissão de Valores Mobiliários, se remanescerem em circulação menos de 5% (cinco por cento) do total das ações emitidas pela companhia, a assembleia geral poderá deliberar o resgate dessas ações pelo valor da oferta de que trata o § 4.º, desde que deposite em estabelecimento bancário autorizado pela Comissão de Valores Mobiliários, à disposição dos seus titulares, o valor de resgate, não se aplicando, nesse caso, o disposto no § 6.º do art. 44.

•• § 5.º acrescentado pela Lei n. 10.303, de 31-10-2001.

§ 6.º O acionista controlador ou a sociedade controladora que adquirir ações da companhia aberta sob seu controle que elevem sua participação, direta ou indireta, em determinada espécie e classe de ações à porcentagem que, segundo normas gerais expedidas pela Comissão de Valores Mobiliários, impeça a liquidez de mercado das ações remanescentes, será obrigado a fazer oferta pública, por preço determinado nos termos do § 4.º, para aquisição da totalidade das ações remanescentes no mercado.

•• § 6.º acrescentado pela Lei n. 10.303, de 31-10-2001.

Art. 4.º-A. Na companhia aberta, os titulares de, no mínimo, 10% (dez por cento) das ações em circulação no mercado poderão requerer aos administradores da companhia que convoquem assembleia especial dos acionistas titulares de ações em circulação no mercado, para deliberar sobre a realização de nova avaliação pelo mesmo ou por outro critério, para efeito de determinação do valor de avaliação da companhia, referido no § 4.º do art. 4.º.

•• *Caput* acrescentado pela Lei n. 10.303, de 31-10-2001.

§ 1.º O requerimento deverá ser apresentado no prazo de 15 (quinze) dias da divulgação do valor da oferta pública, devidamente fundamentado e acompanhado de elementos de convicção que demonstrem a falha ou imprecisão no emprego da metodologia de cálculo ou no critério de avaliação adotado, podendo os acionistas re-

(*) Publicada no *Diário Oficial da União*, de 17-12-1976, Suplemento. Sobre os valores constantes deste diploma legal, *vide* Nota dos Organizadores.

feridos no *caput* convocar a assembleia quando os administradores não atenderem, no prazo de 8 (oito) dias, ao pedido de convocação.

•• § 1.º acrescentado pela Lei n. 10.303, de 31-10-2001.

§ 2.º Consideram-se ações em circulação no mercado todas as ações do capital da companhia aberta menos as de propriedade do acionista controlador, de diretores, de conselheiros de administração e as em tesouraria.

•• § 2.º acrescentado pela Lei n. 10.303, de 31-10-2001.

§ 3.º Os acionistas que requererem a realização de nova avaliação e aqueles que votarem a seu favor deverão ressarcir a companhia pelos custos incorridos, caso o novo valor seja inferior ou igual ao valor inicial da oferta pública.

•• § 3.º acrescentado pela Lei n. 10.303, de 31-10-2001.

§ 4.º Caberá à Comissão de Valores Mobiliários disciplinar o disposto no art. 4.º e neste artigo, e fixar prazos para a eficácia desta revisão.

•• § 4.º acrescentado pela Lei n. 10.303, de 31-10-2001.

Capítulo II
CAPITAL SOCIAL

Seção I
Valor

Fixação no Estatuto e Moeda

Art. 5.º O estatuto da companhia fixará o valor do capital social, expresso em moeda nacional.

Parágrafo único. A expressão monetária do valor do capital social realizado será corrigida anualmente (art. 167).

Alteração

Art. 6.º O capital social somente poderá ser modificado com observância dos preceitos desta Lei e do estatuto social (arts. 166 a 174).

Seção II
Formação

Dinheiro e Bens

Art. 7.º O capital social poderá ser formado com contribuições em dinheiro ou em qualquer espécie de bens suscetíveis de avaliação em dinheiro.

Avaliação

Art. 8.º A avaliação dos bens será feita por três peritos ou por empresa especializada, nomeados em assembleia geral dos subscritores, convocada pela imprensa e presidida por um dos fundadores, instalando-se em primeira convocação com a presença de subscritores que representem metade, pelo menos, do capital social, e em segunda convocação com qualquer número.

• *Vide* arts. 86, I, e 95, IV, desta Lei.

§ 1.º Os peritos ou a empresa avaliadora deverão apresentar laudo fundamentado, com a indicação dos critérios de avaliação e dos elementos de comparação adotados e instruído com os documentos relativos aos bens avaliados, e estarão presentes à assembleia que conhecer do laudo, a fim de prestarem as informações que lhes forem solicitadas.

• *Vide* art. 256, § 1.º, desta Lei.

§ 2.º Se o subscritor aceitar o valor aprovado pela assembleia, os bens incorporar-se-ão ao patrimônio da companhia, competindo aos primeiros diretores cumprir as formalidades necessárias à respectiva transmissão.

§ 3.º Se a assembleia não aprovar a avaliação, ou o subscritor não aceitar a avaliação aprovada, ficará sem efeito o projeto de constituição da companhia.

§ 4.º Os bens não poderão ser incorporados ao patrimônio da companhia por valor acima do que lhes tiver dado o subscritor.

§ 5.º Aplica-se à assembleia referida neste artigo o disposto nos §§ 1.º e 2.º do art. 115.

§ 6.º Os avaliadores e o subscritor responderão perante a companhia, os acionistas e terceiros, pelos danos que lhes causarem por culpa ou dolo na avaliação dos bens, sem prejuízo da responsabilidade penal em que tenham incorrido. No caso de bens em condomínio, a responsabilidade dos subscritores é solidária.

• *Vide* art. 256, § 1.º, desta Lei.

Transferência dos Bens

Art. 9.º Na falta de declaração expressa em contrário, os bens transferem-se à companhia a título de propriedade.

Responsabilidade do Subscritor

Art. 10. A responsabilidade civil dos subscritores ou acionistas que contribuírem com bens para a formação do capital social será idêntica à do vendedor.

Parágrafo único. Quando a entrada consistir em crédito, o subscritor ou acionista responderá pela solvência do devedor.

Capítulo III
AÇÕES

Seção I
Número e Valor Nominal

Fixação no Estatuto

Art. 11. O estatuto fixará o número das ações em que se divide o capital social e estabelecerá se as ações terão ou não valor nominal.

§ 1.º Na companhia com ações sem valor nominal, o estatuto poderá criar uma ou mais classes de ações preferenciais com valor nominal.

§ 2.º O valor nominal será o mesmo para todas as ações da companhia.

§ 3.º O valor nominal das ações de companhia aberta não poderá ser inferior ao mínimo fixado pela Comissão de Valores Mobiliários.

Alteração

Art. 12. O número e o valor nominal das ações somente poderão ser alterados nos casos de modificação do valor do capital social ou da sua expressão monetária, de desdobramento ou grupamento de ações, ou de cancelamento de ações autorizado nesta Lei.

Seção II
Preço de Emissão

Ações com Valor Nominal

Art. 13. É vedada a emissão de ações por preço inferior ao seu valor nominal.

§ 1.º A infração do disposto neste artigo importará nulidade do ato ou operação e responsabilidade dos infratores, sem prejuízo da ação penal que no caso couber.

§ 2.º A contribuição do subscritor que ultrapassar o valor nominal constituirá reserva de capital (art. 182, § 1.º).

Ações sem Valor Nominal

Art. 14. O preço de emissão das ações sem valor nominal será fixado, na constituição da companhia, pelos fundadores, e no aumento de capital, pela assembleia geral ou pelo conselho de administração (arts. 166 e 170, § 2.º).

Parágrafo único. O preço de emissão pode ser fixado com parte destinada à formação de reserva de capital; na emissão de ações preferenciais com prioridade no reembolso do capital, somente a parcela que ultrapassar o valor de reembolso poderá ter essa destinação.

Seção III
Espécies e Classes

Espécies

Art. 15. As ações, conforme a natureza dos direitos ou vantagens que confiram a seus titulares, são ordinárias, preferenciais ou de fruição.

§ 1.º As ações ordinárias e preferenciais poderão ser de uma ou mais classes, observado, no caso das ordinárias, o disposto nos arts. 16, 16-A e 110-A desta Lei.

•• § 1.º com redação determinada pela Lei n. 14.195, de 26-8-2021.

§ 2.º O número de ações preferenciais sem direito a voto, ou sujeitas a restrição no exercício desse direito, não pode ultrapassar 50% (cinquenta por cento) do total das ações emitidas.

•• § 2.º com redação determinada pela Lei n. 10.303, de 31-10-2001.

•• *Vide* art. 8.º, §§ 1.º e 2.º, da Lei n. 10.303, de 31-10-2001.

Ações Ordinárias

Art. 16. As ações ordinárias de companhia fechada poderão ser de classes diversas, em função de:

I – conversibilidade em ações preferenciais;

•• Inciso I com redação determinada pela Lei n. 9.457, de 5-5-1997.

II – exigência de nacionalidade brasileira do acionista; ou

•• Inciso II com redação determinada pela Lei n. 9.457, de 5-5-1997.

III – direito de voto em separado para o preenchimento de determinados cargos de órgãos administrativos.

•• Inciso III com redação determinada pela Lei n. 9.457, de 5-5-1997.

IV – atribuição de voto plural a uma ou mais classes de ações, observados o limite e as condições dispostos no art. 110-A desta Lei.

•• Inciso IV acrescentado pela Lei n. 14.195, de 26-8-2021.

Parágrafo único. A alteração do estatuto na parte em que regula a diversidade de classes, se não for expressamente prevista e regulada, requererá a concordância de todos os titulares das ações atingidas.

•• Parágrafo único com redação determinada pela Lei n. 14.195, de 26-8-2021.

Art. 16-A. Na companhia aberta, é vedada a manutenção de mais de uma classe de ações ordinárias, ressalvada a adoção do voto plural nos termos e nas condições dispostos no art. 110-A desta Lei.

•• Artigo acrescentado pela Lei n. 14.195, de 26-8-2021.

Ações Preferenciais

Art. 17. As preferências ou vantagens das ações preferenciais podem consistir:

•• *Caput* com redação determinada pela Lei n. 10.303, de 31-10-2001.

I – em prioridade na distribuição de dividendo, fixo ou mínimo;

•• Inciso I com redação determinada pela Lei n. 10.303, de 31-10-2001.

II – em prioridade no reembolso do capital, com prêmio ou sem ele; ou

•• Inciso II com redação determinada pela Lei n. 10.303, de 31-10-2001.

III – na acumulação das preferências e vantagens de que tratam os incisos I e II.

•• Inciso III com redação determinada pela Lei n. 10.303, de 31-10-2001.

§ 1.º Independentemente do direito de receber ou não o valor de reembolso do capital com prêmio ou sem ele, as ações preferenciais sem direito de voto ou com restrição ao exercício deste direito, somente serão admitidas à negociação no mercado de valores mobiliários se a elas for atribuída pelo menos uma das seguintes preferências ou vantagens:

•• § 1.º, *caput*, com redação determinada pela Lei n. 10.303, de 31-10-2001.

•• *Vide* art. 8.º, § 3.º, da Lei n. 10.303, de 31-10-2001.

I – direito de participar do dividendo a ser distribuído, correspondente a, pelo menos, 25% (vinte e cinco por cento) do lucro líquido do exercício, calculado na forma do art. 202, de acordo com o seguinte critério:

•• Inciso I acrescentado pela Lei n. 10.303, de 31-10-2001.

a) prioridade no recebimento dos dividendos mencionados neste inciso correspondente a, no mínimo, 3% (três por cento) do valor do patrimônio líquido da ação; e

•• Alínea *a* acrescentada pela Lei n. 10.303, de 31-10-2001.

b) direito de participar dos lucros distribuídos em igualdade de condições com as ordinárias, depois de a estas assegurado dividendo igual ao mínimo prioritário estabelecido em conformidade com a alínea *a*; ou

•• Alínea *b* acrescentada pela Lei n. 10.303, de 31-10-2001.

II – direito ao recebimento de dividendo, por ação preferencial, pelo menos 10% (dez por cento) maior do que o atribuído a cada ação ordinária; ou

•• Inciso II acrescentado pela Lei n. 10.303, de 31-10-2001.

III – direito de serem incluídas na oferta pública de alienação de controle, nas condições previstas no art. 254-A, assegurado o dividendo pelo menos igual ao das ações ordinárias.

•• Inciso III acrescentado pela Lei n. 10.303, de 31-10-2001.

§ 2.º Deverão constar do estatuto, com precisão e minúcia, outras preferências ou vantagens que sejam atribuídas aos acionistas sem direito a voto, ou com voto restrito, além das previstas neste artigo.

•• § 2.º com redação determinada pela Lei n. 10.303, de 31-10-2001.

§ 3.º Os dividendos, ainda que fixos ou cumulativos, não poderão ser distribuídos em prejuízo do capital social, salvo quando, em caso de liquidação da companhia, essa vantagem tiver sido expressamente assegurada.

•• § 3.º com redação determinada pela Lei n. 10.303, de 31-10-2001.

§ 4.º Salvo disposição em contrário no estatuto, o dividendo prioritário não é cumulativo, a ação com dividendo fixo não participa dos lucros remanescentes e a ação com dividendo mínimo participa dos lucros distribuídos em igualdade de condições com as ordinárias, depois de a estas assegurado dividendo igual ao mínimo.

•• § 4.º com redação determinada pela Lei n. 10.303, de 31-10-2001.

§ 5.º Salvo no caso de ações com dividendo fixo, o estatuto não pode excluir ou restringir o direito das ações preferenciais de participar dos aumentos de capital decorrentes da capitalização de reservas ou lucros (art. 169).

•• § 5.º com redação determinada pela Lei n. 10.303, de 31-10-2001.

§ 6.º O estatuto pode conferir às ações preferenciais com prioridade na distribuição de dividendo cumulativo, o direito de recebê-lo, no exercício em que o lucro for insuficiente, à conta das reservas de capital de que trata o § 1.º do art. 182.

•• § 6.º com redação determinada pela Lei n. 10.303, de 31-10-2001.

§ 7.º Nas companhias objeto de desestatização poderá ser criada ação preferencial de classe especial, de propriedade exclusiva do ente desestatizante, à qual o estatuto social poderá conferir os poderes que especificar, inclusive o poder de veto às deliberações da assembleia geral nas matérias que especificar.

•• § 7.º acrescentado pela Lei n. 10.303, de 31-10-2001.

Vantagens Políticas

Art. 18. O estatuto pode assegurar a uma ou mais classes de ações preferenciais o direito de eleger, em votação em separado, um ou mais membros dos órgãos de administração.

• *Vide* art. 141, § 4.º, II, desta Lei.

Parágrafo único. O estatuto pode subordinar as alterações estatutárias que especificar à aprovação, em assembleia especial, dos titulares de uma ou mais classes de ações preferenciais.

Regulação no Estatuto

Art. 19. O estatuto da companhia com ações preferenciais declarará as vantagens ou preferências atribuídas a cada classe dessas ações e as restrições a que ficarão sujeitas, e poderá prever o resgate ou a amortização, a conversão de ações de uma classe em ações de outra e em ações ordinárias, e destas em preferenciais, fixando as respectivas condições.

Seção IV
Forma

Art. 20. As ações devem ser nominativas.

•• Artigo com redação determinada pela Lei n. 8.021, de 12-4-1990.

Ações não Integralizadas

Art. 21. Além dos casos regulados em lei especial, as ações terão obrigatoriamente forma nominativa ou endossável até o integral pagamento do preço de emissão.

•• *Vide* Lei n. 8.021, de 12-4-1990.

•• *Vide* arts. 904 a 909 do CC.

Determinação no Estatuto

Art. 22. O estatuto determinará a forma das ações e a conversibilidade de uma em outra forma.

Parágrafo único. As ações ordinárias da companhia aberta e ao menos uma das classes de ações ordinárias da companhia fechada, quando tiverem a forma ao portador, serão obrigatoriamente conversíveis, à vontade do acionista, em nominativas ou endossáveis.

•• *Vide* Lei n. 8.021, de 12-4-1990.

•• *Vide* arts. 904 a 909 do CC.

Seção V
Certificados

• *Vide* arts. 50, 63 e 78, parágrafo único, desta Lei.

Emissão

Art. 23. A emissão de certificado de ação somente será permitida depois de cumpridas as formalidades necessárias ao funcionamento legal da companhia.

§ 1.º A infração do disposto neste artigo importa nulidade do certificado e responsabilidade dos infratores.

§ 2.º Os certificados das ações, cujas entradas não consistirem em dinheiro, só poderão ser emitidos depois de cumpridas as formalidades necessárias à transmissão de bens, ou de realizados os créditos.

§ 3.º A companhia poderá cobrar o custo da substituição dos certificados, quando pedida pelo acionista.

Requisitos

Art. 24. Os certificados das ações serão escritos em vernáculo e conterão as seguintes declarações:

I – denominação da companhia, sua sede e prazo de duração;

II – o valor do capital social, a data do ato que o tiver fixado, o número de ações em que se divide e o valor nominal das ações, ou a declaração de que não têm valor nominal;

III – nas companhias com capital autorizado, o limite da autorização, em número de ações ou valor do capital social;

IV – o número de ações ordinárias e preferenciais das diversas classes, se houver, as vantagens ou preferências conferidas a cada classe e as limitações ou restrições a que as ações estiverem sujeitas;

V – o número de ordem do certificado e da ação, e a espécie e classe a que pertence;

VI – os direitos conferidos às partes beneficiárias, se houver;

VII – a época e o lugar da reunião da assembleia geral ordinária;

VIII – a data da constituição da companhia e do arquivamento e publicação de seus atos constitutivos;

IX – o nome do acionista;

•• Inciso IX com redação determinada pela Lei n. 9.457, de 5-5-1997.

X – o débito do acionista e a época e o lugar de seu pagamento, se a ação não estiver integralizada;

•• Inciso X com redação determinada pela Lei n. 9.457, de 5-5-1997.

XI – a data da emissão do certificado e as assinaturas de dois diretores, ou do agente emissor de certificados (art. 27).

•• Inciso XI com redação determinada pela Lei n. 9.457, de 5-5-1997.

§ 1.º A omissão de qualquer dessas declarações dá ao acionista direito a indenização por perdas e danos contra a companhia e os diretores na gestão dos quais os certificados tenham sido emitidos.

§ 2.º Os certificados de ações emitidas por companhias abertas podem ser assinados por 2 (dois) mandatários com poderes especiais, ou autenticados por chancela mecânica, observadas as normas expedidas pela Comissão de Valores Mobiliários.

•• § 2.º com redação determinada pela Lei n. 10.303, de 31-10-2001.

Títulos Múltiplos e Cautelas

Art. 25. A companhia poderá, satisfeitos os requisitos do art. 24, emitir certificados de múltiplos de ações e, provisoriamente, cautelas que as representem.

Parágrafo único. Os títulos múltiplos das companhias abertas obedecerão à padronização de número de ações fixada pela Comissão de Valores Mobiliários.

Cupões

Art. 26. Aos certificados das ações ao portador podem ser anexados cupões relativos a dividendos ou outros direitos.

•• *Vide* Lei n. 8.021, de 12-4-1990.

•• *Vide* arts. 904 a 909 do CC.

Parágrafo único. Os cupões conterão a denominação da companhia, a indicação do lugar da sede, o número de ordem do certificado, a classe da ação e o número de ordem do cupão.

•• *Vide* Lei n. 8.021, de 12-4-1990.

•• *Vide* arts. 904 a 909 do CC.

Agente Emissor de Certificados

Art. 27. A companhia pode contratar a escrituração e a guarda dos livros de registro e transferência de ações e a emissão dos certificados com instituição financeira autorizada pela Comissão de Valores Mobiliários a manter esse serviço.

• *Vide* arts. 43, 101 e 103 desta Lei.

§ 1.º Contratado o serviço, somente o agente emissor poderá praticar os atos relativos aos registros e emitir certificados.

§ 2.º O nome do agente emissor constará das publicações e ofertas públicas de valores mobiliários feitas pela companhia.

§ 3.º Os certificados de ações emitidos pelo agente emissor da companhia deverão ser numerados seguidamente, mas a numeração das ações será facultativa.

Seção VI
Propriedade e Circulação

Indivisibilidade

Art. 28. A ação é indivisível em relação à companhia.

Parágrafo único. Quando a ação pertencer a mais de uma pessoa, os direitos por ela conferidos serão exercidos pelo representante do condomínio.

Negociabilidade

Art. 29. As ações da companhia aberta somente poderão ser negociadas depois de realizados 30% (trinta por cento) do preço de emissão.

Parágrafo único. A infração do disposto neste artigo importa na nulidade do ato.

Negociação com as Próprias Ações

Art. 30. A companhia não poderá negociar com as próprias ações.

§ 1.º Nessa proibição não se compreendem:

a) as operações de resgate, reembolso ou amortização previstas em lei;

b) a aquisição, para permanência em tesouraria ou cancelamento, desde que até o valor do saldo de lucros ou reservas, exceto a legal, e sem diminuição do capital social ou por doação;

c) a alienação das ações adquiridas nos termos da alínea *b* e mantidas em tesouraria;

d) a compra quando, resolvida a redução do capital mediante restituição, em dinheiro, de parte do valor das ações, o preço destas em bolsa for inferior ou igual à importância que deve ser restituída.

§ 2.º A aquisição das próprias ações pela companhia aberta obedecerá, sob pena de nulidade, às normas expedidas pela Comissão de Valores Mobiliários, que poderá subordiná-la a prévia autorização em cada caso.

•• A Resolução n. 77, de 29-3-2022, da CVM, dispõe sobre a negociação de ações e a aquisição de debêntures de própria emissão.

§ 3.º A companhia não poderá receber em garantia as próprias ações, salvo para assegurar a gestão dos seus administradores.

§ 4.º As ações adquiridas nos termos da alínea *b* do § 1.º, enquanto mantidas em tesouraria, não terão direito a dividendo nem a voto.

§ 5.º No caso da alínea *d* do § 1.º, as ações adquiridas serão retiradas definitivamente de circulação.

Ações Nominativas

Art. 31. A propriedade das ações nominativas presume-se pela inscrição do nome do acionista no livro de "Registro de Ações Nominativas" ou pelo extrato que seja fornecido pela instituição custodiante, na qualidade de proprietária fiduciária das ações.

•• *Caput* com redação determinada pela Lei n. 10.303, de 31-10-2001.

§ 1.º A transferência das ações nominativas opera-se por termo lavrado no livro de "Transferência de Ações Nominativas", datado e assinado pelo cedente e pelo cessionário, ou seus legítimos representantes.

§ 2.º A transferência das ações nominativas em virtude de transmissão por sucessão universal ou legado, de arrematação, adjudicação ou outro ato judicial, ou por qualquer outro título, somente se fará mediante averbação no livro de "Registro de Ações Nominativas", à vista de documento hábil, que ficará em poder da companhia.

§ 3.º Na transferência das ações nominativas adquiridas em Bolsa de Valores, o cessionário será representado, independentemente de instrumento de procuração, pela sociedade corretora, ou pela caixa de liquidação da Bolsa de Valores.

Ações Endossáveis

Art. 32. (*Revogado pela Lei n. 8.021, de 12-4-1990.*)

Ações ao Portador

Art. 33. (*Revogado pela Lei n. 8.021, de 12-4-1990.*)

Ações Escriturais

Art. 34. O estatuto da companhia pode autorizar ou estabelecer que todas as ações da companhia, ou uma ou mais classes delas, sejam mantidas em contas de depósito, em nome de seus titulares, na instituição que designar, sem emissão de certificados.

• *Vide* art. 43, § 3.º, da Lei n. 10.931, de 2-8-2004, que dispõe sobre o Patrimônio de Afetação de Incorporações Imobiliárias, Letra de Crédito Imobiliário, Cédula de Crédito Imobiliário, Cédula de Crédito Bancário e dá outras providências.

§ 1.º No caso de alteração estatutária, a conversão em ação escritural depende da apresentação e do cancelamento do respectivo certificado em circulação.

§ 2.º Somente as instituições financeiras autorizadas pela Comissão de Valores Mobiliários podem manter serviços de escrituração de ações e de outros valores mobiliários.

•• § 2.º com redação determinada pela Lei n. 12.810, de 15-5-2013.

§ 3.º A companhia responde pelas perdas e danos causados aos interessados por erros ou irregularidades no serviço de ações escriturais, sem prejuízo do eventual direito de regresso contra a instituição depositária.

Art. 35. A propriedade da ação escritural presume-se pelo registro na conta de depósito das ações, aberta em nome do acionista nos livros da instituição depositária.

• *Vide* nota do art. 34 desta Lei.

§ 1.º A transferência da ação escritural opera-se pelo lançamento efetuado pela instituição depositária em seus livros, a débito da conta de ações do alienante e a crédito da conta de ações do adquirente, à vista de ordem escrita do alienante, ou de autorização ou ordem judicial, em documento hábil que ficará em poder da instituição.

§ 2.º A instituição depositária fornecerá ao acionista extrato da conta de depósito das ações escriturais, sempre que solicitado, ao término de todo mês em que for movimentada e, ainda que não haja movimentação, ao menos uma vez por ano.

§ 3.º O estatuto pode autorizar a instituição depositária a cobrar do acionista o custo do serviço de transferência da propriedade das ações escriturais, observados os limites máximos fixados pela Comissão de Valores Mobiliários.

Limitações à Circulação

Art. 36. O estatuto da companhia fechada pode impor limitações à circulação das ações nominativas, contanto que regule minuciosamente tais limitações e não impeça a negociação, nem sujeite o acionista ao arbítrio dos órgãos de administração da companhia ou da maioria dos acionistas.

Parágrafo único. A limitação à circulação criada por alteração estatutária somente se aplicará às ações cujos titulares com ela expressamente concordarem, mediante pedido de averbação no livro de "Registro de Ações Nominativas".

Suspensão dos Serviços de Certificados

Art. 37. A companhia aberta pode, mediante comunicação às Bolsas de Valores em que suas ações forem negociadas e publicação de anúncio, suspender, por períodos que não ultrapassem, cada um, 15 (quinze) dias, nem o total de 90 (noventa) dias durante o ano, os serviços de transferência, conversão e desdobramento de certificados.

Parágrafo único. O disposto neste artigo não prejudicará o registro da transferência das ações negociadas em bolsa anteriormente ao início do período de suspensão.

Perda ou Extravio

•• *Vide* Lei n. 8.021, de 12-4-1990.

•• *Vide* arts. 904 a 909 do CC.

Art. 38. O titular de certificado perdido ou extraviado de ação ao portador ou endossável poderá, justificando a propriedade e a perda ou extravio, promover, na forma da lei processual, o procedimento de anulação e substituição para obter a expedição de novo certificado.

§ 1.º Somente será admitida a anulação e substituição de certificado ao portador ou endossado em branco à vista da prova, produzida pelo titular, da destruição ou inutilização do certificado a ser substituído.

§ 2.º Até que o certificado seja recuperado ou substituído, as transferências poderão ser averbadas sob condição, cabendo à companhia exigir do titular, para satisfazer dividendo e demais direitos, garantia idônea de sua eventual restituição.

Seção VII
Constituição de Direitos Reais e Outros Ônus

Penhor

Art. 39. O penhor ou caução de ações se constitui pela averbação do respectivo instrumento no livro de "Registro de Ações Nominativas".

•• *Caput* com redação determinada pela Lei n. 9.457, de 5-5-1997.

• Penhor no CC: *vide* arts. 1.419 e s.

• *Vide* art. 20 desta Lei.

§ 1.º O penhor da ação escritural se constitui pela averbação do respectivo instrumento nos livros da instituição financeira, a qual será anotada no extrato da conta de depósito fornecido ao acionista.

§ 2.º Em qualquer caso, a companhia, ou a instituição financeira, tem o direito de exigir, para seu arquivo, um exemplar do instrumento de penhor.

Outros Direitos e Ônus

Art. 40. O usufruto, o fideicomisso, a alienação fiduciária em garantia e quaisquer cláusulas ou ônus que gravarem a ação deverão ser averbados:

• Usufruto no CC: *vide* arts. 1.390 e s.

I – se nominativa, no livro de "Registro de Ações Nominativas";

II – se escritural, nos livros da instituição financeira, que os anotará no extrato da conta de depósito fornecida ao acionista.

•• Inciso II com redação determinada pela Lei n. 9.457, de 5-5-1997.

Parágrafo único. Mediante averbação nos termos deste artigo, a promessa de venda da ação e o direito de preferência à sua aquisição são oponíveis a terceiros.

Seção VIII
Custódia de Ações Fungíveis

Art. 41. A instituição autorizada pela Comissão de Valores Mobiliários a prestar serviços de custódia de ações fungíveis pode contratar custódia em que as ações de cada espécie e classe da companhia sejam recebidas em depósito como valores fungíveis, adquirindo a instituição depositária a propriedade fiduciária das ações.

•• *Caput* com redação determinada pela Lei n. 10.303, de 31-10-2001.

§ 1.º A instituição depositária não pode dispor das ações e fica obrigada a devolver ao depositante a quantidade de ações recebidas, com as modificações resultantes de alterações no capital social ou no número de ações da companhia emissora, independentemente do número de ordem das ações ou dos certificados recebidos em depósito.

•• § 1.º acrescentado pela Lei n. 10.303, de 31-10-2001.

§ 2.º Aplica-se o disposto neste artigo, no que couber, aos demais valores mobiliários.

•• § 2.º acrescentado pela Lei n. 10.303, de 31-10-2001.

§ 3.º A instituição depositária ficará obrigada a comunicar à companhia emissora:

I – imediatamente, o nome do proprietário efetivo quando houver qualquer evento societário que exija a sua identificação; e

II – no prazo de até 10 (dez) dias, a contratação da custódia e a criação de ônus ou gravames sobre as ações.

•• § 3.º e incisos acrescentados pela Lei n. 10.303, de 31-10-2001.

§ 4.º A propriedade das ações em custódia fungível será provada pelo contrato firmado entre o proprietário das ações e a instituição depositária.

•• § 4.º acrescentado pela Lei n. 10.303, de 31-10-2001.

§ 5.º A instituição tem as obrigações de depositária e responde perante o acionista e terceiros pelo descumprimento de suas obrigações.

•• § 5.º acrescentado pela Lei n. 10.303, de 31-10-2001.

Representação e Responsabilidade

Art. 42. A instituição financeira representa, perante a companhia, os titulares das ações recebidas em custódia nos termos do art. 41, para receber dividendos e ações bonificadas e exercer direito de preferência para subscrição de ações.

§ 1.º Sempre que houver distribuição de dividendos ou bonificação de ações e, em qualquer caso, ao menos uma vez por ano, a instituição financeira fornecerá à companhia a lista dos depositantes de ações recebidas nos termos deste artigo, assim como a quantidade de ações de cada um.

•• § 1.º com redação determinada pela Lei n. 9.457, de 5-5-1997.

§ 2.º O depositante pode, a qualquer tempo, extinguir a custódia e pedir a devolução dos certificados de suas ações.

§ 3.º A companhia não responde perante o acionista nem terceiros pelos atos da instituição depositária das ações.

Seção IX
Certificado de Depósito de Ações

•• *Vide* Lei n. 8.021, de 12-4-1990.

Art. 43. A instituição financeira autorizada a funcionar como agente emissor de certificados (art. 27) pode emitir título representativo das ações que receber em depósito, do qual constarão:

•• *Caput* com redação determinada pela Lei n. 9.457, de 5-5-1997.

I – o local e a data da emissão;

II – o nome da instituição emitente e as assinaturas de seus representantes;

III – a denominação "Certificado de Depósito de Ações";

IV – a especificação das ações depositadas;

V – a declaração de que as ações depositadas, seus rendimentos e o valor recebido nos casos de resgate ou amortização somente serão entregues ao titular do certificado de depósito, contra apresentação deste;

VI – o nome e a qualificação do depositante;

VII – o preço do depósito cobrado pelo banco, se devido na entrega das ações depositadas;

VIII – o lugar da entrega do objeto do depósito.

§ 1.º A instituição financeira responde pela origem e autenticidade dos certificados das ações depositadas.

§ 2.º Emitido o certificado de depósito, as ações depositadas, seus rendimentos, o valor de resgate ou de amortização não poderão ser objeto de penhora, arresto, sequestro, busca ou apreensão, ou qualquer outro embaraço que impeça sua entrega ao titular do certificado, mas este poderá ser objeto de penhora ou de qualquer medida cautelar por obrigação do seu titular.

§ 3.º Os certificados de depósito de ações serão nominativos, podendo ser mantidos sob o sistema escritural.

•• § 3.º com redação determinada pela Lei n. 9.457, de 5-5-1997.

§ 4.º Os certificados de depósito de ações poderão, a pedido do seu titular, e por sua conta, ser desdobrados ou grupados.

§ 5.º Aplicam-se ao endosso do certificado, no que couber, as normas que regulam o endosso de títulos cambiários.

Seção X
Resgate, Amortização e Reembolso

Resgate e Amortização

Art. 44. O estatuto ou a assembleia geral extraordinária pode autorizar a aplicação de lucros ou reservas no resgate ou na amortização de ações, determinando as condições e o modo de proceder-se à operação.

§ 1.º O resgate consiste no pagamento do valor das ações para retirá-las definitivamente de circulação, com redução ou não do capital social; mantido o mesmo capital, será atribuído, quando for o caso, novo valor nominal às ações remanescentes.

§ 2.º A amortização consiste na distribuição aos acionistas, a título de antecipação e sem redução do capital social, de quantias que lhes poderiam tocar em caso de liquidação da companhia.

§ 3.º A amortização pode ser integral ou parcial e abranger todas as classes de ações ou só uma delas.

§ 4.º O resgate e a amortização que não abrangerem a totalidade das ações de uma mesma classe serão feitos mediante sorteio; sorteadas ações custodiadas nos termos do art. 41, a instituição financeira especificará, mediante rateio, as resgatadas ou amortizadas, se outra forma não estiver prevista no contrato de custódia.

§ 5.º As ações integralmente amortizadas poderão ser substituídas por ações de fruição, com as restrições fixadas pelo estatuto ou pela assembleia geral que deliberar a amortização; em qualquer caso, ocorrendo liquidação da companhia, as ações amortizadas só concorrerão ao acervo líquido depois de assegurado às ações não amortizadas valor igual ao da amortização, corrigido monetariamente.

§ 6.º Salvo disposição em contrário do estatuto social, o resgate de ações de uma ou mais classes só será efetuado se, em assembleia especial convocada para deliberar essa matéria específica, for aprovado por acionistas que representem, no mínimo, a metade das ações da(s) classe(s) atingida(s).

•• § 6.º acrescentado pela Lei n. 10.303, de 31-10-2001.

•• *Vide* art. 4.º, § 5.º, desta Lei.

Reembolso

Art. 45. O reembolso é a operação pela qual, nos casos previstos em lei, a companhia paga aos acionistas dissidentes de deliberação da assembleia geral o valor de suas ações.

• *Vide* arts. 137, 174 e 223, § 4.º, desta Lei.

§ 1.º O estatuto pode estabelecer normas para a determinação do valor de reembolso, que, entretanto, somente poderá ser inferior ao valor de patrimônio líquido constante do último balanço aprovado pela assembleia geral, observado o disposto no § 2.º, se estipulado com base no valor econômico da companhia, a ser apurado em avaliação (§§ 3.º e 4.º).

•• § 1.º com redação determinada pela Lei n. 9.457, de 5-5-1997.

§ 2.º Se a deliberação da assembleia geral ocorrer mais de 60 (sessenta) dias depois da data do último balanço aprovado, será facultado ao acionista dissidente pedir, juntamente com o reembolso, levantamento de balanço especial em data que atenda àquele prazo. Nesse caso, a companhia pagará imediatamente 80% (oitenta por cento) do valor de reembolso calculado com base no último balanço e, levantado o balanço especial, pagará o saldo no prazo de 120 (cento e vinte) dias, a contar da data da deliberação da assembleia geral.

§ 3.º Se o estatuto determinar a avaliação da ação para efeito de reembolso, o valor será o determinado por três peritos ou empresa especializada, mediante laudo que satisfaça os requisitos do § 1.º do art. 8.º e com a responsabilidade prevista no § 6.º do mesmo artigo.

•• § 3.º com redação determinada pela Lei n. 9.457, de 5-5-1997.

§ 4.º Os peritos ou empresa especializada serão indicados em lista sêxtupla ou tríplice, respectivamente, pelo Conselho de Administração ou, se não houver, pela diretoria, e escolhidos pela Assembleia Geral em deliberação tomada por maioria absoluta de votos, não se computando os votos em branco, cabendo a cada ação, independentemente de sua espécie ou classe, o direito a um voto.

•• § 4.º com redação determinada pela Lei n. 9.457, de 5-5-1997.

§ 5.º O valor de reembolso poderá ser pago à conta de lucros ou reservas, exceto a legal, e nesse caso as ações reembolsadas ficarão em tesouraria.

•• § 5.º com redação determinada pela Lei n. 9.457, de 5-5-1997.

§ 6.º Se, no prazo de 120 (cento e vinte) dias, a contar da data da publicação da ata da assembleia, não forem substituídos os acionistas cujas ações tenham sido reembolsadas à conta do capital social, este considerar-se-á reduzido no montante correspondente, cumprindo aos órgãos da administração convocar a assembleia geral, dentro de 5 (cinco) dias, para tomar conhecimento daquela redução.

•• § 6.º com redação determinada pela Lei n. 9.457, de 5-5-1997.

§ 7.º Se sobrevier a falência da sociedade, os acionistas dissidentes, credores pelo reembolso de suas ações, serão classificados como quirografários em quadro separado, e os rateios que lhes couberem serão imputados no pagamento dos créditos constituídos anteriormente à data da publicação da ata da assembleia. As quantias assim atribuídas aos créditos mais antigos não se deduzirão dos créditos dos ex-acionistas, que subsistirão integralmente para serem satisfeitos pelos bens da massa, depois de pagos os primeiros.

•• § 7.º acrescentado pela Lei n. 9.457, de 5-5-1997.

§ 8.º Se, quando ocorrer a falência, já se houver efetuado, à conta do capital social, o reembolso dos ex-acionistas, estes não tiverem sido substituídos, e a massa não bastar para o pagamento dos créditos mais antigos, caberá ação revocatória para restituição do reembolso pago com redução do capital social, até a concorrência do que remanescer dessa parte do passivo. A restituição será havida, na mesma proporção, de todos os acionistas cujas ações tenham sido reembolsadas.

•• § 8.º acrescentado pela Lei n. 9.457, de 5-5-1997.

Capítulo IV
PARTES BENEFICIÁRIAS

Características

Art. 46. A companhia pode criar, a qualquer tempo, títulos negociáveis, sem valor nominal e estranhos ao capital social, denominados "partes beneficiárias".

§ 1.º As partes beneficiárias conferirão aos seus titulares direito de crédito eventual contra a companhia, consistente na participação nos lucros anuais (art. 190).

§ 2.º A participação atribuída às partes beneficiárias, inclusive para formação de reserva para resgate, se houver, não ultrapassará um décimo dos lucros.

§ 3.º É vedado conferir às partes beneficiárias qualquer direito privativo de acionista, salvo o de fiscalizar, nos termos desta Lei, os atos dos administradores.

§ 4.º É proibida a criação de mais de uma classe ou série de partes beneficiárias.

Emissão

Art. 47. As partes beneficiárias poderão ser alienadas pela companhia, nas condições determinadas pelo estatuto ou pela assembleia geral, ou atribuídas a fundadores, acionistas ou terceiros, como remuneração de serviços prestados à companhia.

Parágrafo único. É vedado às companhias abertas emitir partes beneficiárias.

•• Parágrafo único com redação determinada pela Lei n. 10.303, de 31-10-2001.

Resgate e Conversão

Art. 48. O estatuto fixará o prazo de duração das partes beneficiárias e, sempre que estipular resgate, deverá criar reserva especial para esse fim.

§ 1.º O prazo de duração das partes beneficiárias atribuídas gratuitamente, salvo as destinadas a sociedades ou fundações beneficentes dos empregados da companhia, não poderá ultrapassar 10 (dez) anos.

§ 2.º O estatuto poderá prever a conversão das partes beneficiárias em ações, mediante capitalização de reserva criada para esse fim.

§ 3.º No caso de liquidação da companhia, solvido o passivo exigível, os titulares das partes beneficiárias terão direito de preferência sobre o que restar do ativo até a importância da reserva para resgate ou conversão.

Certificados

Art. 49. Os certificados das partes beneficiárias conterão:

I – a denominação "Parte Beneficiária";

II – a denominação da companhia, sua sede e prazo de duração;

III – o valor do capital social, a data do ato que o fixou e o número de ações em que se divide;

IV – o número de partes beneficiárias criadas pela companhia e o respectivo número de ordem;

V – os direitos que lhes são atribuídos pelo estatuto, o prazo de duração e as condições de resgate, se houver;

VI – a data da constituição da companhia e do arquivamento e publicação dos seus atos constitutivos;

VII – o nome do beneficiário;

•• Inciso VII com redação determinada pela Lei n. 9.457, de 5-5-1997.

•• *Vide* Lei n. 8.021, de 12-4-1990.

•• *Vide* arts. 904 a 909 do CC.

VIII – a data da emissão do certificado e as assinaturas de 2 (dois) diretores.

•• Inciso VIII com redação determinada pela Lei n. 9.457, de 5-5-1997.

•• *Vide* Lei n. 8.021, de 12-4-1990.

Forma, Propriedade, Circulação e Ônus

Art. 50. As partes beneficiárias serão nominativas e a elas se aplica, no que couber, o disposto nas Seções V a VII do Capítulo III.

•• *Caput* com redação determinada pela Lei n. 9.457, de 5-5-1997.

•• *Vide* Lei n. 8.021, de 12-4-1990.

•• *Vide* arts. 904 a 909 do CC.

§ 1.º As partes beneficiárias serão registradas em livros próprios, mantidos pela companhia.

•• § 1.º com redação determinada pela Lei n. 9.457, de 5-5-1997.

§ 2.º As partes beneficiárias podem ser objeto de depósito com emissão de certificado, nos termos do art. 43.

Modificação dos Direitos

Art. 51. A reforma do estatuto que modificar ou reduzir as vantagens conferidas às partes beneficiárias só terá eficácia quando aprovada pela metade, no mínimo, dos seus titulares, reunidos em assembleia geral especial.

§ 1.º A assembleia será convocada, através da imprensa, de acordo com as exigências para convocação das assembleias de acionistas, com 1 (um) mês de antecedência, no mínimo. Se, após duas convocações, deixar de instalar-se por falta de número, somente 6 (seis) meses depois outra poderá ser convocada.

§ 2.º Cada parte beneficiária dá direito a um voto, não podendo a companhia votar com os títulos que possuir em tesouraria.

§ 3.º A emissão de partes beneficiárias poderá ser feita com a nomeação de agente fiduciário dos seus titulares, observado, no que couber, o disposto nos arts. 66 a 71.

Capítulo V
DEBÊNTURES

Características

Art. 52. A companhia poderá emitir debêntures que conferirão aos seus titulares direito de crédito contra ela, nas condições constantes da escritura de emissão e, se houver, do certificado.

•• Artigo com redação determinada pela Lei n. 10.303, de 31-10-2001.

Seção I
Direito dos Debenturistas

Emissões e Séries

Art. 53. A companhia poderá efetuar mais de uma emissão de debêntures, e cada emissão pode ser dividida em séries.

Parágrafo único. As debêntures da mesma série terão igual valor nominal e conferirão a seus titulares os mesmos direitos.

Valor Nominal

Art. 54. A debênture terá valor nominal expresso em moeda nacional, salvo nos casos de obrigação que, nos termos da legislação em vigor, possa ter o pagamento estipulado em moeda estrangeira.

§ 1.º A debênture poderá conter cláusula de correção monetária, com base nos coeficientes fixados para correção de títulos da dívida pública, na variação da taxa cambial ou em outros referenciais não expressamente vedados em lei.

•• § 1.º acrescentado pela Lei n. 10.303, de 31-10-2001.

•• A Lei n. 12.431, de 24-6-2011, estabelece em seu art. 8.º: "As debêntures e as letras financeiras podem sofrer correção monetária em periodicidade igual àquela estipulada para o pagamento periódico de juros, ainda que em periodicidade inferior a um ano".

§ 2.º A escritura de debênture poderá assegurar ao debenturista a opção de escolher receber o pagamento do principal e acessórios, quando do vencimento, amortização ou resgate, em moeda ou em bens avaliados nos termos do art. 8.º.

•• § 2.º acrescentado pela Lei n. 10.303, de 31-10-2001.

Vencimento, Amortização e Resgate

Art. 55. A época do vencimento da debênture deverá constar da escritura de emissão e do certificado, podendo a companhia estipular amortizações parciais de cada série, criar fundos de amortização e reservar-se o direito de resgate antecipado, parcial ou total, dos títulos da mesma série.

§ 1.º A amortização de debêntures da mesma série deve ser feita mediante rateio.

•• § 1.º com redação determinada pela Lei n. 12.431, de 24-6-2011.

§ 2.º O resgate parcial de debêntures da mesma série deve ser feito:

•• § 2.º, *caput*, com redação determinada pela Lei n. 12.431, de 24-6-2011.

I – mediante sorteio; ou

•• Inciso I acrescentado pela Lei n. 12.431, de 24-6-2011.

II – se as debêntures estiverem cotadas por preço inferior ao valor nominal, por compra no mercado organizado de valores mobiliários, observadas as regras expedidas pela Comissão de Valores Mobiliários.

•• Inciso II acrescentado pela Lei n. 12.431, de 24-6-2011.

§ 3.º É facultado à companhia adquirir debêntures de sua emissão:

•• § 3.º, *caput*, com redação determinada pela Lei n. 12.431, de 24-6-2011.

I – por valor igual ou inferior ao nominal, devendo o fato constar do relatório da administração e das demonstrações financeiras; ou

•• Inciso I acrescentado pela Lei n. 12.431, de 24-6-2011.

II – por valor superior ao nominal, desde que observe as regras expedidas pela Comissão de Valores Mobiliários.

•• Inciso II acrescentado pela Lei n. 12.431, de 24-6-2011.

§ 4.º A companhia poderá emitir debêntures cujo vencimento somente ocorra nos casos de inadimplência da obrigação de pagar juros e dissolução da companhia, ou de outras condições previstas no título.

•• § 4.º acrescentado pela Lei n. 12.431, de 24-6-2011.

Juros e Outros Direitos

Art. 56. A debênture poderá assegurar ao seu titular juros, fixos ou variáveis, participação no lucro da companhia e prêmio de reembolso.

Conversibilidade em Ações

Art. 57. A debênture poderá ser conversível em ações nas condições constantes da escritura de emissão, que especificará:

I – as bases da conversão, seja em número de ações em que poderá ser convertida cada debênture, seja como relação entre o valor nominal da debênture e o preço de emissão das ações;

II – a espécie e a classe das ações em que poderá ser convertida;

III – o prazo ou época para o exercício do direito à conversão;

IV – as demais condições a que a conversão acaso fique sujeita.

§ 1.º Os acionistas terão direito de preferência para subscrever a emissão de debêntures com cláusula de conversibilidade em ações, observado o disposto nos arts. 171 e 172.

§ 2.º Enquanto puder ser exercido o direito à conversão, dependerá de prévia aprovação dos debenturistas, em assembleia especial, ou de seu agente fiduciário, a alteração do estatuto para:

a) mudar o objeto da companhia;

b) criar ações preferenciais ou modificar as vantagens das existentes, em prejuízo das ações em que são conversíveis as debêntures.

• O Decreto n. 2.232, de 23-5-1997, dispõe sobre a renegociação de débitos decorrentes da emissão de debêntures não conversíveis.

Seção II
Espécies

Art. 58. A debênture poderá, conforme dispuser a escritura de emissão, ter garantia real ou garantia flutuante, não gozar de preferência ou ser subordinada aos demais credores da companhia.

§ 1.º A garantia flutuante assegura à debênture privilégio geral sobre o ativo da companhia, mas não impede a negociação dos bens que compõem esse ativo.

§ 2.º As garantias poderão ser constituídas cumulativamente.

§ 3.º As debêntures com garantia flutuante de nova emissão são preferidas pelas de emissão ou emissões anteriores, e a prioridade se estabelece pela data da inscrição da escritura de emissão; mas dentro da mesma emissão, as séries concorrem em igualdade.

§ 4.º A debênture que não gozar de garantia poderá conter cláusula de subordinação aos credores quirografários, preferindo apenas os acionistas no ativo remanescente, se houver, em caso de liquidação da companhia.

§ 5.º A obrigação de não alienar ou onerar bem imóvel ou outro bem sujeito a registro de propriedade, assumida pela companhia na escritura de emissão, é oponível a terceiros, desde que averbada no competente registro.

§ 6.º As debêntures emitidas por companhia integrante de grupo de sociedades (art. 265) poderão ter garantia flutuante do ativo de duas ou mais sociedades do grupo.

Seção III
Criação e Emissão

Competência

Art. 59. A deliberação sobre emissão de debêntures é da competência privativa da assembleia geral, que deverá fixar, observado o que a respeito dispuser o estatuto:

I – o valor da emissão ou os critérios de determinação do seu limite, e a sua divisão em séries, se for o caso;

II – o número e o valor nominal das debêntures;

III – as garantias reais ou a garantia flutuante, se houver;

IV – as condições de correção monetária, se houver;

V – a conversibilidade ou não em ações e as condições a serem observadas na conversão;

VI – a época e as condições de vencimento, amortização ou resgate;

VII – a época e as condições do pagamento dos juros, da participação nos lucros e do prêmio de reembolso, se houver;

VIII – o modo de subscrição ou colocação, e o tipo das debêntures.

§ 1.º Na companhia aberta, o conselho de administração pode deliberar sobre a emissão de debêntures não conversíveis em ações, salvo disposição estatutária em contrário.

•• § 1.º com redação determinada pela Lei n. 12.431, de 24-6-2011.

§ 2.º O estatuto da companhia aberta poderá autorizar o conselho de administração a, dentro dos limites do capital autorizado, deliberar sobre a emissão de debêntures conversíveis em ações, especificando o limite do aumento de capital decorrente da conversão das debêntures, em valor do capital social ou em número de ações, e as espécies e classes das ações que poderão ser emitidas.

•• § 2.º com redação determinada pela Lei n. 12.431, de 24-6-2011.

§ 3.º A assembleia geral pode deliberar que a emissão terá valor e número de série indeterminados, dentro dos limites por ela fixados.

•• § 3.º com redação determinada pela Lei n. 12.431, de 24-6-2011.

§ 4.º Nos casos não previstos nos §§ 1.º e 2.º, a assembleia geral pode delegar ao conselho de administração a deliberação sobre as condições de que tratam os incisos VI a VIII do *caput* e sobre a oportunidade da emissão.

•• § 4.º acrescentado pela Lei n. 12.431, de 24-6-2011.

Limite de Emissão

Art. 60. (*Revogado pela Lei n. 12.431, de 24-6-2011.*)

Escritura de Emissão

Art. 61. A companhia fará constar da escritura de emissão os direitos conferidos pelas debêntures, suas garantias e demais cláusulas ou condições.

§ 1.º A escritura de emissão, por instrumento público ou particular, de debêntures distribuídas ou admitidas à negociação no mercado, terá obrigatoriamente a intervenção de agente fiduciário dos debenturistas (arts. 66 a 70).

§ 2.º Cada nova série da mesma emissão será objeto de aditamento à respectiva escritura.

§ 3.º A Comissão de Valores Mobiliários poderá aprovar padrões de cláusulas e condições que devam ser adotados nas escrituras de emissão de debêntures destinadas à negociação em bolsa ou no mercado de balcão, e recusar a admissão ao mercado da emissão que não satisfaça a esses padrões.

Registro

Art. 62. Nenhuma emissão de debêntures será feita sem que tenham sido satisfeitos os seguintes requisitos:

•• *Caput* com redação determinada pela Lei n. 10.303, de 31-10-2001.

• *Vide* art. 73, § 3.º, desta Lei.

I – arquivamento, no registro do comércio, e publicação da ata da assembleia geral, ou do conselho de administração, que deliberou sobre a emissão;

•• Inciso I com redação determinada pela Lei n. 10.303, de 31-10-2001.

II – inscrição da escritura de emissão no registro do comércio;

•• Inciso II com redação determinada pela Lei n. 10.303, de 31-10-2001.

III – constituição das garantias reais, se for o caso.

§ 1.º Os administradores da companhia respondem pelas perdas e danos causados à companhia ou a terceiros por infração deste artigo.

§ 2.º O agente fiduciário e qualquer debenturista poderão promover os registros requeridos neste artigo e sanar as lacunas e irregularidades porventura existentes nos registros promovidos pelos administradores da companhia; neste caso, o oficial do registro notificará a administração da companhia para que lhe forneça as indicações e documentos necessários.

§ 3.º Os aditamentos à escritura de emissão serão averbados nos mesmos registros.

§ 4.º Os registros do comércio manterão livro especial para inscrição das emissões de debêntures, no qual serão anotadas as condições essenciais de cada emissão.

•• § 4.º com redação determinada pela Lei n. 10.303, de 31-10-2001.

Seção IV
Forma, Propriedade, Circulação e Ônus

•• *Vide* Lei n. 8.021, de 12-4-1990.

Art. 63. As debêntures serão nominativas, aplicando-se, no que couber, o disposto nas Seções V a VII do Capítulo III.

•• *Caput* com redação determinada pela Lei n. 9.457, de 5-5-1997.

§ 1.º As debêntures podem ser objeto de depósito com emissão de certificado, nos termos do art. 43.

•• Parágrafo único transformado em § 1.º pela Lei n. 10.303, de 31-10-2001.

§ 2.º A escritura de emissão pode estabelecer que as debêntures sejam mantidas em contas de custódia, em nome de seus titulares, na instituição que designar, sem emissão de certificados, aplicando-se, no que couber, o disposto no art. 41.

•• § 2.º acrescentado pela Lei n. 10.303, de 31-10-2001.

Seção V
Certificados

Requisitos

Art. 64. Os certificados das debêntures conterão:

I – a denominação, sede, prazo de duração e objeto da companhia;

II – a data da constituição da companhia e do arquivamento e publicação dos seus atos constitutivos;

III – a data da publicação da ata da assembleia geral que deliberou sobre a emissão;

IV – a data e ofício do registro de imóveis em que foi inscrita a emissão;

V – a denominação "Debênture" e a indicação da sua espécie, pelas palavras "com garantia real", "com garantia flutuante", "sem preferência" ou "subordinada";

VI – a designação da emissão e da série;

VII – o número de ordem;

VIII – o valor nominal e a cláusula de correção monetária, se houver, as condições de vencimento, amortização, resgate, juros, participação no lucro ou prêmio de reembolso, e a época em que serão devidos;

IX – as condições de conversibilidade em ações, se for o caso;

X – o nome do debenturista;

•• Inciso X com redação determinada pela Lei n. 9.457, de 5-5-1997.

XI – o nome do agente fiduciário dos debenturistas, se houver;

•• Inciso XI com redação determinada pela Lei n. 9.457, de 5-5-1997.

XII – a data da emissão do certificado e a assinatura de dois diretores da companhia;

•• Inciso XII com redação determinada pela Lei n. 9.457, de 5-5-1997.

XIII – a autenticação do agente fiduciário, se for o caso.

•• Inciso XIII com redação determinada pela Lei n. 9.457, de 5-5-1997.

Títulos Múltiplos e Cautelas

Art. 65. A companhia poderá emitir certificados de múltiplos de debêntures e, provisoriamente, cautelas que as representem, satisfeitos os requisitos do art. 64.

§ 1.º Os títulos múltiplos de debêntures das companhias abertas obedecerão à padronização de quantidade fixada pela Comissão de Valores Mobiliários.

§ 2.º Nas condições previstas na escritura de emissão com nomeação de agente fiduciário, os certificados poderão ser substituídos, desdobrados ou grupados.

Seção VI
Agente Fiduciário dos Debenturistas

Requisitos e Incompatibilidades

Art. 66. O agente fiduciário será nomeado e deverá aceitar a função na escritura de emissão das debêntures.

• *Vide* Lei n. 9.514, de 20-11-1997.

§ 1.º Somente podem ser nomeados agentes fiduciários as pessoas naturais que satisfaçam aos requisitos para o exercício de cargo em órgão de administração da companhia e as instituições financeiras que, especialmente autorizadas pelo Banco Central do Brasil, tenham por objeto a administração ou a custódia de bens de terceiros.

§ 2.º A Comissão de Valores Mobiliários poderá estabelecer que nas emissões de debêntures negociadas no mercado o agente fiduciário, ou um dos agentes fiduciários, seja instituição financeira.

§ 3.º Não pode ser agente fiduciário:

a) pessoa que já exerça a função em outra emissão da mesma companhia, a menos que autorizado, nos termos das normas expedidas pela Comissão de Valores Mobiliários;

•• Alínea *a* com redação determinada pela Lei n. 12.431, de 24-6-2011.

b) instituição financeira coligada à companhia emissora ou à entidade que subscreva a emissão para distribuí-la no mercado, e qualquer sociedade por elas controlada;

c) credor, por qualquer título, da sociedade emissora, ou sociedade por ele controlada;

d) instituição financeira cujos administradores tenham interesse na companhia emissora;

e) pessoa que, de qualquer outro modo, se coloque em situação de conflito de interesse pelo exercício da função.

§ 4.º O agente fiduciário que, por circunstâncias posteriores à emissão, ficar impedido de continuar a exercer a função deverá comunicar imediatamente o fato aos debenturistas e pedir sua substituição.

Substituição, Remuneração e Fiscalização

Art. 67. A escritura de emissão estabelecerá as condições de substituição e remuneração do agente fiduciário, observadas as normas expedidas pela Comissão de Valores Mobiliários.

Parágrafo único. A Comissão de Valores Mobiliários fiscalizará o exercício da função de agente fiduciário das emissões distribuídas no mercado, ou de debêntures negociadas em bolsa ou no mercado de balcão, podendo:

a) nomear substituto provisório, nos casos de vacância;

b) suspender o agente fiduciário de suas funções e dar-lhe substituto, se deixar de cumprir os seus deveres.

Deveres e Atribuições

Art. 68. O agente fiduciário representa, nos termos desta Lei e da escritura de emissão, a comunhão dos debenturistas perante a companhia emissora.

§ 1.º São deveres do agente fiduciário:

a) proteger os direitos e interesses dos debenturistas, empregando no exercício da função o cuidado e a diligência que todo homem ativo e probo costuma empregar na administração de seus próprios bens;

b) elaborar relatório e colocá-lo anualmente à disposição dos debenturistas, dentro de 4 (quatro) meses do encerramento do exercício social da companhia, informando os fatos relevantes ocorridos durante o exercício, relativos à execução das obrigações assumidas pela companhia, aos bens garantidores das debêntures e à constituição e aplicação do fundo de amortização, se houver; do relatório constará, ainda, declaração do agente sobre sua aptidão para continuar no exercício da função;

c) notificar os debenturistas, no prazo máximo de 60 (sessenta) dias, de qualquer inadimplemento, pela companhia, de obrigações assumidas na escritura da emissão.

•• Alínea *c* com redação determinada pela Lei n. 10.303, de 31-10-2001.

§ 2.º A escritura de emissão disporá sobre o modo de cumprimento dos deveres de que tratam as alíneas *b* e *c* do parágrafo anterior.

§ 3.º O agente fiduciário pode usar de qualquer ação para proteger direitos ou defender interesses dos debenturistas, sendo-lhe especialmente facultado, no caso de inadimplemento da companhia:

a) declarar, observadas as condições da escritura de emissão, antecipadamente vencidas as debêntures e cobrar o seu principal e acessórios;

b) executar garantias reais, receber o produto da cobrança e aplicá-lo no pagamento, integral ou proporcional, dos debenturistas;

c) requerer a falência da companhia emissora, se não existirem garantias reais;

d) representar os debenturistas em processos de falência, concordata, intervenção ou liquidação extrajudicial da companhia emissora, salvo deliberação em contrário da assembleia dos debenturistas;

e) tomar qualquer providência necessária para que os debenturistas realizem os seus créditos.

§ 4.º O agente fiduciário responde perante os debenturistas pelos prejuízos que lhes causar por culpa ou dolo no exercício das suas funções.

§ 5.º O crédito do agente fiduciário por despesas que tenha feito para proteger direitos e interesses ou realizar créditos dos debenturistas será acrescido à dívida da companhia emissora, gozará das mesmas garantias das debêntures e preferirá a estas na ordem de pagamento.

§ 6.º Serão reputadas não escritas as cláusulas da escritura de emissão que restringirem os deveres, atribuições e responsabilidade do agente fiduciário previstos neste artigo.

Outras Funções

Art. 69. A escritura de emissão poderá ainda atribuir ao agente fiduciário as funções de autenticar os certificados de debêntures, administrar o fundo de amortização, manter em custódia bens dados em garantia e efetuar os pagamentos de juros, amortização e resgate.

Substituição de Garantias e Modificação da Escritura

Art. 70. A substituição de bens dados em garantia, quando autorizada na escritura de emissão, dependerá da concordância do agente fiduciário.

Parágrafo único. O agente fiduciário não tem poderes para acordar na modificação das cláusulas e condições da emissão.

Seção VII
Assembleia de Debenturistas

Art. 71. Os titulares de debêntures da mesma emissão ou série podem, a qualquer tempo, reunir-se em assembleia a fim de deliberar sobre matéria de interesse da comunhão dos debenturistas.

§ 1.º A assembleia de debenturistas pode ser convocada pelo agente fiduciário, pela companhia emissora, por debenturistas que representem 10% (dez por cento), no mínimo, dos títulos em circulação, e pela Comissão de Valores Mobiliários.

§ 2.º Aplica-se à assembleia de debenturistas, no que couber, o disposto nesta Lei sobre a assembleia geral de acionistas.

•• A Resolução n. 81, de 29-3-2022, da CVM, dispõe sobre assembleias de acionistas, debenturistas e de titulares de notas promissórias e notas comerciais.

§ 3.º A assembleia se instalará, em primeira convocação, com a presença de debenturistas que representem metade, no mínimo, das debêntures em circulação, e, em segunda convocação, com qualquer número.

§ 4.º O agente fiduciário deverá comparecer à assembleia e prestar aos debenturistas as informações que lhe forem solicitadas.

§ 5.º A escritura de emissão estabelecerá a maioria necessária, que não será inferior à metade das debêntures em circulação, para aprovar modificação nas condições das debêntures.

§ 6.º Nas deliberações da assembleia, a cada debênture caberá um voto.

Seção VIII
Cédula de Debêntures

•• Título com redação determinada pela Lei n. 9.457, de 5-5-1997.

Art. 72. As instituições financeiras autorizadas pelo Banco Central do Brasil a efetuar esse tipo de operação poderão emitir cédulas lastreadas em debêntures, com garantia própria, que conferirão a seus titulares direito de crédito contra o emitente, pelo valor nominal e os juros nela estipulados.

•• *Caput* com redação determinada pela Lei n. 9.457, de 5-5-1997.

§ 1.º A cédula será nominativa, escritural ou não.

•• § 1.º com redação determinada pela Lei n. 9.457, de 5-5-1997.

•• *Vide* Lei n. 8.021, de 12-4-1990.

•• *Vide* arts. 904 a 909 do CC.

§ 2.º O certificado da cédula conterá as seguintes declarações:

a) o nome da instituição financeira emitente e as assinaturas dos seus representantes;

b) o número de ordem, o local e a data da emissão;

c) a denominação "Cédula de Debêntures";

•• Alínea *c* com redação determinada pela Lei n. 9.457, de 5-5-1997.

d) o valor nominal e a data do vencimento;

e) os juros, que poderão ser fixos ou variáveis, e as épocas do seu pagamento;

f) o lugar do pagamento do principal e dos juros;

g) a identificação das debêntures-lastro, do seu valor e da garantia constituída;

•• Alínea *g* com redação determinada pela Lei n. 9.457, de 5-5-1997.

h) o nome do agente fiduciário dos debenturistas;

i) a cláusula de correção monetária, se houver;

j) o nome do titular.

•• Alínea *j* com redação determinada pela Lei n. 9.457, de 5-5-1997.

Seção IX
Emissão de Debêntures no Estrangeiro

Art. 73. Somente com a prévia aprovação do Banco Central do Brasil as companhias brasileiras poderão emitir debêntures no Exterior com garantia real ou flutuante de bens situados no País.

§ 1.º Os credores por obrigações contraídas no Brasil terão preferência sobre os créditos por debêntures emitidas no Exterior por companhias estrangeiras autorizadas a funcionar no País, salvo se a emissão tiver sido previamente autorizada pelo Banco Central do Brasil e o seu produto aplicado em estabelecimento situado no território nacional.

§ 2.º Em qualquer caso, somente poderão ser remetidos para o Exterior o principal e os encargos de debêntures registradas no Banco Central do Brasil.

§ 3.º A emissão de debêntures no estrangeiro, além de observar os requisitos do art. 62, requer a inscrição, no Registro de Imóveis, do local da sede ou do estabelecimento, dos demais documentos exigidos pelas leis do lugar da emissão, autenticadas de acordo com a lei aplicável, legalizadas pelo consulado brasileiro no Exterior e acompanhadas de tradução em vernáculo, feita por tradutor público juramentado; e, no caso de companhia estrangeira, o arquivamento no registro do comércio e publicação do ato que, de acordo com o estatuto social e a lei do local da sede, tenha autorizado a emissão.

§ 4.º A negociação, no mercado de capitais do Brasil, de debêntures emitidas no estrangeiro, depende de prévia autorização da Comissão de Valores Mobiliários.

Seção X
Extinção

Art. 74. A companhia emissora fará, nos livros próprios, as anotações referentes à extinção das debêntures, e manterá arquivados, pelo prazo de 5 (cinco) anos, juntamente com os documentos relativos à extinção, os certificados cancelados ou os recibos dos titulares das contas das debêntures escriturais.

§ 1.º Se a emissão tiver agente fiduciário, caberá a este fiscalizar o cancelamento dos certificados.

§ 2.º Os administradores da companhia responderão solidariamente pelas perdas e danos decorrentes da infração do disposto neste artigo.

Capítulo VI
BÔNUS DE SUBSCRIÇÃO

Características

Art. 75. A companhia poderá emitir, dentro do limite de aumento do capital autorizado no estatuto (art. 168), títulos negociáveis denominados "bônus de subscrição".

Parágrafo único. Os bônus de subscrição conferirão aos seus titulares, nas condições constantes do certificado, direito de subscrever ações do capital social, que será exercido mediante apresentação do título à companhia e pagamento do preço de emissão das ações.

Competência

Art. 76. A deliberação sobre emissão de bônus de subscrição compete à assembleia geral, se o estatuto não a atribuir ao Conselho de Administração.

Emissão

Art. 77. Os bônus de subscrição serão alienados pela companhia ou por ela atribuídos, como vantagem adicional, aos subscritores de emissões de suas ações ou debêntures.

Parágrafo único. Os acionistas da companhia gozarão, nos termos dos arts. 171 e 172, de preferência para subscrever a emissão de bônus.

Forma, Propriedade e Circulação

•• *Vide* Lei n. 8.021, de 12-4-1990.

Art. 78. Os bônus de subscrição terão a forma nominativa.

•• *Caput* com redação determinada pela Lei n. 9.457, de 5-5-1997.

Parágrafo único. Aplica-se aos bônus de subscrição, no que couber, o disposto nas Seções V a VII do Capítulo III.

Certificados

Art. 79. O certificado de bônus de subscrição conterá as seguintes declarações:

I – as previstas nos n. I a IV do art. 24;

II – a denominação "Bônus de Subscrição";

III – o número de ordem;

IV – o número, a espécie e a classe das ações que poderão ser subscritas, o preço de emissão ou os critérios para sua determinação;

V – a época em que o direito de subscrição poderá ser exercido e a data do término do prazo para esse exercício;

VI – o nome do titular;

•• Inciso VI com redação determinada pela Lei n. 9.457, de 5-5-1997.

VII – a data da emissão do certificado e as assinaturas de dois diretores.

•• Inciso VII com redação determinada pela Lei n. 9.457, de 5-5-1997.

Capítulo VII
CONSTITUIÇÃO DA COMPANHIA

Seção I
Requisitos Preliminares

Art. 80. A constituição da companhia depende do cumprimento dos seguintes requisitos preliminares:

• *Vide* arts. 81, *caput*, 87, § 1.°, 88, § 2.°, *d*, e 95, III, desta Lei.

I – subscrição, pelo menos por duas pessoas, de todas as ações em que se divide o capital social fixado no estatuto;

II – realização, como entrada, de 10% (dez por cento), no mínimo, do preço de emissão das ações subscritas em dinheiro;

III – depósito, no Banco do Brasil S.A., ou em outro estabelecimento bancário autorizado pela Comissão de Valores Mobiliários, da parte do capital realizado em dinheiro.

Parágrafo único. O disposto no n. II não se aplica às companhias para as quais a lei exige realização inicial de parte maior do capital social.

Depósito da Entrada

Art. 81. O depósito referido no n. III do art. 80 deverá ser feito pelo fundador no prazo de 5 (cinco) dias contados do recebimento das quantias, em nome do subscritor e a favor da sociedade em organização, que só poderá levantá-lo após haver adquirido personalidade jurídica.

Parágrafo único. Caso a companhia não se constitua dentro de 6 (seis) meses da data do depósito, o banco restituirá as quantias depositadas diretamente aos subscritores.

Seção II
Constituição por Subscrição Pública

Registro da Emissão

Art. 82. A constituição de companhia por subscrição pública depende do prévio registro da emissão na Comissão de Valores Mobiliários, e a subscrição somente poderá ser efetuada com a intermediação de instituição financeira.

• *Vide* art. 170, § 5.°, desta Lei.

§ 1.° O pedido de registro de emissão obedecerá às normas expedidas pela Comissão de Valores Mobiliários e será instruído com:

a) o estudo de viabilidade econômica e financeira do empreendimento;

b) o projeto do estatuto social;

c) o prospecto, organizado e assinado pelos fundadores e pela instituição financeira intermediária.

§ 2.° A Comissão de Valores Mobiliários poderá condicionar o registro a modificações no estatuto ou no prospecto e denegá-lo por inviabilidade ou temeridade do empreendimento, ou inidoneidade dos fundadores.

• *Vide* art. 170, § 6.°, desta Lei.

Projeto do Estatuto

Art. 83. O projeto de estatuto deverá satisfazer a todos os requisitos exigidos para os contratos das sociedades mercantis em geral e aos peculiares às companhias, e conterá as normas pelas quais se regerá a companhia.

• *Vide* art. 997 do CC.

Prospecto

Art. 84. O prospecto deverá mencionar, com precisão e clareza, as bases da companhia e os motivos que justifiquem a expectativa de bom êxito do empreendimento, e em especial:

I – o valor do capital social a ser subscrito, o modo de sua realização e a existência ou não de autorização para aumento futuro;

II – a parte do capital a ser formada com bens, a discriminação desses bens e o valor a eles atribuído pelos fundadores;

III – o número, as espécies e classes de ações em que se dividirá o capital; o valor nominal das ações, e o preço da emissão das ações;

IV – a importância da entrada a ser realizada no ato da subscrição;

V – as obrigações assumidas pelos fundadores, os contratos assinados no interesse da futura companhia e as quantias já despendidas e por despender;

VI – as vantagens particulares, a que terão direito os fundadores ou terceiros, e o dispositivo do projeto do estatuto que as regula;

VII – a autorização governamental para constituir-se a companhia, se necessária;

VIII – as datas de início e término da subscrição e as instituições autorizadas a receber as entradas;

IX – a solução prevista para o caso de excesso de subscrição;

X – o prazo dentro do qual deverá realizar-se a assembleia de constituição da companhia, ou a preliminar para avaliação dos bens, se for o caso;

XI – o nome, nacionalidade, estado civil, profissão e residência dos fundadores, ou, se pessoa jurídica, a firma ou denominação, nacionalidade e sede, bem como o número e espécie de ações que cada um houver subscrito;

XII – a instituição financeira intermediária do lançamento, em cujo poder ficarão depositados os originais do prospecto e do projeto de estatuto, com os documentos a que fizerem menção, para exame de qualquer interessado.

Lista, Boletim de Entrada

Art. 85. No ato da subscrição das ações a serem realizadas em dinheiro, o subscritor pagará entrada e assinará a lista ou o boletim individual autenticados pela instituição autorizada a receber as entradas, qualificando-se pelo nome, nacionalidade, residência, estado civil, profissão e documento de identidade, ou, se pessoa jurídica, pela firma ou denominação, nacionalidade e sede, devendo especificar o número das ações subscritas, a sua espécie e classe, se houver mais de uma, e o total da entrada.

• *Vide* arts. 88, § 2.°, e 95, II, desta Lei.

§ 1.° A subscrição poderá ser feita, nas condições previstas no prospecto, por carta à instituição, acompanhada das declarações a que se refere este artigo e do pagamento da entrada.

•• Anterior parágrafo único com redação determinada pela Lei n. 13.874, de 20-9-2019.

§ 2.° Será dispensada a assinatura de lista ou de boletim a que se refere o *caput* deste artigo na hipótese de oferta pública cuja liquidação ocorra por meio de sistema administrado por entidade administradora de mercados organizados de valores mobiliários.

•• § 2.º acrescentado pela Lei n. 13.874, de 20-9-2019.

• A Resolução CVM n. 27, de 8-4-2021, dispensa a apresentação do boletim de subscrição em ofertas públicas de distribuição de valores mobiliários liquidadas por meio de sistema administrado por entidade administradora de mercados organizados de valores mobiliários, estabelecido neste § 2.º.

Âmbito de ofertas públicas

Convocação de Assembleia

Art. 86. Encerrada a subscrição e havendo sido subscrito todo o capital social, os fundadores convocarão a assembleia geral, que deverá:

I – promover a avaliação dos bens, se for o caso (art. 8.º);

II – deliberar sobre a constituição da companhia.

• *Vide* art. 88, § 1.º, desta Lei.

Parágrafo único. Os anúncios de convocação mencionarão hora, dia e local da reunião e serão inseridos nos jornais em que houver sido feita a publicidade da oferta de subscrição.

Assembleia de Constituição

Art. 87. A assembleia de constituição instalar-se-á, em primeira convocação, com a presença de subscritores que representem, no mínimo, metade do capital social, e, em segunda convocação, com qualquer número.

• *Vide* arts. 88, § 1.º, 95, V, e 97, § 1.º, desta Lei.

§ 1.º Na assembleia, presidida por um dos fundadores e secretariada por subscritor, será lido o recibo de depósito de que trata o n. III do art. 80, bem como discutido e votado o projeto de estatuto.

§ 2.º Cada ação, independentemente de sua espécie ou classe, dá direito a um voto; a maioria não tem poder para alterar o projeto de estatuto.

§ 3.º Verificando-se que foram observadas as formalidades legais e não havendo oposição de subscritores que representem mais da metade do capital social, o presidente declarará constituída a companhia, procedendo-se, a seguir, à eleição dos administradores e fiscais.

§ 4.º A ata da reunião, lavrada em duplicata, depois de lida e aprovada pela assembleia, será assinada por todos os subscritores presentes, ou por quantos bastem à validade das deliberações; um exemplar ficará em poder da companhia e o outro será destinado ao registro do comércio.

Seção III
Constituição por Subscrição Particular

Art. 88. A constituição da companhia por subscrição particular do capital pode fazer-se por deliberação dos subscritores em assembleia geral ou por escritura pública, considerando-se fundadores todos os subscritores.

§ 1.º Se a forma escolhida for a de assembleia geral, observar-se-á o disposto nos arts. 86 e 87, devendo ser entregues à assembleia o projeto do estatuto, assinado em duplicata por todos os subscritores do capital, e as listas ou boletins de subscrição de todas as ações.

• *Vide* art. 95, I, desta Lei.

§ 2.º Preferida a escritura pública, será ela assinada por todos os subscritores, e conterá:

a) a qualificação dos subscritores, nos termos do art. 85;

b) o estatuto da companhia;

c) a relação das ações tomadas pelos subscritores e a importância das entradas pagas;

d) a transcrição do recibo do depósito referido no n. III do art. 80;

e) a transcrição do laudo de avaliação dos peritos, caso tenha havido subscrição do capital social em bens (art. 8.º);

f) a nomeação dos primeiros administradores e, quando for o caso, dos fiscais.

Seção IV
Disposições Gerais

Art. 89. A incorporação de imóveis para formação do capital social não exige escritura pública.

Art. 90. O subscritor pode fazer-se representar na assembleia geral ou na escritura pública por procurador com poderes especiais.

Art. 91. Nos atos e publicações referentes a companhia em constituição, sua denominação deverá ser aditada da cláusula "em organização".

Art. 92. Os fundadores e as instituições financeiras que participarem da constituição por subscrição pública responderão, no âmbito das respectivas atribuições, pelos prejuízos resultantes da inobservância de preceitos legais.

• *Vide* art. 97, §1.º, desta Lei.

Parágrafo único. Os fundadores responderão, solidariamente, pelo prejuízo decorrente de culpa ou dolo em atos ou operações anteriores à constituição.

Art. 93. Os fundadores entregarão aos primeiros administradores eleitos todos os documentos, livros ou papéis relativos à constituição da companhia ou a esta pertencentes.

Capítulo VIII
FORMALIDADES COMPLEMENTARES DA CONSTITUIÇÃO

• A Instrução Normativa n. 81, de 10-6-2020, do DREI, dispõe sobre as normas e diretrizes gerais do Registro Público de Empresas.

Arquivamento e Publicação

Art. 94. Nenhuma companhia poderá funcionar sem que sejam arquivados e publicados seus atos constitutivos.

• Personalidade jurídica e registro no CC: *vide* arts. 985 e 1.150.

Companhia Constituída por Assembleia

Art. 95. Se a companhia houver sido constituída por deliberação em assembleia geral, deverão ser arquivados no Registro do Comércio do lugar da sede:

I – um exemplar do estatuto social, assinado por todos os subscritores (art. 88, § 1.º) ou, se a subscrição houver sido pública, os originais do estatuto e do prospecto, assinados pelos fundadores, bem como do jornal em que tiverem sido publicados;

II – a relação completa, autenticada pelos fundadores ou pelo presidente da assembleia, dos subscritores do capital social, com a qualificação, número das ações e o total da entrada de cada subscritor (art. 85);

III – o recibo do depósito a que se refere o n. III do art. 80;

IV – duplicata das atas das assembleias realizadas para a avaliação de bens, quando for o caso (art. 8.º);

V – duplicata da ata da assembleia geral dos subscritores que houver deliberado a constituição da companhia (art. 87).

Companhia Constituída por Escritura Pública

Art. 96. Se a companhia tiver sido constituída por escritura pública, bastará o arquivamento de certidão do instrumento.

Registro do Comércio

Art. 97. Cumpre ao Registro do Comércio examinar se as prescrições legais foram observadas na constituição da companhia, bem como se no estatuto existem cláusulas contrárias à lei, à ordem pública e aos bons costumes.

• *Vide* art. 135, § 2.º, desta Lei.

• *Vide* art. 1.153, *caput*, do CC.

§ 1.º Se o arquivamento for negado, por inobservância de prescrição ou exigência legal ou por irregularidade verificada na constituição da companhia, os primeiros administradores deverão convocar imediatamente a assembleia geral para sanar a falta ou irregularidade, ou autorizar as providências que se fizerem necessárias. A instalação e funcionamento da assembleia obedecerão ao disposto no art. 87, devendo a deliberação ser tomada por acionistas que representem, no mínimo, metade do capital social. Se a falta for do estatuto, poderá ser sanada na mesma assembleia, a qual deliberará, ainda, sobre se a companhia deve promover a responsabilidade civil dos fundadores (art. 92).

§ 2.º Com a segunda via da ata da assembleia e a prova de ter sido sanada a falta ou irregularidade, o Registro do Comércio procederá o arquivamento dos atos constitutivos da companhia.

§ 3.º A criação de sucursais, filiais ou agências, observado o disposto no estatuto, será arquivada no Registro do Comércio.

Publicação e Transferência de Bens

Art. 98. Arquivados os documentos relativos à constituição da companhia, os seus administradores providenciarão, nos 30 (trinta) dias subsequentes, a publicação deles, bem como a de certidão do arquivamento, em órgão oficial do local de sua sede.

• *Vide* arts. 135, § 2.º, e 170, § 3.º, desta Lei.

§ 1.º Um exemplar do órgão oficial deverá ser arquivado no Registro do Comércio.

§ 2.º A certidão dos atos constitutivos da companhia, passada pelo Registro do Comércio em que foram arquivados, será o documento hábil para a transferência, por transcrição no registro público competente, dos bens com que o subscritor tiver contribuído para a formação do capital social (art. 8.º, § 2.º).

§ 3.º A ata da assembleia geral que aprovar a incorporação deverá identificar o bem com precisão, mas poderá descrevê-lo sumariamente, desde que seja suplementada por declaração, assinada pelo subscritor, contendo todos os elementos necessários para a transcrição no registro público.

Responsabilidade dos Primeiros Administradores

Art. 99. Os primeiros administradores são solidariamente responsáveis perante a companhia pelos prejuízos causados pela demora no cumprimento das formalidades complementares à sua constituição.

Parágrafo único. A companhia não responde pelos atos ou operações praticados pelos primeiros administradores antes de cumpridas as formalidades de constituição, mas a assembleia geral poderá deliberar em contrário.

Capítulo IX

LIVROS SOCIAIS

Art. 100. A companhia deve ter, além dos livros obrigatórios para qualquer comerciante, os seguintes, revestidos das mesmas formalidades legais:

•• *Vide* Lei n. 8.021, de 12-4-1990.

• *Vide* art. 1.180 do CC.

• *Vide* art. 104 desta Lei.

I – o livro de "Registro de Ações Nominativas", para inscrição, anotação ou averbação:

•• Inciso I, *caput*, com redação determinada pela Lei n. 9.457, de 5-5-1997.

a) do nome do acionista e do número das suas ações;

b) das entradas ou prestações de capital realizado;

c) das conversões de ações, de uma em outra espécie ou classe;

•• Alínea *c* com redação determinada pela Lei n. 9.457, de 5-5-1997.

d) do resgate, reembolso e amortização das ações, ou de sua aquisição pela companhia;

e) das mutações operadas pela alienação ou transferência de ações;

f) do penhor, usufruto, fideicomisso, da alienação fiduciária em garantia ou de qualquer ônus que grave as ações ou obste sua negociação;

II – o livro de "Transferência de Ações Nominativas", para lançamento dos termos de transferência, que deverão ser assinados pelo cedente e pelo cessionário ou seus legítimos representantes;

III – o livro de "Registro de Partes Beneficiárias Nominativas" e o de "Transferência de Partes Beneficiárias Nominativas", se tiverem sido emitidos, observando-se, em ambos, no que couber, o disposto nos ns. I e II deste artigo;

IV – o livro de "Atas das Assembleias Gerais";

•• Inciso IV com redação determinada pela Lei n. 9.457, de 5-5-1997.

V – o livro de "Presença dos Acionistas";

•• Inciso V com redação determinada pela Lei n. 9.457, de 5-5-1997.

VI – os livros de "Atas das Reuniões do Conselho de Administração", se houver, e de "Atas das Reuniões da Diretoria";

•• Inciso VI com redação determinada pela Lei n. 9.457, de 5-5-1997.

VII – o livro de "Atas e Pareceres do Conselho Fiscal".

•• Inciso VII com redação determinada pela Lei n. 9.457, de 5-5-1997.

§ 1.º A qualquer pessoa, desde que se destinem a defesa de direitos e esclarecimento de situações de interesse pessoal ou dos acionistas ou do mercado de valores mobiliários, serão dadas certidões dos assentamentos constantes dos livros mencionados nos incisos I a III, e por elas a companhia poderá cobrar o custo do serviço, cabendo, do indeferimento do pedido por parte da companhia, recurso à Comissão de Valores Mobiliários.

•• § 1.º com redação determinada pela Lei n. 9.457, de 5-5-1997.

§ 2.º Nas companhias abertas, os livros referidos nos incisos I a V do *caput* deste artigo poderão ser substituídos, observadas as normas expedidas pela Comissão de Valores Mobiliários, por registros mecanizados ou eletrônicos.

•• § 2.º com redação determinada pela Lei n. 12.431, de 24-6-2011.

§ 3.º Nas companhias fechadas, os livros referidos nos incisos I, II, III, IV e V do *caput* deste artigo poderão ser substituídos por registros mecanizados ou eletrônicos, nos termos do regulamento.

•• § 3.º acrescentado pela Lei n. 14.195, de 26-8-2021.

Escrituração do Agente Emissor

Art. 101. O agente emissor de certificados (art. 27) poderá substituir os livros referidos nos incisos I a III do art. 100 pela sua escrituração e manter, mediante sistemas adequados, aprovados pela Comissão de Valores Mobiliários, os registros de propriedade das ações, partes beneficiárias, debêntures e bônus de subscrição, devendo uma vez por ano preparar lista dos seus titulares, com o número dos títulos de cada um, a qual será encadernada, autenticada no registro do comércio e arquivada na companhia.

•• *Caput* com redação determinada pela Lei n. 9.457, de 5-5-1997.

§ 1.º Os termos de transferência de ações nominativas perante o agente emissor poderão ser lavrados em folhas soltas, à vista do certificado da ação, no qual serão averbados a transferência e o nome e qualificação do adquirente.

§ 2.º Os termos de transferência em folhas soltas serão encadernados em ordem cronológica, em livros autenticados no Registro do Comércio e arquivados no agente emissor.

Ações Escriturais

Art. 102. A instituição financeira depositária de ações escriturais deverá fornecer à companhia, ao menos uma vez por ano, cópia dos extratos das contas de depósito das ações e a lista dos acionistas com a quantidade das respectivas ações, que serão encadernadas em livros autenticados no Registro do Comércio e arquivados na instituição financeira.

Fiscalização e Dúvidas no Registro

Art. 103. Cabe à companhia verificar a regularidade das transferências e da constituição de direitos ou ônus sobre os valores mobiliários de sua emissão; nos casos dos arts. 27 e 34, essa atribuição compete, respectivamente, ao agente emissor de certificados e à instituição financeira depositária das ações escriturais.

Parágrafo único. As dúvidas suscitadas entre o acionista, ou qualquer interessado, e a companhia, o agente emissor de certificados ou a instituição financeira depositária das ações escriturais, a respeito das averbações ordenadas por esta Lei, ou sobre anotações, lançamentos ou transferências de ações, partes beneficiárias, debêntures, ou bônus de subscrição, nos livros de registro ou transferência, serão dirimidas pelo juiz competente para solucionar as dúvidas levantadas pelos oficiais dos registros públicos, excetuadas as questões atinentes à substância do direito.

Responsabilidade da Companhia

Art. 104. A companhia é responsável pelos prejuízos que causar aos interessados por vícios ou irregularidades verificadas nos livros de que tratam os incisos I a III do art. 100.

•• *Caput* com redação determinada pela Lei n. 9.457, de 5-5-1997.

Parágrafo único. A companhia deverá diligenciar para que os atos de emissão e substituição de certificados, e de transferências e averbações nos livros sociais, sejam praticados ao menor prazo possível, não excedente do fixado pela Comissão de Valores Mobiliários, respondendo perante acionistas e terceiros pelos prejuízos decorrentes de atrasos culposos.

Exibição dos Livros

Art. 105. A exibição por inteiro dos livros da companhia pode ser ordenada judicialmente sempre que, a requerimento de acionistas que representem, pelo menos, 5% (cinco por cento) do capital social, sejam apontados atos violadores da lei ou do estatuto, ou haja fundada suspeita de graves irregularidades praticadas por qualquer dos órgãos da companhia.

•• A Resolução n. 70, de 22-3-2022, da CVM, fixa escala reduzindo, em função do capital social, as porcentagens mínimas de participação acionária necessárias ao exercício dos direitos previstos neste artigo.

• *Vide* Súmula 260 do STF.

Capítulo X
ACIONISTAS

Seção I
Obrigação de Realizar o Capital

Condições e Mora

Art. 106. O acionista é obrigado a realizar, nas condições previstas no estatuto ou no boletim de subscrição, a prestação correspondente às ações subscritas ou adquiridas.

§ 1.º Se o estatuto e o boletim forem omissos quanto ao montante da prestação e ao prazo ou data do pagamento, caberá aos órgãos da administração efetuar chamada, mediante avisos publicados na imprensa, por três vezes, no mínimo, fixando prazo, não inferior a 30 (trinta) dias, para o pagamento.

§ 2.º O acionista que não fizer o pagamento nas condições previstas no estatuto ou boletim, ou na chamada, ficará de pleno direito constituído em mora, sujeitando-se ao pagamento dos juros, da correção monetária e da multa que o estatuto determinar, esta não superior a 10% (dez por cento) do valor da prestação.

Acionista Remisso

Art. 107. Verificada a mora do acionista, a companhia pode, à sua escolha:

• *Vide* art. 174 desta Lei.

I – promover contra o acionista, e os que com ele forem solidariamente responsáveis (art. 108), processo de execução para cobrar as importâncias devidas, servindo o boletim de subscrição e o aviso de chamada como título extrajudicial nos termos do Código de Processo Civil; ou

II – mandar vender as ações em Bolsa de Valores, por conta e risco do acionista.

§ 1.º Será havida como não escrita, relativamente à companhia, qualquer estipulação do estatuto ou do boletim de subscrição que exclua ou limite o exercício da opção prevista neste artigo, mas o subscritor de boa-fé terá ação, contra os responsáveis pela estipulação, para haver perdas e danos sofridos, sem prejuízo da responsabilidade penal que no caso couber.

§ 2.º A venda será feita em leilão especial na Bolsa de Valores do lugar da sede social, ou, se não houver, na mais próxima, depois de publicado aviso, por três vezes, com antecedência mínima de 3 (três) dias. Do produto da venda serão deduzidos as despesas com a operação e, se previsto no estatuto, os juros, correção monetária e multa, ficando o saldo à disposição do ex-acionista, na sede da sociedade.

§ 3.º É facultado à companhia, mesmo após iniciada a cobrança judicial, mandar vender a ação em bolsa de valores; a companhia poderá também promover a cobrança judicial se as ações oferecidas em bolsa não encontrarem tomador, ou se o preço apurado não bastar para pagar os débitos do acionista.

§ 4.º Se a companhia não conseguir, por qualquer dos meios previstos neste artigo, a integralização das ações, poderá declará-las caducas e fazer suas as entradas realizadas, integralizando-as com lucros ou reservas, exceto a legal; se não tiver lucros e reservas suficientes, terá o prazo de 1 (um) ano para colocar as ações caídas em comisso, findo o qual, não tendo sido encontrado comprador, a assembleia geral deliberará sobre a redução do capital em importância correspondente.

Responsabilidade dos Alienantes

Art. 108. Ainda quando negociadas as ações, os alienantes continuarão responsáveis, solidariamente com os adquirentes, pelo pagamento das prestações que faltarem para integralizar as ações transferidas.

Parágrafo único. Tal responsabilidade cessará em relação a cada alienante, no fim de 2 (dois) anos a contar da data da transferência das ações.

Seção II
Direitos Essenciais

Art. 109. Nem o estatuto social nem a assembleia geral poderão privar o acionista dos direitos de:

• *Vide* art. 111 desta Lei.

I – participar dos lucros sociais;

II – participar do acervo da companhia, em caso de liquidação;

III – fiscalizar, na forma prevista nesta Lei, a gestão dos negócios sociais;

IV – preferência para subscrição de ações, partes beneficiárias conversíveis em ações, debêntures conversíveis em ações e bônus de subscrição, observado o disposto nos arts. 171 e 172;

V – retirar-se da sociedade nos casos previstos nesta Lei.

§ 1.º As ações de cada classe conferirão iguais direitos aos seus titulares.

§ 2.º Os meios, processos ou ações que a lei confere ao acionista para assegurar os seus direitos não podem ser elididos pelo estatuto ou pela assembleia geral.

§ 3.º O estatuto da sociedade pode estabelecer que as divergências entre os acionistas e a companhia, ou entre os acionistas controladores e os acionistas minoritários, poderão ser solucionadas mediante arbitragem, nos termos em que especificar.

•• § 3.º acrescentado pela Lei n. 10.303, de 31-10-2001.

Seção III
Direito de Voto

Disposições Gerais

Art. 110. A cada ação ordinária corresponde um voto nas deliberações da assembleia geral.

§ 1.º O estatuto pode estabelecer limitação ao número de votos de cada acionista.

§ 2.º (*Revogado pela Lei n. 14.195, de 26-8-2021.*)

Art. 110-A. É admitida a criação de uma ou mais classes de ações ordinárias com atribuição de voto plural, não superior a 10 (dez) votos por ação ordinária:

•• *Caput* acrescentado pela Lei n. 14.195, de 26-8-2021.

I – na companhia fechada; e

•• Inciso I acrescentado pela Lei n. 14.195, de 26-8-2021.

II – na companhia aberta, desde que a criação da classe ocorra previamente à negociação de quaisquer ações ou valores mobiliários conversíveis em ações de sua emissão em mercados organizados de valores mobiliários.

•• Inciso II acrescentado pela Lei n. 14.195, de 26-8-2021.

§ 1.º A criação de classe de ações ordinárias com atribuição do voto plural depende do voto favorável de acionistas que representem:

•• § 1º, *caput*, acrescentado pela Lei n. 14.195, de 26-8-2021.

I – metade, no mínimo, do total de votos conferidos pelas ações com direito a voto; e

•• Inciso I acrescentado pela Lei n. 14.195, de 26-8-2021.

II – metade, no mínimo, das ações preferenciais sem direito a voto ou com voto restrito, se emitidas, reunidas em assembleia especial convocada e instalada com as formalidades desta Lei.

•• Inciso II acrescentado pela Lei n. 14.195, de 26-8-2021.

§ 2.º Nas deliberações de que trata o § 1.º deste artigo, será assegurado aos acionistas dissidentes o direito de se retirarem da companhia mediante reembolso do valor de suas ações nos termos do art. 45 desta Lei, salvo se a criação da classe de ações ordinárias com atribuição de voto plural já estiver prevista ou autorizada pelo estatuto.

•• § 2.º acrescentado pela Lei n. 14.195, de 26-8-2021.

§ 3.º O estatuto social da companhia, aberta ou fechada, nos termos dos incisos I e II do *caput* deste artigo, poderá exigir quórum maior para as deliberações de que trata o § 1.º deste artigo.

•• § 3.º acrescentado pela Lei n. 14.195, de 26-8-2021.

§ 4.º A listagem de companhias que adotem voto plural e a admissão de valores mobiliários de sua emissão em segmento de listagem de mercados organizados sujeitar-se-ão à observância das regras editadas pelas respectivas entidades administradoras, que deverão dar transparência sobre a condição de tais companhias abertas.

•• § 4.º acrescentado pela Lei n. 14.195, de 26-8-2021.

§ 5.º Após o início da negociação das ações ou dos valores mobiliários conversíveis em ações em mercados organizados de valores mobiliários, é vedada a alteração das características de classe de ações ordinárias com atribuição de voto plural, exceto para reduzir os respectivos direitos ou vantagens.

•• § 5.º acrescentado pela Lei n. 14.195, de 26-8-2021.

§ 6.º É facultado aos acionistas estipular no estatuto social o fim da vigência do voto plural condicionado a um evento ou a termo, observado o disposto nos §§ 7.º e 8.º deste artigo.

•• § 6.º acrescentado pela Lei n. 14.195, de 26-8-2021.

§ 7.º O voto plural atribuído às ações ordinárias terá prazo de vigência inicial de até 7 (sete) anos, prorrogável por qualquer prazo, desde que:

•• § 7.º, *caput*, acrescentado pela Lei n. 14.195, de 26-8-2021.

I – seja observado o disposto nos §§ 1.º e 3.º deste artigo para a aprovação da prorrogação;

•• Inciso I acrescentado pela Lei n. 14.195, de 26-8-2021.

II – sejam excluídos das votações os titulares de ações da classe cujo voto plural se pretende prorrogar; e

•• Inciso II acrescentado pela Lei n. 14.195, de 26-8-2021.

III – seja assegurado aos acionistas dissidentes, nas hipóteses de prorrogação, o direito previsto no § 2.º deste artigo.

•• Inciso III acrescentado pela Lei n. 14.195, de 26-8-2021.

§ 8.º As ações de classe com voto plural serão automaticamente convertidas em ações ordinárias sem voto plural na hipótese de:

•• § 8.º, *caput*, acrescentado pela Lei n. 14.195, de 26-8-2021.

I – transferência, a qualquer título, a terceiros, exceto nos casos em que:

•• Inciso I, *caput*, acrescentado pela Lei n. 14.195, de 26-8-2021.

a) o alienante permanecer indiretamente como único titular de tais ações e no controle dos direitos políticos por elas conferidos;

•• Alínea *a* acrescentada pela Lei n. 14.195, de 26-8-2021.

b) o terceiro for titular da mesma classe de ações com voto plural a ele alienadas; ou

•• Alínea *b* acrescentada pela Lei n. 14.195, de 26-8-2021.

c) a transferência ocorrer no regime de titularidade fiduciária para fins de constituição do depósito centralizado; ou

•• Alínea *c* acrescentada pela Lei n. 14.195, de 26-8-2021.

II – o contrato ou acordo de acionistas, entre titulares de ações com voto plural e acionistas que não sejam titulares de ações com voto plural, dispor sobre exercício conjunto do direito de voto.

•• Inciso II acrescentado pela Lei n. 14.195, de 26-8-2021.

§ 9.º Quando a lei expressamente indicar quóruns com base em percentual de ações ou do capital social, sem menção ao número de votos conferidos pelas ações, o cálculo respectivo deverá desconsiderar a pluralidade de voto.

•• § 9.º acrescentado pela Lei n. 14.195, de 26-8-2021.

§ 10. (*Vetado.*)

•• § 10 acrescentado pela Lei n. 14.195, de 26-8-2021.

§ 11. São vedadas as operações:

•• § 11, *caput*, acrescentado pela Lei n. 14.195, de 26-8-2021.

I – de incorporação, de incorporação de ações e de fusão de companhia aberta que não adote voto plural, e cujas ações ou valores mobiliários conversíveis em ações sejam negociados em mercados organizados, em companhia que adote voto plural;

•• Inciso I acrescentado pela Lei n. 14.195, de 26-8-2021.

II – de cisão de companhia aberta que não adote voto plural, e cujas ações ou valores mobiliários conversíveis em ações sejam negociados em mercados organizados, para constituição de nova companhia com adoção do voto plural, ou incorporação da parcela cindida em companhia que o adote.

•• Inciso II acrescentado pela Lei n. 14.195, de 26-8-2021.

§ 12. Não será adotado o voto plural nas votações pela assembleia de acionistas que deliberarem sobre:

•• § 12, *caput*, acrescentado pela Lei n. 14.195, de 26-8-2021.

I – a remuneração dos administradores; e

•• Inciso I acrescentado pela Lei n. 14.195, de 26-8-2021.

II – a celebração de transações com partes relacionadas que atendam aos critérios de relevância a serem definidos pela Comissão de Valores Mobiliários.

•• Inciso II acrescentado pela Lei n. 14.195, de 26-8-2021.

§ 13. O estatuto social deverá estabelecer, além do número de ações de cada espécie e classe em que se divide o capital social, no mínimo:

•• § 13, *caput*, acrescentado pela Lei n. 14.195, de 26-8-2021.

I – o número de votos atribuído por ação de cada classe de ações ordinárias com direito a voto, respeitado o limite de que trata o *caput* deste artigo;

•• Inciso I acrescentado pela Lei n. 14.195, de 26-8-2021.

II – o prazo de duração do voto plural, observado o limite previsto no § 7.º deste artigo, bem como eventual quórum qualificado para deliberar sobre as prorrogações, nos termos do § 3.º deste artigo; e

•• Inciso II acrescentado pela Lei n. 14.195, de 26-8-2021.

III – se aplicável, outras hipóteses de fim de vigência do voto plural condicionadas a evento ou a termo, além daquelas previstas neste artigo, conforme autorizado pelo § 6.º deste artigo.

•• Inciso III acrescentado pela Lei n. 14.195, de 26-8-2021.

§ 14. As disposições relativas ao voto plural não se aplicam às empresas públicas, às sociedades de economia mista, às suas subsidiárias e às sociedades controladas direta ou indiretamente pelo poder público.

•• § 14 acrescentado pela Lei n. 14.195, de 26-8-2021.

Ações Preferenciais

Art. 111. O estatuto poderá deixar de conferir às ações preferenciais algum ou alguns dos direitos reconhecidos às ações ordinárias, inclusive o de voto, ou conferi-lo com restrições, observado o disposto no art. 109.

§ 1.º As ações preferenciais sem direito de voto adquirirão o exercício desse direito se a companhia, pelo prazo previsto no estatuto, não superior a três exercícios consecutivos, deixar de pagar os dividendos fixos ou mínimos a que fizerem jus, direito que conservarão até o pagamento, se tais dividendos não forem cumulativos, ou até que sejam pagos os cumulativos em atraso.

• *Vide* art. 112, parágrafo único, desta Lei.

§ 2.º Na mesma hipótese e sob a mesma condição do § 1.º, as ações preferenciais com direito de voto restrito terão suspensas as limitações ao exercício desse direito.

• *Vide* art. 112, parágrafo único, desta Lei.

§ 3.º O estatuto poderá estipular que o disposto nos §§ 1.º e 2.º vigorará a partir do término da implantação do empreendimento inicial da companhia.

Não Exercício de Voto pelas Ações ao Portador

•• *Vide* Lei n. 8.021, de 12-4-1990.

•• *Vide* arts. 904 a 909 do CC.

Art. 112. Somente os titulares de ações nominativas, endossáveis e escriturais poderão exercer o direito de voto.

Parágrafo único. Os titulares de ações preferenciais ao portador que adquirirem direito de voto de acordo com o disposto nos §§ 1.º e 2.º do art. 111, e enquanto dele gozarem, poderão converter as ações em nominativas ou endossáveis, independentemente de autorização estatutária.

Voto das Ações Empenhadas e Alienadas Fiduciariamente

Art. 113. O penhor da ação não impede o acionista de exercer o direito de voto; será lícito, todavia, estabelecer, no contrato, que o acionista não poderá, sem consentimento do credor pignoratício, votar em certas deliberações.

• *Vide* arts. 1.431 e s. do CC.

Parágrafo único. O credor garantido por alienação fiduciária da ação não poderá exercer o direito de voto; o devedor somente poderá exercê-lo nos termos do contrato.

Voto das Ações Gravadas com Usufruto

Art. 114. O direito de voto da ação gravada com usufruto, se não for regulado no ato de constituição do gravame, somente poderá ser exercido mediante prévio acordo entre o proprietário e o usufrutuário.

• *Vide* arts. 1.390 e s. do CC.

Abuso do Direito de Voto e Conflito de Interesses

Art. 115. O acionista deve exercer o direito a voto no interesse da companhia; considerar-se-á abusivo o voto exercido com o fim de causar dano à companhia ou a outros acionistas, ou de obter, para si ou para outrem, vantagem a que não faz jus e de que resulte, ou possa resultar, prejuízo para a companhia ou para outros acionistas.

•• *Caput* com redação anterior mantida pela Lei n. 10.303, de 31-10-2001.

•• A Resolução n. 45, de 31-8-2021, da CVM, define como infração grave o descumprimento do disposto neste artigo.

§ 1.º O acionista não poderá votar nas deliberações da assembleia geral relativas ao laudo de avaliação de bens com que concorrer para a formação do capital social e à aprovação de suas contas como administrador, nem em quaisquer outras que puderem beneficiá-lo de modo particular, ou em que tiver interesse conflitante com o da companhia.

§ 2.º Se todos os subscritores forem condôminos de bem com que concorreram para a formação do capital social, poderão aprovar o laudo, sem prejuízo da responsabilidade de que trata o § 6.º do art. 8.º.

§ 3.º O acionista responde pelos danos causados pelo exercício abusivo do direito de voto, ainda que seu voto não haja prevalecido.

§ 4.º A deliberação tomada em decorrência do voto de acionista que tem interesse conflitante com o da companhia é anulável; o acionista responderá pelos danos causados e será obrigado a transferir para a companhia as vantagens que tiver auferido.

§ 5.º (*Vetado*.)

•• § 5.º acrescentado pela Lei n. 10.303, de 31-10-2001.

§ 6.º (*Vetado*.)

•• § 6.º acrescentado pela Lei n. 10.303, de 31-10-2001.

§ 7.º (*Vetado*.)

•• § 7.º acrescentado pela Lei n. 10.303, de 31-10-2001.

§ 8.º (*Vetado*.)

•• § 8.º acrescentado pela Lei n. 10.303, de 31-10-2001.

§ 9.º (*Vetado*.)

•• § 9.º acrescentado pela Lei n. 10.303, de 31-10-2001.

§ 10. (*Vetado*.)

•• § 10 acrescentado pela Lei n. 10.303, de 31-10-2001.

Seção IV
Acionista Controlador

• *Vide* art. 1.098 do CC.

Deveres

Art. 116. Entende-se por acionista controlador a pessoa, natural ou jurídica, ou o grupo de pessoas vinculadas por acordo de voto, ou sob controle comum, que:

•• A Resolução n. 45, de 31-8-2021, da CVM, define como infração grave o descumprimento do disposto neste artigo.

• *Vide* arts. 118, § 2.º, 238 e 246 desta Lei.

• *Vide* art. 1.098 do CC.

a) é titular de direitos de sócio que lhe assegurem, de modo permanente, a maioria dos votos nas deliberações da assembleia geral e o poder de eleger a maioria dos administradores da companhia; e

b) usa efetivamente seu poder para dirigir as atividades sociais e orientar o funcionamento dos órgãos da companhia.

Parágrafo único. O acionista controlador deve usar o poder com o fim de fazer a companhia realizar o seu objeto e cumprir sua função social, e tem deveres e responsabilidades para com os demais acionistas da empresa, os que nela trabalham e para com a comunidade em que atua, cujos direitos e interesses deve lealmente respeitar e atender.

Art. 116-A. O acionista controlador da companhia aberta e os acionistas, ou grupo de acionistas, que elegerem membro do conselho de administração ou membro do conselho fiscal, deverão informar imediatamente as modificações em sua posição acionária na companhia à Comissão de Valores Mobiliários e às Bolsas de Valores ou entidades do mercado de balcão organizado nas quais os valores mobiliários de emissão da companhia estejam admitidos à negociação, nas condições e na forma determinadas pela Comissão de Valores Mobiliários.

•• Artigo acrescentado pela Lei n. 10.303, de 31-10-2001.

Responsabilidade

Art. 117. O acionista controlador responde pelos danos causados por atos praticados com abuso de poder.

•• *Vide* art. 15, *caput*, da Lei n. 13.303, de 30-6-2016.

•• A Resolução n. 45, de 31-8-2021, da CVM, define como infração grave o descumprimento do disposto neste artigo.

• *Vide* nota do art. 116 desta Lei.

§ 1.º São modalidades de exercício abusivo de poder:

a) orientar a companhia para fim estranho ao objeto social ou lesivo ao interesse nacional, ou levá-la a favorecer outra sociedade, brasileira ou estrangeira, em prejuízo da participação dos acionistas minoritários nos lucros ou no acervo da companhia, ou da economia nacional;

b) promover a liquidação de companhia próspera, ou a transformação, incorporação, fusão ou cisão da companhia, com o fim de obter, para si ou para outrem, vantagem indevida, em prejuízo dos demais acionistas, dos que trabalham na empresa ou dos investidores em valores mobiliários emitidos pela companhia;

c) promover alteração estatutária, emissão de valores mobiliários ou adoção de políticas ou decisões que não tenham por fim o interesse da companhia e visem a causar prejuízo a acionistas minoritários, aos que trabalham na empresa ou aos investidores em valores mobiliários emitidos pela companhia;

d) eleger administrador ou fiscal que sabe inapto, moral ou tecnicamente;

e) induzir, ou tentar induzir, administrador ou fiscal a praticar ato ilegal, ou, descumprindo seus deveres definidos nesta Lei e no estatuto, promover, contra o interesse da companhia, sua ratificação pela assembleia geral;

f) contratar com a companhia, diretamente ou através de outrem, ou de sociedade na qual tenha interesse, em condições de favorecimento ou não equitativas;

g) aprovar ou fazer aprovar contas irregulares de administradores, por favorecimento pessoal, ou deixar de apurar denúncia que saiba ou devesse saber procedente, ou que justifique fundada suspeita de irregularidade;

h) subscrever ações, para os fins do disposto no art. 170, com a realização em bens estranhos ao objeto social da companhia.

•• Alínea *h* acrescentada pela Lei n. 9.457, de 5-5-1997.

§ 2.º No caso da alínea e do § 1.º, o administrador ou fiscal que praticar o ato ilegal responde solidariamente com o acionista controlador.

§ 3.º O acionista controlador que exerce cargo de administrador ou fiscal tem também os deveres e responsabilidades próprios do cargo.

Seção V
Acordo de Acionistas

Art. 118. Os acordos de acionistas, sobre a compra e venda de suas ações, preferência para adquiri-las, exercício do direito a voto, ou do poder de controle deverão ser observados pela companhia quando arquivados na sua sede.

•• *Caput* com redação determinada pela Lei n. 10.303, de 31-10-2001.

§ 1.º As obrigações ou ônus decorrentes desses acordos somente serão oponíveis a terceiros, depois de averbados nos livros de registro e nos certificados das ações, se emitidos.

§ 2.º Esses acordos não poderão ser invocados para eximir o acionista de responsabilidade no exercício do direito de voto (art. 115) ou do poder de controle (arts. 116 e 117).

§ 3.º Nas condições previstas no acordo, os acionistas podem promover a execução específica das obrigações assumidas.

§ 4.º As ações averbadas nos termos deste artigo não poderão ser negociadas em bolsa ou no mercado de balcão.

§ 5.º No relatório anual, os órgãos da administração da companhia aberta informarão à assembleia geral as disposições sobre política de reinvestimento de lucros e distribuição de dividendos, constantes de acordos de acionistas arquivados na companhia.

§ 6.º O acordo de acionistas cujo prazo for fixado em função de termo ou condição resolutiva somente pode ser denunciado segundo suas estipulações.

•• § 6.º acrescentado pela Lei n. 10.303, de 31-10-2001.

§ 7.º O mandato outorgado nos termos de acordo de acionistas para proferir, em assembleia geral ou especial, voto contra ou a favor de determinada deliberação, poderá prever prazo superior ao constante do § 1.º do art. 126 desta Lei.

•• § 7.º acrescentado pela Lei n. 10.303, de 31-10-2001.

§ 8.º O presidente da assembleia ou do órgão colegiado de deliberação da companhia não computará o voto proferido com infração de acordo de acionistas devidamente arquivado.

•• § 8.º acrescentado pela Lei n. 10.303, de 31-10-2001.

§ 9.º O não comparecimento à assembleia ou às reuniões dos órgãos de administração da companhia, bem como as abstenções de voto de qualquer parte de acordo de acionistas ou de membros do conselho de administração eleitos nos termos de acordo de acionistas, assegura à parte prejudicada o direito de votar com as ações pertencentes ao acionista ausente ou omisso e, no caso de membro do conselho de administração, pelo conselheiro eleito com os votos da parte prejudicada.

•• § 9.º acrescentado pela Lei n. 10.303, de 31-10-2001.

§ 10. Os acionistas vinculados a acordo de acionistas deverão indicar, no ato de arquivamento, representante para comunicar-se com a companhia, para prestar ou receber informações, quando solicitadas.

•• § 10 acrescentado pela Lei n. 10.303, de 31-10-2001.

§ 11. A companhia poderá solicitar aos membros do acordo esclarecimento sobre suas cláusulas.

•• § 11 acrescentado pela Lei n. 10.303, de 31-10-2001.

Seção VI
Representação de Acionista Residente ou Domiciliado no Exterior

Art. 119. O acionista residente ou domiciliado no Exterior deverá manter, no País, representante com poderes para receber citação em ações contra ele, propostas com fundamento nos preceitos desta Lei.

• *Vide* art. 242, § 1.º, do CPC.

Parágrafo único. O exercício, no Brasil, de qualquer dos direitos de acionista, confere ao mandatário ou representante legal qualidade para receber citação judicial.

Seção VII
Suspensão do Exercício de Direitos

Art. 120. A assembleia geral poderá suspender o exercício dos direitos do acionista que deixar de cumprir obrigação imposta pela lei ou pelo estatuto, cessando a suspensão logo que cumprida a obrigação.

• *Vide* art. 122, V, desta Lei.

Capítulo XI
ASSEMBLEIA GERAL

• *Vide* arts. 1.071 a 1.080 do CC.

Seção I
Disposições Gerais

Art. 121. A assembleia geral, convocada e instalada de acordo com a lei e o estatuto, tem poderes para decidir todos os negócios relativos ao objeto da companhia e tomar as resoluções que julgar convenientes à sua defesa e desenvolvimento.

Parágrafo único. Nas companhias, abertas e fechadas, o acionista poderá participar e votar a distância em assembleia geral, nos termos do regulamento da Comissão de Valores Mobiliários e do órgão competente do Poder Executivo federal, respectivamente.

•• Parágrafo único com redação determinada pela Lei n. 14.030, de 28-7-2020.

•• A Instrução Normativa n. 79, de 14-4-2020, do DREI, dispõe sobre a participação e votação a distância em reuniões e assembleias de sociedades anônimas fechadas, limitadas e cooperativas.

•• A Resolução n. 81, de 29-3-2022, da CVM, dispõe sobre assembleias de acionistas, debenturistas e de titulares de notas promissórias e notas comerciais.

Competência Privativa

Art. 122. Compete privativamente à assembleia geral:

•• *Caput* com redação anterior mantida pela Lei n. 10.303, de 31-10-2001, e pela Lei n. 12.431, de 24-6-2011.

I – reformar o estatuto social;

•• Inciso I com redação anterior mantida pela Lei n. 10.303, de 31-10-2001.

II – eleger ou destituir, a qualquer tempo, os administradores e fiscais da companhia, ressalvado o disposto no inciso II do art. 142;

•• Inciso II com redação anterior mantida pela Lei n. 10.303, de 31-10-2001.

III – tomar, anualmente, as contas dos administradores e deliberar sobre as demonstrações financeiras por eles apresentadas;

•• Inciso III com redação anterior mantida pela Lei n. 10.303, de 31-10-2001.

IV – autorizar a emissão de debêntures, ressalvado o disposto nos §§ 1.º, 2.º e 4.º do art. 59;

•• Inciso IV com redação determinada pela Lei n. 12.431, de 24-6-2011.

V – suspender o exercício dos direitos do acionista (art. 120);

•• Inciso V com redação anterior mantida pela Lei n. 10.303, de 31-10-2001.

VI – deliberar sobre a avaliação de bens com que o acionista concorrer para a formação do capital social;

•• Inciso VI com redação anterior mantida pela Lei n. 10.303, de 31-10-2001.

VII – autorizar a emissão de partes beneficiárias;

•• Inciso VII com redação anterior mantida pela Lei n. 10.303, de 31-10-2001.

VIII – deliberar sobre transformação, fusão, incorporação e cisão da companhia, sua dissolução e liquidação, eleger e destituir liquidantes e julgar as suas contas;

•• Inciso VIII com redação determinada pela Lei n. 14.195, de 26-8-2021.

IX – autorizar os administradores a confessar falência e a pedir recuperação judicial; e

•• Inciso IX com redação determinada pela Lei n. 14.195, de 26-8-2021.

X – deliberar, quando se tratar de companhias abertas, sobre a celebração de transações com partes relacionadas, a alienação ou a contribuição para outra empresa de ativos, caso o valor da operação corresponda a mais de 50% (cinquenta por cento) do valor dos ativos totais da companhia constantes do último balanço aprovado.

•• Inciso X acrescentado pela Lei n. 14.195, de 26-8-2021.

Parágrafo único. Em caso de urgência, a confissão de falência ou o pedido de recuperação judicial poderá ser formulado pelos administradores, com a concordância do acionista controlador, se houver, hipótese em que a assembleia geral será convocada imediatamente para deliberar sobre a matéria.

•• Parágrafo único com redação determinada pela Lei n. 14.195, de 26-8-2021.

Competência para Convocação

Art. 123. Compete ao Conselho de Administração, se houver, ou aos diretores, observado o disposto no estatuto, convocar a assembleia geral.

Parágrafo único. A assembleia geral pode também ser convocada:

a) pelo Conselho Fiscal, nos casos previstos no n. V do art. 163;

b) por qualquer acionista, quando os administradores retardarem, por mais de 60 (sessenta) dias, a convocação, nos casos previstos em lei ou no estatuto;

c) por acionistas que representem 5% (cinco por cento), no mínimo, do capital social, quando os administradores não atenderem, no prazo de 8 (oito) dias, a pedido de convocação que apresentarem, devidamente fundamentado, com indicação das matérias a serem tratadas;

•• Alínea *c* com redação determinada pela Lei n. 9.457, de 5-5-1997.

•• A Resolução n. 70, de 22-3-2022, da CVM, fixa escala reduzindo, em função do capital social, as porcentagens mínimas de participação acionária necessárias ao exercício dos direitos previstos nesta alínea.

• *Vide* art. 291, *caput*, desta Lei.

d) por acionistas que representem 5% (cinco por cento), no mínimo, do capital votante, ou 5% (cinco por cento), no mínimo, dos acionistas sem direito a voto, quando os administradores não atenderem, no prazo de 8 (oito) dias, a pedido de convocação de assembleia para instalação do conselho fiscal.

•• Alínea *d* acrescentada pela Lei n. 9.457, de 5-5-1997.

Modo de Convocação e Local

Art. 124. A convocação far-se-á mediante anúncio publicado por três vezes, no mínimo, contendo, além do local, data e hora da assembleia, a ordem do dia, e, no caso de reforma do estatuto, a indicação da matéria.

• *Vide* arts. 133 e 294, I, desta Lei.

§ 1.º A primeira convocação da assembleia geral deverá ser feita:

•• § 1.º, *caput*, com redação determinada pela Lei n. 10.303, de 31-10-2001.

I – na companhia fechada, com 8 (oito) dias de antecedência, no mínimo, contado o prazo da publicação do primeiro anúncio; não se realizando a assembleia, será publicado novo anúncio, de segunda convocação, com antecedência mínima de 5 (cinco) dias;

•• Inciso I acrescentado pela Lei n. 10.303, de 31-10-2001.

II – na companhia aberta, com 21 (vinte e um) dias de antecedência, e a segunda convocação com 8 (oito) dias de antecedência.

•• Inciso II com redação determinada pela Lei n. 14.195, de 26-8-2021.

•• A Resolução n. 25, de 30-3-2021, da CVM, dispõe em seu art. 1.º: "Art. 1.º O prazo de 30 (trinta) dias previsto no inciso II do § 1.º do art. 124 da Lei n. 6.404, de 1976, aplicar-se-á às assembleias gerais convocadas a partir de 1.º de maio de 2021.

• *Vide* art. 1.152, § 3.º, do CC.

§ 2.º A assembleia geral deverá ser realizada, preferencialmente, no edifício onde a companhia tiver sede ou, por motivo de força maior, em outro lugar, desde que seja no mesmo Município da sede e seja indicado com clareza nos anúncios.

•• § 2.º com redação determinada pela Lei n. 14.030, de 28-7-2020.

§ 2.º-A. Sem prejuízo do disposto no § 2.º deste artigo, as companhias, abertas e fechadas, poderão realizar assembleia digital, nos termos do regulamento da Comissão de Valores Mobiliários e do órgão competente do Poder Executivo federal, respectivamente.

•• § 2.º-A acrescentado pela Lei n. 14.030, de 28-7-2020.

•• A Resolução n. 81, de 29-3-2022, da CVM, dispõe sobre assembleias de acionistas, debenturistas e de titulares de notas promissórias e notas comerciais.

§ 3.º Nas companhias fechadas, o acionista que representar 5% (cinco por cento), ou mais, do capital social, será convocado por telegrama ou carta registrada, expedidos com a antecedência prevista no § 1.º, desde que o tenha solicitado, por escrito, à companhia, com a indicação do endereço completo e do prazo de vigência do pedido, não superior a dois exercícios sociais, e renovável; essa convocação não dispensa a publicação do aviso previsto no § 1.º, e sua inobservância dará ao acionista direito de haver, dos administradores da companhia, indenização pelos prejuízos sofridos.

• *Vide* art. 133, § 2.º, desta Lei.

§ 4.º Independentemente das formalidades previstas neste artigo, será considerada regular a assembleia geral a que comparecerem todos os acionistas.

§ 5.º A Comissão de Valores Mobiliários poderá, a seu exclusivo critério, mediante decisão fundamentada de seu Colegiado, a pedido de qualquer acionista, e ouvida a companhia:

•• § 5.º, *caput*, acrescentado pela Lei n. 10.303, de 31-10-2001.

I – determinar, fundamentadamente, o adiamento de assembleia geral por até 30 (trinta) dias, em caso de insuficiência de informações necessárias para a deliberação, contado o prazo da data em que as informações completas forem colocadas à disposição dos acionistas; e

•• Inciso I com redação determinada pela Lei n. 14.195, de 26-8-2021.

II – interromper, por até 15 (quinze) dias, o curso do prazo de antecedência da convocação de assembleia geral extraordinária de companhia aberta, a fim de conhecer e analisar as propostas a serem submetidas à assembleia e, se for o caso, informar à companhia, até o término da interrupção, as razões pelas quais entende que a deliberação proposta à assembleia viola dispositivos legais ou regulamentares.

•• Inciso II acrescentado pela Lei n. 10.303, de 31-10-2001.

§ 6.º As companhias abertas com ações admitidas à negociação em bolsa de valores deverão remeter, na data da publicação do anúncio de convocação da assembleia, à bolsa de valores em que suas ações forem mais negociadas, os documentos postos à disposição dos acionistas para deliberação na assembleia geral.

•• § 6.º acrescentado pela Lei n. 10.303, de 31-10-2001.

Quorum de Instalação

Art. 125. Ressalvadas as exceções previstas em lei, a assembleia geral instalar-se-á, em primeira convocação, com a presença de acionistas que representem, no mínimo, 1/4 (um quarto) do total de votos conferidos pelas ações com direito a voto e, em segunda convocação, instalar-se-á com qualquer número.

•• *Caput* com redação determinada pela Lei n. 14.195, de 26-8-2021.

Parágrafo único. Os acionistas sem direito de voto podem comparecer à assembleia geral e discutir a matéria submetida à deliberação.

Legitimação e Representação

Art. 126. As pessoas presentes à assembleia deverão provar a sua qualidade de acionista, observadas as seguintes normas:

I – os titulares de ações nominativas exibirão, se exigido, documento hábil de sua identidade;

II – os titulares de ações escriturais ou em custódia nos termos do art. 41, além do documento de identidade, exibirão, ou depositarão na companhia, se o estatuto o exigir, comprovante expedido pela instituição financeira depositária;

•• Inciso II com redação determinada pela Lei n. 9.457, de 5-5-1997.

III – os titulares de ações ao portador exibirão os respectivos certificados ou documento de depósito nos termos do n. II;

•• Refere-se o n. II citado ao inciso anterior à modificação introduzida pela Lei n. 9.457, de 5-5-1997.

•• A Lei n. 9.457, de 5-5-1997, em seu art. 6.º, deixou de revogar expressamente este inciso.

•• *Vide* Lei n. 8.021, de 12-4-1990, sobre ações ao portador.

•• *Vide* arts. 904 a 909 do CC.

IV – os titulares de ações escriturais ou em custódia nos termos do art. 41, além do documento de identidade, exibirão, ou depositarão na companhia, se o estatuto o exigir, comprovante expedido pela instituição financeira depositária.

•• A Lei n. 9.457, de 5-5-1997, em seu art. 6.º, deixou de revogar expressamente este inciso.

§ 1.º O acionista pode ser representado na assembleia geral por procurador constituído há menos de 1 (um) ano, que seja acionista, administrador da companhia ou advogado; na companhia aberta, o procurador pode, ainda, ser instituição financeira, cabendo ao administrador de fundos de investimento representar os condôminos.

§ 2.º O pedido de procuração mediante correspondência, ou anúncio publicado, sem prejuízo da regulamentação que sobre o assunto vier a baixar a Comissão de Valores Mobiliários, deverá satisfazer aos seguintes requisitos:

•• A Resolução n. 81, de 29-3-2022, da CVM, dispõe sobre assembleias de acionistas, debenturistas e de titulares de notas promissórias e notas comerciais.

a) conter todos os elementos informativos necessários ao exercício do voto pedido;

b) facultar ao acionista o exercício de voto contrário à decisão com indicação de outro procurador para o exercício desse voto;

c) ser dirigido a todos os titulares de ações cujos endereços constem da companhia.

•• Alínea *c* com redação determinada pela Lei n. 9.457, de 5-5-1997.

§ 3.º É facultado a qualquer acionista, detentor de ações, com ou sem voto, que represente 0,5% (meio por cento), no mínimo, do capital social, solicitar relação de endereços dos acionistas, para os fins previstos no § 1.º, obedecidos sempre os requisitos do parágrafo anterior.

•• § 3.º com redação determinada pela Lei n. 9.457, de 5-5-1997.

§ 4.º Têm a qualidade para comparecer à assembleia os representantes legais dos acionistas.

Livro de Presença

Art. 127. Antes de abrir-se a assembleia, os acionistas assinarão o "Livro de Presença", indicando o seu nome, nacionalidade e residência, bem como a quantidade, espécie e classe das ações de que forem titulares.

Parágrafo único. Considera-se presente em assembleia geral, para todos os efeitos desta Lei, o acionista que registrar a distância sua presença, na forma prevista em regulamento da Comissão de Valores Mobiliários.

•• Parágrafo único acrescentado pela Lei n. 12.431, de 24-6-2011.

Mesa

Art. 128. Os trabalhos da assembleia serão dirigidos por mesa composta, salvo disposição diversa do estatuto, de presidente e secretário, escolhidos pelos acionistas presentes.

Quorum das Deliberações

Art. 129. As deliberações da assembleia geral, ressalvadas as exceções previstas em lei, serão tomadas por maioria absoluta de votos, não se computando os votos em branco.

§ 1.º O estatuto da companhia fechada pode aumentar o *quorum* exigido para certas deliberações, desde que especifique as matérias.

§ 2.º No caso de empate, se o estatuto não estabelecer procedimento de arbitragem e não contiver norma diversa, a assembleia será convocada, com intervalo mínimo de 2 (dois) meses, para votar a deliberação; se permanecer o empate e os acionistas não concordarem em cometer a decisão a um terceiro, caberá ao Poder Judiciário decidir, no interesse da companhia.

Ata da Assembleia

Art. 130. Dos trabalhos e deliberações da assembleia será lavrada, em livro próprio, ata assinada pelos membros da mesa e pelos acionistas presentes. Para validade da ata é suficiente a assinatura de quantos bastem para constituir a maioria necessária para as deliberações tomadas na assembleia. Da ata tirar-se-ão certidões ou cópias autênticas para os fins legais.

§ 1.º A ata poderá ser lavrada na forma de sumário dos fatos ocorridos, inclusive dissidências e protestos, e conter a transcrição apenas das deliberações tomadas, desde que:

a) os documentos ou propostas submetidos à assembleia, assim como as declarações de voto ou dissidência, referidos na ata, sejam numerados seguidamente, autenticados pela mesa e por qualquer acionista que o solicitar, e arquivados na companhia;

b) a mesa, a pedido de acionista interessado, autentique exemplar ou cópia de proposta, declaração de voto ou dissidência, ou protesto apresentado.

§ 2.º A assembleia geral da companhia aberta pode autorizar a publicação de ata com omissão das assinaturas dos acionistas.

§ 3.º Se a ata não for lavrada na forma permitida pelo § 1.º, poderá ser publicado apenas o seu extrato, com o sumário dos fatos ocorridos e a transcrição das deliberações tomadas.

Espécies de Assembleia

Art. 131. A assembleia geral é ordinária quando tem por objeto as matérias previstas no art. 132, e extraordinária nos demais casos.

Parágrafo único. A assembleia geral ordinária e a assembleia geral extraordinária poderão ser, cumulativamente, convocadas e realizadas no mesmo local, data e hora, instrumentadas em ata única.

Seção II
Assembleia Geral Ordinária

Objeto

Art. 132. Anualmente, nos quatro primeiros meses seguintes ao término do exercício social, deverá haver uma assembleia geral para:

•• *Vide* art. 1.º da Lei n. 14.030, de 28-7-2020.

I – tomar as contas dos administradores, examinar, discutir e votar as demonstrações financeiras;

II – deliberar sobre a destinação do lucro líquido do exercício e a distribuição de dividendos;

III – eleger os administradores e os membros do Conselho Fiscal, quando for o caso;

IV – aprovar a correção da expressão monetária do capital social (art. 167).

• *Vide* art. 142, IV, desta Lei.

Documentos da Administração

Art. 133. Os administradores devem comunicar, até 1 (um) mês antes da data marcada para a realização da assembleia geral ordinária, por anúncios publicados na forma prevista no art. 124, que se acham à disposição dos acionistas:

• *Vide* art. 294, II, desta Lei.

I – o relatório da administração sobre os negócios sociais e os principais fatos administrativos do exercício findo;

II – a cópia das demonstrações financeiras;

III – o parecer dos auditores independentes, se houver;

IV – o parecer do conselho fiscal, inclusive votos dissidentes, se houver; e

•• Inciso IV acrescentado pela Lei n. 10.303, de 31-10-2001.

V – demais documentos pertinentes a assuntos incluídos na ordem do dia.

•• Inciso V acrescentado pela Lei n. 10.303, de 31-10-2001.

§ 1.º Os anúncios indicarão o local ou locais onde os acionistas poderão obter cópias desses documentos.

§ 2.º A companhia remeterá cópia desses documentos aos acionistas que o pedirem por escrito, nas condições previstas no § 3.º do art. 124.

§ 3.º Os documentos referidos neste artigo, à exceção dos constantes dos incisos IV e V, serão publicados até 5 (cinco) dias, pelo menos, antes da data marcada para a realização da assembleia geral.

•• § 3.º com redação determinada pela Lei n. 10.303, de 31-10-2001.

§ 4.º A assembleia geral que reunir a totalidade dos acionistas poderá considerar sanada a falta de publicação dos anúncios ou a inobservância dos prazos referidos neste artigo; mas é obrigatória a publicação dos documentos antes da realização da assembleia.

§ 5.º A publicação dos anúncios é dispensada quando os documentos a que se refere este artigo são publicados até 1 (um) mês antes da data marcada para a realização da assembleia geral ordinária.

Procedimento

Art. 134. Instalada a assembleia geral, proceder-se-á, se requerida por qualquer acionista, à leitura dos documentos referidos no art. 133 e do parecer do Conselho Fiscal, se houver, os quais serão submetidos pela mesa à discussão e votação.

§ 1.º Os administradores da companhia, ou ao menos um deles, e o auditor independente, se houver, deverão estar presentes à assembleia para atender a pedidos de esclarecimentos de acionistas, mas os administradores não poderão votar, como acionistas ou procuradores, os documentos referidos neste artigo.

§ 2.º Se a assembleia tiver necessidade de outros esclarecimentos, poderá adiar a deliberação e ordenar diligências; também será adiada a deliberação, salvo dispensa dos acionistas presentes, na hipótese de não comparecimento de administrador, membro do Conselho Fiscal ou auditor independente.

§ 3.º A aprovação, sem reserva, das demonstrações financeiras e das contas, exonera de responsabilidade os administradores e fiscais, salvo erro, dolo, fraude ou simulação (art. 286).

§ 4.º Se a assembleia aprovar as demonstrações financeiras com modificação no montante do lucro do exercício ou no valor das obrigações da companhia, os administradores promoverão, dentro de 30 (trinta) dias, a republicação das demonstrações, com as retificações deliberadas pela assembleia; se a destinação dos lucros proposta pelos órgãos de administração não lograr aprovação (art. 176, § 3.º), as modificações introduzidas constarão da ata da assembleia.

§ 5.º A ata da assembleia geral ordinária será arquivada no Registro do Comércio e publicada.

§ 6.º As disposições do § 1.º, segunda parte, não se aplicam quando, nas sociedades fechadas, os diretores forem os únicos acionistas.

Seção III
Assembleia Geral Extraordinária

Reforma do Estatuto

Art. 135. A assembleia geral extraordinária que tiver por objeto a reforma do estatuto somente se instalará, em primeira convocação, com a presença de acionistas que representem, no mínimo, 2/3 (dois terços) do total de votos conferidos pelas ações com direito a voto, mas poderá instalar-se, em segunda convocação, com qualquer número.

•• *Caput* com redação determinada pela Lei n. 14.195, de 26-8-2021.

§ 1.º Os atos relativos a reformas do estatuto, para valerem contra terceiros, ficam sujeitos às formalidades de arquivamento e publicação, não podendo, todavia, a falta de cumprimento dessas formalidades ser oposta, pela companhia ou por seus acionistas, a terceiros de boa-fé.

• *Vide* art. 271, § 4.º, desta Lei.

§ 2.º Aplica-se aos atos de reforma do estatuto o disposto no art. 97 e seus §§ 1.º e 2.º e no art. 98 e seu § 1.º.

§ 3.º Os documentos pertinentes à matéria a ser debatida na assembleia geral extraordinária deverão ser postos à disposição dos acionistas, na sede da companhia, por ocasião da publicação do primeiro anúncio de convocação da assembleia geral.

•• § 3.º acrescentado pela Lei n. 10.303, de 31-10-2001.

Quorum Qualificado

Art. 136. É necessária a aprovação de acionistas que representem metade, no mínimo, do total de votos conferidos pelas ações com direito a voto, se maior quórum não for exigido pelo estatuto da companhia cujas ações não estejam admitidas à negociação em bolsa ou no mercado de balcão, para deliberação sobre:

•• *Caput* com redação determinada pela Lei n. 14.195, de 26-8-2021.

I – criação de ações preferenciais ou aumento de classe de ações preferenciais existentes, sem guardar proporção com as demais classes de ações preferenciais, salvo se já previstos ou autorizados pelo estatuto;

•• Inciso I com redação determinada pela Lei n. 10.303, de 31-10-2001.

II – alteração nas preferências, vantagens e condições de resgate ou amortização de uma ou mais classes de ações preferenciais, ou criação de nova classe mais favorecida;

•• Inciso II com redação determinada pela Lei n. 9.457, de 5-5-1997.

III – redução do dividendo obrigatório;

•• Inciso III com redação determinada pela Lei n. 9.457, de 5-5-1997.

IV – fusão da companhia, ou sua incorporação em outra;

•• Inciso IV com redação determinada pela Lei n. 9.457, de 5-5-1997.

V – participação em grupo de sociedades (art. 265);

•• Inciso V com redação determinada pela Lei n. 9.457, de 5-5-1997.

• *Vide* art. 270 desta Lei.

VI – mudança do objeto da companhia;

•• Inciso VI com redação determinada pela Lei n. 9.457, de 5-5-1997.

VII – cessação do estado de liquidação da companhia;

•• Inciso VII com redação determinada pela Lei n. 9.457, de 5-5-1997.

VIII – criação de partes beneficiárias;

•• Inciso VIII com redação determinada pela Lei n. 9.457, de 5-5-1997.

IX – cisão da companhia;

•• Inciso IX acrescentado pela Lei n. 9.457, de 5-5-1997.

X – dissolução da companhia.

•• Inciso X acrescentado pela Lei n. 9.457, de 5-5-1997.

• *Vide* art. 206, I, *c*, desta Lei.

§ 1.º Nos casos dos incisos I e II, a eficácia da deliberação depende de prévia aprovação ou da ratificação, em prazo improrrogável de 1 (um) ano, por titulares de mais da metade de cada classe de ações preferenciais prejudicadas, reunidos em assembleia especial convocada pelos administradores e instalada com as formalidades desta Lei.

•• § 1.º com redação determinada pela Lei n. 9.457, de 5-5-1997.

§ 2.º A Comissão de Valores Mobiliários pode autorizar a redução do quórum previsto neste artigo no caso de companhia aberta com a propriedade das ações dispersa no mercado e cujas 3 (três) últimas assembleias tenham sido realizadas com a presença de acionistas que representem menos da metade do total de votos conferidos pelas ações com direito a voto.

•• § 2.º com redação determinada pela Lei n. 14.195, de 26-8-2021.

§ 2.º-A. Na hipótese do § 2.º deste artigo, a autorização da Comissão de Valores Mobiliários será mencionada nos avisos de convocação e a deliberação com quórum reduzido somente poderá ser adotada em terceira convocação.

•• § 2.º-A acrescentado pela Lei n. 14.195, de 26-8-2021.

§ 3.º O disposto nos §§ 2.º e 2.º-A deste artigo aplica-se também às assembleias especiais de acionistas preferenciais de que trata o § 1.º deste artigo.

•• § 3.º com redação determinada pela Lei n. 14.195, de 26-8-2021.

§ 4.º Deverá constar da ata da assembleia geral que deliberar sobre as matérias dos incisos I e II, se não houver prévia aprovação, que a deliberação só terá eficácia após a sua ratificação pela assembleia especial prevista no § 1.º.

•• § 4.º acrescentado pela Lei n. 9.457, de 5-5-1997.

Direito de Retirada

Art. 136-A. A aprovação da inserção de convenção de arbitragem no estatuto social, observado o quórum do art. 136, obriga a todos os acionistas, assegurado ao acionista dissidente o direito de retirar-se da companhia mediante o reembolso do valor de suas ações, nos termos do art. 45.

•• *Caput* acrescentado pela Lei n. 13.129, de 26-5-2015.

§ 1.º A convenção somente terá eficácia após o decurso do prazo de 30 (trinta) dias, contado da publicação da ata da assembleia geral que a aprovou.

•• § 1.º acrescentado pela Lei n. 13.129, de 26-5-2015.

§ 2.º O direito de retirada previsto no *caput* não será aplicável:

•• § 2.º, *caput*, acrescentado pela Lei n. 13.129, de 26-5-2015.

I – caso a inclusão da convenção de arbitragem no estatuto social represente condição para que os valores mobiliários de emissão da companhia sejam admitidos à negociação em segmento de listagem de bolsa de valores ou de mercado de balcão organizado que exija dispersão acionária mínima de 25% (vinte e cinco por cento) das ações de cada espécie ou classe;

•• Inciso I acrescentado pela Lei n. 13.129, de 26-5-2015.

II – caso a inclusão da convenção de arbitragem seja efetuada no estatuto social de companhia aberta cujas ações sejam dotadas de liquidez e dispersão no mercado, nos termos das alíneas *a* e *b* do inciso II do art. 137 desta Lei.

•• Inciso II acrescentado pela Lei n. 13.129, de 26-5-2015.

Art. 137. A aprovação das matérias previstas nos incisos I a VI e IX do art. 136 dá ao acionista dissidente o direito de retirar-se da companhia, mediante reembolso do valor das suas ações (art. 45), observadas as seguintes normas:

•• *Caput* com redação determinada pela Lei n. 10.303, de 31-10-2001.

• *Vide* art. 8.º, *caput*, da Lei n. 10.303, de 31-10-2001.

• *Vide* art. 270, parágrafo único, desta Lei.

I – nos casos dos incisos I e II do art. 136, somente terá direito de retirada o titular de ações de espécie ou classe prejudicadas;

•• Inciso I acrescentado pela Lei n. 9.457, de 5-5-1997.

II – nos casos dos incisos IV e V do art. 136, não terá direito de retirada o titular de ação de espécie ou classe que tenha liquidez e dispersão no mercado, considerando-se haver:

•• Inciso II, *caput*, com redação determinada pela Lei n. 10.303, de 31-10-2001.

a) liquidez, quando a espécie ou classe de ação, ou certificado que a represente, integre índice geral representativo de carteira de valores mobiliários admitido à negociação no mercado de valores mobiliários, no Brasil ou no exterior, definido pela Comissão de Valores Mobiliários; e

•• Alínea *a* com redação determinada pela Lei n. 10.303, de 31-10-2001.

b) dispersão, quando o acionista controlador, a sociedade controladora ou outras sociedades sob seu controle detiverem menos da metade da espécie ou classe de ação;

•• Alínea *b* com redação determinada pela Lei n. 10.303, de 31-10-2001.

• *Vide* arts. 230, 252, § 1.º, 256, § 2.º, e 264, § 3.º, desta Lei.

III – no caso do inciso IX do art. 136, somente haverá direito de retirada se a cisão implicar:

•• Inciso III, *caput*, com redação determinada pela Lei n. 10.303, de 31-10-2001.

a) mudança do objeto social, salvo quando o patrimônio cindido for vertido para sociedade cuja atividade preponderante coincida com a decorrente do objeto social da sociedade cindida;

•• Alínea *a* acrescentada pela Lei n. 10.303, de 31-10-2001.

b) redução do dividendo obrigatório; ou

•• Alínea *b* acrescentada pela Lei n. 10.303, de 31-10-2001.

c) participação em grupo de sociedades;

•• Alínea *c* acrescentada pela Lei n. 10.303, de 31-10-2001.

IV – o reembolso da ação deve ser reclamado à companhia no prazo de 30 (trinta) dias contado da publicação da ata da assembleia geral;

•• Anterior inciso III renumerado pela Lei n. 10.303, de 31-10-2001.

V – o prazo para o dissidente de deliberação de assembleia especial (art. 136, § 1.º) será contado da publicação da respectiva ata;

•• Anterior inciso IV renumerado pela Lei n. 10.303, de 31-10-2001.

VI – o pagamento do reembolso somente poderá ser exigido após a observância do disposto no § 3.º e, se for o caso, da ratificação da deliberação pela assembleia geral.

•• Anterior inciso V renumerado pela Lei n. 10.303, de 31-10-2001.

§ 1.º O acionista dissidente de deliberação da assembleia, inclusive o titular de ações preferenciais sem direito de voto, poderá exercer o direito de reembolso das ações de que, comprovadamente, era titular na data da primeira publicação do edital de convocação da assembleia, ou na data da comunicação do fato relevante objeto da deliberação, se anterior.

•• § 1.º com redação determinada pela Lei n. 9.457, de 5-5-1997.

• *Vide* art. 223, § 4.º, desta Lei.

§ 2.º O direito de reembolso poderá ser exercido no prazo previsto nos incisos IV ou V do *caput* deste artigo, conforme o caso, ainda que o titular das ações tenha se abstido de votar contra a deliberação ou não tenha comparecido à assembleia.

•• § 2.º com redação determinada pela Lei n. 10.303, de 31-10-2001.

§ 3.º Nos 10 (dez) dias subsequentes ao término do prazo de que tratam os incisos IV e V do *caput* deste artigo, conforme o caso, contado da publicação da ata da assembleia geral ou da assembleia especial que ratificar a deliberação, é facultado aos órgãos da administração convocar a assembleia geral para ratificar ou reconsiderar a deliberação, se entenderem que o pagamento do preço do reembolso das ações aos acionistas dissidentes que exerceram o direito de retirada porá em risco a estabilidade financeira da empresa.

•• § 3.º com redação determinada pela Lei n. 10.303, de 31-10-2001.

§ 4.º Decairá do direito de retirada o acionista que não o exercer no prazo fixado.

•• § 4.º acrescentado pela Lei n. 9.457, de 5-5-1997.

• *Vide* art. 223, § 4.º, desta Lei.

Capítulo XII
CONSELHO DE ADMINISTRAÇÃO E DIRETORIA

Administração da Companhia

Art. 138. A administração da companhia competirá, conforme dispuser o estatuto, ao Conselho de Administração e à diretoria, ou somente à diretoria.

§ 1.º O Conselho de Administração é órgão de deliberação colegiada, sendo a representação da companhia privativa dos diretores.

§ 2.º As companhias abertas e as de capital autorizado terão, obrigatoriamente, Conselho de Administração.

§ 3.º É vedada, nas companhias abertas, a acumulação do cargo de presidente do conselho de administração e do cargo de diretor-presidente ou de principal executivo da companhia.

•• § 3.º acrescentado pela Lei n. 14.195, de 26-8-2021.

§ 4.º A Comissão de Valores Mobiliários poderá editar ato normativo que excepcione as companhias de menor porte previstas no art. 294-B desta Lei da vedação de que trata o § 3.º deste artigo.

•• § 4.º acrescentado pela Lei n. 14.195, de 26-8-2021.

Art. 139. As atribuições e poderes conferidos por lei aos órgãos de administração não podem ser outorgados a outro órgão, criado por lei ou pelo estatuto.

Seção I
Conselho de Administração

Composição

Art. 140. O Conselho de Administração será composto por, no mínimo, 3 (três) membros, eleitos pela assembleia geral e por ela destituíveis a qualquer tempo, devendo o estatuto estabelecer:

I – o número de conselheiros, ou o máximo e mínimo permitidos, e o processo de escolha e substituição do presidente do conselho pela assembleia ou pelo próprio conselho;

•• Inciso I com redação determinada pela Lei n. 10.303, de 31-10-2001.

II – o modo de substituição dos conselheiros;

III – o prazo de gestão, que não poderá ser superior a 3 (três) anos, permitida a reeleição;

IV – as normas sobre convocação, instalação e funcionamento do conselho, que deliberará por maioria de votos, podendo o estatuto estabelecer *quorum* qualificado para certas deliberações, desde que especifique as matérias.

•• Inciso IV com redação determinada pela Lei n. 10.303, de 31-10-2001.

§ 1.º O estatuto poderá prever a participação no conselho de representantes dos empregados, escolhidos pelo voto destes, em eleição direta, organizada pela empresa, em conjunto com as entidades sindicais que os representam.

•• § 1.º acrescentado pela Lei n. 14.195, de 26-8-2021.

§ 2.º Na composição do conselho de administração das companhias abertas, é obrigatória a participação de conselheiros independentes, nos termos e nos prazos definidos pela Comissão de Valores Mobiliários.

•• § 2.º acrescentado pela Lei n. 14.195, de 26-8-2021.

• A Lei n. 12.353, de 28-12-2010, dispõe sobre a participação de empregados nos conselhos de administração das empresas públicas e sociedades de economia mista, suas subsidiárias e controladas e demais empresas em que a União, direta ou indiretamente, detenha a maioria do capital social ou direito de voto.

Voto Múltiplo

Art. 141. Na eleição dos conselheiros, é facultado aos acionistas que representem, no mínimo, 10% (dez por cento) do capital social com direito a voto, esteja ou não previsto no estatuto, requerer a adoção do processo de voto múltiplo, por meio do qual o número de votos de cada ação será multiplicado pelo número de cargos a serem preenchidos, reconhecido ao acionista o direito de cumular os votos em um só candidato ou distribuí-los entre vários.

•• *Caput* com redação determinada pela Lei n. 14.195, de 26-8-2021.

•• A Resolução n. 70, de 22-3-2022, da CVM, fixa escala reduzindo, em função do capital social, as porcentagens mínimas de participação acionária necessárias ao exercício dos direitos previstos neste *caput*.

§ 1.º A faculdade prevista neste artigo deverá ser exercida pelos acionistas até 48 (quarenta e oito) horas antes da assembleia geral, cabendo à mesa que dirigir os trabalhos da assembleia informar previamente aos acionistas, à vista do "Livro de Presença", o número de votos necessários para a eleição de cada membro do Conselho.

§ 2.º Os cargos que, em virtude de empate, não forem preenchidos, serão objeto de nova votação, pelo mesmo processo, observado o disposto no § 1.º, *in fine*.

§ 3.º Sempre que a eleição tiver sido realizada por esse processo, a destituição de qualquer membro do Conselho de Administração pela assembleia geral importará destituição dos demais membros, procedendo-se a nova eleição; nos demais casos de vaga, não havendo suplente, a primeira assembleia geral procederá à nova eleição de todo o Conselho.

§ 4.º Terão direito de eleger e destituir um membro e seu suplente do conselho de administração, em votação em separado na assembleia geral, excluído o acionista controlador, a maioria dos titulares, respectivamente:

I – de ações de emissão de companhia aberta com direito a voto, que representem, pelo menos, 15% (quinze por cento) do total das ações com direito a voto; e

II – de ações preferenciais sem direito a voto ou com voto restrito de emissão de companhia aberta, que representem, no mínimo, 10% (dez por cento) do capital social, que não houverem exercido o direito previsto no estatuto, em conformidade com o art. 18.

•• § 4.º com redação determinada pela Lei n. 10.303, de 31-10-2001.

• *Vide* art. 8.º, § 4.º, da Lei n. 10.303, de 31-10-2001.

§ 5.º Verificando-se que nem os titulares de ações com direito a voto e nem os titulares de ações preferenciais sem direito a voto ou com voto restrito perfizeram, respectivamente, o *quorum* exigido nos incisos I e II do § 4.º, ser-lhes-á facultado agregar suas ações para elegerem em conjunto um membro e seu suplente para o conselho de administração, observando-se, nessa hipótese, o *quorum* exigido pelo inciso II do § 4.º.

•• § 5.º acrescentado pela Lei n. 10.303, de 31-10-2001.

• *Vide* art. 8.º, § 4.º, da Lei n. 10.303, de 31-10-2001.

§ 6.º Somente poderão exercer o direito previsto no § 4.º os acionistas que comprovarem a titularidade ininterrupta da participação acionária ali exigida durante o período de 3 (três) meses, no mínimo, imediatamente anterior à realização da assembleia geral.

•• § 6.º acrescentado pela Lei n. 10.303, de 31-10-2001.

§ 7.º Sempre que, cumulativamente, a eleição do conselho de administração ocorrer pelo sistema do voto múltiplo e os titulares de ações ordinárias ou preferenciais exercerem a prerrogativa de eleger conselheiro, será assegurado a acionista ou a grupo de acionistas vinculados por acordo de votos que detenham mais de 50% (cinquenta por cento) do total de votos conferidos pelas ações com direito a voto o direito de eleger conselheiros em número igual ao dos eleitos pelos demais acionistas, mais um, independentemente do número de conselheiros que, segundo o estatuto, componha o órgão.

•• § 7.º com redação determinada pela Lei n. 14.195, de 26-8-2021.

§ 8.º A companhia deverá manter registro com a identificação dos acionistas que exercerem a prerrogativa a que se refere o § 4.º.

•• § 8.º acrescentado pela Lei n. 10.303, de 31-10-2001.

§ 9.º (*Vetado.*)

Competência

Art. 142. Compete ao conselho de administração:

•• *Caput* com redação anterior mantida pela Lei n. 10.303, de 31-10-2001.

• *Vide* art. 144 desta Lei.

• *Vide* art. 18 da Lei n. 13.303, de 30-6-2016.

I – fixar a orientação geral dos negócios da companhia;

II – eleger e destituir os diretores da companhia e fixar-lhes as atribuições, observado o que a respeito dispuser o estatuto;

• *Vide* Súmula 8 do STF.

III – fiscalizar a gestão dos diretores, examinar, a qualquer tempo, os livros e papéis da companhia, solicitar informações sobre contratos celebrados ou em via de celebração, e quaisquer outros atos;

IV – convocar a assembleia geral quando julgar conveniente, ou no caso do art. 132;

V – manifestar-se sobre o relatório da administração e as contas da diretoria;

VI – manifestar-se previamente sobre atos ou contratos, quando o estatuto assim o exigir;

VII – deliberar, quando autorizado pelo estatuto, sobre a emissão de ações ou de bônus de subscrição;

VIII – autorizar, se o estatuto não dispuser em contrário, alienação de bens do ativo não circulante, a constituição de ônus reais e a prestação de garantias a obrigações de terceiros;

•• Inciso VIII com redação determinada pela Lei n. 11.941, de 27-5-2009.

IX – escolher e destituir os auditores independentes, se houver.

§ 1.º Serão arquivadas no registro do comércio e publicadas as atas das reuniões do conselho de administração que contiverem deliberação destinada a produzir efeitos perante terceiros.

•• Primitivo parágrafo único transformado em § 1.º pela Lei n. 10.303, de 31-10-2001.

§ 2.º A escolha e a destituição do auditor independente ficará sujeita a veto, devidamente fundamentado, dos conselheiros eleitos na forma do art. 141, § 4.º, se houver.

•• § 2.º acrescentado pela Lei n. 10.303, de 31-10-2001.

Seção II
Diretoria

Composição

Art. 143. A Diretoria será composta por 1 (um) ou mais membros eleitos e destituíveis a qualquer tempo pelo conselho de administração ou, se inexistente, pela assembleia geral, e o estatuto estabelecerá:

•• *Caput* com redação determinada pela Lei Complementar n. 182, de 1.º-6-2021.

I – o número de diretores, ou o máximo e o mínimo permitidos;

II – o modo de sua substituição;

III – o prazo de gestão, que não será superior a 3 (três) anos, permitida a reeleição;

IV – as atribuições e poderes de cada diretor.

•• Incisos I a IV mantidos, conforme publicação oficial.

§ 1.º Os membros do Conselho de Administração, até o máximo de um terço, poderão ser eleitos para cargos de diretores.

§ 2.º O estatuto pode estabelecer que determinadas decisões, de competência dos diretores, sejam tomadas em reunião da diretoria.

Representação

Art. 144. No silêncio do estatuto e inexistindo deliberação do Conselho de Administração (art. 142, II e parágrafo único), competirão a qualquer diretor a representação da companhia e a prática dos atos necessários ao seu funcionamento regular.

•• O primitivo parágrafo único do art. 142 foi transformado em § 1.º pela Lei n. 10.303, de 31-10-2001.

Parágrafo único. Nos limites de suas atribuições e poderes, é lícito aos diretores constituir mandatários da companhia, devendo ser especificados no instrumento os atos ou operações que poderão praticar e a duração do mandato, que, no caso de mandato judicial, poderá ser por prazo indeterminado.

Seção III
Administradores

Normas Comuns

Art. 145. As normas relativas a requisitos, impedimentos, investidura, remuneração, deveres e responsabilidades dos administradores aplicam-se a conselheiros e diretores.

•• A Lei n. 9.292, de 12-7-1996, regulamentada pelo Decreto n. 1.957, de 12-7-1996, dispõe sobre a remuneração dos membros dos conselhos de administração e fiscal das empresas públicas, bem como das sociedades de economia mista federais e das demais entidades controladas direta ou indiretamente pela União, não podendo exceder a 10% (dez por cento) da remuneração mensal média dos diretores das respectivas empresas.

• *Vide* art. 147, § 4.º, desta Lei.

• *Vide* arts. 16 e s. da Lei n. 13.303, de 30-6-2016.

Requisitos e Impedimentos

Art. 146. Apenas pessoas naturais poderão ser eleitas para membros dos órgãos de administração.

•• *Caput* com redação determinada pela Lei n. 14.195, de 26-8-2021.

§ 1.º A ata da assembleia geral ou da reunião do conselho de administração que eleger administradores deverá conter a qualificação e o prazo de gestão de cada um dos eleitos, devendo ser arquivada no registro do comércio e publicada.

•• § 1.º com redação determinada pela Lei n. 10.303, de 31-10-2001.

§ 2.º A posse de administrador residente ou domiciliado no exterior fica condicionada à constituição de representante residente no País, com poderes para, até, no mínimo, 3 (três) anos após o término do prazo de gestão do administrador, receber:

•• § 2.º, *caput*, com redação determinada pela Lei n. 14.195, de 26-8-2021.

I – citações em ações contra ele propostas com base na legislação societária; e

•• Inciso I acrescentado pela Lei n. 14.195, de 26-8-2021.

II – citações e intimações em processos administrativos instaurados pela Comissão de Valores Mobiliários, no caso de exercício de cargo de administração em companhia aberta.

•• Inciso II acrescentado pela Lei n. 14.195, de 26-8-2021.

Art. 147. Quando a lei exigir certos requisitos para a investidura em cargo de administração da companhia, a assembleia geral somente poderá eleger quem tenha exibido os necessários comprovantes, dos quais se arquivará cópia autêntica na sede social.

• *Vide* art. 162, § 2.º, desta Lei.

§ 1.º São inelegíveis para os cargos de administração da companhia as pessoas impedidas por lei especial, ou condenadas por crime falimentar, de prevaricação, peita ou suborno, concussão, peculato, contra a economia popular, a fé pública ou a propriedade ou a pena criminal que vede, ainda que temporariamente, o acesso a cargos públicos.

§ 2.º São ainda inelegíveis para os cargos de administração de companhia aberta as pessoas declaradas inabilitadas por ato da Comissão de Valores Mobiliários.

§ 3.º O conselheiro deve ter reputação ilibada, não podendo ser eleito, salvo dispensa da assembleia geral, aquele que:

I – ocupar cargos em sociedades que possam ser consideradas concorrentes no mercado, em especial, em conselhos consultivos, de administração ou fiscal; e

II – tiver interesse conflitante com a sociedade.

•• § 3.º acrescentado pela Lei n. 10.303, de 31-10-2001.

§ 4.º A comprovação do cumprimento das condições previstas no § 3.º será efetuada por meio de declaração firmada pelo conselheiro eleito nos termos definidos pela Comissão de Valores Mobiliários, com vistas ao disposto nos arts. 145 e 159, sob as penas da lei.

•• § 4.º acrescentado pela Lei n. 10.303, de 31-10-2001.

Garantia da Gestão

Art. 148. O estatuto pode estabelecer que o exercício do cargo de administrador deva ser assegurado, pelo titular ou por terceiro, mediante penhor de ações da companhia ou outra garantia.

• *Vide* arts. 1.431 e s. do CC (penhor).

Parágrafo único. A garantia só será levantada após aprovação das últimas contas apresentadas pelo administrador que houver deixado o cargo.

Investidura

Art. 149. Os conselheiros e diretores serão investidos nos seus cargos mediante assinatura de termo de posse no livro de atas do Conselho de Administração ou da diretoria, conforme o caso.

§ 1.º Se o termo não for assinado nos 30 (trinta) dias seguintes à nomeação, esta tornar-se-á sem efeito, salvo justificação aceita pelo órgão da administração para o qual tiver sido eleito.

•• Primitivo parágrafo único transformado em § 1.º pela Lei n. 10.303, de 31-10-2001.

§ 2.º O termo de posse deverá conter, sob pena de nulidade, a indicação de pelo menos um domicílio no qual o administrador receberá as citações e intimações em processos administrativos e judiciais relativos a atos de sua gestão, as quais reputar-se-ão cumpridas mediante entrega no domicílio indicado, o qual somente poderá ser alterado mediante comunicação por escrito à companhia.

•• § 2.º acrescentado pela Lei n. 10.303, de 31-10-2001.

Substituição e Término da Gestão

Art. 150. No caso de vacância do cargo de conselheiro, salvo disposição em contrário do estatuto, o substituto será nomeado pelos conselheiros remanescentes e servirá até a primeira assembleia geral. Se ocorrer vacância da maioria dos cargos, a assembleia geral será convocada para proceder a nova eleição.

§ 1.º No caso de vacância de todos os cargos do Conselho de Administração, compete à diretoria convocar a assembleia geral.

§ 2.º No caso de vacância de todos os cargos da diretoria, se a companhia não tiver Conselho de Administração, compete ao Conselho Fiscal, se em funcionamento, ou a qualquer acionista, convocar a assembleia geral, devendo o representante de maior número de ações praticar, até a realização da assembleia, os atos urgentes de administração da companhia.

§ 3.º O substituto eleito para preencher cargo vago completará o prazo de gestão do substituído.

§ 4.º O prazo de gestão do Conselho de Administração ou da diretoria se estende até a investidura dos novos administradores eleitos.

Renúncia

Art. 151. A renúncia do administrador torna-se eficaz, em relação à companhia, desde o momento em que lhe for entregue a comunicação escrita do renunciante, e em relação a terceiros de boa-fé, após arquivamento no Registro do Comércio e publicação, que poderão ser promovidos pelo renunciante.

Remuneração

Art. 152. A assembleia geral fixará o montante global ou individual da remuneração dos administradores, inclusive benefícios de qualquer natureza e verbas de representação, tendo em conta suas responsabilidades, o tempo dedicado às suas funções, sua competência e reputação profissional e o valor dos seus serviços no mercado.

•• *Caput* com redação determinada pela Lei n. 9.457, de 5-5-1997.

§ 1.º O estatuto da companhia que fixar o dividendo obrigatório em 25% (vinte e cinco por cento) ou mais do lucro líquido, pode atribuir aos administradores participação no lucro da companhia, desde que o seu total não ultrapasse a remuneração anual dos administradores nem um décimo dos lucros (art. 190), prevalecendo o limite que for menor.

• *Vide* art. 274 desta Lei.

§ 2.º Os administradores somente farão jus à participação nos lucros do exercício social em relação ao qual for atribuído aos acionistas o dividendo obrigatório, de que trata o art. 202.

Seção IV
Deveres e Responsabilidades

• *Vide* art. 106, § 1.º, da Lei n. 12.529, de 30-11-2011, que estrutura o Sistema Brasileiro de Defesa da Concorrência, dispõe sobre a prevenção e repressão às infrações contra a ordem econômica e dá outras providências.

• *Vide* art. 165 desta Lei.

Dever de Diligência

Art. 153. O administrador da companhia deve empregar, no exercício de suas funções, o cuidado e diligência que todo homem ativo e probo costuma empregar na administração dos seus próprios negócios.

•• O Parecer de Orientação CVM n. 35, de 1.º-9-2008, estabelece os procedimentos adequados para dar cumprimento aos deveres fiduciários dos administradores, previstos neste artigo.

•• A Resolução n. 45, de 31-8-2021, da CVM, define como infração grave o descumprimento do disposto neste artigo.

• *Vide* art. 1.011, *caput*, do CC.

Finalidade das Atribuições e Desvio de Poder

Art. 154. O administrador deve exercer as atribuições que a lei e o estatuto lhe conferem para lograr os fins e no interesse da companhia, satisfeitas as exigências do bem público e da função social da empresa.

•• O Parecer de Orientação CVM n. 35, de 1.º-9-2008, estabelece os procedimentos adequados para dar cumprimento aos deveres fiduciários dos administradores, previstos neste artigo.

•• A Resolução n. 45, de 31-8-2021, da CVM, define como infração grave o descumprimento do disposto neste *caput*.

§ 1.º O administrador eleito por grupo ou classe de acionistas tem, para com a companhia, os mesmos deveres que os demais, não podendo, ainda que para defesa do interesse dos que o elegeram, faltar a esses deveres.

•• A Resolução n. 45, de 31-8-2021, da CVM, define como infração grave o descumprimento do disposto neste § 1.º.

§ 2.º É vedado ao administrador:

a) praticar ato de liberalidade à custa da companhia;

b) sem prévia autorização da assembleia geral ou do Conselho de Administração, tomar por empréstimo recursos ou bens da companhia, ou usar, em proveito próprio, de sociedade em que tenha interesse, ou de terceiros, os seus bens, serviços ou crédito;

c) receber de terceiros sem autorização estatutária ou da assembleia geral, qualquer modalidade de vantagem pessoal, direta ou indireta, em razão do exercício de seu cargo.

•• A Resolução n. 45, de 31-8-2021, da CVM, define como infração grave o descumprimento do disposto neste § 2.º.

§ 3.º As importâncias recebidas com infração ao disposto na alínea *c* do § 2.º pertencerão à companhia.

§ 4.º O Conselho de Administração ou a diretoria podem autorizar a prática de atos gratuitos razoáveis em benefício dos empregados ou da comunidade de que participe a empresa, tendo em vista suas responsabilidades sociais.

Dever de Lealdade

Art. 155. O administrador deve servir com lealdade à companhia e manter reserva sobre os seus negócios, sendo-lhe vedado:

•• O Parecer de Orientação CVM n. 35, de 1.º-9-2008, estabelece os procedimentos adequados para dar cumprimento aos deveres fiduciários dos administradores, previstos neste artigo.

•• A Resolução n. 45, de 31-8-2021, da CVM, define como infração grave o descumprimento do disposto neste *caput*.

I – usar, em benefício próprio ou de outrem, com ou sem prejuízo para a companhia, as oportunidades comerciais de que tenha conhecimento em razão do exercício de seu cargo;

II – omitir-se no exercício ou proteção de direitos da companhia ou, visando à obtenção de vantagens, para si ou para outrem, deixar de aproveitar oportunidades de negócio de interesse da companhia;

III – adquirir, para revender com lucro, bem ou direito que sabe necessário à companhia, ou que esta tencione adquirir.

§ 1.º Cumpre, ademais, ao administrador de companhia aberta, guardar sigilo sobre qualquer informação que ainda não tenha sido divulgada para conhecimento do mercado, obtida em razão do cargo e capaz de influir de modo ponderável na cotação de valores mobiliários, sendo-lhe vedado valer-se da informação para obter, para si ou para outrem, vantagem mediante compra ou venda de valores mobiliários.

•• A Resolução n. 45, de 31-8-2021, da CVM, define como infração grave o descumprimento do disposto neste § 1.º.

§ 2.º O administrador deve zelar para que a violação do disposto no § 1.º não possa ocorrer através de subordinados ou terceiros de sua confiança.

•• A Resolução n. 45, de 31-8-2021, da CVM, define como infração grave o descumprimento do disposto neste § 2.º.

§ 3.º A pessoa prejudicada em compra e venda de valores mobiliários, contratada com infração do disposto nos §§ 1.º e 2.º, tem direito de haver do infrator indenização por perdas e danos, a menos que ao contratar já conhecesse a informação.

§ 4.º É vedada a utilização de informação relevante ainda não divulgada, por qualquer pessoa que a ela tenha tido acesso, com a finalidade de auferir vantagem, para si ou para outrem, no mercado de valores mobiliários.

•• § 4.º acrescentado pela Lei n. 10.303, de 31-10-2001.

•• A Resolução n. 45, de 31-8-2021, da CVM, define como infração grave o descumprimento do disposto neste § 4.º.

Conflito de Interesses

Art. 156. É vedado ao administrador intervir em qualquer operação social em que tiver interesse conflitante com o da companhia, bem como na deliberação que a respeito tomarem os demais administradores, cumprindo-lhe cientificá-los do seu impedimento e fazer consignar, em ata de reunião do Conselho de Administração ou da diretoria, a natureza e extensão do seu interesse.

•• A Resolução n. 45, de 31-8-2021, da CVM, define como infração grave o descumprimento do disposto neste *caput*.

§ 1.º Ainda que observado o disposto neste artigo, o administrador somente pode contratar com a companhia em condições razoáveis ou equitativas, idênticas às que prevalecem no mercado ou em que a companhia contrataria com terceiros.

•• A Resolução n. 45, de 31-8-2021, da CVM, define como infração grave o descumprimento do disposto neste § 1.º.

§ 2.º O negócio contratado com infração do disposto no § 1.º é anulável, e o administrador interessado será obrigado a transferir para a companhia as vantagens que dele tiver auferido.

Dever de Informar

Art. 157. O administrador de companhia aberta deve declarar, ao firmar o termo de posse, o número de ações, bônus de subscrição, opções de compra de ações e debêntures conversíveis em ações, de emissão da companhia e de sociedades controladas ou do mesmo grupo, de que seja titular.

§ 1.º O administrador de companhia aberta é obrigado a revelar à assembleia geral ordinária, a pedido de acionistas que representem 5% (cinco por cento) ou mais do capital social:

•• A Resolução n. 70, de 22-3-2022, da CVM, fixa escala reduzindo, em função do capital social, as porcentagens mínimas de participação acionária necessárias ao exercício dos direitos previstos neste § 1.º.

• *Vide* art. 291, *caput*, desta Lei.

a) o número dos valores mobiliários de emissão da companhia ou de sociedades controladas, ou do mesmo grupo, que tiver adquirido ou alienado, diretamente ou através de outras pessoas, no exercício anterior;

b) as opções de compra de ações que tiver contratado ou exercido no exercício anterior;

c) os benefícios ou vantagens, indiretas ou complementares, que tenha recebido ou esteja recebendo da companhia e de sociedades coligadas, controladas ou do mesmo grupo;

d) as condições dos contratos de trabalho que tenham sido firmados pela companhia com os diretores e empregados de alto nível;

e) quaisquer atos ou fatos relevantes nas atividades da companhia.

§ 2.º Os esclarecimentos prestados pelo administrador poderão, a pedido de qualquer acionista, ser reduzidos a escrito, autenticados pela mesa da assembleia, e fornecidos por cópia aos solicitantes.

§ 3.º A revelação dos atos ou fatos de que trata este artigo só poderá ser utilizada no legítimo interesse da companhia ou do acionista, respondendo os solicitantes pelos abusos que praticarem.

§ 4.º Os administradores da companhia aberta são obrigados a comunicar imediatamente à bolsa de valores e a divulgar pela imprensa qualquer deliberação da assembleia geral ou dos órgãos de administração da companhia, ou fato relevante ocorrido nos seus negócios, que possa influir, de modo ponderável, na decisão dos investidores do mercado de vender ou comprar valores mobiliários emitidos pela companhia.

§ 5.º Os administradores poderão recusar-se a prestar a informação (§ 1.º, *e*), ou deixar de divulgá-la (§ 4.º), se entenderem que sua revelação porá em risco interesse legítimo da companhia, cabendo à Comissão de Valores Mobiliários, a pedido dos administradores, de qualquer acionista, ou por iniciativa própria, decidir sobre a prestação de informação e responsabilizar os administradores, se for o caso.

§ 6.º Os administradores da companhia aberta deverão informar imediatamente, nos termos e na forma determinados pela Comissão de Valores Mobiliários, a esta e às bolsas de valores ou entidades do mercado de balcão organizado nas quais os valores mobiliários de emissão da companhia estejam admitidos à negociação, as modificações em suas posições acionárias na companhia.

•• § 6.º acrescentado pela Lei n. 10.303, de 31-10-2001.

Responsabilidade dos Administradores

• *Vide* art. 973 do CC.

Art. 158. O administrador não é pessoalmente responsável pelas obrigações que contrair em nome da sociedade e em virtude de ato regular de gestão; responde, porém, civilmente, pelos prejuízos que causar, quando proceder:

I – dentro de suas atribuições ou poderes, com culpa ou dolo;

II – com violação da lei ou do estatuto.

§ 1.º O administrador não é responsável por atos ilícitos de outros administradores, salvo se com eles for conivente, se negligenciar em descobri-los ou se, deles tendo conhecimento, deixar de agir para impedir a sua prática. Exime-se de responsabilidade o administrador dissidente que faça consignar sua divergência em ata de reunião do órgão de administração ou, não sendo possível, dela dê ciência imediata e por escrito ao órgão da administração, ao Conselho Fiscal, se em funcionamento, ou à assembleia geral.

§ 2.º Os administradores são solidariamente responsáveis pelos prejuízos causados em virtude do não cumprimento dos deveres impostos por lei para assegurar o funcionamento normal da companhia, ainda que, pelo estatuto, tais deveres não caibam a todos eles.

§ 3.º Nas companhias abertas, a responsabilidade de que trata o § 2.º ficará restrita, ressalvado o disposto no § 4.º, aos administradores que, por disposição do estatuto, tenham atribuição específica de dar cumprimento àqueles deveres.

§ 4.º O administrador que, tendo conhecimento do não cumprimento desses deveres por seu predecessor, ou pelo administrador competente nos termos do § 3.º, deixar de comunicar o fato à assembleia geral, tornar-se-á por ele solidariamente responsável.

§ 5.º Responderá solidariamente com o administrador quem, com o fim de obter vantagem para si ou para outrem, concorrer para a prática de ato com violação da lei ou do estatuto.

Ação de Responsabilidade

Art. 159. Compete à companhia, mediante prévia deliberação da assembleia geral, a ação de responsabilidade civil contra o administrador, pelos prejuízos causados ao seu patrimônio.

• *Vide* art. 147, § 4.º, desta Lei.

§ 1.º A deliberação poderá ser tomada em assembleia geral ordinária e, se prevista na ordem do dia, ou for consequência direta de assunto nele incluído, em assembleia geral extraordinária.

§ 2.º O administrador ou administradores contra os quais deva ser proposta a ação ficarão impedidos e deverão ser substituídos na mesma assembleia.

§ 3.º Qualquer acionista poderá promover a ação, se não for proposta no prazo de 3 (três) meses da deliberação da assembleia geral.

§ 4.º Se a assembleia deliberar não promover a ação, poderá ela ser proposta por acionistas que representem 5% (cinco por cento), pelo menos, do capital social.

•• A Resolução n. 70, de 22-3-2022, da CVM, fixa escala reduzindo, em função do capital social, as porcentagens mínimas de participação acionária necessárias ao exercício dos direitos previstos neste § 4.º.

§ 5.º Os resultados da ação promovida por acionista deferem-se à companhia, mas esta deverá indenizá-lo, até o limite daqueles resultados, de todas as despesas em que tiver incorrido, inclusive correção monetária e juros dos dispêndios realizados.

§ 6.º O juiz poderá reconhecer a exclusão da responsabilidade do administrador, se convencido de que este agiu de boa-fé e visando ao interesse da companhia.

§ 7.º A ação prevista neste artigo não exclui a que couber ao acionista ou terceiro diretamente prejudicado por ato de administrador.

Órgãos Técnicos e Consultivos

Art. 160. As normas desta Seção aplicam-se aos membros de quaisquer órgãos, criados pelo estatuto, com funções técnicas ou destinados a aconselhar os administradores.

Capítulo XIII
CONSELHO FISCAL

• *Vide* arts. 1.066 a 1.070 do CC.

• *Vide* art. 26 da Lei n. 13.303, de 30-6-2016.

Composição e Funcionamento

Art. 161. A companhia terá um Conselho Fiscal e o estatuto disporá sobre seu funcionamento, de modo permanente ou nos exercícios sociais em que for instalado a pedido de acionistas.

§ 1.º O Conselho Fiscal será composto de, no mínimo, 3 (três) e, no máximo, 5 (cinco) membros, e suplentes em igual número, acionistas ou não, eleitos pela assembleia geral.

§ 2.º O Conselho Fiscal, quando o funcionamento não for permanente, será instalado pela assembleia geral a pedido de acionistas que representem, no mínimo, um décimo das ações com direito a voto, ou 5% (cinco por cento) das ações sem direito a voto, e cada período de seu funcionamento terminará na primeira assembleia geral ordinária após a sua instalação.

•• A Resolução n. 70, de 22-3-2022, da CVM, fixa escala reduzindo, em função do capital social, as porcentagens mínimas de participação acionária necessárias ao exercício dos direitos previstos neste § 2.º.

• *Vide* art. 291, *caput*, desta Lei.

§ 3.º O pedido de funcionamento do Conselho Fiscal, ainda que a matéria não conste do anúncio de convocação, poderá ser formulado em qualquer assembleia geral, que elegerá os seus membros.

§ 4.º Na constituição do Conselho Fiscal serão observadas as seguintes normas:

a) os titulares de ações preferenciais sem direito a voto, ou com voto restrito, terão direito de eleger, em votação em separado, um membro e respectivo suplente; igual direito terão os acionistas minoritários, desde que representem, em conjunto, 10% (dez por cento) ou mais das ações com direito a voto;

b) ressalvado o disposto na alínea anterior, os demais acionistas com direito a voto poderão eleger os membros efetivos e suplentes que, em qualquer caso, serão em número igual ao dos eleitos nos termos da alínea *a*, mais um.

§ 5.º (*Vetado.*)

•• A Lei n. 10.303, de 31-10-2001, propôs nova redação para este parágrafo, porém teve seu texto vetado.

§ 6.º Os membros do conselho fiscal e seus suplentes exercerão seus cargos até a primeira assembleia geral ordinária que se realizar após a sua eleição, e poderão ser reeleitos.

•• Primitivo § 5.º renumerado pela Lei n. 10.303, de 31-10-2001.

§ 7.º A função de membro do conselho fiscal é indelegável.

•• Primitivo § 6.º renumerado pela Lei n. 10.303, de 31-10-2001.

Requisitos, Impedimentos e Remuneração

Art. 162. Somente podem ser eleitas para o Conselho Fiscal pessoas naturais, residentes no País, diplomadas em curso de nível universitário, ou que tenham exercido, por prazo mínimo de 3 (três) anos, cargo de administrador de empresa ou de conselheiro fiscal.

§ 1.º Nas localidades em que não houver pessoas habilitadas, em número suficiente, para o exercício da função, caberá ao juiz dispensar a companhia da satisfação dos requisitos estabelecidos neste artigo.

§ 2.º Não podem ser eleitos para o Conselho Fiscal, além das pessoas enumeradas nos parágrafos do art. 147, membros de órgãos de administração e empregados da companhia ou de sociedade controlada ou do mesmo grupo, e o cônjuge ou parente, até terceiro grau, de administrador da companhia.

§ 3.º A remuneração dos membros do Conselho Fiscal, além do reembolso, obrigatório, das despesas de locomoção e estada necessárias ao desempenho da função, será fixada pela assembleia geral que os eleger, e não poderá ser inferior, para cada membro em exercício, a 10% (dez por cento) da que, em média, for atribuída a cada diretor, não computados benefícios, verbas da representação e participação nos lucros.

•• § 3.º com redação determinada pela Lei n. 9.457, de 5-5-1997.

Competência

Art. 163. Compete ao conselho fiscal:

•• *Caput* com redação anterior mantida pela Lei n. 10.303, de 31-10-2001.

I – fiscalizar, por qualquer de seus membros, os atos dos administradores e verificar o cumprimento dos seus deveres legais e estatutários;

•• Inciso I com redação determinada pela Lei n. 10.303, de 31-10-2001.

II – opinar sobre o relatório anual da administração, fazendo constar do seu parecer as informações complementares que julgar necessárias ou úteis à deliberação da assembleia geral;

III – opinar sobre as propostas dos órgãos da administração, a serem submetidas à assembleia geral, relativas a modificação do capital social, emissão de debêntures ou bônus de subscrição, planos de investimento ou orçamentos de capital, distribuição de dividendos, transformação, incorporação, fusão ou cisão;

IV – denunciar, por qualquer de seus membros, aos órgãos de administração e, se estes não tomarem as providências necessárias para a proteção dos interesses da companhia, à assembleia geral, os erros, fraudes ou crimes que descobrirem, e sugerir providências úteis à companhia;

•• Inciso IV com redação determinada pela Lei n. 10.303, de 31-10-2001.

V – convocar a assembleia geral ordinária, se os órgãos da administração retardarem por mais de 1 (um) mês essa convocação, e a extraordinária, sempre que ocorrerem motivos graves ou urgentes, incluindo na agenda das assembleias as matérias que considerarem necessárias;

VI – analisar, ao menos trimestralmente, o balancete e demais demonstrações financeiras elaboradas periodicamente pela companhia;

VII – examinar as demonstrações financeiras de exercício social e sobre elas opinar;

VIII – exercer essas atribuições, durante a liquidação, tendo em vista as disposições especiais que a regulam.

§ 1.º Os órgãos de administração são obrigados, através de comunicação por escrito, a colocar à disposição dos membros em exercício do Conselho Fiscal, dentro de 10 (dez) dias, cópias das atas de suas reuniões e, dentro de 15 (quinze) dias do seu recebimento, cópias dos balancetes e demais demonstrações financeiras elaboradas periodicamente e, quando houver, dos relatórios de execução de orçamentos.

§ 2.º O conselho fiscal, a pedido de qualquer dos seus membros, solicitará aos órgãos de administração esclarecimentos ou informações, desde que relativas à sua função fiscalizadora, assim como a elaboração de demonstrações financeiras ou contábeis especiais.

•• § 2.º com redação determinada pela Lei n. 10.303, de 31-10-2001.

§ 3.º Os membros do Conselho Fiscal assistirão às reuniões do Conselho de Administração, se houver, ou da diretoria, em que se deliberar sobre os assuntos em que devam opinar (ns. II, III e VII).

§ 4.º Se a companhia tiver auditores independentes, o conselho fiscal, a pedido de qualquer de seus membros, poderá solicitar-lhes esclarecimentos ou informações, e a apuração de fatos específicos.

•• § 4.º com redação determinada pela Lei n. 9.457, de 5-5-1997.

§ 5.º Se a companhia não tiver auditores independentes, o Conselho Fiscal poderá, para melhor desempenho das suas funções, escolher contador ou firma de auditoria e fixar-lhes os honorários, dentro de níveis razoáveis, vigentes na praça e compatíveis com a dimensão econômica da companhia, os quais serão pagos por esta.

§ 6.º O Conselho Fiscal deverá fornecer ao acionista, ou grupo de acionistas que representem, no mínimo, 5% (cinco por cento) do capital social, sempre que solicitadas, informações sobre matérias de sua competência.

•• A Resolução n. 70, de 22-3-2022, da CVM, fixa escala reduzindo, em função do capital social, as porcentagens mínimas de participação acionária necessárias ao exercício dos direitos previstos neste § 6.º.

§ 7.º As atribuições e poderes conferidos pela lei ao Conselho Fiscal não podem ser outorgados a outro órgão da companhia.

§ 8.º O conselho fiscal poderá, para apurar fato cujo esclarecimento seja necessário ao desempenho de suas funções, formular, com justificativa, questões a serem respondidas por perito e solicitar à diretoria que indique, para esse fim, no prazo máximo de 30 (trinta) dias, três peritos, que podem ser pessoas físicas ou jurídicas, de notório conhecimento na área em questão, entre os quais o conselho fiscal escolherá um, cujos honorários serão pagos pela companhia.

•• § 8.º acrescentado pela Lei n. 9.457, de 5-5-1997.

Pareceres e Representações

Art. 164. Os membros do Conselho Fiscal, ou ao menos um deles, deverão comparecer às reuniões da assembleia geral e responder aos pedidos de informações formulados pelos acionistas.

Parágrafo único. Os pareceres e representações do conselho fiscal, ou de qualquer um de seus membros, poderão ser apresentados e lidos na assembleia geral, independentemente de publicação e ainda que a matéria não conste da ordem do dia.

•• Parágrafo único com redação determinada pela Lei n. 10.303, de 31-10-2001.

Deveres e Responsabilidades

Art. 165. Os membros do conselho fiscal têm os mesmos deveres dos administradores de que tratam os arts. 153 a 156 e respondem pelos danos resultantes de omissão no cumprimento de seus deveres e de atos praticados com culpa ou dolo, ou com violação da lei ou do estatuto.

•• *Caput* com redação anterior mantida pela Lei n. 10.303, de 31-10-2001.

•• A Resolução n. 45, de 31-8-2021, da CVM, define como infração grave o descumprimento do disposto neste *caput*.

§ 1.º Os membros do conselho fiscal deverão exercer suas funções no exclusivo interesse da companhia; considerar-se-á abusivo o exercício da função com o fim de causar dano à companhia, ou aos seus acionistas ou administradores, ou de obter, para si ou para outrem, vantagem a que não faz jus e de que resulte, ou possa resultar, prejuízo para a companhia, seus acionistas ou administradores.

•• § 1.º com redação determinada pela Lei n. 10.303, de 31-10-2001.

•• A Resolução n. 45, de 31-8-2021, da CVM, define como infração grave o descumprimento do disposto neste § 1.º.

§ 2.º O membro do conselho fiscal não é responsável pelos atos ilícitos de outros membros, salvo se com eles foi conivente, ou se concorrer para a prática do ato.

•• Primitivo § 1.º renumerado pela Lei n. 10.303, de 31-10-2001.

•• A Resolução n. 45, de 31-8-2021, da CVM, define como infração grave o descumprimento do disposto neste § 2.º.

§ 3.º A responsabilidade dos membros do conselho fiscal por omissão no cumprimento de seus deveres é solidária, mas dela se exime o membro dissidente que fizer consignar sua divergência em ata da reunião do órgão e a comunicar aos órgãos da administração e à assembleia geral.

•• Primitivo § 2.º renumerado pela Lei n. 10.303, de 31-10-2001.

Art. 165-A. Os membros do conselho fiscal da companhia aberta deverão informar imediatamente as modificações em suas posições acionárias na companhia à Comissão de Valores Mobiliários e às Bolsas de Valores ou entidades do mercado de balcão organizado nas quais os valores mobiliários de emissão da companhia estejam admitidos à negociação, nas condições e na forma determinadas pela Comissão de Valores Mobiliários.

•• Artigo acrescentado pela Lei n. 10.303, de 31-10-2001.

Capítulo XIV
MODIFICAÇÃO DO CAPITAL SOCIAL

Seção I
Aumento

• *Vide* art. 1.081 do CC.

Competência

Art. 166. O capital social pode ser aumentado:

I – por deliberação da assembleia geral ordinária, para correção da expressão monetária do seu valor (art. 167);

II – por deliberação da assembleia geral ou do Conselho de Administração, observado o que a respeito dispuser o estatuto, nos casos de emissão de ações dentro do limite autorizado no estatuto (art. 168);

III – por conversão, em ações, de debêntures ou partes beneficiárias e pelo exercício de direitos conferidos por bônus de subscrição, ou de opção de compra de ações;

IV – por deliberação da assembleia geral extraordinária convocada para decidir sobre reforma do estatuto social, no caso de inexistir autorização de aumento, ou de estar a mesma esgotada.

§ 1.º Dentro dos 30 (trinta) dias subsequentes à efetivação do aumento, a companhia requererá ao Registro do Comércio a sua averbação, nos casos dos ns. I a III, ou o arquivamento da ata da assembleia de reforma do estatuto, no caso do n. IV.

§ 2.º O Conselho Fiscal, se em funcionamento, deverá, salvo nos casos do n. III, ser obrigatoriamente ouvido antes da deliberação sobre o aumento de capital.

Correção Monetária Anual

Art. 167. A reserva de capital constituída por ocasião do balanço de encerramento do exercício social e resultante da correção monetária do capital realizado (art. 182, § 2.º) será capitalizada por deliberação da assembleia geral ordinária que aprovar o balanço.

§ 1.º Na companhia aberta, a capitalização prevista neste artigo será feita sem modificação do número de ações emitidas e com aumento do valor nominal das ações, se for o caso.

§ 2.º A companhia poderá deixar de capitalizar o saldo da reserva correspondente às frações de centavo do valor nominal das ações, ou, se não tiverem valor nominal, à fração inferior a 1% (um por cento) do capital social.

§ 3.º Se a companhia tiver ações com e sem valor nominal, a correção do capital correspondente às ações com valor nominal será feita separadamente, sendo a reserva resultante capitalizada em benefício dessas ações.

Capital Autorizado

Art. 168. O estatuto pode conter autorização para aumento do capital social independentemente de reforma estatutária.

§ 1.º A autorização deverá especificar:

a) o limite de aumento, em valor do capital ou em número de ações, e as espécies e classes das ações que poderão ser emitidas;

b) o órgão competente para deliberar sobre as emissões, que poderá ser a assembleia geral ou o Conselho de Administração;

c) as condições a que estiverem sujeitas as emissões;

d) os casos ou as condições em que os acionistas terão direito de preferência para subscrição, ou de inexistência desse direito (art. 172).

§ 2.º O limite de autorização, quando fixado em valor do capital social, será anualmente corrigido pela assembleia geral ordinária, com base nos mesmos índices adotados na correção do capital social.

§ 3.º O estatuto pode prever que a companhia, dentro do limite de capital autorizado, e de acordo com plano aprovado pela assembleia geral, outorgue opção de compra de ações a seus administradores ou empregados, ou a pessoas naturais que prestem serviços à companhia ou à sociedade sob seu controle.

Capitalização de Lucros e Reservas

Art. 169. O aumento mediante capitalização de lucros ou de reservas importará alteração do valor nominal das ações ou distribuição das ações novas, correspondentes ao aumento, entre acionistas, na proporção do número de ações que possuírem.

§ 1.º Na companhia com ações sem valor nominal, a capitalização de lucros ou de reservas poderá ser efetivada sem modificação do número de ações.

§ 2.º Às ações distribuídas de acordo com este artigo se estenderão, salvo cláusula em contrário dos instrumentos que os tenham constituído, o usufruto, o fideicomisso, a inalienabilidade e a incomunicabilidade que porventura gravarem as ações de que elas forem derivadas.

• *Vide* arts. 1.390 e s. (usufruto) e 1.911 do CC.

§ 3.º As ações que não puderem ser atribuídas por inteiro a cada acionista serão vendidas em Bolsa, dividindo-se o produto da venda, proporcionalmente, pelos titulares das frações; antes da venda, a companhia fixará prazo, não inferior a 30 (trinta) dias, durante o qual os acionistas poderão transferir as frações de ação.

Aumento mediante Subscrição de Ações

Art. 170. Depois de realizados três quartos, no mínimo, do capital social, a companhia pode aumentá-lo mediante subscrição pública ou particular de ações.

§ 1.º O preço de emissão deverá ser fixado, sem diluição injustificada da participação dos antigos acionistas, ainda que tenham direito de preferência para subscrevê-las, tendo em vista, alternativa ou conjuntamente:

•• § 1.º, *caput*, com redação determinada pela Lei n. 9.457, de 5-5-1997.

•• A Resolução n. 45, de 31-8-2021, da CVM, define como infração grave o descumprimento do disposto neste parágrafo.

I – a perspectiva de rentabilidade da companhia;

•• Inciso I com redação determinada pela Lei n. 9.457, de 5-5-1997.

II – o valor do patrimônio líquido da ação;

•• Inciso II com redação determinada pela Lei n. 9.457, de 5-5-1997.

III – a cotação de suas ações em Bolsa de Valores ou no mercado de balcão organizado, admitido ágio ou deságio em função das condições do mercado.

•• Inciso III com redação determinada pela Lei n. 9.457, de 5-5-1997.

§ 2.º A assembleia geral, quando for de sua competência deliberar sobre o aumento, poderá delegar ao Conselho de Administração a fixação do preço de emissão de ações a serem distribuídas no mercado.

§ 3.º A subscrição de ações para realização em bens será sempre procedida com observância do disposto no art. 8.º, e a ela se aplicará o disposto nos §§ 2.º e 3.º do art. 98.

§ 4.º As entradas e as prestações da realização das ações poderão ser recebidas pela companhia independentemente de depósito bancário.

§ 5.º No aumento de capital observar-se-á, se mediante subscrição pública, o disposto no art. 82, e se mediante subscrição particular, o que a respeito for deliberado pela assembleia geral ou pelo Conselho de Administração, conforme dispuser o estatuto.

§ 6.º Ao aumento de capital aplica-se, no que couber, o disposto sobre a constituição da companhia, exceto na parte final do § 2.º do art. 82.

§ 7.º A proposta de aumento do capital deverá esclarecer qual o critério adotado, nos termos do § 1.º deste artigo, justificando pormenorizadamente os aspectos econômicos que determinaram a sua escolha.

•• § 7.º acrescentado pela Lei n. 9.457, de 5-5-1997.

•• A Resolução n. 45, de 31-8-2021, da CVM, define como infração grave o descumprimento do disposto neste parágrafo.

Direito de Preferência

Art. 171. Na proporção do número de ações que possuírem, os acionistas terão preferência para a subscrição do aumento de capital.

• *Vide* art. 253, parágrafo único, desta Lei.

• *Vide* art. 1.081, § 1.º, do CC.

§ 1.º Se o capital for dividido em ações de diversas espécies ou classes e o aumento for feito por emissão de mais de uma espécie ou classe, observar-se-ão as seguintes normas:

a) no caso de aumento, na mesma proporção, do número de ações de todas as espécies e classes existentes, cada acionista exercerá o direito de preferência sobre ações idênticas às de que for possuidor;

b) se as ações emitidas forem de espécies e classes existentes, mas importarem alteração das respectivas proporções no capital social, a preferência será exercida sobre ações de espécies e classes idênticas às de que forem possuidores os acionistas, somente se estendendo às demais se aquelas forem insuficientes para lhes assegurar, no capital aumentado, a mesma proporção que tinham no capital antes do aumento;

c) se houver emissão de ações de espécie ou classe diversa das existentes, cada acionista exercerá a preferência, na proporção do número de ações que possuir, sobre ações de todas as espécies e classes do aumento.

§ 2.º No aumento mediante capitalização de créditos ou subscrição em bens, será sempre assegurado aos acionistas o direito de preferência e, se for o caso, as importâncias por eles pagas serão entregues ao titular do crédito a ser capitalizado ou do bem a ser incorporado.

§ 3.º Os acionistas terão direito de preferência para subscrição das emissões de debêntures conversíveis em ações, bônus de subscrição e partes beneficiárias conversíveis em ações emitidas para alienação onerosa; mas na conversão desses títulos em ações, ou na outorga e no exercício de opção de compra de ações, não haverá direito de preferência.

§ 4.º O estatuto ou a assembleia geral fixará prazo de decadência, não inferior a 30 (trinta) dias, para o exercício do direito de preferência.

• *Vide* art. 172 desta Lei.

§ 5.º No usufruto e no fideicomisso, o direito de preferência, quando não exercido pelo acionista até 10 (dez) dias antes do vencimento do prazo, poderá sê-lo pelo usufrutuário ou fideicomissário.

• *Vide* arts. 1.390 e s. do CC.

§ 6.º O acionista poderá ceder seu direito de preferência.

§ 7.º Na companhia aberta, o órgão que deliberar sobre a emissão mediante subscrição particular deverá dispor sobre as sobras de valores mobiliários não subscritos, podendo:

a) mandar vendê-las em Bolsa, em benefício da companhia; ou

b) rateá-las, na proporção dos valores subscritos, entre os acionistas que tiverem pedido, no boletim ou lista de subscrição, reserva de sobras; nesse caso, a condição constará dos boletins e listas de subscrição e o saldo não rateado será vendido em Bolsa, nos termos da alínea anterior.

§ 8.º Na companhia fechada, será obrigatório o rateio previsto na alínea *b* do § 7.º, podendo o saldo, se houver, ser subscrito por terceiros, de acordo com os critérios estabelecidos pela assembleia geral ou pelos órgãos da administração.

Exclusão do Direito de Preferência

Art. 172. O estatuto da companhia aberta que contiver autorização para o aumento do capital pode prever a emissão, sem direito de preferência para os antigos acionistas, ou com redução do prazo de que trata o § 4.º do art. 171, de ações e debêntures conversíveis em ações, ou bônus de subscrição, cuja colocação seja feita mediante:

•• *Caput* com redação determinada pela Lei n. 10.303, de 31-10-2001.

I – venda em Bolsa de Valores ou subscrição pública; ou

II – permuta por ações, em oferta pública de aquisição de controle, nos termos dos arts. 257 e 263.

•• Inciso II com redação determinada pela Lei n. 10.303, de 31-10-2001.

Parágrafo único. O estatuto da companhia, ainda que fechada, pode excluir o direito de preferência para subscrição de ações nos termos de lei especial sobre incentivos fiscais.

Seção II
Redução

Art. 173. A assembleia geral poderá deliberar a redução do capital social se houver perda, até o montante dos prejuízos acumulados, ou se julgá-lo excessivo.

• *Vide* art. 1.082, II, do CC.

§ 1.º A proposta de redução do capital social, quando de iniciativa dos administradores, não poderá ser submetida à deliberação da assembleia geral sem o parecer do Conselho Fiscal, se em funcionamento.

§ 2.º A partir da deliberação de redução ficarão suspensos os direitos correspondentes às ações cujos certificados tenham sido emitidos, até que sejam apresentados à companhia para substituição.

Oposição dos Credores

Art. 174. Ressalvado o disposto nos arts. 45 e 107, a redução do capital social com restituição aos acionistas de parte do valor das ações, ou pela diminuição do valor destas, quando não integralizadas, à importância das entradas, só se tornará efetiva 60 (sessenta) dias após a publicação da ata da assembleia geral que a tiver deliberado.

§ 1.º Durante o prazo previsto neste artigo, os credores quirografários por títulos anteriores à data da publicação da ata poderão, mediante notificação, de que se dará ciência ao Registro do Comércio da sede da companhia, opor-se à redução do capital; decairão desse direito os credores que o não exercerem dentro do prazo.

§ 2.º Findo o prazo, a ata da assembleia geral que houver deliberado a redução poderá ser arquivada se não tiver havido oposição ou, se tiver havido oposição de algum credor, desde que feita a prova do pagamento do seu crédito ou do depósito judicial da importância respectiva.

§ 3.º Se houver em circulação debêntures emitidas pela companhia, a redução do capital, nos casos previstos neste artigo, não poderá ser efetivada sem prévia aprovação pela maioria dos debenturistas, reunidos em assembleia especial.

Capítulo XV
EXERCÍCIO SOCIAL E DEMONSTRAÇÕES FINANCEIRAS

• *Vide* arts. 1.179 a 1.195 (escrituração) do CC.

Seção I
Exercício Social

Art. 175. O exercício social terá duração de 1 (um) ano e a data do término será fixada no estatuto.

Parágrafo único. Na constituição da companhia e nos casos de alteração estatutária o exercício social poderá ter duração diversa.

Seção II
Demonstrações Financeiras

Disposições Gerais

Art. 176. Ao fim de cada exercício social, a diretoria fará elaborar, com base na escrituração mercantil da companhia, as seguintes demonstrações financeiras, que deverão exprimir com clareza a situação do patrimônio da companhia e as mutações ocorridas no exercício:

I – balanço patrimonial;

II – demonstração dos lucros ou prejuízos acumulados;

III – demonstração do resultado do exercício; e

IV – demonstração dos fluxos de caixa; e

•• Inciso IV com redação determinada pela Lei n. 11.638, de 28-12-2007.

• *Vide* art. 188 desta Lei.

V – se companhia aberta, demonstração do valor adicionado.

•• Inciso V acrescentado pela Lei n. 11.638, de 28-12-2007.

• *Vide* art. 188 desta Lei.

§ 1.º As demonstrações de cada exercício serão publicadas com a indicação dos valores correspondentes das demonstrações do exercício anterior.

§ 2.º Nas demonstrações, as contas semelhantes poderão ser agrupadas; os pequenos saldos poderão ser agregados, desde que indicada a sua natureza e não ultrapassem um décimo do valor do respectivo grupo de contas; mas é vedada a utilização de designações genéricas, como "diversas contas" ou "contas correntes".

§ 3.º As demonstrações financeiras registrarão a destinação dos lucros segundo a proposta dos órgãos da administração, no pressuposto de sua aprovação pela assembleia geral.

§ 4.º As demonstrações serão complementadas por notas explicativas e outros quadros analíticos ou demonstrações contábeis necessários para esclarecimento da situação patrimonial e dos resultados do exercício.

§ 5.º As notas explicativas devem:

•• § 5.º, *caput*, com redação determinada pela Lei n. 11.941, de 27-5-2009.

I – apresentar informações sobre a base de preparação das demonstrações financeiras e das práticas contábeis específicas selecionadas e aplicadas para negócios e eventos significativos;

•• Inciso I acrescentado pela Lei n. 11.941, de 27-5-2009.

II – divulgar as informações exigidas pelas práticas contábeis adotadas no Brasil que não estejam apresentadas em nenhuma outra parte das demonstrações financeiras;

•• Inciso II acrescentado pela Lei n. 11.941, de 27-5-2009.

III – fornecer informações adicionais não indicadas nas próprias demonstrações financeiras e consideradas necessárias para uma apresentação adequada; e

•• Inciso III acrescentado pela Lei n. 11.941, de 27-5-2009.

IV – indicar:

•• Inciso IV, *caput*, acrescentado pela Lei n. 11.941, de 27-5-2009.

a) os principais critérios de avaliação dos elementos patrimoniais, especialmente estoques, dos cálculos de depreciação, amortização e exaustão, de constituição de provisões para encargos ou riscos, e dos ajustes para atender a perdas prováveis na realização de elementos do ativo;

•• Alínea *a* acrescentada pela Lei n. 11.941, de 27-5-2009.

b) os investimentos em outras sociedades, quando relevantes (art. 247, parágrafo único);

•• Alínea *b* acrescentada pela Lei n. 11.941, de 27-5-2009.

c) o aumento de valor de elementos do ativo resultante de novas avaliações (art. 182, § 3.º);

•• Alínea *c* acrescentada pela Lei n. 11.941, de 27-5-2009.

d) os ônus reais constituídos sobre elementos do ativo, as garantias prestadas a terceiros e outras responsabilidades eventuais ou contingentes;

•• Alínea *d* acrescentada pela Lei n. 11.941, de 27-5-2009.

e) a taxa de juros, as datas de vencimento e as garantias das obrigações a longo prazo;

•• Alínea *e* acrescentada pela Lei n. 11.941, de 27-5-2009.

f) o número, espécies e classes das ações do capital social;

•• Alínea *f* acrescentada pela Lei n. 11.941, de 27-5-2009.

g) as opções de compra de ações outorgadas e exercidas no exercício;

•• Alínea *g* acrescentada pela Lei n. 11.941, de 27-5-2009.

h) os ajustes de exercícios anteriores (art. 186, § 1.º); e

•• Alínea *h* acrescentada pela Lei n. 11.941, de 27-5-2009.

i) os eventos subsequentes à data de encerramento do exercício que tenham, ou possam vir a ter, efeito relevante sobre a situação financeira e os resultados futuros da companhia.

•• Alínea *i* acrescentada pela Lei n. 11.941, de 27-5-2009.

§ 6.º A companhia fechada com patrimônio líquido, na data do balanço, inferior a R$ 2.000.000,00 (dois milhões de reais) não será obrigada à elaboração e publicação da demonstração dos fluxos de caixa.

•• § 6.º com redação determinada pela Lei n. 11.638, de 28-12-2007.

§ 7.º A Comissão de Valores Mobiliários poderá, a seu critério, disciplinar de forma diversa o registro de que trata o § 3.º deste artigo.

•• § 7.º acrescentado pela Lei n. 11.941, de 27-5-2009.

Escrituração

Art. 177. A escrituração da companhia será mantida em registros permanentes, com obediência aos preceitos da legislação comercial e desta Lei e aos princípios de contabilidade geralmente aceitos, devendo observar métodos ou critérios contábeis uniformes no tempo e registrar as mutações patrimoniais segundo o regime de competência.

§ 1.º As demonstrações financeiras do exercício em que houver modificação de métodos ou critérios contábeis, de efeitos relevantes, deverão indicá-la em nota e ressaltar esses efeitos.

§ 2.º A companhia observará exclusivamente em livros ou registros auxiliares, sem qualquer modificação da escrituração mercantil e das demonstrações reguladas nesta Lei, as disposições da lei tributária, ou de legislação especial sobre a atividade que constitui seu objeto, que prescrevam, conduzam ou incentivem a utilização de métodos ou critérios contábeis diferentes ou determinem registros, lançamentos ou ajustes ou a elaboração de outras demonstrações financeiras.

•• § 2.º, *caput*, com redação determinada pela Lei n. 11.941, de 27-5-2009.

I e II – (*Revogados pela Lei n. 11.941, de 27-5-2009.*)

§ 3.º As demonstrações financeiras das companhias abertas observarão, ainda, as normas expedidas pela Comissão de Valores Mobiliários e serão obrigatoriamente submetidas a auditoria por auditores independentes nela registrados.

•• § 3.º com redação determinada pela Lei n. 11.941, de 27-5-2009.

§ 4.º As demonstrações financeiras serão assinadas pelos administradores e por contabilistas legalmente habilitados.

§ 5.º As normas expedidas pela Comissão de Valores Mobiliários a que se refere o § 3.º deste artigo deverão ser elaboradas em consonância com os padrões internacionais de contabilidade adotados nos principais mercados de valores mobiliários.

•• § 5.º acrescentado pela Lei n. 11.638, de 28-12-2007.

§ 6.º As companhias fechadas poderão optar por observar as normas sobre demonstrações financeiras expedidas pela Comissão de Valores Mobiliários para as companhias abertas.

•• § 6.º acrescentado pela Lei n. 11.638, de 28-12-2007.

§ 7.º (*Revogado pela Lei n. 11.941, de 27-5-2009.*)

Seção III
Balanço Patrimonial

Grupo de Contas

Art. 178. No balanço, as contas serão classificadas segundo os elementos do patrimônio que registrem, e agrupadas de modo a facilitar o conhecimento e a análise da situação financeira da companhia.

§ 1.º No ativo, as contas serão dispostas em ordem decrescente de grau de liquidez dos elementos nelas registrados, nos seguintes grupos:

I – ativo circulante; e

•• Inciso I acrescentado pela Lei n. 11.941, de 27-5-2009.

II – ativo não circulante, composto por ativo realizável a longo prazo, investimentos, imobilizado e intangível.

•• Inciso II acrescentado pela Lei n. 11.941, de 27-5-2009.

§ 2.º No passivo, as contas serão classificadas nos seguintes grupos:

I – passivo circulante;

•• Inciso I acrescentado pela Lei n. 11.941, de 27-5-2009.

II – passivo não circulante; e

•• Inciso II acrescentado pela Lei n. 11.941, de 27-5-2009.

III – patrimônio líquido, dividido em capital social, reservas de capital, ajustes de avaliação patrimonial, reservas de lucros, ações em tesouraria e prejuízos acumulados.

•• Inciso III acrescentado pela Lei n. 11.941, de 27-5-2009.

§ 3.º Os saldos devedores e credores que a companhia não tiver direito de compensar serão classificados separadamente.

Ativo

Art. 179. As contas serão classificadas do seguinte modo:

I – no ativo circulante: as disponibilidades, os direitos realizáveis no curso do exercício social subsequente e as aplicações de recursos em despesas do exercício seguinte;

II – no ativo realizável a longo prazo: os direitos realizáveis após o término do exercício seguinte, assim como os derivados de vendas, adiantamentos ou empréstimos a sociedades coligadas ou controladas (art. 243), diretores, acionistas ou participantes no lucro da companhia, que não constituírem negócios usuais na exploração do objeto da companhia;

III – em investimentos: as participações permanentes em outras sociedades e os direitos de qualquer natureza, não classificáveis no ativo circulante, e que não se destinem à manutenção da atividade da companhia ou da empresa;

IV – no ativo imobilizado: os direitos que tenham por objeto bens corpóreos destinados à manutenção das atividades da companhia ou da empresa ou exercidos com essa finalidade, inclusive os decorrentes de operações que transfiram à companhia os benefícios, riscos e controle desses bens;

•• Inciso IV com redação determinada pela Lei n. 11.638, de 28-12-2007.

V – (*Revogado pela Lei n. 11.941, de 27-5-2009.*)

VI – no intangível: os direitos que tenham por objeto bens incorpóreos destinados à manutenção da companhia ou exercidos com essa finalidade, inclusive o fundo de comércio adquirido.

•• Inciso VI acrescentado pela Lei n. 11.638, de 28-12-2007.

Parágrafo único. Na companhia em que o ciclo operacional da empresa tiver duração maior que o exercício social, a classificação no circulante ou longo prazo terá por base o prazo desse ciclo.

Art. 180. As obrigações da companhia, inclusive financiamentos para aquisição de direitos do ativo não circulante, serão classificadas no passivo circulante, quando se vencerem no exercício seguinte, e no passivo não circulante, se tiverem vencimento em prazo maior, observado o disposto no parágrafo único do art. 179 desta Lei.

•• Artigo com redação determinada pela Lei n. 11.941, de 27-5-2009.

Resultados de Exercícios Futuros

Art. 181. (*Revogado pela Lei n. 11.941, de 27-5-2009.*)

Patrimônio Líquido

Art. 182. A conta do capital social discriminará o montante subscrito e, por dedução, a parcela ainda não realizada.

§ 1.º Serão classificadas como reservas de capital as contas que registrarem:

• *Vide* arts. 193, § 1.º, e 204, § 1.º, desta Lei.

a) a contribuição do subscritor de ações que ultrapassar o valor nominal e a parte do preço de emissão das ações, sem valor nominal, que ultrapassar a importância destinada à formação do capital social, inclusive nos casos de conversão em ações de debêntures ou partes beneficiárias;

b) o produto da alienação de partes beneficiárias e bônus de subscrição;

c) e ***d)*** (*Revogadas pela Lei n. 11.638, de 28-12-2007.*)

§ 2.º Será ainda registrado como reserva de capital o resultado da correção monetária do capital realizado, enquanto não capitalizado.

§ 3.º Serão classificadas como ajustes de avaliação patrimonial, enquanto não computadas no resultado do exercício em obediência ao regime de competência, as contrapartidas de aumentos ou diminuições de valor atribuídos a elementos do ativo e do passivo, em decorrência da sua avaliação a valor justo, nos casos previstos nesta Lei ou, em normas expedidas pela Comissão de Valores Mobiliários, com base na competência conferida pelo § 3.º do art. 177 desta Lei.

•• § 3.º com redação determinada pela Lei n. 11.941, de 27-5-2009.

§ 4.º Serão classificadas como reservas de lucros as contas constituídas pela apropriação de lucros da companhia.

§ 5.º As ações em tesouraria deverão ser destacadas no balanço como dedução da conta do patrimônio líquido que registrar a origem dos recursos aplicados na sua aquisição.

Critérios de Avaliação do Ativo

• *Vide* art. 1.187 do CC.

Art. 183. No balanço, os elementos do ativo serão avaliados segundo os seguintes critérios:

I – as aplicações em instrumentos financeiros, inclusive derivativos, e em direitos e títulos de créditos, classificados no ativo circulante ou no realizável a longo prazo:

•• Inciso I, *caput*, com redação determinada pela Lei n. 11.638, de 28-12-2007.

a) pelo seu valor justo, quando se tratar de aplicações destinadas à negociação ou disponíveis para venda; e

•• Alínea *a* com redação determinada pela Lei n. 11.941, de 27-5-2009.

b) pelo valor de custo de aquisição ou valor de emissão, atualizado conforme disposições legais ou contratuais, ajustado ao valor provável de realização, quando este for inferior, no caso das demais aplicações e os direitos e títulos de crédito;

•• Alínea *b* acrescentada pela Lei n. 11.638, de 28-12-2007.

II – os direitos que tiverem por objeto mercadorias e produtos do comércio da companhia, assim como matérias-primas, produtos em fabricação e bens em almoxarifado, pelo custo de aquisição ou produção, deduzido de provisão para ajustá-lo ao valor de mercado, quando este for inferior;

III – os investimentos em participação no capital social de outras sociedades, ressalvado o disposto nos arts. 248 a 250, pelo custo de aquisição, deduzido de provisão para perdas prováveis na realização do seu valor, quando essa perda estiver comprovada como permanente, e que não será modificado em razão do recebimento, sem custo para a companhia, de ações ou quotas bonificadas;

IV – os demais investimentos, pelo custo de aquisição, deduzido de provisão para atender às perdas prováveis na realização do seu valor, ou para redução do custo de aquisição ao valor de mercado, quando este for inferior;

V – os direitos classificados no imobilizado, pelo custo de aquisição, deduzido do saldo da respectiva conta de depreciação, amortização ou exaustão;

VI – (*Revogado pela Lei n. 11.941, de 27-5-2009.*)

VII – os direitos classificados no intangível, pelo custo incorrido na aquisição deduzido do saldo da respectiva conta de amortização;

•• Inciso VII acrescentado pela Lei n. 11.638, de 28-12-2007.

VIII – os elementos do ativo decorrentes de operações de longo prazo serão ajustados a valor presente, sendo os demais ajustados quando houver efeito relevante.

•• Inciso VIII acrescentado pela Lei n. 11.638, de 28-12-2007.

§ 1.º Para efeitos do disposto neste artigo, considera-se valor justo:

•• § 1.º, *caput*, com redação determinada pela Lei n. 11.941, de 27-5-2009.

• *Vide* art. 256, II, *b*, desta Lei.

a) das matérias-primas e dos bens em almoxarifado, o preço pelo qual possam ser repostos, mediante compra no mercado;

b) dos bens ou direitos destinados à venda, o preço líquido de realização mediante venda no mercado, deduzidos os impostos e demais despesas necessárias para a venda, e a margem de lucro;

c) dos investimentos, o valor líquido pelo qual possam ser alienados a terceiros;

d) dos instrumentos financeiros, o valor que pode se obter em um mercado ativo, decorrente de transação não compulsória realizada entre partes independentes; e, na ausência de um mercado ativo para um determinado instrumento financeiro:

1) o valor que se pode obter em um mercado ativo com a negociação de outro instrumento financeiro de natureza, prazo e risco similares;

2) o valor presente líquido dos fluxos de caixa futuros para instrumentos financeiros de natureza, prazo e risco similares; ou

3) o valor obtido por meio de modelos matemático-estatísticos de precificação de instrumentos financeiros.

•• Alínea *d* acrescentada pela Lei n. 11.638, de 28-12-2007.

§ 2.º A diminuição do valor dos elementos dos ativos imobilizado e intangível será registrada periodicamente nas contas de:

•• § 2.º, *caput*, com redação determinada pela Lei n. 11.941, de 27-5-2009.

a) depreciação, quando corresponder à perda do valor dos direitos que têm por objeto bens físicos sujeitos a desgaste ou perda de utilidade por uso, ação da natureza ou obsolescência;

b) amortização, quando corresponder à perda do valor do capital aplicado na aquisição de direitos da propriedade industrial ou comercial e quaisquer outros com existência ou exercício de duração limitada, ou cujo objeto sejam bens de utilização por prazo legal ou contratualmente limitado;

c) exaustão, quando corresponder à perda do valor, decorrente da sua exploração, de direitos cujo objeto sejam recursos minerais ou florestais, ou bens aplicados nessa exploração.

§ 3.º A companhia deverá efetuar, periodicamente, análise sobre a recuperação dos valores registrados no imobilizado e no intangível, a fim de que sejam:

•• § 3.º, *caput*, com redação determinada pela Lei n. 11.941, de 27-5-2009.

I – registradas as perdas de valor do capital aplicado quando houver decisão de interromper os empreendimentos ou atividades a que se destinavam ou quando comprovado que não poderão produzir resultados suficientes para recuperação desse valor; ou

•• Inciso I acrescentado pela Lei n. 11.638, de 28-12-2007.

II – revisados e ajustados os critérios utilizados para determinação da vida útil econômica estimada e para cálculo da depreciação, exaustão e amortização.

•• Inciso II acrescentado pela Lei n. 11.638, de 28-12-2007.

§ 4.º Os estoques de mercadorias fungíveis destinadas à venda poderão ser avaliados pelo valor de mercado, quando esse for o costume mercantil aceito pela técnica contábil.

Critérios de Avaliação do Passivo

Art. 184. No balanço, os elementos do passivo serão avaliados de acordo com os seguintes critérios:

I – as obrigações, encargos e riscos, conhecidos ou calculáveis, inclusive Imposto de Renda a pagar com base no resultado do exercício, serão computados pelo valor atualizado até a data do balanço;

II – as obrigações em moeda estrangeira, com cláusula de paridade cambial, serão convertidas em moeda nacional à taxa de câmbio em vigor na data do balanço;

III – as obrigações, os encargos e os riscos classificados no passivo não circulante serão ajustados ao seu valor presente, sendo os demais ajustados quando houver efeito relevante.

•• Inciso III com redação determinada pela Lei n. 11.941, de 27-5-2009.

Critérios de Avaliação em Operações Societárias

Art. 184-A. A Comissão de Valores Mobiliários estabelecerá, com base na competência conferida pelo § 3.º do art. 177 desta Lei, normas especiais de avaliação e contabilização aplicáveis à aquisição de controle, participações societárias ou negócios.

•• Artigo acrescentado pela Lei n. 11.941, de 27-5-2009.

Correção Monetária

Art. 185. (*Revogado pela Lei n. 7.730, de 31-1-1989.*)

Seção IV
Demonstração de Lucros ou Prejuízos Acumulados

Art. 186. A demonstração dos lucros ou prejuízos acumulados discriminará:

I – o saldo do início do período, os ajustes de exercícios anteriores e a correção monetária do saldo inicial;

II – as reversões de reservas e o lucro líquido do exercício;

III – as transferências para reservas, os dividendos, a parcela dos lucros incorporada ao capital e o saldo ao fim do período.

§ 1.º Como ajustes de exercícios anteriores serão considerados apenas os decorrentes de efeitos da mudança de critério contábil, ou da retificação de erro imputável a determinado exercício anterior, e que não possam ser atribuídos a fatos subsequentes.

§ 2.º A demonstração de lucros ou prejuízos acumulados deverá indicar o montante do dividendo por ação do capital social e poderá ser incluída na demonstração das mutações do patrimônio líquido, se elaborada e publicada pela companhia.

Seção V
Demonstração do Resultado do Exercício

Art. 187. A demonstração do resultado do exercício discriminará:

I – a receita bruta das vendas e serviços, as deduções das vendas, os abatimentos e os impostos;

II – a receita líquida das vendas e serviços, o custo das mercadorias e serviços vendidos e o lucro bruto;

III – as despesas com as vendas, as despesas financeiras, deduzidas das receitas, as despesas gerais e administrativas, e outras despesas operacionais;

IV – o lucro ou prejuízo operacional, as outras receitas e as outras despesas;

•• Inciso IV com redação determinada pela Lei n. 11.941, de 27-5-2009.

V – o resultado do exercício antes do Imposto de Renda e a provisão para o imposto;

VI – as participações de debêntures, empregados, administradores e partes beneficiárias, mesmo na forma de instrumentos financeiros, e de instituições ou fundos de assistência ou previdência de empregados, que não se caracterizem como despesa;

•• Inciso VI com redação determinada pela Lei n. 11.941, de 27-5-2009.

VII – o lucro ou prejuízo líquido do exercício e o seu montante por ação do capital social.

• *Vide* art. 256, II, *c*, desta Lei.

§ 1.º Na determinação do resultado do exercício serão computados:

a) as receitas e os rendimentos ganhos no período, independentemente da sua realização em moeda; e

b) os custos, despesas, encargos e perdas, pagos ou incorridos, correspondentes a essas receitas e rendimentos.

§ 2.º (*Revogado pela Lei n. 11.638, de 28-12-2007.*)

Seção VI
Demonstrações dos Fluxos de Caixa e do Valor Adicionado

•• Seção VI com denominação determinada pela Lei n. 11.638, de 28-12-2007.

Art. 188. As demonstrações referidas nos incisos IV e V do *caput* do art. 176 desta Lei indicarão, no mínimo:

•• *Caput* com redação determinada pela Lei n. 11.638, de 28-12-2007.

I – demonstração dos fluxos de caixa – as alterações ocorridas, durante o exercício, no saldo de caixa e equivalentes de caixa, segregando-se essas alterações em, no mínimo, 3 (três) fluxos:

•• Inciso I, *caput*, com redação determinada pela Lei n. 11.638, de 28-12-2007.

a) das operações;

•• Alínea *a* com redação determinada pela Lei n. 11.638, de 28-12-2007.

b) dos financiamentos; e

•• Alínea *b* com redação determinada pela Lei n. 11.638, de 28-12-2007.

c) dos investimentos;

•• Alínea *c* com redação determinada pela Lei n. 11.638, de 28-12-2007.

II – demonstração do valor adicionado – o valor da riqueza gerada pela companhia, a sua distribuição entre os elementos que contribuíram para a geração dessa riqueza, tais como empregados, financiadores, acionistas, governo e outros, bem como a parcela da riqueza não distribuída;

•• Inciso II com redação determinada pela Lei n. 11.638, de 28-12-2007.

III e IV – (*Revogados pela Lei n. 11.941, de 27-5-2009.*)

Capítulo XVI
LUCROS, RESERVAS E DIVIDENDOS

Seção I
Lucro

Dedução de Prejuízos e Imposto sobre a Renda

Art. 189. Do resultado do exercício serão deduzidos, antes de qualquer participação, os prejuízos acumulados e a provisão para o Imposto sobre a Renda.

Parágrafo único. O prejuízo do exercício será obrigatoriamente absorvido pelos lucros acumulados, pelas reservas de lucros e pela reserva legal, nessa ordem.

• *Vide* art. 201, I, desta Lei.

Participações

Art. 190. As participações estatutárias de empregados, administradores e partes beneficiárias serão determinadas, sucessivamente e nessa ordem, com base nos lucros que remanescerem depois de deduzida a participação anteriormente calculada.

Parágrafo único. Aplica-se ao pagamento das participações dos administradores e das partes beneficiárias o disposto nos parágrafos do art. 201.

Lucro Líquido

Art. 191. Lucro líquido do exercício é o resultado do exercício que remanescer depois de deduzidas as participações de que trata o art. 190.

Proposta de Destinação do Lucro

Art. 192. Juntamente com as demonstrações financeiras do exercício, os órgãos da administração da companhia apresentarão à assembleia geral ordinária, observado o disposto nos arts. 193 a 203 e no estatuto, proposta sobre a destinação a ser dada ao lucro líquido do exercício.

Seção II
Reservas e Retenção de Lucros

Reserva Legal

Art. 193. Do lucro líquido do exercício, 5% (cinco por cento) serão aplicados, antes de qualquer outra destinação, na constituição da reserva legal, que não excederá de 20% (vinte por cento) do capital social.

• *Vide* art. 202, I, *a*, desta Lei.

§ 1.º A companhia poderá deixar de constituir a reserva legal no exercício em que o saldo dessa reserva, acrescido do montante das reservas de capital de que trata o § 1.º do art. 182, exceder de 30% (trinta por cento) do capital social.

§ 2.º A reserva legal tem por fim assegurar a integridade do capital social e somente poderá ser utilizada para compensar prejuízos ou aumentar o capital.

Reservas Estatutárias

Art. 194. O estatuto poderá criar reservas desde que, para cada uma:

• *Vide* art. 198 desta Lei.

I – indique, de modo preciso e completo, a sua finalidade;

II – fixe os critérios para determinar a parcela anual dos lucros líquidos que serão destinados à sua constituição; e

III – estabeleça o limite máximo da reserva.

Reservas para Contingências

Art. 195. A assembleia geral poderá, por proposta dos órgãos da administração, destinar parte do lucro líquido à formação de reserva com a finalidade de compensar, em exercício futuro, a diminuição do lucro decorrente de perda julgada provável, cujo valor possa ser estimado.

• *Vide* art. 202, I, *b*, desta Lei.

§ 1.º A proposta dos órgãos da administração deverá indicar a causa da perda prevista e justificar, com as razões de prudência que a recomendem, a constituição da reserva.

§ 2.º A reserva será revertida no exercício em que deixarem de existir as razões que justificarem a sua constituição ou em que ocorrer a perda.

Reserva de Incentivos Fiscais

Art. 195-A. A assembleia geral poderá, por proposta dos órgãos de administração, destinar para a reserva de incentivos fiscais a parcela do lucro líquido decorrente de doações ou subvenções governamentais para investimentos, que poderá ser excluída da base de cálculo do dividendo obrigatório (inciso I do *caput* do art. 202 desta Lei).

•• Artigo acrescentado pela Lei n. 11.638, de 28-12-2007.

Retenção de Lucros

Art. 196. A assembleia geral poderá, por proposta dos órgãos da administração, deliberar reter parcela do lucro líquido do exercício prevista em orçamento de capital por ela previamente aprovado.

• *Vide* art. 198 desta Lei.

§ 1.º O orçamento, submetido pelos órgãos da administração com a justificativa da retenção de lucros proposta, deverá compreender todas as fontes de recursos e aplicações de capital, fixo ou circulante, e poderá ter a duração de até cinco exercícios, salvo no caso de execução, por prazo maior, de projeto de investimento.

§ 2.º O orçamento poderá ser aprovado pela assembleia geral ordinária que deliberar sobre o balanço do exercício e revisado anualmente, quando tiver duração superior a um exercício social.

•• § 2.º com redação determinada pela Lei n. 10.303, de 31-10-2001.

Reservas de Lucros a Realizar

Art. 197. No exercício em que o montante do dividendo obrigatório, calculado nos termos do estatuto ou do art. 202, ultrapassar a parcela realizada do lucro líquido do exercício, a assembleia geral poderá, por proposta dos órgãos de administração, destinar o excesso à constituição de reserva de lucros a realizar.

•• *Caput* com redação determinada pela Lei n. 10.303, de 31-10-2001.

§ 1.º Para os efeitos deste artigo, considera-se realizada a parcela do lucro líquido do exercício que exceder da soma dos seguintes valores:

•• § 1.º, *caput*, acrescentado pela Lei n. 10.303, de 31-10-2001.

I – o resultado líquido positivo da equivalência patrimonial (art. 248); e

•• Inciso I acrescentado pela Lei n. 10.303, de 31-10-2001.

II – o lucro, rendimento ou ganho líquidos em operações ou contabilização de ativo e passivo pelo valor de mercado, cujo prazo de realização financeira ocorra após o término do exercício social seguinte.

•• Inciso II com redação determinada pela Lei n. 11.638, de 28-12-2007.

§ 2.º A reserva de lucros a realizar somente poderá ser utilizada para pagamento do dividendo obrigatório e, para efeito do inciso III do art. 202, serão considerados como integrantes da reserva os lucros a realizar de cada exercício que forem os primeiros a serem realizados em dinheiro.

•• § 2.º acrescentado pela Lei n. 10.303, de 31-10-2001.

Limite da Constituição de Reservas e Retenção de Lucros

Art. 198. A destinação dos lucros para constituição das reservas de que trata o art. 194 e a retenção nos termos do art. 196 não poderão ser aprovadas, em cada exercício, em prejuízo da distribuição do dividendo obrigatório (art. 202).

Limite do Saldo das Reservas de Lucro

Art. 199. O saldo das reservas de lucros, exceto as para contingências, de incentivos fiscais e de lucros a realizar, não poderá ultrapassar o capital social. Atingindo esse limite, a assembleia deliberará sobre aplicação do excesso na integralização ou no aumento do capital social ou na distribuição de dividendos.

•• Artigo com redação determinada pela Lei n. 11.638, de 28-12-2007.

Reservas de Capital

Art. 200. As reservas de capital somente poderão ser utilizadas para:

I – absorção de prejuízos que ultrapassarem os lucros acumulados e as reservas de lucros (art. 189, parágrafo único);

II – resgate, reembolso ou compra de ações;

III – resgate de partes beneficiárias;

IV – incorporação ao capital social;

V – pagamento de dividendo a ações preferenciais, quando essa vantagem lhes for assegurada (art. 17, § 5.º).

Parágrafo único. A reserva constituída com o produto da venda de partes beneficiárias poderá ser destinada ao resgate desses títulos.

Seção III
Dividendos

Origem

Art. 201. A companhia somente pode pagar dividendos à conta de lucro líquido do exercício, de lucros acumulados e de reserva de lucros; e à conta de reserva de capital, no caso das ações preferenciais de que trata o § 5.º do art. 17.

•• A Resolução n. 45, de 31-8-2021, da CVM, define como infração grave o descumprimento do disposto neste artigo.

§ 1.º A distribuição de dividendos com inobservância do disposto neste artigo implica responsabilidade solidária dos administradores e fiscais, que deverão repor à caixa social a importância distribuída, sem prejuízo da ação penal que no caso couber.

• *Vide* art. 190, parágrafo único, desta Lei.

§ 2.º Os acionistas não são obrigados a restituir os dividendos que em boa-fé tenham recebido. Presume-se a má-fé quando os dividendos forem distribuídos sem o levantamento do balanço ou em desacordo com os resultados deste.

• *Vide* art. 190, parágrafo único, desta Lei.

Dividendo Obrigatório

Art. 202. Os acionistas têm direito de receber como dividendo obrigatório, em cada exercício, a parcela dos lucros estabelecida no estatuto ou, se este for omisso, a importância determinada de acordo com as seguintes normas:

•• *Caput* com redação determinada pela Lei n. 10.303, de 31-10-2001.

•• A Resolução n. 45, de 31-8-2021, da CVM, define como infração grave o descumprimento do disposto neste *caput*.

I – metade do lucro líquido do exercício diminuído ou acrescido dos seguintes valores:

•• Inciso I, *caput*, com redação determinada pela Lei n. 10.303, de 31-10-2001.

a) importância destinada à constituição da reserva legal (art. 193); e

•• Alínea *a* acrescentada pela Lei n. 10.303, de 31-10-2001.

b) importância destinada à formação da reserva para contingências (art. 195) e reversão da mesma reserva formada em exercícios anteriores;

•• Alínea *b* acrescentada pela Lei n. 10.303, de 31-10-2001.

II – o pagamento do dividendo determinado nos termos do inciso I poderá ser limitado ao montante do lucro líquido do exercício que tiver sido realizado, desde que a diferença seja registrada como reserva de lucros a realizar (art. 197);

•• Inciso II com redação determinada pela Lei n. 10.303, de 31-10-2001.

III – os lucros registrados na reserva de lucros a realizar, quando realizados e se não tiverem sido absorvidos por prejuízos em exercícios subsequentes, deverão ser acrescidos ao primeiro dividendo declarado após a realização.

•• Inciso III com redação determinada pela Lei n. 10.303, de 31-10-2001.

§ 1.º O estatuto poderá estabelecer o dividendo como porcentagem do lucro ou do capital social, ou fixar outros critérios para determiná-lo, desde que sejam regulados com precisão e minúcia e não sujeitem os acionistas minoritários ao arbítrio dos órgãos de administração ou da maioria.

§ 2.º Quando o estatuto for omisso e a assembleia geral deliberar alterá-lo para introduzir norma sobre a matéria, o dividendo obrigatório não poderá ser inferior a 25% (vinte e cinco por cento) do lucro líquido ajustado nos termos do inciso I deste artigo.

•• § 2.º com redação determinada pela Lei n. 10.303, de 31-10-2001.

• *Vide* art. 296, § 4.º, desta Lei.

§ 3.º A assembleia geral pode, desde que não haja oposição de qualquer acionista presente, deliberar a distribuição de dividendo inferior ao obrigatório, nos termos deste artigo, ou a retenção de todo o lucro líquido, nas seguintes sociedades:

•• § 3.º, *caput*, com redação determinada pela Lei n. 10.303, de 31-10-2001.

I – companhias abertas exclusivamente para a captação de recursos por debêntures não conversíveis em ações;

•• Inciso I acrescentado pela Lei n. 10.303, de 31-10-2001.

II – companhias fechadas, exceto nas controladas por companhias abertas que não se enquadrem na condição prevista no inciso I.

•• Inciso II acrescentado pela Lei n. 10.303, de 31-10-2001.

§ 4.º O dividendo previsto neste artigo não será obrigatório no exercício social em que os órgãos da administração informarem à assembleia geral ordinária ser ele incompatível com a situação financeira da companhia. O Conselho Fiscal, se em funcionamento, deverá dar parecer sobre essa informação e, na companhia aberta, seus administradores encaminharão à Comissão de Valores Mobiliários, dentro de 5 (cinco) dias da realização da assembleia geral, exposição justificativa da informação transmitida à assembleia.

§ 5.º Os lucros que deixarem de ser distribuídos nos termos do § 4.º serão registrados como reserva especial e, se não absorvidos por prejuízos em exercícios subsequentes, deverão ser pagos como dividendo assim que o permitir a situação financeira da companhia.

•• A Resolução n. 45, de 31-8-2021, da CVM, define como infração grave o descumprimento do disposto neste 5.º.

§ 6.º Os lucros não destinados nos termos dos arts. 193 a 197 deverão ser distribuídos como dividendos.

•• § 6.º acrescentado pela Lei n. 10.303, de 31-10-2001.

•• A Resolução n. 45, de 31-8-2021, da CVM, define como infração grave o descumprimento do disposto neste 6.º.

Dividendos de Ações Preferenciais

Art. 203. O disposto nos arts. 194 a 197, e 202, não prejudicará o direito dos acionistas preferenciais de receber os dividendos fixos ou mínimos a que tenham prioridade, inclusive os atrasados, se cumulativos.

Dividendos Intermediários

Art. 204. A companhia que, por força de lei ou de disposição estatutária, levantar balanço semestral, poderá declarar, por deliberação dos órgãos de administração, se autorizados pelo estatuto, dividendo à conta do lucro apurado nesse balanço.

•• *Vide* art. 2.º da Lei n. 14.030, de 28-7-2020.

§ 1.º A companhia poderá, nos termos de disposição estatutária, levantar balanço e distribuir dividendos em períodos menores, desde que o total dos dividendos pagos em cada semestre do exercício social não exceda o montante das reservas de capital de que trata o § 1.º do art. 182.

§ 2.º O estatuto poderá autorizar os órgãos de administração a declarar dividendos intermediários, à conta de lucros acumulados ou de reservas de lucros existentes no último balanço anual ou semestral.

Pagamento de Dividendos

Art. 205. A companhia pagará o dividendo de ações nominativas à pessoa que, na data do ato de declaração do dividendo, estiver inscrita como proprietária ou usufrutuária da ação.

•• A Resolução n. 45, de 31-8-2021, da CVM, define como infração grave o descumprimento do disposto neste *caput*.

§ 1.º Os dividendos poderão ser pagos por cheque nominativo remetido por via postal para o endereço comunicado pelo acionista à companhia, ou mediante crédito em conta corrente bancária aberta em nome do acionista.

§ 2.º Os dividendos das ações em custódia bancária ou em depósito nos termos dos arts. 41 e 43 serão pagos pela companhia à instituição financeira depositária, que será responsável pela sua entrega aos titulares das ações depositadas.

§ 3.º O dividendo deverá ser pago, salvo deliberação em contrário da assembleia geral, no prazo de 60 (sessenta) dias da data em que for declarado e, em qualquer caso, dentro do exercício social.

•• A Resolução n. 45, de 31-8-2021, da CVM, define como infração grave o descumprimento do disposto neste 3.º.

Capítulo XVII

DISSOLUÇÃO, LIQUIDAÇÃO E EXTINÇÃO

Seção I
Dissolução

• *Vide* arts. 1.033 a 1.038 do CC.

Art. 206. Dissolve-se a companhia:

• *Vide* Súmula 435 do STJ.

I – de pleno direito:

a) pelo término do prazo de duração;

b) nos casos previstos no estatuto;

c) por deliberação da assembleia geral (art. 136, X);

•• Alínea *c* com redação determinada pela Lei n. 9.457, de 5-5-1997.

d) pela existência de um único acionista, verificada em assembleia geral ordinária, se o mínimo de dois não for reconstituído até à do ano seguinte, ressalvado o disposto no art. 251;

e) pela extinção, na forma da lei, da autorização para funcionar;

II – por decisão judicial:

a) quando anulada a sua constituição, em ação proposta por qualquer acionista;

b) quando provado que não pode preencher o seu fim, em ação proposta por acionistas que representem 5% (cinco por cento) ou mais do capital social;

c) em caso de falência, na forma prevista na respectiva lei;

III – por decisão de autoridade administrativa competente, nos casos e na forma previstos em lei especial.

Efeitos

Art. 207. A companhia dissolvida conserva a personalidade jurídica, até a extinção, com o fim de proceder à liquidação.

Seção II
Liquidação

• *Vide* arts. 1.102 a 1.112 do CC.

Liquidação pelos Órgãos da Companhia

Art. 208. Silenciando o estatuto, compete à assembleia geral, nos casos do n. I do art. 206, determinar o modo de liquidação e nomear o liquidante e o Conselho Fiscal que devam funcionar durante o período de liquidação.

§ 1.º A companhia que tiver Conselho de Administração poderá mantê-lo, competindo-lhe nomear o liquidante; o funcionamento do Conselho Fiscal será permanente ou a pedido de acionistas, conforme dispuser o estatuto.

§ 2.º O liquidante poderá ser destituído, a qualquer tempo, pelo órgão que o tiver nomeado.

Liquidação Judicial

Art. 209. Além dos casos previstos no n. II do art. 206, a liquidação será processada judicialmente:

I – a pedido de qualquer acionista, se os administradores ou a maioria de acionistas deixarem de promover a liquidação, ou a ela se opuserem, nos casos do n. I do art. 206;

II – a requerimento do Ministério Público, à vista de comunicação da autoridade competente, se a companhia, nos 30 (trinta) dias subsequentes à dissolução, não iniciar a liquidação ou se, após iniciá-la, interrompê-la por mais de 15 (quinze) dias, no caso da alínea *e* do n. I do art. 206.

Parágrafo único. Na liquidação judicial será observado o disposto na lei processual, devendo o liquidante ser nomeado pelo juiz.

Deveres do Liquidante

Art. 210. São deveres do liquidante:

I – arquivar e publicar a ata da assembleia geral, ou certidão de sentença, que tiver deliberado ou decidido a liquidação;

II – arrecadar os bens, livros e documentos da companhia, onde quer que estejam;

III – fazer levantar, de imediato, em prazo não superior ao fixado pela assembleia geral ou pelo juiz, o balanço patrimonial da companhia;

IV – ultimar os negócios da companhia, realizar o ativo, pagar o passivo, e partilhar o remanescente entre os acionistas;

V – exigir dos acionistas, quando o ativo não bastar para a solução do passivo, a integralização de suas ações;

VI – convocar a assembleia geral, nos casos previstos em lei ou quando julgar necessário;

VII – confessar a falência da companhia e pedir concordata, nos casos previstos em lei;

VIII – finda a liquidação, submeter à assembleia geral relatório dos atos e operações da liquidação e suas contas finais;

IX – arquivar e publicar a ata da assembleia geral que houver encerrado a liquidação.

Poderes do Liquidante

Art. 211. Compete ao liquidante representar a companhia e praticar todos os atos necessários à liquidação, inclusive alienar bens móveis ou imóveis, transigir, receber e dar quitação.

Parágrafo único. Sem expressa autorização da assembleia geral o liquidante não poderá gravar bens e contrair empréstimos, salvo quando indispensáveis ao pagamento de obrigações inadiáveis, nem prosseguir, ainda que para facilitar a liquidação, na atividade social.

Denominação da Companhia

Art. 212. Em todos os atos ou operações, o liquidante deverá usar a denominação social seguida das palavras "em liquidação".

Assembleia Geral

Art. 213. O liquidante convocará a assembleia geral cada 6 (seis) meses, para prestar-lhe contas dos atos e operações praticados no semestre e apresentar-lhe o relatório e o balanço do estado da liquidação; a assembleia geral pode fixar, para essas prestações de contas, períodos menores ou maiores que, em qualquer caso, não serão inferiores a 3 (três) nem superiores a 12 (doze) meses.

§ 1.º Nas assembleias gerais da companhia em liquidação todas as ações gozam de igual direito de voto, tornando-se ineficazes as restrições ou limitações porventura existentes em relação às ações ordinárias ou preferenciais; cessando o estado de liquidação, restaura-se a eficácia das restrições ou limitações relativas ao direito de voto.

§ 2.º No curso da liquidação judicial, as assembleias gerais necessárias para deliberar sobre os interesses da liquidação serão convocadas por ordem do juiz, a quem compete presidi-las e resolver, sumariamente, as dúvidas e litígios que forem suscitados. As atas das assembleias gerais serão, por cópias autênticas, apensadas ao processo judicial.

Pagamento do Passivo

Art. 214. Respeitados os direitos dos credores preferenciais, o liquidante pagará as dívidas sociais proporcionalmente e sem distinção entre vencidas e vincendas, mas, em relação a estas, com desconto às taxas bancárias.

Parágrafo único. Se o ativo for superior ao passivo, o liquidante poderá, sob sua responsabilidade pessoal, pagar integralmente as dívidas vencidas.

Partilha do Ativo

Art. 215. A assembleia geral pode deliberar que antes de ultimada a liquidação, e depois de pagos todos os credores, se façam rateios entre os acionistas, à proporção que se forem apurando os haveres sociais.

§ 1.º É facultado à assembleia geral aprovar, pelo voto de acionistas que representem, no mínimo, 90% (noventa por cento) dos votos conferidos pelas ações com direito a voto, depois de pagos ou garantidos os credores, condições especiais para a partilha do ativo remanescente, com a atribuição de bens aos sócios, pelo valor contábil ou outro por ela fixado.

•• § 1.º com redação determinada pela Lei n. 14.195, de 26-8-2021.

§ 2.º Provado pelo acionista dissidente (art. 216, § 2.º) que as condições especiais de partilha visaram a favorecer a maioria, em detrimento da parcela que lhe tocaria, se inexistissem tais condições, será a partilha suspensa, se não consumada, ou, se já consumada, os acionistas majoritários indenizarão os minoritários pelos prejuízos apurados.

Prestação de Contas

Art. 216. Pago o passivo e rateado o ativo remanescente, o liquidante convocará a assembleia geral para a prestação final das contas.

§ 1.º Aprovadas as contas, encerra-se a liquidação e a companhia se extingue.

§ 2.º O acionista dissidente terá o prazo de 30 (trinta) dias, a contar da publicação da ata, para promover a ação que lhe couber.

Responsabilidade na Liquidação

Art. 217. O liquidante terá as mesmas responsabilidades do administrador, e os deveres e responsabilidades dos administradores, fiscais e acionistas subsistirão até a extinção da companhia.

Direito do Credor não Satisfeito

Art. 218. Encerrada a liquidação, o credor não satisfeito só terá direito de exigir dos acionistas, individualmente, o pagamento de seu crédito, até o limite da soma, por eles recebida, e de propor contra o liquidante, se for o caso, ação de perdas e danos. O acionista executado terá direito de haver dos demais a parcela que lhes couber no crédito pago.

Seção III
Extinção

Art. 219. Extingue-se a companhia:

I – pelo encerramento da liquidação;

II – pela incorporação ou fusão, e pela cisão com versão de todo o patrimônio em outras sociedades.

Capítulo XVIII
TRANSFORMAÇÃO, INCORPORAÇÃO, FUSÃO E CISÃO

• *Vide* arts. 1.113 a 1.122 do CC.

Seção I
Transformação

Conceito e Forma

Art. 220. A transformação é a operação pela qual a sociedade passa, independentemente de dissolução e liquidação, de um tipo para outro.

Parágrafo único. A transformação obedecerá aos preceitos que regulam a constituição e o registro do tipo a ser adotado pela sociedade.

• *Vide* art. 1.113 do CC.

Deliberação

Art. 221. A transformação exige o consentimento unânime dos sócios ou acionistas, salvo se prevista no estatuto ou no contrato social, caso em que o sócio dissidente terá o direito de retirar-se da sociedade.

Parágrafo único. Os sócios podem renunciar, no contrato social, ao direito da retirada no caso de transformação em companhia.

• *Vide* art. 1.114 do CC.

Direito dos Credores

Art. 222. A transformação não prejudicará, em caso algum, os direitos dos credores, que continuarão, até o pagamento integral dos seus créditos, com as mesmas garantias que o tipo anterior de sociedade lhes oferecia.

Parágrafo único. A falência da sociedade transformada somente produzirá efeitos em relação aos sócios que, no tipo anterior, a eles estariam sujeitos, se o pedirem os titulares de créditos anteriores à transformação, e somente a estes beneficiará.

• *Vide* art. 1.115 do CC.

Seção II
Incorporação, Fusão e Cisão

Competência e Processo

Art. 223. A incorporação, fusão e cisão podem ser operadas entre sociedades de tipos iguais ou diferentes e deverão ser deliberadas na forma prevista para a alteração dos respectivos estatutos ou contratos sociais.

• *Vide* art. 229, § 1.º, desta Lei.

§ 1.º Nas operações em que houver criação de sociedade serão observadas as normas reguladoras da constituição das sociedades do seu tipo.

§ 2.º Os sócios ou acionistas das sociedades incorporadas, fundidas ou cindidas receberão, diretamente da companhia emissora, as ações que lhes couberem.

§ 3.º Se a incorporação, fusão ou cisão envolverem companhia aberta, as sociedades que a sucederem serão também abertas, devendo obter o respectivo registro e, se for o caso, promover a admissão de negociação das novas ações no mercado secundário, no prazo máximo de 120 (cento e vinte) dias, contados da data da assembleia geral que aprovou a operação, observando as normas pertinentes baixadas pela Comissão de Valores Mobiliários.

•• § 3.º acrescentado pela Lei n. 9.457, de 5-5-1997.

§ 4.º O descumprimento do previsto no parágrafo anterior dará ao acionista direito de retirar-se da companhia, mediante reembolso do valor das suas ações (art. 45), nos 30 (trinta) dias seguintes ao término do prazo nele referido, observado o disposto nos §§ 1.º e 4.º do art. 137.

•• § 4.º acrescentado pela Lei n. 9.457, de 5-5-1997.

Protocolo

Art. 224. As condições da incorporação, fusão ou cisão com incorporação em sociedade existente constarão de protocolo firmado pelos órgãos de administração ou sócios das sociedades interessadas, que incluirá:

• *Vide* arts. 229, § 2.º, 252 e 264 desta Lei.

I – o número, espécie e classe das ações que serão atribuídas em substituição dos direitos de sócios que se extinguirão e os critérios utilizados para determinar as relações de substituição;

II – os elementos ativos e passivos que formarão cada parcela do patrimônio, no caso de cisão;

III – os critérios de avaliação do patrimônio líquido, a data a que será referida a avaliação, e o tratamento das variações patrimoniais posteriores;

IV – a solução a ser adotada quanto às ações ou quotas do capital de uma das sociedades possuídas por outra;

V – o valor do capital das sociedades a serem criadas ou do aumento ou redução do capital das sociedades que forem parte na operação;

VI – o projeto ou projetos de estatuto, ou de alterações estatutárias, que deverão ser aprovados para efetivar a operação;

VII – todas as demais condições a que estiver sujeita a operação.

Parágrafo único. Os valores sujeitos a determinação serão indicados por estimativa.

Justificação

Art. 225. As operações de incorporação, fusão e cisão serão submetidas à deliberação da assembleia geral das companhias interessadas mediante justificação, na qual serão expostos:

• *Vide* arts. 252 e 264 desta Lei.

I – os motivos ou fins da operação, e o interesse da companhia na sua realização;

II – as ações que os acionistas preferenciais receberão e as razões para a modificação dos seus direitos, se prevista;

III – a composição, após a operação, segundo espécies e classes das ações, do capital das companhias que deverão emitir ações em substituição às que se deverão extinguir;

IV – o valor de reembolso das ações a que terão direito os acionistas dissidentes.

Transformação, Incorporação, Fusão e Cisão

•• Epígrafe com denominação determinada pela Lei n. 11.638, de 28-12-2007.

• *Vide* arts. 1.113 a 1.122 do CC.

Art. 226. As operações de incorporação, fusão e cisão somente poderão ser efetivadas nas condições aprovadas se os peritos nomeados determinarem que o valor do patrimônio ou patrimônios líquidos a serem vertidos para a formação de capital social é, ao menos, igual ao montante do capital a realizar.

§ 1.º As ações ou quotas do capital da sociedade a ser incorporada que forem de propriedade da companhia incorporadora poderão, conforme dispuser o protocolo de incorporação, ser extintas, ou substituídas por ações em tesouraria da incorporadora, até o limite dos lucros acumulados e reservas, exceto a legal.

§ 2.º O disposto no § 1.º aplicar-se-á aos casos de fusão, quando uma das sociedades fundidas for proprietária de ações ou quotas de outra, e de cisão com incorporação, quando a companhia que incorporar parcela do patrimônio da cindida for proprietária de ações ou quotas do capital desta.

§ 3.º A Comissão de Valores Mobiliários estabelecerá normas especiais de avaliação e contabilização aplicáveis às operações de fusão, incorporação e cisão que envolvam companhia aberta.

•• § 3.º com redação determinada pela Lei n. 11.941, de 27-5-2009.

•• A Resolução n. 78, de 29-3-2022, da CVM, dispõe sobre operações de fusão, cisão, incorporação e incorporação de ações.

Incorporação

• *Vide* arts. 1.116 a 1.118 e 1.122 do CC.

Art. 227. A incorporação é a operação pela qual uma ou mais sociedades são absorvidas por outra, que lhes sucede em todos os direitos e obrigações.

• *Vide* art. 229, § 3.º, desta Lei.

§ 1.º A assembleia geral da companhia incorporadora, se aprovar o protocolo da operação, deverá autorizar o aumento de capital a ser subscrito e realizado pela incorporada mediante versão do seu patrimônio líquido, e nomear os peritos que o avaliarão.

§ 2.º A sociedade que houver de ser incorporada, se aprovar o protocolo da operação, autorizará seus administradores a praticarem os atos necessários à incorporação, inclusive a subscrição do aumento de capital da incorporadora.

§ 3.º Aprovados pela assembleia geral da incorporadora o laudo de avaliação e a incorporação, extingue-se a incorporada, competindo à primeira promover o arquivamento e a publicação dos atos da incorporação.

Fusão

• *Vide* arts. 1.119 e 1.120 do CC.

Art. 228. A fusão é a operação pela qual se unem duas ou mais sociedades para formar sociedade nova, que lhes sucederá em todos os direitos e obrigações.

§ 1.º A assembleia geral de cada companhia, se aprovar o protocolo de fusão, deverá nomear os peritos que avaliarão os patrimônios líquidos das demais sociedades.

§ 2.º Apresentados os laudos, os administradores convocarão os sócios ou acionistas das sociedades para uma assembleia geral, que deles tomará conhecimento e resolverá sobre a constituição definitiva da nova sociedade, vedado aos sócios ou acionistas votar o laudo de avaliação do patrimônio líquido da sociedade de que fazem parte.

§ 3.º Constituída a nova companhia, incumbirá aos primeiros administradores promover o arquivamento e a publicação dos atos da fusão.

Cisão

Art. 229. A cisão é a operação pela qual a companhia transfere parcelas do seu patrimônio para uma ou mais sociedades, constituídas para esse fim ou já existentes, extinguindo-se a companhia cindida, se houver versão de todo o seu patrimônio, ou dividindo-se o seu capital, se parcial a versão.

§ 1.º Sem prejuízo do disposto no art. 233, a sociedade que absorver parcela do patrimônio da companhia cindida sucede a esta nos direitos e obrigações relacionados no ato da cisão; no caso de cisão com extinção, as sociedades que absorverem parcelas do patrimônio da companhia cindida sucederão a esta, na proporção dos patrimônios líquidos transferidos, nos direitos e obrigações não relacionados.

§ 2.º Na cisão com versão de parcela do patrimônio em sociedade nova, a operação será deliberada pela assembleia geral da companhia à vista de justificação que incluirá as informações de que tratam os ns. do art. 224; a assembleia, se a aprovar, nomeará os peritos que avaliarão a parcela do patrimônio a ser transferida, e funcionará como assembleia de constituição da nova companhia.

§ 3.º A cisão com versão de parcela de patrimônio em sociedade já existente obedecerá às disposições sobre incorporação (art. 227).

§ 4.º Efetivada a cisão com extinção da companhia cindida, caberá aos administradores das sociedades que tiverem absorvido parcelas do seu patrimônio promover o arquivamento e publicação dos atos da operação; na cisão com versão parcial do patrimônio, esse dever caberá aos administradores da companhia cindida e da que absorver parcela do seu patrimônio.

§ 5.º As ações integralizadas com parcelas de patrimônio da companhia cindida serão atribuídas a seus titulares, em substituição às extintas, na proporção das que possuíam; a atribuição em proporção diferente requer aprovação de todos os titulares, inclusive das ações sem direito a voto.

•• § 5.º com redação determinada pela Lei n. 9.457, de 5-5-1997.

Direito da Retirada

Art. 230. Nos casos de incorporação ou fusão, o prazo para exercício do direito de retirada, previsto no art. 137, II, será contado a partir da publicação da ata que aprovar o protocolo ou justificação, mas o pagamento do preço de reembolso somente será devido se a operação vier a efetivar-se.

•• Artigo com redação determinada pela Lei n. 9.457, de 5-5-1997.

• *Vide* arts. 252, §§ 1.º e 2.º, e 264, § 3.º, desta Lei.

Direitos dos Debenturistas

Art. 231. A incorporação, fusão ou cisão da companhia emissora de debêntures em circulação dependerá da prévia aprovação dos debenturistas, reunidos em assembleia especialmente convocada com esse fim.

§ 1.º Será dispensada a aprovação pela assembleia se for assegurado aos debenturistas que o desejarem, durante o prazo mínimo de 6 (seis) meses a contar da data da publicação das atas das assembleias relativas à operação, o resgate das debêntures de que forem titulares.

§ 2.º No caso do § 1.º, a sociedade cindida e as sociedades que absorverem parcelas do seu patrimônio responderão solidariamente pelo resgate das debêntures.

Direitos dos Credores na Incorporação ou Fusão

Art. 232. Até 60 (sessenta) dias depois de publicados os atos relativos à incorporação ou à fusão, o credor anterior por ela prejudicado poderá pleitear judicialmente a anulação da operação; findo o prazo, decairá do direito o credor que não o tiver exercido.

§ 1.º A consignação da importância em pagamento prejudicará a anulação pleiteada.

§ 2.º Sendo ilíquida a dívida, a sociedade poderá garantir-lhe a execução, suspendendo-se o processo de anulação.

§ 3.º Ocorrendo, no prazo deste artigo, a falência da sociedade incorporadora ou da sociedade nova, qualquer credor anterior terá o direito de pedir a separação dos patrimônios, para o fim de serem os créditos pagos pelos bens das respectivas massas.

Direitos dos Credores na Cisão

Art. 233. Na cisão com extinção da companhia cindida, as sociedades que absorverem parcelas do seu patrimônio responderão solidariamente pelas obrigações da companhia extinta. A companhia cindida que subsistir e as que absorverem parcelas do seu patrimônio responderão solidariamente pelas obrigações da primeira anteriores à cisão.

Parágrafo único. O ato de cisão parcial poderá estipular que as sociedades que absorverem parcelas do patrimônio da companhia cindida serão responsáveis apenas pelas obrigações que lhes forem transferidas, sem solidariedade entre si ou com a companhia cindida, mas, nesse caso, qualquer credor anterior poderá se opor à estipulação, em relação ao seu crédito, desde que notifique a sociedade no prazo de 90 (noventa) dias a contar da data da publicação dos atos da cisão.

Averbação da Sucessão

Art. 234. A certidão, passada pelo Registro do Comércio, da incorporação, fusão ou cisão, é documento hábil para a averbação, nos registros públicos competentes, da sucessão, decorrente da operação, em bens, direitos e obrigações.

• *Vide* arts. 1.118 e 1.121 do CC.

Capítulo XIX
SOCIEDADES DE ECONOMIA MISTA

• *Vide* arts. 22, XXVII, 37, XIX, § 9.º, 169, II, 173, §§ 1.º e 2.º, e 202, §§ 3.º e 4.º, da CF.

Legislação Aplicável

Art. 235. As sociedades anônimas de economia mista estão sujeitas a esta Lei, sem prejuízo das disposições especiais de lei federal.

§ 1.º As companhias abertas de economia mista estão também sujeitas às normas expedidas pela Comissão de Valores Mobiliários.

• *Vide* art. 296, § 6.º, desta Lei.

§ 2.º As companhias de que participarem, majoritária ou minoritariamente, as sociedades de economia mista, estão sujeitas ao disposto nesta Lei, sem as exceções previstas neste Capítulo.

• *Vide* art. 296, § 6.º, desta Lei.

Constituição e Aquisição de Controle

Art. 236. A constituição de companhia de economia mista depende de prévia autorização legislativa.

Parágrafo único. Sempre que pessoa jurídica de direito público adquirir, por desapropriação, o controle de companhia em funcionamento, os acionistas terão direito de pedir, dentro de 60 (sessenta) dias da publicação da primeira ata da assembleia geral, realizada após a aquisição do controle, o reembolso das suas ações, salvo se a companhia já se achava sob o controle, direto ou indireto, de outra pessoa jurídica de direito público, ou no caso de concessionária de serviço público.

Objeto

Art. 237. A companhia de economia mista somente poderá explorar os empreendimentos ou exercer as atividades previstas na lei que autorizou a sua constituição.

§ 1.º A companhia de economia mista somente poderá participar de outras sociedades quando autorizada por lei ou no exercício de opção legal para aplicar Imposto de Renda em investimentos para o desenvolvimento regional ou setorial.

§ 2.º As instituições financeiras de economia mista poderão participar de outras sociedades, observadas as normas estabelecidas pelo Banco Central do Brasil.

Acionista Controlador

Art. 238. A pessoa jurídica que controla a companhia de economia mista tem os deveres e responsabilidades do acionista controlador (arts. 116 e 117), mas poderá orientar as atividades da companhia de modo a atender ao interesse público que justificou a sua criação.

Administração

Art. 239. As companhias de economia mista terão obrigatoriamente Conselho de Administração, assegurado à minoria o direito de eleger um dos conselheiros, se maior número não lhes couber pelo processo de voto múltiplo.

Parágrafo único. Os deveres e responsabilidades dos administradores das companhias de economia mista são os mesmos dos administradores das companhias abertas.

• A Lei n. 9.292, de 12-7-1996, regulamentada pelo Decreto n. 1.957, de 12-7-1996, dispõe sobre a remuneração dos membros dos conselhos de administração e fiscal das empresas públicas, bem como das sociedades de economia mista federais e das demais entidades controladas direta ou indiretamente pela União, não podendo exceder a 10% (dez por cento) da remuneração mensal média dos diretores das respectivas empresas.

Conselho Fiscal

Art. 240. O funcionamento do Conselho Fiscal será permanente nas companhias de economia mista; um dos seus membros, e respectivo suplente, será eleito pelas ações ordinárias minoritárias e outro pelas ações preferenciais, se houver.

•• *Vide* nota ao artigo anterior.

Correção Monetária

Art. 241. (*Revogado pelo Decreto-lei n. 2.287, de 23-7-1986.*)

Falência e Responsabilidade Subsidiária

Art. 242. (*Revogado pela Lei n. 10.303, de 31-10-2001.*)

Capítulo XX
SOCIEDADES COLIGADAS, CONTROLADORAS E CONTROLADAS

• *Vide* arts. 1.097 a 1.101 do CC.

Seção I
Informações no Relatório da Administração

Art. 243. O relatório anual da administração deve relacionar os investimentos da companhia em sociedades coligadas e controladas e mencionar as modificações ocorridas durante o exercício.

§ 1.º São coligadas as sociedades nas quais a investidora tenha influência significativa.

•• § 1.º com redação determinada pela Lei n. 11.941, de 27-5-2009.

§ 2.º Considera-se controlada a sociedade na qual a controladora, diretamente ou através de outras controladas, é titular de direitos de sócio que lhe assegurem, de modo permanente, preponderância nas deliberações sociais e o poder de eleger a maioria dos administradores.

• *Vide* art. 1.098, II, do CC.

§ 3.º A companhia aberta divulgará as informações adicionais, sobre coligadas e controladas, que forem exigidas pela Comissão de Valores Mobiliários.

§ 4.º Considera-se que há influência significativa quando a investidora detém ou exerce o poder de participar nas decisões das políticas financeira ou operacional da investida, sem controlá-la.

•• § 4.º acrescentado pela Lei n. 11.941, de 27-5-2009.

§ 5.º É presumida influência significativa quando a investidora for titular de 20% (vinte por cento) ou mais dos votos conferidos pelo capital da investida, sem controlá-la.

•• § 5.º com redação determinada pela Lei n. 14.195, de 26-8-2021.

Seção II
Participação Recíproca

• *Vide* art. 1.101 do CC.

Art. 244. É vedada a participação recíproca entre a companhia e suas coligadas ou controladas.

• *Vide* art. 265, § 2.º, desta Lei.

§ 1.º O disposto neste artigo não se aplica ao caso em que ao menos uma das sociedades participa de outra com observância das condições em que a lei autoriza a aquisição das próprias ações (art. 30, § 1.º, *b*).

§ 2.º As ações do capital da controladora, de propriedade da controlada, terão suspenso o direito de voto.

§ 3.º O disposto no § 2.º do art. 30 aplica-se à aquisição de ações da companhia aberta por suas coligadas e controladas.

•• A Resolução n. 77, de 29-3-2022, da CVM, dispõe sobre a negociação de ações e a aquisição de debêntures de própria emissão.

§ 4.º No caso do § 1.º, a sociedade deverá alienar, dentro de 6 (seis) meses, as ações ou quotas que excederem do valor dos lucros ou reservas, sempre que esses sofrerem redução.

§ 5.º A participação recíproca, quando ocorrer em virtude de incorporação, fusão ou cisão, ou da aquisição, pela companhia, do controle de sociedade, deverá ser mencionada nos relatórios e demonstrações financeiras de ambas as sociedades e será eliminada no prazo máximo de 1 (um) ano; no caso de coligada, salvo acordo em contrário, deverão ser alienadas as ações ou quotas de aquisição mais recente ou, se da mesma data, que representem menor porcentagem do capital social.

§ 6.º A aquisição de ações ou quotas de que resulte participação recíproca com violação ao disposto neste artigo importa responsabilidade civil solidária dos administradores da sociedade, equiparando-se, para efeitos penais, à compra ilegal das próprias ações.

Seção III
Responsabilidade dos Administradores e das Sociedades Controladoras

Administradores

Art. 245. Os administradores não podem, em prejuízo da companhia, favorecer sociedade coligada, controladora ou controlada, cumprindo-lhes zelar para que as operações entre as sociedades, se houver, observem condições estritamente comutativas, ou com pagamento compensatório adequado; e respondem perante a companhia pelas perdas e danos resultantes de atos praticados com infração ao disposto neste artigo.

•• O Parecer de Orientação CVM n. 35, de 1.º-9-2008, estabelece os procedimentos adequados para dar cumprimento aos deveres fiduciários dos administradores, previstos neste artigo.

•• A Resolução n. 45, de 31-8-2021, da CVM, define como infração grave o descumprimento do disposto neste artigo.

Sociedade Controladora

Art. 246. A sociedade controladora será obrigada a reparar os danos que causar à companhia por atos praticados com infração ao disposto nos arts. 116 e 117.

• *Vide* art. 276, § 3.º, desta Lei.

• *Vide* art. 15, § 1.º, da Lei n. 13.303, de 30-6-2016.

§ 1.º A ação para haver reparação cabe:

a) a acionistas que representem 5% (cinco por cento) ou mais do capital social;

•• *Vide* art. 291, *caput*, desta Lei.

•• A Resolução n. 70, de 22-3-2022, da CVM, fixa escala reduzindo, em função do capital social, as porcentagens mínimas de participação acionária necessárias ao exercício dos direitos previstos nesta alínea.

b) a qualquer acionista, desde que preste caução pelas custas e honorários de advogado devidos no caso de vir a ação ser julgada improcedente.

§ 2.º A sociedade controladora, se condenada, além de reparar o dano e arcar com as custas, pagará honorários de advogado de 20% (vinte por cento) e prêmio de 5% (cinco por cento) ao autor da ação, calculados sobre o valor da indenização.

Seção IV
Demonstrações Financeiras

• *Vide* arts. 1.179 a 1.195 (escrituração) do CC.

Notas Explicativas

Art. 247. As notas explicativas dos investimentos a que se refere o art. 248 desta Lei devem conter informações precisas sobre as sociedades coligadas e controladas e suas relações com a companhia, indicando:

•• *Caput* com redação determinada pela Lei n. 11.941, de 27-5-2009.

I – a denominação da sociedade, seu capital social e patrimônio líquido;

II – o número, espécies e classes das ações ou quotas de propriedade da companhia, e o preço de mercado das ações, se houver;

III – o lucro líquido do exercício;

IV – os créditos e obrigações entre a companhia e as sociedades coligadas e controladas;

V – o montante das receitas e despesas em operações entre a companhia e as sociedades coligadas e controladas.

Parágrafo único. Considera-se relevante o investimento:

a) em cada sociedade coligada ou controlada, se o valor contábil é igual ou superior a 10% (dez por cento) do valor do patrimônio líquido da companhia;

b) no conjunto das sociedades coligadas e controladas, se o valor contábil é igual ou superior a 15% (quinze por cento) do valor do patrimônio líquido da companhia.

Avaliação do Investimento em Coligadas e Controladas

Art. 248. No balanço patrimonial da companhia, os investimentos em coligadas ou em controladas e em outras sociedades que façam parte de um mesmo grupo ou estejam sob controle comum serão avaliados pelo método da equivalência patrimonial, de acordo com as seguintes normas:

•• *Caput* com redação determinada pela Lei n. 11.941, de 27-5-2009.

I – o valor do patrimônio líquido da coligada ou da controlada será determinado com base em balanço patrimonial ou balancete de verificação levantado, com observância das normas desta Lei, na mesma data, ou até 60 (sessenta) dias, no máximo, antes da data do balanço da companhia; no valor de patrimônio líquido não serão computados os resultados não realizados decorrentes de negócios com a companhia, ou com outras sociedades coligadas à companhia, ou por ela controladas;

II – o valor do investimento será determinado mediante a aplicação, sobre o valor de patrimônio líquido referido no número anterior, da porcentagem de participação no capital da coligada ou controlada;

III – a diferença entre o valor do investimento, de acordo com o n. II, e o custo de aquisição corrigido monetariamente, somente será registrada como resultado do exercício:

a) se decorrer de lucro ou prejuízo apurado na coligada ou controlada;

b) se corresponder, comprovadamente, a ganhos ou perdas efetivos;

c) no caso de companhia aberta, com observância das normas expedidas pela Comissão de Valores Mobiliários.

§ 1.º Para efeito de determinar a relevância do investimento, nos casos deste artigo, serão computados como parte do custo de aquisição os saldos de créditos da companhia contra as coligadas e controladas.

§ 2.º A sociedade coligada, sempre que solicitada pela companhia, deverá elaborar e fornecer o balanço ou balancete de verificação previsto no n. I.

Demonstrações Consolidadas

Art. 249. A companhia aberta que tiver mais de 30% (trinta por cento) do valor do seu patrimônio líquido representado por investimentos em sociedades controladas deverá elaborar e divulgar, juntamente com suas demonstrações financeiras, demonstrações consolidadas nos termos do art. 250.

• *Vide* art. 291, parágrafo único, desta Lei.

Parágrafo único. A Comissão de Valores Mobiliários poderá expedir normas sobre as sociedades cujas demonstrações devam ser abrangidas na consolidação, e:

a) determinar a inclusão de sociedades que, embora não controladas, sejam financeira ou administrativamente dependentes da companhia;

b) autorizar, em casos especiais, a exclusão de uma ou mais sociedades controladas.

Normas sobre Consolidação

Art. 250. Das demonstrações financeiras consolidadas serão excluídas:

• *Vide* art. 275 desta Lei.

I – as participações de uma sociedade em outra;

II – os saldos de quaisquer contas entre as sociedades;

III – as parcelas dos resultados do exercício, dos lucros ou prejuízos acumulados e do custo de estoques ou do ativo não circulante que corresponderem a resultados, ainda não realizados, de negócios entre as sociedades.

•• Inciso III com redação determinada pela Lei n. 11.941, de 27-5-2009.

§ 1.º A participação dos acionistas não controladores no patrimônio líquido e no lucro do exercício será destacada, respectivamente, no balanço patrimonial e na demonstração do resultado do exercício.

•• § 1.º com redação determinada pela Lei n. 9.457, de 5-5-1997.

§ 2.º A parcela do custo de aquisição do investimento em controlada, que não for absorvida na consolidação, deverá ser mantida no ativo não circulante, com dedução da provisão adequada para perdas já comprovadas, e será objeto de nota explicativa.

•• § 2.º com redação determinada pela Lei n. 11.941, de 27-5-2009.

§ 3.º O valor da participação que exceder do custo de aquisição constituirá parcela destacada dos resultados de exercícios futuros até que fique comprovada a existência de ganho efetivo.

§ 4.º Para fins deste artigo, as sociedades controladas, cujo exercício social termine mais de 60 (sessenta) dias antes da data do encerramento do exercício da companhia, elaborarão, com observância das normas desta Lei, demonstrações financeiras extraordinárias em data compreendida nesse prazo.

Seção V
Subsidiária Integral

• A Lei n. 10.738, de 17-9-2003, dispõe sobre a criação de subsidiárias integrais do Banco Central do Brasil S.A. para atuação no segmento de microfinanças e consórcios.

Art. 251. A companhia pode ser constituída, mediante escritura pública, tendo como único acionista sociedade brasileira.

§ 1.º A sociedade que subscrever em bens o capital de subsidiária integral deverá aprovar o laudo de avaliação de que trata o art. 8.º, respondendo nos termos do § 6.º do art. 8.º e do art. 10 e seu parágrafo único.

§ 2.º A companhia pode ser convertida em subsidiária integral mediante aquisição, por sociedade brasileira, de todas as suas ações, ou nos termos do art. 252.

Incorporação de Ações

Art. 252. A incorporação de todas as ações do capital social ao patrimônio de outra companhia brasileira, para convertê-la em subsidiária integral, será submetida à deliberação da assembleia geral das duas companhias mediante protocolo e justificação, nos termos dos arts. 224 e 225.

§ 1.º A assembleia geral da companhia incorporadora, se aprovar a operação, deverá autorizar o aumento de capital, a ser realizado com as ações a serem incorporadas e nomear peritos que as avaliarão; os acionistas não terão direito de preferência para subscrever o aumento de capital, mas os dissidentes poderão retirar-se da companhia, observado o disposto no art. 137, II, mediante o reembolso do valor de suas ações, nos termos do art. 230.

•• § 1.º com redação determinada pela Lei n. 9.457, de 5-5-1997.

§ 2.º A assembleia geral da companhia cujas ações houverem de ser incorporadas somente poderá aprovar a operação por metade, no mínimo, do total de votos conferidos pelas ações com direito a voto e, se a aprovar, autorizará a diretoria a subscrever o aumento do capital da incorporadora, por conta dos seus acionistas, e os dissidentes da deliberação terão direito de se retirar da companhia, observado o disposto no inciso II do *caput* do art. 137 desta Lei, mediante o reembolso do valor de suas ações, nos termos do art. 230 desta Lei.

•• § 2.º com redação determinada pela Lei n. 14.195, de 26-8-2021.

§ 3.º Aprovado o laudo de avaliação pela assembleia geral da incorporadora, efetivar-se-á a incorporação e os titulares das ações incorporadas receberão diretamente da incorporadora as ações que lhes couberem.

§ 4.º A Comissão de Valores Mobiliários estabelecerá normas especiais de avaliação e contabilização aplicáveis às operações de incorporação de ações que envolvam companhia aberta.

•• § 4.º acrescentado pela Lei n. 11.941, de 27-5-2009.

•• A Resolução n. 78, de 29-3-2022, da CVM, dispõe sobre operações de fusão, cisão, incorporação e incorporação de ações.

Admissão de Acionistas em Subsidiária Integral

Art. 253. Na proporção das ações que possuírem no capital da companhia, os acionistas terão direito de preferência para:

I – adquirir ações do capital da subsidiária integral, se a companhia decidir aliená-las no todo ou em parte; e

II – subscrever aumento de capital da subsidiária integral, se a companhia decidir admitir outros acionistas.

Parágrafo único. As ações ou o aumento de capital de subsidiária integral serão oferecidos aos acionistas da companhia em assembleia geral convocada para esse fim, aplicando-se à hipótese, no que couber, o disposto no art. 171.

Seção VI
Alienação de Controle

Divulgação

Art. 254. (*Revogado pela Lei n. 9.457, de 5-5-1997.*)

Art. 254-A. A alienação, direta ou indireta, do controle de companhia aberta somente poderá ser contratada sob a condição, suspensiva ou resolutiva, de que o adquirente se obrigue a fazer oferta pública de aquisição das ações com direito a voto de propriedade dos demais acionistas da companhia, de modo a lhes assegurar o preço no mínimo igual a 80% (oitenta por cento) do valor pago por ação com direito a voto, integrante do bloco de controle.

•• *Caput* acrescentado pela Lei n. 10.303, de 31-10-2001.

•• A Resolução n. 45, de 31-8-2021, da CVM, define como infração grave o descumprimento do disposto neste *caput*.

§ 1.º Entende-se como alienação de controle a transferência, de forma direta ou indireta, de ações integrantes do bloco de controle, de ações vinculadas a acordos de acionistas e de valores mobiliários conversíveis em ações com direito a voto, cessão de direitos de subscrição de ações e de outros títulos ou direitos relativos a valores mobiliários conversíveis em ações que venham a resultar na alienação de controle acionário da sociedade.

•• § 1.º acrescentado pela Lei n. 10.303, de 31-10-2001.

§ 2.º A Comissão de Valores Mobiliários autorizará a alienação de controle de que trata o *caput*, desde que verificado que as condições da oferta pública atendem aos requisitos legais.

•• § 2.º acrescentado pela Lei n. 10.303, de 31-10-2001.

§ 3.º Compete à Comissão de Valores Mobiliários estabelecer normas a serem observadas na oferta pública de que trata o *caput*.

•• § 3.º acrescentado pela Lei n. 10.303, de 31-10-2001.

§ 4.º O adquirente do controle acionário de companhia aberta poderá oferecer aos acionistas minoritários a opção de permanecer na companhia, mediante o pagamento de um prêmio equivalente à diferença entre o valor de mercado das ações e o valor pago por ação integrante do bloco de controle.

•• § 4.º acrescentado pela Lei n. 10.303, de 31-10-2001.

§ 5.º (*Vetado*.)

•• § 5.º acrescentado pela Lei n. 10.303, de 31-10-2001.

Companhia Aberta Sujeita a Autorização

• *Vide* arts. 1.123 a 1.141 do CC.

Art. 255. A alienação do controle de companhia aberta que dependa de autorização do governo para funcionar está sujeita à prévia autorização do órgão competente para aprovar a alteração do seu estatuto.

•• *Caput* com redação determinada pela Lei n. 9.457, de 5-5-1997.

§§ 1.º e 2.º (*Revogados pela Lei n. 9.457, de 5-5-1997*.)

Aprovação pela Assembleia Geral da Compradora

Art. 256. A compra, por companhia aberta, do controle de qualquer sociedade mercantil, dependerá de deliberação da assembleia geral da compradora, especialmente convocada para conhecer da operação, sempre que:

I – o preço de compra constituir, para a compradora, investimento relevante (art. 247, parágrafo único); ou

II – o preço médio de cada ação ou quota ultrapassar uma vez e meia o maior dos 3 (três) valores a seguir indicados:

a) cotação média das ações em bolsa ou no mercado de balcão organizado, durante os 90 (noventa) dias anteriores à data da contratação;

•• Alínea *a* com redação determinada pela Lei n. 9.457, de 5-5-1997.

b) valor de patrimônio líquido (art. 248) da ação ou quota, avaliado o patrimônio a preços de mercado (art. 183, § 1.º);

c) valor do lucro líquido da ação ou quota, que não poderá ser superior a 15 (quinze) vezes o lucro líquido anual por ação (art. 187, VII) nos dois últimos exercícios sociais, atualizado monetariamente.

§ 1.º A proposta ou o contrato de compra, acompanhado de laudo de avaliação, observado o disposto no art. 8.º, §§ 1.º e 6.º, será submetido à prévia autorização da assembleia geral, ou à sua ratificação, sob pena de responsabilidade dos administradores, instruído com todos os elementos necessários à deliberação.

•• § 1.º com redação determinada pela Lei n. 9.457, de 5-5-1997.

§ 2.º Se o preço da aquisição ultrapassar uma vez e meia o maior dos três valores de que trata o inciso II do *caput*, o acionista dissidente da deliberação da assembleia que a aprovar terá o direito de retirar-se da companhia mediante reembolso do valor de suas ações, nos termos do art. 137, observado o disposto em seu inciso II.

•• § 2.º com redação determinada pela Lei n. 9.457, de 5-5-1997.

Seção VII
Aquisição de Controle Mediante Oferta Pública

• *Vide* art. 264, § 5.º, desta Lei.

Requisitos

Art. 257. A oferta pública para aquisição de controle de companhia aberta somente poderá ser feita com a participação de instituição financeira que garanta o cumprimento das obrigações assumidas pelo ofertante.

§ 1.º Se a oferta contiver permuta, total ou parcial, dos valores mobiliários, somente poderá ser efetuada após prévio registro na Comissão de Valores Mobiliários.

§ 2.º A oferta deverá ter por objeto ações com direito a voto em número suficiente para assegurar o controle da companhia e será irrevogável.

§ 3.º Se o ofertante já for titular de ações votantes do capital da companhia, a oferta poderá ter por objeto o número de ações necessário para completar o controle, mas o ofertante deverá fazer prova, perante a Comissão de Valores Mobiliários, das ações de sua propriedade.

§ 4.º A Comissão de Valores Mobiliários poderá expedir normas sobre oferta pública de aquisição de controle.

Instrumento da Oferta de Compra

Art. 258. O instrumento da oferta de compra, firmado pelo ofertante e pela instituição financeira que garante, será publicado na imprensa e deverá indicar:

I – o número mínimo de ações que o ofertante se propõe a adquirir e, se for o caso, o número máximo;

II – o preço e as condições de pagamento;

III – a subordinação da oferta ao número mínimo de aceitantes e a forma de rateio entre os aceitantes, se o número deles ultrapassar o máximo fixado;

IV – o procedimento que deverá ser adotado pelos acionistas aceitantes para manifestar a sua aceitação e efetivar a transferência das ações;

V – o prazo de validade da oferta, que não poderá ser inferior a 20 (vinte) dias;

VI – informações sobre o ofertante.

Parágrafo único. A oferta será comunicada à Comissão de Valores Mobiliários dentro de 24 (vinte e quatro) horas da primeira publicação.

Instrumento de Oferta de Permuta

Art. 259. O projeto de instrumento de oferta de permuta será submetido à Comissão de Valores Mobiliários com o pedido de registro prévio da oferta e deverá conter, além das referidas no art. 258, informações sobre os valores mobiliários oferecidos em permuta e as companhias emissoras desses valores.

Parágrafo único. A Comissão de Valores Mobiliários poderá fixar normas sobre o instrumento de oferta de permuta e o seu registro prévio.

Sigilo

Art. 260. Até a publicação da oferta, o ofertante, a instituição financeira intermediária e a Comissão de Valores Mobiliários devem manter sigilo sobre a oferta projetada, respondendo o infrator pelos danos que causar.

• *Vide* art. 287, II, *f*, desta Lei.

Processamento da Oferta

Art. 261. A aceitação da oferta deverá ser feita nas instituições financeiras ou no mercado de valores mobiliários indicadas no instrumento de oferta e os aceitantes deverão firmar ordens irrevogáveis de venda ou permuta, nas condições ofertadas, ressalvado o disposto no § 1.º do art. 262.

§ 1.º É facultado ao ofertante melhorar, uma vez, as condições de preço ou forma de pagamento, desde que em porcentagem igual ou superior a 5% (cinco por cento) e até 10 (dez) dias antes do término do prazo da oferta; as novas condições se estenderão aos acionistas que já tiverem aceito a oferta.

§ 2.º Findo o prazo da oferta, a instituição financeira intermediária comunicará o resultado à Comissão de Valores Mobiliários e, mediante publicação pela imprensa, aos aceitantes.

§ 3.º Se o número de aceitantes ultrapassar o máximo, será obrigatório o rateio, na forma prevista no instrumento da oferta.

Oferta Concorrente

Art. 262. A existência de oferta pública em curso não impede oferta concorrente, desde que observadas as normas desta Seção.

§ 1.º A publicação de oferta concorrente torna nulas as ordens de venda que já tenham sido firmadas em aceitação de oferta anterior.

§ 2.º É facultado ao primeiro ofertante prorrogar o prazo de sua oferta até fazê-lo coincidir com o da oferta concorrente.

Negociação Durante a Oferta

Art. 263. A Comissão de Valores Mobiliários poderá expedir normas que disciplinem a negociação das ações objeto da oferta durante o seu prazo.

Seção VIII
Incorporação de Companhia Controlada

Art. 264. Na incorporação, pela controladora, de companhia controlada, a justificação, apresentada à assembleia geral da controlada, deverá conter, além das informações previstas nos arts. 224 e 225, o cálculo das relações de substituição das ações dos acionistas não controladores da controlada com base no valor do patrimônio líquido das ações da controladora e da controlada, avaliados os dois patrimônios segundo os mesmos critérios e na mesma data, a preços de mercado, ou com base em outro critério aceito pela Comissão de Valores Mobiliários, no caso de companhias abertas.

•• *Caput* com redação determinada pela Lei n. 10.303, de 31-10-2001.

•• A Resolução n. 78, de 29-3-2022, da CVM, dispõe sobre operações de fusão, cisão, incorporação e incorporação de ações.

§ 1.º A avaliação dos dois patrimônios será feita por 3 (três) peritos ou empresa especializada e, no caso de companhias abertas, por empresa especializada.

•• § 1.º com redação determinada pela Lei n. 10.303, de 31-10-2001.

§ 2.º Para efeito da comparação referida neste artigo, as ações do capital da controlada de propriedade da controladora serão avaliadas, no patrimônio desta, em conformidade com o disposto no *caput*.

•• § 2.º com redação determinada pela Lei n. 10.303, de 31-10-2001.

§ 3.º Se as relações de substituição das ações dos acionistas não controladores, previstas no protocolo da incorporação, forem menos vantajosas que as resultantes da comparação prevista neste artigo, os acionistas dissidentes da deliberação da assembleia geral da controlada que aprovar a operação, poderão optar, no prazo previsto no art. 230, entre o valor de reembolso fixado nos termos do art. 45 e o valor apurado em conformidade com o disposto no *caput*, observado o disposto no art. 137, inciso II.

•• § 3.º com redação determinada pela Lei n. 10.303, de 31-10-2001.

§ 4.º Aplicam-se as normas previstas neste artigo à incorporação de controladora por sua controlada, à fusão de companhia controladora com a controlada, à incorporação de ações de companhia controlada ou controladora, à incorporação, fusão e incorporação de ações de sociedades sob controle comum.

•• § 4.º com redação determinada pela Lei n. 10.303, de 31-10-2001.

§ 5.º O disposto neste artigo não se aplica no caso de as ações do capital da controlada terem sido adquiridas no pregão da Bolsa de Valores ou mediante oferta pública nos termos dos arts. 257 e 263.

Capítulo XXI
GRUPO DE SOCIEDADES

• *Vide* arts. 32, II, *b*, e 41, I, *c*, da Lei n. 8.934, de 18-11-1994, que dispõe sobre o Registro Público de Empresas Mercantis e Atividades Afins e dá outras providências.

Seção I
Características e Natureza

Características

Art. 265. A sociedade controladora e suas controladas podem constituir, nos termos deste Capítulo, grupo de sociedades, mediante convenção pela qual se obriguem a combinar recursos ou esforços para a realização dos respectivos objetos, ou a participar de atividades ou empreendimentos comuns.

§ 1.º A sociedade controladora, ou de comando do grupo, deve ser brasileira e exercer, direta ou indiretamente, e de modo permanente, o controle das sociedades filiadas, como titular de direitos de sócio ou acionista, ou mediante acordo com outros sócios ou acionistas.

§ 2.º A participação recíproca das sociedades do grupo obedecerá ao disposto no art. 244.

Natureza

Art. 266. As relações entre as sociedades, a estrutura administrativa do grupo e a coordenação ou subordinação dos administradores das sociedades filiadas serão estabelecidas na convenção do grupo, mas cada sociedade conservará personalidade e patrimônios distintos.

Designação

Art. 267. O grupo de sociedades terá designação de que constarão as palavras "grupo de sociedades" ou "grupo".

Parágrafo único. Somente os grupos organizados de acordo com este Capítulo poderão usar designação com as palavras "grupo" ou "grupo de sociedades".

• *Vide* arts. 1.123 a 1.141 do CC.

Companhia Sujeita a Autorização para Funcionar

Art. 268. A companhia que, por seu objeto, depende de autorização para funcionar, somente poderá participar de grupo de sociedades após a aprovação da convenção do grupo pela autoridade competente para aprovar suas alterações estatutárias.

Seção II
Constituição, Registro e Publicidade

Art. 269. O grupo de sociedades será constituído por convenção aprovada pelas sociedades que o componham, a qual deverá conter:

I – a designação do grupo;

II – a indicação da sociedade de comando e das filiadas;

III – as condições de participação das diversas sociedades;

IV – o prazo de duração, se houver, e as condições de extinção;

V – as condições para admissão de outras sociedades e para a retirada das que o componham;

VI – os órgãos e cargos da administração do grupo, suas atribuições e as relações entre a estrutura administrativa do grupo e a das sociedades que o componham;

VII – a declaração da nacionalidade do controle do grupo;

VIII – as condições para alteração da convenção.

Parágrafo único. Para os efeitos do n. VII, o grupo de sociedades considera-se sob controle brasileiro se a sua sociedade de comando está sob o controle de:

a) pessoas naturais residentes ou domiciliadas no Brasil;

b) pessoas jurídicas de direito público interno; ou

c) sociedade ou sociedades brasileiras que, direta ou indiretamente, estejam sob controle das pessoas referidas nas alíneas *a* e *b*.

Aprovação pelos Sócios das Sociedades

Art. 270. A convenção de grupo deve ser aprovada com observância das normas para alteração do contrato social ou do estatuto (art. 136, V).

•• *Caput* com redação determinada pela Lei n. 9.457, de 5-5-1997.

Parágrafo único. Os sócios ou acionistas dissidentes da deliberação de se associar a grupo têm direito, nos termos do art. 137, ao reembolso de suas ações ou quotas.

Registro e Publicidade

Art. 271. Considera-se constituído o grupo a partir da data do arquivamento, no Registro do Comércio da sede da sociedade de comando, dos seguintes documentos:

I – convenção de constituição do grupo;

II – atas das assembleias gerais, ou instrumentos de alteração contratual, de todas as sociedades que tiverem aprovado a constituição do grupo;

III – declaração autenticada do número das ações ou quotas de que a sociedade de comando e as demais sociedades integrantes do grupo são titulares em cada sociedade filiada, ou exemplar de acordo de acionistas que assegura o controle da sociedade filiada.

§ 1.º Quando as sociedades filiadas tiverem sede em locais diferentes, deverão ser arquivadas no Registro do Comércio das respectivas sedes as atas de assembleia ou alterações contratuais que tiverem aprovado a convenção, sem prejuízo do registro na sede da sociedade de comando.

§ 2.º As certidões de arquivamento no Registro do Comércio serão publicadas.

§ 3.º A partir da data do arquivamento, a sociedade de comando e as filiadas passarão a usar as respectivas denominações acrescidas da designação do grupo.

§ 4.º As alterações da convenção do grupo serão arquivadas e publicadas nos termos deste artigo, observando-se o disposto no § 1.º do art. 135.

Seção III
Administração

Administradores do Grupo

Art. 272. A convenção deve definir a estrutura administrativa do grupo de sociedades, podendo criar órgãos de deliberação colegiada e cargos de direção-geral.

Parágrafo único. A representação das sociedades perante terceiros, salvo disposição expressa na convenção do grupo, arquivada no Registro do Comércio e publicada, caberá exclusivamente aos administradores de cada sociedade, de acordo com os respectivos estatutos ou contratos sociais.

Administradores das Sociedades Filiadas

Art. 273. Aos administradores das sociedades filiadas, sem prejuízo de suas atribuições, poderes e responsabilidades, de acordo com os respectivos estatutos ou contratos sociais, compete observar a orientação geral estabelecida e as instruções expedidas pelos administradores do grupo que não importem violação da lei ou da convenção do grupo.

•• A Resolução n. 45, de 31-8-2021, da CVM, define como infração grave o descumprimento do disposto neste artigo.

Remuneração

Art. 274. Os administradores do grupo e os investidos em cargos de mais de uma sociedade poderão ter a sua remuneração rateada entre as diversas sociedades, e a gratificação dos administradores, se houver, poderá ser fixada, dentro dos limites do § 1.º do art. 152 com base nos resultados apurados nas demonstrações financeiras consolidadas do grupo.

Seção IV
Demonstrações Financeiras

Art. 275. O grupo de sociedades publicará, além das demonstrações financeiras referentes a cada uma das companhias que o compõem, demonstrações consolidadas, compreendendo todas as sociedades do grupo, elaboradas com observância do disposto no art. 250.

§ 1.º As demonstrações consolidadas do grupo serão publicadas juntamente com as da sociedade de comando.

§ 2.º A sociedade de comando deverá publicar demonstrações financeiras nos termos desta Lei, ainda que não tenha a forma de companhia.

§ 3.º As companhias filiadas indicarão, em nota às suas demonstrações financeiras publicadas, o órgão que publicou a última demonstração consolidada do grupo a que pertencer.

§ 4.º As demonstrações consolidadas de grupo de sociedades que inclua companhia aberta serão obrigatoriamente auditadas por auditores independentes registrados na Comissão de Valores Mobiliários, e observarão as normas expedidas por essa Comissão.

Seção V
Prejuízos Resultantes de Atos Contrários à Convenção

Art. 276. A combinação de recursos e esforços, a subordinação dos interesses de uma sociedade aos de outra, ou do grupo, e a participação em custos, receitas ou resultados de atividades ou empreendimentos, somente poderão ser opostos aos sócios minoritários das sociedades filiadas nos termos da convenção do grupo.

§ 1.º Consideram-se minoritários, para os efeitos deste artigo, todos os sócios da filiada, com exceção da sociedade de comando e das demais filiadas do grupo.

§ 2.º A distribuição de custos, receitas e resultados e as compensações entre sociedades, previstas na convenção do grupo, deverão ser determinadas e registradas no balanço de cada exercício social das sociedades interessadas.

§ 3.º Os sócios minoritários da filiada terão ação contra os seus administradores e contra a sociedade de comando do grupo para haver reparação de prejuízos resultantes de atos praticados com infração das normas deste artigo, observado o disposto nos parágrafos do art. 246.

Conselho Fiscal das Filiadas

Art. 277. O funcionamento do Conselho Fiscal da companhia filiada a grupo, quando não for permanente, poderá ser pedido por acionistas não controladores que representem, no mínimo, 5% (cinco por cento) das ações ordinárias, ou das ações preferenciais sem direito de voto.

• *Vide* art. 291, *caput*, desta Lei.

§ 1.º Na constituição do Conselho Fiscal da filiada serão observadas as seguintes normas:

a) os acionistas não controladores votarão em separado, cabendo às ações com direito a voto o direito de eleger um membro e respectivo suplente e às ações sem direito a voto, ou com voto restrito, o de eleger outro;

b) a sociedade de comando e as filiadas poderão eleger número de membros, e respectivos suplentes, igual ao dos eleitos nos termos da alínea *a*, mais um.

§ 2.º O Conselho Fiscal da sociedade filiada poderá solicitar aos órgãos de administração da sociedade de comando, ou de outras filiadas, os esclarecimentos ou informações que julgar necessários para fiscalizar a observância da convenção do grupo.

Capítulo XXII
CONSÓRCIO

•• A Instrução Normativa n. 1.199, de 14-10-2011, da Secretaria da Receita Federal do Brasil, dispõe sobre procedimentos fiscais dispensados aos consórcios constituídos nos termos deste Capítulo.

• *Vide* arts. 32, II, *b*, e 41, I, *c*, da Lei n. 8.934, de 18-11-1994, que dispõe sobre o Registro Público de Empresas Mercantis e Atividades Afins e dá outras providências.

• A Lei n. 12.402, de 2-5-2011, regula o cumprimento de obrigações tributárias por consórcios que realizem contratações de pessoas jurídicas e físicas.

Art. 278. As companhias e quaisquer outras sociedades, sob o mesmo controle ou não, podem constituir consórcio para executar determinado empreendimento, observado o disposto neste Capítulo.

§ 1.º O consórcio não tem personalidade jurídica e as consorciadas somente se obrigam nas condições previstas no respectivo contrato, respondendo cada uma por suas obrigações, sem presunção de solidariedade.

§ 2.º A falência de uma consorciada não se estende às demais, subsistindo o consórcio com as outras contratantes; os créditos que porventura tiver a falida serão apurados e pagos na forma prevista no contrato de consórcio.

Art. 279. O consórcio será constituído mediante contrato aprovado pelo órgão da sociedade competente para autorizar a alienação de bens do ativo não circulante, do qual constarão:

•• *Caput* com redação determinada pela Lei n. 11.941, de 27-5-2009.

• *Vide* art. 1.º, § 1.º, da Lei n. 13.303, de 30-6-2016.

I – a designação do consórcio, se houver;

II – o empreendimento que constitua o objeto do consórcio;

III – a duração, endereço e foro;

IV – a definição das obrigações e responsabilidade de cada sociedade consorciada, e das prestações específicas;

V – normas sobre recebimento de receitas e partilha de resultados;

VI – normas sobre administração do consórcio, contabilização, representação das sociedades consorciadas e taxa de administração, se houver;

VII – forma de deliberação sobre assuntos de interesse comum, com o número de votos que cabe a cada consorciado;

VIII – contribuição de cada consorciado para as despesas comuns, se houver.

Parágrafo único. O contrato de consórcio e suas alterações serão arquivados no Registro do Comércio do lugar da sua sede, devendo a certidão do arquivamento ser publicada.

Capítulo XXIII
SOCIEDADES EM COMANDITA POR AÇÕES

•• *Vide* arts. 1.090 a 1.092 do CC.

Art. 280. A sociedade em comandita por ações terá o capital dividido em ações e reger-se-á pelas normas relativas às companhias ou sociedades anônimas, sem prejuízo das modificações constantes deste Capítulo.

Art. 281. A sociedade poderá comerciar sob firma ou razão social, da qual só farão parte os nomes dos sócios diretores ou gerentes. Ficam ilimitada e solidariamente responsáveis, nos termos desta Lei, pelas obrigações sociais, os que, por seus nomes, figurarem na firma ou razão social.

Parágrafo único. A denominação ou a firma deve ser seguida das palavras "Comandita por Ações", por extenso ou abreviadamente.

• *Vide* art. 1.161 do CC.

Art. 282. Apenas o sócio ou acionista tem qualidade para administrar ou gerir a sociedade e, como diretor ou gerente, responder subsidiária, mas ilimitada e solidariamente, pelas obrigações da sociedade.

• *Vide* art. 1.091 do CC.

§ 1.º Os diretores ou gerentes serão nomeados, sem limitação de tempo, no estatuto da sociedade, e somente poderão ser destituídos por deliberação de acionistas que representem dois terços, no mínimo, do capital social.

§ 2.º O diretor ou gerente que for destituído ou se exonerar continuará responsável pelas obrigações sociais contraídas sob sua administração.

Art. 283. A assembleia geral não pode, sem o consentimento dos diretores ou gerentes, mudar o objeto essencial da sociedade, prorrogar-lhe o prazo de duração, aumentar ou diminuir o capital social, emitir debêntures ou criar partes beneficiárias nem aprovar a participação em grupo de sociedade.

•• Artigo com redação determinada pela Lei n. 9.457, de 5-5-1997.

•• *Vide* Lei n. 8.021, de 12-4-1990.

• *Vide* art. 1.092 do CC.

Art. 284. Não se aplica à sociedade em comandita por ações o disposto nesta Lei sobre voto plural, sobre conselho de administração, sobre autorização estatutária de aumento de capital e sobre emissão de bônus de subscrição.

•• Artigo com redação determinada pela Lei n. 14.195, de 26-8-2021.

• *Vide* art. 1.090 do CC.

Capítulo XXIV
PRAZOS DE PRESCRIÇÃO

• *Vide* arts. 189 e s. do CC.

Art. 285. A ação para anular a constituição da companhia, por vício ou defeito, prescreve em 1 (um) ano, contado da publicação dos atos constitutivos.

Parágrafo único. Ainda depois de proposta a ação, é lícito à companhia, por deliberação da assembleia geral, providenciar para que seja sanado o vício ou defeito.

Art. 286. A ação para anular as deliberações tomadas em assembleia geral ou especial, irregularmente convocada ou instalada, violadoras da lei ou do estatuto, ou eivadas de erro, dolo, fraude ou simulação prescreve em 2 (dois) anos, contados da deliberação.

Art. 287. Prescreve:

•• *Caput* com redação anterior mantida pela Lei n. 10.303, de 31-10-2001.

I – em 1 (um) ano:

a) a ação contra peritos e subscritores do capital, para deles haver reparação civil pela avaliação de bens, contado o prazo da publicação da ata da assembleia geral que aprovar o laudo;

b) a ação dos credores não pagos contra os acionistas e os liquidantes, contado o prazo da publicação da ata de encerramento da liquidação da companhia;

II – em 3 (três) anos:

a) a ação para haver dividendos, contado o prazo da data em que tenham sido postos à disposição do acionista;

b) a ação contra os fundadores, acionistas, administradores, liquidantes, fiscais ou sociedade de comando, para deles haver reparação civil por atos culposos ou dolosos, no caso de violação da lei, do estatuto ou da convenção do grupo, contado o prazo:

1) para os fundadores, da data da publicação dos atos constitutivos da companhia;

2) para os acionistas, administradores, fiscais e sociedades de comando, da data da publicação da ata que aprovar o balanço referente ao exercício em que a violação tenha ocorrido;

3) para os liquidantes, da data da publicação da ata da primeira assembleia geral posterior à violação;

c) a ação contra acionistas para restituição de dividendos recebidos de má-fé, contado o prazo da data da publicação da ata de assembleia geral ordinária do exercício em que os dividendos tenham sido declarados;

d) a ação contra os administradores ou titulares de partes beneficiárias para restituição das participações no lucro recebidas de má-fé, contado o prazo da data da publicação da ata da assembleia geral ordinária do exercício em que as participações tenham sido pagas;

e) a ação contra o agente fiduciário de debenturistas ou titulares de partes beneficiárias para dele haver reparação civil por atos culposos ou dolosos, no caso de violação da lei ou da escritura de emissão, a contar da publicação da ata da assembleia geral em que tiver tomado conhecimento da violação;

f) a ação contra o violador do dever de sigilo de que trata o art. 260 para dele haver reparação civil, a contar da data da publicação da oferta;

g) a ação movida pelo acionista contra a companhia, qualquer que seja o seu fundamento.

•• Alínea *g* acrescentada pela Lei n. 10.303, de 31-10-2001.

Art. 288. Quando a ação se originar de fato que deva ser apurado no juízo criminal, não ocorrerá a prescrição antes da respectiva sentença definitiva, ou da prescrição da ação penal.

Capítulo XXV
DISPOSIÇÕES GERAIS

Art. 289. As publicações ordenadas por esta Lei obedecerão às seguintes condições:

•• *Caput* com redação determinada pela Lei n. 13.818, de 24-4-2019, em vigor em 1.º-1-2022.

I – **deverão ser efetuadas em jornal de grande circulação editado na localidade em que esteja situada a sede da companhia, de forma resumida e com divulgação simultânea da íntegra dos documentos na página do mesmo jornal na internet, que deverá providenciar certificação digital da autenticidade dos documentos mantidos na página própria emitida por autoridade certificadora credenciada no âmbito da Infraestrutura de Chaves Públicas Brasileiras (ICP-Brasil);**

•• Inciso I acrescentado pela Lei n. 13.818, de 24-4-2019, em vigor em 1.º-1-2022.

II – no caso de demonstrações financeiras, a publicação de forma resumida deverá conter, no mínimo, em comparação com os dados do exercício social anterior, informações ou valores globais relativos a cada grupo e a respectiva classificação de contas ou registros, assim como extratos das informações relevantes contempladas nas notas explicativas e nos pareceres dos auditores independentes e do conselho fiscal, se houver.

•• Inciso II acrescentado pela Lei n. 13.818, de 24-4-2019.

§ 1.º A Comissão de Valores Mobiliários poderá determinar que as publicações ordenadas por esta lei sejam feitas, também, em jornal de grande circulação nas localidades em que os valores mobiliários da companhia sejam negociados em bolsa ou em mercado de balcão, ou disseminadas por algum outro meio que assegure sua ampla divulgação e imediato acesso às informações.

•• § 1.º com redação determinada pela Lei n. 9.457, de 5-5-1997.

§ 2.º Se no lugar em que estiver situada a sede da companhia não for editado jornal, a publicação se fará em órgão de grande circulação local.

§ 3.º A companhia deve fazer as publicações previstas nesta Lei sempre no mesmo jornal, e qualquer mudança deverá ser precedida de aviso aos acionistas no extrato da ata da assembleia geral ordinária.

§ 4.º O disposto no final do § 3.º não se aplica à eventual publicação de atas ou balanços em outros jornais.

§ 5.º Todas as publicações ordenadas nesta Lei deverão ser arquivadas no Registro do Comércio.

§ 6.º As publicações do balanço e da demonstração de lucros e perdas poderão ser feitas adotando-se como expressão monetária o "milhar de reais".

•• § 6.º com redação determinada pela Lei n. 9.457, de 5-5-1997.

§ 7.º Sem prejuízo do disposto no *caput* deste artigo, as companhias abertas poderão, ainda, disponibilizar as referidas publicações pela rede mundial de computadores.

•• § 7.º acrescentado pela Lei n. 10.303, de 31-10-2001.

•• A Lei n. 12.431, de 24-6-2011, propôs o acréscimo do art. 289-A a esta Lei, porém teve seu texto vetado.

Art. 290. A indenização por perdas e danos em ações com fundamento nesta Lei será corrigida monetariamente até o trimestre civil em que for efetivamente liquidada.

• *Vide* Lei n. 6.899, de 8-4-1981, que determina a aplicação da correção monetária nos débitos oriundos de decisão judicial e dá outras providências.

Art. 291. A Comissão de Valores Mobiliários poderá reduzir, mediante fixação de escala em função do valor do capital social, a porcentagem mínima aplicável às companhias abertas, estabelecida no art. 105; na alínea *c* do parágrafo único do art. 123; no *caput* do art. 141; no § 1.º do art. 157; no § 4.º do art. 159; no § 2.º do art. 161; no § 6.º do art. 163; na alínea *a* do § 1.º do art. 246; e no art. 277.

•• *Caput* com redação determinada pela Lei n. 10.303, de 31-10-2001.

Parágrafo único. A Comissão de Valores Mobiliários poderá reduzir a porcentagem de que trata o art. 249.

Art. 292. As sociedades de que trata o art. 62 da Lei n. 4.728, de 14 de julho de 1965, podem ter suas ações ao portador.

•• *Vide* Lei n. 8.021, de 12-4-1990.

•• *Vide* arts. 904 a 909 do CC.

• *Vide* Lei n. 4.728, de 14-7-1965, que disciplina o mercado de capitais e estabelece medidas para o seu desenvolvimento.

Art. 293. A Comissão de Valores Mobiliários poderá autorizar as bolsas de valores e outras entidades, que sejam ou não instituições financeiras, a prestar os serviços previstos nos seguintes dispositivos desta Lei:

•• *Caput* com redação determinada pela Lei n. 14.430, de 3-8-2022.

I – art. 27;

•• Inciso I acrescentado pela Lei n. 14.430, de 3-8-2022.

II – § 2.º do art. 34;

•• Inciso II acrescentado pela Lei n. 14.430, de 3-8-2022.

III – § 1.º do art. 39;

•• Inciso III acrescentado pela Lei n. 14.430, de 3-8-2022.

IV – arts. 40, 41, 42, 43 e 44;

•• Inciso IV acrescentado pela Lei n. 14.430, de 3-8-2022.

V – art. 72; e

•• Inciso V acrescentado pela Lei n. 14.430, de 3-8-2022.

VI – arts. 102 e 103.

•• Inciso VI acrescentado pela Lei n. 14.430, de 3-8-2022.

Parágrafo único. (*Revogado pela Lei n. 12.810, de 15-5-2013.*)

Art. 294. A companhia fechada que tiver receita bruta anual de até R$ 78.000.000,00 (setenta e oito milhões de reais) poderá:

•• *Caput* com redação determinada pela Lei Complementar n. 182, de 1.º-6-2021.

I e II – (*Revogados pela Lei Complementar n. 182, de 1.º-6-2021.*)

III – realizar as publicações ordenadas por esta Lei de forma eletrônica, em exceção ao disposto no art. 289 desta Lei; e

•• Inciso III acrescentado pela Lei Complementar n. 182, de 1.º-6-2021.

IV – substituir os livros de que trata o art. 100 desta Lei por registros mecanizados ou eletrônicos.

•• Inciso IV acrescentado pela Lei Complementar n. 182, de 1.º-6-2021.

§ 1.º A companhia deverá guardar os recibos de entrega dos anúncios de convocação e arquivar no Registro do Comércio, juntamente com a ata da assembleia, cópia autenticada dos mesmos.

§ 2.º Nas companhias de que trata este artigo, o pagamento da participação dos administradores poderá ser feito sem observância do disposto no § 2.º do art. 152, desde que aprovada pela unanimidade dos acionistas.

§ 3.º O disposto neste artigo não se aplica à companhia controladora de grupo de sociedades, ou a ela filiadas.

§ 4.º Na hipótese de omissão do estatuto quanto à distribuição de dividendos, estes serão estabelecidos livremente pela assembleia geral, hipótese em que não se aplicará o disposto no art. 202 desta Lei, desde que não seja prejudicado o direito dos acionistas preferenciais de receber os dividendos fixos ou mínimos a que tenham prioridade.

•• § 4.º acrescentado pela Lei Complementar n. 182, de 1.º-6-2021.

§ 5.º Ato do Ministro de Estado da Economia disciplinará o disposto neste artigo.

•• § 5.º acrescentado pela Lei Complementar n. 182, de 1.º-6-2021.

Art. 294-A. A Comissão de Valores Mobiliários regulamentará as condições facilitadas para o acesso de companhias de menor porte ao mercado de capitais, e será permitido dispensar ou modular a observância ao disposto:

•• *Caput* acrescentado pela Lei Complementar n. 182, de 1.º-6-2021.

I – no art. 161 desta Lei, quanto à obrigatoriedade de instalação do conselho fiscal a pedido de acionistas;

•• Inciso I acrescentado pela Lei Complementar n. 182, de 1.º-6-2021.

II – no § 5.º do art. 170 desta Lei, quanto à obrigatoriedade de intermediação de instituição financeira em distribuições públicas de valores mobiliários, sem prejuízo da competência prevista no inciso III do § 3.º do art. 2.º da Lei n. 6.385, de 7 de dezembro de 1976;

•• Inciso II acrescentado pela Lei Complementar n. 182, de 1.º-6-2021.

III – no inciso I do *caput* do art. 109, nos §§ 1.º e 2.º do art. 111 e no art. 202 desta Lei, quanto ao recebimento de dividendo obrigatório;

•• Inciso III acrescentado pela Lei Complementar n. 182, de 1.º-6-2021.

IV – no art. 289 desta Lei, quanto à forma de realização das publicações ordenadas por esta Lei; e

•• Inciso IV acrescentado pela Lei Complementar n. 182, de 1.º-6-2021.

V – (*Vetado.*)

•• Inciso V acrescentado pela Lei Complementar n. 182, de 1.º-6-2021.

Art. 294-B. Para fins do disposto nesta Lei, considera-se companhia de menor porte aquela que aufira receita bruta anual inferior a R$ 500.000.000,00 (quinhentos milhões de reais).

•• *Caput* acrescentado pela Lei Complementar n. 182, de 1.º-6-2021.

§ 1.º A regulamentação editada não prejudica o estabelecimento de procedimentos simplificados aplicáveis às companhias de menor porte, pela Comissão de Valores Mobiliários, com base nas competências previstas na Lei n. 6.385, de 7 de dezembro de 1976, especialmente quanto:

•• § 1.º, *caput*, acrescentado pela Lei Complementar n. 182, de 1.º-6-2021.

I – à obtenção de registro de emissor;

•• Inciso I acrescentado pela Lei Complementar n. 182, de 1.º-6-2021.

II – às distribuições públicas de valores mobiliários de sua emissão; e

•• Inciso II acrescentado pela Lei Complementar n. 182, de 1.º-6-2021.

III – à elaboração e à prestação de informações periódicas e eventuais.

•• Inciso III acrescentado pela Lei Complementar n. 182, de 1.º-6-2021.

§ 2.º A Comissão de Valores Mobiliários poderá:

•• § 2.º, *caput*, acrescentado pela Lei Complementar n. 182, de 1.º-6-2021.

I – estabelecer a forma de atualização do valor previsto no *caput* deste artigo e os critérios adicionais para a manutenção da condição de companhia de menor porte após seu acesso ao mercado de capitais; e

•• Inciso I acrescentado pela Lei Complementar n. 182, de 1.º-6-2021.

II – disciplinar o tratamento a ser empregado às companhias abertas que se caracterizem como de menor porte nos termos do *caput* deste artigo.

•• Inciso II acrescentado pela Lei Complementar n. 182, de 1.º-6-2021.

Capítulo XXVI

DISPOSIÇÕES TRANSITÓRIAS

Art. 295. A presente Lei entrará em vigor 60 (sessenta) dias após a sua publicação, aplicando-se, todavia, a partir da data da publicação, às companhias que se constituírem.

§ 1.º O disposto neste artigo não se aplica às disposições sobre:

a) elaboração das demonstrações financeiras, que serão observadas pelas companhias existentes a partir do exercício social que se iniciar após 1.º de janeiro de 1978;

b) a apresentação, nas demonstrações financeiras, de valores do exercício anterior (art. 176, § 1.º), que será obrigatória a partir do balanço do exercício social subsequente ao referido na alínea anterior;

c) elaboração e publicação de demonstrações financeiras consolidadas, que somente serão obrigatórias para os exercícios iniciados a partir de 1.º de janeiro de 1978.

§ 2.º A participação dos administradores nos lucros sociais continuará a regular-se pelas disposições legais e estatutárias, em vigor, aplicando-se o disposto nos §§ 1.º e 2.º do art. 152 a partir do exercício social que se iniciar no curso do ano de 1977.

§ 3.º A restrição ao direito de voto das ações ao portador (art. 112) só vigorará a partir de 1 (um) ano a contar da data em que esta Lei entrar em vigor.

•• *Vide* Lei n. 8.021, de 12-4-1990.

•• *Vide* arts. 904 a 909 do CC.

Art. 296. As companhias existentes deverão proceder à adaptação do seu estatuto aos preceitos desta Lei no prazo de 1 (um) ano a contar da data em que ela entrar em vigor, devendo para esse fim ser convocada a assembleia geral dos acionistas.

§ 1.º Os administradores e membros do Conselho Fiscal respondem pelos prejuízos que causarem pela inobservância do disposto neste artigo.

§ 2.º O disposto neste artigo não prejudicará os direitos pecuniários conferidos por partes beneficiárias e debêntures em circulação na data da publicação desta Lei, que somente poderão ser modificados ou reduzidos com observância do disposto no art. 51 e no § 5.º do art. 71.

§ 3.º As companhias existentes deverão eliminar, no prazo de 5 (cinco) anos, a contar da data da entrada em vigor desta Lei, as participações recíprocas vedadas pelo art. 244 e seus parágrafos.

§ 4.º As companhias existentes, cujo estatuto for omisso quanto à fixação do dividendo, ou que o estabelecer em condições que não satisfaçam aos requisitos do § 1.º do art. 202 poderão, dentro do prazo previsto neste artigo, fixá-lo em porcentagem inferior à prevista no § 2.º do art. 202, mas os acionistas dissidentes dessa deliberação terão direito de retirar-se da companhia, mediante reembolso do valor de suas ações, com observância do disposto nos arts. 45 e 137.

§ 5.º O disposto no art. 199 não se aplica às reservas constituídas e aos lucros acumulados em balanços levantados antes de 1.º de janeiro de 1977.

§ 6.º O disposto nos §§ 1.º e 2.º do art. 237 não se aplica às participações existentes na data da publicação desta Lei.

Art. 297. As companhias existentes que tiverem ações preferenciais com prioridade na distribuição de dividendo fixo ou mínimo ficarão dispensadas do disposto no art. 167 e seu § 1.º, desde que no prazo de que trata o art. 296 regulem no estatuto a participação das ações preferenciais na correção anual do capital social, com observância das seguintes normas:

I – o aumento de capital poderá ficar na dependência de deliberação da assembleia geral, mas será obrigatório quando o saldo da conta de que trata o § 3.º do art. 182 ultrapassar 50% (cinquenta por cento) do capital social;

II – a capitalização da reserva poderá ser procedida mediante aumento do valor nominal das ações ou emissões de novas ações bonificadas, cabendo à assembleia geral escolher, em cada aumento de capital, o modo a ser adotado;

III – em qualquer caso, será observado o disposto no § 4.º do art. 17;

IV – as condições estatutárias de participação serão transcritas nos certificados das ações da companhia.

Art. 298. As companhias existentes, com capital inferior a cinco milhões de cruzeiros, poderão, no prazo de que trata o art. 296, deliberar, pelo voto de acionistas que representem dois terços do capital social, a sua transformação em sociedade por quotas, de responsabilidade limitada, observadas as seguintes normas:

I – na deliberação da assembleia a cada ação caberá um voto, independentemente de espécie ou classe;

II – a sociedade por quotas resultante da transformação deverá ter o seu capital integralizado e o seu contrato social assegurará aos sócios a livre transferência das quotas, entre si ou para terceiros;

III – o acionista dissidente da deliberação da assembleia poderá pedir o reembolso das ações pelo valor de patrimônio líquido a preços de mercado, observado o disposto nos arts. 45 e 137;

IV – o prazo para o pedido de reembolso será de 90 (noventa) dias a partir da data da publicação da ata da assembleia, salvo para os titulares de ações nominativas, que será contado da data do recebimento de aviso por escrito da companhia.

Art. 299. Ficam mantidas as disposições sobre sociedades por ações, constantes de legislação especial sobre a aplicação de incentivos fiscais nas áreas da SUDENE, SUDAM, SUDEPE, EMBRATUR e REFLORESTAMENTO, bem como todos os dispositivos das Leis ns. 4.131, de 3 de setembro de 1962, e 4.390, de 29 de agosto de 1964.

•• A referida SUDEPE – Superintendência do Desenvolvimento da Pesca foi extinta pela Lei n. 7.735, de 22-2-1989, que criou o Instituto Brasileiro do Meio Ambiente e dos Recursos Naturais Renováveis – IBAMA, autarquia para a qual foram transferidos o patrimônio, direitos e recursos orçamentários, extraorçamentários e financeiros concernentes àquela entidade.

Art. 299-A. O saldo existente em 31 de dezembro de 2008 no ativo diferido que, pela sua natureza, não puder ser alocado a outro grupo de contas, poderá permanecer no ativo sob essa classificação até sua completa amortização, sujeito à análise sobre a recuperação de que trata o § 3.º do art. 183 desta Lei.

•• Artigo acrescentado pela Lei n. 11.941, de 27-5-2009.

Art. 299-B. O saldo existente no resultado de exercício futuro em 31 de dezembro de 2008 deverá ser reclassificado para o passivo não circulante em conta representativa de receita diferida.

•• *Caput* acrescentado pela Lei n. 11.941, de 27-5-2009.

Parágrafo único. O registro do saldo de que trata o *caput* deste artigo deverá evidenciar a receita diferida e o respectivo custo diferido.

•• Parágrafo único acrescentado pela Lei n. 11.941, de 27-5-2009.

Art. 300. Ficam revogados o Decreto-lei n. 2.627, de 26 de setembro de 1940, com exceção dos arts. 59 a 73, e demais disposições em contrário.

• O Decreto-lei n. 2.627, de 26-9-1940, dispõe sobre as sociedades por ações, revogado parcialmente por esta Lei.

Brasília, 15 de dezembro de 1976; 155.º da Independência e 88.º da República.

Ernesto Geisel

LEI N. 6.515, DE 26 DE DEZEMBRO DE 1977 (*)

Regula os casos de dissolução da sociedade conjugal e do casamento, seus efeitos e respectivos processos, e dá outras providências.

Art. 1.º A separação judicial, a dissolução do casamento, ou a cessação de seus efeitos civis, de que trata a Emenda Constitucional n. 9, de 28 de junho de 1977, ocorrerão nos casos e segundo a forma que esta Lei regula.

•• *Vide* art. 226, § 6.º, da CF.

Capítulo I
DA DISSOLUÇÃO DA SOCIEDADE CONJUGAL

•• *Vide* art. 226, § 6.º, da CF.

Art. 2.º A sociedade conjugal termina:

(*) Publicada no *Diário Oficial da União*, de 27-12-1977. Retificada em 11-4-1978. *Vide* art. 226, § 6.º, da CF. Sobre OTN, *vide* Nota dos Organizadores.

I – pela morte de um dos cônjuges;

II – pela nulidade ou anulação do casamento;

III – pela separação judicial;

IV – pelo divórcio.

Parágrafo único. O casamento válido somente se dissolve pela morte de um dos cônjuges ou pelo divórcio.

Seção I
Dos Casos e Efeitos da Separação Judicial

Art. 3.º A separação judicial põe termo aos deveres de coabitação, fidelidade recíproca e ao regime matrimonial de bens, como se o casamento fosse dissolvido.

§ 1.º O procedimento judicial da separação caberá somente aos cônjuges, e, no caso de incapacidade, serão representados por curador, ascendente ou irmão.

§ 2.º O juiz deverá promover todos os meios para que as partes se reconciliem ou transijam, ouvindo pessoal e separadamente cada uma delas e, a seguir, reunindo-as em sua presença, se assim considerar necessário.

§ 3.º Após a fase prevista no parágrafo anterior, se os cônjuges pedirem, os advogados deverão ser chamados a assistir aos entendimentos e deles participar.

Art. 4.º Dar-se-á a separação judicial por mútuo consentimento dos cônjuges, se forem casados há mais de 2 (dois) anos, manifestado perante o juiz e devidamente homologado.

Art. 5.º A separação judicial pode ser pedida por um só dos cônjuges quando imputar ao outro conduta desonrosa ou qualquer ato que importe em grave violação dos deveres do casamento e torne insuportável a vida em comum.

§ 1.º A separação judicial pode, também, ser pedida se um dos cônjuges provar a ruptura da vida em comum há mais de 1 (um) ano consecutivo, e a impossibilidade de sua reconstituição.

•• § 1.º com redação determinada pela Lei n. 8.408, de 13-2-1992.

§ 2.º O cônjuge pode ainda pedir a separação judicial quando o outro estiver acometido de grave doença mental, manifestada após o casamento, que torne impossível a continuação da vida em comum, desde que, após uma duração de 5 (cinco) anos, a enfermidade tenha sido reconhecida de cura improvável.

§ 3.º Nos casos dos parágrafos anteriores, reverterão, ao cônjuge que não houver pedido a separação judicial, os remanescentes dos bens que levou para o casamento, e, se o regime de bens adotado o permitir, também a meação nos adquiridos na constância da sociedade conjugal.

Art. 6.º Nos casos dos §§ 1.º e 2.º do artigo anterior, a separação judicial poderá ser negada, se constituir, respectivamente, causa de agravamento das condições pessoais ou da doença do outro cônjuge, ou determinar, em qualquer caso, consequências morais de excepcional gravidade para os filhos menores.

Art. 7.º A separação judicial importará na separação de corpos e na partilha de bens.

§ 1.º A separação de corpos poderá ser determinada como medida cautelar (art. 796 do Código de Processo Civil).

•• *Vide* art. 69, parágrafo único, da Lei n. 9.099, de 26-9-1995.

§ 2.º A partilha de bens poderá ser feita mediante proposta dos cônjuges e homologada pelo juiz ou por este decidida.

Art. 8.º A sentença que julgar a separação judicial produz seus efeitos à data de seu trânsito em julgado, ou à da decisão que tiver concedido separação cautelar.

Seção II
Da Proteção da Pessoa dos Filhos

Art. 9.º No caso de dissolução da sociedade conjugal pela separação judicial consensual (art. 4.º), observar-se-á o que os cônjuges acordarem sobre a guarda dos filhos.

• *Vide* art. 731, III, do CPC.

Art. 10. Na separação judicial fundada no *caput* do art. 5.º, os filhos menores ficarão com o cônjuge que a ela não houver dado causa.

§ 1.º Se pela separação judicial forem responsáveis ambos os cônjuges, os filhos menores ficarão em poder da mãe, salvo se o juiz verificar que de tal solução possa advir prejuízo de ordem moral para eles.

•• *Vide* art. 5.º, I, da CF.

§ 2.º Verificado que não devem os filhos permanecer em poder da mãe nem do pai, deferirá o juiz a sua guarda a pessoa notoriamente idônea da família de qualquer dos cônjuges.

Art. 11. Quando a separação judicial ocorrer com fundamento no § 1.º do art. 5.º, os filhos ficarão em poder do cônjuge em cuja companhia estavam durante o tempo de ruptura da vida em comum.

Art. 12. Na separação judicial fundada no § 2.º do art. 5.º, o juiz deferirá a entrega dos filhos ao cônjuge que estiver em condições de assumir, normalmente, a responsabilidade de sua guarda e educação.

Art. 13. Se houver motivos graves, poderá o juiz, em qualquer caso, a bem dos filhos, regular por maneira diferente da estabelecida nos artigos anteriores a situação deles com os pais.

Art. 14. No caso de anulação do casamento, havendo filhos comuns, observar-se-á o disposto nos arts. 10 e 13.

Parágrafo único. Ainda que nenhum dos cônjuges esteja de boa-fé ao contrair o casamento, seus efeitos civis aproveitarão aos filhos comuns.

Art. 15. Os pais, em cuja guarda não estejam os filhos, poderão visitá-los e tê-los em sua companhia, segundo fixar o juiz, bem como fiscalizar sua manutenção e educação.

• *Vide* art. 1.589 do CC.

Art. 16. As disposições relativas à guarda e à prestação de alimentos aos filhos menores estendem-se aos filhos maiores inválidos.

• *Vide* art. 1.590 do CC.

Seção III
Do Uso do Nome

Art. 17. Vencida na ação de separação judicial (art. 5.º, *caput*), voltará a mulher a usar o nome de solteira.

§ 1.º Aplica-se, ainda, o disposto neste artigo, quando é da mulher a iniciativa da separação judicial com fundamento nos §§ 1.º e 2.º do art. 5.º.

§ 2.º Nos demais casos, caberá à mulher a opção pela conservação do nome de casada.

Art. 18. Vencedora na ação de separação judicial (art. 5.º, *caput*), poderá a mulher renunciar, a qualquer momento, ao direito de usar o nome do marido.

•• *Vide* arts. 5.º, I, e 226, § 5.º, da CF.

Seção IV
Dos Alimentos

• Dos alimentos no CC: *vide* arts. 1.694 a 1.710 do CC.

Art. 19. O cônjuge responsável pela separação judicial prestará ao outro, se dela necessitar, a pensão que o juiz fixar.

• *Vide* Súmula 379 do STF.

• *Vide* arts. 1.702 e 1.704 do CC.

Art. 20. Para manutenção dos filhos, os cônjuges, separados judicialmente, contribuirão na proporção de seus recursos.

• *Vide* art. 1.703 do CC.

Art. 21. Para assegurar o pagamento da pensão alimentícia, o juiz poderá determinar a constituição de garantia real ou fidejussória.

§ 1.º Se o cônjuge credor preferir, o juiz poderá determinar que a pensão consista no usufruto de determinados bens do cônjuge devedor.

§ 2.º Aplica-se, também, o disposto no parágrafo anterior, se o cônjuge credor justificar a possibilidade do não recebimento regular da pensão.

Art. 22. Salvo decisão judicial, as prestações alimentícias, de qualquer natureza, serão corrigidas monetariamente na forma dos índices de atualização das Obrigações do Tesouro Nacional – OTN.

•• Extinção da OTN: *vide* Nota dos Organizadores (SIGLAS).

Parágrafo único. No caso do não pagamento das referidas prestações no vencimento, o devedor responderá, ainda, por custas e honorários de advogado apurados simultaneamente.

Art. 23. A obrigação de prestar alimentos transmite-se aos herdeiros do devedor, na forma do art. 1.796 do Código Civil.

•• A referência é feita a dispositivo do CC de 1916. *Vide* arts. 1.700 e 1.997 do Código vigente.

Capítulo II
DO DIVÓRCIO

•• *Vide* art. 226, § 6.º, da CF.

Art. 24. O divórcio põe termo ao casamento e aos efeitos civis do matrimônio religioso.

Parágrafo único. O pedido somente competirá aos cônjuges, podendo, contudo, ser exercido, em caso de incapacidade, por curador, ascendente ou irmão.

Art. 25. A conversão em divórcio da separação judicial dos cônjuges existente há mais de 1 (um) ano, contada da data da decisão ou da que concedeu a medida cautelar correspondente (art. 8.º), será decretada por sentença, da qual não constará referência à causa que a determinou.

•• *Caput* com redação dada pela Lei n. 8.408, de 13-2-1992.

Parágrafo único. A sentença de conversão determinará que a mulher volte a usar o nome que tinha antes de contrair matrimônio, só conservando o nome de família do ex-marido se a alteração prevista neste artigo acarretar:

•• Parágrafo único, *caput*, com redação determinada pela Lei n. 8.408, de 13-2-1992.

I – evidente prejuízo para a sua identificação;

•• Inciso I com redação determinada pela Lei n. 8.408, de 13-2-1992.

II – manifesta distinção entre o seu nome de família e o dos filhos havidos da união dissolvida;

•• Inciso II com redação determinada pela Lei n. 8.408, de 13-2-1992.

III – dano grave reconhecido em decisão judicial.

•• Inciso III com redação determinada pela Lei n. 8.408, de 13-2-1992.

•• *Vide* art. 226, § 5.º, da CF.

Art. 26. No caso de divórcio resultante da separação prevista nos §§ 1.º e 2.º do art. 5.º, o cônjuge que teve a iniciativa da separação continuará com o dever de assistência ao outro (Código Civil, art. 231, III).

•• A referência é feita a dispositivo do CC de 1916. No Código vigente: art. 1.566, III.

Art. 27. O divórcio não modificará os direitos e deveres dos pais em relação aos filhos.

• *Vide* arts. 1.579 e 1.632 do CC.

Parágrafo único. O novo casamento de qualquer dos pais ou de ambos também não importará restrição a esses direitos e deveres.

Art. 28. Os alimentos devidos pelos pais e fixados na sentença de separação poderão ser alterados a qualquer tempo.

Art. 29. O novo casamento do cônjuge credor da pensão extinguirá a obrigação do cônjuge devedor.

Art. 30. Se o cônjuge devedor da pensão vier a casar-se, o novo casamento não alterará sua obrigação.

Art. 31. Não se decretará o divórcio se ainda não houver sentença definitiva de separação judicial, ou se esta não tiver decidido sobre a partilha dos bens.

•• *Vide* art. 1.581 do CC.

Art. 32. A sentença definitiva do divórcio produzirá efeitos depois de registrada no Registro Público competente.

Art. 33. Se os cônjuges divorciados quiserem restabelecer a união conjugal só poderão fazê-lo mediante novo casamento.

Capítulo III
DO PROCESSO

Art. 34. A separação judicial consensual se fará pelo procedimento previsto nos arts. 1.120 e 1.124 do Código de Processo Civil, e as demais pelo procedimento ordinário.

•• A referência é feita ao CPC de 1973. O correspondente no CPC de 2015 é o art. 731. *Vide* também art. 733 do CPC de 2015.

§ 1.º A petição será também assinada pelos advogados das partes ou pelo advogado escolhido de comum acordo.

§ 2.º O juiz pode recusar a homologação e não decretar a separação judicial, se comprovar que a convenção não preserva suficientemente os interesses dos filhos ou de um dos cônjuges.

§ 3.º Se os cônjuges não puderem ou não souberem assinar, é lícito que outrem o faça a rogo deles.

§ 4.º As assinaturas, quando não lançadas na presença do juiz, serão, obrigatoriamente, reconhecidas por tabelião.

Art. 35. A conversão da separação judicial em divórcio será feita mediante pedido de qualquer dos cônjuges.

Parágrafo único. O pedido será apensado aos autos da separação judicial (art. 48).

Art. 36. Do pedido referido no artigo anterior, será citado o outro cônjuge, em cuja resposta não caberá reconvenção.

Parágrafo único. A contestação só pode fundar-se em:

I – falta de decurso de 1 (um) ano da separação judicial;

•• Item I com redação determinada pela Lei n. 7.841, de 17-10-1989.

II – descumprimento das obrigações assumidas pelo requerente na separação.

Art. 37. O juiz conhecerá diretamente do pedido, quando não houver contestação ou necessidade de produzir prova em audiência, e proferirá sentença dentro em 10 (dez) dias.

§ 1.º A sentença limitar-se-á à conversão da separação em divórcio, que não poderá ser negada, salvo se provada qualquer das hipóteses previstas no parágrafo único do artigo anterior.

§ 2.º A improcedência do pedido de conversão não impede que o mesmo cônjuge o renove, desde que satisfeita a condição anteriormente descumprida.

Art. 38. (*Revogado pela Lei n. 7.841, de 17-10-1989.*)

Art. 39. No Capítulo III do Título II do Livro IV do Código de Processo Civil, as expressões "desquite por mútuo consentimento", "desquite" e "desquite litigioso" são substituídas por "separação consensual" e "separação judicial".

Capítulo IV
DAS DISPOSIÇÕES FINAIS E TRANSITÓRIAS

Art. 40. No caso de separação de fato, e desde que completados 2 (dois) anos consecutivos, poderá ser promovida ação de divórcio, na qual deverá ser comprovado decurso do tempo da separação.

•• *Caput* com redação determinada pela Lei n. 7.841, de 17-10-1989.

§ 1.º (*Revogado pela Lei n. 7.841, de 17-10-1989.*)

§ 2.º No divórcio consensual, o procedimento adotado será o previsto nos arts. 1.120 a 1.124 do Código de Processo Civil, observadas, ainda, as seguintes normas:

I – a petição conterá a indicação dos meios probatórios da separação de fato, e será instruída com a prova documental já existente;

II – a petição fixará o valor da pensão do cônjuge que dela necessitar para sua manutenção, e indicará as garantias para o cumprimento da obrigação assumida;

III – se houver prova testemunhal, ela será produzida na audiência de ratificação do pedido de divórcio, a qual será obrigatoriamente realizada;

IV – a partilha dos bens deverá ser homologada pela sentença do divórcio.

§ 3.º Nos demais casos, adotar-se-á o procedimento ordinário.

Art. 41. As causas de desquite em curso na data da vigência desta Lei, tanto as que se processam pelo procedimento especial quanto as de procedimento ordinário, passam automaticamente a visar à separação judicial.

Art. 42. As sentenças já proferidas em causas de desquite são equiparadas, para os efeitos desta Lei, às de separação judicial.

Art. 43. Se, na sentença do desquite, não tiver sido homologada ou decidida a partilha dos bens, ou quando esta não tenha sido feita posteriormente, a decisão de conversão disporá sobre ela.

Art. 44. Contar-se-á o prazo de separação judicial a partir da data em que, por decisão judicial proferida em qualquer processo, mesmo nos de jurisdição voluntária, for determinada ou presumida a separação dos cônjuges.

Art. 45. Quando o casamento se seguir a uma comunhão de vida entre os nubentes, existente antes de 28 de junho de 1977, que haja perdurado por 10 (dez) anos consecutivos ou da qual tenham resultado filhos, o regime matrimonial de bens será estabelecido livremente, não se lhe aplicando o disposto no art. 258, parágrafo único, II, do Código Civil.

•• A referência é feita a dispositivo do CC de 1916. No Código vigente: art. 1.641, II.

Art. 46. Seja qual for a causa da separação judicial, e o modo como esta se faça, é permitido aos cônjuges restabelecer a todo o tempo a sociedade conjugal, nos termos em que fora constituída, contanto que o façam mediante requerimento nos autos da ação de separação.

Parágrafo único. A reconciliação em nada prejudicará os direitos de terceiros, adquiridos antes e durante a separação, seja qual for o regime de bens.

Art. 47. Se os autos do desquite ou os da separação judicial tiverem sido extraviados, ou se encontrarem em outra circunscrição judiciária, o pedido de conversão em divórcio será instruído com a certidão da sentença, ou da sua averbação no assento de casamento.

Art. 48. Aplica-se o disposto no artigo anterior, quando a mulher desquitada tiver domicílio diverso daquele em que se julgou o desquite.

•• *Vide* art. 5.º, I, da CF.

Art. 49. Os §§ 5.º e 6.º do art. 7.º da Lei de Introdução ao Código Civil passam a vigorar com a seguinte redação:

•• Alteração parcialmente prejudicada pela Lei n. 12.036, de 1.º-10-2009, que deu nova redação ao § 6.º.

•• A ementa da Lei de Introdução ao Código Civil foi alterada pela Lei n. 12.376, de 30-12-2010, para Lei de Introdução às Normas do Direito Brasileiro.

Art. 50. São introduzidas no Código Civil as alterações seguintes:

•• Modificações prejudicadas em face da revogação do CC de 1916 pela Lei n. 10.406, de 10-1-2002.

....

Art. 52. O n. I do art. 100, o n. II do art. 155 e o § 2.º do art. 733 do Código de Processo Civil passam a vigorar com a seguinte redação:

•• Alteração já processada no diploma modificado.

Art. 53. A presente Lei entra em vigor na data de sua publicação.

Art. 54. Revogam-se os arts. 315 a 328 e o § 1.º do art. 1.605 do Código Civil e as demais disposições em contrário.

•• Refere-se ao CC de 1916 (Lei n. 3.071, de 1.º-1-1916).

Brasília, 26 de dezembro de 1977; 156.º da Independência e 89.º da República.

ERNESTO GEISEL

LEI N. 6.729, DE 28 DE NOVEMBRO DE 1979 (*)

Dispõe sobre a concessão comercial entre produtores e distribuidores de veículos automotores de via terrestre.

O Presidente da República:

Faço saber que o Congresso Nacional decreta e eu sanciono a seguinte Lei:

Art. 1.º A distribuição de veículos automotores, de via terrestre, efetivar-se-á através de concessão comercial entre produtores e distribuidores disciplinada por esta Lei e, no que não a contrariem, pelas convenções nela previstas e disposições contratuais.

•• *Vide* arts. 710 a 721 (contrato de agência e distribuição) do CC.

Art. 2.º Consideram-se:

•• *Caput* com redação determinada pela Lei n. 8.132, de 26-12-1990.

I – produtor, a empresa industrial que realiza a fabricação ou montagem de veículos automotores;

•• Inciso I com redação determinada pela Lei n. 8.132, de 26-12-1990.

II – distribuidor, a empresa comercial pertencente à respectiva categoria econômica, que realiza a comercialização de veículos automotores, implementos e componentes novos, presta assistência técnica a esses produtos e exerce outras funções pertinentes à atividade;

•• Inciso II com redação determinada pela Lei n. 8.132, de 26-12-1990.

III – veículo automotor, de via terrestre, o automóvel, caminhão, ônibus, trator, motocicleta e similares;

•• Inciso III com redação determinada pela Lei n. 8.132, de 26-12-1990.

IV – implemento, a máquina ou petrecho que se acopla a veículo automotor, na interação de suas finalidades;

•• Inciso IV com redação determinada pela Lei n. 8.132, de 26-12-1990.

V – componente, a peça ou conjunto integrante do veículo automotor ou implemento de série;

•• Inciso V com redação determinada pela Lei n. 8.132, de 26-12-1990.

VI – máquina agrícola, a colheitadeira, a debulhadora, a trilhadeira e demais aparelhos similares destinados à agricultura, automotrizes ou acionados por trator ou outra fonte externa;

•• Inciso VI com redação determinada pela Lei n. 8.132, de 26-12-1990.

VII – implemento agrícola, o arado, a grade, a roçadeira e demais petrechos destinados à agricultura;

•• Inciso VII com redação determinada pela Lei n. 8.132, de 26-12-1990.

VIII – serviço autorizado, a empresa comercial que presta serviços de assistência a proprietários de veículos automotores, assim como a empresa que comercializa peças e componentes.

•• Inciso VIII com redação determinada pela Lei n. 8.132, de 26-12-1990.

§ 1.º Para os fins desta Lei:

a) intitula-se também o produtor de concedente e o distribuidor de concessionário;

b) entende-se por trator aquele destinado a uso agrícola, capaz também de servir a outros fins, excluídos os tratores de esteira, as motoniveladoras e as máquinas rodoviárias para outras destinações;

c) caracterizar-se-ão as diversas classes de veículos automotores pelas categorias econômicas de produtores e distribuidores, e os produtos, diferenciados em cada marca, pelo produtor e sua rede de distribuição, em conjunto.

•• § 1.º com redação determinada pela Lei n. 8.132, de 26-12-1990.

§ 2.º Excetuam-se da presente Lei os implementos e máquinas agrícolas caracterizados neste artigo, incs. VI e VII, que não sejam fabricados por produtor definido no inc. I.

•• § 2.º com redação determinada pela Lei n. 8.132, de 26-12-1990.

Art. 3.º Constitui objeto da concessão:

I – a comercialização de veículos automotores, implementos e componentes fabricados ou fornecidos pelo produtor;

II – a prestação de assistência técnica a esses produtos, inclusive quanto ao seu atendimento em garantia ou revisão;

III – o uso gratuito da marca do concedente, como identificação.

§ 1.º A concessão poderá, em cada caso:

a) ser estabelecida para uma ou mais classes de veículos automotores;

b) vedar a comercialização de veículos automotores novos fabricados ou fornecidos por outro produtor.

§ 2.º Quanto aos produtos lançados pelo concedente:

a) se forem da mesma classe daqueles compreendidos na concessão, ficarão nesta incluídos automaticamente;

b) se forem de classe diversa, o concessionário terá preferência em comercializá-los, se atender às condições prescritas pelo concedente para esse fim.

§ 3.º É facultado ao concessionário participar das modalidades auxiliares de venda que o concedente promover ou adotar, tais como consórcios, sorteios, arrendamentos mercantis e planos de financiamento.

Art. 4.º Constitui direito do concessionário também a comercialização de:

I – implementos e componentes novos produzidos ou fornecidos por terceiros, respeitada, quanto aos componentes, a disposição do art. 8.º;

II – mercadorias de qualquer natureza que se destinem a veículo automotor, implemento ou à atividade da concessão;

(*) Publicada no *Diário Oficial da União*, de 29-11-1979.

III – veículos automotores e implementos usados de qualquer marca.

Parágrafo único. Poderá o concessionário ainda comercializar outros bens e prestar outros serviços, compatíveis com a concessão.

Art. 5.º São inerentes à concessão:

I – área operacional de responsabilidade do concessionário para o exercício de suas atividades;

II – distâncias mínimas entre estabelecimentos de concessionários da mesma rede, fixadas segundo critérios de potencial de mercado.

•• *Caput* com redação determinada pela Lei n. 8.132, de 26-12-1990.

§ 1.º A área poderá conter mais de um concessionário da mesma rede.

•• § 1.º com redação determinada pela Lei n. 8.132, de 26-12-1990.

•• *Vide* art. 711 do CC.

§ 2.º O concessionário obriga-se à comercialização de veículos automotores, implementos, componentes e máquinas agrícolas, de via terrestre, e à prestação de serviços inerentes aos mesmos, nas condições estabelecidas no contrato de concessão comercial, sendo-lhe defesa a prática dessas atividades, diretamente ou por intermédio de prepostos, fora de sua área demarcada.

•• § 2.º com redação determinada pela Lei n. 8.132, de 26-12-1990.

§ 3.º O consumidor, à sua livre escolha, poderá proceder à aquisição dos bens e serviços a que se refere esta Lei em qualquer concessionário.

•• § 3.º com redação determinada pela Lei n. 8.132, de 26-12-1990.

§ 4.º Em convenção de marca serão fixados os critérios e as condições para ressarcimento da concessionária ou serviço autorizado que prestar os serviços de manutenção obrigatórios pela garantia do fabricante, vedada qualquer disposição de limite à faculdade prevista no parágrafo anterior.

•• § 4.º com redação determinada pela Lei n. 8.132, de 26-12-1990.

Art. 6.º É assegurada ao concedente a contratação de nova concessão:

I – se o mercado de veículos automotores novos da marca, na área delimitada, apresentar as condições justificadoras da contratação que tenham sido ajustadas entre o produtor e sua rede de distribuição;

II – pela necessidade de prover vaga de concessão extinta.

•• *Caput* com redação determinada pela Lei n. 8.132, de 26-12-1990.

§ 1.º Na hipótese do inciso I deste artigo, o concessionário instalado na área concorrerá com os demais interessados, em igualdade de condições.

•• § 1.º com redação determinada pela Lei n. 8.132, de 26-12-1990.

§ 2.º A nova contratação não se poderá estabelecer em condições que de algum modo prejudiquem os concessionários da marca.

•• § 2.º com redação determinada pela Lei n. 8.132, de 26-12-1990.

Art. 7.º Compreende-se na concessão a quota de veículos automotores assim estabelecida:

I – o concedente estimará sua produção destinada ao mercado interno para o período anual subsequente, por produto diferenciado e consoante a expectativa de mercado da marca;

II – a quota corresponderá a uma parte da produção estimada, compondo-se de produtos diferenciados e independentes entre si, inclusive quanto às respectivas quantidades;

III – o concedente e o concessionário ajustarão a quota que a este caberá, consoante a respectiva capacidade empresarial e desempenho de comercialização e conforme a capacidade do mercado de sua área demarcada.

§ 1.º O ajuste da quota independe dos estoques mantidos pelo concessionário, nos termos da presente Lei.

§ 2.º A quota será revista anualmente, podendo reajustar-se conforme os elementos constantes dos incisos deste artigo e a rotatividade dos estoques do concessionário.

§ 3.º Em seu atendimento, a quota de veículos automotores comportará ajustamentos decorrentes de eventual diferença entre a produção efetiva e a produção estimada.

§ 4.º É facultado incluir na quota os veículos automotores comercializados através das modalidades auxiliares de venda a que se refere o art. 3.º, § 3.º.

Art. 8.º Integra a concessão o índice de fidelidade de compra de componentes dos veículos automotores que dela faz parte, podendo a convenção de marca estabelecer percentuais de aquisição obrigatória pelos concessionários.

•• *Caput* com redação determinada pela Lei n. 8.132, de 26-12-1990.

Parágrafo único. Não estão sujeitas ao índice de fidelidade de compra ao concedente as aquisições que o concessionário fizer:

a) de acessórios para veículos automotores;

b) de implementos de qualquer natureza e máquinas agrícolas.

•• Parágrafo único com redação determinada pela Lei n. 8.132, de 26-12-1990.

Art. 9.º Os pedidos do concessionário e os fornecimentos do concedente deverão corresponder à quota de veículos automotores e enquadrar-se no índice de fidelidade de componentes.

§ 1.º Os fornecimentos do concedente se circunscreverão a pedidos formulados por escrito e respeitarão os limites mencionados no art. 10, §§ 1.º e 2.º.

§ 2.º O concedente deverá atender ao pedido no prazo fixado e, se não o fizer, poderá o concessionário cancelá-lo.

§ 3.º Se o concedente não atender aos pedidos de componentes, o concessionário ficará desobrigado do índice de fidelidade a que se refere o art. 8.º, na proporção do desatendimento verificado.

Art. 10. O concedente poderá exigir do concessionário a manutenção de estoque proporcional à rotatividade dos produtos novos, objeto da concessão, e adequado à natureza dos clientes do estabelecimento, respeitados os limites prescritos nos §§ 1.º, 2.º e seguintes.

§ 1.º É facultado ao concessionário limitar seu estoque:

a) de veículos automotores em geral a 65% (sessenta e cinco por cento) e de caminhões em particular a 30% (trinta por cento) da atribuição mensal das respectivas quotas anuais por produto diferenciado, ressalvado o disposto na alínea *b* seguinte;

b) de tratores, a 4% (quatro por cento) da quota anual de cada produto diferenciado;

c) de implementos, a 5% (cinco por cento) do valor das respectivas vendas que houver efetuado nos últimos 12 (doze) meses;

d) de componentes, a valor que não ultrapasse o preço pelo qual adquiriu aqueles que vendeu a varejo nos últimos 3 (três) meses.

§ 2.º Para efeito dos limites previstos no parágrafo anterior, em suas alíneas *a* e *b*, a cada 6 (seis) meses será comparada a quota com a realidade do mercado do concessionário, segundo a comercialização por este efetuada, reduzindo-se os referidos limites na proporção de eventual diferença a menor das vendas em relação às atribuições mensais, consoante os critérios estipulados entre produtor e sua rede de distribuição.

§ 3.º O concedente reparará o concessionário do valor do estoque de componentes que alterar ou deixar de fornecer, mediante sua recompra por preço atualizado à rede de distribuição ou substituição pelo sucedâneo ou por outros indicados pelo concessionário, devendo a reparação dar-se em 1 (um) ano da ocorrência do fato.

Art. 11. O pagamento do preço das mercadorias fornecidas pelo concedente não poderá ser exigido, no todo ou em parte, antes do faturamento, salvo ajuste diverso entre o concedente e sua rede de distribuição.

Parágrafo único. Se o pagamento da mercadoria preceder a sua saída, esta se dará até o sexto dia subsequente àquele ato.

Art. 12. O concessionário só poderá realizar a venda de veículos automotores novos diretamente a consumidor, vedada a comercialização para fins de revenda.

Parágrafo único. Ficam excluídas da disposição deste artigo:

a) operações entre concessionários da mesma rede de distribuição que, em relação à respectiva quota, não ultrapassem 15% (quinze por cento) quanto a caminhões e 10% (dez por cento) quanto aos demais veículos automotores;

b) vendas que o concessionário destinar ao mercado externo.

Art. 13. É livre o preço de venda do concessionário ao consumidor, relativamente aos bens e serviços objeto da concessão dela decorrentes.

•• *Caput* com redação determinada pela Lei n. 8.132, de 26-12-1990.

§ 1.º Os valores do frete, seguro e outros encargos variáveis de remessa da mercadoria ao concessionário e deste ao respectivo adquirente deverão ser discriminados, individualmente, nos documentos fiscais pertinentes.

•• § 1.º acrescentado pela Lei n. 8.132, de 26-12-1990.

§ 2.º Cabe ao concedente fixar o preço de venda aos concessionários, preservando sua uniformidade e condições de pagamento para toda a rede de distribuição.

•• § 2.º acrescentado pela Lei n. 8.132, de 26-12-1990.

Art. 14. (*Revogado pela Lei n. 8.132, de 26-12-1990.*)

Art. 15. O concedente poderá efetivar vendas diretas de veículos automotores:

I – independentemente de atuação ou pedido de concessionário:

a) à Administração Pública, Direta ou Indireta, ou ao Corpo Diplomático;

b) a outros compradores especiais, nos limites que forem previamente ajustados com sua rede de distribuição;

II – através da rede de distribuição:

a) às pessoas indicadas no inciso I, *a*, incumbindo o encaminhamento do pedido a concessionário que tenha esta atribuição;

b) a frotistas de veículos automotores, expressamente caracterizados, cabendo unicamente aos concessionários objetivar vendas desta natureza;

c) a outros compradores especiais, facultada a qualquer concessionário a apresentação do pedido.

§ 1.º Nas vendas diretas, o concessionário fará jus ao valor da contraprestação relativa aos serviços de revisão que prestar, na hipótese do inciso I, ou ao valor da margem de comercialização correspondente à mercadoria vendida, na hipótese do inciso II deste artigo.

§ 2.º A incidência das vendas diretas através de concessionário, sobre a respectiva quota de veículos automotores, será estipulada entre o concedente e sua rede de distribuição.

Art. 16. A concessão compreende ainda o resguardo da integridade da marca e dos interesses coletivos do concedente e da rede de distribuição, ficando vedadas:

I – prática de atos pelos quais o concedente vincule o concessionário a condições de subordinação econômica, jurídica ou administrativa ou estabeleça interferência na gestão de seus negócios;

II – exigência entre concedente e concessionário de obrigação que não tenha sido constituída por escrito ou de garantias acima do valor e duração das obrigações contraídas;

III – diferenciação de tratamento entre concedente e concessionário quanto a encargos financeiros e quanto a prazo de obrigações que se possam equiparar.

Art. 17. As relações objeto desta Lei serão também reguladas por convenção que, mediante solicitação do produtor ou de qualquer uma das entidades adiante indicadas, deverão ser celebradas com força de lei, entre:

I – as categorias econômicas de produtores e distribuidores de veículos automotores, cada uma representada pela respectiva entidade civil ou, na falta desta, por outra entidade competente, qualquer delas sempre de âmbito nacional, designadas convenções das categorias econômicas;

II – cada produtor e a respectiva rede de distribuição, esta através da entidade civil de âmbito nacional que a represente, designadas convenções da marca.

§ 1.º Qualquer dos signatários dos atos referidos neste artigo poderá proceder ao seu registro no cartório competente do Distrito Federal e à sua publicação no *Diário Oficial da União*, a fim de valerem também contra terceiros em todo o território nacional.

§ 2.º Independentemente de convenções, a entidade representativa da categoria econômica ou da rede de distribuição da respectiva marca poderá diligenciar a solução de dúvidas e controvérsias, no que tange às relações entre concedente e concessionário.

Art. 18. Celebrar-se-ão convenções das categorias econômicas para:

I – explicitar princípios e normas de interesse dos produtores e distribuidores de veículos automotores;

II – declarar a entidade civil representativa de rede de distribuição;

III – resolver, por decisão arbitral, as questões que lhe forem submetidas pelo produtor e a entidade representativa da respectiva rede de distribuição;

IV – disciplinar, por juízo declaratório, assuntos pertinentes às convenções da marca, por solicitação de produtor ou entidade representativa da respectiva rede de distribuição.

Art. 19. Celebrar-se-ão convenções da marca para estabelecer normas e procedimentos relativos a:

I – atendimento de veículos automotores em garantia ou revisão (art. 3.º, II);

II – uso gratuito da marca do concedente (art. 3.º, III);

III – inclusão na concessão de produtos lançados na sua vigência e modalidades auxiliares de venda (art. 3.º, § 2.º, *a*, § 3.º);

IV – comercialização de outros bens e prestação de outros serviços (art. 4.º, parágrafo único);

V – fixação de área demarcada e distâncias mínimas, abertura de filiais e outros estabelecimentos (art. 5.º, I e II, § 4.º);

VI – venda de componentes em área demarcada diversa (art. 5.º, § 3.º);

VII – novas concessões e condições de mercado para sua contratação ou extinção de concessão existente (art. 6.º, I e II);

VIII – quota de veículos automotores, reajustes anuais, ajustamentos cabíveis, abrangência quanto a modalidades auxiliares de venda (art. 7.º, §§ 1.º, 2.º, 3.º e 4.º) e incidência de vendas diretas (art. 15, § 2.º);

IX – pedidos e fornecimentos de mercadoria (art. 9.º);

X – estoques do concessionário (art. 10 e §§ 1.º e 2.º);

XI – alteração de época de pagamento (art. 11);

XII – cobrança de encargos sobre o preço da mercadoria (art. 13, parágrafo único);

XIII – margem de comercialização, inclusive quanto a sua alteração em casos excepcionais (art. 14 e parágrafo único), seu percentual atribuído a concessionário de domicílio do comprador (art. 5.º, § 2.º);

XIV – vendas diretas, com especificação de compradores especiais, limites das vendas pelo concedente sem mediação de concessionário, atribuição de faculdade a concessionários para venda à Administração Pública e ao Corpo Diplomático, caracterização de frotista de veículos automotores, valor de margem de comercialização e de contraprestação de revisões, demais regras de procedimento (art. 15, § 1.º);

XV – regime de penalidades gradativas (art. 22, § 1.º);

XVI – especificação de outras reparações (art. 24, IV);

XVII – contratações para prestação de assistência técnica e comercialização de componentes (art. 28);

XVIII – outras matérias previstas nesta Lei e as que as partes julgarem de interesse comum.

Art. 20. A concessão comercial entre produtores e distribuidores de veículos automotores será ajustada em contrato que obedecerá forma escrita padronizada para cada marca e especificará produtos, área demarcada, distância mínima e quota de veículos automotores, bem como as condições relativas a requisitos financeiros, organização administrativa e contábil, capacidade técnica, instalações, equipamentos e mão de obra especializada do concessionário.

Art. 21. A concessão comercial entre produtor e distribuidor de veículos automotores será de prazo indeterminado e somente cessará nos termos desta Lei.

•• *Vide* art. 720 do CC.

Parágrafo único. O contrato poderá ser inicialmente ajustado por prazo determinado, não inferior a 5 (cinco) anos, e se tornará automaticamente de prazo indeterminado se nenhuma das partes manifestar à outra a intenção de não prorrogá-lo, antes de 180 (cento e oitenta) dias do seu termo final e mediante notificação por escrito devidamente comprovada.

Art. 22. Dar-se-á a resolução do contrato:

I – por acordo das partes ou força maior;

II – pela expiração do prazo determinado, estabelecido no início da concessão, salvo se prorrogado nos termos do art. 21, parágrafo único;

III – por iniciativa da parte inocente, em virtude de infração a dispositivo desta Lei, das convenções ou do próprio contrato, considerada infração também a cessação das atividades do contraente.

§ 1.º A resolução prevista neste artigo, inciso III, deverá ser precedida da aplicação de penalidades gradativas.

§ 2.º Em qualquer caso de resolução contratual, as partes disporão do prazo necessário à extinção das suas relações e das operações do concessionário, nunca inferior a 120 (cento e vinte) dias, contados da data da resolução.

Art. 23. O concedente que não prorrogar o contrato ajustado nos termos do art. 21, parágrafo único, ficará obrigado perante o concessionário a:

I – readquirir-lhe o estoque de veículos automotores e componentes novos, estes em sua embalagem original, pelo preço de venda à rede de distribuição, vigente na data de reaquisição;

II – comprar-lhe os equipamentos, máquinas, ferramental e instalações destinados à concessão, pelo preço de mercado correspondente ao estado em que se encontrarem e cuja aquisição o concedente determinara ou dela tivera ciência por escrito sem lhe fazer oposição imediata e documentada, excluídos desta obrigação os imóveis do concessionário.

Parágrafo único. Cabendo ao concessionário a iniciativa de não prorrogar o contrato, ficará desobrigado de qualquer indenização ao concedente.

Art. 24. Se o concedente der causa à rescisão do contrato de prazo indeterminado, deverá reparar o concessionário:

I – readquirindo-lhe o estoque de veículos automotores, implementos e componentes novos, pelo preço de venda ao consumidor, vigente na data da rescisão contratual;

II – efetuando-lhe a compra prevista no art. 23, II;

III – pagando-lhe perdas e danos, à razão de 4% (quatro por cento) do faturamento projetado para um período correspondente à soma de uma parte fixa de 18 (dezoito) meses e uma variável de 3 (três) meses por quinquênio de vigência da concessão, devendo a projeção tomar por base o valor corrigido monetariamente do faturamento de bens e serviços concernentes à concessão, que o concessionário tiver realizado nos 2 (dois) anos anteriores à rescisão;

IV – satisfazendo-lhe outras reparações que forem eventualmente ajustadas entre o produtor e sua rede de distribuição.

Art. 25. Se a infração do concedente motivar a rescisão do contrato de prazo determinado, previsto no art. 21, parágrafo único, o concessionário fará jus às mesmas reparações estabelecidas no artigo anterior, sendo que:

I – quanto ao inciso III, será a indenização calculada sobre o faturamento projetado até o término do contrato e, se a concessão não tiver alcançado 2 (dois) anos de vigência, a projeção tomará por base o faturamento até então realizado;

II – quanto ao inciso IV, serão satisfeitas as obrigações vincendas até o termo final do contrato rescindido.

Art. 26. Se o concessionário der causa à rescisão do contrato, pagará ao concedente a indenização correspondente a 5% (cinco por cento) do valor total das mercadorias que dele tiver adquirido nos últimos 4 (quatro) meses do contrato.

Art. 27. Os valores devidos nas hipóteses dos arts. 23, 24, 25 e 26 deverão ser pagos dentro de 60 (sessenta) dias da data da extinção da concessão e, no caso de mora, ficarão sujeitos à correção monetária e juros legais, a partir do vencimento do débito.

Art. 28. O concedente poderá contratar, com empresa reparadora de veículos ou vendedora de componentes, a prestação de serviços de assistência ou a comercialização daqueles, exceto a distribuição de veículos novos, dando-lhe a denominação de serviço autorizado.

•• *Caput* com redação determinada pela Lei n. 8.132, de 26-12-1990.

Parágrafo único. Às contratações a que se refere este artigo serão aplicados, no que couber, os dispositivos desta Lei.

•• Parágrafo único com redação determinada pela Lei n. 8.132, de 26-12-1990.

Art. 29. As disposições do art. 66 da Lei n. 4.728, de 14 de julho de 1965, com a redação dada pelo Decreto-lei n. 911, de 1.º de outubro de 1969, não se aplicam às operações de compra de mercadorias pelo concessionário, para fins de comercialização.

Art. 30. A presente Lei aplica-se às situações existentes entre concedentes e concessionários, sendo consideradas nulas as cláusulas dos contratos em vigor que a contrariem.

§ 1.º As redes de distribuição e os concessionários individualmente continuarão a manter os direitos e garantias que lhes estejam assegurados perante os respectivos produtores por ajustes de qualquer natureza, especialmente no que se refere a áreas demarcadas e quotas de veículos automotores, ressalvada a competência da convenção da marca para modificação de tais ajustes.

§ 2.º As entidades civis a que se refere o art. 17, II, existentes à data em que esta Lei entrar em vigor, representarão a respectiva rede de distribuição.

Art. 31. Tornar-se-ão de prazo indeterminado, nos termos do art. 21, as relações contratuais entre produtores e distribuidores de veículos automotores que já tiverem somado 3 (três) anos de vigência à data em que a presente Lei entrar em vigor.

Art. 32. Se não estiver completo o lapso de 3 (três) anos a que se refere o artigo anterior, o distribuidor poderá optar:

I – pela prorrogação do prazo do contrato vigente por mais 5 (cinco) anos, contados da data em que esta Lei entrar em vigor;

II – pela conservação do prazo contratual vigente.

§ 1.º A opção a que se refere este artigo deverá ser feita em 90 (noventa) dias, contados da data em que esta Lei entrar em vigor, ou até o término do contrato, se menor prazo lhe restar.

§ 2.º Se a opção não se realizar, prevalecerá o prazo contratual vigente.

§ 3.º Tornar-se-á de prazo indeterminado, nos termos do art. 21, o contrato que for prorrogado até 180 (cento e oitenta) dias antes do vencimento dos 5 (cinco) anos, na hipótese do inciso I, ou até a data do seu vencimento, na hipótese do inciso II ou do § 2.º, deste artigo.

§ 4.º Aplicar-se-á o disposto no art. 23, se o contrato não for prorrogado nos prazos mencionados no parágrafo anterior.

Art. 33. Esta Lei entrará em vigor na data de sua publicação, revogadas as disposições em contrário.

Brasília, em 28 de novembro de 1979; 158.º da Independência e 91.º da República.

João Figueiredo

LEI N. 6.766, DE 19 DE DEZEMBRO DE 1979 (*)

Dispõe sobre o parcelamento do solo urbano e dá outras providências.

Art. 1.º O parcelamento do solo para fins urbanos será regido por esta Lei.

Parágrafo único. Os Estados, o Distrito Federal e os Municípios poderão estabelecer normas complementares relativas ao parcelamento do solo municipal para adequar o previsto nesta Lei às peculiaridades regionais e locais.

Capítulo I

DISPOSIÇÕES PRELIMINARES

Art. 2.º O parcelamento do solo urbano poderá ser feito mediante loteamento ou desmembramento, observadas as disposi-

(*) Publicada no *Diário Oficial da União*, de 20-12-1979. *Vide* Decreto-lei n. 58, de 10-12-1937, e Decreto-lei n. 271, de 28-2-1967. Sobre INCRA, *vide* Nota dos Organizadores.

ções desta Lei e as das legislações estaduais e municipais pertinentes.

§ 1.º Considera-se loteamento a subdivisão de gleba em lotes destinados a edificação, com abertura de novas vias de circulação, de logradouros públicos ou prolongamento, modificação ou ampliação das vias existentes.

§ 2.º Considera-se desmembramento a subdivisão de gleba em lotes destinados a edificação, com aproveitamento do sistema viário existente, desde que não implique a abertura de novas vias e logradouros públicos, nem prolongamento, modificação ou ampliação dos já existentes.

•• A Lei n. 9.785, de 29-1-1999, propôs nova redação para este § 2.º, porém teve seu texto vetado.

§ 3.º (*Vetado.*)

•• § 3.º acrescentado pela Lei n. 9.785, de 29-1-1999.

§ 4.º Considera-se lote o terreno servido de infraestrutura básica cujas dimensões atendam aos índices urbanísticos definidos pelo plano diretor ou lei municipal para a zona em que se situe.

•• § 4.º acrescentado pela Lei n. 9.785, de 29-1-1999.

§ 5.º A infraestrutura básica dos parcelamentos é constituída pelos equipamentos urbanos de escoamento das águas pluviais, iluminação pública, esgotamento sanitário, abastecimento de água potável, energia elétrica pública e domiciliar e vias de circulação.

•• § 5.º com redação determinada pela Lei n. 11.445, de 5-1-2007.

§ 6.º A infraestrutura básica dos parcelamentos situados nas zonas habitacionais declaradas por lei como de interesse social (ZHIS) consistirá, no mínimo, de:

I – vias de circulação;

II – escoamento das águas pluviais;

III – rede para o abastecimento de água potável; e

IV – soluções para o esgotamento sanitário e para a energia elétrica domiciliar.

•• § 6.º acrescentado pela Lei n. 9.785, de 29-1-1999.

§ 7.º O lote poderá ser constituído sob a forma de imóvel autônomo ou de unidade imobiliária integrante de condomínio de lotes.

•• § 7.º acrescentado pela Lei n. 13.465, de 11-7-2017.

§ 8.º Constitui loteamento de acesso controlado a modalidade de loteamento, definida nos termos do § 1.º deste artigo, cujo controle de acesso será regulamentado por ato do poder público Municipal, sendo vedado o impedimento de acesso a pedestres ou a condutores de veículos, não residentes, devidamente identificados ou cadastrados.

•• § 8.º acrescentado pela Lei n. 13.465, de 11-7-2017.

Art. 2.º-A. Considera-se empreendedor, para fins de parcelamento do solo urbano, o responsável pela implantação do parcelamento, o qual, além daqueles indicados em regulamento, poderá ser:

•• *Caput* acrescentado pela Lei n. 14.118, de 12-1-2021.

a) o proprietário do imóvel a ser parcelado;

•• Alínea *a* acrescentada pela Lei n. 14.118, de 12-1-2021.

b) o compromissário comprador, cessionário ou promitente cessionário, ou o foreiro, desde que o proprietário expresse sua anuência em relação ao empreendimento e sub-rogue-se nas obrigações do compromissário comprador, cessionário ou promitente cessionário, ou do foreiro, em caso de extinção do contrato;

•• Alínea *b* acrescentada pela Lei n. 14.118, de 12-1-2021.

c) o ente da administração pública direta ou indireta habilitado a promover a desapropriação com a finalidade de implantação de parcelamento habitacional ou de realização de regularização fundiária de interesse social, desde que tenha ocorrido a regular imissão na posse;

•• Alínea *c* acrescentada pela Lei n. 14.118, de 12-1-2021.

d) a pessoa física ou jurídica contratada pelo proprietário do imóvel a ser parcelado ou pelo poder público para executar o parcelamento ou a regularização fundiária, em forma de parceria, sob regime de obrigação solidária, devendo o contrato ser averbado na matrícula do imóvel no competente registro de imóveis;

•• Alínea *d* acrescentada pela Lei n. 14.118, de 12-1-2021.

e) a cooperativa habitacional ou associação de moradores, quando autorizada pelo titular do domínio, ou associação de proprietários ou compradores que assuma a responsabilidade pela implantação do parcelamento.

•• Alínea *e* acrescentada pela Lei n. 14.118, de 12-1-2021.

Art. 3.º Somente será admitido o parcelamento do solo para fins urbanos em zonas urbanas, de expansão ou de urbanização específica, assim definidas pelo plano diretor ou aprovadas por lei municipal.

•• *Caput* com redação determinada pela Lei n. 9.785, de 29-1-1999.

Parágrafo único. Não será permitido o parcelamento do solo:

I – em terrenos alagadiços e sujeitos a inundações, antes de tomadas as providências para assegurar o escoamento das águas;

II – em terrenos que tenham sido aterrados com material nocivo à saúde pública, sem que sejam previamente saneados;

III – em terreno com declividade igual ou superior a 30% (trinta por cento), salvo se atendidas exigências específicas das autoridades competentes;

IV – em terrenos onde as condições geológicas não aconselham a edificação;

V – em áreas de preservação ecológica ou naquelas onde a poluição impeça condições sanitárias suportáveis, até a sua correção.

Capítulo II

DOS REQUISITOS URBANÍSTICOS PARA LOTEAMENTO

Art. 4.º Os loteamentos deverão atender, pelo menos, aos seguintes requisitos:

I – as áreas destinadas a sistemas de circulação, a implantação de equipamento urbano e comunitário, bem como a espaços livres de uso público, serão proporcionais à densidade de ocupação prevista pelo plano diretor ou aprovada por lei municipal para a zona em que se situem;

•• Inciso I com redação determinada pela Lei n. 9.785, de 29-1-1999.

II – os lotes terão área mínima de 125 m² (cento e vinte e cinco metros quadrados) e frente mínima de 5 (cinco) metros, salvo quando a legislação estadual ou municipal determinar maiores exigências, ou quando o loteamento se destinar a urbanização específica ou edificação de conjuntos habitacionais de interesse social, previamente aprovados pelos órgãos públicos competentes;

III – ao longo das faixas de domínio público das rodovias, a reserva de faixa não edificável de, no mínimo, 15 (quinze) metros de cada lado poderá ser reduzida por lei municipal ou distrital que aprovar o instrumento do planejamento territorial, até o limite mínimo de 5 (cinco) metros de cada lado;

•• Inciso III com redação determinada pela Lei n. 13.913, de 25-11-2019.

III-A – ao longo da faixa de domínio das ferrovias, será obrigatória a reserva de uma faixa não edificável de, no mínimo, 15 (quinze) metros de cada lado;

•• Inciso III-A com redação determinada pela Lei n. 14.285, de 29-12-2021.

III-B – ao longo das águas correntes e dormentes, as áreas de faixas não edificáveis deverão respeitar a lei municipal ou distrital que aprovar o instrumento de planejamento territorial e que definir e regulamentar a largura das faixas marginais de cursos d´água naturais em área urbana consolidada, nos termos da Lei n. 12.651, de 25 de maio de 2012, com obrigatoriedade de reserva de uma faixa não edificável para cada trecho de margem, indicada em diagnóstico socioambiental elaborado pelo Município;

•• Inciso III-B acrescentado pela Lei n. 14.285, de 29-12-2021.

IV – as vias de loteamento deverão articular-se com as vias adjacentes oficiais, existentes ou projetadas, e harmonizar-se com a topografia local.

§ 1.º A legislação municipal definirá, para cada zona em que se divida o território do Município, os usos permitidos e os índices urbanísticos de parcelamento e ocupação do solo, que incluirão, obrigatoriamente, as áreas mínimas e máximas de lotes e os coeficientes máximos de aproveitamento.

•• § 1.º com redação determinada pela Lei n. 9.785, de 29-1-1999.

§ 2.º Consideram-se comunitários os equipamentos públicos de educação, cultura, saúde, lazer e similares.

§ 3.º Se necessária, a reserva de faixa não edificável vinculada a dutovias será exigida no âmbito do respectivo licenciamento ambiental, observados critérios e parâmetros que garantam a segurança da população e a proteção do meio ambiente, conforme estabelecido nas normas técnicas pertinentes.

•• § 3.º acrescentado pela Lei n. 10.932, de 3-8-2004.

§ 4.º No caso de lotes integrantes de condomínio de lotes, poderão ser instituídas limitações administrativas e direitos reais sobre coisa alheia em benefício do poder público, da população em geral e da proteção da paisagem urbana, tais como servidões de passagem, usufrutos e restrições à construção de muros.

•• § 4.º acrescentado pela Lei n. 13.465, de 11-7-2017.

§ 5.º As edificações localizadas nas áreas contíguas às faixas de domínio público dos trechos de rodovia que atravessem perímetros urbanos ou áreas urbanizadas passíveis de serem incluídas em perímetro urbano, desde que construídas até a data de promulgação deste parágrafo, ficam dispensadas da observância da exigência prevista no inciso III do *caput* deste artigo, salvo por ato devidamente fundamentado do poder público municipal ou distrital.

•• § 5.º acrescentado pela Lei n. 13.913, de 25-11-2019.

§ 6.º (*Vetado.*)

•• § 6.º acrescentado pela Lei n. 14.285, de 29-12-2021.

§ 7.º (*Vetado.*)

•• § 7.º acrescentado pela Lei n. 14.285, de 29-12-2021.

Art. 5.º O Poder Público competente poderá complementarmente exigir, em cada loteamento, a reserva de faixa *non aedificandi* destinada a equipamentos urbanos.

Parágrafo único. Consideram-se urbanos os equipamentos públicos de abastecimento de água, serviços de esgotos, energia elétrica, coletas de águas pluviais, rede telefônica e gás canalizado.

Capítulo III

DO PROJETO DE LOTEAMENTO

Art. 6.º Antes da elaboração do projeto de loteamento, o interessado deverá solicitar à Prefeitura Municipal, ou ao Distrito Federal quando for o caso, que defina as diretrizes para o uso do solo, traçado dos lotes, do sistema viário, dos espaços livres e das áreas reservadas para equipamento urbano e comunitário, apresentando, para este fim, requerimento e planta do imóvel contendo, pelo menos:

I – as divisas da gleba a ser loteada;

II – as curvas de nível a distância adequada, quando exigidas por lei estadual ou municipal;

III – a localização dos cursos d'água, bosques e construções existentes;

IV – a indicação dos arruamentos contíguos a todo o perímetro, a localização das vias de comunicação, das áreas livres, dos equipamentos urbanos e comunitários, existentes no local ou em suas adjacências, com as respectivas distâncias da área a ser loteada;

V – o tipo de uso predominante a que o loteamento se destina;

VI – as características, dimensões e localização das zonas de uso contíguas.

Art. 7.º A Prefeitura Municipal, ou o Distrito Federal quando for o caso, indicará, nas plantas apresentadas junto com o requerimento, de acordo com as diretrizes de planejamento estadual e municipal:

I – as ruas ou estradas existentes ou projetadas, que compõem o sistema viário da cidade e do Município relacionadas com o loteamento pretendido e a serem respeitadas;

II – o traçado básico do sistema viário principal;

III – a localização aproximada dos terrenos destinados a equipamento urbano e comunitário e das áreas livres de uso público;

IV – as faixas sanitárias do terreno necessárias ao escoamento das águas pluviais e as faixas não edificáveis;

V – a zona ou zonas de uso predominante da área, com indicação dos usos compatíveis.

Parágrafo único. As diretrizes expedidas vigorarão pelo prazo máximo de 4 (quatro) anos.

•• Parágrafo único com redação determinada pela Lei n. 9.785, de 29-1-1999.

Art. 8.º Os Municípios com menos de 50.000 (cinquenta mil) habitantes e aqueles cujo plano diretor contiver diretrizes de urbanização para a zona em que se situe o parcelamento poderão dispensar, por lei, a fase de fixação de diretrizes previstas nos arts. 6.º e 7.º desta Lei.

•• Artigo com redação determinada pela Lei n. 9.785, de 29-1-1999.

Art. 9.º Orientado pelo traçado e diretrizes oficiais, quando houver, o projeto, contendo desenhos, memorial descritivo e cronograma de execução das obras com duração máxima de 4 (quatro) anos, será apresentado à Prefeitura Municipal, ou ao Distrito Federal, quando for o caso, acompanhado de certidão atualizada da matrícula da gleba, expedida pelo Cartório de Registro de Imóveis competente, de certidão negativa de tributos municipais e do competente instrumento de garantia, ressalvado o disposto no § 4.º do art. 18.

•• *Caput* com redação determinada pela Lei n. 9.785, de 29-1-1999.

§ 1.º Os desenhos conterão pelo menos:

I – a subdivisão das quadras em lotes, com as respectivas dimensões e numeração;

II – o sistema de vias com a respectiva hierarquia;

III – as dimensões lineares e angulares do projeto, com raios, cordas, arcos, ponto de tangência e ângulos centrais das vias;

IV – os perfis longitudinais e transversais de todas as vias de circulação e praças;

V – a indicação dos marcos de alinhamento e nivelamento localizados nos ângulos de curvas e vias projetadas;

VI – a indicação em planta e perfis de todas as linhas de escoamento das águas pluviais.

§ 2.º O memorial descritivo deverá conter, obrigatoriamente, pelo menos:

I – a descrição sucinta do loteamento, com as suas características e a fixação da zona ou zonas de uso predominante;

II – as condições urbanísticas do loteamento e as limitações que incidem sobre os lotes e suas construções, além daquelas constantes das diretrizes fixadas;

III – a indicação das áreas públicas que passarão ao domínio do Município no ato de registro do loteamento;

IV – a enumeração dos equipamentos urbanos, comunitários e dos serviços públicos ou de utilidade pública, já existentes no loteamento e adjacências.

§ 3.º Caso se constate, a qualquer tempo, que a certidão da matrícula apresentada como atual não tem mais correspondência com os registros e averbações cartorárias do tempo da sua apresentação, além das consequências penais cabíveis, serão consideradas insubsistentes tanto as diretrizes expedidas anteriormente, quanto as aprovações consequentes.

•• § 3.º acrescentado pela Lei n. 9.785, de 29-1-1999.

Capítulo IV

DO PROJETO DE DESMEMBRAMENTO

Art. 10. Para a aprovação de projeto de desmembramento, o interessado apresentará requerimento à Prefeitura Municipal, ou ao Distrito Federal quando for o caso, acompanhado de certidão atualizada da matrícula da gleba, expedida pelo Cartório de Registro de Imóveis competente, ressalvado o disposto no § 4.º do art. 18, e de planta do imóvel a ser desmembrado contendo:

•• *Caput* com redação determinada pela Lei n. 9.785, de 29-1-1999.

I – a indicação das vias existentes e dos loteamentos próximos;

II – a indicação do tipo de uso predominante no local;

III – a indicação da divisão de lotes pretendida na área.

Art. 11. Aplicam-se ao desmembramento, no que couber, as disposições urbanísticas vigentes para as regiões em que se situem ou, na ausência destas, as disposições urbanísticas para os loteamentos.

•• *Caput* com redação determinada pela Lei n. 9.785, de 29-1-1999.

Parágrafo único. O Município, ou o Distrito Federal quando for o caso, fixará os requisitos exigíveis para a aprovação de desmembramento de lotes decorrentes de loteamento cuja destinação da área pública tenha sido inferior à mínima prevista no § 1.º do art. 4.º desta Lei.

Capítulo V
DA APROVAÇÃO DO PROJETO DE LOTEAMENTO E DESMEMBRAMENTO

Art. 12. O projeto de loteamento e desmembramento deverá ser aprovado pela Prefeitura Municipal, ou pelo Distrito Federal quando for o caso, a quem compete também a fixação das diretrizes a que aludem os arts. 6.º e 7.º desta Lei, salvo a exceção prevista no artigo seguinte.

§ 1.º O projeto aprovado deverá ser executado no prazo constante do cronograma de execução, sob pena de caducidade da aprovação.

•• Primitivo parágrafo único renumerado pela Lei n. 12.608, de 10-4-2012.

§ 2.º Nos Municípios inseridos no cadastro nacional de municípios com áreas suscetíveis à ocorrência de deslizamentos de grande impacto, inundações bruscas ou processos geológicos ou hidrológicos correlatos, a aprovação do projeto de que trata o *caput* ficará vinculada ao atendimento dos requisitos constantes da carta geotécnica de aptidão à urbanização.

•• § 2.º acrescentado pela Lei n. 12.608, de 10-4-2012.

§ 3.º É vedada a aprovação de projeto de loteamento e desmembramento em áreas de risco definidas como não edificáveis, no plano diretor ou em legislação dele derivada.

•• § 3.º acrescentado pela Lei n. 12.608, de 10-4-2012.

Art. 13. Aos Estados caberá disciplinar a aprovação pelos Municípios de loteamentos e desmembramentos nas seguintes condições:

•• *Caput* com redação determinada pela Lei n. 9.785, de 29-1-1999.

I – quando localizados em áreas de interesse especial, tais como as de proteção aos mananciais ou ao patrimônio cultural, histórico, paisagístico e arqueológico, assim definidas por legislação estadual ou federal;

II – quando o loteamento ou desmembramento localizar-se em área limítrofe do Município, ou que pertença a mais de um Município, nas regiões metropolitanas ou em aglomerações urbanas, definidas em lei estadual ou federal;

III – quando o loteamento abranger área superior a 1.000.000 m² (um milhão de metros quadrados).

Parágrafo único. No caso de loteamento ou desmembramento localizado em área de Município integrante de região metropolitana, o exame e a anuência prévia à aprovação do projeto caberão à autoridade metropolitana.

Art. 14. Os Estados definirão, por decreto, as áreas de proteção especial, previstas no inciso I do artigo anterior.

Art. 15. Os Estados estabelecerão, por decreto, as normas a que deverão submeter-se os projetos de loteamento e desmembramento nas áreas previstas no art. 13, observadas as disposições desta Lei.

Parágrafo único. Na regulamentação das normas previstas neste artigo, o Estado procurará atender às exigências urbanísticas do planejamento municipal.

Art. 16. A lei municipal definirá os prazos para que um projeto de parcelamento apresentado seja aprovado ou rejeitado e para que as obras executadas sejam aceitas ou recusadas.

•• *Caput* com redação determinada pela Lei n. 9.785, de 29-1-1999.

§ 1.º Transcorridos os prazos sem a manifestação do Poder Público, o projeto será considerado rejeitado ou as obras recusadas, assegurada a indenização por eventuais danos derivados da omissão.

•• § 1.º acrescentado pela Lei n. 9.785, de 29-1-1999.

§ 2.º Nos Municípios cuja legislação for omissa, os prazos serão de 90 (noventa) dias para a aprovação ou rejeição e de 60 (sessenta) dias para a aceitação ou recusa fundamentada das obras de urbanização.

•• § 2.º acrescentado pela Lei n. 9.785, de 29-1-1999.

Art. 17. Os espaços livres de uso comum, as vias e praças, as áreas destinadas a edifícios públicos e outros equipamentos urbanos, constantes do projeto e do memorial descritivo, não poderão ter sua destinação alterada pelo loteador, desde a aprovação do loteamento, salvo as hipóteses de caducidade da licença ou desistência do loteador, sendo, neste caso, observadas as exigências do art. 23 desta Lei.

Capítulo VI
DO REGISTRO DO LOTEAMENTO E DESMEMBRAMENTO

Art. 18. Aprovado o projeto de loteamento ou de desmembramento, o loteador deverá submetê-lo ao Registro Imobiliário dentro de 180 (cento e oitenta) dias, sob pena de caducidade da aprovação, acompanhado dos seguintes documentos:

I – título de propriedade do imóvel ou certidão da matrícula, ressalvado o disposto nos §§ 4.º e 5.º;

•• Inciso I com redação determinada pela Lei n. 9.785, de 29-1-1999.

II – histórico dos títulos de propriedade do imóvel, abrangendo os últimos 20 (vinte) anos, acompanhado dos respectivos comprovantes;

III – certidões negativas:

a) de tributos federais, estaduais e municipais incidentes sobre o imóvel;

b) de ações reais referentes ao imóvel, pelo período de 10 (dez) anos;

c) de ações penais com respeito ao crime contra o patrimônio e contra a Administração Pública;

IV – certidões:

a) dos cartórios de protestos de títulos, em nome do loteador, pelo período de 5 (cinco) anos;

•• Alínea *a* com redação determinada pela Lei n. 14.382, de 27-6-2022.

b) de ações cíveis relativas ao loteador, pelo período de 10 (dez) anos;

•• Alínea *b* com redação determinada pela Lei n. 14.382, de 27-6-2022.

c) da situação jurídica atualizada do imóvel; e

•• Alínea *c* com redação determinada pela Lei n. 14.382, de 27-6-2022.

d) de ações penais contra o loteador, pelo período de 10 (dez) anos;

•• Alínea *d* com redação determinada pela Lei n. 14.382, de 27-6-2022.

V – cópia do ato de aprovação do loteamento e comprovante do termo de verificação, pelo Município ou pelo Distrito Federal, da execução das obras exigidas pela legislação municipal, que incluirão, no mínimo, a execução das vias de circulação do loteamento, demarcação dos lotes, quadras e logradouros e das obras de escoamento das águas pluviais ou da aprovação de um cronograma, com a duração máxima de 4 (quatro) anos, prorrogáveis por mais 4 (quatro) anos, acompanhado de competente instrumento de garantia para a execução das obras;

•• Inciso V com redação determinada pela Lei n. 14.118, de 12-1-2021.

VI – exemplar do contrato-padrão de promessa de venda, ou de cessão ou de promessa de cessão, do qual constarão obrigatoriamente as indicações previstas no art. 26 desta Lei;

VII – declaração do cônjuge do requerente de que consente no registro do loteamento.

§ 1.º Os períodos referidos nos incisos III, *b*, e IV, *a*, *b* e *d*, tomarão por base a data do pedido de registro do loteamento, devendo todas elas ser extraídas em nome daqueles que, nos mencionados períodos, tenham sido titulares de direitos reais sobre o imóvel.

§ 2.º A existência de protestos, de ações pessoais ou de ações penais, exceto as referentes a crime contra o patrimônio e contra a administração, não impedirá o registro do loteamento se o requerente comprovar que esses protestos ou ações não poderão prejudicar os adquirentes dos lotes. Se o oficial do registro de imóveis julgar insuficiente a comprovação feita, suscitará a dúvida perante o juiz competente.

§ 3.º A declaração a que se refere o inciso VII deste artigo não dispensará o consentimento do declarante para os atos de alienação ou promessa de alienação de lotes, ou de direitos a eles relativos, que venham a ser praticados pelo seu cônjuge.

§ 4.º O título de propriedade será dispensado quando se tratar de parcelamento popular, destinado às classes de menor renda, em imóvel declarado de utilidade pública, com processo de desapropriação judicial em curso e imissão provisória na posse, desde que promovido pela União, Estados, Distrito Federal, Municípios ou suas entidades delegadas, autorizadas por lei a implantar projetos de habitação.

•• § 4.º acrescentado pela Lei n. 9.785, de 29-1-1999.

§ 5.º No caso de que trata o § 4.º, o pedido de registro do parcelamento, além dos documentos mencionados nos incisos V e VI deste artigo, será instruído com cópias autênticas da decisão que tenha concedido a imissão provisória na posse, do decreto de desapropriação, do comprovante de sua publicação na imprensa oficial e, quando formulado por entidades delegadas, da lei de criação e de seus atos constitutivos.

•• § 5.º acrescentado pela Lei n. 9.785, de 29-1-1999.

§ 6.º Na hipótese de o loteador ser companhia aberta, as certidões referidas na alínea *c* do inciso III e nas alíneas *a*, *b* e *d* do inciso IV do *caput* deste artigo poderão ser substituídas por exibição das informações trimestrais e demonstrações financeiras anuais constantes do sítio eletrônico da Comissão de Valores Mobiliários.

•• § 6.º acrescentado pela Lei n. 14.382, de 27-6-2022.

§ 7.º Quando demonstrar de modo suficiente o estado do processo e a repercussão econômica do litígio, a certidão esclarecedora de ação cível ou penal poderá ser substituída por impressão do andamento do processo digital.

•• § 7.º acrescentado pela Lei n. 14.382, de 27-6-2022.

Art. 19. O oficial do registro de imóveis, após examinar a documentação e se encontrá-la em ordem, deverá encaminhar comunicação à Prefeitura e fará publicar, em resumo e com pequeno desenho de localização da área, edital do pedido de registro em 3 (três) dias consecutivos, o qual poderá ser impugnado no prazo de 15 (quinze) dias corridos, contado da data da última publicação.

•• *Caput* com redação determinada pela Lei n. 14.382, de 27-6-2022.

§ 1.º Findo o prazo sem impugnação, será feito imediatamente o registro. Se houver impugnação de terceiros, o oficial do registro de imóveis intimará o requerente e a Prefeitura Municipal, ou o Distrito Federal quando for o caso, para que sobre ela se manifestem no prazo de 5 (cinco) dias, sob pena de arquivamento do processo. Com tais manifestações o processo será enviado ao juiz competente para decisão.

§ 2.º Ouvido o Ministério Público no prazo de 5 (cinco) dias, o juiz decidirá de plano ou após instrução sumária, devendo remeter ao interessado as vias ordinárias caso a matéria exija maior indagação.

§ 3.º Nas capitais, a publicação do edital se fará no *Diário Oficial do Estado* e num dos jornais de circulação diária. Nos demais Municípios, a publicação se fará apenas num dos jornais locais, se houver, ou, não havendo, em jornal da região.

§ 4.º O oficial do registro de imóveis que efetuar o registro em desacordo com as exigências desta Lei ficará sujeito a multa equivalente a 10 (dez) vezes os emolumentos regimentais fixados para o registro, na época em que for aplicada a penalidade pelo juiz corregedor do cartório, sem prejuízo das sanções penais e administrativas cabíveis.

§ 5.º Registrado o loteamento, o oficial de registro comunicará, por certidão, o seu registro à Prefeitura.

Art. 20. O registro do loteamento será feito, por extrato, no livro próprio.

Parágrafo único. No Registro de Imóveis far-se-á o registro do loteamento, com uma indicação para cada lote, a averbação das alterações, a abertura de ruas e praças e as áreas destinadas a espaços livres ou a equipamentos urbanos.

Art. 21. Quando a área loteada estiver situada em mais de uma circunscrição imobiliária, o registro será requerido primeiramente perante aquela em que estiver localizada a maior parte da área loteada. Procedido o registro nessa circunscrição, o interessado requererá, sucessivamente, o registro do loteamento em cada uma das demais, comprovando perante cada qual o registro efetuado na anterior, até que o loteamento seja registrado em todas. Denegado o registro em qualquer das circunscrições, essa decisão será comunicada, pelo oficial do registro de imóveis, às demais para efeito de cancelamento dos registros feitos, salvo se ocorrer a hipótese prevista no § 4.º deste artigo.

§ 1.º Nenhum lote poderá situar-se em mais de uma circunscrição.

§ 2.º É defeso ao interessado processar simultaneamente, perante diferentes circunscrições, pedidos de registro do mesmo loteamento, sendo nulos os atos praticados com infração a esta norma.

§ 3.º Enquanto não procedidos todos os registros de que trata este artigo, considerar-se-á o loteamento como não registrado para os efeitos desta Lei.

§ 4.º O indeferimento do registro do loteamento em uma circunscrição não determinará o cancelamento do registro procedido em outra, se o motivo do indeferimento naquela não se estender à área situada sob a competência desta, e desde que o interessado requeira a manutenção do registro obtido, submetido o remanescente do loteamento a uma aprovação prévia perante a Prefeitura Municipal, ou o Distrito Federal quando for o caso.

Art. 22. Desde a data de registro do loteamento, passam a integrar o domínio do Município as vias e praças, os espaços livres e as áreas destinadas a edifícios públicos e outros equipamentos urbanos, constantes do projeto e do memorial descritivo.

Parágrafo único. Na hipótese de parcelamento do solo implantado e não registrado, o Município poderá requerer, por meio da apresentação de planta de parcelamento elaborada pelo loteador ou aprovada pelo Município e de declaração de que o parcelamento se encontra implantado, o registro das áreas destinadas a uso público, que passarão dessa forma a integrar o seu domínio.

•• Parágrafo único acrescentado pela Lei n. 12.424, de 16-6-2011.

Art. 23. O registro do loteamento só poderá ser cancelado:

I – por decisão judicial;

II – a requerimento do loteador, com anuência da Prefeitura, ou do Distrito Federal quando for o caso, enquanto nenhum lote houver sido objeto de contrato;

III – a requerimento conjunto do loteador e de todos os adquirentes de lotes, com anuência da Prefeitura, ou do Distrito Federal quando for o caso, e do Estado.

§ 1.º A Prefeitura e o Estado só poderão se opor ao cancelamento se disto resultar inconveniente comprovado para o desenvolvimento urbano ou se já se tiver realizado qualquer melhoramento na área loteada ou adjacências.

§ 2.º Nas hipóteses dos incisos II e III, o oficial do registro de imóveis fará publicar, em resumo, edital do pedido de cancelamento, podendo este ser impugnado no prazo de 30 (trinta) dias contados da data da última publicação. Findo esse prazo, com ou sem impugnação, o processo será remetido ao juiz competente para homologação do pedido de cancelamento, ouvido o Ministério Público.

§ 3.º A homologação de que trata o parágrafo anterior será precedida de vistoria judicial destinada a comprovar a inexistência de adquirentes instalados na área loteada.

Art. 24. O processo de loteamento e os contratos depositados em cartório poderão ser examinados por qualquer pessoa, a qualquer tempo, independentemente do pagamento de custas ou emolumentos, ainda que a título de busca.

Capítulo VII
DOS CONTRATOS

•• *Vide* art. 22 do Decreto-lei n. 58, de 10-12-1937.

Art. 25. São irretratáveis os compromissos de compra e venda, cessões e promessas de cessão, os que atribuam direito a adjudicação compulsória e, estando registrados, confiram direito real oponível a terceiros.

Art. 26. Os compromissos de compra e venda, as cessões ou promessas de cessão poderão ser feitos por escritura pública ou por instrumento particular, de acordo com o modelo depositado na forma do inciso VI do art. 18 e conterão, pelo menos, as seguintes indicações:

I – nome, registro civil, cadastro fiscal no Ministério da Fazenda, nacionalidade, estado civil e residência dos contratantes;

II – denominação e situação do loteamento, número e data da inscrição;

III – descrição do lote ou dos lotes que forem objeto de compromissos, confrontações, área e outras características;

IV – preço, prazo, forma e local de pagamento bem como a importância do sinal;

V – taxa de juros incidentes sobre o débito em aberto e sobre as prestações vencidas e não pagas, bem como a cláusula penal, nunca excedente a 10% (dez por cento) do débito e só exigível nos casos de intervenção judicial ou de mora superior a 3 (três) meses;

VI – indicação sobre a quem incumbe o pagamento dos impostos e taxas incidentes sobre o lote compromissado;

VII – declaração das restrições urbanísticas convencionais do loteamento, supletivas da legislação pertinente.

§ 1.º O contrato deverá ser firmado em três vias ou extraído em três traslados, sendo um para cada parte e o terceiro para arquivo no registro imobiliário, após o registro e anotações devidas.

§ 2.º Quando o contrato houver sido firmado por procurador de qualquer das partes, será obrigatório o arquivamento da procuração no Registro Imobiliário.

§ 3.º Admite-se, nos parcelamentos populares, a cessão da posse em que estiverem provisoriamente imitidas a União, Estados, Distrito Federal, Municípios e suas entidades delegadas, o que poderá ocorrer por instrumento particular, ao qual se atribui, para todos os fins de direito, caráter de escritura pública, não se aplicando a disposição do inciso II do art. 134 do Código Civil.

•• § 3.º acrescentado pela Lei n. 9.785, de 29-1-1999.

§ 4.º A cessão da posse referida no § 3.º, cumpridas as obrigações do cessionário constitui crédito contra o expropriante, de aceitação obrigatória em garantia de contratos de financiamentos habitacionais.

•• § 4.º acrescentado pela Lei n. 9.785, de 29-1-1999.

§ 5.º Com o registro da sentença que, em processo de desapropriação, fixar o valor da indenização, a posse referida no § 3.º converter-se-á em propriedade e a sua cessão, em compromisso de compra e venda ou venda e compra, conforme haja obrigações a cumprir ou estejam elas cumpridas, circunstância que, demonstradas ao Registro de Imóveis, serão averbadas na matrícula relativa ao lote.

•• § 5.º acrescentado pela Lei n. 9.785, de 29-1-1999.

§ 6.º Os compromissos de compra e venda, as cessões e as promessas de cessão valerão como título para o registro da propriedade do lote adquirido, quando acompanhados da respectiva prova de quitação.

•• § 6.º acrescentado pela Lei n. 9.785, de 29-1-1999.

Art. 26-A. Os contratos de compra e venda, cessão ou promessa de cessão de loteamento devem ser iniciados por quadro-resumo, que deverá conter, além das indicações constantes do art. 26 desta Lei:

•• *Caput* acrescentado pela Lei n. 13.786, de 27-12-2018.

I – o preço total a ser pago pelo imóvel;

•• Inciso I acrescentado pela Lei n. 13.786, de 27-12-2018.

II – o valor referente à corretagem, suas condições de pagamento e a identificação precisa de seu beneficiário;

•• Inciso II acrescentado pela Lei n. 13.786, de 27-12-2018.

III – a forma de pagamento do preço, com indicação clara dos valores e vencimentos das parcelas;

•• Inciso III acrescentado pela Lei n. 13.786, de 27-12-2018.

IV – os índices de correção monetária aplicáveis ao contrato e, quando houver pluralidade de índices, o período de aplicação de cada um;

•• Inciso IV acrescentado pela Lei n. 13.786, de 27-12-2018.

V – as consequências do desfazimento do contrato, seja mediante distrato, seja por meio de resolução contratual motivada por inadimplemento de obrigação do adquirente ou do loteador, com destaque negritado para as penalidades aplicáveis e para os prazos para devolução de valores ao adquirente;

•• Inciso V acrescentado pela Lei n. 13.786, de 27-12-2018.

VI – as taxas de juros eventualmente aplicadas, se mensais ou anuais, se nominais ou efetivas, o seu período de incidência e o sistema de amortização;

•• Inciso VI acrescentado pela Lei n. 13.786, de 27-12-2018.

VII – as informações acerca da possibilidade do exercício, por parte do adquirente do imóvel, do direito de arrependimento previsto no art. 49 da Lei n. 8.078, de 11 de setembro de 1990 (Código de Defesa do Consumidor), em todos os contratos firmados em estandes de vendas e fora da sede do loteador ou do estabelecimento comercial;

•• Inciso VII acrescentado pela Lei n. 13.786, de 27-12-2018.

VIII – o prazo para quitação das obrigações pelo adquirente após a obtenção do termo de vistoria de obras;

•• Inciso VIII acrescentado pela Lei n. 13.786, de 27-12-2018.

IX – informações acerca dos ônus que recaiam sobre o imóvel;

•• Inciso IX acrescentado pela Lei n. 13.786, de 27-12-2018.

X – o número do registro do loteamento ou do desmembramento, a matrícula do imóvel e a identificação do cartório de registro de imóveis competente;

•• Inciso X acrescentado pela Lei n. 13.786, de 27-12-2018.

XI – o termo final para a execução do projeto referido no § 1.º do art. 12 desta Lei e a data do protocolo do pedido de emissão do termo de vistoria de obras.

•• Inciso XI acrescentado pela Lei n. 13.786, de 27-12-2018.

§ 1.º Identificada a ausência de quaisquer das informações previstas no *caput* deste artigo, será concedido prazo de 30 (trinta) dias para aditamento do contrato e saneamento da omissão, findo o qual, essa omissão, se não sanada, caracterizará justa causa para rescisão contratual por parte do adquirente.

•• § 1.º acrescentado pela Lei n. 13.786, de 27-12-2018.

§ 2.º A efetivação das consequências do desfazimento do contrato, mencionadas no inciso V do *caput* deste artigo, dependerá de anuência prévia e específica do adquirente a seu respeito, mediante assinatura junto a essas cláusulas, que deverão ser redigidas conforme o disposto no § 4.º do art. 54 da Lei n. 8.078, de 11 de setembro de 1990 (Código de Defesa do Consumidor).

•• § 2.º acrescentado pela Lei n. 13.786, de 27-12-2018.

Art. 27. Se aquele que se obrigou a concluir contrato de promessa de venda ou de cessão não cumprir a obrigação, o credor poderá notificar o devedor para outorga do contrato ou oferecimento de impugnação no prazo de 15 (quinze) dias, sob pena de proceder-se ao registro do pré-contrato, passando as relações entre as partes a serem regidas pelo contrato-padrão.

§ 1.º Para fins deste artigo, terão o mesmo valor de pré-contrato a promessa de cessão, a proposta de compra, a reserva de lote ou qualquer outro instrumento, do qual conste a manifestação da vontade das partes, a indicação do lote, o preço e modo de pagamento, e a promessa de contratar.

§ 2.º O registro de que trata este artigo não será procedido se a parte que o requereu não comprovar haver cumprido a sua prestação, nem a oferecer na forma devida, salvo se ainda não exigível.

§ 3.º Havendo impugnação daquele que se comprometeu a concluir o contrato, observar-se-á o disposto nos arts. 639 e 640 do Código de Processo Civil.

•• A referência é feita ao CPC de 1973, porém, com a revogação destes artigos, a matéria passou a ser tratada nos arts. 466-B e 466-C do CPC de 1973. Sem correspondência no CPC de 2015.

Art. 28. Qualquer alteração ou cancelamento parcial do loteamento registrado dependerá de acordo entre o loteador e os adquirentes de lotes atingidos pela alteração, bem como da aprovação pela Prefeitura Municipal, ou do Distrito Federal quando for o caso, devendo ser depositada no Registro de Imóveis, em complemento ao projeto original, com a devida averbação.

Art. 29. Aquele que adquirir a propriedade loteada mediante ato *inter vivos*, ou por sucessão *causa mortis*, sucederá o transmitente em todos os seus direitos e obrigações, ficando obrigado a respeitar os compromissos de compra e venda ou as promessas de cessão, em todas as suas cláusulas, sendo nula qualquer disposição em contrário, ressalvado o direito do herdeiro ou legatário de renunciar à herança ou ao legado.

Art. 30. A sentença declaratória de falência ou da insolvência de qualquer das partes não rescindirá os contratos de compromisso de compra e venda ou de promessa de cessão que tenham por objeto a área loteada ou lotes da mesma. Se a falência ou insolvência for do proprietário da área loteada ou do titular de direito sobre ela, incumbirá ao síndico ou ao administrador dar cumprimento aos referidos contratos; se do adquirente do lote, seus direitos serão levados à praça.

Art. 31. O contrato particular pode ser transferido por simples trespasse, lançado no verso das vias em poder das partes, ou por instrumento em separado, declarando-se o número do registro do loteamento, o valor da cessão e a qualificação do cessionário, para o devido registro.

§ 1.º A cessão independe da anuência do loteador, mas, em relação a este, seus efeitos só se produzem depois de cientificado, por escrito, pelas partes ou quando registrada a cessão.

§ 2.º Uma vez registrada a cessão, feita sem anuência do loteador, o oficial do registro dar-lhe-á ciência, por escrito, dentro de 10 (dez) dias.

Art. 32. Vencida e não paga a prestação, o contrato será considerado rescindido 30 (trinta) dias depois de constituído em mora o devedor.

§ 1.º Para os fins deste artigo o devedor-adquirente será intimado, a requerimento do credor, pelo oficial do registro de imóveis, a satisfazer as prestações vencidas e as que se vencerem até a data do pagamento, os juros convencionados e as custas de intimação.

§ 2.º Purgada a mora, convalescerá o contrato.

§ 3.º Com a certidão de não haver sido feito o pagamento em cartório, o vendedor requererá ao oficial do registro o cancelamento da averbação.

Art. 32-A. Em caso de resolução contratual por fato imputado ao adquirente, respeitado o disposto no § 2.º deste artigo, deverão ser restituídos os valores pagos por ele, atualizados com base no índice contratualmente estabelecido para a correção monetária das parcelas do preço do imóvel, podendo ser descontados dos valores pagos os seguintes itens:

•• *Caput* acrescentado pela Lei n. 13.786, de 27-12-2018.

I – os valores correspondentes à eventual fruição do imóvel, até o equivalente a 0,75% (setenta e cinco centésimos por cento) sobre o valor atualizado do contrato, cujo prazo será contado a partir da data da transmissão da posse do imóvel ao adquirente até sua restituição ao loteador;

•• Inciso I acrescentado pela Lei n. 13.786, de 27-12-2018.

II – o montante devido por cláusula penal e despesas administrativas, inclusive arras ou sinal, limitado a um desconto de 10% (dez por cento) do valor atualizado do contrato;

•• Inciso II acrescentado pela Lei n. 13.786, de 27-12-2018.

III – os encargos moratórios relativos às prestações pagas em atraso pelo adquirente;

•• Inciso III acrescentado pela Lei n. 13.786, de 27-12-2018.

IV – os débitos de impostos sobre a propriedade predial e territorial urbana, contribuições condominiais, associativas ou outras de igual natureza que sejam a estas equiparadas e tarifas vinculadas ao lote, bem como tributos, custas e emolumentos incidentes sobre a restituição e/ou rescisão;

•• Inciso IV acrescentado pela Lei n. 13.786, de 27-12-2018.

V – a comissão de corretagem, desde que integrada ao preço do lote.

•• Inciso V acrescentado pela Lei n. 13.786, de 27-12-2018.

§ 1.º O pagamento da restituição ocorrerá em até 12 (doze) parcelas mensais, com início após o seguinte prazo de carência:

•• § 1.º, *caput*, acrescentado pela Lei n. 13.786, de 27-12-2018.

I – em loteamentos com obras em andamento: no prazo máximo de 180 (cento e oitenta) dias após o prazo previsto em contrato para conclusão das obras;

•• Inciso I acrescentado pela Lei n. 13.786, de 27-12-2018.

II – em loteamentos com obras concluídas: no prazo máximo de 12 (doze) meses após a formalização da rescisão contratual.

•• Inciso II acrescentado pela Lei n. 13.786, de 27-12-2018.

§ 2.º Somente será efetuado registro do contrato de nova venda se for comprovado o início da restituição do valor pago pelo vendedor ao titular do registro cancelado na forma e condições pactuadas no distrato, dispensada essa comprovação nos casos em que o adquirente não for localizado ou não tiver se manifestado, nos termos do art. 32 desta Lei.

•• § 2.º acrescentado pela Lei n. 13.786, de 27-12-2018.

§ 3.º O procedimento previsto neste artigo não se aplica aos contratos e escrituras de compra e venda de lote sob a modalidade de alienação fiduciária nos termos da Lei n. 9.514, de 20 de novembro de 1997.

•• § 3.º acrescentado pela Lei n. 13.786, de 27-12-2018.

Art. 33. Se o credor das prestações se recusar a recebê-las ou furtar-se ao seu recebimento, será constituído em mora mediante notificação do oficial do registro de imóveis para vir receber as importâncias depositadas pelo devedor no próprio Registro de Imóveis. Decorridos 15 (quinze) dias após o recebimento da intimação, considerar-se-á efetuado o pagamento, a menos que o credor impugne o depósito e, alegando inadimplemento do devedor, requeira a intimação deste para os fins do disposto no art. 32 desta Lei.

Art. 34. Em qualquer caso de rescisão por inadimplemento do adquirente, as benfeitorias necessárias ou úteis por ele levadas a efeito no imóvel deverão ser indenizadas, sendo de nenhum efeito qualquer disposição contratual em contrário.

§ 1.º Não serão indenizadas as benfeitorias feitas em desconformidade com o contrato ou com a lei.

•• Primitivo Parágrafo único renumerado pela Lei n. 13.786, de 27-12-2018.

§ 2.º No prazo de 60 (sessenta) dias, contado da constituição em mora, fica o loteador, na hipótese do *caput* deste artigo, obrigado a alienar o imóvel mediante leilão judicial ou extrajudicial, nos termos da Lei n. 9.514, de 20 de novembro de 1997.

•• § 2.º acrescentado pela Lei n. 13.786, de 27-12-2018.

Art. 35. Se ocorrer o cancelamento do registro por inadimplemento do contrato, e tiver sido realizado o pagamento de mais de 1/3 (um terço) do preço ajustado, o oficial do registro de imóveis mencionará esse fato e a quantia paga no ato do cancelamento, e somente será efetuado novo registro relativo ao mesmo lote, mediante apresentação do distrato assinado pelas partes e a comprovação do pagamento da parcela única ou da primeira parcela do montante a ser restituído ao adquirente, na forma do art. 32-A desta Lei, ao titular do registro cancelado, ou mediante depósito em dinheiro à sua disposição no registro de imóveis.

•• *Caput* com redação determinada pela Lei n. 13.786, de 27-12-2018.

§ 1.º Ocorrendo o depósito a que se refere este artigo, o oficial do registro de imóveis intimará o interessado para vir recebê-lo no prazo de 10 (dez) dias, sob pena de ser devolvido ao depositante.

§ 2.º No caso de não ser encontrado o interessado, o oficial do registro de imóveis depositará a quantia em estabelecimento de crédito, segundo a ordem prevista no inciso I do art. 666 do Código de Processo Civil, em conta com incidência de juros e correção monetária.

§ 3.º A obrigação de comprovação prévia de pagamento da parcela única ou da primeira parcela como condição para efetivação de novo registro, prevista no *caput* deste artigo, poderá ser dispensada se as partes convencionarem de modo diverso e de forma expressa no documento de distrato por elas assinado.

•• § 3.º acrescentado pela Lei n. 13.786, de 27-12-2018.

Art. 36. O registro do compromisso, cessão ou promessa de cessão só poderá ser cancelado:

I – por decisão judicial;

II – a requerimento conjunto das partes contratantes;

III – quando houver rescisão comprovada do contrato.

Art. 36-A. As atividades desenvolvidas pelas associações de proprietários de imóveis, titulares de direitos ou moradores em loteamentos ou empreendimentos assemelhados, desde que não tenham fins lucrativos, bem como pelas entidades civis organizadas em função da solidariedade de interesses coletivos desse público com o objetivo de administração, conservação, manutenção, disciplina de utilização e convivência, visando à valorização dos imóveis que compõem o empreendimento, tendo em vista a sua natureza jurídica, vinculam-se, por critérios de afinidade, similitude e conexão, à atividade de administração de imóveis.

•• *Caput* acrescentado pela Lei n. 13.465, de 11-7-2017.

Parágrafo único. A administração de imóveis na forma do *caput* deste artigo sujeita seus titulares à normatização e à disciplina constantes de seus atos constitutivos, cotizando-se na forma desses atos para suportar a consecução dos seus objetivos.

•• Parágrafo único acrescentado pela Lei n. 13.465, de 11-7-2017.

Capítulo VIII
DISPOSIÇÕES GERAIS

•• *Vide* Decreto n. 9.310, de 15-3-2018, que institui as normas gerais e os procedimentos aplicáveis à regularização fundiária urbana e estabelece os procedimentos para a avaliação e a alienação dos imóveis da União.

Art. 37. É vedado vender ou prometer vender parcela de loteamento ou desmembramento não registrado.

Art. 38. Verificado que o loteamento ou desmembramento não se acha registrado ou regularmente executado ou notificado pela Prefeitura Municipal, ou pelo Distrito Federal quando for o caso, deverá o adquirente do lote suspender o pagamento das prestações restantes e notificar o loteador para suprir a falta.

§ 1.º Ocorrendo a suspensão do pagamento das prestações restantes, na forma do *caput* deste artigo, o adquirente efetuará o depósito das prestações devidas junto ao Registro de Imóveis competente, que as depositará em estabelecimento de crédito, segundo a ordem prevista no inciso I do art. 666 do Código de Processo Civil, em conta com incidência de juros e correção monetária, cuja movimentação dependerá de prévia autorização judicial.

§ 2.º A Prefeitura Municipal, ou o Distrito Federal quando for o caso, ou o Ministério Público, poderá promover a notificação ao loteador prevista no *caput* deste artigo.

§ 3.º Regularizado o loteamento pelo loteador, este promoverá judicialmente a autorização para levantar as prestações depositadas, com os acréscimos de correção monetária e juros, sendo necessária a citação da Prefeitura, ou do Distrito Federal quando for o caso, para integrar o processo judicial aqui previsto, bem como audiência do Ministério Público.

§ 4.º Após o reconhecimento judicial de regularidade do loteamento, o loteador notificará os adquirentes dos lotes, por intermédio do Registro de Imóveis competente, para que passem a pagar diretamente as prestações restantes, a contar da data da notificação.

§ 5.º No caso de o loteador deixar de atender à notificação até o vencimento do prazo contratual, ou quando o loteamento ou desmembramento for regularizado pela Prefeitura Municipal, ou pelo Distrito Federal quando for o caso, nos termos do art. 40 desta Lei, o loteador não poderá, a qualquer título, exigir o recebimento das prestações depositadas.

Art. 39. Será nula de pleno direito a cláusula de rescisão de contrato por inadimplemento do adquirente, quando o loteamento não estiver regularmente inscrito.

Art. 40. A Prefeitura Municipal, ou o Distrito Federal quando for o caso, se desatendida pelo loteador a notificação, poderá regularizar loteamento ou desmembramento não autorizado ou executado sem observância das determinações do ato administrativo de licença, para evitar lesão aos seus padrões de desenvolvimento urbano e na defesa dos direitos dos adquirentes de lotes.

• *Vide* art. 8.º, X, do Decreto n. 9.310, de 15-3-2018.

§ 1.º A Prefeitura Municipal, ou o Distrito Federal quando for o caso, que promover a regularização, na forma deste artigo, obterá judicialmente o levantamento das prestações depositadas, com os respectivos acréscimos de correção monetária e juros, nos termos do § 1.º do art. 38 desta Lei, a título de ressarcimento das importâncias despendidas com equipamentos urbanos ou expropriações necessárias para regularizar o loteamento ou desmembramento.

§ 2.º As importâncias despendidas pela Prefeitura Municipal, ou pelo Distrito Federal quando for o caso, para regularizar o loteamento ou desmembramento, caso não sejam integralmente ressarcidas conforme o disposto no parágrafo anterior, serão exigidas na parte faltante do loteador, aplicando-se o disposto no art. 47 desta Lei.

§ 3.º No caso de o loteador não cumprir o estabelecido no parágrafo anterior, a Prefeitura Municipal, ou o Distrito Federal quando for o caso, poderá receber as prestações dos adquirentes, até o valor devido.

§ 4.º A Prefeitura Municipal, ou o Distrito Federal quando for o caso, para assegurar a regularização do loteamento ou desmembramento, bem como o ressarcimento integral de importâncias despendidas, ou a despender, poderá promover judicialmente os procedimentos cautelares necessários aos fins colimados.

§ 5.º A regularização de um parcelamento pela Prefeitura Municipal, ou Distrito Federal, quando for o caso, não poderá contrariar o disposto nos arts. 3.º e 4.º desta Lei, ressalvado o disposto no § 1.º desse último.

•• § 5.º acrescentado pela Lei n. 9.785, de 29-1-1999.

Art. 41. Regularizado o loteamento ou desmembramento pela Prefeitura Municipal, ou pelo Distrito Federal quando for o caso, o adquirente do lote, comprovando o depósito de todas as prestações do preço avençado, poderá obter o registro de propriedade do lote adquirido, valendo para tanto o compromisso de venda e compra devidamente firmado.

Art. 42. Nas desapropriações não serão considerados como loteados ou loteáveis, para fins de indenização, os terrenos ainda não vendidos ou compromissados, objeto de loteamento ou desmembramento não registrado.

Art. 43. Ocorrendo a execução de loteamento não aprovado, a destinação de áreas públicas exigidas no inciso I do art. 4.º desta Lei não se poderá alterar sem prejuízo da aplicação das sanções administrativas, civis e criminais previstas.

Parágrafo único. Neste caso, o loteador ressarcirá a Prefeitura Municipal ou o Distrito Federal, quando for o caso, em pecúnia ou em área equivalente, no dobro da diferença entre o total das áreas públicas exigidas e as efetivamente destinadas.

•• Parágrafo único acrescentado pela Lei n. 9.785, de 29-1-1999.

Art. 44. O Município, o Distrito Federal e o Estado poderão expropriar áreas urbanas ou de expansão urbana para reloteamento, demolição, reconstrução e incorporação, ressalvada a preferência dos expropriados para a aquisição de novas unidades.

Art. 45. O loteador, ainda que já tenha vendido todos os lotes, ou os vizinhos, são partes legítimas para promover ação destinada a impedir construção em desacordo com restrições legais ou contratuais.

Art. 46. O loteador não poderá fundamentar qualquer ação ou defesa na presente Lei sem apresentação dos registros e contratos a que ela se refere.

Art. 47. Se o loteador integrar grupo econômico ou financeiro, qualquer pessoa física ou jurídica desse grupo, beneficiária de qualquer forma do loteamento ou desmembramento irregular, será solidariamente responsável pelos prejuízos por ele causados aos compradores de lotes e ao Poder Público.

Art. 48. O foro competente para os procedimentos judiciais previstos nesta Lei será sempre o da comarca da situação do lote.

Art. 49. As intimações e notificações previstas nesta Lei deverão ser feitas pessoalmente ao intimado ou notificado, que assinará o comprovante do recebimento, e poderão igualmente ser promovidas por meio dos Cartórios de Registro de Títulos e Documentos da comarca da situação do imóvel ou do domicílio de quem deva recebê-las.

§ 1.º Se o destinatário se recusar a dar recibo ou se furtar ao recebimento, ou se for desconhecido o seu paradeiro, o funcionário incumbido da diligência informará esta circunstância ao oficial competente que a certificará, sob sua responsabilidade.

§ 2.º Certificada a ocorrência dos fatos mencionados no parágrafo anterior, a intimação ou notificação será feita por edital na forma desta Lei, começando o prazo a correr 10 (dez) dias após a última publicação.

Capítulo IX
DISPOSIÇÕES PENAIS

Art. 50. Constitui crime contra a Administração Pública:

I – dar início, de qualquer modo, ou efetuar loteamento ou desmembramento do solo para fins urbanos sem autorização do órgão público competente, ou em desacordo com as disposições desta Lei ou das normas pertinentes do Distrito Federal, Estados e Municípios;

II – dar início, de qualquer modo, ou efetuar loteamento ou desmembramento do solo para fins urbanos sem observância das determinações constantes do ato administrativo de licença;

III – fazer, ou veicular em proposta, contrato, prospecto ou comunicação ao público ou a interessados, afirmação falsa sobre a legalidade de loteamento ou desmembramento do solo para fins urbanos, ou ocultar fraudulentamente fato a ele relativo.

Pena: Reclusão, de 1 (um) a 4 (quatro) anos, e multa de 5 (cinco) a 50 (cinquenta) vezes o maior salário mínimo vigente no País.

Parágrafo único. O crime definido neste artigo é qualificado, se cometido:

I – por meio de venda, promessa de venda, reserva de lote ou quaisquer outros instrumentos que manifestem a intenção de vender lote em loteamento ou desmembramento não registrado no Registro de Imóveis competente;

II – com inexistência de título legítimo de propriedade do imóvel loteado ou desmembrado, ressalvado o disposto no art. 18, §§ 4.º e 5.º, desta Lei, ou com omissão fraudulenta de fato a ele relativo, se o fato não constituir crime mais grave.

•• Inciso II com redação determinada pela Lei n. 9.785, de 29-1-1999.

Pena: Reclusão, de 1 (um) a 5 (cinco) anos, e multa de 10 (dez) a 100 (cem) vezes o maior salário mínimo vigente no País.

Art. 51. Quem, de qualquer modo, concorra para a prática dos crimes previstos no artigo anterior desta Lei incide nas penas a estes cominadas, considerados em especial os atos praticados na qualidade de mandatário de loteador, diretor ou gerente de sociedade.

Parágrafo único. (*Vetado*.)

•• Parágrafo único acrescentado pela Lei n. 9.785, de 29-1-1999.

Art. 52. Registrar loteamento ou desmembramento não aprovado pelos órgãos competentes, registrar o compromisso de compra e venda, a cessão ou promessa de cessão de direitos, ou efetuar registro de contrato de venda de loteamento ou desmembramento não registrado.

Pena: Detenção, de 1 (um) a 2 (dois) anos, e multa de 5 (cinco) a 50 (cinquenta) vezes o maior salário mínimo vigente no País, sem prejuízo das sanções administrativas cabíveis.

Capítulo X
DISPOSIÇÕES FINAIS

Art. 53. Todas as alterações de uso do solo rural para fins urbanos dependerão de prévia audiência do Instituto Nacional de Colonização e Reforma Agrária – INCRA, do Órgão Metropolitano, se houver, onde se localiza o Município, e da aprovação da Prefeitura Municipal, ou do Distrito Federal quando for o caso, segundo as exigências da legislação pertinente.

Art. 53-A. São considerados de interesse público os parcelamentos vinculados a planos ou programas habitacionais de iniciativa das Prefeituras Municipais e do Distrito Federal, ou entidades autorizadas por lei, em especial as regularizações de parcelamentos e de assentamentos.

•• *Caput* acrescentado pela Lei n. 9.785, de 29-1-1999.

Parágrafo único. Às ações e intervenções de que trata este artigo não será exigível documentação que não seja a mínima necessária e indispensável aos registros no cartório competente, inclusive sob a forma de certidões, vedadas as exigências e as sanções pertinentes aos particulares, especialmente aquelas que visem garantir a realização de obras e serviços, ou que visem prevenir questões de domínio de glebas, que se presumirão asseguradas pelo Poder Público respectivo.

•• Parágrafo único acrescentado pela Lei n. 9.785, de 29-1-1999.

Art. 54. Esta Lei entrará em vigor na data de sua publicação.

Art. 55. Revogam-se as disposições em contrário.

Brasília, 19 de dezembro de 1979; 158.º da Independência e 91.º da República.

JOÃO BAPTISTA DE OLIVEIRA FIGUEIREDO

LEI N. 6.830, DE 22 DE SETEMBRO DE 1980 (*)

Dispõe sobre a cobrança judicial da Dívida Ativa da Fazenda Pública e dá outras providências.

O Presidente da República:

Faço saber que o Congresso Nacional decreta e eu sanciono a seguinte Lei:

Art. 1.º A execução judicial para cobrança da Dívida Ativa da União, dos Estados, do Distrito Federal, dos Municípios e respectivas autarquias será regida por esta Lei e, subsidiariamente, pelo Código de Processo Civil.

• *Vide* Súmulas 121, 128 e 153 do STJ.

Art. 2.º Constitui Dívida Ativa da Fazenda Pública aquela definida como tributária ou não tributária na Lei n. 4.320, de 17 de março de 1964, com as alterações posteriores, que estatui normas gerais de direito financeiro para elaboração e controle dos orçamentos e balanços da União, dos Estados, dos Municípios e do Distrito Federal.

§ 1.º Qualquer valor, cuja cobrança seja atribuída por lei às entidades de que trata o art. 1.º, será considerado Dívida Ativa da Fazenda Pública.

§ 2.º A Dívida Ativa da Fazenda Pública, compreendendo a tributária e a não tributária, abrange atualização monetária, juros e multa de mora e demais encargos previstos em lei ou contrato.

§ 3.º A inscrição, que se constitui no ato de controle administrativo da legalidade, será feita pelo órgão competente para apurar a liquidez e certeza do crédito e suspenderá a prescrição, para todos os efeitos de direito, por 180 (cento e oitenta) dias ou até a distribuição da execução fiscal, se esta ocorrer antes de findo aquele prazo.

§ 4.º A Dívida Ativa da União será apurada e inscrita na Procuradoria da Fazenda Nacional.

•• *Vide* Súmula 521 do STJ.

• *Vide* Súmula 139 do STJ.

§ 5.º O Termo de Inscrição de Dívida Ativa deverá conter:

(*) Publicada no *Diário Oficial da União*, de 24-9-1980.

I – o nome do devedor, dos corresponsáveis e, sempre que conhecido, o domicílio ou residência de um e de outros;

II – o valor originário da dívida, bem como o termo inicial e a forma de calcular os juros de mora e demais encargos previstos em lei ou contrato;

III – a origem, a natureza e o fundamento legal ou contratual da dívida;

IV – a indicação, se for o caso, de estar a dívida sujeita à atualização monetária, bem como o respectivo fundamento legal e o termo inicial para o cálculo;

V – a data e o número da inscrição, no Registro de Dívida Ativa; e

VI – o número do processo administrativo ou do auto de infração, se neles estiver apurado o valor da dívida.

§ 6.º A Certidão de Dívida Ativa conterá os mesmos elementos do Termo de Inscrição e será autenticada pela autoridade competente.

§ 7.º O Termo de Inscrição e a Certidão de Dívida Ativa poderão ser preparados e numerados por processo manual, mecânico ou eletrônico.

§ 8.º Até a decisão de primeira instância, a Certidão de Dívida Ativa poderá ser emendada ou substituída, assegurada ao executado a devolução do prazo para embargos.

• *Vide* Súmula 392 do STJ.

§ 9.º O prazo para a cobrança das contribuições previdenciárias continua a ser o estabelecido no art. 144 da Lei n. 3.807, de 26 de agosto de 1960.

•• A Lei n. 3.807, de 26-8-1960, foi revogada pela Lei n. 8.212, de 24-7-1991, que passou a tratar da seguridade social e das contribuições previdenciárias.

Art. 3.º A Dívida Ativa regularmente inscrita goza da presunção de certeza e liquidez.

• *Vide* Súmula 279 do STJ.

Parágrafo único. A presunção a que se refere este artigo é relativa e pode ser ilidida por prova inequívoca, a cargo do executado ou de terceiro, a quem aproveite.

Art. 4.º A execução fiscal poderá ser promovida contra:

I – o devedor;

II – o fiador;

III – o espólio;

IV – a massa;

V – o responsável, nos termos da lei, por dívidas, tributárias ou não, de pessoas físicas ou pessoas jurídicas de direito privado; e

VI – os sucessores a qualquer título.

§ 1.º Ressalvado o disposto no art. 31, o síndico, o comissário, o liquidante, o inventariante e o administrador, nos casos de falência, concordata, liquidação, inventário, insolvência ou concurso de credores, se, antes de garantidos os créditos da Fazenda Pública, alienarem ou derem em garantia quaisquer dos bens administrados, respondem, solidariamente, pelo valor desses bens.

§ 2.º À Dívida Ativa da Fazenda Pública, de qualquer natureza, aplicam-se as normas relativas à responsabilidade prevista na legislação tributária, civil e comercial.

§ 3.º Os responsáveis, inclusive as pessoas indicadas no § 1.º deste artigo, poderão nomear bens livres e desembaraçados do devedor, tantos quantos bastem para pagar a dívida. Os bens dos responsáveis ficarão, porém, sujeitos à execução, se os do devedor forem insuficientes à satisfação da dívida.

§ 4.º Aplica-se à Dívida Ativa da Fazenda Pública de natureza não tributária o disposto nos arts. 186 e 188 a 192 do Código Tributário Nacional.

Art. 5.º A competência para processar e julgar a execução da Dívida Ativa da Fazenda Pública exclui a de qualquer outro juízo, inclusive o da falência, da concordata, da liquidação, da insolvência ou do inventário.

Art. 6.º A petição inicial indicará apenas:

I – o juiz a quem é dirigida;

II – o pedido; e

III – o requerimento para a citação.

§ 1.º A petição inicial será instruída com a Certidão da Dívida Ativa, que dela fará parte integrante, como se estivesse transcrita.

§ 2.º A petição inicial e a Certidão de Dívida Ativa poderão constituir um único documento, preparado inclusive por processo eletrônico.

§ 3.º A produção de provas pela Fazenda Pública independe de requerimento na petição inicial.

§ 4.º O valor da causa será o da dívida constante da certidão, com os encargos legais.

Art. 7.º O despacho do juiz que deferir a inicial importa em ordem para:

I – citação, pelas sucessivas modalidades previstas no art. 8.º;

II – penhora, se não for paga a dívida, nem garantida a execução, por meio de depósito, fiança ou seguro-garantia;

•• Inciso II com redação determinada pela Lei n. 13.043, de 13-11-2014.

III – arresto, se o executado não tiver domicílio ou dele se ocultar;

IV – registro da penhora ou do arresto, independentemente do pagamento de custas ou outras despesas, observado o disposto no art. 14; e

V – avaliação dos bens penhorados ou arrestados.

Art. 8.º O executado será citado para, no prazo de 5 (cinco) dias, pagar a dívida com os juros e multa de mora e encargos indicados na Certidão de Dívida Ativa, ou garantir a execução, observadas as seguintes normas:

I – a citação será feita pelo correio, com aviso de recepção, se a Fazenda Pública não a requerer por outra forma;

II – a citação pelo correio considera-se feita na data da entrega da carta no endereço do executado; ou, se a data for omitida, no aviso de recepção, 10 (dez) dias após a entrega da carta à agência postal;

III – se o aviso de recepção não retornar no prazo de 15 (quinze) dias da entrega da carta à agência postal, a citação será feita por oficial de justiça ou por edital;

• *Vide* Súmula 414 do STJ.

IV – o edital de citação será afixado na sede do juízo, publicado uma só vez no órgão oficial, gratuitamente, como expediente judiciário, com o prazo de 30 (trinta) dias, e conterá, apenas, a indicação da exequente, o nome do devedor e dos corresponsáveis, a quantia devida, a natureza da dívida, a data e o número da inscrição no Registro da Dívida Ativa, o prazo e o endereço da sede do juízo.

§ 1.º O executado ausente do País será citado por edital, com prazo de 60 (sessenta) dias.

§ 2.º O despacho do juiz, que ordenar a citação, interrompe a prescrição.

• *Vide* Súmula 409 do STJ.

Art. 9.º Em garantia da execução, pelo valor da dívida, juros e multa de mora e encargos indicados na Certidão da Dívida Ativa, o executado poderá:

I – efetuar depósito em dinheiro, à ordem do juízo em estabelecimento oficial de crédito, que assegure atualização monetária;

II – oferecer fiança bancária ou seguro-garantia;

•• Inciso II com redação determinada pela Lei n. 13.043, de 13-11-2014.

III – nomear bens à penhora, observada a ordem do art. 11; ou

IV – indicar à penhora bens oferecidos por terceiros e aceitos pela Fazenda Pública.

§ 1.º O executado só poderá indicar e o terceiro oferecer bem imóvel à penhora com o consentimento expresso do respectivo cônjuge.

§ 2.º Juntar-se-á aos autos a prova do depósito, da fiança bancária, do seguro-garantia ou da penhora dos bens do executado ou de terceiros.

•• § 2.º com redação determinada pela Lei n. 13.043, de 13-11-2014.

§ 3.º A garantia da execução, por meio de depósito em dinheiro, fiança bancária ou seguro-garantia, produz os mesmos efeitos da penhora.

•• § 3.º com redação determinada pela Lei n. 13.043, de 13-11-2014.

§ 4.º Somente o depósito em dinheiro, na forma do art. 32, faz cessar a responsabilidade pela atualização monetária e juros de mora.

• *Vide* Súmula 112 do STJ.

§ 5.º A fiança bancária prevista no inciso II obedecerá às condições preestabelecidas pelo Conselho Monetário Nacional.

§ 6.º O executado poderá pagar parcela da dívida, que julgar incontroversa, e garantir a execução do saldo devedor.

Art. 10. Não ocorrendo o pagamento, nem a garantia da execução de que trata o art. 9.º, a penhora poderá recair em qualquer bem do executado, exceto os que a lei declare absolutamente impenhoráveis.

Art. 11. A penhora ou arresto de bens obedecerá à seguinte ordem:

• *Vide* Súmulas 406 e 417 do STJ.

I – dinheiro;

II – título da dívida pública, bem como título de crédito, que tenham cotação em bolsa;

III – pedras e metais preciosos;

IV – imóveis;

V – navios e aeronaves;

VI – veículos;

VII – móveis ou semoventes; e

VIII – direitos e ações.

§ 1.º Excepcionalmente, a penhora poderá recair sobre estabelecimento comercial, industrial ou agrícola, bem como em plantações ou edifícios em construção.

•• *Vide* Súmula 451 do STJ.

§ 2.º A penhora efetuada em dinheiro será convertida no depósito de que trata o inciso I do art. 9.º.

§ 3.º O juiz ordenará a remoção do bem penhorado para depósito judicial, particular ou da Fazenda Pública exequente, sempre que esta o requerer, em qualquer fase do processo.

Art. 12. Na execução fiscal, far-se-á a intimação da penhora ao executado, mediante publicação, no órgão oficial, do ato de juntada do termo ou do auto de penhora.

§ 1.º Nas comarcas do interior dos Estados, a intimação poderá ser feita pela remessa de cópia do termo ou do auto de penhora, pelo correio, na forma estabelecida no art. 8.º, I e II, para a citação.

§ 2.º Se a penhora recair sobre imóvel, far-se-á a intimação ao cônjuge, observadas as normas previstas para a citação.

§ 3.º Far-se-á a intimação da penhora pessoalmente ao executado se, na citação feita pelo correio, o aviso de recepção não contiver a assinatura do próprio executado, ou de seu representante legal.

Art. 13. O termo ou auto de penhora conterá, também, a avaliação dos bens penhorados, efetuada por quem o lavrar.

§ 1.º Impugnada a avaliação, pelo executado, ou pela Fazenda Pública, antes de publicado o edital de leilão, o juiz, ouvida a outra parte, nomeará avaliador oficial para proceder a nova avaliação dos bens penhorados.

§ 2.º Se não houver, na comarca, avaliador oficial ou este não puder apresentar o laudo de avaliação no prazo de 15 (quinze) dias, será nomeada pessoa ou entidade habilitada, a critério do juiz.

§ 3.º Apresentado o laudo, o juiz decidirá de plano sobre a avaliação.

Art. 14. O oficial de justiça entregará contrafé e cópia do termo ou do auto de penhora ou arresto, com a ordem de registro de que trata o art. 7.º, IV:

I – no Ofício próprio, se o bem for imóvel ou a ele equiparado;

II – na repartição competente para emissão de certificado de registro, se for veículo;

III – na Junta Comercial, na Bolsa de Valores, e na sociedade comercial, se forem ações, debênture, parte beneficiária, cota ou qualquer outro título, crédito ou direito societário nominativo.

Art. 15. Em qualquer fase do processo, será deferida pelo juiz:

I – ao executado, a substituição da penhora por depósito em dinheiro, fiança bancária ou seguro-garantia; e

•• Inciso I com redação determinada pela Lei n. 13.043, de 13-11-2014.

II – à Fazenda Pública, a substituição dos bens penhorados por outros, independentemente da ordem enumerada no art. 11, bem como o reforço da penhora insuficiente.

•• *Vide* Súmula 406 do STJ.

Art. 16. O executado oferecerá embargos, no prazo de 30 (trinta) dias, contados:

•• *Vide* art. 219 do CPC.

I – do depósito;

II – da juntada da prova da fiança bancária ou do seguro garantia;

•• Inciso II com redação determinada pela Lei n. 13.043, de 13-11-2014.

III – da intimação da penhora.

§ 1.º Não são admissíveis embargos do executado antes de garantida a execução.

§ 2.º No prazo dos embargos, o executado deverá alegar toda matéria útil à defesa, requerer provas e juntar aos autos os documentos e rol de testemunhas, até três, ou, a critério do juiz, até o dobro desse limite.

§ 3.º Não será admitida reconvenção, nem compensação, e as exceções, salvo as de suspeição, incompetência e impedimentos, serão arguidas como matéria preliminar e serão processadas e julgadas com os embargos.

Art. 17. Recebidos os embargos, o juiz mandará intimar a Fazenda, para impugná-los no prazo de 30 (trinta) dias, designando, em seguida, audiência de instrução e julgamento.

Parágrafo único. Não se realizará audiência, se os embargos versarem sobre matéria de direito ou, sendo de direito e de fato, a prova for exclusivamente documental, caso em que o juiz proferirá a sentença no prazo de 30 (trinta) dias.

Art. 18. Caso não sejam oferecidos os embargos, a Fazenda Pública manifestar-se-á sobre a garantia da execução.

Art. 19. Não sendo embargada a execução ou sendo rejeitados os embargos, no caso de garantia prestada por terceiro, será este intimado, sob pena de contra ele prosseguir a execução nos próprios autos, para, no prazo de 15 (quinze) dias:

I – remir o bem, se a garantia for real; ou

II – pagar o valor da dívida, juros e multa de mora e demais encargos, indicados na Certidão de Dívida Ativa, pelos quais se obrigou, se a garantia for fidejussória.

Art. 20. Na execução por carta, os embargos do executado serão oferecidos no juízo deprecado, que os remeterá ao juízo deprecante, para instrução e julgamento.

Parágrafo único. Quando os embargos tiverem por objeto vícios ou irregularidades de atos do próprio juízo deprecado, caber-lhe-á unicamente o julgamento dessa matéria.

• *Vide* Súmula 46 do STJ.

Art. 21. Na hipótese de alienação antecipada dos bens penhorados, o produto será depositado em garantia da execução, nos termos previstos no art. 9.º, I.

Art. 22. A arrematação será precedida de edital, afixado no local do costume, na sede do juízo, e publicado, em resumo, uma só vez, gratuitamente, como expediente judiciário, no órgão oficial.

§ 1.º O prazo entre as datas de publicação do edital e do leilão não poderá ser superior a 30 (trinta), nem inferior a 10 (dez) dias.

§ 2.º O representante judicial da Fazenda Pública será intimado, pessoalmente, da realização do leilão, com a antecedência prevista no parágrafo anterior.

Art. 23. A alienação de quaisquer bens penhorados será feita em leilão público, no lugar designado pelo juiz.

• *Vide* Súmula 128 do STJ.

§ 1.º A Fazenda Pública e o executado poderão requerer que os bens sejam leiloados englobadamente ou em lotes que indicarem.

§ 2.º Cabe ao arrematante o pagamento da comissão do leiloeiro e demais despesas indicadas no edital.

Art. 24. A Fazenda Pública poderá adjudicar os bens penhorados:

I – antes do leilão, pelo preço da avaliação, se a execução não for embargada ou se rejeitados os embargos;

II – findo o leilão:

a) se não houver licitante, pelo preço da avaliação;

b) havendo licitantes, com preferência, em igualdade de condições com a melhor oferta, no prazo de 30 (trinta) dias.

Parágrafo único. Se o preço da avaliação ou o valor da melhor oferta for superior aos dos créditos da Fazenda Pública, a adjudicação somente será deferida pelo juiz, se a diferença for depositada, pela exequente, à ordem do juízo, no prazo de 30 (trinta) dias.

• Dispõe a Lei n. 9.393, de 19-12-1996, em seu art. 18, § 3.º: "O depósito da diferença de que trata o parágrafo único do art. 24 da Lei n. 6.830, de 22 de setembro de 1980, poderá ser feito em títulos da dívida agrária, até o montante equivalente ao VTN declarado".

Art. 25. Na execução fiscal, qualquer intimação ao representante judicial da Fazenda Pública será feita pessoalmente.

Parágrafo único. A intimação de que trata este artigo poderá ser feita mediante vista dos autos, com imediata remessa ao representante judicial da Fazenda Pública, pelo cartório ou secretaria.

Art. 26. Se, antes da decisão de primeira instância, a inscrição de Dívida Ativa for, a qualquer título, cancelada, a execução fiscal será extinta, sem qualquer ônus para as partes.

• *Vide* Súmula 153 do STJ.

Art. 27. As publicações de atos processuais poderão ser feitas resumidamente ou reunir num só texto os de diferentes processos.

Parágrafo único. As publicações farão sempre referência ao número do processo no respectivo juízo e ao número da correspondente inscrição de Dívida Ativa, bem como ao nome das partes e de seus advogados, suficientes para a sua identificação.

Art. 28. O juiz, a requerimento das partes, poderá, por conveniência da unidade da garantia da execução, ordenar a reunião de processos contra o mesmo devedor.

•• *Vide* Súmula 515 do STJ.

Parágrafo único. Na hipótese deste artigo, os processos serão redistribuídos ao juízo da primeira distribuição.

Art. 29. A cobrança judicial da Dívida Ativa da Fazenda Pública não é sujeita a concurso de credores ou habilitação em falência, concordata, liquidação, inventário ou arrolamento.

Parágrafo único. O concurso de preferência somente se verifica entre pessoas jurídicas de direito público, na seguinte ordem:

•• O STF, no julgamento da ADPF n. 357, por maioria, julgou procedente o pedido formulado para declarar a não recepção, pela Constituição da República de 1988, da norma prevista neste parágrafo único, na sessão por videoconferência de 24-6-2021 (*DOU* de 6-7-2021).

I – União e suas autarquias;

II – Estados, Distrito Federal e Territórios e suas autarquias, conjuntamente e *pro rata;*

III – Municípios e suas autarquias, conjuntamente e *pro rata*.

Art. 30. Sem prejuízo dos privilégios especiais sobre determinados bens, que sejam previstos em lei, responde pelo pagamento da Dívida Ativa da Fazenda Pública a totalidade dos bens e das rendas, de qualquer origem ou natureza, do sujeito passivo, seu espólio ou sua massa, inclusive os gravados por ônus real ou cláusula de inalienabilidade ou impenhorabilidade, seja qual for a data da constituição do ônus ou da cláusula, excetuados unicamente os bens e rendas que a lei declara absolutamente impenhoráveis.

Art. 31. Nos processos de falência, concordata, liquidação, inventário, arrolamento ou concurso de credores, nenhuma alienação será judicialmente autorizada sem a prova de quitação da Dívida Ativa ou a concordância da Fazenda Pública.

Art. 32. Os depósitos judiciais em dinheiro serão obrigatoriamente feitos:

I – na Caixa Econômica Federal, de acordo com o Decreto-lei n. 1.737, de 20 de dezembro de 1979, quando relacionados com a execução fiscal proposta pela União ou suas autarquias;

II – na Caixa Econômica ou no banco oficial da unidade federativa ou, à sua falta, na Caixa Econômica Federal, quando relacionados com execução fiscal proposta pelo Estado, Distrito Federal, Municípios e suas autarquias.

§ 1.º Os depósitos de que trata este artigo estão sujeitos à atualização monetária, segundo os índices estabelecidos para os débitos tributários federais.

§ 2.º Após o trânsito em julgado da decisão, o depósito, monetariamente atualizado, será devolvido ao depositante ou entregue à Fazenda Pública, mediante ordem do juízo competente.

Art. 33. O juízo, do Ofício, comunicará à repartição competente da Fazenda Pública, para fins de averbação no Registro da Dívida Ativa, a decisão final, transitada em julgado, que der por improcedente a execução, total ou parcialmente.

Art. 34. Das sentenças de primeira instância proferidas em execuções de valor igual ou inferior a 50 (cinquenta) Obrigações do Tesouro Nacional – OTN, só se admitirão embargos infringentes e de declaração.

•• Extinção da OTN: Lei n. 7.730, de 31-1-1989. *Vide* Nota dos Organizadores.

• *Vide* Súmula 640 do STF.

§ 1.º Para os efeitos deste artigo, considerar-se-á o valor da dívida monetariamente atualizado e acrescido de multa e juros de mora e demais encargos legais, na data da distribuição.

§ 2.º Os embargos infringentes, instruídos, ou não, com documentos novos, serão deduzidos, no prazo de 10 (dez) dias perante o mesmo juízo, em petição fundamentada.

§ 3.º Ouvido o embargado, no prazo de 10 (dez) dias, serão os autos conclusos ao juiz, que, dentro de 20 (vinte) dias, os rejeitará ou reformará a sentença.

Art. 35. Nos processos regulados por esta Lei, poderá ser dispensada a audiência de revisor, no julgamento das apelações.

Art. 36. Compete à Fazenda Pública baixar normas sobre o recolhimento da Dívida Ativa respectiva, em juízo ou fora dele, e aprovar, inclusive, os modelos de documentos de arrecadação.

Art. 37. O auxiliar de justiça que, por ação ou omissão, culposa ou dolosa, prejudicar a execução, será responsabilizado, civil, penal e administrativamente.

Parágrafo único. O oficial de justiça deverá efetuar, em 10 (dez) dias, as diligências que lhe forem ordenadas, salvo motivo de força maior devidamente justificado perante o juízo.

Art. 38. A discussão judicial da Dívida Ativa da Fazenda Pública só é admissível em execução, na forma desta Lei, salvo as hipóteses de mandado de segurança, ação de repetição do indébito ou ação anulatória do ato declarativo da dívida, esta precedida do depósito preparatório do valor do débito, monetariamente corrigido e acrescido dos juros e multa de mora e demais encargos.

Parágrafo único. A propositura, pelo contribuinte, da ação prevista neste artigo importa em renúncia ao poder de recorrer na esfera administrativa e desistência do recurso acaso interposto.

Art. 39. A Fazenda Pública não está sujeita ao pagamento de custas e emolumentos. A prática dos atos judiciais de seu interesse independerá de preparo ou de prévio depósito.

Parágrafo único. Se vencida, a Fazenda Pública ressarcirá o valor das despesas feitas pela parte contrária.

Art. 40. O juiz suspenderá o curso da execução, enquanto não for localizado o devedor ou encontrados bens sobre os quais possa recair a penhora, e, nesses casos, não correrá o prazo de prescrição.

• *Vide* Súmula 314 do STJ.

§ 1.º Suspenso o curso da execução, será aberta vista dos autos ao representante judicial da Fazenda Pública.

§ 2.º Decorrido o prazo máximo de 1 (um) ano, sem que seja localizado o devedor ou encontrados bens penhoráveis, o juiz ordenará o arquivamento dos autos.

§ 3.º Encontrados que sejam, a qualquer tempo, o devedor ou os bens, serão desarquivados os autos para prosseguimento da execução.

§ 4.º Se da decisão que ordenar o arquivamento tiver decorrido o prazo prescricional, o juiz, depois de ouvida a Fazenda Pública, poderá, de ofício, reconhecer a prescrição intercorrente e decretá-la de imediato.

•• § 4.º acrescentado pela Lei n. 11.051, de 29-12-2004.

§ 5.º A manifestação prévia da Fazenda Pública prevista no § 4.º deste artigo será dispensada no caso de cobranças judiciais cujo valor seja inferior ao mínimo fixado por ato do Ministro de Estado da Fazenda.

•• § 5.º acrescentado pela Lei n. 11.960, de 29-6-2009.

Art. 41. O processo administrativo correspondente à inscrição de Dívida Ativa, à execução fiscal ou à ação proposta contra a Fazenda Pública será mantido na repartição competente, dele se extraindo as cópias autenticadas ou certidões, que forem requeridas pelas partes ou requisitadas pelo juiz ou pelo Ministério Público.

Parágrafo único. Mediante requisição do juiz à repartição competente, com dia e hora previamente marcados, poderá o processo administrativo ser exibido na sede do juízo, pelo funcionário para esse fim designado, lavrando o serventuário termo da ocorrência, com indicação, se for o caso, das peças a serem trasladadas.

Art. 42. Revogadas as disposições em contrário, esta Lei entrará em vigor 90 (noventa) dias após a data de sua publicação.

Brasília, em 22 de setembro de 1980; 159.º da Independência e 92.º da República.

JOÃO FIGUEIREDO

LEI N. 6.840, DE 3 DE NOVEMBRO DE 1980 (*)

Dispõe sobre títulos de crédito comercial, e dá outras providências.

O Presidente da República

Faço saber que o Congresso Nacional decreta e eu sanciono a seguinte Lei:

Art. 1.º As operações de empréstimo concedidas por instituições financeiras a pessoa física ou jurídica que se dedique à atividade comercial ou de prestação de serviços poderão ser representadas por cédula de crédito comercial e por nota de crédito comercial.

•• *Vide* Súmula 93 do STJ.

Art. 2.º A aplicação de crédito decorrente da operação de que trata o artigo anterior poderá ser ajustada em orçamento assinado pelo financiado e autenticado pela instituição financeira, dele devendo constar expressamente qualquer alteração que convencionarem.

Parágrafo único. Na hipótese deste artigo, far-se-á, na cédula, menção do orçamento, que a ela ficará vinculado.

Art. 3.º Para os efeitos desta Lei, será dispensada a descrição a que se refere o inciso V, do art. 14, do Decreto-lei n. 413, de 9 de janeiro de 1969, quando a garantia se constituir através de penhor de títulos de crédito, hipótese em que se estabelecerá apenas o valor global.

• *Vide* arts. 1.451 a 1.460 (penhor de direitos e títulos de crédito) do CC.

Art. 4.º A não identificação dos bens objeto da alienação fiduciária cedular não retira a eficácia da garantia, que incidirá sobre outros de mesmo gênero, quantidade e qualidade.

Art. 5.º Aplicam-se à cédula de crédito comercial e à nota de crédito comercial as normas do Decreto-lei n. 413, de 9 de janeiro de 1969, inclusive quanto aos modelos anexos àquele diploma, respeitadas, em cada caso, a respectiva denominação e as disposições desta Lei.

Art. 6.º Esta Lei entrará em vigor na data de sua publicação, revogadas as disposições em contrário.

Brasília, em 3 de novembro de 1980; 159.º da Independência e 92.º da República.

JOÃO FIGUEIREDO

(*) Publicada no *Diário Oficial da União*, de 4-11-1980.

LEI N. 6.899, DE 8 DE ABRIL DE 1981 (**)

Determina a aplicação da correção monetária nos débitos oriundos de decisão judicial e dá outras providências.

O Presidente da República:

Faço saber que o Congresso Nacional decreta e eu sanciono a seguinte Lei:

Art. 1.º A correção monetária incide sobre qualquer débito resultante de decisão judicial, inclusive sobre custas e honorários advocatícios.

• *Vide* Súmulas 36 e 67 do STJ.

§ 1.º Nas execuções de títulos de dívida líquida e certa, a correção será calculada a contar do respectivo vencimento.

• *Vide* Súmula 14 do STJ.

§ 2.º Nos demais casos, o cálculo far-se-á a partir do ajuizamento da ação.

• *Vide* Súmula 14 do STJ.

Art. 2.º O Poder Executivo, no prazo de 60 (sessenta) dias, regulamentará a forma pela qual será efetuado o cálculo da correção monetária.

Art. 3.º O disposto nesta Lei aplica-se a todas as causas pendentes de julgamento.

Art. 4.º Esta Lei entrará em vigor na data de sua publicação.

Art. 5.º Revogam-se as disposições em contrário.

Brasília, em 8 de abril de 1981; 160.º da Independência e 93.º da República.

JOÃO FIGUEIREDO

LEI N. 6.969, DE 10 DE DEZEMBRO DE 1981 (***)

Dispõe sobre a aquisição, por usucapião especial, de imóveis rurais, altera a redação do § 2.º do art. 589 do Código Civil e dá outras providências.

•• Refere-se ao CC de 1916. *Vide* nota ao art. 10 desta Lei.

O Presidente da República:

Faço saber que o Congresso Nacional decreta e eu sanciono a seguinte Lei:

Art. 1.º Todo aquele que não sendo proprietário rural nem urbano, possuir como sua, por 5 (cinco) anos ininterruptos, sem oposição, área rural contínua, não excedente de 25 (vinte e cinco) hectares, e a houver tornado produtiva com seu trabalho e nela tiver sua morada, adquirir-lhe-á o domínio, independentemente de justo título e boa-fé, podendo requerer ao juiz que assim o declare por sentença, a qual servirá de título para transcrição no Registro de Imóveis.

Parágrafo único. Prevalecerá a área do módulo rural aplicável à espécie, na forma da legislação específica, se aquele for superior a 25 (vinte e cinco) hectares.

•• *Vide* arts. 1.239 do CC e 191 da CF.

Art. 2.º A usucapião especial, a que se refere esta Lei, abrange as terras particulares e as terras devolutas, em geral, sem prejuízo de outros direitos conferidos ao posseiro, pelo Estatuto da Terra ou pelas leis que dispõem sobre processo discriminatório de terras devolutas.

Art. 3.º A usucapião especial não ocorrerá nas áreas indispensáveis à segurança nacional, nas terras habitadas por silvícolas, nem nas áreas de interesse ecológico, consideradas como tais as reservas biológicas ou florestais e os parques nacionais, estaduais ou municipais, assim declarados pelo Poder Executivo, assegurada aos atuais ocupantes a preferência para assentamento em outras regiões, pelo órgão competente.

Parágrafo único. O Poder Executivo, ouvido o Conselho de Segurança Nacional, especificará, mediante decreto, no prazo de 90 (noventa) dias, contados da publicação desta Lei, as áreas indispensáveis à segurança nacional, insuscetíveis de usucapião.

Art. 4.º A ação de usucapião especial será processada e julgada na comarca da situação do imóvel.

§ 1.º Observado o disposto no art. 126 da Constituição Federal, no caso de usucapião especial em terras devolutas federais, a ação será promovida na comarca da situação do imóvel, perante a Justiça do Estado, com recurso para o Tribunal Federal de Recursos, cabendo ao Ministério Público local, na primeira instância, a representação judicial da União.

•• Refere-se à Constituição de 1967, modificada pela Emenda Constitucional n. 1, de 17-10-1969. *Vide* art. 109, § 1.º, da CF.

§ 2.º No caso de terras devolutas, em geral, a usucapião especial poderá ser reconhecida administrativamente, com a consequente expedição do título definitivo de domínio, para transcrição no Registro de Imóveis.

§ 3.º O Poder Executivo, dentro de 90 (noventa) dias, contados da publicação desta Lei, estabelecerá, por decreto, a forma do procedimento administrativo a que se refere o parágrafo anterior.

§ 4.º Se, decorridos 90 (noventa) dias do pedido ao órgão administrativo, não houver a expedição do título de domínio, o interessado poderá ingressar com a ação de usucapião especial, na forma prevista nesta Lei, vedada a concomitância dos pedidos administrativo e judicial.

Art. 5.º Adotar-se-á, na ação de usucapião especial, o procedimento sumaríssimo, as-

(**) Publicada no *Diário Oficial da União*, de 9-4-1981. Regulamentada pelo Decreto n. 86.649, de 25-11-1981.

(***) Publicada no *Diário Oficial da União*, de 11-12-1981, e retificada em 14-12-1981. O Decreto n. 87.620, de 21-9-1982, dispõe sobre o procedimento administrativo para o reconhecimento da aquisição, por usucapião especial, de imóveis rurais compreendidos em terras devolutas.

segurada a preferência à sua instrução e julgamento.

§ 1.º O autor, expondo o fundamento do pedido e individualizando o imóvel, com dispensa da juntada da respectiva planta, poderá requerer, na petição inicial, designação de audiência preliminar, a fim de justificar a posse e, se comprovada esta, será nela mantido, liminarmente, até a decisão final da causa.

§ 2.º O autor requererá também a citação pessoal daquele em cujo nome esteja transcrito o imóvel usucapiendo, bem como dos confinantes e, por edital, dos réus ausentes, incertos e desconhecidos, na forma do art. 232 do Código de Processo Civil, valendo a citação para todos os atos do processo.

§ 3.º Serão cientificados por carta, para que manifestem interesse na causa, os representantes da Fazenda Pública da União, dos Estados, do Distrito Federal, dos Territórios e dos Municípios, no prazo de 45 (quarenta e cinco) dias.

§ 4.º O prazo para contestar a ação correrá da intimação da decisão que declarar justificada a posse.

§ 5.º Intervirá, obrigatoriamente, em todos os atos do processo, o Ministério Público.

Art. 6.º O autor da ação de usucapião especial terá, se o pedir, o benefício da assistência judiciária gratuita, inclusive para o Registro de Imóveis.

Parágrafo único. Provado que o autor tinha situação econômica bastante para pagar as custas do processo e os honorários de advogado, sem prejuízo do sustento próprio e da família, o juiz lhe ordenará que pague, com correção monetária, o valor das isenções concedidas, ficando suspensa a transcrição da sentença até o pagamento devido.

Art. 7.º A usucapião especial poderá ser invocada como matéria de defesa, valendo a sentença que a reconhecer como título para transcrição no Registro de Imóveis.

Art. 8.º Observar-se-á, quanto ao imóvel usucapido, a imunidade específica, estabelecida no § 6.º do art. 21 da Constituição Federal.

•• Refere-se à Constituição de 1967, modificada pela Emenda Constitucional n. 1, de 17-10-1969. *Vide* art. 153, § 4.º, da CF.

Parágrafo único. Quando prevalecer a área do módulo rural, de acordo com o previsto no parágrafo único do art. 1.º desta Lei, o Imposto Territorial Rural não incidirá sobre o imóvel usucapido.

Art. 9.º O juiz de causa, a requerimento do autor da ação de usucapião especial, determinará que a autoridade policial garanta a permanência no imóvel e a integridade física de seus ocupantes, sempre que necessário.

Art. 10. O § 2.º do art. 589 do Código Civil passa a vigorar com a seguinte redação:

•• Alteração prejudicada em face da revogação do CC de 1916 pela Lei n. 10.406, de 10-1-2002.

Vide art. 1.276, *caput* e § 1.º, do Código vigente.

Art. 11. Esta Lei entrará em vigor 45 (quarenta e cinco) dias após sua publicação.

Art. 12. Revogam-se as disposições em contrário.

Brasília, em 10 de dezembro de 1981; 160.º da Independência e 93.º da República.

João Figueiredo

LEI N. 7.089, DE 23 DE MARÇO DE 1983 (*)

Veda a cobrança de juros de mora sobre título cujo vencimento se dê em feriado, sábado ou domingo.

O Presidente da República:

Faço saber que o Congresso Nacional decreta e eu sanciono a seguinte Lei:

Art. 1.º Fica proibida a cobrança de juros de mora, por estabelecimentos bancários e instituições financeiras, sobre título de qualquer natureza, cujo vencimento se dê em sábado, domingo ou feriado, desde que seja quitado no 1.º dia útil subsequente.

Art. 2.º (*Vetado.*)

Art. 3.º A inobservância do disposto nos artigos anteriores sujeitará os infratores à aplicação das penalidades previstas no art. 44 da Lei n. 4.595, de 31 de dezembro de 1964.

Art. 4.º Esta Lei entra em vigor na data de sua publicação.

Art. 5.º Revogam-se as disposições em contrário.

Brasília, em 23 de março de 1983; 162.º da Independência e 95.º da República.

João Figueiredo

LEI N. 7.115, DE 29 DE AGOSTO DE 1983 (**)

Dispõe sobre prova documental nos casos que indica e dá outras providências.

O Presidente da República:

Faço saber que o Congresso Nacional decreta e eu sanciono a seguinte Lei:

Art. 1.º A declaração destinada a fazer prova de vida, residência, pobreza, dependência econômica, homonímia ou bons antecedentes, quando firmada pelo próprio interessado ou por procurador bastante, e sob as penas da lei, presume-se verdadeira.

Parágrafo único. O disposto neste artigo não se aplica para fins de prova em processo penal.

Art. 2.º Se comprovadamente falsa a declaração, sujeitar-se-ão os declarantes às sanções civis, administrativas e criminais previstas na legislação aplicável.

Art. 3.º A declaração mencionará expressamente a responsabilidade do declarante.

Art. 4.º Esta Lei entra em vigor na data de sua publicação.

Art. 5.º Revogam-se as disposições em contrário.

Brasília, em 29 de agosto de 1983; 162.º da Independência e 95.º da República.

João Figueiredo

LEI N. 7.347, DE 24 DE JULHO DE 1985 (***)

Disciplina a ação civil pública de responsabilidade por danos causados ao meio ambiente, ao consumidor, a bens e direitos de valor artístico, estético, histórico, turístico e paisagístico (Vetado) *e dá outras providências.*

O Presidente da República:

Faço saber que o Congresso Nacional decreta e eu sanciono a seguinte Lei:

Art. 1.º Regem-se pelas disposições desta Lei, sem prejuízo da ação popular, as ações de responsabilidade por danos morais e patrimoniais causados:

•• *Caput* com redação determinada pela Lei n. 12.529, de 30-11-2011.

• *Vide* Lei n. 7.913, de 7-12-1989.

• *Vide* Lei n. 10.741, de 1.º-10-2003 (Estatuto da Pessoa Idosa).

I – ao meio ambiente;

II – ao consumidor;

•• *Vide* Súmula 601 do STJ.

III – a bens e direitos de valor artístico, estético, histórico, turístico e paisagístico;

•• A Lei n. 10.257, de 10-7-2001, em seu art. 53, acrescentou novo inciso III a este artigo, renumerando os primitivos incisos III a V. Posteriormente, a Medida Provisória n. 2.180-35, de 24-8-2001, revogou tal determinação, prevalecendo sua redação original.

• *Vide* Súmula 329 do STJ.

IV – a qualquer outro interesse difuso ou coletivo;

•• Inciso IV acrescentado pela Lei n. 8.078, de 11-9-1990.

V – por infração da ordem econômica;

•• Inciso I com redação determinada pela Lei n. 12.529, de 30-11-2011.

VI – à ordem urbanística;

•• Inciso VI acrescentado pela Medida Provisória n. 2.180-35, de 24-8-2001.

• *Vide* Lei n. 10.257, de 10-7-2001.

VII – à honra e à dignidade de grupos raciais, étnicos ou religiosos;

•• Inciso VII acrescentado pela Lei n. 12.966, de 24-4-2014.

VIII – ao patrimônio público e social.

•• Inciso VIII acrescentado pela Lei n. 13.004, de 24-6-2014.

Parágrafo único. Não será cabível ação civil pública para veicular pretensões que en-

(*) Publicada no *Diário Oficial da União*, de 24-3-1983.

(**) Publicada no *Diário Oficial da União*, de 30-8-1983.

(***) Publicada no *Diário Oficial da União*, de 25-7-1985.

volvam tributos, contribuições previdenciárias, o Fundo de Garantia do Tempo de Serviço – FGTS ou outros fundos de natureza institucional cujos beneficiários podem ser individualmente determinados.

•• Parágrafo único acrescentado pela Medida Provisória n. 2.180-35, de 24-8-2001.

Art. 2.º As ações previstas nesta Lei serão propostas no foro do local onde ocorrer o dano, cujo juízo terá competência funcional para processar e julgar a causa.

Parágrafo único. A propositura da ação prevenirá a jurisdição do juízo para todas as ações posteriormente intentadas que possuam a mesma causa de pedir ou o mesmo objeto.

•• Parágrafo único acrescentado pela Medida Provisória n. 2.180-35, de 24-8-2001.

Art. 3.º A ação civil poderá ter por objeto a condenação em dinheiro ou o cumprimento de obrigação de fazer ou não fazer.

•• *Vide* Súmula 629 do STJ.

Art. 4.º Poderá ser ajuizada ação cautelar para os fins desta Lei, objetivando, inclusive, evitar dano ao patrimônio público e social, ao meio ambiente, ao consumidor, à honra e à dignidade de grupos raciais, étnicos ou religiosos, à ordem urbanística ou aos bens e direitos de valor artístico, estético, histórico, turístico e paisagístico.

•• Artigo com redação determinada pela Lei n. 13.004, de 24-6-2014.

Art. 5.º Têm legitimidade para propor a ação principal e a ação cautelar:

•• *Caput* com redação determinada pela Lei n. 11.448, de 15-1-2007.

I – o Ministério Público;

•• *Vide* Súmula 601 do STJ.

•• Inciso I com redação determinada pela Lei n. 11.448, de 15-1-2007.

II – a Defensoria Pública;

•• Inciso II com redação determinada pela Lei n. 11.448, de 15-1-2007.

III – a União, os Estados, o Distrito Federal e os Municípios;

•• Inciso III acrescentado pela Lei n. 11.448, de 15-1-2007.

IV – a autarquia, empresa pública, fundação ou sociedade de economia mista;

•• Inciso IV acrescentado pela Lei n. 11.448, de 15-1-2007.

V – a associação que, concomitantemente:

•• Inciso V, *caput*, acrescentado pela Lei n. 11.448, de 15-1-2007.

a) esteja constituída há pelo menos 1 (um) ano nos termos da lei civil;

•• Alínea *a* acrescentada pela Lei n. 11.448, de 15-1-2007.

b) inclua, entre suas finalidades institucionais, a proteção ao patrimônio público e social, ao meio ambiente, ao consumidor, à ordem econômica, à livre concorrência, aos direitos de grupos raciais, étnicos ou religiosos ou ao patrimônio artístico, estético, histórico, turístico e paisagístico.

•• Alínea *b* com redação determinada pela Lei n. 13.004, de 24-6-2014.

§ 1.º O Ministério Público, se não intervier no processo como parte, atuará obrigatoriamente como fiscal da lei.

§ 2.º Fica facultado ao Poder Público e a outras associações legitimadas nos termos deste artigo habilitar-se como litisconsortes de qualquer das partes.

§ 3.º Em caso de desistência infundada ou abandono da ação por associação legitimada, o Ministério Público ou outro legitimado assumirá a titularidade ativa.

•• § 3.º com redação determinada pela Lei n. 8.078, de 11-9-1990.

§ 4.º O requisito da pré-constituição poderá ser dispensado pelo juiz, quando haja manifesto interesse social evidenciado pela dimensão ou característica do dano, ou pela relevância do bem jurídico a ser protegido.

•• § 4.º acrescentado pela Lei n. 8.078, de 11-9-1990.

§ 5.º Admitir-se-á o litisconsórcio facultativo entre os Ministérios Públicos da União, do Distrito Federal e dos Estados na defesa dos interesses e direitos de que cuida esta Lei.

•• § 5.º acrescentado pela Lei n. 8.078, de 11-9-1990.

§ 6.º Os órgãos públicos legitimados poderão tomar dos interessados compromisso de ajustamento de sua conduta às exigências legais, mediante cominações, que terá eficácia de título executivo extrajudicial.

•• § 6.º acrescentado pela Lei n. 8.078, de 11-9-1990.

Art. 6.º Qualquer pessoa poderá e o servidor público deverá provocar a iniciativa do Ministério Público, ministrando-lhe informações sobre fatos que constituam objeto da ação civil e indicando-lhe os elementos de convicção.

Art. 7.º Se, no exercício de suas funções, os juízes e tribunais tiverem conhecimento de fatos que possam ensejar a propositura da ação civil, remeterão peças ao Ministério Público para as providências cabíveis.

Art. 8.º Para instruir a inicial, o interessado poderá requerer às autoridades competentes as certidões e informações que julgar necessárias, a serem fornecidas no prazo de 15 (quinze) dias.

§ 1.º O Ministério Público poderá instaurar, sob sua presidência, inquérito civil, ou requisitar, de qualquer organismo público ou particular, certidões, informações, exames ou perícias, no prazo que assinalar, o qual não poderá ser inferior a 10 (dez) dias úteis.

• A Resolução n. 87, de 3-8-2006, do Conselho Superior do Ministério Público da União, dispõe sobre a instauração e tramitação do inquérito civil.

§ 2.º Somente nos casos em que a lei impuser sigilo, poderá ser negada certidão ou informação, hipótese em que a ação poderá ser proposta desacompanhada daqueles documentos, cabendo ao juiz requisitá-los.

Art. 9.º Se o órgão do Ministério Público, esgotadas todas as diligências, se convencer da inexistência de fundamento para a propositura da ação civil, promoverá o arquivamento dos autos do inquérito civil ou das peças informativas, fazendo-o fundamentadamente.

§ 1.º Os autos do inquérito civil ou das peças de informação arquivadas serão remetidos, sob pena de se incorrer em falta grave, no prazo de 3 (três) dias, ao Conselho Superior do Ministério Público.

§ 2.º Até que, em sessão do Conselho Superior do Ministério Público, seja homologada ou rejeitada a promoção de arquivamento, poderão as associações legitimadas apresentar razões escritas ou documentos, que serão juntados aos autos do inquérito ou anexados às peças de informação.

§ 3.º A promoção de arquivamento será submetida a exame e deliberação do Conselho Superior do Ministério Público, conforme dispuser o seu Regimento.

§ 4.º Deixando o Conselho Superior de homologar a promoção de arquivamento, designará, desde logo, outro órgão do Ministério Público para o ajuizamento da ação.

Art. 10. Constitui crime, punido com pena de reclusão de 1 (um) a 3 (três) anos, mais multa de 10 (dez) a 1.000 (mil) Obrigações do Tesouro Nacional – OTN, a recusa, o retardamento ou a omissão de dados técnicos indispensáveis à propositura da ação civil, quando requisitados pelo Ministério Público.

•• Extinção da OTN: Lei n. 7.730, de 31-1-1989. *Vide* Nota dos Organizadores.

Art. 11. Na ação que tenha por objeto o cumprimento de obrigação de fazer ou não fazer, o juiz determinará o cumprimento da prestação da atividade devida ou a cessação da atividade nociva, sob pena de execução específica, ou de cominação de multa diária, se esta for suficiente ou compatível, independentemente de requerimento do autor.

Art. 12. Poderá o juiz conceder mandado liminar, com ou sem justificação prévia, em decisão sujeita a agravo.

§ 1.º A requerimento de pessoa jurídica de direito público interessada, e para evitar grave lesão à ordem, à saúde, à segurança e à economia pública, poderá o Presidente do Tribunal a que competir o conhecimento do respectivo recurso suspender a execução da liminar, em decisão fundamentada, da qual caberá agravo para uma das turmas julgadoras, no prazo de 5 (cinco) dias a partir da publicação do ato.

§ 2.º A multa cominada liminarmente só será exigível do réu após o trânsito em julgado da decisão favorável ao autor, mas será devida desde o dia em que se houver configurado o descumprimento.

Art. 13. Havendo condenação em dinheiro, a indenização pelo dano causado reverterá a um fundo gerido por um Conselho Federal ou por Conselhos Estaduais de que participarão necessariamente o Ministério Público e representantes da comunidade, sendo seus recursos destinados à reconstituição dos bens lesados.

•• O Decreto n. 1.306, de 9-11-1994, regulamenta o Fundo de que dispõe este artigo.

§ 1.º Enquanto o fundo não for regulamentado, o dinheiro ficará depositado em estabelecimento oficial de crédito, em conta com correção monetária.

•• Primitivo parágrafo único renumerado pela Lei n. 12.288, de 20-7-2010.

§ 2.º Havendo acordo ou condenação com fundamento em dano causado por ato de discriminação étnica nos termos do disposto no art. 1.º desta Lei, a prestação em dinheiro reverterá diretamente ao fundo de que trata o *caput* e será utilizada para ações de promoção da igualdade étnica, conforme definição do Conselho Nacional de Promoção da Igualdade Racial, na hipótese de extensão nacional, ou dos Conselhos de Promoção de Igualdade Racial estaduais ou locais, nas hipóteses de danos com extensão regional ou local, respectivamente.

•• § 2.º acrescentado pela Lei n. 12.288, de 20-7-2010.

Art. 14. O juiz poderá conferir efeito suspensivo aos recursos, para evitar dano irreparável à parte.

Art. 15. Decorridos 60 (sessenta) dias do trânsito em julgado da sentença condenatória, sem que a associação autora lhe promova a execução, deverá fazê-lo o Ministério Público, facultada igual iniciativa aos demais legitimados.

•• Artigo com redação determinada pela Lei n. 8.078, de 11-9-1990.

Art. 16. A sentença civil fará coisa julgada *erga omnes*, nos limites da competência territorial do órgão prolator, exceto se o pedido for julgado improcedente por insuficiência de provas, hipótese em que qualquer legitimado poderá intentar outra ação com idêntico fundamento, valendo-se de nova prova.

•• Artigo com redação determinada pela Lei n. 9.494, de 10-9-1997.

Art. 17. Em caso de litigância de má-fé, a associação autora e os diretores responsáveis pela propositura da ação serão solidariamente condenados em honorários advocatícios e ao décuplo das custas, sem prejuízo da responsabilidade por perdas e danos.

•• Artigo com redação determinada pela Lei n. 8.078, de 11-9-1990.

Art. 18. Nas ações de que trata esta Lei, não haverá adiantamento de custas, emolumentos, honorários periciais e quaisquer outras despesas, nem condenação da associação autora, salvo comprovada má-fé, em honorários de advogado, custas e despesas processuais.

•• Artigo com redação determinada pela Lei n. 8.078, de 11-9-1990.

Art. 19. Aplica-se à ação civil pública, prevista nesta Lei, o Código de Processo Civil, aprovado pela Lei n. 5.869, de 11 de janeiro de 1973, naquilo em que não contrarie suas disposições.

Art. 20. O fundo de que trata o art. 13 desta Lei será regulamentado pelo Poder Executivo no prazo de 90 (noventa) dias.

•• O Decreto n. 1.306, de 9-11-1994, regulamenta o Fundo de que dispõe este artigo.

Art. 21. Aplicam-se à defesa dos direitos e interesses difusos, coletivos e individuais, no que for cabível, os dispositivos do Título III da Lei que instituiu o Código de Defesa do Consumidor.

•• Artigo acrescentado pela Lei n. 8.078, de 11-9-1990.

•• *Vide* Súmulas 601 e 618 do STJ.

Art. 22. Esta Lei entra em vigor na data de sua publicação.

•• Artigo renumerado pela Lei n. 8.078, de 11-9-1990.

Art. 23. Revogam-se as disposições em contrário.

•• Artigo renumerado pela Lei n. 8.078, de 11-9-1990.

Brasília, em 24 de julho de 1985; 164.º da Independência e 97.º da República.

José Sarney

LEI N. 7.357, DE 2 DE SETEMBRO DE 1985 (*)

Dispõe sobre o cheque e dá outras providências.

O Presidente da República:

Faço saber que o Congresso Nacional decreta e eu sanciono a seguinte Lei:

Capítulo I
DA EMISSÃO E DA FORMA DO CHEQUE

Art. 1.º O cheque contém:

I – a denominação "cheque" inscrita no contexto do título e expressa na língua em que este é redigido;

II – a ordem incondicional de pagar quantia determinada;

III – o nome do banco ou da instituição financeira que deve pagar (sacado);

IV – a indicação do lugar de pagamento;

V – a indicação da data e do lugar de emissão;

VI – a assinatura do emitente (sacador), ou de seu mandatário com poderes especiais.

Parágrafo único. A assinatura do emitente ou a de seu mandatário com poderes especiais pode ser constituída, na forma de legislação específica, por chancela mecânica ou processo equivalente.

Art. 2.º O título a que falte qualquer dos requisitos enumerados no artigo precedente não vale como cheque, salvo nos casos determinados a seguir:

I – na falta de indicação especial, é considerado lugar de pagamento o lugar designado junto ao nome do sacado; se designados vários lugares, o cheque é pagável no primeiro deles; não existindo qualquer indicação, o cheque é pagável no lugar de sua emissão;

II – não indicado o lugar de emissão, considera-se emitido o cheque no lugar indicado junto ao nome do emitente.

Art. 3.º O cheque é emitido contra banco, ou instituição financeira que lhe seja equiparada, sob pena de não valer como cheque.

Art. 4.º O emitente deve ter fundos disponíveis em poder do sacado e estar autorizado a sobre eles emitir cheque, em virtude de contrato expresso ou tácito. A infração desses preceitos não prejudica a validade do título como cheque.

§ 1.º A existência de fundos disponíveis é verificada no momento da apresentação do cheque para pagamento.

§ 2.º Consideram-se fundos disponíveis:

a) os créditos constantes de conta corrente bancária não subordinados a termo;

b) o saldo exigível de conta corrente contratual;

c) a soma proveniente de abertura de crédito.

Art. 5.º (*Vetado*.)

Art. 6.º O cheque não admite aceite, considerando-se não escrita qualquer declaração com esse sentido.

Art. 7.º Pode o sacado, a pedido do emitente ou do portador legitimado, lançar e assinar, no verso do cheque não ao portador e ainda não endossado, visto, certificação ou outra declaração equivalente, datada e por quantia igual à indicada no título.

§ 1.º A aposição de visto, certificação ou outra declaração equivalente obriga o sacado a debitar à conta do emitente a quantia indicada no cheque e a reservá-la em benefício do portador legitimado, durante o prazo de apresentação, sem que fiquem exonerados o emitente, endossantes e demais coobrigados.

§ 2.º O sacado creditará à conta do emitente a quantia reservada, uma vez vencido o prazo de apresentação; e, antes disso, se o cheque lhe for entregue para inutilização.

Art. 8.º Pode-se estipular no cheque que seu pagamento seja feito:

I – a pessoa nomeada, com ou sem cláusula expressa "à ordem";

II – a pessoa nomeada, com a cláusula "não à ordem", ou outra equivalente;

III – ao portador.

Parágrafo único. Vale como cheque ao portador o que não contém indicação do beneficiário e o emitido em favor de pessoa nomeada com a cláusula "ou ao portador", ou expressão equivalente.

•• *Vide* art. 2.º da Lei n. 8.021, de 12-4-1990, sobre emissão de cheque ao portador.

(*) Publicada no *Diário Oficial da União*, de 3-9-1985. A Resolução n. 3.972, de 28-4-2011, do Banco Central do Brasil, dispõe sobre cheques, devolução e oposição ao seu pagamento.

•• *Vide* arts. 904 a 909 (título ao portador) do CC.

Art. 9.º O cheque pode ser emitido:

I – à ordem do próprio sacador;

II – por conta de terceiro;

III – contra o próprio banco sacador, desde que não ao portador.

Art. 10. Considera-se não escrita a estipulação de juros inserida no cheque.

Art. 11. O cheque pode ser pagável no domicílio de terceiro, quer na localidade em que o sacado tenha domicílio, quer em outra, desde que o terceiro seja banco.

Art. 12. Feita a indicação da quantia em algarismos e por extenso, prevalece esta no caso de divergência. Indicada a quantia mais de uma vez, quer por extenso, quer por algarismos, prevalece, no caso de divergência, a indicação da menor quantia.

Art. 13. As obrigações contraídas no cheque são autônomas e independentes.

Parágrafo único. A assinatura de pessoa capaz cria obrigações para o signatário, mesmo que o cheque contenha assinatura de pessoas incapazes de se obrigar por cheque, ou assinaturas falsas, ou assinaturas de pessoas fictícias, ou assinaturas que, por qualquer outra razão, não poderiam obrigar as pessoas que assinaram o cheque, ou em nome das quais ele foi assinado.

Art. 14. Obriga-se pessoalmente quem assina cheque como mandatário ou representante, sem ter poderes para tal, ou excedendo os que foram conferidos. Pagando o cheque, tem os mesmos direitos daquele em cujo nome assinou.

Art. 15. O emitente garante o pagamento, considerando-se não escrita a declaração pela qual se exima dessa garantia.

Art. 16. Se o cheque, incompleto no ato da emissão, for completado com inobservância do convencionado com o emitente, tal fato não pode ser oposto ao portador, a não ser que este tenha adquirido o cheque de má-fé.

Capítulo II

DA TRANSMISSÃO

Art. 17. O cheque pagável a pessoa nomeada, com ou sem cláusula expressa "à ordem", é transmissível por via de endosso.

§ 1.º O cheque pagável a pessoa nomeada, com a cláusula "não à ordem", ou outra equivalente, só é transmissível pela forma e com os efeitos de cessão.

§ 2.º O endosso pode ser feito ao emitente, ou a outro obrigado, que podem novamente endossar o cheque.

Art. 18. O endosso deve ser puro e simples, reputando-se não escrita qualquer condição a que seja subordinado.

§ 1.º São nulos o endosso parcial e o do sacado.

§ 2.º Vale como em branco o endosso ao portador. O endosso ao sacado vale apenas como quitação, salvo no caso de o sacado ter vários estabelecimentos e o endosso ser feito em favor de estabelecimento diverso daquele contra o qual o cheque foi emitido.

Art. 19. O endosso deve ser lançado no cheque ou na folha de alongamento e assinado pelo endossante, ou seu mandatário com poderes especiais.

§ 1.º O endosso pode não designar o endossatário. Consistindo apenas na assinatura do endossante (endosso em branco), só é válido quando lançado no verso do cheque ou na folha de alongamento.

§ 2.º A assinatura do endossante, ou a de seu mandatário com poderes especiais, pode ser constituída, na forma de legislação específica, por chancela mecânica, ou processo equivalente.

Art. 20. O endosso transmite todos os direitos resultantes do cheque. Se o endosso é em branco, pode o portador:

I – completá-lo com o seu nome ou com o de outra pessoa;

II – endossar novamente o cheque, em branco ou a outra pessoa;

III – transferir o cheque a um terceiro, sem completar o endosso e sem endossar.

Art. 21. Salvo estipulação em contrário, o endossante garante o pagamento.

Parágrafo único. Pode o endossante proibir novo endosso; neste caso, não garante o pagamento a quem seja o cheque posteriormente endossado.

Art. 22. O detentor de cheque "à ordem" é considerado portador legitimado, se provar seu direito por uma série ininterrupta de endossos, mesmo que o último seja em branco. Para esse efeito, os endossos cancelados são considerados não escritos.

Parágrafo único. Quando um endosso em branco for seguido de outro, entende-se que o signatário deste adquiriu o cheque pelo endosso em branco.

Art. 23. O endosso num cheque passado ao portador torna o endossante responsável, nos termos das disposições que regulam o direito de ação, mas nem por isso converte o título num cheque "à ordem".

Art. 24. Desapossado alguém de um cheque, em virtude de qualquer evento, novo portador legitimado não está obrigado a restituí-lo, se não o adquiriu de má-fé.

Parágrafo único. Sem prejuízo do disposto neste artigo, serão observadas, nos casos de perda, extravio, furto, roubo ou apropriação indébita do cheque, as disposições legais relativas à anulação e substituição de títulos ao portador, no que for aplicável.

•• *Vide* art. 909 do CC.

Art. 25. Quem for demandado por obrigação resultante de cheque não pode opor ao portador exceções fundadas em relações pessoais com o emitente, ou com os portadores anteriores, salvo se o portador o adquiriu conscientemente em detrimento do devedor.

Art. 26. Quando o endosso contiver a cláusula "valor em cobrança", "para cobrança", "por procuração", ou qualquer outra que implique apenas mandato, o portador pode exercer todos os direitos resultantes do cheque, mas só pode lançar no cheque endosso-mandato. Neste caso, os obrigados somente podem invocar contra o portador as exceções oponíveis ao endossante.

• *Vide* Súmula 476 do STJ.

Parágrafo único. O mandato contido no endosso não se extingue por morte do endossante ou por superveniência de sua incapacidade.

Art. 27. O endosso posterior ao protesto, ou declaração equivalente, ou à expiração do prazo de apresentação produz apenas os efeitos de cessão. Salvo prova em contrário, o endosso sem data presume-se anterior ao protesto, ou declaração equivalente, ou à expiração do prazo de apresentação.

Art. 28. O endosso no cheque nominativo, pago pelo banco contra o qual foi sacado, prova o recebimento da respectiva importância pela pessoa a favor da qual foi emitido, e pelos endossantes subsequentes.

Parágrafo único. Se o cheque indica a nota, fatura, conta cambial, imposto lançado ou declarado a cujo pagamento se destina, ou outra causa da sua emissão, o endosso pela pessoa a favor da qual foi emitido e a sua liquidação pelo banco sacado provam a extinção da obrigação indicada.

Capítulo III

DO AVAL

• *Vide* arts. 897 a 900 do CC.

Art. 29. O pagamento do cheque pode ser garantido, no todo ou em parte, por aval prestado por terceiro, exceto o sacado, ou mesmo por signatário do título.

Art. 30. O aval é lançado no cheque ou na folha de alongamento. Exprime-se pelas palavras "por aval", ou fórmula equivalente, com a assinatura do avalista. Considera-se como resultante da simples assinatura do avalista, aposta no anverso do cheque, salvo quando se tratar da assinatura do emitente.

Parágrafo único. O aval deve indicar o avalizado. Na falta de indicação, considera-se avalizado o emitente.

Art. 31. O avalista se obriga da mesma maneira que o avalizado. Subsiste sua obrigação, ainda que nula a por ele garantida, salvo se a nulidade resultar de vício de forma.

Parágrafo único. O avalista que paga o cheque adquire todos os direitos dele resultantes contra o avalizado e contra os obrigados para com este em virtude do cheque.

Capítulo IV

DA APRESENTAÇÃO E DO PAGAMENTO

Art. 32. O cheque é pagável à vista. Considera-se não escrita qualquer menção em contrário.

Parágrafo único. O cheque apresentado para pagamento antes do dia indicado como data de emissão é pagável no dia da apresentação.

•• *Vide* Súmula 370 do STJ.

Art. 33. O cheque deve ser apresentado para pagamento, a contar do dia da emissão, no prazo de 30 (trinta) dias, quando emitido no lugar onde houver de ser pago; e de 60 (sessenta) dias, quando emitido em outro lugar do País ou no exterior.

Parágrafo único. Quando o cheque é emitido entre lugares com calendários diferentes, considera-se como de emissão o dia correspondente do calendário do lugar de pagamento.

Art. 34. A apresentação do cheque à câmara de compensação equivale à apresentação a pagamento.

Art. 35. O emitente do cheque pagável no Brasil pode revogá-lo, mercê de contraordem dada por aviso epistolar, ou por via judicial ou extrajudicial, com as razões motivadoras do ato.

Parágrafo único. A revogação ou contraordem só produz efeito depois de expirado o prazo de apresentação e, não sendo promovida, pode o sacado pagar o cheque até que decorra o prazo de prescrição, nos termos do art. 59 desta Lei.

Art. 36. Mesmo durante o prazo de apresentação, o emitente e o portador legitimado podem fazer sustar o pagamento, manifestando ao sacado, por escrito, oposição fundada em relevante razão de direito.

§ 1.º A oposição do emitente e a revogação ou contraordem se excluem reciprocamente.

§ 2.º Não cabe ao sacado julgar da relevância da razão invocada pelo oponente.

Art. 37. A morte do emitente ou sua incapacidade superveniente à emissão não invalidam os efeitos do cheque.

Art. 38. O sacado pode exigir, ao pagar o cheque, que este lhe seja entregue quitado pelo portador.

Parágrafo único. O portador não pode recusar pagamento parcial, e, nesse caso, o sacado pode exigir que esse pagamento conste do cheque e que o portador lhe dê a respectiva quitação.

Art. 39. O sacado que paga cheque "à ordem" é obrigado a verificar a regularidade da série de endossos, mas não a autenticidade das assinaturas dos endossantes. A mesma obrigação incumbe ao banco apresentante do cheque a câmara de compensação.

Parágrafo único. Ressalvada a responsabilidade do apresentante, no caso da parte final deste artigo, o banco sacado responde pelo pagamento do cheque falso, falsificado ou alterado, salvo dolo ou culpa do correntista, do endossante ou do beneficiário, dos quais poderá o sacado, no todo ou em parte, reaver o que pagou.

Art. 40. O pagamento se fará à medida em que forem apresentados os cheques e se dois ou mais forem apresentados simultaneamente, sem que os fundos disponíveis bastem para o pagamento de todos, terão preferência os de emissão mais antiga e, se da mesma data, os de número inferior.

Art. 41. O sacado pode pedir explicações ou garantia para pagar cheque mutilado, rasgado ou partido, ou que contenha borrões, emendas e dizeres que não pareçam formalmente normais.

Art. 42. O cheque em moeda estrangeira é pago, no prazo de apresentação, em moeda nacional ao câmbio do dia do pagamento, obedecida a legislação especial.

Parágrafo único. Se o cheque não for pago no ato da apresentação, pode o portador optar entre o câmbio do dia da apresentação e o do dia do pagamento para efeito de conversão em moeda nacional.

Art. 43. (*Vetado*.)

Capítulo V
DO CHEQUE CRUZADO

Art. 44. O emitente ou o portador podem cruzar o cheque, mediante a aposição de dois traços paralelos no anverso do título.

§ 1.º O cruzamento é geral se entre os dois traços não houver nenhuma indicação ou existir apenas a indicação "banco", ou outra equivalente. O cruzamento é especial se entre os dois traços existir a indicação do nome do banco.

§ 2.º O cruzamento geral pode ser convertido em especial, mas este não pode converter-se naquele.

§ 3.º A inutilização do cruzamento ou a do nome do banco é reputada como não existente.

Art. 45. O cheque com cruzamento geral só pode ser pago pelo sacado a banco ou a cliente do sacado, mediante crédito em conta. O cheque com cruzamento especial só pode ser pago pelo sacado ao banco indicado, ou, se este for o sacado, a cliente seu, mediante crédito em conta. Pode, entretanto, o banco designado incumbir outro da cobrança.

§ 1.º O banco só pode adquirir cheque cruzado de cliente seu ou de outro banco. Só pode cobrá-lo por conta de tais pessoas.

§ 2.º O cheque com vários cruzamentos especiais só pode ser pago pelo sacado no caso de dois cruzamentos, um dos quais para cobrança por câmara de compensação.

§ 3.º Responde pelo dano, até a concorrência do montante do cheque, o sacado ou o banco portador que não observar as disposições precedentes.

Capítulo VI
DO CHEQUE PARA SER CREDITADO EM CONTA

Art. 46. O emitente ou o portador podem proibir que o cheque seja pago em dinheiro mediante a inscrição transversal, no anverso do título, da cláusula "para ser creditado em conta", ou outra equivalente. Nesse caso, o sacado só pode proceder a lançamento contábil (crédito em conta, transferência ou compensação), que vale como pagamento. O depósito do cheque em conta de seu beneficiário dispensa o respectivo endosso.

§ 1.º A inutilização da cláusula é considerada como não existente.

§ 2.º Responde pelo dano, até a concorrência do montante do cheque, o sacado que não observar as disposições precedentes.

Capítulo VII
DA AÇÃO POR FALTA DE PAGAMENTO

Art. 47. Pode o portador promover a execução do cheque:

I – contra o emitente e seu avalista;

II – contra os endossantes e seus avalistas, se o cheque apresentado em tempo hábil e a recusa de pagamento é comprovada pelo protesto ou por declaração do sacado, escrita e datada sobre o cheque, com indicação do dia de apresentação, ou, ainda, por declaração escrita e datada por câmara de compensação.

§ 1.º Qualquer das declarações previstas neste artigo dispensa o protesto e produz os efeitos deste.

§ 2.º Os signatários respondem pelos danos causados por declarações inexatas.

§ 3.º O portador que não apresentar o cheque em tempo hábil, ou não comprovar a recusa de pagamento pela forma indicada neste artigo, perde o direito de execução contra o emitente, se este tinha fundos disponíveis durante o prazo de apresentação e os deixou de ter, em razão de fato que não lhe seja imputável.

§ 4.º A execução independe do protesto e das declarações previstas neste artigo, se a apresentação ou o pagamento do cheque são obstados pelo fato de o sacado ter sido submetido a intervenção, liquidação extrajudicial ou falência.

Art. 48. O protesto ou as declarações do artigo anterior devem fazer-se no lugar de pagamento ou do domicílio do emitente, antes da expiração do prazo de apresentação. Se esta ocorrer no último dia do prazo, o protesto ou as declarações podem fazer-se no primeiro dia útil seguinte.

• *Vide* Lei n. 9.492, de 10-9-1997.

§ 1.º A entrega do cheque para protesto deve ser prenotada em livro especial e o protesto tirado no prazo de 3 (três) dias úteis a contar do recebimento do título.

§ 2.º O instrumento do protesto, datado e assinado pelo oficial público competente, contém:

a) a transcrição literal do cheque, com todas as declarações nele inseridas, na ordem em que se acham lançadas;

b) a certidão da intimação do emitente, de seu mandatário especial ou representante legal, e as demais pessoas obrigadas no cheque;

c) a resposta dada pelos intimados ou a declaração da falta de resposta;

d) a certidão de não haverem sido encontrados ou de serem desconhecidos o emitente ou os demais obrigados, realizada a intimação, nesse caso, pela imprensa.

§ 3.º O instrumento de protesto, depois de registrado em livro próprio, será entregue ao portador legitimado ou àquele que houver efetuado o pagamento.

• *Vide* Súmula 600 do STF.

§ 4.º Pago o cheque depois do protesto, pode este ser cancelado, a pedido de qualquer interessado, mediante arquivamento de cópia autenticada da quitação que contenha perfeita identificação do título.

Art. 49. O portador deve dar aviso da falta de pagamento a seu endossante e ao emitente, nos 4 (quatro) dias úteis seguintes ao do protesto ou das declarações previstas no art. 47 desta Lei ou, havendo cláusula "sem despesa", ao da apresentação.

§ 1.º Cada endossante deve, nos 2 (dois) dias úteis seguintes ao do recebimento do aviso, comunicar seu teor ao endossante precedente, indicando os nomes e endereços dos que deram os avisos anteriores, e assim por diante, até o emitente, contando-se os prazos do recebimento do aviso precedente.

§ 2.º O aviso dado a um obrigado deve estender-se, no mesmo prazo, a seu avalista.

§ 3.º Se o endossante não houver indicado seu endereço, ou o tiver feito de forma ilegível, basta o aviso ao endossante que o preceder.

§ 4.º O aviso pode ser dado por qualquer forma, até pela simples devolução do cheque.

§ 5.º Aquele que estiver obrigado a aviso deverá provar que o deu no prazo estipulado. Considera-se observado o prazo se, dentro dele, houver sido posta no correio a carta de aviso.

§ 6.º Não decai do direito de regresso o que deixa de dar o aviso no prazo estabelecido. Responde, porém, pelo dano causado por sua negligência, sem que a indenização exceda o valor do cheque.

Art. 50. O emitente, o endossante e o avalista podem, pela cláusula "sem despesa", "sem protesto", ou outra equivalente, lançada no título e assinada, dispensar o portador, para promover a execução do título, do protesto ou da declaração equivalente.

§ 1.º A cláusula não dispensa o portador da apresentação do cheque no prazo estabelecido, nem dos avisos. Incumbe a quem alega a inobservância de prazo a prova respectiva.

§ 2.º A cláusula lançada pelo emitente produz efeito em relação a todos os obrigados; a lançada por endossante ou por avalista produz efeito somente em relação ao que lançar.

§ 3.º Se, apesar da cláusula lançada pelo emitente, o portador promove o protesto, as despesas correm por sua conta. Por elas respondem todos os obrigados, se a cláusula é lançada por endossante ou avalista.

Art. 51. Todos os obrigados respondem solidariamente para com o portador do cheque.

§ 1.º O portador tem o direito de demandar todos os obrigados, individual ou coletivamente, sem estar sujeito a observar a ordem em que se obrigaram. O mesmo direito cabe ao obrigado que pagar o cheque.

§ 2.º A ação contra um dos obrigados não impede sejam os outros demandados, mesmo que se tenham obrigado posteriormente àquele.

§ 3.º Regem-se pelas normas das obrigações solidárias as relações entre obrigados do mesmo grau.

Art. 52. O portador pode exigir do demandado:

I – a importância do cheque não pago;

II – os juros legais desde o dia da apresentação;

III – as despesas que fez;

IV – a compensação pela perda do valor aquisitivo da moeda, até o embolso das importâncias mencionadas nos itens antecedentes.

Art. 53. Quem paga o cheque pode exigir de seus garantes:

I – a importância integral que pagou;

II – os juros legais, a contar do dia do pagamento;

III – as despesas que fez;

IV – a compensação pela perda do valor aquisitivo da moeda, até o embolso das importâncias mencionadas nos itens antecedentes.

Art. 54. O obrigado contra o qual se promova execução, ou que a esta esteja sujeito, pode exigir, contra pagamento, a entrega do cheque, com o instrumento de protesto ou da declaração equivalente e a conta de juros e despesas quitada.

Parágrafo único. O endossante que pagou o cheque pode cancelar seu endosso e os dos endossantes posteriores.

Art. 55. Quando disposição legal ou caso de força maior impedir a apresentação do cheque, o protesto ou a declaração equivalente nos prazos estabelecidos, consideram-se estes prorrogados.

§ 1.º O portador é obrigado a dar aviso imediato da ocorrência de força maior a seu endossante e a fazer menção do aviso dado mediante declaração datada e assinada por ele no cheque ou folha de alongamento. São aplicáveis, quanto ao mais, as disposições do art. 49 e seus parágrafos desta Lei.

§ 2.º Cessado o impedimento, deve o portador, imediatamente, apresentar o cheque para pagamento e, se couber, promover o protesto ou a declaração equivalente.

§ 3.º Se o impedimento durar por mais de 15 (quinze) dias, contados do dia em que o portador, mesmo antes de findo o prazo de apresentação, comunicou a ocorrência de força maior a seu endossante, poderá ser promovida a execução, sem necessidade da apresentação do protesto ou declaração equivalente.

§ 4.º Não constituem casos de força maior os fatos puramente pessoais relativos ao portador ou à pessoa por ele incumbida da apresentação do cheque, do protesto ou da obtenção da declaração equivalente.

Capítulo VIII
DA PLURALIDADE DE EXEMPLARES

Art. 56. Excetuado o cheque ao portador, qualquer cheque emitido em um país e pagável em outro pode ser feito em vários exemplares idênticos, que devem ser numerados no próprio texto do título, sob pena de cada exemplar ser considerado cheque distinto.

Art. 57. O pagamento feito contra a apresentação de um exemplar é liberatório, ainda que não estipulado que o pagamento torna sem efeito os outros exemplares.

Parágrafo único. O endossante que transferir os exemplares a diferentes pessoas e os endossantes posteriores respondem por todos os exemplares que assinarem e que não forem restituídos.

Capítulo IX
DAS ALTERAÇÕES

Art. 58. No caso de alteração do texto do cheque, os signatários posteriores à alteração respondem nos termos do texto alterado e os signatários anteriores, nos do texto original.

Parágrafo único. Não sendo possível determinar se a firma foi aposta no título antes ou depois de sua alteração, presume-se que o tenha sido antes.

Capítulo X
DA PRESCRIÇÃO

•• *Vide* Súmula 299 do STJ.

Art. 59. Prescreve em 6 (seis) meses, contados da expiração do prazo de apresentação, a ação que o art. 47 desta Lei assegura ao portador.

Parágrafo único. A ação de regresso de um obrigado ao pagamento do cheque contra outro prescreve em 6 (seis) meses, contados do dia em que o obrigado pagou o cheque ou do dia em que foi demandado.

Art. 60. A interrupção da prescrição produz efeito somente contra o obrigado em relação ao qual foi promovido o ato interruptivo.

Art. 61. A ação de enriquecimento contra o emitente ou outros obrigados, que se locupletaram injustamente com o não pagamento do cheque, prescreve em 2 (dois) anos, contados do dia em que se consumar a prescrição prevista no art. 59 e seu parágrafo desta Lei.

• *Vide* art. 886 do CC.

Art. 62. Salvo prova de novação, a emissão ou a transferência do cheque não exclui a ação fundada na relação causal, feita a prova do não pagamento.

Capítulo XI
DOS CONFLITOS DE LEIS EM MATÉRIA DE CHEQUES

Art. 63. Os conflitos de leis em matéria de cheques serão resolvidos de acordo com as normas constantes das Convenções aprovadas, promulgadas e mandadas aplicar no Brasil, na forma prevista pela Constituição Federal.

Capítulo XII
DAS DISPOSIÇÕES GERAIS

Art. 64. A apresentação do cheque, o protesto ou a declaração equivalente só podem ser feitos ou exigidos em dia útil, durante o expediente dos estabelecimentos de crédito, câmaras de compensação e cartórios de protestos.

Parágrafo único. O cômputo dos prazos estabelecidos nesta Lei obedece às disposições do direito comum.

Art. 65. Os efeitos penais da emissão do cheque sem suficiente provisão de fundos, da frustração do pagamento do cheque, da falsidade, da falsificação e da alteração do cheque continuam regidos pela legislação criminal.

Art. 66. Os vales ou cheques postais, os cheques de poupança ou assemelhados, e os cheques de viagem regem-se pelas disposições especiais a eles referentes.

Art. 67. A palavra "banco", para os fins desta Lei, designa também a instituição financeira contra a qual a lei admita a emissão de cheque.

Art. 68. Os bancos e casas bancárias poderão fazer prova aos seus depositantes dos cheques por estes sacados, mediante apresentação de cópia fotográfica ou microfotográfica.

Art. 69. Fica ressalvada a competência do Conselho Monetário Nacional, nos termos e nos limites da legislação específica, para expedir normas relativas à matéria bancária relacionada com o cheque.

Parágrafo único. É da competência do Conselho Monetário Nacional:

a) a determinação das normas a que devem obedecer as contas de depósito para que possam ser fornecidos os talões de cheques aos depositantes;

b) a determinação das consequências do uso indevido do cheque, relativamente à conta do depositante;

c) a disciplina das relações entre o sacado e o opoente, na hipótese do art. 36 desta Lei.

Art. 70. Esta Lei entra em vigor na data de sua publicação.

Art. 71. Revogam-se as disposições em contrário.

Brasília, 2 de setembro de 1985; 164.º da Independência e 97.º da República.

JOSÉ SARNEY

LEI N. 7.433, DE 18 DE DEZEMBRO DE 1985 (*)

Dispõe sobre os requisitos para a lavratura de escrituras públicas e dá outras providências.

O Presidente da República

Faço saber que o Congresso Nacional decreta e eu sanciono a seguinte Lei:

Art. 1.º Na lavratura de atos notariais, inclusive os relativos a imóveis, além dos documentos de identificação das partes, somente serão apresentados os documentos expressamente determinados nesta Lei.

§ 1.º O disposto nesta Lei se estende, onde couber, ao instrumento particular a que se refere o art. 61 da Lei n. 4.380, de 21 de agosto de 1964, modificada pela Lei n. 5.049, de 29 de junho de 1966.

§ 2.º O Tabelião consignará no ato notarial a apresentação do documento comprobatório do pagamento do Imposto de Transmissão *inter vivos*, as certidões fiscais e as certidões de propriedade e de ônus reais, ficando dispensada sua transcrição.

•• § 2.º com redação determinada pela Lei n. 13.097, de 19-1-2015.

§ 3.º Obriga-se o tabelião a manter, em cartório, os documentos e certidões de que trata o parágrafo anterior, no original ou em cópias autenticadas.

Art. 2.º Ficam dispensadas, na escritura pública de imóveis urbanos, sua descrição e caracterização, desde que constem, estes elementos, da certidão do Cartório do Registro de Imóveis.

§ 1.º Na hipótese prevista neste artigo, o instrumento consignará exclusivamente o número do registro ou matrícula no Registro de Imóveis, sua completa localização, logradouro, número, bairro, cidade, Estado e os documentos e certidões constantes do § 2.º do art. 1.º desta mesma Lei.

§ 2.º Para os fins do disposto no parágrafo único do art. 4.º da Lei n. 4.591, de 16 de dezembro de 1964, modificada pela Lei n. 7.182, de 27 de março de 1984, considerar-se-á prova de quitação a declaração feita pelo alienante ou seu procurador, sob as penas da lei, a ser expressamente consignada nos instrumentos de alienação ou de transferência de direitos.

Art. 3.º Esta Lei será aplicada, no que couber, aos casos em que o instrumento público recair sobre coisas ou bens cuja aquisição haja sido feita através de documento não sujeito a matrícula no Registro de Imóveis.

Art. 4.º Esta Lei entra em vigor na data de sua publicação.

Art. 5.º Revogam-se as disposições em contrário.

Brasília, 18 de dezembro de 1985; 164.º da Independência e 97.º da República.

JOSÉ SARNEY

(*) Publicada no *Diário Oficial da União*, de 19-12-1985. Regulamentada pelo Decreto n. 93.240, de 9-9-1986.

DECRETO-LEI N. 2.321, DE 25 DE FEVEREIRO DE 1987 (**)

Institui, em defesa das finanças públicas, regime de administração especial temporária, nas instituições financeiras privadas e públicas não federais, e dá outras providências.

O Presidente da República, no uso das atribuições que lhe confere o art. 55, item II, da Constituição, decreta:

Art. 1.º O Banco Central do Brasil poderá decretar regime de administração especial temporária, na forma regulada por este Decreto-lei, nas instituições financeiras privadas e públicas não federais, autorizadas a funcionar nos termos da Lei n. 4.595, de 31 de dezembro de 1964, quando nelas verificar:

•• *Vide* Lei n. 9.447, de 14-3-1997, sobre a responsabilidade solidária de controladores de instituições submetidas ao regime de que trata este Decreto-lei.

a) prática reiterada de operações contrárias às diretrizes de política econômica ou financeira traçadas em lei federal;

b) existência de passivo a descoberto;

c) descumprimento das normas referentes à conta de Reservas Bancárias mantida no Banco Central do Brasil;

d) gestão temerária ou fraudulenta de seus administradores;

e) ocorrência de qualquer das situações descritas no art. 2.º da Lei n. 6.024, de 13 de março de 1974.

Parágrafo único. A duração da administração especial será fixada no ato que a decretar, podendo ser prorrogada, se absolutamente necessário, por período não superior ao primeiro.

Art. 2.º A decretação da administração especial temporária não afetará o curso regular dos negócios da entidade nem seu normal funcionamento e produzirá, de imediato, a perda do mandato dos administradores e membros do Conselho Fiscal da instituição.

Art. 3.º A administração especial temporária será executada por um conselho diretor, nomeado pelo Banco Central do Brasil, com plenos poderes de gestão, constituído de tantos membros quantos julgados necessários para a condução dos negócios sociais.

(**) Publicado no *Diário Oficial da União*, de 26-2-1987. Republicado em 27-4-1987.

§ 1.º Ao conselho diretor competirá, com exclusividade, a convocação da assembleia geral.

§ 2.º Os membros do conselho diretor poderão ser destituídos a qualquer tempo pelo Banco Central do Brasil.

§ 3.º Dependerão de prévia e expressa autorização do Banco Central do Brasil os atos que, não caracterizados como de gestão ordinária, impliquem disposição ou oneração do patrimônio da sociedade.

Art. 4.º Os membros do conselho diretor assumirão, de imediato, as respectivas funções, independentemente da publicação do ato de nomeação, mediante termo lavrado no livro de atas da Diretoria, com a transcrição do ato que houver decretado o regime de administração especial temporária e do que os tenha nomeado.

Art. 5.º Ao assumir suas funções, incumbirá ao conselho diretor:

a) eleger, dentre seus membros, o Presidente;

b) estabelecer as atribuições e poderes de cada um de seus membros, bem como as matérias que serão objeto de deliberação colegiada; e

c) adotar as providências constantes dos arts. 9.º, 10 e 11 da Lei n. 6.024, de 13 de março de 1974.

Art. 6.º Das decisões do conselho diretor caberá recurso, sem efeito suspensivo, dentro de 10 (dez) dias da respectiva ciência, para o Banco Central do Brasil, em única instância.

Parágrafo único. O recurso, entregue mediante protocolo, será dirigido ao conselho diretor, que o informará e o encaminhará dentro de 5 (cinco) dias ao Banco Central do Brasil.

Art. 7.º O conselho diretor prestará contas ao Banco Central do Brasil, independentemente de qualquer exigência, no momento em que cessar o regime especial, ou, a qualquer tempo, quando solicitado.

Art. 8.º Poderá o Banco Central do Brasil atribuir, a pessoas jurídicas com especialização na área, a administração especial temporária de que trata este Decreto-lei.

Art. 9.º Uma vez decretado o regime de que trata este Decreto-lei, fica o Banco Central do Brasil autorizado a utilizar recursos da Reserva Monetária visando ao saneamento econômico-financeiro da instituição.

Parágrafo único. Não havendo recursos suficientes na conta da Reserva Monetária, o Banco Central do Brasil os adiantará, devendo o valor de tais adiantamentos constar obrigatoriamente da proposta da lei orçamentária do exercício subsequente.

Art. 10. Os valores sacados à conta da Reserva Monetária serão aplicados no pagamento de obrigações das instituições submetidas ao regime deste Decreto-lei, mediante cessão e transferência dos correspondentes créditos, direitos e ações, a serem efetivadas pelos respectivos titulares ao Banco Central do Brasil, e serão garantidos, nos termos de contrato a ser firmado com a instituição beneficiária:

a) pela caução de notas promissórias, letras de câmbio, duplicatas, ações, debêntures, créditos hipotecários e pignoratícios, contratos de contas correntes devedoras com saldo devidamente reconhecido e títulos da dívida pública federal;

b) pela hipoteca legal, independentemente de especialização, que este Decreto-lei concede ao Banco Central do Brasil, dos imóveis pertencentes às instituições beneficiárias e por elas destinados à instalação de suas sedes e filiais;

c) pela hipoteca convencional de outros imóveis pertencentes às instituições beneficiárias ou a terceiros.

§ 1.º Os títulos, documentos e valores dados em caução considerar-se-ão transferidos, por tradição simbólica, à posse do Banco Central do Brasil, desde que estejam relacionados e descritos em termo de tradição lavrado em instrumento avulso assinado pelas partes e copiado em livro especial para esse fim aberto e rubricado pela autoridade competente do Banco Central do Brasil.

§ 2.º O Banco Central do Brasil, quando entender necessário, poderá exigir a entrega dos títulos, documentos e valores caucionados e, quando recusada, mediante simples petição, acompanhada de certidão do termo de tradição, promover judicialmente a sua apreensão total ou parcial.

Art. 11. À vista de relatório ou de proposta do conselho diretor, o Banco Central do Brasil poderá:

a) autorizar a transformação, a incorporação, a fusão, a cisão ou a transferência do controle acionário da instituição, em face das condições de garantia apresentadas pelos interessados;

b) propor a desapropriação, por necessidade ou utilidade pública ou por interesse social, das ações do capital social da instituição;

c) decretar a liquidação extrajudicial da instituição.

•• Item com redação determinada pelo Decreto-lei n. 2.327, de 24-4-1987.

Art. 12. Na hipótese da letra *b* do artigo anterior, fica o Poder Executivo autorizado a promover a desapropriação ali referida.

§ 1.º A União Federal será, desde logo, imitida na posse das ações desapropriadas, mediante depósito de seu valor patrimonial, apurado em balanço levantado pelo conselho diretor, que terá por data-base o dia da decretação da administração especial temporária.

§ 2.º Na instituição em que o patrimônio líquido for negativo, o valor do depósito previsto no parágrafo anterior será simbólico e fixado no decreto expropriatório.

Art. 13. A União Federal, uma vez imitida na posse das ações, exercerá todos os direitos inerentes à condição de acionista, inclusive o de preferência, que poderá ceder, para subscrição de aumento de capital e o de votar, em assembleia geral, a redução ou elevação do capital social, o agrupamento ou o desdobramento de ações, a transformação, incorporação, fusão ou cisão da sociedade, e quaisquer outras medidas julgadas necessárias ao saneamento financeiro da sociedade e ao seu regular funcionamento.

Art. 14. O regime de que trata este Decreto-lei cessará:

a) se a União Federal assumir o controle acionário da instituição, na forma do art. 11, letra *b*;

b) nos casos de transformação, incorporação, fusão, cisão ou de transferência do controle acionário da instituição;

c) quando, a critério do Banco Central do Brasil, a situação da instituição se houver normalizado;

d) pela decretação da liquidação extrajudicial da instituição.

•• Item com redação determinada pelo Decreto-lei n. 2.327, de 24-4-1987.

§ 1.º Para os fins previstos neste Decreto-lei, a União Federal será representada, nos atos que lhe competir, pelo Banco Central do Brasil.

§ 2.º O Banco Central do Brasil adotará as medidas necessárias à recuperação integral dos recursos aplicados na instituição, com base no art. 9.º deste Decreto-lei, e estabelecerá, se for o caso, a forma, prazo e demais condições para o seu resgate.

§ 3.º Decretada a liquidação extrajudicial da instituição, tomar-se-á como data-base, para todos os efeitos, inclusive a apuração da responsabilidade dos ex-administradores, a data de decretação do regime de administração especial temporária.

•• § 3.º com redação determinada pelo Decreto-lei n. 2.327, de 24-4-1987.

Art. 15. Decretado o regime de administração especial temporária, respondem solidariamente com os ex-administradores da instituição, pelas obrigações por esta assumidas, as pessoas naturais ou jurídicas que com ela mantenham vínculo de controle, independentemente da apuração de dolo ou culpa.

§ 1.º Há vínculo de controle quando, alternativa ou cumulativamente, a instituição e as pessoas jurídicas mencionadas neste artigo estão sob controle comum; quando sejam, entre si, controladoras ou controladas, ou quando qualquer delas, diretamente ou através de sociedades por ela controladas, é titular de direitos de sócio que lhe assegurem, de modo permanente, preponderância nas deliberações sociais e o poder de eleger a maioria dos administradores da instituição.

§ 2.º A responsabilidade solidária decorrente do vínculo de controle se circunscreve ao montante do passivo a descoberto da instituição, apurado em balanço que terá por data-base o dia da decretação do regime de que trata este Decreto-lei.

Art. 16. O inciso IX, do art. 10, da Lei n. 4.595, de 31 de dezembro de 1964, fica acrescido da alínea *g*, com a seguinte redação:

•• Alteração processada no texto da Lei n. 4.595, de 31-12-1964.

Art. 17. O art. 11 da Lei n. 4.595, de 31 de dezembro de 1964, fica acrescido de § 1.º com a seguinte redação, renumerado para 2.º o atual parágrafo único.

•• Alteração processada no texto da Lei n. 4.595, de 31-12-1964.

Art. 18. O Banco Central promoverá a responsabilidade, com pena de demissão, do funcionário ou Diretor que permitir o descumprimento das normas referentes à conta de Reservas Bancárias.

Art. 19. Aplicam-se à administração especial temporária regulada por este Decreto-lei as disposições da Lei n. 6.024, de 13 de março de 1974, que com ele não colidirem e, em especial, as medidas acautelatórias e promotoras da responsabilidade dos ex-administradores.

Art. 20. Este Decreto-lei entra em vigor na data de sua publicação.

Art. 21. Revogam-se as disposições em contrário.

Brasília, em 25 de fevereiro de 1987; 166.º da Independência e 99.º da República.

José Sarney

DECRETO-LEI N. 2.398, DE 21 DE DEZEMBRO DE 1987 (*)

Dispõe sobre Foros, Laudêmios e Taxas de Ocupação Relativas a Imóveis de Propriedade da União e dá outras providências.

O Presidente da República, no uso da atribuição que lhe confere o art. 55, II, da Constituição, decreta:

•• Refere-se à CF de 1967.

Art. 1.º A taxa de ocupação de terrenos da União será de 2% (dois por cento) do valor do domínio pleno do terreno, excluídas as benfeitorias, anualmente atualizado pela Secretaria do Patrimônio da União.

•• *Caput* com redação determinada pela Lei n. 13.240, de 30-12-2015.

•• *Vide* Decreto n. 9.354, de 25-4-2018, que regulamenta este artigo.

§§ 1.º a 7.º (*Revogados pela Lei n. 14.011, de 10-6-2020.*)

Art. 2.º O Ministro da Fazenda, mediante portaria, estabelecerá os prazos para o recolhimento de foros e taxas de ocupação relativos a terrenos da União, podendo autorizar o parcelamento em até oito cotas mensais.

(*) Publicado no *Diário Oficial da União*, de 22-12-1987.

Art. 3.º A transferência onerosa, entre vivos, do domínio útil e da inscrição de ocupação de terreno da União ou de cessão de direito a eles relativos dependerá do prévio recolhimento do laudêmio pelo vendedor, em quantia correspondente a 5% (cinco por cento) do valor atualizado do domínio pleno do terreno, excluídas as benfeitorias.

•• *Caput* com redação determinada pela Lei n. 13.465, de 11-7-2017.

§ 1.º As transferências parciais de aforamento ficarão sujeitas a novo foro para a parte desmembrada.

§ 2.º Os Cartórios de Notas e Registro de Imóveis, sob pena de responsabilidade dos seus respectivos titulares, não lavrarão nem registrarão escrituras relativas a bens imóveis de propriedade da União, ou que contenham, ainda que parcialmente, área de seu domínio:

•• § 2.º, *caput*, com redação determinada pela Lei n. 9.636, de 15-5-1998.

I – sem certidão da Secretaria do Patrimônio da União – SPU que declare:

a) ter o interessado recolhido o laudêmio devido, nas transferências onerosas entre vivos;

b) estar o transmitente em dia, perante o Patrimônio da União, com as obrigações relativas ao imóvel objeto da transferência; e

•• Alínea *b* com redação determinada pela Lei n. 13.139, de 26-6-2015.

c) estar autorizada a transferência do imóvel, em virtude de não se encontrar em área de interesse do serviço público;

•• Inciso I com redação determinada pela Lei n. 9.636, de 15-5-1998.

II – sem a observância das normas estabelecidas em regulamento.

•• Inciso II com redação determinada pela Lei n. 9.636, de 15-5-1998.

§ 3.º A SPU procederá ao cálculo do valor do laudêmio, mediante solicitação do interessado.

•• § 3.º com redação determinada pela Lei n. 9.636, de 15-5-1998.

§ 4.º Concluída a transmissão, onerosa ou não, o adquirente deverá requerer ao órgão local da Secretaria de Coordenação e Governança do Patrimônio da União, no prazo máximo de 60 (sessenta) dias, que providencie a transferência dos registros cadastrais para o seu nome, observado, no caso de imóvel aforado, o disposto no art. 116 do Decreto-lei n. 9.760, de 5 de setembro de 1946.

•• § 4.º com redação determinada pela Lei n. 14.474, de 6-12-2022.

§ 5.º A não observância do prazo estipulado no § 4.º deste artigo sujeitará o adquirente à multa de 0,50% (cinquenta centésimos por cento), por mês ou fração, sobre o valor do terreno, excluídas as benfeitorias.

•• § 5.º com redação determinada pela Lei n. 13.465, de 11-7-2017.

§ 6.º É vedado o loteamento ou o desmembramento de áreas objeto de ocupação sem preferência ao aforamento, nos termos dos arts. 105 e 215 do Decreto-lei n. 9.760, de 1946, exceto quando:

a) realizado pela própria União, em razão do interesse público;

b) solicitado pelo próprio ocupante, comprovada a existência de benfeitoria suficiente para caracterizar, nos termos da legislação vigente, o aproveitamento efetivo e independente da parcela a ser desmembrada.

•• § 6.º acrescentado pela Lei n. 9.636, de 15-5-1998.

§ 7.º Para fatos geradores anteriores a 22 de dezembro de 2016, a cobrança da multa de que trata o § 5.º deste artigo será efetuada de forma proporcional, regulamentada em ato específico da Secretaria do Patrimônio da União (SPU).

•• § 7.º acrescentado pela Lei n. 13.465, de 11-7-2017.

Art. 3.º-A. Os oficiais deverão informar as operações imobiliárias anotadas, averbadas, lavradas, matriculadas ou registradas nos cartórios de notas ou de registro de imóveis, títulos e documentos que envolvam terrenos da União sob sua responsabilidade, mediante a apresentação de Declaração sobre Operações Imobiliárias em Terrenos da União (Doitu) em meio magnético, nos termos que serão estabelecidos, até 31 de dezembro de 2020, pela Secretaria do Patrimônio da União (SPU).

•• *Caput* com redação determinada pela Lei n. 13.465, de 11-7-2017.

§ 1.º A cada operação imobiliária corresponderá uma DOITU, que deverá ser apresentada até o último dia útil do mês subsequente ao da anotação, averbação, lavratura, matrícula ou registro da respectiva operação, sujeitando-se o responsável, no caso de falta de apresentação ou apresentação da declaração após o prazo fixado, à multa de 0,1% (zero vírgula um por cento) ao mês-calendário ou fração, sobre o valor da operação, limitada a 1% (um por cento), observado o disposto no inciso III do § 2.º deste artigo.

•• § 1.º acrescentado pela Lei n. 11.481, de 31-5-2007.

§ 2.º A multa de que trata o § 1.º deste artigo:

•• § 2.º, *caput*, acrescentado pela Lei n. 11.481, de 31-5-2007.

I – terá como termo inicial o dia seguinte ao término do prazo originalmente fixado para a entrega da declaração e como termo final a data da efetiva entrega ou, no caso de não apresentação, da lavratura do auto de infração;

•• Inciso I, *caput*, acrescentado pela Lei n. 11.481, de 31-5-2007.

II – será reduzida:

•• Inciso II, *caput*, acrescentado pela Lei n. 11.481, de 31-5-2007.

a) à metade, caso a declaração seja apresentada antes de qualquer procedimento de ofício;

•• Alínea *a* acrescentada pela Lei n. 11.481, de 31-5-2007.

b) a 75% (setenta e cinco por cento), caso a declaração seja apresentada no prazo fixado em intimação;

•• Alínea *b* acrescentada pela Lei n. 11.481, de 31-5-2007.

III – será de, no mínimo, R$ 20,00 (vinte reais).

•• Inciso III acrescentado pela Lei n. 11.481, de 31-5-2007.

§ 3.º O responsável que apresentar DOITU com incorreções ou omissões será intimado a apresentar declaração retificadora, no prazo estabelecido pela Secretaria do Patrimônio da União, e sujeitar-se-á à multa de R$ 50,00 (cinquenta reais) por informação inexata, incompleta ou omitida, que será reduzida em 50% (cinquenta por cento) caso a retificadora seja apresentada no prazo fixado.

•• § 3.º acrescentado pela Lei n. 11.481, de 31-5-2007.

Art. 4.º *(Revogado pela Lei n. 9.636, de 15-5-1998.)*

Art. 5.º Ressalvados os terrenos da União que, a critério do Poder Executivo, venham a ser considerados de interesse do serviço público, conceder-se-á o aforamento:

•• *Caput* com redação determinada pela Lei n. 9.636, de 15-5-1998.

I – independentemente do pagamento do preço correspondente ao valor do domínio útil, nos casos previstos nos arts. 105 e 215 do Decreto-lei n. 9.760, de 1946;

•• Inciso I com redação determinada pela Lei n. 9.636, de 15-5-1998.

II – mediante leilão público ou concorrência, observado o disposto no art. 99 do Decreto-lei n. 9.760, de 1946.

•• Inciso II com redação determinada pela Lei n. 9.636, de 15-5-1998.

Parágrafo único. Considera-se de interesse do serviço público todo imóvel necessário ao desenvolvimento de projetos públicos, sociais ou econômicos de interesse nacional, à preservação ambiental, à proteção dos ecossistemas naturais e à defesa nacional, independentemente de se encontrar situado em zona declarada de interesse do serviço público, mediante portaria do Secretário do Patrimônio da União.

•• Parágrafo único com redação determinada pela Lei n. 9.636, de 15-5-1998.

Art. 6.º Considera-se infração administrativa contra o patrimônio da União toda ação ou omissão que viole o adequado uso, gozo, disposição, proteção, manutenção e conservação dos imóveis da União.

•• *Caput* com redação determinada pela Lei n. 13.139, de 26-6-2015.

I – *(Revogado pela Lei n. 13.139, de 26-6-2015.)*

II – *(Revogado pela Lei n. 13.139, de 26-6-2015.)*

§ 1.º Incorre em infração administrativa aquele que realizar aterro, construção, obra, cercas ou outras benfeitorias, desmatar ou instalar equipamentos, sem prévia autorização ou em desacordo com aquela concedida, em bens de uso comum do povo, especiais ou dominiais, com destinação específica fixada por lei ou ato administrativo.

•• § 1.º acrescentado pela Lei n. 13.139, de 26-6-2015.

§ 2.º O responsável pelo imóvel deverá zelar pelo seu uso em conformidade com o ato que autorizou sua utilização ou com a natureza do bem, sob pena de incorrer em infração administrativa.

•• § 2.º acrescentado pela Lei n. 13.139, de 26-6-2015.

§ 3.º Será considerado infrator aquele que, diretamente ou por interposta pessoa, incorrer na prática das hipóteses previstas no *caput*.

•• § 3.º acrescentado pela Lei n. 13.139, de 26-6-2015.

§ 4.º Sem prejuízo da responsabilidade civil, as infrações previstas neste artigo serão punidas com as seguintes sanções:

•• § 4.º, *caput*, acrescentado pela Lei n. 13.139, de 26-6-2015.

I – embargo de obra, serviço ou atividade, até a manifestação da União quanto à regularidade de ocupação;

•• Inciso I acrescentado pela Lei n. 13.139, de 26-6-2015.

II – aplicação de multa;

•• Inciso II acrescentado pela Lei n. 13.139, de 26-6-2015.

III – desocupação do imóvel; e

•• Inciso III acrescentado pela Lei n. 13.139, de 26-6-2015.

IV – demolição e/ou remoção do aterro, construção, obra, cercas ou demais benfeitorias, bem como dos equipamentos instalados, à conta de quem os houver efetuado, caso não sejam passíveis de regularização.

•• Inciso IV acrescentado pela Lei n. 13.139, de 26-6-2015.

§ 5.º A multa será no valor de R$ 73,94 (setenta e três reais e noventa e quatro centavos) para cada metro quadrado das áreas aterradas ou construídas ou em que forem realizadas obras, cercas ou instalados equipamentos.

•• § 5.º acrescentado pela Lei n. 13.139, de 26-6-2015.

•• A Portaria n. 708, de 12-1-2023, da Secretaria do Patrimônio da União, atualiza para R$ 109,94 (cento e nove reais e noventa e quatro centavos) o valor da multa mensal prevista neste § 5.º.

§ 6.º **O valor de que trata o § 5.º deste artigo será atualizado no mês de janeiro de cada ano com base na variação anual do Índice Nacional de Preços ao Consumidor (INPC) do exercício anterior, apurada pela Fundação Instituto Brasileiro de Geografia e Estatística (IBGE), e o novo valor será divulgado no mês de janeiro em ato do Secretário de Coordenação e Governança do Patrimônio da União.**

•• § 6.º com redação determinada pela Lei n. 14.474, de 6-12-2022.

§ 7.º Verificada a ocorrência de infração, a Secretaria do Patrimônio da União do Ministério do Planejamento, Orçamento e Gestão aplicará multa e notificará o embargo da obra, quando cabível, intimando o responsável para, no prazo de 30 (trinta) dias, comprovar a regularidade da obra ou promover sua regularização.

•• § 7.º acrescentado pela Lei n. 13.139, de 26-6-2015.

§ 8.º *(Vetado.)*

•• § 8.º acrescentado pela Lei n. 13.139, de 26-6-2015.

§ 9.º A multa de que trata o inciso II do § 4.º deste artigo será mensal, sendo automaticamente aplicada pela Superintendência do Patrimônio da União sempre que o cometimento da infração persistir.

•• § 9.º acrescentado pela Lei n. 13.139, de 26-6-2015.

§ 10. A multa será cominada cumulativamente com o disposto no parágrafo único do art. 10 da Lei n. 9.636, de 15 de maio de 1998.

•• § 10 acrescentado pela Lei n. 13.139, de 26-6-2015.

§ 11. Após a notificação para desocupar o imóvel, a Superintendência do Patrimônio da União verificará o atendimento da notificação e, em caso de desatendimento, ingressará com pedido judicial de reintegração de posse no prazo de 60 (sessenta) dias.

•• § 11 acrescentado pela Lei n. 13.139, de 26-6-2015.

§ 12. Os custos em decorrência de demolição e remoção, bem como os respectivos encargos de qualquer natureza, serão suportados integralmente pelo infrator ou cobrados dele *a posteriori*, quando efetuados pela União.

•• § 12 acrescentado pela Lei n. 13.139, de 26-6-2015.

§ 13. Ato do Secretário do Patrimônio da União do Ministério do Planejamento, Orçamento e Gestão disciplinará a aplicação do disposto neste artigo, sendo a tramitação de eventual recurso administrativo limitada a 2 (duas) instâncias.

•• § 13 acrescentado pela Lei n. 13.139, de 26-6-2015.

•• A Lei n. 14.011, de 10-6-2020, propôs o acréscimo do § 14 a este artigo, todavia teve o seu texto vetado.

Art. 6.º-A. São dispensados de lançamento e cobrança as taxas de ocupação, os foros e os laudêmios referentes aos terrenos de marinha e seus acrescidos inscritos em regime de ocupação, quando localizados em ilhas oceânicas ou costeiras que contenham sede de Município, desde a data da publicação da Emenda Constitucional n. 46, de 5 de maio de 2005, até a conclusão do processo de demarcação, sem cobrança retroativa por ocasião da conclusão dos procedimentos de demarcação.

•• Artigo acrescentado pela Lei n. 13.240, de 30-12-2015.

Art. 6.º-B. A União repassará 20% (vinte por cento) dos recursos arrecadados por meio da cobrança de taxa de ocupação, foro e laudêmio aos Municípios e ao Distrito Federal onde estão localizados os imóveis que deram origem à cobrança.

•• *Caput* acrescentado pela Lei n. 13.240, de 30-12-2015.

Parágrafo único. Os repasses de que trata o *caput* deste artigo serão realizados até o quinto dia útil do mês de abril do ano subsequente ao do recebimento dos recursos.

•• Parágrafo único com redação determinada pela Lei n. 14.474, de 6-12-2022.

Art. 6.º-C. Os créditos relativos a receitas patrimoniais, passíveis de restituição ou reembolso, serão restituídos, reembolsados ou compensados com base nos critérios definidos em legislação específica referente aos tributos administrados pela Secretaria da Receita Federal do Brasil.

•• Artigo acrescentado pela Lei n. 13.465, de 11-7-2017.

Art. 6.º-D. Quando liquidados no mesmo exercício, poderá ser concedido desconto de 10% (dez por cento) para pagamento à vista das taxas de ocupação e foro, na fase administrativa de cobrança, mediante os critérios e as condições a serem fixados em ato do Secretário de Patrimônio da União do Ministério do Planejamento, Desenvolvimento e Gestão.

•• Artigo acrescentado pela Lei n. 13.465, de 11-7-2017.

Art. 6.º-E. Fica o Poder Executivo federal autorizado, por intermédio da Secretaria do Patrimônio da União (SPU), a contratar instituições financeiras oficiais ou a Empresa Gestora de Ativos (Emgea), empresa pública federal, independentemente de processo licitatório, para a realização de atos administrativos relacionados à prestação de serviços de cobrança administrativa e à arrecadação de receitas patrimoniais sob gestão da referida Secretaria, incluída a prestação de apoio operacional aos referidos processos, de forma a viabilizar a satisfação consensual dos valores devidos àquela Secretaria.

•• *Caput* acrescentado pela Lei n. 13.465, de 11-7-2017.

•• A Portaria n. 8.840, de 4-9-2018, da Secretaria do Patrimônio da União, regulamenta este artigo.

§ 1.º Ato da Secretaria do Patrimônio da União (SPU) regulamentará o disposto neste artigo, inclusive quanto às condições do contrato, à forma de atuação das instituições financeiras ou da EMGEA, aos mecanismos e aos parâmetros de remuneração.

•• § 1.º acrescentado pela Lei n. 13.465, de 11-7-2017.

§ 2.º Por ocasião da celebração do contrato com a instituição financeira oficial ou com a EMGEA, a Secretaria do Patrimônio da União (SPU) determinará os créditos que poderão ser enquadrados no disposto no *caput* deste artigo, inclusive estabelecer as alçadas de valor, observado o limite fixado para a dispensa de ajuizamento de execuções fiscais de débitos da Fazenda Nacional.

•• § 2.º acrescentado pela Lei n. 13.465, de 11-7-2017.

Art. 7.º O Poder Executivo expedirá o Regulamento deste Decreto-lei, que disporá sobre os procedimentos administrativos de medição, demarcação, identificação e avaliação de imóveis de propriedade da União, e promoverá a consolidação, mediante decreto, da legislação relativa ao patrimônio imobiliário da União.

Art. 8.º Este Decreto-lei entra em vigor na data de sua publicação.

Art. 9.º Ficam revogados o § 1.º do art. 101, os arts. 102, 107, 111, 112 a 115, 117, os parágrafos 1.º e 2.º do art. 127, o art. 129, os arts. 130, 134 a 148, 159 a 163 do Decreto-lei n. 9.760, de 5 de setembro de 1946, o art. 3.º do Decreto-lei n. 1.561, de 13 de julho de 1977, e demais disposições em contrário.

Brasília, 21 de dezembro de 1987; 166.º da Independência e 99.º da República.

José Sarney

LEI N. 7.913, DE 7 DE DEZEMBRO DE 1989 (*)

Dispõe sobre a ação civil pública de responsabilidade por danos causados aos investidores no mercado de valores mobiliários.

O Presidente da República:

Faço saber que o Congresso Nacional decreta e eu sanciono a seguinte Lei:

Art. 1.º Sem prejuízo da ação de indenização do prejudicado, o Ministério Público ou a Comissão de Valores Mobiliários, pelo respectivo órgão de representação judicial, adotará as medidas judiciais necessárias para evitar prejuízos ou para obter ressarcimento de danos causados aos titulares de valores mobiliários e aos investidores do mercado, especialmente quando decorrerem de:

•• *Caput* com redação determinada pela Lei n. 14.195, de 26-8-2021.

I – operação fraudulenta, prática não equitativa, manipulação de preços ou criação de condições artificiais de procura, oferta ou preço de valores mobiliários;

II – compra ou venda de valores mobiliários, por parte dos administradores e acionistas controladores de companhia aberta, utilizando-se de informação relevante, ainda não divulgada para conhecimento do mercado ou a mesma operação realizada por quem a detenha em razão de sua profissão ou função, ou por quem quer que a tenha obtido por intermédio dessas pessoas;

III – omissão de informação relevante por parte de quem estava obrigado a divulgá-la, bem como sua prestação de forma incompleta, falsa ou tendenciosa.

Art. 2.º As importâncias decorrentes da condenação, na ação de que trata esta Lei, reverterão aos investidores lesados, na proporção de seu prejuízo.

§ 1.º As importâncias a que se refere este artigo ficarão depositadas em conta remunerada, à disposição do juízo, até que o investidor, convocado mediante edital, habilite-se ao recebimento da parcela que lhe couber.

§ 2.º Decairá do direito à habilitação o investidor que não o exercer no prazo de 2 (dois) anos, contado da data da publicação do edital a que alude o parágrafo anterior, devendo a quantia correspondente ser recolhida ao Fundo a que se refere o art. 13 da Lei n. 7.347, de 24 de julho de 1985.

•• § 2.º com redação determinada pela Lei n. 9.008, de 21-3-1995.

• O Fundo de Defesa de Direitos Difusos – FDD, de que trata o art. 13 da referida Lei, é regulamentado pelo Decreto n. 1.306, de 9-11-1994.

Art. 3.º À ação de que trata esta Lei aplica-se, no que couber, o disposto na Lei n. 7.347, de 24 de julho de 1985.

Art. 4.º Esta Lei entra em vigor na data de sua publicação.

Art. 5.º Revogam-se as disposições em contrário.

Brasília, em 7 de dezembro de 1989; 168.º da Independência e 101.º da República.

José Sarney

LEI N. 8.009, DE 29 DE MARÇO DE 1990 (**)

Dispõe sobre a impenhorabilidade do bem de família.

Art. 1.º O imóvel residencial próprio do casal, ou da entidade familiar, é impenhorável e não responderá por qualquer tipo de dívida civil, comercial, fiscal, previdenciária ou de outra natureza, contraída pelos cônjuges ou pelos pais ou filhos que sejam seus proprietários e nele residam, salvo nas hipóteses previstas nesta Lei.

•• *Vide* Súmulas 364 e 449 do STJ.

Parágrafo único. A impenhorabilidade compreende o imóvel sobre o qual se assentam a construção, as plantações, as benfeitorias de qualquer natureza e todos os equipamentos, inclusive os de uso profissional, ou móveis que guarnecem a casa, desde que quitados.

Art. 2.º Excluem-se da impenhorabilidade os veículos de transporte, obras de arte e adornos suntuosos.

Parágrafo único. No caso de imóvel locado, a impenhorabilidade aplica-se aos bens móveis quitados que guarneçam a residência e que sejam de propriedade do locatário, observado o disposto neste artigo.

Art. 3.º A impenhorabilidade é oponível em qualquer processo de execução civil, fiscal, previdenciária, trabalhista ou de outra natureza, salvo se movido:

(*) Publicada no *Diário Oficial da União*, de 11-12-1989 e republicada em 12-12-1989.

(**) Publicada no *Diário Oficial da União*, de 30-3-1990.

I – *(Revogado pela Lei Complementar n. 150, de 1.º-6-2015.)*

II – pelo titular do crédito decorrente do financiamento destinado à construção ou à aquisição do imóvel, no limite dos créditos e acréscimos constituídos em função do respectivo contrato;

III – pelo credor da pensão alimentícia, resguardados os direitos, sobre o bem, do seu coproprietário que, com o devedor, integre união estável ou conjugal, observadas as hipóteses em que ambos responderão pela dívida;

•• Inciso III com redação determinada pela Lei n. 13.144, de 6-7-2015.

IV – para cobrança de impostos, predial ou territorial, taxas e contribuições devidas em função do imóvel familiar;

V – para execução de hipoteca sobre o imóvel oferecido como garantia real pelo casal ou pela entidade familiar;

VI – por ter sido adquirido com produto de crime ou para execução de sentença penal condenatória a ressarcimento, indenização ou perdimento de bens;

•• *Vide* Súmula 549 do STJ.

VII – por obrigação decorrente de fiança concedida em contrato de locação.

•• Inciso VII acrescentado pela Lei n. 8.245, de 18-10-1991.

Art. 4.º Não se beneficiará do disposto nesta Lei aquele que, sabendo-se insolvente, adquire de má-fé imóvel mais valioso para transferir a residência familiar, desfazendo-se ou não da moradia antiga.

§ 1.º Neste caso poderá o juiz, na respectiva ação do credor, transferir a impenhorabilidade para a moradia familiar anterior, ou anular-lhe a venda, liberando a mais valiosa para execução ou concurso, conforme a hipótese.

§ 2.º Quando a residência familiar constituir-se em imóvel rural, a impenhorabilidade restringir-se-á à sede de moradia, com os respectivos bens móveis, e, nos casos do art. 5.º, inciso XXVI, da Constituição, à área limitada como pequena propriedade rural.

•• *Vide* art. 1.712 do CC.

•• *Vide* art. 5.º, XXVI, da CF.

Art. 5.º Para os efeitos de impenhorabilidade, de que trata esta Lei, considera-se residência um único imóvel utilizado pelo casal ou pela entidade familiar para moradia permanente.

• *Vide* Súmula 486 do STJ.

Parágrafo único. Na hipótese de o casal, ou entidade familiar, ser possuidor de vários imóveis utilizados como residência, a impenhorabilidade recairá sobre o de menor valor, salvo se outro tiver sido registrado, para esse fim, no Registro de Imóveis e na forma do art. 70 do Código Civil.

•• A referência é feita a dispositivo do CC de 1916. *Vide* arts. 1.711, *caput*, 1.715, *caput*, e 1.716 do Código vigente.

Art. 6.º São canceladas as execuções suspensas pela Medida Provisória n. 143, de 8 de março de 1990, que deu origem a esta Lei.

Art. 7.º Esta Lei entra em vigor na data de sua publicação.

Art. 8.º Revogam-se as disposições em contrário.

Senado Federal, em 29 de março de 1990; 169.º da Independência e 102.º da República.

Nelson Carneiro

LEI N. 8.021, DE 12 DE ABRIL DE 1990 (*)

Dispõe sobre a identificação dos contribuintes para fins fiscais e dá outras providências.

O Presidente da República:

Faço saber que o Congresso Nacional decreta e eu sanciono a seguinte Lei:

Art. 1.º A partir da vigência desta Lei, fica vedado o pagamento ou resgate de qualquer título ou aplicação, bem como dos seus rendimentos ou ganhos, a beneficiário não identificado.

•• *Vide* arts. 904 a 909 (título ao portador) do CC.

Parágrafo único. O descumprimento do disposto neste artigo sujeitará o responsável pelo pagamento ou resgate a multa igual ao valor da operação, corrigido monetariamente a partir da data da operação até o dia do seu efetivo pagamento.

Art. 2.º A partir da data de publicação desta Lei fica vedada:

I – a emissão de quotas ao portador ou nominativas-endossáveis, pelos fundos em condomínio;

II – a emissão de títulos e a captação de depósitos ou aplicações ao portador ou nominativos-endossáveis;

•• *Vide* arts. 904 a 909 (título ao portador) do CC.

III – (*Revogado pela Lei n. 9.069, de 29-6-1995.*)

Parágrafo único. Os cheques emitidos em desacordo com o estabelecido no inciso III deste artigo não serão compensáveis por meio do Serviço de Compensação de Cheques e Outros Papéis.

Art. 3.º O contribuinte que receber o resgate de quotas de fundos ao portador e de títulos ou aplicações de renda fixa ao portador ou nominativos-endossáveis, existentes em 16 de março de 1990, ficará sujeito à retenção de imposto de renda na fonte, à alíquota de 25% (vinte e cinco por cento), calculado sobre o valor do resgate recebido.

§ 1.º O imposto será retido pela instituição que efetuar o pagamento dos títulos e aplicações e seu recolhimento deverá ser efetuado de conformidade com as normas aplicáveis ao imposto de renda retido na fonte.

§ 2.º O valor sobre o qual for calculado o imposto, diminuído deste, será computado como rendimento líquido, para efeito de justificar acréscimo patrimonial na declaração de bens (Lei n. 4.069/62, art. 51) a ser apresentada no exercício financeiro subsequente.

§ 3.º A retenção do imposto, prevista neste artigo, não exclui a incidência do imposto de renda na fonte sobre os rendimentos produzidos pelos respectivos títulos ou aplicações.

§ 4.º A retenção do imposto, prevista neste artigo, será dispensada caso o contribuinte comprove, perante o Departamento da Receita Federal, que o valor resgatado tem origem em rendimentos próprios, declarados na forma da legislação do imposto de renda.

§ 5.º A liberação dos recursos sem a observância do disposto no parágrafo anterior sujeitará a instituição financeira à multa de 25% (vinte e cinco por cento) sobre o valor do resgate dos títulos ou aplicações, corrigido monetariamente a partir da data do resgate até a data do seu efetivo recolhimento.

Art. 4.º O art. 20 da Lei n. 6.404, de 15 de dezembro de 1976, passa a vigorar com a seguinte redação:

•• Alteração já processada no diploma modificado.

Art. 5.º As sociedades por ações terão um prazo de dois anos para adaptar seus estatutos ao disposto no artigo anterior.

§ 1.º No prazo a que se refere este artigo, as operações com ações, ao portador ou endossáveis, existentes na data da publicação desta Lei, emitidas pelas sociedades por ações, somente poderão ser efetuadas quando atenderem, cumulativamente, às seguintes condições:

a) estiverem as ações sob custódia de instituição financeira ou de bolsa de valores, autorizada a operar por ato da Comissão de Valores Mobiliários – CVM ou do Banco Central do Brasil, no âmbito de sua competência;

b) houver a identificação do vendedor e do comprador.

§ 2.º As ações mencionadas neste artigo somente poderão ser retiradas da custódia mediante a identificação do proprietário.

§ 3.º A instituição financeira ou bolsa custodiante deverá enviar ao Departamento da Receita Federal, até o dia 15 de cada mês, comunicação que identifique o proprietário, a quantidade, a espécie e o valor de aquisição das ações que houverem sido retiradas de sua custódia no mês anterior.

§ 4.º A inobservância do disposto no parágrafo anterior sujeitará a instituição financeira ou bolsa custodiante à multa de 25% (vinte e cinco por cento) do valor das ações, corrigido monetariamente a partir do vencimento do prazo para a comunicação até a data do seu efetivo pagamento.

(*) Publicada no *Diário Oficial da União*, de 13-4-1990. Retificada em 23-4-1990.

§ 5.º Para efeito do disposto no parágrafo anterior, considera-se valor da ação o preço médio de negociação em pregão de Bolsas de Valores no dia da retirada da ação ou, na falta deste, o preço médio da ação da última negociação em pregão da Bolsa de Valores, corrigido pelo BTN-Fiscal até o dia da retirada da ação.

§ 6.º Para as ações não admitidas à negociação em Bolsas de Valores, considera-se o valor patrimonial da ação corrigido pelo BTN-Fiscal desde a data do último balanço até a data de sua retirada da custódia.

Art. 6.º O lançamento de ofício, além dos casos já especificados em lei, far-se-á arbitrando-se os rendimentos com base na renda presumida, mediante utilização dos sinais exteriores de riqueza.

§ 1.º Considera-se sinal exterior de riqueza a realização de gastos incompatíveis com a renda disponível do contribuinte.

§ 2.º Constitui renda disponível a receita auferida pelo contribuinte, diminuída dos abatimentos e deduções admitidos pela legislação do imposto de renda em vigor e do imposto de renda pago pelo contribuinte.

§ 3.º Ocorrendo a hipótese prevista neste artigo, o contribuinte será notificado para o devido procedimento fiscal de arbitramento.

§ 4.º No arbitramento tomar-se-ão como base os preços de mercado vigentes à época da ocorrência dos fatos ou eventos, podendo, para tanto, ser adotados índices ou indicadores econômicos oficiais ou publicações técnicas especializadas.

§ 5.º (*Revogado pela Lei n. 9.430, de 27-12-1996.*)

§ 6.º Qualquer que seja a modalidade escolhida para o arbitramento, será sempre levada a efeito aquela que mais favorecer o contribuinte.

Art. 7.º A autoridade fiscal do Ministério da Economia, Fazenda e Planejamento poderá proceder a exames de documentos, livros e registros das bolsas de valores, de mercadorias, de futuros e assemelhadas, bem como solicitar a prestação de esclarecimentos e informações a respeito de operações por elas praticadas, inclusive em relação a terceiros.

§ 1.º As informações deverão ser prestadas no prazo máximo de 10 (dez) dias úteis contados da data da solicitação. O não cumprimento desse prazo sujeitará a instituição a multa de valor equivalente a mil BTN-Fiscais por dia útil de atraso.

§ 2.º As informações obtidas com base neste artigo somente poderão ser utilizadas para efeito de verificação do cumprimento de obrigações tributárias.

§ 3.º O servidor que revelar informações que tiver obtido na forma deste artigo estará sujeito às penas previstas no art. 325 do Código Penal brasileiro.

Art. 8.º Iniciado o procedimento fiscal, a autoridade fiscal poderá solicitar informações sobre operações realizadas pelo contribuinte em instituições financeiras, inclusive extratos de contas bancárias, não se aplicando, nesta hipótese, o disposto no art. 38 da Lei n. 4.595, de 31 de dezembro de 1964.

Parágrafo único. As informações, que obedecerão às normas regulamentares expedidas pelo Ministério da Economia, Fazenda e Planejamento, deverão ser prestadas no prazo máximo de 10 (dez) dias úteis contados da data da solicitação, aplicando-se, no caso de descumprimento desse prazo, a penalidade prevista no § 1.º do art. 7.º.

Art. 9.º (*Revogado pela Lei n. 14.286, de 29-12-2021.*)

Art. 10. Fica o Poder Executivo autorizado a celebrar convênios com outros países para repatriar bens de qualquer natureza, inclusive financeiros e títulos de valores mobiliários, pertencentes a empresas brasileiras e pessoas físicas residentes e domiciliadas no País.

Parágrafo único. Os valores repatriados ficarão sujeitos ao imposto de renda à alíquota de 25% (vinte e cinco por cento).

Art. 11. O Poder Executivo regulamentará o disposto nesta Lei.

Art. 12. Esta Lei entra em vigor na data de sua publicação.

Art. 13. Revogam-se o art. 9.º da Lei n. 4.729, de 14 de julho de 1965, os arts. 32 e 33 da Lei n. 6.404, de 15 de dezembro de 1976, e demais disposições em contrário.

Brasília, em 12 de abril de 1990; 169.º da Independência e 102.º da República.

FERNANDO COLLOR

LEI N. 8.038, DE 28 DE MAIO DE 1990 (*)

Institui normas procedimentais para os processos que especifica, perante o Superior Tribunal de Justiça e o Supremo Tribunal Federal.

O Presidente da República:

Faço saber que o Congresso Nacional decreta e eu sanciono a seguinte Lei:

TÍTULO I
PROCESSOS DE COMPETÊNCIA ORIGINÁRIA

Capítulo I
AÇÃO PENAL ORIGINÁRIA

Art. 1.º Nos crimes de ação penal pública, o Ministério Público terá o prazo de 15 (quinze) dias para oferecer denúncia ou pedir arquivamento do inquérito ou das peças informativas.

§ 1.º Diligências complementares poderão ser deferidas pelo relator, com interrupção do prazo deste artigo.

§ 2.º Se o indiciado estiver preso:

a) o prazo para oferecimento da denúncia será de 5 (cinco) dias;

b) as diligências complementares não interromperão o prazo, salvo se o relator, ao deferi-las, determinar o relaxamento da prisão.

§ 3.º Não sendo o caso de arquivamento e tendo o investigado confessado formal e circunstanciadamente a prática de infração penal sem violência ou grave ameaça e com pena mínima inferior a 4 (quatro) anos, o Ministério Público poderá propor acordo de não persecução penal, desde que necessário e suficiente para a reprovação e prevenção do crime, nos termos do art. 28-A do Decreto-lei n. 3.689, de 3 de outubro de 1941 (Código de Processo Penal).

•• § 3.º acrescentado pela Lei n. 13.964, de 24-12-2019.

Art. 2.º O relator, escolhido na forma regimental, será o juiz da instrução, que se realizará segundo o disposto neste capítulo, no Código de Processo Penal, no que for aplicável, e no Regimento Interno do Tribunal.

Parágrafo único. O relator terá as atribuições que a legislação processual confere aos juízes singulares.

Art. 3.º Compete ao relator:

I – determinar o arquivamento do inquérito ou de peças informativas, quando o requerer o Ministério Público, ou submeter o requerimento à decisão competente do Tribunal;

II – decretar a extinção da punibilidade, nos casos previstos em lei;

III – convocar desembargadores de Turmas Criminais dos Tribunais de Justiça ou dos Tribunais Regionais Federais, bem como juízes de varas criminais da Justiça dos Estados e da Justiça Federal, pelo prazo de 6 (seis) meses, prorrogável por igual período, até o máximo de 2 (dois) anos, para a realização do interrogatório e de outros atos da instrução, na sede do tribunal ou no local onde se deva produzir o ato.

•• Inciso III acrescentado pela Lei n. 12.019, de 21-8-2009.

•• A Emenda Regimental n. 36, de 2-12-2009, regulamenta a aplicação no âmbito do STF, do disposto neste inciso.

• A Resolução n. 3, de 21-2-2014, do STJ, regulamenta a aplicação, no âmbito desse Tribunal, do disposto neste inciso, para permitir ao relator, nos processos penais de competência originária, delegar poderes instrutórios.

Art. 4.º Apresentada a denúncia ou a queixa ao Tribunal, far-se-á a notificação do acusado para oferecer resposta no prazo de 15 (quinze) dias.

§ 1.º Com a notificação, serão entregues ao acusado cópia da denúncia ou da queixa, do despacho do relator e dos documentos por este indicados.

(*) Publicada no *Diário Oficial da União*, de 29-5-1990.

§ 2.º Se desconhecido o paradeiro do acusado, ou se este criar dificuldades para que o oficial cumpra a diligência, proceder-se-á a sua notificação por edital, contendo o teor resumido da acusação, para que compareça ao Tribunal, em 5 (cinco) dias, onde terá vista dos autos pelo prazo de 15 (quinze) dias, a fim de apresentar a resposta prevista neste artigo.

Art. 5.º Se, com a resposta, forem apresentados novos documentos, será intimada a parte contrária para sobre eles se manifestar, no prazo de 5 (cinco) dias.

Parágrafo único. Na ação penal de iniciativa privada, será ouvido, em igual prazo, o Ministério Público.

Art. 6.º A seguir, o relator pedirá dia para que o Tribunal delibere sobre o recebimento, a rejeição da denúncia ou da queixa, ou a improcedência da acusação, se a decisão não depender de outras provas.

§ 1.º No julgamento de que trata este artigo, será facultada sustentação oral pelo prazo de 15 (quinze) minutos, primeiro à acusação, depois à defesa.

§ 2.º Encerrados os debates, o Tribunal passará a deliberar, determinando o Presidente as pessoas que poderão permanecer no recinto, observado o disposto no inciso II do art. 12 desta Lei.

Art. 7.º Recebida a denúncia ou a queixa, o relator designará dia e hora para o interrogatório, mandando citar o acusado ou querelado e intimar o órgão do Ministério Público, bem como o querelante ou o assistente, se for o caso.

Art. 8.º O prazo para defesa prévia será de 5 (cinco) dias, contado do interrogatório ou da intimação do defensor dativo.

Art. 9.º A instrução obedecerá, no que couber, ao procedimento comum do Código de Processo Penal.

§ 1.º O relator poderá delegar a realização do interrogatório ou de outro ato da instrução ao juiz ou membro de tribunal com competência territorial no local de cumprimento da carta de ordem.

§ 2.º Por expressa determinação do relator, as intimações poderão ser feitas por carta registrada com aviso de recebimento.

Art. 10. Concluída a inquirição de testemunhas, serão intimadas a acusação e a defesa, para requerimento de diligências no prazo de 5 (cinco) dias.

Art. 11. Realizadas as diligências, ou não sendo estas requeridas nem determinadas pelo relator, serão intimadas a acusação e a defesa para, sucessivamente, apresentarem, no prazo de 15 (quinze) dias, alegações escritas.

§ 1.º Será comum o prazo do acusador e do assistente, bem como o dos corréus.

§ 2.º Na ação penal de iniciativa privada, o Ministério Público terá vista, por igual prazo, após as alegações das partes.

§ 3.º O relator poderá, após as alegações escritas, determinar de ofício a realização de provas reputadas imprescindíveis para o julgamento da causa.

Art. 12. Finda a instrução, o Tribunal procederá ao julgamento, na forma determinada pelo regimento interno, observando-se o seguinte:

I – a acusação e a defesa terão, sucessivamente, nessa ordem, prazo de uma hora para sustentação oral, assegurado ao assistente um quarto do tempo da acusação;

II – encerrados os debates, o Tribunal passará a proferir o julgamento, podendo o Presidente limitar a presença no recinto às partes e seus advogados, ou somente a estes, se o interesse público exigir.

Capítulo II
RECLAMAÇÃO

Arts. 13 a 18. *(Revogados pela Lei n. 13.105, de 16-3-2015.)*

Capítulo III
INTERVENÇÃO FEDERAL

Art. 19. A requisição de intervenção federal prevista nos incisos II e IV do art. 36 da Constituição Federal será promovida:

I – de ofício, ou mediante pedido de Presidente de Tribunal de Justiça do Estado, ou de Presidente de Tribunal Federal, quando se tratar de prover a execução de ordem ou decisão judicial, com ressalva, conforme a matéria, da competência do Supremo Tribunal Federal ou do Tribunal Superior Eleitoral;

II – de ofício, ou mediante pedido da parte interessada, quando se tratar de prover a execução de ordem ou decisão do Superior Tribunal de Justiça;

III – mediante representação do Procurador-Geral da República, quando se tratar de prover a execução de lei federal.

Art. 20. O Presidente, ao receber o pedido:

I – tomará as providências que lhe parecerem adequadas para remover, administrativamente, a causa do pedido;

II – mandará arquivá-lo, se for manifestamente infundado, cabendo do seu despacho agravo regimental.

Art. 21. Realizada a gestão prevista no inciso I do artigo anterior, solicitadas informações à autoridade estadual e ouvido o Procurador-Geral, o pedido será distribuído a um relator.

Parágrafo único. Tendo em vista o interesse público, poderá ser permitida a presença no recinto às partes e seus advogados, ou somente a estes.

Art. 22. Julgado procedente o pedido, o Presidente do Superior Tribunal de Justiça comunicará, imediatamente, a decisão aos órgãos do poder público interessados e requisitará a intervenção ao Presidente da República.

Capítulo IV
HABEAS CORPUS

Art. 23. Aplicam-se ao *Habeas corpus* perante o Superior Tribunal de Justiça as normas do Livro III, Título II, Capítulo X do Código de Processo Penal.

Capítulo V
OUTROS PROCEDIMENTOS

Art. 24. Na ação rescisória, nos conflitos de competência, de jurisdição e de atribuições, na revisão criminal e no mandado de segurança, será aplicada a legislação processual em vigor.

Parágrafo único. No mandado de injunção e no *habeas data*, serão observadas, no que couber, as normas do mandado de segurança, enquanto não editada legislação específica.

•• *Vide* Lei n. 13.300, de 23-6-2016, que disciplina o processo e o julgamento dos mandados de injunção individual e coletivo.

Art. 25. Salvo quando a causa tiver por fundamento matéria constitucional, compete ao Presidente do Superior Tribunal de Justiça, a requerimento do Procurador-Geral da República ou da pessoa jurídica de direito público interessada, e para evitar grave lesão à ordem, à saúde, à segurança e à economia pública, suspender, em despacho fundamentado, a execução de liminar ou de decisão concessiva de mandado de segurança, proferida, em única ou última instância, pelos tribunais regionais federais ou pelos Tribunais dos Estados e do Distrito Federal.

§ 1.º O Presidente pode ouvir o impetrante, em 5 (cinco) dias, e o Procurador-Geral quando não for o requerente, em igual prazo.

§ 2.º Do despacho que conceder a suspensão caberá agravo regimental.

§ 3.º A suspensão de segurança vigorará enquanto pender o recurso, ficando sem efeito, se a decisão concessiva for mantida pelo Superior Tribunal de Justiça ou transitar em julgado.

• *Vide* Súmula 626 do STF.

TÍTULO II
RECURSOS

Capítulo I
RECURSO EXTRAORDINÁRIO E RECURSO ESPECIAL

Arts. 26 a 29. *(Revogados pela Lei n. 13.105, de 16-3-2015.)*

Capítulo II
RECURSO ORDINÁRIO EM *HABEAS CORPUS*

Art. 30. O recurso ordinário para o Superior Tribunal de Justiça, das decisões denegatórias de *habeas corpus*, proferidas pelos tribunais regionais federais ou pelos Tribunais dos Estados e do Distrito Federal, será interposto no prazo de 5 (cinco) dias, com as razões do pedido de reforma.

Art. 31. Distribuído o recurso, a Secretaria, imediatamente, fará os autos com vista ao Ministério Público, pelo prazo de 2 (dois) dias.

Parágrafo único. Conclusos os autos ao relator, este submeterá o feito a julgamento independentemente de pauta.

Art. 32. Será aplicado, no que couber, ao processo e julgamento do recurso, o disposto com relação ao pedido originário de *Habeas corpus*.

Capítulo III
RECURSO ORDINÁRIO EM MANDADO DE SEGURANÇA

Art. 33. O recurso ordinário para o Superior Tribunal de Justiça, das decisões denegatórias de mandado de segurança, proferidas em única instância pelos tribunais regionais federais ou pelos Tribunais de Estados e do Distrito Federal, será interposto no prazo de 15 (quinze) dias, com as razões do pedido de reforma.

Art. 34. Serão aplicadas, quanto aos requisitos de admissibilidade e ao procedimento no Tribunal recorrido, as regras do Código de Processo Civil relativas à apelação.

Art. 35. Distribuído o recurso, a Secretaria, imediatamente, fará os autos com vista ao Ministério Público, pelo prazo de 5 (cinco) dias.

Parágrafo único. Conclusos os autos ao relator, este pedirá dia para julgamento.

Capítulo IV
APELAÇÃO CÍVEL E AGRAVO DE INSTRUMENTO

• *Vide* arts. 1.009 e s. (apelação) e 1.015 e s. (agravo de instrumento) do CPC.

Art. 36. Nas causas em que forem partes, de um lado, Estado estrangeiro ou organismo internacional e, de outro, município ou pessoa domiciliada ou residente no País, caberá:

I – apelação da sentença;

II – agravo de instrumento, das decisões interlocutórias.

Art. 37. Os recursos mencionados no artigo anterior serão interpostos para o Superior Tribunal de Justiça, aplicando-se-lhes, quanto aos requisitos de admissibilidade e ao procedimento, o disposto no Código de Processo Civil.

Título III
DISPOSIÇÕES GERAIS

Art. 38. *(Revogado pela Lei n. 13.105, de 16-3-2015.)*

Art. 39. Da decisão do Presidente do Tribunal, de Seção, de Turma ou de Relator que causar gravame à parte, caberá agravo para o órgão especial, Seção ou Turma, conforme o caso, no prazo de 5 (cinco) dias.

• *Vide* Súmula 116 do STJ.

Art. 40. Haverá revisão, no Superior Tribunal de Justiça, nos seguintes processos:

I – ação rescisória;

II – ação penal originária;

III – revisão criminal.

Art. 41. Em caso de vaga ou afastamento de Ministro do Superior Tribunal de Justiça, por prazo superior a 30 (trinta) dias, poderá ser convocado Juiz de Tribunal Regional Federal ou Desembargador, para substituição, pelo voto da maioria absoluta dos seus membros.

Art. 41-A. A decisão de Turma, no Superior Tribunal de Justiça, será tomada pelo voto da maioria absoluta de seus membros.

•• *Caput* acrescentado pela Lei n. 9.756, de 17-12-1998.

Parágrafo único. Em *habeas corpus* originário ou recursal, havendo empate, prevalecerá a decisão mais favorável ao paciente.

•• Parágrafo único acrescentado pela Lei n. 9.756, de 17-12-1998.

Art. 41-B. As despesas do porte de remessa e retorno dos autos serão recolhidas mediante documento de arrecadação, de conformidade com instruções e tabela expedidas pelo Supremo Tribunal Federal e pelo Superior Tribunal de Justiça.

•• *Caput* acrescentado pela Lei n. 9.756, de 17-12-1998.

Parágrafo único. A secretaria do tribunal local zelará pelo recolhimento das despesas postais.

•• Parágrafo único acrescentado pela Lei n. 9.756, de 17-12-1998.

Art. 42. Os arts. 496, 497, 498, inciso II do art. 500, e 508 da Lei n. 5.869, de 11 de janeiro de 1973 – Código de Processo Civil, passam a vigorar com a seguinte redação:

•• Alterações já processadas no texto da referida Lei. Algumas alterações aqui determinadas ficaram prejudicadas por posterior modificação.

Art. 43. Esta Lei entra em vigor na data de sua publicação.

Art. 44. Revogam-se as disposições em contrário, especialmente os arts. 541 a 546 do Código de Processo Civil e a Lei n. 3.396, de 2 de junho de 1958.

Brasília, em 28 de maio de 1990; 169.º da Independência e 102.º da República.

FERNANDO COLLOR

LEI N. 8.069, DE 13 DE JULHO DE 1990 (*)

Dispõe sobre o Estatuto da Criança e do Adolescente, e dá outras providências.

O Presidente da República:

Faço saber que o Congresso Nacional decreta e eu sanciono a seguinte Lei:

(*) Publicada no *Diário Oficial da União*, de 16-7-1990, e retificada em 27-9-1990. A Lei n. 12.010, de 3-8-2009, em seu art. 3.º, determinou a substituição da expressão "pátrio poder", constante no ECA, por "poder familiar".

Livro I
PARTE GERAL

Título I
DAS DISPOSIÇÕES PRELIMINARES

Art. 1.º Esta Lei dispõe sobre a proteção integral à criança e ao adolescente.

• *Vide* Lei n. 12.852, de 5-8-2013, que institui o Estatuto da Juventude.

• O Decreto n. 9.306, de 15-3-2018, dispõe sobre o Sistema Nacional de Juventude.

Art. 2.º Considera-se criança, para os efeitos desta Lei, a pessoa até doze anos de idade incompletos, e adolescente aquela entre doze e dezoito anos de idade.

Parágrafo único. Nos casos expressos em lei, aplica-se excepcionalmente este Estatuto às pessoas entre dezoito e vinte e um anos de idade.

•• *Vide* art. 5.º do CC.

•• *Vide* Súmula 605 do STJ.

Art. 3.º A criança e o adolescente gozam de todos os direitos fundamentais inerentes à pessoa humana, sem prejuízo da proteção integral de que trata esta Lei, assegurando-se-lhes, por lei ou por outros meios, todas as oportunidades e facilidades, a fim de lhes facultar o desenvolvimento físico, mental, moral, espiritual e social, em condições de liberdade e de dignidade.

Parágrafo único. Os direitos enunciados nesta Lei aplicam-se a todas as crianças e adolescentes, sem discriminação de nascimento, situação familiar, idade, sexo, raça, etnia ou cor, religião ou crença, deficiência, condição pessoal de desenvolvimento e aprendizagem, condição econômica, ambiente social, região e local de moradia ou outra condição que diferencie as pessoas, as famílias ou a comunidade em que vivem.

•• Parágrafo único com redação determinada pela Lei n. 13.257, de 8-3-2016.

Art. 4.º É dever da família, da comunidade, da sociedade em geral e do Poder Público assegurar, com absoluta prioridade, a efetivação dos direitos referentes à vida, à saúde, à alimentação, à educação, ao esporte, ao lazer, à profissionalização, à cultura, à dignidade, ao respeito, à liberdade e à convivência familiar e comunitária.

•• A Resolução n. 210, de 5-6-2018, do Conanda, dispõe sobre os direitos de crianças cujas mães, adultas ou adolescentes, estejam em situação de privação de liberdade.

Parágrafo único. A garantia de prioridade compreende:

a) primazia de receber proteção e socorro em quaisquer circunstâncias;

b) precedência de atendimento nos serviços públicos ou de relevância pública;

c) preferência na formulação e na execução das políticas sociais públicas;

• *Vide* Lei n. 13.257, de 8-3-2016, que dispõe sobre as políticas públicas para a primeira infância.

d) destinação privilegiada de recursos públicos nas áreas relacionadas com a proteção à infância e à juventude.

•• A Resolução n. 213, de 20-12-2018, do Conanda, dispõe sobre estratégias para o Enfrentamento da Violência Letal contra crianças e adolescentes.

•• A Resolução n. 215, de 22-12-2018, do Conanda, dispõe sobre Parâmetros e Ações para Proteção dos Direitos de Crianças e Adolescentes no Contexto de Obras e Empreendimentos.

Art. 5.º Nenhuma criança ou adolescente será objeto de qualquer forma de negligência, discriminação, exploração, violência, crueldade e opressão, punido na forma da lei qualquer atentado, por ação ou omissão, aos seus direitos fundamentais.

Art. 6.º Na interpretação desta Lei levar-se-ão em conta os fins sociais a que ela se dirige, as exigências do bem comum, os direitos e deveres individuais e coletivos, e a condição peculiar da criança e do adolescente como pessoas em desenvolvimento.

Título II
DOS DIREITOS FUNDAMENTAIS

Capítulo I
DO DIREITO À VIDA E À SAÚDE

Art. 7.º A criança e o adolescente têm direito a proteção à vida e à saúde, mediante a efetivação de políticas sociais públicas que permitam o nascimento e o desenvolvimento sadio e harmonioso, em condições dignas de existência.

• *Vide* Lei n. 13.257, de 8-3-2016, que dispõe sobre as políticas públicas para a primeira infância.

Art. 8.º É assegurado a todas as mulheres o acesso aos programas e às políticas de saúde da mulher e de planejamento reprodutivo e, às gestantes, nutrição adequada, atenção humanizada à gravidez, ao parto e ao puerpério e atendimento pré-natal, perinatal e pós-natal integral no âmbito do Sistema Único de Saúde.

•• *Caput* com redação determinada pela Lei n. 13.257, de 8-3-2016.

§ 1.º O atendimento pré-natal será realizado por profissionais da atenção primária.

•• § 1.º com redação determinada pela Lei n. 13.257, de 8-3-2016.

§ 2.º Os profissionais de saúde de referência da gestante garantirão sua vinculação, no último trimestre da gestação, ao estabelecimento em que será realizado o parto, garantido o direito de opção da mulher.

•• § 2.º com redação determinada pela Lei n. 13.257, de 8-3-2016.

§ 3.º Os serviços de saúde onde o parto for realizado assegurarão às mulheres e aos seus filhos recém-nascidos alta hospitalar responsável e contrarreferência na atenção primária, bem como o acesso a outros serviços e a grupos de apoio à amamentação.

•• § 3.º com redação determinada pela Lei n. 13.257, de 8-3-2016.

§ 4.º Incumbe ao poder público proporcionar assistência psicológica à gestante e à mãe, no período pré e pós-natal, inclusive como forma de prevenir ou minorar as consequências do estado puerperal.

•• § 4.º acrescentado pela Lei n. 12.010, de 3-8-2009.

§ 5.º A assistência referida no § 4.º deste artigo deverá ser prestada também a gestantes e mães que manifestem interesse em entregar seus filhos para adoção, bem como a gestantes e mães que se encontrem em situação de privação de liberdade.

•• § 5.º com redação determinada pela Lei n. 13.257, de 8-3-2016.

§ 6.º A gestante e a parturiente têm direito a 1 (um) acompanhante de sua preferência durante o período do pré-natal, do trabalho de parto e do pós-parto imediato.

•• § 6.º acrescentado pela Lei n. 13.257, de 8-3-2016.

§ 7.º A gestante deverá receber orientação sobre aleitamento materno, alimentação complementar saudável e crescimento e desenvolvimento infantil, bem como sobre formas de favorecer a criação de vínculos afetivos e de estimular o desenvolvimento integral da criança.

•• § 7.º acrescentado pela Lei n. 13.257, de 8-3-2016.

§ 8.º A gestante tem direito a acompanhamento saudável durante toda a gestação e a parto natural cuidadoso, estabelecendo-se a aplicação de cesariana e outras intervenções cirúrgicas por motivos médicos.

•• § 8.º acrescentado pela Lei n. 13.257, de 8-3-2016.

§ 9.º A atenção primária à saúde fará a busca ativa da gestante que não iniciar ou que abandonar as consultas de pré-natal, bem como da puérpera que não comparecer às consultas pós-parto.

•• § 9.º acrescentado pela Lei n. 13.257, de 8-3-2016.

§ 10. Incumbe ao poder público garantir, à gestante e à mulher com filho na primeira infância que se encontrem sob custódia em unidade de privação de liberdade, ambiência que atenda às normas sanitárias e assistenciais do Sistema Único de Saúde para o acolhimento do filho, em articulação com o sistema de ensino competente, visando ao desenvolvimento integral da criança.

•• § 10 acrescentado pela Lei n. 13.257, de 8-3-2016.

Art. 8.º-A. Fica instituída a Semana Nacional de Prevenção da Gravidez na Adolescência, a ser realizada anualmente na semana que incluir o dia 1.º de fevereiro, com o objetivo de disseminar informações sobre medidas preventivas e educativas que contribuam para a redução da incidência da gravidez na adolescência.

•• *Caput* acrescentado pela Lei n. 13.798, de 3-1-2019.

Parágrafo único. As ações destinadas a efetivar o disposto no *caput* deste artigo ficarão a cargo do poder público, em conjunto com organizações da sociedade civil, e serão dirigidas prioritariamente ao público adolescente.

•• Parágrafo único acrescentado pela Lei n. 13.798, de 3-1-2019.

Art. 9.º O Poder Público, as instituições e os empregadores propiciarão condições adequadas ao aleitamento materno, inclusive aos filhos de mães submetidas a medida privativa de liberdade.

• A Resolução n. 3, de 15-7-2009, do Conselho Nacional de Política Criminal e Penitenciária, dispõe sobre a amamentação e a permanência de crianças de até 2 anos com as mães em situação de privação de liberdade.

§ 1.º Os profissionais das unidades primárias de saúde desenvolverão ações sistemáticas, individuais ou coletivas, visando ao planejamento, à implementação e à avaliação de ações de promoção, proteção e apoio ao aleitamento materno e à alimentação complementar saudável, de forma contínua.

•• § 1.º acrescentado pela Lei n. 13.257, de 8-3-2016.

§ 2.º Os serviços de unidades de terapia intensiva neonatal deverão dispor de banco de leite humano ou unidade de coleta de leite humano.

•• § 2.º acrescentado pela Lei n. 13.257, de 8-3-2016.

Art. 10. Os hospitais e demais estabelecimentos de atenção à saúde de gestantes, públicos e particulares, são obrigados a:

I – manter registro das atividades desenvolvidas, através de prontuários individuais, pelo prazo de dezoito anos;

II – identificar o recém-nascido mediante o registro de sua impressão plantar e digital e da impressão digital da mãe, sem prejuízo de outras formas normatizadas pela autoridade administrativa competente;

III – proceder a exames visando ao diagnóstico e terapêutica de anormalidades no metabolismo do recém-nascido, bem como prestar orientação aos pais;

IV – fornecer declaração de nascimento onde constem necessariamente as intercorrências do parto e do desenvolvimento do neonato;

V – manter alojamento conjunto, possibilitando ao neonato a permanência junto à mãe.

VI – acompanhar a prática do processo de amamentação, prestando orientações quanto à técnica adequada, enquanto a mãe permanecer na unidade hospitalar, utilizando o corpo técnico já existente.

•• Inciso VI acrescentado pela Lei n. 13.436, de 12-4-2017.

§ 1.º Os testes para o rastreamento de doenças no recém-nascido serão disponibilizados pelo Sistema Único de Saúde, no âmbito do Programa Nacional de Triagem Neonatal (PNTN), na forma da regulamentação elaborada pelo Ministério da Saúde, com implementação de forma escalonada, de acordo com a seguinte ordem de progressão:

•• § 1.º, *caput*, acrescentado pela Lei n. 14.154, de 26-5-2021.

I – etapa 1

a) fenilcetonúria e outras hiperfenilalaninemias;

b) hipotireoidismo congênito;

c) doença falciforme e outras hemoglobinopatias;

d) fibrose cística;

e) hiperplasia adrenal congênita;

f) deficiência de biotinidase;

g) toxoplasmose congênita;

•• Inciso I acrescentado pela Lei n. 14.154, de 26-5-2021.

II – etapa 2:

a) galactosemias;

b) aminoacidopatias;

c) distúrbios do ciclo da ureia;

d) distúrbios da betaoxidação dos ácidos graxos;

•• Inciso II acrescentado pela Lei n. 14.154, de 26-5-2021.

III – etapa 3: doenças lisossômicas;

•• Inciso III acrescentado pela Lei n. 14.154, de 26-5-2021.

IV – etapa 4: imunodeficiências primárias;

•• Inciso IV acrescentado pela Lei n. 14.154, de 26-5-2021.

V – etapa 5: atrofia muscular espinhal.

•• Inciso V acrescentado pela Lei n. 14.154, de 26-5-2021.

§ 2.º A delimitação de doenças a serem rastreadas pelo teste do pezinho, no âmbito do PNTN, será revisada periodicamente, com base em evidências científicas, considerados os benefícios do rastreamento, do diagnóstico e do tratamento precoce, priorizando as doenças com maior prevalência no País, com protocolo de tratamento aprovado e com tratamento incorporado no Sistema Único de Saúde.

•• § 2.º acrescentado pela Lei n. 14.154, de 26-5-2021.

§ 3.º O rol de doenças constante do § 1.º deste artigo poderá ser expandido pelo poder público com base nos critérios estabelecidos no § 2.º deste artigo.

•• § 3.º acrescentado pela Lei n. 14.154, de 26-5-2021.

§ 4.º Durante os atendimentos de pré-natal e de puerpério imediato, os profissionais de saúde devem informar a gestante e os acompanhantes sobre a importância do teste do pezinho e sobre as eventuais diferenças existentes entre as modalidades oferecidas no Sistema Único de Saúde e na rede privada de saúde.

•• § 4.º acrescentado pela Lei n. 14.154, de 26-5-2021.

Art. 11. É assegurado acesso integral às linhas de cuidado voltadas à saúde da criança e do adolescente, por intermédio do Sistema Único de Saúde, observado o princípio da equidade no acesso a ações e serviços para promoção, proteção e recuperação da saúde.

•• *Caput* com redação determinada pela Lei n. 13.257, de 8-3-2016.

§ 1.º A criança e o adolescente com deficiência serão atendidos, sem discriminação ou segregação, em suas necessidades gerais de saúde e específicas de habilitação e reabilitação.

•• § 1.º com redação determinada pela Lei n. 13.257, de 8-3-2016.

§ 2.º Incumbe ao poder público fornecer gratuitamente, àqueles que necessitarem, medicamentos, órteses, próteses e outras tecnologias assistivas relativas ao tratamento, habilitação ou reabilitação para crianças e adolescentes, de acordo com as linhas de cuidado voltadas às suas necessidades específicas.

•• § 2.º com redação determinada pela Lei n. 13.257, de 8-3-2016.

§ 3.º Os profissionais que atuam no cuidado diário ou frequente de crianças na primeira infância receberão formação específica e permanente para a detecção de sinais de risco para o desenvolvimento psíquico, bem como para o acompanhamento que se fizer necessário.

•• § 3.º acrescentado pela Lei n. 13.257, de 8-3-2016.

Art. 12. Os estabelecimentos de atendimento à saúde, inclusive as unidades neonatais, de terapia intensiva e de cuidados intermediários, deverão proporcionar condições para a permanência em tempo integral de um dos pais ou responsável, nos casos de internação de criança ou adolescente.

•• Artigo com redação determinada pela Lei n. 13.257, de 8-3-2016.

Art. 13. Os casos de suspeita ou confirmação de castigo físico, de tratamento cruel ou degradante e de maus-tratos contra criança ou adolescente serão obrigatoriamente comunicados ao Conselho Tutelar da respectiva localidade, sem prejuízo de outras providências legais.

•• *Caput* com redação determinada pela Lei n. 13.010, de 26-6-2014.

§ 1.º As gestantes ou mães que manifestem interesse em entregar seus filhos para adoção serão obrigatoriamente encaminhadas, sem constrangimento, à Justiça da Infância e da Juventude.

•• § 1.º renumerado pela Lei n. 13.257, de 8-3-2016.

§ 2.º Os serviços de saúde em suas diferentes portas de entrada, os serviços de assistência social em seu componente especializado, o Centro de Referência Especializado de Assistência Social (Creas) e os demais órgãos do Sistema de Garantia de Direitos da Criança e do Adolescente deverão conferir máxima prioridade ao atendimento das crianças na faixa etária da primeira infância com suspeita ou confirmação de violência de qualquer natureza, formulando projeto terapêutico singular que inclua intervenção em rede e, se necessário, acompanhamento domiciliar.

•• § 2.º acrescentado pela Lei n. 13.257, de 8-3-2016.

Art. 14. O Sistema Único de Saúde promoverá programas de assistência médica e odontológica para a prevenção das enfermidades que ordinariamente afetam a população infantil, e campanhas de educação sanitária para pais, educadores e alunos.

§ 1.º É obrigatória a vacinação das crianças nos casos recomendados pelas autoridades sanitárias.

•• § 1.º renumerado pela Lei n. 13.257, de 8-3-2016.

§ 2.º O Sistema Único de Saúde promoverá a atenção à saúde bucal das crianças e das gestantes, de forma transversal, integral e intersetorial com as demais linhas de cuidado direcionadas à mulher e à criança.

•• § 2.º acrescentado pela Lei n. 13.257, de 8-3-2016.

§ 3.º A atenção odontológica à criança terá função educativa protetiva e será prestada, inicialmente, antes de o bebê nascer, por meio de aconselhamento pré-natal, e, posteriormente, no sexto e no décimo segundo anos de vida, com orientações sobre saúde bucal.

•• § 3.º acrescentado pela Lei n. 13.257, de 8-3-2016.

§ 4.º A criança com necessidade de cuidados odontológicos especiais será atendida pelo Sistema Único de Saúde.

•• § 4.º acrescentado pela Lei n. 13.257, de 8-3-2016.

§ 5.º É obrigatória a aplicação a todas as crianças, nos seus primeiros dezoito meses de vida, de protocolo ou outro instrumento construído com a finalidade de facilitar a detecção, em consulta pediátrica de acompanhamento da criança, de risco para o seu desenvolvimento psíquico.

•• § 5.º acrescentado pela Lei n. 13.438, de 26-4-2017.

Capítulo II
DO DIREITO À LIBERDADE, AO RESPEITO E À DIGNIDADE

Art. 15. A criança e o adolescente têm direito à liberdade, ao respeito e à dignidade como pessoas humanas em processo de desenvolvimento e como sujeitos de direitos civis, humanos e sociais garantidos na Constituição e nas leis.

Art. 16. O direito à liberdade compreende os seguintes aspectos:

I – ir, vir e estar nos logradouros públicos e espaços comunitários, ressalvadas as restrições legais;

II – opinião e expressão;

III – crença e culto religioso;

IV – brincar, praticar esportes e divertir-se;

V – participar da vida familiar e comunitária, sem discriminação;

VI – participar da vida política, na forma da lei;

VII – buscar refúgio, auxílio e orientação.

Art. 17. O direito ao respeito consiste na inviolabilidade da integridade física, psíquica e moral da criança e do adolescente, abrangendo a preservação da imagem, da identidade, da autonomia, dos valores, ideias e crenças, dos espaços e objetos pessoais.

Art. 18. É dever de todos velar pela dignidade da criança e do adolescente, pondo-os a salvo de qualquer tratamento desumano, violento, aterrorizante, vexatório ou constrangedor.

Art. 18-A. A criança e o adolescente têm o direito de ser educados e cuidados sem o uso de castigo físico ou de tratamento cruel ou degradante, como formas de correção, disciplina, educação ou qualquer outro pretexto, pelos pais, pelos integrantes da família ampliada, pelos responsáveis, pelos agentes públicos executores de medidas socioeducativas ou por qualquer pessoa encarregada de cuidar deles, tratá-los, educá-los ou protegê-los.

•• *Caput* acrescentado pela Lei n. 13.010, de 26-6-2014.

Parágrafo único. Para os fins desta Lei, considera-se:

•• Parágrafo único, *caput*, acrescentado pela Lei n. 13.010, de 26-6-2014.

I – castigo físico: ação de natureza disciplinar ou punitiva aplicada com o uso da força física sobre a criança ou o adolescente que resulte em:

•• Inciso I acrescentado pela Lei n. 13.010, de 26-6-2014.

a) sofrimento físico; ou

•• Alínea *a* acrescentada pela Lei n. 13.010, de 26-6-2014.

b) lesão;

•• Alínea *b* acrescentada pela Lei n. 13.010, de 26-6-2014.

II – tratamento cruel ou degradante: conduta ou forma cruel de tratamento em relação à criança ou ao adolescente que:

•• Inciso II acrescentado pela Lei n. 13.010, de 26-6-2014.

a) humilhe; ou

•• Alínea *a* acrescentada pela Lei n. 13.010, de 26-6-2014.

b) ameace gravemente; ou

•• Alínea *b* acrescentada pela Lei n. 13.010, de 26-6-2014.

c) ridicularize.

•• Alínea *c* acrescentada pela Lei n. 13.010, de 26-6-2014.

Art. 18-B. Os pais, os integrantes da família ampliada, os responsáveis, os agentes públicos executores de medidas socioeducativas ou qualquer pessoa encarregada de cuidar de crianças e de adolescentes, tratá-los, educá-los ou protegê-los que utilizarem castigo físico ou tratamento cruel ou degradante como formas de correção, disciplina, educação ou qualquer outro pretexto estarão sujeitos, sem prejuízo de outras sanções cabíveis, às seguintes medidas, que serão aplicadas de acordo com a gravidade do caso:

•• *Caput* acrescentado pela Lei n. 13.010, de 26-6-2014.

I – encaminhamento a programa oficial ou comunitário de proteção à família;

•• Inciso I acrescentado pela Lei n. 13.010, de 26-6-2014.

II – encaminhamento a tratamento psicológico ou psiquiátrico;

•• Inciso II acrescentado pela Lei n. 13.010, de 26-6-2014.

III – encaminhamento a cursos ou programas de orientação;

•• Inciso III acrescentado pela Lei n. 13.010, de 26-6-2014.

IV – obrigação de encaminhar a criança a tratamento especializado;

•• Inciso IV acrescentado pela Lei n. 13.010, de 26-6-2014.

V – advertência;

•• Inciso V acrescentado pela Lei n. 13.010, de 26-6-2014.

VI – **garantia de tratamento de saúde especializado à vítima.**

•• Inciso VI acrescentado pela Lei n. 14.344, de 24-5-2022.

Parágrafo único. As medidas previstas neste artigo serão aplicadas pelo Conselho Tutelar, sem prejuízo de outras providências legais.

•• Parágrafo único acrescentado pela Lei n. 13.010, de 26-6-2014.

Capítulo III
DO DIREITO À CONVIVÊNCIA FAMILIAR E COMUNITÁRIA

• *Vide* Lei n. 12.318, de 26-8-2010, sobre alienação parental.

Seção I
Disposições Gerais

Art. 19. É direito da criança e do adolescente ser criado e educado no seio de sua família e, excepcionalmente, em família substituta, assegurada a convivência familiar e comunitária, em ambiente que garanta seu desenvolvimento integral.

•• *Caput* com redação determinada pela Lei n. 13.257, de 8-3-2016.

§ 1.º Toda criança ou adolescente que estiver inserido em programa de acolhimento familiar ou institucional terá sua situação reavaliada, no máximo, a cada 3 (três) meses, devendo a autoridade judiciária competente, com base em relatório elaborado por equipe interprofissional ou multidisciplinar, decidir de forma fundamentada pela possibilidade de reintegração familiar ou pela colocação em família substituta, em quaisquer das modalidades previstas no art. 28 desta Lei.

•• § 1.º com redação determinada pela Lei n. 13.509, de 22-11-2017, originalmente vetado, todavia promulgado em 23-2-2018.

§ 2.º A permanência da criança e do adolescente em programa de acolhimento institucional não se prolongará por mais de 18 (dezoito meses), salvo comprovada necessidade que atenda ao seu superior interesse, devidamente fundamentada pela autoridade judiciária.

•• § 2.º com redação determinada pela Lei n. 13.509, de 22-11-2017.

§ 3.º A manutenção ou a reintegração de criança ou adolescente à sua família terá preferência em relação a qualquer outra providência, caso em que será esta incluída em serviços e programas de proteção, apoio e promoção, nos termos do § 1.º do art. 23, dos incisos I e IV do *caput* do art. 101 e dos incisos I a IV do *caput* do art. 129 desta Lei.

•• § 3.º com redação determinada pela Lei n. 13.257, de 8-3-2016.

§ 4.º Será garantida a convivência da criança e do adolescente com a mãe ou o pai privado de liberdade, por meio de visitas periódicas promovidas pelo responsável ou, nas hipóteses de acolhimento institucional, pela entidade responsável, independentemente de autorização judicial.

•• § 4.º acrescentado pela Lei n. 12.962, de 8-4-2014.

§ 5.º Será garantida a convivência integral da criança com a mãe adolescente que estiver em acolhimento institucional.

•• § 5.º acrescentado pela Lei n. 13.509, de 22-11-2017.

§ 6.º A mãe adolescente será assistida por equipe especializada multidisciplinar.

•• § 6.º acrescentado pela Lei n. 13.509, de 22-11-2017.

Art. 19-A. A gestante ou mãe que manifeste interesse em entregar seu filho para adoção, antes ou logo após o nascimento, será encaminhada à Justiça da Infância e da Juventude.

•• *Caput* acrescentado pela Lei n. 13.509, de 22-11-2017.

§ 1.º A gestante ou mãe será ouvida pela equipe interprofissional da Justiça da Infância e da Juventude, que apresentará relatório à autoridade judiciária, considerando inclusive os eventuais efeitos do estado gestacional e puerperal.

•• § 1.º acrescentado pela Lei n. 13.509, de 22-11-2017.

§ 2.º De posse do relatório, a autoridade judiciária poderá determinar o encaminhamento da gestante ou mãe, mediante sua expressa concordância, à rede pública de saúde e assistência social para atendimento especializado.

•• § 2.º acrescentado pela Lei n. 13.509, de 22-11-2017.

§ 3.º A busca à família extensa, conforme definida nos termos do parágrafo único do art. 25 desta Lei, respeitará o prazo máximo de 90 (noventa) dias, prorrogável por igual período.

•• § 3.º acrescentado pela Lei n. 13.509, de 22-11-2017.

§ 4.º Na hipótese de não haver a indicação do genitor e de não existir outro representante da família extensa apto a receber a guarda, a autoridade judiciária competente deverá decretar a extinção do poder familiar e determinar a colocação da criança sob a guarda provisória de quem estiver habilitado a adotá-la ou de entidade que desenvolva programa de acolhimento familiar ou institucional.

•• § 4.º acrescentado pela Lei n. 13.509, de 22-11-2017.

§ 5.º Após o nascimento da criança, a vontade da mãe ou de ambos os genitores, se houver pai registral ou pai indicado, deve ser manifestada na audiência a que se refere o § 1.º do art. 166 desta Lei, garantido o sigilo sobre a entrega.

•• § 5.º acrescentado pela Lei n. 13.509, de 22-11-2017.

§ 6.º Na hipótese de não comparecerem à audiência nem o genitor nem representante da família extensa para confirmar a intenção de exercer o poder familiar ou a guarda, a autoridade judiciária suspenderá o poder familiar da mãe, e a criança será colocada sob a guarda provisória de quem esteja habilitado a adotá-la.

•• § 6.º acrescentado pela Lei n. 13.509, de 22-11-2017, originalmente vetado, todavia promulgado em 23-2-2018.

§ 7.º Os detentores da guarda possuem o prazo de 15 (quinze) dias para propor a ação de adoção, contado do dia seguinte à data do término do estágio de convivência.

•• § 7.º acrescentado pela Lei n. 13.509, de 22-11-2017.

§ 8.º Na hipótese de desistência pelos genitores – manifestada em audiência ou perante a equipe interprofissional – da entrega da criança após o nascimento, a criança será mantida com os genitores, e será determinado pela Justiça da Infância e da Juventude o acompanhamento familiar pelo prazo de 180 (cento e oitenta) dias.

•• § 8.º acrescentado pela Lei n. 13.509, de 22-11-2017.

§ 9.º É garantido à mãe o direito ao sigilo sobre o nascimento, respeitado o disposto no art. 48 desta Lei.

•• § 9.º acrescentado pela Lei n. 13.509, de 22-11-2017.

§ 10. Serão cadastrados para adoção recém-nascidos e crianças acolhidas não procuradas por suas famílias no prazo de 30 (trinta) dias, contado a partir do dia do acolhimento.

•• § 10 acrescentado pela Lei n. 13.509, de 22-11-2017, originalmente vetado, todavia promulgado em 23-2-2018.

Art. 19-B. A criança e o adolescente em programa de acolhimento institucional ou familiar poderão participar de programa de apadrinhamento.

•• *Caput* acrescentado pela Lei n. 13.509, de 22-11-2017.

§ 1.º O apadrinhamento consiste em estabelecer e proporcionar à criança e ao adolescente vínculos externos à instituição para fins de convivência familiar e comunitária e colaboração com o seu desenvolvimento nos aspectos social, moral, físico, cognitivo, educacional e financeiro.

•• § 1.º acrescentado pela Lei n. 13.509, de 22-11-2017.

§ 2.º Podem ser padrinhos ou madrinhas pessoas maiores de 18 (dezoito) anos não inscritas nos cadastros de adoção, desde que cumpram os requisitos exigidos pelo programa de apadrinhamento de que fazem parte.

•• § 2.º acrescentado pela Lei n. 13.509, de 22-11-2017, originalmente vetado, todavia promulgado em 23-2-2018.

§ 3.º Pessoas jurídicas podem apadrinhar criança ou adolescente a fim de colaborar para o seu desenvolvimento.

•• § 3.º acrescentado pela Lei n. 13.509, de 22-11-2017.

§ 4.º O perfil da criança ou do adolescente a ser apadrinhado será definido no âmbito de cada programa de apadrinhamento, com prioridade para crianças ou adolescentes com remota possibilidade de reinserção familiar ou colocação em família adotiva.

•• § 4.º acrescentado pela Lei n. 13.509, de 22-11-2017.

§ 5.º Os programas ou serviços de apadrinhamento apoiados pela Justiça da Infância e da Juventude poderão ser executados por órgãos públicos ou por organizações da sociedade civil.

•• § 5.º acrescentado pela Lei n. 13.509, de 22-11-2017.

§ 6.º Se ocorrer violação das regras de apadrinhamento, os responsáveis pelo programa e pelos serviços de acolhimento deverão imediatamente notificar a autoridade judiciária competente.

•• § 6.º acrescentado pela Lei n. 13.509, de 22-11-2017.

Art. 20. Os filhos, havidos ou não da relação do casamento, ou por adoção, terão os mesmos direitos e qualificações, proibidas quaisquer designações discriminatórias relativas à filiação.

• *Vide* art. 1.596 do CC.

• A Lei n. 10.421, de 15-4-2002, estende à mãe adotiva o direito à licença-maternidade e ao salário-maternidade.

Art. 21. O poder familiar será exercido, em igualdade de condições, pelo pai e pela mãe, na forma do que dispuser a legislação civil, assegurado a qualquer deles o direito de, em caso de discordância, recorrer à autoridade judiciária competente para a solução da divergência.

• *Vide* Lei n. 12.318, de 26-8-2010, sobre alienação parental.

Art. 22. Aos pais incumbe o dever de sustento, guarda e educação dos filhos menores, cabendo-lhes ainda, no interesse destes, a obrigação de cumprir e fazer cumprir as determinações judiciais.

Parágrafo único. A mãe e o pai, ou os responsáveis, têm direitos iguais e deveres e responsabilidades compartilhados no cuidado e na educação da criança, devendo ser resguardado o direito de transmissão familiar de suas crenças e culturas, assegurados os direitos da criança estabelecidos nesta Lei.

•• Parágrafo único acrescentado pela Lei n. 13.257, de 8-3-2016.

Art. 23. A falta ou a carência de recursos materiais não constitui motivo suficiente para a perda ou a suspensão do poder familiar.

§ 1.º Não existindo outro motivo que por si só autorize a decretação da medida, a criança ou o adolescente será mantido em sua família de origem, a qual deverá obrigatoriamente ser incluída em serviços e programas oficiais de proteção, apoio e promoção.

•• § 1.º com redação determinada pela Lei n. 13.257, de 8-3-2016.

§ 2.º A condenação criminal do pai ou da mãe não implicará a destituição do poder familiar, exceto na hipótese de condenação por crime doloso sujeito à pena de reclusão contra outrem igualmente titular do mesmo poder familiar ou contra filho, filha ou outro descendente.

•• § 2.º com redação determinada pela Lei n. 13.715, de 24-9-2018.

Art. 24. A perda e a suspensão do poder familiar serão decretadas judicialmente, em procedimento contraditório, nos casos previstos na legislação civil, bem como na hipótese de descumprimento injustificado dos deveres e obrigações a que alude o art. 22.

• *Vide* arts. 1.635 a 1.638 do CC.

Seção II
Da Família Natural

Art. 25. Entende-se por família natural a comunidade formada pelos pais ou qualquer deles e seus descendentes.

Parágrafo único. Entende-se por família extensa ou ampliada aquela que se estende para além da unidade pais e filhos ou da unidade do casal, formada por parentes próximos com os quais a criança ou adolescente convive e mantém vínculos de afinidade e afetividade.

•• Parágrafo único acrescentado pela Lei n. 12.010, de 3-8-2009.

Art. 26. Os filhos havidos fora do casamento poderão ser reconhecidos pelos pais, conjunta ou separadamente, no próprio termo de nascimento, por testamento, mediante escritura ou outro documento público, qualquer que seja a origem da filiação.

• *Vide* Lei n. 8.560, de 29-12-1992.

• *Vide* arts. 1.607, 1.609 e 1.614 do CC.

• *Vide* Súmula 301 do STJ.

Parágrafo único. O reconhecimento pode preceder o nascimento do filho ou suceder-lhe ao falecimento, se deixar descendentes.

• *Vide* art. 1.609, parágrafo único, do CC.

Art. 27. O reconhecimento do estado de filiação é direito personalíssimo, indisponível e imprescritível, podendo ser exercitado contra os pais ou seus herdeiros, sem qualquer restrição, observado o segredo de Justiça.

• *Vide* art. 1.606 do CC.

Seção III
Da Família Substituta

Subseção I
Disposições gerais

Art. 28. A colocação em família substituta far-se-á mediante guarda, tutela ou adoção, independentemente da situação jurídica da criança ou adolescente, nos termos desta Lei.

§ 1.º Sempre que possível, a criança ou o adolescente será previamente ouvido por equipe interprofissional, respeitado seu estágio de desenvolvimento e grau de compreensão sobre as implicações da medida, e terá sua opinião devidamente considerada.

•• § 1.º com redação determinada pela Lei n. 12.010, de 3-8-2009.

§ 2.º Tratando-se de maior de 12 (doze) anos de idade, será necessário seu consentimento, colhido em audiência.

•• § 2.º com redação determinada pela Lei n. 12.010, de 3-8-2009.

§ 3.º Na apreciação do pedido levar-se-á em conta o grau de parentesco e a relação de afinidade ou de afetividade, a fim de evitar ou minorar as consequências decorrentes da medida.

•• § 3.º acrescentado pela Lei n. 12.010, de 3-8-2009.

§ 4.º Os grupos de irmãos serão colocados sob adoção, tutela ou guarda da mesma família substituta, ressalvada a comprovada existência de risco de abuso ou outra situação que justifique plenamente a excepcionalidade de solução diversa, procurando-se, em qualquer caso, evitar o rompimento definitivo dos vínculos fraternais.

•• § 4.º acrescentado pela Lei n. 12.010, de 3-8-2009.

§ 5.º A colocação da criança ou adolescente em família substituta será precedida de sua preparação gradativa e acompanhamento posterior, realizados pela equipe interprofissional a serviço da Justiça da Infância e da Juventude, preferencialmente com o apoio dos técnicos responsáveis pela execução da política municipal de garantia do direito à convivência familiar.

•• § 5.º acrescentado pela Lei n. 12.010, de 3-8-2009.

§ 6.º Em se tratando de criança ou adolescente indígena ou proveniente de comunidade remanescente de quilombo, é ainda obrigatório:

I – que sejam consideradas e respeitadas sua identidade social e cultural, os seus costumes e tradições, bem como suas instituições, desde que não sejam incompatíveis com os direitos fundamentais reconhecidos por esta Lei e pela Constituição Federal;

II – que a colocação familiar ocorra prioritariamente no seio de sua comunidade ou junto a membros da mesma etnia;

III – a intervenção e oitiva de representantes do órgão federal responsável pela política indigenista, no caso de crianças e adolescentes indígenas, e de antropólogos, perante a equipe interprofissional ou multidisciplinar que irá acompanhar o caso.

•• § 6.º acrescentado pela Lei n. 12.010, de 3-8-2009.

Art. 29. Não se deferirá colocação em família substituta a pessoa que revele, por qualquer modo, incompatibilidade com a natureza da medida ou não ofereça ambiente familiar adequado.

Art. 30. A colocação em família substituta não admitirá transferência da criança ou adolescente a terceiros ou a entidades governamentais ou não governamentais, sem autorização judicial.

Art. 31. A colocação em família substituta estrangeira constitui medida excepcional, somente admissível na modalidade de adoção.

Art. 32. Ao assumir a guarda ou a tutela, o responsável prestará compromisso de bem e fielmente desempenhar o encargo, mediante termo nos autos.

Subseção II
Da guarda

• *Vide* arts. 1.566, IV, 1.583 a 1.590 e 1.634, II, do CC.

Art. 33. A guarda obriga à prestação de assistência material, moral e educacional à criança ou adolescente, conferindo a seu detentor o direito de opor-se a terceiros, inclusive aos pais.

§ 1.º A guarda destina-se a regularizar a posse de fato, podendo ser deferida, liminar ou incidentalmente, nos procedimentos de tutela e adoção, exceto no de adoção por estrangeiros.

§ 2.º Excepcionalmente, deferir-se-á a guarda, fora dos casos de tutela e adoção, para atender a situações peculiares ou suprir a falta eventual dos pais ou responsável, podendo ser deferido o direito de representação para a prática de atos determinados.

§ 3.º A guarda confere à criança ou adolescente a condição de dependente, para todos os fins e efeitos de direito, inclusive previdenciários.

§ 4.º Salvo expressa e fundamentada determinação em contrário, da autoridade judiciária competente, ou quando a medida for aplicada em preparação para adoção, o deferimento da guarda de criança ou adolescente a terceiros não impede o exercício do direito de visitas pelos pais, assim como o dever de prestar alimentos, que serão objeto de regulamentação específica, a pedido do interessado ou do Ministério Público.

•• § 4.º acrescentado pela Lei n. 12.010, de 3-8-2009.

Art. 34. O poder público estimulará, por meio de assistência jurídica, incentivos fiscais e subsídios, o acolhimento, sob a forma de guarda, de criança ou adolescente afastado do convívio familiar.

•• *Caput* com redação determinada pela Lei n. 12.010, de 3-8-2009.

§ 1.º A inclusão da criança ou adolescente em programas de acolhimento familiar terá preferência a seu acolhimento institucional, observado, em qualquer caso, o caráter temporário e excepcional da medida, nos termos desta Lei.

•• § 1.º acrescentado pela Lei n. 12.010, de 3-8-2009.

§ 2.º Na hipótese do § 1.º deste artigo a pessoa ou casal cadastrado no programa de acolhimento familiar poderá receber a criança ou adolescente mediante guarda, observado o disposto nos arts. 28 a 33 desta Lei.

•• § 2.º acrescentado pela Lei n. 12.010, de 3-8-2009.

§ 3.º A União apoiará a implementação de serviços de acolhimento em família acolhedora como política pública, os quais deverão dispor de equipe que organize o acolhimento temporário de crianças e de adolescentes em residências de famílias selecionadas, capacitadas e acompanhadas que não estejam no cadastro de adoção.

•• § 3.º acrescentado pela Lei n. 13.257, de 8-3-2016.

§ 4.º Poderão ser utilizados recursos federais, estaduais, distritais e municipais para a manutenção dos serviços de acolhimento em família acolhedora, facultando-se o repasse de recursos para a própria família acolhedora.

•• § 4.º acrescentado pela Lei n. 13.257, de 8-3-2016.

Art. 35. A guarda poderá ser revogada a qualquer tempo, mediante ato judicial fundamentado, ouvido o Ministério Público.

Subseção III
Da tutela

• *Vide* arts. 1.728 a 1.766 do CC.

Art. 36. A tutela será deferida, nos termos da lei civil, a pessoa de até 18 (dezoito) anos incompletos.

•• *Caput* com redação determinada pela Lei n. 12.010, de 3-8-2009.

Parágrafo único. O deferimento da tutela pressupõe a prévia decretação da perda ou suspensão do poder familiar e implica necessariamente o dever de guarda.

Art. 37. O tutor nomeado por testamento ou qualquer documento autêntico, conforme previsto no parágrafo único do art. 1.729 da Lei n. 10.406, de 10 de janeiro de 2002 – Código Civil, deverá, no prazo de 30 (trinta) dias após a abertura da sucessão, ingressar com pedido destinado ao controle judicial do ato, observando o procedimento previsto nos arts. 165 a 170 desta Lei.

•• *Caput* com redação determinada pela Lei n. 12.010, de 3-8-2009.

Parágrafo único. Na apreciação do pedido, serão observados os requisitos previstos nos arts. 28 e 29 desta Lei, somente sendo deferida a tutela à pessoa indicada na disposição de última vontade, se restar comprovado que a medida é vantajosa ao tutelando e que não existe outra pessoa em melhores condições de assumi-la.

•• Parágrafo único com redação determinada pela Lei n. 12.010, de 3-8-2009.

Art. 38. Aplica-se à destituição da tutela o disposto no art. 24.

Subseção IV
Da adoção

• O Decreto n. 2.429, de 17-12-1997, promulga a Convenção Interamericana sobre Conflito de Leis em Matéria de Adoção de Menores.

• O Decreto n. 3.087, de 21-6-1999, promulga a convenção relativa à proteção das crianças e à cooperação em matéria de Adoção Internacional, concluída em Haia, em 29-5-1993.

• *Vide* arts. 1.618 e 1.619 do CC.

• A Lei n. 10.421, de 15-4-2002, estende à mãe adotiva o direito à licença-maternidade e ao salário-maternidade.

• A Lei n. 10.447, de 9-5-2002, institui o Dia Nacional da Adoção, a ser comemorado, anualmente, no dia 25 de maio.

• A Resolução n. 289, de 14-8-2019, do CNJ, dispõe sobre a implantação e funcionamento do Sistema Nacional de Adoção e Acolhimento – SNA

Art. 39. A adoção de criança e de adolescente reger-se-á segundo o disposto nesta Lei.

§ 1.º A adoção é medida excepcional e irrevogável, à qual se deve recorrer apenas quando esgotados os recursos de manutenção da criança ou adolescente na família natural ou extensa, na forma do parágrafo único do art. 25 desta Lei.

•• § 1.º acrescentado pela Lei n. 12.010, de 3-8-2009.

§ 2.º É vedada a adoção por procuração.

•• Primitivo parágrafo único renumerado pela Lei n. 12.010, de 3-8-2009.

§ 3.º Em caso de conflito entre direitos e interesses do adotando e de outras pessoas, inclusive seus pais biológicos, devem prevalecer os direitos e os interesses do adotando.

•• § 3.º acrescentado pela Lei n. 13.509, de 22-11-2017.

Art. 40. O adotando deve contar com, no máximo, dezoito anos à data do pedido, salvo se já estiver sob a guarda ou tutela dos adotantes.

• *Vide* art. 1.623, parágrafo único, do CC.

Art. 41. A adoção atribui a condição de filho ao adotado, com os mesmos direitos e deveres, inclusive sucessórios, desligando-o de qualquer vínculo com pais e parentes, salvo os impedimentos matrimoniais.

• *Vide* arts. 1.521, III e V, e 1.829 a 1.844 do CC.

§ 1.º Se um dos cônjuges ou concubinos adota o filho do outro, mantêm-se os vínculos de filiação entre o adotado e o cônjuge ou concubino do adotante e os respectivos parentes.

§ 2.º É recíproco o direito sucessório entre o adotado, seus descendentes, o adotante, seus ascendentes, descendentes e colaterais até o 4.º grau, observada a ordem de vocação hereditária.

Art. 42. Podem adotar os maiores de 18 (dezoito) anos, independentemente do estado civil.

•• *Caput* com redação determinada pela Lei n. 12.010, de 3-8-2009.

§ 1.º Não podem adotar os ascendentes e os irmãos do adotando.

§ 2.º Para adoção conjunta, é indispensável que os adotantes sejam casados civilmente ou mantenham união estável, comprovada a estabilidade da família.

•• § 2.º com redação determinada pela Lei n. 12.010, de 3-8-2009.

§ 3.º O adotante há de ser, pelo menos, dezesseis anos mais velho do que o adotando.

§ 4.º Os divorciados, os judicialmente separados e os ex-companheiros podem adotar conjuntamente, contanto que acordem sobre a guarda e o regime de visitas e desde que o estágio de convivência tenha sido iniciado na constância do período de convivência e que seja comprovada a existência de vínculos de afinidade e afetividade com aquele não detentor da guarda, que justifiquem a excepcionalidade da concessão.

•• § 4.º com redação determinada pela Lei n. 12.010, de 3-8-2009.

§ 5.º Nos casos do § 4.º deste artigo, desde que demonstrado efetivo benefício ao adotando, será assegurada a guarda compartilhada, conforme previsto no art. 1.584 da Lei n. 10.406, de 10 de janeiro de 2002 – Código Civil.

•• § 5.º com redação determinada pela Lei n. 12.010, de 3-8-2009.

§ 6.º A adoção poderá ser deferida ao adotante que, após inequívoca manifestação de vontade, vier a falecer no curso do procedimento, antes de prolatada a sentença.

•• § 6.º acrescentado pela Lei n. 12.010, de 3-8-2009.

Art. 43. A adoção será deferida quando apresentar reais vantagens para o adotando e fundar-se em motivos legítimos.

Art. 44. Enquanto não der conta de sua administração e saldar o seu alcance, não pode o tutor ou o curador adotar o pupilo ou o curatelado.

Art. 45. A adoção depende do consentimento dos pais ou do representante legal do adotando.

§ 1.º O consentimento será dispensado em relação à criança ou adolescente cujos pais sejam desconhecidos ou tenham sido destituídos do poder familiar.

§ 2.º Em se tratando de adotando maior de doze anos de idade, será também necessário o seu consentimento.

Art. 46. A adoção será precedida de estágio de convivência com a criança ou adolescente, pelo prazo máximo de 90 (noventa) dias, observadas a idade da criança ou adolescente e as peculiaridades do caso.

•• *Caput* com redação determinada pela Lei n. 13.509, de 22-11-2017.

§ 1.º O estágio de convivência poderá ser dispensado se o adotando já estiver sob a tutela ou guarda legal do adotante durante tempo suficiente para que seja possível avaliar a conveniência da constituição do vínculo.

•• § 1.º com redação determinada pela Lei n. 12.010, de 3-8-2009.

§ 2.º A simples guarda de fato não autoriza, por si só, a dispensa da realização do estágio de convivência.

•• § 2.º com redação determinada pela Lei n. 12.010, de 3-8-2009.

§ 2.º-A. O prazo máximo estabelecido no *caput* deste artigo pode ser prorrogado por até igual período, mediante decisão fundamentada da autoridade judiciária.

•• §2.º-A acrescentado pela Lei n. 13.509, de 22-11-2017.

§ 3.º Em caso de adoção por pessoa ou casal residente ou domiciliado fora do País, o estágio de convivência será de, no mínimo, 30 (trinta) dias e, no máximo, 45 (quarenta e cinco) dias, prorrogável por até igual período, uma única vez, mediante decisão fundamentada da autoridade judiciária.

•• §3.º com redação determinada pela Lei n. 13.509, de 22-11-2017.

§ 3.º-A. Ao final do prazo previsto no § 3.º deste artigo, deverá ser apresentado laudo fundamentado pela equipe mencionada no § 4.º deste artigo, que recomendará ou não o deferimento da adoção à autoridade judiciária.

•• §3.º-A acrescentado pela Lei n. 13.509, de 22-11-2017.

§ 4.º O estágio de convivência será acompanhado pela equipe interprofissional a serviço da Justiça da Infância e da Juventude, preferencialmente com apoio dos técnicos responsáveis pela execução da política de garantia do direito à convivência familiar, que apresentarão relatório minucioso acerca da conveniência do deferimento da medida.

•• § 4.º acrescentado pela Lei n. 12.010, de 3-8-2009.

§ 5.º O estágio de convivência será cumprido no território nacional, preferencialmente na comarca de residência da criança ou adolescente, ou, a critério do juiz, em cidade limítrofe, respeitada, em qualquer hipótese, a competência do juízo da comarca de residência da criança.

•• §5.º acrescentado pela Lei n. 13.509, de 22-11-2017.

Art. 47. O vínculo da adoção constitui-se por sentença judicial, que será inscrita no registro civil mediante mandado do qual não se fornecerá certidão.

§ 1.º A inscrição consignará o nome dos adotantes como pais, bem como o nome de seus ascendentes.

§ 2.º O mandado judicial, que será arquivado, cancelará o registro original do adotado.

§ 3.º A pedido do adotante, o novo registro poderá ser lavrado no Cartório do Registro Civil do Município de sua residência.

•• § 3.º com redação determinada pela Lei n. 12.010, de 3-8-2009.

§ 4.º Nenhuma observação sobre a origem do ato poderá constar nas certidões do registro.

•• § 4.º com redação determinada pela Lei n. 12.010, de 3-8-2009.

§ 5.º A sentença conferirá ao adotado o nome do adotante e, a pedido de qualquer deles, poderá determinar a modificação do prenome.

•• § 5.º com redação determinada pela Lei n. 12.010, de 3-8-2009.

§ 6.º Caso a modificação de prenome seja requerida pelo adotante, é obrigatória a oitiva do adotando, observado o disposto nos §§ 1.º e 2.º do art. 28 desta Lei.

•• § 6.º com redação determinada pela Lei n. 12.010, de 3-8-2009.

§ 7.º A adoção produz seus efeitos a partir do trânsito em julgado da sentença constitutiva, exceto na hipótese prevista no § 6.º do art. 42 desta Lei, caso em que terá força retroativa à data do óbito.

•• § 7.º acrescentado pela Lei n. 12.010, de 3-8-2009.

§ 8.º O processo relativo à adoção assim como outros a ele relacionados serão mantidos em arquivo, admitindo-se seu armazenamento em microfilme ou por outros meios, garantida a sua conservação para consulta a qualquer tempo.

•• § 8.º acrescentado pela Lei n. 12.010, de 3-8-2009.

§ 9.º Terão prioridade de tramitação os processos de adoção em que o adotando for criança ou adolescente com deficiência ou com doença crônica.

•• § 9.º acrescentado pela Lei n. 12.955, de 5-2-2014.

§ 10. O prazo máximo para conclusão da ação de adoção será de 120 (cento e vinte) dias, prorrogável uma única vez por igual período, mediante decisão fundamentada da autoridade judiciária.

•• §10 acrescentado pela Lei n. 13.509, de 22-11-2017.

Art. 48. O adotado tem direito de conhecer sua origem biológica, bem como de obter acesso irrestrito ao processo no qual a medida foi aplicada e seus eventuais incidentes, após completar 18 (dezoito) anos.

•• *Caput* com redação determinada pela Lei n. 12.010, de 3-8-2009.

Parágrafo único. O acesso ao processo de adoção poderá ser também deferido ao adotado menor de 18 (dezoito) anos, a seu pedido, assegurada orientação e assistência jurídica e psicológica.

•• Parágrafo único acrescentado pela Lei n. 12.010, de 3-8-2009.

Art. 49. A morte dos adotantes não restabelece o poder familiar dos pais naturais.

Art. 50. A autoridade judiciária manterá, em cada comarca ou foro regional, um registro de crianças e adolescentes em condições de serem adotados e outro de pessoas interessadas na adoção.

§ 1.º O deferimento da inscrição dar-se-á após prévia consulta aos órgãos técnicos do Juizado, ouvido o Ministério Público.

§ 2.º Não será deferida a inscrição se o interessado não satisfizer os requisitos legais, ou verificada qualquer das hipóteses previstas no art. 29.

§ 3.º A inscrição de postulantes à adoção será precedida de um período de preparação psicossocial e jurídica, orientado pela equipe técnica da Justiça da Infância e da Juventude, preferencialmente com apoio dos técnicos responsáveis pela execução da política municipal de garantia do direito à convivência familiar.

•• § 3.º acrescentado pela Lei n. 12.010, de 3-8-2009.

•• O art. 6.º da Lei n. 12.010, de 3-8-2009, dispõe: "Art. 6.º As pessoas e casais já inscritos nos cadastros de adoção ficam obrigados a frequentar, no prazo máximo de 1 (um) ano, contado da entrada em vigor desta Lei, a preparação psicossocial e jurídica a que se referem os §§ 3.º e 4.º do art. 50 da Lei n. 8.069, de 13-7-1990, acrescidos pelo art. 2.º desta Lei, sob pena de cassação de sua inscrição no cadastro".

§ 4.º Sempre que possível e recomendável, a preparação referida no § 3.º deste artigo incluirá o contato com crianças e adolescentes em acolhimento familiar ou institucional em condições de serem adotados, a ser realizado sob a orientação, supervisão e avaliação da equipe técnica da Justiça da Infância e da Juventude, com apoio dos técnicos responsáveis pelo programa de acolhimento e pela execução da política municipal de garantia do direito à convivência familiar.

•• § 4.º acrescentado pela Lei n. 12.010, de 3-8-2009.

•• *Vide* nota ao § 3.º deste artigo.

§ 5.º Serão criados e implementados cadastros estaduais e nacional de crianças e adolescentes em condições de serem adotados e de pessoas ou casais habilitados à adoção.

•• § 5.º acrescentado pela Lei n. 12.010, de 3-8-2009.

•• *Vide* art. 258-A desta Lei.

§ 6.º Haverá cadastros distintos para pessoas ou casais residentes fora do País, que somente serão consultados na inexistência de postulantes nacionais habilitados nos cadastros mencionados no § 5.º deste artigo.

•• § 6.º acrescentado pela Lei n. 12.010, de 3-8-2009.

§ 7.º As autoridades estaduais e federais em matéria de adoção terão acesso integral aos cadastros, incumbindo-lhes a troca de informações e a cooperação mútua, para melhoria do sistema.

•• § 7.º acrescentado pela Lei n. 12.010, de 3-8-2009.

§ 8.º A autoridade judiciária providenciará, no prazo de 48 (quarenta e oito) horas, a inscrição das crianças e adolescentes em condições de serem adotados que não tiveram colocação familiar na comarca de origem, e das pessoas ou casais que tiveram deferida sua habilitação à adoção nos cadastros estadual e nacional referidos no § 5.º deste artigo, sob pena de responsabilidade.

•• § 8.º acrescentado pela Lei n. 12.010, de 3-8-2009.

§ 9.º Compete à Autoridade Central Estadual zelar pela manutenção e correta alimentação dos cadastros, com posterior comunicação à Autoridade Central Federal Brasileira.

•• § 9.º acrescentado pela Lei n. 12.010, de 3-8-2009.

§ 10. Consultados os cadastros e verificada a ausência de pretendentes habilitados residentes no País com perfil compatível e interesse manifesto pela adoção de criança ou adolescente inscrito nos cadastros existentes, será realizado o encaminhamento da criança ou adolescente à adoção internacional.

•• §10 com redação determinada pela Lei n. 13.509, de 22-11-2017.

§ 11. Enquanto não localizada pessoa ou casal interessado em sua adoção, a criança ou o adolescente, sempre que possível e recomendável, será colocado sob guarda de família cadastrada em programa de acolhimento familiar.

•• § 11 acrescentado pela Lei n. 12.010, de 3-8-2009.

§ 12. A alimentação do cadastro e a convocação criteriosa dos postulantes à adoção serão fiscalizadas pelo Ministério Público.

•• § 12 acrescentado pela Lei n. 12.010, de 3-8-2009.

§ 13. Somente poderá ser deferida adoção em favor de candidato domiciliado no Brasil não cadastrado previamente nos termos desta Lei quando:

I – se tratar de pedido de adoção unilateral;

II – for formulada por parente com o qual a criança ou adolescente mantenha vínculos de afinidade e afetividade;

III – oriundo o pedido de quem detém a tutela ou guarda legal de criança maior de 3 (três) anos ou adolescente, desde que o lapso de tempo de convivência comprove a fixação de laços de afinidade e afetividade, e não seja constatada a ocorrência de má-fé ou qualquer das situações previstas nos arts. 237 ou 238 desta Lei.

•• § 13 acrescentado pela Lei n. 12.010, de 3-8-2009.

§ 14. Nas hipóteses previstas no § 13 deste artigo, o candidato deverá comprovar, no curso do procedimento, que preenche os requisitos necessários à adoção, conforme previsto nesta Lei.

•• § 14 acrescentado pela Lei n. 12.010, de 3-8-2009.

§ 15. Será assegurada prioridade no cadastro a pessoas interessadas em adotar criança ou adolescente com deficiência, com doença crônica ou com necessidades específicas de saúde, além de grupo de irmãos.

•• §15 acrescentado pela Lei n. 13.509, de 22-11-2017.

Art. 51. Considera-se adoção internacional aquela na qual o pretendente possui residência habitual em país-parte da Convenção de Haia, de 29 de maio de 1993, Relativa à Proteção das Crianças e à Cooperação em Matéria de Adoção Internacional, promulgada pelo Decreto n. 3.087, de 21 junho de 1999, e deseja adotar criança em outro país-parte da Convenção.

•• *Caput* com redação determinada pela Lei n. 13.509, de 22-11-2017.

§ 1.º A adoção internacional de criança ou adolescente brasileiro ou domiciliado no Brasil somente terá lugar quando restar comprovado:

I – que a colocação em família adotiva é a solução adequada ao caso concreto;

•• Inciso I com redação determinada pela Lei n. 13.509, de 22-11-2017.

II – que foram esgotadas todas as possibilidades de colocação da criança ou adolescente em família adotiva brasileira, com a comprovação, certificada nos autos, da inexistência de adotantes habilitados residentes no Brasil com perfil compatível com a criança ou adolescente, após consulta aos cadastros mencionados nesta Lei;

•• Inciso II com redação determinada pela Lei n. 13.509, de 22-11-2017.

III – que, em se tratando de adoção de adolescente, este foi consultado, por meios adequados ao seu estágio de desenvolvimento, e que se encontra preparado para a medida, mediante parecer elaborado por equipe interprofissional, observado o disposto nos §§ 1.º e 2.º do art. 28 desta Lei.

•• § 1.º com redação determinada pela Lei n. 12.010, de 3-8-2009.

§ 2.º Os brasileiros residentes no exterior terão preferência aos estrangeiros, nos casos de adoção internacional de criança ou adolescente brasileiro.

•• § 2.º com redação determinada pela Lei n. 12.010, de 3-8-2009.

§ 3.º A adoção internacional pressupõe a intervenção das Autoridades Centrais Estaduais e Federal em matéria de adoção internacional.

•• § 3.º com redação determinada pela Lei n. 12.010, de 3-8-2009.

§ 4.º (*Revogado pela Lei n. 12.010, de 3-8-2009.*)

Art. 52. A adoção internacional observará o procedimento previsto nos arts. 165 a 170 desta Lei, com as seguintes adaptações:

•• *Caput* com redação determinada pela Lei n. 12.010, de 3-8-2009.

I – a pessoa ou casal estrangeiro, interessado em adotar criança ou adolescente brasileiro, deverá formular pedido de habilitação à adoção perante a Autoridade Central em matéria de adoção internacional no país de acolhida, assim entendido aquele onde está situada sua residência habitual;

•• Inciso I acrescentado pela Lei n. 12.010, de 3-8-2009.

II – se a Autoridade Central do país de acolhida considerar que os solicitantes estão habilitados e aptos para adotar, emitirá um relatório que contenha informações sobre a identidade, a capacidade jurídica e adequação dos solicitantes para adotar, sua situação pessoal, familiar e médica, seu meio social, os motivos que os animam e sua aptidão para assumir uma adoção internacional;

•• Inciso II acrescentado pela Lei n. 12.010, de 3-8-2009.

III – a Autoridade Central do país de acolhida enviará o relatório à Autoridade Central Estadual, com cópia para a Autoridade Central Federal Brasileira;

•• Inciso III acrescentado pela Lei n. 12.010, de 3-8-2009.

IV – o relatório será instruído com toda a documentação necessária, incluindo estudo psicossocial elaborado por equipe interprofissional habilitada e cópia autenticada da legislação pertinente, acompanhada da respectiva prova de vigência;

•• Inciso IV acrescentado pela Lei n. 12.010, de 3-8-2009.

V – os documentos em língua estrangeira serão devidamente autenticados pela autoridade consular, observados os tratados e convenções internacionais, e acompanhados da respectiva tradução, por tradutor público juramentado;

•• Inciso V acrescentado pela Lei n. 12.010, de 3-8-2009.

VI – a Autoridade Central Estadual poderá fazer exigências e solicitar complementação sobre o estudo psicossocial do postulante estrangeiro à adoção, já realizado no país de acolhida;

•• Inciso VI acrescentado pela Lei n. 12.010, de 3-8-2009.

VII – verificada, após estudo realizado pela Autoridade Central Estadual, a compatibilidade da legislação estrangeira com a nacional, além do preenchimento por parte dos postulantes à medida dos requisitos objetivos e subjetivos necessários ao seu deferimento, tanto à luz do que dispõe esta Lei como da legislação do país de acolhida, será expedido laudo de habilitação à adoção internacional, que terá validade por, no máximo, 1 (um) ano;

•• Inciso VII acrescentado pela Lei n. 12.010, de 3-8-2009.

VIII – de posse do laudo de habilitação, o interessado será autorizado a formalizar pedido de adoção perante o Juízo da Infância e da Juventude do local em que se encontra a criança ou adolescente, conforme indicação efetuada pela Autoridade Central Estadual.

•• Inciso VIII acrescentado pela Lei n. 12.010, de 3-8-2009.

§ 1.º Se a legislação do país de acolhida assim o autorizar, admite-se que os pedidos de habilitação à adoção internacional sejam intermediados por organismos credenciados.

•• § 1.º acrescentado pela Lei n. 12.010, de 3-8-2009.

§ 2.º Incumbe à Autoridade Central Federal Brasileira o credenciamento de organismos nacionais e estrangeiros encarregados de intermediar pedidos de habilitação à adoção internacional, com posterior comunicação às Autoridades Centrais Estaduais e publicação nos órgãos oficiais de imprensa e em sítio próprio da internet.

•• § 2.º acrescentado pela Lei n. 12.010, de 3-8-2009.

§ 3.º Somente será admissível o credenciamento de organismos que:

I – sejam oriundos de países que ratificaram a Convenção de Haia e estejam devidamente credenciados pela Autoridade Central do país onde estiverem sediados e no país de acolhida do adotando para atuar em adoção internacional no Brasil;

II – satisfizerem as condições de integridade moral, competência profissional, experiência e responsabilidade exigidas pelos países respectivos e pela Autoridade Central Federal Brasileira;

III – forem qualificados por seus padrões éticos e sua formação e experiência para atuar na área de adoção internacional;

IV – cumprirem os requisitos exigidos pelo ordenamento jurídico brasileiro e pelas normas estabelecidas pela Autoridade Central Federal Brasileira.

•• § 3.º acrescentado pela Lei n. 12.010, de 3-8-2009.

§ 4.º Os organismos credenciados deverão ainda:

I – perseguir unicamente fins não lucrativos, nas condições e dentro dos limites fixados pelas autoridades competentes do país onde estiverem sediados, do país de acolhida e pela Autoridade Central Federal Brasileira;

II – ser dirigidos e administrados por pessoas qualificadas e de reconhecida idoneidade moral, com comprovada formação ou experiência para atuar na área de adoção internacional, cadastradas pelo Departamento de Polícia Federal e aprovadas pela Autoridade Central Federal Brasileira, mediante publicação de portaria do órgão federal competente;

III – estar submetidos à supervisão das autoridades competentes do país onde estiverem sediados e no país de acolhida, inclusive quanto à sua composição, funcionamento e situação financeira;

IV – apresentar à Autoridade Central Federal Brasileira, a cada ano, relatório geral das atividades desenvolvidas, bem como relatório de acompanhamento das adoções internacionais efetuadas no período, cuja cópia será encaminhada ao Departamento de Polícia Federal;

V – enviar relatório pós-adotivo semestral para a Autoridade Central Estadual, com cópia para a Autoridade Central Federal Brasileira, pelo período mínimo de 2 (dois) anos. O envio do relatório será mantido até a juntada de cópia autenticada do registro civil, estabelecendo a cidadania do país de acolhida para o adotado;

VI – tomar as medidas necessárias para garantir que os adotantes encaminhem à Autoridade Central Federal Brasileira cópia da certidão de registro de nascimento estrangeira e do certificado de nacionalidade tão logo lhes sejam concedidos.

•• § 4.º acrescentado pela Lei n. 12.010, de 3-8-2009.

§ 5.º A não apresentação dos relatórios referidos no § 4.º deste artigo pelo organismo credenciado poderá acarretar a suspensão de seu credenciamento.

•• § 5.º acrescentado pela Lei n. 12.010, de 3-8-2009.

§ 6.º O credenciamento de organismo nacional ou estrangeiro encarregado de intermediar pedidos de adoção internacional terá validade de 2 (dois) anos.

•• § 6.º acrescentado pela Lei n. 12.010, de 3-8-2009.

§ 7.º A renovação do credenciamento poderá ser concedida mediante requerimento protocolado na Autoridade Central Federal Brasileira nos 60 (sessenta) dias anteriores ao término do respectivo prazo de validade.

•• § 7.º acrescentado pela Lei n. 12.010, de 3-8-2009.

§ 8.º Antes de transitada em julgado a decisão que concedeu a adoção internacional, não será permitida a saída do adotando do território nacional.

•• § 8.º acrescentado pela Lei n. 12.010, de 3-8-2009.

§ 9.º Transitada em julgado a decisão, a autoridade judiciária determinará a expedição de alvará com autorização de viagem, bem como para obtenção de passaporte, constando, obrigatoriamente, as características da criança ou adolescente adotado, como idade, cor, sexo, eventuais sinais ou traços peculiares, assim como foto recente e a aposição da impressão digital do seu polegar direito, instruindo o documento com cópia autenticada da decisão e certidão de trânsito em julgado.

•• § 9.º acrescentado pela Lei n. 12.010, de 3-8-2009.

§ 10. A Autoridade Central Federal Brasileira poderá, a qualquer momento, solicitar informações sobre a situação das crianças e adolescentes adotados.

•• § 10 acrescentado pela Lei n. 12.010, de 3-8-2009.

§ 11. A cobrança de valores por parte dos organismos credenciados, que sejam considerados abusivos pela Autoridade Central Federal Brasileira e que não estejam devidamente comprovados, é causa de seu descredenciamento.

•• § 11 acrescentado pela Lei n. 12.010, de 3-8-2009.

§ 12. Uma mesma pessoa ou seu cônjuge não podem ser representados por mais de uma entidade credenciada para atuar na cooperação em adoção internacional.

•• § 12 acrescentado pela Lei n. 12.010, de 3-8-2009.

§ 13. A habilitação de postulante estrangeiro ou domiciliado fora do Brasil terá validade máxima de 1 (um) ano, podendo ser renovada.

•• § 13 acrescentado pela Lei n. 12.010, de 3-8-2009.

§ 14. É vedado o contato direto de representantes de organismos de adoção, nacionais ou estrangeiros, com dirigentes de programas de acolhimento institucional ou familiar, assim como com crianças e adolescentes em condições de serem adotados, sem a devida autorização judicial.

•• § 14 acrescentado pela Lei n. 12.010, de 3-8-2009.

§ 15. A Autoridade Central Federal Brasileira poderá limitar ou suspender a concessão de novos credenciamentos sempre que julgar necessário, mediante ato administrativo fundamentado.

•• § 15 acrescentado pela Lei n. 12.010, de 3-8-2009.

Art. 52-A. É vedado, sob pena de responsabilidade e descredenciamento, o repasse de recursos provenientes de organismos estrangeiros encarregados de intermediar pedidos de adoção internacional a organismos nacionais ou a pessoas físicas.

•• *Caput* acrescentado pela Lei n. 12.010, de 3-8-2009.

Parágrafo único. Eventuais repasses somente poderão ser efetuados via Fundo dos Direitos da Criança e do Adolescente e estarão sujeitos às deliberações do respectivo Conselho de Direitos da Criança e do Adolescente.

•• Parágrafo único acrescentado pela Lei n. 12.010, de 3-8-2009.

Art. 52-B. A adoção por brasileiro residente no exterior em país ratificante da Convenção de Haia, cujo processo de adoção tenha sido processado em conformidade com a legislação vigente no país de residência e atendido o disposto na alínea *c* do Artigo 17 da referida Convenção, será automaticamente recepcionada com o reingresso no Brasil.

•• *Caput* acrescentado pela Lei n. 12.010, de 3-8-2009.

§ 1.º Caso não tenha sido atendido o disposto na alínea *c* do Artigo 17 da Convenção de Haia, deverá a sentença ser homologada pelo Superior Tribunal de Justiça.

•• § 1.º acrescentado pela Lei n. 12.010, de 3-8-2009.

§ 2.º O pretendente brasileiro residente no exterior em país não ratificante da Convenção de Haia, uma vez reingressado no Brasil, deverá requerer a homologação da sentença estrangeira pelo Superior Tribunal de Justiça."

•• § 2.º acrescentado pela Lei n. 12.010, de 3-8-2009.

Art. 52-C. Nas adoções internacionais, quando o Brasil for o país de acolhida, a decisão da autoridade competente do país de origem da criança ou do adolescente será conhecida pela Autoridade Central Estadual que tiver processado o pedido de habilitação dos pais adotivos, que comunicará o fato à Autoridade Central Federal e determinará as providências necessárias à expedição do Certificado de Naturalização Provisório.

•• *Caput* acrescentado pela Lei n. 12.010, de 3-8-2009.

§ 1.º A Autoridade Central Estadual, ouvido o Ministério Público, somente deixará de reconhecer os efeitos daquela decisão se restar demonstrado que a adoção é manifestamente contrária à ordem pública ou não atende ao interesse superior da criança ou do adolescente.

•• § 1.º acrescentado pela Lei n. 12.010, de 3-8-2009.

§ 2.º Na hipótese de não reconhecimento da adoção, prevista no § 1.º deste artigo, o Ministério Público deverá imediatamente requerer o que for de direito para resguardar os interesses da criança ou do adolescente, comunicando-se as providências à Autoridade Central Estadual, que fará a comunicação à Autoridade Central Federal Brasileira e à Autoridade Central do país de origem.

•• § 2.º acrescentado pela Lei n. 12.010, de 3-8-2009.

Art. 52-D. Nas adoções internacionais, quando o Brasil for o país de acolhida e a adoção não tenha sido deferida no país de origem porque a sua legislação a delega ao país de acolhida, ou, ainda, na hipótese de, mesmo com decisão, a criança ou o adolescente ser oriundo de país que não tenha aderido à Convenção referida, o processo de adoção seguirá as regras da adoção nacional.

•• Artigo acrescentado pela Lei n. 12.010, de 3-8-2009.

Capítulo IV
DO DIREITO À EDUCAÇÃO, À CULTURA, AO ESPORTE E AO LAZER

Art. 53. A criança e o adolescente têm direito à educação, visando ao pleno desenvolvimento de sua pessoa, preparo para o exercício da cidadania e qualificação para o trabalho, assegurando-se-lhes:

I – igualdade de condições para o acesso e permanência na escola;

II – direito de ser respeitado por seus educadores;

III – direito de contestar critérios avaliativos, podendo recorrer às instâncias escolares superiores;

IV – direito de organização e participação em entidades estudantis;

V – acesso à escola pública e gratuita, próxima de sua residência, garantindo-se vagas no mesmo estabelecimento a irmãos que frequentem a mesma etapa ou ciclo de ensino da educação básica.

•• Inciso V com redação determinada pela Lei n. 13.845, de 18-6-2019.

Parágrafo único. É direito dos pais ou responsáveis ter ciência do processo pedagógico, bem como participar da definição das propostas educacionais.

Art. 53-A. É dever da instituição de ensino, clubes e agremiações recreativas e de estabelecimentos congêneres assegurar medidas de conscientização, prevenção e enfrentamento ao uso ou dependência de drogas ilícitas.

•• Artigo acrescentado pela Lei n. 13.840, de 5-6-2019.

Art. 54. É dever do Estado assegurar à criança e ao adolescente:

I – ensino fundamental, obrigatório e gratuito, inclusive para os que a ele não tiveram acesso na idade própria;

II – progressiva extensão da obrigatoriedade e gratuidade ao ensino médio;

III – atendimento educacional especializado aos portadores de deficiência, preferencialmente na rede regular de ensino;

IV – atendimento em creche e pré-escola às crianças de zero a cinco anos de idade;

•• Inciso IV com redação determinada pela Lei n. 13.306, de 4-7-2016.

•• *Vide* arts. 7.º, XXV, e 208, IV, da CF.

V – acesso aos níveis mais elevados do ensino, da pesquisa e da criação artística, segundo a capacidade de cada um;

VI – oferta de ensino noturno regular, adequado às condições do adolescente trabalhador;

VII – atendimento no ensino fundamental, através de programas suplementares de material didático-escolar, transporte, alimentação e assistência à saúde.

§ 1.º O acesso ao ensino obrigatório e gratuito é direito público subjetivo.

§ 2.º O não oferecimento do ensino obrigatório pelo Poder Público ou sua oferta irregular importa responsabilidade da autoridade competente.

§ 3.º Compete ao Poder Público recensear os educandos no ensino fundamental, fazer-lhes a chamada e zelar, junto aos pais ou responsável, pela frequência à escola.

Art. 55. Os pais ou responsável têm a obrigação de matricular seus filhos ou pupilos na rede regular de ensino.

Art. 56. Os dirigentes de estabelecimentos de ensino fundamental comunicarão ao Conselho Tutelar os casos de:

I – maus-tratos envolvendo seus alunos;

II – reiteração de faltas injustificadas e de evasão escolar, esgotados os recursos escolares;

III – elevados níveis de repetência.

Art. 57. O Poder Público estimulará pesquisas, experiências e novas propostas relativas a calendário, seriação, currículo, metodologia, didática e avaliação, com vistas à inserção de crianças e adolescentes excluídos do ensino fundamental obrigatório.

Art. 58. No processo educacional respeitar-se-ão os valores culturais, artísticos e históricos próprios do contexto social da criança e do adolescente, garantindo-se a estes a liberdade de criação e o acesso às fontes de cultura.

Art. 59. Os Municípios, com apoio dos Estados e da União, estimularão e facilitarão a destinação de recursos e espaços para programações culturais, esportivas e de lazer voltadas para a infância e a juventude.

Capítulo V
DO DIREITO À PROFISSIONALIZAÇÃO E À PROTEÇÃO NO TRABALHO

•• Sobre o trabalho do menor, dispõem os arts. 402 a 441 da CLT (Decreto-lei n. 5.452, de 1.º-5-1943).

• O Decreto n. 3.597, de 12-9-2000, promulga a Convenção 182 e a Recomendação 190 da Organização Internacional do Trabalho (OIT) sobre a proibição das piores formas de trabalho infantil e a ação imediata para a sua eliminação.

• Trabalho escravo: Lei n. 10.803, de 11-12-2003.

• O Decreto n. 6.481, de 12-6-2008, aprova a Lista das Piores Formas de Trabalho Infantil (Lista TIP).

• O Decreto n. 9.579, 22-11-2018, regulamenta a contratação de aprendizes.

Art. 60. É proibido qualquer trabalho a menores de quatorze anos de idade, salvo na condição de aprendiz.

•• *Vide* art. 7.º, XXXIII, da CF.

Art. 61. A proteção ao trabalho dos adolescentes é regulada por legislação especial, sem prejuízo do disposto nesta Lei.

Art. 62. Considera-se aprendizagem a formação técnico-profissional ministrada segundo as diretrizes e bases da legislação de educação em vigor.

Art. 63. A formação técnico-profissional obedecerá aos seguintes princípios:

I – garantia de acesso e frequência obrigatória ao ensino regular;

II – atividade compatível com o desenvolvimento do adolescente;

III – horário especial para o exercício das atividades.

Art. 64. Ao adolescente até quatorze anos de idade é assegurada bolsa de aprendizagem.

Art. 65. Ao adolescente aprendiz, maior de quatorze anos, são assegurados os direitos trabalhistas e previdenciários.

Art. 66. Ao adolescente portador de deficiência é assegurado trabalho protegido.

Art. 67. Ao adolescente empregado, aprendiz, em regime familiar de trabalho, aluno de escola técnica, assistido em entidade governamental ou não governamental, é vedado trabalho:

I – noturno, realizado entre as vinte e duas horas de um dia e as cinco horas do dia seguinte;

II – perigoso, insalubre ou penoso;

III – realizado em locais prejudiciais à sua formação e ao seu desenvolvimento físico, psíquico, moral e social;

IV – realizado em horários e locais que não permitam a frequência à escola.

Art. 68. O programa social que tenha por base o trabalho educativo, sob responsabilidade de entidade governamental ou não governamental sem fins lucrativos, deverá assegurar ao adolescente que dele participe condições de capacitação para o exercício de atividade regular remunerada.

§ 1.º Entende-se por trabalho educativo a atividade laboral em que as exigências pedagógicas relativas ao desenvolvimento pessoal e social do educando prevalecem sobre o aspecto produtivo.

§ 2.º A remuneração que o adolescente recebe pelo trabalho efetuado ou a participação na venda dos produtos de seu trabalho não desfigura o caráter educativo.

Art. 69. O adolescente tem direito à profissionalização e à proteção no trabalho, observados os seguintes aspectos, entre outros:

I – respeito à condição peculiar de pessoa em desenvolvimento;

II – capacitação profissional adequada ao mercado de trabalho.

TÍTULO III
DA PREVENÇÃO

• O Decreto n. 3.951, de 4-10-2001, designa a autoridade central para dar cumprimento às obrigações impostas pela Convenção sobre os Aspectos Civis do Sequestro Internacional de Crianças, cria o Conselho de Autoridade Central Administrativa Federal contra o Sequestro Internacional de Crianças e institui o Programa Nacional de Cooperação no Regresso de Crianças e Adolescentes Brasileiros Sequestrados Internacionalmente.

Capítulo I
DISPOSIÇÕES GERAIS

Art. 70. É dever de todos prevenir a ocorrência de ameaça ou violação dos direitos da criança e do adolescente.

Art. 70-A. A União, os Estados, o Distrito Federal e os Municípios deverão atuar de forma articulada na elaboração de políticas públicas e na execução de ações destinadas a coibir o uso de castigo físico ou de tratamento cruel ou degradante e difundir formas não violentas de educação de crianças e de adolescentes, tendo como principais ações:

•• *Caput* acrescentado pela Lei n. 13.010, de 26-6-2014.

I – a promoção de campanhas educativas permanentes para a divulgação do direito da criança e do adolescente de serem educados e cuidados sem o uso de castigo físico ou de tratamento cruel ou degradante e dos instrumentos de proteção aos direitos humanos;

•• Inciso I acrescentado pela Lei n. 13.010, de 26-6-2014.

II – a integração com os órgãos do Poder Judiciário, do Ministério Público e da Defensoria Pública, com o Conselho Tutelar, com os Conselhos de Direitos da Criança e do Adolescente e com as entidades não governamentais que atuam na promoção, proteção e defesa dos direitos da criança e do adolescente;

•• Inciso II acrescentado pela Lei n. 13.010, de 26-6-2014.

III – a formação continuada e a capacitação dos profissionais de saúde, educação e assistência social e dos demais agentes que atuam na promoção, proteção e defesa dos direitos da criança e do adolescente para o desenvolvimento das competências necessárias à prevenção, à identificação de evidências, ao diagnóstico e ao enfrentamento de todas as formas de violência contra a criança e o adolescente;

•• Inciso III acrescentado pela Lei n. 13.010, de 26-6-2014.

IV – o apoio e o incentivo às práticas de resolução pacífica de conflitos que envolvam violência contra a criança e o adolescente;

•• Inciso IV acrescentado pela Lei n. 13.010, de 26-6-2014.

V – a inclusão, nas políticas públicas, de ações que visem a garantir os direitos da criança e do adolescente, desde a atenção pré-natal, e de atividades junto aos pais e responsáveis com o objetivo de promover a informação, a reflexão, o debate e a orientação sobre alternativas ao uso de castigo físico ou de tratamento cruel ou degradante no processo educativo;

•• Inciso V acrescentado pela Lei n. 13.010, de 26-6-2014.

VI – a promoção de espaços intersetoriais locais para a articulação de ações e a elaboração de planos de atuação conjunta focados nas famílias em situação de violência, com participação de profissionais de saúde, de assistência social e de educação e de órgãos de promoção, proteção e defesa dos direitos da criança e do adolescente.

•• Inciso VI acrescentado pela Lei n. 13.010, de 26-6-2014.

VII – a promoção de estudos e pesquisas, de estatísticas e de outras informações relevantes às consequências e à frequência das formas de violência contra a criança e o adolescente para a sistematização de dados nacionalmente unificados e a avaliação periódica dos resultados das medidas adotadas;

•• Inciso VII acrescentado pela Lei n. 14.344, de 24-5-2022.

VIII – o respeito aos valores da dignidade da pessoa humana, de forma a coibir a violência, o tratamento cruel ou degradante e as formas violentas de educação, correção ou disciplina;

•• Inciso VIII acrescentado pela Lei n. 14.344, de 24-5-2022.

IX – a promoção e a realização de campanhas educativas direcionadas ao público escolar e à sociedade em geral e a difusão desta Lei e dos instrumentos de proteção aos direitos humanos das crianças e dos adolescentes, incluídos os canais de denúncia existentes;

•• Inciso IX acrescentado pela Lei n. 14.344, de 24-5-2022.

X – a celebração de convênios, de protocolos, de ajustes, de termos e de outros instrumentos de promoção de parceria entre órgãos governamentais ou entre estes e entidades não governamentais, com o objetivo de implementar programas de erradicação da violência, de tratamento cruel ou degradante e de formas violentas de educação, correção ou disciplina;

•• Inciso X acrescentado pela Lei n. 14.344, de 24-5-2022.

XI – a capacitação permanente das Polícias Civil e Militar, da Guarda Municipal, do Corpo de Bombeiros, dos profissionais nas escolas, dos Conselhos Tutelares e dos profissionais pertencentes aos órgãos e às áreas referidos no inciso II deste *caput*, para que identifiquem situações em que crianças e adolescentes vivenciam violência e agressões no âmbito familiar ou institucional;

•• Inciso XI acrescentado pela Lei n. 14.344, de 24-5-2022.

XII – a promoção de programas educacionais que disseminem valores éticos de irrestrito respeito à dignidade da pessoa humana, bem como de programas de fortalecimento da parentalidade positiva, da educação sem castigos físicos e de ações de prevenção e enfrentamento da violência doméstica e familiar contra a criança e o adolescente;

•• Inciso XII acrescentado pela Lei n. 14.344, de 24-5-2022.

XIII – o destaque, nos currículos escolares de todos os níveis de ensino, dos conteúdos relativos à prevenção, à identificação e à resposta à violência doméstica e familiar.

•• Inciso XIII acrescentado pela Lei n. 14.344, de 24-5-2022.

Parágrafo único. As famílias com crianças e adolescentes com deficiência terão prioridade de atendimento nas ações e políticas públicas de prevenção e proteção.

•• Parágrafo único acrescentado pela Lei n. 13.010, de 26-6-2014.

Art. 70-B. As entidades, públicas e privadas, que atuem nas áreas da saúde e da educação, além daquelas às quais se refere o art. 71 desta Lei, entre outras, devem contar, em seus quadros, com pessoas capacitadas a reconhecer e a comunicar ao Conselho Tutelar suspeitas ou casos de crimes praticados contra a criança e o adolescente.

•• *Caput* com redação determinada pela Lei n. 14.344, de 24-5-2022.

Parágrafo único. São igualmente responsáveis pela comunicação de que trata este artigo, as pessoas encarregadas, por razão de cargo, função, ofício, ministério, profissão ou ocupação, do cuidado, assistência ou guarda de crianças e adolescentes, punível, na forma deste Estatuto, o injustificado retardamento ou omissão, culposos ou dolosos.

•• Parágrafo único acrescentado pela Lei n. 13.046, de 1.º-12-2014.

Art. 71. A criança e o adolescente têm direito a informação, cultura, lazer, esportes, diversões, espetáculos e produtos e serviços que respeitem sua condição peculiar de pessoa em desenvolvimento.

• A Lei n. 12.933, de 26-12-2013, dispõe sobre o benefício do pagamento de meia-entrada para estudantes, idosos, pessoas com deficiência e jovens de 15 a 29 anos comprovadamente carentes em espetáculos artístico-culturais e esportivos.

Art. 72. As obrigações previstas nesta Lei não excluem da prevenção especial outras decorrentes dos princípios por ela adotados.

Art. 73. A inobservância das normas de prevenção importará em responsabilidade da pessoa física ou jurídica, nos termos desta Lei.

Capítulo II
DA PREVENÇÃO ESPECIAL

Seção I
Da Informação, Cultura, Lazer, Esportes, Diversões e Espetáculos

Art. 74. O Poder Público, através do órgão competente, regulará as diversões e espetáculos públicos, informando sobre a natureza deles, as faixas etárias a que não se recomendem, locais e horários em que sua apresentação se mostre inadequada.

•• A Portaria n. 502, de 23-11-2021, do MJSP, regulamenta o processo de classificação indicativa de que trata este artigo.

Parágrafo único. Os responsáveis pelas diversões e espetáculos públicos deverão afixar, em lugar visível e de fácil acesso, à entrada do local de exibição, informação destacada sobre a natureza do espetáculo e a faixa etária especificada no certificado de classificação.

Art. 75. Toda criança ou adolescente terá acesso às diversões e espetáculos públicos classificados como adequados à sua faixa etária.

• *Vide* nota ao art. 71 desta Lei.

Parágrafo único. As crianças menores de dez anos somente poderão ingressar e permanecer nos locais de apresentação ou exibição quando acompanhadas dos pais ou responsável.

Art. 76. As emissoras de rádio e televisão somente exibirão, no horário recomendado para o público infantojuvenil, programas com finalidades educativas, artísticas, culturais e informativas.

Parágrafo único. Nenhum espetáculo será apresentado ou anunciado sem aviso de sua classificação, antes de sua transmissão, apresentação ou exibição.

Art. 77. Os proprietários, diretores, gerentes e funcionários de empresas que explorem a venda ou aluguel de fitas de programação em vídeo cuidarão para que não haja venda ou locação em desacordo com a classificação atribuída pelo órgão competente.

Parágrafo único. As fitas a que alude este artigo deverão exibir, no invólucro, informação sobre a natureza da obra e a faixa etária a que se destinam.

Art. 78. As revistas e publicações contendo material impróprio ou inadequado a crianças e adolescentes deverão ser comercializadas em embalagem lacrada, com a advertência de seu conteúdo.

Parágrafo único. As editoras cuidarão para que as capas que contenham mensagens pornográficas ou obscenas sejam protegidas com embalagem opaca.

Art. 79. As revistas e publicações destinadas ao público infantojuvenil não poderão conter ilustrações, fotografias, legendas, crônicas ou anúncios de bebidas alcoólicas, tabaco, armas e munições, e deverão respeitar os valores éticos e sociais da pessoa e da família.

Art. 80. Os responsáveis por estabelecimentos que explorem comercialmente bilhar, sinuca ou congênere ou por casas de jogos, assim entendidas as que realizem apostas, ainda que eventualmente, cuidarão para que não seja permitida a entrada e a permanência de crianças e adolescentes no local, afixando aviso para orientação do público.

Seção II
Dos Produtos e Serviços

Art. 81. É proibida a venda à criança ou ao adolescente de:

I – armas, munições e explosivos;

II – bebidas alcoólicas;

• *Vide* art. 258-C desta Lei.

III – produtos cujos componentes possam causar dependência física ou psíquica ainda que por utilização indevida;

IV – fogos de estampido e de artifício, exceto aqueles que pelo seu reduzido potencial sejam incapazes de provocar qualquer dano físico em caso de utilização indevida;

V – revistas e publicações a que alude o art. 78;

VI – bilhetes lotéricos e equivalentes.

Art. 82. É proibida a hospedagem de criança ou adolescente em hotel, motel, pensão ou estabelecimento congênere, salvo se autorizado ou acompanhado pelos pais ou responsável.

Seção III
Da Autorização para Viajar

•• A Resolução n. 295, de 13-9-2019, do CNJ, dispõe sobre autorização de viagem nacional para crianças e adolescentes.

• A Resolução n. 131, de 26-5-2011, do CNJ, dispõe sobre a concessão de autorização de viagem para o exterior de crianças e adolescentes.

Art. 83. Nenhuma criança ou adolescente menor de 16 (dezesseis) anos poderá viajar para fora da comarca onde reside desacompanhado dos pais ou dos responsáveis sem expressa autorização judicial.

•• *Caput* com redação determinada pela Lei n. 13.812, de 16-3-2019.

§ 1.º A autorização não será exigida quando:

a) tratar-se de comarca contígua à da residência da criança ou do adolescente menor de 16 (dezesseis) anos, se na mesma unidade da Federação, ou incluída na mesma região metropolitana;

•• Alínea *a* com redação determinada pela Lei n. 13.812, de 16-3-2019.

b) a criança ou o adolescente menor de 16 (dezesseis) anos estiver acompanhado:

•• Alínea *b*, *caput*, com redação determinada pela Lei n. 13.812, de 16-3-2019.

1) de ascendente ou colateral maior, até o terceiro grau, comprovado documentalmente o parentesco;

2) de pessoa maior, expressamente autorizada pelo pai, mãe ou responsável.

§ 2.º A autoridade judiciária poderá, a pedido dos pais ou responsável, conceder autorização válida por dois anos.

Art. 84. Quando se tratar de viagem ao exterior, a autorização é dispensável, se a criança ou adolescente:

•• A Resolução n. 131, de 26-5-2011, do CNJ, dispõe sobre a concessão de autorização de viagem para o exterior de crianças e adolescentes.

I – estiver acompanhado de ambos os pais ou responsável;

II – viajar na companhia de um dos pais, autorizado expressamente pelo outro através de documento com firma reconhecida.

Art. 85. Sem prévia e expressa autorização judicial, nenhuma criança ou adolescente nascido em território nacional poderá sair do País em companhia de estrangeiro residente ou domiciliado no exterior.

Livro II
PARTE ESPECIAL

Título I
DA POLÍTICA DE ATENDIMENTO

Capítulo I
DISPOSIÇÕES GERAIS

Art. 86. A política de atendimento dos direitos da criança e do adolescente far-se-á através de um conjunto articulado de ações governamentais e não governamentais, da União, dos Estados, do Distrito Federal e dos Municípios.

Art. 87. São linhas de ação da política de atendimento:

I – políticas sociais básicas;

II – serviços, programas, projetos e benefícios de assistência social de garantia de proteção social e de prevenção e redução de violações de direitos, seus agravamentos ou reincidências;

•• Inciso II com redação determinada pela Lei n. 13.257, de 8-3-2016.

III – serviços especiais de prevenção e atendimento médico e psicossocial às vítimas de negligência, maus-tratos, exploração, abuso, crueldade e opressão;

• A Resolução n. 162, de 28-1-2014, do Conanda, aprova o Plano Nacional de Enfrentamento da Violência Sexual contra Crianças e Adolescentes.

IV – serviço de identificação e localização de pais, responsável, crianças e adolescentes desaparecidos;

•• A Lei n. 12.127, de 17-12-2009, cria o Cadastro Nacional de Crianças e Adolescentes Desaparecidos.

V – proteção jurídico-social por entidades de defesa dos direitos da criança e do adolescente;

VI – políticas e programas destinados a prevenir ou abreviar o período de afastamento do convívio familiar e a garantir o efetivo exercício do direito à convivência familiar de crianças e adolescentes;

•• Inciso VI acrescentado pela Lei n. 12.010, de 3-8-2009.

VII – campanhas de estímulo ao acolhimento sob forma de guarda de crianças e adolescentes afastados do convívio familiar e à adoção, especificamente inter-racial, de crianças maiores ou de adolescentes, com necessidades específicas de saúde ou com deficiências e de grupos de irmãos.

•• Inciso VII acrescentado pela Lei n. 12.010, de 3-8-2009.

Art. 88. São diretrizes da política de atendimento:

I – municipalização do atendimento;

II – criação de conselhos municipais, estaduais e nacional dos direitos da criança e do adolescente, órgãos deliberativos e controladores das ações em todos os níveis, assegurada a participação popular paritária por meio de organizações representativas, segundo leis federal, estaduais e municipais;

•• A Resolução n. 213, de 20-12-2018, do Conanda, dispõe sobre estratégias para o Enfrentamento da Violência Letal contra crianças e adolescentes.

III – criação e manutenção de programas específicos, observada a descentralização político-administrativa;

IV – manutenção de fundos nacional, estaduais e municipais vinculados aos respectivos conselhos dos direitos da criança e do adolescente;

• O Decreto n. 794, de 5-4-1993, estabelece limite de dedução do imposto de renda das pessoas jurídicas, correspondente às doações em favor dos Fundos dos Direitos da Criança e do Adolescente.

• A Resolução n. 137, de 21-1-2010, do Conanda, dispõe sobre os parâmetros para a criação e funcionamento dos Fundos Nacional, Estaduais e Municipais dos Direitos da Criança e do Adolescente.

V – integração operacional de órgãos do Judiciário, Ministério Público, Defensoria, Segurança Pública e Assistência Social, preferencialmente em um mesmo local, para efeito de agilização do atendimento inicial a adolescente a quem se atribua autoria de ato infracional;

VI – integração operacional de órgãos do Judiciário, Ministério Público, Defensoria, Conselho Tutelar e encarregados da execução das políticas sociais básicas e de assistência social, para efeito de agilização do atendimento de crianças e de adolescentes inseridos em programas de acolhimento familiar ou institucional, com vista na sua rápida reintegração à família de origem ou, se tal solução se mostrar comprovadamente inviável, sua colocação em família substituta, em quaisquer das modalidades previstas no art. 28 desta Lei;

•• Inciso VI com redação determinada pela Lei n. 12.010, de 3-8-2009.

VII – mobilização da opinião pública para a indispensável participação dos diversos segmentos da sociedade;

•• Inciso VII acrescentado pela Lei n. 12.010, de 3-8-2009.

•• A Resolução n. 213, de 20-12-2018, do Conanda, dispõe sobre estratégias para o Enfrentamento da Violência Letal contra crianças e adolescentes.

VIII – especialização e formação continuada dos profissionais que trabalham nas diferentes áreas da atenção à primeira infância, incluindo os conhecimentos sobre direitos da criança e sobre desenvolvimento infantil;

•• Inciso VIII acrescentado pela Lei n. 13.257, de 8-3-2016.

IX – formação profissional com abrangência dos diversos direitos da criança e do adolescente que favoreça a intersetorialidade no atendimento da criança e do adolescente e seu desenvolvimento integral;

•• Inciso IX acrescentado pela Lei n. 13.257, de 8-3-2016.

X – realização e divulgação de pesquisas sobre desenvolvimento infantil e sobre prevenção da violência.

•• Inciso X acrescentado pela Lei n. 13.257, de 8-3-2016.

Art. 89. A função de membro do Conselho Nacional e dos conselhos estaduais e municipais dos direitos da criança e do adolescente é considerada de interesse público relevante e não será remunerada.

Capítulo II
DAS ENTIDADES DE ATENDIMENTO

Seção I
Disposições Gerais

Art. 90. As entidades de atendimento são responsáveis pela manutenção das próprias unidades, assim como pelo planejamento e execução de programas de proteção e socioeducativos destinados a crianças e adolescentes, em regime de:

I – orientação e apoio sociofamiliar;

II – apoio socioeducativo em meio aberto;

III – colocação familiar;

IV – acolhimento institucional;

•• Inciso IV com redação determinada pela Lei n. 12.010, de 3-8-2009.

V – prestação de serviços à comunidade;

•• Inciso V com redação determinada pela Lei n. 12.594, de 18-1-2012.

VI – liberdade assistida;

•• Inciso VI com redação determinada pela Lei n. 12.594, de 18-1-2012.

VII – semiliberdade; e

•• Inciso VII com redação determinada pela Lei n. 12.594, de 18-1-2012.

VIII – internação.

•• Inciso VIII com redação determinada pela Lei n. 12.594, de 18-1-2012.

§ 1.º As entidades governamentais e não governamentais deverão proceder à inscrição de seus programas, especificando os regimes de atendimento, na forma definida neste artigo, no Conselho Municipal dos Direitos da Criança e do Adolescente, o qual manterá registro das inscrições e de suas alterações, do que fará comunicação ao Conselho Tutelar e à autoridade judiciária.

•• § 1.º acrescentado pela Lei n. 12.010, de 3-8-2009.

§ 2.º Os recursos destinados à implementação e manutenção dos programas relacionados neste artigo serão previstos nas dotações orçamentárias dos órgãos públicos encarregados das áreas de Educação, Saúde e Assistência Social, dentre outros, observando-se o princípio da prioridade absoluta à criança e ao adolescente preconizado pelo *caput* do art. 227 da Constituição Federal e pelo *caput* e parágrafo único do art. 4.º desta Lei.

•• § 2.º acrescentado pela Lei n. 12.010, de 3-8-2009.

§ 3.º Os programas em execução serão reavaliados pelo Conselho Municipal dos Direitos da Criança e do Adolescente, no máximo, a cada 2 (dois) anos, constituindo-se critérios para renovação da autorização de funcionamento:

I – o efetivo respeito às regras e princípios desta Lei, bem como às resoluções relativas à modalidade de atendimento prestado expedidas pelos Conselhos de Direitos da Criança e do Adolescente, em todos os níveis;

II – a qualidade e eficiência do trabalho desenvolvido, atestadas pelo Conselho Tutelar, pelo Ministério Público e pela Justiça da Infância e da Juventude;

III – em se tratando de programas de acolhimento institucional ou familiar, serão considerados os índices de sucesso na reintegração familiar ou de adaptação à família substituta, conforme o caso.

•• § 3.º acrescentado pela Lei n. 12.010, de 3-8-2009.

Art. 91. As entidades não governamentais somente poderão funcionar depois de registradas no Conselho Municipal dos Direitos da Criança e do Adolescente, o qual comunicará o registro ao Conselho Tutelar e à autoridade judiciária da respectiva localidade.

§ 1.º Será negado o registro à entidade que:

a) não ofereça instalações físicas em condições adequadas de habitabilidade, higiene, salubridade e segurança;

b) não apresente plano de trabalho compatível com os princípios desta Lei;

c) esteja irregularmente constituída;

d) tenha em seus quadros pessoas inidôneas;

e) não se adequar ou deixar de cumprir as resoluções e deliberações relativas à modalidade de atendimento prestado expedidas pelos Conselhos de Direitos da Criança e do Adolescente, em todos os níveis.

•• Alínea e acrescentada pela Lei n. 12.010, de 3-8-2009.

§ 2.º O registro terá validade máxima de 4 (quatro) anos, cabendo ao Conselho Municipal dos Direitos da Criança e do Adolescente, periodicamente, reavaliar o cabimento de sua renovação, observado o disposto no § 1.º deste artigo.

•• § 2.º acrescentado pela Lei n. 12.010, de 3-8-2009.

Art. 92. As entidades que desenvolvam programas de acolhimento familiar ou institucional deverão adotar os seguintes princípios:

•• *Caput* com redação determinada pela Lei n. 12.010, de 3-8-2009.

I – preservação dos vínculos familiares e promoção da reintegração familiar;

•• Inciso I com redação determinada pela Lei n. 12.010, de 3-8-2009.

II – integração em família substituta, quando esgotados os recursos de manutenção na família natural ou extensa;

•• Inciso II com redação determinada pela Lei n. 12.010, de 3-8-2009.

III – atendimento personalizado e em pequenos grupos;

IV – desenvolvimento de atividades em regime de coeducação;

V – não desmembramento de grupos de irmãos;

VI – evitar, sempre que possível, a transferência para outras entidades de crianças e adolescentes abrigados;

VII – participação na vida da comunidade local;

VIII – preparação gradativa para o desligamento;

IX – participação de pessoas da comunidade no processo educativo.

§ 1.º O dirigente de entidade que desenvolve programa de acolhimento institucional é equiparado ao guardião, para todos os efeitos de direito.

•• § 1.º acrescentado pela Lei n. 12.010, de 3-8-2009.

§ 2.º Os dirigentes de entidades que desenvolvem programas de acolhimento familiar ou institucional remeterão à autoridade judiciária, no máximo a cada 6 (seis) meses, relatório circunstanciado acerca da situação de cada criança ou adolescente acolhido e sua família, para fins da reavaliação prevista no § 1.º do art. 19 desta Lei.

•• § 2.º acrescentado pela Lei n. 12.010, de 3-8-2009.

§ 3.º Os entes federados, por intermédio dos Poderes Executivo e Judiciário, promoverão conjuntamente a permanente qualificação dos profissionais que atuam direta ou indiretamente em programas de acolhimento institucional e destinados à colocação familiar de crianças e adolescentes, incluindo membros do Poder Judiciário, Ministério Público e Conselho Tutelar.

•• § 3.º acrescentado pela Lei n. 12.010, de 3-8-2009.

§ 4.º Salvo determinação em contrário da autoridade judiciária competente, as entidades que desenvolvem programas de acolhimento familiar ou institucional, se necessário com o auxílio do Conselho Tutelar e dos órgãos de assistência social, estimularão o contato da criança ou adolescente com seus pais e parentes, em cumprimento ao disposto nos incisos I e VIII do *caput* deste artigo.

•• § 4.º acrescentado pela Lei n. 12.010, de 3-8-2009.

§ 5.º As entidades que desenvolvem programas de acolhimento familiar ou institucional somente poderão receber recursos públicos se comprovado o atendimento dos princípios, exigências e finalidades desta Lei.

•• § 5.º acrescentado pela Lei n. 12.010, de 3-8-2009.

§ 6.º O descumprimento das disposições desta Lei pelo dirigente de entidade que desenvolva programas de acolhimento familiar ou institucional é causa de sua destituição, sem prejuízo da apuração de sua responsabilidade administrativa, civil e criminal.

•• § 6.º acrescentado pela Lei n. 12.010, de 3-8-2009.

§ 7.º Quando se tratar de criança de 0 (zero) a 3 (três) anos em acolhimento institucional, dar-se-á especial atenção à atuação de educadores de referência estáveis e qualitativamente significativos, às rotinas específicas e ao atendimento das necessidades básicas, incluindo as de afeto como prioritárias.

•• § 7.º acrescentado pela Lei n. 13.257, de 8-3-2016.

Art. 93. As entidades que mantenham programa de acolhimento institucional poderão, em caráter excepcional e de urgência, acolher crianças e adolescentes sem prévia determinação da autoridade competente, fazendo comunicação do fato em até 24 (vinte e quatro) horas ao Juiz da Infância e da Juventude, sob pena de responsabilidade.

•• *Caput* com redação determinada pela Lei n. 12.010, de 3-8-2009.

Parágrafo único. Recebida a comunicação, a autoridade judiciária, ouvido o Ministério Público e se necessário com o apoio do Conselho Tutelar local, tomará as medidas necessárias para promover a imediata reintegração familiar da criança ou do adolescente ou, se por qualquer razão não for isso possível ou recomendável, para seu encaminhamento a programa de acolhimento familiar, institucional ou a família substituta, observado o disposto no § 2.º do art. 101 desta Lei.

•• Parágrafo único acrescentado pela Lei n. 12.010, de 3-8-2009.

Art. 94. As entidades que desenvolvem programas de internação têm as seguintes obrigações, entre outras:

I – observar os direitos e garantias de que são titulares os adolescentes;

II – não restringir nenhum direito que não tenha sido objeto de restrição na decisão de internação;

III – oferecer atendimento personalizado, em pequenas unidades e grupos reduzidos;

IV – preservar a identidade e oferecer ambiente de respeito e dignidade ao adolescente;

V – diligenciar no sentido do restabelecimento e da preservação dos vínculos familiares;

VI – comunicar à autoridade judiciária, periodicamente, os casos em que se mostre inviável ou impossível o reatamento dos vínculos familiares;

VII – oferecer instalações físicas em condições adequadas de habitabilidade, higiene, salubridade e segurança e os objetos necessários à higiene pessoal;

VIII – oferecer vestuário e alimentação suficientes e adequados à faixa etária dos adolescentes atendidos;

IX – oferecer cuidados médicos, psicológicos, odontológicos e farmacêuticos;

X – propiciar escolarização e profissionalização;

XI – propiciar atividades culturais, esportivas e de lazer;

XII – propiciar assistência religiosa àqueles que desejarem, de acordo com suas crenças;

XIII – proceder a estudo social e pessoal de cada caso;

XIV – reavaliar periodicamente cada caso, com intervalo máximo de seis meses, dando ciência dos resultados à autoridade competente;

XV – informar, periodicamente, o adolescente internado sobre sua situação processual;

XVI – comunicar às autoridades competentes todos os casos de adolescentes portadores de moléstias infectocontagiosas;

XVII – fornecer comprovante de depósito dos pertences dos adolescentes;

XVIII – manter programas destinados ao apoio e acompanhamento de egressos;

XIX – providenciar os documentos necessários ao exercício da cidadania àqueles que não os tiverem;

XX – manter arquivo de anotações onde constem data e circunstâncias do atendimento, nome do adolescente, seus pais ou responsável, parentes, endereços, sexo, idade, acompanhamento da sua formação, relação de seus pertences e demais dados que possibilitem sua identificação e a individualização do atendimento.

§ 1.º Aplicam-se, no que couber, as obrigações constantes deste artigo às entidades que mantêm programas de acolhimento institucional e familiar.

•• § 1.º com redação determinada pela Lei n. 12.010, de 3-8-2009.

§ 2.º No cumprimento das obrigações a que alude este artigo as entidades utilizarão preferencialmente os recursos da comunidade.

Art. 94-A. As entidades, públicas ou privadas, que abriguem ou recepcionem crianças e adolescentes, ainda que em caráter temporário, devem ter, em seus quadros, profissionais capacitados a reconhecer e reportar ao Conselho Tutelar suspeitas ou ocorrências de maus-tratos.

•• Artigo acrescentado pela Lei n. 13.046, de 1.º-12-2014.

Seção II
Da Fiscalização das Entidades

Art. 95. As entidades governamentais e não governamentais, referidas no art. 90, serão fiscalizadas pelo Judiciário, pelo Ministério Público e pelos Conselhos Tutelares.

Art. 96. Os planos de aplicação e as prestações de contas serão apresentados ao Estado ou ao Município, conforme a origem das dotações orçamentárias.

Art. 97. São medidas aplicáveis às entidades de atendimento que descumprirem obrigação constante do art. 94, sem prejuízo da responsabilidade civil e criminal de seus dirigentes ou prepostos:

•• A Lei n. 12.594, de 18-1-2012 propôs nova redação a este artigo, todavia teve seu texto vetado.

I – às entidades governamentais:

a) advertência;

b) afastamento provisório de seus dirigentes;

c) afastamento definitivo de seus dirigentes;

d) fechamento de unidade ou interdição de programa;

II – às entidades não governamentais:

a) advertência;

b) suspensão total ou parcial do repasse de verbas públicas;

c) interdição de unidades ou suspensão de programa;

d) cassação do registro.

§ 1.º Em caso de reiteradas infrações cometidas por entidades de atendimento, que coloquem em risco os direitos assegurados nesta Lei, deverá ser o fato comunicado ao Ministério Público ou representado perante autoridade judiciária competente para as providências cabíveis, inclusive suspensão das atividades ou dissolução da entidade.

•• Primitivo parágrafo único renumerado pela Lei n. 12.010, de 3-8-2009.

§ 2.º As pessoas jurídicas de direito público e as organizações não governamentais responderão pelos danos que seus agentes causarem às crianças e aos adolescentes, caracterizado o descumprimento dos princípios norteadores das atividades de proteção específica.

•• § 2.º acrescentado pela Lei n. 12.010, de 3-8-2009.

Título II
DAS MEDIDAS DE PROTEÇÃO

Capítulo I
DISPOSIÇÕES GERAIS

Art. 98. As medidas de proteção à criança e ao adolescente são aplicáveis sempre que os direitos reconhecidos nesta Lei forem ameaçados ou violados:

•• *Vide* Súmula 594 do STJ.

I – por ação ou omissão da sociedade ou do Estado;

II – por falta, omissão ou abuso dos pais ou responsável;

III – em razão de sua conduta.

Capítulo II
DAS MEDIDAS ESPECÍFICAS DE PROTEÇÃO

Art. 99. As medidas previstas neste Capítulo poderão ser aplicadas isolada ou cumulativamente, bem como substituídas a qualquer tempo.

Art. 100. Na aplicação das medidas levar-se-ão em conta as necessidades pedagógicas, preferindo-se aquelas que visem ao fortalecimento dos vínculos familiares e comunitários.

Parágrafo único. São também princípios que regem a aplicação das medidas:

•• Parágrafo único, *caput*, acrescentado pela Lei n. 12.010, de 3-8-2009.

I – condição da criança e do adolescente como sujeitos de direitos: crianças e adolescentes são os titulares dos direitos previstos nesta e em outras Leis, bem como na Constituição Federal;

•• Inciso I acrescentado pela Lei n. 12.010, de 3-8-2009.

II – proteção integral e prioritária: a interpretação e aplicação de toda e qualquer norma contida nesta Lei deve ser voltada à proteção integral e prioritária dos direitos de que crianças e adolescentes são titulares;

•• Inciso II acrescentado pela Lei n. 12.010, de 3-8-2009.

III – responsabilidade primária e solidária do poder público: a plena efetivação dos direitos assegurados a crianças e a adolescentes por esta Lei e pela Constituição Federal, salvo nos casos por esta expressamente ressalvados, é de responsabilidade primária e solidária das 3 (três) esferas de governo, sem prejuízo da municipalização do atendimento e da possibilidade da execução de programas por entidades não governamentais;

•• Inciso III acrescentado pela Lei n. 12.010, de 3-8-2009.

IV – interesse superior da criança e do adolescente: a intervenção deve atender prioritariamente aos interesses e direitos da criança e do adolescente, sem prejuízo da consideração que for devida a outros interesses legítimos no âmbito da pluralidade dos interesses presentes no caso concreto;

•• Inciso IV acrescentado pela Lei n. 12.010, de 3-8-2009.

V – privacidade: a promoção dos direitos e proteção da criança e do adolescente deve ser efetuada no respeito pela intimidade, direito à imagem e reserva da sua vida privada;

•• Inciso V acrescentado pela Lei n. 12.010, de 3-8-2009.

VI – intervenção precoce: a intervenção das autoridades competentes deve ser efetuada logo que a situação de perigo seja conhecida;

•• Inciso VI acrescentado pela Lei n. 12.010, de 3-8-2009.

VII – intervenção mínima: a intervenção deve ser exercida exclusivamente pelas autoridades e instituições cuja ação seja indispensável à efetiva promoção dos direitos e à proteção da criança e do adolescente;

•• Inciso VII acrescentado pela Lei n. 12.010, de 3-8-2009.

VIII – proporcionalidade e atualidade: a intervenção deve ser a necessária e adequada à situação de perigo em que a criança ou o adolescente se encontram no momento em que a decisão é tomada;

•• Inciso VIII acrescentado pela Lei n. 12.010, de 3-8-2009.

IX – responsabilidade parental: a intervenção deve ser efetuada de modo que os pais assumam os seus deveres para com a criança e o adolescente;

•• Inciso IX acrescentado pela Lei n. 12.010, de 3-8-2009.

X – prevalência da família: na promoção de direitos e na proteção da criança e do adolescente deve ser dada prevalência às medidas que os mantenham ou reintegrem na sua família natural ou extensa ou, se isso não for possível, que promovam a sua integração em família adotiva;

•• Inciso X com redação determinada pela Lei n. 13.509, de 22-11-2017.

XI – obrigatoriedade da informação: a criança e o adolescente, respeitado seu estágio de desenvolvimento e capacidade de compreensão, seus pais ou responsável devem ser informados dos seus direitos, dos motivos que determinaram a intervenção e da forma como esta se processa;

•• Inciso XI acrescentado pela Lei n. 12.010, de 3-8-2009.

XII – oitiva obrigatória e participação: a criança e o adolescente, em separado ou na companhia dos pais, de responsável ou de pessoa por si indicada, bem como os seus pais ou responsável, têm direito a ser ouvidos e a participar nos atos e na definição da medida de promoção dos direitos e de proteção, sendo sua opinião devidamente considerada pela autoridade judiciária competente, observado o disposto nos §§ 1.º e 2.º do art. 28 desta Lei.

•• Inciso XII acrescentado pela Lei n. 12.010, de 3-8-2009.

Art. 101. Verificada qualquer das hipóteses previstas no art. 98, a autoridade competente poderá determinar, dentre outras, as seguintes medidas:

I – encaminhamento aos pais ou responsável, mediante termo de responsabilidade;

II – orientação, apoio e acompanhamento temporários;

III – matrícula e frequência obrigatórias em estabelecimento oficial de ensino fundamental;

IV – inclusão em serviços e programas oficiais ou comunitários de proteção, apoio e promoção da família, da criança e do adolescente;

•• Inciso IV com redação determinada pela Lei n. 13.257, de 8-3-2016.

V – requisição de tratamento médico, psicológico ou psiquiátrico, em regime hospitalar ou ambulatorial;

VI – inclusão em programa oficial ou comunitário de auxílio, orientação e tratamento a alcoólatras e toxicômanos;

VII – acolhimento institucional;

•• Inciso VII com redação determinada pela Lei n. 12.010, de 3-8-2009.

VIII – inclusão em programa de acolhimento familiar;

•• Inciso VIII com redação determinada pela Lei n. 12.010, de 3-8-2009.

IX – colocação em família substituta.

•• Inciso IX acrescentado pela Lei n. 12.010, de 3-8-2009.

§ 1.º O acolhimento institucional e o acolhimento familiar são medidas provisórias e excepcionais, utilizáveis como forma de transição para reintegração familiar ou, não sendo esta possível, para colocação em família substituta, não implicando privação de liberdade.

•• § 1.º acrescentado pela Lei n. 12.010, de 3-8-2009.

§ 2.º Sem prejuízo da tomada de medidas emergenciais para proteção de vítimas de violência ou abuso sexual e das providências a que alude o art. 130 desta Lei, o afastamento da criança ou adolescente do convívio familiar é de competência exclusiva da autoridade judiciária e importará na deflagração, a pedido do Ministério Público ou de quem tenha legítimo interesse, de procedimento judicial contencioso, no qual se garanta aos pais ou ao responsável legal o exercício do contraditório e da ampla defesa.

•• § 2.º acrescentado pela Lei n. 12.010, de 3-8-2009.

• A Resolução n. 162, de 28-1-2014, do Conanda, aprova o Plano Nacional de Enfrentamento da Violência Sexual contra Crianças e Adolescentes.

§ 3.º Crianças e adolescentes somente poderão ser encaminhados às instituições que executam programas de acolhimento institucional, governamentais ou não, por meio de uma Guia de Acolhimento, expedida pela autoridade judiciária, na qual obrigatoriamente constará, dentre outros:

I – sua identificação e a qualificação completa de seus pais ou de seu responsável, se conhecidos;

II – o endereço de residência dos pais ou do responsável, com pontos de referência;

III – os nomes de parentes ou de terceiros interessados em tê-los sob sua guarda;

IV – os motivos da retirada ou da não reintegração ao convívio familiar.

•• § 3.º acrescentado pela Lei n. 12.010, de 3-8-2009.

§ 4.º Imediatamente após o acolhimento da criança ou do adolescente, a entidade responsável pelo programa de acolhimento institucional ou familiar elaborará um plano individual de atendimento, visando à reintegração familiar, ressalvada a existência de ordem escrita e fundamentada em contrário de autoridade judiciária competente, caso em que também deverá contemplar sua colocação em família substituta, observadas as regras e princípios desta Lei.

•• § 4.º acrescentado pela Lei n. 12.010, de 3-8-2009.

§ 5.º O plano individual será elaborado sob a responsabilidade da equipe técnica do respectivo programa de atendimento e levará em consideração a opinião da criança ou do adolescente e a oitiva dos pais ou do responsável.

•• § 5.º acrescentado pela Lei n. 12.010, de 3-8-2009.

§ 6.º Constarão do plano individual, dentre outros:

I – os resultados da avaliação interdisciplinar;

II – os compromissos assumidos pelos pais ou responsável; e

III – a previsão das atividades a serem desenvolvidas com a criança ou com o adolescente acolhido e seus pais ou responsável, com vista na reintegração familiar ou, caso seja esta vedada por expressa e fundamentada determinação judicial, as providências a serem tomadas para sua colocação em família substituta, sob direta supervisão da autoridade judiciária.

•• § 6.º acrescentado pela Lei n. 12.010, de 3-8-2009.

§ 7.º O acolhimento familiar ou institucional ocorrerá no local mais próximo à residência dos pais ou do responsável e, como parte do processo de reintegração familiar, sempre que identificada a necessidade, a família de origem será incluída em programas oficiais de orientação, de apoio e de promoção social, sendo facilitado e estimulado o contato com a criança ou com o adolescente acolhido.

•• § 7.º acrescentado pela Lei n. 12.010, de 3-8-2009.

§ 8.º Verificada a possibilidade de reintegração familiar, o responsável pelo programa de acolhimento familiar ou institucional fará imediata comunicação à autoridade judiciária, que dará vista ao Ministério Público, pelo prazo de 5 (cinco) dias, decidindo em igual prazo.

•• § 8.º acrescentado pela Lei n. 12.010, de 3-8-2009.

§ 9.º Em sendo constatada a impossibilidade de reintegração da criança ou do adolescente à família de origem, após seu encaminhamento a programas oficiais ou comunitários de orientação, apoio e promoção social, será enviado relatório fundamentado ao Ministério Público, no qual conste a descrição pormenorizada das providências tomadas e a expressa recomendação, subscrita pelos técnicos da entidade ou responsáveis pela execução da política municipal de garantia do direito à convivência familiar, para a destituição do poder familiar, ou destituição de tutela ou guarda.

•• § 9.º acrescentado pela Lei n. 12.010, de 3-8-2009.

§ 10. Recebido o relatório, o Ministério Público terá o prazo de 15 (quinze) dias para o ingresso com a ação de destituição do poder familiar, salvo se entender necessária a realização de estudos complementares ou de outras providências indispensáveis ao ajuizamento da demanda.

•• § 10 com redação determinada pela Lei n. 13.509, de 22-11-2017.

§ 11. A autoridade judiciária manterá, em cada comarca ou foro regional, um cadastro contendo informações atualizadas sobre as crianças e adolescentes em regime de acolhimento familiar e institucional sob sua responsabilidade, com informações pormenorizadas sobre a situação jurídica de cada um, bem como as providências tomadas para sua reintegração familiar ou colocação em família substituta, em qualquer das modalidades previstas no art. 28 desta Lei.

•• § 11 acrescentado pela Lei n. 12.010, de 3-8-2009.

•• *Vide* art. 258-A desta Lei.

§ 12. Terão acesso ao cadastro o Ministério Público, o Conselho Tutelar, o órgão gestor da Assistência Social e os Conselhos Municipais dos Direitos da Criança e do Adolescente e da Assistência Social, aos quais incumbe deliberar sobre a implementação de políticas públicas que permitam reduzir o número de crianças e adolescentes afastados do convívio familiar e abreviar o período de permanência em programa de acolhimento.

•• § 12 acrescentado pela Lei n. 12.010, de 3-8-2009.

Art. 102. As medidas de proteção de que trata este Capítulo serão acompanhadas da regularização do registro civil.

§ 1.º Verificada a inexistência de registro anterior, o assento de nascimento da criança ou adolescente será feito à vista dos elementos disponíveis, mediante requisição da autoridade judiciária.

§ 2.º Os registros e certidões necessárias à regularização de que trata este artigo são isentos de multas, custas e emolumentos, gozando de absoluta prioridade.

§ 3.º Caso ainda não definida a paternidade, será deflagrado procedimento específico destinado à sua averiguação, conforme previsto pela Lei n. 8.560, de 29 de dezembro de 1992.

•• § 3.º acrescentado pela Lei n. 12.010, de 3-8-2009.

• Citada Lei consta nesta obra.

§ 4.º Nas hipóteses previstas no § 3.º deste artigo, é dispensável o ajuizamento de ação de investigação de paternidade pelo Ministério Público se, após o não comparecimento ou a recusa do suposto pai em assumir a paternidade a ele atribuída, a criança for encaminhada para adoção.

•• § 4.º acrescentado pela Lei n. 12.010, de 3-8-2009.

§ 5.º Os registros e certidões necessários à inclusão, a qualquer tempo, do nome do pai no assento de nascimento são isentos de multas, custas e emolumentos, gozando de absoluta prioridade.

•• § 5.º acrescentado pela Lei n. 13.257, de 8-3-2016.

§ 6.º São gratuitas, a qualquer tempo, a averbação requerida do reconhecimento de paternidade no assento de nascimento e a certidão correspondente.

•• § 6.º acrescentado pela Lei n. 13.257, de 8-3-2016.

TÍTULO III
DA PRÁTICA DE ATO INFRACIONAL

Capítulo I
DISPOSIÇÕES GERAIS

Art. 103. Considera-se ato infracional a conduta descrita como crime ou contravenção penal.

Art. 104. São penalmente inimputáveis os menores de dezoito anos, sujeitos às medidas previstas nesta Lei.

Parágrafo único. Para os efeitos desta Lei, deve ser considerada a idade do adolescente à data do fato.

•• *Vide* Súmula 605 do STJ.

Art. 105. Ao ato infracional praticado por criança corresponderão as medidas previstas no art. 101.

Capítulo II
DOS DIREITOS INDIVIDUAIS

Art. 106. Nenhum adolescente será privado de sua liberdade senão em flagrante de ato infracional ou por ordem escrita e fundamentada da autoridade judiciária competente.

Parágrafo único. O adolescente tem direito à identificação dos responsáveis pela sua apreensão, devendo ser informado acerca de seus direitos.

• *Vide* art. 5.º, LXIV, da CF.

Art. 107. A apreensão de qualquer adolescente e o local onde se encontra recolhido serão incontinenti comunicados à autoridade judiciária competente e à família do apreendido ou à pessoa por ele indicada.

- *Vide* art. 5.º, LXII, da CF.

Parágrafo único. Examinar-se-á desde logo e sob pena de responsabilidade, a possibilidade de liberação imediata.

- *Vide* art. 5.º, LXV, da CF.

Art. 108. A internação, antes da sentença, pode ser determinada pelo prazo máximo de quarenta e cinco dias.

Parágrafo único. A decisão deverá ser fundamentada e basear-se em indícios suficientes de autoria e materialidade, demonstrada a necessidade imperiosa da medida.

Art. 109. O adolescente civilmente identificado não será submetido a identificação compulsória pelos órgãos policiais, de proteção e judiciais, salvo para efeito de confrontação, havendo dúvida fundada.

- *Vide* art. 5.º, LVIII, da CF.

Capítulo III
DAS GARANTIAS PROCESSUAIS

Art. 110. Nenhum adolescente será privado de sua liberdade sem o devido processo legal.

•• *Vide* Súmulas 265 e 342 do STJ.

- *Vide* art. 5.º, LIV, da CF.

Art. 111. São asseguradas ao adolescente, entre outras, as seguintes garantias:

I – pleno e formal conhecimento da atribuição de ato infracional, mediante citação ou meio equivalente;

II – igualdade na relação processual, podendo confrontar-se com vítimas e testemunhas e produzir todas as provas necessárias à sua defesa;

III – defesa técnica por advogado;

IV – assistência judiciária gratuita e integral aos necessitados, na forma da lei;

- *Vide* arts. 5.º, LXXIV, e 134 da CF.
- *Vide* Lei n. 1.060, de 5-2-1950.

V – direito de ser ouvido pessoalmente pela autoridade competente;

- *Vide* Súmula 265 do STJ.

VI – direito de solicitar a presença de seus pais ou responsável em qualquer fase do procedimento.

Capítulo IV
DAS MEDIDAS SOCIOEDUCATIVAS

- *Vide* Súmulas 338 e 342 do STJ.

Seção I
Disposições Gerais

Art. 112. Verificada a prática de ato infracional, a autoridade competente poderá aplicar ao adolescente as seguintes medidas:

I – advertência;

II – obrigação de reparar o dano;

III – prestação de serviços à comunidade;

IV – liberdade assistida;

V – inserção em regime de semiliberdade;

VI – internação em estabelecimento educacional;

VII – qualquer uma das previstas no art. 101, I a VI.

- *Vide* Súmula 265 do STJ.

§ 1.º A medida aplicada ao adolescente levará em conta a sua capacidade de cumpri-la, as circunstâncias e a gravidade da infração.

§ 2.º Em hipótese alguma e sob pretexto algum, será admitida a prestação de trabalho forçado.

§ 3.º Os adolescentes portadores de doença ou deficiência mental receberão tratamento individual e especializado, em local adequado às suas condições.

Art. 113. Aplica-se a este Capítulo o disposto nos arts. 99 e 100.

Art. 114. A imposição das medidas previstas nos incisos II a VI do art. 112 pressupõe a existência de provas suficientes da autoria e da materialidade da infração, ressalvada a hipótese de remissão, nos termos do art. 127.

Parágrafo único. A advertência poderá ser aplicada sempre que houver prova da materialidade e indícios suficientes da autoria.

Seção II
Da Advertência

Art. 115. A advertência consistirá em admoestação verbal, que será reduzida a termo e assinada.

Seção III
Da Obrigação de Reparar o Dano

Art. 116. Em se tratando de ato infracional com reflexos patrimoniais, a autoridade poderá determinar, se for o caso, que o adolescente restitua a coisa, promova o ressarcimento do dano, ou, por outra forma, compense o prejuízo da vítima.

- *Vide* art. 932, I e II, do CC.

Parágrafo único. Havendo manifesta impossibilidade, a medida poderá ser substituída por outra adequada.

Seção IV
Da Prestação de Serviços à Comunidade

Art. 117. A prestação de serviços comunitários consiste na realização de tarefas gratuitas de interesse geral, por período não excedente a seis meses, junto a entidades assistenciais, hospitais, escolas e outros estabelecimentos congêneres, bem como em programas comunitários ou governamentais.

Parágrafo único. As tarefas serão atribuídas conforme as aptidões do adolescente, devendo ser cumpridas durante jornada máxima de oito horas semanais, aos sábados, domingos e feriados ou em dias úteis, de modo a não prejudicar a frequência à escola ou à jornada normal de trabalho.

Seção V
Da Liberdade Assistida

Art. 118. A liberdade assistida será adotada sempre que se afigurar a medida mais adequada para o fim de acompanhar, auxiliar e orientar o adolescente.

§ 1.º A autoridade designará pessoa capacitada para acompanhar o caso, a qual poderá ser recomendada por entidade ou programa de atendimento.

§ 2.º A liberdade assistida será fixada pelo prazo mínimo de seis meses, podendo a qualquer tempo ser prorrogada, revogada ou substituída por outra medida, ouvido o orientador, o Ministério Público e o defensor.

Art. 119. Incumbe ao orientador, com o apoio e a supervisão da autoridade competente, a realização dos seguintes encargos, entre outros:

I – promover socialmente o adolescente e sua família, fornecendo-lhes orientação e inserindo-os, se necessário, em programa oficial ou comunitário de auxílio e assistência social;

II – supervisionar a frequência e o aproveitamento escolar do adolescente, promovendo, inclusive, sua matrícula;

III – diligenciar no sentido da profissionalização do adolescente e de sua inserção no mercado de trabalho;

IV – apresentar relatório do caso.

Seção VI
Do Regime de Semiliberdade

Art. 120. O regime de semiliberdade pode ser determinado desde o início, ou como forma de transição para o meio aberto, possibilitada a realização de atividades externas, independentemente de autorização judicial.

§ 1.º É obrigatória a escolarização e a profissionalização, devendo, sempre que possível, ser utilizados os recursos existentes na comunidade.

§ 2.º A medida não comporta prazo determinado, aplicando-se, no que couber, as disposições relativas à internação.

Seção VII
Da Internação

Art. 121. A internação constitui medida privativa da liberdade, sujeita aos princípios de brevidade, excepcionalidade e respeito à condição peculiar de pessoa em desenvolvimento.

§ 1.º Será permitida a realização de atividades externas, a critério da equipe técnica da entidade, salvo expressa determinação judicial em contrário.

§ 2.º A medida não comporta prazo determinado, devendo sua manutenção ser reavaliada, mediante decisão fundamentada, no máximo a cada seis meses.

§ 3.º Em nenhuma hipótese o período máximo de internação excederá a três anos.

§ 4.º Atingido o limite estabelecido no parágrafo anterior, o adolescente deverá ser liberado, colocado em regime de semiliberdade ou de liberdade assistida.

§ 5.º A liberação será compulsória aos vinte e um anos de idade.

•• *Vide* Súmula 605 do STJ.

§ 6.º Em qualquer hipótese a desinternação será precedida de autorização judicial, ouvido o Ministério Público.

§ 7.º A determinação judicial mencionada no § 1.º poderá ser revista a qualquer tempo pela autoridade judiciária.

•• § 7.º acrescentado pela Lei n. 12.594, de 18-1-2012.

Art. 122. A medida de internação só poderá ser aplicada quando:

I – tratar-se de ato infracional cometido mediante grave ameaça ou violência a pessoa;

II – por reiteração no cometimento de outras infrações graves;

III – por descumprimento reiterado e injustificável da medida anteriormente imposta.

§ 1.º O prazo de internação na hipótese do inciso III deste artigo não poderá ser superior a 3 (três) meses, devendo ser decretada judicialmente após o devido processo legal.

•• § 1.º com redação determinada pela Lei n. 12.594, de 18-1-2012.

§ 2.º Em nenhuma hipótese será aplicada a internação, havendo outra medida adequada.

Art. 123. A internação deverá ser cumprida em entidade exclusiva para adolescentes, em local distinto daquele destinado ao abrigo, obedecida rigorosa separação por critérios de idade, compleição física e gravidade da infração.

Parágrafo único. Durante o período de internação, inclusive provisória, serão obrigatórias atividades pedagógicas.

Art. 124. São direitos do adolescente privado de liberdade, entre outros, os seguintes:

I – entrevistar-se pessoalmente com o representante do Ministério Público;

II – peticionar diretamente a qualquer autoridade;

• *Vide* art. 5.º, XXXIV, *a*, da CF.

III – avistar-se reservadamente com seu defensor;

IV – ser informado de sua situação processual, sempre que solicitada;

V – ser tratado com respeito e dignidade;

VI – permanecer internado na mesma localidade ou naquela mais próxima ao domicílio de seus pais ou responsável;

VII – receber visitas, ao menos semanalmente;

VIII – corresponder-se com seus familiares e amigos;

IX – ter acesso aos objetos necessários à higiene e asseio pessoal;

X – habitar alojamento em condições adequadas de higiene e salubridade;

XI – receber escolarização e profissionalização;

XII – realizar atividades culturais, esportivas e de lazer;

XIII – ter acesso aos meios de comunicação social;

XIV – receber assistência religiosa, segundo a sua crença, e desde que assim o deseje;

XV – manter a posse de seus objetos pessoais e dispor de local seguro para guardá-los, recebendo comprovante daqueles porventura depositados em poder da entidade;

XVI – receber, quando de sua desinternação, os documentos pessoais indispensáveis à vida em sociedade.

§ 1.º Em nenhum caso haverá incomunicabilidade.

§ 2.º A autoridade judiciária poderá suspender temporariamente a visita, inclusive de pais ou responsável, se existirem motivos sérios e fundados de sua prejudicialidade aos interesses do adolescente.

Art. 125. É dever do Estado zelar pela integridade física e mental dos internos, cabendo-lhe adotar as medidas adequadas de contenção e segurança.

Capítulo V
DA REMISSÃO

Art. 126. Antes de iniciado o procedimento judicial para apuração de ato infracional, o representante do Ministério Público poderá conceder a remissão, como forma de exclusão do processo, atendendo às circunstâncias e consequências do fato, ao contexto social, bem como à personalidade do adolescente e sua maior ou menor participação no ato infracional.

• *Vide* Súmula 265 do STJ.

Parágrafo único. Iniciado o procedimento, a concessão da remissão pela autoridade judiciária importará na suspensão ou extinção do processo.

Art. 127. A remissão não implica necessariamente o reconhecimento ou comprovação da responsabilidade, nem prevalece para efeito de antecedentes, podendo incluir eventualmente a aplicação de qualquer das medidas previstas em lei, exceto a colocação em regime de semiliberdade e a internação.

• *Vide* Súmula 108 do STJ.

Art. 128. A medida aplicada por força da remissão poderá ser revista judicialmente, a qualquer tempo, mediante pedido expresso do adolescente ou de seu representante legal, ou do Ministério Público.

TÍTULO IV
DAS MEDIDAS PERTINENTES AOS PAIS OU RESPONSÁVEL

Art. 129. São medidas aplicáveis aos pais ou responsável:

I – encaminhamento a serviços e programas oficiais ou comunitários de proteção, apoio e promoção da família;

•• Inciso I com redação determinada pela Lei n. 13.257, de 8-3-2016.

II – inclusão em programa oficial ou comunitário de auxílio, orientação e tratamento a alcoólatras e toxicômanos;

III – encaminhamento a tratamento psicológico ou psiquiátrico;

IV – encaminhamento a cursos ou programas de orientação;

V – obrigação de matricular o filho ou pupilo e acompanhar sua frequência e aproveitamento escolar;

VI – obrigação de encaminhar a criança ou adolescente a tratamento especializado;

VII – advertência;

VIII – perda da guarda;

IX – destituição da tutela;

X – suspensão ou destituição do poder familiar.

Parágrafo único. Na aplicação das medidas previstas nos incisos IX e X deste artigo, observar-se-á o disposto nos arts. 23 e 24.

Art. 130. Verificada a hipótese de maus-tratos, opressão ou abuso sexual impostos pelos pais ou responsável, a autoridade judiciária poderá determinar, como medida cautelar, o afastamento do agressor da moradia comum.

Parágrafo único. Da medida cautelar constará, ainda, a fixação provisória dos alimentos de que necessitem a criança ou o adolescente dependentes do agressor.

•• Parágrafo único acrescentado pela Lei n. 12.415, de 9-6-2011.

TÍTULO V
DO CONSELHO TUTELAR

Capítulo I
DISPOSIÇÕES GERAIS

Art. 131. O Conselho Tutelar é órgão permanente e autônomo, não jurisdicional, encarregado pela sociedade de zelar pelo cumprimento dos direitos da criança e do adolescente, definidos nesta Lei.

Art. 132. Em cada Município e em cada Região Administrativa do Distrito Federal haverá, no mínimo, 1 (um) Conselho Tutelar como órgão integrante da administração pública local, composto de 5 (cinco) membros, escolhidos pela população local para mandato de 4 (quatro) anos, permitida recondução por novos processos de escolha.

•• Artigo com redação determinada pela Lei n. 13.824, de 9-5-2019.

Art. 133. Para a candidatura a membro do Conselho Tutelar, serão exigidos os seguintes requisitos:

I – reconhecida idoneidade moral;

II – idade superior a vinte e um anos;

III – residir no município.

Art. 134. Lei municipal ou distrital disporá sobre o local, dia e horário de funcionamento do Conselho Tutelar, inclusive quanto à remuneração dos respectivos membros, aos quais é assegurado o direito a:

•• *Caput* com redação determinada pela Lei n. 12.696, de 25-7-2012.

I – cobertura previdenciária;

•• Inciso I acrescentado pela Lei n. 12.696, de 25-7-2012.

II – gozo de férias anuais remuneradas, acrescidas de 1/3 (um terço) do valor da remuneração mensal;

•• Inciso II acrescentado pela Lei n. 12.696, de 25-7-2012.

III – licença-maternidade;

•• Inciso III acrescentado pela Lei n. 12.696, de 25-7-2012.

IV – licença-paternidade;

•• Inciso IV acrescentado pela Lei n. 12.696, de 25-7-2012.

V – gratificação natalina.

•• Inciso V acrescentado pela Lei n. 12.696, de 25-7-2012.

Parágrafo único. Constará da lei orçamentária municipal e da do Distrito Federal previsão dos recursos necessários ao funcionamento do Conselho Tutelar e à remuneração e formação continuada dos conselheiros tutelares.

•• Parágrafo único com redação determinada pela Lei n. 12.696, de 25-7-2012.

Art. 135. O exercício efetivo da função de conselheiro constituirá serviço público relevante e estabelecerá presunção de idoneidade moral.

•• Artigo com redação determinada pela Lei n. 12.696, de 25-7-2012.

Capítulo II
DAS ATRIBUIÇÕES DO CONSELHO

Art. 136. São atribuições do Conselho Tutelar:

I – atender as crianças e adolescentes nas hipóteses previstas nos arts. 98 e 105, aplicando as medidas previstas no art. 101, I a VII;

II – atender e aconselhar os pais ou responsável, aplicando as medidas previstas no art. 129, I a VII;

III – promover a execução de suas decisões, podendo para tanto:

a) requisitar serviços públicos nas áreas de saúde, educação, serviço social, previdência, trabalho e segurança;

b) representar junto à autoridade judiciária nos casos de descumprimento injustificado de suas deliberações;

IV – encaminhar ao Ministério Público notícia de fato que constitua infração administrativa ou penal contra os direitos da criança ou adolescente;

V – encaminhar à autoridade judiciária os casos de sua competência;

VI – providenciar a medida estabelecida pela autoridade judiciária, dentre as previstas no art. 101, de I a VI, para o adolescente autor de ato infracional;

VII – expedir notificações;

VIII – requisitar certidões de nascimento e de óbito de criança ou adolescente quando necessário;

IX – assessorar o Poder Executivo local na elaboração da proposta orçamentária para planos e programas de atendimento dos direitos da criança e do adolescente;

X – representar, em nome da pessoa e da família, contra a violação dos direitos previstos no art. 220, § 3.º, inciso II da Constituição Federal;

XI – representar ao Ministério Público para efeito das ações de perda ou suspensão do poder familiar, após esgotadas as possibilidades de manutenção da criança ou do adolescente junto à família natural;

•• Inciso XI com redação determinada pela Lei n. 12.010, de 3-8-2009.

XII – promover e incentivar, na comunidade e nos grupos profissionais, ações de divulgação e treinamento para o reconhecimento de sintomas de maus-tratos em crianças e adolescentes;

•• Inciso XII acrescentado pela Lei n. 13.046, de 1.º-12-2014.

XIII – adotar, na esfera de sua competência, ações articuladas e efetivas direcionadas à identificação da agressão, à agilidade no atendimento da criança e do adolescente vítima de violência doméstica e familiar e à responsabilização do agressor;

•• Inciso XIII acrescentado pela Lei n. 14.344, de 24-5-2022.

XIV – atender à criança e ao adolescente vítima ou testemunha de violência doméstica e familiar, ou submetido a tratamento cruel ou degradante ou a formas violentas de educação, correção ou disciplina, a seus familiares e a testemunhas, de forma a prover orientação e aconselhamento acerca de seus direitos e dos encaminhamentos necessários;

•• Inciso XIV acrescentado pela Lei n. 14.344, de 24-5-2022.

XV – representar à autoridade judicial ou policial para requerer o afastamento do agressor do lar, do domicílio ou do local de convivência com a vítima nos casos de violência doméstica e familiar contra a criança e o adolescente;

•• Inciso XV acrescentado pela Lei n. 14.344, de 24-5-2022.

XVI – representar à autoridade judicial para requerer a concessão de medida protetiva de urgência à criança ou ao adolescente vítima ou testemunha de violência doméstica e familiar, bem como a revisão daquelas já concedidas;

•• Inciso XVI acrescentado pela Lei n. 14.344, de 24-5-2022.

XVII – representar ao Ministério Público para requerer a propositura de ação cautelar de antecipação de produção de prova nas causas que envolvam violência contra a criança e o adolescente;

•• Inciso XVII acrescentado pela Lei n. 14.344, de 24-5-2022.

XVIII – tomar as providências cabíveis, na esfera de sua competência, ao receber comunicação da ocorrência de ação ou omissão, praticada em local público ou privado, que constitua violência doméstica e familiar contra a criança e o adolescente;

•• Inciso XVIII acrescentado pela Lei n. 14.344, de 24-5-2022.

XIX – receber e encaminhar, quando for o caso, as informações reveladas por noticiantes ou denunciantes relativas à prática de violência, ao uso de tratamento cruel ou degradante ou de formas violentas de educação, correção ou disciplina contra a criança e o adolescente;

•• Inciso XIX acrescentado pela Lei n. 14.344, de 24-5-2022.

XX – representar à autoridade judicial ou ao Ministério Público para requerer a concessão de medidas cautelares direta ou indiretamente relacionada à eficácia da proteção de noticiante ou denunciante de informações de crimes que envolvam violência doméstica e familiar contra a criança e o adolescente.

•• Inciso XX acrescentado pela Lei n. 14.344, de 24-5-2022.

Parágrafo único. Se, no exercício de suas atribuições, o Conselho Tutelar entender necessário o afastamento do convívio familiar, comunicará incontinenti o fato ao Ministério Público, prestando-lhe informações sobre os motivos de tal entendimento e as providências tomadas para a orientação, o apoio e a promoção social da família.

•• Parágrafo único acrescentado pela Lei n. 12.010, de 3-8-2009.

Art. 137. As decisões do Conselho Tutelar somente poderão ser revistas pela autoridade judiciária a pedido de quem tenha legítimo interesse.

Capítulo III
DA COMPETÊNCIA

Art. 138. Aplica-se ao Conselho Tutelar a regra de competência constante do art. 147.

Capítulo IV
DA ESCOLHA DOS CONSELHEIROS

Art. 139. O processo para a escolha dos membros do Conselho Tutelar será estabelecido em lei municipal e realizado sob a responsabilidade do Conselho Municipal dos Direitos da Criança e do Adolescente, e a fiscalização do Ministério Público.

•• *Caput* com redação determinada pela Lei n. 8.242, de 12-10-1991.

§ 1.º O processo de escolha dos membros do Conselho Tutelar ocorrerá em data unificada em todo o território nacional a cada 4 (quatro) anos, no primeiro domingo do mês de outubro do ano subsequente ao da eleição presidencial.

•• § 1.º acrescentado pela Lei n. 12.696, de 25-7-2012.

§ 2.º A posse dos conselheiros tutelares ocorrerá no dia 10 de janeiro do ano subsequente ao processo de escolha.

•• § 2.º acrescentado pela Lei n. 12.696, de 25-7-2012.

§ 3.º No processo de escolha dos membros do Conselho Tutelar, é vedado ao candidato doar, oferecer, prometer ou entregar ao eleitor bem ou vantagem pessoal de qualquer natureza, inclusive brindes de pequeno valor.

•• § 3.º acrescentado pela Lei n. 12.696, de 25-7-2012.

Capítulo V
DOS IMPEDIMENTOS

Art. 140. São impedidos de servir no mesmo Conselho marido e mulher, ascendentes e descendentes, sogro e genro ou nora, irmãos, cunhados, durante o cunhadio, tio e sobrinho, padrasto ou madrasta e enteado.

Parágrafo único. Estende-se o impedimento do conselheiro, na forma deste artigo, em relação à autoridade judiciária e ao representante do Ministério Público com atuação na Justiça da Infância e da Juventude, em exercício na Comarca, Foro Regional ou Distrital.

Título VI
DO ACESSO À JUSTIÇA

Capítulo I
DISPOSIÇÕES GERAIS

Art. 141. É garantido o acesso de toda criança ou adolescente à Defensoria Pública, ao Ministério Público e ao Poder Judiciário, por qualquer de seus órgãos.

§ 1.º A assistência judiciária gratuita será prestada aos que dela necessitarem, através de defensor público ou advogado nomeado.

• *Vide* arts. 5.º, LXXIV, e 134 da CF.

• *Vide* Lei n. 1.060, de 5-2-1950.

§ 2.º As ações judiciais da competência da Justiça da Infância e da Juventude são isentas de custas e emolumentos, ressalvada a hipótese de litigância de má-fé.

Art. 142. Os menores de dezesseis anos serão representados e os maiores de dezesseis e menores de vinte e um anos assistidos por seus pais, tutores ou curadores, na forma da legislação civil ou processual.

•• *Vide* art. 5.º do CC.

Parágrafo único. A autoridade judiciária dará curador especial à criança ou adolescente, sempre que os interesses destes colidirem com os de seus pais ou responsável, ou quando carecer de representação ou assistência legal ainda que eventual.

• *Vide* art. 1.692 do CC.

Art. 143. É vedada a divulgação de atos judiciais, policiais e administrativos que digam respeito a crianças e adolescentes a que se atribua autoria de ato infracional.

Parágrafo único. Qualquer notícia a respeito do fato não poderá identificar a criança ou adolescente, vedando-se fotografia, referência a nome, apelido, filiação, parentesco, residência e, inclusive, iniciais do nome e sobrenome.

•• Parágrafo único com redação determinada pela Lei n. 10.764, de 12-11-2003.

Art. 144. A expedição de cópia ou certidão de atos a que se refere o artigo anterior somente será deferida pela autoridade judiciária competente, se demonstrado o interesse e justificada a finalidade.

Capítulo II
DA JUSTIÇA DA INFÂNCIA E DA JUVENTUDE

Seção I
Disposições Gerais

Art. 145. Os Estados e o Distrito Federal poderão criar varas especializadas e exclusivas da infância e da juventude, cabendo ao Poder Judiciário estabelecer sua proporcionalidade por número de habitantes, dotá-las de infraestrutura e dispor sobre o atendimento, inclusive em plantões.

• O Provimento n. 36, de 5-5-2014, do CNJ, dispõe sobre a estrutura e procedimentos das Varas da Infância e Juventude.

Seção II
Do Juiz

Art. 146. A autoridade a que se refere esta Lei é o Juiz da Infância e da Juventude, ou o Juiz que exerce essa função, na forma da Lei de Organização Judiciária local.

•• *Vide* Súmula 108 do STJ.

Art. 147. A competência será determinada:

I – pelo domicílio dos pais ou responsável;

• *Vide* Súmula 383 do STJ.

II – pelo lugar onde se encontre a criança ou adolescente, à falta dos pais ou responsável.

§ 1.º Nos casos de ato infracional, será competente a autoridade do lugar da ação ou omissão, observadas as regras de conexão, continência e prevenção.

§ 2.º A execução das medidas poderá ser delegada à autoridade competente da residência dos pais ou responsável, ou do local onde sediar-se a entidade que abrigar a criança ou adolescente.

§ 3.º Em caso de infração cometida através de transmissão simultânea de rádio ou televisão, que atinja mais de uma comarca, será competente, para aplicação da penalidade, a autoridade judiciária do local da sede estadual da emissora ou rede, tendo a sentença eficácia para todas as transmissoras ou retransmissoras do respectivo Estado.

Art. 148. A Justiça da Infância e da Juventude é competente para:

I – conhecer de representações promovidas pelo Ministério Público, para apuração de ato infracional atribuído a adolescente, aplicando as medidas cabíveis;

II – conceder a remissão, como forma de suspensão ou extinção do processo;

III – conhecer de pedidos de adoção e seus incidentes;

IV – conhecer de ações civis fundadas em interesses individuais, difusos ou coletivos afetos à criança e ao adolescente, observado o disposto no art. 209;

V – conhecer de ações decorrentes de irregularidades em entidades de atendimento, aplicando as medidas cabíveis;

VI – aplicar penalidades administrativas nos casos de infrações contra norma de proteção a criança ou adolescentes;

VII – conhecer de casos encaminhados pelo Conselho Tutelar, aplicando as medidas cabíveis.

• *Vide* Súmula 108 do STJ.

Parágrafo único. Quando se tratar de criança ou adolescente nas hipóteses do art. 98, é também competente a Justiça da Infância e da Juventude para o fim de:

a) conhecer de pedidos de guarda e tutela;

b) conhecer de ações de destituição do poder familiar, perda ou modificação da tutela ou guarda;

c) suprir a capacidade ou o consentimento para o casamento;

• *Vide* art. 1.519 do CC.

d) conhecer de pedidos baseados em discordância paterna ou materna, em relação ao exercício do poder familiar;

e) conceder a emancipação, nos termos da lei civil, quando faltarem os pais;

f) designar curador especial em casos de apresentação de queixa ou representação, ou de outros procedimentos judiciais ou extrajudiciais em que haja interesses de criança ou adolescente;

• *Vide* art. 1.692 do CC.

g) conhecer de ações de alimentos;

• *Vide* Lei n. 5.478, de 25-7-1968.

h) determinar o cancelamento, a retificação e o suprimento dos registros de nascimento e óbito.

• *Vide* arts. 109 a 113 da Lei n. 6.015, de 31-12-1973.

Art. 149. Compete à autoridade judiciária disciplinar, através de portaria, ou autorizar, mediante alvará:

I – a entrada e permanência de criança ou adolescente, desacompanhado dos pais ou responsável, em:

a) estádio, ginásio e campo desportivo;

b) bailes ou promoções dançantes;

c) boate ou congêneres;

d) casa que explore comercialmente diversões eletrônicas;

e) estúdios cinematográficos, de teatro, rádio e televisão;

II – a participação de criança e adolescente em:

a) espetáculos públicos e seus ensaios;

b) certames de beleza.

§ 1.º Para os fins do disposto neste artigo, a autoridade judiciária levará em conta, dentre outros fatores:

a) os princípios desta Lei;
b) as peculiaridades locais;
c) a existência de instalações adequadas;
d) o tipo de frequência habitual ao local;
e) a adequação do ambiente a eventual participação ou frequência de crianças e adolescentes;
f) a natureza do espetáculo.

§ 2.º As medidas adotadas na conformidade deste artigo deverão ser fundamentadas, caso a caso, vedadas as determinações de caráter geral.

Seção III
Dos Serviços Auxiliares

Art. 150. Cabe ao Poder Judiciário, na elaboração de sua proposta orçamentária, prever recursos para manutenção de equipe interprofissional, destinada a assessorar a Justiça da Infância e da Juventude.

Art. 151. Compete à equipe interprofissional, dentre outras atribuições que lhe forem reservadas pela legislação local, fornecer subsídios por escrito, mediante laudos, ou verbalmente, na audiência, e bem assim desenvolver trabalhos de aconselhamento, orientação, encaminhamento, prevenção e outros, tudo sob a imediata subordinação à autoridade judiciária, assegurada a livre manifestação do ponto de vista técnico.

Parágrafo único. Na ausência ou insuficiência de servidores públicos integrantes do Poder Judiciário responsáveis pela realização dos estudos psicossociais ou de quaisquer outras espécies de avaliações técnicas exigidas por esta Lei ou por determinação judicial, a autoridade judiciária poderá proceder à nomeação de perito, nos termos do art. 156 da Lei n. 13.105, de 16 de março de 2015 (Código de Processo Civil).

•• Parágrafo único acrescentado pela Lei n. 13.509, de 22-11-2017.

Capítulo III
DOS PROCEDIMENTOS

Seção I
Disposições Gerais

Art. 152. Aos procedimentos regulados nesta Lei aplicam-se subsidiariamente as normas gerais previstas na legislação processual pertinente.

§ 1.º É assegurada, sob pena de responsabilidade, prioridade absoluta na tramitação dos processos e procedimentos previstos nesta Lei, assim como na execução dos atos e diligências judiciais a eles referentes.

•• Parágrafo único renumerado pela Lei n. 13.509, de 22-11-2017.

§ 2.º Os prazos estabelecidos nesta Lei e aplicáveis aos seus procedimentos são contados em dias corridos, excluído o dia do começo e incluído o dia do vencimento, vedado o prazo em dobro para a Fazenda Pública e o Ministério Público.

•• § 2.º acrescentado pela Lei n. 13.509, de 22-11-2017.

Art. 153. Se a medida judicial a ser adotada não corresponder a procedimento previsto nesta ou em outra lei, a autoridade judiciária poderá investigar os fatos e ordenar de ofício as providências necessárias, ouvido o Ministério Público.

Parágrafo único. O disposto neste artigo não se aplica para o fim de afastamento da criança ou do adolescente de sua família de origem e em outros procedimentos necessariamente contenciosos.

•• Parágrafo único acrescentado pela Lei n. 12.010, de 3-8-2009.

Art. 154. Aplica-se às multas o disposto no art. 214.

Seção II
Da Perda e da Suspensão do Poder Familiar

•• A Lei n. 12.010, de 3-8-2009, em seu art. 3.º, determinou a substituição da expressão "pátrio poder", constante no ECA, por "poder familiar".

• *Vide* arts. 1.630 a 1.638 do CC.

Art. 155. O procedimento para a perda ou a suspensão do poder familiar terá início por provocação do Ministério Público ou de quem tenha legítimo interesse.

Art. 156. A petição inicial indicará:

I – a autoridade judiciária a que for dirigida;

II – o nome, o estado civil, a profissão e a residência do requerente e do requerido, dispensada a qualificação em se tratando de pedido formulado por representante do Ministério Público;

III – a exposição sumária do fato e o pedido;

IV – as provas que serão produzidas, oferecendo, desde logo, o rol de testemunhas e documentos.

Art. 157. Havendo motivo grave, poderá a autoridade judiciária, ouvido o Ministério Público, decretar a suspensão do poder familiar, liminar ou incidentalmente, até o julgamento definitivo da causa, ficando a criança ou adolescente confiado a pessoa idônea, mediante termo de responsabilidade.

§ 1.º Recebida a petição inicial, a autoridade judiciária determinará, concomitantemente ao despacho de citação e independentemente de requerimento do interessado, a realização de estudo social ou perícia por equipe interprofissional ou multidisciplinar para comprovar a presença de uma das causas de suspensão ou destituição do poder familiar, ressalvado o disposto no § 10 do art. 101 desta Lei, e observada a Lei n. 13.431, de 4 de abril de 2017.

•• § 1.º acrescentado pela Lei n. 13.509, de 22-11-2017.

§ 2.º Em sendo os pais oriundos de comunidades indígenas, é ainda obrigatória a intervenção, junto à equipe interprofissional ou multidisciplinar referida no § 1.º deste artigo, de representantes do órgão federal responsável pela política indigenista, observado o disposto no § 6.º do art. 28 desta Lei.

•• § 2.º acrescentado pela Lei n. 13.509, de 22-11-2017.

§ 3.º A concessão da liminar será, preferencialmente, precedida de entrevista da criança ou do adolescente perante equipe multidisciplinar e de oitiva da outra parte, nos termos da Lei n. 13.431, de 4 de abril de 2017.

•• § 3.º acrescentado pela Lei n. 14.340, de 18-5-2022.

§ 4.º Se houver indícios de ato de violação de direitos de criança ou de adolescente, o juiz comunicará o fato ao Ministério Público e encaminhará os documentos pertinentes.

•• § 4.º acrescentado pela Lei n. 14.340, de 18-5-2022.

Art. 158. O requerido será citado para, no prazo de dez dias, oferecer resposta escrita, indicando as provas a serem produzidas e oferecendo desde logo o rol de testemunhas e documentos.

§ 1.º A citação será pessoal, salvo se esgotados todos os meios para sua realização.

•• § 1.º acrescentado pela Lei n. 12.962, de 8-4-2014.

§ 2.º O requerido privado de liberdade deverá ser citado pessoalmente.

•• § 2.º acrescentado pela Lei n. 12.962, de 8-4-2014.

§ 3.º Quando, por 2 (duas) vezes, o oficial de justiça houver procurado o citando em seu domicílio ou residência sem o encontrar, deverá, havendo suspeita de ocultação, informar qualquer pessoa da família ou, em sua falta, qualquer vizinho do dia útil em que voltará a fim de efetuar a citação, na hora que designar, nos termos do art. 252 e seguintes da Lei n. 13.105, de 16 de março de 2015 (Código de Processo Civil).

•• § 3.º acrescentado pela Lei n. 13.509, de 22-11-2017.

§ 4.º Na hipótese de os genitores encontrarem-se em local incerto ou não sabido, serão citados por edital no prazo de 10 (dez) dias, em publicação única, dispensado o envio de ofícios para a localização.

•• § 4.º acrescentado pela Lei n. 13.509, de 22-11-2017.

Art. 159. Se o requerido não tiver possibilidade de constituir advogado, sem prejuízo do próprio sustento e de sua família, poderá requerer, em cartório, que lhe seja nomeado dativo, ao qual incumbirá a apresentação de resposta, contando-se o prazo a partir da intimação do despacho de nomeação.

Parágrafo único. Na hipótese de requerido privado de liberdade, o oficial de justiça deverá perguntar, no momento da citação pessoal, se deseja que lhe seja nomeado defensor.

•• Parágrafo único acrescentado pela Lei n. 12.962, de 8-4-2014.

Art. 160. Sendo necessário, a autoridade judiciária requisitará de qualquer repartição ou órgão público a apresentação de documento que interesse à causa, de ofício ou a requerimento das partes ou do Ministério Público.

Art. 161. Se não for contestado o pedido e tiver sido concluído o estudo social ou a perícia realizada por equipe interprofissional ou multidisciplinar, a autoridade judiciária dará vista dos autos ao Ministério Público, por 5 (cinco) dias, salvo quando este for o requerente, e decidirá em igual prazo.

•• *Caput* com redação determinada pela Lei n. 13.509, de 22-11-2017.

§ 1.º A autoridade judiciária, de ofício ou a requerimento das partes ou do Ministério Público, determinará a oitiva de testemunhas que comprovem a presença de uma das causas de suspensão ou destituição do poder familiar previstas nos arts. 1.637 e 1.638 da Lei n. 10.406, de 10 de janeiro de 2002 (Código Civil), ou no art. 24 desta Lei.

•• § 1.º com redação determinada pela Lei n. 13.509, de 22-11-2017.

§ 2.º (*Revogado pela Lei n. 13.509, de 22-11-2017.*)

§ 3.º Se o pedido importar em modificação de guarda, será obrigatória, desde que possível e razoável, a oitiva da criança ou adolescente, respeitado seu estágio de desenvolvimento e grau de compreensão sobre as implicações da medida.

•• § 3.º acrescentado pela Lei n. 12.010, de 3-8-2009.

§ 4.º É obrigatória a oitiva dos pais sempre que eles forem identificados e estiverem em local conhecido, ressalvados os casos de não comparecimento perante a Justiça quando devidamente citados.

•• § 4.º com redação determinada pela Lei n. 13.509, de 22-11-2017.

§ 5.º Se o pai ou a mãe estiverem privados de liberdade, a autoridade judicial requisitará sua apresentação para a oitiva.

•• § 5.º acrescentado pela Lei n. 12.962, de 8-4-2014.

Art. 162. Apresentada a resposta, a autoridade judiciária dará vista dos autos ao Ministério Público, por cinco dias, salvo quando este for o requerente, designando, desde logo, audiência de instrução e julgamento.

§ 1.º (*Revogado pela Lei n. 13.509, de 22-11-2017.*)

§ 2.º Na audiência, presentes as partes e o Ministério Público, serão ouvidas as testemunhas, colhendo-se oralmente o parecer técnico, salvo quando apresentado por escrito, manifestando-se sucessivamente o requerente, o requerido e o Ministério Público, pelo tempo de 20 (vinte) minutos cada um, prorrogável por mais 10 (dez) minutos.

•• § 2.º com redação determinada pela Lei n. 13.509, de 22-11-2017.

§ 3.º A decisão será proferida na audiência, podendo a autoridade judiciária, excepcionalmente, designar data para sua leitura no prazo máximo de 5 (cinco) dias.

•• § 3.º acrescentado pela Lei n. 13.509, de 22-11-2017.

§ 4.º Quando o procedimento de destituição de poder familiar for iniciado pelo Ministério Público, não haverá necessidade de nomeação de curador especial em favor da criança ou adolescente.

•• § 4.º acrescentado pela Lei n. 13.509, de 22-11-2017.

Art. 163. O prazo máximo para conclusão do procedimento será de 120 (cento e vinte) dias, e caberá ao juiz, no caso de notória inviabilidade de manutenção do poder familiar, dirigir esforços para preparar a criança ou o adolescente com vistas à colocação em família substituta.

•• *Caput* com redação determinada pela Lei n. 13.509, de 22-11-2017.

Parágrafo único. A sentença que decretar a perda ou a suspensão do poder familiar será averbada à margem do registro de nascimento da criança ou do adolescente.

•• Parágrafo único acrescentado pela Lei n. 12.010, de 3-8-2009.

Seção III
Da Destituição da Tutela

Art. 164. Na destituição da tutela, observar-se-á o procedimento para a remoção de tutor previsto na lei processual civil e, no que couber, o disposto na seção anterior.

Seção IV
Da Colocação em Família Substituta

• *Vide* arts. 1.635 a 1.638 do CC.

Art. 165. São requisitos para a concessão de pedidos de colocação em família substituta:

I – qualificação completa do requerente e de seu eventual cônjuge, ou companheiro, com expressa anuência deste;

II – indicação de eventual parentesco do requerente e de seu cônjuge, ou companheiro, com a criança ou adolescente, especificando se tem ou não parente vivo;

III – qualificação completa da criança ou adolescente e de seus pais, se conhecidos;

IV – indicação do cartório onde foi inscrito nascimento, anexando, se possível, uma cópia da respectiva certidão;

V – declaração sobre a existência de bens, direitos ou rendimentos relativos à criança ou ao adolescente.

Parágrafo único. Em se tratando de adoção, observar-se-ão também os requisitos específicos.

• A Lei n. 10.421, de 15-4-2002, estende à mãe adotiva o direito à licença-maternidade e ao salário-maternidade.

Art. 166. Se os pais forem falecidos, tiverem sido destituídos ou suspensos do poder familiar, ou houverem aderido expressamente ao pedido de colocação em família substituta, este poderá ser formulado diretamente em cartório, em petição assinada pelos próprios requerentes, dispensada a assistência de advogado.

•• *Caput* com redação determinada pela Lei n. 12.010, de 3-8-2009.

§ 1.º Na hipótese de concordância dos pais, o juiz:

•• § 1.º com redação determinada pela Lei n. 13.509, de 22-11-2017.

I – na presença do Ministério Público, ouvirá as partes, devidamente assistidas por advogado ou por defensor público, para verificar sua concordância com a adoção, no prazo máximo de 10 (dez) dias, contado da data do protocolo da petição ou da entrega da criança em juízo, tomando por termo as declarações; e

•• Inciso I acrescentado pela Lei n. 13.509, de 22-11-2017.

II – declarará a extinção do poder familiar.

•• Inciso II acrescentado pela Lei n. 13.509, de 22-11-2017.

§ 2.º O consentimento dos titulares do poder familiar será precedido de orientações e esclarecimentos prestados pela equipe interprofissional da Justiça da Infância e da Juventude, em especial, no caso de adoção, sobre a irrevogabilidade da medida.

•• § 2.º acrescentado pela Lei n. 12.010, de 3-8-2009.

§ 3.º São garantidos a livre manifestação de vontade dos detentores do poder familiar e o direito ao sigilo das informações.

•• § 3.º com redação determinada pela Lei n. 13.509, de 22-11-2017.

§ 4.º O consentimento prestado por escrito não terá validade se não for ratificado na audiência a que se refere o § 1.º deste artigo.

•• § 4.º com redação determinada pela Lei n. 13.509, de 22-11-2017.

§ 5.º O consentimento é retratável até a data da realização da audiência especificada no § 1.º deste artigo, e os pais podem exercer o arrependimento no prazo de 10 (dez) dias, contado da data de prolação da sentença de extinção do poder familiar.

•• § 5.º com redação determinada pela Lei n. 13.509, de 22-11-2017.

§ 6.º O consentimento somente terá valor se for dado após o nascimento da criança.

•• § 6.º acrescentado pela Lei n. 12.010, de 3-8-2009.

§ 7.º A família natural e a família substituta receberão a devida orientação por intermédio de equipe técnica interprofissional a serviço da Justiça da Infância e da Juventude, preferencialmente com apoio dos técnicos responsáveis pela execução da política municipal de garantia do direito à convivência familiar.

•• § 7.º com redação determinada pela Lei n. 13.509, de 22-11-2017.

Art. 167. A autoridade judiciária, de ofício ou a requerimento das partes ou do Ministério Público, determinará a realização de estudo social ou, se possível, perícia por equipe interprofissional, decidindo sobre a concessão de guarda provisória, bem como, no caso de adoção, sobre o estágio de convivência.

Parágrafo único. Deferida a concessão da guarda provisória ou do estágio de convivência, a criança ou o adolescente será entregue ao interessado, mediante termo de responsabilidade.

•• Parágrafo único acrescentado pela Lei n. 12.010, de 3-8-2009.

Art. 168. Apresentado o relatório social ou o laudo pericial, e ouvida, sempre que possível, a criança ou o adolescente, dar-se-á vista dos autos ao Ministério Público, pelo prazo de cinco dias, decidindo a autoridade judiciária em igual prazo.

Art. 169. Nas hipóteses em que a destituição da tutela, a perda ou a suspensão do poder familiar constituir pressuposto lógico da medida principal de colocação em família substituta, será observado o procedimento contraditório previsto nas Seções II e III deste Capítulo.

Parágrafo único. A perda ou a modificação da guarda poderá ser decretada nos mesmos autos do procedimento, observado o disposto no art. 35.

Art. 170. Concedida a guarda ou a tutela, observar-se-á o disposto no art. 32, e, quanto à adoção, o contido no art. 47.

Parágrafo único. A colocação de criança ou adolescente sob a guarda de pessoa inscrita em programa de acolhimento familiar será comunicada pela autoridade judiciária à entidade por este responsável no prazo máximo de 5 (cinco) dias.

•• Parágrafo único acrescentado pela Lei n. 12.010, de 3-8-2009.

Seção V
Da Apuração de Ato Infracional Atribuído a Adolescente

Art. 171. O adolescente apreendido por força de ordem judicial será, desde logo, encaminhado à autoridade judiciária.

Art. 172. O adolescente apreendido em flagrante de ato infracional será, desde logo, encaminhado à autoridade policial competente.

Parágrafo único. Havendo repartição policial especializada para atendimento de adolescente e em se tratando de ato infracional praticado em coautoria com maior, prevalecerá a atribuição da repartição especializada, que, após as providências necessárias e conforme o caso, encaminhará o adulto à repartição policial própria.

Art. 173. Em caso de flagrante de ato infracional cometido mediante violência ou grave ameaça a pessoa, a autoridade policial, sem prejuízo do disposto nos arts. 106, parágrafo único, e 107, deverá:

I – lavrar auto de apreensão, ouvidos as testemunhas e o adolescente;

II – apreender o produto e os instrumentos da infração;

III – requisitar os exames ou perícias necessários à comprovação da materialidade e autoria da infração.

Parágrafo único. Nas demais hipóteses de flagrante, a lavratura do auto poderá ser substituída por boletim de ocorrência circunstanciada.

Art. 174. Comparecendo qualquer dos pais ou responsável, o adolescente será prontamente liberado pela autoridade policial, sob termo de compromisso e responsabilidade de sua apresentação ao representante do Ministério Público, no mesmo dia ou, sendo impossível, no primeiro dia útil imediato, exceto quando, pela gravidade do ato infracional e sua repercussão social, deva o adolescente permanecer sob internação para garantia de sua segurança pessoal ou manutenção da ordem pública.

Art. 175. Em caso de não liberação, a autoridade policial encaminhará, desde logo, o adolescente ao representante do Ministério Público, juntamente com cópia do auto de apreensão ou boletim de ocorrência.

§ 1.º Sendo impossível a apresentação imediata, a autoridade policial encaminhará o adolescente a entidade de atendimento, que fará a apresentação ao representante do Ministério Público no prazo de vinte e quatro horas.

§ 2.º Nas localidades onde não houver entidade de atendimento, a apresentação far-se-á pela autoridade policial. À falta de repartição policial especializada, o adolescente aguardará a apresentação em dependência separada da destinada a maiores, não podendo, em qualquer hipótese, exceder o prazo referido no parágrafo anterior.

Art. 176. Sendo o adolescente liberado, a autoridade policial encaminhará imediatamente ao representante do Ministério Público cópia do auto de apreensão ou boletim de ocorrência.

Art. 177. Se, afastada a hipótese de flagrante, houver indícios de participação de adolescente na prática de ato infracional, a autoridade policial encaminhará ao representante do Ministério Público relatório das investigações e demais documentos.

Art. 178. O adolescente a quem se atribua autoria de ato infracional não poderá ser conduzido ou transportado em compartimento fechado de veículo policial, em condições atentatórias à sua dignidade, ou que impliquem risco à sua integridade física ou mental, sob pena de responsabilidade.

Art. 179. Apresentado o adolescente, o representante do Ministério Público, no mesmo dia e à vista do auto de apreensão, boletim de ocorrência ou relatório policial, devidamente autuados pelo cartório judicial e com informação sobre os antecedentes do adolescente, procederá imediata e informalmente à sua oitiva e, em sendo possível, de seus pais ou responsável, vítima e testemunhas.

Parágrafo único. Em caso de não apresentação, o representante do Ministério Público notificará os pais ou responsável para apresentação do adolescente, podendo requisitar o concurso das Polícias Civil e Militar.

Art. 180. Adotadas as providências a que alude o artigo anterior, o representante do Ministério Público poderá:

I – promover o arquivamento dos autos;

II – conceder a remissão;

III – representar à autoridade judiciária para aplicação de medida socioeducativa.

•• *Vide* Súmula 108 do STJ.

Art. 181. Promovido o arquivamento dos autos ou concedida a remissão pelo representante do Ministério Público, mediante termo fundamentado, que conterá o resumo dos fatos, os autos serão conclusos à autoridade judiciária para homologação.

§ 1.º Homologado o arquivamento ou a remissão, a autoridade judiciária determinará, conforme o caso, o cumprimento da medida.

§ 2.º Discordando, a autoridade judiciária fará remessa dos autos ao Procurador-Geral de Justiça, mediante despacho fundamentado, e este oferecerá representação, designará outro membro do Ministério Público para apresentá-la, ou ratificará o arquivamento ou a remissão, que só então estará a autoridade judiciária obrigada a homologar.

Art. 182. Se, por qualquer razão, o representante do Ministério Público não promover o arquivamento ou conceder a remissão, oferecerá representação à autoridade judiciária, propondo a instauração de procedimento para aplicação da medida socioeducativa que se afigurar a mais adequada.

• *Vide* Súmula 108 do STJ.

§ 1.º A representação será oferecida por petição, que conterá o breve resumo dos fatos e a classificação do ato infracional e, quando necessário, o rol de testemunhas, podendo ser deduzida oralmente, em sessão diária instalada pela autoridade judiciária.

§ 2.º A representação independe de prova pré-constituída da autoria e materialidade.

Art. 183. O prazo máximo e improrrogável para a conclusão do procedimento, estando o adolescente internado provisoriamente, será de quarenta e cinco dias.

Art. 184. Oferecida a representação, a autoridade judiciária designará audiência de apresentação do adolescente, decidindo, desde logo, sobre a decretação ou manutenção da internação, observado o disposto no art. 108 e parágrafo.

§ 1.º O adolescente e seus pais ou responsável serão cientificados do teor da representação, e notificados a comparecer à audiência, acompanhados de advogado.

§ 2.º Se os pais ou responsável não forem localizados, a autoridade judiciária dará curador especial ao adolescente.

§ 3.º Não sendo localizado o adolescente, a autoridade judiciária expedirá mandado de busca e apreensão, determinando o sobrestamento do feito, até a efetiva apresentação.

§ 4.º Estando o adolescente internado, será requisitada a sua apresentação, sem prejuízo da notificação dos pais ou responsável.

Art. 185. A internação, decretada ou mantida pela autoridade judiciária, não poderá ser cumprida em estabelecimento prisional.

§ 1.º Inexistindo na comarca entidade com as características definidas no art. 123, o adolescente deverá ser imediatamente transferido para a localidade mais próxima.

§ 2.º Sendo impossível a pronta transferência, o adolescente aguardará sua remoção em repartição policial, desde que em seção isolada dos adultos e com instalações apropriadas, não podendo ultrapassar o prazo máximo de cinco dias, sob pena de responsabilidade.

Art. 186. Comparecendo o adolescente, seus pais ou responsável, a autoridade judiciária procederá à oitiva dos mesmos, podendo solicitar opinião de profissional qualificado.

•• *Vide* Súmula 342 do STF.

§ 1.º Se a autoridade judiciária entender adequada a remissão, ouvirá o representante do Ministério Público, proferindo decisão.

§ 2.º Sendo o fato grave, passível de aplicação de medida de internação ou colocação em regime de semiliberdade, a autoridade judiciária, verificando que o adolescente não possui advogado constituído, nomeará defensor, designando, desde logo, audiência em continuação, podendo determinar a realização de diligências e estudo do caso.

§ 3.º O advogado constituído ou o defensor nomeado, no prazo de três dias contado da audiência de apresentação, oferecerá defesa prévia e rol de testemunhas.

§ 4.º Na audiência em continuação, ouvidas as testemunhas arroladas na representação e na defesa prévia, cumpridas as diligências e juntado o relatório da equipe interprofissional, será dada a palavra ao representante do Ministério Público e ao defensor, sucessivamente, pelo tempo de vinte minutos para cada um, prorrogável por mais dez, a critério da autoridade judiciária, que em seguida proferirá decisão.

Art. 187. Se o adolescente, devidamente notificado, não comparecer, injustificadamente, à audiência de apresentação, a autoridade judiciária designará nova data, determinando sua condução coercitiva.

Art. 188. A remissão, como forma de extinção ou suspensão do processo, poderá ser aplicada em qualquer fase do procedimento, antes da sentença.

Art. 189. A autoridade judiciária não aplicará qualquer medida, desde que reconheça na sentença:

I – estar provada a inexistência do fato;

II – não haver prova da existência do fato;

III – não constituir o fato ato infracional;

IV – não existir prova de ter o adolescente concorrido para o ato infracional.

Parágrafo único. Na hipótese deste artigo, estando o adolescente internado, será imediatamente colocado em liberdade.

Art. 190. A intimação da sentença que aplicar medida de internação ou regime de semiliberdade será feita:

I – ao adolescente e ao seu defensor;

II – quando não for encontrado o adolescente, a seus pais ou responsável, sem prejuízo do defensor.

§ 1.º Sendo outra a medida aplicada, a intimação far-se-á unicamente na pessoa do defensor.

§ 2.º Recaindo a intimação na pessoa do adolescente, deverá este manifestar se deseja ou não recorrer da sentença.

Seção V-A

Da Infiltração de Agentes de Polícia para a Investigação de Crimes contra a Dignidade Sexual de Criança e de Adolescente

•• Seção V-A acrescentada pela Lei n. 13.441, de 8-5-2017.

Art. 190-A. A infiltração de agentes de polícia na internet com o fim de investigar os crimes previstos nos arts. 240, 241, 241-A, 241-B, 241-C e 241-D desta Lei e nos arts. 154-A, 217-A, 218, 218-A e 218-B do Decreto-lei n. 2.848, de 7 de dezembro de 1940 (Código Penal), obedecerá às seguintes regras:

•• *Caput* acrescentado pela Lei n. 13.441, de 8-5-2017.

I – será precedida de autorização judicial devidamente circunstanciada e fundamentada, que estabelecerá os limites da infiltração para obtenção de prova, ouvido o Ministério Público;

•• Inciso I acrescentado pela Lei n. 13.441, de 8-5-2017.

II – dar-se-á mediante requerimento do Ministério Público ou representação de delegado de polícia e conterá a demonstração de sua necessidade, o alcance das tarefas dos policiais, os nomes ou apelidos das pessoas investigadas e, quando possível, os dados de conexão ou cadastrais que permitam a identificação dessas pessoas;

•• Inciso II acrescentado pela Lei n. 13.441, de 8-5-2017.

III – não poderá exceder o prazo de 90 (noventa) dias, sem prejuízo de eventuais renovações, desde que o total não exceda a 720 (setecentos e vinte) dias e seja demonstrada sua efetiva necessidade, a critério da autoridade judicial.

•• Inciso III acrescentado pela Lei n. 13.441, de 8-5-2017.

§ 1.º A autoridade judicial e o Ministério Público poderão requisitar relatórios parciais da operação de infiltração antes do término do prazo de que trata o inciso II do § 1.º deste artigo.

•• § 1.º acrescentado pela Lei n. 13.441, de 8-5-2017.

§ 2.º Para efeitos do disposto no inciso I do § 1.º deste artigo, consideram-se:

•• § 2.º, *caput*, acrescentado pela Lei n. 13.441, de 8-5-2017.

I – dados de conexão: informações referentes a hora, data, início, término, duração, endereço de Protocolo de Internet (IP) utilizado e terminal de origem da conexão;

•• Inciso I acrescentado pela Lei n. 13.441, de 8-5-2017.

II – dados cadastrais: informações referentes a nome e endereço de assinante ou de usuário registrado ou autenticado para a conexão a quem endereço de IP, identificação de usuário ou código de acesso tenha sido atribuído no momento da conexão.

•• Inciso II acrescentado pela Lei n. 13.441, de 8-5-2017.

§ 3.º A infiltração de agentes de polícia na internet não será admitida se a prova puder ser obtida por outros meios.

•• § 3.º acrescentado pela Lei n. 13.441, de 8-5-2017.

Art. 190-B. As informações da operação de infiltração serão encaminhadas diretamente ao juiz responsável pela autorização da medida, que zelará por seu sigilo.

•• *Caput* acrescentado pela Lei n. 13.441, de 8-5-2017.

Parágrafo único. Antes da conclusão da operação, o acesso aos autos será reservado ao juiz, ao Ministério Público e ao delegado de polícia responsável pela operação, com o objetivo de garantir o sigilo das investigações.

•• Parágrafo único acrescentado pela Lei n. 13.441, de 8-5-2017.

Art. 190-C. Não comete crime o policial que oculta a sua identidade para, por meio da internet, colher indícios de autoria e materialidade dos crimes previstos nos arts. 240, 241, 241-A, 241-B, 241-C e 241-D desta Lei e nos arts. 154-A, 217-A, 218, 218-A e 218-B do Decreto-lei n. 2.848, de 7 de dezembro de 1940 (Código Penal).

•• *Caput* acrescentado pela Lei n. 13.441, de 8-5-2017.

Parágrafo único. O agente policial infiltrado que deixar de observar a estrita finalidade da investigação responderá pelos excessos praticados.

•• Parágrafo único acrescentado pela Lei n. 13.441, de 8-5-2017.

Art. 190-D. Os órgãos de registro e cadastro público poderão incluir nos bancos de dados próprios, mediante procedimento sigiloso e requisição da autoridade judicial, as informações necessárias à efetividade da identidade fictícia criada.

•• *Caput* acrescentado pela Lei n. 13.441, de 8-5-2017.

Parágrafo único. O procedimento sigiloso de que trata esta Seção será numerado e tombado em livro específico.

•• Parágrafo único acrescentado pela Lei n. 13.441, de 8-5-2017.

Art. 190-E. Concluída a investigação, todos os atos eletrônicos praticados durante a operação deverão ser registrados, gravados, armazenados e encaminhados ao juiz e ao Ministério Público, juntamente com relatório circunstanciado.

•• *Caput* acrescentado pela Lei n. 13.441, de 8-5-2017.

Parágrafo único. Os atos eletrônicos registrados citados no *caput* deste artigo serão reunidos em autos apartados e apensados ao processo criminal juntamente com o inquérito policial, assegurando-se a preservação da identidade do agente policial infiltrado e a intimidade das crianças e dos adolescentes envolvidos.

•• Parágrafo único acrescentado pela Lei n. 13.441, de 8-5-2017.

Seção VI

Da Apuração de Irregularidades em Entidade de Atendimento

Art. 191. O procedimento de apuração de irregularidades em entidade governamental e não governamental terá início mediante portaria da autoridade judiciária ou representação do Ministério Público ou do Conselho Tutelar, onde conste, necessariamente, resumo dos fatos.

Parágrafo único. Havendo motivo grave, poderá a autoridade judiciária, ouvido o Ministério Público, decretar liminarmente o afastamento provisório do dirigente da entidade, mediante decisão fundamentada.

Art. 192. O dirigente da entidade será citado para, no prazo de dez dias, oferecer resposta escrita, podendo juntar documentos e indicar as provas a produzir.

Art. 193. Apresentada ou não a resposta, e sendo necessário, a autoridade judiciária designará audiência de instrução e julgamento, intimando as partes.

§ 1.º Salvo manifestação em audiência, as partes e o Ministério Público terão cinco dias para oferecer alegações finais, decidindo a autoridade judiciária em igual prazo.

§ 2.º Em se tratando de afastamento provisório ou definitivo de dirigente de entidade governamental, a autoridade judiciária oficiará à autoridade administrativa imediatamente superior ao afastado, marcando prazo para a substituição.

§ 3.º Antes de aplicar qualquer das medidas, a autoridade judiciária poderá fixar prazo para a remoção das irregularidades verificadas. Satisfeitas as exigências, o processo será extinto, sem julgamento de mérito.

§ 4.º A multa e a advertência serão impostas ao dirigente da entidade ou programa de atendimento.

Seção VII

Da Apuração de Infração Administrativa às Normas de Proteção à Criança e ao Adolescente

Art. 194. O procedimento para imposição de penalidade administrativa por infração às normas de proteção à criança e ao adolescente terá início por representação do Ministério Público, ou do Conselho Tutelar, ou auto de infração elaborado por servidor efetivo ou voluntário credenciado, e assinado por duas testemunhas, se possível.

§ 1.º No procedimento iniciado com o auto de infração, poderão ser usadas fórmulas impressas, especificando-se a natureza e as circunstâncias da infração.

§ 2.º Sempre que possível, à verificação da infração seguir-se-á a lavratura do auto, certificando-se, em caso contrário, dos motivos do retardamento.

Art. 195. O requerido terá prazo de dez dias para apresentação de defesa, contado da data da intimação, que será feita:

I – pelo autuante, no próprio auto, quando este for lavrado na presença do requerido;

II – por oficial de justiça ou funcionário legalmente habilitado, que entregará cópia do auto ou da representação ao requerido, ou a seu representante legal, lavrando certidão;

III – por via postal, com aviso de recebimento, se não for encontrado o requerido ou seu representante legal;

IV – por edital, com prazo de trinta dias, se incerto ou não sabido o paradeiro do requerido ou de seu representante legal.

Art. 196. Não sendo apresentada a defesa no prazo legal, a autoridade judiciária dará vista dos autos ao Ministério Público, por cinco dias, decidindo em igual prazo.

Art. 197. Apresentada a defesa, a autoridade judiciária procederá na conformidade do artigo anterior, ou, sendo necessário, designará audiência de instrução e julgamento.

Parágrafo único. Colhida a prova oral, manifestar-se-ão sucessivamente o Ministério Público e o procurador do requerido, pelo tempo de vinte minutos para cada um, prorrogável por mais dez, a critério da autoridade judiciária, que em seguida proferirá sentença.

Seção VIII

Da Habilitação de Pretendentes à Adoção

•• Seção VIII acrescentada pela Lei n. 12.010, de 3-8-2009.

Art. 197-A. Os postulantes à adoção, domiciliados no Brasil, apresentarão petição inicial na qual conste:

I – qualificação completa;

II – dados familiares;

III – cópias autenticadas de certidão de nascimento ou casamento, ou declaração relativa ao período de união estável;

IV – cópias da cédula de identidade e inscrição no Cadastro de Pessoas Físicas;

V – comprovante de renda e domicílio;

VI – atestados de sanidade física e mental;

VII – certidão de antecedentes criminais;

VIII – certidão negativa de distribuição cível.

•• Artigo acrescentado pela Lei n. 12.010, de 3-8-2009.

Art. 197-B. A autoridade judiciária, no prazo de 48 (quarenta e oito) horas, dará vista dos autos ao Ministério Público, que no prazo de 5 (cinco) dias poderá:

I – apresentar quesitos a serem respondidos pela equipe interprofissional encarregada de elaborar o estudo técnico a que se refere o art. 197-C desta Lei;

II – requerer a designação de audiência para oitiva dos postulantes em juízo e testemunhas;

III – requerer a juntada de documentos complementares e a realização de outras diligências que entender necessárias.

•• Artigo acrescentado pela Lei n. 12.010, de 3-8-2009.

Art. 197-C. Intervirá no feito, obrigatoriamente, equipe interprofissional a serviço da Justiça da Infância e da Juventude, que deverá elaborar estudo psicossocial, que conterá subsídios que permitam aferir a capacidade e o preparo dos postulantes para o exercício de uma paternidade ou maternidade responsável, à luz dos requisitos e princípios desta Lei.

•• *Caput* acrescentado pela Lei n. 12.010, de 3-8-2009.

§ 1.º É obrigatória a participação dos postulantes em programa oferecido pela Justiça da Infância e da Juventude, preferencialmente com apoio dos técnicos responsáveis pela execução da política municipal de garantia do direito à convivência familiar e dos grupos de apoio à adoção devidamente habilitados perante a Justiça da Infância e da Juventude, que inclua preparação psicológica, orientação e estímulo à adoção inter-racial, de crianças ou de adolescentes com deficiência, com doenças crônicas ou com necessidades específicas de saúde, e de grupos de irmãos.

•• § 1.º com redação determinada pela Lei n. 13.509, de 22-11-2017.

§ 2.º Sempre que possível e recomendável, a etapa obrigatória da preparação referida no § 1.º deste artigo incluirá o contato com crianças e adolescentes em regime de acolhimento familiar ou institucional, a ser realizado sob orientação, supervisão e avaliação da equipe técnica da Justiça da Infância e da Juventude e dos grupos de apoio à adoção, com apoio dos técnicos responsáveis pelo programa de acolhimento familiar e institucional e pela execução da política municipal de garantia do direito à convivência familiar.

•• § 2.º com redação determinada pela Lei n. 13.509, de 22-11-2017.

§ 3.º É recomendável que as crianças e os adolescentes acolhidos institucionalmente ou por família acolhedora sejam preparados por equipe interprofissional antes da inclusão em família adotiva.

•• § 3.º acrescentado pela Lei n. 13.509, de 22-11-2017.

Art. 197-D. Certificada nos autos a conclusão da participação no programa referido no art. 197-C desta Lei, a autoridade judiciária, no prazo de 48 (quarenta e oito) horas, decidirá acerca das diligências requeridas pelo Ministério Público e determinará a juntada do estudo psicossocial, designando, conforme o caso, audiência de instrução e julgamento.

•• *Caput* acrescentado pela Lei n. 12.010, de 3-8-2009.

Parágrafo único. Caso não sejam requeridas diligências, ou sendo essas indeferidas, a autoridade judiciária determinará a juntada do estudo psicossocial, abrindo a seguir vista dos autos ao Ministério Público, por 5 (cinco) dias, decidindo em igual prazo.

•• Parágrafo único acrescentado pela Lei n. 12.010, de 3-8-2009.

Art. 197-E. Deferida a habilitação, o postulante será inscrito nos cadastros referidos no art. 50 desta Lei, sendo a sua convocação para a adoção feita de acordo com ordem cronológica de habilitação e conforme a disponibilidade de crianças ou adolescentes adotáveis.

•• *Caput* acrescentado pela Lei n. 12.010, de 3-8-2009.

§ 1.º A ordem cronológica das habilitações somente poderá deixar de ser observada pela autoridade judiciária nas hipóteses previstas no § 13 do art. 50 desta Lei, quando comprovado ser essa a melhor solução no interesse do adotando.

•• § 1.º acrescentado pela Lei n. 12.010, de 3-8-2009.

§ 2.º A habilitação à adoção deverá ser renovada no mínimo trienalmente mediante avaliação por equipe interprofissional.

•• § 2.º com redação determinada pela Lei n. 13.509, de 22-11-2017.

§ 3.º Quando o adotante candidatar-se a uma nova adoção, será dispensável a renovação da habilitação, bastando a avaliação por equipe interprofissional.

•• § 3.º acrescentado pela Lei n. 13.509, de 22-11-2017.

§ 4.º Após 3 (três) recusas injustificadas, pelo habilitado, à adoção de crianças ou adolescentes indicados dentro do perfil escolhido, haverá reavaliação da habilitação concedida.

•• § 4.º acrescentado pela Lei n. 13.509, de 22-11-2017.

§ 5.º A desistência do pretendente em relação à guarda para fins de adoção ou a devolução da criança ou do adolescente depois do trânsito em julgado da sentença de adoção importará na sua exclusão dos cadastros de adoção e na vedação de renovação da habilitação, salvo decisão judicial fundamentada, sem prejuízo das demais sanções previstas na legislação vigente.

•• § 5.º acrescentado pela Lei n. 13.509, de 22-11-2017.

Art. 197-F. O prazo máximo para conclusão da habilitação à adoção será de 120 (cento e vinte) dias, prorrogável por igual período, mediante decisão fundamentada da autoridade judiciária.

•• Artigo acrescentado pela Lei n. 13.509, de 22-11-2017.

Capítulo IV
DOS RECURSOS

Art. 198. Nos procedimentos afetos à Justiça da Infância e da Juventude, inclusive os relativos à execução das medidas socioeducativas, adotar-se-á o sistema recursal da Lei n. 5.869, de 11 de janeiro de 1973 (Código de Processo Civil), com as seguintes adaptações:

•• *Caput* com redação determinada pela Lei n. 12.594, de 18-1-2012.

I – os recursos serão interpostos independentemente de preparo;

II – em todos os recursos, salvo nos embargos de declaração, o prazo para o Ministério Público e para a defesa será sempre de 10 (dez) dias;

•• Inciso II com redação determinada pela Lei n. 12.594, de 18-1-2012.

III – os recursos terão preferência de julgamento e dispensarão revisor;

IV a VI – (*Revogados pela Lei n. 12.010, de 3-8-2009.*)

VII – antes de determinar a remessa dos autos à superior instância, no caso de apelação, ou do instrumento, no caso de agravo, a autoridade judiciária proferirá despacho fundamentado, mantendo ou reformando a decisão, no prazo de cinco dias;

VIII – mantida a decisão apelada ou agravada, o escrivão remeterá os autos ou o instrumento à superior instância dentro de vinte e quatro horas, independentemente de novo pedido do recorrente; se a reformar, a remessa dos autos dependerá de pedido expresso da parte interessada ou do Ministério Público, no prazo de cinco dias, contados da intimação.

Art. 199. Contra as decisões proferidas com base no art. 149 caberá recurso de apelação.

Art. 199-A. A sentença que deferir a adoção produz efeito desde logo, embora sujeita a apelação, que será recebida exclusivamente no efeito devolutivo, salvo se se tratar de adoção internacional ou se houver perigo de dano irreparável ou de difícil reparação ao adotando.

•• Artigo acrescentado pela Lei n. 12.010, de 3-8-2009.

Art. 199-B. A sentença que destituir ambos ou qualquer dos genitores do poder familiar fica sujeita a apelação, que deverá ser recebida apenas no efeito devolutivo.

• Artigo acrescentado pela Lei n. 12.010, de 3-8-2009.

Art. 199-C. Os recursos nos procedimentos de adoção e de destituição de poder familiar, em face da relevância das questões, serão processados com prioridade absoluta, devendo ser imediatamente distribuídos, ficando vedado que aguardem, em qualquer situação, oportuna distribuição, e serão colocados em mesa para julgamento sem revisão e com parecer urgente do Ministério Público.

•• Artigo acrescentado pela Lei n. 12.010, de 3-8-2009.

Art. 199-D. O relator deverá colocar o processo em mesa para julgamento no prazo máximo de 60 (sessenta) dias, contado da sua conclusão.

•• *Caput* acrescentado pela Lei n. 12.010, de 3-8-2009.

Parágrafo único. O Ministério Público será intimado da data do julgamento e poderá na sessão, se entender necessário, apresentar oralmente seu parecer.

•• Parágrafo único acrescentado pela Lei n. 12.010, de 3-8-2009.

Art. 199-E. O Ministério Público poderá requerer a instauração de procedimento para apuração de responsabilidades se constatar o descumprimento das providências e do prazo previstos nos artigos anteriores.

•• Artigo acrescentado pela Lei n. 12.010, de 3-8-2009.

Capítulo V
DO MINISTÉRIO PÚBLICO

Art. 200. As funções do Ministério Público, previstas nesta Lei, serão exercidas nos termos da respectiva Lei Orgânica.

Art. 201. Compete ao Ministério Público:

I – conceder a remissão como forma de exclusão do processo;

II – promover e acompanhar os procedimentos relativos às infrações atribuídas a adolescentes;

III – promover e acompanhar as ações de alimentos e os procedimentos de suspensão e destituição do poder familiar, nomeação e remoção de tutores, curadores e guardiães, bem como oficiar em todos os demais procedimentos da competência da Justiça da Infância e da Juventude;

•• *Vide* Súmula 594 do STJ.

IV – promover, de ofício ou por solicitação dos interessados, a especialização e a inscrição de hipoteca legal e a prestação de contas dos tutores, curadores e quaisquer administradores de bens de crianças e adolescentes nas hipóteses do art. 98;

V – promover o inquérito civil e a ação civil pública para a proteção dos interesses individuais, difusos ou coletivos relativos à infância e à adolescência, inclusive os definidos no art. 220, § 3.º, inciso II, da Constituição Federal;

VI – instaurar procedimentos administrativos e, para instruí-los:

a) expedir notificações para colher depoimentos ou esclarecimentos e, em caso de não comparecimento injustificado, requisitar condução coercitiva, inclusive pela polícia civil ou militar;

b) requisitar informações, exames, perícias e documentos de autoridades municipais, estaduais e federais, da administração direta ou indireta, bem como promover inspeções e diligências investigatórias;

c) requisitar informações e documentos a particulares e instituições privadas;

VII – instaurar sindicâncias, requisitar diligências investigatórias e determinar a instauração de inquérito policial, para apuração de ilícitos ou infrações às normas de proteção à infância e à juventude;

VIII – zelar pelo efetivo respeito aos direitos e garantias legais assegurados às crianças e adolescentes, promovendo as medidas judiciais e extrajudiciais cabíveis;

IX – impetrar mandado de segurança, de injunção e *habeas corpus*, em qualquer juízo, instância ou tribunal, na defesa dos interesses sociais e individuais indisponíveis afetos à criança e ao adolescente;

X – representar ao juízo visando à aplicação de penalidade por infrações cometidas contra as normas de proteção à infância e à juventude, sem prejuízo da promoção da responsabilidade civil e penal do infrator, quando cabível;

XI – inspecionar as entidades públicas e particulares de atendimento e os programas de que trata esta Lei, adotando de pronto as medidas administrativas ou judiciais necessárias à remoção de irregularidades porventura verificadas;

XII – requisitar força policial, bem como a colaboração dos serviços médicos, hospitalares, educacionais e de assistência social, públicos ou privados, para o desempenho de suas atribuições;

XIII – intervir, quando não for parte, nas causas cíveis e criminais decorrentes de violência doméstica e familiar contra a criança e o adolescente.

•• Inciso XIII acrescentado pela Lei n. 14.344, de 24-5-2022.

§ 1.º A legitimação do Ministério Público para as ações cíveis previstas neste artigo não impede a de terceiros, nas mesmas hipóteses, segundo dispuserem a Constituição e esta Lei.

§ 2.º As atribuições constantes deste artigo não excluem outras, desde que compatíveis com a finalidade do Ministério Público.

§ 3.º O representante do Ministério Público, no exercício de suas funções, terá livre acesso a todo local onde se encontre criança ou adolescente.

§ 4.º O representante do Ministério Público será responsável pelo uso indevido das informações e documentos que requisitar, nas hipóteses legais de sigilo.

§ 5.º Para o exercício da atribuição de que trata o inciso VIII deste artigo, poderá o representante do Ministério Público:

a) reduzir a termo as declarações do reclamante, instaurando o competente procedimento, sob sua presidência;

b) entender-se diretamente com a pessoa ou autoridade reclamada, em dia, local e horário previamente notificados ou acertados;

c) efetuar recomendações visando à melhoria dos serviços públicos e de relevância pública afetos à criança e ao adolescente, fixando prazo razoável para sua perfeita adequação.

Art. 202. Nos processos e procedimentos em que não for parte, atuará obrigatoriamente o Ministério Público na defesa dos direitos e interesses de que cuida esta Lei, hipótese em que terá vista dos autos depois das partes, podendo juntar documentos e requerer diligências, usando os recursos cabíveis.

Art. 203. A intimação do Ministério Público, em qualquer caso, será feita pessoalmente.

Art. 204. A falta de intervenção do Ministério Público acarreta a nulidade do feito, que será declarada de ofício pelo juiz ou a requerimento de qualquer interessado.

Art. 205. As manifestações processuais do representante do Ministério Público deverão ser fundamentadas.

Capítulo VI
DO ADVOGADO

Art. 206. A criança ou o adolescente, seus pais ou responsável, e qualquer pessoa que tenha legítimo interesse na solução da lide poderão intervir nos procedimentos de que trata esta Lei, através de advogado, o qual será intimado para todos os atos, pessoalmente ou por publicação oficial, respeitado o segredo de justiça.

Parágrafo único. Será prestada assistência judiciária integral e gratuita àqueles que dela necessitarem.

Art. 207. Nenhum adolescente a quem se atribua a prática de ato infracional, ainda que ausente ou foragido, será processado sem defensor.

§ 1.º Se o adolescente não tiver defensor, ser-lhe-á nomeado pelo juiz, ressalvado o direito de, a todo tempo, constituir outro de sua preferência.

§ 2.º A ausência do defensor não determinará o adiamento de nenhum ato do processo, devendo o juiz nomear substituto, ainda que provisoriamente, ou para o só efeito do ato.

§ 3.º Será dispensada a outorga de mandato, quando se tratar de defensor nomeado ou, sendo constituído, tiver sido indicado por ocasião de ato formal com a presença da autoridade judiciária.

Capítulo VII
DA PROTEÇÃO JUDICIAL DOS INTERESSES INDIVIDUAIS, DIFUSOS E COLETIVOS

Art. 208. Regem-se pelas disposições desta Lei as ações de responsabilidade por ofensa aos direitos assegurados à criança e ao adolescente, referentes ao não oferecimento ou oferta irregular:

I – do ensino obrigatório;

II – de atendimento educacional especializado aos portadores de deficiência;

III – de atendimento em creche e pré-escola às crianças de zero a cinco anos de idade;

•• Inciso III com redação determinada pela Lei n. 13.306, de 4-7-2016.

IV – de ensino noturno regular, adequado às condições do educando;

V – de programas suplementares de oferta de material didático-escolar, transporte e assistência à saúde do educando do ensino fundamental;

VI – de serviço de assistência social visando à proteção à família, à maternidade, à infância e à adolescência, bem como ao amparo às crianças e adolescentes que dele necessitem;

VII – de acesso às ações e serviços de saúde;

VIII – de escolarização e profissionalização dos adolescentes privados de liberdade;

IX – de ações, serviços e programas de orientação, apoio e promoção social de famílias e destinados ao pleno exercício do direito à convivência familiar por crianças e adolescentes;

•• Inciso IX acrescentado pela Lei n. 12.010, de 3-8-2009.

X – de programas de atendimento para a execução das medidas socioeducativas e aplicação de medidas de proteção;

•• Inciso X acrescentado pela Lei n. 12.594, de 18-1-2012.

XI – de políticas e programas integrados de atendimento à criança e ao adolescente vítima ou testemunha de violência.

•• Inciso XI acrescentado pela Lei n. 13.431, de 4-4-2017.

§ 1.º As hipóteses previstas neste artigo não excluem da proteção judicial outros interesses individuais, difusos ou coletivos, próprios da infância e da adolescência, protegidos pela Constituição e pela Lei.

•• Primitivo parágrafo único transformado em § 1.º pela Lei n. 11.259, de 30-12-2005.

§ 2.º A investigação do desaparecimento de crianças ou adolescentes será realizada imediatamente após notificação aos órgãos competentes, que deverão comunicar o fato aos portos, aeroportos, Polícia Rodoviária e companhias de transporte interestaduais e internacionais, fornecendo-lhes todos os dados necessários à identificação do desaparecido.

•• § 2.º acrescentado pela Lei n. 11.259, de 30-12-2005.

• A Lei n. 12.127, de 17-12-2009, cria o Cadastro Nacional de Crianças e Adolescentes Desaparecidos.

Art. 209. As ações previstas neste Capítulo serão propostas no foro do local onde ocorreu ou deva ocorrer a ação ou omissão, cujo juízo terá competência absoluta para processar a causa, ressalvadas a competência da Justiça Federal e a competência originária dos Tribunais Superiores.

Art. 210. Para as ações cíveis fundadas em interesses coletivos ou difusos, consideram-se legitimados concorrentemente:

I – o Ministério Público;

II – a União, os Estados, os Municípios, o Distrito Federal e os Territórios;

III – as associações legalmente constituídas há pelo menos um ano e que incluam entre seus fins institucionais a defesa dos interesses e direitos protegidos por esta Lei, dispensada a autorização da assembleia, se houver prévia autorização estatutária.

§ 1.º Admitir-se-á litisconsórcio facultativo entre os Ministérios Públicos da União e dos Estados na defesa dos interesses e direitos de que cuida esta Lei.

§ 2.º Em caso de desistência ou abandono da ação por associação legitimada, o Ministério Público ou outro legitimado poderá assumir a titularidade ativa.

Art. 211. Os órgãos públicos legitimados poderão tomar dos interessados compromisso de ajustamento de sua conduta às exigências legais, o qual terá eficácia de título executivo extrajudicial.

Art. 212. Para defesa dos direitos e interesses protegidos por esta Lei, são admissíveis todas as espécies de ações pertinentes.

§ 1.º Aplicam-se às ações previstas neste Capítulo as normas do Código de Processo Civil.

§ 2.º Contra atos ilegais ou abusivos de autoridade pública ou agente de pessoa jurídica no exercício de atribuições do Poder Público, que lesem direito líquido e certo previsto nesta Lei, caberá ação mandamental, que se regerá pelas normas da lei do mandado de segurança.

Art. 213. Na ação que tenha por objeto o cumprimento de obrigação de fazer ou não fazer, o juiz concederá a tutela específica da obrigação ou determinará providências que assegurem o resultado prático equivalente ao do adimplemento.

§ 1.º Sendo relevante o fundamento da demanda e havendo justificado receio de ineficácia do provimento final, é lícito ao juiz conceder a tutela liminarmente ou após justificação prévia, citando o réu.

§ 2.º O juiz poderá, na hipótese do parágrafo anterior ou na sentença, impor multa diária ao réu, independentemente de pedido do autor, se for suficiente ou compatível com a obrigação, fixando prazo razoável para o cumprimento do preceito.

§ 3.º A multa só será exigível do réu após o trânsito em julgado da sentença favorável ao autor, mas será devida desde o dia em que se houver configurado o descumprimento.

Art. 214. Os valores das multas reverterão ao fundo gerido pelo Conselho dos Direitos da Criança e do Adolescente do respectivo município.

§ 1.º As multas não recolhidas até trinta dias após o trânsito em julgado da decisão serão exigidas através de execução promovida pelo Ministério Público, nos mesmos autos, facultada igual iniciativa aos demais legitimados.

§ 2.º Enquanto o fundo não for regulamentado, o dinheiro ficará depositado em estabelecimento oficial de crédito, em conta com correção monetária.

Art. 215. O juiz poderá conferir efeito suspensivo aos recursos, para evitar dano irreparável à parte.

Art. 216. Transitada em julgado a sentença que impuser condenação ao Poder Público, o juiz determinará a remessa de peças à autoridade competente, para apuração da responsabilidade civil e administrativa do agente a que se atribua a ação ou omissão.

Art. 217. Decorridos sessenta dias do trânsito em julgado da sentença condenatória sem que a associação autora lhe promova a execução, deverá fazê-lo o Ministério Público, facultada igual iniciativa aos demais legitimados.

Art. 218. O juiz condenará a associação autora a pagar ao réu os honorários advocatícios arbitrados na conformidade do § 4.º do art. 20 da Lei n. 5.869, de 11 de janeiro de 1973 – Código de Processo Civil, quando reconhecer que a pretensão é manifestamente infundada.

Parágrafo único. Em caso de litigância de má-fé, a associação autora e os diretores responsáveis pela propositura da ação serão solidariamente condenados ao décuplo das custas, sem prejuízo de responsabilidade por perdas e danos.

Art. 219. Nas ações de que trata este Capítulo, não haverá adiantamento de custas, emolumentos, honorários periciais e quaisquer outras despesas.

Art. 220. Qualquer pessoa poderá e o servidor público deverá provocar a iniciativa do Ministério Público, prestando-lhe informações sobre fatos que constituam objeto de ação civil, e indicando-lhe os elementos de convicção.

Art. 221. Se, no exercício de suas funções, os juízes e tribunais tiverem conhecimento de fatos que possam ensejar a propositura de ação civil, remeterão peças ao Ministério Público para as providências cabíveis.

Art. 222. Para instruir a petição inicial, o interessado poderá requerer às autoridades competentes as certidões e informações que julgar necessárias, que serão fornecidas no prazo de quinze dias.

Art. 223. O Ministério Público poderá instaurar, sob sua presidência, inquérito civil, ou requisitar, de qualquer pessoa, organismo público ou particular, certidões, informações, exames ou perícias, no prazo que assinalar, o qual não poderá ser inferior a dez dias úteis.

§ 1.º Se o órgão do Ministério Público, esgotadas todas as diligências, se convencer da inexistência de fundamento para a propositura da ação cível, promoverá o arquivamento dos autos do inquérito civil ou das peças informativas, fazendo-o fundamentadamente.

§ 2.º Os autos do inquérito civil ou as peças de informação arquivados serão remetidos, sob pena de se incorrer em falta grave, no prazo de três dias, ao Conselho Superior do Ministério Público.

§ 3.º Até que seja homologada ou rejeitada a promoção de arquivamento, em sessão do Conselho Superior do Ministério Público, poderão as associações legitimadas apresentar razões escritas ou documentos, que serão juntados aos autos do inquérito ou anexados às peças de informação.

§ 4.º A promoção de arquivamento será submetida a exame e deliberação do Conselho Superior do Ministério Público, conforme dispuser o seu Regimento.

§ 5.º Deixando o Conselho Superior de homologar a promoção de arquivamento, designará, desde logo, outro órgão do Ministério Público para o ajuizamento da ação.

Art. 224. Aplicam-se subsidiariamente, no que couber, as disposições da Lei n. 7.347, de 24 de julho de 1985.

Título VII
DOS CRIMES E DAS INFRAÇÕES ADMINISTRATIVAS

Capítulo I
DOS CRIMES

Seção I
Disposições Gerais

Art. 225. Este Capítulo dispõe sobre crimes praticados contra a criança e o adolescente, por ação ou omissão, sem prejuízo do disposto na legislação penal.

Art. 226. Aplicam-se aos crimes definidos nesta Lei as normas da Parte Geral do Código Penal e, quanto ao processo, as pertinentes ao Código de Processo Penal.

• *Vide* Súmula 338 do STJ.

§ 1.º Aos crimes cometidos contra a criança e o adolescente, independentemente da pena prevista, não se aplica a Lei n. 9.099, de 26 de setembro de 1995.

•• § 1.º acrescentado pela Lei n. 14.344, de 24-5-2022.

§ 2.º Nos casos de violência doméstica e familiar contra a criança e o adolescente, é vedada a aplicação de penas de cesta básica ou de outras de prestação pecuniária, bem como a substituição de pena que implique o pagamento isolado de multa.

•• § 2.º acrescentado pela Lei n. 14.344, de 24-5-2022.

Art. 227. Os crimes definidos nesta Lei são de ação pública incondicionada.

Art. 227-A. Os efeitos da condenação prevista no inciso I do caput do art. 92 do Decreto-Lei n. 2.848, de 7 de dezembro de 1940 (Código Penal), para os crimes previstos nesta Lei, praticados por servidores públicos com abuso de autoridade, são condicionados à ocorrência de reincidência.

•• *Caput* acrescentado pela Lei n. 13.869, de 5-9-2019.

Parágrafo único. A perda do cargo, do mandato ou da função, nesse caso, independerá da pena aplicada na reincidência.

•• Parágrafo único acrescentado pela Lei n. 13.869, de 5-9-2019.

Seção II

Dos Crimes em Espécie

Art. 228. Deixar o encarregado de serviço ou o dirigente de estabelecimento de atenção à saúde de gestante de manter registro das atividades desenvolvidas, na forma e prazo referidos no art. 10 desta Lei, bem como de fornecer à parturiente ou a seu responsável, por ocasião da alta médica, declaração de nascimento, onde constem as intercorrências do parto e do desenvolvimento do neonato:

Pena – detenção de seis meses a dois anos.

Parágrafo único. Se o crime é culposo:

Pena – detenção de dois a seis meses, ou multa.

Art. 229. Deixar o médico, enfermeiro ou dirigente de estabelecimento de atenção à saúde de gestante de identificar corretamente o neonato e a parturiente, por ocasião do parto, bem como deixar de proceder aos exames referidos no art. 10 desta Lei:

Pena – detenção de seis meses a dois anos.

Parágrafo único. Se o crime é culposo:

Pena – detenção de dois a seis meses, ou multa.

Art. 230. Privar a criança ou o adolescente de sua liberdade, procedendo à sua apreensão sem estar em flagrante de ato infracional ou inexistindo ordem escrita da autoridade judiciária competente:

Pena – detenção de seis meses a dois anos.

Parágrafo único. Incide na mesma pena aquele que procede à apreensão sem observância das formalidades legais.

Art. 231. Deixar a autoridade policial responsável pela apreensão de criança ou adolescente de fazer imediata comunicação à autoridade judiciária competente e à família do apreendido ou à pessoa por ele indicada:

Pena – detenção de seis meses a dois anos.

Art. 232. Submeter criança ou adolescente sob sua autoridade, guarda ou vigilância a vexame ou a constrangimento:

Pena – detenção de seis meses a dois anos.

Art. 233. (*Revogado pela Lei n. 9.455, de 7-4-1997.*)

• A Lei n. 9.455, de 7-4-1997, define os crimes de tortura.

Art. 234. Deixar a autoridade competente, sem justa causa, de ordenar a imediata liberação de criança ou adolescente, tão logo tenha conhecimento da ilegalidade da apreensão:

Pena – detenção de seis meses a dois anos.

Art. 235. Descumprir, injustificadamente, prazo fixado nesta Lei em benefício de adolescente privado de liberdade:

Pena – detenção de seis meses a dois anos.

Art. 236. Impedir ou embaraçar a ação de autoridade judiciária, membro do Conselho Tutelar ou representante do Ministério Público no exercício de função prevista nesta Lei:

Pena – detenção de seis meses a dois anos.

•• A Lei n. 12.318, de 26-8-2010, propôs o acréscimo de parágrafo único a este artigo, porém teve seu texto vetado.

Art. 237. Subtrair criança ou adolescente ao poder de quem o tem sob sua guarda em virtude de lei ou ordem judicial, com o fim de colocação em lar substituto:

Pena – reclusão de dois a seis anos, e multa.

Art. 238. Prometer ou efetivar a entrega de filho ou pupilo a terceiro, mediante paga ou recompensa:

Pena – reclusão de um a quatro anos, e multa.

Parágrafo único. Incide nas mesmas penas quem oferece ou efetiva a paga ou recompensa.

Art. 239. Promover ou auxiliar a efetivação de ato destinado ao envio de criança ou adolescente para o exterior com inobservância das formalidades legais ou com o fito de obter lucro:

Pena – reclusão de quatro a seis anos, e multa.

Parágrafo único. Se há emprego de violência, grave ameaça ou fraude:

Pena – reclusão, de 6 (seis) a 8 (oito) anos, além da pena correspondente à violência.

•• Parágrafo único acrescentado pela Lei n. 10.764, de 12-11-2003.

Art. 240. Produzir, reproduzir, dirigir, fotografar, filmar ou registrar, por qualquer meio, cena de sexo explícito ou pornográfica, envolvendo criança ou adolescente:

Pena – reclusão, de 4 (quatro) a 8 (oito) anos, e multa.

•• *Caput* com redação determinada pela Lei n. 11.829, de 25-11-2008.

§ 1.º Incorre nas mesmas penas quem agencia, facilita, recruta, coage, ou de qualquer modo intermedeia a participação de criança ou adolescente nas cenas referidas no *caput* deste artigo, ou ainda quem com esses contracena.

•• § 1.º com redação determinada pela Lei n. 11.829, de 25-11-2008.

§ 2.º Aumenta-se a pena de 1/3 (um terço) se o agente comete o crime:

•• § 2.º, *caput*, com redação determinada pela Lei n. 11.829, de 25-11-2008.

I – no exercício de cargo ou função pública ou a pretexto de exercê-la;

•• Inciso I com redação determinada pela Lei n. 11.829, de 25-11-2008.

II – prevalecendo-se de relações domésticas, de coabitação ou de hospitalidade; ou

•• Inciso II com redação determinada pela Lei n. 11.829, de 25-11-2008.

III – prevalecendo-se de relações de parentesco consanguíneo ou afim até o terceiro grau, ou por adoção, de tutor, curador, preceptor, empregador da vítima ou de quem, a qualquer outro título, tenha autoridade sobre ela, ou com seu consentimento.

•• Inciso III acrescentado pela Lei n. 11.829, de 25-11-2008.

Art. 241. Vender ou expor à venda fotografia, vídeo ou outro registro que contenha cena de sexo explícito ou pornográfica envolvendo criança ou adolescente:

Pena – reclusão, de 4 (quatro) a 8 (oito) anos, e multa.

•• Artigo com redação determinada pela Lei n. 11.829, de 25-11-2008.

Art. 241-A. Oferecer, trocar, disponibilizar, transmitir, distribuir, publicar ou divulgar por qualquer meio, inclusive por meio de sistema de informática ou telemático, fotografia, vídeo ou outro registro que contenha cena de sexo explícito ou pornográfica envolvendo criança ou adolescente:

Pena – reclusão, de 3 (três) a 6 (seis) anos, e multa.

•• *Caput* acrescentado pela Lei n. 11.829, de 25-11-2008.

§ 1.º Nas mesmas penas incorre quem:

I – assegura os meios ou serviços para o armazenamento das fotografias, cenas ou imagens de que trata o *caput* deste artigo;

II – assegura, por qualquer meio, o acesso por rede de computadores às fotografias, cenas ou imagens de que trata o *caput* deste artigo.

•• § 1.º acrescentado pela Lei n. 11.829, de 25-11-2008.

§ 2.º As condutas tipificadas nos incisos I e II do § 1.º deste artigo são puníveis quando o responsável legal pela prestação do serviço, oficialmente notificado, deixa de desabilitar o acesso ao conteúdo ilícito de que trata o *caput* deste artigo.

•• § 2.º acrescentado pela Lei n. 11.829, de 25-11-2008.

Art. 241-B. Adquirir, possuir ou armazenar, por qualquer meio, fotografia, vídeo ou outra forma de registro que contenha cena de sexo explícito ou pornográfica envolvendo criança ou adolescente:

Pena – reclusão, de 1 (um) a 4 (quatro) anos, e multa.

•• *Caput* acrescentado pela Lei n. 11.829, de 25-11-2008.

§ 1.º A pena é diminuída de 1 (um) a 2/3 (dois terços) se de pequena quantidade o material a que se refere o *caput* deste artigo.

•• § 1.º acrescentado pela Lei n. 11.829, de 25-11-2008.

§ 2.º Não há crime se a posse ou o armazenamento tem a finalidade de comunicar às autoridades competentes a ocorrência das condutas descritas nos arts. 240, 241, 241-A e 241-C desta Lei, quando a comunicação for feita por:

I – agente público no exercício de suas funções;

II – membro de entidade, legalmente constituída, que inclua, entre suas finalidades institucionais, o recebimento, o processamento e o encaminhamento de notícia dos crimes referidos neste parágrafo;

III – representante legal e funcionários responsáveis de provedor de acesso ou serviço prestado por meio de rede de computadores, até o recebimento do material relativo à notícia feita à autoridade policial, ao Ministério Público ou ao Poder Judiciário.

•• § 2.º acrescentado pela Lei n. 11.829, de 25-11-2008.

§ 3.º As pessoas referidas no § 2.º deste artigo deverão manter sob sigilo o material ilícito referido.

•• § 3.º acrescentado pela Lei n. 11.829, de 25-11-2008.

Art. 241-C. Simular a participação de criança ou adolescente em cena de sexo explícito ou pornográfica por meio de adulteração, montagem ou modificação de fotografia, vídeo ou qualquer outra forma de representação visual:

Pena – reclusão, de 1 (um) a 3 (três) anos, e multa.

•• *Caput* acrescentado pela Lei n. 11.829, de 25-11-2008.

Parágrafo único. Incorre nas mesmas penas quem vende, expõe à venda, disponibiliza, distribui, publica ou divulga por qualquer meio, adquire, possui ou armazena o material produzido na forma do *caput* deste artigo.

•• Parágrafo único acrescentado pela Lei n. 11.829, de 25-11-2008.

Art. 241-D. Aliciar, assediar, instigar ou constranger, por qualquer meio de comunicação, criança, com o fim de com ela praticar ato libidinoso:

Pena – reclusão, de 1 (um) a 3 (três) anos, e multa.

•• *Caput* acrescentado pela Lei n. 11.829, de 25-11-2008.

Parágrafo único. Nas mesmas penas incorre quem:

I – facilita ou induz o acesso à criança de material contendo cena de sexo explícito ou pornográfica com o fim de com ela praticar ato libidinoso;

II – pratica as condutas descritas no *caput* deste artigo com o fim de induzir criança a se exibir de forma pornográfica ou sexualmente explícita.

•• Parágrafo único acrescentado pela Lei n. 11.829, de 25-11-2008.

Art. 241-E. Para efeito dos crimes previstos nesta Lei, a expressão "cena de sexo explícito ou pornográfica" compreende qualquer situação que envolva criança ou adolescente em atividades sexuais explícitas, reais ou simuladas, ou exibição dos órgãos genitais de uma criança ou adolescente para fins primordialmente sexuais.

•• Artigo acrescentado pela Lei n. 11.829, de 25-11-2008.

Art. 242. Vender, fornecer ainda que gratuitamente ou entregar, de qualquer forma, a criança ou adolescente arma, munição ou explosivo:

Pena – reclusão, de 3 (três) a 6 (seis) anos.

•• Pena com redação determinada pela Lei n. 10.764, de 12-11-2003.

Art. 243. Vender, fornecer, servir, ministrar ou entregar, ainda que gratuitamente, de qualquer forma, a criança ou a adolescente, bebida alcoólica ou, sem justa causa, outros produtos cujos componentes possam causar dependência física ou psíquica:

•• *Caput* com redação determinada pela Lei n. 13.106, de 17-3-2015.

Pena – detenção, de 2 (dois) a 4 (quatro) anos, e multa, se o fato não constitui crime mais grave.

•• Pena com redação determinada pela Lei n. 13.106, de 17-3-2015.

Art. 244. Vender, fornecer ainda que gratuitamente ou entregar, de qualquer forma, a criança ou adolescente fogos de estampido ou de artifício, exceto aqueles que, pelo seu reduzido potencial, sejam incapazes de provocar qualquer dano físico em caso de utilização indevida:

Pena – detenção de seis meses a dois anos, e multa.

Art. 244-A. Submeter criança ou adolescente, como tais definidos no *caput* do art. 2.º desta Lei, à prostituição ou à exploração sexual:

•• *Caput* acrescentado pela Lei n. 9.975, de 23-6-2000.

Pena – reclusão de quatro a dez anos e multa, além da perda de bens e valores utilizados na prática criminosa em favor do Fundo dos Direitos da Criança e do Adolescente da unidade da Federação (Estado ou Distrito Federal) em que foi cometido o crime, ressalvado o direito de terceiro de boa-fé.

•• Pena com redação determinada pela Lei n. 13.440, de 8-5-2017.

• A Lei n. 11.577, de 22-11-2007, torna obrigatória a divulgação pelos meios que especifica de mensagem relativa à exploração sexual e tráfico de crianças e adolescentes apontando formas para efetuar denúncias.

• A Resolução n. 162, de 28-1-2014, do Conanda, aprova o Plano Nacional de Enfrentamento da Violência Sexual contra Crianças e Adolescentes.

§ 1.º Incorrem nas mesmas penas o proprietário, o gerente ou o responsável pelo local em que se verifique a submissão de criança ou adolescente às práticas referidas no *caput* deste artigo.

•• § 1.º acrescentado pela Lei n. 9.975, de 23-6-2000.

§ 2.º Constitui efeito obrigatório da condenação a cassação da licença de localização e de funcionamento do estabelecimento.

•• § 2.º acrescentado pela Lei n. 9.975, de 23-6-2000.

Art. 244-B. Corromper ou facilitar a corrupção de menor de 18 (dezoito) anos, com ele praticando infração penal ou induzindo-o a praticá-la:

Pena – reclusão, de 1 (um) a 4 (quatro) anos.

•• *Caput* acrescentado pela Lei n. 12.015, de 7-8-2009.

•• *Vide* Súmula 500 do STJ.

§ 1.º Incorre nas penas previstas no *caput* deste artigo quem pratica as condutas ali tipificadas utilizando-se de quaisquer meios eletrônicos, inclusive salas de bate-papo da internet.

•• § 1.º acrescentado pela Lei n. 12.015, de 7-8-2009.

§ 2.º As penas previstas no *caput* deste artigo são aumentadas de um terço no caso de a infração cometida ou induzida estar incluída no rol do art. 1.º da Lei n. 8.072, de 25 de julho de 1990.

•• § 2.º acrescentado pela Lei n. 12.015, de 7-8-2009.

• Citada Lei dispõe sobre os crimes hediondos e enumera-os: homicídio, latrocínio, extorsão qualificada pela morte, extorsão mediante sequestro e qualificada, estupro, estupro de vulnerável, epidemia com resultado morte, falsificação, corrupção, adulteração ou alteração de produto destinado a fins terapêuticos ou medicinais, e o genocídio tentado ou consumado.

Capítulo II
DAS INFRAÇÕES ADMINISTRATIVAS

Art. 245. Deixar o médico, professor ou responsável por estabelecimento de atenção à saúde e de ensino fundamental, pré-escola ou creche, de comunicar à autoridade competente os casos de que tenha conhecimento, envolvendo suspeita ou confirmação de maus-tratos contra criança ou adolescente:

Pena – multa de três a vinte salários de referência, aplicando-se o dobro em caso de reincidência.

•• A Lei n. 13.010, de 26-6-2014, propôs nova redação para este artigo, porém teve seu texto vetado.

Art. 246. Impedir o responsável ou funcionário de entidade de atendimento o exercício dos direitos constantes nos incisos II, III, VII, VIII e XI do art. 124 desta Lei:

Pena – multa de três a vinte salários de referência, aplicando-se o dobro em caso de reincidência.

Art. 247. Divulgar, total ou parcialmente, sem autorização devida, por qualquer meio de comunicação, nome, ato ou documento de procedimento policial, administrativo ou judicial relativo a criança ou adolescente a que se atribua ato infracional:

Pena – multa de três a vinte salários de referência, aplicando-se o dobro em caso de reincidência.

§ 1.º Incorre na mesma pena quem exibe, total ou parcialmente, fotografia de criança ou adolescente envolvido em ato infracional, ou qualquer ilustração que lhe diga respeito ou se refira a atos que lhe sejam atribuídos, de forma a permitir sua identificação, direta ou indiretamente.

§ 2.º Se o fato for praticado por órgão de imprensa ou emissora de rádio ou televisão, além da pena prevista neste artigo, a autoridade judiciária poderá determinar a apreensão da publicação ou a suspensão da programação da emissora até por dois dias, bem como da publicação do periódico até por dois números.

•• O STF, no julgamento da ADI n. 869-2, de 4-8-1999 (*DOU* de 3-9-2004), declarou a inconstitucionalidade da expressão "ou na suspensão da programação da emissora até por dois dias, bem como da publicação do periódico até por dois números", constante deste parágrafo.

Art. 248. (*Revogado pela Lei n. 13.431, de 4-4-2017.*)

Art. 249. Descumprir, dolosa ou culposamente, os deveres inerentes ao poder familiar ou decorrentes de tutela ou guarda, bem assim determinação da autoridade judiciária ou Conselho Tutelar:

Pena – multa de três a vinte salários de referência, aplicando-se o dobro em caso de reincidência.

Art. 250. Hospedar criança ou adolescente desacompanhado dos pais ou responsável, ou sem autorização escrita desses ou da autoridade judiciária, em hotel, pensão, motel ou congênere:

Pena – multa.

•• *Caput* com redação determinada pela Lei n. 12.038, de 1.º-10-2009.

§ 1.º Em caso de reincidência, sem prejuízo da pena de multa, a autoridade judiciária poderá determinar o fechamento do estabelecimento por até 15 (quinze) dias.

•• § 1.º acrescentado pela Lei n. 12.038, de 1.º-10-2009.

§ 2.º Se comprovada a reincidência em período inferior a 30 (trinta) dias, o estabelecimento será definitivamente fechado e terá sua licença cassada.

•• § 2.º acrescentado pela Lei n. 12.038, de 1.º-10-2009.

Art. 251. Transportar criança ou adolescente, por qualquer meio, com inobservância do disposto nos arts. 83, 84 e 85 desta Lei:

Pena – multa de três a vinte salários de referência, aplicando-se o dobro em caso de reincidência.

Art. 252. Deixar o responsável por diversão ou espetáculo público de afixar, em lugar visível e de fácil acesso, à entrada do local de exibição, informação destacada sobre a natureza da diversão ou espetáculo e a faixa etária especificada no certificado de classificação:

Pena – multa de três a vinte salários de referência, aplicando-se o dobro em caso de reincidência.

Art. 253. Anunciar peças teatrais, filmes ou quaisquer representações ou espetáculos, sem indicar os limites de idade a que não se recomendem:

Pena – multa de três a vinte salários de referência, duplicada em caso de reincidência, aplicável, separadamente, à casa de espetáculo e aos órgãos de divulgação ou publicidade.

Art. 254. Transmitir, através de rádio ou televisão, espetáculo em horário diverso do autorizado ou sem aviso de sua classificação:

•• O STF, no julgamento da ADI n. 2.404, de 31-8-2016 (*DOU* de 12-9-2016), julgou procedente a ação para declarar a inconstitucionalidade da expressão "em horário diverso do autorizado", contida na redação deste artigo.

•• A Portaria n. 502, de 23-11-2021, do Ministério da Justiça, regulamenta este dispositivo.

Pena – multa de vinte a cem salários de referência; duplicada em caso de reincidência a autoridade judiciária poderá determinar a suspensão da programação da emissora por até dois dias.

Art. 255. Exibir filme, trailer, peça, amostra ou congênere classificado pelo órgão competente como inadequado às crianças ou adolescentes admitidos ao espetáculo:

Pena – multa de vinte a cem salários de referência; na reincidência, a autoridade poderá determinar a suspensão do espetáculo ou o fechamento do estabelecimento por até quinze dias.

Art. 256. Vender ou locar a criança ou adolescente fita de programação em vídeo, em desacordo com a classificação atribuída pelo órgão competente:

Pena – multa de três a vinte salários de referência; em caso de reincidência, a autoridade judiciária poderá determinar o fechamento do estabelecimento por até quinze dias.

Art. 257. Descumprir obrigação constante dos arts. 78 e 79 desta Lei:

Pena – multa de três a vinte salários de referência, duplicando-se a pena em caso de reincidência, sem prejuízo de apreensão da revista ou publicação.

Art. 258. Deixar o responsável pelo estabelecimento ou o empresário de observar o que dispõe esta Lei sobre o acesso de criança ou adolescente aos locais de diversão, ou sobre sua participação no espetáculo:

Pena – multa de três a vinte salários de referência; em caso de reincidência, a autoridade judiciária poderá determinar o fechamento do estabelecimento por até quinze dias.

Art. 258-A. Deixar a autoridade competente de providenciar a instalação e operacionalização dos cadastros previstos no art. 50 e no § 11 do art. 101 desta Lei:

Pena – multa de R$ 1.000,00 (mil reais) a R$ 3.000,00 (três mil reais).

•• *Caput* acrescentado pela Lei n. 12.010, de 3-8-2009.

Parágrafo único. Incorre nas mesmas penas a autoridade que deixa de efetuar o cadastramento de crianças e de adolescentes em condições de serem adotadas, de pessoas ou casais habilitados à adoção e de crianças e adolescentes em regime de acolhimento institucional ou familiar.

•• Parágrafo único acrescentado pela Lei n. 12.010, de 3-8-2009.

Art. 258-B. Deixar o médico, enfermeiro ou dirigente de estabelecimento de atenção à saúde de gestante de efetuar imediato encaminhamento à autoridade judiciária de caso de que tenha conhecimento de mãe ou gestante interessada em entregar seu filho para adoção:

Pena – multa de R$ 1.000,00 (mil reais) a R$ 3.000,00 (três mil reais).

•• *Caput* acrescentado pela Lei n. 12.010, de 3-8-2009.

Art. 258-C. Descumprir a proibição estabelecida no inciso II do art. 81:

•• *Caput* acrescentado pela Lei n. 13.106, de 17-3-2015.

Pena – multa de R$ 3.000,00 (três mil reais) a R$ 10.000,00 (dez mil reais);

•• Pena acrescentada pela Lei n. 13.106, de 17-3-2015.

Medida Administrativa – interdição do estabelecimento comercial até o recolhimento da multa aplicada.

•• Medida administrativa acrescentada pela Lei n. 13.106, de 17-3-2015.

Parágrafo único. Incorre na mesma pena o funcionário de programa oficial ou comunitário destinado à garantia do direito à convivência familiar que deixa de efetuar a comunicação referida no *caput* deste artigo.

•• Parágrafo único acrescentado pela Lei n. 12.010, de 3-8-2009.

DISPOSIÇÕES FINAIS E TRANSITÓRIAS

Art. 259. A União, no prazo de noventa dias contados da publicação deste Estatuto, elaborará projeto de lei dispondo sobre a criação ou adaptação de seus órgãos às diretrizes da política de atendimento fixadas no art. 88 e ao que estabelece o Título V do Livro II.

Parágrafo único. Compete aos Estados e Municípios promoverem a adaptação de seus órgãos e programas às diretrizes e princípios estabelecidos nesta Lei.

Art. 260. Os contribuintes poderão efetuar doações aos Fundos dos Direitos da Criança e do Adolescente nacional, distrital, estaduais ou municipais, devidamente comprovadas, sendo essas integralmente deduzidas do imposto de renda, obedecidos os seguintes limites:

•• *Caput* com redação determinada pela Lei n. 12.594, de 18-1-2012.

•• *Vide* art. 91, I, do Decreto n. 9.579, de 22-11-2018.

I – 1% (um por cento) do imposto sobre a renda devido apurado pelas pessoas jurídicas tributadas com base no lucro real; e

•• Inciso I acrescentado pela Lei n. 12.594, de 18-1-2012.

II – 6% (seis por cento) do imposto sobre a renda apurado pelas pessoas físicas na Declaração de Ajuste Anual, observado o disposto no art. 22 da Lei n. 9.532, de 10 de dezembro de 1997.

•• Inciso II acrescentado pela Lei n. 12.594, de 18-1-2012.

§ 1.º (*Revogado pela Lei n. 9.532, de 10-12-1997.*)

§ 1.º-A. Na definição das prioridades a serem atendidas com os recursos captados pelos fundos nacional, estaduais e municipais dos direitos da criança e do adolescente, serão consideradas as disposições do Plano Nacional de Promoção, Proteção e Defesa do Direito de Crianças e Adolescentes à Convivência Familiar e Comunitária e as do Plano Nacional pela Primeira Infância.

•• § 1.º-A com redação determinada pela Lei n. 13.257, de 8-3-2016.

§ 2.º Os conselhos nacional, estaduais e municipais dos direitos da criança e do adolescente fixarão critérios de utilização, por meio de planos de aplicação, das dotações subsidiadas e demais receitas, aplicando necessariamente percentual para incentivo ao acolhimento, sob a forma de guarda, de crianças e adolescentes e para programas de atenção integral à primeira infância em áreas de maior carência socioeconômica e em situações de calamidade.

•• § 2.º com redação determinada pela Lei n. 13.257, de 8-3-2016.

§ 3.º O Departamento da Receita Federal, do Ministério da Economia, Fazenda e Planejamento, regulamentará a comprovação das doações feitas aos Fundos, nos termos deste artigo.

•• § 3.º acrescentado pela Lei n. 8.242, de 12-10-1991.

§ 4.º O Ministério Público determinará em cada comarca a forma de fiscalização da aplicação, pelo Fundo Municipal dos Direitos da Criança e do Adolescente, dos incentivos fiscais referidos neste artigo.

•• § 4.º acrescentado pela Lei n. 8.242, de 12-10-1991.

§ 5.º Observado o disposto no § 4.º do art. 3.º da Lei n. 9.249, de 26 de dezembro de 1995, a dedução de que trata o inciso I do *caput*:

•• § 5.º, *caput*, com redação determinada pela Lei n. 12.594, de 18-1-2012.

I – será considerada isoladamente, não se submetendo a limite em conjunto com outras deduções do imposto; e

•• Inciso I acrescentado pela Lei n. 12.594, de 18-1-2012.

II – não poderá ser computada como despesa operacional na apuração do lucro real.

•• Inciso II acrescentado pela Lei n. 12.594, de 18-1-2012.

Art. 260-A. A partir do exercício de 2010, ano-calendário de 2009, a pessoa física poderá optar pela doação de que trata o inciso II do *caput* do art. 260 diretamente em sua Declaração de Ajuste Anual.

•• *Caput* acrescentado pela Lei n. 12.594, de 18-1-2012.

§ 1.º A doação de que trata o *caput* poderá ser deduzida até os seguintes percentuais aplicados sobre o imposto apurado na declaração:

•• § 1.º, *caput*, acrescentado pela Lei n. 12.594, de 18-1-2012.

I – (*Vetado*.);

•• A Lei n. 12.594, de 18-1-2012 propôs o acréscimo de inciso I a este § 1.º, todavia teve seu texto vetado.

II – (*Vetado*.);

•• A Lei n. 12.594, de 18-1-2012 propôs o acréscimo de inciso II a este § 1.º, todavia teve seu texto vetado.

III – 3% (três por cento) a partir do exercício de 2012.

•• Inciso III acrescentado pela Lei n. 12.594, de 18-1-2012.

§ 2.º A dedução de que trata o *caput*:

•• § 2.º, *caput*, acrescentado pela Lei n. 12.594, de 18-1-2012.

I – está sujeita ao limite de 6% (seis por cento) do imposto sobre a renda apurado na declaração de que trata o inciso II do *caput* do art. 260;

•• Inciso I acrescentado pela Lei n. 12.594, de 18-1-2012.

II – não se aplica à pessoa física que:

•• Inciso II, *caput*, acrescentado pela Lei n. 12.594, de 18-1-2012.

a) utilizar o desconto simplificado;

•• Alínea *a* acrescentada pela Lei n. 12.594, de 18-1-2012.

b) apresentar declaração em formulário; ou

•• Alínea *b* acrescentada pela Lei n. 12.594, de 18-1-2012.

c) entregar a declaração fora do prazo;

•• Alínea *c* acrescentada pela Lei n. 12.594, de 18-1-2012.

III – só se aplica às doações em espécie; e

•• Inciso III acrescentado pela Lei n. 12.594, de 18-1-2012.

IV – não exclui ou reduz outros benefícios ou deduções em vigor.

•• Inciso IV acrescentado pela Lei n. 12.594, de 18-1-2012.

§ 3.º O pagamento da doação deve ser efetuado até a data de vencimento da primeira quota ou quota única do imposto, observadas instruções específicas da Secretaria da Receita Federal do Brasil.

•• § 3.º acrescentado pela Lei n. 12.594, de 18-1-2012.

§ 4.º O não pagamento da doação no prazo estabelecido no § 3.º implica a glosa definitiva desta parcela de dedução, ficando a pessoa física obrigada ao recolhimento da diferença de imposto devido apurado na Declaração de Ajuste Anual com os acréscimos legais previstos na legislação.

•• § 4.º acrescentado pela Lei n. 12.594, de 18-1-2012.

§ 5.º A pessoa física poderá deduzir do imposto apurado na Declaração de Ajuste Anual as doações feitas, no respectivo ano-calendário, aos fundos controlados pelos Conselhos dos Direitos da Criança e do Adolescente municipais, distrital, estaduais e nacional concomitantemente com a opção de que trata o *caput*, respeitado o limite previsto no inciso II do art. 260.

•• § 5.º acrescentado pela Lei n. 12.594, de 18-1-2012.

Art. 260-B. A doação de que trata o inciso I do art. 260 poderá ser deduzida:

•• *Caput* acrescentado pela Lei n. 12.594, de 18-1-2012.

I – do imposto devido no trimestre, para as pessoas jurídicas que apuram o imposto trimestralmente; e

•• Inciso I acrescentado pela Lei n. 12.594, de 18-1-2012.

II – do imposto devido mensalmente e no ajuste anual, para as pessoas jurídicas que apuram o imposto anualmente.

•• Inciso II acrescentado pela Lei n. 12.594, de 18-1-2012.

Parágrafo único. A doação deverá ser efetuada dentro do período a que se refere a apuração do imposto.

•• Parágrafo único acrescentado pela Lei n. 12.594, de 18-1-2012.

Art. 260-C. As doações de que trata o art. 260 desta Lei podem ser efetuadas em espécie ou em bens.

•• *Caput* acrescentado pela Lei n. 12.594, de 18-1-2012.

Parágrafo único. As doações efetuadas em espécie devem ser depositadas em conta específica, em instituição financeira pública, vinculadas aos respectivos fundos de que trata o art. 260.

•• Parágrafo único acrescentado pela Lei n. 12.594, de 18-1-2012.

Art. 260-D. Os órgãos responsáveis pela administração das contas dos Fundos dos Direitos da Criança e do Adolescente nacional, estaduais, distrital e municipais devem emitir recibo em favor do doador, assinado por pessoa competente e pelo presidente do Conselho correspondente, especificando:

•• *Caput* acrescentado pela Lei n. 12.594, de 18-1-2012.

I – número de ordem;

•• Inciso I acrescentado pela Lei n. 12.594, de 18-1-2012.

II – nome, Cadastro Nacional da Pessoa Jurídica (CNPJ) e endereço do emitente;

•• Inciso II acrescentado pela Lei n. 12.594, de 18-1-2012.

III – nome, CNPJ ou Cadastro de Pessoas Físicas (CPF) do doador;

•• Inciso III acrescentado pela Lei n. 12.594, de 18-1-2012.

IV – data da doação e valor efetivamente recebido; e

•• Inciso IV acrescentado pela Lei n. 12.594, de 18-1-2012.

V – ano-calendário a que se refere a doação.

•• Inciso V acrescentado pela Lei n. 12.594, de 18-1-2012.

§ 1.º O comprovante de que trata o *caput* deste artigo pode ser emitido anualmente, desde que discrimine os valores doados mês a mês.

•• § 1.º acrescentado pela Lei n. 12.594, de 18-1-2012.

§ 2.º No caso de doação em bens, o comprovante deve conter a identificação dos bens, mediante descrição em campo próprio ou em relação anexa ao comprovante, informando também se houve avaliação, o nome, CPF ou CNPJ e endereço dos avaliadores.

•• § 2.º acrescentado pela Lei n. 12.594, de 18-1-2012.

Art. 260-E. Na hipótese da doação em bens, o doador deverá:

•• *Caput* acrescentado pela Lei n. 12.594, de 18-1-2012.

I – comprovar a propriedade dos bens, mediante documentação hábil;

•• Inciso I acrescentado pela Lei n. 12.594, de 18-1-2012.

II – baixar os bens doados na declaração de bens e direitos, quando se tratar de pessoa física, e na escrituração, no caso de pessoa jurídica; e

•• Inciso II acrescentado pela Lei n. 12.594, de 18-1-2012.

III – considerar como valor dos bens doados:

•• Inciso III, *caput*, acrescentado pela Lei n. 12.594, de 18-1-2012.

a) para as pessoas físicas, o valor constante da última declaração do imposto de renda, desde que não exceda o valor de mercado;

•• Alínea *a* acrescentada pela Lei n. 12.594, de 18-1-2012.

b) para as pessoas jurídicas, o valor contábil dos bens.

•• Alínea *b* acrescentada pela Lei n. 12.594, de 18-1-2012.

Parágrafo único. O preço obtido em caso de leilão não será considerado na determinação do valor dos bens doados, exceto se o leilão for determinado por autoridade judiciária.

•• Parágrafo único acrescentado pela Lei n. 12.594, de 18-1-2012.

Art. 260-F. Os documentos a que se referem os arts. 260-D e 260-E devem ser mantidos pelo contribuinte por um prazo de 5 (cinco) anos para fins de comprovação da dedução perante a Receita Federal do Brasil.

•• Artigo acrescentado pela Lei n. 12.594, de 18-1-2012.

Art. 260-G. Os órgãos responsáveis pela administração das contas dos Fundos dos Direitos da Criança e do Adolescente nacional, estaduais, distrital e municipais devem:

•• *Caput* acrescentado pela Lei n. 12.594, de 18-1-2012.

I – manter conta bancária específica destinada exclusivamente a gerir os recursos do Fundo;

•• Inciso I acrescentado pela Lei n. 12.594, de 18-1-2012.

II – manter controle das doações recebidas; e

•• Inciso II acrescentado pela Lei n. 12.594, de 18-1-2012.

III – informar anualmente à Secretaria da Receita Federal do Brasil as doações recebidas mês a mês, identificando os seguintes dados por doador:

•• Inciso III, *caput*, acrescentado pela Lei n. 12.594, de 18-1-2012.

a) nome, CNPJ ou CPF;

•• Alínea *a* acrescentada pela Lei n. 12.594, de 18-1-2012.

b) valor doado, especificando se a doação foi em espécie ou em bens.

•• Alínea *b* acrescentada pela Lei n. 12.594, de 18-1-2012.

Art. 260-H. Em caso de descumprimento das obrigações previstas no art. 260-G, a Secretaria da Receita Federal do Brasil dará conhecimento do fato ao Ministério Público.

•• Artigo acrescentado pela Lei n. 12.594, de 18-1-2012.

Art. 260-I. Os Conselhos dos Direitos da Criança e do Adolescente nacional, estaduais, distrital e municipais divulgarão amplamente à comunidade:

•• *Caput* acrescentado pela Lei n. 12.594, de 18-1-2012.

I – o calendário de suas reuniões;

•• Inciso I acrescentado pela Lei n. 12.594, de 18-1-2012.

II – as ações prioritárias para aplicação das políticas de atendimento à criança e ao adolescente;

•• Inciso II acrescentado pela Lei n. 12.594, de 18-1-2012.

III – os requisitos para a apresentação de projetos a serem beneficiados com recursos dos Fundos dos Direitos da Criança e do Adolescente nacional, estaduais, distrital ou municipais;

•• Inciso III acrescentado pela Lei n. 12.594, de 18-1-2012.

IV – a relação dos projetos aprovados em cada ano-calendário e o valor dos recursos previstos para implementação das ações, por projeto;

•• Inciso IV acrescentado pela Lei n. 12.594, de 18-1-2012.

V – o total dos recursos recebidos e a respectiva destinação, por projeto atendido, inclusive com cadastramento na base de dados do Sistema de Informações sobre a Infância e a Adolescência; e

•• Inciso V acrescentado pela Lei n. 12.594, de 18-1-2012.

VI – a avaliação dos resultados dos projetos beneficiados com recursos dos Fundos dos Direitos da Criança e do Adolescente nacional, estaduais, distrital e municipais.

•• Inciso VI acrescentado pela Lei n. 12.594, de 18-1-2012.

Art. 260-J. O Ministério Público determinará, em cada Comarca, a forma de fiscalização da aplicação dos incentivos fiscais referidos no art. 260 desta Lei.

•• *Caput* acrescentado pela Lei n. 12.594, de 18-1-2012.

Parágrafo único. O descumprimento do disposto nos arts. 260-G e 260-I sujeitará os infratores a responder por ação judicial proposta pelo Ministério Público, que poderá atuar de ofício, a requerimento ou representação de qualquer cidadão.

•• Parágrafo único acrescentado pela Lei n. 12.594, de 18-1-2012.

Art. 260-K. A Secretaria de Direitos Humanos da Presidência da República (SDH/PR) encaminhará à Secretaria da Receita Federal do Brasil, até 31 de outubro de cada ano, arquivo eletrônico contendo a relação atualizada dos Fundos dos Direitos da Criança e do Adolescente nacional, distrital, estaduais e municipais, com a indicação dos respectivos números de inscrição no CNPJ e das contas bancárias específicas mantidas em instituições financeiras públicas, destinadas exclusivamente a gerir os recursos dos Fundos.

•• Artigo acrescentado pela Lei n. 12.594, de 18-1-2012.

Art. 260-L. A Secretaria da Receita Federal do Brasil expedirá as instruções necessárias à aplicação do disposto nos arts. 260 a 260-K.

•• Artigo acrescentado pela Lei n. 12.594, de 18-1-2012.

Art. 261. À falta dos Conselhos Municipais dos Direitos da Criança e do Adolescente, os registros, inscrições e alterações a que se referem os arts. 90, parágrafo único, e 91 desta Lei serão efetuados perante a autoridade judiciária da comarca a que pertencer a entidade.

•• A Lei n. 12.010, de 3-8-2009, acrescentou §§ 1.º a 3.º ao art. 90 desta Lei, renumerando seu antigo parágrafo único.

Parágrafo único. A União fica autorizada a repassar aos Estados e Municípios, e os Estados aos Municípios, os recursos referentes aos programas e atividades previstos nesta Lei, tão logo estejam criados os Conselhos dos Direitos da Criança e do Adolescente nos seus respectivos níveis.

Art. 262. Enquanto não instalados os Conselhos Tutelares, as atribuições a eles conferidas serão exercidas pela autoridade judiciária.

....

Art. 264. O art. 102 da Lei n. 6.015, de 31 de dezembro de 1973, fica acrescido do seguinte item:

•• Alteração já processada no diploma citado.

Art. 265. A Imprensa Nacional e demais gráficas da União, da administração direta ou indireta, inclusive fundações instituídas e mantidas pelo Poder Público Federal, promoverão edição popular do texto integral deste Estatuto, que será posto à disposição das escolas e das entidades de atendimento e de defesa dos direitos da criança e do adolescente.

Art. 265-A. O poder público fará periodicamente ampla divulgação dos direitos da criança e do adolescente nos meios de comunicação social.

•• *Caput* acrescentado pela Lei n. 13.257, de 8-3-2016.

Parágrafo único. A divulgação a que se refere o *caput* será veiculada em linguagem clara, compreensível e adequada a crianças e adolescentes, especialmente às crianças com idade inferior a 6 (seis) anos.

•• Parágrafo único acrescentado pela Lei n. 13.257, de 8-3-2016.

Art. 266. Esta Lei entra em vigor noventa dias após sua publicação.

Parágrafo único. Durante o período de vacância deverão ser promovidas atividades e campanhas de divulgação e esclarecimentos acerca do disposto nesta Lei.

Art. 267. Revogam-se as Leis n. 4.513, de 1964, e 6.697, de 10 de outubro de 1979 (Código de Menores), e as demais disposições em contrário.

Brasília, em 13 de julho de 1990; 169.º da Independência e 102.º da República.

FERNANDO COLLOR

LEI N. 8.078, DE 11 DE SETEMBRO DE 1990 (*)

Dispõe sobre a proteção do consumidor e dá outras providências.

O Presidente da República:

Faço saber que o Congresso Nacional decreta e eu sanciono a seguinte Lei:

•• *Vide* Súmula 602 do STJ.

TÍTULO I
DOS DIREITOS DO CONSUMIDOR

Capítulo I
DISPOSIÇÕES GERAIS

Art. 1.º O presente Código estabelece normas de proteção e defesa do consumidor, de ordem pública e interesse social, nos termos dos arts. 5.º, inciso XXXII, 170, inciso V, da Constituição Federal e art. 48 de suas Disposições Transitórias.

•• A Lei n. 12.291, de 20-7-2010, torna obrigatória a manutenção de exemplar do CDC nos estabelecimentos comerciais e de prestação de serviços.

Art. 2.º Consumidor é toda pessoa física ou jurídica que adquire ou utiliza produto ou serviço como destinatário final.

Parágrafo único. Equipara-se a consumidor a coletividade de pessoas, ainda que indetermináveis, que haja intervindo nas relações de consumo.

•• *Vide* Súmula 643 do STF.

Art. 3.º Fornecedor é toda pessoa física ou jurídica, pública ou privada, nacional ou estrangeira, bem como os entes despersonalizados, que desenvolvem atividades de produção, montagem, criação, construção, transformação, importação, exportação, distribuição ou comercialização de produtos ou prestação de serviços.

• *Vide* art. 966 do CC.

• A Lei n. 10.671, de 15-5-2003, que dispõe sobre o Estatuto de Defesa do Torcedor, estabelece em seu art. 3.º: "Para todos os efeitos legais, equiparam-se a fornecedor, nos termos da Lei n. 8.078, de 11 de setembro de 1990, a entidade responsável pela organização da competição, bem como a entidade de prática desportiva detentora do mando de jogo".

§ 1.º Produto é qualquer bem, móvel ou imóvel, material ou imaterial.

• *Vide* arts. 79 a 91 do CC.

§ 2.º Serviço é qualquer atividade fornecida no mercado de consumo, mediante remuneração, inclusive as de natureza bancária, financeira, de crédito e securitária, salvo as decorrentes das relações de caráter trabalhista.

• *Vide* Súmula 297 do STJ.

Capítulo II
DA POLÍTICA NACIONAL DE RELAÇÕES DE CONSUMO

• O Decreto n. 7.963, de 15-3-2013, institui o Plano Nacional de Consumo e Cidadania e cria a Câmara Nacional das Relações de Consumo.

Art. 4.º A Política Nacional das Relações de Consumo tem por objetivo o atendimento das necessidades dos consumidores, o respeito à sua dignidade, saúde e segurança, a proteção de seus interesses econômicos, a melhoria da sua qualidade de vida, bem como a transparência e harmonia das relações de consumo, atendidos os seguintes princípios:

•• *Caput* com redação determinada pela Lei n. 9.008, de 21-3-1995.

I – reconhecimento da vulnerabilidade do consumidor no mercado de consumo;

II – ação governamental no sentido de proteger efetivamente o consumidor:

a) por iniciativa direta;

b) por incentivos à criação e desenvolvimento de associações representativas;

c) pela presença do Estado no mercado de consumo;

d) pela garantia dos produtos e serviços com padrões adequados de qualidade, segurança, durabilidade e desempenho;

III – harmonização dos interesses dos participantes das relações de consumo e compatibilização da proteção do consumidor com a necessidade de desenvolvimento econômico e tecnológico, de modo a viabilizar os princípios nos quais se funda a ordem econômica (art. 170 da Constituição Federal), sempre com base na boa-fé e equilíbrio nas relações entre consumidores e fornecedores;

• A Lei n. 9.791, de 24-3-1999, dispõe sobre a obrigatoriedade de as concessionárias de serviços públicos estabelecerem ao consumidor e ao usuário datas opcionais para o vencimento de seus débitos.

IV – educação e informação de fornecedores e consumidores, quanto aos seus direitos e deveres, com vistas à melhoria do mercado de consumo;

V – incentivo à criação pelos fornecedores de meios eficientes de controle de qualidade e segurança de produtos e serviços, assim como de mecanismos alternativos de solução de conflitos de consumo;

• *Vide* Lei n. 9.307, de 23-9-1996.

VI – coibição e repressão eficientes de todos os abusos praticados no mercado de consumo, inclusive a concorrência desleal e utilização indevida de inventos e criações industriais das marcas e nomes comerciais e signos distintivos, que possam causar prejuízos aos consumidores;

• *Vide* art. 170 da CF.

• *Vide* Lei n. 12.529, de 30-11-2011.

VII – racionalização e melhoria dos serviços públicos;

VIII – estudo constante das modificações do mercado de consumo.

IX – fomento de ações direcionadas à educação financeira e ambiental dos consumidores;

•• Inciso IX acrescentado pela Lei n. 14.181, de 1.º-7-2021.

X – prevenção e tratamento do superendividamento como forma de evitar a exclusão social do consumidor.

•• Inciso X acrescentado pela Lei n. 14.181, de 1.º-7-2021.

Art. 5.º Para a execução da Política Nacional das Relações de Consumo, contará o Poder Público com os seguintes instrumentos, entre outros:

• *Vide* art. 5.º, LXXIV, da CF.

• *Vide* Lei n. 1.060, de 5-2-1950.

I – manutenção de assistência jurídica, integral e gratuita para o consumidor carente;

II – instituição de Promotorias de Justiça de Defesa do Consumidor, no âmbito do Ministério Público;

III – criação de delegacias de polícia especializadas no atendimento de consumidores vítimas de infrações penais de consumo;

IV – criação de Juizados Especiais de Pequenas Causas e Varas Especializadas para a solução de litígios de consumo;

• *Vide* Leis n. 9.099, de 26-9-1995 (juizados especiais), e n. 10.259, de 12-7-2001 (juizados especiais federais).

V – concessão de estímulos à criação e desenvolvimento das Associações de Defesa do Consumidor.

§§ 1.º e 2.º (*Vetados*.)

VI – instituição de mecanismos de prevenção e tratamento extrajudicial e judicial do superendividamento e de proteção do consumidor pessoa natural;

•• Inciso VI acrescentado pela Lei n. 14.181, de 1.º-7-2021.

VII – instituição de núcleos de conciliação e mediação de conflitos oriundos de superendividamento.

•• Inciso VII acrescentado pela Lei n. 14.181, de 1.º-7-2021.

Capítulo III
DOS DIREITOS BÁSICOS DO CONSUMIDOR

•• *Vide* art. 14 da Lei n. 12.587, de 3-1-2012.

Art. 6.º São direitos básicos do consumidor:

I – a proteção da vida, saúde e segurança contra os riscos provocados por práticas no

---

(*) Publicada no *Diário Oficial da União*, de 12-9-1990, Suplemento. Retificada em 10-1-2007. O Decreto n. 11.034, de 5-4-2022, regulamenta esta Lei, para fixar normas gerais sobre o Serviço de Atendimento ao Consumidor – SAC. A Súmula n. 2, de 19-9-2011, do Conselho Federal da OAB, dispõe: "1) A Lei da advocacia é especial e exauriente, afastando a aplicação, às relações entre clientes e advogados, do sistema normativo da defesa da concorrência. 2) O cliente de serviços de advocacia não se identifica com o consumidor do Código de Defesa do Consumidor – CDC. Os pressupostos filosóficos do CDC e do EAOAB são antípodas e a Lei n. 8.906/94 esgota toda a matéria, descabendo a aplicação subsidiária do CDC." *Vide* Decreto n. 7.962, de 15-3-2013, que regulamenta esta Lei para dispor sobre a contratação no comércio eletrônico.

fornecimento de produtos e serviços considerados perigosos ou nocivos;

II – a educação e divulgação sobre o consumo adequado dos produtos e serviços, asseguradas a liberdade de escolha e a igualdade nas contratações;

III – a informação adequada e clara sobre os diferentes produtos e serviços, com especificação correta de quantidade, características, composição, qualidade, tributos incidentes e preço, bem como sobre os riscos que apresentem;

•• Inciso III com redação determinada pela Lei n. 12.741, de 8-12-2012.

•• *Vide* Lei n. 10.962, de 11-10-2004, que dispõe sobre a oferta e as formas de afixação de preços de produtos e serviços para o consumidor.

•• O Decreto n. 5.903, de 20-9-2006, dispõe sobre as práticas infracionais que atentam contra o direito básico do consumidor de obter informação adequada e clara sobre produtos e serviços.

• A Portaria n. 392, de 29-9-2021, do Ministério da Justiça e Segurança Pública, dispõe sobre a obrigatoriedade da informação ao consumidor em relação à ocorrência de alteração quantitativa de produto embalado posto à venda.

IV – a proteção contra a publicidade enganosa e abusiva, métodos comerciais coercitivos ou desleais, bem como contra práticas e cláusulas abusivas ou impostas no fornecimento de produtos e serviços;

• *Vide* notas ao inciso anterior.

V – a modificação das cláusulas contratuais que estabeleçam prestações desproporcionais ou sua revisão em razão de fatos supervenientes que as tornem excessivamente onerosas;

• *Vide* Medida Provisória n. 2.172-32, de 23-8-2001.

VI – a efetiva prevenção e reparação de danos patrimoniais e morais, individuais, coletivos e difusos;

• *Vide* arts. 186, 402 e 927 do CC.

• *Vide* Súmula 37 do STJ.

VII – o acesso aos órgãos judiciários e administrativos, com vistas à prevenção ou reparação de danos patrimoniais e morais, individuais, coletivos ou difusos, assegurada a proteção jurídica, administrativa e técnica aos necessitados;

VIII – a facilitação da defesa de seus direitos, inclusive com a inversão do ônus da prova, a seu favor, no processo civil, quando, a critério do juiz, for verossímil a alegação ou quando for ele hipossuficiente, segundo as regras ordinárias de experiências;

•• *Vide* Súmula 618 do STJ.

IX – (*Vetado*);

X – a adequada e eficaz prestação dos serviços públicos em geral.

• A Lei n. 12.007, de 29-7-2009, dispõe sobre a emissão de declaração de quitação anual de débitos pelas pessoas jurídicas prestadoras de serviços públicos ou privados.

XI – a garantia de práticas de crédito responsável, de educação financeira e de prevenção e tratamento de situações de superendividamento, preservado o mínimo existencial, nos termos da regulamentação, por meio da revisão e da repactuação da dívida, entre outras medidas;

•• Inciso XI acrescentado pela Lei n. 14.181, de 1.º-7-2021.

XII – a preservação do mínimo existencial, nos termos da regulamentação, na repactuação de dívidas e na concessão de crédito;

•• Inciso XII acrescentado pela Lei n. 14.181, de 1.º-7-2021.

XIII – a informação acerca dos preços dos produtos por unidade de medida, tal como por quilo, por litro, por metro ou por outra unidade, conforme o caso.

•• Inciso XIII acrescentado pela Lei n. 14.181, de 1.º-7-2021.

•• O Decreto n. 11.150, de 26-7-2022, regulamenta a preservação e o não comprometimento do mínimo existencial para fins de prevenção, tratamento e conciliação de situações de superendividamento em dívidas de consumo.

Parágrafo único. A informação de que trata o inciso III do *caput* deste artigo deve ser acessível à pessoa com deficiência, observado o disposto em regulamento.

•• Parágrafo único acrescentado pela Lei n. 13.146, de 6-7-2015.

Art. 7.º Os direitos previstos neste Código não excluem outros decorrentes de tratados ou convenções internacionais de que o Brasil seja signatário, da legislação interna ordinária, de regulamentos expedidos pelas autoridades administrativas competentes, bem como dos que derivem dos princípios gerais do direito, analogia, costumes e equidade.

• *Vide* art. 5.º, §§ 2.º e 3.º, da CF.

Parágrafo único. Tendo mais de um autor a ofensa, todos responderão solidariamente pela reparação dos danos previstos nas normas de consumo.

Capítulo IV
DA QUALIDADE DE PRODUTOS E SERVIÇOS, DA PREVENÇÃO E DA REPARAÇÃO DOS DANOS

Seção I
Da Proteção à Saúde e Segurança

Art. 8.º Os produtos e serviços colocados no mercado de consumo não acarretarão riscos à saúde ou segurança dos consumidores, exceto os considerados normais e previsíveis em decorrência de sua natureza e fruição, obrigando-se os fornecedores, em qualquer hipótese, a dar as informações necessárias e adequadas a seu respeito.

• O Decreto n. 4.680, de 24-4-2003, regulamenta o direito à informação, assegurado por esta Lei, quanto aos alimentos e ingredientes alimentares destinados ao consumo humano ou animal que contenham ou sejam produzidos a partir de organismos geneticamente modificados, sem prejuízo do cumprimento das demais normas aplicáveis.

§ 1.º Em se tratando de produto industrial, ao fabricante cabe prestar as informações a que se refere este artigo, através de impressos apropriados que devam acompanhar o produto.

•• Parágrafo único renumerado pela Lei n. 13.486, de 3-10-2017.

§ 2.º O fornecedor deverá higienizar os equipamentos e utensílios utilizados no fornecimento de produtos ou serviços, ou colocados à disposição do consumidor, e informar, de maneira ostensiva e adequada, quando for o caso, sobre o risco de contaminação.

•• § 2.º acrescentado pela Lei n. 13.486, de 3-10-2017.

Art. 9.º O fornecedor de produtos e serviços potencialmente nocivos ou perigosos à saúde ou segurança deverá informar, de maneira ostensiva e adequada, a respeito da sua nocividade ou periculosidade, sem prejuízo da adoção de outras medidas cabíveis em cada caso concreto.

Art. 10. O fornecedor não poderá colocar no mercado de consumo produto ou serviço que sabe ou deveria saber apresentar alto grau de nocividade ou periculosidade à saúde ou segurança.

§ 1.º O fornecedor de produtos e serviços que, posteriormente à sua introdução no mercado de consumo, tiver conhecimento da periculosidade que apresentem, deverá comunicar o fato imediatamente às autoridades competentes e aos consumidores, mediante anúncios publicitários.

§ 2.º Os anúncios publicitários a que se refere o parágrafo anterior serão veiculados na imprensa, rádio e televisão, às expensas do fornecedor do produto ou serviço.

§ 3.º Sempre que tiverem conhecimento de periculosidade de produtos ou serviços à saúde ou segurança dos consumidores, a União, os Estados, o Distrito Federal e os Municípios deverão informá-los a respeito.

Art. 11. (*Vetado*.)

•• A Lei n. 13.425, de 30-3-2017, propôs o acréscimo do art. 11-A a esta Lei, porém teve seu texto vetado.

Seção II
Da Responsabilidade pelo Fato do Produto e do Serviço

• A Lei n. 10.671, de 15-5-2003, que dispõe sobre o Estatuto de Defesa do Torcedor, estabelece em seu art. 14 que, sem prejuízo do disposto nos arts. 12 a 14 desta Lei, a responsabilidade pela segurança do torcedor em evento esportivo é da entidade de prática desportiva detentora do mando do jogo e de seus dirigentes.

Art. 12. O fabricante, o produtor, o construtor, nacional ou estrangeiro, e o importador respondem, independentemente da existência de culpa, pela reparação dos danos causados aos consumidores por defeitos decorrentes de projeto, fabricação, construção, montagem, fórmulas, manipulação, apresentação ou acondicionamento de seus produtos, bem como por informações insuficientes ou inadequadas sobre sua utilização e riscos.

§ 1.º O produto é defeituoso quando não oferece a segurança que dele legitimamente se espera, levando-se em consideração as circunstâncias relevantes, entre as quais:

I – sua apresentação;

II – o uso e os riscos que razoavelmente dele se esperam;

III – a época em que foi colocado em circulação.

§ 2.º O produto não é considerado defeituoso pelo fato de outro de melhor qualidade ter sido colocado no mercado.

§ 3.º O fabricante, o construtor, o produtor ou importador só não será responsabilizado quando provar:

I – que não colocou o produto no mercado;

II – que, embora haja colocado o produto no mercado, o defeito inexiste;

III – a culpa exclusiva do consumidor ou de terceiro.

• *Vide* art. 945 do CC.

Art. 13. O comerciante é igualmente responsável, nos termos do artigo anterior, quando:

I – o fabricante, o construtor, o produtor ou o importador não puderem ser identificados;

II – o produto for fornecido sem identificação clara do seu fabricante, produtor, construtor ou importador;

III – não conservar adequadamente os produtos perecíveis.

Parágrafo único. Aquele que efetivar o pagamento ao prejudicado poderá exercer o direito de regresso contra os demais responsáveis, segundo sua participação na causação do evento danoso.

Art. 14. O fornecedor de serviços responde, independentemente da existência de culpa, pela reparação dos danos causados aos consumidores por defeitos relativos à prestação dos serviços, bem como por informações insuficientes ou inadequadas sobre sua fruição e riscos.

•• *Vide* Súmula 595 do STJ.

§ 1.º O serviço é defeituoso quando não fornece a segurança que o consumidor dele pode esperar, levando-se em consideração as circunstâncias relevantes, entre as quais:

I – o modo de seu fornecimento;

II – o resultado e os riscos que razoavelmente dele se esperam;

III – a época em que foi fornecido.

§ 2.º O serviço não é considerado defeituoso pela adoção de novas técnicas.

§ 3.º O fornecedor de serviços só não será responsabilizado quando provar:

I – que, tendo prestado o serviço, o defeito inexiste;

II – a culpa exclusiva do consumidor ou de terceiro.

•• *Vide* Súmula 479 do STJ.

• *Vide* art. 945 do CC.

§ 4.º A responsabilidade pessoal dos profissionais liberais será apurada mediante a verificação de culpa.

Arts. 15 e 16. (*Vetados*.)

Art. 17. Para os efeitos desta Seção, equiparam-se aos consumidores todas as vítimas do evento.

Seção III
Da Responsabilidade por Vício do Produto e do Serviço

Art. 18. Os fornecedores de produtos de consumo duráveis ou não duráveis respondem solidariamente pelos vícios de qualidade ou quantidade que os tornem impróprios ou inadequados ao consumo a que se destinam ou lhes diminuam o valor, assim como por aqueles decorrentes da disparidade, com as indicações constantes do recipiente, da embalagem, rotulagem ou mensagem publicitária, respeitadas as variações decorrentes de sua natureza, podendo o consumidor exigir a substituição das partes viciadas.

• *Vide* arts. 441 a 446 do CC.

§ 1.º Não sendo o vício sanado no prazo máximo de trinta dias, pode o consumidor exigir, alternativamente e à sua escolha:

I – a substituição do produto por outro da mesma espécie, em perfeitas condições de uso;

II – a restituição imediata da quantia paga, monetariamente atualizada, sem prejuízo de eventuais perdas e danos;

III – o abatimento proporcional do preço.

§ 2.º Poderão as partes convencionar a redução ou ampliação do prazo previsto no parágrafo anterior, não podendo ser inferior a sete nem superior a cento e oitenta dias. Nos contratos de adesão, a cláusula de prazo deverá ser convencionada em separado, por meio de manifestação expressa do consumidor.

§ 3.º O consumidor poderá fazer uso imediato das alternativas do § 1.º deste artigo sempre que, em razão da extensão do vício, a substituição das partes viciadas puder comprometer a qualidade ou características do produto, diminuir-lhe o valor ou se tratar de produto essencial.

§ 4.º Tendo o consumidor optado pela alternativa do inciso I do § 1.º deste artigo, e não sendo possível a substituição do bem, poderá haver substituição por outro de espécie, marca ou modelo diversos, mediante complementação ou restituição de eventual diferença de preço, sem prejuízo do disposto nos incisos II e III do § 1.º deste artigo.

§ 5.º No caso de fornecimento de produtos in natura, será responsável perante o consumidor o fornecedor imediato, exceto quando identificado claramente seu produtor.

§ 6.º São impróprios ao uso e consumo:

I – os produtos cujos prazos de validade estejam vencidos;

II – os produtos deteriorados, alterados, adulterados, avariados, falsificados, corrompidos, fraudados, nocivos à vida ou à saúde, perigosos ou, ainda, aqueles em desacordo com as normas regulamentares de fabricação, distribuição ou apresentação;

III – os produtos que, por qualquer motivo, se revelem inadequados ao fim a que se destinam.

Art. 19. Os fornecedores respondem solidariamente pelos vícios de quantidade do produto sempre que, respeitadas as variações decorrentes de sua natureza, seu conteúdo líquido for inferior às indicações constantes do recipiente, da embalagem, rotulagem ou de mensagem publicitária, podendo o consumidor exigir, alternativamente e à sua escolha:

I – o abatimento proporcional do preço;

II – complementação do peso ou medida;

III – a substituição do produto por outro da mesma espécie, marca ou modelo, sem os aludidos vícios;

IV – a restituição imediata da quantia paga, monetariamente atualizada, sem prejuízo de eventuais perdas e danos.

§ 1.º Aplica-se a este artigo o disposto no § 4.º do artigo anterior.

§ 2.º O fornecedor imediato será responsável quando fizer a pesagem ou a medição e o instrumento utilizado não estiver aferido segundo os padrões oficiais.

Art. 20. O fornecedor de serviços responde pelos vícios de qualidade que os tornem impróprios ao consumo ou lhes diminuam o valor, assim como por aqueles decorrentes da disparidade com as indicações constantes da oferta ou mensagem publicitária, podendo o consumidor exigir, alternativamente e à sua escolha:

•• *Vide* Súmula 595 do STJ.

I – a reexecução dos serviços, sem custo adicional e quando cabível;

II – a restituição imediata da quantia paga, monetariamente atualizada, sem prejuízo de eventuais perdas e danos;

III – o abatimento proporcional do preço.

§ 1.º A reexecução dos serviços poderá ser confiada a terceiros devidamente capacitados, por conta e risco do fornecedor.

§ 2.º São impróprios os serviços que se mostrem inadequados para os fins que razoavelmente deles se esperam, bem como aqueles que não atendam as normas regulamentares de prestabilidade.

Art. 21. No fornecimento de serviços que tenham por objetivo a reparação de qualquer produto considerar-se-á implícita a obrigação do fornecedor de empregar componentes de reposição originais adequados e novos, ou que mantenham as especificações técnicas do fabricante, salvo, quanto a estes últimos, autorização em contrário do consumidor.

Art. 22. Os órgãos públicos, por si ou suas empresas, concessionárias, permissionárias ou sob qualquer outra forma de empreendimento, são obrigados a fornecer serviços adequados, eficientes, seguros e, quanto aos essenciais, contínuos.

Parágrafo único. Nos casos de descumprimento, total ou parcial, das obrigações referidas neste artigo, serão as pessoas jurídicas compelidas a cumpri-las e a reparar os danos causados, na forma prevista neste Código.

Art. 23. A ignorância do fornecedor sobre os vícios de qualidade por inadequação dos produtos e serviços não o exime de responsabilidade.

Art. 24. A garantia legal de adequação do produto ou serviço independe de termo expresso, vedada a exoneração contratual do fornecedor.

Art. 25. É vedada a estipulação contratual de cláusula que impossibilite, exonere ou atenue a obrigação de indenizar prevista nesta e nas Seções anteriores.

§ 1.º Havendo mais de um responsável pela causação do dano, todos responderão solidariamente pela reparação prevista nesta e nas Seções anteriores.

§ 2.º Sendo o dano causado por componente ou peça incorporada ao produto ou serviço, são responsáveis solidários seu fabricante, construtor ou importador e o que realizou a incorporação.

Seção IV
Da Decadência e da Prescrição

Art. 26. O direito de reclamar pelos vícios aparentes ou de fácil constatação caduca em:

• *Vide* Súmula 477 do STJ.

I – trinta dias, tratando-se de fornecimento de serviço e de produto não duráveis;

II – noventa dias, tratando-se de fornecimento de serviço e de produto duráveis.

§ 1.º Inicia-se a contagem do prazo decadencial a partir da entrega efetiva do produto ou do término da execução dos serviços.

§ 2.º Obstam a decadência:

I – a reclamação comprovadamente formulada pelo consumidor perante o fornecedor de produtos e serviços até a resposta negativa correspondente, que deve ser transmitida de forma inequívoca;

II – (*Vetado*);

III – a instauração de inquérito civil, até seu encerramento.

§ 3.º Tratando-se de vício oculto, o prazo decadencial inicia-se no momento em que ficar evidenciado o defeito.

Art. 27. Prescreve em cinco anos a pretensão à reparação pelos danos causados por fato do produto ou do serviço prevista na Seção II deste Capítulo, iniciando-se a contagem do prazo a partir do conhecimento do dano e de sua autoria.

Parágrafo único. (*Vetado*.)

Seção V
Da Desconsideração da Personalidade Jurídica

Art. 28. O juiz poderá desconsiderar a personalidade jurídica da sociedade quando, em detrimento do consumidor, houver abuso de direito, excesso de poder, infração da lei, fato ou ato ilícito ou violação dos estatutos ou contrato social. A desconsideração também será efetivada quando houver falência, estado de insolvência, encerramento ou inatividade da pessoa jurídica provocados por má administração.

• *Vide* art. 50 do CC.

§ 1.º (*Vetado*.)

§ 2.º As sociedades integrantes dos grupos societários e as sociedades controladas, são subsidiariamente responsáveis pelas obrigações decorrentes deste Código.

• *Vide* arts. 1.113 a 1.122 do CC.

§ 3.º As sociedades consorciadas são solidariamente responsáveis pelas obrigações decorrentes deste Código.

§ 4.º As sociedades coligadas só responderão por culpa.

§ 5.º Também poderá ser desconsiderada a pessoa jurídica sempre que sua personalidade for, de alguma forma, obstáculo ao ressarcimento de prejuízos causados aos consumidores.

Capítulo V
DAS PRÁTICAS COMERCIAIS

Seção I
Das Disposições Gerais

Art. 29. Para os fins deste Capítulo e do seguinte, equiparam-se aos consumidores todas as pessoas determináveis ou não, expostas às práticas nele previstas.

Seção II
Da Oferta

Art. 30. Toda informação ou publicidade, suficientemente precisa, veiculada por qualquer forma ou meio de comunicação com relação a produtos e serviços oferecidos ou apresentados, obriga o fornecedor que a fizer veicular ou dela se utilizar e integra o contrato que vier a ser celebrado.

• *Vide* arts. 427 a 435 do CC.

Art. 31. A oferta e apresentação de produtos ou serviços devem assegurar informações corretas, claras, precisas, ostensivas e em língua portuguesa sobre suas características, qualidades, quantidade, composição, preço, garantia, prazos de validade e origem, entre outros dados, bem como sobre os riscos que apresentam à saúde e segurança dos consumidores.

•• *Vide* Lei n. 10.962, de 11-10-2004, que dispõe sobre a oferta e as formas de afixação de preços de produtos e serviços para o consumidor.

•• O Decreto n. 5.903, de 20-9-2006, dispõe sobre as práticas infracionais que atentam contra o direito básico do consumidor de obter informação adequada e clara sobre produtos e serviços.

• *Vide* art. 2.º do Decreto n. 7.962, de 15-3-2013 (comércio eletrônico).

Parágrafo único. As informações de que trata este artigo, nos produtos refrigerados oferecidos ao consumidor, serão gravadas de forma indelével.

•• Parágrafo único acrescentado pela Lei n. 11.989, de 27-7-2009.

Art. 32. Os fabricantes e importadores deverão assegurar a oferta de componentes e peças de reposição enquanto não cessar a fabricação ou importação do produto.

Parágrafo único. Cessadas a produção ou importação, a oferta deverá ser mantida por período razoável de tempo, na forma da lei.

Art. 33. Em caso de oferta ou venda por telefone ou reembolso postal, deve constar o nome do fabricante e endereço na embalagem, publicidade e em todos os impressos utilizados na transação comercial.

• *Vide* art. 2.º do Decreto n. 7.962, de 15-3-2013 (comércio eletrônico).

Parágrafo único. É proibida a publicidade de bens e serviços por telefone, quando a chamada for onerosa ao consumidor que a origina.

•• Parágrafo único acrescentado pela Lei n. 11.800, de 29-10-2008.

Art. 34. O fornecedor do produto ou serviço é solidariamente responsável pelos atos de seus prepostos ou representantes autônomos.

Art. 35. Se o fornecedor de produtos ou serviços recusar cumprimento à oferta, apresentação ou publicidade, o consumidor poderá, alternativamente e à sua livre escolha:

I – exigir o cumprimento forçado da obrigação, nos termos da oferta, apresentação ou publicidade;

II – aceitar outro produto ou prestação de serviço equivalente;

III – rescindir o contrato, com direito à restituição de quantia eventualmente antecipada, monetariamente atualizada, e a perdas e danos.

Seção III
Da Publicidade

Art. 36. A publicidade deve ser veiculada de tal forma que o consumidor, fácil e imediatamente, a identifique como tal.

• *Vide* art. 35 do CDC.

Parágrafo único. O fornecedor, na publicidade de seus produtos ou serviços, manterá, em seu poder, para informação dos legítimos interessados, os dados fáticos, técnicos e científicos que dão sustentação à mensagem.

Art. 37. É proibida toda publicidade enganosa ou abusiva.

§ 1.º É enganosa qualquer modalidade de informação ou comunicação de caráter publicitário, inteira ou parcialmente falsa, ou, por qualquer outro modo, mesmo por omissão, capaz de induzir em erro o consumidor a respeito da natureza, características, qualidade, quantidade, propriedades, origem, preço e quaisquer outros dados sobre produtos e serviços.

•• *Vide* Súmula 595 do STJ.

§ 2.º É abusiva, dentre outras, a publicidade discriminatória de qualquer natureza, a que incite à violência, explore o medo ou a superstição, se aproveite da deficiência de julgamento e experiência da criança, desrespeita valores ambientais, ou que seja capaz de induzir o consumidor a se comportar de forma prejudicial ou perigosa à sua saúde ou segurança.

§ 3.º Para os efeitos deste Código, a publicidade é enganosa por omissão quando deixar de informar sobre dado essencial do produto ou serviço.

§ 4.º (*Vetado.*)

Art. 38. O ônus da prova da veracidade e correção da informação ou comunicação publicitária cabe a quem as patrocina.

• *Vide* art. 35 do CDC.

Seção IV
Das Práticas Abusivas

Art. 39. É vedado ao fornecedor de produtos ou serviços, dentre outras práticas abusivas:

•• *Caput* com redação determinada pela Lei n. 8.884, de 11-6-1994.

I – condicionar o fornecimento de produto ou de serviço ao fornecimento de outro produto ou serviço, bem como, sem justa causa, a limites quantitativos;

•• *Vide* Súmula 473 do STJ.

II – recusar atendimento às demandas dos consumidores, na exata medida de suas disponibilidades de estoque, e, ainda, de conformidade com os usos e costumes;

III – enviar ou entregar ao consumidor, sem solicitação prévia, qualquer produto, ou fornecer qualquer serviço;

•• *Vide* Súmula 532 do STJ.

IV – prevalecer-se da fraqueza ou ignorância do consumidor, tendo em vista sua idade, saúde, conhecimento ou condição social, para impingir-lhe seus produtos ou serviços;

V – exigir do consumidor vantagem manifestamente excessiva;

VI – executar serviços sem a prévia elaboração de orçamento e autorização expressa do consumidor, ressalvadas as decorrentes de práticas anteriores entre as partes;

VII – repassar informação depreciativa, referente a ato praticado pelo consumidor no exercício de seus direitos;

VIII – colocar, no mercado de consumo, qualquer produto ou serviço em desacordo com as normas expedidas pelos órgãos oficiais competentes ou, se normas específicas não existirem, pela Associação Brasileira de Normas Técnicas ou outra entidade credenciada pelo Conselho Nacional de Metrologia, Normalização e Qualidade Industrial – CONMETRO;

IX – recusar a venda de bens ou a prestação de serviços, diretamente a quem se disponha a adquiri-los mediante pronto pagamento, ressalvados os casos de intermediação regulados em leis especiais;

•• Inciso IX com redação determinada pela Lei n. 8.884, de 11-6-1994.

X – elevar sem justa causa o preço de produtos ou serviços;

•• Inciso X com redação determinada pela Lei n. 8.884, de 11-6-1994.

•• A Medida Provisória n. 1.890-67, de 22-10-1999, que foi convertida na Lei n. 9.870, de 23-11-1999, acrescentava o inciso XI a este artigo. Porém, na conversão passou a acrescentar o inciso XIII, com redação idêntica, sem mencionar o inciso XI. Mantivemos como inciso XI por entendermos tratar-se de erro de publicação.

XII – deixar de estipular prazo para o cumprimento de sua obrigação ou deixar a fixação de seu termo inicial a seu exclusivo critério.

•• Inciso XII acrescentado pela Lei n. 9.008, de 21-3-1995.

XIII – aplicar fórmula ou índice de reajuste diverso do legal ou contratualmente estabelecido;

•• Inciso XIII acrescentado pela Lei n. 9.870, de 23-11-1999.

XIV – permitir o ingresso em estabelecimentos comerciais ou de serviços de um número maior de consumidores que o fixado pela autoridade administrativa como máximo.

•• Inciso XIV acrescentado pela Lei n. 13.425, de 30-3-2017.

•• A Lei n. 14.368, de 14-6-2022, propôs o acréscimo do inciso XV, todavia teve seu texto vetado.

Parágrafo único. Os serviços prestados e os produtos remetidos ou entregues ao consumidor, na hipótese prevista no inciso III, equiparam-se às amostras grátis, inexistindo obrigação de pagamento.

Art. 40. O fornecedor de serviço será obrigado a entregar ao consumidor orçamento prévio discriminando o valor da mão de obra, dos materiais e equipamentos a serem empregados, as condições de pagamento, bem como as datas de início e término dos serviços.

§ 1.º Salvo estipulação em contrário, o valor orçado terá validade pelo prazo de dez dias, contado de seu recebimento pelo consumidor.

§ 2.º Uma vez aprovado pelo consumidor, o orçamento obriga os contraentes e somente pode ser alterado mediante livre negociação das partes.

§ 3.º O consumidor não responde por quaisquer ônus ou acréscimos decorrentes da contratação de serviços de terceiros, não previstos no orçamento prévio.

Art. 41. No caso de fornecimento de produtos ou de serviços sujeitos ao regime de controle ou de tabelamento de preços, os fornecedores deverão respeitar os limites oficiais sob pena de, não o fazendo, responderem pela restituição da quantia recebida em excesso, monetariamente atualizada, podendo o consumidor exigir, à sua escolha, o desfazimento do negócio, sem prejuízo de outras sanções cabíveis.

•• A Lei n. 1.521, de 26-12-1951, determina os crimes contra a economia popular.

Seção V
Da Cobrança de Dívidas

Art. 42. Na cobrança de débitos, o consumidor inadimplente não será exposto a ridículo, nem será submetido a qualquer tipo de constrangimento ou ameaça.

Parágrafo único. O consumidor cobrado em quantia indevida tem direito à repetição do indébito, por valor igual ao dobro do que pagou em excesso, acrescido de correção monetária e juros legais, salvo hipótese de engano justificável.

Art. 42-A. Em todos os documentos de cobrança de débitos apresentados ao consumidor, deverão constar o nome, o endereço e o número de inscrição no Cadastro de Pessoas Físicas – CPF ou no Cadastro Nacional de Pessoa Jurídica – CNPJ do fornecedor do produto ou serviço correspondente.

•• Artigo acrescentado pela Lei n. 12.039, de 1.º-10-2009.

Seção VI
Dos Bancos de Dados e Cadastros de Consumidores

• A Lei n. 12.414, de 9-6-2011, disciplina a formação e consulta a bancos de dados com informações de adimplemento, de pessoas naturais ou de pessoas jurídicas, para formação de histórico de crédito.

Art. 43. O consumidor, sem prejuízo do disposto no art. 86, terá acesso às informações existentes em cadastros, fichas, registros e dados pessoais e de consumo arquivados sobre ele, bem como sobre as suas respectivas fontes.

•• *Vide* Súmula 572 do STJ.

§ 1.º Os cadastros e dados de consumidores devem ser objetivos, claros, verdadeiros e em linguagem de fácil compreensão, não podendo conter informações negativas referentes a período superior a cinco anos.

• *Vide* Súmula 323 do STJ.

§ 2.º A abertura de cadastro, ficha, registro e dados pessoais e de consumo deverá ser comunicada por escrito ao consumidor, quando não solicitada por ele.

•• *Vide* Súmulas 359, 385 e 404 do STJ.

§ 3.º O consumidor, sempre que encontrar inexatidão nos seus dados e cadastros, poderá exigir sua imediata correção, devendo o arquivista, no prazo de cinco dias úteis, comunicar a alteração aos eventuais destinatários das informações incorretas.

•• *Vide* Súmula 548 do STJ.

§ 4.º Os bancos de dados e cadastros relativos a consumidores, os serviços de proteção ao crédito e congêneres são considerados entidades de caráter público.

§ 5.º Consumada a prescrição relativa à cobrança de débitos do consumidor, não serão fornecidas, pelos respectivos Sistemas de Proteção ao Crédito, quaisquer informações que possam impedir ou dificultar novo acesso ao crédito junto aos fornecedores.

• *Vide* Súmula 323 do STJ.

§ 6.º Todas as informações de que trata o *caput* deste artigo devem ser disponibilizadas em formatos acessíveis, inclusive para a pessoa com deficiência, mediante solicitação do consumidor.

•• § 6.º acrescentado pela Lei n. 13.146, de 6-7-2015.

Art. 44. Os órgãos públicos de defesa do consumidor manterão cadastros atualizados de reclamações fundamentadas contra fornecedores de produtos e serviços, devendo divulgá-lo pública e anualmente. A divulgação indicará se a reclamação foi atendida ou não pelo fornecedor.

§ 1.º É facultado o acesso às informações lá constantes para orientação e consulta por qualquer interessado.

§ 2.º Aplicam-se a este artigo, no que couber, as mesmas regras enunciadas no artigo anterior e as do parágrafo único do art. 22 deste Código.

Art. 45. (*Vetado.*)

Capítulo VI
DA PROTEÇÃO CONTRATUAL

Seção I
Disposições Gerais

Art. 46. Os contratos que regulam as relações de consumo não obrigarão os consumidores, se não lhes for dada a oportunidade de tomar conhecimento prévio de seu conteúdo, ou se os respectivos instrumentos forem redigidos de modo a dificultar a compreensão de seu sentido e alcance.

• *Vide* art. 4.º do Decreto n. 7.962, de 15-3-2013 (comércio eletrônico).

Art. 47. As cláusulas contratuais serão interpretadas de maneira mais favorável ao consumidor.

Art. 48. As declarações de vontade constantes de escritos particulares, recibos e pré-contratos relativos às relações de consumo vinculam o fornecedor, ensejando inclusive execução específica, nos termos do art. 84 e parágrafos.

Art. 49. O consumidor pode desistir do contrato, no prazo de 7 dias a contar de sua assinatura ou do ato de recebimento do produto ou serviço, sempre que a contratação de fornecimento de produtos e serviços ocorrer fora do estabelecimento comercial, especialmente por telefone ou a domicílio.

•• *Vide* art. 5.º do Decreto n. 7.962, de 15-3-2013 (comércio eletrônico).

•• *Vide* art. 8.º da Lei n. 14.010, de 10-6-2020.

Parágrafo único. Se o consumidor exercitar o direito de arrependimento previsto neste artigo, os valores eventualmente pagos, a qualquer título, durante o prazo de reflexão, serão devolvidos, de imediato, monetariamente atualizados.

Art. 50. A garantia contratual é complementar à legal e será conferida mediante termo escrito.

Parágrafo único. O termo de garantia ou equivalente deve ser padronizado e esclarecer, de maneira adequada, em que consiste a mesma garantia, bem como a forma, o prazo e o lugar em que pode ser exercitada e os ônus a cargo do consumidor, devendo ser-lhe entregue, devidamente preenchido pelo fornecedor, no ato do fornecimento, acompanhado de manual de instrução, de instalação e uso de produto em linguagem didática, com ilustrações.

Seção II
Das Cláusulas Abusivas

•• *Vide* Portaria n. 4, de 13-3-1998, da Secretaria de Direito Econômico do Ministério da Justiça.

•• *Vide* Portaria n. 3, de 19-3-1999, da Secretaria de Direito Econômico do Ministério da Justiça.

•• *Vide* Portaria n. 3, de 15-3-2001, da Secretaria de Direito Econômico do Ministério da Justiça.

•• *Vide* Portaria n. 5, de 27-8-2002, da Secretaria de Direito Econômico do Ministério da Justiça.

• *Vide* Súmula 381 do STJ.

Art. 51. São nulas de pleno direito, entre outras, as cláusulas contratuais relativas ao fornecimento de produtos e serviços que:

I – impossibilitem, exonerem ou atenuem a responsabilidade do fornecedor por vícios de qualquer natureza dos produtos e serviços ou impliquem renúncia ou disposição de direitos. Nas relações de consumo entre o fornecedor e o consumidor-pessoa jurídica, a indenização poderá ser limitada, em situações justificáveis;

•• *Vide* Súmula 638 do STJ.

II – subtraiam ao consumidor a opção de reembolso da quantia já paga, nos casos previstos neste Código;

III – transfiram responsabilidades a terceiros;

IV – estabeleçam obrigações consideradas iníquas, abusivas, que coloquem o consumidor em desvantagem exagerada, ou sejam incompatíveis com a boa-fé ou a equidade;

• *Vide* art. 413 do CC.

• *Vide* Súmula 609 do STJ.

V – (*Vetado*);

VI – estabeleçam inversão do ônus da prova em prejuízo do consumidor;

VII – determinem a utilização compulsória de arbitragem;

VIII – imponham representante para concluir ou realizar outro negócio jurídico pelo consumidor;

IX – deixem ao fornecedor a opção de concluir ou não o contrato, embora obrigando o consumidor;

X – permitam ao fornecedor, direta ou indiretamente, variação do preço de maneira unilateral;

XI – autorizem o fornecedor a cancelar o contrato unilateralmente, sem que igual direito seja conferido ao consumidor;

XII – obriguem o consumidor a ressarcir os custos de cobrança de sua obrigação, sem que igual direito lhe seja conferido contra o fornecedor;

XIII – autorizem o fornecedor a modificar unilateralmente o conteúdo ou a qualidade do contrato, após sua celebração;

XIV – infrinjam ou possibilitem a violação de normas ambientais;

XV – estejam em desacordo com o sistema de proteção ao consumidor;

XVI – possibilitem a renúncia do direito de indenização por benfeitorias necessárias;

XVII – condicionem ou limitem de qualquer forma o acesso aos órgãos do Poder Judiciário;

•• Inciso XVII acrescentado pela Lei n. 14.181, de 1.º-7-2021.

XVIII – estabeleçam prazos de carência em caso de impontualidade das prestações mensais ou impeçam o restabelecimento integral dos direitos do consumidor e de seus meios de pagamento a partir da purgação da mora ou do acordo com os credores;

•• Inciso XVIII acrescentado pela Lei n. 14.181, de 1.º-7-2021.

XIX – (*Vetado.*)

•• Inciso XIX acrescentado pela Lei n. 14.181, de 1.º-7-2021.

§ 1.º Presume-se exagerada, entre outros casos, a vantagem que:

I – ofende os princípios fundamentais do sistema jurídico a que pertence;

II – restringe direitos ou obrigações fundamentais inerentes à natureza do contrato, de tal modo a ameaçar seu objeto ou o equilíbrio contratual;

III – se mostra excessivamente onerosa para o consumidor, considerando-se a natureza e conteúdo do contrato, o interesse das partes e outras circunstâncias peculiares ao caso.

§ 2.º A nulidade de uma cláusula contratual abusiva não invalida o contrato, exceto quando de sua ausência, apesar dos esforços de integração, decorrer ônus excessivo a qualquer das partes.

§ 3.º (*Vetado.*)

§ 4.º É facultado a qualquer consumidor ou entidade que o represente requerer ao Ministério Público que ajuíze a competente ação para ser declarada a nulidade de cláusula contratual que contrarie o disposto neste Código ou de qualquer forma não assegure o justo equilíbrio entre direitos e obrigações das partes.

Art. 52. No fornecimento de produtos ou serviços que envolva outorga de crédito ou concessão de financiamento ao consumidor, o fornecedor deverá, entre outros requisitos, informá-lo prévia e adequadamente sobre:

•• *Vide* art. 54-B do CDC.

I – preço do produto ou serviço em moeda corrente nacional;

II – montante dos juros de mora e da taxa efetiva anual de juros;

III – acréscimos legalmente previstos;

IV – número e periodicidade das prestações;

V – soma total a pagar, com e sem financiamento.

§ 1.º As multas de mora decorrentes do inadimplemento de obrigações no seu termo não poderão ser superiores a 2% (dois por cento) do valor da prestação.

•• § 1.º com redação determinada pela Lei n. 9.298, de 1.º-8-1996.

§ 2.º É assegurada ao consumidor a liquidação antecipada do débito, total ou parcialmente, mediante redução proporcional dos juros e demais acréscimos.

§ 3.º (*Vetado.*)

Art. 53. Nos contratos de compra e venda de móveis ou imóveis mediante pagamento em prestações, bem como nas alienações fiduciárias em garantia, consideram-se nulas de pleno direito as cláusulas que estabeleçam a perda total das prestações pagas em benefício do credor que, em razão do inadimplemento, pleitear a resolução do contrato e a retomada do produto alienado.

• *Vide* art. 413 do CC.

§ 1.º (*Vetado.*)

§ 2.º Nos contratos do sistema de consórcio de produtos duráveis, a compensação ou a restituição das parcelas quitadas, na forma deste artigo, terá descontada, além da vantagem econômica auferida com a fruição, os prejuízos que o desistente ou inadimplente causar ao grupo.

§ 3.º Os contratos de que trata o *caput* deste artigo serão expressos em moeda corrente nacional.

Seção III
Dos Contratos de Adesão

Art. 54. Contrato de adesão é aquele cujas cláusulas tenham sido aprovadas pela autoridade competente ou estabelecidas unilateralmente pelo fornecedor de produtos ou serviços, sem que o consumidor possa discutir ou modificar substancialmente seu conteúdo.

• *Vide* art. 423 do CC.

• *Vide* Súmula 620 do STJ.

§ 1.º A inserção de cláusula no formulário não desfigura a natureza de adesão do contrato.

§ 2.º Nos contratos de adesão admite-se cláusula resolutória, desde que alternativa, cabendo a escolha ao consumidor, ressalvando-se o disposto no § 2.º do artigo anterior.

§ 3.º Os contratos de adesão escritos serão redigidos em termos claros e com caracteres ostensivos e legíveis, cujo tamanho da fonte não será inferior ao corpo doze, de modo a facilitar sua compreensão pelo consumidor.

•• § 3.º com redação determinada pela Lei n. 11.785, de 22-9-2008.

§ 4.º As cláusulas que implicarem limitação de direito do consumidor deverão ser redigidas com destaque, permitindo sua imediata e fácil compreensão.

• *Vide* art. 424 do CC.

§ 5.º (*Vetado.*)

Capítulo VI-A
DA PREVENÇÃO E DO TRATAMENTO DO SUPERENDIVIDAMENTO

•• Capítulo VI-A acrescentado pela Lei n. 14.181, de 1.º-7-2021.

Art. 54-A. Este Capítulo dispõe sobre a prevenção do superendividamento da pessoa natural, sobre o crédito responsável e sobre a educação financeira do consumidor.

•• *Caput* acrescentado pela Lei n. 14.181, de 1.º-7-2021.

•• "A validade dos negócios e dos demais atos jurídicos de crédito em curso constituídos antes da entrada em vigor" da Lei n. 14.181, de 1.º-7-2021, obedece ao disposto em lei anterior, mas os efeitos produzidos subordinam-se aos preceitos dessa lei.

§ 1.º Entende-se por superendividamento a impossibilidade manifesta de o consumidor pessoa natural, de boa-fé, pagar a totalidade de suas dívidas de consumo, exigíveis e vincendas, sem comprometer seu mínimo existencial, nos termos da regulamentação.

•• § 1.º acrescentado pela Lei n. 14.181, de 1.º-7-2021.

•• O Decreto n. 11.150, de 26-7-2022, regulamenta a preservação e o não comprometimento do mínimo existencial para fins de prevenção, tratamento e conciliação de situações de superendividamento em dívidas de consumo.

§ 2.º As dívidas referidas no § 1.º deste artigo englobam quaisquer compromissos financeiros assumidos decorrentes de relação de consumo, inclusive operações de crédito, compras a prazo e serviços de prestação continuada.

•• § 2.º acrescentado pela Lei n. 14.181, de 1.º-7-2021.

§ 3.º O disposto neste Capítulo não se aplica ao consumidor cujas dívidas tenham sido contraídas mediante fraude ou má-fé, sejam oriundas de contratos celebrados dolosamente com o propósito de não realizar o pagamento ou decorram da aquisição ou contratação de produtos e serviços de luxo de alto valor.

•• § 3.º acrescentado pela Lei n. 14.181, de 1.º-7-2021.

Art. 54-B. No fornecimento de crédito e na venda a prazo, além das informações obrigatórias previstas no art. 52 deste Código e na legislação aplicável à matéria, o fornecedor ou o intermediário deverá informar o consumidor, prévia e adequadamente, no momento da oferta, sobre:

•• *Caput* acrescentado pela Lei n. 14.181, de 1.º-7-2021.

I – o custo efetivo total e a descrição dos elementos que o compõem;

•• Inciso I acrescentado pela Lei n. 14.181, de 1.º-7-2021.

II – a taxa efetiva mensal de juros, bem como a taxa dos juros de mora e o total de encargos, de qualquer natureza, previstos para o atraso no pagamento;

•• Inciso II acrescentado pela Lei n. 14.181, de 1.º-7-2021.

III – o montante das prestações e o prazo de validade da oferta, que deve ser, no mínimo, de 2 (dois) dias;

•• Inciso III acrescentado pela Lei n. 14.181, de 1.º-7-2021.

IV – o nome e o endereço, inclusive o eletrônico, do fornecedor;

•• Inciso IV acrescentado pela Lei n. 14.181, de 1.º-7-2021.

V – o direito do consumidor à liquidação antecipada e não onerosa do débito, nos termos do § 2.º do art. 52 deste Código e da regulamentação em vigor.

•• Inciso V acrescentado pela Lei n. 14.181, de 1.º-7-2021.

§ 1.º As informações referidas no art. 52 deste Código e no *caput* deste artigo devem constar de forma clara e resumida do próprio contrato, da fatura ou de instrumento apartado, de fácil acesso ao consumidor.

•• § 1.º acrescentado pela Lei n. 14.181, de 1.º-7-2021.

§ 2.º Para efeitos deste Código, o custo efetivo total da operação de crédito ao consumidor consistirá em taxa percentual anual e compreenderá todos os valores cobrados do consumidor, sem prejuízo do cálculo padronizado pela autoridade reguladora do sistema financeiro.

•• § 2.º acrescentado pela Lei n. 14.181, de 1.º-7-2021.

§ 3.º Sem prejuízo do disposto no art. 37 deste Código, a oferta de crédito ao consumidor e a oferta de venda a prazo, ou a fatura mensal, conforme o caso, devem indicar, no mínimo, o custo efetivo total, o agente financiador e a soma total a pagar, com e sem financiamento.

•• § 3.º acrescentado pela Lei n. 14.181, de 1.º-7-2021.

Art. 54-C. É vedado, expressa ou implicitamente, na oferta de crédito ao consumidor, publicitária ou não:

•• *Caput* acrescentado pela Lei n. 14.181, de 1.º-7-2021.

I – (*Vetado.*)

•• Inciso I acrescentado pela Lei n. 14.181, de 1.º-7-2021.

II – indicar que a operação de crédito poderá ser concluída sem consulta a serviços de proteção ao crédito ou sem avaliação da situação financeira do consumidor;

•• Inciso II acrescentado pela Lei n. 14.181, de 1.º-7-2021.

III – ocultar ou dificultar a compreensão sobre os ônus e os riscos da contratação do crédito ou da venda a prazo;

•• Inciso III acrescentado pela Lei n. 14.181, de 1.º-7-2021.

IV – assediar ou pressionar o consumidor para contratar o fornecimento de produto, serviço ou crédito, principalmente se se tratar de consumidor idoso, analfabeto, doente ou em estado de vulnerabilidade agravada ou se a contratação envolver prêmio;

•• Inciso IV acrescentado pela Lei n. 14.181, de 1.º-7-2021.

V – condicionar o atendimento de pretensões do consumidor ou o início de tratativas à renúncia ou à desistência de demandas judiciais, ao pagamento de honorários advocatícios ou a depósitos judiciais.

•• Inciso V acrescentado pela Lei n. 14.181, de 1.º-7-2021.

Parágrafo único. (*Vetado.*)

•• Parágrafo único acrescentado pela Lei n. 14.181, de 1.º-7-2021.

Art. 54-D. Na oferta de crédito, previamente à contratação, o fornecedor ou o intermediário deverá, entre outras condutas:

•• *Caput* acrescentado pela Lei n. 14.181, de 1.º-7-2021.

I – informar e esclarecer adequadamente o consumidor, considerada sua idade, sobre a natureza e a modalidade do crédito oferecido, sobre todos os custos incidentes, observado o disposto nos arts. 52 e 54-B deste Código, e sobre as consequências genéricas e específicas do inadimplemento;

•• Inciso I acrescentado pela Lei n. 14.181, de 1.º-7-2021.

II – avaliar, de forma responsável, as condições de crédito do consumidor, mediante análise das informações disponíveis em bancos de dados de proteção ao crédito, observado o disposto neste Código e na legislação sobre proteção de dados;

•• Inciso II acrescentado pela Lei n. 14.181, de 1.º-7-2021.

III – informar a identidade do agente financiador e entregar ao consumidor, ao garante e a outros coobrigados cópia do contrato de crédito.

•• Inciso III acrescentado pela Lei n. 14.181, de 1.º-7-2021.

Parágrafo único. O descumprimento de qualquer dos deveres previstos no *caput* deste artigo e nos arts. 52 e 54-C deste Código poderá acarretar judicialmente a redução dos juros, dos encargos ou de qualquer acréscimo ao principal e a dilação do prazo de pagamento previsto no contrato original, conforme a gravidade da conduta do fornecedor e as possibilidades financeiras do consumidor, sem prejuízo de outras sanções e de indenização por perdas e danos, patrimoniais e morais, ao consumidor.

•• Parágrafo único acrescentado pela Lei n. 14.181, de 1.º-7-2021.

Art. 54-E. (*Vetado*.)

•• Artigo acrescentado pela Lei n. 14.181, de 1.º-7-2021.

Art. 54-F. São conexos, coligados ou interdependentes, entre outros, contrato principal de fornecimento de produto ou serviço e os contratos acessórios de crédito que lhe garantam o financiamento quando o fornecedor de crédito:

•• *Caput* acrescentado pela Lei n. 14.181, de 1.º-7-2021.

I – recorrer aos serviços do fornecedor de produto ou serviço para a preparação ou a conclusão do contrato de crédito;

•• Inciso I acrescentado pela Lei n. 14.181, de 1.º-7-2021.

II – oferecer o crédito no local da atividade empresarial do fornecedor de produto ou serviço financiado ou onde o contrato principal for celebrado.

•• Inciso II acrescentado pela Lei n. 14.181, de 1.º-7-2021.

§ 1.º O exercício do direito de arrependimento nas hipóteses previstas neste Código, no contrato principal ou no contrato de crédito, implica a resolução de pleno direito do contrato que lhe seja conexo.

•• § 1.º acrescentado pela Lei n. 14.181, de 1.º-7-2021.

§ 2.º Nos casos dos incisos I e II do *caput* deste artigo, se houver inexecução de qualquer das obrigações e deveres do fornecedor de produto ou serviço, o consumidor poderá requerer a rescisão do contrato não cumprido contra o fornecedor do crédito.

•• § 2.º acrescentado pela Lei n. 14.181, de 1.º-7-2021.

§ 3º O direito previsto no § 2.º deste artigo caberá igualmente ao consumidor:

•• § 3.º, *caput*, acrescentado pela Lei n. 14.181, de 1.º-7-2021.

I – contra o portador de cheque pósdatado emitido para aquisição de produto ou serviço a prazo;

•• Inciso I acrescentado pela Lei n. 14.181, de 1.º-7-2021.

II – contra o administrador ou o emitente de cartão de crédito ou similar quando o cartão de crédito ou similar e o produto ou serviço forem fornecidos pelo mesmo fornecedor ou por entidades pertencentes a um mesmo grupo econômico.

•• Inciso II acrescentado pela Lei n. 14.181, de 1.º-7-2021.

§ 4.º A invalidade ou a ineficácia do contrato principal implicará, de pleno direito, a do contrato de crédito que lhe seja conexo, nos termos do *caput* deste artigo, ressalvado ao fornecedor do crédito o direito de obter do fornecedor do produto ou serviço a devolução dos valores entregues, inclusive relativamente a tributos.

•• § 4.º acrescentado pela Lei n. 14.181, de 1.º-7-2021.

Art. 54-G. Sem prejuízo do disposto no art. 39 deste Código e na legislação aplicável à matéria, é vedado ao fornecedor de produto ou serviço que envolva crédito, entre outras condutas:

•• *Caput* acrescentado pela Lei n. 14.181, de 1.º-7-2021.

I – realizar ou proceder à cobrança ou ao débito em conta de qualquer quantia que houver sido contestada pelo consumidor em compra realizada com cartão de crédito ou similar, enquanto não for adequadamente solucionada a controvérsia, desde que o consumidor haja notificado a administradora do cartão com antecedência de pelo menos 10 (dez) dias contados da data de vencimento da fatura, vedada a manutenção do valor na fatura seguinte e assegurado ao consumidor o direito de deduzir do total da fatura o valor em disputa e efetuar o pagamento da parte não contestada, podendo o emissor lançar como crédito em confiança o valor idêntico ao da transação contestada que tenha sido cobrada, enquanto não encerrada a apuração da contestação;

•• Inciso I acrescentado pela Lei n. 14.181, de 1.º-7-2021.

II – recusar ou não entregar ao consumidor, ao garante e aos outros coobrigados cópia da minuta do contrato principal de consumo ou do contrato de crédito, em papel ou outro suporte duradouro, disponível e acessível, e, após a conclusão, cópia do contrato;

•• Inciso II acrescentado pela Lei n. 14.181, de 1.º-7-2021.

III – impedir ou dificultar, em caso de utilização fraudulenta do cartão de crédito ou similar, que o consumidor peça e obtenha, quando aplicável, a anulação ou o imediato bloqueio do pagamento, ou ainda a restituição dos valores indevidamente recebidos.

•• Inciso III acrescentado pela Lei n. 14.181, de 1.º-7-2021.

§ 1.º Sem prejuízo do dever de informação e esclarecimento do consumidor e de entrega da minuta do contrato, no empréstimo cuja liquidação seja feita mediante consignação em folha de pagamento, a formalização e a entrega da cópia do contrato ou do instrumento de contratação ocorrerão após o fornecedor do crédito obter da fonte pagadora a indicação sobre a existência de margem consignável.

•• § 1.º acrescentado pela Lei n. 14.181, de 1.º-7-2021.

§ 2.º Nos contratos de adesão, o fornecedor deve prestar ao consumidor, previamente, as informações de que tratam o art. 52 e o *caput* do art. 54-B deste Código, além de outras porventura determinadas na legislação em vigor, e fica obrigado a entregar ao consumidor cópia do contrato, após a sua conclusão.

•• § 2.º acrescentado pela Lei n. 14.181, de 1.º-7-2021.

Capítulo VII
DAS SANÇÕES ADMINISTRATIVAS

•• O Decreto n. 2.181, de 20-3-1997, dispõe sobre a organização do Sistema Nacional de Defesa do Consumidor – SNDC, estabelece as normas gerais de aplicação das sanções administrativas, e revoga o Decreto n. 861, de 9-7-1993.

Art. 55. A União, os Estados e o Distrito Federal, em caráter concorrente e nas suas respectivas áreas de atuação administrativa, baixarão normas relativas à produção, industrialização, distribuição e consumo de produtos e serviços.

§ 1.º A União, os Estados, o Distrito Federal e os Municípios fiscalizarão e controlarão a produção, industrialização, distribuição, a publicidade de produtos e serviços e o mercado de consumo, no interesse da preservação da vida, da saúde, da segurança, da informação e do bem-estar do consumidor, baixando as normas que se fizerem necessárias.

§ 2.º (*Vetado*.)

§ 3.º Os órgãos federais, estaduais, do Distrito Federal e municipais com atribuições para fiscalizar e controlar o mercado de consumo manterão comissões permanentes para elaboração, revisão e atualização das normas referidas no § 1.º, sendo obrigatória a participação dos consumidores e fornecedores.

§ 4.º Os órgãos oficiais poderão expedir notificações aos fornecedores para que, sob pena de desobediência, prestem informações sobre questões de interesse do consumidor, resguardado o segredo industrial.

Art. 56. As infrações das normas de defesa do consumidor ficam sujeitas, conforme o caso, às seguintes sanções administrativas, sem prejuízo das de natureza civil, penal e das definidas em normas específicas:

I – multa;

II – apreensão do produto;

III – inutilização do produto;

IV – cassação do registro do produto junto ao órgão competente;

V – proibição de fabricação do produto;

VI – suspensão de fornecimento de produtos ou serviço;

VII – suspensão temporária de atividade;

VIII – revogação de concessão ou permissão de uso;

IX – cassação de licença do estabelecimento ou de atividade;

X – interdição, total ou parcial, de estabelecimento, de obra ou de atividade;

XI – intervenção administrativa;

XII – imposição de contrapropaganda.

Parágrafo único. As sanções previstas neste artigo serão aplicadas pela autoridade administrativa, no âmbito de sua atribuição, podendo ser aplicadas cumulativamente, inclusive por medida cautelar antecedente ou incidente de procedimento administrativo.

Art. 57. A pena de multa, graduada de acordo com a gravidade da infração, a vantagem auferida e a condição econômica do fornecedor, será aplicada mediante procedimento administrativo, revertendo para o Fundo de que trata a Lei n. 7.347, de 24 de julho de 1985, os valores cabíveis à União, ou para os Fundos estaduais ou municipais de proteção ao consumidor nos demais casos.

•• *Caput* com redação determinada pela Lei n. 8.656, de 21-5-1993.

Parágrafo único. A multa será em montante não inferior a duzentas e não superior a três milhões de vezes o valor da Unidade Fiscal de Referência (UFIR), ou índice equivalente que venha a substituí-lo.

•• Parágrafo único acrescentado pela Lei n. 8.703, de 6-9-1993.

Art. 58. As penas de apreensão, de inutilização de produtos, de proibição de fabricação de produtos, de suspensão do fornecimento de produto ou serviço, de cassação do registro do produto e revogação da concessão ou permissão de uso serão aplicadas pela administração, mediante procedimento administrativo, assegurada ampla defesa, quando forem constatados vícios de quantidade ou de qualidade por inadequação ou insegurança do produto ou serviço.

Art. 59. As penas de cassação de alvará de licença, de interdição e de suspensão temporária da atividade, bem como a de intervenção administrativa serão aplicadas mediante procedimento administrativo, assegurada ampla defesa, quando o fornecedor reincidir na prática das infrações de maior gravidade previstas neste Código e na legislação de consumo.

§ 1.º A pena de cassação da concessão será aplicada à concessionária de serviço público, quando violar obrigação legal ou contratual.

§ 2.º A pena de intervenção administrativa será aplicada sempre que as circunstâncias de fato desaconselharem a cassação de licença, a interdição ou suspensão da atividade.

§ 3.º Pendendo ação judicial na qual se discuta a imposição de penalidade administrativa, não haverá reincidência até o trânsito em julgado da sentença.

Art. 60. A imposição de contrapropaganda será cominada quando o fornecedor incorrer na prática de publicidade enganosa ou abusiva, nos termos do art. 36 e seus parágrafos, sempre às expensas do infrator.

•• Onde se lê art. 36 e seus parágrafos, acreditamos seja art. 37 e parágrafos.

§ 1.º A contrapropaganda será divulgada pelo responsável da mesma forma, frequência e dimensão e, preferencialmente no mesmo veículo, local, espaço e horário, de forma capaz de desfazer o malefício da publicidade enganosa ou abusiva.

§§ 2.º e 3.º (*Vetados.*)

TÍTULO II
DAS INFRAÇÕES PENAIS

Art. 61. Constituem crimes contra as relações de consumo previstas neste Código, sem prejuízo do disposto no Código Penal e leis especiais, as condutas tipificadas nos artigos seguintes.

Art. 62. (*Vetado.*)

Art. 63. Omitir dizeres ou sinais ostensivos sobre a nocividade ou periculosidade de produtos, nas embalagens, nos invólucros, recipientes ou publicidade:

Pena – Detenção de seis meses a dois anos e multa.

§ 1.º Incorrerá nas mesmas penas quem deixar de alertar, mediante recomendações escritas ostensivas, sobre a periculosidade do serviço a ser prestado.

§ 2.º Se o crime é culposo:

Pena – Detenção de um a seis meses ou multa.

Art. 64. Deixar de comunicar à autoridade competente e aos consumidores a nocividade ou periculosidade de produtos cujo conhecimento seja posterior à sua colocação no mercado:

Pena – Detenção de seis meses a dois anos e multa.

Parágrafo único. Incorrerá nas mesmas penas quem deixar de retirar do mercado, imediatamente quando determinado pela autoridade competente, os produtos nocivos ou perigosos, na forma deste artigo.

Art. 65. Executar serviço de alto grau de periculosidade, contrariando determinação de autoridade competente:

Pena – Detenção de seis meses a dois anos e multa.

§ 1.º As penas deste artigo são aplicáveis sem prejuízo das correspondentes à lesão corporal e à morte.

•• Parágrafo único renumerado pela Lei n. 13.425, de 30-3-2017.

§ 2.º A prática do disposto no inciso XIV do art. 39 desta Lei também caracteriza o crime previsto no *caput* deste artigo.

•• § 2.º acrescentado pela Lei n. 13.425, de 30-3-2017.

Art. 66. Fazer afirmação falsa ou enganosa, ou omitir informação relevante sobre a natureza, característica, qualidade, quantidade, segurança, desempenho, durabilidade, preço ou garantia de produtos ou serviços:

Pena – Detenção de três meses a um ano e multa.

§ 1.º Incorrerá nas mesmas penas quem patrocinar a oferta.

§ 2.º Se o crime é culposo:

Pena – Detenção de um a seis meses ou multa.

Art. 67. Fazer ou promover publicidade que sabe ou deveria saber ser enganosa ou abusiva:

Pena – Detenção de três meses a um ano e multa.

•• *Vide* art. 37 desta Lei.

Parágrafo único. (*Vetado.*)

Art. 68. Fazer ou promover publicidade que sabe ou deveria saber ser capaz de induzir o consumidor a se comportar de forma prejudicial ou perigosa a sua saúde ou segurança:

Pena – Detenção de seis meses a dois anos e multa.

Parágrafo único. (*Vetado.*)

Art. 69. Deixar de organizar dados fáticos, técnicos e científicos que dão base à publicidade:

Pena – Detenção de um a seis meses ou multa.

Art. 70. Empregar, na reparação de produtos, peças ou componentes de reposição usados, sem autorização do consumidor:

Pena – Detenção de três meses a um ano e multa.

Art. 71. Utilizar, na cobrança de dívidas, de ameaça, coação, constrangimento físico ou moral, afirmações falsas, incorretas ou enganosas ou de qualquer outro procedimento que exponha o consumidor, injustificadamente, a ridículo ou interfira com seu trabalho, descanso ou lazer:

Pena – Detenção de três meses a um ano e multa.

Art. 72. Impedir ou dificultar o acesso do consumidor às informações que sobre ele constem em cadastros, banco de dados, fichas e registros:

Pena – Detenção de seis meses a um ano ou multa.

Art. 73. Deixar de corrigir imediatamente informação sobre consumidor constante de cadastro, banco de dados, fichas ou registros que sabe ou deveria saber ser inexata:

Pena – Detenção de um a seis meses ou multa.

Art. 74. Deixar de entregar ao consumidor o termo de garantia adequadamente preenchido e com especificação clara de seu conteúdo:

Pena – Detenção de um a seis meses ou multa.

Art. 75. Quem, de qualquer forma, concorrer para os crimes referidos neste Código incide nas penas a esses cominadas na medida de sua culpabilidade, bem como o diretor, administrador ou gerente da pessoa jurídica que promover, permitir ou por qualquer modo aprovar o fornecimento, oferta, exposição à venda ou manutenção em depósito de produtos ou a oferta e prestação de serviços nas condições por ele proibidas.

Art. 76. São circunstâncias agravantes dos crimes tipificados neste Código:

I – serem cometidos em época de grave crise econômica ou por ocasião de calamidade;

II – ocasionarem grave dano individual ou coletivo;

III – dissimular-se a natureza ilícita do procedimento;

IV – quando cometidos:

a) por servidor público, ou por pessoa cuja condição econômico-social seja manifestamente superior à da vítima;

b) em detrimento de operário ou rurícola; de menor de dezoito ou maior de sessenta anos ou de pessoas portadoras de deficiência mental, interditadas ou não;

V – serem praticados em operações que envolvam alimentos, medicamentos ou quaisquer outros produtos ou serviços essenciais.

Art. 77. A pena pecuniária prevista nesta Seção será fixada em dias-multa, correspondente ao mínimo e ao máximo de dias de duração da pena privativa da liberdade cominada ao crime. Na individualização desta multa, o juiz observará o disposto no art. 60, § 1.º, do Código Penal.

Art. 78. Além das penas privativas de liberdade e de multa, podem ser impostas, cumulativa ou alternadamente, observado o disposto nos arts. 44 a 47, do Código Penal:

I – a interdição temporária de direitos;

II – a publicação em órgãos de comunicação de grande circulação ou audiência, às expensas do condenado, de notícia sobre os fatos e a condenação;

III – a prestação de serviços à comunidade.

Art. 79. O valor da fiança, nas infrações de que trata este Código, será fixado pelo juiz, ou pela autoridade que presidir o inquérito, entre cem e duzentas mil vezes o valor do Bônus do Tesouro Nacional – BTN, ou índice equivalente que venha substituí-lo.

Parágrafo único. Se assim recomendar a situação econômica do indiciado ou réu, a fiança poderá ser:

a) reduzida até a metade de seu valor mínimo;

b) aumentada pelo juiz até vinte vezes.

Art. 80. No processo penal atinente aos crimes previstos neste Código, bem como a outros crimes e contravenções que envolvam relações de consumo, poderão intervir, como assistentes do Ministério Público, os legitimados indicados no art. 82, incisos III e IV, aos quais também é facultado propor ação penal subsidiária, se a denúncia não for oferecida no prazo legal.

Título III
DA DEFESA DO CONSUMIDOR EM JUÍZO

•• O Decreto n. 8.573, de 19-11-2015, dispõe sobre o consumidor.gov.br, sistema alternativo de solução de conflitos de consumo, e dá outras providências.

• A Lei n. 10.671, de 15-5-2003, que dispõe sobre o Estatuto de Defesa do Torcedor, estabelece em seu art. 40 que a defesa dos interesses e direitos dos torcedores em juízo observará, no que couber, a mesma disciplina da defesa dos consumidores em juízo de que trata este Título III.

Capítulo I
DISPOSIÇÕES GERAIS

Art. 81. A defesa dos interesses e direitos dos consumidores e das vítimas poderá ser exercida em juízo individualmente, ou a título coletivo.

Parágrafo único. A defesa coletiva será exercida quando se tratar de:

I – interesses ou direitos difusos, assim entendidos, para efeitos deste Código, os transindividuais, de natureza indivisível, de que sejam titulares pessoas indeterminadas e ligadas por circunstâncias de fato;

•• *Vide* Súmula 601 do STJ.

II – interesses ou direitos coletivos, assim entendidos, para efeitos deste Código, os transindividuais de natureza indivisível de que seja titular grupo, categoria ou classe de pessoas ligadas entre si ou com a parte contrária por uma relação jurídica base;

III – interesses ou direitos individuais homogêneos, assim entendidos os decorrentes de origem comum.

•• A Lei n. 10.259, de 12-7-2001, que institui os Juizados Especiais Cíveis e Criminais no âmbito da Justiça Federal, dispõe em seu art. 3.º, § 1.º, I, que não se incluem na competência desses Juizados demandas sobre direitos ou interesses difusos, coletivos ou individuais homogêneos.

Art. 82. Para os fins do art. 81, parágrafo único, são legitimados concorrentemente:

•• *Caput* com redação determinada pela Lei n. 9.008, de 21-3-1995.

I – o Ministério Público;

•• *Vide* Súmula 601 do STJ.

II – a União, os Estados, os Municípios e o Distrito Federal;

III – as entidades e órgãos da administração pública, direta ou indireta, ainda que sem personalidade jurídica, especificamente destinados à defesa dos interesses e direitos protegidos por este Código;

IV – as associações legalmente constituídas há pelo menos um ano e que incluam entre seus fins institucionais a defesa dos interesses e direitos protegidos por este Código, dispensada a autorização assemblear.

§ 1.º O requisito da pré-constituição pode ser dispensado pelo juiz, nas ações previstas no art. 91 e seguintes, quando haja manifesto interesse social evidenciado pela dimensão ou característica do dano, ou pela relevância do bem jurídico a ser protegido.

§§ 2.º e 3.º (*Vetados.*)

Art. 83. Para a defesa dos direitos e interesses protegidos por este Código são admissíveis todas as espécies de ações capazes de propiciar sua adequada e efetiva tutela.

•• *Vide* nota ao art. 81, parágrafo único, III, desta Lei.

Parágrafo único. (*Vetado.*)

Art. 84. Na ação que tenha por objeto o cumprimento da obrigação de fazer ou não fazer, o juiz concederá a tutela específica da obrigação ou determinará providências que assegurem o resultado prático equivalente ao do adimplemento.

§ 1.º A conversão da obrigação em perdas e danos somente será admissível se por elas optar o autor ou se impossível a tutela específica ou a obtenção do resultado prático correspondente.

§ 2.º A indenização por perdas e danos se fará sem prejuízo da multa (art. 287, do Código de Processo Civil).

§ 3.º Sendo relevante o fundamento da demanda e havendo justificado receio de ineficácia do provimento final, é lícito ao juiz conceder a tutela liminarmente ou após justificação prévia, citado o réu.

•• A Lei n. 9.494, de 10-9-1997, disciplina a aplicação da tutela antecipada contra a Fazenda Pública.

§ 4.º O juiz poderá, na hipótese do § 3.º ou na sentença, impor multa diária ao réu, independentemente de pedido do autor, se for suficiente ou compatível com a obrigação, fixando prazo razoável para o cumprimento do preceito.

§ 5.º Para a tutela específica ou para a obtenção do resultado prático equivalente, poderá o juiz determinar as medidas necessárias, tais como busca e apreensão, remoção de coisas e pessoas, desfazimento de obra, impedimento de atividade nociva, além de requisição de força policial.

Arts. 85 e 86. (*Vetados.*)

Art. 87. Nas ações coletivas de que trata este Código não haverá adiantamento de custas, emolumentos, honorários periciais e quaisquer outras despesas, nem condenação da associação autora, salvo comprovada má-fé, em honorários de advogados, custas e despesas processuais.

Parágrafo único. Em caso de litigância de má-fé, a associação autora e os diretores responsáveis pela propositura da ação serão solidariamente condenados em honorários advocatícios e ao décuplo das custas, sem prejuízo da responsabilidade por perdas e danos.

Art. 88. Na hipótese do art. 13, parágrafo único deste Código, a ação de regresso poderá ser ajuizada em processo autônomo, facultada a possibilidade de prosseguir-se nos mesmos autos, vedada a denunciação da lide.

Art. 89. (*Vetado.*)

Art. 90. Aplicam-se às ações previstas neste Título as normas do Código de Processo Civil e da Lei n. 7.347, de 24 de julho de 1985, inclusive no que respeita ao inquérito civil, naquilo que não contrariar suas disposições.

Capítulo II
DAS AÇÕES COLETIVAS PARA A DEFESA DE INTERESSES INDIVIDUAIS HOMOGÊNEOS

Art. 91. Os legitimados de que trata o art. 82 poderão propor, em nome próprio e no interesse das vítimas ou seus sucessores, ação civil coletiva de responsabilidade pelos danos individualmente sofridos, de acordo com o disposto nos artigos seguintes.

•• Artigo com redação determinada pela Lei n. 9.008, de 21-3-1995.

Art. 92. O Ministério Público, se não ajuizar a ação, atuará sempre como fiscal da lei.

Parágrafo único. (*Vetado.*)

Art. 93. Ressalvada a competência da justiça federal, é competente para a causa a justiça local:

I – no foro do lugar onde ocorreu ou deva ocorrer o dano, quando de âmbito local;

II – no foro da Capital do Estado ou no do Distrito Federal, para os danos de âmbito nacional ou regional, aplicando-se as regras do Código de Processo Civil aos casos de competência concorrente.

Art. 94. Proposta a ação, será publicado edital no órgão oficial, a fim de que os interessados possam intervir no processo como litisconsortes, sem prejuízo de ampla divulgação pelos meios de comunicação social por parte dos órgãos de defesa do consumidor.

Art. 95. Em caso de procedência do pedido, a condenação será genérica, fixando a responsabilidade do réu pelos danos causados.

Art. 96. (*Vetado.*)

Art. 97. A liquidação e a execução de sentença poderão ser promovidas pela vítima e seus sucessores, assim como pelos legitimados de que trata o art. 82.

Parágrafo único. (*Vetado.*)

Art. 98. A execução poderá ser coletiva, sendo promovida pelos legitimados de que trata o art. 82, abrangendo as vítimas cujas indenizações já tiverem sido fixadas em sentença de liquidação, sem prejuízo do ajuizamento de outras execuções.

•• *Caput* com redação determinada pela Lei n. 9.008, de 21-3-1995.

§ 1.º A execução coletiva far-se-á com base em certidão das sentenças de liquidação, da qual deverá constar a ocorrência ou não do trânsito em julgado.

§ 2.º É competente para a execução o juízo:

I – da liquidação da sentença ou da ação condenatória, no caso de execução individual;

II – da ação condenatória, quando coletiva a execução.

Art. 99. Em caso de concurso de créditos decorrentes de condenação prevista na Lei n. 7.347, de 24 de julho de 1985, e de indenizações pelos prejuízos individuais resultantes do mesmo evento danoso, estas terão preferência no pagamento.

Parágrafo único. Para efeito do disposto neste artigo, a destinação da importância recolhida ao Fundo criado pela Lei n. 7.347, de 24 de julho de 1985, ficará sustada enquanto pendentes de decisão de segundo grau as ações de indenização pelos danos individuais, salvo na hipótese de o patrimônio do devedor ser manifestamente suficiente para responder pela integralidade das dívidas.

Art. 100. Decorrido o prazo de um ano sem habilitação de interessados em número compatível com a gravidade do dano, poderão os legitimados do art. 82 promover a liquidação e execução da indenização devida.

Parágrafo único. O produto da indenização devida reverterá para o Fundo criado pela Lei n. 7.347, de 24 de julho de 1985.

•• Fundo regulamentado pelo Decreto n. 1.306, de 9-11-1994.

Capítulo III
DAS AÇÕES DE RESPONSABILIDADE DO FORNECEDOR DE PRODUTOS E SERVIÇOS

Art. 101. Na ação de responsabilidade civil do fornecedor de produtos e serviços, sem prejuízo do disposto nos Capítulos I e II deste Título, serão observadas as seguintes normas:

I – a ação pode ser proposta no domicílio do autor;

II – o réu que houver contratado seguro de responsabilidade poderá chamar ao processo o segurador, vedada a integração do contraditório pelo Instituto de Resseguros do Brasil. Nesta hipótese, a sentença que julgar procedente o pedido condenará o réu nos termos do art. 80 do Código de Processo Civil. Se o réu houver sido declarado falido, o síndico será intimado a informar a existência de seguro de responsabilidade facultando-se, em caso afirmativo, o ajuizamento de ação de indenização diretamente contra o segurador, vedada a denunciação da lide ao Instituto de Resseguros do Brasil e dispensado o litisconsórcio obrigatório com este.

Art. 102. Os legitimados a agir na forma deste Código poderão propor ação visando compelir o Poder Público competente a proibir, em todo o território nacional, a produção, divulgação, distribuição ou venda, ou a determinar alteração na composição, estrutura, fórmula ou acondicionamento de produto, cujo uso ou consumo regular se revele nocivo ou perigoso à saúde pública e à incolumidade pessoal.

§§ 1.º e 2.º (*Vetados.*)

Capítulo IV
DA COISA JULGADA

Art. 103. Nas ações coletivas de que trata este Código, a sentença fará coisa julgada:

I – *erga omnes*, exceto se o pedido for julgado improcedente por insuficiência de provas, hipótese em que qualquer legitimado poderá intentar outra ação, com idêntico fundamento, valendo-se de nova prova, na hipótese do inciso I do parágrafo único do art. 81;

II – *ultra partes*, mas limitadamente ao grupo, categoria ou classe, salvo improcedência por insuficiência de provas, nos termos do inciso anterior, quando se tratar da hipótese prevista no inciso II do parágrafo único do art. 81;

III – *erga omnes*, apenas no caso de procedência do pedido, para beneficiar todas as vítimas e seus sucessores, na hipótese do inciso III do parágrafo único do art. 81.

§ 1.º Os efeitos da coisa julgada previstos nos incisos I e II não prejudicarão interesses e direitos individuais dos integrantes da coletividade, do grupo, categoria ou classe.

§ 2.º Na hipótese prevista no inciso III, em caso de improcedência do pedido, os interessados que não tiverem intervindo no processo como litisconsortes poderão propor ação de indenização a título individual.

§ 3.º Os efeitos da coisa julgada de que cuida o art. 16, combinado com o art. 13 da Lei n. 7.347, de 24 de julho de 1985, não prejudicarão as ações de indenização por danos pessoalmente sofridos, propostas individualmente ou na forma prevista neste Código, mas, se procedente o pedido, beneficiarão as vítimas e seus sucessores, que poderão proceder à liquidação e à execução, nos termos dos arts. 96 a 99.

§ 4.º Aplica-se o disposto no parágrafo anterior à sentença penal condenatória.

Art. 104. As ações coletivas, previstas nos incisos I e II do parágrafo único do art. 81, não induzem litispendência para as ações individuais, mas os efeitos da coisa julgada *erga omnes* ou ultra partes a que aludem os incisos II e III do artigo anterior não beneficiarão os autores das ações individuais, se não for requerida sua suspensão no prazo de trinta dias, a contar da ciência nos autos do ajuizamento da ação coletiva.

•• Acreditamos que a remissão certa seria aos incisos II e III do parágrafo único do art. 81.

Capítulo V

DA CONCILIAÇÃO NO SUPERENDIVIDAMENTO

•• Capítulo V acrescentado pela Lei n. 14.181, de 1.º-7-2021.

Art. 104-A. A requerimento do consumidor superendividado pessoa natural, o juiz poderá instaurar processo de repactuação de dívidas, com vistas à realização de audiência conciliatória, presidida por ele ou por conciliador credenciado no juízo, com a presença de todos os credores de dívidas previstas no art. 54-A deste Código, na qual o consumidor apresentará proposta de plano de pagamento com prazo máximo de 5 (cinco) anos, preservados o mínimo existencial, nos termos da regulamentação, e as garantias e as formas de pagamento originalmente pactuadas.

•• *Caput* acrescentado pela Lei n. 14.181, de 1.º-7-2021.

§ 1.º Excluem-se do processo de repactuação as dívidas, ainda que decorrentes de relações de consumo, oriundas de contratos celebrados dolosamente sem o propósito de realizar pagamento, bem como as dívidas provenientes de contratos de crédito com garantia real, de financiamentos imobiliários e de crédito rural.

•• § 1.º acrescentado pela Lei n. 14.181, de 1.º-7-2021.

§ 2.º O não comparecimento injustificado de qualquer credor, ou de seu procurador com poderes especiais e plenos para transigir, à audiência de conciliação de que trata o *caput* deste artigo acarretará a suspensão da exigibilidade do débito e a interrupção dos encargos da mora, bem como a sujeição compulsória ao plano de pagamento da dívida se o montante devido ao credor ausente for certo e conhecido pelo consumidor, devendo o pagamento a esse credor ser estipulado para ocorrer apenas após o pagamento aos credores presentes à audiência conciliatória.

•• § 2.º acrescentado pela Lei n. 14.181, de 1.º-7-2021.

§ 3.º No caso de conciliação, com qualquer credor, a sentença judicial que homologar o acordo descreverá o plano de pagamento da dívida e terá eficácia de título executivo e força de coisa julgada.

•• § 3.º acrescentado pela Lei n. 14.181, de 1.º-7-2021.

§ 4.º Constarão do plano de pagamento referido no § 3.º deste artigo:

•• § 4.º, *caput*, acrescentado pela Lei n. 14.181, de 1.º-7-2021.

I – medidas de dilação dos prazos de pagamento e de redução dos encargos da dívida ou da remuneração do fornecedor, entre outras destinadas a facilitar o pagamento da dívida;

•• Inciso I acrescentado pela Lei n. 14.181, de 1.º-7-2021.

II – referência à suspensão ou à extinção das ações judiciais em curso;

•• Inciso II acrescentado pela Lei n. 14.181, de 1.º-7-2021.

III – data a partir da qual será providenciada a exclusão do consumidor de bancos de dados e de cadastros de inadimplentes;

•• Inciso III acrescentado pela Lei n. 14.181, de 1.º-7-2021.

IV – condicionamento de seus efeitos à abstenção, pelo consumidor, de condutas que importem no agravamento de sua situação de superendividamento.

•• Inciso IV acrescentado pela Lei n. 14.181, de 1.º-7-2021.

§ 5.º O pedido do consumidor a que se refere o *caput* deste artigo não importará em declaração de insolvência civil e poderá ser repetido somente após decorrido o prazo de 2 (dois) anos, contado da liquidação das obrigações previstas no plano de pagamento homologado, sem prejuízo de eventual repactuação.

•• § 5.º acrescentado pela Lei n. 14.181, de 1.º-7-2021.

Art. 104-B. Se não houver êxito na conciliação em relação a quaisquer credores, o juiz, a pedido do consumidor, instaurará processo por superendividamento para revisão e integração dos contratos e repactuação das dívidas remanescentes mediante plano judicial compulsório e procederá à citação de todos os credores cujos créditos não tenham integrado o acordo porventura celebrado.

•• *Caput* acrescentado pela Lei n. 14.181, de 1.º-7-2021.

§ 1.º Serão considerados no processo por superendividamento, se for o caso, os documentos e as informações prestadas em audiência.

•• § 1.º acrescentado pela Lei n. 14.181, de 1.º-7-2021.

§ 2.º No prazo de 15 (quinze) dias, os credores citados juntarão documentos e as razões da negativa de aceder ao plano voluntário ou de renegociar.

•• § 2.º acrescentado pela Lei n. 14.181, de 1.º-7-2021.

§ 3.º O juiz poderá nomear administrador, desde que isso não onere as partes, o qual, no prazo de até 30 (trinta) dias, após cumpridas as diligências eventualmente necessárias, apre-sentará plano de pagamento que contemple medidas de temporização ou de atenuação dos encargos.

•• § 3.º acrescentado pela Lei n. 14.181, de 1.º-7-2021.

§ 4.º O plano judicial compulsório assegurará aos credores, no mínimo, o valor do principal devido, corrigido monetariamente por índices oficiais de preço, e preverá a liquidação total da dívida, após a quitação do plano de pagamento consensual previsto no art. 104-A deste Código, em, no máximo, 5 (cinco) anos, sendo que a primeira parcela será devida no prazo máximo de 180 (cento e oitenta) dias, contado de sua homologação judicial, e o restante do saldo será devido em parcelas mensais iguais e sucessivas.

•• § 4.º acrescentado pela Lei n. 14.181, de 1.º-7-2021.

Art. 104-C. Compete concorrente e facultativamente aos órgãos públicos integrantes do Sistema Nacional de Defesa do Consumidor a fase conciliatória e preventiva do processo de repactuação de dívidas, nos moldes do art. 104-A deste Código, no que couber, com possibilidade de o processo ser regulado por convênios específicos celebrados entre os referidos órgãos e as instituições credoras ou suas associações.

•• *Caput* acrescentado pela Lei n. 14.181, de 1.º-7-2021.

§ 1.º Em caso de conciliação administrativa para prevenir o superendividamento do consumidor pessoa natural, os órgãos públicos poderão promover, nas reclamações individuais, audiência global de conciliação com todos os credores e, em todos os casos, facilitar a elaboração de plano de pagamento, preservado o mínimo existencial, nos termos da regulamentação, sob a supervisão desses órgãos, sem prejuízo das demais atividades de reeducação financeira cabíveis.

•• § 1.º acrescentado pela Lei n. 14.181, de 1.º-7-2021.

•• O Decreto n. 11.150, de 26-7-2022, regulamenta a preservação e o não comprometimento do mínimo existencial para fins de prevenção, tratamento e conciliação de situações de superendividamento em dívidas de consumo.

§ 2.º O acordo firmado perante os órgãos públicos de defesa do consumidor, em caso de superendividamento do consumidor pessoa natural, incluirá a data a partir da qual será providenciada a exclusão do consumidor de bancos de dados e de cadastros de inadimplentes, bem como o condicionamento de seus efeitos à abstenção, pelo consumidor, de condutas que importem no agravamento de sua situação de superendividamento, especialmente a de contrair novas dívidas.

•• § 2.º acrescentado pela Lei n. 14.181, de 1.º-7-2021.

Título IV
DO SISTEMA NACIONAL DE DEFESA DO CONSUMIDOR

•• *Vide* Decreto n. 2.181, de 20-3-1997.

Art. 105. Integram o Sistema Nacional de Defesa do Consumidor – SNDC, os órgãos federais, estaduais, do Distrito Federal e municipais e as entidades privadas de defesa do consumidor.

Art. 106. O Departamento Nacional de Defesa do Consumidor, da Secretaria Nacional de Direito Econômico-MJ, ou órgão federal que venha substituí-lo, é organismo de coordenação da política do Sistema Nacional de Defesa do Consumidor, cabendo-lhe:

I – planejar, elaborar, propor, coordenar e executar a política nacional de proteção ao consumidor;

II – receber, analisar, avaliar e encaminhar consultas, denúncias ou sugestões apresentadas por entidades representativas ou pessoas jurídicas de direito público ou privado;

III – prestar aos consumidores orientação permanente sobre seus direitos e garantias;

IV – informar, conscientizar e motivar o consumidor através dos diferentes meios de comunicação;

• A Lei n. 12.741, de 8-12-2012, propôs nova redação para este inciso, porém teve seu texto vetado.

V – solicitar à polícia judiciária a instauração de inquérito policial para a apreciação de delito contra os consumidores, nos termos da legislação vigente;

VI – representar ao Ministério Público competente para fins de adoção de medidas processuais no âmbito de suas atribuições;

VII – levar ao conhecimento dos órgãos competentes as infrações de ordem administrativa que violarem os interesses difusos, coletivos, ou individuais dos consumidores;

VIII – solicitar o concurso de órgãos e entidades da União, Estados, do Distrito Federal e Municípios, bem como auxiliar a fiscalização de preços, abastecimento, quantidade e segurança de bens e serviços;

IX – incentivar, inclusive com recursos financeiros e outros programas especiais, a formação de entidades de defesa do consumidor pela população e pelos órgãos públicos estaduais e municipais;

X a XII – (*Vetados*);

XIII – desenvolver outras atividades compatíveis com suas finalidades.

Parágrafo único. Para a consecução de seus objetivos, o Departamento Nacional de Defesa do Consumidor poderá solicitar o concurso de órgãos e entidades de notória especialização técnico-científica.

Título V
DA CONVENÇÃO COLETIVA DE CONSUMO

Art. 107. As entidades civis de consumidores e as associações de fornecedores ou sindicatos de categoria econômica podem regular, por convenção escrita, relações de consumo que tenham por objeto estabelecer condições relativas ao preço, à qualidade, à quantidade, à garantia e características de produtos e serviços, bem como à reclamação e composição do conflito de consumo.

§ 1.º A convenção tornar-se-á obrigatória a partir do registro do instrumento no cartório de títulos e documentos.

§ 2.º A convenção somente obrigará os filiados às entidades signatárias.

§ 3.º Não se exime de cumprir a convenção o fornecedor que se desligar da entidade em data posterior ao registro do instrumento.

Art. 108. (*Vetado.*)

Título VI
DISPOSIÇÕES FINAIS

Art. 109. (*Vetado.*)

Art. 110. Acrescente-se o seguinte inciso IV ao art. 1.º da Lei n. 7.347, de 24 de julho de 1985:

•• Alteração já processada no diploma modificado.

Art. 111. O inciso II do art. 5.º da Lei n. 7.347, de 24 de julho de 1985, passa a ter a seguinte redação:

•• Alteração já processada no diploma modificado.

Art. 112. O § 3.º do art. 5.º da Lei n. 7.347, de 24 de julho de 1985, passa a ter a seguinte redação:

•• Alteração já processada no diploma modificado.

Art. 113. Acrescente-se os seguintes §§ 4.º, 5.º e 6.º ao art. 5.º da Lei n. 7.347, de 24 de julho de 1985:

•• Alteração já processada no diploma modificado.

Art. 114. O art. 15 da Lei n. 7.347, de 24 de julho de 1985, passa a ter a seguinte redação:

•• Alteração já processada no diploma modificado.

Art. 115. Suprima-se o *caput* do art. 17 da Lei n. 7.347, de 24 de julho de 1985, passando o parágrafo único a constituir o *caput*, com a seguinte redação:

•• Alteração já processada no diploma modificado.

Art. 116. Dê-se a seguinte redação ao art. 18, da Lei n. 7.347, de 24 de julho de 1985:

•• Alteração já processada no diploma modificado.

Art. 117. Acrescente-se à Lei n. 7.347, de 24 de julho de 1985, o seguinte dispositivo, renumerando-se os seguintes:

•• Alteração já processada no diploma modificado.

Art. 118. Este Código entrará em vigor dentro de cento e oitenta dias a contar de sua publicação.

Art. 119. Revogam-se as disposições em contrário.

Brasília, em 11 de setembro de 1990; 169.º da Independência e 102.º da República.

FERNANDO COLLOR

LEI N. 8.245, DE 18 DE OUTUBRO DE 1991 (*)

Dispõe sobre as locações dos imóveis urbanos e os procedimentos a elas pertinentes.

O Presidente da República:

Faço saber que o Congresso Nacional decreta e eu sanciono a seguinte Lei:

Título I
DA LOCAÇÃO

Capítulo I
DISPOSIÇÕES GERAIS

Seção I
Da Locação em Geral

Art. 1.º A locação de imóvel urbano regula-se pelo disposto nesta Lei.

Parágrafo único. Continuam regulados pelo Código Civil e pelas leis especiais:

•• A referência é feita ao CC de 1916. *Vide* arts. 565 a 578 e 2.036 do Código vigente.

a) as locações:

1. de imóveis de propriedade da União, dos Estados e dos Municípios, de suas autarquias e fundações públicas;

2. de vagas autônomas de garagem ou de espaços para estacionamento de veículos;

3. de espaços destinados à publicidade;

4. em apart-hotéis, hotéis-residência ou equiparados, assim considerados aqueles que prestam serviços regulares a seus usuários e como tais sejam autorizados a funcionar;

b) o arrendamento mercantil, em qualquer de suas modalidades.

Art. 2.º Havendo mais de um locador ou mais de um locatário, entende-se que são solidários se o contrário não se estipulou.

Parágrafo único. Os ocupantes de habitações coletivas multifamiliares presumem-se locatários ou sublocatários.

Art. 3.º O contrato de locação pode ser ajustado por qualquer prazo, dependendo de vênia conjugal, se igual ou superior a dez anos.

Parágrafo único. Ausente a vênia conjugal, o cônjuge não estará obrigado a observar o prazo excedente.

Art. 4.º Durante o prazo estipulado para a duração do contrato, não poderá o locador reaver o imóvel alugado. Com exceção ao que estipula o § 2.º do art. 54-A, o locatá-

(*) Publicada no *Diário Oficial da União*, de 21-10-1991. A Circular n. 671, de 1.º-8-2022, da Susep, dispõe sobre regras e critérios para a elaboração e a comercialização de planos de seguro do ramo Fiança Locatícia.

rio, todavia, poderá devolvê-lo, pagando a multa pactuada, proporcional ao período de cumprimento do contrato, ou, na sua falta, a que for judicialmente estipulada.

•• *Caput* com redação determinada pela Lei n. 12.744, de 19-12-2012.

Parágrafo único. O locatário ficará dispensado da multa se a devolução do imóvel decorrer de transferência, pelo seu empregador, privado ou público, para prestar serviços em localidades diversas daquela do início do contrato, e se notificar, por escrito, o locador com prazo de, no mínimo, trinta dias de antecedência.

Art. 5.º Seja qual for o fundamento do término da locação, a ação do locador para reaver o imóvel é a de despejo.

Parágrafo único. O disposto neste artigo não se aplica se a locação termina em decorrência de desapropriação, com a imissão do expropriante na posse do imóvel.

Art. 6.º O locatário poderá denunciar a locação por prazo indeterminado mediante aviso por escrito ao locador, com antecedência mínima de trinta dias.

Parágrafo único. Na ausência do aviso, o locador poderá exigir quantia correspondente a um mês de aluguel e encargos, vigentes quando da resilição.

Art. 7.º Nos casos de extinção de usufruto ou de fideicomisso, a locação celebrada pelo usufrutuário ou fiduciário poderá ser denunciada, com o prazo de trinta dias para a desocupação, salvo se tiver havido aquiescência escrita do nu-proprietário ou do fideicomissário, ou se a propriedade estiver consolidada em mãos do usufrutuário ou do fiduciário.

Parágrafo único. A denúncia deverá ser exercitada no prazo de noventa dias contados da extinção do fideicomisso ou da averbação da extinção do usufruto, presumindo-se, após esse prazo, a concordância na manutenção da locação.

Art. 8.º Se o imóvel for alienado durante a locação, o adquirente poderá denunciar o contrato, com o prazo de noventa dias para a desocupação, salvo se a locação for por tempo determinado e o contrato contiver cláusula de vigência em caso de alienação e estiver averbado junto à matrícula do imóvel.

§ 1.º Idêntico direito terá o promissário comprador e o promissário cessionário, em caráter irrevogável, com imissão na posse do imóvel e título registrado junto à matrícula do mesmo.

§ 2.º A denúncia deverá ser exercitada no prazo de noventa dias contados do registro da venda ou do compromisso, presumindo-se, após esse prazo, a concordância na manutenção da locação.

Art. 9.º A locação também poderá ser desfeita:

I – por mútuo acordo;

II – em decorrência da prática de infração legal ou contratual;

III – em decorrência da falta de pagamento do aluguel e demais encargos;

IV – para a realização de reparações urgentes determinadas pelo Poder Público, que não possam ser normalmente executadas com a permanência do locatário no imóvel ou, podendo, ele se recuse a consenti-las.

Art. 10. Morrendo o locador, a locação transmite-se aos herdeiros.

Art. 11. Morrendo o locatário, ficarão sub-rogados nos seus direitos e obrigações:

I – nas locações com finalidade residencial, o cônjuge sobrevivente ou o companheiro e, sucessivamente, os herdeiros necessários e as pessoas que viviam na dependência econômica do de cujus, desde que residentes no imóvel;

II – nas locações com finalidade não residencial, o espólio e, se for o caso, seu sucessor no negócio.

Art. 12. Em casos de separação de fato, separação judicial, divórcio ou dissolução da união estável, a locação residencial prosseguirá automaticamente com o cônjuge ou companheiro que permanecer no imóvel.

•• *Caput* com redação determinada pela Lei n. 12.112, de 9-12-2009.

§ 1.º Nas hipóteses previstas neste artigo e no art. 11, a sub-rogação será comunicada por escrito ao locador e ao fiador, se esta for a modalidade de garantia locatícia.

•• § 1.º acrescentado pela Lei n. 12.112, de 9-12-2009.

§ 2.º O fiador poderá exonerar-se das suas responsabilidades no prazo de 30 (trinta) dias contado do recebimento da comunicação oferecida pelo sub-rogado, ficando responsável pelos efeitos da fiança durante 120 (cento e vinte) dias após a notificação ao locador.

•• § 2.º acrescentado pela Lei n. 12.112, de 9-12-2009.

Art. 13. A cessão da locação, a sublocação e o empréstimo do imóvel, total ou parcialmente, dependem do consentimento prévio e escrito do locador.

§ 1.º Não se presume o consentimento pela simples demora do locador em manifestar formalmente a sua oposição.

§ 2.º Desde que notificado por escrito pelo locatário, de ocorrência de uma das hipóteses deste artigo, o locador terá o prazo de trinta dias para manifestar formalmente a sua oposição.

§ 3.º (*Vetado.*)

•• § 3.º acrescentado pela Lei n. 12.112, de 9-12-2009.

Seção II
Das Sublocações

Art. 14. Aplicam-se às sublocações, no que couber, as disposições relativas às locações.

Art. 15. Rescindida ou finda a locação, qualquer que seja sua causa, resolvem-se as sublocações, assegurado o direito de indenização do sublocatário contra o sublocador.

Art. 16. O sublocatário responde subsidiariamente ao locador pela importância que dever ao sublocador, quando este for demandado e, ainda, pelos aluguéis que se vencerem durante a lide.

Seção III
Do Aluguel

Art. 17. É livre a convenção do aluguel, vedada a sua estipulação em moeda estrangeira e a sua vinculação à variação cambial ou ao salário mínimo.

Parágrafo único. Nas locações residenciais serão observados os critérios de reajustes previstos na legislação específica.

Art. 18. É lícito às partes fixar, de comum acordo, novo valor para o aluguel, bem como inserir ou modificar cláusula de reajuste.

Art. 19. Não havendo acordo, o locador ou o locatário, após três anos de vigência do contrato ou do acordo anteriormente realizado, poderão pedir revisão judicial do aluguel, a fim de ajustá-lo ao preço de mercado.

Art. 20. Salvo as hipóteses do art. 42 e da locação para temporada, o locador não poderá exigir o pagamento antecipado do aluguel.

Art. 21. O aluguel da sublocação não poderá exceder o da locação, nas habitações coletivas multifamiliares, a soma dos aluguéis não poderá ser superior ao dobro do valor da locação.

Parágrafo único. O descumprimento deste artigo autoriza o sublocatário a reduzir o aluguel até os limites nele estabelecidos.

Seção IV
Dos Deveres do Locador e do Locatário

Art. 22. O locador é obrigado a:

I – entregar ao locatário o imóvel alugado em estado de servir ao uso a que se destina;

II – garantir, durante o tempo da locação, o uso pacífico do imóvel locado;

III – manter, durante a locação, a forma e o destino do imóvel;

IV – responder pelos vícios ou defeitos anteriores à locação;

V – fornecer ao locatário, caso este solicite, descrição minuciosa do estado do imóvel, quando de sua entrega, com expressa referência aos eventuais defeitos existentes;

VI – fornecer ao locatário recibo discriminado das importâncias por este pagas, vedada a quitação genérica;

VII – pagar as taxas de administração imobiliária, se houver, e de intermediações, nestas compreendidas as despesas necessárias à aferição da idoneidade do pretendente ou de seu fiador;

VIII – pagar os impostos e taxas, e ainda o prêmio de seguro complementar contra fogo, que incidam ou venham a incidir sobre o imóvel, salvo disposição expressa em contrário no contrato;

IX – exibir ao locatário, quando solicitado, os comprovantes relativos às parcelas que estejam sendo exigidas;

X – pagar as despesas extraordinárias de condomínio.

Parágrafo único. Por despesas extraordinárias de condomínio se entendem aquelas que não se refiram aos gastos rotineiros de manutenção do edifício, especialmente:

a) obras de reformas ou acréscimos que interessem à estrutura integral do imóvel;

b) pintura das fachadas, empenas, poços de aeração e iluminação, bem como das esquadrias externas;

c) obras destinadas a repor as condições de habitabilidade do edifício;

d) indenizações trabalhistas e previdenciárias pela dispensa de empregados, ocorridas em data anterior ao início da locação;

e) instalação de equipamentos de segurança e de incêndio, de telefonia, de intercomunicação, de esporte e de lazer;

f) despesas de decoração e paisagismo nas partes de uso comum;

g) constituição de fundo de reserva.

Art. 23. O locatário é obrigado a:

I – pagar pontualmente o aluguel e os encargos da locação, legal ou contratualmente exigíveis, no prazo estipulado ou, em sua falta, até o sexto dia útil do mês seguinte ao vencido, no imóvel locado, quando outro local não tiver sido indicado no contrato;

II – servir-se do imóvel para o uso convencionado ou presumido, compatível com a natureza deste e com o fim a que se destina, devendo tratá-lo com o mesmo cuidado como se fosse seu;

III – restituir o imóvel, finda a locação, no estado em que o recebeu, salvo as deteriorações decorrentes do seu uso normal;

IV – levar imediatamente ao conhecimento do locador o surgimento de qualquer dano ou defeito cuja reparação a este incumba, bem como as eventuais turbações de terceiros;

V – realizar a imediata reparação dos danos verificados no imóvel, ou nas suas instalações, provocados por si, seus dependentes, familiares, visitantes ou prepostos;

VI – não modificar a forma interna ou externa do imóvel sem o consentimento prévio e por escrito do locador;

VII – entregar imediatamente ao locador os documentos de cobrança de tributos e encargos condominiais, bem como qualquer intimação, multa ou exigência de autoridade pública, ainda que dirigida a ele, locatário;

VIII – pagar as despesas de telefone e de consumo de força, luz e gás, água e esgoto;

IX – permitir a vistoria do imóvel pelo locador ou por seu mandatário, mediante combinação prévia, de dia e hora, bem como admitir que seja o mesmo visitado e examinado por terceiros, na hipótese prevista no art. 27;

X – cumprir integralmente a convenção de condomínio e os regulamentos internos;

XI – pagar o prêmio do seguro de fiança;

XII – pagar as despesas ordinárias de condomínio.

§ 1.º Por despesas ordinárias de condomínio se entendem as necessárias à administração respectiva, especialmente:

a) salários, encargos trabalhistas, contribuições previdenciárias e sociais dos empregados do condomínio;

b) consumo de água e esgoto, gás, luz e força das áreas de uso comum;

c) limpeza, conservação e pintura das instalações e dependências de uso comum;

d) manutenção e conservação das instalações e equipamentos hidráulicos, elétricos, mecânicos e de segurança, de uso comum;

e) manutenção e conservação das instalações e equipamentos de uso comum destinados à prática de esportes e lazer;

f) manutenção e conservação de elevadores, porteiro eletrônico e antenas coletivas;

g) pequenos reparos nas dependências e instalações elétricas e hidráulicas de uso comum;

h) rateios de saldo devedor, salvo se referentes a período anterior ao início da locação;

i) reposição do fundo de reserva, total ou parcialmente utilizado no custeio ou complementação das despesas referidas nas alíneas anteriores, salvo se referentes a período anterior ao início da locação.

§ 2.º O locatário fica obrigado ao pagamento das despesas referidas no parágrafo anterior, desde que comprovadas a previsão orçamentária e o rateio mensal, podendo exigir a qualquer tempo a comprovação das mesmas.

§ 3.º No edifício constituído por unidades imobiliárias autônomas, de propriedade da mesma pessoa, os locatários ficam obrigados ao pagamento das despesas referidas no § 1.º deste artigo, desde que comprovadas.

Art. 24. Nos imóveis utilizados como habitação coletiva multifamiliar, os locatários ou sublocatários poderão depositar judicialmente o aluguel e encargos se a construção for considerada em condições precárias pelo Poder Público.

§ 1.º O levantamento dos depósitos somente será deferido com a comunicação, pela autoridade pública, da regularização do imóvel.

§ 2.º Os locatários ou sublocatários que deixarem o imóvel estarão desobrigados do aluguel durante a execução das obras necessárias à regularização.

§ 3.º Os depósitos efetuados em juízo pelos locatários e sublocatários poderão ser levantados, mediante ordem judicial, para realização das obras ou serviços necessários à regularização do imóvel.

Art. 25. Atribuída ao locatário a responsabilidade pelo pagamento dos tributos, encargos e despesas ordinárias de condomínio, o locador poderá cobrar tais verbas juntamente com o aluguel do mês a que se refiram.

Parágrafo único. Se o locador antecipar os pagamentos, a ele pertencerão as vantagens daí advindas, salvo se o locatário reembolsá-lo integralmente.

Art. 26. Necessitando o imóvel de reparos urgentes, cuja realização incumba ao locador, o locatário é obrigado a consenti-los.

Parágrafo único. Se os reparos durarem mais de dez dias, o locatário terá direito ao abatimento do aluguel, proporcional ao período excedente; se mais de trinta dias, poderá resilir o contrato.

Seção V
Do Direito de Preferência

Art. 27. No caso de venda, promessa de venda, cessão ou promessa de cessão de direitos ou dação em pagamento, o locatário tem preferência para adquirir o imóvel locado, em igualdade de condições com terceiros, devendo o locador dar-lhe conhecimento do negócio mediante notificação judicial, extrajudicial ou outro meio de ciência inequívoca.

Parágrafo único. A comunicação deverá conter todas as condições do negócio e, em especial, o preço, a forma de pagamento, a existência de ônus reais, bem como o local e horário em que pode ser examinada a documentação pertinente.

Art. 28. O direito de preferência do locatário caducará se não manifestada, de maneira inequívoca, sua aceitação integral à proposta, no prazo de trinta dias.

Art. 29. Ocorrendo aceitação da proposta, pelo locatário, a posterior desistência do negócio pelo locador acarreta, a este, responsabilidade pelos prejuízos ocasionados, inclusive lucros cessantes.

Art. 30. Estando o imóvel sublocado em sua totalidade, caberá a preferência ao sublocatário e, em seguida, ao locatário. Se forem vários os sublocatários, a preferência caberá a todos, em comum, ou a qualquer deles, se um só for o interessado.

Parágrafo único. Havendo pluralidade de pretendentes, caberá a preferência ao locatário mais antigo, e, se da mesma data, ao mais idoso.

Art. 31. Em se tratando de alienação de mais de uma unidade imobiliária, o direito de preferência incidirá sobre a totalidade dos bens objeto da alienação.

Art. 32. O direito de preferência não alcança os casos de perda da propriedade ou venda por decisão judicial, permuta, doação, integralização de capital, cisão, fusão e incorporação.

Parágrafo único. Nos contratos firmados a partir de 1.º de outubro de 2001, o direito de preferência de que trata este artigo não alcançará também os casos de constituição da propriedade fiduciária e de perda da propriedade ou venda por quaisquer formas de realização de garantia, inclusive mediante leilão extrajudicial, devendo essa condição constar expressamente em cláusula contratual específica, destacando-se das demais por sua apresentação gráfica.

•• Parágrafo único acrescentado pela Lei n. 10.931, de 2-8-2004.

Art. 33. O locatário preterido no seu direito de preferência poderá reclamar do alienante as perdas e danos ou, depositando o preço e demais despesas do ato de transferência, haver para si o imóvel locado, se o requerer no prazo de seis meses, a contar do registro do ato no Cartório de Imóveis, desde que o contrato de locação esteja averbado pelo menos trinta dias antes da alienação junto à matrícula do imóvel.

Parágrafo único. A averbação far-se-á à vista de qualquer das vias do contrato de locação, desde que subscrito também por duas testemunhas.

Art. 34. Havendo condomínio no imóvel, a preferência do condômino terá prioridade sobre a do locatário.

Seção VI
Das Benfeitorias

Art. 35. Salvo expressa disposição contratual em contrário, as benfeitorias necessárias introduzidas pelo locatário, ainda que não autorizadas pelo locador, bem como as úteis, desde que autorizadas, serão indenizáveis e permitem o exercício do direito de retenção.

Art. 36. As benfeitorias voluptuárias não serão indenizáveis, podendo ser levantadas pelo locatário, finda a locação, desde que sua retirada não afete a estrutura e a substância do imóvel.

Seção VII
Das Garantias Locatícias

Art. 37. No contrato de locação, pode o locador exigir do locatário as seguintes modalidades de garantia:

I – caução;

II – fiança;

III – seguro de fiança locatícia;

•• A Circular n. 671, de 1.º-8-2022, da Susep, dispõe sobre regras e critérios para a elaboração e a comercialização de planos de seguro do ramo Fiança Locatícia.

IV – cessão fiduciária de quotas de fundo de investimento.

•• Inciso IV acrescentado pela Lei n. 11.196, de 21-11-2005.

Parágrafo único. É vedada, sob pena de nulidade, mais de uma das modalidades de garantia num mesmo contrato de locação.

Art. 38. A caução poderá ser em bens móveis ou imóveis.

§ 1.º A caução em bens móveis deverá ser registrada em Cartório de Títulos e Documentos; a em bens imóveis deverá ser averbada à margem da respectiva matrícula.

§ 2.º A caução em dinheiro, que não poderá exceder o equivalente a três meses de aluguel, será depositada em caderneta de poupança, autorizada pelo Poder Público e por ele regulamentada, revertendo em benefício do locatário todas as vantagens dela decorrentes por ocasião do levantamento da soma respectiva.

§ 3.º A caução em títulos e ações deverá ser substituída, no prazo de trinta dias, em caso de concordata, falência ou liquidação das sociedades emissoras.

Art. 39. Salvo disposição contratual em contrário, qualquer das garantias da locação se estende até a efetiva devolução do imóvel, ainda que prorrogada a locação por prazo indeterminado, por força desta Lei.

•• Artigo com redação determinada pela Lei n. 12.112, de 9-12-2009.

•• *Vide* Súmula 656 do STJ.

Art. 40. O locador poderá exigir novo fiador ou a substituição da modalidade de garantia, nos seguintes casos:

I – morte do fiador;

II – ausência, interdição, recuperação judicial, falência ou insolvência do fiador, declaradas judicialmente;

•• Inciso II com redação determinada pela Lei n. 12.112, de 9-12-2009.

III – alienação ou gravação de todos os bens imóveis do fiador ou sua mudança de residência sem comunicação ao locador;

IV – exoneração do fiador;

V – prorrogação da locação por prazo indeterminado, sendo a fiança ajustada por prazo certo;

VI – desaparecimento dos bens móveis;

VII – desapropriação ou alienação do imóvel;

VIII – exoneração de garantia constituída por quotas de fundo de investimento;

•• Inciso VIII acrescentado pela Lei n. 11.196, de 21-11-2005.

IX – liquidação ou encerramento do fundo de investimento de que trata o inciso IV do art. 37 desta Lei;

•• Inciso IX acrescentado pela Lei n. 11.196, de 21-11-2005.

X – prorrogação da locação por prazo indeterminado uma vez notificado o locador pelo fiador de sua intenção de desoneração, ficando obrigado por todos os efeitos da fiança, durante 120 (cento e vinte) dias após a notificação ao locador.

•• Inciso X acrescentado pela Lei n. 12.112, de 9-12-2009.

Parágrafo único. O locador poderá notificar o locatário para apresentar nova garantia locatícia no prazo de 30 (trinta) dias, sob pena de desfazimento da locação.

•• Parágrafo único acrescentado pela Lei n. 12.112, de 9-12-2009.

Art. 41. O seguro de fiança locatícia abrangerá a totalidade das obrigações do locatário.

Art. 42. Não estando a locação garantida por qualquer das modalidades, o locador poderá exigir do locatário o pagamento do aluguel e encargos até o sexto dia útil do mês vincendo.

Seção VIII
Das Penalidades Criminais e Civis

Art. 43. Constitui contravenção penal, punível com prisão simples de cinco dias a seis meses ou multa de três a doze meses do valor do último aluguel atualizado, revertida em favor do locatário:

I – exigir, por motivo de locação ou sublocação, quantia ou valor além do aluguel e encargos permitidos;

II – exigir, por motivo de locação ou sublocação, mais de uma modalidade de garantia num mesmo contrato de locação;

III – cobrar antecipadamente o aluguel, salvo a hipótese do art. 42 e da locação para temporada.

Art. 44. Constitui crime de ação pública, punível com detenção de três meses a um ano, que poderá ser substituída pela prestação de serviços à comunidade:

I – recusar-se o locador ou sublocador, nas habitações coletivas multifamiliares, a fornecer recibo discriminado do aluguel e encargos;

II – deixar o retomante, dentro de cento e oitenta dias após a entrega do imóvel, no caso do inciso III do art. 47, de usá-lo para o fim declarado ou, usando-o, não o fizer pelo prazo mínimo de um ano;

III – não iniciar o proprietário, promissário comprador ou promissário cessionário, nos casos do inciso IV do art. 9.º, inciso IV do art. 47, inciso I do art. 52 e inciso II do art. 53, a demolição ou a reparação do imóvel, dentro de sessenta dias contados de sua entrega;

IV – executar o despejo com inobservância do disposto no § 2.º do art. 65.

Parágrafo único. Ocorrendo qualquer das hipóteses previstas neste artigo, poderá o prejudicado reclamar, em processo próprio, multa equivalente a um mínimo de doze e um máximo de vinte e quatro meses do valor do último aluguel atualizado ou do que esteja sendo cobrado do novo locatário, se realugado o imóvel.

Seção IX
Das Nulidades

Art. 45. São nulas de pleno direito as cláusulas do contrato de locação que visem a elidir os objetivos da presente Lei, notadamente as que proíbam a prorrogação prevista no art. 47, ou que afastem o direito à renovação, na hipótese do art. 51, ou que imponham obrigações pecuniárias para tanto.

Capítulo II
DAS DISPOSIÇÕES ESPECIAIS

Seção I
Da Locação Residencial

Art. 46. Nas locações ajustadas por escrito e por prazo igual ou superior a trinta meses, a resolução do contrato ocorrerá findo o prazo estipulado, independentemente de notificação ou aviso.

§ 1.º Findo o prazo ajustado, se o locatário continuar na posse do imóvel alugado por mais de trinta dias sem oposição do locador, presumir-se-á prorrogada a locação por prazo indeterminado, mantidas as demais cláusulas e condições do contrato.

§ 2.º Ocorrendo a prorrogação, o locador poderá denunciar o contrato a qualquer tempo, concedido o prazo de trinta dias para desocupação.

Art. 47. Quando ajustada verbalmente ou por escrito e com prazo inferior a trinta meses, findo o prazo estabelecido, a locação prorroga-se automaticamente, por prazo indeterminado, somente podendo ser retomado o imóvel:

I – nos casos do art. 9.º;

II – em decorrência de extinção do contrato de trabalho, se a ocupação do imóvel pelo locatário estiver relacionada com o seu emprego;

III – se for pedido para uso próprio, de seu cônjuge ou companheiro, ou para uso residencial de ascendente ou descendente que não disponha, assim como seu cônjuge ou companheiro, de imóvel residencial próprio;

IV – se for pedido para demolição e edificação licenciada ou para a realização de obras aprovadas pelo Poder Público, que aumentem a área construída em, no mínimo, vinte por cento ou, se o imóvel for destinado a exploração de hotel ou pensão, em cinquenta por cento;

V – se a vigência ininterrupta da locação ultrapassar cinco anos.

§ 1.º Na hipótese do inciso III, a necessidade deverá ser judicialmente demonstrada, se:

a) o retomante, alegando necessidade de usar o imóvel, estiver ocupando, com a mesma finalidade, outro de sua propriedade situado na mesma localidade ou, residindo ou utilizando imóvel alheio, já tiver retomado o imóvel anteriormente;

b) o ascendente ou descendente, beneficiário da retomada, residir em imóvel próprio.

§ 2.º Nas hipóteses dos incisos III e IV, o retomante deverá comprovar ser proprietário, promissário comprador ou promissário cessionário, em caráter irrevogável, com imissão na posse do imóvel e título registrado junto à matrícula do mesmo.

Seção II
Da Locação para Temporada

Art. 48. Considera-se locação para temporada aquela destinada à residência temporária do locatário, para prática de lazer, realização de cursos, tratamento de saúde, feitura de obras em seu imóvel, e outros fatos que decorram tão somente de determinado tempo, e contratada por prazo não superior a noventa dias, esteja ou não mobiliado o imóvel.

Parágrafo único. No caso de a locação envolver imóvel mobiliado, constará do contrato, obrigatoriamente, a descrição dos móveis e utensílios que o guarnecem, bem como o estado em que se encontram.

Art. 49. O locador poderá receber de uma só vez e antecipadamente os aluguéis e encargos, bem como exigir qualquer das modalidades de garantia previstas no art. 37 para atender as demais obrigações do contrato.

Art. 50. Findo o prazo ajustado, se o locatário permanecer no imóvel sem oposição do locador por mais de trinta dias, presumir-se-á prorrogada a locação por tempo indeterminado, não mais sendo exigível o pagamento antecipado do aluguel e dos encargos.

Parágrafo único. Ocorrendo a prorrogação, o locador somente poderá denunciar o contrato após trinta meses de seu início ou nas hipóteses do art. 47.

Seção III
Da Locação não Residencial

Art. 51. Nas locações de imóveis destinados ao comércio, o locatário terá direito a renovação do contrato, por igual prazo, desde que, cumulativamente:

I – o contrato a renovar tenha sido celebrado por escrito e com prazo determinado;

II – o prazo mínimo do contrato a renovar ou a soma dos prazos ininterruptos dos contratos escritos seja de cinco anos;

III – o locatário esteja explorando seu comércio, no mesmo ramo, pelo prazo mínimo e ininterrupto de três anos.

§ 1.º O direito assegurado neste artigo poderá ser exercido pelos cessionários ou sucessores da locação; no caso de sublocação total do imóvel, o direito a renovação somente poderá ser exercido pelo sublocatário.

§ 2.º Quando o contrato autorizar que o locatário utilize o imóvel para as atividades de sociedade de que faça parte e que a esta passe a pertencer o fundo de comércio, o direito a renovação poderá ser exercido pelo locatário ou pela sociedade.

§ 3.º Dissolvida a sociedade comercial por morte de um dos sócios, o sócio sobrevivente fica sub-rogado no direito a renovação, desde que continue no mesmo ramo.

§ 4.º O direito a renovação do contrato estende-se às locações celebradas por indústrias e sociedades civis com fim lucrativo, regularmente constituídas, desde que ocorrentes os pressupostos previstos neste artigo.

§ 5.º Do direito a renovação decai aquele que não propuser a ação no interregno de um ano, no máximo, até seis meses, no mínimo, anteriores à data da finalização do prazo do contrato em vigor.

Art. 52. O locador não estará obrigado a renovar o contrato se:

I – por determinação do Poder Público, tiver que realizar no imóvel obras que importarem na sua radical transformação; ou para fazer modificação de tal natureza que aumente o valor do negócio ou da propriedade;

II – o imóvel vier a ser utilizado por ele próprio ou para transferência de fundo de comércio existente há mais de um ano, sendo detentor da maioria do capital o locador, seu cônjuge, ascendente ou descendente.

§ 1.º Na hipótese do inciso II, o imóvel não poderá ser destinado ao uso do mesmo ramo do locatário, salvo se a locação também envolvia o fundo de comércio, com as instalações e pertences.

§ 2.º Nas locações de espaço em *shopping centers*, o locador não poderá recusar a renovação do contrato com fundamento no inciso II deste artigo.

§ 3.º O locatário terá direito a indenização para ressarcimento dos prejuízos e dos lucros cessantes que tiver que arcar com a mudança, perda do lugar e desvalorização do fundo de comércio, se a renovação não ocorrer em razão de proposta de terceiro, em melhores condições, ou se o locador, no prazo de três meses da entrega do imóvel, não der o destino alegado ou não iniciar as obras determinadas pelo Poder Público ou que declarou pretender realizar.

•• A Lei n. 12.112, de 9-12-2009, propôs nova redação para este § 3.º, porém teve seu texto vetado.

Art. 53. Nas locações de imóveis utilizados por hospitais, unidades sanitárias oficiais, asilos, estabelecimentos de saúde e de ensino autorizados e fiscalizados pelo Poder Público, bem como por entidades religiosas devidamente registradas, o contrato somente poderá ser rescindido:

•• *Caput* com redação determinada pela Lei n. 9.256, de 9-1-1996.

I – nas hipóteses do art. 9.º;

II – se o proprietário, promissário comprador ou promissário cessionário, em caráter irrevogável e imitido na posse, com título registrado, que haja quitado o preço da promessa ou que, não o tendo feito, seja autorizado pelo proprietário, pedir o imóvel para demolição, edificação licenciada ou reforma que venha a resultar em aumento mínimo de cinquenta por cento da área útil.

Art. 54. Nas relações entre lojistas e empreendedores de *shopping center*, prevalecerão as condições livremente pactuadas nos contratos de locação respectivos e as disposições procedimentais previstas nesta Lei.

§ 1.º O empreendedor não poderá cobrar do locatário em *shopping center*:

a) as despesas referidas nas alíneas *a*, *b* e *d* do parágrafo único do art. 22; e

b) as despesas com obras ou substituições de equipamentos, que impliquem modificar o projeto ou o memorial descritivo da data do habite-se e obras de paisagismo nas partes de uso comum.

§ 2.º As despesas cobradas do locatário devem ser previstas em orçamento, salvo casos de urgência ou força maior, devidamente demonstradas, podendo o locatário, a cada sessenta dias, por si ou entidade de classe exigir a comprovação das mesmas.

Art. 54-A. Na locação não residencial de imóvel urbano na qual o locador procede à prévia aquisição, construção ou substancial reforma, por si mesmo ou por terceiros, do imóvel então especificado pelo pretendente à locação, a fim de que seja a este locado por prazo determinado, prevalecerão as condições livremente pactuadas no contrato respectivo e as disposições procedimentais previstas nesta Lei.

•• *Caput* acrescentado pela Lei n. 12.744, de 19-12-2012.

§ 1.º Poderá ser convencionada a renúncia ao direito de revisão do valor dos aluguéis durante o prazo de vigência do contrato de locação.

•• § 1.º acrescentado pela Lei n. 12.744, de 19-12-2012.

§ 2.º Em caso de denúncia antecipada do vínculo locatício pelo locatário, compromete-se este a cumprir a multa convencionada, que não excederá, porém, a soma dos valores dos aluguéis a receber até o termo final da locação.

•• § 2.º acrescentado pela Lei n. 12.744, de 19-12-2012.

§ 3.º (*Vetado.*)

•• § 3.º acrescentado pela Lei n. 12.744, de 19-12-2012.

Art. 55. Considera-se locação não residencial quando o locatário for pessoa jurídica e o imóvel destinar-se ao uso de seus titulares, diretores, sócios, gerentes, executivos ou empregados.

Art. 56. Nos demais casos de locação não residencial, o contrato por prazo determinado cessa, de pleno direito, findo o prazo estipulado, independentemente de notificação ou aviso.

Parágrafo único. Findo o prazo estipulado, se o locatário permanecer no imóvel por mais de trinta dias sem oposição do locador, presumir-se-á prorrogada a locação nas condições ajustadas, mas sem prazo determinado.

Art. 57. O contrato de locação por prazo indeterminado pode ser denunciado por escrito, pelo locador, concedidos ao locatário trinta dias para a desocupação.

TÍTULO II
DOS PROCEDIMENTOS

Capítulo I
DAS DISPOSIÇÕES GERAIS

Art. 58. Ressalvados os casos previstos no parágrafo único do art. 1.º, nas ações de despejo, consignação em pagamento de aluguel e acessório da locação, revisionais de aluguel e renovatórias de locação, observar-se-á o seguinte:

I – os processos tramitam durante as férias forenses e não se suspendem pela superveniência delas;

II – é competente para conhecer e julgar tais ações o foro do lugar da situação do imóvel, salvo se outro houver sido eleito no contrato;

III – o valor da causa corresponderá a doze meses de aluguel, ou, na hipótese do inciso II do art. 47, a três salários vigentes por ocasião do ajuizamento;

IV – desde que autorizado no contrato, a citação, intimação ou notificação far-se-á mediante correspondência com aviso de recebimento, ou, tratando-se de pessoa jurídica ou firma individual, também mediante telex ou fac-símile, ou, ainda, sendo necessário, pelas demais formas previstas no Código de Processo Civil;

V – os recursos interpostos contra as sentenças terão efeito somente devolutivo.

Capítulo II
DAS AÇÕES DE DESPEJO

Art. 59. Com as modificações constantes deste Capítulo, as ações de despejo terão o rito ordinário.

§ 1.º Conceder-se-á liminar para desocupação em quinze dias, independentemente da audiência da parte contrária e desde que prestada a caução no valor equivalente a três meses de aluguel, nas ações que tiverem por fundamento exclusivo:

I – o descumprimento do mútuo acordo (art. 9.º, inciso I), celebrado por escrito e assinado pelas partes e por duas testemunhas, no qual tenha sido ajustado o prazo mínimo de seis meses para desocupação, contado da assinatura do instrumento;

•• *Vide* art. 4.º da Lei n. 14.216, de 7-10-2021.

II – o disposto no inciso II do art. 47, havendo prova escrita da rescisão do contrato de trabalho ou sendo ela demonstrada em audiência prévia;

•• *Vide* art. 4.º da Lei n. 14.216, de 7-10-2021.

III – o término do prazo da locação para temporada, tendo sido proposta a ação de despejo em até trinta dias após o vencimento do contrato;

IV – a morte do locatário sem deixar sucessor legítimo na locação, de acordo com o referido no inciso I do art. 11, permanecendo no imóvel pessoas não autorizadas por lei;

V – a permanência do sublocatário no imóvel, extinta a locação, celebrada com o locatário;

•• *Vide* art. 4.º da Lei n. 14.216, de 7-10-2021.

VI – o disposto no inciso IV do art. 9.º, havendo a necessidade de se produzir reparações urgentes no imóvel, determinadas pelo poder público, que não possam ser normalmente executadas com a permanência do locatário, ou, podendo, ele se recuse a consenti-las;

•• Inciso VI acrescentado pela Lei n. 12.112, de 9-12-2009.

VII – o término do prazo notificatório previsto no parágrafo único do art. 40, sem apresentação de nova garantia apta a manter a segurança inaugural do contrato;

•• Inciso VII acrescentado pela Lei n. 12.112, de 9-12-2009.

•• *Vide* art. 4.º da Lei n. 14.216, de 7-10-2021.

VIII – o término do prazo da locação não residencial, tendo sido proposta a ação em até 30 (trinta) dias do termo ou do cumprimento de notificação comunicando o intento de retomada;

•• Inciso VIII acrescentado pela Lei n. 12.112, de 9-12-2009.

•• *Vide* art. 4.º da Lei n. 14.216, de 7-10-2021.

IX – a falta de pagamento de aluguel e acessórios da locação no vencimento, estando o contrato desprovido de qualquer das garantias previstas no art. 37, por não ter sido contratada ou em caso de extinção ou pedido de exoneração dela, independentemente de motivo.

•• Inciso IX acrescentado pela Lei n. 12.112, de 9-12-2009.

•• *Vide* art. 4.º da Lei n. 14.216, de 7-10-2021.

§ 2.º Qualquer que seja o fundamento da ação dar-se-á ciência do pedido aos sublocatários, que poderão intervir no processo como assistentes.

§ 3.º No caso do inciso IX do § 1.º deste artigo, poderá o locatário evitar a rescisão da locação e elidir a liminar de desocupação se, dentro dos 15 (quinze) dias concedidos para a desocupação do imóvel e independentemente de cálculo, efetuar depósito judicial que contemple a totalidade dos valores devidos, na forma prevista no inciso II do art. 62.

•• § 3.º acrescentado pela Lei n. 12.112, de 9-12-2009.

Art. 60. Nas ações de despejo fundadas no inciso IV do art. 9.º, inciso IV do art. 47 e inciso II do art. 53, a petição inicial deverá ser instruída com prova da propriedade do imóvel ou do compromisso registrado.

Art. 61. Nas ações fundadas no § 2.º do art. 46 e nos incisos III e IV do art. 47, se o locatário, no prazo da contestação, manifestar sua concordância com a desocupação do imóvel, o juiz acolherá o pedido fixando prazo de seis meses para a desocupação, contados da citação, impondo ao vencido a responsabilidade pelas custas e honorários advocatícios de vinte por cento sobre o valor dado à causa. Se a desocupação ocorrer dentro do prazo fixado, o réu ficará isento dessa responsabilidade; caso contrário, será expedido mandado de despejo.

Art. 62. Nas ações de despejo fundadas na falta de pagamento de aluguel e acessórios da locação, de aluguel provisório, de diferenças de aluguéis, ou somente de quaisquer dos acessórios da locação, observar-se-á o seguinte:

•• *Caput* com redação determinada pela Lei n. 12.112, de 9-12-2009.

I – o pedido de rescisão da locação poderá ser cumulado com o pedido de cobrança dos aluguéis e acessórios da locação; nesta hipótese, citar-se-á o locatário para responder ao pedido de rescisão e o locatário e os fiadores para responderem ao pedido de cobrança, devendo ser apresentado, com a inicial, cálculo discriminado do valor do débito;

•• Inciso I com redação determinada pela Lei n. 12.112, de 9-12-2009.

II – o locatário e o fiador poderão evitar a rescisão da locação efetuando, no prazo de 15 (quinze) dias, contado da citação, o pagamento do débito atualizado, independentemente de cálculo e mediante depósito judicial, incluídos:

•• Inciso II, *caput*, com redação determinada pela Lei n. 12.112, de 9-12-2009.

a) os aluguéis e acessórios da locação que vencerem até a sua efetivação;

b) as multas ou penalidades contratuais, quando exigíveis;

c) os juros de mora;

d) as custas e os honorários do advogado do locador, fixados em dez por cento sobre o montante devido, se do contrato não constar disposição diversa;

III – efetuada a purga da mora, se o locador alegar que a oferta não é integral, justificando a diferença, o locatário poderá complementar o depósito no prazo de 10 (dez) dias, contado da intimação, que poderá ser dirigida ao locatário ou diretamente ao patrono deste, por carta ou publicação no órgão oficial, a requerimento do locador;

•• Inciso III com redação determinada pela Lei n. 12.112, de 9-12-2009.

IV – não sendo integralmente complementado o depósito, o pedido de rescisão prosseguirá pela diferença, podendo o locador levantar a quantia depositada;

•• Inciso IV com redação determinada pela Lei n. 12.112, de 9-12-2009.

V – os aluguéis que forem vencendo até a sentença deverão ser depositados à disposição do juízo, nos respectivos vencimentos, podendo o locador levantá-los desde que incontroversos;

VI – havendo cumulação dos pedidos de rescisão da locação e cobrança dos aluguéis, a execução desta pode ter início antes da desocupação do imóvel, caso ambos tenham sido acolhidos.

Parágrafo único. Não se admitirá a emenda da mora se o locatário já houver utilizado essa faculdade nos 24 (vinte e quatro) meses imediatamente anteriores à propositura da ação.

•• Parágrafo único com redação determinada pela Lei n. 12.112, de 9-12-2009.

Art. 63. Julgada procedente a ação de despejo, o juiz determinará a expedição de mandado de despejo, que conterá o prazo de 30 (trinta) dias para a desocupação voluntária, ressalvado o disposto nos parágrafos seguintes.

•• *Caput* com redação determinada pela Lei n. 12.112, de 9-12-2009.

§ 1.º O prazo será de quinze dias se:

a) entre a citação e a sentença de primeira instância houverem decorrido mais de quatro meses; ou

b) o despejo houver sido decretado com fundamento no art. 9.º ou no § 2.º do art. 46.

•• Alínea *b* com redação determinada pela Lei n. 12.112, de 9-12-2009.

§ 2.º Tratando-se de estabelecimento de ensino autorizado e fiscalizado pelo Poder Público, respeitado o prazo mínimo de seis meses e o máximo de um ano, o juiz disporá, de modo que a desocupação coincida com o período de férias escolares.

§ 3.º Tratando-se de hospitais, repartições públicas, unidades sanitárias oficiais, asilos, estabelecimentos de saúde e de ensino autorizados e fiscalizados pelo Poder Público, bem como por entidades religiosas devidamente registradas, e o despejo for decretado com fundamento no inciso IV do art. 9.º ou no inciso II do art. 53, o prazo será de um ano, exceto no caso em que entre a citação e a sentença de primeira instância houver decorrido mais de um ano, hipótese em que o prazo será de seis meses.

•• § 3.º com redação determinada pela Lei n. 9.256, de 9-1-1996.

§ 4.º A sentença que decretar o despejo fixará o valor da caução para o caso de ser executada provisoriamente.

Art. 64. Salvo nas hipóteses das ações fundadas no art. 9.º, a execução provisória do despejo dependerá de caução não inferior a 6 (seis) meses nem superior a 12 (doze) meses do aluguel, atualizado até a data da prestação da caução.

•• *Caput* com redação determinada pela Lei n. 12.112, de 9-12-2009.

§ 1.º A caução poderá ser real ou fidejussória e será prestada nos autos da execução provisória.

§ 2.º Ocorrendo a reforma da sentença ou da decisão que concedeu liminarmente o despejo, o valor da caução reverterá em favor do réu, como indenização mínima das perdas e danos, podendo este reclamar, em ação própria, a diferença pelo que a exceder.

Art. 65. Findo o prazo assinado para a desocupação, contado da data da notificação, será efetuado o despejo, se necessário com emprego de força, inclusive arrombamento.

§ 1.º Os móveis e utensílios serão entregues à guarda de depositário, se não os quiser retirar o despejado.

§ 2.º O despejo não poderá ser executado até o trigésimo dia seguinte ao do falecimento do cônjuge, ascendente, descendente ou irmão de qualquer das pessoas que habitem o imóvel.

Art. 66. Quando o imóvel for abandonado após ajuizada a ação, o locador poderá imitir-se na posse do imóvel.

Capítulo III

DA AÇÃO DE CONSIGNAÇÃO DE ALUGUEL E ACESSÓRIOS DA LOCAÇÃO

Art. 67. Na ação que objetivar o pagamento dos aluguéis e acessórios da locação mediante consignação, será observado o seguinte:

I – a petição inicial, além dos requisitos exigidos pelo art. 282 do Código de Processo Civil, deverá especificar os aluguéis e acessórios da locação com indicação dos respectivos valores;

II – determinada a citação do réu, o autor será intimado a, no prazo de vinte e quatro horas, efetuar o depósito judicial da importância indicada na petição inicial, sob pena de ser extinto o processo;

III – o pedido envolverá a quitação das obrigações que vencerem durante a tramitação do feito e até ser prolatada a sentença de primeira instância, devendo o autor promover os depósitos nos respectivos vencimentos;

IV – não sendo oferecida a contestação, ou se o locador receber os valores depositados, o juiz acolherá o pedido, declarando quitadas as obrigações, condenando o réu ao pagamento das custas e honorários de vinte por cento do valor dos depósitos;

V – a contestação do locador, além da defesa de direito que possa caber, ficará adstrita, quanto à matéria de fato, a:

a) não ter havido recusa ou mora em receber a quantia devida;

b) ter sido justa a recusa;

c) não ter sido efetuado o depósito no prazo ou no lugar do pagamento;

d) não ter sido o depósito integral;

VI – além de contestar, o réu poderá, em reconvenção, pedir o despejo e a cobrança dos valores objeto da consignatória ou da diferença do depósito inicial, na hipótese de ter sido alegado não ser o mesmo integral;

VII – o autor poderá complementar o depósito inicial, no prazo de cinco dias contados da ciência do oferecimento da resposta, com acréscimo de dez por cento sobre o valor da diferença. Se tal ocorrer, o juiz declarará quitadas as obrigações, elidindo a rescisão da locação, mas imporá ao autor-reconvindo a responsabilidade pelas custas e honorários advocatícios de vinte por cento sobre o valor dos depósitos;

VIII – havendo, na reconvenção, cumulação dos pedidos de rescisão da locação e cobrança dos valores objeto da consignatória, a execução desta somente poderá ter início após obtida a desocupação do imóvel, caso ambos tenham sido acolhidos.

Parágrafo único. O réu poderá levantar a qualquer momento as importâncias depositadas sobre as quais não penda controvérsia.

Capítulo IV
DA AÇÃO REVISIONAL DE ALUGUEL

Art. 68. Na ação revisional de aluguel, que terá o rito sumário, observar-se-á o seguinte:

•• *Caput* com redação determinada pela Lei n. 12.112, de 9-12-2009.

I – além dos requisitos exigidos pelos arts. 276 e 282 do Código de Processo Civil, a petição inicial deverá indicar o valor do aluguel cuja fixação é pretendida;

II – ao designar a audiência de conciliação, o juiz, se houver pedido e com base nos elementos fornecidos tanto pelo locador como pelo locatário, ou nos que indicar, fixará aluguel provisório, que será devido desde a citação, nos seguintes moldes:

•• Inciso II, *caput*, com redação determinada pela Lei n. 12.112, de 9-12-2009.

a) em ação proposta pelo locador, o aluguel provisório não poderá ser excedente a 80% (oitenta por cento) do pedido;

•• Alínea *a* acrescentada pela Lei n. 12.112, de 9-12-2009.

b) em ação proposta pelo locatário, o aluguel provisório não poderá ser inferior a 80% (oitenta por cento) do aluguel vigente;

•• Alínea *b* acrescentada pela Lei n. 12.112, de 9-12-2009.

III – sem prejuízo da contestação e até a audiência, o réu poderá pedir seja revisto o aluguel provisório, fornecendo os elementos para tanto;

IV – na audiência de conciliação, apresentada a contestação, que deverá conter contraproposta se houver discordância quanto ao valor pretendido, o juiz tentará a conciliação e, não sendo esta possível, determinará a realização de perícia, se necessária, designando, desde logo, audiência de instrução e julgamento;

•• Inciso IV com redação determinada pela Lei n. 12.112, de 9-12-2009.

V – o pedido de revisão previsto no inciso III deste artigo interrompe o prazo para interposição de recurso contra a decisão que fixar o aluguel provisório.

•• Inciso V acrescentado pela Lei n. 12.112, de 9-12-2009.

§ 1.º Não caberá ação revisional na pendência de prazo para desocupação do imóvel (arts. 46, § 2.º, e 57), ou quando tenha sido este estipulado amigável ou judicialmente.

§ 2.º No curso da ação de revisão, o aluguel provisório será reajustado na periodicidade pactuada ou na fixada em lei.

Art. 69. O aluguel fixado na sentença retroage à citação, e as diferenças devidas durante a ação de revisão, descontados os alugueres provisórios satisfeitos, serão pagas corrigidas, exigíveis a partir do trânsito em julgado da decisão que fixar o novo aluguel.

§ 1.º Se pedido pelo locador, ou sublocador, a sentença poderá estabelecer periodicidade de reajustamento do aluguel diversa daquela prevista no contrato revisando, bem como adotar outro indexador para reajustamento do aluguel.

§ 2.º A execução das diferenças será feita nos autos da ação de revisão.

Art. 70. Na ação de revisão do aluguel, o juiz poderá homologar acordo de desocupação, que será executado mediante expedição de mandado de despejo.

Capítulo V
DA AÇÃO RENOVATÓRIA

Art. 71. Além dos demais requisitos exigidos no art. 282 do Código de Processo Civil, a petição inicial da ação renovatória deverá ser instruída com:

I – prova do preenchimento dos requisitos dos incisos I, II e III do art. 51;

II – prova do exato cumprimento do contrato em curso;

III – prova da quitação dos impostos e taxas que incidiram sobre o imóvel e cujo pagamento lhe incumbia;

IV – indicação clara e precisa das condições oferecidas para a renovação da locação;

V – indicação do fiador quando houver no contrato a renovar e, quando não for o mesmo, com indicação do nome ou denominação completa, número de sua inscrição no Ministério da Fazenda, endereço e, tratando-se de pessoa natural, a nacionalidade, o estado civil, a profissão e o número da carteira de identidade, comprovando, desde logo, mesmo que não haja alteração do fiador, a atual idoneidade financeira;

•• Inciso V com redação determinada pela Lei n. 12.112, de 9-12-2009.

VI – prova de que o fiador do contrato ou o que o substituir na renovação aceita os encargos da fiança, autorizado por seu cônjuge, se casado for;

VII – prova, quando for o caso, de ser cessionário ou sucessor, em virtude de título oponível ao proprietário.

Parágrafo único. Proposta a ação pelo sublocatário do imóvel ou de parte dele, serão citados o sublocador e o locador, como litisconsortes, salvo se, em virtude de locação originária ou renovada, o sublocador dispuser de prazo que admita renovar a sublocação; na primeira hipótese, procedente a ação, o proprietário ficará diretamente obrigado à renovação.

Art. 72. A contestação do locador, além da defesa de direito que possa caber, ficará adstrita, quanto à matéria de fato, ao seguinte:

I – não preencher o autor os requisitos estabelecidos nesta Lei;

II – não atender, a proposta do locatário, o valor locativo real do imóvel na época da renovação, excluída a valorização trazida por aquele ao ponto ou lugar;

III – ter proposta de terceiro para a locação, em condições melhores;

IV – não estar obrigado a renovar a locação (incisos I e II do art. 52).

§ 1.º No caso do inciso II, o locador deverá apresentar, em contraproposta, as condições de locação que repute compatíveis com o valor locativo real e atual do imóvel.

§ 2.º No caso do inciso III, o locador deverá juntar prova documental da proposta do terceiro, subscrita por este e por duas testemunhas, com clara indicação do ramo a ser explorado, que não poderá ser o mesmo do locatário. Nessa hipótese, o locatário poderá, em réplica, aceitar tais condições para obter a renovação pretendida.

§ 3.º No caso do inciso I do art. 52, a contestação deverá trazer prova da determinação do Poder Público ou relatório pormenorizado das obras a serem realizadas e da estimativa de valorização que sofrerá o imóvel, assinado por engenheiro devidamente habilitado.

§ 4.º Na contestação, o locador, ou sublocador, poderá pedir, ainda, a fixação de aluguel provisório, para vigorar a partir do primeiro mês do prazo do contrato a ser renovado, não excedente a oitenta por cento do pedido, desde que apresentados elementos hábeis para aferição do justo valor do aluguel.

§ 5.º Se pedido pelo locador, ou sublocador, a sentença poderá estabelecer periodicidade de reajustamento do aluguel diversa daquela prevista no contrato renovando, bem como adotar outro indexador para reajustamento do aluguel.

Art. 73. Renovada a locação, as diferenças dos aluguéis vencidos serão executadas nos próprios autos da ação e pagas de uma só vez.

Art. 74. Não sendo renovada a locação, o juiz determinará a expedição de mandado de despejo, que conterá o prazo de 30 (trinta) dias para a desocupação voluntária, se houver pedido na contestação.

•• *Caput* com redação determinada pela Lei n. 12.112, de 9-12-2009.

§ 1.º (*Vetado*.)

•• § 1.º acrescentado pela Lei n. 12.112, de 9-12-2009.

§ 2.º (*Vetado*.)

•• § 2.º acrescentado pela Lei n. 12.112, de 9-12-2009.

§ 3.º (*Vetado*.)

•• § 3.º acrescentado pela Lei n. 12.112, de 9-12-2009.

Art. 75. Na hipótese do inciso III do art. 72, a sentença fixará desde logo a indenização devida ao locatário em consequência da não prorrogação da locação, solidariamente devida pelo locador e o proponente.

•• A Lei n. 12.112, de 9-12-2009, propôs nova redação para este artigo, porém teve seu texto vetado.

Título III
DAS DISPOSIÇÕES FINAIS E TRANSITÓRIAS

Art. 76. Não se aplicam as disposições desta Lei aos processos em curso.

Art. 77. Todas as locações residenciais que tenham sido celebradas anteriormente à vigência desta Lei serão automaticamente prorrogadas por tempo indeterminado, ao término do prazo ajustado no contrato.

Art. 78. As locações residenciais que tenham sido celebradas anteriormente à vigência desta Lei e que já vigorem ou venham a vigorar por prazo indeterminado, poderão ser denunciadas pelo locador, concedido o prazo de doze meses para a desocupação.

Parágrafo único. Na hipótese de ter havido revisão judicial ou amigável do aluguel, atingindo o preço do mercado, a denúncia somente poderá ser exercitada após vinte e quatro meses da data da revisão, se esta ocorreu nos doze meses anteriores à data da vigência desta Lei.

Art. 79. No que for omissa esta Lei aplicam-se as normas do Código Civil e do Código de Processo Civil.

•• Refere-se ao CC de 1916. *Vide* arts. 565 a 578 e 2.036 do Código vigente.

Art. 80. Para os fins do inciso I do art. 98 da Constituição Federal, as ações de despejo poderão ser consideradas como causas cíveis de menor complexidade.

Art. 81. O inciso II do art. 167 e o art. 169 da Lei n. 6.015, de 31 de dezembro de 1973, passam a vigorar com as seguintes alterações:

•• Modificação já integrada ao texto da citada Lei.

Art. 82. O art. 3.º da Lei n. 8.009, de 29 de março de 1990, passa a vigorar acrescido do seguinte inciso VII:

•• Modificação já integrada ao texto da citada Lei.

Art. 83. Ao art. 24 da Lei n. 4.591, de 16 de dezembro de 1964, fica acrescido o seguinte § 4.º:

•• Modificação prejudicada pela nova redação determinada pela Lei n. 9.267, de 25-3-1996.

Art. 84. Reputam-se válidos os registros dos contratos de locação dos imóveis, realizados até a data da vigência desta Lei.

Art. 85. Nas locações residenciais, é livre a convenção do aluguel quanto a preço, periodicidade e indexador de reajustamento, vedada a vinculação à variação do salário mínimo, variação cambial e moeda estrangeira:

I – dos imóveis novos com habite-se concedido a partir da entrada em vigor desta Lei;

II – dos demais imóveis não enquadrados no inciso anterior, em relação aos contratos celebrados, após cinco anos de entrada em vigor desta Lei.

....

Art. 89. Esta Lei entrará em vigor sessenta dias após a sua publicação.

Art. 90. Revogam-se as disposições em contrário, especialmente:

I – o Decreto n. 24.150, de 20 de abril de 1934;

II – a Lei n. 6.239, de 19 de setembro de 1975;

III – a Lei n. 6.649, de 16 de maio de 1979;

IV – a Lei n. 6.698, de 15 de outubro de 1979;

V – a Lei n. 7.355, de 31 de agosto de 1985;

VI – a Lei n. 7.538, de 24 de setembro de 1986;

VII – a Lei n. 7.612, de 9 de julho de 1987; e

VIII – a Lei n. 8.157, de 3 de janeiro de 1991.

Brasília, em 18 de outubro de 1991; 170.º da Independência e 103.º da República.

FERNANDO COLLOR

LEI N. 8.429, DE 2 DE JUNHO DE 1992 (*)

Dispõe sobre as sanções aplicáveis em virtude da prática de atos de improbidade administrativa, de que trata o § 4.º do art. 37 da Constituição Federal; e dá outras providências.

•• Ementa com redação determinada pela Lei n. 14.230, de 25-10-2021.

O Presidente da República

Faço saber que o Congresso Nacional decreta e eu sanciono a seguinte Lei:

Capítulo I
DAS DISPOSIÇÕES GERAIS

Art. 1.º O sistema de responsabilização por atos de improbidade administrativa tutelará a probidade na organização do Estado e no exercício de suas funções, como forma de assegurar a integridade do patrimônio público e social, nos termos desta Lei.

•• *Caput* com redação determinada pela Lei n. 14.230, de 25-10-2021.

• *Vide* arts. 85 e s. da CF.

• *Vide* art. 52 da Lei n. 10.257, de 10-7-2001 (Estatuto da Cidade).

Parágrafo único. *(Revogado pela Lei n. 14.230, de 25-10-2021.)*

§ 1.º Consideram-se atos de improbidade administrativa as condutas dolosas tipificadas nos arts. 9.º, 10 e 11 desta Lei, ressalvados tipos previstos em leis especiais.

•• § 1.º acrescentado pela Lei n. 14.230, de 25-10-2021.

§ 2.º Considera-se dolo a vontade livre e consciente de alcançar o resultado ilícito tipificado nos arts. 9.º, 10 e 11 desta Lei, não bastando a voluntariedade do agente.

•• § 2.º acrescentado pela Lei n. 14.230, de 25-10-2021.

§ 3.º O mero exercício da função ou desempenho de competências públicas, sem comprovação de ato doloso com fim ilícito, afasta a responsabilidade por ato de improbidade administrativa.

•• § 3.º acrescentado pela Lei n. 14.230, de 25-10-2021.

§ 4.º Aplicam-se ao sistema da improbidade disciplinado nesta Lei os princípios constitucionais do direito administrativo sancionador.

•• § 4.º acrescentado pela Lei n. 14.230, de 25-10-2021.

§ 5.º Os atos de improbidade violam a probidade na organização do Estado e no exercício de suas funções e a integridade do patrimônio público e social dos Poderes Executivo, Legislativo e Judiciário, bem como da administração direta e indireta, no âmbito da União, dos Estados, dos Municípios e do Distrito Federal.

•• § 5.º acrescentado pela Lei n. 14.230, de 25-10-2021.

• *Vide* art. 37, § 4.º, da CF.

§ 6.º Estão sujeitos às sanções desta Lei os atos de improbidade praticados contra o patrimônio de entidade privada que receba subvenção, benefício ou incentivo, fiscal ou creditício, de entes públicos ou governamentais, previstos no § 5.º deste artigo.

•• § 6.º acrescentado pela Lei n. 14.230, de 25-10-2021.

§ 7.º Independentemente de integrar a administração indireta, estão sujeitos às sanções desta Lei os atos de improbidade praticados contra o patrimônio de entidade privada para cuja criação ou custeio o erário haja concorrido ou concorra no seu patrimônio ou receita atual, limitado o ressarcimento de prejuízos, nesse caso, à repercussão do ilícito sobre a contribuição dos cofres públicos.

•• § 7.º acrescentado pela Lei n. 14.230, de 25-10-2021.

§ 8.º Não configura improbidade a ação ou omissão decorrente de divergência interpretativa da lei, baseada em jurisprudência, ainda que não pacificada, mesmo que não venha a ser posteriormente prevalecente nas decisões dos órgãos de controle ou dos tribunais do Poder Judiciário.

•• § 8.º acrescentado pela Lei n. 14.230, de 25-10-2021.

•• O STF, concedeu parcialmente a medida cautelar na ADI n. 7.236, para suspender a eficácia deste § 8.º, incluído pela Lei n. 14.230/21 (*DJE* 10-1-2023).

Art. 2.º Para os efeitos desta Lei, consideram-se agente público o agente político, o servidor público e todo aquele que exerce, ainda que transitoriamente ou sem remuneração, por eleição, nomeação, designação, contratação ou qualquer outra forma de investidura ou vínculo, mandato, cargo, emprego ou função nas entidades referidas no art. 1.º desta Lei.

•• *Caput* com redação determinada pela Lei n. 14.230, de 25-10-2021.

• *Vide* arts. 85, V, e 102, I, *c*, da CF.

• *Vide* Lei n. 1.079, de 10-4-1950.

Parágrafo único. No que se refere a recursos de origem pública, sujeita-se às sanções previstas nesta Lei o particular, pessoa física ou jurídica, que celebra com a administração pública convênio, contrato de repasse, contrato de gestão, termo de parceria, termo de cooperação ou ajuste administrativo equivalente.

(*) Publicada no *Diário Oficial da União*, de 3-6-1992.

•• Parágrafo único acrescentado pela Lei n. 14.230, de 25-10-2021.

Art. 3.º As disposições desta Lei são aplicáveis, no que couber, àquele que, mesmo não sendo agente público, induza ou concorra dolosamente para a prática do ato de improbidade.

•• *Caput* com redação determinada pela Lei n. 14.230, de 25-10-2021.

•• *Vide* Súmula 634 do STJ.

§ 1.º Os sócios, os cotistas, os diretores e os colaboradores de pessoa jurídica de direito privado não respondem pelo ato de improbidade que venha a ser imputado à pessoa jurídica, salvo se, comprovadamente, houver participação e benefícios diretos, caso em que responderão nos limites da sua participação.

•• § 1.º acrescentado pela Lei n. 14.230, de 25-10-2021.

§ 2.º As sanções desta Lei não se aplicarão à pessoa jurídica, caso o ato de improbidade administrativa seja também sancionado como ato lesivo à administração pública de que trata a Lei n. 12.846, de 1.º de agosto de 2013.

•• § 2.º acrescentado pela Lei n. 14.230, de 25-10-2021.

•• A Lei n. 12.846, de 1.º-8-2013, dispõe sobre a responsabilização administrativa e civil de pessoas jurídicas pela prática de atos contra a administração pública, nacional ou estrangeira.

Arts. 4.º a 6.º (*Revogados pela Lei n. 14.230, de 25-10-2021.*)

Art. 7.º Se houver indícios de ato de improbidade, a autoridade que conhecer dos fatos representará ao Ministério Público competente, para as providências necessárias.

•• *Caput* com redação determinada pela Lei n. 14.230, de 25-10-2021.

Parágrafo único. (*Revogado pela Lei n. 14.230, de 25-10-2021.*)

Art. 8.º O sucessor ou o herdeiro daquele que causar dano ao erário ou que se enriquecer ilicitamente estão sujeitos apenas à obrigação de repará-lo até o limite do valor da herança ou do patrimônio transferido.

•• Artigo com redação determinada pela Lei n. 14.230, de 25-10-2021.

Art. 8.º-A. A responsabilidade sucessória de que trata o art. 8.º desta Lei aplica-se também na hipótese de alteração contratual, de transformação, de incorporação, de fusão ou de cisão societária.

•• *Caput* acrescentado pela Lei n. 14.230, de 25-10-2021.

Parágrafo único. Nas hipóteses de fusão e de incorporação, a responsabilidade da sucessora será restrita à obrigação de reparação integral do dano causado, até o limite do patrimônio transferido, não lhe sendo aplicáveis as demais sanções previstas nesta Lei decorrentes de atos e de fatos ocorridos antes da data da fusão ou da incorporação, exceto no caso de simulação ou de evidente intuito de fraude, devidamente comprovados.

•• Parágrafo único acrescentado pela Lei n. 14.230, de 25-10-2021.

Capítulo II
DOS ATOS DE IMPROBIDADE ADMINISTRATIVA

• *Vide* Lei n. 4.717, de 29-6-1965.

• *Vide* art. 52 da Lei n. 10.257, de 10-7-2001 (Estatuto da Cidade).

Seção I
Dos Atos de Improbidade Administrativa que Importam Enriquecimento Ilícito

Art. 9.º Constitui ato de improbidade administrativa importando em enriquecimento ilícito auferir, mediante a prática de ato doloso, qualquer tipo de vantagem patrimonial indevida em razão do exercício de cargo, de mandato, de função, de emprego ou de atividade nas entidades referidas no art. 1.º desta Lei, e notadamente:

•• *Caput* com redação determinada pela Lei n. 14.230, de 25-10-2021.

•• *Vide* art. 8.º do Decreto n. 5.483, de 30-6-2005.

• *Vide* art. 12, I, desta Lei.

I – receber, para si ou para outrem, dinheiro, bem móvel ou imóvel, ou qualquer outra vantagem econômica, direta ou indireta, a título de comissão, percentagem, gratificação ou presente de quem tenha interesse, direto ou indireto, que possa ser atingido ou amparado por ação ou omissão decorrente das atribuições do agente público;

II – perceber vantagem econômica, direta ou indireta, para facilitar a aquisição, permuta ou locação de bem móvel ou imóvel, ou a contratação de serviços pelas entidades referidas no art. 1.º por preço superior ao valor de mercado;

III – perceber vantagem econômica, direta ou indireta, para facilitar a alienação, permuta ou locação de bem público ou o fornecimento de serviço por ente estatal por preço inferior ao valor de mercado;

IV – utilizar, em obra ou serviço particular, qualquer bem móvel, de propriedade ou à disposição de qualquer das entidades referidas no art. 1.º desta Lei, bem como o trabalho de servidores, de empregados ou de terceiros contratados por essas entidades;

•• Inciso IV com redação determinada pela Lei n. 14.230, de 25-10-2021.

V – receber vantagem econômica de qualquer natureza, direta ou indireta, para tolerar a exploração ou a prática de jogos de azar, de lenocínio, de narcotráfico, de contrabando, de usura ou de qualquer outra atividade ilícita, ou aceitar promessa de tal vantagem;

VI – receber vantagem econômica de qualquer natureza, direta ou indireta, para fazer declaração falsa sobre qualquer dado técnico que envolva obras públicas ou qualquer outro serviço ou sobre quantidade, peso, medida, qualidade ou característica de mercadorias ou bens fornecidos a qualquer das entidades referidas no art. 1.º desta Lei;

•• Inciso VI com redação determinada pela Lei n. 14.230, de 25-10-2021.

VII – adquirir, para si ou para outrem, no exercício de mandato, de cargo, de emprego ou de função pública, e em razão deles, bens de qualquer natureza, decorrentes dos atos descritos no *caput* deste artigo, cujo valor seja desproporcional à evolução do patrimônio ou à renda do agente público, assegurada a demonstração pelo agente da licitude da origem dessa evolução;

•• Inciso VII com redação determinada pela Lei n. 14.230, de 25-10-2021.

VIII – aceitar emprego, comissão ou exercer atividade de consultoria ou assessoramento para pessoa física ou jurídica que tenha interesse suscetível de ser atingido, ou amparado por ação ou omissão decorrente das atribuições do agente público, durante a atividade;

IX – perceber vantagem econômica para intermediar a liberação ou aplicação de verba pública de qualquer natureza;

X – receber vantagem econômica de qualquer natureza, direta ou indiretamente, para omitir ato de ofício, providência ou declaração a que esteja obrigado;

XI – incorporar, por qualquer forma, ao seu patrimônio bens, rendas, verbas ou valores integrantes do acervo patrimonial das entidades mencionadas no art. 1.º desta Lei;

XII – usar, em proveito próprio, bens, rendas, verbas ou valores integrantes do acervo patrimonial das entidades mencionadas no art. 1.º desta Lei.

Seção II
Dos Atos de Improbidade Administrativa que Causam Prejuízo ao Erário

Art. 10. Constitui ato de improbidade administrativa que causa lesão ao erário qualquer ação ou omissão dolosa, que enseje, efetiva e comprovadamente, perda patrimonial, desvio, apropriação, malbaratamento ou dilapidação dos bens ou haveres das entidades referidas no art. 1.º desta Lei, e notadamente:

•• *Caput* com redação determinada pela Lei n. 14.230, de 25-10-2021.

I – facilitar ou concorrer, por qualquer forma, para a indevida incorporação ao patrimônio particular, de pessoa física ou jurídica, de bens, de rendas, de verbas ou de valores integrantes do acervo patrimonial das entidades referidas no art. 1.º desta Lei;

•• Inciso I com redação determinada pela Lei n. 14.230, de 25-10-2021.

II – permitir ou concorrer para que pessoa física ou jurídica privada utilize bens, rendas, verbas ou valores integrantes do acervo patrimonial das entidades mencionadas no art. 1.º desta Lei, sem a observância das formalidades legais ou regulamentares aplicáveis à espécie;

III – doar à pessoa física ou jurídica bem como ao ente despersonalizado, ainda que de fins educativos ou assistenciais, bens, rendas, verbas ou valores do patrimônio de qualquer das entidades mencionadas no art. 1.º desta Lei, sem observância das formalidades legais e regulamentares aplicáveis à espécie;

IV – permitir ou facilitar a alienação, permuta ou locação de bem integrante do patrimônio de qualquer das entidades referidas no art. 1.º desta Lei, ou ainda a prestação de serviço por parte delas, por preço inferior ao de mercado;

V – permitir ou facilitar a aquisição, permuta ou locação de bem ou serviço por preço superior ao de mercado;

VI – realizar operação financeira sem observância das normas legais e regulamentares ou aceitar garantia insuficiente ou inidônea;

VII – conceder benefício administrativo ou fiscal sem a observância das formalidades legais ou regulamentares aplicáveis à espécie;

VIII – frustrar a licitude de processo licitatório ou de processo seletivo para celebração de parcerias com entidades sem fins lucrativos, ou dispensá-los indevidamente, acarretando perda patrimonial efetiva;

•• Inciso VIII com redação determinada pela Lei n. 14.230, de 25-10-2021.

IX – ordenar ou permitir a realização de despesas não autorizadas em lei ou regulamento;

X – agir ilicitamente na arrecadação de tributo ou de renda, bem como no que diz respeito à conservação do patrimônio público;

•• Inciso X com redação determinada pela Lei n. 14.230, de 25-10-2021.

XI – liberar verba pública sem a estrita observância das normas pertinentes ou influir de qualquer forma para a sua aplicação irregular;

XII – permitir, facilitar ou concorrer para que terceiro se enriqueça ilicitamente;

XIII – permitir que se utilize, em obra ou serviço particular, veículos, máquinas, equipamentos ou material de qualquer natureza, de propriedade ou à disposição de qualquer das entidades mencionadas no art. 1.º desta Lei, bem como o trabalho de servidor público, empregados ou terceiros contratados por essas entidades;

XIV – celebrar contrato ou outro instrumento que tenha por objeto a prestação de serviços públicos por meio da gestão associada sem observar as formalidades previstas na lei;

•• Inciso XIV acrescentado pela Lei n. 11.107, de 6-4-2005.

XV – celebrar contrato de rateio de consórcio público sem suficiente e prévia dotação orçamentária, ou sem observar as formalidades previstas na lei;

•• Inciso XV acrescentado pela Lei n. 11.107, de 6-4-2005.

XVI – facilitar ou concorrer, por qualquer forma, para a incorporação, ao patrimônio particular de pessoa física ou jurídica, de bens, rendas, verbas ou valores públicos transferidos pela administração pública a entidades privadas mediante celebração de parcerias, sem a observância das formalidades legais ou regulamentares aplicáveis à espécie;

•• Inciso XVI acrescentado pela Lei n. 13.019, de 31-7-2014.

•• Sobre vigência, *vide* 2.ª nota ao art. 10, VIII, desta Lei.

XVII – permitir ou concorrer para que pessoa física ou jurídica privada utilize bens, rendas, verbas ou valores públicos transferidos pela administração pública a entidade privada mediante celebração de parcerias, sem a observância das formalidades legais ou regulamentares aplicáveis à espécie;

•• Inciso XVII acrescentado pela Lei n. 13.019, de 31-7-2014.

•• Sobre vigência, *vide* 2.ª nota ao art. 10, VIII, desta Lei.

XVIII – celebrar parcerias da administração pública com entidades privadas sem a observância das formalidades legais ou regulamentares aplicáveis à espécie;

•• Inciso XVIII acrescentado pela Lei n. 13.019, de 31-7-2014.

•• Sobre vigência, *vide* 2.ª nota ao art. 10, VIII, desta Lei.

XIX – agir para a configuração de ilícito na celebração, na fiscalização e na análise das prestações de contas de parcerias firmadas pela administração pública com entidades privadas;

•• Inciso XIX com redação determinada pela Lei n. 14.230, de 25-10-2021.

XX – liberar recursos de parcerias firmadas pela administração pública com entidades privadas sem a estrita observância das normas pertinentes ou influir de qualquer forma para a sua aplicação irregular.

•• Inciso XX acrescentado pela Lei n. 13.019, de 31-7-2014.

•• Sobre vigência, *vide* 2.ª nota ao art. 10, VIII, desta Lei.

XXI – (*Revogado pela Lei n. 14.230, de 25-10-2021.*)

XXII – conceder, aplicar ou manter benefício financeiro ou tributário contrário ao que dispõem o *caput* e o § 1.º do art. 8.º-A da Lei Complementar n. 116, de 31 de julho de 2003.

•• Inciso XXII acrescentado pela Lei n. 14.230, de 25-10-2021.

§ 1.º Nos casos em que a inobservância de formalidades legais ou regulamentares não implicar perda patrimonial efetiva, não ocorrerá imposição de ressarcimento, vedado o enriquecimento sem causa das entidades referidas no art. 1.º desta Lei.

•• § 1.º acrescentado pela Lei n. 14.230, de 25-10-2021.

§ 2.º A mera perda patrimonial decorrente da atividade econômica não acarretará improbidade administrativa, salvo se comprovado ato doloso praticado com essa finalidade.

•• § 2.º acrescentado pela Lei n. 14.230, de 25-10-2021.

Seção II-A
(Revogada pela Lei n. 14.230, de 25-10-2021.)

Art. 10-A. (*Revogado pela Lei n. 14.230, de 25-10-2021.*)

Seção III
Dos Atos de Improbidade Administrativa que Atentam contra os Princípios da Administração Pública

Art. 11. Constitui ato de improbidade administrativa que atenta contra os princípios da administração pública a ação ou omissão dolosa que viole os deveres de honestidade, de imparcialidade e de legalidade, caracterizada por uma das seguintes condutas:

•• *Caput* com redação determinada pela Lei n. 14.230, de 25-10-2021.

I e II – (*Revogados pela Lei n. 14.230, de 25-10-2021*);

III – revelar fato ou circunstância de que tem ciência em razão das atribuições e que deva permanecer em segredo, propiciando beneficiamento por informação privilegiada ou colocando em risco a segurança da sociedade e do Estado;

•• Inciso III com redação determinada pela Lei n. 14.230, de 25-10-2021.

IV – negar publicidade aos atos oficiais, exceto em razão de sua imprescindibilidade para a segurança da sociedade e do Estado ou de outras hipóteses instituídas em lei;

•• Inciso IV com redação determinada pela Lei n. 14.230, de 25-10-2021.

V – frustrar, em ofensa à imparcialidade, o caráter concorrencial de concurso público, de chamamento ou de procedimento licitatório, com vistas à obtenção de benefício próprio, direto ou indireto, ou de terceiros;

•• Inciso V com redação determinada pela Lei n. 14.230, de 25-10-2021.

VI – deixar de prestar contas quando esteja obrigado a fazê-lo, desde que disponha das condições para isso, com vistas a ocultar irregularidades;

•• Inciso VI com redação determinada pela Lei n. 14.230, de 25-10-2021.

VII – revelar ou permitir que chegue ao conhecimento de terceiro, antes da respectiva divulgação oficial, teor de medida política ou econômica capaz de afetar o preço de mercadoria, bem ou serviço;

VIII – descumprir as normas relativas à celebração, fiscalização e aprovação de contas de parcerias firmadas pela administração pública com entidades privadas;

•• Inciso VIII acrescentado pela Lei n. 13.019, de 31-7-2014.

•• Sobre vigência, *vide* 2.ª nota ao art. 10, VIII, desta Lei.

IX e X – (*Revogados pela Lei n. 14.230, de 25-10-2021.*)

XI – nomear cônjuge, companheiro ou parente em linha reta, colateral ou por afinidade, até o terceiro grau, inclusive, da autoridade nomeante ou de servidor da mesma pessoa jurídica investido em cargo de direção, chefia ou assessoramento, para o exercício de cargo em comissão ou de confiança ou, ainda, de função gratificada na administração pública direta e indireta em qualquer dos Poderes da União, dos Estados, do Distrito Federal e dos Municípios, compreendido o ajuste mediante designações recíprocas;

•• Inciso XI acrescentado pela Lei n. 14.230, de 25-10-2021.

XII – praticar, no âmbito da administração pública e com recursos do erário, ato de publicidade que contrarie o disposto no § 1.º do art. 37 da Constituição Federal, de forma a promover inequívoco enaltecimento do agente público e personalização de atos, de programas, de obras, de serviços ou de campanhas dos órgãos públicos.

•• Inciso XII acrescentado pela Lei n. 14.230, de 25-10-2021.

§ 1.º Nos termos da Convenção das Nações Unidas contra a Corrupção, promulgada pelo Decreto n. 5.687, de 31 de janeiro de 2006, somente haverá improbidade administrativa, na aplicação deste artigo, quando for comprovado na conduta funcional do agente público o fim de obter proveito ou benefício indevido para si ou para outra pessoa ou entidade.

•• § 1.º acrescentado pela Lei n. 14.230, de 25-10-2021.

§ 2.º Aplica-se o disposto no § 1.º deste artigo a quaisquer atos de improbidade administrativa tipificados nesta Lei e em leis especiais e a quaisquer outros tipos especiais de improbidade administrativa instituídos por lei.

•• § 2.º acrescentado pela Lei n. 14.230, de 25-10-2021.

§ 3.º O enquadramento de conduta funcional na categoria de que trata este artigo pressupõe a demonstração objetiva da prática de ilegalidade no exercício da função pública, com a indicação das normas constitucionais, legais ou infralegais violadas.

•• § 3.º acrescentado pela Lei n. 14.230, de 25-10-2021.

§ 4.º Os atos de improbidade de que trata este artigo exigem lesividade relevante ao bem jurídico tutelado para serem passíveis de sancionamento e independem do reconhecimento da produção de danos ao erário e de enriquecimento ilícito dos agentes públicos.

•• § 4.º acrescentado pela Lei n. 14.230, de 25-10-2021.

§ 5.º Não se configurará improbidade a mera nomeação ou indicação política por parte dos detentores de mandatos eletivos, sendo necessária a aferição de dolo com finalidade ilícita por parte do agente.

•• § 5.º acrescentado pela Lei n. 14.230, de 25-10-2021.

Capítulo III
DAS PENAS

Art. 12. Independentemente do ressarcimento integral do dano patrimonial, se efetivo, e das sanções penais comuns e de responsabilidade, civis e administrativas previstas na legislação específica, está o responsável pelo ato de improbidade sujeito às seguintes cominações, que podem ser aplicadas isolada ou cumulativamente, de acordo com a gravidade do fato:

•• *Caput* com redação determinada pela Lei n. 14.230, de 25-10-2021.

•• *Vide* Súmula 651 do STJ.

•• *Vide* art. 37, § 4.º, da CF.

I – na hipótese do art. 9.º desta Lei, perda dos bens ou valores acrescidos ilicitamente ao patrimônio, perda da função pública, suspensão dos direitos políticos até 14 (catorze) anos, pagamento de multa civil equivalente ao valor do acréscimo patrimonial e proibição de contratar com o poder público ou de receber benefícios ou incentivos fiscais ou creditícios, direta ou indiretamente, ainda que por intermédio de pessoa jurídica da qual seja sócio majoritário, pelo prazo não superior a 14 (catorze) anos;

•• Inciso I com redação determinada pela Lei n. 14.230, de 25-10-2021.

II – na hipótese do art. 10 desta Lei, perda dos bens ou valores acrescidos ilicitamente ao patrimônio, se concorrer esta circunstância, perda da função pública, suspensão dos direitos políticos até 12 (doze) anos, pagamento de multa civil equivalente ao valor do dano e proibição de contratar com o poder público ou de receber benefícios pessoa jurídica da qual seja sócio majoritário, pelo prazo não superior a 12 (doze) anos;

•• Inciso II com redação determinada pela Lei n. 14.230, de 25-10-2021.

III – na hipótese do art. 11 desta Lei, pagamento de multa civil de até 24 (vinte e quatro) vezes o valor da remuneração percebida pelo agente e proibição de contratar com o poder público ou de receber benefícios ou incentivos fiscais ou creditícios, direta ou indiretamente, ainda que por intermédio de pessoa jurídica da qual seja sócio majoritário, pelo prazo não superior a 4 (quatro) anos;

•• Inciso III com redação determinada pela Lei n. 14.230, de 25-10-2021.

IV – (*Revogado pela Lei n. 14.230, de 25-10-2021.*)

Parágrafo único. (*Revogado pela Lei n. 14.230, de 25-10-2021.*)

§ 1.º A sanção de perda da função pública, nas hipóteses dos incisos I e II do *caput* deste artigo, atinge apenas o vínculo de mesma qualidade e natureza que o agente público ou político detinha com o poder público na época do cometimento da infração, podendo o magistrado, na hipótese do inciso I do *caput* deste artigo, e em caráter excepcional, estendê-la aos demais vínculos, consideradas as circunstâncias do caso e a gravidade da infração.

•• § 1.º acrescentado pela Lei n. 14.230, de 25-10-2021.

•• O STF, concedeu parcialmente a medida cautelar na ADI n. 7.236, para suspender a eficácia deste § 1.º, incluído pela Lei n. 14.230/21 (*DJE* 10-1-2023).

§ 2.º A multa pode ser aumentada até o dobro, se o juiz considerar que, em virtude da situação econômica do réu, o valor calculado na forma dos incisos I, II e III do *caput* deste artigo é ineficaz para reprovação e prevenção do ato de improbidade.

•• § 2.º acrescentado pela Lei n. 14.230, de 25-10-2021.

§ 3.º Na responsabilização da pessoa jurídica, deverão ser considerados os efeitos econômicos e sociais das sanções, de modo a viabilizar a manutenção de suas atividades.

•• § 3.º acrescentado pela Lei n. 14.230, de 25-10-2021.

§ 4.º Em caráter excepcional e por motivos relevantes devidamente justificados, a sanção de proibição de contratação com o poder público pode extrapolar o ente público lesado pelo ato de improbidade, observados os impactos econômicos e sociais das sanções, de forma a preservar a função social da pessoa jurídica, conforme disposto no § 3.º deste artigo.

•• § 4.º acrescentado pela Lei n. 14.230, de 25-10-2021.

§ 5.º No caso de atos de menor ofensa aos bens jurídicos tutelados por esta Lei, a sanção limitar-se-á à aplicação de multa, sem prejuízo do ressarcimento do dano e da perda dos valores obtidos, quando for o caso, nos termos do *caput* deste artigo.

•• § 5.º acrescentado pela Lei n. 14.230, de 25-10-2021.

§ 6.º Se ocorrer lesão ao patrimônio público, a reparação do dano a que se refere esta Lei deverá deduzir o ressarcimento ocorrido nas instâncias criminal, civil e administrativa que tiver por objeto os mesmos fatos.

•• § 6.º acrescentado pela Lei n. 14.230, de 25-10-2021.

§ 7.º As sanções aplicadas a pessoas jurídicas com base nesta Lei e na Lei n. 12.846, de 1.º de agosto de 2013, deverão observar o princípio constitucional do *non bis in idem*.

•• § 7.º acrescentado pela Lei n. 14.230, de 25-10-2021.

§ 8.º A sanção de proibição de contratação com o poder público deverá constar do Cadastro Nacional de Empresas Inidôneas e Suspensas (CEIS) de que trata a Lei n.

12.846, de 1.º de agosto de 2013, observadas as limitações territoriais contidas em decisão judicial, conforme disposto no § 4.º deste artigo.

•• § 8.º acrescentado pela Lei n. 14.230, de 25-10-2021.

•• *Vide* art. 23 da Lei n. 12.846, de 1.º-8-2013.

§ 9.º As sanções previstas neste artigo somente poderão ser executadas após o trânsito em julgado da sentença condenatória.

•• § 9.º acrescentado pela Lei n. 14.230, de 25-10-2021.

§ 10. Para efeitos de contagem do prazo da sanção de suspensão dos direitos políticos, computar-se-á retroativamente o intervalo de tempo entre a decisão colegiada e o trânsito em julgado da sentença condenatória.

•• § 10 acrescentado pela Lei n. 14.230, de 25-10-2021.

•• O STF, concedeu parcialmente a medida cautelar na ADI n. 7.236, para suspender a eficácia deste § 10, incluído pela Lei n. 14.230/21 (*DJE* 10-1-2023).

Capítulo IV
DA DECLARAÇÃO DE BENS

Art. 13. A posse e o exercício de agente público ficam condicionados à apresentação de declaração de imposto de renda e proventos de qualquer natureza, que tenha sido apresentada à Secretaria Especial da Receita Federal do Brasil, a fim de ser arquivada no serviço de pessoal competente.

•• *Caput* com redação determinada pela Lei n. 14.230, de 25-10-2021.

§ 1.º (*Revogado pela Lei n. 14.230, de 25-10-2021.*)

§ 2.º A declaração de bens a que se refere o *caput* deste artigo será atualizada anualmente e na data em que o agente público deixar o exercício do mandato, do cargo, do emprego ou da função.

•• § 2.º com redação determinada pela Lei n. 14.230, de 25-10-2021.

§ 3.º Será apenado com a pena de demissão, sem prejuízo de outras sanções cabíveis, o agente público que se recusar a prestar a declaração dos bens a que se refere o *caput* deste artigo dentro do prazo determinado ou que prestar declaração falsa.

•• § 3.º com redação determinada pela Lei n. 14.230, de 25-10-2021.

§ 4.º (*Revogado pela Lei n. 14.230, de 25-10-2021.*)

Capítulo V
DO PROCEDIMENTO ADMINISTRATIVO E DO PROCESSO JUDICIAL

Art. 14. Qualquer pessoa poderá representar à autoridade administrativa competente para que seja instaurada investigação destinada a apurar a prática de ato de improbidade.

•• *Vide* Súmula 651 do STJ.

• *Vide* art. 52 da Lei n. 10.257, de 10-7-2001.

§ 1.º A representação, que será escrita ou reduzida a termo e assinada, conterá a qualificação do representante, as informações sobre o fato e sua autoria e a indicação das provas de que tenha conhecimento.

§ 2.º A autoridade administrativa rejeitará a representação, em despacho fundamentado, se esta não contiver as formalidades estabelecidas no § 1.º deste artigo. A rejeição não impede a representação ao Ministério Público, nos termos do art. 22 desta Lei.

§ 3.º Atendidos os requisitos da representação, a autoridade determinará a imediata apuração dos fatos, observada a legislação que regula o processo administrativo disciplinar aplicável ao agente.

•• § 3.º com redação determinada pela Lei n. 14.230, de 25-10-2021.

Art. 15. A comissão processante dará conhecimento ao Ministério Público e ao Tribunal ou Conselho de Contas da existência de procedimento administrativo para apurar a prática de ato de improbidade.

•• *Vide* Súmula 651 do STJ.

Parágrafo único. O Ministério Público ou Tribunal ou Conselho de Contas poderá, a requerimento, designar representante para acompanhar o procedimento administrativo.

Art. 16. Na ação por improbidade administrativa poderá ser formulado, em caráter antecedente ou incidente, pedido de indisponibilidade de bens dos réus, a fim de garantir a integral recomposição do erário ou do acréscimo patrimonial resultante de enriquecimento ilícito.

•• *Caput* com redação determinada pela Lei n. 14.230, de 25-10-2021.

§ 1.º (*Revogado pela Lei n. 14.230, de 25-10-2021.*)

§ 1.º-A. O pedido de indisponibilidade de bens a que se refere o *caput* deste artigo poderá ser formulado independentemente da representação de que trata o art. 7.º desta Lei.

•• § 1.º-A acrescentado pela Lei n. 14.230, de 25-10-2021.

§ 2.º Quando for o caso, o pedido de indisponibilidade de bens a que se refere o *caput* deste artigo incluirá a investigação, o exame e o bloqueio de bens, contas bancárias e aplicações financeiras mantidas pelo indiciado no exterior, nos termos da lei e dos tratados internacionais.

•• § 2.º com redação determinada pela Lei n. 14.230, de 25-10-2021.

§ 3.º O pedido de indisponibilidade de bens a que se refere o *caput* deste artigo apenas será deferido mediante a demonstração no caso concreto de perigo de dano irreparável ou de risco ao resultado útil do processo, desde que o juiz se convença da probabilidade da ocorrência dos atos descritos na petição inicial com fundamento nos respectivos elementos de instrução, após a oitiva do réu em 5 (cinco) dias.

•• § 3.º acrescentado pela Lei n. 14.230, de 25-10-2021.

§ 4.º A indisponibilidade de bens poderá ser decretada sem a oitiva prévia do réu, sempre que o contraditório prévio puder comprovadamente frustrar a efetividade da medida ou houver outras circunstâncias que recomendem a proteção liminar, não podendo a urgência ser presumida.

•• § 4.º acrescentado pela Lei n. 14.230, de 25-10-2021.

§ 5.º Se houver mais de um réu na ação, a somatória dos valores declarados indisponíveis não poderá superar o montante indicado na petição inicial como dano ao erário ou como enriquecimento ilícito.

•• § 5.º acrescentado pela Lei n. 14.230, de 25-10-2021.

§ 6.º O valor da indisponibilidade considerará a estimativa de dano indicada na petição inicial, permitida a sua substituição por caução idônea, por fiança bancária ou por seguro-garantia judicial, a requerimento do réu, bem como a sua readequação durante a instrução do processo.

•• § 6.º acrescentado pela Lei n. 14.230, de 25-10-2021.

§ 7.º A indisponibilidade de bens de terceiro dependerá da demonstração da sua efetiva concorrência para os atos ilícitos apurados ou, quando se tratar de pessoa jurídica, da instauração de incidente de desconsideração da personalidade jurídica, a ser processado na forma da lei processual.

•• § 7.º acrescentado pela Lei n. 14.230, de 25-10-2021.

§ 8.º Aplica-se à indisponibilidade de bens regida por esta Lei, no que for cabível, o regime da tutela provisória de urgência da Lei n. 13.105, de 16 de março de 2015 (Código de Processo Civil).

•• § 8.º acrescentado pela Lei n. 14.230, de 25-10-2021.

•• *Vide* arts. 300 e s. do CPC.

§ 9.º Da decisão que deferir ou indeferir a medida relativa à indisponibilidade de bens caberá agravo de instrumento, nos termos da Lei n. 13.105, de 16 de março de 2015 (Código de Processo Civil).

•• § 9.º acrescentado pela Lei n. 14.230, de 25-10-2021.

§ 10. A indisponibilidade recairá sobre bens que assegurem exclusivamente o integral ressarcimento do dano ao erário, sem incidir sobre os valores a serem eventualmente aplicados a título de multa civil ou sobre acréscimo patrimonial decorrente de atividade lícita.

•• § 10 acrescentado pela Lei n. 14.230, de 25-10-2021.

§ 11. A ordem de indisponibilidade de bens deverá priorizar veículos de via terrestre, bens imóveis, bens móveis em geral, semoventes, navios e aeronaves, ações e quotas de sociedades simples e empresárias, pedras e metais preciosos e, apenas na inexistência desses, o bloqueio de contas bancárias, de forma a garantir a subsistência do acusado e a manutenção da atividade empresária ao longo do processo.

•• § 11 acrescentado pela Lei n. 14.230, de 25-10-2021.

§ 12. O juiz, ao apreciar o pedido de indisponibilidade de bens do réu a que se refere o *caput* deste artigo, observará os efeitos práticos da decisão, vedada a adoção de medida capaz de acarretar prejuízo à prestação de serviços públicos.

•• § 12 acrescentado pela Lei n. 14.230, de 25-10-2021.

§ 13. É vedada a decretação de indisponibilidade da quantia de até 40 (quarenta) salários mínimos depositados em caderneta de poupança, em outras aplicações financeiras ou em conta-corrente.

•• § 13 acrescentado pela Lei n. 14.230, de 25-10-2021.

§ 14. É vedada a decretação de indisponibilidade do bem de família do réu, salvo se comprovado que o imóvel seja fruto de vantagem patrimonial indevida, conforme descrito no art. 9.º desta Lei.

•• § 14 acrescentado pela Lei n. 14.230, de 25-10-2021.

Art. 17. A ação para a aplicação das sanções de que trata esta Lei será proposta pelo Ministério Público e seguirá o procedimento comum previsto na Lei n. 13.105, de 16 de março de 2015 (Código de Processo Civil), salvo o disposto nesta Lei.

•• *Caput* com redação determinada pela Lei n. 14.230, de 25-10-2021.

§§ 1.º a 4.º (*Revogados pela Lei n. 14.230, de 25-10-2021.*)

§ 4.º-A. A ação a que se refere o *caput* deste artigo deverá ser proposta perante o foro do local onde ocorrer o dano ou da pessoa jurídica prejudicada.

•• § 4.º-A acrescentado pela Lei n. 14.230, de 25-10-2021.

§ 5.º A propositura da ação a que se refere o *caput* deste artigo prevenirá a competência do juízo para todas as ações posteriormente intentadas que possuam a mesma causa de pedir ou o mesmo objeto.

•• § 5.º com redação determinada pela Lei n. 14.230, de 25-10-2021.

§ 6.º A petição inicial observará o seguinte:

•• § 6.º, *caput*, com redação determinada pela Lei n. 14.230, de 25-10-2021.

I – deverá individualizar a conduta do réu e apontar os elementos probatórios mínimos que demonstrem a ocorrência das hipóteses dos arts. 9.º, 10 e 11 desta Lei e de sua autoria, salvo impossibilidade devidamente fundamentada;

•• Inciso I acrescentado pela Lei n. 14.230, de 25-10-2021.

II – será instruída com documentos ou justificação que contenham indícios suficientes da veracidade dos fatos e do dolo imputado ou com razões fundamentadas da impossibilidade de apresentação de qualquer dessas provas, observada a legislação vigente, inclusive as disposições constantes dos arts. 77 e 80 da Lei n. 13.105, de 16 de março de 2015 (Código de Processo Civil).

•• Inciso II acrescentado pela Lei n. 14.230, de 25-10-2021.

§ 6.º-A. O Ministério Público poderá requerer as tutelas provisórias adequadas e necessárias, nos termos dos arts. 294 a 310 da Lei n. 13.105, de 16 de março de 2015 (Código de Processo Civil).

•• § 6.º-A acrescentado pela Lei n. 14.230, de 25-10-2021.

§ 6.º-B. A petição inicial será rejeitada nos casos do art. 330 da Lei n. 13.105, de 16 de março de 2015 (Código de Processo Civil), bem como quando não preenchidos os requisitos a que se referem os incisos I e II do § 6.º deste artigo, ou ainda quando manifestamente inexistente o ato de improbidade imputado.

•• § 6.º-B acrescentado pela Lei n. 14.230, de 25-10-2021.

§ 7.º Se a petição inicial estiver em devida forma, o juiz mandará autuá-la e ordenará a citação dos requeridos para que a contestem no prazo comum de 30 (trinta) dias, iniciado o prazo na forma do art. 231 da Lei n. 13.105, de 16 de março de 2015 (Código de Processo Civil).

•• § 7.º com redação determinada pela Lei n. 14.230, de 25-10-2021.

§§ 8.º e 9.º (*Revogados pela Lei n. 14.230, de 25-10-2021.*)

§ 9.º-A. Da decisão que rejeitar questões preliminares suscitadas pelo réu em sua contestação caberá agravo de instrumento.

•• § 9.º-A acrescentado pela Lei n. 14.230, de 25-10-2021.

§ 10. (*Revogado pela Lei n. 14.230, de 25-10-2021.*)

§ 10-A. Havendo a possibilidade de solução consensual, poderão as partes requerer ao juiz a interrupção do prazo para a contestação, por prazo não superior a 90 (noventa) dias.

•• § 10-A acrescentado pela Lei n. 13.964, de 24-12-2019.

§ 10-B. Oferecida a contestação e, se for o caso, ouvido o autor, o juiz:

•• § 10-B, *caput*, acrescentado pela Lei n. 14.230, de 25-10-2021.

I – procederá ao julgamento conforme o estado do processo, observada a eventual inexistência manifesta do ato de improbidade;

•• Inciso I acrescentado pela Lei n. 14.230, de 25-10-2021.

II – poderá desmembrar o litisconsórcio, com vistas a otimizar a instrução processual.

•• Inciso II acrescentado pela Lei n. 14.230, de 25-10-2021.

§ 10-C. Após a réplica do Ministério Público, o juiz proferirá decisão na qual indicará com precisão a tipificação do ato de improbidade administrativa imputável ao réu, sendo-lhe vedado modificar o fato principal e a capitulação legal apresentada pelo autor.

•• § 10-C acrescentado pela Lei n. 14.230, de 25-10-2021.

§ 10-D. Para cada ato de improbidade administrativa, deverá necessariamente ser indicado apenas um tipo dentre aqueles previstos nos arts. 9.º, 10 e 11 desta Lei.

•• § 10-D acrescentado pela Lei n. 14.230, de 25-10-2021.

§ 10-E. Proferida a decisão referida no § 10-C deste artigo, as partes serão intimadas a especificar as provas que pretendem produzir.

•• § 10-E acrescentado pela Lei n. 14.230, de 25-10-2021.

§ 10-F. Será nula a decisão de mérito total ou parcial da ação de improbidade administrativa que:

•• § 10-F, *caput*, acrescentado pela Lei n. 14.230, de 25-10-2021.

I – condenar o requerido por tipo diverso daquele definido na petição inicial;

•• Inciso I acrescentado pela Lei n. 14.230, de 25-10-2021.

II – condenar o requerido sem a produção das provas por ele tempestivamente especificadas.

•• Inciso II acrescentado pela Lei n. 14.230, de 25-10-2021.

§ 11. Em qualquer momento do processo, verificada a inexistência do ato de improbidade, o juiz julgará a demanda improcedente.

•• § 11 com redação determinada pela Lei n. 14.230, de 25-10-2021.

§§ 12 e 13. (*Revogados pela Lei n. 14.230, de 25-10-2021.*)

§ 14. Sem prejuízo da citação dos réus, a pessoa jurídica interessada será intimada para, caso queira, intervir no processo.

•• § 14 acrescentado pela Lei n. 14.230, de 25-10-2021.

§ 15. Se a imputação envolver a desconsideração de pessoa jurídica, serão observadas as regras previstas nos arts. 133, 134, 135, 136 e 137 da Lei n. 13.105, de 16 de março de 2015 (Código de Processo Civil).

•• § 15 acrescentado pela Lei n. 14.230, de 25-10-2021.

§ 16. A qualquer momento, se o magistrado identificar a existência de ilegalidades ou de irregularidades administrativas a serem sanadas sem que estejam presentes todos os requisitos para a imposição das sanções aos agentes incluídos no polo passivo da demanda, poderá, em decisão motivada, converter a ação de improbidade administrativa em ação civil pública, regulada pela Lei n. 7.347, de 24 de julho de 1985.

•• § 16 acrescentado pela Lei n. 14.230, de 25-10-2021.

§ 17. Da decisão que converter a ação de improbidade em ação civil pública caberá agravo de instrumento.

•• § 17 acrescentado pela Lei n. 14.230, de 25-10-2021.

§ 18. Ao réu será assegurado o direito de ser interrogado sobre os fatos de que trata a ação, e a sua recusa ou o seu silêncio não implicarão confissão.

•• § 18 acrescentado pela Lei n. 14.230, de 25-10-2021.

§ 19. Não se aplicam na ação de improbidade administrativa:

•• § 19, *caput*, acrescentado pela Lei n. 14.230, de 25-10-2021.

I – a presunção de veracidade dos fatos alegados pelo autor em caso de revelia;

•• Inciso I acrescentado pela Lei n. 14.230, de 25-10-2021.

II – a imposição de ônus da prova ao réu, na forma dos §§ 1.º e 2.º do art. 373 da Lei n. 13.105, de 16 de março de 2015 (Código de Processo Civil);

•• Inciso II acrescentado pela Lei n. 14.230, de 25-10-2021.

III – o ajuizamento de mais de uma ação de improbidade administrativa pelo mesmo fato, competindo ao Conselho Nacional do Ministério Público dirimir conflitos de atribuições entre membros de Ministérios Públicos distintos;

•• Inciso III acrescentado pela Lei n. 14.230, de 25-10-2021.

IV – o reexame obrigatório da sentença de improcedência ou de extinção sem resolução de mérito.

•• Inciso IV acrescentado pela Lei n. 14.230, de 25-10-2021.

§ 20. A assessoria jurídica que emitiu o parecer atestando a legalidade prévia dos atos administrativos praticados pelo administrador público ficará obrigada a defendê-lo judicialmente, caso este venha a responder ação por improbidade administrativa, até que a decisão transite em julgado.

•• § 20 acrescentado pela Lei n. 14.230, de 25-10-2021.

§ 21. Das decisões interlocutórias caberá agravo de instrumento, inclusive da decisão que rejeitar questões preliminares suscitadas pelo réu em sua contestação.

•• § 21 acrescentado pela Lei n. 14.230, de 25-10-2021.

Art. 17-A. (*Vetado.*)

•• Artigo acrescentado pela Lei n. 13.964, de 24-12-2019.

Art. 17-B. O Ministério Público poderá, conforme as circunstâncias do caso concreto, celebrar acordo de não persecução civil, desde que dele advenham, ao menos, os seguintes resultados:

•• *Caput* acrescentado pela Lei n. 14.230, de 25-10-2021.

I – o integral ressarcimento do dano;

•• Inciso I acrescentado pela Lei n. 14.230, de 25-10-2021.

II – a reversão à pessoa jurídica lesada da vantagem indevida obtida, ainda que oriunda de agentes privados.

•• Inciso II acrescentado pela Lei n. 14.230, de 25-10-2021.

§ 1.º A celebração do acordo a que se refere o *caput* deste artigo dependerá, cumulativamente:

•• § 1.º, *caput*, acrescentado pela Lei n. 14.230, de 25-10-2021.

I – da oitiva do ente federativo lesado, em momento anterior ou posterior à propositura da ação;

•• Inciso I acrescentado pela Lei n. 14.230, de 25-10-2021.

II – de aprovação, no prazo de até 60 (sessenta) dias, pelo órgão do Ministério Público competente para apreciar as promoções de arquivamento de inquéritos civis, se anterior ao ajuizamento da ação;

•• Inciso II acrescentado pela Lei n. 14.230, de 25-10-2021.

III – de homologação judicial, independentemente de o acordo ocorrer antes ou depois do ajuizamento da ação de improbidade administrativa.

•• Inciso III acrescentado pela Lei n. 14.230, de 25-10-2021.

§ 2.º Em qualquer caso, a celebração do acordo a que se refere o *caput* deste artigo considerará a personalidade do agente, a natureza, as circunstâncias, a gravidade e a repercussão social do ato de improbidade, bem como as vantagens, para o interesse público, da rápida solução do caso.

•• § 2.º acrescentado pela Lei n. 14.230, de 25-10-2021.

§ 3.º Para fins de apuração do valor do dano a ser ressarcido, deverá ser realizada a oitiva do Tribunal de Contas competente, que se manifestará, com indicação dos parâmetros utilizados, no prazo de 90 (noventa) dias.

•• § 3.º acrescentado pela Lei n. 14.230, de 25-10-2021.

•• O STF, concedeu parcialmente a medida cautelar na ADI n. 7.236, para suspender a eficácia deste § 3.º, incluído pela Lei n. 14.230/21 (*DJE* 10-1-2023).

§ 4.º O acordo a que se refere o *caput* deste artigo poderá ser celebrado no curso da investigação de apuração do ilícito, no curso da ação de improbidade ou no momento da execução da sentença condenatória.

•• § 4.º acrescentado pela Lei n. 14.230, de 25-10-2021.

§ 5.º As negociações para a celebração do acordo a que se refere o *caput* deste artigo ocorrerão entre o Ministério Público, de um lado, e, de outro, o investigado ou demandado e o seu defensor.

•• § 5.º acrescentado pela Lei n. 14.230, de 25-10-2021.

§ 6.º O acordo a que se refere o *caput* deste artigo poderá contemplar a adoção de mecanismos e procedimentos internos de integridade, de auditoria e de incentivo à denúncia de irregularidades e a aplicação efetiva de códigos de ética e de conduta no âmbito da pessoa jurídica, se for o caso, bem como de outras medidas em favor do interesse público e de boas práticas administrativas.

•• § 6.º acrescentado pela Lei n. 14.230, de 25-10-2021.

§ 7.º Em caso de descumprimento do acordo a que se refere o *caput* deste artigo, o investigado ou o demandado ficará impedido de celebrar novo acordo pelo prazo de 5 (cinco) anos, contado do conhecimento pelo Ministério Público do efetivo descumprimento.

•• § 7.º acrescentado pela Lei n. 14.230, de 25-10-2021.

Art. 17-C. A sentença proferida nos processos a que se refere esta Lei deverá, além de observar o disposto no art. 489 da Lei n. 13.105, de 16 de março de 2015 (Código de Processo Civil):

•• *Caput* acrescentado pela Lei n. 14.230, de 25-10-2021.

I – indicar de modo preciso os fundamentos que demonstram os elementos a que se referem os arts. 9.º, 10 e 11 desta Lei, que não podem ser presumidos;

•• Inciso I acrescentado pela Lei n. 14.230, de 25-10-2021.

II – considerar as consequências práticas da decisão, sempre que decidir com base em valores jurídicos abstratos;

•• Inciso II acrescentado pela Lei n. 14.230, de 25-10-2021.

III – considerar os obstáculos e as dificuldades reais do gestor e as exigências das políticas públicas a seu cargo, sem prejuízo dos direitos dos administrados e das circunstâncias práticas que houverem imposto, limitado ou condicionado a ação do agente;

•• Inciso III acrescentado pela Lei n. 14.230, de 25-10-2021.

IV – considerar, para a aplicação das sanções, de forma isolada ou cumulativa:

•• Inciso IV, *caput*, acrescentado pela Lei n. 14.230, de 25-10-2021.

a) os princípios da proporcionalidade e da razoabilidade;

•• Alínea *a* acrescentada pela Lei n. 14.230, de 25-10-2021.

b) a natureza, a gravidade e o impacto da infração cometida;

•• Alínea *b* acrescentada pela Lei n. 14.230, de 25-10-2021.

c) a extensão do dano causado;

•• Alínea *c* acrescentada pela Lei n. 14.230, de 25-10-2021.

d) o proveito patrimonial obtido pelo agente;

•• Alínea *d* acrescentada pela Lei n. 14.230, de 25-10-2021.

e) as circunstâncias agravantes ou atenuantes;

•• Alínea *e* acrescentada pela Lei n. 14.230, de 25-10-2021.

f) a atuação do agente em minorar os prejuízos e as consequências advindas de sua conduta omissiva ou comissiva;

•• Alínea *f* acrescentada pela Lei n. 14.230, de 25-10-2021.

Art. 18. A sentença que julgar procedente a ação fundada nos arts. 9.º e 10 desta Lei condenará ao ressarcimento dos danos e à perda ou à reversão dos bens e valores ilicitamente adquiridos, conforme o caso, em favor da pessoa jurídica prejudicada pelo ilícito.

•• *Caput* com redação determinada pela Lei n. 14.230, de 25-10-2021.

§ 1.º Se houver necessidade de liquidação do dano, a pessoa jurídica prejudicada procederá a essa determinação e ao ulterior procedimento para cumprimento da sentença referente ao ressarcimento do patrimônio público ou à perda ou à reversão dos bens.

•• § 1.º acrescentado pela Lei n. 14.230, de 25-10-2021.

§ 2.º Caso a pessoa jurídica prejudicada não adote as providências a que se refere o § 1.º deste artigo no prazo de 6 (seis) meses, contado do trânsito em julgado da sentença de procedência da ação, caberá ao Ministério Público proceder à respectiva liquidação do dano e ao cumprimento da sentença referente ao ressarcimento do patrimônio público ou à perda ou à reversão dos bens, sem prejuízo de eventual responsabilização pela omissão verificada.

•• § 2.º acrescentado pela Lei n. 14.230, de 25-10-2021.

§ 3.º Para fins de apuração do valor do ressarcimento, deverão ser descontados os serviços efetivamente prestados.

•• § 3.º acrescentado pela Lei n. 14.230, de 25-10-2021.

§ 4.º O juiz poderá autorizar o parcelamento, em até 48 (quarenta e oito) parcelas mensais corrigidas monetariamente, do débito resultante de condenação pela prática de improbidade administrativa se o réu demonstrar incapacidade financeira de saldá-lo de imediato.

•• § 4.º acrescentado pela Lei n. 14.230, de 25-10-2021.

Art. 18-A. A requerimento do réu, na fase de cumprimento da sentença, o juiz unificará eventuais sanções aplicadas com outras já impostas em outros processos, tendo em vista a eventual continuidade de ilícito ou a prática de diversas ilicitudes, observado o seguinte:

•• *Caput* acrescentado pela Lei n. 14.230, de 25-10-2021.

I – no caso de continuidade de ilícito, o juiz promoverá a maior sanção aplicada, aumentada de 1/3 (um terço), ou a soma das penas, o que for mais benéfico ao réu;

•• Inciso I acrescentado pela Lei n. 14.230, de 25-10-2021.

II – no caso de prática de novos atos ilícitos pelo mesmo sujeito, o juiz somará as sanções.

•• Inciso II acrescentado pela Lei n. 14.230, de 25-10-2021.

Parágrafo único. As sanções de suspensão de direitos políticos e de proibição de contratar ou de receber incentivos fiscais ou creditícios do poder público observarão o limite máximo de 20 (vinte) anos.

•• Parágrafo único acrescentado pela Lei n. 14.230, de 25-10-2021.

Capítulo VI
DAS DISPOSIÇÕES PENAIS

Art. 19. Constitui crime a representação por ato de improbidade contra agente público ou terceiro beneficiário quando o autor da denúncia o sabe inocente.

Pena: detenção de seis a dez meses e multa.

Parágrafo único. Além da sanção penal, o denunciante está sujeito a indenizar o denunciado pelos danos materiais, morais ou à imagem que houver provocado.

Art. 20. A perda da função pública e a suspensão dos direitos políticos só se efetivam com o trânsito em julgado da sentença condenatória.

§ 1.º A autoridade judicial competente poderá determinar o afastamento do agente público do exercício do cargo, do emprego ou da função, sem prejuízo da remuneração, quando a medida for necessária à instrução processual ou para evitar a iminente prática de novos ilícitos.

•• § 1.º acrescentado pela Lei n. 14.230, de 25-10-2021.

§ 2.º O afastamento previsto no § 1.º deste artigo será de até 90 (noventa) dias, prorrogáveis uma única vez por igual prazo, mediante decisão motivada.

•• § 2.º acrescentado pela Lei n. 14.230, de 25-10-2021.

Art. 21 A aplicação das sanções previstas nesta Lei independe:

I – da efetiva ocorrência de dano ao patrimônio público, salvo quanto à pena de ressarcimento e às condutas previstas no art. 10 desta Lei;

•• Inciso I com redação determinada pela Lei n. 14.230, de 25-10-2021.

• *Vide* art. 37, § 5.º, da CF.

II – da aprovação ou rejeição das contas pelo órgão de controle interno ou pelo Tribunal ou Conselho de Contas.

§ 1.º Os atos do órgão de controle interno ou externo serão considerados pelo juiz quando tiverem servido de fundamento para a conduta do agente público.

•• § 1.º acrescentado pela Lei n. 14.230, de 25-10-2021.

§ 2.º As provas produzidas perante os órgãos de controle e as correspondentes decisões deverão ser consideradas na formação da convicção do juiz, sem prejuízo da análise acerca do dolo na conduta do agente.

•• § 2.º acrescentado pela Lei n. 14.230, de 25-10-2021.

§ 3.º As sentenças civis e penais produzirão efeitos em relação à ação de improbidade quando concluírem pela inexistência da conduta ou pela negativa da autoria.

•• § 3.º acrescentado pela Lei n. 14.230, de 25-10-2021.

§ 4.º A absolvição criminal em ação que discuta os mesmos fatos, confirmada por decisão colegiada, impede o trâmite da ação da qual trata esta Lei, havendo comunicação com todos os fundamentos de absolvição previstos no art. 386 do Decreto-lei n. 3.689, de 3 de outubro de 1941 (Código de Processo Penal).

•• § 4.º acrescentado pela Lei n. 14.230, de 25-10-2021.

•• O STF, concedeu parcialmente a medida cautelar na ADI n. 7.236, para suspender a eficácia deste § 4.º, incluído pela Lei n. 14.230/21 (*DJE* 10-1-2023).

§ 5.º Sanções eventualmente aplicadas em outras esferas deverão ser compensadas com as sanções aplicadas nos termos desta Lei.

•• § 5.º acrescentado pela Lei n. 14.230, de 25-10-2021.

Art. 22. Para apurar qualquer ilícito previsto nesta Lei, o Ministério Público, de ofício, a requerimento de autoridade administrativa ou mediante representação formulada de acordo com o disposto no art. 14 desta Lei, poderá instaurar inquérito civil ou procedimento investigativo assemelhado e requisitar a instauração de inquérito policial.

•• *Caput* com redação determinada pela Lei n. 14.230, de 25-10-2021.

Parágrafo único. Na apuração dos ilícitos previstos nesta Lei, será garantido ao investigado a oportunidade de manifestação por escrito e de juntada de documentos que comprovem suas alegações e auxiliem na elucidação dos fatos.

•• Parágrafo único acrescentado pela Lei n. 14.230, de 25-10-2021.

Capítulo VII
DA PRESCRIÇÃO

Art. 23. A ação para a aplicação das sanções previstas nesta Lei prescreve em 8 (oito) anos, contados a partir da ocorrência do fato ou, no caso de infrações permanentes, do dia em que cessou a permanência.

•• *Caput* com redação determinada pela Lei n. 14.230, de 25-10-2021.

I a III – (*Revogados pela Lei n. 14.230, de 25-10-2021.*)

§ 1.º A instauração de inquérito civil ou de processo administrativo para apuração dos ilícitos referidos nesta Lei suspende o curso do prazo prescricional por, no máximo, 180 (cento e oitenta) dias corridos, recomeçando a correr após a sua conclusão ou, caso não concluído o processo, esgotado o prazo de suspensão.

•• § 1.º acrescentado pela Lei n. 14.230, de 25-10-2021.

§ 2.º O inquérito civil para apuração do ato de improbidade será concluído no prazo de 365 (trezentos e sessenta e cinco) dias corridos, prorrogável uma única vez por igual período, mediante ato fundamentado submetido à revisão da instância competente do órgão ministerial, conforme dispuser a respectiva lei orgânica.

•• § 2.º acrescentado pela Lei n. 14.230, de 25-10-2021.

§ 3.º Encerrado o prazo previsto no § 2.º deste artigo, a ação deverá ser proposta no prazo de 30 (trinta) dias, se não for caso de arquivamento do inquérito civil.

•• § 3.º acrescentado pela Lei n. 14.230, de 25-10-2021.

§ 4.º O prazo da prescrição referido no *caput* deste artigo interrompe-se:

•• § 4.º, *caput*, acrescentado pela Lei n. 14.230, de 25-10-2021.

I – pelo ajuizamento da ação de improbidade administrativa;

•• Inciso I acrescentado pela Lei n. 14.230, de 25-10-2021.

II – pela publicação da sentença condenatória;

•• Inciso II acrescentado pela Lei n. 14.230, de 25-10-2021.

III – pela publicação de decisão ou acórdão de Tribunal de Justiça ou Tribunal Regional Federal que confirma sentença condenatória ou que reforma sentença de improcedência;

•• Inciso III acrescentado pela Lei n. 14.230, de 25-10-2021.

IV – pela publicação de decisão ou acórdão do Superior Tribunal de Justiça que confirma acórdão condenatório ou que reforma acórdão de improcedência;

•• Inciso IV acrescentado pela Lei n. 14.230, de 25-10-2021.

V – pela publicação de decisão ou acórdão do Supremo Tribunal Federal que confirma acórdão condenatório ou que reforma acórdão de improcedência.

•• Inciso V acrescentado pela Lei n. 14.230, de 25-10-2021.

§ 5.º Interrompida a prescrição, o prazo recomeça a correr do dia da interrupção, pela metade do prazo previsto no *caput* deste artigo.

•• § 5.º acrescentado pela Lei n. 14.230, de 25-10-2021.

§ 6.º A suspensão e a interrupção da prescrição produzem efeitos relativamente a todos os que concorreram para a prática do ato de improbidade.

•• § 6.º acrescentado pela Lei n. 14.230, de 25-10-2021.

§ 7.º Nos atos de improbidade conexos que sejam objeto do mesmo processo, a suspensão e a interrupção relativas a qualquer deles estendem-se aos demais.

•• § 7.º acrescentado pela Lei n. 14.230, de 25-10-2021.

§ 8.º O juiz ou o tribunal, depois de ouvido o Ministério Público, deverá, de ofício ou a requerimento da parte interessada, reconhecer a prescrição intercorrente da pretensão sancionadora e decretá-la de imediato, caso, entre os marcos interruptivos referidos no § 4.º, transcorra o prazo previsto no § 5.º deste artigo.

•• § 8.º acrescentado pela Lei n. 14.230, de 25-10-2021.

Art. 23-A. É dever do poder público oferecer contínua capacitação aos agentes públicos e políticos que atuem com prevenção ou repressão de atos de improbidade administrativa.

•• Artigo acrescentado pela Lei n. 14.230, de 25-10-2021.

Art. 23-B. Nas ações e nos acordos regidos por esta Lei, não haverá adiantamento de custas, de preparo, de emolumentos, de honorários periciais e de quaisquer outras despesas.

•• *Caput* acrescentado pela Lei n. 14.230, de 25-10-2021.

§ 1.º No caso de procedência da ação, as custas e as demais despesas processuais serão pagas ao final.

•• § 1.º acrescentado pela Lei n. 14.230, de 25-10-2021.

§ 2.º Haverá condenação em honorários sucumbenciais em caso de improcedência da ação de improbidade se comprovada má-fé.

•• § 2.º acrescentado pela Lei n. 14.230, de 25-10-2021.

Art. 23-C. Atos que ensejem enriquecimento ilícito, perda patrimonial, desvio, apropriação, malbaratamento ou dilapidação de recursos públicos dos partidos políticos, ou de suas fundações, serão responsabilizados nos termos da Lei n. 9.096, de 19 de setembro de 1995.

•• Artigo acrescentado pela Lei n. 14.230, de 25-10-2021.

•• O STF, concedeu parcialmente a medida cautelar na ADI n. 7.236, para conferir interpretação conforme a este artigo, incluído pela Lei n. 14.230/21, no sentido de que os atos que ensejem enriquecimento ilícito, perda patrimonial, desvio, apropriação, malbaratamento ou dilapidação de recursos públicos dos partidos políticos, ou de suas fundações, poderão ser responsabilizados nos termos da Lei n. 9.096/95, mas sem prejuízo da incidência da Lei de Improbidade Administrativa (*DJE* 10-1-2023).

Capítulo VIII
DAS DISPOSIÇÕES FINAIS

Art. 24. Esta Lei entra em vigor na data de sua publicação.

Art. 25. Ficam revogadas as Leis n. 3.164, de 1.º de junho de 1957, e 3.502, de 21 de dezembro de 1958, e demais disposições em contrário.

Rio de Janeiro, 2 de junho de 1992; 171.º da Independência e 104.º da República.

FERNANDO COLLOR

LEI N. 8.437, DE 30 DE JUNHO DE 1992 (*)

Dispõe sobre a concessão de medidas cautelares contra atos do Poder Público e dá outras providências.

O Presidente da República

Faço saber que o Congresso Nacional decreta e eu sanciono a seguinte Lei:

Art. 1.º Não será cabível medida liminar contra atos do Poder Público, no procedimento cautelar ou em quaisquer outras ações de natureza cautelar ou preventiva, toda vez que providência semelhante não puder ser concedida em ações de mandado de segurança, em virtude de vedação legal.

•• *Vide* Lei n. 9.494, de 10-9-1997.

§ 1.º Não será cabível, no juízo de primeiro grau, medida cautelar inominada ou a sua liminar, quando impugnado ato de autoridade sujeita, na via de mandado de segurança, à competência originária de tribunal.

§ 2.º O disposto no parágrafo anterior não se aplica aos processos de ação popular e de ação civil pública.

§ 3.º Não será cabível medida liminar que esgote, no todo ou em parte, o objeto da ação.

§ 4.º Nos casos em que cabível medida liminar, sem prejuízo da comunicação ao dirigente do órgão ou entidade, o respectivo representante judicial dela será imediatamente intimado.

•• § 4.º acrescentado pela Medida Provisória n. 2.180-35, de 24-8-2001.

§ 5.º Não será cabível medida liminar que defira compensação de créditos tributários ou previdenciários.

•• § 5.º acrescentado pela Medida Provisória n. 2.180-35, de 24-8-2001.

Art. 2.º No mandado de segurança coletivo e na ação civil pública, a liminar será concedida, quando cabível, após a audiência do representante judicial da pessoa jurídica de direito público, que deverá se pronunciar no prazo de 72 (setenta e duas) horas.

Art. 3.º O recurso voluntário ou *ex officio*, interposto contra sentença em processo cautelar, proferida contra pessoa jurídica de direito público ou seus agentes, que importe em outorga ou adição de vencimentos ou de reclassificação funcional, terá efeito suspensivo.

•• *Vide* Lei n. 9.494, de 10-9-1997.

Art. 4.º Compete ao presidente do tribunal, ao qual couber o conhecimento do respectivo recurso, suspender, em despacho fundamentado, a execução da liminar nas ações movidas contra o Poder Público ou seus agentes, a requerimento do Ministério Público ou da pessoa jurídica de direito público interessada, em caso de manifesto interesse público ou de flagrante ilegitimidade, e para evitar grave lesão à ordem, à saúde, à segurança e à economia públicas.

•• *Vide* Lei n. 9.494, de 10-9-1997.

§ 1.º Aplica-se o disposto neste artigo à sentença proferida em processo de ação cautelar inominada, no processo de ação popular e na ação civil pública, enquanto não transitada em julgado.

§ 2.º O presidente do tribunal poderá ouvir o autor e o Ministério Público, em 72 (setenta e duas) horas.

•• § 2.º com redação determinada pela Medida Provisória n. 2.180-35, de 24-8-2001.

§ 3.º Do despacho que conceder ou negar a suspensão, caberá agravo, no prazo de 5 (cinco) dias, que será levado a julgamento na sessão seguinte a sua interposição.

•• § 3.º com redação determinada pela Medida Provisória n. 2.180-35, de 24-8-2001.

(*) Publicada no *Diário Oficial da União*, de 1.º-7-1992.

§ 4.º Se do julgamento do agravo de que trata o § 3.º resultar a manutenção ou o restabelecimento da decisão que se pretende suspender, caberá novo pedido de suspensão ao Presidente do Tribunal competente para conhecer de eventual recurso especial ou extraordinário.

•• § 4.º acrescentado pela Medida Provisória n. 2.180-35, de 24-8-2001.

§ 5.º É cabível também o pedido de suspensão a que se refere o § 4.º, quando negado provimento a agravo de instrumento interposto contra a liminar a que se refere este artigo.

•• § 5.º acrescentado pela Medida Provisória n. 2.180-35, de 24-8-2001.

§ 6.º A interposição do agravo de instrumento contra liminar concedida nas ações movidas contra o Poder Público e seus agentes não prejudica nem condiciona o julgamento do pedido de suspensão a que se refere este artigo.

•• § 6.º acrescentado pela Medida Provisória n. 2.180-35, de 24-8-2001.

§ 7.º O presidente do tribunal poderá conferir ao pedido efeito suspensivo liminar, se constatar, em juízo prévio, a plausibilidade do direito invocado e a urgência na concessão da medida.

•• § 7.º acrescentado pela Medida Provisória n. 2.180-35, de 24-8-2001.

§ 8.º As liminares cujo objeto seja idêntico poderão ser suspensas em uma única decisão, podendo o presidente do tribunal estender os efeitos da suspensão a liminares supervenientes, mediante simples aditamento do pedido original.

•• § 8.º acrescentado pela Medida Provisória n. 2.180-35, de 24-8-2001.

§ 9.º A suspensão deferida pelo Presidente do Tribunal vigorará até o trânsito em julgado da decisão de mérito na ação principal.

•• § 9.º acrescentado pela Medida Provisória n. 2.180-35, de 24-8-2001.

Art. 5.º Esta Lei entra em vigor na data de sua publicação.

Art. 6.º Revogam-se as disposições em contrário.

Brasília, 30 de junho de 1992; 171.º da Independência e 104.º da República.

FERNANDO COLLOR

LEI N. 8.560, DE 29 DE DEZEMBRO DE 1992 (*)

Regula a investigação de paternidade dos filhos havidos fora do casamento e dá outras providências.

(*) Publicada no *Diário Oficial da União*, de 30-12-1992. A Lei n. 10.317, de 6-12-2001, altera a Lei n. 1.060, de 5-2-1950 (assistência judiciária aos necessitados), para conceder a gratuidade do exame de DNA nos casos que especifica.

O Presidente da República:

Faço saber que o Congresso Nacional decreta e eu sanciono a seguinte Lei:

Art. 1.º O reconhecimento dos filhos havidos fora do casamento é irrevogável e será feito:

I – no registro de nascimento;

II – por escritura pública ou escrito particular, a ser arquivado em cartório;

III – por testamento, ainda que incidentalmente manifestado;

IV – por manifestação expressa e direta perante o juiz, ainda que o reconhecimento não haja sido o objeto único e principal do ato que o contém.

Art. 2.º Em registro de nascimento de menor apenas com a maternidade estabelecida, o oficial remeterá ao juiz certidão integral do registro e o nome e prenome, profissão, identidade e residência do suposto pai, a fim de ser averiguada oficiosamente a procedência da alegação.

§ 1.º O juiz, sempre que possível, ouvirá a mãe sobre a paternidade alegada e mandará, em qualquer caso, notificar o suposto pai, independente de seu estado civil, para que se manifeste sobre a paternidade que lhe é atribuída.

§ 2.º O juiz, quando entender necessário, determinará que a diligência seja realizada em segredo de justiça.

§ 3.º No caso do suposto pai confirmar expressamente a paternidade, será lavrado termo de reconhecimento e remetida certidão ao oficial do registro, para a devida averbação.

§ 4.º Se o suposto pai não atender no prazo de 30 (trinta) dias a notificação judicial, ou negar a alegada paternidade, o juiz remeterá os autos ao representante do Ministério Público para que intente, havendo elementos suficientes, a ação de investigação de paternidade.

§ 5.º Nas hipóteses previstas no § 4.º deste artigo, é dispensável o ajuizamento de ação de investigação de paternidade pelo Ministério Público se, após o não comparecimento ou a recusa do suposto pai em assumir a paternidade a ele atribuída, a criança for encaminhada para adoção.

•• § 5.º com redação determinada pela Lei n. 12.010, de 3-8-2009.

§ 6.º A iniciativa conferida ao Ministério Público não impede a quem tenha legítimo interesse de intentar investigação, visando a obter o pretendido reconhecimento da paternidade.

•• Primitivo § 5.º renumerado pela Lei n. 12.010, de 3-8-2009.

Art. 2.º-A. Na ação de investigação de paternidade, todos os meios legais, bem como os moralmente legítimos, serão hábeis para provar a verdade dos fatos.

•• *Caput* acrescentado pela Lei n. 12.004, de 29-7-2009.

§ 1.º A recusa do réu em se submeter ao exame de código genético – DNA gerará a presunção da paternidade, a ser apreciada em conjunto com o contexto probatório.

•• Parágrafo único renumerado pela Lei n. 14.138, de 16-4-2021.

§ 2.º Se o suposto pai houver falecido ou não existir notícia de seu paradeiro, o juiz determinará, a expensas do autor da ação, a realização do exame de pareamento do código genético (DNA) em parentes consanguíneos, preferindo-se os de grau mais próximo aos mais distantes, importando a recusa em presunção da paternidade, a ser apreciada em conjunto com o contexto probatório.

•• § 2.º acrescentado pela Lei n. 14.138, de 16-4-2021.

• *Vide* Súmula 301 do STJ.

Art. 3.º É vedado legitimar e reconhecer filho na ata do casamento.

Parágrafo único. É ressalvado o direito de averbar alteração do patronímico materno, em decorrência do casamento, no termo de nascimento do filho.

Art. 4.º O filho maior não pode ser reconhecido sem o seu consentimento.

•• *Vide* art. 1.614 do CC.

Art. 5.º No registro de nascimento não se fará qualquer referência à natureza da filiação, à sua ordem em relação a outros irmãos do mesmo prenome, exceto gêmeos, ao lugar e cartório do casamento dos pais e ao estado civil destes.

Art. 6.º Das certidões de nascimento não constarão indícios de a concepção haver sido decorrente de relação extraconjugal.

§ 1.º Não deverá constar, em qualquer caso, o estado civil dos pais e a natureza da filiação, bem como o lugar e cartório do casamento, proibida referência à presente Lei.

§ 2.º São ressalvadas autorizações ou requisições judiciais de certidões de inteiro teor, mediante decisão fundamentada, assegurados os direitos, as garantias e interesses relevantes do registrado.

Art. 7.º Sempre que na sentença de primeiro grau se reconhecer a paternidade, nela se fixarão os alimentos provisionais ou definitivos do reconhecido que deles necessite.

•• *Vide* arts. 1.705 e 1.706 do CC.

•• *Vide* Lei n. 5.478, de 25-7-1968.

• *Vide* Súmula 277 do STJ.

Art. 8.º Os registros de nascimento, anteriores à data da presente Lei, poderão ser retificados por decisão judicial, ouvido o Ministério Público.

Art. 9.º Esta Lei entra em vigor na data de sua publicação.

Art. 10. São revogados os arts. 332, 337 e 347 do Código Civil e demais disposições em contrário.

•• Refere-se ao CC de 1916 (Lei n. 3.071, de 1.º-1-1916).

Brasília, 29 de dezembro de 1992; 171.º da Independência e 104.º da República.

ITAMAR FRANCO

LEI N. 8.617, DE 4 DE JANEIRO DE 1993 (*)

Dispõe sobre o mar territorial, a zona contígua, a zona econômica exclusiva e a plataforma continental brasileiros, e dá outras providências.

O Presidente da República:

Faço saber que o Congresso Nacional decreta e eu sanciono a seguinte Lei:

Capítulo I
DO MAR TERRITORIAL

Art. 1.º O mar territorial brasileiro compreende uma faixa de 12 (doze) milhas marítimas de largura, medidas a partir da linha de baixa-mar do litoral continental e insular brasileiro, tal como indicada nas cartas náuticas de grande escala, reconhecidas oficialmente no Brasil.

Parágrafo único. Nos locais em que a costa apresente recortes profundos e reentrâncias ou em que exista uma franja de ilhas ao longo da costa na sua proximidade imediata, será adotado o método das linhas de base retas, ligando pontos apropriados, para o traçado da linha de base, a partir da qual será medida a extensão do mar territorial.

Art. 2.º A soberania do Brasil estende-se ao mar territorial, ao espaço aéreo sobrejacente, bem como ao seu leito e subsolo.

Art. 3.º É reconhecido aos navios de todas as nacionalidades o direito de passagem inocente no mar territorial brasileiro.

§ 1.º A passagem será considerada inocente desde que não seja prejudicial à paz, à boa ordem ou à segurança do Brasil, devendo ser contínua e rápida.

§ 2.º A passagem inocente poderá compreender o parar e o fundear, mas apenas na medida em que tais procedimentos constituam incidentes comuns de navegação ou sejam impostos por motivos de força maior ou por dificuldade grave, ou tenham por fim prestar auxílio a pessoas, a navios ou aeronaves em perigo ou em dificuldade grave.

§ 3.º Os navios estrangeiros no mar territorial brasileiro estarão sujeitos aos regulamentos estabelecidos pelo Governo brasileiro.

Capítulo II
DA ZONA CONTÍGUA

Art. 4.º A zona contígua brasileira compreende uma faixa que se estende das 12 (doze) às 24 (vinte e quatro) milhas marítimas, contadas a partir das linhas de base que servem para medir a largura do mar territorial.

Art. 5.º Na zona contígua, o Brasil poderá tomar as medidas de fiscalização necessárias para:

I – evitar as infrações às leis e aos regulamentos aduaneiros, fiscais, de imigração ou sanitários, no seu território ou no seu mar territorial;

II – reprimir as infrações às leis e aos regulamentos, no seu território ou no seu mar territorial.

Capítulo III
DA ZONA ECONÔMICA EXCLUSIVA

Art. 6.º A zona econômica exclusiva brasileira compreende uma faixa que se estende das 12 (doze) às 200 (duzentas) milhas marítimas, contadas a partir das linhas de base que servem para medir a largura do mar territorial.

Art. 7.º Na zona econômica exclusiva, o Brasil tem direitos de soberania para fins de exploração e aproveitamento, conservação e gestão dos recursos naturais, vivos ou não vivos, das águas sobrejacentes ao leito do mar, do leito do mar e seu subsolo, e no que se refere a outras atividades com vistas à exploração e ao aproveitamento da zona para fins econômicos.

Art. 8.º Na zona econômica exclusiva, o Brasil, no exercício de sua jurisdição, tem o direito exclusivo de regulamentar a investigação científica marinha, a proteção e preservação do meio marinho, bem como a construção, operação e uso de todos os tipos de ilhas artificiais, instalações e estruturas.

Parágrafo único. A investigação científica marinha na zona econômica exclusiva só poderá ser conduzida por outros Estados com o consentimento prévio do Governo brasileiro, nos termos da legislação em vigor que regula a matéria.

Art. 9.º A realização por outros Estados, na zona econômica exclusiva, de exercícios ou manobras militares, em particular as que impliquem o uso de armas ou explosivos, somente poderá ocorrer com o consentimento do Governo brasileiro.

Art. 10. É reconhecido a todos os Estados o gozo, na zona econômica exclusiva, das liberdades de navegação e sobrevoo, bem como de outros usos do mar internacionalmente lícitos, relacionados com as referidas liberdades, tais como os ligados à operação de navios e aeronaves.

• A Lei n. 9.537, de 11-12-1997, regulamentada pelo Decreto n. 2.596, de 18-5-1998, dispõe sobre a segurança do tráfego aquaviário em águas sob jurisdição nacional.

Capítulo IV
DA PLATAFORMA CONTINENTAL

Art. 11. A plataforma continental do Brasil compreende o leito e o subsolo das áreas submarinas que se estendem além do seu mar territorial, em toda a extensão do prolongamento natural de seu território terrestre, até o bordo exterior da margem continental, ou até uma distância de 200 (duzentas) milhas marítimas das linhas de base, a partir das quais se mede a largura do mar territorial, nos casos em que o bordo exterior da margem continental não atinja essa distância.

Parágrafo único. O limite exterior da plataforma continental será fixado de conformidade com os critérios estabelecidos no art. 76 da Convenção das Nações Unidas sobre o Direito do Mar, celebrada em Montego Bay, em 10 de dezembro de 1982.

Art. 12. O Brasil exerce direitos de soberania sobre a plataforma continental, para efeitos de exploração e aproveitamento dos seus recursos naturais.

Parágrafo único. Os recursos naturais a que se refere o *caput* são os recursos minerais e outros recursos não vivos do leito do mar e subsolo, bem como os organismos vivos pertencentes a espécies sedentárias, isto é, aquelas que no período de captura estão imóveis no leito do mar ou no seu subsolo, ou que só podem mover-se em constante contato físico com esse leito ou subsolo.

• De acordo com o art. 1.º, § 2.º, da Lei n. 13.123, de 20-5-2015, o acesso ao patrimônio genético existente na plataforma continental observará o disposto neste artigo.

Art. 13. Na plataforma continental, o Brasil, no exercício de sua jurisdição, tem o direito exclusivo de regulamentar a investigação científica marinha, a proteção e preservação do meio marinho, bem como a construção, operação e o uso de todos os tipos de ilhas artificiais, instalações e estruturas.

§ 1.º A investigação científica marinha, na plataforma continental, só poderá ser conduzida por outros Estados com o consentimento prévio do Governo brasileiro, nos termos da legislação em vigor que regula a matéria.

§ 2.º O Governo brasileiro tem o direito exclusivo de autorizar e regulamentar as perfurações na plataforma continental, quaisquer que sejam os seus fins.

Art. 14. É reconhecido a todos os Estados o direito de colocar cabos e dutos na plataforma continental.

§ 1.º O traçado da linha para a colocação de tais cabos e dutos na plataforma continental dependerá do consentimento do Governo brasileiro.

§ 2.º O Governo brasileiro poderá estabelecer condições para a colocação dos cabos e dutos que penetrem seu território ou seu mar territorial.

(*) Publicada no *Diário Oficial da União*, de 5-1-1993. A Lei n. 13.123, de 20-5-2015, regulamenta o inciso II do § 1.º e o § 4.º do art. 225 da CF.

Art. 15. Esta Lei entra em vigor na data de sua publicação.

Art. 16. Revogam-se o Decreto-lei n. 1.098, de 25 de março de 1970, e as demais disposições em contrário.

Brasília, 4 de janeiro de 1993; 172.º da Independência e 105.º da República.

ITAMAR FRANCO

LEI N. 8.906, DE 4 DE JULHO DE 1994 (*)

Dispõe sobre o Estatuto da Advocacia e a Ordem dos Advogados do Brasil – OAB.

O Presidente da República:

Faço saber que o Congresso Nacional decreta e eu sanciono a seguinte Lei:

TÍTULO I
DA ADVOCACIA

Capítulo I
DA ATIVIDADE DE ADVOCACIA

Art. 1.º São atividades privativas de advocacia:

I – a postulação a qualquer órgão do Poder Judiciário e aos juizados especiais;

•• O STF, na ADI n. 1.127-8, de 17-5-2006 (*DOU* de 26-5-2006), declarou a inconstitucionalidade da expressão "qualquer" constante deste inciso.

II – as atividades de consultoria, assessoria e direção jurídicas.

§ 1.º Não se inclui na atividade privativa de advocacia a impetração de *habeas corpus* em qualquer instância ou tribunal.

§ 2.º Os atos e contratos constitutivos de pessoas jurídicas, sob pena de nulidade, só podem ser admitidos a registro, nos órgãos competentes, quando visados por advogados.

•• A Lei Complementar n. 123, de 14-12-2006, dispõe em seu art. 9.º, § 2.º: "§ 2.º Não se aplica às microempresas e às empresas de pequeno porte o disposto no § 2.º do art. 1.º da Lei n. 8.906, de 4-7-1994".

§ 3.º É vedada a divulgação de advocacia em conjunto com outra atividade.

Art. 2.º O advogado é indispensável à administração da justiça.

§ 1.º No seu ministério privado, o advogado presta serviço público e exerce função social.

§ 2.º No processo judicial, o advogado contribui, na postulação de decisão favorável ao seu constituinte, ao convencimento do julgador, e seus atos constituem múnus público.

§ 2.º-A. **No processo administrativo, o advogado contribui com a postulação de decisão favorável ao seu constituinte, e os seus atos constituem múnus público.**

•• § 2.º-A acrescentado pela Lei n. 14.365, de 2-6-2022.

§ 3.º No exercício da profissão, o advogado é inviolável por seus atos e manifestações, nos limites desta Lei.

Art. 2.º-A. O advogado pode contribuir com o processo legislativo e com a elaboração de normas jurídicas, no âmbito dos Poderes da República.

•• Artigo acrescentado pela Lei n. 14.365, de 2-6-2022.

Art. 3.º O exercício da atividade de advocacia no território brasileiro e a denominação de advogado são privativos dos inscritos na Ordem dos Advogados do Brasil – OAB.

§ 1.º Exercem atividade de advocacia, sujeitando-se ao regime desta Lei, além do regime próprio a que se subordinem, os integrantes da Advocacia-Geral da União, da Procuradoria da Fazenda Nacional, da Defensoria Pública e das Procuradorias e Consultorias Jurídicas dos Estados, do Distrito Federal, dos Municípios e das respectivas entidades de administração indireta e fundacional.

•• O STF, por maioria, julgou improcedente a ADI n. 4.636, nas sessões virtuais de 22-10-2021 a 3-11-2021, e conferiu, ainda, interpretação conforme à Constituição a este § 1.º, declarando-se inconstitucional qualquer interpretação que resulte no condicionamento da capacidade postulatória dos membros da Defensoria Pública à inscrição dos Defensores Públicos na Ordem dos Advogados do Brasil (*DOU* de 12-11-2021).

§ 2.º O estagiário de advocacia, regularmente inscrito, pode praticar os atos previstos no art. 1.º, na forma do Regulamento Geral, em conjunto com advogado e sob responsabilidade deste.

Art. 3.º-A. Os serviços profissionais de advogado são, por sua natureza, técnicos e singulares, quando comprovada sua notória especialização, nos termos da lei.

•• *Caput* acrescentado pela Lei n. 14.039, de 17-8-2020.

Parágrafo único. Considera-se notória especialização o profissional ou a sociedade de advogados cujo conceito no campo de sua especialidade, decorrente de desempenho anterior, estudos, experiências, publicações, organização, aparelhamento, equipe técnica ou de outros requisitos relacionados com suas atividades, permita inferir que o seu trabalho é essencial e indiscutivelmente o mais adequado à plena satisfação do objeto do contrato.

•• Parágrafo único acrescentado pela Lei n. 14.039, de 17-8-2020.

Art. 4.º São nulos os atos privativos de advogado praticados por pessoa não inscrita na OAB, sem prejuízo das sanções civis, penais e administrativas.

Parágrafo único. São também nulos os atos praticados por advogado impedido – no âmbito do impedimento – suspenso, licenciado ou que passar a exercer atividade incompatível com a advocacia.

Art. 5.º O advogado postula, em juízo ou fora dele, fazendo prova do mandato.

§ 1.º O advogado, afirmando urgência, pode atuar sem procuração, obrigando-se a apresentá-la no prazo de quinze dias, prorrogável por igual período.

§ 2.º A procuração para o foro em geral habilita o advogado a praticar todos os atos judiciais, em qualquer juízo ou instância, salvo os que exijam poderes especiais.

§ 3.º O advogado que renunciar ao mandato continuará, durante os dez dias seguintes à notificação da renúncia, a representar o mandante, salvo se for substituído antes do término desse prazo.

§ 4.º **As atividades de consultoria e assessoria jurídicas podem ser exercidas de modo verbal ou por escrito, a critério do advogado e do cliente, e independem de outorga de mandato ou de formalização por contrato de honorários.**

•• § 4.º acrescentado pela Lei n. 14.365, de 2-6-2022.

Capítulo II
DOS DIREITOS DO ADVOGADO

Art. 6.º Não há hierarquia nem subordinação entre advogados, magistrados e membros do Ministério Público, devendo todos tratar-se com consideração e respeito recíprocos.

§ 1.º **As autoridades e os servidores públicos dos Poderes da República, os serventuários da Justiça e os membros do Ministério Público devem dispensar ao advogado, no exercício da profissão, tratamento compatível com a dignidade da advocacia e condições adequadas a seu desempenho, preservando e resguardando, de ofício, a imagem, a reputação e a integridade do advogado nos termos desta Lei.**

•• Parágrafo único renumerado pela Lei n. 14.508, de 27-12-2022.

§ 2.º **Durante as audiências de instrução e julgamento realizadas no Poder Judiciário, nos procedimentos de jurisdição contenciosa ou voluntária, os advogados do autor e do requerido devem permanecer no mesmo plano topográfico e em posição equidistante em relação ao magistrado que as presidir.**

•• § 2.º acrescentado pela Lei n. 14.508, de 27-12-2022.

Art. 7.º São direitos do advogado:

•• O Provimento n. 207, de 24-8-2021, da OAB, regulamenta o disposto neste art. 7.º, definindo as prerrogativas dos advogados que atuam em empresas públicas, privadas ou paraestatais, notadamente aqueles que ocupam cargos de gerência e diretoria jurídica.

I – exercer, com liberdade, a profissão em todo o território nacional;

(*) Publicada no *Diário Oficial da União*, de 5-7-1994. A Súmula n. 2, de 19-9-2011, do Conselho Federal da OAB, dispõe: "1) A Lei da advocacia é especial e exauriente, afastando a aplicação, às relações entre clientes e advogados, do sistema normativo da defesa da concorrência. 2) O cliente de serviços de advocacia não se identifica com o consumidor do Código de Defesa do Consumidor – CDC. Os pressupostos filosóficos do CDC e do EAOAB são antípodas e a Lei n. 8.906/94 esgota toda a matéria, descabendo a aplicação subsidiária do CDC". A Lei n. 13.688, de 3-7-2018, institui o Diário Eletrônico da Ordem dos Advogados do Brasil.

II – a inviolabilidade de seu escritório ou local de trabalho, bem como de seus instrumentos de trabalho, de sua correspondência escrita, eletrônica, telefônica e telemática, desde que relativas ao exercício da advocacia;

•• Inciso II com redação determinada pela Lei n. 11.767, de 7-8-2008.

•• O Provimento OAB n. 127, de 7-12-2008, dispõe sobre a participação da OAB no cumprimento da decisão judicial que determinar a quebra da inviolabilidade de que trata este inciso.

III – comunicar-se com seus clientes, pessoal e reservadamente, mesmo sem procuração, quando estes se acharem presos, detidos ou recolhidos em estabelecimentos civis ou militares, ainda que considerados incomunicáveis;

• A Resolução n. 8, de 30-5-2006, do Conselho Nacional de Política Criminal e Penitenciária, recomenda, em obediência às garantias e princípios constitucionais, que a inviolabilidade da privacidade nas entrevistas do preso com seu advogado seja assegurada em todas as unidades prisionais.

IV – ter a presença de representante da OAB, quando preso em flagrante, por motivo ligado ao exercício da advocacia, para lavratura do auto respectivo, sob pena de nulidade e, nos demais casos, a comunicação expressa à seccional da OAB;

V – não ser recolhido preso, antes de sentença transitada em julgado, senão em sala de Estado Maior, com instalações e comodidades condignas, assim reconhecidas pela OAB, e, na sua falta, em prisão domiciliar;

•• O STF, na ADI n. 1.127-8, de 17-5-2006 (*DOU* de 26-5-2006), declarou a inconstitucionalidade da expressão "assim reconhecidas pela OAB" constante deste inciso.

VI – ingressar livremente:

a) nas salas de sessões dos tribunais, mesmo além dos cancelos que separam a parte reservada aos magistrados;

b) nas salas e dependências de audiência, secretarias, cartórios, ofícios de justiça, serviços notariais e de registro, e, no caso de delegacias e prisões, mesmo fora da hora de expediente e independentemente da presença de seus titulares;

c) em qualquer edifício ou recinto em que funcione repartição judicial ou outro serviço público onde o advogado deva praticar ato ou colher prova ou informação útil ao exercício da atividade profissional, dentro do expediente ou fora dele, e ser atendido, desde que se ache presente qualquer servidor ou empregado;

d) em qualquer assembleia ou reunião de que participe ou possa participar o seu cliente, ou perante a qual este deva comparecer, desde que munido de poderes especiais;

VII – permanecer sentado ou em pé e retirar-se de quaisquer locais indicados no inciso anterior, independentemente de licença;

VIII – dirigir-se diretamente aos magistrados nas salas e gabinetes de trabalho, independentemente de horário previamente marcado ou outra condição, observando-se a ordem de chegada;

IX – sustentar oralmente as razões de qualquer recurso ou processo, nas sessões de julgamento, após o voto do relator, em instância judicial ou administrativa, pelo prazo de quinze minutos, salvo se prazo maior for concedido;

•• O STF, nas ADIs n. 1.105-7 e 1.127-8, de 17-5-2006 (*DOU* de 26-5-2006) declarou a inconstitucionalidade deste inciso.

IX-A – (*Vetado.*);

•• Inciso IX-A acrescentado pela Lei n. 14.365, de 2-6-2022.

X – usar da palavra, pela ordem, em qualquer tribunal judicial ou administrativo, órgão de deliberação coletiva da administração pública ou comissão parlamentar de inquérito, mediante intervenção pontual e sumária, para esclarecer equívoco ou dúvida surgida em relação a fatos, a documentos ou a afirmações que influam na decisão;

•• Inciso X com redação determinada pela Lei n. 14.365, de 2-6-2022.

XI – reclamar, verbalmente ou por escrito, perante qualquer juízo, tribunal ou autoridade, contra a inobservância de preceito de lei, regulamento ou regimento;

XII – falar, sentado ou em pé, em juízo, tribunal ou órgão de deliberação coletiva da Administração Pública ou do Poder Legislativo;

XIII – examinar, em qualquer órgão dos Poderes Judiciário e Legislativo, ou da Administração Pública em geral, autos de processos findos ou em andamento, mesmo sem procuração, quando não estiverem sujeitos a sigilo ou segredo de justiça, assegurada a obtenção de cópias, com possibilidade de tomar apontamentos;

•• Inciso XIII com redação determinada pela Lei n. 13.793, de 3-1-2019.

XIV – examinar, em qualquer instituição responsável por conduzir investigação, mesmo sem procuração, autos de flagrante e de investigações de qualquer natureza, findos ou em andamento, ainda que conclusos à autoridade, podendo copiar peças e tomar apontamentos, em meio físico ou digital;

•• Inciso XIV com redação determinada pela Lei n. 13.245, de 12-1-2016.

XV – ter vista dos processos judiciais ou administrativos de qualquer natureza, em cartório ou na repartição competente, ou retirá-los pelos prazos legais;

XVI – retirar autos de processos findos, mesmo sem procuração, pelo prazo de dez dias;

XVII – ser publicamente desagravado, quando ofendido no exercício da profissão ou em razão dela;

XVIII – usar os símbolos privativos da profissão de advogado;

XIX – recusar-se a depor como testemunha em processo no qual funcionou ou deva funcionar, ou sobre fato relacionado com pessoa de quem seja ou foi advogado, mesmo quando autorizado ou solicitado pelo constituinte, bem como sobre fato que constitua sigilo profissional;

XX – retirar-se do recinto onde se encontre aguardando pregão para ato judicial, após trinta minutos do horário designado e ao qual ainda não tenha comparecido a autoridade que deva presidir a ele, mediante comunicação protocolizada em juízo;

XXI – assistir a seus clientes investigados durante a apuração de infrações, sob pena de nulidade absoluta do respectivo interrogatório ou depoimento e, subsequentemente, de todos os elementos investigatórios e probatórios dele decorrentes ou derivados, direta ou indiretamente, podendo, inclusive, no curso da respectiva apuração:

•• Inciso XXI, *caput*, acrescentado pela Lei n. 13.245, de 12-1-2016.

a) apresentar razões e quesitos;

•• Alínea *a* acrescentada pela Lei n. 13.245, de 12-1-2016.

b) (*Vetado.*)

•• Alínea *b* acrescentada pela Lei n. 13.245, de 12-1-2016.

§ 1.º Não se aplica o disposto nos incisos XV e XVI:

1) aos processos sob regime de segredo de justiça;

2) quando existirem nos autos documentos originais de difícil restauração ou ocorrer circunstância relevante que justifique a permanência dos autos no cartório, secretaria ou repartição, reconhecida pela autoridade em despacho motivado, proferido de ofício, mediante representação ou a requerimento da parte interessada;

3) até o encerramento do processo, ao advogado que houver deixado de devolver os respectivos autos no prazo legal, e só o fizer depois de intimado.

•• Mantivemos o texto deste § 1.º, embora, por uma falha na técnica legislativa, tenha sido revogado pela Lei n. 14.365, de 2-6-2022 (*DOU* de 3-6-2022). Até a data de fechamento desta edição, essa lei não havia sido republicada para correção.

§ 2.º O advogado tem imunidade profissional, não constituindo injúria, difamação ou desacato puníveis qualquer manifestação de sua parte, no exercício de sua atividade, em juízo ou fora dele, sem prejuízo das sanções disciplinares perante a OAB, pelos excessos que cometer.

•• Mantivemos o texto deste § 2.º, embora, por uma falha na técnica legislativa, tenha sido revogado pela Lei n. 14.365, de 2-6-2022 (*DOU* de 3-6-2022). Até a data de fechamento desta edição, essa lei não havia sido republicada para correção.

•• O STF, na ADI n. 1.127-8, de 17-5-2006 (*DOU* de 26-5-2006), declarou a inconstitucionalidade da expressão "ou desacato" constante deste parágrafo.

§ 2.º-A. (*Vetado.*)

•• § 2.º-A acrescentado pela Lei n. 14.365, de 2-6-2022.

§ 2.º-B. Poderá o advogado realizar a sustentação oral no recurso interposto contra a decisão monocrática de relator que julgar

o mérito ou não conhecer dos seguintes recursos ou ações:

•• § 2.º-B, *caput*, acrescentado pela Lei n. 14.365, de 2-6-2022.

I – recurso de apelação;

•• Inciso I acrescentado pela Lei n. 14.365, de 2-6-2022.

II – recurso ordinário;

•• Inciso II acrescentado pela Lei n. 14.365, de 2-6-2022.

III – recurso especial;

•• Inciso III acrescentado pela Lei n. 14.365, de 2-6-2022.

IV – recurso extraordinário;

•• Inciso IV acrescentado pela Lei n. 14.365, de 2-6-2022.

V – embargos de divergência;

•• Inciso V acrescentado pela Lei n. 14.365, de 2-6-2022.

VI – ação rescisória, mandado de segurança, reclamação, *habeas corpus* e outras ações de competência originária.

•• Inciso VI acrescentado pela Lei n. 14.365, de 2-6-2022.

§ 3.º O advogado somente poderá ser preso em flagrante, por motivo de exercício da profissão, em caso de crime inafiançável, observado o disposto no inciso IV deste artigo.

§ 4.º O Poder Judiciário e o Poder Executivo devem instalar, em todos os juizados, fóruns, tribunais, delegacias de polícia e presídios, salas especiais permanentes para os advogados, com uso e controle assegurados à OAB.

•• O STF, na ADI n. 1.127-8, de 17-5-2006 (*DOU* de 26-5-2006), declarou a inconstitucionalidade da expressão "e controle" constante deste parágrafo.

§ 5.º No caso de ofensa a inscrito na OAB, no exercício da profissão ou de cargo ou função de órgão da OAB, o conselho competente deve promover o desagravo público do ofendido, sem prejuízo da responsabilidade criminal em que incorrer o infrator.

•• A Lei n. 11.767, de 7-8-2008, propôs nova redação para este § 5.º, mas teve seu texto vetado.

§ 6.º Presentes indícios de autoria e materialidade da prática de crime por parte de advogado, a autoridade judiciária competente poderá decretar a quebra da inviolabilidade de que trata o inciso II do *caput* deste artigo, em decisão motivada, expedindo mandado de busca e apreensão, específico e pormenorizado, a ser cumprido na presença de representante da OAB, sendo, em qualquer hipótese, vedada a utilização dos documentos, das mídias e dos objetos pertencentes a clientes do advogado averiguado, bem como dos demais instrumentos de trabalho que contenham informações sobre clientes.

•• § 6.º acrescentado pela Lei n. 11.767, de 7-8-2008.

§ 6.º-A. A medida judicial cautelar que importe na violação do escritório ou do local de trabalho do advogado será determinada em hipótese excepcional, desde que exista fundamento em indício, pelo órgão acusatório.

•• § 6.º-A acrescentado pela Lei n. 14.365, de 2-6-2022, originalmente vetado, todavia promulgado em 8-7-2022.

§ 6.º-B. É vedada a determinação da medida cautelar prevista no § 6.º-A deste artigo se fundada exclusivamente em elementos produzidos em declarações do colaborador sem confirmação por outros meios de prova.

•• § 6.º-B acrescentado pela Lei n. 14.365, de 2-6-2022, originalmente vetado, todavia promulgado em 8-7-2022.

§ 6.º-C. O representante da OAB referido no § 6.º deste artigo tem o direito a ser respeitado pelos agentes responsáveis pelo cumprimento do mandado de busca e apreensão, sob pena de abuso de autoridade, e o dever de zelar pelo fiel cumprimento do objeto da investigação, bem como de impedir que documentos, mídias e objetos não relacionados à investigação, especialmente de outros processos do mesmo cliente ou de outros clientes que não sejam pertinentes à persecução penal, sejam analisados, fotografados, filmados, retirados ou apreendidos do escritório de advocacia.

•• § 6.º-C acrescentado pela Lei n. 14.365, de 2-6-2022, originalmente vetado, todavia promulgado em 8-7-2022.

§ 6.º-D. No caso de inviabilidade técnica quanto à segregação da documentação, da mídia ou dos objetos não relacionados à investigação, em razão da sua natureza ou volume, no momento da execução da decisão judicial de apreensão ou de retirada do material, a cadeia de custódia preservará o sigilo do seu conteúdo, assegurada a presença do representante da OAB, nos termos dos §§ 6.º-F e 6.º-G deste artigo.

•• § 6.º-D acrescentado pela Lei n. 14.365, de 2-6-2022.

§ 6.º-E. Na hipótese de inobservância do § 6.º-D deste artigo pelo agente público responsável pelo cumprimento do mandado de busca e apreensão, o representante da OAB fará o relatório do fato ocorrido, com a inclusão dos nomes dos servidores, dará conhecimento à autoridade judiciária e o encaminhará à OAB para a elaboração de notícia-crime.

•• § 6.º-E acrescentado pela Lei n. 14.365, de 2-6-2022.

§ 6.º-F. É garantido o direito de acompanhamento por representante da OAB e pelo profissional investigado durante a análise dos documentos e dos dispositivos de armazenamento de informação pertencentes a advogado, apreendidos ou interceptados, em todos os atos, para assegurar o cumprimento do disposto no inciso II do *caput* deste artigo.

•• § 6.º-F acrescentado pela Lei n. 14.365, de 2-6-2022, originalmente vetado, todavia promulgado em 8-7-2022.

§ 6.º-G. A autoridade responsável informará, com antecedência mínima de 24 (vinte e quatro) horas, à seccional da OAB a data, o horário e o local em que serão analisados os documentos e os equipamentos apreendidos, garantido o direito de acompanhamento, em todos os atos, pelo representante da OAB e pelo profissional investigado para assegurar o disposto no § 6.º-C deste artigo.

•• § 6.º-G acrescentado pela Lei n. 14.365, de 2-6-2022, originalmente vetado, todavia promulgado em 8-7-2022.

§ 6.º-H. Em casos de urgência devidamente fundamentada pelo juiz, a análise dos documentos e dos equipamentos apreendidos poderá acontecer em prazo inferior a 24 (vinte e quatro) horas, garantido o direito de acompanhamento, em todos os atos, pelo representante da OAB e pelo profissional investigado para assegurar o disposto no § 6.º-C deste artigo.

•• § 6.º-H acrescentado pela Lei n. 14.365, de 2-6-2022, originalmente vetado, todavia promulgado em 8-7-2022.

§ 6.º-I. É vedado ao advogado efetuar colaboração premiada contra quem seja ou tenha sido seu cliente, e a inobservância disso importará em processo disciplinar, que poderá culminar com a aplicação do disposto no inciso III do *caput* do art. 35 desta Lei, sem prejuízo das penas previstas no art. 154 do Decreto-lei n. 2.848, de 7 de dezembro de 1940 (Código Penal).

•• § 6.º-I acrescentado pela Lei n. 14.365, de 2-6-2022.

§ 7.º A ressalva constante do § 6.º deste artigo não se estende a clientes do advogado averiguado que estejam sendo formalmente investigados como seus partícipes ou coautores pela prática do mesmo crime que deu causa à quebra da inviolabilidade.

•• § 7.º acrescentado pela Lei n. 11.767, de 7-8-2008.

§ 8.º (*Vetado.*)

•• § 8.º acrescentado pela Lei n. 11.767, de 7-8-2008.

§ 9.º (*Vetado.*)

•• § 9.º acrescentado pela Lei n. 11.767, de 7-8-2008.

§ 10. Nos autos sujeitos a sigilo, deve o advogado apresentar procuração para o exercício dos direitos de que trata o inciso XIV.

•• § 10 acrescentado pela Lei n. 13.245, de 12-1-2016.

§ 11. No caso previsto no inciso XIV, a autoridade competente poderá delimitar o acesso do advogado aos elementos de prova relacionados a diligências em andamento e ainda não documentados nos autos, quando houver risco de comprometimento da eficiência, da eficácia ou da finalidade das diligências.

•• § 11 acrescentado pela Lei n. 13.245, de 12-1-2016.

§ 12. A inobservância aos direitos estabelecidos no inciso XIV, o fornecimento incompleto de autos ou o fornecimento de autos em que houve a retirada de peças já incluídas no caderno investigativo implicará responsabilização criminal e funcional por abuso de autoridade do responsável que impedir o acesso do advogado com o intuito de prejudicar o exercício da defesa, sem prejuízo do direito subjetivo do advogado de requerer acesso aos autos ao juiz competente.

•• § 12 acrescentado pela Lei n. 13.245, de 12-1-2016.

§ 13. O disposto nos incisos XIII e XIV do *caput* deste artigo aplica-se integralmente a processos e a procedimentos eletrônicos, ressalvado o disposto nos §§ 10 e 11 deste artigo.

•• § 13 acrescentado pela Lei n. 13.793, de 3-1-2019.

§ 14. Cabe, privativamente, ao Conselho Federal da OAB, em processo disciplinar próprio, dispor, analisar e decidir sobre a prestação efetiva do serviço jurídico realizado pelo advogado.

•• § 14 acrescentado pela Lei n. 14.365, de 2-6-2022.

§ 15. Cabe ao Conselho Federal da OAB dispor, analisar e decidir sobre os honorários advocatícios dos serviços jurídicos realizados pelo advogado, resguardado o sigilo, nos termos do Capítulo VI desta Lei, e observado o disposto no inciso XXXV do *caput* do art. 5.º da Constituição Federal.

•• § 15 acrescentado pela Lei n. 14.365, de 2-6-2022.

§ 16. É nulo, em qualquer esfera de responsabilização, o ato praticado com violação da competência privativa do Conselho Federal da OAB prevista no § 14 deste artigo.

•• § 16 acrescentado pela Lei n. 14.365, de 2-6-2022.

Art. 7.º-A. São direitos da advogada:

•• *Caput* acrescentado pela Lei n. 13.363, de 25-11-2016.

I – gestante:

•• Inciso I, *caput*, acrescentado pela Lei n. 13.363, de 25-11-2016.

a) entrada em tribunais sem ser submetida a detectores de metais e aparelhos de raios X;

•• Alínea *a* acrescentada pela Lei n. 13.363, de 25-11-2016.

b) reserva de vaga em garagens dos fóruns dos tribunais;

•• Alínea *b* acrescentada pela Lei n. 13.363, de 25-11-2016.

II – lactante, adotante ou que der à luz, acesso a creche, onde houver, ou a local adequado ao atendimento das necessidades do bebê;

•• Inciso II acrescentado pela Lei n. 13.363, de 25-11-2016.

III – gestante, lactante, adotante ou que der à luz, preferência na ordem das sustentações orais e das audiências a serem realizadas a cada dia, mediante comprovação de sua condição;

•• Inciso III acrescentado pela Lei n. 13.363, de 25-11-2016.

IV – adotante ou que der à luz, suspensão de prazos processuais quando for a única patrona da causa, desde que haja notificação por escrito ao cliente.

•• Inciso IV acrescentado pela Lei n. 13.363, de 25-11-2016.

§ 1.º Os direitos previstos à advogada gestante ou lactante aplicam-se enquanto perdurar, respectivamente, o estado gravídico ou o período de amamentação.

•• § 1.º acrescentado pela Lei n. 13.363, de 25-11-2016.

§ 2.º Os direitos assegurados nos incisos II e III deste artigo à advogada adotante ou que der à luz serão concedidos pelo prazo previsto no art. 392 do Decreto-lei n. 5.452, de 1.º de maio de 1943 (Consolidação das Leis do Trabalho).

•• § 2.º acrescentado pela Lei n. 13.363, de 25-11-2016.

•• Dispõe o art. 392, *caput*, da CLT: "A empregada gestante tem direito à licença-maternidade de 120 (cento e vinte) dias, sem prejuízo do emprego e do salário".

§ 3.º O direito assegurado no inciso IV deste artigo à advogada adotante ou que der à luz será concedido pelo prazo previsto no § 6.º do art. 313 da Lei n. 13.105, de 16 de março de 2015 (Código de Processo Civil).

•• § 3.º acrescentado pela Lei n. 13.363, de 25-11-2016.

Art. 7.º-B Constitui crime violar direito ou prerrogativa de advogado previstos nos incisos II, III, IV e V do *caput* do art. 7.º desta Lei:

•• *Caput* acrescentado pela Lei n. 13.869, de 5-9-2019, originalmente vetado, todavia promulgado em 27-9-2019.

•• O Provimento n. 201, de 27-10-2020, da OAB, dispõe sobre a participação da OAB no cumprimento do disposto neste art. 7.º-B.

Pena – detenção, de 2 (dois) a 4 (quatro) anos, e multa.

•• Pena com redação determinada pela Lei n. 14.365, de 2-6-2022.

Capítulo III
DA INSCRIÇÃO

Art. 8.º Para inscrição como advogado é necessário:

I – capacidade civil;

II – diploma ou certidão de graduação em direito, obtido em instituição de ensino oficialmente autorizada e credenciada;

III – título de eleitor e quitação do serviço militar, se brasileiro;

IV – aprovação em Exame de Ordem;

V – não exercer atividade incompatível com a advocacia;

VI – idoneidade moral;

VII – prestar compromisso perante o Conselho.

§ 1.º O Exame de Ordem é regulamentado em provimento do Conselho Federal da OAB.

§ 2.º O estrangeiro ou brasileiro, quando não graduado em direito no Brasil, deve fazer prova do título de graduação, obtido em instituição estrangeira, devidamente revalidado, além de atender aos demais requisitos previstos neste artigo.

§ 3.º A inidoneidade moral, suscitada por qualquer pessoa, deve ser declarada mediante decisão que obtenha no mínimo dois terços dos votos de todos os membros do conselho competente, em procedimento que observe os termos do processo disciplinar.

§ 4.º Não atende ao requisito de idoneidade moral aquele que tiver sido condenado por crime infamante, salvo reabilitação judicial.

Art. 9.º Para inscrição como estagiário é necessário:

I – preencher os requisitos mencionados nos incisos I, III, V, VI e VII do art. 8.º;

II – ter sido admitido em estágio profissional de advocacia.

§ 1.º O estágio profissional de advocacia, com duração de dois anos, realizado nos últimos anos do curso jurídico, pode ser mantido pelas respectivas instituições de ensino superior, pelos Conselhos da OAB, ou por setores, órgãos jurídicos e escritórios de advocacia credenciados pela OAB, sendo obrigatório o estudo deste Estatuto e do Código de Ética e Disciplina.

§ 2.º A inscrição do estagiário é feita no Conselho Seccional em cujo território se localize seu curso jurídico.

§ 3.º O aluno de curso jurídico que exerça atividade incompatível com a advocacia pode frequentar o estágio ministrado pela respectiva instituição de ensino superior, para fins de aprendizagem, vedada a inscrição na OAB.

§ 4.º O estágio profissional poderá ser cumprido por bacharel em Direito que queira se inscrever na Ordem.

§ 5.º Em caso de pandemia ou em outras situações excepcionais que impossibilitem as atividades presenciais, declaradas pelo poder público, o estágio profissional poderá ser realizado no regime de teletrabalho ou de trabalho a distância em sistema remoto ou não, por qualquer meio telemático, sem configurar vínculo de emprego a adoção de qualquer uma dessas modalidades.

•• § 5.º acrescentado pela Lei n. 14.365, de 2-6-2022.

§ 6.º Se houver concessão, pela parte contratante ou conveniada, de equipamentos, sistemas e materiais ou reembolso de despesas de infraestrutura ou instalação, todos destinados a viabilizar a realização da atividade de estágio prevista no § 5.º deste artigo, essa informação deverá constar, expressamente, do convênio de estágio e do termo de estágio.

•• § 6.º acrescentado pela Lei n. 14.365, de 2-6-2022.

Art. 10. A inscrição principal do advogado deve ser feita no Conselho Seccional em cujo território pretende estabelecer o seu domicílio profissional, na forma do Regulamento Geral.

§ 1.º Considera-se domicílio profissional a sede principal da atividade de advocacia, prevalecendo, na dúvida, o domicílio da pessoa física do advogado.

§ 2.º Além da principal, o advogado deve promover a inscrição suplementar nos Conselhos Seccionais em cujos territórios passar a exercer habitualmente a profissão, considerando-se habitualidade a intervenção judicial que exceder de cinco causas por ano.

§ 3.º No caso de mudança efetiva de domicílio profissional para outra unidade federativa, deve o advogado requerer a transferência de sua inscrição para o Conselho Seccional correspondente.

§ 4.º O Conselho Seccional deve suspender o pedido de transferência ou de inscrição suplementar, ao verificar a existência de vício ou ilegalidade na inscrição principal, contra ela representando ao Conselho Federal.

Art. 11. Cancela-se a inscrição do profissional que:

I – assim o requerer;

II – sofrer penalidade de exclusão;

III – falecer;

IV – passar a exercer, em caráter definitivo, atividade incompatível com a advocacia;

V – perder qualquer um dos requisitos necessários para inscrição.

§ 1.º Ocorrendo uma das hipóteses dos incisos II, III e IV, o cancelamento deve ser promovido, de ofício, pelo Conselho competente ou em virtude de comunicação por qualquer pessoa.

§ 2.º Na hipótese de novo pedido de inscrição – que não restaura o número de inscrição anterior – deve o interessado fazer prova dos requisitos dos incisos I, V, VI e VII do art. 8.º.

§ 3.º Na hipótese do inciso II deste artigo, o novo pedido de inscrição também deve ser acompanhado de provas de reabilitação.

Art. 12. Licencia-se o profissional que:

I – assim o requerer, por motivo justificado;

II – passar a exercer, em caráter temporário, atividade incompatível com o exercício da advocacia;

III – sofrer doença mental considerada curável.

Art. 13. O documento de identidade profissional, na forma prevista no Regulamento Geral, é de uso obrigatório no exercício da atividade de advogado ou de estagiário e constitui prova de identidade civil para todos os fins legais.

Art. 14. É obrigatória a indicação do nome e do número de inscrição em todos os documentos assinados pelo advogado, no exercício de sua atividade.

Parágrafo único. É vedado anunciar ou divulgar qualquer atividade relacionada com o exercício da advocacia ou o uso da expressão "escritório de advocacia", sem indicação expressa do nome e do número de inscrição dos advogados que o integrem ou o número de registro da sociedade de advogados na OAB.

Capítulo IV
DA SOCIEDADE DE ADVOGADOS

• O Provimento OAB n. 170, de 24-2-2016, dispõe sobre as sociedades unipessoais de advocacia.

Art. 15. Os advogados podem reunir-se em sociedade simples de prestação de serviços de advocacia ou constituir sociedade unipessoal de advocacia, na forma disciplinada nesta Lei e no regulamento geral.

•• *Caput* com redação determinada pela Lei n. 13.247, de 12-1-2016.

§ 1.º A sociedade de advogados e a sociedade unipessoal de advocacia adquirem personalidade jurídica com o registro aprovado dos seus atos constitutivos no Conselho Seccional da OAB em cuja base territorial tiver sede.

•• § 1.º com redação determinada pela Lei n. 13.247, de 12-1-2016.

§ 2.º Aplica-se à sociedade de advogados e à sociedade unipessoal de advocacia o Código de Ética e Disciplina, no que couber.

•• § 2.º com redação determinada pela Lei n. 13.247, de 12-1-2016.

§ 3.º As procurações devem ser outorgadas individualmente aos advogados e indicar a sociedade de que façam parte.

§ 4.º Nenhum advogado pode integrar mais de uma sociedade de advogados, constituir mais de uma sociedade unipessoal de advocacia, ou integrar, simultaneamente, uma sociedade de advogados e uma sociedade unipessoal de advocacia, com sede ou filial na mesma área territorial do respectivo Conselho Seccional.

•• § 4.º com redação determinada pela Lei n. 13.247, de 12-1-2016.

§ 5.º O ato de constituição de filial deve ser averbado no registro da sociedade e arquivado no Conselho Seccional onde se instalar, ficando os sócios, inclusive o titular da sociedade unipessoal de advocacia, obrigados à inscrição suplementar.

•• § 5.º com redação determinada pela Lei n. 13.247, de 12-1-2016.

§ 6.º Os advogados sócios de uma mesma sociedade profissional não podem representar em juízo clientes de interesses opostos.

§ 7.º A sociedade unipessoal de advocacia pode resultar da concentração por um advogado das quotas de uma sociedade de advogados, independentemente das razões que motivaram tal concentração.

•• § 7.º acrescentado pela Lei n. 13.247, de 12-1-2016.

§ 8.º **Nas sociedades de advogados, a escolha do sócio-administrador poderá recair sobre advogado que atue como servidor da administração direta, indireta e fundacional, desde que não esteja sujeito ao regime de dedicação exclusiva, não lhe sendo aplicável o disposto no inciso X do *caput* do art. 117 da Lei n. 8.112, de 11 de dezembro de 1990, no que se refere à sociedade de advogados.**

•• § 8.º acrescentado pela Lei n. 14.365, de 2-6-2022, originalmente vetado, todavia promulgado em 8-7-2022.

§ 9.º **A sociedade de advogados e a sociedade unipessoal de advocacia deverão recolher seus tributos sobre a parcela da receita que efetivamente lhes couber, com a exclusão da receita que for transferida a outros advogados ou a sociedades que atuem em forma de parceria para o atendimento do cliente.**

•• § 9.º acrescentado pela Lei n. 14.365, de 2-6-2022, originalmente vetado, todavia promulgado em 8-7-2022.

§ 10. **Cabem ao Conselho Federal da OAB a fiscalização, o acompanhamento e a definição de parâmetros e de diretrizes da relação jurídica mantida entre advogados e sociedades de advogados ou entre escritório de advogados sócios e advogado associado, inclusive no que se refere ao cumprimento dos requisitos norteadores da associação sem vínculo empregatício autorizada expressamente neste artigo.**

•• § 10 acrescentado pela Lei n. 14.365, de 2-6-2022.

§ 11. **Não será admitida a averbação do contrato de associação que contenha, em conjunto, os elementos caracterizadores de relação de emprego previstos na Consolidação das Leis do Trabalho (CLT), aprovada pelo Decreto-lei n. 5.452, de 1.º de maio de 1943.**

•• § 11 acrescentado pela Lei n. 14.365, de 2-6-2022.

§ 12. **A sociedade de advogados e a sociedade unipessoal de advocacia podem ter como sede, filial ou local de trabalho espaço de uso individual ou compartilhado com outros escritórios de advocacia ou empresas, desde que respeitadas as hipóteses de sigilo previstas nesta Lei e no Código de Ética e Disciplina.**

•• § 12 acrescentado pela Lei n. 14.365, de 2-6-2022.

Art. 16. Não são admitidas a registro nem podem funcionar todas as espécies de sociedades de advogados que apresentem forma ou características de sociedade empresária, que adotem denominação de fantasia, que realizem atividades estranhas à advocacia, que incluam como sócio ou titular de sociedade unipessoal de advocacia pessoa não inscrita como advogado ou totalmente proibida de advogar.

•• *Caput* com redação determinada pela Lei n. 13.247, de 12-1-2016.

§ 1.º A razão social deve ter, obrigatoriamente, o nome de, pelo menos, um advogado responsável pela sociedade, podendo permanecer o de sócio falecido, desde que prevista tal possibilidade no ato constitutivo.

§ 2.º O impedimento ou a incompatibilidade em caráter temporário do advogado não o exclui da sociedade de advogados à qual pertença e deve ser averbado no registro da sociedade, observado o disposto nos arts. 27, 28, 29 e 30 desta Lei e proibida, em qualquer hipótese, a exploração de seu nome e de sua imagem em favor da sociedade.

•• § 2.º com redação determinada pela Lei n. 14.365, de 2-6-2022.

§ 3.º É proibido o registro, nos cartórios de registro civil de pessoas jurídicas e nas juntas comerciais, de sociedade que inclua, entre outras finalidades, a atividade de advocacia.

§ 4.º A denominação da sociedade unipessoal de advocacia deve ser obrigatoriamente formada pelo nome do seu titular, completo ou parcial, com a expressão "Sociedade Individual de Advocacia".

•• § 4.º acrescentado pela Lei n. 13.247, de 12-1-2016.

Art. 17. Além da sociedade, o sócio e o titular da sociedade individual de advocacia respondem subsidiária e ilimitadamente pelos danos causados aos clientes por ação ou omissão no exercício da advocacia, sem prejuízo da responsabilidade disciplinar em que possam incorrer.

•• Artigo com redação determinada pela Lei n. 13.247, de 12-1-2016.

Art. 17-A. O advogado poderá associar-se a uma ou mais sociedades de advogados ou sociedades unipessoais de advocacia, sem que estejam presentes os requisitos legais de vínculo empregatício, para prestação de serviços e participação nos resultados, na forma do Regulamento Geral e de Provimentos do Conselho Federal da OAB.

•• Artigo acrescentado pela Lei n. 14.365, de 2-6-2022.

Art. 17-B. A associação de que trata o art. 17-A desta Lei dar-se-á por meio de pactuação de contrato próprio, que poderá ser de caráter geral ou restringir-se a determinada causa ou trabalho e que deverá ser registrado no Conselho Seccional da OAB em cuja base territorial tiver sede a sociedade de advogados que dele tomar parte.

•• *Caput* acrescentado pela Lei n. 14.365, de 2-6-2022.

Parágrafo único. No contrato de associação, o advogado sócio ou associado e a sociedade pactuarão as condições para o desempenho da atividade advocatícia e estipularão livremente os critérios para a partilha dos resultados dela decorrentes, devendo o contrato conter, no mínimo:

•• Parágrafo único, *caput*, acrescentado pela Lei n. 14.365, de 2-6-2022.

I – qualificação das partes, com referência expressa à inscrição no Conselho Seccional da OAB competente;

•• Inciso I acrescentado pela Lei n. 14.365, de 2-6-2022.

II – especificação e delimitação do serviço a ser prestado;

•• Inciso II acrescentado pela Lei n. 14.365, de 2-6-2022.

III – forma de repartição dos riscos e das receitas entre as partes, vedada a atribuição da totalidade dos riscos ou das receitas exclusivamente a uma delas;

•• Inciso III acrescentado pela Lei n. 14.365, de 2-6-2022.

IV – responsabilidade pelo fornecimento de condições materiais e pelo custeio das despesas necessárias à execução dos serviços;

•• Inciso IV acrescentado pela Lei n. 14.365, de 2-6-2022.

V – prazo de duração do contrato.

•• Inciso V acrescentado pela Lei n. 14.365, de 2-6-2022.

Capítulo V
DO ADVOGADO EMPREGADO

• Dispõe o art. 4.º da Lei n. 9.527, de 10-12-1997: "Art. 4.º As disposições constantes do Capítulo V, Título I, da Lei n. 8.906, de 4-7-1994, não se aplicam à Administração Pública direta da União, dos Estados, do Distrito Federal e dos Municípios, bem como às suas autarquias, às fundações instituídas pelo Poder Público, às empresas e às sociedades de economia mista".

Art. 18. A relação de emprego, na qualidade de advogado, não retira a isenção técnica nem reduz a independência profissional inerentes à advocacia.

§ 1.º O advogado empregado não está obrigado à prestação de serviços profissionais de interesse pessoal dos empregadores, fora da relação de emprego.

•• Parágrafo único renumerado pela Lei n. 14.365, de 2-6-2022.

§ 2.º As atividades do advogado empregado poderão ser realizadas, a critério do empregador, em qualquer um dos seguintes regimes:

•• § 2.º, *caput*, acrescentado pela Lei n. 14.365, de 2-6-2022.

I – exclusivamente presencial: modalidade na qual o advogado empregado, desde o início da contratação, realizará o trabalho nas dependências ou locais indicados pelo empregador;

•• Inciso I acrescentado pela Lei n. 14.365, de 2-6-2022.

II – não presencial, teletrabalho ou trabalho a distância: modalidade na qual, desde o início da contratação, o trabalho será preponderantemente realizado fora das dependências do empregador, observado que o comparecimento nas dependências de forma não permanente, variável ou para participação em reuniões ou em eventos presenciais não descaracterizará o regime não presencial;

•• Inciso II acrescentado pela Lei n. 14.365, de 2-6-2022.

III – misto: modalidade na qual as atividades do advogado poderão ser presenciais, no estabelecimento do contratante ou onde este indicar, ou não presenciais, conforme as condições definidas pelo empregador em seu regulamento empresarial, independentemente de preponderância ou não.

•• Inciso III acrescentado pela Lei n. 14.365, de 2-6-2022.

§ 3.º Na vigência da relação de emprego, as partes poderão pactuar, por acordo individual simples, a alteração de um regime para outro.

•• § 3.º acrescentado pela Lei n. 14.365, de 2-6-2022.

Art. 19. O salário mínimo profissional do advogado será fixado em sentença normativa, salvo se ajustado em acordo ou convenção coletiva de trabalho.

Art. 20. A jornada de trabalho do advogado empregado, quando prestar serviço para empresas, não poderá exceder a duração diária de 8 (oito) horas contínuas e a de 40 (quarenta) horas semanais.

•• *Caput* com redação determinada pela Lei n. 14.365, de 2-6-2022.

§ 1.º Para efeitos deste artigo, considera-se como período de trabalho o tempo em que o advogado estiver à disposição do empregador, aguardando ou executando ordens, no seu escritório ou em atividades externas, sendo-lhe reembolsadas as despesas feitas com transporte, hospedagem e alimentação.

§ 2.º As horas trabalhadas que excederem a jornada normal são remuneradas por um adicional não inferior a cem por cento sobre o valor da hora normal, mesmo havendo contrato escrito.

§ 3.º As horas trabalhadas no período das vinte horas de um dia até as cinco horas do dia seguinte são remuneradas como noturnas, acrescidas do adicional de vinte e cinco por cento.

Art. 21. Nas causas em que for parte o empregador, ou pessoa por este representada, os honorários de sucumbência são devidos aos advogados empregados.

•• O STF, em 20-5-2009, julgou parcialmente procedente a ADI n. 1.194-4 (*DOU* de 28-9-2009), para dar ao *caput* e ao parágrafo único deste artigo interpretação conforme a CF, estabelecendo que os honorários de sucumbência podem ser tanto do advogado quanto da sociedade ou de ambos, dependendo de disposição contratual.

Parágrafo único. Os honorários de sucumbência, percebidos por advogado empregado de sociedade de advogados são partilhados entre ele e a empregadora, na forma estabelecida em acordo.

Capítulo VI
DOS HONORÁRIOS ADVOCATÍCIOS

Art. 22. A prestação de serviço profissional assegura aos inscritos na OAB o direito aos honorários convencionados, aos fixados por arbitramento judicial e aos de sucumbência.

§ 1.º O advogado, quando indicado para patrocinar causa de juridicamente necessitado, no caso de impossibilidade da Defensoria Pública no local da prestação de serviço, tem direito aos honorários fixados pelo juiz, segundo tabela organizada pelo Conselho Seccional da OAB, e pagos pelo Estado.

§ 2.º **Na falta de estipulação ou de acordo, os honorários são fixados por arbitramento judicial, em remuneração compatível com o trabalho e o valor econômico da questão, observado obrigatoriamente o disposto nos §§ 2.º, 3.º, 4.º, 5.º, 6.º, 6.º-A, 8.º, 8.º-A, 9.º e 10 do art. 85 da Lei n. 13.105, de 16 de março de 2015 (Código de Processo Civil).**

•• § 2.º com redação determinada pela Lei n. 14.365, de 2-6-2022.

§ 3.º Salvo estipulação em contrário, 1/3 (um terço) dos honorários é devido no início do serviço, outro terço até a decisão de primeira instância e o restante no final.

§ 4.º Se o advogado fizer juntar aos autos o seu contrato de honorários antes de expedir-se o mandado de levantamento ou precatório, o juiz deve determinar que lhe sejam pagos diretamente, por dedução da quantia a ser recebida pelo constituinte, salvo se este provar que já os pagou.

•• *Vide* Súmula Vinculante 47.

§ 5.º O disposto neste artigo não se aplica quando se tratar de mandato outorgado por advogado para defesa em processo oriundo de ato ou omissão praticada no exercício da profissão.

§ 6.º O disposto neste artigo aplica-se aos honorários assistenciais, compreendidos como os fixados em ações coletivas propostas por entidades de classe em substituição processual, sem prejuízo aos honorários convencionais.

•• § 6.º acrescentado pela Lei n. 13.725, de 4-10-2018.

§ 7.º Os honorários convencionados com entidades de classe para atuação em substituição processual poderão prever a faculdade de indicar os beneficiários que, ao optarem por adquirir os direitos, assumirão as obrigações decorrentes do contrato originário a partir do momento em que este foi celebrado, sem a necessidade de mais formalidades.

•• § 7.º acrescentado pela Lei n. 13.725, de 4-10-2018.

§ 8.º **Consideram-se também honorários convencionados aqueles decorrentes da indicação de cliente entre advogados ou sociedade de advogados, aplicada a regra prevista no § 9.º do art. 15 desta Lei.**

•• § 8.º acrescentado pela Lei n. 14.365, de 2-6-2022.

Art. 22-A. Fica permitida a dedução de honorários advocatícios contratuais dos valores acrescidos, a título de juros de mora, ao montante repassado aos Estados e aos Municípios na forma de precatórios, como complementação de fundos constitucionais.

•• *Caput* acrescentado pela Lei n. 14.365, de 2-6-2022.

Parágrafo único. **A dedução a que se refere o *caput* deste artigo não será permitida aos advogados nas causas que decorram da execução de título judicial constituído em ação civil pública ajuizada pelo Ministério Público Federal.**

•• Parágrafo único acrescentado pela Lei n. 14.365, de 2-6-2022, originalmente vetado, todavia promulgado em 8-7-2022.

Art. 23. Os honorários incluídos na condenação, por arbitramento ou sucumbência, pertencem ao advogado, tendo este direito autônomo para executar a sentença nesta parte, podendo requerer que o precatório, quando necessário, seja expedido em seu favor.

•• O STF, na ADI n. 6.053, por maioria, "declarou a constitucionalidade da percepção de honorários de sucumbência pelos advogados públicos e julgou parcialmente procedente o pedido formulado na ação direta para, conferindo interpretação conforme à Constituição a este art. 23, estabelecer que a somatória dos subsídios e honorários de sucumbência percebidos mensalmente pelos advogados públicos não poderá exceder ao teto dos Ministros do Supremo Tribunal Federal, conforme o que dispõe o art. 37, XI, da Constituição Federal", na sessão virtual de 12-6-2020 a 19-6-2020 (*DOU* de 1.º-7-2020).

•• *Vide* Súmula Vinculante 47.

• *Vide* Súmula 306 do STJ.

Art. 24. A decisão judicial que fixar ou arbitrar honorários e o contrato escrito que os estipular são títulos executivos e constituem crédito privilegiado na falência, concordata, concurso de credores, insolvência civil e liquidação extrajudicial.

§ 1.º A execução dos honorários pode ser promovida nos mesmos autos da ação em que tenha atuado o advogado, se assim lhe convier.

§ 2.º Na hipótese de falecimento ou incapacidade civil do advogado, os honorários de sucumbência, proporcionais ao trabalho realizado, são recebidos por seus sucessores ou representantes legais.

§ 3.º É nula qualquer disposição, cláusula, regulamento ou convenção individual ou coletiva que retire do advogado o direito ao recebimento dos honorários de sucumbência.

•• O STF, no julgamento da ADI n. 1.194-4, de 20-5-2009 (*DOU* de 28-9-2009), declarou a inconstitucionalidade deste § 3.º.

§ 3.º-A. **Nos casos judiciais e administrativos, as disposições, as cláusulas, os regulamentos ou as convenções individuais ou coletivas que retirem do sócio o direito ao recebimento dos honorários de sucumbência serão válidos somente após o protocolo de petição que revogue os poderes que lhe foram outorgados ou que noticie a renúncia a eles, e os honorários serão devidos proporcionalmente ao trabalho realizado nos processos.**

•• § 3.º-A acrescentado pela Lei n. 14.365, de 2-6-2022.

§ 4.º O acordo feito pelo cliente do advogado e a parte contrária, salvo aquiescência do profissional, não lhe prejudica os honorários, quer os convencionados, quer os concedidos por sentença.

§ 5.º **Salvo renúncia expressa do advogado aos honorários pactuados na hipótese de encerramento da relação contratual com o cliente, o advogado mantém o direito aos honorários proporcionais ao trabalho realizado nos processos judiciais e administrativos em que tenha atuado, nos exatos termos do contrato celebrado, inclusive em relação aos eventos de sucesso que porventura venham a ocorrer após o encerramento da relação contratual.**

•• § 5.º acrescentado pela Lei n. 14.365, de 2-6-2022.

§ 6.º **O distrato e a rescisão do contrato de prestação de serviços advocatícios, mesmo que formalmente celebrados, não configuram renúncia expressa aos honorários pactuados.**

•• § 6.º acrescentado pela Lei n. 14.365, de 2-6-2022.

§ 7.º **Na ausência do contrato referido no § 6.º deste artigo, os honorários advocatícios serão arbitrados conforme o disposto no art. 22 desta Lei.**

•• § 7.º acrescentado pela Lei n. 14.365, de 2-6-2022.

Art. 24-A. No caso de bloqueio universal do patrimônio do cliente por decisão judicial, garantir-se-á ao advogado a liberação de até 20% (vinte por cento) dos bens bloqueados para fins de recebimento de honorários e reembolso de gastos com a defesa, ressalvadas as causas relacionadas aos crimes previstos na Lei n. 11.343, de 23 de agosto de 2006 (Lei de Drogas), e observado o disposto no parágrafo único do art. 243 da Constituição Federal.

•• *Caput* acrescentado pela Lei n. 14.365, de 2-6-2022.

§ 1.º **O pedido de desbloqueio de bens será feito em autos apartados, que permanecerão em sigilo, mediante a apresentação do respectivo contrato.**

•• § 1.º acrescentado pela Lei n. 14.365, de 2-6-2022.

§ 2.º **O desbloqueio de bens observará, preferencialmente, a ordem estabelecida no art. 835 da Lei n. 13.105, de 16 de março de 2015 (Código de Processo Civil).**

•• § 2.º acrescentado pela Lei n. 14.365, de 2-6-2022.

§ 3.º **Quando se tratar de dinheiro em espécie, de depósito ou de aplicação em instituição financeira, os valores serão transferidos diretamente para a conta do advogado ou do escritório de advocacia responsável pela defesa.**

•• § 3.º acrescentado pela Lei n. 14.365, de 2-6-2022.

§ 4.º Nos demais casos, o advogado poderá optar pela adjudicação do próprio bem ou por sua venda em hasta pública para satisfação dos honorários devidos, nos termos do art. 879 e seguintes da Lei n. 13.105, de 16 de março de 2015 (Código de Processo Civil).

•• § 4.º acrescentado pela Lei n. 14.365, de 2-6-2022.

§ 5.º O valor excedente deverá ser depositado em conta vinculada ao processo judicial.

•• § 5.º acrescentado pela Lei n. 14.365, de 2-6-2022.

Art. 25. Prescreve em 5 (cinco) anos a ação de cobrança de honorários de advogado, contado o prazo:

I – do vencimento do contrato, se houver;

II – do trânsito em julgado da decisão que os fixar;

III – da ultimação do serviço extrajudicial;

IV – da desistência ou transação;

V – da renúncia ou revogação do mandato.

Art. 25-A. Prescreve em cinco anos a ação de prestação de contas pelas quantias recebidas pelo advogado de seu cliente, ou de terceiros por conta dele (art. 34, XXI).

•• Artigo com redação determinada pela Lei n. 11.902, de 12-1-2009.

Art. 26. O advogado substabelecido, com reserva de poderes, não pode cobrar honorários sem a intervenção daquele que lhe conferiu o substabelecimento.

Parágrafo único. O disposto no *caput* deste artigo não se aplica na hipótese de o advogado substabelecido, com reservas de poderes, possuir contrato celebrado com o cliente.

•• Parágrafo único acrescentado pela Lei n. 14.365, de 2-6-2022.

Capítulo VII
DAS INCOMPATIBILIDADES E IMPEDIMENTOS

Art. 27. A incompatibilidade determina a proibição total, e o impedimento, a proibição parcial do exercício da advocacia.

Art. 28. A advocacia é incompatível, mesmo em causa própria, com as seguintes atividades:

I – chefe do Poder Executivo e membros da Mesa do Poder Legislativo e seus substitutos legais;

II – membros de órgãos do Poder Judiciário, do Ministério Público, dos tribunais e conselhos de contas, dos juizados especiais, da justiça de paz, juízes classistas, bem como de todos os que exerçam função de julgamento em órgãos de deliberação coletiva da administração pública direta ou indireta;

•• O STF, no julgamento da ADI n. 1.127-8, de 17-5-2006 (*DOU* de 26-5-2006), determina que sejam excluídos da abrangência deste inciso os juízes eleitorais e seus suplentes.

III – ocupantes de cargos ou funções de direção em órgãos da Administração Pública direta ou indireta, em suas fundações e em suas empresas controladas ou concessionárias de serviço público;

IV – ocupantes de cargos ou funções vinculados direta ou indiretamente a qualquer órgão do Poder Judiciário e os que exercem serviços notariais e de registro;

V – ocupantes de cargos ou funções vinculados direta ou indiretamente a atividade policial de qualquer natureza;

VI – militares de qualquer natureza, na ativa;

VII – ocupantes de cargos ou funções que tenham competência de lançamento, arrecadação ou fiscalização de tributos e contribuições parafiscais;

VIII – ocupantes de funções de direção e gerência em instituições financeiras, inclusive privadas.

§ 1.º A incompatibilidade permanece mesmo que o ocupante do cargo ou função deixe de exercê-lo temporariamente.

§ 2.º Não se incluem nas hipóteses do inciso III os que não detenham poder de decisão relevante sobre interesses de terceiro, a juízo do Conselho competente da OAB, bem como a administração acadêmica diretamente relacionada ao magistério jurídico.

§ 3.º As causas de incompatibilidade previstas nas hipóteses dos incisos V e VI do *caput* deste artigo não se aplicam ao exercício da advocacia em causa própria, estritamente para fins de defesa e tutela de direitos pessoais, desde que mediante inscrição especial na OAB, vedada a participação em sociedade de advogados.

•• § 3.º acrescentado pela Lei n. 14.365, de 2-6-2022.

§ 4.º A inscrição especial a que se refere o § 3.º deste artigo deverá constar do documento profissional de registro na OAB e não isenta o profissional do pagamento da contribuição anual, de multas e de preços de serviços devidos à OAB, na forma por ela estabelecida, vedada cobrança em valor superior ao exigido para os demais membros inscritos.

•• § 4.º acrescentado pela Lei n. 14.365, de 2-6-2022.

Art. 29. Os Procuradores Gerais, Advogados Gerais, Defensores Gerais e dirigentes de órgãos jurídicos da Administração Pública direta, indireta e fundacional são exclusivamente legitimados para o exercício da advocacia vinculada à função que exerçam, durante o período da investidura.

Art. 30. São impedidos de exercer a advocacia:

• A Resolução n. 27, de 10-3-2008, do Conselho Nacional do Ministério Público, disciplina a vedação do exercício da advocacia por parte dos servidores do Ministério Público dos Estados e da União.

I – os servidores da administração direta, indireta e fundacional, contra a Fazenda Pública que os remunere ou à qual seja vinculada a entidade empregadora;

II – os membros do Poder Legislativo, em seus diferentes níveis, contra ou a favor das pessoas jurídicas de direito público, empresas públicas, sociedades de economia mista, fundações públicas, entidades paraestatais ou empresas concessionárias ou permissionárias de serviço público.

Parágrafo único. Não se incluem nas hipóteses do inciso I os docentes dos cursos jurídicos.

Capítulo VIII
DA ÉTICA DO ADVOGADO

Art. 31. O advogado deve proceder de forma que o torne merecedor de respeito e que contribua para o prestígio da classe e da advocacia.

§ 1.º O advogado, no exercício da profissão, deve manter independência em qualquer circunstância.

§ 2.º Nenhum receio de desagradar a magistrado ou a qualquer autoridade, nem de incorrer em impopularidade, deve deter o advogado no exercício da profissão.

Art. 32. O advogado é responsável pelos atos que, no exercício profissional, praticar com dolo ou culpa.

Parágrafo único. Em caso de lide temerária, o advogado será solidariamente responsável com seu cliente, desde que coligado com este para lesar a parte contrária, o que será apurado em ação própria.

Art. 33. O advogado obriga-se a cumprir rigorosamente os deveres consignados no Código de Ética e Disciplina.

Parágrafo único. O Código de Ética e Disciplina regula os deveres do advogado para com a comunidade, o cliente, o outro profissional e, ainda, a publicidade, a recusa do patrocínio, o dever de assistência jurídica, o dever geral de urbanidade e os respectivos procedimentos disciplinares.

Capítulo IX
DAS INFRAÇÕES E SANÇÕES DISCIPLINARES

Art. 34. Constitui infração disciplinar:

I – exercer a profissão, quando impedido de fazê-lo, ou facilitar, por qualquer meio, o seu exercício aos não inscritos, proibidos ou impedidos;

II – manter sociedade profissional fora das normas e preceitos estabelecidos nesta Lei;

III – valer-se de agenciador de causas, mediante participação nos honorários a receber;

IV – angariar ou captar causas, com ou sem a intervenção de terceiros;

V – assinar qualquer escrito destinado a processo judicial ou para fim extrajudicial que não tenha feito, ou em que não tenha colaborado;

VI – advogar contra literal disposição de lei, presumindo-se a boa-fé quando fundamentado na inconstitucionalidade, na injustiça da lei ou em pronunciamento judicial anterior;

VII – violar, sem justa causa, sigilo profissional;

VIII – estabelecer entendimento com a parte adversa sem autorização do cliente ou ciência do advogado contrário;

IX – prejudicar, por culpa grave, interesse confiado ao seu patrocínio;

X – acarretar, conscientemente, por ato próprio, a anulação ou a nulidade do processo em que funcione;

XI – abandonar a causa sem justo motivo ou antes de decorridos 10 (dez) dias da comunicação da renúncia;

XII – recusar-se a prestar, sem justo motivo, assistência jurídica, quando nomeado em virtude de impossibilidade da Defensoria Pública;

XIII – fazer publicar na imprensa, desnecessária e habitualmente, alegações forenses ou relativas a causas pendentes;

XIV – deturpar o teor de dispositivo de lei, de citação doutrinária ou de julgado, bem como de depoimentos, documentos e alegações da parte contrária, para confundir o adversário ou iludir o juiz da causa;

XV – fazer, em nome do constituinte, sem autorização escrita deste, imputação a terceiro de fato definido como crime;

XVI – deixar de cumprir, no prazo estabelecido, determinação emanada do órgão ou autoridade da Ordem, em matéria da competência desta, depois de regularmente notificado;

XVII – prestar concurso a clientes ou a terceiros para realização de ato contrário à lei ou destinado a fraudá-la;

XVIII – solicitar ou receber de constituinte qualquer importância para aplicação ilícita ou desonesta;

XIX – receber valores, da parte contrária ou de terceiro, relacionados com o objeto do mandato, sem expressa autorização do constituinte;

XX – locupletar-se, por qualquer forma, à custa do cliente ou da parte adversa, por si ou interposta pessoa;

XXI – recusar-se, injustificadamente, a prestar contas ao cliente de quantias recebidas dele ou de terceiros por conta dele;

XXII – reter, abusivamente, ou extraviar autos recebidos com vista ou em confiança;

XXIII – deixar de pagar as contribuições, multas e preços de serviços devidos à OAB, depois de regularmente notificado a fazê-lo;

•• O STF, na ADI n. 7.020, nas sessões virtuais de 9-12-2022 a 16-12-2022 (*DOU* de 10-1-2023), por unanimidade, declarou a inconstitucionalidade deste inciso XXIII.

XXIV – incidir em erros reiterados que evidenciem inépcia profissional;

XXV – manter conduta incompatível com a advocacia;

XXVI – fazer falsa prova de qualquer dos requisitos para inscrição na OAB;

XXVII – tornar-se moralmente inidôneo para o exercício da advocacia;

XXVIII – praticar crime infamante;

XXIX – praticar, o estagiário, ato excedente de sua habilitação.

Parágrafo único. Inclui-se na conduta incompatível:

a) prática reiterada de jogo de azar, não autorizado por lei;

b) incontinência pública e escandalosa;

c) embriaguez ou toxicomania habituais.

Art. 35. As sanções disciplinares consistem em:

I – censura;

II – suspensão;

III – exclusão;

IV – multa.

Parágrafo único. As sanções devem constar dos assentamentos do inscrito, após o trânsito em julgado da decisão, não podendo ser objeto de publicidade a de censura.

Art. 36. A censura é aplicável nos casos de:

I – infrações definidas nos incisos I a XVI e XXIX do art. 34;

II – violação a preceito do Código de Ética e Disciplina;

III – violação a preceito desta Lei, quando para a infração não se tenha estabelecido sanção mais grave.

Parágrafo único. A censura pode ser convertida em advertência, em ofício reservado, sem registro nos assentamentos do inscrito, quando presente circunstância atenuante.

Art. 37. A suspensão é aplicável nos casos de:

•• O STF, na ADI n. 7.020, nas sessões virtuais de 9-12-2022 a 16-12-2022 (*DOU* de 10-1-2023), por unanimidade, deu interpretação conforme à Constituição a este artigo, "de modo a que a sanção de interdição de exercício profissional não seja aplicável à hipótese prevista no art. 34, XXIII, do mesmo diploma".

• *Vide* art. 692 do CC.

I – infrações definidas nos incisos XVII a XXV do art. 34;

II – reincidência em infração disciplinar.

§ 1.º A suspensão acarreta ao infrator a interdição do exercício profissional, em todo o território nacional, pelo prazo de trinta dias a doze meses, de acordo com os critérios de individualização previstos neste capítulo.

§ 2.º Nas hipóteses dos incisos XXI e XXIII do art. 34, a suspensão perdura até que satisfaça integralmente a dívida, inclusive com correção monetária.

§ 3.º Na hipótese do inciso XXIV do art. 34, a suspensão perdura até que preste novas provas de habilitação.

Art. 38. A exclusão é aplicável nos casos de:

I – aplicação, por três vezes, de suspensão;

II – infrações definidas nos incisos XXVI a XXVIII do art. 34.

Parágrafo único. Para a aplicação da sanção disciplinar de exclusão é necessária a manifestação favorável de dois terços dos membros do Conselho Seccional competente.

Art. 39. A multa, variável entre o mínimo correspondente ao valor de uma anuidade e o máximo de seu décuplo, é aplicável cumulativamente com a censura ou suspensão, em havendo circunstâncias agravantes.

Art. 40. Na aplicação das sanções disciplinares são consideradas, para fins de atenuação, as seguintes circunstâncias, entre outras:

I – falta cometida na defesa de prerrogativa profissional;

II – ausência de punição disciplinar anterior;

III – exercício assíduo e proficiente de mandato ou cargo em qualquer órgão da OAB;

IV – prestação de relevantes serviços à advocacia ou à causa pública.

Parágrafo único. Os antecedentes profissionais do inscrito, as atenuantes, o grau de culpa por ele revelada, as circunstâncias e as consequências da infração são considerados para o fim de decidir:

a) sobre a conveniência da aplicação cumulativa da multa e de outra sanção disciplinar;

b) sobre o tempo de suspensão e o valor da multa aplicáveis.

Art. 41. É permitido ao que tenha sofrido qualquer sanção disciplinar requerer, um ano após seu cumprimento, a reabilitação, em face de provas efetivas de bom comportamento.

Parágrafo único. Quando a sanção disciplinar resultar da prática de crime, o pedido de reabilitação depende também da correspondente reabilitação criminal.

Art. 42. Fica impedido de exercer o mandato o profissional a quem forem aplicadas as sanções disciplinares de suspensão ou exclusão.

Art. 43. A pretensão à punibilidade das infrações disciplinares prescreve em cinco anos, contados da data da constatação oficial do fato.

§ 1.º Aplica-se a prescrição a todo processo disciplinar paralisado por mais de três anos, pendente de despacho ou julgamento, devendo ser arquivado de ofício, ou a requerimento da parte interessada, sem prejuízo de serem apuradas as responsabilidades pela paralisação.

§ 2.º A prescrição interrompe-se:

I – pela instauração de processo disciplinar ou pela notificação válida feita diretamente ao representado;

II – pela decisão condenatória recorrível de qualquer órgão julgador da OAB.

Título II
DA ORDEM DOS ADVOGADOS DO BRASIL

Capítulo I
DOS FINS E DA ORGANIZAÇÃO

Art. 44. A Ordem dos Advogados do Brasil – OAB, serviço público, dotada de personalidade jurídica e forma federativa, tem por finalidade:

I – defender a Constituição, a ordem jurídica do Estado democrático de direito, os direitos humanos, a justiça social, e pugnar pela boa aplicação das leis, pela rápida administração da justiça e pelo aperfeiçoamento da cultura e das instituições jurídicas;

II – promover, com exclusividade, a representação, a defesa, a seleção e a disciplina dos advogados em toda a República Federativa do Brasil.

§ 1.º A OAB não mantém com órgãos da Administração Pública qualquer vínculo funcional ou hierárquico.

§ 2.º O uso da sigla "OAB" é privativo da Ordem dos Advogados do Brasil.

Art. 45. São órgãos da OAB:

I – o Conselho Federal;

II – os Conselhos Seccionais;

III – as Subseções;

IV – as Caixas de Assistência dos Advogados.

§ 1.º O Conselho Federal, dotado de personalidade jurídica própria, com sede na capital da República, é o órgão supremo da OAB.

§ 2.º Os Conselhos Seccionais, dotados de personalidade jurídica própria, têm jurisdição sobre os respectivos territórios dos Estados-membros, do Distrito Federal e dos Territórios.

§ 3.º As Subseções são partes autônomas do Conselho Seccional, na forma desta Lei e de seu ato constitutivo.

§ 4.º As Caixas de Assistência dos Advogados, dotadas de personalidade jurídica própria, são criadas pelos Conselhos Seccionais, quando estes contarem com mais de mil e quinhentos inscritos.

§ 5.º A OAB, por constituir serviço público, goza de imunidade tributária total em relação a seus bens, rendas e serviços.

§ 6.º Os atos, as notificações e as decisões dos órgãos da OAB, salvo quando reservados ou de administração interna, serão publicados no Diário Eletrônico da Ordem dos Advogados do Brasil, a ser disponibilizado na internet, podendo ser afixados no fórum local, na íntegra ou em resumo.

•• § 6.º com redação determinada pela Lei n. 13.688, de 3-7-2018.

•• O Provimento n. 182, de 2-10-2018, do Conselho Federal da OAB, regulamenta o Diário Eletrônico da Ordem dos Advogados do Brasil – DEOAB.

Art. 46. Compete à OAB fixar e cobrar, de seus inscritos, contribuições, preços de serviços e multas.

Parágrafo único. Constitui título executivo extrajudicial a certidão passada pela diretoria do Conselho competente, relativa a crédito previsto neste artigo.

Art. 47. O pagamento da contribuição anual à OAB isenta os inscritos nos seus quadros do pagamento obrigatório da contribuição sindical.

Art. 48. O cargo de conselheiro ou de membro de diretoria de órgão da OAB é de exercício gratuito e obrigatório, considerado serviço público relevante, inclusive para fins de disponibilidade e aposentadoria.

Art. 49. Os Presidentes dos Conselhos e das Subseções da OAB têm legitimidade para agir, judicial e extrajudicialmente, contra qualquer pessoa que infringir as disposições ou os fins desta Lei.

Parágrafo único. As autoridades mencionadas no *caput* deste artigo têm, ainda, legitimidade para intervir, inclusive como assistentes, nos inquéritos e processos em que sejam indiciados, acusados ou ofendidos os inscritos na OAB.

Art. 50. Para os fins desta Lei, os Presidentes dos Conselhos da OAB e das Subseções podem requisitar cópias de peças de autos e documentos a qualquer tribunal, magistrado, cartório e órgão da Administração Pública direta, indireta e fundacional.

•• O STF, na ADI n. 1.127-8, de 17-5-2006 (*DOU* de 26-5-2006), dá interpretação a este artigo, sem redução de texto, nos seguintes termos: "de modo a fazer compreender a palavra 'requisitar' como dependente de motivação, compatibilização com as finalidades da lei e atendimento de custos desta requisição. Ficam ressalvados, desde já, os documentos cobertos por sigilo".

Capítulo II
DO CONSELHO FEDERAL

Art. 51. O Conselho Federal compõe-se:

I – dos conselheiros federais, integrantes das delegações de cada unidade federativa;

II – dos seus ex-presidentes, na qualidade de membros honorários vitalícios.

§ 1.º Cada delegação é formada por três conselheiros federais.

§ 2.º Os ex-presidentes têm direito apenas a voz nas sessões.

§ 3.º O Instituto dos Advogados Brasileiros e a Federação Nacional dos Institutos dos Advogados do Brasil são membros honorários, somente com direito a voz nas sessões do Conselho Federal.

•• § 3.º acrescentado pela Lei n. 14.365, de 2-6-2022, originalmente vetado, todavia promulgado em 8-7-2022.

Art. 52. Os presidentes dos Conselhos Seccionais, nas sessões do Conselho Federal, têm lugar reservado junto à delegação respectiva e direito somente a voz.

Art. 53. O Conselho Federal tem sua estrutura e funcionamento definidos no Regulamento Geral da OAB.

§ 1.º O Presidente, nas deliberações do Conselho, tem apenas o voto de qualidade.

§ 2.º O voto é tomado por delegação, e não pode ser exercido nas matérias de interesse da unidade que represente.

§ 3.º Na eleição para a escolha da Diretoria do Conselho Federal, cada membro da delegação terá direito a 1 (um) voto, vedado aos membros honorários vitalícios.

•• § 3.º acrescentado pela Lei n. 11.179, de 22-9-2005.

Art. 54. Compete ao Conselho Federal:

I – dar cumprimento efetivo às finalidades da OAB;

II – representar, em juízo ou fora dele, os interesses coletivos ou individuais dos advogados;

III – velar pela dignidade, independência, prerrogativas e valorização da advocacia;

IV – representar, com exclusividade, os advogados brasileiros nos órgãos e eventos internacionais da advocacia;

V – editar e alterar o Regulamento Geral, o Código de Ética e Disciplina, e os Provimentos que julgar necessários;

VI – adotar medidas para assegurar o regular funcionamento dos Conselhos Seccionais;

VII – intervir nos Conselhos Seccionais, onde e quando constatar grave violação desta Lei ou do Regulamento Geral;

VIII – cassar ou modificar, de ofício ou mediante representação, qualquer ato, de órgão ou autoridade da OAB, contrário a esta Lei, ao Regulamento Geral, ao Código de Ética e Disciplina, e aos Provimentos, ouvida a autoridade ou o órgão em causa;

IX – julgar, em grau de recurso, as questões decididas pelos Conselhos Seccionais, nos casos previstos neste Estatuto e no Regulamento Geral;

X – dispor sobre a identificação dos inscritos na OAB e sobre os respectivos símbolos privativos;

XI – apreciar o relatório anual e deliberar sobre o balanço e as contas de sua diretoria;

XII – homologar ou mandar suprir relatório anual, o balanço e as contas dos Conselhos Seccionais;

XIII – elaborar as listas constitucionalmente previstas, para o preenchimento dos cargos nos tribunais judiciários de âmbito nacional ou interestadual, com advogados que estejam em pleno exercício da profissão, vedada a inclusão de nome de membro do próprio Conselho ou de outro órgão da OAB;

• O Provimento n. 102 da OAB, de 9-3-2004, dispõe sobre a indicação de lista sêxtupla, de advogados que devam integrar os tribunais judiciários e administrativos.

XIV – ajuizar ação direta de inconstitucionalidade de normas legais e atos normativos, ação civil pública, mandado de segurança coletivo, mandado de injunção e demais ações cuja legitimação lhe seja outorgada por lei;

•• *Vide* Lei n. 12.016, de 7-8-2009, que disciplina o mandado de segurança individual e coletivo.

•• *Vide* Lei n. 13.300, de 23-6-2016, que disciplina o processo e o julgamento dos mandados de injunção individual e coletivo.

XV – colaborar com o aperfeiçoamento dos cursos jurídicos, e opinar, previamente, nos pedidos apresentados aos órgãos competentes para criação, reconhecimento ou credenciamento desses cursos;

XVI – autorizar, pela maioria absoluta das delegações, a oneração ou alienação de seus bens imóveis;

XVII – participar de concursos públicos, nos casos previstos na Constituição e na lei, em todas as suas fases, quando tiverem abrangência nacional ou interestadual;

XVIII – resolver os casos omissos neste Estatuto;

XIX – **fiscalizar, acompanhar e definir parâmetros e diretrizes da relação jurídica mantida entre advogados e sociedades de advogados ou entre escritório de advogados sócios e advogado associado, inclusive no que se refere ao cumprimento dos requisitos norteadores da associação sem vínculo empregatício;**

•• Inciso XIX acrescentado pela Lei n. 14.365, de 2-6-2022.

XX – **promover, por intermédio da Câmara de Mediação e Arbitragem, a solução sobre questões atinentes à relação entre advogados sócios ou associados e homologar, caso necessário, quitações de honorários entre advogados e sociedades de advogados, observado o disposto no inciso XXXV do *caput* do art. 5.º da Constituição Federal.**

•• Inciso XX acrescentado pela Lei n. 14.365, de 2-6-2022.

Parágrafo único. A intervenção referida no inciso VII deste artigo depende de prévia aprovação por dois terços das delegações, garantido o amplo direito de defesa do Conselho Seccional respectivo, nomeando-se diretoria provisória para o prazo que se fixar.

Art. 55. A diretoria do Conselho Federal é composta de um Presidente, de um Vice-Presidente, de um Secretário-Geral, de um Secretário-Geral Adjunto e de um Tesoureiro.

§ 1.º O Presidente exerce a representação nacional e internacional da OAB, competindo-lhe convocar o Conselho Federal, presidi-lo, representá-lo ativa e passivamente, em juízo ou fora dele, promover-lhe a administração patrimonial e dar execução às suas decisões.

§ 2.º O Regulamento Geral define as atribuições dos membros da Diretoria e a ordem de substituição em caso de vacância, licença, falta ou impedimento.

§ 3.º Nas deliberações do Conselho Federal, os membros da diretoria votam como membros de suas delegações, cabendo ao Presidente, apenas, o voto de qualidade e o direito de embargar a decisão, se esta não for unânime.

Capítulo III
DO CONSELHO SECCIONAL

Art. 56. O Conselho Seccional compõe-se de conselheiros em número proporcional ao de seus inscritos, segundo critérios estabelecidos no Regulamento Geral.

§ 1.º São membros honorários vitalícios os seus ex-presidentes, somente com direito a voz em suas sessões.

§ 2.º O Presidente do Instituto dos Advogados local é membro honorário, somente com direito a voz nas sessões do Conselho.

§ 3.º Quando presentes às sessões do Conselho Seccional, o Presidente do Conselho Federal, os Conselheiros Federais integrantes da respectiva delegação, o Presidente da Caixa de Assistência dos Advogados e os Presidentes das Subseções, têm direito a voz.

Art. 57. O Conselho Seccional exerce e observa, no respectivo território, as competências, vedações e funções atribuídas ao Conselho Federal, no que couber e no âmbito de sua competência material e territorial, e as normas gerais estabelecidas nesta Lei, no Regulamento Geral, no Código de Ética e Disciplina, e nos Provimentos.

Art. 58. Compete privativamente ao Conselho Seccional:

I – editar seu Regimento Interno e Resoluções;

II – criar as Subseções e a Caixa de Assistência dos Advogados;

III – julgar, em grau de recurso, as questões decididas por seu Presidente, por sua diretoria, pelo Tribunal de Ética e Disciplina, pelas diretorias das Subseções e da Caixa de Assistência dos Advogados;

IV – fiscalizar a aplicação da receita, apreciar o relatório anual e deliberar sobre o balanço e as contas de sua diretoria, das diretorias das Subseções e da Caixa de Assistência dos Advogados;

V – fixar a tabela de honorários, válida para todo o território estadual;

VI – realizar o Exame de Ordem;

VII – decidir os pedidos de inscrição nos quadros de advogados e estagiários;

VIII – manter cadastro de seus inscritos;

IX – fixar, alterar e receber contribuições obrigatórias, preços de serviços e multas;

X – participar da elaboração dos concursos públicos, em todas as suas fases, nos casos previstos na Constituição e nas leis, no âmbito do seu território;

XI – determinar, com exclusividade, critérios para o traje dos advogados, no exercício profissional;

XII – aprovar e modificar seu orçamento anual;

XIII – definir a composição e o funcionamento do Tribunal de Ética e Disciplina, e escolher seus membros;

XIV – eleger as listas, constitucionalmente previstas, para preenchimento dos cargos nos tribunais judiciários, no âmbito de sua competência e na forma do Provimento do Conselho Federal, vedada a inclusão de membros do próprio Conselho e de qualquer órgão da OAB;

XV – intervir nas Subseções e na Caixa de Assistência dos Advogados;

XVI – desempenhar outras atribuições previstas no Regulamento Geral;

XVII – **fiscalizar, por designação expressa do Conselho Federal da OAB, a relação jurídica mantida entre advogados e sociedades de advogados e o advogado associado em atividade na circunscrição territorial de cada seccional, inclusive no que se refere ao cumprimento dos requisitos norteadores da associação sem vínculo empregatício;**

•• Inciso XVII acrescentado pela Lei n. 14.365, de 2-6-2022.

XVIII – **promover, por intermédio da Câmara de Mediação e Arbitragem, por designação do Conselho Federal da OAB, a solução sobre questões atinentes à relação entre advogados sócios ou associados e os escritórios de advocacia sediados na base da seccional e homologar, caso necessário, quitações de honorários entre advogados e sociedades de advogados, observado o disposto no inciso XXXV do *caput* do art. 5.º da Constituição Federal.**

•• Inciso XVIII acrescentado pela Lei n. 14.365, de 2-6-2022.

Art. 59. A diretoria do Conselho Seccional tem composição idêntica e atribuições equivalentes às do Conselho Federal, na forma do Regimento Interno daquele.

Capítulo IV
DA SUBSEÇÃO

Art. 60. A Subseção pode ser criada pelo Conselho Seccional, que fixa sua área territorial e seus limites de competência e autonomia.

§ 1.º A área territorial da Subseção pode abranger um ou mais municípios, ou parte de município, inclusive da capital do Estado, contando com um mínimo de quinze advogados, nela profissionalmente domiciliados.

§ 2.º A Subseção é administrada por uma diretoria, com atribuições e composição equivalentes às da diretoria do Conselho Seccional.

§ 3.º Havendo mais de cem advogados, a Subseção pode ser integrada, também, por um Conselho em número de membros fixado pelo Conselho Seccional.

§ 4.º Os quantitativos referidos nos parágrafos primeiro e terceiro deste artigo podem ser ampliados, na forma do Regimento Interno do Conselho Seccional.

§ 5.º Cabe ao Conselho Seccional fixar, em seu orçamento, dotações específicas destinadas à manutenção das Subseções.

§ 6.º O Conselho Seccional, mediante o voto de dois terços de seus membros, pode intervir nas Subseções, onde constatar grave violação desta Lei ou do Regimento Interno daquele.

Art. 61. Compete à Subseção, no âmbito de seu território:

I – dar cumprimento efetivo às finalidades da OAB;

II – velar pela dignidade, independência e valorização da advocacia, e fazer valer as prerrogativas do advogado;

III – representar a OAB perante os poderes constituídos;

IV – desempenhar as atribuições previstas no Regulamento Geral ou por delegação de competência do Conselho Seccional.

Parágrafo único. Ao Conselho da Subseção, quando houver, compete exercer as funções e atribuições do Conselho Seccional, na forma do Regimento Interno deste, e ainda:

a) editar seu Regimento Interno, a ser referendado pelo Conselho Seccional;

b) editar resoluções, no âmbito de sua competência;

c) instaurar e instruir processos disciplinares, para julgamento pelo Tribunal de Ética e Disciplina;

d) receber pedido de inscrição nos quadros de advogado e estagiário, instruindo e emitindo parecer prévio, para decisão do Conselho Seccional.

Capítulo V
DA CAIXA DE ASSISTÊNCIA DOS ADVOGADOS

• A Súmula Normativa n. 1, de 6-3-2002, da Diretoria Colegiada da ANS, dispõe: "As Caixas de Assistência dos Advogados, pessoas jurídicas de direito privado, quando operarem planos privados de assistência à saúde, devem se submeter à Lei n. 9.656, de 3-6-1998".

Art. 62. A Caixa de Assistência dos Advogados, com personalidade jurídica própria, destina-se a prestar assistência aos inscritos no Conselho Seccional a que se vincule.

§ 1.º A Caixa é criada e adquire personalidade jurídica com a aprovação e registro de seu Estatuto pelo respectivo Conselho Seccional da OAB, na forma do Regulamento Geral.

§ 2.º A Caixa pode, em benefício dos advogados, promover a seguridade complementar.

§ 3.º Compete ao Conselho Seccional fixar contribuição obrigatória devida por seus inscritos, destinada à manutenção do disposto no parágrafo anterior, incidente sobre atos decorrentes do efetivo exercício da advocacia.

§ 4.º A diretoria da Caixa é composta de cinco membros, com atribuições definidas no seu Regimento Interno.

§ 5.º Cabe à Caixa a metade da receita das anuidades recebidas pelo Conselho Seccional, considerado o valor resultante após as deduções regulamentares obrigatórias.

§ 6.º Em caso de extinção ou desativação da Caixa, seu patrimônio se incorpora ao do Conselho Seccional respectivo.

§ 7.º O Conselho Seccional, mediante voto de dois terços de seus membros, pode intervir na Caixa de Assistência dos Advogados, no caso de descumprimento de suas finalidades, designando diretoria provisória, enquanto durar a intervenção.

Capítulo VI
DAS ELEIÇÕES E DOS MANDATOS

Art. 63. A eleição dos membros de todos os órgãos da OAB será realizada na segunda quinzena do mês de novembro, do último ano do mandato, mediante cédula única e votação direta dos advogados regularmente inscritos.

§ 1.º A eleição, na forma e segundo os critérios e procedimentos estabelecidos no Regulamento Geral, é de comparecimento obrigatório para todos os advogados inscritos na OAB.

§ 2.º O candidato deve comprovar situação regular perante a OAB, não ocupar cargo exonerável *ad nutum*, não ter sido condenado por infração disciplinar, salvo reabilitação, e exercer efetivamente a profissão há mais de 3 (três) anos, nas eleições para os cargos de Conselheiro Seccional e das Subseções, quando houver, e há mais de 5 (cinco) anos, nas eleições para os demais cargos.

•• § 2.º com redação determinada pela Lei n. 13.875, de 20-9-2019.

Art. 64. Consideram-se eleitos os candidatos integrantes da chapa que obtiver a maioria dos votos válidos.

§ 1.º A chapa para o Conselho Seccional deve ser composta dos candidatos ao Conselho e à sua Diretoria e, ainda, à delegação ao Conselho Federal e à Diretoria da Caixa de Assistência dos Advogados para eleição conjunta.

§ 2.º A chapa para a Subseção deve ser composta com os candidatos à diretoria, e de seu Conselho quando houver.

Art. 65. O mandato em qualquer órgão da OAB é de três anos, iniciando-se em primeiro de janeiro do ano seguinte ao da eleição, salvo o Conselho Federal.

Parágrafo único. Os conselheiros federais eleitos iniciam seus mandatos em primeiro de fevereiro do ano seguinte ao da eleição.

Art. 66. Extingue-se o mandato automaticamente, antes do seu término, quando:

I – ocorrer qualquer hipótese de cancelamento de inscrição ou de licenciamento do profissional;

II – o titular sofrer condenação disciplinar;

III – o titular faltar, sem motivo justificado, a três reuniões ordinárias consecutivas de cada órgão deliberativo do Conselho ou da diretoria da Subseção ou da Caixa de Assistência dos Advogados, não podendo ser reconduzido no mesmo período de mandato.

Parágrafo único. Extinto qualquer mandato, nas hipóteses deste artigo, cabe ao Conselho Seccional escolher o substituto, caso não haja suplente.

Art. 67. A eleição da Diretoria do Conselho Federal, que tomará posse no dia 1.º de fevereiro, obedecerá às seguintes regras:

I – será admitido registro, junto ao Conselho Federal, de candidatura à presidência, desde seis meses até um mês antes da eleição;

II – o requerimento de registro deverá vir acompanhado do apoiamento de, no mínimo, seis Conselhos Seccionais;

III – até um mês antes das eleições, deverá ser requerido o registro da chapa completa, sob pena de cancelamento da candidatura respectiva;

IV – no dia 31 de janeiro do ano seguinte ao da eleição, o Conselho Federal elegerá, em reunião presidida pelo conselheiro mais antigo, por voto secreto e para mandato de 3 (três) anos, sua diretoria, que tomará posse no dia seguinte;

•• Inciso IV com redação determinada pela Lei n. 11.179, de 22-9-2005.

V – será considerada eleita a chapa que obtiver maioria simples dos votos dos Conselheiros Federais, presente a metade mais 1 (um) de seus membros.

•• Inciso V com redação determinada pela Lei n. 11.179, de 22-9-2005.

Parágrafo único. Com exceção do candidato a Presidente, os demais integrantes da chapa deverão ser conselheiros federais eleitos.

Título III
DO PROCESSO NA OAB

Capítulo I
DISPOSIÇÕES GERAIS

Art. 68. Salvo disposição em contrário, aplicam-se subsidiariamente ao processo disciplinar as regras da legislação processual penal comum e, aos demais processos, as regras gerais do procedimento administrativo comum e da legislação processual civil, nessa ordem.

Art. 69. Todos os prazos necessários à manifestação de advogados, estagiários e terceiros, nos processos em geral da OAB, são de quinze dias, inclusive para interposição de recursos.

§ 1.º Nos casos de comunicação por ofício reservado ou de notificação pessoal, considera-se dia do começo do prazo o primeiro dia útil imediato ao da juntada aos autos do respectivo aviso de recebimento.

•• § 1.º com redação determinada pela Lei n. 14.365, de 2-6-2022.

§ 2.º No caso de atos, notificações e decisões divulgados por meio do Diário Eletrônico da Ordem dos Advogados do Brasil, o prazo terá início no primeiro dia útil seguinte à publicação, assim considerada o primeiro dia útil seguinte ao da disponibilização da informação no Diário.

•• § 2.º com redação determinada pela Lei n. 13.688, de 3-7-2018.

•• O Provimento n. 182, de 2-10-2018, do Conselho Federal da OAB, regulamenta o Diário Eletrônico da Ordem dos Advogados o Brasil - DEOAB.

Capítulo II
DO PROCESSO DISCIPLINAR

Art. 70. O poder de punir disciplinarmente os inscritos na OAB compete exclusivamente ao Conselho Seccional em cuja base territorial tenha ocorrido a infração, salvo se a falta for cometida perante o Conselho Federal.

•• A Resolução n. 1, de 20-9-2011, do Conselho Federal da OAB, disciplina o processamento de processos ético-disciplinares previstos neste artigo.

§ 1.º Cabe ao Tribunal de Ética e Disciplina, do Conselho Seccional competente, julgar os processos disciplinares, instruídos pelas Subseções ou por relatores do próprio Conselho.

§ 2.º A decisão condenatória irrecorrível deve ser imediatamente comunicada ao Conselho Seccional onde o representado tenha inscrição principal, para constar dos respectivos assentamentos.

§ 3.º O Tribunal de Ética e Disciplina do Conselho onde o acusado tenha inscrição principal pode suspendê-lo preventivamente, em caso de repercussão prejudicial à dignidade da advocacia, depois de ouvi-lo em sessão especial para a qual deve ser notificado a comparecer, salvo se não atender à notificação. Neste caso, o processo disciplinar deve ser concluído no prazo máximo de noventa dias.

Art. 71. A jurisdição disciplinar não exclui a comum e, quando o fato constituir crime ou contravenção, deve ser comunicado às autoridades competentes.

Art. 72. O processo disciplinar instaura-se de ofício ou mediante representação de qualquer autoridade ou pessoa interessada.

§ 1.º O Código de Ética e Disciplina estabelece os critérios de admissibilidade da representação e os procedimentos disciplinares.

§ 2.º O processo disciplinar tramita em sigilo, até o seu término, só tendo acesso às suas informações as partes, seus defensores e a autoridade judiciária competente.

Art. 73. Recebida a representação, o Presidente deve designar relator, a quem compete a instrução do processo e o oferecimento de parecer preliminar a ser submetido ao Tribunal de Ética e Disciplina.

§ 1.º Ao representado deve ser assegurado amplo direito de defesa, podendo acompanhar o processo em todos os termos, pessoalmente ou por intermédio de procurador, oferecendo defesa prévia após ser notificado, razões finais após a instrução e defesa oral perante o Tribunal de Ética e Disciplina, por ocasião do julgamento.

§ 2.º Se, após a defesa prévia, o relator se manifestar pelo indeferimento liminar da representação, este deve ser decidido pelo Presidente do Conselho Seccional, para determinar seu arquivamento.

§ 3.º O prazo para defesa prévia pode ser prorrogado por motivo relevante, a juízo do relator.

§ 4.º Se o representado não for encontrado, ou for revel, o Presidente do Conselho ou da Subseção deve designar-lhe defensor dativo.

§ 5.º É também permitida a revisão do processo disciplinar, por erro de julgamento ou por condenação baseada em falsa prova.

Art. 74. O Conselho Seccional pode adotar as medidas administrativas e judiciais pertinentes, objetivando a que o profissional suspenso ou excluído devolva os documentos de identificação.

Capítulo III
DOS RECURSOS

Art. 75. Cabe recurso ao Conselho Federal de todas as decisões definitivas proferidas pelo Conselho Seccional, quando não tenham sido unânimes ou, sendo unânimes, contrariem esta Lei, decisão do Conselho Federal ou de outro Conselho Seccional e, ainda, o Regulamento Geral, o Código de Ética e Disciplina e os Provimentos.

Parágrafo único. Além dos interessados, o Presidente do Conselho Seccional é legitimado a interpor o recurso referido neste artigo.

Art. 76. Cabe recurso ao Conselho Seccional de todas as decisões proferidas por seu Presidente, pelo Tribunal de Ética e Disciplina, ou pela diretoria da Subseção ou da Caixa de Assistência dos Advogados.

Art. 77. Todos os recursos têm efeito suspensivo, exceto quando tratarem de eleições (arts. 63 e seguintes), de suspensão preventiva decidida pelo Tribunal de Ética e Disciplina, e de cancelamento da inscrição obtida com falsa prova.

Parágrafo único. O Regulamento Geral disciplina o cabimento de recursos específicos, no âmbito de cada órgão julgador.

Título IV
DAS DISPOSIÇÕES GERAIS E TRANSITÓRIAS

Art. 78. Cabe ao Conselho Federal da OAB, por deliberação de dois terços, pelo menos, das delegações, editar o Regulamento Geral deste Estatuto, no prazo de seis meses, contados da publicação desta Lei.

Art. 79. Aos servidores da OAB, aplica-se o regime trabalhista.

§ 1.º Aos servidores da OAB, sujeitos ao regime da Lei n. 8.112, de 11 de dezembro de 1990, é concedido o direito de opção pelo regime trabalhista, no prazo de noventa dias a partir da vigência desta Lei, sendo assegurado aos optantes o pagamento de indenização, quando da aposentadoria, correspondente a cinco vezes o valor da última remuneração.

§ 2.º Os servidores que não optarem pelo regime trabalhista serão posicionados no quadro em extinção, assegurado o direito adquirido ao regime legal anterior.

Art. 80. Os Conselhos Federal e Seccionais devem promover trienalmente as respectivas Conferências, em data não coincidente com o ano eleitoral, e, periodicamente, reunião do colégio de presidentes a eles vinculados, com finalidade consultiva.

Art. 81. Não se aplicam aos que tenham assumido originariamente o cargo de Presidente do Conselho Federal ou dos Conselhos Seccionais, até a data da publicação desta Lei, as normas contidas no Título II, acerca da composição desses Conselhos, ficando assegurado o pleno direito de voz e voto em suas sessões.

Art. 82. Aplicam-se as alterações previstas nesta Lei, quanto a mandatos, eleições, composição e atribuições dos órgãos da OAB, a partir do término do mandato dos atuais membros, devendo os Conselhos Federal e Seccionais disciplinarem os respectivos procedimentos de adaptação.

Parágrafo único. Os mandatos dos membros dos órgãos da OAB, eleitos na primeira eleição sob a vigência desta Lei, e na forma do Capítulo VI do Título II, terão início no dia seguinte ao término dos atuais mandatos, encerrando-se em 31 de dezembro do terceiro ano do mandato e em 31 de janeiro do terceiro ano do mandato, neste caso com relação ao Conselho Federal.

Art. 83. Não se aplica o disposto no art. 28, inciso II, desta Lei, aos membros do Ministério Público que, na data de promulgação da Constituição, se incluam na previsão do art. 29, § 3.º, do seu Ato das Disposições Constitucionais Transitórias.

Art. 84. O estagiário, inscrito no respectivo quadro, fica dispensado do Exame de Ordem, desde que comprove, em até dois anos da promulgação desta Lei, o exercício e resultado do estágio profissional ou a conclusão, com aproveitamento, do estágio de "Prática Forense e Organização Judiciária", realizado junto à respectiva faculdade, na forma da legislação em vigor.

Art. 85. O Instituto dos Advogados Brasileiros, a Federação Nacional dos Institutos dos Advogados do Brasil e as instituições a eles filiadas têm qualidade para promover perante a OAB o que julgarem do interesse dos advogados em geral ou de qualquer de seus membros.

•• Artigo com redação determinada pela Lei n. 14.365, de 2-6-2022.

Art. 86. Esta Lei entra em vigor na data de sua publicação.

Art. 87. Revogam-se as disposições em contrário, especialmente a Lei n. 4.215, de 27 de abril de 1963, a Lei n. 5.390, de 23 de fevereiro de 1968, o Decreto-lei n. 505, de 18 de março de 1969, a Lei n. 5.681, de 20 de julho de 1971, a Lei n. 5.842, de 6 de dezembro de 1972, a Lei n. 5.960, de 10 de dezembro de 1973, a Lei n. 6.743, de 5 de dezembro de 1979, a Lei n. 6.884, de 9 de dezembro de 1980, a Lei n. 6.994, de 26 de maio de 1982, mantidos os efeitos da Lei n. 7.346, de 22 de julho de 1985.

Brasília, 4 de julho de 1994; 173.º da Independência e 106.º da República.

ITAMAR FRANCO

CÓDIGO DE ÉTICA E DISCIPLINA DA ORDEM DOS ADVOGADOS DO BRASIL – OAB (*)

O Conselho Federal da Ordem dos Advogados do Brasil, ao instituir o Código de Ética e Disciplina, norteou-se por princípios que formam a consciência profissional do advogado e representam imperativos de sua conduta, os quais se traduzem nos seguintes mandamentos: lutar sem receio pelo primado da Justiça; pugnar pelo cumprimento da Constituição e pelo respeito à Lei, fazendo com que o ordenamento jurídico seja interpretado com retidão, em perfeita sintonia com os fins sociais a que se dirige e as exigências do bem comum; ser fiel à verdade para poder servir à Justiça como um de seus elementos essenciais; proceder com lealdade e boa-fé em suas relações profissionais e em todos os atos do seu ofício; empenhar-se na defesa das causas confiadas ao seu patrocínio, dando ao constituinte o amparo do Direito, e proporcionando-lhe a realização prática de seus legítimos interesses; comportar-se, nesse mister, com independência e altivez, defendendo com o mesmo denodo humildes e poderosos; exercer a advocacia com o indispensável senso profissional, mas também com desprendimento, jamais permitindo que o anseio de ganho material sobreleve a finalidade social do seu trabalho; aprimorar-se no culto dos princípios éticos e no domínio da ciência jurídica, de modo a tornar-se merecedor da confiança do cliente e da sociedade como um todo, pelos atributos intelectuais e pela probidade pessoal; agir, em suma, com a dignidade e a correção dos profissionais que honram e engrandecem a sua classe.

Inspirado nesses postulados, o Conselho Federal da Ordem dos Advogados do Brasil, no uso das atribuições que lhe são conferidas pelos arts. 33 e 54, V, da Lei n. 8.906, de 4 de julho de 1994, aprova e edita este Código, exortando os advogados brasileiros à sua fiel observância.

TÍTULO I
DA ÉTICA DO ADVOGADO

Capítulo I
DOS PRINCÍPIOS FUNDAMENTAIS

Art. 1.º O exercício da advocacia exige conduta compatível com os preceitos deste Código, do Estatuto, do Regulamento Geral, dos Provimentos e com os princípios da moral individual, social e profissional.

Art. 2.º O advogado, indispensável à administração da Justiça, é defensor do Estado Democrático de Direito, dos direitos humanos e garantias fundamentais, da cidadania, da moralidade, da Justiça e da paz social, cumprindo-lhe exercer o seu ministério em consonância com a sua elevada função pública e com os valores que lhe são inerentes.

Parágrafo único. São deveres do advogado:

I – preservar, em sua conduta, a honra, a nobreza e a dignidade da profissão, zelando pelo caráter de essencialidade e indispensabilidade da advocacia;

II – atuar com destemor, independência, honestidade, decoro, veracidade, lealdade, dignidade e boa-fé;

III – velar por sua reputação pessoal e profissional;

IV – empenhar-se, permanentemente, no aperfeiçoamento pessoal e profissional;

V – contribuir para o aprimoramento das instituições, do Direito e das leis;

VI – estimular, a qualquer tempo, a conciliação e a mediação entre os litigantes, prevenindo, sempre que possível, a instauração de litígios;

VII – desaconselhar lides temerárias, a partir de um juízo preliminar de viabilidade jurídica;

VIII – abster-se de:

a) utilizar de influência indevida, em seu benefício ou do cliente;

b) vincular seu nome ou nome social a empreendimentos sabidamente escusos;

•• Alínea *b* com redação determinada pela Resolução n. 7, de 7-6-2016.

c) emprestar concurso aos que atentem contra a ética, a moral, a honestidade e a dignidade da pessoa humana;

d) entender-se diretamente com a parte adversa que tenha patrono constituído, sem o assentimento deste;

e) ingressar ou atuar em pleitos administrativos ou judiciais perante autoridades com as quais tenha vínculos negociais ou familiares;

f) contratar honorários advocatícios em valores aviltantes.

IX – pugnar pela solução dos problemas da cidadania e pela efetivação dos direitos individuais, coletivos e difusos;

X – adotar conduta consentânea com o papel de elemento indispensável à administração da Justiça;

XI – cumprir os encargos assumidos no âmbito da Ordem dos Advogados do Brasil ou na representação da classe;

XII – zelar pelos valores institucionais da OAB e da advocacia;

XIII – ater-se, quando no exercício da função de defensor público, à defesa dos necessitados.

Art. 3.º O advogado deve ter consciência de que o Direito é um meio de mitigar as desigualdades para o encontro de soluções justas e que a lei é um instrumento para garantir a igualdade de todos.

Art. 4.º O advogado, ainda que vinculado ao cliente ou constituinte, mediante relação empregatícia ou por contrato de prestação permanente de serviços, ou como integrante de departamento jurídico, ou de órgão de assessoria jurídica, público ou privado, deve zelar pela sua liberdade e independência.

Parágrafo único. É legítima a recusa, pelo advogado, do patrocínio de causa e de manifestação, no âmbito consultivo, de pretensão concernente a direito que também lhe seja aplicável ou contrarie orientação que tenha manifestado anteriormente.

Art. 5.º O exercício da advocacia é incompatível com qualquer procedimento de mercantilização.

Art. 6.º É defeso ao advogado expor os fatos em Juízo ou na via administrativa falseando deliberadamente a verdade e utilizando de má-fé.

Art. 7.º É vedado o oferecimento de serviços profissionais que implique, direta ou indiretamente, angariar ou captar clientela.

Capítulo II
DA ADVOCACIA PÚBLICA

Art. 8.º As disposições deste Código obrigam igualmente os órgãos de advocacia pública, e advogados públicos, incluindo aqueles que ocupem posição de chefia e direção jurídica.

§ 1.º O advogado público exercerá suas funções com independência técnica, contribuindo para a solução ou redução de litigiosidade, sempre que possível.

§ 2.º O advogado público, inclusive o que exerce cargo de chefia ou direção jurídica, observará nas relações com os colegas, autoridades, servidores e o público em geral, o dever de urbanidade, tratando a todos com respeito e consideração, ao mesmo tempo em que preservará suas prerrogativas e o direito de receber igual tratamento das pessoas com as quais se relacione.

Capítulo III
DAS RELAÇÕES COM O CLIENTE

Art. 9.º O advogado deve informar o cliente, de modo claro e inequívoco, quanto a eventuais riscos da sua pretensão, e das consequências que poderão advir da demanda. Deve, igualmente, denunciar, desde logo, a quem lhe solicite parecer ou patrocínio, qualquer circunstância que possa influir na resolução de submeter-lhe a consulta ou confiar-lhe a causa.

Art. 10. As relações entre advogado e cliente baseiam-se na confiança recíproca. Sentindo o advogado que essa confiança lhe falta, é recomendável que externe ao cliente sua impressão e, não se dissipando as dúvidas existentes, promova, em seguida, o substabelecimento do mandato ou a ele renuncie.

Art. 11. O advogado, no exercício do mandato, atua como patrono da parte, cumprin-

(*) Aprovado pela Resolução n. 2, de 19-10-2015, do CFOAB. Publicado no *Diário Oficial da União*, de 4-11-2015.

do-lhe, por isso, imprimir à causa orientação que lhe pareça mais adequada, sem se subordinar a intenções contrárias do cliente, mas, antes, procurando esclarecê-lo quanto à estratégia traçada.

Art. 12. A conclusão ou desistência da causa, tenha havido, ou não, extinção do mandato, obriga o advogado a devolver ao cliente bens, valores e documentos que lhe hajam sido confiados e ainda estejam em seu poder, bem como a prestar-lhe contas, pormenorizadamente, sem prejuízo de esclarecimentos complementares que se mostrem pertinentes e necessários.

Parágrafo único. A parcela dos honorários paga pelos serviços até então prestados não se inclui entre os valores a ser devolvidos.

Art. 13. Concluída a causa ou arquivado o processo, presume-se cumprido e extinto o mandato.

Art. 14. O advogado não deve aceitar procuração de quem já tenha patrono constituído, sem prévio conhecimento deste, salvo por motivo plenamente justificável ou para adoção de medidas judiciais urgentes e inadiáveis.

Art. 15. O advogado não deve deixar ao abandono ou ao desamparo as causas sob seu patrocínio, sendo recomendável que, em face de dificuldades insuperáveis ou inércia do cliente quanto a providências que lhe tenham sido solicitadas, renuncie ao mandato.

Art. 16. A renúncia ao patrocínio deve ser feita sem menção do motivo que a determinou, fazendo cessar a responsabilidade profissional pelo acompanhamento da causa, uma vez decorrido o prazo previsto em lei (EAOAB, art. 5.º, § 3.º).

§ 1.º A renúncia ao mandato não exclui responsabilidade por danos eventualmente causados ao cliente ou a terceiros.

§ 2.º O advogado não será responsabilizado por omissão do cliente quanto a documento ou informação que lhe devesse fornecer para a prática oportuna de ato processual do seu interesse.

Art. 17. A revogação do mandato judicial por vontade do cliente não o desobriga do pagamento das verbas honorárias contratadas, assim como não retira o direito do advogado de receber o quanto lhe seja devido em eventual verba honorária de sucumbência, calculada proporcionalmente em face do serviço efetivamente prestado.

Art. 18. O mandato judicial ou extrajudicial não se extingue pelo decurso de tempo, salvo se o contrário for consignado no respectivo instrumento.

Art. 19. Os advogados integrantes da mesma sociedade profissional, ou reunidos em caráter permanente para cooperação recíproca, não podem representar, em juízo ou fora dele, clientes com interesses opostos.

Art. 20. Sobrevindo conflitos de interesse entre seus constituintes e não conseguindo o advogado harmonizá-los, caber-lhe-á optar, com prudência e discrição, por um dos mandatos, renunciando aos demais, resguardado sempre o sigilo profissional.

Art. 21. O advogado, ao postular em nome de terceiros, contra ex-cliente ou ex-empregador, judicial e extrajudicialmente, deve resguardar o sigilo profissional.

Art. 22. Ao advogado cumpre abster-se de patrocinar causa contrária à validade ou legitimidade de ato jurídico em cuja formação haja colaborado ou intervindo de qualquer maneira; da mesma forma, deve declinar seu impedimento ou o da sociedade que integre quando houver conflito de interesses motivado por intervenção anterior no trato de assunto que se prenda ao patrocínio solicitado.

Art. 23. É direito e dever do advogado assumir a defesa criminal, sem considerar sua própria opinião sobre a culpa do acusado.

Parágrafo único. Não há causa criminal indigna de defesa, cumprindo ao advogado agir, como defensor, no sentido de que a todos seja concedido tratamento condizente com a dignidade da pessoa humana, sob a égide das garantias constitucionais.

Art. 24. O advogado não se sujeita à imposição do cliente que pretenda ver com ele atuando outros advogados, nem fica na contingência de aceitar a indicação de outro profissional para com ele trabalhar no processo.

Art. 25. É defeso ao advogado funcionar no mesmo processo, simultaneamente, como patrono e preposto do empregador ou cliente.

Art. 26. O substabelecimento do mandato, com reserva de poderes, é ato pessoal do advogado da causa.

§ 1.º O substabelecimento do mandato sem reserva de poderes exige o prévio e inequívoco conhecimento do cliente.

§ 2.º O substabelecido com reserva de poderes deve ajustar antecipadamente seus honorários com o substabelecente.

Capítulo IV

DAS RELAÇÕES COM OS COLEGAS, AGENTES POLÍTICOS, AUTORIDADES, SERVIDORES PÚBLICOS E TERCEIROS

Art. 27. O advogado observará, nas suas relações com os colegas de profissão, agentes políticos, autoridades, servidores públicos e terceiros em geral, o dever de urbanidade, tratando a todos com respeito e consideração, ao mesmo tempo em que preservará seus direitos e prerrogativas, devendo exigir igual tratamento de todos com quem se relacione.

§ 1.º O dever de urbanidade há de ser observado, da mesma forma, nos atos e manifestações relacionados aos pleitos eleitorais no âmbito da Ordem dos Advogados do Brasil.

§ 2.º No caso de ofensa à honra do advogado ou à imagem da instituição, adotar-se-ão as medidas cabíveis, instaurando-se processo ético-disciplinar e dando-se ciência às autoridades competentes para apuração de eventual ilícito penal.

Art. 28. Consideram-se imperativos de uma correta atuação profissional o emprego de linguagem escorreita e polida, bem como a observância da boa técnica jurídica.

Art. 29. O advogado que se valer do concurso de colegas na prestação de serviços advocatícios, seja em caráter individual, seja no âmbito de sociedade de advogados ou de empresa ou entidade em que trabalhe, dispensar-lhes-á tratamento condigno, que não os torne subalternos seus nem lhes avilte os serviços prestados mediante remuneração incompatível com a natureza do trabalho profissional ou inferior ao mínimo fixado pela Tabela de Honorários que for aplicável.

Parágrafo único. Quando o aviltamento de honorários for praticado por empresas ou entidades públicas ou privadas, os advogados responsáveis pelo respectivo departamento ou gerência jurídica serão instados a corrigir o abuso, inclusive intervindo junto aos demais órgãos competentes e com poder de decisão da pessoa jurídica de que se trate, sem prejuízo das providências que a Ordem dos Advogados do Brasil possa adotar com o mesmo objetivo.

Capítulo V

DA ADVOCACIA *PRO BONO*

- O Provimento OAB n. 166, de 9-11-2015, dispõe sobre a advocacia *pro bono*.

Art. 30. No exercício da advocacia *pro bono*, e ao atuar como defensor nomeado, conveniado ou dativo, o advogado empregará o zelo e a dedicação habituais, de forma que a parte por ele assistida se sinta amparada e confie no seu patrocínio.

§ 1.º Considera-se advocacia *pro bono* a prestação gratuita, eventual e voluntária de serviços jurídicos em favor de instituições sociais sem fins econômicos e aos seus assistidos, sempre que os beneficiários não dispuserem de recursos para a contratação de profissional.

§ 2.º A advocacia *pro bono* pode ser exercida em favor de pessoas naturais que, igualmente, não dispuserem de recursos para, sem prejuízo do próprio sustento, contratar advogado.

§ 3.º A advocacia *pro bono* não pode ser utilizada para fins político-partidários ou eleitorais, nem beneficiar instituições que visem a tais objetivos, ou como instrumento de publicidade para captação de clientela.

Capítulo VI

DO EXERCÍCIO DE CARGOS E FUNÇÕES NA OAB E NA REPRESENTAÇÃO DA CLASSE

Art. 31. O advogado, no exercício de cargos ou funções em órgãos da Ordem dos Advogados do Brasil ou na representação da classe junto a quaisquer instituições, órgãos ou comissões, públicos ou privados, manterá conduta consentânea com as disposições deste Código e que revele plena lealdade aos interesses, direitos e prerrogativas da classe dos advogados que representa.

Art. 32. Não poderá o advogado, enquanto exercer cargos ou funções em órgãos da OAB ou representar a classe junto a quaisquer instituições, órgãos ou comissões, públicos ou privados, firmar contrato oneroso de prestação de serviços ou fornecimento de produtos com tais entidades nem adquirir bens imóveis ou móveis infungíveis de quaisquer órgãos da OAB, ou a estes aliená-los.

•• *Caput* com redação determinada pela Resolução n. 4, de 7-6-2016.

Parágrafo único. Não há impedimento ao exercício remunerado de atividade de magistério na Escola Nacional de Advocacia – ENA, nas Escolas de Advocacia – ESAs e nas Bancas do Exame de Ordem, observados os princípios da moralidade e da modicidade dos valores estabelecidos a título de remuneração.

•• Parágrafo único acrescentado pela Resolução n. 4, de 7-6-2016.

Art. 33. Salvo em causa própria, não poderá o advogado, enquanto exercer cargos ou funções em órgãos da OAB ou tiver assento, em qualquer condição, nos seus Conselhos, atuar em processos que tramitem perante a entidade nem oferecer pareceres destinados a instruí-los.

Parágrafo único. A vedação estabelecida neste artigo não se aplica aos dirigentes de Seccionais quando atuem, nessa qualidade, como legitimados a recorrer nos processos em trâmite perante os órgãos da OAB.

Art. 34. Ao submeter seu nome à apreciação do Conselho Federal ou dos Conselhos Seccionais com vistas à inclusão em listas destinadas ao provimento de vagas reservadas à classe nos tribunais, no Conselho Nacional de Justiça, no Conselho Nacional do Ministério Público e em outros colegiados, o candidato assumirá o compromisso de respeitar os direitos e prerrogativas do advogado, não praticar nepotismo nem agir em desacordo com a moralidade administrativa e com os princípios deste Código, no exercício de seu mister.

Capítulo VII
DO SIGILO PROFISSIONAL

•• O Provimento n. 205, de 15-7-2021, da OAB, dispõe sobre a publicidade e a informação da advocacia .

Art. 35. O advogado tem o dever de guardar sigilo dos fatos de que tome conhecimento no exercício da profissão.

Parágrafo único. O sigilo profissional abrange os fatos de que o advogado tenha tido conhecimento em virtude de funções desempenhadas na Ordem dos Advogados do Brasil.

Art. 36. O sigilo profissional é de ordem pública, independendo de solicitação de reserva que lhe seja feita pelo cliente.

§ 1.º Presumem-se confidenciais as comunicações de qualquer natureza entre advogado e cliente.

§ 2.º O advogado, quando no exercício das funções de mediador, conciliador e árbitro, se submete às regras de sigilo profissional.

Art. 37. O sigilo profissional cederá em face de circunstâncias excepcionais que configurem justa causa, como nos casos de grave ameaça ao direito à vida e à honra ou que envolvam defesa própria.

Art. 38. O advogado não é obrigado a depor, em processo ou procedimento judicial, administrativo ou arbitral, sobre fatos a cujo respeito deva guardar sigilo profissional.

Capítulo VIII
DA PUBLICIDADE PROFISSIONAL

•• O Provimento n. 205, de 15-7-2021, da OAB, dispõe sobre a publicidade e a informação da advocacia.

Art. 39. A publicidade profissional do advogado tem caráter meramente informativo e deve primar pela discrição e sobriedade, não podendo configurar captação de clientela ou mercantilização da profissão.

Art. 40. Os meios utilizados para a publicidade profissional hão de ser compatíveis com a diretriz estabelecida no artigo anterior, sendo vedados:

I – a veiculação da publicidade por meio de rádio, cinema e televisão;

II – o uso de *outdoors*, painéis luminosos ou formas assemelhadas de publicidade;

III – as inscrições em muros, paredes, veículos, elevadores ou em qualquer espaço público;

IV – a divulgação de serviços de advocacia juntamente com a de outras atividades ou a indicação de vínculos entre uns e outras;

V – o fornecimento de dados de contato, como endereço e telefone, em colunas ou artigos literários, culturais, acadêmicos ou jurídicos, publicados na imprensa, bem assim quando de eventual participação em programas de rádio ou televisão, ou em veiculação de matérias pela internet, sendo permitida a referência a e-mail;

VI – a utilização de mala direta, a distribuição de panfletos ou formas assemelhadas de publicidade, com o intuito de captação de clientela.

Parágrafo único. Exclusivamente para fins de identificação dos escritórios de advocacia, é permitida a utilização de placas, painéis luminosos e inscrições em suas fachadas, desde que respeitadas as diretrizes previstas no art. 39.

Art. 41. As colunas que o advogado mantiver nos meios de comunicação social ou os textos que por meio deles divulgar não deverão induzir o leitor a litigar nem promover, dessa forma, captação de clientela.

Art. 42. É vedado ao advogado:

I – responder com habitualidade a consulta sobre matéria jurídica, nos meios de comunicação social;

II – debater, em qualquer meio de comunicação, causa sob o patrocínio de outro advogado;

III – abordar tema de modo a comprometer a dignidade da profissão e da instituição que o congrega;

IV – divulgar ou deixar que sejam divulgadas listas de clientes e demandas;

V – insinuar-se para reportagens e declarações públicas.

Art. 43. O advogado que eventualmente participar de programa de televisão ou de rádio, de entrevista na imprensa, de reportagem televisionada ou veiculada por qualquer outro meio, para manifestação profissional, deve visar a objetivos exclusivamente ilustrativos, educacionais e instrutivos, sem propósito de promoção pessoal ou profissional, vedados pronunciamentos sobre métodos de trabalho usados por seus colegas de profissão.

Parágrafo único. Quando convidado para manifestação pública, por qualquer modo e forma, visando ao esclarecimento de tema jurídico de interesse geral, deve o advogado evitar insinuações com o sentido de promoção pessoal ou profissional, bem como o debate de caráter sensacionalista.

Art. 44. Na publicidade profissional que promover ou nos cartões e material de escritório de que se utilizar, o advogado fará constar seu nome, nome social ou o da sociedade de advogados, o número ou os números de inscrição na OAB.

•• *Caput* com redação determinada pela Resolução n. 7, de 7-6-2016.

§ 1.º Poderão ser referidos apenas os títulos acadêmicos do advogado e as distinções honoríficas relacionadas à vida profissional, bem como as instituições jurídicas de que faça parte, e as especialidades a que se dedicar, o endereço, *e-mail, site*, página eletrônica, QR *code*, logotipo e a fotografia do escritório, o horário de atendimento e os idiomas em que o cliente poderá ser atendido.

§ 2.º É vedada a inclusão de fotografias pessoais ou de terceiros nos cartões de visitas do advogado, bem como menção a qualquer emprego, cargo ou função ocupado, atual ou pretérito, em qualquer órgão ou instituição, salvo o de professor universitário.

Art. 45. São admissíveis como formas de publicidade o patrocínio de eventos ou publicações de caráter científico ou cultural, assim como a divulgação de boletins, por meio físico ou eletrônico, sobre matéria cultural de interesse dos advogados, desde que sua circulação fique adstrita a clientes e a interessados do meio jurídico.

Art. 46. A publicidade veiculada pela internet ou por outros meios eletrônicos deverá observar as diretrizes estabelecidas neste capítulo.

Parágrafo único. A telefonia e a internet podem ser utilizadas como veículo de publicidade, inclusive para o envio de mensagens a destinatários certos, desde que estas não impliquem o oferecimento de serviços ou representem forma de captação de clientela.

Art. 47. As normas sobre publicidade profissional constantes deste capítulo poderão ser complementadas por outras que o Conselho Federal aprovar, observadas as diretrizes do presente Código.

Art. 47-A. Será admitida a celebração de termo de ajustamento de conduta no âmbito dos Conselhos Seccionais e do Conselho Federal para fazer cessar a publicidade irregular praticada por advogados e estagiários.

•• *Caput* acrescentado pela Resolução n. 4, de 27-10-2020.

•• O Provimento n. 200, de 27-10-2020, da OAB, regulamenta este art. 47-A.

Parágrafo único. O termo previsto neste artigo será regulamentado mediante edição de provimento do Conselho Federal, que estabelecerá seus requisitos e condições.

•• Parágrafo único acrescentado pela Resolução n. 4, de 27-10-2020.

Capítulo IX
DOS HONORÁRIOS PROFISSIONAIS

•• Honorários advocatícios: *vide* arts. 21 a 26, e 34, III, da Lei n. 8.906, de 4-7-1994.

• *Vide* Súmula 201 do STJ.

Art. 48. A prestação de serviços profissionais por advogado, individualmente ou integrado em sociedades, será contratada, preferentemente, por escrito.

•• O Provimento n. 204, de 13-4-2021, do Conselho Federal da OAB, regulamenta a forma de comprovação da prestação de serviços advocatícios por advogados e sociedades de advogados.

§ 1.º O contrato de prestação de serviços de advocacia não exige forma especial, devendo estabelecer, porém, com clareza e precisão, o seu objeto, os honorários ajustados, a forma de pagamento, a extensão do patrocínio, esclarecendo se este abrangerá todos os atos do processo ou limitar-se-á a determinado grau de jurisdição, além de dispor sobre a hipótese de a causa encerrar-se mediante transação ou acordo.

§ 2.º A compensação de créditos, pelo advogado, de importâncias devidas ao cliente, somente será admissível quando o contrato de prestação de serviços a autorizar ou quando houver autorização especial do cliente para esse fim, por este firmada.

§ 3.º O contrato de prestação de serviços poderá dispor sobre a forma de contratação de profissionais para serviços auxiliares, bem como sobre o pagamento de custas e emolumentos, os quais, na ausência de disposição em contrário, presumem-se devam ser atendidos pelo cliente. Caso o contrato preveja que o advogado antecipe tais despesas, ser-lhe-á lícito reter o respectivo valor atualizado, no ato de prestação de contas, mediante comprovação documental.

§ 4.º As disposições deste capítulo aplicam-se à mediação, à conciliação, à arbitragem ou a qualquer outro método adequado de solução dos conflitos.

§ 5.º É vedada, em qualquer hipótese, a diminuição dos honorários contratados em decorrência da solução do litígio por qualquer mecanismo adequado de solução extrajudicial.

§ 6.º Deverá o advogado observar o valor mínimo da Tabela de Honorários instituída pelo respectivo Conselho Seccional onde for realizado o serviço, inclusive aquele referente às diligências, sob pena de caracterizar-se aviltamento de honorários.

§ 7.º O advogado promoverá, preferentemente, de forma destacada a execução dos honorários contratuais ou sucumbenciais.

Art. 49. Os honorários profissionais devem ser fixados com moderação, atendidos os elementos seguintes:

I – a relevância, o vulto, a complexidade e a dificuldade das questões versadas;

II – o trabalho e o tempo a ser empregados;

III – a possibilidade de ficar o advogado impedido de intervir em outros casos, ou de se desavir com outros clientes ou terceiros;

IV – o valor da causa, a condição econômica do cliente e o proveito para este resultante do serviço profissional;

V – o caráter da intervenção, conforme se trate de serviço a cliente eventual, frequente ou constante;

VI – o lugar da prestação dos serviços, conforme se trate do domicílio do advogado ou de outro;

VII – a competência do profissional;

VIII – a praxe do foro sobre trabalhos análogos.

Art. 50. Na hipótese da adoção de cláusula *quota litis*, os honorários devem ser necessariamente representados por pecúnia e, quando acrescidos dos honorários da sucumbência, não podem ser superiores às vantagens advindas a favor do cliente.

§ 1.º A participação do advogado em bens particulares do cliente só é admitida em caráter excepcional, quando esse, comprovadamente, não tiver condições pecuniárias de satisfazer o débito de honorários e ajustar com o seu patrono, em instrumento contratual, tal forma de pagamento.

§ 2.º Quando o objeto do serviço jurídico versar sobre prestações vencidas e vincendas, os honorários advocatícios poderão incidir sobre o valor de umas e outras, atendidos os requisitos da moderação e da razoabilidade.

Art. 51. Os honorários da sucumbência e os honorários contratuais, pertencendo ao advogado que houver atuado na causa, poderão ser por ele executados, assistindo-lhe direito autônomo para promover a execução do capítulo da sentença que os estabelecer ou para postular, quando for o caso, a expedição de precatório ou requisição de pequeno valor em seu favor.

§ 1.º No caso de substabelecimento, a verba correspondente aos honorários da sucumbência será repartida entre o substabelecente e o substabelecido, proporcionalmente à atuação de cada um no processo ou conforme haja sido entre eles ajustado.

§ 2.º Quando for o caso, a Ordem dos Advogados do Brasil ou os seus Tribunais de Ética e Disciplina poderão ser solicitados a indicar mediador que contribua no sentido de que a distribuição dos honorários da sucumbência, entre advogados, se faça segundo o critério estabelecido no § 1.º.

§ 3.º Nos processos disciplinares que envolverem divergência sobre a percepção de honorários da sucumbência, entre advogados, deverá ser tentada a conciliação destes, preliminarmente, pelo relator.

Art. 52. O crédito por honorários advocatícios, seja do advogado autônomo, seja de sociedade de advogados, não autoriza o saque de duplicatas ou qualquer outro título de crédito de natureza mercantil, podendo, apenas, ser emitida fatura, quando o cliente assim pretender, com fundamento no contrato de prestação de serviços, a qual, porém, não poderá ser levada a protesto.

Parágrafo único. Pode, todavia, ser levado a protesto o cheque ou a nota promissória emitido pelo cliente em favor do advogado, depois de frustrada a tentativa de recebimento amigável.

Art. 53. É lícito ao advogado ou à sociedade de advogados empregar, para o recebimento de honorários, sistema de cartão de crédito, mediante credenciamento junto a empresa operadora do ramo.

Parágrafo único. Eventuais ajustes com a empresa operadora que impliquem pagamento antecipado não afetarão a responsabilidade do advogado perante o cliente, em caso de rescisão do contrato de prestação de serviços, devendo ser observadas as disposições deste quanto à hipótese.

Art. 54. Havendo necessidade de promover arbitramento ou cobrança judicial de honorários, deve o advogado renunciar previamente ao mandato que recebera do cliente em débito.

TÍTULO II
DO PROCESSO DISCIPLINAR

Capítulo I
DOS PROCEDIMENTOS

• A Resolução n. 1, de 6-12-2022, da OAB, aprova a atualização do Manual de Procedimentos do Processo Ético-Disciplinar.

Art. 55. O processo disciplinar instaura-se de ofício ou mediante representação do interessado.

§ 1.º A instauração, de ofício, do processo disciplinar dar-se-á em função do conhecimento do fato, quando obtido por meio de fonte idônea ou em virtude de comunicação da autoridade competente.

§ 2.º Não se considera fonte idônea a que consistir em denúncia anônima.

Art. 56. A representação será formulada ao Presidente do Conselho Seccional ou ao Presidente da Subseção, por escrito ou verbalmente, devendo, neste último caso, ser reduzida a termo.

Parágrafo único. Nas Seccionais cujos Regimentos Internos atribuírem competência ao Tribunal de Ética e Disciplina para instaurar o processo ético disciplinar, a representação poderá ser dirigida ao seu Presidente ou será a este encaminhada por qualquer dos dirigentes referidos no *caput* deste artigo que a houver recebido.

Art. 57. A representação deverá conter:

I – a identificação do representante, com a sua qualificação civil e endereço;

II – a narração dos fatos que a motivam, de forma que permita verificar a existência, em tese, de infração disciplinar;

III – os documentos que eventualmente a instruam e a indicação de outras provas a ser produzidas, bem como, se for o caso, o rol de testemunhas, até o máximo de cinco;

IV – a assinatura do representante ou a certificação de quem a tomou por termo, na impossibilidade de obtê-la.

Art. 58. Recebida a representação, o Presidente do Conselho Seccional ou o da Subseção, quando esta dispuser de Conselho, designa relator, por sorteio, um de seus integrantes, para presidir a instrução processual.

§ 1.º Os atos de instrução processual podem ser delegados ao Tribunal de Ética e Disciplina, conforme dispuser o regimento interno do Conselho Seccional, caso em que caberá ao seu Presidente, por sorteio, designar relator.

§ 2.º Antes do encaminhamento dos autos ao relator, serão juntadas a ficha cadastral do representado e certidão negativa ou positiva sobre a existência de punições anteriores, com menção das faltas atribuídas. Será providenciada, ainda, certidão sobre a existência ou não de representações em andamento, a qual, se positiva, será acompanhada da informação sobre as faltas imputadas.

• A Resolução OAB n. 1, de 6-6-2016, institui o modelo de certidão de representações em andamento, nos termos deste § 2.º.

§ 3.º O relator, atendendo aos critérios de admissibilidade, emitirá parecer propondo a instauração de processo disciplinar ou o arquivamento liminar da representação, no prazo de 30 (trinta) dias, sob pena de redistribuição do feito pelo Presidente do Conselho Seccional ou da Subseção para outro relator, observando-se o mesmo prazo.

§ 4.º O Presidente do Conselho competente ou, conforme o caso, o do Tribunal de Ética e Disciplina, proferirá despacho declarando instaurado o processo disciplinar ou determinando o arquivamento da representação, nos termos do parecer do relator ou segundo os fundamentos que adotar.

§ 5.º A representação contra membros do Conselho Federal e Presidentes de Conselhos Seccionais é processada e julgada pelo Conselho Federal, sendo competente a Segunda Câmara reunida em sessão plenária. A representação contra membros da diretoria do Conselho Federal, Membros Honorários Vitalícios e detentores da Medalha Rui Barbosa será processada e julgada pelo Conselho Federal, sendo competente o Conselho Pleno.

§ 6.º A representação contra dirigente de Subseção é processada e julgada pelo Conselho Seccional.

§ 7.º Os Conselhos Seccionais poderão instituir Comissões de Admissibilidade no âmbito dos Tribunais de Ética e Disciplina, compostas por seus membros ou por Conselheiros Seccionais, com atribuição de análise prévia dos pressupostos de admissibilidade das representações ético-disciplinares, podendo propor seu arquivamento liminar.

•• § 7.º acrescentado pela Resolução n. 4, de 7-6-2016.

Art. 58-A. Nos casos de infração ético-disciplinar punível com censura, será admissível a celebração de termo de ajustamento de conduta, se o fato apurado não tiver gerado repercussão negativa à advocacia.

•• *Caput* acrescentado pela Resolução n. 4, de 27-10-2020.

•• O Provimento n. 200, de 27-10-2020, da OAB, regulamenta este art. 58-A.

Parágrafo único. O termo de ajustamento de conduta previsto neste artigo será regulamentado em provimento do Conselho Federal da OAB.

•• Parágrafo único acrescentado pela Resolução n. 4, de 27-10-2020.

Art. 59. Compete ao relator do processo disciplinar determinar a notificação dos interessados para prestar esclarecimentos ou a do representado para apresentar defesa prévia, no prazo de 15 (quinze) dias, em qualquer caso.

• A Resolução n. 1, de 20-9-2011, da OAB, determina, em seu art. 1.º, que compete às Turmas da Segunda Câmara processar e julgar, originariamente, os processos ético-disciplinares em casos de falta perante o Conselho Federal.

§ 1.º A notificação será expedida para o endereço constante do cadastro de inscritos do Conselho Seccional, observando-se, quanto ao mais, o disposto no Regulamento Geral.

§ 2.º Se o representado não for encontrado ou ficar revel, o Presidente do Conselho competente ou, conforme o caso, o do Tribunal de Ética e Disciplina designar-lhe-á defensor dativo.

§ 3.º Oferecida a defesa prévia, que deve ser acompanhada dos documentos que possam instruí-la e do rol de testemunhas, até o limite de 5 (cinco), será proferido despacho saneador e, ressalvada a hipótese do § 2.º do art. 73 do EAOAB, designada, se for o caso, audiência para oitiva do representante, do representado e das testemunhas.

§ 4.º O representante e o representado incumbir-se-ão do comparecimento de suas testemunhas, salvo se, ao apresentarem o respectivo rol, requererem, por motivo justificado, sejam elas notificadas a comparecer à audiência de instrução do processo.

§ 5.º O relator pode determinar a realização de diligências que julgar convenientes, cumprindo-lhe dar andamento ao processo, de modo que este se desenvolva por impulso oficial.

§ 6.º O relator somente indeferirá a produção de determinado meio de prova quando esse for ilícito, impertinente, desnecessário ou protelatório, devendo fazê-lo fundamentadamente.

§ 7.º Concluída a instrução, o relator profere parecer preliminar fundamentado, a ser submetido ao Tribunal de Ética e Disciplina, dando enquadramento legal aos fatos imputados ao representado.

•• § 7.º com redação determinada pela Resolução n. 2, de 19-9-2022.

§ 8.º Abre-se, em seguida, prazo sucessivo de 15 (quinze) dias, ao interessado e ao representado, para apresentação de razões finais.

•• § 8.º com redação determinada pela Resolução n. 9, de 9-11-2021.

Art. 60. O Presidente do Tribunal de Ética e Disciplina, após o recebimento do processo, devidamente instruído, designa, por sorteio, relator para proferir voto.

§ 1.º Se o processo já estiver tramitando perante o Tribunal de Ética e Disciplina ou perante o Conselho competente, o relator não será o mesmo designado na fase de instrução.

§ 2.º O processo será incluído em pauta na primeira sessão de julgamentos após a distribuição ao relator.

•• § 2.º com redação determinada pela Resolução n. 1, de 24-2-2016.

§ 3.º O representante e o representado são notificados pela Secretaria do Tribunal, com 15 (quinze) dias de antecedência, para comparecerem à sessão de julgamento.

§ 4.º Na sessão de julgamento, após o voto do relator, é facultada a sustentação oral pelo tempo de 15 (quinze) minutos, primeiro pelo representante e, em seguida, pelo representado.

Art. 61. Do julgamento do processo disciplinar lavrar-se-á acórdão, do qual constarão, quando procedente a representação, o enquadramento legal da infração, a sanção aplicada, o quórum de instalação e o de deliberação, a indicação de haver sido esta adotada com base no voto do relator ou em voto divergente, bem como as circunstâncias agravantes ou atenuantes consideradas e as razões determinantes de eventual conversão da censura aplicada em advertência sem registro nos assentamentos do inscrito.

Art. 62. Nos acórdãos serão observadas, ainda, as seguintes regras:

§ 1.º O acórdão trará sempre a ementa, contendo a essência da decisão.

§ 2.º O autor do voto divergente que tenha prevalecido figurará como redator para o acórdão.

§ 3.º O voto condutor da decisão deverá ser lançado nos autos, com os seus fundamentos.

§ 4.º O voto divergente, ainda que vencido, deverá ter seus fundamentos lançados nos autos, em voto escrito ou em transcrição na ata de julgamento do voto oral proferido, com seus fundamentos.

§ 5.º Será atualizado nos autos o relatório de antecedentes do representado, sempre que o relator o determinar.

Art. 63. Na hipótese prevista no art. 70, § 3.º, do EAOAB, em sessão especial designada pelo Presidente do Tribunal, serão facultadas ao representado ou ao seu defensor a apresentação de defesa, a produção de prova e a sustentação oral.

Art. 64. As consultas submetidas ao Tribunal de Ética e Disciplina receberão autuação própria, sendo designado relator, por sorteio, para o seu exame, podendo o Presidente, em face da complexidade da questão, designar, subsequentemente, revisor.

Parágrafo único. O relator e o revisor têm prazo de 10 (dez) dias cada um para elaboração de seus pareceres, apresentando-os na primeira sessão seguinte, para deliberação.

Art. 65. As sessões do Tribunal de Ética e Disciplina obedecerão ao disposto no respectivo Regimento Interno, aplicando-se-lhes, subsidiariamente, o do Conselho Seccional.

Art. 66. A conduta dos interessados, no processo disciplinar, que se revele temerária ou caracterize a intenção de alterar a verdade dos fatos, assim como a interposição de recursos com intuito manifestamente protelatório, contrariam os princípios deste Código, sujeitando os responsáveis à correspondente sanção.

Art. 67. Os recursos contra decisões do Tribunal de Ética e Disciplina, ao Conselho Seccional, regem-se pelas disposições do Estatuto da Advocacia e da Ordem dos Advogados do Brasil, do Regulamento Geral e do Regimento Interno do Conselho Seccional.

Parágrafo único. O Tribunal dará conhecimento de todas as suas decisões ao Conselho Seccional, para que determine periodicamente a publicação de seus julgados.

Art. 68. Cabe revisão do processo disciplinar, na forma prevista no Estatuto da Advocacia e da Ordem dos Advogados do Brasil (art. 73, § 5.º).

§ 1.º Tem legitimidade para requerer a revisão o advogado punido com a sanção disciplinar.

§ 2.º A competência para processar e julgar o processo de revisão é do órgão de que emanou a condenação final.

§ 3.º Quando o órgão competente for o Conselho Federal, a revisão processar-se-á perante a Segunda Câmara, reunida em sessão plenária.

§ 4.º Observar-se-á, na revisão, o procedimento do processo disciplinar, no que couber.

§ 5.º O pedido de revisão terá autuação própria, devendo os autos respectivos ser apensados aos do processo disciplinar a que se refira.

§ 6.º O pedido de revisão não suspende os efeitos da decisão condenatória, salvo quando o relator, ante a relevância dos fundamentos e o risco de consequências irreparáveis para o requerente, conceder tutela cautelar para que se suspenda a execução.

•• § 6.º acrescentado pela Resolução n. 4, de 7-6-2016.

§ 7.º A parte representante somente será notificada para integrar o processo de revisão quando o relator entender que deste poderá resultar dano ao interesse jurídico que haja motivado a representação.

•• § 7.º acrescentado pela Resolução n. 4, de 7-6-2016.

Art. 69. O advogado que tenha sofrido sanção disciplinar poderá requerer reabilitação, no prazo e nas condições previstos no Estatuto da Advocacia e da Ordem dos Advogados do Brasil (art. 41).

§ 1.º A competência para processar e julgar o pedido de reabilitação é do Conselho Seccional em que tenha sido aplicada a sanção disciplinar. Nos casos de competência originária do Conselho Federal, perante este tramitará o pedido de reabilitação.

§ 2.º Observar-se-á, no pedido de reabilitação, o procedimento do processo disciplinar, no que couber.

§ 3.º O pedido de reabilitação terá autuação própria, devendo os autos respectivos ser apensados aos do processo disciplinar a que se refira.

§ 4.º O pedido de reabilitação será instruído com provas de bom comportamento, no exercício da advocacia e na vida social, cumprindo à Secretaria do Conselho competente certificar, nos autos, o efetivo cumprimento da sanção disciplinar pelo requerente.

§ 5.º Quando o pedido não estiver suficientemente instruído, o relator assinará prazo ao requerente para que complemente a documentação; não cumprida a determinação, o pedido será liminarmente arquivado.

Capítulo II
DOS ÓRGÃOS DISCIPLINARES

Seção I
Dos Tribunais de Ética e Disciplina

• *Vide* arts. 58, III, parágrafo único, *c*, 68 e 70 a 74 da Lei n. 8.906, de 4-7-1994.

Art. 70. O Tribunal de Ética e Disciplina poderá funcionar dividido em órgãos fracionários, de acordo com seu regimento interno.

Art. 71. Compete aos Tribunais de Ética e Disciplina:

I – julgar, em primeiro grau, os processos ético-disciplinares;

II – responder a consultas formuladas, em tese, sobre matéria ético-disciplinar;

III – exercer as competências que lhe sejam conferidas pelo Regimento Interno da Seccional ou por este Código para a instauração, instrução e julgamento de processos ético-disciplinares;

IV – suspender, preventivamente, o acusado, em caso de conduta suscetível de acarretar repercussão prejudicial à advocacia, nos termos do Estatuto da Advocacia e da Ordem dos Advogados do Brasil;

V – organizar, promover e ministrar cursos, palestras, seminários e outros eventos da mesma natureza acerca da ética profissional do advogado ou estabelecer parcerias com as Escolas de Advocacia, com o mesmo objetivo;

VI – atuar como órgão mediador ou conciliador nas questões que envolvam:

a) dúvidas e pendências entre advogados;

• O Provimento OAB n. 83, de 17-6-1996, dispõe sobre processos éticos de representação por advogado contra advogado.

b) partilha de honorários contratados em conjunto ou decorrentes de substabelecimento, bem como os que resultem de sucumbência, nas mesmas hipóteses;

c) controvérsias surgidas quando da dissolução de sociedade de advogados.

Seção II
Das Corregedorias-Gerais

Art. 72. As Corregedorias-Gerais integram o sistema disciplinar da Ordem dos Advogados do Brasil.

§ 1.º O Secretário-Geral Adjunto exerce, no âmbito do Conselho Federal, as funções de Corregedor-Geral, cuja competência é definida em Provimento.

§ 2.º Nos Conselhos Seccionais, as Corregedorias-Gerais terão atribuições da mesma natureza, observando, no que couber, Provimento do Conselho Federal sobre a matéria.

§ 3.º A Corregedoria-Geral do Processo Disciplinar coordenará ações do Conselho Federal e dos Conselhos Seccionais voltadas para o objetivo de reduzir a ocorrência das infrações disciplinares mais frequentes.

Título III
DAS DISPOSIÇÕES GERAIS E TRANSITÓRIAS

Art. 73. O Conselho Seccional deve oferecer os meios e o suporte de apoio material, logístico, de informática e de pessoal necessários ao pleno funcionamento e ao desenvolvimento das atividades do Tribunal de Ética e Disciplina.

§ 1.º Os Conselhos Seccionais divulgarão, trimestralmente, na internet, a quantidade de processos ético-disciplinares em andamento e as punições decididas em caráter definitivo, preservadas as regras de sigilo.

§ 2.º A divulgação das punições referidas no parágrafo anterior destacará cada infração tipificada no artigo 34 da Lei n. 8.906/94.

Art. 74. Em até 180 (cento e oitenta) dias após o início da vigência do presente Código de Ética e Disciplina da OAB, os Conselhos Seccionais e os Tribunais de Ética e Disciplina deverão elaborar ou rever seus Regimentos Internos, adaptando-os às novas regras e disposições deste Código. No caso dos Tribunais de Ética e Disciplina, os Regimentos Internos serão submetidos à aprovação do respectivo Conselho Seccional e, subsequentemente, do Conselho Federal.

Art. 75. A pauta de julgamentos do Tribunal é publicada no Diário Eletrônico da OAB e no quadro de avisos gerais, na sede do Conselho Seccional, com antecedência de 15 (quinze) dias, devendo ser dada prioridade, nos julgamentos, aos processos cujos interessados estiverem presentes à respectiva sessão.

•• Artigo com redação determinada pela Resolução n. 5, de 2-10-2018.

Art. 76. As disposições deste Código obrigam igualmente as sociedades de advogados, os consultores e as sociedades consultoras em direito estrangeiro e os estagiários, no que lhes forem aplicáveis.

Art. 77. As disposições deste Código aplicam-se, no que couber, à mediação, à conciliação e à arbitragem, quando exercidas por advogados.

Art. 78. Os autos do processo disciplinar podem ter caráter virtual, mediante adoção de processo eletrônico.

Parágrafo único. O Conselho Federal da OAB regulamentará em Provimento o processo ético-disciplinar por meio eletrônico.

•• O Provimento OAB n. 176, de 27-6-2017, regulamenta o processo ético-disciplinar de que trata este parágrafo único.

Art. 79. Este Código entra em vigor a 1.º de setembro de 2016, cabendo ao Conselho Federal e aos Conselhos Seccionais, bem como às Subseções da OAB, promover-lhe ampla divulgação.

•• Artigo com redação determinada pela Resolução n. 3, de 12-4-2016.

Art. 80. Fica revogado o Código de Ética e Disciplina editado em 13 de fevereiro de 1995, bem como as demais disposições em contrário.

Brasília, 19 de outubro de 2015.

MARCUS VINÍCIUS FURTADO COELHO

LEI N. 8.929, DE 22 DE AGOSTO DE 1994 (*)

Institui a Cédula de Produto Rural, e dá outras providências.

O Presidente da República:

Faço saber que o Congresso Nacional decreta e eu sanciono a seguinte Lei:

Art. 1.º Fica instituída a Cédula de Produto Rural (CPR), representativa de promessa de entrega de produtos rurais, com ou sem garantias cedularmente constituídas.

•• *Caput* com redação determinada pela Lei n. 13.986, de 7-4-2020.

§ 1.º Fica permitida a liquidação financeira da CPR, desde que observadas as condições estipuladas nesta Lei.

•• § 1.º acrescentado pela Lei n. 13.986, de 7-4-2020.

§ 2.º Para os efeitos desta Lei, produtos rurais são aqueles obtidos nas atividades:

•• § 2.º, *caput*, acrescentado pela Lei n. 13.986, de 7-4-2020.

I – agrícola, pecuária, florestal, de extrativismo vegetal e de pesca e aquicultura, seus derivados, subprodutos e resíduos de valor econômico, inclusive quando submetidos a beneficiamento ou a primeira industrialização;

•• Inciso I com redação determinada pela Lei n. 14.421, de 20-7-2022.

II – relacionadas à conservação, à recuperação e ao manejo sustentável de florestas nativas e dos respectivos biomas, à recuperação de áreas degradadas, à prestação de serviços ambientais na propriedade rural ou que vierem a ser definidas pelo Poder Executivo como ambientalmente sustentáveis;

•• Inciso II com redação determinada pela Lei n. 14.421, de 20-7-2022.

III – de industrialização dos produtos resultantes das atividades relacionadas no inciso I deste parágrafo;

•• Inciso III acrescentado pela Lei n. 14.421, de 20-7-2022.

IV – de produção ou de comercialização de insumos agrícolas, de máquinas e implementos agrícolas e de equipamentos de armazenagem.

•• Inciso IV acrescentado pela Lei n. 14.421, de 20-7-2022.

§ 3.º O Poder Executivo poderá regulamentar o disposto neste artigo, inclusive relacionar os produtos passíveis de emissão de CPR.

•• § 3.º acrescentado pela Lei n. 13.986, de 7-4-2020.

Art. 2.º Têm legitimação para emitir CPR:

•• *Caput* com redação determinada pela Lei n. 14.421, de 20-7-2022.

I – o produtor rural, pessoa natural ou jurídica, inclusive com objeto social que compreenda em caráter não exclusivo a produção rural, a cooperativa agropecuária e a associação de produtores rurais que tenha por objeto a produção, a comercialização e a industrialização dos produtos rurais de que trata o art. 1.º desta Lei;

•• Inciso I acrescentado pela Lei n. 14.421, de 20-7-2022.

II – as pessoas naturais ou jurídicas que beneficiam ou promovem a primeira industrialização dos produtos rurais referidos no art. 1.º desta Lei ou que empreendem as atividades constantes dos incisos II, III e IV do § 2.º do art. 1.º desta Lei.

•• Inciso II acrescentado pela Lei n. 14.421, de 20-7-2022.

§ 1.º (*Revogado pela Lei n. 14.421, de 20-7-2022.*)

§ 2.º Sobre a CPR emitida pelas pessoas constantes do inciso II do *caput* deste artigo incidirá o imposto sobre operações de crédito, câmbio e seguro, ou sobre operações relativas a títulos ou valores mobiliários, e não será aplicado o disposto no inciso V do *caput* do art. 3.º da Lei n. 11.033, de 21 de dezembro de 2004, nem quaisquer outras isenções.

•• § 2.º com redação determinada pela Lei n. 14.421, de 20-7-2022.

§ 3.º O Poder Executivo poderá regulamentar o disposto neste artigo, inclusive alterando o rol dos emissores de CPR para efeito desta Lei.

•• § 3.º acrescentado pela Lei n. 13.986, de 7-4-2020.

Art. 3.º A CPR conterá os seguintes requisitos, lançados em seu contexto:

I – denominação "Cédula de Produto Rural" ou "Cédula de Produto Rural com Liquidação Financeira", conforme o caso;

•• Inciso I com redação determinada pela Lei n. 13.986, de 7-4-2020.

II – data da entrega ou vencimento e, se for o caso, cronograma de liquidação;

•• Inciso II com redação determinada pela Lei n. 13.986, de 7-4-2020.

III – nome e qualificação do credor e cláusula à ordem;

•• Inciso III com redação determinada pela Lei n. 13.986, de 7-4-2020.

IV – promessa pura e simples de entrega do produto, sua indicação e as especificações de qualidade, de quantidade e do local onde será desenvolvido o produto rural;

•• Inciso IV com redação determinada pela Lei n. 13.986, de 7-4-2020.

V – local e condições da entrega;

VI – descrição dos bens cedularmente vinculados em garantia, com nome e qualificação dos seus proprietários e nome e qualificação dos garantidores fidejussórios;

•• Inciso VI com redação determinada pela Lei n. 13.986, de 7-4-2020.

VII – data e lugar da emissão;

VIII – nome, qualificação e assinatura do emitente e dos garantidores, que poderá ser feita de forma eletrônica;

(*) Publicada no *Diário Oficial da União*, de 23-8-1994.

•• Inciso VIII com redação determinada pela Lei n. 13.986, de 7-4-2020.

IX – forma e condição de liquidação; e

•• Inciso IX acrescentado pela Lei n. 13.986, de 7-4-2020.

X – critérios adotados para obtenção do valor de liquidação da cédula.

•• Inciso X acrescentado pela Lei n. 13.986, de 7-4-2020.

§ 1.º Sem caráter de requisito essencial, a CPR, emitida sob a forma cartular ou escritural, poderá conter outras cláusulas lançadas em seu contexto.

•• § 1.º com redação determinada pela Lei n. 13.986, de 7-4-2020.

§ 2.º A descrição dos bens vinculados em garantia pode ser feita em documento à parte, assinado pelo emitente, fazendo-se, na cédula, menção a essa circunstância.

§ 3.º Os bens vinculados em garantia serão descritos de modo simplificado e, quando for o caso, serão identificados pela sua numeração própria e pelo número de registro ou matrícula no registro oficial competente, dispensada, no caso de imóveis, a indicação das respectivas confrontações.

•• § 3.º com redação determinada pela Lei n. 13.986, de 7-4-2020.

§ 4.º As partes contratantes, observada a legislação específica, estabelecerão a forma e o nível de segurança da assinatura eletrônica que serão admitidos para fins de validade, eficácia e executividade, observadas as seguintes disposições:

•• § 4.º, *caput*, com redação determinada pela Lei n. 14.421, de 20-7-2022.

I – na CPR e no documento à parte com a descrição dos bens vinculados em garantia, se houver, será admitida a utilização de assinatura eletrônica simples, avançada ou qualificada; e

•• Inciso I acrescentado Lei n. 14.421, de 20-7-2022.

II – no registro e na averbação de garantia real constituída por bens móveis e imóveis, será admitida a utilização de assinatura eletrônica avançada ou qualificada.

•• Inciso II acrescentado Lei n. 14.421, de 20-7-2022.

§ 5.º A CPR poderá ser aditada, ratificada e retificada por termo aditivo que a integre, datado e assinado pelo emitente, pelo garantidor e pelo credor, com a formalização e o registro na forma do título original, conforme o art. 3.º-A desta Lei, fazendo-se, na cédula, menção a essa circunstância.

•• § 5.º acrescentado pela Lei n. 13.986, de 7-4-2020.

§ 6.º No caso da CPR com liquidação física, os procedimentos para definição da qualidade do produto obedecerão ao disposto em regulamento do Poder Executivo, quando houver.

•• § 6.º acrescentado pela Lei n. 13.986, de 7-4-2020.

§ 7.º O Poder Executivo poderá regulamentar o disposto neste artigo.

•• § 7.º acrescentado pela Lei n. 13.986, de 7-4-2020.

Art. 3.º-A. A CPR poderá ser emitida sob a forma cartular ou escritural.

•• *Caput* acrescentado pela Lei n. 13.986, de 7-4-2020.

§ 1.º A emissão na forma escritural, que poderá valer-se de processos eletrônicos ou digitais, será objeto de lançamento em sistema eletrônico de escrituração gerido por entidade autorizada pelo Banco Central do Brasil a exercer a atividade de escrituração.

•• § 1.º acrescentado pela Lei n. 13.986, de 7-4-2020.

§ 2.º A CPR emitida sob a forma cartular assumirá a forma escritural enquanto permanecer depositada em entidade autorizada pelo Banco Central do Brasil a exercer a atividade de depósito centralizado de ativos financeiros ou de valores mobiliários.

•• § 2.º acrescentado pela Lei n. 13.986, de 7-4-2020.

§ 3.º Os negócios ocorridos durante o período em que a CPR emitida sob a forma cartular estiver depositada não serão transcritos no verso do título, cabendo ao sistema referido no § 1.º deste artigo o controle da titularidade.

•• § 3.º acrescentado pela Lei n. 13.986, de 7-4-2020.

§ 4.º A CPR será considerada ativo financeiro, para os fins de registro e de depósito em entidades autorizadas pelo Banco Central do Brasil a exercer tais atividades.

•• § 4.º acrescentado pela Lei n. 13.986, de 7-4-2020.

Art. 3.º-B. Compete ao Banco Central do Brasil:

•• *Caput* acrescentado pela Lei n. 13.986, de 7-4-2020.

I – estabelecer as condições para o exercício da atividade de escrituração de que trata o § 1.º do art. 3.º-A desta Lei; e

•• Inciso I acrescentado pela Lei n. 13.986, de 7-4-2020.

II – autorizar e supervisionar o exercício da atividade prevista no inciso I do *caput* deste artigo.

•• Inciso II acrescentado pela Lei n. 13.986, de 7-4-2020.

§ 1.º A autorização de que trata o inciso II do *caput* deste artigo poderá, a critério do Banco Central do Brasil, ser concedida por segmento, por espécie ou por grupos de entidades que atendam a critérios específicos, dispensada a autorização individualizada.

•• § 1.º acrescentado pela Lei n. 13.986, de 7-4-2020.

§ 2.º A entidade de que trata o § 1.º do art. 3.º-A desta Lei deverá expedir, mediante solicitação:

•• § 2.º, *caput*, acrescentado pela Lei n. 13.986, de 7-4-2020.

I – certidão de inteiro teor do título, inclusive para fins de protesto, de procedimento extrajudicial ou de medida judicial, mesmo contra garantidores;

•• Inciso I acrescentado pela Lei n. 13.986, de 7-4-2020.

II – certidão de registro de cédulas escrituradas em nome do emitente e garantidor, quando aplicável.

•• Inciso II acrescentado pela Lei n. 13.986, de 7-4-2020.

§ 3.º As certidões previstas no § 2.º deste artigo podem ser emitidas de forma eletrônica, observados requisitos de segurança que garantam a autenticidade e a integridade do documento, que lhe conferem liquidez, certeza e exigibilidade.

•• § 3.º acrescentado pela Lei n. 13.986, de 7-4-2020.

Art. 3.º-C. O sistema eletrônico de escrituração de que trata o § 1.º do art. 3.º-A desta Lei fará constar:

•• *Caput* acrescentado pela Lei n. 13.986, de 7-4-2020.

I – os requisitos essenciais do título;

•• Inciso I acrescentado pela Lei n. 13.986, de 7-4-2020.

II – as transferências de titularidade realizadas;

•• Inciso II acrescentado pela Lei n. 13.986, de 7-4-2020.

III – os aditamentos, as ratificações e as retificações;

•• Inciso III acrescentado pela Lei n. 13.986, de 7-4-2020.

IV – a inclusão de notificações, de cláusulas contratuais e de outras informações;

•• Inciso IV acrescentado pela Lei n. 13.986, de 7-4-2020.

V – a forma de liquidação de entrega ajustada no título;

•• Inciso V acrescentado pela Lei n. 13.986, de 7-4-2020.

VI – a entrega ou pagamento em até 30 (trinta) dias após suas ocorrências; e

•• Inciso VI acrescentado pela Lei n. 13.986, de 7-4-2020.

VII – as garantias do título.

•• Inciso VII acrescentado pela Lei n. 13.986, de 7-4-2020.

Parágrafo único. As garantias dadas na CPR, ou, ainda, a constituição de ônus e gravames sobre o título, deverão ser informadas no sistema ao qual se refere o § 1.º do art. 3.º-A desta Lei.

•• Parágrafo único acrescentado pela Lei n. 13.986, de 7-4-2020.

Art. 3.º-D. A CPR poderá ser negociada, desde que registrada ou depositada em entidade autorizada pelo Banco Central do Brasil a exercer a atividade de registro ou depósito centralizado de ativos financeiros.

•• *Caput* acrescentado pela Lei n. 13.986, de 7-4-2020.

Parágrafo único. A CPR será considerada ativo financeiro e a operação ficará isenta do imposto sobre operações de crédito, câmbio e seguro, ou relativas a títulos ou valores mobiliários, na hipótese de ocorrência da negociação de que trata o *caput* deste artigo.

•• Parágrafo único acrescentado pela Lei n. 13.986, de 7-4-2020.

Art. 3.º-E. As infrações às normas legais regulamentares que regem a atividade de escrituração eletrônica sujeitam a entidade responsável pelo sistema eletrônico de escrituração, os seus administradores e os membros de seus órgãos estatutários ou contratuais ao disposto na Lei n. 13.506, de 13 de novembro de 2017.

•• Artigo acrescentado pela Lei n. 13.986, de 7-4-2020.

Art. 4.º A CPR é título líquido e certo, exigível pela quantidade e qualidade de produto ou pelo valor nela previsto, no caso de liquidação financeira.

•• *Caput* com redação determinada pela Lei n. 13.986, de 7-4-2020.

Parágrafo único. A CPR admite prestação única ou parcelada, hipótese em que as condições e o cronograma de cumprimento das obrigações deverão estar previstos no título.

•• Parágrafo único acrescentado pela Lei n. 13.986, de 7-4-2020.

Art. 4.º-A. A emissão de CPR com liquidação financeira deverá observar as seguintes condições:

•• *Caput* com redação determinada pela Lei n. 13.986, de 7-4-2020.

I – que sejam explicitados, em seu corpo, a identificação do preço acordado entre as partes e adotado para obtenção do valor da CPR e, quando aplicável, a identificação do índice de preços, da taxa de juros, fixa ou flutuante, da atualização monetária ou da variação cambial a serem utilizados na liquidação da CPR, bem como a instituição responsável por sua apuração ou divulgação, a praça ou o mercado de formação do preço e o nome do índice;

•• Inciso I com redação determinada pela Lei n. 14.421, de 20-7-2022.

II – que os indicadores de preço de que trata o inciso anterior sejam apurados por instituições idôneas e de credibilidade junto às partes contratantes, tenham divulgação periódica, preferencialmente diária, e ampla divulgação ou facilidade de acesso, de forma a estarem facilmente disponíveis para as partes contratantes;

•• Inciso II acrescentado pela Lei n. 10.200, de 14-2-2001.

III – que seja caracterizada por seu nome, seguido da expressão "financeira".

•• Inciso III acrescentado pela Lei n. 10.200, de 14-2-2001.

§ 1.º A CPR com liquidação financeira é título líquido e certo, exigível, na data de seu vencimento, pelo resultado da multiplicação do preço praticado para o produto, aplicados eventuais índices de preços ou de conversão de moedas apurados segundo os critérios previstos neste artigo, pela quantidade do produto especificado.

•• § 1.º com redação determinada pela Lei n. 13.986, de 7-4-2020.

§ 2.º Para cobrança da CPR com liquidação financeira, cabe ação de execução por quantia certa.

•• § 2.º acrescentado pela Lei n. 10.200, de 14-2-2001.

§ 3.º A CPR com liquidação financeira poderá ser emitida com cláusula de correção pela variação cambial, podendo o Conselho Monetário Nacional regulamentar o assunto.

•• § 3.º acrescentado pela Lei n. 13.986, de 7-4-2020.

§ 4.º Cabe exclusivamente a emissão de CPR com liquidação financeira quando se tratar dos produtos relacionados nos incisos III e IV do § 2.º do art. 1.º desta Lei.

•• § 4.º acrescentado Lei n. 14.421, de 20-7-2022.

Art. 4.º-B. A liquidação do pagamento em favor do legítimo credor, por qualquer meio de pagamento existente no âmbito do Sistema de Pagamentos Brasileiro, constituirá prova de pagamento total ou parcial da CPR emitida sob a forma escritural.

•• *Caput* acrescentado pela Lei n. 13.986, de 7-4-2020.

Parágrafo único. A prova de pagamento de que trata o *caput* deste artigo será informada no sistema eletrônico de escrituração de que trata o § 1.º do art. 3.º-A desta Lei, com referência expressa à CPR amortizada ou liquidada.

•• Parágrafo único acrescentado pela Lei n. 13.986, de 7-4-2020.

Art. 5.º A CPR admite a constituição de quaisquer dos tipos de garantia previstos na legislação, devendo ser observado o disposto nas normas que as disciplinam, salvo na hipótese de conflito, quando prevalecerá esta Lei.

•• *Caput* com redação determinada pela Lei n. 13.986, de 7-4-2020.

I a III – (*Revogados Lei n. 13.986, de 7-4-2020*);

§ 1.º A informação eventualmente prestada pelo emitente sobre a essencialidade dos bens móveis e imóveis dados em garantia fiduciária a sua atividade empresarial deverá constar na cédula a partir do momento de sua emissão.

•• Parágrafo único renumerado pela Lei n. 14.421, de 20-7-2022.

§ 2.º As garantias cedulares poderão, a critério das partes, ser constituídas por instrumento público ou particular, independentemente do seu valor ou do valor do título garantido.

•• § 2.º acrescentado pela Lei n. 14.421, de 20-7-2022.

§ 3.º A CPR com liquidação financeira poderá ser utilizada como instrumento para fixar limite de crédito e garantir dívida futura concedida por meio de outras CPRs a ela vinculadas.

•• § 3.º acrescentado pela Lei n. 14.421, de 20-7-2022.

Art. 6.º Podem ser objeto de hipoteca cedular imóveis rurais e urbanos.

Parágrafo único. Aplicam-se à hipoteca cedular os preceitos da legislação sobre hipoteca, no que não colidirem com esta Lei.

Art. 7.º Podem ser objeto de penhor cedular, nas condições desta Lei, os bens suscetíveis de penhor rural e de penhor mercantil, bem como os bens suscetíveis de penhor cedular.

§ 1.º Salvo se se tratar de títulos de crédito, os bens apenhados continuam na posse imediata do emitente ou do terceiro prestador da garantia, que responde por sua guarda e conservação como fiel depositário.

§ 2.º Cuidando-se de penhor constituído por terceiro, o emitente da cédula responderá solidariamente com o empenhador pela guarda e conservação dos bens.

§ 3.º Aplicam-se ao penhor constituído por CPR, conforme o caso, os preceitos da legislação sobre penhor, inclusive o mercantil, o rural e o constituído por meio de cédulas, no que não colidirem com os desta Lei.

Art. 8.º A não identificação dos bens objeto de alienação fiduciária não retira a eficácia da garantia, que poderá incidir sobre outros do mesmo gênero, qualidade e quantidade, de propriedade do garante.

§ 1.º A alienação fiduciária de produtos agropecuários e de seus subprodutos poderá recair sobre bens presentes ou futuros, fungíveis ou infungíveis, consumíveis ou não, cuja titularidade pertença ao fiduciante, devedor ou terceiro garantidor, e sujeita-se às disposições previstas na Lei n. 10.406, de 10 de janeiro de 2002 (Código Civil), e na legislação especial a respeito do penhor, do penhor rural e do penhor agrícola e mercantil e às disposições sobre a alienação fiduciária de bens infungíveis, em tudo o que não for contrário ao disposto nesta Lei.

•• § 1.º acrescentado pela Lei n. 13.986, de 7-4-2020.

§ 2.º O beneficiamento ou a transformação dos gêneros agrícolas dados em alienação fiduciária não extinguem o vínculo real que se transfere, automaticamente, para os produtos e subprodutos resultantes de beneficiamento ou transformação.

•• § 2.º acrescentado pela Lei n. 13.986, de 7-4-2020.

§ 3.º Em caso de necessidade de busca e apreensão dos bens alienados fiduciariamente aplicar-se-á o disposto nos arts. 3.º e seguintes do Decreto-lei n. 911, de 1.º de outubro de 1969.

•• § 3.º acrescentado pela Lei n. 13.986, de 7-4-2020.

Art. 9.º A CPR poderá ser aditada, ratificada e retificada por aditivos, que a integram, datados e assinados pelo emitente e pelo credor, fazendo-se, na cédula, menção a essa circunstância.

Art. 10. Aplicam-se à CPR, no que forem cabíveis, as normas de direito cambial, com as seguintes modificações:

I – os endossos devem ser completos;

II – os endossantes não respondem pela entrega do produto, mas, tão somente, pela existência da obrigação;

III – é dispensado o protesto cambial para assegurar o direito de regresso contra avalistas.

Parágrafo único. No caso de CPR emitida sob forma escritural, a transferência de titularidade da cédula produzirá os mesmos efeitos jurídicos do endosso.

•• Parágrafo único acrescentado pela Lei n. 13.986, de 7-4-2020.

Art. 11. Não se sujeitarão aos efeitos da recuperação judicial os créditos e as garantias cedulares vinculados à CPR com liquidação física, em caso de antecipação parcial ou integral do preço, ou, ainda, representativa de operação de troca por insumos (*barter*), subsistindo ao credor o direito à restituição de tais bens que se encontrarem em poder do emitente da cédula ou de qualquer terceiro, salvo motivo de caso fortuito ou força maior que comprovadamente impeça o cumprimento parcial ou total da entrega do produto.

•• Artigo com redação determinada pela Lei n. 14.112, de 24-12-2020, originalmente vetado, todavia promulgado em 26-3-2021.

Art. 12. A CPR, bem como seus aditamentos, para não perder validade e eficácia, deverá:

•• *Caput* com redação determinada pela Lei n. 14.421, de 20-7-2022.

I – se emitida até 10 de agosto de 2022, ser registrada ou depositada em até 10 (dez) dias úteis da data de emissão ou aditamento, em entidade autorizada pelo Banco Central do Brasil a exercer a atividade de registro ou de depósito centralizado de ativos financeiros ou de valores mobiliários;

•• Inciso I acrescentado pela Lei n. 14.421, de 20-7-2022.

II – se emitida a partir de 11 de agosto de 2022, ser registrada ou depositada em até 30 (trinta) dias úteis da data de emissão ou aditamento, em entidade autorizada pelo Banco Central do Brasil a exercer a atividade de registro ou de depósito centralizado de ativos financeiros ou de valores mobiliários.

•• Inciso II acrescentado pela Lei n. 14.421, de 20-7-2022.

§ 1.º Sem prejuízo do disposto no *caput* deste artigo, a hipoteca, o penhor rural e a alienação fiduciária sobre bem imóvel garantidores da CPR serão levados a registro no cartório de registro de imóveis em que estiverem localizados os bens dados em garantia.

•• § 1.º com redação determinada pela Lei n. 13.986, de 7-4-2020.

§ 2.º A validade e eficácia da CPR não dependem de registro em cartório, que fica dispensado, mas as garantias reais a ela vinculadas ficam sujeitas, para valer contra terceiros, à averbação no cartório de registro de imóveis em que estiverem localizados os bens dados em garantia, devendo ser efetuada no prazo de 3 (três) dias úteis, contado da apresentação do título ou certidão de inteiro teor, sob pena de responsabilidade funcional do oficial encarregado de promover os atos necessários.

•• § 2.º com redação determinada pela Lei n. 13.986, de 7-4-2020.

§ 3.º A cobrança de emolumentos e custas cartorárias relacionada ao registro de garantias vinculadas à CPR será regida pelas normas aplicáveis ao registro de garantias vinculadas à Cédula de Crédito Rural, de que trata o Decreto-lei n. 167, de 14 de fevereiro de 1967.

•• § 3.º com redação determinada pela Lei n. 13.986, de 7-4-2020.

§ 4.º A alienação fiduciária em garantia de produtos agropecuários e de seus subprodutos, nos termos do art. 8.º desta Lei, será registrada no cartório de registro de imóveis em que estiverem localizados os bens dados em garantia, aplicando-se ao registro o disposto no § 2.º do art. 2.º da Lei n. 10.169, de 29 de dezembro de 2000.

•• § 4.º com redação determinada pela Lei n. 14.421, de 20-7-2022.

§ 5.º Fica o Conselho Monetário Nacional autorizado a:

•• § 5.º, *caput*, acrescentado pela Lei n. 13.986, de 7-4-2020.

I – estabelecer normas complementares para o cumprimento do disposto no *caput* deste artigo, inclusive acerca das informações requeridas para o registro ou o depósito;

•• Inciso I acrescentado pela Lei n. 13.986, de 7-4-2020.

II – dispensar o registro ou o depósito de que trata o *caput* deste artigo, com base em critérios de:

•• Inciso II, *caput*, acrescentado pela Lei n. 13.986, de 7-4-2020.

a) valor;

•• Alínea *a* acrescentada pela Lei n. 13.986, de 7-4-2020.

b) forma de liquidação; e

•• Alínea *b* acrescentada pela Lei n. 13.986, de 7-4-2020.

c) características do emissor.

•• Alínea *c* acrescentada pela Lei n. 13.986, de 7-4-2020.

§ 6.º A dispensa de que trata o inciso II do § 5.º deste artigo não se aplica à CPR emitida após 31 de dezembro de 2023.

•• § 6.º acrescentado pela Lei n. 13.986, de 7-4-2020.

§ 7.º As certidões emitidas pelas entidades autorizadas pelo Banco Central do Brasil a exercer a atividade de registro ou de depósito centralizado de ativos financeiros ou de valores mobiliários deverão indicar a CPR com liquidação financeira prevista no § 3.º do art. 5.º desta Lei com registro próprio e as CPRs a ela vinculadas.

•• § 7.º acrescentado pela Lei n. 14.421, de 20-7-2022.

Art. 13. A entrega do produto antes da data prevista na cédula depende da anuência do credor.

Art. 14. A CPR poderá ser considerada vencida na hipótese de inadimplemento de qualquer das obrigações do emitente.

Art. 15. Para cobrança da CPR, cabe a ação de execução para entrega de coisa incerta.

Art. 16. A busca e apreensão ou o leilão do bem alienado fiduciariamente, promovidos pelo credor, não elidem posterior execução, inclusive da hipoteca e do penhor constituído na mesma cédula, para satisfação do crédito remanescente.

•• *Caput* com redação determinada pela Lei n. 13.986, de 7-4-2020.

Parágrafo único. No caso a que se refere o presente artigo, o credor tem direito ao desentranhamento do título, após efetuada a busca e apreensão, para instruir a cobrança do saldo devedor em ação própria.

Art. 17. Pratica crime de estelionato aquele que fizer declarações falsas ou inexatas acerca de sua natureza jurídica ou qualificação, bem como dos bens oferecidos em garantia da CPR, inclusive omitir declaração de já estarem eles sujeitos a outros ônus ou responsabilidade de qualquer espécie, até mesmo de natureza fiscal.

•• Artigo com redação determinada pela Lei n. 13.986, de 7-4-2020.

Art. 18. Os bens vinculados à CPR não serão penhorados ou sequestrados por outras dívidas do emitente ou do terceiro prestador da garantia real, cumprindo a qualquer deles denunciar a existência da cédula às autoridades incumbidas da diligência, ou a quem a determinou, sob pena de responderem pelos prejuízos resultantes de sua omissão.

Art. 19. (*Revogado pela Lei n. 13.986, de 7-4-2020.*)

Art. 19-A. (*Vetado.*)

•• Artigo acrescentado pela Lei n. 14.421, de 20-7-2022.

Art. 20. Esta Lei entra em vigor na data de sua publicação.

Brasília, 22 de agosto de 1994; 173.º da Independência e 106.º da República.

ITAMAR FRANCO

DECRETO N. 1.240, DE 15 DE SETEMBRO DE 1994 (*)

Promulga a Convenção Interamericana sobre Conflitos de Leis em Matéria de Cheques, adotada em Montevidéu, em 8 de maio de 1979.

O Presidente da República, no uso das atribuições que lhe confere o art. 84, inciso VIII, da Constituição, e considerando que a Convenção Interamericana sobre Conflitos de Leis em Matéria de Cheques foi adotada no âmbito da Segunda Conferência Especializada Interamericana sobre Direito Internacional Privado (II CIDIP), em Montevidéu, em 8 de maio de 1979; considerando que a Convenção ora promulgada foi oportunamente submetida à apreciação do Congresso Nacional, que a aprovou por meio do Decreto Legislativo n. 9, de 7 de fevereiro de 1994, publicado no *Diário Oficial*

(*) Publicado no *Diário Oficial da União*, de 16-9-1994.

da União n. 27, de 8 de fevereiro de 1994; considerando que o Governo brasileiro depositou o instrumento de ratificação do ato multilateral em epígrafe em 3 de maio de 1994 e que o mesmo passou a vigorar, para o Brasil, em 1.º de junho de 1994, na forma de seu art. 14, decreta:

Art. 1.º A Convenção Interamericana sobre Conflitos de Leis em Matéria de Cheques, concluída em Montevidéu, em 8 de maio de 1979, apensa por cópia a este Decreto, deverá ser cumprida tão inteiramente como nela se contém.

Art. 2.º O presente Decreto entra em vigor na data de sua publicação.

Brasília, 15 de setembro de 1994; 173.º da Independência e 106.º da República.

Itamar Franco

ANEXO AO DECRETO QUE PROMULGA A CONVENÇÃO INTERAMERICANA SOBRE CONFLITOS DE LEIS EM MATÉRIA DE CHEQUES, ADOTADA EM MONTEVIDÉU, EM 8-5-1979/MRE.

CONVENÇÃO INTERAMERICANA SOBRE CONFLITOS DE LEIS EM MATÉRIA DE CHEQUES

(Adotada em Montevidéu, em 8 de maio de 1979)

Os Governos dos Estados Membros da Organização dos Estados Americanos,

Considerando que é necessário adotar, no Sistema Interamericano, normas que permitam a solução dos conflitos de leis em matéria de cheques, convieram no seguinte:

Artigo 1

A capacidade para obrigar-se por meio de cheque rege-se pela lei do lugar onde a obrigação tiver sido contraída.

Entretanto, se a obrigação tiver sido contraída por quem for incapaz segundo a referida lei, tal incapacidade não prevalecerá no território de qualquer outro Estado Parte nesta Convenção cuja lei considere válida a obrigação.

Artigo 2

A forma de emissão, endosso, aval, protesto e demais atos jurídicos que possam materializar-se no cheque fica sujeita à lei do lugar em que cada um dos referidos atos for praticado.

Artigo 3

Todas as obrigações resultantes de um cheque regem-se pela lei do lugar onde forem contraídas.

Artigo 4

Se uma ou mais obrigações contraídas num cheque não forem válidas perante a lei aplicável segundo os artigos anteriores, a invalidade não se estenderá às outras obrigações validamente assumidas de acordo com a lei do lugar onde tiverem sido contraídas.

Artigo 5

Para os efeitos desta Convenção, quando não for indicado no cheque o lugar em que tiver sido contraída a obrigação respectiva ou praticado o ato jurídico materializado no documento, entender-se-á que a referida obrigação ou ato teve origem no lugar em que o cheque deva ser pago e, se este constar, no lugar de sua emissão.

Artigo 6

Os procedimentos e prazos para o protesto de um cheque ou outro ato equivalente para preservar os direitos contra os endossantes, o emitente ou outros obrigados ficam sujeitos à lei do lugar em que o protesto ou esse outro ato equivalente for praticado ou deva ser praticado.

Artigo 7

A lei do lugar em que o cheque deva ser pago determina:

a) sua natureza;

b) as modalidades e seus efeitos;

c) o prazo de apresentação;

d) as pessoas contra as quais pode ser emitido;

e) se pode ser emitido para depósito em conta, cruzado, visado ou confirmado, e os efeitos dessas operações;

f) os direitos do portador sobre a provisão de fundos e a natureza de tais direitos;

g) se o portador pode exigir ou se está obrigado a receber um pagamento parcial;

h) os direitos do emitente de cancelar o cheque ou opor-se ao pagamento;

i) a necessidade do protesto ou outro ato equivalente para preservar os direitos contra os endossantes, o emitente ou outros obrigados;

j) as medidas que devem ser adotadas em caso de roubo, furto, falsificação, extravio, destruição ou inutilização material do documento, e

k) em geral, todas as situações referentes ao pagamento do cheque.

Artigo 8

Os cheques que forem apresentados a uma câmara de compensação intrarregional reger-se-ão, no que for aplicável, por esta Convenção.

Artigo 9

A lei declarada aplicável por esta Convenção poderá não ser aplicada no território do Estado Parte que a considere manifestamente contrária à sua ordem pública.

Artigo 10

Esta Convenção ficará aberta à assinatura dos Estados Membros da Organização dos Estados Americanos.

Artigo 11

Esta Convenção está sujeita a ratificação. Os instrumentos de ratificação serão depositados na Secretaria-Geral da Organização dos Estados Americanos.

Artigo 12

Esta Convenção ficará aberta à adesão de qualquer outro Estado. Os instrumentos de adesão serão depositados na Secretaria-Geral da Organização dos Estados Americanos.

Artigo 13

Cada Estado poderá formular reservas a esta Convenção no momento de assiná-la, ratificá-la ou de aderir, desde que a reserva verse sobre uma ou mais disposições específicas e que não seja incompatível com o objeto e fim da Convenção.

Artigo 14

Esta Convenção entrará em vigor no trigésimo dia a partir da data em que haja sido depositado o segundo instrumento de ratificação. Para cada Estado que ratificar a Convenção ou a ela aderir depois de haver sido depositado o segundo instrumento de ratificação, a Convenção entrará em vigor no trigésimo dia a partir da data em que tal Estado haja depositado seu instrumento de ratificação ou de adesão.

À medida que os Estados-Partes na Convenção Interamericana sobre Conflitos de Leis em Matéria de Cheques, assinada em 30 de janeiro de 1975 na cidade do Panamá, República do Panamá, ratificam esta Convenção ou a ela aderirem, cessarão para os referidos Estados-Partes os efeitos da mencionada Convenção do Panamá.

Artigo 15

Os Estados-Partes que tenham duas ou mais unidades territoriais em que vigorem sistemas jurídicos diferentes com relação a questões de que trata esta Convenção poderão declarar, no momento da assinatura, ratificação ou adesão, que a Convenção se aplicará a todas as suas unidades territoriais ou somente a uma ou mais delas.

Tais declarações poderão ser modificadas mediante declarações ulteriores, que especificarão expressamente a ou as unidades territoriais a que se aplicará esta Convenção. Tais declarações ulteriores serão transmitidas à Secretaria-Geral da Organização dos Estados Americanos e surtirão efeito trinta dias depois de recebidas.

Artigo 16

Esta Convenção vigorará por prazo indefinido, mas qualquer dos Estados-Partes poderá denunciá-la. O instrumento de denúncia será depositado na Secretaria-Geral da Organização dos Estados Americanos. Transcorrido um ano, contado a partir da data de depósito do instrumento de denúncia, cessarão os efeitos da Convenção para o Estado denunciante, continuando ela subsistente para os demais Estados-Partes.

Artigo 17

O instrumento original desta Convenção, cujos textos em português, espanhol, francês e inglês são igualmente autênticos, será depositado na Secretaria-Geral da Organização dos Estados Americanos, que enviará cópia autenticada do seu texto para seu registro e publicação à Secretaria das Nações Unidas, de conformidade com o art. 102 da sua Carta constitutiva. A Secretaria-Geral da Organização dos Estados Americanos notificará aos Estados-Membros da referida Organização, e aos Estados que tenham aderido à Convenção, as assinaturas e os depósitos de instrumentos de ratificação, de adesão e de denúncia, bem como as reservas que houver. Outrossim, transmitirá aos mesmos as declarações previstas no art. 15 desta Convenção.

Em fé do que, os plenipotenciários infra-assinados, devidamente autorizados por seus respectivos Governos, firmam esta Convenção.

Feita na Cidade de Montevidéu, República Oriental do Uruguai, no dia oito de maio de mil novecentos e setenta e nove.

LEI N. 8.934, DE 18 DE NOVEMBRO DE 1994 (*)

Dispõe sobre o Registro Público de Empresas Mercantis e Atividades Afins e dá outras providências.

O Presidente da República,

Faço saber que o Congresso Nacional decreta e eu sanciono a seguinte lei:

Título I
DO REGISTRO PÚBLICO DE EMPRESAS MERCANTIS E ATIVIDADES AFINS

Capítulo I
DAS FINALIDADES E DA ORGANIZAÇÃO

Seção I
Das Finalidades

Art. 1.º O Registro Público de Empresas Mercantis e Atividades Afins, observado o disposto nesta Lei, será exercido em todo o território nacional, de forma sistêmica, por órgãos federais, estaduais e distrital, com as seguintes finalidades:

•• *Caput* com redação determinada pela Lei n. 13.833, de 4-6-2019.

I – dar garantia, publicidade, autenticidade, segurança e eficácia aos atos jurídicos das empresas mercantis, submetidos a registro na forma desta lei;

II – cadastrar as empresas nacionais e estrangeiras em funcionamento no País e manter atualizadas as informações pertinentes;

III – proceder à matrícula dos agentes auxiliares do comércio, bem como ao seu cancelamento.

Art. 2.º Os atos das firmas mercantis individuais e das sociedades mercantis serão arquivados no Registro Público de Empresas Mercantis e Atividades Afins, independentemente de seu objeto, salvo as exceções previstas em lei.

Parágrafo único. (*Revogado pela Lei n. 13.874, de 20-9-2019.*)

Seção II
Da Organização

Art. 3.º Os serviços do Registro Público de Empresas Mercantis e Atividades Afins serão exercidos, em todo o território nacional, de maneira uniforme, harmônica e interdependente, pelo Sistema Nacional de Registro de Empresas Mercantis (Sinrem), composto pelos seguintes órgãos:

I – o Departamento Nacional de Registro Empresarial e Integração, órgão central do Sinrem, com as seguintes funções:

•• Inciso I, *caput*, com redação determinada pela Lei n. 13.833, de 4-6-2019.

a) supervisora, orientadora, coordenadora e normativa, na área técnica; e

•• Alínea *a* acrescentada pela Lei n. 13.833, de 4-6-2019.

b) supletiva, na área administrativa; e

•• Alínea *b* acrescentada pela Lei n. 13.833, de 4-6-2019.

II – as Juntas Comerciais, como órgãos locais, com funções executora e administradora dos serviços de registro.

Subseção I
Do Departamento Nacional de Registro Empresarial e Integração

•• Subseção I com denominação determinada pela Lei n. 13.833, de 4-6-2019.

Art. 4.º O Departamento Nacional de Registro Empresarial e Integração (Drei) da Secretaria de Governo Digital da Secretaria Especial de Desburocratização, Gestão e Governo Digital do Ministério da Economia tem por finalidade:

•• *Caput* com redação determinada pela Lei n. 13.874, de 20-9-2019.

I – supervisionar e coordenar, no plano técnico, os órgãos incumbidos da execução dos serviços de Registro Público de Empresas Mercantis e Atividades Afins;

II – estabelecer e consolidar, com exclusividade, as normas e diretrizes gerais do Registro Público de Empresas Mercantis e Atividades Afins;

III – solucionar dúvidas ocorrentes na interpretação das leis, regulamentos e demais normas relacionadas com o registro de empresas mercantis, baixando instruções para esse fim;

IV – prestar orientação às Juntas Comerciais, com vistas à solução de consultas e à observância das normas legais e regulamentares do Registro Público de Empresas Mercantis e Atividades Afins;

V – exercer ampla fiscalização jurídica sobre os órgãos incumbidos do Registro Público de Empresas Mercantis e Atividades Afins, representando para os devidos fins às autoridades administrativas contra abusos e infrações das respectivas normas, e requerendo tudo o que se afigurar necessário ao cumprimento dessas normas;

VI – estabelecer normas procedimentais de arquivamento de atos de firmas mercantis individuais e sociedades mercantis de qualquer natureza;

VII – promover ou providenciar, supletivamente, as medidas tendentes a suprir ou corrigir as ausências, falhas ou deficiências dos serviços de Registro Público de Empresas Mercantis e Atividades Afins;

VIII – prestar colaboração técnica e financeira às juntas comerciais para a melhoria dos serviços pertinentes ao Registro Público de Empresas Mercantis e Atividades Afins;

IX – organizar e manter atualizado o cadastro nacional das empresas mercantis em funcionamento no País, com a cooperação das juntas comerciais;

•• A Lei n. 14.195, de 26-8-2021, propôs a revogação deste inciso IX, porém teve seu texto vetado.

X – instruir, examinar e encaminhar os pedidos de autorização para nacionalização ou instalação de filial, de agência, de sucursal ou de estabelecimento no País por sociedade estrangeira, ressalvada a competência de outros órgãos federais;

•• Inciso X com redação determinada pela Lei n. 14.195, de 26-8-2021.

XI – promover e elaborar estudos e publicações e realizar reuniões sobre temas pertinentes ao Registro Público de Empresas Mercantis e Atividades Afins.

•• Inciso XI com redação determinada pela Lei n. 13.833, de 4-6-2019.

XII – apoiar a articulação e a supervisão dos órgãos e das entidades envolvidos na integração para o registro e a legalização de empresas;

•• Inciso XII acrescentado pela Lei n. 14.195, de 26-8-2021.

XIII – quanto à integração para o registro e a legalização de empresas:

•• Inciso XIII, *caput*, acrescentado pela Lei n. 14.195, de 26-8-2021.

a) propor planos de ação e diretrizes e implementar as medidas deles decorrentes, em articulação com outros órgãos e entidades públicas, inclusive estaduais, distritais e municipais;

•• Alínea *a* acrescentada pela Lei n. 14.195, de 26-8-2021.

b) (*vetada*);

•• Alínea *b* acrescentada pela Lei n. 14.195, de 26-8-2021.

c) (*vetada*); e

•• Alínea *c* acrescentada pela Lei n. 14.195, de 26-8-2021.

d) propor e implementar projetos, ações, convênios e programas de cooperação,em articulação com órgãos e com entidades públicas e privadas, nacionais e estrangeiras, no âmbito de sua área de competência;

•• Alínea *d* acrescentada pela Lei n. 14.195, de 26-8-2021.

(*) Publicada no *Diário Oficial da União*, de 21-11-1994. Regulamentada pelo Decreto n. 1.800, de 30-1-1996.

XIV – quanto ao Registro Público de Empresas Mercantis e Atividades Afins, propor os planos de ação, as diretrizes e as normas e implementar as medidas necessárias;

•• Inciso XIV acrescentado pela Lei n. 14.195, de 26-8-2021.

XV – coordenar as ações dos órgãos incumbidos da execução dos serviços do Registro Público de Empresas Mercantis e Atividades Afins;

•• Inciso XV acrescentado pela Lei n. 14.195, de 26-8-2021.

XVI – especificar, desenvolver, implementar, manter e operar os sistemas de informação relativos à integração para o registro e para a legalização de empresas, em articulação com outros órgãos e observadas as competências destes; e

•• Inciso XVI acrescentado pela Lei n. 14.195, de 26-8-2021.

XVII – propor, implementar e monitorar medidas relacionadas com a desburocratização do registro público de empresas e destinadas à melhoria do ambiente de negócios no País.

•• Inciso XVII acrescentado pela Lei n. 14.195, de 26-8-2021.

Parágrafo único. O cadastro nacional a que se refere o inciso IX do *caput* deste artigo será mantido com as informações originárias do cadastro estadual de empresas, vedados a exigência de preenchimento de formulário pelo empresário ou o fornecimento de novos dados ou informações, bem como a cobrança de preço pela inclusão das informações no cadastro nacional.

•• Parágrafo único acrescentado pela Lei n. 13.874, de 20-9-2019.

Subseção II
Das juntas comerciais

Art. 5.º Haverá uma junta comercial em cada unidade federativa, com sede na capital e jurisdição na área da circunscrição territorial respectiva.

Art. 6.º As juntas comerciais subordinam-se, administrativamente, ao governo do respectivo ente federativo e, tecnicamente, ao Departamento Nacional de Registro Empresarial e Integração, nos termos desta Lei.

•• *Caput* com redação determinada pela Lei n. 13.833, de 4-6-2019.

Parágrafo único. (*Revogado pela Lei n. 13.833, de 4-6-2019.*)

Art. 7.º As juntas comerciais poderão desconcentrar os seus serviços, mediante convênios com órgãos públicos e entidades privadas sem fins lucrativos, preservada a competência das atuais delegacias.

Art. 8.º Às Juntas Comerciais incumbe:

I – executar os serviços previstos no art. 32 desta lei;

II – elaborar a tabela de preços de seus serviços, observadas as normas legais pertinentes;

III – processar a habilitação e a nomeação dos tradutores públicos e intérpretes comerciais;

•• A Instrução Normativa n. 52, de 29-7-2022, do DREI, dispõe sobre o exercício das profissões de administrador de armazéns gerais, trapicheiro, leiloeiro oficial e tradutor e intérprete público.

IV – elaborar os respectivos Regimentos Internos e suas alterações, bem como as resoluções de caráter administrativo necessárias ao fiel cumprimento das normas legais, regulamentares e regimentais;

V – expedir carteiras de exercício profissional de pessoas legalmente inscritas no Registro Público de Empresas Mercantis e Atividades Afins;

VI – o assentamento dos usos e práticas mercantis.

Art. 9.º A estrutura básica das juntas comerciais será integrada pelos seguintes órgãos:

I – a Presidência, como órgão diretivo e representativo;

II – o Plenário, como órgão deliberativo superior;

III – as Turmas, como órgãos deliberativos inferiores;

IV – a Secretaria-Geral, como órgão administrativo;

V – a Procuradoria, como órgão de fiscalização e de consulta jurídica.

§ 1.º As juntas comerciais poderão ter uma assessoria técnica, com a competência de preparar e relatar os documentos a serem submetidos à sua deliberação, cujos membros deverão ser bacharéis em Direito, Economistas, Contadores ou Administradores.

§ 2.º As juntas comerciais, por seu plenário, poderão resolver pela criação de delegacias, órgãos locais do registro do comércio, nos termos da legislação estadual respectiva.

Art. 10. O Plenário, composto de Vogais e respectivos suplentes, será constituído pelo mínimo de 11 (onze) e no máximo de 23 (vinte e três) Vogais.

•• Artigo com redação determinada pela Lei n. 10.194, de 14-2-2001.

Art. 11. Os vogais e os respectivos suplentes serão nomeados, salvo disposição em contrário, pelos governos dos Estados e do Distrito Federal, dentre brasileiros que atendam às seguintes condições:

•• *Caput* com redação determinada pela Lei n. 13.833, de 4-6-2019.

I – estejam em pleno gozo dos direitos civis e políticos;

II – não estejam condenados por crime cuja pena vede o acesso a cargo, emprego e funções públicas, ou por crime de prevaricação, falência fraudulenta, peita ou suborno, concussão, peculato, contra a propriedade, a fé pública e a economia popular;

III – sejam, ou tenham sido, por mais de cinco anos, titulares de firma mercantil individual, sócios ou administradores de sociedade mercantil, valendo como prova, para esse fim, certidão expedida pela junta comercial;

IV – estejam quites com o serviço militar e o serviço eleitoral.

Parágrafo único. Qualquer pessoa poderá representar fundadamente à autoridade competente contra a nomeação de vogal ou suplente, contrária aos preceitos desta lei, no prazo de quinze dias, contados da data da posse.

Art. 12. Os vogais e respectivos suplentes serão escolhidos da seguinte forma:

I – a metade do número de vogais e suplentes será designada mediante indicação de nomes, em listas tríplices, pelas entidades patronais de grau superior e pelas Associações Comerciais, com sede na jurisdição da junta;

II – um Vogal e respectivo suplente, representando a União, por nomeação do Ministro de Estado do Desenvolvimento, Indústria e Comércio Exterior;

•• Inciso II com redação determinada pela Lei n. 10.194, de 14-2-2001.

III – quatro vogais e respectivos suplentes representando a classe dos advogados, a dos economistas, a dos contadores e a dos administradores, todos mediante indicação, em lista tríplice, do Conselho Seccional ou Regional do Órgão Corporativo dessas categorias profissionais;

•• Inciso III com redação determinada pela Lei n. 9.829, de 2-9-1999.

IV – os demais vogais e suplentes serão designados, nos Estados e no Distrito Federal, por livre escolha dos respectivos governadores.

•• Inciso IV com redação determinada pela Lei n. 13.833, de 4-6-2019.

§ 1.º Os vogais e respectivos suplentes de que tratam os incisos II e III deste artigo ficam dispensados da prova do requisito previsto no inciso III do art. 11, mas exigir-se-á a prova de mais de 5 (cinco) anos de efetivo exercício da profissão em relação aos vogais e suplentes de que trata o inciso III.

§ 2.º As listas referidas neste artigo devem ser remetidas até 60 (sessenta) dias antes do término do mandato, caso contrário será considerada, com relação a cada entidade que se omitir na remessa, a última lista que não inclua pessoa que exerça ou tenha exercido mandato de vogal.

Art. 13. Os vogais serão remunerados por presença, nos termos da legislação da unidade federativa a que pertencer a junta comercial.

Art. 14. O vogal será substituído por seu suplente durante os impedimentos e, no caso de vaga, até o final do mandato.

Art. 15. São incompatíveis para a participação no colégio de vogais da mesma junta comercial os parentes consanguíneos e afins até o segundo grau e os sócios da mesma empresa.

Parágrafo único. Em caso de incompatibilidade, serão seguidos, para a escolha dos membros, sucessivamente, os critérios da precedência na nomeação, da precedência na posse, ou do membro mais idoso.

Art. 16. O mandato de vogal e respectivo suplente será de 4 (quatro) anos, permitida apenas uma recondução.

Art. 17. O vogal ou seu suplente perderá o mandato nos seguintes casos:

I – mais de 3 (três) faltas consecutivas às sessões, ou 12 (doze) alternadas no mesmo ano, sem justo motivo;

II – por conduta incompatível com a dignidade do cargo.

Art. 18. Na sessão inaugural do plenário das juntas comerciais, que iniciará cada período de mandato, serão distribuídos os vogais por turmas de três membros cada uma, com exclusão do presidente e do vice-presidente.

Art. 19. Ao plenário compete o julgamento dos processos em grau de recurso, nos termos previstos no regulamento desta lei.

Art. 20. As sessões ordinárias do plenário e das turmas efetuar-se-ão com a periodicidade e do modo determinado no regimento da junta comercial; e as extraordinárias, sempre justificadas, por convocação do presidente ou de dois terços dos seus membros.

Art. 21. Compete às turmas julgar, originariamente, os pedidos relativos à execução dos atos de registro.

Art. 22. Compete aos respectivos governadores a nomeação para os cargos em comissão de presidente e vice-presidente das juntas comerciais dos Estados e do Distrito Federal, escolhidos dentre os vogais do Plenário.

•• Artigo com redação determinada pela Lei n. 13.833, de 4-6-2019.

Art. 23. Compete ao presidente:

I – a direção e representação geral da junta;

II – dar posse aos vogais, convocar e dirigir as sessões do Plenário, superintender todos os serviços e velar pelo fiel cumprimento das normas legais e regulamentares.

Art. 24. Ao vice-presidente incumbe substituir o presidente em suas faltas ou impedimentos e efetuar a correição permanente dos serviços, na forma do regulamento desta lei.

Art. 25. Compete aos respectivos governadores a nomeação para o cargo em comissão de secretário-geral das juntas comerciais dos Estados e do Distrito Federal, e a escolha deverá recair sobre brasileiros de notória idoneidade moral e com conhecimentos em direito empresarial.

•• Artigo com redação determinada pela Lei n. 13.833, de 4-6-2019.

Art. 26. À secretaria-geral compete a execução dos serviços de registro e de administração da junta.

Art. 27. As procuradorias serão compostas de 1 (um) ou mais procuradores e chefiadas pelo procurador que for designado pelo governador do Estado ou do Distrito Federal.

•• Artigo com redação determinada pela Lei n. 13.833, de 4-6-2019.

Art. 28. A procuradoria tem por atribuição fiscalizar e promover o fiel cumprimento das normas legais e executivas, oficiando, internamente, por sua iniciativa ou mediante solicitação da presidência, do plenário e das turmas; e, externamente, em atos ou feitos de natureza jurídica, inclusive os judiciais, que envolvam matéria do interesse da junta.

Capítulo II
DA PUBLICIDADE DO REGISTRO PÚBLICO DE EMPRESAS MERCANTIS E ATIVIDADES AFINS

Seção I
Das Disposições Gerais

Art. 29. Qualquer pessoa, sem necessidade de provar interesse, poderá consultar os assentamentos existentes nas juntas comerciais e obter certidões, mediante pagamento do preço devido.

Art. 30. A forma, prazo e procedimento de expedição de certidões serão definidos no regulamento desta lei.

Seção II
Da Publicação dos Atos

Art. 31. Os atos decisórios serão publicados em sítio da rede mundial de computadores da junta comercial do respectivo ente federativo.

•• Artigo com redação determinada pela Lei n. 13.874, de 20-9-2019.

Capítulo III
DOS ATOS PERTINENTES AO REGISTRO PÚBLICO DE EMPRESAS MERCANTIS E ATIVIDADES AFINS

Seção I
Da Compreensão dos Atos

Art. 32. O registro compreende:

• A Instrução Normativa n. 82, de 19-2-2021, do DNRC, institui os procedimentos para autenticação dos livros contábeis ou não dos empresários individuais, das empresas individuais de responsabilidade limitada – Eireli, das sociedades, bem como dos livros dos agentes auxiliares do comércio.

I – a matrícula e seu cancelamento: dos leiloeiros, tradutores públicos e intérpretes comerciais, trapicheiros e administradores de armazéns-gerais;

•• A Instrução Normativa n. 52, de 29-7-2022, do DREI, dispõe sobre o exercício das profissões de administrador de armazéns gerais, trapicheiro, leiloeiro oficial e tradutor e intérprete público.

II – o arquivamento:

a) dos documentos relativos à constituição, alteração, dissolução e extinção de firmas mercantis individuais, sociedades mercantis e cooperativas;

b) dos atos relativos a consórcio e grupo de sociedade de que trata a Lei n. 6.404, de 15 de dezembro de 1976;

c) dos atos concernentes a empresas mercantis estrangeiras autorizadas a funcionar no Brasil;

d) das declarações de microempresa;

e) de atos ou documentos que, por determinação legal, sejam atribuídos ao Registro Público de Empresas Mercantis e Atividades Afins ou daqueles que possam interessar ao empresário e às empresas mercantis;

III – a autenticação dos instrumentos de escrituração das empresas mercantis registradas e dos agentes auxiliares do comércio, na forma de lei própria.

• Da inscrição no Registro Público de Empresas Mercantis no CC: *vide* arts. 967 a 971.

§ 1.º Os atos, os documentos e as declarações que contenham informações meramente cadastrais serão levados automaticamente a registro se puderem ser obtidos de outras bases de dados disponíveis em órgãos públicos.

•• § 1.º acrescentado pela Lei n. 13.874, de 20-9-2019.

§ 2.º Ato do Departamento Nacional de Registro Empresarial e Integração definirá os atos, os documentos e as declarações que contenham informações meramente cadastrais.

•• § 2.º acrescentado pela Lei n. 13.874, de 20-9-2019.

Art. 33. A proteção ao nome empresarial decorre automaticamente do arquivamento dos atos constitutivos de firma individual e de sociedades, ou de suas alterações.

§§ 1.º e 2.º (*Vetados.*)

Art. 34. O nome empresarial obedecerá aos princípios da veracidade e da novidade.

• *Vide* nota ao artigo anterior.

Seção II
Das Proibições de Arquivamento

Art. 35. Não podem ser arquivados:

I – os documentos que não obedecerem às prescrições legais ou regulamentares ou que contiverem matéria contrária aos bons costumes ou à ordem pública, bem como os que colidirem com o respectivo estatuto ou contrato não modificado anteriormente;

II – os documentos de constituição ou alteração de empresas mercantis de qualquer espécie ou modalidade em que figure como titular ou administrador pessoa que esteja condenada pela prática de crime cuja pena vede o acesso à atividade mercantil;

III – os atos constitutivos de empresas mercantis que, além das cláusulas exigidas em lei, não designarem o respectivo capital e a declaração de seu objeto, cuja indicação no nome empresarial é facultativa;

•• Inciso III com redação determinada pela Lei n. 14.195, de 26-8-2021.

IV – (*Revogado pela Lei n. 14.195, de 26-8-2021*);

V – os atos de empresas mercantis com nome idêntico a outro já existente;

•• Inciso V com redação determinada pela Lei n. 14.195, de 26-8-2021.

VI – a alteração contratual, por deliberação majoritária do capital social, quando houver cláusula restritiva;

VII – os contratos sociais ou suas alterações em que haja incorporação de imóveis à sociedade, por instrumento particular, quando do instrumento não constar:

a) a descrição e identificação do imóvel, sua área, dados relativos à sua titulação, bem como o número da matrícula no registro imobiliário;

b) a outorga uxória ou marital, quando necessária;

VIII – (*Revogado pela Lei n. 13.874, de 20-9-2019.*)

§ 1.º O registro dos atos constitutivos e de suas alterações e extinções ocorrerá independentemente de autorização governamental prévia, e os órgãos públicos deverão ser informados pela Rede Nacional para a Simplificação do Registro e da Legalização de Empresas e Negócios (Redesim) a respeito dos registros sobre os quais manifestarem interesse.

•• Parágrafo único renumerado pela Lei n. 14.195, de 26-8-2021.

§ 2.º Eventuais casos de confronto entre nomes empresariais por semelhança poderão ser questionados pelos interessados, a qualquer tempo, por meio de recurso ao Drei.

•• § 2.º acrescentado pela Lei n. 14.195, de 26-8-2021.

Art. 35-A. O empresário ou a pessoa jurídica poderá optar por utilizar o número de inscrição no Cadastro Nacional da Pessoa Jurídica (CNPJ) como nome empresarial, seguido da partícula identificadora do tipo societário ou jurídico, quando exigida por lei.

•• Artigo acrescentado pela Lei n. 14.195, de 26-8-2021.

Seção III
Da Ordem dos Serviços

Subseção I
Da apresentação dos atos e arquivamento

Art. 36. Os documentos referidos no inciso II do art. 32 deverão ser apresentados a arquivamento na junta, dentro de 30 (trinta) dias contados de sua assinatura, a cuja data retroagirão os efeitos do arquivamento; fora desse prazo, o arquivamento só terá eficácia a partir do despacho que o conceder.

•• *Vide* art. 6.º da Lei n. 14.030, de 28-7-2020.

Art. 37. Instruirão obrigatoriamente os pedidos de arquivamento:

I – o instrumento original de constituição, modificação ou extinção de empresas mercantis, assinado pelo titular, pelos administradores, sócios ou seus procuradores;

II – declaração do titular ou administrador, firmada sob as penas da lei, de não estar impedido de exercer o comércio ou a administração de sociedade mercantil, em virtude de condenação criminal;

•• Inciso II com redação determinada pela Lei n. 10.194, de 14-2-2001.

III – a ficha cadastral padronizada, que deverá seguir o modelo aprovado pelo Drei, a qual incluirá, no mínimo, as informações sobre os seus titulares e administradores, bem como sobre a forma de representação da empresa mercantil;

•• Inciso III com redação determinada pela Lei n. 14.195, de 26-8-2021.

•• A Instrução Normativa n. 112, de 20-1-2022, do DREI, aprova Ficha de Cadastro Nacional - FCN, de que trata este inciso.

IV – os comprovantes de pagamento dos preços dos serviços correspondentes;

V – a prova de identidade dos titulares e dos administradores da empresa mercantil.

Parágrafo único. Além dos referidos neste artigo, nenhum outro documento será exigido das firmas individuais e sociedades referidas nas alíneas *a*, *b* e *d* do inciso II do art. 32.

Art. 38. Para cada empresa mercantil, a junta comercial organizará um prontuário com os respectivos documentos.

Subseção II
Das autenticações

Art. 39. As juntas comerciais autenticarão:

I – os instrumentos de escrituração das empresas mercantis e dos agentes auxiliares do comércio;

II – as cópias dos documentos assentados.

Parágrafo único. Os instrumentos autenticados, não retirados no prazo de 30 (trinta) dias, contados da sua apresentação, poderão ser eliminados.

Art. 39-A. A autenticação dos documentos de empresas de qualquer porte realizada por meio de sistemas públicos eletrônicos dispensa qualquer outra.

•• Artigo acrescentado pela Lei Complementar n. 147, de 7-8-2014.

Art. 39-B. A comprovação da autenticação de documentos e da autoria de que trata esta Lei poderá ser realizada por meio eletrônico, na forma do regulamento.

•• Artigo acrescentado pela Lei Complementar n. 147, de 7-8-2014.

Subseção III
Do exame das formalidades

Art. 40. Todo ato, documento ou instrumento apresentado a arquivamento será objeto de exame do cumprimento das formalidades legais pela junta comercial.

§ 1.º Verificada a existência de vício insanável, o requerimento será indeferido; quando for sanável, o processo será colocado em exigência.

§ 2.º As exigências formuladas pela junta comercial deverão ser cumpridas em até 30 (trinta) dias, contados da data da ciência pelo interessado ou da publicação do despacho.

§ 3.º O processo em exigência será entregue completo ao interessado; não devolvido no prazo previsto no parágrafo anterior, será considerado como novo pedido de arquivamento, sujeito ao pagamento dos preços dos serviços correspondentes.

Subseção IV
Do processo decisório

Art. 41. Estão sujeitos ao regime de decisão colegiada pelas juntas comerciais, na forma desta lei:

I – o arquivamento:

a) dos atos de constituição de sociedades anônimas;

•• Alínea *a* com redação determinada pela Lei n. 13.874, de 20-9-2019.

b) dos atos referentes à transformação, incorporação, fusão e cisão de empresas mercantis;

c) dos atos de constituição e alterações de consórcio e de grupo de sociedades, conforme previsto na Lei n. 6.404, de 15 de dezembro de 1976;

II – o julgamento do recurso previsto nesta lei.

Parágrafo único. Os pedidos de arquivamento de que trata o inciso I do *caput* deste artigo serão decididos no prazo de 5 (cinco) dias úteis, contado da data de seu recebimento, sob pena de os atos serem considerados arquivados, mediante provocação dos interessados, sem prejuízo do exame das formalidades legais pela procuradoria.

•• Parágrafo único acrescentado pela Lei n. 13.874, de 20-9-2019.

Art. 42. Os atos próprios do Registro Público de Empresas Mercantis e Atividades Afins, não previstos no artigo anterior, serão objeto de decisão singular proferida pelo presidente da junta comercial, por vogal ou servidor que possua comprovados conhecimentos de Direito Comercial e de Registro de Empresas Mercantis.

§ 1.º Os vogais e servidores habilitados a proferir decisões singulares serão designados pelo presidente da junta comercial.

•• Parágrafo único renumerado pela Lei n. 13.874, de 20-9-2019.

§ 2.º Os pedidos de arquivamento não previstos no inciso I do *caput* do art. 41 desta Lei serão decididos no prazo de 2 (dois) dias úteis, contado da data de seu recebimento, sob pena de os atos serem considerados arquivados, mediante provocação dos interessados, sem prejuízo do exame das formalidades legais pela procuradoria.

•• § 2.º acrescentado pela Lei n. 13.874, de 20-9-2019.

§ 3.º O arquivamento dos atos constitutivos e de alterações não previstos no inciso I do *caput* do art. 41 desta Lei terá o registro deferido automaticamente caso cumpridos os requisitos de:

•• § 3.º, *caput*, acrescentado pela Lei n. 13.874, de 20-9-2019.

I – aprovação da consulta prévia da viabilidade do nome empresarial e da viabilidade de localização, quando o ato exigir; e

•• Inciso I acrescentado pela Lei n. 13.874, de 20-9-2019.

II – utilização pelo requerente do instrumento padrão estabelecido pelo Departamento Nacional de Registro Empresarial e Integração (Drei) da Secretaria de Governo Digital da Secretaria Especial de Desburocratização, Gestão e Governo Digital do Ministério da Economia.

•• Inciso II acrescentado pela Lei n. 13.874, de 20-9-2019.

§ 4.º O arquivamento dos atos de extinção não previstos no inciso I do *caput* do art. 41 desta Lei terá o registro deferido automaticamente no caso de utilização pelo requerente do instrumento padrão estabelecido pelo Drei.

•• § 4.º acrescentado pela Lei n. 13.874, de 20-9-2019.

§ 5.º Nas hipóteses de que tratam os §§ 3.º e 4.º do *caput* deste artigo, a análise do cumprimento das formalidades legais será feita posteriormente, no prazo de 2 (dois) dias úteis, contado da data do deferimento automático do registro.

•• § 5.º acrescentado pela Lei n. 13.874, de 20-9-2019.

§ 6.º Após a análise de que trata o § 5.º deste artigo, a identificação da existência de vício acarretará:

•• § 6.º, *caput*, acrescentado pela Lei n. 13.874, de 20-9-2019.

I – o cancelamento do arquivamento, se o vício for insanável; ou

•• Inciso I acrescentado pela Lei n. 13.874, de 20-9-2019.

II – a observação do procedimento estabelecido pelo Drei, se o vício for sanável.

•• Inciso II acrescentado pela Lei n. 13.874, de 20-9-2019.

Art. 43. (*Revogado pela Lei n. 13.874, de 20-9-2019.*)

Subseção V

Do processo revisional

Art. 44. O processo revisional pertinente ao Registro Público de Empresas Mercantis e Atividades Afins dar-se-á mediante:

I – Pedido de Reconsideração;

II – Recurso ao Plenário;

III – Recurso ao Departamento Nacional de Registro Empresarial e Integração.

•• Inciso III com redação determinada pela Lei n. 13.874, de 20-9-2019.

Art. 45. O Pedido de Reconsideração terá por objeto obter a revisão de despachos singulares ou de Turmas que formulem exigências para o deferimento do arquivamento, e será apresentado no prazo para cumprimento da exigência, para apreciação pela autoridade recorrida em 5 (cinco) dias úteis ou 5 (cinco) dias úteis, respectivamente.

•• Artigo com redação determinada pela Lei n. 11.598, de 3-12-2007.

Art. 46. Das decisões definitivas, singulares ou de turmas, cabe recurso ao plenário, que deverá ser decidido no prazo máximo de 30 (trinta) dias, a contar da data do recebimento da peça recursal, ouvida a procuradoria, no prazo de 10 (dez) dias, quando a mesma não for a recorrente.

Art. 47. Das decisões do plenário cabe recurso ao Departamento Nacional de Registro Empresarial e Integração como última instância administrativa.

•• *Caput* com redação determinada pela Lei n. 13.874, de 20-9-2019.

Parágrafo único. (*Revogado pela Lei n. 13.874, de 20-9-2019.*)

Art. 48. Os recursos serão indeferidos liminarmente pelo presidente da junta quando assinados por procurador sem mandato ou, ainda, quando interpostos fora do prazo ou antes da decisão definitiva, devendo ser, em qualquer caso, anexados ao processo.

Art. 49. Os recursos de que trata esta lei não têm efeito suspensivo.

Art. 50. Todos os recursos previstos nesta lei deverão ser interpostos no prazo de 10 (dez) dias úteis, cuja fluência começa na data da intimação da parte ou da publicação do ato no órgão oficial de publicidade da junta comercial.

Art. 51. A procuradoria e as partes interessadas, quando for o caso, serão intimadas para, no mesmo prazo de 10 (dez) dias, oferecerem contrarrazões.

TÍTULO II
DAS DISPOSIÇÕES FINAIS E TRANSITÓRIAS

Capítulo I
DAS DISPOSIÇÕES FINAIS

Art. 52. (*Vetado.*)

Art. 53. As alterações contratuais ou estatutárias poderão ser efetivadas por escritura pública ou particular, independentemente da forma adotada no ato constitutivo.

Art. 54. A prova da publicidade de atos societários, quando exigida em lei, será feita mediante anotação nos registros da junta comercial à vista da apresentação da folha do *Diário Oficial*, em sua versão eletrônica, dispensada ajuntada da mencionada folha.

•• Artigo com redação determinada pela Lei n. 13.874, de 20-9-2019.

Art. 55. Compete ao Departamento Nacional de Registro Empresarial e Integração propor a elaboração da tabela de preços dos serviços pertinentes ao Registro Público de Empresas Mercantis, na parte relativa aos atos de natureza federal, bem como especificar os atos a serem observados pelas juntas comerciais na elaboração de suas tabelas locais.

•• *Caput* com redação determinada pela Lei n. 13.874, de 20-9-2019.

§ 1.º As isenções de preços de serviços restringem-se aos casos previstos em lei.

•• Parágrafo único renumerado pela Lei n. 13.874, de 20-9-2019.

§ 2.º É vedada a cobrança de preço pelo serviço de arquivamento dos documentos relativos à extinção do registro do empresário individual, da empresa individual de responsabilidade limitada (Bireli) e da sociedade limitada.

•• § 2.º acrescentado pela Lei n. 13.874, de 20-9-2019.

Art. 56. Os documentos arquivados pelas juntas comerciais não serão retirados, em qualquer hipótese, de suas dependências, ressalvado o disposto no art. 57 desta Lei.

•• Artigo com redação determinada pela Lei n. 14.195, de 26-8-2021.

Art. 57. Quaisquer atos e documentos, após microfilmados ou preservada a sua imagem por meios tecnológicos mais avançados, poderão ser eliminados pelas juntas comerciais, conforme disposto em regulamento.

•• *Caput* com redação determinada pela Lei n. 14.195, de 26-8-2021.

Parágrafo único. Antes da eliminação prevista no *caput* deste artigo, será concedido o prazo de 30 (trinta) dias para os acionistas, os diretores e os procuradores das empresas ou outros interessados retirarem, facultativamente, a documentação original, sem qualquer custo.

•• Parágrafo único acrescentado pela Lei n. 14.195, de 26-8-2021.

Art. 58. (*Revogado pela Lei n. 14.195, de 26-8-2021.*)

Art. 59. Expirado o prazo da sociedade celebrada por tempo determinado, esta perderá a proteção do seu nome empresarial.

Art. 60. (*Revogado pela Lei n. 14.195, de 26-8-2021.*)

Art. 61. O fornecimento de informações cadastrais aos órgãos executores do Registro Público de Empresas Mercantis e Atividades Afins desobriga as firmas individuais e sociedades de prestarem idênticas informações a outros órgãos ou entidades das Administrações Federal, Estadual ou Municipal.

Parágrafo único. O Departamento Nacional de Registro Empresarial e Integração manterá à disposição dos órgãos ou das entidades de que trata este artigo os seus serviços de cadastramento de empresas mercantis.

•• Parágrafo único com redação determinada pela Lei n. 13.833, de 4-6-2019.

Art. 62. (*Revogado pela Lei n. 13.833, de 4-6-2019.*)

Art. 63. Os atos levados a arquivamento nas juntas comerciais são dispensados de reconhecimento de firma.

•• *Caput* com redação determinada pela Lei n. 14.195, de 26-8-2021.

§ 1.º A cópia de documento, autenticada na forma prevista em lei, dispensará nova conferência com o documento original.

•• Anterior parágrafo único com redação determinada pela Lei n. 13.874, de 20-9-2019.

§ 2.º A autenticação do documento poderá ser realizada por meio de comparação entre o documento original e a sua cópia pelo servidor a quem o documento seja apresentado.

•• § 2.º acrescentado pela Lei n. 13.874, de 20-9-2019.

§ 3.º Fica dispensada a autenticação a que se refere o § 1.º do *caput* deste artigo quando o advogado ou o contador da parte interessada declarar, sob sua responsabilidade pessoal, a autenticidade da cópia do documento.

•• § 3.º acrescentado pela Lei n. 13.874, de 20-9-2019.

Art. 64. A certidão dos atos de constituição e de alteração de empresários individuais e de sociedades mercantis, fornecida pelas juntas comerciais em que foram arquivados, será o documento hábil para a transferência, por transcrição no registro público competente, dos bens com que o subscritor tiver contribuído para a formação ou para o aumento do capital.

•• Artigo com redação determinada pela Lei n. 14.195, de 26-8-2021.

Capítulo II
DAS DISPOSIÇÕES TRANSITÓRIAS

Art. 65. As juntas comerciais adaptarão os respectivos regimentos ou regulamentos às disposições desta lei no prazo de 180 (cento e oitenta) dias.

Art. 65-A. Os atos de constituição, alteração, transformação, incorporação, fusão, cisão, dissolução e extinção de registro de empresários e de pessoas jurídicas poderão ser realizados também por meio de sistema eletrônico criado e mantido pela administração pública federal.

•• Artigo acrescentado pela Lei n. 13.874, de 20-9-2019.

Art. 66. (*Vetado.*)

Art. 67. Esta lei será regulamentada pelo Poder Executivo no prazo de 90 (noventa) dias e entrará em vigor na data da sua publicação, revogadas as Leis n. 4.726, de 13 de julho de 1965, 6.939, de 9 de setembro de 1981, 6.054, de 12 de junho de 1974, o § 4.º do art. 71 da Lei n. 4.215, de 27 de abril de 1963, acrescentado pela Lei n. 6.884, de 9 de dezembro de 1980, e a Lei n. 8.209, de 18 de julho de 1991.

Brasília, 18 de novembro de 1994; 173.º da Independência e 106.º da República.

ITAMAR FRANCO

LEI N. 8.935, DE 18 DE NOVEMBRO DE 1994 (*)

Regulamenta o art. 236 da Constituição Federal, dispondo sobre serviços notariais e de registro.

O Presidente da República:

Faço saber que o Congresso Nacional decreta e eu sanciono a seguinte Lei:

(*) Publicada no *Diário Oficial da União*, de 21-11-1994.

TÍTULO I
DOS SERVIÇOS NOTARIAIS E DE REGISTROS

Capítulo I
NATUREZA E FINS

Art. 1.º Serviços notariais e de registro são os de organização técnica e administrativa destinados a garantir a publicidade, autenticidade, segurança e eficácia dos atos jurídicos.

Art. 2.º (*Vetado.*)

Art. 3.º Notário, ou tabelião, e oficial de registro, ou registrador, são profissionais do direito, dotados de fé pública, a quem é delegado o exercício da atividade notarial e de registro.

Art. 4.º Os serviços notariais e de registro serão prestados, de modo eficiente e adequado, em dias e horários estabelecidos pelo juízo competente, atendidas as peculiaridades locais, em local de fácil acesso ao público e que ofereça segurança para o arquivamento de livros e documentos.

§ 1.º O serviço de registro civil das pessoas naturais será prestado, também, nos sábados, domingos e feriados pelo sistema de plantão.

§ 2.º O atendimento ao público será, no mínimo, de 6 (seis) horas diárias.

Capítulo II
DOS NOTÁRIOS E REGISTRADORES

Seção I
Dos Titulares

Art. 5.º Os titulares de serviços notariais e de registro são os:

I – tabeliães de notas;

II – tabeliães e oficiais de registro de contratos marítimos;

III – tabeliães de protesto de títulos;

IV – oficiais de registro de imóveis;

V – oficiais de registro de títulos e documentos e civis das pessoas jurídicas;

VI – oficiais de registro civis das pessoas naturais e de interdições e tutelas;

VII – oficiais de registro de distribuição.

Seção II
Das Atribuições e Competências dos Notários

• Normas gerais para a fixação de emolumentos relativos aos atos praticados pelos serviços notariais e de registro: Lei n. 10.169, de 29-12-2000.

Art. 6.º Aos notários compete:

I – formalizar juridicamente a vontade das partes;

II – intervir nos atos e negócios jurídicos a que as partes devam ou queiram dar forma legal ou autenticidade, autorizando a redação ou redigindo os instrumentos adequados, conservando os originais e expedindo cópias fidedignas de seu conteúdo;

III – autenticar fatos.

Art. 7.º Aos tabeliães de notas compete com exclusividade:

I – lavrar escrituras e procurações, públicas;

II – lavrar testamentos públicos e aprovar os cerrados;

III – lavrar atas notariais;

IV – reconhecer firmas;

V – autenticar cópias.

§ 1.º **É facultado aos tabeliães de notas realizar todas as gestões e diligências necessárias ou convenientes ao preparo dos atos notariais, requerendo o que couber, sem ônus maiores que os emolumentos devidos pelo ato.**

•• Parágrafo único renumerado pela Lei n. 14.382, de 27-6-2022.

§ 2.º **É vedada a exigência de testemunhas apenas em razão de o ato envolver pessoa com deficiência, salvo disposição em contrário.**

•• § 2.º acrescentado pela Lei n. 14.382, de 27-6-2022.

§ 3.º (*Vetado.*)

•• § 3.º acrescentado pela Lei n. 14.382, de 27-6-2022.

§ 4.º (*Vetado.*)

•• § 4.º acrescentado pela Lei n. 14.382, de 27-6-2022.

§ 5.º **Os tabeliães de notas estão autorizados a prestar outros serviços remunerados, na forma prevista em convênio com órgãos públicos, entidades e empresas interessadas, respeitados os requisitos de forma previstos na Lei n. 10.406, de 10 de janeiro de 2002 (Código Civil).**

•• § 5.º acrescentado pela Lei n. 14.382, de 27-6-2022.

Art. 8.º É livre a escolha do tabelião de notas, qualquer que seja o domicílio das partes ou o lugar de situação dos bens objeto do ato ou negócio.

Art. 9.º O tabelião de notas não poderá praticar atos de seu ofício fora do Município para o qual recebeu delegação.

Art. 10. Aos tabeliães e oficiais de registro de contratos marítimos compete:

I – lavrar os atos, contratos e instrumentos relativos a transações de embarcações a que as partes devam ou queiram dar forma legal de escritura pública;

II – registrar os documentos da mesma natureza;

III – reconhecer firmas em documentos destinados a fins de direito marítimo;

IV – expedir traslados e certidões.

Art. 11. Aos tabeliães de protesto de título compete privativamente:

I – protocolar de imediato os documentos de dívida, para prova do descumprimento da obrigação;

II – intimar os devedores dos títulos para aceitá-los, devolvê-los ou pagá-los, sob pena de protesto;

III – receber o pagamento dos títulos protocolizados, dando quitação;

IV – lavrar o protesto, registrando o ato em livro próprio, em microfilme ou sob outra forma de documentação;

V – acatar o pedido de desistência do protesto formulado pelo apresentante;

VI – averbar:

a) o cancelamento do protesto;

b) as alterações necessárias para atualização dos registros efetuados;

VII – expedir certidões de atos e documentos que constem de seus registros e papéis.

Parágrafo único. Havendo mais de um tabelião de protestos na mesma localidade, será obrigatória a prévia distribuição dos títulos.

• A Lei n. 9.492, de 10-9-1997, define competência, regulamenta os serviços concernentes ao protesto de títulos e outros documentos de dívida.

Seção III

Das Atribuições e Competências dos Oficiais de Registros

Art. 12. Aos oficiais de registro de imóveis, de títulos e documentos e civis das pessoas jurídicas, civis das pessoas naturais e de interdições e tutelas compete a prática dos atos relacionados na legislação pertinente aos registros públicos, de que são incumbidos, independentemente de prévia distribuição, mas sujeitos os oficiais de registro de imóveis e civis das pessoas naturais às normas que definirem as circunscrições geográficas.

•• A Lei n. 13.190, de 19-11-2015, propôs nova redação para este artigo, porém teve seu texto vetado.

Art. 13. Aos oficiais de registro de distribuição compete privativamente:

I – quando previamente exigida, proceder à distribuição equitativa pelos serviços da mesma natureza, registrando os atos praticados; em caso contrário, registrar as comunicações recebidas dos órgãos e serviços competentes;

II – efetuar as averbações e os cancelamentos de sua competência;

III – expedir certidões de atos e documentos que constem de seus registros e papéis.

Título II
DAS NORMAS COMUNS

Capítulo I
DO INGRESSO NA ATIVIDADE NOTARIAL E DE REGISTRO

Art. 14. A delegação para o exercício da atividade notarial e de registro depende dos seguintes requisitos:

I – habilitação em concurso público de provas e títulos;

II – nacionalidade brasileira;

III – capacidade civil;

IV – quitação com as obrigações eleitorais e militares;

V – diploma de bacharel em direito;

VI – verificação de conduta condigna para o exercício da profissão.

Art. 15. Os concursos serão realizados pelo Poder Judiciário, com a participação, em todas as suas fases, da Ordem dos Advogados do Brasil, do Ministério Público, de um notário e de um registrador.

§ 1.º O concurso será aberto com a publicação de edital, dele constando os critérios de desempate.

§ 2.º Ao concurso público poderão concorrer candidatos não bacharéis em direito que tenham completado, até a data da primeira publicação do edital do concurso de provas e títulos, 10 (dez) anos de exercício em serviço notarial ou de registro.

§ 3.º (*Vetado.*)

Art. 16. As vagas serão preenchidas alternadamente, duas terças partes por concurso público de provas e títulos e uma terça parte por meio de remoção, mediante concurso de títulos, não se permitindo que qualquer serventia notarial ou de registro fique vaga, sem abertura de concurso de provimento inicial ou de remoção, por mais de seis meses.

•• *Caput* com redação determinada pela Lei n. 10.506, de 9-7-2002.

Parágrafo único. Para estabelecer o critério do preenchimento, tomar-se-á por base a data de vacância da titularidade ou, quando vagas na mesma data, aquela da criação do serviço.

Art. 17. Ao concurso de remoção somente serão admitidos titulares que exerçam a atividade por mais de 2 (dois) anos.

Art. 18. A legislação estadual disporá sobre as normas e os critérios para o concurso de remoção.

Parágrafo único. Aos que ingressaram por concurso, nos termos do art. 236 da Constituição Federal, ficam preservadas todas as remoções reguladas por lei estadual ou do Distrito Federal, homologadas pelo respectivo Tribunal de Justiça, que ocorreram no período anterior à publicação desta Lei.

•• Parágrafo único acrescentado pela Lei n. 13.489, de 6-10-2017.

Art. 19. Os candidatos serão declarados habilitados na rigorosa ordem de classificação no concurso.

Capítulo II
DOS PREPOSTOS

Art. 20. Os notários e os oficiais de registro poderão, para o desempenho de suas funções, contratar escreventes, dentre eles escolhendo os substitutos, e auxiliares como empregados, com remuneração livremente ajustada e sob o regime da legislação do trabalho.

•• O STF, por maioria, julgou parcialmente procedente a ADI n. 1.183, nas sessões virtuais de 28-5-2021 a 7-6-2021 (*DOU* de 16-6-2021), para declarar inconstitucional a interpretação que extraía deste artigo "a possibilidade de que prepostos (não concursados), indicados pelo titular ou mesmo pelos tribunais de justiça, possam exercer substituições ininterruptas por perío-dos maiores do que 6 (seis) meses".

§ 1.º Em cada serviço notarial ou de registro haverá tantos substitutos, escreventes e auxiliares quantos forem necessários, a critério de cada notário ou oficial de registro.

§ 2.º Os notários e os oficiais de registro encaminharão ao juízo competente os nomes dos substitutos.

§ 3.º Os escreventes poderão praticar somente os atos que o notário ou o oficial de registro autorizar.

§ 4.º Os substitutos poderão, simultaneamente com o notário ou o oficial de registro, praticar todos os atos que lhe sejam próprios exceto, nos tabelionatos de notas, lavrar testamentos.

•• *Vide* art. 1.864, I, do CC.

§ 5.º Dentre os substitutos, um deles será designado pelo notário ou oficial de registro para responder pelo respectivo serviço nas ausências e nos impedimentos do titular.

Art. 21. O gerenciamento administrativo e financeiro dos serviços notariais e de registro é da responsabilidade exclusiva do respectivo titular, inclusive no que diz respeito às despesas de custeio, investimento e pessoal, cabendo-lhe estabelecer normas, condições e obrigações relativas à atribuição de funções e de remuneração de seus prepostos de modo a obter a melhor qualidade na prestação dos serviços.

Capítulo III
DA RESPONSABILIDADE CIVIL E CRIMINAL

Art. 22. Os notários e oficiais de registro são civilmente responsáveis por todos os prejuízos que causarem a terceiros, por culpa ou dolo, pessoalmente, pelos substitutos que designarem ou escreventes que autorizarem, assegurado o direito de regresso.

•• *Caput* com redação determinada pela Lei n. 13.286, de 10-5-2016.

Parágrafo único. Prescreve em três anos a pretensão de reparação civil, contado o prazo da data de lavratura do ato registral ou notarial.

•• Parágrafo único acrescentado pela Lei n. 13.286, de 10-5-2016.

Art. 23. A responsabilidade civil independe da criminal.

Art. 24. A responsabilidade criminal será individualizada, aplicando-se, no que couber, a legislação relativa aos crimes contra a administração pública.

Parágrafo único. A individualização prevista no *caput* não exime os notários e os oficiais de registro de sua responsabilidade civil.

Capítulo IV
DAS INCOMPATIBILIDADES E DOS IMPEDIMENTOS

Art. 25. O exercício da atividade notarial e de registro é incompatível com o da advocacia, o da intermediação de seus serviços ou o de qualquer cargo, emprego ou função públicos, ainda que em comissão.

§ 1.º (*Vetado*.)

§ 2.º A diplomação, na hipótese de mandato eletivo, e a posse, nos demais casos, implicará no afastamento da atividade.

Art. 26. Não são acumuláveis os serviços enumerados no art. 5.º.

Parágrafo único. Poderão, contudo, ser acumulados nos Municípios que não comportarem, em razão do volume dos serviços ou da receita, a instalação de mais de um dos serviços.

Art. 27. No serviço de que é titular, o notário e o registrador não poderão praticar, pessoalmente, qualquer ato de seu interesse, ou de interesse de seu cônjuge ou de parentes, na linha reta, ou na colateral, consanguíneos ou afins, até o terceiro grau.

Capítulo V

DOS DIREITOS E DEVERES

• Normas gerais para a fixação de emolumentos relativos aos atos praticados pelos serviços notariais e de registro: Lei n. 10.169, de 29-12-2000.

Art. 28. Os notários e oficiais de registro gozam de independência no exercício de suas atribuições, têm direito à percepção dos emolumentos integrais pelos atos praticados na serventia e só perderão a delegação nas hipóteses previstas em lei.

Art. 29. São direitos do notário e do registrador:

I – exercer opção, nos casos de desmembramento ou desdobramento de sua serventia;

II – organizar associações ou sindicatos de classe e deles participar.

Art. 30. São deveres dos notários e dos oficiais de registro:

I – manter em ordem os livros, papéis e documentos de sua serventia, guardando-os em locais seguros;

II – atender as partes com eficiência, urbanidade e presteza;

III – atender prioritariamente as requisições de papéis, documentos, informações ou providências que lhes forem solicitadas pelas autoridades judiciárias ou administrativas para a defesa das pessoas jurídicas de direito público em juízo;

IV – manter em arquivo as leis, regulamentos, resoluções, provimentos, regimentos, ordens de serviço e quaisquer outros atos que digam respeito à sua atividade;

V – proceder de forma a dignificar a função exercida, tanto nas atividades profissionais como na vida privada;

VI – guardar sigilo sobre a documentação e os assuntos de natureza reservada de que tenham conhecimento em razão do exercício de sua profissão;

VII – afixar em local visível, de fácil leitura e acesso ao público, as tabelas de emolumentos em vigor;

VIII – observar os emolumentos fixados para a prática dos atos do seu ofício;

IX – dar recibo dos emolumentos percebidos;

X – observar os prazos legais fixados para a prática dos atos do seu ofício;

XI – fiscalizar o recolhimento dos impostos incidentes sobre os atos que devem praticar;

XII – facilitar, por todos os meios, o acesso à documentação existente às pessoas legalmente habilitadas;

XIII – encaminhar ao juízo competente as dúvidas levantadas pelos interessados, obedecida a sistemática processual fixada pela legislação respectiva;

XIV – observar as normas técnicas estabelecidas pelo juízo competente; e

•• Inciso XIV com redação determinada pela Lei n. 14.382, de 27-6-2022.

XV – admitir pagamento dos emolumentos, das custas e das despesas por meio eletrônico, a critério do usuário, inclusive mediante parcelamento.

•• Inciso XV acrescentado pela Lei n. 14.382, de 27-6-2022.

Capítulo VI

DAS INFRAÇÕES DISCIPLINARES E DAS PENALIDADES

Art. 31. São infrações disciplinares que sujeitam os notários e os oficiais de registro às penalidades previstas nesta Lei:

I – a inobservância das prescrições legais ou normativas;

II – a conduta atentatória às instituições notariais e de registro;

III – a cobrança indevida ou excessiva de emolumentos, ainda que sob a alegação de urgência;

IV – a violação do sigilo profissional;

V – o descumprimento de quaisquer dos deveres descritos no art. 30.

Art. 32. Os notários e os oficiais de registro estão sujeitos, pelas infrações que praticarem, assegurado amplo direito de defesa, às seguintes penas:

I – repreensão;

II – multa;

III – suspensão por 90 (noventa) dias, prorrogável por mais 30 (trinta);

IV – perda da delegação.

• *Vide* art. 30, § 3.º-A, da Lei n. 6.015, de 31-12-1973.

Art. 33. As penas serão aplicadas:

I – a de repreensão, no caso de falta leve;

II – a de multa, em caso de reincidência ou de infração que não configure falta mais grave;

III – a de suspensão, em caso de reiterado descumprimento dos deveres ou de falta grave.

• *Vide* art. 30, § 3.º-A, da Lei n. 6.015, de 31-12-1973.

Art. 34. As penas serão impostas pelo juízo competente, independentemente da ordem de gradação, conforme a gravidade do fato.

Art. 35. A perda da delegação dependerá:

I – de sentença judicial transitada em julgado; ou

• *Vide* art. 41-A, § 2.º, da Lei n. 13.775, de 20-12-2018 (duplicata eletrônica).

II – de decisão decorrente de processo administrativo instaurado pelo juízo competente, assegurado amplo direito de defesa.

§ 1.º Quando o caso configurar a perda da delegação, o juízo competente suspenderá o notário ou oficial de registro, até a decisão final, e designará interventor, observando-se o disposto no art. 36.

§ 2.º (*Vetado*.)

Art. 36. Quando, para a apuração de faltas imputadas a notários ou a oficiais de registro, for necessário o afastamento do titular do serviço, poderá ele ser suspenso, preventivamente, pelo prazo de 90 (noventa) dias, prorrogável por mais 30 (trinta).

§ 1.º Na hipótese do *caput*, o juízo competente designará interventor para responder pela serventia, quando o substituto também for acusado das faltas ou quando a medida se revelar conveniente para os serviços.

§ 2.º Durante o período de afastamento, o titular perceberá metade da renda líquida da serventia; outra metade será depositada em conta bancária especial, com correção monetária.

§ 3.º Absolvido o titular, receberá ele o montante dessa conta; condenado, caberá esse montante ao interventor.

Capítulo VII

DA FISCALIZAÇÃO PELO PODER JUDICIÁRIO

• O Provimento n. 67, de 26-3-2018, do CNJ, dispõe sobre os procedimentos de conciliação e de mediação nos serviços notariais e de registro do Brasil.

Art. 37. A fiscalização judiciária dos atos notariais e de registro, mencionados nos arts. 6.º a 13, será exercida pelo juízo competente, assim definido na órbita estadual e do Distrito Federal, sempre que necessário, ou mediante representação de qualquer interessado, quando da inobservância de obrigação legal por parte de notário ou de oficial de registro, ou de seus prepostos.

Parágrafo único. Quando, em autos ou papéis de que conhecer, o Juiz verificar a existência de crime de ação pública, remeterá ao Ministério Público as cópias e os documentos necessários ao oferecimento da denúncia.

Art. 38. O juízo competente zelará para que os serviços notariais e de registro sejam prestados com rapidez, qualidade satisfatória e de modo eficiente, podendo sugerir à autoridade competente a elaboração de planos de adequada e melhor prestação desses serviços, observados, também, critérios populacionais e socioeconômicos, publicados regularmente pela Fundação Instituto Brasileiro de Geografia e Estatística.

Capítulo VIII
DA EXTINÇÃO DA DELEGAÇÃO

Art. 39. Extinguir-se-á a delegação a notário ou a oficial de registro por:

I – morte;

II – aposentadoria facultativa;

•• O STF, por maioria, julgou parcialmente procedente a ADI n. 1.183, nas sessões virtuais de 28-5-2021 a 7-6-2021 (*DOU* de 16-6-2021), para reconhecer a constitucionalidade deste inciso II.

III – invalidez;

IV – renúncia;

V – perda, nos termos do art. 35;

VI – descumprimento, comprovado, da gratuidade estabelecida na Lei n. 9.534, de 10 de dezembro de 1997.

•• Inciso VI acrescentado pela Lei n. 9.812, de 10-8-1999.

• *Vide* art. 30, § 3.º-B, da Lei n. 6.015, de 31-12-1973.

§ 1.º Dar-se-á aposentadoria facultativa ou por invalidez nos termos da legislação previdenciária federal.

§ 2.º Extinta a delegação a notário ou a oficial de registro, a autoridade competente declarará vago o respectivo serviço, designará o substituto mais antigo para responder pelo expediente e abrirá concurso.

Capítulo IX
DA SEGURIDADE SOCIAL

Art. 40. Os notários, oficiais de registro, escreventes e auxiliares são vinculados à previdência social, de âmbito federal, e têm assegurada a contagem recíproca de tempo de serviço em sistemas diversos.

Parágrafo único. Ficam assegurados, aos notários, oficiais de registro, escreventes e auxiliares os direitos e vantagens previdenciários adquiridos até a data da publicação desta Lei.

TÍTULO III
DAS DISPOSIÇÕES GERAIS

Art. 41. Incumbe aos notários e aos oficiais de registro praticar, independentemente de autorização, todos os atos previstos em lei necessários à organização e execução dos serviços, podendo, ainda, adotar sistemas de computação, microfilmagem, disco ótico e outros meios de reprodução.

• O Provimento n. 48, de 16-3-2016, Conselho Nacional de Justiça, estabelece diretrizes gerais para o sistema de registro eletrônico de títulos e documentos e civil de pessoas jurídicas.

Art. 42. Os papéis referentes aos serviços dos notários e dos oficiais de registro serão arquivados mediante utilização de processos que facilitem as buscas.

Art. 42-A. As centrais de serviços eletrônicos, geridas por entidade representativa da atividade notarial e de registro para acessibilidade digital a serviços e maior publicidade, sistematização e tratamento digital de dados e informações inerentes às atribuições delegadas, poderão fixar preços e gratuidades pelos serviços de natureza complementar que prestam e disponibilizam aos seus usuários de forma facultativa.

•• Artigo acrescentado pela Lei n. 14.206, de 27-9-2021.

Art. 43. Cada serviço notarial ou de registro funcionará em um só local, vedada a instalação de sucursal.

Art. 44. Verificada a absoluta impossibilidade de se prover, através de concurso público, a titularidade de serviço notarial ou de registro, por desinteresse ou inexistência de candidatos, o juízo competente proporá à autoridade competente a extinção do serviço e a anexação de suas atribuições ao serviço da mesma natureza mais próximo ou àquele localizado na sede do respectivo Município ou de Município contíguo.

§ 1.º (*Vetado*.)

§ 2.º Em cada sede municipal haverá no mínimo um registrador civil das pessoas naturais.

§ 3.º Nos municípios de significativa extensão territorial, a juízo do respectivo Estado, cada sede distrital disporá no mínimo de um registrador civil das pessoas naturais.

Art. 45. São gratuitos os assentos do registro civil de nascimento e o de óbito, bem como a primeira certidão respectiva.

•• *Caput* com redação determinada pela Lei n. 9.534, de 10-12-1997.

•• O STF, na ADI n. 5-2 (*DOU* de 18-6-2007), declara a constitucionalidade deste artigo.

§ 1.º Para os reconhecidamente pobres não serão cobrados emolumentos pelas certidões a que se refere este artigo.

•• § 1.º com redação determinada pela Lei n. 11.789, de 2-10-2008.

• O Provimento n. 19, de 29-8-2012, Conselho Nacional de Justiça, assegura aos comprovadamente pobres a gratuidade da averbação do reconhecimento de paternidade e da respectiva certidão.

§ 2.º É proibida a inserção nas certidões de que trata o § 1.º deste artigo de expressões que indiquem condição de pobreza ou semelhantes.

•• § 2.º acrescentado pela Lei n. 11.789, de 2-10-2008.

Art. 46. Os livros, fichas, documentos, papéis, microfilmes e sistemas de computação deverão permanecer sempre sob a guarda e responsabilidade do titular de serviço notarial ou de registro, que zelará por sua ordem, segurança e conservação.

• O Provimento n. 50, de 28-9-2015, dispõe sobre a conservação de documentos nos cartórios extrajudiciais.

Parágrafo único. Se houver necessidade de serem periciados, o exame deverá ocorrer na própria sede do serviço, em dia e hora adrede designados, com ciência do titular e autorização do juízo competente.

TÍTULO IV
DAS DISPOSIÇÕES TRANSITÓRIAS

Art. 47. O notário e o oficial de registro, legalmente nomeados até 5 de outubro de 1988, detêm a delegação constitucional de que trata o art. 2.º.

Art. 48. Os notários e os oficiais de registro poderão contratar, segundo a legislação trabalhista, seus atuais escreventes e auxiliares de investidura estatutária ou em regime especial desde que estes aceitem a transformação de seu regime jurídico, em opção expressa, no prazo improrrogável de 30 (trinta) dias, contados da publicação desta Lei.

•• O STF, por maioria, julgou parcialmente procedente a ADI n. 1.183, nas sessões virtuais de 28-5-2021 a 7-6-2021 (*DOU* de 16-6-2021), para reconhecer a constitucionalidade deste artigo.

§ 1.º Ocorrendo opção, o tempo de serviço prestado será integralmente considerado, para todos os efeitos de direito.

§ 2.º Não ocorrendo opção, os escreventes e auxiliares de investidura estatutária ou em regime especial continuarão regidos pelas normas aplicáveis aos funcionários públicos ou pelas editadas pelo Tribunal de Justiça respectivo, vedadas novas admissões por qualquer desses regimes, a partir da publicação desta Lei.

Art. 49. Quando da primeira vacância da titularidade de serviço notarial ou de registro, será procedida a desacumulação, nos termos do art. 26.

Art. 50. Em caso de vacância, os serviços notariais e de registro estatizados passarão automaticamente ao regime desta Lei.

Art. 51. Aos atuais notários e oficiais de registro, quando da aposentadoria, fica assegurado o direito de percepção de proventos de acordo com a legislação que anteriormente os regia, desde que tenham mantido as contribuições nela estipuladas até a data do deferimento do pedido ou de sua concessão.

§ 1.º O disposto neste artigo aplica-se aos escreventes e auxiliares de investidura estatutária ou em regime especial que vierem a ser contratados em virtude da opção de que trata o art. 48.

§ 2.º Os proventos de que trata este artigo serão os fixados pela legislação previdenciária aludida no *caput*.

§ 3.º O disposto neste artigo aplica-se também às pensões deixadas, por morte, pelos notários, oficiais de registro, escreventes e auxiliares.

Art. 52. Nas unidades federativas onde já exista lei estadual específica, em vigor na data de publicação desta Lei, são competentes para a lavratura de instrumentos traslatícios de direitos reais, procurações, reconhecimento de firmas e autenticação de cópia reprográfica os serviços de Registro Civil das Pessoas Naturais.

Art. 53. Nos Estados cujas organizações judiciárias, vigentes à época da publicação desta Lei, assim previrem, continuam em vigor as determinações relativas à fixação da área territorial de atuação dos tabeliães de protesto de títulos, a quem os títulos serão distribuídos em obediência às respectivas zonas.

Parágrafo único. Quando da primeira vacância, aplicar-se-á à espécie o disposto no parágrafo único do art. 11.

Art. 54. Esta Lei entra em vigor na data da sua publicação.

Art. 55. Revogam-se as disposições em contrário.

Brasília, 18 de novembro de 1994; 173.º da Independência e 106.º da República.

ITAMAR FRANCO

LEI N. 8.971, DE 29 DE DEZEMBRO DE 1994 (*)

Regula o direito dos companheiros a alimentos e à sucessão.

O Presidente da República.

Faço saber que o Congresso Nacional decreta e eu sanciono a seguinte Lei:

Art. 1.º A companheira comprovada de um homem solteiro, separado judicialmente, divorciado ou viúvo, que com ele viva há mais de 5 (cinco) anos, ou dele tenha prole, poderá valer-se do disposto na Lei n. 5.478, de 25 de julho de 1968, enquanto não constituir nova união e desde que prove a necessidade.

Parágrafo único. Igual direito e nas mesmas condições é reconhecido ao companheiro de mulher solteira, separada judicialmente, divorciada ou viúva.

•• *Vide* arts. 1.723 a 1.727 do CC.

• *Vide* art. 1.694 do CC.

Art. 2.º As pessoas referidas no artigo anterior participarão da sucessão do(a) companheiro(a) nas seguintes condições:

•• *Vide* art. 1.790 do CC.

I – o(a) companheiro(a) sobrevivente terá direito enquanto não constituir nova união, ao usufruto de quarta parte dos bens do de cujus, se houver filhos deste ou comuns;

II – o(a) companheiro(a) sobrevivente terá direito, enquanto não constituir nova união, ao usufruto da metade dos bens do de cujus, se não houver filhos, embora sobrevivam ascendentes;

III – na falta de descendentes e de ascendentes, o(a) companheiro(a) sobrevivente terá direito à totalidade da herança.

•• *Vide* arts. 1.829, III, e 1.838 do CC.

Art. 3.º Quando os bens deixados pelo(a) autor(a) da herança resultarem de atividade em que haja colaboração do(a) companheiro(a), terá o sobrevivente direito à metade dos bens.

Art. 4.º Esta Lei entra em vigor na data de sua publicação.

Art. 5.º Revogam-se as disposições em contrário.

ITAMAR FRANCO

(*) Publicada no *Diário Oficial da União*, de 30-12-1994.

LEI N. 9.051, DE 18 DE MAIO DE 1995 (**)

Dispõe sobre a expedição de certidões para a defesa de direitos e esclarecimentos de situações.

O Presidente da República.

Faço saber que o Congresso Nacional decreta e eu sanciono a seguinte Lei:

Art. 1.º As certidões para a defesa de direitos e esclarecimentos de situações, requeridas aos órgãos da administração centralizada ou autárquica, às empresas públicas, às sociedades de economia mista e às fundações públicas da União, dos Estados, do Distrito Federal e dos Municípios, deverão ser expedidas no prazo improrrogável de 15 (quinze) dias, contado do registro do pedido no órgão expedidor.

• A Lei n. 11.971, de 6-7-2009, dispõe sobre as certidões expedidas pelos Ofícios do Registro de Distribuição e Distribuidores Judiciais.

Art. 2.º Nos requerimentos que objetivam a obtenção das certidões a que se refere esta Lei, deverão os interessados fazer constar esclarecimentos relativos aos fins e razões do pedido.

Art. 3.º (*Vetado.*)

Art. 4.º Esta Lei entra em vigor na data de sua publicação.

Art. 5.º Revogam-se as disposições em contrário.

Brasília, 18 de maio de 1995; 174.º da Independência e 107.º da República.

FERNANDO HENRIQUE CARDOSO

LEI N. 9.093, DE 12 DE SETEMBRO DE 1995 (***)

Dispõe sobre feriados.

O Presidente da República.

Faço saber que o Congresso Nacional decreta e eu sanciono a seguinte Lei:

Art. 1.º São feriados civis:

I – os declarados em lei federal;

II – a data magna do Estado fixada em lei estadual;

III – os dias do início e do término do ano do centenário de fundação do Município, fixados em lei municipal.

•• Inciso III acrescentado pela Lei n. 9.335, de 10-12-1996.

Art. 2.º São feriados religiosos os dias de guarda, declarados em lei municipal, de acordo com a tradição local e em número não superior a 4 (quatro), neste incluída a Sexta-Feira da Paixão.

Art. 3.º Esta Lei entra em vigor na data de sua publicação.

Art. 4.º Revogam-se as disposições em contrário, especialmente o art. 11 da Lei n. 605, de 5 de janeiro de 1949.

(**) Publicada no *Diário Oficial da União*, de 19-5-1995.

(***) Publicada no *Diário Oficial da União*, de 13-9-1995.

Brasília, 12 de setembro de 1995; 174.º da Independência e 107.º da República.

FERNANDO HENRIQUE CARDOSO

LEI N. 9.096, DE 19 DE SETEMBRO DE 1995 (****)

Dispõe sobre partidos políticos, regulamenta os arts. 17 e 14, § 3.º, inciso V, da Constituição Federal.

O Vice-Presidente da República no exercício do cargo de Presidente da República.

Faço saber que o Congresso Nacional decreta e eu sanciono a seguinte Lei:

TÍTULO I
DISPOSIÇÕES PRELIMINARES

Art. 1.º O partido político, pessoa jurídica de direito privado, destina-se a assegurar, no interesse do regime democrático, a autenticidade do sistema representativo e a defender os direitos fundamentais definidos na Constituição Federal.

Parágrafo único. O partido político não se equipara às entidades paraestatais.

•• Parágrafo único acrescentado pela Lei n. 13.488, de 6-10-2017.

Art. 2.º É livre a criação, fusão, incorporação e extinção de partidos políticos cujos programas respeitem a soberania nacional, o regime democrático, o pluripartidarismo e os direitos fundamentais da pessoa humana.

Art. 3.º É assegurada, ao partido político, autonomia para definir sua estrutura interna, organização e funcionamento.

§ 1.º É assegurada aos candidatos, partidos políticos e coligações autonomia para definir o cronograma das atividades eleitorais de campanha e executá-lo em qualquer dia e horário, observados os limites estabelecidos em lei.

•• Parágrafo único renumerado pela Lei n. 13.831, de 17-5-2019.

§ 2.º É assegurada aos partidos políticos autonomia para definir o prazo de duração dos mandatos dos membros dos seus órgãos partidários permanentes ou provisórios.

•• § 2.º acrescentado pela Lei n. 13.831, de 17-5-2019.

•• O STF, na ADI 6.230, por unanimidade, deu interpretação conforme à Constituição a este § 2.º, com a redação dada pela Lei n. 13.831/19, para assentar que os partidos políticos podem, no exercício de sua autonomia constitucional, estabelecer a duração dos mandatos de seus dirigentes desde que compatível com o princípio republicano da alternância do poder concretizado por meio da realização de eleições periódicas em prazo razoável, nas sessões virtuais de 1.º-7-2022 a 5-8-2022 (*DOU* de 15-8-2022).

§ 3.º O prazo de vigência dos órgãos provisórios dos partidos políticos poderá ser de até 8 (oito) anos.

(****) Publicada no *Diário Oficial da União*, de 20-9-1995.

•• § 3.º acrescentado pela Lei n. 13.831, de 17-5-2019.

•• O STF, na ADI 6.230, por unanimidade, declarou a inconstitucionalidade deste § 3.º, com a redação dada pela Lei n. 13.831/19, produzindo efeitos exclusivamente a partir de janeiro de 2023, prazo após o qual o Tribunal Superior Eleitoral poderá analisar a compatibilidade dos estatutos com o presente acórdão, nas sessões virtuais de 1.º-7-2022 a 5-8-2022 (*DOU* de 15-8-2022).

§ 4.º Exaurido o prazo de vigência de um órgão partidário, ficam vedados a extinção automática do órgão e o cancelamento de sua inscrição no Cadastro Nacional da Pessoa Jurídica (CNPJ).

•• § 4.º acrescentado pela Lei n. 13.831, de 17-5-2019.

Art. 4.º Os filiados de um partido político têm iguais direitos e deveres.

• *Vide* Emenda Constitucional n. 91, de 18-2-2016, que estabelece a possibilidade, excepcional e em período determinado, de desfiliação partidária sem prejuízo do mandato.

Art. 5.º A ação do partido tem caráter nacional e é exercida de acordo com seu estatuto e programa, sem subordinação a entidades ou governos estrangeiros.

Art. 6.º É vedado ao partido político ministrar instrução militar ou paramilitar, utilizar-se de organização da mesma natureza e adotar uniforme para seus membros.

Art. 7.º O partido político, após adquirir personalidade jurídica na forma da lei civil, registra seu estatuto no Tribunal Superior Eleitoral.

§ 1.º Só é admitido o registro do estatuto de partido político que tenha caráter nacional, considerando-se como tal aquele que comprove, no período de dois anos, o apoiamento de eleitores não filiados a partido político, correspondente a, pelo menos, 0,5% (cinco décimos por cento) dos votos dados na última eleição geral para a Câmara dos Deputados, não computados os votos em branco e os nulos, distribuídos por um terço, ou mais, dos Estados, com um mínimo de 0,1% (um décimo por cento) do eleitorado que haja votado em cada um deles.

•• § 1.º com redação determinada pela Lei n. 13.165, de 29-9-2015.

§ 2.º Só o partido que tenha registrado seu estatuto no Tribunal Superior Eleitoral pode participar do processo eleitoral, receber recursos do Fundo Partidário e ter acesso gratuito ao rádio e à televisão, nos termos fixados nesta Lei.

§ 3.º Somente o registro do estatuto do partido no Tribunal Superior Eleitoral assegura a exclusividade da sua denominação, sigla e símbolos, vedada a utilização, por outros partidos, de variações que venham a induzir a erro ou confusão.

....

Título II
DA ORGANIZAÇÃO E FUNCIONAMENTO DOS PARTIDOS POLÍTICOS

....

Capítulo III
DO PROGRAMA E DO ESTATUTO

....

Art. 15-A. A responsabilidade, inclusive civil e trabalhista, cabe exclusivamente ao órgão partidário municipal, estadual ou nacional que tiver dado causa ao não cumprimento da obrigação, à violação de direito, a dano a outrem ou a qualquer ato ilícito, excluída a solidariedade de outros órgãos de direção partidária.

•• *Caput* com redação determinada pela Lei n. 12.034, de 29-9-2009.

•• *Vide* art. 854, § 9.º, do CPC.

Parágrafo único. O órgão nacional do partido político, quando responsável, somente poderá ser demandado judicialmente na circunscrição especial judiciária da sua sede, inclusive nas ações de natureza cível ou trabalhista.

•• Parágrafo único acrescentado pela Lei n. 12.891, de 11-12-2013.

....

Título VI
DISPOSIÇÕES FINAIS E TRANSITÓRIAS

....

Art. 59. O art. 16 da Lei n. 3.071, de 1.º de janeiro de 1916 (Código Civil), passa a vigorar com a seguinte redação:

•• A Lei n. 3.071, de 1.º-1-1916, foi revogada pela Lei n. 10.406, de 10-1-2002, que institui o CC.

Art. 60. Os artigos a seguir enumerados da Lei n. 6.015, de 31 de dezembro de 1973, passam a vigorar com a seguinte redação:

•• Alterações já processadas no texto da mencionada Lei.

Art. 61. O Tribunal Superior Eleitoral expedirá instruções para a fiel execução desta Lei.

Art. 62. Esta Lei entra em vigor na data de sua publicação.

Art. 63. Ficam revogadas a Lei n. 5.682, de 21 de julho de 1971, e respectivas alterações; a Lei n. 6.341, de 5 de julho de 1976; a Lei n. 6.817, de 5 de setembro de 1980; a Lei n. 6.957, de 23 de novembro de 1981; o art. 16 da Lei n. 6.996, de 7 de junho de 1982; a Lei n. 7.307, de 9 de abril de 1985 e a Lei n. 7.514, de 9 de julho de 1986.

Brasília, 19 de setembro de 1995; 174.º da Independência e 107.º da República.

Marco Antonio de Oliveira Maciel

LEI N. 9.099, DE 26 DE SETEMBRO DE 1995 (*)

Dispõe sobre os Juizados Especiais Cíveis e Criminais e dá outras providências.

O Presidente da República

Faço saber que o Congresso Nacional decreta e eu sanciono a seguinte Lei:

Capítulo I
DISPOSIÇÕES GERAIS

•• O STF, por maioria, julgou procedente o pedido formulado na petição inicial da ADC n. 31, de 22-9-2021 (*DOU* de 5-10-2021), para declarar a validade constitucional deste artigo.

Art. 1.º Os Juizados Especiais Cíveis e Criminais, órgãos da Justiça Ordinária, serão criados pela União, no Distrito Federal e nos Territórios, e pelos Estados, para conciliação, processo, julgamento e execução, nas causas de sua competência.

• Da criação dos Juizados Especiais Cíveis e Criminais: art. 98, I, da CF.

Art. 2.º O processo orientar-se-á pelos critérios da oralidade, simplicidade, informalidade, economia processual e celeridade, buscando, sempre que possível, a conciliação ou a transação.

Capítulo II
DOS JUIZADOS ESPECIAIS CÍVEIS

Seção I
Da Competência

Art. 3.º O Juizado Especial Cível tem competência para conciliação, processo e julgamento das causas cíveis de menor complexidade, assim consideradas:

I – as causas cujo valor não exceda a 40 (quarenta) vezes o salário mínimo;

•• A Medida Provisória n. 1.143, de 12-12-2022, estabelece que, a partir de 1.º-1-2023, o salário mínimo será de R$ 1.302,00 (mil trezentos e dois reais).

• Do valor da causa no CPC: arts. 291 e s.

II – as enumeradas no art. 275, inciso II, do Código de Processo Civil;

III – a ação de despejo para uso próprio;

IV – as ações possessórias sobre bens imóveis de valor não excedente ao fixado no inciso I deste artigo.

§ 1.º Compete ao Juizado Especial promover a execução:

I – dos seus julgados;

II – dos títulos executivos extrajudiciais, no valor de até 40 (quarenta) vezes o salário mínimo, observado o disposto no § 1.º do art. 8.º desta Lei.

§ 2.º Ficam excluídas da competência do Juizado Especial as causas de natureza alimentar, falimentar, fiscal e de interesse da Fazenda Pública, e também as relativas a acidentes de trabalho, a resíduos e ao estado e capacidade das pessoas, ainda que de cunho patrimonial.

§ 3.º A opção pelo procedimento previsto nesta Lei importará em renúncia ao crédito excedente ao limite estabelecido neste artigo, excetuada a hipótese de conciliação.

Art. 4.º É competente, para as causas previstas nesta Lei, o Juizado do foro:

I – do domicílio do réu ou, a critério do autor, do local onde aquele exerça atividades profissionais ou econômicas ou mantenha

(*) Publicada no *Diário Oficial da União*, de 27-9-1995. Os Provimentos n. 7, de 7-5-2010, e n. 22, de 5-9-2012, do CNJ, definem medidas de aprimoramento relacionadas ao Sistema dos Juizados Especiais.

estabelecimento, filial, agência, sucursal ou escritório;

II – do lugar onde a obrigação deva ser satisfeita;

III – do domicílio do autor ou do local do ato ou fato, nas ações para reparação de dano de qualquer natureza.

Parágrafo único. Em qualquer hipótese, poderá a ação ser proposta no foro previsto no inciso I deste artigo.

Seção II
Do Juiz, dos Conciliadores e dos Juízes Leigos

Art. 5.º O juiz dirigirá o processo com liberdade para determinar as provas a serem produzidas, para apreciá-las e para dar especial valor às regras de experiência comum ou técnica.

Art. 6.º O juiz adotará em cada caso a decisão que reputar mais justa e equânime, atendendo aos fins sociais da lei e às exigências do bem comum.

Art. 7.º Os conciliadores e juízes leigos são auxiliares da Justiça, recrutados, os primeiros, preferentemente, entre os bacharéis em Direito, e os segundos, entre advogados com mais de 5 (cinco) anos de experiência.

Parágrafo único. Os juízes leigos ficarão impedidos de exercer a advocacia perante os Juizados Especiais, enquanto no desempenho de suas funções.

Seção III
Das Partes

Art. 8.º Não poderão ser partes, no processo instituído por esta Lei, o incapaz, o preso, as pessoas jurídicas de direito público, as empresas públicas da União, a massa falida e o insolvente civil.

§ 1.º Somente serão admitidas a propor ação perante o Juizado Especial:

•• *Caput* com redação determinada pela Lei n. 12.126, de 16-12-2009.

I – as pessoas físicas capazes, excluídos os cessionários de direito de pessoas jurídicas;

•• Inciso I acrescentado pela Lei n. 12.126, de 16-12-2009.

II – as pessoas enquadradas como microempreendedores individuais, microempresas e empresas de pequeno porte na forma da Lei Complementar n. 123, de 14 de dezembro de 2006;

•• Inciso II com redação determinada pela Lei Complementar n. 147, de 7-8-2014.

III – as pessoas jurídicas qualificadas como Organização da Sociedade Civil de Interesse Público, nos termos da Lei n. 9.790, de 23 de março de 1999;

•• Inciso III acrescentado pela Lei n. 12.126, de 16-12-2009.

• Citada Lei consta neste volume.

IV – as sociedades de crédito ao microempreendedor, nos termos do art. 1.º da Lei n. 10.194, de 14 de fevereiro de 2001.

•• Inciso IV acrescentado pela Lei n. 12.126, de 16-12-2009.

• O citado art. 1.º da Lei n. 10.194, de 14-2-2001, autoriza a constituição de Sociedades de Crédito ao Microempreendedor e à Empresa de Pequeno Porte e determina a quais requisitos elas devem obedecer.

§ 2.º O maior de 18 (dezoito) anos poderá ser autor, independentemente de assistência, inclusive para fins de conciliação.

Art. 9.º Nas causas de valor até 20 (vinte) salários mínimos, as partes comparecerão pessoalmente, podendo ser assistidas por advogado; nas de valor superior, a assistência é obrigatória.

§ 1.º Sendo facultativa a assistência, se uma das partes comparecer assistida por advogado, ou se o réu for pessoa jurídica ou firma individual, terá a outra parte, se quiser, assistência judiciária prestada por órgão instituído junto ao Juizado Especial, na forma da lei local.

§ 2.º O juiz alertará as partes da conveniência do patrocínio por advogado, quando a causa o recomendar.

§ 3.º O mandato ao advogado poderá ser verbal, salvo quanto aos poderes especiais.

• Sobre poderes especiais no mandato judicial no CPC: art. 105.

§ 4.º O réu, sendo pessoa jurídica ou titular de firma individual, poderá ser representado por preposto credenciado, munido de carta de preposição com poderes para transigir, sem haver necessidade de vínculo empregatício.

•• § 4.º com redação determinada pela Lei n. 12.137, de 18-12-2009.

Art. 10. Não se admitirá, no processo, qualquer forma de intervenção de terceiro nem de assistência. Admitir-se-á o litisconsórcio.

• Do litisconsórcio no CPC: arts. 113 e s.

Art. 11. O Ministério Público intervirá nos casos previstos em lei.

Seção IV
Dos Atos Processuais

Art. 12. Os atos processuais serão públicos e poderão realizar-se em horário noturno, conforme dispuserem as normas de organização judiciária.

Art. 12-A. Na contagem de prazo em dias, estabelecido por lei ou pelo juiz, para a prática de qualquer ato processual, inclusive para a interposição de recursos, computar-se-ão somente os dias úteis.

•• Artigo acrescentado pela Lei n. 13.728, de 31-10-2018.

• *Vide* art. 219 do CPC.

Art. 13. Os atos processuais serão válidos sempre que preencherem as finalidades para as quais forem realizados, atendidos os critérios indicados no art. 2.º desta Lei.

§ 1.º Não se pronunciará qualquer nulidade sem que tenha havido prejuízo.

§ 2.º A prática de atos processuais em outras comarcas poderá ser solicitada por qualquer meio idôneo de comunicação.

§ 3.º Apenas os atos considerados essenciais serão registrados resumidamente, em notas manuscritas, datilografadas, taquigrafadas ou estenotipadas. Os demais atos poderão ser gravados em fita magnética ou equivalente, que será inutilizada após o trânsito em julgado da decisão.

§ 4.º As normas locais disporão sobre a conservação das peças do processo e demais documentos que o instruem.

Seção V
Do Pedido

Art. 14. O processo instaurar-se-á com a apresentação do pedido, escrito ou oral, à Secretaria do Juizado.

§ 1.º Do pedido constarão, de forma simples e em linguagem acessível:

I – o nome, a qualificação e o endereço das partes;

II – os fatos e os fundamentos, de forma sucinta;

III – o objeto e seu valor.

§ 2.º É lícito formular pedido genérico quando não for possível determinar, desde logo, a extensão da obrigação.

• Sobre pedido genérico no CPC: art. 324, § 1.º.

§ 3.º O pedido oral será reduzido a escrito pela Secretaria do Juizado, podendo ser utilizado o sistema de fichas ou formulários impressos.

Art. 15. Os pedidos mencionados no art. 3.º desta Lei poderão ser alternativos ou cumulados; nesta última hipótese, desde que conexos e a soma não ultrapasse o limite fixado naquele dispositivo.

• Sobre pedido alternativo e cumulado no CPC: arts. 325 e 327.

Art. 16. Registrado o pedido, independentemente de distribuição e autuação, a Secretaria do Juizado designará a sessão de conciliação, a realizar-se no prazo de 15 (quinze) dias.

Art. 17. Comparecendo inicialmente ambas as partes, instaurar-se-á, desde logo, a sessão de conciliação, dispensados o registro prévio de pedido e a citação.

Parágrafo único. Havendo pedidos contrapostos, poderá ser dispensada a contestação formal e ambos serão apreciados na mesma sentença.

• *Vide* arts. 30 e 31.

Seção VI
Das Citações e Intimações

Art. 18. A citação far-se-á:

I – por correspondência, com aviso de recebimento em mão própria;

II – tratando-se de pessoa jurídica ou firma individual, mediante entrega ao encarregado da recepção, que será obrigatoriamente identificado;

III – sendo necessário, por oficial de justiça, independentemente de mandado ou carta precatória.

§ 1.º A citação conterá cópia do pedido inicial, dia e hora para comparecimento do citando e advertência de que, não comparecendo este, considerar-se-ão verdadeiras as alegações iniciais, e será proferido julgamento, de plano.

§ 2.º Não se fará citação por edital.

§ 3.º O comparecimento espontâneo suprirá a falta ou nulidade da citação.

Art. 19. As intimações serão feitas na forma prevista para citação, ou por qualquer outro meio idôneo de comunicação.

§ 1.º Dos atos praticados na audiência, considerar-se-ão desde logo cientes as partes.

§ 2.º As partes comunicarão ao juízo as mudanças de endereço ocorridas no curso do processo, reputando-se eficazes as intimações enviadas ao local anteriormente indicado, na ausência da comunicação.

Seção VII
Da Revelia

Art. 20. Não comparecendo o demandado à sessão de conciliação ou à audiência de instrução e julgamento, reputar-se-ão verdadeiros os fatos alegados no pedido inicial, salvo se o contrário resultar da convicção do juiz.

Seção VIII
Da Conciliação e do Juízo Arbitral

•• Sobre arbitragem: Lei n. 9.307, de 23-9-1996.

Art. 21. Aberta a sessão, o juiz togado ou leigo esclarecerá as partes presentes sobre as vantagens da conciliação, mostrando-lhes os riscos e as consequências do litígio, especialmente quanto ao disposto no § 3.º do art. 3.º desta Lei.

Art. 22. A conciliação será conduzida pelo juiz togado ou leigo ou por conciliador sob sua orientação.

§ 1.º Obtida a conciliação, esta será reduzida a escrito e homologada pelo Juiz togado mediante sentença com eficácia de título executivo.

•• Parágrafo único renumerado pela Lei n. 13.994, de 24-4-2020.

§ 2.º É cabível a conciliação não presencial conduzida pelo Juizado mediante o emprego dos recursos tecnológicos disponíveis de transmissão de sons e imagens em tempo real, devendo o resultado da tentativa de conciliação ser reduzido a escrito com os anexos pertinentes.

•• § 2.º acrescentado pela Lei n. 13.994, de 24-4-2020.

Art. 23. Se o demandado não comparecer ou recusar-se a participar da tentativa de conciliação não presencial, o Juiz togado proferirá sentença.

•• Artigo com redação determinada pela Lei n. 13.994, de 24-4-2020.

Art. 24. Não obtida a conciliação, as partes poderão optar, de comum acordo, pelo juízo arbitral, na forma prevista nesta Lei.

§ 1.º O juízo arbitral considerar-se-á instaurado, independentemente de termo de compromisso, com a escolha do árbitro pelas partes. Se este não estiver presente, o juiz convocá-lo-á e designará, de imediato, a data para a audiência de instrução.

§ 2.º O árbitro será escolhido dentre os juízes leigos.

Art. 25. O árbitro conduzirá o processo com os mesmos critérios do juiz, na forma dos arts. 5.º e 6.º desta Lei, podendo decidir por equidade.

Art. 26. Ao término da instrução, ou nos 5 (cinco) dias subsequentes, o árbitro apresentará o laudo ao juiz togado para homologação por sentença irrecorrível.

Seção IX
Da Instrução e Julgamento

Art. 27. Não instituído o juízo arbitral, proceder-se-á imediatamente à audiência de instrução e julgamento, desde que não resulte prejuízo para a defesa.

Parágrafo único. Não sendo possível sua realização imediata, será a audiência designada para um dos 15 (quinze) dias subsequentes, cientes, desde logo, as partes e testemunhas eventualmente presentes.

Art. 28. Na audiência de instrução e julgamento serão ouvidas as partes, colhida a prova e, em seguida, proferida a sentença.

Art. 29. Serão decididos de plano todos os incidentes que possam interferir no regular prosseguimento da audiência. As demais questões serão decididas na sentença.

Parágrafo único. Sobre os documentos apresentados por uma das partes, manifestar-se-á imediatamente a parte contrária, sem interrupção da audiência.

Seção X
Da Resposta do Réu

Art. 30. A contestação, que será oral ou escrita, conterá toda matéria de defesa, exceto arguição de suspeição ou impedimento do juiz, que se processará na forma da legislação em vigor.

Art. 31. Não se admitirá a reconvenção. É lícito ao réu, na contestação, formular pedido em seu favor, nos limites do art. 3.º desta Lei, desde que fundado nos mesmos fatos que constituem objeto da controvérsia.

Parágrafo único. O autor poderá responder ao pedido do réu na própria audiência ou requerer a designação da nova data, que será desde logo fixada, cientes todos os presentes.

Seção XI
Das Provas

Art. 32. Todos os meios de prova moralmente legítimos, ainda que não especificados em lei, são hábeis para provar a veracidade dos fatos alegados pelas partes.

Art. 33. Todas as provas serão produzidas na audiência de instrução e julgamento, ainda que não requeridas previamente, podendo o juiz limitar ou excluir as que considerar excessivas, impertinentes ou protelatórias.

Art. 34. As testemunhas, até o máximo de 3 (três) para cada parte, comparecerão à audiência de instrução e julgamento levadas pela parte que as tenha arrolado, independentemente de intimação, ou mediante esta, se assim for requerido.

§ 1.º O requerimento para intimação das testemunhas será apresentado à Secretaria no mínimo 5 (cinco) dias antes da audiência de instrução e julgamento.

§ 2.º Não comparecendo a testemunha intimada, o juiz poderá determinar sua imediata condução, valendo-se, se necessário, do concurso da força pública.

Art. 35. Quando a prova do fato exigir, o juiz poderá inquirir técnicos de sua confiança, permitida às partes a apresentação de parecer técnico.

Parágrafo único. No curso da audiência, poderá o juiz, de ofício ou a requerimento das partes, realizar inspeção em pessoas ou coisas, ou determinar que o faça pessoa de sua confiança, que lhe relatará informalmente o verificado.

Art. 36. A prova oral não será reduzida a escrito, devendo a sentença referir, no essencial, os informes trazidos nos depoimentos.

Art. 37. A instrução poderá ser dirigida por juiz leigo, sob a supervisão de juiz togado.

Seção XII
Da Sentença

Art. 38. A sentença mencionará os elementos de convicção do juiz, com breve resumo dos fatos relevantes ocorridos em audiência, dispensado o relatório.

Parágrafo único. Não se admitirá sentença condenatória por quantia ilíquida, ainda que genérico o pedido.

Art. 39. É ineficaz a sentença condenatória na parte que exceder a alçada estabelecida nesta Lei.

• *Vide* art. 3.º.

Art. 40. O juiz leigo que tiver dirigido a instrução proferirá sua decisão e imediatamente a submeterá ao juiz togado, que poderá homologá-la, proferir outra em substituição ou, antes de se manifestar, determinar a realização de atos probatórios indispensáveis.

Art. 41. Da sentença, excetuada a homologatória de conciliação ou laudo arbitral, caberá recurso para o próprio Juizado.

§ 1.º O recurso será julgado por uma turma composta por 3 (três) juízes togados, em exercício no primeiro grau de jurisdição, reunidos na sede do Juizado.

• *Vide* Súmula 376 do STJ.

§ 2.º No recurso, as partes serão obrigatoriamente representadas por advogado.

Art. 42. O recurso será interposto no prazo de 10 (dez) dias, contados da ciência da sentença, por petição escrita, da qual constarão as razões e o pedido do recorrente.

§ 1.º O preparo será feito, independentemente de intimação, nas 48 (quarenta e oito) horas seguintes à interposição, sob pena de deserção.

§ 2.º Após o preparo, a Secretaria intimará o recorrido para oferecer resposta escrita no prazo de 10 (dez) dias.

Art. 43. O recurso terá somente efeito devolutivo, podendo o juiz dar-lhe efeito suspensivo, para evitar dano irreparável para a parte.

Art. 44. As partes poderão requerer a transcrição da gravação da fita magnética a que alude o § 3.º do art. 13 desta Lei, correndo por conta do requerente as despesas respectivas.

Art. 45. As partes serão intimadas da data da sessão de julgamento.

Art. 46. O julgamento em segunda instância constará apenas da ata, com a indicação suficiente do processo, fundamentação sucinta e parte dispositiva. Se a sentença for confirmada pelos próprios fundamentos, a súmula do julgamento servirá de acórdão.

Art. 47. (*Vetado.*)

Seção XIII
Dos Embargos de Declaração

Art. 48. Caberão embargos de declaração contra sentença ou acórdão nos casos previstos no Código de Processo Civil.

•• *Caput* com redação determinada pela Lei n. 13.105, de 16-3-2015.

Parágrafo único. Os erros materiais podem ser corrigidos de ofício.

Art. 49. Os embargos de declaração serão interpostos por escrito ou oralmente, no prazo de 5 (cinco) dias, contados da ciência da decisão.

Art. 50. Os embargos de declaração interrompem o prazo para a interposição de recurso.

•• Artigo com redação determinada pela Lei n. 13.105, de 16-3-2015.

Seção XIV
Da Extinção do Processo sem Julgamento do Mérito

Art. 51. Extingue-se o processo, além dos casos previstos em Lei:

I – quando o autor deixar de comparecer a qualquer das audiências do processo;

II – quando inadmissível o procedimento instituído por esta Lei ou seu prosseguimento, após a conciliação;

III – quando for reconhecida a incompetência territorial;

IV – quando sobrevier qualquer dos impedimentos previstos no art. 8.º desta Lei;

V – quando, falecido o autor, a habilitação depender de sentença ou não se der no prazo de 30 (trinta) dias;

VI – quando, falecido o réu, o autor não promover a citação dos sucessores no prazo de 30 (trinta) dias da ciência do fato.

§ 1.º A extinção do processo independerá, em qualquer hipótese, de prévia intimação pessoal das partes.

§ 2.º No caso do inciso I deste artigo, quando comprovar que a ausência decorre de força maior, a parte poderá ser isentada, pelo juiz, do pagamento de custas.

Seção XV
Da Execução

Art. 52. A execução da sentença processar-se-á no próprio Juizado, aplicando-se, no que couber, o disposto no Código de Processo Civil, com as seguintes alterações:

I – as sentenças serão necessariamente líquidas, contendo a conversão em Bônus do Tesouro Nacional – BTN ou índice equivalente;

• Sobre extinção do BTN, *vide* Nota dos Organizadores.

II – os cálculos de conversão de índices, de honorários, de juros e de outras parcelas serão efetuados por servidor judicial;

III – a intimação da sentença será feita, sempre que possível, na própria audiência em que for proferida. Nessa intimação, o vencido será instado a cumprir a sentença tão logo ocorra seu trânsito em julgado, e advertido dos efeitos do seu descumprimento (inc. V);

IV – não cumprida voluntariamente a sentença transitada em julgado, e tendo havido solicitação do interessado, que poderá ser verbal, proceder-se-á desde logo à execução, dispensada nova citação;

V – nos casos de obrigação de entregar, de fazer, ou de não fazer, o juiz, na sentença ou na fase de execução, cominará multa diária, arbitrada de acordo com as condições econômicas do devedor, para a hipótese de inadimplemento. Não cumprida a obrigação, o credor poderá requerer a elevação da multa ou a transformação da condenação em perdas e danos, que o juiz de imediato arbitrará, seguindo-se a execução por quantia certa, incluída a multa vencida de obrigação de dar, quando evidenciada a malícia do devedor na execução do julgado;

VI – na obrigação de fazer, o juiz pode determinar o cumprimento por outrem, fixado o valor que o devedor deve depositar para as despesas, sob pena de multa diária;

VII – na alienação forçada dos bens, o juiz poderá autorizar o devedor, o credor ou a terceira pessoa idônea a tratar da alienação do bem penhorado, a qual se aperfeiçoará em juízo até a data fixada para a praça ou leilão. Sendo o preço inferior ao da avaliação, as partes serão ouvidas. Se o pagamento não for à vista, será oferecida caução idônea, nos casos de alienação de bem móvel, ou hipotecado o imóvel;

VIII – é dispensada a publicação de editais em jornais, quando se tratar de alienação de bens de pequeno valor;

IX – o devedor poderá oferecer embargos, nos autos da execução, versando sobre:

a) falta ou nulidade da citação no processo, se ele correu à revelia;

b) manifesto excesso de execução;

c) erro de cálculo;

d) causa impeditiva, modificativa ou extintiva da obrigação, superveniente à sentença.

Art. 53. A execução de título executivo extrajudicial, no valor de até 40 (quarenta) salários mínimos, obedecerá ao disposto no Código de Processo Civil, com as modificações introduzidas por esta Lei.

§ 1.º Efetuada a penhora, o devedor será intimado a comparecer à audiência de conciliação, quando poderá oferecer embargos (art. 52, IX), por escrito ou verbalmente.

§ 2.º Na audiência, será buscado o meio mais rápido e eficaz para a solução do litígio, se possível com dispensa da alienação judicial, devendo o conciliador propor, entre outras medidas cabíveis, o pagamento do débito a prazo ou a prestação, a dação em pagamento ou a imediata adjudicação do bem penhorado.

§ 3.º Não apresentados os embargos em audiência, ou julgados improcedentes, qualquer das partes poderá requerer ao juiz a adoção de uma das alternativas do parágrafo anterior.

§ 4.º Não encontrado o devedor ou inexistindo bens penhoráveis, o processo será imediatamente extinto, devolvendo-se os documentos ao autor.

Seção XVI
Das Despesas

Art. 54. O acesso ao Juizado Especial independerá, em primeiro grau de jurisdição, do pagamento de custas, taxas ou despesas.

Parágrafo único. O preparo do recurso, na forma do § 1.º do art. 42 desta Lei, compreenderá todas as despesas processuais, inclusive aquelas dispensadas em primeiro grau de jurisdição, ressalvada a hipótese de assistência judiciária gratuita.

• Assistência judiciária: Lei n. 1.060, de 5-2-1950.

Art. 55. A sentença de primeiro grau não condenará o vencido em custas e honorários de advogado, ressalvados os casos de litigância de má-fé. Em segundo grau, o recorrente, vencido, pagará as custas e honorários de advogado, que serão fixados entre 10% (dez por cento) e 20% (vinte por cento) do valor da condenação ou, não havendo condenação, do valor corrigido da causa.

Parágrafo único. Na execução não serão contadas custas, salvo quando:

I – reconhecida a litigância de má-fé;

• Da litigância de má-fé no CPC: art. 80.

II – improcedentes os embargos do devedor;

III – tratar-se de execução de sentença que tenha sido objeto de recurso improvido do devedor.

Seção XVII
Disposições Finais

Art. 56. Instituído o Juizado Especial, serão implantadas as curadorias necessárias e o serviço de assistência judiciária.

Art. 57. O acordo extrajudicial, de qualquer natureza ou valor, poderá ser homologado, no juízo competente, independentemente de termo, valendo a sentença como título executivo judicial.

Parágrafo único. Valerá como título extrajudicial o acordo celebrado pelas partes, por instrumento escrito, referendado pelo órgão competente do Ministério Público.

Art. 58. As normas de organização judiciária local poderão estender a conciliação prevista nos arts. 22 e 23 a causas não abrangidas por esta Lei.

Art. 59. Não se admitirá ação rescisória nas causas sujeitas ao procedimento instituído por esta Lei.

Capítulo III
DOS JUIZADOS ESPECIAIS CRIMINAIS

DISPOSIÇÕES GERAIS

Art. 60. O Juizado Especial Criminal, provido por juízes togados ou togados e leigos, tem competência para a conciliação, o julgamento e a execução das infrações penais de menor potencial ofensivo, respeitadas as regras de conexão e continência.

•• *Caput* com redação determinada pela Lei n. 11.313, de 28-6-2006.

Parágrafo único. Na reunião de processos, perante o juízo comum ou o tribunal do júri, decorrentes da aplicação das regras de conexão e continência, observar-se-ão os institutos da transação penal e da composição dos danos civis.

•• Parágrafo único acrescentado pela Lei n. 11.313, de 28-6-2006.

Art. 61. Consideram-se infrações penais de menor potencial ofensivo, para os efeitos desta Lei, as contravenções penais e os crimes a que a lei comine pena máxima não superior a 2 (dois) anos, cumulada ou não com multa.

•• Artigo com redação determinada pela Lei n. 11.313, de 28-6-2006.

• *Vide* art. 94 da Lei n. 10.741, de 1.º-10-2003 (Estatuto da Pessoa Idosa).

Art. 62. O processo perante o Juizado Especial orientar-se-á pelos critérios da oralidade, simplicidade, informalidade, economia processual e celeridade, objetivando, sempre que possível, a reparação dos danos sofridos pela vítima e a aplicação de pena não privativa de liberdade.

•• Artigo com redação determinada pela Lei n. 13.603, de 9-1-2018.

Seção I
Da Competência e dos Atos Processuais

Art. 63. A competência do Juizado será determinada pelo lugar em que foi praticada a infração penal.

Art. 64. Os atos processuais serão públicos e poderão realizar-se em horário noturno e em qualquer dia da semana, conforme dispuserem as normas de organização judiciária.

Art. 65. Os atos processuais serão válidos sempre que preencherem as finalidades para as quais foram realizados, atendidos os critérios indicados no art. 62 desta Lei.

§ 1.º Não se pronunciará qualquer nulidade sem que tenha havido prejuízo.

§ 2.º A prática de atos processuais em outras comarcas poderá ser solicitada por qualquer meio hábil de comunicação.

§ 3.º Serão objeto de registro escrito exclusivamente os atos havidos por essenciais. Os atos realizados em audiência de instrução e julgamento poderão ser gravados em fita magnética ou equivalente.

Art. 66. A citação será pessoal e far-se-á no próprio Juizado, sempre que possível, ou por mandado.

Parágrafo único. Não encontrado o acusado para ser citado, o juiz encaminhará as peças existentes ao juízo comum para adoção do procedimento previsto em lei.

Art. 67. A intimação far-se-á por correspondência, com aviso de recebimento pessoal ou, tratando-se de pessoa jurídica ou firma individual, mediante entrega ao encarregado da recepção, que será obrigatoriamente identificado, ou, sendo necessário, por oficial de justiça, independentemente de mandado ou carta precatória, ou ainda por qualquer meio idôneo de comunicação.

Parágrafo único. Dos atos praticados em audiência considerar-se-ão desde logo cientes as partes, os interessados e defensores.

Art. 68. Do ato de intimação do autor do fato e do mandado de citação do acusado, constará a necessidade de seu comparecimento acompanhado de advogado, com a advertência de que, na sua falta, ser-lhe-á designado defensor público.

Seção II
Da Fase Preliminar

Art. 69. A autoridade policial que tomar conhecimento da ocorrência lavrará termo circunstanciado e o encaminhará imediatamente ao Juizado, com o autor do fato e a vítima, providenciando-se as requisições dos exames periciais necessários.

Parágrafo único. Ao autor do fato que, após a lavratura do termo, for imediatamente encaminhado ao juizado ou assumir o compromisso de a ele comparecer, não se imporá prisão em flagrante, nem se exigirá fiança. Em caso de violência doméstica, o juiz poderá determinar, como medida de cautela, seu afastamento do lar, domicílio ou local de convivência com a vítima.

•• Parágrafo único com redação determinada pela Lei n. 10.455, de 13-5-2002.

•• *Vide* art. 41 da Lei n. 11.340, de 7-8-2006.

• *Vide* nota ao art. 61 desta Lei.

Art. 70. Comparecendo o autor do fato e a vítima, e não sendo possível a realização imediata da audiência preliminar, será designada data próxima, da qual ambos sairão cientes.

Art. 71. Na falta do comparecimento de qualquer dos envolvidos, a Secretaria providenciará sua intimação e, se for o caso, a do responsável civil, na forma dos arts. 67 e 68 desta Lei.

•• Sobre responsável civil no CC: art. 932.

Art. 72. Na audiência preliminar, presente o representante do Ministério Público, o autor do fato e a vítima e, se possível, o responsável civil, acompanhados por seus advogados, o juiz esclarecerá sobre a possibilidade da composição dos danos e da aceitação da proposta de aplicação imediata de pena não privativa de liberdade.

Art. 73. A conciliação será conduzida pelo juiz ou por conciliador sob sua orientação.

Parágrafo único. Os conciliadores são auxiliares da Justiça, recrutados, na forma da lei local, preferentemente entre bacharéis em Direito, excluídos os que exerçam funções na administração da Justiça Criminal.

Art. 74. A composição dos danos civis será reduzida a escrito e, homologada pelo juiz mediante sentença irrecorrível, terá eficácia de título a ser executado no juízo civil competente.

Parágrafo único. Tratando-se de ação penal de iniciativa privada ou de ação penal pública condicionada à representação, o acordo homologado acarreta a renúncia ao direito de queixa ou representação.

Art. 75. Não obtida a composição dos danos civis, será dada imediatamente ao ofendido a oportunidade de exercer o direito de representação verbal, que será reduzida a termo.

Parágrafo único. O não oferecimento da representação na audiência preliminar não implica decadência do direito, que poderá ser exercido no prazo previsto em lei.

• Sobre prazo decadencial no CPP (Decreto-lei n. 3.689, de 3-10-1941): art. 38.

Art. 76. Havendo representação ou tratando-se de crime de ação penal pública incondicionada, não sendo caso de arquivamento, o Ministério Público poderá propor a aplicação imediata de pena restritiva de direitos ou multas, a ser especificada na proposta.

• Sobre pena de multa no CP (Decreto-lei n. 2.848, de 7-12-1940): arts. 49 a 52.

§ 1.º Nas hipóteses de ser a pena de multa a única aplicável, o juiz poderá reduzi-la até a metade.

§ 2.º Não se admitirá a proposta se ficar comprovado:

I – ter sido o autor da infração condenado, pela prática de crime, à pena privativa de liberdade, por sentença definitiva;

II – ter sido o agente beneficiado anteriormente, no prazo de 5 (cinco) anos, pela aplicação de pena restritiva ou multa, nos termos deste artigo;

III – não indicarem os antecedentes, a conduta social e a personalidade do agente, bem como os motivos e as circunstâncias, ser necessária e suficiente a adoção da medida.

§ 3.º Aceita a proposta pelo autor da infração e seu defensor, será submetida à apreciação do juiz.

§ 4.º Acolhendo a proposta do Ministério Público aceita pelo autor da infração, o juiz aplicará a pena restritiva de direitos ou multa, que não importará em reincidência, sendo registrada apenas para impedir novamente o mesmo benefício no prazo de 5 (cinco) anos.

§ 5.º Da sentença prevista no parágrafo anterior caberá a apelação referida no art. 82 desta Lei.

§ 6.º A imposição da sanção de que trata o § 4.º deste artigo não constará de certidão de antecedentes criminais, salvo para os fins previstos no mesmo dispositivo, e não terá efeitos civis, cabendo aos interessados propor ação cabível no juízo cível.

Seção III
Do Procedimento Sumariíssimo

Art. 77. Na ação penal de iniciativa pública, quando não houver aplicação de pena, pela ausência do autor do fato, ou pela não ocorrência da hipótese prevista no art. 76 desta Lei, o Ministério Público oferecerá ao juiz, de imediato, denúncia oral, se não houver necessidade de diligências imprescindíveis.

§ 1.º Para o oferecimento da denúncia, que será elaborada com base no termo de ocorrência referido no art. 69 desta Lei, com dispensa do inquérito policial, prescindir-se-á do exame do corpo de delito quando a materialidade do crime estiver aferida por boletim médico ou prova equivalente.

§ 2.º Se a complexidade ou circunstâncias do caso não permitirem a formulação da denúncia, o Ministério Público poderá requerer ao juiz o encaminhamento das peças existentes, na forma do parágrafo único do art. 66 desta Lei.

§ 3.º Na ação penal de iniciativa do ofendido poderá ser oferecida queixa oral, cabendo ao juiz verificar se a complexidade e as circunstâncias do caso determinam a adoção das providências previstas no parágrafo único do art. 66 desta Lei.

Art. 78. Oferecida a denúncia ou queixa, será reduzida a termo, entregando-se cópia ao acusado, que com ela ficará citado e imediatamente cientificado da designação de dia e hora para a audiência de instrução e julgamento, da qual também tomarão ciência o Ministério Público, o ofendido, o responsável civil e seus advogados.

§ 1.º Se o acusado não estiver presente, será citado na forma dos arts. 66 e 68 desta Lei e cientificado da data da audiência de instrução e julgamento, devendo a ela trazer suas testemunhas ou apresentar requerimento para intimação, no mínimo 5 (cinco) dias antes de sua realização.

§ 2.º Não estando presentes o ofendido e o responsável civil, serão intimados nos termos do art. 67 desta Lei para comparecerem à audiência de instrução e julgamento.

§ 3.º As testemunhas arroladas serão intimadas na forma prevista no art. 67 desta Lei.

Art. 79. No dia e hora designados para a audiência de instrução e julgamento, se na fase preliminar não tiver havido possibilidade de tentativa de conciliação e de oferecimento de proposta pelo Ministério Público, proceder-se-á nos termos dos arts. 72, 73, 74 e 75 desta Lei.

Art. 80. Nenhum ato será adiado, determinando o juiz, quando imprescindível, a condução coercitiva de quem deva comparecer.

Art. 81. Aberta a audiência, será dada a palavra ao defensor para responder à acusação, após o que o juiz receberá, ou não, a denúncia ou queixa; havendo recebimento, serão ouvidas a vítima e as testemunhas de acusação e defesa, interrogando-se a seguir o acusado, se presente, passando-se imediatamente aos debates orais e à prolação da sentença.

§ 1.º Todas as provas serão produzidas na audiência de instrução e julgamento, podendo o juiz limitar ou excluir as que considerar excessivas, impertinentes ou protelatórias.

§ 1.º-A. Durante a audiência, todas as partes e demais sujeitos processuais presentes no ato deverão respeitar a dignidade da vítima, sob pena de responsabilização civil, penal e administrativa, cabendo ao juiz garantir o cumprimento do disposto neste artigo, vedadas:

•• § 1.º-A, *caput*, acrescentado pela Lei n. 14.245, de 22-11-2021.

I – a manifestação sobre circunstâncias ou elementos alheios aos fatos objeto de apuração nos autos;

•• Inciso I acrescentado pela Lei n. 14.245, de 22-11-2021.

II – a utilização de linguagem, de informações ou de material que ofendam a dignidade da vítima ou de testemunhas.

•• Inciso II acrescentado pela Lei n. 14.245, de 22-11-2021.

§ 2.º De todo o ocorrido na audiência será lavrado termo, assinado pelo juiz e pelas partes, contendo breve resumo dos fatos relevantes ocorridos em audiência e a sentença.

§ 3.º A sentença, dispensado o relatório, mencionará os elementos de convicção do juiz.

Art. 82. Da decisão de rejeição da denúncia ou queixa e da sentença caberá apelação, que poderá ser julgada por turma composta de 3 (três) juízes em exercício no primeiro grau de jurisdição, reunidos na sede do Juizado.

§ 1.º A apelação será interposta no prazo de 10 (dez) dias, contados da ciência da sentença pelo Ministério Público, pelo réu e seu defensor, por petição escrita, da qual constarão as razões e o pedido do recorrente.

§ 2.º O recorrido será intimado para oferecer resposta escrita no prazo de 10 (dez) dias.

§ 3.º As partes poderão requerer a transcrição da gravação da fita magnética a que alude o § 3.º do art. 65 desta Lei.

§ 4.º As partes serão intimadas da data da sessão de julgamento pela imprensa.

§ 5.º Se a sentença for confirmada pelos próprios fundamentos, a súmula do julgamento servirá de acórdão.

Art. 83. Cabem embargos de declaração quando, em sentença ou acórdão, houver obscuridade, contradição ou omissão.

•• *Caput* com redação determinada pela Lei n. 13.105, de 16-3-2015.

§ 1.º Os embargos de declaração serão opostos por escrito ou oralmente, no prazo de 5 (cinco) dias, contados da ciência da decisão.

§ 2.º Os embargos de declaração interrompem o prazo para a interposição de recurso.

•• § 2.º com redação determinada pela Lei n. 13.105, de 16-3-2015.

§ 3.º Os erros materiais podem ser corrigidos de ofício.

Seção IV
Da Execução

Art. 84. Aplicada exclusivamente pena de multa, seu cumprimento far-se-á mediante pagamento na Secretaria do Juizado.

Parágrafo único. Efetuado o pagamento, o juiz declarará extinta a punibilidade, determinando que a condenação não fique constando dos registros criminais, exceto para fins de requisição judicial.

Art. 85. Não efetuado o pagamento de multa, será feita a conversão em pena privativa de liberdade, ou restritiva de direitos, nos termos previstos em lei.

•• Dispõe o *caput* do art. 51 do CP (Decreto-lei n. 2.848, de 7-12-1940): "Transitada em julgado a sentença condenatória, a multa será considerada dívida de valor, aplicando-se-lhe as normas da legislação relativa à dívida ativa da Fazenda Pública, inclusive no que concerne às causas interruptivas e suspensivas da prescrição".

Art. 86. A execução das penas privativas de liberdade e restritivas de direitos, ou de multa cumulada com estas, será processada perante o órgão competente, nos termos da lei.

Seção V
Das Despesas Processuais

Art. 87. Nos casos de homologação do acordo civil e aplicação de pena restritiva de direitos ou multa (arts. 74 e 76, § 4.º), as despesas processuais serão reduzidas, conforme dispuser lei estadual.

Seção VI
Disposições Finais

Art. 88. Além das hipóteses do Código Penal e da legislação especial, dependerá de representação a ação penal relativa aos crimes de lesões corporais leves e lesões culposas.

• Das lesões corporais no CP (Decreto-lei n. 2.848, de 7-12-1940): art. 129.

Art. 89. Nos crimes em que a pena mínima cominada for igual ou inferior a 1 (um) ano, abrangidas ou não por esta Lei, o Ministério Público, ao oferecer a denúncia, poderá propor a suspensão do processo, por 2 (dois) a 4 (quatro) anos, desde que o acusado não esteja sendo processado ou não tenha sido condenado por outro crime, presentes os demais requisitos que autorizariam a suspensão condicional da pena (art. 77 do Código Penal).

•• *Vide* Súmula 536 do STJ.

• *Vide* Súmulas 696 e 723 do STF.

§ 1.º Aceita a proposta pelo acusado e seu defensor, na presença do juiz, este, recebendo a denúncia, poderá suspender o processo, submetendo o acusado a período de prova, sob as seguintes condições:

I – reparação do dano, salvo impossibilidade de fazê-lo;

II – proibição de frequentar determinados lugares;

III – proibição de ausentar-se da comarca onde reside, sem autorização do juiz;

IV – comparecimento pessoal e obrigatório a juízo, mensalmente, para informar e justificar suas atividades.

§ 2.º O juiz poderá especificar outras condições a que fica subordinada a suspensão, desde que adequadas ao fato e à situação pessoal do acusado.

§ 3.º A suspensão será revogada se, no curso do prazo, o beneficiário vier a ser processado por outro crime ou não efetuar, sem motivo justificado, a reparação do dano.

§ 4.º A suspensão poderá ser revogada se o acusado vier a ser processado, no curso do prazo, por contravenção, ou descumprir qualquer outra condição imposta.

§ 5.º Expirado o prazo sem revogação, o juiz declarará extinta a punibilidade.

§ 6.º Não correrá a prescrição durante o prazo de suspensão do processo.

§ 7.º Se o acusado não aceitar a proposta prevista neste artigo, o processo prosseguirá em seus ulteriores termos.

Art. 90. As disposições desta Lei não se aplicam aos processos penais cuja instrução já estiver iniciada.

•• O STF, na ADI n. 1.719-9, de 18-6-2007 (*DJU* de 3-8-2007), exclui da abrangência deste artigo as normas de direito penal mais favoráveis ao réu contidas nesta Lei.

Art. 90-A. As disposições desta Lei não se aplicam no âmbito da Justiça Militar.

•• Artigo acrescentado pela Lei n. 9.839, de 27-9-1999.

Art. 91. Nos casos em que esta Lei passa a exigir representação para a propositura da ação penal pública, o ofendido ou seu representante legal será intimado para oferecê-la no prazo de 30 (trinta) dias, sob pena de decadência.

Art. 92. Aplicam-se subsidiariamente as disposições dos Códigos Penal e de Processo Penal, no que não forem incompatíveis com esta Lei.

Capítulo IV
DISPOSIÇÕES FINAIS COMUNS

Art. 93. Lei Estadual disporá sobre o Sistema de Juizados Especiais Cíveis e Criminais, sua organização, composição e competência.

Art. 94. Os serviços de cartório poderão ser prestados, e as audiências realizadas fora da sede da Comarca, em bairros ou cidades a ela pertencentes, ocupando instalações de prédios públicos, de acordo com audiências previamente anunciadas.

Art. 95. Os Estados, Distrito Federal e Territórios criarão e instalarão os Juizados Especiais no prazo de 6 (seis) meses, a contar da vigência desta Lei.

Parágrafo único. No prazo de 6 (seis) meses, contado da publicação desta Lei, serão criados e instalados os Juizados Especiais Itinerantes, que deverão dirimir, prioritariamente, os conflitos existentes nas áreas rurais ou nos locais de menor concentração populacional.

•• Parágrafo único acrescentado pela Lei n. 12.726, de 16-10-2012.

Art. 96. Esta Lei entra em vigor no prazo de 60 (sessenta) dias após a sua publicação.

Art. 97. Ficam revogadas a Lei n. 4.611, de 2 de abril de 1965, e a Lei n. 7.244, de 7 de novembro de 1984.

Brasília, 26 de setembro de 1995; 174.º da Independência e 107.º da República.

FERNANDO HENRIQUE CARDOSO

LEI N. 9.263, DE 12 DE JANEIRO DE 1996 (*)

Regula o § 7.º do art. 226 da Constituição Federal, que trata do planejamento familiar, estabelece penalidades e dá outras providências.

O Presidente da República:

Faço saber que o Congresso Nacional decreta e eu sanciono a seguinte Lei:

Capítulo I
DO PLANEJAMENTO FAMILIAR

Art. 1.º O planejamento familiar é direito de todo cidadão, observado o disposto nesta Lei.

•• *Vide* art. 1.565, § 2.º, do CC.

Art. 2.º Para fins desta Lei, entende-se planejamento familiar como o conjunto de ações de regulação da fecundidade que garanta direitos iguais de constituição, limitação ou aumento da prole pela mulher, pelo homem ou pelo casal.

Parágrafo único. É proibida a utilização das ações a que se refere o *caput* para qualquer tipo de controle demográfico.

Art. 3.º O planejamento familiar é parte integrante do conjunto de ações de atenção à mulher, ao homem ou ao casal, dentro de uma visão de atendimento global e integral à saúde.

Parágrafo único. As instâncias gestoras do Sistema Único de Saúde, em todos os seus níveis, na prestação das ações previstas no *caput*, obrigam-se a garantir, em toda a sua rede de serviços, no que respeita a atenção à mulher, ao homem ou ao casal, programa de atenção integral à saúde, em todos os seus ciclos vitais, que inclua, como atividades básicas, entre outras:

I – a assistência à concepção e contracepção;

II – o atendimento pré-natal;

III – a assistência ao parto, ao puerpério e ao neonato;

IV – o controle das doenças sexualmente transmissíveis;

V – o controle e a prevenção dos cânceres cérvico-uterino, de mama, de próstata e de pênis.

•• Inciso V com redação determinada pela Lei n. 13.045, de 25-11-2014.

Art. 4.º O planejamento familiar orienta-se por ações preventivas e educativas e pela garantia de acesso igualitário a informações, meios, métodos e técnicas disponíveis para a regulação da fecundidade.

Parágrafo único. O Sistema Único de Saúde promoverá o treinamento de recursos humanos, com ênfase na capacitação do pessoal técnico, visando a promoção de ações de atendimento à saúde reprodutiva.

Art. 5.º É dever do Estado, através do Sistema Único de Saúde, em associação, no que couber, às instâncias componentes do sistema educacional, promover condições e recursos informativos, educacionais, técnicos e científicos que assegurem o livre exercício do planejamento familiar.

Art. 6.º As ações de planejamento familiar serão exercidas pelas instituições públicas e privadas, filantrópicas ou não, nos termos desta Lei e das normas de funcionamento e mecanismos de fiscalização estabelecidos pelas instâncias gestoras do Sistema Único de Saúde.

Parágrafo único. Compete à direção nacional do Sistema Único de Saúde definir as normas gerais de planejamento familiar.

Art. 7.º É permitida a participação direta ou indireta de empresas ou capitais estrangeiros nas ações e pesquisas de planejamento familiar, desde que autorizada, fiscalizada e controlada pelo órgão de direção nacional do Sistema Único de Saúde.

Art. 8.º A realização de experiências com seres humanos no campo da regulação da fecundidade somente será permitida se previamente autorizada, fiscalizada e controlada pela direção nacional do Sistema Único de Saúde e atendidos os critérios estabelecidos pela Organização Mundial de Saúde.

Art. 9.º Para o exercício do direito ao planejamento familiar, serão oferecidos todos os métodos e técnicas de concepção e contracepção cientificamente aceitos e que não coloquem em risco a vida e a saúde das pessoas, garantida a liberdade de opção.

(*) Publicada no *Diário Oficial da União*, de 15-1-1996. As partes vetadas desta Lei foram publicadas no *Diário Oficial da União*, de 20-8-1997.

Parágrafo único. A prescrição a que se refere o *caput* só poderá ocorrer mediante avaliação e acompanhamento clínico e com informação sobre seus riscos, vantagens, desvantagens e eficácia.

•• A Lei n. 14.443, de 2-9-2022, em vigor após 180 dias de sua publicação (*DOU* de 5-9-2022), renumera o parágrafo único:

"§ 1.º A prescrição a que se refere o *caput* só poderá ocorrer mediante avaliação e acompanhamento clínico e com informação sobre os seus riscos, vantagens, desvantagens e eficácia".

•• A Lei n. 14.443, de 2-9-2022, em vigor após 180 dias de sua publicação (*DOU* de 5-9-2022), acrescenta este § 2.º:

"§ 2.º A disponibilização de qualquer método e técnica de contracepção dar-se-á no prazo máximo de 30 (trinta) dias".

Art. 10. Somente é permitida a esterilização voluntária nas seguintes situações:

I – em homens e mulheres com capacidade civil plena e maiores de 25 (vinte e cinco) anos de idade ou, pelo menos, com 2 (dois) filhos vivos, desde que observado o prazo mínimo de 60 (sessenta) dias entre a manifestação da vontade e o ato cirúrgico, período no qual será propiciado à pessoa interessada acesso a serviço de regulação da fecundidade, incluindo aconselhamento por equipe multidisciplinar, visando desencorajar a esterilização precoce;

•• A Lei n. 14.443, de 2-9-2022, em vigor após 180 dias de sua publicação (*DOU* de 5-9-2022), altera este inciso I:

"I – em homens e mulheres com capacidade civil plena e maiores de 21 (vinte e um) anos de idade ou, pelo menos, com 2 (dois) filhos vivos, desde que observado o prazo mínimo de 60 (sessenta) dias entre a manifestação da vontade e o ato cirúrgico, período no qual será propiciado à pessoa interessada acesso a serviço de regulação da fecundidade, inclusive aconselhamento por equipe multidisciplinar, com vistas a desencorajar a esterilização precoce;".

II – risco à vida ou à saúde da mulher ou do futuro concepto, testemunhado em relatório escrito e assinado por 2 (dois) médicos.

§ 1.º É condição para que se realize a esterilização, o registro de expressa manifestação da vontade em documento escrito e firmado, após a informação a respeito dos riscos da cirurgia, possíveis efeitos colaterais, dificuldades de sua reversão e opções de contracepção reversíveis existentes.

§ 2.º É vedada a esterilização cirúrgica em mulher durante os períodos de parto ou aborto, exceto nos casos de comprovada necessidade, por cesarianas sucessivas anteriores.

•• A Lei n. 14.443, de 2-9-2022, em vigor após 180 dias de sua publicação (*DOU* de 5-9-2022), altera este § 2.º:

"§ 2.º A esterilização cirúrgica em mulher durante o período de parto será garantida à solicitante se observados o prazo mínimo de 60 (sessenta) dias entre a manifestação da vontade e o parto e as devidas condições médicas".

§ 3.º Não será considerada a manifestação de vontade, na forma do § 1.º, expressa durante a ocorrência de alterações na capacidade de discernimento por influência de álcool, drogas, estados emocionais alterados ou incapacidade mental temporária ou permanente.

§ 4.º A esterilização cirúrgica como método contraceptivo somente será executada através da laqueadura tubária, vasectomia ou de outro método cientificamente aceito, sendo vedada através da histerectomia e ooforectomia.

§ 5.º Na vigência de sociedade conjugal, a esterilização depende do consentimento expresso de ambos os cônjuges.

•• A Lei n. 14.443, de 2-9-2022, em vigor após 180 dias de sua publicação (*DOU* de 5-9-2022), revoga este § 5.º.

§ 6.º A esterilização cirúrgica em pessoas absolutamente incapazes somente poderá ocorrer mediante autorização judicial, regulamentada na forma da Lei.

Art. 11. Toda esterilização cirúrgica será objeto de notificação compulsória à direção do Sistema Único de Saúde.

Art. 12. É vedada a indução ou instigamento individual ou coletivo à prática da esterilização cirúrgica.

Art. 13. É vedada a exigência de atestado de esterilização ou de teste de gravidez para quaisquer fins.

Art. 14. Cabe à instância gestora do Sistema Único de Saúde, guardado o seu nível de competência e atribuições, cadastrar, fiscalizar e controlar as instituições e serviços que realizam ações e pesquisas na área do planejamento familiar.

Parágrafo único. Só podem ser autorizadas a realizar esterilização cirúrgica as instituições que ofereçam todas as opções de meios e métodos de contracepção reversíveis.

Capítulo II
DOS CRIMES E DAS PENALIDADES

Art. 15. Realizar esterilização cirúrgica em desacordo com o estabelecido no art. 10 desta Lei.

Pena – reclusão, de 2 (dois) a 8 (oito) anos, e multa, se a prática não constitui crime mais grave.

Parágrafo único. A pena é aumentada de 1/3 (um terço) se a esterilização for praticada:

I – durante os períodos de parto ou aborto, salvo o disposto no inciso II do art. 10 desta Lei;

II – com manifestação da vontade do esterilizado expressa durante a ocorrência de alterações na capacidade de discernimento por influência de álcool, drogas, estados emocionais alterados ou incapacidade mental temporária ou permanente;

III – através de histerectomia e ooforectomia;

IV – em pessoa absolutamente incapaz, sem autorização judicial;

V – através de cesária indicada para fim exclusivo de esterilização.

Art. 16. Deixar o médico de notificar à autoridade sanitária as esterilizações cirúrgicas que realizar.

Pena – detenção, de 6 (seis) meses a 2 (dois) anos, e multa.

Art. 17. Induzir ou instigar dolosamente a prática de esterilização cirúrgica.

Pena – reclusão, de 1 (um) a 2 (dois) anos.

Parágrafo único. Se o crime for cometido contra a coletividade, caracteriza-se como genocídio, aplicando-se o disposto na Lei n. 2.889, de 1.º de outubro de 1956.

Art. 18. Exigir atestado de esterilização para qualquer fim.

Pena – reclusão, de 1 (um) a 2 (dois) anos, e multa.

Art. 19. Aplica-se aos gestores e responsáveis por instituições que permitam a prática de qualquer dos atos ilícitos previstos nesta Lei o disposto no *caput* e nos §§ 1.º e 2.º do art. 29 do Decreto-lei n. 2.848, de 7 de dezembro de 1940 – Código Penal.

•• Estabelece o citado artigo: "Art. 29. Quem, de qualquer modo, concorre para o crime incide nas penas a este cominadas, na medida de sua culpabilidade. § 1.º Se a participação for de menor importância, a pena pode ser diminuída de um sexto a um terço. § 2.º Se algum dos concorrentes quis participar de crime menos grave, ser-lhe-á aplicada a pena deste; essa pena será aumentada até metade, na hipótese de ter sido previsível o resultado mais grave".

Art. 20. As instituições a que se refere o artigo anterior sofrerão as seguintes sanções, sem prejuízo das aplicáveis aos agentes do ilícito, aos coautores ou aos partícipes:

I – se particular a instituição:

a) de duzentos a trezentos e sessenta dias-multa e, se reincidente, suspensão das atividades ou descredenciamento, sem direito a qualquer indenização ou cobertura de gastos ou investimentos efetuados;

b) proibição de estabelecer contratos ou convênios com entidades públicas e de se beneficiar de créditos oriundos de instituições governamentais ou daquelas em que o Estado é acionista;

II – se pública a instituição, afastamento temporário ou definitivo dos agentes do ilícito, dos gestores e responsáveis dos cargos ou funções ocupados, sem prejuízo de outras penalidades.

Art. 21. Os agentes do ilícito e, se for o caso, as instituições a que pertençam ficam obrigados a reparar os danos morais e materiais decorrentes de esterilização não autorizada na forma desta Lei, observados, nesse caso, o disposto nos arts. 159, 1.518 e 1.521 e seu parágrafo único do Código Civil, combinados com o art. 63 do Código de Processo Penal.

•• Acreditamos seja art. 1.521 e incisos, onde constou art. 1.521 e seu parágrafo único.

•• A referência é feita a dispositivos do CC de 1916. *Vide* arts. 186, 927, *caput*, 932 e 942 do Código vigente.

Capítulo III
DAS DISPOSIÇÕES FINAIS

Art. 22. Aplica-se subsidiariamente a esta Lei o disposto no Decreto-lei n. 2.848, de 7 de dezembro de 1940 – Código Penal, e, em especial, nos seus arts. 29, *caput*, e §§ 1.º e 2.º; 43, *caput* e incisos I, II e III; 44, *caput* e incisos I e II e III e parágrafo único; 45, *caput* e incisos I e II; 46, *caput* e parágrafo único; 47, *caput* e incisos I, II e III; 48, *caput* e parágrafo único; 49, *caput* e §§ 1.º e 2.º; 50, *caput*, § 1.º e alíneas e § 2.º; 51, *caput* e §§ 1.º e 2.º; 52; 56; 129, *caput* e § 1.º, incisos I, II e III, § 2.º, incisos I, III e IV e § 3.º.

Art. 23. O Poder Executivo regulamentará esta Lei no prazo de 90 (noventa) dias, a contar da data de sua publicação.

Art. 24. Esta Lei entra em vigor na data de sua publicação.

Art. 25. Revogam-se as disposições em contrário.

Brasília, 12 de janeiro de 1996; 175.º da Independência e 108.º da República.

FERNANDO HENRIQUE CARDOSO

DECRETO N. 1.800, DE 30 DE JANEIRO DE 1996 (*)

Regulamenta a Lei n. 8.934, de 18 de novembro de 1994, que dispõe sobre o Registro Público de Empresas Mercantis e Atividades Afins e dá outras providências.

O Presidente da República, no uso da atribuição que lhe confere o art. 84, IV, da Constituição, e tendo em vista o disposto no art. 67 da Lei n. 8.934, de 18 de novembro de 1994, decreta:

TÍTULO I
DAS FINALIDADES E DA ORGANIZAÇÃO DO REGISTRO PÚBLICO DE EMPRESAS MERCANTIS E ATIVIDADES AFINS

Capítulo I
DAS FINALIDADES

Art. 1.º O Registro Público de Empresas Mercantis e Atividades Afins será exercido no território nacional, de forma sistêmica, por órgãos federais, estaduais e distritais, com as seguintes finalidades:

•• *Caput* com redação determinada pelo Decreto n. 10.173, de 13-12-2019.

I – dar garantia, publicidade, autenticidade, segurança e eficácia aos atos jurídicos das empresas, submetidos a registro na forma da lei;

•• Inciso I com redação determinada pelo Decreto n. 10.173, de 13-12-2019.

II – cadastrar e manter atualizadas as informações relacionadas às empresas nacionais e estrangeiras em funcionamento no País; e

•• Inciso II com redação determinada pelo Decreto n. 10.173, de 13-12-2019.

III – proceder à matrícula dos agentes auxiliares do comércio, bem como ao seu cancelamento.

Art. 2.º Os atos das organizações destinadas à exploração de qualquer atividade econômica com fins lucrativos, compreendidos os empresários individuais e as sociedades empresárias, independentemente de seu objeto social, serão arquivados no Registro Público de Empresas Mercantis e Atividades Afins, respeitadas as exceções previstas em lei.

•• Artigo com redação determinada pelo Decreto n. 10.173, de 13-12-2019.

Capítulo II
DA ORGANIZAÇÃO

Seção I
Das Disposições Gerais

Art. 3.º Os serviços do Registro Público de Empresas Mercantis e Atividades Afins serão exercidos, em todo o território nacional, de maneira uniforme, harmônica e interdependente, pelo Sistema Nacional de Registro de Empresas Mercantis – SINREM, composto pelos seguintes órgãos:

I – Departamento Nacional de Registro Empresarial e Integração da Secretaria de Governo Digital da Secretaria Especial de Desburocratização, Gestão e Governo Digital do Ministério da Economia, órgão central do SINREM, com as seguintes funções:

•• Inciso I, *caput*, com redação determinada pelo Decreto n. 10.173, de 13-12-2019.

a) supervisão, orientação, coordenação e normativa, na área técnica; e

•• Alínea *a* acrescentada pelo Decreto n. 10.173, de 13-12-2019.

b) supletiva, na área administrativa; e

•• Alínea *b* acrescentada pelo Decreto n. 10.173, de 13-12-2019.

II – Juntas Comerciais, com funções executora e administradora dos serviços de Registro Público de Empresas Mercantis e Atividades Afins.

Seção II
Do Departamento Nacional de Registro Empresarial e Integração

•• Seção II com redação determinada pelo Decreto n. 10.173, de 13-12-2019.

Art. 4.º O Departamento Nacional de Registro Empresarial e Integração da Secretaria de Governo Digital da Secretaria Especial de Desburocratização, Gestão e Governo Digital do Ministério da Economia tem por finalidade:

•• *Caput* com redação determinada pelo Decreto n. 10.173, de 13-12-2019.

I – supervisionar e coordenar, no plano técnico, os órgãos incumbidos da execução dos serviços do Registro Público de Empresas Mercantis e Atividades Afins;

II – estabelecer e consolidar, com exclusividade, as normas e diretrizes gerais do Registro Público de Empresas Mercantis e Atividades Afins;

•• A Instrução Normativa n. 70, de 6-12-2019, do DREI, dispõe sobre a fiscalização jurídica dos órgãos incumbidos do Registro Público de Empresas Mercantis e Atividades Afins, bem como institui a Ouvidoria-Geral do Departamento Nacional de Registro Empresarial e Integração – DREI e o procedimento para formulação de consultas por parte das Juntas Comerciais.

III – solucionar dúvidas ocorrentes na interpretação das leis, regulamentos e demais normas relacionadas com os serviços do Registro Público de Empresas Mercantis e Atividades Afins, baixando instruções para esse fim;

IV – prestar orientações às Juntas Comerciais, com vistas à solução de consultas e à observância das normas legais e regulamentares do Registro Público de Empresas Mercantis e Atividades Afins;

V – exercer ampla fiscalização jurídica sobre os órgãos incumbidos do Registro Público de Empresas Mercantis e Atividades Afins, representando para os devidos fins às autoridades administrativas contra abusos e infrações das respectivas normas e requerendo o que for necessário ao seu cumprimento;

VI – estabelecer normas procedimentais de arquivamento de atos de empresários individuais e de sociedades empresárias de qualquer natureza;

•• Inciso VI com redação determinada pelo Decreto n. 10.173, de 13-12-2019.

VII – promover ou providenciar, supletivamente, no plano administrativo, medidas tendentes a suprir ou corrigir ausências, falhas ou deficiências dos serviços de Registro Público de Empresas Mercantis e Atividades Afins;

VIII – prestar apoio técnico e financeiro às Juntas Comerciais para a melhoria dos serviços de Registro Público de Empresas Mercantis e Atividades Afins;

IX – organizar e manter atualizado o Cadastro Nacional de Empresas – CNE, mediante colaboração mútua com as Juntas Comerciais;

•• Inciso IX com redação determinada pelo Decreto n. 10.173, de 13-12-2019.

X – **instruir, examinar e encaminhar os pedidos de autorização para nacionalização ou instalação de filial, de agência, de sucursal ou de estabelecimento no País por sociedade estrangeira, ressalvada a competência de outros órgãos federais;**

•• Inciso X com redação determinada pelo Decreto n. 11.250, de 9-11-2022.

XI – **promover e elaborar estudos e publicações e realizar reuniões sobre temas pertinentes ao Registro Público de Empresas Mercantis e Atividades Afins;**

•• Inciso XI com redação determinada pelo Decreto n. 11.250, de 9-11-2022.

XII – **apoiar a articulação e a supervisão dos órgãos e das entidades envolvidos na integração para o registro e a legalização de empresas;**

•• Inciso XII acrescentado pelo Decreto n. 11.250, de 9-11-2022.

(*) Publicado no *Diário Oficial da União*, de 31-1-1996, e retificado em 20-5-1996.

XIII – quanto à integração para o registro e a legalização de empresas:

•• Inciso XIII, *caput*, acrescentado pelo Decreto n. 11.250, de 9-11-2022.

a) propor planos de ação e diretrizes e implementar as medidas deles decorrentes, em articulação com outros órgãos e entidades públicas, inclusive estaduais, distritais e municipais; e

•• Alínea *a* acrescentada pelo Decreto n. 11.250, de 9-11-2022.

b) propor e implementar projetos, ações, convênios e programas de cooperação, em articulação com órgãos e com entidades públicas e privadas, nacionais e estrangeiras, no âmbito de sua área de competência;

•• Alínea *b* acrescentada pelo Decreto n. 11.250, de 9-11-2022.

XIV – quanto ao Registro Público de Empresas Mercantis e Atividades Afins, propor os planos de ação, as diretrizes e as normas e implementar as medidas necessárias;

•• Inciso XIV acrescentado pelo Decreto n. 11.250, de 9-11-2022.

XV – coordenar as ações dos órgãos incumbidos da execução dos serviços do Registro Público de Empresas Mercantis e Atividades Afins;

•• Inciso XV acrescentado pelo Decreto n. 11.250, de 9-11-2022.

XVI – especificar, desenvolver, homologar, implementar, manter e operar os sistemas de informação relativos à integração para o registro e para a legalização de empresas, em articulação com outros órgãos e observadas as competências destes; e

•• Inciso XVI acrescentado pelo Decreto n. 11.250, de 9-11-2022.

XVII – propor, implementar e monitorar medidas relacionadas com a desburocratização do registro público de empresas e destinadas à melhoria do ambiente de negócios no País.

•• Inciso XVII acrescentado pelo Decreto n. 11.250, de 9-11-2022.

§ 1.º Para fins do disposto neste artigo, o Departamento Nacional de Registro Empresarial e Integração da Secretaria de Governo Digital da Secretaria Especial de Desburocratização, Gestão e Governo Digital do Ministério da Economia, observadas suas finalidades, poderá constituir comissões integradas por servidores dos órgãos que compõem o SINREM.

•• Parágrafo único renumerado pelo Decreto n. 10.173, de 13-12-2019.

§ 2.º O cadastro nacional a que se refere o inciso IX do *caput* incluirá as informações originárias do cadastro estadual de empresas, vedados a exigência de preenchimento de formulário pelo empresário, o fornecimento de novos dados ou informações ou a cobrança de preço pela inclusão das informações no cadastro nacional.

•• § 2.º acrescentado pelo Decreto n. 10.173, de 13-12-2019.

Seção III
Das Juntas Comerciais

Art. 5.º A Junta Comercial de cada unidade federativa, com jurisdição na respectiva área da circunscrição territorial e sede na capital, subordina-se, administrativamente, ao Governo de sua unidade federativa e, tecnicamente, ao Departamento Nacional de Registro Empresarial e Integração da Secretaria de Governo Digital da Secretaria Especial de Desburocratização, Gestão e Governo Digital do Ministério da Economia.

•• *Caput* com redação determinada pelo Decreto n. 10.173, de 13-12-2019.

Parágrafo único. (*Revogado pelo Decreto n. 10.173, de 13-12-2019.*)

Art. 6.º As Juntas Comerciais poderão desconcentrar seus serviços mediante convênios com órgãos da Administração direta, autarquias e fundações públicas e entidades privadas sem fins lucrativos.

Parágrafo único. Ato do Departamento Nacional de Registro Empresarial e Integração da Secretaria de Governo Digital da Secretaria Especial de Desburocratização, Gestão e Governo Digital do Ministério da Economia estabelecerá as orientações necessárias à execução do disposto no *caput*.

•• Parágrafo único com redação determinada pelo Decreto n. 10.173, de 13-12-2019.

Art. 7.º Compete às Juntas Comerciais:

I – executar os serviços de registro de empresas, neles compreendidos:

•• *Caput* com redação determinada pelo Decreto n. 10.173, de 13-12-2019.

a) o arquivamento dos atos relativos à constituição, alteração, dissolução e extinção de empresas, de cooperativas, das declarações de microempresas e empresas de pequeno porte e dos atos relativos a consórcios e grupo de sociedades de que trata a Lei n. 6.404, de 15 de dezembro de 1976;

•• Alínea *a* com redação determinada pelo Decreto n. 10.173, de 13-12-2019.

b) o arquivamento dos atos relacionados às sociedades empresárias estrangeiras autorizadas a funcionar no País;

•• Alínea *b* com redação determinada pelo Decreto n. 10.173, de 13-12-2019.

•• A Instrução Normativa n. 77, de 18-3-2020, do DREI, dispõe sobre os pedidos de autorização para nacionalização ou instalação de filial, agência, sucursal ou estabelecimento no País, por sociedade empresária estrangeira.

c) o arquivamento de atos ou documentos que, por determinação legal, seja atribuído ao Registro Público de Empresas Mercantis e Atividades Afins e daqueles que possam interessar ao empresário ou às sociedades empresárias;

•• Alínea *c* com redação determinada pelo Decreto n. 10.173, de 13-12-2019.

d) a autenticação dos instrumentos de escrituração das empresas registradas e dos agentes auxiliares do comércio, nos termos do disposto na legislação específica; e

•• Alínea *d* com redação determinada pelo Decreto n. 10.173, de 13-12-2019.

e) a emissão de certidões dos documentos arquivados;

II – elaborar a tabela de preços de seus serviços, observado o disposto em ato do Departamento Nacional de Registro Empresarial e Integração da Secretaria de Governo Digital da Secretaria Especial de Desburocratização, Gestão e Governo Digital do Ministério da Economia;

•• Inciso II com redação determinada pelo Decreto n. 10.173, de 13-12-2019.

a) a habilitação, nomeação, matrícula e seu cancelamento dos tradutores públicos e intérpretes comerciais;

b) a matrícula e seu cancelamento de leiloeiros, trapicheiros e administradores de armazéns gerais;

IV – elaborar os respectivos Regimentos Internos e suas alterações, bem como as resoluções de caráter administrativo necessárias ao fiel cumprimento das normas legais, regulamentares e regimentais;

V – expedir carteiras de exercício profissional para os agentes auxiliares do comércio matriculados no Registro Público de Empresas Mercantis e Atividades Afins, observado o disposto em ato do Departamento Nacional de Registro Empresarial e Integração da Secretaria de Governo Digital da Secretaria Especial de Desburocratização, Gestão e Governo Digital do Ministério da Economia;

•• Inciso V com redação determinada pelo Decreto n. 10.173, de 13-12-2019.

VI – proceder ao assentamento dos usos e práticas empresariais;

•• Inciso VI com redação determinada pelo Decreto n. 10.173, de 13-12-2019.

VII – prestar ao Departamento Nacional de Registro Empresarial e Integração da Secretaria de Governo Digital da Secretaria Especial de Desburocratização, Gestão e Governo Digital do Ministério da Economia as informações necessárias:

•• Inciso VII, *caput*, com redação determinada pelo Decreto n. 10.173, de 13-12-2019.

a) à organização, formação e atualização do cadastro nacional das empresas em funcionamento no País;

•• Alínea *a* com redação determinada pelo Decreto n. 10.173, de 13-12-2019.

b) à realização de estudos para o aperfeiçoamento dos serviços de Registro Público de Empresas Mercantis e Atividades Afins;

c) ao acompanhamento e à avaliação da execução dos serviços de Registro Público de Empresas Mercantis e Atividades Afins;

d) à catalogação dos assentamentos de usos e práticas empresariais procedidos; e

•• Alínea *d* com redação determinada pelo Decreto n. 10.173, de 13-12-2019.

VIII – organizar, formar, atualizar e auditar, observado o disposto nos atos do Departamento Nacional de Registro Empresarial e Integração da Secretaria de Governo Digital da Secretaria Especial de Desburocratização, Gestão e Governo Digital do Ministério da Economia, o Cadastro Estadual de Empresas – CEE, integrante do Cadastro Nacional de Empresas – CNE.

•• Inciso VIII com redação determinada pelo Decreto n. 10.173, de 13-12-2019.

Parágrafo único. As competências das Juntas Comerciais referentes aos agentes auxiliares do comércio, trapiches e armazéns-gerais serão exercidas nos termos do disposto neste Regulamento, na legislação específica e nos atos do Departamento Nacional de Registro Empresarial e Integração da Secretaria de Governo Digital da Secretaria Especial de Desburocratização, Gestão e Governo Digital do Ministério da Economia.

•• Parágrafo único com redação determinada pelo Decreto n. 10.173, de 13-12-2019.

Art. 8.º A estrutura básica das Juntas Comerciais será integrada pelos seguintes órgãos:

I – Presidência, como órgão diretivo e representativo;

II – Plenário, como órgão deliberativo superior;

III – Turmas, como órgãos deliberativos inferiores;

IV – Secretaria-Geral, como órgão administrativo;

V – Procuradoria, como órgão de fiscalização e de consulta jurídica.

§ 1.º As Juntas Comerciais poderão ter uma Assessoria Técnica, com a competência de examinar e relatar os processos de Registro Público de Empresas Mercantis e Atividades Afins a serem submetidos à sua deliberação, cujos membros deverão ser bacharéis em Direito, Economistas, Contadores ou Administradores.

§ 2.º As Juntas Comerciais, por seu Plenário, nos termos da legislação estadual respectiva, poderão criar delegacias, como órgãos subordinados, para exercerem, em suas jurisdições, as atribuições de autenticar instrumentos de escrituração das empresas e dos agentes auxiliares do comércio e de decidir sobre os atos submetidos ao regime de decisão singular, proferida por servidor público com comprovado conhecimento em Direito Empresarial e nos serviços de Registro Público de Empresas Mercantis e Atividades Afins.

•• § 2.º com redação determinada pelo Decreto n. 10.173, de 13-12-2019.

§ 3.º Ficam preservadas as competências das atuais Delegacias.

Art. 9.º O Plenário poderá ser constituído por 11 (onze), 14 (quatorze), 17 (dezessete), 20 (vinte) ou 23 (vinte e três) Vogais e igual número de suplentes, conforme determinar a legislação da unidade federativa a que pertencer a Junta Comercial.

•• *Caput* com redação determinada pelo Decreto n. 3.395, de 29-3-2000.

Parágrafo único. A proposta de alteração do número de Vogais e respectivos suplentes será devidamente fundamentada, ouvida a Junta Comercial.

Art. 10. Os Vogais e respectivos suplentes serão nomeados dentre brasileiros que satisfaçam as seguintes condições:

I – estejam em pleno gozo dos direitos civis e políticos;

II – não estejam condenados por crime cuja pena vede o acesso a cargo, emprego e funções públicas, ou por crime de prevaricação, falência fraudulenta, peita ou suborno, concussão, peculato, contra a propriedade, a fé pública e a economia popular;

III – sejam, ou tenham sido, por mais de cinco anos, empresários individuais, sócios ou administradores de sociedade empresária, situação essa comprovada por meio de certidão expedida pela Junta Comercial, dispensada essa exigência para os representantes da União e os das classes dos advogados, dos economistas e dos contadores;

•• Inciso III com redação determinada pelo Decreto n. 10.173, de 13-12-2019.

IV – tenham mais de 5 (cinco) anos de efetivo exercício da profissão, quando se tratar de representantes das classes dos advogados, dos economistas, dos contadores ou dos administradores;

•• Inciso IV com redação determinada pelo Decreto n. 3.395, de 29-3-2000.

V – estejam quites com o serviço militar e o serviço eleitoral.

Art. 11. Os Vogais e respectivos suplentes serão escolhidos da seguinte forma:

I – a metade, quando par, ou primeiro número inteiro superior à metade, quando ímpar, dos Vogais e respectivos suplentes, dentre os nomes indicados, em listas tríplices, pelas entidades patronais de grau superior e pelas Associações Comerciais com sede na jurisdição da Junta Comercial;

II – 1 (um) Vogal e respectivo suplente, representando a União;

III – 4 (quatro) Vogais e respectivos suplentes, representando, respectivamente, a classe dos advogados, a dos economistas, a dos contadores e a dos administradores, todos mediante indicação, em lista tríplice, do Conselho Seccional ou Regional do órgão corporativo destas categorias profissionais;

•• Inciso III com redação determinada pelo Decreto n. 3.395, de 29-3-2000.

IV – os demais Vogais e suplentes, nas hipóteses em que o Plenário tenha sido constituído por número superior a onze, por livre escolha dos Governadores dos respectivos Estados e Distrito Federal.

•• Inciso IV com redação determinada pelo Decreto n. 10.173, de 13-12-2019.

Parágrafo único. As listas referidas neste artigo, contendo, cada uma, proposta de 3 (três) nomes para Vogal e de 3 (três) para suplente, deverão ser remetidas até 60 (sessenta) dias antes do término do mandato, sendo considerada, com relação a cada entidade omissa, a última lista que inclua pessoa que não exerça ou tenha exercido mandato de Vogal.

Art. 12. Serão nomeados:

I – pelo Governador do Estado ou do Distrito Federal, salvo disposição em contrário, os Vogais e respectivos suplentes de que tratam os incisos I, III e IV do *caput* do art. 11; e

•• Inciso I com redação determinada pelo Decreto n. 10.173, de 13-12-2019.

II – pelo Ministro de Estado da Economia, os Vogais e respectivos suplentes de que trata o inciso II do *caput* do art. 11.

•• Inciso II com redação determinada pelo Decreto n. 10.173, de 13-12-2019.

§ 1.º Qualquer pessoa poderá representar fundamentadamente à autoridade competente contra a nomeação de Vogal ou de suplente contrária aos preceitos deste Regulamento, no prazo de 15 (quinze) dias, contados da data da posse.

§ 2.º Julgada procedente a representação:

a) fundamentada na falta de preenchimento de condições ou na incompatibilidade de Vogal ou suplente para a participação no Colégio de Vogais, ocorrerá a vaga da função respectiva;

b) fundamentada em ato contrário à forma de escolha da representatividade do Colégio de Vogais, será efetuada nova nomeação de Vogal e suplente, observadas as disposições deste Regulamento.

Art. 13. A posse dos Vogais e respectivos suplentes ocorrerá dentro de 30 (trinta) dias, contados da publicação do ato de nomeação, prorrogável por mais 30 (trinta) dias, a requerimento do interessado.

§ 1.º A posse poderá se dar mediante procuração específica.

§ 2.º Será tornado sem efeito o ato de nomeação se a posse não ocorrer nos prazos previstos no *caput* deste artigo.

Art. 14. Os Vogais serão remunerados por presença, nos termos da legislação da unidade federativa a que pertencer a Junta Comercial.

Art. 15. O Vogal será substituído por seu respectivo suplente durante os impedimentos e, no caso de vaga, até o final do mandato.

Parágrafo único. A vaga de suplente implica, necessariamente, nova nomeação, observadas as disposições deste Regulamento.

Art. 16. É incompatível a participação, no Colégio de Vogais da mesma Junta Comercial, de parentes consanguíneos ou afins nas linhas ascendente, descendente e colateral, até o segundo grau, e os sócios da mesma sociedade empresária.

•• *Caput* com redação determinada pelo Decreto n. 10.173, de 13-12-2019.

Parágrafo único. Em caso de incompatibilidade, serão seguidos, para a escolha dos membros, sucessivamente, os critérios da precedência na nomeação, da precedência na posse, ou do mais idoso.

Art. 17. O mandato dos Vogais e respectivos suplentes será de 4 (quatro) anos, permitida apenas uma recondução.

Art. 18. O Vogal ou seu suplente perderá o exercício do mandato na forma deste artigo e do Regimento Interno da Junta Comercial, nos seguintes casos:

I – mais de 3 (três) faltas consecutivas às sessões do Plenário ou das Turmas, ou 12 (doze) alternadas no mesmo ano, sem justo motivo;

II – por conduta incompatível com a dignidade do cargo.

§ 1.º A justificativa de falta deverá ser entregue à Junta Comercial até a primeira sessão plenária seguinte à sua ocorrência.

§ 2.º Na hipótese do inciso I, à vista de representação fundamentada, ou de ofício pelo Presidente, o Plenário, se julgar insatisfatórias, por decisão tomada pelo primeiro número inteiro superior à metade dos membros presentes, as justificativas ou se estas não tiverem sido apresentadas, assegurados o contraditório e a ampla defesa, comunicará às autoridades ou entidades competentes a perda do mandato.

§ 3.º Na hipótese do inciso II, à vista de representação fundamentada, ou de ofício pelo Presidente, o Plenário, assegurados o contraditório e a ampla defesa, se julgá-la procedente, por decisão tomada pelo primeiro número inteiro superior à metade dos membros do Colégio de Vogais, comunicará às autoridades ou entidades competentes a perda do mandato.

§ 4.º A deliberação pela perda do mandato afasta imediatamente o Vogal ou o suplente do exercício de suas funções, com perda da remuneração correspondente, e a perda do mandato será definitiva após a publicação da declaração de vacância no *Diário Oficial da União*, do Estado ou do Distrito Federal, conforme o caso.

•• § 4.º com redação determinada pelo Decreto n. 10.173, de 13-12-2019.

Art. 19. (*Revogado pelo Decreto n. 11.250, de 9-11-2022.*)

Art. 20. Na sessão inaugural do Plenário das Juntas Comerciais, que iniciará cada período de mandato, serão distribuídos os Vogais por Turmas de 3 (três) membros cada uma, com exclusão do Presidente e do Vice-Presidente.

Art. 21. Compete ao Plenário:

I – julgar os recursos interpostos das decisões definitivas, singulares ou colegiadas;

II – deliberar sobre a tabela de preços dos serviços da Junta Comercial, submetendo-a, quando for o caso, à autoridade superior;

III – deliberar sobre o assentamento dos usos e práticas empresariais;

•• Inciso III com redação determinada pelo Decreto n. 10.173, de 13-12-2019.

IV – aprovar o Regimento Interno e suas alterações, submetendo-o, quando for o caso, à autoridade superior;

V – decidir sobre matérias de relevância, conforme previsto no Regimento Interno;

VI – deliberar, por proposta do Presidente, sobre a criação de Delegacias;

VII – deliberar sobre as proposições de perda de mandato de Vogal ou suplente;

VIII – manifestar-se sobre proposta de alteração do número de Vogais e respectivos suplentes;

IX – exercer as demais atribuições e praticar os atos que estiverem implícitos em sua competência, ou que vierem a ser atribuídos em leis ou em outras normas federais ou estaduais.

Art. 22. As sessões ordinárias do Plenário e das Turmas efetuar-se-ão com a periodicidade e do modo determinado no Regimento Interno, e as extraordinárias, sempre justificadas, por convocação do Presidente ou de dois terços dos seus membros.

Parágrafo único. A presidência de sessão plenária, ausentes o Presidente e o Vice-Presidente, será exercida pelo Vogal mais idoso.

Art. 23. Compete às Turmas:

I – julgar, originariamente, os pedidos de arquivamento dos atos sujeitos ao regime de decisão colegiada;

II – julgar os pedidos de reconsideração de seus despachos;

III – exercer as demais atribuições que forem fixadas pelo Regime Interno da Junta Comercial.

Art. 24. O Presidente e o Vice-Presidente serão nomeados, em comissão, pelos Governadores dos Estados e do Distrito Federal, dentre os membros do Colégio de Vogais.

•• Artigo com redação determinada pelo Decreto n. 10.173, de 13-12-2019.

Art. 25. Ao Presidente incumbe:

I – dirigir e representar extrajudicialmente a Junta Comercial e, judicialmente, quando for o caso;

II – dar posse aos Vogais e suplentes, convocando-os nas hipóteses previstas neste Regulamento e no Regimento Interno;

III – convocar e presidir as sessões plenárias;

IV – encaminhar à deliberação do Plenário, os casos de que trata o art. 18;

V – superintender os serviços da Junta Comercial;

VI – julgar, originariamente, os atos de Registro Público de Empresas Mercantis e Atividades Afins, sujeitos ao regime de decisão singular;

VII – determinar o arquivamento de atos, mediante provocação dos interessados, nos pedidos não decididos nos prazos previstos neste Regulamento;

VIII – assinar deliberações e resoluções aprovadas pelo Plenário;

IX – designar Vogal ou servidor habilitado para proferir decisões singulares;

X – velar pelo fiel cumprimento das normas legais e executivas;

XI – cumprir e fazer cumprir as deliberações do Plenário;

XII – orientar e coordenar os serviços da Junta Comercial através da Secretaria-Geral;

XIII – abrir vista à parte interessada e à Procuradoria e designar Vogal Relator nos processos de recurso ao Plenário;

XIV – propor ao Plenário a criação de Delegacias;

XV – submeter a tabela de preços dos serviços da Junta Comercial à deliberação do Plenário;

XVI – encaminhar à Procuradoria os processos e matérias que tiverem de ser submetidos ao seu exame e parecer;

XVII – baixar Portarias e exarar despachos, observada a legislação aplicável;

XVIII – apresentar, anualmente, relatório do exercício anterior à autoridade superior e enviar cópia ao Departamento Nacional de Registro Empresarial e Integração da Secretaria de Governo Digital da Secretaria Especial de Desburocratização, Gestão e Governo Digital do Ministério da Economia;

•• Inciso XVIII com redação determinada pelo Decreto n. 10.173, de 13-12-2019.

XIX – despachar os recursos, indeferindo-os liminarmente nos casos previstos neste Regulamento;

XX – submeter o Regimento Interno e suas alterações à deliberação do Plenário;

XXI – submeter o assentamento de usos e práticas empresariais à deliberação do Plenário;

•• Inciso XXI com redação determinada pelo Decreto n. 10.173, de 13-12-2019.

XXII – assinar carteiras de exercício profissional;

XXIII – praticar os atos que estiverem no âmbito de suas competências e de outras que vierem a ser atribuídas por leis ou normas federais, estaduais ou distritais.

•• Inciso XXIII com redação determinada pelo Decreto n. 10.173, de 13-12-2019.

Art. 26. Ao Vice-Presidente da Junta Comercial incumbe:

I – auxiliar e substituir o Presidente em suas faltas ou impedimentos;

II – efetuar correição permanente dos serviços da Junta Comercial;

III – exercer as demais atribuições que forem fixadas pelo Regimento Interno.

Art. 27. Compete aos respectivos Governadores a nomeação para o cargo em comissão de Secretário-Geral das juntas comerciais dos Estados e do Distrito Federal, escolhido dentre brasileiros de notória idoneidade moral e conhecimentos em Direito Empresarial.

•• Artigo com redação determinada pelo Decreto n. 10.173, de 13-12-2019.

Art. 28. Ao Secretário-Geral incumbe:

I – supervisionar, coordenar e fiscalizar a execução dos serviços de registro e de administração da Junta Comercial;

II – exercer o controle sobre os prazos recursais e fazer incluir na pauta das sessões os processos de recursos a serem apreciados pelo Plenário, solicitando ao Presidente a convocação de sessão extraordinária, quando necessário;

III – despachar com o Presidente e participar das sessões do Plenário;

IV – baixar ordens de serviço, instruções e recomendações, bem como exarar despachos para execução e funcionamento dos serviços a cargo da Secretaria-Geral;

V – assinar as certidões expedidas ou designar servidor para esse fim;

VI – elaborar estudos de viabilidade de criação de Delegacias;

VII – elaborar estudos sobre a tabela de preços dos serviços da Junta Comercial;

VIII – visar e controlar os atos e documentos enviados para publicação no órgão de divulgação determinado em portaria do Presidente;

IX – colaborar na elaboração de trabalhos técnicos promovidos pelo Departamento

Nacional de Registro Empresarial e Integração da Secretaria de Governo Digital da Secretaria Especial de Desburocratização, Gestão e Governo Digital do Ministério da Economia; e

•• Inciso IX com redação determinada pelo Decreto n. 10.173, de 13-12-2019.

X – praticar os atos que estiverem no âmbito de suas competências e de outras que vierem a ser atribuídas por lei ou normas federais, estaduais ou distritais.

•• Inciso X com redação determinada pelo Decreto n. 10.173, de 13-12-2019.

Art. 29. A Procuradoria será composta por um ou mais Procuradores e chefiada pelo Procurador que for designado pelo Governador, ou autoridade competente, do Estado ou do Distrito Federal.

•• *Caput* com redação determinada pelo Decreto n. 10.173, de 13-12-2019.

Art. 30. Ao Procurador incumbe:

I – internamente:

a) fiscalizar o fiel cumprimento das normas legais e executivas em matéria de Registro Público de Empresas Mercantis e Atividades Afins;

b) emitir parecer nos recursos dirigidos ao Plenário e nas demais matérias de sua competência;

c) promover estudos para assentamento de usos e práticas empresariais;

•• Alínea *c* com redação determinada pelo Decreto n. 10.173, de 13-12-2019.

d) participar das sessões do Plenário e das Turmas, conforme disposto no Regimento Interno;

e) requerer diligências e promover responsabilidades perante os órgãos e poderes competentes;

f) recorrer ao Plenário de decisão singular ou de Turma, em matéria de Registro Público de Empresas Mercantis e Atividades Afins;

g) praticar os atos que estiverem no âmbito de suas competências e de outras que vierem a ser atribuídas por leis ou normas federais, estaduais ou distritais; e

•• Alínea *g* com redação determinada pelo Decreto n. 10.173, de 13-12-2019.

II – externamente:

a) oficiar junto aos órgãos do Poder Judiciário, nas matérias e questões relacionadas com a prática dos atos de Registro Público de Empresas Mercantis e Atividades Afins;

b) recorrer ao Departamento Nacional de Registro Empresarial e Integração da Secretaria de Governo Digital da Secretaria Especial de Desburocratização, Gestão e Governo Digital do Ministério da Economia das decisões do Plenário, em matéria de Registro Público de Empresas Mercantis e Atividades Afins; e

•• Alínea *b* com redação determinada pelo Decreto n. 10.173, de 13-12-2019.

c) colaborar na elaboração de trabalhos técnicos promovidos pelo Departamento Nacional de Registro Empresarial e Integração da Secretaria de Governo Digital da Secretaria Especial de Desburocratização, Gestão e Governo Digital do Ministério da Economia.

•• Alínea *c* com redação determinada pelo Decreto n. 10.173, de 13-12-2019.

Art. 31. (*Revogado pelo Decreto n. 10.173, de 13-12-2019.*)

Título II
DOS ATOS E DA ORDEM DOS SERVIÇOS DE REGISTRO PÚBLICO DE EMPRESAS MERCANTIS E ATIVIDADES AFINS

Capítulo I
DA COMPREENSÃO DOS ATOS

Art. 32. O Registro Público de Empresas Mercantis e Atividades Afins compreende:

I – a matrícula e seu cancelamento de:

•• A Instrução Normativa n. 52, de 29-7-2022, do DREI, dispõe sobre o exercício das profissões de administrador de armazéns gerais, trapicheiro, leiloeiro oficial e tradutor e intérprete público.

a) leiloeiros oficiais;

b) tradutores públicos e intérpretes comerciais;

c) administradores de armazéns gerais;

d) trapicheiros;

II – o arquivamento:

a) dos atos constitutivos, alterações e extinções de empresário individual;

•• Alínea *a* com redação determinada pelo Decreto n. 10.173, de 13-12-2019.

b) das declarações de microempresas e de empresas de pequeno porte;

c) dos atos constitutivos e das atas das sociedades anônimas, bem como os de sua dissolução e extinção;

d) dos atos constitutivos e respectivas alterações das demais pessoas jurídicas organizadas sob a forma empresarial, e de sua dissolução e extinção;

•• Alínea *d* com redação determinada pelo Decreto n. 10.173, de 13-12-2019.

e) dos documentos relativos à constituição, alteração, dissolução e extinção de cooperativas;

f) dos atos relativos a consórcios e grupos de sociedades;

g) dos atos relativos à incorporação, cisão, fusão e transformação de sociedades empresárias;

•• Alínea *g* com redação determinada pelo Decreto n. 10.173, de 13-12-2019.

h) (*Revogada pelo Decreto n. 11.250, de 9-11-2022.*)

i) dos atos relativos a sociedades empresárias estrangeiras autorizadas a funcionar no País;

•• Alínea *i* com redação determinada pelo Decreto n. 10.173, de 13-12-2019.

j) das decisões judiciais referentes a empresas registradas;

•• Alínea *j* com redação determinada pelo Decreto n. 10.173, de 13-12-2019.

l) dos atos de nomeação de trapicheiros, administradores e fiéis de armazéns gerais;

m) dos demais documentos que, por determinação legal, sejam atribuídos ao Registro Público de Empresas Mercantis e Atividades Afins ou daqueles que possam interessar ao empresário ou à sociedade empresária; e

•• Alínea *m* com redação determinada pelo Decreto n. 10.173, de 13-12-2019.

III – a autenticação dos instrumentos de escrituração das empresas registradas e dos agentes auxiliares do comércio, na forma da lei específica.

•• Inciso III com redação determinada pelo Decreto n. 10.173, de 13-12-2019.

§ 1.º Os atos, os documentos e as declarações que contenham informações meramente cadastrais serão levados automaticamente a registro se puderem ser obtidos por meio de bases de dados disponíveis em órgãos públicos.

•• § 1.º acrescentado pelo Decreto n. 10.173, de 13-12-2019.

§ 2.º Ato do Departamento Nacional de Registro Empresarial e Integração da Secretaria de Governo Digital da Secretaria Especial de Desburocratização, Gestão e Governo Digital do Ministério da Economia estabelecerá os atos, os documentos e as declarações que contenham informações meramente cadastrais.

•• § 2.º acrescentado pelo Decreto n. 10.173, de 13-12-2019.

Capítulo II
DA ORDEM DOS SERVIÇOS

Seção I
Da Apresentação dos Atos a Arquivamento

Art. 33. Os documentos referidos no inciso II do art. 32 deverão ser apresentados a arquivamento na Junta Comercial, mediante requerimento dirigido ao seu Presidente, dentro de trinta dias contados de sua assinatura, a cuja data retroagirão os efeitos do arquivamento.

Parágrafo único. Protocolados fora desse prazo, os efeitos a que se refere este artigo só se produzirão a partir da data do despacho que deferir o arquivamento.

Art. 34. Instruirão obrigatoriamente os pedidos de arquivamento:

I – instrumento original, particular, certidão ou publicação de autorização legal, de constituição, alteração, dissolução ou extinção de empresário individual, e de sociedade empresária, de cooperativa, de ato de consórcio e de grupo de sociedades, e de declaração de microempresa e de empresa de pequeno porte, datado e assinado, quando for o caso, pelo titular, sócios, administradores, consorciados ou seus procuradores e testemunhas;

•• Inciso I com redação determinada pelo Decreto n. 10.173, de 13-12-2019.

II – declaração do titular ou administrador, firmada sob as penas da lei, de não estar impedido de exercer a atividade empresarial ou a administração de empresa, em virtude de condenação criminal;

•• Inciso II com redação determinada pelo Decreto n. 10.173, de 13-12-2019.

III – **ficha de cadastro nacional, conforme modelo aprovado pelo Departamento Nacional de Registro Empresarial e Integração, a qual conterá, no mínimo, as seguintes informações sobre a empresa mercantil:**

•• Inciso III, *caput*, com redação determinada pelo Decreto n. 11.250, de 9-11-2022.

a) os titulares e administradores; e

•• Alínea *a* acrescentada pelo Decreto n. 11.250, de 9-11-2022.

b) a forma de representação;

•• Alínea *b* acrescentada pelo Decreto n. 11.250, de 9-11-2022.

IV – comprovantes de pagamento dos preços dos serviços correspondentes;

V – prova de identidade do empresário individual e do administrador de sociedade empresária e de cooperativa:

•• Inciso V, *caput*, com redação determinada pelo Decreto n. 10.173, de 13-12-2019.

a) poderão servir como prova de identidade, mesmo por cópia regularmente autenticada, a cédula de identidade, o certificado de reservista, a carteira de identidade profissional, a carteira de identidade de estrangeiro e a carteira nacional de habilitação;

•• Alínea *a* com redação determinada pelo Decreto n. 3.395, de 29-3-2000.

b) para o imigrante, empresário individual ou administrador de sociedade empresária ou cooperativa, a identidade conterá a comprovação da condição de residente no País;

•• Alínea *b* com redação determinada pelo Decreto n. 10.173, de 13-12-2019.

c) o documento comprobatório de identidade, ou sua cópia autenticada, será devolvido ao interessado logo após exame, vedada a sua retenção;

d) fica dispensada nova apresentação de prova de identidade no caso de já constar anotada, em processo anteriormente arquivado, e desde que indicado o número do registro daquele processo.

Parágrafo único. Nenhum outro documento, além dos referidos neste Regulamento, será exigido dos empresários individuais e das sociedades empresárias, salvo expressa determinação legal, reputadas como verdadeiras, até prova em contrário, as declarações feitas perante os órgãos do Registro Público de Empresas Mercantis e Atividades Afins.

•• Parágrafo único com redação determinada pelo Decreto n. 10.173, de 13-12-2019.

Art. 35. O instrumento particular ou a certidão apresentada à Junta Comercial não poderá conter emendas, rasuras e entrelinhas, admitida a ressalva expressa no próprio instrumento ou certidão, com a assinatura das partes ou do tabelião, conforme o caso.

Art. 36. O ato constitutivo de sociedade empresária e de cooperativa somente poderá ser arquivado se visado por advogado, com a indicação do nome e número de inscrição na respectiva Seccional da Ordem dos Advogados do Brasil.

•• Artigo com redação determinada pelo Decreto n. 10.173, de 13-12-2019.

Art. 37. O arquivamento de ato de empresa sujeita a controle de órgão de fiscalização de exercício profissional não dependerá de aprovação prévia desse órgão.

•• Artigo com redação determinada pelo Decreto n. 10.173, de 13-12-2019.

Art. 38. A cópia de documento, autenticada na forma prevista em lei, dispensará nova conferência com o documento original.

•• *Caput* com redação determinada pelo Decreto n. 10.173, de 13-12-2019.

§ 1.º A autenticação do documento poderá ser realizada por meio de comparação entre o documento original e a sua cópia pelo servidor a quem o documento seja apresentado.

•• § 1.º acrescentado pelo Decreto n. 10.173, de 13-12-2019.

§ 2.º Fica dispensada a autenticação a que se refere o *caput* quando o advogado ou o contador da parte interessada declarar, sob sua responsabilidade pessoal, a autenticidade da cópia do documento.

•• § 2.º acrescentado pelo Decreto n. 10.173, de 13-12-2019.

Art. 39. Os atos levados a arquivamento nas Juntas Comerciais são dispensados de reconhecimento de firma, exceto quando se tratar de documentos oriundos do exterior, se, neste caso, tal formalidade não tiver sido cumprida no consulado brasileiro.

•• Artigo com redação determinada pelo Decreto n. 11.250, de 9-11-2022.

Art. 40. As assinaturas nos requerimentos, instrumentos ou documentos particulares serão lançadas com a indicação do nome do signatário, por extenso, datilografado ou em letra de fôrma e do número de identidade e órgão expedidor, quando se tratar de testemunha.

§ 1.º Sempre que for devidamente comprovada a falsificação da assinatura constante de ato arquivado, o Presidente da Junta Comercial deverá, após intimação dos interessados, garantidos a ampla defesa e o contraditório aos envolvidos, desarquivar o ato viciado e comunicar o fato à Polícia Civil, ao Ministério Público e às autoridades fazendárias, para que sejam tomadas as medidas cabíveis.

•• § 1.º com redação determinada pelo Decreto n. 10.173, de 13-12-2019.

§ 2.º Quando houver indícios substanciais da falsificação, o Presidente da Junta Comercial deverá suspender os efeitos do ato até a comprovação da veracidade da assinatura.

•• § 2.º com redação determinada pelo Decreto n. 10.173, de 13-12-2019.

Art. 41. Ato do Departamento Nacional de Registro Empresarial e de Integração da Secretaria de Governo Digital da Secretaria Especial de Desburocratização, Gestão e Governo Digital do Ministério da Economia estabelecerá os modelos dos instrumentos para arquivamento dos atos dos empresários individuais.

•• Artigo com redação determinada pelo Decreto n. 10.173, de 13-12-2019.

Art. 42. Os atos constitutivos de sociedades empresárias poderão ser efetivados por instrumento particular ou por escritura pública e suas alterações poderão ser realizadas independentemente da forma adotada na constituição.

•• Artigo com redação determinada pelo Decreto n. 10.173, de 13-12-2019.

Art. 43. Qualquer modificação dos atos constitutivos arquivados na Junta Comercial dependerá de instrumento específico de:

•• *Caput* com redação determinada pelo Decreto n. 10.173, de 13-12-2019.

I – alteração de instrumento de empresário individual;

•• Inciso I com redação determinada pelo Decreto n. 10.173, de 13-12-2019.

II – ata de assembleia, para as sociedades por ações e cooperativas;

III – alteração contratual, para as demais sociedades empresárias.

•• Inciso III com redação determinada pelo Decreto n. 10.173, de 13-12-2019.

Art. 44. As alterações contratuais deverão, obrigatoriamente, conter a qualificação completa dos sócios e da sociedade empresária no preâmbulo do instrumento.

•• Artigo com redação determinada pelo Decreto n. 10.173, de 13-12-2019.

Art. 45. Havendo alteração do objeto social, este deverá ser transcrito na sua totalidade.

Art. 46. Os documentos de interesse do empresário ou da sociedade empresária serão arquivados mediante requerimento do titular, sócio, administrador ou representante legal.

•• Artigo com redação determinada pelo Decreto n. 10.173, de 13-12-2019.

Art. 47. Na hipótese de decisão judicial, a comunicação do juízo alusiva ao ato será arquivada pela Junta Comercial para conhecimento de terceiros e caberá aos interessados, quando a decisão judicial alterar dados da empresa, providenciar o arquivamento do instrumento próprio, acompanhado de certidão de inteiro teor da sentença transitada em julgado que o motivou.

•• *Caput* com redação determinada pelo Decreto n. 10.173, de 13-12-2019.

§ 1.º Na hipótese de sentença dissolutória extintiva de empresa, é suficiente o arquivamento do inteiro teor da sentença transitada em julgado.

•• § 1.º com redação determinada pelo Decreto n. 10.173, de 13-12-2019.

§ 2.º Tratando-se de penhora, sequestro ou arresto de quotas ou de ações, à Junta Comercial competirá, tão somente, para conhecimento de terceiros, proceder à anotação correspondente, não lhe cabendo a condição de depositária fiel.

§ 3.º Na hipótese de o juízo determinar o cumprimento da sentença de ofício pela Junta Comercial, a alteração dos dados cadastrais da sociedade empresária será realizada mediante anotação de que a alteração ocorreu por força de decisão judicial.

•• § 3.º acrescentado pelo Decreto n. 10.173, de 13-12-2019.

Art. 48. (*Revogado pelo Decreto n. 11.250, de 9-11-2022.*)

§ 1.º Para fins do disposto no *caput*, a empresa será notificada previamente pela Junta Comercial, por meio de comunicação direta ou por edital.

•• § 1.º com redação determinada pelo Decreto n. 10.173, de 13-12-2019.

§ 2.º A comunicação de que trata o *caput* deste artigo, quando não tiver ocorrido modificação de dados no período, será efetuada em formulário próprio, assinada, conforme o caso, pelo titular, sócios ou representante legal; e, na hipótese de ter ocorrido modificação nos dados, a empresa deverá arquivar a competente alteração.

§ 3.º A Junta Comercial fará comunicação do cancelamento às autoridades arrecadadoras no prazo de até 10 (dez) dias.

§ 4.º A reativação da empresa observará o procedimento requerido para sua constituição.

•• § 4.º com redação determinada pelo Decreto n. 10.173, de 13-12-2019.

§ 5.º Ato do Departamento Nacional de Registro Empresarial e Integração da Secretaria de Governo Digital da Secretaria Especial de Desburocratização, Gestão e Governo Digital do Ministério da Economia regulamentará o disposto neste artigo.

•• § 5.º com redação determinada pelo Decreto n. 10.173, de 13-12-2019.

•• A Instrução Normativa n. 5, de 5-12-2013, do DNRC, dispõe sobre o cancelamento do registro de empresa mercantil inativa.

Seção II
Do Processo Decisório

Art. 49. Os atos submetidos ao Registro Público de Empresas Mercantis e Atividades Afins estão sujeitos a 2 (dois) regimes de julgamento:

I – decisão colegiada;

II – decisão singular.

Art. 50. Subordinam-se ao regime de decisão colegiada:

I – do Plenário, o julgamento dos recursos interpostos das decisões definitivas, singulares ou de Turmas;

II – das Turmas, o arquivamento dos atos de:

a) constituição de sociedades anônimas;

•• Alínea *a* com redação determinada pelo Decreto n. 10.173, de 13-12-2019.

b) transformação, incorporação, fusão e cisão de sociedades empresárias; e

•• Alínea *b* com redação determinada pelo Decreto n. 10.173, de 13-12-2019.

c) constituição e alterações de consórcio e de grupo de sociedades, conforme previsto na lei de sociedades por ações.

Art. 51. Os atos próprios do Registro Público de Empresas Mercantis e Atividades Afins não previstos no art. 50 serão objeto de decisão singular proferida pelo Presidente, Vogal ou servidor público com comprovado conhecimento em Direito Empresarial e nos serviços do Registro Público de Empresas Mercantis e Atividades Afins.

•• *Caput* com redação determinada pelo Decreto n. 10.173, de 13-12-2019.

§ 1.º Os vogais e os servidores públicos habilitados a proferir decisões singulares serão designados pelo Presidente da Junta Comercial.

•• § 1.º acrescentado pelo Decreto n. 10.173, de 13-12-2019.

§ 2.º O arquivamento dos atos constitutivos e de alterações não previstos no inciso II do *caput* do art. 50 terá o registro deferido automaticamente caso cumpridos os requisitos de:

•• § 2.º, *caput*, acrescentado pelo Decreto n. 10.173, de 13-12-2019.

I – aprovação da consulta prévia da viabilidade do nome empresarial e da viabilidade de localização, quando o ato exigir; e

•• Inciso I acrescentado pelo Decreto n. 10.173, de 13-12-2019.

II – utilização pelo requerente do instrumento padrão estabelecido pelo Departamento Nacional de Registro Empresarial e Integração da Secretaria de Governo Digital da Secretaria Especial de Desburocratização, Gestão e Governo Digital do Ministério da Economia.

•• Inciso II acrescentado pelo Decreto n. 10.173, de 13-12-2019.

§ 3.º O arquivamento dos atos de extinção não previstos no inciso II do *caput* do art. 50 terá o registro deferido automaticamente no caso de utilização pelo requerente do instrumento padrão estabelecido pelo Departamento Nacional de Registro Empresarial e Integração da Secretaria de Governo Digital da Secretaria Especial de Desburocratização, Gestão e Governo Digital do Ministério da Economia.

•• § 3.º acrescentado pelo Decreto n. 10.173, de 13-12-2019.

§ 4.º Na hipótese de que trata o § 2.º e o § 3.º, a análise do cumprimento das formalidades legais será feita posteriormente, no prazo de dois dias úteis, contado da data do deferimento automático do registro.

•• § 4.º acrescentado pelo Decreto n. 10.173, de 13-12-2019.

§ 5.º Após a análise de que trata o § 4.º, na hipótese de identificação da existência de vício:

•• § 5.º, *caput*, acrescentado pelo Decreto n. 10.173, de 13-12-2019.

I – insanável, o arquivamento será cancelado; ou

•• Inciso I acrescentado pelo Decreto n. 10.173, de 13-12-2019.

II – sanável, será observado o procedimento estabelecido em ato do Departamento Nacional de Registro Empresarial e Integração da Secretaria de Governo Digital da Secretaria Especial de Desburocratização, Gestão e Governo Digital do Ministério da Economia.

•• Inciso II acrescentado pelo Decreto n. 10.173, de 13-12-2019.

Art. 52. Os pedidos de arquivamento sujeitos ao regime de decisão colegiada serão decididos no prazo de cinco dias úteis, contado da data do seu recebimento e, os submetidos à decisão singular, no prazo de dois dias úteis, contado da data do seu recebimento, sob pena de os atos serem automaticamente arquivados por meio de provocação dos interessados, sem prejuízo do exame das formalidades legais pela Procuradoria.

•• *Caput* com redação determinada pelo Decreto n. 10.173, de 13-12-2019.

§ 1.º Quando os pedidos forem apresentados em protocolo descentralizado, contar-se-á o prazo a partir do recebimento da documentação no local onde haja Vogal ou servidor habilitado para decisão do ato respectivo.

§ 2.º Os pedidos não decididos nos prazos previstos no *caput* deste artigo e para os quais haja provocação pela parte interessada serão arquivados por determinação do Presidente da Junta Comercial, que dará ciência à Procuradoria para exame das formalidades legais, a qual, se for o caso, interporá o recurso ao Plenário.

Seção III
Das Proibições de Arquivamento

Art. 53. Não podem ser arquivados:

I – os documentos que não obedecerem às prescrições legais ou regulamentares ou que contiverem matéria contrária à lei, à ordem pública ou aos bons costumes, bem como os que colidirem com o respectivo estatuto ou contrato não modificado anteriormente;

II – os documentos de constituição ou de alteração de empresas em que figure como titular ou administrador pessoa que esteja condenada pela prática de crime cuja pena vede o acesso à atividade empresária;

•• Inciso II com redação determinada pelo Decreto n. 10.173, de 13-12-2019.

III – os atos constitutivos e os de transformação de sociedades empresárias, se deles não constarem os seguintes requisitos, além de outros exigidos em lei:

•• Inciso III, *caput*, com redação determinada pelo Decreto n. 10.173, de 13-12-2019.

a) o tipo de sociedade empresária adotado;

•• Alínea *a* com redação determinada pelo Decreto n. 10.173, de 13-12-2019.

b) **a declaração do objeto social;**

•• Alínea *b* com redação determinada pelo Decreto n. 11.250, de 9-11-2022.

c) o capital da sociedade empresária, a forma e o prazo de sua integralização, a quota de cada sócio, e a responsabilidade dos sócios;

•• Alínea *c* com redação determinada pelo Decreto n. 10.173, de 13-12-2019.

d) **o nome por extenso e a qualificação dos sócios, dos procuradores, dos representantes e dos administradores, incluídos:**

•• Alínea *d*, *caput*, com redação determinada pelo Decreto n. 11.250, de 9-11-2022.

1. para a pessoa física, a nacionalidade, o estado civil, a profissão, o domicílio e a residência e o número de inscrição no Cadastro de Pessoas Físicas – CPF; e

•• Item 1 com redação determinada pelo Decreto n. 11.250, de 9-11-2022.

2. para a pessoa jurídica, o nome empresarial, o endereço completo e, se sediada no País, o número de inscrição no Cadastro Nacional da Pessoa Jurídica – CNPJ;

•• Item 2 com redação determinada pelo Decreto n. 11.250, de 9-11-2022.

e) o nome empresarial, o município da sede, com endereço completo, e foro, bem como os endereços completos das filiais declaradas;

f) o prazo de duração da sociedade empresária e a data de encerramento de seu exercício social, quando não coincidente com o ano civil;

•• Alínea *f* com redação determinada pelo Decreto n. 10.173, de 13-12-2019.

IV – os documentos de constituição de empresários individuais e os de constituição ou alteração de sociedades empresárias, para ingresso de administrador, se deles não constar, ou não for juntada a declaração, sob as penas da lei, datada e assinada pelo titular, pelo administrador, exceto de sociedade anônima, ou por procurador de qualquer desses, com poderes específicos, de que não está condenado pela prática de crime cuja pena vede o acesso à atividade empresária;

•• Inciso IV com redação determinada pelo Decreto n. 10.173, de 13-12-2019.

V – (*Revogado pelo Decreto n. 11.250, de 9-11-2022.*)

VI – os atos de empresas com nome idêntico a outro já existente ou que inclua ou reproduza em sua composição siglas ou denominações:

•• Inciso VI, *caput*, com redação determinada pelo Decreto n. 11.250, de 9-11-2022.

a) de órgãos ou entidades da administração pública direta ou indireta;

•• Alínea *a*, *caput*, acrescentada pelo Decreto n. 11.250, de 9-11-2022.

b) de organismos internacionais; e

•• Alínea *b*, *caput*, acrescentada pelo Decreto n. 11.250, de 9-11-2022.

c) consagradas em lei e em atos regulamentares emanados do Poder Público;

•• Alínea *c*, *caput*, acrescentada pelo Decreto n. 11.250, de 9-11-2022.

VII – a alteração contratual produzida e assinada por sócios titulares de maioria do capital social, quando houver, em ato anterior, cláusula restritiva;

VIII – o contrato social, ou sua alteração, em que haja, por instrumento particular, incorporação de imóveis à sociedade, quando dele não constar:

a) a descrição e identificação do imóvel, sua área, dados relativos à sua titulação e seu número de matrícula no Registro Imobiliário;

b) a outorga uxória ou marital, quando necessária;

IX – (*Revogado pelo Decreto n. 10.173, de 13-12-2019.*)

X – o distrato social sem a declaração da importância repartida entre os sócios, a referência à pessoa ou às pessoas que assumirem o ativo e o passivo da sociedade empresária, supervenientes ou não à liquidação, a guarda dos livros e os motivos da dissolução, se não for por mútuo consenso.

•• Inciso X com redação determinada pelo Decreto n. 10.173, de 13-12-2019.

§ 1.º (*Revogado pelo Decreto n. 10.173, de 13-12-2019.*)

§ 2.º Entende-se como declarado o objeto da empresa quando indicado o seu gênero e espécie.

•• § 2.º com redação determinada pelo Decreto n. 11.250, de 9-11-2022.

§ 3.º O registro dos atos constitutivos e de suas alterações e extinções ocorrerá independentemente de autorização governamental prévia, e os órgãos públicos deverão ser informados pela Rede Nacional para a Simplificação do Registro e da Legalização de Empresas e Negócios – Redesim a respeito dos registros sobre os quais manifestarem interesse.

•• § 3.º acrescentado pelo Decreto n. 10.173, de 13-12-2019.

Art. 54. A deliberação majoritária, não havendo cláusula restritiva, abrange também as hipóteses de destituição da gerência, exclusão de sócio, dissolução e extinção de sociedade.

Parágrafo único. Os instrumentos de exclusão de sócio deverão indicar, obrigatoriamente, o motivo da exclusão e a destinação da respectiva participação no capital social.

Art. 55. Ato do Departamento Nacional de Registro Empresarial e Integração da Secretaria de Governo Digital da Secretaria Especial de Desburocratização, Gestão e Governo Digital do Ministério da Economia consolidará:

•• *Caput* com redação determinada pelo Decreto n. 10.173, de 13-12-2019.

I – as hipóteses de restrição legal da participação de estrangeiros em sociedades empresárias brasileiras;

•• Inciso I com redação determinada pelo Decreto n. 10.173, de 13-12-2019.

• A Instrução Normativa n. 81, de 10-6-2020 do DREI, dispõe sobre as normas e diretrizes gerais do Registro Público de Empresas, bem como regulamenta as disposições deste Decreto.

II – as hipóteses em que é necessária a aprovação prévia de órgão governamental para o arquivamento de atos de empresas e as formas dessa aprovação; e

•• Inciso II com redação determinada pelo Decreto n. 10.173, de 13-12-2019.

III – os procedimentos para a autorização de funcionamento ou nacionalização de sociedade empresária estrangeira no País.

•• Inciso III com redação determinada pelo Decreto n. 10.173, de 13-12-2019.

•• A Instrução Normativa n. 77, de 18-3-2020, do DREI, dispõe sobre os pedidos de autorização para nacionalização ou instalação de filial, agência, sucursal ou estabelecimento no país, por sociedade empresária estrangeira.

Art. 56. Os órgãos e autoridades públicas federais deverão coordenar-se com o Departamento Nacional de Registro Empresarial e Integração da Secretaria de Governo Digital da Secretaria Especial de Desburocratização, Gestão e Governo Digital do Ministério da Economia, com a finalidade de harmonizar entendimentos e fixar normas destinadas a regular o arquivamento, no Registro Público de Empresas Mercantis e Atividades Afins, de atos, contratos e estatutos de empresas que dependam, por força de lei, de prévia aprovação do Poder Público.

•• Artigo com redação determinada pelo Decreto n. 10.173, de 13-12-2019.

Seção IV
Do Exame das Formalidades

Art. 57. Todo ato, documento ou instrumento apresentado a arquivamento será objeto de exame, pela Junta Comercial, do cumprimento das formalidades legais.

§ 1.º Verificada a existência de vício insanável, o requerimento será indeferido; quando for sanável, o processo será colocado em exigência.

§ 2.º O indeferimento ou a formulação de exigência pela Junta Comercial deverá ser fundamentada com o respectivo dispositivo legal ou regulamentar.

§ 3.º As exigências formuladas pela Junta Comercial deverão ser cumpridas em até 30 (trinta) dias, contados do dia subsequente à data da ciência pelo interessado ou da publicação do despacho.

§ 4.º O processo em exigência será entregue completo ao interessado; devolvido após o prazo previsto no parágrafo anterior, será considerado como novo pedido de arquivamento, sujeito ao pagamento dos preços dos serviços correspondentes, salvo devolução do prazo, no curso do mesmo, em razão de ato dependente de órgão da administração pública.

§ 5.º (*Revogado pelo Decreto n. 11.250, de 9-11-2022.*)

Art. 58. As assinaturas em despachos, decisões e outros atos relativos aos serviços de Registro Público de Empresas Mercantis e Atividades Afins serão expressamente identificadas, com indicação dos nomes completos dos signatários, em letra de forma legível, ou com a aposição de carimbo ou por meio de assinatura eletrônica avançada ou qualificada, na forma prevista na Lei n. 14.063, de 23 de setembro de 2020.

•• Artigo com redação determinada pelo Decreto n. 11.250, de 9-11-2022.

Seção V
Do Arquivamento

Subseção I
Das disposições gerais

Art. 59. (*Revogado pelo Decreto n. 10.173, de 13-12-2019.*)

Art. 60. A Junta Comercial organizará um prontuário para cada empresa.

•• *Caput* com redação determinada pelo Decreto n. 10.173, de 13-12-2019.

Parágrafo único. Ato do Departamento Nacional de Registro Empresarial e Integração da Secretaria de Governo Digital da Secretaria Especial de Desburocratização, Gestão e Governo Digital do Ministério da Economia estabelecerá as normas para a organização do prontuário e de seus procedimentos, inclusive na hipótese de transferência de sede de empresa para outra unidade federativa.

•• Parágrafo único com redação determinada pelo Decreto n. 10.173, de 13-12-2019.

Subseção II

Da proteção ao nome empresarial

Art. 61. O arquivamento do instrumento de empresário individual, do ato constitutivo de sociedade empresária ou de alterações desses atos que impliquem mudança de nome automaticamente conferem proteção ao nome empresarial a cargo das Juntas Comerciais.

•• *Caput* com redação determinada pelo Decreto n. 10.173, de 13-12-2019.

§ 1.º A proteção ao nome empresarial circunscreve-se à unidade federativa de jurisdição da Junta Comercial que procedeu ao arquivamento de que trata o *caput* deste artigo.

§ 2.º A proteção ao nome empresarial poderá ser estendida a outras unidades federativas, a requerimento da empresa interessada, observado o disposto em ato do Departamento Nacional de Registro Empresarial e Integração da Secretaria de Governo Digital da Secretaria Especial de Desburocratização, Gestão e Governo Digital do Ministério da Economia.

•• § 2.º com redação determinada pelo Decreto n. 10.173, de 13-12-2019.

§ 3.º Expirado o prazo da sociedade celebrado por tempo determinado, esta perderá a proteção do seu nome empresarial.

Art. 62. O nome empresarial atenderá aos princípios da veracidade e da novidade e identificará, quando assim o exigir a lei, o tipo jurídico da sociedade.

§ 1.º Na hipótese de o nome empresarial incluir a indicação de atividades econômicas, essas deverão estar previstas no objeto social do empresário individual ou da sociedade empresária.

•• § 1.º com redação determinada pelo Decreto n. 10.173, de 13-12-2019.

§ 2.º Não poderá haver colidência por identidade do nome empresarial com outro já protegido.

•• § 2.º com redação determinada pelo Decreto n. 11.250, de 9-11-2022.

§ 3.º Ato do Departamento Nacional de Registro Empresarial e Integração da Secretaria de Governo Digital da Secretaria Especial de Desburocratização, Gestão e Governo Digital do Ministério da Economia estabelecerá a composição do nome empresarial e os critérios para verificação da existência de identidade ou semelhança entre nomes empresariais.

•• § 3.º com redação determinada pelo Decreto n. 10.173, de 13-12-2019.

§ 4.º Eventuais casos de confronto entre nomes empresariais por semelhança poderão ser questionados pelos interessados, a qualquer tempo, por meio de recurso, nos termos de ato do Departamento Nacional de Registro Empresarial e Integração.

•• § 4.º acrescentado pelo Decreto n. 11.250, de 9-11-2022.

§ 5.º Reconhecida a semelhança de que trata o § 4.º, o Departamento Nacional de Registro Empresarial e Integração determinará ao interessado que o nome empresarial seja alterado no prazo de trinta dias, contado da data de sua intimação da decisão do recurso.

•• § 5.º acrescentado pelo Decreto n. 11.250, de 9-11-2022.

§ 6.º Encerrado o prazo de que trata o § 5.º sem providências pelo interessado, a Junta Comercial deverá, de ofício, alterar o nome empresarial para o número de inscrição no CNPJ, seguido da partícula identificadora do tipo societário ou jurídico, quando exigida por lei, sem prejuízo de posterior solicitação de alteração do nome empresarial pelo interessado.

•• § 6.º acrescentado pelo Decreto n. 11.250, de 9-11-2022.

Art. 62-A. O empresário ou a pessoa jurídica poderá optar pela utilização do número de inscrição no CNPJ como nome empresarial, seguido da partícula identificadora do tipo societário ou jurídico, quando exigida por lei, nos termos de ato do Departamento Nacional de Registro Empresarial e Integração.

•• Artigo acrescentado pelo Decreto n. 11.250, de 9-11-2022.

Seção VI

Da Matrícula e seu Cancelamento

Art. 63. Ato do Departamento Nacional de Registro Empresarial e Integração da Secretaria de Governo Digital da Secretaria Especial de Desburocratização, Gestão e Governo Digital do Ministério da Economia disporá sobre a matrícula de leiloeiros, de tradutores e intérpretes comerciais, de trapicheiros e de administradores de armazéns-gerais e o seu cancelamento.

•• Artigo com redação determinada pelo Decreto n. 10.173, de 13-12-2019.

•• A Instrução Normativa n. 52, de 29-7-2022, do DREI, dispõe sobre o exercício das profissões de administrador de armazéns gerais, trapicheiro, leiloeiro oficial e tradutor e intérprete público.

Seção VII

Do Processo Revisional

Subseção I

Das disposições gerais

Art. 64. O processo revisional pertinente ao Registro Público de Empresas Mercantis e Atividades Afins dar-se-á mediante:

I – pedido de reconsideração;

II – recurso ao Plenário; e

•• Inciso II com redação determinada pelo Decreto n. 10.173, de 13-12-2019.

III – recurso ao Departamento Nacional de Registro Empresarial e Integração da Secretaria de Governo Digital da Secretaria Especial de Desburocratização, Gestão e Governo Digital do Ministério da Economia.

•• Inciso III com redação determinada pelo Decreto n. 10.173, de 13-12-2019.

Subseção II

Do procedimento

Art. 65. O pedido de reconsideração terá por objeto obter a revisão de despachos singulares ou de Turmas que formulem exigências para o deferimento do arquivamento e o seu procedimento iniciar-se-á com a protocolização de petição dirigida ao Presidente da Junta Comercial dentro do prazo de 30 (trinta) dias concedidos para cumprimento da exigência.

§ 1.º O pedido de reconsideração será apreciado pela mesma autoridade que prolatou o despacho, no prazo de 5 (cinco) dias úteis contados da data da sua protocolização, sendo indeferido de plano quando assinado por terceiro ou procurador sem instrumento de mandato ou interposto fora do prazo, devendo ser, em qualquer caso, anexado ao processo a que se referir.

§ 2.º A protocolização do pedido de reconsideração suspende o prazo para cumprimento de exigências formuladas, recomeçando a contagem a partir do dia subsequente à data da ciência, pelo interessado ou da publicação, do despacho que mantiver a exigência no todo ou em parte.

Art. 66. Das decisões definitivas, singulares ou de Turmas, cabe recurso ao Plenário da Junta Comercial, cujo procedimento compreenderá as fases de instrução e julgamento.

Art. 67. A fase de instrução iniciar-se-á com a protocolização da petição do recurso dirigida ao Presidente da Junta Comercial, a qual será enviada à Secretaria-Geral que, no prazo de 3 (três) dias úteis, expedirá notificação às partes interessadas, na forma que dispuser o Regimento Interno, para se manifestarem, no prazo de 10 (dez) dias úteis, contados a partir do dia subsequente à data da ciência.

§ 1.º Decorrido o prazo para contrarrazões, a Secretaria-Geral dará vista do processo à Procuradoria, quando a mesma não for a recorrente, para manifestar-se e restituí-lo, no prazo de 10 (dez) dias úteis, àquela unidade, que o fará concluso ao Presidente.

§ 2.º No prazo de 3 (três) dias úteis, o Presidente deverá manifestar-se quanto ao recebimento do recurso e designar, quando for o caso, Vogal Relator, notificando-o.

Art. 68. Admitido o recurso, pelo Presidente, iniciar-se-á a fase de julgamento, que deverá ser concluída no prazo de 30 (trinta) dias úteis.

§ 1.º O decurso do prazo de que trata o *caput* deste artigo fica suspenso da data da sua admissão até a data da ciência pelo Vogal Relator, reiniciando-se no dia subsequente a esta ciência.

§ 2.º O Vogal Relator, no prazo de 10 (dez) dias úteis, elaborará o relatório e o depositará na Secretaria-Geral, para distribuição e conhecimento dos demais Vogais, nos 5 (cinco) dias úteis subsequentes, os quais poderão requerer cópia de peças do processo a que se referir.

§ 3.º Nos 10 (dez) dias úteis que se seguirem ao encerramento do prazo a que alude o parágrafo anterior, a Secretaria-Geral fará incluí-lo em pauta de sessão do Plenário para julgamento, solicitando ao Presidente a convocação de sessão extraordinária, quando necessário, observado, em qualquer caso, o prazo fixado no *caput* deste artigo.

§ 4.º Na sessão plenária é admitida vista do processo aos Vogais, que será concedida por período fixado pelo Presidente e compatível com a conclusão do julgamento, no prazo previsto no *caput* deste artigo.

§ 5.º Na hipótese de inobservância do prazo de que trata o *caput*, a parte interessada poderá requerer ao Departamento Nacional de Registro Empresarial e Integração da Secretaria de Governo Digital da Secretaria Especial de Desburocratização, Gestão e Governo Digital do Ministério da Economia o que for necessário para a conclusão do julgamento do recurso.

•• § 5.º com redação determinada pelo Decreto n. 10.173, de 13-12-2019.

Art. 69. Das decisões do Plenário cabe recurso ao Departamento Nacional de Registro Empresarial e Integração da Secretaria de Governo Digital da Secretaria Especial de Desburocratização, Gestão e Governo Digital do Ministério da Economia, como última instância administrativa.

•• *Caput* com redação determinada pelo Decreto n. 10.173, de 13-12-2019.

§ 1.º A petição do recurso, dirigida ao Presidente da Junta Comercial, após protocolizada, será enviada à Secretaria-Geral que, no prazo de 3 (três) dias úteis, expedirá notificação às partes interessadas, na forma que dispuser o Regimento Interno, para se manifestarem no prazo de 10 (dez) dias úteis, contados a partir do dia subsequente à data da ciência.

§ 2.º Decorrido o prazo para contrarrazões, a Secretaria-Geral fará o processo concluso ao Presidente.

§ 3.º No prazo de três dias úteis, o Presidente da Junta Comercial se manifestará quanto ao recebimento do recurso e o encaminhará, quando necessário, ao Departamento Nacional de Registro Empresarial e Integração da Secretaria de Governo Digital da Secretaria Especial de Desburocratização, Gestão e Governo Digital do Ministério da Economia, que, no prazo de dez dias úteis, proferirá a decisão final.

•• § 3.º com redação determinada pelo Decreto n. 10.173, de 13-12-2019.

§ 4.º Os pedidos de diligência, após o encaminhamento do processo ao DREI, suspenderão os prazos previstos no § 3.º.

•• § 4.º com redação determinada pelo Decreto n. 8.815, de 18-7-2016.

§ 5.º (*Revogado pelo Decreto n. 10.173, de 13-12-2019.*)

Art. 70. Os recursos previstos neste Regulamento serão indeferidos de plano pelo Presidente da Junta Comercial, se assinados por terceiros ou procurador sem instrumento de mandato, ou interpostos fora do prazo ou antes da decisão definitiva, devendo ser, em qualquer caso, anexados aos processos a que se referirem.

Art. 71. No pedido de reconsideração ou nos recursos previstos neste Regulamento, subscritos por advogado sem o devido instrumento de mandato, deverá o mesmo exibi-lo no prazo de 5 (cinco) dias úteis.

Art. 72. O empresário individual ou a sociedade empresária cujo ato tenha sido objeto de decisão de cancelamento do registro providenciará, no prazo de trinta dias, a sua retificação, se o vício for sanável, sob pena de desarquivamento do ato pela Junta Comercial no dia seguinte ao do vencimento do prazo.

•• Artigo com redação determinada pelo Decreto n. 10.173, de 13-12-2019.

Art. 73. Os recursos previstos neste Regulamento não suspendem os efeitos da decisão a que se referem.

Art. 74. O prazo para a interposição dos recursos é de 10 (dez) dias úteis, cuja fluência se inicia no primeiro dia útil subsequente ao da data da ciência pelo interessado ou da publicação do despacho.

Parágrafo único. A ciência poderá ser feita por via postal, com aviso de recebimento.

Seção VIII
Da Publicação dos Atos

Art. 75. Os atos decisórios da Junta Comercial serão publicados no seu sítio eletrônico.

•• Artigo com redação determinada pelo Decreto n. 10.173, de 13-12-2019.

Art. 76. As publicações ordenadas para as sociedades por ações serão realizadas nos termos previstos na Lei n. 6.404, de 1976.

•• *Caput* com redação determinada pelo Decreto n. 11.250, de 9-11-2022.

Parágrafo único. (*Revogado pelo Decreto n. 11.250, de 9-11-2022.*)

Art. 77. A prova da publicidade de atos societários, quando exigida em lei, será feita por meio da anotação nos registros da Junta Comercial, mediante apresentação da publicação, em sua versão eletrônica, dispensada a sua juntada.

•• *Caput* com redação determinada pelo Decreto n. 11.250, de 9-11-2022.

Parágrafo único. Às sociedades é facultado mencionar, no documento apresentado a arquivamento, as informações relativas às publicações, hipótese em que fica dispensada a sua apresentação para a anotação de que trata o *caput*.

•• Parágrafo único com redação determinada pelo Decreto n. 11.250, de 9-11-2022.

Seção IX
Das Autenticações

Art. 78. As Juntas Comerciais autenticarão, conforme o disposto em ato do Departamento Nacional de Registro Empresarial e Integração da Secretaria de Governo Digital da Secretaria Especial de Desburocratização, Gestão e Governo Digital do Ministério da Economia:

•• *Caput* com redação determinada pelo Decreto n. 10.173, de 13-12-2019.

I – os instrumentos de escrituração das empresas e dos agentes auxiliares do comércio;

•• Inciso I com redação determinada pelo Decreto n. 10.173, de 13-12-2019.

II – os documentos arquivados e suas cópias;

III – as certidões dos documentos arquivados.

Parágrafo único. Os instrumentos autenticados na forma deste artigo, referidos nos incisos I e III e as cópias dos documentos referidas no inciso II não retirados no prazo de 30 (trinta) dias, contados do seu deferimento, poderão ser eliminados.

Art. 78-A. A autenticação de livros contábeis das empresas poderá ser feita por meio do Sistema Público de Escrituração Digital – Sped de que trata o Decreto n. 6.022, de 22 de janeiro de 2007, mediante a apresentação de escrituração contábil digital.

•• *Caput* acrescentado pelo Decreto n. 8.683, de 25-2-2016.

•• Dispõe o art. 2.º do Decreto n. 8.683, de 25-2-2016 (*DOU* de 26-2-2016): "Art. 2.º Para fins do disposto no art. 78-A do Decreto n. 1.800, de 1996, são considerados autenticados os livros contábeis transmitidos pelas empresas ao Sistema Público de Escrituração Digital – Sped, de que trata o Decreto n. 6.022, de 22 de janeiro de 2007, até a data de publicação deste Decreto, ainda que não analisados pela Junta Comercial, mediante a apresentação da escrituração contábil digital. Parágrafo único. O disposto no *caput* não se aplica aos livros contábeis digitais das empresas transmitidos ao Sped quando tiver havido indeferimento ou solicitação de providências pelas Juntas Comerciais até a data de publicação deste Decreto".

§ 1.º A autenticação dos livros contábeis digitais será comprovada pelo recibo de entrega emitido pelo Sped.

•• § 1.º acrescentado pelo Decreto n. 8.683, de 25-2-2016.

§ 2.º A autenticação prevista neste artigo dispensa a autenticação de que trata o art. 39 da Lei n. 8.934, de 18 de novembro de 1994, nos termos do art. 39-A da referida Lei.

•• § 2.º acrescentado pelo Decreto n. 8.683, de 25-2-2016.

Seção X
Das Certidões

Art. 79. É público o registro de empresas e atividades afins a cargo das Juntas Comerciais.

•• Artigo com redação determinada pelo Decreto n. 10.173, de 13-12-2019.

Art. 80. Qualquer pessoa, sem necessidade de provar interesse, poderá consultar os documentos arquivados nas Juntas Comerciais e obter certidões, mediante pagamento do preço devido.

Art. 81. O pedido de certidão, assinado pelo interessado e acompanhado do comprovante de pagamento do preço devido, indicará uma das seguintes modalidades:

I – simplificada;

II – específica, consoante quesitos formulados no pedido;

III – inteiro teor, mediante reprografia.

Art. 82. Sempre que houver qualquer alteração posterior ao ato cuja certidão for requerida, deverá ela, obrigatoriamente, ser mencionada, não obstante as especificações do pedido.

Art. 83. A certidão deverá ser entregue no prazo de até 4 (quatro) dias úteis da protocolização do pedido na sede da Junta Comercial e, no prazo de até 8 (oito) dias úteis, se em protocolo descentralizado.

Parágrafo único. Em caso de recusa ou demora na expedição da certidão, o requerente poderá reclamar à autoridade competente, que deverá providenciar, com presteza, sua expedição.

Art. 84. Ato do Departamento Nacional de Registro Empresarial e Integração da Secretaria de Governo Digital da Secretaria Especial de Desburocratização, Gestão e Governo Digital do Ministério da Economia disporá sobre os modelos e a expedição de certidões pelas Juntas Comerciais.

•• Artigo com redação determinada pelo Decreto n. 10.173, de 13-12-2019.

Art. 85. A certidão dos atos de constituição e de alteração de empresários individuais e de sociedades empresárias, fornecida pelas Juntas Comerciais em que foram arquivados, será o documento hábil para a transferência, por transcrição no registro público competente, dos bens com que o subscritor tiver contribuído para a formação ou para o aumento do capital.

•• Artigo com redação determinada pelo Decreto n. 11.250, de 9-11-2022.

Art. 86. Os documentos arquivados pelas Juntas Comerciais não serão, em qualquer hipótese, retirados de suas dependências, ressalvado o disposto no art. 90.

Seção XI
Do assentamento dos usos ou práticas empresariais

•• Rubrica com redação determinada pelo Decreto n. 10.173, de 13-12-2019.

Art. 87. O assentamento de usos ou práticas empresariais é efetuado pela Junta Comercial.

•• *Caput* com redação determinada pelo Decreto n. 10.173, de 13-12-2019.

§ 1.º Os usos ou as práticas empresariais serão reunidos e assentados em livro próprio, pela Junta Comercial, *ex officio* ou por solicitação da Procuradoria ou de entidade de classe interessada.

•• § 1.º com redação determinada pelo Decreto n. 10.173, de 13-12-2019.

§ 2.º Verificada, pela Procuradoria, a inexistência de disposição legal contrária ao uso ou prática empresarial a ser assentada, o Presidente da Junta Comercial solicitará o pronunciamento escrito das entidades diretamente interessadas, que se manifestarão no prazo de noventa dias, e publicará convite para que os interessados se manifestem no mesmo prazo.

•• § 2.º com redação determinada pelo Decreto n. 10.173, de 13-12-2019.

§ 3.º Executadas as diligências previstas no § 2.º, a Junta Comercial decidirá se é verdadeiro e registrável o uso ou prática empresarial, em sessão a que compareçam, no mínimo, dois terços dos Vogais e a aprovação ocorrerá pelo voto de, no mínimo, metade mais um dos Vogais presentes.

•• § 3.º com redação determinada pelo Decreto n. 10.173, de 13-12-2019.

§ 4.º Proferida a decisão, o uso ou a prática empresarial será assentada em livro especial, com a sua justificação, efetuada a respectiva publicação no *Diário Oficial da União* ou da unidade federativa em que a Junta Comercial estiver localizada.

•• § 4.º com redação determinada pelo Decreto n. 10.173, de 13-12-2019.

Art. 88. Quinquenalmente, as Juntas Comerciais revisarão a coleção dos usos ou práticas empresariais assentados e a publicarão, nos termos do disposto no art. 87.

•• Artigo com redação determinada pelo Decreto n. 10.173, de 13-12-2019.

Seção XII
Da Retribuição dos Serviços

Art. 89. Compete ao Departamento Nacional de Registro Empresarial e Integração da Secretaria de Governo Digital da Secretaria Especial de Desburocratização, Gestão e Governo Digital do Ministério da Economia propor a elaboração da tabela de preços dos serviços pertinentes ao Registro Público de Empresas Mercantis e Atividades Afins, na parte relativa aos atos de natureza federal, e especificar os atos a serem observados pelas Juntas Comerciais na elaboração de suas tabelas locais.

•• *Caput* com redação determinada pelo Decreto n. 10.173, de 13-12-2019.

§ 1.º As isenções de preços de serviços restringem-se às hipóteses previstas em lei.

•• § 1.º com redação determinada pelo Decreto n. 10.173, de 13-12-2019.

§ 2.º É vedada a cobrança de preço pelo serviço de arquivamento dos documentos relativos à extinção do registro do empresário individual e da sociedade limitada.

•• § 2.º com redação determinada pelo Decreto n. 11.250, de 9-11-2022.

Título III
DAS DISPOSIÇÕES FINAIS E TRANSITÓRIAS

Capítulo I
DAS DISPOSIÇÕES FINAIS

Art. 90. Os atos de empresas, após ter sido preservada a sua imagem por meio de sua digitalização e armazenamento no sistema de registro, poderão ser eliminados pelas Juntas Comerciais.

•• *Caput* com redação determinada pelo Decreto n. 11.250, de 9-11-2022.

§ 1.º Antes da eliminação prevista no *caput*, a Junta Comercial concederá o prazo de trinta dias, contado da respectiva intimação, para que o empresário, os sócios, os acionistas, os administradores, os diretores ou os procuradores das sociedades retirem, facultativamente, a documentação original, sem qualquer custo.

•• § 1.º acrescentado pelo Decreto n. 11.250, de 9-11-2022.

§ 2.º Para os fins do disposto no *caput*, serão observadas as disposições do Decreto n. 10.278, de 18 de março de 2020.

•• § 2.º acrescentado pelo Decreto n. 11.250, de 9-11-2022.

Art. 91. O fornecimento de informações cadastrais ao Departamento Nacional de Registro Empresarial e Integração da Secretaria de Governo Digital da Secretaria Especial de Desburocratização, Gestão e Governo Digital do Ministério da Economia, ou às Juntas Comerciais, conforme for o caso, desobriga os empresários individuais e as sociedades empresárias de prestarem idênticas informações a outros órgãos ou entidades da administração pública federal, estadual, distrital ou municipal.

•• *Caput* com redação determinada pelo Decreto n. 10.173, de 13-12-2019.

Parágrafo único. Ato do Departamento Nacional de Registro Empresarial e Integração da Secretaria de Governo Digital da Secretaria Especial de Desburocratização, Gestão e Governo Digital do Ministério da Economia estabelecerá as normas para a utilização dos cadastros integrantes do Sistema Nacional de Registro de Empresas Mercantis – SINREM pelos órgãos ou entidades a que se refere o *caput*, por meio da celebração de acordos ou convênios de cooperação.

•• Parágrafo único com redação determinada pelo Decreto n. 10.173, de 13-12-2019.

Capítulo II
DAS DISPOSIÇÕES TRANSITÓRIAS

Art. 92. As Juntas Comerciais adaptarão seus regimentos internos ou regulamentos às disposições deste Regulamento no prazo de 180 (cento e oitenta) dias, a contar da data da sua publicação.

Art. 92-A. Os atos de constituição, alteração, transformação, incorporação, fusão, cisão, dissolução e extinção de registro de empresário e de pessoas jurídicas poderão ser realizados também por meio de sistema eletrônico criado e mantido pelo Ministério da Economia.

•• Artigo acrescentado pelo Decreto n. 10.173, de 13-12-2019.

Art. 93. Este Decreto entra em vigor na data de sua publicação.

Art. 94. Revogam-se os Decretos n. 57.651, de 19 de janeiro de 1966, 86.764, de 22 de dezembro de 1981, 93.410, de 14 de outubro de 1986 e o Decreto s/n., de 10 de maio de 1991, que dispõe sobre a autorização para microfilmagem de documentos levados a registro nas Juntas Comerciais.

Brasília, 30 de janeiro de 1996; 175.º da Independência e 108.º da República.

FERNANDO HENRIQUE CARDOSO

LEI N. 9.265, DE 12 DE FEVEREIRO DE 1996 (*)

Regulamenta o inciso LXXVII do art. 5.º da Constituição, dispondo sobre a gratuidade dos atos necessários ao exercício da cidadania.

O Presidente da República:

Faço saber que o Congresso Nacional decreta e eu sanciono a seguinte Lei:

Art. 1.º São gratuitos os atos necessários ao exercício da cidadania, assim considerados:

I – os que capacitam o cidadão ao exercício da soberania popular, a que se reporta o art. 14 da Constituição;

•• O STF declarou a constitucionalidade deste inciso, na ADC n. 5-2 (*DOU* de 22-10-2007).

II – aqueles referentes ao alistamento militar;

III – os pedidos de informações ao poder público, em todos os seus âmbitos, objetivando a instrução de defesa ou a denúncia de irregularidades administrativas na órbita pública;

IV – as ações de impugnação de mandato eletivo por abuso do poder econômico, corrupção ou fraude;

V – quaisquer requerimentos ou petições que visem as garantias individuais e a defesa do interesse público;

VI – o registro civil de nascimento e o assento de óbito, bem como a primeira certidão respectiva;

•• Inciso VI acrescentado pela Lei n. 9.534, de 10-12-1997.

•• O STF declarou a constitucionalidade deste inciso, na Ação Declaratória de Constitucionalidade n. 5-2 (*DOU* de 22-10-2007).

VII – o requerimento e a emissão de documento de identificação específico, ou segunda via, para pessoa com transtorno do espectro autista.

•• Inciso VII acrescentado pela Lei n. 13.977, de 8-1-2020.

Art. 2.º Esta Lei entra em vigor na data de sua publicação.

Art. 3.º Revogam-se as disposições em contrário.

Brasília, 12 de fevereiro de 1996; 175.º da Independência e 108.º da República.

FERNANDO HENRIQUE CARDOSO

LEI N. 9.278, DE 10 DE MAIO DE 1996 (**)

Regula o § 3.º do art. 226 da Constituição Federal.

O Presidente da República:

Faço saber que o Congresso Nacional decreta e eu sanciono a seguinte Lei:

Art. 1.º É reconhecida como entidade familiar a convivência duradoura, pública e contínua, de um homem e uma mulher, estabelecida com objetivo de constituição de família.

•• *Vide* art. 1.723 do CC.

Art. 2.º São direitos e deveres iguais dos conviventes:

I – respeito e consideração mútuos;

II – assistência moral e material recíproca;

III – guarda, sustento e educação dos filhos comuns.

•• *Vide* art. 1.724 do CC.

Arts. 3.º e 4.º (*Vetados*.)

Art. 5.º Os bens móveis e imóveis adquiridos por um ou por ambos os conviventes, na constância da união estável e a título oneroso, são considerados fruto do trabalho e da colaboração comum, passando a pertencer a ambos, em condomínio e em partes iguais, salvo estipulação contrária em contrato escrito.

§ 1.º Cessa a presunção do *caput* deste artigo se a aquisição patrimonial ocorrer com o produto de bens adquiridos anteriormente ao início da união.

§ 2.º A administração do patrimônio comum dos conviventes compete a ambos, salvo estipulação contrária em contrato escrito.

•• *Vide* art. 1.725 do CC.

Art. 6.º (*Vetado*.)

Art. 7.º Dissolvida a união estável por rescisão, a assistência material prevista nesta Lei será prestada por um dos conviventes ao que dela necessitar, a título de alimentos.

• O Decreto n. 2.428, de 17-12-1997, promulga a Convenção Interamericana sobre Obrigação Alimentar.

Parágrafo único. Dissolvida a união estável por morte de um dos conviventes, o sobrevivente terá direito real de habitação, enquanto viver ou não constituir nova união ou casamento, relativamente ao imóvel destinado à residência da família.

•• *Vide* arts. 1.790 e 1.830 do CC.

• *Vide* arts. 1.414 a 1.416 (habitação) do CC.

Art. 8.º Os conviventes poderão, de comum acordo e a qualquer tempo, requerer a conversão da união estável em casamento, por requerimento ao Oficial do Registro Civil da Circunscrição de seu domicílio.

• *Vide* art. 1.726 do CC.

Art. 9.º Toda a matéria relativa à união estável é de competência do juízo da Vara de Família, assegurado o segredo de justiça.

Art. 10. Esta Lei entra em vigor na data de sua publicação.

Art. 11. Revogam-se as disposições em contrário.

Brasília, 10 de maio de 1996; 175.º da Independência e 108.º da República.

FERNANDO HENRIQUE CARDOSO

LEI N. 9.279, DE 14 DE MAIO DE 1996 (***)

Regula direitos e obrigações relativos à propriedade industrial.

O Presidente da República

Faço saber que o Congresso Nacional decreta e eu sanciono a seguinte Lei:

DISPOSIÇÕES PRELIMINARES

Art. 1.º Esta Lei regula direitos e obrigações relativos à propriedade industrial.

Art. 2.º A proteção dos direitos relativos à propriedade industrial, considerado o seu interesse social e o desenvolvimento tecnológico e econômico do País, efetua-se mediante:

I – concessão de patentes de invenção e de modelo de utilidade;

II – concessão de registro de desenho industrial;

III – concessão de registro de marca;

IV – repressão às falsas indicações geográficas; e

V – repressão à concorrência desleal.

Art. 3.º Aplica-se também o disposto nesta Lei:

I – ao pedido de patente ou de registro proveniente do exterior e depositado no País por quem tenha proteção assegurada por tratado ou convenção em vigor no Brasil; e

II – aos nacionais ou pessoas domiciliadas em país que assegure aos brasileiros ou pessoas domiciliadas no Brasil a reciprocidade de direitos iguais ou equivalentes.

Art. 4.º As disposições dos tratados em vigor no Brasil são aplicáveis, em igualdade de condições, às pessoas físicas e jurídicas nacionais ou domiciliadas no País.

Art. 5.º Consideram-se bens móveis, para os efeitos legais, os direitos de propriedade industrial.

TÍTULO I
DAS PATENTES

Capítulo I
DA TITULARIDADE

Art. 6.º Ao autor de invenção ou modelo de utilidade será assegurado o direito de obter a patente que lhe garanta a propriedade, nas condições estabelecidas nesta Lei.

§ 1.º Salvo prova em contrário, presume-se o requerente legitimado a obter a patente.

§ 2.º A patente poderá ser requerida em nome próprio, pelos herdeiros ou sucessores do autor, pelo cessionário ou por aquele a quem a lei ou o contrato de trabalho ou de prestação de serviços determinar que pertença a titularidade.

§ 3.º Quando se tratar de invenção ou de modelo de utilidade realizado conjuntamente por duas ou mais pessoas, a patente poderá ser requerida por todas ou qualquer

(*) Publicada no *Diário Oficial da União*, de 13-2-1996. A Lei n. 10.317, de 6-12-2001, altera a Lei n. 1.060, de 5-2-1950 (assistência judiciária aos necessitados), para conceder a gratuidade do exame de DNA nos casos que especifica.

(**) Publicada no *Diário Oficial da União*, de 13-5-1996. Também conhecida como Lei da União Estável.

(***) Publicada no *Diário Oficial da União*, de 15-5-1996.

delas, mediante nomeação e qualificação das demais, para ressalva dos respectivos direitos.

§ 4.º O inventor será nomeado e qualificado, podendo requerer a não divulgação de sua nomeação.

Art. 7.º Se dois ou mais autores tiverem realizado a mesma invenção ou modelo de utilidade, de forma independente, o direito de obter patente será assegurado àquele que provar o depósito mais antigo, independentemente das datas de invenção ou criação.

Parágrafo único. A retirada de depósito anterior sem produção de qualquer efeito dará prioridade ao depósito imediatamente posterior.

Capítulo II
DA PATENTEABILIDADE

Seção I
Das invenções e dos modelos de utilidade patenteáveis

Art. 8.º É patenteável a invenção que atenda aos requisitos de novidade, atividade inventiva e aplicação industrial.

Art. 9.º É patenteável como modelo de utilidade o objeto de uso prático, ou parte deste, suscetível de aplicação industrial, que apresente nova forma ou disposição, envolvendo ato inventivo, que resulte em melhoria funcional no seu uso ou em sua fabricação.

Art. 10. Não se consideram invenção nem modelo de utilidade:

I – descobertas, teorias científicas e métodos matemáticos;

II – concepções puramente abstratas;

III – esquemas, planos, princípios ou métodos comerciais, contábeis, financeiros, educativos, publicitários, de sorteio e de fiscalização;

IV – as obras literárias, arquitetônicas, artísticas e científicas ou qualquer criação estética;

V – programas de computador em si;

VI – apresentação de informações;

VII – regras de jogo;

VIII – técnicas e métodos operatórios ou cirúrgicos, bem como métodos terapêuticos ou de diagnóstico, para aplicação no corpo humano ou animal; e

IX – o todo ou parte de seres vivos naturais e materiais biológicos encontrados na natureza, ou ainda que dela isolados, inclusive o genoma ou germoplasma de qualquer ser vivo natural e os processos biológicos naturais.

Art. 11. A invenção e o modelo de utilidade são considerados novos quando não compreendidos no estado da técnica.

§ 1.º O estado da técnica é constituído por tudo aquilo tornado acessível ao público antes da data de depósito do pedido de patente, por descrição escrita ou oral, por uso ou qualquer outro meio, no Brasil ou no exterior, ressalvado o disposto nos arts. 12, 16 e 17.

§ 2.º Para fins de aferição da novidade, o conteúdo completo de pedido depositado no Brasil, e ainda não publicado, será considerado estado da técnica a partir da data de depósito, ou da prioridade reivindicada, desde que venha a ser publicado, mesmo que subsequentemente.

§ 3.º O disposto no parágrafo anterior será aplicado ao pedido internacional de patente depositado segundo tratado ou convenção em vigor no Brasil, desde que haja processamento nacional.

Art. 12. Não será considerada como estado da técnica a divulgação de invenção ou modelo de utilidade, quando ocorrida durante os 12 (doze) meses que precederem a data de depósito ou a da prioridade do pedido de patente, se promovida:

I – pelo inventor;

II – pelo Instituto Nacional da Propriedade Industrial – INPI, através de publicação oficial do pedido de patente depositado sem o consentimento do inventor, baseado em informações deste obtidas ou em decorrência de atos por ele realizados; ou

III – por terceiros, com base em informações obtidas direta ou indiretamente do inventor ou em decorrência de atos por este realizados.

Parágrafo único. O INPI poderá exigir do inventor declaração relativa à divulgação, acompanhada ou não de provas, nas condições estabelecidas em regulamento.

Art. 13. A invenção é dotada de atividade inventiva sempre que, para um técnico no assunto, não decorra de maneira evidente ou óbvia do estado da técnica.

Art. 14. O modelo de utilidade é dotado de ato inventivo sempre que, para um técnico no assunto, não decorra de maneira comum ou vulgar do estado da técnica.

Art. 15. A invenção e o modelo de utilidade são considerados suscetíveis de aplicação industrial quando possam ser utilizados ou produzidos em qualquer tipo de indústria.

Seção II
Da Prioridade

Art. 16. Ao pedido de patente depositado em país que mantenha acordo com o Brasil, ou em organização internacional, que produza efeito de depósito nacional, será assegurado direito de prioridade, nos prazos estabelecidos no acordo, não sendo o depósito invalidado nem prejudicado por fatos ocorridos nesses prazos.

§ 1.º A reivindicação de prioridade será feita no ato de depósito, podendo ser suplementada dentro de 60 (sessenta) dias por outras prioridades anteriores à data do depósito no Brasil.

§ 2.º A reivindicação de prioridade será comprovada por documento hábil da origem, contendo número, data, título, relatório descritivo e, se for o caso, reivindicações e desenhos, acompanhado de tradução simples da certidão de depósito ou documento equivalente, contendo dados identificadores do pedido, cujo teor será de inteira responsabilidade do depositante.

§ 3.º Se não efetuada por ocasião do depósito, a comprovação deverá ocorrer em até 180 (cento e oitenta) dias contados do depósito.

§ 4.º Para os pedidos internacionais depositados em virtude de tratado em vigor no Brasil, a tradução prevista no § 2.º deverá ser apresentada no prazo de 60 (sessenta) dias contados da data da entrada no processamento nacional.

§ 5.º No caso de o pedido depositado no Brasil estar fielmente contido no documento da origem, será suficiente uma declaração do depositante a este respeito para substituir a tradução simples.

§ 6.º Tratando-se de prioridade obtida por cessão, o documento correspondente deverá ser apresentado dentro de 180 (cento e oitenta) dias contados do depósito, ou, se for o caso, em até 60 (sessenta) dias da data da entrada no processamento nacional, dispensada a legalização consular no país de origem.

§ 7.º A falta de comprovação nos prazos estabelecidos neste artigo acarretará a perda da prioridade.

§ 8.º Em caso de pedido depositado com reivindicação de prioridade, o requerimento para antecipação de publicação deverá ser instruído com a comprovação da prioridade.

Art. 17. O pedido de patente de invenção ou de modelo de utilidade depositado originalmente no Brasil, sem reivindicação de prioridade e não publicado, assegurará o direito de prioridade ao pedido posterior sobre a mesma matéria depositado no Brasil pelo mesmo requerente ou sucessores, dentro do prazo de 1 (um) ano.

§ 1.º A prioridade será admitida apenas para a matéria revelada no pedido anterior, não se estendendo a matéria nova introduzida.

§ 2.º O pedido anterior ainda pendente será considerado definitivamente arquivado.

§ 3.º O pedido de patente originário de divisão de pedido anterior não poderá servir de base a reivindicação de prioridade.

Seção III
Das invenções e dos modelos de utilidade não patenteáveis

Art. 18. Não são patenteáveis:

I – o que for contrário à moral, aos bons costumes e à segurança, à ordem e à saúde públicas;

II – as substâncias, matérias, misturas, elementos ou produtos de qualquer espécie, bem como a modificação de suas propriedades físico-químicas e os respectivos processos de obtenção ou modificação, quando resultantes de transformação do núcleo atômico; e

III – o todo ou parte dos seres vivos, exceto os micro-organismos transgênicos que atendam aos três requisitos de patenteabilidade – novidade, atividade inventiva e aplicação industrial – previstos no art. 8.º e que não sejam mera descoberta.

Parágrafo único. Para os fins desta Lei, micro-organismos transgênicos são organismos, exceto o todo ou parte de plantas ou de animais, que expressem, mediante intervenção humana direta em sua composição genética, uma característica normalmente não alcançável pela espécie em condições naturais.

Capítulo III

DO PEDIDO DE PATENTE

Seção I

Do depósito do pedido

Art. 19. O pedido de patente, nas condições estabelecidas pelo INPI, conterá:

I – requerimento;

II – relatório descritivo;

III – reivindicações;

IV – desenhos, se for o caso;

V – resumo; e

VI – comprovante do pagamento da retribuição relativa ao depósito.

Art. 20. Apresentado o pedido, será ele submetido a exame formal preliminar e, se devidamente instruído, será protocolizado, considerada a data de depósito a da sua apresentação.

Art. 21. O pedido que não atender formalmente ao disposto no art. 19, mas que contiver dados relativos ao objeto, ao depositante e ao inventor, poderá ser entregue, mediante recibo datado, ao INPI, que estabelecerá as exigências a serem cumpridas, no prazo de 30 (trinta) dias, sob pena de devolução ou arquivamento da documentação.

Parágrafo único. Cumpridas as exigências, o depósito será considerado como efetuado na data do recibo.

Seção II

Das condições do pedido

Art. 22. O pedido de patente de invenção terá de se referir a uma única invenção ou a um grupo de invenções inter-relacionadas de maneira a compreenderem um único conceito inventivo.

Art. 23. O pedido de patente de modelo de utilidade terá de se referir a um único modelo principal, que poderá incluir uma pluralidade de elementos distintos, adicionais ou variantes construtivas ou configurativas, desde que mantida a unidade técnico-funcional e corporal do objeto.

Art. 24. O relatório deverá descrever clara e suficientemente o objeto, de modo a possibilitar sua realização por técnico no assunto e indicar, quando for o caso, a melhor forma de execução.

Parágrafo único. No caso de material biológico essencial à realização prática do objeto do pedido, que não possa ser descrito na forma deste artigo e que não estiver acessível ao público, o relatório será suplementado por depósito do material em instituição autorizada pelo INPI ou indicada em acordo internacional.

Art. 25. As reivindicações deverão ser fundamentadas no relatório descritivo, caracterizando as particularidades do pedido e definindo, de modo claro e preciso, a matéria objeto da proteção.

Art. 26. O pedido de patente poderá ser dividido em dois ou mais, de ofício ou a requerimento do depositante, até o final do exame, desde que o pedido dividido:

I – faça referência específica ao pedido original; e

II – não exceda à matéria revelada constante do pedido original.

Parágrafo único. O requerimento de divisão em desacordo com o disposto neste artigo será arquivado.

Art. 27. Os pedidos divididos terão a data de depósito do pedido original e o benefício de prioridade deste, se for o caso.

Art. 28. Cada pedido dividido estará sujeito a pagamento das retribuições correspondentes.

Art. 29. O pedido de patente retirado ou abandonado será obrigatoriamente publicado.

§ 1.º O pedido de retirada deverá ser apresentado em até 16 (dezesseis) meses, contados da data do depósito ou da prioridade mais antiga.

§ 2.º A retirada de um depósito anterior sem produção de qualquer efeito dará prioridade ao depósito imediatamente posterior.

Seção III

Do processo e do exame do pedido

Art. 30. O pedido de patente será mantido em sigilo durante 18 (dezoito) meses contados da data de depósito ou da prioridade mais antiga, quando houver, após o que será publicado, à exceção do caso previsto no art. 75.

§ 1.º A publicação do pedido poderá ser antecipada a requerimento do depositante.

§ 2.º Da publicação deverão constar dados identificadores do pedido de patente, ficando cópia do relatório descritivo, das reivindicações, do resumo e dos desenhos à disposição do público no INPI.

§ 3.º No caso previsto no parágrafo único do art. 24, o material biológico tornar-se-á acessível ao público com a publicação de que trata este artigo.

Art. 31. Publicado o pedido de patente e até o final do exame, será facultada a apresentação, pelos interessados, de documentos e informações para subsidiarem o exame.

Parágrafo único. O exame não será iniciado antes de decorridos 60 (sessenta) dias da publicação do pedido.

Art. 32. Para melhor esclarecer ou definir o pedido de patente, o depositante poderá efetuar alterações até o requerimento do exame, desde que estas se limitem à matéria inicialmente revelada no pedido.

Art. 33. O exame do pedido de patente deverá ser requerido pelo depositante ou por qualquer interessado, no prazo de 36 (trinta e seis) meses contados da data do depósito, sob pena do arquivamento do pedido.

Parágrafo único. O pedido de patente poderá ser desarquivado, se o depositante assim o requerer, dentro de 60 (sessenta) dias contados do arquivamento, mediante pagamento de uma retribuição específica, sob pena de arquivamento definitivo.

Art. 34. Requerido o exame, deverão ser apresentados, no prazo de 60 (sessenta) dias, sempre que solicitado, sob pena de arquivamento do pedido:

I – objeções, buscas de anterioridade e resultados de exame para concessão de pedido correspondente em outros países, quando houver reivindicação de prioridade;

II – documentos necessários à regularização do processo e exame do pedido; e

III – tradução simples do documento hábil referido no § 2.º do art. 16, caso esta tenha sido substituída pela declaração prevista no § 5.º do mesmo artigo.

Art. 35. Por ocasião do exame técnico, será elaborado o relatório de busca e parecer relativo a:

I – patenteabilidade do pedido;

II – adaptação do pedido à natureza reivindicada;

III – reformulação do pedido ou divisão; ou

IV – exigências técnicas.

Art. 36. Quando o parecer for pela não patenteabilidade ou pelo não enquadramento do pedido na natureza reivindicada ou formular qualquer exigência, o depositante será intimado para manifestar-se no prazo de 90 (noventa) dias.

§ 1.º Não respondida a exigência, o pedido será definitivamente arquivado.

§ 2.º Respondida a exigência, ainda que não cumprida, ou contestada sua formulação, e havendo ou não manifestação sobre a patenteabilidade ou o enquadramento, dar-se-á prosseguimento ao exame.

Art. 37. Concluído o exame, será proferida decisão, deferindo ou indeferindo pedido de patente.

Capítulo IV

DA CONCESSÃO E DA VIGÊNCIA DA PATENTE

Seção I

Da concessão da patente

Art. 38. A patente será concedida depois de deferido o pedido, e comprovado o pagamento da retribuição correspondente, expedindo-se a respectiva carta-patente.

§ 1.º O pagamento da retribuição e respectiva comprovação deverão ser efetuados no prazo de 60 (sessenta) dias contados do deferimento.

§ 2.º A retribuição prevista neste artigo poderá ainda ser paga e comprovada dentro de 30 (trinta) dias após o prazo previsto no parágrafo anterior, independentemente de notificação, mediante pagamento de retribuição específica, sob pena de arquivamento definitivo do pedido.

§ 3.º Reputa-se concedida a patente na data de publicação do respectivo ato.

Art. 39. Da carta-patente deverão constar o número, o título e a natureza respectivos, o nome do inventor, observado o disposto no § 4.º do art. 6.º, a qualificação e o domicílio do titular, o prazo de vigência, o relatório descritivo, as reivindicações e os desenhos, bem como os dados relativos à prioridade.

Seção II
Da vigência da patente

Art. 40. A patente de invenção vigorará pelo prazo de 20 (vinte) anos e a de modelo de utilidade pelo prazo de 15 (quinze) anos contados da data de depósito.

• *Vide* art. 43, VII, desta Lei.

Parágrafo único (*Revogado pela Lei n. 14.195, de 26-8-2021.*)

Capítulo V
DA PROTEÇÃO CONFERIDA PELA PATENTE

Seção I
Dos Direitos

Art. 41. A extensão da proteção conferida pela patente será determinada pelo teor das reivindicações, interpretado com base no relatório descritivo e nos desenhos.

Art. 42. A patente confere ao seu titular o direito de impedir terceiro, sem o seu consentimento, de produzir, usar, colocar à venda, vender ou importar com estes propósitos:

I – produto objeto de patente;

II – processo ou produto obtido diretamente por processo patenteado.

§ 1.º Ao titular da patente é assegurado ainda o direito de impedir que terceiros contribuam para que outros pratiquem os atos referidos neste artigo.

§ 2.º Ocorrerá violação de direito da patente de processo, a que se refere o inciso II, quando o possuidor ou proprietário não comprovar, mediante determinação judicial específica, que o seu produto foi obtido por processo de fabricação diverso daquele protegido pela patente.

Art. 43. O disposto no artigo anterior não se aplica:

I – aos atos praticados por terceiros não autorizados, em caráter privado e sem finalidade comercial, desde que não acarretem prejuízo ao interesse econômico do titular da patente;

II – aos atos praticados por terceiros não autorizados, com finalidade experimental, relacionados a estudos ou pesquisas científicas ou tecnológicas;

III – à preparação de medicamento de acordo com prescrição médica para casos individuais, executada por profissional habilitado, bem como ao medicamento assim preparado;

IV – a produto fabricado de acordo com patente de processo ou de produto que tiver sido colocado no mercado interno diretamente pelo titular da patente ou com seu consentimento;

V – a terceiros que, no caso de patentes relacionadas com matéria viva, utilizem, sem finalidade econômica, o produto patenteado como fonte inicial de variação ou propagação para obter outros produtos;

VI – a terceiros que, no caso de patentes relacionadas com matéria viva, utilizem, ponham em circulação ou comercializem um produto patenteado que haja sido introduzido licitamente no comércio pelo detentor da patente ou por detentor de licença, desde que o produto patenteado não seja utilizado para multiplicação ou propagação comercial da matéria viva em causa;

VII – aos atos praticados por terceiros não autorizados, relacionados à invenção protegida por patente, destinados exclusivamente à produção de informações, dados e resultados de testes, visando à obtenção do registro de comercialização, no Brasil ou em outro país, para a exploração e comercialização do produto objeto da patente, após a expiração dos prazos estipulados no art. 40.

•• Inciso VII acrescentado pela Lei n. 10.196, de 14-2-2001.

Art. 44. Ao titular da patente é assegurado o direito de obter indenização pela exploração indevida de seu objeto, inclusive em relação à exploração ocorrida entre a data da publicação do pedido e a da concessão da patente.

§ 1.º Se o infrator obteve, por qualquer meio, conhecimento do conteúdo do pedido depositado, anteriormente à publicação, contar-se-á o período da exploração indevida para efeito da indenização a partir da data de início da exploração.

§ 2.º Quando o objeto do pedido de patente se referir a material biológico, depositado na forma do parágrafo único do art. 24, o direito à indenização será somente conferido quando o material biológico se tiver tornado acessível ao público.

§ 3.º O direito de obter indenização por exploração indevida, inclusive com relação ao período anterior à concessão da patente, está limitado ao conteúdo do seu objeto, na forma do art. 41.

Seção II
Do usuário anterior

Art. 45. À pessoa de boa-fé que, antes da data de depósito ou de prioridade de pedido de patente, explorava seu objeto no País, será assegurado o direito de continuar a exploração, sem ônus, na forma e condição anteriores.

§ 1.º O direito conferido na forma deste artigo só poderá ser cedido juntamente com o negócio ou empresa, ou parte desta que tenha direta relação com a exploração do objeto da patente, por alienação ou arrendamento.

§ 2.º O direito de que trata este artigo não será assegurado a pessoa que tenha tido conhecimento do objeto da patente através de divulgação na forma do art. 12, desde que o pedido tenha sido depositado no prazo de 1 (um) ano, contado da divulgação.

Capítulo VI
DA NULIDADE DA PATENTE

Seção I
Das disposições gerais

Art. 46. É nula a patente concedida contrariando as disposições desta Lei.

Art. 47. A nulidade poderá não incidir sobre todas as reivindicações, sendo condição para a nulidade parcial o fato de as reivindicações subsistentes constituírem matéria patenteável por si mesmas.

Art. 48. A nulidade da patente produzirá efeitos a partir da data do depósito do pedido.

Art. 49. No caso de inobservância do disposto no art. 6.º, o inventor poderá, alternativamente, reivindicar, em ação judicial, a adjudicação da patente.

Seção II
Do processo administrativo de nulidade

Art. 50. A nulidade da patente será declarada administrativamente quando:

I – não tiver sido atendido qualquer dos requisitos legais;

II – o relatório e as reivindicações não atenderem ao disposto nos arts. 24 e 25, respectivamente;

III – o objeto da patente se estenda além do conteúdo do pedido originalmente depositado; ou

IV – no seu processamento, tiver sido omitida qualquer das formalidades essenciais, indispensáveis à concessão.

Art. 51. O processo de nulidade poderá ser instaurado de ofício ou mediante requerimento de qualquer pessoa com legítimo interesse, no prazo de 6 (seis) meses contados da concessão da patente.

Parágrafo único. O processo de nulidade prosseguirá ainda que extinta a patente.

Art. 52. O titular será intimado para se manifestar no prazo de 60 (sessenta) dias.

Art. 53. Havendo ou não manifestação, decorrido o prazo fixado no artigo anterior, o INPI emitirá parecer, intimando o titular e o requerente para se manifestarem no prazo comum de 60 (sessenta) dias.

Art. 54. Decorrido o prazo fixado no artigo anterior, mesmo que não apresentadas as manifestações, o processo será decidido pelo Presidente do INPI, encerrando-se a instância administrativa.

Art. 55. Aplicam-se, no que couber, aos certificados de adição, as disposições desta Seção.

Seção III
Da ação de nulidade

Art. 56. A ação de nulidade poderá ser proposta a qualquer tempo da vigência da patente, pelo INPI ou por qualquer pessoa com legítimo interesse.

§ 1.º A nulidade da patente poderá ser arguida, a qualquer tempo, como matéria de defesa.

§ 2.º O juiz poderá, preventiva ou incidentalmente, determinar a suspensão dos efeitos da patente, atendidos os requisitos processuais próprios.

Art. 57. A ação de nulidade de patente será ajuizada no foro da Justiça Federal e o INPI, quando não for autor, intervirá no feito.

§ 1.º O prazo para resposta do réu titular da patente será de 60 (sessenta) dias.

§ 2.º Transitada em julgado a decisão da ação de nulidade, o INPI publicará anotação, para ciência de terceiros.

Capítulo VII
DA CESSÃO E DAS ANOTAÇÕES

Art. 58. O pedido de patente ou a patente, ambos de conteúdo indivisível, poderão ser cedidos, total ou parcialmente.

Art. 59. O INPI fará as seguintes anotações:

I – da cessão, fazendo constar a qualificação completa do cessionário;

II – de qualquer limitação ou ônus que recaia sobre o pedido ou a patente; e

III – das alterações de nome, sede ou endereço do depositante ou titular.

Art. 60. As anotações produzirão efeito em relação a terceiros a partir da data de sua publicação.

Capítulo VIII
DAS LICENÇAS

Seção I
Da licença voluntária

Art. 61. O titular de patente ou o depositante poderá celebrar contrato de licença para exploração.

Parágrafo único. O licenciado poderá ser investido pelo titular de todos os poderes para agir em defesa da patente.

Art. 62. O contrato de licença deverá ser averbado no INPI para que produza efeitos em relação a terceiros.

§ 1.º A averbação produzirá efeitos em relação a terceiros a partir da data de sua publicação.

§ 2.º Para efeito de validade de prova de uso, o contrato de licença não precisará estar averbado no INPI.

Art. 63. O aperfeiçoamento introduzido em patente licenciada pertence a quem o fizer, sendo assegurado à outra parte contratante o direito de preferência para seu licenciamento.

Seção II
Da oferta de licença

Art. 64. O titular da patente poderá solicitar ao INPI que a coloque em oferta para fins de exploração.

§ 1.º O INPI promoverá a publicação da oferta.

§ 2.º Nenhum contrato de licença voluntária de caráter exclusivo será averbado no INPI sem que o titular tenha desistido da oferta.

§ 3.º A patente sob licença voluntária, com caráter de exclusividade, não poderá ser objeto de oferta.

§ 4.º O titular poderá, a qualquer momento, antes da expressa aceitação de seus termos pelo interessado, desistir da oferta, não se aplicando o disposto no art. 66.

Art. 65. Na falta de acordo entre o titular e o licenciado, as partes poderão requerer ao INPI o arbitramento da remuneração.

§ 1.º Para efeito deste artigo, o INPI observará o disposto no § 4.º do art. 73.

§ 2.º A remuneração poderá ser revista decorrido 1 (um) ano de sua fixação.

Art. 66. A patente em oferta terá sua anuidade reduzida à metade no período compreendido entre o oferecimento e a concessão da primeira licença, a qualquer título.

Art. 67. O titular da patente poderá requerer o cancelamento da licença se o licenciado não der início à exploração efetiva dentro de 1 (um) ano da concessão, interromper a exploração por prazo superior a 1 (um) ano, ou, ainda, se não forem obedecidas as condições para a exploração.

Seção III
Da licença compulsória

Art. 68. O titular ficará sujeito a ter a patente licenciada compulsoriamente se exercer os direitos dela decorrentes de forma abusiva, ou por meio dela praticar abuso de poder econômico, comprovado nos termos da lei, por decisão administrativa ou judicial.

§ 1.º Ensejam, igualmente, licença compulsória:

I – a não exploração do objeto da patente no território brasileiro por falta de fabricação ou fabricação incompleta do produto, ou, ainda, a falta de uso integral do processo patenteado, ressalvados os casos de inviabilidade econômica, quando será admitida a importação; ou

II – a comercialização que não satisfizer às necessidades do mercado.

§ 2.º A licença só poderá ser requerida por pessoa com legítimo interesse e que tenha capacidade técnica e econômica para realizar a exploração eficiente do objeto da patente, que deverá destinar-se, predominantemente, ao mercado interno, extinguindo-se nesse caso a excepcionalidade prevista no inciso I do parágrafo anterior.

§ 3.º No caso de a licença compulsória ser concedida em razão de abuso de poder econômico, ao licenciado, que propõe fabricação local será garantido um prazo, limitado ao estabelecido no art. 74, para proceder à importação do objeto da licença, desde que tenha sido colocado no mercado diretamente pelo titular ou com o seu consentimento.

§ 4.º No caso de importação para exploração de patente e no caso da importação prevista no parágrafo anterior, será igualmente admitida a importação por terceiros de produto fabricado de acordo com patente de processo ou de produto, desde que tenha sido colocado no mercado diretamente pelo titular ou com o seu consentimento.

§ 5.º A licença compulsória de que trata o § 1.º somente será requerida após decorridos 3 (três) anos da concessão da patente.

Art. 69. A licença compulsória não será concedida se, à data do requerimento, o titular:

I – justificar o desuso por razões legítimas;

II – comprovar a realização de sérios e efetivos preparativos para a exploração; ou

III – justificar a falta de fabricação ou comercialização por obstáculo de ordem legal.

Art. 70. A licença compulsória será ainda concedida quando, cumulativamente, se verificarem as seguintes hipóteses:

I – ficar caracterizada situação de dependência de uma patente em relação a outra;

II – o objeto da patente dependente constituir substancial progresso técnico em relação à patente anterior; e

III – o titular não realizar acordo com o titular da patente dependente para exploração da patente anterior.

§ 1.º Para os fins deste artigo considera-se patente dependente aquela cuja exploração depende obrigatoriamente da utilização do objeto de patente anterior.

§ 2.º Para efeito deste artigo, uma patente de processo poderá ser considerada dependente de patente do produto respectivo, bem como uma patente de produto poderá ser dependente de patente de processo.

§ 3.º O titular da patente licenciada na forma deste artigo terá direito a licença compulsória cruzada da patente dependente.

Art. 71. Nos casos de emergência nacional ou internacional ou de interesse público declarados em lei ou em ato do Poder Executivo federal, ou de reconhecimento de estado de calamidade pública de âmbito nacional pelo Congresso Nacional, poderá ser concedida licença compulsória, de ofício, temporária e não exclusiva, para a exploração da patente ou do pedido de patente, sem prejuízo dos direitos do respectivo titular, desde que seu titular ou seu licenciado não atenda a essa necessidade.

•• *Caput* com redação determinada pela Lei n. 14.200, de 2-9-2021.

• O Decreto n. 3.201, de 6-10-1999, dispõe sobre a concessão, de ofício, de licença compulsória nos casos de emergência nacional e de interesse público, conforme determina este artigo.

§ 1.º O ato de concessão da licença estabelecerá seu prazo de vigência e a possibilidade de prorrogação.

•• Parágrafo único renumerado pela Lei n. 14.200, de 2-9-2021.

§ 2.º Nos casos previstos no *caput* deste artigo, o Poder Executivo federal publicará lista de patentes ou de pedidos de patente, não aplicável o prazo de sigilo previsto no art. 30 desta Lei, potencialmente úteis ao enfrentamento das situações previstas no *caput* deste artigo, no prazo de até 30 (trinta) dias após a data de publicação da declaração de emergência ou de interesse público, ou do reconhecimento de estado de calamidade pública, excluídos as patentes e os pedidos de patente que forem objetos de acordos de transferência da tecnologia de produção ou de licenciamento voluntário capazes de assegurar o atendimento da demanda interna, nos termos previstos em regulamento.

•• § 2.º acrescentado pela Lei n. 14.200, de 2-9-2021.

§ 3.º Entes públicos, instituições de ensino e pesquisa e outras entidades representativas da sociedade e do setor produtivo deverão ser consultados no processo de elaboração da lista de patentes ou de pedidos de patente que poderão ser objeto de licença compulsória, nos termos previstos em regulamento.

•• § 3.º acrescentado pela Lei n. 14.200, de 2-9-2021.

§ 4.º Qualquer instituição pública ou privada poderá apresentar pedido para inclusão de patente ou de pedido de patente na lista referida no § 2.º deste artigo.

•• § 4.º acrescentado pela Lei n. 14.200, de 2-9-2021.

§ 5.º A lista referida no § 2.º deste artigo conterá informações e dados suficientes para permitir a análise individualizada acerca da utilidade de cada patente e pedido de patente e contemplará, pelo menos:

•• § 5.º, *caput*, acrescentado pela Lei n. 14.200, de 2-9-2021.

I – o número individualizado das patentes ou dos pedidos de patente que poderão ser objeto de licença compulsória;

•• Inciso I acrescentado pela Lei n. 14.200, de 2-9-2021.

II – a identificação dos respectivos titulares;

•• Inciso II acrescentado pela Lei n. 14.200, de 2-9-2021.

III – a especificação dos objetivos para os quais será autorizado cada licenciamento compulsório.

•• Inciso III acrescentado pela Lei n. 14.200, de 2-9-2021.

§ 6.º A partir da lista publicada nos termos do § 2.º deste artigo, o Poder Executivo realizará, no prazo de 30 (trinta) dias, prorrogável por igual período, a avaliação individualizada das invenções e modelos de utilidade listados e somente concederá a licença compulsória, de forma não exclusiva, para produtores que possuam capacidade técnica e econômica comprovada para a produção do objeto da patente ou do pedido de patente, desde que conclua pela sua utilidade no enfrentamento da situação que a fundamenta.

•• § 6.º acrescentado pela Lei n. 14.200, de 2-9-2021.

§ 7.º Patentes ou pedidos de patente que ainda não tiverem sido objeto de licença compulsória poderão ser excluídos da lista referida no § 2.º deste artigo nos casos em que a autoridade competente definida pelo Poder Executivo considerar que seus titulares assumiram compromissos objetivos capazes de assegurar o atendimento da demanda interna em condições de volume, de preço e de prazo compatíveis com as necessidades de emergência nacional ou internacional, de interesse público ou de estado de calamidade pública de âmbito nacional por meio de uma ou mais das seguintes alternativas:

•• § 7.º, *caput*, acrescentado pela Lei n. 14.200, de 2-9-2021.

I – exploração direta da patente ou do pedido de patente no País;

•• Inciso I acrescentado pela Lei n. 14.200, de 2-9-2021.

II – licenciamento voluntário da patente ou do pedido de patente; ou

•• Inciso II acrescentado pela Lei n. 14.200, de 2-9-2021.

III – contratos transparentes de venda de produto associado à patente ou ao pedido de patente.

•• Inciso III acrescentado pela Lei n. 14.200, de 2-9-2021.

§ 8.º (*Vetado.*)

•• § 8.º acrescentado pela Lei n. 14.200, de 2-9-2021.

§ 9.º (*Vetado.*)

•• § 9.º acrescentado pela Lei n. 14.200, de 2-9-2021.

§ 10. (*Vetado.*)

•• § 10 acrescentado pela Lei n. 14.200, de 2-9-2021.

§ 11. As instituições públicas que possuírem informações, dados e documentos relacionados com o objeto da patente ou do pedido de patente ficam obrigadas a compartilhar todos os elementos úteis à reprodução do objeto licenciado, não aplicáveis, nesse caso, as normas relativas à proteção de dados nem o disposto no inciso XIV do *caput* do art. 195 desta Lei.

•• § 11 acrescentado pela Lei n. 14.200, de 2-9-2021.

§ 12. No arbitramento da remuneração do titular da patente ou do pedido de patente, serão consideradas as circunstâncias de cada caso, observados, obrigatoriamente, o valor econômico da licença concedida, a duração da licença e as estimativas de investimentos necessários para sua exploração, bem como os custos de produção e o preço de venda no mercado nacional do produto a ela associado.

•• § 12 acrescentado pela Lei n. 14.200, de 2-9-2021.

§ 13. A remuneração do titular da patente ou do pedido de patente objeto de licença compulsória será fixada em 1,5% (um inteiro e cinco décimos por cento) sobre o preço líquido de venda do produto a ela associado até que seu valor venha a ser efetivamente estabelecido.

•• § 13 acrescentado pela Lei n. 14.200, de 2-9-2021.

§ 14. A remuneração do titular do pedido de patente objeto de licença compulsória somente será devida caso a patente venha a ser concedida, e o pagamento, correspondente a todo o período da licença, deverá ser efetivado somente após a concessão da patente.

•• § 14 acrescentado pela Lei n. 14.200, de 2-9-2021.

§ 15. A autoridade competente dará prioridade à análise dos pedidos de patente que forem objeto de licença compulsória.

•• § 15 acrescentado pela Lei n. 14.200, de 2-9-2021.

§ 16. Os produtos que estiverem sujeitos ao regime de vigilância sanitária deverão observar todos os requisitos previstos na legislação sanitária e somente poderão ser comercializados após a concessão de autorização, de forma definitiva ou para uso em caráter emergencial, pela autoridade sanitária federal, nos termos previstos em regulamento.

•• § 16 acrescentado pela Lei n. 14.200, de 2-9-2021.

§ 17. (*Vetado.*)

•• § 17 acrescentado pela Lei n. 14.200, de 2-9-2021.

§ 18. Independentemente da concessão de licença compulsória, o poder público dará prioridade à celebração de acordos de cooperação técnica e de contratos com o titular da patente para a aquisição da tecnologia produtiva e de seu processo de transferência.

•• § 18 acrescentado pela Lei n. 14.200, de 2-9-2021.

Art. 71-A. Poderá ser concedida, por razões humanitárias e nos termos de tratado internacional do qual a República Federativa do Brasil seja parte, licença compulsória de patentes de produtos destinados à exportação a países com insuficiente ou nenhuma capacidade de fabricação no setor farmacêutico para atendimento de sua população.

•• Artigo acrescentado pela Lei n. 14.200, de 2-9-2021.

Art. 72. As licenças compulsórias serão sempre concedidas sem exclusividade, não se admitindo o sublicenciamento.

Art. 73. O pedido de licença compulsória deverá ser formulado mediante indicação das condições oferecidas ao titular da patente.

§ 1.º Apresentado o pedido de licença, o titular será intimado para manifestar-se no prazo de 60 (sessenta) dias, findo o qual, sem manifestação do titular, será considerada aceita a proposta nas condições oferecidas.

§ 2.º O requerente de licença que invocar abuso de direitos patentários ou abuso de poder econômico deverá juntar documentação que o comprove.

§ 3.º No caso de a licença compulsória ser requerida com fundamento na falta de exploração, caberá ao titular da patente comprovar a exploração.

§ 4.º Havendo contestação, o INPI poderá realizar as necessárias diligências, bem como designar comissão, que poderá incluir especialistas não integrantes dos quadros da autarquia, visando arbitrar a remuneração que será paga ao titular.

§ 5.º Os órgãos e entidades da administração pública direta ou indireta, federal, estadual e municipal, prestarão ao INPI as informações solicitadas com o objetivo de subsidiar o arbitramento da remuneração.

§ 6.º No arbitramento da remuneração, serão consideradas as circunstâncias de cada caso, levando-se em conta, obrigatoriamente, o valor econômico da licença concedida.

§ 7.º Instruído o processo, o INPI decidirá sobre a concessão e condições da licença compulsória no prazo de 60 (sessenta) dias.

§ 8.º O recurso da decisão que conceder a licença compulsória não terá efeito suspensivo.

Art. 74. Salvo razões, legítimas, o licenciado deverá iniciar a exploração do objeto da patente no prazo de 1 (um) ano da concessão da licença, admitida a interrupção por igual prazo.

§ 1.º O titular poderá requerer a cassação da licença quando não cumprido o disposto neste artigo.

§ 2.º O licenciado ficará investido de todos os poderes para agir em defesa da patente.

§ 3.º Após a concessão da licença compulsória, somente será admitida a sua cessão quando realizada conjuntamente com a cessão, alienação ou arrendamento da parte do empreendimento que a explore.

Capítulo IX

DA PATENTE DE INTERESSE DA DEFESA NACIONAL

Art. 75. O pedido de patente originário do Brasil cujo objeto interesse à defesa nacional será processado em caráter sigiloso e não estará sujeito às publicações previstas nesta Lei.

•• Artigo regulamentado pelo Decreto n. 2.553, de 16-4-1998.

§ 1.º O INPI encaminhará o pedido, de imediato, ao órgão competente do Poder Executivo para, no prazo de 60 (sessenta) dias, manifestar-se sobre o caráter sigiloso. Decorrido o prazo sem a manifestação do órgão competente, o pedido será processado normalmente.

§ 2.º É vedado o depósito no exterior de pedido de patente cujo objeto tenha sido considerado de interesse da defesa nacional, bem como qualquer divulgação do mesmo, salvo expressa autorização do órgão competente.

§ 3.º A exploração e a cessão do pedido ou da patente de interesse da defesa nacional estão condicionadas à prévia autorização do órgão competente, assegurada indenização sempre que houver restrição dos direitos do depositante ou do titular.

Capítulo X

DO CERTIFICADO DE ADIÇÃO DE INVENÇÃO

Art. 76. O depositante do pedido ou titular de patente de invenção poderá requerer, mediante pagamento de retribuição específica, certificado de adição para proteger aperfeiçoamento ou desenvolvimento introduzido no objeto da invenção, mesmo que destituído de atividade inventiva, desde que a matéria se inclua no mesmo conceito inventivo.

§ 1.º Quando tiver ocorrido a publicação do pedido principal, o pedido de certificado de adição será imediatamente publicado.

§ 2.º O exame do pedido de certificado de adição obedecerá ao disposto nos arts. 30 a 37, ressalvado o disposto no parágrafo anterior.

§ 3.º O pedido de certificado de adição será indeferido se o seu objeto não apresentar o mesmo conceito inventivo.

§ 4.º O depositante poderá, no prazo do recurso, requerer a transformação do pedido de certificado de adição em pedido de patente, beneficiando-se da data de depósito do pedido de certificado, mediante pagamento das retribuições cabíveis.

Art. 77. O certificado de adição é acessório da patente, tem a data final de vigência desta e acompanha-a para todos os efeitos legais.

Parágrafo único. No processo de nulidade, o titular poderá requerer que a matéria contida no certificado de adição seja analisada para se verificar a possibilidade de sua subsistência sem prejuízo do prazo de vigência da patente.

Capítulo XI

DA EXTINÇÃO DA PATENTE

Art. 78. A patente extingue-se:

I – pela expiração do prazo de vigência;

II – pela renúncia de seu titular, ressalvado o direito de terceiros;

III – pela caducidade;

IV – pela falta de pagamento da retribuição anual, nos prazos previstos no § 2.º do art. 84 e no art. 87; e

V – pela inobservância do disposto no art. 217.

Parágrafo único. Extinta a patente, o seu objeto cai em domínio público.

Art. 79. A renúncia só será admitida se não prejudicar direitos de terceiros.

Art. 80. Caducará a patente, de ofício ou a requerimento de qualquer pessoa com legítimo interesse, se, decorridos 2 (dois) anos da concessão da primeira licença compulsória, esse prazo não tiver sido suficiente para prevenir ou sanar o abuso ou desuso, salvo motivos justificáveis.

§ 1.º A patente caducará quando, na data do requerimento da caducidade ou da instauração de ofício do respectivo processo, não tiver sido iniciada a exploração.

§ 2.º No processo de caducidade instaurado a requerimento, o INPI poderá prosseguir se houver desistência do requerente.

Art. 81. O titular será intimado mediante publicação para se manifestar, no prazo de 60 (sessenta) dias, cabendo-lhe o ônus da prova quanto à exploração.

Art. 82. A decisão será proferida dentro de 60 (sessenta) dias, contados do término do prazo mencionado no artigo anterior.

Art. 83. A decisão da caducidade produzirá efeitos a partir da data do requerimento ou da publicação da instauração de ofício do processo.

Capítulo XII

DA RETRIBUIÇÃO ANUAL

Art. 84. O depositante do pedido e o titular da patente estão sujeitos ao pagamento de retribuição anual, a partir do início do terceiro ano da data do depósito.

§ 1.º O pagamento antecipado da retribuição anual será regulado pelo INPI.

§ 2.º O pagamento deverá ser efetuado dentro dos primeiros 3 (três) meses de cada período anual, podendo, ainda, ser feito, independente de notificação, dentro dos 6 (seis) meses subsequentes, mediante pagamento de retribuição adicional.

Art. 85. O disposto no artigo anterior aplica-se aos pedidos internacionais depositados em virtude de tratado em vigor no Brasil, devendo o pagamento das retribuições anuais vencidas antes da data da entrada no processamento nacional ser efetuado no prazo de 3 (três) meses dessa data.

Art. 86. A falta de pagamento da retribuição anual, nos termos dos arts. 84 e 85, acarretará o arquivamento do pedido ou a extinção da patente.

Capítulo XIII

DA RESTAURAÇÃO

Art. 87. O pedido de patente e a patente poderão ser restaurados, se o depositante ou o titular assim o requerer, dentro de 3

(três) meses, contados da notificação do arquivamento do pedido ou da extinção da patente, mediante pagamento de retribuição específica.

Capítulo XIV
DA INVENÇÃO E DO MODELO DE UTILIDADE REALIZADO POR EMPREGADO OU PRESTADOR DE SERVIÇO

•• Capítulo regulamentado pelo Decreto n. 2.553, de 16-4-1998.

Art. 88. A invenção e o modelo de utilidade pertencem exclusivamente ao empregador quando decorrerem de contrato de trabalho cuja execução ocorra no Brasil e que tenha por objeto a pesquisa ou a atividade inventiva, ou resulte esta da natureza dos serviços para os quais foi o empregado contratado.

§ 1.º Salvo expressa disposição contratual em contrário, a retribuição pelo trabalho a que se refere este artigo limita-se ao salário ajustado.

§ 2.º Salvo prova em contrário, consideram-se desenvolvidos na vigência do contrato a invenção ou o modelo de utilidade, cuja patente seja requerida pelo empregado até 1 (um) ano após a extinção do vínculo empregatício.

Art. 89. O empregador, titular da patente, poderá conceder ao empregado, autor de invento ou aperfeiçoamento, participação nos ganhos econômicos resultantes da exploração da patente, mediante negociação com o interessado ou conforme disposto em norma da empresa.

Parágrafo único. A participação referida neste artigo não se incorpora, a qualquer título, ao salário do empregado.

Art. 90. Pertencerá exclusivamente ao empregado a invenção ou o modelo de utilidade por ele desenvolvido, desde que desvinculado do contrato de trabalho e não decorrente da utilização de recursos, meios, dados, materiais, instalações ou equipamentos do empregador.

Art. 91. A propriedade de invenção ou de modelo de utilidade será comum, em partes iguais, quando resultar da contribuição pessoal do empregado e de recursos, dados, meios, materiais, instalações ou equipamentos do empregador, ressalvada expressa disposição contratual em contrário.

§ 1.º Sendo mais de um empregado, a parte que lhes couber será dividida igualmente entre todos, salvo ajuste em contrário.

§ 2.º É garantido ao empregador o direito exclusivo de licença de exploração e assegurada ao empregado a justa remuneração.

§ 3.º A exploração do objeto da patente, na falta de acordo, deverá ser iniciada pelo empregador dentro do prazo de 1 (um) ano, contado da data de sua concessão, sob pena de passar à exclusiva propriedade do empregado a titularidade da patente, ressalvadas as hipóteses de falta de exploração por razões legítimas.

§ 4.º No caso de cessão, qualquer dos cotitulares, em igualdade de condições, poderá exercer o direito de preferência.

Art. 92. O disposto nos artigos anteriores aplica-se, no que couber, às relações entre o trabalhador autônomo ou o estagiário e a empresa contratante e entre empresas contratantes e contratadas.

Art. 93. Aplica-se o disposto neste Capítulo, no que couber, às entidades da Administração Pública, direta, indireta e fundacional, federal, estadual ou municipal.

Parágrafo único. Na hipótese do art. 88, será assegurada ao inventor, na forma e condições previstas no estatuto ou regimento interno da entidade a que se refere este artigo, premiação de parcela no valor das vantagens auferidas com o pedido ou com a patente, a título de incentivo.

Título II
DOS DESENHOS INDUSTRIAIS

Capítulo I
DA TITULARIDADE

Art. 94. Ao autor será assegurado o direito de obter registro de desenho industrial que lhe confira a propriedade, nas condições estabelecidas nesta Lei.

Parágrafo único. Aplicam-se ao registro de desenho industrial, no que couber, as disposições dos arts. 6.º e 7.º.

Capítulo II
DA REGISTRABILIDADE

Seção I
Dos desenhos industriais registráveis

Art. 95. Considera-se desenho industrial a forma plástica ornamental de um objeto ou o conjunto ornamental de linhas e cores que possa ser aplicado a um produto, proporcionando resultado visual novo e original na sua configuração externa e que possa servir de tipo de fabricação industrial.

Art. 96. O desenho industrial é considerado novo quando não compreendido no estado da técnica.

§ 1.º O estado da técnica é constituído por tudo aquilo tornado acessível ao público antes da data de depósito do pedido, no Brasil ou no exterior, por uso ou qualquer outro meio, ressalvado o disposto no § 3.º deste artigo e no art. 99.

§ 2.º Para aferição unicamente da novidade, o conteúdo completo de pedido de patente ou de registro depositado no Brasil, e ainda não publicado, será considerado como incluído no estado da técnica a partir da data de depósito, ou da prioridade reivindicada, desde que venha a ser publicado, mesmo que subsequentemente.

§ 3.º Não será considerado como incluído no estado da técnica o desenho industrial cuja divulgação tenha ocorrido durante os 180 (cento e oitenta) dias que precederem a data do depósito ou a da prioridade reivindicada, se promovida nas situações previstas nos incisos I a III do art. 12.

Art. 97. O desenho industrial é considerado original quando dele resulte uma configuração visual distintiva, em relação a outros objetos anteriores.

Parágrafo único. O resultado visual original poderá ser decorrente da combinação de elementos conhecidos.

Art. 98. Não se considera desenho industrial qualquer obra de caráter puramente artístico.

Seção II
Da prioridade

Art. 99. Aplicam-se ao pedido de registro, no que couber, as disposições do art. 16, exceto o prazo previsto no seu § 3.º, que será de 90 (noventa) dias.

Seção III
Dos desenhos industriais não registráveis

Art. 100. Não é registrável como desenho industrial:

I – o que for contrário à moral e aos bons costumes ou que ofenda a honra ou imagem de pessoas, ou atente contra liberdade de consciência, crença, culto religioso ou ideia e sentimentos dignos de respeito e veneração;

II – a forma necessária comum ou vulgar do objeto ou, ainda, aquela determinada essencialmente por considerações técnicas ou funcionais.

Capítulo III
DO PEDIDO DE REGISTRO

Seção I
Do depósito do pedido

Art. 101. O pedido de registro, nas condições estabelecidas pelo INPI, conterá:

I – requerimento;

II – relatório descritivo, se for o caso;

III – reivindicações, se for o caso;

IV – desenhos ou fotografias;

V – campo de aplicação do objeto; e

VI – comprovante do pagamento da retribuição relativa ao depósito.

Parágrafo único. Os documentos que integram o pedido de registro deverão ser apresentados em língua portuguesa.

Art. 102. Apresentado o pedido, será ele submetido a exame formal preliminar e, se devidamente instruído, será protocolizado, considerada a data do depósito a da sua apresentação.

Art. 103. O pedido que não atender formalmente ao disposto no art. 101, mas que contiver dados suficientes relativos ao depositante, ao desenho industrial e ao autor, poderá ser entregue, mediante recibo datado, ao INPI, que estabelecerá as exigências a serem cumpridas, em 5 (cinco) dias, sob pena de ser considerado inexistente.

Parágrafo único. Cumpridas as exigências, o depósito será considerado como efetuado na data da apresentação do pedido.

Seção II
Das condições do pedido

Art. 104. O pedido de registro de desenho industrial terá que se referir a um único objeto, permitida uma pluralidade de variações, desde que se destinem ao mesmo propósito e guardem entre si a mesma característica distintiva preponderante, limitado cada pedido ao máximo de 20 (vinte) variações.

Parágrafo único. O desenho deverá representar clara e suficientemente o objeto e suas variações, se houver, de modo a possibilitar sua reprodução por técnico no assunto.

Art. 105. Se solicitado o sigilo na forma do § 1.º do art. 106, poderá o pedido ser retirado em até 90 (noventa) dias contados da data do depósito.

Parágrafo único. A retirada de um depósito anterior sem produção de qualquer efeito dará prioridade ao depósito imediatamente posterior.

Seção III
Do processo e do exame do pedido

Art. 106. Depositado o pedido de registro de desenho industrial e observado o disposto nos arts. 100, 101 e 104, será automaticamente publicado e simultaneamente concedido o registro, expedindo-se o respectivo certificado.

§ 1.º A requerimento do depositante, por ocasião do depósito, poderá ser mantido em sigilo o pedido, pelo prazo de 180 (cento e oitenta) dias contados da data do depósito, após o que será processado.

§ 2.º Se o depositante se beneficiar do disposto no art. 99, aguardar-se-á a apresentação do documento de prioridade para o processamento do pedido.

§ 3.º Não atendido o disposto nos arts. 101 e 104, será formulada exigência, que deverá ser respondida em 60 (sessenta) dias, sob pena de arquivamento definitivo.

§ 4.º Não atendido o disposto no art. 100, o pedido de registro será indeferido.

Capítulo IV
DA CONCESSÃO E DA VIGÊNCIA DO REGISTRO

Art. 107. Do certificado deverão constar o número e o título, nome do autor – observado o disposto no § 4.º do art. 6.º, o nome, a nacionalidade e o domicílio do titular, o prazo de vigência, os desenhos, os dados relativos à prioridade estrangeira, e, quando houver, relatório descritivo e reivindicações.

Art. 108. O registro vigorará pelo prazo de 10 (dez) anos contados da data do depósito, prorrogável por 3 (três) períodos sucessivos de 5 (cinco) anos cada.

§ 1.º O pedido de prorrogação deverá ser formulado durante o último ano de vigência do registro, instruído com o comprovante do pagamento da respectiva retribuição.

§ 2.º Se o pedido de prorrogação não tiver sido formulado até o termo final da vigência do registro, o titular poderá fazê-lo nos 180 (cento e oitenta) dias subsequentes, mediante o pagamento de retribuição adicional.

Capítulo V
DA PROTEÇÃO CONFERIDA PELO REGISTRO

Art. 109. A propriedade do desenho industrial adquire-se pelo registro validamente concedido.

Parágrafo único. Aplicam-se ao registro do desenho industrial, no que couber, as disposições do art. 42 e dos incisos I, II e IV do art. 43.

Art. 110. À pessoa que, de boa-fé, antes da data do depósito ou da prioridade do pedido de registro explorava seu objeto no País, será assegurado o direito de continuar a exploração, sem ônus, na forma e condição anteriores.

§ 1.º O direito conferido na forma deste artigo só poderá ser cedido juntamente com o negócio ou empresa, ou parte deste, que tenha direta relação com a exploração do objeto do registro, por alienação ou arrendamento.

§ 2.º O direito de que trata este artigo não será assegurado a pessoa que tenha tido conhecimento do objeto do registro através de divulgação nos termos do § 3.º do art. 96, desde que o pedido tenha sido depositado no prazo de 6 (seis) meses contados da divulgação.

Capítulo VI
DO EXAME DE MÉRITO

Art. 111. O titular do desenho industrial poderá requerer o exame do objeto do registro, a qualquer tempo da vigência, quanto aos aspectos de novidade e de originalidade.

Parágrafo único. O INPI emitirá parecer de mérito, que, se concluir pela ausência de pelo menos um dos requisitos definidos nos arts. 95 a 98, servirá de fundamento para instauração de ofício de processo de nulidade do registro.

Capítulo VII
DA NULIDADE DO REGISTRO

Seção I
Das disposições gerais

Art. 112. É nulo o registro concedido em desacordo com as disposições desta Lei.

§ 1.º A nulidade do registro produzirá efeitos a partir da data do depósito do pedido.

§ 2.º No caso de inobservância do disposto no art. 94, o autor poderá, alternativamente, reivindicar a adjudicação do registro.

Seção II
Do processo administrativo de nulidade

Art. 113. A nulidade do registro será declarada administrativamente quando tiver sido concedido com infringência dos arts. 94 a 98.

§ 1.º O processo de nulidade poderá ser instaurado de ofício ou mediante requerimento de qualquer pessoa com legítimo interesse, no prazo de 5 (cinco) anos contados da concessão do registro, ressalvada a hipótese prevista no parágrafo único do art. 111.

§ 2.º O requerimento ou a instauração de ofício suspenderá os efeitos da concessão do registro se apresentada ou publicada no prazo de 60 (sessenta) dias da concessão.

Art. 114. O titular será intimado para se manifestar no prazo de 60 (sessenta) dias contados da data da publicação.

Art. 115. Havendo ou não manifestação, decorrido o prazo fixado no artigo anterior, o INPI emitirá parecer, intimando o titular e o requerente para se manifestarem no prazo comum de 60 (sessenta) dias.

Art. 116. Decorrido o prazo fixado no artigo anterior, mesmo que não apresentadas as manifestações, o processo será decidido pelo Presidente do INPI, encerrando-se a instância administrativa.

Art. 117. O processo de nulidade prosseguirá, ainda que extinto o registro.

Seção III
Da ação de nulidade

Art. 118. Aplicam-se à ação de nulidade de registro de desenho industrial, no que couber, as disposições dos arts. 56 e 57.

Capítulo VIII
DA EXTINÇÃO DO REGISTRO

Art. 119. O registro extingue-se:

I – pela expiração do prazo de vigência;

II – pela renúncia de seu titular, ressalvado o direito de terceiros;

III – pela falta de pagamento da retribuição prevista nos arts. 108 e 120; ou

IV – pela inobservância do disposto no art. 217.

Capítulo IX
DA RETRIBUIÇÃO QUINQUENAL

Art. 120. O titular do registro está sujeito ao pagamento de retribuição quinquenal, a partir do segundo quinquênio da data do depósito.

§ 1.º O pagamento do segundo quinquênio será feito durante o 5.º (quinto) ano da vigência do registro.

§ 2.º O pagamento dos demais quinquênios será apresentado junto com o pedido de prorrogação a que se refere o art. 108.

§ 3.º O pagamento dos quinquênios poderá ainda ser efetuado dentro dos 6 (seis) meses subsequentes ao prazo estabelecido no parágrafo anterior, mediante pagamento de retribuição adicional.

Capítulo X
DAS DISPOSIÇÕES FINAIS

Art. 121. As disposições dos arts. 58 a 63 aplicam-se, no que couber, à matéria de que trata o presente Título, disciplinando-se o direito do empregado ou prestador de serviços pelas disposições dos arts. 88 a 93.

Título III
DAS MARCAS

Capítulo I
DA REGISTRABILIDADE

Seção I
Dos Sinais registráveis como marca

Art. 122. São suscetíveis de registro como marca os sinais distintivos visualmente perceptíveis, não compreendidos nas proibições legais.

Art. 123. Para os efeitos desta Lei, considera-se:

I – marca de produto ou serviço: aquela usada para distinguir produto ou serviço de outro idêntico, semelhante ou afim, de origem diversa;

II – marca de certificação: aquela usada para atestar a conformidade de um produto ou serviço com determinadas normas ou especificações técnicas, notadamente quanto à qualidade, natureza, material utilizado e metodologia empregada; e

III – marca coletiva: aquela usada para identificar produtos ou serviços provindos de membros de uma determinada entidade.

Seção II
Dos sinais Não registráveis como marca

Art. 124. Não são registráveis como marca:

I – brasão, armas, medalha, bandeira, emblema, distintivo e monumento oficiais, públicos, nacionais, estrangeiros ou internacionais, bem como a respectiva designação, figura ou imitação;

II – letra, algarismo e data, isoladamente, salvo quando revestidos de suficiente forma distintiva;

III – expressão, figura, desenho ou qualquer outro sinal contrário à moral e aos bons costumes ou que ofenda a honra ou imagem de pessoas ou atente contra liberdade de consciência, crença, culto religioso ou ideia e sentimento dignos de respeito e veneração;

IV – designação ou sigla de entidade ou órgão público, quando não requerido o registro pela própria entidade ou órgão público;

V – reprodução ou imitação de elemento característico ou diferenciador de título de estabelecimento ou nome de empresa de terceiros, suscetível de causar confusão ou associação com estes sinais distintivos;

• *Vide* arts. 1.155 a 1.168 (nome empresarial) do CC.

VI – sinal de caráter genérico, necessário, comum, vulgar ou simplesmente descritivo, quando tiver relação com o produto ou serviço a distinguir, ou aquele empregado comumente para designar uma característica do produto ou serviço, quanto à natureza, nacionalidade, peso, valor, qualidade e época de produção ou de prestação do serviço, salvo quando revestidos de suficiente forma distintiva;

VII – sinal ou expressão empregada apenas como meio de propaganda;

VIII – cores e suas denominações, salvo se dispostas ou combinadas de modo peculiar e distintivo;

IX – indicação geográfica, sua imitação suscetível de causar confusão ou sinal que possa falsamente induzir indicação geográfica;

X – sinal que induza a falsa indicação quanto à origem, procedência, natureza, qualidade ou utilidade do produto ou serviço a que a marca se destina;

XI – reprodução ou imitação de cunho oficial, regularmente adotada para garantia de padrão de qualquer gênero ou natureza;

XII – reprodução ou imitação de sinal que tenha sido registrado como marca coletiva ou de certificação por terceiro, observado o disposto no art. 154;

XIII – nome, prêmio ou símbolo de evento esportivo, artístico, cultural, social, político, econômico ou técnico, oficial ou oficialmente reconhecido, bem como a imitação suscetível de criar confusão, salvo quando autorizados pela autoridade competente ou entidade promotora do evento;

XIV – reprodução ou imitação de título, apólice, moeda e cédula da União, dos Estados, do Distrito Federal, dos Territórios, dos Municípios, ou de país;

XV – nome civil ou sua assinatura, nome de família ou patronímico e imagem de terceiros, salvo com consentimento do titular, herdeiros ou sucessores;

XVI – pseudônimo ou apelido notoriamente conhecidos, nome artístico singular ou coletivo, salvo com consentimento do titular, herdeiros ou sucessores;

XVII – obra literária, artística ou científica, assim como os títulos que estejam protegidos pelo direito autoral e sejam suscetíveis de causar confusão ou associação, salvo com consentimento do autor ou titular;

XVIII – termo técnico usado na indústria, na ciência e na arte, que tenha relação com o produto ou serviço a distinguir;

XIX – reprodução ou imitação, no todo ou em parte, ainda que com acréscimo, de marca alheia registrada, para distinguir ou certificar produto ou serviço idêntico, semelhante ou afim, suscetível de causar confusão ou associação com marca alheia;

XX – dualidade de marcas de um só titular para o mesmo produto ou serviço, salvo quando, no caso de marcas de mesma natureza, se revestirem de suficiente forma distintiva;

XXI – a forma necessária, comum ou vulgar do produto ou de acondicionamento, ou, ainda, aquela que não possa ser dissociada de efeito técnico;

XXII – objeto que estiver protegido por registro de desenho industrial de terceiro; e

XXIII – sinal que imite ou reproduza, no todo ou em parte, marca que o requerente evidentemente não poderia desconhecer em razão de sua atividade, cujo titular seja sediado ou domiciliado em território nacional ou em país com o qual o Brasil mantenha acordo ou que assegure reciprocidade de tratamento, se a marca se destinar a distinguir produto ou serviço idêntico, semelhante ou afim, suscetível de causar confusão ou associação com aquela marca alheia.

Seção III
Marca de alto renome

Art. 125. À marca registrada no Brasil considerada de alto renome será assegurada proteção especial, em todos os ramos de atividade.

Seção IV
Marca notoriamente conhecida

Art. 126. A marca notoriamente conhecida em seu ramo de atividade nos termos do art. 6.º bis (I), da Convenção da União de Paris para Proteção da Propriedade Industrial, goza de proteção especial, independentemente de estar previamente depositada ou registrada no Brasil.

§ 1.º A proteção de que trata este artigo aplica-se também às marcas de serviço.

§ 2.º O INPI poderá indeferir de ofício pedido de registro de marca que reproduza ou imite, no todo ou em parte, marca notoriamente conhecida.

Capítulo II
PRIORIDADE

Art. 127. Ao pedido de registro de marca depositado em país que mantenha acordo com o Brasil ou em organização internacional, que produza efeito de depósito nacional, será assegurado direito de prioridade, nos prazos estabelecidos no acordo, não sendo o depósito invalidado nem prejudicado por fatos ocorridos nesses prazos.

§ 1.º A reivindicação da prioridade será feita no ato de depósito, podendo ser suplementada dentro de 60 (sessenta) dias, por outras prioridades anteriores à data do depósito no Brasil.

§ 2.º A reivindicação da prioridade será comprovada por documento hábil da origem, contendo o número, a data e a reprodução do pedido ou do registro, acompanhado de tradução simples, cujo teor será de inteira responsabilidade do depositante.

§ 3.º Se não efetuada por ocasião do depósito, a comprovação deverá ocorrer em até 4 (quatro) meses, contados do depósito, sob pena de perda da prioridade.

§ 4.º Tratando-se de prioridade obtida por cessão, o documento correspondente deverá ser apresentado junto com o próprio documento de prioridade.

Capítulo III
DOS REQUERENTES DE REGISTRO

- A Resolução n. 1, de 3-5-2011, do Conselho Nacional de Combate à Pirataria e Delitos contra a Propriedade Intelectual – CNCP, cria o Diretório Nacional de Titulares de Marcas – DNTM, com o objetivo de facilitar o contato entre os servidores públicos que atuam no combate à pirataria e o titular da marca registrada no Instituto Nacional de Propriedade Industrial – INPI.

Art. 128. Podem requerer registro de marca as pessoas físicas ou jurídicas de direito público ou de direito privado.

§ 1.º As pessoas de direito privado só podem requerer registro de marca relativo à atividade que exerçam efetiva e licitamente, de modo direto ou através de empresas que controlem direta ou indiretamente, declarando, no próprio requerimento, esta condição, sob as penas da lei.

§ 2.º O registro de marca coletiva só poderá ser requerido por pessoa jurídica representativa de coletividade, a qual poderá exercer atividade distinta da de seus membros.

§ 3.º O registro da marca de certificação só poderá ser requerido por pessoa sem interesse comercial ou industrial direto no produto ou serviço atestado.

§ 4.º A reivindicação de prioridade não isenta o pedido da aplicação dos dispositivos constantes deste Título.

Capítulo IV
DOS DIREITOS SOBRE A MARCA

Seção I
Aquisição

Art. 129. A propriedade da marca adquire-se pelo registro validamente expedido, conforme as disposições desta Lei, sendo assegurado ao titular seu uso exclusivo em todo o território nacional, observado quanto às marcas coletivas e de certificação o disposto nos arts. 147 e 148.

§ 1.º Toda pessoa que, de boa-fé, na data da prioridade ou depósito, usava no País, há pelo menos 6 (seis) meses, marca idêntica ou semelhante, para distinguir ou certificar produto ou serviço idêntico, semelhante ou afim, terá direito de precedência ao registro.

§ 2.º O direito de precedência somente poderá ser cedido juntamente com o negócio da empresa, ou parte deste, que tenha direta relação com o uso da marca, por alienação ou arrendamento.

Seção II
Da proteção conferida pelo registro

Art. 130. Ao titular da marca ou ao depositante é ainda assegurado o direito de:

I – ceder seu registro ou pedido de registro;

II – licenciar seu uso;

III – zelar pela sua integridade material ou reputação.

Art. 131. A proteção de que trata esta Lei abrange o uso da marca em papéis, impressos, propaganda e documentos relativos à atividade do titular.

Art. 132. O titular da marca não poderá:

I – impedir que comerciantes ou distribuidores utilizem sinais distintivos que lhes são próprios, juntamente com a marca do produto, na sua promoção e comercialização;

II – impedir que fabricantes de acessórios utilizem a marca para indicar a destinação do produto, desde que obedecidas as práticas leais de concorrência;

III – impedir a livre circulação de produto colocado no mercado interno, por si ou por outrem com seu consentimento, ressalvado o disposto nos §§ 3.º e 4.º do art. 68; e

IV – impedir a citação da marca em discurso, obra científica ou literária ou qualquer outra publicação, desde que sem conotação comercial e sem prejuízo para seu caráter distintivo.

Capítulo V
DA VIGÊNCIA, DA CESSÃO E DAS ANOTAÇÕES

Seção I
Da vigência

Art. 133. O registro da marca vigorará pelo prazo de 10 (dez) anos, contados da data da concessão do registro, prorrogável por períodos iguais e sucessivos.

§ 1.º O pedido de prorrogação deverá ser formulado durante o último ano de vigência do registro, instruído com o comprovante do pagamento da respectiva retribuição.

§ 2.º Se o pedido de prorrogação não tiver sido efetuado até o termo final da vigência do registro, o titular poderá fazê-lo nos 6 (seis) meses subsequentes, mediante o pagamento de retribuição adicional.

§ 3.º A prorrogação não será concedida se não atendido o disposto no art. 128.

Seção II
Da cessão

Art. 134. O pedido de registro e o registro poderão ser cedidos, desde que o cessionário atenda aos requisitos legais para requerer tal registro.

Art. 135. A cessão deverá compreender todos os registros ou pedidos, em nome do cedente, de marcas iguais ou semelhantes, relativas a produto ou serviço idêntico, semelhante ou afim, sob pena de cancelamento dos registros ou arquivamento dos pedidos não cedidos.

Seção III
Das anotações

Art. 136. O INPI fará as seguintes anotações:

I – da cessão, fazendo constar a qualificação completa do cessionário;

II – de qualquer limitação ou ônus que recaia sobre o pedido ou registro; e

III – das alterações de nome, sede ou endereço do depositante ou titular.

Art. 137. As anotações produzirão efeitos em relação a terceiros a partir da data de sua publicação.

Art. 138. Cabe recurso da decisão que:

I – indeferir anotação de cessão;

II – cancelar o registro ou arquivar o pedido, nos termos do art. 135.

Seção IV
Da licença de uso

Art. 139. O titular de registro ou o depositante de pedido de registro poderá celebrar contrato de licença para uso da marca, sem prejuízo de seu direito de exercer controle efetivo sobre as especificações, natureza e qualidade dos respectivos produtos ou serviços.

Parágrafo único. O licenciado poderá ser investido pelo titular de todos os poderes para agir em defesa da marca, sem prejuízo dos seus próprios direitos.

Art. 140. O contrato de licença deverá ser averbado no INPI para que produza efeitos em relação a terceiros.

§ 1.º A averbação produzirá efeitos em relação a terceiros a partir da data de sua publicação.

§ 2.º Para efeito de validade de prova de uso, o contrato de licença não precisará estar averbado no INPI.

Art. 141. Da decisão que indeferir a averbação do contrato de licença cabe recurso.

Capítulo VI
DA PERDA DOS DIREITOS

Art. 142. O registro da marca extingue-se:

I – pela expiração do prazo de vigência;

II – pela renúncia, que poderá ser total ou parcial em relação aos produtos ou serviços assinalados pela marca;

III – pela caducidade; ou

IV – pela inobservância do disposto no art. 217.

Art. 143. Caducará o registro, a requerimento de qualquer pessoa com legítimo interesse se, decorridos 5 (cinco) anos da sua concessão, na data do requerimento:

I – o uso da marca não tiver sido iniciado no Brasil; ou

II – o uso da marca tiver sido interrompido por mais de 5 (cinco) anos consecutivos, ou se, no mesmo prazo, a marca tiver sido usada com modificação que implique alteração de seu caráter distintivo original, tal como constante do certificado de registro.

§ 1.º Não ocorrerá caducidade se o titular justificar o desuso da marca por razões legítimas.

§ 2.º O titular será intimado para se manifestar no prazo de 60 (sessenta) dias, cabendo-lhe o ônus de provar o uso da marca ou justificar seu desuso por razões legítimas.

Art. 144. O uso da marca deverá compreender produtos ou serviços constantes do certificado, sob pena de caducar parcialmente o registro em relação aos não semelhantes ou afins daqueles para os quais a marca foi comprovadamente usada.

Art. 145. Não se conhecerá do requerimento de caducidade se o uso da marca tiver sido comprovado ou justificado seu desuso em processo anterior, requerido há menos de 5 (cinco) anos.

Art. 146. Da decisão que declarar ou denegar a caducidade caberá recurso.

Capítulo VII
DAS MARCAS COLETIVAS E DE CERTIFICAÇÃO

Art. 147. O pedido de registro de marca coletiva conterá regulamento de utilização, dispondo sobre condições e proibições de uso da marca.

Parágrafo único. O regulamento de utilização, quando não acompanhar o pedido, deverá ser protocolizado no prazo de 60 (sessenta) dias do depósito, sob pena de arquivamento definitivo do pedido.

Art. 148. O pedido de registro da marca de certificação conterá:

I – as características do produto ou serviço objeto de certificação; e

II – as medidas de controle que serão adotadas pelo titular.

Parágrafo único. A documentação prevista nos incisos I e II deste artigo, quando não acompanhar o pedido, deverá ser protocolizada no prazo de 60 (sessenta) dias, sob pena de arquivamento definitivo do pedido.

Art. 149. Qualquer alteração no regulamento de utilização deverá ser comunicada ao INPI, mediante petição protocolizada, contendo todas as condições alteradas, sob pena de não ser considerada.

Art. 150. O uso da marca independe de licença, bastando sua autorização no regulamento de utilização.

Art. 151. Além das causas de extinção estabelecidas no art. 142, o registro da marca coletiva e de certificação extingue-se quando:

I – a entidade deixar de existir; ou

II – a marca for utilizada em condições outras que não aquelas previstas no regulamento de utilização.

Art. 152. Só será admitida a renúncia ao registro de marca coletiva quando requerida nos termos do contrato social ou estatuto da própria entidade, ou, ainda, conforme o regulamento de utilização.

Art. 153. A caducidade do registro será declarada se a marca coletiva não for usada por mais de uma pessoa autorizada, observado o disposto nos arts. 143 a 146.

Art. 154. A marca coletiva e a de certificação que já tenham sido usadas e cujos registros tenham sido extintos não poderão ser registradas em nome de terceiro, antes de expirado o prazo de 5 (cinco) anos, contados da extinção do registro.

Capítulo VIII
DO DEPÓSITO

Art. 155. O pedido deverá referir-se a um único sinal distintivo e, nas condições estabelecidas pelo INPI, conterá:

I – requerimento;

II – etiquetas, quando for o caso; e

III – comprovante do pagamento da retribuição relativa ao depósito.

Parágrafo único. O requerimento e qualquer documento que o acompanhe deverão ser apresentados em língua portuguesa e, quando houver documento em língua estrangeira, sua tradução simples deverá ser apresentada no ato do depósito ou dentro dos 60 (sessenta) dias subsequentes, sob pena de não ser considerado o documento.

Art. 156. Apresentado o pedido, será ele submetido a exame formal preliminar e, se devidamente instruído, será protocolizado, considerada a data de depósito a da sua apresentação.

Art. 157. O pedido que não atender formalmente ao disposto no art. 155, mas que contiver dados suficientes relativos ao depositante, sinal marcário e classe, poderá ser entregue, mediante recibo datado, ao INPI, que estabelecerá as exigências a serem cumpridas pelo depositante, em 5 (cinco) dias, sob pena de ser considerado inexistente.

Parágrafo único. Cumpridas as exigências, o depósito será considerado como efetuado na data da apresentação do pedido.

Capítulo IX
DO EXAME

Art. 158. Protocolizado, o pedido será publicado para apresentação de oposição no prazo de 60 (sessenta) dias.

§ 1.º O depositante será intimado da oposição, podendo se manifestar no prazo de 60 (sessenta) dias.

§ 2.º Não se conhecerá da oposição, nulidade administrativa ou de ação de nulidade se, fundamentada no inciso XXIII do art. 124 ou no art. 126, não se comprovar, no prazo de 60 (sessenta) dias após a interposição, o depósito do pedido de registro da marca na forma desta Lei.

Art. 159. Decorrido o prazo de oposição ou, se interposta esta, findo o prazo de manifestação, será feito o exame, durante o qual poderão ser formuladas exigências, que deverão ser respondidas no prazo de 60 (sessenta) dias.

§ 1.º Não respondida a exigência, o pedido será definitivamente arquivado.

§ 2.º Respondida a exigência, ainda que não cumprida, ou contestada a sua formulação, dar-se-á prosseguimento ao exame.

Art. 160. Concluído o exame, será proferida decisão, deferindo ou indeferindo o pedido de registro.

Capítulo X
DA EXPEDIÇÃO DO CERTIFICADO DE REGISTRO

Art. 161. O certificado de registro será concedido depois de deferido o pedido e comprovado o pagamento das retribuições correspondentes.

Art. 162. O pagamento das retribuições, e sua comprovação, relativas à expedição do certificado de registro e ao primeiro decênio de sua vigência, deverão ser efetuados no prazo de 60 (sessenta) dias contados do deferimento.

Parágrafo único. A retribuição poderá ainda ser paga e comprovada dentro de 30 (trinta) dias após o prazo previsto neste artigo, independentemente de notificação, mediante o pagamento de retribuição específica, sob pena de arquivamento definitivo do pedido.

Art. 163. Reputa-se concedido o certificado de registro na data da publicação do respectivo ato.

Art. 164. Do certificado deverão constar a marca, o número e data do registro, nome, nacionalidade e domicílio do titular, os produtos ou serviços, as características do registro e a prioridade estrangeira.

Capítulo XI
DA NULIDADE DO REGISTRO

Seção I
Disposições gerais

Art. 165. É nulo o registro que for concedido em desacordo com as disposições desta Lei.

Parágrafo único. A nulidade do registro poderá ser total ou parcial, sendo condição para a nulidade parcial o fato de a parte subsistente poder ser considerada registrável.

Art. 166. O titular de uma marca registrada em país signatário da Convenção da União de Paris para Proteção da Propriedade Industrial poderá, alternativamente, reivindicar, através de ação judicial, a adjudicação do registro, nos termos previstos no art. 6.º *septies* (1) daquela Convenção.

Art. 167. A declaração de nulidade produzirá efeito a partir da data do depósito do pedido.

Seção II
Do processo administrativo de nulidade

Art. 168. A nulidade do registro será declarada administrativamente quando tiver sido concedida com infringência do disposto nesta Lei.

Art. 169. O processo de nulidade poderá ser instaurado de ofício ou mediante requerimento de qualquer pessoa com legítimo interesse, no prazo de 180 (cento e oitenta) dias contados da data da expedição do certificado de registro.

Art. 170. O titular será intimado para se manifestar no prazo de 60 (sessenta) dias.

Art. 171. Decorrido o prazo fixado no artigo anterior, mesmo que não apresentada a manifestação, o processo será decidido pelo Presidente do INPI, encerrando-se a instância administrativa.

Art. 172. O processo de nulidade prosseguirá ainda que extinto o registro.

Seção III
Da ação de nulidade

Art. 173. A ação de nulidade poderá ser proposta pelo INPI ou por qualquer pessoa com legítimo interesse.

Parágrafo único. O juiz poderá, nos autos da ação de nulidade, determinar liminarmente a suspensão dos efeitos do registro e do uso da marca, atendidos os requisitos processuais próprios.

Art. 174. Prescreve em 5 (cinco) anos a ação para declarar a nulidade do registro, contados da data da sua concessão.

Art. 175. A ação de nulidade do registro será ajuizada no foro da justiça federal e o INPI, quando não for autor, intervirá no feito.

§ 1.º O prazo para resposta do réu titular do registro será de 60 (sessenta) dias.

§ 2.º Transitada em julgado a decisão da ação de nulidade, o INPI publicará anotação, para ciência de terceiros.

Título IV
DAS INDICAÇÕES GEOGRÁFICAS

Art. 176. Constitui indicação geográfica a indicação de procedência ou a denominação de origem.

Art. 177. Considera-se indicação de procedência o nome geográfico de país, cidade, região ou localidade de seu território, que se tenha tornado conhecido como centro de extração, produção ou fabricação de determinado produto ou de prestação de determinado serviço.

Art. 178. Considera-se denominação de origem o nome geográfico de país, cidade, região ou localidade de seu território, que designe produto ou serviço cujas qualidades ou características se devam exclusiva ou essencialmente ao meio geográfico, incluídos fatores naturais e humanos.

Art. 179. A proteção estender-se-á à representação gráfica ou figurativa da indicação geográfica, bem como à representação geográfica de país, cidade, região ou localidade de seu território cujo nome seja indicação geográfica.

Art. 180. Quando o nome geográfico se houver tornado de uso comum, designando produto ou serviço, não será considerado indicação geográfica.

Art. 181. O nome geográfico que não constitua indicação de procedência ou denominação de origem poderá servir de elemento característico de marca para produto ou serviço, desde que não induza falsa procedência.

Art. 182. O uso da indicação geográfica é restrito aos produtores e prestadores de serviço estabelecidos no local, exigindo-se, ainda, em relação às denominações de origem, o atendimento de requisitos de qualidade.

Parágrafo único. O INPI estabelecerá as condições de registro das indicações geográficas.

Título V
DOS CRIMES CONTRA A PROPRIEDADE INDUSTRIAL

Capítulo I
DOS CRIMES CONTRA AS PATENTES

Art. 183. Comete crime contra patente de invenção ou de modelo de utilidade quem:

I – fabrica produto que seja objeto de patente de invenção ou de modelo de utilidade, sem autorização do titular; ou

II – usa meio ou processo que seja objeto de patente de invenção, sem autorização do titular.

Pena – detenção, de 3 (três) meses a 1 (um) ano, ou multa.

Art. 184. Comete crime contra patente de invenção ou de modelo de utilidade quem:

I – exporta, vende, expõe ou oferece à venda, tem em estoque, oculta ou recebe, para utilização com fins econômicos, produto fabricado com violação de patente de invenção ou de modelo de utilidade, ou obtido por meio ou processo patenteado; ou

II – importa produto que seja objeto de patente de invenção ou de modelo de utilidade ou obtido por meio ou processo patenteado no País, para os fins previstos no inciso anterior, e que não tenha sido colocado no mercado externo diretamente pelo titular da patente ou com seu consentimento.

Pena – detenção, de 1 (um) a 3 (três) meses, ou multa.

Art. 185. Fornecer componente de um produto patenteado, ou material ou equipamento para realizar um processo patenteado, desde que a aplicação final do componente, material ou equipamento induza, necessariamente, à exploração do objeto da patente.

Pena – detenção, de 1 (um) a 3 (três) meses, ou multa.

Art. 186. Os crimes deste Capítulo caracterizam-se ainda que a violação não atinja todas as reivindicações da patente ou se restrinja à utilização de meios equivalentes ao objeto da patente.

Capítulo II
DOS CRIMES CONTRA OS DESENHOS INDUSTRIAIS

Art. 187. Fabricar, sem autorização do titular, produto que incorpore desenho industrial registrado, ou imitação substancial que possa induzir em erro ou confusão.

Pena – detenção, de 3 (três) meses a 1 (um) ano, ou multa.

Art. 188. Comete crime contra registro de desenho industrial quem:

I – exporta, vende, expõe ou oferece à venda, tem em estoque, oculta ou recebe, para utilização com fins econômicos, objeto que incorpore ilicitamente desenho industrial registrado, ou imitação substancial que possa induzir em erro ou confusão; ou

II – importa produto que incorpore desenho industrial registrado no País, ou imitação substancial que possa induzir em erro ou confusão, para os fins previstos no inciso anterior, e que não tenha sido colocado no mercado externo diretamente pelo titular ou com seu consentimento.

Pena – detenção, de l (um) a 3 (três) meses, ou multa.

Capítulo III
DOS CRIMES CONTRA AS MARCAS

Art. 189. Comete crime contra registro de marca quem:

I – reproduz, sem autorização do titular, no todo ou em parte, marca registrada, ou imita-a de modo que possa induzir confusão; ou

II – altera marca registrada de outrem já aposta em produto colocado no mercado.

Pena – detenção, de 3 (três) meses a 1 (um) ano, ou multa.

Art. 190. Comete crime contra registro de marca quem importa, exporta, vende, oferece ou expõe à venda, oculta ou tem em estoque:

I – produto assinalado com marca ilicitamente reproduzida ou imitada, de outrem, no todo ou em parte; ou

II – produto de sua indústria ou comércio, contido em vasilhame, recipiente ou embalagem que contenha marca legítima de outrem.

Pena – detenção, de 1 (um) a 3 (três) meses, ou multa.

Capítulo IV
DOS CRIMES COMETIDOS POR MEIO DE MARCA, TÍTULO DE ESTABELECIMENTO E SINAL DE PROPAGANDA

Art. 191. Reproduzir ou imitar, de modo que possa induzir em erro ou confusão, armas, brasões ou distintivos oficiais nacionais, estrangeiros ou internacionais, sem a necessária autorização, no todo ou em parte, em marca, título de estabelecimento, nome comercial, insígnia ou sinal de propaganda, ou usar essas reproduções ou imitações com fins econômicos.

Pena – detenção, de 1 (um) a 3 (três) meses, ou multa.

Parágrafo único. Incorre na mesma pena quem vende ou expõe ou oferece à venda produtos assinalados com essas marcas.

Capítulo V

DOS CRIMES CONTRA INDICAÇÕES GEOGRÁFICAS E DEMAIS INDICAÇÕES

Art. 192. Fabricar, importar, exportar, vender, expor ou oferecer à venda ou ter em estoque produto que apresente falsa indicação geográfica.

Pena – detenção, de 1 (um) a 3 (três) meses, ou multa.

Art. 193. Usar, em produto, recipiente, invólucro, cinta, rótulo, fatura, circular, cartaz ou em outro meio de divulgação ou propaganda, termos retificativos, tais como "tipo", "espécie", "gênero", "sistema", "semelhante", "sucedâneo", "idêntico", ou equivalente, não ressalvando a verdadeira procedência do produto.

Pena – detenção, de 1 (um) a 3 (três) meses, ou multa.

Art. 194. Usar marca, nome comercial, título de estabelecimento, insígnia, expressão ou sinal de propaganda ou qualquer outra forma que indique procedência que não a verdadeira, ou vender ou expor à venda produto com esses sinais.

Pena – detenção, de 1 (um) a 3 (três) meses, ou multa.

Capítulo VI

DOS CRIMES DE CONCORRÊNCIA DESLEAL

Art. 195. Comete crime de concorrência desleal quem:

I – publica, por qualquer meio, falsa afirmação, em detrimento de concorrente, com o fim de obter vantagem;

II – presta ou divulga, acerca de concorrente, falsa informação, com o fim de obter vantagem;

III – emprega meio fraudulento, para desviar, em proveito próprio ou alheio, clientela de outrem;

IV – usa expressão ou sinal de propaganda alheios, ou os imita, de modo a criar confusão entre os produtos ou estabelecimentos;

V – usa, indevidamente, nome comercial, título de estabelecimento ou insígnia alheios ou vende, expõe ou oferece à venda ou tem em estoque produto com essas referências;

VI – substitui, pelo seu próprio nome ou razão social, em produto de outrem, o nome ou razão social deste, sem o seu consentimento;

VII – atribui-se, como meio de propaganda, recompensa ou distinção que não obteve;

VIII – vende ou expõe ou oferece à venda, em recipiente ou invólucro de outrem, produto adulterado ou falsificado, ou dele se utiliza para negociar com produto da mesma espécie, embora não adulterado ou falsificado, se o fato não constitui crime mais grave;

IX – dá ou promete dinheiro ou outra utilidade a empregado de concorrente, para que o empregado, faltando ao dever do emprego, lhe proporcione vantagem;

X – recebe dinheiro ou outra utilidade, ou aceita promessa de paga ou recompensa, para, faltando ao dever de empregado, proporcionar vantagem a concorrente do empregador;

XI – divulga, explora ou utiliza-se, sem autorização, de conhecimentos, informações ou dados confidenciais, utilizáveis na indústria, comércio ou prestação de serviços, excluídos aqueles que sejam de conhecimento público ou que sejam evidentes para um técnico no assunto, a que teve acesso mediante relação contratual ou empregatícia, mesmo após o término do contrato;

XII – divulga, explora ou utiliza-se, sem autorização, de conhecimentos ou informações a que se refere o inciso anterior, obtidos por meios ilícitos ou a que teve acesso mediante fraude; ou

XIII – vende, expõe ou oferece à venda produto, declarando ser objeto de patente depositada, ou concedida, ou de desenho industrial registrado, que não o seja, ou menciona-o, em anúncio ou papel comercial, como depositado ou patenteado, ou registrado, sem o ser;

XIV – divulga, explora ou utiliza-se, sem autorização, de resultados de testes ou outros dados não divulgados, cuja elaboração envolva esforço considerável e que tenham sido apresentados a entidades governamentais como condição para aprovar a comercialização de produtos.

Pena – detenção, de 3 (três) meses a 1 (um) ano, ou multa.

§ 1.º Inclui-se nas hipóteses a que se referem os incisos XI e XII o empregador, sócio ou administrador da empresa, que incorrer nas tipificações estabelecidas nos mencionados dispositivos.

•• Mantivemos "empregador" conforme publicação oficial. Entendemos que o correto seria "empregado".

§ 2.º O disposto no inciso XIV não se aplica quanto à divulgação por órgão governamental competente para autorizar a comercialização de produto, quando necessário para proteger o público.

Capítulo VII

DAS DISPOSIÇÕES GERAIS

Art. 196. As penas de detenção previstas nos Capítulos I, II e III deste Título serão aumentadas de um terço à metade se:

I – o agente é ou foi representante, mandatário, preposto, sócio ou empregado do titular da patente ou do registro, ou, ainda, do seu licenciado; ou

II – a marca alterada, reproduzida ou imitada for de alto renome, notoriamente conhecida, de certificação ou coletiva.

Art. 197. As penas de multa previstas neste Título serão fixadas, no mínimo, em 10 (dez) e, no máximo, em 360 (trezentos e sessenta) dias-multa, de acordo com a sistemática do Código Penal.

Parágrafo único. A multa poderá ser aumentada ou reduzida, em até 10 (dez) vezes, em face das condições pessoais do agente e da magnitude da vantagem auferida, independentemente da norma estabelecida no artigo anterior.

Art. 198. Poderão ser apreendidos, de ofício ou a requerimento do interessado, pelas autoridades alfandegárias, no ato de conferência, os produtos assinalados com marcas falsificadas, alteradas ou imitadas ou que apresentem falsa indicação de procedência.

Art. 199. Nos crimes previstos neste Título somente se procede mediante queixa, salvo quanto ao crime do art. 191, em que a ação penal será pública.

Art. 200. A ação penal e as diligências preliminares de busca e apreensão, nos crimes contra a propriedade industrial, regulam-se pelo disposto no Código de Processo Penal, com as modificações constantes dos artigos deste Capítulo.

Art. 201. Na diligência de busca e apreensão, em crime contra patente que tenha por objeto a invenção de processo, o oficial do juízo será acompanhado por perito, que verificará, preliminarmente, a existência do ilícito, podendo o juiz ordenar a apreensão de produtos obtidos pelo contrafator com o emprego do processo patenteado.

Art. 202. Além das diligências preliminares de busca e apreensão, o interessado poderá requerer:

I – apreensão de marca falsificada, alterada ou imitada onde for preparada ou onde quer que seja encontrada, antes de utilizada para fins criminosos; ou

II – destruição de marca falsificada nos volumes ou produtos que a contiverem, antes de serem distribuídos, ainda que fiquem destruídos os envoltórios ou os próprios produtos.

Art. 203. Tratando-se de estabelecimentos industriais ou comerciais legalmente organizados e que estejam funcionando publicamente, as diligências preliminares limitar-se-ão à vistoria e apreensão dos produtos, quando ordenadas pelo juiz, não podendo ser paralisada a sua atividade licitamente exercida.

Art. 204. Realizada a diligência de busca e apreensão, responderá por perdas e danos a parte que a tiver requerido de má-fé, por espírito de emulação, mero capricho ou erro grosseiro.

Art. 205. Poderá constituir matéria de defesa na ação penal a alegação de nulidade da patente ou registro em que a ação se fundar. A absolvição do réu, entretanto, não importará a nulidade da patente ou do registro, que só poderá ser demandada pela ação competente.

Art. 206. Na hipótese de serem reveladas, em juízo, para a defesa dos interesses de qualquer das partes, informações que se caracterizem como confidenciais, sejam segredo de indústria ou de comércio, deverá o juiz determinar que o processo prossiga em segredo de justiça, vedado o uso de tais informações também à outra parte para outras finalidades.

Art. 207. Independentemente da ação criminal, o prejudicado poderá intentar as ações cíveis que considerar cabíveis na forma do Código de Processo Civil.

Art. 208. A indenização será determinada pelos benefícios que o prejudicado teria auferido se a violação não tivesse ocorrido.

Art. 209. Fica ressalvado ao prejudicado o direito de haver perdas e danos em ressarcimento de prejuízos causados por atos de violação de direitos de propriedade industrial e atos de concorrência desleal não previstos nesta Lei, tendentes a prejudicar a reputação ou os negócios alheios, a criar confusão entre estabelecimentos comerciais, industriais ou prestadores de serviço, ou entre os produtos e serviços postos no comércio.

§ 1.º Poderá o juiz, nos autos da própria ação, para evitar dano irreparável ou de difícil reparação, determinar liminarmente a sustação da violação ou de ato que a enseje, antes da citação do réu, mediante, caso julgue necessário, caução em dinheiro ou garantia fidejussória.

§ 2.º Nos casos de reprodução ou de imitação flagrante de marca registrada, o juiz poderá determinar a apreensão de todas as mercadorias, produtos, objetos, embalagens, etiquetas e outros que contenham a marca falsificada ou imitada.

Art. 210. Os lucros cessantes serão determinados pelo critério mais favorável ao prejudicado, dentre os seguintes:

I – os benefícios que o prejudicado teria auferido se a violação não tivesse ocorrido; ou

II – os benefícios que foram auferidos pelo autor da violação do direito; ou

III – a remuneração que o autor da violação teria pago ao titular do direito violado pela concessão de uma licença que lhe permitisse legalmente explorar o bem.

Título VI
DA TRANSFERÊNCIA DE TECNOLOGIA E DA FRANQUIA

Art. 211. O INPI fará o registro dos contratos que impliquem transferência de tecnologia, contratos de franquia e similares para produzirem efeitos em relação a terceiros.

• *Vide* Lei n. 13.966, de 26-12-2019 (Lei de Franquia).

Parágrafo único. A decisão relativa aos pedidos de registro de contratos de que trata este artigo será proferida no prazo de 30 (trinta) dias, contados da data do pedido de registro.

Título VII
DAS DISPOSIÇÕES GERAIS

Capítulo I
DOS RECURSOS

Art. 212. Salvo expressa disposição em contrário, das decisões de que trata esta Lei cabe recurso, que será interposto no prazo de 60 (sessenta) dias.

§ 1.º Os recursos serão recebidos nos efeitos suspensivo e devolutivo pleno, aplicando-se todos os dispositivos pertinentes ao exame de primeira instância, no que couber.

§ 2.º Não cabe recurso da decisão que determinar o arquivamento definitivo de pedido de patente ou de registro e da que deferir pedido de patente, de certificado de adição ou de registro de marca.

§ 3.º Os recursos serão decididos pelo Presidente do INPI, encerrando-se a instância administrativa.

Art. 213. Os interessados serão intimados para, no prazo de 60 (sessenta) dias, oferecerem contrarrazões ao recurso.

Art. 214. Para fins de complementação das razões oferecidas a título de recurso, o INPI poderá formular exigências, que deverão ser cumpridas no prazo de 60 (sessenta) dias.

Parágrafo único. Decorrido o prazo do *caput*, será decidido o recurso.

Art. 215. A decisão do recurso é final e irrecorrível na esfera administrativa.

Capítulo II
DOS ATOS DAS PARTES

Art. 216. Os atos previstos nesta Lei serão praticados pelas partes ou por seus procuradores, devidamente qualificados.

• A Resolução n. 256, de 17-9-2010, dispõe que podem praticar atos no INPI o próprio interessado ou o advogado, o Agente de Propriedade Industrial habilitado pelo INPI ou qualquer pessoa física capacitada para os atos na ordem civil, devidamente constituídos por instrumento de mandato, com observância, no que couber, do disposto nos arts. 216 e 217 desta Lei.

§ 1.º O instrumento de procuração, no original, traslado ou fotocópia autenticada, deverá ser em língua portuguesa, dispensados a legalização consular e o reconhecimento de firma.

§ 2.º A procuração deverá ser apresentada em até 60 (sessenta) dias contados da prática do primeiro ato da parte no processo, independente de notificação ou exigência, sob pena de arquivamento, sendo definitivo o arquivamento do pedido de patente, do pedido de registro de desenho industrial e de registro de marca.

Art. 217. A pessoa domiciliada no exterior deverá constituir e manter procurador devidamente qualificado e domiciliado no País, com poderes para representá-la administrativa e judicialmente, inclusive para receber citações.

• *Vide* nota ao *caput* do artigo anterior.

Art. 218. Não se conhecerá da petição:

I – se apresentada fora do prazo legal; ou

II – se desacompanhada do comprovante da respectiva retribuição no valor vigente à data de sua apresentação.

Art. 219. Não serão conhecidos a petição, a oposição e o recurso, quando:

I – apresentados fora do prazo previsto nesta Lei;

II – não contiverem fundamentação legal; ou

III – desacompanhados do comprovante do pagamento da retribuição correspondente.

Art. 220. O INPI aproveitará os atos das partes, sempre que possível, fazendo as exigências cabíveis.

Capítulo III
DOS PRAZOS

Art. 221. Os prazos estabelecidos nesta Lei são contínuos, extinguindo-se automaticamente o direito de praticar o ato, após seu decurso, salvo se a parte provar que não o realizou por justa causa.

§ 1.º Reputa-se justa causa o evento imprevisto, alheio à vontade da parte e que a impediu de praticar o ato.

§ 2.º Reconhecida a justa causa, a parte praticará o ato no prazo que lhe for concedido pelo INPI.

Art. 222. No cômputo dos prazos, exclui-se o dia do começo e inclui-se o do vencimento.

Art. 223. Os prazos somente começam a correr a partir do primeiro dia útil após a intimação, que será feita mediante publicação no órgão oficial do INPI.

Art. 224. Não havendo expressa estipulação nesta Lei, o prazo para a prática do ato será de 60 (sessenta) dias.

Capítulo IV
DA PRESCRIÇÃO

Art. 225. Prescreve em 5 (cinco) anos a ação para reparação de dano causado ao direito de propriedade industrial.

Capítulo V
DOS ATOS DO INPI

Art. 226. Os atos do INPI nos processos administrativos referentes à propriedade industrial só produzem efeitos a partir da sua publicação no respectivo órgão oficial, ressalvados:

I – os que expressamente independerem de notificação ou publicação por força do disposto nesta Lei;

II – as decisões administrativas, quando feita notificação por via postal ou por ciência dada ao interessado no processo; e

III – os pareceres e despachos internos que não necessitem ser do conhecimento das partes.

Capítulo VI
DAS CLASSIFICAÇÕES

Art. 227. As classificações relativas às matérias dos Títulos I, II e III desta Lei serão estabelecidas pelo INPI, quando não fixadas em tratado ou acordo internacional em vigor no Brasil.

Capítulo VII
DA RETRIBUIÇÃO

Art. 228. Para os serviços previstos nesta Lei será cobrada retribuição, cujo valor e processo de recolhimento serão estabelecidos por ato do titular do órgão da administração pública federal a que estiver vinculado o INPI.

• A Portaria n. 101, de 12-5-2009, do Ministério do Desenvolvimento, Indústria e Comércio Exterior, aprova os valores referentes às retribuições pelos serviços prestados pelo INPI.

TÍTULO VIII
DAS DISPOSIÇÕES TRANSITÓRIAS E FINAIS

Art. 229. Aos pedidos em andamento serão aplicadas as disposições desta Lei, exceto quanto à patenteabilidade dos pedidos depositados até 31 de dezembro de 1994, cujo objeto de proteção sejam substâncias, matérias ou produtos obtidos por meios ou processos químicos ou substâncias, matérias, misturas ou produtos alimentícios, químico-farmacêuticos e medicamentos de qualquer espécie, bem como os respectivos processos de obtenção ou modificação e cujos depositantes não tenham exercido a faculdade prevista nos arts. 230 e 231 desta Lei, os quais serão considerados indeferidos, para todos os efeitos, devendo o INPI publicar a comunicação dos aludidos indeferimentos.

•• *Caput* com redação determinada pela Lei n. 10.196, de 14-2-2001.

Parágrafo único. Aos pedidos relativos a produtos farmacêuticos e produtos químicos para a agricultura, que tenham sido depositados entre 1.º de janeiro de 1995 e 14 de maio de 1997, aplicam-se os critérios de patenteabilidade desta Lei, na data efetiva do depósito do pedido no Brasil ou da prioridade, se houver, assegurando-se a proteção a partir da data da concessão da patente, pelo prazo remanescente a contar do dia do depósito no Brasil, limitado ao prazo previsto no *caput* do art. 40.

•• Parágrafo único acrescentado pela Lei n. 10.196, de 14-2-2001.

Art. 229-A. Consideram-se indeferidos os pedidos de patentes de processo apresentados entre 1.º de janeiro de 1995 e 14 de maio de 1997, aos quais o art. 9.º, c, da Lei n. 5.772, de 21 de dezembro de 1971, não conferia proteção, devendo o INPI publicar a comunicação dos aludidos indeferimentos.

•• Artigo acrescentado pela Lei n. 10.196, de 14-2-2001.

Art. 229-B. Os pedidos de patentes de produto apresentados entre 1.º de janeiro de 1995 e 14 de maio de 1997, aos quais o art. 9.º, b e c, da Lei n. 5.772, de 1971, não conferia proteção e cujos depositantes não tenham exercido a faculdade prevista nos arts. 230 e 231, serão decididos até 31 de dezembro de 2004, em conformidade com esta Lei.

•• Artigo acrescentado pela Lei n. 10.196, de 14-2-2001.

Art. 229-C. (*Revogado pela Lei n. 14.195, de 26-8-2021.*)

Art. 230. Poderá ser depositado pedido de patente relativo às substâncias, matérias ou produtos obtidos por meios ou processos químicos e as substâncias, matérias, misturas ou produtos alimentícios, químico-farmacêuticos e medicamentos de qualquer espécie, bem como os respectivos processos de obtenção ou modificação, por quem tenha proteção garantida em tratado ou convenção em vigor no Brasil, ficando assegurada a data do primeiro depósito no exterior, desde que seu objeto não tenha sido colocado em qualquer mercado, por iniciativa direta do titular ou por terceiro com seu consentimento, nem tenham sido realizados, por terceiros, no País, sérios e efetivos preparativos para a exploração do objeto do pedido ou da patente.

§ 1.º O depósito deverá ser feito dentro do prazo de 1 (um) ano contado da publicação desta Lei, e deverá indicar a data do primeiro depósito no exterior.

§ 2.º O pedido de patente depositado com base neste artigo será automaticamente publicado, sendo facultado a qualquer interessado manifestar-se, no prazo de 90 (noventa) dias, quanto ao atendimento do disposto no *caput* deste artigo.

§ 3.º Respeitados os arts. 10 e 18 desta Lei, e uma vez atendidas as condições estabelecidas neste artigo e comprovada a concessão da patente no país onde foi depositado o primeiro pedido, será concedida a patente no Brasil, tal como concedida no país de origem.

§ 4.º Fica assegurado à patente concedida com base neste artigo o prazo remanescente de proteção no país onde foi depositado o primeiro pedido, contado da data do depósito no Brasil e limitado ao prazo previsto no art. 40, não se aplicando o disposto no seu parágrafo único.

§ 5.º O depositante que tiver pedido de patente em andamento, relativo às substâncias, matérias ou produtos obtidos por meios ou processos químicos e as substâncias, matérias, misturas ou produtos alimentícios, químico-farmacêuticos e medicamentos de qualquer espécie, bem como os respectivos processos de obtenção ou modificação, poderá apresentar novo pedido, no prazo e condições estabelecidos neste artigo, juntando prova de desistência do pedido em andamento.

§ 6.º Aplicam-se as disposições desta Lei, no que couber, ao pedido depositado e à patente concedida com base neste artigo.

Art. 231. Poderá ser depositado pedido de patente relativo às matérias de que trata o artigo anterior, por nacional ou pessoa domiciliada no País, ficando assegurada a data de divulgação do invento, desde que seu objeto não tenha sido colocado em qualquer mercado, por iniciativa direta do titular ou por terceiro com seu consentimento, nem tenham sido realizados, por terceiros, no País, sérios e efetivos preparativos para a exploração do objeto do pedido.

§ 1.º O depósito deverá ser feito dentro do prazo de 1 (um) ano contado da publicação desta Lei.

§ 2.º O pedido de patente depositado com base neste artigo será processado nos termos desta Lei.

§ 3.º Fica assegurado à patente concedida com base neste artigo o prazo remanescente de proteção de 20 (vinte) anos contado da data da divulgação do invento, a partir do depósito no Brasil.

§ 4.º O depositante que tiver pedido de patente em andamento, relativo às matérias de que trata o artigo anterior, poderá apresentar novo pedido, no prazo e condições estabelecidos neste artigo, juntando prova de desistência do pedido em andamento.

Art. 232. A produção ou utilização, nos termos da legislação anterior, de substâncias, matérias ou produtos obtidos por meios ou processos químicos e as substâncias, matérias, misturas ou produtos alimentícios, químico-farmacêuticos e medicamentos de qualquer espécie, bem como os respectivos processos de obtenção ou modificação, mesmo que protegidos por patente de produto ou processo em outro país, de conformidade com tratado ou convenção em vigor no Brasil, poderão continuar, nas mesmas condições anteriores à aprovação desta Lei.

§ 1.º Não será admitida qualquer cobrança retroativa ou futura, de qualquer valor, a qualquer título, relativa a produtos produzidos ou processos utilizados no Brasil em conformidade com este artigo.

§ 2.º Não será igualmente admitida cobrança nos termos do parágrafo anterior, caso, no período anterior à entrada em vigência desta Lei, tenham sido realizados investimentos significativos para a exploração de produto ou de processo referidos neste artigo, mesmo que protegidos por patente de produto ou de processo em outro país.

Art. 233. Os pedidos de registro de expressão e sinal de propaganda e de declaração de notoriedade serão definitivamente arquivados e os registros e declaração permanecerão em vigor pelo prazo de vigência restante, não podendo ser prorrogados.

Art. 234. Fica assegurada ao depositante a garantia de prioridade de que trata o art. 7.º da Lei n. 5.772, de 21 de dezembro de

1971, até o término do prazo em curso.

Art. 235. É assegurado o prazo em curso concedido na vigência da Lei n. 5.772, de 21 de dezembro de 1971.

Art. 236. O pedido de patente de modelo ou de desenho industrial depositado na vigência da Lei n. 5.772, de 21 de dezembro de 1971, será automaticamente denominado pedido de registro de desenho industrial, considerando-se, para todos os efeitos legais, a publicação já feita.

Parágrafo único. Nos pedidos adaptados serão considerados os pagamentos para efeito de cálculo de retribuição quinquenal devida.

Art. 237. Aos pedidos de patente de modelo ou de desenho industrial que tiverem sido objeto de exame na forma da Lei n. 5.772, de 21 de dezembro de 1971, não se aplicará o disposto no art. 111.

Art. 238. Os recursos interpostos na vigência da Lei n. 5.772, de 21 de dezembro de 1971, serão decididos na forma nela prevista.

Art. 239. Fica o Poder Executivo autorizado a promover as necessárias transformações no INPI, para assegurar à Autarquia autonomia financeira e administrativa, podendo esta:

I – contratar pessoal técnico e administrativo mediante concurso público;

II – fixar tabela de salários para os seus funcionários, sujeita à aprovação do Ministério a que estiver vinculado o INPI; e

III – dispor sobre a estrutura básica e regimento interno, que serão aprovados pelo Ministério a que estiver vinculado o INPI.

Parágrafo único. As despesas resultantes da aplicação deste artigo correrão por conta de recursos próprios do INPI.

Art. 240. O art. 2.º da Lei n. 5.648, de 11 de dezembro de 1970, passa a ter a seguinte redação:

"Art. 2.º O INPI tem por finalidade principal executar, no âmbito nacional, as normas que regulam a propriedade industrial, tendo em vista a sua função social, econômica, jurídica e técnica, bem como pronunciar-se quanto à conveniência de assinatura, ratificação e denúncia de convenções, tratados, convênios e acordos sobre propriedade industrial".

•• A Lei n. 5.648, de 11-12-1970, cria o Instituto Nacional da Propriedade Industrial - INPI.

Art. 241. Fica o Poder Judiciário autorizado a criar juízos especiais para dirimir questões relativas à propriedade intelectual.

Art. 242. O Poder Executivo submeterá ao Congresso Nacional projeto de lei destinado a promover, sempre que necessário, a harmonização desta Lei com a política para propriedade industrial adotada pelos demais países integrantes do MERCOSUL.

Art. 243. Esta Lei entra em vigor na data de sua publicação quanto às matérias disciplinadas nos arts. 230, 231, 232 e 239, e 1 (um) ano após sua publicação quanto aos demais artigos.

Art. 244. Revogam-se a Lei n. 5.772, de 21 de dezembro de 1971, a Lei n. 6.348, de 7 de julho de 1976, os arts. 187 a 196 do Decreto-lei n. 2.848, de 7 de dezembro de 1940, os arts. 169 a 189 do Decreto-lei n. 7.903, de 27 de agosto de 1945, e as demais disposições em contrário.

•• A Lei n. 6.348, de 7-7-1976, disciplinava a utilização de recipientes de vidro (garrafas).

Brasília, 14 de maio de 1996; 175.º da Independência e 108.º da República.

FERNANDO HENRIQUE CARDOSO

LEI N. 9.307, DE 23 DE SETEMBRO DE 1996 (*)

Dispõe sobre a arbitragem.

O Presidente da República:

Faço saber que o Congresso Nacional decreta e eu sanciono a seguinte Lei:

Capítulo I
DISPOSIÇÕES GERAIS

•• *Vide* Súmula 485 do STJ.

Art. 1.º As pessoas capazes de contratar poderão valer-se da arbitragem para dirimir litígios relativos a direitos patrimoniais disponíveis.

§ 1.º A administração pública direta e indireta poderá utilizar-se da arbitragem para dirimir conflitos relativos a direitos patrimoniais disponíveis.

•• § 1.º acrescentado pela Lei n. 13.129, de 26-5-2015.

§ 2.º A autoridade ou o órgão competente da administração pública direta para a celebração de convenção de arbitragem é a mesma para a realização de acordos ou transações.

•• § 2.º acrescentado pela Lei n. 13.129, de 26-5-2015.

Art. 2.º A arbitragem poderá ser de direito ou de equidade, a critério das partes.

§ 1.º Poderão as partes escolher, livremente, as regras de direito que serão aplicadas na arbitragem, desde que não haja violação aos bons costumes e à ordem pública.

§ 2.º Poderão, também, as partes convencionar que a arbitragem se realize com base nos princípios gerais de direito, nos usos e costumes e nas regras internacionais de comércio.

§ 3.º A arbitragem que envolva a administração pública será sempre de direito e respeitará o princípio da publicidade.

•• § 3.º acrescentado pela Lei n. 13.129, de 26-5-2015.

• *Vide* art. 37, *caput* e § 1.º, da CF.

(*) Publicada no *Diário Oficial da União*, de 24-9-1996.

Capítulo II
DA CONVENÇÃO DE ARBITRAGEM E SEUS EFEITOS

Art. 3.º As partes interessadas podem submeter a solução de seus litígios ao juízo arbitral mediante convenção de arbitragem, assim entendida a cláusula compromissória e o compromisso arbitral.

• Sobre contratos relativos ao financiamento imobiliário em geral, *vide* Lei n. 9.514, de 20-11-1997, art. 34.

Art. 4.º A cláusula compromissória é a convenção através da qual as partes em um contrato comprometem-se a submeter à arbitragem os litígios que possam vir a surgir, relativamente a tal contrato.

§ 1.º A cláusula compromissória deve ser estipulada por escrito, podendo estar inserta no próprio contrato ou em documento apartado que a ele se refira.

§ 2.º Nos contratos de adesão, a cláusula compromissória só terá eficácia se o aderente tomar a iniciativa de instituir a arbitragem ou concordar, expressamente, com a sua instituição, desde que por escrito em documento anexo ou em negrito, com a assinatura ou visto especialmente para essa cláusula.

•• A Lei n. 13.129, de 26-5-2015, propôs nova redação para este § 2.º, todavia teve seu texto vetado.

•• A Lei n. 13.129, de 26-5-2015, propôs o acréscimo dos §§ 3.º e 4.º a este artigo, todavia teve seu texto vetado.

Art. 5.º Reportando-se as partes, na cláusula compromissória, às regras de algum órgão arbitral institucional ou entidade especializada, a arbitragem será instituída e processada de acordo com tais regras, podendo, igualmente, as partes estabelecer na própria cláusula, ou em outro documento, a forma convencionada para a instituição da arbitragem.

Art. 6.º Não havendo acordo prévio sobre a forma de instituir a arbitragem, a parte interessada manifestará à outra parte sua intenção de dar início à arbitragem, por via postal ou por outro meio qualquer de comunicação, mediante comprovação de recebimento, convocando-a para, em dia, hora e local certos, firmar o compromisso arbitral.

Parágrafo único. Não comparecendo a parte convocada ou, comparecendo, recusar-se a firmar o compromisso arbitral, poderá a outra parte propor a demanda de que trata o art. 7.º desta Lei, perante o órgão do Poder Judiciário a que, originariamente, tocaria o julgamento da causa.

Art. 7.º Existindo cláusula compromissória e havendo resistência quanto à instituição da arbitragem, poderá a parte interessada requerer a citação da outra parte para comparecer em juízo a fim de lavrar-se o compromisso, designando o juiz audiência especial para tal fim.

§ 1.º O autor indicará, com precisão, o objeto da arbitragem, instruindo o pedido com o documento que contiver a cláusula compromissória.

§ 2.º Comparecendo as partes à audiência, o juiz tentará, previamente, a conciliação acerca do litígio. Não obtendo sucesso, tentará o juiz conduzir as partes à celebração, de comum acordo, do compromisso arbitral.

§ 3.º Não concordando as partes sobre os termos do compromisso, decidirá o juiz, após ouvir o réu, sobre seu conteúdo, na própria audiência ou no prazo de dez dias, respeitadas as disposições da cláusula compromissória e atendendo ao disposto nos arts. 10 e 21, § 2.º, desta Lei.

§ 4.º Se a cláusula compromissória nada dispuser sobre a nomeação de árbitros, caberá ao juiz, ouvidas as partes, estatuir a respeito, podendo nomear árbitro único para a solução do litígio.

§ 5.º A ausência do autor, sem justo motivo, à audiência designada para a lavratura do compromisso arbitral, importará a extinção do processo sem julgamento de mérito.

§ 6.º Não comparecendo o réu à audiência, caberá ao juiz, ouvido o autor, estatuir a respeito do conteúdo do compromisso, nomeando árbitro único.

§ 7.º A sentença que julgar procedente o pedido valerá como compromisso arbitral.

Art. 8.º A cláusula compromissória é autônoma em relação ao contrato em que estiver inserta, de tal sorte que a nulidade deste não implica, necessariamente, a nulidade da cláusula compromissória.

Parágrafo único. Caberá ao árbitro decidir de ofício, ou por provocação das partes, as questões acerca da existência, validade e eficácia da convenção de arbitragem e do contrato que contenha a cláusula compromissória.

Art. 9.º O compromisso arbitral é a convenção através da qual as partes submetem um litígio à arbitragem de uma ou mais pessoas, podendo ser judicial ou extrajudicial.

§ 1.º O compromisso arbitral judicial celebrar-se-á por termo nos autos, perante o juízo ou tribunal, onde tem curso a demanda.

§ 2.º O compromisso arbitral extrajudicial será celebrado por escrito particular, assinado por duas testemunhas, ou por instrumento público.

Art. 10. Constará, obrigatoriamente, do compromisso arbitral:

I – o nome, profissão, estado civil e domicílio das partes;

II – o nome, profissão e domicílio do árbitro, ou dos árbitros, ou, se for o caso, a identificação da entidade à qual as partes delegaram a indicação de árbitros;

III – a matéria que será objeto da arbitragem; e

IV – o lugar em que será proferida a sentença arbitral.

Art. 11. Poderá, ainda, o compromisso arbitral conter:

I – local, ou locais, onde se desenvolverá a arbitragem;

II – a autorização para que o árbitro ou os árbitros julguem por equidade, se assim for convencionado pelas partes;

III – o prazo para apresentação da sentença arbitral;

IV – a indicação da lei nacional ou das regras corporativas aplicáveis à arbitragem, quando assim convencionarem as partes;

V – a declaração da responsabilidade pelo pagamento dos honorários e das despesas com a arbitragem; e

VI – a fixação dos honorários do árbitro, ou dos árbitros.

Parágrafo único. Fixando as partes os honorários do árbitro, ou dos árbitros, no compromisso arbitral, este constituirá título executivo extrajudicial; não havendo tal estipulação, o árbitro requererá ao órgão do Poder Judiciário que seria competente para julgar, originariamente, a causa que os fixe por sentença.

Art. 12. Extingue-se o compromisso arbitral:

I – escusando-se qualquer dos árbitros, antes de aceitar a nomeação, desde que as partes tenham declarado, expressamente, não aceitar substituto;

II – falecendo ou ficando impossibilitado de dar seu voto algum dos árbitros, desde que as partes declarem, expressamente, não aceitar substituto; e

III – tendo expirado o prazo a que se refere o art. 11, inciso III, desde que a parte interessada tenha notificado o árbitro, ou o presidente do tribunal arbitral, concedendo-lhe o prazo de dez dias para a prolação e apresentação da sentença arbitral.

Capítulo III
DOS ÁRBITROS

Art. 13. Pode ser árbitro qualquer pessoa capaz e que tenha a confiança das partes.

§ 1.º As partes nomearão um ou mais árbitros, sempre em número ímpar, podendo nomear, também, os respectivos suplentes.

§ 2.º Quando as partes nomearem árbitros em número par, estes estão autorizados, desde logo, a nomear mais um árbitro. Não havendo acordo, requererão as partes ao órgão do Poder Judiciário a que tocaria, originariamente, o julgamento da causa a nomeação do árbitro, aplicável, no que couber, o procedimento previsto no art. 7.º desta Lei.

§ 3.º As partes poderão, de comum acordo, estabelecer o processo de escolha dos árbitros, ou adotar as regras de um órgão arbitral institucional ou entidade especializada.

§ 4.º As partes, de comum acordo, poderão afastar a aplicação de dispositivo do regulamento do órgão arbitral institucional ou entidade especializada que limite a escolha do árbitro único, coárbitro ou presidente do tribunal à respectiva lista de árbitros, autorizado o controle da escolha pelos órgãos competentes da instituição, sendo que, nos casos de impasse e arbitragem multiparte, deverá ser observado o que dispuser o regulamento aplicável.

•• § 4.º com redação determinada pela Lei n. 13.129, de 26-5-2015.

§ 5.º O árbitro ou o presidente do tribunal designará, se julgar conveniente, um secretário, que poderá ser um dos árbitros.

§ 6.º No desempenho de sua função, o árbitro deverá proceder com imparcialidade, independência, competência, diligência e discrição.

§ 7.º Poderá o árbitro ou o tribunal arbitral determinar às partes o adiantamento de verbas para despesas e diligências que julgar necessárias.

Art. 14. Estão impedidos de funcionar como árbitros as pessoas que tenham, com as partes ou com o litígio que lhes for submetido, algumas das relações que caracterizam os casos de impedimento ou suspeição de juízes, aplicando-se-lhes, no que couber, os mesmos deveres e responsabilidades, conforme previsto no Código de Processo Civil.

§ 1.º As pessoas indicadas para funcionar como árbitro têm o dever de revelar, antes da aceitação da função, qualquer fato que denote dúvida justificada quanto à sua imparcialidade e independência.

§ 2.º O árbitro somente poderá ser recusado por motivo ocorrido após sua nomeação. Poderá, entretanto, ser recusado por motivo anterior à sua nomeação, quando:

a) não for nomeado, diretamente, pela parte; ou

b) o motivo para a recusa do árbitro for conhecido posteriormente à sua nomeação.

Art. 15. A parte interessada em arguir a recusa do árbitro apresentará, nos termos do art. 20, a respectiva exceção, diretamente ao árbitro ou ao presidente do tribunal arbitral, deduzindo suas razões e apresentando as provas pertinentes.

Parágrafo único. Acolhida a exceção, será afastado o árbitro suspeito ou impedido, que será substituído, na forma do art. 16 desta Lei.

Art. 16. Se o árbitro escusar-se antes da aceitação da nomeação, ou, após a aceitação, vier a falecer, tornar-se impossibilitado para o exercício da função, ou for recusado, assumirá seu lugar o substituto indicado no compromisso, se houver.

§ 1.º Não havendo substituto indicado para o árbitro, aplicar-se-ão as regras do órgão arbitral institucional ou entidade especializada, se as partes as tiverem invocado na convenção de arbitragem.

§ 2.º Nada dispondo a convenção de arbitragem e não chegando as partes a um acordo sobre a nomeação do árbitro a ser substituído, procederá a parte interessada da forma prevista no art. 7.º desta Lei, a menos que as partes tenham declarado, expressamente, na convenção de arbitragem, não aceitar substituto.

Art. 17. Os árbitros, quando no exercício de suas funções ou em razão delas, ficam equiparados aos funcionários públicos, para os efeitos da legislação penal.

Art. 18. O árbitro é juiz de fato e de direito, e a sentença que proferir não fica sujeita a recurso ou a homologação pelo Poder Judiciário.

Capítulo IV
DO PROCEDIMENTO ARBITRAL

Art. 19. Considera-se instituída a arbitragem quando aceita a nomeação pelo árbitro, se for único, ou por todos, se forem vários.

§ 1.º Instituída a arbitragem e entendendo o árbitro ou o tribunal arbitral que há necessidade de explicitar questão disposta na convenção de arbitragem, será elaborado, juntamente com as partes, adendo firmado por todos, que passará a fazer parte integrante da convenção de arbitragem.

•• Parágrafo único renumerado pela Lei n. 13.129, de 26-5-2015.

§ 2.º A instituição da arbitragem interrompe a prescrição, retroagindo à data do requerimento de sua instauração, ainda que extinta a arbitragem por ausência de jurisdição.

•• § 2.º acrescentado pela Lei n. 13.129, de 26-5-2015.

Art. 20. A parte que pretender arguir questões relativas à competência, suspeição ou impedimento do árbitro ou dos árbitros, bem como nulidade, invalidade ou ineficácia da convenção de arbitragem, deverá fazê-lo na primeira oportunidade que tiver de se manifestar, após a instituição da arbitragem.

§ 1.º Acolhida a arguição de suspeição ou impedimento, será o árbitro substituído nos termos do art. 16 desta Lei, reconhecida a incompetência do árbitro ou do tribunal arbitral, bem como a nulidade, invalidade ou ineficácia da convenção de arbitragem, serão as partes remetidas ao órgão do Poder Judiciário competente para julgar a causa.

§ 2.º Não sendo acolhida a arguição, terá normal prosseguimento a arbitragem, sem prejuízo de vir a ser examinada a decisão pelo órgão do Poder Judiciário competente, quando da eventual propositura da demanda de que trata o art. 33 desta Lei.

Art. 21. A arbitragem obedecerá ao procedimento estabelecido pelas partes na convenção de arbitragem, que poderá reportar-se às regras de um órgão arbitral institucional ou entidade especializada, facultando-se, ainda, às partes delegar ao próprio árbitro, ou ao tribunal arbitral, regular o procedimento.

§ 1.º Não havendo estipulação acerca do procedimento, caberá ao árbitro ou ao tribunal arbitral discipliná-lo.

§ 2.º Serão, sempre, respeitados no procedimento arbitral os princípios do contraditório, da igualdade das partes, da imparcialidade do árbitro e de seu livre convencimento.

§ 3.º As partes poderão postular por intermédio de advogado, respeitada, sempre, a faculdade de designar quem as represente ou assista no procedimento arbitral.

§ 4.º Competirá ao árbitro ou ao tribunal arbitral, no início do procedimento, tentar a conciliação das partes, aplicando-se, no que couber, o art. 28 desta Lei.

Art. 22. Poderá o árbitro ou o tribunal arbitral tomar o depoimento das partes, ouvir testemunhas e determinar a realização de perícias ou outras provas que julgar necessárias, mediante requerimento das partes ou de ofício.

§ 1.º O depoimento das partes e das testemunhas será tomado em local, dia e hora previamente comunicados, por escrito, e reduzido a termo, assinado pelo depoente, ou a seu rogo, e pelos árbitros.

§ 2.º Em caso de desatendimento, sem justa causa, da convocação para prestar depoimento pessoal, o árbitro ou o tribunal arbitral levará em consideração o comportamento da parte faltosa, ao proferir sua sentença; se a ausência for de testemunha, nas mesmas circunstâncias, poderá o árbitro ou o presidente do tribunal arbitral requerer à autoridade judiciária que conduza a testemunha renitente, comprovando a existência da convenção de arbitragem.

§ 3.º A revelia da parte não impedirá que seja proferida a sentença arbitral.

§ 4.º *(Revogado pela Lei n. 13.129, de 26-5-2015.)*

§ 5.º Se, durante o procedimento arbitral, um árbitro vier a ser substituído fica a critério do substituto repetir as provas já produzidas.

Capítulo IV-A
DAS TUTELAS CAUTELARES E DE URGÊNCIA

•• Capítulo IV-A acrescentado pela Lei n. 13.129, de 26-5-2015.

Art. 22-A. Antes de instituída a arbitragem, as partes poderão recorrer ao Poder Judiciário para a concessão de medida cautelar ou de urgência.

•• *Caput* acrescentado pela Lei n. 13.129, de 26-5-2015.

•• *Vide* arts. 300 a 310 do CPC.

Parágrafo único. Cessa a eficácia da medida cautelar ou de urgência se a parte interessada não requerer a instituição da arbitragem no prazo de 30 (trinta) dias, contado da data de efetivação da respectiva decisão.

•• Parágrafo único acrescentado pela Lei n. 13.129, de 26-5-2015.

•• *Vide* art. 309 do CPC.

Art. 22-B. Instituída a arbitragem, caberá aos árbitros manter, modificar ou revogar a medida cautelar ou de urgência concedida pelo Poder Judiciário.

•• *Caput* acrescentado pela Lei n. 13.129, de 26-5-2015.

Parágrafo único. Estando já instituída a arbitragem, a medida cautelar ou de urgência será requerida diretamente aos árbitros.

•• Parágrafo único acrescentado pela Lei n. 13.129, de 26-5-2015.

Capítulo IV-B
DA CARTA ARBITRAL

•• Capítulo IV-B acrescentado pela Lei n. 13.129, de 26-5-2015.

Art. 22-C. O árbitro ou o tribunal arbitral poderá expedir carta arbitral para que o órgão jurisdicional nacional pratique ou determine o cumprimento, na área de sua competência territorial, de ato solicitado pelo árbitro.

•• *Caput* acrescentado pela Lei n. 13.129, de 26-5-2015.

Parágrafo único. No cumprimento da carta arbitral será observado o segredo de justiça, desde que comprovada a confidencialidade estipulada na arbitragem.

•• Parágrafo único acrescentado pela Lei n. 13.129, de 26-5-2015.

• *Vide* art. 189 do CPC.

Capítulo V
DA SENTENÇA ARBITRAL

Art. 23. A sentença arbitral será proferida no prazo estipulado pelas partes. Nada tendo sido convencionado, o prazo para a apresentação da sentença é de seis meses, contado da instituição da arbitragem ou da substituição do árbitro.

§ 1.º Os árbitros poderão proferir sentenças parciais.

•• § 1.º acrescentado pela Lei n. 13.129, de 26-5-2015.

§ 2.º As partes e os árbitros, de comum acordo, poderão prorrogar o prazo para proferir a sentença final.

•• Parágrafo único renumerado pela Lei n. 13.129, de 26-5-2015.

Art. 24. A decisão do árbitro ou dos árbitros será expressa em documento escrito.

§ 1.º Quando forem vários os árbitros, a decisão será tomada por maioria. Se não houver acordo majoritário, prevalecerá o voto do presidente do tribunal arbitral.

§ 2.º O árbitro que divergir da maioria poderá, querendo, declarar seu voto em separado.

Art. 25. *(Revogado pela Lei n. 13.129, de 26-5-2015.)*

Art. 26. São requisitos obrigatórios da sentença arbitral:

I – o relatório, que conterá os nomes das partes e um resumo do litígio;

II – os fundamentos da decisão, onde serão analisadas as questões de fato e de direito, mencionando-se, expressamente, se os árbitros julgaram por equidade;

III – o dispositivo, em que os árbitros resolverão as questões que lhes forem submetidas e estabelecerão o prazo para o cumprimento da decisão, se for o caso; e

IV – a data e o lugar em que foi proferida.

Parágrafo único. A sentença arbitral será assinada pelo árbitro ou por todos os árbitros. Caberá ao presidente do tribunal arbitral, na hipótese de um ou alguns dos árbitros não poder ou não querer assinar a sentença, certificar tal fato.

Art. 27. A sentença arbitral decidirá sobre a responsabilidade das partes acerca das custas e despesas com a arbitragem, bem como sobre verba decorrente de litigância de má-fé, se for o caso, respeitadas as disposições da convenção de arbitragem, se houver.

Art. 28. Se, no decurso da arbitragem, as partes chegarem a acordo quanto ao litígio, o árbitro ou o tribunal arbitral poderá, a pedido das partes, declarar tal fato mediante sentença arbitral, que conterá os requisitos do art. 26 desta Lei.

Art. 29. Proferida a sentença arbitral, dá-se por finda a arbitragem, devendo o árbitro, ou o presidente do tribunal arbitral, enviar cópia da decisão às partes, por via postal ou por outro meio qualquer de comunicação, mediante comprovação de recebimento, ou, ainda, entregando-a diretamente às partes, mediante recibo.

Art. 30. No prazo de 5 (cinco) dias, a contar do recebimento da notificação ou da ciência pessoal da sentença arbitral, salvo se outro prazo for acordado entre as partes, a parte interessada, mediante comunicação à outra parte, poderá solicitar ao árbitro ou ao tribunal arbitral que:

•• *Caput* com redação determinada pela Lei n. 13.129, de 26-5-2015.

I – corrija qualquer erro material da sentença arbitral;

II – esclareça alguma obscuridade, dúvida ou contradição da sentença arbitral, ou se pronuncie sobre ponto omitido a respeito do qual devia manifestar-se a decisão.

Parágrafo único. O árbitro ou o tribunal arbitral decidirá no prazo de 10 (dez) dias ou em prazo acordado com as partes, aditará a sentença arbitral e notificará as partes na forma do art. 29.

•• Parágrafo único com redação determinada pela Lei n. 13.129, de 26-5-2015.

Art. 31. A sentença arbitral produz, entre as partes e seus sucessores, os mesmos efeitos da sentença proferida pelos órgãos do Poder Judiciário e, sendo condenatória, constitui título executivo.

Art. 32. É nula a sentença arbitral se:

I – for nula a convenção de arbitragem;

•• Inciso I com redação determinada pela Lei n. 13.129, de 26-5-2015.

II – emanou de quem não podia ser árbitro;

III – não contiver os requisitos do art. 26 desta Lei;

IV – for proferida fora dos limites da convenção de arbitragem;

V – *(Revogado pela Lei n. 13.129, de 26-5-2015.)*

VI – comprovado que foi proferida por prevaricação, concussão ou corrupção passiva;

VII – proferida fora do prazo, respeitado o disposto no art. 12, III, desta Lei; e

VIII – forem desrespeitados os princípios de que trata o art. 21, § 2.º, desta Lei.

Art. 33. A parte interessada poderá pleitear ao órgão do Poder Judiciário competente a declaração de nulidade da sentença arbitral, nos casos previstos nesta Lei.

•• *Caput* com redação determinada pela Lei n. 13.129, de 26-5-2015.

§ 1.º A demanda para a declaração de nulidade da sentença arbitral, parcial ou final, seguirá as regras do procedimento comum, previstas na Lei n. 5.869, de 11 de janeiro de 1973 (Código de Processo Civil), e deverá ser proposta no prazo de até 90 (noventa) dias após o recebimento da notificação da respectiva sentença, parcial ou final, ou da decisão do pedido de esclarecimentos.

•• § 1.º com redação determinada pela Lei n. 13.129, de 26-5-2015.

•• Procedimento comum: *vide* arts. 318 e s. do CPC.

§ 2.º A sentença que julgar procedente o pedido declarará a nulidade da sentença arbitral, nos casos do art. 32, e determinará, se for o caso, que o árbitro ou o tribunal profira nova sentença arbitral.

•• § 2.º com redação determinada pela Lei n. 13.129, de 26-5-2015.

§ 3.º A decretação da nulidade da sentença arbitral também poderá ser requerida na impugnação ao cumprimento da sentença, nos termos dos arts. 525 e seguintes do Código de Processo Civil, se houver execução judicial.

•• § 3.º com redação determinada pela Lei n. 13.105, de 16-3-2015.

•• A Lei n. 13.129, de 26-5-2015, em vigor 60 dias após a publicação (*DOU* de 7-7-2015), alterou a redação deste artigo:

"§ 3.º A declaração de nulidade da sentença arbitral também poderá ser arguida mediante impugnação, conforme os arts. 475-L e seguintes da Lei n. 5.869, de 11 de janeiro de 1973 (Código de Processo Civil), se houver execução judicial".

§ 4.º A parte interessada poderá ingressar em juízo para requerer a prolação de sentença arbitral complementar, se o árbitro não decidir todos os pedidos submetidos à arbitragem.

•• § 4.º acrescentado pela Lei n. 13.129, de 26-5-2015.

Capítulo VI
DO RECONHECIMENTO E EXECUÇÃO DE SENTENÇAS ARBITRAIS ESTRANGEIRAS

• O Decreto n. 4.311, de 23-7-2002, promulga a Convenção sobre o Reconhecimento e a Execução de Sentenças Arbitrais Estrangeiras.

Art. 34. A sentença arbitral estrangeira será reconhecida ou executada no Brasil de conformidade com os tratados internacionais com eficácia no ordenamento interno e, na sua ausência, estritamente de acordo com os termos desta Lei.

Parágrafo único. Considera-se sentença arbitral estrangeira a que tenha sido proferida fora do território nacional.

Art. 35. Para ser reconhecida ou executada no Brasil, a sentença arbitral estrangeira está sujeita, unicamente, à homologação do Superior Tribunal de Justiça.

•• Artigo com redação determinada pela Lei n. 13.129, de 26-5-2015.

•• *Vide* arts. 960 e s. do CPC.

Art. 36. Aplica-se à homologação para reconhecimento ou execução de sentença arbitral estrangeira, no que couber, o disposto nos arts. 483 e 484 do Código de Processo Civil.

Art. 37. A homologação de sentença arbitral estrangeira será requerida pela parte interessada, devendo a petição inicial conter as indicações da lei processual, conforme o art. 282 do Código de Processo Civil, e ser instruída, necessariamente, com:

I – o original da sentença arbitral ou uma cópia devidamente certificada, autenticada pelo consulado brasileiro e acompanhada de tradução oficial;

II – o original da convenção de arbitragem ou cópia devidamente certificada, acompanhada de tradução oficial.

Art. 38. Somente poderá ser negada a homologação para o reconhecimento ou execução de sentença arbitral estrangeira, quando o réu demonstrar que:

I – as partes na convenção de arbitragem eram incapazes;

II – a convenção de arbitragem não era válida segundo a lei à qual as partes a submeteram, ou, na falta de indicação, em virtude da lei do país onde a sentença arbitral foi proferida;

III – não foi notificado da designação do árbitro ou do procedimento de arbitragem, ou tenha sido violado o princípio do contraditório, impossibilitando a ampla defesa;

IV – a sentença arbitral foi proferida fora dos limites da convenção de arbitragem, e não foi possível separar a parte excedente daquela submetida à arbitragem;

V – a instituição da arbitragem não está de acordo com o compromisso arbitral ou cláusula compromissória;

VI – a sentença arbitral não se tenha, ainda, tornado obrigatória para as partes, tenha sido anulada, ou, ainda, tenha sido suspensa por órgão judicial do país onde a sentença arbitral for prolatada.

Art. 39. A homologação para o reconhecimento ou a execução da sentença arbitral estrangeira também será denegada se o Superior Tribunal de Justiça constatar que:

•• *Caput* com redação determinada pela Lei n. 13.129, de 26-5-2015.

I – segundo a lei brasileira, o objeto do litígio não é suscetível de ser resolvido por arbitragem;

II – a decisão ofende a ordem pública nacional.

Parágrafo único. Não será considerada ofensa à ordem pública nacional a efetivação da citação da parte residente ou domiciliada no Brasil, nos moldes da convenção de arbitragem ou da lei processual do país onde se realizou a arbitragem, admitindo-se, inclusive, a citação postal com prova inequívoca de recebimento, desde que assegure à parte brasileira tempo hábil para o exercício do direito de defesa.

Art. 40. A denegação da homologação para reconhecimento ou execução de sentença arbitral estrangeira por vícios formais, não obsta que a parte interessada renove o pedido, uma vez sanados os vícios apresentados.

Capítulo VII
DISPOSIÇÕES FINAIS

Art. 41. Os arts. 267, inciso VII; 301, inciso IX; e 584, inciso III, do Código de Processo Civil passam a ter a seguinte redação:

•• Alterações já processadas no texto do diploma modificado.

Art. 42. O art. 520 do Código de Processo Civil passa a ter mais um inciso, com a seguinte redação:

•• Alteração já processada no texto do diploma modificado.

Art. 43. Esta Lei entrará em vigor sessenta dias após a data de sua publicação.

•• *Vide* Súmula 485 do STJ.

Art. 44. Ficam revogados os arts. 1.037 a 1.048 da Lei n. 3.071, de 1.º de janeiro de 1916, Código Civil Brasileiro; os arts. 101 e 1.072 a 1.102 da Lei n. 5.869, de 11 de janeiro de 1973, Código de Processo Civil; e demais disposições em contrário.

Brasília, 23 de setembro de 1996; 175.º da Independência e 108.º da República.

FERNANDO HENRIQUE CARDOSO

LEI N. 9.434, DE 4 DE FEVEREIRO DE 1997 (*)

Dispõe sobre a remoção de órgãos, tecidos e partes do corpo humano para fins de transplante e tratamento e dá outras providências.

Capítulo I
DAS DISPOSIÇÕES GERAIS

Art. 1.º A disposição gratuita de tecidos, órgãos e partes do corpo humano, em vida ou *post mortem*, para fins de transplante e tratamento, é permitida na forma desta Lei.

Parágrafo único. Para os efeitos desta Lei, não estão compreendidos entre os tecidos a que se refere este artigo o sangue, o esperma e o óvulo.

Art. 2.º A realização de transplantes ou enxertos de tecidos, órgãos ou partes do corpo humano só poderá ser realizada por estabelecimento de saúde, público ou privado, e por equipes médico-cirúrgicas de remoção e transplante previamente autorizados pelo órgão de gestão nacional do Sistema Único de Saúde.

Parágrafo único. A realização de transplantes ou enxertos de tecidos, órgãos e partes do corpo humano só poderá ser autorizada após a realização, no doador, de todos os testes de triagem para diagnóstico de infecção e infestação exigidos em normas regulamentares expedidas pelo Ministério da Saúde.

•• Parágrafo único com redação determinada pela Lei n. 10.211, de 23-3-2001.

Capítulo II
DA DISPOSIÇÃO *POST MORTEM* DE TECIDOS, ÓRGÃOS E PARTES DO CORPO HUMANO PARA FINS DE TRANSPLANTE

• *Vide* art. 14 do CC.

Art. 3.º A retirada *post mortem* de tecidos, órgãos ou partes do corpo humano destinados a transplante ou tratamento deverá ser precedida de diagnóstico de morte encefálica, constatada e registrada por dois médicos não participantes das equipes de remoção e transplante, mediante a utilização de critérios clínicos e tecnológicos definidos por resolução do Conselho Federal de Medicina.

• A Resolução n. 2.173, de 23-11-2017, do CFM, define os critérios do diagnóstico de morte encefálica.

§ 1.º Os prontuários médicos, contendo os resultados ou os laudos dos exames referentes aos diagnósticos de morte encefálica e cópias dos documentos de que tratam os arts. 2.º, parágrafo único; 4.º e seus parágrafos; 5.º; 7.º; 9.º, §§ 2.º, 4.º, 6.º e 8.º; e 10, quando couber, e detalhando os atos cirúrgicos relativos aos transplantes e enxertos, serão mantidos nos arquivos das instituições referidas no art. 2.º por um período mínimo de 5 (cinco) anos.

§ 2.º As instituições referidas no art. 2.º enviarão anualmente um relatório contendo os nomes dos pacientes receptores ao órgão gestor estadual do Sistema Único de Saúde.

§ 3.º Será admitida a presença de médico de confiança da família do falecido no ato da comprovação e atestação da morte encefálica.

Art. 4.º A retirada de tecidos, órgãos e partes do corpo de pessoas falecidas para transplantes ou outra finalidade terapêutica, dependerá da autorização do cônjuge ou parente, maior de idade, obedecida a linha sucessória, reta ou colateral, até o segundo grau inclusive, firmada em documento subscrito por duas testemunhas presentes à verificação da morte.

•• Artigo com redação determinada pela Lei n. 10.211, de 23-3-2001.

Parágrafo único. (*Vetado*.)

•• O texto original deste artigo era composto por *caput* e §§ 1.º a 5.º. A Lei n. 10.211, de 23-3-2001, revogou expressamente os §§ 1.º a 5.º deste artigo, alterando-o para *caput* e parágrafo único.

Art. 5.º A remoção *post mortem* de tecidos, órgãos ou partes do corpo de pessoa juridicamente incapaz poderá ser feita desde que permitida expressamente por ambos os pais ou por seus responsáveis legais.

Art. 6.º É vedada a remoção *post mortem* de tecidos, órgãos ou partes do corpo de pessoas não identificadas.

Art. 7.º (*Vetado*.)

Parágrafo único. No caso de morte sem assistência médica, de óbito em decorrência de causa mal definida ou de outras situações nas quais houver indicação de verificação da causa médica da morte, a remoção de tecidos, órgãos ou partes de cadáver para fins de transplante ou terapêutica somente poderá ser realizada após a autorização do patologista do serviço de verificação de óbito responsável pela investigação e citada em relatório de necropsia.

Art. 8.º Após a retirada de tecidos, órgãos e partes, o cadáver será imediatamente necropsiado, se verificada a hipótese do parágrafo único do art. 7.º, e, em qualquer caso, condignamente recomposto para ser entregue, em seguida, aos parentes do morto ou seus responsáveis legais para sepultamento.

•• Artigo com redação determinada pela Lei n. 10.211, de 23-3-2001.

Capítulo III
DA DISPOSIÇÃO DE TECIDOS, ÓRGÃOS E PARTES DO CORPO HUMANO VIVO PARA FINS DE TRANSPLANTE OU TRATAMENTO

Art. 9.º É permitida à pessoa juridicamente capaz dispor gratuitamente de tecidos, órgãos e partes do próprio corpo vivo, para fins terapêuticos ou para transplantes em cônjuge ou parentes consanguíneos até o quarto grau, inclusive, na forma do § 4.º deste artigo, ou em qualquer outra pessoa, mediante autorização judicial, dispensada esta em relação à medula óssea.

•• *Caput* com redação determinada pela Lei n. 10.211, de 23-3-2001.

• A Portaria n. 201, de 7-2-2012, do Ministério da Saúde, dispõe sobre a remoção de órgãos, tecidos e partes do corpo humano vivo para fins de transplantes no território nacional envolvendo estrangeiros não residentes no país.

§§ 1.º e 2.º (*Vetados*.)

§ 3.º Só é permitida a doação referida neste artigo quando se tratar de órgãos duplos, de partes de órgãos, tecidos ou partes do corpo cuja retirada não impeça o organismo do doador de continuar vivendo sem risco para a sua integridade e não represente grave comprometimento de suas aptidões vitais e saúde mental e não cause mutilação ou deformação inaceitável, e corresponda a uma necessidade terapêutica comprovadamente indispensável à pessoa receptora.

(*) Publicada no *Diário Oficial da União*, de 5-2-1997. Regulamentada pelo Decreto n. 9.175, de 18-10-2017.

§ 4.º O doador deverá autorizar, preferencialmente por escrito e diante de testemunhas, especificamente o tecido, órgão ou parte do corpo objeto da retirada.

§ 5.º A doação poderá ser revogada pelo doador ou pelos responsáveis legais a qualquer momento antes de sua concretização.

§ 6.º O indivíduo juridicamente incapaz, com compatibilidade imunológica comprovada, poderá fazer doação nos casos de transplante de medula óssea, desde que haja consentimento de ambos os pais ou seus responsáveis legais e autorização judicial e o ato não oferecer risco para a sua saúde.

§ 7.º É vedado à gestante dispor de tecidos, órgãos ou partes de seu corpo vivo, exceto quando se tratar de doação de tecido para ser utilizado em transplante de medula óssea e o ato não oferecer risco à sua saúde ou ao feto.

§ 8.º O autotransplante depende apenas do consentimento do próprio indivíduo, registrado em seu prontuário médico ou, se ele for juridicamente incapaz, de um de seus pais ou responsáveis legais.

Art. 9.º-A. É garantido a toda mulher o acesso a informações sobre as possibilidades e os benefícios da doação voluntária de sangue do cordão umbilical e placentário durante o período de consultas pré-natais e no momento da realização do parto.

•• Artigo acrescentado pela Lei n. 11.633, de 27-12-2007.

Capítulo IV
DAS DISPOSIÇÕES COMPLEMENTARES

Art. 10. O transplante ou enxerto só se fará com o consentimento expresso do receptor, assim inscrito em lista única de espera, após aconselhamento sobre a excepcionalidade e os riscos do procedimento.

•• *Caput* com redação determinada pela Lei n. 10.211, de 23-3-2001.

§ 1.º Nos casos em que o receptor seja juridicamente incapaz ou cujas condições de saúde impeçam ou comprometam a manifestação válida da sua vontade, o consentimento de que trata este artigo será dado por um de seus pais ou responsáveis legais.

•• Primitivo parágrafo único renumerado pela Lei n. 10.211, de 23-3-2001.

§ 2.º A inscrição em lista única de espera não confere ao pretenso receptor ou à sua família direito subjetivo a indenização, se o transplante não se realizar em decorrência de alteração do estado de órgãos, tecidos e partes, que lhe seriam destinados, provocado por acidente ou incidente em seu transporte.

•• § 2.º acrescentado pela Lei n. 10.211, de 23-3-2001.

Art. 11. É proibida a veiculação, através de qualquer meio de comunicação social, de anúncio que configure:

a) publicidade de estabelecimentos autorizados a realizar transplantes e enxertos, relativa a estas atividades;

b) apelo público no sentido da doação de tecido, órgão ou parte do corpo humano para pessoa determinada, identificada ou não, ressalvado o disposto no parágrafo único;

c) apelo público para a arrecadação de fundos para o financiamento de transplante ou enxerto em benefício de particulares.

Parágrafo único. Os órgãos de gestão nacional, regional e local do Sistema Único de Saúde realizarão periodicamente, através dos meios adequados de comunicação social, campanhas de esclarecimento público dos benefícios esperados a partir da vigência desta Lei e de estímulo à doação de órgãos.

Art. 12. (*Vetado.*)

Art. 13. É obrigatório, para todos os estabelecimentos de saúde, notificar, às centrais de notificação, captação e distribuição de órgãos da unidade federada onde ocorrer, o diagnóstico de morte encefálica feito em pacientes por eles atendidos.

Parágrafo único. Após a notificação prevista no *caput* deste artigo, os estabelecimentos de saúde não autorizados a retirar tecidos, órgãos ou partes do corpo humano destinados a transplante ou tratamento deverão permitir a imediata remoção do paciente ou franquear suas instalações e fornecer o apoio operacional necessário às equipes médico-cirúrgicas de remoção e transplante, hipótese em que serão ressarcidos na forma da lei.

•• Parágrafo único acrescentado pela Lei n. 11.521, de 18-9-2007.

....

Capítulo VI
DAS DISPOSIÇÕES FINAIS

Art. 24. (*Vetado.*)

Art. 25. Revogam-se as disposições em contrário, particularmente a Lei n. 8.489, de 18 de novembro de 1992, e o Decreto n. 879, de 22 de julho de 1993.

Brasília, 4 de fevereiro de 1997; 176.º da Independência e 109.º da República.

FERNANDO HENRIQUE CARDOSO

LEI N. 9.447, DE 14 DE MARÇO DE 1997 (*)

Dispõe sobre a responsabilidade solidária de controladores de instituições submetidas aos regimes de que tratam a Lei n. 6.024, de 13 de março de 1974, e o Decreto-lei n. 2.321, de 25 de fevereiro de 1987; sobre a indisponibilidade de seus bens; sobre a responsabilização das empresas de auditoria contábil ou dos auditores contábeis independentes; sobre privatização de instituições cujas ações sejam desapropriadas, na forma do Decreto-lei n. 2.321, de 1987, e dá outras providências.

Faço saber que o Presidente da República adotou a Medida Provisória n. 1.470-16, de 14 de fevereiro de 1997, que o Congresso Nacional aprovou, e eu, Antonio Carlos Magalhães, Presidente, para os efeitos do disposto no parágrafo único do art. 62 da Constituição Federal, promulgo a seguinte Lei:

Art. 1.º A responsabilidade solidária dos controladores de instituições financeiras estabelecida no art. 15 do Decreto-lei n. 2.321, de 25 de fevereiro de 1987, aplica-se, também, aos regimes de intervenção e liquidação extrajudicial de que trata a Lei n. 6.024, de 13 de março de 1974.

Art. 2.º O disposto na Lei n. 6.024, de 1974, e no Decreto-lei n. 2.321, de 1987, no que se refere à indisponibilidade de bens, aplica-se, também, aos bens das pessoas, naturais ou jurídicas, que detenham o controle, direto ou indireto das instituições submetidas aos regimes de intervenção, liquidação extrajudicial ou administração especial temporária.

§ 1.º Objetivando assegurar a normalidade da atividade econômica e os interesses dos credores, o Banco Central do Brasil, por decisão de sua diretoria, poderá excluir da indisponibilidade os bens das pessoas jurídicas controladoras das instituições financeiras submetidas aos regimes especiais.

§ 2.º Não estão sujeitos à indisponibilidade os bens considerados inalienáveis ou impenhoráveis, nos termos da legislação em vigor.

§ 3.º A indisponibilidade não impede a alienação de controle, cisão, fusão ou incorporação da instituição submetida aos regimes de intervenção, liquidação extrajudicial ou administração especial temporária.

Art. 3.º O inquérito de que trata o art. 41 da Lei n. 6.024, de 1974, compreende também a apuração dos atos praticados ou das omissões incorridas pelas pessoas naturais ou jurídicas prestadoras de serviços de auditoria independente às instituições submetidas aos regimes de intervenção, liquidação extrajudicial ou administração especial temporária.

Parágrafo único. Concluindo o inquérito que houve culpa ou dolo na atuação das pessoas de que trata o *caput*, aplicar-se-á o disposto na parte final do *caput* do art. 45 da Lei n. 6.024, de 1974.

Art. 4.º O Banco Central do Brasil poderá, além das hipóteses previstas no art. 1.º do Decreto-lei n. 2.321, de 1987, decretar regime de administração especial temporária, quando caracterizada qualquer das situações previstas no art. 15 da Lei n. 6.024, de 1974.

Art. 5.º Verificada a ocorrência de qualquer das hipóteses previstas nos arts. 2.º e 15 da Lei n. 6.024, de 1974, e no art. 1.º

(*) Publicada no *Diário Oficial da União*, de 15-3-1997. Às sociedades seguradoras de capitalização e às entidades de previdência privada aberta aplica-se, no que couber, o disposto nos arts. 3.º a 49 desta Lei, conforme determina o art. 3.º da Lei n. 10.190, de 14-2-2001.

do Decreto-lei n. 2.321, de 1987, é facultado ao Banco Central do Brasil, visando assegurar a normalidade da economia pública e resguardar os interesses dos depositantes, investidores e demais credores, sem prejuízo da posterior adoção dos regimes de intervenção, liquidação extrajudicial ou administração especial temporária, determinar as seguintes medidas:

I – capitalização da sociedade, com o aporte de recursos necessários ao seu soerguimento, em montante por ele fixado;

II – transferência do controle acionário;

III – reorganização societária, inclusive mediante incorporação, fusão ou cisão.

Parágrafo único. Não implementadas as medidas de que trata este artigo, no prazo estabelecido pelo Banco Central do Brasil, decretar-se-á o regime especial cabível.

Art. 6.º No resguardo da economia pública e dos interesses dos depositantes e investidores, o interventor, o liquidante ou o conselho diretor da instituição submetida aos regimes de intervenção, liquidação extrajudicial ou administração especial temporária, quando prévia e expressamente autorizado pelo Banco Central do Brasil, poderá:

I – transferir para outra ou outras sociedades, isoladamente ou em conjunto, bens, direitos e obrigações da empresa ou de seus estabelecimentos;

II – alienar ou ceder bens e direitos a terceiros e acordar a assunção de obrigações por outra sociedade;

III – proceder à constituição ou reorganização de sociedade ou sociedades para as quais sejam transferidos, no todo ou em parte, bens, direitos e obrigações da instituição sob intervenção, liquidação extrajudicial ou administração especial temporária, objetivando a continuação geral ou parcial de seu negócio ou atividade.

Art. 7.º A implementação das medidas previstas no artigo anterior e o encerramento, por qualquer forma, dos regimes de intervenção, liquidação extrajudicial ou administração especial temporária não prejudicarão:

I – o andamento do inquérito para apuração das responsabilidades dos controladores, administradores, membros dos conselhos da instituição e das pessoas naturais ou jurídicas prestadoras de serviços de auditoria independente às instituições submetidas aos regimes de que tratam a Lei n. 6.024, de 1974, e o Decreto-lei n. 2.321, de 1987;

II – a legitimidade do Ministério Público para prosseguir ou propor as ações previstas nos arts. 45 e 46 da Lei n. 6.024, de 1974.

Art. 8.º A intervenção e a liquidação extrajudicial de instituições financeiras poderão, também, a critério do Banco Central do Brasil, ser executadas por pessoa jurídica.

Art. 9.º (*Revogado pela Lei n. 13.506, de 13-11-2017.*)

Art. 10. A alienação do controle de instituições financeiras cujas ações sejam desapropriadas pela União, na forma do Decreto-lei n. 2.321, de 1987, será feita mediante oferta pública, na forma de regulamento, assegurada igualdade de condições a todos os concorrentes.

§ 1.º O decreto expropriatório fixará, em cada caso, o prazo para alienação do controle, o qual poderá ser prorrogado por igual período.

§ 2.º Desapropriadas as ações, o regime de administração especial temporária prosseguirá, até que efetivada a transferência, pela União, do controle acionário da instituição.

Art. 11. As instituições financeiras cujas ações sejam desapropriadas pela União permanecerão, até a alienação de seu controle, para todos os fins, sob o regime jurídico próprio das empresas privadas.

Art. 12. Nos empréstimos realizados no âmbito do Programa de Estímulo à Reestruturação e ao Fortalecimento do Sistema Financeiro Nacional – PROER poderão ser aceitos, como garantia, títulos ou direitos relativos a operações de responsabilidade do Tesouro Nacional ou de entidades da Administração Pública Federal indireta.

Parágrafo único. Exceto nos casos em que as garantias sejam representadas por títulos da dívida pública mobiliária federal vendidos em leilões competitivos, o valor nominal das garantias deverá exceder em pelo menos 20% (vinte por cento) o montante garantido.

Art. 13. Na hipótese de operações financeiras ao amparo do PROER, o Banco Central do Brasil informará, tempestivamente, à Comissão de Assuntos Econômicos do Senado Federal, em cada caso:

I – os motivos pelos quais a instituição financeira solicitou sua inclusão no Programa;

II – o valor da operação;

III – os dados comparativos entre os encargos financeiros cobrados no PROER e os encargos financeiros médios pagos pelo Banco Central do Brasil na colocação de seus títulos no mercado;

IV – as garantias aceitas e seu valor em comparação com o empréstimo concedido.

Art. 14. Os arts. 22 e 26 da Lei n. 6.385, de 7 de dezembro de 1976, passam a vigorar com as seguintes alterações:

•• Alteração do art. 26 já processada na lei modificada. O art. 22 sofreu nova alteração.

Art. 15. Ficam convalidados os atos praticados com base na Medida Provisória n. 1.470-15, de 17 de janeiro de 1997.

Art. 16. Esta Lei entra em vigor na data de sua publicação.

Brasília, 14 de março de 1997; 176.º da Independência e 109.º da República.

Antonio Carlos Magalhães

LEI N. 9.454, DE 7 DE ABRIL DE 1997 (*)

Institui o número único de Registro de Identidade Civil e dá outras providências.

O Presidente da República

Faço saber que o Congresso Nacional decreta e eu sanciono a seguinte Lei:

Art. 1.º É instituído o número único de Registro de Identidade Civil, pelo qual cada cidadão brasileiro, nato ou naturalizado, será identificado em suas relações com a sociedade e com os organismos governamentais e privados.

•• *Caput* com redação determinada pela Lei n. 12.058, de 13-10-2009.

§ 1.º (*Vetado.*)

•• Parágrafo único, *caput*, renumerado pela Lei n. 14.534, de 11-1-2023.

§ 2.º Será adotado, nos documentos novos, para o número único de que trata este artigo, o número de inscrição no Cadastro de Pessoas Físicas (CPF).

•• § 2.º acrescentado pela Lei n. 14.534, de 11-1-2023.

§ 3.º O número de inscrição no CPF é único e definitivo para cada pessoa física.

•• § 3.º acrescentado pela Lei n. 14.534, de 11-1-2023.

Art. 2.º É instituído o Cadastro Nacional de Registro de Identificação Civil, destinado a conter o número único de Registro de Identidade Civil, acompanhado dos dados de identificação de cada cidadão.

•• Artigo com redação determinada pela Lei n. 12.058, de 13-10-2009.

Art. 3.º O Poder Executivo definirá a entidade que centralizará as atividades de implementação, coordenação e controle do Cadastro Nacional de Registro de Identificação Civil, que se constituirá em órgão central do Sistema Nacional de Registro de Identificação Civil.

§ 1.º Fica a União autorizada a firmar convênio com os Estados e o Distrito Federal para a implementação do número único de registro de identificação civil.

•• § 1.º com redação determinada pela Lei n. 12.058, de 13-10-2009.

§ 2.º Os Estados e o Distrito Federal, signatários do convênio, participarão do Sistema Nacional de Registro de Identificação Civil e ficarão responsáveis pela operacionalização e atualização, nos respectivos territórios, do Cadastro Nacional de Registro de Identificação Civil, em regime de compartilhamento com o órgão central, a quem caberá disciplinar a forma de compartilhamento a que se refere este parágrafo.

•• § 2.º com redação determinada pela Lei n. 12.058, de 13-10-2009.

§ 3.º (*Revogado pela Lei n. 12.058, de 13-10-2009.*)

(*) Publicada no *Diário Oficial da União*, de 8-4-1997. Regulamentada pelo Decreto n. 10.977, de 23-2-2022, para estabelecer o Serviço de Identificação do Cidadão como o Sistema Nacional de Registro de Identificação Civil.

Art. 4.º Será incluída na proposta orçamentária do órgão central do sistema a provisão de meios necessários, acompanhada do cronograma de implementação e manutenção do sistema.

Art. 5.º O Poder Executivo providenciará, no prazo de 180 (cento e oitenta) dias, a regulamentação desta Lei e, no prazo de 360 (trezentos e sessenta) dias, o início de sua implementação.

Art. 6.º (*Revogado pela Lei n. 12.058, de 13-10-2009.*)

Art. 7.º Esta Lei entra em vigor na data de sua publicação.

Art. 8.º Revogam-se as disposições em contrário.

Brasília, 7 de abril de 1997; 176.º da Independência e 109.º da República.

FERNANDO HENRIQUE CARDOSO

LEI N. 9.492, DE 10 DE SETEMBRO DE 1997 (*)

Define competência, regulamenta os serviços concernentes ao protesto de títulos e outros documentos de dívida e dá outras providências.

O Presidente da República

Faço saber que o Congresso Nacional decreta e eu sanciono a seguinte Lei:

Capítulo I
DA COMPETÊNCIA E DAS ATRIBUIÇÕES

Art. 1.º Protesto é o ato formal e solene pelo qual se prova a inadimplência e o descumprimento de obrigação originada em títulos e outros documentos de dívida.

• Dos títulos de crédito no CC: *vide* arts. 887 a 926.

Parágrafo único. Incluem-se entre os títulos sujeitos a protesto as certidões de dívida ativa da União, dos Estados, do Distrito Federal, dos Municípios e das respectivas autarquias e fundações públicas.

•• Parágrafo único acrescentado pela Lei n. 12.767, de 27-12-2012.

Art. 2.º Os serviços concernentes ao protesto, garantidores da autenticidade, publicidade, segurança e eficácia dos atos jurídicos, ficam sujeitos ao regime estabelecido nesta Lei.

Art. 3.º Compete privativamente ao Tabelião de Protesto de Títulos, na tutela dos interesses públicos e privados, a protocolização, a intimação, o acolhimento da devolução ou do aceite, o recebimento do pagamento, do título e de outros documentos de dívida, bem como lavrar e registrar o protesto ou acatar a desistência do credor em relação ao mesmo, proceder às averbações, prestar informações e fornecer certidões relativas a todos os atos praticados, na forma desta Lei.

(*) Publicada no *Diário Oficial da União*, de 11-9-1997.

Capítulo II
DA ORDEM DOS SERVIÇOS

Art. 4.º O atendimento ao público será, no mínimo, de 6 (seis) horas diárias.

Art. 5.º Todos os documentos apresentados ou distribuídos no horário regulamentar serão protocolizados dentro de 24 (vinte e quatro) horas, obedecendo à ordem cronológica de entrega.

Parágrafo único. Ao apresentante será entregue recibo com as características essenciais do título ou documento da dívida, sendo de sua responsabilidade os dados fornecidos.

Art. 6.º Tratando-se de cheque, poderá o protesto ser lavrado no lugar do pagamento ou do domicílio do emitente, devendo do referido cheque constar a prova de apresentação ao banco sacado, salvo se o protesto tenha por fim instruir medidas pleiteadas contra o estabelecimento de crédito.

Capítulo III
DA DISTRIBUIÇÃO

Art. 7.º Os títulos e documentos de dívida destinados a protesto somente estarão sujeitos a prévia distribuição obrigatória nas localidades onde houver mais de 1 (um) Tabelionato de Protesto de Títulos.

Parágrafo único. Onde houver mais de 1 (um) Tabelionato de Protesto de Títulos, a distribuição será feita por um serviço instalado e mantido pelos próprios tabelionatos, salvo se já existir ofício distribuidor organizado antes da promulgação desta Lei.

Art. 8.º Os títulos e documentos de dívida serão recepcionados, distribuídos e entregues na mesma data aos Tabelionatos de Protesto, obedecidos os critérios de quantidade e qualidade.

§ 1.º Poderão ser recepcionadas as indicações a protestos das duplicatas mercantis e de prestação de serviços, por meio magnético ou de gravação eletrônica de dados, sendo de inteira responsabilidade do apresentante os dados fornecidos, ficando a cargo dos tabelionatos a mera instrumentalização das mesmas.

•• Parágrafo único renumerado pela Lei n. 13.775, de 20-12-2018.

§ 2.º Os títulos e documentos de dívida mantidos sob a forma escritural nos sistemas eletrônicos de escrituração ou nos depósitos centralizados de que trata a Lei n. 12.810, de 15 de maio de 2013, poderão ser recepcionados para protesto por extrato, desde que atestado por seu emitente, sob as penas da lei, que as informações conferem com o que consta na origem.

•• § 2.º acrescentado pela Lei n. 13.775, de 20-12-2018.

•• A Lei n. 12.810, de 15-5-2013, dispõe sobre o parcelamento de débitos com a Fazenda Nacional relativos às contribuições previdenciárias de responsabilidade dos Estados, do Distrito Federal e dos Municípios.

Capítulo IV
DA APRESENTAÇÃO E PROTOCOLIZAÇÃO

Art. 9.º Todos os títulos e documentos de dívida protocolizados serão examinados em seus caracteres formais e terão curso se não apresentarem vícios, não cabendo ao tabelião de protesto investigar a ocorrência de prescrição ou caducidade.

Parágrafo único. Qualquer irregularidade formal observada pelo tabelião obstará o registro do protesto.

Art. 10. Poderão ser protestados títulos e outros documentos de dívida em moeda estrangeira, emitidos fora do Brasil, desde que acompanhados de tradução efetuada por tradutor público juramentado.

§ 1.º Constarão obrigatoriamente do registro do protesto a descrição do documento e sua tradução.

§ 2.º Em caso de pagamento, este será efetuado em moeda corrente nacional, cumprindo ao apresentante a conversão na data de apresentação do documento para protesto.

§ 3.º Tratando-se de títulos ou documentos de dívidas emitidos no Brasil, em moeda estrangeira, cuidará o tabelião de observar as disposições do Decreto-lei n. 857, de 11 de setembro de 1969, e legislação complementar ou superveniente.

• O Decreto-lei n. 857, de 11-9-1969, foi revogado pela Lei n. 14.286, de 29-12-2021.

Art. 11. Tratando-se de títulos ou documentos de dívida sujeitos a qualquer tipo de correção, o pagamento será feito pela conversão vigorante no dia da apresentação, no valor indicado pelo apresentante.

Capítulo V
DO PRAZO

Art. 12. O protesto será registrado dentro de 3 (três) dias úteis contados da protocolização do título ou documento de dívida.

§ 1.º Na contagem do prazo a que se refere o *caput* exclui-se o dia da protocolização e inclui-se o do vencimento.

§ 2.º Considera-se não útil o dia em que não houver expediente bancário para o público ou aquele em que este não obedecer ao horário normal.

Art. 13. Quando a intimação for efetivada excepcionalmente no último dia do prazo ou além dele, por motivo de força maior, o protesto será tirado no primeiro dia útil subsequente.

Capítulo VI
DA INTIMAÇÃO

Art. 14. Protocolizado o título ou documento de dívida, o tabelião de protesto expedirá a intimação ao devedor, no endereço fornecido pelo apresentante do título ou documento, considerando-se cumprida quando comprovada a sua entrega no mesmo endereço.

§ 1.º A remessa da intimação poderá ser feita por portador do próprio tabelião, ou por qualquer outro meio, desde que o recebimento fique assegurado e comprovado através de protocolo, aviso de recepção (AR) ou documento equivalente.

§ 2.º A intimação deverá conter nome e endereço do devedor, elementos de identificação do título ou documento de dívida, e prazo limite para cumprimento da obrigação no tabelionato, bem como número do protocolo e valor a ser pago.

Art. 15. A intimação será feita por edital se a pessoa indicada para aceitar ou pagar for desconhecida, sua localização incerta ou ignorada, for residente ou domiciliada fora da competência territorial do tabelionato, ou, ainda, ninguém se dispuser a receber a intimação no endereço fornecido pelo apresentante.

§ 1.º O edital será afixado no Tabelionato de Protesto e publicado pela imprensa local onde houver jornal de circulação diária.

§ 2.º Aquele que fornecer endereço incorreto, agindo de má-fé, responderá por perdas e danos, sem prejuízo de outras sanções civis, administrativas ou penais.

Capítulo VII

DA DESISTÊNCIA E SUSTAÇÃO DO PROTESTO

Art. 16. Antes da lavratura do protesto, poderá o apresentante retirar o título ou documento de dívida, pagos os emolumentos e demais despesas.

Art. 17. Permanecerão no tabelionato, à disposição do juízo respectivo, os títulos ou documentos de dívida cujo protesto for judicialmente sustado.

§ 1.º O título do documento de dívida cujo protesto tiver sido sustado judicialmente só poderá ser pago, protestado ou retirado com autorização judicial.

§ 2.º Revogada a ordem de sustação, não há necessidade de se proceder a nova intimação do devedor, sendo a lavratura e o registro do protesto efetivados até o primeiro dia útil subsequente ao do recebimento da revogação, salvo se a materialização do ato depender de consulta a ser formulada ao apresentante, caso em que o mesmo prazo será contado da data da resposta dada.

§ 3.º Tornada definitiva a ordem de sustação, o título ou o documento de dívida será encaminhado ao juízo respectivo, quando não constar determinação expressa a qual das partes o mesmo deverá ser entregue, ou se decorridos 30 (trinta) dias sem que a parte autorizada tenha comparecido ao tabelionato para retirá-lo.

Art. 18. As dúvidas do tabelião de protesto serão resolvidas pelo juízo competente.

Capítulo VIII

DO PAGAMENTO

Art. 19. O pagamento do título ou do documento de dívida apresentado para protesto será feito diretamente no tabelionato competente, no valor igual ao declarado pelo apresentante, acrescido dos emolumentos e demais despesas.

§ 1.º Não poderá ser recusado pagamento oferecido dentro do prazo legal, desde que feito no tabelionato de protesto competente e no horário de funcionamento dos serviços.

§ 2.º No ato do pagamento, o tabelionato de protesto dará a respectiva quitação, e o valor devido será colocado à disposição do apresentante no primeiro dia útil subsequente ao do recebimento.

§ 3.º Quando for adotado sistema de recebimento do pagamento por meio de cheque, ainda que de emissão de estabelecimento bancário, a quitação dada pelo tabelionato fica condicionada à efetiva liquidação.

§ 4.º Quando do pagamento no tabelionato ainda subsistirem parcelas vincendas, será dada quitação da parcela paga em apartado, devolvendo-se o original ao apresentante.

Capítulo IX

DO REGISTRO DO PROTESTO

Art. 20. Esgotado o prazo previsto no art. 12, sem que tenham ocorrido as hipóteses dos Capítulos VII e VIII, o tabelião lavrará e registrará o protesto, sendo o respectivo instrumento entregue ao apresentante.

Art. 21. O protesto será tirado por falta de pagamento, de aceite ou de devolução.

§ 1.º O protesto por falta de aceite somente poderá ser efetuado antes do vencimento da obrigação e após o decurso do prazo legal para o aceite ou a devolução.

§ 2.º Após o vencimento, o protesto sempre será efetuado por falta de pagamento, vedada a recusa da lavratura e registro do protesto por motivo não previsto na lei cambial.

§ 3.º Quando o sacado retiver a letra de câmbio ou a duplicata enviada para aceite e não proceder à devolução dentro do prazo legal, o protesto poderá ser baseado na segunda via da letra de câmbio ou nas indicações da duplicata, que se limitarão a conter os mesmos requisitos lançados pelo sacador ao tempo da emissão da duplicata, vedada a exigência de qualquer formalidade não prevista na lei que regula a emissão e circulação das duplicatas.

§ 4.º Os devedores, assim compreendidos os emitentes de notas promissórias e cheques, os sacados nas letras de câmbio e duplicatas, bem como os indicados pelo apresentante ou credor como responsáveis pelo cumprimento da obrigação, não poderão deixar de figurar no termo de lavratura e registro do protesto.

§ 5.º Não se poderá tirar protesto por falta de pagamento de letra de câmbio contra o sacado não aceitante.

•• § 5.º acrescentado pela Lei n. 12.767, de 27-12-2012.

Art. 22. O registro do protesto e seu instrumento deverão conter:

I – data e número de protocolização;

II – nome do apresentante e endereço;

III – reprodução ou transcrição do documento ou das indicações feitas pelo apresentante e declarações nele inseridas;

IV – certidão das intimações feitas e das respostas eventualmente oferecidas;

V – indicação dos intervenientes voluntários e das firmas por eles honradas;

VI – a aquiescência do portador ao aceite por honra;

VII – nome, número do documento de identificação do devedor e endereço; e

VIII – data e assinatura do tabelião de protesto, de seus substitutos ou de escrevente autorizado.

Parágrafo único. Quando o tabelião de protesto conservar em seus arquivos gravação eletrônica da imagem, cópia reprográfica ou micrográfica do título ou documento de dívida, dispensa-se, no registro e no instrumento, a sua transcrição literal, bem como das demais declarações nele inseridas.

Art. 23. Os termos dos protestos lavrados, inclusive para fins especiais, por falta de pagamento, de aceite ou de devolução serão registrados em um único livro e conterão as anotações do tipo e do motivo do protesto, além dos requisitos previstos no artigo anterior.

Parágrafo único. Somente poderão ser protestados, para fins falimentares, os títulos ou documentos de dívida de responsabilidade das pessoas sujeitas às consequências da legislação falimentar.

Art. 24. O deferimento do processamento de concordata não impede o protesto.

Capítulo X

DAS AVERBAÇÕES E DO CANCELAMENTO

Art. 25. A averbação de retificação de erros materiais pelo serviço poderá ser efetuada de ofício ou a requerimento do interessado, sob responsabilidade do tabelião de protesto de títulos.

§ 1.º Para a averbação da retificação será indispensável a apresentação do instrumento eventualmente expedido e de documentos que comprovem o erro.

§ 2.º Não são devidos emolumentos pela averbação prevista neste artigo.

Art. 26. O cancelamento do registro do protesto será solicitado diretamente no Tabelionato de Protesto de Títulos, por qualquer interessado, mediante apresentação do documento protestado, cuja cópia ficará arquivada.

§ 1.º Na impossibilidade de apresentação do original do título ou documento de dívida protestado, será exigida a declaração de anuência, com identificação e firma reconhecida, daquele que figurou no registro de protesto como credor, originário ou por endosso translativo.

§ 2.º Na hipótese de protesto em que tenha figurado apresentante por endosso-mandato, será suficiente a declaração de anuência passada pelo credor endossante.

§ 3.º O cancelamento do registro do protesto, se fundado em outro motivo que não no pagamento do título ou documento de dívida, será efetivado por determinação judicial, pagos os emolumentos devidos ao tabelião.

§ 4.º Quando a extinção da obrigação decorrer de processo judicial, o cancelamento do registro do protesto poderá ser solicitado com a apresentação da certidão expedida pelo juízo processante, com menção do trânsito em julgado, que substituirá o título ou o documento de dívida protestado.

§ 5.º O cancelamento do registro do protesto será feito pelo tabelião titular, por seus substitutos ou por escrevente autorizado.

§ 6.º Quando o protesto lavrado for registrado sob forma de microfilme ou gravação eletrônica, o termo do cancelamento será lançado em documento apartado, que será arquivado juntamente com os documentos que instruíram o pedido, e anotada no índice respectivo.

Capítulo XI
DAS CERTIDÕES E INFORMAÇÕES DO PROTESTO

Art. 27. O tabelião de protesto expedirá as certidões solicitadas dentro de 5 (cinco) dias úteis no máximo, que abrangerão o período mínimo dos 5 (cinco) anos anteriores, contados da data do pedido, salvo quando se referir a protesto específico.

§ 1.º As certidões expedidas pelos serviços de protesto de títulos, inclusive as relativas à prévia distribuição, deverão obrigatoriamente indicar, além do nome do devedor, seu número no Registro Geral (RG), constante da Cédula de Identidade, ou seu número no Cadastro de Pessoas Físicas (CPF), se pessoa física, e o número de inscrição no Cadastro Geral de Contribuintes (CGC), se pessoa jurídica cabendo ao apresentante do título para protesto fornecer esses dados, sob pena de recusa.

§ 2.º Das certidões não constarão os registros cujos cancelamentos tiverem sido averbados, salvo por requerimento escrito do próprio devedor ou por ordem judicial.

Art. 28. Sempre que a homonímia puder ser verificada simplesmente pelo confronto do número de documento de identificação, o tabelião de protesto dará certidão negativa.

Art. 29. Os cartórios fornecerão às entidades representativas da indústria e do comércio ou àquelas vinculadas à proteção do crédito, quando solicitada, certidão diária, em forma de relação, dos protestos tirados e dos cancelamentos efetuados, com a nota de se cuidar de informação reservada da qual não se poderá dar publicidade pela imprensa, nem mesmo parcialmente.

•• *Caput* com redação determinada pela Lei n. 9.841, de 5-10-1999.

§ 1.º O fornecimento da certidão será suspenso caso se desatenda ao disposto no *caput* ou se forneçam informações de protestos cancelados.

•• § 1.º com redação determinada pela Lei n. 9.841, de 5-10-1999.

§ 2.º Dos cadastros ou bancos de dados, das entidades referidas no *caput*, somente serão prestadas informações restritivas de crédito oriundas de títulos ou documentos de dívidas regularmente protestados, cujos registros não foram cancelados.

•• § 2.º com redação determinada pela Lei n. 9.841, de 5-10-1999.

§ 3.º (*Revogado pela Lei n. 9.841, de 5-10-1999.*)

Art. 30. As certidões, informações e relações serão elaboradas pelo nome dos devedores conforme previstos no § 4.º do art. 21, desta Lei, devidamente identificados, e abrangerão os protestos lavrados e registrados por falta de pagamento, de aceite ou de devolução, vedada a exclusão ou omissão de nomes e de protestos, ainda que provisória ou parcial.

Art. 31. Poderão ser fornecidas certidões de protestos, não cancelados, a quaisquer interessados, desde que requeridas por escrito.

•• Artigo com redação determinada pela Lei n. 9.841, de 5-10-1999.

Capítulo XII
DOS LIVROS E ARQUIVOS

Art. 32. O livro de protocolo poderá ser escriturado mediante processo manual, mecânico, eletrônico ou informatizado, em folhas soltas e com colunas destinadas às seguintes anotações: número de ordem, natureza do título ou documento de dívida, valor, apresentante, devedor e ocorrências.

Parágrafo único. A escrituração será diária, constando do termo de encerramento o número de documentos apresentados no dia, sendo a data da protocolização a mesma do termo diário do encerramento.

Art. 33. Os livros de registros de protesto serão abertos e encerrados pelo tabelião de protestos ou seus substitutos, ou ainda por escrevente autorizado, com suas folhas numeradas e rubricadas.

Art. 34. Os índices serão de localização dos protestos registrados e conterão os nomes dos devedores, na forma do § 4.º do art. 21, vedada a exclusão ou omissão de nomes e de protestos, ainda que em caráter provisório ou parcial, não decorrente do cancelamento definitivo do protesto.

§ 1.º Os índices conterão referência ao livro e à folha, ao microfilme ou ao arquivo eletrônico onde estiver registrado o protesto, ou ao número do registro, e aos cancelamentos de protestos efetuados.

§ 2.º Os índices poderão ser elaborados pelo sistema de fichas, microfichas ou banco eletrônico de dados.

Art. 35. O tabelião de protestos arquivará ainda:

I – intimações;

II – editais;

III – documentos apresentados para a averbação no registro de protestos e ordens de cancelamentos;

IV – mandados e ofícios judiciais;

V – solicitações de retirada de documentos pelo apresentante;

VI – comprovantes de entrega de pagamentos aos credores;

VII – comprovantes de devolução de documentos de dívida irregulares.

§ 1.º Os arquivos deverão ser conservados, pelo menos, durante os seguintes prazos:

I – 1 (um) ano, para as intimações e editais correspondentes a documentos protestados e ordens de cancelamento;

II – 6 (seis) meses, para as intimações e editais correspondentes a documentos pagos ou retirados além do tríduo legal; e

III – 30 (trinta) dias, para os comprovantes de entrega de pagamento aos credores, para as solicitações de retirada dos apresentantes e para os comprovantes de devolução, por irregularidade, aos mesmos, dos títulos e documentos de dívidas.

§ 2.º Para os livros e documentos microfilmados ou gravados por processo eletrônico de imagens não subsiste a obrigatoriedade de sua conservação.

§ 3.º Os mandados judiciais de sustação de protesto deverão ser conservados, juntamente com os respectivos documentos, até solução definitiva por parte do juízo.

Art. 36. O prazo de arquivamento é de 3 (três) anos para livros de protocolo e de 10 (dez) anos para os livros de registros de protesto e respectivos títulos.

Capítulo XIII
DOS EMOLUMENTOS

Art. 37. Pelos atos que praticarem em decorrência desta Lei, os tabeliães de protesto perceberão, diretamente das partes, a título de remuneração, os emolumentos fixados na forma da lei estadual e de seus decretos regulamentadores, salvo quando o serviço for estatizado.

§ 1.º Poderá ser exigido depósito prévio dos emolumentos e demais despesas devidas, caso em que, igual importância deverá ser reembolsada ao apresentante por ocasião da prestação de contas, quando ressarcidas pelo devedor no tabelionato.

§ 2.º Todo e qualquer ato praticado pelo tabelião de protesto será cotado, identificando-se as parcelas componentes do seu total.

§ 3.º Pelo ato de digitalização e gravação eletrônica dos títulos e outros documentos, serão cobrados os mesmos valores previstos na tabela de emolumentos para o ato de microfilmagem.

Capítulo XIV
DISPOSIÇÕES FINAIS

Art. 38. Os tabeliães de protesto de títulos são civilmente responsáveis por todos os prejuízos que causarem, por culpa ou dolo, pessoalmente, pelos substitutos que designarem ou escreventes que autorizarem, assegurado o direito de regresso.

Art. 39. A reprodução de microfilme ou do processamento eletrônico da imagem, do título ou de qualquer documento arquivado no tabelionato, quando autenticado pelo tabelião de protesto, por seu substituto ou escrevente autorizado, guarda o mesmo valor do original, independentemente de restauração judicial.

Art. 40. Não havendo prazo assinado, a data do registro do protesto é o termo inicial da incidência de juros, taxas e atualizações monetárias sobre o valor da obrigação contida no título ou documento de dívida.

•• *Vide* art. 48 do Decreto n. 57.663, de 24-1-1966 (Lei Uniforme).

•• *Vide* art. 52, II, da Lei n. 7.357, de 2-9-1985 (Lei do Cheque).

•• A Lei n. 6.899, de 8-4-1981 (Lei da Correção Monetária), determina no § 1.º de seu art. 1.º: "Nas execuções de títulos de dívida líquida e certa, a correção será calculada a contar do respectivo vencimento".

Art. 41. Para os serviços previstos nesta Lei os tabeliães poderão adotar, independentemente de autorização, sistemas de computação, microfilmagem, gravação eletrônica de imagem e quaisquer outros meios de reprodução.

Art. 41-A. Os tabeliães de protesto manterão, em âmbito nacional, uma central nacional de serviços eletrônicos compartilhados que prestará, ao menos, os seguintes serviços:

•• *Caput* acrescentado pela Lei n. 13.775, de 20-12-2018.

• O Provimento n. 87, de 11-9-2019, do CNJ, dispõe sobre as normas gerais de procedimentos para o protesto extrajudicial de títulos e outros documentos de dívida, regulamenta a implantação da Central Nacional de Serviços Eletrônicos dos Tabeliães de Protesto de Títulos – CENPROT.

I – escrituração e emissão de duplicata sob a forma escritural, observado o disposto na legislação específica, inclusive quanto ao requisito de autorização prévia para o exercício da atividade de escrituração pelo órgão supervisor e aos demais requisitos previstos na regulamentação por ele editada;

•• Inciso I acrescentado pela Lei n. 13.775, de 20-12-2018.

II – recepção e distribuição de títulos e documentos de dívida para protesto, desde que escriturais;

•• Inciso II acrescentado pela Lei n. 13.775, de 20-12-2018.

III – consulta gratuita quanto a devedores inadimplentes e aos protestos realizados, aos dados desses protestos e dos tabelionatos aos quais foram distribuídos, ainda que os respectivos títulos e documentos de dívida não sejam escriturais;

•• Inciso III acrescentado pela Lei n. 13.775, de 20-12-2018.

IV – confirmação da autenticidade dos instrumentos de protesto em meio eletrônico; e

•• Inciso IV acrescentado pela Lei n. 13.775, de 20-12-2018.

V – anuência eletrônica para o cancelamento de protestos.

•• Inciso V acrescentado pela Lei n. 13.775, de 20-12-2018.

§ 1.º A partir da implementação da central de que trata o *caput* deste artigo, os tabelionatos de protesto disponibilizarão ao poder público, por meio eletrônico e sem ônus, o acesso às informações constantes dos seus bancos de dados.

•• § 1.º acrescentado pela Lei n. 13.775, de 20-12-2018.

§ 2.º É obrigatória a adesão imediata de todos os tabeliães de protesto do País ou responsáveis pelo expediente à central nacional de serviços eletrônicos compartilhados de que trata o *caput* deste artigo, sob pena de responsabilização disciplinar nos termos do inciso I do *caput* do art. 31 da Lei n. 8.935, de 18 de novembro de 1994.

•• § 2.º acrescentado pela Lei n. 13.775, de 20-12-2018.

Art. 42. Esta Lei entra em vigor na data de sua publicação.

Art. 43. Revogam-se as disposições em contrário.

Brasília, 10 de setembro de 1997; 176.º da Independência e 109.º da República.

FERNANDO HENRIQUE CARDOSO

LEI N. 9.494, DE 10 DE SETEMBRO DE 1997 (*)

Disciplina a aplicação da tutela antecipada contra a Fazenda Pública, altera a Lei n. 7.347, de 24 de julho de 1985, e dá outras providências.

Faço saber que o Presidente da República adotou a Medida Provisória n. 1.570-5, de 1997, que o Congresso Nacional aprovou, e eu, Antonio Carlos Magalhães, Presidente, para os efeitos do disposto no parágrafo único do art. 62 da Constituição Federal, promulgo a seguinte Lei:

Art. 1.º Aplica-se à tutela antecipada prevista nos arts. 273 e 461 do Código de Processo Civil o disposto nos arts. 5.º e seu parágrafo único e 7.º da Lei n. 4.348, de 26 de junho de 1964, no art. 1.º e seu § 4.º da Lei n. 5.021, de 9 de junho de 1966, e nos arts. 1.º, 3.º e 4.º da Lei n. 8.437, de 30 de junho de 1992.

•• O STF, em 30-10-2014, julgou procedente a ADC n. 4, para confirmar, com efeito vinculante e eficácia geral e *ex tunc*, a inteira validade jurídico-constitucional deste artigo.

Art. 1.º-A. Estão dispensadas de depósito prévio, para interposição de recurso, as pessoas jurídicas de direito público federais, estaduais, distritais e municipais.

•• Artigo acrescentado pela Medida Provisória n. 2.180-35, de 24-8-2001.

Art. 1.º-B. O prazo a que se refere o *caput* dos arts. 730 do Código de Processo Civil, e 884 da Consolidação das Leis do Trabalho, aprovada pelo Decreto-lei n. 5.452, de 1.º de maio de 1943, passa a ser de 30 (trinta) dias.

•• Artigo acrescentado pela Medida Provisória n. 2.180-35, de 24-8-2001.

Art. 1.º-C. Prescreverá em 5 (cinco) anos o direito de obter indenização dos danos causados por agentes de pessoas jurídicas de direito público e de pessoas jurídicas de direito privado prestadoras de serviços públicos.

•• Artigo acrescentado pela Medida Provisória n. 2.180-35, de 24-8-2001.

Art. 1.º-D. Não serão devidos honorários advocatícios pela Fazenda Pública nas execuções não embargadas.

•• Artigo acrescentado pela Medida Provisória n. 2.180-35, de 24-8-2001.

•• *Vide* Súmula 345 do STJ.

Art. 1.º-E. São passíveis de revisão, pelo Presidente do Tribunal, de ofício ou a requerimento das partes, as contas elaboradas para aferir o valor dos precatórios antes de seu pagamento ao credor.

•• Artigo acrescentado pela Medida Provisória n. 2.180-35, de 24-8-2001.

Art. 1.º-F. Nas condenações impostas à Fazenda Pública, independentemente de sua natureza e para fins de atualização monetária, remuneração do capital e compensação da mora, haverá a incidência uma única vez, até o efetivo pagamento, dos índices oficiais de remuneração básica e juros aplicados à caderneta de poupança.

•• Artigo com redação determinada pela Lei n. 11.960, de 29-6-2009.

Art. 2.º O art. 16 da Lei n. 7.347, de 24 de julho de 1985, passa a vigorar com a seguinte redação:

•• Alteração já processada no texto do diploma modificado.

Art. 2.º-A. A sentença civil prolatada em ação de caráter coletivo proposta por entidade associativa, na defesa dos interesses e direitos dos seus associados, abrangerá apenas os substituídos que tenham na data da propositura da ação, domicílio no âmbito da competência territorial do órgão prolator.

•• *Caput* acrescentado pela Medida Provisória n. 2.180-35, de 24-8-2001.

Parágrafo único. Nas ações coletivas propostas contra a União, os Estados, o Distrito Federal, os Municípios e suas autarquias

(*) Publicada no *Diário Oficial da União*, de 11-9-1997.

e fundações, a petição inicial deverá obrigatoriamente estar instruída com a ata da assembleia da entidade associativa que a autorizou, acompanhada da relação nominal dos seus associados e indicação dos respectivos endereços.

•• Parágrafo único acrescentado pela Medida Provisória n. 2.180-35, de 24-8-2001.

Art. 2.º-B. A sentença que tenha por objeto a liberação de recurso, inclusão em folha de pagamento, reclassificação, equiparação, concessão de aumento ou extensão de vantagens a servidores da União, dos Estados, do Distrito Federal e dos Municípios, inclusive de suas autarquias e fundações, somente poderá ser executada após seu trânsito em julgado.

•• Artigo acrescentado pela Medida Provisória n. 2.180-35, de 24-8-2001.

Art. 3.º Ficam convalidados os atos praticados com base na Medida Provisória n. 1.570-4, de 22 de julho de 1997.

Art. 4.º Esta Lei entra em vigor na data de sua publicação.

Congresso Nacional, em 10 de setembro de 1997; 176.º da Independência e 109.º da República.

Antonio Carlos Magalhães
Senador

LEI N. 9.507, DE 12 DE NOVEMBRO DE 1997 (*)

Regula o direito de acesso a informações e disciplina o rito processual do habeas data.

O Presidente da República

Faço saber que o Congresso Nacional decreta e eu sanciono a seguinte Lei:

Art. 1.º (*Vetado.*)

Parágrafo único. Considera-se de caráter público todo registro ou banco de dados contendo informações que sejam ou que possam ser transmitidas a terceiros ou que não sejam de uso privativo do órgão ou entidade produtora ou depositária das informações.

•• *Vide* Lei n. 13.709, de 14-8-2018 (proteção de dados pessoais).

Art. 2.º O requerimento será apresentado ao órgão ou entidade depositária do registro ou banco de dados e será deferido ou indeferido no prazo de 48 (quarenta e oito) horas.

Parágrafo único. A decisão será comunicada ao requerente em 24 (vinte e quatro) horas.

Art. 3.º Ao deferir o pedido, o depositário do registro ou do banco de dados marcará dia e hora para que o requerente tome conhecimento das informações.

Parágrafo único. (*Vetado.*)

Art. 4.º Constatada a inexatidão de qualquer dado a seu respeito, o interessado, em petição acompanhada de documentos comprobatórios, poderá requerer sua retificação.

§ 1.º Feita a retificação em, no máximo, 10 (dez) dias após a entrada do requerimento, a entidade ou órgão depositário do registro ou da informação dará ciência ao interessado.

§ 2.º Ainda que não se constate a inexatidão do dado, se o interessado apresentar explicação ou contestação sobre o mesmo, justificando possível pendência sobre o fato objeto do dado, tal explicação será anotada no cadastro do interessado.

Arts. 5.º e 6.º (*Vetados.*)

Art. 7.º Conceder-se-á *habeas data*:

• *Vide* Súmula 2 do STJ.

I – para assegurar o conhecimento de informações relativas à pessoa do impetrante, constantes de registro ou banco de dados de entidades governamentais ou de caráter público;

II – para a retificação de dados, quando não se prefira fazê-lo por processo sigiloso, judicial ou administrativo;

III – para a anotação nos assentamentos do interessado, de contestação ou explicação sobre dado verdadeiro mas justificável e que esteja sob pendência judicial ou amigável.

Art. 8.º A petição inicial, que deverá preencher os requisitos dos arts. 282 a 285 do Código de Processo Civil, será apresentada em 2 (duas) vias, e os documentos que instruírem a primeira serão reproduzidos por cópia na segunda.

Parágrafo único. A petição inicial deverá ser instruída com prova:

I – da recusa ao acesso às informações ou do decurso de mais de 10 (dez) dias sem decisão;

II – da recusa em fazer-se a retificação ou do decurso de mais de 15 (quinze) dias, sem decisão; ou

III – da recusa em fazer-se a anotação a que se refere o § 2.º do art. 4.º ou do decurso de mais de 15 (quinze) dias sem decisão.

Art. 9.º Ao despachar a inicial, o juiz ordenará que se notifique o coator do conteúdo da petição, entregando-lhe a segunda via apresentada pelo impetrante, com as cópias dos documentos, a fim de que, no prazo de 10 (dez) dias, preste as informações que julgar necessárias.

Art. 10. A inicial será desde logo indeferida, quando não for o caso de *habeas data*, ou se lhe faltar algum dos requisitos previstos nesta Lei.

Parágrafo único. Do despacho de indeferimento caberá recurso previsto no art. 15.

Art. 11. Feita a notificação, o serventuário em cujo cartório corra o feito, juntará aos autos cópia autêntica do ofício endereçado ao coator, bem como a prova da sua entrega a este ou da recusa, seja de recebê-lo, seja de dar recibo.

Art. 12. Findo o prazo a que se refere o art. 9.º, e ouvido o representante do Ministério Público dentro de 5 (cinco) dias, os autos serão conclusos ao juiz para decisão a ser proferida em 5 (cinco) dias.

Art. 13. Na decisão, se julgar procedente o pedido, o juiz marcará data e horário para que o coator:

I – apresente ao impetrante as informações a seu respeito, constantes de registros ou bancos de dados; ou

II – apresente em juízo a prova da retificação ou da anotação feita nos assentamentos do impetrante.

Art. 14. A decisão será comunicada ao coator, por correio, com aviso de recebimento, ou por telegrama, radiograma ou telefonema, conforme o requerer o impetrante.

Parágrafo único. Os originais, no caso de transmissão telegráfica, radiofônica ou telefônica deverão ser apresentados à agência expedidora, com a firma do juiz devidamente reconhecida.

Art. 15. Da sentença que conceder ou negar o *habeas data* cabe apelação.

Parágrafo único. Quando a sentença conceder o *habeas data*, o recurso terá efeito meramente devolutivo.

Art. 16. Quando o *habeas data* for concedido e o Presidente do Tribunal ao qual competir o conhecimento do recurso ordenar ao juiz a suspensão da execução da sentença, desse seu ato caberá agravo para o Tribunal a que presida.

Art. 17. Nos casos de competência do Supremo Tribunal Federal e dos demais Tribunais caberá ao relator a instrução do processo.

Art. 18. O pedido de *habeas data* poderá ser renovado se a decisão denegatória não lhe houver apreciado o mérito.

Art. 19. Os processos de *habeas data* terão prioridade sobre todos os atos judiciais, exceto *habeas corpus* e mandado de segurança. Na instância superior, deverão ser levados a julgamento na primeira sessão que se seguir à data em que, feita a distribuição, forem conclusos ao relator.

Parágrafo único. O prazo para a conclusão não poderá exceder de 24 (vinte e quatro) horas, a contar da distribuição.

Art. 20. O julgamento do *habeas data* compete:

I – originariamente:

a) ao Supremo Tribunal Federal, contra atos do Presidente da República, das Mesas da Câmara dos Deputados e do Senado Federal, do Tribunal de Contas da União, do Pro-

(*) Publicada no *Diário Oficial da União*, de 13-11-1997. A Lei n. 12.527, de 18-11-2011, regula o acesso a informações previsto nos arts. 5.º, XXXIII, 37, § 3.º, II, e 216, § 2.º, da CF.

curador-Geral da República e do próprio Supremo Tribunal Federal;

b) ao Superior Tribunal de Justiça, contra atos de Ministro de Estado ou do próprio Tribunal;

c) aos Tribunais Regionais Federais contra atos do próprio Tribunal ou de juiz federal;

d) a juiz federal, contra ato de autoridade federal, excetuados os casos de competência dos tribunais federais;

e) a tribunais estaduais, segundo o disposto na Constituição do Estado;

f) a juiz estadual, nos demais casos;

II – em grau de recurso:

a) ao Supremo Tribunal Federal, quando a decisão denegatória for proferida em única instância pelos Tribunais Superiores;

b) ao Superior Tribunal de Justiça, quando a decisão for proferida em única instância pelos Tribunais Regionais Federais;

c) aos Tribunais Regionais Federais, quando a decisão for proferida por juiz federal;

d) aos Tribunais Estaduais e ao do Distrito Federal e Territórios, conforme dispuserem a respectiva Constituição e a lei que organizar a Justiça do Distrito Federal;

III – mediante recurso extraordinário ao Supremo Tribunal Federal, nos casos previstos na Constituição.

Art. 21. São gratuitos o procedimento administrativo para acesso a informações e retificação de dados e para anotação de justificação, bem como a ação de *habeas data*.

Art. 22. Esta Lei entra em vigor na data de sua publicação.

Art. 23. Revogam-se as disposições em contrário.

Brasília, 12 de novembro de 1997; 176.º da Independência e 109.º da República.

FERNANDO HENRIQUE CARDOSO

LEI N. 9.514, DE 20 DE NOVEMBRO DE 1997 (*)

Dispõe sobre o Sistema de Financiamento Imobiliário, institui a alienação fiduciária de coisa imóvel e dá outras providências.

O Presidente da República

Faço saber que o Congresso Nacional decreta e eu sanciono a seguinte Lei:

Capítulo I
DO SISTEMA DE FINANCIAMENTO IMOBILIÁRIO

Seção I
Da Finalidade

Art. 1.º O Sistema de Financiamento Imobiliário – SFI tem por finalidade promover o financiamento imobiliário em geral, segundo condições compatíveis com as da formação dos fundos respectivos.

Seção II
Das Entidades

Art. 2.º Poderão operar no SFI as caixas econômicas, os bancos comerciais, os bancos de investimento, os bancos com carteira de crédito imobiliário, as sociedades de crédito imobiliário, as associações de poupança e empréstimo, as companhias hipotecárias e, a critério do Conselho Monetário Nacional – CMN, outras entidades.

Art. 3.º As companhias securitizadoras de créditos imobiliários, instituições não financeiras constituídas sob a forma de sociedade por ações, terão por finalidade a aquisição e securitização desses créditos e a emissão e colocação, no mercado financeiro, de Certificados de Recebíveis Imobiliários, podendo emitir outros títulos de crédito, realizar negócios e prestar serviços compatíveis com as suas atividades.

Parágrafo único. *(Revogado pela Lei n. 13.097, de 19-1-2015.)*

Seção III
Do Financiamento Imobiliário

Art. 4.º As operações de financiamento imobiliário em geral serão livremente efetuadas pelas entidades autorizadas a operar no SFI, segundo condições de mercado e observadas as prescrições legais.

Parágrafo único. Nas operações de que trata este artigo, poderão ser empregados recursos provenientes da captação nos mercados financeiro e de valores mobiliários, de acordo com a legislação pertinente.

Art. 5.º As operações de financiamento imobiliário em geral, no âmbito do SFI, serão livremente pactuadas pelas partes, observadas as seguintes condições essenciais:

I – reposição integral do valor emprestado e respectivo reajuste;

II – remuneração do capital emprestado às taxas convencionadas no contrato;

III – capitalização dos juros;

IV – contratação, pelos tomadores de financiamento, de seguros contra os riscos de morte e invalidez permanente.

§ 1.º As partes poderão estabelecer os critérios do reajuste de que trata o inciso I, observada a legislação vigente.

§ 2.º As operações de comercialização de imóveis, com pagamento parcelado, de arrendamento mercantil de imóveis e de financiamento imobiliário em geral poderão ser pactuadas nas mesmas condições permitidas para as entidades autorizadas a operar no SFI.

•• § 2.º com redação determinada pela Lei n. 10.931, de 2-8-2004.

§ 3.º Na alienação de unidades em edificação sob o regime da Lei n. 4.591, de 16 de dezembro de 1964, a critério do adquirente e mediante informação obrigatória do incorporador, poderá ser contratado seguro que garanta o ressarcimento ao adquirente das quantias por este pagas, na hipótese de inadimplemento do incorporador ou construtor quanto à entrega da obra.

Seção IV
Do Certificado de Recebíveis Imobiliários

Art. 6.º O Certificado de Recebíveis Imobiliários – CRI é título de crédito nominativo, de livre negociação, lastreado em créditos imobiliários e constitui promessa de pagamento em dinheiro.

Parágrafo único. *(Revogado pela Lei n. 14.430, de 3-8-2022.)*

Art. 7.º *(Revogado pela Lei n. 14.430, de 3-8-2022.)*

Seção V
Da Securitização de Créditos Imobiliários

•• *Vide* art. 23 da Lei n. 10.931, de 2-8-2004.

Art. 8.º *(Revogado pela Lei n. 14.430, de 3-8-2022.)*

Seção VI
Do Regime Fiduciário

Arts. 9.º a 16. *(Revogados pela Lei n. 14.430, de 3-8-2022.)*

Seção VII
Das Garantias

Art. 17. As operações de financiamento imobiliário em geral poderão ser garantidas por:

I – hipoteca;

II – cessão fiduciária de direitos creditórios decorrentes de contratos de alienação de imóveis;

III – caução de direitos creditórios ou aquisitivos decorrentes de contratos de venda ou promessa de venda de imóveis;

IV – alienação fiduciária de coisa imóvel.

§ 1.º As garantias a que se referem os incisos II, III e IV deste artigo constituem direito real sobre os respectivos objetos.

§ 2.º Aplicam-se à caução dos direitos creditórios a que se refere o inciso III deste artigo as disposições dos arts. 789 a 795 do Código Civil.

•• A referência é feita a dispositivos do CC de 1916. *Vide* arts. 1.459 e 1.460 do Código vigente.

§ 3.º As operações do SFI que envolvam locação poderão ser garantidas suplementarmente por anticrese.

Art. 18. O contrato de cessão fiduciária em garantia opera a transferência ao credor da titularidade dos créditos cedidos, até a liquidação da dívida garantida, e conterá, além de outros elementos, os seguintes:

I – o total da dívida ou sua estimativa;

II – o local, a data e a forma de pagamento;

III – a taxa de juros;

IV – a identificação dos direitos creditórios objeto da cessão fiduciária.

Art. 19. Ao credor fiduciário compete o direito de:

I – conservar e recuperar a posse dos títulos representativos dos créditos cedidos,

(*) Publicada no *Diário Oficial da União*, de 21-11-1997. Retificada em 24-11-1997.

contra qualquer detentor, inclusive o próprio cedente;

II – promover a intimação dos devedores que não paguem ao cedente, enquanto durar a cessão fiduciária;

III – usar das ações, recursos e execuções, judiciais e extrajudiciais, para receber os créditos cedidos e exercer os demais direitos conferidos ao cedente no contrato de alienação do imóvel;

IV – receber diretamente dos devedores os créditos cedidos fiduciariamente.

§ 1.º As importâncias recebidas na forma do inciso IV deste artigo, depois de deduzidas as despesas de cobrança e de administração, serão creditadas ao devedor cedente, na operação objeto da cessão fiduciária, até final liquidação da dívida e encargos, responsabilizando-se o credor fiduciário perante o cedente, como depositário, pelo que receber além do que este lhe devia.

§ 2.º Se as importâncias recebidas, a que se refere o parágrafo anterior, não bastarem para o pagamento integral da dívida e seus encargos, bem como das despesas de cobrança e de administração daqueles créditos, o devedor continuará obrigado a resgatar o saldo remanescente nas condições convencionadas no contrato.

Art. 20. Na hipótese de falência do devedor cedente e se não tiver havido a tradição dos títulos representativos dos créditos cedidos fiduciariamente, ficará assegurada ao cessionário fiduciário a restituição na forma da legislação pertinente.

Parágrafo único. Efetivada a restituição, prosseguirá o cessionário fiduciário no exercício de seus direitos na forma do disposto nesta seção.

Art. 21. São suscetíveis de caução, desde que transmissíveis, os direitos aquisitivos sobre imóvel, ainda que em construção.

§ 1.º O instrumento da caução, a que se refere este artigo, indicará o valor do débito e dos encargos e identificará o imóvel cujos direitos aquisitivos são caucionados.

§ 2.º Referindo-se a caução a direitos aquisitivos de promessa de compra e venda cujo preço ainda não tenha sido integralizado, poderá o credor caucionário, sobrevindo a mora do promissário comprador, promover a execução do seu crédito ou efetivar, sob protesto, o pagamento do saldo da promessa.

§ 3.º Se, nos termos do disposto no parágrafo anterior, o credor efetuar o pagamento, o valor pago, com todos os seus acessórios e eventuais penalidades, será adicionado à dívida garantida pela caução, ressalvado ao credor o direito de executar desde logo o devedor, inclusive pela parcela da dívida assim acrescida.

Capítulo II

DA ALIENAÇÃO FIDUCIÁRIA DE COISA IMÓVEL

Art. 22. A alienação fiduciária regulada por esta Lei é o negócio jurídico pelo qual o devedor, ou fiduciante, com o escopo de garantia, contrata a transferência ao credor, ou fiduciário, da propriedade resolúvel de coisa imóvel.

§ 1.º A alienação fiduciária poderá ser contratada por pessoa física ou jurídica, não sendo privativa das entidades que operam no SFI, podendo ter como objeto, além da propriedade plena:

•• § 1.º, *caput*, acrescentado pela Lei n. 11.481, de 31-5-2007.

I – bens enfitêuticos, hipótese em que será exigível o pagamento do laudêmio, se houver a consolidação do domínio útil no fiduciário;

•• Inciso I acrescentado pela Lei n. 11.481, de 31-5-2007.

II – o direito de uso especial para fins de moradia;

•• Inciso II acrescentado pela Lei n. 11.481, de 31-5-2007.

III – o direito real de uso, desde que suscetível de alienação;

•• Inciso III acrescentado pela Lei n. 11.481, de 31-5-2007.

IV – a propriedade superficiária.

•• Inciso IV acrescentado pela Lei n. 11.481, de 31-5-2007.

§ 2.º Os direitos de garantia instituídos nas hipóteses dos incisos III e IV do § 1.º deste artigo ficam limitados à duração da concessão ou direito de superfície, caso tenham sido transferidos por período determinado.

•• § 2.º acrescentado pela Lei n. 11.481, de 31-5-2007.

Art. 23. Constitui-se a propriedade fiduciária de coisa imóvel mediante registro, no competente Registro de Imóveis, do contrato que lhe serve de título.

Parágrafo único. Com a constituição da propriedade fiduciária, dá-se o desdobramento da posse, tornando-se o fiduciante possuidor direto e o fiduciário possuidor indireto da coisa imóvel.

Art. 24. O contrato que serve de título ao negócio fiduciário conterá:

I – o valor do principal da dívida;

II – o prazo e as condições de reposição do empréstimo ou do crédito do fiduciário;

III – a taxa de juros e os encargos incidentes;

IV – a cláusula de constituição da propriedade fiduciária, com a descrição do imóvel objeto da alienação fiduciária e a indicação do título e modo de aquisição;

V – a cláusula assegurando ao fiduciante, enquanto adimplente, a livre utilização, por sua conta e risco, do imóvel objeto da alienação fiduciária;

VI – a indicação, para efeito de venda em público leilão, do valor do imóvel e dos critérios para a respectiva revisão;

VII – a cláusula dispondo sobre os procedimentos de que trata o art. 27.

Parágrafo único. Caso o valor do imóvel convencionado pelas partes nos termos do inciso VI do *caput* deste artigo seja inferior ao utilizado pelo órgão competente como base de cálculo para a apuração do imposto sobre transmissão *inter vivos*, exigível por força da consolidação da propriedade em nome do credor fiduciário, este último será o valor mínimo para efeito de venda do imóvel no primeiro leilão.

•• Parágrafo único acrescentado pela Lei n. 13.465, de 11-7-2017.

Art. 25. Com o pagamento da dívida e seus encargos, resolve-se, nos termos deste artigo, a propriedade fiduciária do imóvel.

§ 1.º No prazo de 30 (trinta) dias, a contar da data de liquidação da dívida, o fiduciário fornecerá o respectivo termo de quitação ao fiduciante, sob pena de multa em favor deste, equivalente a 0,5 (meio) por cento ao mês, ou fração, sobre o valor do contrato.

§ 2.º À vista do termo de quitação de que trata o parágrafo anterior, o oficial do competente Registro de Imóveis efetuará o cancelamento do registro da propriedade fiduciária.

§ 3.º (*Revogado pela Lei n. 12.810, de 15-5-2013.*)

Art. 26. Vencida e não paga, no todo ou em parte, a dívida e constituído em mora o fiduciante, consolidar-se-á, nos termos deste artigo, a propriedade do imóvel em nome do fiduciário.

§ 1.º Para os fins do disposto neste artigo, o fiduciante, ou seu representante legal ou procurador regularmente constituído, será intimado, a requerimento do fiduciário, pelo oficial do competente Registro de Imóveis, a satisfazer, no prazo de 15 (quinze) dias, a prestação vencida e as que se vencerem até a data do pagamento, os juros convencionais, as penalidades e os demais encargos contratuais, os encargos legais, inclusive tributos, as contribuições condominiais imputáveis ao imóvel, além das despesas de cobrança e de intimação.

§ 2.º O contrato definirá o prazo de carência após o qual será expedida a intimação.

§ 3.º A intimação far-se-á pessoalmente ao fiduciante, ou ao seu representante legal ou ao procurador regularmente constituído, podendo ser promovida, por solicitação do oficial do Registro de Imóveis, por oficial de Registro de Títulos e Documentos da comarca da situação do imóvel ou do domicílio de quem deva recebê-la, ou pelo correio, com aviso de recebimento.

§ 3.º-A. Quando, por duas vezes, o oficial de registro de imóveis ou de registro de títulos e documentos ou o serventuário por eles credenciado houver procurado o intimando em seu domicílio ou residência sem o encontrar, deverá, havendo suspeita motivada de ocultação, intimar qualquer pessoa da família ou, em sua falta, qualquer vizinho de que, no dia útil imediato, retornará ao imóvel, a fim de efetuar a intimação, na hora que designar, aplicando-se subsidiariamente o disposto nos arts. 252, 253 e

254 da Lei n. 13.105, de 16 de março de 2015 (Código de Processo Civil).

•• § 3.º-A acrescentado pela Lei n. 13.465, de 11-7-2017.

§ 3.º-B. Nos condomínios edilícios ou outras espécies de conjuntos imobiliários com controle de acesso, a intimação de que trata o § 3.º-A poderá ser feita ao funcionário da portaria responsável pelo recebimento de correspondência.

•• § 3.º-B acrescentado pela Lei n. 13.465, de 11-7-2017.

§ 4.º Quando o fiduciante, ou seu cessionário, ou seu representante legal ou procurador encontrar-se em local ignorado, incerto ou inacessível, o fato será certificado pelo serventuário encarregado da diligência e informado ao oficial de Registro de Imóveis, que, à vista da certidão, promoverá a intimação por edital publicado durante 3 (três) dias, pelo menos, em um dos jornais de maior circulação local ou noutro de comarca de fácil acesso, se no local não houver imprensa diária, contado o prazo para purgação da mora da data da última publicação do edital.

•• § 4.º com redação determinada pela Lei n. 13.043, de 13-11-2014.

§ 5.º Purgada a mora no Registro de Imóveis, convalescerá o contrato de alienação fiduciária.

§ 6.º O oficial do Registro de Imóveis, nos 3 (três) dias seguintes à purgação da mora, entregará ao fiduciário as importâncias recebidas, deduzidas as despesas de cobrança e de intimação.

§ 7.º Decorrido o prazo de que trata o § 1.º sem a purgação da mora, o oficial do competente Registro de Imóveis, certificando esse fato, promoverá a averbação, na matrícula do imóvel, da consolidação da propriedade em nome do fiduciário, à vista da prova do pagamento por este, do imposto de transmissão *inter vivos* e, se for o caso, do laudêmio.

•• § 7.º com redação determinada pela Lei n. 10.931, de 2-8-2004.

§ 8.º O fiduciante pode, com a anuência do fiduciário, dar seu direito eventual ao imóvel em pagamento da dívida, dispensados os procedimentos previstos no art. 27.

•• § 8.º acrescentado pela Lei n. 10.931, de 2-8-2004.

Art. 26-A. Os procedimentos de cobrança, purgação de mora e consolidação da propriedade fiduciária relativos às operações de financiamento habitacional, inclusive as operações do Programa Minha Casa, Minha Vida, instituído pela Lei n. 11.977, de 7 de julho de 2009, com recursos advindos da integralização de cotas no Fundo de Arrendamento Residencial (FAR), sujeitam-se às normas especiais estabelecidas neste artigo.

•• *Caput* acrescentado pela Lei n. 13.465, de 11-7-2017.

§ 1.º A consolidação da propriedade em nome do credor fiduciário será averbada no registro de imóveis trinta dias após a expiração do prazo para purgação da mora de que trata o § 1.º do art. 26 desta Lei.

•• § 1.º acrescentado pela Lei n. 13.465, de 11-7-2017.

§ 2.º Até a data da averbação da consolidação da propriedade fiduciária, é assegurado ao devedor fiduciante pagar as parcelas da dívida vencidas e as despesas de que trata o inciso II do § 3.º do art. 27, hipótese em que convalescerá o contrato de alienação fiduciária.

•• § 2.º acrescentado pela Lei n. 13.465, de 11-7-2017.

Art. 27. Uma vez consolidada a propriedade em seu nome, o fiduciário, no prazo de 30 (trinta) dias, contados da data do registro de que trata o § 7.º do artigo anterior, promoverá público leilão para a alienação do imóvel.

§ 1.º Se no primeiro leilão público o maior lance oferecido for inferior ao valor do imóvel, estipulado na forma do inciso VI e do parágrafo único do art. 24 desta Lei, será realizado o segundo leilão nos quinze dias seguintes.

•• § 1.º acrescentado pela Lei n. 13.465, de 11-7-2017.

§ 2.º No segundo leilão, será aceito o maior lance oferecido, desde que igual ou superior ao valor da dívida, das despesas, dos prêmios de seguro, dos encargos legais, inclusive tributos, e das contribuições condominiais.

§ 2.º-A. Para os fins do disposto nos §§ 1.º e 2.º deste artigo, as datas, horários e locais dos leilões serão comunicados ao devedor mediante correspondência dirigida aos endereços constantes do contrato, inclusive ao endereço eletrônico.

•• § 2.º-A acrescentado pela Lei n. 13.465, de 11-7-2017.

§ 2.º-B. Após a averbação da consolidação da propriedade fiduciária no patrimônio do credor fiduciário e até a data da realização do segundo leilão, é assegurado ao devedor fiduciante o direito de preferência para adquirir o imóvel por preço correspondente ao valor da dívida, somado aos encargos e despesas de que trata o § 2.º deste artigo, aos valores correspondentes ao imposto sobre transmissão *inter vivos* e ao laudêmio, se for o caso, pagos para efeito de consolidação da propriedade fiduciária no patrimônio do credor fiduciário, e às despesas inerentes ao procedimento de cobrança e leilão, incumbindo, também, ao devedor fiduciante o pagamento dos encargos tributários e despesas exigíveis para a nova aquisição do imóvel, de que trata este parágrafo, inclusive custas e emolumentos.

•• § 2.º-B acrescentado pela Lei n. 13.465, de 11-7-2017.

§ 3.º Para os fins do disposto neste artigo, entende-se por:

I – dívida: o saldo devedor da operação de alienação fiduciária, na data do leilão, nele incluídos os juros convencionais, as penalidades e os demais encargos contratuais;

II – despesas: a soma das importâncias correspondentes aos encargos e custas de intimação e as necessárias à realização do público leilão, nestas compreendidas as relativas aos anúncios e à comissão do leiloeiro.

§ 4.º Nos 5 (cinco) dias que se seguirem à venda do imóvel no leilão, o credor entregará ao devedor a importância que sobejar, considerando-se nela compreendido o valor da indenização de benfeitorias, depois de deduzidos os valores da dívida e das despesas e encargos de que tratam os §§ 2.º e 3.º, fato esse que importará em recíproca quitação, não se aplicando o disposto na parte final do art. 516 do Código Civil.

•• A referência é feita a dispositivo do CC de 1916. *Vide* art. 1.219 do Código vigente.

§ 5.º Se, no segundo leilão, o maior lance oferecido não for igual ou superior ao valor referido no § 2.º, considerar-se-á extinta a dívida e exonerado o credor da obrigação de que trata o § 4.º.

§ 6.º Na hipótese de que trata o parágrafo anterior, o credor, no prazo de 5 (cinco) dias a contar da data do segundo leilão, dará ao devedor quitação da dívida, mediante termo próprio.

§ 7.º Se o imóvel estiver locado, a locação poderá ser denunciada com o prazo de trinta dias para desocupação, salvo se tiver havido aquiescência por escrito do fiduciário, devendo a denúncia ser realizada no prazo de noventa dias a contar da data da consolidação da propriedade no fiduciário, devendo essa condição constar expressamente em cláusula contratual específica, destacando-se das demais por sua apresentação gráfica.

•• § 7.º acrescentado pela Lei n. 10.931, de 2-8-2004.

§ 8.º Responde o fiduciante pelo pagamento dos impostos, taxas, contribuições condominiais e quaisquer outros encargos que recaiam ou venham a recair sobre o imóvel, cuja posse tenha sido transferida para o fiduciário, nos termos deste artigo, até a data em que o fiduciário vier a ser imitido na posse.

•• § 8.º acrescentado pela Lei n. 10.931, de 2-8-2004.

§ 9.º O disposto no § 2.º-B deste artigo aplica-se à consolidação da propriedade fiduciária de imóveis do FAR, na forma prevista na Lei n. 11.977, de 7 de julho de 2009.

•• § 9.º acrescentado pela Lei n. 13.465, de 11-7-2017.

Art. 28. A cessão do crédito objeto da alienação fiduciária implicará a transferência, ao cessionário, de todos os direitos e obrigações inerentes à propriedade fiduciária em garantia.

Art. 29. O fiduciante, com anuência expressa do fiduciário, poderá transmitir os direitos de que seja titular sobre o imóvel objeto da alienação fiduciária em garantia, assumindo o adquirente as respectivas obrigações.

Art. 30. É assegurada ao fiduciário, seu cessionário ou sucessores, inclusive o adquirente do imóvel por força do público leilão de que tratam os §§ 1.º e 2.º do art. 27, a reintegração na posse do imóvel, que será concedida liminarmente, para desocupação em 60 (sessenta) dias, desde que comprovada, na forma do disposto no art. 26, a consolidação da propriedade em seu nome.

Parágrafo único. Nas operações de financiamento imobiliário, inclusive nas operações do Programa Minha Casa, Minha Vida, instituído pela Lei n.11.977, de 7 de julho de 2009, com recursos advindos da integralização de cotas no Fundo de Arrendamento Residencial (FAR), uma vez averbada a consolidação da propriedade fiduciária, as ações judiciais que tenham por objeto controvérsias sobre as estipulações contratuais ou os requisitos procedimentais de cobrança e leilão, excetuada a exigência de notificação do devedor fiduciante, serão resolvidas em perdas e danos e não obstarão a reintegração de posse de que trata este artigo.

•• Parágrafo único acrescentado pela Lei n. 13.465, de 11-7-2017.

Art. 31. O fiador ou terceiro interessado que pagar a dívida ficará sub-rogado, de pleno direito, no crédito e na propriedade fiduciária.

Parágrafo único. Nos casos de transferência de financiamento para outra instituição financeira, o pagamento da dívida à instituição credora original poderá ser feito, a favor do mutuário, pela nova instituição credora.

•• Parágrafo único acrescentado pela Lei n. 12.810, de 15-5-2013.

Art. 32. Na hipótese de insolvência do fiduciante, fica assegurada ao fiduciário a restituição do imóvel alienado fiduciariamente, na forma da legislação pertinente.

Art. 33. Aplicam-se à propriedade fiduciária, no que couber, as disposições dos arts. 647 e 648 do Código Civil.

•• A referência é feita a dispositivos do CC de 1916. *Vide* arts. 1.359 e 1.360 do Código vigente.

Capítulo II-A
DO REFINANCIAMENTO COM TRANSFERÊNCIA DE CREDOR

•• Capítulo II-A acrescentado pela Lei n. 12.810, de 15-5-2013.

Art. 33-A. A transferência de dívida de financiamento imobiliário com garantia real, de um credor para outro, inclusive sob a forma de sub-rogação, obriga o credor original a emitir documento que ateste, para todos os fins de direito, inclusive para efeito de averbação, a validade da transferência.

•• *Caput* acrescentado pela Lei n. 12.810, de 15-5-2013.

Parágrafo único. A emissão do documento será feita no prazo máximo de 2 (dois) dias úteis após a quitação da dívida original.

•• Parágrafo único acrescentado pela Lei n. 12.810, de 15-5-2013.

Art. 33-B. Para fins de efetivação do disposto no art. 33-A, a nova instituição credora deverá informar à instituição credora original, por documento escrito ou, quando solicitado, eletrônico, as condições de financiamento oferecidas ao mutuário, inclusive as seguintes:

•• *Caput* acrescentado pela Lei n. 12.810, de 15-5-2013.

I – a taxa de juros do financiamento;

•• Inciso I acrescentado pela Lei n. 12.810, de 15-5-2013.

II – o custo efetivo total;

•• Inciso II acrescentado pela Lei n. 12.810, de 15-5-2013.

III – o prazo da operação;

•• Inciso III acrescentado pela Lei n. 12.810, de 15-5-2013.

IV – o sistema de pagamento utilizado; e

•• Inciso IV acrescentado pela Lei n. 12.810, de 15-5-2013.

V – o valor das prestações.

•• Inciso V acrescentado pela Lei n. 12.810, de 15-5-2013.

§ 1.º A instituição credora original terá prazo máximo de 5 (cinco) dias úteis, contados do recebimento das informações de que trata o *caput*, para solicitar à instituição proponente da transferência o envio dos recursos necessários para efetivar a transferência.

•• § 1.º acrescentado pela Lei n. 12.810, de 15-5-2013.

§ 2.º O mutuário da instituição credora original poderá, a qualquer tempo, enquanto não encaminhada a solicitação de envio dos recursos necessários para efetivar a transferência de que trata o § 1.º, decidir pela não efetivação da transferência, sendo vedada a cobrança de qualquer tipo de ônus ou custa por parte das instituições envolvidas.

•• § 2.º acrescentado pela Lei n. 12.810, de 15-5-2013.

§ 3.º A eventual desistência do mutuário deverá ser informada à instituição credora original, que terá até 2 (dois) dias úteis para transmiti-la à instituição proponente da transferência.

•• § 3.º acrescentado pela Lei n. 12.810, de 15-5-2013.

Art. 33-C. O credor original deverá fornecer a terceiros, sempre que formalmente solicitado pelo mutuário, as informações sobre o crédito que se fizerem necessárias para viabilizar a transferência referida no art. 33-A.

•• *Caput* acrescentado pela Lei n. 12.810, de 15-5-2013.

Parágrafo único. O credor original não poderá realizar ações que impeçam, limitem ou dificultem o fornecimento das informações requeridas na forma do *caput*.

•• Parágrafo único acrescentado pela Lei n. 12.810, de 15-5-2013.

Art. 33-D. A instituição credora original poderá exigir ressarcimento financeiro pelo custo de originação da operação de crédito, o qual não poderá ser repassado ao mutuário.

•• *Caput* acrescentado pela Lei n. 12.810, de 15-5-2013.

§ 1.º O ressarcimento disposto no *caput* deverá ser proporcional ao valor do saldo devedor apurado à época da transferência e decrescente com o decurso de prazo desde a assinatura do contrato, cabendo sua liquidação à instituição proponente da transferência.

•• § 1.º acrescentado pela Lei n. 12.810, de 15-5-2013.

§ 2.º O Conselho Monetário Nacional disciplinará o disposto neste artigo, podendo inclusive limitar o ressarcimento considerando o tipo de operação de crédito ou o prazo decorrido desde a assinatura do contrato de crédito com a instituição credora original até o momento da transferência.

•• § 2.º acrescentado pela Lei n. 12.810, de 15-5-2013.

Art. 33-E. O Conselho Monetário Nacional e o Conselho Curador do Fundo de Garantia do Tempo de Serviço, no âmbito de suas respectivas competências, expedirão as instruções que se fizerem necessárias à execução do disposto no parágrafo único do art. 31 e nos arts. 33-A a 33-D desta Lei.

•• Artigo acrescentado pela Lei n. 12.810, de 15-5-2013.

Art. 33-F. O disposto nos arts. 33-A a 33-E desta Lei não se aplica às operações de transferência de dívida decorrentes de cessão de crédito entre entidades que compõem o Sistema Financeiro da Habitação, desde que a citada transferência independa de manifestação do mutuário.

•• Artigo acrescentado pela Lei n. 12.810, de 15-5-2013.

Capítulo III
DISPOSIÇÕES GERAIS E FINAIS

Art. 34. Os contratos relativos ao financiamento imobiliário em geral poderão estipular que litígios ou controvérsias entre as partes sejam dirimidos mediante arbitragem, nos termos do disposto na Lei n. 9.307, de 24 de setembro de 1996.

Art. 35. Nas cessões de crédito a que aludem os arts. 3.º, 18 e 28, é dispensada a notificação do devedor.

Art. 36. Nos contratos de venda de imóveis a prazo, inclusive alienação fiduciária, de arrendamento mercantil de imóveis, de financiamento imobiliário em geral e nos títulos de que tratam os arts. 6.º, 7.º e 8.º, admitir-se-á, respeitada a legislação pertinente, a estipulação de cláusula de reajuste e das condições e critérios de sua aplicação.

Art. 37. Às operações de arrendamento mercantil de imóveis não se aplica a legislação pertinente à locação de imóveis residenciais, não residenciais ou comerciais.

Art. 37-A. O devedor fiduciante pagará ao credor fiduciário, ou a quem vier a sucedê-lo, a título de taxa de ocupação do imóvel, por mês ou fração, valor correspondente a 1% (um por cento) do valor a que se refere o inciso VI ou o parágrafo único do art. 24 desta Lei, computado e exigível desde a data da consolidação da propriedade fiduciária no patrimônio do credor fiduciante até a data em que este, ou seus sucessores, vier a ser imitido na posse do imóvel.

•• *Caput* com redação determinada pela Lei n. 13.465, de 11-7-2017.

Parágrafo único. O disposto no *caput* deste artigo aplica-se às operações do Programa Minha Casa, Minha Vida, instituído pela Lei n. 11.977, de 7 de julho de 2009, com recursos advindos da integralização de cotas no Fundo de Arrendamento Residencial (FAR).

•• Parágrafo único acrescentado pela Lei n. 13.465, de 11-7-2017.

Art. 37-B. Será considerada ineficaz, e sem qualquer efeito perante o fiduciário ou seus sucessores, a contratação ou a prorrogação de locação de imóvel alienado fiduciariamente por prazo superior a um ano sem concordância por escrito do fiduciário.

•• Artigo acrescentado pela Lei n. 10.931, de 2-8-2004.

Art. 38. Os atos e contratos referidos nesta Lei ou resultantes da sua aplicação, mesmo aqueles que visem à constituição, transferência, modificação ou renúncia de direitos reais sobre imóveis, poderão ser celebrados por escritura pública ou por instrumento particular com efeitos de escritura pública.

•• Artigo com redação determinada pela Lei n. 11.076, de 30-12-2004.

Art. 39. Às operações de crédito compreendidas no sistema de financiamento imobiliário, a que se refere esta Lei:

•• *Caput* com redação determinada pela Lei n. 13.465, de 11-7-2017.

I – não se aplicam as disposições da Lei n. 4.380, de 21 de agosto de 1964, e as demais disposições legais referentes ao Sistema Financeiro da Habitação – SFH;

II – aplicam-se as disposições dos arts. 29 a 41 do Decreto-lei n. 70, de 21 de novembro de 1966, exclusivamente aos procedimentos de execução de créditos garantidos por hipoteca.

•• Inciso II com redação determinada pela Lei n. 13.465, de 11-7-2017.

Art. 40. Os incisos I e II do art. 167 da Lei n. 6.015, de 31 de dezembro de 1973, passam a vigorar acrescidos, respectivamente, dos seguintes itens:

•• Alterações já processadas na Lei modificada.

Art. 41. O Conselho Monetário Nacional poderá regulamentar o disposto nesta Lei, inclusive estabelecer prazos mínimos e outras condições para emissão e resgate de CRI e diferenciar tais condições de acordo com o tipo de crédito imobiliário vinculado à emissão e com o indexador adotado contratualmente.

•• Artigo com redação determinada pela Lei n. 13.097, de 19-1-2015.

Art. 42. Esta Lei entra em vigor na data de sua publicação.

Brasília, 20 de novembro de 1997; 176.º da Independência e 109.º da República.

FERNANDO HENRIQUE CARDOSO

LEI N. 9.609, DE 19 DE FEVEREIRO DE 1998 (*)

Dispõe sobre a proteção da propriedade intelectual de programa de computador, sua comercialização no País, e dá outras providências.

O Presidente da República

Faço saber que o Congresso Nacional decreta e eu sanciono a seguinte Lei:

Capítulo I
DISPOSIÇÕES PRELIMINARES

Art. 1.º Programa de computador é a expressão de um conjunto organizado de instruções em linguagem natural ou codificada, contida em suporte físico de qualquer natureza, de emprego necessário em máquinas automáticas de tratamento da informação, dispositivos, instrumentos ou equipamentos periféricos, baseados em técnica digital ou análoga, para fazê-los funcionar de modo e para fins determinados.

Capítulo II
DA PROTEÇÃO AOS DIREITOS DE AUTOR E DO REGISTRO

Art. 2.º O regime de proteção à propriedade intelectual de programa de computador é o conferido às obras literárias pela legislação de direitos autorais e conexos vigentes no País, observado o disposto nesta Lei.

§ 1.º Não se aplicam ao programa de computador as disposições relativas aos direitos morais, ressalvado, a qualquer tempo, o direito do autor de reivindicar a paternidade do programa de computador e o direito do autor de opor-se a alterações não autorizadas, quando estas impliquem deformação, mutilação ou outra modificação do programa de computador, que prejudiquem a sua honra ou a sua reputação.

§ 2.º Fica assegurada a tutela dos direitos relativos a programa de computador pelo prazo de 50 (cinquenta) anos, contados a partir de 1.º de janeiro do ano subsequente ao da sua publicação ou, na ausência desta, da sua criação.

§ 3.º A proteção aos direitos de que trata esta Lei independe de registro.

§ 4.º Os direitos atribuídos por esta Lei ficam assegurados aos estrangeiros domiciliados no exterior, desde que o país de origem do programa conceda, aos brasileiros e estrangeiros domiciliados no Brasil, direitos equivalentes.

(*) Publicada no *Diário Oficial da União*, de 20-2-1998. Retificada em 25-2-1998.

§ 5.º Inclui-se dentre os direitos assegurados por esta Lei e pela legislação de direitos autorais e conexos vigentes no País aquele direito exclusivo de autorizar ou proibir o aluguel comercial, não sendo esse direito exaurível pela venda, licença ou outra forma de transferência da cópia do programa.

§ 6.º O disposto no parágrafo anterior não se aplica aos casos em que o programa em si não seja objeto essencial do aluguel.

Art. 3.º Os programas de computador poderão, a critério do titular, ser registrados em órgão ou entidade a ser designado por ato do Poder Executivo, por iniciativa do Ministério responsável pela política de ciência e tecnologia.

•• Regulamento: Decreto n. 2.556, de 20-4-1998.

§ 1.º O pedido de registro estabelecido neste artigo deverá conter, pelo menos, as seguintes informações:

I – os dados referentes ao autor do programa de computador e ao titular, se distinto do autor, sejam pessoas físicas ou jurídicas;

II – a identificação e descrição funcional do programa de computador; e

III – os trechos do programa e outros dados que se considerar suficientes para identificá-lo e caracterizar sua originalidade, ressalvando-se os direitos de terceiros e a responsabilidade do Governo.

§ 2.º As informações referidas no inciso III do parágrafo anterior são de caráter sigiloso, não podendo ser reveladas, salvo por ordem judicial ou a requerimento do próprio titular.

Art. 4.º Salvo estipulação em contrário, pertencerão exclusivamente ao empregador, contratante de serviços ou órgão público, os direitos relativos ao programa de computador, desenvolvido e elaborado durante a vigência de contrato ou de vínculo estatutário, expressamente destinado à pesquisa e desenvolvimento, ou em que a atividade do empregado, contratado de serviço ou servidor seja prevista, ou ainda, que decorra da própria natureza dos encargos concernentes a esses vínculos.

§ 1.º Ressalvado ajuste em contrário, a compensação do trabalho ou serviço prestado limitar-se-á à remuneração ou ao salário convencionado.

§ 2.º Pertencerão, com exclusividade, ao empregado, contratado de serviço ou servidor os direitos concernentes a programa de computador gerado sem relação com o contrato de trabalho, prestação de serviços ou vínculo estatutário, e sem a utilização de recursos, informações tecnológicas, segredos industriais e de negócios, materiais, instalações ou equipamentos do empregador, da empresa ou entidade com a qual o empregador mantenha contrato de prestação de serviços ou assemelhados, do contratante de serviços ou órgão público.

§ 3.º O tratamento previsto neste artigo será aplicado nos casos em que o programa de computador for desenvolvido por bolsistas, estagiários e assemelhados.

Art. 5.º Os direitos sobre as derivações autorizadas pelo titular dos direitos de programa de computador, inclusive sua exploração econômica, pertencerão à pessoa autorizada que as fizer, salvo estipulação contratual em contrário.

Art. 6.º Não constituem ofensa aos direitos do titular de programa de computador:

I – a reprodução, em um só exemplar, de cópia legitimamente adquirida, desde que se destine à cópia de salvaguarda ou armazenamento eletrônico, hipótese em que o exemplar original servirá de salvaguarda;

II – a citação parcial do programa, para fins didáticos, desde que identificados o programa e o titular dos direitos respectivos;

III – a ocorrência de semelhança de programa a outro, preexistente, quando se der por força das características funcionais de sua aplicação, da observância de preceitos normativos e técnicos, ou de limitação de forma alternativa para a sua expressão;

IV – a integração de um programa, mantendo-se suas características essenciais, a um sistema aplicativo ou operacional, tecnicamente indispensável às necessidades do usuário, desde que para o uso exclusivo de quem a promoveu.

Capítulo III

DAS GARANTIAS AOS USUÁRIOS DE PROGRAMA DE COMPUTADOR

Art. 7.º O contrato de licença de uso de programa de computador, o documento fiscal correspondente, os suportes físicos do programa ou as respectivas embalagens deverão consignar, de forma facilmente legível pelo usuário, o prazo de validade técnica da versão comercializada.

Art. 8.º Aquele que comercializar programa de computador, quer seja titular dos direitos do programa, quer seja titular dos direitos de comercialização, fica obrigado, no território nacional, durante o prazo de validade técnica da respectiva versão, a assegurar aos respectivos usuários a prestação de serviços técnicos complementares relativos ao adequado funcionamento do programa, consideradas as suas especificações.

Parágrafo único. A obrigação persistirá no caso de retirada de circulação comercial do programa de computador durante o prazo de validade, salvo justa indenização de eventuais prejuízos causados a terceiros.

Capítulo IV

DOS CONTRATOS DE LICENÇA DE USO, DE COMERCIALIZAÇÃO E DE TRANSFERÊNCIA DE TECNOLOGIA

Art. 9.º O uso de programa de computador no País será objeto de contrato de licença.

Parágrafo único. Na hipótese de eventual inexistência do contrato referido no *caput* deste artigo, o documento fiscal relativo à aquisição ou licenciamento de cópia servirá para comprovação da regularidade do seu uso.

Art. 10. Os atos e contratos de licença de direitos de comercialização referentes a programas de computador de origem externa deverão fixar, quanto aos tributos e encargos exigíveis, a responsabilidade pelos pagamentos e estabelecerão a remuneração do titular dos direitos respectivos de programa de computador residente ou domiciliado no exterior.

§ 1.º Serão nulas as cláusulas que:

I – limitem a produção, a distribuição ou a comercialização, em violação às disposições normativas em vigor;

II – eximam qualquer dos contratantes das responsabilidades por eventuais ações de terceiros, decorrentes de vícios, defeitos ou violação de direitos de autor.

§ 2.º O remetente do correspondente valor em moeda estrangeira, em pagamento da remuneração de que se trata, conservará em seu poder, pelo prazo de 5 (cinco) anos, todos os documentos necessários à comprovação da licitude das remessas e da sua conformidade ao *caput* deste artigo.

Art. 11. Nos casos de transferência de tecnologia de programa de computador, o Instituto Nacional da Propriedade Industrial fará o registro dos respectivos contratos, para que produzam efeitos em relação a terceiros.

Parágrafo único. Para o registro de que trata este artigo, é obrigatória a entrega, por parte do fornecedor ao receptor de tecnologia, da documentação completa, em especial do código-fonte comentado, memorial descritivo, especificações funcionais internas, diagramas, fluxogramas e outros dados técnicos necessários à absorção da tecnologia.

Capítulo V

DAS INFRAÇÕES E DAS PENALIDADES

Art. 12. Violar direitos de autor de programa de computador:

Pena – Detenção de 6 (seis) meses a 2 (dois) anos ou multa.

§ 1.º Se a violação consistir na reprodução, por qualquer meio, de programa de computador, no todo ou em parte, para fins de comércio, sem autorização expressa do autor ou de quem o represente:

Pena – Reclusão de 1 (um) a 4 (quatro) anos e multa.

§ 2.º Na mesma pena do parágrafo anterior incorre quem vende, expõe à venda, introduz no País, adquire, oculta ou tem em depósito, para fins de comércio, original ou cópia de programa de computador, produzido com violação de direito autoral.

§ 3.º Nos crimes previstos neste artigo, somente se procede mediante queixa, salvo:

I – quando praticados em prejuízo de entidade de direito público, autarquia, empresa pública, sociedade de economia mista ou fundação instituída pelo poder público;

II – quando, em decorrência de ato delituoso, resultar sonegação fiscal, perda de arrecadação tributária ou prática de quaisquer dos crimes contra a ordem tributária ou contra as relações de consumo.

§ 4.º No caso do inciso II do parágrafo anterior, a exigibilidade do tributo, ou contribuição social e qualquer acessório, processar-se-á independentemente de representação.

Art. 13. A ação penal e as diligências preliminares de busca e apreensão, nos casos de violação de direito de autor de programa de computador, serão precedidas de vistoria, podendo o juiz ordenar a apreensão das cópias produzidas ou comercializadas com violação de direito de autor, suas versões e derivações, em poder do infrator ou de quem as esteja expondo, mantendo em depósito, reproduzindo ou comercializando.

Art. 14. Independentemente da ação penal, o prejudicado poderá intentar ação para proibir ao infrator a prática do ato incriminado, com cominação de pena pecuniária para o caso de transgressão do preceito.

§ 1.º A ação de abstenção de prática de ato poderá ser cumulada com a de perdas e danos pelos prejuízos decorrentes da infração.

§ 2.º Independentemente de ação cautelar preparatória, o juiz poderá conceder medida liminar proibindo ao infrator a prática do ato incriminado, nos termos deste artigo.

§ 3.º Nos procedimentos cíveis, as medidas cautelares de busca e apreensão observarão o disposto no artigo anterior.

§ 4.º Na hipótese de serem apresentadas, em juízo, para a defesa dos interesses de qualquer das partes, informações que se caracterizem como confidenciais, deverá o juiz determinar que o processo prossiga em segredo de justiça, vedado o uso de tais informações também à outra parte para outras finalidades.

§ 5.º Será responsabilizado por perdas e danos aquele que requerer e promover as medidas previstas neste e nos arts. 12 e 13, agindo de má-fé ou por espírito de emulação, capricho ou erro grosseiro, nos termos dos arts. 16, 17 e 18 do Código de Processo Civil.

Capítulo VI

DISPOSIÇÕES FINAIS

Art. 15. Esta Lei entra em vigor na data de sua publicação.

Art. 16. Fica revogada a Lei n. 7.646, de 18 de dezembro de 1987.

Brasília, 19 de fevereiro de 1998; 177.º da Independência e 110.º da República.

FERNANDO HENRIQUE CARDOSO

LEI N. 9.610, DE 19 DE FEVEREIRO DE 1998 (*)

Altera, atualiza e consolida a legislação sobre direitos autorais e dá outras providências.

O Presidente da República

Faço saber que o Congresso Nacional decreta e eu sanciono a seguinte Lei:

Título I
DISPOSIÇÕES PRELIMINARES

Art. 1.º Esta Lei regula os direitos autorais, entendendo-se sob esta denominação os direitos de autor e os que lhes são conexos.

Art. 2.º Os estrangeiros domiciliados no exterior gozarão da proteção assegurada nos acordos, convenções e tratados em vigor no Brasil.

- Convenção interamericana sobre os direitos de autor em obras literárias, científicas e artísticas: Decreto n. 26.675, de 18-5-1949.
- Convenção internacional para proteção aos artistas intérpretes ou executantes, aos produtores de fonogramas e aos organismos de radiodifusão: Decreto n. 57.125, de 19-10-1965.
- Convenção que institui a organização mundial da propriedade intelectual: Decreto n. 75.541, de 31-3-1975.
- Convenção de Berna para a proteção das obras literárias e artísticas: Decreto n. 75.699, de 6-5-1975.
- Convenção universal sobre direito de autor: Decreto n. 76.905, de 24-12-1975.
- Convenção para a proteção de produtores de fonogramas contra a reprodução não autorizada de seus fonogramas: Decreto n. 76.906, de 24-12-1975.
- O Decreto n. 78.965, de 16-12-1976, cria o registro de obras musicais gravadas ou fixadas em qualquer tipo de suporte material.
- Acordo sobre aspectos dos direitos de propriedade intelectual relacionados ao comércio: Decreto n. 1.355, de 30-12-1994.
- A Lei n. 12.270, de 24-6-2010, dispõe sobre medidas de suspensão de concessões ou outras obrigações do País relativas aos direitos de propriedade intelectual e outros, em casos de descumprimento de obrigações do Acordo Constitutivo da Organização Mundial do Comércio.

Parágrafo único. Aplica-se o disposto nesta Lei aos nacionais ou pessoas domiciliadas em país que assegure aos brasileiros ou pessoas domiciliadas no Brasil a reciprocidade na proteção aos direitos autorais ou equivalentes.

Art. 3.º Os direitos autorais reputam-se, para os efeitos legais, bens móveis.

- *Vide* Súmula 228 do STJ.

Art. 4.º Interpretam-se restritivamente os negócios jurídicos sobre os direitos autorais.

Art. 5.º Para os efeitos desta Lei, considera-se:

I – publicação – o oferecimento de obra literária, artística ou científica ao conhecimento do público, com o consentimento do autor, ou de qualquer outro titular de direito de autor, por qualquer forma ou processo;

II – transmissão ou emissão – a difusão de sons ou de sons e imagens, por meio de ondas radioelétricas; sinais de satélite; fio, cabo ou outro condutor; meios óticos ou qualquer outro processo eletromagnético;

III – retransmissão – a emissão simultânea da transmissão de uma empresa por outra;

IV – distribuição – a colocação à disposição do público do original ou cópia de obras literárias, artísticas ou científicas, interpretações ou execuções fixadas e fonogramas, mediante a venda, locação ou qualquer outra forma de transferência de propriedade ou posse;

V – comunicação ao público – ato mediante o qual a obra é colocada ao alcance do público, por qualquer meio ou procedimento e que não consista na distribuição de exemplares;

VI – reprodução – a cópia de um ou vários exemplares de uma obra literária, artística ou científica ou de um fonograma, de qualquer forma tangível, incluindo qualquer armazenamento permanente ou temporário por meios eletrônicos ou qualquer outro meio de fixação que venha a ser desenvolvido;

VII – contrafação – a reprodução não autorizada;

VIII – obra:

a) em coautoria – quando é criada em comum, por dois ou mais autores;

b) anônima – quando não se indica o nome do autor, por sua vontade ou por ser desconhecido;

c) pseudônima – quando o autor se oculta sob nome suposto;

d) inédita – a que não haja sido objeto de publicação;

e) póstuma – a que se publique após a morte do autor;

f) originária – a criação primígena;

g) derivada – a que, constituindo criação intelectual nova, resulta da transformação de obra originária;

h) coletiva – a criada por iniciativa, organização e responsabilidade de uma pessoa física ou jurídica, que a publica sob seu nome ou marca e que é constituída pela participação de diferentes autores, cujas contribuições se fundem numa criação autônoma;

i) audiovisual – a que resulta da fixação de imagens com ou sem som, que tenha a finalidade de criar, por meio de sua reprodução, a impressão de movimento, independentemente dos processos de sua captação, do suporte usado inicial ou posteriormente para fixá-lo, bem como dos meios utilizados para sua veiculação;

IX – fonograma – toda fixação de sons de uma execução ou interpretação ou de outros sons, ou de uma representação de sons que não seja uma fixação incluída em uma obra audiovisual;

X – editor – a pessoa física ou jurídica à qual se atribui o direito exclusivo de reprodução da obra e o dever de divulgá-la, nos limites previstos no contrato de edição;

XI – produtor – a pessoa física ou jurídica que toma a iniciativa e tem a responsabilidade econômica da primeira fixação do fonograma ou da obra audiovisual, qualquer que seja a natureza do suporte utilizado;

XII – radiodifusão – a transmissão sem fio, inclusive por satélites, de sons ou imagens e sons ou das representações desses, para recepção ao público e a transmissão de sinais codificados, quando os meios de decodificação sejam oferecidos ao público pelo organismo de radiodifusão ou com seu consentimento;

XIII – artistas intérpretes ou executantes – todos os atores, cantores, músicos, bailarinos ou outras pessoas que representem um papel, cantem, recitem, declamem, interpretem ou executem em qualquer forma obras literárias ou artísticas ou expressões do folclore;

XIV – titular originário – o autor de obra intelectual, o intérprete, o executante, o produtor fonográfico e as empresas de radiodifusão.

•• Inciso XIV acrescentado pela Lei n. 12.853, de 14-8-2013.

Art. 6.º Não serão de domínio da União, dos Estados, do Distrito Federal ou dos Municípios as obras por eles simplesmente subvencionadas.

Título II
DAS OBRAS INTELECTUAIS

Capítulo I
DAS OBRAS PROTEGIDAS

Art. 7.º São obras intelectuais protegidas as criações do espírito, expressas por qualquer meio ou fixadas em qualquer suporte, tangível ou intangível, conhecido ou que se invente no futuro, tais como:

•• *Vide* arts. 3.º, § 2.º, 4.º e 18 do Decreto n. 9.574, de 22-11-2018.

I – os textos de obras literárias, artísticas ou científicas;

II – as conferências, alocuções, sermões e outras obras da mesma natureza;

III – as obras dramáticas e dramático-musicais;

IV – as obras coreográficas e pantomímicas, cuja execução cênica se fixe por escrito ou por outra qualquer forma;

V – as composições musicais, tenham ou não letra;

- O Decreto n. 14.258, de 3-12-2021, dispõe sobre o exercício da profissão de compositor.

VI – as obras audiovisuais, sonorizadas ou não, inclusive as cinematográficas;

VII – as obras fotográficas e as produzidas por qualquer processo análogo ao da fotografia;

(*) Publicada no *Diário Oficial da União*, de 20-2-1998. *Vide* Decreto n. 9.574, de 22-11-2018, que consolida os atos normativos que dispõem sobre gestão coletiva de direitos autorais.

VIII – as obras de desenho, pintura, gravura, escultura, litografia e arte cinética;

IX – as ilustrações, cartas geográficas e outras obras da mesma natureza;

X – os projetos, esboços e obras plásticas concernentes à geografia, engenharia, topografia, arquitetura, paisagismo, cenografia e ciência;

XI – as adaptações, traduções e outras transformações de obras originais, apresentadas como criação intelectual nova;

XII – os programas de computador;

XIII – as coletâneas ou compilações, antologias, enciclopédias, dicionários, bases de dados e outras obras, que, por sua seleção, organização ou disposição de seu conteúdo, constituam uma criação intelectual.

§ 1.º Os programas de computador são objeto de legislação específica, observadas as disposições desta Lei que lhes sejam aplicáveis.

§ 2.º A proteção concedida no inciso XIII não abarca os dados ou materiais em si mesmos e se entende sem prejuízo de quaisquer direitos autorais que subsistam a respeito dos dados ou materiais contidos nas obras.

§ 3.º No domínio das ciências, a proteção recairá sobre a forma literária ou artística, não abrangendo o seu conteúdo científico ou técnico, sem prejuízo dos direitos que protegem os demais campos da propriedade imaterial.

Art. 8.º Não são objeto de proteção como direitos autorais de que trata esta Lei:

I – as ideias, procedimentos normativos, sistemas, métodos, projetos ou conceitos matemáticos como tais;

II – os esquemas, planos ou regras para realizar atos mentais, jogos ou negócios;

III – os formulários em branco para serem preenchidos por qualquer tipo de informação, científica ou não, e suas instruções;

IV – os textos de tratados ou convenções, leis, decretos, regulamentos, decisões judiciais e demais atos oficiais;

V – as informações de uso comum tais como calendários, agendas, cadastros ou legendas;

VI – os nomes e títulos isolados;

VII – o aproveitamento industrial ou comercial das ideias contidas nas obras.

Art. 9.º À cópia de obra de arte plástica feita pelo próprio autor é assegurada a mesma proteção de que goza o original.

Art. 10. A proteção à obra intelectual abrange o seu título, se original e inconfundível com o de obra do mesmo gênero, divulgada anteriormente por outro autor.

Parágrafo único. O título de publicações periódicas, inclusive jornais, é protegido até um ano após a saída do seu último número, salvo se forem anuais, caso em que esse prazo se elevará a dois anos.

Capítulo II
DA AUTORIA DAS OBRAS INTELECTUAIS

Art. 11. Autor é a pessoa física criadora de obra literária, artística ou científica.

Parágrafo único. A proteção concedida ao autor poderá aplicar-se às pessoas jurídicas nos casos previstos nesta Lei.

Art. 12. Para se identificar como autor, poderá o criador da obra literária, artística ou científica usar de seu nome civil, completo ou abreviado até por suas iniciais, de pseudônimo ou qualquer outro sinal convencional.

Art. 13. Considera-se autor da obra intelectual, não havendo prova em contrário, aquele que, por uma das modalidades de identificação referidas no artigo anterior, tiver, em conformidade com o uso, indicada ou anunciada essa qualidade na sua utilização.

Art. 14. É titular de direitos de autor quem adapta, traduz, arranja ou orquestra obra caída no domínio público, não podendo opor-se a outra adaptação, arranjo, orquestração ou tradução, salvo se for cópia da sua.

Art. 15. A coautoria da obra é atribuída àqueles em cujo nome, pseudônimo ou sinal convencional for utilizada.

§ 1.º Não se considera coautor quem simplesmente auxiliou o autor na produção da obra literária, artística ou científica, revendo-a, atualizando-a, bem como fiscalizando ou dirigindo sua edição ou apresentação por qualquer meio.

§ 2.º Ao coautor, cuja contribuição possa ser utilizada separadamente, são asseguradas todas as faculdades inerentes à sua criação como obra individual, vedada, porém, a utilização que possa acarretar prejuízo à exploração da obra comum.

Art. 16. São coautores da obra audiovisual o autor do assunto ou argumento literário, musical ou lítero-musical e o diretor.

Parágrafo único. Consideram-se coautores de desenhos animados os que criam os desenhos utilizados na obra audiovisual.

Art. 17. É assegurada a proteção às participações individuais em obras coletivas.

§ 1.º Qualquer dos participantes, no exercício de seus direitos morais, poderá proibir que se indique ou anuncie seu nome na obra coletiva, sem prejuízo do direito de haver a remuneração contratada.

§ 2.º Cabe ao organizador a titularidade dos direitos patrimoniais sobre o conjunto da obra coletiva.

§ 3.º O contrato com o organizador especificará a contribuição do participante, o prazo para entrega ou realização, a remuneração e demais condições para sua execução.

Capítulo III
DO REGISTRO DAS OBRAS INTELECTUAIS

Art. 18. A proteção aos direitos de que trata esta Lei independe de registro.

Art. 19. É facultado ao autor registrar a sua obra no órgão público definido no *caput* e no § 1.º do art. 17 da Lei n. 5.988, de 14 de dezembro de 1973.

•• Disposições mantidas da Lei n. 5.988, de 14-12-1973:

"DO REGISTRO DAS OBRAS INTELECTUAIS

Art. 17. Para segurança de seus direitos, o autor da obra intelectual poderá registrá-la, conforme sua natureza, na Biblioteca Nacional, na Escola de Música, na Escola de Belas Artes da Universidade Federal do Rio de Janeiro, no Instituto Nacional do Cinema, ou no Conselho Federal de Engenharia, Arquitetura e Agronomia.

§ 1.º Se a obra for de natureza que comporte registro em mais de um desses órgãos, deverá ser registrada naquele com que tiver maior afinidade.

§ 2.º O Poder Executivo, mediante decreto, poderá, a qualquer tempo, reorganizar os serviços de registro, conferindo a outros órgãos as atribuições a que se refere este artigo".

Art. 20. Para os serviços de registro previstos nesta Lei será cobrada retribuição, cujo valor e processo de recolhimento serão estabelecidos por ato do titular do órgão da administração pública federal a que estiver vinculado o registro das obras intelectuais.

Art. 21. Os serviços de registro de que trata esta Lei serão organizados conforme preceitua o § 2.º do art. 17 da Lei n. 5.988, de 14 de dezembro de 1973.

•• *Vide* nota ao art. 19 desta Lei.

TÍTULO III
DOS DIREITOS DO AUTOR

Capítulo I
DISPOSIÇÕES PRELIMINARES

Art. 22. Pertencem ao autor os direitos morais e patrimoniais sobre a obra que criou.

Art. 23. Os coautores da obra intelectual exercerão, de comum acordo, os seus direitos, salvo convenção em contrário.

Capítulo II
DOS DIREITOS MORAIS DO AUTOR

Art. 24. São direitos morais do autor:

I – o de reivindicar, a qualquer tempo, a autoria da obra;

II – o de ter seu nome, pseudônimo ou sinal convencional indicado ou anunciado, como sendo o do autor, na utilização de sua obra;

III – o de conservar a obra inédita;

IV – o de assegurar a integridade da obra, opondo-se a quaisquer modificações ou à prática de atos que, de qualquer forma, possam prejudicá-la ou atingi-lo, como autor, em sua reputação ou honra;

V – o de modificar a obra, antes ou depois de utilizada;

VI – o de retirar de circulação a obra ou de suspender qualquer forma de utilização já autorizada, quando a circulação ou utilização implicarem afronta à sua reputação e imagem;

VII – o de ter acesso a exemplar único e raro da obra, quando se encontre legitimamente em poder de outrem, para o fim de, por meio de processo fotográfico ou assemelhado, ou audiovisual, preservar sua memória, de forma que cause o menor inconveniente possível a seu detentor, que, em todo caso, será indenizado de qualquer dano ou prejuízo que lhe seja causado.

§ 1.º Por morte do autor, transmitem-se a seus sucessores os direitos a que se referem os incisos I a IV.

§ 2.º Compete ao Estado a defesa da integridade e autoria da obra caída em domínio público.

§ 3.º Nos casos dos incisos V e VI, ressalvam-se as prévias indenizações a terceiros, quando couberem.

Art. 25. Cabe exclusivamente ao diretor o exercício dos direitos morais sobre a obra audiovisual.

Art. 26. O autor poderá repudiar a autoria de projeto arquitetônico alterado sem o seu consentimento durante a execução ou após a conclusão da construção.

Parágrafo único. O proprietário da construção responde pelos danos que causar ao autor sempre que, após o repúdio, der como sendo daquele a autoria do projeto repudiado.

Art. 27. Os direitos morais do autor são inalienáveis e irrenunciáveis.

Capítulo III

DOS DIREITOS PATRIMONIAIS DO AUTOR E DE SUA DURAÇÃO

Art. 28. Cabe ao autor o direito exclusivo de utilizar, fruir e dispor da obra literária, artística ou científica.

• *Vide* Súmula 228 do STJ.

Art. 29. Depende de autorização prévia e expressa do autor a utilização da obra, por quaisquer modalidades, tais como:

I – a reprodução parcial ou integral;

II – a edição;

III – a adaptação, o arranjo musical e quaisquer outras transformações;

IV – a tradução para qualquer idioma;

V – a inclusão em fonograma ou produção audiovisual;

VI – a distribuição, quando não intrínseca ao contrato firmado pelo autor com terceiros para uso ou exploração da obra;

VII – a distribuição para oferta de obras ou produções mediante cabo, fibra ótica, satélite, ondas ou qualquer outro sistema que permita ao usuário realizar a seleção da obra ou produção para percebê-la em um tempo e lugar previamente determinados por quem formula a demanda, e nos casos em que o acesso às obras ou produções se faça por qualquer sistema que importe em pagamento pelo usuário;

VIII – a utilização, direta ou indireta, da obra literária, artística ou científica, mediante:

a) representação, recitação ou declamação;

b) execução musical;

c) emprego de alto-falante ou de sistemas análogos;

d) radiodifusão sonora ou televisiva;

e) captação de transmissão de radiodifusão em locais de frequência coletiva;

f) sonorização ambiental;

g) a exibição audiovisual, cinematográfica ou por processo assemelhado;

h) emprego de satélites artificiais;

i) emprego de sistemas óticos, fios telefônicos ou não, cabos de qualquer tipo e meios de comunicação similares que venham a ser adotados;

j) exposição de obras de artes plásticas e figurativas;

IX – a inclusão em base de dados, o armazenamento em computador, a microfilmagem e as demais formas de arquivamento do gênero;

X – quaisquer outras modalidades de utilização existentes ou que venham a ser inventadas.

Art. 30. No exercício do direito de reprodução, o titular dos direitos autorais poderá colocar à disposição do público a obra, na forma, local e pelo tempo que desejar, a título oneroso ou gratuito.

§ 1.º O direito de exclusividade de reprodução não será aplicável quando ela for temporária e apenas tiver o propósito de tornar a obra, fonograma ou interpretação perceptível em meio eletrônico ou quando for de natureza transitória e incidental, desde que ocorra no curso do uso devidamente autorizado da obra, pelo titular.

§ 2.º Em qualquer modalidade de reprodução, a quantidade de exemplares será informada e controlada, cabendo a quem reproduzir a obra a responsabilidade de manter os registros que permitam, ao autor, a fiscalização do aproveitamento econômico da exploração.

Art. 31. As diversas modalidades de utilização de obras literárias, artísticas ou científicas ou de fonogramas são independentes entre si, e a autorização concedida pelo autor, ou pelo produtor, respectivamente, não se estende a quaisquer das demais.

Art. 32. Quando uma obra feita em regime de coautoria não for divisível, nenhum dos coautores, sob pena de responder por perdas e danos, poderá, sem consentimento dos demais, publicá-la ou autorizar-lhe a publicação, salvo na coleção de suas obras completas.

§ 1.º Havendo divergência, os coautores decidirão por maioria.

§ 2.º Ao coautor dissidente é assegurado o direito de não contribuir para as despesas de publicação, renunciando a sua parte nos lucros, e o de vedar que se inscreva seu nome na obra.

§ 3.º Cada coautor pode, individualmente, sem aquiescência dos outros, registrar a obra e defender os próprios direitos contra terceiros.

Art. 33. Ninguém pode reproduzir obra que não pertença ao domínio público, a pretexto de anotá-la, comentá-la ou melhorá-la, sem permissão do autor.

Parágrafo único. Os comentários ou anotações poderão ser publicados separadamente.

Art. 34. As cartas missivas, cuja publicação está condicionada à permissão do autor, poderão ser juntadas como documento de prova em processos administrativos e judiciais.

Art. 35. Quando o autor, em virtude de revisão, tiver dado à obra versão definitiva, não poderão seus sucessores reproduzir versões anteriores.

Art. 36. O direito de utilização econômica dos escritos publicados pela imprensa, diária ou periódica, com exceção dos assinados ou que apresentem sinal de reserva, pertence ao editor, salvo convenção em contrário.

Parágrafo único. A autorização para utilização econômica de artigos assinados, para publicação em diários e periódicos, não produz efeito além do prazo da periodicidade acrescido de 20 (vinte) dias, a contar de sua publicação, findo o qual recobra o autor o seu direito.

Art. 37. A aquisição do original de uma obra, ou de exemplar, não confere ao adquirente qualquer dos direitos patrimoniais do autor, salvo convenção em contrário entre as partes e os casos previstos nesta Lei.

Art. 38. O autor tem o direito, irrenunciável e inalienável, de perceber, no mínimo, 5% (cinco por cento) sobre o aumento do preço eventualmente verificável em cada revenda de obra de arte ou manuscrito, sendo originais, que houver alienado.

Parágrafo único. Caso o autor não perceba o seu direito de sequência no ato da revenda, o vendedor é considerado depositário da quantia a ele devida, salvo se a operação for realizada por leiloeiro, quando será este o depositário.

Art. 39. Os direitos patrimoniais do autor, excetuados os rendimentos resultantes de sua exploração, não se comunicam, salvo pacto antenupcial em contrário.

Art. 40. Tratando-se de obra anônima ou pseudônima, caberá a quem publicá-la o exercício dos direitos patrimoniais do autor.

Parágrafo único. O autor que se der a conhecer assumirá o exercício dos direitos patrimoniais, ressalvados os direitos adquiridos por terceiros.

Art. 41. Os direitos patrimoniais do autor perduram por 70 (setenta) anos contados de

1.º de janeiro do ano subsequente ao de seu falecimento, obedecida a ordem sucessória da lei civil.

Parágrafo único. Aplica-se às obras póstumas o prazo de proteção a que alude o *caput* deste artigo.

Art. 42. Quando a obra literária, artística ou científica realizada em coautoria for indivisível, o prazo previsto no artigo anterior será contado da morte do último dos coautores sobreviventes.

Parágrafo único. Acrescer-se-ão aos dos sobreviventes os direitos do coautor que falecer sem sucessores.

Art. 43. Será de 70 (setenta) anos o prazo de proteção aos direitos patrimoniais sobre as obras anônimas ou pseudônimas, contado de 1.º de janeiro do ano imediatamente posterior ao da primeira publicação.

Parágrafo único. Aplicar-se-á o disposto no art. 41 e seu parágrafo único, sempre que o autor se der a conhecer antes do termo do prazo previsto no *caput* deste artigo.

Art. 44. O prazo de proteção aos direitos patrimoniais sobre obras audiovisuais e fotográficas será de 70 (setenta) anos, a contar de 1.º de janeiro do ano subsequente ao de sua divulgação.

Art. 45. Além das obras em relação às quais decorreu o prazo de proteção aos direitos patrimoniais, pertencem ao domínio público:

I – as de autores falecidos que não tenham deixado sucessores;

II – as de autor desconhecido, ressalvada a proteção legal aos conhecimentos étnicos e tradicionais.

Capítulo IV
DAS LIMITAÇÕES AOS DIREITOS AUTORAIS

Art. 46. Não constitui ofensa aos direitos autorais:

I – a reprodução:

a) na imprensa diária ou periódica, de notícia ou de artigo informativo, publicado em diários ou periódicos, com a menção do nome do autor, se assinados, e da publicação de onde foram transcritos;

b) em diários ou periódicos, de discursos pronunciados em reuniões públicas de qualquer natureza;

c) de retratos, ou de outra forma de representação da imagem, feitos sob encomenda, quando realizada pelo proprietário do objeto encomendado, não havendo a oposição da pessoa neles representada ou de seus herdeiros;

d) de obras literárias, artísticas ou científicas, para uso exclusivo de deficientes visuais, sempre que a reprodução, sem fins comerciais, seja feita mediante o sistema Braille ou outro procedimento em qualquer suporte para esses destinatários;

II – a reprodução, em um só exemplar de pequenos trechos, para uso privado do copista, desde que feita por este, sem intuito de lucro;

III – a citação em livros, jornais, revistas ou qualquer outro meio de comunicação, de passagens de qualquer obra, para fins de estudo, crítica ou polêmica, na medida justificada para o fim a atingir, indicando-se o nome do autor e a origem da obra;

IV – o apanhado de lições em estabelecimentos de ensino por aqueles a quem elas se dirigem, vedada sua publicação, integral ou parcial, sem autorização prévia e expressa de quem as ministrou;

V – a utilização de obras literárias, artísticas ou científicas, fonogramas e transmissão de rádio e televisão em estabelecimentos comerciais, exclusivamente para demonstração à clientela, desde que esses estabelecimentos comercializem os suportes ou equipamentos que permitam a sua utilização;

VI – a representação teatral e a execução musical, quando realizadas no recesso familiar ou, para fins exclusivamente didáticos, nos estabelecimentos de ensino, não havendo em qualquer caso intuito de lucro;

VII – a utilização de obras literárias, artísticas ou científicas para produzir prova judiciária ou administrativa;

VIII – a reprodução, em quaisquer obras, de pequenos trechos de obras preexistentes, de qualquer natureza, ou de obra integral, quando de artes plásticas, sempre que a reprodução em si não seja o objetivo principal da obra nova e que não prejudique a exploração normal da obra reproduzida nem cause um prejuízo injustificado aos legítimos interesses dos autores.

Art. 47. São livres as paráfrases e paródias que não forem verdadeiras reproduções da obra originária nem lhe implicarem descrédito.

Art. 48. As obras situadas permanentemente em logradouros públicos podem ser representadas livremente, por meio de pinturas, desenhos, fotografias e procedimentos audiovisuais.

Capítulo V
DA TRANSFERÊNCIA DOS DIREITOS DE AUTOR

Art. 49. Os direitos de autor poderão ser total ou parcialmente transferidos a terceiros, por ele ou por seus sucessores, a título universal ou singular, pessoalmente ou por meio de representantes com poderes especiais, por meio de licenciamento, concessão, cessão ou por outros meios admitidos em Direito, obedecidas as seguintes limitações:

I – a transmissão total compreende todos os direitos de autor, salvo os de natureza moral e os expressamente excluídos por lei;

II – somente se admitirá transmissão total e definitiva dos direitos mediante estipulação contratual escrita;

III – na hipótese de não haver estipulação contratual escrita, o prazo máximo será de 5 (cinco) anos;

IV – a cessão será válida unicamente para o país em que se firmou o contrato, salvo estipulação em contrário;

V – a cessão só se operará para modalidades de utilização já existentes à data do contrato;

VI – não havendo especificações quanto à modalidade de utilização, o contrato será interpretado restritivamente, entendendo-se como limitada apenas a uma que seja aquela indispensável ao cumprimento da finalidade do contrato.

Art. 50. A cessão total ou parcial dos direitos de autor, que se fará sempre por escrito, presume-se onerosa.

§ 1.º Poderá a cessão ser averbada à margem do registro a que se refere o art. 19 desta Lei, ou, não estando a obra registrada, poderá o instrumento ser registrado em Cartório de Títulos e Documentos.

§ 2.º Constarão do instrumento de cessão como elementos essenciais seu objeto e as condições de exercício do direito quanto a tempo, lugar e preço.

Art. 51. A cessão dos direitos de autor sobre obras futuras abrangerá, no máximo, o período de 5 (cinco) anos.

Parágrafo único. O prazo será reduzido a 5 (cinco) anos sempre que indeterminado ou superior, diminuindo-se, na devida proporção, o preço estipulado.

Art. 52. A omissão do nome do autor, ou de coautor, na divulgação da obra não presume o anonimato ou a cessão de seus direitos.

TÍTULO IV
DA UTILIZAÇÃO DE OBRAS INTELECTUAIS E DOS FONOGRAMAS

•• *Vide* arts. 34 e s. do Decreto n. 9.574, de 22-11-2018.

Capítulo I
DA EDIÇÃO

Art. 53. Mediante contrato de edição, o editor, obrigando-se a reproduzir e a divulgar a obra literária, artística ou científica, fica autorizado, em caráter de exclusividade, a publicá-la e a explorá-la pelo prazo e nas condições pactuadas com o autor.

Parágrafo único. Em cada exemplar da obra o editor mencionará:

I – o título da obra e seu autor;

II – no caso de tradução, o título original e o nome do tradutor;

III – o ano de publicação;

IV – o seu nome ou marca que o identifique.

Art. 54. Pelo mesmo contrato pode o autor obrigar-se à feitura de obra literária, artística ou científica em cuja publicação e divulgação se empenha o editor.

Art. 55. Em caso de falecimento ou de impedimento do autor para concluir a obra, o editor poderá:

I – considerar resolvido o contrato, mesmo que tenha sido entregue parte considerável da obra;

II – editar a obra, sendo autônoma, mediante pagamento proporcional do preço;

III – mandar que outro a termine, desde que consintam os sucessores e seja o fato indicado na edição.

Parágrafo único. É vedada a publicação parcial, se o autor manifestou a vontade de só publicá-la por inteiro ou se assim o decidirem seus sucessores.

Art. 56. Entende-se que o contrato versa apenas sobre uma edição, se não houver cláusula expressa em contrário.

Parágrafo único. No silêncio do contrato, considera-se que cada edição se constitui de três mil exemplares.

Art. 57. O preço da retribuição será arbitrado, com base nos usos e costumes, sempre que no contrato não a tiver estipulado expressamente o autor.

Art. 58. Se os originais forem entregues em desacordo com o ajustado e o editor não os recusar nos 30 (trinta) dias seguintes ao do recebimento, ter-se-ão por aceitas as alterações introduzidas pelo autor.

Art. 59. Quaisquer que sejam as condições do contrato, o editor é obrigado a facultar ao autor o exame da escrituração na parte que lhe corresponde, bem como a informá-lo sobre o estado da edição.

Art. 60. Ao editor compete fixar o preço da venda, sem, todavia, poder elevá-lo a ponto de embaraçar a circulação da obra.

Art. 61. O editor será obrigado a prestar contas mensais ao autor sempre que a retribuição deste estiver condicionada à venda da obra, salvo se prazo diferente houver sido convencionado.

Art. 62. A obra deverá ser editada em 2 (dois) anos da celebração do contrato, salvo prazo diverso estipulado em convenção.

Parágrafo único. Não havendo edição da obra no prazo legal ou contratual, poderá ser rescindido o contrato, respondendo o editor por danos causados.

Art. 63. Enquanto não se esgotarem as edições a que tiver direito o editor, não poderá o autor dispor de sua obra, cabendo ao editor o ônus da prova.

§ 1.º Na vigência do contrato de edição, assiste ao editor o direito de exigir que se retire de circulação edição da mesma obra feita por outrem.

§ 2.º Considera-se esgotada a edição quando restarem em estoque, em poder do editor, exemplares em número inferior a 10% (dez por cento) do total da edição.

Art. 64. Somente decorrido 1 (um) ano de lançamento da edição, o editor poderá vender, como saldo, os exemplares restantes, desde que o autor seja notificado de que, no prazo de 30 (trinta) dias, terá prioridade na aquisição dos referidos exemplares pelo preço de saldo.

Art. 65. Esgotada a edição, e o editor, com direito a outra, não a publicar, poderá o autor notificá-lo a que o faça em certo prazo, sob pena de perder aquele direito, além de responder por danos.

Art. 66. O autor tem o direito de fazer, nas edições sucessivas de suas obras, as emendas e alterações que bem lhe aprouver.

Parágrafo único. O editor poderá opor-se às alterações que lhe prejudiquem os interesses, ofendam sua reputação ou aumentem sua responsabilidade.

Art. 67. Se, em virtude de sua natureza, for imprescindível a atualização da obra em novas edições, o editor, negando-se o autor a fazê-la, dela poderá encarregar outrem, mencionando o fato na edição.

Capítulo II
DA COMUNICAÇÃO AO PÚBLICO

Art. 68. Sem prévia e expressa autorização do autor ou titular, não poderão ser utilizadas obras teatrais, composições musicais ou lítero-musicais e fonogramas, em representações e execuções públicas.

§ 1.º Considera-se representação pública a utilização de obras teatrais no gênero drama, tragédia, comédia, ópera, opereta, balé, pantomimas e assemelhadas, musicadas ou não, mediante a participação de artistas, remunerados ou não, em locais de frequência coletiva ou pela radiodifusão, transmissão e exibição cinematográfica.

§ 2.º Considera-se execução pública a utilização de composições musicais ou lítero-musicais, mediante a participação de artistas, remunerados ou não, ou a utilização de fonogramas e obras audiovisuais, em locais de frequência coletiva, por quaisquer processos, inclusive a radiodifusão ou transmissão por qualquer modalidade, e a exibição cinematográfica.

§ 3.º Consideram-se locais de frequência coletiva os teatros, cinemas, salões de baile ou concertos, boates, bares, clubes ou associações de qualquer natureza, lojas, estabelecimentos comerciais e industriais, estádios, circos, feiras, restaurantes, hotéis, motéis, clínicas, hospitais, órgãos públicos da administração direta ou indireta, fundacionais e estatais, meios de transporte de passageiros terrestre, marítimo, fluvial ou aéreo, ou onde quer que se representem, executem ou transmitam obras literárias, artísticas ou científicas.

§ 4.º Previamente à realização da execução pública, o empresário deverá apresentar ao escritório central, previsto no art. 99, a comprovação dos recolhimentos relativos aos direitos autorais.

§ 5.º Quando a remuneração depender da frequência do público, poderá o empresário, por convênio com o escritório central, pagar o preço após a realização da execução pública.

§ 6.º O usuário entregará à entidade responsável pela arrecadação dos direitos relativos à execução ou exibição pública, imediatamente após o ato de comunicação ao público, relação completa das obras e fonogramas utilizados, e a tornará pública e de livre acesso, juntamente com os valores pagos, em seu sítio eletrônico ou, em não havendo este, no local da comunicação e em sua sede.

•• § 6.º com redação determinada pela Lei n. 12.853, de 14-8-2013.

§ 7.º As empresas cinematográficas e de radiodifusão manterão à imediata disposição dos interessados, cópia autêntica dos contratos, ajustes ou acordos, individuais ou coletivos, autorizando e disciplinando a remuneração por execução pública das obras musicais e fonogramas contidos em seus programas ou obras audiovisuais.

§ 8.º Para as empresas mencionadas no § 7.º, o prazo para cumprimento do disposto no § 6.º será até o décimo dia útil de cada mês, relativamente à relação completa das obras e fonogramas utilizados no mês anterior.

•• § 8.º acrescentado pela Lei n. 12.853, de 14-8-2013.

Art. 69. O autor, observados os usos locais, notificará o empresário do prazo para a representação ou execução, salvo prévia estipulação convencional.

Art. 70. Ao autor assiste o direito de opor-se-á representação ou execução que não seja suficientemente ensaiada, bem como fiscalizá-la, tendo, para isso, livre acesso durante as representações ou execuções, no local onde se realizam.

Art. 71. O autor da obra não pode alterar-lhe a substância, sem acordo com o empresário que a faz representar.

Art. 72. O empresário, sem licença do autor, não pode entregar a obra a pessoa estranha à representação ou à execução.

Art. 73. Os principais intérpretes e os diretores de orquestras ou coro, escolhidos de comum acordo pelo autor e pelo produtor, não podem ser substituídos por ordem deste, sem que aquele consinta.

Art. 74. O autor de obra teatral, ao autorizar a sua tradução ou adaptação, poderá fixar prazo para utilização dela em representações públicas.

Parágrafo único. Após o decurso do prazo a que se refere este artigo, não poderá opor-se o tradutor ou adaptador à utilização de outra tradução ou adaptação autorizada, salvo se for cópia da sua.

Art. 75. Autorizada a representação de obra teatral feita em coautoria, não poderá qualquer dos coautores revogar a autorização dada, provocando a suspensão da temporada contratualmente ajustada.

Art. 76. É impenhorável a parte do produto dos espetáculos reservada ao autor e aos artistas.

Capítulo III

DA UTILIZAÇÃO DA OBRA DE ARTE PLÁSTICA

Art. 77. Salvo convenção em contrário, o autor de obra de arte plástica, ao alienar o objeto em que ela se materializa, transmite o direito de expô-la, mas não transmite ao adquirente o direito de reproduzi-la.

Art. 78. A autorização para reproduzir obra de arte plástica, por qualquer processo, deve se fazer por escrito e se presume onerosa.

Capítulo IV

DA UTILIZAÇÃO DA OBRA FOTOGRÁFICA

Art. 79. O autor de obra fotográfica tem direito a reproduzi-la e colocá-la à venda, observadas as restrições à exposição, reprodução e venda de retratos, e sem prejuízo dos direitos de autor sobre a obra fotografada, se de artes plásticas protegidas.

§ 1.º A fotografia, quando utilizada por terceiros, indicará de forma legível o nome do seu autor.

§ 2.º É vedada a reprodução de obra fotográfica que não esteja em absoluta consonância com o original, salvo prévia autorização do autor.

Capítulo V

DA UTILIZAÇÃO DE FONOGRAMA

Art. 80. Ao publicar o fonograma, o produtor mencionará em cada exemplar:

I – o título da obra incluída e seu autor;

II – o nome ou pseudônimo do intérprete;

III – o ano de publicação;

IV – o seu nome ou marca que o identifique.

Capítulo VI

DA UTILIZAÇÃO DA OBRA AUDIOVISUAL

Art. 81. A autorização do autor e do intérprete de obra literária, artística ou científica para produção audiovisual implica, salvo disposição em contrário, consentimento para sua utilização econômica.

§ 1.º A exclusividade da autorização depende de cláusula expressa e cessa 10 (dez) anos após a celebração do contrato.

§ 2.º Em cada cópia da obra audiovisual, mencionará o produtor:

I – o título da obra audiovisual;

II – os nomes ou pseudônimos do diretor e dos demais coautores;

III – o título da obra adaptada e seu autor, se for o caso;

IV – os artistas intérpretes;

V – o ano de publicação;

VI – o seu nome ou marca que o identifique;

VII – o nome dos dubladores.

•• Inciso VII acrescentado pela Lei n. 12.091, de 11-11-2009.

Art. 82. O contrato de produção audiovisual deve estabelecer:

I – a remuneração devida pelo produtor aos coautores da obra e aos artistas intérpretes e executantes, bem como o tempo, lugar e forma de pagamento;

II – o prazo de conclusão da obra;

III – a responsabilidade do produtor para com os coautores, artistas intérpretes ou executantes, no caso de coprodução.

Art. 83. O participante da produção da obra audiovisual que interromper, temporária ou definitivamente, sua atuação, não poderá opor-se a que esta seja utilizada na obra nem a que terceiro o substitua, resguardados os direitos que adquiriu quanto à parte já executada.

Art. 84. Caso a remuneração dos coautores da obra audiovisual dependa dos rendimentos de sua utilização econômica, o produtor lhes prestará contas semestralmente, se outro prazo não houver sido pactuado.

Art. 85. Não havendo disposição em contrário, poderão os coautores da obra audiovisual utilizar-se, em gênero diverso, da parte que constitua sua contribuição pessoal.

Parágrafo único. Se o produtor não concluir a obra audiovisual no prazo ajustado ou não iniciar sua exploração dentro de 2 (dois) anos, a contar de sua conclusão, a utilização a que se refere este artigo será livre.

Art. 86. Os direitos autorais de execução musical relativos a obras musicais, lítero-musicais e fonogramas incluídos em obras audiovisuais serão devidos aos seus titulares pelos responsáveis dos locais ou estabelecimentos a que alude o § 3.º do art. 68 desta Lei, que as exibirem, ou pelas emissoras de televisão que as transmitirem.

Capítulo VII

DA UTILIZAÇÃO DE BASES DE DADOS

Art. 87. O titular do direito patrimonial sobre uma base de dados terá o direito exclusivo, a respeito da forma de expressão da estrutura da referida base, de autorizar ou proibir:

I – sua reprodução total ou parcial, por qualquer meio ou processo;

II – sua tradução, adaptação, reordenação ou qualquer outra modificação;

III – a distribuição do original ou cópias da base de dados ou a sua comunicação ao público;

IV – a reprodução, distribuição ou comunicação ao público dos resultados das operações mencionadas no inciso II deste artigo.

Capítulo VIII

DA UTILIZAÇÃO DA OBRA COLETIVA

Art. 88. Ao publicar a obra coletiva, o organizador mencionará em cada exemplar:

I – o título da obra;

II – a relação de todos os participantes, em ordem alfabética, se outra não houver sido convencionada;

III – o ano de publicação;

IV – o seu nome ou marca que o identifique.

Parágrafo único. Para valer-se do disposto no § 1.º do art. 17, deverá o participante notificar o organizador, por escrito, até a entrega de sua participação.

Título V

DOS DIREITOS CONEXOS

Capítulo I

DISPOSIÇÕES PRELIMINARES

Art. 89. As normas relativas aos direitos de autor aplicam-se, no que couber, aos direitos dos artistas intérpretes ou executantes, dos produtores fonográficos e das empresas de radiodifusão.

Parágrafo único. A proteção desta Lei aos direitos previstos neste artigo deixa intactas e não afeta as garantias asseguradas aos autores das obras literárias, artísticas ou científicas.

Capítulo II

DOS DIREITOS DOS ARTISTAS INTÉRPRETES OU EXECUTANTES

Art. 90. Tem o artista intérprete ou executante o direito exclusivo de, a título oneroso ou gratuito, autorizar ou proibir:

I – a fixação de suas interpretações ou execuções;

II – a reprodução, a execução pública e a locação das suas interpretações ou execuções fixadas;

III – a radiodifusão das suas interpretações ou execuções, fixadas ou não;

IV – a colocação à disposição do público de suas interpretações ou execuções, de maneira que qualquer pessoa a elas possa ter acesso, no tempo e no lugar que individualmente escolherem;

V – qualquer outra modalidade de utilização de suas interpretações ou execuções.

§ 1.º Quando na interpretação ou na execução participarem vários artistas, seus direitos serão exercidos pelo diretor do conjunto.

§ 2.º A proteção aos artistas intérpretes ou executantes estende-se à reprodução da voz e imagem, quando associadas às suas atuações.

Art. 91. As empresas de radiodifusão poderão realizar fixações de interpretação ou execução de artistas que as tenham permitido para utilização em determinado número de emissões, facultada sua conservação em arquivo público.

Parágrafo único. A reutilização subsequente da fixação, no País ou no exterior, somente será lícita mediante autorização escrita dos titulares de bens intelectuais incluídos no programa, devida uma remuneração adicional aos titulares para cada nova utilização.

Art. 92. Aos intérpretes cabem os direitos morais de integridade e paternidade de suas interpretações, inclusive depois da cessão dos direitos patrimoniais, sem prejuízo da redução, compactação, edição ou dublagem da obra de que tenham participado, sob a responsabilidade do produtor, que não poderá desfigurar a interpretação do artista.

Parágrafo único. O falecimento de qualquer participante de obra audiovisual, concluída ou não, não obsta sua exibição e aproveitamento econômico, nem exige autorização adicional, sendo a remuneração prevista para o falecido, nos termos do contrato e da lei, efetuada a favor do espólio ou dos sucessores.

Capítulo III
DOS DIREITOS DOS PRODUTORES FONOGRÁFICOS

Art. 93. O produtor de fonogramas tem o direito exclusivo de, a título oneroso ou gratuito, autorizar-lhes ou proibir-lhes:

I – a reprodução direta ou indireta, total ou parcial;

II – a distribuição por meio da venda ou locação de exemplares da reprodução;

III – a comunicação ao público por meio da execução pública, inclusive pela radiodifusão;

IV – (*Vetado*);

V – quaisquer outras modalidades de utilização, existentes ou que venham a ser inventadas.

Art. 94. (*Revogado pela Lei n. 12.853, de 14-8-2013.*)

Capítulo IV
DOS DIREITOS DAS EMPRESAS DE RADIODIFUSÃO

- Serviços de Radiodifusão: Lei n. 9.472, de 16-7-1997.
- Serviços de Radiodifusão Comunitária: Lei n. 9.612, de 19-2-1998, e Decreto n. 2.615, de 3-6-1998.

Art. 95. Cabe às empresas de radiodifusão o direito exclusivo de autorizar ou proibir a retransmissão, fixação e reprodução de suas emissões, bem como a comunicação ao público, pela televisão, em locais de frequência coletiva, sem prejuízo dos direitos dos titulares de bens intelectuais incluídos na programação.

Capítulo V
DA DURAÇÃO DOS DIREITOS CONEXOS

Art. 96. É de 70 (setenta) anos o prazo de proteção aos direitos conexos, contados a partir de 1.º de janeiro do ano subsequente à fixação, para os fonogramas; à transmissão, para as emissões das empresas de radiodifusão; e à execução e representação pública, para os demais casos.

Título VI
DAS ASSOCIAÇÕES DE TITULARES DE DIREITOS DE AUTOR E DOS QUE LHES SÃO CONEXOS

Art. 97. Para o exercício e defesa de seus direitos, podem os autores e os titulares de direitos conexos associar-se sem intuito de lucro.

§ 1.º As associações reguladas por este artigo exercem atividade de interesse público, por determinação desta Lei, devendo atender a sua função social.

•• § 1.º com redação determinada pela Lei n. 12.853, de 14-8-2013.

§ 2.º É vedado pertencer, simultaneamente, a mais de uma associação para a gestão coletiva de direitos da mesma natureza.

•• § 2.º com redação determinada pela Lei n. 12.853, de 14-8-2013.

§ 3.º Pode o titular transferir-se, a qualquer momento, para outra associação, devendo comunicar o fato, por escrito, à associação de origem.

•• § 3.º com redação determinada pela Lei n. 12.853, de 14-8-2013.

§ 4.º As associações com sede no exterior far-se-ão representar, no País, por associações nacionais constituídas na forma prevista nesta Lei.

•• § 4.º acrescentado pela Lei n. 12.853, de 14-8-2013.

§ 5.º Apenas os titulares originários de direitos de autor ou de direitos conexos filiados diretamente às associações nacionais poderão votar ou ser votados nas associações reguladas por este artigo.

•• § 5.º acrescentado pela Lei n. 12.853, de 14-8-2013.

•• *Vide* art. 19 do Decreto n. 9.574, de 22-11-2018.

§ 6.º Apenas os titulares originários de direitos de autor ou de direitos conexos, nacionais ou estrangeiros domiciliados no Brasil, filiados diretamente às associações nacionais poderão assumir cargos de direção nas associações reguladas por este artigo.

•• § 6.º acrescentado pela Lei n. 12.853, de 14-8-2013.

•• *Vide* art. 19 do Decreto n. 9.574, de 22-11-2018.

Art. 98. Com o ato de filiação, as associações de que trata o art. 97 tornam-se mandatárias de seus associados para a prática de todos os atos necessários à defesa judicial ou extrajudicial de seus direitos autorais, bem como para o exercício da atividade de cobrança desses direitos.

•• *Caput* com redação determinada pela Lei n. 12.853, de 14-8-2013.

•• *Vide* arts. 2.º e 10 a 12 do Decreto n. 9.574, de 22-11-2018.

•• A Instrução Normativa n. 5, de 29-11-2021, do Ministério do Turismo, estabelece os procedimentos de habilitação, organização do cadastro, supervisão e aplicação de sanções para a atividade de cobrança de direitos autorais por associações de gestão coletiva e pelo ente arrecadador.

§ 1.º O exercício da atividade de cobrança citada no *caput* somente será lícito para as associações que obtiverem habilitação em órgão da Administração Pública Federal, nos termos do art. 98-A.

•• § 1.º acrescentado pela Lei n. 12.853, de 14-8-2013.

§ 2.º As associações deverão adotar os princípios da isonomia, eficiência e transparência na cobrança pela utilização de qualquer obra ou fonograma.

•• § 2.º acrescentado pela Lei n. 12.853, de 14-8-2013.

§ 3.º Caberá às associações, no interesse dos seus associados, estabelecer os preços pela utilização de seus repertórios, considerando a razoabilidade, a boa-fé e os usos do local de utilização das obras.

•• § 3.º acrescentado pela Lei n. 12.853, de 14-8-2013.

§ 4.º A cobrança será sempre proporcional ao grau de utilização das obras e fonogramas pelos usuários, considerando a importância da execução pública no exercício de suas atividades, e as particularidades de cada segmento, conforme disposto no regulamento desta Lei.

•• § 4.º acrescentado pela Lei n. 12.853, de 14-8-2013.

§ 5.º As associações deverão tratar seus associados de forma equitativa, sendo vedado o tratamento desigual.

•• § 5.º acrescentado pela Lei n. 12.853, de 14-8-2013.

§ 6.º As associações deverão manter um cadastro centralizado de todos os contratos, declarações ou documentos de qualquer natureza que comprovem a autoria e a titularidade das obras e dos fonogramas, bem como as participações individuais em cada obra e em cada fonograma, prevenindo o falseamento de dados e fraudes e promovendo a desambiguação de títulos similares de obras.

•• § 6.º acrescentado pela Lei n. 12.853, de 14-8-2013.

§ 7.º As informações mencionadas no § 6.º são de interesse público e o acesso a elas deverá ser disponibilizado por meio eletrônico a qualquer interessado, de forma gratuita, permitindo-se ainda ao Ministério da Cultura o acesso contínuo e integral a tais informações.

•• § 7.º acrescentado pela Lei n. 12.853, de 14-8-2013.

§ 8.º Mediante comunicação do interessado e preservada a ampla defesa e o direito ao contraditório, o Ministério da Cultura poderá, no caso de inconsistência nas informações mencionadas no § 6.º deste artigo, determinar sua retificação e demais medidas necessárias à sua regularização, conforme disposto em regulamento.

•• § 8.º acrescentado pela Lei n. 12.853, de 14-8-2013.

§ 9.º As associações deverão disponibilizar sistema de informação para comunicação periódica, pelo usuário, da totalidade das obras e fonogramas utilizados, bem como para acompanhamento, pelos titulares de direitos, dos valores arrecadados e distribuídos.

•• § 9.º acrescentado pela Lei n. 12.853, de 14-8-2013.

§ 10. Os créditos e valores não identificados deverão permanecer retidos e à disposição dos titulares pelo período de 5 (cinco) anos, devendo ser distribuídos à medida da sua identificação.

•• § 10 acrescentado pela Lei n. 12.853, de 14-8-2013.

§ 11. Findo o período de 5 (cinco) anos previsto no § 10 sem que tenha ocorrido a identificação dos créditos e valores retidos, estes serão distribuídos aos titulares de direitos de autor e de direitos conexos dentro da mesma rubrica em que foram arrecadados e na proporção de suas respectivas arrecadações durante o período da retenção daqueles créditos e valores, sendo vedada a sua destinação para outro fim.

•• § 11 acrescentado pela Lei n. 12.853, de 14-8-2013.

§ 12. A taxa de administração praticada pelas associações no exercício da cobrança e distribuição de direitos autorais deverá ser proporcional ao custo efetivo de suas operações, considerando as peculiaridades de cada uma delas.

•• § 12 acrescentado pela Lei n. 12.853, de 14-8-2013.

§ 13. Os dirigentes das associações serão eleitos para mandato de 3 (três) anos, permitida uma única recondução precedida de nova eleição.

•• § 13 acrescentado pela Lei n. 12.853, de 14-8-2013.

• *Vide* art. 5.º da Lei n. 12.853, de 14-8-2013.

§ 14. Os dirigentes das associações atuarão diretamente em sua gestão, por meio de voto pessoal, sendo vedado que atuem representados por terceiros.

•• § 14 acrescentado pela Lei n. 12.853, de 14-8-2013.

§ 15. Os titulares de direitos autorais poderão praticar pessoalmente os atos referidos no caput e no § 3.º deste artigo, mediante comunicação à associação a que estiverem filiados, com até 48 (quarenta e oito) horas de antecedência da sua prática.

•• § 15 acrescentado pela Lei n. 12.853, de 14-8-2013.

§ 16. As associações, por decisão do seu órgão máximo de deliberação e conforme previsto em seus estatutos, poderão destinar até 20% (vinte por cento) da totalidade ou de parte dos recursos oriundos de suas atividades para ações de natureza cultural e social que beneficiem seus associados de forma coletiva.

•• § 16 acrescentado pela Lei n. 12.853, de 14-8-2013.

Art. 98-A. O exercício da atividade de cobrança de que trata o art. 98 dependerá de habilitação prévia em órgão da Administração Pública Federal, conforme disposto em regulamento, cujo processo administrativo observará:

•• *Caput* acrescentado pela Lei n. 12.853, de 14-8-2013.

•• *Vide* art. 6.º, § 1.º, do Decreto n. 9.574, de 22-11-2018.

I – o cumprimento, pelos estatutos da entidade solicitante, dos requisitos estabelecidos na legislação para sua constituição;

•• Inciso I acrescentado pela Lei n. 12.853, de 14-8-2013.

II – a demonstração de que a entidade solicitante reúne as condições necessárias para assegurar uma administração eficaz e transparente dos direitos a ela confiados e significativa representatividade de obras e titulares cadastrados, mediante comprovação dos seguintes documentos e informações:

•• Inciso II, *caput*, acrescentado pela Lei n. 12.853, de 14-8-2013.

a) cadastros das obras e titulares que representam;

•• Alínea *a* acrescentada pela Lei n. 12.853, de 14-8-2013.

b) contratos e convênios mantidos com usuários de obras de seus repertórios, quando aplicável;

•• Alínea *b* acrescentada pela Lei n. 12.853, de 14-8-2013.

c) estatutos e respectivas alterações;

•• Alínea *c* acrescentada pela Lei n. 12.853, de 14-8-2013.

d) atas das assembleias ordinárias ou extraordinárias;

•• Alínea *d* acrescentada pela Lei n. 12.853, de 14-8-2013.

e) acordos de representação recíproca com entidades congêneres estrangeiras, quando existentes;

•• Alínea *e* acrescentada pela Lei n. 12.853, de 14-8-2013.

f) relatório anual de suas atividades, quando aplicável;

•• Alínea *f* acrescentada pela Lei n. 12.853, de 14-8-2013.

g) demonstrações contábeis anuais, quando aplicável;

•• Alínea *g* acrescentada pela Lei n. 12.853, de 14-8-2013.

h) demonstração de que as taxas de administração são proporcionais aos custos de cobrança e distribuição para cada tipo de utilização, quando aplicável;

•• Alínea *h* acrescentada pela Lei n. 12.853, de 14-8-2013.

i) relatório anual de auditoria externa de suas contas, desde que a entidade funcione há mais de 1 (um) ano e que a auditoria seja demandada pela maioria de seus associados ou por sindicato ou associação profissional, nos termos do art. 100;

•• Alínea *i* acrescentada pela Lei n. 12.853, de 14-8-2013.

j) detalhamento do modelo de governança da associação, incluindo estrutura de representação isonômica dos associados;

•• Alínea *j* acrescentada pela Lei n. 12.853, de 14-8-2013.

k) plano de cargos e salários, incluindo valor das remunerações dos dirigentes, gratificações, bonificações e outras modalidades de remuneração e premiação, com valores atualizados;

•• Alínea *k* acrescentada pela Lei n. 12.853, de 14-8-2013.

III – outras informações estipuladas em regulamento por órgão da Administração Pública Federal, como as que demonstrem o cumprimento das obrigações internacionais contratuais da entidade solicitante que possam ensejar questionamento ao Estado Brasileiro no âmbito dos acordos internacionais dos quais é parte.

•• Inciso III acrescentado pela Lei n. 12.853, de 14-8-2013.

§ 1.º Os documentos e informações a que se referem os incisos II e III do *caput* deste artigo deverão ser apresentados anualmente ao Ministério da Cultura.

•• § 1.º acrescentado pela Lei n. 12.853, de 14-8-2013.

§ 2.º A habilitação de que trata o § 1.º do art. 98 é um ato de qualificação vinculado ao cumprimento dos requisitos instituídos por esta Lei e por seu regulamento e não precisará ser renovada periodicamente, mas poderá ser anulada mediante decisão proferida em processo administrativo ou judicial, quando verificado que a associação não atende ao disposto nesta Lei, assegurados sempre o contraditório e ampla defesa, bem como a comunicação do fato ao Ministério Público.

•• § 2.º acrescentado pela Lei n. 12.853, de 14-8-2013.

§ 3.º A anulação da habilitação a que se refere o § 1.º do art. 98 levará em consideração a gravidade e a relevância das irregularidades identificadas, a boa-fé do infrator e a reincidência nas irregularidades, conforme disposto em regulamento, e somente se efetivará após a aplicação de advertência, quando se concederá prazo razoável para atendimento das exigências apontadas pela autoridade competente.

•• § 3.º acrescentado pela Lei n. 12.853, de 14-8-2013.

§ 4.º A ausência de uma associação que seja mandatária de determinada categoria de titulares em função da aplicação do § 2.º deste artigo não isenta os usuários das obrigações previstas no art. 68, que deverão ser quitadas em relação ao período compreendido entre o indeferimento do pedido de habilitação, a anulação ou o cancelamento da habilitação e a obtenção de nova habilitação ou constituição de entidade sucessora nos termos deste artigo, ficando a entidade sucessora responsável pela fixação dos valores dos direitos autorais ou conexos em relação ao período compreendido entre o indeferimento do pedido de habilitação ou sua anulação e a obtenção de nova habilitação pela entidade sucessora.

•• § 4.º acrescentado pela Lei n. 12.853, de 14-8-2013.

§ 5.º A associação cuja habilitação, nos termos deste artigo, seja anulada, inexistente ou pendente de apreciação pela autoridade competente, ou apresente qualquer outra forma de irregularidade, não poderá utilizar tais fatos como impedimento para distribuição de eventuais valores já arrecadados, sob pena de responsabilização direta de seus dirigentes nos termos do art. 100-A, sem prejuízo das sanções penais cabíveis.

•• § 5.º acrescentado pela Lei n. 12.853, de 14-8-2013.

§ 6.º As associações de gestão coletiva de direitos autorais deverão manter atualizados e disponíveis aos associados os documentos e as informações previstos nos incisos II e III deste artigo.

•• § 6.º acrescentado pela Lei n. 12.853, de 14-8-2013.

Art. 98-B. As associações de gestão coletiva de direitos autorais, no desempenho de suas funções, deverão:

•• *Caput* acrescentado pela Lei n. 12.853, de 14-8-2013.

I – dar publicidade e transparência, por meio de sítios eletrônicos próprios, às formas de cálculo e critérios de cobrança, discriminando, dentre outras informações, o tipo de usuário, tempo e lugar de utilização, bem como os critérios de distribuição dos valores dos direitos autorais arrecadados, incluídas as planilhas e demais registros de utilização das obras e fonogramas fornecidas pelos usuários, excetuando os valores distribuídos aos titulares individualmente;

•• Inciso I acrescentado pela Lei n. 12.853, de 14-8-2013.

II – dar publicidade e transparência, por meio de sítios eletrônicos próprios, aos estatutos, aos regulamentos de arrecadação e distribuição, às atas de suas reuniões deliberativas e aos cadastros das obras e titulares que representam, bem como ao montante arrecadado e distribuído e aos créditos eventualmente arrecadados e não distribuídos, sua origem e o motivo da sua retenção;

•• Inciso II acrescentado pela Lei n. 12.853, de 14-8-2013.

III – buscar eficiência operacional, dentre outros meios, pela redução de seus custos administrativos e dos prazos de distribuição dos valores aos titulares de direitos;

•• Inciso III acrescentado pela Lei n. 12.853, de 14-8-2013.

IV – oferecer aos titulares de direitos os meios técnicos para que possam acessar o balanço dos seus créditos da forma mais eficiente dentro do estado da técnica;

•• Inciso IV acrescentado pela Lei n. 12.853, de 14-8-2013.

V – aperfeiçoar seus sistemas para apuração cada vez mais acurada das execuções públicas realizadas e publicar anualmente seus métodos de verificação, amostragem e aferição;

•• Inciso V acrescentado pela Lei n. 12.853, de 14-8-2013.

VI – garantir aos associados o acesso às informações referentes às obras sobre as quais sejam titulares de direitos e às execuções aferidas para cada uma delas, abstendo-se de firmar contratos, convênios ou pactos com cláusula de confidencialidade;

•• Inciso VI acrescentado pela Lei n. 12.853, de 14-8-2013.

VII – garantir ao usuário o acesso às informações referentes às utilizações por ele realizadas.

•• Inciso VII acrescentado pela Lei n. 12.853, de 14-8-2013.

Parágrafo único. As informações contidas nos incisos I e II devem ser atualizadas periodicamente, em intervalo nunca superior a 6 (seis) meses.

•• Parágrafo único acrescentado pela Lei n. 12.853, de 14-8-2013.

Art. 98-C. As associações de gestão coletiva de direitos autorais deverão prestar contas dos valores devidos, em caráter regular e de modo direto, aos seus associados.

•• *Caput* acrescentado pela Lei n. 12.853, de 14-8-2013.

§ 1.º O direito à prestação de contas poderá ser exercido diretamente pelo associado.

•• § 1.º acrescentado pela Lei n. 12.853, de 14-8-2013.

§ 2.º Se as contas não forem prestadas na forma do § 1.º, o pedido do associado poderá ser encaminhado ao Ministério da Cultura que, após sua apreciação, poderá determinar a prestação de contas pela associação, na forma do regulamento.

•• § 2.º acrescentado pela Lei n. 12.853, de 14-8-2013.

Art. 99. A arrecadação e distribuição dos direitos relativos à execução pública de obras musicais e literomusicais e de fonogramas será feita por meio das associações de gestão coletiva criadas para este fim por seus titulares, as quais deverão unificar a cobrança em um único escritório central para arrecadação e distribuição, que funcionará como ente arrecadador com personalidade jurídica própria e observará os §§ 1.º a 12 do art. 98 e os arts. 98-A, 98-B, 98-C, 99-B, 100, 100-A e 100-B.

•• *Caput* com redação determinada pela Lei n. 12.853, de 14-8-2013.

§ 1.º O ente arrecadador organizado na forma prevista no *caput* não terá finalidade de lucro e será dirigido e administrado por meio do voto unitário de cada associação que o integra.

•• § 1.º com redação determinada pela Lei n. 12.853, de 14-8-2013.

•• *Vide* art. 3.º, § 5.º, do Decreto n. 9.574, de 22-11-2018.

§ 2.º O ente arrecadador e as associações a que se refere este Título atuarão em juízo e fora dele em seus próprios nomes como substitutos processuais dos titulares a eles vinculados.

•• § 2.º com redação determinada pela Lei n. 12.853, de 14-8-2013.

§ 3.º O recolhimento de quaisquer valores pelo ente arrecadador somente se fará por depósito bancário.

•• § 3.º com redação determinada pela Lei n. 12.853, de 14-8-2013.

§ 4.º A parcela destinada à distribuição aos autores e demais titulares de direitos não poderá, em um ano da data de publicação desta Lei, ser inferior a 77,5% (setenta e sete inteiros e cinco décimos por cento) dos valores arrecadados, aumentando-se tal parcela à razão de 2,5% a.a. (dois inteiros e cinco décimos por cento ao ano), até que, em 4 (quatro) anos da data de publicação desta Lei, ela não seja inferior a 85% (oitenta e cinco por cento) dos valores arrecadados.

•• § 4.º com redação determinada pela Lei n. 12.853, de 14-8-2013.

§ 5.º O ente arrecadador poderá manter fiscais, aos quais é vedado receber do usuário numerário a qualquer título.

•• § 5.º com redação determinada pela Lei n. 12.853, de 14-8-2013.

§ 6.º A inobservância da norma do § 5.º tornará o faltoso inabilitado à função de fiscal, sem prejuízo da comunicação do fato ao Ministério Público e da aplicação das sanções civis e penais cabíveis.

•• § 6.º acrescentado pela Lei n. 12.853, de 14-8-2013.

§ 7.º Cabe ao ente arrecadador e às associações de gestão coletiva zelar pela continuidade da arrecadação e, no caso de perda da habilitação por alguma associação, cabe a ela cooperar para que a transição entre associações seja realizada sem qualquer prejuízo aos titulares, transferindo-se todas as informações necessárias ao processo de arrecadação e distribuição de direitos.

•• § 7.º acrescentado pela Lei n. 12.853, de 14-8-2013.

§ 8.º Sem prejuízo do disposto no § 3.º do art. 98, as associações devem estabelecer e unificar o preço de seus repertórios junto ao ente arrecadador para a sua cobrança, atuando este como mandatário das associações que o integram.

•• § 8.º acrescentado pela Lei n. 12.853, de 14-8-2013.

§ 9.º O ente arrecadador cobrará do usuário de forma unificada, e se encarregará da devida distribuição da arrecadação às associações, observado o disposto nesta Lei, especialmente os critérios estabelecidos nos §§ 3.º e 4.º do art. 98.

•• § 9.º acrescentado pela Lei n. 12.853, de 14-8-2013.

Art. 99-A. O ente arrecadador de que trata o *caput* do art. 99 deverá admitir em seus quadros, além das associações que o constituíram, as associações de titulares de direitos autorais que tenham pertinência com sua área de atuação e estejam habilitadas em órgão da Administração Pública Federal na forma do art. 98-A.

•• *Caput* acrescentado pela Lei n. 12.853, de 14-8-2013.

Parágrafo único. As deliberações quanto aos critérios de distribuição dos recursos arrecadados serão tomadas por meio do voto unitário de cada associação que integre o ente arrecadador.

•• Parágrafo único acrescentado pela Lei n. 12.853, de 14-8-2013.

Art. 99-B. As associações referidas neste Título estão sujeitas às regras concorrenciais definidas em legislação específica que trate da prevenção e repressão às infrações contra a ordem econômica.

•• Artigo acrescentado pela Lei n. 12.853, de 14-8-2013.

Art. 100. O sindicato ou associação profissional que congregue filiados de uma associação de gestão coletiva de direitos autorais poderá, 1 (uma) vez por ano, às suas expensas, após notificação, com 8 (oito) dias de antecedência, fiscalizar, por intermédio de auditor independente, a exatidão das contas prestadas por essa associação autoral a seus representados.

•• Artigo com redação determinada pela Lei n. 12.853, de 14-8-2013.

Art. 100-A. Os dirigentes das associações de gestão coletiva de direitos autorais respondem solidariamente, com seus bens particulares, por desvio de finalidade ou quanto ao inadimplemento das obrigações para com os associados, por dolo ou culpa.

•• Artigo acrescentado pela Lei n. 12.853, de 14-8-2013.

•• *Vide* art. 21, parágrafo único, do Decreto n. 9.574, de 22-11-2018.

Art. 100-B. Os litígios entre usuários e titulares de direitos autorais ou seus mandatários, em relação à falta de pagamento, aos critérios de cobrança, às formas de oferecimento de repertório e aos valores de arrecadação, e entre titulares e suas associações, em relação aos valores e critérios de distribuição, poderão ser objeto da atuação de órgão da Administração Pública Federal para a resolução de conflitos por meio de mediação ou arbitragem, na forma do regulamento, sem prejuízo da apreciação pelo Poder Judiciário e pelos órgãos do Sistema Brasileiro de Defesa da Concorrência, quando cabível.

•• Artigo acrescentado pela Lei n. 12.853, de 14-8-2013.

•• *Vide* art. 25 do Decreto n. 9.574, de 22-11-2018.

•• A Instrução Normativa n. 2, de 25-9-2020, do Ministério do Turismo, aprova o Regulamento de Mediação e Arbitragem no âmbito da Secretaria Especial de Cultura do Ministério do Turismo.

TÍTULO VII
DAS SANÇÕES ÀS VIOLAÇÕES DOS DIREITOS AUTORAIS

•• *Vide* Súmula 574 do STJ.

Capítulo I
DISPOSIÇÃO PRELIMINAR

Art. 101. As sanções civis de que trata este Capítulo aplicam-se sem prejuízo das penas cabíveis.

•• *Vide* arts. 29 e s. do Decreto n. 9.574, de 22-11-2018.

Capítulo II
DAS SANÇÕES CIVIS

Art. 102. O titular cuja obra seja fraudulentamente reproduzida, divulgada ou de qualquer forma utilizada, poderá requerer a apreensão dos exemplares reproduzidos ou a suspensão da divulgação, sem prejuízo da indenização cabível.

Art. 103. Quem editar obra literária, artística ou científica, sem autorização do titular, perderá para este os exemplares que se apreenderem e pagar-lhe-á o preço dos que tiver vendido.

Parágrafo único. Não se conhecendo o número de exemplares que constituem a edição fraudulenta, pagará o transgressor o valor de 3.000 (três mil) exemplares, além dos apreendidos.

Art. 104. Quem vender, expuser a venda, ocultar, adquirir, distribuir, tiver em depósito ou utilizar obra ou fonograma reproduzidos com fraude, com a finalidade de vender, obter ganho, vantagem, proveito, lucro direto ou indireto, para si ou para outrem, será solidariamente responsável com o contrafator, nos termos dos artigos precedentes, respondendo como contrafatores o importador e o distribuidor em caso de reprodução no exterior.

Art. 105. A transmissão e a retransmissão, por qualquer meio ou processo, e a comunicação ao público de obras artísticas, literárias e científicas, de interpretações e de fonogramas, realizadas mediante violação aos direitos de seus titulares, deverão ser imediatamente suspensas ou interrompidas pela autoridade judicial competente, sem prejuízo da multa diária pelo descumprimento e das demais indenizações cabíveis, independentemente das sanções penais aplicáveis; caso se comprove que o infrator é reincidente na violação aos direitos dos titulares de direitos de autor e conexos, o valor da multa poderá ser aumentado até o dobro.

Art. 106. A sentença condenatória poderá determinar a destruição de todos os exemplares ilícitos, bem como as matrizes, moldes, negativos e demais elementos utilizados para praticar o ilícito civil, assim como a perda de máquinas, equipamentos e insumos destinados a tal fim ou, servindo eles unicamente para o fim ilícito, sua destruição.

Art. 107. Independentemente da perda dos equipamentos utilizados, responderá por perdas e danos, nunca inferiores ao valor que resultaria da aplicação do disposto no art. 103 e seu parágrafo único, quem:

I – alterar, suprimir, modificar ou inutilizar, de qualquer maneira, dispositivos técnicos introduzidos nos exemplares das obras e produções protegidas para evitar ou restringir sua cópia;

II – alterar, suprimir ou inutilizar, de qualquer maneira, os sinais codificados destinados a restringir a comunicação ao público de obras, produções ou emissões protegidas ou a evitar a sua cópia;

III – suprimir ou alterar, sem autorização, qualquer informação sobre a gestão de direitos;

IV – distribuir, importar para distribuição, emitir, comunicar ou puser à disposição do público, sem autorização, obras, interpretações ou execuções, exemplares de interpretações fixadas em fonogramas e emissões, sabendo que a informação sobre a gestão de direitos, sinais codificados e dispositivos técnicos foram suprimidos ou alterados sem autorização.

Art. 108. Quem, na utilização, por qualquer modalidade, de obra intelectual, deixar de indicar ou de anunciar, como tal, o nome, pseudônimo ou sinal convencional do autor e do intérprete, além de responder por danos morais, está obrigado a divulgar-lhes a identidade da seguinte forma:

I – tratando-se de empresa de radiodifusão, no mesmo horário em que tiver ocorrido a infração, por 3 (três) dias consecutivos;

II – tratando-se de publicação gráfica ou fonográfica, mediante inclusão de errata nos exemplares ainda não distribuídos, sem prejuízo de comunicação, com destaque, por 3 (três) vezes consecutivas em jornal de grande circulação, dos domicílios do autor, do intérprete e do editor ou produtor;

III – tratando-se de outra forma de utilização, por intermédio da imprensa, na forma a que se refere o inciso anterior.

Art. 109. A execução pública feita em desacordo com os arts. 68, 97, 98 e 99 desta Lei sujeitará os responsáveis a multa de 20 (vinte) vezes o valor que deveria ser originariamente pago.

Art. 109-A. A falta de prestação ou a prestação de informações falsas no cumprimento do disposto no § 6.º do art. 68 e no § 9.º do art. 98 sujeitará os responsáveis, por determinação da autoridade competente e nos termos do regulamento desta Lei, a multa de 10 (dez) a 30% (trinta por cento) do valor que deveria ser originariamente pago, sem prejuízo das perdas e danos.

•• *Caput* acrescentado pela Lei n. 12.853, de 14-8-2013.

•• *Vide* art. 33 do Decreto n. 9.574, de 22-11-2018.

Parágrafo único. Aplicam-se as regras da legislação civil quanto ao inadimplemento das obrigações no caso de descumprimento, pelos usuários, dos seus deveres legais e contratuais junto às associações referidas neste Título.

•• Parágrafo único acrescentado pela Lei n. 12.853, de 14-8-2013.

Art. 110. Pela violação de direitos autorais nos espetáculos e audições públicas, realizados nos locais ou estabelecimentos a que alude o art. 68, seus proprietários, diretores, gerentes, empresários e arrendatários respondem solidariamente com os organizadores dos espetáculos.

Capítulo III
DA PRESCRIÇÃO DA AÇÃO

Art. 111. (*Vetado.*)

Título VIII
DISPOSIÇÕES FINAIS E TRANSITÓRIAS

Art. 112. Se uma obra, em consequência de ter expirado o prazo de proteção que lhe era anteriormente reconhecido pelo § 2.º do art. 42 da Lei n. 5.988, de 14 de dezembro de 1973, caiu no domínio público, não terá o prazo de proteção dos direitos patrimoniais ampliado por força do art. 41 desta Lei.

Art. 113. Os fonogramas, os livros e as obras audiovisuais sujeitar-se-ão a selos ou sinais de identificação sob a responsabilidade do produtor, distribuidor ou importador, sem ônus para o consumidor, com o fim de atestar o cumprimento das normas legais vigentes, conforme dispuser o regulamento.

•• Artigo regulamentado pelo Decreto n. 9.574, de 22-11-2018.

Art. 114. Esta Lei entra em vigor 120 (cento e vinte) dias após sua publicação.

Art. 115. Ficam revogados os arts. 649 a 673 e 1.346 a 1.362 do Código Civil e as Leis n. 4.944, de 6 de abril de 1966; 5.988, de 14 de dezembro de 1973, excetuando-se o art. 17 e seus §§ 1.º e 2.º; 6.800, de 25 de junho de 1980; 7.123, de 12 de setembro de 1983; 9.045, de 18 de maio de 1995, e demais disposições em contrário, mantidas em vigor as Leis n. 6.533, de 24 de maio de 1978, e 6.615, de 16 de dezembro de 1978.

Brasília, 19 de fevereiro de 1998; 177.º da Independência e 110.º da República.

FERNANDO HENRIQUE CARDOSO

PORTARIA N. 4, DE 13 DE MARÇO DE 1998 (*)

Divulga, em aditamento ao elenco do art. 51 da Lei n. 8.078, de 11 de setembro de 1990, e do art. 22 do Decreto n. 2.181, de 20 de março de 1997, as cláusulas abusivas que, dentre outras, são consideradas nulas de pleno direito.

O Secretário de Direito Econômico do Ministério da Justiça, no uso de suas atribuições legais, considerando o disposto no art. 56 do Decreto n. 2.181, de 20 de março de 1997, e com o objetivo de orientar o Sistema Nacional de Defesa do Consumidor, notadamente para o fim de aplicação do disposto no inciso IV do art. 22 deste Decreto; considerando que o elenco de cláusulas abusivas relativas ao fornecimento de produtos e serviços, constantes do art. 51 da Lei n. 8.078, de 11 de setembro de 1990, é de tipo aberto, exemplificativo, permitindo, desta forma a sua complementação; e considerando, ainda, que decisões terminativas dos diversos PROCONs e Ministérios Públicos, pacificam como abusivas as cláusulas a seguir enumeradas, resolve:

Divulgar, em aditamento ao elenco do art. 51 da Lei n. 8.078/90, e do art. 22 do Decreto n. 2.181/97, as seguintes cláusulas que, dentre outras, são nulas de pleno direito:

1. estabeleçam prazos de carência na prestação ou fornecimento de serviços, em caso de impontualidade das prestações ou mensalidades;
2. imponham, em caso de impontualidade, interrupção de serviço essencial, sem aviso prévio;
3. não restabeleçam integralmente os direitos do consumidor a partir da purgação da mora;
4. impeçam o consumidor de se beneficiar do evento, constante de termo de garantia contratual, que lhe seja mais favorável;
5. estabeleçam a perda total ou desproporcionada das prestações pagas pelo consumidor, em benefício do credor, que, em razão de desistência ou inadimplemento, pleitear a resilição ou resolução do contrato, ressalvada a cobrança judicial de perdas e danos comprovadamente sofridos;
6. estabeleçam sanções em caso de atraso ou descumprimento da obrigação somente em desfavor do consumidor;
7. estabeleçam cumulativamente a cobrança de comissão de permanência e correção monetária;
8. elejam foro para dirimir conflitos decorrentes de relações de consumo diverso daquele onde reside o consumidor;
9. (*Revogada pela Portaria n. 17, de 22-6-2004.*)
10. impeçam, restrinjam ou afastem a aplicação das normas do código de defesa do consumidor nos conflitos decorrentes de contratos de transporte aéreo;
11. atribuam ao fornecedor o poder de escolha entre múltiplos índices de reajuste, entre os admitidos legalmente;
12. permitam ao fornecedor emitir títulos de crédito em branco ou livremente circuláveis por meio de endosso na representação de toda e qualquer obrigação assumida pelo consumidor;
13. estabeleçam a devolução de prestações pagas, sem que os valores sejam corrigidos monetariamente;
14. imponham limite ao tempo de internação hospitalar, que não o prescrito pelo médico.

Ruy Coutinho do Nascimento

(*) Publicada no *Diário Oficial da União*, de 16-3-1998.

LEI COMPLEMENTAR N. 95, DE 26 DE FEVEREIRO DE 1998 (**)

Dispõe sobre a elaboração, a redação, a alteração e a consolidação das leis, conforme determina o parágrafo único do art. 59 da Constituição Federal, e estabelece normas para a consolidação dos atos normativos que menciona.

•• Regulamentada pelo Decreto n. 4.176, de 28-3-2002.

O Presidente da República

Faço saber que o Congresso Nacional decreta e eu sanciono a seguinte Lei Complementar:

Capítulo I
DISPOSIÇÕES PRELIMINARES

Art. 1.º A elaboração, a redação, a alteração e a consolidação das leis obedecerão ao disposto nesta Lei Complementar.

Parágrafo único. As disposições desta Lei Complementar aplicam-se, ainda, às medidas provisórias e demais atos normativos referidos no art. 59 da Constituição Federal, bem como, no que couber, aos decretos e aos demais atos de regulamentação expedidos por órgãos do Poder Executivo.

•• O Decreto n. 9.191, de 1.º-11-2017, estabelece as normas e as diretrizes para elaboração, redação, alteração, consolidação e encaminhamento de propostas de atos normativos ao Presidente da República pelos Ministros de Estado.

Art. 2.º (*Vetado.*)

§ 1.º (*Vetado.*)

§ 2.º Na numeração das leis serão observados, ainda, os seguintes critérios:

I – as emendas à Constituição Federal terão sua numeração iniciada a partir da promulgação da Constituição;

II – as leis complementares, as leis ordinárias e as leis delegadas terão numeração sequencial em continuidade às séries iniciadas em 1946.

Capítulo II
DAS TÉCNICAS DE ELABORAÇÃO, REDAÇÃO E ALTERAÇÃO DAS LEIS

Seção I
Da Estruturação das Leis

Art. 3.º A lei será estruturada em três partes básicas:

I – parte preliminar, compreendendo a epígrafe, a ementa, o preâmbulo, o enunciado do objeto e a indicação do âmbito de aplicação das disposições normativas;

II – parte normativa, compreendendo o texto das normas de conteúdo substantivo relacionadas com a matéria regulada;

III – parte final, compreendendo as disposições pertinentes às medidas necessárias à implementação das normas de conteúdo substantivo, às disposições transitórias, se

(**) Publicada no *Diário Oficial da União*, de 27-2-1998.

for o caso, a cláusula de vigência e a cláusula de revogação, quando couber.

Art. 4.º A epígrafe, grafada em caracteres maiúsculos, propiciará identificação numérica singular à lei e será formada pelo título designativo da espécie normativa, pelo número respectivo e pelo ano de promulgação.

Art. 5.º A ementa será grafada por meio de caracteres que a realcem e explicitará, de modo conciso e sob a forma de título, o objeto da lei.

Art. 6.º O preâmbulo indicará o órgão ou instituição competente para a prática do ato e sua base legal.

Art. 7.º O primeiro artigo do texto indicará o objeto da lei e o respectivo âmbito de aplicação, observados os seguintes princípios:

I – excetuadas as codificações, cada lei tratará de um único objeto;

II – a lei não conterá matéria estranha a seu objeto ou a este não vinculada por afinidade, pertinência ou conexão;

III – o âmbito de aplicação da lei será estabelecido de forma tão específica quanto o possibilite o conhecimento técnico ou científico da área respectiva;

IV – o mesmo assunto não poderá ser disciplinado por mais de uma lei, exceto quando a subsequente se destine a complementar lei considerada básica, vinculando-se a esta por remissão expressa.

Art. 8.º A vigência da lei será indicada de forma expressa e de modo a contemplar prazo razoável para que dela se tenha amplo conhecimento, reservada a cláusula "entra em vigor na data de sua publicação" para as leis de pequena repercussão.

§ 1.º A contagem do prazo para entrada em vigor das leis que estabeleçam período de vacância far-se-á com a inclusão da data da publicação e do último dia do prazo, entrando em vigor no dia subsequente à sua consumação integral.

•• § 1.º acrescentado pela Lei Complementar n. 107, de 26-4-2001.

§ 2.º As leis que estabeleçam período de vacância deverão utilizar a cláusula "esta lei entra em vigor após decorridos (o número de) dias de sua publicação oficial".

•• § 2.º acrescentado pela Lei Complementar n. 107, de 26-4-2001.

Art. 9.º A cláusula de revogação deverá enumerar, expressamente, as leis ou disposições legais revogadas.

•• *Caput* com redação determinada pela Lei Complementar n. 107, de 26-4-2001.

Parágrafo único. (*Vetado*.)

•• Parágrafo único acrescentado pela Lei Complementar n. 107, de 26-4-2001.

Seção II
Da Articulação e da Redação das Leis

Art. 10. Os textos legais serão articulados com observância dos seguintes princípios:

I – a unidade básica de articulação será o artigo, indicado pela abreviatura "Art.", seguida de numeração ordinal até o nono e cardinal a partir deste;

II – os artigos desdobrar-se-ão em parágrafos ou em incisos; os parágrafos em incisos, os incisos em alíneas e as alíneas em itens;

III – os parágrafos serão representados pelo sinal gráfico "§", seguido de numeração ordinal até o nono e cardinal a partir deste, utilizando-se, quando existente apenas um, a expressão "parágrafo único" por extenso;

IV – os incisos serão representados por algarismos romanos, as alíneas por letras minúsculas e os itens por algarismos arábicos;

V – o agrupamento de artigos poderá constituir Subseções; o de Subseções, a Seção; o de Seções, o Capítulo; o de Capítulos, o Título; o de Títulos, o Livro e o de Livros, a Parte;

VI – os Capítulos, Títulos, Livros e Partes serão grafados em letras maiúsculas e identificados por algarismos romanos, podendo estas últimas desdobrar-se em Parte Geral e Parte Especial ou ser subdivididas em partes expressas em numeral ordinal, por extenso;

VII – as Subseções e Seções serão identificadas em algarismos romanos, grafadas em letras minúsculas e postas em negrito ou caracteres que as coloquem em realce;

VIII – a composição prevista no inciso V poderá também compreender agrupamentos em Disposições Preliminares, Gerais, Finais ou Transitórias, conforme necessário.

Art. 11. As disposições normativas serão redigidas com clareza, precisão e ordem lógica, observadas, para esse propósito, as seguintes normas:

I – para a obtenção de clareza:

a) usar as palavras e as expressões em seu sentido comum, salvo quando a norma versar sobre assunto técnico, hipótese em que se empregará a nomenclatura própria da área em que se esteja legislando;

b) usar frases curtas e concisas;

c) construir as orações na ordem direta, evitando preciosismo, neologismo e adjetivações dispensáveis;

d) buscar a uniformidade do tempo verbal em todo o texto das normas legais, dando preferência ao tempo presente ou ao futuro simples do presente;

e) usar os recursos de pontuação de forma judiciosa, evitando os abusos de caráter estilístico;

II – para a obtenção de precisão:

a) articular a linguagem, técnica ou comum, de modo a ensejar perfeita compreensão do objetivo da lei e a permitir que seu texto evidencie com clareza o conteúdo e o alcance que o legislador pretende dar à norma;

b) expressar a ideia, quando repetida no texto, por meio das mesmas palavras, evitando o emprego de sinonímia com propósito meramente estilístico;

c) evitar o emprego de expressão ou palavra que confira duplo sentido ao texto;

d) escolher termos que tenham o mesmo sentido e significado na maior parte do território nacional, evitando o uso de expressões locais ou regionais;

e) usar apenas siglas consagradas pelo uso, observado o princípio de que a primeira referência no texto seja acompanhada de explicitação de seu significado;

f) grafar por extenso quaisquer referências a números e percentuais, exceto data, número de lei e nos casos em que houver prejuízo para a compreensão do texto;

•• Alínea *f* com redação determinada pela Lei Complementar n. 107, de 26-4-2001.

g) indicar, expressamente, o dispositivo objeto de remissão, em vez de usar as expressões "anterior", "seguinte" ou equivalentes;

•• Alínea *g* acrescentada pela Lei Complementar n. 107, de 26-4-2001.

III – para a obtenção de ordem lógica:

a) reunir sob as categorias de agregação – subseção, seção, capítulo, título e livro – apenas as disposições relacionadas com o objeto da lei;

b) restringir o conteúdo de cada artigo da lei a um único assunto ou princípio;

c) expressar por meio dos parágrafos os aspectos complementares à norma enunciada no *caput* do artigo e as exceções à regra por este estabelecida;

d) promover as discriminações e enumerações por meio dos incisos, alíneas e itens.

Seção III
Da Alteração das Leis

Art. 12. A alteração da lei será feita:

I – mediante reprodução integral em novo texto, quando se tratar de alteração considerável;

II – mediante revogação parcial;

•• Inciso II com redação determinada pela Lei Complementar n. 107, de 26-4-2001.

III – nos demais casos, por meio de substituição, no próprio texto, do dispositivo alterado, ou acréscimo de dispositivo novo, observadas as seguintes regras:

a) (*Revogada pela Lei Complementar n. 107, de 26-4-2001.*)

b) é vedada, mesmo quando recomendável, qualquer renumeração de artigos e de unidades superiores ao artigo, referidas no inciso V do art. 10, devendo ser utilizado o mesmo número do artigo ou unidade imediatamente anterior, seguido de letras maiúsculas, em ordem alfabética, tantas quantas forem suficientes para identificar os acréscimos;

•• Alínea *b* com redação determinada pela Lei Complementar n. 107, de 26-4-2001.

c) é vedado o aproveitamento do número de dispositivo revogado, vetado, declarado inconstitucional pelo Supremo Tribunal Federal ou de execução suspensa pelo Senado Federal em face de decisão do Supremo Tribunal Federal, devendo a lei alterada manter essa indicação, seguida da expressão "revogado", "vetado", "declarado inconstitucional, em controle concentrado, pelo Supremo Tribunal Federal", ou "execução suspensa pelo Senado Federal, na forma do art. 52, X, da Constituição Federal";

•• Alínea *c* com redação determinada pela Lei Complementar n. 107, de 26-4-2001.

d) é admissível a reordenação interna das unidades em que se desdobra o artigo, identificando-se o artigo assim modificado por alteração de redação, supressão ou acréscimo com as letras "NR" maiúsculas, entre parênteses, uma única vez ao seu final, obedecidas, quando for o caso, as prescrições da alínea c.

•• Alínea *d* com redação determinada pela Lei Complementar n. 107, de 26-4-2001.

Parágrafo único. O termo "dispositivo" mencionado nesta Lei refere-se a artigos, parágrafos, incisos, alíneas ou itens.

•• Parágrafo único acrescentado pela Lei Complementar n. 107, de 26-4-2001.

Capítulo III
DA CONSOLIDAÇÃO DAS LEIS E OUTROS ATOS NORMATIVOS

Seção I
Da Consolidação das Leis

Art. 13. As leis federais serão reunidas em codificações e consolidações, integradas por volumes contendo matérias conexas ou afins, constituindo em seu todo a Consolidação da Legislação Federal.

•• *Caput* com redação determinada pela Lei Complementar n. 107, de 26-4-2001.

§ 1.º A consolidação consistirá na integração de todas as leis pertinentes a determinada matéria num único diploma legal, revogando-se formalmente as leis incorporadas à consolidação, sem modificação do alcance nem interrupção da força normativa dos dispositivos consolidados.

•• § 1.º acrescentado pela Lei Complementar n. 107, de 26-4-2001.

§ 2.º Preservando-se o conteúdo normativo original dos dispositivos consolidados, poderão ser feitas as seguintes alterações nos projetos de lei de consolidação:

•• § 2.º, *caput*, acrescentado pela Lei Complementar n. 107, de 26-4-2001.

I – introdução de novas divisões do texto legal base;

•• Inciso I acrescentado pela Lei Complementar n. 107, de 26-4-2001.

II – diferente colocação e numeração dos artigos consolidados;

•• Inciso II acrescentado pela Lei Complementar n. 107, de 26-4-2001.

III – fusão de disposições repetitivas ou de valor normativo idêntico;

•• Inciso III acrescentado pela Lei Complementar n. 107, de 26-4-2001.

IV – atualização da denominação de órgãos e entidades da administração pública;

•• Inciso IV acrescentado pela Lei Complementar n. 107, de 26-4-2001.

V – atualização de termos antiquados e modos de escrita ultrapassados;

•• Inciso V acrescentado pela Lei Complementar n. 107, de 26-4-2001.

VI – atualização do valor de penas pecuniárias, com base em indexação padrão;

•• Inciso VI acrescentado pela Lei Complementar n. 107, de 26-4-2001.

VII – eliminação de ambiguidades decorrentes do mau uso do vernáculo;

•• Inciso VII acrescentado pela Lei Complementar n. 107, de 26-4-2001.

VIII – homogeneização terminológica do texto;

•• Inciso VIII acrescentado pela Lei Complementar n. 107, de 26-4-2001.

IX – supressão de dispositivos declarados inconstitucionais pelo Supremo Tribunal Federal, observada, no que couber, a suspensão pelo Senado Federal de execução de dispositivos, na forma do art. 52, X, da Constituição Federal;

•• Inciso IX acrescentado pela Lei Complementar n. 107, de 26-4-2001.

X – indicação de dispositivos não recepcionados pela Constituição Federal;

•• Inciso X acrescentado pela Lei Complementar n. 107, de 26-4-2001.

XI – declaração expressa de revogação de dispositivos implicitamente revogados por leis posteriores.

•• Inciso XI acrescentado pela Lei Complementar n. 107, de 26-4-2001.

§ 3.º As providências a que se referem os incisos IX, X e XI do § 2.º deverão ser expressa e fundadamente justificadas, com indicação precisa das fontes de informação que lhes serviram de base.

•• § 3.º acrescentado pela Lei Complementar n. 107, de 26-4-2001.

Art. 14. Para a consolidação de que trata o art. 13 serão observados os seguintes procedimentos:

•• *Caput* com redação determinada pela Lei Complementar n. 107, de 26-4-2001.

I – o Poder Executivo ou o Poder Legislativo procederá ao levantamento da legislação federal em vigor e formulará projeto de lei de consolidação de normas que tratem da mesma matéria ou de assuntos a ela vinculados, com a indicação precisa dos diplomas legais expressa ou implicitamente revogados;

•• Inciso I com redação determinada pela Lei Complementar n. 107, de 26-4-2001.

II – a apreciação dos projetos de lei de consolidação pelo Poder Legislativo será feita na forma do Regimento Interno de cada uma de suas Casas, em procedimento simplificado, visando a dar celeridade aos trabalhos;

•• Inciso II com redação determinada pela Lei Complementar n. 107, de 26-4-2001.

III – (*Revogado pela Lei Complementar n. 107, de 26-4-2001.*)

§ 1.º Não serão objeto de consolidação as medidas provisórias ainda não convertidas em lei.

•• § 1.º acrescentado pela Lei Complementar n. 107, de 26-4-2001.

§ 2.º A Mesa Diretora do Congresso Nacional, de qualquer de suas Casas e qualquer membro ou Comissão da Câmara dos Deputados, do Senado Federal ou do Congresso Nacional poderá formular projeto de lei de consolidação.

•• § 2.º acrescentado pela Lei Complementar n. 107, de 26-4-2001.

§ 3.º Observado o disposto no inciso II do *caput*, será também admitido projeto de lei de consolidação destinado exclusivamente à:

•• § 3.º, *caput*, acrescentado pela Lei Complementar n. 107, de 26-4-2001.

I – declaração de revogação de leis e dispositivos implicitamente revogados ou cuja eficácia ou validade encontre-se completamente prejudicada;

•• Inciso I acrescentado pela Lei Complementar n. 107, de 26-4-2001.

II – inclusão de dispositivos ou diplomas esparsos em leis preexistentes, revogando-se as disposições assim consolidadas nos mesmos termos do § 1.º do art. 13.

•• Inciso II acrescentado pela Lei Complementar n. 107, de 26-4-2001.

§ 4.º (*Vetado.*)

•• § 4.º acrescentado pela Lei Complementar n. 107, de 26-4-2001.

Art. 15. Na primeira sessão legislativa de cada legislatura, a Mesa do Congresso Nacional promoverá a atualização da Consolidação das Leis Federais Brasileiras, incorporando às coletâneas que a integram as emendas constitucionais, leis, decretos legislativos e resoluções promulgadas durante a legislatura imediatamente anterior, ordenados e indexados sistematicamente.

Seção II
Da Consolidação de Outros Atos Normativos

Art. 16. Os órgãos diretamente subordinados à Presidência da República e os Ministérios, assim como as entidades da administração indireta, adotarão, em prazo estabelecido em decreto, as providências necessárias para, observado, no que couber, o procedimento a que se refere o art. 14, ser efetuada a triagem, o exame e a consolidação dos decretos de conteúdo normativo e geral e demais atos normativos inferiores em vigor, vinculados às respectivas áreas de competência, remetendo os textos consolidados à Presidência da República, que os examinará e reunirá em coletâneas, para posterior publicação.

Art. 17. O Poder Executivo, até cento e oitenta dias do início do primeiro ano do mandato presidencial, promoverá a atualização das coletâneas a que se refere o artigo anterior, incorporando aos textos que as integram os decretos e atos de conteúdo normativo e geral editados no último quadriênio.

Capítulo IV
DISPOSIÇÕES FINAIS

Art. 18. Eventual inexatidão formal de norma elaborada mediante processo legislativo regular não constitui escusa válida para o seu descumprimento.

Art. 18-A. (*Vetado.*)

•• Artigo acrescentado pela Lei Complementar n. 107, de 26-4-2001.

Art. 19. Esta Lei Complementar entra em vigor no prazo de noventa dias, a partir da data de sua publicação.

Brasília, 26 de fevereiro de 1998; 177.º da Independência e 110.º da República.

FERNANDO HENRIQUE CARDOSO

LEI N. 9.636, DE 15 DE MAIO DE 1998 (*)

Dispõe sobre a regularização, administração, aforamento e alienação de bens imóveis de domínio da União, altera dispositivos dos Decretos-leis n. 9.760, de 5 de setembro de 1946, e 2.398, de 21 de dezembro de 1987, regulamenta o § 2.º do art. 49 do Ato das Disposições Constitucionais Transitórias, e dá outras providências.

O Presidente da República

Faço saber que o Congresso Nacional decreta e eu sanciono a seguinte Lei:

Capítulo I
DA REGULARIZAÇÃO E UTILIZAÇÃO ORDENADA

• A Instrução Normativa n. 2, de 17-5-2010, da Secretaria do Patrimônio da União, dispõe sobre a fiscalização dos imóveis da União.

• A Instrução Normativa n. 4, de 14-8-2018, da Secretaria do Patrimônio da União, dispõe sobre a ocupação dos imóveis da União.

Art. 1.º É o Poder Executivo autorizado, por intermédio da Secretaria de Coordenação e Governança do Patrimônio da União da Secretaria Especial de Desestatização, Desinvestimento e Mercados do Ministério da Economia, a executar ações de identificação, de demarcação, de cadastramento, de registro e de fiscalização dos bens imóveis da União e a regularizar as ocupações desses imóveis, inclusive de assentamentos informais de baixa renda, e poderá, para tanto, firmar convênios com os Estados, o Distrito Federal e os Municípios em cujos territórios se localizem e, observados os procedimentos licitatórios previstos em lei, celebrar contratos com a iniciativa privada.

•• *Caput* com redação determinada pela Lei n. 14.011, de 10-6-2020.

§ 1.º Fica dispensada a exigência de habilitação técnica complementar para execução de georreferenciamento e inscrição em registro ou cadastro fundiário públicos dos imóveis de que trata o *caput* deste artigo, quando o responsável técnico for servidor ou empregado público ocupante de cargo ou de emprego compatível com o exercício dessas atividades.

•• § 1.º acrescentado pela Lei n. 14.474, de 6-12-2022.

§ 2.º Constitui requisito à dispensa de que trata o § 1.º deste artigo para o credenciamento do servidor ou do empregado público perante o Instituto Nacional de Colonização e Reforma Agrária (Incra), para atendimento ao disposto no § 5.º do art. 176 da Lei n. 6.015, de 31 de dezembro de 1973 (Lei dos Registros Públicos), a indicação por ato do Secretário de Coordenação e Governança do Patrimônio da União.

•• § 2.º acrescentado pela Lei n. 14.474, de 6-12-2022.

Art. 1.º-A. A comunicação dos atos necessários à execução das ações previstas no art. 1.º desta Lei e das atividades de destinação de imóveis da União, de auto de infração, de arrecadação e de cobrança de receitas patrimoniais poderá ser efetuada mediante notificação por meio eletrônico, nos termos definidos pelo Secretário de Coordenação e Governança do Patrimônio da União.

•• *Caput* acrescentado pela Lei n. 14.474, de 6-12-2022.

Parágrafo único. Na hipótese de notificação prevista no *caput* deste artigo, o usuário de imóvel da União será considerado notificado 30 (trinta) dias após a inclusão da informação no sistema eletrônico e o envio da respectiva mensagem.

•• Parágrafo único acrescentado pela Lei n. 14.474, de 6-12-2022.

Art. 2.º Concluído, na forma da legislação vigente, o processo de identificação e demarcação das terras de domínio da União, a SPU lavrará, em livro próprio, com força de escritura pública, o termo competente, incorporando a área ao patrimônio da União.

§ 1.º O termo a que se refere o *caput* deste artigo será registrado no Cartório de Registro de Imóveis competente, com certidão de inteiro teor, acompanhado de plantas e de outros documentos técnicos que permitam a correta caracterização do imóvel.

•• § 1.º acrescentado pela Lei n. 14.474, de 6-12-2022.

§ 2.º Nos registros relativos a direitos reais de titularidade da União, deverão ser utilizados o número de inscrição no Cadastro Nacional da Pessoa Jurídica (CNPJ) do órgão central da Secretaria de Coordenação e Governança do Patrimônio da União e o nome "UNIÃO", independentemente do órgão gestor do imóvel, retificados para esse fim os registros anteriores à vigência deste dispositivo.

•• § 2.º acrescentado pela Lei n. 14.474, de 6-12-2022.

Art. 3.º A regularização dos imóveis de que trata esta Lei, junto aos órgãos municipais e aos Cartórios de Registro de Imóveis, será promovida pela SPU e pela Procuradoria-Geral da Fazenda Nacional – PGFN, com o concurso, sempre que necessário, da Caixa Econômica Federal – CEF.

Parágrafo único. Os órgãos públicos federais, estaduais e municipais e os Cartórios de Registro de Imóveis darão preferência ao atendimento dos serviços de regularização de que trata este artigo.

Art. 3.º-A. Caberá ao Poder Executivo organizar e manter sistema unificado de informações sobre os bens de que trata esta Lei, que conterá, além de outras informações relativas a cada imóvel:

•• *Caput* acrescentado pela Lei n. 11.481, de 31-5-2007.

I – a localização e a área;

•• Inciso I acrescentado pela Lei n. 11.481, de 31-5-2007.

II – a respectiva matrícula no registro de imóveis competente;

•• Inciso II acrescentado pela Lei n. 11.481, de 31-5-2007.

III – o tipo de uso;

•• Inciso III acrescentado pela Lei n. 11.481, de 31-5-2007.

IV – a indicação da pessoa física ou jurídica à qual, por qualquer instrumento, o imóvel tenha sido destinado; e

•• Inciso IV acrescentado pela Lei n. 11.481, de 31-5-2007.

V – o valor atualizado, se disponível.

•• Inciso V acrescentado pela Lei n. 11.481, de 31-5-2007.

Parágrafo único. As informações do sistema de que trata o *caput* deste artigo deverão ser disponibilizadas na internet, sem prejuízo de outras formas de divulgação.

•• Parágrafo único acrescentado pela Lei n. 11.481, de 31-5-2007.

Seção I
Da Celebração de Convênios e Contratos

Art. 4.º Os Estados, o Distrito Federal, os Municípios e a iniciativa privada, a critério da Secretaria de Coordenação e Governança do Patrimônio da União, observadas as instruções que regulamentam a matéria, poderão firmar, mediante convênios ou contratos com essa Secretaria, compromisso para executar ações de demarcação, de cadastramento, de avaliação, de venda e de fiscalização de áreas do patrimônio da União, assim como para o planejamento, a execução e a aprovação dos parcelamentos urbanos e rurais.

•• *Caput* com redação determinada pela Lei n. 14.011, de 10-6-2020.

§ 1.º Na elaboração e execução dos projetos de que trata este artigo, serão sempre respeitados a preservação e o livre acesso às praias marítimas, fluviais e lacustres e a outras áreas de uso comum do povo.

§ 2.º Como retribuição pelas obrigações assumidas na elaboração dos projetos de parcelamentos urbanos e rurais, os Estados, o Distrito Federal, os Municípios e a iniciativa privada farão jus a parte das receitas provenientes da alienação dos imóveis da União, no respectivo projeto de parcelamento, até a satisfação integral dos custos por eles assumidos, observado que:

(*) Publicada no *Diário Oficial da União*, de 18-5-1998. Regulamentada pelo Decreto n. 3.725, de 10-1-2001.

•• § 2.º, *caput*, com redação determinada pela Lei n. 14.011, de 10-6-2020.

I e II – (*Revogados pela Lei n. 14.011, de 10-6-2020*);

III – os contratos e convênios firmados em conformidade com o disposto no *caput* deste artigo deverão ser registrados nas matrículas dos imóveis;

•• Inciso III acrescentado pela Lei n. 14.011, de 10-6-2020.

IV – o interessado que optar pela aquisição da área por ele ocupada poderá desmembrar parte de seu imóvel para fins de pagamento dos custos da regularização, respeitado o limite mínimo de parcelamento definido no plano diretor do Município em que se encontre;

•• Inciso IV acrescentado pela Lei n. 14.011, de 10-6-2020.

V – a partir da assinatura dos contratos ou convênios, as taxas de ocupação poderão ser revertidas para amortizar os custos da regularização no momento da alienação, desde que o ocupante esteja adimplente e seja comprovada a sua participação no financiamento dos custos para regularização do parcelamento;

•• Inciso V acrescentado pela Lei n. 14.011, de 10-6-2020.

VI – o domínio útil ou pleno dos lotes resultantes de projetos urbanísticos poderá ser vendido para o ressarcimento dos projetos de parcelamento referidos no *caput* deste parágrafo;

•• Inciso VI acrescentado pela Lei n. 14.011, de 10-6-2020.

VII – os custos para a elaboração das peças técnicas necessárias à regularização de imóvel da União, para fins de alienação, poderão ser abatidos do valor do pagamento do imóvel no momento da sua aquisição.

•• Inciso VII acrescentado pela Lei n. 14.011, de 10-6-2020.

§ 3.º A participação nas receitas de que trata o parágrafo anterior será ajustada nos respectivos convênios ou contratos, observados os limites previstos em regulamento e as instruções a serem baixadas pelo Ministro de Estado da Fazenda, que considerarão a complexidade, o volume e o custo dos trabalhos de identificação, demarcação, cadastramento, recadastramento e fiscalização das áreas vagas existentes, bem como de elaboração e execução dos projetos de parcelamento e urbanização e, ainda, o valor de mercado dos imóveis na região e, quando for o caso, a densidade de ocupação local.

§ 4.º A participação dos Estados e Municípios nas receitas de que tratam os incisos I e II poderá ser realizada mediante repasse de recursos financeiros.

§ 5.º Na contratação, por intermédio da iniciativa privada, da elaboração e execução dos projetos urbanísticos de que trata este artigo, observados os procedimentos licitatórios previstos em lei, quando os serviços contratados envolverem, também, a cobrança e o recebimento das receitas deles decorrentes, poderá ser admitida a dedução prévia, pela contratada, da participação acordada.

Art. 5.º A demarcação de terras, o cadastramento e os loteamentos, realizados com base no disposto no art. 4.º, somente terão validade depois de homologados pela SPU.

Art. 5.º-A. Após a conclusão dos trabalhos, a Secretaria do Patrimônio da União (SPU) fica autorizada a utilizar, total ou parcialmente, os dados e informações decorrentes dos serviços executados por empresas contratadas para prestação de consultorias e elaboração de trabalhos de atualização e certificação cadastral, pelo prazo de até vinte anos, nos termos constantes de ato da SPU.

•• Artigo acrescentado pela Lei n. 13.465, de 11-7-2017.

Seção II
Do Cadastramento

•• Seção II com denominação determinada pela Lei n. 11.481, de 31-5-2007.

Art. 6.º Para fins do disposto no art. 1.º desta Lei, as terras da União deverão ser cadastradas, nos termos do regulamento.

•• *Caput* com redação determinada pela Lei n. 11.481, de 31-5-2007.

§ 1.º Nas áreas urbanas, em imóveis possuídos por população carente ou de baixa renda para sua moradia, onde não for possível individualizar as posses, poderá ser feita a demarcação da área a ser regularizada, cadastrando-se o assentamento, para posterior outorga de título de forma individual ou coletiva.

•• § 1.º com redação determinada pela Lei n. 11.481, de 31-5-2007.

§§ 2.º a 4.º (*Revogados pela Lei n. 11.481, de 31-5-2007.*)

Art. 6.º-A. No caso de cadastramento de ocupações para fins de moradia cujo ocupante seja considerado carente ou de baixa renda, na forma do § 2.º do art. 1.º do Decreto-lei n. 1.876, de 15 de julho de 1981, a União poderá proceder à regularização fundiária da área, utilizando, entre outros, os instrumentos previstos no art. 18, no inciso VI do art. 19 e nos arts. 22-A e 31 desta Lei.

•• Artigo acrescentado pela Lei n. 11.481, de 31-5-2007.

•• O Decreto-lei n. 1.876, de 15-7-1981, estabelece em seu art. 1.º, § 2.º, que considera-se carente ou de baixa renda o responsável por imóvel cuja renda familiar mensal for igual ou inferior ao valor correspondente a 5 (cinco) salários mínimos.

Seção II-A
Da Inscrição da Ocupação

•• Seção II-A acrescentada pela Lei n. 11.481, de 31-5-2007.

Art. 7.º A inscrição de ocupação, a cargo da Secretaria do Patrimônio da União, é ato administrativo precário, resolúvel a qualquer tempo, que pressupõe o efetivo aproveitamento do terreno pelo ocupante, nos termos do regulamento, outorgada pela administração depois de analisada a conveniência e oportunidade, e gera obrigação de pagamento anual da taxa de ocupação.

•• *Caput* com redação determinada pela Lei n. 11.481, de 31-5-2007.

§ 1.º É vedada a inscrição de ocupação sem a comprovação do efetivo aproveitamento de que trata o *caput* deste artigo.

•• § 1.º acrescentado pela Lei n. 11.481, de 31-5-2007.

§ 2.º A comprovação do efetivo aproveitamento será dispensada nos casos de assentamentos informais definidos pelo Município como área ou zona especial de interesse social, nos termos do seu plano diretor ou outro instrumento legal que garanta a função social da área, exceto na faixa de fronteira ou quando se tratar de imóveis que estejam sob a administração do Ministério da Defesa e dos Comandos da Marinha, do Exército e da Aeronáutica.

•• § 2.º acrescentado pela Lei n. 11.481, de 31-5-2007.

§ 3.º A inscrição de ocupação de imóvel dominial da União, a pedido ou de ofício, será formalizada por meio de ato da autoridade local da Secretaria do Patrimônio da União em processo administrativo específico.

•• § 3.º acrescentado pela Lei n. 11.481, de 31-5-2007.

§ 4.º Será inscrito o ocupante do imóvel, tornando-se este o responsável no cadastro dos bens dominiais da União, para efeito de administração e cobrança de receitas patrimoniais.

•• § 4.º acrescentado pela Lei n. 11.481, de 31-5-2007.

§ 5.º As ocupações anteriores à inscrição, sempre que identificadas, serão anotadas no cadastro a que se refere o § 4.º.

•• § 5.º com redação determinada pela Lei n. 13.139, de 26-6-2015.

§ 6.º Os créditos originados em receitas patrimoniais decorrentes da ocupação de imóvel da União serão lançados após concluído o processo administrativo correspondente, observadas a decadência e a inexigibilidade previstas no art. 47 desta Lei.

•• § 6.º acrescentado pela Lei n. 11.481, de 31-5-2007.

§ 7.º Para fins de regularização nos registros cadastrais da Secretaria do Patrimônio da União do Ministério do Planejamento, Desenvolvimento e Gestão das ocupações ocorridas até 10 de junho de 2014, as transferências de posse na cadeia sucessória do imóvel serão anotadas no cadastro dos bens dominiais da União para o fim de cobrança de receitas patrimoniais dos responsáveis, independentemente do prévio recolhimento do laudêmio.

•• § 7.º com redação determinada pela Lei n. 13.813, de 9-4-2019.

Art. 8.º Na realização do cadastramento ou recadastramento de ocupantes, serão observados os procedimentos previstos no art. 128 do Decreto-lei n. 9.760, de 5 de setembro de 1946, com as alterações desta Lei.

Art. 9.º É vedada a inscrição de ocupações que:

I – ocorreram após 10 de junho de 2014;

•• Inciso I com redação determinada pela Lei n. 13.139, de 26-6-2015.

II – estejam concorrendo ou tenham concorrido para comprometer a integridade das áreas de uso comum do povo, de segurança nacional, de preservação ambiental ou necessárias à preservação dos ecossistemas naturais e de implantação de programas ou ações de regularização fundiária de interesse social ou habitacionais das reservas indígenas, das áreas ocupadas por comunidades remanescentes de quilombos, das vias federais de comunicação e das áreas reservadas para construção de hidrelétricas ou congêneres, ressalvados os casos especiais autorizados na forma da lei.

•• Inciso II com redação determinada pela Lei n. 11.481, de 31-5-2007.

Art. 10. Constatada a existência de posses ou ocupações em desacordo com o disposto nesta Lei, a União deverá imitir-se sumariamente na posse do imóvel, cancelando-se as inscrições eventualmente realizadas.

Parágrafo único. Até a efetiva desocupação, será devida à União indenização pela posse ou ocupação ilícita, correspondente a 10% (dez por cento) do valor atualizado do domínio pleno do terreno, por ano ou fração de ano em que a União tenha ficado privada da posse ou ocupação do imóvel, sem prejuízo das demais sanções cabíveis.

•• *Vide* art. 6.º, § 10, do Decreto-lei n. 2.398, de 21-12-1987.

Art. 10-A. A autorização de uso sustentável, de incumbência da Secretaria do Patrimônio da União (SPU), ato administrativo excepcional, transitório e precário, é outorgada às comunidades tradicionais, mediante termo, quando houver necessidade de reconhecimento de ocupação em área da União, conforme procedimento estabelecido em ato da referida Secretaria.

•• *Caput* acrescentado pela Lei n. 13.465, de 11-7-2017.

Parágrafo único. A autorização a que se refere o *caput* deste artigo visa a possibilitar a ordenação do uso racional e sustentável dos recursos naturais disponíveis na orla marítima e fluvial, destinados à subsistência da população tradicional, de maneira a possibilitar o início do processo de regularização fundiária que culminará na concessão de título definitivo, quando cabível.

•• Parágrafo único acrescentado pela Lei n. 13.465, de 11-7-2017.

Seção III
Da Fiscalização e Conservação

•• A Instrução Normativa n. 23, de 18-3-2020, da Secretaria do Patrimônio da União, disciplina a atividade de fiscalização dos imóveis da União.

Art. 11. Caberá à SPU a incumbência de fiscalizar e zelar para que sejam mantidos a destinação e o interesse público, o uso e a integridade física dos imóveis pertencentes ao patrimônio da União, podendo, para tanto, por intermédio de seus técnicos credenciados, embargar serviços e obras, aplicar multas e demais sanções previstas em lei e, ainda, requisitar força policial federal e solicitar o necessário auxílio de força pública estadual.

§ 1.º Para fins do disposto neste artigo, quando necessário, a SPU poderá, na forma do regulamento, solicitar a cooperação de força militar federal.

§ 2.º A incumbência de que trata o presente artigo não implicará prejuízo para:

I – as obrigações e responsabilidades previstas nos arts. 70 e 79, § 2.º, do Decreto-lei n. 9.760, de 1946;

II – as atribuições dos demais órgãos federais, com área de atuação direta ou indiretamente relacionada, nos termos da legislação vigente, com o patrimônio da União.

§ 3.º As obrigações e prerrogativas previstas neste artigo poderão ser repassadas, no que couber, às entidades conveniadas ou contratadas na forma dos arts. 1.º e 4.º.

§ 4.º Constitui obrigação do Poder Público federal, estadual e municipal, observada a legislação específica vigente, zelar pela manutenção das áreas de preservação ambiental, das necessárias à proteção dos ecossistemas naturais e de uso comum do povo, independentemente da celebração de convênio para esse fim.

Art. 11-A. Para efeitos desta Lei, considera-se avaliação de imóvel a atividade desenvolvida por profissional habilitado para identificar o valor de bem imóvel, os seus custos, frutos e direitos e determinar os indicadores de viabilidade de sua utilização econômica para determinada finalidade, por meio do seu valor de mercado, do valor da terra nua, do valor venal ou do valor de referência, consideradas suas características físicas e econômicas, a partir de exames, vistorias e pesquisas.

•• *Caput* acrescentado pela Lei n. 13.465, de 11-7-2017.

§ 1.º As avaliações no âmbito da União terão como objeto os bens classificados como de uso comum do povo, de uso especial e dominicais, nos termos estabelecidos em ato da Secretaria do Patrimônio da União (SPU).

•• § 1.º acrescentado pela Lei n. 13.465, de 11-7-2017.

§ 2.º Os imóveis da União cedidos ou administrados por outros órgãos ou entidades da administração pública federal serão por estes avaliados, conforme critérios estabelecidos em ato da Secretaria do Patrimônio da União (SPU).

•• § 2.º acrescentado pela Lei n. 13.465, de 11-7-2017.

Art. 11-B. O valor do domínio pleno do terreno da União será obtido com base na planta de valores da Secretaria de Coordenação e Governança do Patrimônio da União.

•• *Caput* com redação determinada pela Lei n. 14.011, de 10-6-2020.

I e II – (*Revogados pela Lei n. 14.011, de 10-6-2020.*);

§§ 1.º a 3.º (*Revogados pela Lei n. 14.011, de 10-6-2020.*)

§ 4.º Os Municípios e o Distrito Federal fornecerão à Secretaria de Coordenação e Governança do Patrimônio da União, até 30 de junho de cada ano, o valor venal dos terrenos localizados sob sua jurisdição, para subsidiar a atualização da base de dados da referida Secretaria.

•• § 4.º com redação determinada pela Lei n. 14.011, de 10-6-2020.

§ 5.º Em caso de descumprimento do prazo estabelecido no § 4.º deste artigo para encaminhamento do valor venal dos terrenos pelos Municípios e pelo Distrito Federal, o ente federativo perderá o direito, no exercício seguinte, ao repasse de 20% (vinte por cento) dos recursos arrecadados por meio da cobrança de taxa de ocupação, foro e laudêmio aos Municípios e ao Distrito Federal onde estão localizados os imóveis que deram origem à cobrança, previstos no Decreto-lei n. 2.398, de 21 de dezembro de 1987, e dos 20% (vinte por cento) da receita patrimonial decorrente da alienação desses imóveis, conforme o disposto na Lei n. 13.240, de 30 de dezembro de 2015.

•• § 5.º acrescentado pela Lei n. 13.465, de 11-7-2017.

§ 6.º Para o exercício de 2017, o valor de que trata o *caput* deste artigo será determinado de acordo com a planta de valores da Secretaria do Patrimônio da União (SPU), referente ao exercício de 2016 e atualizada pelo percentual de 7,17% (sete inteiros e dezessete centésimos por cento), ressalvada a correção de inconsistências cadastrais.

•• § 6.º acrescentado pela Lei n. 13.465, de 11-7-2017.

§ 7.º Ato do Secretário de Coordenação e Governança do Patrimônio da União disporá sobre as condições para o encaminhamento dos dados de que trata o § 4.º deste artigo.

•• § 7.º acrescentado pela Lei n. 14.011, de 10-6-2020.

§ 8.º O lançamento de débitos relacionados ao foro, à taxa de ocupação e a outras receitas extraordinárias:

•• § 8.º, *caput*, acrescentado pela Lei n. 14.011, de 10-6-2020.

•• A Lei n. 14.474, de 6-12-2022, dispõe em seu art. 6.º: "Art. 6.º No exercício de 2022, o reajuste das receitas patrimoniais decorrentes da atualização da planta de valores, para efeito do lançamento dos débitos a que se refere o § 8.º do art. 11-B da Lei n. 9.636, de 15 de maio de 1998, fica limitado a 10,06% (dez inteiros e seis centésimos por cento) sobre os valores cobrados no exercício de 2021, ressalvada a correção de inconsistências cadastrais. § 1.º A Secretaria de Coordenação e Governança do Patrimônio da União da Secretaria Especial de Desestatização, Desinvestimento e Mercados do Ministério da Economia: I – efetuará os novos lançamentos decorrentes da aplicação do disposto no *caput* deste artigo; e II – disponibilizará os documentos de arrecadação em seu sítio eletrônico. § 2.º As cobranças decorrentes do disposto no *caput* deste artigo poderão ser parceladas em até 5 (cinco) cotas mensais, com o vencimento da primeira parcela ou da cota única em 31 de agosto de 2022, respeitado o valor mínimo de R$ 100,00 (cem reais) para cada parcela".

I – utilizará como parâmetro o valor do domínio pleno do terreno estabelecido de acordo com o disposto no *caput* deste artigo; e

•• Inciso I acrescentado pela Lei n. 14.011, de 10-6-2020.

II – observará o percentual máximo de atualização estabelecido em regulamento, aplicado sobre os valores cobrados no ano anterior, ressalvada a correção de inconsistências cadastrais.

•• Inciso II com redação determinada pela Lei n. 14.474, de 6-12-2022.

•• A Lei n. 14.474, de 6-12-2022, dispõe em seu art. 7.º: "Art. 7.º A partir do exercício de 2023, enquanto não for editado o regulamento a que se refere o inciso II do § 8.º do art. 11-B da Lei n. 9.636, de 15 de maio de 1998, o lançamento de débitos relacionados ao foro, à taxa de ocupação e a outras receitas extraordinárias decorrentes da atualização da planta de valores observará o percentual máximo de atualização correspondente a 2 (duas) vezes a variação acumulada do Índice Nacional de Preços ao Consumidor Amplo (IPCA) do exercício anterior ou ao percentual previsto no *caput* do art. 6.º desta Lei, o que for menor, aplicado sobre os valores cobrados no ano anterior, ressalvada a correção de inconsistências cadastrais".

§ 8.º-A O regulamento a que se refere o inciso II do § 8.º deste artigo não estabelecerá percentual superior a 2 (duas) vezes o Índice Nacional de Preços ao Consumidor Amplo (IPCA) do exercício anterior ou o índice que vier a substituí-lo.

•• § 8.º-A com redação determinada pela Lei n. 14.474, de 6-12-2022.

§ 9.º A Secretaria de Coordenação e Governança do Patrimônio da União atualizará a planta de valores anualmente e estabelecerá os valores mínimos para fins de cobrança dos débitos a que se refere o § 8.º deste artigo.

•• § 9.º acrescentado pela Lei n. 14.011, de 10-6-2020.

§ 10. (*Vetado.*)

•• § 10 acrescentado pela Lei n. 14.011, de 10-6-2020.

Art. 11-C. As avaliações para fins de alienação onerosa dos domínios pleno, útil ou direto de imóveis da União, permitida a contratação da Caixa Econômica Federal ou de empresas públicas, órgãos ou entidades da administração pública direta ou indireta da União, do Distrito Federal, dos Estados ou dos Municípios cuja atividade-fim seja o desenvolvimento urbano ou imobiliário, com dispensa de licitação, ou de empresa privada, por meio de licitação, serão realizadas:

•• *Caput* com redação determinada pela Lei n. 14.011, de 10-6-2020.

I – pela Secretaria de Coordenação e Governança do Patrimônio da União; ou

•• Inciso I acrescentado pela Lei n. 14.011, de 10-6-2020.

II – pelo órgão ou entidade pública gestora responsável pelo imóvel.

•• Inciso II acrescentado pela Lei n. 14.011, de 10-6-2020.

§ 1.º O preço mínimo para as alienações onerosas será fixado com base no valor de mercado do imóvel, estabelecido em laudo de avaliação, cujo prazo de validade será de 12 (doze) meses.

•• § 1.º com redação determinada pela Lei n. 14.474, de 6-12-2022.

§ 2.º Para as áreas públicas da União objeto da Reurb-E, nos casos de venda direta, o preço de venda será fixado com base no valor de mercado do imóvel, excluídas as benfeitorias realizadas pelo ocupante, cujo prazo de validade da avaliação será de, no máximo, doze meses.

•• § 2.º acrescentado pela Lei n. 13.465, de 11-7-2017.

§ 3.º Para as alienações que tenham como objeto a remição do aforamento ou a venda do domínio pleno ou útil, para os ocupantes ou foreiros regularmente cadastrados na SPU, a avaliação, cujo prazo de validade será de, no máximo, doze meses, poderá ser realizada por trecho ou região, desde que comprovadamente homogêneos, com base em pesquisa mercadológica e critérios estabelecidos no zoneamento ou plano diretor do Município.

•• § 3.º acrescentado pela Lei n. 13.465, de 11-7-2017.

§ 4.º Será admitida a avaliação por planta de valores da Secretaria de Coordenação e Governança do Patrimônio da União por ocasião da alienação de:

•• § 4.º com redação determinada pela Lei n. 14.474, de 6-12-2022.

I – terrenos da União ou de suas frações de até 250 m² (duzentos e cinquenta metros quadrados) em área urbana;

•• Inciso I com redação determinada pela Lei n. 14.474, de 6-12-2022.

II – imóveis inscritos em ocupação, utilizados como moradia pelos atuais ocupantes, independentemente da extensão da área; ou

•• Inciso II com redação determinada pela Lei n. 14.474, de 6-12-2022.

III – imóveis rurais de até o limite do módulo fiscal, definido pelo Instituto Nacional de Colonização e Reforma Agrária (Incra).

•• Inciso III com redação determinada pela Lei n. 14.474, de 6-12-2022.

§ 5.º (*Revogado pela Lei n. 14.474, de 6-12-2022.*)

§ 6.º As avaliações poderão ser realizadas sem que haja visita presencial, por meio de modelos de precificação, automatizados ou não, nos termos dos §§ 4.º e 5.º deste artigo.

•• § 6.º acrescentado pela Lei n. 14.011, de 10-6-2020.

§ 7.º Os laudos de avaliação dos imóveis elaborados por empresas especializadas serão homologados pela Secretaria de Coordenação e Governança do Patrimônio da União ou pelo órgão ou entidade pública gestora do imóvel, por meio de modelos preestabelecidos e sistema automatizado.

•• § 7.º acrescentado pela Lei n. 14.011, de 10-6-2020.

•• A Portaria n. 19.837, de 25-8-2020, da Secretaria Especial de Desestatização, Desinvestimento e Mercados, regulamenta os critérios e procedimentos de homologação dos laudos de avaliação de imóveis da União ou de seu interesse, quando realizados por terceiros.

§ 8.º É dispensada a homologação de que trata o § 7.º deste artigo dos laudos de avaliação realizados por banco público federal ou por empresas públicas.

•• § 8.º acrescentado pela Lei n. 14.011, de 10-6-2020.

•• A Portaria n. 19.837, de 25-8-2020, da Secretaria Especial de Desestatização, Desinvestimento e Mercados, regulamenta os critérios e procedimentos de homologação dos laudos de avaliação de imóveis da União ou de seu interesse, quando realizados por terceiros.

§ 9.º O órgão ou a entidade pública gestora poderá estabelecer que o laudo de avaliação preveja os valores para a venda do imóvel de acordo com prazo inferior à média de absorção do mercado.

•• § 9.º acrescentado pela Lei n. 14.011, de 10-6-2020.

§ 10. A Secretaria de Coordenação e Governança do Patrimônio da União poderá utilizar o valor estimado nos laudos de avaliação para fins de venda do imóvel em prazo menor do que a média de absorção do mercado.

•• § 10 acrescentado pela Lei n. 14.011, de 10-6-2020.

§ 11. É vedada a avaliação por empresas especializadas cujos sócios sejam servidores da Secretaria de Coordenação e Governança do Patrimônio da União ou da Secretaria Especial de Desestatização, Desinvestimento e Mercados do Ministério da Economia, ou seus parentes, em linha reta ou colateral, por consanguinidade ou afinidade, até o terceiro grau, inclusive.

•• § 11 acrescentado pela Lei n. 14.011, de 10-6-2020.

§ 12. Ato do Secretário de Coordenação e Governança do Patrimônio da União disporá sobre critérios técnicos para a elaboração e a homologação dos laudos de avaliação.

•• § 12 acrescentado pela Lei n. 14.011, de 10-6-2020.

•• A Portaria n. 19.837, de 25-8-2020, da Secretaria Especial de Desestatização, Desinvestimento e Mercados, regulamenta os critérios e procedimentos de homologação dos laudos de avaliação de imóveis da União ou de seu interesse, quando realizados por terceiros.

§ 13. Nos casos de homologação dos laudos de avaliação, a Secretaria de Coordenação e Governança do Patrimônio da União será responsável exclusivamente pela verificação das normas aplicáveis, sem prejuízo da responsabilidade integral do agente privado que elaborou o laudo.

•• § 13 acrescentado pela Lei n. 14.474, de 6-12-2022.

§ 14. As avaliações de imóveis da União poderão ter seu prazo de validade estendido, por meio de revalidação, conforme critérios técnicos estabelecidos em ato do Secretário de Coordenação e Governança do Patrimônio da União.

•• § 14 acrescentado pela Lei n. 14.474, de 6-12-2022.

Art. 11-D. Ato do Secretário de Coordenação e Governança do Patrimônio da União estabelecerá critérios técnicos e impessoais para habilitação de profissionais com vistas à execução de medidas necessárias ao processo de alienação dos bens imóveis da União.

•• *Caput* acrescentado pela Lei n. 14.011, de 10-6-2020.

•• A Portaria n. 11.488, de 22-9-2021, da Secretaria Especial de Desestatização, Desinvestimento e Mercados, regulamenta os critérios de habilitação de profissionais avaliadores para elaboração de laudo de avaliação de imóveis da União e estabelece os limites de reembolso dos custos incorridos pelo proponente pelos serviços de avaliação de imóveis.

§ 1.º A remuneração do profissional habilitado pela Secretaria de Coordenação e Governança do Patrimônio da União será devida somente na hipótese de êxito do processo de alienação correspondente.

•• § 1.º acrescentado pela Lei n. 14.011, de 10-6-2020.

§ 2.º Os laudos de avaliação dos imóveis elaborados pelos avaliadores serão homologados pela Secretaria de Coordenação e Governança do Patrimônio da União ou pelo órgão ou entidade pública gestora do imóvel, por meio de modelos preestabelecidos e sistema automatizado.

•• § 2.º acrescentado pela Lei n. 14.011, de 10-6-2020.

•• A Portaria n. 19.837, de 25-8-2020, da Secretaria Especial de Desestatização, Desinvestimento e Mercados, regulamenta os critérios e procedimentos de homologação dos laudos de avaliação de imóveis da União ou de seu interesse, quando realizados por terceiros.

§ 3.º O profissional ou empresa que atender aos critérios estabelecidos no ato a que se refere o *caput* deste artigo será automaticamente considerado habilitado, sem necessidade de declaração da Secretaria de Coordenação e Governança do Patrimônio da União.

•• § 3.º acrescentado pela Lei n. 14.011, de 10-6-2020.

Seção IV
Do Aforamento

Art. 12. Observadas as condições previstas no § 1.º do art. 23 e resguardadas as situações previstas no inciso I do art. 5.º do Decreto-lei n. 2.398, de 1987, os imóveis dominiais da União, situados em zonas sujeitas ao regime enfitêutico, poderão ser aforados, mediante leilão ou concorrência pública, respeitado, como preço mínimo, o valor de mercado do respectivo domínio útil, estabelecido em avaliação de precisão, realizada, especificamente para esse fim, pela SPU ou, sempre que necessário, pela Caixa Econômica Federal, com validade de 6 (seis) meses a contar da data de sua publicação.

§ 1.º Na impossibilidade, devidamente justificada, de realização de avaliação de precisão, será admitida a avaliação expedita.

§ 2.º Para realização das avaliações de que trata este artigo, a SPU e a CEF poderão contratar serviços especializados de terceiros, devendo os respectivos laudos, para os fins previstos nesta Lei, ser homologados por quem os tenha contratado, quanto à observância das normas técnicas pertinentes.

§ 3.º Não serão objeto de aforamento os imóveis que:

•• § 3.º, *caput*, com redação determinada pela Lei n. 13.139, de 26-6-2015.

I – por sua natureza e em razão de norma especial, são ou venham a ser considerados indisponíveis e inalienáveis; e

•• Inciso I acrescentado pela Lei n. 13.139, de 26-6-2015.

II – são considerados de interesse do serviço público, mediante ato do Secretário do Patrimônio da União do Ministério do Planejamento, Orçamento e Gestão.

•• Inciso II acrescentado pela Lei n. 13.139, de 26-6-2015.

Art. 13. Na concessão do aforamento, será dada preferência a quem, comprovadamente, em 10 de junho de 2014, já ocupava o imóvel há mais de 1 (um) ano e esteja, até a data da formalização do contrato de alienação do domínio útil, regularmente inscrito como ocupante e em dia com suas obrigações perante a Secretaria do Patrimônio da União do Ministério do Planejamento, Orçamento e Gestão.

•• *Caput* com redação determinada pela Lei n. 13.139, de 26-6-2015.

§ 1.º Previamente à publicação do edital de licitação, dar-se-á conhecimento do preço mínimo para venda do domínio útil ao titular da preferência de que trata este artigo, que poderá adquiri-lo por esse valor, devendo, para este fim, sob pena de decadência, manifestar o seu interesse na aquisição e apresentar a documentação exigida em lei na forma e nos prazos previstos em regulamento e, ainda, celebrar o contrato de aforamento de que trata o art. 14 no prazo de 6 (seis) meses, a contar da data da notificação.

§ 2.º O prazo para celebração do contrato de que trata o parágrafo anterior poderá ser prorrogado, a pedido do interessado e observadas as condições previstas em regulamento, por mais 6 (seis) meses, situação em que, havendo variação significativa no mercado imobiliário local, será feita nova avaliação, correndo os custos de sua realização por conta do respectivo ocupante.

§ 3.º A notificação de que trata o § 1.º será feita por edital publicado no *Diário Oficial da União* e, sempre que possível, por carta registrada a ser enviada ao ocupante do imóvel que se encontre inscrito na SPU.

§ 4.º O edital especificará o nome do ocupante, a localização do imóvel e a respectiva área, o valor de avaliação, bem como o local e horário de atendimento aos interessados.

§ 5.º *(Revogado pela Lei n. 13.139, de 26-6-2015.)*

§ 6.º Para fins de regularização nos registros cadastrais da Secretaria do Patrimônio da União do Ministério do Planejamento, Desenvolvimento e Gestão dos aforamentos ocorridos até 10 de junho de 2014, as transferências de posse na cadeia sucessória do imóvel serão anotadas no cadastro dos bens dominiais da União para o fim de cobrança de receitas patrimoniais dos respectivos responsáveis, independentemente do prévio recolhimento do laudêmio.

•• § 6.º acrescentado pela Lei n. 13.813, de 9-4-2019.

Art. 14. O domínio útil, quando adquirido mediante o exercício da preferência de que tratam o art. 13 e o § 3.º do art. 17 desta Lei, poderá ser pago:

•• *Caput* com redação determinada pela Lei n. 13.465, de 11-7-2017.

I – à vista;

•• Inciso I com redação determinada pela Lei n. 13.465, de 11-7-2017.

II – a prazo, mediante pagamento, no ato da assinatura do contrato de aforamento, de entrada mínima de 10% (dez por cento) do preço, a título de sinal e princípio de pagamento, e do saldo em até 120 (cento e vinte) prestações mensais e consecutivas, devidamente atualizadas, observando-se, neste caso, que o término do parcelamento não poderá ultrapassar a data em que o adquirente completar 80 (oitenta) anos de idade.

Parágrafo único. *(Revogado pela Lei n. 13.465, de 11-7-2017.)*

Art. 15. A Secretaria do Patrimônio da União do Ministério do Planejamento, Orçamento e Gestão promoverá, mediante licitação, o aforamento dos terrenos de domínio da União situados em zonas sujeitas ao regime enfitêutico que estiverem vagos ou ocupados há até 1 (um) ano em 10 de junho de 2014, bem como daqueles cujos ocupantes não tenham exercido a preferência ou a opção de que tratam os arts. 13 e 17 desta Lei e o inciso I do *caput* do art. 5.º do Decreto-lei n. 2.398, de 21 de dezembro de 1987.

•• *Caput* com redação determinada pela Lei n. 13.139, de 26-6-2015.

§ 1.º O domínio pleno das benfeitorias incorporadas ao imóvel, independentemente de quem as tenha realizado, será também objeto de alienação.

§ 2.º Os ocupantes com até 1 (um) ano de ocupação em 10 de junho de 2014 que continuem ocupando o imóvel e estejam regularmente inscritos e em dia com suas obrigações perante a Secretaria do Patrimônio da União do Ministério do Planejamento, Orçamento e Gestão na data da realização da licitação poderão adquirir o domínio útil do imóvel, em caráter preferencial, pelo preço, abstraído o valor correspondente às benfeitorias por eles realizadas, e nas mesmas condições oferecidas pelo vencedor da licitação, desde que manifestem seu interesse no ato do pregão ou no prazo de 48 (quarenta e oito) horas, contado da publicação do resultado do julgamento da concorrência.

•• § 2.º com redação determinada pela Lei n. 13.139, de 26-6-2015.

§ 3.º O edital de licitação especificará, com base na proporção existente entre os valores apurados no laudo de avaliação, o percentual a ser subtraído da proposta ou do lance vencedor, correspondente às benfeitorias realizadas pelo ocupante, caso este exerça a preferência de que trata o parágrafo anterior.

§ 4.º Ocorrendo a venda, na forma deste artigo, do domínio útil do imóvel a terceiros, será repassado ao ocupante, exclusivamente neste caso, o valor correspondente às benfeitorias por ele realizadas calculado com base no percentual apurado na forma do parágrafo anterior, sendo vedada a extensão deste benefício a outros casos, mesmo que semelhantes.

§ 5.º O repasse de que trata o parágrafo anterior será realizado nas mesmas condições de pagamento, pelo adquirente, do preço do domínio útil.

§ 6.º Caso o domínio útil do imóvel não seja vendido no primeiro certame, serão promovidas, após a reintegração sumária da União na posse do imóvel, novas licitações, nas quais não será dada nenhuma preferência ao ocupante.

§ 7.º Os ocupantes que não exercerem, conforme o caso, as preferências de que tratam os arts. 13 e 15, § 2.º, e a opção de que trata o art. 17, nos termos e condições previstos nesta Lei e em seu regulamento, terão o prazo de 60 (sessenta) dias para desocupar o imóvel, findo o qual ficarão sujeitos ao pagamento de indenização pela ocupação ilícita, correspondente a 10% (dez por cento) do valor atualizado do domínio pleno do terreno, por ano ou fração de ano, até que a União seja reintegrada na posse do imóvel.

Art. 16. Constatado, no processo de habilitação, que os adquirentes prestaram declaração falsa sobre pré-requisitos necessários ao exercício da preferência de que tratam os arts. 13, 15, § 2.º, e 17, § 3.º, desta Lei, e o inciso I do art. 5.º do Decreto-lei n. 2.398, de 1987, os respectivos contratos de aforamento serão nulos de pleno direito, sem prejuízo das sanções penais aplicáveis, independentemente de notificação judicial ou extrajudicial, retornando automaticamente o imóvel ao domínio pleno da União e perdendo os compradores o valor correspondente aos pagamentos eventualmente já efetuados.

Art. 16-A. Para os terrenos submetidos ao regime enfitêutico, ficam autorizadas a remição do foro e a consolidação do domínio pleno com o foreiro mediante o pagamento do valor correspondente ao domínio direto do terreno, segundo os critérios de avaliação previstos no art. 11-C desta Lei, cujo prazo de validade da avaliação será de, no máximo, doze meses, e das obrigações pendentes na Secretaria do Patrimônio da União (SPU), inclusive aquelas objeto de parcelamento, excluídas as benfeitorias realizadas pelo foreiro.

•• *Caput* acrescentado pela Lei n. 13.465, de 11-7-2017.

§ 1.º Ficam dispensadas do pagamento pela remição as pessoas consideradas carentes ou de baixa renda, nos termos previstos no art. 1.º do Decreto-lei n. 1.876, de 15 de julho de 1981.

•• § 1.º acrescentado pela Lei n. 13.465, de 11-7-2017.

§ 2.º A remição do foro e a consolidação do domínio pleno com o foreiro a que se refere este artigo poderão ser efetuadas à vista ou de forma parcelada, permitida a utilização dos recursos do FGTS para pagamento total, parcial ou em amortização de parcelas e liquidação do saldo devedor, observadas as demais regras e condições estabelecidas para uso do FGTS.

•• § 2.º acrescentado pela Lei n. 13.465, de 11-7-2017.

§ 3.º As demais condições para a remição do foro dos imóveis submetidos ao regime enfitêutico a que se refere este artigo serão estabelecidas em ato da Secretaria do Patrimônio da União (SPU).

•• § 3.º acrescentado pela Lei n. 13.465, de 11-7-2017.

§ 4.º O foreiro que não optar pela aquisição dos imóveis de que trata este artigo continuará submetido ao regime enfitêutico, na forma da legislação vigente.

•• § 4.º acrescentado pela Lei n. 13.465, de 11-7-2017.

§ 5.º A Secretaria do Patrimônio da União (SPU) verificará a regularidade cadastral dos imóveis a serem alienados e procederá aos ajustes eventualmente necessários durante o processo de alienação.

•• § 5.º acrescentado pela Lei n. 13.465, de 11-7-2017.

§ 6.º Não se aplica o disposto neste artigo aos imóveis da União:

•• § 6.º, *caput*, acrescentado pela Lei n. 13.465, de 11-7-2017.

I – administrados pelo Ministério das Relações Exteriores, pelo Ministério da Defesa ou pelos Comandos da Marinha, do Exército ou da Aeronáutica;

•• Inciso I acrescentado pela Lei n. 13.465, de 11-7-2017.

II – situados na faixa de fronteira de que trata a Lei n. 6.634, de 2 de maio de 1979, ou na faixa de segurança de que trata o § 3.º do art. 49 do Ato das Disposições Constitucionais Transitórias.

•• Inciso II acrescentado pela Lei n. 13.465, de 11-7-2017.

§ 7.º Para os fins desta Lei, considera-se faixa de segurança a extensão de trinta metros a partir do final da praia, nos termos do § 3.º do art. 10 da Lei n. 7.661, de 16 de maio de 1988.

•• § 7.º acrescentado pela Lei n. 13.465, de 11-7-2017.

Art. 16-B. Fica o Poder Executivo Federal autorizado, por intermédio da Secretaria do Patrimônio da União (SPU), a contratar a Caixa Econômica Federal, independentemente de processo licitatório, para a prestação de serviços relacionados à administração dos contratos, à arrecadação e à cobrança administrativa decorrentes da remição do foro dos imóveis a que se refere o art. 16-A desta Lei.

•• *Caput* acrescentado pela Lei n. 13.465, de 11-7-2017.

Parágrafo único. A Caixa Econômica Federal representará a União na celebração dos contratos de que trata o *caput* deste artigo.

•• Parágrafo único acrescentado pela Lei n. 13.465, de 11-7-2017.

Art. 16-C. O Ministro de Estado do Planejamento, Desenvolvimento e Gestão, permitida a delegação, editará portaria com a lista de áreas ou imóveis sujeitos à alienação nos termos do art. 16-A desta Lei.

•• *Caput* acrescentado pela Lei n. 13.465, de 11-7-2017.

§ 1.º Os terrenos de marinha e acrescidos alienados na forma desta Lei:

•• § 1.º, *caput*, acrescentado pela Lei n. 13.465, de 11-7-2017.

I – não incluirão:

•• Inciso I, *caput*, acrescentado pela Lei n. 13.465, de 11-7-2017.

a) áreas de preservação permanente, na forma do inciso II do *caput* do art. 3.º da Lei n. 12.651, de 25 de maio de 2012; ou

•• Alínea *a* acrescentada pela Lei n. 13.465, de 11-7-2017.

b) áreas em que seja vedado o parcelamento do solo, na forma do art. 3.º e do inciso I do *caput* do art. 13 da Lei n. 6.766, de 19 de dezembro de 1979;

•• Alínea *b* acrescentada pela Lei n. 13.465, de 11-7-2017.

II – deverão estar situados em área urbana consolidada.

•• Inciso II acrescentado pela Lei n. 13.465, de 11-7-2017.

§ 2.º Para os fins desta Lei, considera-se área urbana consolidada aquela:

•• § 2.º, *caput*, acrescentado pela Lei n. 13.465, de 11-7-2017.

I – incluída no perímetro urbano ou em zona urbana pelo plano diretor ou por lei municipal específica;

•• Inciso I acrescentado pela Lei n. 13.465, de 11-7-2017.

II – com sistema viário implantado e vias de circulação pavimentadas;

•• Inciso II acrescentado pela Lei n. 13.465, de 11-7-2017.

III – organizada em quadras e lotes predominantemente edificados;

•• Inciso III acrescentado pela Lei n. 13.465, de 11-7-2017.

IV – de uso predominantemente urbano, caracterizado pela existência de edificações residenciais, comerciais, industriais, institucionais, mistas ou voltadas à prestação de serviços; e

•• Inciso IV acrescentado pela Lei n. 13.465, de 11-7-2017.

V – com a presença de, no mínimo, três dos seguintes equipamentos de infraestrutura urbana implantados:

•• Inciso V, *caput*, acrescentado pela Lei n. 13.465, de 11-7-2017.

a) drenagem de águas pluviais;

•• Alínea *a* acrescentada pela Lei n. 13.465, de 11-7-2017.

b) esgotamento sanitário;

•• Alínea *b* acrescentada pela Lei n. 13.465, de 11-7-2017.

c) abastecimento de água potável;

•• Alínea *c* acrescentada pela Lei n. 13.465, de 11-7-2017.

d) distribuição de energia elétrica; e

•• Alínea *d* acrescentada pela Lei n. 13.465, de 11-7-2017.

e) limpeza urbana, coleta e manejo de resíduos sólidos.

•• Alínea *e* acrescentada pela Lei n. 13.465, de 11-7-2017.

§ 3.º A alienação dos imóveis de que trata o § 1.º deste artigo não implica supressão das restrições administrativas de uso ou edificação que possam prejudicar a segurança da navegação, conforme estabelecido em ato do Ministro de Estado da Defesa.

•• § 3.º acrescentado pela Lei n. 13.465, de 11-7-2017.

§ 4.º Não há necessidade de autorização legislativa específica para alienação dos imóveis arrolados na portaria a que se refere o *caput* deste artigo.

•• § 4.º acrescentado pela Lei n. 13.465, de 11-7-2017.

Art. 16-D. O adquirente receberá desconto de 25% (vinte e cinco por cento) na aquisição à vista, com fundamento no art. 16-A desta Lei, desde que atendidas as seguintes condições, cumulativamente:

•• *Caput* com redação determinada pela Lei n. 13.813, de 9-4-2019.

I – tenha sido apresentada manifestação de interesse para a aquisição à vista com o desconto de que trata o *caput* deste artigo no prazo de 30 (trinta) dias, contado a partir da data do recebimento da notificação da inclusão do imóvel na portaria de que trata o art. 16-C desta Lei; e

•• Inciso I acrescentado pela Lei n. 13.813, de 9-4-2019.

II – tenha sido efetuado o pagamento à vista do valor da alienação no prazo de 60 (sessenta) dias, contado a partir da data da manifestação de interesse do adquirente.

•• Inciso II acrescentado pela Lei n. 13.813, de 9-4-2019.

Parágrafo único. Para as alienações efetuadas de forma parcelada não será concedido desconto.

•• Parágrafo único acrescentado pela Lei n. 13.465, de 11-7-2017.

Art. 16-E. O pagamento das alienações realizadas nos termos do art. 16-A desta Lei observará critérios fixados em regulamento e poderá ser realizado:

•• *Caput* acrescentado pela Lei n. 13.465, de 11-7-2017.

I – à vista;

•• Inciso I acrescentado pela Lei n. 13.465, de 11-7-2017.

II – a prazo, mediante as condições de parcelamento estabelecidas em ato da Secretaria do Patrimônio da União (SPU).

•• Inciso II acrescentado pela Lei n. 13.465, de 11-7-2017.

Art. 16-F. Para os imóveis divididos em frações ideais em que já tenha havido aforamento de, no mínimo, uma das unidades autônomas, na forma do item 1.º do art. 105 do Decreto-lei n. 9.760, de 5 de setembro de 1946, combinado com o inciso I do *caput* do art. 5.º do Decreto-lei n. 2.398, de 21 de dezembro 1987, será aplicado o mesmo critério de outorga de aforamento para as demais unidades do imóvel.

•• Artigo acrescentado pela Lei n. 13.465, de 11-7-2017.

Art. 16-G. A União repassará 20% (vinte por cento) da receita patrimonial decorrente da remição do foro dos imóveis a que se refere o art. 16-A desta Lei aos Municípios e ao Distrito Federal onde estão localizados.

•• Artigo acrescentado pela Lei n. 13.465, de 11-7-2017.

Art. 16-H. Fica a Secretaria do Patrimônio da União (SPU) autorizada a receber Proposta de Manifestação de Aquisição, por foreiro de imóvel da União, que esteja regularmente inscrito e adimplente com suas obrigações com aquela Secretaria.

•• *Caput* acrescentado pela Lei n. 13.465, de 11-7-2017.

§ 1.º O foreiro deverá apresentar à SPU carta formalizando o interesse na aquisição juntamente com a identificação do imóvel e do foreiro, comprovação do período de foro e de estar em dia com as respectivas taxas, avaliação do imóvel e das benfeitorias, proposta de pagamento e, para imóveis rurais, georreferenciamento e CAR individualizado.

•• § 1.º acrescentado pela Lei n. 13.465, de 11-7-2017.

§ 2.º Para a análise da Proposta de Manifestação de Aquisição de que trata este artigo deverão ser cumpridos todos os requisitos e condicionantes estabelecidos na legislação que normatiza a alienação de imóveis da União, mediante a edição da portaria do Ministério do Planejamento, Desenvolvimento e Gestão de que trata o art. 16-C, bem como os critérios de avaliação previstos no art. 11-C, ambos desta Lei.

•• § 2.º acrescentado pela Lei n. 13.465, de 11-7-2017.

§ 3.º O protocolo da Proposta de Manifestação de Aquisição de imóvel da União pela Secretaria do Patrimônio da União (SPU) não constituirá nenhum direito ao foreiro perante a União.

•• § 3.º acrescentado pela Lei n. 13.465, de 11-7-2017.

§ 4.º A Secretaria do Patrimônio da União (SPU) fica autorizada a regulamentar a Proposta de Manifestação de Aquisição de que trata este artigo, mediante edição de portaria específica.

•• § 4.º acrescentado pela Lei n. 13.465, de 11-7-2017.

Art. 16-I. Os imóveis submetidos ao regime enfitêutico com valor de remição do domínio direto do terreno até o limite estabelecido em ato do Ministro de Estado da Economia terão, mediante procedimento simplificado, a remição do foro autorizada, e o domínio pleno será consolidado em nome dos atuais foreiros que estejam regularmente cadastrados na Secretaria de Coordenação e Governança do Patrimônio da União e que estejam em dia com suas obrigações.

•• *Caput* acrescentado pela Lei n. 14.011, de 10-6-2020.

•• A Portaria n. 7.796, de 30-6-2021, do Ministério da Economia, estabelece o valor limite de remição do domínio direto dos imóveis submetidos ao regime enfitêutico em até R$ 250.000,00 (duzentos e cinquenta mil reais), na forma deste artigo.

§ 1.º O valor para remição do foro dos imóveis enquadrados no *caput* deste artigo será definido de acordo com a planta de valores da Secretaria de Coordenação e Governança do Patrimônio da União, observado, no que couber, o disposto no art. 11-C desta Lei.

•• § 1.º acrescentado pela Lei n. 14.011, de 10-6-2020.

§ 2.º Os imóveis sujeitos à alienação nos termos deste artigo serão remidos mediante venda direta ao atual foreiro, dispensada a edição de portaria específica.

•• § 2.º acrescentado pela Lei n. 14.011, de 10-6-2020.

§ 3.º Os imóveis com valor do domínio direto do terreno superior ao estabelecido em ato do Ministro de Estado da Economia poderão ser alienados nos termos do art. 16-A desta Lei.

•• § 3.º acrescentado pela Lei n. 14.011, de 10-6-2020.

§ 4.º A hipótese de que trata este artigo está condicionada à edição de ato do Secretário de Coordenação e Governança do Patrimônio da União que discipline os procedimentos e o cronograma dos imóveis abrangidos.

•• § 4.º acrescentado pela Lei n. 14.011, de 10-6-2020.

Seção V
Dos Direitos dos Ocupantes Regularmente Inscritos até 5 de Outubro de 1988

Art. 17. Os ocupantes regularmente inscritos até 5 de outubro de 1988, que não exercerem a preferência de que trata o art. 13, terão os seus direitos e obrigações assegurados mediante a celebração de contratos de cessão de uso onerosa, por prazo indeterminado.

§ 1.º A opção pela celebração do contrato de cessão de que trata este artigo deverá ser manifestada e formalizada, sob pena de decadência, observando-se os mesmos prazos previstos no art.13 para exercício da preferência ao aforamento.

§ 2.º Havendo interesse do serviço público, a União poderá, a qualquer tempo, revogar o contrato de cessão e reintegrar-se na posse do imóvel, após o decurso do prazo de 90 (noventa) dias da notificação administrativa que para esse fim expedir, em cada caso, não sendo reconhecidos ao cessionário quaisquer direitos sobre o terreno ou a indenização por benfeitorias realizadas.

§ 3.º A qualquer tempo, durante a vigência do contrato de cessão, poderá o cessionário pleitear novamente a preferência à aquisição, exceto na hipótese de haver sido declarado o interesse do serviço público, na forma do art. 5.º do Decreto-lei n. 2.398, de 1987.

Seção VI
Da Cessão

Art. 18. A critério do Poder Executivo poderão ser cedidos, gratuitamente ou em condições especiais, sob qualquer dos regimes previstos no Decreto-lei n. 9.760, de 1946, imóveis da União a:

I – Estados, Distrito Federal, Municípios e entidades sem fins lucrativos das áreas de educação, cultura, assistência social ou saúde;

•• Inciso I com redação determinada pela Lei n. 11.481, de 31-5-2007.

II – pessoas físicas ou jurídicas, em se tratando de interesse público ou social ou de aproveitamento econômico de interesse nacional.

•• Inciso II com redação determinada pela Lei n. 11.481, de 31-5-2007.

§ 1.º A cessão de que trata este artigo poderá ser realizada, ainda, sob o regime de concessão de direito real de uso resolúvel, previsto no art. 7.º do Decreto-lei n. 271, de 28 de fevereiro de 1967, aplicando-se, inclusive, em terrenos de marinha e acrescidos, dispensando-se o procedimento licitatório para associações e cooperativas que se enquadrem no inciso II do *caput* deste artigo.

•• § 1.º com redação determinada pela Lei n. 11.481, de 31-5-2007.

§ 2.º O espaço aéreo sobre bens públicos, o espaço físico em águas públicas, as áreas de álveo de lagos, rios e quaisquer correntes d'água, de vazantes, da plataforma continental e de outros bens de domínio da União, insusceptíveis de transferência de direitos reais a terceiros, poderão ser objeto de cessão de uso, nos termos deste artigo, observadas as prescrições legais vigentes.

§ 3.º A cessão será autorizada em ato do Presidente da República e se formalizará mediante termo ou contrato, do qual constarão expressamente as condições estabelecidas, entre as quais a finalidade da sua realização e o prazo para seu cumprimento, e tornar-se-á nula, independentemente de ato especial, se ao imóvel, no todo ou em parte, vier a ser dada aplicação diversa da prevista no ato autorizativo e consequente termo ou contrato.

§ 4.º A competência para autorizar a cessão de que trata este artigo poderá ser delegada ao Ministro de Estado da Fazenda, permitida a subdelegação.

§ 5.º Na hipótese de destinação à execução de empreendimento de fim lucrativo, a cessão será onerosa e, sempre que houver condições de competitividade, serão observados os procedimentos licitatórios previstos em lei e o disposto no art. 18-B desta Lei.

•• § 5.º com redação determinada pela Lei n. 13.813, de 9-4-2019.

§ 6.º Fica dispensada de licitação a cessão prevista no *caput* deste artigo relativa a:

•• § 6.º, *caput*, acrescentado pela Lei n. 11.481, de 31-5-2007.

I – bens imóveis residenciais construídos, destinados ou efetivamente utilizados no âmbito de programas de provisão habitacional ou de regularização fundiária de interesse social desenvolvidos por órgãos ou entidades da administração pública;

•• Inciso I acrescentado pela Lei n. 11.481, de 31-5-2007.

II – bens imóveis de uso comercial de âmbito local com área de até 250 m² (duzentos e cinquenta metros quadrados), inseridos no âmbito de programas de regularização fundiária de interesse social desenvolvidos por órgãos ou entidades da administração pública e cuja ocupação se tenha consolidado até 27 de abril de 2006;

•• Inciso II acrescentado pela Lei n. 11.481, de 31-5-2007.

III – espaços físicos em corpos d'água de domínio da União para fins de aquicultura, no âmbito da regularização aquícola desenvolvida por órgãos ou entidades da administração pública.

•• Inciso III acrescentado pela Lei n. 14.011, de 10-6-2020.

§ 6.º-A. Os espaços físicos a que refere o inciso III do § 6.º deste artigo serão cedidos ao requerente que tiver projeto aprovado perante a Secretaria de Aquicultura e Pesca do Ministério da Agricultura, Pecuária e Abastecimento e demais órgãos da administração pública.

•• § 6.º-A acrescentado pela Lei n. 14.011, de 10-6-2020.

§ 7.º Além das hipóteses previstas nos incisos I e II do *caput* e no § 2.º deste artigo, o espaço aéreo sobre bens públicos, o espaço físico em águas públicas, as áreas de álveo de lagos, rios e quaisquer correntes d'água, de vazantes e de outros bens do domínio da União, contíguos a imóveis da União afetados ao regime de aforamento ou ocupação, poderão ser objeto de cessão de uso.

•• § 7.º acrescentado pela Lei n. 12.058, de 13-10-2009.

•• O STF, por unanimidade, julgou parcialmente procedente a ADI n. 4.970, nas sessões virtuais de 3-9-2021 a 14-9-2021, para interpretar conforme à Constituição da República este § 7.º, adotando-se compreensão que possibilita a cessão do espaço aéreo sobre bens públicos, do espaço físico em águas públicas, das áreas de álveo de lagos, dos rios e quaisquer correntes d'água, das vazantes e de outros bens do domínio da União, contíguos a imóveis da União afetados ao regime de aforamento ou ocupação, desde que destinada a Estados, Distrito Federal, Municípios ou entidades sem fins lucrativos nas áreas de educação, cultura, assistência social ou saúde, ou a pessoas físicas ou jurídicas, nesse caso demonstrado o interesse público ou social (*DOU* de 21-9-2021).

§ 8.º A destinação que tenha como beneficiários entes públicos ou privados concessionários ou delegatários da prestação de serviços de coleta, tratamento e distribuição de água potável, esgoto sanitário e destinação final de resíduos sólidos poderá ser realizada com dispensa de licitação e sob regime gratuito.

•• § 8.º acrescentado pela Lei n. 13.465, de 11-7-2017.

§ 9.º Na hipótese prevista no § 8.º deste artigo, caso haja a instalação de tubulação subterrânea e subaquática que permita outro uso concomitante, a destinação dar-se-á por meio de autorização de passagem, nos termos de ato da Secretaria do Patrimônio da União (SPU).

•• § 9.º acrescentado pela Lei n. 13.465, de 11-7-2017.

§ 10. A cessão de que trata este artigo poderá estabelecer como contrapartida a obrigação de construir, reformar ou prestar serviços de engenharia em imóveis da União ou em bens móveis de interesse da União, admitida a contrapartida em imóveis da União que não sejam objeto da cessão.

•• § 10 acrescentado pela Lei n. 14.011, de 10-6-2020.

§ 11. A cessão com contrapartida será celebrada sob condição resolutiva até que a obrigação seja integralmente cumprida pelo cessionário.

•• § 11 acrescentado pela Lei n. 14.011, de 10-6-2020.

§ 12. Na hipótese de descumprimento pelo cessionário da contrapartida, nas condições e nos prazos estabelecidos, o instrumento jurídico da cessão resolver-se-á sem direito à indenização pelas acessões e benfeitorias nem a qualquer outra indenização ao cessionário, e a posse do imóvel será imediatamente revertida para a União.

•• § 12 acrescentado pela Lei n. 14.011, de 10-6-2020.

§ 13. A cessão que tenha como beneficiária autorizatária de exploração ferroviária, nos termos da legislação específica, será realizada com dispensa de licitação.

•• § 13 acrescentado pela Lei n. 14.273, de 23-12-2021.

Art. 18-A. Os responsáveis pelas estruturas náuticas instaladas ou em instalação no mar territorial, nos rios e nos lagos de domínio da União que requererem a sua regularização até 31 de dezembro de 2018 perceberão desconto de 50% (cinquenta por cento) no valor do recolhimento do preço público pelo uso privativo de área da União quanto ao período que antecedeu a data de publicação da Medida Provisória n. 759, de 22 de dezembro de 2016.

•• *Caput* acrescentado pela Lei n. 13.465, de 11-7-2017.

§ 1.º O desconto de que trata o *caput* deste artigo fica condicionado ao deferimento do pedido de regularização pela Secretaria do Patrimônio da União (SPU).

•• § 1.º acrescentado pela Lei n. 13.465, de 11-7-2017.

§ 2.º O disposto no deste artigo não se aplica aos créditos inscritos em dívida ativa da União.

•• § 2.º acrescentado pela Lei n. 13.465, de 11-7-2017.

Art. 18-B. Os imóveis da União que estiverem ocupados por entidades desportivas de quaisquer modalidades poderão ser objeto de cessão em condições especiais, dispensado o procedimento licitatório e observadas as seguintes condições:

•• *Caput* acrescentado pela Lei n. 13.813, de 9-4-2019.

I – que as ocupações sejam anteriores a 5 de outubro de 1988, exclusivamente; e

•• Inciso I acrescentado pela Lei n. 13.813, de 9-4-2019.

II – que a cessão seja pelo prazo máximo de 30 (trinta) anos, admitidas prorrogações por iguais períodos.

•• Inciso II acrescentado pela Lei n. 13.813, de 9-4-2019.

§ 1.º A cessão será formalizada por meio de termo ou de contrato, do qual constarão expressamente as condições estabelecidas.

•• § 1.º acrescentado pela Lei n. 13.813, de 9-4-2019.

§ 2.º A cessão será tornada nula, independentemente de ato especial, se ao imóvel vier a ser dada aplicação diversa da prevista no termo ou no contrato, no todo ou em parte, observado o disposto no § 5.º do art. 18 desta Lei.

•• § 2.º acrescentado pela Lei n. 13.813, de 9-4-2019.

§ 3.º As entidades desportivas de que trata este artigo receberão desconto de 50% (cinquenta por cento) sobre os débitos inadimplidos relativos a preços públicos pelo uso privativo de área da União quanto ao período anterior à data de formalização do termo ou do contrato.

•• § 3.º acrescentado pela Lei n. 13.813, de 9-4-2019.

§ 4.º O desconto de que trata o § 3.º deste artigo somente será concedido aos interessados que requererem a regularização até 31 de dezembro de 2019 e ficará condicionado ao deferimento do pedido pela Secretaria do Patrimônio da União do Ministério do Planejamento, Desenvolvimento e Gestão.

•• § 4.º acrescentado pela Lei n. 13.813, de 9-4-2019.

Art. 19. O ato autorizativo da cessão de que trata o artigo anterior poderá:

I – permitir a alienação do domínio útil ou de direitos reais de uso de frações do terreno cedido mediante regime competente, com a finalidade de obter recursos para execução dos objetivos da cessão, inclusive para construção de edificações que pertencerão, no todo ou em parte, ao cessionário;

II – permitir a hipoteca do domínio útil ou de direitos reais de uso de frações do terreno cedido, mediante regime competente, e de benfeitorias eventualmente aderidas, com as finalidades referidas no inciso anterior;

III – permitir a locação ou o arrendamento de partes do imóvel cedido e benfeitorias eventualmente aderidas, desnecessárias ao uso imediato do cessionário;

IV – isentar o cessionário do pagamento de foro, enquanto o domínio útil do terreno fizer parte do seu patrimônio, e de laudêmios, nas transferências de domínio útil de que trata este artigo;

V – conceder prazo de carência para início de pagamento das retribuições devidas, quando:

a) for necessária a viabilização econômico-financeira do empreendimento;

b) houver interesse em incentivar atividade pouco ou ainda não desenvolvida no País ou em alguma de suas regiões; ou

c) for necessário ao desenvolvimento de microempresas, cooperativas e associações de pequenos produtores e de outros segmentos da economia brasileira que precisem ser incrementados;

VI – permitir a cessão gratuita de direitos enfitêuticos relativos a frações de terrenos cedidos quando se tratar de regularização fundiária ou provisão habitacional para famílias carentes ou de baixa renda.

•• Inciso VI acrescentado pela Lei n. 11.481, de 31-5-2007.

Art. 20. Não será considerada utilização em fim diferente do previsto no termo de entrega, a que se refere o § 2.º do art. 79 do Decreto-lei n. 9.760, de 1946, a cessão de uso a terceiros, a título gratuito ou oneroso, de áreas para exercício de atividade de apoio, definidas em regulamento, necessárias ao desempenho da atividade do órgão a que o imóvel foi entregue.

Parágrafo único. A cessão de que trata este artigo será formalizada pelo chefe da repartição, estabelecimento ou serviço público federal a que tenha sido entregue o imóvel, desde que aprovada sua realização pelo Secretário-Geral da Presidência da República, respectivos Ministros de Estado ou autoridades com competência equivalente nos Poderes Legislativo ou Judiciário, conforme for o caso, e tenham sido observadas as condições previstas no regulamento e os procedimentos licitatórios previstos em lei.

Art. 21. Quando o projeto envolver investimentos cujo retorno, justificadamente, não possa ocorrer dentro do prazo máximo de 20 (vinte) anos, a cessão sob o regime de arrendamento poderá ser realizada por prazo superior, observando-se, nesse caso, como prazo de vigência, o tempo seguramente necessário à viabilização econômico-financeira do empreendimento, não ultrapassando o período da possível renovação.

•• Artigo com redação determinada pela Lei n. 11.314, de 3-7-2006.

Seção VII
Da Permissão de Uso

Art. 22. A utilização, a título precário, de áreas de domínio da União para a realização de eventos de curta duração, de natureza recreativa, esportiva, cultural, religiosa ou educacional, poderá ser autorizada, na forma do regulamento, sob o regime de permissão de uso, em ato do Secretário do Patrimônio da União, publicado no *Diário Oficial da União*.

§ 1.º A competência para autorizar a permissão de uso de que trata este artigo poderá ser delegada aos titulares das Delegacias do Patrimônio da União nos Estados.

§ 2.º Em áreas específicas, devidamente identificadas, a competência para autorizar a permissão de uso poderá ser repassada aos Estados e Municípios, devendo, para tal fim, as áreas envolvidas lhes serem cedidas sob o regime de cessão de uso, na forma do art. 18.

Seção VIII
Da Concessão de Uso Especial para Fins de Moradia

•• Seção VIII acrescentada pela Lei n. 11.481, de 31-5-2007.

Art. 22-A. A concessão de uso especial para fins de moradia aplica-se às áreas de propriedade da União, inclusive aos terrenos de marinha e acrescidos, e será conferida aos possuidores ou ocupantes que preencham os requisitos legais estabelecidos na Medida Provisória n. 2.220, de 4 de setembro de 2001.

•• *Caput* acrescentado pela Lei n. 11.481, de 31-5-2007.

§ 1.º O direito de que trata o *caput* deste artigo não se aplica a imóveis funcionais.

•• § 1.º acrescentado pela Lei n. 11.481, de 31-5-2007.

§ 2.º Os imóveis sob administração do Ministério da Defesa ou dos Comandos da Marinha, do Exército e da Aeronáutica são considerados de interesse da defesa nacional para efeito do disposto no inciso III do *caput* do art. 5.º da Medida Provisória n. 2.220, de 4 de setembro de 2001, sem prejuízo do estabelecido no § 1.º deste artigo.

•• § 2.º acrescentado pela Lei n. 11.481, de 31-5-2007.

Capítulo II
DA ALIENAÇÃO

•• A Portaria n. 12.600, de 25-10-2021, da Secretaria Especial de Desestatização, Desinvestimento e Mercados, regulamenta o recebimento de proposta de aquisição de imóveis da União que não estejam inscritos em regime enfitêutico ou em ocupação, apresentada por interessado à Secretaria de Coordenação e Governança do Patrimônio da União.

• A Instrução Normativa n. 3, de 11-8-2010, dispõe sobre os procedimentos de alienação de imóveis da União, a serem adotados pelas Superintendências do Patrimônio da União.

Art. 23. A alienação de bens imóveis da União dependerá de autorização, mediante ato do Presidente da República, e será sempre precedida de parecer da SPU quanto à sua oportunidade e conveniência.

§ 1.º A alienação ocorrerá quando não houver interesse público, econômico ou social em manter o imóvel no domínio da União, nem inconveniência quanto à preservação ambiental e à defesa nacional, no desaparecimento do vínculo de propriedade.

§ 2.º A competência para autorizar a alienação poderá ser delegada ao Ministro de Estado da Fazenda, permitida a subdelegação.

Art. 23-A. Qualquer interessado poderá apresentar proposta de aquisição de imóveis da União que não estejam inscritos em regime enfitêutico ou em ocupação, mediante requerimento específico à Secretaria de Coordenação e Governança do Patrimônio da União.

•• *Caput* acrescentado pela Lei n. 14.011, de 10-6-2020.

§ 1.º O requerimento de que trata o *caput* deste artigo não gera para a administração pública federal obrigação de alienar o imóvel nem direito subjetivo à aquisição.

•• § 1.º acrescentado pela Lei n. 14.011, de 10-6-2020.

§ 2.º A Secretaria de Coordenação e Governança do Patrimônio da União manifestar-se-á sobre o requerimento de que trata o *caput* deste artigo e avaliará a conveniência e a oportunidade de alienar o imóvel.

•• § 2.º acrescentado pela Lei n. 14.011, de 10-6-2020.

§ 3.º Na hipótese de manifestação favorável da Secretaria de Coordenação e Governança do Patrimônio da União, se o imóvel não possuir avaliação dentro do prazo de validade, o interessado providenciará, a expensas dele, avaliação elaborada por avaliador habilitado ou empresa especializada, nos termos dos §§ 1.º, 7.º e 8.º do art. 11-C desta Lei.

•• § 3.º acrescentado pela Lei n. 14.011, de 10-6-2020.

•• A Portaria n. 11.488, de 22-9-2021, da Secretaria Especial de Desestatização, Desinvestimento e Mercados, regulamenta os critérios de habilitação de profissionais avaliadores para elaboração de laudo de avaliação de imóveis da União e estabelece os limites de reembolso dos custos incorridos pelo proponente pelos serviços de avaliação de imóveis.

§ 4.º Compete à Secretaria de Coordenação e Governança do Patrimônio da União homologar os laudos de avaliação e iniciar o processo de alienação do imóvel, observado o disposto no art. 24 desta Lei.

•• § 4.º acrescentado pela Lei n. 14.011, de 10-6-2020.

§ 5.º A homologação de avaliação pela Secretaria de Coordenação e Governança do Patrimônio da União limitar-se-á à verificação quanto à aplicação das normas técnicas de avaliação de ativos e à assinatura do documento por profissional habilitado para o trabalho de avaliação e não constituirá nenhum direito ao interessado, e a Secretaria poderá desistir da alienação.

•• § 5.º com redação determinada pela Lei n. 14.474, de 6-12-2022.

•• A Portaria n. 19.837, de 25-8-2020, da Secretaria Especial de Desestatização, Desinvestimento e Mercados, regulamenta os critérios e procedimentos de homologação dos laudos de avaliação de imóveis da União ou de seu interesse, quando realizados por terceiros.

§ 6.º As propostas apresentadas que não cumprirem os requisitos mínimos ou que forem descartadas de plano pela Secretaria de Coordenação e Governança do Patrimônio da União serão desconsideradas.

•• § 6.º acrescentado pela Lei n. 14.011, de 10-6-2020.

§ 7.º As propostas apresentadas nos termos deste artigo serão disponibilizadas pela Secretaria de Coordenação e Governança do Patrimônio da União em sua página na internet, exceto as propostas de que trata o § 6.º deste artigo.

•• § 7.º acrescentado pela Lei n. 14.011, de 10-6-2020.

•• A Portaria n. 11.488, de 22-9-2021, da Secretaria Especial de Desestatização, Desinvestimento e Mercados, regulamenta os critérios de habilitação de profissionais avaliadores para elaboração de laudo de avaliação de imóveis da União e estabelece os limites de reembolso dos custos incorridos pelo proponente pelos serviços de avaliação de imóveis.

§ 8.º Ato do Secretário de Coordenação e Governança do Patrimônio da União disporá sobre o conteúdo e a forma do requerimento de que trata o *caput* deste artigo.

•• § 8.º acrescentado pela Lei n. 14.011, de 10-6-2020.

Seção I
Da Venda

Art. 24. A venda de bens imóveis da União será feita mediante concorrência ou leilão público, observadas as seguintes condições:

I – na venda por leilão público, a publicação do edital observará as mesmas disposições legais aplicáveis à concorrência pública;

II – os licitantes apresentarão propostas ou lances distintos para cada imóvel;

III – (*Revogado pela Lei n. 13.240, de 30-12-2015.*)

IV – no caso de leilão público, o arrematante pagará, no ato do pregão, sinal correspondente a, no mínimo, 10% (dez por cento) do valor da arrematação, complementando o preço no prazo e nas condições previstas no edital, sob pena de perder, em favor da União, o valor correspondente ao sinal e, em favor do leiloeiro, se for o caso, a respectiva comissão;

V – o leilão público será realizado por leiloeiro oficial ou por servidor especialmente designado;

VI – quando o leilão público for realizado por leiloeiro oficial, a respectiva comissão será, na forma do regulamento, de até 5% (cinco por cento) do valor da arrematação e será paga pelo arrematante, juntamente com o sinal;

VII – o preço mínimo de venda será fixado com base no valor de mercado do imóvel, estabelecido na forma dos arts. 11-C, 11-D e 23-A desta Lei; e

•• Inciso VII com redação determinada pela Lei n. 14.011, de 10-6-2020.

VIII – demais condições previstas no regulamento e no edital de licitação.

§ 1.º (*Revogado pela Lei n. 14.011, de 10-6-2020.*)

§ 2.º Para realização das avaliações de que trata o inciso VII, é dispensada a homologação dos serviços técnicos de engenharia realizados pela Caixa Econômica Federal.

•• § 2.º com redação determinada pela Lei n. 13.240, de 30-12-2015.

§ 3.º Poderá adquirir o imóvel, em condições de igualdade com o vencedor da licitação, o cessionário de direito real ou pessoal, o locatário ou arrendatário que esteja em dia com suas obrigações junto à SPU, bem como o expropriado.

§ 3.º-A. Os ocupantes regulares de imóveis funcionais da União poderão adquiri-los, com direito de preferência, excluídos aqueles considerados indispensáveis ao serviço público, em condições de igualdade com o vencedor da licitação.

•• § 3.º-A acrescentado pela Lei n. 13.465, de 11-7-2017.

§ 4.º A venda, em quaisquer das modalidades previstas neste artigo, poderá ser parcelada, mediante pagamento de sinal correspondente a, no mínimo, 10% (dez por cento) do valor de aquisição, na forma a ser regulamentada em ato do Poder Executivo federal.

•• § 4.º com redação determinada pela Lei n. 13.465, de 11-7-2017.

§ 5.º (*Revogado pela Lei n. 13.465, de 11-7-2017.*)

§ 6.º O interessado que tiver custeado a avaliação poderá adquirir o imóvel, em condições de igualdade com o vencedor da licitação, na hipótese de não serem exercidos os direitos previstos nos §§ 3.º e 3.º-A deste artigo.

•• § 6.º acrescentado pela Lei n. 14.011, de 10-6-2020.

§ 7.º O vencedor da licitação ressarcirá os gastos com a avaliação diretamente àquele que a tiver custeado, na hipótese de o vencedor ser outra pessoa, observados os limites de remuneração da avaliação estabelecidos pelo Secretário de Coordenação e Governança do Patrimônio da União.

•• § 7.º acrescentado pela Lei n. 14.011, de 10-6-2020.

§ 8.º Os procedimentos licitatórios de que trata este artigo poderão ser realizados integralmente por meio de recursos de tecnologia da informação, com a utilização de sistemas próprios ou disponibilizados por terceiros, mediante acordo ou contrato.

•• § 8.º acrescentado pela Lei n. 14.011, de 10-6-2020.

•• A Portaria n. 17.480, de 21-7-2020, do Ministério da Economia, aprova a implantação do Sistema de Concorrência Eletrônica – SCE, para realização dos procedimentos licitatórios dos imóveis da União por intermédio de recursos de tecnologia da informação.

§ 9.º Os procedimentos específicos a serem adotados na execução do disposto no § 8.º deste artigo serão estabelecidos em ato específico do Secretário de Coordenação e Governança do Patrimônio da União.

•• § 9.º acrescentado pela Lei n. 14.011, de 10-6-2020.

Art. 24-A. Na hipótese de concorrência ou leilão público deserto ou fracassado na venda de bens imóveis da União, poderão esses imóveis ser disponibilizados para venda direta.

•• *Caput* com redação determinada pela Lei n. 13.813, de 9-4-2019.

•• A Portaria n. 5.343, de 10-6-2022, do ME, regulamenta os procedimentos para a venda direta de bens imóveis da União, na hipótese de licitação deserta ou fracassada, conforme previsto neste artigo.

§ 1.º Na hipótese de concorrência ou leilão público deserto ou fracassado, a Secretaria de Coordenação e Governança do Patrimônio da União poderá realizar segunda concorrência ou leilão público com desconto de 25% (vinte e cinco por cento) sobre o valor de avaliação vigente.

•• § 1.º acrescentado pela Lei n. 14.011, de 10-6-2020.

§ 2.º Na hipótese de concorrência ou leilão público deserto ou fracassado por 2 (duas) vezes consecutivas, os imóveis poderão ser disponibilizados para venda direta, aplicado o desconto de 25% (vinte e cinco por cento) sobre o valor do imóvel constante do primeiro edital.

•• § 2.º com redação determinada pela Lei n. 14.474, de 6-12-2022.

§ 3.º A compra de imóveis da União disponibilizados para venda direta poderá ser intermediada por corretores de imóveis.

•• § 3.º acrescentado pela Lei n. 14.011, de 10-6-2020.

§ 4.º Na hipótese de que trata o § 3.º deste artigo, caberá ao comprador o pagamento dos valores de corretagem.

•• § 4.º acrescentado pela Lei n. 14.011, de 10-6-2020.

§ 5.º Na hipótese de realização de leilão eletrônico, nos termos do § 8.º do art. 24 desta Lei, a Secretaria de Coordenação e Governança do Patrimônio da União poderá realizar sessões públicas com prazos definidos e aplicar descontos sucessivos, até o limite de 25% (vinte e cinco por cento) sobre o valor de avaliação vigente.

•• § 5.º acrescentado pela Lei n. 14.011, de 10-6-2020.

Art. 24-B. A Secretaria de Coordenação e Governança do Patrimônio da União poderá realizar a alienação de imóveis da União por lote, se essa modalidade implicar, conforme demonstrado em parecer técnico:

•• *Caput* acrescentado pela Lei n. 14.011, de 10-6-2020.

I – maior valorização dos bens;

•• Inciso I acrescentado pela Lei n. 14.011, de 10-6-2020.

II – maior liquidez para os imóveis cuja alienação isolada seja difícil ou não recomendada; ou

•• Inciso II acrescentado pela Lei n. 14.011, de 10-6-2020.

III – outras situações decorrentes das práticas normais do mercado ou em que se observem condições mais vantajosas para a administração pública, devidamente fundamentadas.

•• Inciso III acrescentado pela Lei n. 14.011, de 10-6-2020.

Parágrafo único. A alienação por lote a que se refere o *caput* deste artigo somente poderá ser adotada após o encerramento da vigência do estado de emergência em saúde pública a que se refere a Lei n. 13.979, de 6 de fevereiro de 2020.

•• Parágrafo único acrescentado pela Lei n. 14.011, de 10-6-2020.

Art. 24-C. A Secretaria de Coordenação e Governança do Patrimônio da União poderá contratar empresas privadas, por meio de licitação, ou bancos públicos federais, bem como empresas públicas, órgãos ou entidades da administração pública direta ou indireta da União, do Distrito Federal, dos Estados ou dos Municípios cuja atividade-fim seja o desenvolvimento urbano ou imobiliário, com dispensa de licitação, e celebrar convênios ou acordos de cooperação com os demais entes da Federação e seus órgãos para:

•• *Caput* acrescentado pela Lei n. 14.011, de 10-6-2020.

I – elaboração de propostas de alienação para bens individuais ou lotes de ativos imobiliários da União;

•• Inciso I acrescentado pela Lei n. 14.011, de 10-6-2020.

II – execução de ações de cadastramento, de regularização, de avaliação e de alienação dos bens imóveis; e

•• Inciso II acrescentado pela Lei n. 14.011, de 10-6-2020.

III – execução das atividades de alienação dos ativos indicados, incluídas a realização do procedimento licitatório e a representação da União na assinatura dos instrumentos jurídicos indicados.

•• Inciso III acrescentado pela Lei n. 14.011, de 10-6-2020.

§ 1.º Fica dispensada a homologação da avaliação realizada, nos termos deste artigo, por bancos públicos federais ou empresas públicas, órgãos ou entidades da administração pública direta ou indireta da União, do Distrito Federal, dos Estados ou dos Municípios que tenham como atividade-fim o desenvolvimento urbano ou imobiliário, bem como nas hipóteses de convênios ou acordos de cooperação firmados com órgãos ou entidades da administração pública federal, estadual, distrital ou municipal.

•• § 1.º acrescentado pela Lei n. 14.011, de 10-6-2020.

•• A Portaria n. 19.837, de 25-8-2020, da Secretaria Especial de Desestatização, Desinvestimento e Mercados, regulamenta os critérios e procedimentos de homologação dos laudos de avaliação de imóveis da União ou de seu interesse, quando realizados por terceiros.

§ 2.º A remuneração fixa, a remuneração variável ou a combinação das duas modalidades, em percentual da operação concluída, poderá ser admitida, além do ressarcimento dos gastos efetuados com terceiros necessários à execução dos processos de alienação previstos neste artigo, conforme estabelecido em ato do Secretário de Coordenação e Governança do Patrimônio da União e no ato de contratação.

•• § 2.º acrescentado pela Lei n. 14.011, de 10-6-2020.

§ 3.º Outras condições para a execução das ações previstas neste artigo serão estabelecidas em ato do Secretário de Coordenação e Governança do Patrimônio da União.

•• § 3.º acrescentado pela Lei n. 14.011, de 10-6-2020.

Art. 24-D. A Secretaria de Coordenação e Governança do Patrimônio da União poderá contratar o Banco Nacional de Desenvolvimento Econômico e Social (BNDES), com dispensa de licitação, para a realização de estudos e a execução de plano de desestatização de ativos imobiliários da União.

•• *Caput* acrescentado pela Lei n. 14.011, de 10-6-2020.

•• O Decreto n. 11.051, de 26-4-2022, regulamenta este artigo para dispor sobre a contratação do Banco Nacional de Desenvolvimento Econômico e Social pela Secretaria de Coordenação e Governança do Patrimônio da União da Secretaria Especial de Desestatização, Desinvestimento e Mercados do Ministério da Economia, para a realização de estudos e a execução de plano de desestatização de ativos imobiliários da União.

§ 1.º A desestatização referida no *caput* deste artigo poderá ocorrer por meio de:

•• § 1.º, *caput*, acrescentado pela Lei n. 14.011, de 10-6-2020.

I – remição de foro, alienação mediante venda ou permuta, cessão ou concessão de direito real de uso;

•• Inciso I acrescentado pela Lei n. 14.011, de 10-6-2020.

II – constituição de fundos de investimento imobiliário e contratação de seus gestores e administradores, conforme legislação vigente; ou

•• Inciso II acrescentado pela Lei n. 14.011, de 10-6-2020.

III – qualquer outro meio admitido em lei.

•• Inciso III acrescentado pela Lei n. 14.011, de 10-6-2020.

§ 2.º Os atos de que trata o inciso I do § 1.º deste artigo dependem de ratificação pela Secretaria de Coordenação e Governança do Patrimônio da União.

•• § 2.º acrescentado pela Lei n. 14.011, de 10-6-2020.

§ 3.º A execução do plano de desestatização poderá incluir as ações previstas nos incisos I, II e III do *caput* do art. 24-C desta Lei.

•• § 3.º acrescentado pela Lei n. 14.011, de 10-6-2020.

§ 4.º A remuneração fixa, a remuneração variável ou a combinação das duas modalidades, no percentual de até 3% (três por cento) sobre a receita pública decorrente de cada plano de desestatização, poderá ser admitida, além do ressarcimento dos gastos efetuados com terceiros necessários à execução dos planos de desestatização previstos neste artigo, conforme estabelecido em regulamento e no instrumento de contratação.

•• § 4.º acrescentado pela Lei n. 14.011, de 10-6-2020.

Art. 25. A preferência de que trata o art. 13, exceto com relação aos imóveis sujeitos aos regimes dos arts. 80 a 85 do Decreto-lei n. 9.760, de 1946, e da Lei n. 8.025, de 12 de abril de 1990, poderá, a critério da Administração, ser estendida, na aquisição do domínio útil ou pleno de imóveis residenciais de propriedade da União, que venham a ser colocados à venda, àqueles que, em 15 de fevereiro de 1997, já os ocupavam, na qualidade de locatários, independentemente do tempo de locação, observadas, no que couber, as demais condições estabelecidas para os ocupantes.

Parágrafo único. A preferência de que trata este artigo poderá, ainda, ser estendida àquele que, atendendo as demais condições previstas neste artigo, esteja regularmente cadastrado como locatário, independentemente da existência de contrato locativo.

Art. 26. Em se tratando de projeto de caráter social para fins de moradia, a venda do domínio pleno ou útil observará os critérios de habilitação e renda familiar fixados em regulamento, podendo o pagamento ser efetivado mediante um sinal de, no mínimo, 5% (cinco por cento) do valor da avaliação, permitido o seu parcelamento em até 2 (duas) vezes e do saldo em até 300 (trezentas) prestações mensais e consecutivas, observando-se, como mínimo, a quantia correspondente a 30% (trinta por cento) do valor do salário mínimo vigente.

•• *Caput* com redação determinada pela Lei n. 11.481, de 31-5-2007.

§§ 1.º e 2.º (*Revogados pela Lei n. 11.481, de 31-5-2007.*)

§ 3.º (*Revogado pela Lei n. 13.465, de 11-7-2017.*)

Arts. 27 a 29. (*Revogados pela Lei n. 13.465, de 11-7-2017.*)

Seção II
Da Permuta

Art. 30. Poderá ser autorizada, na forma do art. 23, a permuta de imóveis de qualquer natureza, de propriedade da União, por imóveis edificados ou não, ou por edificações a construir.

§ 1.º Os imóveis permutados com base neste artigo não poderão ser utilizados para fins residenciais funcionais, exceto nos casos de residências de caráter obrigatório, de que tratam os arts. 80 a 85 do Decreto-lei n. 9.760, de 1946.

§ 2.º Na permuta, sempre que houver condições de competitividade, deverão ser observados os procedimentos licitatórios previstos em lei.

Seção III
Da Doação

Art. 31. Mediante ato do Poder Executivo e a seu critério, poderá ser autorizada a doação de bens imóveis de domínio da União, observado o disposto no art. 23 desta Lei, a:

•• *Caput* com redação determinada pela Lei n. 11.481, de 31-5-2007.

I – Estados, Distrito Federal, Municípios, fundações públicas e autarquias públicas federais, estaduais e municipais;

•• Inciso I acrescentado pela Lei n. 11.481, de 31-5-2007.

II – empresas públicas federais, estaduais e municipais;

•• Inciso II acrescentado pela Lei n. 11.481, de 31-5-2007.

III – fundos públicos e fundos privados dos quais a União seja cotista, nas transferências destinadas à realização de programas de provisão habitacional ou de regularização fundiária de interesse social;

•• Inciso III com redação determinada pela Lei n. 12.693, de 24-7-2012.

IV – sociedades de economia mista direcionadas à execução de programas de provisão habitacional ou de regularização fundiária de interesse social;

•• Inciso IV com redação determinada pela Lei n. 13.813, de 9-4-2019.

V – beneficiários, pessoas físicas ou jurídicas, de programas de provisão habitacional ou de regularização fundiária de interesse social desenvolvidos por órgãos ou entidades da administração pública, para cuja execução seja efetivada a doação; ou

•• Inciso V com redação determinada pela Lei n. 13.813, de 9-4-2019.

VI – instituições filantrópicas devidamente comprovadas como entidades beneficentes de assistência social e organizações religiosas.

•• Inciso VI com redação determinada pela Lei n. 13.813, de 9-4-2019.

§ 1.º No ato autorizativo e no respectivo termo constarão a finalidade da doação e o prazo para seu cumprimento.

§ 2.º O encargo de que trata o parágrafo anterior será permanente e resolutivo, revertendo automaticamente o imóvel à propriedade da União, independentemente de qualquer indenização por benfeitorias realizadas, se:

I – não for cumprida, dentro do prazo, a finalidade da doação;

II – cessarem as razões que justificaram a doação; ou

III – ao imóvel, no todo ou em parte, vier a ser dada aplicação diversa da prevista.

§ 3.º Nas hipóteses de que tratam os incisos I a IV do *caput* deste artigo, é vedada ao beneficiário a possibilidade de alienar o imóvel recebido em doação, exceto quando a finalidade for a execução, por parte do donatário, de projeto de assentamento de famílias carentes ou de baixa renda, na forma do art. 26 desta Lei, e desde que, no caso de alienação onerosa, o produto da venda seja destinado à instalação de infraestrutura, equipamentos básicos ou de outras melhorias necessárias ao desenvolvimento do projeto.

•• § 3.º com redação determinada pela Lei n. 11.481, de 31-5-2007.

§ 4.º Na hipótese de que trata o inciso V do *caput* deste artigo:

•• § 4.º, *caput*, acrescentado pela Lei n. 11.481, de 31-5-2007.

I – não se aplica o disposto no § 2.º deste artigo para o beneficiário pessoa física, devendo o contrato dispor sobre eventuais encargos e conter cláusula de inalienabilidade por um período de 5 (cinco) anos; e

•• Inciso I acrescentado pela Lei n. 11.481, de 31-5-2007.

II – a pessoa jurídica que receber o imóvel em doação só poderá utilizá-lo no âmbito do respectivo programa habitacional ou de regularização fundiária e deverá observar, nos contratos com os beneficiários finais, o requisito de inalienabilidade previsto no inciso I deste parágrafo.

•• Inciso II acrescentado pela Lei n. 11.481, de 31-5-2007.

§ 5.º Nas hipóteses de que tratam os incisos III a V do *caput* deste artigo, o beneficiário final pessoa física deve atender aos seguintes requisitos:

•• § 5.º, *caput*, acrescentado pela Lei n. 11.481, de 31-5-2007.

I – possuir renda familiar mensal não superior a 5 (cinco) salários mínimos;

•• Inciso I acrescentado pela Lei n. 11.481, de 31-5-2007.

II – não ser proprietário de outro imóvel urbano ou rural.

•• Inciso II acrescentado pela Lei n. 11.481, de 31-5-2007.

§ 6.º Na hipótese de que trata o inciso VI do *caput* deste artigo, a escolha da instituição será precedida de chamamento público, na forma prevista em regulamento.

•• § 6.º acrescentado pela Lei n. 13.813, de 9-4-2019.

Art. 31-A. As autarquias, as fundações e as empresas públicas federais poderão doar à União os imóveis de sua propriedade que não estejam vinculados às suas atividades operacionais.

•• *Caput* acrescentado pela Lei n. 14.474, de 6-12-2022.

Parágrafo único. **Poderão ser objeto de doação os imóveis vinculados às atividades operacionais das autarquias, das fundações e das empresas públicas federais que não estejam sendo utilizados por essas entidades.**

•• Parágrafo único acrescentado pela Lei n. 14.474, de 6-12-2022.

Capítulo III
DAS DISPOSIÇÕES FINAIS

Art. 32. Os arts. 79, 81, 82, 101, 103, 104, 110, 118, 123 e 128 do Decreto-lei n. 9.760, de 1946, passam a vigorar com as seguintes alterações:

•• Alterações já processadas no diploma modificado.

Art. 32-A. A Secretaria de Coordenação e Governança do Patrimônio da União será responsável pelo acompanhamento e monitoramento dos dados patrimoniais recebidos dos órgãos e das entidades da administração pública federal e pelo apoio à realização das operações de alienação de bens imóveis.

•• *Caput* acrescentado pela Lei n. 14.011, de 10-6-2020.

§ 1.º É obrigação dos órgãos e das entidades da administração pública manter inventário atualizado dos bens imóveis sob sua gestão, públicos ou privados, e disponibilizá-lo à Secretaria de Coordenação e Governança do Patrimônio da União.

•• § 1.º acrescentado pela Lei n. 14.011, de 10-6-2020.

§ 2.º A Secretaria de Coordenação e Governança do Patrimônio da União será responsável pela compilação dos dados patrimoniais recebidos dos órgãos, das autarquias e das fundações públicas e pelo apoio à realização das operações de alienação de bens regidas por esta Lei.

•• § 2.º acrescentado pela Lei n. 14.011, de 10-6-2020.

§ 3.º As demais condições para a execução das ações previstas neste artigo serão estabelecidas em ato do Secretário de Coordenação e Governança do Patrimônio da União.

•• § 3.º acrescentado pela Lei n. 14.011, de 10-6-2020.

....

Arts. 34 e 35. (*Revogados pela Lei n. 13.465, de 11-7-2017.*)

Art. 36. Nas vendas de que trata esta Lei, quando realizadas mediante licitação, os adquirentes poderão, a critério da Administração, utilizar, para pagamento à vista do domínio útil ou pleno de imóveis de propriedade da União, créditos securitizados ou títulos da dívida pública de emissão do Tesouro Nacional.

Art. 37. Fica instituído o Programa de Administração Patrimonial Imobiliária da União – PROAP, destinado, segundo as possibilidades e as prioridades definidas pela administração pública federal:

•• *Caput* com redação determinada pela Lei n. 13.240, de 30-12-2015.

I – à adequação dos imóveis de uso especial aos critérios de:

•• Inciso I, *caput*, acrescentado pela Lei n. 13.240, de 30-12-2015.

a) acessibilidade das pessoas com deficiência ou com mobilidade reduzida;

•• Alínea *a* acrescentada pela Lei n. 13.240, de 30-12-2015.

b) sustentabilidade;

•• Alínea *b* acrescentada pela Lei n. 13.240, de 30-12-2015.

c) baixo impacto ambiental;

•• Alínea *c* acrescentada pela Lei n. 13.240, de 30-12-2015.

d) eficiência energética;

•• Alínea *d* acrescentada pela Lei n. 13.240, de 30-12-2015.

e) redução de gastos com manutenção;

•• Alínea *e* acrescentada pela Lei n. 13.240, de 30-12-2015.

f) qualidade e eficiência das edificações;

•• Alínea *f* acrescentada pela Lei n. 13.240, de 30-12-2015.

II – à ampliação e à qualificação do cadastro dos bens imóveis da União;

•• Inciso II acrescentado pela Lei n. 13.240, de 30-12-2015.

III – à aquisição, à reforma, ao restauro e à construção de imóveis;

•• Inciso III acrescentado pela Lei n. 13.240, de 30-12-2015.

IV – o incentivo à regularização e realização de atividades de fiscalização, demarcação, cadastramento, controle e avaliação dos imóveis públicos federais e ao incremento das receitas patrimoniais;

•• Inciso IV com redação determinada pela Lei n. 13.465, de 11-7-2017.

V – ao desenvolvimento de recursos humanos visando à qualificação da gestão patrimonial, mediante a realização de cursos de capacitação e participação em eventos relacionados ao tema;

•• Inciso V com redação determinada pela Lei n. 13.465, de 11-7-2017.

VI – à aquisição e instalação de equipamentos, bem como à modernização e informatização dos métodos e processos inerentes à gestão patrimonial dos imóveis públicos federais;

•• Inciso VI com redação determinada pela Lei n. 13.465, de 11-7-2017.

VII – à regularização fundiária; e

•• Inciso VII com redação determinada pela Lei n. 13.465, de 11-7-2017.

VIII – à gestão e manutenção das atividades das Unidades Central e Descentralizadas da SPU.

•• Inciso VIII acrescentado pela Lei n. 13.465, de 11-7-2017.

Parágrafo único. Comporão o Fundo instituído pelo Decreto-lei n. 1.437, de 17 de dezembro de 1975, e integrarão subconta especial destinada a atender às despesas com o Programa instituído neste artigo, que será gerida pelo Secretário do Patrimônio da União, as receitas patrimoniais decorrentes de:

I – multas; e

II – parcela do produto das alienações de que trata esta Lei, nos percentuais adiante indicados, observado o limite de R$ 25.000.000,00 (vinte e cinco milhões de reais) ao ano:

a) 20% (vinte por cento), nos anos 1998 e 1999;

b) 15% (quinze por cento), no ano 2000;

c) 10% (dez por cento), no ano 2001;

d) 5% (cinco por cento), nos anos 2002 e 2003.

•• Inciso II e alíneas *a* a *d* com redação determinada pela Lei n. 9.821, de 23-8-1999.

Art. 38. No desenvolvimento do PROAP, a SPU priorizará ações no sentido de desobrigar-se de tarefas operacionais, recorrendo, sempre que possível, à execução indireta, mediante convênio com outros órgãos públicos federais, estaduais e municipais e contrato com a iniciativa privada, ressalvadas as atividades típicas de Estado e resguardados os ditames do interesse público e as conveniências da segurança nacional.

Art. 39. As disposições previstas no art. 30 aplicam-se, no que couber, às entidades da Administração Pública Federal indireta, inclusive às autarquias e fundações públicas e às sociedades sob controle direto ou indireto da União.

Parágrafo único. A permuta que venha a ser realizada com base no disposto neste artigo deverá ser previamente autorizada pelo conselho de administração, ou órgão colegiado equivalente, das entidades de que trata o *caput*, ou ainda, na inexistência destes ou de respectiva autorização, pelo Ministro de Estado a cuja Pasta se vinculem, dispensando-se autorização legislativa para a correspondente alienação.

•• Parágrafo único acrescentado pela Lei n. 9.821, de 23-8-1999.

Art. 40. Será de competência exclusiva da SPU, observado o disposto no art. 38 e sem prejuízo das competências da Procuradoria-Geral da Fazenda Nacional, previstas no Decreto-lei n. 147, de 3 de fevereiro de 1967, a realização de aforamentos, concessões de direito real de uso, locações, arrendamentos, entregas e cessões a qualquer título, de imóveis de propriedade da União, exceto nos seguintes casos:

I – cessões, locações e arrendamentos especialmente autorizados nos termos de entrega, observadas as condições fixadas em regulamento;

II – locações de imóveis residenciais de caráter obrigatório, de que tratam os arts. 80 a 85 do Decreto-lei n. 9.760, de 1946;

III – locações de imóveis residenciais sob o regime da Lei n. 8.025, de 1990;

IV – cessões de que trata o art. 20; e

V – as locações e arrendamentos autorizados nos termos do inciso III do art. 19.

Art. 41. Será observado como valor mínimo para efeito de aluguel, arrendamento, cessão de uso onerosa, foro e taxa de ocupação, aquele correspondente ao custo de processamento da respectiva cobrança.

Art. 42. Serão reservadas, na forma do regulamento, áreas necessárias à gestão ambiental, à implantação de projetos demonstrativos de uso sustentável de recursos naturais e dos ecossistemas costeiros, de compensação por impactos ambientais, relacionados com instalações portuárias, marinas, complexos navais e outros complexos náuticos, desenvolvimento do turismo, de atividades pesqueiras, da aquicultura, da exploração de petróleo e gás natural, de recursos hídricos e minerais, aproveitamento de energia hidráulica e outros empreendimentos considerados de interesse nacional.

§ 1.º Na hipótese de o empreendimento envolver áreas originariamente de uso comum do povo, poderá ser autorizada a utilização dessas áreas, mediante cessão de uso na forma do art. 18 desta Lei, condicionada, quando necessário, à apresentação de licença ambiental que ateste a viabilidade do empreendimento, observadas as demais disposições legais pertinentes.

•• Parágrafo único renumerado pela Lei n. 13.813, de 9-4-2019.

§ 2.º A regularidade ambiental é condicionante de contratos de destinação de áreas da União e, comprovada a existência de comprometimento da integridade da área pelo órgão ambiental competente, o contrato será rescindido sem ônus para a União e sem prejuízo das demais sanções cabíveis.

•• § 2.º acrescentado pela Lei n. 13.813, de 9-4-2019.

Art. 43. Nos aterros realizados até 15 de fevereiro de 1997, sem prévia autorização, a aplicação das penalidades de que tratam os incisos I e II do art. 6.º do Decreto-lei n. 2.398, de 1987, com a redação dada por esta Lei, será suspensa a partir do mês seguinte ao da sua aplicação, desde que o interessado solicite, junto ao Ministério da Fazenda, a regularização e a compra à vista do domínio útil do terreno acrescido, acompanhado do comprovante de recolhimento das multas até então incidentes, cessando a suspensão 30 (trinta) dias após a ciência do eventual indeferimento.

Parágrafo único. O deferimento do pleito dependerá da prévia audiência dos órgãos técnicos envolvidos.

Art. 44. As condições previstas nesta Lei aplicar-se-ão às ocupações existentes nas terras de propriedade da União situadas na Área de Proteção Ambiental – APA da Bacia do Rio São Bartolomeu, no Distrito Federal, que se tornarem passíveis de regularização, após o rezoneamento de que trata a Lei n. 9.262, de 12 de janeiro de 1996.

Parágrafo único. A alienação dos imóveis residenciais da União, localizados nas Vilas Operárias de Nossa Senhora das Graças e Santa Alice, no Conjunto Residencial Salgado Filho, em Xerém, no Município de Duque de Caxias (RJ), e na Vila Portuária Presidente Dutra, na Rua da América n. 31, no Bairro da Gamboa, no Município do Rio de Janeiro (RJ), observará, também, o disposto nesta Lei.

Art. 45. (*Revogado pela Lei n. 13.465, de 11-7-2017.*)

Art. 46. O disposto nesta Lei não se aplica à alienação do domínio útil ou pleno dos terrenos interiores de domínio da União, situados em ilhas oceânicas e costeiras de que trata o inciso IV do art. 20 da Constituição Federal, onde existam sedes de municípios, que será disciplinada em lei específica, ressalvados os terrenos de uso especial que vierem a ser desafetados.

Art. 47. O crédito originado de receita patrimonial será submetido aos seguintes prazos:

I – decadencial de dez anos para sua constituição, mediante lançamento; e

II – prescricional de cinco anos para sua exigência, contados do lançamento.

•• *Caput* e incisos com redação determinada pela Lei n. 10.852, de 29-3-2004.

§ 1.º O prazo de decadência de que trata o *caput* conta-se do instante em que o respectivo crédito poderia ser constituído, a partir do conhecimento por iniciativa da União ou por solicitação do interessado das circunstâncias e fatos que caracterizam a hipótese de incidência da receita patrimonial, ficando limitada a 5 (cinco) anos a cobrança de créditos relativos a período anterior ao conhecimento.

•• § 1.º acrescentado pela Lei n. 9.821, de 23-8-1999.

§ 2.º Os débitos cujos créditos foram alcançados pela prescrição serão considerados apenas para o efeito da caracterização da ocorrência de caducidade de que trata o parágrafo único do art. 101 do Decreto-lei n. 9.760, de 1946, com a redação dada pelo art. 32 desta Lei.

•• § 2.º acrescentado pela Lei n. 9.821, de 23-8-1999.

Art. 48. (*Vetado.*)

Art. 49. O Poder Executivo regulamentará esta Lei no prazo de 90 (noventa) dias, contado da sua publicação.

Art. 50. O Poder Executivo fará publicar no *Diário Oficial da União*, no prazo de 90 (noventa) dias, contado da publicação desta Lei, texto consolidado do Decreto-lei n. 9.760, de 1946, e legislação superveniente.

Art. 51. São convalidados os atos praticados com base na Medida Provisória n. 1.647-14, de 24 de março de 1998.

Art. 52. Esta Lei entra em vigor na data da sua publicação.

Art. 53. São revogados os arts. 65, 66, 125, 126 e 133, e os itens 5.º, 8.º, 9.º e 10 do art. 105 do Decreto-lei n. 9.760, de 5 de setembro de 1946, o Decreto-lei n. 178, de 16 de fevereiro de 1967, o art. 195 do Decreto-lei n. 200, de 25 de fevereiro de 1967, o art. 4.º do Decreto-lei n. 1.561, de 13 de julho de 1977, a Lei n. 6.609, de 7 de dezembro de 1978, o art. 90 da Lei n. 7.450, de 23 de dezembro de 1985, o art. 4.º do Decreto-lei n. 2.398, de 21 de dezembro de 1987, e a Lei n. 9.253, de 28 de dezembro de 1995.

Brasília, 15 de maio de 1998; 177.º da Independência e 110.º da República.

Fernando Henrique Cardoso

LEI N. 9.656, DE 3 DE JUNHO DE 1998 (*)

Dispõe sobre os planos e seguros privados de assistência à saúde.

O Presidente da República

(*) Publicada no *Diário Oficial da União*, de 4-6-1998. O Decreto n. 3.964, de 10-10-2001, dispõe sobre o Fundo Nacional de Saúde. *Vide* art. 1.º, IV, da Portaria n. 5, de 27-8-2002. A Resolução Normativa n. 42, de 4-7-2003, da Agência Nacional de Saúde Suplementar, estabelece os requisitos para a celebração dos instrumentos jurídicos firmados entre as operadoras de planos de assistência à saúde e prestadores de serviços hospitalares. A Resolução Normativa n. 44, de 24-7-2003, da Agência Nacional de Saúde Suplementar, dispõe sobre a proibição da exigência de caução por parte dos prestadores de serviços contratados, credenciados, cooperados ou referenciados das operadoras de planos de assistência à saúde. A Lei n. 10.850, de 25-3-2004, atribui competências à Agência Nacional de Saúde Suplementar – ANS e fixa as diretrizes a serem observadas na definição de normas para implantação de programas especiais de incentivo à adaptação de contratos anteriores a esta Lei. A Resolução Normativa n. 195, de 14-7-2009, da Agência Nacional de Saúde Suplementar, dispõe sobre a classificação e características dos planos privados de assistência à saúde, regulamenta a sua contratação, e institui a orientação para contratação de planos privados de assistência à saúde.

Faço saber que o Congresso Nacional decreta e eu sanciono a seguinte Lei:

Art. 1.º Submetem-se às disposições desta Lei as pessoas jurídicas de direito privado que operam planos de assistência à saúde, sem prejuízo do cumprimento da legislação específica que rege a sua atividade e, simultaneamente, das disposições da Lei n. 8.078, de 11 de setembro de 1990 (Código de Defesa do Consumidor), adotando-se, para fins de aplicação das normas aqui estabelecidas, as seguintes definições:

•• *Caput* com redação determinada pela Lei n. 14.454, de 21-9-2022.

• A Resolução Normativa n. 497, de 30-3-2022, da ANS, dispõe sobre o padrão obrigatório para adoção de portais corporativos na Internet pelas operadoras de planos privados de assistência à saúde, sobre a designação de um profissional técnico responsável pela troca de informações em saúde suplementar aos eventos prestados aos beneficiários.

•• *Vide* Súmula 469 do STJ.

I – Plano Privado de Assistência à Saúde: prestação continuada de serviços ou cobertura de custos assistenciais a preço pré ou pós-estabelecido, por prazo indeterminado, com a finalidade de garantir, sem limite financeiro, a assistência à saúde, pela faculdade de acesso e atendimento por profissionais ou serviços de saúde, livremente escolhidos, integrantes ou não de rede credenciada, contratada ou referenciada, visando a assistência médica, hospitalar e odontológica, a ser paga integral ou parcialmente às expensas da operadora contratada, mediante reembolso e pagamento direto ao prestador, por conta e ordem do consumidor.

•• Inciso I acrescentado pela Medida Provisória n. 2.177-44, de 24-8-2001.

• A Lei n. 10.185, de 12-2-2001, dispõe sobre a especialização das sociedades seguradoras em planos privados de assistência à saúde.

II – Operadora de Plano de Assistência à Saúde: pessoa jurídica constituída sob a modalidade de sociedade civil ou comercial, cooperativa, ou entidade de autogestão, que opere produto, serviço ou contrato de que trata o inciso I deste artigo.

•• Inciso II acrescentado pela Medida Provisória n. 2.177-44, de 24-8-2001.

• A Resolução Normativa n. 543, de 2-9-2022, da Diretoria Colegiada da Agência Nacional de Saúde Suplementar, dispõe sobre a concessão de autorização de funcionamento das operadoras de planos de assistência à saúde e sobre o Registro de Produtos.

III – Carteira: o conjunto de contratos de cobertura de custos assistenciais ou de serviços de assistência à saúde em qualquer das modalidades de que tratam o inciso I e o § 1.º, deste artigo, com todos os direitos e obrigações neles contidos.

•• Inciso III acrescentado pela Medida Provisória n. 2.177-44, de 24-8-2001.

§ 1.º Está subordinada às normas e à fiscalização da Agência Nacional de Saúde Suplementar – ANS qualquer modalidade de produto, serviço e contrato que apresente, além da garantia de cobertura financeira de riscos de assistência médica, hospitalar e odontológica, outras características que o diferencie de atividade exclusivamente financeira, tais como:

a) custeio de despesas;

b) oferecimento de rede credenciada ou referenciada;

c) reembolso de despesas;

d) mecanismos de regulação;

e) qualquer restrição contratual, técnica ou operacional para a cobertura de procedimentos solicitados por prestador escolhido pelo consumidor; e

f) vinculação de cobertura financeira à aplicação de conceitos ou critérios médico-assistenciais.

•• § 1.º com redação determinada pela Medida Provisória n. 2.177-44, de 24-8-2001.

• A Lei n. 9.961, de 28-1-2000, instituiu a Agencia Nacional de Saúde Suplementar – ANS.

• A Resolução Normativa n. 484, de 29-3-20, ANS, estabelece em seu art. 1.º, *caput*, que Fica vedada às operadoras de planos de assistência à saúde a operação de sistemas de descontos ou de garantia de preços diferenciados a serem pagos diretamente pelo consumidor ao prestador dos serviços, bem como a oferta de qualquer produto ou serviço de saúde que não apresente as características definidas no inciso I e no § 1.º deste artigo.

§ 2.º Incluem-se na abrangência desta Lei as cooperativas que operem os produtos de que tratam o inciso I e o § 1.º deste artigo, bem assim as entidades ou empresas que mantêm sistemas de assistência à saúde, pela modalidade de autogestão ou de administração.

•• § 2.º com redação determinada pela Medida Provisória n. 2.177-44, de 24-8-2001.

•• *Vide* Súmula 608 do STJ.

§ 3.º As pessoas físicas ou jurídicas residentes ou domiciliadas no exterior podem constituir ou participar do capital, ou do aumento do capital, de pessoas jurídicas de direito privado constituídas sob as leis brasileiras para operar planos privados de assistência à saúde.

•• § 3.º com redação determinada pela Medida Provisória n. 2.177-44, de 24-8-2001.

§ 4.º É vedada às pessoas físicas a operação dos produtos de que tratam o inciso I e o § 1.º deste artigo.

•• § 4.º com redação determinada pela Medida Provisória n. 2.177-44, de 24-8-2001.

....

Art. 9.º Após decorridos 120 (cento e vinte) dias de vigência desta Lei, para as operadoras, e 240 (duzentos e quarenta) dias para as administradoras de planos de assistência à saúde e até que sejam definidas pela ANS, as normas gerais de registro, as pessoas jurídicas que operam os produtos de que tratam o inciso I e § 1.º do art. 1.º desta Lei, e observado o que dispõe o art. 19, só poderão comercializar estes produtos se:

I – as operadoras e administradoras estiverem provisoriamente cadastradas na ANS; e

II – os produtos a serem comercializados estiverem registrados na ANS.

•• *Caput* e incisos com redação determinada pela Medida Provisória n. 2.177-44, de 24-8-2001.

§ 1.º O descumprimento das formalidades previstas neste artigo, além de configurar infração, constitui agravante na aplicação de penalidades por infração das demais normas previstas nesta Lei.

•• § 1.º com redação determinada pela Medida Provisória n. 2.177-44, de 24-8-2001.

§ 2.º A ANS poderá solicitar informações, determinar alterações e promover a suspensão do todo ou de parte das condições dos planos apresentados.

•• § 2.º com redação determinada pela Medida Provisória n. 2.177-44, de 24-8-2001.

§ 3.º A autorização de comercialização será cancelada caso a operadora não comercialize os planos ou os produtos de que tratam o inciso I e o § 1.º do art. 1.º desta Lei, no prazo máximo de 180 (cento e oitenta) dias a contar do seu registro na ANS.

•• § 3.º acrescentado pela Medida Provisória n. 2.177-44, de 24-8-2001.

§ 4.º A ANS poderá determinar a suspensão temporária da comercialização de plano ou produto caso identifique qualquer irregularidade contratual, econômico-financeira ou assistencial.

•• § 4.º acrescentado pela Medida Provisória n. 2.177-44, de 24-8-2001.

Art. 10. É instituído o plano-referência de assistência à saúde, com cobertura assistencial médico-ambulatorial e hospitalar, compreendendo partos e tratamentos, realizados exclusivamente no Brasil, com padrão de enfermaria, centro de terapia intensiva, ou similar, quando necessária a internação hospitalar, das doenças listadas na Classificação Estatística Internacional de Doenças e Problemas Relacionados com a Saúde, da Organização Mundial de Saúde, respeitadas as exigências mínimas estabelecidas no art. 12 desta Lei, exceto:

•• *Caput* com redação determinada pela Medida Provisória n. 2.177-44, de 24-8-2001.

• A Resolução Normativa n. 465, de 24-2-2021, da Agência Nacional de Saúde Suplementar, atualiza o Rol de Procedimentos e Eventos em Saúde que estabelece a cobertura assistencial obrigatória a ser garantida nos planos privados de assistência à saúde contratados a partir de 1.º-1-1999 e naqueles adaptados conforme previsto neste art. 35.

I – tratamento clínico ou cirúrgico experimental;

•• Inciso I com redação determinada pela Medida Provisória n. 2.177-44, de 24-8-2001.

II – procedimentos clínicos ou cirúrgicos para fins estéticos, bem como órteses e próteses para o mesmo fim;

III – inseminação artificial;

IV – tratamento de rejuvenescimento ou de emagrecimento com finalidade estética;

V – fornecimento de medicamentos importados não nacionalizados;

VI – fornecimento de medicamentos para tratamento domiciliar, ressalvado o disposto nas alíneas *c* do inciso I e *g* do inciso II do art. 12;

•• Inciso VI com redação determinada pela Lei n. 12.880, de 12-11-2013.

VII – fornecimento de próteses, órteses e seus acessórios não ligados ao ato cirúrgico;

•• Inciso VII com redação determinada pela Medida Provisória n. 2.177-44, de 24-8-2001.

VIII – (*Revogado pela Medida Provisória n. 2.177-44, de 24-8-2001.*)

IX – tratamentos ilícitos ou antiéticos, assim definidos sob o aspecto médico, ou não reconhecidos pelas autoridades competentes;

X – casos de cataclismos, guerras e comoções internas, quando declarados pela autoridade competente.

§ 1.º As exceções constantes dos incisos deste artigo serão objeto de regulamentação pela ANS.

•• § 1.º com redação determinada pela Medida Provisória n. 2.177-44, de 24-8-2001.

§ 2.º As pessoas jurídicas que comercializam produtos de que tratam o inciso I e o § 1.º do art. 1.º desta Lei oferecerão, obrigatoriamente, a partir de 3 de dezembro de 1999, o plano-referência de que trata este artigo a todos os seus atuais e futuros consumidores.

•• § 2.º com redação determinada pela Medida Provisória n. 2.177-44, de 24-8-2001.

•• O STF, na ADI n. 1.931, de 7-2-2018 (*DOU* de 1.º-8-2018), julgou parcialmente procedente o pedido formulado para declarar a inconstitucionalidade deste § 2.º.

§ 3.º Excluem-se da obrigatoriedade a que se refere o § 2.º deste artigo as pessoas jurídicas que mantêm sistemas de assistência à saúde pela modalidade de autogestão e as pessoas jurídicas que operem exclusivamente planos odontológicos.

•• § 3.º com redação determinada pela Medida Provisória n. 2.177-44, de 24-8-2001.

•• *Vide* Súmula 608 do STJ.

§ 4.º A amplitude das coberturas no âmbito da saúde suplementar, inclusive de transplantes e de procedimentos de alta complexidade, será estabelecida em norma editada pela ANS, que publicará rol de procedimentos e eventos em saúde suplementar, atualizado a cada incorporação.

•• § 4.º com redação determinada pela Lei n. 14.454, de 21-9-2022.

• A Resolução Normativa n. 465, de 24-2-2021, da Agência Nacional de Saúde Suplementar, atualiza o Rol de Procedimentos e Eventos em Saúde que estabelece a cobertura assistencial obrigatória a ser garantida nos planos privados de assistência à saúde contratados a partir de 1.º-1-1999 e naqueles adaptados conforme previsto neste art. 35.

§ 5.º As metodologias utilizadas na avaliação de que trata o § 3.º do art. 10-D desta Lei, incluídos os indicadores e os parâmetros de avaliação econômica de tecnologias em saúde utilizados em combinação com outros critérios, serão estabelecidas em norma editada pela ANS, assessorada pela Co-

missão de Atualização do Rol de Procedimentos e Eventos em Saúde Suplementar, e terão ampla divulgação.

•• § 5.º acrescentado pela Lei n. 14.307, de 3-3-2022.

•• *Vide* nota ao § 4.º deste artigo.

§ 6.º As coberturas a que se referem as alíneas *c* do inciso I e *g* do inciso II do *caput* do art. 12 desta Lei são obrigatórias, em conformidade com a prescrição médica, desde que os medicamentos utilizados estejam registrados no órgão federal responsável pela vigilância sanitária, com uso terapêutico aprovado para essas finalidades, observado o disposto no § 7.º deste artigo.

•• § 6.º acrescentado pela Lei n. 14.307, de 3-3-2022.

•• *Vide* nota ao § 4.º deste artigo.

§ 7.º A atualização do rol de procedimentos e eventos em saúde suplementar pela ANS será realizada por meio da instauração de processo administrativo, a ser concluído no prazo de 180 (cento e oitenta) dias, contado da data em que foi protocolado o pedido, prorrogável por 90 (noventa) dias corridos quando as circunstâncias o exigirem.

•• § 7.º acrescentado pela Lei n. 14.307, de 3-3-2022.

•• *Vide* nota ao § 4.º deste artigo.

§ 8.º Os processos administrativos de atualização do rol de procedimentos e eventos em saúde suplementar referente aos tratamentos listados nas alíneas *c* do inciso I e *g* do inciso II do *caput* do art. 12 desta Lei deverão ser analisados de forma prioritária e concluídos no prazo de 120 (cento e vinte) dias, contado da data em que foi protocolado o pedido, prorrogável por 60 (sessenta) dias corridos quando as circunstâncias o exigirem.

•• § 8.º acrescentado pela Lei n. 14.307, de 3-3-2022.

•• *Vide* nota ao § 4.º deste artigo.

§ 9.º Finalizado o prazo previsto no § 7.º deste artigo sem manifestação conclusiva da ANS no processo administrativo, será realizada a inclusão automática do medicamento, do produto de interesse para a saúde ou do procedimento no rol de procedimentos e eventos em saúde suplementar até que haja decisão da ANS, garantida a continuidade da assistência iniciada mesmo se a decisão for desfavorável à inclusão.

•• § 9.º acrescentado pela Lei n. 14.307, de 3-3-2022.

•• *Vide* nota ao § 4.º deste artigo.

§ 10. As tecnologias avaliadas e recomendadas positivamente pela Comissão Nacional de Incorporação de Tecnologias no Sistema Único de Saúde (Conitec), instituída pela Lei n. 12.401, de 28 de abril de 2011, cuja decisão de incorporação ao SUS já tenha sido publicada, serão incluídas no Rol de Procedimentos e Eventos em Saúde Suplementar no prazo de até 60 (sessenta) dias.

•• § 10 acrescentado pela Lei n. 14.307, de 3-3-2022.

•• *Vide* nota ao § 4.º deste artigo.

§ 11. O processo administrativo de que trata o § 7.º deste artigo observará o disposto na Lei n. 9.784, de 29 de janeiro de 1999, no que couber, e as seguintes determinações:

•• § 11, *caput*, acrescentado pela Lei n. 14.307, de 3-3-2022.

•• *Vide* nota ao § 4.º deste artigo.

I – apresentação, pelo interessado, dos documentos com as informações necessárias ao atendimento do disposto no § 3.º do art. 10-D desta Lei, na forma prevista em regulamento;

•• Inciso I acrescentado pela Lei n. 14.307, de 3-3-2022.

II – apresentação do preço estabelecido pela Câmara de Regulação do Mercado de Medicamentos, no caso de medicamentos;

•• Inciso II acrescentado pela Lei n. 14.307, de 3-3-2022.

III – realização de consulta pública pelo prazo de 20 (vinte) dias com a divulgação de relatório preliminar emitido pela Comissão de Atualização do Rol de Procedimentos e Eventos em Saúde Suplementar;

•• Inciso III acrescentado pela Lei n. 14.307, de 3-3-2022.

IV – realização de audiência pública, na hipótese de matéria relevante, ou quando tiver recomendação preliminar de não incorporação, ou quando solicitada por no mínimo 1/3 (um terço) dos membros da Comissão de Atualização do Rol de Procedimentos e Eventos em Saúde Suplementar;

•• Inciso IV acrescentado pela Lei n. 14.307, de 3-3-2022.

V – divulgação do relatório final de que trata o § 3.º do art. 10-D desta Lei da Comissão de Atualização do Rol de Procedimentos e Eventos em Saúde Suplementar; e

•• Inciso V acrescentado pela Lei n. 14.307, de 3-3-2022.

VI – possibilidade de recurso, no prazo de até 15 (quinze) dias após a divulgação do relatório final.

•• Inciso VI acrescentado pela Lei n. 14.307, de 3-3-2022.

§ 12. O rol de procedimentos e eventos em saúde suplementar, atualizado pela ANS a cada nova incorporação, constitui a referência básica para os planos privados de assistência à saúde contratados a partir de 1.º de janeiro de 1999 e para os contratos adaptados a esta Lei e fixa as diretrizes de atenção à saúde.

•• § 12 acrescentado pela Lei n. 14.454, de 21-9-2022.

§ 13. Em caso de tratamento ou procedimento prescrito por médico ou odontólogo assistente que não estejam previstos no rol referido no § 12 deste artigo, a cobertura deverá ser autorizada pela operadora de planos de assistência à saúde, desde que:

•• § 13, *caput*, acrescentado pela Lei n. 14.454, de 21-9-2022.

I – exista comprovação da eficácia, à luz das ciências da saúde, baseada em evidências científicas e plano terapêutico; ou

•• Inciso I acrescentado pela Lei n. 14.454, de 21-9-2022.

II – existam recomendações pela Comissão Nacional de Incorporação de Tecnologias no Sistema Único de Saúde (Conitec), ou exista recomendação de, no mínimo, 1 (um) órgão de avaliação de tecnologias em saúde que tenha renome internacional, desde que sejam aprovadas também para seus nacionais.

•• Inciso II acrescentado pela Lei n. 14.454, de 21-9-2022.

Art. 10-A. Cabe às operadoras definidas nos incisos I e II do § 1.º do art. 1.º desta Lei, por meio de sua rede de unidades conveniadas, prestar serviço de cirurgia plástica reconstrutiva de mama, utilizando-se de todos os meios e técnicas necessárias, para o tratamento de mutilação decorrente de utilização de técnica de tratamento de câncer.

•• Artigo acrescentado pela Lei n. 10.223, de 15-5-2001.

§ 1.º Quando existirem condições técnicas, a reconstrução da mama será efetuada no tempo cirúrgico da mutilação referida no *caput* deste artigo.

•• § 1.º acrescentado pela Lei n. 13.770, de 19-12-2018.

§ 2.º No caso de impossibilidade de reconstrução imediata, a paciente será encaminhada para acompanhamento e terá garantida a realização da cirurgia imediatamente após alcançar as condições clínicas requeridas.

•• § 2.º acrescentado pela Lei n. 13.770, de 19-12-2018.

§ 3.º Os procedimentos de simetrização da mama contralateral e de reconstrução do complexo aréolo-mamilar integram a cirurgia plástica reconstrutiva prevista no *caput* e no § 1.º deste artigo.

•• § 3.º acrescentado pela Lei n. 13.770, de 19-12-2018.

Art. 10-B. Cabe às operadoras dos produtos de que tratam o inciso I e o § 1.º do art. 1.º, por meio de rede própria, credenciada, contratada ou referenciada, ou mediante reembolso, fornecer bolsas de colostomia, ileostomia e urostomia, sonda vesical de demora e coletor de urina com conector, para uso hospitalar, ambulatorial ou domiciliar, vedada a limitação de prazo, valor máximo e quantidade.

•• Artigo acrescentado pela Lei n. 12.738, de 30-11-2012.

Art. 10-C. Os produtos de que tratam o inciso I do *caput* e o § 1.º do art. 1.º desta Lei deverão incluir cobertura de atendimento à violência autoprovocada e às tentativas de suicídio.

•• Artigo acrescentado pela Lei n. 13.819, de 26-4-2019.

Art. 10-D. Fica instituída a Comissão de Atualização do Rol de Procedimentos e Eventos em Saúde Suplementar à qual compete assessorar a ANS nas atribuições de que trata o § 4.º do art. 10 desta Lei.

•• *Caput* acrescentado pela Lei n. 14.307, de 3-3-2022.

§ 1.º O funcionamento e a composição da Comissão de Atualização do Rol de Procedimentos e Eventos em Saúde Suplementar serão estabelecidos em regulamento.

•• § 1.º acrescentado pela Lei n. 14.307, de 3-3-2022.

§ 2.º A Comissão de Atualização do Rol de Procedimentos e Eventos em Saúde Suplementar terá composição e regimento definidos em regulamento, com a participação nos processos de:

•• § 2.º, *caput*, acrescentado pela Lei n. 14.307, de 3-3-2022.

I – 1 (um) representante indicado pelo Conselho Federal de Medicina;

•• Inciso I acrescentado pela Lei n. 14.307, de 3-3-2022.

II – 1 (um) representante da sociedade de especialidade médica, conforme a área terapêutica ou o uso da tecnologia a ser analisada, indicado pela Associação Médica Brasileira;

•• Inciso II acrescentado pela Lei n. 14.307, de 3-3-2022.

III – 1 (um) representante de entidade representativa de consumidores de planos de saúde;

•• Inciso III acrescentado pela Lei n. 14.307, de 3-3-2022.

IV – 1 (um) representante de entidade representativa dos prestadores de serviços na saúde suplementar;

•• Inciso IV acrescentado pela Lei n. 14.307, de 3-3-2022.

V – 1 (um) representante de entidade representativa das operadoras de planos privados de assistência à saúde;

•• Inciso V acrescentado pela Lei n. 14.307, de 3-3-2022.

VI – representantes de áreas de atuação profissional da saúde relacionadas ao evento ou procedimento sob análise.

•• Inciso VI acrescentado pela Lei n. 14.307, de 3-3-2022.

§ 3.º A Comissão de Atualização do Rol de Procedimentos e Eventos em Saúde Suplementar deverá apresentar relatório que considerará:

•• § 3.º, *caput*, acrescentado pela Lei n. 14.307, de 3-3-2022.

I – as melhores evidências científicas disponíveis e possíveis sobre a eficácia, a acurácia, a efetividade, a eficiência, a usabilidade e a segurança do medicamento, do produto ou do procedimento analisado, reconhecidas pelo órgão competente para o registro ou para a autorização de uso;

•• Inciso I acrescentado pela Lei n. 14.307, de 3-3-2022.

II – a avaliação econômica comparativa dos benefícios e dos custos em relação às coberturas já previstas no rol de procedimentos e eventos em saúde suplementar, quando couber; e

•• Inciso II acrescentado pela Lei n. 14.307, de 3-3-2022.

III – a análise de impacto financeiro da ampliação da cobertura no âmbito da saúde suplementar.

•• Inciso III acrescentado pela Lei n. 14.307, de 3-3-2022.

§ 4.º Os membros indicados para compor a Comissão de Atualização do Rol de Procedimentos e Eventos em Saúde Suplementar, bem como os representantes designados para participarem dos processos, deverão ter formação técnica suficiente para compreensão adequada das evidências científicas e dos critérios utilizados na avaliação.

•• § 4.º acrescentado pela Lei n. 14.307, de 3-3-2022.

Art. 11. É vedada a exclusão de cobertura às doenças e lesões preexistentes à data de contratação dos produtos de que tratam o inciso I e o § 1.º do art. 1.º desta Lei após 24 (vinte e quatro) meses de vigência do aludido instrumento contratual, cabendo à respectiva operadora o ônus da prova e da demonstração do conhecimento prévio do consumidor ou beneficiário.

•• *Caput* com redação determinada pela Medida Provisória n. 2.177-44, de 24-8-2001.

Parágrafo único. É vedada a suspensão da assistência à saúde do consumidor ou beneficiário titular ou dependente, até a prova de que trata o *caput*, na forma da regulamentação a ser editada pela ANS.

•• Parágrafo único acrescentado pela Medida Provisória n. 2.177-44, de 24-8-2001.

Art. 12. São facultadas a oferta, a contratação e a vigência dos produtos de que tratam o inciso I e o § 1.º do art. 1.º desta Lei, nas segmentações previstas nos incisos I a IV deste artigo, respeitadas as respectivas amplitudes de cobertura definidas no plano-referência de que trata o art. 10, segundo as seguintes exigências mínimas:

•• *Caput* com redação determinada pela Medida Provisória n. 2.177-44, de 24-8-2001.

I – quando incluir atendimento ambulatorial:

a) cobertura de consultas médicas, em número ilimitado, em clínicas básicas e especializadas, reconhecidas pelo Conselho Federal de Medicina;

b) cobertura de serviços de apoio diagnóstico, tratamentos e demais procedimentos ambulatoriais, solicitados pelo médico-assistente;

•• Alínea *b* com redação determinada pela Medida Provisória n. 2.177-44, de 24-8-2001.

c) cobertura de tratamentos antineoplásicos domiciliares de uso oral, incluindo medicamentos para o controle de efeitos adversos relacionados ao tratamento e adjuvantes;

•• Alínea *c* acrescentada pela Lei n. 12.880, de 12-11-2013.

II – quando incluir internação hospitalar:

a) cobertura de internações hospitalares, vedada a limitação de prazo, valor máximo e quantidade, em clínicas básicas e especializadas, reconhecidas pelo Conselho Federal de Medicina, admitindo-se a exclusão dos procedimentos obstétricos;

•• Alínea *a* com redação determinada pela Medida Provisória n. 2.177-44, de 24-8-2001.

• *Vide* Súmula 302 do STJ.

b) cobertura de internações hospitalares em centro de terapia intensiva, ou similar, vedada a limitação de prazo, valor máximo e quantidade, a critério do médico-assistente;

•• Alínea *b* com redação determinada pela Medida Provisória n. 2.177-44, de 24-8-2001.

c) cobertura de despesas referentes a honorários médicos, serviços gerais de enfermagem e alimentação;

d) cobertura de exames complementares indispensáveis para o controle da evolução da doença e elucidação diagnóstica, fornecimento de medicamentos, anestésicos, gases medicinais, transfusões e sessões de quimioterapia e radioterapia, conforme prescrição do médico-assistente, realizados ou ministrados durante o período de internação hospitalar;

•• Alínea *d* com redação determinada pela Medida Provisória n. 2.177-44, de 24-8-2001.

• A Resolução Normativa n. 487, de 28-3-2022, da ANS, dispõe sobre os princípios para a oferta de contrato acessório de medicação de uso domiciliar pelas operadoras de planos de assistência à saúde.

e) cobertura de toda e qualquer taxa, incluindo materiais utilizados, assim como da remoção do paciente, comprovadamente necessária, para outro estabelecimento hospitalar, dentro dos limites de abrangência geográfica previstos no contrato, em território brasileiro; e

•• Alínea *e* com redação determinada pela Medida Provisória n. 2.177-44, de 24-8-2001.

• A Resolução Normativa n. 490, de 29-3-2022, da ANS, dispõe sobre a cobertura de remoção de beneficiários de planos privados de assistência à saúde, com segmentação hospitalar, que tenham cumprido o período de carência.

f) cobertura de despesas de acompanhante, no caso de pacientes menores de 18 (dezoito) anos;

g) cobertura para tratamentos antineoplásicos ambulatoriais e domiciliares de uso oral, procedimentos radioterápicos para tratamento de câncer e hemoterapia, na qualidade de procedimentos cuja necessidade esteja relacionada à continuidade da assistência prestada em âmbito de internação hospitalar;

•• Alínea *g* acrescentada pela Lei n. 12.880, de 12-11-2013.

III – quando incluir atendimento obstétrico:

a) cobertura assistencial ao recém-nascido, filho natural ou adotivo do consumidor, ou de seu dependente, durante os primeiros 30 (trinta) dias após o parto;

b) inscrição assegurada ao recém-nascido, filho natural ou adotivo do consumidor, como dependente, isento do cumprimento dos períodos de carência, desde que a inscrição ocorra no prazo máximo de 30 (trinta) dias do nascimento ou da adoção;

•• Alínea *b* com redação determinada pela Medida Provisória n. 2.177-44, de 24-8-2001.

IV – quando incluir atendimento odontológico:

a) cobertura de consultas e exames auxiliares ou complementares, solicitados pelo odontólogo-assistente;

b) cobertura de procedimentos preventivos, de dentística e endodontia;

c) cobertura de cirurgias orais menores, assim consideradas as realizadas em ambiente ambulatorial e sem anestesia geral;

V – quando fixar períodos de carência:

• A Resolução Normativa n. 186, de 14-1-2009, da Agencia Nacional de Saúde Suplementar – ANS, dispõe sobre a regulamentação de portabilidade das carências previstas neste inciso, sem a imposição de cobertura parcial temporária.

a) prazo máximo de 300 (trezentos) dias para partos a termo;

b) prazo máximo de 180 (cento e oitenta) dias para os demais casos;

c) prazo máximo de 24 (vinte e quatro) horas para a cobertura dos casos de urgência e emergência;

•• Alínea *c* acrescentada pela Medida Provisória n. 2.177-44, de 24-8-2001.

•• *Vide* Súmula 597 do STJ.

VI – reembolso, em todos os tipos de produtos de que tratam o inciso I e o § 1.º do art. 1.º desta Lei, nos limites das obrigações contratuais, das despesas efetuadas pelo beneficiário com assistência à saúde, em casos de urgência ou emergência, quando não for possível a utilização de serviços próprios, contratados ou credenciados pelas operadoras, de acordo com a relação de preços de serviços médicos e hospitalares praticados pelo respectivo produto, pagáveis no prazo máximo de 30 (trinta) dias após a entrega da documentação adequada;

•• Inciso VI com redação determinada pela Medida Provisória n. 2.177-44, de 24-8-2001.

VII – inscrição de filho adotivo, menor de 12 (doze) anos de idade, aproveitando os períodos de carência já cumpridos pelo consumidor adotante.

§ 1.º Após 120 (cento e vinte) dias da vigência desta Lei, fica proibido o oferecimento de produtos de que tratam o inciso I e o § 1.º do art. 1.º desta Lei fora das segmentações de que trata este artigo, observadas suas respectivas condições de abrangência e contratação.

•• § 1.º com redação determinada pela Medida Provisória n. 2.177-44, de 24-8-2001.

§ 2.º A partir de 3 de dezembro de 1999, da documentação relativa à contratação de produtos de que tratam o inciso I e o § 1.º do art. 1.º desta Lei, nas segmentações de que trata este artigo, deverá constar declaração em separado do consumidor, de que tem conhecimento da existência e disponibilidade do plano-referência, e de que este lhe foi oferecido.

•• § 2.º com redação determinada pela Medida Provisória n. 2.177-44, de 24-8-2001.

§ 3.º (*Revogado pela Medida Provisória n. 2.177-44, de 24-8-2001.*)

§ 4.º As coberturas a que se referem as alíneas c do inciso I e *g* do inciso II deste artigo serão objeto de protocolos clínicos e diretrizes terapêuticas, revisados periodicamente, ouvidas as sociedades médicas de especialistas da área, publicados pela ANS.

•• § 4.º acrescentado pela Lei n. 12.880, de 12-11-2013.

§ 5.º O fornecimento previsto nas alíneas *c* do inciso I e *g* do inciso II do *caput* deste artigo dar-se-á em até 10 (dez) dias após a prescrição médica, por meio de rede própria, credenciada, contratada ou referenciada, diretamente ao paciente ou ao seu representante legal, podendo ser realizado de maneira fracionada por ciclo, sendo obrigatória a comprovação de que o paciente ou seu representante legal recebeu as devidas orientações sobre o uso, a conservação e o eventual descarte do medicamento.

•• § 5.º com redação determinada pela Lei n. 14.307, de 3-3-2022.

Art. 13. Os contratos de produtos de que tratam o inciso I e o § 1.º do art. 1.º desta Lei têm renovação automática a partir do vencimento do prazo inicial de vigência, não cabendo a cobrança de taxas ou qualquer outro valor no ato da renovação.

Parágrafo único. Os produtos de que trata o *caput*, contratados individualmente, terão vigência mínima de 1 (um) ano, sendo vedadas:

I – a recontagem de carências;

• A Súmula Normativa n. 21, de 12-8-2011, da Diretoria Colegiada da Agencia Nacional de Saúde Suplementar – ANS, dispõe sobre a contagem dos períodos de carência.

II – a suspensão ou a rescisão unilateral do contrato, salvo por fraude ou não pagamento da mensalidade por período superior a 60 (sessenta) dias, consecutivos ou não, nos últimos 12 (doze) meses de vigência do contrato, desde que o consumidor seja comprovadamente notificado até o quinquagésimo dia de inadimplência; e

III – a suspensão ou a rescisão unilateral do contrato, em qualquer hipótese, durante a ocorrência de internação do titular.

•• Parágrafo único com redação determinada pela Medida Provisória n. 2.177-44, de 24-8-2001.

Art. 14. Em razão da idade do consumidor, ou da condição de pessoa portadora de deficiência, ninguém pode ser impedido de participar de planos privados de assistência à saúde.

•• Artigo com redação determinada pela Medida Provisória n. 2.177-44, de 24-8-2001.

• *Vide* art. 20 da Lei n. 13.146, de 6-7-2015 (Estatuto da Pessoa com Deficiência).

Art. 15. A variação das contraprestações pecuniárias estabelecidas nos contratos de produtos de que tratam o inciso I e o § 1.º desta Lei, em razão da idade do consumidor, somente poderá ocorrer caso estejam previstas no contrato inicial as faixas etárias e os percentuais de reajustes incidentes em cada uma delas, conforme normas expedidas pela ANS, ressalvado o disposto no art. 35-E.

•• *Caput* com redação determinada pela Medida Provisória n. 2.177-44, de 24-8-2001.

• A Resolução Normativa n. 563, de 15-12-2022, define os limites a serem observados para adoção de variação de preço por faixa etária nos planos privados de assistência à saúde contratados a partir de 1.º-1-2004.

Parágrafo único. É vedada a variação a que alude o *caput* para consumidores com mais de 60 (sessenta) anos de idade, que participarem dos produtos de que tratam o inciso I e § 1.º do art. 1.º, ou sucessores há mais de 10 (dez) anos.

•• Parágrafo único acrescentado pela Medida Provisória n. 2.177-44, de 24-8-2001.

•• *Vide* art. 15, § 3.º, da Lei n. 10.741, de 1.º-10-2003 (Estatuto da Pessoa Idosa).

Art. 16. Dos contratos, regulamentos ou condições gerais dos produtos de que tratam o inciso I e o § 1.º do art. 1.º desta Lei devem constar dispositivos que indiquem com clareza:

•• *Caput* com redação determinada pela Medida Provisória n. 2.177-44, de 24-8-2001.

I – as condições de admissão;

II – o início da vigência;

III – os períodos de carência para consultas, internações, procedimentos e exames;

IV – as faixas etárias e os percentuais a que alude o *caput* do art. 15;

V – as condições de perda da qualidade de beneficiário;

•• Inciso V com redação determinada pela Medida Provisória n. 2.177-44, de 24-8-2001.

VI – os eventos cobertos e excluídos;

VII – o regime, ou tipo de contratação:

a) individual ou familiar;

b) coletivo empresarial; ou

c) coletivo por adesão;

•• Inciso VII com redação determinada pela Medida Provisória n. 2.177-44, de 24-8-2001.

VIII – a franquia, os limites financeiros ou o percentual de coparticipação do consumidor ou beneficiário, contratualmente previstos nas despesas com assistência médica, hospitalar ou odontológica;

•• Inciso VIII com redação determinada pela Medida Provisória n. 2.177-44, de 24-8-2001.

IX – os bônus, os descontos ou os agravamentos da contraprestação pecuniária;

X – a área geográfica de abrangência;

•• Inciso X com redação determinada pela Medida Provisória n. 2.177-44, de 24-8-2001.

XI – os critérios de reajuste e revisão das contraprestações pecuniárias;

XII – número de registro na ANS.

•• Inciso XII acrescentado pela Medida Provisória n. 2.177-44, de 24-8-2001.

Parágrafo único. A todo consumidor titular de plano individual ou familiar será obrigatoriamente entregue, quando de sua inscrição, cópia do contrato, do regulamento ou das condições gerais dos produtos de que tratam o inciso I e o § 1.º do art. 1.º, além de material explicativo que descreva, em linguagem simples e precisa, todas as suas características, direitos e obrigações.

•• Parágrafo único com redação determinada pela Medida Provisória n. 2.177-44, de 24-8-2001.

Art. 17. A inclusão de qualquer prestador de serviço de saúde como contratado, referenciado ou credenciado dos produtos de que tratam o inciso I e o § 1.º do art. 1.º desta Lei implica compromisso com os consumidores quanto à sua manutenção ao longo da vigência dos contratos, permitindo-se sua substituição, desde que seja por outro prestador equivalente e mediante comunicação aos consumidores com 30 (trinta) dias de antecedência.

•• *Caput* com redação determinada pela Lei n. 13.003, de 24-6-2014.

•• A Súmula Normativa n. 23, de 27-2-2012, da Agência Nacional de Saúde Suplementar – ANS, determina que este artigo aplica-se às situações jurídicas definitivamente constituídas antes de sua vigência sem afrontar a garantia prevista no art. 5.º, XXXVI, da CF.

§ 1.º É facultada a substituição de entidade hospitalar a que se refere o *caput* deste artigo, desde que por outra equivalente e mediante comunicação aos consumidores e à ANS com 30 (trinta) dias de antecedência, ressalvados desse prazo mínimo os casos decorrentes de rescisão por fraude ou infração das normas sanitárias e fiscais em vigor.

•• § 1.º com redação determinada pela Medida Provisória n. 2.177-44, de 24-8-2001.

§ 2.º Na hipótese de a substituição do estabelecimento hospitalar a que se refere o § 1.º ocorrer por vontade da operadora durante período de internação do consumidor, o estabelecimento obriga-se a manter a internação e a operadora, a pagar as despesas até a alta hospitalar, a critério médico, na forma do contrato.

•• § 2.º com redação determinada pela Medida Provisória n. 2.177-44, de 24-8-2001.

§ 3.º Excetuam-se do previsto no § 2.º os casos de substituição do estabelecimento hospitalar por infração às normas sanitárias em vigor, durante período de internação, quando a operadora arcará com a responsabilidade pela transferência imediata para outro estabelecimento equivalente, garantindo a continuação da assistência, sem ônus adicional para o consumidor.

•• § 3.º acrescentado pela Medida Provisória n. 2.177-44, de 24-8-2001.

§ 4.º Em caso de redimensionamento da rede hospitalar por redução, as empresas deverão solicitar à ANS autorização expressa para tanto, informando:

I – nome da entidade a ser excluída;

II – capacidade operacional a ser reduzida com a exclusão;

III – impacto sobre a massa assistida, a partir de parâmetros definidos pela ANS, correlacionando a necessidade de leitos e a capacidade operacional restante; e

IV – justificativa para a decisão, observando a obrigatoriedade de manter cobertura com padrões de qualidade equivalente e sem ônus adicional para o consumidor.

•• § 4.º acrescentado pela Medida Provisória n. 2.177-44, de 24-8-2001.

Art. 17-A. As condições de prestação de serviços de atenção à saúde no âmbito dos planos privados de assistência à saúde por pessoas físicas ou jurídicas, independentemente de sua qualificação como contratadas, referenciadas ou credenciadas, serão reguladas por contrato escrito, estipulado entre a operadora do plano e o prestador de serviço.

•• *Caput* acrescentado pela Lei n. 13.003, de 24-6-2014.

§ 1.º São alcançados pelas disposições do *caput* os profissionais de saúde em prática liberal privada, na qualidade de pessoa física, e os estabelecimentos de saúde, na qualidade de pessoa jurídica, que prestem ou venham a prestar os serviços de assistência à saúde a que aludem os arts. 1.º e 35-F desta Lei, no âmbito de planos privados de assistência à saúde.

•• § 1.º acrescentado pela Lei n. 13.003, de 24-6-2014.

§ 2.º O contrato de que trata o *caput* deve estabelecer com clareza as condições para a sua execução, expressas em cláusulas que definam direitos, obrigações e responsabilidades das partes, incluídas, obrigatoriamente, as que determinem:

•• § 2.º, *caput*, acrescentado pela Lei n. 13.003, de 24-6-2014.

I – o objeto e a natureza do contrato, com descrição de todos os serviços contratados;

•• Inciso I acrescentado pela Lei n. 13.003, de 24-6-2014.

II – a definição dos valores dos serviços contratados, dos critérios, da forma e da periodicidade do seu reajuste e dos prazos e procedimentos para faturamento e pagamento dos serviços prestados;

•• Inciso II acrescentado pela Lei n. 13.003, de 24-6-2014.

III – a identificação dos atos, eventos e procedimentos médico-assistenciais que necessitem de autorização administrativa da operadora;

•• Inciso III acrescentado pela Lei n. 13.003, de 24-6-2014.

IV – a vigência do contrato e os critérios e procedimentos para prorrogação, renovação e rescisão;

•• Inciso IV acrescentado pela Lei n. 13.003, de 24-6-2014.

V – as penalidades pelo não cumprimento das obrigações estabelecidas.

•• Inciso V acrescentado pela Lei n. 13.003, de 24-6-2014.

§ 3.º A periodicidade do reajuste de que trata o inciso II do § 2.º deste artigo será anual e realizada no prazo improrrogável de 90 (noventa) dias, contado do início de cada ano-calendário.

•• § 3.º acrescentado pela Lei n. 13.003, de 24-6-2014.

§ 4.º Na hipótese de vencido o prazo previsto no § 3.º deste artigo, a Agência Nacional de Saúde Suplementar – ANS, quando for o caso, definirá o índice de reajuste.

•• § 4.º acrescentado pela Lei n. 13.003, de 24-6-2014.

•• A Resolução ANS n. 512, de 31-3-2022, estabelece em seu art. 3.º, que o índice de reajuste definido pela ANS, a que alude este § 4.º, é o Índice Nacional de Preços ao Consumidor Amplo – IPCA.

§ 5.º A ANS poderá constituir, na forma da legislação vigente, câmara técnica com representação proporcional das partes envolvidas para o adequado cumprimento desta Lei.

•• § 5.º acrescentado pela Lei n. 13.003, de 24-6-2014.

§ 6.º A ANS publicará normas regulamentares sobre o disposto neste artigo.

•• § 6.º acrescentado pela Lei n. 13.003, de 24-6-2014.

Art. 18. A aceitação, por parte de qualquer prestador de serviço ou profissional de saúde, da condição de contratado, referenciado, credenciado ou cooperado de uma operadora de produtos de que tratam o inciso I e o § 1.º do art. 1.º desta Lei implica as seguintes obrigações e direitos:

•• *Caput* com redação determinada pela Lei n. 13.003, de 24-6-2014.

•• A Súmula Normativa n. 23, de 27-2-2012, da Agência Nacional de Saúde Suplementar – ANS, determina que este artigo aplica-se às situações jurídicas definitivamente constituídas antes de sua vigência sem afrontar a garantia prevista no art. 5.º, XXXVI, da CF.

I – o consumidor de determinada operadora, em nenhuma hipótese e sob nenhum pretexto ou alegação, pode ser discriminado ou atendido de forma distinta daquela dispensada aos clientes vinculados a outra operadora ou plano;

II – a marcação de consultas, exames e quaisquer outros procedimentos deve ser feita de forma a atender às necessidades dos consumidores, privilegiando os casos de emergência ou urgência, assim como as pessoas com mais de 65 (sessenta e cinco) anos de idade, as gestantes, lactantes, lactentes e crianças até 5 (cinco) anos;

III – a manutenção de relacionamento de contratação, credenciamento ou referenciamento com número ilimitado de operadoras, sendo expressamente vedado às operadoras, independentemente de sua natureza jurídica constitutiva, impor contratos de exclusividade ou de restrição à atividade profissional.

•• Inciso III com redação determinada pela Medida Provisória n. 2.177-44, de 24-8-2001.

Parágrafo único. A partir de 3 de dezembro de 1999, os prestadores de serviço ou profissionais de saúde não poderão manter contrato, credenciamento ou referenciamento com operadoras que não tiverem registros para funcionamento e comercialização conforme previsto nesta Lei, sob pena de responsabilidade por atividade irregular.

•• Parágrafo único acrescentado pela Medida Provisória n. 2.177-44, de 24-8-2001.

Art. 19. Para requerer a autorização definitiva de funcionamento, as pessoas jurídicas que já atuavam como operadoras ou administradoras dos produtos de que tratam o inciso I e o § 1.º do art. 1.º terão prazo de 180 (cento e oitenta) dias, a partir da publicação da regulamentação específica pela ANS.

•• *Caput* com redação determinada pela Medida Provisória n. 2.177-44, de 24-8-2001.

§ 1.º Até que sejam expedidas as normas de registro, serão mantidos registros provisórios das pessoas jurídicas e dos produtos na ANS, com a finalidade de autorizar a comercialização ou operação dos produtos a que alude o *caput* a partir de 2 de janeiro de 1999.

•• § 1.º acrescentado pela Medida Provisória n. 2.177-44, de 24-8-2001.

§ 2.º Para o registro provisório, as operadoras ou administradoras dos produtos a que alude o *caput* deverão apresentar à ANS as informações requeridas e os seguintes documentos, independentemente de outros que venham a ser exigidos:

I – registro do documento de constituição da pessoa jurídica;

II – nome fantasia;

III – CNPJ;

IV – endereço;

V – telefone, fax e *e-mail*;

VI – principais dirigentes da pessoa jurídica e nome dos cargos que ocupam.

•• § 2.º acrescentado pela Medida Provisória n. 2.177-44, de 24-8-2001.

§ 3.º Para registro provisório dos produtos a serem comercializados, deverão ser apresentados à ANS os seguintes dados:

I – razão social da operadora ou da administradora;

II – CNPJ da operadora ou da administradora;

III – nome do produto;

IV – segmentação da assistência (ambulatorial, hospitalar com obstetrícia, hospitalar sem obstetrícia, odontológica e referência);

V – tipo de contratação (individual/familiar; coletivo empresarial e coletivo por adesão);

VI – âmbito geográfico de cobertura;

VII – faixas etárias e respectivos preços;

VIII – rede hospitalar própria, por Município (para segmentações hospitalar e referência);

IX – rede hospitalar contratada ou referenciada por Município (para segmentações hospitalar e referência); e

X – outros documentos e informações que venham a ser solicitados pela ANS.

•• § 3.º acrescentado pela Medida Provisória n. 2.177-44, de 24-8-2001.

§ 4.º Os procedimentos administrativos para registro provisório dos produtos serão tratados em norma específica da ANS.

•• § 4.º acrescentado pela Medida Provisória n. 2.177-44, de 24-8-2001.

§ 5.º Independentemente do cumprimento, por parte da operadora, das formalidades do registro provisório, ou da conformidade dos textos das condições gerais ou dos instrumentos contratuais, ficam garantidos a todos os usuários de produtos a que alude o *caput*, contratados a partir de 2 de janeiro de 1999, todos os benefícios de acesso e cobertura previstos nesta Lei e em seus regulamentos, para cada segmentação definida no art. 12.

•• § 5.º acrescentado pela Medida Provisória n. 2.177-44, de 24-8-2001.

§ 6.º O não cumprimento do disposto neste artigo implica o pagamento de multa diária no valor de R$10.000,00 (dez mil reais) aplicada às operadoras dos produtos de que tratam o inciso I e o § 1.º do art. 1.º.

•• § 6.º acrescentado pela Medida Provisória n. 2.177-44, de 24-8-2001.

§ 7.º As pessoas jurídicas que forem iniciar operação de comercialização de planos privados de assistência à saúde, a partir de 8 de dezembro de 1998, estão sujeitas aos registros de que trata o § 1.º deste artigo.

•• § 7.º acrescentado pela Medida Provisória n. 2.177-44, de 24-8-2001.

Art. 20. As operadoras de produtos de que tratam o inciso I e o § 1.º do art. 1.º desta Lei são obrigadas a fornecer, periodicamente, à ANS todas as informações e estatísticas relativas a suas atividades, incluídas as de natureza cadastral, especialmente aquelas que permitam a identificação dos consumidores e de seus dependentes, incluindo seus nomes, inscrições no Cadastro de Pessoas Físicas dos titulares e Municípios onde residem, para fins do disposto no art. 32.

•• *Caput* com redação determinada pela Medida Provisória n. 2.177-44, de 24-8-2001.

§ 1.º Os agentes especialmente designados pela ANS para o exercício das atividades de fiscalização e nos limites por ela estabelecidos, têm livre acesso às operadoras, podendo requisitar e apreender processos, contratos, manuais de rotina operacional e demais documentos, relativos aos produtos de que tratam o inciso I e o § 1.º do art. 1.º desta Lei.

•• § 1.º com redação determinada pela Medida Provisória n. 2.177-44, de 24-8-2001.

§ 2.º Caracteriza-se como embaraço à fiscalização, sujeito às penas previstas na lei, a imposição de qualquer dificuldade à consecução dos objetivos da fiscalização, de que trata o § 1.º deste artigo.

•• § 2.º acrescentado pela Medida Provisória n. 2.177-44, de 24-8-2001.

Art. 21. É vedado às operadoras de planos privados de assistência à saúde realizar quaisquer operações financeiras:

I – com seus diretores e membros dos conselhos administrativos, consultivos, fiscais ou assemelhados, bem como com os respectivos cônjuges e parentes até o segundo grau, inclusive;

II – com empresa de que participem as pessoas a que se refere o inciso I, desde que estas sejam, em conjunto ou isoladamente, consideradas como controladoras da empresa.

•• Inciso II com redação determinada pela Medida Provisória n. 2.177-44, de 24-8-2001.

Art. 22. As operadoras de planos privados de assistência à saúde submeterão suas contas a auditores independentes, registrados no respectivo Conselho Regional de Contabilidade e na Comissão de Valores Mobiliários – CVM, publicando, anualmente, o parecer respectivo, juntamente com as demonstrações financeiras determinadas pela Lei n. 6.404, de 15 de dezembro de 1976.

§ 1.º A auditoria independente também poderá ser exigida quanto aos cálculos atuariais, elaborados segundo diretrizes gerais definidas pelo CONSU.

•• § 1.º acrescentado pela Medida Provisória n. 2.177-44, de 24-8-2001.

§ 2.º As operadoras com número de beneficiários inferior a 20.000 (vinte mil) usuários ficam dispensadas da publicação do parecer do auditor e das demonstrações financeiras, devendo, a ANS, dar-lhes publicidade.

•• § 2.º acrescentado pela Medida Provisória n. 2.177-44, de 24-8-2001.

Art. 23. As operadoras de planos privados de assistência à saúde não podem requerer concordata e não estão sujeitas a falência ou insolvência civil, mas tão somente ao regime de liquidação extrajudicial.

•• *Caput* com redação determinada pela Medida Provisória n. 2.177-44, de 24-8-2001.

§ 1.º As operadoras sujeitar-se-ão ao regime de falência ou insolvência civil quando, no curso da liquidação extrajudicial, forem verificadas uma das seguintes hipóteses:

I – o ativo da massa liquidanda não for suficiente para o pagamento de pelo menos a metade dos créditos quirografários;

II – o ativo realizável da massa liquidanda não for suficiente, sequer, para o pagamento das despesas administrativas e operacionais inerentes ao regular processamento da liquidação extrajudicial; ou

III – nas hipóteses de fundados indícios de condutas previstas nos arts. 186 a 189 do

Decreto-lei n. 7.661, de 21 de junho de 1945.

•• § 1.º acrescentado pela Medida Provisória n. 2.177-44, de 24-8-2001.

•• O Decreto-lei n. 7.661, de 21-6-1945, foi revogado pela Lei n. 11.101, de 9-2-2005, que regula a recuperação judicial e extrajudicial e a falência do empresário e da sociedade empresária.

§ 2.º Para efeito desta Lei, define-se ativo realizável como sendo todo ativo que possa ser convertido em moeda corrente em prazo compatível para o pagamento das despesas administrativas e operacionais da massa liquidanda.

•• § 2.º acrescentado pela Medida Provisória n. 2.177-44, de 24-8-2001.

§ 3.º À vista do relatório do liquidante extrajudicial, e em se verificando qualquer uma das hipóteses previstas nos incisos I, II ou III do § 1.º deste artigo, a ANS poderá autorizá-lo a requerer a falência ou insolvência civil da operadora.

•• § 3.º acrescentado pela Medida Provisória n. 2.177-44, de 24-8-2001.

§ 4.º A distribuição do requerimento produzirá imediatamente os seguintes efeitos:

I – a manutenção da suspensão dos prazos judiciais em relação à massa liquidanda;

II – a suspensão dos procedimentos administrativos de liquidação extrajudicial, salvo os relativos à guarda e à proteção dos bens e imóveis da massa;

III – a manutenção da indisponibilidade dos bens dos administradores, gerentes, conselheiros e assemelhados, até posterior determinação judicial; e

IV – prevenção do juízo que emitir o primeiro despacho em relação ao pedido de conversão do regime.

•• § 4.º acrescentado pela Medida Provisória n. 2.177-44, de 24-8-2001.

§ 5.º A ANS, no caso previsto no inciso II do § 1.º deste artigo, poderá, no período compreendido entre a distribuição do requerimento e a decretação da falência ou insolvência civil, apoiar a proteção dos bens móveis e imóveis da massa liquidanda.

•• § 5.º acrescentado pela Medida Provisória n. 2.177-44, de 24-8-2001.

§ 6.º O liquidante enviará ao juízo prevento o rol das ações judiciais em curso cujo andamento ficará suspenso até que o juiz competente nomeie o síndico da massa falida ou o liquidante da massa insolvente.

•• § 6.º acrescentado pela Medida Provisória n. 2.177-44, de 24-8-2001.

Art. 24. Sempre que detectadas nas operadoras sujeitas à disciplina desta Lei insuficiência das garantias do equilíbrio financeiro, anormalidades econômico-financeiras ou administrativas graves que coloquem em risco a continuidade ou a qualidade do atendimento à saúde, a ANS poderá determinar a alienação da carteira, o regime de direção fiscal ou técnica por prazo não superior a 365 (trezentos e sessenta e cinco) dias, ou a liquidação extrajudicial, conforme a gravidade do caso.

•• *Caput* com redação determinada pela Medida Provisória n. 2.177-44, de 24-8-2001.

§ 1.º O descumprimento das determinações do diretor-fiscal ou técnico, e do liquidante, por dirigentes, administradores, conselheiros ou empregados da operadora de planos privados de assistência à saúde acarretará o imediato afastamento do infrator, por decisão da ANS, sem prejuízo das sanções penais cabíveis, assegurado o direito ao contraditório, sem que isto implique efeito suspensivo da decisão administrativa que determinou o afastamento.

•• § 1.º com redação determinada pela Medida Provisória n. 2.177-44, de 24-8-2001.

§ 2.º A ANS, *ex officio* ou por recomendação do diretor técnico ou fiscal ou do liquidante, poderá, em ato administrativo devidamente motivado, determinar o afastamento dos diretores, administradores, gerentes e membros do conselho fiscal da operadora sob regime de direção ou em liquidação.

•• § 2.º com redação determinada pela Medida Provisória n. 2.177-44, de 24-8-2001.

§ 3.º No prazo que lhe for designado, o diretor-fiscal ou técnico procederá à análise da organização administrativa e da situação econômico-financeira da operadora, bem assim da qualidade do atendimento aos consumidores, e proporá à ANS as medidas cabíveis.

•• § 3.º com redação determinada pela Medida Provisória n. 2.177-44, de 24-8-2001.

§ 4.º O diretor-fiscal ou técnico poderá propor a transformação do regime de direção em liquidação extrajudicial.

•• § 4.º com redação determinada pela Medida Provisória n. 2.177-44, de 24-8-2001.

§ 5.º A ANS promoverá, no prazo máximo de 90 (noventa) dias, a alienação da carteira das operadoras de planos privados de assistência à saúde, no caso de não surtirem efeitos as medidas por ela determinadas para sanar as irregularidades ou nas situações que impliquem risco para os consumidores participantes da carteira.

•• § 5.º com redação determinada pela Medida Provisória n. 2.177-44, de 24-8-2001.

Art. 24-A. Os administradores das operadoras de planos privados de assistência à saúde em regime de direção fiscal ou liquidação extrajudicial, independentemente da natureza jurídica da operadora, ficarão com todos os seus bens indisponíveis, não podendo, por qualquer forma, direta ou indireta, aliená-los ou onerá-los, até apuração e liquidação final de suas responsabilidades.

•• *Caput* acrescentado pela Medida Provisória n. 2.177-44, de 24-8-2001.

§ 1.º A indisponibilidade prevista neste artigo decorre do ato que decretar a direção fiscal ou a liquidação extrajudicial e atinge a todos aqueles que tenham estado no exercício das funções nos 12 (doze) meses anteriores ao mesmo ato.

•• § 1.º acrescentado pela Medida Provisória n. 2.177-44, de 24-8-2001.

§ 2.º Na hipótese de regime de direção fiscal, a indisponibilidade de bens a que se refere o *caput* deste artigo poderá não alcançar os bens dos administradores, por deliberação expressa da Diretoria Colegiada da ANS.

•• § 2.º acrescentado pela Medida Provisória n. 2.177-44, de 24-8-2001.

§ 3.º A ANS, *ex officio* ou por recomendação do diretor fiscal ou do liquidante, poderá estender a indisponibilidade prevista neste artigo:

I – aos bens de gerentes, conselheiros e aos de todos aqueles que tenham concorrido, no período previsto no § 1.º, para a decretação da direção fiscal ou da liquidação extrajudicial;

II – aos bens adquiridos, a qualquer título, por terceiros, no período previsto no § 1.º, das pessoas referidas no inciso I, desde que configurada fraude na transferência.

•• § 3.º acrescentado pela Medida Provisória n. 2.177-44, de 24-8-2001.

§ 4.º Não se incluem nas disposições deste artigo os bens considerados inalienáveis ou impenhoráveis pela legislação em vigor.

•• § 4.º acrescentado pela Medida Provisória n. 2.177-44, de 24-8-2001.

§ 5.º A indisponibilidade também não alcança os bens objeto de contrato de alienação, de promessa de compra e venda, de cessão ou promessa de cessão de direitos, desde que os respectivos instrumentos tenham sido levados ao competente registro público, anteriormente à data da decretação da direção fiscal ou da liquidação extrajudicial.

•• § 5.º acrescentado pela Medida Provisória n. 2.177-44, de 24-8-2001.

§ 6.º Os administradores das operadoras de planos privados de assistência à saúde respondem solidariamente pelas obrigações por eles assumidas durante sua gestão até o montante dos prejuízos causados, independentemente do nexo de causalidade.

•• § 6.º acrescentado pela Medida Provisória n. 2.177-44, de 24-8-2001.

Art. 24-B. A Diretoria Colegiada definirá as atribuições e competências do diretor técnico, diretor fiscal e do responsável pela alienação de carteira, podendo ampliá-las, se necessário.

•• Artigo acrescentado pela Medida Provisória n. 2.177-44, de 24-8-2001.

Art. 24-C. Os créditos decorrentes da prestação de serviços de assistência privada à saúde preferem a todos os demais, exceto os de natureza trabalhista e tributários.

•• Artigo acrescentado pela Medida Provisória n. 2.177-44, de 24-8-2001.

Art. 24-D. Aplica-se à liquidação extrajudicial das operadoras de planos privados de assistência à saúde e ao disposto nos arts. 24-A e 35-I, no que couber com os preceitos desta Lei, o disposto na Lei n. 6.024, de 13 de março de 1974, no Decreto-lei n. 7.661, de 21 de junho de 1945, no Decreto-lei n. 41, de 18 de novembro de 1966, e no Decreto-lei n. 73, de 21 de novembro de 1966, conforme o que dispuser a ANS.

•• Artigo acrescentado pela Medida Provisória n. 2.177-44, de 24-8-2001.

Art. 25. As infrações dos dispositivos desta Lei e de seus regulamentos, bem como aos dispositivos dos contratos firmados, a qualquer tempo, entre operadoras e usuários de planos privados de assistência à saúde, sujeitam a operadora dos produtos de que tratam o inciso I e o § 1.º do art. 1.º desta Lei, seus administradores, membros de conselhos administrativos, deliberativos, consultivos, fiscais e assemelhados às seguintes penalidades, sem prejuízo de outras estabelecidas na legislação vigente:

•• *Caput* com redação determinada pela Medida Provisória n. 2.177-44, de 24-8-2001.

•• A Resolução Normativa n. 489, de 29-3-2022, da ANS, dispõe sobre a aplicação de penalidades para as infrações à legislação dos planos privados de assistência à saúde.

I – advertência;

II – multa pecuniária;

III – suspensão do exercício do cargo;

IV – inabilitação temporária para exercício de cargos em operadoras de planos de assistência à saúde;

•• Inciso IV com redação determinada pela Medida Provisória n. 2.177-44, de 24-8-2001.

V – inabilitação permanente para exercício de cargos de direção ou em conselhos das operadoras a que se refere esta Lei, bem como em entidades de previdência privada, sociedades seguradoras, corretoras de seguros e instituições financeiras;

VI – cancelamento da autorização de funcionamento e alienação da carteira da operadora.

•• Inciso VI acrescentado pela Medida Provisória n. 2.177-44, de 24-8-2001.

Art. 26. Os administradores e membros dos conselhos administrativos, deliberativos, consultivos, fiscais e assemelhados das operadoras de que trata esta Lei respondem solidariamente pelos prejuízos causados a terceiros, inclusive aos acionistas, cotistas, cooperados e consumidores de planos privados de assistência à saúde, conforme o caso, em consequência do descumprimento de leis, normas e instruções referentes às operações previstas na legislação e, em especial, pela falta de constituição e cobertura das garantias obrigatórias.

•• Artigo com redação determinada pela Medida Provisória n. 2.177-44, de 24-8-2001.

Art. 27. A multa de que trata o art. 25 será fixada e aplicada pela ANS no âmbito de suas atribuições, com valor não inferior a R$ 5.000,00 (cinco mil reais) e não superior a R$ 1.000.000,00 (um milhão de reais) de acordo com o porte econômico da operadora ou prestadora de serviço e a gravidade da infração, ressalvado o disposto no § 6.º do art. 19.

•• *Caput* com redação determinada pela Medida Provisória n. 2.177-44, de 24-8-2001.

Parágrafo único. (*Revogado pela Medida Provisória n. 2.177-44, de 24-8-2001.*)

Art. 28. (*Revogado pela Medida Provisória n. 2.177-44, de 24-8-2001.*)

Art. 29. As infrações serão apuradas mediante processo administrativo que tenha por base o auto de infração, a representação ou a denúncia positiva dos fatos irregulares, cabendo à ANS dispor sobre normas para instauração, recursos e seus efeitos, instâncias e prazos.

•• *Caput* com redação determinada pela Medida Provisória n. 2.177-44, de 24-8-2001.

§ 1.º O processo administrativo, antes de aplicada a penalidade, poderá, a título excepcional, ser suspenso, pela ANS, se a operadora ou prestadora de serviço assinar termo de compromisso de ajuste de conduta, perante a diretoria colegiada, que terá eficácia de título executivo extrajudicial, obrigando-se a:

I – cessar a prática de atividades ou atos objetos da apuração; e

II – corrigir as irregularidades, inclusive indenizando os prejuízos delas decorrentes.

•• § 1.º acrescentado pela Medida Provisória n. 2.177-44, de 24-8-2001.

§ 2.º O termo de compromisso de ajuste de conduta conterá, necessariamente, as seguintes cláusulas:

I – obrigações do compromissário de fazer cessar a prática objeto da apuração, no prazo estabelecido;

II – valor da multa a ser imposta no caso de descumprimento, não inferior a R$ 5.000,00 (cinco mil reais) e não superior a R$ 1.000.000,00 (um milhão de reais) de acordo com o porte econômico da operadora ou da prestadora de serviço.

•• § 2.º acrescentado pela Medida Provisória n. 2.177-44, de 24-8-2001.

§ 3.º A assinatura do termo de compromisso de ajuste de conduta não importa confissão do compromissário quanto à matéria de fato, nem reconhecimento de ilicitude da conduta em apuração.

•• § 3.º acrescentado pela Medida Provisória n. 2.177-44, de 24-8-2001.

§ 4.º O descumprimento do termo de compromisso de ajuste de conduta, sem prejuízo da aplicação da multa a que se refere o inciso II do § 2.º, acarreta a revogação da suspensão do processo.

•• § 4.º acrescentado pela Medida Provisória n. 2.177-44, de 24-8-2001.

§ 5.º Cumpridas as obrigações assumidas no termo de compromisso de ajuste de conduta, será extinto o processo.

•• § 5.º acrescentado pela Medida Provisória n. 2.177-44, de 24-8-2001.

§ 6.º Suspende-se a prescrição durante a vigência do termo de compromisso de ajuste de conduta.

•• § 6.º acrescentado pela Medida Provisória n. 2.177-44, de 24-8-2001.

§ 7.º Não poderá ser firmado termo de compromisso de ajuste de conduta quando tiver havido descumprimento de outro termo de compromisso de ajuste de conduta nos termos desta Lei, dentro do prazo de 2 (dois) anos.

•• § 7.º acrescentado pela Medida Provisória n. 2.177-44, de 24-8-2001.

§ 8.º O termo de compromisso de ajuste de conduta deverá ser publicado no *Diário Oficial da União*.

•• § 8.º acrescentado pela Medida Provisória n. 2.177-44, de 24-8-2001.

§ 9.º A ANS regulamentará a aplicação do disposto nos §§ 1.º a 7.º deste artigo.

•• § 9.º acrescentado pela Medida Provisória n. 2.177-44, de 24-8-2001.

Art. 29-A. A ANS poderá celebrar com as operadoras termo de compromisso, quando houver interesse na implementação de práticas que consistam em vantagens para os consumidores, com vistas a assegurar a manutenção da qualidade dos serviços de assistência à saúde.

•• *Caput* acrescentado pela Medida Provisória n. 2.177-44, de 24-8-2001.

§ 1.º O termo de compromisso referido no *caput* não poderá implicar restrição de direitos do usuário.

•• § 1.º acrescentado pela Medida Provisória n. 2.177-44, de 24-8-2001.

§ 2.º Na definição do termo de que trata este artigo serão considerados os critérios de aferição e controle da qualidade dos serviços a serem oferecidos pelas operadoras.

•• § 2.º acrescentado pela Medida Provisória n. 2.177-44, de 24-8-2001.

§ 3.º O descumprimento injustificado do termo de compromisso poderá importar na aplicação da penalidade de multa a que se refere o inciso II, § 2.º, do art. 29 desta Lei.

•• § 3.º acrescentado pela Medida Provisória n. 2.177-44, de 24-8-2001.

Art. 30. Ao consumidor que contribuir para produtos de que tratam o inciso I e o § 1.º do art. 1.º desta Lei, em decorrência de vínculo empregatício, no caso de rescisão ou exoneração do contrato de trabalho sem justa causa, é assegurado o direito de manter sua condição de beneficiário, nas mesmas condições de cobertura assistencial de que gozava quando da vigência do contrato de trabalho, desde que assuma o seu pagamento integral.

•• *Caput* com redação determinada pela Medida Provisória n. 2.177-44, de 24-8-2001.

•• Artigo regulamentado pela Resolução Normativa n. 488, de 29-3-2022, da ANS.

§ 1.º O período de manutenção da condição de beneficiário a que se refere o *caput* será de 1/3 (um terço) do tempo de permanência nos produtos de que tratam o inciso I e o § 1.º do art. 1.º, ou sucessores, com um mínimo assegurado de 6 (seis) meses e um máximo de 24 (vinte e quatro) meses.

•• § 1.º com redação determinada pela Medida Provisória n. 2.177-44, de 24-8-2001.

§ 2.º A manutenção de que trata este artigo é extensiva, obrigatoriamente, a todo grupo familiar inscrito quando da vigência do contrato de trabalho.

§ 3.º Em caso de morte do titular, o direito de permanência é assegurado aos dependentes cobertos pelo plano ou seguro privado coletivo de assistência à saúde, nos termos do disposto neste artigo.

§ 4.º O direito assegurado neste artigo não exclui vantagens obtidas pelos empregados decorrentes de negociações coletivas de trabalho.

§ 5.º A condição prevista no *caput* deste artigo deixará de existir quando da admissão do consumidor titular em novo emprego.

•• § 5.º acrescentado pela Medida Provisória n. 2.177-44, de 24-8-2001.

§ 6.º Nos planos coletivos custeados integralmente pela empresa, não é considerada contribuição a coparticipação do consumidor, única e exclusivamente em procedimentos, como fator de moderação, na utilização dos serviços de assistência médica ou hospitalar.

•• § 6.º acrescentado pela Medida Provisória n. 2.177-44, de 24-8-2001.

Art. 31. Ao aposentado que contribuir para produtos de que tratam o inciso I e o § 1.º do art. 1.º desta Lei, em decorrência de vínculo empregatício, pelo prazo mínimo de 10 (dez) anos, é assegurado o direito de manutenção como beneficiário, nas mesmas condições de cobertura assistencial de que gozava quando da vigência do contrato de trabalho, desde que assuma o seu pagamento integral.

•• *Caput* com redação determinada pela Medida Provisória n. 2.177-44, de 24-8-2001.

•• Artigo regulamentado pela Resolução Normativa n. 488, de 29-3-2022, da ANS.

§ 1.º Ao aposentado que contribuir para planos coletivos de assistência à saúde por período inferior ao estabelecido no *caput* é assegurado o direito de manutenção como beneficiário, à razão de 1 (um) ano para cada ano de contribuição, desde que assuma o pagamento integral do mesmo.

•• § 1.º com redação determinada pela Medida Provisória n. 2.177-44, de 24-8-2001.

§ 2.º Para gozo do direito assegurado neste artigo, observar-se-ão as mesmas condições estabelecidas nos §§ 2.º, 3.º, 4.º, 5.º e 6.º do art. 30.

•• § 2.º com redação determinada pela Medida Provisória n. 2.177-44, de 24-8-2001.

Art. 32. Serão ressarcidos pelas operadoras dos produtos de que tratam o inciso I e o § 1.º do art. 1.º desta Lei, de acordo com normas a serem definidas pela ANS, os serviços de atendimento à saúde previstos nos respectivos contratos, prestados a seus consumidores e respectivos dependentes, em instituições públicas ou privadas, conveniadas ou contratadas, integrantes do Sistema Único de Saúde – SUS.

•• *Caput* com redação determinada pela Medida Provisória n. 2.177-44, de 24-8-2001.

•• A Resolução Normativa n. 502, de 30-3-2022, da ANS, dispõe sobre os procedimentos administrativos físico e híbrido de ressarcimento ao SUS, previsto neste artigo e estabelece normas sobre o repasse dos valores recolhidos a título de ressarcimento ao SUS.

§ 1.º O ressarcimento será efetuado pelas operadoras ao SUS com base em regra de valoração aprovada e divulgada pela ANS, mediante crédito ao Fundo Nacional de Saúde – FNS.

•• § 1.º com redação determinada pela Lei n. 12.469, de 26-8-2011.

•• O art. 5.º da Lei n. 12.469, de 26-8-2011, estabelece: "O montante dos valores relativos ao ressarcimento ao Sistema Único de Saúde - SUS, recebidos pela Agência Nacional de Saúde Suplementar - ANS e ainda não transferidos nos termos da Lei n. 9.656, de 3-6-1998, será creditado no Fundo Nacional de Saúde - FNS".

§ 2.º Para a efetivação do ressarcimento, a ANS disponibilizará às operadoras a discriminação dos procedimentos realizados para cada consumidor.

•• § 2.º com redação determinada pela Medida Provisória n. 2.177-44, de 24-8-2001.

§ 3.º A operadora efetuará o ressarcimento até o 15.º (décimo quinto) dia da data de recebimento da notificação de cobrança feita pela ANS.

•• § 3.º com redação determinada pela Lei n. 12.469, de 26-8-2011.

§ 4.º O ressarcimento não efetuado no prazo previsto no § 3.º será cobrado com os seguintes acréscimos:

I – juros de mora contados do mês seguinte ao do vencimento, à razão de 1% (um por cento) ao mês ou fração;

II – multa de mora de 10% (dez por cento).

•• § 4.º com redação determinada pela Medida Provisória n. 2.177-44, de 24-8-2001.

§ 5.º Os valores não recolhidos no prazo previsto no § 3.º serão inscritos em dívida ativa da ANS, a qual compete a cobrança judicial dos respectivos créditos.

•• § 5.º acrescentado pela Medida Provisória n. 2.177-44, de 24-8-2001.

§ 6.º O produto da arrecadação dos juros e da multa de mora serão revertidos ao Fundo Nacional de Saúde.

•• § 6.º acrescentado pela Medida Provisória n. 2.177-44, de 24-8-2001.

§ 7.º A ANS disciplinará o processo de glosa ou impugnação dos procedimentos encaminhados, conforme previsto no § 2.º deste artigo, cabendo-lhe, inclusive, estabelecer procedimentos para cobrança dos valores a serem ressarcidos.

•• § 7.º com redação determinada pela Lei n. 12.469, de 26-8-2011.

§ 8.º Os valores a serem ressarcidos não serão inferiores aos praticados pelo SUS e nem superiores aos praticados pelas operadoras de produtos de que tratam o inciso I e o § 1.º do art. 1.º desta Lei.

•• § 8.º acrescentado pela Medida Provisória n. 2.177-44, de 24-8-2001.

§ 9.º Os valores a que se referem os §§ 3.º e 6.º deste artigo não serão computados para fins de aplicação dos recursos mínimos nas ações e serviços públicos de saúde nos termos da Constituição Federal.

•• § 9.º acrescentado pela Lei n. 12.469, de 26-8-2011.

Art. 33. Havendo indisponibilidade de leito hospitalar nos estabelecimentos próprios ou credenciados pelo plano, é garantido ao consumidor o acesso à acomodação, em nível superior, sem ônus adicional.

Art. 34. As pessoas jurídicas que executam outras atividades além das abrangidas por esta Lei deverão, na forma e prazo definidos pela ANS, constituir pessoas jurídicas independentes, com ou sem fins lucrativos, especificamente para operar planos privados de assistência à saúde, na forma da legislação em vigor e em especial desta Lei e de seus regulamentos.

•• Artigo com redação determinada pela Medida Provisória n. 2.177-44, de 24-8-2001.

§ 1.º O disposto no *caput* não se aplica às entidades de autogestão constituídas sob a forma de fundação, de sindicato ou de associação que, na data da publicação desta Lei, já exerciam outras atividades em conjunto com as relacionadas à assistência à saúde, nos termos dos pertinentes estatutos sociais.

•• § 1.º acrescentado pela Lei n. 13.127, de 26-5-2015.

§ 2.º As entidades de que trata o § 1.º poderão, desde que a hipótese de segregação da finalidade estatutária esteja prevista, ou seja, assegurada pelo órgão interno competente, constituir filial ou departamento com número do Cadastro Nacional da Pessoa Jurídica sequencial ao da pessoa jurídica principal.

•• § 2.º acrescentado pela Lei n. 13.127, de 26-5-2015.

§ 3.º As entidades de que trata o § 1.º que optarem por proceder de acordo com o previsto no § 2.º assegurarão condições para sua adequada segregação patrimonial, administrativa, financeira e contábil.

•• § 3.º acrescentado pela Lei n. 13.127, de 26-5-2015.

Art. 35. Aplicam-se as disposições desta Lei a todos os contratos celebrados a partir de sua vigência, assegurada aos consumidores com contratos anteriores, bem como àqueles com contratos celebrados entre 2 de setembro de 1998 e 1.º de janeiro de 1999, a possibilidade de optar pela adaptação ao sistema previsto nesta Lei.

•• *Caput* com redação determinada pela Medida Provisória n. 2.177-44, de 24-8-2001.

• A Resolução Normativa n. 562, de 15-12-2022, da Agência Nacional de Saúde Suplementar, dispõe sobre a adaptação e migração para os contratos celebrados até 1.º-1-1999.

• A Resolução Normativa n. 465, de 24-2-2021, da Agência Nacional de Saúde Suplementar, atualiza o Rol de Procedimentos e Eventos em Saúde que estabelece a cobertura assistencial obrigatória a ser garantida nos planos privados de assistência à saúde contratados a partir de 1.º-1-1999 e naqueles adaptados conforme previsto neste art. 35.

§ 1.º Sem prejuízo do disposto no art. 35-E, a adaptação dos contratos de que trata este artigo deverá ser formalizada em termo próprio, assinado pelos contratantes, de acordo com as normas a serem definidas pela ANS.

•• § 1.º com redação determinada pela Medida Provisória n. 2.177-44, de 24-8-2001.

§ 2.º Quando a adaptação dos contratos incluir aumento de contraprestação pecuniária, a composição da base de cálculo deverá ficar restrita aos itens correspondentes ao aumento de cobertura, e ficará disponível para verificação pela ANS, que poderá determinar sua alteração quando o novo valor não estiver devidamente justificado.

•• § 2.º com redação determinada pela Medida Provisória n. 2.177-44, de 24-8-2001.

§ 3.º A adaptação dos contratos não implica nova contagem dos períodos de carência e dos prazos de aquisição dos benefícios previstos nos arts. 30 e 31 desta Lei, observados, quanto aos últimos, os limites de cobertura previstos no contrato original.

•• § 3.º acrescentado pela Medida Provisória n. 2.177-44, de 24-8-2001.

§ 4.º Nenhum contrato poderá ser adaptado por decisão unilateral da empresa operadora.

•• § 4.º acrescentado pela Medida Provisória n. 2.177-44, de 24-8-2001.

§ 5.º A manutenção dos contratos originais pelos consumidores não optantes tem caráter personalíssimo, devendo ser garantida somente ao titular e a seus dependentes já inscritos, permitida inclusão apenas de novo cônjuge e filhos, e vedada a transferência da sua titularidade, sob qualquer pretexto, a terceiros.

•• § 5.º acrescentado pela Medida Provisória n. 2.177-44, de 24-8-2001.

§ 6.º Os produtos de que tratam o inciso I e o § 1.º do art. 1.º desta Lei, contratados até 1.º de janeiro de 1999, deverão permanecer em operação, por tempo indeterminado, apenas para os consumidores que não optarem pela adaptação às novas regras, sendo considerados extintos para fim de comercialização.

•• § 6.º acrescentado pela Medida Provisória n. 2.177-44, de 24-8-2001.

§ 7.º Às pessoas jurídicas contratantes de planos coletivos, não optantes pela adaptação prevista neste artigo, fica assegurada a manutenção dos contratos originais, nas coberturas assistenciais neles pactuadas.

•• § 7.º acrescentado pela Medida Provisória n. 2.177-44, de 24-8-2001.

§ 8.º A ANS definirá em norma própria os procedimentos formais que deverão ser adotados pelas empresas para a adaptação dos contratos de que trata este artigo.

•• § 8.º acrescentado pela Medida Provisória n. 2.177-44, de 24-8-2001.

Art. 35-A. Fica criado o Conselho de Saúde Suplementar – CONSU, órgão colegiado integrante da estrutura regimental do Ministério da Saúde, com competência para:

I – estabelecer e supervisionar a execução de políticas e diretrizes gerais do setor de saúde suplementar;

II – aprovar o contrato de gestão da ANS;

III – supervisionar e acompanhar as ações e o funcionamento da ANS;

IV – fixar diretrizes gerais para implementação no setor de saúde suplementar sobre:

a) aspectos econômico-financeiros;

b) normas de contabilidade, atuariais e estatísticas;

c) parâmetros quanto ao capital e ao patrimônio líquido mínimos, bem assim quanto às formas de sua subscrição e realização quando se tratar de sociedade anônima;

d) critérios de constituição de garantias de manutenção do equilíbrio econômico-financeiro, consistentes em bens, móveis ou imóveis, ou fundos especiais ou seguros garantidores;

e) criação de fundo, contratação de seguro garantidor ou outros instrumentos que julgar adequados, com o objetivo de proteger o consumidor de planos privados de assistência à saúde em caso de insolvência de empresas operadoras;

V – deliberar sobre a criação de câmaras técnicas, de caráter consultivo, de forma a subsidiar suas decisões.

•• Incisos e alíneas acrescentados pela Medida Provisória n. 2.177-44, de 24-8-2001.

Parágrafo único. A ANS fixará as normas sobre as matérias previstas no inciso IV deste artigo, devendo adequá-las, se necessário, quando houver diretrizes gerais estabelecidas pelo CONSU.

•• Parágrafo único acrescentado pela Medida Provisória n. 2.177-44, de 24-8-2001.

Art. 35-C. É obrigatória a cobertura do atendimento nos casos:

•• *Caput* com redação determinada pela Lei n. 11.935, de 11-5-2009.

•• O CP dispõe em seu art. 135-A sobre a proibição de condicionamento de atendimento médico-hospitalar emergencial.

I – de emergência, como tal definidos os que implicarem risco imediato de vida ou de lesões irreparáveis para o paciente, caracterizado em declaração do médico assistente;

•• Inciso I com redação determinada pela Lei n. 11.935, de 11-5-2009.

II – de urgência, assim entendidos os resultantes de acidentes pessoais ou de complicações no processo gestacional;

•• Inciso II com redação determinada pela Lei n. 11.935, de 11-5-2009.

III – de planejamento familiar.

•• Inciso III acrescentado pela Lei n. 11.935, de 11-5-2009.

Parágrafo único. A ANS fará publicar normas regulamentares para o disposto neste artigo, observados os termos de adaptação previstos no art. 35.

•• Parágrafo único acrescentado pela Medida Provisória n. 2.177-44, de 24-8-2001.

Art. 35-D. As multas a serem aplicadas pela ANS em decorrência da competência fiscalizadora e normativa estabelecida nesta Lei e em seus regulamentos serão recolhidas à conta daquela Agência, até o limite de R$ 1.000.000,00 (um milhão de reais) por infração, ressalvado o disposto no § 6.º do art. 19 desta Lei.

•• Artigo acrescentado pela Medida Provisória n. 2.177-44, de 24-8-2001.

Art. 35-E. A partir de 5 de junho de 1998, fica estabelecido para os contratos celebrados anteriormente à data de vigência desta Lei que:

•• *Caput* e incisos acrescentados pela Medida Provisória n. 2.177-44, de 24-8-2001.

•• O STF, na ADI n. 1.931, de 7-2-2018 (*DOU* de 1.º-8-2018), julgou parcialmente procedente o pedido formulado para declarar a inconstitucionalidade deste artigo.

I – qualquer variação na contraprestação pecuniária para consumidores com mais de 60 (sessenta) anos de idade estará sujeita à autorização prévia da ANS;

•• *Vide* art. 15, § 3.º, da Lei n. 10.741, de 1.º-10-2003 (Estatuto da Pessoa Idosa).

II – a alegação de doença ou lesão preexistente estará sujeita à prévia regulamentação da matéria pela ANS;

III – é vedada a suspensão ou a rescisão unilateral do contrato individual ou familiar de produtos de que tratam o inciso I e o § 1.º do art. 1.º desta Lei por parte da operadora, salvo o disposto no inciso II do parágrafo único do art. 13 desta Lei;

IV – é vedada a interrupção de internação hospitalar em leito clínico, cirúrgico ou em centro de terapia intensiva ou similar, salvo a critério do médico assistente.

•• O STF, em liminar parcialmente concedida aos 21-8-2003, na ADI n. 1.931-8, decidiu suspender a eficácia deste artigo, em razão da violação do art. 5.º, XXXVI, da CF.

§ 1.º Os contratos anteriores à vigência desta Lei, que estabeleçam reajuste por mudança de faixa etária com idade inicial em 60 (sessenta) anos ou mais, deverão ser adaptados, até 31 de outubro de 1999, para repactuação da cláusula de reajuste, observadas as seguintes disposições:

•• *Vide* art. 15, § 3.º, da Lei n. 10.741, de 1.º-10-2003 (Estatuto do Idoso).

I – a repactuação será garantida aos consumidores de que trata o parágrafo único do art. 15, para as mudanças de faixa etária ocorridas após a vigência desta Lei, e limitar-se-á à diluição da aplicação do reajuste anteriormente previsto, em reajustes parciais anuais, com adoção de percentual fixo que, aplicado a cada ano, permita atingir o reajuste integral no início do último ano da faixa etária considerada;

II – para aplicação da fórmula de diluição, consideram-se de 10 (dez) anos as faixas etárias que tenham sido estipuladas sem limite superior;

III – a nova cláusula, contendo a fórmula de aplicação do reajuste, deverá ser encaminhada aos consumidores, juntamente com o boleto ou título de cobrança, com a demonstração do valor originalmente contratado, do valor repactuado e do percentual de reajuste anual fixo, esclarecendo, ainda, que o seu pagamento formalizará esta repactuação;

IV – a cláusula original de reajuste deverá ter sido previamente submetida à ANS;

V – na falta de aprovação prévia, a operadora, para que possa aplicar reajuste por faixa etária a consumidores com 60 (sessenta) anos ou mais de idade e 10 (dez) anos ou mais de contrato, deverá submeter à ANS as condições contratuais acompanhadas de nota técnica, para, uma vez aprovada a cláusula e o percentual de reajuste, adotar a diluição prevista neste parágrafo.

•• § 1.º acrescentado pela Medida Provisória n. 2.177-44, de 24-8-2001.

•• O STF, em liminar parcialmente concedida aos 21-8-2003, na ADI n. 1.931-8, decidiu suspender a eficácia deste artigo, em razão da violação do art. 5.º, XXXVI, da CF.

§ 2.º Nos contratos individuais de produtos de que tratam o inciso I e o § 1.º do art. 1.º desta Lei, independentemente da data de sua celebração, a aplicação de cláusula de reajuste das contraprestações pecuniárias dependerá de prévia aprovação da ANS.

•• § 2.º acrescentado pela Medida Provisória n. 2.177-44, de 24-8-2001.

•• O STF, em liminar parcialmente concedida aos 21-8-2003, na ADI n. 1.931-8, decidiu suspender a eficácia deste artigo, em razão da violação do art. 5.º, XXXVI, da CF.

§ 3.º O disposto no art. 35 desta Lei aplica-se sem prejuízo do estabelecido neste artigo.

•• § 3.º acrescentado pela Medida Provisória n. 2.177-44, de 24-8-2001.

Art. 35-F. A assistência a que alude o art. 1.º desta Lei compreende todas as ações necessárias à prevenção da doença e à recuperação, manutenção e reabilitação da saúde, observados os termos desta Lei e do contrato firmado entre as partes.

•• Artigo acrescentado pela Medida Provisória n. 2.177-44, de 24-8-2001.

Art. 35-G. Aplicam-se subsidiariamente aos contratos entre usuários e operadoras de produtos de que tratam o inciso I e o § 1.º do art. 1.º desta Lei as disposições da Lei n. 8.078, de 1990.

•• Artigo acrescentado pela Medida Provisória n. 2.177-44, de 24-8-2001.

•• *Vide* Súmula 608 do STJ.

Art. 35-H. Os expedientes que até esta data foram protocolizados na SUSEP pelas operadoras de produtos de que tratam o inciso I e o § 1.º do art. 1.º desta Lei e que forem encaminhados à ANS em consequência desta Lei, deverão estar acompanhados de parecer conclusivo daquela Autarquia.

•• Artigo acrescentado pela Medida Provisória n. 2.177-44, de 24-8-2001.

Art. 35-I. Responderão subsidiariamente pelos direitos contratuais e legais dos consumidores, prestadores de serviço e fornecedores, além dos débitos fiscais e trabalhistas, os bens pessoais dos diretores, administradores, gerentes e membros de conselhos da operadora de plano privado de assistência à saúde, independentemente da sua natureza jurídica.

•• Artigo acrescentado pela Medida Provisória n. 2.177-44, de 24-8-2001.

Art. 35-J. O diretor técnico ou fiscal ou o liquidante são obrigados a manter sigilo relativo às informações da operadora às quais tiverem acesso em razão do exercício do encargo, sob pena de incorrer em improbidade administrativa, sem prejuízo das responsabilidades civis e penais.

•• Artigo acrescentado pela Medida Provisória n. 2.177-44, de 24-8-2001.

Art. 35-L. Os bens garantidores das provisões técnicas, fundos e provisões deverão ser registrados na ANS e não poderão ser alienados, prometidos a alienar ou, de qualquer forma, gravados sem prévia e expressa autorização, sendo nulas, de pleno direito, as alienações realizadas ou os gravames constituídos com violação deste artigo.

•• *Caput* acrescentado pela Medida Provisória n. 2.177-44, de 24-8-2001.

Parágrafo único. Quando a garantia recair em bem imóvel, será obrigatoriamente inscrita no competente Cartório do Registro Geral de Imóveis, mediante requerimento firmado pela operadora de plano de assistência à saúde e pela ANS.

•• Parágrafo único acrescentado pela Medida Provisória n. 2.177-44, de 24-8-2001.

Art. 35-M. As operadoras de produtos de que tratam o inciso I e o § 1.º do art. 1.º desta Lei poderão celebrar contratos de resseguro junto às empresas devidamente autorizadas a operar em tal atividade, conforme estabelecido na Lei n. 9.932, de 20 de dezembro de 1999, e regulamentações posteriores.

•• Artigo acrescentado pela Medida Provisória n. 2.177-44, de 24-8-2001.

Art. 36. Esta Lei entra em vigor 90 (noventa) dias após a data de sua publicação.

Brasília, 3 de junho de 1998; 177.º da Independência e 110.º da República.

Fernando Henrique Cardoso

PORTARIA N. 3, DE 19 DE MARÇO DE 1999 (*)

Divulga, em aditamento ao elenco do art. 51 da Lei n. 8.078, de 11 de setembro de 1990, e do art. 22 do Decreto n. 2.181, de 20 de março de 1997, as cláusulas abusivas que, dentre outras, são consideradas nulas de pleno direito.

O Secretário de Direito Econômico do Ministério da Justiça, no uso de suas atribuições legais,

Considerando que o elenco de Cláusulas Abusivas relativas ao fornecimento de produtos e serviços, constantes do art. 51 da Lei n. 8.078, de 11 de setembro de 1990, é de tipo aberto, exemplificativo, permitindo, desta forma, a sua complementação;

Considerando o disposto no art. 56 do Decreto n. 2.181, de 20 de março de 1997, que regulamentou a Lei n. 8.078/90, e com o objetivo de orientar o Sistema Nacional de Defesa do Consumidor, notadamente para o fim de aplicação do disposto no inciso IV do art. 22 deste Decreto, bem assim promover a educação e a informação de fornecedores e consumidores, quanto aos seus direitos e deveres, com a melhoria, transparência, harmonia, equilíbrio e boa-fé nas relações de consumo, e

Considerando que decisões administrativas de diversos PROCONs, entendimentos dos Ministérios Públicos ou decisões judiciais pacificam como abusivas as cláusulas a seguir enumeradas, resolve:

Divulgar, em aditamento ao elenco do art. 51 da Lei n. 8.078/90, e do art. 22 do Decreto n. 2.181/97, as seguintes cláusulas que, dentre outras, são nulas de pleno direito:

1. determinem aumentos de prestações nos contratos de planos e seguros de saúde, firmados anteriormente à Lei n. 9.656/98, por mudanças de faixas etárias sem previsão expressa e definida;

2. imponham, em contratos de planos de saúde firmados anteriormente à Lei n. 9.656/98, limites ou restrições a procedimentos médicos (consultas, exames médicos, laboratoriais e internações hospitalares, UTI e similares) contrariando prescrição médica;

3. permitam ao fornecedor de serviço essencial (água, energia elétrica, telefonia) incluir na conta, sem autorização expressa do consumidor, a cobrança de outros serviços. Excetuam-se os casos em que a prestadora do serviço essencial informe e disponibilize gratuitamente ao consumidor a opção de bloqueio prévio da cobrança ou utilização dos serviços de valor adicionado;

4. estabeleçam prazos de carência para cancelamento do contrato de cartão de crédito;

5. imponham o pagamento antecipado referente a períodos superiores a 30 (trinta) dias pela prestação de serviços educacionais ou similares;

6. estabeleçam, nos contratos de prestação de serviços educacionais, a vinculação à aquisição de outros produtos ou serviços;

7. estabeleçam que o consumidor reconheça que o contrato acompanhado do extrato demonstrativo da conta corrente bancária constituem título executivo extrajudicial, para os fins do art. 585, II, do Código de Processo Civil;

•• A referência é feita ao CPC de 1973. *Vide* art. 784, II, III e IV, do CPC de 2015.

8. estipulem o reconhecimento, pelo consumidor, de que os valores lançados no extrato da conta corrente ou na fatura do cartão de crédito constituem dívida líquida, certa e exigível;

9. estabeleçam a cobrança de juros capitalizados mensalmente;

10. imponham, em contratos de consórcios, o pagamento de percentual a título de taxa

(*) Publicada no *Diário Oficial da União*, de 22-3-1999.

de administração futura, pelos consorciados desistentes ou excluídos;

11. estabeleçam, nos contratos de prestação de serviços educacionais e similares, multa moratória superior a 2% (dois por cento);

12. exijam a assinatura de duplicatas, letras de câmbio, notas promissórias ou quaisquer outros títulos de crédito em branco;

13. subtraiam ao consumidor, nos contratos de seguro, o recebimento de valor inferior ao contratado na apólice;

14. prevejam em contratos de arrendamento mercantil (leasing) a exigência, a título de indenização, do pagamento das parcelas vincendas, no caso de restituição do bem;

15. estabeleçam, em contrato de arrendamento mercantil (*leasing*), a exigência do pagamento antecipado do Valor Residual Garantido (VRG), sem previsão de devolução desse montante, corrigido monetariamente, se não exercida a opção de compra do bem.

Ruy Coutinho do Nascimento

LEI N. 9.790, DE 23 DE MARÇO DE 1999 (*)

Dispõe sobre a qualificação de pessoas jurídicas de direito privado, sem fins lucrativos, como Organizações da Sociedade Civil de Interesse Público, institui e disciplina o Termo de Parceria, e dá outras providências.

O Presidente da República

Faço saber que o Congresso Nacional decreta e eu sanciono a seguinte Lei:

Capítulo I

DA QUALIFICAÇÃO COMO ORGANIZAÇÃO DA SOCIEDADE CIVIL DE INTERESSE PÚBLICO

Art. 1.º Podem qualificar-se como Organizações da Sociedade Civil de Interesse Público as pessoas jurídicas de direito privado sem fins lucrativos que tenham sido constituídas e se encontrem em funcionamento regular há, no mínimo, 3 (três) anos, desde que os respectivos objetivos sociais e normas estatutárias atendam aos requisitos instituídos por esta Lei.

•• *Caput* com redação determinada pela Lei n. 13.019, de 31-7-2014.

•• O art. 88 da Lei n. 13.019, de 31-7-2014, dispõe: "Art. 88. Esta Lei entra em vigor após decorridos quinhentos e quarenta dias de sua publicação oficial, observado o disposto nos §§ 1.º e 2.º deste artigo.

§ 1.º Para os Municípios, esta Lei entra em vigor a partir de 1.º de janeiro de 2017. § 2.º Por ato administrativo local, o disposto nesta Lei poderá ser implantado nos Municípios a partir da data decorrente do disposto no *caput*".

§ 1.º Para os efeitos desta Lei, considera-se sem fins lucrativos a pessoa jurídica de direito privado que não distribui, entre os seus sócios ou associados, conselheiros, diretores, empregados ou doadores, eventuais excedentes operacionais, brutos ou líquidos, dividendos, bonificações, participações ou parcelas do seu patrimônio, auferidos mediante o exercício de suas atividades, e que os aplica integralmente na consecução do respectivo objeto social.

§ 2.º A outorga da qualificação prevista neste artigo é ato vinculado ao cumprimento dos requisitos instituídos por esta Lei.

Art. 2.º Não são passíveis de qualificação como Organizações da Sociedade Civil de Interesse Público, ainda que se dediquem de qualquer forma às atividades descritas no art. 3.º desta Lei:

•• *Vide* art. 4.º, III, da Medida Provisória n. 2.172-32, de 23-8-2001.

I – as sociedades comerciais;

II – os sindicatos, as associações de classe ou de representação de categoria profissional;

III – as instituições religiosas ou voltadas para a disseminação de credos, cultos, práticas e visões devocionais e confessionais;

IV – as organizações partidárias e assemelhadas, inclusive suas fundações;

V – as entidades de benefício mútuo destinadas a proporcionar bens ou serviços a um círculo restrito de associados ou sócios;

VI – as entidades e empresas que comercializam planos de saúde e assemelhados;

VII – as instituições hospitalares privadas não gratuitas e suas mantenedoras;

VIII – as escolas privadas dedicadas ao ensino formal não gratuito e suas mantenedoras;

IX – as organizações sociais;

X – as cooperativas;

XI – as fundações públicas;

XII – as fundações, sociedades civis ou associações de direito privado criadas por órgão público ou por fundações públicas;

XIII – as organizações creditícias que tenham quaisquer tipo de vinculação com o sistema financeiro nacional a que se refere o art. 192 da Constituição Federal.

Parágrafo único. Não constituem impedimento à qualificação como Organização da Sociedade Civil de Interesse Público as operações destinadas a microcrédito realizadas com instituições financeiras na forma de recebimento de repasses, venda de operações realizadas ou atuação como mandatárias.

•• Parágrafo único acrescentado pela Lei n. 13.999, de 18-5-2020.

Art. 3.º A qualificação instituída por esta Lei, observado em qualquer caso, o princípio da universalização dos serviços, no respectivo âmbito de atuação das Organizações, somente será conferida às pessoas jurídicas de direito privado, sem fins lucrativos, cujos objetivos sociais tenham pelo menos uma das seguintes finalidades:

I – promoção da assistência social;

II – promoção da cultura, defesa e conservação do patrimônio histórico e artístico;

III – promoção gratuita da educação, observando-se a forma complementar de participação das organizações de que trata esta Lei;

IV – promoção gratuita da saúde, observando-se a forma complementar de participação das organizações de que trata esta Lei;

V – promoção da segurança alimentar e nutricional;

VI – defesa, preservação e conservação do meio ambiente e promoção do desenvolvimento sustentável;

VII – promoção do voluntariado;

VIII – promoção do desenvolvimento econômico e social e combate à pobreza;

IX – experimentação, não lucrativa, de novos modelos socioprodutivos e de sistemas alternativos de produção, comércio, emprego e crédito;

X – promoção de direitos estabelecidos, construção de novos direitos e assessoria jurídica gratuita de interesse suplementar;

XI – promoção da ética, da paz, da cidadania, dos direitos humanos, da democracia e de outros valores universais;

XII – estudos e pesquisas, desenvolvimento de tecnologias alternativas, produção e divulgação de informações e conhecimentos técnicos e científicos que digam respeito às atividades mencionadas neste artigo;

XIII – estudos e pesquisas para o desenvolvimento, a disponibilização e a implementação de tecnologias voltadas à mobilidade de pessoas, por qualquer meio de transporte.

•• Inciso XIII acrescentado pela Lei n. 13.019, de 31-7-2014.

•• Sobre vigência, *vide* nota ao art. 1.º desta Lei.

Parágrafo único. Para os fins deste artigo, a dedicação às atividades nele previstas configura-se mediante a execução direta de projetos, programas, planos de ações correlatas, por meio da doação de recursos físicos, humanos e financeiros, ou ainda pela prestação de serviços intermediários de apoio a outras organizações sem fins lucrativos e a órgãos do setor público que atuem em áreas afins.

Art. 4.º Atendido o disposto no art. 3.º, exige-se ainda, para qualificarem-se como Organizações da Sociedade Civil de Interesse Público, que as pessoas jurídicas interessadas sejam regidas por estatutos cujas normas expressamente disponham sobre:

I – a observância dos princípios da legalidade, impessoalidade, moralidade, publicidade, economicidade e da eficiência;

II – a adoção de práticas de gestão administrativa, necessárias e suficientes a coibir a obtenção, de forma individual ou coletiva, de benefícios ou vantagens pessoais, em decorrência da participação no respectivo processo decisório;

III – a constituição de conselho fiscal ou órgão equivalente, dotado de competência

(*) Publicada no *Diário Oficial da União*, de 24-3-1999. Regulamentada pelo Decreto n. 3.100, de 30-6-1999.

para opinar sobre os relatórios de desempenho financeiro e contábil, e sobre as operações patrimoniais realizadas, emitindo pareceres para os organismos superiores da entidade;

IV – a previsão de que, em caso de dissolução da entidade, o respectivo patrimônio líquido será transferido a outra pessoa jurídica qualificada nos termos desta Lei, preferencialmente que tenha o mesmo objeto social da extinta;

V – a previsão de que, na hipótese de a pessoa jurídica perder a qualificação instituída por esta Lei, o respectivo acervo patrimonial disponível, adquirido com recursos públicos durante o período em que perdurou aquela qualificação, será transferido a outra pessoa jurídica qualificada nos termos desta Lei, preferencialmente que tenha o mesmo objeto social;

VI – a possibilidade de se instituir remuneração para os dirigentes da entidade que atuem efetivamente na gestão executiva e para aqueles que a ela prestam serviços específicos, respeitados, em ambos os casos, os valores praticados pelo mercado, na região correspondente a sua área de atuação;

VII – as normas de prestação de contas a serem observadas pela entidade, que determinarão, no mínimo:

a) a observância dos princípios fundamentais de contabilidade e das Normas Brasileiras de Contabilidade;

b) que se dê publicidade por qualquer meio eficaz, no encerramento do exercício fiscal, ao relatório de atividades e das demonstrações financeiras da entidade, incluindo-se as certidões negativas de débitos junto ao INSS e ao FGTS, colocando-os à disposição para exame de qualquer cidadão;

c) a realização de auditoria, inclusive por auditores externos independentes se for o caso, da aplicação dos eventuais recursos objeto do termo de parceria conforme previsto em regulamento;

d) a prestação de contas de todos os recursos e bens de origem pública recebidos pelas Organizações da Sociedade Civil de Interesse Público será feita conforme determina o parágrafo único do art. 70 da Constituição Federal.

Parágrafo único. É permitida a participação de servidores públicos na composição de conselho ou diretoria de Organização da Sociedade Civil de Interesse Público.

•• Parágrafo único com redação determinada pela Lei n. 13.019, de 31-7-2014.

•• Sobre vigência, *vide* nota ao art. 1.º desta Lei.

Art. 5.º Cumpridos os requisitos dos arts. 3.º e 4.º desta Lei, a pessoa jurídica de direito privado sem fins lucrativos, interessada em obter a qualificação instituída por esta Lei, deverá formular requerimento escrito ao Ministério da Justiça, instruído com cópias autenticadas dos seguintes documentos:

I – estatuto registrado em cartório;

• *Vide* art. 114, I, da Lei n. 6.015, de 31-12-1973 (LRP).

II – ata de eleição de sua atual diretoria;

III – balanço patrimonial e demonstração do resultado do exercício;

IV – declaração de isenção do imposto de renda;

V – inscrição no Cadastro Geral de Contribuintes.

Art. 6.º Recebido o requerimento previsto no artigo anterior, o Ministério da Justiça decidirá, no prazo de 30 (trinta) dias, deferindo ou não o pedido.

§ 1.º No caso de deferimento, o Ministério da Justiça emitirá, no prazo de 15 (quinze) dias da decisão, certificado de qualificação da requerente como Organização da Sociedade Civil de Interesse Público.

§ 2.º Indeferido o pedido, o Ministério da Justiça, no prazo do § 1.º, dará ciência da decisão, mediante publicação no *Diário Oficial*.

§ 3.º O pedido de qualificação somente será indeferido quando:

I – a requerente enquadrar-se nas hipóteses previstas no art. 2.º desta Lei;

II – a requerente não atender aos requisitos descritos nos arts. 3.º e 4.º desta Lei;

III – a documentação apresentada estiver incompleta.

Art. 7.º Perde-se a qualificação de Organização da Sociedade Civil de Interesse Público, a pedido ou mediante decisão proferida em processo administrativo ou judicial, de iniciativa popular ou do Ministério Público, no qual serão assegurados, ampla defesa e o devido contraditório.

Art. 8.º Vedado o anonimato, e desde que amparado por fundadas evidências de erro ou fraude, qualquer cidadão, respeitadas as prerrogativas do Ministério Público, é parte legítima para requerer, judicial ou administrativamente, a perda da qualificação instituída por esta Lei.

Capítulo II
DO TERMO DE PARCERIA

Art. 9.º Fica instituído o Termo de Parceria, assim considerado o instrumento passível de ser firmado entre o Poder Público e as entidades qualificadas como Organizações da Sociedade Civil de Interesse Público destinado à formação de vínculo de cooperação entre as partes, para o fomento e a execução das atividades de interesse público previstas no art. 3.º desta Lei.

Art. 10. O Termo de Parceria firmado de comum acordo entre o Poder Público e as Organizações da Sociedade Civil de Interesse Público discriminará direitos, responsabilidades e obrigações das partes signatárias.

§ 1.º A celebração do Termo de Parceria será precedida de consulta aos Conselhos de Políticas Públicas das áreas correspondentes de atuação existentes, nos respectivos níveis de governo.

§ 2.º São cláusulas essenciais do Termo de Parceria:

I – a do objeto, que conterá a especificação do programa de trabalho proposto pela Organização da Sociedade Civil de Interesse Público;

II – a de estipulação das metas e dos resultados a serem atingidos e os respectivos prazos de execução ou cronograma;

III – a de previsão expressa dos critérios objetivos de avaliação de desempenho a serem utilizados, mediante indicadores de resultado;

IV – a de previsão de receitas e despesas a serem realizadas em seu cumprimento, estipulando item por item as categorias contábeis usadas pela organização e o detalhamento das remunerações e benefícios de pessoal a serem pagos, com recursos oriundos ou vinculados ao Termo de Parceria, a seus diretores, empregados e consultores;

V – a que estabelece as obrigações da Sociedade Civil de Interesse Público, entre as quais a de apresentar ao Poder Público, ao término de cada exercício, relatório sobre a execução do objeto do Termo de Parceria, contendo comparativo específico das metas propostas com os resultados alcançados, acompanhado de prestação de contas dos gastos e receitas efetivamente realizados, independente das previsões mencionadas no inciso IV;

VI – a de publicação, na imprensa oficial do Município, do Estado ou da União, conforme o alcance das atividades celebradas entre o órgão parceiro e a Organização da Sociedade Civil de Interesse Público, de extrato do Termo de Parceria e de demonstrativo da sua execução física e financeira, conforme modelo simplificado estabelecido no regulamento desta Lei, contendo os dados principais da documentação obrigatória do inciso V, sob pena de não liberação dos recursos previstos no Termo de Parceria.

Art. 11. A execução do objeto do Termo de Parceria será acompanhada e fiscalizada por órgão do Poder Público da área de atuação correspondente à atividade fomentada, e pelos Conselhos de Políticas Públicas das áreas correspondentes de atuação existentes, em cada nível de governo.

§ 1.º Os resultados atingidos com a execução do Termo de Parceria devem ser analisados por comissão de avaliação, composta de comum acordo entre o órgão parceiro e a Organização da Sociedade Civil de Interesse Público.

§ 2.º A comissão encaminhará à autoridade competente relatório conclusivo sobre a avaliação procedida.

§ 3.º Os Termos de Parceria destinados ao fomento de atividades nas áreas de que trata esta Lei estarão sujeitos aos mecanismos de controle social previstos na legislação.

Art. 12. Os responsáveis pela fiscalização do Termo de Parceria, ao tomarem conhecimento de qualquer irregularidade ou ilegalidade na utilização de recursos ou bens de origem pública pela organização parceira, darão imediata ciência ao Tribunal de Contas respectivo e ao Ministério Público, sob pena de responsabilidade solidária.

Art. 13. Sem prejuízo da medida a que se refere o art.12 desta Lei, havendo indícios fundados de malversação de bens ou recursos de origem pública, os responsáveis pela fiscalização representarão ao Ministério Público, à Advocacia-Geral da União, para que requeiram ao juízo competente a decretação da indisponibilidade dos bens da entidade e o sequestro dos bens dos seus dirigentes, bem como de agente público ou terceiro, que possam ter enriquecido ilicitamente ou causado dano ao patrimônio público, além de outras medidas consubstanciadas na Lei n. 8.429, de 2 de junho de 1992, e na Lei Complementar n. 64, de 18 de maio de 1990.

• A Lei n. 8.429, de 2-6-1992, dispõe sobre as sanções aplicáveis aos agentes públicos nos casos de enriquecimento ilícito no exercício de mandato, cargo, emprego ou função na administração pública direta, indireta ou fundacional, e a Lei Complementar n. 64, de 18-5-1990, dispõe sobre casos de inelegibilidade.

§ 1.º O pedido de sequestro será processado de acordo com o disposto nos arts. 822 e 825 do Código de Processo Civil.

§ 2.º Quando for o caso, o pedido incluirá a investigação, o exame e o bloqueio de bens, contas bancárias e aplicações mantidas pelo demandado no País e no exterior, nos termos da lei e dos tratados internacionais.

§ 3.º Até o término da ação, o Poder Público permanecerá como depositário e gestor dos bens e valores sequestrados ou indisponíveis e velará pela continuidade das atividades sociais da organização parceira.

Art. 14. A organização parceira fará publicar, no prazo máximo de 30 (trinta) dias, contado da assinatura do Termo de Parceria, regulamento próprio contendo os procedimentos que adotará para a contratação de obras e serviços, bem como para compras com emprego de recursos provenientes do Poder Público, observados os princípios estabelecidos no inciso I do art. 4.º desta Lei.

Art. 15. Caso a organização adquira bem imóvel com recursos provenientes da celebração do Termo de Parceria, este será gravado com cláusula de inalienabilidade.

Art. 15-A. (*Vetado.*)

•• Artigo acrescentado pela Lei n. 13.019, de 31-7-2014.

Art. 15-B. A prestação de contas relativa à execução do Termo de Parceria perante o órgão da entidade estatal parceira refere-se à correta aplicação dos recursos públicos recebidos e ao adimplemento do objeto do Termo de Parceria, mediante a apresentação dos seguintes documentos:

•• *Caput* acrescentado pela Lei n. 13.019, de 31-7-2014.

•• Sobre vigência, *vide* nota ao art. 1.º desta Lei.

I – relatório anual de execução de atividades, contendo especificamente relatório sobre a execução do objeto do Termo de Parceria, bem como comparativo entre as metas propostas e os resultados alcançados;

•• Inciso I acrescentado pela Lei n. 13.019, de 31-7-2014.

•• Sobre vigência, *vide* nota ao art. 1.º desta Lei.

II – demonstrativo integral da receita e despesa realizadas na execução;

•• Inciso II acrescentado pela Lei n. 13.019, de 31-7-2014.

•• Sobre vigência, *vide* nota ao art. 1.º desta Lei.

III – extrato da execução física e financeira;

•• Inciso III acrescentado pela Lei n. 13.019, de 31-7-2014.

•• Sobre vigência, *vide* nota ao art. 1.º desta Lei.

IV – demonstração de resultados do exercício;

•• Inciso IV acrescentado pela Lei n. 13.019, de 31-7-2014.

•• Sobre vigência, *vide* nota ao art. 1.º desta Lei.

V – balanço patrimonial;

•• Inciso V acrescentado pela Lei n. 13.019, de 31-7-2014.

•• Sobre vigência, *vide* nota ao art. 1.º desta Lei.

VI – demonstração das origens e das aplicações de recursos;

•• Inciso VI acrescentado pela Lei n. 13.019, de 31-7-2014.

•• Sobre vigência, *vide* nota ao art. 1.º desta Lei.

VII – demonstração das mutações do patrimônio social;

•• Inciso VII acrescentado pela Lei n. 13.019, de 31-7-2014.

•• Sobre vigência, *vide* nota ao art. 1.º desta Lei.

VIII – notas explicativas das demonstrações contábeis, caso necessário;

•• Inciso VIII acrescentado pela Lei n. 13.019, de 31-7-2014.

•• Sobre vigência, *vide* nota ao art. 1.º desta Lei.

IX – parecer e relatório de auditoria, se for o caso.

•• Inciso IX acrescentado pela Lei n. 13.019, de 31-7-2014.

•• Sobre vigência, *vide* nota ao art. 1.º desta Lei.

Capítulo III
DAS DISPOSIÇÕES FINAIS E TRANSITÓRIAS

Art. 16. É vedada às entidades qualificadas como Organizações da Sociedade Civil de Interesse Público a participação em campanhas de interesse político-partidário ou eleitorais, sob quaisquer meios ou formas.

Art. 17. O Ministério da Justiça permitirá, mediante requerimento dos interessados, livre acesso público a todas as informações pertinentes às Organizações da Sociedade Civil de Interesse Público.

Art. 18. As pessoas jurídicas de direito privado sem fins lucrativos, qualificadas com base em outros diplomas legais, poderão qualificar-se como Organizações da Sociedade Civil de Interesse Público, desde que atendidos aos requisitos para tanto exigidos, sendo-lhes assegurada a manutenção simultânea dessas qualificações, até 5 (cinco) anos contados da data de vigência desta Lei.

•• *Caput* com redação determinada pela Medida Provisória n. 2.216-37, de 31-8-2001.

§ 1.º Findo o prazo de 5 (cinco) anos, a pessoa jurídica interessada em manter a qualificação prevista nesta Lei deverá por ela optar, fato que implicará a renúncia automática de suas qualificações anteriores.

•• § 1.º com redação determinada pela Medida Provisória n. 2.216-37, de 31-8-2001.

§ 2.º Caso não seja feita a opção prevista no parágrafo anterior, a pessoa jurídica perderá automaticamente a qualificação obtida nos termos desta Lei.

Art. 19. O Poder Executivo regulamentará esta Lei no prazo de 30 (trinta) dias.

Art. 20. Esta Lei entra em vigor na data de sua publicação.

Brasília, 23 de março de 1999; 178.º da Independência e 111.º da República.

FERNANDO HENRIQUE CARDOSO

LEI N. 9.800, DE 26 DE MAIO DE 1999 (*)

Permite às partes a utilização de sistema de transmissão de dados para a prática de atos processuais.

O Presidente da República

Faço saber que o Congresso Nacional decreta e eu sanciono a seguinte Lei:

Art. 1.º É permitida às partes a utilização de sistema de transmissão de dados e imagens tipo fac-símile ou outro similar, para a prática de atos processuais que dependam de petição escrita.

Art. 2.º A utilização de sistema de transmissão de dados e imagens não prejudica o cumprimento dos prazos, devendo os originais ser entregues em juízo, necessariamente, até 5 (cinco) dias da data de seu término.

•• A Lei n. 14.318, de 29-3-2022, em vigor após 730 dias da sua publicação (*DOU* de 30-3-2022), dá nova redação a este *caput*: "Art. 2.º A utilização de sistema de transmissão de dados e imagens não prejudica o cumprimento dos prazos, devendo os originais ser entregues em juízo ou encaminhados por meio de protocolo integrado judicial nacional, necessariamente, em até 5 (cinco) dias contados da data de seu término".

Parágrafo único. Nos atos não sujeitos a prazo, os originais deverão ser entregues, necessariamente, até 5 (cinco) dias da data da recepção do material.

•• A Lei n. 14.318, de 29-3-2022, em vigor após 730 dias da sua publicação (*DOU* de 30-3-2022), dá nova redação a este parágrafo único: "Parágrafo único. Nos atos não sujeitos a prazo, os originais deverão ser entregues em juízo ou encaminhados por meio de protocolo integrado judicial nacional, necessariamente, em até 5 (cinco) dias contados da data de recepção do material".

(*) Publicada no *Diário Oficial da União*, de 27-5-1999. *Vide* Lei n. 11.419, de 19-12-2006, que dispõe sobre a informatização do processo judicial.

Art. 3.º Os juízes poderão praticar atos de sua competência à vista de transmissões efetuadas na forma desta Lei, sem prejuízo do disposto no artigo anterior.

Art. 4.º Quem fizer uso de sistema de transmissão torna-se responsável pela qualidade e fidelidade do material transmitido, e por sua entrega ao órgão judiciário.

Parágrafo único. Sem prejuízo de outras sanções, o usuário do sistema será considerado litigante de má-fé se não houver perfeita concordância entre o original remetido pelo fac-símile e o original entregue em juízo.

Art. 5.º O disposto nesta Lei não obriga a que os órgãos judiciários disponham de equipamentos para recepção.

Art. 6.º Esta Lei entra em vigor 30 (trinta) dias após a data de sua publicação.

Brasília, 26 de maio de 1999; 178.º da Independência e 111.º da República.

Fernando Henrique Cardoso

LEI N. 9.867, DE 10 DE NOVEMBRO DE 1999 (*)

Dispõe sobre a criação e o funcionamento de Cooperativas Sociais, visando à integração social dos cidadãos, conforme especifica.

O Presidente da República

Faço saber que o Congresso Nacional decreta e eu sanciono a seguinte Lei:

Art. 1.º As Cooperativas Sociais, constituídas com a finalidade de inserir as pessoas em desvantagem no mercado econômico, por meio do trabalho, fundamentam-se no interesse geral da comunidade em promover a pessoa humana e a integração social dos cidadãos, e incluem entre suas atividades:

I – a organização e gestão de serviços sociossanitários e educativos; e

II – o desenvolvimento de atividades agrícolas, industriais, comerciais e de serviços.

Art. 2.º Na denominação e razão social das entidades a que se refere o artigo anterior, é obrigatório o uso da expressão "Cooperativa Social", aplicando-se-lhes todas as normas relativas ao setor em que operarem, desde que compatíveis com os objetivos desta Lei.

Art. 3.º Consideram-se pessoas em desvantagem, para os efeitos desta Lei:

I – os deficientes físicos e sensoriais;

II – os deficientes psíquicos e mentais, as pessoas dependentes de acompanhamento psiquiátrico permanente, e os egressos de hospitais psiquiátricos;

III – os dependentes químicos;

IV – os egressos de prisões;

V – (*Vetado.*)

VI – os condenados a penas alternativas à detenção;

VII – os adolescentes em idade adequada ao trabalho e situação familiar difícil do ponto de vista econômico, social ou afetivo.

§ 1.º (*Vetado.*)

§ 2.º As Cooperativas Sociais organizarão seu trabalho, especialmente no que diz respeito a instalações, horários e jornadas, de maneira a levar em conta e minimizar as dificuldades gerais e individuais das pessoas em desvantagem que nelas trabalharem, e desenvolverão e executarão programas especiais de treinamento com o objetivo de aumentar-lhes a produtividade e a independência econômica e social.

§ 3.º A condição de pessoa em desvantagem deve ser atestada por documentação proveniente de órgãos da administração pública, ressalvando-se o direito à privacidade.

Art. 4.º O estatuto da Cooperativa Social poderá prever uma ou mais categorias de sócios voluntários, que lhe prestem serviços gratuitamente, e não estejam incluídos na definição de pessoas em desvantagem.

Art. 5.º (*Vetado.*)

Parágrafo único. (*Vetado.*)

Art. 6.º Esta Lei entra em vigor na data de sua publicação.

Brasília, 10 de novembro de 1999; 178.º da Independência e 111.º da República.

Fernando Henrique Cardoso

(*) Publicada no *Diário Oficial da União*, de 11-11-1999.

LEI N. 9.868, DE 10 DE NOVEMBRO DE 1999 (**)

Dispõe sobre o processo e julgamento da ação direta de inconstitucionalidade e da ação declaratória de constitucionalidade perante o Supremo Tribunal Federal.

O Presidente da República

Faço saber que o Congresso Nacional decreta e eu sanciono a seguinte Lei:

Capítulo I
DA AÇÃO DIRETA DE INCONSTITUCIONALIDADE E DA AÇÃO DECLARATÓRIA DE CONSTITUCIONALIDADE

Art. 1.º Esta Lei dispõe sobre o processo e julgamento da ação direta de inconstitucionalidade e da ação declaratória de constitucionalidade perante o Supremo Tribunal Federal.

Capítulo II
DA AÇÃO DIRETA DE INCONSTITUCIONALIDADE

Seção I
Da Admissibilidade e do Procedimento da Ação Direta de Inconstitucionalidade

Art. 2.º Podem propor a ação direta de inconstitucionalidade:

•• *Vide* art. 103 da CF.

• *Vide* arts. 12-A e 13 desta Lei.

I – o Presidente da República;

II – a Mesa do Senado Federal;

III – a Mesa da Câmara dos Deputados;

IV – a Mesa de Assembleia Legislativa ou a Mesa da Câmara Legislativa do Distrito Federal;

V – o Governador de Estado ou o Governador do Distrito Federal;

VI – o Procurador-Geral da República;

VII – o Conselho Federal da Ordem dos Advogados do Brasil;

VIII – partido político com representação no Congresso Nacional;

IX – confederação sindical ou entidade de classe de âmbito nacional.

Parágrafo único. (*Vetado.*)

Art. 3.º A petição indicará:

I – o dispositivo da lei ou do ato normativo impugnado e os fundamentos jurídicos do pedido em relação a cada uma das impugnações;

II – o pedido, com suas especificações.

Parágrafo único. A petição inicial, acompanhada de instrumento de procuração, quando subscrita por advogado, será apresentada em duas vias, devendo conter cópias da lei ou do ato normativo impugnado e dos documentos necessários para comprovar a impugnação.

Art. 4.º A petição inicial inepta, não fundamentada e a manifestamente improcedente serão liminarmente indeferidas pelo relator.

Parágrafo único. Cabe agravo da decisão que indeferir a petição inicial.

Art. 5.º Proposta a ação direta, não se admitirá desistência.

Parágrafo único. (*Vetado.*)

Art. 6.º O relator pedirá informações aos órgãos ou às autoridades das quais emanou a lei ou o ato normativo impugnado.

Parágrafo único. As informações serão prestadas no prazo de 30 (trinta) dias contado do recebimento do pedido.

Art. 7.º Não se admitirá intervenção de terceiros no processo de ação direta de inconstitucionalidade.

§ 1.º (*Vetado.*)

§ 2.º O relator, considerando a relevância da matéria e a representatividade dos postulantes, poderá, por despacho irrecorrível, admitir, observado o prazo fixado no parágrafo anterior, a manifestação de outros órgãos ou entidades.

Art. 8.º Decorrido o prazo das informações, serão ouvidos, sucessivamente, o Advogado-Geral da União e o Procurador-Geral da República, que deverão manifestar-se, cada qual, no prazo de 15 (quinze) dias.

Art. 9.º Vencidos os prazos do artigo anterior, o relator lançará o relatório, com cópia a todos os Ministros, e pedirá dia para julgamento.

§ 1.º Em caso de necessidade de esclarecimento de matéria ou circunstância de fato

(**) Publicada no *Diário Oficial da União*, de 11-11-1999.

ou de notória insuficiência das informações existentes nos autos, poderá o relator requisitar informações adicionais, designar perito ou comissão de peritos para que emita parecer sobre a questão, ou fixar data para, em audiência pública, ouvir depoimentos de pessoas com experiência e autoridade na matéria.

§ 2.º O relator poderá, ainda, solicitar informações aos Tribunais Superiores, aos Tribunais federais e aos Tribunais estaduais acerca da aplicação da norma impugnada no âmbito de sua jurisdição.

§ 3.º As informações, perícias e audiências a que se referem os parágrafos anteriores serão realizadas no prazo de 30 (trinta) dias, contado da solicitação do relator.

Seção II
Da Medida Cautelar em Ação Direta de Inconstitucionalidade

• *Vide* art. 102, I, *p*, da CF.

Art. 10. Salvo no período de recesso, a medida cautelar na ação direta será concedida por decisão da maioria absoluta dos membros do Tribunal, observado o disposto no art. 22, após a audiência dos órgãos ou autoridades dos quais emanou a lei ou ato normativo impugnado, que deverão pronunciar-se no prazo de 5 (cinco) dias.

§ 1.º O relator, julgando indispensável, ouvirá o Advogado-Geral da União e o Procurador-Geral da República, no prazo de 3 (três) dias.

§ 2.º No julgamento do pedido de medida cautelar, será facultada sustentação oral aos representantes judiciais do requerente e das autoridades ou órgãos responsáveis pela expedição do ato, na forma estabelecida no Regimento do Tribunal.

§ 3.º Em caso de excepcional urgência, o Tribunal poderá deferir a medida cautelar sem a audiência dos órgãos ou das autoridades das quais emanou a lei ou o ato normativo impugnado.

Art. 11. Concedida a medida cautelar, o Supremo Tribunal Federal fará publicar em seção especial do *Diário Oficial da União* e do *Diário da Justiça da União* a parte dispositiva da decisão, no prazo de 10 (dez) dias, devendo solicitar as informações à autoridade da qual tiver emanado o ato, observando-se, no que couber, o procedimento estabelecido na Seção I deste Capítulo.

§ 1.º A medida cautelar, dotada de eficácia contra todos, será concedida com efeito *ex nunc*, salvo se o Tribunal entender que deva conceder-lhe eficácia retroativa.

§ 2.º A concessão da medida cautelar torna aplicável a legislação anterior acaso existente, salvo expressa manifestação em sentido contrário.

Art. 12. Havendo pedido de medida cautelar, o relator, em face da relevância da matéria e de seu especial significado para a ordem social e a segurança jurídica, poderá, após a prestação das informações, no prazo de 10 (dez) dias, e a manifestação do Advogado-Geral da União e do Procurador-Geral da República, sucessivamente, no prazo de 5 (cinco) dias, submeter o processo diretamente ao Tribunal, que terá a faculdade de julgar definitivamente a ação.

Capítulo II-A
DA AÇÃO DIRETA DE INCONSTITUCIONALIDADE POR OMISSÃO

•• Capítulo II-A acrescentado pela Lei n. 12.063, de 27-10-2009.

Seção I
Da Admissibilidade e do Procedimento da Ação Direta de Inconstitucionalidade por Omissão

•• Seção I acrescentada pela Lei n. 12.063, de 27-10-2009.

Art. 12-A. Podem propor a ação direta de inconstitucionalidade por omissão os legitimados à propositura da ação direta de inconstitucionalidade e da ação declaratória de constitucionalidade.

•• Artigo acrescentado pela Lei n. 12.063, de 27-10-2009.

Art. 12-B. A petição indicará:

•• *Caput* acrescentado pela Lei n. 12.063, de 27-10-2009.

I – a omissão inconstitucional total ou parcial quanto ao cumprimento de dever constitucional de legislar ou quanto à adoção de providência de índole administrativa;

•• Inciso I acrescentado pela Lei n. 12.063, de 27-10-2009.

II – o pedido, com suas especificações.

•• Inciso II acrescentado pela Lei n. 12.063, de 27-10-2009.

Parágrafo único. A petição inicial, acompanhada de instrumento de procuração, se for o caso, será apresentada em 2 (duas) vias, devendo conter cópias dos documentos necessários para comprovar a alegação de omissão.

•• Parágrafo único acrescentado pela Lei n. 12.063, de 27-10-2009.

Art. 12-C. A petição inicial inepta, não fundamentada, e a manifestamente improcedente serão liminarmente indeferidas pelo relator.

•• *Caput* acrescentado pela Lei n. 12.063, de 27-10-2009.

Parágrafo único. Cabe agravo da decisão que indeferir a petição inicial.

•• Parágrafo único acrescentado pela Lei n. 12.063, de 27-10-2009.

Art. 12-D. Proposta a ação direta de inconstitucionalidade por omissão, não se admitirá desistência.

•• Artigo acrescentado pela Lei n. 12.063, de 27-10-2009.

Art. 12-E. Aplicam-se ao procedimento da ação direta de inconstitucionalidade por omissão, no que couber, as disposições constantes da Seção I do Capítulo II desta Lei.

•• *Caput* acrescentado pela Lei n. 12.063, de 27-10-2009.

§ 1.º Os demais titulares referidos no art. 2.º desta Lei poderão manifestar-se, por escrito, sobre o objeto da ação e pedir a juntada de documentos reputados úteis para o exame da matéria, no prazo das informações, bem como apresentar memoriais.

•• § 1.º acrescentado pela Lei n. 12.063, de 27-10-2009.

§ 2.º O relator poderá solicitar a manifestação do Advogado-Geral da União, que deverá ser encaminhada no prazo de 15 (quinze) dias.

•• § 2.º acrescentado pela Lei n. 12.063, de 27-10-2009.

§ 3.º O Procurador-Geral da República, nas ações em que não for autor, terá vista do processo, por 15 (quinze) dias, após o decurso do prazo para informações.

•• § 3.º acrescentado pela Lei n. 12.063, de 27-10-2009.

Seção II
Da Medida Cautelar em Ação Direta de Inconstitucionalidade por Omissão

•• Seção II acrescentada pela Lei n. 12.063, de 27-10-2009.

Art. 12-F. Em caso de excepcional urgência e relevância da matéria, o Tribunal, por decisão da maioria absoluta de seus membros, observado o disposto no art. 22, poderá conceder medida cautelar, após a audiência dos órgãos ou autoridades responsáveis pela omissão inconstitucional, que deverão pronunciar-se no prazo de 5 (cinco) dias.

•• *Caput* acrescentado pela Lei n. 12.063, de 27-10-2009.

§ 1.º A medida cautelar poderá consistir na suspensão da aplicação da lei ou do ato normativo questionado, no caso de omissão parcial, bem como na suspensão de processos judiciais ou de procedimentos administrativos, ou ainda em outra providência a ser fixada pelo Tribunal.

•• § 1.º acrescentado pela Lei n. 12.063, de 27-10-2009.

§ 2.º O relator, julgando indispensável, ouvirá o Procurador-Geral da República, no prazo de 3 (três) dias.

•• § 2.º acrescentado pela Lei n. 12.063, de 27-10-2009.

§ 3.º No julgamento do pedido de medida cautelar, será facultada sustentação oral aos representantes judiciais do requerente e das autoridades ou órgãos responsáveis pela omissão inconstitucional, na forma estabelecida no Regimento do Tribunal.

•• § 3.º acrescentado pela Lei n. 12.063, de 27-10-2009.

Art. 12-G. Concedida a medida cautelar, o Supremo Tribunal Federal fará publicar, em seção especial do *Diário Oficial da União* e do Diário da Justiça da União, a parte dispositiva da decisão no prazo de 10 (dez) dias, devendo solicitar as informações à autoridade ou ao órgão responsável pela omissão inconstitucional, observando-se, no que couber, o procedimento estabelecido na Seção I do Capítulo II desta Lei.

•• Artigo acrescentado pela Lei n. 12.063, de 27-10-2009.

Seção III
Da Decisão na Ação Direta de Inconstitucionalidade por Omissão

•• Seção III acrescentada pela Lei n. 12.063, de 27-10-2009.

Art. 12-H. Declarada a inconstitucionalidade por omissão, com observância do disposto no art. 22, será dada ciência ao Poder competente para a adoção das providências necessárias.

•• *Caput* acrescentado pela Lei n. 12.063, de 27-10-2009.

§ 1.º Em caso de omissão imputável a órgão administrativo, as providências deverão ser adotadas no prazo de 30 (trinta) dias, ou em prazo razoável a ser estipulado excepcionalmente pelo Tribunal, tendo em vista as circunstâncias específicas do caso e o interesse público envolvido.

•• § 1.º acrescentado pela Lei n. 12.063, de 27-10-2009.

§ 2.º Aplica-se à decisão da ação direta de inconstitucionalidade por omissão, no que couber, o disposto no Capítulo IV desta Lei.

•• § 2.º acrescentado pela Lei n. 12.063, de 27-10-2009.

Capítulo III
DA AÇÃO DECLARATÓRIA DE CONSTITUCIONALIDADE

Seção I
Da Admissibilidade e do Procedimento da Ação Declaratória de Constitucionalidade

Art. 13. Podem propor a ação declaratória de constitucionalidade de lei ou ato normativo federal:

I – o Presidente da República;

II – a Mesa da Câmara dos Deputados;

III – a Mesa do Senado Federal;

IV – o Procurador-Geral da República.

Art. 14. A petição inicial indicará:

I – o dispositivo da lei ou do ato normativo questionado e os fundamentos jurídicos do pedido;

II – o pedido, com suas especificações;

III – a existência de controvérsia judicial relevante sobre a aplicação da disposição objeto da ação declaratória.

Parágrafo único. A petição inicial, acompanhada de instrumento de procuração, quando subscrita por advogado, será apresentada em duas vias, devendo conter cópias do ato normativo questionado e dos documentos necessários para comprovar a procedência do pedido de declaração de constitucionalidade.

Art. 15. A petição inicial inepta, não fundamentada e a manifestamente improcedente serão liminarmente indeferidas pelo relator.

Parágrafo único. Cabe agravo da decisão que indeferir a petição inicial.

Art. 16. Proposta a ação declaratória, não se admitirá desistência.

Art. 17. (*Vetado.*)

Art. 18. Não se admitirá intervenção de terceiros no processo de ação declaratória de constitucionalidade.

§§ 1.º e 2.º (*Vetados.*)

Art. 19. Decorrido o prazo do artigo anterior, será aberta vista ao Procurador-Geral da República, que deverá pronunciar-se no prazo de 15 (quinze) dias.

Art. 20. Vencido o prazo do artigo anterior, o relator lançará o relatório, com cópia a todos os Ministros, e pedirá dia para julgamento.

§ 1.º Em caso de necessidade de esclarecimento de matéria ou circunstância de fato ou de notória insuficiência das informações existentes nos autos, poderá o relator requisitar informações adicionais, designar perito ou comissão de peritos para que emita parecer sobre a questão ou fixar data para, em audiência pública, ouvir depoimentos de pessoas com experiência e autoridade na matéria.

§ 2.º O relator poderá solicitar, ainda, informações aos Tribunais Superiores, aos Tribunais federais e aos Tribunais estaduais acerca da aplicação da norma questionada no âmbito de sua jurisdição.

§ 3.º As informações, perícias e audiências a que se referem os parágrafos anteriores serão realizadas no prazo de 30 (trinta) dias, contado da solicitação do relator.

Seção II
Da Medida Cautelar em Ação Declaratória de Constitucionalidade

Art. 21. O Supremo Tribunal Federal, por decisão da maioria absoluta de seus membros, poderá deferir pedido de medida cautelar na ação declaratória de constitucionalidade, consistente na determinação de que os juízes e os Tribunais suspendam o julgamento dos processos que envolvam a aplicação da lei ou do ato normativo objeto da ação até seu julgamento definitivo.

Parágrafo único. Concedida a medida cautelar, o Supremo Tribunal Federal fará publicar em seção especial do *Diário Oficial da União* a parte dispositiva da decisão, no prazo de 10 (dez) dias, devendo o Tribunal proceder ao julgamento da ação no prazo de 180 (cento e oitenta) dias, sob pena de perda de sua eficácia.

Capítulo IV
DA DECISÃO NA AÇÃO DIRETA DE INCONSTITUCIONALIDADE E NA AÇÃO DECLARATÓRIA DE CONSTITUCIONALIDADE

Art. 22. A decisão sobre a constitucionalidade ou a inconstitucionalidade da lei ou do ato normativo somente será tomada se presentes na sessão pelo menos oito Ministros.

Art. 23. Efetuado o julgamento, proclamar-se-á a constitucionalidade ou a inconstitucionalidade da disposição ou da norma impugnada se num ou noutro sentido se tiverem manifestado pelo menos seis Ministros, quer se trate de ação direta de inconstitucionalidade ou de ação declaratória de constitucionalidade.

Parágrafo único. Se não for alcançada a maioria necessária à declaração de constitucionalidade ou de inconstitucionalidade, estando ausentes Ministros em número que possa influir no julgamento, este será suspenso a fim de aguardar-se o comparecimento dos Ministros ausentes, até que se atinja o número necessário para prolação da decisão num ou noutro sentido.

Art. 24. Proclamada a constitucionalidade, julgar-se-á improcedente a ação direta ou procedente eventual ação declaratória; e, proclamada a inconstitucionalidade, julgar-se-á procedente a ação direta ou improcedente eventual ação declaratória.

Art. 25. Julgada a ação, far-se-á a comunicação à autoridade ou ao órgão responsável pela expedição do ato.

Art. 26. A decisão que declara a constitucionalidade ou a inconstitucionalidade da lei ou do ato normativo em ação direta ou em ação declaratória é irrecorrível, ressalvada a interposição de embargos declaratórios, não podendo, igualmente, ser objeto de ação rescisória.

Art. 27. Ao declarar a inconstitucionalidade de lei ou ato normativo, e tendo em vista razões de segurança jurídica ou de excepcional interesse social, poderá o Supremo Tribunal Federal, por maioria de dois terços de seus membros, restringir os efeitos daquela declaração ou decidir que ela só tenha eficácia a partir de seu trânsito em julgado ou de outro momento que venha a ser fixado.

Art. 28. Dentro do prazo de 10 (dez) dias após o trânsito em julgado da decisão, o Supremo Tribunal Federal fará publicar em seção especial do *Diário da Justiça* e do *Diário Oficial da União* a parte dispositiva do acórdão.

Parágrafo único. A declaração de constitucionalidade ou de inconstitucionalidade, inclusive a interpretação conforme a Constituição e a declaração parcial de inconstitucionalidade sem redução de texto, têm eficácia contra todos e efeito vinculante em relação aos órgãos do Poder Judiciário e à Administração Pública federal, estadual e municipal.

Capítulo V
DAS DISPOSIÇÕES GERAIS E FINAIS

Art. 29. O art. 482 do Código de Processo Civil fica acrescido dos seguintes parágrafos:

•• Alteração já processada no diploma modificado.

Art. 30. O art. 8.º da Lei n. 8.185, de 14 de maio de 1991, passa a vigorar acrescido dos seguintes dispositivos:

•• A Lei n. 8.185, de 14-5-1991, foi revogada pela Lei n. 11.697, de 13-6-2008.

Art. 31. Esta Lei entra em vigor na data de sua publicação.

Brasília, 10 de novembro de 1999; 178.º da Independência e 111.º da República.

FERNANDO HENRIQUE CARDOSO

LEI N. 9.873, DE 23 DE NOVEMBRO DE 1999 (*)

Estabelece prazo de prescrição para o exercício de ação punitiva pela Administração Pública Federal, direta e indireta, e dá outras providências.

Faço saber que o Presidente da República adotou a Medida Provisória n. 1.859-17, de 1999, que o Congresso Nacional aprovou, e eu, Antônio Carlos Magalhães, Presidente, para os efeitos do disposto no parágrafo único do art. 62 da Constituição Federal, promulgo a seguinte Lei:

Art. 1.º Prescreve em 5 (cinco) anos a ação punitiva da Administração Pública Federal, direta e indireta, no exercício do poder de polícia, objetivando apurar infração à legislação em vigor, contados da data da prática do ato ou, no caso de infração permanente ou continuada, do dia em que tiver cessado.

§ 1.º Incide a prescrição no procedimento administrativo paralisado por mais de 3 (três) anos, pendente de julgamento ou despacho, cujos autos serão arquivados de ofício ou mediante requerimento da parte interessada, sem prejuízo da apuração da responsabilidade funcional decorrente da paralisação, se for o caso.

§ 2.º Quando o fato objeto da ação punitiva da Administração também constituir crime, a prescrição reger-se-á pelo prazo previsto na lei penal.

Art. 1.º-A. Constituído definitivamente o crédito não tributário, após o término regular do processo administrativo, prescreve em 5 (cinco) anos a ação de execução da administração pública federal relativa a crédito decorrente da aplicação de multa por infração à legislação em vigor.

•• Artigo acrescentado pela Lei n. 11.941, de 27-5-2009.

Art. 2.º Interrompe-se a prescrição da ação punitiva:

•• *Caput* com redação determinada pela Lei n. 11.941, de 27-5-2009.

I – pela notificação ou citação do indiciado ou acusado, inclusive por meio de edital;

•• Inciso I com redação determinada pela Lei n. 11.941, de 27-5-2009.

II – por qualquer ato inequívoco, que importe apuração do fato;

III – pela decisão condenatória recorrível;

IV – por qualquer ato inequívoco que importe em manifestação expressa de tentativa de solução conciliatória no âmbito interno da administração pública federal.

•• Inciso IV acrescentado pela Lei n. 11.941, de 27-5-2009.

Art. 2.º-A. Interrompe-se o prazo prescricional da ação executória:

•• *Caput* acrescentado pela Lei n. 11.941, de 27-5-2009.

I – pelo despacho do juiz que ordenar a citação em execução fiscal;

•• Inciso I acrescentado pela Lei n. 11.941, de 27-5-2009.

II – pelo protesto judicial;

•• Inciso II acrescentado pela Lei n. 11.941, de 27-5-2009.

III – por qualquer ato judicial que constitua em mora o devedor;

•• Inciso III acrescentado pela Lei n. 11.941, de 27-5-2009.

IV – por qualquer ato inequívoco, ainda que extrajudicial, que importe em reconhecimento do débito pelo devedor;

•• Inciso IV acrescentado pela Lei n. 11.941, de 27-5-2009.

V – por qualquer ato inequívoco que importe em manifestação expressa de tentativa de solução conciliatória no âmbito interno da administração pública federal.

•• Inciso V acrescentado pela Lei n. 11.941, de 27-5-2009.

Art. 3.º Suspende-se a prescrição durante a vigência:

I – dos compromissos de cessação ou de desempenho, respectivamente, previstos nos arts. 53 e 58 da Lei n. 8.884, de 11 de junho de 1994;

II – (*Revogado pela Lei n. 13.506, de 13-11-2017.*)

Art. 4.º Ressalvadas as hipóteses de interrupção previstas no art. 2.º, para as infrações ocorridas há mais de 3 (três) anos, contados do dia 1.º de julho de 1998, a prescrição operará em 2 (dois) anos, a partir dessa data.

Art. 5.º O disposto nesta Lei não se aplica às infrações de natureza funcional e aos processos e procedimentos de natureza tributária.

Art. 6.º Ficam convalidados os atos praticados com base na Medida Provisória n. 1.859-16, de 24 de setembro de 1999.

Art. 7.º Esta Lei entra em vigor na data de sua publicação.

Art. 8.º Ficam revogados o art. 33 da Lei n. 6.385, de 1976, com a redação dada pela Lei n. 9.457, de 1997, o art. 28 da Lei n. 8.884, de 1994, e demais disposições em contrário, ainda que constantes de lei especial.

Congresso Nacional, em 23 de novembro de 1999; 178.º da Independência e 111.º da República.

Antonio Carlos Magalhães

(*) Publicada no *Diário Oficial da União*, de 24-11-1999.

LEI N. 9.882, DE 3 DE DEZEMBRO DE 1999 (**)

Dispõe sobre o processo e julgamento da arguição de descumprimento de preceito fundamental, nos termos do § 1.º do art. 102 da Constituição Federal.

O Presidente da República

Faço saber que o Congresso Nacional decreta e eu sanciono a seguinte Lei:

Art. 1.º A arguição prevista no § 1.º do art. 102 da Constituição Federal será proposta perante o Supremo Tribunal Federal, e terá por objeto evitar ou reparar lesão a preceito fundamental, resultante de ato do Poder Público.

Parágrafo único. Caberá também arguição de descumprimento de preceito fundamental:

I – quando for relevante o fundamento da controvérsia constitucional sobre lei ou ato normativo federal, estadual ou municipal, incluídos os anteriores à Constituição;

II – (*Vetado.*)

Art. 2.º Podem propor arguição de descumprimento de preceito fundamental:

I – os legitimados para a ação direta de inconstitucionalidade;

II – (*Vetado.*)

§ 1.º Na hipótese do inciso II, faculta-se ao interessado, mediante representação, solicitar a propositura de arguição de descumprimento de preceito fundamental ao Procurador-Geral da República, que, examinando os fundamentos jurídicos do pedido, decidirá do cabimento do seu ingresso em juízo.

§ 2.º (*Vetado.*)

Art. 3.º A petição inicial deverá conter:

I – a indicação do preceito fundamental que se considera violado;

II – a indicação do ato questionado;

III – a prova da violação do preceito fundamental;

IV – o pedido, com suas especificações;

V – se for o caso, a comprovação da existência de controvérsia judicial relevante sobre a aplicação do preceito fundamental que se considera violado.

Parágrafo único. A petição inicial, acompanhada de instrumento de mandato, se for o caso, será apresentada em duas vias, devendo conter cópias do ato questionado e dos documentos necessários para comprovar a impugnação.

Art. 4.º A petição inicial será indeferida liminarmente, pelo relator, quando não for o caso de arguição de descumprimento de preceito fundamental, faltar algum dos requisitos prescritos nesta Lei ou for inepta.

§ 1.º Não será admitida arguição de descumprimento de preceito fundamental quando houver qualquer outro meio eficaz de sanar a lesividade.

§ 2.º Da decisão de indeferimento da petição inicial caberá agravo, no prazo de 5 (cinco) dias.

Art. 5.º O Supremo Tribunal Federal, por decisão da maioria absoluta de seus membros, poderá deferir pedido de medida liminar na arguição de descumprimento de preceito fundamental.

(**) Publicada no *Diário Oficial da União*, de 6-12-1999.

§ 1.º Em caso de extrema urgência ou perigo de lesão grave, ou ainda, em período de recesso, poderá o relator conceder a liminar, *ad referendum* do Tribunal Pleno.

§ 2.º O relator poderá ouvir os órgãos ou autoridades responsáveis pelo ato questionado, bem como o Advogado-Geral da União ou o Procurador-Geral da República, no prazo comum de 5 (cinco) dias.

§ 3.º A liminar poderá consistir na determinação de que juízes e tribunais suspendam o andamento de processo ou os efeitos de decisões judiciais, ou de qualquer outra medida que apresente relação com a matéria objeto da arguição de descumprimento de preceito fundamental, salvo se decorrentes da coisa julgada.

•• O STF, em liminar concedida aos 5-12-2001, na ADI n. 2.231-8, suspendeu a eficácia deste parágrafo.

§ 4.º (*Vetado.*)

Art. 6.º Apreciado o pedido de liminar, o relator solicitará as informações às autoridades responsáveis pela prática do ato questionado, no prazo de 10 (dez) dias.

§ 1.º Se entender necessário, poderá o relator ouvir as partes nos processos que ensejaram a arguição, requisitar informações adicionais, designar perito ou comissão de peritos para que emita parecer sobre a questão, ou ainda, fixar data para declarações, em audiência pública, de pessoas com experiência e autoridade na matéria.

§ 2.º Poderão ser autorizadas, a critério do relator, sustentação oral e juntada de memoriais, por requerimento dos interessados no processo.

Art. 7.º Decorrido o prazo das informações, o relator lançará o relatório, com cópia a todos os ministros, e pedirá dia para julgamento.

Parágrafo único. O Ministério Público, nas arguições que não houver formulado, terá vista do processo, por 5 (cinco) dias, após o decurso do prazo para informações.

Art. 8.º A decisão sobre a arguição de descumprimento de preceito fundamental somente será tomada se presentes na sessão pelo menos 2/3 (dois terços) dos Ministros.

§§ 1.º e 2.º (*Vetados.*)

Art. 9.º (*Vetado.*)

Art. 10. Julgada a ação, far-se-á comunicação às autoridades ou órgãos responsáveis pela prática dos atos questionados, fixando-se as condições e o modo de interpretação e aplicação do preceito fundamental.

§ 1.º O presidente do Tribunal determinará o imediato cumprimento da decisão, lavrando-se o acórdão posteriormente.

§ 2.º Dentro do prazo de 10 (dez) dias contado a partir do trânsito em julgado da decisão, sua parte dispositiva será publicada em seção especial do *Diário da Justiça* e do *Diário Oficial da União*.

§ 3.º A decisão terá eficácia contra todos e efeito vinculante relativamente aos demais órgãos do Poder Público.

Art. 11. Ao declarar a inconstitucionalidade de lei ou ato normativo, no processo de arguição de descumprimento de preceito fundamental, e tendo em vista razões de segurança jurídica ou de excepcional interesse social, poderá o Supremo Tribunal Federal, por maioria de 2/3 (dois terços) de seus membros, restringir os efeitos daquela declaração ou decidir que ela só tenha eficácia a partir de seu trânsito em julgado ou de outro momento que venha a ser fixado.

Art. 12. A decisão que julgar procedente ou improcedente o pedido em arguição de descumprimento de preceito fundamental é irrecorrível, não podendo ser objeto de ação rescisória.

Art. 13. Caberá reclamação contra o descumprimento da decisão proferida pelo Supremo Tribunal Federal, na forma do seu Regimento Interno.

Art. 14. Esta Lei entra em vigor na data de sua publicação.

Brasília, 3 de dezembro de 1999; 178.º da Independência e 111.º da República.

FERNANDO HENRIQUE CARDOSO

LEI COMPLEMENTAR N. 105, DE 10 DE JANEIRO DE 2001 (*)

Dispõe sobre o sigilo das operações de instituições financeiras e dá outras providências.

O Presidente da República

Faço saber que o Congresso Nacional decreta e eu sanciono a seguinte Lei Complementar:

Art. 1.º As instituições financeiras conservarão sigilo em suas operações ativas e passivas e serviços prestados.

- *Vide* Lei n. 4.595, de 31-12-1964 (Lei do Conselho Monetário Nacional).
- *Vide* Lei n. 4.728, de 14-7-1965 (mercado de capitais).
- *Vide* Lei n. 6.024, de 13-3-1974 (intervenção e liquidação extrajudicial de instituições financeiras).
- *Vide* Lei n. 6.385, de 7-12-1976 (Lei de Mercado de Valores Mobiliários).
- *Vide* Lei n. 6.404, de 15-12-1976 (LSA).

§ 1.º São consideradas instituições financeiras, para os efeitos desta Lei Complementar:

I – os bancos de qualquer espécie;

II – distribuidoras de valores mobiliários;

III – corretoras de câmbio e de valores mobiliários;

IV – sociedades de crédito, financiamento e investimentos;

V – sociedades de crédito imobiliário;

VI – administradoras de cartões de crédito;

VII – sociedades de arrendamento mercantil;

VIII – administradoras de mercado de balcão organizado;

IX – cooperativas de crédito;

X – associações de poupança e empréstimo;

XI – bolsas de valores e de mercadorias e futuros;

XII – entidades de liquidação e compensação;

XIII – outras sociedades que, em razão da natureza de suas operações, assim venham a ser consideradas pelo Conselho Monetário Nacional.

§ 2.º As empresas de fomento comercial ou *factoring*, para os efeitos desta Lei Complementar, obedecerão às normas aplicáveis às instituições financeiras previstas no § 1.º.

§ 3.º Não constitui violação do dever de sigilo:

I – a troca de informações entre instituições financeiras, para fins cadastrais, inclusive por intermédio de centrais de risco, observadas as normas baixadas pelo Conselho Monetário Nacional e pelo Banco Central do Brasil;

II – o fornecimento de informações constantes de cadastro de emitentes de cheques sem provisão de fundos e de devedores inadimplentes, a entidades de proteção ao crédito, observadas as normas baixadas pelo Conselho Monetário Nacional e pelo Banco Central do Brasil;

III – o fornecimento das informações de que trata o § 2.º do art. 11 da Lei n. 9.311, de 24 de outubro de 1996;

- Citada Lei dispunha sobre a CPMF.

IV – a comunicação, às autoridades competentes, da prática de ilícitos penais ou administrativos, abrangendo o fornecimento de informações sobre operações que envolvam recursos provenientes de qualquer prática criminosa;

V – a revelação de informações sigilosas com o consentimento expresso dos interessados;

VI – a prestação de informações nos termos e condições estabelecidos nos arts. 2.º, 3.º, 4.º, 5.º, 6.º, 7.º e 9.º desta Lei Complementar;

VII – o fornecimento de dados financeiros e de pagamentos, relativos a operações de crédito e obrigações de pagamento adimplidas ou em andamento de pessoas naturais ou jurídicas, a gestores de bancos de dados, para formação de histórico de crédito, nos termos de lei específica.

•• Inciso VII acrescentado pela Lei Complementar n. 166, de 8-4-2019.

§ 4.º A quebra de sigilo poderá ser decretada, quando necessária para apuração de ocorrência de qualquer ilícito, em qualquer fase do inquérito ou do processo judicial, e especialmente nos seguintes crimes:

I – de terrorismo;

II – de tráfico ilícito de substâncias entorpecentes ou drogas afins;

III – de contrabando ou tráfico de armas, munições ou material destinado a sua produção;

(*) Publicada no *Diário Oficial da União*, de 11-1-2001.

IV – de extorsão mediante sequestro;

V – contra o sistema financeiro nacional;

• A Lei n. 7.492, de 16-6-1986, define os crimes contra o sistema financeiro nacional e dá outras providências.

VI – contra a Administração Pública;

VII – contra a ordem tributária e a previdência social;

VIII – lavagem de dinheiro ou ocultação de bens, direitos e valores;

IX – praticado por organização criminosa.

Art. 2.º O dever de sigilo é extensivo ao Banco Central do Brasil, em relação às operações que realizar e às informações que obtiver no exercício de suas atribuições.

§ 1.º O sigilo, inclusive quanto a contas de depósitos, aplicações e investimentos mantidos em instituições financeiras, não pode ser oposto ao Banco Central do Brasil:

I – no desempenho de suas funções de fiscalização, compreendendo a apuração, a qualquer tempo, de ilícitos praticados por controladores, administradores, membros de conselhos estatutários, gerentes, mandatários e prepostos de instituições financeiras;

II – ao proceder a inquérito em instituição financeira submetida a regime especial.

§ 2.º As comissões encarregadas dos inquéritos a que se refere o inciso II do § 1.º poderão examinar quaisquer documentos relativos a bens, direitos e obrigações das instituições financeiras, de seus controladores, administradores, membros de conselhos estatutários, gerentes, mandatários e prepostos, inclusive contas correntes e operações com outras instituições financeiras.

§ 3.º O disposto neste artigo aplica-se à Comissão de Valores Mobiliários, quando se tratar de fiscalização de operações e serviços no mercado de valores mobiliários, inclusive nas instituições financeiras que sejam companhias abertas.

§ 4.º O Banco Central do Brasil e a Comissão de Valores Mobiliários, em suas áreas de competência, poderão firmar convênios:

I – com outros órgãos públicos fiscalizadores de instituições financeiras, objetivando a realização de fiscalizações conjuntas, observadas as respectivas competências;

II – com bancos centrais ou entidades fiscalizadoras de outros países, objetivando:

a) a fiscalização de filiais e subsidiárias de instituições financeiras estrangeiras, em funcionamento no Brasil e de filiais e subsidiárias, no exterior, de instituições financeiras brasileiras;

b) a cooperação mútua e o intercâmbio de informações para a investigação de atividades ou operações que impliquem aplicação, negociação, ocultação ou transferência de ativos financeiros e de valores mobiliários relacionados com a prática de condutas ilícitas.

§ 5.º O dever de sigilo de que trata esta Lei Complementar estende-se aos órgãos fiscalizadores mencionados no § 4.º e a seus agentes.

§ 6.º O Banco Central do Brasil, a Comissão de Valores Mobiliários e os demais órgãos de fiscalização, nas áreas de suas atribuições, fornecerão ao Conselho de Controle de Atividades Financeiras – COAF, de que trata o art. 14 da Lei n. 9.613, de 3 de março de 1998, as informações cadastrais e de movimento de valores relativos às operações previstas no inciso I do art. 11 da referida Lei.

Art. 3.º Serão prestadas pelo Banco Central do Brasil, pela Comissão de Valores Mobiliários e pelas instituições financeiras as informações ordenadas pelo Poder Judiciário, preservado o seu caráter sigiloso mediante acesso restrito às partes, que delas não poderão servir-se para fins estranhos à lide.

§ 1.º Dependem de prévia autorização do Poder Judiciário a prestação de informações e o fornecimento de documentos sigilosos solicitados por comissão de inquérito administrativo destinada a apurar responsabilidade de servidor público por infração praticada no exercício de suas atribuições, ou que tenha relação com as atribuições do cargo em que se encontre investido.

§ 2.º Nas hipóteses do § 1.º, o requerimento de quebra de sigilo independe da existência de processo judicial em curso.

§ 3.º Além dos casos previstos neste artigo o Banco Central do Brasil e a Comissão de Valores Mobiliários fornecerão à Advocacia-Geral da União as informações e os documentos necessários à defesa da União nas ações em que seja parte.

Art. 4.º O Banco Central do Brasil e a Comissão de Valores Mobiliários, nas áreas de suas atribuições, e as instituições financeiras fornecerão ao Poder Legislativo Federal as informações e os documentos sigilosos que, fundamentadamente, se fizerem necessários ao exercício de suas respectivas competências constitucionais e legais.

§ 1.º As comissões parlamentares de inquérito, no exercício de sua competência constitucional e legal de ampla investigação, obterão as informações e documentos sigilosos de que necessitarem, diretamente das instituições financeiras, ou por intermédio do Banco Central do Brasil ou da Comissão de Valores Mobiliários.

§ 2.º As solicitações de que trata este artigo deverão ser previamente aprovadas pelo Plenário da Câmara dos Deputados, do Senado Federal, ou do plenário de suas respectivas comissões parlamentares de inquérito.

Art. 5.º O Poder Executivo disciplinará, inclusive quanto à periodicidade e aos limites de valor, os critérios segundo os quais as instituições financeiras informarão à administração tributária da União, as operações financeiras efetuadas pelos usuários de seus serviços.

•• *Caput* regulamentado pelo Decreto n. 4.489, de 28-11-2002.

•• Dispõe o art. 30 da Lei n. 10.637, de 30-12-2002: " Art. 30. A falta de prestação das informações a que se refere o art. 5.º da Lei Complementar n. 105, de 10-1-2001, ou sua apresentação de forma inexata ou incompleta, sujeita a pessoa jurídica às seguintes penalidades: I – R$ 50,00 (cinquenta reais) por grupo de cinco informações inexatas, incompletas ou omitidas; II – R$ 5.000,00 (cinco mil reais) por mês-calendário ou fração, independentemente da sanção prevista no inciso I, na hipótese de atraso na entrega da declaração que venha a ser instituída para o fim de apresentação das informações. § 1.º O disposto no inciso II do *caput* aplica-se também à declaração que não atenda às especificações que forem estabelecidas pela Secretaria da Receita Federal, inclusive quando exigida em meio digital. § 2.º As multas de que trata este artigo serão: I – apuradas considerando o período compreendido entre o dia seguinte ao término do prazo fixado para a entrega da declaração até a data da efetiva entrega; II – majoradas em 100% (cem por cento), na hipótese de lavratura de auto de infração. § 3.º Na hipótese de lavratura de auto de infração, caso a pessoa jurídica não apresente a declaração, serão lavrados autos de infração complementares até a sua efetiva entrega".

•• A Instrução Normativa n. 802, de 27-12-2007, da Secretaria da Receita Federal do Brasil, dispõe sobre a prestação de informações de que trata este artigo.

§ 1.º Consideram-se operações financeiras, para os efeitos deste artigo:

I – depósitos à vista e a prazo, inclusive em conta de poupança;

II – pagamentos efetuados em moeda corrente ou em cheques;

III – emissão de ordens de crédito ou documentos assemelhados;

IV – resgates em contas de depósitos à vista ou a prazo, inclusive de poupança;

V – contratos de mútuo;

VI – descontos de duplicatas, notas promissórias e outros títulos de crédito;

VII – aquisições e vendas de títulos de renda fixa ou variável;

VIII – aplicações em fundos de investimentos;

IX – aquisições de moeda estrangeira;

X – conversões de moeda estrangeira em moeda nacional;

XI – transferências de moeda e outros valores para o exterior;

XII – operações com ouro, ativo financeiro;

XIII – operações com cartão de crédito;

XIV – operações de arrendamento mercantil; e

XV – quaisquer outras operações de natureza semelhante que venham a ser autorizadas pelo Banco Central do Brasil, Comissão de Valores Mobiliários ou outro órgão competente.

§ 2.º As informações transferidas na forma do *caput* deste artigo restringir-se-ão a informes relacionados com a identificação dos titulares das operações e os montantes globais mensalmente movimentados, vedada a inserção de qualquer elemento que permita identificar a sua origem ou a natureza dos gastos a partir deles efetuados.

§ 3.º Não se incluem entre as informações de que trata este artigo as operações financeiras efetuadas pelas administrações direta e indireta da União, dos Estados, do Distrito Federal e dos Municípios.

§ 4.º Recebidas as informações de que trata este artigo, se detectados indícios de falhas, incorreções ou omissões, ou de cometimento de ilícito fiscal, a autoridade interessada poderá requisitar as informações e os documentos de que necessitar, bem como realizar fiscalização ou auditoria para a adequada apuração dos fatos.

§ 5.º As informações a que se refere este artigo serão conservadas sob sigilo fiscal, na forma da legislação em vigor.

Art. 6.º As autoridades e os agentes fiscais tributários da União, dos Estados, do Distrito Federal e dos Municípios somente poderão examinar documentos, livros e registros de instituições financeiras, inclusive os referentes a contas de depósitos e aplicações financeiras, quando houver processo administrativo instaurado ou procedimento fiscal em curso e tais exames sejam considerados indispensáveis pela autoridade administrativa competente.

•• Artigo regulamentado pelo Decreto n. 3.724, de 10-1-2001.

•• Dispõe o art. 31 da Lei n. 10.637, de 30-12-2002: "Art. 31. A falta de apresentação dos elementos a que se refere o art. 6.º da Lei Complementar n. 105, de 10-1-2001, ou sua apresentação de forma inexata ou incompleta, sujeita a pessoa jurídica à multa equivalente a dois por cento do valor das operações objeto da requisição, apurado por meio de procedimento fiscal junto à própria pessoa jurídica ou ao titular da conta de depósito ou da aplicação financeira, bem como a terceiros, por mês-calendário ou fração de atraso, limitado a dez por cento, observado o valor mínimo de R$ 50.000,00. Parágrafo único. À multa de que trata este artigo aplica-se o disposto nos §§ 2.º e 3.º do art. 30" (*vide* transcrição dos citados dispositivos na nota ao *caput* do art. 5.º desta Lei Complementar).

Parágrafo único. O resultado dos exames, as informações e os documentos a que se refere este artigo serão conservados em sigilo, observada a legislação tributária.

Art. 7.º Sem prejuízo do disposto no § 3.º do art. 2.º, a Comissão de Valores Mobiliários, instaurado inquérito administrativo, poderá solicitar à autoridade judiciária competente o levantamento do sigilo junto às instituições financeiras de informações e documentos relativos a bens, direitos e obrigações de pessoa física ou jurídica submetida ao seu poder disciplinar.

Parágrafo único. O Banco Central do Brasil e a Comissão de Valores Mobiliários manterão permanente intercâmbio de informações acerca dos resultados das inspeções que realizarem, dos inquéritos que instaurarem e das penalidades que aplicarem, sempre que as informações forem necessárias ao desempenho de suas atividades.

Art. 8.º O cumprimento das exigências e formalidades previstas nos arts. 4.º, 6.º e 7.º será expressamente declarado pelas autoridades competentes nas solicitações dirigidas ao Banco Central do Brasil, à Comissão de Valores Mobiliários ou às instituições financeiras.

Art. 9.º Quando, no exercício de suas atribuições, o Banco Central do Brasil e a Comissão de Valores Mobiliários verificarem a ocorrência de crime definido em lei como de ação pública, ou indícios da prática de tais crimes, informarão ao Ministério Público, juntando à comunicação os documentos necessários à apuração ou comprovação dos fatos.

§ 1.º A comunicação de que trata este artigo será efetuada pelos Presidentes do Banco Central do Brasil e da Comissão de Valores Mobiliários, admitida delegação de competência, no prazo máximo de quinze dias, a contar do recebimento do processo, com manifestação dos respectivos serviços jurídicos.

§ 2.º Independentemente do disposto no *caput* deste artigo, o Banco Central do Brasil e a Comissão de Valores Mobiliários comunicarão aos órgãos públicos competentes as irregularidades e os ilícitos administrativos de que tenham conhecimento, ou indícios de sua prática, anexando os documentos pertinentes.

Art. 10. A quebra de sigilo, fora das hipóteses autorizadas nesta Lei Complementar, constitui crime e sujeita os responsáveis à pena de reclusão, de um a quatro anos, e multa, aplicando-se, no que couber, o Código Penal, sem prejuízo de outras sanções cabíveis.

Parágrafo único. Incorre nas mesmas penas quem omitir, retardar injustificadamente ou prestar falsamente as informações requeridas nos termos desta Lei Complementar.

Art. 11. O servidor público que utilizar ou viabilizar a utilização de qualquer informação obtida em decorrência da quebra de sigilo de que trata esta Lei Complementar responde pessoal e diretamente pelos danos decorrentes, sem prejuízo da responsabilidade objetiva da entidade pública, quando comprovado que o servidor agiu de acordo com orientação oficial.

Art. 12. Esta Lei Complementar entra em vigor na data de sua publicação.

Art. 13. Revoga-se o art. 38 da Lei n. 4.595, de 31 de dezembro de 1964.

Brasília, 10 de janeiro de 2001; 180.º da Independência e 113.º da República.

FERNANDO HENRIQUE CARDOSO

LEI N. 10.188, DE 12 DE FEVEREIRO DE 2001 (*)

Cria o Programa de Arrendamento Residencial, institui o arrendamento residencial com opção de compra e dá outras providências.

Faço saber que o Presidente da República adotou a Medida Provisória n. 2.135-24, de 2001, que o Congresso Nacional aprovou, e eu, Antonio Carlos Magalhães, Presidente, para os efeitos do disposto no parágrafo único do art. 62 da Constituição Federal, promulgo a seguinte Lei:

Capítulo I
DAS DISPOSIÇÕES GERAIS

Art. 1.º Fica instituído o Programa de Arrendamento Residencial para atendimento da necessidade de moradia da população de baixa renda, sob a forma de arrendamento residencial com opção de compra.

•• *Caput* com redação determinada pela Lei n. 11.474, de 15-5-2007.

§ 1.º A gestão do Programa cabe ao Ministério das Cidades e sua operacionalização à Caixa Econômica Federal – CEF.

•• § 1.º com redação determinada pela Lei n. 10.859, de 14-4-2004.

§ 2.º Os Ministros de Estado das Cidades e da Fazenda fixarão, em ato conjunto, a remuneração da CEF pelas atividades exercidas no âmbito do Programa.

•• § 2.º acrescentado pela Lei n. 10.859, de 14-4-2004.

§ 3.º Fica facultada a alienação, sem prévio arrendamento, ou a cessão de direitos dos imóveis adquiridos no âmbito do Programa.

•• § 3.º com redação determinada pela Lei n. 12.424, de 16-6-2011.

§ 4.º Os imóveis produzidos com recursos do Fundo de Arrendamento Residencial poderão ser alienados nas condições estabelecidas em ato do Ministro de Estado do Desenvolvimento Regional, com prioridade para:

•• § 4.º, *caput*, acrescentado pela Lei n. 14.312, de 14-3-2022.

I – União, Estados, Distrito Federal e Municípios, ou entidades da administração pública indireta desses entes, para destinação a programas habitacionais de interesse social por eles desenvolvidos; e

•• Inciso I acrescentado pela Lei n. 14.312, de 14-3-2022.

II – pessoas físicas que constituam o público-alvo dos programas habitacionais federais.

•• Inciso II acrescentado pela Lei n. 14.312, de 14-3-2022.

Art. 2.º Para a operacionalização do Programa instituído nesta Lei, é a CEF autorizada a criar um fundo financeiro privado com o fim exclusivo de segregação patri-

(*) Publicada no *Diário Oficial da União*, de 14-2-2001.

monial e contábil dos haveres financeiros e imobiliários destinados ao Programa.

•• *Caput* com redação determinada pela Lei n. 12.693, de 24-6-2012.

§ 1.º O fundo a que se refere o *caput* será subordinado à fiscalização do Banco Central do Brasil, devendo sua contabilidade sujeitar-se às normas do Plano Contábil das Instituições do Sistema Financeiro Nacional (Cosif), aos princípios gerais de contabilidade e, no que couber, às demais normas de contabilidade vigentes no País.

•• § 1.º com redação determinada pela Lei n. 12.693, de 24-6-2012.

§ 2.º O patrimônio do fundo a que se refere o *caput* será constituído:

•• § 2.º com redação determinada pela Lei n. 12.693, de 24-6-2012.

I – pelos bens e direitos adquiridos pela CEF no âmbito do Programa instituído nesta Lei; e

•• Inciso I acrescentado pela Lei n. 12.693, de 24-6-2012.

II – pelos recursos advindos da integralização de cotas.

•• Inciso II acrescentado pela Lei n. 12.693, de 24-6-2012.

§ 3.º Os bens e direitos integrantes do patrimônio do fundo a que se refere o *caput*, em especial os bens imóveis mantidos sob a propriedade fiduciária da CEF, bem como seus frutos e rendimentos, não se comunicam com o patrimônio desta, observadas, quanto a tais bens e direitos, as seguintes restrições:

I – não integram o ativo da CEF;

II – não respondem direta ou indiretamente por qualquer obrigação da CEF;

III – não compõem a lista de bens e direitos da CEF, para efeito de liquidação judicial ou extrajudicial;

IV – não podem ser dados em garantia de débito de operação da CEF;

V – não são passíveis de execução por quaisquer credores da CEF, por mais privilegiados que possam ser;

VI – não podem ser constituídos quaisquer ônus reais sobre os imóveis.

§ 4.º No título aquisitivo, a CEF fará constar as restrições enumeradas nos incisos I a VI e destacará que o bem adquirido constitui patrimônio do fundo a que se refere o *caput*.

§ 5.º *(Revogado pela Lei n. 14.312, de 14-3-2022.)*

§ 6.º A CEF fica dispensada da apresentação de certidão negativa de débitos, expedida pelo Instituto Nacional do Seguro Social – INSS, e da Certidão Negativa de Tributos e Contribuições administradas pela Secretaria da Receita Federal, quando alienar imóveis integrantes do patrimônio do fundo a que se refere o *caput*.

§ 7.º A alienação dos imóveis pertencentes ao patrimônio do fundo a que se refere o *caput* deste artigo será efetivada diretamente pela CEF, constituindo o instrumento de alienação documento hábil para cancelamento, perante o Cartório de Registro de Imóveis, das averbações pertinentes às restrições e ao destaque de que tratam os §§ 3.º e 4.º deste artigo, observando-se:

•• § 7.º com redação determinada pela Lei n. 11.474, de 15-5-2007.

I – o decurso do prazo contratual do Arrendamento Residencial; ou

•• Inciso I acrescentado pela Lei n. 11.474, de 15-5-2007.

II – a critério do gestor do Fundo, o processo de desimobilização do fundo financeiro de que trata o *caput* deste artigo.

•• Inciso II acrescentado pela Lei n. 11.474, de 15-5-2007.

§ 8.º Cabe à CEF a gestão do fundo a que se refere o *caput* e a proposição de seu regulamento para a aprovação da assembleia de cotistas.

•• § 8.º com redação determinada pela Lei n. 12.693, de 24-6-2012.

Art. 2.º-A. A integralização de cotas pela União poderá ser realizada, a critério do Ministério da Fazenda:

•• *Caput* acrescentado pela Lei n. 12.693, de 24-6-2012.

I – em moeda corrente;

•• Inciso I acrescentado pela Lei n. 12.693, de 24-6-2012.

II – em títulos públicos;

•• Inciso II acrescentado pela Lei n. 12.693, de 24-6-2012.

III – por meio de suas participações minoritárias; ou

•• Inciso III acrescentado pela Lei n. 12.693, de 24-6-2012.

IV – por meio de ações de sociedades de economia mista federais excedentes ao necessário para manutenção de seu controle acionário.

•• Inciso IV acrescentado pela Lei n. 12.693, de 24-6-2012.

§ 1.º A representação da União na assembleia de cotistas ocorrerá na forma do inciso V do *caput* do art. 10 do Decreto-lei n. 147, de 3 de fevereiro de 1967.

•• § 1.º acrescentado pela Lei n. 12.693, de 24-6-2012.

§ 2.º O Fundo de Arrendamento Residencial (FAR), de que trata o inciso II do *caput* do art. 2.º da Lei n. 11.977, de 7 de julho de 2009, terá direitos e obrigações próprias, pelas quais responderá com seu patrimônio, não respondendo os cotistas por qualquer obrigação do Fundo, salvo pela integralização das cotas que subscreverem.

•• § 2.º acrescentado pela Lei n. 12.693, de 24-6-2012.

Art. 2.º-B. Fica criado o Comitê de Participação do Fundo de Arrendamento Residencial (CPFAR), cujas composição e competências serão estabelecidas em ato do Poder Executivo federal.

•• Artigo acrescentado pela Lei n. 14.312, de 14-3-2022.

Art. 3.º Para atendimento exclusivo às finalidades do Programa instituído nesta Lei, fica a CEF autorizada a:

I – utilizar os saldos disponíveis dos seguintes Fundos e Programa em extinção:

a) Fundo de Apoio ao Desenvolvimento Social – FAS, criado pela Lei n. 6.168, de 9 de dezembro de 1974;

b) Fundo de Investimento Social – FINSOCIAL, criado pelo Decreto-lei n. 1.940, de 25 de maio de 1982;

c) Programa de Difusão Tecnológica para Construção de Habitação de Baixo Custo – PROTECH, criado por Decreto de 28 de julho de 1993; e

d) Fundo de Desenvolvimento Social – FDS, a que se refere o Decreto n. 103, de 22 de abril de 1991;

II – contratar operações de crédito com o Fundo de Garantia do Tempo de Serviço – FGTS, na forma e condições disciplinadas pelo Conselho Curador do FGTS, até limite a ser fixado pelo Poder Executivo; e

•• Inciso II com redação determinada pela Lei n. 10.859, de 14-4-2004.

III – incorporar as receitas pertencentes ao fundo financeiro específico do Programa, provenientes do processo de desimobilização previsto no inciso II do § 7.º do art. 2.º desta Lei; e

•• Inciso III com redação determinada pela Lei n. 11.474, de 15-5-2007.

IV – receber outros recursos a serem destinados ao Programa.

•• Inciso IV acrescentado pela Lei n. 11.474, de 15-5-2007.

§ 1.º Do saldo relativo ao FDS será deduzido o valor necessário ao provisionamento, na CEF, das exigibilidades de responsabilidade do Fundo existentes na data de publicação desta Lei.

§ 2.º A CEF promoverá o pagamento, nas épocas próprias, das obrigações de responsabilidade do FDS.

§ 3.º As receitas provenientes das operações de arrendamento e das aplicações de recursos destinados ao Programa instituído nesta Lei serão, deduzidas as despesas de administração, utilizadas para amortização da operação de crédito a que se refere o inciso II.

§ 4.º O saldo positivo existente ao final do Programa será integralmente revertido à União.

§ 5.º A aquisição de imóveis para atendimento dos objetivos do Programa será limitada a valor a ser estabelecido pelo Poder Executivo.

•• § 5.º com redação determinada pela Lei n. 10.859, de 14-4-2004.

§ 6.º No caso de imóveis tombados pelo Poder Público nos termos da legislação de preservação do patrimônio histórico e cultural ou daqueles inseridos em programas de revitalização ou reabilitação de centros urbanos, a CEF fica autorizada a adquirir os direitos de posse em que estiverem imitidos a União, Estados, Distrito Federal, Municípios e suas entidades, desde que devidamente registrados no Registro Geral de Imóveis – RGI, nos termos do art. 167, inciso I, item 36, da Lei n. 6.015, de 31 de dezembro de 1973.

•• § 6.º com redação determinada pela Lei n. 10.859, de 14-4-2004.

Art. 3.º-A O FAR não contará com qualquer tipo de garantia ou aval por parte do setor público e responderá por suas obrigações até o limite dos bens e direitos integrantes de seu patrimônio.

•• Artigo acrescentado pela Lei n. 12.693, de 24-6-2012.

Art. 4.º Compete à CEF:

I – criar o fundo financeiro a que se refere o art. 2.º;

II – alocar os recursos previstos no art. 3.º, inciso II, responsabilizando-se pelo retorno dos recursos ao FGTS, na forma do § 1.º do art. 9.º da Lei n. 8.036, de 11 de maio de 1990;

III – expedir os atos necessários à operacionalização do Programa;

IV – definir os critérios técnicos a serem observados na aquisição, alienação e no arrendamento com opção de compra dos imóveis destinados ao Programa;

•• Inciso IV com redação determinada pela Lei n. 11.474, de 15-5-2007.

V – assegurar que os resultados das aplicações sejam revertidos para o fundo e que as operações de aquisição de imóveis sujeitar-se-ão aos critérios técnicos definidos para o Programa;

VI – representar o arrendador ativa e passivamente, judicial e extrajudicialmente;

VII – promover, em nome do arrendador, o registro dos imóveis adquiridos.

VIII – observar as restrições a pessoas jurídicas e físicas, no que se refere a impedimentos à atuação em programas habitacionais, subsidiando a atualização dos cadastros existentes, inclusive os do Sistema Financeiro da Habitação – SFH.

•• Inciso VIII com redação determinada pela Lei n. 11.474, de 15-5-2007.

Parágrafo único. As operações de aquisição, construção, recuperação, arrendamento e venda de imóveis obedecerão aos critérios estabelecidos pela CEF, respeitados os princípios da legalidade, finalidade, razoabilidade, moralidade administrativa, interesse público e eficiência, ficando dispensada da observância das disposições específicas da lei geral de licitação.

Art. 5.º Compete ao Ministério das Cidades:

•• *Caput* com redação determinada pela Lei n. 10.859, de 14-4-2004.

I – estabelecer diretrizes gerais para a aplicação dos recursos alocados;

•• Inciso I com redação determinada pela Lei n. 10.859, de 14-4-2004.

II – fixar regras e condições para implementação do Programa, tais como áreas de atuação, público-alvo, valor máximo de aquisição da unidade habitacional, entre outras que julgar necessárias;

•• Inciso II com redação determinada pela Lei n. 11.474, de 15-5-2007.

III – acompanhar e avaliar o desempenho do Programa em conformidade com os objetivos estabelecidos nesta Lei.

•• Inciso III com redação determinada pela Lei n. 10.859, de 14-4-2004.

IV – estabelecer diretrizes para a alienação prevista no § 7.º do art. 2.º desta Lei;

•• Inciso IV com redação determinada pela Lei n. 11.474, de 15-5-2007.

V – encaminhar às 2 (duas) Casas do Congresso Nacional relatório semestral sobre as ações do Programa.

•• Inciso V acrescentado pela Lei n. 11.474, de 15-5-2007.

Capítulo II

DO ARRENDAMENTO RESIDENCIAL

Art. 6.º Considera-se arrendamento residencial a operação realizada no âmbito do Programa instituído nesta Lei, que tenha por objeto o arrendamento com opção de compra de bens imóveis adquiridos para esse fim específico.

Parágrafo único. Para os fins desta Lei, considera-se arrendatária a pessoa física que, atendidos os requisitos estabelecidos pelo Ministério das Cidades, seja habilitada pela CEF ao arrendamento.

•• Parágrafo único com redação determinada pela Lei n. 10.859, de 14-4-2004.

Art. 7.º (*Revogado pela Lei n. 10.859, de 14-4-2004*).

Art. 8.º O contrato de aquisição de imóveis pelo arrendador, as cessões de posse e as promessas de cessão, bem como o contrato de transferência do direito de propriedade ou do domínio útil ao arrendatário, serão celebrados por instrumento particular com força de escritura pública e registrados em Cartório de Registro de Imóveis competente.

•• *Caput* com redação determinada pela Lei n. 10.859, de 14-4-2004.

§ 1.º O contrato de compra e venda referente ao imóvel objeto de arrendamento residencial que vier a ser alienado na forma do inciso II do § 7.º do art. 2.º desta Lei, ainda que o pagamento integral seja feito à vista, contemplará cláusula impeditiva de o adquirente, no prazo de 24 (vinte e quatro) meses, vender, prometer vender ou ceder seus direitos sobre o imóvel alienado.

•• § 1.º acrescentado pela Lei n. 11.474, de 15-5-2007.

§ 2.º O prazo a que se refere o § 1.º deste artigo poderá, excepcionalmente, ser reduzido conforme critério a ser definido pelo Ministério das Cidades, nos casos de arrendamento com período superior à metade do prazo final regulamentado.

•• § 2.º acrescentado pela Lei n. 11.474, de 15-5-2007.

§ 3.º Nos imóveis alienados na forma do inciso II do § 7.º do art. 2.º desta Lei, será admitida a utilização dos recursos depositados em conta vinculada do FGTS, em condições a serem definidas pelo Conselho Curador do FGTS.

•• § 3.º acrescentado pela Lei n. 11.474, de 15-5-2007.

Art. 9.º Na hipótese de inadimplemento no arrendamento, findo o prazo da notificação ou interpelação, sem pagamento dos encargos em atraso, fica configurado o esbulho possessório que autoriza o arrendador a propor a competente ação de reintegração de posse.

Art. 10. Aplica-se ao arrendamento residencial, no que couber, a legislação pertinente ao arrendamento mercantil.

Art. 10-A. Os valores apurados com a alienação dos imóveis serão utilizados para amortizar os saldos devedores dos empréstimos tomados perante o FGTS, na forma do inciso II do *caput* do art. 3.º desta Lei, nas condições a serem estabelecidas pelo Conselho Curador do FGTS.

•• Artigo acrescentado pela Lei n. 11.474, de 15-5-2007.

Art. 11. Ficam convalidados os atos praticados com base na Medida Provisória n. 2.135-23, de 28 de dezembro de 2000.

Art. 12. Esta Lei entra em vigor na data de sua publicação.

Congresso Nacional, em 12 de fevereiro de 2001; 180.º da Independência e 113.º da República

Antonio Carlos Magalhães

LEI N. 10.194, DE 14 DE FEVEREIRO DE 2001 (*)

Dispõe sobre a instituição de sociedades de crédito ao microempreendedor, altera dispositivos das Leis n. 6.404, de 15 de dezembro de 1976, 8.029, de 12 de abril de 1990, e 8.934, de 18 de novembro de 1994, e dá outras providências.

Faço saber que o Presidente da República adotou a Medida Provisória n. 2.082-40, de 2001, que o Congresso Nacional aprovou, e eu, Antonio Carlos Magalhães, Presidente, para os efeitos do disposto no parágrafo único do art. 62 da Constituição Federal, promulgo a seguinte Lei:

Art. 1.º É autorizada a constituição de Sociedades de Crédito ao Microempreendedor e à Empresa de Pequeno Porte, as quais:

•• *Caput* com redação determinada pela Lei n. 11.524, de 24-9-2007.

I – terão por objeto social a concessão de financiamentos a pessoas físicas, a microempresas e a empresas de pequeno porte, com vistas na viabilização de empreendimentos de natureza profissional, comercial ou industrial, equiparando-se às instituições financeiras para os efeitos da legis-

(*) Publicada no *Diário Oficial da União*, de 16-2-2001. A Lei n. 11.110, de 25-4-2005, institui o Programa Nacional de Microcrédito Produtivo Orientado – PNMPO.

lação em vigor, podendo exercer outras atividades definidas pelo Conselho Monetário Nacional;

•• Inciso I com redação determinada pela Lei n. 11.524, de 24-9-2007.

II – terão sua constituição, organização e funcionamento disciplinados pelo Conselho Monetário Nacional;

III – sujeitar-se-ão à fiscalização do Banco Central do Brasil;

IV – poderão utilizar o instituto da alienação fiduciária em suas operações de crédito;

V – estarão impedidas de captar, sob qualquer forma, recursos junto ao público, bem como emitir títulos e valores mobiliários destinados à colocação e oferta públicas.

Art. 2.º O art. 146 e o *caput* do art. 294 da Lei n. 6.404, de 15 de dezembro de 1976, com a alteração introduzida pela Lei n. 9.457, de 5 de maio de 1997, passam a vigorar com a seguinte redação:

•• O *caput* do art. 146 mantém a redação determinada por este artigo. Entretanto, seus parágrafos e o *caput* do art. 294 foram alterados pela Lei n. 10.303, de 31-10-2001.

....

Art. 4.º O art. 10, o *caput* do art. 11, o inciso II do art. 12 e o inciso II do art. 37 da Lei n. 8.934, de 18 de novembro de 1994, passam a vigorar com a seguinte redação:

•• Alterações já processadas no texto do referido diploma.

Art. 5.º Ficam convalidados os atos praticados com base na Medida Provisória n. 2.082-39, de 27 de dezembro de 2000.

Art. 6.º Esta Lei entra em vigor na data de sua publicação.

Congresso Nacional, em 14 de fevereiro de 2001; 180.º da Independência e 113.º da República.

Senador Antonio Carlos Magalhães

LEI N. 10.198, DE 14 DE FEVEREIRO DE 2001 (*)

Dispõe sobre a regulação, fiscalização e supervisão dos mercados de títulos ou contratos de investimento coletivo, e dá outras providências.

Faço saber que o Presidente da República adotou a Medida Provisória n. 2.110-40, de 2001, que o Congresso Nacional aprovou, e eu, Antônio Carlos Magalhães, Presidente, para os efeitos do disposto no parágrafo único do art. 62 da Constituição Federal, promulgo a seguinte Lei:

Art. 1.º Constituem valores mobiliários, sujeitos ao regime da Lei n 6.385, de 7 de dezembro de 1976, quando ofertados publicamente, os títulos ou contratos de investimento coletivo, que gerem direito de participação, de parceria ou de remuneração, inclusive resultante de prestação de serviços, cujos rendimentos advêm do esforço do empreendedor ou de terceiros.

§ 1.º Aplica-se aos valores mobiliários a que se refere este artigo a ressalva prevista no art. 2.º, parágrafo único, da Lei n. 6.385, de 1976.

§ 2.º Os emissores dos valores mobiliários referidos neste artigo, bem como seus administradores e controladores, sujeitam-se à disciplina prevista na Lei n. 6.385, de 1976, para as companhias abertas.

§ 3.º Compete à Comissão de Valores Mobiliários expedir normas para a execução do disposto neste artigo, podendo:

I – exigir que os emissores se constituam sob a forma de sociedade anônima;

II – exigir que as demonstrações financeiras dos emissores, ou que as informações sobre o empreendimento ou projeto, sejam auditadas por auditor independente nela registrado;

III – dispensar, na distribuição pública dos valores mobiliários referidos neste artigo, a participação de sociedade integrante do sistema previsto no art. 15 da Lei n. 6.385, de 1976;

IV – estabelecer condições específicas para o exercício, no âmbito desse mercado, das atividades previstas no art. 16 da Lei n. 6.385, de 1976, inclusive quanto a requisitos de idoneidade, habilitação técnica e capacidade financeira a que deverão satisfazer os administradores de sociedades e demais pessoas que atuem nesse mercado;

V – estabelecer padrões de cláusulas e condições que devam ser adotadas nos títulos ou contratos de investimento, destinados à negociação em bolsa ou balcão e recusar a admissão ao mercado da emissão que não satisfaça a esses padrões.

§ 4.º Nas emissões dos valores mobiliários referidos neste artigo em que for prestada, espontaneamente ou por exigência da regulamentação específica, garantia real, serão aplicados, no que couberem, os arts. 58 a 62 e 66 a 69 da Lei n. 6.404, de 15 de dezembro de 1976, equiparando-se os títulos ou contratos de investimento coletivo às debêntures, as emissoras à companhia, e os subscritores aos debenturistas, e não se aplicando as regras relativas à garantia flutuante.

•• § 4.º acrescentado pela Medida Provisória n. 2.181-45, de 14-2-2001.

§ 5.º Caberá ao agente fiduciário representar os futuros subscritores de títulos ou contratos de investimento coletivo na celebração dos instrumentos de constituição de garantia real, se houver.

•• § 5.º acrescentado pela Medida Provisória n. 2.181-45, de 14-2-2001.

§ 6.º A excussão judicial das garantias a que se referem os §§ 4.º e 5.º deste artigo se fará na forma das leis que regulam o processo de execução singular ou coletiva, devendo, entretanto, o agente fiduciário ser notificado de qualquer execução movida por subscritor de valores mobiliários alcançados pela garantia, e proceder de imediato à comunicação do fato aos demais subscritores de valores mobiliários da mesma emissão, sem prejuízo da legitimidade do agente fiduciário de promover medidas judiciais para evitar prescrição, decadência, deterioração ou perecimento das garantias.

•• § 6.º acrescentado pela Medida Provisória n. 2.181-45, de 14-2-2001.

§ 7.º A CVM poderá autorizar a emissão de certificado de contrato de investimento coletivo, nos termos da regulamentação que vier a baixar.

•• § 7.º acrescentado pela Medida Provisória n. 2.181-45, de 14-2-2001.

Art. 2.º As alíneas *b* e *g* do inciso I e o inciso II do art. 9.º da Lei n. 6.385, de 1976, passam a vigorar com a seguinte redação:

•• Alteração já processada no diploma modificado.

Art. 3.º Fica incluído o inciso VI ao art. 15 da Lei n. 6.385, de 1976, com a seguinte redação:

•• Alteração já processada no diploma modificado.

Art. 4.º Ficam convalidados os atos praticados com base na Medida Provisória n. 2.110-39, de 27 de dezembro de 2000.

Art. 5.º Esta Lei entra em vigor na data de sua publicação.

Congresso Nacional, em 14 De fevereiro de 2001 180.º da Independência e 113.º da República.

Antônio Carlos Magalhães

PORTARIA N. 3, DE 15 DE MARÇO DE 2001 (**)

Divulga, em aditamento ao elenco do art. 51 da Lei n. 8.078, de 11 de setembro de 1990, e do art. 56 do Decreto n. 2.181, de 20 de março de 1997, as cláusulas abusivas, para fim de aplicação do disposto no inciso IV, do art. 22 do Decreto n. 2.181, de 20 de março de 1997.

O Secretário de Direito Econômico do Ministério da Justiça, no uso de suas atribuições legais;

Considerando que o elenco de Cláusulas Abusivas relativas ao fornecimento de produtos e serviços, constantes do art. 51 da Lei n. 8.078, de 11 de setembro de 1990, é de tipo aberto, exemplificativo, permitindo, desta forma a sua complementação;

Considerando o disposto no art. 56 do Decreto n. 2.181, de 20 de março de 1997, que regulamentou a Lei n. 8.078/90, e com o objetivo de orientar o Sistema Nacional de Defesa do Consumidor, notadamente para o fim de aplicação do disposto no inciso IV do art. 22 desse Decreto, bem assim promover a educação e a informação de fornecedores e consumidores, quanto aos seus direitos e deveres, com a melhoria,

(*) Publicada no *Diário Oficial da União*, de 16-2-2001.

(**) Publicada no *Diário Oficial da União*, de 17-3-2001.

transparência, harmonia, equilíbrio e boa-fé nas relações de consumo;

Considerando que decisões judiciais, decisões administrativas de diversos Procons, e entendimentos dos Ministérios Públicos pacificam como abusivas as cláusulas a seguir enumeradas, resolve:

Divulgar o seguinte elenco de cláusulas, as quais, na forma do art. 51 da Lei n. 8.078, de 11 de setembro de 1990, e do art. 56 do Decreto n. 2.181, de 20 de março de 1997, com o objetivo de orientar o Sistema Nacional de Defesa do Consumidor, serão consideradas como abusivas, notadamente para fim de aplicação do disposto no inciso IV, do art. 22 do Decreto n. 2.181/97:

1. estipule presunção de conhecimento por parte do consumidor de fatos novos não previstos em contrato;
2. estabeleça restrições ao direito do consumidor de questionar nas esferas administrativa e judicial possíveis lesões decorrentes de contrato por ele assinado;
3. imponha a perda de parte significativa das prestações já quitadas em situações de venda a crédito, em caso de desistência por justa causa ou impossibilidade de cumprimento da obrigação pelo consumidor;
4. estabeleça cumulação de multa rescisória e perda do valor das arras;
5. estipule a utilização expressa ou não, de juros capitalizados nos contratos civis;
6. autorize, em virtude de inadimplemento, o não fornecimento ao consumidor de informações de posse do fornecedor, tais como: histórico escolar, registros médicos, e demais do gênero;
7. autorize o envio do nome do consumidor e/ou seus garantes a cadastros de consumidores (SPC, SERASA, etc.), enquanto houver discussão em juízo relativa à relação de consumo;
8. considere, nos contratos bancários, financeiros e de cartões de crédito, o silêncio do consumidor, pessoa física, como aceitação tácita dos valores cobrados, das informações prestadas nos extratos ou aceitação de modificações de índices ou de quaisquer alterações contratuais;
9. permita à instituição bancária retirar da conta corrente do consumidor ou cobrar restituição deste dos valores usados por terceiros, que de forma ilícita estejam de posse de seus cartões bancários ou cheques, após comunicação de roubo, furto ou desaparecimento suspeito ou requisição de bloqueio ou final de conta;
10. exclua, nos contratos de seguro de vida, a cobertura de evento decorrente de doença preexistente, salvo as hipóteses em que a seguradora comprove que o consumidor tinha conhecimento da referida doença à época da contratação;
11. (*Revogada pela Portaria n. 24, de 7-12-2004.*)
12. preveja, nos contratos de seguro de automóvel, o ressarcimento pelo valor de mercado, se inferior ao previsto no contrato;
13. impeça o consumidor de acionar, em caso de erro médico, diretamente a operadora ou cooperativa que organiza ou administra o plano privado de assistência à saúde;
14. estabeleça, no contrato de venda e compra de imóvel, a incidência de juros antes da entrega das chaves;
15. preveja, no contrato de promessa de venda e compra de imóvel, que o adquirente autorize ao incorporador alienante constituir hipoteca do terreno e de suas acessões (unidades construídas) para garantir dívida da empresa incorporadora, realizada para financiamento de obras;
16. vede, nos serviços educacionais, em face de desistência pelo consumidor, a restituição de valor pago a título de pagamento antecipado de mensalidade.

Paulo de Tarso Ramos Ribeiro

LEI N. 10.257, DE 10 DE JULHO DE 2001 (*)

Regulamenta os arts. 182 e 183 da Constituição Federal, estabelece diretrizes gerais da política urbana e dá outras providências.

O Presidente da República

Faço saber que o Congresso Nacional decreta e eu sanciono a seguinte Lei:

Capítulo I
DIRETRIZES GERAIS

Art. 1.º Na execução da política urbana, de que tratam os arts. 182 e 183 da Constituição Federal, será aplicado o previsto nesta Lei.

Parágrafo único. Para todos os efeitos, esta Lei, denominada Estatuto da Cidade, estabelece normas de ordem pública e interesse social que regulam o uso da propriedade urbana em prol do bem coletivo, da segurança e do bem-estar dos cidadãos, bem como do equilíbrio ambiental.

- *Vide* arts. 182, § 2.º, e 225 da CF.
- Política Nacional do Meio Ambiente: Lei n. 6.938, de 31-8-1981, e Lei n. 6.902, de 27-4-1981.
- Danos ao meio ambiente: Lei n. 7.802, de 11-7-1989, regulamentada pelo Decreto n. 4.074, de 4-1-2002.
- Lei de Crimes Ambientais: Lei n. 9.605, de 12-2-1998.
- A Lei n. 9.985, de 18-7-2000, cria o Sistema Nacional de Unidades de Conservação da Natureza (SNUC).

Art. 2.º A política urbana tem por objetivo ordenar o pleno desenvolvimento das funções sociais da cidade e da propriedade urbana, mediante as seguintes diretrizes gerais:

•• A Lei n. 13.089, de 12-1-2015, institui o Estatuto da Metrópole.

I – garantia do direito a cidades sustentáveis, entendido como o direito à terra urbana, à moradia, ao saneamento ambiental, à infraestrutura urbana, ao transporte e aos serviços públicos, ao trabalho e ao lazer, para as presentes e futuras gerações;

II – gestão democrática por meio da participação da população e de associações representativas dos vários segmentos da comunidade na formulação, execução e acompanhamento de planos, programas e projetos de desenvolvimento urbano;

III – cooperação entre os governos, a iniciativa privada e os demais setores da sociedade no processo de urbanização, em atendimento ao interesse social;

IV – planejamento do desenvolvimento das cidades, da distribuição espacial da população e das atividades econômicas do Município e do território sob sua área de influência, de modo a evitar e corrigir as distorções do crescimento urbano e seus efeitos negativos sobre o meio ambiente;

V – oferta de equipamentos urbanos e comunitários, transporte e serviços públicos adequados aos interesses e necessidades da população e às características locais;

VI – ordenação e controle do uso do solo, de forma a evitar:

a) a utilização inadequada dos imóveis urbanos;

b) a proximidade de usos incompatíveis ou inconvenientes;

c) o parcelamento do solo, a edificação ou o uso excessivos ou inadequados em relação à infraestrutura urbana;

d) a instalação de empreendimentos ou atividades que possam funcionar como polos geradores de tráfego, sem a previsão da infraestrutura correspondente;

e) a retenção especulativa de imóvel urbano, que resulte na sua subutilização ou não utilização;

f) a deterioração das áreas urbanizadas;

g) a poluição e a degradação ambiental;

h) a exposição da população a riscos de desastres;

•• Alínea *h* acrescentada pela Lei n. 12.608, de 10-4-2012.

- Lei de Parcelamento do Solo Urbano: Lei n. 6.766, de 19-12-1979.
- Danos ao meio ambiente: Lei n. 7.802, de 11-7-1989, regulamentada pelo Decreto n. 4.074, de 4-1-2002.
- Lei de Crimes Ambientais: Lei n. 9.605, de 12-2-1998.

VII – integração e complementaridade entre as atividades urbanas e rurais, tendo em vista o desenvolvimento socioeconômico do Município e do território sob sua área de influência;

•• *Vide* Lei n. 12.587, de 3-1-2012, que institui as diretrizes da Política Nacional de Mobilidade Urbana.

VIII – adoção de padrões de produção e consumo de bens e serviços e de expansão urbana compatíveis com os limites da sus-

(*) Publicada no *Diário Oficial da União*, de 11-7-2001. Retificada em 17-7-2001. *Vide* Lei n. 12.587, de 3-1-2012, que institui as diretrizes da Política Nacional de Mobilidade Urbana.

tentabilidade ambiental, social e econômica do Município e do território sob sua área de influência;

IX – justa distribuição dos benefícios e ônus decorrentes do processo de urbanização;

X – adequação dos instrumentos de política econômica, tributária e financeira e dos gastos públicos aos objetivos do desenvolvimento urbano, de modo a privilegiar os investimentos geradores de bem-estar geral e a fruição dos bens pelos diferentes segmentos sociais;

XI – recuperação dos investimentos do Poder Público de que tenha resultado a valorização de imóveis urbanos;

XII – proteção, preservação e recuperação do meio ambiente natural e construído, do patrimônio cultural, histórico, artístico, paisagístico e arqueológico;

•• *Vide* arts. 5.º, LXXIII, 23, III e IV, 24, VII, 170, VI, 216 e 225 da CF.

• A Lei n. 7.347, de 24-7-1985, disciplina a ação civil pública de responsabilidade por danos causados ao meio ambiente, ao consumidor, a bens e direitos de valor artístico, estético, histórico, turístico e paisagístico.

XIII – audiência do Poder Público municipal e da população interessada nos processos de implantação de empreendimentos ou atividades com efeitos potencialmente negativos sobre o meio ambiente natural ou construído, o conforto ou a segurança da população;

XIV – regularização fundiária e urbanização de áreas ocupadas por população de baixa renda mediante o estabelecimento de normas especiais de urbanização, uso e ocupação do solo e edificação, consideradas a situação socioeconômica da população e as normas ambientais;

XV – simplificação da legislação de parcelamento, uso e ocupação do solo e das normas edilícias, com vistas a permitir a redução dos custos e o aumento da oferta dos lotes e unidades habitacionais;

• *Vide* Lei n. 6.766, de 19-12-1979, que dispõe sobre o parcelamento do solo urbano.

XVI – isonomia de condições para os agentes públicos e privados na promoção de empreendimentos e atividades relativos ao processo de urbanização, atendido o interesse social;

XVII – estímulo à utilização, nos parcelamentos do solo e nas edificações urbanas, de sistemas operacionais, padrões construtivos e aportes tecnológicos que objetivem a redução de impactos ambientais e a economia de recursos naturais;

•• Inciso XVII acrescentado pela Lei n. 12.836, de 2-7-2013.

XVIII – tratamento prioritário às obras e edificações de infraestrutura de energia, telecomunicações, abastecimento de água e saneamento;

•• Inciso XVIII acrescentado pela Lei n. 13.116, de 20-4-2015.

XIX – garantia de condições condignas de acessibilidade, utilização e conforto nas dependências internas das edificações urbanas, inclusive nas destinadas à moradia e ao serviço dos trabalhadores domésticos, observados requisitos mínimos de dimensionamento, ventilação, iluminação, ergonomia, privacidade e qualidade dos materiais empregados.

•• Inciso XIX acrescentado pela Lei n. 13.699, de 2-8-2018.

Art. 3.º Compete à União, entre outras atribuições de interesse da política urbana:

I – legislar sobre normas gerais de direito urbanístico;

II – legislar sobre normas para a cooperação entre a União, os Estados, o Distrito Federal e os Municípios em relação à política urbana, tendo em vista o equilíbrio do desenvolvimento e do bem-estar em âmbito nacional;

III – promover, por iniciativa própria e em conjunto com os Estados, o Distrito Federal e os Municípios, programas de construção de moradias e melhoria das condições habitacionais, de saneamento básico, das calçadas, dos passeios públicos, do mobiliário urbano e dos demais espaços de uso público;

•• Inciso III com redação determinada pela Lei n. 13.146, de 6-7-2015.

IV – instituir diretrizes para desenvolvimento urbano, inclusive habitação, saneamento básico, transporte e mobilidade urbana, que incluam regras de acessibilidade aos locais de uso público;

•• Inciso IV com redação determinada pela Lei n. 13.146, de 6-7-2015.

V – elaborar e executar planos nacionais e regionais de ordenação do território e de desenvolvimento econômico e social.

Capítulo II
DOS INSTRUMENTOS DA POLÍTICA URBANA

Seção I
Dos Instrumentos em Geral

Art. 4.º Para os fins desta Lei, serão utilizados, entre outros instrumentos:

I – planos nacionais, regionais e estaduais de ordenação do território e de desenvolvimento econômico e social;

• *Vide* art. 21, IX, da CF.

II – planejamento das regiões metropolitanas, aglomerações urbanas e microrregiões;

III – planejamento municipal, em especial:

a) plano diretor;

b) disciplina do parcelamento, do uso e da ocupação do solo;

c) zoneamento ambiental;

d) plano plurianual;

e) diretrizes orçamentárias e orçamento anual;

f) gestão orçamentária participativa;

g) planos, programas e projetos setoriais;

h) planos de desenvolvimento econômico e social;

IV – institutos tributários e financeiros:

a) imposto sobre a propriedade predial e territorial urbana – IPTU;

b) contribuição de melhoria;

c) incentivos e benefícios fiscais e financeiros;

V – institutos jurídicos e políticos:

a) desapropriação;

• *Vide* arts. 5.º, XXIV, 22, II, 182, §§ 3.º e 4.º, III, e 216, § 1.º, da CF.

• Desapropriação por utilidade pública: Decreto-lei n. 3.365, de 21-6-1941.

b) servidão administrativa;

c) limitações administrativas;

d) tombamento de imóveis ou de mobiliário urbano;

e) instituição de unidades de conservação;

f) instituição de zonas especiais de interesse social;

g) concessão de direito real de uso;

h) concessão de uso especial para fins de moradia;

• *Vide* § 1.º do art. 183 da CF. A Medida Provisória n. 2.220, de 4-9-2001, dispõe sobre a concessão de uso especial para fins de moradia de que trata esse dispositivo constitucional.

i) parcelamento, edificação ou utilização compulsórios;

j) usucapião especial de imóvel urbano;

l) direito de superfície;

m) direito de preempção;

n) outorga onerosa do direito de construir e de alteração de uso;

o) transferência do direito de construir;

p) operações urbanas consorciadas;

q) regularização fundiária;

r) assistência técnica e jurídica gratuita para as comunidades e grupos sociais menos favorecidos;

• Lei de Assistência Judiciária aos Necessitados: Lei n. 1.060, de 5-2-1950.

• A Lei n. 11.888, de 24-12-2008, assegura às famílias de baixa renda assistência técnica pública e gratuita para o projeto e a construção de habitação de interesse social.

s) referendo popular e plebiscito;

• A Lei n. 9.709, de 18-11-1998, regulamenta a execução do disposto no art. 14, I e II, da CF.

t) demarcação urbanística para fins de regularização fundiária;

•• Alínea *t* acrescentada pela Lei n. 11.977, de 7-7-2009.

u) legitimação de posse.

•• Alínea *u* acrescentada pela Lei n. 11.977, de 7-7-2009.

VI – estudo prévio de impacto ambiental (EIA) e estudo prévio de impacto de vizinhança (EIV).

§ 1.º Os instrumentos mencionados neste artigo regem-se pela legislação que lhes é própria, observado o disposto nesta Lei.

§ 2.º Nos casos de programas e projetos habitacionais de interesse social, desenvolvidos por órgãos ou entidades da Administração Pública com atuação específica nessa área, a concessão de direito real de uso de imóveis públicos poderá ser contratada coletivamente.

§ 3.º Os instrumentos previstos neste artigo que demandam dispêndio de recursos por parte do Poder Público municipal devem ser objeto de controle social, garantida a participação de comunidades, movimentos e entidades da sociedade civil.

Seção II
Do Parcelamento, Edificação ou Utilização Compulsórios

Art. 5.º Lei municipal específica para área incluída no plano diretor poderá determinar o parcelamento, a edificação ou a utilização compulsórios do solo urbano não edificado, subutilizado ou não utilizado, devendo fixar as condições e os prazos para implementação da referida obrigação.

§ 1.º Considera-se subutilizado o imóvel:

I – cujo aproveitamento seja inferior ao mínimo definido no plano diretor ou em legislação dele decorrente;

II – (*Vetado*.)

§ 2.º O proprietário será notificado pelo Poder Executivo municipal para o cumprimento da obrigação, devendo a notificação ser averbada no cartório de registro de imóveis.

• LRP: Lei n. 6.015, de 31-12-1973.

§ 3.º A notificação far-se-á:

I – por funcionário do órgão competente do Poder Público municipal, ao proprietário do imóvel ou, no caso de este ser pessoa jurídica, a quem tenha poderes de gerência geral ou administração;

II – por edital quando frustrada, por três vezes, a tentativa de notificação na forma prevista pelo inciso I.

§ 4.º Os prazos a que se refere o *caput* não poderão ser inferiores a:

I – 1 (um) ano, a partir da notificação, para que seja protocolado o projeto no órgão municipal competente;

II – 2 (dois) anos, a partir da aprovação do projeto, para iniciar as obras do empreendimento.

§ 5.º Em empreendimentos de grande porte, em caráter excepcional, a lei municipal específica a que se refere o *caput* poderá prever a conclusão em etapas, assegurando-se que o projeto aprovado compreenda o empreendimento como um todo.

Art. 6.º A transmissão do imóvel, por ato inter vivos ou causa mortis, posterior à data da notificação, transfere as obrigações de parcelamento, edificação ou utilização previstas no art. 5.º desta Lei, sem interrupção de quaisquer prazos.

• *Vide* arts. 155, I, e 156, II, da CF.

Seção III
Do IPTU Progressivo no Tempo

• *Vide* Súmula 668 do STF.

Art. 7.º Em caso de descumprimento das condições e dos prazos previstos na forma do *caput* do art. 5.º desta Lei, ou não sendo cumpridas as etapas previstas no § 5.º do art. 5.º desta Lei, o Município procederá à aplicação do Imposto sobre a Propriedade Predial e Territorial Urbana (IPTU) progressivo no tempo, mediante a majoração da alíquota pelo prazo de 5 (cinco) anos consecutivos.

§ 1.º O valor da alíquota a ser aplicado a cada ano será fixado na lei específica a que se refere o *caput* do art. 5.º desta Lei e não excederá a duas vezes o valor referente ao ano anterior, respeitada a alíquota máxima de 15% (quinze por cento).

§ 2.º Caso a obrigação de parcelar, edificar ou utilizar não esteja atendida em 5 (cinco) anos, o Município manterá a cobrança pela alíquota máxima, até que se cumpra a referida obrigação, garantida a prerrogativa prevista no art. 8.º.

§ 3.º É vedada a concessão de isenções ou de anistia relativas à tributação progressiva de que trata este artigo.

Seção IV
Da Desapropriação com Pagamento em Títulos

Art. 8.º Decorridos 5 (cinco) anos de cobrança do IPTU progressivo sem que o proprietário tenha cumprido a obrigação de parcelamento, edificação ou utilização, o Município poderá proceder à desapropriação do imóvel, com pagamento em títulos da dívida pública.

• Sobre desapropriação, *vide* notas ao art. 4.º, V, *a*, desta Lei.

§ 1.º Os títulos da dívida pública terão prévia aprovação pelo Senado Federal e serão resgatados no prazo de até 10 (dez) anos, em prestações anuais, iguais e sucessivas, assegurados o valor real da indenização e os juros legais de 6% (seis por cento) ao ano.

§ 2.º O valor real da indenização:

I – refletirá o valor da base de cálculo do IPTU, descontado o montante incorporado em função de obras realizadas pelo Poder Público na área onde o mesmo se localiza após a notificação de que trata o § 2.º do art. 5.º desta Lei;

II – não computará expectativas de ganhos, lucros cessantes e juros compensatórios.

§ 3.º Os títulos de que trata este artigo não terão poder liberatório para pagamento de tributos.

§ 4.º O Município procederá ao adequado aproveitamento do imóvel no prazo máximo de 5 (cinco) anos, contado a partir da sua incorporação ao patrimônio público.

§ 5.º O aproveitamento do imóvel poderá ser efetivado diretamente pelo Poder Público ou por meio de alienação ou concessão a terceiros, observando-se, nesses casos, o devido procedimento licitatório.

• Licitações e Contratos da Administração Pública: Lei n. 8.666, de 21-6-1993.

§ 6.º Ficam mantidas para o adquirente de imóvel nos termos do § 5.º as mesmas obrigações de parcelamento, edificação ou utilização previstas no art. 5.º desta Lei.

Seção V
Da Usucapião Especial de Imóvel Urbano

• *Vide* arts. 183 e §§ 1.º a 3.º e 191 e parágrafo único da CF.

• Sobre usucapião: *vide* arts. 1.238 a 1.244 do CC.

• Concessão de uso especial: *vide* Medida Provisória n. 2.220, de 4-9-2001.

Art. 9.º Aquele que possuir como sua área ou edificação urbana de até 250 m² (duzentos e cinquenta metros quadrados), por 5 (cinco) anos, ininterruptamente e sem oposição, utilizando-a para sua moradia ou de sua família, adquirir-lhe-á o domínio, desde que não seja proprietário de outro imóvel urbano ou rural.

• *Vide* art. 8.º, II, do Decreto n. 9.310, de 15-3-2018.

§ 1.º O título de domínio será conferido ao homem ou à mulher, ou a ambos, independentemente do estado civil.

• *Vide* art. 5.º, *caput*, da CF.

§ 2.º O direito de que trata este artigo não será reconhecido ao mesmo possuidor mais de uma vez.

• LRP: Lei n. 6.015, de 31-12-1973.

§ 3.º Para os efeitos deste artigo, o herdeiro legítimo continua, de pleno direito, a posse de seu antecessor, desde que já resida no imóvel por ocasião da abertura da sucessão.

Art. 10. Os núcleos urbanos informais existentes sem oposição há mais de cinco anos e cuja área total dividida pelo número de possuidores seja inferior a duzentos e cinquenta metros quadrados por possuidor são suscetíveis de serem usucapidos coletivamente, desde que os possuidores não sejam proprietários de outro imóvel urbano ou rural.

•• *Caput* com redação determinada pela Lei n. 13.465, de 11-7-2017.

• *Vide* art. 8.º, II, do Decreto n. 9.310, de 15-3-2018.

§ 1.º O possuidor pode, para o fim de contar o prazo exigido por este artigo, acrescentar sua posse à de seu antecessor, contanto que ambas sejam contínuas.

§ 2.º A usucapião especial coletiva de imóvel urbano será declarada pelo juiz, mediante sentença, a qual servirá de título para registro no cartório de registro de imóveis.

§ 3.º Na sentença, o juiz atribuirá igual fração ideal de terreno a cada possuidor, independentemente da dimensão do terreno que cada um ocupe, salvo hipótese de acordo escrito entre os condôminos, estabelecendo frações ideais diferenciadas.

§ 4.º O condomínio especial constituído é indivisível, não sendo passível de extinção, salvo deliberação favorável tomada por, no mínimo, 2/3 (dois terços) dos condôminos, no caso de execução de urbanização posterior à constituição do condomínio.

§ 5.º As deliberações relativas à administração do condomínio especial serão tomadas por maioria de votos dos condôminos presentes, obrigando também os demais, discordantes ou ausentes.

Art. 11. Na pendência da ação de usucapião especial urbana, ficarão sobrestadas quaisquer outras ações, petitórias ou possessórias, que venham a ser propostas relativamente ao imóvel usucapiendo.

• *Vide* art. 8.º, II, do Decreto n. 9.310, de 15-3-2018.

Art. 12. São partes legítimas para a propositura da ação de usucapião especial urbana:

• *Vide* art. 8.º, II, do Decreto n. 9.310, de 15-3-2018.

I – o possuidor, isoladamente ou em litisconsórcio originário ou superveniente;

II – os possuidores, em estado de composse;

III – como substituto processual, a associação de moradores da comunidade, regularmente constituída, com personalidade jurídica, desde que explicitamente autorizada pelos representados.

§ 1.º Na ação de usucapião especial urbana é obrigatória a intervenção do Ministério Público.

§ 2.º O autor terá os benefícios da justiça e da assistência judiciária gratuita, inclusive perante o cartório de registro de imóveis.

• Lei de Assistência Judiciária Gratuita: Lei n. 1.060, de 5-2-1950.

Art. 13. A usucapião especial de imóvel urbano poderá ser invocada como matéria de defesa, valendo a sentença que a reconhecer como título para registro no cartório de registro de imóveis.

• LRP: Lei n. 6.015, de 31-12-1973.

• *Vide* art. 8.º, II, do Decreto n. 9.310, de 15-3-2018.

Art. 14. Na ação judicial de usucapião especial de imóvel urbano, o rito processual a ser observado é o sumário.

• *Vide* art. 8.º, II, do Decreto n. 9.310, de 15-3-2018.

Seção VI
Da Concessão de Uso Especial para Fins de Moradia

• *Vide* art. 183, § 1.º, da CF.

• *Vide* Medida Provisória n. 2.220, de 4-9-2001.

Arts. 15 a 20. (*Vetados.*)

Seção VII
Do Direito de Superfície

• *Vide* arts. 1.369 a 1.377 do CC.

Art. 21. O proprietário urbano poderá conceder a outrem o direito de superfície do seu terreno, por tempo determinado ou indeterminado, mediante escritura pública registrada no cartório de registro de imóveis.

• *Vide* art. 167, I, n. 39, da Lei n. 6.015, de 31-12-1973.

• *Vide* art. 1.369, *caput*, do CC.

§ 1.º O direito de superfície abrange o direito de utilizar o solo, o subsolo ou o espaço aéreo relativo ao terreno, na forma estabelecida no contrato respectivo, atendida a legislação urbanística.

• *Vide* art. 1.369, parágrafo único, do CC.

§ 2.º A concessão do direito de superfície poderá ser gratuita ou onerosa.

• *Vide* art. 1.370 do CC.

§ 3.º O superficiário responderá integralmente pelos encargos e tributos que incidirem sobre a propriedade superficiária, arcando, ainda, proporcionalmente à sua parcela de ocupação efetiva, com os encargos e tributos sobre a área objeto da concessão do direito de superfície, salvo disposição em contrário do contrato respectivo.

• *Vide* art. 1.371 do CC.

§ 4.º O direito de superfície pode ser transferido a terceiros, obedecidos os termos do contrato respectivo.

• *Vide* art. 1.372 do CC.

§ 5.º Por morte do superficiário, os seus direitos transmitem-se a seus herdeiros.

• *Vide* art. 1.372 do CC.

Art. 22. Em caso de alienação do terreno, ou do direito de superfície, o superficiário e o proprietário, respectivamente, terão direito de preferência, em igualdade de condições à oferta de terceiros.

• *Vide* art. 1.373 do CC.

Art. 23. Extingue-se o direito de superfície:

I – pelo advento do termo;

II – pelo descumprimento das obrigações contratuais assumidas pelo superficiário.

Art. 24. Extinto o direito de superfície, o proprietário recuperará o pleno domínio do terreno, bem como das acessões e benfeitorias introduzidas no imóvel, independentemente de indenização, se as partes não houverem estipulado o contrário no respectivo contrato.

• *Vide* art. 1.375 do CC.

§ 1.º Antes do termo final do contrato, extinguir-se-á o direito de superfície se o superficiário der ao terreno destinação diversa daquela para a qual for concedida.

• *Vide* art. 1.374 do CC.

§ 2.º A extinção do direito de superfície será averbada no cartório de registro de imóveis.

• LRP: Lei n. 6.015, de 31-12-1973.

Seção VIII
Do Direito de Preempção

Art. 25. O direito de preempção confere ao Poder Público municipal preferência para aquisição de imóvel urbano objeto de alienação onerosa entre particulares.

§ 1.º Lei municipal, baseada no plano diretor, delimitará as áreas em que incidirá o direito de preempção e fixará prazo de vigência, não superior a 5 (cinco) anos, renovável a partir de 1 (um) ano após o decurso do prazo inicial de vigência.

§ 2.º O direito de preempção fica assegurado durante o prazo de vigência fixado na forma do § 1.º, independentemente do número de alienações referentes ao mesmo imóvel.

Art. 26. O direito de preempção será exercido sempre que o Poder Público necessitar de áreas para:

I – regularização fundiária;

• *Vide* art. 8.º, VII, do Decreto n. 9.310, de 15-3-2018.

II – execução de programas e projetos habitacionais de interesse social;

III – constituição de reserva fundiária;

IV – ordenamento e direcionamento da expansão urbana;

V – implantação de equipamentos urbanos e comunitários;

VI – criação de espaços públicos de lazer e áreas verdes;

VII – criação de unidades de conservação ou proteção de outras áreas de interesse ambiental;

VIII – proteção de áreas de interesse histórico, cultural ou paisagístico;

IX – (*Vetado.*)

Parágrafo único. A lei municipal prevista no § 1.º do art. 25 desta Lei deverá enquadrar cada área em que incidirá o direito de preempção em uma ou mais das finalidades enumeradas por este artigo.

Art. 27. O proprietário deverá notificar sua intenção de alienar o imóvel, para que o Município, no prazo máximo de 30 (trinta) dias, manifeste por escrito seu interesse em comprá-lo.

§ 1.º À notificação mencionada no *caput* será anexada proposta de compra assinada por terceiro interessado na aquisição do imóvel, da qual constarão preço, condições de pagamento e prazo de validade.

§ 2.º O Município fará publicar, em órgão oficial e em pelo menos um jornal local ou regional de grande circulação, edital de aviso da notificação recebida nos termos do *caput* e da intenção de aquisição do imóvel nas condições da proposta apresentada.

§ 3.º Transcorrido o prazo mencionado no *caput* sem manifestação, fica o proprietário autorizado a realizar a alienação para terceiros, nas condições da proposta apresentada.

§ 4.º Concretizada a venda a terceiro, o proprietário fica obrigado a apresentar ao Município, no prazo de 30 (trinta) dias, cópia do instrumento público de alienação do imóvel.

§ 5.º A alienação processada em condições diversas da proposta apresentada é nula de pleno direito.

§ 6.º Ocorrida a hipótese prevista no § 5.º, o Município poderá adquirir o imóvel pelo valor da base de cálculo do IPTU ou pelo valor indicado na proposta apresentada, se este for inferior àquele.

Seção IX
Da Outorga Onerosa do Direito de Construir

• Do direito de construir: *vide* arts. 1.299 a 1.313 do CC.

Art. 28. O plano diretor poderá fixar áreas nas quais o direito de construir poderá ser exercido acima do coeficiente de aproveitamento básico adotado, mediante contrapartida a ser prestada pelo beneficiário.

§ 1.º Para os efeitos desta Lei, coeficiente de aproveitamento é a relação entre a área edificável e a área do terreno.

§ 2.º O plano diretor poderá fixar coeficiente de aproveitamento básico único para toda a zona urbana ou diferenciado para áreas específicas dentro da zona urbana.

§ 3.º O plano diretor definirá os limites máximos a serem atingidos pelos coeficientes de aproveitamento, considerando a proporcionalidade entre a infraestrutura existente e o aumento de densidade esperado em cada área.

Art. 29. O plano diretor poderá fixar áreas nas quais poderá ser permitida alteração de uso do solo, mediante contrapartida a ser prestada pelo beneficiário.

Art. 30. Lei municipal específica estabelecerá as condições a serem observadas para a outorga onerosa do direito de construir e de alteração de uso, determinando:

I – a fórmula de cálculo para a cobrança;

II – os casos passíveis de isenção do pagamento da outorga;

III – a contrapartida do beneficiário.

Art. 31. Os recursos auferidos com a adoção da outorga onerosa do direito de construir e de alteração de uso serão aplicados com as finalidades previstas nos incisos I a IX do art. 26 desta Lei.

Seção X
Das Operações Urbanas Consorciadas

Art. 32. Lei municipal específica, baseada no plano diretor, poderá delimitar área para aplicação de operações consorciadas.

•• *Vide* art. 34-A, parágrafo único, desta Lei.

§ 1.º Considera-se operação urbana consorciada o conjunto de intervenções e medidas coordenadas pelo Poder Público municipal, com a participação dos proprietários, moradores, usuários permanentes e investidores privados, com o objetivo de alcançar em uma área transformações urbanísticas estruturais, melhorias sociais e a valorização ambiental.

§ 2.º Poderão ser previstas nas operações urbanas consorciadas, entre outras medidas:

I – a modificação de índices e características de parcelamento, uso e ocupação do solo e subsolo, bem como alterações das normas edilícias, considerado o impacto ambiental delas decorrente;

II – a regularização de construções, reformas ou ampliações executadas em desacordo com a legislação vigente;

III – a concessão de incentivos a operações urbanas que utilizam tecnologias visando a redução de impactos ambientais, e que comprovem a utilização, nas construções e uso de edificações urbanas, de tecnologias que reduzam os impactos ambientais e economizem recursos naturais, especificadas as modalidades de *design* e de obras a serem contempladas.

•• Inciso III acrescentado pela Lei n. 12.836, de 2-7-2013.

Art. 33. Da lei específica que aprovar a operação urbana consorciada constará o plano de operação urbana consorciada, contendo, no mínimo:

•• *Vide* art. 34-A, parágrafo único, desta Lei.

I – definição da área a ser atingida;

II – programa básico de ocupação da área;

III – programa de atendimento econômico e social para a população diretamente afetada pela operação;

IV – finalidades da operação;

V – estudo prévio de impacto de vizinhança;

VI – contrapartida a ser exigida dos proprietários, usuários permanentes e investidores privados em função da utilização dos benefícios previstos nos incisos I, II e III do § 2.º do art. 32 desta Lei;

•• Inciso VI com redação determinada pela Lei n. 12.836, de 2-7-2013.

VII – forma de controle da operação, obrigatoriamente compartilhado com representação da sociedade civil;

VIII – natureza dos incentivos a serem concedidos aos proprietários, usuários permanentes e investidores privados, uma vez atendido o disposto no inciso III do § 2.º do art. 32 desta Lei.

•• Inciso VIII acrescentado pela Lei n. 12.836, de 2-7-2013.

§ 1.º Os recursos obtidos pelo Poder Público municipal na forma do inciso VI deste artigo serão aplicados exclusivamente na própria operação urbana consorciada.

§ 2.º A partir da aprovação da lei específica de que trata o *caput*, são nulas as licenças e autorizações a cargo do Poder Público municipal expedidas em desacordo com o plano de operação urbana consorciada.

Art. 34. A lei específica que aprovar a operação urbana consorciada poderá prever a emissão pelo Município de quantidade determinada de certificados de potencial adicional de construção, que serão alienados em leilão ou utilizados diretamente no pagamento das obras necessárias à própria operação.

•• *Vide* art. 34-A, parágrafo único, desta Lei.

§ 1.º Os certificados de potencial adicional de construção serão livremente negociados, mas conversíveis em direito de construir unicamente na área objeto da operação.

§ 2.º Apresentado pedido de licença para construir, o certificado de potencial adicional será utilizado no pagamento da área de construção que supere os padrões estabelecidos pela legislação de uso e ocupação do solo, até o limite fixado pela lei específica que aprovar a operação urbana consorciada.

Art. 34-A. Nas regiões metropolitanas ou nas aglomerações urbanas instituídas por lei complementar estadual, poderão ser realizadas operações urbanas consorciadas interfederativas, aprovadas por leis estaduais específicas.

•• *Caput* acrescentado pela Lei n. 13.089, de 12-1-2015.

Parágrafo único. As disposições dos arts. 32 a 34 desta Lei aplicam-se às operações urbanas consorciadas interfederativas previstas no *caput* deste artigo, no que couber.

•• Parágrafo único acrescentado pela Lei n. 13.089, de 12-1-2015.

Seção XI
Da Transferência do Direito de Construir

Art. 35. Lei municipal, baseada no plano diretor, poderá autorizar o proprietário de imóvel urbano, privado ou público, a exercer em outro local, ou alienar, mediante escritura pública, o direito de construir previsto no plano diretor ou em legislação urbanística dele decorrente, quando o referido imóvel for considerado necessário para fins de:

I – implantação de equipamentos urbanos e comunitários;

II – preservação, quando o imóvel for considerado de interesse histórico, ambiental, paisagístico, social ou cultural;

III – servir a programas de regularização fundiária, urbanização de áreas ocupadas por população de baixa renda e habitação de interesse social.

• *Vide* art. 8.º, VIII, do Decreto n. 9.310, de 15-3-2018.

§ 1.º A mesma faculdade poderá ser concedida ao proprietário que doar ao Poder Público seu imóvel, ou parte dele, para os fins previstos nos incisos I a III do *caput*.

§ 2.º A lei municipal referida no *caput* estabelecerá as condições relativas à aplicação da transferência do direito de construir.

Seção XII
Do Estudo de Impacto de Vizinhança

Art. 36. Lei municipal definirá os empreendimentos e atividades privados ou públicos em área urbana que dependerão de elaboração de Estudo Prévio de Impacto de Vizinhança (EIV) para obter as licenças ou autorizações de construção, ampliação ou funcionamento a cargo do Poder Público municipal.

Art. 37. O EIV será executado de forma a contemplar os efeitos positivos e negativos do empreendimento ou atividade quanto à qualidade de vida da população residente na área e suas proximidades, incluindo a análise, no mínimo, das seguintes questões:

I – adensamento populacional;

II – equipamentos urbanos e comunitários;

III – uso e ocupação do solo;

IV – valorização imobiliária;

V – geração de tráfego e demanda por transporte público;

VI – ventilação e iluminação;

VII – paisagem urbana e patrimônio natural e cultural.

Parágrafo único. Dar-se-á publicidade aos documentos integrantes do EIV, que ficarão disponíveis para consulta, no órgão competente do Poder Público municipal, por qualquer interessado.

Art. 38. A elaboração do EIV não substitui a elaboração e a aprovação de Estudo Prévio de Impacto Ambiental (EIA), requeridas nos termos da legislação ambiental.

Capítulo III
DO PLANO DIRETOR

Art. 39. A propriedade urbana cumpre sua função social quando atende às exigências fundamentais de ordenação da cidade expressas no plano diretor, assegurando o atendimento das necessidades dos cidadãos quanto à qualidade de vida, à justiça social e ao desenvolvimento das atividades econômicas, respeitadas as diretrizes previstas no art. 2.º desta Lei.

Art. 40. O plano diretor, aprovado por lei municipal, é o instrumento básico da política de desenvolvimento e expansão urbana.

§ 1.º O plano diretor é parte integrante do processo de planejamento municipal, devendo o plano plurianual, as diretrizes orçamentárias e o orçamento anual incorporar as diretrizes e as prioridades nele contidas.

§ 2.º O plano diretor deverá englobar o território do Município como um todo.

• A Lei n. 12.587, de 3-1-2012, institui as diretrizes da Política Nacional de Mobilidade Urbana.

§ 3.º A lei que instituir o plano diretor deverá ser revista, pelo menos, a cada 10 (dez) anos.

§ 4.º No processo de elaboração do plano diretor e na fiscalização de sua implementação, os Poderes Legislativo e Executivo municipais garantirão:

I – a promoção de audiências públicas e debates com a participação da população e de associações representativas dos vários segmentos da comunidade;

II – a publicidade quanto aos documentos e informações produzidos;

III – o acesso de qualquer interessado aos documentos e informações produzidos.

§ 5.º *(Vetado.)*

Art. 41. O plano diretor é obrigatório para cidades:

I – com mais de 20.000 (vinte mil) habitantes;

II – integrantes de regiões metropolitanas e aglomerações urbanas;

III – onde o Poder Público municipal pretenda utilizar os instrumentos previstos no § 4.º do art. 182 da Constituição Federal;

IV – integrantes de áreas de especial interesse turístico;

V – inseridas na área de influência de empreendimentos ou atividades com significativo impacto ambiental de âmbito regional ou nacional;

VI – incluídas no cadastro nacional de Municípios com áreas suscetíveis à ocorrência de deslizamentos de grande impacto, inundações bruscas ou processos geológicos ou hidrológicos correlatos.

•• Inciso VI acrescentada pela Lei n. 12.608, de 10-4-2012.

§ 1.º No caso da realização de empreendimentos ou atividades enquadrados no inciso V do *caput*, os recursos técnicos e financeiros para a elaboração do plano diretor estarão inseridos entre as medidas de compensação adotadas.

§ 2.º No caso de cidades com mais de 500.000 (quinhentos mil) habitantes, deverá ser elaborado um plano de transporte urbano integrado, compatível com o plano diretor ou nele inserido.

§ 3.º As cidades de que trata o *caput* deste artigo devem elaborar plano de rotas acessíveis, compatível com o plano diretor no qual está inserido, que disponha sobre os passeios públicos a serem implantados ou reformados pelo poder público, com vistas a garantir acessibilidade da pessoa com deficiência ou com mobilidade reduzida a todas as rotas e vias existentes, inclusive as que concentrem os focos geradores de maior circulação de pedestres, como os órgãos públicos e os locais de prestação de serviços públicos e privados de saúde, educação, assistência social, esporte, cultura, correios e telégrafos, bancos, entre outros, sempre que possível de maneira integrada com os sistemas de transporte coletivo de passageiros.

•• § 3.º acrescentado pela Lei n. 13.146, de 6-7-2015.

Art. 42. O plano diretor deverá conter no mínimo:

I – a delimitação das áreas urbanas onde poderá ser aplicado o parcelamento, edificação ou utilização compulsórios, considerando a existência de infraestrutura e de demanda para utilização, na forma do art. 5.º desta Lei;

II – disposições requeridas pelos arts. 25, 28, 29, 32 e 35 desta Lei;

III – sistema de acompanhamento e controle.

Art. 42-A. Além do conteúdo previsto no art. 42, o plano diretor dos Municípios incluídos no cadastro nacional de municípios com áreas suscetíveis à ocorrência de deslizamentos de grande impacto, inundações bruscas ou processos geológicos ou hidrológicos correlatos deverá conter:

•• *Caput* acrescentado pela Lei n. 12.608, de 10-4-2012.

I – parâmetros de parcelamento, uso e ocupação do solo, de modo a promover a diversidade de usos e a contribuir para a geração de emprego e renda;

•• Inciso I acrescentado pela Lei n. 12.608, de 10-4-2012.

II – mapeamento contendo as áreas suscetíveis à ocorrência de deslizamentos de grande impacto, inundações bruscas ou processos geológicos ou hidrológicos correlatos;

•• Inciso II acrescentado pela Lei n. 12.608, de 10-4-2012.

III – planejamento de ações de intervenção preventiva e realocação de população de áreas de risco de desastre;

•• Inciso III acrescentado pela Lei n. 12.608, de 10-4-2012.

IV – medidas de drenagem urbana necessárias à prevenção e à mitigação de impactos de desastres; e

•• Inciso IV acrescentado pela Lei n. 12.608, de 10-4-2012.

V – diretrizes para a regularização fundiária de assentamentos urbanos irregulares, se houver, observadas a Lei n. 11.977, de 7 de julho de 2009, e demais normas federais e estaduais pertinentes, e previsão de áreas para habitação de interesse social por meio da demarcação de zonas especiais de interesse social e de outros instrumentos de política urbana, onde o uso habitacional for permitido;

•• Inciso V acrescentado pela Lei n. 12.608, de 10-4-2012.

VI – identificação e diretrizes para a preservação e ocupação das áreas verdes municipais, quando for o caso, com vistas à redução da impermeabilização das cidades.

•• Inciso VI acrescentado pela Lei n. 12.983, de 2-6-2014.

§ 1.º A identificação e o mapeamento de áreas de risco levarão em conta as cartas geotécnicas.

•• § 1.º acrescentado pela Lei n. 12.608, de 10-4-2012.

§ 2.º O conteúdo do plano diretor deverá ser compatível com as disposições insertas nos planos de recursos hídricos, formulados consoante a Lei n. 9.433, de 8 de janeiro de 1997.

•• § 2.º acrescentado pela Lei n. 12.608, de 10-4-2012.

§ 3.º Os Municípios adequarão o plano diretor às disposições deste artigo, por ocasião de sua revisão, observados os prazos legais.

•• § 3.º acrescentado pela Lei n. 12.608, de 10-4-2012.

§ 4.º Os Municípios enquadrados no inciso VI do art. 41 desta Lei e que não tenham plano diretor aprovado terão o prazo de 5 (cinco) anos para o seu encaminhamento para aprovação pela Câmara Municipal.

•• § 4.º acrescentado pela Lei n. 12.608, de 10-4-2012.

Art. 42-B. Os Municípios que pretendam ampliar o seu perímetro urbano após a data de publicação desta Lei deverão elaborar projeto específico que contenha, no mínimo:

•• *Caput* acrescentado pela Lei n. 12.608, de 10-4-2012.

I – demarcação do novo perímetro urbano;

•• Inciso I acrescentado pela Lei n. 12.608, de 10-4-2012.

II – delimitação dos trechos com restrições à urbanização e dos trechos sujeitos a controle especial em função de ameaça de desastres naturais;

•• Inciso II acrescentado pela Lei n. 12.608, de 10-4-2012.

III – definição de diretrizes específicas e de áreas que serão utilizadas para infraestrutura, sistema viário, equipamentos e instalações públicas, urbanas e sociais;

•• Inciso III acrescentado pela Lei n. 12.608, de 10-4-2012.

IV – definição de parâmetros de parcelamento, uso e ocupação do solo, de modo a promover a diversidade de usos e contribuir para a geração de emprego e renda;

•• Inciso IV acrescentado pela Lei n. 12.608, de 10-4-2012.

V – a previsão de áreas para habitação de interesse social por meio da demarcação de zonas especiais de interesse social e de outros instrumentos de política urbana, quando o uso habitacional for permitido;

•• Inciso V acrescentado pela Lei n. 12.608, de 10-4-2012.

VI – definição de diretrizes e instrumentos específicos para proteção ambiental e do patrimônio histórico e cultural; e

•• Inciso VI acrescentado pela Lei n. 12.608, de 10-4-2012.

VII – definição de mecanismos para garantir a justa distribuição dos ônus e benefícios decorrentes do processo de urbanização do território de expansão urbana e a recuperação para a coletividade da valorização imobiliária resultante da ação do poder público.

•• Inciso VII acrescentado pela Lei n. 12.608, de 10-4-2012.

§ 1.º O projeto específico de que trata o *caput* deste artigo deverá ser instituído por lei municipal e atender às diretrizes do plano diretor, quando houver.

•• § 1.º acrescentado pela Lei n. 12.608, de 10-4-2012.

§ 2.º Quando o plano diretor contemplar as exigências estabelecidas no *caput*, o Município ficará dispensado da elaboração do projeto específico de que trata o *caput* deste artigo.

•• § 2.º acrescentado pela Lei n. 12.608, de 10-4-2012.

§ 3.º A aprovação de projetos de parcelamento do solo no novo perímetro urbano ficará condicionada à existência do projeto específico e deverá obedecer às suas disposições.

•• § 3.º acrescentado pela Lei n. 12.608, de 10-4-2012.

Capítulo IV
DA GESTÃO DEMOCRÁTICA DA CIDADE

• A Lei n. 13.311, de 11-7-2016, institui, nos termos do *caput* do art. 182 da CF, normas gerais para a ocupação e utilização de área pública urbana por equipamentos urbanos do tipo quiosque, *trailer*, feira e banca de venda de jornais e revistas.

Art. 43. Para garantir a gestão democrática da cidade, deverão ser utilizados, entre outros, os seguintes instrumentos:

I – órgãos colegiados de política urbana, nos níveis nacional, estadual e municipal;

II – debates, audiências e consultas públicas;

III – conferências sobre assuntos de interesse urbano, nos níveis nacional, estadual e municipal;

IV – iniciativa popular de projeto de lei e de planos, programas e projetos de desenvolvimento urbano;

V – (*Vetado*.)

Art. 44. No âmbito municipal, a gestão orçamentária participativa de que trata a alínea *f* do inciso III do art. 4.º desta Lei incluirá a realização de debates, audiências e consultas públicas sobre as propostas do plano plurianual, da lei de diretrizes orçamentárias e do orçamento anual, como condição obrigatória para sua aprovação pela Câmara Municipal.

Art. 45. Os organismos gestores das regiões metropolitanas e aglomerações urbanas incluirão obrigatória e significativa participação da população e de associações representativas dos vários segmentos da comunidade, de modo a garantir o controle direto de suas atividades e o pleno exercício da cidadania.

Capítulo V
DISPOSIÇÕES GERAIS

Art. 46. O poder público municipal poderá facultar ao proprietário da área atingida pela obrigação de que trata o *caput* do art. 5.º desta Lei, ou objeto de regularização fundiária urbana para fins de regularização fundiária, o estabelecimento de consórcio imobiliário como forma de viabilização financeira do aproveitamento do imóvel.

•• *Caput* com redação determinada pela Lei n. 13.465, de 11-7-2017.

• *Vide* art. 8.º, V, do Decreto n. 9.310, de 15-3-2018.

§ 1.º Considera-se consórcio imobiliário a forma de viabilização de planos de urbanização, de regularização fundiária ou de reforma, conservação ou construção de edificação por meio da qual o proprietário transfere ao poder público municipal seu imóvel e, após a realização das obras, recebe, como pagamento, unidades imobiliárias devidamente urbanizadas ou edificadas, ficando as demais unidades incorporadas ao patrimônio público.

•• § 1.º com redação determinada pela Lei n. 13.465, de 11-7-2017.

§ 2.º O valor das unidades imobiliárias a serem entregues ao proprietário será correspondente ao valor do imóvel antes da execução das obras.

•• § 2.º com redação determinada pela Lei n. 13.465, de 11-7-2017.

§ 3.º A instauração do consórcio imobiliário por proprietários que tenham dado causa à formação de núcleos urbanos informais, ou por seus sucessores, não os eximirá das responsabilidades administrativa, civil ou criminal.

•• § 3.º acrescentado pela Lei n. 13.465, de 11-7-2017.

Art. 47. Os tributos sobre imóveis urbanos, assim como as tarifas relativas a serviços públicos urbanos, serão diferenciados em função do interesse social.

Art. 48. Nos casos de programas e projetos habitacionais de interesse social, desenvolvidos por órgãos ou entidades da Administração Pública com atuação específica nessa área, os contratos de concessão de direito real de uso de imóveis públicos:

I – terão, para todos os fins de direito, caráter de escritura pública, não se aplicando o disposto no inciso II do art. 134 do Código Civil;

•• A referência é feita a dispositivo do CC de 1916. *Vide* art. 108 do Código vigente.

II – constituirão título de aceitação obrigatória em garantia de contratos de financiamentos habitacionais.

Art. 49. Os Estados e Municípios terão o prazo de 90 (noventa) dias, a partir da entrada em vigor desta Lei, para fixar prazos, por lei, para a expedição de diretrizes de empreendimentos urbanísticos, aprovação de projetos de parcelamento e de edificação, realização de vistorias e expedição de termo de verificação e conclusão de obras.

Parágrafo único. Não sendo cumprida a determinação do *caput*, fica estabelecido o prazo de 60 (sessenta) dias para a realização de cada um dos referidos atos administrativos, que valerá até que os Estados e Municípios disponham em lei de forma diversa.

Art. 50. Os Municípios que estejam enquadrados na obrigação prevista nos incisos I e II do *caput* do art. 41 desta Lei e que não tenham plano diretor aprovado na data de entrada em vigor desta Lei deverão aprová-lo até 30 de junho de 2008.

•• Artigo com redação determinada pela Lei n. 11.673, de 8-5-2008.

Art. 51. Para os efeitos desta Lei, aplicam-se ao Distrito Federal e ao Governador do Distrito Federal as disposições relativas, respectivamente, a Município e a Prefeito.

Art. 52. Sem prejuízo da punição de outros agentes públicos envolvidos e da aplicação de outras sanções cabíveis, o Prefeito incorre em improbidade administrativa, nos termos da Lei n. 8.429, de 2 de junho de 1992, quando:

I – (*Vetado*.)

II – deixar de proceder, no prazo de 5 (cinco) anos, o adequado aproveitamento do imóvel incorporado ao patrimônio público, conforme o disposto no § 4.º do art. 8.º desta Lei;

III – utilizar áreas obtidas por meio do direito de preempção em desacordo com o disposto no art. 26 desta Lei;

IV – aplicar os recursos auferidos com a outorga onerosa do direito de construir e de alteração de uso em desacordo com o previsto no art. 31 desta Lei;

V – aplicar os recursos auferidos com operações consorciadas em desacordo com o previsto no § 1.º do art. 33 desta Lei;

VI – impedir ou deixar de garantir os requisitos contidos nos incisos I a III do § 4.º do art. 40 desta Lei;

VII – deixar de tomar as providências necessárias para garantir a observância do disposto no § 3.º do art. 40 e no art. 50 desta Lei;

VIII – adquirir imóvel objeto de direito de preempção, nos termos dos arts. 25 a 27 desta Lei, pelo valor da proposta apresentada, se este for, comprovadamente, superior ao de mercado.

Art. 53. (*Revogado pela Medida Provisória n. 2.180-35, de 24-8-2001.*)

Art. 54. O art. 4.º da Lei n. 7.347, de 1985, passa a vigorar com a seguinte redação:

•• Alteração já processada no diploma citado.

Art. 55. O art. 167, I, item 28, da Lei n. 6.015, de 31 de dezembro de 1973, alterado pela Lei n. 6.216, de 30 de junho de 1975, passa a vigorar com a seguinte redação:

•• Modificação prejudicada pela nova redação determinada pela Medida Provisória n. 2.220, de 4-9-2001.

Art. 56. O art. 167, I, da Lei n. 6.015, de 1973, passa a vigorar acrescido dos seguintes itens 37, 38 e 39:

•• Alteração já processada no diploma citado.

Art. 57. O art. 167, II, da Lei n. 6.015, de 1973, passa a vigorar acrescido dos seguintes itens 18, 19 e 20:

•• Alteração já processada no diploma citado.

Art. 57-A. A operadora ferroviária, inclusive metroferroviária, poderá constituir o direito real de laje de que trata a Lei n. 10.406, de 10 de janeiro de 2002 (Código Civil), e o de superfície de que trata esta Lei, sobre ou sob a faixa de domínio de sua via férrea, observado o plano diretor e o respectivo contrato de outorga com o poder concedente.

•• *Caput* acrescentado pela Lei n. 14.273, de 23-12-2021.

•• Direito real de laje no CC: *vide* arts. 1.510-A a 1.510-E.

Parágrafo único. A constituição do direito real de laje ou de superfície a que se refere o *caput* deste artigo é condicionada à existência prévia de licenciamento urbanístico municipal, que estabelecerá os ônus urbanísticos a serem observados e o direito de construir incorporado a cada unidade imobiliária.

•• Parágrafo único acrescentado pela Lei n. 14.273, de 23-12-2021.

Art. 58. Esta Lei entra em vigor após decorridos 90 (noventa) dias de sua publicação.

Brasília, 10 de julho de 2001; 180.º da Independência e 113.º da República.

FERNANDO HENRIQUE CARDOSO

LEI N. 10.259, DE 12 DE JULHO DE 2001 (*)

Dispõe sobre a instituição dos Juizados Especiais Cíveis e Criminais no âmbito da Justiça Federal.

O Presidente da República:

Faço saber que o Congresso Nacional decreta e eu sanciono a seguinte Lei:

Art. 1.º São instituídos os Juizados Especiais Cíveis e Criminais da Justiça Federal, aos quais se aplica, no que não conflitar com esta Lei, o disposto na Lei n. 9.099, de 26 de setembro de 1995.

• Da criação dos Juizados Especiais Cíveis e Criminais da Justiça Federal: *vide* art. 98, § 1.º, da CF.

• *Vide* Súmula 376 do STJ.

Art. 2.º Compete ao Juizado Especial Federal Criminal processar e julgar os feitos de competência da Justiça Federal relativos às infrações de menor potencial ofensivo, respeitadas as regras de conexão e continência.

•• *Caput* com redação determinada pela Lei n. 11.313, de 28-6-2006.

•• *Vide* art. 61 da Lei n. 9.099, de 26-9-1995.

Parágrafo único. Na reunião de processos, perante o juízo comum ou o tribunal do júri, decorrente da aplicação das regras de conexão e continência, observar-se-ão os institutos da transação penal e da composição dos danos civis.

•• Parágrafo único com redação determinada pela Lei n. 11.313, de 28-6-2006.

Art. 3.º Compete ao Juizado Especial Federal Cível processar, conciliar e julgar causas de competência da Justiça Federal até o valor de 60 (sessenta) salários mínimos, bem como executar as suas sentenças.

•• A Medida Provisória n. 1.143, de 12-12-2022, estabelece que, a partir de 1.º-1-2023, o salário mínimo será de R$ 1.302,00 (mil trezentos e dois reais).

• *Vide* art. 61 da Lei n. 9.099, de 26-9-1995.

§ 1.º Não se incluem na competência do Juizado Especial Cível as causas:

• *Vide* Súmula 376 do STJ.

I – referidas no art. 109, incisos II, III e XI, da Constituição Federal, as ações de mandado de segurança, de desapropriação, de divisão e demarcação, populares, execuções fiscais e por improbidade administrativa e as demandas sobre direitos ou interesses difusos, coletivos ou individuais homogêneos;

II – sobre bens imóveis da União, autarquias e fundações públicas federais;

III – para a anulação ou cancelamento de ato administrativo federal, salvo o de natureza previdenciária e o de lançamento fiscal;

IV – que tenham como objeto a impugnação da pena de demissão imposta a servidores públicos civis ou de sanções disciplinares aplicadas a militares.

§ 2.º Quando a pretensão versar sobre obrigações vincendas, para fins de competência do Juizado Especial, a soma de 12 (doze) parcelas não poderá exceder o valor referido no art. 3.º, *caput*.

§ 3.º No foro onde estiver instalada Vara do Juizado Especial, a sua competência é absoluta.

Art. 4.º O Juiz poderá, de ofício ou a requerimento das partes, deferir medidas cautelares no curso do processo, para evitar dano de difícil reparação.

Art. 5.º Exceto nos casos do art. 4.º, somente será admitido recurso de sentença definitiva.

Art. 6.º Podem ser partes no Juizado Especial Federal Cível:

I – como autores, as pessoas físicas e as microempresas e empresas de pequeno porte, assim definidas na Lei n. 9.317, de 5 de dezembro de 1996;

•• A Lei n. 9.317, de 5-12-1996, foi revogada pela Lei Complementar n. 123, de 14-12-2006, que institui em seu art. 12 o Regime Especial Unificado de Arrecadação de Tributo e Contribuições devidos pelas Microempresas e Empresas de Pequeno Porte – Simples Nacional.

•• *Vide* art. 74 da Lei Complementar n. 123, de 14-12-2006 – Estatuto da Microempresa e da Empresa de Pequeno Porte.

• *Vide* art. 8.º, § 1.º, da Lei n. 9.099, de 26-9-1995.

II – como rés, a União, autarquias, fundações e empresas públicas federais.

• *Vide* art. 9.º, § 4.º, da Lei n. 9.099, de 26-9-1995.

Art. 7.º As citações e intimações da União serão feitas na forma prevista nos arts. 35 a 38 da Lei Complementar n. 73, de 10 de fevereiro de 1993.

Parágrafo único. A citação das autarquias, fundações e empresas públicas será feita na pessoa do representante máximo da entidade, no local onde proposta a causa, quando ali instalado seu escritório ou representação; se não, na sede da entidade.

Art. 8.º As partes serão intimadas da sentença, quando não proferida esta na audiência em que estiver presente seu representante, por ARMP (aviso de recebimento em mão própria).

§ 1.º As demais intimações das partes serão feitas na pessoa dos advogados ou dos Procuradores que oficiem nos respectivos autos, pessoalmente ou por via postal.

§ 2.º Os tribunais poderão organizar serviço de intimação das partes e de recepção de petições por meio eletrônico.

• A Resolução n. 28, de 13-10-2008, do CJF, dispõe sobre a intimação eletrônica das partes, Ministério Público, procuradores, advogados e defensores públicos, no âmbito dos JEFs.

Art. 9.º Não haverá prazo diferenciado para a prática de qualquer ato processual pelas pessoas jurídicas de direito público, inclusive a interposição de recursos, devendo a citação para audiência de conciliação ser efetuada com antecedência mínima de 30 (trinta) dias.

Art. 10. As partes poderão designar, por escrito, representantes para a causa, advogado ou não.

(*) Publicada no *Diário Oficial da União*, de 13-7-2001. A Lei n. 12.665, de 13-6-2012, dispõe sobre a criação de estrutura permanente para as Turmas Recursais dos Juizados Especiais Federais e cria os respectivos cargos de Juízes Federais. O Provimento n. 7, de 7-5-2010, do CNJ, define medidas de aprimoramento relacionadas ao Sistema dos Juizados Especiais.

•• O STF, na ADI n. 3.168-6 (*DOU* de 17-8-2007), afasta a inconstitucionalidade deste dispositivo, desde que excluídos os feitos criminais e respeitado o teto estabelecido no art. 3.º desta Lei, sem prejuízo da aplicação subsidiária integral dos parágrafos do art. 9.º da Lei n. 9.099, de 26-9-1995.

Parágrafo único. Os representantes judiciais da União, autarquias, fundações e empresas públicas federais, bem como os indicados na forma do *caput*, ficam autorizados a conciliar, transigir ou desistir, nos processos da competência dos Juizados Especiais Federais.

•• Artigo regulamentado pelo Decreto n. 4.250, de 27-5-2002, constante deste volume.

Art. 11. A entidade pública ré deverá fornecer ao Juizado a documentação de que disponha para o esclarecimento da causa, apresentando-a até a instalação da audiência de conciliação.

Parágrafo único. Para a audiência de composição dos danos resultantes de ilícito criminal (arts. 71, 72 e 74 da Lei n. 9.099, de 26 de setembro de 1995), o representante da entidade que comparecer terá poderes para acordar, desistir ou transigir, na forma do art. 10.

Art. 12. Para efetuar o exame técnico necessário à conciliação ou ao julgamento da causa, o Juiz nomeará pessoa habilitada, que apresentará o laudo até 5 (cinco) dias antes da audiência, independentemente de intimação das partes.

§ 1.º Os honorários do técnico serão antecipados à conta de verba orçamentária do respectivo Tribunal e, quando vencida na causa a entidade pública, seu valor será incluído na ordem de pagamento a ser feita em favor do Tribunal.

§ 2.º Nas ações previdenciárias e relativas à assistência social, havendo designação de exame, serão as partes intimadas para, em 10 (dez) dias, apresentar quesitos e indicar assistentes.

Art. 13. Nas causas de que trata esta Lei, não haverá reexame necessário.

Art. 14. Caberá pedido de uniformização de interpretação de lei federal quando houver divergência entre decisões sobre questões de direito material proferidas por Turmas Recursais na interpretação da lei.

• A Resolução n. 586, de 30-9-2019, dispõe sobre o Regimento Interno da Turma Nacional de Uniformização de Jurisprudência dos JEFs.

§ 1.º O pedido fundado em divergência entre Turmas da mesma Região será julgado em reunião conjunta das Turmas em conflito, sob a presidência do Juiz Coordenador.

§ 2.º O pedido fundado em divergência entre decisões de turmas de diferentes regiões ou da proferida em contrariedade a súmula ou jurisprudência dominante do STJ será julgado por Turma de Uniformização, integrada por juízes de Turmas Recursais, sob a presidência do Coordenador da Justiça Federal.

§ 3.º A reunião de juízes domiciliados em cidades diversas será feita pela via eletrônica.

§ 4.º Quando a orientação acolhida pela Turma de Uniformização, em questões de direito material, contrariar súmula ou jurisprudência dominante no Superior Tribunal de Justiça – STJ, a parte interessada poderá provocar a manifestação deste, que dirimirá a divergência.

§ 5.º No caso do § 4.º, presente a plausibilidade do direito invocado e havendo fundado receio de dano de difícil reparação, poderá o relator conceder, de ofício ou a requerimento do interessado, medida liminar determinando a suspensão dos processos nos quais a controvérsia esteja estabelecida.

§ 6.º Eventuais pedidos de uniformização idênticos, recebidos subsequentemente em quaisquer Turmas Recursais, ficarão retidos nos autos, aguardando-se pronunciamento do Superior Tribunal de Justiça.

§ 7.º Se necessário, o relator pedirá informações ao Presidente da Turma Recursal ou Coordenador da Turma de Uniformização e ouvirá o Ministério Público, no prazo de 5 (cinco) dias. Eventuais interessados, ainda que não sejam partes no processo, poderão se manifestar, no prazo de 30 (trinta) dias.

§ 8.º Decorridos os prazos referidos no § 7.º, o relator incluirá o pedido em pauta na Seção, com preferência sobre todos os demais feitos, ressalvados os processos com réus presos, os *habeas corpus* e os mandados de segurança.

§ 9.º Publicado o acórdão respectivo, os pedidos retidos referidos no § 6.º serão apreciados pelas Turmas Recursais, que poderão exercer juízo de retratação ou declará-los prejudicados, se veicularem tese não acolhida pelo Superior Tribunal de Justiça.

§ 10. Os Tribunais Regionais, o Superior Tribunal de Justiça e o Supremo Tribunal Federal, no âmbito de suas competências, expedirão normas regulamentando a composição dos órgãos e os procedimentos a serem adotados para o processamento e o julgamento do pedido de uniformização e do recurso extraordinário.

Art. 15. O recurso extraordinário, para os efeitos desta Lei, será processado e julgado segundo o estabelecido nos §§ 4.º a 9.º do art. 14, além da observância das normas do Regimento.

Art. 16. O cumprimento do acordo ou da sentença, com trânsito em julgado, que imponham obrigação de fazer, não fazer ou entrega de coisa certa, será efetuado mediante ofício do Juiz à autoridade citada para a causa, com cópia da sentença ou do acordo.

Art. 17. Tratando-se de obrigação de pagar quantia certa, após o trânsito em julgado da decisão, o pagamento será efetuado no prazo de 60 (sessenta) dias, contados da entrega da requisição, por ordem do Juiz, à autoridade citada para a causa, na agência mais próxima da Caixa Econômica Federal ou do Banco do Brasil, independentemente de precatório.

§ 1.º Para os efeitos do § 3.º do art. 100 da Constituição Federal, as obrigações ali definidas como de pequeno valor, a serem pagas independentemente de precatório, terão como limite o mesmo valor estabelecido nesta Lei para a competência do Juizado Especial Federal Cível (art. 3.º, *caput*).

§ 2.º Desatendida a requisição judicial, o Juiz determinará o sequestro do numerário suficiente ao cumprimento da decisão.

§ 3.º São vedados o fracionamento, repartição ou quebra do valor da execução, de modo que o pagamento se faça, em parte, na forma estabelecida no § 1.º deste artigo, e, em parte, mediante expedição do precatório, e a expedição de precatório complementar ou suplementar do valor pago.

§ 4.º Se o valor da execução ultrapassar o estabelecido no § 1.º, o pagamento far-se-á, sempre, por meio do precatório, sendo facultado à parte exequente a renúncia ao crédito do valor excedente, para que possa optar pelo pagamento do saldo sem o precatório, da forma lá prevista.

Art. 18. Os Juizados Especiais serão instalados por decisão do Tribunal Regional Federal. O Juiz presidente do Juizado designará os conciliadores pelo período de 2 (dois) anos, admitida a recondução. O exercício dessas funções será gratuito, assegurados os direitos e prerrogativas do jurado (art. 437 do Código de Processo Penal).

•• Com o advento da Reforma do CPP pela Lei n. 11.689, de 9-6-2008, o disposto no art. 437 passou a ser tratado no art. 439, atualmente com a seguinte redação: "O exercício efetivo da função de jurado constituirá serviço público relevante e estabelecerá presunção de idoneidade moral".

• A Resolução n. 32, de 13-11-2008, do CJF, regulamenta a atividade de conciliador nos JEFs.

Parágrafo único. Serão instalados Juizados Especiais Adjuntos nas localidades cujo movimento forense não justifique a existência de Juizado Especial, cabendo ao Tribunal designar a Vara onde funcionará.

Art. 19. No prazo de 6 (seis) meses, a contar da publicação desta Lei, deverão ser instalados os Juizados Especiais nas capitais dos Estados e no Distrito Federal.

Parágrafo único. Na capital dos Estados, no Distrito Federal e em outras cidades onde for necessário, neste último caso, por decisão do Tribunal Regional Federal, serão instalados Juizados com competência exclusiva para ações previdenciárias.

Art. 20. Onde não houver Vara Federal, a causa poderá ser proposta no Juizado Especial Federal mais próximo do foro definido no art. 4.º da Lei n. 9.099, de 26 de setembro de 1995, vedada a aplicação desta Lei no juízo estadual.

Art. 21. As Turmas Recursais serão instituídas por decisão do Tribunal Regional Federal, que definirá sua composição e área de competência, podendo abranger mais de uma seção.

§§ 1.º e 2.º (*Revogados pela Lei n. 12.665, de 13-6-2012.*)

Art. 22. Os Juizados Especiais serão coordenados por Juiz do respectivo Tribunal Regional, escolhido por seus pares, com mandato de 2 (dois) anos.

Parágrafo único. O Juiz Federal, quando o exigirem as circunstâncias, poderá determinar o funcionamento do Juizado Especial em caráter itinerante, mediante autorização prévia do Tribunal Regional Federal, com antecedência de 10 (dez) dias.

Art. 23. O Conselho da Justiça Federal poderá limitar, por até 3 (três) anos, contados a partir da publicação desta Lei, a competência dos Juizados Especiais Cíveis, atendendo à necessidade da organização dos serviços judiciários ou administrativos.

Art. 24. O Centro de Estudos Judiciários do Conselho da Justiça Federal e as Escolas de Magistratura dos Tribunais Regionais Federais criarão programas de informática necessários para subsidiar a instrução das causas submetidas aos Juizados e promoverão cursos de aperfeiçoamento destinados aos seus magistrados e servidores.

Art. 25. Não serão remetidas aos Juizados Especiais as demandas ajuizadas até a data de sua instalação.

Art. 26. Competirá aos Tribunais Regionais Federais prestar o suporte administrativo necessário ao funcionamento dos Juizados Especiais.

Art. 27. Esta Lei entra em vigor 6 (seis) meses após a data de sua publicação.

Brasília, 12 de julho de 2001; 180.º da Independência e 113.º da República.

FERNANDO HENRIQUE CARDOSO

MEDIDA PROVISÓRIA N. 2.172-32, DE 23 DE AGOSTO DE 2001 (*)

Estabelece a nulidade das disposições contratuais que menciona e inverte, nas hipóteses que prevê, o ônus da prova nas ações intentadas para sua declaração.

O Presidente da República, no uso da atribuição que lhe confere o art. 62 da Constituição, adota a seguinte Medida Provisória, com força de lei:

Art. 1.º São nulas de pleno direito as estipulações usurárias, assim consideradas as que estabeleçam:

I – nos contratos civis de mútuo, taxas de juros superiores às legalmente permitidas, caso em que deverá o juiz, se requerido, ajustá-las à medida legal ou, na hipótese de já terem sido cumpridas, ordenar a restituição, em dobro, da quantia paga em excesso, com juros legais a contar da data do pagamento indevido;

II – nos negócios jurídicos não disciplinados pelas legislações comercial e de defesa do consumidor, lucros ou vantagens patrimoniais excessivos, estipulados em situação de vulnerabilidade da parte, caso em que deverá o juiz, se requerido, restabelecer o equilíbrio da relação contratual, ajustando-os ao valor corrente, ou, na hipótese de cumprimento da obrigação, ordenar a restituição, em dobro, da quantia recebida em excesso, com juros legais a contar da data do pagamento indevido.

Parágrafo único. Para a configuração do lucro ou vantagem excessivos, considerar-se-ão a vontade das partes, as circunstâncias da celebração do contrato, o seu conteúdo e natureza, a origem das correspondentes obrigações, as práticas de mercado e as taxas de juros legalmente permitidas.

Art. 2.º São igualmente nulas de pleno direito as disposições contratuais que, com o pretexto de conferir ou transmitir direitos, são celebradas para garantir, direta ou indiretamente, contratos civis de mútuo com estipulações usurárias.

Art. 3.º Nas ações que visem à declaração de nulidade de estipulações com amparo no disposto nesta Medida Provisória, incumbirá ao credor ou beneficiário do negócio o ônus de provar a regularidade jurídica das correspondentes obrigações, sempre que demonstrada pelo prejudicado, ou pelas circunstâncias do caso, a verossimilhança da alegação.

Art. 4.º As disposições desta Medida Provisória não se aplicam:

I – às instituições financeiras e demais instituições autorizadas a funcionar pelo Banco Central do Brasil, bem como às operações realizadas nos mercados financeiro, de capitais e de valores mobiliários, que continuam regidas pelas normas legais e regulamentares que lhes são aplicáveis;

II – às sociedades de crédito que tenham por objeto social exclusivo a concessão de financiamentos ao microempreendedor;

III – às organizações da sociedade civil de interesse público de que trata a Lei n. 9.790, de 23 de março de 1999, devidamente registradas no Ministério da Justiça, que se dedicam a sistemas alternativos de crédito e não têm qualquer tipo de vinculação com o Sistema Financeiro Nacional.

Parágrafo único. Poderão também ser excluídas das disposições desta Medida Provisória, mediante deliberação do Conselho Monetário Nacional, outras modalidades de operações e negócios de natureza subsidiária, complementar ou acessória das atividades exercidas no âmbito dos mercados financeiro, de capitais e de valores mobiliários.

Art. 5.º Ficam convalidados os atos praticados com base na Medida Provisória n. 2.172-31, de 26 de julho de 2001.

Art. 6.º Esta Medida Provisória entra em vigor na data de sua publicação.

Art. 7.º Ficam revogados o § 3.º do art. 4.º da Lei n. 1.521, de 26 de dezembro de 1951.

Brasília, 23 de agosto de 2001; 180.º da Independência e 113.º da República.

FERNANDO HENRIQUE CARDOSO

MEDIDA PROVISÓRIA N. 2.220, DE 4 DE SETEMBRO DE 2001 (**)

Dispõe sobre a concessão de uso especial de que trata o § 1.º do art. 183 da Constituição, cria o Conselho Nacional de Desenvolvimento Urbano – CNDU e dá outras providências.

O Presidente da República, no uso da atribuição que lhe confere o art. 62 da Constituição, adota a seguinte Medida Provisória, com força de lei:

Capítulo I
DA CONCESSÃO DE USO ESPECIAL

• Estatuto da Cidade: *vide* Lei n. 10.257, de 10-7-2001.

Art. 1.º Aquele que, até 22 de dezembro de 2016, possuiu como seu, por cinco anos, ininterruptamente e sem oposição, até duzentos e cinquenta metros quadrados de imóvel público situado em área com características e finalidade urbanas, e que o utilize para sua moradia ou de sua família, tem o direito à concessão de uso especial para fins de moradia em relação ao bem objeto da posse, desde que não seja proprietário ou concessionário, a qualquer título, de outro imóvel urbano ou rural.

•• *Caput* com redação determinada pela Lei n. 13.465, de 11-7-2017.

§ 1.º A concessão de uso especial para fins de moradia será conferida de forma gratuita ao homem ou à mulher, ou a ambos, independentemente do estado civil.

§ 2.º O direito de que trata este artigo não será reconhecido ao mesmo concessionário mais de uma vez.

§ 3.º Para os efeitos deste artigo, o herdeiro legítimo continua, de pleno direito, na posse de seu antecessor, desde que já resida no imóvel por ocasião da abertura da sucessão.

•• *Vide* art. 9.º da Lei n. 10.257, de 10-7-2001.

Art. 2.º Nos imóveis de que trata o art. 1.º, com mais de duzentos e cinquenta metros quadrados, ocupados até 22 de dezembro de 2016, por população de baixa renda para sua moradia, por cinco anos, ininterruptamente e sem oposição, cuja área total dividida pelo número de possuidores seja inferior a duzentos e cinquenta metros quadrados por possuidor, a concessão de uso especial para fins de moradia será conferida de forma coletiva, desde que os possuidores não sejam proprietários ou concessionários, a qualquer título, de outro imóvel urbano ou rural.

(*) Publicada no *Diário Oficial da União*, de 24-8-2001.

(**) Publicada no *Diário Oficial da União*, de 5-9-2001.

•• *Caput* com redação determinada pela Lei n. 13.465, de 11-7-2017.

§ 1.º O possuidor pode, para o fim de contar o prazo exigido por este artigo, acrescentar sua posse à de seu antecessor, contanto que ambas sejam contínuas.

§ 2.º Na concessão de uso especial de que trata este artigo, será atribuída igual fração ideal de terreno a cada possuidor, independentemente da dimensão do terreno que cada um ocupe, salvo hipótese de acordo escrito entre os ocupantes, estabelecendo frações ideais diferenciadas.

§ 3.º A fração ideal atribuída a cada possuidor não poderá ser superior a 250m² (duzentos e cinquenta metros quadrados).

• *Vide* art. 10 da Lei n. 10.257, de 10-7-2001.

Art. 3.º Será garantida a opção de exercer os direitos de que tratam os arts. 1.º e 2.º também aos ocupantes, regularmente inscritos, de imóveis públicos, com até 250m² (duzentos e cinquenta metros quadrados), da União, dos Estados, do Distrito Federal e dos Municípios, que estejam situados em área urbana, na forma do regulamento.

Art. 4.º No caso de a ocupação acarretar risco à vida ou à saúde dos ocupantes, o Poder Público garantirá ao possuidor o exercício do direito de que tratam os arts. 1.º e 2.º em outro local.

Art. 5.º É facultado ao Poder Público assegurar o exercício do direito de que tratam os arts. 1.º e 2.º em outro local na hipótese de ocupação de imóvel:

I – de uso comum do povo;

II – destinado a projeto de urbanização;

III – de interesse da defesa nacional, da preservação ambiental e da proteção dos ecossistemas naturais;

IV – reservado à construção de represas e obras congêneres; ou

V – situado em via de comunicação.

Art. 6.º O título de concessão de uso especial para fins de moradia será obtido pela via administrativa perante o órgão competente da Administração Pública ou, em caso de recusa ou omissão deste, pela via judicial.

§ 1.º A Administração Pública terá o prazo máximo de 12 (doze) meses para decidir o pedido, contado da data de seu protocolo.

§ 2.º Na hipótese de bem imóvel da União ou dos Estados, o interessado deverá instruir o requerimento de concessão de uso especial para fins de moradia com certidão expedida pelo Poder Público municipal, que ateste a localização do imóvel em área urbana e a sua destinação para moradia do ocupante ou de sua família.

§ 3.º Em caso de ação judicial, a concessão de uso especial para fins de moradia será declarada pelo juiz, mediante sentença.

§ 4.º O título conferido por via administrativa ou por sentença judicial servirá para efeito de registro no cartório de registro de imóveis.

Art. 7.º O direito de concessão de uso especial para fins de moradia é transferível por ato *inter vivos* ou *causa mortis*.

Art. 8.º O direito à concessão de uso especial para fins de moradia extingue-se no caso de:

I – o concessionário dar ao imóvel destinação diversa da moradia para si ou para sua família; ou

II – o concessionário adquirir a propriedade ou a concessão de uso de outro imóvel urbano ou rural.

Parágrafo único. A extinção de que trata este artigo será averbada no cartório de registro de imóveis, por meio de declaração do Poder Público concedente.

Art. 9.º É facultado ao poder público competente conceder autorização de uso àquele que, até 22 de dezembro de 2016, possuiu como seu, por cinco anos, ininterruptamente e sem oposição, até duzentos e cinquenta metros quadrados de imóvel público situado em área com características e finalidade urbanas para fins comerciais.

•• *Caput* com redação determinada pela Lei n. 13.465, de 11-7-2017.

§ 1.º A autorização de uso de que trata este artigo será conferida de forma gratuita.

§ 2.º O possuidor pode, para o fim de contar o prazo exigido por este artigo, acrescentar sua posse à de seu antecessor, contanto que ambas sejam contínuas.

§ 3.º Aplica-se à autorização de uso prevista no *caput* deste artigo, no que couber, o disposto nos arts. 4.º e 5.º desta Medida Provisória.

Capítulo II

DO CONSELHO NACIONAL DE DESENVOLVIMENTO URBANO

•• A Lei n. 10.683, de 28-5-2003, determina em seu art. 33, VIII, que o CNDU, da Presidência da República, seja transferido para o Ministério das Cidades, ficando alterada a sua denominação para Conselho das Cidades. O Decreto n. 5.790, de 25-5-2006, dispõe sobre a composição, estruturação, competências e funcionamento do Conselho das Cidades – ConCidades.

Art. 10. Fica criado o Conselho Nacional de Desenvolvimento Urbano – CNDU, órgão deliberativo e consultivo, integrante da estrutura da Presidência da República, com as seguintes competências:

I – propor diretrizes, instrumentos, normas e prioridades da política nacional de desenvolvimento urbano;

II – acompanhar e avaliar a implementação da política nacional de desenvolvimento urbano, em especial as políticas de habitação, de saneamento básico e de transportes urbanos, e recomendar as providências necessárias ao cumprimento de seus objetivos;

III – propor a edição de normas gerais de direito urbanístico e manifestar-se sobre propostas de alteração da legislação pertinente ao desenvolvimento urbano;

IV – emitir orientações e recomendações sobre a aplicação da Lei n. 10.257, de 10 de julho de 2001, e dos demais atos normativos relacionados ao desenvolvimento urbano;

V – promover a cooperação entre os governos da União, dos Estados, do Distrito Federal e dos Municípios e a sociedade civil na formulação e execução da política nacional de desenvolvimento urbano; e

VI – elaborar o regimento interno.

Art. 11. O CNDU é composto por seu Presidente, pelo Plenário e por uma Secretaria Executiva, cujas atribuições serão definidas em decreto.

Parágrafo único. O CNDU poderá instituir comitês técnicos de assessoramento, na forma do regimento interno.

Art. 12. O Presidente da República disporá sobre a estrutura do CNDU, a composição do seu Plenário e a designação dos membros e suplentes do Conselho e dos seus comitês técnicos.

Art. 13. A participação no CNDU e nos comitês técnicos não será remunerada.

Art. 14. As funções de membro do CNDU e dos comitês técnicos serão consideradas prestação de relevante interesse público e a ausência ao trabalho delas decorrente será abonada e computada como jornada efetiva de trabalho, para todos os efeitos legais.

Capítulo III

DAS DISPOSIÇÕES FINAIS

Art. 15. O inciso I do art. 167 da Lei n. 6.015, de 31 de dezembro de 1973, passa a vigorar com as seguintes alterações:

•• Alterações já processadas no texto indicado.

Art. 16. Esta Medida Provisória entra em vigor na data de sua publicação.

Brasília, 4 de setembro de 2001; 180.º da Independência e 113.º da República.

FERNANDO HENRIQUE CARDOSO

LEI N. 10.303, DE 31 DE OUTUBRO DE 2001 (*)

Altera e acrescenta dispositivos na Lei n. 6.404, de 15 de dezembro de 1976, que dispõe sobre as Sociedades por Ações, e na Lei n. 6.385, de 7 de dezembro de 1976, que dispõe sobre o mercado de valores mobiliários e cria a Comissão de Valores Mobiliários.

O Vice-Presidente da República, no exercício do cargo de Presidente da República

Faço saber que o Congresso Nacional decreta e eu sanciono a seguinte Lei:

Art. 1.º Esta Lei altera e acrescenta dispositivos na Lei n. 6.404, de 15 de dezembro de 1976, que dispõe sobre as Sociedades por Ações, e na Lei n. 6.385, de 7 de dezembro de 1976, que dispõe sobre o mercado de valores mobiliários e cria a Comissão de Valores Mobiliários.

(*) Publicada no *Diário Oficial da União*, de 1.º-11-2001.

Art. 2.º Os arts. 4.º, 15, 17, 24, 31, 41, 44, 47, 52, 54, 59, 62, 63, 68, 109, 115, 118, 122, 124, 133, 135, 136, 137, 140, 141, 142, 143, 146, 147, 149, 155, 157, 161, 163, 164, 165, 172, 196, 197, 202, 264, 287, 289, 291 e 294 da Lei n. 6.404, de 15 de dezembro de 1976, passam a vigorar com a seguinte redação:

•• Alterações já processadas no diploma modificado.

Art. 3.º A Lei n. 6.404, de 15 de dezembro de 1976, passa a vigorar acrescida dos seguintes arts. 4.º-A, 116-A, 165-A e 254-A:

•• Alterações já processadas no diploma modificado.

Art. 4.º Os arts. 1.º, 2.º, 4.º, 5.º, 6.º, 7.º, 8.º, 9.º, 10, 11, 14, 15, 16, 17, 18, 22, 24, 26 e 28 da Lei n. 6.385, de 7 de dezembro de 1976, passam a vigorar com a seguinte redação:

•• Alterações já processadas no diploma modificado.

Art. 5.º A Lei n. 6.385, de 7 de dezembro de 1976, passa a vigorar acrescida dos arts. 17-A, 21-A, e dos Capítulos VII-A e VII-B, com os arts. 27-A e 27-B, e 27-C a 27-F, respectivamente:

•• Alterações já processadas no diploma modificado.

Art. 6.º As companhias existentes deverão proceder à adaptação do seu estatuto aos preceitos desta Lei no prazo de 1 (um) ano, a contar da data em que esta entrar em vigor, devendo, para este fim, ser convocada assembleia geral dos acionistas.

Art. 7.º O disposto no art. 254-A da Lei n. 6.404, de 1976, não se aplica às companhias em processo de desestatização que, até a data da promulgação desta Lei, tenham publicado um edital.

Art. 8.º A alteração de direitos conferidos às ações existentes em decorrência de adequação a esta Lei não confere o direito de recesso de que trata o art. 137 da Lei n. 6.404, de 1976, se efetivada até o término do ano de 2002.

§ 1.º A proporção prevista no § 2.º do art. 15 da Lei n. 6.404, de 1976, será aplicada de acordo com o seguinte critério:

I – imediatamente às companhias novas;

II – às companhias fechadas existentes, no momento em que decidirem abrir o seu capital; e

III – as companhias abertas existentes poderão manter proporção de até 2/3 (dois terços) de ações preferenciais, em relação ao total de ações emitidas, inclusive em relação a novas emissões de ações.

§ 2.º Nas emissões de ações ordinárias por companhias abertas que optarem por se adaptar ao disposto no art. 15, § 2.º, da Lei n. 6.404, de 1976, com a redação que lhe é conferida por esta Lei, poderá não ser estendido aos acionistas titulares de ações preferenciais, a critério da companhia, o direito de preferência a que se refere o art. 171, § 1.º, *b*, da Lei n. 6.404, de 1976. Uma vez reduzido o percentual de participação em ações preferenciais, não mais será lícito à companhia elevá-lo além do limite atingido.

§ 3.º As companhias abertas somente poderão emitir novas ações preferenciais com observância do disposto no art. 17, § 1.º, da Lei n. 6.404, de 1976, com a redação dada por esta Lei, devendo os respectivos estatutos ser adaptados ao referido dispositivo legal no prazo de 1 (um) ano, após a data de entrada em vigor desta Lei.

§ 4.º Até a assembleia-geral ordinária que se reunir para aprovar as demonstrações financeiras do exercício de 2004, inclusive, o conselheiro eleito na forma do § 4.º, inciso II, ou do § 5.º do art. 141, da Lei n. 6.404, de 15 de dezembro de 1976, será escolhido em lista tríplice elaborada pelo acionista controlador; e, a partir da assembleia geral ordinária de 2006, o referido conselheiro será eleito nos termos desta Lei, independentemente do mandato do conselheiro a ser substituído.

Art. 9.º Esta Lei entra em vigor após decorridos 120 (cento e vinte) dias de sua publicação oficial, aplicando-se, todavia, a partir da data de publicação, às companhias que se constituírem a partir dessa data.

Art. 10. São revogados o art. 242, da Lei n. 6.404, de 15 de dezembro de 1976, e os arts. 29 e 30, da Lei n. 6.385, de 7 de dezembro de 1976.

Brasília, 31 de outubro de 2001; 180.º da Independência e 113.º da República.

Marco Antonio de Oliveira Maciel

DECRETO N. 4.250, DE 27 DE MAIO DE 2002 (*)

Regulamenta a representação judicial da União, autarquias, fundações e empresas públicas federais perante os Juizados Especiais Federais, instituídos pela Lei n. 10.259, de 12 de julho de 2001.

O Presidente da República, no uso da atribuição que lhe confere o art. 84, IV, da Constituição, e tendo em vista o disposto na Lei n. 10.259, de 12 de julho de 2001, decreta:

Art. 1.º Nas causas de competência dos Juizados Especiais Federais, a União será representada pelas Procuradorias da União e, nas causas previstas no inciso V e parágrafo único do art. 12 da Lei Complementar n. 73, de 10 de fevereiro de 1993, pelas Procuradorias da Fazenda Nacional, e as autarquias, fundações e empresas públicas federais, pelas respectivas procuradorias e departamentos jurídicos, ressalvada a representação extraordinária prevista nos arts. 11-A e 11-B da Lei n. 9.028, de 12 de abril de 1995.

§ 1.º O Procurador-Geral da União, o Procurador-Geral da Fazenda Nacional, os Procuradores-Gerais, os Chefes de procuradorias ou de departamentos jurídicos de autarquias e fundações federais e os dirigentes das empresas públicas poderão designar servidores não integrantes de carreiras jurídicas, que tenham completo conhecimento do caso, como auxiliares da representação das respectivas entidades, na forma do art. 10 da Lei n. 10.259, de 12 de julho de 2001.

§ 2.º O ato de designação deverá conter, quando pertinentes, poderes expressos para conciliar, transigir e desistir, inclusive de recurso, se interposto.

Art. 2.º Compete ao Advogado-Geral da União expedir instruções referentes à atuação da Advocacia-Geral da União e dos órgãos jurídicos das autarquias e fundações nas causas de competência dos Juizados Especiais Federais, bem como fixar as diretrizes básicas para conciliação, transação, desistência do pedido e do recurso, se interposto.

§ 1.º Respeitadas as instruções e diretrizes fixadas pelo Advogado-Geral da União, os Procuradores-Gerais da União, da Fazenda Nacional e do Instituto Nacional do Seguro Social poderão expedir instruções específicas para as respectivas procuradorias.

§ 2.º As empresas públicas da União observarão as instruções e diretrizes fixadas pelo Advogado-Geral da União para atuação nos Juizados Especiais Federais, podendo propor a este normas específicas e adaptadas a seus estatutos e à sua natureza jurídica.

Art. 3.º Os Ministérios, autarquias e fundações federais deverão prestar todo o suporte técnico e administrativo necessário à atuação da Advocacia-Geral da União, e de seus órgãos vinculados, na defesa judicial das ações de competência dos Juizados Especiais Federais.

Art. 4.º O Advogado-Geral da União poderá requisitar servidores da Administração Pública Federal para examinar e emitir pareceres técnicos e participar das respectivas audiências nos processos em trâmite nos Juizados Especiais Federais.

Parágrafo único. O Procurador-Geral da União, o Procurador-Geral da Fazenda Nacional, no âmbito do Ministério da Fazenda, os Procuradores-Gerais, os Chefes de procuradorias ou de departamentos jurídicos, no âmbito das respectivas autarquias e fundações, e os dirigentes das empresas públicas poderão designar servidores para exercer as atividades previstas no *caput*, conforme dispuser ato editado pelo titular do Ministério ou entidade envolvida.

Art. 5.º Aplica-se o disposto no art. 4.º da Lei n. 9.028, de 1995, às solicitações das procuradorias e departamentos jurídicos das autarquias e fundações, inclusive às desti-

(*) Publicado no *Diário Oficial da União*, de 28-5-2002.

nadas a fornecer informações técnicas nos processos em trâmite nos Juizados Especiais Federais.

Parágrafo único. O órgão da Administração Pública Federal que receber pedido de subsídios para a defesa da União, de suas autarquias ou fundações, nos termos do art. 4.º da Lei n. 9.028, de 1995, além de atendê-lo no prazo assinalado:

- O art. 5.º da Lei n. 9.784, de 29-1-1999, dispõe: "O processo administrativo pode iniciar-se de ofício ou a pedido de interessado".

I – verificando a plausibilidade da pretensão deduzida em juízo e a possibilidade de solução administrativa, converterá o pedido em processo administrativo, nos termos do art. 5.º da Lei n. 9.784, de 29 de janeiro de 1999, para exame no prazo improrrogável de 30 (trinta) dias;

II – comunicará ao órgão solicitante a providência adotada no inciso I; e

III – providenciará a verificação da existência de requerimentos administrativos semelhantes, com a finalidade de dar tratamento isonômico.

Art. 6.º O Procurador-Geral da União, o Procurador-Geral da Fazenda Nacional, os Procuradores-Gerais, os Chefes de procuradorias ou de departamentos jurídicos de autarquias e fundações e os dirigentes das empresas públicas poderão delegar as competências previstas no § 1.º do art. 1.º e do parágrafo único do art. 4.º, vedada a subdelegação.

Art. 7.º O Ministério da Fazenda, o Ministério da Previdência e Assistência Social, o Ministério do Planejamento, Orçamento e Gestão e a Advocacia-Geral da União poderão manter núcleos de atendimento junto aos Juizados Especiais Federais para prestar informações aos órgãos do Poder Judiciário, quando solicitados por estes.

Art. 8.º A Procuradoria-Geral da União, a Procuradoria-Geral da Fazenda Nacional e as procuradorias ou departamentos jurídicos de autarquias e fundações federais poderão organizar jornada de trabalho compensatória para atender aos processos em trâmite nos Juizados Especiais Federais.

Art. 9.º A Advocacia-Geral da União promoverá cursos especiais destinados à capacitação e ao treinamento de servidores designados para atuar nos Juizados Especiais Federais.

Parágrafo único. Os órgãos da Administração Pública Federal fornecerão pessoal para ministrar os cursos previstos no *caput*, prestando o apoio necessário à sua realização.

Art. 10. Este Decreto entra em vigor na data de sua publicação.

Brasília, 27 de maio de 2002; 181.º da Independência e 114.º da República.

FERNANDO HENRIQUE CARDOSO

DECRETO N. 4.311, DE 23 DE JULHO DE 2002 (*)

Promulga a Convenção sobre o Reconhecimento e a Execução de Sentenças Arbitrais Estrangeiras.

O Presidente da República, no uso da atribuição que lhe confere o art. 84, inciso VIII, da Constituição,

Considerando que o Congresso Nacional aprovou o texto da Convenção sobre o Reconhecimento e a Execução de Sentenças Arbitrais Estrangeiras, por meio do Decreto Legislativo n. 52, de 25 de abril de 2002;

Considerando que a Convenção entrou em vigor internacional em 7 de junho de 1959, nos termos de seu artigo 12;

Decreta:

Art. 1.º A Convenção sobre o Reconhecimento e a Execução de Sentenças Arbitrais Estrangeiras, apensa por cópia ao presente Decreto, será executada e cumprida tão inteiramente como nela se contém.

Art. 2.º São sujeitos à aprovação do Congresso Nacional quaisquer atos que possam resultar em revisão da referida Convenção, assim como quaisquer ajustes complementares que, nos termos do art. 49, inciso I, da Constituição, acarretem encargos ou compromissos gravosos ao patrimônio nacional.

Art. 3.º Este Decreto entra em vigor na data de sua publicação.

Brasília, 23 de julho de 2002; 181.º da Independência e 114.º da República.

FERNANDO HENRIQUE CARDOSO

CONVENÇÃO SOBRE O RECONHECIMENTO E A EXECUÇÃO DE SENTENÇAS ARBITRAIS ESTRANGEIRAS

•• Também conhecida como Convenção de Nova York.

•• Vide Lei n. 9.307, de 23-9-1996, que dispõe sobre arbitragem.

Artigo I

1. A presente Convenção aplicar-se-á ao reconhecimento e à execução de sentenças arbitrais estrangeiras proferidas no território de um Estado que não o Estado em que se tencione o reconhecimento e a execução de tais sentenças, oriundas de divergências entre pessoas, sejam elas físicas ou jurídicas. A Convenção aplicar-se-á igualmente a sentenças arbitrais não consideradas como sentenças domésticas no Estado onde se tencione o seu reconhecimento e a sua execução.

2. Entender-se-á por "sentenças arbitrais" não só as sentenças proferidas por árbitros nomeados para cada caso mas também aquelas emitidas por órgãos arbitrais permanentes aos quais as partes se submetam.

3. Quando da assinatura, ratificação ou adesão à presente Convenção, ou da notificação de extensão nos termos do Artigo X, qualquer Estado poderá, com base em reciprocidade, declarar que aplicará a Convenção ao reconhecimento e à execução de sentenças proferidas unicamente no território de outro Estado signatário. Poderá igualmente declarar que aplicará a Convenção somente a divergências oriundas de relacionamentos jurídicos, sejam eles contratuais ou não, que sejam considerados como comerciais nos termos da lei nacional do Estado que fizer tal declaração.

Artigo II

1. Cada Estado signatário deverá reconhecer o acordo escrito pelo qual as partes se comprometem a submeter à arbitragem todas as divergências que tenham surgido ou que possam vir a surgir entre si no que diz respeito a um relacionamento jurídico definido, seja ele contratual ou não, com relação a uma matéria passível de solução mediante arbitragem.

2. Entender-se-á por "acordo escrito" uma cláusula arbitral inserida em contrato ou acordo de arbitragem, firmado pelas partes ou contido em troca de cartas ou telegramas.

3. O tribunal de um Estado signatário, quando de posse de ação sobre matéria com relação à qual as partes tenham estabelecido acordo nos termos do presente artigo, a pedido de uma delas, encaminhará as partes à arbitragem, a menos que constate que tal acordo é nulo e sem efeitos, inoperante ou inexequível.

Artigo III

Cada Estado signatário reconhecerá as sentenças como obrigatórias e as executará em conformidade com as regras de procedimento do território no qual a sentença é invocada, de acordo com as condições estabelecidas nos artigos que se seguem. Para fins de reconhecimento ou de execução das sentenças arbitrais às quais a presente Convenção se aplica, não serão impostas condições substancialmente mais onerosas ou taxas ou cobranças mais altas do que as impostas para o reconhecimento ou a execução de sentenças arbitrais domésticas.

Artigo IV

1. A fim de obter o reconhecimento e a execução mencionados no artigo precedente, a parte que solicitar o reconhecimento e a execução fornecerá, quando da solicitação:

a) a sentença original devidamente autenticada ou uma cópia da mesma devidamente certificada;

b) o acordo original a que se refere o Artigo II ou uma cópia do mesmo devidamente autenticada.

2. Caso tal sentença ou tal acordo não for feito em um idioma oficial do país no qual a sentença é invocada, a parte que solici-

(*) Publicado no *Diário Oficial da União*, de 24-7-2002.

tar o reconhecimento e a execução da sentença produzirá uma tradução desses documentos para tal idioma. A tradução será certificada por um tradutor oficial ou juramentado ou por um agente diplomático ou consular.

Artigo V

1. O reconhecimento e a execução de uma sentença poderão ser indeferidos, a pedido da parte contra a qual ela é invocada, unicamente se esta parte fornecer, à autoridade competente onde se tenciona o reconhecimento e a execução, prova de que:

a) as partes do acordo a que se refere o Artigo II estavam, em conformidade com a lei a elas aplicável, de algum modo incapacitadas, ou que tal acordo não é válido nos termos da lei à qual as partes o submeteram, ou, na ausência de indicação sobre a matéria, nos termos da lei do país onde a sentença foi proferida; ou

b) a parte contra a qual a sentença é invocada não recebeu notificação apropriada acerca da designação do árbitro ou do processo de arbitragem, ou lhe foi impossível, por outras razões, apresentar seus argumentos; ou

c) a sentença se refere a uma divergência que não está prevista ou que não se enquadra nos termos da cláusula de submissão à arbitragem, ou contém decisões acerca de matérias que transcendem o alcance da cláusula de submissão, contanto que, se as decisões sobre as matérias suscetíveis de arbitragem puderem ser separadas daquelas não suscetíveis, a parte da sentença que contém decisões sobre matérias suscetíveis de arbitragem possa ser reconhecida e executada; ou

d) a composição da autoridade arbitral ou o procedimento arbitral não se deu em conformidade com o acordado pelas partes, ou, na ausência de tal acordo, não se deu em conformidade com a lei do país em que a arbitragem ocorreu; ou

e) a sentença ainda não se tornou obrigatória para as partes ou foi anulada ou suspensa por autoridade competente do país em que, ou conforme a lei do qual, a sentença tenha sido proferida.

2. O reconhecimento e a execução de uma sentença arbitral também poderão ser recusados caso a autoridade competente do país em que se tenciona o reconhecimento e a execução constatar que:

a) segundo a lei daquele país, o objeto da divergência não é passível de solução mediante arbitragem; ou

b) o reconhecimento ou a execução da sentença seria contrário à ordem pública daquele país.

Artigo VI

Caso a anulação ou a suspensão da sentença tenha sido solicitada à autoridade competente mencionada no Artigo V, 1. e, a autoridade perante a qual a sentença está sendo invocada poderá, se assim julgar cabível, adiar a decisão quanto a execução da sentença e poderá, igualmente, a pedido da parte que reivindica a execução da sentença, ordenar que a outra parte forneça garantias apropriadas.

Artigo VII

1. As disposições da presente Convenção não afetarão a validade de acordos multilaterais ou bilaterais relativos ao reconhecimento e à execução de sentenças arbitrais celebrados pelos Estados signatários nem privarão qualquer parte interessada de qualquer direito que ela possa ter de valer-se de uma sentença arbitral da maneira e na medida permitidas pela lei ou pelos tratados do país em que a sentença é invocada.

2. O Protocolo de Genebra sobre Cláusulas de Arbitragem de 1923 e a Convenção de Genebra sobre a Execução de Sentenças Arbitrais Estrangeiras de 1927 deixarão de ter efeito entre os Estados signatários quando, e na medida em que, eles se tornem obrigados pela presente Convenção.

Artigo VIII

1. A presente Convenção estará aberta, até 31 de dezembro de 1958, à assinatura de qualquer Membro das Nações Unidas e também de qualquer outro Estado que seja ou que doravante se torne membro de qualquer órgão especializado das Nações Unidas, ou que seja ou que doravante se torne parte do Estatuto da Corte Internacional de Justiça, ou qualquer outro Estado convidado pela Assembleia Geral das Nações Unidas.

2. A presente Convenção deverá ser ratificada e o instrumento de ratificação será depositado junto ao Secretário-Geral das Nações Unidas.

Artigo IX

1. A presente Convenção estará aberta para adesão a todos os Estados mencionados no Artigo VIII.

2. A adesão será efetuada mediante o depósito de instrumento de adesão junto ao Secretário-Geral das Nações Unidas.

Artigo X

1. Qualquer Estado poderá, quando da assinatura, ratificação ou adesão, declarar que a presente Convenção se estenderá a todos ou a qualquer dos territórios por cujas relações internacionais ele é responsável. Tal declaração passará a ter efeito quando a Convenção entrar em vigor para tal Estado.

2. A qualquer tempo a partir dessa data, qualquer extensão será feita mediante notificação dirigida ao Secretário-Geral das Nações Unidas e terá efeito a partir do nonagésimo dia a contar do recebimento pelo Secretário-Geral das Nações Unidas de tal notificação, ou a partir da data de entrada em vigor da Convenção para tal Estado, considerada sempre a última data.

3. Com respeito àqueles territórios aos quais a presente Convenção não for estendida quando da assinatura, ratificação ou adesão, cada Estado interessado examinará a possibilidade de tomar as medidas necessárias a fim de estender a aplicação da presente Convenção a tais territórios, respeitando-se a necessidade, quando assim exigido por razões constitucionais, do consentimento dos Governos de tais territórios.

Artigo XI

No caso de um Estado federativo ou não unitário, aplicar-se-ão as seguintes disposições:

a) com relação aos artigos da presente Convenção que se enquadrem na jurisdição legislativa da autoridade federal, as obrigações do Governo federal serão as mesmas que aquelas dos Estados signatários que não são Estados federativos;

b) com relação àqueles artigos da presente Convenção que se enquadrem na jurisdição legislativa dos estados e das províncias constituintes que, em virtude do sistema constitucional da confederação, não são obrigados a adotar medidas legislativas, o Governo federal, o mais cedo possível, levará tais artigos, com recomendação favorável, ao conhecimento das autoridades competentes dos estados e das províncias constituintes;

c) um Estado federativo parte da presente Convenção fornecerá, atendendo a pedido de qualquer outro Estado signatário que lhe tenha sido transmitido por meio do Secretário-Geral das Nações Unidas, uma declaração da lei e da prática na confederação e em suas unidades constituintes com relação a qualquer disposição em particular da presente Convenção, indicando até que ponto se tornou efetiva aquela disposição mediante ação legislativa ou outra.

Artigo XII

1. A presente Convenção entrará em vigor no nonagésimo dia após a data de depósito do terceiro instrumento de ratificação ou adesão.

2. Para cada Estado que ratificar ou aderir à presente Convenção após o depósito do terceiro instrumento de ratificação ou adesão, a presente Convenção entrará em vigor no nonagésimo dia após o depósito por tal Estado de seu instrumento de ratificação ou adesão.

Artigo XIII

1. Qualquer Estado signatário poderá denunciar a presente Convenção mediante notificação por escrito dirigida ao Secretário-Geral das Nações Unidas. A denúncia terá efeito um ano após a data de recebimento da notificação pelo Secretário-Geral.

2. Qualquer Estado que tenha feito uma declaração ou notificação nos termos do Artigo X poderá, a qualquer tempo a partir dessa data, mediante notificação ao Secretário-Geral das Nações Unidas, declarar que a presente Convenção deixará de aplicar-se ao território em questão um ano após a data de recebimento da notificação pelo Secretário-Geral.

3. A presente Convenção continuará sendo aplicável a sentenças arbitrais com relação às quais tenham sido instituídos processos de reconhecimento ou de execução antes de a denúncia surtir efeito.

Artigo XIV

Um Estado signatário não poderá valer-se da presente Convenção contra outros Estados signatários, salvo na medida em que ele mesmo esteja obrigado a aplicar a Convenção.

Artigo XV

O Secretário-Geral das Nações Unidas notificará os Estados previstos no Artigo VIII acerca de:

a) assinaturas e ratificações em conformidade com o Artigo VIII;

b) adesões em conformidade com o Artigo IX;

c) declarações e notificações nos termos dos Artigos I, X e XI;

d) data em que a presente Convenção entrar em vigor em conformidade com o Artigo XII;

e) denúncias e notificações em conformidade com o Artigo XIII.

Artigo XVI

1. A presente Convenção, da qual os textos em chinês, inglês, francês, russo e espanhol são igualmente autênticos, será depositada nos arquivos das Nações Unidas.

2. O Secretário-Geral das Nações Unidas transmitirá uma cópia autenticada da presente Convenção aos Estados contemplados no Artigo VIII.

PORTARIA N. 5, DE 27 DE AGOSTO DE 2002 (*)

Complementa o elenco de cláusulas abusivas constante do art. 51 da Lei n. 8.078, de 11 de setembro de 1990.

A Secretária de Direito Econômico do Ministério da Justiça, no uso da atribuição que lhe confere o art. 56 do Decreto n. 2.181, de 20 de março de 1997, e

Considerando que constitui dever da Secretaria de Direito Econômico orientar o Sistema Nacional de Defesa do Consumidor sobre a abusividade de cláusulas insertas em contratos de fornecimento de produtos e serviços, notadamente para o fim de aplicação do disposto no inciso IV do art. 22 do Decreto n. 2.181, de 1997;

Considerando que o elenco de cláusulas abusivas constante do art. 51 da Lei n. 8.078, de 1990, é meramente exemplificativo, uma vez que outras estipulações contratuais lesivas ao consumidor defluem do próprio texto legal;

Considerando que a informação de fornecedores e de consumidores quanto aos seus direitos e deveres promove a melhoria, a transparência, a harmonia, o equilíbrio e a boa-fé nas relações de consumo;

Considerando, finalmente, as sugestões oferecidas pelo Ministério Público e pelos PROCONs, bem como decisões judiciais sobre relações de consumo; resolve:

Art. 1.º Considerar abusiva, nos contratos de fornecimento de produtos e serviços, a cláusula que:

I – autorize o envio do nome do consumidor, e/ou seus garantes, a bancos de dados e cadastros de consumidores, sem comprovada notificação prévia;

II – imponha ao consumidor, nos contratos de adesão, a obrigação de manifestar-se contra a transferência, onerosa ou não, para terceiros, dos dados cadastrais confiados ao fornecedor;

III – autorize o fornecedor a investigar a vida privada do consumidor;

IV – imponha em contratos de seguro-saúde, firmados anteriormente à Lei n. 9.656, de 3 de junho de 1998, limite temporal para internação hospitalar;

V – prescreva, em contrato de plano de saúde ou seguro-saúde, a não cobertura de doenças de notificação compulsória.

Art. 2.º Esta Portaria entra em vigor na data de sua publicação.

Elisa Silva Ribeiro Baptista de Oliveira

(*) Publicada no *Diário Oficial da União*, de 28-8-2002. O Decreto n. 9.921, de 18-7-2019, consolida atos normativos que dispõem sobre a temática da pessoa idosa.

LEI N. 10.741, DE 1.º DE OUTUBRO DE 2003 (**)

Dispõe sobre o Estatuto da Pessoa Idosa e dá outras providências.

•• Ementa com redação determinada pela Lei n. 14.423, de 22-7-2022.

O Presidente da República

Faço saber que o Congresso Nacional decreta e eu sanciono a seguinte Lei:

TÍTULO I
DISPOSIÇÕES PRELIMINARES

Art. 1.º É instituído o Estatuto da Pessoa Idosa, destinado a regular os direitos assegurados às pessoas com idade igual ou superior a 60 (sessenta) anos.

•• Artigo com redação determinada pela Lei n. 14.423, de 22-7-2022.

Art. 2.º A pessoa idosa goza de todos os direitos fundamentais inerentes à pessoa humana, sem prejuízo da proteção integral de que trata esta Lei, assegurando-se-lhe, por lei ou por outros meios, todas as oportunidades e facilidades, para preservação de sua saúde física e mental e seu aperfeiçoamento moral, intelectual, espiritual e social, em condições de liberdade e dignidade.

•• Artigo com redação determinada pela Lei n. 14.423, de 22-7-2022.

Art. 3.º É obrigação da família, da comunidade, da sociedade e do poder público assegurar à pessoa idosa, com absoluta prioridade, a efetivação do direito à vida, à saúde, à alimentação, à educação, à cultura, ao esporte, ao lazer, ao trabalho, à cidadania, à liberdade, à dignidade, ao respeito e à convivência familiar e comunitária.

•• *Caput* com redação determinada pela Lei n. 14.423, de 22-7-2022.

§ 1.º A garantia de prioridade compreende:

•• § 1.º com redação determinada pela Lei n. 14.423, de 22-7-2022.

I – atendimento preferencial imediato e individualizado junto aos órgãos públicos e privados prestadores de serviços à população;

II – preferência na formulação e na execução de políticas sociais públicas específicas;

III – destinação privilegiada de recursos públicos nas áreas relacionadas com a proteção à pessoa idosa;

•• Inciso III com redação determinada pela Lei n. 14.423, de 22-7-2022.

IV – viabilização de formas alternativas de participação, ocupação e convívio da pessoa idosa com as demais gerações;

•• Inciso IV com redação determinada pela Lei n. 14.423, de 22-7-2022.

V – priorização do atendimento da pessoa idosa por sua própria família, em detrimento do atendimento asilar, exceto dos que não a possuam ou careçam de condições de manutenção da própria sobrevivência;

•• Inciso V com redação determinada pela Lei n. 14.423, de 22-7-2022.

VI – capacitação e reciclagem dos recursos humanos nas áreas de geriatria e gerontologia e na prestação de serviços às pessoas idosas;

•• Inciso VI com redação determinada pela Lei n. 14.423, de 22-7-2022.

VII – estabelecimento de mecanismos que favoreçam a divulgação de informações de caráter educativo sobre os aspectos biopsicossociais de envelhecimento;

VIII – garantia de acesso à rede de serviços de saúde e de assistência social locais;

IX – prioridade no recebimento da restituição do Imposto de Renda.

•• Inciso IX acrescentado pela Lei n. 11.765, de 5-8-2008.

§ 2.º Entre as pessoas idosas, é assegurada prioridade especial aos maiores de 80 (oitenta) anos, atendendo-se suas necessidades sempre preferencialmente em relação às demais pessoas idosas.

(**) Publicada no *Diário Oficial da União*, de 3-10-2003. A Lei n. 11.433, de 28-12-2006, instituiu o dia 1.º de outubro de cada ano como o Dia Nacional do Idoso.

•• § 2.º com redação determinada pela Lei n. 14.423, de 22-7-2022.

Art. 4.º Nenhuma pessoa idosa será objeto de qualquer tipo de negligência, discriminação, violência, crueldade ou opressão, e todo atentado aos seus direitos, por ação ou omissão, será punido na forma da lei.

•• *Caput* com redação determinada pela Lei n. 14.423, de 22-7-2022.

§ 1.º É dever de todos prevenir a ameaça ou violação aos direitos da pessoa idosa.

•• § 1.º com redação determinada pela Lei n. 14.423, de 22-7-2022.

§ 2.º As obrigações previstas nesta Lei não excluem da prevenção outras decorrentes dos princípios por ela adotados.

Art. 5.º A inobservância das normas de prevenção importará em responsabilidade à pessoa física ou jurídica nos termos da lei.

Art. 6.º Todo cidadão tem o dever de comunicar à autoridade competente qualquer forma de violação a esta Lei que tenha testemunhado ou de que tenha conhecimento.

Art. 7.º Os Conselhos Nacional, Estaduais, do Distrito Federal e Municipais da Pessoa Idosa, previstos na Lei n. 8.842, de 4 de janeiro de 1994, zelarão pelo cumprimento dos direitos da pessoa idosa, definidos nesta Lei.

•• Artigo com redação determinada pela Lei n. 14.423, de 22-7-2022.

• A Lei n. 8.842, de 4-1-1994, dispõe sobre a Política Nacional do Idoso, cria o Conselho Nacional do Idoso e dá outras providências. A Lei n. 10.683, de 28-5-2003, que dispõe sobre a organização da Presidência da República e dos Ministérios, fala em "Conselho Nacional dos Direitos do Idoso – CNDI".

• A Resolução n. 3, de 11-5-2010, cria o Cadastro Nacional dos Conselhos de Direitos da Pessoa Idosa, que visa facilitar a articulação, estabelecer vínculos, contatos e socializar as informações entre os Conselhos citados neste artigo.

Título II
DOS DIREITOS FUNDAMENTAIS

Capítulo I
DO DIREITO À VIDA

Art. 8.º O envelhecimento é um direito personalíssimo e a sua proteção um direito social, nos termos desta Lei e da legislação vigente.

Art. 9.º É obrigação do Estado, garantir à pessoa idosa a proteção à vida e à saúde, mediante efetivação de políticas sociais públicas que permitam um envelhecimento saudável e em condições de dignidade.

•• O Decreto n. 9.921, de 18-7-2019, consolida atos normativos que dispõem sobre a temática da pessoa idosa.

Capítulo II
DO DIREITO À LIBERDADE, AO RESPEITO E À DIGNIDADE

Art. 10. É obrigação do Estado e da sociedade assegurar à pessoa idosa a liberdade, o respeito e a dignidade, como pessoa humana e sujeito de direitos civis, políticos, individuais e sociais, garantidos na Constituição e nas leis.

•• *Caput* com redação determinada pela Lei n. 14.423, de 22-7-2022.

§ 1.º O direito à liberdade compreende, entre outros, os seguintes aspectos:

I – faculdade de ir, vir e estar nos logradouros públicos e espaços comunitários, ressalvadas as restrições legais;

II – opinião e expressão;

III – crença e culto religioso;

IV – prática de esportes e de diversões;

V – participação na vida familiar e comunitária;

VI – participação na vida política, na forma da lei;

VII – faculdade de buscar refúgio, auxílio e orientação.

§ 2.º O direito ao respeito consiste na inviolabilidade da integridade física, psíquica e moral, abrangendo a preservação da imagem, da identidade, da autonomia, de valores, ideias e crenças, dos espaços e dos objetos pessoais.

§ 3.º É dever de todos zelar pela dignidade da pessoa idosa, colocando-a a salvo de qualquer tratamento desumano, violento, aterrorizante, vexatório ou constrangedor.

•• § 3.º com redação determinada pela Lei n. 14.423, de 22-7-2022.

Capítulo III
DOS ALIMENTOS

Art. 11. Os alimentos serão prestados à pessoa idosa na forma da lei civil.

•• Artigo com redação determinada pela Lei n. 14.423, de 22-7-2022.

• *Vide* Lei n. 5.478, de 25-7-1968 (Lei de Alimentos).

Art. 12. A obrigação alimentar é solidária, podendo a pessoa idosa optar entre os prestadores.

•• Artigo com redação determinada pela Lei n. 14.423, de 22-7-2022.

Art. 13. As transações relativas a alimentos poderão ser celebradas perante o Promotor de Justiça ou Defensor Público, que as referendará, e passarão a ter efeito de título executivo extrajudicial nos termos da lei processual civil.

•• Artigo com redação determinada pela Lei n. 11.737, de 14-7-2008.

• Títulos executivos extrajudiciais: *vide* art. 784 do CPC.

Art. 14. Se a pessoa idosa ou seus familiares não possuírem condições econômicas de prover o seu sustento, impõe-se ao poder público esse provimento, no âmbito da assistência social.

•• Artigo com redação determinada pela Lei n. 14.423, de 22-7-2022.

• A Lei n. 8.742, de 7-12-1993, dispõe sobre a organização da Assistência Social.

• *Vide* arts. 203 e s. da CF.

Capítulo IV
DO DIREITO À SAÚDE

Art. 15. É assegurada a atenção integral à saúde da pessoa idosa, por intermédio do Sistema Único de Saúde (SUS), garantindo-lhe o acesso universal e igualitário, em conjunto articulado e contínuo das ações e serviços, para a prevenção, promoção, proteção e recuperação da saúde, incluindo a atenção especial às doenças que afetam preferencialmente as pessoas idosas.

•• *Caput* com redação determinada pela Lei n. 14.423, de 22-7-2022.

§ 1.º A prevenção e a manutenção da saúde da pessoa idosa serão efetivadas por meio de:

•• § 1.º, *caput*, com redação determinada pela Lei n. 14.423, de 22-7-2022.

I – cadastramento da população idosa em base territorial;

II – atendimento geriátrico e gerontológico em ambulatórios;

III – unidades geriátricas de referência, com pessoal especializado nas áreas de geriatria e gerontologia social;

IV – atendimento domiciliar, incluindo a internação, para a população que dele necessitar e esteja impossibilitada de se locomover, inclusive para as pessoas idosas abrigadas e acolhidas por instituições públicas, filantrópicas ou sem fins lucrativos e eventualmente conveniadas com o poder público, nos meios urbano e rural;

•• Inciso IV com redação determinada pela Lei n. 14.423, de 22-7-2022.

V – reabilitação orientada pela geriatria e gerontologia, para redução das sequelas decorrentes do agravo da saúde.

§ 2.º Incumbe ao poder público fornecer às pessoas idosas, gratuitamente, medicamentos, especialmente os de uso continuado, assim como próteses, órteses e outros recursos relativos ao tratamento, habilitação ou reabilitação.

•• § 2.º com redação determinada pela Lei n. 14.423, de 22-7-2022.

§ 3.º É vedada a discriminação da pessoa idosa nos planos de saúde pela cobrança de valores diferenciados em razão da idade.

•• § 3.º com redação determinada pela Lei n. 14.423, de 22-7-2022.

§ 4.º As pessoas idosas com deficiência ou com limitação incapacitante terão atendimento especializado, nos termos da lei.

•• § 4.º com redação determinada pela Lei n. 14.423, de 22-7-2022.

§ 5.º É vedado exigir o comparecimento da pessoa idosa enferma perante os órgãos públicos, hipótese na qual será admitido o seguinte procedimento:

•• § 5.º, *caput*, com redação determinada pela Lei n. 14.423, de 22-7-2022.

I – quando de interesse do poder público, o agente promoverá o contato necessário com a pessoa idosa em sua residência; ou

•• Inciso I com redação determinada pela Lei n. 14.423, de 22-7-2022.

II – quando de interesse da própria pessoa idosa, esta se fará representar por procurador legalmente constituído.

•• Inciso II com redação determinada pela Lei n. 14.423, de 22-7-2022.

§ 6.º É assegurado à pessoa idosa enferma o atendimento domiciliar pela perícia médica do Instituto Nacional do Seguro Social (INSS), pelo serviço público de saúde ou pelo serviço privado de saúde, contratado ou conveniado, que integre o SUS, para expedição do laudo de saúde necessário ao exercício de seus direitos sociais e de isenção tributária.

•• § 6.º com redação determinada pela Lei n. 14.423, de 22-7-2022.

§ 7.º Em todo atendimento de saúde, os maiores de 80 (oitenta) anos terão preferência especial sobre as demais pessoas idosas, exceto em caso de emergência.

•• § 7.º com redação determinada pela Lei n. 14.423, de 22-7-2022.

Art. 16. À pessoa idosa internada ou em observação é assegurado o direito a acompanhante, devendo o órgão de saúde proporcionar as condições adequadas para a sua permanência em tempo integral, segundo o critério médico.

•• *Caput* com redação determinada pela Lei n. 14.423, de 22-7-2022.

Parágrafo único. Caberá ao profissional de saúde responsável pelo tratamento conceder autorização para o acompanhamento da pessoa idosa ou, no caso de impossibilidade, justificá-la por escrito.

•• Parágrafo único com redação determinada pela Lei n. 14.423, de 22-7-2022.

Art. 17. À pessoa idosa que esteja no domínio de suas faculdades mentais é assegurado o direito de optar pelo tratamento de saúde que lhe for reputado mais favorável.

•• *Caput* com redação determinada pela Lei n. 14.423, de 22-7-2022.

Parágrafo único. Não estando a pessoa idosa em condições de proceder à opção, esta será feita:

•• Parágrafo único, *caput*, com redação determinada pela Lei n. 14.423, de 22-7-2022.

I – pelo curador, quando a pessoa idosa for interditada;

•• Inciso I com redação determinada pela Lei n. 14.423, de 22-7-2022.

• Curatela no CC: arts. 1.767 a 1.783.

II – pelos familiares, quando a pessoa idosa não tiver curador ou este não puder ser contactado em tempo hábil;

•• Inciso II com redação determinada pela Lei n. 14.423, de 22-7-2022.

III – pelo médico, quando ocorrer iminente risco de vida e não houver tempo hábil para consulta a curador ou familiar;

IV – pelo próprio médico, quando não houver curador ou familiar conhecido, caso em que deverá comunicar o fato ao Ministério Público.

Art. 18. As instituições de saúde devem atender aos critérios mínimos para o atendimento às necessidades da pessoa idosa, promovendo o treinamento e a capacitação dos profissionais, assim como orientação a cuidadores familiares e grupos de autoajuda.

•• Artigo com redação determinada pela Lei n. 14.423, de 22-7-2022.

Art. 19. Os casos de suspeita ou confirmação de violência praticada contra pessoas idosas serão objeto de notificação compulsória pelos serviços de saúde públicos e privados à autoridade sanitária, bem como serão obrigatoriamente comunicados por eles a quaisquer dos seguintes órgãos:

•• *Caput* com redação determinada pela Lei n. 14.423, de 22-7-2022.

I – autoridade policial;

II – Ministério Público;

III – Conselho Municipal da Pessoa Idosa;

•• Inciso III com redação determinada pela Lei n. 14.423, de 22-7-2022.

IV – Conselho Estadual da Pessoa Idosa;

•• Inciso IV com redação determinada pela Lei n. 14.423, de 22-7-2022.

V – Conselho Nacional da Pessoa Idosa.

•• Inciso V com redação determinada pela Lei n. 14.423, de 22-7-2022.

§ 1.º Para os efeitos desta Lei, considera-se violência contra a pessoa idosa qualquer ação ou omissão praticada em local público ou privado que lhe cause morte, dano ou sofrimento físico ou psicológico.

•• § 1.º com redação determinada pela Lei n. 14.423, de 22-7-2022.

§ 2.º Aplica-se, no que couber, à notificação compulsória prevista no *caput* deste artigo, o disposto na Lei n. 6.259, de 30 de outubro de 1975.

•• § 2.º acrescentado pela Lei n. 12.461, de 26-7-2011.

• A Lei n. 6.259, de 30-10-1975, dispõe sobre a organização das ações de vigilância epidemiológica, sobre o Programa Nacional de Imunizações, estabelece normas relativas à notificação compulsória de doenças, e dá outras providências.

Capítulo V
DA EDUCAÇÃO, CULTURA, ESPORTE E LAZER

Art. 20. A pessoa idosa tem direito a educação, cultura, esporte, lazer, diversões, espetáculos, produtos e serviços que respeitem sua peculiar condição de idade.

•• Artigo com redação determinada pela Lei n. 14.423, de 22-7-2022.

Art. 21. O poder público criará oportunidades de acesso da pessoa idosa à educação, adequando currículos, metodologias e material didático aos programas educacionais a ela destinados.

•• *Caput* com redação determinada pela Lei n. 14.423, de 22-7-2022.

§ 1.º Os cursos especiais para pessoas idosas incluirão conteúdo relativo às técnicas de comunicação, computação e demais avanços tecnológicos, para sua integração à vida moderna.

•• § 1.º com redação determinada pela Lei n. 14.423, de 22-7-2022.

§ 2.º As pessoas idosas participarão das comemorações de caráter cívico ou cultural, para transmissão de conhecimentos e vivências às demais gerações, no sentido da preservação da memória e da identidade culturais.

•• § 2.º com redação determinada pela Lei n. 14.423, de 22-7-2022.

Art. 22. Nos currículos mínimos dos diversos níveis de ensino formal serão inseridos conteúdos voltados ao processo de envelhecimento, ao respeito e à valorização da pessoa idosa, de forma a eliminar o preconceito e a produzir conhecimentos sobre a matéria.

•• Artigo com redação determinada pela Lei n. 14.423, de 22-7-2022.

Art. 23. A participação das pessoas idosas em atividades culturais e de lazer será proporcionada mediante descontos de pelo menos 50% (cinquenta por cento) nos ingressos para eventos artísticos, culturais, esportivos e de lazer, bem como o acesso preferencial aos respectivos locais.

•• Artigo com redação determinada pela Lei n. 14.423, de 22-7-2022.

Art. 24. Os meios de comunicação manterão espaços ou horários especiais voltados às pessoas idosas, com finalidade informativa, educativa, artística e cultural, e ao público sobre o processo de envelhecimento.

•• Artigo com redação determinada pela Lei n. 14.423, de 22-7-2022.

Art. 25. As instituições de educação superior ofertarão às pessoas idosas, na perspectiva da educação ao longo da vida, cursos e programas de extensão, presenciais ou a distância, constituídos por atividades formais e não formais.

•• *Caput* com redação determinada pela Lei n. 13.535, de 15-12-2017.

Parágrafo único. O poder público apoiará a criação de universidade aberta para as pessoas idosas e incentivará a publicação de livros e periódicos, de conteúdo e padrão editorial adequados à pessoa idosa, que facilitem a leitura, considerada a natural redução da capacidade visual.

•• Parágrafo único com redação determinada pela Lei n. 14.423, de 22-7-2022.

Capítulo VI
DA PROFISSIONALIZAÇÃO E DO TRABALHO

Art. 26. A pessoa idosa tem direito ao exercício de atividade profissional, respeitadas suas condições físicas, intelectuais e psíquicas.

•• Artigo com redação determinada pela Lei n. 14.423, de 22-7-2022.

Art. 27. Na admissão da pessoa idosa em qualquer trabalho ou emprego, são vedadas a discriminação e a fixação de limite máximo de idade, inclusive para concursos, ressalvados os casos em que a natureza do cargo o exigir.

•• *Caput* com redação determinada pela Lei n. 14.423, de 22-7-2022.

• *Vide* Súmulas 683, 684 e 686 do STF.

Parágrafo único. O primeiro critério de desempate em concurso público será a idade, dando-se preferência ao de idade mais elevada.

Art. 28. O Poder Público criará e estimulará programas de:

I – profissionalização especializada para as pessoas idosas, aproveitando seus potenciais e habilidades para atividades regulares e remuneradas;

•• Inciso I com redação determinada pela Lei n. 14.423, de 22-7-2022.

II – preparação dos trabalhadores para a aposentadoria, com antecedência mínima de 1 (um) ano, por meio de estímulo a novos projetos sociais, conforme seus interesses, e de esclarecimento sobre os direitos sociais e de cidadania;

III – estímulo às empresas privadas para admissão de pessoas idosas ao trabalho.

•• Inciso III com redação determinada pela Lei n. 14.423, de 22-7-2022.

Capítulo VII

DA PREVIDÊNCIA SOCIAL

Art. 29. Os benefícios de aposentadoria e pensão do Regime Geral da Previdência Social observarão, na sua concessão, critérios de cálculo que preservem o valor real dos salários sobre os quais incidiram contribuição, nos termos da legislação vigente.

Parágrafo único. Os valores dos benefícios em manutenção serão reajustados na mesma data de reajuste do salário mínimo, *pro rata*, de acordo com suas respectivas datas de início ou do seu último reajustamento, com base em percentual definido em regulamento, observados os critérios estabelecidos pela Lei n. 8.213, de 24 de julho de 1991.

• A Lei n. 8.213, de 24-7-1991, dispõe sobre o plano de benefícios da previdência social.

Art. 30. A perda da condição de segurado não será considerada para a concessão da aposentadoria por idade, desde que a pessoa conte com, no mínimo, o tempo de contribuição correspondente ao exigido para efeito de carência na data de requerimento do benefício.

Parágrafo único. O cálculo do valor do benefício previsto no *caput* observará o disposto no *caput* e § 2.º do art. 3.º da Lei n. 9.876, de 26 de novembro de 1999, ou, não havendo salários de contribuição recolhidos a partir da competência de julho de 1994, o disposto no art. 35 da Lei n. 8.213, de 1991.

• A Lei n. 9.876, de 26-11-1999, dispõe sobre a contribuição previdenciária do contribuinte individual.

Art. 31. O pagamento de parcelas relativas a benefícios, efetuado com atraso por responsabilidade da Previdência Social, será atualizado pelo mesmo índice utilizado para os reajustamentos dos benefícios do Regime Geral de Previdência Social, verificado no período compreendido entre o mês que deveria ter sido pago e o mês do efetivo pagamento.

Art. 32. O Dia Mundial do Trabalho, 1.º de Maio, é a data-base dos aposentados e pensionistas.

Capítulo VIII

DA ASSISTÊNCIA SOCIAL

• A Lei n. 8.742, de 7-12-1993, dispõe sobre a organização da assistência social.

• *Vide* arts. 203 e s. da CF.

Art. 33. A assistência social às pessoas idosas será prestada, de forma articulada, conforme os princípios e diretrizes previstos na Lei Orgânica da Assistência Social (Loas), na Política Nacional da Pessoa Idosa, no SUS e nas demais normas pertinentes.

•• Artigo com redação determinada pela Lei n. 14.423, de 22-7-2022.

Art. 34. Às pessoas idosas, a partir de 65 (sessenta e cinco) anos, que não possuam meios para prover sua subsistência, nem de tê-la provida por sua família, é assegurado o benefício mensal de 1 (um) salário mínimo, nos termos da Loas.

•• *Caput* com redação determinada pela Lei n. 14.423, de 22-7-2022.

• *Vide* art. 203, V, da CF.

Parágrafo único. O benefício já concedido a qualquer membro da família nos termos do *caput* não será computado para os fins do cálculo da renda familiar *per capita* a que se refere a Loas.

Art. 35. Todas as entidades de longa permanência, ou casa-lar, são obrigadas a firmar contrato de prestação de serviços com a pessoa idosa abrigada.

§ 1.º No caso de entidade filantrópica, ou casa-lar, é facultada a cobrança de participação da pessoa idosa no custeio da entidade.

•• § 1.º com redação determinada pela Lei n. 14.423, de 22-7-2022.

§ 2.º O Conselho Municipal da Pessoa Idosa ou o Conselho Municipal da Assistência Social estabelecerá a forma de participação prevista no § 1.º deste artigo, que não poderá exceder a 70% (setenta por cento) de qualquer benefício previdenciário ou de assistência social percebido pela pessoa idosa.

•• § 2.º com redação determinada pela Lei n. 14.423, de 22-7-2022.

§ 3.º Se a pessoa idosa for incapaz, caberá a seu representante legal firmar o contrato a que se refere o *caput* deste artigo.

Art. 36. O acolhimento de pessoas idosas em situação de risco social, por adulto ou núcleo familiar, caracteriza a dependência econômica, para os efeitos legais.

•• Artigo com redação determinada pela Lei n. 14.423, de 22-7-2022.

Capítulo IX

DA HABITAÇÃO

Art. 37. A pessoa idosa tem direito a moradia digna, no seio da família natural ou substituta, ou desacompanhada de seus familiares, quando assim o desejar, ou, ainda, em instituição pública ou privada.

•• *Caput* com redação determinada pela Lei n. 14.423, de 22-7-2022.

§ 1.º A assistência integral na modalidade de entidade de longa permanência será prestada quando verificada inexistência de grupo familiar, casa-lar, abandono ou carência de recursos financeiros próprios ou da família.

•• A Resolução n. 502, de 27-5-2021, da Diretoria Colegiada da Anvisa, dispõe sobre o funcionamento de instituição de longa permanência para idosos, de caráter residencial.

§ 2.º Toda instituição dedicada ao atendimento à pessoa idosa fica obrigada a manter identificação externa visível, sob pena de interdição, além de atender toda a legislação pertinente.

•• § 2.º com redação determinada pela Lei n. 14.423, de 22-7-2022.

§ 3.º As instituições que abrigarem pessoas idosas são obrigadas a manter padrões de habitação compatíveis com as necessidades delas, bem como provê-las com alimentação regular e higiene indispensáveis às normas sanitárias e com estas condizentes, sob as penas da lei.

•• § 3.º com redação determinada pela Lei n. 14.423, de 22-7-2022.

Art. 38. Nos programas habitacionais, públicos ou subsidiados com recursos públicos, a pessoa idosa goza de prioridade na aquisição de imóvel para moradia própria, observado o seguinte:

•• *Caput* com redação determinada pela Lei n. 14.423, de 22-7-2022.

I – reserva de pelo menos 3% (três por cento) das unidades habitacionais residenciais para atendimento às pessoas idosas;

•• Inciso I com redação determinada pela Lei n. 14.423, de 22-7-2022.

II – implantação de equipamentos urbanos comunitários voltados à pessoa idosa;

•• Inciso II com redação determinada pela Lei n. 14.423, de 22-7-2022.

III – eliminação de barreiras arquitetônicas e urbanísticas, para garantia de acessibilidade à pessoa idosa;

•• Inciso III com redação determinada pela Lei n. 14.423, de 22-7-2022.

IV – critérios de financiamento compatíveis com os rendimentos de aposentadoria e pensão.

Parágrafo único. As unidades residenciais reservadas para atendimento a pessoas idosas devem situar-se, preferencialmente, no pavimento térreo.

•• Parágrafo único com redação determinada pela Lei n. 14.423, de 22-7-2022.

Capítulo X
DO TRANSPORTE

Art. 39. Aos maiores de 65 (sessenta e cinco) anos fica assegurada a gratuidade dos transportes coletivos públicos urbanos e semiurbanos, exceto nos serviços seletivos e especiais, quando prestados paralelamente aos serviços regulares.

• *Vide* art. 230, § 2.º, da CF.

§ 1.º **Para ter acesso à gratuidade, basta que a pessoa idosa apresente qualquer documento pessoal que faça prova de sua idade.**

•• § 1.º com redação determinada pela Lei n. 14.423, de 22-7-2022.

§ 2.º **Nos veículos de transporte coletivo de que trata este artigo, serão reservados 10% (dez por cento) dos assentos para as pessoas idosas, devidamente identificados com a placa de reservado preferencialmente para pessoas idosas.**

•• § 2.º com redação determinada pela Lei n. 14.423, de 22-7-2022.

§ 3.º No caso das pessoas compreendidas na faixa etária entre 60 (sessenta) e 65 (sessenta e cinco) anos, ficará a critério da legislação local dispor sobre as condições para exercício da gratuidade nos meios de transporte previstos no *caput* deste artigo.

Art. 40. No sistema de transporte coletivo interestadual observar-se-á, nos termos da legislação específica:

•• Artigo regulamentado pelo Decreto n. 9.921, de 18-7-2019.

I – **a reserva de 2 (duas) vagas gratuitas por veículo para pessoas idosas com renda igual ou inferior a 2 (dois) salários mínimos;**

•• Inciso I com redação determinada pela Lei n. 14.423, de 22-7-2022.

II – **desconto de 50% (cinquenta por cento), no mínimo, no valor das passagens, para as pessoas idosas que excederem as vagas gratuitas, com renda igual ou inferior a 2 (dois) salários mínimos.**

•• Inciso II com redação determinada pela Lei n. 14.423, de 22-7-2022.

Parágrafo único. Caberá aos órgãos competentes definir os mecanismos e os critérios para o exercício dos direitos previstos nos incisos I e II.

Art. 41. **É assegurada a reserva para as pessoas idosas, nos termos da lei local, de 5% (cinco por cento) das vagas nos estacionamentos públicos e privados, as quais deverão ser posicionadas de forma a garantir a melhor comodidade à pessoa idosa.**

•• Artigo com redação determinada pela Lei n. 14.423, de 22-7-2022.

•• A Resolução CONTRAN n. 303, de 18-12-2008, dispõe sobre as vagas de estacionamento de veículos destinados exclusivamente às pessoas idosas.

Art. 42. São asseguradas a prioridade e a segurança da pessoa idosa nos procedimentos de embarque e desembarque nos veículos do sistema de transporte coletivo.

•• Artigo com redação determinada pela Lei n. 14.423, de 22-7-2022.

Título III
DAS MEDIDAS DE PROTEÇÃO

Capítulo I
DAS DISPOSIÇÕES GERAIS

Art. 43. As medidas de proteção à pessoa idosa são aplicáveis sempre que os direitos reconhecidos nesta Lei forem ameaçados ou violados:

•• *Caput* com redação determinada pela Lei n. 14.423, de 22-7-2022.

I – por ação ou omissão da sociedade ou do Estado;

II – por falta, omissão ou abuso da família, curador ou entidade de atendimento;

III – em razão de sua condição pessoal.

Capítulo II
DAS MEDIDAS ESPECÍFICAS DE PROTEÇÃO

Art. 44. As medidas de proteção à pessoa idosa previstas nesta Lei poderão ser aplicadas, isolada ou cumulativamente, e levarão em conta os fins sociais a que se destinam e o fortalecimento dos vínculos familiares e comunitários.

•• Artigo com redação determinada pela Lei n. 14.423, de 22-7-2022.

Art. 45. Verificada qualquer das hipóteses previstas no art. 43, o Ministério Público ou o Poder Judiciário, a requerimento daquele, poderá determinar, dentre outras, as seguintes medidas:

I – encaminhamento à família ou curador, mediante termo de responsabilidade;

II – orientação, apoio e acompanhamento temporários;

III – requisição para tratamento de sua saúde, em regime ambulatorial, hospitalar ou domiciliar;

IV – **inclusão em programa oficial ou comunitário de auxílio, orientação e tratamento a usuários dependentes de drogas lícitas ou ilícitas, à própria pessoa idosa ou à pessoa de sua convivência que lhe cause perturbação;**

•• Inciso IV com redação determinada pela Lei n. 14.423, de 22-7-2022.

V – abrigo em entidade;

VI – abrigo temporário.

Título IV
DA POLÍTICA DE ATENDIMENTO À PESSOA IDOSA

•• Título IV com redação determinada pela Lei n. 14.423, de 22-7-2022.

Capítulo I
DISPOSIÇÕES GERAIS

Art. 46. A política de atendimento à pessoa idosa far-se-á por meio do conjunto articulado de ações governamentais e não governamentais da União, dos Estados, do Distrito Federal e dos Municípios.

•• Artigo com redação determinada pela Lei n. 14.423, de 22-7-2022.

Art. 47. São linhas de ação da política de atendimento:

I – políticas sociais básicas, previstas na Lei n. 8.842, de 4 de janeiro de 1994;

• A Lei n. 8.842, de 4-1-1994, dispõe sobre a Política Nacional do Idoso, cria o Conselho Nacional do Idoso e dá outras providências.

II – políticas e programas de assistência social, em caráter supletivo, para aqueles que necessitarem;

III – serviços especiais de prevenção e atendimento às vítimas de negligência, maus-tratos, exploração, abuso, crueldade e opressão;

IV – **serviço de identificação e localização de parentes ou responsáveis por pessoas idosas abandonados em hospitais e instituições de longa permanência;**

•• Inciso IV com redação determinada pela Lei n. 14.423, de 22-7-2022.

V – **proteção jurídico-social por entidades de defesa dos direitos das pessoas idosas;**

•• Inciso V com redação determinada pela Lei n. 14.423, de 22-7-2022.

VI – **mobilização da opinião pública no sentido da participação dos diversos segmentos da sociedade no atendimento da pessoa idosa.**

•• Inciso VI com redação determinada pela Lei n. 14.423, de 22-7-2022.

Capítulo II
DAS ENTIDADES DE ATENDIMENTO À PESSOA IDOSA

•• Capítulo II com redação determinada pela Lei n. 14.423, de 22-7-2022.

Art. 48. As entidades de atendimento são responsáveis pela manutenção das próprias unidades, observadas as normas de planejamento e execução emanadas do órgão competente da Política Nacional da Pessoa Idosa, conforme a Lei n. 8.842, de 4 de janeiro de 1994.

•• *Caput* com redação determinada pela Lei n. 14.423, de 22-7-2022.

Parágrafo único. **As entidades governamentais e não governamentais de assistência à pessoa idosa ficam sujeitas à inscrição de seus programas perante o órgão competente da Vigilância Sanitária e o Conselho Municipal da Pessoa Idosa e, em sua falta, perante o Conselho Estadual ou Nacional da Pessoa Idosa, especificando os regimes de atendimento, observados os seguintes requisitos:**

•• Parágrafo único, *caput*, com redação determinada pela Lei n. 14.423, de 22-7-2022.

I – oferecer instalações físicas em condições adequadas de habitabilidade, higiene, salubridade e segurança;

II – apresentar objetivos estatutários e plano de trabalho compatíveis com os princípios desta Lei;

III – estar regularmente constituída;

IV – demonstrar a idoneidade de seus dirigentes.

Art. 49. As entidades que desenvolvam programas de institucionalização de longa permanência adotarão os seguintes princípios:

I – preservação dos vínculos familiares;

II – atendimento personalizado e em pequenos grupos;

III – **manutenção da pessoa idosa na mesma instituição, salvo em caso de força maior;**

•• Inciso III com redação determinada pela Lei n. 14.423, de 22-7-2022.

IV – **participação da pessoa idosa nas atividades comunitárias, de caráter interno e externo;**

•• Inciso IV com redação determinada pela Lei n. 14.423, de 22-7-2022.

V – **observância dos direitos e garantias das pessoas idosas;**

•• Inciso V com redação determinada pela Lei n. 14.423, de 22-7-2022.

VI – **preservação da identidade da pessoa idosa e oferecimento de ambiente de respeito e dignidade.**

•• Inciso VI com redação determinada pela Lei n. 14.423, de 22-7-2022.

Parágrafo único. **O dirigente de instituição prestadora de atendimento à pessoa idosa responderá civil e criminalmente pelos atos que praticar em detrimento da pessoa idosa, sem prejuízo das sanções administrativas.**

•• Parágrafo único com redação determinada pela Lei n. 14.423, de 22-7-2022.

Art. 50. Constituem obrigações das entidades de atendimento:

I – **celebrar contrato escrito de prestação de serviço com a pessoa idosa, especificando o tipo de atendimento, as obrigações da entidade e prestações decorrentes do contrato, com os respectivos preços, se for o caso;**

•• Inciso I com redação determinada pela Lei n. 14.423, de 22-7-2022.

II – **observar os direitos e as garantias de que são titulares as pessoas idosas;**

•• Inciso II com redação determinada pela Lei n. 14.423, de 22-7-2022.

III – fornecer vestuário adequado, se for pública, e alimentação suficiente;

IV – oferecer instalações físicas em condições adequadas de habitabilidade;

V – oferecer atendimento personalizado;

VI – diligenciar no sentido da preservação dos vínculos familiares;

VII – oferecer acomodações apropriadas para recebimento de visitas;

VIII – **proporcionar cuidados à saúde, conforme a necessidade da pessoa idosa;**

•• Inciso VIII com redação determinada pela Lei n. 14.423, de 22-7-2022.

IX – promover atividades educacionais, esportivas, culturais e de lazer;

X – propiciar assistência religiosa àqueles que desejarem, de acordo com suas crenças;

XI – proceder a estudo social e pessoal de cada caso;

XII – **comunicar à autoridade competente de saúde toda ocorrência de pessoa idosa com doenças infectocontagiosas;**

•• Inciso XII com redação determinada pela Lei n. 14.423, de 22-7-2022.

XIII – providenciar ou solicitar que o Ministério Público requisite os documentos necessários ao exercício da cidadania àqueles que não os tiverem, na forma da lei;

XIV – **fornecer comprovante de depósito dos bens móveis que receberem das pessoas idosas;**

•• Inciso XIV com redação determinada pela Lei n. 14.423, de 22-7-2022.

XV – **manter arquivo de anotações no qual constem data e circunstâncias do atendimento, nome da pessoa idosa, responsável, parentes, endereços, cidade, relação de seus pertences, bem como o valor de contribuições, e suas alterações, se houver, e demais dados que possibilitem sua identificação e a individualização do atendimento;**

•• Inciso XV com redação determinada pela Lei n. 14.423, de 22-7-2022.

XVI – comunicar ao Ministério Público, para as providências cabíveis, a situação de abandono moral ou material por parte dos familiares;

XVII – manter no quadro de pessoal profissionais com formação específica.

Art. 51. As instituições filantrópicas ou sem fins lucrativos prestadoras de serviço às pessoas idosas terão direito à assistência judiciária gratuita.

•• Artigo com redação determinada pela Lei n. 14.423, de 22-7-2022.

• *Vide* Lei n. 1.060, de 5-2-1950.

Capítulo III
DA FISCALIZAÇÃO DAS ENTIDADES DE ATENDIMENTO

Art. 52. As entidades governamentais e não governamentais de atendimento à pessoa idosa serão fiscalizadas pelos Conselhos da Pessoa Idosa, Ministério Público, Vigilância Sanitária e outros previstos em lei.

•• Artigo com redação determinada pela Lei n. 14.423, de 22-7-2022.

Art. 53. O art. 7.º da Lei n. 8.842, de 1994, passa a vigorar com a seguinte redação:

"Art. 7.º Compete aos Conselhos de que trata o art. 6.º desta Lei a supervisão, o acompanhamento, a fiscalização e a avaliação da política nacional do idoso, no âmbito das respectivas instâncias político-administrativas".

Art. 54. Será dada publicidade das prestações de contas dos recursos públicos e privados recebidos pelas entidades de atendimento.

Art. 55. As entidades de atendimento que descumprirem as determinações desta Lei ficarão sujeitas, sem prejuízo da responsabilidade civil e criminal de seus dirigentes ou prepostos, às seguintes penalidades, observado o devido processo legal:

I – as entidades governamentais:

a) advertência;

b) afastamento provisório de seus dirigentes;

c) afastamento definitivo de seus dirigentes;

d) fechamento de unidade ou interdição de programa;

II – as entidades não governamentais:

a) advertência;

b) multa;

c) suspensão parcial ou total do repasse de verbas públicas;

d) interdição de unidade ou suspensão de programa;

e) **proibição de atendimento a pessoas idosas a bem do interesse público.**

•• Alínea *e* com redação determinada pela Lei n. 14.423, de 22-7-2022.

§ 1.º **Havendo danos às pessoas idosas abrigadas ou qualquer tipo de fraude em relação ao programa, caberá o afastamento provisório dos dirigentes ou a interdição da unidade e a suspensão do programa.**

•• § 1.º com redação determinada pela Lei n. 14.423, de 22-7-2022.

§ 2.º A suspensão parcial ou total do repasse de verbas públicas ocorrerá quando verificada a má aplicação ou desvio de finalidade dos recursos.

§ 3.º **Na ocorrência de infração por entidade de atendimento que coloque em risco os direitos assegurados nesta Lei, será o fato comunicado ao Ministério Público, para as providências cabíveis, inclusive para promover a suspensão das atividades ou dissolução da entidade, com a proibição de atendimento a pessoas idosas a bem do interesse público, sem prejuízo das providências a serem tomadas pela Vigilância Sanitária.**

•• § 3.º com redação determinada pela Lei n. 14.423, de 22-7-2022.

§ 4.º **Na aplicação das penalidades, serão consideradas a natureza e a gravidade da infração cometida, os danos que dela provierem para a pessoa idosa, as circunstâncias agravantes ou atenuantes e os antecedentes da entidade.**

•• § 4.º com redação determinada pela Lei n. 14.423, de 22-7-2022.

Capítulo IV
DAS INFRAÇÕES ADMINISTRATIVAS

Art. 56. Deixar a entidade de atendimento de cumprir as determinações do art. 50 desta Lei:

Pena – multa de R$ 500,00 (quinhentos reais) a R$ 3.000,00 (três mil reais), se o fato não for caracterizado como crime, podendo haver a interdição do estabelecimento até que sejam cumpridas as exigências legais.

Parágrafo único. **No caso de interdição do estabelecimento de longa permanência, as pessoas idosas abrigadas serão transferi-**

das para outra instituição, a expensas do estabelecimento interditado, enquanto durar a interdição.

•• Parágrafo único com redação determinada pela Lei n. 14.423, de 22-7-2022.

Art. 57. Deixar o profissional de saúde ou o responsável por estabelecimento de saúde ou instituição de longa permanência de comunicar à autoridade competente os casos de crimes contra pessoa idosa de que tiver conhecimento:

•• *Caput* com redação determinada pela Lei n. 14.423, de 22-7-2022.

Pena – multa de R$ 500,00 (quinhentos reais) a R$ 3.000,00 (três mil reais), aplicada em dobro no caso de reincidência.

Art. 58. Deixar de cumprir as determinações desta Lei sobre a prioridade no atendimento à pessoa idosa:

•• *Caput* com redação determinada pela Lei n. 14.423, de 22-7-2022.

Pena – multa de R$ 500,00 (quinhentos reais) a R$ 1.000,00 (mil reais) e multa civil a ser estipulada pelo juiz, conforme o dano sofrido pela pessoa idosa.

•• Pena com redação determinada pela Lei n. 14.423, de 22-7-2022.

Capítulo V
DA APURAÇÃO ADMINISTRATIVA DE INFRAÇÃO ÀS NORMAS DE PROTEÇÃO À PESSOA IDOSA

•• Capítulo V com redação determinada pela Lei n. 14.423, de 22-7-2022.

Art. 59. Os valores monetários expressos no Capítulo IV serão atualizados anualmente, na forma da lei.

Art. 60. O procedimento para a imposição de penalidade administrativa por infração às normas de proteção à pessoa idosa terá início com requisição do Ministério Público ou auto de infração elaborado por servidor efetivo e assinado, se possível, por 2 (duas) testemunhas.

•• *Caput* com redação determinada pela Lei n. 14.423, de 22-7-2022.

§ 1.º No procedimento iniciado com o auto de infração poderão ser usadas fórmulas impressas, especificando-se a natureza e as circunstâncias da infração.

§ 2.º Sempre que possível, à verificação da infração seguir-se-á a lavratura do auto, ou este será lavrado dentro de 24 (vinte e quatro) horas, por motivo justificado.

Art. 61. O autuado terá prazo de 10 (dez) dias para a apresentação da defesa, contado da data da intimação, que será feita:

I – pelo autuante, no instrumento de autuação, quando for lavrado na presença do infrator;

II – por via postal, com aviso de recebimento.

Art. 62. Havendo risco para a vida ou à saúde da pessoa idosa, a autoridade competente aplicará à entidade de atendimento as sanções regulamentares, sem prejuízo da iniciativa e das providências que vierem a ser adotadas pelo Ministério Público ou pelas demais instituições legitimadas para a fiscalização.

•• Artigo com redação determinada pela Lei n. 14.423, de 22-7-2022.

Art. 63. Nos casos em que não houver risco para a vida ou a saúde da pessoa idosa abrigada, a autoridade competente aplicará à entidade de atendimento as sanções regulamentares, sem prejuízo da iniciativa e das providências que vierem a ser adotadas pelo Ministério Público ou pelas demais instituições legitimadas para a fiscalização.

Capítulo VI
DA APURAÇÃO JUDICIAL DE IRREGULARIDADES EM ENTIDADE DE ATENDIMENTO

Art. 64. Aplicam-se, subsidiariamente, ao procedimento administrativo de que trata este Capítulo as disposições das Leis n. 6.437, de 20 de agosto de 1977, e 9.784, de 29 de janeiro de 1999.

• A Lei n. 6.437, de 20-8-1977, configura infrações à legislação sanitária federal, e a Lei n. 9.784, de 29-1-1999, regula o processo administrativo no âmbito da Administração Pública Federal.

Art. 65. O procedimento de apuração de irregularidade em entidade governamental e não governamental de atendimento à pessoa idosa terá início mediante petição fundamentada de pessoa interessada ou iniciativa do Ministério Público.

•• Artigo com redação determinada pela Lei n. 14.423, de 22-7-2022.

Art. 66. Havendo motivo grave, poderá a autoridade judiciária, ouvido o Ministério Público, decretar liminarmente o afastamento provisório do dirigente da entidade ou outras medidas que julgar adequadas, para evitar lesão aos direitos da pessoa idosa, mediante decisão fundamentada.

•• Artigo com redação determinada pela Lei n. 14.423, de 22-7-2022.

Art. 67. O dirigente da entidade será citado para, no prazo de 10 (dez) dias, oferecer resposta escrita, podendo juntar documentos e indicar as provas a produzir.

Art. 68. Apresentada a defesa, o juiz procederá na conformidade do art. 69 ou, se necessário, designará audiência de instrução e julgamento, deliberando sobre a necessidade de produção de outras provas.

§ 1.º Salvo manifestação em audiência, as partes e o Ministério Público terão 5 (cinco) dias para oferecer alegações finais, decidindo a autoridade judiciária em igual prazo.

§ 2.º Em se tratando de afastamento provisório ou definitivo de dirigente de entidade governamental, a autoridade judiciária oficiará a autoridade administrativa imediatamente superior ao afastado, fixando-lhe prazo de 24 (vinte e quatro) horas para proceder à substituição.

§ 3.º Antes de aplicar qualquer das medidas, a autoridade judiciária poderá fixar prazo para a remoção das irregularidades verificadas. Satisfeitas as exigências, o processo será extinto, sem julgamento do mérito.

§ 4.º A multa e a advertência serão impostas ao dirigente da entidade ou ao responsável pelo programa de atendimento.

TÍTULO V
DO ACESSO À JUSTIÇA

Capítulo I
DISPOSIÇÕES GERAIS

Art. 69. Aplica-se, subsidiariamente, às disposições deste Capítulo, o procedimento sumário previsto no Código de Processo Civil, naquilo que não contrarie os prazos previstos nesta Lei.

Art. 70. O poder público poderá criar varas especializadas e exclusivas da pessoa idosa.

•• Artigo com redação determinada pela Lei n. 14.423, de 22-7-2022.

Art. 71. É assegurada prioridade na tramitação dos processos e procedimentos e na execução dos atos e diligências judiciais em que figure como parte ou interveniente pessoa com idade igual ou superior a 60 (sessenta) anos, em qualquer instância.

§ 1.º O interessado na obtenção da prioridade a que alude este artigo, fazendo prova de sua idade, requererá o benefício à autoridade judiciária competente para decidir o feito, que determinará as providências a serem cumpridas, anotando-se essa circunstância em local visível nos autos do processo.

§ 2.º A prioridade não cessará com a morte do beneficiado, estendendo-se em favor do cônjuge supérstite, companheiro ou companheira, com união estável, maior de 60 (sessenta) anos.

• União estável no CC: arts. 1.723 a 1.727.

§ 3.º A prioridade se estende aos processos e procedimentos na Administração Pública, empresas prestadoras de serviços públicos e instituições financeiras, ao atendimento preferencial junto à Defensoria Pública da União, dos Estados e do Distrito Federal em relação aos Serviços de Assistência Judiciária.

• *Vide* Lei n. 1.060, de 5-2-1950.

§ 4.º Para o atendimento prioritário, será garantido à pessoa idosa o fácil acesso aos assentos e caixas, identificados com a destinação a pessoas idosas em local visível e caracteres legíveis.

•• § 4.º com redação determinada pela Lei n. 14.423, de 22-7-2022.

§ 5.º Dentre os processos de pessoas idosas, dar-se-á prioridade especial aos das maiores de 80 (oitenta) anos.

•• § 5.º com redação determinada pela Lei n. 14.423, de 22-7-2022.

Capítulo II
DO MINISTÉRIO PÚBLICO

Art. 72. (*Vetado*.)

Art. 73. As funções do Ministério Público, previstas nesta Lei, serão exercidas nos termos da respectiva Lei Orgânica.

• Lei Orgânica do Ministério Público: Lei n. 8.625, de 12-2-1993.

Art. 74. Compete ao Ministério Público:

I – instaurar o inquérito civil e a ação civil pública para a proteção dos direitos e interesses difusos ou coletivos, individuais indisponíveis e individuais homogêneos da pessoa idosa;

•• Inciso I com redação determinada pela Lei n. 14.423, de 22-7-2022.

II – promover e acompanhar as ações de alimentos, de interdição total ou parcial, de designação de curador especial, em circunstâncias que justifiquem a medida e oficiar em todos os feitos em que se discutam os direitos das pessoas idosas em condições de risco;

•• Inciso II com redação determinada pela Lei n. 14.423, de 22-7-2022.

III – atuar como substituto processual da pessoa idosa em situação de risco, conforme o disposto no art. 43 desta Lei;

•• Inciso III com redação determinada pela Lei n. 14.423, de 22-7-2022.

IV – promover a revogação de instrumento procuratório da pessoa idosa, nas hipóteses previstas no art. 43 desta Lei, quando necessário ou o interesse público justificar;

•• Inciso IV com redação determinada pela Lei n. 14.423, de 22-7-2022.

V – instaurar procedimento administrativo e, para instruí-lo:

a) expedir notificações, colher depoimentos ou esclarecimentos e, em caso de não comparecimento injustificado da pessoa notificada, requisitar condução coercitiva, inclusive pela Polícia Civil ou Militar;

b) requisitar informações, exames, perícias e documentos de autoridades municipais, estaduais e federais, da administração direta e indireta, bem como promover inspeções e diligências investigatórias;

c) requisitar informações e documentos particulares de instituições privadas;

VI – instaurar sindicâncias, requisitar diligências investigatórias e a instauração de inquérito policial, para a apuração de ilícitos ou infrações às normas de proteção à pessoa idosa;

•• Inciso VI com redação determinada pela Lei n. 14.423, de 22-7-2022.

VII – zelar pelo efetivo respeito aos direitos e garantias legais assegurados à pessoa idosa, promovendo as medidas judiciais e extrajudiciais cabíveis;

•• Inciso VII com redação determinada pela Lei n. 14.423, de 22-7-2022.

VIII – inspecionar as entidades públicas e particulares de atendimento e os programas de que trata esta Lei, adotando de pronto as medidas administrativas ou judiciais necessárias à remoção de irregularidades porventura verificadas;

IX – requisitar força policial, bem como a colaboração dos serviços de saúde, educacionais e de assistência social, públicos, para o desempenho de suas atribuições;

X – referendar transações envolvendo interesses e direitos das pessoas idosas previstos nesta Lei.

•• Inciso X com redação determinada pela Lei n. 14.423, de 22-7-2022.

§ 1.º A legitimação do Ministério Público para as ações cíveis previstas neste artigo não impede a de terceiros, nas mesmas hipóteses, segundo dispuser a lei.

§ 2.º As atribuições constantes deste artigo não excluem outras, desde que compatíveis com a finalidade e atribuições do Ministério Público.

§ 3.º O representante do Ministério Público, no exercício de suas funções, terá livre acesso a toda entidade de atendimento à pessoa idosa.

•• § 3.º com redação determinada pela Lei n. 14.423, de 22-7-2022.

Art. 75. Nos processos e procedimentos em que não for parte, atuará obrigatoriamente o Ministério Público na defesa dos direitos e interesses de que cuida esta Lei, hipóteses em que terá vista dos autos depois das partes, podendo juntar documentos, requerer diligências e produção de outras provas, usando os recursos cabíveis.

Art. 76. A intimação do Ministério Público, em qualquer caso, será feita pessoalmente.

Art. 77. A falta de intervenção do Ministério Público acarreta a nulidade do feito, que será declarada de ofício pelo juiz ou a requerimento de qualquer interessado.

Capítulo III

DA PROTEÇÃO JUDICIAL DOS INTERESSES DIFUSOS, COLETIVOS E INDIVIDUAIS INDISPONÍVEIS OU HOMOGÊNEOS

Art. 78. As manifestações processuais do representante do Ministério Público deverão ser fundamentadas.

Art. 79. Regem-se pelas disposições desta Lei as ações de responsabilidade por ofensa aos direitos assegurados à pessoa idosa, referentes à omissão ou ao oferecimento insatisfatório de:

•• *Caput* com redação determinada pela Lei n. 14.423, de 22-7-2022.

I – acesso às ações e serviços de saúde;

II – atendimento especializado à pessoa idosa com deficiência ou com limitação incapacitante;

•• Inciso II com redação determinada pela Lei n. 14.423, de 22-7-2022.

III – atendimento especializado à pessoa idosa com doença infectocontagiosa;

•• Inciso III com redação determinada pela Lei n. 14.423, de 22-7-2022.

IV – serviço de assistência social visando ao amparo da pessoa idosa.

•• Inciso IV com redação determinada pela Lei n. 14.423, de 22-7-2022.

Parágrafo único. As hipóteses previstas neste artigo não excluem da proteção judicial outros interesses difusos, coletivos, individuais indisponíveis ou homogêneos, próprios da pessoa idosa, protegidos em lei.

•• Parágrafo único com redação determinada pela Lei n. 14.423, de 22-7-2022.

Art. 80. As ações previstas neste Capítulo serão propostas no foro do domicílio da pessoa idosa, cujo juízo terá competência absoluta para processar a causa, ressalvadas as competências da Justiça Federal e a competência originária dos Tribunais Superiores.

•• Artigo com redação determinada pela Lei n. 14.423, de 22-7-2022.

Art. 81. Para as ações cíveis fundadas em interesses difusos, coletivos, individuais indisponíveis ou homogêneos, consideram-se legitimados, concorrentemente:

I – o Ministério Público;

II – a União, os Estados, o Distrito Federal e os Municípios;

III – a Ordem dos Advogados do Brasil;

IV – as associações legalmente constituídas há pelo menos 1 (um) ano e que incluam entre os fins institucionais a defesa dos interesses e direitos da pessoa idosa, dispensada a autorização da assembleia, se houver prévia autorização estatutária.

§ 1.º Admitir-se-á litisconsórcio facultativo entre os Ministérios Públicos da União e dos Estados na defesa dos interesses e direitos de que cuida esta Lei.

§ 2.º Em caso de desistência ou abandono da ação por associação legitimada, o Ministério Público ou outro legitimado deverá assumir a titularidade ativa.

Art. 82. Para defesa dos interesses e direitos protegidos por esta Lei, são admissíveis todas as espécies de ação pertinentes.

Parágrafo único. Contra atos ilegais ou abusivos de autoridade pública ou agente de pessoa jurídica no exercício de atribuições de Poder Público, que lesem direito líquido e certo previsto nesta Lei, caberá ação mandamental, que se regerá pelas normas da lei do mandado de segurança.

Art. 83. Na ação que tenha por objeto o cumprimento de obrigação de fazer ou não fazer, o juiz concederá a tutela específica da obrigação ou determinará providências que assegurem o resultado prático equivalente ao adimplemento.

§ 1.º Sendo relevante o fundamento da demanda e havendo justificado receio de ineficácia do provimento final, é lícito ao juiz conceder a tutela liminarmente ou após justificação prévia, na forma do art. 273 do Código de Processo Civil.

§ 2.º O juiz poderá, na hipótese do § 1.º ou na sentença, impor multa diária ao réu, independentemente do pedido do autor, se for suficiente ou compatível com a obrigação, fixando prazo razoável para o cumprimento do preceito.

§ 3.º A multa só será exigível do réu após o trânsito em julgado da sentença favorável ao autor, mas será devida desde o dia em que se houver configurado.

Art. 84. Os valores das multas previstas nesta Lei reverterão ao Fundo da Pessoa Idosa, onde houver, ou na falta deste, ao Fundo Municipal de Assistência Social, ficando vinculados ao atendimento à pessoa idosa.

•• *Caput* com redação determinada pela Lei n. 14.423, de 22-7-2022.

• A Lei n. 12.213, de 20-1-2010, institui o Fundo Nacional do Idoso e autoriza deduzir do imposto de renda devido pelas pessoas físicas e jurídicas as doações efetuadas aos Fundos Municipais, Estaduais e Nacional do Idoso.

Parágrafo único. As multas não recolhidas até 30 (trinta) dias após o trânsito em julgado da decisão serão exigidas por meio de execução promovida pelo Ministério Público, nos mesmos autos, facultada igual iniciativa aos demais legitimados em caso de inércia daquele.

Art. 85. O juiz poderá conferir efeito suspensivo aos recursos, para evitar dano irreparável à parte.

Art. 86. Transitada em julgado a sentença que impuser condenação ao Poder Público, o juiz determinará a remessa de peças à autoridade competente, para apuração da responsabilidade civil e administrativa do agente a que se atribua a ação ou omissão.

Art. 87. Decorridos 60 (sessenta) dias do trânsito em julgado da sentença condenatória favorável à pessoa idosa sem que o autor lhe promova a execução, deverá fazê-lo o Ministério Público, facultada igual iniciativa aos demais legitimados, como assistentes ou assumindo o polo ativo, em caso de inércia desse órgão.

•• Artigo com redação determinada pela Lei n. 14.423, de 22-7-2022.

Art. 88. Nas ações de que trata este Capítulo, não haverá adiantamento de custas, emolumentos, honorários periciais e quaisquer outras despesas.

Parágrafo único. Não se imporá sucumbência ao Ministério Público.

Art. 89. Qualquer pessoa poderá, e o servidor deverá, provocar a iniciativa do Ministério Público, prestando-lhe informações sobre os fatos que constituam objeto de ação civil e indicando-lhe os elementos de convicção.

Art. 90. Os agentes públicos em geral, os juízes e tribunais, no exercício de suas funções, quando tiverem conhecimento de fatos que possam configurar crime de ação pública contra a pessoa idosa ou ensejar a propositura de ação para sua defesa, devem encaminhar as peças pertinentes ao Ministério Público, para as providências cabíveis.

•• Artigo com redação determinada pela Lei n. 14.423, de 22-7-2022.

Art. 91. Para instruir a petição inicial, o interessado poderá requerer às autoridades competentes as certidões e informações que julgar necessárias, que serão fornecidas no prazo de 10 (dez) dias.

Art. 92. O Ministério Público poderá instaurar sob sua presidência, inquérito civil, ou requisitar, de qualquer pessoa, organismo público ou particular, certidões, informações, exames ou perícias, no prazo que assinalar, o qual não poderá ser inferior a 10 (dez) dias.

§ 1.º Se o órgão do Ministério Público, esgotadas todas as diligências, se convencer da inexistência de fundamento para a propositura da ação civil ou de peças informativas, determinará o seu arquivamento, fazendo-o fundamentadamente.

§ 2.º Os autos do inquérito civil ou as peças de informação arquivados serão remetidos, sob pena de se incorrer em falta grave, no prazo de 3 (três) dias, ao Conselho Superior do Ministério Público ou à Câmara de Coordenação e Revisão do Ministério Público.

§ 3.º Até que seja homologado ou rejeitado o arquivamento, pelo Conselho Superior do Ministério Público ou por Câmara de Coordenação e Revisão do Ministério Público, as associações legitimadas poderão apresentar razões escritas ou documentos, que serão juntados ou anexados às peças de informação.

§ 4.º Deixando o Conselho Superior ou a Câmara de Coordenação e Revisão do Ministério Público de homologar a promoção de arquivamento, será designado outro membro do Ministério Público para o ajuizamento da ação.

TÍTULO VI
DOS CRIMES

Capítulo I
DISPOSIÇÕES GERAIS

Art. 93. Aplicam-se subsidiariamente, no que couber, as disposições da Lei n. 7.347, de 24 de julho de 1985.

• A Lei n. 7.347, de 24-7-1985, dispõe sobre a ação civil pública.

Art. 94. Aos crimes previstos nesta Lei, cuja pena máxima privativa de liberdade não ultrapasse 4 (quatro) anos, aplica-se o procedimento previsto na Lei n. 9.099, de 26 de setembro de 1995, e, subsidiariamente, no que couber, as disposições do Código Penal e do Código de Processo Penal.

•• O STF, em 16-6-2010, julgou parcialmente procedente a ADI n. 3.096 (*DOU* de 27-9-2010), para dar interpretação conforme a CF, com redução de texto, para suprimir a expressão "do Código Penal e", no sentido de aplicar-se apenas o procedimento sumaríssimo previsto na Lei n. 9.099/95, e não outros benefícios ali previstos.

• A Lei n. 9.099, de 26-9-1995, dispõe sobre os Juizados Especiais Cíveis e Criminais.

Capítulo II
DOS CRIMES EM ESPÉCIE

Art. 95. Os crimes definidos nesta Lei são de ação penal pública incondicionada, não se lhes aplicando os arts. 181 e 182 do Código Penal.

• Os arts. 181 e 182 do CP dispõem sobre casos de isenção de pena para os crimes contra o patrimônio.

Art. 96. Discriminar pessoa idosa, impedindo ou dificultando seu acesso a operações bancárias, aos meios de transporte, ao direito de contratar ou por qualquer outro meio ou instrumento necessário ao exercício da cidadania, por motivo de idade:

Pena – reclusão de 6 (seis) meses a 1 (um) ano e multa.

§ 1.º Na mesma pena incorre quem desdenhar, humilhar, menosprezar ou discriminar pessoa idosa, por qualquer motivo.

§ 2.º A pena será aumentada de 1/3 (um terço) se a vítima se encontrar sob os cuidados ou responsabilidade do agente.

§ 3.º Não constitui crime a negativa de crédito motivada por superendividamento da pessoa idosa.

•• § 3.º com redação determinada pela Lei n. 14.423, de 22-7-2022.

Art. 97. Deixar de prestar assistência à pessoa idosa, quando possível fazê-lo sem risco pessoal, em situação de iminente perigo, ou recusar, retardar ou dificultar sua assistência à saúde, sem justa causa, ou não pedir, nesses casos, o socorro de autoridade pública:

•• *Caput* com redação determinada pela Lei n. 14.423, de 22-7-2022.

Pena – detenção de 6 (seis) meses a 1 (um) ano e multa.

Parágrafo único. A pena é aumentada de metade, se da omissão resulta lesão corporal de natureza grave, e triplicada, se resulta a morte.

Art. 98. Abandonar a pessoa idosa em hospitais, casas de saúde, entidades de longa permanência, ou congêneres, ou não prover suas necessidades básicas, quando obrigado por lei ou mandado:

•• *Caput* com redação determinada pela Lei n. 14.423, de 22-7-2022.

Pena – detenção de 6 (seis) meses a 3 (três) anos e multa.

Art. 99. Expor a perigo a integridade e a saúde, física ou psíquica, da pessoa idosa, submetendo-a a condições desumanas ou degradantes ou privando-a de alimentos e cuidados indispensáveis, quando obrigado a fazê-lo, ou sujeitando-a a trabalho excessivo ou inadequado:

•• *Caput* com redação determinada pela Lei n. 14.423, de 22-7-2022.

Pena – detenção de 2 (dois) meses a 1 (um) ano e multa.

§ 1.º Se do fato resulta lesão corporal de natureza grave:

Pena – reclusão de 1 (um) a 4 (quatro) anos.

§ 2.º Se resulta a morte:

Pena – reclusão de 4 (quatro) a 12 (doze) anos.

Art. 100. Constitui crime punível com reclusão de 6 (seis) meses a 1 (um) ano e multa:

I – obstar o acesso de alguém a qualquer cargo público por motivo de idade;

II – negar a alguém, por motivo de idade, emprego ou trabalho;

III – recusar, retardar ou dificultar atendimento ou deixar de prestar assistência à saúde, sem justa causa, a pessoa idosa;

IV – deixar de cumprir, retardar ou frustrar, sem justo motivo, a execução de ordem judicial expedida na ação civil a que alude esta Lei;

V – recusar, retardar ou omitir dados técnicos indispensáveis à propositura da ação civil objeto desta Lei, quando requisitados pelo Ministério Público.

Art. 101. Deixar de cumprir, retardar ou frustrar, sem justo motivo, a execução de ordem judicial expedida nas ações em que for parte ou interveniente a pessoa idosa:

•• *Caput* com redação determinada pela Lei n. 14.423, de 22-7-2022.

Pena – detenção de 6 (seis) meses a 1 (um) ano e multa.

Art. 102. Apropriar-se de ou desviar bens, proventos, pensão ou qualquer outro rendimento da pessoa idosa, dando-lhes aplicação diversa da de sua finalidade:

•• *Caput* com redação determinada pela Lei n. 14.423, de 22-7-2022.

Pena – reclusão de 1 (um) a 4 (quatro) anos e multa.

Art. 103. Negar o acolhimento ou a permanência da pessoa idosa, como abrigada, por recusa desta em outorgar procuração à entidade de atendimento:

•• *Caput* com redação determinada pela Lei n. 14.423, de 22-7-2022.

Pena – detenção de 6 (seis) meses a 1 (um) ano e multa.

Art. 104. Reter o cartão magnético de conta bancária relativa a benefícios, proventos ou pensão da pessoa idosa, bem como qualquer outro documento com objetivo de assegurar recebimento ou ressarcimento de dívida:

•• *Caput* com redação determinada pela Lei n. 14.423, de 22-7-2022.

Pena – detenção de 6 (seis) meses a 2 (dois) anos e multa.

Art. 105. Exibir ou veicular, por qualquer meio de comunicação, informações ou imagens depreciativas ou injuriosas à pessoa idosa:

•• *Caput* com redação determinada pela Lei n. 14.423, de 22-7-2022.

Pena – detenção de 1 (um) a 3 (três) anos e multa.

Art. 106. Induzir pessoa idosa sem discernimento de seus atos a outorgar procuração para fins de administração de bens ou deles dispor livremente:

Pena – reclusão de 2 (dois) a 4 (quatro) anos.

Art. 107. Coagir, de qualquer modo, a pessoa idosa a doar, contratar, testar ou outorgar procuração:

•• *Caput* com redação determinada pela Lei n. 14.423, de 22-7-2022.

Pena – reclusão de 2 (dois) a 5 (cinco) anos.

Art. 108. Lavrar ato notarial que envolva pessoa idosa sem discernimento de seus atos, sem a devida representação legal:

Pena – reclusão de 2 (dois) a 4 (quatro) anos.

Título VII
DISPOSIÇÕES FINAIS E TRANSITÓRIAS

Art. 109. Impedir ou embaraçar ato do representante do Ministério Público ou de qualquer outro agente fiscalizador:

Pena – reclusão de 6 (seis) meses a 1 (um) ano e multa.

....

Art. 115. O Orçamento da Seguridade Social destinará ao Fundo Nacional de Assistência Social, até que o Fundo Nacional da Pessoa Idosa seja criado, os recursos necessários, em cada exercício financeiro, para aplicação em programas e ações relativos à pessoa idosa.

•• Artigo com redação determinada pela Lei n. 14.423, de 22-7-2022.

•• A Lei n. 12.213, de 20-1-2010, institui o Fundo Nacional do Idoso e autoriza a deduzir do imposto de renda devido pelas pessoas físicas e jurídicas as doações efetuadas nos Fundos Municipais e Estaduais e Nacional do Idoso.

Art. 116. Serão incluídos nos censos demográficos dados relativos à população idosa do País.

Art. 117. O Poder Executivo encaminhará ao Congresso Nacional projeto de lei revendo os critérios de concessão do Benefício de Prestação Continuada previsto na Lei Orgânica da Assistência Social, de forma a garantir que o acesso ao direito seja condizente com o estágio de desenvolvimento socioeconômico alcançado pelo País.

Art. 118. Esta Lei entra em vigor decorridos 90 (noventa) dias da sua publicação, ressalvado o disposto no *caput* do art. 36, que vigorará a partir de 1.º de janeiro de 2004.

Brasília, 1.º de outubro de 2003; 182.º da Independência e 115.º da República.

Luiz Inácio Lula da Silva

LEI N. 10.931, DE 2 DE AGOSTO DE 2004 (*)

Dispõe sobre o patrimônio de afetação de incorporações imobiliárias, Letra de Crédito Imobiliário, Cédula de Crédito Imobiliário, Cédula de Crédito Bancário, altera o Decreto-lei n. 911, de 1.º de outubro de 1969, as Leis n. 4.591, de 16 de dezembro de 1964, n. 4.728, de 14 de julho de 1965, e n. 10.406, de 10 de janeiro de 2002, e dá outras providências.

(*) Publicada no *Diário Oficial da União*, de 3-8-2004.

O Presidente da República

Faço saber que o Congresso Nacional decreta e eu sanciono a seguinte Lei:

Capítulo I
DO REGIME ESPECIAL TRIBUTÁRIO DO PATRIMÔNIO DE AFETAÇÃO

• A Instrução Normativa n. 1.435, de 30-12-2013, da Secretaria da Receita Federal do Brasil, dispõe sobre os regimes especiais de pagamento unificado de tributos aplicáveis às incorporações imobiliárias, às construções de unidades habitacionais contratadas no âmbito do Programa Minha Casa, Minha Vida (PMCMV) e as construções ou reformas de estabelecimentos de educação infantil.

Art. 1.º Fica instituído o regime especial de tributação aplicável às incorporações imobiliárias, em caráter opcional e irretratável enquanto perdurarem direitos de crédito ou obrigações do incorporador junto aos adquirentes dos imóveis que compõem a incorporação.

Art. 2.º A opção pelo regime especial de tributação de que trata o art. 1.º será efetivada quando atendidos os seguintes requisitos:

I – entrega do termo de opção ao regime especial de tributação na unidade competente da Secretaria da Receita Federal, conforme regulamentação a ser estabelecida; e

•• A Secretaria da Receita Federal passa a denominar-se Secretaria da Receita Federal do Brasil, por força da Lei n. 11.457, de 16-3-2007.

II – afetação do terreno e das acessões objeto da incorporação imobiliária, conforme disposto nos arts. 31-A a 31-E da Lei n. 4.591, de 16 de dezembro de 1964.

Art. 3.º O terreno e as acessões objeto da incorporação imobiliária sujeitas ao regime especial de tributação, bem como os demais bens e direitos a ela vinculados, não responderão por dívidas tributárias da incorporadora relativas ao Imposto de Renda das Pessoas Jurídicas – IRPJ, à Contribuição Social sobre o Lucro Líquido – CSLL, à Contribuição para o Financiamento da Seguridade Social – COFINS e à Contribuição para os Programas de Integração Social e de Formação do Patrimônio do Servidor Público – PIS/PASEP, exceto aquelas calculadas na forma do art. 4.º sobre as receitas auferidas no âmbito da respectiva incorporação.

Parágrafo único. O patrimônio da incorporadora responderá pelas dívidas tributárias da incorporação afetada.

Art. 4.º Para cada incorporação submetida ao regime especial de tributação, a incorporadora ficará sujeita ao pagamento equivalente a 4% (quatro por cento) da receita mensal recebida, o qual corresponderá ao pagamento mensal unificado do seguinte imposto e contribuições:

•• *Caput* com redação determinada pela Lei n. 12.844, de 19-7-2013.

I – Imposto de Renda das Pessoas Jurídicas – IRPJ;

II – Contribuição para os Programas de Integração Social e de Formação do Patrimônio do Servidor Público – PIS/PASEP;

III – Contribuição Social sobre o Lucro Líquido – CSLL; e

IV – Contribuição para Financiamento da Seguridade Social – COFINS.

§ 1.º Para fins do disposto no *caput*, considera-se receita mensal a totalidade das receitas auferidas pela incorporadora na venda das unidades imobiliárias que compõem a incorporação, bem como as receitas financeiras e variações monetárias decorrentes desta operação.

§ 2.º O pagamento dos tributos e contribuições na forma do disposto no *caput* deste artigo será considerado definitivo, não gerando, em qualquer hipótese, direito à restituição ou à compensação com o que for apurado pela incorporadora.

•• § 2.º com redação determinada pela Lei n. 11.196, de 21-11-2005.

§ 3.º As receitas, custos e despesas próprios da incorporação sujeita a tributação na forma deste artigo não deverão ser computados na apuração das bases de cálculo dos tributos e contribuições de que trata o *caput* deste artigo devidos pela incorporadora em virtude de suas outras atividades empresariais, inclusive incorporações não afetadas.

•• § 3.º com redação determinada pela Lei n. 11.196, de 21-11-2005.

§ 4.º Para fins do disposto no § 3.º deste artigo, os custos e despesas indiretos pagos pela incorporadora no mês serão apropriados a cada incorporação na mesma proporção representada pelos custos diretos próprios da incorporação, em relação ao custo direto total da incorporadora, assim entendido como a soma de todos os custos diretos de todas as incorporações e o de outras atividades exercidas pela incorporadora.

•• § 4.º com redação determinada pela Lei n. 11.196, de 21-11-2005.

§ 5.º A opção pelo regime especial de tributação obriga o contribuinte a fazer o recolhimento dos tributos, na forma do *caput* deste artigo, a partir do mês da opção.

•• § 5.º acrescentado pela Lei n. 11.196, de 21-11-2005.

§ 6.º Para os projetos de incorporação de imóveis residenciais de interesse social cuja construção tenha sido iniciada ou contratada a partir de 31 de março de 2009, o percentual correspondente ao pagamento unificado dos tributos de que trata o *caput* deste artigo será equivalente a 1% (um por cento) da receita mensal recebida, desde que, até 31 de dezembro de 2018, a incorporação tenha sido registrada no cartório de imóveis competente ou tenha sido assinado o contrato de construção.

•• § 6.º com redação determinada pela Lei n. 13.970, de 27-12-2019.

§ 7.º Para efeito do disposto no § 6.º, consideram-se projetos de incorporação de imóveis de interesse social os destinados à construção de unidades residenciais de valor de até R$ 100.000,00 (cem mil reais) no âmbito do Programa Minha Casa, Minha Vida, de que trata a Lei n. 11.977, de 7 de julho de 2009.

•• § 7.º com redação determinada pela Lei n. 12.767, de 27-12-2012.

§ 8.º As condições para utilização do benefício de que trata o § 6.º serão definidas em regulamento.

•• § 8.º acrescentado pela Lei n. 12.024, de 27-8-2009.

Art. 5.º O pagamento unificado de impostos e contribuições efetuado na forma do art. 4.º deverá ser feito até o 20.º (vigésimo) dia do mês subsequente àquele em que houver sido auferida a receita.

•• *Caput* com redação determinada pela Lei n. 12.024, de 27-8-2009.

Parágrafo único. Para fins do disposto no *caput*, a incorporadora deverá utilizar, no Documento de Arrecadação de Receitas Federais – DARF, o número específico de inscrição da incorporação no Cadastro Nacional das Pessoas Jurídicas – CNPJ e código de arrecadação próprio.

Art. 6.º Os créditos tributários devidos pela incorporadora na forma do disposto no art. 4.º não poderão ser objeto de parcelamento.

Art. 7.º O incorporador fica obrigado a manter escrituração contábil segregada para cada incorporação submetida ao regime especial de tributação.

Art. 8.º Para fins de repartição de receita tributária e do disposto no § 2.º do art. 4.º, o percentual de 4% (quatro por cento) de que trata o *caput* do art. 4.º será considerado:

•• *Caput* com redação determinada pela Lei n. 12.844, de 19-7-2013.

I – 1,71% (um inteiro e setenta e um centésimos por cento) como Cofins;

•• Inciso I com redação determinada pela Lei n. 12.844, de 19-7-2013.

II – 0,37% (trinta e sete centésimos por cento) como Contribuição para o PIS/Pasep;

•• Inciso II com redação determinada pela Lei n. 12.844, de 19-7-2013.

III – 1,26% (um inteiro e vinte e seis centésimos por cento) como IRPJ; e

•• Inciso III com redação determinada pela Lei n. 12.844, de 19-7-2013.

IV – 0,66% (sessenta e seis centésimos por cento) como CSLL.

•• Inciso IV com redação determinada pela Lei n. 12.844, de 19-7-2013.

Parágrafo único. O percentual de 1% (um por cento) de que trata o § 6.º do art. 4.º será considerado para os fins do *caput*:

•• Parágrafo único, *caput*, acrescentado pela Lei n. 12.024, de 27-8-2009.

I – 0,44% (quarenta e quatro centésimos por cento) como Cofins;

•• Inciso I acrescentado pela Lei n. 12.024, de 27-8-2009.

II – 0,09% (nove centésimos por cento) como Contribuição para o PIS/Pasep;

•• Inciso II acrescentado pela Lei n. 12.024, de 27-8-2009.

III – 0,31% (trinta e um centésimos por cento) como IRPJ; e

•• Inciso III acrescentado pela Lei n. 12.024, de 27-8-2009.

IV – 0,16% (dezesseis centésimos por cento) como CSLL.

•• Inciso IV acrescentado pela Lei n. 12.024, de 27-8-2009.

Art. 9.º Perde eficácia a deliberação pela continuação da obra a que se refere o § 1.º do art. 31-F da Lei n. 4.591, de 1964, bem como os efeitos do regime de afetação instituídos por esta Lei, caso não se verifique o pagamento das obrigações tributárias, previdenciárias e trabalhistas, vinculadas ao respectivo patrimônio de afetação, cujos fatos geradores tenham ocorrido até a data da decretação da falência, ou insolvência do incorporador, as quais deverão ser pagas pelos adquirentes em até um ano daquela deliberação, ou até a data da concessão do habite-se, se esta ocorrer em prazo inferior.

Art. 10. O disposto no art. 76 da Medida Provisória n. 2.158-35, de 24 de agosto de 2001, não se aplica ao patrimônio de afetação de incorporações imobiliárias definido pela Lei n. 4.591, de 1964.

• O mencionado artigo dispõe: " Art. 76. As normas que estabeleçam a afetação ou a separação, a qualquer título, de patrimônio de pessoa física ou jurídica não produzem efeitos em relação aos débitos de natureza fiscal, previdenciária ou trabalhista, em especial quanto às garantias e aos privilégios que lhes são atribuídos. Parágrafo único. Para os fins do disposto no *caput*, permanecem respondendo pelos débitos ali referidos a totalidade dos bens e das rendas do sujeito passivo, seu espólio ou sua massa falida, inclusive os que tenham sido objeto de separação ou afetação".

Art. 11. (*Revogado pela Lei n. 11.196, de 21-11-2005.*)

Art. 11-A. O regime especial de tributação previsto nesta Lei será aplicado até o recebimento integral do valor das vendas de todas as unidades que compõem o memorial de incorporação registrado no cartório de imóveis competente, independentemente da data de sua comercialização, e, no caso de contratos de construção, até o recebimento integral do valor do respectivo contrato.

•• Artigo acrescentado pela Lei n. 13.970, de 27-12-2019.

Capítulo II
DA LETRA DE CRÉDITO IMOBILIÁRIO

Art. 12. Os bancos comerciais, os bancos múltiplos com carteira de crédito imobiliário, a Caixa Econômica Federal, as sociedades de crédito imobiliário, as associações de poupança e empréstimo, as companhias hipotecárias e demais espécies de instituições que, para as operações a que se refere este artigo, venham a ser expressamente autorizadas pelo Banco Central do Brasil, poderão emitir, independentemente de tradição efetiva, Letra de Crédito Imobiliário – LCI, lastreada por créditos imobiliários garantidos por hipoteca ou por alienação fiduciária de coisa imóvel, conferindo aos seus tomadores direito de crédito pelo valor nominal, juros e, se for o caso, atualização monetária nelas estipulados.

§ 1.º A LCI será emitida sob a forma nominativa, podendo ser transferível mediante endosso em preto, e conterá:

I – o nome da instituição emitente e as assinaturas de seus representantes;

II – o número de ordem, o local e a data de emissão;

III – a denominação "Letra de Crédito Imobiliário";

IV – o valor nominal e a data de vencimento;

V – a forma, a periodicidade e o local de pagamento do principal, dos juros e, se for o caso, da atualização monetária;

VI – os juros, fixos ou flutuantes, que poderão ser renegociáveis, a critério das partes;

VII – a identificação dos créditos caucionados e seu valor;

VIII – o nome do titular; e

IX – cláusula à ordem, se endossável.

§ 2.º A LCI poderá ser emitida sob a forma escritural, por meio do lançamento em sistema eletrônico do emissor, e deverá ser registrada ou depositada em entidade autorizada pelo Banco Central do Brasil a exercer a atividade de registro ou de depósito centralizado de ativos financeiros.

•• § 2.º com redação determinada pela Lei n. 13.986, de 7-4-2020.

Art. 13. A LCI poderá ser atualizada mensalmente por índice de preços, desde que emitida com prazo mínimo de trinta e seis meses.

Parágrafo único. É vedado o pagamento dos valores relativos à atualização monetária apropriados desde a emissão, quando ocorrer o resgate antecipado, total ou parcial, em prazo inferior ao estabelecido neste artigo, da LCI emitida com previsão de atualização mensal por índice de preços.

Art. 14. A LCI poderá contar com garantia fidejussória adicional de instituição financeira.

Art. 15. A LCI poderá ser garantida por um ou mais créditos imobiliários, mas a soma do principal das LCI emitidas não poderá exceder o valor total dos créditos imobiliários em poder da instituição emitente.

§ 1.º A LCI não poderá ter prazo de vencimento superior ao prazo de quaisquer dos créditos imobiliários que lhe servem de lastro.

§ 2.º O crédito imobiliário caucionado poderá ser substituído por outro crédito da mesma natureza por iniciativa do emitente da LCI, nos casos de liquidação ou vencimento antecipados do crédito, ou por solicitação justificada do credor da letra.

Art. 16. O endossante da LCI responderá pela veracidade do título, mas contra ele não será admitido direito de cobrança regressiva.

Art. 17. O Conselho Monetário Nacional poderá estabelecer o prazo mínimo e outras condições para emissão e resgate de LCI, observado o disposto no art. 13 desta Lei, podendo inclusive diferenciar tais condições de acordo com o tipo de indexador adotado contratualmente.

•• Artigo com redação determinada pela Lei n. 13.097, de 19-1-2015.

Capítulo III

DA CÉDULA DE CRÉDITO IMOBILIÁRIO

Art. 18. É instituída a Cédula de Crédito Imobiliário – CCI para representar créditos imobiliários.

§ 1.º A CCI será emitida pelo credor do crédito imobiliário e poderá ser integral, quando representar a totalidade do crédito, ou fracionária, quando representar parte dele, não podendo a soma das CCI fracionárias emitidas em relação a cada crédito exceder o valor total do crédito que elas representam.

§ 2.º As CCI fracionárias poderão ser emitidas simultaneamente ou não, a qualquer momento antes do vencimento do crédito que elas representam.

§ 3.º A CCI poderá ser emitida com ou sem garantia, real ou fidejussória, sob a forma escritural ou cartular.

§ 4.º A emissão da CCI sob a forma escritural ocorrerá por meio de escritura pública ou instrumento particular, que permanecerá custodiado em instituição financeira.

•• § 4.º com redação determinada pela Lei n. 13.986, de 7-4-2020.

§ 4.º-A. A negociação da CCI emitida sob forma escritural ou a substituição da instituição custodiante de que trata o § 4.º deste artigo será precedida de registro ou depósito em entidade autorizada pelo Banco Central do Brasil a exercer a atividade de registro ou de depósito centralizado de ativos financeiros.

•• § 4.º-A acrescentado pela Lei n. 13.986, de 7-4-2020.

§ 4.º-B. O Conselho Monetário Nacional poderá estabelecer as condições para o registro e o depósito centralizado de CCI e a obrigatoriedade de depósito da CCI em entidade autorizada pelo Banco Central do Brasil a exercer a atividade de depósito centralizado de ativos financeiros.

•• § 4.º-B acrescentado pela Lei n. 13.986, de 7-4-2020.

§ 4.º-C. Na hipótese de a CCI ser liquidada antes de ser negociada, a instituição custodiante declarará a inexistência do registro ou do depósito de que trata o § 4.º-A deste artigo, para fins do disposto no art. 24 desta Lei.

•• § 4.º-C acrescentado pela Lei n. 13.986, de 7-4-2020.

§ 5.º Sendo o crédito imobiliário garantido por direito real, a emissão da CCI será averbada no Registro de Imóveis da situação do imóvel, na respectiva matrícula, devendo dela constar, exclusivamente, o número, a série e a instituição custodiante.

§ 6.º A averbação da emissão da CCI e o registro da garantia do crédito respectivo, quando solicitados simultaneamente, serão considerados como ato único para efeito de cobrança de emolumentos.

§ 7.º A constrição judicial que recaia sobre crédito representado por CCI será efetuada nos registros da instituição custodiante ou mediante apreensão da respectiva cártula.

§ 8.º O credor da CCI deverá ser imediatamente intimado de constrição judicial que recaia sobre a garantia real do crédito imobiliário representado por aquele título.

§ 9.º No caso de CCI emitida sob a forma escritural, caberá à instituição custodiante identificar o credor, para o fim da intimação prevista no § 8.º.

Art. 19. A CCI deverá conter:

I – a denominação "Cédula de Crédito Imobiliário", quando emitida cartularmente;

II – o nome, a qualificação e o endereço do credor e do devedor e, no caso de emissão escritural, também o do custodiante;

III – a identificação do imóvel objeto do crédito imobiliário, com a indicação da respectiva matrícula no Registro de Imóveis competente e do registro da constituição da garantia, se for o caso;

IV – a modalidade da garantia, se for o caso;

V – o número e a série da cédula;

VI – o valor do crédito que representa;

VII – a condição de integral ou fracionária e, nessa última hipótese, também a indicação da fração que representa;

VIII – o prazo, a data de vencimento, o valor da prestação total, nela incluídas as parcelas de amortização e juros, as taxas, seguros e demais encargos contratuais de responsabilidade do devedor, a forma de reajuste e o valor das multas previstas contratualmente, com a indicação do local de pagamento;

IX – o local e a data da emissão;

X – a assinatura do credor, quando emitida cartularmente;

XI – a autenticação pelo Oficial do Registro de Imóveis competente, no caso de contar com garantia real; e

XII – cláusula à ordem, se endossável.

Art. 20. A CCI é título executivo extrajudicial, exigível pelo valor apurado de acordo com as cláusulas e condições pactuadas no contrato que lhe deu origem.

Parágrafo único. O crédito representado pela CCI será exigível mediante ação de execução, ressalvadas as hipóteses em que a lei determine procedimento especial, judicial ou extrajudicial para satisfação do crédito e realização da garantia.

Art. 21. A emissão e a negociação de CCI independe de autorização do devedor do crédito imobiliário que ela representa.

Art. 22. A cessão do crédito representado por CCI poderá ocorrer por meio de sistema de entidade autorizada pelo Banco Central do Brasil a exercer a atividade de depósito centralizado de ativos financeiros na qual a CCI tenha sido depositada.

•• *Caput* com redação determinada pela Lei n. 13.986, de 7-4-2020.

§ 1.º A cessão do crédito representado por CCI implica automática transmissão das respectivas garantias ao cessionário, sub-rogando-o em todos os direitos representados pela cédula, ficando o cessionário, no caso de contrato de alienação fiduciária, investido na propriedade fiduciária.

§ 2.º A cessão de crédito garantido por direito real, quando representado por CCI emitida sob a forma escritural, está dispensada de averbação no Registro de Imóveis, aplicando-se, no que esta Lei não contrarie, o disposto nos arts. 286 e seguintes da Lei n. 10.406, de 10 de janeiro de 2002 – Código Civil Brasileiro.

Art. 23. (*Revogado pela Lei n. 14.430, de 3-8-2022.*)

Art. 24. O resgate da dívida representada pela CCI prova-se com a declaração de quitação, emitida pelo credor, ou, na falta desta, por outros meios admitidos em direito.

Art. 25. É vedada a averbação da emissão de CCI com garantia real quando houver prenotação ou registro de qualquer outro ônus real sobre os direitos imobiliários respectivos, inclusive penhora ou averbação de qualquer mandado ou ação judicial.

Capítulo IV
DA CÉDULA DE CRÉDITO BANCÁRIO

Art. 26. A Cédula de Crédito Bancário é título de crédito emitido, por pessoa física ou jurídica, em favor de instituição financeira ou de entidade a esta equiparada, representando promessa de pagamento em dinheiro, decorrente de operação de crédito, de qualquer modalidade.

§ 1.º A instituição credora deve integrar o Sistema Financeiro Nacional, sendo admitida a emissão da Cédula de Crédito Bancário em favor de instituição domiciliada no exterior, desde que a obrigação esteja sujeita exclusivamente à lei e ao foro brasileiros.

§ 2.º A Cédula de Crédito Bancário em favor de instituição domiciliada no exterior poderá ser emitida em moeda estrangeira.

Art. 27. A Cédula de Crédito Bancário poderá ser emitida, com ou sem garantia, real ou fidejussória, cedularmente constituída.

Parágrafo único. A garantia constituída será especificada na Cédula de Crédito Bancário, observadas as disposições deste Capítulo e, no que não forem com elas conflitantes, as da legislação comum ou especial aplicável.

Art. 27-A. A Cédula de Crédito Bancário poderá ser emitida sob a forma escritural, por meio do lançamento em sistema eletrônico de escrituração.

•• *Caput* acrescentado pela Lei n. 13.986, de 7-4-2020.

Parágrafo único. O sistema eletrônico de escrituração de que trata o *caput* deste artigo será mantido em instituição financeira ou em outra entidade autorizada pelo Banco Central do Brasil a exercer a atividade de escrituração eletrônica.

•• Parágrafo único acrescentado pela Lei n. 13.986, de 7-4-2020.

Art. 27-B. Compete ao Banco Central do Brasil:

•• *Caput* acrescentado pela Lei n. 13.986, de 7-4-2020.

I – estabelecer as condições para o exercício da atividade de escrituração eletrônica de que trata o parágrafo único do art. 27-A desta Lei; e

•• Inciso I acrescentado pela Lei n. 13.986, de 7-4-2020.

II – autorizar e supervisionar o exercício da atividade prevista no inciso I do *caput* deste artigo.

•• Inciso II acrescentado pela Lei n. 13.986, de 7-4-2020.

§ 1.º A autorização de que trata o parágrafo único do art. 27-A desta Lei poderá, a critério do Banco Central do Brasil, ser concedida por segmento, por espécie ou por grupos de entidades que atendam a critérios específicos, dispensada a concessão de autorização individualizada.

•• § 1.º acrescentado pela Lei n. 13.986, de 7-4-2020.

§ 2.º As infrações às normas legais e regulamentares que regem a atividade de escrituração eletrônica sujeitam a entidade responsável pelo sistema eletrônico de escrituração, os seus administradores e os membros de seus órgãos estatutários ou contratuais ao disposto na Lei n. 13.506, de 13 de novembro de 2017.

•• § 2.º acrescentado pela Lei n. 13.986, de 7-4-2020.

Art. 27-C. A entidade responsável pelo sistema eletrônico de escrituração de que trata o art. 27-A desta Lei expedirá, mediante solicitação de seu titular, certidão de inteiro teor do título, a qual corresponderá a título executivo extrajudicial.

•• *Caput* acrescentado pela Lei n. 13.986, de 7-4-2020.

Parágrafo único. A certidão de que trata o *caput* deste artigo poderá ser emitida na forma eletrônica, observados os requisitos de segurança que garantam a autenticidade e a integridade do documento.

•• Parágrafo único acrescentado pela Lei n. 13.986, de 7-4-2020.

Art. 27-D. O Banco Central do Brasil poderá regulamentar a emissão, a assinatura, a negociação e a liquidação da Cédula de Crédito Bancário emitida sob a forma escritural.

•• Artigo acrescentado pela Lei n. 13.986, de 7-4-2020.

Art. 28. A Cédula de Crédito Bancário é título executivo extrajudicial e representa dívida em dinheiro, certa, líquida e exigível, seja pela soma nela indicada, seja pelo saldo devedor demonstrado em planilha de cálculo, ou nos extratos da conta corrente, elaborados conforme previsto no § 2.º.

§ 1.º Na Cédula de Crédito Bancário poderão ser pactuados:

I – os juros sobre a dívida, capitalizados ou não, os critérios de sua incidência e, se for o caso, a periodicidade de sua capitalização, bem como as despesas e os demais encargos decorrentes da obrigação;

II – os critérios de atualização monetária ou de variação cambial como permitido em lei;

III – os casos de ocorrência de mora e de incidência das multas e penalidades contratuais, bem como as hipóteses de vencimento antecipado da dívida;

IV – os critérios de apuração e de ressarcimento, pelo emitente ou por terceiro garantidor, das despesas de cobrança da dívida e dos honorários advocatícios, judiciais ou extrajudiciais, sendo que os honorários advocatícios extrajudiciais não poderão superar o limite de dez por cento do valor total devido;

V – quando for o caso, a modalidade de garantia da dívida, sua extensão e as hipóteses de substituição de tal garantia;

VI – as obrigações a serem cumpridas pelo credor;

VII – a obrigação do credor de emitir extratos da conta corrente ou planilhas de cálculo da dívida, ou de seu saldo devedor, de acordo com os critérios estabelecidos na própria Cédula de Crédito Bancário, observado o disposto no § 2.º; e

VIII – outras condições de concessão do crédito, suas garantias ou liquidação, obrigações adicionais do emitente ou do terceiro garantidor da obrigação, desde que não contrariem as disposições desta Lei.

§ 2.º Sempre que necessário, a apuração do valor exato da obrigação, ou de seu saldo devedor, representado pela Cédula de Crédito Bancário, será feita pelo credor, por meio de planilha de cálculo e, quando for o caso, de extrato emitido pela instituição financeira, em favor da qual a Cédula de Crédito Bancário foi originalmente emitida, documentos esses que integrarão a Cédula, observado que:

I – os cálculos realizados deverão evidenciar de modo claro, preciso e de fácil entendimento e compreensão, o valor principal da dívida, seus encargos e despesas contratuais devidos, a parcela de juros e os critérios de sua incidência, a parcela de atualização monetária ou cambial, a parcela correspondente a multas e demais penalidades contratuais, as despesas de cobrança e de honorários advocatícios devidos até a data do cálculo e, por fim, o valor total da dívida; e

II – a Cédula de Crédito Bancário representativa de dívida oriunda de contrato de abertura de crédito bancário em conta corrente será emitida pelo valor total do crédito posto à disposição do emitente, competindo ao credor, nos termos deste parágrafo, discriminar nos extratos da conta corrente ou nas planilhas de cálculo, que serão anexados à Cédula, as parcelas utilizadas do crédito aberto, os aumentos do limite do crédito inicialmente concedido, as eventuais amortizações da dívida e a incidência dos encargos nos vários períodos de utilização do crédito aberto.

§ 3.º O credor que, em ação judicial, cobrar o valor do crédito exequendo em desacordo com o expresso na Cédula de Crédito Bancário, fica obrigado a pagar ao devedor o dobro do cobrado a maior, que poderá ser compensado na própria ação, sem prejuízo da responsabilidade por perdas e danos.

Art. 29. A Cédula de Crédito Bancário deve conter os seguintes requisitos essenciais:

I – a denominação "Cédula de Crédito Bancário";

II – a promessa do emitente de pagar a dívida em dinheiro, certa, líquida e exigível no seu vencimento ou, no caso de dívida oriunda de contrato de abertura de crédito bancário, a promessa do emitente de pagar a dívida em dinheiro, certa, líquida e exigível, correspondente ao crédito utilizado;

III – a data e o lugar do pagamento da dívida e, no caso de pagamento parcelado, as datas e os valores de cada prestação, ou os critérios para essa determinação;

IV – o nome da instituição credora, podendo conter cláusula à ordem;

V – a data e o lugar de sua emissão; e

VI – a assinatura do emitente e, se for o caso, do terceiro garantidor da obrigação, ou de seus respectivos mandatários.

§ 1.º A Cédula de Crédito Bancário será transferível mediante endosso em preto, ao qual se aplicarão, no que couberem, as normas do direito cambiário, caso em que o endossatário, mesmo não sendo instituição financeira ou entidade a ela equiparada, poderá exercer todos os direitos por ela conferidos, inclusive cobrar os juros e demais encargos na forma pactuada na Cédula.

§ 2.º Na hipótese de emissão sob a forma cartular, a Cédula de Crédito Bancário será emitida em tantas vias quantas forem as partes que nela intervierem, assinadas pelo emitente e pelo terceiro garantidor, se houver, ou por seus respectivos mandatários, e cada parte receberá uma via.

•• § 2.º com redação determinada pela Lei n. 13.986, de 7-4-2020.

§ 3.º Somente a via do credor será negociável, devendo constar nas demais vias a expressão "não negociável".

§ 4.º A Cédula de Crédito Bancário pode ser aditada, retificada e ratificada mediante documento escrito, datado, com os requisitos previstos no *caput*, passando esse documento a integrar a Cédula para todos os fins.

§ 5.º A assinatura de que trata o inciso VI do *caput* deste artigo poderá ocorrer sob a forma eletrônica, desde que garantida a identificação inequívoca de seu signatário.

•• § 5.º acrescentado pela Lei n. 13.986, de 7-4-2020.

Art. 30. A constituição de garantia da obrigação representada pela Cédula de Crédito Bancário é disciplinada por esta Lei, sendo aplicáveis as disposições da legislação comum ou especial que não forem com ela conflitantes.

Art. 31. A garantia da Cédula de Crédito Bancário poderá ser fidejussória ou real, neste último caso constituída por bem patrimonial de qualquer espécie, disponível e alienável, móvel ou imóvel, material ou imaterial, presente ou futuro, fungível ou infungível, consumível ou não, cuja titularidade pertença ao próprio emitente ou a terceiro garantidor da obrigação principal.

Art. 32. A constituição da garantia poderá ser feita na própria Cédula de Crédito Bancário ou em documento separado, neste caso fazendo-se, na Cédula, menção a tal circunstância.

Art. 33. O bem constitutivo da garantia deverá ser descrito e individualizado de modo que permita sua fácil identificação.

Parágrafo único. A descrição e individualização do bem constitutivo da garantia poderá ser substituída pela remissão a documento ou certidão expedida por entidade competente, que integrará a Cédula de Crédito Bancário para todos os fins.

Art. 34. A garantia da obrigação abrangerá, além do bem principal constitutivo da garantia, todos os seus acessórios, benfeitorias de qualquer espécie, valorizações a qualquer título, frutos e qualquer bem vinculado ao bem principal por acessão física, intelectual, industrial ou natural.

§ 1.º O credor poderá averbar, no órgão competente para o registro do bem constitutivo da garantia, a existência de qualquer outro bem por ela abrangido.

§ 2.º Até a efetiva liquidação da obrigação garantida, os bens abrangidos pela garantia não poderão, sem prévia autorização escrita do credor, ser alterados, retirados, deslocados ou destruídos, nem poderão ter sua destinação modificada, exceto quando a garantia for constituída por semoventes ou por veículos, automotores ou não, e a remoção ou o deslocamento desses bens for inerente à atividade do emitente da Cédula de Crédito Bancário, ou do terceiro prestador da garantia.

Art. 35. Os bens constitutivos de garantia pignoratícia ou objeto de alienação fiduciária poderão, a critério do credor, permanecer sob a posse direta do emitente ou do terceiro prestador da garantia, nos termos da cláusula de constituto possessório, caso em que as partes deverão especificar o local em que o bem será guardado e conservado até a efetiva liquidação da obrigação garantida.

§ 1.º O emitente e, se for o caso, o terceiro prestador da garantia responderão solidariamente pela guarda e conservação do bem constitutivo da garantia.

§ 2.º Quando a garantia for prestada por pessoa jurídica, esta indicará representantes para responder nos termos do § 1.º.

Art. 36. O credor poderá exigir que o bem constitutivo da garantia seja coberto por seguro até a efetiva liquidação da obrigação garantida, em que o credor será indicado como exclusivo beneficiário da apólice securitária e estará autorizado a receber a indenização para liquidar ou amortizar a obrigação garantida.

Art. 37. Se o bem constitutivo da garantia for desapropriado, ou se for danificado ou perecer por fato imputável a terceiro, o credor sub-rogar-se-á no direito à indenização devida pelo expropriante ou pelo terceiro causador do dano, até o montante necessário para liquidar ou amortizar a obrigação garantida.

Art. 38. Nos casos previstos nos arts. 36 e 37 desta Lei, facultar-se-á ao credor exigir a substituição da garantia, ou o seu reforço, renunciando ao direito à percepção do valor relativo à indenização.

Art. 39. O credor poderá exigir a substituição ou o reforço da garantia, em caso de perda, deterioração ou diminuição de seu valor.

Parágrafo único. O credor notificará por escrito o emitente e, se for o caso, o terceiro garantidor, para que substituam ou reforcem a garantia no prazo de quinze dias, sob pena de vencimento antecipado da dívida garantida.

Art. 40. Nas operações de crédito rotativo, o limite de crédito concedido será recomposto, automaticamente e durante o prazo de vigência da Cédula de Crédito Bancário, sempre que o devedor, não estando em mora ou inadimplente, amortizar ou liquidar a dívida.

Art. 41. A Cédula de Crédito Bancário poderá ser protestada por indicação, desde que o credor apresente declaração de posse da sua única via negociável, inclusive no caso de protesto parcial.

Art. 42. A validade e eficácia da Cédula de Crédito Bancário não dependem de registro, mas as garantias reais, por ela constituídas, ficam sujeitas, para valer contra terceiros, aos registros ou averbações previstos na legislação aplicável, com as alterações introduzidas por esta Lei.

Art. 42-A. Na hipótese de Cédula de Crédito Bancário emitida sob a forma escritural, o sistema eletrônico de escrituração de que trata oArt. 27-A desta Lei fará constar:

•• *Caput* acrescentado pela Lei n. 13.986, de 7-4-2020.

I – a emissão do título, com seus requisitos essenciais;

•• Inciso I acrescentado pela Lei n. 13.986, de 7-4-2020.

II – a forma de pagamento ajustada no título;

•• Inciso II acrescentado pela Lei n. 13.986, de 7-4-2020.

III – o endosso em preto de que trata o § 1.º do art. 29 desta Lei e a cadeia de endossos, se houver;

•• Inciso III acrescentado pela Lei n. 13.986, de 7-4-2020.

IV – os aditamentos, as retificações e as ratificações de que trata o § 4.º do art. 29 desta Lei;

•• Inciso IV acrescentado pela Lei n. 13.986, de 7-4-2020.

V – a inclusão de notificações, de cláusulas contratuais, de informações, inclusive sobre o fracionamento, quando houver, ou de outras declarações referentes à Cédula de Crédito Bancário ou ao certificado de que trata o art. 43 desta Lei; e

•• Inciso V acrescentado pela Lei n. 13.986, de 7-4-2020.

VI – as ocorrências de pagamento, se houver.

•• Inciso VI acrescentado pela Lei n. 13.986, de 7-4-2020.

§ 1.º Na hipótese de serem constituídos garantias e quaisquer outros gravames e ônus, tais ocorrências serão informadas no sistema eletrônico de escrituração de que trata o art. 27-A desta Lei.

•• § 1.º acrescentado pela Lei n. 13.986, de 7-4-2020.

§ 2.º As garantias dadas na Cédula de Crédito Bancário ou, ainda, a constituição de gravames e ônus sobre o título deverão ser informadas no sistema ao qual se refere o art. 27-A desta Lei.

•• § 2.º acrescentado pela Lei n. 13.986, de 7-4-2020.

Art. 42-B. Para fins da cobrança de emolumentos e custas cartorárias relacionadas ao registro da garantia, fica a Cédula de Crédito Bancário, quando utilizada para a formalização de operações de crédito rural, equiparada à Cédula de Crédito Rural de que trata o Decreto-lei n. 167, de 14 de fevereiro de 1967.

•• Artigo acrescentado pela Lei n. 13.986, de 7-4-2020.

Art. 43. As instituições financeiras, nas condições estabelecidas pelo Conselho Monetário Nacional, poderão emitir título representativo das Cédulas de Crédito Bancário por elas mantidas em custódia, do qual constarão:

•• *Caput* com redação determinada pela Lei n. 13.986, de 7-4-2020.

I – o local e a data da emissão;

II – o nome e a qualificação do custodiante das Cédulas de Crédito Bancário;

•• Inciso II com redação determinada pela Lei n. 13.986, de 7-4-2020.

III – a denominação "Certificado de Cédulas de Crédito Bancário";

IV – a especificação das cédulas custodiadas, o nome dos seus emitentes e o valor, o lugar e a data do pagamento do crédito por elas incorporado;

•• Inciso IV com redação determinada pela Lei n. 13.986, de 7-4-2020.

V – o nome da instituição emitente;

VI – a declaração de que a instituição financeira, na qualidade e com as responsabilidades de custodiante e mandatária do titular do certificado, promoverá a cobrança das Cédulas de Crédito Bancário, e a declaração de que as cédulas custodiadas, o produto da cobrança do seu principal e os seus encargos serão entregues ao titular do certificado somente com a apresentação deste;

•• Inciso VI com redação determinada pela Lei n. 13.986, de 7-4-2020.

VII – o lugar da entrega do objeto da custódia; e

•• Inciso VII com redação determinada pela Lei n. 13.986, de 7-4-2020.

VIII – a remuneração devida à instituição financeira pela custódia das cédulas objeto da emissão do certificado, se convencionada.

•• Inciso VIII com redação determinada pela Lei n. 13.986, de 7-4-2020.

§ 1.º A instituição financeira responderá pela origem e pela autenticidade das Cédulas de Crédito Bancário nela custodiadas.

•• § 1.º com redação determinada pela Lei n. 13.986, de 7-4-2020.

§ 2.º Emitido o certificado, as Cédulas de Crédito Bancário e as importâncias recebidas pela instituição financeira a título de pagamento do principal e de encargos não poderão ser objeto de penhora, arresto, sequestro, busca e apreensão, ou qualquer outro embaraço que impeça a sua entrega ao titular do certificado, mas este poderá ser objeto de penhora, ou de qualquer medida cautelar por obrigação do seu titular.

§ 3.º O certificado poderá ser emitido sob forma escritural, por meio do lançamento no sistema eletrônico de escrituração, hipótese em que se aplica, no que couber, com as devidas adaptações, o disposto nos arts. 27-A, 27-B, 27-C, 27-D e 42-A desta Lei.

•• § 3.º com redação determinada pela Lei n. 13.986, de 7-4-2020.

§ 4.º O certificado será transferido somente por meio de endosso, ainda que por intermédio de sistema eletrônico de escrituração, hipótese em que a transferência deverá ser datada e assinada por seu titular ou mandatário com poderes especiais e, na hipótese de certificado cartular, averbada na instituição financeira emitente, no prazo de 2 (dois) dias, contado da data do endosso.

•• § 4.º com redação determinada pela Lei n. 13.986, de 7-4-2020.

§ 5.º As despesas e os encargos decorrentes da transferência e averbação do certificado serão suportados pelo endossatário ou cessionário, salvo convenção em contrário.

§ 6.º O endossatário do certificado, ainda que não seja instituição financeira ou entidade a ela equiparada, fará jus a todos os direitos nele previstos, incluídos a cobrança de juros e os demais encargos.

•• § 6.º acrescentado pela Lei n. 13.986, de 7-4-2020.

§ 7.º O certificado poderá representar:

•• § 7.º, *caput*, acrescentado pela Lei n. 13.986, de 7-4-2020.

I – uma única cédula;

•• Inciso I acrescentado pela Lei n. 13.986, de 7-4-2020.

II – um agrupamento de cédulas; ou

•• Inciso II acrescentado pela Lei n. 13.986, de 7-4-2020.

III – frações de cédulas.

•• Inciso III acrescentado pela Lei n. 13.986, de 7-4-2020.

§ 8.º Na hipótese de que trata o inciso III do § 7.º deste artigo, o certificado somente poderá representar frações de Cédulas de Crédito Bancário emitidas sob forma escritural, e essa informação deverá constar do sistema de que trata o § 3.º deste artigo.

•• § 8.º acrescentado pela Lei n. 13.986, de 7-4-2020.

Art. 44. Aplica-se às Cédulas de Crédito Bancário, no que não contrariar o disposto nesta Lei, a legislação cambial, dispensado o protesto para garantir o direito de cobrança contra endossantes, seus avalistas e terceiros garantidores.

Art. 45. Os títulos de crédito e direitos creditórios, representados sob a forma escritural ou física, que tenham sido objeto de desconto, poderão ser admitidos a redesconto junto ao Banco Central do Brasil, observando-se as normas e instruções baixadas pelo Conselho Monetário Nacional.

§ 1.º Os títulos de crédito e os direitos creditórios de que trata o *caput* considerar-se-ão transferidos, para fins de redesconto, à propriedade do Banco Central do Brasil, desde que inscritos em termo de tradição eletrônico constante do Sistema de Informações do Banco Central – SISBACEN, ou, ainda, no termo de tradição previsto no § 1.º do art. 5.º do Decreto n. 21.499, de 9 de junho de 1932, com a redação dada pelo art. 1.º do Decreto n. 21.928, de 10 de outubro de 1932.

§ 2.º Entendem-se inscritos nos termos de tradição referidos no § 1.º os títulos de crédito e direitos creditórios neles relacionados e descritos, observando-se os requisitos, os critérios e as formas estabelecidas pelo Conselho Monetário Nacional.

§ 3.º A inscrição produzirá os mesmos efeitos jurídicos do endosso, somente se aperfeiçoando com o recebimento, pela instituição financeira proponente do redesconto, de mensagem de aceitação do Banco Central do Brasil, ou, não sendo eletrônico o termo de tradição, após a assinatura das partes.

§ 4.º Os títulos de crédito e documentos representativos de direitos creditórios, inscritos nos termos de tradição, poderão, a critério do Banco Central do Brasil, permanecer na posse direta da instituição financeira beneficiária do redesconto, que os guardará e conservará em depósito, devendo proceder, como comissária *del credere*, à sua cobrança judicial ou extrajudicial.

Art. 45-A. Para fins do disposto no § 1.º doArt. 2.º da Lei n. 6.385, de 7 de dezembro de 1976, a Cédula de Crédito Bancário, o Certificado de Cédulas de Crédito Bancário e a Cédula de Crédito Imobiliário são títulos cambiais de responsabilidade de instituição financeira ou de entidade autorizada a funcionar pelo Banco Central do Brasil, desde que a instituição financeira ou a entidade:

•• *Caput* acrescentado pela Lei n. 13.986, de 7-4-2020.

I – seja titular dos direitos de crédito por eles representados;

•• Inciso I acrescentado pela Lei n. 13.986, de 7-4-2020.

II – preste garantia às obrigações por eles representadas; ou

•• Inciso II acrescentado pela Lei n. 13.986, de 7-4-2020.

III – realize, até a liquidação final dos títulos, o serviço de monitoramento dos fluxos de recursos entre credores e devedores e de eventuais inadimplementos.

•• Inciso III acrescentado pela Lei n. 13.986, de 7-4-2020.

Capítulo V
DOS CONTRATOS DE FINANCIAMENTO DE IMÓVEIS

Art. 46. Nos contratos de comercialização de imóveis, de financiamento imobiliário em geral e nos de arrendamento mercantil de imóveis, bem como nos títulos e valores mobiliários por eles originados, com prazo mínimo de trinta e seis meses, é admitida estipulação de cláusula de reajuste, com periodicidade mensal, por índices de preços setoriais ou gerais ou pelo índice de remuneração básica dos depósitos de poupança.

§ 1.º É vedado o pagamento dos valores relativos à atualização monetária apropriados nos títulos e valores mobiliários, quando ocorrer o resgate antecipado, total ou parcial, em prazo inferior ao estabelecido no *caput*.

§ 2.º Os títulos e valores mobiliários a que se refere o *caput* serão cancelados pelo emitente na hipótese de resgate antecipado em que o prazo a decorrer for inferior a trinta e seis meses.

§ 3.º Não se aplica o disposto no § 1.º, no caso de quitação ou vencimento antecipados dos créditos imobiliários que lastreiem ou tenham originado a emissão dos títulos e valores mobiliários a que se refere o *caput*.

Art. 47. São nulos de pleno direito quaisquer expedientes que, de forma direta ou indireta, resultem em efeitos equivalentes à redução do prazo mínimo de que trata o *caput* do art. 46.

Parágrafo único. O Conselho Monetário Nacional poderá disciplinar o disposto neste artigo.

Art. 48. Fica vedada a celebração de contratos com cláusula de equivalência salarial ou de comprometimento de renda, bem como a inclusão de cláusulas desta espécie em contratos já firmados, mantidas, para os contratos firmados até a data de entrada em vigor da Medida Provisória n. 2.223, de 4 de setembro de 2001, as disposições anteriormente vigentes.

• A Medida Provisória n. 2.223, revogada por esta Lei, entrou em vigor na data de sua publicação no *Diário Oficial da União* – 5-9-2001.

Art. 49. No caso do não pagamento tempestivo, pelo devedor, dos tributos e das taxas condominiais incidentes sobre o imóvel objeto do crédito imobiliário respectivo, bem como das parcelas mensais incontroversas de encargos estabelecidos no respectivo contrato e de quaisquer outros encargos que a lei imponha ao proprietário ou ao ocupante de imóvel, poderá o juiz, a requerimento do credor, determinar a cassação de medida liminar, de medida cautelar ou de antecipação dos efeitos da tutela que tenha interferido na eficácia de cláusulas do contrato de crédito imobiliário correspondente ou suspendido encargos dele decorrentes.

Art. 50. Nas ações judiciais que tenham por objeto obrigação decorrente de empréstimo, financiamento ou alienação imobiliários, o autor deverá discriminar na petição inicial, dentre as obrigações contratuais, aquelas que pretende controverter, quantificando o valor incontroverso, sob pena de inépcia.

§ 1.º O valor incontroverso deverá continuar sendo pago no tempo e modo contratados.

§ 2.º A exigibilidade do valor controvertido poderá ser suspensa mediante depósito do montante correspondente, no tempo e modo contratados.

§ 3.º Em havendo concordância do réu, o autor poderá efetuar o depósito de que trata o § 2.º deste artigo, com remuneração e atualização nas mesmas condições aplicadas ao contrato:

I – na própria instituição financeira credora, oficial ou não; ou

II – em instituição financeira indicada pelo credor, oficial ou não, desde que estes tenham pactuado nesse sentido.

§ 4.º O juiz poderá dispensar o depósito de que trata o § 2.º em caso de relevante razão de direito e risco de dano irreparável ao autor, por decisão fundamentada na qual serão detalhadas as razões jurídicas e fáticas da ilegitimidade da cobrança no caso concreto.

§ 5.º É vedada a suspensão liminar da exigibilidade da obrigação principal sob a alegação de compensação com valores pagos a maior, sem o depósito do valor integral desta.

Art. 51. Sem prejuízo das disposições do Código Civil, as obrigações em geral também poderão ser garantidas, inclusive por terceiros, por cessão fiduciária de direitos creditórios decorrentes de contratos de alienação de imóveis, por caução de direitos creditórios ou aquisitivos decorrentes de contratos de venda ou promessa de venda de imóveis e por alienação fiduciária de coisa imóvel.

Art. 52. Uma vez protocolizados todos os documentos necessários à averbação ou ao registro dos atos e dos títulos a que se referem esta Lei e a Lei n. 9.514, de 1997, o oficial de Registro de Imóveis procederá ao registro ou à averbação, dentro do prazo de quinze dias.

Capítulo VI
DISPOSIÇÕES FINAIS

Alterações da Lei de Incorporações

Art. 53. O Título II da Lei n. 4.591, de 16 de dezembro de 1964, passa a vigorar acrescido dos seguintes Capítulos e artigos:

•• Alterações já processadas no diploma modificado.

Art. 54. A Lei n. 4.591, de 1964, passa a vigorar com as seguintes alterações:

•• Alterações já processadas no diploma modificado.

Alterações de Leis sobre Alienação Fiduciária

Art. 55. A Seção XIV da Lei n. 4.728, de 14 de julho de 1965, passa a vigorar com a seguinte redação:

•• Alterações já processadas no diploma modificado.

Art. 56. O Decreto-lei n. 911, de 1.º de outubro de 1969, passa a vigorar com as seguintes alterações:

•• Alterações já processadas no diploma modificado.

Art. 57. A Lei n. 9.514, de 1997, passa a vigorar com as seguintes alterações:

•• Alterações já processadas no diploma modificado.

Alterações no Código Civil

Art. 58. A Lei n. 10.406, de 2002 – Código Civil passa a vigorar com as seguintes alterações:

•• Alterações já processadas no diploma modificado.

Alterações na Lei de Registros Públicos

Art. 59. A Lei n. 6.015, de 31 de dezembro de 1973, passa a vigorar com as seguintes alterações:

•• Alterações já processadas no diploma modificado.

Alterações na Lei de Locações

Art. 61. A Lei n. 8.245, de 18 de outubro de 1991, passa a vigorar com as seguintes alterações:

•• Alterações já processadas no diploma modificado.

Alterações na Lei de Protesto de Títulos e Documentos de Dívida

Art. 62. (*Vetado.*)

Normas Complementares a esta Lei

Art. 63. Nas operações envolvendo recursos do Sistema Financeiro da Habitação e do Sistema Financeiro Imobiliário, relacionadas com a moradia, é vedado cobrar do mutuário a elaboração de instrumento contratual particular, ainda que com força de escritura pública.

Art. 63-A (*Revogado pela Lei n. 13.476, de 28-8-2017.*)

Art. 64. (*Vetado.*)

Art. 65. O Conselho Monetário Nacional e a Secretaria da Receita Federal, no âmbito das suas respectivas atribuições, expedirão as instruções que se fizerem necessárias à execução das disposições desta Lei.

•• A Secretaria da Receita Federal passa a denominar-se Secretaria da Receita Federal do Brasil, por força da Lei n. 11.457, de 16-3-2007.

Vigência

Art. 66. Esta Lei entra em vigor na data de sua publicação.

Revogações

Art. 67. Ficam revogadas as Medidas Provisórias n. 2.160-25, de 23 de agosto de 2001, 2.221, de 4 de setembro de 2001, e 2.223, de 4 de setembro de 2001, e os arts. 66 e 66-A da Lei n. 4.728, de 14 de julho de 1965.

Brasília, 2 de agosto de 2004; 183.º da Independência e 116.º da República.

Luiz Inácio Lula da Silva

LEI N. 10.962, DE 11 DE OUTUBRO DE 2004 (*)

Dispõe sobre a oferta e as formas de afixação de preços de produtos e serviços para o consumidor.

O Presidente da República

Faço saber que o Congresso Nacional decreta e eu sanciono a seguinte Lei:

Art. 1.º Esta Lei regula as condições de oferta e afixação de preços de bens e serviços para o consumidor.

Art. 2.º São admitidas as seguintes formas de afixação de preços em vendas a varejo para o consumidor:

I – no comércio em geral, por meio de etiquetas ou similares afixados diretamente nos bens expostos à venda, e em vitrines, mediante divulgação do preço à vista em caracteres legíveis;

II – em autosserviços, supermercados, hipermercados, mercearias ou estabelecimentos comerciais onde o consumidor tenha acesso direto ao produto, sem intervenção do comerciante, mediante a impressão ou afixação do preço do produto na embalagem, ou a afixação de código referencial, ou ainda, com a afixação de código de barras;

III – no comércio eletrônico, mediante divulgação ostensiva do preço à vista, junto à imagem do produto ou descrição do serviço, em caracteres facilmente legíveis com tamanho de fonte não inferior a doze.

•• Inciso III acrescentado pela Lei n. 13.543, de 19-12-2017.

Parágrafo único. Nos casos de utilização de código referencial ou de barras, o comerciante deverá expor, de forma clara e legível, junto aos itens expostos, informação relativa ao preço à vista do produto, suas características e código.

Art. 2.º-A. Na venda a varejo de produtos fracionados em pequenas quantidades, o comerciante deverá informar, na etiqueta contendo o preço ou junto aos itens expostos, além do preço do produto à vista, o preço correspondente a uma das seguintes unidades fundamentais de medida: capacidade, massa, volume, comprimento ou área, de acordo com a forma habitual de comercialização de cada tipo de produto.

•• *Caput* acrescentado pela Lei n. 13.175, de 21-10-2015.

Parágrafo único. O disposto neste artigo não se aplica à comercialização de medicamentos.

•• Parágrafo único acrescentado pela Lei n. 13.175, de 21-10-2015.

Art. 3.º Na impossibilidade de afixação de preços conforme disposto no art. 2.º, é permitido o uso de relações de preços dos produtos expostos, bem como dos serviços oferecidos, de forma escrita, clara e acessível ao consumidor.

Art. 4.º Nos estabelecimentos que utilizem código de barras para apreçamento, deverão ser oferecidos equipamentos de leitura ótica para consulta de preço pelo consumidor, localizados na área de vendas e em outras de fácil acesso.

§ 1.º O regulamento desta Lei definirá, observados, dentre outros critérios ou fatores, o tipo e o tamanho do estabelecimento e a quantidade e a diversidade dos itens de bens e serviços, a área máxima que deverá ser atendida por cada leitora ótica.

§ 2.º Para os fins desta Lei, considera-se área de vendas aquela na qual os consumidores têm acesso às mercadorias e serviços oferecidos para consumo no varejo, dentro do estabelecimento.

Art. 5.º No caso de divergência de preços para o mesmo produto entre os sistemas de informação de preços utilizados pelo estabelecimento, o consumidor pagará o menor dentre eles.

Art. 5.º-A. O fornecedor deve informar, em local e formato visíveis ao consumidor, eventuais descontos oferecidos em função do prazo ou do instrumento de pagamento utilizado.

•• *Caput* acrescentado pela Lei n. 13.455, de 26-6-2017.

Parágrafo único. Aplicam-se às infrações a este artigo as sanções previstas na Lei n. 8.078, de 11 de setembro de 1990.

•• Parágrafo único acrescentado pela Lei n. 13.455, de 26-6-2017.

Art. 6.º (*Vetado.*)

Art. 7.º Esta Lei entra em vigor na data de sua publicação.

Brasília, 11 de outubro de 2004; 183.º da Independência e 116.º da República.

Luiz Inácio Lula da Silva

(*) Publicada no *Diário Oficial da União*, de 13-10-2004. Regulamentada pelo Decreto n. 5.903, de 20-9-2006. *Vide* art. 31 do CDC (Lei n. 8.078, de 11-9-1990).

LEI N. 11.076, DE 30 DE DEZEMBRO DE 2004 (**)

Dispõe sobre o Certificado de Depósito Agropecuário – CDA, o "Warrant" Agropecuário – WA, o Certificado de Direitos Creditórios do Agronegócio – CDCA, a Letra de Crédito do Agronegócio – LCA e o Certificado de Recebíveis do Agronegócio – CRA, dá nova redação a dispositivos das Leis n. 9.973, de 29 de maio de 2000, que dispõe sobre o sistema de armazenagem dos produtos agropecuários, 8.427, de 27 de maio de 1992, que dispõe sobre a concessão de subvenção econômica nas operações de crédito rural, 8.929, de 22 de agosto de 1994, que institui a Cédula de Produto Rural – CPR, 9.514, de 20 de novembro de 1997, que dispõe sobre o Sistema de Financiamento Imobiliário e institui a alienação fiduciária de coisa imóvel, e altera a Taxa de Fiscalização de que trata a Lei n. 7.940, de 20 de dezembro de 1989, e dá outras providências.

O Presidente da República

Faço saber que o Congresso Nacional decreta e eu sanciono a seguinte Lei:

Capítulo I
DO CDA E DO WA

Seção I
Disposições iniciais

Art. 1.º Ficam instituídos o Certificado de Depósito Agropecuário – CDA e o *Warrant* Agropecuário – WA.

§ 1.º O CDA é título de crédito representativo de promessa de entrega de produtos agropecuários, seus derivados, subprodutos e resíduos de valor econômico, depositados em conformidade com a Lei n. 9.973, de 29 de maio de 2000.

§ 2.º O WA é título de crédito representativo de promessa de pagamento em dinheiro que confere direito de penhor sobre o CDA correspondente, assim como sobre o produto nele descrito.

•• § 2.º com redação determinada pela Lei n. 11.524, de 24-9-2007.

§ 3.º O CDA e o WA são títulos unidos, emitidos simultaneamente pelo depositário, a

(**) Publicada no *Diário Oficial da União*, de 31-12-2004.

pedido do depositante, podendo ser transmitidos unidos ou separadamente, mediante endosso.

§ 4.º O CDA e o WA são títulos executivos extrajudiciais.

Art. 2.º Aplicam-se ao CDA e ao WA as normas de direito cambial no que forem cabíveis e o seguinte:

I – os endossos devem ser completos;

II – os endossantes não respondem pela entrega do produto, mas, tão somente, pela existência da obrigação;

III – é dispensado o protesto cambial para assegurar o direito de regresso contra endossantes e avalistas.

Art. 3.º O CDA e o WA poderão ser emitidos sob a forma cartular ou escritural.

•• *Caput* com redação determinada pela Lei n. 13.986, de 7-4-2020.

§ 1.º A emissão na forma escritural ocorrerá por meio do lançamento em sistema eletrônico de escrituração gerido por entidade autorizada pelo Banco Central do Brasil a exercer atividade de escrituração.

•• § 1.º acrescentado pela Lei n. 13.986, de 7-4-2020.

•• A Lei n. 14.421, de 20-7-2022, propôs nova redação para este § 1.º, porém teve seu texto vetado.

§ 2.º O CDA e o WA emitidos sob a forma cartular assumirão a forma escritural enquanto permanecerem depositados em depositário central.

•• § 2.º acrescentado pela Lei n. 13.986, de 7-4-2020.

•• A Lei n. 14.421, de 20-7-2022, propôs nova redação para este § 2.º, porém teve seu texto vetado.

Art. 3.º-A. Compete ao Banco Central do Brasil:

•• *Caput* acrescentado pela Lei n. 13.986, de 7-4-2020.

I – estabelecer as condições para o exercício da atividade de escrituração de que trata o § 1.º do art. 3.º desta Lei; e

•• Inciso I acrescentado pela Lei n. 13.986, de 7-4-2020.

II – autorizar e supervisionar o exercício da atividade prevista no inciso I do *caput* deste artigo.

•• Inciso II acrescentado pela Lei n. 13.986, de 7-4-2020.

§ 1.º A autorização de que trata o inciso II do *caput* deste artigo poderá, a critério do Banco Central do Brasil, ser concedida por segmento, por espécie ou por grupos de entidades que atendam a critérios específicos, dispensada a autorização individualizada.

•• § 1.º acrescentado pela Lei n. 13.986, de 7-4-2020.

§ 2.º A entidade responsável pela escrituração de que trata o inciso I do *caput* deste artigo expedirá, mediante solicitação, certidão de inteiro teor do título, inclusive para fins de protesto e de execução.

•• § 2.º acrescentado pela Lei n. 13.986, de 7-4-2020.

§ 3.º A certidão de que trata o § 2.º deste artigo poderá ser emitida na forma eletrônica, observados os requisitos de segurança que garantam a autenticidade e a integridade do documento.

•• § 3.º acrescentado pela Lei n. 13.986, de 7-4-2020.

Art. 3.º-B A liquidação do pagamento em favor do legítimo credor, por qualquer meio de pagamento existente no âmbito do Sistema de Pagamentos Brasileiro, constituirá prova de pagamento total ou parcial do WA emitido sob a forma escritural.

•• *Caput* acrescentado pela Lei n. 13.986, de 7-4-2020.

Parágrafo único. A prova de pagamento de que trata o *caput* deste artigo será informada no sistema eletrônico de escrituração de que trata o § 1.º do art. 3.º desta Lei, com referência expressa ao WA amortizado ou liquidado.

•• Parágrafo único acrescentado pela Lei n. 13.986, de 7-4-2020.

Art. 3.º-C O sistema eletrônico de escrituração a que se refere o § 1.º doArt. 3.º desta Lei fará constar:

•• *Caput* acrescentado pela Lei n. 13.986, de 7-4-2020.

I – os requisitos essenciais do título;

•• Inciso I acrescentado pela Lei n. 13.986, de 7-4-2020.

II – o endosso e a cadeia de endossos, se houver;

•• Inciso II acrescentado pela Lei n. 13.986, de 7-4-2020.

III – os aditamentos, as ratificações e as retificações; e

•• Inciso III acrescentado pela Lei n. 13.986, de 7-4-2020.

IV – a inclusão de notificações, de cláusulas contratuais e de outras informações.

•• Inciso IV acrescentado pela Lei n. 13.986, de 7-4-2020.

Parágrafo único. Na hipótese de serem constituídos gravames e ônus, tal ocorrência será informada no sistema eletrônico de escrituração de que trata o § 1.º do art. 3.º desta Lei.

•• Parágrafo único acrescentado pela Lei n. 13.986, de 7-4-2020.

Art. 4.º Para efeito desta Lei, entende-se como:

I – depositário: pessoa jurídica apta a exercer as atividades de guarda e conservação dos produtos especificados no § 1.º do art. 1.º desta Lei, de terceiros e, no caso de cooperativas, de terceiros e de associados, sem prejuízo do disposto nos arts. 82 e 83 da Lei n. 5.764, de 16 de dezembro de 1971;

II – depositante: pessoa física ou jurídica responsável legal pelos produtos especificados no § 1.º do art. 1.º desta Lei entregues a um depositário para guarda e conservação;

III – entidade registradora autorizada: entidade autorizada pelo Banco Central do Brasil ou pela Comissão de Valores Mobiliários, no âmbito de suas competências, a exercer a atividade de registro de ativos financeiros e de valores mobiliários de que trata a Lei n. 12.810, de 15 de maio de 2013;

•• Inciso III com redação determinada pela Lei n. 13.986, de 7-4-2020.

IV – depositário central: entidade autorizada pelo Banco Central do Brasil ou pela Comissão de Valores Mobiliários, no âmbito de suas competências, a exercer a atividade de depósito centralizado de ativos financeiros e de valores mobiliários de que trata a Lei n. 12.810, de 15 de maio de 2013; e

•• Inciso IV acrescentado pela Lei n. 13.986, de 7-4-2020.

V – produtos agropecuários: produtos agropecuários, seus derivados, subprodutos e resíduos de valor econômico de que trata a Lei n. 9.973, de 29 de maio de 2000.

•• Inciso V acrescentado pela Lei n. 13.986, de 7-4-2020.

Art. 5.º O CDA e o WA devem conter as seguintes informações:

I – denominação do título;

II – número de controle, que deve ser idêntico para cada conjunto de CDA e WA;

III – menção de que o depósito do produto sujeita-se à Lei n. 9.973, de 29 de maio de 2000, a esta Lei e, no caso de cooperativas, à Lei n. 5.764, de 16 de dezembro de 1971;

IV – identificação, qualificação e endereços do depositante e do depositário;

V – identificação comercial do depositário;

VI – cláusula à ordem;

VII – endereço completo do local do armazenamento;

VIII – descrição e especificação do produto;

IX – peso bruto e líquido;

X – forma de acondicionamento;

XI – número de volumes, quando cabível;

XII – valor dos serviços de armazenagem, conservação e expedição, a periodicidade de sua cobrança e a indicação do responsável pelo seu pagamento;

XIII – identificação do segurador do produto e do valor do seguro;

XIV – qualificação da garantia oferecida pelo depositário, quando for o caso;

XV – data do recebimento do produto e prazo do depósito;

XVI – data de emissão do título;

XVII – identificação, qualificação e assinatura dos representantes legais do depositário, que poderá ser feita de forma eletrônica, conforme legislação aplicável;

•• Inciso XVII com redação determinada pela Lei n. 14.421, de 20-7-2022.

XVIII – identificação precisa dos direitos que conferem.

Parágrafo único. O depositante e o depositário poderão acordar que a responsabilidade pelo pagamento do valor dos serviços a que se refere o inciso XII do *caput* deste artigo será do endossatário do CDA.

Seção II
Da emissão, do depósito centralizado e da circulação dos títulos

•• Seção II com redação determinada pela Lei n. 13.986, de 7-4-2020.

Subseção I
Da emissão

Art. 6.º A solicitação de emissão do CDA e do WA será feita pelo depositante ao depositário.

§ 1.º Na solicitação, o depositante:

I – declarará, sob as penas da lei, que o produto é de sua propriedade e está livre e desembaraçado de quaisquer ônus;

II – outorgará, em caráter irrevogável, poderes ao depositário para transferir a propriedade do produto ao endossatário do CDA.

§ 2.º Os documentos mencionados no § 1.º deste artigo serão arquivados pelo depositário junto com as suas respectivas vias do CDA e do WA.

•• § 2.º com redação determinada pela Lei n. 13.986, de 7-4-2020.

§ 3.º Emitidos o CDA e o WA, fica dispensada a entrega de recibo de depósito.

Art. 7.º É facultada a formalização do contrato de depósito, nos termos do art. 3.º da Lei n. 9.973, de 29 de maio de 2000, quando forem emitidos o CDA e o WA.

Art. 8.º O CDA e o WA, quando emitidos sob a forma cartular, o serão em, no mínimo, 2 (duas) vias, com as seguintes destinações:

•• *Caput* com redação determinada pela Lei n. 13.986, de 7-4-2020.

I – primeiras vias, ao depositante;

II – segundas vias, ao depositário, nas quais constarão os recibos de entrega dos originais ao depositante.

Parágrafo único. Os títulos terão numeração sequencial, idêntica em ambos os documentos, em série única, vedada a subsérie.

Art. 9.º O depositário que emitir o CDA e o WA é responsável, civil e criminalmente, inclusive perante terceiros, pelas irregularidades e inexatidões neles lançadas.

§ 1.º O emitente é responsável pela existência, liquidez, certeza e exigibilidade dos direitos indicados no CDA e no WA.

•• § 1.º acrescentado pela Lei n. 13.986, de 7-4-2020.

§ 2.º Fica vedado ao emitente opor ao terceiro titular do CDA ou do WA as exceções pessoais oponíveis ao depositante.

•• § 2.º acrescentado pela Lei n. 13.986, de 7-4-2020.

Art. 10. O depositante tem o direito de pedir ao depositário a divisão do produto em tantos lotes quantos lhe convenha e solicitar a emissão do CDA e do WA correspondentes a cada um dos lotes.

Art. 11. O depositário assume a obrigação de guardar, conservar, manter a qualidade e a quantidade do produto recebido em depósito e de entregá-lo ao credor na quantidade e qualidade consignadas no CDA e no WA.

Art. 12. Emitidos o CDA e o WA, o produto a que se referem não poderá sofrer embargo, penhora, sequestro ou qualquer outro embaraço que prejudique a sua livre e plena disposição.

Parágrafo único. Na hipótese de o titular do CDA e do correspondente WA diferir do depositante, o produto objeto desses títulos não poderá ser confundido com bem de propriedade do depositante ou sujeitar-se aos efeitos de sua recuperação judicial ou falência, prevalecendo os direitos de propriedade sobre a coisa ao endossatário final que se apresentar ao depositário, nos termos do inciso II do § 1.º do art. 6.º e do § 5.º do art. 21 desta Lei.

•• Parágrafo único acrescentado pela Lei n. 13.986, de 7-4-2020.

Art. 13. O prazo do depósito a ser consignado no CDA e no WA será de até 1 (um) ano, contado da data de sua emissão, podendo ser prorrogado pelo depositário a pedido do credor, os quais, na oportunidade, ajustarão, se for necessário, as condições de depósito do produto.

Parágrafo único. As prorrogações serão anotadas nas segundas vias em poder do depositário do produto agropecuário e eletronicamente nos registros do depositário central.

•• Parágrafo único com redação determinada pela Lei n. 13.986, de 7-4-2020.

Art. 14. Incorre na pena prevista no art. 178 do Decreto-lei n. 2.848, de 7 de dezembro de 1940 – Código Penal aquele que emitir o CDA e o WA em desacordo com as disposições desta Lei.

Subseção II
Do depósito centralizado

•• Subseção II com redação determinada pela Lei n. 13.986, de 7-4-2020.

Art. 15. É obrigatório o depósito do CDA e do WA em depositário central autorizado pelo Banco Central do Brasil, no prazo de 30 (trinta) dias, contado da data de emissão dos títulos, do qual constará o número de controle do título de que trata o inciso II do *caput* doArt. 5.º desta Lei.

•• *Caput* com redação determinada pela Lei n. 13.986, de 7-4-2020.

§ 1.º O depósito de CDA e de WA emitidos sob a forma cartular em depositário central será precedido da entrega dos títulos à custódia de instituição legalmente autorizada para esse fim, por meio de endosso-mandato, que poderá ser feito de forma eletrônica, conforme legislação aplicável.

•• § 1.º com redação determinada pela Lei n. 14.421, de 20-7-2022.

§ 2.º A instituição custodiante é responsável por efetuar o endosso do CDA e do WA ao credor por ocasião da baixa do depósito no depositário central.

•• § 2.º com redação determinada pela Lei n. 13.986, de 7-4-2020.

§ 3.º Vencido o prazo de 30 (trinta) dias sem o cumprimento da providência a que se refere o *caput* deste artigo, deverá o depositante solicitar ao depositário o cancelamento dos títulos e sua substituição por novos ou por recibo de depósito, em seu nome.

•• § 3.º com redação determinada pela Lei n. 11.524, de 24-9-2007.

§ 4.º O Conselho Monetário Nacional poderá estabelecer outras condições para o depósito do CDA e do WA de que trata este artigo.

•• § 4.º acrescentado pela Lei n. 13.986, de 7-4-2020.

Subseção III
Da circulação

Art. 16. O CDA e o WA serão negociados nos mercados de bolsa e de balcão como ativos financeiros.

Art. 17. Por ocasião da primeira negociação do WA separado do CDA, o depositário central consignará em seus registros o valor da negociação do WA, a taxa de juros e a data de vencimento ou, ainda, o valor a ser pago no vencimento ou o indicador que será utilizado para o cálculo do valor da dívida.

•• *Caput* com redação determinada pela Lei n. 13.986, de 7-4-2020.

§ 1.º Os lançamentos dos negócios realizados com o CDA e com o WA unidos ou separados serão atualizados em meio eletrônico pelo depositário central.

•• § 1.º com redação determinada pela Lei n. 13.986, de 7-4-2020.

§ 2.º Se, na data de vencimento do WA, o CDA e o WA não estiverem em nome do mesmo credor e o credor do CDA não houver consignado o valor da dívida, na forma do inciso II do § 1.º do art. 21 desta Lei, o titular do WA poderá, a seu critério, promover a execução do penhor sobre:

•• § 2.º, *caput*, acrescentado pela Lei n. 11.524, de 24-9-2007.

I – o produto, mediante sua venda em leilão a ser realizado em bolsa de mercadorias; ou

•• Inciso I acrescentado pela Lei n. 11.524, de 24-9-2007.

II – o CDA correspondente, mediante a venda do título, em conjunto com o WA, em bolsa de mercadorias ou de futuros, ou em mercado de balcão organizado.

•• Inciso II acrescentado pela Lei n. 11.524, de 24-9-2007.

§ 3.º Nas hipóteses referidas nos incisos I e II do § 2.º deste artigo, o produto da venda da mercadoria ou dos títulos, conforme o caso, será utilizado para pagamento imediato do crédito representado pelo WA ao seu respectivo titular na data do vencimento, devendo o saldo remanescente ser entregue ao titular do CDA, após debitadas as despesas comprovadamente incorridas com a realização do leilão da mercadoria ou dos títulos.

•• § 3.º acrescentado pela Lei n. 11.524, de 24-9-2007.

§ 4.º O adquirente dos títulos no leilão poderá colocá-los novamente em circulação, observando-se o disposto no *caput* deste artigo, no caso de negociação do WA separado do CDA.

•• § 4.º acrescentado pela Lei n. 11.524, de 24-9-2007.

Art. 18. As negociações do CDA e do WA são isentas do Imposto sobre Operações de Crédito, Câmbio e Seguro ou relativas a Títulos ou Valores Mobiliários.

Art. 19. Os negócios ocorridos durante período em que o CDA e o WA emitidos sob a forma cartular estiverem depositados em depositário central não serão transcritos no verso dos títulos.

•• Artigo com redação determinada pela Lei n. 13.986, de 7-4-2020.

Art. 20. (*Revogado pela Lei n. 13.986, de 7-4-2020.*)

Seção III
Da retirada do produto

Art. 21. Para a retirada do produto, o credor do CDA providenciará a baixa do registro eletrônico do CDA e requererá à instituição custodiante o endosso na cártula e a sua entrega.

§ 1.º A baixa do registro eletrônico ocorrerá somente se:

I – o CDA e o WA estiverem em nome do mesmo credor; ou

II – o credor do CDA consignar, em dinheiro, na instituição custodiante, o valor do principal e dos juros devidos até a data do vencimento do WA.

§ 2.º A consignação do valor da dívida do WA, na forma do inciso II do § 1.º deste artigo, equivale ao real e efetivo pagamento da dívida, devendo a quantia consignada ser entregue ao credor do WA pela instituição custodiante.

§ 3.º Na hipótese do inciso I do § 1.º deste artigo, a instituição custodiante entregará ao credor, junto com a cártula do CDA, a cártula do WA.

§ 4.º Na hipótese do inciso II do § 1.º deste artigo, a instituição custodiante entregará, junto com a cártula do CDA, documento comprobatório do depósito consignado.

§ 5.º Com a entrega do CDA ao depositário, juntamente com o respectivo WA ou com o documento a que se refere o § 4.º deste artigo, o endossatário adquire a propriedade do produto nele descrito, extinguindo-se o mandato a que se refere o inciso II do § 1.º do art. 6.º desta Lei.

§ 6.º São condições para a transferência da propriedade ou retirada do produto:

I – o pagamento dos serviços de armazenagem, conservação e expedição, na forma do inciso XII e do parágrafo único do art. 5.º desta Lei;

II – o cumprimento das obrigações tributárias, principais e acessórias, relativas à operação.

Seção IV
Do seguro

Art. 22. Para emissão de CDA e WA, o seguro obrigatório de que trata o § 6.º doArt. 6.º da Lei n. 9.973, de 29 de maio de 2000, deverá ter cobertura contra incêndio, raio, explosão de qualquer natureza, danos elétricos, vendaval, alagamento, inundação, furacão, ciclone, tornado, granizo, quedas de aeronaves, impacto de veículos terrestres e fumaça.

•• *Caput* com redação determinada pela Lei n. 13.986, de 7-4-2020.

Parágrafo único. No caso de armazéns públicos, o seguro obrigatório de que trata o *caput* deste artigo também conterá cláusula contra roubo e furto.

Capítulo II
DO CDCA, DA LCA E DO CRA

Seção I
Disposições iniciais

Art. 23. Ficam instituídos os seguintes títulos de crédito:

I – Certificado de Direitos Creditórios do Agronegócio – CDCA;

II – Letra de Crédito do Agronegócio – LCA;

III – Certificado de Recebíveis do Agronegócio – CRA.

§ 1.º Os títulos de crédito de que trata este artigo são vinculados a direitos creditórios originários de negócios realizados entre produtores rurais, ou suas cooperativas, e terceiros, inclusive financiamentos ou empréstimos, relacionados com a produção, a comercialização, o beneficiamento ou a industrialização de produtos ou insumos agropecuários ou de máquinas e implementos utilizados na atividade agropecuária.

•• § 1.º acrescentado pela Lei n. 13.331, de 1.º-9-2016.

•• A Lei n. 14.421, de 20-7-2022, propôs nova redação para este § 1.º, porém teve seu texto vetado.

§ 2.º Os bancos cooperativos, as confederações de cooperativas de crédito e as cooperativas centrais de crédito integrantes de sistemas cooperativos de crédito constituídos nos termos da Lei Complementar n. 130, de 17 de abril de 2009, podem utilizar, como lastro de LCA de sua emissão, título de crédito representativo de repasse interfinanceiro realizado em favor de cooperativa singular de crédito do sistema, quando a totalidade dos recursos se destinar a apenas uma operação de crédito rural, observado que:

•• § 2.º, *caput*, acrescentado pela Lei n. 13.606, de 9-1-2018.

I – ambos os títulos devem observar idênticas datas de liquidação, indicar sua mútua vinculação e fazer referência ao cumprimento das condições estabelecidas neste artigo; e

•• Inciso I acrescentado pela Lei n. 13.331, de 1.º-9-2016.

II – o instrumento representativo da operação de crédito rural deve ser dado em garantia ao banco cooperativo repassador.

•• Inciso II acrescentado pela Lei n. 13.331, de 1.º-9-2016.

§ 3.º Os títulos de crédito de que trata este artigo poderão ser emitidos com cláusula de correção pela variação cambial desde que integralmente vinculados a direitos creditórios com cláusula de correção na mesma moeda.

•• § 3.º acrescentado pela Lei n. 13.986, de 7-4-2020.

§ 4.º O Conselho Monetário Nacional poderá dispor acerca da emissão dos títulos de crédito de que trata este artigo com cláusula de correção pela variação cambial.

•• § 4.º acrescentado pela Lei n. 13.986, de 7-4-2020.

§ 5.º (*Vetado.*)

•• § 5.º acrescentado pela Lei n. 14.421, de 20-7-2022.

Seção II
Certificado de Direitos Creditórios do Agronegócio

Art. 24. O Certificado de Direitos Creditórios do Agronegócio – CDCA é título de crédito nominativo, de livre negociação, representativo de promessa de pagamento em dinheiro e constitui título executivo extrajudicial.

§ 1.º O CDCA é de emissão exclusiva de cooperativas agropecuárias e de outras pessoas jurídicas que exerçam a atividade de comercialização, beneficiamento ou industrialização de produtos, insumos, máquinas e implementos agrícolas, pecuários, florestais, aquícolas e extrativos.

•• § 1.º com redação determinada pela Lei n. 13.986, de 7-4-2020.

§§ 2.º e 3.º (*Revogados pela Lei n. 13.986, de 7-4-2020.*)

Art. 25. O CDCA terá os seguintes requisitos, lançados em seu contexto:

I – o nome do emitente e a assinatura de seus representantes legais;

II – o número de ordem, local e data da emissão;

III – a denominação "Certificado de Direitos Creditórios do Agronegócio";

IV – o valor nominal;

V – a identificação dos direitos creditórios a ele vinculados e seus respectivos valores, ressalvado o disposto no art. 30 desta Lei;

VI – data de vencimento ou, se emitido para pagamento parcelado, discriminação dos valores e das datas de vencimento das diversas parcelas;

VII – taxa de juros, fixa ou flutuante, admitida a capitalização;

VIII – o nome da instituição responsável pela custódia dos direitos creditórios a ele vinculados;

IX – o nome do titular;

X – cláusula "à ordem", ressalvado o disposto no inciso II do art. 35 desta Lei.

§ 1.º Os direitos creditórios vinculados ao CDCA:

•• § 1.º com redação determinada pela Lei n. 13.986, de 7-4-2020.

I – serão registrados ou depositados em entidade autorizada pelo Banco Central do

Brasil ou pela Comissão de Valores Mobiliários a exercer a atividade de registro ou de depósito centralizado de ativos financeiros e de valores mobiliários;

•• Inciso I com redação determinada pela Lei n. 13.986, de 7-4-2020.

II – (*Revogado pela Lei n. 14.421, de 20-7-2022.*)

III – poderão ser formalizados em meio físico ou eletrônico e, quando correspondentes a títulos de crédito, sob a forma cartular ou escritural.

•• Inciso III acrescentado pela Lei n. 13.986, de 7-4-2020.

§ 2.º Caberá à instituição custodiante a que se refere o § 1.º deste artigo:

I – manter sob sua guarda documentação que evidencie a regular constituição dos direitos creditórios vinculados ao CDCA;

II – realizar a liquidação física e financeira dos direitos creditórios custodiados, devendo, para tanto, estar munida de poderes suficientes para efetuar sua cobrança e recebimento, por conta e ordem do emitente do CDCA;

III – prestar quaisquer outros serviços contratados pelo emitente do CDCA.

§ 3.º Será admitida a emissão de CDCA em série, em que os CDCA serão vinculados a um mesmo conjunto de direitos creditórios, devendo ter igual valor nominal e conferir a seus titulares os mesmos direitos.

§§ 4.º e 5.º (*Revogados pela Lei n. 14.421, de 20-7-2022.*)

Seção III
Letra de Crédito do Agronegócio

Art. 26. A Letra de Crédito do Agronegócio – LCA é título de crédito nominativo, de livre negociação, representativo de promessa de pagamento em dinheiro e constitui título executivo extrajudicial.

Parágrafo único. A LCA é de emissão exclusiva de instituições financeiras públicas ou privadas.

Art. 27. A LCA terá os seguintes requisitos, lançados em seu contexto:

I – o nome da instituição emitente e a assinatura de seus representantes legais;

II – o número de ordem, o local e a data de emissão;

III – a denominação "Letra de Crédito do Agronegócio";

IV – o valor nominal;

V – a identificação dos direitos creditórios a ela vinculados e seus respectivos valores, ressalvado o disposto no art. 30 desta Lei;

VI – taxa de juros, fixa ou flutuante, admitida a capitalização;

VII – data de vencimento ou, se emitido para pagamento parcelado, discriminação dos valores e das datas de vencimento das diversas parcelas;

VIII – o nome do titular;

IX – cláusula "à ordem", ressalvado o disposto no inciso II do art. 35 desta Lei.

§ 1.º Os direitos creditórios vinculados à LCA:

•• § 1.º, *caput*, com redação determinada pela Lei n. 13.986, de 7-4-2020.

I – deverão ser registrados ou depositados em entidade autorizada pelo Banco Central do Brasil ou pela Comissão de Valores Mobiliários a exercer a atividade de registro ou de depósito centralizado de ativos financeiros e de valores mobiliários; e

•• Inciso I com redação determinada pela Lei n. 13.986, de 7-4-2020.

II – poderão ser mantidos em custódia, hipótese em que se aplica o disposto no inciso II do § 1.º e no § 2.º do art. 25 desta Lei.

•• Inciso II com redação determinada pela Lei n. 13.986, de 7-4-2020.

§ 2.º Observadas as condições estabelecidas pelo Conselho Monetário Nacional, poderão ser utilizados para o cumprimento do direcionamento de recursos da LCA para o crédito rural, de que trata o art. 21 da Lei n. 4.829, de 5 de novembro de 1965:

•• § 2.º, *caput*, acrescentado pela Lei n. 13.986, de 7-4-2020.

I – Cédula de Produto Rural (CPR) emitida por produtor rural, inclusive as adquiridas por instituições financeiras de terceiros;

•• Inciso I acrescentado pela Lei n. 13.986, de 7-4-2020.

II – quotas de fundos garantidores de operações de crédito com produtores rurais, pelo valor da integralização, desde que as operações de crédito garantidas sejam crédito rural;

•• Inciso II acrescentado pela Lei n. 13.986, de 7-4-2020.

III – CDCA e CRA, desde que os direitos creditórios vinculados sejam integralmente originados de negócios em que o produtor rural seja parte direta; e

•• Inciso III acrescentado pela Lei n. 13.986, de 7-4-2020.

IV – CDA e WA, desde que tenham sido emitidos em favor de produtor rural.

•• Inciso IV acrescentado pela Lei n. 13.986, de 7-4-2020.

Seção IV
Disposições Comuns ao CDCA e à LCA

Art. 28. O valor do CDCA e da LCA não poderá exceder o valor total dos direitos creditórios do agronegócio a eles vinculados.

Art. 29. Os emitentes de CDCA e de LCA respondem pela origem e autenticidade dos direitos creditórios a eles vinculados.

Art. 30. A identificação dos direitos creditórios vinculados ao CDCA e à LCA poderá ser feita em documento à parte, do qual conste a assinatura dos representantes legais do emitente, fazendo-se menção a essa circunstância no certificado ou nos registros da instituição responsável pela manutenção dos sistemas de escrituração.

Parágrafo único. A identificação dos direitos creditórios vinculados ao CDCA e à LCA poderá ser feita pelos correspondentes números de registro no sistema a que se refere o inciso I do § 1.º do art. 25 desta Lei.

Art. 31. O CDCA e a LCA poderão conter outras cláusulas, que constarão de documento à parte, com a assinatura dos representantes legais do emitente, fazendo-se menção a essa circunstância em seu contexto.

Art. 32. O CDCA e a LCA conferem direito de penhor sobre os direitos creditórios a eles vinculados, independentemente de convenção, não se aplicando o disposto nos arts. 1.452, *caput*, e 1.453 da Lei n. 10.406, de 10 de janeiro de 2002 – Código Civil.

§ 1.º A substituição dos direitos creditórios vinculados ao CDCA e à LCA, mediante acordo entre o emitente e o titular, importará na extinção do penhor sobre os direitos substituídos, constituindo-se automaticamente novo penhor sobre os direitos creditórios dados em substituição.

§ 2.º Na hipótese de emissão de CDCA em série, o direito de penhor a que se refere o *caput* deste artigo incidirá sobre fração ideal do conjunto de direitos creditórios vinculados, proporcionalmente ao crédito do titular dos CDCA da mesma série.

Art. 33. Além do penhor constituído na forma doArt. 32 desta Lei, o CDCA e a LCA poderão contar com quaisquer garantias adicionais previstas na legislação e livremente pactuadas entre as partes, podendo ser constituídas no próprio título ou em documento à parte.

•• *Caput* com redação determinada pela Lei n. 13.986, de 7-4-2020.

Parágrafo único. Se a garantia for constituída no próprio título, a descrição dos bens poderá ser feita em documento à parte, assinado pelos representantes legais do emitente, com menção a essa circunstância no contexto dos títulos.

•• Parágrafo único com redação determinada pela Lei n. 13.986, de 7-4-2020.

Art. 34. Os direitos creditórios vinculados ao CDCA e à LCA não serão penhorados, sequestrados ou arrestados em decorrência de outras dívidas do emitente desses títulos, a quem caberá informar ao juízo, que tenha determinado tal medida, a respeito da vinculação de tais direitos aos respectivos títulos, sob pena de responder pelos prejuízos resultantes de sua omissão.

Art. 35. O CDCA e a LCA poderão ser emitidos sob a forma escritural, hipótese em que tais títulos deverão ser registrados ou depositados em entidade autorizada a exercer a atividade de registro ou de depósito centralizado de ativos financeiros e de valores mobiliários.

•• *Caput* com redação determinada pela Lei n. 13.986, de 7-4-2020.

Parágrafo único. (*Revogado pela Lei n. 13.986, de 7-4-2020.*)

Art. 35-A. A emissão escritural do CDCA poderá, alternativamente, ocorrer por meio do lançamento em sistema eletrônico de escrituração gerido por entidade autorizada pelo Banco Central do Brasil a exercer a atividade de escrituração.

•• Artigo acrescentado pela Lei n. 13.986, de 7-4-2020.

Art. 35-B. Compete ao Banco Central do Brasil:

•• *Caput* acrescentado pela Lei n. 13.986, de 7-4-2020.

I – estabelecer as condições para o exercício da atividade de escrituração de que trata o art. 35-A desta Lei; e

•• Inciso I acrescentado pela Lei n. 13.986, de 7-4-2020.

II – autorizar e supervisionar o exercício da atividade prevista no inciso I do *caput* deste artigo.

•• Inciso II acrescentado pela Lei n. 13.986, de 7-4-2020.

§ 1.º A autorização de que trata o inciso II do *caput* deste artigo poderá, a critério do Banco Central do Brasil, ser concedida por segmento, por espécie ou por grupos de entidades que atendam a critérios específicos, sendo dispensável a autorização individualizada.

•• § 1.º acrescentado pela Lei n. 13.986, de 7-4-2020.

§ 2.º A entidade responsável pela escrituração de que trata o art. 35-A desta Lei expedirá, mediante solicitação, certidão de inteiro teor do título, inclusive para fins de protesto e de execução.

•• § 2.º acrescentado pela Lei n. 13.986, de 7-4-2020.

§ 3.º A certidão de que trata o § 2.º deste artigo poderá ser emitida na forma eletrônica, observados os requisitos de segurança que garantam a autenticidade e a integridade do documento.

•• § 3.º acrescentado pela Lei n. 13.986, de 7-4-2020.

Art. 35-C. A liquidação do pagamento em favor do legítimo credor, por qualquer meio de pagamento existente no âmbito do Sistema de Pagamentos Brasileiro, constituirá prova de pagamento, total ou parcial, do CDCA emitido sob a forma escritural.

•• *Caput* acrescentado pela Lei n. 13.986, de 7-4-2020.

Parágrafo único. A prova de pagamento de que trata o *caput* deste artigo será informada no sistema eletrônico de escrituração de que trata o art. 35-A desta Lei, com referência expressa ao CDCA amortizado ou liquidado.

•• Parágrafo único acrescentado pela Lei n. 13.986, de 7-4-2020.

Art. 35-D. O sistema eletrônico de escrituração de que trata oArt. 35-A desta Lei fará constar:

•• *Caput* acrescentado pela Lei n. 13.986, de 7-4-2020.

I – os requisitos essenciais do título;

•• Inciso I acrescentado pela Lei n. 13.986, de 7-4-2020.

II – o endosso e a cadeia de endossos, se houver;

•• Inciso II acrescentado pela Lei n. 13.986, de 7-4-2020.

III – os aditamentos, as ratificações e as retificações; e

•• Inciso III acrescentado pela Lei n. 13.986, de 7-4-2020.

IV – a inclusão de notificações, de cláusulas contratuais e de outras informações.

•• Inciso IV acrescentado pela Lei n. 13.986, de 7-4-2020.

Parágrafo único. Na hipótese de serem constituídos gravames e ônus, tal ocorrência será informada no sistema de que trata o art. 35-A desta Lei.

•• Parágrafo único acrescentado pela Lei n. 13.986, de 7-4-2020.

Seção V
Securitização de Direitos Creditórios do Agronegócio

Subseção I
Do Certificado de Recebíveis do Agronegócio

Art. 36. O Certificado de Recebíveis do Agronegócio – CRA é título de crédito nominativo, de livre negociação, representativo de promessa de pagamento em dinheiro e constitui título executivo extrajudicial.

Parágrafo único. *(Revogado pela Lei n. 14.430, de 3-8-2022.)*

Art. 37. *(Revogado pela Lei n. 14.430, de 3-8-2022.)*

Subseção II
Das companhias securitizadoras de direitos creditórios do agronegócio e do regime fiduciário

Arts. 38. e 39. *(Revogados pela Lei n. 14.430, de 3-8-2022.)*

Subseção III
Da securitização de direitos creditórios do agronegócio

Art. 40. *(Revogado pela Lei n. 14.430, de 3-8-2022.)*

Seção VI
Disposições Comuns ao CDCA, à LCA e ao CRA

Art. 41. É facultada a cessão fiduciária em garantia de direitos creditórios do agronegócio, em favor dos adquirentes do CDCA, da LCA e do CRA, nos termos do disposto nos arts. 18 a 20 da Lei n. 9.514, de 20 de novembro de 1997.

Art. 42. O CDCA, a LCA e o CRA poderão conter cláusula expressa de variação do seu valor nominal, desde que seja a mesma dos direitos creditórios a eles vinculados.

Art. 43. O CDCA, a LCA e o CRA poderão ser distribuídos publicamente e negociados em Bolsas de Valores e de Mercadorias e Futuros e em mercados de balcão organizados autorizados a funcionar pela Comissão de Valores Mobiliários.

Parágrafo único. Na hipótese do *caput* deste artigo, será observado o disposto na Lei n. 6.385, de 7 de dezembro de 1976.

Art. 44. Aplicam-se ao CDCA, à LCA e a CRA, no que forem cabíveis, as normas de direito cambial, com as seguintes modificações:

I – os endossos devem ser completos;

II – é dispensado o protesto cambial para assegurar o direito de regresso contra endossantes e avalistas.

Capítulo III
DISPOSIÇÕES TRANSITÓRIAS E FINAIS

Art. 45. Fica autorizada a emissão do CDA e do WA até 31 de dezembro de 2009 por armazéns que não detenham a certificação prevista no art. 2.º da Lei n. 9.973, de 29 de maio de 2000, mas que atendam a requisitos mínimos a serem definidos pelo Ministério da Agricultura, Pecuária e Abastecimento.

•• Artigo com redação determinada pela Lei n. 11.524, de 24-9-2007.

Art. 46. Para os produtos especificados no § 1.º do art. 1.º desta Lei, fica vedada a emissão do Conhecimento de Depósito e do Warrant previstos no Decreto n. 1.102, de 21 de novembro de 1903, observado o disposto no art. 55, II, desta Lei.

•• Este artigo produzirá efeitos 365 (trezentos e sessenta e cinco) dias após a publicação desta Lei, conforme disposto no art. 55, II.

Art. 47. O *caput* do art. 82 da Lei n. 5.764, de 16 de dezembro de 1971, passa a vigorar com a seguinte redação:

•• Alteração já processada no diploma modificado.

....

Art. 49. Cabe ao Conselho Monetário Nacional regulamentar as disposições desta Lei referentes ao CDA, ao WA, ao CDCA, à LCA e ao CRA, podendo inclusive estabelecer prazos mínimos e outras condições para emissão e resgate e diferenciar tais condições de acordo com o tipo de indexador adotado contratualmente.

•• Artigo com redação determinada pela Lei n. 13.097, de 19-1-2015.

....

Art. 52. *(Revogado pela Lei n. 14.317, de 29-3-2022.)*

Art. 52-A. As infrações às normas legais e regulamentares que regem a atividade de escrituração eletrônica sujeitam a entidade responsável pelo sistema eletrônico de escrituração, os seus administradores e os membros de seus órgãos estatutários ou contratuais ao disposto na Lei n. 13.506, de 13 de novembro de 2017.

•• Artigo acrescentado pela Lei n. 13.986, de 7-4-2020.

Art. 53. Os arts. 22, parágrafo único, e 38 da Lei n. 9.514, de 20 de novembro de 1997, passam a vigorar com a seguinte redação:

•• Alterações já processadas no diploma modificado.

....

Art. 54. Revoga-se o art. 4.º da Lei n. 9.973, de 29 de maio de 2000.

Art. 55. Esta Lei entra em vigor na data de sua publicação, produzindo efeitos:

I – quanto ao art. 52 e aos Anexos I e II, a partir de 3 de janeiro de 2005;

II – quanto ao art. 46, a partir de 365 (trezentos e sessenta e cinco) dias após a data de publicação desta Lei.

Brasília, 30 de dezembro de 2004; 183.º da Independência e 116.º da República.

LUIZ INÁCIO LULA DA SILVA

LEI N. 11.101, DE 9 DE FEVEREIRO DE 2005 (*)

Regula a recuperação judicial, a extrajudicial e a falência do empresário e da sociedade empresária.

O Presidente da República

Faço saber que o Congresso Nacional decreta e eu sanciono a seguinte Lei:

Capítulo I

DISPOSIÇÕES PRELIMINARES

Art. 1.º Esta Lei disciplina a recuperação judicial, a recuperação extrajudicial e a falência do empresário e da sociedade empresária, doravante referidos simplesmente como devedor.

Art. 2.º Esta Lei não se aplica a:

I – empresa pública e sociedade de economia mista;

II – instituição financeira pública ou privada, cooperativa de crédito, consórcio, entidade de previdência complementar, sociedade operadora de plano de assistência à saúde, sociedade seguradora, sociedade de capitalização e outras entidades legalmente equiparadas às anteriores.

Art. 3.º É competente para homologar o plano de recuperação extrajudicial, deferir a recuperação judicial ou decretar a falência o juízo do local do principal estabelecimento do devedor ou da filial de empresa que tenha sede fora do Brasil.

Art. 4.º (*Vetado.*)

Capítulo II

DISPOSIÇÕES COMUNS À RECUPERAÇÃO JUDICIAL E À FALÊNCIA

Seção I

Disposições Gerais

Art. 5.º Não são exigíveis do devedor, na recuperação judicial ou na falência:

I – as obrigações a título gratuito;

II – as despesas que os credores fizerem para tomar parte na recuperação judicial ou na falência, salvo as custas judiciais decorrentes de litígio com o devedor.

Art. 6.º A decretação da falência ou o deferimento do processamento da recuperação judicial implica:

•• *Caput* com redação determinada pela Lei n. 14.112, de 24-12-2020.

I – suspensão do curso da prescrição das obrigações do devedor sujeitas ao regime desta Lei;

•• Inciso I acrescentado pela Lei n. 14.112, de 24-12-2020.

II – suspensão das execuções ajuizadas contra o devedor, inclusive daquelas dos credores particulares do sócio solidário, relativas a créditos ou obrigações sujeitos à recuperação judicial ou à falência;

•• Inciso II acrescentado pela Lei n. 14.112, de 24-12-2020.

III – proibição de qualquer forma de retenção, arresto, penhora, sequestro, busca e apreensão e constrição judicial ou extrajudicial sobre os bens do devedor, oriunda de demandas judiciais ou extrajudiciais cujos créditos ou obrigações sujeitem-se à recuperação judicial ou à falência.

•• Inciso III acrescentado pela Lei n. 14.112, de 24-12-2020.

• *Vide* art. 1.030 do CC.

• *Vide* Súmula 581 do STJ.

§ 1.º Terá prosseguimento no juízo no qual estiver se processando a ação que demandar quantia ilíquida.

§ 2.º É permitido pleitear, perante o administrador judicial, habilitação, exclusão ou modificação de créditos derivados da relação de trabalho, mas as ações de natureza trabalhista, inclusive as impugnações a que se refere o art. 8.º desta Lei, serão processadas perante a justiça especializada até a apuração do respectivo crédito, que será inscrito no quadro-geral de credores pelo valor determinado em sentença.

§ 3.º O juiz competente para as ações referidas nos §§ 1.º e 2.º deste artigo poderá determinar a reserva da importância que estimar devida na recuperação judicial ou na falência, e, uma vez reconhecido líquido o direito, será o crédito incluído na classe própria.

§ 4.º Na recuperação judicial, as suspensões e a proibição de que tratam os incisos I, II e III do *caput* deste artigo perdurarão pelo prazo de 180 (cento e oitenta) dias, contado do deferimento do processamento da recuperação, prorrogável por igual período, uma única vez, em caráter excepcional, desde que o devedor não haja concorrido com a superação do lapso temporal.

•• § 4.º com redação determinada pela Lei n. 14.112, de 24-12-2020.

§ 4.º-A. O decurso do prazo previsto no § 4.º deste artigo sem a deliberação a respeito do plano de recuperação judicial proposto pelo devedor faculta aos credores a propositura de plano alternativo; na forma dos §§ 4.º, 5.º, 6.º e 7.º do art. 56 desta Lei, observado o seguinte:

•• § 4.º-A, *caput*, acrescentado pela Lei n. 14.112, de 24-12-2020.

I – as suspensões e a proibição de que tratam os incisos I, II e III do *caput* deste artigo não serão aplicáveis caso os credores não apresentem plano alternativo no prazo de 30 (trinta) dias, contado do final do prazo referido no § 4.º deste artigo ou no § 4.º do art. 56 desta Lei;

•• Inciso I acrescentado pela Lei n. 14.112, de 24-12-2020.

II – as suspensões e a proibição de que tratam os incisos I, II e III do *caput* deste artigo perdurarão por 180 (cento e oitenta) dias contados do final do prazo referido no § 4.º deste artigo, ou da realização da assembleia geral de credores referida no § 4.º do art. 56 desta Lei, caso os credores apresentem plano alternativo no prazo referido no inciso I deste parágrafo ou no prazo referido no § 4.º do art. 56 desta Lei.

•• Inciso II acrescentado pela Lei n. 14.112, de 24-12-2020.

§ 5.º O disposto no § 2.º deste artigo aplica-se à recuperação judicial durante o período de suspensão de que trata o § 4.º deste artigo.

•• § 5.º com redação determinada pela Lei n. 14.112, de 24-12-2020.

§ 6.º Independentemente da verificação periódica perante os cartórios de distribuição, as ações que venham a ser propostas contra o devedor deverão ser comunicadas ao juízo da falência ou da recuperação judicial:

I – pelo juiz competente, quando do recebimento da petição inicial;

• Dispõem sobre os requisitos da petição inicial os arts. 319 e s. do CPC.

II – pelo devedor, imediatamente após a citação.

§ 7.º (*Revogado pela Lei n. 14.112, de 24-12-2020.*)

§ 7.º-A. O disposto nos incisos I, II e III do *caput* deste artigo não se aplica aos créditos referidos nos §§ 3.º e 4.º do art. 49 desta Lei, admitida, todavia, a competência do juízo da recuperação judicial para determinar a suspensão dos atos de constrição que recaiam sobre bens de capital essenciais à manutenção da atividade empresarial durante o prazo de suspensão a que se refere o § 4.º deste artigo, a qual será implementada mediante a cooperação jurisdicional, na forma do art. 69 da Lei n. 13.105, de 16 de março de 2015 (Código de Processo Civil), observado o disposto no art. 805 do referido Código.

•• § 7.º-A acrescentado pela Lei n. 14.112, de 24-12-2020.

§ 7.º-B. O disposto nos incisos I, II e III do *caput* deste artigo não se aplica às execuções fiscais, admitida, todavia, a competência do juízo da recuperação judicial para determinar a substituição dos atos de constrição que recaiam sobre bens de capital essenciais à manutenção da atividade empresarial até o encerramento da recuperação judicial, a qual será implementada mediante a cooperação jurisdicional, na forma do art. 69 da Lei n. 13.105, de 16 de março de 2015 (Código de Processo Civil), observado o disposto no art. 805 do referido Código.

(*) Publicada no *Diário Oficial da União*, de 9-2-2005 – Edição Extra.

•• § 7.º-B acrescentado pela Lei n. 14.112, de 24-12-2020.

§ 8.º A distribuição do pedido de falência ou de recuperação judicial ou a homologação de recuperação extrajudicial previne a jurisdição para qualquer outro pedido de falência, de recuperação judicial ou de homologação de recuperação extrajudicial relativo ao mesmo devedor.

•• § 8.º com redação determinada pela Lei n. 14.112, de 24-12-2020.

§ 9.º O processamento da recuperação judicial ou a decretação da falência não autoriza o administrador judicial a recusar a eficácia da convenção de arbitragem, não impedindo ou suspendendo a instauração de procedimento arbitral.

•• § 9.º acrescentado pela Lei n. 14.112, de 24-12-2020.

§ 10. (*Vetado.*)

•• § 10 acrescentado pela Lei n. 14.112, de 24-12-2020.

§ 11. O disposto no § 7.º-B deste artigo aplica-se, no que couber, às execuções fiscais e às execuções de ofício que se enquadrem respectivamente nos incisos VII e VIII do *caput* do art. 114 da Constituição Federal, vedados a expedição de certidão de crédito e o arquivamento das execuções para efeito de habilitação na recuperação judicial ou na falência.

•• § 11 acrescentado pela Lei n. 14.112, de 24-12-2020.

§ 12. Observado o disposto no art. 300 da Lei n. 13.105, de 16 de março de 2015 (Código de Processo Civil), o juiz poderá antecipar total ou parcialmente os efeitos do deferimento do processamento da recuperação judicial.

•• § 12 acrescentado pela Lei n. 14.112, de 24-12-2020.

§ 13. Não se sujeitam aos efeitos da recuperação judicial os contratos e obrigações decorrentes dos atos cooperativos praticados pelas sociedades cooperativas com seus cooperados, na forma do art. 79 da Lei n. 5.764, de 16 de dezembro de 1971, consequentemente, não se aplicando a vedação contida no inciso II do art. 2.º quando a sociedade operadora de plano de assistência à saúde for cooperativa médica.

•• § 13 acrescentado pela Lei n. 14.112, de 24-12-2020, originalmente vetado, todavia promulgado em 26-3-2021.

Art. 6.º-A. É vedado ao devedor, até a aprovação do plano de recuperação judicial, distribuir lucros ou dividendos a sócios e acionistas, sujeitando-se o infrator ao disposto noArt. 168 desta Lei.

•• Artigo acrescentado pela Lei n. 14.112, de 24-12-2020.

Art. 6.º-B. Não se aplica o limite percentual de que tratam os arts. 15 e 16 da Lei n. 9.065, de 20 de junho de 1995, à apuração do imposto sobre a renda e da Contribuição Social sobre o Lucro Líquido (CSLL) sobre a parcela do lucro líquido decorrente de ganho de capital resultante da alienação judicial de bens ou direitos, de que tratam os arts. 60, 66 e 141 desta Lei, pela pessoa jurídica em recuperação judicial ou com falência decretada.

•• *Caput* acrescentado pela Lei n. 14.112, de 24-12-2020, originalmente vetado, todavia promulgado em 26-3-2021.

Parágrafo único. O disposto no *caput* deste artigo não se aplica na hipótese em que o ganho de capital decorra de transação efetuada com:

•• Parágrafo único, *caput*, acrescentado pela Lei n. 14.112, de 24-12-2020, originalmente vetado, todavia promulgado em 26-3-2021.

I – pessoa jurídica que seja controladora, controlada, coligada ou interligada; ou

•• Inciso I acrescentado pela Lei n. 14.112, de 24-12-2020, originalmente vetado, todavia promulgado em 26-3-2021.

II – pessoa física que seja acionista controlador, sócio, titular ou administrador da pessoa jurídica devedora.

•• Inciso II acrescentado pela Lei n. 14.112, de 24-12-2020, originalmente vetado, todavia promulgado em 26-3-2021.

Art. 6.º-C. É vedada atribuição de responsabilidade a terceiros em decorrência do mero inadimplemento de obrigações do devedor falido ou em recuperação judicial, ressalvadas as garantias reais e fidejussórias, bem como as demais hipóteses reguladas por esta Lei.

•• Artigo acrescentado pela Lei n. 14.112, de 24-12-2020.

Seção II
Da Verificação e da Habilitação de Créditos

Art. 7.º A verificação dos créditos será realizada pelo administrador judicial, com base nos livros contábeis e documentos comerciais e fiscais do devedor e nos documentos que lhe forem apresentados pelos credores, podendo contar com o auxílio de profissionais ou empresas especializadas.

§ 1.º Publicado o edital previsto no art. 52, § 1.º, ou no parágrafo único do art. 99 desta Lei, os credores terão o prazo de 15 (quinze) dias para apresentar ao administrador judicial suas habilitações ou suas divergências quanto aos créditos relacionados.

§ 2.º O administrador judicial, com base nas informações e documentos colhidos na forma do *caput* e do § 1.º deste artigo, fará publicar edital contendo a relação de credores no prazo de 45 (quarenta e cinco) dias, contado do fim do prazo do § 1.º deste artigo, devendo indicar o local, o horário e o prazo comum em que as pessoas indicadas no art. 8.º desta Lei terão acesso aos documentos que fundamentaram a elaboração dessa relação.

Art. 7.º-A. Na falência, após realizadas as intimações e publicado o edital, conforme previsto, respectivamente, no inciso XIII do *caput* e no § 1.º doArt. 99 desta Lei, o juiz instaurará, de ofício, para cada Fazenda Pública credora, incidente de classificação de crédito público e determinará a sua intimação eletrônica para que, no prazo de 30 (trinta) dias, apresente diretamente ao administrador judicial ou em juízo, a depender do momento processual, a relação completa de seus créditos inscritos em dívida ativa, acompanhada dos cálculos, da classificação e das informações sobre a situação atual.

•• *Caput* acrescentado pela Lei n. 14.112, de 24-12-2020.

§ 1.º Para efeito do disposto no *caput* deste artigo, considera-se Fazenda Pública credora aquela que conste da relação do edital previsto no § 1.º do art. 99 desta Lei, ou que, após a intimação prevista no inciso XIII do *caput* do art. 99 desta Lei, alegue nos autos, no prazo de 15 (quinze) dias, possuir crédito contra o falido.

•• § 1.º acrescentado pela Lei n. 14.112, de 24-12-2020.

§ 2.º Os créditos não definitivamente constituídos, não inscritos em dívida ativa ou com exigibilidade suspensa poderão ser informados em momento posterior.

•• § 2.º acrescentado pela Lei n. 14.112, de 24-12-2020.

§ 3.º Encerrado o prazo de que trata o *caput* deste artigo:

•• § 3.º, *caput*, acrescentado pela Lei n. 14.112, de 24-12-2020.

I – o falido, os demais credores e o administrador judicial disporão do prazo de 15 (quinze) dias para manifestar objeções, limitadamente, sobre os cálculos e a classificação para os fins desta Lei;

•• Inciso I acrescentado pela Lei n. 14.112, de 24-12-2020.

II – a Fazenda Pública, ultrapassado o prazo de que trata o inciso I deste parágrafo, será intimada para prestar, no prazo de 10 (dez) dias, eventuais esclarecimentos a respeito das manifestações previstas no referido inciso;

•• Inciso II acrescentado pela Lei n. 14.112, de 24-12-2020.

III – os créditos serão objeto de reserva integral até o julgamento definitivo quando rejeitados os argumentos apresentados de acordo com o inciso II deste parágrafo;

•• Inciso III acrescentado pela Lei n. 14.112, de 24-12-2020.

IV – os créditos incontroversos, desde que exigíveis, serão imediatamente incluídos no quadro-geral de credores, observada a sua classificação;

•• Inciso IV acrescentado pela Lei n. 14.112, de 24-12-2020.

V – o juiz, anteriormente à homologação do quadro-geral de credores, concederá prazo comum de 10 (dez) dias para que o administrador judicial e a Fazenda Pública titular de crédito objeto de reserva manifestem-se sobre a situação atual desses créditos e, ao final do referido prazo, decidirá acerca da necessidade de mantê-la.

•• Inciso V acrescentado pela Lei n. 14.112, de 24-12-2020.

§ 4.º Com relação à aplicação do disposto neste artigo, serão observadas as seguintes disposições:

•• § 4.º, *caput*, acrescentado pela Lei n. 14.112, de 24-12-2020.

I – a decisão sobre os cálculos e a classificação dos créditos para os fins do disposto nesta Lei, bem como sobre a arrecadação dos bens, a realização do ativo e o pagamento aos credores, competirá ao juízo falimentar;

•• Inciso I acrescentado pela Lei n. 14.112, de 24-12-2020.

II – a decisão sobre a existência, a exigibilidade e o valor do crédito, observado o disposto no inciso II do *caput* do art. 9.º desta Lei e as demais regras do processo de falência, bem como sobre o eventual prosseguimento da cobrança contra os corresponsáveis, competirá ao juízo da execução fiscal;

•• Inciso II acrescentado pela Lei n. 14.112, de 24-12-2020.

III – a ressalva prevista no art. 76 desta Lei, ainda que o crédito reconhecido não esteja em cobrança judicial mediante execução fiscal, aplicar-se-á, no que couber, ao disposto no inciso II deste parágrafo;

•• Inciso III acrescentado pela Lei n. 14.112, de 24-12-2020.

IV – o administrador judicial e o juízo falimentar deverão respeitar a presunção de certeza e liquidez de que trata o art. 3.º da Lei n. 6.830, de 22 de setembro de 1980, sem prejuízo do disposto nos incisos II e III deste parágrafo;

•• Inciso IV acrescentado pela Lei n. 14.112, de 24-12-2020.

V – as execuções fiscais permanecerão suspensas até o encerramento da falência, sem prejuízo da possibilidade de prosseguimento contra os corresponsáveis;

•• Inciso V acrescentado pela Lei n. 14.112, de 24-12-2020.

VI – a restituição em dinheiro e a compensação serão preservadas, nos termos dos arts. 86 e 122 desta Lei; e

•• Inciso VI acrescentado pela Lei n. 14.112, de 24-12-2020.

VII – o disposto no art. 10 desta Lei será aplicado, no que couber, aos créditos retardatários.

•• Inciso VII acrescentado pela Lei n. 14.112, de 24-12-2020.

§ 5.º Na hipótese de não apresentação da relação referida no *caput* deste artigo no prazo nele estipulado, o incidente será arquivado e a Fazenda Pública credora poderá requerer o desarquivamento, observado, no que couber, o disposto no art. 10 desta Lei.

•• § 5.º acrescentado pela Lei n. 14.112, de 24-12-2020.

§ 6.º As disposições deste artigo aplicam-se, no que couber, às execuções fiscais e às execuções de ofício que se enquadrem no disposto nos incisos VII e VIII do *caput* do art. 114 da Constituição Federal.

•• § 6.º acrescentado pela Lei n. 14.112, de 24-12-2020.

§ 7.º O disposto neste artigo aplica-se, no que couber, aos créditos do Fundo de Garantia do Tempo de Serviço (FGTS).

•• § 7.º acrescentado pela Lei n. 14.112, de 24-12-2020.

§ 8.º Não haverá condenação em honorários de sucumbência no incidente de que trata este artigo.

•• § 8.º acrescentado pela Lei n. 14.112, de 24-12-2020.

Art. 8.º No prazo de 10 (dez) dias, contado da publicação da relação referida no art. 7.º, § 2.º, desta Lei, o Comitê, qualquer credor, o devedor ou seus sócios ou o Ministério Público podem apresentar ao juiz impugnação contra a relação de credores, apontando a ausência de qualquer crédito ou manifestando-se contra a legitimidade, importância ou classificação de crédito relacionado.

Parágrafo único. Autuada em separado, a impugnação será processada nos termos dos arts. 13 a 15 desta Lei.

Art. 9.º A habilitação de crédito realizada pelo credor nos termos do art. 7.º, § 1.º, desta Lei deverá conter:

I – o nome, o endereço do credor e o endereço em que receberá comunicação de qualquer ato do processo;

II – o valor do crédito, atualizado até a data da decretação da falência ou do pedido de recuperação judicial, sua origem e classificação;

III – os documentos comprobatórios do crédito e a indicação das demais provas a serem produzidas;

IV – a indicação da garantia prestada pelo devedor, se houver, e o respectivo instrumento;

V – a especificação do objeto da garantia que estiver na posse do credor.

Parágrafo único. Os títulos e documentos que legitimam os créditos deverão ser exibidos no original ou por cópias autenticadas se estiverem juntados em outro processo.

Art. 10. Não observado o prazo estipulado no art. 7.º, § 1.º, desta Lei, as habilitações de crédito serão recebidas como retardatárias.

§ 1.º Na recuperação judicial, os titulares de créditos retardatários, excetuados os titulares de créditos derivados da relação de trabalho, não terão direito a voto nas deliberações da assembleia geral de credores.

§ 2.º Aplica-se o disposto no § 1.º deste artigo ao processo de falência, salvo se, na data da realização da assembleia geral, já houver sido homologado o quadro-geral de credores contendo o crédito retardatário.

§ 3.º Na falência, os créditos retardatários perderão o direito a rateios eventualmente realizados e ficarão sujeitos ao pagamento de custas, não se computando os acessórios compreendidos entre o término do prazo e a data do pedido de habilitação.

§ 4.º Na hipótese prevista no § 3.º deste artigo, o credor poderá requerer a reserva de valor para satisfação de seu crédito.

§ 5.º As habilitações de crédito retardatárias, se apresentadas antes da homologação do quadro-geral de credores, serão recebidas como impugnação e processadas na forma dos arts. 13 a 15 desta Lei.

§ 6.º Após a homologação do quadro-geral de credores, aqueles que não habilitaram seu crédito poderão, observado, no que couber, o procedimento ordinário previsto no Código de Processo Civil, requerer ao juízo da falência ou da recuperação judicial a retificação do quadro-geral para inclusão do respectivo crédito.

§ 7.º O quadro-geral de credores será formado com o julgamento das impugnações tempestivas e com as habilitações e as impugnações retardatárias decididas até o momento da sua formação.

•• § 7.º acrescentado pela Lei n. 14.112, de 24-12-2020.

§ 8.º As habilitações e as impugnações retardatárias acarretarão a reserva do valor para a satisfação do crédito discutido.

•• § 8.º acrescentado pela Lei n. 14.112, de 24-12-2020.

§ 9.º A recuperação judicial poderá ser encerrada ainda que não tenha havido a consolidação definitiva do quadro-geral de credores, hipótese em que as ações incidentais de habilitação e de impugnação retardatárias serão redistribuídas ao juízo da recuperação judicial como ações autônomas e observarão o rito comum.

•• § 9.º acrescentado pela Lei n. 14.112, de 24-12-2020.

§ 10. O credor deverá apresentar pedido de habilitação ou de reserva de crédito em, no máximo, 3 (três) anos, contados da data de publicação da sentença que decretar a falência, sob pena de decadência.

•• § 10 acrescentado pela Lei n. 14.112, de 24-12-2020.

Art. 11. Os credores cujos créditos forem impugnados serão intimados para contestar a impugnação, no prazo de 5 (cinco) dias, juntando os documentos que tiverem e indicando outras provas que reputem necessárias.

Art. 12. Transcorrido o prazo do art. 11 desta Lei, o devedor e o Comitê, se houver, serão intimados pelo juiz para se manifestar sobre ela no prazo comum de 5 (cinco) dias.

Parágrafo único. Findo o prazo a que se refere o *caput* deste artigo, o administrador judicial será intimado pelo juiz para emitir parecer no prazo de 5 (cinco) dias, devendo juntar à sua manifestação o laudo elaborado pelo profissional ou empresa especializada, se for o caso, e todas as informações existentes nos livros fiscais e demais documentos do devedor acerca do crédito, constante ou não da relação de credores, objeto da impugnação.

Art. 13. A impugnação será dirigida ao juiz por meio de petição, instruída com os documentos que tiver o impugnante, o qual indicará as provas consideradas necessárias.

Parágrafo único. Cada impugnação será autuada em separado, com os documentos a ela relativos, mas terão uma só autuação as diversas impugnações versando sobre o mesmo crédito.

Art. 14. Caso não haja impugnações, o juiz homologará, como quadro-geral de credores, a relação dos credores de que trata o § 2.º doArt. 7.º, ressalvado o disposto noArt. 7.º-A desta Lei.

•• Artigo com redação determinada pela Lei n. 14.112, de 24-12-2020.

Art. 15. Transcorridos os prazos previstos nos arts. 11 e 12 desta Lei, os autos de impugnação serão conclusos ao juiz, que:

I – determinará a inclusão no quadro-geral de credores das habilitações de créditos não impugnadas, no valor constante da relação referida no § 2.º do art. 7.º desta Lei;

II – julgará as impugnações que entender suficientemente esclarecidas pelas alegações e provas apresentadas pelas partes, mencionando, de cada crédito, o valor e a classificação;

III – fixará, em cada uma das restantes impugnações, os aspectos controvertidos e decidirá as questões processuais pendentes;

IV – determinará as provas a serem produzidas, designando audiência de instrução e julgamento, se necessário.

Art. 16. Para fins de rateio na falência, deverá ser formado quadro-geral de credores, composto pelos créditos não impugnados constantes do edital de que trata o § 2.º doArt. 7.º desta Lei, pelo julgamento de todas as impugnações apresentadas no prazo previsto noArt. 8.º desta Lei e pelo julgamento realizado até então das habilitações de crédito recebidas como retardatárias.

•• *Caput* com redação determinada pela Lei n. 14.112, de 24-12-2020.

§ 1.º As habilitações retardatárias não julgadas acarretarão a reserva do valor controvertido, mas não impedirão o pagamento da parte incontroversa.

•• § 1.º acrescentado pela Lei n. 14.112, de 24-12-2020.

§ 2.º Ainda que o quadro-geral de credores não esteja formado, o rateio de pagamentos na falência poderá ser realizado desde que a classe de credores a ser satisfeita já tenha tido todas as impugnações judiciais apresentadas no prazo previsto no art. 8.º desta Lei, ressalvada a reserva dos créditos controvertidos em função das habilitações retardatárias de créditos distribuídas até então e ainda não julgadas.

•• § 2.º acrescentado pela Lei n. 14.112, de 24-12-2020.

Art. 17. Da decisão judicial sobre a impugnação caberá agravo.

Parágrafo único. Recebido o agravo, o relator poderá conceder efeito suspensivo à decisão que reconhece o crédito ou determinar a inscrição ou modificação do seu valor ou classificação no quadro-geral de credores, para fins de exercício de direito de voto em assembleia geral.

Art. 18. O administrador judicial será responsável pela consolidação do quadro-geral de credores, a ser homologado pelo juiz, com base na relação dos credores a que se refere o art. 7.º, § 2.º, desta Lei e nas decisões proferidas nas impugnações oferecidas.

Parágrafo único. O quadro-geral, assinado pelo juiz e pelo administrador judicial, mencionará a importância e a classificação de cada crédito na data do requerimento da recuperação judicial ou da decretação da falência, será juntado aos autos e publicado no órgão oficial, no prazo de 5 (cinco) dias, contado da data da sentença que houver julgado as impugnações.

Art. 19. O administrador judicial, o Comitê, qualquer credor ou o representante do Ministério Público poderá, até o encerramento da recuperação judicial ou da falência, observado, no que couber, o procedimento ordinário previsto no Código de Processo Civil, pedir a exclusão, outra classificação ou a retificação de qualquer crédito, nos casos de descoberta de falsidade, dolo, simulação, fraude, erro essencial ou, ainda, documentos ignorados na época do julgamento do crédito ou da inclusão no quadro-geral de credores.

§ 1.º A ação prevista neste artigo será proposta exclusivamente perante o juízo da recuperação judicial ou da falência ou, nas hipóteses previstas no art. 6.º, §§ 1.º e 2.º, desta Lei, perante o juízo que tenha originariamente reconhecido o crédito.

§ 2.º Proposta a ação de que trata este artigo, o pagamento ao titular do crédito por ela atingido somente poderá ser realizado mediante a prestação de caução no mesmo valor do crédito questionado.

Art. 20. As habilitações dos credores particulares do sócio ilimitadamente responsável processar-se-ão de acordo com as disposições desta Seção.

Seção II-A
Das Conciliações e das Mediações Antecedentes ou Incidentais aos Processos de Recuperação Judicial

•• Seção II-A acrescentada pela Lei n. 14.112, de 24-12-2020.

Art. 20-A. A conciliação e a mediação deverão ser incentivadas em qualquer grau de jurisdição, inclusive no âmbito de recursos em segundo grau de jurisdição e nos Tribunais Superiores, e não implicarão a suspensão dos prazos previstos nesta Lei, salvo se houver consenso entre as partes em sentido contrário ou determinação judicial.

•• Artigo acrescentado pela Lei n. 14.112, de 24-12-2020.

Art. 20-B. Serão admitidas conciliações e mediações antecedentes ou incidentais aos processos de recuperação judicial, notadamente:

•• *Caput* acrescentado pela Lei n. 14.112, de 24-12-2020.

....

I – nas fases pré-processual e processual de disputas entre os sócios e acionistas de sociedade em dificuldade ou em recuperação judicial, bem como nos litígios que envolverem credores não sujeitos à recuperação judicial, nos termos dos §§ 3.º e 4.º do art. 49 desta Lei, ou credores extraconcursais;

•• Inciso I acrescentado pela Lei n. 14.112, de 24-12-2020.

II – em conflitos que envolverem concessionárias ou permissionárias de serviços públicos em recuperação judicial e órgãos reguladores ou entes públicos municipais, distritais, estaduais ou federais;

•• Inciso II acrescentado pela Lei n. 14.112, de 24-12-2020.

III – na hipótese de haver créditos extraconcursais contra empresas em recuperação judicial durante período de vigência de estado de calamidade pública, a fim de permitir a continuidade da prestação de serviços essenciais;

•• Inciso III acrescentado pela Lei n. 14.112, de 24-12-2020.

IV – na hipótese de negociação de dívidas e respectivas formas de pagamento entre a empresa em dificuldade e seus credores, em caráter antecedente ao ajuizamento de pedido de recuperação judicial.

•• Inciso IV acrescentado pela Lei n. 14.112, de 24-12-2020.

§ 1.º Na hipótese prevista no inciso IV do *caput* deste artigo, será facultado às empresas em dificuldade que preencham os requisitos legais para requerer recuperação judicial obter tutela de urgência cautelar, nos termos do art. 305 e seguintes da Lei n. 13.105, de 16 de março de 2015 (Código de Processo Civil), a fim de que sejam suspensas as execuções contra elas propostas pelo prazo de até 60 (sessenta) dias, para tentativa de composição com seus credores, em procedimento de mediação ou conciliação já instaurado perante o Centro Judiciário de Solução de Conflitos e Cidadania (Cejusc) do tribunal competente ou da câmara especializada, observados, no que couber, os arts. 16 e 17 da Lei n. 13.140, de 26 de junho de 2015.

•• § 1.º acrescentado pela Lei n. 14.112, de 24-12-2020.

§ 2.º São vedadas a conciliação e a mediação sobre a natureza jurídica e a classificação de créditos, bem como sobre critérios de votação em assembleia geral de credores.

•• § 2.º acrescentado pela Lei n. 14.112, de 24-12-2020.

§ 3.º Se houver pedido de recuperação judicial ou extrajudicial, observados os critérios desta Lei, o período de suspensão previsto no § 1.º deste artigo será deduzido do período de suspensão previsto no art. 6.º desta Lei.

•• § 3.º acrescentado pela Lei n. 14.112, de 24-12-2020.

Art. 20-C. O acordo obtido por meio de conciliação ou de mediação com fundamento nesta Seção deverá ser homologado pelo juiz competente conforme o disposto noArt. 3.º desta Lei.

•• *Caput* acrescentado pela Lei n. 14.112, de 24-12-2020.

Parágrafo único. Requerida a recuperação judicial ou extrajudicial em até 360 (trezentos e sessenta) dias contados do acordo firmado durante o período da conciliação ou de mediação pré-processual, o credor terá reconstituídos seus direitos e garantias nas condições originalmente contratadas, deduzidos os valores eventualmente pagos e ressalvados os atos validamente praticados no âmbito dos procedimentos previstos nesta Seção.

•• Parágrafo único acrescentado pela Lei n. 14.112, de 24-12-2020.

Art. 20-D. As sessões de conciliação e de mediação de que trata esta Seção poderão ser realizadas por meio virtual, desde que o Cejusc do tribunal competente ou a câmara especializada responsável disponham de meios para a sua realização.

•• Artigo acrescentado pela Lei n. 14.112, de 24-12-2020.

Seção III
Do Administrador Judicial e do Comitê de Credores

Art. 21. O administrador judicial será profissional idôneo, preferencialmente advogado, economista, administrador de empresas ou contador, ou pessoa jurídica especializada.

Parágrafo único. Se o administrador judicial nomeado for pessoa jurídica, declarar-se-á, no termo de que trata o art. 33 desta Lei, o nome de profissional responsável pela condução do processo de falência ou de recuperação judicial, que não poderá ser substituído sem autorização do juiz.

Art. 22. Ao administrador judicial compete, sob a fiscalização do juiz e do Comitê, além de outros deveres que esta Lei lhe impõe:

I – na recuperação judicial e na falência:

a) enviar correspondência aos credores constantes na relação de que trata o inciso III do *caput* do art. 51, o inciso III do *caput* do art. 99 ou o inciso II do *caput* do art. 105 desta Lei, comunicando a data do pedido de recuperação judicial ou da decretação da falência, a natureza, o valor e a classificação dada ao crédito;

b) fornecer, com presteza, todas as informações pedidas pelos credores interessados;

c) dar extratos dos livros do devedor, que merecerão fé de ofício, a fim de servirem de fundamento nas habilitações e impugnações de créditos;

d) exigir dos credores, do devedor ou seus administradores quaisquer informações;

e) elaborar a relação de credores de que trata o § 2.º do art. 7.º desta Lei;

f) consolidar o quadro-geral de credores nos termos do art. 18 desta Lei;

g) requerer ao juiz convocação da assembleia geral de credores nos casos previstos nesta Lei ou quando entender necessária sua ouvida para a tomada de decisões;

h) contratar, mediante autorização judicial, profissionais ou empresas especializadas para, quando necessário, auxiliá-lo no exercício de suas funções;

i) manifestar-se nos casos previstos nesta Lei;

j) estimular, sempre que possível, a conciliação, a mediação e outros métodos alternativos de solução de conflitos relacionados à recuperação judicial e à falência, respeitados os direitos de terceiros, na forma do § 3.º do art. 3.º da Lei n. 13.105, de 16 de março de 2015 (Código de Processo Civil);

•• Alínea *j* acrescentada pela Lei n. 14.112, de 24-12-2020.

k) manter endereço eletrônico na internet, com informações atualizadas sobre os processos de falência e de recuperação judicial, com a opção de consulta às peças principais do processo, salvo decisão judicial em sentido contrário;

•• Alínea *k* acrescentada pela Lei n. 14.112, de 24-12-2020.

l) manter endereço eletrônico específico para o recebimento de pedidos de habilitação ou a apresentação de divergências, ambos em âmbito administrativo, com modelos que poderão ser utilizados pelos credores, salvo decisão judicial em sentido contrário;

•• Alínea *l* acrescentada pela Lei n. 14.112, de 24-12-2020.

m) providenciar, no prazo máximo de 15 (quinze) dias, as respostas aos ofícios e às solicitações enviadas por outros juízos e órgãos públicos, sem necessidade de prévia deliberação do juízo;

•• Alínea *m* acrescentada pela Lei n. 14.112, de 24-12-2020.

II – na recuperação judicial:

a) fiscalizar as atividades do devedor e o cumprimento do plano de recuperação judicial;

b) requerer a falência no caso de descumprimento de obrigação assumida no plano de recuperação;

c) apresentar ao juiz, para juntada aos autos, relatório mensal das atividades do devedor, fiscalizando a veracidade e a conformidade das informações prestadas pelo devedor;

•• Alínea *c* com redação determinada pela Lei n. 14.112, de 24-12-2020.

d) apresentar o relatório sobre a execução do plano de recuperação, de que trata o inciso III do *caput* do art. 63 desta Lei;

e) fiscalizar o decurso das tratativas e a regularidade das negociações entre devedor e credores;

•• Alínea *e* acrescentada pela Lei n. 14.112, de 24-12-2020.

f) assegurar que devedor e credores não adotem expedientes dilatórios, inúteis ou, em geral, prejudiciais ao regular andamento das negociações;

•• Alínea *f* acrescentada pela Lei n. 14.112, de 24-12-2020.

g) assegurar que as negociações realizadas entre devedor e credores sejam regidas pelos termos convencionados entre os interessados ou, na falta de acordo, pelas regras propostas pelo administrador judicial e homologadas pelo juiz, observado o princípio da boa-fé para solução construtiva de consensos, que acarretem maior efetividade econômico-financeira e proveito social para os agentes econômicos envolvidos;

•• Alínea *g* acrescentada pela Lei n. 14.112, de 24-12-2020.

h) apresentar, para juntada aos autos, e publicar no endereço eletrônico específico relatório mensal das atividades do devedor e relatório sobre o plano de recuperação judicial, no prazo de até 15 (quinze) dias contado da apresentação do plano, fiscalizando a veracidade e a conformidade das informações prestadas pelo devedor, além de informar eventual ocorrência das condutas previstas no art. 64 desta Lei;

•• Alínea *h* acrescentada pela Lei n. 14.112, de 24-12-2020.

III – na falência:

a) avisar, pelo órgão oficial, o lugar e hora em que, diariamente, os credores terão à sua disposição os livros e documentos do falido;

b) examinar a escrituração do devedor;

c) relacionar os processos e assumir a representação judicial e extrajudicial, incluídos os processos arbitrais, da massa falida;

•• Alínea *c* com redação determinada pela Lei n. 14.112, de 24-12-2020.

d) receber e abrir a correspondência dirigida ao devedor, entregando a ele o que não for assunto de interesse da massa;

e) apresentar, no prazo de 40 (quarenta) dias, contado da assinatura do termo de compromisso, prorrogável por igual período, relatório sobre as causas e circunstâncias que conduziram à situação de falência, no qual apontará a responsabilidade civil e penal dos envolvidos, observado o disposto no art. 186 desta Lei;

f) arrecadar os bens e documentos do devedor e elaborar o auto de arrecadação, nos termos dos arts. 108 e 110 desta Lei;

g) avaliar os bens arrecadados;

h) contratar avaliadores, de preferência oficiais, mediante autorização judicial, para a avaliação dos bens caso entenda não ter condições técnicas para a tarefa;

i) praticar os atos necessários à realização do ativo e ao pagamento dos credores;

j) proceder à venda de todos os bens da massa falida no prazo máximo de 180 (cento e oitenta) dias, contado da data da juntada do auto de arrecadação, sob pena de destituição, salvo por impossibilidade fundamentada, reconhecida por decisão judicial;

•• Alínea *j* com redação determinada pela Lei n. 14.112, de 24-12-2020.

l) praticar todos os atos conservatórios de direitos e ações, diligenciar a cobrança de dívidas e dar a respectiva quitação;

m) remir, em benefício da massa e mediante autorização judicial, bens apenhados, penhorados ou legalmente retidos;

n) representar a massa falida em juízo, contratando, se necessário, advogado, cujos honorários serão previamente ajustados e aprovados pelo Comitê de Credores;

o) requerer todas as medidas e diligências que forem necessárias para o cumprimento desta Lei, a proteção da massa ou a eficiência da administração;

p) apresentar ao juiz para juntada aos autos, até o 10.º (décimo) dia do mês seguinte ao vencido, conta demonstrativa da administração, que especifique com clareza a receita e a despesa;

q) entregar ao seu substituto todos os bens e documentos da massa em seu poder, sob pena de responsabilidade;

r) prestar contas ao final do processo, quando for substituído, destituído ou renunciar ao cargo;

s) arrecadar os valores dos depósitos realizados em processos administrativos ou judiciais nos quais o falido figure como parte, oriundos de penhoras, de bloqueios, de apreensões, de leilões, de alienação judicial e de outras hipóteses de constrição judicial, ressalvado o disposto nas Leis n. 9.703, de 17 de novembro de 1998, e 12.099, de 27 de novembro de 2009, e na Lei Complementar n. 151, de 5 de agosto de 2015.

•• Alínea *s* acrescentada pela Lei n. 14.112, de 24-12-2020.

§ 1.º As remunerações dos auxiliares do administrador judicial serão fixadas pelo juiz, que considerará a complexidade dos trabalhos a serem executados e os valores praticados no mercado para o desempenho de atividades semelhantes.

§ 2.º Na hipótese da alínea *d* do inciso I do *caput* deste artigo, se houver recusa, o juiz, a requerimento do administrador judicial, intimará aquelas pessoas para que compareçam à sede do juízo, sob pena de desobediência, oportunidade em que as interrogará na presença do administrador judicial, tomando seus depoimentos por escrito.

§ 3.º Na falência, o administrador judicial não poderá, sem autorização judicial, após ouvidos o Comitê e o devedor no prazo comum de 2 (dois) dias, transigir sobre obrigações e direitos da massa falida e conceder abatimento de dívidas, ainda que sejam consideradas de difícil recebimento.

§ 4.º Se o relatório de que trata a alínea e do inciso III do *caput* deste artigo apontar responsabilidade penal de qualquer dos envolvidos, o Ministério Público será intimado para tomar conhecimento de seu teor.

Art. 23. O administrador judicial que não apresentar, no prazo estabelecido, suas contas ou qualquer dos relatórios previstos nesta Lei será intimado pessoalmente a fazê-lo no prazo de 5 (cinco) dias, sob pena de desobediência.

Parágrafo único. Decorrido o prazo do *caput* deste artigo, o juiz destituirá o administrador judicial e nomeará substituto para elaborar relatórios ou organizar as contas, explicitando as responsabilidades de seu antecessor.

Art. 24. O juiz fixará o valor e a forma de pagamento da remuneração do administrador judicial, observados a capacidade de pagamento do devedor, o grau de complexidade do trabalho e os valores praticados no mercado para o desempenho de atividades semelhantes.

§ 1.º Em qualquer hipótese, o total pago ao administrador judicial não excederá 5% (cinco por cento) do valor devido aos credores submetidos à recuperação judicial ou do valor de venda dos bens na falência.

§ 2.º Será reservado 40% (quarenta por cento) do montante devido ao administrador judicial para pagamento após atendimento do previsto nos arts. 154 e 155 desta Lei.

§ 3.º O administrador judicial substituído será remunerado proporcionalmente ao trabalho realizado, salvo se renunciar sem relevante razão ou for destituído de suas funções por desídia, culpa, dolo ou descumprimento das obrigações fixadas nesta Lei, hipóteses em que não terá direito à remuneração.

§ 4.º Também não terá direito a remuneração o administrador que tiver suas contas desaprovadas.

§ 5.º A remuneração do administrador judicial fica reduzida ao limite de 2% (dois por cento), no caso de microempresas e de empresas de pequeno porte, bem como na hipótese de que trata o art. 70-A desta Lei.

•• § 5.º com redação determinada pela Lei n. 14.112, de 24-12-2020.

Art. 25. Caberá ao devedor ou à massa falida arcar com as despesas relativas à remuneração do administrador judicial e das pessoas eventualmente contratadas para auxiliá-lo.

Art. 26. O Comitê de Credores será constituído por deliberação de qualquer das classes de credores na assembleia geral e terá a seguinte composição:

I – 1 (um) representante indicado pela classe de credores trabalhistas, com 2 (dois) suplentes;

II – 1 (um) representante indicado pela classe de credores com direitos reais de garantia ou privilégios especiais, com 2 (dois) suplentes;

III – 1 (um) representante indicado pela classe de credores quirografários e com privilégios gerais, com 2 (dois) suplentes;

IV – 1 (um) representante indicado pela classe de credores representantes de microempresas e empresas de pequeno porte, com 2 (dois) suplentes.

•• Inciso IV acrescentado pela Lei Complementar n. 147, de 7-8-2014.

§ 1.º A falta de indicação de representante por quaisquer das classes não prejudicará a constituição do Comitê, que poderá funcionar com número inferior ao previsto no *caput* deste artigo.

§ 2.º O juiz determinará, mediante requerimento subscrito por credores que representem a maioria dos créditos de uma classe, independentemente da realização de assembleia:

I – a nomeação do representante e dos suplentes da respectiva classe ainda não representada no Comitê; ou

II – a substituição do representante ou dos suplentes da respectiva classe.

§ 3.º Caberá aos próprios membros do Comitê indicar, entre eles, quem irá presidi-lo.

Art. 27. O Comitê de Credores terá as seguintes atribuições, além de outras previstas nesta Lei:

I – na recuperação judicial e na falência:

a) fiscalizar as atividades e examinar as contas do administrador judicial;

b) zelar pelo bom andamento do processo e pelo cumprimento da lei;

c) comunicar ao juiz, caso detecte violação dos direitos ou prejuízo aos interesses dos credores;

d) apurar e emitir parecer sobre quaisquer reclamações dos interessados;

e) requerer ao juiz a convocação da assembleia geral de credores;

f) manifestar-se nas hipóteses previstas nesta Lei;

II – na recuperação judicial:

a) fiscalizar a administração das atividades do devedor, apresentando, a cada 30 (trinta) dias, relatório de sua situação;

b) fiscalizar a execução do plano de recuperação judicial;

c) submeter à autorização do juiz, quando ocorrer o afastamento do devedor nas hipóteses previstas nesta Lei, a alienação de bens do ativo permanente, a constituição de ônus reais e outras garantias, bem como atos de endividamento necessários à continuação da atividade empresarial durante o período que antecede a aprovação do plano de recuperação judicial.

§ 1.º As decisões do Comitê, tomadas por maioria, serão consignadas em livro de atas, rubricado pelo juízo, que ficará à disposição do administrador judicial, dos credores e do devedor.

§ 2.º Caso não seja possível a obtenção de maioria em deliberação do Comitê, o impasse será resolvido pelo administrador judicial ou, na incompatibilidade deste, pelo juiz.

Art. 28. Não havendo Comitê de Credores, caberá ao administrador judicial ou, na incompatibilidade deste, ao juiz exercer suas atribuições.

Art. 29. Os membros do Comitê não terão sua remuneração custeada pelo devedor ou pela massa falida, mas as despesas realizadas para a realização de ato previsto nesta Lei, se devidamente comprovadas e com a autorização do juiz, serão ressarcidas atendendo às disponibilidades de caixa.

Art. 30. Não poderá integrar o Comitê ou exercer as funções de administrador judicial quem, nos últimos 5 (cinco) anos, no exercício do cargo de administrador judicial ou de membro do Comitê em falência ou recuperação judicial anterior, foi destituído, deixou de prestar contas dentro dos prazos legais ou teve a prestação de contas desaprovada.

§ 1.º Ficará também impedido de integrar o Comitê ou exercer a função de administrador judicial quem tiver relação de parentesco ou afinidade até o 3.º (terceiro) grau com o devedor, seus administradores, controladores ou representantes legais ou deles for amigo, inimigo ou dependente.

§ 2.º O devedor, qualquer credor ou o Ministério Público poderá requerer ao juiz a substituição do administrador judicial ou dos membros do Comitê nomeados em desobediência aos preceitos desta Lei.

§ 3.º O juiz decidirá, no prazo de 24 (vinte e quatro) horas, sobre o requerimento do § 2.º deste artigo.

Art. 31. O juiz, de ofício ou a requerimento fundamentado de qualquer interessado, poderá determinar a destituição do administrador judicial ou de quaisquer dos membros do Comitê de Credores quando verificar desobediência aos preceitos desta Lei, descumprimento de deveres, omissão, negligência ou prática de ato lesivo às atividades do devedor ou a terceiros.

§ 1.º No ato de destituição, o juiz nomeará novo administrador judicial ou convocará os suplentes para recompor o Comitê.

§ 2.º Na falência, o administrador judicial substituído prestará contas no prazo de 10 (dez) dias, nos termos dos §§ 1.º a 6.º do art. 154 desta Lei.

Art. 32. O administrador judicial e os membros do Comitê responderão pelos prejuízos causados à massa falida, ao devedor ou aos credores por dolo ou culpa, devendo o dissidente em deliberação do Comitê consignar sua discordância em ata para eximir-se da responsabilidade.

Art. 33. O administrador judicial e os membros do Comitê de Credores, logo que nomeados, serão intimados pessoalmente para, em 48 (quarenta e oito) horas, assinar, na sede do juízo, o termo de compromisso de bem e fielmente desempenhar o cargo e assumir todas as responsabilidades a ele inerentes.

Art. 34. Não assinado o termo de compromisso no prazo previsto no art. 33 desta Lei, o juiz nomeará outro administrador judicial.

Seção IV
Da Assembleia Geral de Credores

Art. 35. A assembleia geral de credores terá por atribuições deliberar sobre:

I – na recuperação judicial:

a) aprovação, rejeição ou modificação do plano de recuperação judicial apresentado pelo devedor;

b) a constituição do Comitê de Credores, a escolha de seus membros e sua substituição;

c) (*Vetada.*)

d) o pedido de desistência do devedor, nos termos do § 4.º do art. 52 desta Lei;

e) o nome do gestor judicial, quando do afastamento do devedor;

f) qualquer outra matéria que possa afetar os interesses dos credores;

g) alienação de bens ou direitos do ativo não circulante do devedor, não prevista no plano de recuperação judicial;

•• Alínea *g* acrescentada pela Lei n. 14.112, de 24-12-2020.

II – na falência:

a) (*Vetada.*)

b) a constituição do Comitê de Credores, a escolha de seus membros e sua substituição;

c) a adoção de outras modalidades de realização do ativo, na forma do art. 145 desta Lei;

d) qualquer outra matéria que possa afetar os interesses dos credores.

Art. 36. A assembleia geral de credores será convocada pelo juiz por meio de edital publicado no *Diário Oficial Eletrônico* e disponibilizado no sítio eletrônico do administrador judicial, com antecedência mínima de 15 (quinze) dias, o qual conterá:

•• *Caput* com redação determinada pela Lei n. 14.112, de 24-12-2020.

I – local, data e hora da assembleia em 1.ª (primeira) e em 2.ª (segunda) convocação, não podendo esta ser realizada menos de 5 (cinco) dias depois da 1.ª (primeira);

II – a ordem do dia;

III – local onde os credores poderão, se for o caso, obter cópia do plano de recuperação judicial a ser submetido à deliberação da assembleia.

§ 1.º Cópia do aviso de convocação da assembleia deverá ser afixada de forma ostensiva na sede e filiais do devedor.

§ 2.º Além dos casos expressamente previstos nesta Lei, credores que representem no mínimo 25% (vinte e cinco por cento) do valor total dos créditos de uma determinada classe poderão requerer ao juiz a convocação de assembleia geral.

§ 3.º As despesas com a convocação e a realização da assembleia geral correm por conta do devedor ou da massa falida, salvo se convocada em virtude de requerimento do Comitê de Credores ou na hipótese do § 2.º deste artigo.

Art. 37. A assembleia será presidida pelo administrador judicial, que designará 1 (um) secretário dentre os credores presentes.

§ 1.º Nas deliberações sobre o afastamento do administrador judicial ou em outras em que haja incompatibilidade deste, a assembleia será presidida pelo credor presente que seja titular do maior crédito.

§ 2.º A assembleia instalar-se-á, em 1.ª (primeira) convocação, com a presença de credores titulares de mais da metade dos créditos de cada classe, computados pelo valor, e, em 2.ª (segunda) convocação, com qualquer número.

§ 3.º Para participar da assembleia, cada credor deverá assinar a lista de presença, que será encerrada no momento da instalação.

§ 4.º O credor poderá ser representado na assembleia geral por mandatário ou representante legal, desde que entregue ao administrador judicial, até 24 (vinte e quatro) horas antes da data prevista no aviso de convocação, documento hábil que comprove seus poderes ou a indicação das folhas dos autos do processo em que se encontre o documento.

§ 5.º Os sindicatos de trabalhadores poderão representar seus associados titulares de créditos derivados da legislação do trabalho ou decorrentes de acidente de trabalho que não comparecerem, pessoalmente ou por procurador, à assembleia.

• Dispõem sobre acidentes do trabalho a Lei n. 8.213, de 24-7-1991, e o Decreto n. 3.048, de 6-5-1999.

§ 6.º Para exercer a prerrogativa prevista no § 5.º deste artigo, o sindicato deverá:

I – apresentar ao administrador judicial, até 10 (dez) dias antes da assembleia, a relação dos associados que pretende representar, e o trabalhador que conste da relação de mais de um sindicato deverá esclarecer, até 24 (vinte e quatro) horas antes da assembleia, qual sindicato o representa, sob pena de não ser representado em assembleia por nenhum deles; e

II – (*Vetado.*)

§ 7.º Do ocorrido na assembleia, lavrar-se-á ata que conterá o nome dos presentes e as assinaturas do presidente, do devedor e de 2 (dois) membros de cada uma das classes votantes, e que será entregue ao juiz, juntamente com a lista de presença, no prazo de 48 (quarenta e oito) horas.

Art. 38. O voto do credor será proporcional ao valor de seu crédito, ressalvado, nas deliberações sobre o plano de recuperação judicial, o disposto no § 2.º do art. 45 desta Lei.

Parágrafo único. Na recuperação judicial, para fins exclusivos de votação em assembleia geral, o crédito em moeda estrangeira será convertido para moeda nacional pelo câmbio da véspera da data de realização da assembleia.

Art. 39. Terão direito a voto na assembleia geral as pessoas arroladas no quadro-geral de credores ou, na sua falta, na relação de credores apresentada pelo administrador judicial na forma do art. 7.º, § 2.º, desta Lei, ou, ainda, na falta desta, na relação apresentada pelo próprio devedor nos termos dos arts. 51, incisos III e IV do *caput*, 99, inciso III do *caput*, ou 105, inciso II do *caput*, desta Lei, acrescidas, em qualquer caso, das que estejam habilitadas na data da realização da assembleia ou que tenham créditos admitidos ou alterados por decisão judicial, inclusive as que tenham obtido reserva de importâncias, observado o disposto nos §§ 1.º e 2.º do art. 10 desta Lei.

§ 1.º Não terão direito a voto e não serão considerados para fins de verificação do *quorum* de instalação e de deliberação os titulares de créditos excetuados na forma dos §§ 3.º e 4.º do art. 49 desta Lei.

§ 2.º As deliberações da assembleia geral não serão invalidadas em razão de posterior decisão judicial acerca da existência, quantificação ou classificação de créditos.

§ 3.º No caso de posterior invalidação de deliberação da assembleia, ficam resguardados os direitos de terceiros de boa-fé, respondendo os credores que aprovarem a deliberação pelos prejuízos comprovados causados por dolo ou culpa.

§ 4.º Qualquer deliberação prevista nesta Lei a ser realizada por meio de assembleia geral de credores poderá ser substituída, com idênticos efeitos, por:

•• § 4.º, *caput*, acrescentado pela Lei n. 14.112, de 24-12-2020.

I – termo de adesão firmado por tantos credores quantos satisfaçam o *quorum* de aprovação específico, nos termos estabelecidos no art. 45-A desta Lei;

•• Inciso I acrescentado pela Lei n. 14.112, de 24-12-2020.

II – votação realizada por meio de sistema eletrônico que reproduza as condições de tomada de voto da assembleia geral de credores; ou

•• Inciso II acrescentado pela Lei n. 14.112, de 24-12-2020.

III – outro mecanismo reputado suficientemente seguro pelo juiz.

•• Inciso III acrescentado pela Lei n. 14.112, de 24-12-2020.

§ 5.º As deliberações nos formatos previstos no § 4.º deste artigo serão fiscalizadas pelo administrador judicial, que emitirá parecer sobre sua regularidade, previamente à sua homologação judicial, independentemente da concessão ou não da recuperação judicial.

•• § 5.º acrescentado pela Lei n. 14.112, de 24-12-2020.

§ 6.º O voto será exercido pelo credor no seu interesse e de acordo com o seu juízo de conveniência e poderá ser declarado nulo por abusividade somente quando manifestamente exercido para obter vantagem ilícita para si ou para outrem.

•• § 6.º acrescentado pela Lei n. 14.112, de 24-12-2020.

§ 7.º A cessão ou a promessa de cessão do crédito habilitado deverá ser imediatamente comunicada ao juízo da recuperação judicial.

•• § 7.º acrescentado pela Lei n. 14.112, de 24-12-2020.

Art. 40. Não será deferido provimento liminar, de caráter cautelar ou antecipatório dos efeitos da tutela, para a suspensão ou adiamento da assembleia geral de credores em razão de pendência de discussão acerca da existência, da quantificação ou da classificação de créditos.

Art. 41. A assembleia geral será composta pelas seguintes classes de credores:

I – titulares de créditos derivados da legislação do trabalho ou decorrentes de acidentes de trabalho;

• Dispõem sobre acidentes do trabalho a Lei n. 8.213, de 24-7-1991, e o Decreto n. 3.048, de 6-5-1999.

II – titulares de créditos com garantia real;

III – titulares de créditos quirografários, com privilégio especial, com privilégio geral ou subordinados;

IV – titulares de créditos enquadrados como microempresa ou empresa de pequeno porte.

•• Inciso IV acrescentado pela Lei Complementar n. 147, de 7-8-2014.

§ 1.º Os titulares de créditos derivados da legislação do trabalho votam com a classe prevista no inciso I do *caput* deste artigo com o total de seu crédito, independentemente do valor.

§ 2.º Os titulares de créditos com garantia real votam com a classe prevista no inciso II do *caput* deste artigo até o limite do valor do bem gravado e com a classe prevista no inciso III do *caput* deste artigo pelo restante do valor de seu crédito.

Art. 42. Considerar-se-á aprovada a proposta que obtiver votos favoráveis de credores que representem mais da metade do valor total dos créditos presentes à assembleia geral, exceto nas deliberações sobre o plano de recuperação judicial nos termos da alínea *a* do inciso I do *caput* do art. 35 desta Lei, a composição do Comitê de Credores ou forma alternativa de realização do ativo nos termos do art. 145 desta Lei.

Art. 43. Os sócios do devedor, bem como as sociedades coligadas, controladoras, controladas ou as que tenham sócio ou acionista com participação superior a 10% (dez por cento) do capital social do devedor ou em que o devedor ou algum de seus sócios detenham participação superior a 10% (dez por cento) do capital social, poderão participar da assembleia geral de credores, sem ter direito a voto e não serão considerados para fins de verificação do *quorum* de instalação e de deliberação.

Parágrafo único. O disposto neste artigo também se aplica ao cônjuge ou parente, consanguíneo ou afim, colateral até o 2.º (segundo) grau, ascendente ou descendente do devedor, de administrador, do sócio controlador, de membro dos conselhos consultivo, fiscal ou semelhantes da sociedade devedora e à sociedade em que quaisquer dessas pessoas exerçam essas funções.

Art. 44. Na escolha dos representantes de cada classe no Comitê de Credores, somente os respectivos membros poderão votar.

Art. 45. Nas deliberações sobre o plano de recuperação judicial, todas as classes de credores referidas no art. 41 desta Lei deverão aprovar a proposta.

§ 1.º Em cada uma das classes referidas nos incisos II e III do art. 41 desta Lei, a proposta deverá ser aprovada por credores que representem mais da metade do valor total dos créditos presentes à assembleia e, cumulativamente, pela maioria simples dos credores presentes.

§ 2.º Nas classes previstas nos incisos I e IV do art. 41 desta Lei, a proposta deverá ser aprovada pela maioria simples dos credores presentes, independentemente do valor de seu crédito.

•• § 2.º com redação determinada pela Lei Complementar n. 147, de 7-8-2014.

§ 3.º O credor não terá direito a voto e não será considerado para fins de verificação de *quorum* de deliberação se o plano de recuperação judicial não alterar o valor ou as condições originais de pagamento de seu crédito.

Art. 45-A. As deliberações da assembleia geral de credores previstas nesta Lei poderão ser substituídas pela comprovação da adesão de credores que representem mais da metade do valor dos créditos sujeitos à recuperação judicial, observadas as exceções previstas nesta Lei.

•• *Caput* acrescentado pela Lei n. 14.112, de 24-12-2020.

§ 1.º Nos termos do art. 56-A desta Lei, as deliberações sobre o plano de recuperação judicial poderão ser substituídas por documento que comprove o cumprimento do disposto no art. 45 desta Lei.

•• § 1.º acrescentado pela Lei n. 14.112, de 24-12-2020.

§ 2.º As deliberações sobre a constituição do Comitê de Credores poderão ser substituídas por documento que comprove a adesão da maioria dos créditos de cada conjunto de credores previsto no art. 26 desta Lei.

•• § 2.º acrescentado pela Lei n. 14.112, de 24-12-2020.

§ 3.º As deliberações sobre forma alternativa de realização do ativo na falência, nos termos do art. 145 desta Lei, poderão ser substituídas por documento que comprove a adesão de credores que representem 2/3 (dois terços) dos créditos.

•• § 3.º acrescentado pela Lei n. 14.112, de 24-12-2020.

§ 4.º As deliberações no formato previsto neste artigo serão fiscalizadas pelo administrador judicial, que emitirá parecer sobre sua regularidade, com oitiva do Ministério Público, previamente à sua homologação judicial, independentemente da concessão ou não da recuperação judicial.

•• § 4.º acrescentado pela Lei n. 14.112, de 24-12-2020.

Art. 46. A aprovação de forma alternativa de realização do ativo na falência, prevista no art. 145 desta Lei, dependerá do voto favorável de credores que representem 2/3 (dois terços) dos créditos presentes à assembleia.

Capítulo III
DA RECUPERAÇÃO JUDICIAL

Seção I
Disposições Gerais

Art. 47. A recuperação judicial tem por objetivo viabilizar a superação da situação de crise econômico-financeira do devedor, a fim de permitir a manutenção da fonte produtora, do emprego dos trabalhadores e dos interesses dos credores, promovendo, assim, a preservação da empresa, sua função social e o estímulo à atividade econômica.

•• *Vide* arts. 190 e 191 do CPC.

Art. 48. Poderá requerer recuperação judicial o devedor que, no momento do pedido, exerça regularmente suas atividades há mais de 2 (dois) anos e que atenda aos seguintes requisitos, cumulativamente:

I – não ser falido e, se o foi, estejam declaradas extintas, por sentença transitada em julgado, as responsabilidades daí decorrentes;

II – não ter, há menos de 5 (cinco) anos, obtido concessão de recuperação judicial;

III – não ter, há menos de 5 (cinco) anos, obtido concessão de recuperação judicial com base no plano especial de que trata a Seção V deste Capítulo;

•• Inciso III com redação determinada pela Lei Complementar n. 147, de 7-8-2014.

IV – não ter sido condenado ou não ter, como administrador ou sócio controlador, pessoa condenada por qualquer dos crimes previstos nesta Lei.

§ 1.º A recuperação judicial também poderá ser requerida pelo cônjuge sobrevivente, herdeiros do devedor, inventariante ou sócio remanescente.

•• § 1.º renumerado pela Lei n. 12.873, de 24-10-2013.

§ 2.º No caso de exercício de atividade rural por pessoa jurídica, admite-se a comprovação do prazo estabelecido no *caput* deste artigo por meio da Escrituração Contábil Fiscal (ECF), ou por meio de obrigação legal de registros contábeis que venha a substituir a ECF, entregue tempestivamente.

•• § 2.º com redação determinada pela Lei n. 14.112, de 24-12-2020.

§ 3.º Para a comprovação do prazo estabelecido no *caput* deste artigo, o cálculo do período de exercício de atividade rural por pessoa física é feito com base no Livro Caixa Digital do Produtor Rural (LCDPR), ou por meio de obrigação legal de registros contábeis que venha a substituir o LCDPR, e pela Declaração do Imposto sobre a Renda da Pessoa Física (DIRPF) e balanço patrimonial, todos entregues tempestivamente.

•• § 3.º acrescentado pela Lei n. 14.112, de 24-12-2020.

§ 4.º Para efeito do disposto no § 3.º deste artigo, no que diz respeito ao período em que não for exigível a entrega do LCDPR, admitir-se-á a entrega do livro-caixa utilizado para a elaboração da DIRPF.

•• § 4.º acrescentado pela Lei n. 14.112, de 24-12-2020.

§ 5.º Para os fins de atendimento ao disposto nos §§ 2.º e 3.º deste artigo, as informações contábeis relativas a receitas, a bens, a despesas, a custos e a dívidas deverão estar organizadas de acordo com a legislação e com o padrão contábil da legislação correlata vigente, bem como guardar obediência ao regime de competência e de elaboração de balanço patrimonial por contador habilitado.

•• § 5.º acrescentado pela Lei n. 14.112, de 24-12-2020.

Art. 48-A. Na recuperação judicial de companhia aberta, serão obrigatórios a formação e o funcionamento do conselho fiscal, nos termos da Lei n. 6.404, de 15 de dezembro de 1976, enquanto durar a fase da recuperação judicial, incluído o período de cumprimento das obrigações assumidas pelo plano de recuperação.

•• Artigo acrescentado pela Lei n. 14.112, de 24-12-2020.

Art. 49. Estão sujeitos à recuperação judicial todos os créditos existentes na data do pedido, ainda que não vencidos.

•• *Vide* art. 5.º, § 1.º, II, da Lei n. 14.112, de 24-12-2020.

§ 1.º Os credores do devedor em recuperação judicial conservam seus direitos e privilégios contra os coobrigados, fiadores e obrigados de regresso.

• *Vide* Súmula 581 do STJ.

§ 2.º As obrigações anteriores à recuperação judicial observarão as condições originalmente contratadas ou definidas em lei, inclusive no que diz respeito aos encargos, salvo se de modo diverso ficar estabelecido no plano de recuperação judicial.

§ 3.º Tratando-se de credor titular da posição de proprietário fiduciário de bens móveis ou imóveis, de arrendador mercantil, de proprietário ou promitente vendedor de imóvel cujos respectivos contratos contenham cláusula de irrevogabilidade ou irretratabilidade, inclusive em incorporações imobiliárias, ou de proprietário em contrato de venda com reserva de domínio, seu crédito não se submeterá aos efeitos da recuperação judicial e prevalecerão os direitos de propriedade sobre a coisa e as condições contratuais, observada a legislação respectiva, não se permitindo, contudo, durante o prazo de suspensão a que se refere o § 4.º do art. 6.º desta Lei, a venda ou a retirada do estabelecimento do devedor dos bens de capital essenciais a sua atividade empresarial.

§ 4.º Não se sujeitará aos efeitos da recuperação judicial a importância a que se refere o inciso II do art. 86 desta Lei.

§ 5.º Tratando-se de crédito garantido por penhor sobre títulos de crédito, direitos creditórios, aplicações financeiras ou valores mobiliários, poderão ser substituídas ou renovadas as garantias liquidadas ou vencidas durante a recuperação judicial e, enquanto não renovadas ou substituídas, o valor eventualmente recebido em pagamento das garantias permanecerá em conta vinculada durante o período de suspensão de que trata o § 4.º do art. 6.º desta Lei.

§ 6.º Nas hipóteses de que tratam os §§ 2.º e 3.º do art. 48 desta Lei, somente estarão sujeitos à recuperação judicial os créditos que decorram exclusivamente da atividade rural e estejam discriminados nos documentos a que se referem os citados parágrafos, ainda que não vencidos.

•• § 6.º acrescentado pela Lei n. 14.112, de 24-12-2020.

§ 7.º Não se sujeitarão aos efeitos da recuperação judicial os recursos controlados e abrangidos nos termos dos arts. 14 e 21 da Lei n. 4.829, de 5 de novembro de 1965.

•• § 7.º acrescentado pela Lei n. 14.112, de 24-12-2020.

§ 8.º Estarão sujeitos à recuperação judicial os recursos de que trata o § 7.º deste artigo que não tenham sido objeto de renegociação entre o devedor e a instituição financeira antes do pedido de recuperação judicial, na forma de ato do Poder Executivo.

•• § 8.º acrescentado pela Lei n. 14.112, de 24-12-2020.

§ 9.º Não se enquadrará nos créditos referidos no *caput* deste artigo aquele relativo à dívida constituída nos 3 (três) últimos anos anteriores ao pedido de recuperação judicial, que tenha sido contraída com a finalidade de aquisição de propriedades rurais, bem como as respectivas garantias.

•• § 9.º acrescentado pela Lei n. 14.112, de 24-12-2020.

Art. 50. Constituem meios de recuperação judicial, observada a legislação pertinente a cada caso, dentre outros:

I – concessão de prazos e condições especiais para pagamento das obrigações vencidas ou vincendas;

II – cisão, incorporação, fusão ou transformação de sociedade, constituição de subsidiária integral, ou cessão de cotas ou ações, respeitados os direitos dos sócios, nos termos da legislação vigente;

• *Vide* arts. 1.113 a 1.122 do CC.

III – alteração do controle societário;

IV – substituição total ou parcial dos administradores do devedor ou modificação de seus órgãos administrativos;

V – concessão aos credores de direito de eleição em separado de administradores e de poder de veto em relação às matérias que o plano especificar;

VI – aumento de capital social;

VII – trespasse ou arrendamento de estabelecimento, inclusive à sociedade constituída pelos próprios empregados;

VIII – redução salarial, compensação de horários e redução da jornada, mediante acordo ou convenção coletiva;

IX – dação em pagamento ou novação de dívidas do passivo, com ou sem constituição de garantia própria ou de terceiro;

X – constituição de sociedade de credores;

XI – venda parcial dos bens;

XII – equalização de encargos financeiros relativos a débitos de qualquer natureza, tendo como termo inicial a data da distribuição do pedido de recuperação judicial, aplicando-se inclusive aos contratos de crédito rural, sem prejuízo do disposto em legislação específica;

XIII – usufruto da empresa;

XIV – administração compartilhada;

XV – emissão de valores mobiliários;

XVI – constituição de sociedade de propósito específico para adjudicar, em pagamento dos créditos, os ativos do devedor;

XVII – conversão de dívida em capital social;

•• Inciso XVII acrescentado pela Lei n. 14.112, de 24-12-2020.

XVIII – venda integral da devedora, desde que garantidas aos credores não submetidos ou não aderentes condições, no mínimo, equivalentes àquelas que teriam na falência, hipótese em que será, para todos os fins, considerada unidade produtiva isolada.

•• Inciso XVIII acrescentado pela Lei n. 14.112, de 24-12-2020.

§ 1.º Na alienação de bem objeto de garantia real, a supressão da garantia ou sua substituição somente serão admitidas mediante aprovação expressa do credor titular da respectiva garantia.

§ 2.º Nos créditos em moeda estrangeira, a variação cambial será conservada como parâmetro de indexação da correspondente obrigação e só poderá ser afastada se o credor titular do respectivo crédito aprovar expressamente previsão diversa no plano de recuperação judicial.

§ 3.º Não haverá sucessão ou responsabilidade por dívidas de qualquer natureza a terceiro credor, investidor ou novo administrador em decorrência, respectivamente, da mera conversão de dívida em capital, de aporte de novos recursos na devedora ou de substituição dos administradores desta.

•• § 3.º acrescentado pela Lei n. 14.112, de 24-12-2020.

§ 4.º O imposto sobre a renda e a Contribuição Social sobre o Lucro Líquido (CSLL) incidentes sobre o ganho de capital resultante da alienação de bens ou direitos pela pessoa jurídica em recuperação judicial poderão ser parcelados, com atualização monetária das parcelas, observado o seguinte:

•• § 4.º, *caput*, acrescentado pela Lei n. 14.112, de 24-12-2020.

I – o disposto na Lei n. 10.522, de 19 de julho de 2002; e

•• Inciso I acrescentado pela Lei n. 14.112, de 24-12-2020.

II – a utilização, como limite, da mediana de alongamento no plano de recuperação judicial em relação aos créditos a ele sujeitos.

•• Inciso II acrescentado pela Lei n. 14.112, de 24-12-2020.

§ 5.º O limite de alongamento de prazo a que se refere o inciso II do § 4.º deste artigo será readequado na hipótese de alteração superveniente do plano de recuperação judicial.

•• § 5.º acrescentado pela Lei n. 14.112, de 24-12-2020.

Art. 50-A. Nas hipóteses de renegociação de dívidas de pessoa jurídica no âmbito de processo de recuperação judicial, estejam as dívidas sujeitas ou não a esta, e do reconhecimento de seus efeitos nas demonstrações financeiras das sociedades, deverão ser observadas as seguintes disposições:

•• *Caput* acrescentado pela Lei n. 14.112, de 24-12-2020, originalmente vetado, todavia promulgado em 26-3-2021.

I – a receita obtida pelo devedor não será computada na apuração da base de cálculo da Contribuição para o Programa de Integração Social (PIS) e para o Programa de Formação do Patrimônio do Servidor Público (Pasep) e da Contribuição para o Financiamento da Seguridade Social (Cofins);

•• Inciso I acrescentado pela Lei n. 14.112, de 24-12-2020, originalmente vetado, todavia promulgado em 26-3-2021.

II – o ganho obtido pelo devedor com a redução da dívida não se sujeitará ao limite percentual de que tratam os arts. 42 e 58 da Lei n. 8.981, de 20 de janeiro de 1995, na apuração do imposto sobre a renda e da CSLL; e

•• Inciso II acrescentado pela Lei n. 14.112, de 24-12-2020, originalmente vetado, todavia promulgado em 26-3-2021.

III – as despesas correspondentes às obrigações assumidas no plano de recuperação judicial serão consideradas dedutíveis na determinação do lucro real e da base de cálculo da CSLL, desde que não tenham sido objeto de dedução anterior.

•• Inciso III acrescentado pela Lei n. 14.112, de 24-12-2020, originalmente vetado, todavia promulgado em 26-3-2021.

Parágrafo único. O disposto no *caput* deste artigo não se aplica à hipótese de dívida com:

•• Parágrafo único, caput, acrescentado pela Lei n. 14.112, de 24-12-2020, originalmente vetado, todavia promulgado em 26-3-2021.

I – pessoa jurídica que seja controladora, controlada, coligada ou interligada; ou

•• Inciso I acrescentado pela Lei n. 14.112, de 24-12-2020, originalmente vetado, todavia promulgado em 26-3-2021.

II – pessoa física que seja acionista controladora, sócia, titular ou administradora da pessoa jurídica devedora.

•• Inciso II acrescentado pela Lei n. 14.112, de 24-12-2020, originalmente vetado, todavia promulgado em 26-3-2021.

Seção II
Do Pedido e do Processamento da Recuperação Judicial

Art. 51. A petição inicial de recuperação judicial será instruída com:

• Sobre os requisitos da petição inicial, *vide* arts. 319 e s. do CPC.

I – a exposição das causas concretas da situação patrimonial do devedor e das razões da crise econômico-financeira;

II – as demonstrações contábeis relativas aos 3 (três) últimos exercícios sociais e as levantadas especialmente para instruir o pedido, confeccionadas com estrita observância da legislação societária aplicável e compostas obrigatoriamente de:

a) balanço patrimonial;

b) demonstração de resultados acumulados;

c) demonstração do resultado desde o último exercício social;

d) relatório gerencial de fluxo de caixa e de sua projeção;

e) descrição das sociedades de grupo societário, de fato ou de direito;

•• Alínea *e* acrescentada pela Lei n. 14.112, de 24-12-2020.

III – a relação nominal completa dos credores, sujeitos ou não à recuperação judicial, inclusive aqueles por obrigação de fazer ou de dar, com a indicação do endereço físico e eletrônico de cada um, a natureza, conforme estabelecido nos arts. 83 e 84 desta Lei, e o valor atualizado do crédito, com a discriminação de sua origem, e o regime dos vencimentos;

•• Inciso III com redação determinada pela Lei n. 14.112, de 24-12-2020.

IV – a relação integral dos empregados, em que constem as respectivas funções, salários, indenizações e outras parcelas a que têm direito, com o correspondente mês de competência, e a discriminação dos valores pendentes de pagamento;

V – certidão de regularidade do devedor no Registro Público de Empresas, o ato constitutivo atualizado e as atas de nomeação dos atuais administradores;

VI – a relação dos bens particulares dos sócios controladores e dos administradores do devedor;

VII – os extratos atualizados das contas bancárias do devedor e de suas eventuais aplicações financeiras de qualquer modalidade, inclusive em fundos de investimento ou em bolsas de valores, emitidos pelas respectivas instituições financeiras;

VIII – certidões dos cartórios de protestos situados na comarca do domicílio ou sede do devedor e naquelas onde possui filial;

IX – a relação, subscrita pelo devedor, de todas as ações judiciais e procedimentos arbitrais em que este figure como parte, inclusive as de natureza trabalhista, com a estimativa dos respectivos valores demandados;

•• Inciso IX com redação determinada pela Lei n. 14.112, de 24-12-2020.

X – o relatório detalhado do passivo fiscal; e

•• Inciso X acrescentado pela Lei n. 14.112, de 24-12-2020.

XI – a relação de bens e direitos integrantes do ativo não circulante, incluídos aqueles não sujeitos à recuperação judicial, acompanhada dos negócios jurídicos celebrados com os credores de que trata o § 3.º do art. 49 desta Lei.

•• Inciso XI acrescentado pela Lei n. 14.112, de 24-12-2020.

§ 1.º Os documentos de escrituração contábil e demais relatórios auxiliares, na forma e no suporte previstos em lei, permanecerão à disposição do juízo, do administrador judicial e, mediante autorização judicial, de qualquer interessado.

§ 2.º Com relação à exigência prevista no inciso II do *caput* deste artigo, as microempresas e empresas de pequeno porte poderão apresentar livros e escrituração contábil simplificados nos termos da legislação específica.

• *Vide* art. 27 da Lei Complementar n. 123, de 14-12-2006.

§ 3.º O juiz poderá determinar o depósito em cartório dos documentos a que se referem os §§ 1.º e 2.º deste artigo ou de cópia destes.

§ 4.º Na hipótese de o ajuizamento da recuperação judicial ocorrer antes da data final de entrega do balanço correspondente ao exercício anterior, o devedor apresentará balanço prévio e juntará o balanço definitivo no prazo da lei societária aplicável.

•• § 4.º acrescentado pela Lei n. 14.112, de 24-12-2020.

§ 5.º O valor da causa corresponderá ao montante total dos créditos sujeitos à recuperação judicial.

•• § 5.º acrescentado pela Lei n. 14.112, de 24-12-2020.

§ 6.º Em relação ao período de que trata o § 3.º do art. 48 desta Lei:

•• § 6.º, *caput*, acrescentado pela Lei n. 14.112, de 24-12-2020.

I – a exposição referida no inciso I do *caput* deste artigo deverá comprovar a crise de insolvência, caracterizada pela insuficiência de recursos financeiros ou patrimoniais com liquidez suficiente para saldar suas dívidas;

•• Inciso I acrescentado pela Lei n. 14.112, de 24-12-2020.

II – os requisitos do inciso II do *caput* deste artigo serão substituídos pelos documentos mencionados no § 3.º do art. 48 desta Lei relativos aos últimos 2 (dois) anos.

•• Inciso II acrescentado pela Lei n. 14.112, de 24-12-2020.

Art. 51-A. Após a distribuição do pedido de recuperação judicial, poderá o juiz, quando reputar necessário, nomear profissional de sua confiança, com capacidade técnica e idoneidade, para promover a constatação exclusivamente das reais condições de funcionamento da requerente e da regularidade e da completude da documentação apresentada com a petição inicial.

•• *Caput* acrescentado pela Lei n. 14.112, de 24-12-2020.

§ 1.º A remuneração do profissional de que trata o *caput* deste artigo deverá ser arbitrada posteriormente à apresentação do laudo e deverá considerar a complexidade do trabalho desenvolvido.

•• § 1.º acrescentado pela Lei n. 14.112, de 24-12-2020.

§ 2.º O juiz deverá conceder o prazo máximo de 5 (cinco) dias para que o profissional nomeado apresente laudo de constatação das reais condições de funcionamento do devedor e da regularidade documental.

•• § 2.º acrescentado pela Lei n. 14.112, de 24-12-2020.

§ 3.º A constatação prévia será determinada sem que seja ouvida a outra parte e sem apresentação de quesitos por qualquer das partes, com a possibilidade de o juiz determinar a realização da diligência sem a prévia ciência do devedor, quando entender que esta poderá frustrar os seus objetivos.

•• § 3.º acrescentado pela Lei n. 14.112, de 24-12-2020.

§ 4.º O devedor será intimado do resultado da constatação prévia concomitantemente à sua intimação da decisão que deferir ou indeferir o processamento da recuperação judicial, ou que determinar a emenda da petição inicial, e poderá impugná-la mediante interposição do recurso cabível.

•• § 4.º acrescentado pela Lei n. 14.112, de 24-12-2020.

§ 5.º A constatação prévia consistirá, objetivamente, na verificação das reais condições de funcionamento da empresa e da regularidade documental, vedado o indeferimento do processamento da recuperação judicial baseado na análise de viabilidade econômica do devedor.

•• § 5.º acrescentado pela Lei n. 14.112, de 24-12-2020.

§ 6.º Caso a constatação prévia detecte indícios contundentes de utilização fraudulenta da ação de recuperação judicial, o juiz poderá indeferir a petição inicial, sem prejuízo de oficiar ao Ministério Público para tomada das providências criminais eventualmente cabíveis.

•• § 6.º acrescentado pela Lei n. 14.112, de 24-12-2020.

§ 7.º Caso a constatação prévia demonstre que o principal estabelecimento do devedor não se situa na área de competência do juízo, o juiz deverá determinar a remessa dos autos, com urgência, ao juízo competente.

•• § 7.º acrescentado pela Lei n. 14.112, de 24-12-2020.

Art. 52. Estando em termos a documentação exigida no art. 51 desta Lei, o juiz deferirá o processamento da recuperação judicial e, no mesmo ato:

I – nomeará o administrador judicial, observado o disposto no art. 21 desta Lei;

II – determinará a dispensa da apresentação de certidões negativas para que o devedor exerça suas atividades, observado o disposto no § 3.º do art. 195 da Constituição Federal e no art. 69 desta Lei;

•• Inciso II com redação determinada pela Lei n. 14.112, de 24-12-2020.

III – ordenará a suspensão de todas as ações ou execuções contra o devedor, na forma do art. 6.º desta Lei, permanecendo os respectivos autos no juízo onde se processam, ressalvadas as ações previstas nos §§ 1.º, 2.º e 7.º do art. 6.º desta Lei e as relativas a créditos excetuados na forma dos §§ 3.º e 4.º do art. 49 desta Lei;

• *Vide* Súmula 581 do STJ.

IV – determinará ao devedor a apresentação de contas demonstrativas mensais enquanto perdurar a recuperação judicial, sob pena de destituição de seus administradores;

V – ordenará a intimação eletrônica do Ministério Público e das Fazendas Públicas federal e de todos os Estados, Distrito Federal e Municípios em que o devedor tiver estabelecimento, a fim de que tomem conhecimento da recuperação judicial e informem eventuais créditos perante o devedor, para divulgação aos demais interessados.

•• Inciso V com redação determinada pela Lei n. 14.112, de 24-12-2020.

§ 1.º O juiz ordenará a expedição de edital, para publicação no órgão oficial, que conterá:

• *Vide* art. 7.º, § 1.º, desta Lei.

I – o resumo do pedido do devedor e da decisão que defere o processamento da recuperação judicial;

II – a relação nominal de credores, em que se discrimine o valor atualizado e a classificação de cada crédito;

III – a advertência acerca dos prazos para habilitação dos créditos, na forma do art. 7.º, § 1.º, desta Lei, e para que os credores apresentem objeção ao plano de recuperação judicial apresentado pelo devedor nos termos do art. 55 desta Lei.

§ 2.º Deferido o processamento da recuperação judicial, os credores poderão, a qualquer tempo, requerer a convocação de assembleia geral para a constituição do Comitê de Credores ou substituição de seus membros, observado o disposto no § 2.º do art. 36 desta Lei.

§ 3.º No caso do inciso III do *caput* deste artigo, caberá ao devedor comunicar a suspensão aos juízos competentes.

§ 4.º O devedor não poderá desistir do pedido de recuperação judicial após o deferimento de seu processamento, salvo se obtiver aprovação da desistência na assembleia geral de credores.

Seção III
Do Plano de Recuperação Judicial

Art. 53. O plano de recuperação será apresentado pelo devedor em juízo no prazo improrrogável de 60 (sessenta) dias da publicação da decisão que deferir o processamento da recuperação judicial, sob pena de convolação em falência, e deverá conter:

I – discriminação pormenorizada dos meios de recuperação a ser empregados, conforme o art. 50 desta Lei, e seu resumo;

II – demonstração de sua viabilidade econômica; e

III – laudo econômico-financeiro e de avaliação dos bens e ativos do devedor, subscrito por profissional legalmente habilitado ou empresa especializada.

Parágrafo único. O juiz ordenará a publicação de edital contendo aviso aos credores sobre o recebimento do plano de recuperação e fixando o prazo para a manifestação de eventuais objeções, observado o art. 55 desta Lei.

Art. 54. O plano de recuperação judicial não poderá prever prazo superior a 1 (um) ano para pagamento dos créditos derivados da legislação do trabalho ou decorrentes de acidentes de trabalho vencidos até a data do pedido de recuperação judicial.

§ 1.º O plano não poderá, ainda, prever prazo superior a 30 (trinta) dias para o pagamento, até o limite de 5 (cinco) salários mínimos por trabalhador, dos créditos de natureza estritamente salarial vencidos nos 3 (três) meses anteriores ao pedido de recuperação judicial.

•• Parágrafo único renumerado pela Lei n. 14.112, de 24-12-2020.

§ 2.º O prazo estabelecido no *caput* deste artigo poderá ser estendido em até 2 (dois) anos, se o plano de recuperação judicial atender aos seguintes requisitos, cumulativamente:

•• § 2.º, *caput*, acrescentado pela Lei n. 14.112, de 24-12-2020.

I – apresentação de garantias julgadas suficientes pelo juiz;

•• Inciso I acrescentado pela Lei n. 14.112, de 24-12-2020.

II – aprovação pelos credores titulares de créditos derivados da legislação trabalhista ou decorrentes de acidentes de trabalho, na forma do § 2.º do art. 45 desta Lei; e

•• Inciso II acrescentado pela Lei n. 14.112, de 24-12-2020.

III – garantia da integralidade do pagamento dos créditos trabalhistas.

•• Inciso III acrescentado pela Lei n. 14.112, de 24-12-2020.

Seção IV
Do Procedimento de Recuperação Judicial

Art. 55. Qualquer credor poderá manifestar ao juiz sua objeção ao plano de recuperação judicial no prazo de 30 (trinta) dias contado da publicação da relação de credores de que trata o § 2.º do art. 7.º desta Lei.

Parágrafo único. Caso, na data da publicação da relação de que trata o *caput* deste artigo, não tenha sido publicado o aviso previsto no art. 53, parágrafo único, desta Lei, contar-se-á da publicação deste o prazo para as objeções.

Art. 56. Havendo objeção de qualquer credor ao plano de recuperação judicial, o juiz convocará a assembleia geral de credores para deliberar sobre o plano de recuperação.

•• *Vide* art. 5.º, § 1.º, I, da Lei n. 14.112, de 24-12-2020.

§ 1.º A data designada para a realização da assembleia geral não excederá 150 (cento e cinquenta) dias contados do deferimento do processamento da recuperação judicial.

§ 2.º A assembleia geral que aprovar o plano de recuperação judicial poderá indicar os membros do Comitê de Credores, na forma do art. 26 desta Lei, se já não estiver constituído.

§ 3.º O plano de recuperação judicial poderá sofrer alterações na assembleia geral, desde que haja expressa concordância do devedor e em termos que não impliquem diminuição dos direitos exclusivamente dos credores ausentes.

§ 4.º Rejeitado o plano de recuperação judicial, o administrador judicial submeterá, no ato, à votação da assembleia geral de credores a concessão de prazo de 30 (trinta) dias para que seja apresentado plano de recuperação judicial pelos credores.

•• § 4.º com redação determinada pela Lei n. 14.112, de 24-12-2020.

§ 5.º A concessão do prazo a que se refere o § 4.º deste artigo deverá ser aprovada por credores que representem mais da metade dos créditos presentes à assembleia-geral de credores.

•• § 5.º acrescentado pela Lei n. 14.112, de 24-12-2020.

§ 6.º O plano de recuperação judicial proposto pelos credores somente será posto em votação caso satisfeitas, cumulativamente, as seguintes condições:

•• § 6.º, *caput*, acrescentado pela Lei n. 14.112, de 24-12-2020.

I – não preenchimento dos requisitos previstos no § 1.º do art. 58 desta Lei;

•• Inciso I acrescentado pela Lei n. 14.112, de 24-12-2020.

II – preenchimento dos requisitos previstos nos incisos I, II e III do *caput* do art. 53 desta Lei;

•• Inciso II acrescentado pela Lei n. 14.112, de 24-12-2020.

III – apoio por escrito de credores que representem, alternativamente:

•• Inciso III, *caput*, acrescentado pela Lei n. 14.112, de 24-12-2020.

a) mais de 25% (vinte e cinco por cento) dos créditos totais sujeitos à recuperação judicial; ou

•• Alínea *a* acrescentada pela Lei n. 14.112, de 24-12-2020.

b) mais de 35% (trinta e cinco por cento) dos créditos dos credores presentes à assembleia geral a que se refere o § 4.º deste artigo;

•• Alínea *b* acrescentada pela Lei n. 14.112, de 24-12-2020.

IV – não imputação de obrigações novas, não previstas em lei ou em contratos anteriormente celebrados, aos sócios do devedor;

•• Inciso IV acrescentado pela Lei n. 14.112, de 24-12-2020.

V – previsão de isenção das garantias pessoais prestadas por pessoas naturais em relação aos créditos a serem novados e que sejam de titularidade dos credores mencionados no inciso III deste parágrafo ou daqueles que votarem favoravelmente ao plano de recuperação judicial apresentado pelos credores, não permitidas ressalvas de voto; e

•• Inciso V acrescentado pela Lei n. 14.112, de 24-12-2020.

VI – não imposição ao devedor ou aos seus sócios de sacrifício maior do que aquele que decorreria da liquidação na falência.

•• Inciso VI acrescentado pela Lei n. 14.112, de 24-12-2020.

§ 7.º O plano de recuperação judicial apresentado pelos credores poderá prever a capitalização dos créditos, inclusive com a consequente alteração do controle da sociedade devedora, permitido o exercício do direito de retirada pelo sócio do devedor.

•• § 7.º acrescentado pela Lei n. 14.112, de 24-12-2020.

§ 8.º Não aplicado o disposto nos §§ 4.º, 5.º e 6.º deste artigo, ou rejeitado o plano de recuperação judicial proposto pelos credores, o juiz convolará a recuperação judicial em falência.

•• § 8.º acrescentado pela Lei n. 14.112, de 24-12-2020.

§ 9.º Na hipótese de suspensão da assembleia geral de credores convocada para fins de votação do plano de recuperação judicial, a assembleia deverá ser encerrada no prazo de até 90 (noventa) dias, contado da data de sua instalação.

•• § 9.º acrescentado pela Lei n. 14.112, de 24-12-2020.

Art. 56-A. Até 5 (cinco) dias antes da data de realização da assembleia geral de credores convocada para deliberar sobre o plano, o devedor poderá comprovar a aprovação dos credores por meio de termo de adesão, observado o *quorum* previsto no art. 45 desta Lei, e requerer a sua homologação judicial.

•• *Caput* acrescentado pela Lei n. 14.112, de 24-12-2020.

§ 1.º No caso previsto no *caput* deste artigo, a assembleia geral será imediatamente dispensada, e o juiz intimará os credores para apresentarem eventuais oposições, no prazo de 10 (dez) dias, o qual substituirá o prazo inicialmente estipulado nos termos do *caput* do art. 55 desta Lei.

•• § 1.º acrescentado pela Lei n. 14.112, de 24-12-2020.

§ 2.º Oferecida oposição prevista no § 1.º deste artigo, terá o devedor o prazo de 10 (dez) dias para manifestar-se a respeito, ouvido a seguir o administrador judicial, no prazo de 5 (cinco) dias.

•• § 2.º acrescentado pela Lei n. 14.112, de 24-12-2020.

§ 3.º No caso de dispensa da assembleia geral ou de aprovação do plano de recuperação judicial em assembleia geral, as oposições apenas poderão versar sobre:

•• § 3.º, *caput*, acrescentado pela Lei n. 14.112, de 24-12-2020.

I – não preenchimento do *quórum* legal de aprovação;

•• Inciso I acrescentado pela Lei n. 14.112, de 24-12-2020.

II – descumprimento do procedimento disciplinado nesta Lei;

•• Inciso II acrescentado pela Lei n. 14.112, de 24-12-2020.

III – irregularidades do termo de adesão ao plano de recuperação; ou

•• Inciso III acrescentado pela Lei n. 14.112, de 24-12-2020.

IV – irregularidades e ilegalidades do plano de recuperação.

•• Inciso IV acrescentado pela Lei n. 14.112, de 24-12-2020.

Art. 57. Após a juntada aos autos do plano aprovado pela assembleia geral de credores ou decorrido o prazo previsto no art. 55 desta Lei sem objeção de credores, o devedor apresentará certidões negativas de débitos tributários nos termos dos arts. 151, 205, 206 da Lei n. 5.172, de 25 de outubro de 1966 – Código Tributário Nacional.

•• Dispositivos do CTN (Lei n. 5.172, de 25-10-1966):

"Art. 151. Suspendem a exigibilidade do crédito tributário:

I – moratória;

II – o depósito do seu montante integral;

III – as reclamações e os recursos, nos termos das leis reguladoras do processo tributário administrativo;

IV – a concessão de medida liminar em mandado de segurança;

V – a concessão de medida liminar ou de tutela antecipada, em outras espécies de ação judicial;

VI – o parcelamento.

Parágrafo único. O disposto neste artigo não dispensa o cumprimento das obrigações acessórias dependentes da obrigação principal cujo crédito seja suspenso, ou dela consequentes".

"Art. 205. A lei poderá exigir que a prova de quitação de determinado tributo, quando exigível, seja feita por certidão negativa, expedida à vista de requerimento do interessado, que contenha todas as informações necessárias à identificação de sua pessoa, domicílio fiscal e ramo de negócio ou atividade que indique o período a que se refere o pedido.

Parágrafo único. A certidão negativa de débito será sempre expedida nos termos em que se tenha sido requerida e será fornecida dentro de 10 (dez) dias da data da entrada do requerimento na repartição".

"Art. 206. Tem os mesmos efeitos previstos no artigo anterior a certidão de que se conste a existência de créditos não vencidos, em curso de cobrança executiva em que se tenha sido efetivada a penhora, ou cuja exigibilidade esteja suspensa".

Art. 58. Cumpridas as exigências desta Lei, o juiz concederá a recuperação judicial do devedor cujo plano não tenha sofrido objeção de credor nos termos doArt. 55 desta Lei ou tenha sido aprovado pela assembleia geral de credores na forma dos arts. 45 ou 56-A desta Lei.

•• *Caput* com redação determinada pela Lei n. 14.112, de 24-12-2020.

§ 1.º O juiz poderá conceder a recuperação judicial com base em plano que não obteve aprovação na forma do art. 45 desta Lei, desde que, na mesma assembleia, tenha obtido, de forma cumulativa:

I – o voto favorável de credores que representem mais da metade do valor de todos os créditos presentes à assembleia, independentemente de classes;

II – a aprovação de 3 (três) das classes de credores ou, caso haja somente 3 (três) classes com credores votantes, a aprovação de pelo menos 2 (duas) das classes ou, caso haja somente 2 (duas) classes com credores votantes, a aprovação de pelo menos 1 (uma) delas, sempre nos termos do art. 45 desta Lei;

•• Inciso II com redação determinada pela Lei n. 14.112, de 24-12-2020.

III – na classe que o houver rejeitado, o voto favorável de mais de 1/3 (um terço) dos credores, computados na forma dos §§ 1.º e 2.º do art. 45 desta Lei.

§ 2.º A recuperação judicial somente poderá ser concedida com base no § 1.º deste artigo se o plano não implicar tratamento diferenciado entre os credores da classe que o houver rejeitado.

§ 3.º Da decisão que conceder a recuperação judicial serão intimados eletronicamente o Ministério Público e as Fazendas Públicas federal e de todos os Estados, Distrito Federal e Municípios em que o devedor tiver estabelecimento.

•• § 3.º acrescentado pela Lei n. 14.112, de 24-12-2020.

Art. 58-A. Rejeitado o plano de recuperação proposto pelo devedor ou pelos credores e não preenchidos os requisitos estabelecidos no § 1.º doArt. 58 desta Lei, o juiz convolará a recuperação judicial em falência.

•• *Caput* acrescentado pela Lei n. 14.112, de 24-12-2020.

Parágrafo único. Da sentença prevista no *caput* deste artigo caberá agravo de instrumento.

•• Parágrafo único acrescentado pela Lei n. 14.112, de 24-12-2020.

Art. 59. O plano de recuperação judicial implica novação dos créditos anteriores ao pedido, e obriga o devedor e todos os credores a ele sujeitos, sem prejuízo das garantias, observado o disposto no § 1.º do art. 50 desta Lei.

• *Vide* Súmula 581 do STJ.

§ 1.º A decisão judicial que conceder a recuperação judicial constituirá título executivo judicial, nos termos do art. 584, inciso III, do *caput* da Lei n. 5.869, de 11 de janeiro de 1973 – Código de Processo Civil.

•• A referência é feita ao CPC de 1973, porém, com a revogação destes artigos, a matéria passou a ser tratada nos arts. 475-N, III, do CPC de 1973. O dispositivo correspondente no CPC de 2015 é o art. 515, II.

§ 2.º Contra a decisão que conceder a recuperação judicial caberá agravo, que poderá ser interposto por qualquer credor e pelo Ministério Público.

§ 3.º Da decisão que conceder a recuperação judicial serão intimadas eletronicamente as Fazendas Públicas federal e de todos os Estados, Distrito Federal e Municípios em que o devedor tiver estabelecimento.

•• § 3.º acrescentado pela Lei n. 14.112, de 24-12-2020.

Art. 60. Se o plano de recuperação judicial aprovado envolver alienação judicial de filiais ou de unidades produtivas isoladas do devedor, o juiz ordenará a sua realização, observado o disposto no art. 142 desta Lei.

Parágrafo único. O objeto da alienação estará livre de qualquer ônus e não haverá sucessão do arrematante nas obrigações do devedor de qualquer natureza, incluídas, mas não exclusivamente, as de natureza ambiental, regulatória, administrativa, penal, anticorrupção, tributária e trabalhista, observado o disposto no § 1.º do art. 141 desta Lei.

•• Parágrafo único com redação determinada pela Lei n. 14.112, de 24-12-2020, originalmente vetado, todavia promulgado em 26-3-2021.

Art. 60-A. A unidade produtiva isolada de que trata oArt. 60 desta Lei poderá abranger bens, direitos ou ativos de qualquer natureza, tangíveis ou intangíveis, isolados ou em conjunto, incluídas participações dos sócios.

•• *Caput* acrescentado pela Lei n. 14.112, de 24-12-2020.

Parágrafo único. O disposto no *caput* deste artigo não afasta a incidência do inciso VI do *caput* e do § 2.º do art. 73 desta Lei.

•• Parágrafo único acrescentado pela Lei n. 14.112, de 24-12-2020.

Art. 61. Proferida a decisão prevista noArt. 58 desta Lei, o juiz poderá determinar a manutenção do devedor em recuperação judicial até que sejam cumpridas todas as obrigações previstas no plano que vencerem até, no máximo, 2 (dois) anos depois da concessão da recuperação judicial, independentemente do eventual período de carência.

•• *Caput* com redação determinada pela Lei n. 14.112, de 24-12-2020.

§ 1.º Durante o período estabelecido no *caput* deste artigo, o descumprimento de qualquer obrigação prevista no plano acarretará a convolação da recuperação em falência, nos termos do art. 73 desta Lei.

§ 2.º Decretada a falência, os credores terão reconstituídos seus direitos e garantias nas condições originalmente contratadas, deduzidos os valores eventualmente pagos e ressalvados os atos validamente praticados no âmbito da recuperação judicial.

Art. 62. Após o período previsto no art. 61 desta Lei, no caso de descumprimento de qualquer obrigação prevista no plano de recuperação judicial, qualquer credor poderá requerer a execução específica ou a falência com base no art. 94 desta Lei.

Art. 63. Cumpridas as obrigações vencidas no prazo previsto no *caput* do art. 61 desta Lei, o juiz decretará por sentença o encerramento da recuperação judicial e determinará:

I – o pagamento do saldo de honorários ao administrador judicial, somente podendo efetuar a quitação dessas obrigações mediante prestação de contas, no prazo de 30 (trinta) dias, e aprovação do relatório previsto no inciso III do *caput* deste artigo;

II – a apuração do saldo das custas judiciais a serem recolhidas;

III – a apresentação de relatório circunstanciado do administrador judicial, no prazo máximo de 15 (quinze) dias, versando sobre a execução do plano de recuperação pelo devedor;

IV – a dissolução do Comitê de Credores e a exoneração do administrador judicial;

V – a comunicação ao Registro Público de Empresas e à Secretaria Especial da Receita Federal do Brasil do Ministério da Economia para as providências cabíveis.

•• Inciso V com redação determinada pela Lei n. 14.112, de 24-12-2020.

Parágrafo único. O encerramento da recuperação judicial não dependerá da consolidação do quadro-geral de credores.

•• Parágrafo único acrescentado pela Lei n. 14.112, de 24-12-2020.

Art. 64. Durante o procedimento de recuperação judicial, o devedor ou seus administradores serão mantidos na condução da atividade empresarial, sob fiscalização do Comitê, se houver, e do administrador judicial, salvo se qualquer deles:

I – houver sido condenado em sentença penal transitada em julgado por crime cometido em recuperação judicial ou falência anteriores ou por crime contra o patrimônio, a economia popular ou a ordem econômica previstos na legislação vigente;

II – houver indícios veementes de ter cometido crime previsto nesta Lei;

III – houver agido com dolo, simulação ou fraude contra os interesses de seus credores;

IV – houver praticado qualquer das seguintes condutas:

a) efetuar gastos pessoais manifestamente excessivos em relação a sua situação patrimonial;

b) efetuar despesas injustificáveis por sua natureza ou vulto, em relação ao capital ou gênero do negócio, ao movimento das operações e a outras circunstâncias análogas;

c) descapitalizar injustificadamente a empresa ou realizar operações prejudiciais ao seu funcionamento regular;

d) simular ou omitir créditos ao apresentar a relação de que trata o inciso III do *caput* do art. 51 desta Lei, sem relevante razão de direito ou amparo de decisão judicial;

V – negar-se a prestar informações solicitadas pelo administrador judicial ou pelos demais membros do Comitê;

VI – tiver seu afastamento previsto no plano de recuperação judicial.

Parágrafo único. Verificada qualquer das hipóteses do *caput* deste artigo, o juiz destituirá o administrador, que será substituído na forma prevista nos atos constitutivos do devedor ou do plano de recuperação judicial.

Art. 65. Quando do afastamento do devedor, nas hipóteses previstas no art. 64 desta Lei, o juiz convocará a assembleia geral de credores para deliberar sobre o nome do gestor judicial que assumirá a administração das atividades do devedor, aplicando-se-lhe, no que couber, todas as normas sobre deveres, impedimentos e remuneração do administrador judicial.

§ 1.º O administrador judicial exercerá as funções de gestor enquanto a assembleia geral não deliberar sobre a escolha deste.

§ 2.º Na hipótese de o gestor indicado pela assembleia geral de credores recusar ou estar impedido de aceitar o encargo para gerir os negócios do devedor, o juiz convocará, no prazo de 72 (setenta e duas) horas, contado da recusa ou da declaração do impedimento nos autos, nova assembleia geral, aplicado o disposto no § 1.º deste artigo.

Art. 66. Após a distribuição do pedido de recuperação judicial, o devedor não poderá alienar ou onerar bens ou direitos de seu ativo não circulante, inclusive para os fins previstos noArt. 67 desta Lei, salvo mediante autorização do juiz, depois de ouvido o Comitê de Credores, se houver, com exceção daqueles previamente autorizados no plano de recuperação judicial.

•• *Caput* com redação determinada pela Lei n. 14.112, de 24-12-2020.

§ 1.º Autorizada a alienação de que trata o *caput* deste artigo pelo juiz, observar-se-á o seguinte:

•• § 1.º, *caput*, acrescentado pela Lei n. 14.112, de 24-12-2020.

I – nos 5 (cinco) dias subsequentes à data da publicação da decisão, credores que corresponderem a mais de 15% (quinze por cento) do valor total de créditos sujeitos à recuperação judicial, comprovada a prestação da caução equivalente ao valor total da alienação, poderão manifestar ao administrador judicial, fundamentadamente, o interesse na realização da assembleia geral de credores para deliberar sobre a realização da venda;

•• Inciso I acrescentado pela Lei n. 14.112, de 24-12-2020.

II – nas 48 (quarenta e oito) horas posteriores ao final do prazo previsto no inciso I deste parágrafo, o administrador judicial apresentará ao juiz relatório das manifestações recebidas e, somente na hipótese de cumpridos os requisitos estabelecidos, requererá a convocação de assembleia geral de credores, que será realizada da forma mais célere, eficiente e menos onerosa, preferencialmente por intermédio dos instrumentos referidos no § 4.º do art. 39 desta Lei.

•• Inciso II acrescentado pela Lei n. 14.112, de 24-12-2020.

§ 2.º As despesas com a convocação e a realização da assembleia geral correrão por conta dos credores referidos no inciso I do § 1.º deste artigo, proporcionalmente ao valor total de seus créditos.

•• § 2.º acrescentado pela Lei n. 14.112, de 24-12-2020.

§ 3.º Desde que a alienação seja realizada com observância do disposto no § 1.º do art. 141 e no art. 142 desta Lei, o objeto da alienação estará livre de qualquer ônus e não haverá sucessão do adquirente nas obrigações do devedor, incluídas, mas não exclusivamente, as de natureza ambiental, regulatória, administrativa, penal, anticorrupção, tributária e trabalhista.

•• § 3.º acrescentado pela Lei n. 14.112, de 24-12-2020, originalmente vetado, todavia promulgado em 26-3-2021.

§ 4.º O disposto no *caput* deste artigo não afasta a incidência do inciso VI do *caput* e do § 2.º do art. 73 desta Lei.

•• § 4.º acrescentado pela Lei n. 14.112, de 24-12-2020.

Art. 66-A. A alienação de bens ou a garantia outorgada pelo devedor a adquirente ou a financiador de boa-fé, desde que realizada mediante autorização judicial expressa ou prevista em plano de recuperação judicial ou extrajudicial aprovado, não poderá ser anulada ou tomada ineficaz após a consumação do negócio jurídico com o recebimento dos recursos correspondentes pelo devedor.

•• Artigo acrescentado pela Lei n. 14.112, de 24-12-2020.

Art. 67. Os créditos decorrentes de obrigações contraídas pelo devedor durante a recuperação judicial, inclusive aqueles relativos a despesas com fornecedores de bens ou serviços e contratos de mútuo, serão considerados extraconcursais, em caso de decretação de falência, respeitada, no que couber, a ordem estabelecida no art. 83 desta Lei.

Parágrafo único. O plano de recuperação judicial poderá prever tratamento diferenciado aos créditos sujeitos à recuperação judicial pertencentes a fornecedores de bens ou serviços que continuarem a provê-los normalmente após o pedido de recuperação judicial, desde que tais bens ou serviços sejam necessários para a manutenção das atividades e que o tratamento diferenciado seja adequado e razoável no que concerne à relação comercial futura.

•• Parágrafo único com redação determinada pela Lei n. 14.112, de 24-12-2020.

Art. 68. As Fazendas Públicas e o Instituto Nacional do Seguro Social – INSS poderão deferir, nos termos da legislação específica, parcelamento de seus créditos, em sede de recuperação judicial, de acordo com os parâmetros estabelecidos na Lei n. 5.172, de 25 de outubro de 1966 – Código Tributário Nacional.

• O art. 155-A do CTN dispõe sobre o parcelamento do crédito tributário.

Parágrafo único. As microempresas e empresas de pequeno porte farão jus a prazos 20% (vinte por cento) superiores àqueles regularmente concedidos às demais empresas.

•• Parágrafo único acrescentado pela Lei Complementar n. 147, de 7-8-2014.

Art. 69. Em todos os atos, contratos e documentos firmados pelo devedor sujeito ao procedimento de recuperação judicial deverá ser acrescida, após o nome empresarial, a expressão "em Recuperação Judicial".

Parágrafo único. O juiz determinará ao Registro Público de Empresas e à Secretaria Especial da Receita Federal do Brasil a anotação da recuperação judicial nos registros correspondentes.

•• Parágrafo único com redação determinada pela Lei n. 14.112, de 24-12-2020.

Seção IV-A
Do Financiamento do Devedor e do Grupo Devedor durante a Recuperação Judicial

•• Seção IV-A acrescentada pela Lei n. 14.112, de 24-12-2020.

Art. 69-A. Durante a recuperação judicial, nos termos dos arts. 66 e 67 desta Lei, o juiz poderá, depois de ouvido o Comitê de Credores, autorizar a celebração de contratos de financiamento com o devedor, garantidos pela oneração ou pela alienação fiduciária de bens e direitos, seus ou de terceiros, pertencentes ao ativo não circulante, para financiar as suas atividades e as despesas de reestruturação ou de preservação do valor de ativos.

•• Artigo acrescentado pela Lei n. 14.112, de 24-12-2020.

Art. 69-B. A modificação em grau de recurso da decisão autorizativa da contratação do financiamento não pode alterar sua natureza extraconcursal, nos termos doArt. 84 desta Lei, nem as garantias outorgadas pelo devedor em favor do financiador de boa-fé, caso o desembolso dos recursos já tenha sido efetivado.

•• Artigo acrescentado pela Lei n. 14.112, de 24-12-2020.

Art. 69-C. O juiz poderá autorizar a constituição de garantia subordinada sobre um ou mais ativos do devedor em favor do financiador de devedor em recuperação judicial, dispensando a anuência do detentor da garantia original.

•• *Caput* acrescentado pela Lei n. 14.112, de 24-12-2020.

§ 1.º A garantia subordinada, em qualquer hipótese, ficará limitada ao eventual excesso resultante da alienação do ativo objeto da garantia original.

•• § 1.º acrescentado pela Lei n. 14.112, de 24-12-2020.

§ 2.º O disposto no *caput* deste artigo não se aplica a qualquer modalidade de alienação fiduciária ou de cessão fiduciária.

•• § 2.º acrescentado pela Lei n. 14.112, de 24-12-2020.

Art. 69-D. Caso a recuperação judicial seja convolada em falência antes da liberação integral dos valores de que trata esta Seção, o contrato de financiamento será considerado automaticamente rescindido.

•• *Caput* acrescentado pela Lei n. 14.112, de 24-12-2020.

Parágrafo único. As garantias constituídas e as preferências serão conservadas até o limite dos valores efetivamente entregues ao devedor antes da data da sentença que convolar a recuperação judicial em falência.

•• Parágrafo único acrescentado pela Lei n. 14.112, de 24-12-2020.

Art. 69-E. O financiamento de que trata esta Seção poderá ser realizado por qualquer pessoa, inclusive credores, sujeitos ou não à recuperação judicial, familiares, sócios e integrantes do grupo do devedor.

•• Artigo acrescentado pela Lei n. 14.112, de 24-12-2020.

Art. 69-F. Qualquer pessoa ou entidade pode garantir o financiamento de que trata esta Seção mediante a oneração ou a alienação fiduciária de bens e direitos, inclusive o próprio devedor e os demais integrantes do seu grupo, estejam ou não em recuperação judicial.

•• Artigo acrescentado pela Lei n. 14.112, de 24-12-2020.

Seção IV-B
Da Consolidação Processual e da Consolidação Substancial

•• Seção IV-B acrescentada pela Lei n. 14.112, de 24-12-2020.

Art. 69-G. Os devedores que atendam aos requisitos previstos nesta Lei e que integrem grupo sob controle societário comum poderão requerer recuperação judicial sob consolidação processual.

•• *Caput* acrescentada pela Lei n. 14.112, de 24-12-2020.

§ 1.º Cada devedor apresentará individualmente a documentação exigida no art. 51 desta Lei.

•• § 1.º acrescentado pela Lei n. 14.112, de 24-12-2020.

§ 2.º O juízo do local do principal estabelecimento entre os dos devedores é competente para deferir a recuperação judicial sob consolidação processual, em observância ao disposto no art. 3.º desta Lei.

•• § 2.º acrescentado pela Lei n. 14.112, de 24-12-2020.

§ 3.º Exceto quando disciplinado de forma diversa, as demais disposições desta Lei aplicam-se aos casos de que trata esta Seção.

•• § 3.º acrescentado pela Lei n. 14.112, de 24-12-2020.

Art. 69-H. Na hipótese de a documentação de cada devedor ser considerada adequada, apenas um administrador judicial será nomeado, observado o disposto na Seção III do Capítulo II desta Lei.

•• Artigo acrescentado pela Lei n. 14.112, de 24-12-2020.

Art. 69-I. A consolidação processual, prevista noArt. 69-G desta Lei, acarreta a coordenação de atos processuais, garantida a independência dos devedores, dos seus ativos e dos seus passivos.

•• *Caput* acrescentado pela Lei n. 14.112, de 24-12-2020.

§ 1.º Os devedores proporão meios de recuperação independentes e específicos para a composição de seus passivos, admitida a sua apresentação em plano único.

•• § 1.º acrescentado pela Lei n. 14.112, de 24-12-2020.

§ 2.º Os credores de cada devedor deliberarão em assembleias gerais de credores independentes.

•• § 2.º acrescentado pela Lei n. 14.112, de 24-12-2020.

§ 3.º Os quóruns de instalação e de deliberação das assembleias gerais de que trata o § 2.º deste artigo serão verificados, exclusivamente, em referência aos credores de cada devedor, e serão elaboradas atas para cada um dos devedores.

•• § 3.º acrescentado pela Lei n. 14.112, de 24-12-2020.

§ 4.º A consolidação processual não impede que alguns devedores obtenham a concessão da recuperação judicial e outros tenham a falência decretada.

•• § 4.º acrescentado pela Lei n. 14.112, de 24-12-2020.

§ 5.º Na hipótese prevista no § 4.º deste artigo, o processo será desmembrado em tantos processos quantos forem necessários.

•• § 5.º acrescentado pela Lei n. 14.112, de 24-12-2020.

Art. 69-J. O juiz poderá, de forma excepcional, independentemente da realização de assembleia geral, autorizar a consolidação substancial de ativos e passivos dos devedores integrantes do mesmo grupo econômico que estejam em recuperação judicial sob consolidação processual, apenas quando constatar a interconexão e a confusão entre ativos ou passivos dos devedores, de modo que não seja possível identificar a sua titularidade sem excessivo dispêndio de tempo ou de recursos, cumulativamente com a ocorrência de, no mínimo, 2 (duas) das seguintes hipóteses:

•• *Caput* acrescentado pela Lei n. 14.112, de 24-12-2020.

I – existência de garantias cruzadas;

•• Inciso I acrescentado pela Lei n. 14.112, de 24-12-2020.

II – relação de controle ou de dependência;

•• Inciso II acrescentado pela Lei n. 14.112, de 24-12-2020.

III – identidade total ou parcial do quadro societário; e

•• Inciso III acrescentado pela Lei n. 14.112, de 24-12-2020.

IV – atuação conjunta no mercado entre os postulantes.

•• Inciso IV acrescentado pela Lei n. 14.112, de 24-12-2020.

Art. 69-K. Em decorrência da consolidação substancial, ativos e passivos de devedores serão tratados como se pertencessem a um único devedor.

•• *Caput* acrescentado pela Lei n. 14.112, de 24-12-2020.

§ 1.º A consolidação substancial acarretará a extinção imediata de garantias fidejussórias e de créditos detidos por um devedor em face de outro.

•• § 1.º acrescentado pela Lei n. 14.112, de 24-12-2020.

§ 2.º A consolidação substancial não impactará a garantia real de nenhum credor, exceto mediante aprovação expressa do titular.

•• § 2.º acrescentado pela Lei n. 14.112, de 24-12-2020.

Art. 69-L. Admitida a consolidação substancial, os devedores apresentarão plano unitário, que discriminará os meios de recuperação a serem empregados e será submetido a uma assembleia geral de credores para a qual serão convocados os credores dos devedores.

•• *Caput* acrescentado pela Lei n. 14.112, de 24-12-2020.

§ 1.º As regras sobre deliberação e homologação previstas nesta Lei serão aplicadas à assembleia geral de credores a que se refere o *caput* deste artigo.

•• § 1.º acrescentado pela Lei n. 14.112, de 24-12-2020.

§ 2.º A rejeição do plano unitário de que trata o *caput* deste artigo implicará a convolação da recuperação judicial em falência dos devedores sob consolidação substancial.

•• § 2.º acrescentado pela Lei n. 14.112, de 24-12-2020.

Seção V
Do Plano de Recuperação Judicial para Microempresas e Empresas de Pequeno Porte

•• *Vide* Lei Complementar n. 123, de 14-12-2006 – Estatuto da Microempresa e da Empresa de Pequeno Porte.

Art. 70. As pessoas de que trata o art. 1.º desta Lei e que se incluam nos conceitos de microempresa ou empresa de pequeno porte, nos termos da legislação vigente, sujeitam-se às normas deste Capítulo.

§ 1.º As microempresas e as empresas de pequeno porte, conforme definidas em lei, poderão apresentar plano especial de recuperação judicial, desde que afirmem sua intenção de fazê-lo na petição inicial de que trata o art. 51 desta Lei.

§ 2.º Os credores não atingidos pelo plano especial não terão seus créditos habilitados na recuperação judicial.

Art. 70-A. O produtor rural de que trata o § 3.º doArt. 48 desta Lei poderá apresentar plano especial de recuperação judicial, nos termos desta Seção, desde que o valor da causa não exceda a R$ 4.800.000,00 (quatro milhões e oitocentos mil reais).

•• Artigo acrescentado pela Lei n. 14.112, de 24-12-2020.

Art. 71. O plano especial de recuperação judicial será apresentado no prazo previsto no art. 53 desta Lei e limitar-se-á às seguintes condições:

I – abrangerá todos os créditos existentes na data do pedido, ainda que não vencidos, excetuados os decorrentes de repasse de recursos oficiais, os fiscais e os previstos nos §§ 3.º e 4.º do art. 49;

•• Inciso I com redação determinada pela Lei Complementar n. 147, de 7-8-2014.

II – preverá parcelamento em até 36 (trinta e seis) parcelas mensais, iguais e sucessivas, acrescidas de juros equivalentes à taxa Sistema Especial de Liquidação e de Custódia – SELIC, podendo conter ainda a proposta de abatimento do valor das dívidas;

•• Inciso II com redação determinada pela Lei Complementar n. 147, de 7-8-2014.

III – preverá o pagamento da 1.ª (primeira) parcela no prazo máximo de 180 (cento e oitenta) dias, contado da distribuição do pedido de recuperação judicial;

IV – estabelecerá a necessidade de autorização do juiz, após ouvido o administrador judicial e o Comitê de Credores, para o devedor aumentar despesas ou contratar empregados.

Parágrafo único. O pedido de recuperação judicial com base em plano especial não acarreta a suspensão do curso da prescrição nem das ações e execuções por créditos não abrangidos pelo plano.

Art. 72. Caso o devedor de que trata o art. 70 desta Lei opte pelo pedido de recuperação judicial com base no plano especial disciplinado nesta Seção, não será convocada assembleia geral de credores para deliberar sobre o plano, e o juiz concederá a recuperação judicial se atendidas as demais exigências desta Lei.

Parágrafo único. O juiz também julgará improcedente o pedido de recuperação judicial e decretará a falência do devedor se houver objeções, nos termos do art. 55, de credores titulares de mais da metade de qualquer uma das classes de créditos previstos no art. 83, computados na forma do art. 45, todos desta Lei.

•• Parágrafo único acrescentado pela Lei Complementar n. 147, de 7-8-2014.

Capítulo IV
DA CONVOLAÇÃO DA RECUPERAÇÃO JUDICIAL EM FALÊNCIA

Art. 73. O juiz decretará a falência durante o processo de recuperação judicial:

•• *Vide* art. 2.º da Lei n. 6.024, de 13-3-1974.

I – por deliberação da assembleia geral de credores, na forma do art. 42 desta Lei;

II – pela não apresentação, pelo devedor, do plano de recuperação no prazo do art. 53 desta Lei;

III – quando não aplicado o disposto nos §§ 4.º, 5.º e 6.º do art. 56 desta Lei, ou rejeitado o plano de recuperação judicial proposto pelos credores, nos termos do § 7.º do art. 56 e do art. 58-A desta Lei;

•• Inciso III com redação determinada pela Lei n. 14.112, de 24-12-2020.

IV – por descumprimento de qualquer obrigação assumida no plano de recuperação, na forma do § 1.º do art. 61 desta Lei;

V – por descumprimento dos parcelamentos referidos no art. 68 desta Lei ou da transação prevista no art. 10-C da Lei n. 10.522, de 19 de julho de 2002; e

•• Inciso V acrescentado pela Lei n. 14.112, de 24-12-2020.

VI – quando identificado o esvaziamento patrimonial da devedora que implique liquidação substancial da empresa, em prejuízo de credores não sujeitos à recuperação judicial, inclusive as Fazendas Públicas.

•• Inciso VI acrescentado pela Lei n. 14.112, de 24-12-2020.

§ 1.º O disposto neste artigo não impede a decretação da falência por inadimplemento de obrigação não sujeita à recuperação judicial, nos termos dos incisos I ou II do *caput* do art. 94 desta lei, ou por prática de ato previsto no inciso III do *caput* do art. 94 desta Lei.

•• Parágrafo único renumerado pela Lei n. 14.112, de 24-12-2020.

§ 2.º A hipótese prevista no inciso VI do *caput* deste artigo não implicará a invalidade ou a ineficácia dos atos, e o juiz determinará o bloqueio do produto de eventuais alienações e a devolução ao devedor dos valores já distribuídos, os quais ficarão à disposição do juízo.

•• § 2.º acrescentado pela Lei n. 14.112, de 24-12-2020.

§ 3.º Considera-se substancial a liquidação quando não forem reservados bens, direitos ou projeção de fluxo de caixa futuro suficientes à manutenção da atividade econômica para fins de cumprimento de suas obrigações, facultada a realização de perícia específica para essa finalidade.

•• § 3.º acrescentado pela Lei n. 14.112, de 24-12-2020.

Art. 74. Na convolação da recuperação em falência, os atos de administração, endividamento, oneração ou alienação praticados durante a recuperação judicial presumem-se válidos, desde que realizados na forma desta Lei.

Capítulo V
DA FALÊNCIA

Seção I
Disposições Gerais

Art. 75. A falência, ao promover o afastamento do devedor de suas atividades, visa a:

•• *Caput* com redação determinada pela Lei n. 14.112, de 24-12-2020.

I – preservar e a otimizar a utilização produtiva dos bens, dos ativos e dos recursos produtivos, inclusive os intangíveis, da empresa;

•• Inciso I acrescentado pela Lei n. 14.112, de 24-12-2020.

II – permitir a liquidação célere das empresas inviáveis, com vistas à realocação eficiente de recursos na economia; e

•• Inciso II acrescentado pela Lei n. 14.112, de 24-12-2020.

III – fomentar o empreendedorismo, inclusive por meio da viabilização do retorno célere do empreendedor falido à atividade econômica.

•• Inciso III acrescentado pela Lei n. 14.112, de 24-12-2020.

§ 1.º O processo de falência atenderá aos princípios da celeridade e da economia processual, sem prejuízo do contraditório, da ampla defesa e dos demais princípios previstos na Lei n. 13.105, de 16 de março de 2015 (Código de Processo Civil).

•• § 1.º acrescentado pela Lei n. 14.112, de 24-12-2020.

§ 2.º A falência é mecanismo de preservação de benefícios econômicos e sociais decorrentes da atividade empresarial, por meio da liquidação imediata do devedor e da rápida realocação útil de ativos na economia.

•• § 2.º acrescentado pela Lei n. 14.112, de 24-12-2020.

Art. 76. O juízo da falência é indivisível e competente para conhecer todas as ações sobre bens, interesses e negócios do falido, ressalvadas as causas trabalhistas, fiscais e aquelas não reguladas nesta Lei em que o falido figurar como autor ou litisconsorte ativo.

Parágrafo único. Todas as ações, inclusive as excetuadas no *caput* deste artigo, terão prosseguimento com o administrador judicial, que deverá ser intimado para representar a massa falida, sob pena de nulidade do processo.

Art. 77. A decretação da falência determina o vencimento antecipado das dívidas do devedor e dos sócios ilimitada e solidariamente responsáveis, com o abatimento proporcional dos juros, e converte todos os créditos em moeda estrangeira para a moeda do País, pelo câmbio do dia da decisão judicial, para todos os efeitos desta Lei.

Art. 78. Os pedidos de falência estão sujeitos a distribuição obrigatória, respeitada a ordem de apresentação.

Parágrafo único. As ações que devam ser propostas no juízo da falência estão sujeitas a distribuição por dependência.

Art. 79. Os processos de falência e os seus incidentes preferem a todos os outros na ordem dos feitos, em qualquer instância.

Art. 80. Considerar-se-ão habilitados os créditos remanescentes da recuperação judicial, quando definitivamente incluídos no quadro-geral de credores, tendo prosseguimento as habilitações que estejam em curso.

Art. 81. A decisão que decreta a falência da sociedade com sócios ilimitadamente responsáveis também acarreta a falência destes, que ficam sujeitos aos mesmos efeitos jurídicos produzidos em relação à sociedade falida e, por isso, deverão ser citados para apresentar contestação, se assim o desejarem.

•• LSA: Lei n. 6.404, de 15-12-1976.

§ 1.º O disposto no *caput* deste artigo aplica-se ao sócio que tenha se retirado voluntariamente ou que tenha sido excluído da sociedade, há menos de 2 (dois) anos, quanto às dívidas existentes na data do arquivamento da alteração do contrato, no caso de não terem sido solvidas até a data da decretação da falência.

•• *Vide* arts. 1.103 e 1.146 da Lei n. 10.406, de 10-1-2002 (CC).

§ 2.º As sociedades falidas serão representadas na falência por seus administradores ou liquidantes, os quais terão os mesmos direitos e, sob as mesmas penas, ficarão sujeitos às obrigações que cabem ao falido.

Art. 82. A responsabilidade pessoal dos sócios de responsabilidade limitada, dos controladores e dos administradores da sociedade falida, estabelecida nas respectivas leis, será apurada no próprio juízo da falência, independentemente da realização do ativo e da prova da sua insuficiência para cobrir o passivo, observado o procedimento ordinário previsto no Código de Processo Civil.

•• Responsabilidade dos administradores – arts. 158 e s. – e responsabilidade dos administradores e das sociedades controladoras (arts. 245 e s.), da Lei n. 6.404, de 15-12-1976 (LSA).

• *Vide* art. 994, § 3.º, da Lei n. 10.406, de 10-1-2002 (CC).

§ 1.º Prescreverá em 2 (dois) anos, contados do trânsito em julgado da sentença de encerramento da falência, a ação de responsabilização prevista no *caput* deste artigo.

§ 2.º O juiz poderá, de ofício ou mediante requerimento das partes interessadas, ordenar a indisponibilidade de bens particulares dos réus, em quantidade compatível com o dano provocado, até o julgamento da ação de responsabilização.

Art. 82-A. É vedada a extensão da falência ou de seus efeitos, no todo ou em parte, aos sócios de responsabilidade limitada, aos controladores e aos administradores da sociedade falida, admitida, contudo, a desconsideração da personalidade jurídica.

•• *Caput* acrescentado pela Lei n. 14.112, de 24-12-2020.

•• *Vide* art. 5.º, § 1.º, III, da Lei n. 14.112, de 24-12-2020.

Parágrafo único. A desconsideração da personalidade jurídica da sociedade falida, para fins de responsabilização de terceiros, grupo, sócio ou administrador por obrigação desta, somente pode ser decretada pelo juízo falimentar com a observância do art. 50 da Lei n. 10.406, de 10 de janeiro de 2002 (Código Civil) e dos arts. 133, 134, 135, 136 e 137 da Lei n. 13.105, de 16 de março de 2015 (Código de Processo Civil), não aplicada a suspensão de que trata o § 3.º do art. 134 da Lei n. 13.105, de 16 de março de 2015 (Código de Processo Civil).

•• Parágrafo único acrescentado pela Lei n. 14.112, de 24-12-2020.

Seção II
Da Classificação dos Créditos

Art. 83. A classificação dos créditos na falência obedece à seguinte ordem:

• *Vide* Súmulas 192 e 565 do STF.

•• *Vide* art. 5.º, § 1.º, II, da Lei n. 14.112, de 24-12-2020.

I – os créditos derivados da legislação trabalhista, limitados a 150 (cento e cinquenta) salários mínimos por credor, e aqueles decorrentes de acidentes de trabalho;

•• Inciso I com redação determinada pela Lei n. 14.112, de 24-12-2020.

• *Vide* Súmula 219 do STJ.

II – os créditos gravados com direito real de garantia até o limite do valor do bem gravado;

•• Inciso II com redação determinada pela Lei n. 14.112, de 24-12-2020.

• *Vide* arts. 1.419 e 1.422 do CC.

III – os créditos tributários, independentemente da sua natureza e do tempo de constituição, exceto os créditos extraconcursais e as multas tributárias;

•• Inciso III com redação determinada pela Lei n. 14.112, de 24-12-2020.

•• *Vide* art. 187 do CTN.

IV e V – (*Revogados pela Lei n. 14.112, de 24-12-2020.*)

VI – os créditos quirografários, a saber:

•• Inciso VI, *caput*, com redação determinada pela Lei n. 14.112, de 24-12-2020.

•• *Vide* art. 45, § 7.º, da LSA.

a) os assim previstos em lei ou em contrato;

b) os saldos dos créditos não cobertos pelo produto da alienação dos bens vinculados ao seu pagamento; e

•• Alínea *b* com redação determinada pela Lei n. 14.112, de 24-12-2020.

c) os saldos dos créditos derivados da legislação trabalhista que excederem o limite estabelecido no inciso I do *caput* deste artigo;

•• Alínea *c* com redação determinada pela Lei n. 14.112, de 24-12-2020.

VII – as multas contratuais e as penas pecuniárias por infração das leis penais ou administrativas, incluídas as multas tributárias;

•• Inciso VII com redação determinada pela Lei n. 14.112, de 24-12-2020.

• *Vide* Súmulas 192 e 565 do STF.

VIII – os créditos subordinados, a saber:

•• Inciso VIII, *caput*, com redação determinada pela Lei n. 14.112, de 24-12-2020.

a) os previstos em lei ou em contrato; e

•• Alínea *a* com redação determinada pela Lei n. 14.112, de 24-12-2020.

b) os créditos dos sócios e dos administradores sem vínculo empregatício cuja contratação não tenha observado as condições estritamente comutativas e as práticas de mercado; e

•• Alínea *b* com redação determinada pela Lei n. 14.112, de 24-12-2020.

IX – os juros vencidos após a decretação da falência, conforme previsto no art. 124 desta Lei.

•• Inciso IX acrescentado pela Lei n. 14.112, de 24-12-2020.

§ 1.º Para os fins do inciso II do *caput* deste artigo, será considerado como valor do bem objeto de garantia real a importância efetivamente arrecadada com sua venda, ou, no caso de alienação em bloco, o valor de avaliação do bem individualmente considerado.

§ 2.º Não são oponíveis à massa os valores decorrentes de direito de sócio ao recebimento de sua parcela do capital social na liquidação da sociedade.

§ 3.º As cláusulas penais dos contratos unilaterais não serão atendidas se as obrigações neles estipuladas se vencerem em virtude da falência.

§ 4.º (*Revogado pela Lei n. 14.112, de 24-12-2020.*)

§ 5.º Para os fins do disposto nesta Lei, os créditos cedidos a qualquer título manterão sua natureza e classificação.

•• § 5.º acrescentado pela Lei n. 14.112, de 24-12-2020.

§ 6.º Para os fins do disposto nesta Lei, os créditos que disponham de privilégio especial ou geral em outras normas integrarão a classe dos créditos quirografários.

•• § 6.º acrescentado pela Lei n. 14.112, de 24-12-2020.

Art. 84. Serão considerados créditos extraconcursais e serão pagos com precedência sobre os mencionados noArt. 83 desta Lei, na ordem a seguir, aqueles relativos:

•• *Caput* com redação determinada pela Lei n. 14.112, de 24-12-2020.

•• *Vide* art. 5.º, § 1.º, II, da Lei n. 14.112, de 24-12-2020.

I – (*Revogado pela Lei n. 14.112, de 24-12-2020*);

I-A – às quantias referidas nos arts. 150 e 151 desta Lei;

•• Inciso I-A acrescentado pela Lei n. 14.112, de 24-12-2020.

I-B – ao valor efetivamente entregue ao devedor em recuperação judicial pelo financiador, em conformidade com o disposto na Seção IV-A do Capítulo III desta Lei;

•• Inciso I-B acrescentado pela Lei n. 14.112, de 24-12-2020.

I-C – aos créditos em dinheiro objeto de restituição, conforme previsto no art. 86 desta Lei;

•• Inciso I-C acrescentado pela Lei n. 14.112, de 24-12-2020.

I-D – às remunerações devidas ao administrador judicial e aos seus auxiliares, aos reembolsos devidos a membros do Comitê de Credores, e aos créditos derivados da legislação trabalhista ou decorrentes de acidentes de trabalho relativos a serviços prestados após a decretação da falência;

•• Inciso I-D acrescentado pela Lei n. 14.112, de 24-12-2020.

I-E – às obrigações resultantes de atos jurídicos válidos praticados durante a recuperação judicial, nos termos do art. 67 desta Lei, ou após a decretação da falência;

•• Inciso I-E acrescentado pela Lei n. 14.112, de 24-12-2020.

II – às quantias fornecidas à massa falida pelos credores;

•• Inciso II com redação determinada pela Lei n. 14.112, de 24-12-2020.

III – às despesas com arrecadação, administração, realização do ativo, distribuição do seu produto e custas do processo de falência;

•• Inciso III com redação determinada pela Lei n. 14.112, de 24-12-2020.

IV – às custas judiciais relativas às ações e às execuções em que a massa falida tenha sido vencida;

•• Inciso IV com redação determinada pela Lei n. 14.112, de 24-12-2020.

V – aos tributos relativos a fatos geradores ocorridos após a decretação da falência, respeitada a ordem estabelecida no art. 83 desta Lei.

•• Inciso V com redação determinada pela Lei n. 14.112, de 24-12-2020.

§ 1.º As despesas referidas no inciso I-A do *caput* deste artigo serão pagas pelo administrador judicial com os recursos disponíveis em caixa.

•• § 1.º acrescentado pela Lei n. 14.112, de 24-12-2020.

§ 2.º O disposto neste artigo não afasta a hipótese prevista no art. 122 desta Lei.

•• § 2.º acrescentado pela Lei n. 14.112, de 24-12-2020.

Seção III
Do Pedido de Restituição

Art. 85. O proprietário de bem arrecadado no processo de falência ou que se encontre em poder do devedor na data da decretação da falência poderá pedir sua restituição.

• *Vide* Súmulas 495 do STF e 133 do STJ.

Parágrafo único. Também pode ser pedida a restituição de coisa vendida a crédito e entregue ao devedor nos 15 (quinze) dias anteriores ao requerimento de sua falência, se ainda não alienada.

Art. 86. Proceder-se-á à restituição em dinheiro:

• *Vide* Súmula 495 do STF.

I – se a coisa não mais existir ao tempo do pedido de restituição, hipótese em que o requerente receberá o valor da avaliação do bem, ou, no caso de ter ocorrido sua venda, o respectivo preço, em ambos os casos no valor atualizado;

II – da importância entregue ao devedor, em moeda corrente nacional, decorrente de adiantamento a contrato de câmbio para exportação, na forma do art. 75, §§ 3.º e 4.º, da Lei n. 4.728, de 14 de julho de 1965, desde que o prazo total da operação, inclusive eventuais prorrogações, não exceda o previsto nas normas específicas da autoridade competente;

• *Vide* Súmula 307 do STJ.

III – dos valores entregues ao devedor pelo contratante de boa-fé na hipótese de revogação ou ineficácia do contrato, conforme disposto no art. 136 desta Lei;

IV – às Fazendas Públicas, relativamente a tributos passíveis de retenção na fonte, de descontos de terceiros ou de sub-rogação e a valores recebidos pelos agentes arrecadadores e não recolhidos aos cofres públicos.

•• Inciso IV acrescentado pela Lei n. 14.112, de 24-12-2020.

Parágrafo único. (*Revogado pela Lei n. 14.112, de 24-12-2020.*)

Art. 87. O pedido de restituição deverá ser fundamentado e descreverá a coisa reclamada.

• *Vide* Súmula 417 do STF.

§ 1.º O juiz mandará autuar em separado o requerimento com os documentos que o instruírem e determinará a intimação do falido, do Comitê, dos credores e do administrador judicial para que, no prazo sucessivo de 5 (cinco) dias, se manifestem, valendo como contestação a manifestação contrária à restituição.

§ 2.º Contestado o pedido e deferidas as provas porventura requeridas, o juiz designará audiência de instrução e julgamento, se necessária.

§ 3.º Não havendo provas a realizar, os autos serão conclusos para sentença.

Art. 88. A sentença que reconhecer o direito do requerente determinará a entrega da coisa no prazo de 48 (quarenta e oito) horas.

Parágrafo único. Caso não haja contestação, a massa não será condenada ao pagamento de honorários advocatícios.

Art. 89. A sentença que negar a restituição, quando for o caso, incluirá o requerente no quadro-geral de credores, na classificação que lhe couber, na forma desta Lei.

Art. 90. Da sentença que julgar o pedido de restituição caberá apelação sem efeito suspensivo.

Parágrafo único. O autor do pedido de restituição que pretender receber o bem ou a quantia reclamada antes do trânsito em julgado da sentença prestará caução.

Art. 91. O pedido de restituição suspende a disponibilidade da coisa até o trânsito em julgado.

Parágrafo único. Quando diversos requerentes houverem de ser satisfeitos em dinheiro e não existir saldo suficiente para o pagamento integral, far-se-á rateio proporcional entre eles.

Art. 92. O requerente que tiver obtido êxito no seu pedido ressarcirá a massa falida ou a quem tiver suportado as despesas de conservação da coisa reclamada.

Art. 93. Nos casos em que não couber pedido de restituição, fica resguardado o direito dos credores de propor embargos de terceiros, observada a legislação processual civil.

Seção IV
Do Procedimento para a Decretação da Falência

Art. 94. Será decretada a falência do devedor que:

I – sem relevante razão de direito, não paga, no vencimento, obrigação líquida materializada em título ou títulos executivos protestados cuja soma ultrapasse o equivalente a 40 (quarenta) salários mínimos na data do pedido de falência;

II – executado por qualquer quantia líquida, não paga, não deposita e não nomeia à penhora bens suficientes dentro do prazo legal;

III – pratica qualquer dos seguintes atos, exceto se fizer parte de plano de recuperação judicial:

a) procede à liquidação precipitada de seus ativos ou lança mão de meio ruinoso ou fraudulento para realizar pagamentos;

b) realiza ou, por atos inequívocos, tenta realizar, com o objetivo de retardar pagamentos ou fraudar credores, negócio simulado ou alienação de parte ou da totalidade de seu ativo a terceiro, credor ou não;

c) transfere estabelecimento a terceiro, credor ou não, sem o consentimento de todos os credores e sem ficar com bens suficientes para solver seu passivo;

d) simula a transferência de seu principal estabelecimento com o objetivo de burlar a legislação ou a fiscalização ou para prejudicar credor;

e) dá ou reforça garantia a credor por dívida contraída anteriormente sem ficar com bens livres e desembaraçados suficientes para saldar seu passivo;

f) ausenta-se sem deixar representante habilitado e com recursos suficientes para pagar os credores, abandona estabelecimento ou tenta ocultar-se de seu domicílio, do local de sua sede ou de seu principal estabelecimento;

g) deixa de cumprir, no prazo estabelecido, obrigação assumida no plano de recuperação judicial.

§ 1.º Credores podem reunir-se em litisconsórcio a fim de perfazer o limite mínimo para o pedido de falência com base no inciso I do *caput* deste artigo.

§ 2.º Ainda que líquidos, não legitimam o pedido de falência os créditos que nela não se possam reclamar.

§ 3.º Na hipótese do inciso I do *caput* deste artigo, o pedido de falência será instruído com os títulos executivos na forma do parágrafo único do art. 9.º desta Lei, acompanhados, em qualquer caso, dos respectivos instrumentos de protesto para fim falimentar nos termos da legislação específica.

• *Vide* Súmula 361 do STJ.

§ 4.º Na hipótese do inciso II do *caput* deste artigo, o pedido de falência será instruído com certidão expedida pelo juízo em que se processa a execução.

§ 5.º Na hipótese do inciso III do *caput* deste artigo, o pedido de falência descreverá os fatos que a caracterizam, juntando-se as provas que houver e especificando-se as que serão produzidas.

Art. 95. Dentro do prazo de contestação, o devedor poderá pleitear sua recuperação judicial.

Art. 96. A falência requerida com base no art. 94, inciso I do *caput*, desta Lei, não será decretada se o requerido provar:

I – falsidade de título;

•• A falsidade documental é regulada pelos arts. 296 a 305 do CP (Decreto-lei n. 2.848, de 7-12-1940).

II – prescrição;

III – nulidade de obrigação ou de título;

IV – pagamento da dívida;

V – qualquer outro fato que extinga ou suspenda obrigação ou não legitime a cobrança de título;

VI – vício em protesto ou em seu instrumento;

VII – apresentação de pedido de recuperação judicial no prazo da contestação, observados os requisitos do art. 51 desta Lei;

VIII – cessação das atividades empresariais mais de 2 (dois) anos antes do pedido de falência, comprovada por documento hábil do Registro Público de Empresas, o qual não prevalecerá contra prova de exercício posterior ao ato registrado.

§ 1.º Não será decretada a falência de sociedade anônima após liquidado e partilhado seu ativo nem do espólio após 1 (um) ano da morte do devedor.

• LSA: Lei n. 6.404, de 15-12-1976.

§ 2.º As defesas previstas nos incisos I a VI do *caput* deste artigo não obstam a decretação de falência se, ao final, restarem obrigações não atingidas pelas defesas em montante que supere o limite previsto naquele dispositivo.

Art. 97. Podem requerer a falência do devedor:

•• *Vide* art. 68, § 3.º, *c*, da Lei n. 6.404, de 15-12-1976.

I – o próprio devedor, na forma do disposto nos arts. 105 a 107 desta Lei;

II – o cônjuge sobrevivente, qualquer herdeiro do devedor ou o inventariante;

III – o cotista ou o acionista do devedor na forma da lei ou do ato constitutivo da sociedade;

IV – qualquer credor.

§ 1.º O credor empresário apresentará certidão do Registro Público de Empresas que comprove a regularidade de suas atividades.

§ 2.º O credor que não tiver domicílio no Brasil deverá prestar caução relativa às custas e ao pagamento da indenização de que trata o art. 101 desta Lei.

Art. 98. Citado, o devedor poderá apresentar contestação no prazo de 10 (dez) dias.

Parágrafo único. Nos pedidos baseados nos incisos I e II do *caput* do art. 94 desta Lei, o devedor poderá, no prazo da contestação, depositar o valor correspondente ao total do crédito, acrescido de correção monetária, juros e honorários advocatícios, hipótese em que a falência não será decretada e, caso julgado procedente o pedido de falência, o juiz ordenará o levantamento do valor pelo autor.

Art. 99. A sentença que decretar a falência do devedor, dentre outras determinações:

• *Vide* art. 7.º, § 1.º, desta Lei.

I – conterá a síntese do pedido, a identificação do falido e os nomes dos que forem a esse tempo seus administradores;

II – fixará o termo legal da falência, sem poder retrotraí-lo por mais de 90 (noventa) dias contados do pedido de falência, do pedido de recuperação judicial ou do 1.º (primeiro) protesto por falta de pagamento, excluindo-se, para esta finalidade, os protestos que tenham sido cancelados;

III – ordenará ao falido que apresente, no prazo máximo de 5 (cinco) dias, relação nominal dos credores, indicando endereço, importância, natureza e classificação dos respectivos créditos, se esta já não se encontrar nos autos, sob pena de desobediência;

IV – explicitará o prazo para as habilitações de crédito, observado o disposto no § 1.º do art. 7.º desta Lei;

V – ordenará a suspensão de todas as ações ou execuções contra o falido, ressalvadas as hipóteses previstas nos §§ 1.º e 2.º do art. 6.º desta Lei;

VI – proibirá a prática de qualquer ato de disposição ou oneração de bens do falido, submetendo-os preliminarmente à autorização judicial e do Comitê, se houver, ressalvados os bens cuja venda faça parte das atividades normais do devedor se autorizada a continuação provisória nos termos do inciso XI do *caput* deste artigo;

VII – determinará as diligências necessárias para salvaguardar os interesses das partes envolvidas, podendo ordenar a prisão preventiva do falido ou de seus administradores quando requerida com fundamento em provas da prática de crime definido nesta Lei;

VIII – ordenará ao Registro Público de Empresas e à Secretaria Especial da Receita Federal do Brasil que procedam à anotação da falência no registro do devedor, para que dele constem a expressão "falido", a data da decretação da falência e a inabilitação de que trata o art. 102 desta Lei;

•• Inciso VIII com redação determinada pela Lei n. 14.112, de 24-12-2020.

IX – nomeará o administrador judicial, que desempenhará suas funções na forma do inciso III do *caput* do art. 22 desta Lei sem prejuízo do disposto na alínea *a* do inciso II do *caput* do art. 35 desta Lei;

X – determinará a expedição de ofícios aos órgãos e repartições públicas e outras entidades para que informem a existência de bens e direitos do falido;

XI – pronunciar-se-á a respeito da continuação provisória das atividades do falido com o administrador judicial ou da lacração dos estabelecimentos, observado o disposto no art. 109 desta Lei;

XII – determinará, quando entender conveniente, a convocação da assembleia geral de credores para a constituição de Comitê de Credores, podendo ainda autorizar a manutenção do Comitê eventualmente em funcionamento na recuperação judicial quando da decretação da falência;

XIII – ordenará a intimação eletrônica, nos termos da legislação vigente e respeitadas as prerrogativas funcionais, respectivamente, do Ministério Público e das Fazendas Públicas federal e de todos os Estados, Distrito Federal e Municípios em que o devedor tiver estabelecimento, para que tomem conhecimento da falência.

•• Inciso XIII com redação determinada pela Lei n. 14.112, de 24-12-2020.

§ 1.º O juiz ordenará a publicação de edital eletrônico com a íntegra da decisão que decreta a falência e a relação de credores apresentada pelo falido.

•• § 1.º acrescentado pela Lei n. 14.112, de 24-12-2020.

§ 2.º A intimação eletrônica das pessoas jurídicas de direito público integrantes da administração pública indireta dos entes federativos referidos no inciso XIII do *caput* deste artigo será direcionada:

•• § 2.º, *caput*, acrescentado pela Lei n. 14.112, de 24-12-2020.

I – no âmbito federal, à Procuradoria-Geral Federal e à Procuradoria-Geral do Banco Central do Brasil;

•• Inciso I acrescentado pela Lei n. 14.112, de 24-12-2020.

II – no âmbito dos Estados e do Distrito Federal, à respectiva Procuradoria-Geral, à qual competirá dar ciência a eventual órgão de representação judicial específico das entidades interessadas; e

•• Inciso II acrescentado pela Lei n. 14.112, de 24-12-2020.

III – no âmbito dos Municípios, à respectiva Procuradoria-Geral ou, se inexistir, ao gabinete do Prefeito, à qual competirá dar ciência a eventual órgão de representação judicial específico das entidades interessadas.

•• Inciso III acrescentado pela Lei n. 14.112, de 24-12-2020.

§ 3.º Após decretada a quebra ou convolada a recuperação judicial em falência, o administrador deverá, no prazo de até 60 (sessenta) dias, contado do termo de nomeação, apresentar, para apreciação do juiz, plano detalhado de realização dos ativos, inclusive com a estimativa de tempo não superior a 180 (cento e oitenta) dias a partir da juntada de cada auto de arrecadação, na forma do inciso III do *caput* do art. 22 desta Lei.

•• § 3.º acrescentado pela Lei n. 14.112, de 24-12-2020.

Art. 100. Da decisão que decreta a falência cabe agravo, e da sentença que julga a improcedência do pedido cabe apelação.

• *Vide* arts. 1.009 e s. (apelação) e 1.015 (agravo de instrumento) do CPC.

Art. 101. Quem por dolo requerer a falência de outrem será condenado, na sentença que julgar improcedente o pedido, a indenizar o devedor, apurando-se as perdas e danos em liquidação de sentença.

§ 1.º Havendo mais de 1 (um) autor do pedido de falência, serão solidariamente responsáveis aqueles que se conduziram na forma prevista no *caput* deste artigo.

§ 2.º Por ação própria, o terceiro prejudicado também pode reclamar indenização dos responsáveis.

Seção V
Da Inabilitação Empresarial, dos Direitos e Deveres do Falido

Art. 102. O falido fica inabilitado para exercer qualquer atividade empresarial a partir da decretação da falência e até a sentença que extingue suas obrigações, respeitado o disposto no § 1.º do art. 181 desta Lei.

Parágrafo único. Findo o período de inabilitação, o falido poderá requerer ao juiz da falência que proceda à respectiva anotação em seu registro.

Art. 103. Desde a decretação da falência ou do sequestro, o devedor perde o direito de administrar os seus bens ou deles dispor.

• Perda do direito de ação pelo portador do título contra os coobrigados: *vide* art. 52 do Decreto n. 57.595, de 7-1-1966 (Lei Uniforme em matéria de cheques), 53, Anexo I, do Decreto n. 57.663, de 24-1-1966 (Lei Uniforme em matéria de letras de câmbio e notas promissórias), 18 da Lei n. 5.474, de 18-7-1968 (Lei das Duplicatas), e 59, combinado com o 47, II, da Lei n. 7.357, de 2-9-1985 (Lei do Cheque).

Parágrafo único. O falido poderá, contudo, fiscalizar a administração da falência, requerer as providências necessárias para a conservação de seus direitos ou dos bens arrecadados e intervir nos processos em que a massa falida seja parte ou interessada, requerendo o que for de direito e interpondo os recursos cabíveis.

Art. 104. A decretação da falência impõe aos representantes legais do falido os seguintes deveres:

•• *Caput* com redação determinada pela Lei n. 14.112, de 24-12-2020.

I – assinar nos autos, desde que intimado da decisão, termo de comparecimento, com a indicação do nome, da nacionalidade, do estado civil e do endereço completo do domicílio, e declarar, para constar do referido termo, diretamente ao administrador judicial, em dia, local e hora por ele designados, por prazo não superior a 15 (quinze) dias após a decretação da falência, o seguinte:

•• Inciso I, *caput*, com redação determinada pela Lei n. 14.112, de 24-12-2020.

a) as causas determinantes da sua falência, quando requerida pelos credores;

b) tratando-se de sociedade, os nomes e endereços de todos os sócios, acionistas controladores, diretores ou administradores, apresentando o contrato ou estatuto social e a prova do respectivo registro, bem como suas alterações;

c) o nome do contador encarregado da escrituração dos livros obrigatórios;

d) os mandatos que porventura tenha outorgado, indicando seu objeto, nome e endereço do mandatário;

e) seus bens imóveis e os móveis que não se encontram no estabelecimento;

f) se faz parte de outras sociedades, exibindo respectivo contrato;

g) suas contas bancárias, aplicações, títulos em cobrança e processos em andamento em que for autor ou réu;

II – entregar ao administrador judicial os seus livros obrigatórios e os demais instrumentos de escrituração pertinentes, que os encerrará por termo;

•• Inciso II com redação determinada pela Lei n. 14.112, de 24-12-2020.

III – não se ausentar do lugar onde se processa a falência sem motivo justo e comunicação expressa ao juiz, e sem deixar procurador bastante, sob as penas cominadas na lei;

IV – comparecer a todos os atos da falência, podendo ser representado por procurador, quando não for indispensável sua presença;

V – entregar ao administrador judicial, para arrecadação, todos os bens, papéis, documentos e senhas de acesso a sistemas contábeis, financeiros e bancários, bem como indicar aqueles que porventura estejam em poder de terceiros;

•• Inciso V com redação determinada pela Lei n. 14.112, de 24-12-2020.

VI – prestar as informações reclamadas pelo juiz, administrador judicial, credor ou Ministério Público sobre circunstâncias e fatos que interessem à falência;

VII – auxiliar o administrador judicial com zelo e presteza;

VIII – examinar as habilitações de crédito apresentadas;

IX – assistir ao levantamento, à verificação do balanço e ao exame dos livros;

• *Vide* art. 1.020 da Lei n. 10.406, de 10-1-2002 - CC.

X – manifestar-se sempre que for determinado pelo juiz;

XI – apresentar ao administrador judicial a relação de seus credores, em arquivo eletrônico, no dia em que prestar as declarações referidas no inciso I do *caput* deste artigo;

•• Inciso XI com redação determinada pela Lei n. 14.112, de 24-12-2020.

XII – examinar e dar parecer sobre as contas do administrador judicial.

Parágrafo único. Faltando ao cumprimento de quaisquer dos deveres que esta Lei lhe impõe, após intimado pelo juiz a fazê-lo, responderá o falido por crime de desobediência.

Seção VI
Da Falência Requerida pelo Próprio Devedor

Art. 105. O devedor em crise econômico-financeira que julgue não atender aos requisitos para pleitear sua recuperação judicial deverá requerer ao juízo sua falência, expondo as razões da impossibilidade de prosseguimento da atividade empresarial, acompanhadas dos seguintes documentos:

I – demonstrações contábeis referentes aos 3 (três) últimos exercícios sociais e as levantadas especialmente para instruir o pedido, confeccionadas com estrita observância da legislação societária aplicável e compostas obrigatoriamente de:

a) balanço patrimonial;

b) demonstração de resultados acumulados;

c) demonstração do resultado desde o último exercício social;

d) relatório do fluxo de caixa;

II – relação nominal dos credores, indicando endereço, importância, natureza e classificação dos respectivos créditos;

III – relação dos bens e direitos que compõem o ativo, com a respectiva estimativa de valor e documentos comprobatórios de propriedade;

IV – prova da condição de empresário, contrato social ou estatuto em vigor ou, se não houver, a indicação de todos os sócios, seus endereços e a relação de seus bens pessoais;

V – os livros obrigatórios e documentos contábeis que lhe forem exigidos por lei;

• *Vide* arts. 1.179 a 1.195 do CC.

VI – relação de seus administradores nos últimos 5 (cinco) anos, com os respectivos endereços, suas funções e participação societária.

Art. 106. Não estando o pedido regularmente instruído, o juiz determinará que seja emendado.

Art. 107. A sentença que decretar a falência do devedor observará a forma do art. 99 desta Lei.

Parágrafo único. Decretada a falência, aplicam-se integralmente os dispositivos relativos à falência requerida pelas pessoas referidas nos incisos II a IV do *caput* do art. 97 desta Lei.

Seção VII
Da Arrecadação e da Custódia dos Bens

Art. 108. Ato contínuo à assinatura do termo de compromisso, o administrador judicial efetuará a arrecadação dos bens e documentos e a avaliação dos bens, separadamente ou em bloco, no local em que se encontrem, requerendo ao juiz, para esses fins, as medidas necessárias.

§ 1.º Os bens arrecadados ficarão sob a guarda do administrador judicial ou de pessoa por ele escolhida, sob responsabilidade daquele, podendo o falido ou qualquer de seus representantes ser nomeado depositário dos bens.

§ 2.º O falido poderá acompanhar a arrecadação e a avaliação.

§ 3.º O produto dos bens penhorados ou por outra forma apreendidos entrará para a massa, cumprindo ao juiz deprecar, a requerimento do administrador judicial, às autoridades competentes, determinando sua entrega.

§ 4.º Não serão arrecadados os bens absolutamente impenhoráveis.

•• *Vide* art. 833 (bens impenhoráveis) do CPC.

•• Sobre a impenhorabilidade do imóvel residencial próprio do casal ou da entidade familiar, trata a Lei n. 8.009, de 29-3-1990.

§ 5.º Ainda que haja avaliação em bloco, o bem objeto de garantia real será também avaliado separadamente, para os fins do § 1.º do art. 83 desta Lei.

Art. 109. O estabelecimento será lacrado sempre que houver risco para a execução da etapa de arrecadação ou para a preservação dos bens da massa falida ou dos interesses dos credores.

Art. 110. O auto de arrecadação, composto pelo inventário e pelo respectivo laudo de avaliação dos bens, será assinado pelo administrador judicial, pelo falido ou seus representantes e por outras pessoas que auxiliarem ou presenciarem o ato.

§ 1.º Não sendo possível a avaliação dos bens no ato da arrecadação, o administrador judicial requererá ao juiz a concessão de prazo para apresentação do laudo de avaliação, que não poderá exceder 30 (trinta) dias, contados da apresentação do auto de arrecadação.

§ 2.º Serão referidos no inventário:

I – os livros obrigatórios e os auxiliares ou facultativos do devedor, designando-se o estado em que se acham, número e denominação de cada um, páginas escrituradas, data do início da escrituração e do último lançamento, e se os livros obrigatórios estão revestidos das formalidades legais;

II – dinheiro, papéis, títulos de crédito, documentos e outros bens da massa falida;

III – os bens da massa falida em poder de terceiro, a título de guarda, depósito, penhor ou retenção;

IV – os bens indicados como propriedade de terceiros ou reclamados por estes, mencionando-se essa circunstância.

§ 3.º Quando possível, os bens referidos no § 2.º deste artigo serão individualizados.

§ 4.º Em relação aos bens imóveis, o administrador judicial, no prazo de 15 (quinze) dias após a sua arrecadação, exibirá as certidões de registro, extraídas posteriormente à decretação da falência, com todas as indicações que nele constarem.

Art. 111. O juiz poderá autorizar os credores, de forma individual ou coletiva, em razão dos custos e no interesse da massa falida, a adquirir ou adjudicar, de imediato, os bens arrecadados, pelo valor da avaliação, atendida a regra de classificação e preferência entre eles, ouvido o Comitê.

Art. 112. Os bens arrecadados poderão ser removidos, desde que haja necessidade de sua melhor guarda e conservação, hipótese em que permanecerão em depósito sob responsabilidade do administrador judicial, mediante compromisso.

Art. 113. Os bens perecíveis, deterioráveis, sujeitos à considerável desvalorização ou que sejam de conservação arriscada ou dispendiosa, poderão ser vendidos antecipadamente, após a arrecadação e a avaliação, mediante autorização judicial, ouvidos o Comitê e o falido no prazo de 48 (quarenta e oito) horas.

Art. 114. O administrador judicial poderá alugar ou celebrar outro contrato referente aos bens da massa falida, com o objetivo de produzir renda para a massa falida, mediante autorização do Comitê.

§ 1.º O contrato disposto no *caput* deste artigo não gera direito de preferência na compra e não pode importar disposição total ou parcial dos bens.

§ 2.º O bem objeto da contratação poderá ser alienado a qualquer tempo, independentemente do prazo contratado, rescindindo-se, sem direito a multa, o contrato realizado, salvo se houver anuência do adquirente.

Art. 114-A. Se não forem encontrados bens para serem arrecadados, ou se os arrecadados forem insuficientes para as despesas do processo, o administrador judicial informará imediatamente esse fato ao juiz, que, ouvido o representante do Ministério Público, fixará, por meio de edital, o prazo de 10 (dez) dias para os interessados se manifestarem.

•• *Caput* acrescentado pela Lei n. 14.112, de 24-12-2020.

§ 1.º Um ou mais credores poderão requerer o prosseguimento da falência, desde que paguem a quantia necessária às despesas e aos honorários do administrador judicial, que serão considerados despesas essenciais nos termos estabelecidos no inciso 1-A do *caput* do art. 84 desta Lei.

•• § 1.º acrescentado pela Lei n. 14.112, de 24-12-2020.

§ 2.º Decorrido o prazo previsto no *caput* sem manifestação dos interessados, o administrador judicial promoverá a venda dos bens arrecadados no prazo máximo de 30 (trinta) dias, para bens móveis, e de 60 (sessenta) dias, para bens imóveis, e apresentará o seu relatório, nos termos e para os efeitos dispostos neste artigo.

•• § 2.º acrescentado pela Lei n. 14.112, de 24-12-2020.

§ 3.º Proferida a decisão, a falência será encerrada pelo juiz nos autos.

•• § 3.º acrescentado pela Lei n. 14.112, de 24-12-2020.

Seção VIII
Dos Efeitos da Decretação da Falência sobre as Obrigações do Devedor

Art. 115. A decretação da falência sujeita todos os credores, que somente poderão exercer os seus direitos sobre os bens do falido e do sócio ilimitadamente responsável na forma que esta Lei prescrever.

Art. 116. A decretação da falência suspende:

I – o exercício do direito de retenção sobre os bens sujeitos à arrecadação, os quais deverão ser entregues ao administrador judicial;

II – o exercício do direito de retirada ou de recebimento do valor de suas quotas ou ações, por parte dos sócios da sociedade falida.

Art. 117. Os contratos bilaterais não se resolvem pela falência e podem ser cumpridos pelo administrador judicial se o cumprimento reduzir ou evitar o aumento do passivo da massa falida ou for necessário à manutenção e preservação de seus ativos, mediante autorização do Comitê.

• *Vide* art. 994, § 3.º, da Lei n. 10.406, de 10-1-2002 (CC).

§ 1.º O contratante pode interpelar o administrador judicial, no prazo de até 90 (noventa) dias, contado da assinatura do termo de sua nomeação, para que, dentro de 10 (dez) dias, declare se cumpre ou não o contrato.

§ 2.º A declaração negativa ou o silêncio do administrador judicial confere ao contraente o direito à indenização, cujo valor, apurado em processo ordinário, constituirá crédito quirografário.

Art. 118. O administrador judicial, mediante autorização do Comitê, poderá dar cumprimento a contrato unilateral se esse fato reduzir ou evitar o aumento do passivo da massa falida ou for necessário à manutenção e preservação de seus ativos, realizando o pagamento da prestação pela qual está obrigada.

Art. 119. Nas relações contratuais a seguir mencionadas prevalecerão as seguintes regras:

I – o vendedor não pode obstar a entrega das coisas expedidas ao devedor e ainda em trânsito, se o comprador, antes do requerimento da falência, as tiver revendido, sem fraude, à vista das faturas e conhecimentos de transporte, entregues ou remetidos pelo vendedor;

II – se o devedor vendeu coisas compostas e o administrador judicial resolver não continuar a execução do contrato, poderá o comprador pôr à disposição da massa falida as coisas já recebidas, pedindo perdas e danos;

III – não tendo o devedor entregue coisa móvel ou prestado serviço que vendera ou contratara a prestações, e resolvendo o administrador judicial não executar o contrato, o crédito relativo ao valor pago será habilitado na classe própria;

IV – o administrador judicial, ouvido o Comitê, restituirá a coisa móvel comprada pelo devedor com reserva de domínio do vendedor se resolver não continuar a execução do contrato, exigindo a devolução, nos termos do contrato, dos valores pagos;

V – tratando-se de coisas vendidas a termo, que tenham cotação em bolsa ou mercado, e não se executando o contrato pela efetiva entrega daquelas e pagamento do preço, prestar-se-á a diferença entre a cotação do dia do contrato e a da época da liquidação em bolsa ou mercado;

VI – na promessa de compra e venda de imóveis, aplicar-se-á a legislação respectiva;

VII – a falência do locador não resolve o contrato de locação e, na falência do locatário, o administrador judicial pode, a qualquer tempo, denunciar o contrato;

VIII – caso haja acordo para compensação e liquidação de obrigações no âmbito do sistema financeiro nacional, nos termos da legislação vigente, a parte não falida poderá considerar o contrato vencido antecipadamente, hipótese em que será liquidado na forma estabelecida em regulamento, admitindo-se a compensação de eventual crédito que venha a ser apurado em favor do falido com créditos detidos pelo contratante;

IX – os patrimônios de afetação, constituídos para cumprimento de destinação específica, obedecerão ao disposto na legislação respectiva, permanecendo seus bens, direitos e obrigações separados dos do falido até o advento do respectivo termo ou até o cumprimento de sua finalidade, ocasião em que o administrador judicial arrecadará o saldo a favor da massa falida ou inscreverá na classe própria o crédito que contra ela remanescer.

Art. 120. O mandato conferido pelo devedor, antes da falência, para a realização de negócios, cessará seus efeitos com a decretação da falência, cabendo ao mandatário prestar contas de sua gestão.

§ 1.º O mandato conferido para representação judicial do devedor continua em vigor até que seja expressamente revogado pelo administrador judicial.

§ 2.º Para o falido, cessa o mandato ou comissão que houver recebido antes da falência, salvo os que versem sobre matéria estranha à atividade empresarial.

Art. 121. As contas correntes com o devedor consideram-se encerradas no momento de decretação da falência, verificando-se o respectivo saldo.

Art. 122. Compensam-se, com preferência sobre todos os demais credores, as dívidas do devedor vencidas até o dia da decretação da falência, provenha o vencimento da sentença de falência ou não, obedecidos os requisitos da legislação civil.

Parágrafo único. Não se compensam:

I – os créditos transferidos após a decretação da falência, salvo em caso de sucessão por fusão, incorporação, cisão ou morte; ou

II – os créditos, ainda que vencidos anteriormente, transferidos quando já conhecido o estado de crise econômico-financeira do devedor ou cuja transferência se operou com fraude ou dolo.

Art. 123. Se o falido fizer parte de alguma sociedade como sócio comanditário ou cotista, para a massa falida entrarão somente os haveres que na sociedade ele possuir e forem apurados na forma estabelecida no contrato ou estatuto social.

§ 1.º Se o contrato ou o estatuto social nada disciplinar a respeito, a apuração far-se-á judicialmente, salvo se, por lei, pelo contrato ou estatuto, a sociedade tiver de liquidar-se, caso em que os haveres do falido, somente após o pagamento de todo o passivo da sociedade, entrarão para a massa falida.

§ 2.º Nos casos de condomínio indivisível de que participe o falido, o bem será vendido e deduzir-se-á do valor arrecadado o que for devido aos demais condôminos, facultada a estes a compra da quota-parte do falido nos termos da melhor proposta obtida.

Art. 124. Contra a massa falida não são exigíveis juros vencidos após a decretação da falência, previstos em lei ou em contrato, se o ativo apurado não bastar para o pagamento dos credores subordinados.

Parágrafo único. Excetuam-se desta disposição os juros das debêntures e dos créditos com garantia real, mas por eles responde, exclusivamente, o produto dos bens que constituem a garantia.

Art. 125. Na falência do espólio, ficará suspenso o processo de inventário, cabendo ao administrador judicial a realização de atos pendentes em relação aos direitos e obrigações da massa falida.

Art. 126. Nas relações patrimoniais não reguladas expressamente nesta Lei, o juiz decidirá o caso atendendo à unidade, à universalidade do concurso e à igualdade de tratamento dos credores, observado o disposto no art. 75 desta Lei.

Art. 127. O credor de coobrigados solidários cujas falências sejam decretadas tem o direito de concorrer, em cada uma delas, pela totalidade do seu crédito, até recebê-lo por inteiro, quando então comunicará ao juízo.

§ 1.º O disposto no *caput* deste artigo não se aplica ao falido cujas obrigações tenham sido extintas por sentença, na forma do art. 159 desta Lei.

§ 2.º Se o credor ficar integralmente pago por uma ou por diversas massas coobrigadas, as que pagaram terão direito regressivo contra as demais, em proporção à parte que pagaram e àquela que cada uma tinha a seu cargo.

§ 3.º Se a soma dos valores pagos ao credor em todas as massas coobrigadas exceder o total do crédito, o valor será devolvido às massas na proporção estabelecida no § 2.º deste artigo.

§ 4.º Se os coobrigados eram garantes uns dos outros, o excesso de que trata o § 3.º deste artigo pertencerá, conforme a ordem das obrigações, às massas dos coobrigados que tiverem o direito de ser garantidas.

Art. 128. Os coobrigados solventes e os garantes do devedor ou dos sócios ilimitadamente responsáveis podem habilitar o crédito correspondente às quantias pagas ou devidas, se o credor não se habilitar no prazo legal.

Seção IX
Da Ineficácia e da Revogação de Atos Praticados antes da Falência

Art. 129. São ineficazes em relação à massa falida, tenha ou não o contratante conhecimento do estado de crise econômico-financeira do devedor, seja ou não intenção deste fraudar credores:

•• *Vide* art. 54 da Lei n. 13.097, de 19-1-2015.

I – o pagamento de dívidas não vencidas realizado pelo devedor dentro do termo legal, por qualquer meio extintivo do direito de crédito, ainda que pelo desconto do próprio título;

II – o pagamento de dívidas vencidas e exigíveis realizado dentro do termo legal, por qualquer forma que não seja a prevista pelo contrato;

III – a constituição de direito real de garantia, inclusive a retenção, dentro do termo legal, tratando-se de dívida contraída anteriormente; se os bens dados em hipoteca forem objeto de outras posteriores, a massa falida receberá a parte que devia caber ao credor da hipoteca revogada;

IV – a prática de atos a título gratuito, desde 2 (dois) anos antes da decretação da falência;

V – a renúncia à herança ou a legado, até 2 (dois) anos antes da decretação da falência;

• Sobre a renúncia da herança dispõem os arts. 1.804 e s. do CC.

VI – a venda ou transferência de estabelecimento feita sem o consentimento expresso ou o pagamento de todos os credores, a esse tempo existentes, não tendo restado ao devedor bens suficientes para solver o seu passivo, salvo se, no prazo de 30 (trinta) dias, não houver oposição dos credores, após serem devidamente notificados, judicialmente ou pelo oficial do registro de títulos e documentos;

• *Vide* art. 1.145 da Lei n. 10.406, de 10-1-2002 (CC).

VII – os registros de direitos reais e de transferência de propriedade entre vivos, por título oneroso ou gratuito, ou a averbação relativa a imóveis realizados após a decretação da falência, salvo se tiver havido prenotação anterior.

• Sobre direitos reais dispõem os arts. 1.225 e s. do CC.

• A Lei n. 6.015, de 31-12-1973 (LRP), dispõe sobre o registro de imóveis em seus arts. 167 e s.

Parágrafo único. A ineficácia poderá ser declarada de ofício pelo juiz, alegada em defesa ou pleiteada mediante ação própria ou incidentalmente no curso do processo.

Art. 130. São revogáveis os atos praticados com a intenção de prejudicar credores, provando-se o conluio fraudulento entre o devedor e o terceiro que com ele contratar e o efetivo prejuízo sofrido pela massa falida.

•• *Vide* art. 45, § 8.º, da Lei n. 6.404, de 15-12-1976.

•• *Vide* art. 54 da Lei n. 13.097, de 19-1-2015.

Art. 131. Nenhum dos atos referidos nos incisos I, II, III e VI do *caput* do Art. 129 desta Lei que tenham sido previstos e realizados na forma definida no plano de recuperação judicial ou extrajudicial será declarado ineficaz ou revogado.

•• Artigo com redação determinada pela Lei n. 14.112, de 24-12-2020.

Art. 132. A ação revocatória, de que trata o art. 130 desta Lei, deverá ser proposta pelo administrador judicial, por qualquer credor ou pelo Ministério Público no prazo de 3 (três) anos contado da decretação da falência.

Art. 133. A ação revocatória pode ser promovida:

I – contra todos os que figuraram no ato ou que por efeito dele foram pagos, garantidos ou beneficiados;

II – contra os terceiros adquirentes, se tiveram conhecimento, ao se criar o direito, da intenção do devedor de prejudicar os credores;

III – contra os herdeiros ou legatários das pessoas indicadas nos incisos I e II do *caput* deste artigo.

Art. 134. A ação revocatória correrá perante o juízo da falência e obedecerá ao procedimento ordinário previsto na Lei n. 5.869, de 11 de janeiro de 1973 – Código de Processo Civil.

• A referência é feita ao CPC de 1973. Os arts 318 e s. do CPC de 2015 dispõem sobre o procedimento comum.

Art. 135. A sentença que julgar procedente a ação revocatória determinará o retorno dos bens à massa falida em espécie, com todos os acessórios, ou o valor de mercado, acrescidos das perdas e danos.

Parágrafo único. Da sentença cabe apelação.

• *Vide* art. 1.003, § 5.º (prazo dos recursos), do CPC.

Art. 136. Reconhecida a ineficácia ou julgada procedente a ação revocatória, as partes retornarão ao estado anterior, e o contratante de boa-fé terá direito à restituição dos bens ou valores entregues ao devedor.

§ 1.º Na hipótese de securitização de créditos do devedor, não será declarada a ineficácia ou revogado o ato de cessão em prejuízo dos direitos dos portadores de valores mobiliários emitidos pelo securitizador.

§ 2.º É garantido ao terceiro de boa-fé, a qualquer tempo, propor ação por perdas e danos contra o devedor ou seus garantes.

Art. 137. O juiz poderá, a requerimento do autor da ação revocatória, ordenar, como medida preventiva, na forma da lei processual civil, o sequestro dos bens retirados do patrimônio do devedor que estejam em poder de terceiros.

Art. 138. O ato pode ser declarado ineficaz ou revogado, ainda que praticado com base em decisão judicial, observado o disposto no art. 131 desta Lei.

Parágrafo único. Revogado o ato ou declarada sua ineficácia, ficará rescindida a sentença que o motivou.

Seção X
Da Realização do Ativo

Art. 139. Logo após a arrecadação dos bens, com a juntada do respectivo auto ao processo de falência, será iniciada a realização do ativo.

Art. 140. A alienação dos bens será realizada de uma das seguintes formas, observada a seguinte ordem de preferência:

I – alienação da empresa, com a venda de seus estabelecimentos em bloco;

II – alienação da empresa, com a venda de suas filiais ou unidades produtivas isoladamente;

III – alienação em bloco dos bens que integram cada um dos estabelecimentos do devedor;

IV – alienação dos bens individualmente considerados.

§ 1.º Se convier à realização do ativo, ou em razão de oportunidade, podem ser adotadas mais de uma forma de alienação.

§ 2.º A realização do ativo terá início independentemente da formação do quadro-geral de credores.

§ 3.º A alienação da empresa terá por objeto o conjunto de determinados bens necessários à operação rentável da unidade de produção, que poderá compreender a transferência de contratos específicos.

§ 4.º Nas transmissões de bens alienados na forma deste artigo que dependam de registro público, a este servirá como título aquisitivo suficiente o mandado judicial respectivo.

Art. 141. Na alienação conjunta ou separada de ativos, inclusive da empresa ou de suas filiais, promovida sob qualquer das modalidades de que trata oArt. 142:

•• *Caput* com redação determinada pela Lei n. 14.112, de 24-12-2020.

I – todos os credores, observada a ordem de preferência definida no art. 83 desta Lei, sub-rogam-se no produto da realização do ativo;

II – o objeto da alienação estará livre de qualquer ônus e não haverá sucessão do arrematante nas obrigações do devedor, inclusive as de natureza tributária, as derivadas da legislação do trabalho e as decorrentes de acidentes de trabalho.

• Dispõem sobre acidentes do trabalho a Lei n. 8.213, de 24-7-1991, e o Decreto n. 3.048, de 6-5-1999.

§ 1.º O disposto no inciso II do *caput* deste artigo não se aplica quando o arrematante for:

I – sócio da sociedade falida, ou sociedade controlada pelo falido;

II – parente, em linha reta ou colateral até o 4.º (quarto) grau, consanguíneo ou afim, do falido ou de sócio da sociedade falida; ou

III – identificado como agente do falido com o objetivo de fraudar a sucessão.

§ 2.º Empregados do devedor contratados pelo arrematante serão admitidos mediante novos contratos de trabalho e o arrematante não responde por obrigações decorrentes do contrato anterior.

§ 3.º A alienação nas modalidades de que trata o art. 142 desta Lei poderá ser realizada com compartilhamento de custos operacionais por 2 (duas) ou mais empresas em situação falimentar.

•• § 3.º acrescentado pela Lei n. 14.112, de 24-12-2020.

Art. 142. A alienação de bens dar-se-á por uma das seguintes modalidades:

•• *Caput* com redação determinada pela Lei n. 14.112, de 24-12-2020.

I – leilão eletrônico, presencial ou híbrido;

•• Inciso I com redação determinada pela Lei n. 14.112, de 24-12-2020.

II e III – (*Revogados pela Lei n. 14.112, de 24-12-2020.*)

IV – processo competitivo organizado promovido por agente especializado e de reputação ilibada, cujo procedimento deverá ser detalhado em relatório anexo ao plano de realização do ativo ou ao plano de recuperação judicial, conforme o caso;

•• Inciso IV acrescentado pela Lei n. 14.112, de 24-12-2020.

V – qualquer outra modalidade, desde que aprovada nos termos desta Lei.

•• Inciso V acrescentado pela Lei n. 14.112, de 24-12-2020.

§§ 1.º e 2.º (*Revogados pela Lei n. 14.112, de 24-12-2020.*)

§ 2.º-A. A alienação de que trata o *caput* deste artigo:

•• § 2.º-A, *caput*, acrescentado pela Lei n. 14.112, de 24-12-2020.

I – dar-se-á independentemente de a conjuntura do mercado no momento da venda ser favorável ou desfavorável, dado o caráter forçado da venda;

•• Inciso I acrescentado pela Lei n. 14.112, de 24-12-2020.

II – independerá da consolidação do quadro-geral de credores;

•• Inciso II acrescentado pela Lei n. 14.112, de 24-12-2020.

III – poderá contar com serviços de terceiros como consultores, corretores e leiloeiros;

•• Inciso III acrescentado pela Lei n. 14.112, de 24-12-2020.

IV – deverá ocorrer no prazo máximo de 180 (cento e oitenta) dias, contado da data da lavratura do auto de arrecadação, no caso de falência;

•• Inciso IV acrescentado pela Lei n. 14.112, de 24-12-2020.

V – não estará sujeita à aplicação do conceito de preço vil.

•• Inciso V acrescentado pela Lei n. 14.112, de 24-12-2020.

§ 3.º Ao leilão eletrônico, presencial ou híbrido aplicam-se, no que couber, as regras da Lei n. 13.105, de 16 de março de 2015 (Código de Processo Civil).

•• § 3.º com redação determinada pela Lei n. 14.112, de 24-12-2020.

§ 3.º-A. A alienação por leilão eletrônico, presencial ou híbrido dar-se-á:

•• § 3.º-A, *caput*, acrescentado pela Lei n. 14.112, de 24-12-2020.

I – em primeira chamada, no mínimo pelo valor de avaliação do bem;

•• Inciso I acrescentado pela Lei n. 14.112, de 24-12-2020.

II – em segunda chamada, dentro de 15 (quinze) dias, contados da primeira chamada, por no mínimo 50% (cinquenta por cento) do valor de avaliação; e

•• Inciso II acrescentado pela Lei n. 14.112, de 24-12-2020.

III – em terceira chamada, dentro de 15 (quinze) dias, contados da segunda chamada, por qualquer preço.

•• Inciso III acrescentado pela Lei n. 14.112, de 24-12-2020.

§ 3.º-B. A alienação prevista nos incisos IV e V do *caput* deste artigo, conforme disposições específicas desta Lei, observará o seguinte:

•• § 3.º-B, *caput*, acrescentado pela Lei n. 14.112, de 24-12-2020.

I – será aprovada pela assembleia geral de credores;

•• Inciso I acrescentado pela Lei n. 14.112, de 24-12-2020.

II – decorrerá de disposição de plano de recuperação judicial aprovado; ou

•• Inciso II acrescentado pela Lei n. 14.112, de 24-12-2020.

III – deverá ser aprovada pelo juiz, considerada a manifestação do administrador judicial e do Comitê de Credores, se existente.

•• Inciso III acrescentado pela Lei n. 14.112, de 24-12-2020.

§§ 4.º a 6.º (*Revogados pela Lei n. 14.112, de 24-12-2020.*)

§ 7.º Em qualquer modalidade de alienação, o Ministério Público e as Fazendas Públicas serão intimados por meio eletrônico, nos termos da legislação vigente e respeitadas as respectivas prerrogativas funcionais, sob pena de nulidade.

•• § 7.º com redação determinada pela Lei n. 14.112, de 24-12-2020.

§ 8.º Todas as formas de alienação de bens realizadas de acordo com esta Lei serão consideradas, para todos os fins e efeitos, alienações judiciais.

•• § 8.º acrescentado pela Lei n. 14.112, de 24-12-2020.

Art. 143. Em qualquer das modalidades de alienação referidas no art. 142 desta Lei, poderão ser apresentadas impugnações por quaisquer credores, pelo devedor ou pelo Ministério Público, no prazo de 48 (quarenta e oito) horas da arrematação, hipótese em que os autos serão conclusos ao juiz, que, no prazo de 5 (cinco) dias, decidirá sobre as impugnações e, julgando-as improcedentes, ordenará a entrega dos bens ao arrematante, respeitadas as condições estabelecidas no edital.

§ 1.º Impugnações baseadas no valor de venda do bem somente serão recebidas se acompanhadas de oferta firme do impugnante ou de terceiro para a aquisição do bem, respeitados os termos do edital, por valor presente superior ao valor de venda, e de depósito caucionário equivalente a 10% (dez por cento) do valor oferecido.

•• § 1.º acrescentado pela Lei n. 14.112, de 24-12-2020.

§ 2.º A oferta de que trata o § 1.º deste artigo vincula o impugnante e o terceiro ofertante como se arrematantes fossem.

•• § 2.º acrescentado pela Lei n. 14.112, de 24-12-2020.

§ 3.º Se houver mais de uma impugnação baseada no valor de venda do bem, somente terá seguimento aquela que tiver o maior valor presente entre elas.

•• § 3.º acrescentado pela Lei n. 14.112, de 24-12-2020.

§ 4.º A suscitação infundada de vício na alienação pelo impugnante será considerada ato atentatório à dignidade da justiça e sujeitará o suscitante à reparação dos prejuízos causados e às penas previstas na Lei n. 13.105, de 16 de março de 2015 (Código de Processo Civil), para comportamentos análogos.

•• § 4.º acrescentado pela Lei n. 14.112, de 24-12-2020.

Art. 144. Havendo motivos justificados, o juiz poderá autorizar, mediante requerimento fundamentado do administrador judicial ou do Comitê, modalidades de alienação judicial diversas das previstas no art. 142 desta Lei.

Art. 144-A. Frustrada a tentativa de venda dos bens da massa falida e não havendo proposta concreta dos credores para assumi-los, os bens poderão ser considerados sem valor de mercado e destinados à doação.

•• *Caput* acrescentado pela Lei n. 14.112, de 24-12-2020.

Parágrafo único. Se não houver interessados na doação referida no *caput* deste artigo, os bens serão devolvidos ao falido.

•• Parágrafo único acrescentado pela Lei n. 14.112, de 24-12-2020.

Art. 145. Por deliberação tomada nos termos doArt. 42 desta Lei, os credores poderão adjudicar os bens alienados na falência ou adquiri-los por meio de constituição de sociedade, de fundo ou de outro veículo de investimento, com a participação, se necessária, dos atuais sócios do devedor ou de terceiros, ou mediante conversão de dívida em capital.

•• *Caput* com redação determinada pela Lei n. 14.112, de 24-12-2020.

§ 1.º Aplica-se irrestritamente o disposto no art. 141 desta Lei à transferência dos bens à sociedade, ao fundo ou ao veículo de investimento mencionados no *caput* deste artigo.

•• § 1.º com redação determinada pela Lei n. 14.112, de 24-12-2020.

§§ 2.º e 3.º (*Revogados pela Lei n. 14.112, de 24-12-2020.*)

§ 4.º Será considerada não escrita qualquer restrição convencional à venda ou à circulação das participações na sociedade, no fundo de investimento ou no veículo de investimento a que se refere o *caput* deste artigo.

•• § 4.º acrescentado pela Lei n. 14.112, de 24-12-2020.

Art. 146. Em qualquer modalidade de realização do ativo adotada, fica a massa falida dispensada da apresentação de certidões negativas.

Art. 147. As quantias recebidas a qualquer título serão imediatamente depositadas em conta remunerada de instituição financeira, atendidos os requisitos da lei ou das normas de organização judiciária.

Art. 148. O administrador judicial fará constar do relatório de que trata a alínea *p* do inciso III do art. 22 os valores eventualmente recebidos no mês vencido, explicitando a forma de distribuição dos recursos entre os credores, observado o disposto no art. 149 desta Lei.

Seção XI

Do Pagamento aos Credores

Art. 149. Realizadas as restituições, pagos os créditos extraconcursais, na forma do art. 84 desta Lei, e consolidado o quadro-geral de credores, as importâncias recebidas com a realização do ativo serão destinadas ao pagamento dos credores, atendendo à classificação prevista no art. 83 desta Lei, respeitados os demais dispositivos desta Lei e as decisões judiciais que determinam reserva de importâncias.

§ 1.º Havendo reserva de importâncias, os valores a ela relativos ficarão depositados até o julgamento definitivo do crédito e, no caso de não ser este finalmente reconhecido, no todo ou em parte, os recursos depositados serão objeto de rateio suplementar entre os credores remanescentes.

§ 2.º Os credores que não procederem, no prazo fixado pelo juiz, ao levantamento dos valores que lhes couberam em rateio serão intimados a fazê-lo no prazo de 60 (sessenta) dias, após o qual os recursos serão objeto de rateio suplementar entre os credores remanescentes.

Art. 150. As despesas cujo pagamento antecipado seja indispensável à administração da falência, inclusive na hipótese de continuação provisória das atividades previstas no inciso XI do *caput* do art. 99 desta Lei, serão pagas pelo administrador judicial com os recursos disponíveis em caixa.

Art. 151. Os créditos trabalhistas de natureza estritamente salarial vencidos nos 3 (três) meses anteriores à decretação da falência, até o limite de 5 (cinco) salários mínimos por trabalhador, serão pagos tão logo haja disponibilidade em caixa.

Art. 152. Os credores restituirão em dobro as quantias recebidas, acrescidas dos juros legais, se ficar evidenciado dolo ou má-fé na constituição do crédito ou da garantia.

Art. 153. Pagos todos os credores, o saldo, se houver, será entregue ao falido.

Seção XII

Do Encerramento da Falência e da Extinção das Obrigações do Falido

Art. 154. Concluída a realização de todo o ativo, e distribuído o produto entre os credores, o administrador judicial apresentará suas contas ao juiz no prazo de 30 (trinta) dias.

§ 1.º As contas, acompanhadas dos documentos comprobatórios, serão prestadas em autos apartados que, ao final, serão apensados aos autos da falência.

§ 2.º O juiz ordenará a publicação de aviso de que as contas foram entregues e se encontram à disposição dos interessados, que poderão impugná-las no prazo de 10 (dez) dias.

§ 3.º Decorrido o prazo do aviso e realizadas as diligências necessárias à apuração dos fatos, o juiz intimará o Ministério Público para manifestar-se no prazo de 5 (cinco) dias, findo o qual o administrador judicial será ouvido se houver impugnação ou parecer contrário do Ministério Público.

§ 4.º Cumpridas as providências previstas nos §§ 2.º e 3.º deste artigo, o juiz julgará as contas por sentença.

§ 5.º A sentença que rejeitar as contas do administrador judicial fixará suas responsabilidades, poderá determinar a indisponibilidade ou o sequestro de bens e servirá como título executivo para indenização da massa.

§ 6.º Da sentença cabe apelação.

Art. 155. Julgadas as contas do administrador judicial, ele apresentará o relatório final da falência no prazo de 10 (dez) dias, indicando o valor do ativo e o do produto de sua realização, o valor do passivo e o dos pagamentos feitos aos credores, e especificará justificadamente as responsabilidades com que continuará o falido.

Art. 156. Apresentado o relatório final, o juiz encerrará a falência por sentença e ordenará a intimação eletrônica às Fazendas Públicas federal e de todos os Estados, Distrito Federal e Municípios em que o devedor tiver estabelecimento e determinará a baixa da falida no Cadastro Nacional da Pessoa Jurídica (CNPJ), expedido pela Secretaria Especial da Receita Federal do Brasil.

•• *Caput* com redação determinada pela Lei n. 14.112, de 24-12-2020.

• *Vide* Súmula 147 do STF.

Parágrafo único. A sentença de encerramento será publicada por edital e dela caberá apelação.

Art. 157. (*Revogado pela Lei n. 14.112, de 24-12-2020.*)

Art. 158. Extingue as obrigações do falido:

I – o pagamento de todos os créditos;

II – o pagamento, após realizado todo o ativo, de mais de 25% (vinte e cinco por cento) dos créditos quirografários, facultado ao falido o depósito da quantia necessária para atingir a referida porcentagem se para isso não tiver sido suficiente a integral liquidação do ativo;

•• Inciso II com redação determinada pela Lei n. 14.112, de 24-12-2020.

III e IV – (*Revogados pela Lei n. 14.112, de 24-12-2020*);

V – o decurso do prazo de 3 (três) anos, contado da decretação da falência, ressalvada a utilização dos bens arrecadados anteriormente, que serão destinados à liquidação para a satisfação dos credores habilitados ou com pedido de reserva realizado;

•• Inciso V acrescentado pela Lei n. 14.112, de 24-12-2020.

•• *Vide* art. 5.º, § 1.º, IV, da Lei n. 14.112, de 24-12-2020.

VI – o encerramento da falência nos termos dos arts. 114-A ou 156 desta Lei.

•• Inciso VI acrescentado pela Lei n. 14.112, de 24-12-2020.

•• *Vide* art. 5.º, § 5.º, da Lei n. 14.112, de 24-12-2020.

Art. 159. Configurada qualquer das hipóteses do art. 158 desta Lei, o falido poderá requerer ao juízo da falência que suas obrigações sejam declaradas extintas por sentença.

§ 1.º A secretaria do juízo fará publicar imediatamente informação sobre a apresentação do requerimento a que se refere este artigo, e, no prazo comum de 5 (cinco) dias, qualquer credor, o administrador judicial e o Ministério Público poderão manifestar-se exclusivamente para apontar inconsistências formais e objetivas.

•• § 1.º com redação determinada pela Lei n. 14.112, de 24-12-2020.

§ 2.º (*Revogado pela Lei n. 14.112, de 24-12-2020.*)

§ 3.º Findo o prazo, o juiz, em 15 (quinze) dias, proferirá sentença que declare extintas todas as obrigações do falido, inclusive as de natureza trabalhista.

•• § 3.º com redação determinada pela Lei n. 14.112, de 24-12-2020.

§ 4.º A sentença que declarar extintas as obrigações será comunicada a todas as pessoas e entidades informadas da decretação da falência.

§ 5.º Da sentença cabe apelação.

§ 6.º Após o trânsito em julgado, os autos serão apensados aos da falência.

Art. 159-A. A sentença que declarar extintas as obrigações do falido, nos termos doArt. 159 desta Lei, somente poderá ser rescindida por ação rescisória, na forma prevista na Lei n. 13.105, de 16 de março de 2015 (Código de Processo Civil), a pedido de qualquer credor, caso se verifique que o falido tenha sonegado bens, direitos ou rendimentos de qualquer espécie anteriores à data do requerimento a que se refere oArt. 159 desta Lei.

•• *Caput* acrescentado pela Lei n. 14.112, de 24-12-2020.

Parágrafo único. O direito à rescisão de que trata o *caput* deste artigo extinguir-se-á no prazo de 2 (dois) anos, contado da data do trânsito em julgado da sentença de que trata o art. 159 desta Lei.

•• Parágrafo único acrescentado pela Lei n. 14.112, de 24-12-2020.

Art. 160. Verificada a prescrição ou extintas as obrigações nos termos desta Lei, o sócio de responsabilidade ilimitada também poderá requerer que seja declarada por sentença a extinção de suas obrigações na falência.

Capítulo VI
DA RECUPERAÇÃO EXTRAJUDICIAL

Art. 161. O devedor que preencher os requisitos do art. 48 desta Lei poderá propor e negociar com credores plano de recuperação extrajudicial.

§ 1.º Estão sujeitos à recuperação extrajudicial todos os créditos existentes na data do pedido, exceto os créditos de natureza tributária e aqueles previstos no § 3.º do art. 49 e no inciso II do *caput* do art. 86 desta Lei, e a sujeição dos créditos de natureza trabalhista e por acidentes de trabalho exige negociação coletiva com o sindicato da respectiva categoria profissional.

•• § 1.º com redação determinada pela Lei n. 14.112, de 24-12-2020.

§ 2.º O plano não poderá contemplar o pagamento antecipado de dívidas nem tratamento desfavorável aos credores que a ele não estejam sujeitos.

§ 3.º O devedor não poderá requerer a homologação de plano extrajudicial, se estiver pendente pedido de recuperação judicial ou se houver obtido recuperação judicial ou homologação de outro plano de recuperação extrajudicial há menos de 2 (dois) anos.

§ 4.º O pedido de homologação do plano de recuperação extrajudicial não acarretará suspensão de direitos, ações ou execuções, nem a impossibilidade do pedido de decretação de falência pelos credores não sujeitos ao plano de recuperação extrajudicial.

§ 5.º Após a distribuição do pedido de homologação, os credores não poderão desistir da adesão ao plano, salvo com a anuência expressa dos demais signatários.

§ 6.º A sentença de homologação do plano de recuperação extrajudicial constituirá título executivo judicial, nos termos do art. 584, inciso III do *caput*, da Lei n. 5.869, de 11 de janeiro de 1973 – Código de Processo Civil.

Art. 162. O devedor poderá requerer a homologação em juízo do plano de recuperação extrajudicial, juntando sua justificativa e o documento que contenha seus termos e condições, com as assinaturas dos credores que a ele aderiram.

Art. 163. O devedor poderá também requerer a homologação de plano de recuperação extrajudicial que obriga todos os credores por ele abrangidos, desde que assinado por credores que representem mais da metade dos créditos de cada espécie abrangidos pelo plano de recuperação extrajudicial.

•• *Caput* com redação determinada pela Lei n. 14.112, de 24-12-2020.

§ 1.º O plano poderá abranger a totalidade de uma ou mais espécies de créditos previstos no art. 83, incisos II, IV, V, VI e VIII do *caput*, desta Lei, ou grupo de credores de mesma natureza e sujeito a semelhantes condições de pagamento, e, uma vez homologado, obriga a todos os credores das espécies por ele abrangidas, exclusivamente em relação aos créditos constituídos até a data do pedido de homologação.

§ 2.º Não serão considerados para fins de apuração do percentual previsto no *caput* deste artigo os créditos não incluídos no plano de recuperação extrajudicial, os quais não poderão ter seu valor ou condições originais de pagamento alteradas.

§ 3.º Para fins exclusivos de apuração do percentual previsto no *caput* deste artigo:

I – o crédito em moeda estrangeira será convertido para moeda nacional pelo câmbio da véspera da data de assinatura do plano; e

II – não serão computados os créditos detidos pelas pessoas relacionadas no art. 43 deste artigo.

•• Mantivemos a redação conforme publicação oficial. Entendemos que o correto seria "art. 43 desta Lei".

§ 4.º Na alienação de bem objeto de garantia real, a supressão da garantia ou sua substituição somente serão admitidas mediante a aprovação expressa do credor titular da respectiva garantia.

§ 5.º Nos créditos em moeda estrangeira, a variação cambial só poderá ser afastada se o credor titular do respectivo crédito aprovar expressamente previsão diversa no plano de recuperação extrajudicial.

§ 6.º Para a homologação do plano de que trata este artigo, além dos documentos previstos no *caput* do art. 162 desta Lei, o devedor deverá juntar:

I – exposição da situação patrimonial do devedor;

II – as demonstrações contábeis relativas ao último exercício social e as levantadas especialmente para instruir o pedido, na forma do inciso II do *caput* do art. 51 desta Lei; e

III – os documentos que comprovem os poderes dos subscritores para novar ou transigir, relação nominal completa dos credores, com a indicação do endereço de cada um, a natureza, a classificação e o valor atualizado do crédito, discriminando sua origem, o regime dos respectivos vencimentos e a indicação dos registros contábeis de cada transação pendente.

§ 7.º O pedido previsto no *caput* deste artigo poderá ser apresentado com comprovação da anuência de credores que representem pelo menos 1/3 (um terço) de todos os créditos de cada espécie por ele abrangidos e com o compromisso de, no prazo improrrogável de 90 (noventa) dias, contado da data do pedido, atingir o *quorum* previsto no *caput* deste artigo, por meio de adesão expressa, facultada a conversão do procedimento em recuperação judicial a pedido do devedor.

•• § 7.º acrescentado pela Lei n. 14.112, de 24-12-2020.

§ 8.º Aplica-se à recuperação extrajudicial, desde o respectivo pedido, a suspensão de que trata o art. 6.º desta Lei, exclusivamente em relação às espécies de crédito por ele abrangidas, e somente deverá ser ratificada pelo juiz se comprovado o *quorum* inicial exigido pelo § 7.º deste artigo.

•• § 8.º acrescentado pela Lei n. 14.112, de 24-12-2020.

Art. 164. Recebido o pedido de homologação do plano de recuperação extrajudicial previsto nos arts. 162 e 163 desta Lei, o juiz ordenará a publicação de edital eletrônico com vistas a convocar os credores do devedor para apresentação de suas impugnações ao plano de recuperação extrajudicial, observado o disposto no § 3.º deste artigo.

•• *Caput* com redação determinada pela Lei n. 14.112, de 24-12-2020.

§ 1.º No prazo do edital, deverá o devedor comprovar o envio de carta a todos os credores sujeitos ao plano, domiciliados ou sediados no país, informando a distribuição do pedido, as condições do plano e prazo para impugnação.

§ 2.º Os credores terão prazo de 30 (trinta) dias, contado da publicação do edital, para impugnarem o plano, juntando a prova de seu crédito.

§ 3.º Para opor-se, em sua manifestação, à homologação do plano, os credores somente poderão alegar:

I – não preenchimento do percentual mínimo previsto no *caput* do art. 163 desta Lei;

II – prática de qualquer dos atos previstos no inciso III do art. 94 ou do art. 130 desta Lei, ou descumprimento de requisito previsto nesta Lei;

III – descumprimento de qualquer outra exigência legal.

§ 4.º Sendo apresentada impugnação, será aberto prazo de 5 (cinco) dias para que o devedor sobre ela se manifeste.

§ 5.º Decorrido o prazo do § 4.º deste artigo, os autos serão conclusos imediatamente ao juiz para apreciação de eventuais impugnações e decidirá, no prazo de 5 (cinco) dias, acerca do plano de recuperação extrajudicial, homologando-o por sentença se entender que não implica prática de atos previstos no art. 130 desta Lei e que não há outras irregularidades que recomendem sua rejeição.

§ 6.º Havendo prova de simulação de créditos ou vício de representação dos credores que subscreverem o plano, a sua homologação será indeferida.

§ 7.º Da sentença cabe apelação sem efeito suspensivo.

§ 8.º Na hipótese de não homologação do plano o devedor poderá, cumpridas as formalidades, apresentar novo pedido de homologação de plano de recuperação extrajudicial.

Art. 165. O plano de recuperação extrajudicial produz efeitos após sua homologação judicial.

§ 1.º É lícito, contudo, que o plano estabeleça a produção de efeitos anteriores à homologação, desde que exclusivamente em relação à modificação do valor ou da forma de pagamento dos credores signatários.

§ 2.º Na hipótese do § 1.º deste artigo, caso o plano seja posteriormente rejeitado pelo juiz, devolve-se aos credores signatários o direito de exigir seus créditos nas condições originais, deduzidos os valores efetivamente pagos.

Art. 166. Se o plano de recuperação extrajudicial homologado envolver alienação judicial de filiais ou de unidades produtivas isoladas do devedor, o juiz ordenará a sua realização, observado, no que couber, o disposto no art. 142 desta Lei.

Art. 167. O disposto neste Capítulo não implica impossibilidade de realização de outras modalidades de acordo privado entre o devedor e seus credores.

Capítulo VI-A
DA INSOLVÊNCIA TRANSNACIONAL

•• Capítulo VI-A acrescentado pela Lei n. 14.112, de 24-12-2020.

Seção I
Disposições Gerais

•• Seção I acrescentada pela Lei n. 14.112, de 24-12-2020.

Art. 167-A. Este Capítulo disciplina a insolvência transnacional, com o objetivo de proporcionar mecanismos efetivos para:

•• *Caput* acrescentado pela Lei n. 14.112, de 24-12-2020.

I – a cooperação entre juízes e outras autoridades competentes do Brasil e de outros países em casos de insolvência transnacional;

•• Inciso I acrescentado pela Lei n. 14.112, de 24-12-2020.

II – o aumento da segurança jurídica para a atividade econômica e para o investimento;

•• Inciso II acrescentado pela Lei n. 14.112, de 24-12-2020.

III – a administração justa e eficiente de processos de insolvência transnacional, de modo a proteger os interesses de todos os credores e dos demais interessados, inclusive do devedor;

•• Inciso III acrescentado pela Lei n. 14.112, de 24-12-2020.

IV – a proteção e a maximização do valor dos ativos do devedor;

•• Inciso IV acrescentado pela Lei n. 14.112, de 24-12-2020.

V – a promoção da recuperação de empresas em crise econômico-financeira, com a proteção de investimentos e a preservação de empregos; e

•• Inciso V acrescentado pela Lei n. 14.112, de 24-12-2020.

VI – a promoção da liquidação dos ativos da empresa em crise econômico-financeira, com a preservação e a otimização da utilização produtiva dos bens, dos ativos e dos recursos produtivos da empresa, inclusive os intangíveis.

•• Inciso VI acrescentado pela Lei n. 14.112, de 24-12-2020.

§ 1.º Na interpretação das disposições deste Capítulo, deverão ser considerados o seu objetivo de cooperação internacional, a necessidade de uniformidade de sua aplicação e a observância da boa-fé.

•• § 1.º acrescentado pela Lei n. 14.112, de 24-12-2020.

§ 2.º As medidas de assistência aos processos estrangeiros mencionadas neste Capítulo formam um rol meramente exemplificativo, de modo que outras medidas, ainda que previstas em leis distintas, solicitadas pelo representante estrangeiro, pela autoridade estrangeira ou pelo juízo brasileiro poderão ser deferidas pelo juiz competente ou promovidas diretamente pelo administrador judicial, com imediata comunicação nos autos.

•• § 2.º acrescentado pela Lei n. 14.112, de 24-12-2020.

§ 3.º Em caso de conflito, as obrigações assumidas em tratados ou convenções internacionais em vigor no Brasil prevalecerão sobre as disposições deste Capítulo.

•• § 3.º acrescentado pela Lei n. 14.112, de 24-12-2020.

§ 4. º O juiz somente poderá deixar de aplicar as disposições deste Capítulo se, no caso concreto, a sua aplicação configurar manifesta ofensa à ordem pública.

•• § 4.º acrescentado pela Lei n. 14.112, de 24-12-2020.

§ 5.º O Ministério Público intervirá nos processos de que trata este Capítulo.

•• § 5.º acrescentado pela Lei n. 14.112, de 24-12-2020.

§ 6.º Na aplicação das disposições deste Capítulo, será observada a competência do Superior Tribunal de Justiça prevista na alínea *i* do inciso Ido *caput* do art. 105 da Constituição Federal, quando cabível.

•• § 6.º acrescentado pela Lei n. 14.112, de 24-12-2020.

Art. 167-B. Para os fins deste Capítulo, considera-se:

•• *Caput* acrescentado pela Lei n. 14.112, de 24-12-2020.

I – processo estrangeiro: qualquer processo judicial ou administrativo, de cunho coletivo, inclusive de natureza cautelar, aberto em outro país de acordo com disposições relativas à insolvência nele vigentes, em que os bens e as atividades de um devedor estejam sujeitos a uma autoridade estrangeira, para fins de reorganização ou liquidação;

•• Inciso I acrescentado pela Lei n. 14.112, de 24-12-2020.

II – processo estrangeiro principal: qualquer processo estrangeiro aberto no país em que o devedor tenha o centro de seus interesses principais;

•• Inciso II acrescentado pela Lei n. 14.112, de 24-12-2020.

III – processo estrangeiro não principal: qualquer processo estrangeiro que não seja um processo estrangeiro principal, aberto em um país em que o devedor tenha estabelecimento ou bens;

•• Inciso III acrescentado pela Lei n. 14.112, de 24-12-2020.

IV – representante estrangeiro: pessoa ou órgão, inclusive o nomeado em caráter transitório, que esteja autorizado, no processo estrangeiro, a administrar os bens ou as atividades do devedor, ou a atuar como representante do processo estrangeiro;

•• Inciso IV acrescentado pela Lei n. 14.112, de 24-12-2020.

V – autoridade estrangeira: juiz ou autoridade administrativa que dirija ou supervisione um processo estrangeiro; e

•• Inciso V acrescentado pela Lei n. 14.112, de 24-12-2020.

VI – estabelecimento: qualquer local de operações em que o devedor desenvolva uma atividade econômica não transitória com o emprego de recursos humanos e de bens ou serviços.

•• Inciso VI acrescentado pela Lei n. 14.112, de 24-12-2020.

Art. 167-C. As disposições deste Capítulo aplicam-se aos casos em que:

•• *Caput* acrescentado pela Lei n. 14.112, de 24-12-2020.

I – autoridade estrangeira ou representante estrangeiro solicita assistência no Brasil para um processo estrangeiro;

•• Inciso I acrescentado pela Lei n. 14.112, de 24-12-2020.

II – assistência relacionada a um processo disciplinado por esta Lei é pleiteada em um país estrangeiro;

•• Inciso II acrescentado pela Lei n. 14.112, de 24-12-2020.

III – processo estrangeiro e processo disciplinado por esta Lei relativos ao mesmo devedor estão em curso simultaneamente; ou

•• Inciso III acrescentado pela Lei n. 14.112, de 24-12-2020.

IV – credores ou outras partes interessadas, de outro país, têm interesse em requerer a abertura de um processo disciplinado por esta Lei, ou dele participar.

•• Inciso IV acrescentado pela Lei n. 14.112, de 24-12-2020.

Art. 167-D. O juízo do local do principal estabelecimento do devedor no Brasil é o competente para o reconhecimento de processo estrangeiro e para a cooperação com a autoridade estrangeira nos termos deste Capítulo.

•• *Caput* acrescentado pela Lei n. 14.112, de 24-12-2020.

§ 1.º A distribuição do pedido de reconhecimento do processo estrangeiro previne a jurisdição para qualquer pedido de recuperação judicial, de recuperação extrajudicial ou de falência relativo ao devedor.

•• § 1.º acrescentado pela Lei n. 14.112, de 24-12-2020.

§ 2.º A distribuição do pedido de recuperação judicial, de recuperação extrajudicial ou de falência previne a jurisdição para qualquer pedido de reconhecimento de processo estrangeiro relativo ao devedor.

•• § 2.º acrescentado pela Lei n. 14.112, de 24-12-2020.

Art. 167-E. São autorizados a atuar em outros países, independentemente de decisão judicial, na qualidade de representante do processo brasileiro, desde que essa providência seja permitida pela lei do país em que tramitem os processos estrangeiros:

•• *Caput* acrescentado pela Lei n. 14.112, de 24-12-2020.

I – o devedor, na recuperação judicial e na recuperação extrajudicial;

•• Inciso I acrescentado pela Lei n. 14.112, de 24-12-2020.

II – o administrador judicial, na falência.

•• Inciso II acrescentado pela Lei n. 14.112, de 24-12-2020.

§ 1.º Na hipótese de que trata o inciso II do *caput* deste artigo, poderá o juiz, em caso de omissão do administrador judicial, autorizar terceiro para a atuação prevista no *caput* deste artigo.

•• § 1.º acrescentado pela Lei n. 14.112, de 24-12-2020.

§ 2.º A pedido de qualquer dos autorizados, o juízo mandará certificar a condição de representante do processo brasileiro.

•• § 2.º acrescentado pela Lei n. 14.112, de 24-12-2020.

Seção II
Do Acesso à Jurisdição Brasileira

•• Seção II acrescentada pela Lei n. 14.112, de 24-12-2020.

Art. 167-F. O representante estrangeiro está legitimado a postular diretamente ao juiz brasileiro, nos termos deste Capítulo.

•• *Caput* acrescentado pela Lei n. 14.112, de 24-12-2020.

§ 1.º O pedido feito ao juiz brasileiro não sujeita o representante estrangeiro nem o devedor, seus bens e suas atividades à jurisdição brasileira, exceto no que diz respeito aos estritos limites do pedido.

•• § 1.º acrescentado pela Lei n. 14.112, de 24-12-2020.

§ 2.º Reconhecido o processo estrangeiro, o representante estrangeiro está autorizado a:

•• § 2.º, *caput*, acrescentado pela Lei n. 14.112, de 24-12-2020.

I – ajuizar pedido de falência do devedor, desde que presentes os requisitos para isso, de acordo com esta Lei;

•• Inciso I acrescentado pela Lei n. 14.112, de 24-12-2020.

II – participar do processo de recuperação judicial, de recuperação extrajudicial ou de falência do mesmo devedor, em curso no Brasil;

•• Inciso II acrescentado pela Lei n. 14.112, de 24-12-2020.

III – intervir em qualquer processo em que o devedor seja parte, atendidas as exigências do direito brasileiro.

•• Inciso III acrescentado pela Lei n. 14.112, de 24-12-2020.

Art. 167-G. Os credores estrangeiros têm os mesmos direitos conferidos aos credores nacionais nos processos de recuperação judicial, de recuperação extrajudicial ou de falência.

•• *Caput* acrescentado pela Lei n. 14.112, de 24-12-2020.

§ 1.º Os credores estrangeiros receberão o mesmo tratamento dos credores nacionais, respeitada a ordem de classificação dos créditos prevista nesta Lei, e não serão discriminados em razão de sua nacionalidade ou da localização de sua sede, estabelecimento, residência ou domicílio, respeitado o seguinte:

•• § 1.º, *caput*, acrescentado pela Lei n. 14.112, de 24-12-2020.

I – os créditos estrangeiros de natureza tributária e previdenciária, bem como as penas pecuniárias por infração de leis penais ou administrativas, inclusive as multas tributárias devidas a Estados estrangeiros, não serão considerados nos processos de recuperação judicial e serão classificados como créditos subordinados nos processos de falência, independentemente de sua classificação nos países em que foram constituídos;

•• Inciso I acrescentado pela Lei n. 14.112, de 24-12-2020.

II – o crédito do representante estrangeiro será equiparado ao do administrador judicial nos casos em que fizer jus a remuneração, exceto quando for o próprio devedor ou seu representante;

•• Inciso II acrescentado pela Lei n. 14.112, de 24-12-2020.

III – os créditos que não tiverem correspondência com a classificação prevista nesta Lei serão classificados como quirografários, independentemente da classificação atribuída pela lei do país em que foram constituídos.

•• Inciso III acrescentado pela Lei n. 14.112, de 24-12-2020.

§ 2.º O juiz deve determinar as medidas apropriadas, no caso concreto, para que os credores que não tiverem domicílio ou estabelecimento no Brasil tenham acesso às notificações e às informações dos processos de recuperação judicial, de recuperação extrajudicial ou de falência.

•• § 2.º acrescentado pela Lei n. 14.112, de 24-12-2020.

§ 3.º As notificações e as informações aos credores que não tiverem domicílio ou estabelecimento no Brasil serão realizadas por qualquer meio considerado adequado pelo juiz, dispensada a expedição de carta rogatória para essa finalidade.

•• Inciso I acrescentado pela Lei n. 14.112, de 24-12-2020.

§ 4.º A comunicação do início de um processo de recuperação judicial ou de falência para credores estrangeiros deverá conter as informações sobre providências necessárias para que o credor possa fazer valer seu direito, inclusive quanto ao prazo para apresentação de habilitação ou de divergência e à necessidade de os credores garantidos habilitarem seus créditos.

•• § 4.º acrescentado pela Lei n. 14.112, de 24-12-2020.

§ 5.º O juiz brasileiro deverá expedir os ofícios e os mandados necessários ao Banco Central do Brasil para permitir a remessa ao exterior dos valores recebidos por credores domiciliados no estrangeiro.

•• § 5.º acrescentado pela Lei n. 14.112, de 24-12-2020.

Seção III
Do Reconhecimento de Processos Estrangeiros

•• Seção III acrescentada pela Lei n. 14.112, de 24-12-2020.

Art. 167-H. O representante estrangeiro pode ajuizar, perante o juiz, pedido de reconhecimento do processo estrangeiro em que atua.

•• *Caput* acrescentado pela Lei n. 14.112, de 24-12-2020.

§ 1.º O pedido de reconhecimento do processo estrangeiro deve ser acompanhado dos seguintes documentos:

•• § 1.º, *caput*, acrescentado pela Lei n. 14.112, de 24-12-2020.

I – cópia apostilada da decisão que determine a abertura do processo estrangeiro e nomeie o representante estrangeiro;

•• Inciso I acrescentado pela Lei n. 14.112, de 24-12-2020.

II – certidão apostilada expedida pela autoridade estrangeira que ateste a existência do processo estrangeiro e a nomeação do representante estrangeiro; ou

•• Inciso II acrescentado pela Lei n. 14.112, de 24-12-2020.

III – qualquer outro documento emitido por autoridade estrangeira que permita ao juiz atingir plena convicção da existência do processo estrangeiro e da identificação do representante estrangeiro.

•• Inciso III acrescentado pela Lei n. 14.112, de 24-12-2020.

§ 2.º O pedido de reconhecimento do processo estrangeiro deve ser acompanhado por uma relação de todos os processos estrangeiros relativos ao devedor que sejam de conhecimento do representante estrangeiro.

•• § 2.º acrescentado pela Lei n. 14.112, de 24-12-2020.

§ 3.º Os documentos redigidos em língua estrangeira devem estar acompanhados de tradução oficial para a língua portuguesa, salvo quando, sem prejuízo aos credores, for expressamente dispensada pelo juiz e substituída por tradução simples para a língua portuguesa, declarada fiel e autêntica pelo próprio advogado, sob sua responsabilidade pessoal.

•• § 3.º acrescentado pela Lei n. 14.112, de 24-12-2020.

Art. 167-I. Independentemente de outras medidas, o juiz poderá reconhecer:

•• *Caput* acrescentado pela Lei n. 14.112, de 24-12-2020.

I – a existência do processo estrangeiro e a identificação do representante estrangeiro, a partir da decisão ou da certidão referidas no § 1.º do art. 167-H desta Lei que os indicarem como tal;

•• Inciso I acrescentado pela Lei n. 14.112, de 24-12-2020.

II – a autenticidade de todos ou de alguns documentos juntados com o pedido de reconhecimento do processo estrangeiro, mesmo que não tenham sido apostilados;

•• Inciso II acrescentado pela Lei n. 14.112, de 24-12-2020.

III – o país onde se localiza o domicílio do devedor, no caso dos empresários individuais, ou o país da sede estatutária do devedor, no caso das sociedades, como seu centro de interesses principais, salvo prova em contrário.

•• Inciso III acrescentado pela Lei n. 14.112, de 24-12-2020.

Art. 167-J. Ressalvado o disposto no § 4.º do art. 167-A desta Lei, juiz reconhecerá o processo estrangeiro quando:

•• *Caput* acrescentado pela Lei n. 14.112, de 24-12-2020.

I – o processo enquadrar-se na definição constante do inciso I do *caput* do art. 167-B desta Lei;

•• Inciso I acrescentado pela Lei n. 14.112, de 24-12-2020.

II – o representante que tiver requerido o reconhecimento do processo enquadrar-se na definição de representante estrangeiro constante do inciso IV do *caput* do art. 167-B desta Lei;

•• Inciso II acrescentado pela Lei n. 14.112, de 24-12-2020.

III – o pedido cumprir os requisitos estabelecidos no art. 167-H desta Lei; e

•• Inciso III acrescentado pela Lei n. 14.112, de 24-12-2020.

IV – o pedido tiver sido endereçado ao juiz, conforme o disposto no art. 167-D desta Lei.

•• Inciso IV acrescentado pela Lei n. 14.112, de 24-12-2020.

§ 1.º Satisfeitos os requisitos previstos no *caput* deste artigo, o processo estrangeiro deve ser reconhecido como:

•• § 1.º, *caput*, acrescentado pela Lei n. 14.112, de 24-12-2020.

I – processo estrangeiro principal, caso tenha sido aberto no local em que o devedor tenha o seu centro de interesses principais; ou

•• Inciso I acrescentado pela Lei n. 14.112, de 24-12-2020.

II – processo estrangeiro não principal, caso tenha sido aberto em local em que o devedor tenha bens ou estabelecimento, na forma definida no inciso VI do *caput* do art. 167-B desta Lei.

•• Inciso II acrescentado pela Lei n. 14.112, de 24-12-2020.

§ 2.º Não obstante o previsto nos incisos I e II do § 1.º deste artigo, o processo estrangeiro será reconhecido como processo estrangeiro não principal se o centro de interesses principais do devedor tiver sido transferido ou de outra forma manipulado com o objetivo de transferir para outro Estado a competência jurisdicional para abertura do processo.

•• § 2.º acrescentado pela Lei n. 14.112, de 24-12-2020.

§ 3.º A decisão de reconhecimento do processo estrangeiro poderá ser modificada ou revogada, a qualquer momento, a pedido de qualquer parte interessada, se houver elementos que comprovem que os requisitos para o reconhecimento foram descumpridos, total ou parcialmente, ou deixaram de existir.

•• § 3.º acrescentado pela Lei n. 14.112, de 24-12-2020.

§ 4.º Da decisão que acolher o pedido de reconhecimento caberá agravo, e da sentença que o julgar improcedente caberá apelação.

•• § 4.º acrescentado pela Lei n. 14.112, de 24-12-2020.

Art. 167-K. Após o pedido de reconhecimento do processo estrangeiro, o representante estrangeiro deverá imediatamente informar ao juiz:

•• *Caput* acrescentado pela Lei n. 14.112, de 24-12-2020.

I – qualquer modificação significativa no estado do processo estrangeiro reconhecido ou no estado de sua nomeação como representante estrangeiro;

•• Inciso I acrescentado pela Lei n. 14.112, de 24-12-2020.

II – qualquer outro processo estrangeiro relativo ao mesmo devedor de que venha a ter conhecimento.

•• Inciso II acrescentado pela Lei n. 14.112, de 24-12-2020.

Art. 167-L. Após o ajuizamento do pedido de reconhecimento do processo estrangeiro, e antes de sua decisão, o juiz poderá conceder liminarmente as medidas de tutela provisória, fundadas em urgência ou evidência, necessárias para o cumprimento desta Lei, para a proteção da massa falida ou para a eficiência da administração.

•• *Caput* acrescentado pela Lei n. 14.112, de 24-12-2020.

§ 1.º Salvo no caso do disposto no inciso IV do *caput* do art. 167-N desta Lei, as medidas de natureza provisória encerram-se com a decisão sobre o pedido de reconhecimento.

•• § 1.º acrescentado pela Lei n. 14.112, de 24-12-2020.

§ 2.º O juiz poderá recusar-se a conceder as medidas de assistência provisória que possam interferir na administração do processo estrangeiro principal.

•• § 2.º acrescentado pela Lei n. 14.112, de 24-12-2020.

Art. 167-M. Com o reconhecimento de processo estrangeiro principal, decorrem automaticamente:

•• *Caput* acrescentado pela Lei n. 14.112, de 24-12-2020.

I – a suspensão do curso de quaisquer processos de execução ou de quaisquer outras medidas individualmente tomadas por credores relativas ao patrimônio do devedor, respeitadas as demais disposições desta Lei;

•• Inciso I acrescentado pela Lei n. 14.112, de 24-12-2020.

II – a suspensão do curso da prescrição de quaisquer execuções judiciais contra o devedor, respeitadas as demais disposições desta Lei;

•• Inciso II acrescentado pela Lei n. 14.112, de 24-12-2020.

III – a ineficácia de transferência, de oneração ou de qualquer forma de disposição de bens do ativo não circulante do devedor realizadas sem prévia autorização judicial.

•• Inciso III acrescentado pela Lei n. 14.112, de 24-12-2020.

§ 1.º A extensão, a modificação ou a cessação dos efeitos previstos nos incisos I, II e

III do *caput* deste artigo subordinam-se ao disposto nesta Lei.

•• § 1.º acrescentado pela Lei n. 14.112, de 24-12-2020.

§ 2.º Os credores conservam o direito de ajuizar quaisquer processos judiciais e arbitrais, e de neles prosseguir, que visem à condenação do devedor ou ao reconhecimento ou à liquidação de seus créditos, e, em qualquer caso, as medidas executórias deverão permanecer suspensas.

•• § 2.º acrescentado pela Lei n. 14.112, de 24-12-2020.

§ 3.º As medidas previstas neste artigo não afetam os credores que não estejam sujeitos aos processos de recuperação judicial, de recuperação extrajudicial ou de falência, salvo nos limites permitidos por esta Lei.

•• § 3.º acrescentado pela Lei n. 14.112, de 24-12-2020.

Art. 167-N. Com a decisão de reconhecimento do processo estrangeiro, tanto principal como não principal, o juiz poderá determinar, a pedido do representante estrangeiro e desde que necessárias para a proteção dos bens do devedor e no interesse dos credores, entre outras, as seguintes medidas:

•• *Caput* acrescentado pela Lei n. 14.112, de 24-12-2020.

I – a ineficácia de transferência, de oneração ou de qualquer forma de disposição de bens do ativo não circulante do devedor realizadas sem prévia autorização judicial, caso não tenham decorrido automaticamente do reconhecimento previsto no art. 167-M desta Lei;

•• Inciso I acrescentado pela Lei n. 14.112, de 24-12-2020.

II – a oitiva de testemunhas, a colheita de provas ou o fornecimento de informações relativas a bens, a direitos, a obrigações, à responsabilidade e à atividade do devedor;

•• Inciso II acrescentado pela Lei n. 14.112, de 24-12-2020.

III – a autorização do representante estrangeiro ou de outra pessoa para administrar e/ou realizar o ativo do devedor, no todo ou em parte, localizado no Brasil;

•• Inciso III acrescentado pela Lei n. 14.112, de 24-12-2020.

IV – a conversão, em definitiva, de qualquer medida de assistência provisória concedida anteriormente;

•• Inciso IV acrescentado pela Lei n. 14.112, de 24-12-2020.

V – a concessão de qualquer outra medida que seja necessária.

•• Inciso V acrescentado pela Lei n. 14.112, de 24-12-2020.

§ 1.º Com o reconhecimento do processo estrangeiro, tanto principal como não principal, o juiz poderá, a requerimento do representante estrangeiro, autorizá-lo, ou outra pessoa nomeada por aquele, a promover a destinação do ativo do devedor, no todo ou em parte, localizado no Brasil, desde que os interesses dos credores domiciliados ou estabelecidos no Brasil estejam adequadamente protegidos.

•• § 1.º acrescentado pela Lei n. 14.112, de 24-12-2020.

§ 2.º Ao conceder medida de assistência prevista neste artigo requerida pelo representante estrangeiro de um processo estrangeiro não principal, o juiz deverá certificar-se de que as medidas para efetivá-la se referem a bens que, de acordo com o direito brasileiro, devam ser submetidos à disciplina aplicável ao processo estrangeiro não principal, ou certificar-se de que elas digam respeito a informações nele exigidas.

•• § 2.º acrescentado pela Lei n. 14.112, de 24-12-2020.

Art. 167-O. Ao conceder ou denegar uma das medidas previstas nos arts. 167-L e 167-N desta Lei, bem como ao modificá-las ou revogá-las nos termos do § 2.º deste artigo, o juiz deverá certificar-se de que o interesse dos credores, do devedor e de terceiros interessados será adequadamente protegido.

•• *Caput* acrescentado pela Lei n. 14.112, de 24-12-2020.

§ 1.º O juiz poderá condicionar a concessão das medidas previstas nos arts. 167-L e 167-N desta Lei ao atendimento de condições que considerar apropriadas.

•• § 1.º acrescentado pela Lei n. 14.112, de 24-12-2020.

§ 2.º A pedido de qualquer interessado, do representante estrangeiro ou de ofício, o juiz poderá modificar ou revogar, a qualquer momento, medidas concedidas com fundamento nos arts. 167-L e 167-N desta Lei.

•• § 2.º acrescentado pela Lei n. 14.112, de 24-12-2020.

§ 3.º Com o reconhecimento do processo estrangeiro, tanto principal quanto não principal, o representante estrangeiro poderá ajuizar medidas com o objetivo de tornar ineficazes quaisquer atos realizados, nos termos dos arts. 129 e 130, observado ainda o disposto no art. 131, todos desta Lei.

•• § 3.º acrescentado pela Lei n. 14.112, de 24-12-2020.

§ 4.º No caso de processo estrangeiro não principal, a ineficácia referida no § 3.º deste artigo dependerá da verificação, pelo juiz, de que, de acordo com a lei brasileira, os bens devam ser submetidos à disciplina aplicável ao processo estrangeiro não principal.

•• § 4.º acrescentado pela Lei n. 14.112, de 24-12-2020.

Seção IV
Da Cooperação com Autoridades e Representantes Estrangeiros

•• Seção IV acrescentada pela Lei n. 14.112, de 24-12-2020.

Art. 167-P. O juiz deverá cooperar diretamente ou por meio do administrador judicial, na máxima extensão possível, com a autoridade estrangeira ou com representantes estrangeiros, na persecução dos objetivos estabelecidos no art. 167-A desta Lei.

•• *Caput* acrescentado pela Lei n. 14.112, de 24-12-2020.

§ 1.º O juiz poderá comunicar-se diretamente com autoridades estrangeiras ou com representantes estrangeiros, ou deles solicitar informação e assistência, sem a necessidade de expedição de cartas rogatórias, de procedimento de auxílio direto ou de outras formalidades semelhantes.

•• § 1.º acrescentado pela Lei n. 14.112, de 24-12-2020.

§ 2.º O administrador judicial, no exercício de suas funções e sob a supervisão do juiz, deverá cooperar, na máxima extensão possível, com a autoridade estrangeira ou com representantes estrangeiros, na persecução dos objetivos estabelecidos no art. 167-A desta Lei.

•• § 2.º acrescentado pela Lei n. 14.112, de 24-12-2020.

§ 3.º O administrador judicial, no exercício de suas funções, poderá comunicar-se com as autoridades estrangeiras ou com os representantes estrangeiros.

•• § 3.º acrescentado pela Lei n. 14.112, de 24-12-2020.

Art. 167-Q. A cooperação a que se refere oArt. 167-P desta Lei poderá ser implementada por quaisquer meios, inclusive pela:

•• *Caput* acrescentado pela Lei n. 14.112, de 24-12-2020.

I – nomeação de uma pessoa, natural ou jurídica, para agir sob a supervisão do juiz;

•• Inciso I acrescentado pela Lei n. 14.112, de 24-12-2020.

II – comunicação de informações por quaisquer meios considerados apropriados pelo juiz;

•• Inciso II acrescentado pela Lei n. 14.112, de 24-12-2020.

III – coordenação da administração e da supervisão dos bens e das atividades do devedor;

•• Inciso III acrescentado pela Lei n. 14.112, de 24-12-2020.

IV – aprovação ou implementação, pelo juiz, de acordos ou de protocolos de cooperação para a coordenação dos processos judiciais; e

•• Inciso IV acrescentado pela Lei n. 14.112, de 24-12-2020.

V – coordenação de processos concorrentes relativos ao mesmo devedor.

•• Inciso V acrescentado pela Lei n. 14.112, de 24-12-2020.

Seção V
Dos Processos Concorrentes

•• Seção V acrescentada pela Lei n. 14.112, de 24-12-2020.

Art. 167-R. Após o reconhecimento de um processo estrangeiro principal, somente se iniciará no Brasil um processo de recuperação judicial, de recuperação extrajudicial ou de falência se o devedor possuir bens ou estabelecimento no País.

•• *Caput* acrescentado pela Lei n. 14.112, de 24-12-2020.

Parágrafo único. Os efeitos do processo ajuizado no Brasil devem restringir-se aos bens e ao estabelecimento do devedor localizados no Brasil e podem estender-se a outros, desde que esta medida seja necessária para a cooperação e a coordenação com o processo estrangeiro principal.

•• Parágrafo único acrescentado pela Lei n. 14.112, de 24-12-2020.

Art. 167-S. Sempre que um processo estrangeiro e um processo de recuperação judicial, de recuperação extrajudicial ou de falência relativos ao mesmo devedor estiverem em curso simultaneamente, o juiz deverá buscar a cooperação e a coordenação entre eles, respeitadas as seguintes disposições:

•• *Caput* acrescentado pela Lei n. 14.112, de 24-12-2020.

I – se o processo no Brasil já estiver em curso quando o pedido de reconhecimento do processo estrangeiro tiver sido ajuizado, qualquer medida de assistência determinada pelo juiz nos termos dos arts. 167-L ou 167-N desta Lei deve ser compatível com o processo brasileiro, e o previsto no art. 167-M desta Lei não será aplicável se o processo estrangeiro for reconhecido como principal;

•• Inciso I acrescentado pela Lei n. 14.112, de 24-12-2020.

II – se o processo no Brasil for ajuizado após o reconhecimento do processo estrangeiro ou após o ajuizamento do pedido de seu reconhecimento, todas as medidas de assistência concedidas nos termos dos arts. 167-L ou 167-N desta Lei deverão ser revistas pelo juiz e modificadas ou revogadas se forem incompatíveis com o processo no Brasil e, quando o processo estrangeiro for reconhecido como principal, os efeitos referidos nos incisos I, II e III do *caput* do art. 167-M serão modificados ou cessados, nos termos do § 1.º do art. 167-M desta Lei, se incompatíveis com os demais dispositivos desta Lei;

•• Inciso II acrescentado pela Lei n. 14.112, de 24-12-2020.

III – qualquer medida de assistência a um processo estrangeiro não principal deverá restringir-se a bens e a estabelecimento que, de acordo com o ordenamento jurídico brasileiro, devam ser submetidos à disciplina aplicável ao processo estrangeiro não principal, ou a informações nele exigidas.

•• Inciso III acrescentado pela Lei n. 14.112, de 24-12-2020.

Art. 167-T. Na hipótese de haver mais de um processo estrangeiro relativo ao mesmo devedor, o juiz deverá buscar a cooperação e a coordenação de acordo com as disposições dos arts. 167-P e 167-Q desta Lei, bem como observar o seguinte:

•• *Caput* acrescentado pela Lei n. 14.112, de 24-12-2020.

I – qualquer medida concedida ao representante de um processo estrangeiro não principal após o reconhecimento de um processo estrangeiro principal deve ser compatível com este último;

•• Inciso I acrescentado pela Lei n. 14.112, de 24-12-2020.

II – se um processo estrangeiro principal for reconhecido após o reconhecimento ou o pedido de reconhecimento de um processo estrangeiro não principal, qualquer medida concedida nos termos dos arts. 167-L ou 167-N desta Lei deverá ser revista pelo juiz, que a modificará ou a revogará se for incompatível com o processo estrangeiro principal;

•• Inciso II acrescentado pela Lei n. 14.112, de 24-12-2020.

III – se, após o reconhecimento de um processo estrangeiro não principal, outro processo estrangeiro não principal for reconhecido, o juiz poderá, com a finalidade de facilitar a coordenação dos processos, conceder, modificar ou revogar qualquer medida antes concedida.

•• Inciso III acrescentado pela Lei n. 14.112, de 24-12-2020.

Art. 167-U. Na ausência de prova em contrário, presume-se a insolvência do devedor cujo processo estrangeiro principal tenha sido reconhecido no Brasil.

•• *Caput* acrescentado pela Lei n. 14.112, de 24-12-2020.

Parágrafo único. O representante estrangeiro, o devedor ou os credores podem requerer a falência do devedor cujo processo estrangeiro principal tenha sido reconhecido no Brasil, atendidos os pressupostos previstos nesta Lei.

•• Parágrafo único acrescentado pela Lei n. 14.112, de 24-12-2020.

Art. 167-V. O juízo falimentar responsável por processo estrangeiro não principal deve prestar ao juízo principal as seguintes informações, entre outras:

•• *Caput* acrescentado pela Lei n. 14.112, de 24-12-2020.

I – valor dos bens arrecadados e do passivo;

•• Inciso I acrescentado pela Lei n. 14.112, de 24-12-2020.

II – valor dos créditos admitidos e sua classificação;

•• Inciso II acrescentado pela Lei n. 14.112, de 24-12-2020.

III – classificação, segundo a lei nacional, dos credores não domiciliados ou sediados nos países titulares de créditos sujeitos a lei estrangeira;

•• Inciso III acrescentado pela Lei n. 14.112, de 24-12-2020.

IV – relação de ações judiciais em curso de que seja parte o falido, como autor, réu ou interessado;

•• Inciso IV acrescentado pela Lei n. 14.112, de 24-12-2020.

V – ocorrência do término da liquidação e o saldo, credor ou devedor, bem como eventual ativo remanescente.

•• Inciso V acrescentado pela Lei n. 14.112, de 24-12-2020.

Art. 167-W. No processo falimentar transnacional, principal ou não principal, nenhum ativo, bem ou recurso remanescente da liquidação será entregue ao falido se ainda houver passivo não satisfeito em qualquer outro processo falimentar transnacional.

•• Artigo acrescentado pela Lei n. 14.112, de 24-12-2020.

Art. 167-X. O processo de falência transnacional principal somente poderá ser finalizado após o encerramento dos processos não principais ou após a constatação de que, nesses últimos, não haja ativo líquido remanescente.

•• Artigo acrescentado pela Lei n. 14.112, de 24-12-2020.

Art. 167-Y. Sem prejuízo dos direitos sobre bens ou decorrentes de garantias reais, o credor que tiver recebido pagamento parcial de seu crédito em processo de insolvência no exterior não poderá ser pago pelo mesmo crédito em processo no Brasil referente ao mesmo devedor enquanto os pagamentos aos credores da mesma classe forem proporcionalmente inferiores ao valor já recebido no exterior.

•• Artigo acrescentado pela Lei n. 14.112, de 24-12-2020.

Capítulo VII
DISPOSIÇÕES PENAIS

Seção I
Dos Crimes em Espécie

•• A Lei de Introdução ao CP (Decreto-lei n. 3.914, de 9-12-1941) determina em seu art. 2.º: "Quem incorrer em falência, será punido: I – se fraudulenta a falência, com a pena de reclusão, por 2 (dois) a 6 (seis) anos; II – se culposa, com a pena de detenção, por 6 (seis) meses a 3 (três) anos".

Fraude a Credores

Art. 168. Praticar, antes ou depois da sentença que decretar a falência, conceder a recuperação judicial ou homologar a recuperação extrajudicial, ato fraudulento de que resulte ou possa resultar prejuízo aos credores, com o fim de obter ou assegurar vantagem indevida para si ou para outrem.

Pena – reclusão, de 3 (três) a 6 (seis) anos, e multa.

Aumento da pena

§ 1.º A pena aumenta-se de 1/6 (um sexto) a 1/3 (um terço), se o agente:

I – elabora escrituração contábil ou balanço com dados inexatos;

II – omite, na escrituração contábil ou no balanço, lançamento que deles deveria constar, ou altera escrituração ou balanço verdadeiros;

III – destrói, apaga ou corrompe dados contábeis ou negociais armazenados em computador ou sistema informatizado;

IV – simula a composição do capital social;

V – destrói, oculta ou inutiliza, total ou parcialmente, os documentos de escrituração contábil obrigatórios.

Contabilidade paralela e distribuição de lucros ou dividendos a sócios e acionistas até a aprovação do plano de recuperação judicial

•• Rubrica com redação determinada pela Lei n. 14.112, de 24-12-2020.

§ 2.º A pena é aumentada de 1/3 (um terço) até metade se o devedor manteve ou movimentou recursos ou valores paralelamente à contabilidade exigida pela legislação, inclusive na hipótese de violação do disposto no art. 6.º-A desta Lei.

•• § 2.º com redação determinada pela Lei n. 14.112, de 24-12-2020.

Concurso de pessoas

§ 3.º Nas mesmas penas incidem os contadores, técnicos contábeis, auditores e outros profissionais que, de qualquer modo, concorrerem para as condutas criminosas descritas neste artigo, na medida de sua culpabilidade.

Redução ou substituição da pena

§ 4.º Tratando-se de falência de microempresa ou de empresa de pequeno porte, e não se constatando prática habitual de condutas fraudulentas por parte do falido, poderá o juiz reduzir a pena de reclusão de 1/3 (um terço) a 2/3 (dois terços) ou substituí-la pelas penas restritivas de direitos, pelas de perda de bens e valores ou pelas de prestação de serviços à comunidade ou a entidades públicas.

• *Vide* art. 1.179, § 2.º, da Lei n. 10.406, de 10-1-2002 - CC.

Violação de sigilo empresarial

Art. 169. Violar, explorar ou divulgar, sem justa causa, sigilo empresarial ou dados confidenciais sobre operações ou serviços, contribuindo para a condução do devedor a estado de inviabilidade econômica ou financeira:

Pena – reclusão, de 2 (dois) a 4 (quatro) anos, e multa.

Divulgação de informações falsas

Art. 170. Divulgar ou propalar, por qualquer meio, informação falsa sobre devedor em recuperação judicial, com o fim de levá-lo à falência ou de obter vantagem:

Pena – reclusão, de 2 (dois) a 4 (quatro) anos, e multa.

Indução a erro

Art. 171. Sonegar ou omitir informações ou prestar informações falsas no processo de falência, de recuperação judicial ou de recuperação extrajudicial, com o fim de induzir a erro o juiz, o Ministério Público, os credores, a assembleia geral de credores, o Comitê ou o administrador judicial:

Pena – reclusão, de 2 (dois) a 4 (quatro) anos, e multa.

Favorecimento de credores

Art. 172. Praticar, antes ou depois da sentença que decretar a falência, conceder a recuperação judicial ou homologar plano de recuperação extrajudicial, ato de disposição ou oneração patrimonial ou gerador de obrigação, destinado a favorecer um ou mais credores em prejuízo dos demais:

Pena – reclusão, de 2 (dois) a 5 (cinco) anos, e multa.

Parágrafo único. Nas mesmas penas incorre o credor que, em conluio, possa beneficiar-se de ato previsto no *caput* deste artigo.

Desvio, ocultação ou apropriação de bens

Art. 173. Apropriar-se, desviar ou ocultar bens pertencentes ao devedor sob recuperação judicial ou à massa falida, inclusive por meio da aquisição por interposta pessoa:

Pena – reclusão, de 2 (dois) a 4 (quatro) anos, e multa.

Aquisição, recebimento ou uso ilegal de bens

Art. 174. Adquirir, receber, usar, ilicitamente, bem que sabe pertencer à massa falida ou influir para que terceiro, de boa-fé, o adquira, receba ou use:

Pena – reclusão, de 2 (dois) a 4 (quatro) anos, e multa.

Habilitação ilegal de crédito

Art. 175. Apresentar, em falência, recuperação judicial ou recuperação extrajudicial, relação de créditos, habilitação de créditos ou reclamação falsas, ou juntar a elas título falso ou simulado:

Pena – reclusão, de 2 (dois) a 4 (quatro) anos, e multa.

Exercício ilegal de atividade

Art. 176. Exercer atividade para a qual foi inabilitado ou incapacitado por decisão judicial, nos termos desta Lei:

Pena – reclusão, de 1 (um) a 4 (quatro) anos, e multa.

Violação de impedimento

Art. 177. Adquirir o juiz, o representante do Ministério Público, o administrador judicial, o gestor judicial, o perito, o avaliador, o escrivão, o oficial de justiça ou o leiloeiro, por si ou por interposta pessoa, bens de massa falida ou de devedor em recuperação judicial, ou, em relação a estes, entrar em alguma especulação de lucro, quando tenham atuado nos respectivos processos:

Pena – reclusão, de 2 (dois) a 4 (quatro) anos, e multa.

Omissão dos documentos contábeis obrigatórios

Art. 178. Deixar de elaborar, escriturar ou autenticar, antes ou depois da sentença que decretar a falência, conceder a recuperação judicial ou homologar o plano de recuperação extrajudicial, os documentos de escrituração contábil obrigatórios:

Pena – detenção, de 1 (um) a 2 (dois) anos, e multa, se o fato não constitui crime mais grave.

Seção II
Disposições Comuns

Art. 179. Na falência, na recuperação judicial e na recuperação extrajudicial de sociedades, os seus sócios, diretores, gerentes, administradores e conselheiros, de fato ou de direito, bem como o administrador judicial, equiparam-se ao devedor ou falido para todos os efeitos penais decorrentes desta Lei, na medida de sua culpabilidade.

Art. 180. A sentença que decreta a falência, concede a recuperação judicial ou concede a recuperação extrajudicial de que trata o art. 163 desta Lei é condição objetiva de punibilidade das infrações penais descritas nesta Lei.

Art. 181. São efeitos da condenação por crime previsto nesta Lei:

I – a inabilitação para o exercício de atividade empresarial;

II – o impedimento para o exercício de cargo ou função em conselho de administração, diretoria ou gerência das sociedades sujeitas a esta Lei;

III – a impossibilidade de gerir empresa por mandato ou por gestão de negócio.

§ 1.º Os efeitos de que trata este artigo não são automáticos, devendo ser motivadamente declarados na sentença, e perdurarão até 5 (cinco) anos após a extinção da punibilidade, podendo, contudo, cessar antes pela reabilitação penal.

§ 2.º Transitada em julgado a sentença penal condenatória, será notificado o Registro Público de Empresas para que tome as medidas necessárias para impedir novo registro em nome dos inabilitados.

• O art. 94 do CP (Decreto-lei n. 2.848, de 7-12-1940) estabelece: "A reabilitação poderá ser requerida, decorridos 2 (dois) anos do dia em que for extinta, de qualquer modo, a pena ou terminar sua execução, computando-se o período de prova da suspensão e o do livramento condicional, se não sobrevier revogação, desde que o condenado: I – tenha tido domicílio no País no prazo acima referido; II – tenha dado, durante esse tempo, demonstração efetiva e constante de bom comportamento público e privado; III – tenha ressarcido o dano causado pelo crime ou demonstre a absoluta impossibilidade de fazer, até o dia do pedido, ou exiba documento que comprove a renúncia da vítima ou novação da dívida. Parágrafo único. Negada a reabilitação, poderá ser requerida, a qualquer tempo, desde que o pedido seja instruído com novos elementos comprobatórios dos requisitos necessários".

Art. 182. A prescrição dos crimes previstos nesta Lei reger-se-á pelas disposições do Decreto-lei n. 2.848, de 7 de dezembro de 1940 – Código Penal, começando a correr do dia da decretação da falência, da concessão da recuperação judicial ou da homologação do plano de recuperação extrajudicial.

Parágrafo único. A decretação da falência do devedor interrompe a prescrição cuja contagem tenha iniciado com a concessão da recuperação judicial ou com a homologação do plano de recuperação extrajudicial.

Seção III
Do Procedimento Penal

Art. 183. Compete ao juiz criminal da jurisdição onde tenha sido decretada a falência, concedida a recuperação judicial ou homologado o plano de recuperação extrajudicial, conhecer da ação penal pelos crimes previstos nesta Lei.

Art. 184. Os crimes previstos nesta Lei são de ação penal pública incondicionada.

Parágrafo único. Decorrido o prazo a que se refere o art. 187, § 1.º, sem que o representante do Ministério Público ofereça denúncia, qualquer credor habilitado ou o administrador judicial poderá oferecer ação penal privada subsidiária da pública, observado o prazo decadencial de 6 (seis) meses.

Art. 185. Recebida a denúncia ou a queixa, observar-se-á o rito previsto nos arts. 531 a 540 do Decreto-lei n. 3.689, de 3 de outubro de 1941– Código de Processo Penal.

•• Os arts. 531 a 540 do Decreto-lei n. 3.689, de 3-10-1941 – CPP, dispõem sobre o Processo Sumário.

Art. 186. No relatório previsto na alínea e do inciso III do *caput* do art. 22 desta Lei, o administrador judicial apresentará ao juiz da falência exposição circunstanciada, considerando as causas da falência, o procedimento do devedor, antes e depois da sentença, e outras informações detalhadas a respeito da conduta do devedor e de outros responsáveis, se houver, por atos que possam constituir crime relacionado com a recuperação judicial ou com a falência, ou outro delito conexo a estes.

Parágrafo único. A exposição circunstanciada será instruída com laudo do contador encarregado do exame da escrituração do devedor.

Art. 187. Intimado da sentença que decreta a falência ou concede a recuperação judicial, o Ministério Público, verificando a ocorrência de qualquer crime previsto nesta Lei, promoverá imediatamente a competente ação penal ou, se entender necessário, requisitará a abertura de inquérito policial.

§ 1.º O prazo para oferecimento da denúncia regula-se pelo art. 46 do Decreto-lei n. 3.689, de 3 de outubro de 1941 – Código de Processo Penal, salvo se o Ministério Público, estando o réu solto ou afiançado, decidir aguardar a apresentação da exposição circunstanciada de que trata o art. 186 desta Lei, devendo, em seguida, oferecer a denúncia em 15 (quinze) dias.

•• Dispositivo do CPP:

"Art. 46. O prazo para oferecimento da denúncia, estando o réu preso, será de 5 (cinco) dias, contado da data em que o órgão do Ministério Público receber os autos do inquérito policial, e de 15 (quinze) dias, se o réu estiver solto ou afiançado. No último caso, se houver devolução do inquérito à autoridade policial (art. 16), contar-se-á o prazo da data em que o órgão do Ministério Público receber novamente os autos.

§ 1.º Quando o Ministério Público dispensar o inquérito policial, o prazo para oferecimento da denúncia contar-se-á da data em que tiver recebido as peças de informações ou a representação.

§ 2.º O prazo para aditamento da queixa será de 3 (três) dias, contado da data em que o órgão do Ministério Público receber os autos, e, se este não se pronunciar dentro do tríduo, entender-se-á que não tem o que aditar, prosseguindo-se nos demais termos do processo".

§ 2.º Em qualquer fase processual, surgindo indícios da prática dos crimes previstos nesta Lei, o juiz da falência ou da recuperação judicial ou da recuperação extrajudicial cientificará o Ministério Público.

Art. 188. Aplicam-se subsidiariamente as disposições do Código de Processo Penal, no que não forem incompatíveis com esta Lei.

Capítulo VIII
DISPOSIÇÕES FINAIS E TRANSITÓRIAS

Art. 189. Aplica-se, no que couber, aos procedimentos previstos nesta Lei, o disposto na Lei n. 13.105, de 16 de março de 2015 (Código de Processo Civil), desde que não seja incompatível com os princípios desta Lei.

•• *Caput* com redação determinada pela Lei n. 14.112, de 24-12-2020.

§ 1.º Para os fins do disposto nesta Lei:

•• § 1.º, *caput*, acrescentado pela Lei n. 14.112, de 24-12-2020.

I – todos os prazos nela previstos ou que dela decorram serão contados em dias corridos; e

•• Inciso I acrescentado pela Lei n. 14.112, de 24-12-2020.

II – as decisões proferidas nos processos a que se refere esta Lei serão passíveis de agravo de instrumento, exceto nas hipóteses em que esta Lei previr de forma diversa.

•• Inciso II acrescentado pela Lei n. 14.112, de 24-12-2020.

§ 2.º Para os fins do disposto no art. 190 da Lei n. 13.105, de 16 de março de 2015 (Código de Processo Civil), a manifestação de vontade do devedor será expressa e a dos credores será obtida por maioria, na forma prevista no art. 42 desta Lei.

•• § 2.º acrescentado pela Lei n. 14.112, de 24-12-2020.

Art. 189-A. Os processos disciplinados nesta Lei e os respectivos recursos, bem como os processos, os procedimentos e a execução dos atos e das diligências judiciais em que figure como parte empresário individual ou sociedade empresária em regime de recuperação judicial ou extrajudicial ou de falência terão prioridade sobre todos os atos judiciais, salvo o *habeas corpus* e as prioridades estabelecidas em leis especiais.

•• Artigo acrescentado pela Lei n. 14.112, de 24-12-2020.

Art. 190. Todas as vezes que esta Lei se referir a devedor ou falido, compreender-se-á que a disposição também se aplica aos sócios ilimitadamente responsáveis.

Art. 191. Ressalvadas as disposições específicas desta Lei, as publicações ordenadas serão feitas em sítio eletrônico próprio, na internet, dedicado à recuperação judicial e à falência, e as intimações serão realizadas por notificação direta por meio de dispositivos móveis previamente cadastrados e autorizados pelo interessado.

•• *Caput* com redação determinada pela Lei n. 14.112, de 24-12-2020.

Parágrafo único. As publicações ordenadas nesta Lei conterão a epígrafe "recuperação judicial de", "recuperação extrajudicial de" ou "falência de".

Art. 192. Esta Lei não se aplica aos processos de falência ou de concordata ajuizados anteriormente ao início de sua vigência, que serão concluídos nos termos do Decreto-lei n. 7.661, de 21 de junho de 1945.

• *Vide* art. 200 desta Lei.

§ 1.º Fica vedada a concessão de concordata suspensiva nos processos de falência em curso, podendo ser promovida a alienação dos bens da massa falida assim que concluída sua arrecadação, independentemente da formação do quadro-geral de credores e da conclusão do inquérito judicial.

§ 2.º A existência de pedido de concordata anterior à vigência desta Lei não obsta o pedido de recuperação judicial pelo devedor que não houver descumprido obrigação no âmbito da concordata, vedado, contudo, o pedido baseado no plano especial de recuperação judicial para microempresas e empresas de pequeno porte a que se refere a Seção V do Capítulo III desta Lei.

§ 3.º No caso do § 2.º deste artigo, se deferido o processamento da recuperação judicial, o processo de concordata será extinto e os créditos submetidos à concordata serão inscritos por seu valor original na recuperação judicial, deduzidas as parcelas pagas pelo concordatário.

§ 4.º Esta Lei aplica-se às falências decretadas em sua vigência resultantes de convolação de concordatas ou de pedidos de falência anteriores, às quais se aplica, até a decretação, o Decreto-lei n. 7.661, de 21 de junho de 1945, observado, na decisão que decretar a falência, o disposto no art. 99 desta Lei.

§ 5.º O juiz poderá autorizar a locação ou arrendamento de bens imóveis ou móveis a fim de evitar a sua deterioração, cujos resultados reverterão em favor da massa.

•• § 5.º acrescentado pela Lei n. 11.127, de 28-6-2005.

Art. 193. O disposto nesta Lei não afeta as obrigações assumidas no âmbito das câmaras ou prestadoras de serviços de compensação e de liquidação financeira, que serão ultimadas e liquidadas pela câmara ou prestador de serviços, na forma de seus regulamentos.

Art. 193-A. O pedido de recuperação judicial, o deferimento de seu processamento ou a homologação do plano de recuperação judicial não afetarão ou suspenderão, nos termos da legislação aplicável, o exercício dos direitos de vencimento antecipado e de compensação no âmbito de operações compromissadas e de derivativos, de modo que essas operações poderão ser vencidas antecipadamente, desde que assim previsto nos contratos celebrados entre as partes ou em regulamento, proibidas, no entanto, medidas que impliquem a redução, sob qualquer forma, das garantias ou de sua condição de excussão, à restrição do exercício de direitos, inclusive de vencimento antecipado por inexecução, e a compensação previstas contratualmente ou em regulamento.

•• *Caput* acrescentado pela Lei n. 14.112, de 24-12-2020.

§ 1.º Em decorrência do vencimento antecipado das operações compromissadas e de derivativos conforme previsto no *caput* deste artigo, os créditos e débitos delas decorrentes serão compensados e extinguirão as obrigações até onde se compensarem.

•• § 1.º acrescentado pela Lei n. 14.112, de 24-12-2020.

§ 2.º Se houver saldo remanescente contra o devedor, será este considerado crédito sujeito à recuperação judicial, ressalvada a existência de garantia de alienação ou de cessão fiduciária.

•• § 2.º acrescentado pela Lei n. 14.112, de 24-12-2020.

Art. 194. O produto da realização das garantias prestadas pelo participante das câmaras ou prestadores de serviços de compensação e de liquidação financeira submetidos aos regimes de que trata esta Lei, assim como os títulos, valores mobiliários e quaisquer outros de seus ativos objetos de compensação ou liquidação serão destinados à liquidação das obrigações assumidas no âmbito das câmaras ou prestadoras de serviços.

Art. 195. A decretação da falência das concessionárias de serviços públicos implica extinção da concessão, na forma da lei.

Art. 196. Os Registros Públicos de Empresas, em cooperação com os Tribunais de Justiça, manterão banco de dados público e gratuito, disponível na internet, com a relação de todos os devedores falidos ou em recuperação judicial.

•• *Caput* com redação determinada pela Lei n. 14.112, de 24-12-2020.

Parágrafo único. Os Registros Públicos de Empresas, em cooperação com o Conselho Nacional de Justiça, deverão promover a integração de seus bancos de dados em âmbito nacional.

•• Parágrafo único com redação determinada pela Lei n. 14.112, de 24-12-2020.

Art. 197. Enquanto não forem aprovadas as respectivas leis específicas, esta Lei aplica-se subsidiariamente, no que couber, aos regimes previstos no Decreto-lei n. 73, de 21 de novembro de 1966, na Lei n. 6.024, de 13 de março de 1974, no Decreto-lei n. 2.321, de 25 de fevereiro de 1987, e na Lei n. 9.514, de 20 de novembro de 1997.

Art. 198. Os devedores proibidos de requerer concordata nos termos da legislação específica em vigor na data da publicação desta Lei ficam proibidos de requerer recuperação judicial ou extrajudicial nos termos desta Lei.

Art. 199. Não se aplica o disposto no art. 198 desta Lei às sociedades a que se refere o art. 187 da Lei n. 7.565, de 19 de dezembro de 1986.

• O art. 187 da Lei n. 7.565, de 19-12-1986 – CBA –, estabelece: "Não podem impetrar concordata as empresas que, por seus atos constitutivos, tenham por objeto a exploração de serviços aéreos de qualquer natureza ou de infraestrutura aeronáutica".

§ 1.º Na recuperação judicial e na falência das sociedades de que trata o *caput* deste artigo, em nenhuma hipótese ficará suspenso o exercício de direitos derivados de contratos de locação, arrendamento mercantil ou de qualquer outra modalidade de arrendamento de aeronaves ou de suas partes.

•• Primitivo parágrafo único, renumerado pela Lei n. 11.196, de 21-11-2005.

§ 2.º Os créditos decorrentes dos contratos mencionados no § 1.º deste artigo não se submeterão aos efeitos da recuperação judicial ou extrajudicial, prevalecendo os direitos de propriedade sobre a coisa e as condições contratuais, não se lhes aplicando a ressalva contida na parte final do § 3.º do art. 49 desta Lei.

•• § 2.º acrescentado pela Lei n. 11.196, de 21-11-2005.

§ 3.º Na hipótese de falência das sociedades de que trata o *caput* deste artigo, prevalecerão os direitos de propriedade sobre a coisa relativos a contratos de locação, de arrendamento mercantil ou de qualquer outra modalidade de arrendamento de aeronaves ou de suas partes.

•• § 3.º acrescentado pela Lei n. 11.196, de 21-11-2005.

Art. 200. Ressalvado o disposto no art. 192 desta Lei, ficam revogados o Decreto-lei n. 7.661, de 21 de junho de 1945, e os arts. 503 a 512 do Decreto-lei n. 3.689, de 3 de outubro de 1941 – Código de Processo Penal.

• Os arts. 503 a 512 do CPP dispõem sobre o Processo e Julgamento dos Crimes de Falência.

Art. 201. Esta Lei entra em vigor 120 (cento e vinte) dias após sua publicação.

Brasília, 9 de fevereiro de 2005; 184.º da Independência e 117.º da República.

LUIZ INÁCIO LULA DA SILVA

LEI N. 11.105, DE 24 DE MARÇO DE 2005 (*)

Regulamenta os incisos II, IV e V do § 1.º do art. 225 da Constituição Federal, estabelece normas de segurança e mecanismos de fiscalização de atividades que envolvam organismos geneticamente modificados – OGM e seus derivados, cria o Conselho Nacional de Biossegurança – CNBS, reestrutura a Comissão Técnica Nacional de Biossegurança – CTNBio, dispõe sobre a Política Nacional de Biossegurança – PNB, revoga a Lei n. 8.974, de 5 de janeiro de 1995, e a Medida Provisória n. 2.191-9, de 23 de agosto de 2001, e os arts. 5.º, 6.º, 7.º, 8.º, 9.º, 10 e 16 da Lei n. 10.814, de 15 de dezembro de 2003, e dá outras providências.

O Presidente da República:

Faço saber que o Congresso Nacional decreta e eu sanciono a seguinte Lei:

Capítulo I
DISPOSIÇÕES PRELIMINARES E GERAIS

Art. 1.º Esta Lei estabelece normas de segurança e mecanismos de fiscalização sobre a construção, o cultivo, a produção, a manipulação, o transporte, a transferência, a importação, a exportação, o armazenamento, a pesquisa, a comercialização, o consumo, a liberação no meio ambiente e o descarte de organismos geneticamente modificados – OGM e seus derivados, tendo como diretrizes o estímulo ao avanço científico na área de biossegurança e biotecnologia, a proteção à vida e à saúde humana, animal e vegetal, e a observância do princípio da precaução para a proteção do meio ambiente.

§ 1.º Para os fins desta Lei, considera-se atividade de pesquisa a realizada em laboratório, regime de contenção ou campo, como parte do processo de obtenção de OGM e seus derivados ou de avaliação da biossegurança de OGM e seus derivados, o que engloba, no âmbito experimental, a construção, o cultivo, a manipulação, o transporte, a transferência, a importação, a exportação, o armazenamento, a liberação no meio ambiente e o descarte de OGM e seus derivados.

§ 2.º Para os fins desta Lei, considera-se atividade de uso comercial de OGM e seus derivados a que não se enquadra como atividade de pesquisa, e que trata do cultivo, da produção, da manipulação, do transporte, da transferência, da comercialização, da importação, da exportação, do armazenamento, do consumo, da liberação e do descarte de OGM e seus derivados para fins comerciais.

• A Resolução Normativa n. 32, de 15-6-2021, da Comissão Técnica Nacional de Biossegurança, dispõe sobre normas para liberação comercial de

(*) Publicada no *Diário Oficial da União*, de 28-3-2005. Regulamentada pelo Decreto n. 5.591, de 22-11-2005.

Organismos Geneticamente Modificados e seus derivados.

Art. 2.º As atividades e projetos que envolvam OGM e seus derivados, relacionados ao ensino com manipulação de organismos vivos, à pesquisa científica, ao desenvolvimento tecnológico e à produção industrial ficam restritos ao âmbito de entidades de direito público ou privado, que serão responsáveis pela obediência aos preceitos desta Lei e de sua regulamentação, bem como pelas eventuais consequências ou efeitos advindos de seu descumprimento.

§ 1.º Para os fins desta Lei, consideram-se atividades e projetos no âmbito de entidade os conduzidos em instalações próprias ou sob a responsabilidade administrativa, técnica ou científica da entidade.

§ 2.º As atividades e projetos de que trata este artigo são vedados a pessoas físicas em atuação autônoma e independente, ainda que mantenham vínculo empregatício ou qualquer outro com pessoas jurídicas.

§ 3.º Os interessados em realizar atividade prevista nesta Lei deverão requerer autorização à Comissão Técnica Nacional de Biossegurança – CTNBio, que se manifestará no prazo fixado em regulamento.

§ 4.º As organizações públicas e privadas, nacionais, estrangeiras ou internacionais, financiadoras ou patrocinadoras de atividades ou de projetos referidos no *caput* deste artigo devem exigir a apresentação de Certificado de Qualidade em Biossegurança, emitido pela CTNBio, sob pena de se tornarem corresponsáveis pelos eventuais efeitos decorrentes do descumprimento desta Lei ou de sua regulamentação.

Art. 3.º Para os efeitos desta Lei, considera-se:

I – organismo: toda entidade biológica capaz de reproduzir ou transferir material genético, inclusive vírus e outras classes que venham a ser conhecidas;

II – ácido desoxirribonucleico – ADN, ácido ribonucleico – ARN: material genético que contém informações determinantes dos caracteres hereditários transmissíveis à descendência;

III – moléculas de ADN/ARN recombinante: as moléculas manipuladas fora das células vivas mediante a modificação de segmentos de ADN/ARN natural ou sintético e que possam multiplicar-se em uma célula viva, ou ainda as moléculas de ADN/ARN resultantes dessa multiplicação; consideram-se também os segmentos de ADN/ARN sintéticos equivalentes aos de ADN/ARN natural;

IV – engenharia genética: atividade de produção e manipulação de moléculas de ADN/ARN recombinante;

V – organismo geneticamente modificado – OGM: organismo cujo material genético – ADN/ARN tenha sido modificado por qualquer técnica de engenharia genética;

VI – derivado de OGM: produto obtido de OGM e que não possua capacidade autônoma de replicação ou que não contenha forma viável de OGM;

VII – célula germinal humana: célula-mãe responsável pela formação de gametas presentes nas glândulas sexuais femininas e masculinas e suas descendentes diretas em qualquer grau de ploidia;

VIII – clonagem: processo de reprodução assexuada, produzida artificialmente, baseada em um único patrimônio genético, com ou sem utilização de técnicas de engenharia genética;

IX – clonagem para fins reprodutivos: clonagem com a finalidade de obtenção de um indivíduo;

X – clonagem terapêutica: clonagem com a finalidade de produção de células-tronco embrionárias para utilização terapêutica;

XI – células-tronco embrionárias: células de embrião que apresentam a capacidade de se transformar em células de qualquer tecido de um organismo.

§ 1.º Não se inclui na categoria de OGM o resultante de técnicas que impliquem a introdução direta, num organismo, de material hereditário, desde que não envolvam a utilização de moléculas de ADN/ ARN recombinante ou OGM, inclusive fecundação *in vitro*, conjugação, transdução, transformação, indução poliploide e qualquer outro processo natural.

§ 2.º Não se inclui na categoria de derivado de OGM a substância pura, quimicamente definida, obtida por meio de processos biológicos e que não contenha OGM, proteína heteróloga ou ADN recombinante.

Art. 4.º Esta Lei não se aplica quando a modificação genética for obtida por meio das seguintes técnicas, desde que não impliquem a utilização de OGM como receptor ou doador:

I – mutagênese;

II – formação e utilização de células somáticas de hibridoma animal;

III – fusão celular, inclusive a de protoplasma, de células vegetais, que possa ser produzida mediante métodos tradicionais de cultivo;

IV – autoclonagem de organismos não patogênicos que se processe de maneira natural.

Art. 5.º É permitida, para fins de pesquisa e terapia, a utilização de células-tronco embrionárias obtidas de embriões humanos produzidos por fertilização *in vitro* e não utilizados no respectivo procedimento, atendidas as seguintes condições:

- A Resolução n. 29, de 12-5-2008, da Agência Nacional de Vigilância Sanitária, aprova o regulamento técnico para o cadastramento nacional dos Bancos de Células e Tecidos Germinativos (BCTG) e o envio de informação de produção de embriões humanos produzidos por fertilização *in vitro* e não utilizados no respectivo procedimento.

I – sejam embriões inviáveis; ou

II – sejam embriões congelados há 3 (três) anos ou mais, na data da publicação desta Lei, ou que, já congelados na data da publicação desta Lei, depois de completarem 3 (três) anos, contados a partir da data de congelamento.

§ 1.º Em qualquer caso, é necessário o consentimento dos genitores.

§ 2.º Instituições de pesquisa e serviços de saúde que realizem pesquisa ou terapia com células-tronco embrionárias humanas deverão submeter seus projetos à apreciação e aprovação dos respectivos comitês de ética em pesquisa.

- *Vide* art. 33 desta Lei.

§ 3.º É vedada a comercialização do material biológico a que se refere este artigo e sua prática implica o crime tipificado no art. 15 da Lei n. 9.434, de 4 de fevereiro de 1997.

Art. 6.º Fica proibido:

I – implementação de projeto relativo a OGM sem a manutenção de registro de seu acompanhamento individual;

II – engenharia genética em organismo vivo ou o manejo *in vitro* de ADN/ARN natural ou recombinante, realizado em desacordo com as normas previstas nesta Lei;

III – engenharia genética em célula germinal humana, zigoto humano e embrião humano;

IV – clonagem humana;

V – destruição ou descarte no meio ambiente de OGM e seus derivados em desacordo com as normas estabelecidas pela CTNBio, pelos órgãos e entidades de registro e fiscalização, referidos no art. 16 desta Lei, e as constantes desta Lei e de sua regulamentação;

VI – liberação no meio ambiente de OGM ou seus derivados, no âmbito de atividades de pesquisa, sem a decisão técnica favorável da CTNBio e, nos casos de liberação comercial, sem o parecer técnico favorável da CTNBio, ou sem o licenciamento do órgão ou entidade ambiental responsável, quando a CTNBio considerar a atividade como potencialmente causadora de degradação ambiental, ou sem a aprovação do Conselho Nacional de Biossegurança – CNBS, quando o processo tenha sido por ele avocado, na forma desta Lei e de sua regulamentação;

VII – a utilização, a comercialização, o registro, o patenteamento e o licenciamento de tecnologias genéticas de restrição do uso.

Parágrafo único. Para os efeitos desta Lei, entende-se por tecnologias genéticas de restrição do uso qualquer processo de intervenção humana para geração ou multiplicação de plantas geneticamente modificadas para produzir estruturas reprodutivas estéreis, bem como qualquer forma de manipulação genética que vise à ativação ou desativação de genes relacionados à fertilidade das plantas por indutores químicos externos.

Art. 7.º São obrigatórias:

I – a investigação de acidentes ocorridos no curso de pesquisas e projetos na área de engenharia genética e o envio de relatório respectivo à autoridade competente no prazo máximo de 5 (cinco) dias a contar da data do evento;

II – a notificação imediata à CTNBio e às autoridades da saúde pública, da defesa agropecuária e do meio ambiente sobre acidente que possa provocar a disseminação de OGM e seus derivados;

III – a adoção de meios necessários para plenamente informar à CTNBio, às autoridades da saúde pública, do meio ambiente, da defesa agropecuária, à coletividade e aos demais empregados da instituição ou empresa sobre os riscos a que possam estar submetidos, bem como os procedimentos a serem tomados no caso de acidentes com OGM.

Capítulo II

DO CONSELHO NACIONAL DE BIOSSEGURANÇA – CNBS

- A Resolução n. 1, de 29-1-2008, aprova o Regimento Interno do Conselho Nacional de Biossegurança – CNBS.

Art. 8.º Fica criado o Conselho Nacional de Biossegurança – CNBS, vinculado à Presidência da República, órgão de assessoramento superior do Presidente da República para a formulação e implementação da Política Nacional de Biossegurança – PNB.

§ 1.º Compete ao CNBS:

I – fixar princípios e diretrizes para a ação administrativa dos órgãos e entidades federais com competências sobre a matéria;

II – analisar, a pedido da CTNBio, quanto aos aspectos da conveniência e oportunidade socioeconômicas e do interesse nacional, os pedidos de liberação para uso comercial de OGM e seus derivados;

III – avocar e decidir, em última e definitiva instância, com base em manifestação da CTNBio e, quando julgar necessário, dos órgãos e entidades referidos no art. 16 desta Lei, no âmbito de suas competências, sobre os processos relativos a atividades que envolvam o uso comercial de OGM e seus derivados;

IV – (*Vetado.*)

§ 2.º (*Vetado.*)

§ 3.º Sempre que o CNBS deliberar favoravelmente à realização da atividade analisada, encaminhará sua manifestação aos órgãos e entidades de registro e fiscalização referidos no art. 16 desta Lei.

§ 4.º Sempre que o CNBS deliberar contrariamente à atividade analisada, encaminhará sua manifestação à CTNBio para informação ao requerente.

Art. 9.º O CNBS é composto pelos seguintes membros:

I – Ministro de Estado Chefe da Casa Civil da Presidência da República, que o presidirá;

II – Ministro de Estado da Ciência e Tecnologia;

III – Ministro de Estado do Desenvolvimento Agrário;

IV – Ministro de Estado da Agricultura, Pecuária e Abastecimento;

V – Ministro de Estado da Justiça;

VI – Ministro de Estado da Saúde;

VII – Ministro de Estado do Meio Ambiente;

VIII – Ministro de Estado do Desenvolvimento, Indústria e Comércio Exterior;

IX – Ministro de Estado das Relações Exteriores;

X – Ministro de Estado da Defesa;

XI – Secretário Especial de Aquicultura e Pesca da Presidência da República.

§ 1.º O CNBS reunir-se-á sempre que convocado pelo Ministro de Estado Chefe da Casa Civil da Presidência da República, ou mediante provocação da maioria de seus membros.

§ 2.º (*Vetado.*)

§ 3.º Poderão ser convidados a participar das reuniões, em caráter excepcional, representantes do setor público e de entidades da sociedade civil.

§ 4.º O CNBS contará com uma Secretaria-Executiva, vinculada à Casa Civil da Presidência da República.

§ 5.º A reunião do CNBS poderá ser instalada com a presença de 6 (seis) de seus membros e as decisões serão tomadas com votos favoráveis da maioria absoluta.

Capítulo III

DA COMISSÃO TÉCNICA NACIONAL DE BIOSSEGURANÇA – CTNBIO

Art. 10. A CTNBio, integrante do Ministério da Ciência e Tecnologia, é instância colegiada multidisciplinar de caráter consultivo e deliberativo, para prestar apoio técnico e de assessoramento ao Governo Federal na formulação, atualização e implementação da PNB de OGM e seus derivados, bem como no estabelecimento de normas técnicas de segurança e de pareceres técnicos referentes à autorização para atividades que envolvam pesquisa e uso comercial de OGM e seus derivados, com base na avaliação de seu risco zoofitossanitário, à saúde humana e ao meio ambiente.

Parágrafo único. A CTNBio deverá acompanhar o desenvolvimento e o progresso técnico e científico nas áreas de biossegurança, biotecnologia, bioética e afins, com o objetivo de aumentar sua capacitação para a proteção da saúde humana, dos animais e das plantas e do meio ambiente.

Art. 11. A CTNBio, composta de membros titulares e suplentes, designados pelo Ministro de Estado da Ciência e Tecnologia, será constituída por 27 (vinte e sete) cidadãos brasileiros de reconhecida competência técnica, de notória atuação e saber científicos, com grau acadêmico de doutor e com destacada atividade profissional nas áreas de biossegurança, biotecnologia, biologia, saúde humana e animal ou meio ambiente, sendo:

I – 12 (doze) especialistas de notório saber científico e técnico, em efetivo exercício profissional, sendo:

a) 3 (três) da área de saúde humana;

b) 3 (três) da área animal;

c) 3 (três) da área vegetal;

d) 3 (três) da área de meio ambiente;

II – um representante de cada um dos seguintes órgãos, indicados pelos respectivos titulares:

a) Ministério da Ciência e Tecnologia;

b) Ministério da Agricultura, Pecuária e Abastecimento;

c) Ministério da Saúde;

d) Ministério do Meio Ambiente;

e) Ministério do Desenvolvimento Agrário;

f) Ministério do Desenvolvimento, Indústria e Comércio Exterior;

g) Ministério da Defesa;

h) Secretaria Especial de Aquicultura e Pesca da Presidência da República;

i) Ministério das Relações Exteriores;

III – um especialista em defesa do consumidor, indicado pelo Ministro da Justiça;

IV – um especialista na área de saúde, indicado pelo Ministro da Saúde;

V – um especialista em meio ambiente, indicado pelo Ministro do Meio Ambiente;

VI – um especialista em biotecnologia, indicado pelo Ministro da Agricultura, Pecuária e Abastecimento;

VII – um especialista em agricultura familiar, indicado pelo Ministro do Desenvolvimento Agrário;

VIII – um especialista em saúde do trabalhador, indicado pelo Ministro do Trabalho e Emprego.

§ 1.º Os especialistas de que trata o inciso I do *caput* deste artigo serão escolhidos a partir de lista tríplice, elaborada com a participação das sociedades científicas, conforme disposto em regulamento.

§ 2.º Os especialistas de que tratam os incisos III a VIII do *caput* deste artigo serão escolhidos a partir de lista tríplice, elaborada pelas organizações da sociedade civil, conforme disposto em regulamento.

§ 3.º Cada membro efetivo terá um suplente, que participará dos trabalhos na ausência do titular.

§ 4.º Os membros da CTNBio terão mandato de 2 (dois) anos, renovável por até mais 2 (dois) períodos consecutivos.

§ 5.º O presidente da CTNBio será designado, entre seus membros, pelo Ministro da Ciência e Tecnologia para um mandato de 2 (dois) anos, renovável por igual período.

§ 6.º Os membros da CTNBio devem pautar a sua atuação pela observância estrita dos conceitos ético-profissionais, sendo vedado participar do julgamento de questões com as quais tenham algum envolvimento de ordem profissional ou pessoal, sob pena de perda de mandato, na forma do regulamento.

§ 7.º A reunião da CTNBio poderá ser instalada com a presença de 14 (catorze) de seus membros, incluído pelo menos um representante de cada uma das áreas referidas no inciso I do *caput* deste artigo.

§ 8.º (*Vetado.*)

§ 8.º-A. As decisões da CTNBio serão tomadas com votos favoráveis da maioria absoluta de seus membros.

•• § 8.º-A acrescentado pela Lei n. 11.460, de 21-3-2007.

§ 9.º Órgãos e entidades integrantes da administração pública federal poderão solicitar participação nas reuniões da CTNBio para tratar de assuntos de seu especial interesse, sem direito a voto.

§ 10. Poderão ser convidados a participar das reuniões, em caráter excepcional, representantes da comunidade científica e do setor público e entidades da sociedade civil, sem direito a voto.

Art. 12. O funcionamento da CTNBio será definido pelo regulamento desta Lei.

§ 1.º A CTNBio contará com uma Secretaria-Executiva e cabe ao Ministério da Ciência e Tecnologia prestar-lhe o apoio técnico e administrativo.

§ 2.º (*Vetado.*)

Art. 13. A CTNBio constituirá subcomissões setoriais permanentes na área de saúde humana, na área animal, na área vegetal e na área ambiental, e poderá constituir subcomissões extraordinárias, para análise prévia dos temas a serem submetidos ao plenário da Comissão.

§ 1.º Tanto os membros titulares quanto os suplentes participarão das subcomissões setoriais e caberá a todos a distribuição dos processos para análise.

§ 2.º O funcionamento e a coordenação dos trabalhos nas subcomissões setoriais e extraordinárias serão definidos no regimento interno da CTNBio.

Art. 14. Compete à CTNBio:

I – estabelecer normas para as pesquisas com OGM e derivados de OGM;

II – estabelecer normas relativamente às atividades e aos projetos relacionados a OGM e seus derivados;

III – estabelecer, no âmbito de suas competências, critérios de avaliação e monitoramento de risco de OGM e seus derivados;

• A Resolução Normativa n. 9, de 2-12-2011, da CTNBio, dispõe sobre as normas de monitoramento pós-liberação comercial de organismos geneticamente modificados.

IV – proceder à análise da avaliação de risco, caso a caso, relativamente a atividades e projetos que envolvam OGM e seus derivados;

V – estabelecer os mecanismos de funcionamento das Comissões Internas de Biossegurança – CIBio, no âmbito de cada instituição que se dedique ao ensino, à pesquisa científica, ao desenvolvimento tecnológico e à produção industrial que envolvam OGM ou seus derivados;

VI – estabelecer requisitos relativos à biossegurança para autorização de funcionamento de laboratório, instituição ou empresa que desenvolverá atividades relacionadas a OGM e seus derivados;

VII – relacionar-se com instituições voltadas para a biossegurança de OGM e seus derivados, em âmbito nacional e internacional;

VIII – autorizar, cadastrar e acompanhar as atividades de pesquisa com OGM ou derivado de OGM, nos termos da legislação em vigor;

IX – autorizar a importação de OGM e seus derivados para atividade de pesquisa;

X – prestar apoio técnico consultivo e de assessoramento ao CNBS na formulação da PNB de OGM e seus derivados;

XI – emitir Certificado de Qualidade em Biossegurança – CQB para o desenvolvimento de atividades com OGM e seus derivados em laboratório, instituição ou empresa e enviar cópia do processo aos órgãos de registro e fiscalização referidos no art. 16 desta Lei;

XII – emitir decisão técnica, caso a caso, sobre a biossegurança de OGM e seus derivados no âmbito das atividades de pesquisa e de uso comercial de OGM e seus derivados, inclusive a classificação quanto ao grau de risco e nível de biossegurança exigido, bem como medidas de segurança exigidas e restrições ao uso;

XIII – definir o nível de biossegurança a ser aplicado ao OGM e seus usos, e os respectivos procedimentos e medidas de segurança quanto ao seu uso, conforme as normas estabelecidas na regulamentação desta Lei, bem como quanto aos seus derivados;

XIV – classificar os OGM segundo a classe de risco, observados os critérios estabelecidos no regulamento desta Lei;

XV – acompanhar o desenvolvimento e o progresso técnico-científico na biossegurança de OGM e seus derivados;

XVI – emitir resoluções, de natureza normativa, sobre as matérias de sua competência;

XVII – apoiar tecnicamente os órgãos competentes no processo de prevenção e investigação de acidentes e de enfermidades, verificados no curso dos projetos e das atividades com técnicas de ADN/ARN recombinante;

XVIII – apoiar tecnicamente os órgãos e entidades de registro e fiscalização, referidos no art. 16 desta Lei, no exercício de suas atividades relacionadas a OGM e seus derivados;

XIX – divulgar no *Diário Oficial da União*, previamente à análise, os extratos dos pleitos e, posteriormente, dos pareceres dos processos que lhe forem submetidos, bem como dar ampla publicidade no Sistema de Informações em Biossegurança – SIB a sua agenda, processos em trâmite, relatórios anuais, atas das reuniões e demais informações sobre suas atividades, excluídas as informações sigilosas, de interesse comercial, apontadas pelo proponente e assim consideradas pela CTNBio;

XX – identificar atividades e produtos decorrentes do uso de OGM e seus derivados potencialmente causadores de degradação do meio ambiente ou que possam causar riscos à saúde humana;

XXI – reavaliar suas decisões técnicas por solicitação de seus membros ou por recurso dos órgãos e entidades de registro e fiscalização, fundamentado em fatos ou conhecimentos científicos novos, que sejam relevantes quanto à biossegurança do OGM ou derivado, na forma desta Lei e seu regulamento;

XXII – propor a realização de pesquisas e estudos científicos no campo da biossegurança de OGM e seus derivados;

XXIII – apresentar proposta de regimento interno ao Ministro da Ciência e Tecnologia.

§ 1.º Quanto aos aspectos de biossegurança do OGM e seus derivados, a decisão técnica da CTNBio vincula os demais órgãos e entidades da administração.

§ 2.º Nos casos de uso comercial, dentre outros aspectos técnicos de sua análise, os órgãos de registro e fiscalização, no exercício de suas atribuições em caso de solicitação pela CTNBio, observarão, quanto aos aspectos de biossegurança do OGM e seus derivados, a decisão técnica da CTNBio.

§ 3.º Em caso de decisão técnica favorável sobre a biossegurança no âmbito da atividade de pesquisa, a CTNBio remeterá o processo respectivo aos órgãos e entidades referidos no art. 16 desta Lei, para o exercício de suas atribuições.

§ 4.º A decisão técnica da CTNBio deverá conter resumo de sua fundamentação técnica, explicitar as medidas de segurança e restrições ao uso do OGM e seus derivados e considerar as particularidades das diferentes regiões do País, com o objetivo de orientar e subsidiar os órgãos e entidades de registro e fiscalização, referidos no art. 16 desta Lei, no exercício de suas atribuições.

§ 5.º Não se submeterá a análise e emissão de parecer técnico da CTNBio o derivado cujo OGM já tenha sido por ela aprovado.

§ 6.º As pessoas físicas ou jurídicas envolvidas em qualquer das fases do processo de produção agrícola, comercialização ou transporte de produto geneticamente modificado que tenham obtido a liberação para uso comercial estão dispensadas de apresentação do CQB e constituição de CIBio, salvo decisão em contrário da CTNBio.

Art. 15. A CTNBio poderá realizar audiências públicas, garantida participação da sociedade civil, na forma do regulamento.

Parágrafo único. Em casos de liberação comercial, audiência pública poderá ser requerida por partes interessadas, incluindo-se entre estas organizações da sociedade civil que comprovem interesse relacionado à matéria, na forma do regulamento.

Capítulo IV
DOS ÓRGÃOS E ENTIDADES DE REGISTRO E FISCALIZAÇÃO

Art. 16. Caberá aos órgãos e entidades de registro e fiscalização do Ministério da Saúde, do Ministério da Agricultura, Pecuária e Abastecimento e do Ministério do Meio Ambiente, e da Secretaria Especial de Aquicultura e Pesca da Presidência da República entre outras atribuições, no campo de suas competências, observadas a decisão técnica da CTNBio, as deliberações do CNBS e os mecanismos estabelecidos nesta Lei e na sua regulamentação:

• *Vide* arts. 6.º, V, 8.º, III e § 3.º, 14, XVIII, 18, V, e 23 desta Lei.

I – fiscalizar as atividades de pesquisa de OGM e seus derivados;

II – registrar e fiscalizar a liberação comercial de OGM e seus derivados;

III – emitir autorização para a importação de OGM e seus derivados para uso comercial;

IV – manter atualizado no SIB o cadastro das instituições e responsáveis técnicos que realizam atividades e projetos relacionados a OGM e seus derivados;

V – tornar públicos, inclusive no SIB, os registros e autorizações concedidas;

VI – aplicar as penalidades de que trata esta Lei;

VII – subsidiar a CTNBio na definição de quesitos de avaliação de biossegurança de OGM e seus derivados.

§ 1.º Após manifestação favorável da CTNBio, ou do CNBS, em caso de avocação ou recurso, caberá, em decorrência de análise específica e decisão pertinente:

I – ao Ministério da Agricultura, Pecuária e Abastecimento emitir as autorizações e registros e fiscalizar produtos e atividades que utilizem OGM e seus derivados destinados a uso animal, na agricultura, pecuária, agroindústria e áreas afins, de acordo com a legislação em vigor e segundo o regulamento desta Lei;

II – ao órgão competente do Ministério da Saúde emitir as autorizações e registros e fiscalizar produtos e atividades com OGM e seus derivados destinados a uso humano, farmacológico, domissanitário e áreas afins, de acordo com a legislação em vigor e segundo o regulamento desta Lei;

III – ao órgão competente do Ministério do Meio Ambiente emitir as autorizações e registros e fiscalizar produtos e atividades que envolvam OGM e seus derivados a serem liberados nos ecossistemas naturais, de acordo com a legislação em vigor e segundo o regulamento desta Lei, bem como o licenciamento, nos casos em que a CTNBio deliberar, na forma desta Lei, que o OGM é potencialmente causador de significativa degradação do meio ambiente;

IV – à Secretaria Especial de Aquicultura e Pesca da Presidência da República emitir as autorizações e registros de produtos e atividades com OGM e seus derivados destinados ao uso na pesca e aquicultura, de acordo com a legislação em vigor e segundo esta Lei e seu regulamento.

§ 2.º Somente se aplicam as disposições dos incisos I e II do art. 8.º e do *caput* do art. 10 da Lei n. 6.938, de 31 de agosto de 1981, nos casos em que a CTNBio deliberar que o OGM é potencialmente causador de significativa degradação do meio ambiente.

§ 3.º A CTNBio delibera, em última e definitiva instância, sobre os casos em que a atividade é potencial ou efetivamente causadora de degradação ambiental, bem como sobre a necessidade do licenciamento ambiental.

§ 4.º A emissão dos registros, das autorizações e do licenciamento ambiental referidos nesta Lei deverá ocorrer no prazo máximo de 120 (cento e vinte) dias.

§ 5.º A contagem do prazo previsto no § 4.º deste artigo será suspensa, por até 180 (cento e oitenta) dias, durante a elaboração, pelo requerente, dos estudos ou esclarecimentos necessários.

§ 6.º As autorizações e registros de que trata este artigo estarão vinculados à decisão técnica da CTNBio correspondente, sendo vedadas exigências técnicas que extrapolem as condições estabelecidas naquela decisão, nos aspectos relacionados à biossegurança.

§ 7.º Em caso de divergência quanto à decisão técnica da CTNBio sobre a liberação comercial de OGM e derivados, os órgãos e entidades de registro e fiscalização, no âmbito de suas competências, poderão apresentar recurso ao CNBS, no prazo de até 30 (trinta) dias, a contar da data de publicação da decisão técnica da CTNBio.

Capítulo V
DA COMISSÃO INTERNA DE BIOSSEGURANÇA - CIBIO

• A Resolução Normativa n. 1, de 20-6-2006, da Comissão Técnica Nacional de Biossegurança, dispõe sobre a instalação e o funcionamento das Comissões Internas de Biossegurança (CIBios) e sobre os critérios e procedimentos para requerimento, emissão, revisão, extensão, suspensão e cancelamento do Certificado de Qualidade em Biossegurança (CQB).

Art. 17. Toda instituição que utilizar técnicas e métodos de engenharia genética ou realizar pesquisas com OGM e seus derivados deverá criar uma Comissão Interna de Biossegurança – CIBio, além de indicar um técnico principal responsável para cada projeto específico.

Art. 18. Compete à CIBio, no âmbito da instituição onde constituída:

I – manter informados os trabalhadores e demais membros da coletividade, quando suscetíveis de serem afetados pela atividade, sobre as questões relacionadas com a saúde e a segurança, bem como sobre os procedimentos em caso de acidentes;

II – estabelecer programas preventivos e de inspeção para garantir o funcionamento das instalações sob sua responsabilidade, dentro dos padrões e normas de biossegurança, definidos pela CTNBio na regulamentação desta Lei;

III – encaminhar à CTNBio os documentos cuja relação será estabelecida na regulamentação desta Lei, para efeito de análise, registro ou autorização do órgão competente, quando couber;

IV – manter registro do acompanhamento individual de cada atividade ou projeto em desenvolvimento que envolvam OGM ou seus derivados;

V – notificar à CTNBio, aos órgãos e entidades de registro e fiscalização, referidos no art. 16 desta Lei, e às entidades de trabalhadores o resultado de avaliações de risco a que estão submetidas as pessoas expostas, bem como qualquer acidente ou incidente que possa provocar a disseminação de agente biológico;

VI – investigar a ocorrência de acidentes e as enfermidades possivelmente relacionados a OGM e seus derivados e notificar suas conclusões e providências à CTNBio.

Capítulo VI
DO SISTEMA DE INFORMAÇÕES EM BIOSSEGURANÇA - SIB

Art. 19. Fica criado, no âmbito do Ministério da Ciência e Tecnologia, o Sistema de Informações em Biossegurança – SIB, destinado à gestão das informações decorrentes das atividades de análise, autorização, registro, monitoramento e acompanhamento das atividades que envolvam OGM e seus derivados.

§ 1.º As disposições dos atos legais, regulamentares e administrativos que alterem, complementem ou produzam efeitos sobre a legislação de biossegurança de OGM e seus derivados deverão ser divulgadas no SIB concomitantemente com a entrada em vigor desses atos.

§ 2.º Os órgãos e entidades de registro e fiscalização, referidos no art. 16 desta Lei, deverão alimentar o SIB com as informações relativas às atividades de que trata esta Lei, processadas no âmbito de sua competência.

Capítulo VII
DA RESPONSABILIDADE CIVIL E ADMINISTRATIVA

Art. 20. Sem prejuízo da aplicação das penas previstas nesta Lei, os responsáveis pelos danos ao meio ambiente e a terceiros responderão, solidariamente, por sua indenização ou reparação integral, independentemente da existência de culpa.

Art. 21. Considera-se infração administrativa toda ação ou omissão que viole as normas previstas nesta Lei e demais disposições legais pertinentes.

Parágrafo único. As infrações administrativas serão punidas na forma estabelecida no regulamento desta Lei, independentemente das medidas cautelares de apreensão de produtos, suspensão de venda de produto e embargos de atividades, com as seguintes sanções:

I – advertência;

II – multa;

III – apreensão de OGM e seus derivados;

IV – suspensão da venda de OGM e seus derivados;

V – embargo da atividade;

VI – interdição parcial ou total do estabelecimento, atividade ou empreendimento;

VII – suspensão de registro, licença ou autorização;

VIII – cancelamento de registro, licença ou autorização;

IX – perda ou restrição de incentivo e benefício fiscal concedidos pelo governo;

X – perda ou suspensão da participação em linha de financiamento em estabelecimento oficial de crédito;

XI – intervenção no estabelecimento;

XII – proibição de contratar com a administração pública, por período de até 5 (cinco) anos.

Art. 22. Compete aos órgãos e entidades de registro e fiscalização, referidos no art. 16 desta Lei, definir critérios, valores e aplicar multas de R$ 2.000,00 (dois mil reais) a R$ 1.500.000,00 (um milhão e quinhentos mil reais), proporcionalmente à gravidade da infração.

§ 1.º As multas poderão ser aplicadas cumulativamente com as demais sanções previstas neste artigo.

§ 2.º No caso de reincidência, a multa será aplicada em dobro.

§ 3.º No caso de infração continuada, caracterizada pela permanência da ação ou omissão inicialmente punida, será a respectiva penalidade aplicada diariamente até cessar sua causa, sem prejuízo da paralisação imediata da atividade ou da interdição do laboratório ou da instituição ou empresa responsável.

Art. 23. As multas previstas nesta Lei serão aplicadas pelos órgãos e entidades de registro e fiscalização dos Ministérios da Agricultura, Pecuária e Abastecimento, da Saúde, do Meio Ambiente e da Secretaria Especial de Aquicultura e Pesca da Presidência da República, referidos no art. 16 desta Lei, de acordo com suas respectivas competências.

§ 1.º Os recursos arrecadados com a aplicação de multas serão destinados aos órgãos e entidades de registro e fiscalização, referidos no art. 16 desta Lei, que aplicarem a multa.

§ 2.º Os órgãos e entidades fiscalizadores da administração pública federal poderão celebrar convênios com os Estados, Distrito Federal e Municípios, para a execução de serviços relacionados à atividade de fiscalização prevista nesta Lei e poderão repassar-lhes parcela da receita obtida com a aplicação de multas.

§ 3.º A autoridade fiscalizadora encaminhará cópia do auto de infração à CTNBio.

§ 4.º Quando a infração constituir crime ou contravenção, ou lesão à Fazenda Pública ou ao consumidor, a autoridade fiscalizadora representará junto ao órgão competente para apuração das responsabilidades administrativa e penal.

Capítulo VIII
DOS CRIMES E DAS PENAS

Art. 24. Utilizar embrião humano em desacordo com o que dispõe o art. 5.º desta Lei:
Pena – detenção, de 1 (um) a 3 (três) anos, e multa.

Art. 25. Praticar engenharia genética em célula germinal humana, zigoto humano ou embrião humano:
Pena – reclusão, de 1 (um) a 4 (quatro) anos, e multa.

Art. 26. Realizar clonagem humana:
Pena – reclusão, de 2 (dois) a 5 (cinco) anos, e multa.

Art. 27. Liberar ou descartar OGM no meio ambiente, em desacordo com as normas estabelecidas pela CTNBio e pelos órgãos e entidades de registro e fiscalização:
Pena – reclusão, de 1 (um) a 4 (quatro) anos, e multa.

§ 1.º (*Vetado.*)

§ 2.º Agrava-se a pena:

I – de 1/6 (um sexto) a 1/3 (um terço), se resultar dano à propriedade alheia;

II – de 1/3 (um terço) até a metade, se resultar dano ao meio ambiente;

III – da metade até 2/3 (dois terços), se resultar lesão corporal de natureza grave em outrem;

IV – de 2/3 (dois terços) até o dobro, se resultar a morte de outrem.

Art. 28. Utilizar, comercializar, registrar, patentear e licenciar tecnologias genéticas de restrição do uso:
Pena – reclusão, de 2 (dois) a 5 (cinco) anos, e multa.

Art. 29. Produzir, armazenar, transportar, comercializar, importar ou exportar OGM ou seus derivados, sem autorização ou em desacordo com as normas estabelecidas pela CTNBio e pelos órgãos e entidades de registro e fiscalização:
Pena – reclusão, de 1 (um) a 2 (dois) anos, e multa.

Capítulo IX
DISPOSIÇÕES FINAIS E TRANSITÓRIAS

Art. 30. Os OGM que tenham obtido decisão técnica da CTNBio favorável a sua liberação comercial até a entrada em vigor desta Lei poderão ser registrados e comercializados, salvo manifestação contrária do CNBS, no prazo de 60 (sessenta) dias, a contar da data da publicação desta Lei.

Art. 31. A CTNBio e os órgãos e entidades de registro e fiscalização, referidos no art. 16 desta Lei, deverão rever suas deliberações de caráter normativo, no prazo de 120 (cento e vinte) dias, a fim de promover sua adequação às disposições desta Lei.

Art. 32. Permanecem em vigor os Certificados de Qualidade em Biossegurança, comunicados e decisões técnicas já emitidos pela CTNBio, bem como, no que não contrariarem o disposto nesta Lei, os atos normativos emitidos ao amparo da Lei n. 8.974, de 5 de janeiro de 1995.

• *Vide* art. 42 desta Lei.

Art. 33. As instituições que desenvolverem atividades reguladas por esta Lei na data de sua publicação deverão adequar-se as suas disposições no prazo de 120 (cento e vinte) dias, contado da publicação do decreto que a regulamentar.

Art. 34. Ficam convalidados e tornam-se permanentes os registros provisórios concedidos sob a égide da Lei n. 10.814, de 15 de dezembro de 2003.

• A Lei n. 10.814, de 15-12-2003, estabelece normas para o plantio e a comercialização da produção de soja geneticamente modificada da safra de 2004, e dá outras providências.

Art. 35. Ficam autorizadas a produção e a comercialização de sementes de cultivares de soja geneticamente modificadas tolerantes a glifosato registradas no Registro Nacional de Cultivares – RNC do Ministério da Agricultura, Pecuária e Abastecimento.

Art. 36. Fica autorizado o plantio de grãos de soja geneticamente modificada tolerante a glifosato, reservados pelos produtores rurais para uso próprio, na safra 2004/2005, sendo vedada a comercialização da produção como semente.

Parágrafo único. O Poder Executivo poderá prorrogar a autorização de que trata o *caput* deste artigo.

....

Art. 39. Não se aplica aos OGM e seus derivados o disposto na Lei n. 7.802, de 11 de julho de 1989, e suas alterações, exceto para os casos em que eles sejam desenvolvidos para servir de matéria-prima para a produção de agrotóxicos.

Art. 40. Os alimentos e ingredientes alimentares destinados ao consumo humano ou animal que contenham ou sejam produzidos a partir de OGM ou derivados deverão conter informação nesse sentido em seus rótulos, conforme regulamento.

Art. 41. Esta Lei entra em vigor na data de sua publicação.

Art. 42. Revogam-se a Lei n. 8.974, de 5 de janeiro de 1995, a Medida Provisória n. 2.191-9, de 23 de agosto de 2001, e os arts.

5.º, 6.º, 7.º, 8.º, 9.º, 10 e 16 da Lei n. 10.814, de 15 de dezembro de 2003.

Brasília, 24 de março de 2005; 184.º da Independência e 117.º da República.

LUIZ INÁCIO LULA DA SILVA

LEI N. 11.340, DE 7 DE AGOSTO DE 2006 (*)

Cria mecanismos para coibir a violência doméstica e familiar contra a mulher, nos termos do § 8.º do art. 226 da Constituição Federal, da Convenção sobre a Eliminação de Todas as Formas de Discriminação contra as Mulheres e da Convenção Interamericana para Prevenir, Punir e Erradicar a Violência contra a Mulher; dispõe sobre a criação dos Juizados de Violência Doméstica e Familiar contra a Mulher; altera o Código de Processo Penal, o Código Penal e a Lei de Execução Penal; e dá outras providências.

O Presidente da República

Faço saber que o Congresso Nacional decreta e eu sanciono a seguinte Lei:

TÍTULO I
DISPOSIÇÕES PRELIMINARES

Art. 1.º Esta Lei cria mecanismos para coibir e prevenir a violência doméstica e familiar contra a mulher, nos termos do § 8.º do art. 226 da Constituição Federal, da Convenção sobre a Eliminação de Todas as Formas de Violência contra a Mulher, da Convenção Interamericana para Prevenir, Punir e Erradicar a Violência contra a Mulher e de outros tratados internacionais ratificados pela República Federativa do Brasil; dispõe sobre a criação dos Juizados de Violência Doméstica e Familiar contra a Mulher; e estabelece medidas de assistência e proteção às mulheres em situação de violência doméstica e familiar.

•• O STF, na ADECON n. 19, de 9-2-2012, declarou a constitucionalidade deste artigo.

•• A Lei n. 14.149, de 5-5-2021, institui o Formulário Nacional de Avaliação de Risco, a ser aplicado à mulher vítima de violência doméstica e familiar.

Art. 2.º Toda mulher, independentemente de classe, raça, etnia, orientação sexual, renda, cultura, nível educacional, idade e religião, goza dos direitos fundamentais inerentes à pessoa humana, sendo-lhe asseguradas as oportunidades e facilidades para viver sem violência, preservar sua saúde física e mental e seu aperfeiçoamento moral, intelectual e social.

Art. 3.º Serão asseguradas às mulheres as condições para o exercício efetivo dos direitos à vida, à segurança, à saúde, à alimentação, à educação, à cultura, à moradia, ao acesso à justiça, ao esporte, ao lazer, ao trabalho, à cidadania, à liberdade, à dignidade, ao respeito e à convivência familiar e comunitária.

•• A Resolução n. 254, de 4-9-2018, do CNJ, institui a Política Judiciária Nacional de enfrentamento à violência contra as mulheres pelo Poder Judiciário.

• *Vide* art. 5.º da CF.

§ 1.º O poder público desenvolverá políticas que visem garantir os direitos humanos das mulheres no âmbito das relações domésticas e familiares no sentido de resguardá-las de toda forma de negligência, discriminação, exploração, violência, crueldade e opressão.

•• O Decreto n. 9.586, de 27-11-2018, institui o Sistema Nacional de Políticas para as Mulheres e o Plano Nacional de Combate à Violência Doméstica.

§ 2.º Cabe à família, à sociedade e ao poder público criar as condições necessárias para o efetivo exercício dos direitos enunciados no *caput*.

• *Vide* arts. 226 a 230 da CF.

Art. 4.º Na interpretação desta Lei, serão considerados os fins sociais a que ela se destina e, especialmente, as condições peculiares das mulheres em situação de violência doméstica e familiar.

TÍTULO II
DA VIOLÊNCIA DOMÉSTICA E FAMILIAR CONTRA A MULHER

Capítulo I
DISPOSIÇÕES GERAIS

Art. 5.º Para os efeitos desta Lei, configura violência doméstica e familiar contra a mulher qualquer ação ou omissão baseada no gênero que lhe cause morte, lesão, sofrimento físico, sexual ou psicológico e dano moral ou patrimonial:

•• *Vide* Súmula 600 do STJ.

I – no âmbito da unidade doméstica, compreendida como o espaço de convívio permanente de pessoas, com ou sem vínculo familiar, inclusive as esporadicamente agregadas;

II – no âmbito da família, compreendida como a comunidade formada por indivíduos que são ou se consideram aparentados, unidos por laços naturais, por afinidade ou por vontade expressa;

III – em qualquer relação íntima de afeto, na qual o agressor conviva ou tenha convivido com a ofendida, independentemente de coabitação.

Parágrafo único. As relações pessoais enunciadas neste artigo independem de orientação sexual.

Art. 6.º A violência doméstica e familiar contra a mulher constitui uma das formas de violação dos direitos humanos.

• *Vide* art. 4.º, II, da CF.

• O Decreto n. 678, de 6-11-1992, promulgou a Convenção Americana sobre Direitos Humanos – Pacto de São José da Costa Rica.

Capítulo II
DAS FORMAS DE VIOLÊNCIA DOMÉSTICA E FAMILIAR CONTRA A MULHER

Art. 7.º São formas de violência doméstica e familiar contra a mulher, entre outras:

•• *Vide* Súmula 600 do STJ.

I – a violência física, entendida como qualquer conduta que ofenda sua integridade ou saúde corporal;

• O Decreto-lei n. 2.848, de 7-12-1940 (CP), dispõe sobre os crimes contra a pessoa (arts. 121 a 154).

• A Lei n. 13.239, de 30-12-2015, dispõe sobre a oferta e a realização, no âmbito do SUS, de cirurgia plástica reparadora de sequelas de lesões causadas por atos de violência contra a mulher.

II – a violência psicológica, entendida como qualquer conduta que lhe cause dano emocional e diminuição da autoestima ou que lhe prejudique e perturbe o pleno desenvolvimento ou que vise degradar ou controlar suas ações, comportamentos, crenças e decisões, mediante ameaça, constrangimento, humilhação, manipulação, isolamento, vigilância constante, perseguição contumaz, insulto, chantagem, violação de sua intimidade, ridicularização, exploração e limitação do direito de ir e vir ou qualquer outro meio que lhe cause prejuízo à saúde psicológica e à autodeterminação;

•• Inciso II com redação determinada pela Lei n. 13.772, de 19-12-2018.

•• Sobre Violência psicológica contra a mulher: *Vide* art. 147-B do CP.

• O Decreto-lei n. 2.848, de 7-12-1940 (CP), em seu art. 216-B, criminaliza o registro não autorizado da intimidade sexual.

III – a violência sexual, entendida como qualquer conduta que a constranja a presenciar, a manter ou a participar de relação sexual não desejada, mediante intimidação, ameaça, coação ou uso da força; que a induza a comercializar ou a utilizar, de qualquer modo, a sua sexualidade, que a impeça de usar qualquer método contraceptivo ou que a force ao matrimônio, à gravidez, ao aborto ou à prostituição, mediante coação, chantagem, suborno ou manipulação; ou que limite ou anule o exercício de seus direitos sexuais e reprodutivos;

• O Decreto-lei n. 2.848, de 7-12-1940 (CP), dispõe sobre os crimes contra a liberdade sexual (arts. 213 a 234).

• A Lei n. 12.845, de 1.º-8-2013, dispõe sobre o atendimento obrigatório e integral de pessoas em situação de violência sexual.

IV – a violência patrimonial, entendida como qualquer conduta que configure retenção, subtração, destruição parcial ou total de seus objetos, instrumentos de trabalho, documentos pessoais, bens, valores e direitos ou recursos econômicos, incluindo os destinados a satisfazer suas necessidades;

• O Decreto-lei n. 2.848, de 7-12-1940 (CP), dispõe sobre os crimes contra o patrimônio (arts. 155 a 183).

V – a violência moral, entendida como qualquer conduta que configure calúnia, difamação ou injúria.

• O Decreto-lei n. 2.848, de 7-12-1940 (CP), dispõe sobre os crimes contra a honra (arts. 138 a 145).

(*) Publicada no *Diário Oficial da União*, de 8-8-2006.

Título III
DA ASSISTÊNCIA À MULHER EM SITUAÇÃO DE VIOLÊNCIA DOMÉSTICA E FAMILIAR

Capítulo I
DAS MEDIDAS INTEGRADAS DE PREVENÇÃO

Art. 8.º A política pública que visa coibir a violência doméstica e familiar contra a mulher far-se-á por meio de um conjunto articulado de ações da União, dos Estados, do Distrito Federal e dos Municípios e de ações não governamentais, tendo por diretrizes:

•• A Resolução n. 254, de 4-9-2018, do CNJ, institui a Política Judiciária Nacional de enfrentamento à violência contra as mulheres pelo Poder Judiciário.

•• A Lei n. 14.188, de 28-7-2021, define o programa de cooperação Sinal Vermelho contra a Violência Doméstica.

I – a integração operacional do Poder Judiciário, do Ministério Público e da Defensoria Pública com as áreas de segurança pública, assistência social, saúde, educação, trabalho e habitação;

II – a promoção de estudos e pesquisas, estatísticas e outras informações relevantes, com a perspectiva de gênero e de raça ou etnia, concernentes às causas, às consequências e à frequência da violência doméstica e familiar contra a mulher, para a sistematização de dados, a serem unificados nacionalmente, e a avaliação periódica dos resultados das medidas adotadas;

•• A Lei n. 14.232, de 28-10-2021, institui a Política Nacional de Dados e Informações relacionadas à Violência contra as Mulheres – PNAINFO.

•• A Lei n. 14.232, de 28-10-2021, institui a Política Nacional de Dados e Informações relacionadas à Violência contra as Mulheres – PNAINFO.

III – o respeito, nos meios de comunicação social, dos valores éticos e sociais da pessoa e da família, de forma a coibir os papéis estereotipados que legitimem ou exacerbem a violência doméstica e familiar, de acordo com o estabelecido no inciso III do art. 1.º, no inciso IV do art. 3.º e no inciso IV do art. 221 da Constituição Federal;

• *Vide* citados dispositivos constantes deste volume.

IV – a implementação de atendimento policial especializado para as mulheres, em particular nas Delegacias de Atendimento à Mulher;

V – a promoção e a realização de campanhas educativas de prevenção da violência doméstica e familiar contra a mulher, voltadas ao público escolar e à sociedade em geral, e a difusão desta Lei e dos instrumentos de proteção aos direitos humanos das mulheres;

VI – a celebração de convênios, protocolos, ajustes, termos ou outros instrumentos de promoção de parceria entre órgãos governamentais ou entre estes e entidades não governamentais, tendo por objetivo a implementação de programas de erradicação da violência doméstica e familiar contra a mulher;

VII – a capacitação permanente das Polícias Civil e Militar, da Guarda Municipal, do Corpo de Bombeiros e dos profissionais pertencentes aos órgãos e às áreas enunciados no inciso I quanto às questões de gênero e de raça ou etnia;

VIII – a promoção de programas educacionais que disseminem valores éticos de irrestrito respeito à dignidade da pessoa humana com a perspectiva de gênero e de raça ou etnia;

IX – o destaque, nos currículos escolares de todos os níveis de ensino, para os conteúdos relativos aos direitos humanos, à equidade de gênero e de raça ou etnia e ao problema da violência doméstica e familiar contra a mulher.

Capítulo II
DA ASSISTÊNCIA À MULHER EM SITUAÇÃO DE VIOLÊNCIA DOMÉSTICA E FAMILIAR

Art. 9.º A assistência à mulher em situação de violência doméstica e familiar será prestada de forma articulada e conforme os princípios e as diretrizes previstos na Lei Orgânica da Assistência Social, no Sistema Único de Saúde, no Sistema Único de Segurança Pública, entre outras normas e políticas públicas de proteção, e emergencialmente quando for o caso.

•• O Decreto n. 11.309, de 26-12-2022, institui o Programa Nacional Qualifica Mulher, com a finalidade de fomentar ações de qualificação profissional, de trabalho e de empreendedorismo, para promover geração de emprego e renda para mulheres em situação de vulnerabilidade social, com vistas à sua projeção econômica, por meio da formação de redes de parcerias com os Poderes Públicos federal, estadual, distrital e municipal e com os órgãos, as entidades e as instituições, públicos e privados.

• *Vide* arts. 144, 196 a 200, 203 e 204 da CF.

• A Lei n. 8.742, de 7-12-1993, dispõe sobre a organização da Assistência Social.

§ 1.º O juiz determinará, por prazo certo, a inclusão da mulher em situação de violência doméstica e familiar no cadastro de programas assistenciais do governo federal, estadual e municipal.

§ 2.º O juiz assegurará à mulher em situação de violência doméstica e familiar, para preservar sua integridade física e psicológica:

I – acesso prioritário à remoção quando servidora pública, integrante da administração direta ou indireta;

II – manutenção do vínculo trabalhista, quando necessário o afastamento do local de trabalho, por até seis meses;

III – encaminhamento à assistência judiciária, quando for o caso, inclusive para eventual ajuizamento da ação de separação judicial, de divórcio, de anulação de casamento ou de dissolução de união estável perante o juízo competente.

•• Inciso III acrescentado pela Lei n. 13.894, de 29-10-2019.

§ 3.º A assistência à mulher em situação de violência doméstica e familiar compreenderá o acesso aos benefícios decorrentes do desenvolvimento científico e tecnológico, incluindo os serviços de contracepção de emergência, a profilaxia das Doenças Sexualmente Transmissíveis (DST) e da Síndrome da Imunodeficiência Adquirida (AIDS) e outros procedimentos médicos necessários e cabíveis nos casos de violência sexual.

§ 4.º Aquele que, por ação ou omissão, causar lesão, violência física, sexual ou psicológica e dano moral ou patrimonial a mulher fica obrigado a ressarcir todos os danos causados, inclusive ressarcir ao Sistema Único de Saúde (SUS), de acordo com a tabela SUS, os custos relativos aos serviços de saúde prestados para o total tratamento das vítimas em situação de violência doméstica e familiar, recolhidos os recursos assim arrecadados ao Fundo de Saúde do ente federado responsável pelas unidades de saúde que prestarem os serviços.

•• § 4.º acrescentado pela Lei n. 13.871, de 17-9-2019.

§ 5.º Os dispositivos de segurança destinados ao uso em caso de perigo iminente e disponibilizados para o monitoramento das vítimas de violência doméstica ou familiar amparadas por medidas prote-tivas terão seus custos ressarcidos pelo agressor.

•• § 5.º acrescentado pela Lei n. 13.871, de 17-9-2019.

§ 6.º O ressarcimento de que tratam os §§ 4.º e 5 º deste artigo não poderá importar ônus de qualquer natureza ao patrimônio da mulher e dos seus dependentes, nem configurar atenuante ou ense-jar possibilidade de substituição da pena aplicada.

•• § 6.º acrescentado pela Lei n. 13.871, de 17-9-2019.

§ 7.º A mulher em situação de violência doméstica e familiar tem prioridade para matricular seus dependentes em instituição de educação básica mais próxima de seu domicílio, ou transferi-los para essa instituição, mediante a apresentação dos documentos comprobatórios do registro da ocorrência policial ou do processo de violência doméstica e familiar em curso.

•• § 7.º acrescentado pela Lei n. 13.882, de 8-10-2019.

§ 8.º Serão sigilosos os dados da ofendida e de seus dependentes matriculados ou transferidos conforme o disposto no § 7.º deste artigo, e o acesso às informações será reservado ao juiz, ao Ministério Público e aos órgãos competentes do poder público.

•• § 8.º acrescentado pela Lei n. 13.882, de 8-10-2019.

Capítulo III
DO ATENDIMENTO PELA AUTORIDADE POLICIAL

Art. 10. Na hipótese da iminência ou da prática de violência doméstica e familiar contra a mulher, a autoridade policial que tomar conhecimento da ocorrência adotará, de imediato, as providências legais cabíveis.

Parágrafo único. Aplica-se o disposto no *caput* deste artigo ao descumprimento de medida protetiva de urgência deferida.

Art. 10-A. É direito da mulher em situação de violência doméstica e familiar o atendimento policial e pericial especializado, ininterrupto e prestado por servidores – preferencialmente do sexo feminino – previamente capacitados.

•• *Caput* acrescentado pela Lei n. 13.505, de 8-11-2017.

§ 1.º A inquirição de mulher em situação de violência doméstica e familiar ou de testemunha de violência doméstica, quando se tratar de crime contra a mulher, obedecerá às seguintes diretrizes:

•• § 1.º, *caput*, acrescentado pela Lei n. 13.505, de 8-11-2017.

I – salvaguarda da integridade física, psíquica e emocional da depoente, considerada a sua condição peculiar de pessoa em situação de violência doméstica e familiar;

•• Inciso I acrescentado pela Lei n. 13.505, de 8-11-2017.

II – garantia de que, em nenhuma hipótese, a mulher em situação de violência doméstica e familiar, familiares e testemunhas terão contato direto com investigados ou suspeitos e pessoas a eles relacionadas;

•• Inciso II acrescentado pela Lei n. 13.505, de 8-11-2017.

III – não revitimização da depoente, evitando sucessivas inquirições sobre o mesmo fato nos âmbitos criminal, cível e administrativo, bem como questionamentos sobre a vida privada.

•• Inciso III acrescentado pela Lei n. 13.505, de 8-11-2017.

§ 2.º Na inquirição de mulher em situação de violência doméstica e familiar ou de testemunha de delitos de que trata esta Lei, adotar-se-á, preferencialmente, o seguinte procedimento:

•• §2.º, *caput*, acrescentado pela Lei n. 13.505, de 8-11-2017.

I – a inquirição será feita em recinto especialmente projetado para esse fim, o qual conterá os equipamentos próprios e adequados à idade da mulher em situação de violência doméstica e familiar ou testemunha e ao tipo e à gravidade da violência sofrida;

•• Inciso I acrescentado pela Lei n. 13.505, de 8-11-2017.

II – quando for o caso, a inquirição será intermediada por profissional especializado em violência doméstica e familiar designado pela autoridade judiciária ou policial;

•• Inciso II acrescentado pela Lei n. 13.505, de 8-11-2017.

III – o depoimento será registrado em meio eletrônico ou magnético, devendo a degravação e a mídia integrar o inquérito.

•• Inciso III acrescentado pela Lei n. 13.505, de 8-11-2017.

Art. 11. No atendimento à mulher em situação de violência doméstica e familiar, a autoridade policial deverá, entre outras providências:

I – garantir proteção policial, quando necessário, comunicando de imediato ao Ministério Público e ao Poder Judiciário;

II – encaminhar a ofendida ao hospital ou posto de saúde e ao Instituto Médico Legal;

III – fornecer transporte para a ofendida e seus dependentes para abrigo ou local seguro, quando houver risco de vida;

IV – se necessário, acompanhar a ofendida para assegurar a retirada de seus pertences do local da ocorrência ou do domicílio familiar;

V – informar à ofendida os direitos a ela conferidos nesta Lei e os serviços disponíveis, inclusive os de assistência judiciária para o eventual ajuizamento perante o juízo competente da ação de separação judicial, de divórcio, de anulação de casamento ou de dissolução de união estável.

•• Inciso V com redação determinada pela Lei n. 13.894, de 29-10-2019.

Art. 12. Em todos os casos de violência doméstica e familiar contra a mulher, feito o registro da ocorrência, deverá a autoridade policial adotar, de imediato, os seguintes procedimentos, sem prejuízo daqueles previstos no Código de Processo Penal:

• CPP: Decreto-lei n. 3.689, de 3-10-1941.

• *Vide* art. 42 desta Lei.

I – ouvir a ofendida, lavrar o boletim de ocorrência e tomar a representação a termo, se apresentada;

•• O STF julgou procedente a ADI n. 4.424, de 9-2-2012 (*DOU* de 17-2-2012), para, dando interpretação conforme a este inciso, "assentar a natureza incondicionada da ação penal em caso de crime de lesão, pouco importando a extensão desta, praticado contra a mulher no ambiente doméstico".

II – colher todas as provas que servirem para o esclarecimento do fato e de suas circunstâncias;

III – remeter, no prazo de 48 (quarenta e oito) horas, expediente apartado ao juiz com o pedido da ofendida, para a concessão de medidas protetivas de urgência;

IV – determinar que se proceda ao exame de corpo de delito da ofendida e requisitar outros exames periciais necessários;

V – ouvir o agressor e as testemunhas;

VI – ordenar a identificação do agressor e fazer juntar aos autos sua folha de antecedentes criminais, indicando a existência de mandado de prisão ou registro de outras ocorrências policiais contra ele;

VI-A – verificar se o agressor possui registro de porte ou posse de arma de fogo e, na hipótese de existência, juntar aos autos essa informação, bem como notificar a ocorrência à instituição responsável pela concessão do registro ou da emissão do porte, nos termos da Lei n. 10.826, de 22 de dezembro de 2003 (Estatuto do Desarmamento);

•• Inciso VI-A acrescentado pela Lei n. 13.880, de 8-10-2019.

VII – remeter, no prazo legal, os autos do inquérito policial ao juiz e ao Ministério Público.

§ 1.º O pedido da ofendida será tomado a termo pela autoridade policial e deverá conter:

I – qualificação da ofendida e do agressor;

II – nome e idade dos dependentes;

III – descrição sucinta do fato e das medidas protetivas solicitadas pela ofendida;

IV – informação sobre a condição de a ofendida ser pessoa com deficiência e se da violência sofrida resultou deficiência ou agravamento de deficiência preexistente.

•• Inciso IV acrescentado pela Lei n. 13.836, de 4-6-2019.

§ 2.º A autoridade policial deverá anexar ao documento referido no § 1.º o boletim de ocorrência e cópia de todos os documentos disponíveis em posse da ofendida.

§ 3.º Serão admitidos como meios de prova os laudos ou prontuários médicos fornecidos por hospitais e postos de saúde.

Art. 12-A. Os Estados e o Distrito Federal, na formulação de suas políticas e planos de atendimento à mulher em situação de violência doméstica e familiar, darão prioridade, no âmbito da Polícia Civil, à criação de Delegacias Especializadas de Atendimento à Mulher (Deams), de Núcleos Investigativos de Feminicídio e de equipes especializadas para o atendimento e a investigação das violências graves contra a mulher.

•• Artigo acrescentado pela Lei n. 13.505, de 8-11-2017.

Art. 12-B. (*Vetado.*)

•• *Caput* acrescentado pela Lei n. 13.505, de 8-11-2017.

§ 1.º (*Vetado.*)

•• § 1.º acrescentado pela Lei n. 13.505, de 8-11-2017.

§ 2.º (*Vetado.*)

•• § 2.º acrescentado pela Lei n. 13.505, de 8-11-2017.

§ 3.º A autoridade policial poderá requisitar os serviços públicos necessários à defesa da mulher em situação de violência doméstica e familiar e de seus dependentes.

•• § 3.º acrescentado pela Lei n. 13.505, de 8-11-2017.

Art. 12-C. Verificada a existência de risco atual ou iminente à vida ou à integridade física ou psicológica da mulher em situação de violência doméstica e familiar, ou de seus dependentes, o agressor será imediatamente afastado do lar, domicílio ou local de convivência com a ofendida:

•• *Caput* com redação determinada pela Lei n. 14.188, de 28-7-2021.

I – pela autoridade judicial;

•• Inciso I acrescentado pela Lei n. 13.827, de 13-5-2019.

II – pelo delegado de polícia, quando o Município não for sede de comarca; ou

•• Inciso II acrescentado pela Lei n. 13.827, de 13-5-2019.

III – pelo policial, quando o Município não for sede de comarca e não houver delegado disponível no momento da denúncia.

•• Inciso III acrescentado pela Lei n. 13.827, de 13-5-2019.

§ 1.º Nas hipóteses dos incisos II e III do *caput* deste artigo, o juiz será comunicado no prazo máximo de 24 (vinte e quatro) horas e decidirá, em igual prazo, sobre a manutenção ou a revogação da medida aplicada, devendo dar ciência ao Ministério Público concomitantemente.

•• § 1.º acrescentado pela Lei n. 13.827, de 13-5-2019.

§ 2.º Nos casos de risco à integridade física da ofendida ou à efetividade da medida protetiva de urgência, não será concedida liberdade provisória ao preso.

•• § 2.º acrescentado pela Lei n. 13.827, de 13-5-2019.

TÍTULO IV
DOS PROCEDIMENTOS

Capítulo I
DISPOSIÇÕES GERAIS

Art. 13. Ao processo, ao julgamento e à execução das causas cíveis e criminais decorrentes da prática de violência doméstica e familiar contra a mulher aplicar-se-ão as normas dos Códigos de Processo Penal e Processo Civil e da legislação específica relativa à criança, ao adolescente e ao idoso que não conflitarem com o estabelecido nesta Lei.

• CPP: Decreto-lei n. 3.689, de 3-10-1941.
• CPC: Lei n. 13.105, de 16-3-2015.
• ECA: Lei n. 8.069, de 13-7-1990.
• Estatuto da Pessoa Idosa: Lei n. 10.741, de 1.º-10-2003.

Art. 14. Os Juizados de Violência Doméstica e Familiar contra a Mulher, órgãos da Justiça Ordinária com competência cível e criminal, poderão ser criados pela União, no Distrito Federal e nos Territórios, e pelos Estados, para o processo, o julgamento e a execução das causas decorrentes da prática de violência doméstica e familiar contra a mulher.

Parágrafo único. Os atos processuais poderão realizar-se em horário noturno, conforme dispuserem as normas de organização judiciária.

Art. 14-A. A ofendida tem a opção de propor ação de divórcio ou de dissolução de união estável no Juizado de Violência Doméstica e Familiar contra a Mulher.

•• *Caput* acrescentado pela Lei n. 13.894, de 29-10-2019, originalmente vetado, porém publicado em 11-12-2019.

§ 1.º Exclui-se da competência dos Juizados de Violência Doméstica e Familiar contra a mulher a pretensão relacionada à partilha de bens.

•• § 1.º acrescentado pela Lei n. 13.894, de 29-10-2019, originalmente vetado, porém publicado em 11-12-2019.

§ 2.º Iniciada a situação de violência doméstica e familiar após o ajuizamento da ação de divórcio ou de dissolução de união estável, a ação terá preferência no juízo onde estiver.

•• § 2.º acrescentado pela Lei n. 13.894, de 29-10-2019, originalmente vetado, porém publicado em 11-12-2019.

Art. 15. É competente, por opção da ofendida, para os processos cíveis regidos por esta Lei, o Juizado:

I – do seu domicílio ou de sua residência;

II – do lugar do fato em que se baseou a demanda;

III – do domicílio do agressor.

Art. 16. Nas ações penais públicas condicionadas à representação da ofendida de que trata esta Lei, só será admitida a renúncia à representação perante o juiz, em audiência especialmente designada com tal finalidade, antes do recebimento da denúncia e ouvido o Ministério Público.

•• O STF julgou procedente a ADI n. 4.424, de 9-2-2012 (*DOU* de 17-2-2012), para, dando interpretação conforme a este artigo, "assentar a natureza incondicionada da ação penal em caso de crime de lesão, pouco importando a extensão desta, praticado contra a mulher no ambiente doméstico".

Art. 17. É vedada a aplicação, nos casos de violência doméstica e familiar contra a mulher, de penas de cesta básica ou outras de prestação pecuniária, bem como a substituição de pena que implique o pagamento isolado de multa.

Capítulo II
DAS MEDIDAS PROTETIVAS DE URGÊNCIA

Seção I
Disposições Gerais

Art. 18. Recebido o expediente com o pedido da ofendida, caberá ao juiz, no prazo de 48 (quarenta e oito) horas:

I – conhecer do expediente e do pedido e decidir sobre as medidas protetivas de urgência;

II – determinar o encaminhamento da ofendida ao órgão de assistência judiciária, quando for o caso, inclusive para o ajuizamento da ação de separação judicial, de divórcio, de anulação de casamento ou de dissolução de união estável perante o juízo competente;

•• Inciso II com redação determinada pela Lei n. 13.894, de 29-10-2019.

III – comunicar ao Ministério Público para que adote as providências cabíveis;

IV – determinar a apreensão imediata de arma de fogo sob a posse do agressor.

•• Inciso IV acrescentado pela Lei n. 13.880, de 8-10-2019.

Art. 19. As medidas protetivas de urgência poderão ser concedidas pelo juiz, a requerimento do Ministério Público ou a pedido da ofendida.

§ 1.º As medidas protetivas de urgência poderão ser concedidas de imediato, independentemente de audiência das partes e de manifestação do Ministério Público, devendo este ser prontamente comunicado.

§ 2.º As medidas protetivas de urgência serão aplicadas isolada ou cumulativamente, e poderão ser substituídas a qualquer tempo por outras de maior eficácia, sempre que os direitos reconhecidos nesta Lei forem ameaçados ou violados.

§ 3.º Poderá o juiz, a requerimento do Ministério Público ou a pedido da ofendida, conceder novas medidas protetivas de urgência ou rever aquelas já concedidas, se entender necessário à proteção da ofendida, de seus familiares e de seu patrimônio, ouvido o Ministério Público.

Art. 20. Em qualquer fase do inquérito policial ou da instrução criminal, caberá a prisão preventiva do agressor, decretada pelo juiz, de ofício, a requerimento do Ministério Público ou mediante representação da autoridade policial.

• CPP: arts. 4.º a 23 (inquérito policial) e arts. 394 a 405 (instrução criminal).

Parágrafo único. O juiz poderá revogar a prisão preventiva se, no curso do processo, verificar a falta de motivo para que subsista, bem como de novo decretá-la, se sobrevierem razões que a justifiquem.

• CPP: arts. 311 a 316 (prisão preventiva).

Art. 21. A ofendida deverá ser notificada dos atos processuais relativos ao agressor, especialmente dos pertinentes ao ingresso e à saída da prisão, sem prejuízo da intimação do advogado constituído ou do defensor público.

• A Resolução n. 346, de 8-10-2020, do CNJ, dispõe sobre o prazo para cumprimento, por oficiais de justiça, de mandados referentes a medidas protetivas de urgência, bem como sobre a forma de comunicação à vítima dos atos processuais relativos ao agressor, especialmente dos pertinentes ao ingresso e à saída da prisão.

Parágrafo único. A ofendida não poderá entregar intimação ou notificação ao agressor.

Seção II
Das Medidas Protetivas de Urgência que Obrigam o Agressor

Art. 22. Constatada a prática de violência doméstica e familiar contra a mulher, nos termos desta Lei, o juiz poderá aplicar, de imediato, ao agressor, em conjunto ou separadamente, as seguintes medidas protetivas de urgência, entre outras:

I – suspensão da posse ou restrição do porte de armas, com comunicação ao órgão competente, nos termos da Lei n. 10.826, de 22 de dezembro de 2003;

• Citada norma dispõe sobre registro, posse e comercialização de armas de fogo e munição, sobre o Sistema Nacional de Armas – SINARM, e define crimes.

II – afastamento do lar, domicílio ou local de convivência com a ofendida;

III – proibição de determinadas condutas, entre as quais:

a) aproximação da ofendida, de seus familiares e das testemunhas, fixando o limite mínimo de distância entre estes e o agressor;

b) contato com a ofendida, seus familiares e testemunhas por qualquer meio de comunicação;

c) frequentação de determinados lugares a fim de preservar a integridade física e psicológica da ofendida;

IV – restrição ou suspensão de visitas aos dependentes menores, ouvida a equipe de atendimento multidisciplinar ou serviço similar;

V – prestação de alimentos provisionais ou provisórios;

• *Vide* Lei n. 5.478, de 25-7-1968.

VI – comparecimento do agressor a programas de recuperação e reeducação; e

•• Inciso VI acrescentado pela Lei n. 13.984, de 3-4-2020.

VII – acompanhamento psicossocial do agressor, por meio de atendimento individual e/ou em grupo de apoio.

•• Inciso VII acrescentado pela Lei n. 13.984, de 3-4-2020.

§ 1.º As medidas referidas neste artigo não impedem a aplicação de outras previstas na legislação em vigor, sempre que a segurança da ofendida ou as circunstâncias o exigirem, devendo a providência ser comunicada ao Ministério Público.

§ 2.º Na hipótese de aplicação do inciso I, encontrando-se o agressor nas condições mencionadas no *caput* e incisos do art. 6.º da Lei n. 10.826, de 22 de dezembro de 2003, o juiz comunicará ao respectivo órgão, corporação ou instituição as medidas protetivas de urgência concedidas e determinará a restrição do porte de armas, ficando o superior imediato do agressor responsável pelo cumprimento da determinação judicial, sob pena de incorrer nos crimes de prevaricação ou de desobediência, conforme o caso.

• Dispõe citado dispositivo: "Art. 6.º É proibido o porte de arma de fogo em todo o território nacional, salvo para os casos previstos em legislação própria e para: I – os integrantes das Forças Armadas; II – os integrantes de órgãos referidos nos incisos do *caput* do art. 144 da Constituição Federal; III – os integrantes das guardas municipais das capitais dos Estados e dos Municípios com mais de 500.000 (quinhentos mil) habitantes, nas condições estabelecidas no regulamento desta Lei; IV – os integrantes das guardas municipais dos Municípios com mais de 50.000 (cinquenta mil) e menos de 500.000 (quinhentos mil) habitantes, quando em serviço; V – os agentes operacionais da Agência Brasileira de Inteligência e os agentes do Departamento de Segurança do Gabinete de Segurança Institucional da Presidência da República; VI – os integrantes dos órgãos policiais referidos no art. 51, IV, e no art. 52, XIII, da Constituição Federal; VII – os integrantes do quadro efetivo dos agentes e guardas prisionais, os integrantes das escoltas de presos e as guardas portuárias; VIII – as empresas de segurança privada e de transporte de valores constituídas, nos termos desta Lei; IX – para os integrantes das entidades de desporto legalmente constituídas, cujas atividades esportivas demandem o uso de armas de fogo, na forma do regulamento desta Lei, observando-se, no que couber, a legislação ambiental; X – integrantes das Carreiras de Auditoria da Receita Federal do Brasil e de Auditoria-Fiscal do Trabalho, cargos de Auditor-Fiscal e Analista Tributário; XI – os tribunais do Poder Judiciário descritos no art. 92 da Constituição Federal e os Ministérios Públicos da União e dos Estados, para uso exclusivo de servidores de seus quadros pessoais que efetivamente estejam no exercício de funções de segurança, na forma de regulamento a ser emitido pelo Conselho Nacional de Justiça – CNJ e pelo Conselho Nacional do Ministério Público – CNMP. § 1.º As pessoas previstas nos incisos I, II, III, V e VI do *caput* deste artigo terão direito de portar arma de fogo de propriedade particular ou fornecida pela respectiva corporação ou instituição, mesmo fora de serviço, nos termos do regulamento desta Lei, com validade em âmbito nacional para aquelas constantes dos incisos I, II, V e VI. § 1.º-A. (*Revogado pela Lei n. 11.706, de 19-6-2008.*) § 1.º-B. Os integrantes do quadro efetivo de agentes e guardas prisionais poderão portar arma de fogo de propriedade particular ou fornecida pela respectiva corporação ou instituição, mesmo fora de serviço, desde que estejam: I – submetidos a regime de dedicação exclusiva; II – sujeitos à formação funcional, nos termos do regulamento; e III – subordinados a mecanismos de fiscalização e de controle interno. § 1.º-C. (*Vetado.*) § 2.º A autorização para o porte de arma de fogo aos integrantes das instituições descritas nos incisos V, VI, VII e X do *caput* deste artigo está condicionada à comprovação do requisito a que se refere o inciso III do *caput* do art. 4.º desta Lei nas condições estabelecidas no regulamento desta Lei. § 3.º A autorização para o porte de arma de fogo das guardas municipais está condicionada à formação funcional de seus integrantes em estabelecimentos de ensino de atividade policial e à existência de mecanismos de fiscalização e de controle interno, nas condições estabelecidas no regulamento desta Lei, observada a supervisão do Ministério da Justiça. § 4.º Os integrantes das Forças Armadas, das polícias federais e estaduais e do Distrito Federal, bem como os militares dos Estados e do Distrito Federal, ao exercerem o direito descrito no art. 4.º, ficam dispensados do cumprimento do disposto nos incisos I, II e III do mesmo artigo, na forma do regulamento desta Lei. § 5.º Aos residentes em áreas rurais, maiores de 25 (vinte e cinco) anos que comprovem depender do emprego de arma de fogo para prover sua subsistência alimentar familiar será concedido pela Polícia Federal o porte de arma de fogo, na categoria caçador para subsistência, de uma arma de uso permitido, de tiro simples, com 1 (um) ou 2 (dois) canos, de alma lisa e de calibre igual ou inferior a 16 (dezesseis), desde que o interessado comprove a efetiva necessidade em requerimento ao qual deverão ser anexados os seguintes documentos: I – documento de identificação pessoal; II – comprovante de residência em área rural; e III – atestado de bons antecedentes. § 6.º O caçador para subsistência que der outro uso à sua arma de fogo, independentemente de outras tipificações penais, responderá, conforme o caso, por porte ilegal ou por disparo de arma de fogo de uso permitido. § 7.º Aos integrantes das guardas municipais dos Municípios que integram regiões metropolitanas será autorizado porte de arma de fogo, quando em serviço".

§ 3.º Para garantir a efetividade das medidas protetivas de urgência, poderá o juiz requisitar, a qualquer momento, auxílio da força policial.

• *Vide* arts. 536, § 1.º, e 782, § 2.º, do CPC.

§ 4.º Aplica-se às hipóteses previstas neste artigo, no que couber, o disposto no *caput* e nos §§ 5.º e 6.º do art. 461 da Lei n. 5.869, de 11 de janeiro de 1973 (Código de Processo Civil).

•• A referência é feita a dispositivos do CPC de 1973. *Vide* arts. 536, § 1.º, e 537, § 1.º, I, do CPC de 2015.

Seção III
Das Medidas Protetivas de Urgência à Ofendida

Art. 23. Poderá o juiz, quando necessário, sem prejuízo de outras medidas:

I – encaminhar a ofendida e seus dependentes a programa oficial ou comunitário de proteção ou de atendimento;

II – determinar a recondução da ofendida e a de seus dependentes ao respectivo domicílio, após afastamento do agressor;

III – determinar o afastamento da ofendida do lar, sem prejuízo dos direitos relativos a bens, guarda dos filhos e alimentos;

IV – determinar a separação de corpos;

V – determinar a matrícula dos dependentes da ofendida em instituição de educação básica mais próxima do seu domicílio, ou a transferência deles para essa instituição, independentemente da existência de vaga.

•• Inciso V acrescentado pela Lei n. 13.882, de 8-10-2019.

Art. 24. Para a proteção patrimonial dos bens da sociedade conjugal ou daqueles de propriedade particular da mulher, o juiz poderá determinar, liminarmente, as seguintes medidas, entre outras:

I – restituição de bens indevidamente subtraídos pelo agressor à ofendida;

II – proibição temporária para a celebração de atos e contratos de compra, venda e locação de propriedade em comum, salvo expressa autorização judicial;

III – suspensão das procurações conferidas pela ofendida ao agressor;

IV – prestação de caução provisória, mediante depósito judicial, por perdas e danos materiais decorrentes da prática de violência doméstica e familiar contra a ofendida.

Parágrafo único. Deverá o juiz oficiar ao cartório competente para os fins previstos nos incisos II e III deste artigo.

Seção IV
Do Crime de Descumprimento de Medida Protetivas de Urgência

•• Seção IV acrescentada pela Lei n. 13.641, de 3-4-2018.

Descumprimento de Medidas Protetivas de Urgência

•• Rubrica acrescentada pela Lei n. 13.641, de 3-4-2018.

Art. 24-A. Descumprir decisão judicial que defere medidas protetivas de urgência previstas nesta Lei:

Pena: detenção, de 3 (três) meses a 2 (dois) anos.

•• *Caput* acrescentado pela Lei n. 13.641, de 3-4-2018.

§ 1.º A configuração do crime independe da competência civil ou criminal do juiz que deferiu as medidas.

•• § 1.º acrescentado pela Lei n. 13.641, de 3-4-2018.

§ 2.º Na hipótese de prisão em flagrante, apenas a autoridade judicial poderá conceder fiança.

•• § 2.º acrescentado pela Lei n. 13.641, de 3-4-2018.

§ 3.º O disposto neste artigo não exclui a aplicação de outras sanções cabíveis.

•• § 3.º acrescentado pela Lei n. 13.641, de 3-4-2018.

Capítulo III
DA ATUAÇÃO DO MINISTÉRIO PÚBLICO

• *Vide* arts. 127 a 130-A da CF.

• *Vide* arts. 176 e s., 234, *caput* e § 4.º, e 279 do CPC.

Art. 25. O Ministério Público intervirá, quando não for parte, nas causas cíveis e criminais decorrentes da violência doméstica e familiar contra a mulher.

Art. 26. Caberá ao Ministério Público, sem prejuízo de outras atribuições, nos casos de violência doméstica e familiar contra a mulher, quando necessário:

I – requisitar força policial e serviços públicos de saúde, de educação, de assistência social e de segurança, entre outros;

II – fiscalizar os estabelecimentos públicos e particulares de atendimento à mulher em situação de violência doméstica e familiar, e adotar, de imediato, as medidas administrativas ou judiciais cabíveis no tocante a quaisquer irregularidades constatadas;

III – cadastrar os casos de violência doméstica e familiar contra a mulher.

Capítulo IV
DA ASSISTÊNCIA JUDICIÁRIA

Art. 27. Em todos os atos processuais, cíveis e criminais, a mulher em situação de violência doméstica e familiar deverá estar acompanhada de advogado, ressalvado o previsto no art. 19 desta Lei.

• *Vide* arts. 103 e s. (procuradores) do CPC.

Art. 28. É garantido a toda mulher em situação de violência doméstica e familiar o acesso aos serviços de Defensoria Pública ou de Assistência Judiciária Gratuita, nos termos da lei, em sede policial e judicial, mediante atendimento específico e humanizado.

• *Vide* Lei n. 1.060, de 5-2-1950 (Assistência Judiciária Gratuita).

• *Vide* Lei n. 8.906, de 4-7-1994 (EAOAB).

Título V
DA EQUIPE DE ATENDIMENTO MULTIDISCIPLINAR

Art. 29. Os Juizados de Violência Doméstica e Familiar contra a Mulher que vierem a ser criados poderão contar com uma equipe de atendimento multidisciplinar, a ser integrada por profissionais especializados nas áreas psicossocial, jurídica e de saúde.

Art. 30. Compete à equipe de atendimento multidisciplinar, entre outras atribuições que lhe forem reservadas pela legislação local, fornecer subsídios por escrito ao juiz, ao Ministério Público e à Defensoria Pública, mediante laudos ou verbalmente em audiência, e desenvolver trabalhos de orientação, encaminhamento, prevenção e outras medidas, voltados para a ofendida, o agressor e os familiares, com especial atenção às crianças e aos adolescentes.

• *Vide* Lei n. 8.069, de 13-7-1990 (ECA).

Art. 31. Quando a complexidade do caso exigir avaliação mais aprofundada, o juiz poderá determinar a manifestação de profissional especializado, mediante a indicação da equipe de atendimento multidisciplinar.

Art. 32. O Poder Judiciário, na elaboração de sua proposta orçamentária, poderá prever recursos para a criação e manutenção da equipe de atendimento multidisciplinar, nos termos da Lei de Diretrizes Orçamentárias.

Título VI
DISPOSIÇÕES TRANSITÓRIAS

Art. 33. Enquanto não estruturados os Juizados de Violência Doméstica e Familiar contra a Mulher, as varas criminais acumularão as competências cível e criminal para conhecer e julgar as causas decorrentes da prática de violência doméstica e familiar contra a mulher, observadas as previsões do Título IV desta Lei, subsidiada pela legislação processual pertinente.

•• O STF, na ADECON n. 19, de 9-2-2012, declarou a constitucionalidade deste artigo.

Parágrafo único. Será garantido o direito de preferência, nas varas criminais, para o processo e o julgamento das causas referidas no *caput*.

Título VII
DISPOSIÇÕES FINAIS

Art. 34. A instituição dos Juizados de Violência Doméstica e Familiar contra a Mulher poderá ser acompanhada pela implantação das curadorias necessárias e do serviço de assistência judiciária.

Art. 35. A União, o Distrito Federal, os Estados e os Municípios poderão criar e promover, no limite das respectivas competências:

•• A Lei n. 14.316, de 29-3-2022, estabelece em seu art. 4.º que as ações previstas neste artigo são consideradas ações de enfrentamento da violência contra a mulher e poderão ser custeadas com os recursos do FNSP – Fundo Nacional de Segurança Pública.

I – centros de atendimento integral e multidisciplinar para mulheres e respectivos dependentes em situação de violência doméstica e familiar;

II – casas-abrigos para mulheres e respectivos dependentes menores em situação de violência doméstica e familiar;

III – delegacias, núcleos de defensoria pública, serviços de saúde e centros de perícia médico-legal especializados no atendimento à mulher em situação de violência doméstica e familiar;

IV – programas e campanhas de enfrentamento da violência doméstica e familiar;

V – centros de educação e de reabilitação para os agressores.

Art. 36. A União, os Estados, o Distrito Federal e os Municípios promoverão a adaptação de seus órgãos e de seus programas às diretrizes e aos princípios desta Lei.

Art. 37. A defesa dos interesses e direitos transindividuais previstos nesta Lei poderá ser exercida, concorrentemente, pelo Ministério Público e por associação de atuação na área, regularmente constituída há pelo menos um ano, nos termos da legislação civil.

• Sobre associações *vide* arts. 53 a 61 do CC.

Parágrafo único. O requisito da pré-constituição poderá ser dispensado pelo juiz quando entender que não há outra entidade com representatividade adequada para o ajuizamento da demanda coletiva.

Art. 38. As estatísticas sobre a violência doméstica e familiar contra a mulher serão incluídas nas bases de dados dos órgãos oficiais do Sistema de Justiça e Segurança a fim de subsidiar o sistema nacional de dados e informações relativo às mulheres.

•• A Lei n. 14.232, de 28-10-2021, institui a Política Nacional de Dados e Informações relacionadas à Violência contra as Mulheres – PNAINFO.

Parágrafo único. As Secretarias de Segurança Pública dos Estados e do Distrito Federal poderão remeter suas informações criminais para a base de dados do Ministério da Justiça.

Art. 38-A. O juiz competente providenciará o registro da medida protetiva de urgência.

•• *Caput* acrescentado pela Lei n. 13.827, de 13-5-2019.

Parágrafo único. As medidas protetivas de urgência serão, após sua concessão, imediatamente registradas em banco de dados mantido e regulamentado pelo Conselho Nacional de Justiça, garantido o acesso instantâneo do Ministério Público, da Defensoria Pública e dos órgãos de segurança pública e de assistência social, com vistas à fiscalização e à efetividade das medidas protetivas.

•• Parágrafo único com redação determinada pela Lei n. 14.310, de 8-3-2022.

• A Resolução n. 342, de 9-9-2020, do CNJ, institui e regulamenta o Banco Nacional de Medidas Protetivas de Urgência – BNMPU.

Art. 39. A União, os Estados, o Distrito Federal e os Municípios, no limite de suas competências e nos termos das respectivas leis de diretrizes orçamentárias, poderão estabelecer dotações orçamentárias específicas, em cada exercício financeiro, para a implementação das medidas estabelecidas nesta Lei.

Art. 40. As obrigações previstas nesta Lei não excluem outras decorrentes dos princípios por ela adotados.

Art. 41. Aos crimes praticados com violência doméstica e familiar contra a mulher, independentemente da pena prevista, não se aplica a Lei n. 9.099, de 26 de setembro de 1995.

•• O STF, na ADECON n. 19, de 9-2-2012, declarou a constitucionalidade deste artigo.

•• *Vide* Súmula 536 do STJ.

....

Art. 46. Esta Lei entra em vigor 45 (quarenta e cinco) dias após sua publicação.

Brasília, 7 de agosto de 2006; 185.º da Independência e 118.º da República.

LUIZ INÁCIO LULA DA SILVA

LEI COMPLEMENTAR N. 123, DE 14 DE DEZEMBRO DE 2006 (*)

Institui o Estatuto Nacional da Microempresa e da Empresa de Pequeno Porte; altera dispositivos das Leis n. 8.212 e 8.213, ambas de 24 de julho de 1991, da Consolidação das Leis do Trabalho – CLT, aprovada pelo Decreto-lei n. 5.452, de 1.º de maio de 1943, da Lei n. 10.189, de 14 de fevereiro de 2001, da Lei Complementar n. 63, de 11 de janeiro de 1990; e revoga as Leis n. 9.317, de 5 de dezembro de 1996, e 9.841, de 5 de outubro de 1999.

O Presidente da República

Faço saber que o Congresso Nacional decreta e eu sanciono a seguinte Lei Complementar:

Capítulo I
DISPOSIÇÕES PRELIMINARES

Art. 1.º Esta Lei Complementar estabelece normas gerais relativas ao tratamento diferenciado e favorecido a ser dispensado às microempresas e empresas de pequeno porte no âmbito dos Poderes da União, dos Estados, do Distrito Federal e dos Municípios, especialmente no que se refere:

•• *Vide* art. 179 da CF.

I – à apuração e recolhimento dos impostos e contribuições da União, dos Estados, do Distrito Federal e dos Municípios, mediante regime único de arrecadação, inclusive obrigações acessórias;

II – ao cumprimento de obrigações trabalhistas e previdenciárias, inclusive obrigações acessórias;

III – ao acesso a crédito e ao mercado, inclusive quanto à preferência nas aquisições de bens e serviços pelos Poderes Públicos, à tecnologia, ao associativismo e às regras de inclusão;

IV – ao cadastro nacional único de contribuintes a que se refere o inciso IV do parágrafo único do art. 146, *in fine*, da Constituição Federal.

•• Inciso IV acrescentado pela Lei Complementar n. 147, de 7-8-2014.

§ 1.º Cabe ao Comitê Gestor do Simples Nacional (CGSN) apreciar a necessidade de revisão, a partir de 1.º de janeiro de 2015, dos valores expressos em moeda nesta Lei Complementar.

•• § 1.º com redação determinada pela Lei Complementar n. 139, de 10-11-2011.

•• A Resolução n. 65, de 17-8-2009, dispõe que, em atendimento ao disposto neste parágrafo, o Comitê Gestor do Simples Nacional se manifesta pela manutenção dos valores expressos em moeda nesta Lei.

§ 2.º (*Vetado.*)

§ 3.º Ressalvado o disposto no Capítulo IV, toda nova obrigação que atinja as microempresas e empresas de pequeno porte deverá apresentar, no instrumento que a instituiu, especificação do tratamento diferenciado, simplificado e favorecido para cumprimento.

•• § 3.º acrescentado pela Lei Complementar n. 147, de 7-8-2014.

§ 4.º Na especificação do tratamento diferenciado, simplificado e favorecido de que trata o § 3.º, deverá constar prazo máximo, quando forem necessários procedimentos adicionais, para que os órgãos fiscalizadores cumpram as medidas necessárias à emissão de documentos, realização de vistorias e atendimento das demandas realizadas pelas microempresas e empresas de pequeno porte com o objetivo de cumprir a nova obrigação.

•• § 4.º acrescentado pela Lei Complementar n. 147, de 7-8-2014.

§ 5.º Caso o órgão fiscalizador descumpra os prazos estabelecidos na especificação do tratamento diferenciado e favorecido, conforme o disposto no § 4.º, a nova obrigação será inexigível até que seja realizada visita para fiscalização orientadora e seja reiniciado o prazo para regularização.

•• § 5.º acrescentado pela Lei Complementar n. 147, de 7-8-2014.

§ 6.º A ausência de especificação do tratamento diferenciado, simplificado e favorecido ou da determinação de prazos máximos, de acordo com os §§ 3.º e 4.º, tornará a nova obrigação inexigível para as microempresas e empresas de pequeno porte.

•• § 6.º acrescentado pela Lei Complementar n. 147, de 7-8-2014.

§ 7.º A inobservância do disposto nos §§ 3.º a 6.º resultará em atentado aos direitos e garantias legais assegurados ao exercício profissional da atividade empresarial.

•• § 7.º acrescentado pela Lei Complementar n. 147, de 7-8-2014.

Art. 2.º O tratamento diferenciado e favorecido a ser dispensado às microempresas e empresas de pequeno porte de que trata o art. 1.º desta Lei Complementar será gerido pelas instâncias a seguir especificadas:

I – Comitê Gestor do Simples Nacional, vinculado ao Ministério da Economia, composto de 4 (quatro) representantes da União, 2 (dois) dos Estados e do Distrito Federal, 2 (dois) dos Municípios, 1 (um) do Serviço Brasileiro de Apoio às Micro e Pequenas Empresas (Sebrae) e 1 (um) das confederações nacionais de representação do segmento de microempresas e empresas de pequeno porte referidas no art. 11 da Lei Complementar n. 147, de 7 de agosto de 2014, para tratar dos aspectos tributários;

•• Inciso I com redação determinada pela Lei Complementar n. 188, de 31-12-2021.

• A Resolução n. 163, de 21-1-2022, do CGSN, aprova o Regimento Interno do Comitê Gestor do Simples Nacional.

II – Fórum Permanente das Microempresas e Empresas de Pequeno Porte, com a participação dos órgãos federais competentes e das entidades vinculadas ao setor, para tratar dos demais aspectos, ressalvado o disposto no inciso III do *caput* deste artigo;

•• Inciso II com redação determinada pela Lei Complementar n. 128, de 19-12-2008.

III – Comitê para Gestão da Rede Nacional para Simplificação do Registro e da Legalização de Empresas e Negócios – CGSIM, vinculado à Secretaria da Micro e Pequena Empresa da Presidência da República, composto por representantes da União, dos Estados e do Distrito Federal, dos Municípios e demais órgãos de apoio e de registro empresarial, na forma definida pelo Poder Executivo, para tratar do processo de registro e de legalização de empresários e de pessoas jurídicas.

•• Inciso III com redação determinada pela Lei Complementar n. 147, de 7-8-2014.

•• *Vide* art. 968, § 4.º, do CC.

•• O Decreto n. 9.927, de 22-7-2019, dispõe sobre o CGSIM.

§ 1.º Os Comitês de que tratam os incisos I e III do *caput* deste artigo serão presididos e coordenados por representantes da União.

•• § 1.º com redação determinada pela Lei Complementar n. 128, de 19-12-2008.

§ 2.º Os representantes dos Estados e do Distrito Federal nos Comitês referidos nos incisos I e III do *caput* deste artigo serão indicados pelo Conselho Nacional de Política Fazendária – CONFAZ e os dos Municípios serão indicados, um pela entidade representativa das Secretarias de Finanças das Capitais e outro pelas entidades de representação nacional dos Municípios brasileiros.

•• § 2.º com redação determinada pela Lei Complementar n. 128, de 19-12-2008.

§ 3.º As entidades de representação referidas no inciso III do *caput* e no § 2.º deste artigo serão aquelas regularmente constituídas há pelo menos 1 (um) ano antes da publicação desta Lei Complementar.

•• § 3.º com redação determinada pela Lei Complementar n. 128, de 19-12-2008.

(*) Publicada no *Diário Oficial da União*, de 15-12-2006. Republicada em 31-1-2009 e em 6-3-2012, em atendimento ao disposto no art. 5.º da Lei Complementar n. 139, de 10-11-2011.

§ 4.º Os comitês de que tratam os incisos I e III do *caput* deste artigo elaborarão seus regimentos internos mediante resolução, observado, quanto ao CGSN, o disposto nos §§ 4.º-A e 4.º-B deste artigo.

•• § 4.º com redação determinada pela Lei Complementar n. 188, de 31-12-2021.

§ 4.º-A. O quórum mínimo para a realização das reuniões do CGSN será de 3/4 (três quartos) dos componentes, dos quais um deles será necessariamente o Presidente.

•• § 4.º-A acrescentado pela Lei Complementar n. 188, de 31-12-2021.

§ 4.º-B. As deliberações do CGSN serão tomadas por 3/4 (três quartos) dos componentes presentes às reuniões, presenciais ou virtuais, ressalvadas as decisões que determinem a exclusão de ocupações autorizadas a atuar na qualidade de Microempreendedor Individual (MEI), quando a deliberação deverá ser unânime.

•• § 4.º-B acrescentado pela Lei Complementar n. 188, de 31-12-2021.

§ 5.º O Fórum referido no inciso II do *caput* deste artigo tem por finalidade orientar e assessorar a formulação e coordenação da política nacional de desenvolvimento das microempresas e empresas de pequeno porte, bem como acompanhar e avaliar a sua implantação, sendo presidido e coordenado pela Secretaria da Micro e Pequena Empresa da Presidência da República.

•• § 5.º com redação determinada pela Lei n. 12.792, de 28-3-2013.

§ 6.º Ao Comitê de que trata o inciso I do *caput* deste artigo compete regulamentar a opção, exclusão, tributação, fiscalização, arrecadação, cobrança, dívida ativa, recolhimento e demais itens relativos ao regime de que trata o art. 12 desta Lei Complementar, observadas as demais disposições desta Lei Complementar.

•• § 6.º acrescentado pela Lei Complementar n. 128, de 19-12-2008.

§ 7.º Ao Comitê de que trata o inciso III do *caput* deste artigo compete, na forma da lei, regulamentar a inscrição, cadastro, abertura, alvará, arquivamento, licenças, permissão, autorização, registros e demais itens relativos à abertura, legalização e funcionamento de empresários e de pessoas jurídicas de qualquer porte, atividade econômica ou composição societária.

•• § 7.º acrescentado pela Lei Complementar n. 128, de 19-12-2008.

§ 8.º Os membros dos comitês de que tratam os incisos I e III do *caput* deste artigo serão designados pelo Ministro de Estado da Economia, mediante indicação dos órgãos e entidades vinculados.

•• § 8.º com redação determinada pela Lei Complementar n. 188, de 31-12-2021.

§ 8.º-A. Dos membros da União que compõem o comitê de que trata o inciso I do *caput* deste artigo, 3 (três) serão representantes da Secretaria Especial da Receita Federal do Brasil e 1 (um) da Subsecretaria de Desenvolvimento das Micro e Pequenas Empresas, Empreendedorismo e Artesanato da Secretaria Especial de Produtividade e Competitividade ou do órgão que vier a substituí-la.

•• § 8.º-A acrescentado pela Lei Complementar n. 188, de 31-12-2021.

§ 8.º-B. A vaga das confederações nacionais de representação do segmento de microempresas e empresas de pequeno porte no comitê de que trata o inciso I do *caput* deste artigo será ocupada em regime de rodízio anual entre as confederações.

•• § 8.º-B acrescentado pela Lei Complementar n. 188, de 31-12-2021.

§ 9.º O CGSN poderá determinar, com relação à microempresa e à empresa de pequeno porte optante pelo Simples Nacional, a forma, a periodicidade e o prazo:

•• § 9.º, *caput*, acrescentado pela Lei Complementar n. 147, de 7-8-2014.

I – de entrega à Secretaria da Receita Federal do Brasil – RFB de uma única declaração com dados relacionados a fatos geradores, base de cálculo e valores da contribuição para a Seguridade Social devida sobre a remuneração do trabalho, inclusive a descontada dos trabalhadores a serviço da empresa, do Fundo de Garantia do Tempo de Serviço – FGTS e outras informações de interesse do Ministério do Trabalho e Emprego – MTE, do Instituto Nacional do Seguro Social – INSS e do Conselho Curador do FGTS, observado o disposto no § 7.º deste artigo; e

•• Inciso I acrescentado pela Lei Complementar n. 147, de 7-8-2014.

II – do recolhimento das contribuições descritas no inciso I e do FGTS.

•• Inciso II acrescentado pela Lei Complementar n. 147, de 7-8-2014.

§ 10. O recolhimento de que trata o inciso II do § 9.º deste artigo poderá se dar de forma unificada relativamente aos tributos apurados na forma do Simples Nacional.

•• § 10 acrescentado pela Lei Complementar n. 147, de 7-8-2014.

§ 11. A entrega da declaração de que trata o inciso I do § 9.º substituirá, na forma regulamentada pelo CGSN, a obrigatoriedade de entrega de todas as informações, formulários e declarações a que estão sujeitas as demais empresas ou equiparados que contratam trabalhadores, inclusive relativamente ao recolhimento do FGTS, à Relação Anual de Informações Sociais e ao Cadastro Geral de Empregados e Desempregados.

•• § 11 acrescentado pela Lei Complementar n. 147, de 7-8-2014.

§ 12. Na hipótese de recolhimento do FGTS na forma do inciso II do § 9.º deste artigo, deve-se assegurar a transferência dos recursos e dos elementos identificadores do recolhimento ao gestor desse fundo para crédito na conta vinculada do trabalhador.

•• § 12 acrescentado pela Lei Complementar n. 147, de 7-8-2014.

§ 13. O documento de que trata o inciso I do § 9.º tem caráter declaratório, constituindo instrumento hábil e suficiente para a exigência dos tributos, contribuições e dos débitos fundiários que não tenham sido recolhidos resultantes das informações nele prestadas.

•• § 13 acrescentado pela Lei Complementar n. 147, de 7-8-2014.

Capítulo II

DA DEFINIÇÃO DE MICROEMPRESA E DE EMPRESA DE PEQUENO PORTE

Art. 3.º Para os efeitos desta Lei Complementar, consideram-se microempresas ou empresas de pequeno porte a sociedade empresária, a sociedade simples, a empresa individual de responsabilidade limitada e o empresário a que se refere o art. 966 da Lei n. 10.406, de 10 de janeiro de 2002 (Código Civil), devidamente registrados no Registro de Empresas Mercantis ou no Registro Civil de Pessoas Jurídicas, conforme o caso, desde que:

•• *Caput* com redação determinada pela Lei Complementar n. 139, de 10-11-2011.

• A Lei n. 10.406, de 10-1-2002, institui o CC.

• *Vide* arts. 967 e 998 do CC.

• *Vide* art. 16, § 1.º, desta Lei Complementar.

• A Instrução Normativa n. 81, de 10-6-2020, do DREI, dispõe sobre a padronização nacional na formulação de exigências aplicáveis aos processos físicos e digitais nos atos de constituição, alteração, dissolução ou extinção de empresas de que trata este dispositivo.

• Lei n. 14.257, de 1.º-12-2021, institui o Programa de Estímulo ao Crédito e dispõe sobre o crédito presumido apurado com base em créditos decorrentes de diferenças temporárias.

I – no caso da microempresa, aufira, em cada ano-calendário, receita bruta igual ou inferior a R$ 360.000,00 (trezentos e sessenta mil reais); e

•• Inciso I com redação determinada pela Lei Complementar n. 139, de 10-11-2011.

II – no caso de empresa de pequeno porte, aufira, em cada ano-calendário, receita bruta superior a R$ 360.000,00 (trezentos e sessenta mil reais) e igual ou inferior a R$ 4.800.000,00 (quatro milhões e oitocentos mil reais).

•• Inciso II com redação determinada pela Lei Complementar n. 155, de 27-10-2016, produzindo efeitos a partir de 1.º-1-2018.

§ 1.º Considera-se receita bruta, para fins do disposto no *caput* deste artigo, o produto da venda de bens e serviços nas operações de conta própria, o preço dos serviços prestados e o resultado nas operações em conta alheia, não incluídas as vendas canceladas e os descontos incondicionais concedidos.

§ 2.º No caso de início de atividade no próprio ano-calendário, o limite a que se refere o *caput* deste artigo será proporcional ao número de meses em que a microempresa ou a empresa de pequeno porte houver exercido atividade, inclusive as frações de meses.

§ 3.º O enquadramento do empresário ou da sociedade simples ou empresária como microempresa ou empresa de pequeno porte bem como o seu desenquadramento não implicarão alteração, denúncia ou qualquer restrição em relação a contratos por elas anteriormente firmados.

• A Instrução Normativa n. 81, de 10-6-2020, do DREI, Dispõe sobre as normas e diretrizes gerais do Registro Público de Empresas.

§ 4.º Não poderá se beneficiar do tratamento jurídico diferenciado previsto nesta Lei Complementar, incluído o regime de que trata o art. 12 desta Lei Complementar, para nenhum efeito legal, a pessoa jurídica:

•• § 4.º, *caput*, com redação determinada pela Lei Complementar n. 128, de 19-12-2008.

I – de cujo capital participe outra pessoa jurídica;

II – que seja filial, sucursal, agência ou representação, no País, de pessoa jurídica com sede no exterior;

III – de cujo capital participe pessoa física que seja inscrita como empresário ou seja sócia de outra empresa que receba tratamento jurídico diferenciado nos termos desta Lei Complementar, desde que a receita bruta global ultrapasse o limite de que trata o inciso II do *caput* deste artigo;

IV – cujo titular ou sócio participe com mais de 10% (dez por cento) do capital de outra empresa não beneficiada por esta Lei Complementar, desde que a receita bruta global ultrapasse o limite de que trata o inciso II do *caput* deste artigo;

V – cujo sócio ou titular seja administrador ou equiparado de outra pessoa jurídica com fins lucrativos, desde que a receita bruta global ultrapasse o limite de que trata o inciso II do *caput* deste artigo;

VI – constituída sob a forma de cooperativas, salvo as de consumo;

VII – que participe do capital de outra pessoa jurídica;

VIII – que exerça atividade de banco comercial, de investimentos e de desenvolvimento, de caixa econômica, de sociedade de crédito, financiamento e investimento ou de crédito imobiliário, de corretora ou de distribuidora de títulos, valores mobiliários e câmbio, de empresa de arrendamento mercantil, de seguros privados e de capitalização ou de previdência complementar;

IX – resultante ou remanescente de cisão ou qualquer outra forma de desmembramento de pessoa jurídica que tenha ocorrido em um dos 5 (cinco) anos-calendário anteriores;

X – constituída sob a forma de sociedade por ações;

XI – cujos titulares ou sócios guardem, cumulativamente, com o contratante do serviço, relação de pessoalidade, subordinação e habitualidade.

•• Inciso XI acrescentado pela Lei Complementar n. 147, de 7-8-2014.

§ 5.º O disposto nos incisos IV e VII do § 4.º deste artigo não se aplica à participação no capital de cooperativas de crédito, bem como em centrais de compras, bolsas de subcontratação, no consórcio referido no art. 50 desta Lei Complementar e na sociedade de propósito específico prevista no art. 56 desta Lei Complementar, e em associações assemelhadas, sociedades de interesse econômico, sociedades de garantia solidária e outros tipos de sociedade, que tenham como objetivo social a defesa exclusiva dos interesses econômicos das microempresas e empresas de pequeno porte.

•• § 5.º com redação determinada pela Lei Complementar n. 128, de 19-12-2008.

§ 6.º Na hipótese de a microempresa ou empresa de pequeno porte incorrer em alguma das situações previstas nos incisos do § 4.º, será excluída do tratamento jurídico diferenciado previsto nesta Lei Complementar, bem como do regime de que trata o art. 12, com efeitos a partir do mês seguinte ao que incorrida a situação impeditiva.

•• § 6.º com redação determinada pela Lei Complementar n. 139, de 10-11-2011.

§ 7.º Observado o disposto no § 2.º deste artigo, no caso de início de atividades, a microempresa que, no ano-calendário, exceder o limite de receita bruta anual previsto no inciso I do *caput* deste artigo passa, no ano-calendário seguinte, à condição de empresa de pequeno porte.

§ 8.º Observado o disposto no § 2.º deste artigo, no caso de início de atividades, a empresa de pequeno porte que, no ano-calendário, não ultrapassar o limite de receita bruta anual previsto no inciso I do *caput* deste artigo passa, no ano-calendário seguinte, à condição de microempresa.

§ 9.º A empresa de pequeno porte que, no ano-calendário, exceder o limite de receita bruta anual previsto no inciso II do *caput* fica excluída, no mês subsequente à ocorrência do excesso, do tratamento jurídico diferenciado previsto nesta Lei Complementar, incluído o regime de que trata o art. 12, para todos os efeitos legais, ressalvado o disposto nos §§ 9.º-A, 10 e 12.

•• § 9.º com redação determinada pela Lei Complementar n. 139, de 10-11-2011.

§ 9.º-A Os efeitos da exclusão prevista no § 9.º dar-se-ão no ano-calendário subsequente se o excesso verificado em relação à receita bruta não for superior a 20% (vinte por cento) do limite referido no inciso II do *caput*.

•• § 9.º-A acrescentado pela Lei Complementar n. 139, de 10-11-2011.

§ 10. A empresa de pequeno porte que no decurso do ano-calendário de início de atividade ultrapassar o limite proporcional de receita bruta de que trata o § 2.º estará excluída do tratamento jurídico diferenciado previsto nesta Lei Complementar, bem como do regime de que trata o art. 12 desta Lei Complementar, com efeitos retroativos ao início de suas atividades.

•• § 10 com redação determinada pela Lei Complementar n. 139, de 10-11-2011.

• *Vide* art. 31, III, *b*, desta Lei Complementar.

§ 11. Na hipótese de o Distrito Federal, os Estados e os respectivos Municípios adotarem um dos limites previstos nos incisos I e II do *caput* do art. 19 e no art. 20, caso a receita bruta auferida pela empresa durante o ano-calendário de início de atividade ultrapasse 1/12 (um doze avos) do limite estabelecido multiplicado pelo número de meses de funcionamento nesse período, a empresa não poderá recolher o ICMS e o ISS na forma do Simples Nacional, relativos ao estabelecimento localizado na unidade da federação que os houver adotado, com efeitos retroativos ao início de suas atividades.

•• § 11 com redação determinada pela Lei Complementar n. 139, de 10-11-2011.

§ 12. A exclusão de que trata o § 10 não retroagirá ao início das atividades se o excesso verificado em relação à receita bruta não for superior a 20% (vinte por cento) do respectivo limite referido naquele parágrafo, hipótese em que os efeitos da exclusão dar-se-ão no ano-calendário subsequente.

•• § 12 com redação determinada pela Lei Complementar n. 139, de 10-11-2011.

§ 13. O impedimento de que trata o § 11 não retroagirá ao início das atividades se o excesso verificado em relação à receita bruta não for superior a 20% (vinte por cento) dos respectivos limites referidos naquele parágrafo, hipótese em que os efeitos do impedimento ocorrerão no ano-calendário subsequente.

•• § 13 acrescentado pela Lei Complementar n. 139, de 10-11-2011.

§ 14. Para fins de enquadramento como microempresa ou empresa de pequeno porte, poderão ser auferidas receitas no mercado interno até o limite previsto no inciso II do *caput* ou no § 2.º, conforme o caso, e, adicionalmente, receitas decorrentes da exportação de mercadorias ou serviços, inclusive quando realizada por meio de comercial exportadora ou da sociedade de propósito específico prevista no art. 56 desta Lei Complementar, desde que as receitas de exportação também não excedam os referidos limites de receita bruta anual.

•• § 14 com redação determinada pela Lei Complementar n. 147, de 7-8-2014.

§ 15. Na hipótese do § 14, para fins de determinação da alíquota de que trata o § 1.º do art. 18, da base de cálculo prevista em seu § 3.º e das majorações de alíquotas previstas em seus §§ 16, 16-A, 17 e 17-A, serão consideradas separadamente as receitas brutas auferidas no mercado interno e aquelas decorrentes da exportação.

•• § 15 com redação determinada pela Lei Complementar n. 147, de 7-8-2014, produzindo efeitos a partir de 1.º-1-2016 (*DOU* de 8-8-2014).

§ 16. O disposto neste artigo será regulamentado por resolução do CGSN.

•• § 16 acrescentado pela Lei Complementar n. 147, de 7-8-2014.

§ 17. (*Vetado.*)

•• § 17 acrescentado pela Lei Complementar n. 155, de 27-10-2016, produzindo efeitos a partir de 1.º-1-2018.

§ 18. (*Vetado.*)

•• § 18 acrescentado pela Lei Complementar n. 155, de 27-10-2016, produzindo efeitos a partir de 1.º-1-2018.

Art. 3.º-A. Aplica-se ao produtor rural pessoa física e ao agricultor familiar conceituado na Lei n. 11.326, de 24 de julho de 2006, com situação regular na Previdência Social e no Município que tenham auferido receita bruta anual até o limite de que trata o inciso II do *caput* do art. 3.º o disposto nos arts. 6.º e 7.º, nos Capítulos V a X, na Seção IV do Capítulo XI e no Capítulo XII desta Lei Complementar, ressalvadas as disposições da Lei n. 11.718, de 20 de junho de 2008.

•• *Caput* acrescentado pela Lei Complementar n. 147, de 7-8-2014.

Parágrafo único. A equiparação de que trata o *caput* não se aplica às disposições do Capítulo IV desta Lei Complementar.

•• Parágrafo único acrescentado pela Lei Complementar n. 147, de 7-8-2014.

Art. 3.º-B. Os dispositivos desta Lei Complementar, com exceção dos dispostos no Capítulo IV, são aplicáveis a todas as microempresas e empresas de pequeno porte, assim definidas pelos incisos I e II do *caput* e § 4.º do art. 3.º, ainda que não enquadradas no regime tributário do Simples Nacional, por vedação ou por opção.

•• Artigo acrescentado pela Lei Complementar n. 147, de 7-8-2014.

Capítulo III
DA INSCRIÇÃO E DA BAIXA

• A Instrução Normativa n. 11.863, de 27-12-2018, da Secretaria da Receita Federal do Brasil, dispõe sobre o Cadastro Nacional da Pessoa Jurídica – CNPJ.

Art. 4.º Na elaboração de normas de sua competência, os órgãos e entidades envolvidos na abertura e fechamento de empresas, dos 3 (três) âmbitos de governo, deverão considerar a unicidade do processo de registro e de legalização de empresários e de pessoas jurídicas, para tanto devendo articular as competências próprias com aquelas dos demais membros, e buscar, em conjunto, compatibilizar e integrar procedimentos, de modo a evitar a duplicidade de exigências e garantir a linearidade do processo, da perspectiva do usuário.

•• A Resolução n. 61, de 12-8-2020, do CGSIM, dispõe sobre medidas de simplificação e prevê o modelo operacional de registro e legalização de empresários e pessoas jurídicas.

• A Resolução n. 25, de 18-10-2011, do CGSIM, define os parâmetros e padrões para desenvolvimento do modelo de integração da Rede Nacional para a Simplificação do Registro e da Legalização de Empresas e Negócios – REDESIM.

§ 1.º O processo de abertura, registro, alteração e baixa da microempresa e empresa de pequeno porte, bem como qualquer exigência para o início de seu funcionamento, deverão ter trâmite especial e simplificado, preferencialmente eletrônico, opcional para o empreendedor, observado o seguinte:

•• § 1.º, *caput*, com redação determinada pela Lei Complementar n. 147, de 7-8-2014.

I – poderão ser dispensados o uso da firma, com a respectiva assinatura autógrafa, o capital, requerimentos, demais assinaturas, informações relativas ao estado civil e regime de bens, bem como remessa de documentos, na forma estabelecida pelo CGSIM; e

•• Inciso I acrescentado pela Lei Complementar n. 139, de 10-11-2011.

II – (*Revogado pela Lei Complementar n. 147, de 7-8-2014, produzindo efeitos a partir de 1.º-1-2016 – DOU de 8-8-2014*).

§ 2.º (*Revogado pela Lei Complementar n. 139, de 10-11-2011.*)

§ 3.º Ressalvado o disposto nesta Lei Complementar, ficam reduzidos a 0 (zero) todos os custos, inclusive prévios, relativos à abertura, à inscrição, ao registro, ao funcionamento, ao alvará, à licença, ao cadastro, às alterações e procedimentos de baixa e encerramento e aos demais itens relativos ao Microempreendedor Individual, incluindo os valores referentes a taxas, a emolumentos e a demais contribuições relativas aos órgãos de registro, de licenciamento, sindicais, de regulamentação, de anotação de responsabilidade técnica, de vistoria e de fiscalização do exercício de profissões regulamentadas.

•• § 3.º com redação determinada pela Lei Complementar n. 147, de 7-8-2014.

§ 3.º-A. O agricultor familiar, definido conforme a Lei n. 11.326, de 24 de julho de 2006, e identificado pela Declaração de Aptidão ao Pronaf – DAP física ou jurídica, bem como o MEI e o empreendedor de economia solidária ficam isentos de taxas e outros valores relativos à fiscalização da vigilância sanitária.

•• § 3.º-A acrescentado pela Lei Complementar n. 147, de 7-8-2014.

§ 4.º No caso do MEI, de que trata o art. 18-A desta Lei Complementar, a cobrança associativa ou oferta de serviços privados relativos aos atos de que trata o § 3.º deste artigo somente poderá ser efetuada a partir de demanda prévia do próprio MEI, firmado por meio de contrato com assinatura autógrafa, observando-se que:

•• § 4.º, *caput*, acrescentado pela Lei Complementar n. 147, de 7-8-2014.

I – para a emissão de boletos de cobrança, os bancos públicos e privados deverão exigir das instituições sindicais e associativas autorização prévia específica a ser emitida pelo CGSIM;

•• Inciso I acrescentado pela Lei Complementar n. 147, de 7-8-2014.

II – o desrespeito ao disposto neste parágrafo configurará vantagem ilícita pelo induzimento ao erro em prejuízo do MEI, aplicando-se as sanções previstas em lei.

•• Inciso II acrescentado pela Lei Complementar n. 147, de 7-8-2014.

§ 5.º (*Vetado.*)

•• § 5.º acrescentado pela Lei Complementar n. 147, de 7-8-2014.

§ 6.º Na ocorrência de fraude no registro do Microempreendedor Individual – MEI feito por terceiros, o pedido de baixa deve ser feito por meio exclusivamente eletrônico, com efeitos retroativos à data de registro, na forma a ser regulamentada pelo CGSIM, não sendo aplicáveis os efeitos do § 1.º do art. 29 desta Lei Complementar.

•• § 6.º acrescentado pela Lei Complementar n. 155, de 27-10-2016, produzindo efeitos a partir de 1.º-1-2018.

Art. 5.º Os órgãos e entidades envolvidos na abertura e fechamento de empresas, dos 3 (três) âmbitos de governo, no âmbito de suas atribuições, deverão manter à disposição dos usuários, de forma presencial e pela rede mundial de computadores, informações, orientações e instrumentos, de forma integrada e consolidada, que permitam pesquisas prévias às etapas de registro ou inscrição, alteração e baixa de empresários e pessoas jurídicas, de modo a prover ao usuário certeza quanto à documentação exigível e quanto à viabilidade do registro e inscrição.

Parágrafo único. As pesquisas prévias à elaboração de ato constitutivo ou de sua alteração deverão bastar a que o usuário seja informado pelos órgãos e entidades competentes:

I – da descrição oficial do endereço de seu interesse e da possibilidade de exercício da atividade desejada no local escolhido;

II – de todos os requisitos a serem cumpridos para obtenção de licenças de autorização de funcionamento, segundo a atividade pretendida, o porte, o grau de risco e a localização; e

III – da possibilidade de uso do nome empresarial de seu interesse.

Art. 6.º Os requisitos de segurança sanitária, metrologia, controle ambiental e prevenção contra incêndios, para os fins de registro e legalização de empresários e pessoas jurídicas, deverão ser simplificados, racionalizados e uniformizados pelos órgãos envolvidos na abertura e fechamento de empresas, no âmbito de suas competências.

§ 1.º Os órgãos e entidades envolvidos na abertura e fechamento de empresas que sejam responsáveis pela emissão de licenças e autorizações de funcionamento somente realizarão vistorias após o início de operação do estabelecimento, quando a atividade, por sua natureza, comportar grau de risco compatível com esse procedimento.

§ 2.º Os órgãos e entidades competentes definirão, em 6 (seis) meses, contados da publicação desta Lei Complementar, as atividades cujo grau de risco seja considerado alto e que exigirão vistoria prévia.

§ 3.º Na falta de legislação estadual, distrital ou municipal específica relativa à definição do grau de risco da atividade aplicar-se-á resolução do CGSIM.

•• § 3.º acrescentado pela Lei Complementar n. 147, de 7-8-2014.

§ 4.º A classificação de baixo grau de risco permite ao empresário ou à pessoa jurídica a obtenção do licenciamento de atividade mediante o simples fornecimento de dados e a substituição da comprovação prévia do cumprimento de exigências e restrições por declarações do titular ou responsável.

•• § 4.º acrescentado pela Lei Complementar n. 147, de 7-8-2014.

§ 5.º O disposto neste artigo não é impeditivo da inscrição fiscal.

•• § 5.º acrescentado pela Lei Complementar n. 147, de 7-8-2014.

Art. 7.º Exceto nos casos em que o grau de risco da atividade seja considerado alto, os Municípios emitirão Alvará de Funcionamento Provisório, que permitirá o início de operação do estabelecimento imediatamente após o ato de registro.

Parágrafo único. Nos casos referidos no *caput* deste artigo, poderá o Município conceder Alvará de Funcionamento Provisório para o microempreendedor individual, para microempresas e para empresas de pequeno porte:

•• Parágrafo único, *caput*, acrescentado pela Lei Complementar n. 128, de 19-12-2008.

I – instaladas em área ou edificação desprovidas de regulação fundiária e imobiliária, inclusive habite-se; ou

•• Inciso I com redação determinada pela Lei Complementar n. 147, de 7-8-2014.

II – em residência do microempreendedor individual ou do titular ou sócio da microempresa ou empresa de pequeno porte, na hipótese em que a atividade não gere grande circulação de pessoas.

•• Inciso II acrescentado pela Lei Complementar n. 128, de 19-12-2008.

Art. 8.º Será assegurado aos empresários e pessoas jurídicas:

•• *Caput* com redação determinada pela Lei Complementar n. 147, de 7-8-2014.

I – entrada única de dados e documentos;

•• Inciso I acrescentado pela Lei Complementar n. 147, de 7-8-2014.

II – processo de registro e legalização integrado entre os órgãos e entes envolvidos, por meio de sistema informatizado que garanta:

•• Inciso II, *caput*, acrescentado pela Lei Complementar n. 147, de 7-8-2014.

a) sequenciamento das seguintes etapas: consulta prévia de nome empresarial e de viabilidade de localização, registro empresarial, inscrições fiscais e licenciamento de atividade;

•• Alínea *a* acrescentada pela Lei Complementar n. 147, de 7-8-2014.

b) criação da base nacional cadastral única de empresas;

•• Alínea *b* acrescentada pela Lei Complementar n. 147, de 7-8-2014.

III – identificação nacional cadastral única que corresponderá ao número de inscrição no Cadastro Nacional de Pessoas Jurídicas – CNPJ.

•• Inciso III acrescentado pela Lei Complementar n. 147, de 7-8-2014.

§ 1.º O sistema de que trata o inciso II do *caput* deve garantir aos órgãos e entidades integrados:

•• § 1.º, *caput*, acrescentado pela Lei Complementar n. 147, de 7-8-2014.

I – compartilhamento irrestrito dos dados da base nacional única de empresas;

•• Inciso I acrescentado pela Lei Complementar n. 147, de 7-8-2014.

II – autonomia na definição das regras para comprovação do cumprimento de exigências nas respectivas etapas do processo.

•• Inciso II acrescentado pela Lei Complementar n. 147, de 7-8-2014.

§ 2.º A identificação nacional cadastral única substituirá para todos os efeitos as demais inscrições, sejam elas federais, estaduais ou municipais, após a implantação do sistema a que se refere o inciso II do *caput*, no prazo e na forma estabelecidos pelo CGSIM.

•• § 2.º acrescentado pela Lei Complementar n. 147, de 7-8-2014.

§ 3.º É vedado aos órgãos e entidades integrados ao sistema informatizado de que trata o inciso II do *caput* o estabelecimento de exigências não previstas em lei.

•• § 3.º acrescentado pela Lei Complementar n. 147, de 7-8-2014.

§ 4.º A coordenação do desenvolvimento e da implantação do sistema de que trata o inciso II do *caput* ficará a cargo do CGSIM.

•• § 4.º acrescentado pela Lei Complementar n. 147, de 7-8-2014.

Art. 9.º O registro dos atos constitutivos, de suas alterações e extinções (baixas), referentes a empresários e pessoas jurídicas em qualquer órgão dos 3 (três) âmbitos de governo ocorrerá independentemente da regularidade de obrigações tributárias, previdenciárias ou trabalhistas, principais ou acessórias, do empresário, da sociedade, dos sócios, dos administradores ou de empresas de que participem, sem prejuízo das responsabilidades do empresário, dos titulares, dos sócios ou dos administradores por tais obrigações, apuradas antes ou após o ato de extinção.

•• *Caput* com redação determinada pela Lei Complementar n. 147, de 7-8-2014.

§ 1.º O arquivamento, nos órgãos de registro, dos atos constitutivos de empresários, de sociedades empresárias e de demais equiparados que se enquadrarem como microempresa ou empresa de pequeno porte bem como o arquivamento de suas alterações são dispensados das seguintes exigências:

I – certidão de inexistência de condenação criminal, que será substituída por declaração do titular ou administrador, firmada sob as penas da lei, de não estar impedido de exercer atividade mercantil ou a administração de sociedade, em virtude de condenação criminal;

II – prova de quitação, regularidade ou inexistência de débito referente a tributo ou contribuição de qualquer natureza.

§ 2.º Não se aplica às microempresas e às empresas de pequeno porte o disposto no § 2.º do art. 1.º da Lei n. 8.906, de 4 de julho de 1994.

• Estabelece citado dispositivo: "Os atos e contratos constitutivos de pessoas jurídicas, sob pena de nulidade, só podem ser admitidos a registro, nos órgãos competentes, quando visados por advogados".

§ 3.º (*Revogado pela Lei Complementar n. 147, de 7-8-2014.*)

§ 4.º A baixa do empresário ou da pessoa jurídica não impede que, posteriormente, sejam lançados ou cobrados tributos, contribuições e respectivas penalidades, decorrentes da falta do cumprimento de obrigações ou da prática comprovada e apurada em processo administrativo ou judicial de outras irregularidades praticadas pelos empresários, pelas pessoas jurídicas ou por seus titulares, sócios ou administradores.

•• § 4.º com redação determinada pela Lei Complementar n. 147, de 7-8-2014.

§ 5.º A solicitação de baixa do empresário ou da pessoa jurídica importa responsabilidade solidária dos empresários, dos titulares, dos sócios e dos administradores no período da ocorrência dos respectivos fatos geradores.

•• § 5.º com redação determinada pela Lei Complementar n. 147, de 7-8-2014.

§ 6.º Os órgãos referidos no *caput* deste artigo terão o prazo de 60 (sessenta) dias para efetivar a baixa nos respectivos cadastros.

•• § 6.º acrescentado pela Lei Complementar n. 128, de 19-12-2008.

§ 7.º Ultrapassado o prazo previsto no § 6.º deste artigo sem manifestação do órgão competente, presumir-se-á a baixa dos registros das microempresas e a das empresas de pequeno porte.

•• § 7.º acrescentado pela Lei Complementar n. 128, de 19-12-2008.

§§ 8.º a 12. (*Revogados pela Lei Complementar n. 147, de 7-8-2014.*)

Art. 10. Não poderão ser exigidos pelos órgãos e entidades envolvidos na abertura e fechamento de empresas, dos 3 (três) âmbitos de governo:

I – excetuados os casos de autorização prévia, quaisquer documentos adicionais aos requeridos pelos órgãos executores do Registro Público de Empresas Mercantis e Atividades Afins e do Registro Civil de Pessoas Jurídicas;

• *Vide* Lei n. 8.934, de 18-11-1994, que dispõe sobre o Registro Público de Empresas Mercantis e Atividades Afins e dá outras providências.

II – documento de propriedade ou contrato de locação do imóvel onde será instalada a sede, filial ou outro estabelecimento, salvo para comprovação do endereço indicado;

III – comprovação de regularidade de prepostos dos empresários ou pessoas jurídicas com seus órgãos de classe, sob qualquer forma, como requisito para deferimento de ato de inscrição, alteração ou baixa de empresa, bem como para autenticação de instrumento de escrituração.

Art. 11. Fica vedada a instituição de qualquer tipo de exigência de natureza documental ou formal, restritiva ou condicionante, pelos órgãos envolvidos na abertura e fechamento de empresas, dos 3 (três) âmbitos de governo, que exceda o estrito limite dos requisitos pertinentes à essência do ato de registro, alteração ou baixa da empresa.

Capítulo IV
DOS TRIBUTOS E CONTRIBUIÇÕES

Seção I
Da Instituição e Abrangência

Art. 12. Fica instituído o Regime Especial Unificado de Arrecadação de Tributos e Contribuições devidos pelas Microempresas e Empresas de Pequeno Porte – Simples Nacional.

•• A Lei Complementar n. 193, de 17-3-2022, institui o programa de reescalonamento do pagamento de débitos no âmbito do simples nacional (Relp).

• *Vide* art. 146, III, *d*, e parágrafo único, da CF.

• A Lei n. 11.488, de 15-6-2007, cria o Regime Especial de Incentivos para o Desenvolvimento da Infraestrutura – REIDI e dá outras providências.

Parágrafo único. (*Vetado*.)

•• Parágrafo único acrescentado pela Lei Complementar n. 155, de 27-10-2016, produzindo efeitos a partir de 1.º-1-2018.

Art. 13. O Simples Nacional implica o recolhimento mensal, mediante documento único de arrecadação, dos seguintes impostos e contribuições:

I – Imposto sobre a Renda da Pessoa Jurídica – IRPJ;

•• *Vide* Súmula 184 do STJ.

II – Imposto sobre Produtos Industrializados – IPI, observado o disposto no inciso XII do § 1.º deste artigo;

III – Contribuição Social sobre o Lucro Líquido – CSLL;

IV – Contribuição para o Financiamento da Seguridade Social – COFINS, observado o disposto no inciso XII do § 1.º deste artigo;

V – Contribuição para o PIS/Pasep, observado o disposto no inciso XII do § 1.º deste artigo;

VI – Contribuição Patronal Previdenciária – CPP para a Seguridade Social, a cargo da pessoa jurídica, de que trata o art. 22 da Lei n. 8.212, de 24 de julho de 1991, exceto no caso da microempresa e da empresa de pequeno porte que se dediquem às atividades de prestação de serviços referidas no § 5.º-C do art. 18 desta Lei Complementar;

•• Inciso VI com redação determinada pela Lei Complementar n. 128, de 19-12-2008.

VII – Imposto sobre Operações Relativas à Circulação de Mercadorias e Sobre Prestações de Serviços de Transporte Interestadual e Intermunicipal e de Comunicação – ICMS;

• *Vide* art. 18-A, § 3.º, V, *b*, desta Lei Complementar.

VIII – Imposto sobre Serviços de Qualquer Natureza – ISS.

• *Vide* art. 18-A, § 3.º, V, *c*, desta Lei Complementar.

§ 1.º O recolhimento na forma deste artigo não exclui a incidência dos seguintes impostos ou contribuições, devidos na qualidade de contribuinte ou responsável, em relação aos quais será observada a legislação aplicável às demais pessoas jurídicas:

• *Vide* art. 18-A, § 3.º, VI, desta Lei Complementar.

I – Imposto sobre Operações de Crédito, Câmbio e Seguro, ou Relativas a Títulos ou Valores Mobiliários – IOF;

II – Imposto sobre a Importação de Produtos Estrangeiros – II;

III – Imposto sobre a Exportação, para o Exterior, de Produtos Nacionais ou Nacionalizados – IE;

IV – Imposto sobre a Propriedade Territorial Rural – ITR;

•• Inciso IV com redação determinada pela Lei Complementar n. 128, de 19-12-2008.

V – Imposto de Renda, relativo aos rendimentos ou ganhos líquidos auferidos em aplicações de renda fixa ou variável;

VI – Imposto de Renda relativo aos ganhos de capital auferidos na alienação de bens do ativo permanente;

VII – Contribuição Provisória sobre Movimentação ou Transmissão de Valores e de Créditos e Direitos de Natureza Financeira – CPMF;

VIII – Contribuição para o Fundo de Garantia do Tempo de Serviço – FGTS;

IX – Contribuição para manutenção da Seguridade Social, relativa ao trabalhador;

X – Contribuição para a Seguridade Social, relativa à pessoa do empresário, na qualidade de contribuinte individual;

• *Vide* art. 18-A, § 3.º, IV, desta Lei Complementar.

XI – Imposto de Renda relativo aos pagamentos ou créditos efetuados pela pessoa jurídica a pessoas físicas;

XII – Contribuição para o PIS/Pasep, Cofins e IPI incidentes na importação de bens e serviços;

XIII – ICMS devido:

a) nas operações sujeitas ao regime de substituição tributária, tributação concentrada em uma única etapa (monofásica) e sujeitas ao regime de antecipação do recolhimento do imposto com encerramento de tributação, envolvendo combustíveis e lubrificantes; energia elétrica; cigarros e outros produtos derivados do fumo; bebidas; óleos e azeites vegetais comestíveis; farinha de trigo e misturas de farinha de trigo; massas alimentícias; açúcares; produtos lácteos; carnes e suas preparações; preparações à base de cereais; chocolates; produtos de padaria e da indústria de bolachas e biscoitos; sorvetes e preparados para fabricação de sorvetes em máquinas; cafés e mates, seus extratos, essências e concentrados; preparações para molhos e molhos preparados; preparações de produtos vegetais; rações para animais domésticos; veículos automotivos e automotores, suas peças, componentes e acessórios; pneumáticos; câmaras de ar e protetores de borracha; medicamentos e outros produtos farmacêuticos para uso humano ou veterinário; cosméticos; produtos de perfumaria e de higiene pessoal; papéis; plásticos; canetas e malas; cimentos; cal e argamassas; produtos cerâmicos; vidros; obras de metal e plástico para construção; telhas e caixas d'água; tintas e vernizes; produtos eletrônicos, eletroeletrônicos e eletrodomésticos; fios; cabos e outros condutores; transformadores elétricos e reatores; disjuntores; interruptores e tomadas; isoladores; para-raios e lâmpadas; máquinas e aparelhos de ar-condicionado; centrifugadores de uso doméstico; aparelhos e instrumentos de pesagem de uso doméstico; extintores; aparelhos ou máquinas de barbear; máquinas de cortar o cabelo ou de tosquiar; aparelhos de depilar, com motor elétrico incorporado; aquecedores elétricos de água para uso doméstico e termômetros; ferramentas; álcool etílico; sabões em pó e líquidos para roupas; detergentes; alvejantes; esponjas; palhas de aço e amaciantes de roupas; venda de mercadorias pelo sistema porta a porta; nas operações sujeitas ao regime de substituição tributária pelas operações anteriores; e nas prestações de serviços sujeitas aos regimes de substituição tributária e de antecipação de recolhimento do imposto com encerramento de tributação;

•• Alínea *a* com redação determinada pela Lei Complementar n. 147, de 7-8-2014, produzindo efeitos a partir de 1.º-1-2016 (*DOU* de 8-8-2014).

b) por terceiro, a que o contribuinte se ache obrigado, por força da legislação estadual ou distrital vigente;

c) na entrada, no território do Estado ou do Distrito Federal, de petróleo, inclusive lubrificantes e combustíveis líquidos e gasosos dele derivados, bem como energia elétrica, quando não destinados à comercialização ou industrialização;

d) por ocasião do desembaraço aduaneiro;

e) na aquisição ou manutenção em estoque de mercadoria desacobertada de documento fiscal;

f) na operação ou prestação desacobertada de documento fiscal;

g) nas operações com bens ou mercadorias sujeitas ao regime de antecipação do recolhimento do imposto, nas aquisições em outros Estados e Distrito Federal:

1. com encerramento da tributação, observado o disposto no inciso IV do § 4.º do art. 18 desta Lei Complementar;

2. sem encerramento da tributação, hipótese em que será cobrada a diferença entre a alíquota interna e a interestadual, sendo vedada a agregação de qualquer valor;

•• Alínea *g* com redação determinada pela Lei Complementar n. 128, de 19-12-2008.

h) nas aquisições em outros Estados e no Distrito Federal de bens ou mercadorias, não sujeitas ao regime de antecipação do recolhimento do imposto, relativo à diferença entre a alíquota interna e a interestadual;

•• Alínea *h* acrescentada pela Lei Complementar n. 128, de 19-12-2008.

XIV – ISS devido:

a) em relação aos serviços sujeitos à substituição tributária ou retenção na fonte;

b) na importação de serviços;

XV – demais tributos de competência da União, dos Estados, do Distrito Federal ou dos Municípios, não relacionados nos incisos anteriores.

§ 1.º-A. Os valores repassados aos profissionais de que trata a Lei n. 12.592, de 18 de janeiro de 2012, contratados por meio de parceria, nos termos da legislação civil, não integrarão a receita bruta da empresa contratante para fins de tributação, cabendo ao contratante a retenção e o recolhimento dos tributos devidos pelo contratado.

•• § 1.º-A acrescentado pela Lei Complementar n. 155, de 27-10-2016, produzindo efeitos a partir de 1.º-1-2018.

§ 2.º Observada a legislação aplicável, a incidência do imposto de renda na fonte, na hipótese do inciso V do § 1.º deste artigo, será definitiva.

§ 3.º As microempresas e empresas de pequeno porte optantes pelo Simples Nacional ficam dispensadas do pagamento das demais contribuições instituídas pela União, inclusive as contribuições para as entidades privadas de serviço social e de formação profissional vinculadas ao sistema sindical, de que trata o art. 240 da Constituição Federal, e demais entidades de serviço social autônomo.

• *Vide* art. 18-A, § 3.º, VI, desta Lei Complementar.

§ 4.º (*Vetado.*)

§ 5.º A diferença entre a alíquota interna e a interestadual de que tratam as alíneas *g* e *h* do inciso XIII do § 1.º deste artigo será calculada tomando-se por base as alíquotas aplicáveis às pessoas jurídicas não optantes pelo Simples Nacional.

•• § 5.º acrescentado pela Lei Complementar n. 128, de 19-12-2008.

§ 6.º O Comitê Gestor do Simples Nacional:

•• § 6.º, *caput*, acrescentado pela Lei Complementar n. 128, de 19-12-2008.

I – disciplinará a forma e as condições em que será atribuída à microempresa ou empresa de pequeno porte optante pelo Simples Nacional a qualidade de substituta tributária; e

•• Inciso I acrescentado pela Lei Complementar n. 128, de 19-12-2008.

II – poderá disciplinar a forma e as condições em que será estabelecido o regime de antecipação do ICMS previsto na alínea *g* do inciso XIII do § 1.º deste artigo.

•• Inciso II acrescentado pela Lei Complementar n. 128, de 19-12-2008.

§ 7.º O disposto na alínea *a* do inciso XIII do § 1.º será disciplinado por convênio celebrado pelos Estados e pelo Distrito Federal, ouvidos o CGSN e os representantes dos segmentos econômicos envolvidos.

•• § 7.º acrescentado pela Lei Complementar n. 147, de 7-8-2014, produzindo efeitos a partir de 1.º-1-2016 (*DOU* de 8-8-2014).

§ 8.º Em relação às bebidas não alcoólicas, massas alimentícias, produtos lácteos, carnes e suas preparações, preparações à base de cereais, chocolates, produtos de padaria e da indústria de bolachas e biscoitos, preparações para molhos e molhos preparados, preparações de produtos vegetais, telhas e outros produtos cerâmicos para construção e detergentes, aplica-se o disposto na alínea *a* do inciso XIII do § 1.º aos fabricados em escala industrial relevante em cada segmento, observado o disposto no § 7.º.

•• § 8.º acrescentado pela Lei Complementar n. 147, de 7-8-2014, produzindo efeitos a partir de 1.º-1-2016 (*DOU* de 8-8-2014).

Art. 13-A. Para efeito de recolhimento do ICMS e do ISS no Simples Nacional, o limite máximo de que trata o inciso II do *caput* do art. 3.º será de R$ 3.600.000,00 (três milhões e seiscentos mil reais), observado o disposto nos §§ 11, 13, 14 e 15 do mesmo artigo, nos §§ 17 e 17-A do art. 18 e no § 4.º do art. 19.

•• Artigo acrescentado pela Lei Complementar n. 155, de 27-10-2016, produzindo efeitos a partir de 1.º-1-2018.

Art. 14. Consideram-se isentos do imposto de renda, na fonte e na declaração de ajuste do beneficiário, os valores efetivamente pagos ou distribuídos ao titular ou sócio da microempresa ou empresa de pequeno porte optante pelo Simples Nacional, salvo os que corresponderem a pró-labore, aluguéis ou serviços prestados.

§ 1.º A isenção de que trata o *caput* deste artigo fica limitada ao valor resultante da aplicação dos percentuais de que trata o art. 15 da Lei n. 9.249, de 26 de dezembro de 1995, sobre a receita bruta mensal, no caso de antecipação de fonte, ou da receita bruta total anual, tratando-se de declaração de ajuste, subtraído do valor devido na forma do Simples Nacional no período.

§ 2.º O disposto no § 1.º deste artigo não se aplica na hipótese de a pessoa jurídica manter escrituração contábil e evidenciar lucro superior àquele limite.

Art. 15. (*Vetado.*)

Art. 16. A opção pelo Simples Nacional da pessoa jurídica enquadrada na condição de microempresa e empresa de pequeno porte dar-se-á na forma a ser estabelecida em ato do Comitê Gestor, sendo irretratável para todo o ano-calendário.

§ 1.º Para efeito de enquadramento no Simples Nacional, considerar-se-á microempresa ou empresa de pequeno porte aquela cuja receita bruta no ano-calendário anterior ao da opção esteja compreendida dentro dos limites previstos no art. 3.º desta Lei Complementar.

§ 1.º-A. A opção pelo Simples Nacional implica aceitação de sistema de comunicação eletrônica, destinado, dentre outras finalidades, a:

•• § 1.º-A, *caput*, acrescentado pela Lei Complementar n. 139, de 10-11-2011.

I – cientificar o sujeito passivo de quaisquer tipos de atos administrativos, incluídos os relativos ao indeferimento de opção, à exclusão do regime e a ações fiscais;

•• Inciso I acrescentado pela Lei Complementar n. 139, de 10-11-2011.

II – encaminhar notificações e intimações; e

•• Inciso II acrescentado pela Lei Complementar n. 139, de 10-11-2011.

III – expedir avisos em geral.

•• Inciso III acrescentado pela Lei Complementar n. 139, de 10-11-2011.

§ 1.º-B. O sistema de comunicação eletrônica de que trata o § 1.º-A será regulamentado pelo CGSN, observando-se o seguinte:

•• § 1.º-B, *caput*, acrescentado pela Lei Complementar n. 139, de 10-11-2011.

I – as comunicações serão feitas, por meio eletrônico, em portal próprio, dispensando-se a sua publicação no *Diário Oficial* e o envio por via postal;

•• Inciso I acrescentado pela Lei Complementar n. 139, de 10-11-2011.

II – a comunicação feita na forma prevista no *caput* será considerada pessoal para todos os efeitos legais;

•• Inciso II acrescentado pela Lei Complementar n. 139, de 10-11-2011.

III – a ciência por meio do sistema de que trata o § 1.º-A com utilização de certificação digital ou de código de acesso possuirá os requisitos de validade;

•• Inciso III acrescentado pela Lei Complementar n. 139, de 10-11-2011.

IV – considerar-se-á realizada a comunicação no dia em que o sujeito passivo efetivar a consulta eletrônica ao teor da comunicação; e

•• Inciso IV acrescentado pela Lei Complementar n. 139, de 10-11-2011.

V – na hipótese do inciso IV, nos casos em que a consulta se dê em dia não útil, a comunicação será considerada como realizada no primeiro dia útil seguinte.

•• Inciso V acrescentado pela Lei Complementar n. 139, de 10-11-2011.

§ 1.º-C. A consulta referida nos incisos IV e V do § 1.º-B deverá ser feita em até 45 (quarenta e cinco) dias contados da data da disponibilização da comunicação no portal a que se refere o inciso I do § 1.º-B, ou em prazo superior estipulado pelo CGSN, sob pena de ser considerada automaticamente realizada na data do término desse prazo.

•• § 1.º-C acrescentado pela Lei Complementar n. 139, de 10-11-2011.

§ 1.º-D. Enquanto não editada a regulamentação de que trata o § 1.º-B, os entes federativos poderão utilizar sistemas de comunicação eletrônica, com regras próprias, para as finalidades previstas no § 1.º-A, podendo a referida regulamentação prever a adoção desses sistemas como meios complementares de comunicação.

•• § 1.º-D acrescentado pela Lei Complementar n. 139, de 10-11-2011.

§ 2.º A opção de que trata o *caput* deste artigo deverá ser realizada no mês de janeiro, até o seu último dia útil, produzindo efeitos a partir do primeiro dia do ano-calendário da opção, ressalvado o disposto no § 3.º deste artigo.

§ 3.º A opção produzirá efeitos a partir da data do início de atividade, desde que exercida nos termos, prazo e condições a serem estabelecidos no ato do Comitê Gestor a que se refere o *caput* deste artigo.

§ 4.º Serão consideradas inscritas no Simples Nacional, em 1.º de julho de 2007, as microempresas e empresas de pequeno porte regularmente optantes pelo regime tributário de que trata a Lei n. 9.317, de 5 de dezembro de 1996, salvo as que estiverem impedidas de optar por alguma vedação imposta por esta Lei Complementar.

•• § 4.º com redação determinada pela Lei Complementar n. 127, de 14-8-2007.

§ 5.º O Comitê Gestor regulamentará a opção automática prevista no § 4.º deste artigo.

§ 6.º O indeferimento da opção pelo Simples Nacional será formalizado mediante ato da Administração Tributária segundo regulamentação do Comitê Gestor.

Seção II
Das Vedações ao Ingresso no Simples Nacional

Art. 17. Não poderão recolher os impostos e contribuições na forma do Simples Nacional a microempresa ou empresa de pequeno porte:

•• *Caput* com redação determinada pela Lei Complementar n. 167, de 24-4-2019.

• *Vide* art. 31, § 2.º, desta Lei Complementar.

I – que explore atividade de prestação cumulativa e contínua de serviços de assessoria creditícia, gestão de crédito, seleção e riscos, administração de contas a pagar e a receber, gerenciamento de ativos (*asset management*) ou compra de direitos creditórios resultantes de vendas mercantis a prazo ou de prestação de serviços (*factoring*) ou que execute operações de empréstimo, de financiamento e de desconto de títulos de crédito, exclusivamente com recursos próprios, tendo como contrapartes microempreendedores individuais, microempresas e empresas de pequeno porte, inclusive sob a forma de empresa simples de crédito;

•• Inciso I com redação determinada pela Lei Complementar n. 167, de 24-4-2019.

II – que tenha sócio domiciliado no exterior;

III – de cujo capital participe entidade da administração pública, direta ou indireta, federal, estadual ou municipal;

IV – (*Revogado pela Lei Complementar n. 128, de 19-12-2008.*)

V – que possua débito com o Instituto Nacional do Seguro Social – INSS, ou com as Fazendas Públicas Federal, Estadual ou Municipal, cuja exigibilidade não esteja suspensa;

• *Vide* art. 31, IV, desta Lei Complementar.

VI – que preste serviço de transporte intermunicipal e interestadual de passageiros, exceto quando na modalidade fluvial ou quando possuir características de transporte urbano ou metropolitano ou realizar-se sob fretamento contínuo em área metropolitana para o transporte de estudantes ou trabalhadores;

•• Inciso VI com redação determinada pela Lei Complementar n. 147, de 7-8-2014.

VII – que seja geradora, transmissora, distribuidora ou comercializadora de energia elétrica;

VIII – que exerça atividade de importação ou fabricação de automóveis e motocicletas;

IX – que exerça atividade de importação de combustíveis;

X – que exerça atividade de produção ou venda no atacado de:

•• Inciso X, *caput*, com redação determinada pela Lei Complementar n. 128, de 19-12-2008.

a) cigarros, cigarrilhas, charutos, filtros para cigarros, armas de fogo, munições e pólvoras, explosivos e detonantes;

•• Alínea *a* acrescentada pela Lei Complementar n. 128, de 19-12-2008.

b) bebidas não alcoólicas a seguir descritas:

•• Alínea *b* com redação determinada pela Lei Complementar n. 155, de 27-10-2016, produzindo efeitos a partir de 1.º-1-2018.

1 – (*Revogado pela Lei Complementar n. 155, de 27-10-2016, produzindo efeitos a partir de 1.º-1-2018.*)

2 e 3 – (*Revogados pela Lei Complementar n. 147, de 7-8-2014.*)

4 – cervejas sem álcool;

•• Item 4 acrescentado pela Lei Complementar n. 128, de 19-12-2008.

c) bebidas alcoólicas, exceto aquelas produzidas ou vendidas no atacado por:

1 – micro e pequenas cervejarias;

2 – micro e pequenas vinícolas;

3 – produtores de licores;

4 – micro e pequenas destilarias;

•• Alínea *c* acrescentada pela Lei Complementar n. 155, de 27-10-2016, produzindo efeitos a partir de 1.º-1-2018.

XI – (*Revogado pela Lei Complementar n. 147, de 7-8-2014.*)

XII – que realize cessão ou locação de mão de obra;

• *Vide* art. 18, § 5.º-H, desta Lei Complementar.

XIII – (*Revogado pela Lei Complementar n. 147, de 7-8-2014.*)

XIV – que se dedique ao loteamento e à incorporação de imóveis;

XV – que realize atividade de locação de imóveis próprios, exceto quando se referir a prestação de serviços tributados pelo ISS;

•• Inciso XV com redação determinada pela Lei Complementar n. 139, de 10-11-2011.

XVI – com ausência de inscrição ou com irregularidade em cadastro fiscal federal, municipal ou estadual, quando exigível.

•• Inciso XVI acrescentado pela Lei Complementar n. 139, de 10-11-2011.

§ 1.º As vedações relativas a exercício de atividades previstas no *caput* deste artigo não se aplicam às pessoas jurídicas que se dediquem exclusivamente às atividades referidas nos §§ 5.º-B a 5.º-E do art. 18 desta Lei Complementar, ou as exerçam em conjunto com outras atividades que não tenham sido objeto de vedação no *caput* deste artigo.

•• § 1.º, *caput*, com redação determinada pela Lei Complementar n. 128, de 19-12-2008.

I a XXI – (*Revogados pela Lei Complementar n. 128, de 19-12-2008.*)

XXII – (*Vetado.*)

XXIII a XXVII – (*Revogados pela Lei Complementar n. 128, de 19-12-2008.*)

XXVIII – (*Vetado.*)

§ 2.º Também poderá optar pelo Simples Nacional a microempresa ou empresa de pequeno porte que se dedique à prestação de outros serviços que não tenham sido objeto de vedação expressa neste artigo, desde que não incorra em nenhuma das hipóteses de vedação previstas nesta Lei Complementar.

•• § 2.º com redação determinada pela Lei Complementar n. 127, de 14-8-2007.

§ 3.º (*Vetado.*)

§ 4.º Na hipótese do inciso XVI do *caput*, deverá ser observado, para o MEI, o disposto no art. 4.º desta Lei Complementar.

•• § 4.º acrescentado pela Lei Complementar n. 139, de 10-11-2011.

§ 5.º As empresas que exerçam as atividades previstas nos itens da alínea *c* do inciso X do *caput* deste artigo deverão obrigatoriamente ser registradas no Ministério da Agricultura, Pecuária e Abastecimento e obedecerão também à regulamentação da Agência Nacional de Vigilância Sanitária e da Secretaria da Receita Federal do Brasil quanto à produção e à comercialização de bebidas alcoólicas.

•• § 5.º acrescentado pela Lei Complementar n. 155, de 27-10-2016, produzindo efeitos a partir de 1.º-1-2018.

Seção III
Das Alíquotas e Base de Cálculo

Art. 18. O valor devido mensalmente pela microempresa ou empresa de pequeno porte optante pelo Simples Nacional será determinado mediante aplicação das alíquotas efetivas, calculadas a partir das alíquotas nominais constantes das tabelas dos Anexos I a V desta Lei Complementar, sobre a base de cálculo de que trata o § 3.º deste artigo, observado o disposto no § 15 do art. 3.º.

•• *Caput* com redação determinada pela Lei Complementar n. 155, de 27-10-2016, produzindo efeitos a partir de 1.º-1-2018.

§ 1.º Para efeito de determinação da alíquota nominal, o sujeito passivo utilizará a receita bruta acumulada nos doze meses anteriores ao do período de apuração.

•• § 1.º com redação determinada pela Lei Complementar n. 155, de 27-10-2016, produzindo efeitos a partir de 1.º-1-2018.

§ 1.º-A. A alíquota efetiva é o resultado de: RBT12xAliq-PD, em que:
RBT12

•• § 1.º-A, *caput*, acrescentado pela Lei Complementar n. 155, de 27-10-2016, produzindo efeitos a partir de 1.º-1-2018.

I – RBT12: receita bruta acumulada nos doze meses anteriores ao período de apuração;

•• Inciso I acrescentado pela Lei Complementar n. 155, de 27-10-2016, produzindo efeitos a partir de 1.º-1-2018.

II – Aliq: alíquota nominal constante dos Anexos I a V desta Lei Complementar;

•• Inciso II acrescentado pela Lei Complementar n. 155, de 27-10-2016, produzindo efeitos a partir de 1.º-1-2018.

III – PD: parcela a deduzir constante dos Anexos I a V desta Lei Complementar.

•• Inciso III acrescentado pela Lei Complementar n. 155, de 27-10-2016, produzindo efeitos a partir de 1.º-1-2018.

§ 1.º-B. Os percentuais efetivos de cada tributo serão calculados a partir da alíquota efetiva, multiplicada pelo percentual de repartição constante dos Anexos I a V desta Lei Complementar, observando-se que:

•• § 1.º-B, *caput*, acrescentado pela Lei Complementar n. 155, de 27-10-2016, produzindo efeitos a partir de 1.º-1-2018.

I – o percentual efetivo máximo destinado ao ISS será de 5% (cinco por cento), transferindo-se eventual diferença, de forma proporcional, aos tributos federais da mesma faixa de receita bruta anual;

•• Inciso I acrescentado pela Lei Complementar n. 155, de 27-10-2016, produzindo efeitos a partir de 1.º-1-2018.

II – eventual diferença centesimal entre o total dos percentuais e a alíquota efetiva será transferida para o tributo com maior percentual de repartição na respectiva faixa de receita bruta.

•• Inciso II acrescentado pela Lei Complementar n. 155, de 27-10-2016, produzindo efeitos a partir de 1.º-1-2018.

§ 1.º-C. Na hipótese de transformação, extinção, fusão ou sucessão dos tributos referidos nos incisos IV e V do art. 13, serão mantidas as alíquotas nominais e efetivas previstas neste artigo e nos Anexos I a V desta Lei Complementar, e lei ordinária disporá sobre a repartição dos valores arrecadados para os tributos federais, sem alteração no total dos percentuais de repartição a eles devidos, e mantidos os percentuais de repartição destinados ao ICMS e ao ISS.

•• § 1.º-C acrescentado pela Lei Complementar n. 155, de 27-10-2016, produzindo efeitos a partir de 1.º-1-2018.

§ 2.º Em caso de início de atividade, os valores de receita bruta acumulada constantes dos Anexos I a V desta Lei Complementar devem ser proporcionalizados ao número de meses de atividade no período.

•• § 2.º com redação determinada pela Lei Complementar n. 155, de 27-10-2016, produzindo efeitos a partir de 1.º-1-2018.

§ 3.º Sobre a receita bruta auferida no mês incidirá a alíquota efetiva determinada na forma do *caput* e dos §§ 1.º, 1.º-A e 2.º deste artigo, podendo tal incidência se dar, à opção do contribuinte, na forma regulamentada pelo Comitê Gestor, sobre a receita recebida no mês, sendo essa opção irretratável para todo o ano-calendário.

•• § 3.º com redação determinada pela Lei Complementar n. 155, de 27-10-2016, produzindo efeitos a partir de 1.º-1-2018.

§ 4.º O contribuinte deverá considerar, destacadamente, para fim de pagamento, as receitas decorrentes da:

•• § 4.º, *caput*, com redação determinada pela Lei Complementar n. 147, de 7-8-2014.

I – revenda de mercadorias, que serão tributadas na forma do Anexo I desta Lei Complementar;

•• Inciso I com redação determinada pela Lei Complementar n. 147, de 7-8-2014.

II – venda de mercadorias industrializadas pelo contribuinte, que serão tributadas na forma do Anexo II desta Lei Complementar;

•• Inciso II com redação determinada pela Lei Complementar n. 147, de 7-8-2014.

III – prestação de serviços de que trata o § 5.º-B deste artigo e dos serviços vinculados à locação de bens imóveis e corretagem de imóveis desde que observado o disposto no inciso XV do art. 17, que serão tributados na forma do Anexo III desta Lei Complementar;

•• Inciso III com redação determinada pela Lei Complementar n. 147, de 7-8-2014.

IV – prestação de serviços de que tratam os §§ 5.º-C a 5.º-F e 5.º-I deste artigo, que serão tributadas na forma prevista naqueles parágrafos;

•• Inciso IV com redação determinada pela Lei Complementar n. 147, de 7-8-2014.

V – locação de bens móveis, que serão tributadas na forma do Anexo III desta Lei Complementar, deduzida a parcela correspondente ao ISS;

•• Inciso V com redação determinada pela Lei Complementar n. 147, de 7-8-2014.

VI – atividade com incidência simultânea de IPI e de ISS, que serão tributadas na forma do Anexo II desta Lei Complementar, deduzida a parcela correspondente ao ICMS e acrescida a parcela correspondente ao ISS prevista no Anexo III desta Lei Complementar;

•• Inciso VI acrescentado pela Lei Complementar n. 147, de 7-8-2014.

VII – comercialização de medicamentos e produtos magistrais produzidos por manipulação de fórmulas:

•• Inciso VII, *caput*, acrescentado pela Lei Complementar n. 147, de 7-8-2014.

a) sob encomenda para entrega posterior ao adquirente, em caráter pessoal, mediante prescrições de profissionais habilitados ou indicação pelo farmacêutico, produzidos no próprio estabelecimento após o atendimento inicial, que serão tributadas na forma do Anexo III desta Lei Complementar;

•• Alínea *a* acrescentada pela Lei Complementar n. 147, de 7-8-2014.

b) nos demais casos, quando serão tributadas na forma do Anexo I desta Lei Complementar.

•• Alínea *b* acrescentada pela Lei Complementar n. 147, de 7-8-2014.

§ 4.º-A. O contribuinte deverá segregar, também, as receitas:

•• § 4.º-A, *caput*, acrescentado pela Lei Complementar n. 147, de 7-8-2014.

I – decorrentes de operações ou prestações sujeitas à tributação concentrada em uma única etapa (monofásica), bem como, em relação ao ICMS, que o imposto já tenha sido recolhido por substituto tributário ou por antecipação tributária com encerramento de tributação;

•• Inciso I acrescentado pela Lei Complementar n. 147, de 7-8-2014.

II – sobre as quais houve retenção de ISS na forma do § 6.º deste artigo e § 4.º do art. 21 desta Lei Complementar, ou, na hipótese do § 22-A deste artigo, seja devido em valor fixo ao respectivo município;

•• Inciso II acrescentado pela Lei Complementar n. 147, de 7-8-2014.

III – sujeitas à tributação em valor fixo ou que tenham sido objeto de isenção ou redução de ISS ou de ICMS na forma prevista nesta Lei Complementar;

•• Inciso III acrescentado pela Lei Complementar n. 147, de 7-8-2014.

IV – decorrentes da exportação para o exterior, inclusive as vendas realizadas por meio de comercial exportadora ou da sociedade de propósito específico prevista no art. 56 desta Lei Complementar;

•• Inciso IV acrescentado pela Lei Complementar n. 147, de 7-8-2014.

V – sobre as quais o ISS seja devido a Município diverso do estabelecimento prestador, quando será recolhido no Simples Nacional.

•• Inciso V acrescentado pela Lei Complementar n. 147, de 7-8-2014.

§ 5.º As atividades industriais serão tributadas na forma do Anexo II desta Lei Complementar.

•• § 5.º com redação determinada pela Lei Complementar n. 128, de 19-12-2008.

§ 5.º-A. (*Revogado pela Lei Complementar n. 147, de 7-8-2014.*)

§ 5.º-B. Sem prejuízo do disposto no § 1.º do art. 17 desta Lei Complementar, serão tributadas na forma do Anexo III desta Lei Complementar as seguintes atividades de prestação de serviços:

•• 5.º-B, *caput*, acrescentado pela Lei Complementar n. 128, de 19-12-2008.

I – creche, pré-escola e estabelecimento de ensino fundamental, escolas técnicas, profissionais e de ensino médio, de línguas estrangeiras, de artes, cursos técnicos de pilotagem, preparatórios para concursos, gerenciais e escolas livres, exceto as previstas nos incisos II e III do § 5.º-D deste artigo;

•• Inciso I acrescentado pela Lei Complementar n. 128, de 19-12-2008.

II – agência terceirizada de correios;

•• Inciso II acrescentado pela Lei Complementar n. 128, de 19-12-2008.

III – agência de viagem e turismo;

•• Inciso III acrescentado pela Lei Complementar n. 128, de 19-12-2008.

IV – centro de formação de condutores de veículos automotores de transporte terrestre de passageiros e de carga;

•• Inciso IV acrescentado pela Lei Complementar n. 128, de 19-12-2008.

V – agência lotérica;

•• Inciso V acrescentado pela Lei Complementar n. 128, de 19-12-2008.

VI a VIII – (*Revogados, pela Lei Complementar n. 128, de 19-12-2008.*)

IX – serviços de instalação, de reparos e de manutenção em geral, bem como de usinagem, solda, tratamento e revestimento em metais;

•• Inciso IX acrescentado pela Lei Complementar n. 128, de 19-12-2008.

X a XII – (*Revogados pela Lei Complementar n. 128, de 19-12-2008.*)

XIII – transporte municipal de passageiros; e

•• Inciso XIII acrescentado pela Lei Complementar n. 128, de 19-12-2008.

XIV – escritórios de serviços contábeis, observado o disposto nos §§ 22-B e 22-C deste artigo;

•• Inciso XIV acrescentado pela Lei Complementar n. 128, de 19-12-2008.

XV – produções cinematográficas, audiovisuais, artísticas e culturais, sua exibição ou apresentação, inclusive no caso de música, literatura, artes cênicas, artes visuais, cinematográficas e audiovisuais;

•• Inciso XV acrescentado pela Lei Complementar n. 133, de 28-12-2009.

XVI – fisioterapia;

•• Inciso XVI acrescentado pela Lei Complementar n. 147, de 7-8-2014.

XVII – corretagem de seguros;

•• Inciso XVII acrescentado pela Lei Complementar n. 147, de 7-8-2014.

XVIII – arquitetura e urbanismo;

•• Inciso XVIII acrescentado pela Lei Complementar n. 155, de 27-10-2016, produzindo efeitos a partir de 1.º-1-2018.

XIX – medicina, inclusive laboratorial, e enfermagem;

•• Inciso XIX acrescentado pela Lei Complementar n. 155, de 27-10-2016, produzindo efeitos a partir de 1.º-1-2018.

XX – odontologia e prótese dentária;

•• Inciso XX acrescentado pela Lei Complementar n. 155, de 27-10-2016, produzindo efeitos a partir de 1.º-1-2018.

XXI – psicologia, psicanálise, terapia ocupacional, acupuntura, podologia, fonoaudiologia, clínicas de nutrição e de vacinação e bancos de leite.

•• Inciso XXI acrescentado pela Lei Complementar n. 155, de 27-10-2016, produzindo efeitos a partir de 1.º-1-2018.

§ 5.º-C. Sem prejuízo do disposto no § 1.º do art. 17 desta Lei Complementar, as atividades de prestação de serviços seguintes serão tributadas na forma do Anexo IV desta Lei Complementar, hipótese em que não estará incluída no Simples Nacional a contribuição prevista no inciso VI do *caput* do art. 13 desta Lei Complementar, devendo ela ser recolhida segundo a legislação prevista para os demais contribuintes ou responsáveis:

•• 5.º-C, *caput*, acrescentado pela Lei Complementar n. 128, de 19-12-2008.

• *Vide* art. 33, § 2.º, desta Lei Complementar.

I – construção de imóveis e obras de engenharia em geral, inclusive sob a forma de subempreitada, execução de projetos e serviços de paisagismo, bem como decoração de interiores;

•• Inciso I acrescentado pela Lei Complementar n. 128, de 19-12-2008.

II a V – (*Revogados pela Lei Complementar n. 128, de 19-12-2008.*)

VI – serviço de vigilância, limpeza ou conservação;

•• Inciso VI acrescentado pela Lei Complementar n. 128, de 19-12-2008.

VII – serviços advocatícios.

•• Inciso VII acrescentado pela Lei Complementar n. 147, de 7-8-2014.

§ 5.º-D. Sem prejuízo do disposto no § 1.º do art. 17 desta Lei Complementar, as seguintes atividades de prestação de serviços serão tributadas na forma do Anexo III desta Lei Complementar:

•• § 5.º-D, *caput*, com redação determinada pela Lei Complementar n. 155, de 27-10-2016, produzindo efeitos a partir de 1.º-1-2018.

I – administração e locação de imóveis de terceiros;

•• Inciso I com redação determinada pela Lei Complementar n. 147, de 7-8-2014.

II – academias de dança, de capoeira, de ioga e de artes marciais;

•• Inciso II acrescentado pela Lei Complementar n. 128, de 19-12-2008.

III – academias de atividades físicas, desportivas, de natação e escolas de esportes;

•• Inciso III acrescentado pela Lei Complementar n. 128, de 19-12-2008.

IV – elaboração de programas de computadores, inclusive jogos eletrônicos, desde que desenvolvidos em estabelecimento do optante;

•• Inciso IV acrescentado pela Lei Complementar n. 128, de 19-12-2008.

V – licenciamento ou cessão de direito de uso de programas de computação;

•• Inciso V acrescentado pela Lei Complementar n. 128, de 19-12-2008.

VI – planejamento, confecção, manutenção e atualização de páginas eletrônicas, desde que realizados em estabelecimento do optante;

•• Inciso VI acrescentado pela Lei Complementar n. 128, de 19-12-2008.

VII e VIII – (*Revogados pela Lei Complementar n. 128, de 19-12-2008.*)

IX – empresas montadoras de estandes para feiras;

•• Inciso IX acrescentado pela Lei Complementar n. 128, de 19-12-2008.

X e XI – (*Revogados pela Lei Complementar n. 133, de 28-12-2009.*)

XII – laboratórios de análises clínicas ou de patologia clínica;

•• Inciso XII acrescentado pela Lei Complementar n. 128, de 19-12-2008.

XIII – serviços de tomografia, diagnósticos médicos por imagem, registros gráficos e métodos óticos, bem como ressonância magnética;

•• Inciso XIII acrescentado pela Lei Complementar n. 128, de 19-12-2008.

XIV – serviços de prótese em geral.

•• Inciso XIV acrescentado pela Lei Complementar n. 128, de 19-12-2008.

§ 5.º-E. Sem prejuízo do disposto no § 1.º do art. 17 desta Lei Complementar, as atividades de prestação de serviços de comunicação e de transportes interestadual e intermunicipal de cargas, e de transportes autorizados no inciso VI do *caput* do art. 17, inclusive na modalidade fluvial, serão tributadas na forma do Anexo III, deduzida a parcela correspondente ao ISS e acrescida a parcela correspondente ao ICMS prevista no Anexo I.

•• § 5.º-E com redação determinada pela Lei Complementar n. 147, de 7-8-2014.

§ 5.º-F. As atividades de prestação de serviços referidas no § 2.º do art. 17 desta Lei Complementar serão tributadas na forma do Anexo III desta Lei Complementar, salvo se, para alguma dessas atividades, houver previsão expressa de tributação na forma dos Anexos IV ou V desta Lei Complementar.

•• § 5.º-F com redação determinada pela Lei Complementar n. 155, de 27-10-2016, produzindo efeitos a partir de 1.º-1-2018.

§ 5.º-G. (*Revogado pela Lei Complementar n. 147, de 7-8-2014.*)

§ 5.º-H. A vedação de que trata o inciso XII do *caput* do art. 17 desta Lei Complementar não se aplica às atividades referidas no § 5.º-C deste artigo.

•• § 5.º-H acrescentado pela Lei Complementar n. 128, de 19-12-2008.

§ 5.º-I. Sem prejuízo do disposto no § 1.º do art. 17 desta Lei Complementar, as seguintes atividades de prestação de serviços serão tributadas na forma do Anexo V desta Lei Complementar:

•• § 5.º-I, *caput*, com redação determinada pela Lei Complementar n. 155, de 27-10-2016, produzindo efeitos a partir de 1.º-1-2018.

I – (*Revogado pela Lei Complementar n. 155, de 27-10-2016.*)

II – medicina veterinária;

•• Inciso II acrescentado pela Lei Complementar n. 147, de 7-8-2014.

III e IV – (*Revogados pela Lei Complementar n. 155, de 27-10-2016.*)

V – serviços de comissaria, de despachantes, de tradução e de interpretação;

•• Inciso V acrescentado pela Lei Complementar n. 147, de 7-8-2014.

VI – engenharia, medição, cartografia, topografia, geologia, geodésia, testes, suporte e análises técnicas e tecnológicas, pesquisa, *design*, desenho e agronomia;

•• Inciso VI com redação determinada pela Lei Complementar n. 155, de 27-10-2016, produzindo efeitos a partir de 1.º-1-2018.

VII – representação comercial e demais atividades de intermediação de negócios e serviços de terceiros;

•• Inciso VII acrescentado pela Lei Complementar n. 147, de 7-8-2014.

VIII – perícia, leilão e avaliação;

•• Inciso VIII acrescentado pela Lei Complementar n. 147, de 7-8-2014.

IX – auditoria, economia, consultoria, gestão, organização, controle e administração;

•• Inciso IX acrescentado pela Lei Complementar n. 147, de 7-8-2014.

X – jornalismo e publicidade;

•• Inciso X acrescentado pela Lei Complementar n. 147, de 7-8-2014.

XI – agenciamento, exceto de mão de obra;

•• Inciso XI acrescentado pela Lei Complementar n. 147, de 7-8-2014.

XII – outras atividades do setor de serviços que tenham por finalidade a prestação de serviços decorrentes do exercício de atividade intelectual, de natureza técnica, científica, desportiva, artística ou cultural, que constitua profissão regulamentada ou não, desde que não sujeitas à tributação na forma dos Anexos III ou IV desta Lei Complementar.

•• Inciso XII com redação determinada pela Lei Complementar n. 155, de 27-10-2016, produzindo efeitos a partir de 1.º-1-2018.

§ 5.º-J. As atividades de prestação de serviços a que se refere o § 5.º-I serão tributadas na forma do Anexo III desta Lei Complementar caso a razão entre a folha de salários e a receita bruta da pessoa jurídica seja igual ou superior a 28% (vinte e oito por cento).

•• § 5.º-J acrescentado pela Lei Complementar n. 155, de 27-10-2016, produzindo efeitos a partir de 1.º-1-2018.

§ 5.º-K. Para o cálculo da razão a que se referem os §§ 5.º-J e 5.º-M, serão considerados, respectivamente, os montantes pagos e auferidos nos doze meses anteriores ao período de apuração para fins de enquadramento no regime tributário do Simples Nacional.

•• § 5.º-K acrescentado pela Lei Complementar n. 155, de 27-10-2016, produzindo efeitos a partir de 1.º-1-2018.

§ 5.º-L. (*Vetado.*)

•• § 5.º-L acrescentado pela Lei Complementar n. 155, de 27-10-2016, produzindo efeitos a partir de 1.º-1-2018.

§ 5.º-M. Quando a relação entre a folha de salários e a receita bruta da microempresa ou da empresa de pequeno porte for inferior a 28% (vinte e oito por cento), serão tributadas na forma do Anexo V desta Lei Complementar as atividades previstas:

•• § 5.º-M, *caput*, acrescentado pela Lei Complementar n. 155, de 27-10-2016, produzindo efeitos a partir de 1.º-1-2018.

I – nos incisos XVI, XVIII, XIX, XX e XXI do § 5.º-B deste artigo;

•• Inciso I acrescentado pela Lei Complementar n. 155, de 27-10-2016, produzindo efeitos a partir de 1.º-1-2018.

II – no § 5.º-D deste artigo.

•• Inciso II acrescentado pela Lei Complementar n. 155, de 27-10-2016, produzindo efeitos a partir de 1.º-1-2018.

§ 6.º No caso dos serviços previstos no § 2.º do art. 6.º da Lei Complementar n. 116, de 31 de julho de 2003, prestados pelas microempresas e pelas empresas de pequeno porte, o tomador do serviço deverá reter o montante correspondente na forma da legislação do município onde estiver localizado, observado o disposto no § 4.º do art. 21 desta Lei Complementar.

•• § 6.º com redação determinada pela Lei Complementar n. 128, de 19-12-2008.

§ 7.º A sociedade de propósito específico de que trata o art. 56 desta Lei Complementar que houver adquirido mercadorias de microempresa ou empresa de pequeno porte que seja sua sócia, bem como a empresa comercial exportadora que houver adquirido mercadorias ou serviços de empresa optante pelo Simples Nacional, com o fim específico de exportação para o exterior, que, no prazo de 180 (cento e oitenta) dias, contado da data da emissão da nota fiscal pela vendedora, não comprovar o seu embarque para o exterior ficará sujeita ao pagamento de todos os impostos e contribuições que deixaram de ser pagos pela empresa vendedora, acrescidos de juros de mora e multa, de mora ou de ofício, calculados na forma da legislação relativa à cobrança do tributo não pago, aplicável à sociedade de propósito específico ou à própria comercial exportadora.

•• § 7.º com redação determinada pela Lei Complementar n. 147, de 7-8-2014.

§ 8.º Para efeito do disposto no § 7.º deste artigo, considera-se vencido o prazo para o pagamento na data em que a empresa vendedora deveria fazê-lo, caso a venda houvesse sido efetuada para o mercado interno.

§ 9.º Relativamente à contribuição patronal previdenciária, devida pela vendedora, a sociedade de propósito específico de que trata o art. 56 desta Lei Complementar ou a comercial exportadora deverão recolher, no prazo previsto no § 8.º deste artigo, o valor correspondente a 11% (onze por cento) do valor das mercadorias não exportadas nos termos do § 7.º deste artigo.

•• § 9.º com redação determinada pela Lei Complementar n. 128, de 19-12-2008.

§ 10. Na hipótese do § 7.º deste artigo, a sociedade de propósito específico de que trata o art. 56 desta Lei Complementar ou a empresa comercial exportadora não poderão deduzir do montante devido qualquer valor a título de crédito de Imposto sobre Produtos Industrializados – IPI da Contribuição para o PIS/Pasep ou da Cofins, decorrente da aquisição das mercadorias e serviços objeto da incidência.

•• § 10 com redação determinada pela Lei Complementar n. 128, de 19-12-2008.

§ 11. Na hipótese do § 7.º deste artigo, a sociedade de propósito específico ou a empresa comercial exportadora deverão pagar, também, os impostos e contribuições devidos nas vendas para o mercado interno, caso, por qualquer forma, tenham alienado ou utilizado as mercadorias.

•• § 11 com redação determinada pela Lei Complementar n. 128, de 19-12-2008.

§ 12. Na apuração do montante devido no mês relativo a cada tributo, para o contribuinte que apure receitas mencionadas nos incisos I a III e V do § 4.º-A deste artigo, serão consideradas as reduções relativas aos tributos já recolhidos, ou sobre os quais tenha havido tributação monofásica, isenção, redução ou, no caso do ISS, que o valor tenha sido objeto de retenção ou seja devido diretamente ao Município.

•• § 12 com redação determinada pela Lei Complementar n. 147, de 7-8-2014.

§ 13. Para efeito de determinação da redução de que trata o § 12 deste artigo, as receitas serão discriminadas em comerciais, industriais ou de prestação de serviços, na forma dos Anexos I, II, III, IV e V desta Lei Complementar.

•• § 13 com redação determinada pela Lei Complementar n. 155, de 27-10-2016, produzindo efeitos a partir de 1.º-1-2018.

§ 14. A redução no montante a ser recolhido no Simples Nacional relativo aos valores das receitas decorrentes da exportação de que trata o inciso IV do § 4.º-A deste artigo corresponderá tão somente às alíquotas efetivas relativas à Cofins, à Contribuição para o PIS/Pasep, ao IPI, ao ICMS e ao ISS, apuradas com base nos Anexos I a V desta Lei Complementar.

•• § 14, *caput*, com redação determinada pela Lei Complementar n. 155, de 27-10-2016, produzindo efeitos a partir de 1.º-1-2018.

I e II – (*Revogados pela Lei Complementar n. 147, de 7-8-2014.*)

§ 15. Será disponibilizado sistema eletrônico para realização do cálculo simplificado do valor mensal devido referente ao Simples Nacional.

§ 15-A. As informações prestadas no sistema eletrônico de cálculo de que trata o § 15:

•• § 15-A, *caput*, acrescentado pela Lei Complementar n. 139, de 10-11-2011.

I – têm caráter declaratório, constituindo confissão de dívida e instrumento hábil e suficiente para a exigência dos tributos e contribuições que não tenham sido recolhidos resultantes das informações nele prestadas; e

•• Inciso I acrescentado pela Lei Complementar n. 139, de 10-11-2011.

II – deverão ser fornecidas à Secretaria da Receita Federal do Brasil até o vencimento do prazo para pagamento dos tributos devidos no Simples Nacional em cada mês, relativamente aos fatos geradores ocorridos no mês anterior.

•• Inciso II acrescentado pela Lei Complementar n. 139, de 10-11-2011.

§ 16. Na hipótese do § 12 do art. 3.º, a parcela de receita bruta que exceder o montante determinado no § 10 daquele artigo estará sujeita às alíquotas máximas previstas nos Anexos I a V desta Lei Complementar, proporcionalmente, conforme o caso.

•• § 16 com redação determinada pela Lei Complementar n. 155, de 27-10-2016, produzindo efeitos a partir de 1.º-1-2018.

§ 16-A. O disposto no § 16 aplica-se, ainda, às hipóteses de que trata o § 9.º do art. 3.º, a partir do mês em que ocorrer o excesso do limite da receita bruta anual e até o mês anterior aos efeitos da exclusão.

•• § 16-A acrescentado pela Lei Complementar n. 139, de 10-11-2011.

§ 17. Na hipótese do § 13 do art. 3.º, a parcela de receita bruta que exceder os montantes determinados no § 11 daquele artigo estará sujeita, em relação aos percentuais aplicáveis ao ICMS e ao ISS, às alíquotas máximas correspondentes a essas faixas previstas nos Anexos I a V desta Lei Complementar, proporcionalmente, conforme o caso.

•• § 17 com redação determinada pela Lei Complementar n. 155, de 27-10-2016, produzindo efeitos a partir de 1.º-1-2018.

§ 17-A. O disposto no § 17 aplica-se, ainda, à hipótese de que trata o § 1.º do art. 20, a partir do mês em que ocorrer o excesso do limite da receita bruta anual e até o mês anterior aos efeitos do impedimento.

•• § 17-A acrescentado pela Lei Complementar n. 139, de 10-11-2011.

§ 18. Os Estados, o Distrito Federal e os Municípios, no âmbito das respectivas competências, poderão estabelecer, na forma definida pelo Comitê Gestor, independentemente da receita bruta recebida no mês pelo contribuinte, valores fixos mensais para o recolhimento do ICMS e do ISS devido por microempresa que aufira receita bruta, no ano-calendário anterior, de até o limite máximo previsto na segunda faixa de receitas brutas anuais constantes dos Anexos I a VI, ficando a microempresa sujeita a esses valores durante todo o ano-calendário, ressalvado o disposto no § 18-A.

•• § 18 com redação determinada pela Lei Complementar n. 147, de 7-8-2014.

§ 18-A. A microempresa que, no ano-calendário, exceder o limite de receita bruta previsto no § 18 fica impedida de recolher o ICMS ou o ISS pela sistemática de valor fixo, a partir do mês subsequente à ocorrência do excesso, sujeitando-se à apuração desses tributos na forma das demais empresas optantes pelo Simples Nacional.

•• § 18-A acrescentado pela Lei Complementar n. 147, de 7-8-2014.

§ 19. Os valores estabelecidos no § 18 deste artigo não poderão exceder a 50% (cinquenta por cento) do maior recolhimento possível do tributo para a faixa de enquadramento prevista na tabela do *caput* deste artigo, respeitados os acréscimos decorrentes do tipo de atividade da empresa estabelecidos no § 5.º deste artigo.

§ 20. Na hipótese em que o Estado, o Município ou o Distrito Federal concedam isenção ou redução do ICMS ou do ISS devido por microempresa ou empresa de pequeno porte, ou ainda determine recolhimento de valor fixo para esses tributos, na forma do § 18 deste artigo, será realizada redução proporcional ou ajuste do valor a ser recolhido, na forma definida em resolução do Comitê Gestor.

§ 20-A. A concessão dos benefícios de que trata o § 20 deste artigo poderá ser realizada:

•• § 20-A, *caput*, acrescentado pela Lei Complementar n. 128, de 19-12-2008.

I – mediante deliberação exclusiva e unilateral do Estado, do Distrito Federal ou do Município concedente;

•• Inciso I acrescentado pela Lei Complementar n. 128, de 19-12-2008.

II – de modo diferenciado para cada ramo de atividade.

•• Inciso II acrescentado pela Lei Complementar n. 128, de 19-12-2008.

§ 20-B. A União, os Estados e o Distrito Federal poderão, em lei específica destinada à ME ou EPP optante pelo Simples Nacional, estabelecer isenção ou redução de COFINS, Contribuição para o PIS/PASEP e ICMS para produtos da cesta básica, discriminando a abrangência da sua concessão.

•• § 20-B acrescentado pela Lei Complementar n. 147, de 7-8-2014.

§ 21. O valor a ser recolhido na forma do disposto no § 20 deste artigo, exclusivamente na hipótese de isenção, não integrará o montante a ser partilhado com o respectivo Município, Estado ou Distrito Federal.

§ 22. (*Revogado, a partir de 1.º-1-2009, pela Lei Complementar n. 128, de 19-12-2008.*)

§ 22-A. A atividade constante do inciso XIV do § 5.º-B deste artigo recolherá o ISS em valor fixo, na forma da legislação municipal.

•• § 22-A acrescentado pela Lei Complementar n. 128, de 19-12-2008.

§ 22-B. Os escritórios de serviços contábeis, individualmente ou por meio de suas entidades representativas de classe, deverão:

•• § 22-B, *caput*, acrescentado pela Lei Complementar n. 128, de 19-12-2008.

I – promover atendimento gratuito relativo à inscrição, à opção de que trata o art. 18-A desta Lei Complementar e à primeira declaração anual simplificada da microempresa individual, podendo, para tanto, por meio de suas entidades representativas de classe, firmar convênios e acordos com a União, os Estados, o Distrito Federal e os Municípios, por intermédio dos seus órgãos vinculados;

•• Inciso I acrescentado pela Lei Complementar n. 128, de 19-12-2008.

II – fornecer, na forma estabelecida pelo Comitê Gestor, resultados de pesquisas quantitativas e qualitativas relativas às microempresas e empresas de pequeno porte optantes pelo Simples Nacional por eles atendidas;

•• Inciso II acrescentado pela Lei Complementar n. 128, de 19-12-2008.

III – promover eventos de orientação fiscal, contábil e tributária para as microempresas e empresas de pequeno porte optantes pelo Simples Nacional por eles atendidas.

•• Inciso III acrescentado pela Lei Complementar n. 128, de 19-12-2008.

§ 22-C. Na hipótese de descumprimento das obrigações de que trata o § 22-B deste artigo, o escritório será excluído do Simples Nacional, com efeitos a partir do mês subsequente ao do descumprimento, na forma regulamentada pelo Comitê Gestor.

•• § 22-C acrescentado pela Lei Complementar n. 128, de 19-12-2008.

§ 23. Da base de cálculo do ISS será abatido o material fornecido pelo prestador dos serviços previstos nos itens 7.02 e 7.05 da lista de serviços anexa à Lei Complementar n. 116, de 31 de julho de 2003.

•• A Lei Complementar n. 116, de 31-7-2003, dispõe sobre o Imposto Sobre Serviços de Qualquer Natureza – ISS, de competência dos Municípios e do Distrito Federal, e dá outras providências.

§ 24. Para efeito de aplicação do § 5.º-K, considera-se folha de salários, incluídos encargos, o montante pago, nos doze meses anteriores ao período de apuração, a título de remunerações a pessoas físicas decorrentes do trabalho, acrescido do montante efetivamente recolhido a título de contribuição patronal previdenciária e FGTS, incluídas as retiradas de pró-labore.

•• § 24 com redação determinada pela Lei Complementar n. 155, de 27-10-2016, produzindo efeitos a partir de 1.º-1-2018.

§ 25. Para efeito do disposto no § 24 deste artigo, deverão ser consideradas tão somente as remunerações informadas na forma prevista no inciso IV do *caput* do art. 32 da Lei n. 8.212, de 24 de julho de 1991.

•• § 25 com redação determinada pela Lei Complementar n. 139, de 10-11-2011.

§ 26. Não são considerados, para efeito do disposto no § 24, valores pagos a título de aluguéis e de distribuição de lucros, observado o disposto no § 1.º do art. 14.

•• § 26 acrescentado pela Lei Complementar n. 139, de 10-11-2011.

§ 27. (*Vetado.*)

•• § 27 acrescentado pela Lei Complementar n. 155, de 27-10-2016, produzindo efeitos a partir de 1.º-1-2018.

Art. 18-A. O Microempreendedor Individual – MEI poderá optar pelo recolhimento dos impostos e contribuições abrangidos pelo Simples Nacional em valores fixos mensais, independentemente da receita bruta por ele auferida no mês, na forma prevista neste artigo.

•• *Caput* acrescentado pela Lei Complementar n. 128, de 19-12-2008.

• A Resolução n. 16, de 17-12-2009, do CGSIM, dispõe sobre o procedimento especial para o registro e legalização do Microempreendedor Individual.

• *Vide* art. 36-A desta Lei Complementar.

§ 1.º Para os efeitos desta Lei Complementar, considera-se MEI quem tenha auferido receita bruta, no ano-calendário anterior, de até R$ 81.000,00 (oitenta e um mil reais), que seja optante pelo Simples Nacional e que não esteja impedido de optar pela sistemática prevista neste artigo, e seja empresário individual que se enquadre na definição do art. 966 da Lei n. 10.406, de 10 de janeiro de 2002 (Código Civil), ou o empreendedor que exerça:

•• § 1.º, *caput*, com redação determinada pela Lei Complementar n. 188, de 31-12-2021.

I – as atividades de que trata o § 4.º-A deste artigo;

•• Inciso I acrescentado pela Lei Complementar n. 188, de 31-12-2021.

II – as atividades de que trata o § 4.º-B deste artigo estabelecidas pelo CGSN; e

•• Inciso II acrescentado pela Lei Complementar n. 188, de 31-12-2021.

III – as atividades de industrialização, comercialização e prestação de serviços no âmbito rural.

•• Inciso III acrescentado pela Lei Complementar n. 188, de 31-12-2021.

• Lei n. 14.257, de 1.º-12-2021, institui o Programa de Estímulo ao Crédito e dispõe sobre o crédito presumido apurado com base em créditos decorrentes de diferenças temporárias.

§ 2.º No caso de início de atividades, o limite de que trata o § 1.º será de R$ 6.750,00 (seis mil, setecentos e cinquenta reais) multiplicados pelo número de meses compreendido entre o início da atividade e o final do respectivo ano-calendário, consideradas as frações de meses como um mês inteiro.

•• § 2.º com redação determinada pela Lei Complementar n. 155, de 27-10-2016, produzindo efeitos a partir de 1.º-1-2018.

§ 3.º Na vigência da opção pela sistemática de recolhimento prevista no *caput* deste artigo:

•• § 3.º, *caput*, acrescentado pela Lei Complementar n. 128, de 19-12-2008.

I – não se aplica o disposto no § 18 do art. 18 desta Lei Complementar;

•• Inciso I acrescentado pela Lei Complementar n. 128, de 19-12-2008.

II – não se aplica a redução prevista no § 20 do art. 18 desta Lei Complementar ou qualquer dedução na base de cálculo;

•• Inciso II acrescentado pela Lei Complementar n. 128, de 19-12-2008.

III – não se aplicam as isenções específicas para as microempresas e empresas de pequeno porte concedidas pelo Estado, Município ou Distrito Federal a partir de 1.º de julho de 2007 que abranjam integralmente a faixa de receita bruta anual até o limite previsto no § 1.º;

•• Inciso III com redação determinada pela Lei Complementar n. 139, de 10-11-2011.

IV – a opção pelo enquadramento como Microempreendedor Individual importa opção pelo recolhimento da contribuição referida no inciso X do § 1.º do art. 13 desta Lei Complementar na forma prevista no § 2.º do art. 21 da Lei n. 8.212, de 24 de julho de 1991;

•• Inciso IV acrescentado pela Lei Complementar n. 128, de 19-12-2008.

V – o MEI, com receita bruta anual igual ou inferior a R$ 81.000,00 (oitenta e um mil reais), recolherá, na forma regulamentada pelo Comitê Gestor, valor fixo mensal correspondente à soma das seguintes parcelas:

•• Inciso V, *caput*, com redação determinada pela Lei Complementar n. 155, de 27-10-2016, produzindo efeitos a partir de 1.º-1-2018.

a) R$ 45,65 (quarenta e cinco reais e sessenta e cinco centavos), a título da contribuição prevista no inciso IV deste parágrafo;

•• Alínea *a* acrescentada pela Lei Complementar n. 128, de 19-12-2008.

b) R$ 1,00 (um real), a título do imposto referido no inciso VII do *caput* do art. 13 desta Lei Complementar, caso seja contribuinte do ICMS; e

•• Alínea *b* acrescentada pela Lei Complementar n. 128, de 19-12-2008.

c) R$ 5,00 (cinco reais), a título do imposto referido no inciso VIII do *caput* do art. 13 desta Lei Complementar, caso seja contribuinte do ISS;

•• Alínea *c* acrescentada pela Lei Complementar n. 128, de 19-12-2008.

VI – sem prejuízo do disposto nos §§ 1.º a 3.º do art. 13, o MEI terá isenção dos tributos referidos nos incisos I a VI do *caput* daquele artigo, ressalvado o disposto no art. 18-C.

•• Inciso VI com redação determinada pela Lei Complementar n. 139, de 10-11-2011.

§ 4.º Não poderá optar pela sistemática de recolhimento prevista no *caput* deste artigo o MEI:

•• § 4.º, *caput*, acrescentado pela Lei Complementar n. 128, de 19-12-2008.

I – cuja atividade seja tributada na forma dos Anexos V ou VI desta Lei Complementar, salvo autorização relativa a exercício de atividade isolada na forma regulamentada pelo CGSN;

•• Inciso I com redação determinada pela Lei Complementar n. 147, de 7-8-2014.

II – que possua mais de um estabelecimento;

•• Inciso II acrescentado pela Lei Complementar n. 128, de 19-12-2008.

III – que participe de outra empresa como titular, sócio ou administrador; ou

•• Inciso III acrescentado pela Lei Complementar n. 128, de 19-12-2008.

IV – (*Revogado pela Lei Complementar n. 155, de 27-10-2016, produzindo efeitos a partir de 1.º-1-2018.*)

V – constituído na forma de *startup*.

•• Inciso V acrescentado pela Lei Complementar n. 167, de 24-4-2019.

•• A Lei Complementar n. 182, de 1.º-6-2021, institui o marco legal das *startups* e do empreendedorismo inovador.

§ 4.º-A. Observadas as demais condições deste artigo, poderá optar pela sistemática de recolhimento prevista no *caput* o empresário individual que exerça atividade de comercialização e processamento de produtos de natureza extrativista.

•• § 4.º-A acrescentado pela Lei Complementar n. 139, de 10-11-2011.

§ 4.º-B. O CGSN determinará as atividades autorizadas a optar pela sistemática de recolhimento de que trata este artigo, de forma a evitar a fragilização das relações de trabalho, bem como sobre a incidência do ICMS e do ISS.

•• § 4.º-B acrescentado pela Lei Complementar n. 139, de 10-11-2011.

§ 5.º A opção de que trata o *caput* deste artigo dar-se-á na forma a ser estabelecida em ato do Comitê Gestor, observando-se que:

•• § 5.º, *caput*, acrescentado pela Lei Complementar n. 128, de 19-12-2008.

I – será irretratável para todo o ano-calendário;

•• Inciso I acrescentado pela Lei Complementar n. 128, de 19-12-2008.

II – deverá ser realizada no início do ano-calendário, na forma disciplinada pelo Comitê Gestor, produzindo efeitos a partir do primeiro dia do ano-calendário da opção, ressalvado o disposto no inciso III;

•• Inciso II acrescentado pela Lei Complementar n. 128, de 19-12-2008.

III – produzirá efeitos a partir da data do início de atividade desde que exercida nos termos, prazo e condições a serem estabelecidos em ato do Comitê Gestor a que se refere o *caput* deste parágrafo.

•• Inciso III acrescentado pela Lei Complementar n. 128, de 19-12-2008.

§ 6.º O desenquadramento da sistemática de que trata o *caput* deste artigo será realizado de ofício ou mediante comunicação do MEI.

•• 6.º acrescentado pela Lei Complementar n. 128, de 19-12-2008.

§ 7.º O desenquadramento mediante comunicação do MEI à Secretaria da Receita Federal do Brasil – RFB dar-se-á:

•• § 7.º, *caput*, acrescentado pela Lei Complementar n. 128, de 19-12-2008.

I – por opção, que deverá ser efetuada no início do ano-calendário, na forma disciplinada pelo Comitê Gestor, produzindo efeitos a partir de 1.º de janeiro do ano-calendário da comunicação;

•• Inciso I acrescentado pela Lei Complementar n. 128, de 19-12-2008.

II – obrigatoriamente, quando o MEI incorrer em alguma das situações previstas no § 4.º deste artigo, devendo a comunicação ser efetuada até o último dia útil do mês subsequente àquele em que ocorrida a situação de vedação, produzindo efeitos a partir do mês subsequente ao da ocorrência da situação impeditiva;

•• Inciso II acrescentado pela Lei Complementar n. 128, de 19-12-2008.

III – obrigatoriamente, quando o MEI exceder, no ano-calendário, o limite de receita bruta previsto no § 1.º deste artigo, devendo a comunicação ser efetuada até o último dia útil do mês subsequente àquele em que ocorrido o excesso, produzindo efeitos:

•• Inciso III, *caput*, acrescentado pela Lei Complementar n. 128, de 19-12-2008.

a) a partir de 1.º de janeiro do ano-calendário subsequente ao da ocorrência do excesso, na hipótese de não ter ultrapassado o referido limite em mais de 20% (vinte por cento);

•• Alínea *a* acrescentada pela Lei Complementar n. 128, de 19-12-2008.

b) retroativamente a 1.º de janeiro do ano-calendário da ocorrência do excesso, na hipótese de ter ultrapassado o referido limite em mais de 20% (vinte por cento);

•• Alínea *b* acrescentada pela Lei Complementar n. 128, de 19-12-2008.

IV – obrigatoriamente, quando o MEI exceder o limite de receita bruta previsto no § 2.º deste artigo, devendo a comunicação ser efetuada até o último dia útil do mês subsequente àquele em que ocorrido o excesso, produzindo efeitos:

•• Inciso IV, *caput*, acrescentado pela Lei Complementar n. 128, de 19-12-2008.

a) a partir de 1.º de janeiro do ano-calendário subsequente ao da ocorrência do excesso, na hipótese de não ter ultrapassado o referido limite em mais de 20% (vinte por cento);

•• Alínea *a* acrescentada pela Lei Complementar n. 128, de 19-12-2008.

b) retroativamente ao início de atividade, na hipótese de ter ultrapassado o referido limite em mais de 20% (vinte por cento).

•• Alínea *b* acrescentada pela Lei Complementar n. 128, de 19-12-2008.

§ 8.º O desenquadramento de ofício dar-se-á quando verificada a falta de comunicação de que trata o § 7.º deste artigo.

•• § 8.º acrescentado pela Lei Complementar n. 128, de 19-12-2008.

§ 9.º O Empresário Individual desenquadrado da sistemática de recolhimento prevista no *caput* deste artigo passará a recolher os tributos devidos pela regra geral do Simples Nacional a partir da data de início dos efeitos do desenquadramento, ressalvado o disposto no § 10 deste artigo.

•• § 9.º acrescentado pela Lei Complementar n. 128, de 19-12-2008.

§ 10. Nas hipóteses previstas nas alíneas *a* dos incisos III e IV do § 7.º deste artigo, o MEI deverá recolher a diferença, sem acréscimos, em parcela única, juntamente com a da apuração do mês de janeiro do ano-calendário subsequente ao do excesso, na forma a ser estabelecida em ato do Comitê Gestor.

•• § 10 acrescentado pela Lei Complementar n. 128, de 19-12-2008.

§ 11. O valor referido na alínea *a* do inciso V do § 3.º deste artigo será reajustado, na forma prevista em lei ordinária, na mesma data de reajustamento dos benefícios de que trata a Lei n. 8.213, de 24 de julho de 1991, de forma a manter equivalência com a contribuição de que trata o § 2.º do art. 21 da Lei n. 8.212, de 24 de julho de 1991.

•• § 11 acrescentado pela Lei Complementar n. 128, de 19-12-2008.

§ 12. Aplica-se ao MEI que tenha optado pela contribuição na forma do § 1.º deste artigo o disposto no § 4.º do art. 55 e no § 2.º do art. 94, ambos da Lei n. 8.213, de 24 de julho de 1991, exceto se optar pela complementação da contribuição previdenciária a que se refere o § 3.º do art. 21 da Lei n. 8.212, de 24 de julho de 1991.

•• § 12 acrescentado pela Lei Complementar n. 128, de 19-12-2008.

§ 13. O MEI está dispensado, ressalvado o disposto no art. 18-C desta Lei Complementar, de:

•• § 13, *caput*, acrescentado pela Lei Complementar n. 139, de 10-11-2011.

I – atender o disposto no inciso IV do *caput* do art. 32 da Lei n.º 8.212, de 24 de julho de 1991;

•• Inciso I acrescentado pela Lei Complementar n. 139, de 10-11-2011.

II – apresentar a Relação Anual de Informações Sociais (Rais); e

•• Inciso II acrescentado pela Lei Complementar n. 139, de 10-11-2011.

III – declarar ausência de fato gerador para a Caixa Econômica Federal para emissão da Certidão de Regularidade Fiscal perante o FGTS.

•• Inciso III acrescentado pela Lei Complementar n. 139, de 10-11-2011.

§ 14. O Comitê Gestor disciplinará o disposto neste artigo.

•• § 14 acrescentado pela Lei Complementar n. 128, de 19-12-2008.

§ 15. A inadimplência do recolhimento do valor previsto na alínea *a* do inciso V do § 3.º tem como consequência a não contagem da competência em atraso para fins de carência para obtenção dos benefícios previdenciários respectivos.

•• § 15 acrescentado pela Lei Complementar n. 139, de 10-11-2011.

§ 15-A. Ficam autorizados os Estados, o Distrito Federal e os Municípios a promover a remissão dos débitos decorrentes dos valores previstos nas alíneas *b* e *c* do inciso V do § 3.º, inadimplidos isolada ou simultaneamente.

•• § 15-A acrescentado pela Lei Complementar n. 147, de 7-8-2014.

§ 15-B. O MEI poderá ter sua inscrição automaticamente cancelada após período de 12 (doze) meses consecutivos sem recolhimento ou declarações, independentemente de qualquer notificação, devendo a informação ser publicada no Portal do Empreendedor, na forma regulamentada pelo CGSIM.

•• § 15-B acrescentado pela Lei Complementar n. 147, de 7-8-2014.

§ 16. O CGSN estabelecerá, para o MEI, critérios, procedimentos, prazos e efeitos diferenciados para desenquadramento da sistemática de que trata este artigo, cobrança, inscrição em dívida ativa e exclusão do Simples Nacional.

•• § 16 acrescentado pela Lei Complementar n. 139, de 10-11-2011.

§ 16-A. A baixa do MEI via portal eletrônico dispensa a comunicação aos órgãos da administração pública.

•• § 16-A acrescentado pela Lei Complementar n. 155, de 27-10-2016, produzindo efeitos a partir de 1.º-1-2018.

§ 17. A alteração de dados no CNPJ informada pelo empresário à Secretaria da Receita Federal do Brasil equivalerá à comunicação obrigatória de desenquadramento da sistemática de recolhimento de que trata este artigo, nas seguintes hipóteses:

•• § 17, *caput*, acrescentado pela Lei Complementar n. 139, de 10-11-2011.

I – alteração para natureza jurídica distinta de empresário individual a que se refere o art. 966 da Lei n. 10.406, de 10 de janeiro de 2002 (Código Civil);

•• Inciso I acrescentado pela Lei Complementar n. 139, de 10-11-2011.

II – inclusão de atividade econômica não autorizada pelo CGSN;

•• Inciso II acrescentado pela Lei Complementar n. 139, de 10-11-2011.

III – abertura de filial.

•• Inciso III acrescentado pela Lei Complementar n. 139, de 10-11-2011.

§ 18. Os Municípios somente poderão realizar o cancelamento da inscrição do MEI caso tenham regulamentação própria de classificação de risco e o respectivo processo simplificado de inscrição e legalização, em conformidade com esta Lei Complementar e com as resoluções do CGSIM.

•• § 18 acrescentado pela Lei Complementar n. 147, de 7-8-2014.

§ 19. Fica vedada aos conselhos representativos de categorias econômicas a exigência de obrigações diversas das estipuladas nesta Lei Complementar para inscrição do MEI em seus quadros, sob pena de responsabilidade.

•• § 19 acrescentado pela Lei Complementar n. 147, de 7-8-2014.

§ 19-A. O MEI inscrito no conselho profissional de sua categoria na qualidade de pessoa física é dispensado de realizar nova inscrição no mesmo conselho na qualidade de empresário individual.

•• § 19-A acrescentado pela Lei Complementar n. 155, de 27-10-2016, produzindo efeitos a partir de 1.º-1-2018.

§ 19-B. São vedadas aos conselhos profissionais, sob pena de responsabilidade, a exigência de inscrição e a execução de qualquer tipo de ação fiscalizadora quando a ocupação do MEI não exigir registro profissional da pessoa física.

•• § 19-B acrescentado pela Lei Complementar n. 155, de 27-10-2016, produzindo efeitos a partir de 1.º-1-2018.

§ 20. Os documentos fiscais das microempresas e empresas de pequeno porte poderão ser emitidos diretamente por sistema nacional informatizado e pela internet, sem custos para o empreendedor, na forma regulamentada pelo Comitê Gestor do Simples Nacional.

•• § 20 acrescentado pela Lei Complementar n. 147, de 7-8-2014.

§ 21. Assegurar-se-á o registro nos cadastros oficiais ao guia de turismo inscrito como MEI.

•• § 21 acrescentado pela Lei Complementar n. 147, de 7-8-2014.

§ 22. Fica vedado às concessionárias de serviço público o aumento das tarifas pagas pelo MEI por conta da modificação da sua condição de pessoa física para pessoa jurídica.

•• § 22 acrescentado pela Lei Complementar n. 147, de 7-8-2014.

§ 23. (*Vetado*.)

•• § 23 acrescentado pela Lei Complementar n. 147, de 7-8-2014.

§ 24. Aplica-se ao MEI o disposto no inciso XI do § 4.º do art. 3.º.

•• § 24 acrescentado pela Lei Complementar n. 147, de 7-8-2014.

§ 25. O MEI poderá utilizar sua residência como sede do estabelecimento, quando não for indispensável a existência de local próprio para o exercício da atividade.

•• § 25 acrescentado pela Lei Complementar n. 154, de 18-4-2016.

Art. 18-B. A empresa contratante de serviços executados por intermédio do MEI mantém, em relação a esta contratação, a obrigatoriedade de recolhimento da contribuição a que se refere o inciso III do *caput* e o § 1.º do art. 22 da Lei n. 8.212, de 24 de julho de 1991, e o cumprimento das obrigações acessórias relativas à contratação de contribuinte individual.

•• *Caput* acrescentado pela Lei Complementar n. 128, de 19-12-2008.

§ 1.º Aplica-se o disposto neste artigo exclusivamente em relação ao MEI que for contratado para prestar serviços de hidráulica, eletricidade, pintura, alvenaria, carpintaria e de manutenção ou reparo de veículos.

•• § 1.º com redação determinada pela Lei Complementar n. 147, de 7-8-2014.

§ 2.º O disposto no *caput* e no § 1.º não se aplica quando presentes os elementos da relação de emprego, ficando a contratante sujeita a todas as obrigações dela decorrentes, inclusive trabalhistas, tributárias e previdenciárias.

•• § 2.º acrescentado pela Lei Complementar n. 139, de 10-11-2011.

Art. 18-C. Observado o disposto no *caput* e nos §§ 1.º a 25 do art. 18-A desta Lei Complementar, poderá enquadrar-se como MEI o empresário individual ou o empreendedor que exerça as atividades de industrialização, comercialização e prestação de serviços no âmbito rural que possua um único empregado que receba exclusivamente um salário mínimo ou o piso salarial da categoria profissional.

•• *Caput* com redação determinada pela Lei Complementar n. 155, de 27-10-2016, produzindo efeitos a partir de 1.º-1-2018.

• A Instrução Normativa n. 81, de 10-6-2020, do DREI, dispõe sobre a padronização nacional na formulação de exigências aplicáveis aos processos físicos e digitais nos atos de constituição, alteração, dissolução ou extinção de empresas de que trata este dispositivo.

§ 1.º Na hipótese referida no *caput*, o MEI:

•• § 1.º, *caput*, acrescentado pela Lei Complementar n. 139, de 10-11-2011.

I – deverá reter e recolher a contribuição previdenciária relativa ao segurado a seu serviço na forma da lei, observados prazo e condições estabelecidos pelo CGSN;

•• Inciso I acrescentado pela Lei Complementar n. 139, de 10-11-2011.

II – é obrigado a prestar informações relativas ao segurado a seu serviço, na forma estabelecida pelo CGSN; e

•• Inciso II acrescentado pela Lei Complementar n. 139, de 10-11-2011.

III – está sujeito ao recolhimento da contribuição de que trata o inciso VI do *caput* do art. 13, calculada à alíquota de 3% (três por cento) sobre o salário de contribuição previsto no *caput*, na forma e prazos estabelecidos pelo CGSN.

•• Inciso III acrescentado pela Lei Complementar n. 139, de 10-11-2011.

§ 2.º Para os casos de afastamento legal do único empregado do MEI, será permitida a contratação de outro empregado, inclusive por prazo determinado, até que cessem as condições do afastamento, na forma estabelecida pelo Ministério do Trabalho e Emprego.

•• § 2.º acrescentado pela Lei Complementar n. 139, de 10-11-2011.

§ 3.º O CGSN poderá determinar, com relação ao MEI, a forma, a periodicidade e o prazo:

•• § 3.º, *caput*, acrescentado pela Lei Complementar n. 139, de 10-11-2011.

I – de entrega à Secretaria da Receita Federal do Brasil de uma única declaração com dados relacionados a fatos geradores, base de cálculo e valores dos tributos previstos nos arts. 18-A e 18-C, da contribuição para a Seguridade Social descontada do empregado e do Fundo de Garantia do Tempo de Serviço (FGTS), e outras informações de interesse do Ministério do Trabalho e Emprego, do Instituto Nacional do Seguro Social (INSS) e do Conselho Curador do FGTS, observado o disposto no § 7.º do art. 26;

•• Inciso I acrescentado pela Lei Complementar n. 139, de 10-11-2011.

II – do recolhimento dos tributos previstos nos arts. 18-A e 18-C, bem como do FGTS e da contribuição para a Seguridade Social descontada do empregado.

•• Inciso II acrescentado pela Lei Complementar n. 139, de 10-11-2011.

§ 4.º A entrega da declaração única de que trata o inciso I do § 3.º substituirá, na forma regulamentada pelo CGSN, a obrigatoriedade de entrega de todas as informações, formulários e declarações a que estão sujeitas as demais empresas ou equiparados que contratam empregados, inclusive as relativas ao recolhimento do FGTS, à Relação Anual de Informações Sociais (Rais) e ao Cadastro Geral de Empregados e Desempregados (Caged).

•• § 4.º acrescentado pela Lei Complementar n. 139, de 10-11-2011.

§ 5.º Na hipótese de recolhimento do FGTS na forma do inciso II do § 3.º, deve-se assegurar a transferência dos recursos e dos elementos identificadores do recolhimento ao gestor desse fundo para crédito na conta vinculada do trabalhador.

•• § 5.º acrescentado pela Lei Complementar n. 139, de 10-11-2011.

§ 6.º O documento de que trata o inciso I do § 3.º deste artigo tem caráter declaratório, constituindo instrumento hábil e suficiente para a exigência dos tributos e dos débitos fundiários que não tenham sido recolhidos resultantes das informações nele prestadas.

•• § 6.º acrescentado pela Lei Complementar n. 147, de 7-8-2014.

Art. 18-D. A tributação municipal do imposto sobre imóveis prediais urbanos deverá assegurar tratamento mais favorecido ao MEI para realização de sua atividade no mesmo local em que residir, mediante aplicação da menor alíquota vigente para aquela localidade, seja residencial ou comercial, nos termos da lei, sem prejuízo de eventual isenção ou imunidade existente.

•• Artigo acrescentado pela Lei Complementar n. 147, de 7-8-2014.

Art. 18-E. O instituto do MEI é uma política pública que tem por objetivo a formalização de pequenos empreendimentos e a inclusão social e previdenciária.

•• *Caput* acrescentado pela Lei Complementar n. 147, de 7-8-2014.

§ 1.º A formalização de MEI não tem caráter eminentemente econômico ou fiscal.

•• § 1.º acrescentado pela Lei Complementar n. 147, de 7-8-2014.

§ 2.º Todo benefício previsto nesta Lei Complementar aplicável à microempresa estende-se ao MEI sempre que lhe for mais favorável.

•• § 2.º acrescentado pela Lei Complementar n. 147, de 7-8-2014.

§ 3.º O MEI é modalidade de microempresa.

•• § 3.º acrescentado pela Lei Complementar n. 147, de 7-8-2014.

§ 4.º É vedado impor restrições ao MEI relativamente ao exercício de profissão ou participação em licitações, em função da sua natureza jurídica, inclusive por ocasião da contratação dos serviços previstos no § 1.º do art. 18-B desta Lei Complementar.

•• § 4.º com redação determinada pela Lei Complementar n. 155, de 27-10-2016, produzindo efeitos a partir de 1.º-1-2018.

§ 5.º O empreendedor que exerça as atividades de industrialização, comercialização e prestação de serviços no âmbito rural que efetuar seu registro como MEI não perderá a condição de segurado especial da Previdência Social.

•• § 5.º acrescentado pela Lei Complementar n. 155, de 27-10-2016, produzindo efeitos a partir de 1.º-1-2018.

§ 6.º O disposto no § 5.º e o licenciamento simplificado de atividades para o empreendedor que exerça as atividades de industrialização, comercialização e prestação de serviços no âmbito rural serão regulamentados pelo CGSIM em até cento e oitenta dias.

•• § 6.º acrescentado pela Lei Complementar n. 155, de 27-10-2016, produzindo efeitos a partir de 1.º-1-2018.

§ 7.º O empreendedor que exerça as atividades de industrialização, comercialização e prestação de serviços no âmbito rural manterá todas as suas obrigações relativas à condição de produtor rural ou de agricultor familiar.

•• § 7.º acrescentado pela Lei Complementar n. 155, de 27-10-2016, produzindo efeitos a partir de 1.º-1-2018.

Art. 19. Sem prejuízo da possibilidade de adoção de todas as faixas de receita previstas nos Anexos I a V desta Lei Complementar, os Estados cuja participação no Produto Interno Bruto brasileiro seja de até 1% (um por cento) poderão optar pela aplicação de sublimite para efeito de recolhimento do ICMS na forma do Simples Nacional nos respectivos territórios, para empresas com receita bruta anual de até R$ 1.800.000,00 (um milhão e oitocentos mil reais).

•• *Caput* com redação determinada pela Lei Complementar n. 155, de 27-10-2016, produzindo efeitos a partir de 1.º-1-2018.

I a III – (*Revogados pela Lei Complementar n. 155, de 27-10-2016, produzindo efeitos a partir de 1.º-1-2018.*)

§ 1.º A participação no Produto Interno Bruto brasileiro será apurada levando em conta o último resultado divulgado pelo Instituto Brasileiro de Geografia e Estatística ou outro órgão que o substitua.

§ 2.º A opção prevista no *caput* produzirá efeitos somente para o ano-calendário subsequente, salvo deliberação do CGSN.

•• § 2.º com redação determinada pela Lei Complementar n. 155, de 27-10-2016, produzindo efeitos a partir de 1.º-1-2018.

§ 3.º O disposto neste artigo aplica-se ao Distrito Federal.

§ 4.º Para os Estados que não tenham adotado sublimite na forma do *caput* e para aqueles cuja participação no Produto Interno Bruto brasileiro seja superior a 1% (um por cento), para efeito de recolhimento do ICMS e do ISS, observar-se-á obrigatoriamente o sublimite no valor de R$ 3.600.000,00 (três milhões e seiscentos mil reais).

•• § 4.º acrescentado pela Lei Complementar n. 155, de 27-10-2016, produzindo efeitos a partir de 1.º-1-2018.

Art. 20. A opção feita na forma do art. 19 desta Lei Complementar pelos Estados importará adoção do mesmo limite de receita bruta anual para efeito de recolhimento na forma do ISS dos Municípios nele localizados, bem como para o do ISS devido no Distrito Federal.

§ 1.º A empresa de pequeno porte que ultrapassar os limites a que se referem o *caput* e o § 4.º do art. 19 estará automaticamente impedida de recolher o ICMS e o ISS na forma do Simples Nacional, a partir do mês subsequente àquele em que tiver ocorrido o excesso, relativamente aos seus estabelecimentos localizados na unidade da Federação que os houver adotado, ressalvado o disposto nos §§ 11 e 13 do art. 3.º.

•• § 1.º com redação determinada pela Lei Complementar n. 155, de 27-10-2016, produzindo efeitos a partir de 1.º-1-2018.

§ 1.º-A. Os efeitos do impedimento previsto no § 1.º ocorrerão no ano-calendário subsequente se o excesso verificado não for superior a 20% (vinte por cento) dos limites referidos.

•• § 1.º-A acrescentado pela Lei Complementar n. 139, de 10-11-2011.

§ 2.º O disposto no § 1.º deste artigo não se aplica na hipótese de o Estado ou de o Distrito Federal adotarem, compulsoriamente ou por opção, a aplicação de faixa de receita bruta superior à que vinha sendo utilizada no ano-calendário em que ocorreu o excesso da receita bruta.

§ 3.º Na hipótese em que o recolhimento do ICMS ou do ISS não esteja sendo efetuado por meio do Simples Nacional por força do disposto neste artigo e no art. 19 desta Lei Complementar, as faixas de receita do Simples Nacional superiores àquela que tenha sido objeto de opção pelos Estados ou pelo Distrito Federal sofrerão, para efeito de recolhimento do Simples Nacional, redução da alíquota efetiva desses impostos, apurada de acordo com os Anexos I a V desta Lei Complementar, conforme o caso.

•• § 3.º com redação determinada pela Lei Complementar n. 155, de 27-10-2016, produzindo efeitos a partir de 1.º-1-2018.

§ 4.º O Comitê Gestor regulamentará o disposto neste artigo e no art. 19 desta Lei Complementar.

Seção IV
Do Recolhimento dos Tributos Devidos

Art. 21. Os tributos devidos, apurados na forma dos arts. 18 a 20 desta Lei Complementar, deverão ser pagos:

I – por meio de documento único de arrecadação, instituído pelo Comitê Gestor;

II – (*Revogado pela Lei Complementar n. 127, de 14-8-2007.*)

III – enquanto não regulamentado pelo Comitê Gestor, até o último dia útil da primeira quinzena do mês subsequente àquele a que se referir;

IV – em banco integrante da rede arrecadadora do Simples Nacional, na forma regulamentada pelo Comitê Gestor.

•• Inciso IV com redação determinada pela Lei Complementar n. 127, de 14-8-2007.

§ 1.º Na hipótese de a microempresa ou a empresa de pequeno porte possuir filiais, o recolhimento dos tributos do Simples Nacional dar-se-á por intermédio da matriz.

§ 2.º Poderá ser adotado sistema simplificado de arrecadação do Simples Nacional, inclusive sem utilização da rede bancária, mediante requerimento do Estado, Distrito Federal ou Município ao Comitê Gestor.

§ 3.º O valor não pago até a data do vencimento sujeitar-se-á à incidência de encargos legais na forma prevista na legislação do imposto sobre a renda.

§ 4.º A retenção na fonte de ISS das microempresas ou das empresas de pequeno porte optantes pelo Simples Nacional somente será permitida se observado o disposto no art. 3.º da Lei Complementar n. 116, de 31 de julho de 2003, e deverá observar as seguintes normas:

•• § 4.º, *caput*, com redação determinada pela Lei Complementar n. 128, de 19-12-2008.

I – a alíquota aplicável na retenção na fonte deverá ser informada no documento fiscal e corresponderá à alíquota efetiva de ISS a que a microempresa ou a empresa de pequeno porte estiver sujeita no mês anterior ao da prestação;

•• Inciso I com redação determinada pela Lei Complementar n. 155, de 27-10-2016, produzindo efeitos a partir de 1.º-1-2018.

II – na hipótese de o serviço sujeito à retenção ser prestado no mês de início de atividades da microempresa ou da empresa de pequeno porte, deverá ser aplicada pelo tomador a alíquota efetiva de 2% (dois por cento);

•• Inciso II com redação determinada pela Lei Complementar n. 155, de 27-10-2016, produzindo efeitos a partir de 1.º-1-2018.

III – na hipótese do inciso II deste parágrafo, constatando-se que houve diferença entre a alíquota utilizada e a efetivamente apurada, caberá à microempresa ou empresa de pequeno porte prestadora dos serviços efetuar o recolhimento dessa diferença no mês subsequente ao do início de atividade em guia própria do Município;

•• Inciso III acrescentado pela Lei Complementar n. 128, de 19-12-2008.

IV – na hipótese de a microempresa ou empresa de pequeno porte estar sujeita à tributação do ISS no Simples Nacional por valores fixos mensais, não caberá a retenção a que se refere o *caput* deste parágrafo;

•• Inciso IV acrescentado pela Lei Complementar n. 128, de 19-12-2008.

V – na hipótese de a microempresa ou a empresa de pequeno porte não informar a alíquota de que tratam os incisos I e II deste parágrafo no documento fiscal, aplicar-se-á a alíquota efetiva de 5% (cinco por cento);

•• Inciso V com redação determinada pela Lei Complementar n. 155, de 27-10-2016, produzindo efeitos a partir de 1.º-1-2018.

VI – não será eximida a responsabilidade do prestador de serviços quando a alíquota do ISS informada no documento fiscal for inferior à devida, hipótese em que o recolhimento dessa diferença será realizado em guia própria do Município;

•• Inciso VI acrescentado pela Lei Complementar n. 128, de 19-12-2008.

VII – o valor retido, devidamente recolhido, será definitivo, não sendo objeto de partilha com os municípios, e sobre a receita de prestação de serviços que sofreu a retenção não haverá incidência de ISS a ser recolhido no Simples Nacional.

•• Inciso VII acrescentado pela Lei Complementar n. 128, de 19-12-2008.

§ 4.º-A. Na hipótese de que tratam os incisos I e II do § 4.º, a falsidade na prestação dessas informações sujeitará o responsável, o titular, os sócios ou os administradores da microempresa e da empresa de pequeno porte, juntamente com as demais pessoas que para ela concorrerem, às penalidades previstas na legislação criminal e tributária.

•• § 4.º-A acrescentado pela Lei Complementar n. 128, de 19-12-2008.

§ 5.º O CGSN regulará a compensação e a restituição dos valores do Simples Nacional recolhidos indevidamente ou em montante superior ao devido.

•• § 5.º com redação determinada pela Lei Complementar n. 139, de 10-11-2011.

§ 6.º O valor a ser restituído ou compensado será acrescido de juros obtidos pela aplicação da taxa referencial do Sistema Especial de Liquidação e de Custódia (Selic) para títulos federais, acumulada mensalmente, a partir do mês subsequente ao do pagamento indevido ou a maior que o devido até o mês anterior ao da compensação ou restituição, e de 1% (um por cento) relativamente ao mês em que estiver sendo efetuada.

•• § 6.º acrescentado pela Lei Complementar n. 139, de 10-11-2011.

§ 7.º Os valores compensados indevidamente serão exigidos com os acréscimos moratórios de que trata o art. 35.

•• § 7.º acrescentado pela Lei Complementar n. 139, de 10-11-2011.

§ 8.º Na hipótese de compensação indevida, quando se comprove falsidade de declaração apresentada pelo sujeito passivo, o contribuinte estará sujeito à multa isolada aplicada no percentual previsto no inciso I do *caput* do art. 44 da Lei n. 9.430, de 27 de dezembro de 1996, aplicado em dobro, e terá como base de cálculo o valor total do débito indevidamente compensado.

•• § 8.º acrescentado pela Lei Complementar n. 139, de 10-11-2011.

§ 9.º É vedado o aproveitamento de créditos não apurados no Simples Nacional, inclusive de natureza não tributária, para extinção de débitos do Simples Nacional.

•• § 9.º acrescentado pela Lei Complementar n. 139, de 10-11-2011.

§ 10. Os créditos apurados no Simples Nacional não poderão ser utilizados para extinção de outros débitos para com as Fazendas Públicas, salvo por ocasião da compensação de ofício oriunda de deferimento em processo de restituição ou após a exclusão da empresa do Simples Nacional.

•• § 10 acrescentado pela Lei Complementar n. 139, de 10-11-2011.

§ 11. No Simples Nacional, é permitida a compensação tão somente de créditos para extinção de débitos para com o mesmo ente federado e relativos ao mesmo tributo.

•• § 11 acrescentado pela Lei Complementar n. 139, de 10-11-2011.

§ 12. Na restituição e compensação no Simples Nacional serão observados os prazos de decadência e prescrição previstos na Lei n. 5.172, de 25 de outubro de 1966 (Código Tributário Nacional).

•• § 12 acrescentado pela Lei Complementar n. 139, de 10-11-2011.

§ 13. É vedada a cessão de créditos para extinção de débitos no Simples Nacional.

•• § 13 acrescentado pela Lei Complementar n. 139, de 10-11-2011.

§ 14. Aplica-se aos processos de restituição e de compensação o rito estabelecido pelo CGSN.

•• § 14 acrescentado pela Lei Complementar n. 139, de 10-11-2011.

§ 15. Compete ao CGSN fixar critérios, condições para rescisão, prazos, valores mínimos de amortização e demais procedimentos para parcelamento dos recolhimentos em atraso dos débitos tributários apurados no Simples Nacional, observado o disposto no § 3.º deste artigo e no art. 35 e ressalvado o disposto no § 19 deste artigo.

•• § 15 acrescentado pela Lei Complementar n. 139, de 10-11-2011.

•• *Vide* Lei Complementar n. 162, de 6-4-2018, que institui o Programa Especial de Regularização Tributária das Microempresas e Empresas de Pequeno Porte optantes pelo Simples Nacional (Pert-SN).

§ 16. Os débitos de que trata o § 15 poderão ser parcelados em até 60 (sessenta) parcelas mensais, na forma e condições previstas pelo CGSN.

•• § 16 acrescentado pela Lei Complementar n. 139, de 10-11-2011.

§ 17. O valor de cada prestação mensal, por ocasião do pagamento, será acrescido de juros equivalentes à taxa referencial do Sistema Especial de Liquidação e de Custódia (Selic) para títulos federais, acumulada mensalmente, calculados a partir do mês subsequente ao da consolidação até o mês anterior ao do pagamento, e de 1% (um por cento) relativamente ao mês em que o pagamento estiver sendo efetuado, na forma regulamentada pelo CGSN.

•• § 17 acrescentado pela Lei Complementar n. 139, de 10-11-2011.

§ 18. Será admitido reparcelamento de débitos constantes de parcelamento em curso ou que tenha sido rescindido, podendo ser incluídos novos débitos, na forma regulamentada pelo CGSN.

•• § 18 acrescentado pela Lei Complementar n. 139, de 10-11-2011.

§ 19. Os débitos constituídos de forma isolada por parte de Estado, do Distrito Federal ou de Município, em face de ausência de aplicativo para lançamento unificado, relativo a tributo de sua competência, que não estiverem inscritos em Dívida Ativa da União, poderão ser parcelados pelo ente responsável pelo lançamento de acordo com a respectiva legislação, na forma regulamentada pelo CGSN.

•• § 19 acrescentado pela Lei Complementar n. 139, de 10-11-2011.

§ 20. O pedido de parcelamento deferido importa confissão irretratável do débito e configura confissão extrajudicial.

•• § 20 acrescentado pela Lei Complementar n. 139, de 10-11-2011.

§ 21. Serão aplicadas na consolidação as reduções das multas de lançamento de ofício previstas na legislação federal, conforme regulamentação do CGSN.

•• § 21 acrescentado pela Lei Complementar n. 139, de 10-11-2011.

§ 22. O repasse para os entes federados dos valores pagos e da amortização dos débitos parcelados será efetuado proporcionalmente ao valor de cada tributo na composição da dívida consolidada.

•• § 22 acrescentado pela Lei Complementar n. 139, de 10-11-2011.

§ 23. No caso de parcelamento de débito inscrito em dívida ativa, o devedor pagará custas, emolumentos e demais encargos legais.

•• § 23 acrescentado pela Lei Complementar n. 139, de 10-11-2011.

§ 24. Implicará imediata rescisão do parcelamento e remessa do débito para inscrição em dívida ativa ou prosseguimento da execução, conforme o caso, até deliberação do CGSN, a falta de pagamento:

•• § 24, *caput*, acrescentado pela Lei Complementar n. 139, de 10-11-2011.

I – de 3 (três) parcelas, consecutivas ou não; ou

•• Inciso I acrescentado pela Lei Complementar n. 139, de 10-11-2011.

II – de 1 (uma) parcela, estando pagas todas as demais.

•• Inciso II acrescentado pela Lei Complementar n. 139, de 10-11-2011.

§ 25. O documento previsto no inciso I do *caput* deste artigo deverá conter a partilha discriminada de cada um dos tributos abrangidos pelo Simples Nacional, bem como os valores destinados a cada ente federado.

•• § 25 acrescentado pela Lei Complementar n. 155, de 27-10-2016, produzindo efeitos a partir de 1.º-1-2018.

Art. 21-A. A inscrição de microempresa ou empresa de pequeno porte no Cadastro Informativo dos créditos não quitados do setor público federal – CADIN, somente ocorrerá mediante notificação prévia com prazo para contestação.

•• Artigo acrescentado pela Lei Complementar n. 147, de 7-8-2014.

Art. 21-B. Os Estados e o Distrito Federal deverão observar, em relação ao ICMS, o prazo mínimo de 60 (sessenta) dias, contado a partir do primeiro dia do mês do fato gerador da obrigação tributária, para estabelecer a data de vencimento do imposto devido por substituição tributária, tributação concentrada em uma única etapa (monofásica) e por antecipação tributária com ou sem encerramento de tributação, nas hipóteses em que a responsabilidade recair sobre operações ou prestações subsequentes, na forma regulamentada pelo Comitê Gestor.

•• Artigo acrescentado pela Lei Complementar n. 147, de 7-8-2014.

Seção V
Do Repasse do Produto da Arrecadação

Art. 22. O Comitê Gestor definirá o sistema de repasses do total arrecadado, inclusive encargos legais, para o:

I – Município ou Distrito Federal, do valor correspondente ao ISS;

II – Estado ou Distrito Federal, do valor correspondente ao ICMS;

III – Instituto Nacional do Seguro Social, do valor correspondente à Contribuição para manutenção da Seguridade Social.

Parágrafo único. Enquanto o Comitê Gestor não regulamentar o prazo para o repasse previsto no inciso II do *caput* deste artigo, esse será efetuado nos prazos estabelecidos nos convênios celebrados no âmbito do colegiado a que se refere a alínea *g* do inciso XII do § 2.º do art. 155 da Constituição Federal.

Seção VI
Dos Créditos

Art. 23. As microempresas e as empresas de pequeno porte optantes pelo Simples Nacional não farão jus à apropriação nem transferirão créditos relativos a impostos ou contribuições abrangidos pelo Simples Nacional.

§ 1.º As pessoas jurídicas e aquelas a elas equiparadas pela legislação tributária não optantes pelo Simples Nacional terão direito a crédito correspondente ao ICMS incidente sobre as suas aquisições de mercadorias de microempresa ou empresa de pequeno porte optante pelo Simples Nacional, desde que destinadas à comercialização ou industrialização e observado, como limite, o ICMS efetivamente devido pelas optantes pelo Simples Nacional em relação a essas aquisições.

•• § 1.º acrescentado pela Lei Complementar n. 128, de 19-12-2008.

§ 2.º A alíquota aplicável ao cálculo do crédito de que trata o § 1.º deste artigo deverá ser informada no documento fiscal e corresponderá ao percentual de ICMS previsto nos Anexos I ou II desta Lei Complementar para a faixa de receita bruta a que a microempresa ou a empresa de pequeno porte estiver sujeita no mês anterior ao da operação.

•• § 2.º acrescentado pela Lei Complementar n. 128, de 19-12-2008.

§ 3.º Na hipótese de a operação ocorrer no mês de início de atividades da microempresa ou empresa de pequeno porte optante pelo Simples Nacional, a alíquota aplicável ao cálculo do crédito de que trata o § 1.º deste artigo corresponderá ao percentual de ICMS referente à menor alíquota prevista nos Anexos I ou II desta Lei Complementar.

•• § 3.º acrescentado pela Lei Complementar n. 128, de 19-12-2008.

§ 4.º Não se aplica o disposto nos §§ 1.º a 3.º deste artigo quando:

•• § 4.º, *caput*, com redação determinada pela Lei Complementar n. 128, de 19-12-2008.

I – a microempresa ou empresa de pequeno porte estiver sujeita à tributação do ICMS no Simples Nacional por valores fixos mensais;

•• Inciso I acrescentado pela Lei Complementar n. 128, de 19-12-2008.

II – a microempresa ou a empresa de pequeno porte não informar a alíquota de que trata o § 2.º deste artigo no documento fiscal;

•• Inciso II acrescentado pela Lei Complementar n. 128, de 19-12-2008.

III – houver isenção estabelecida pelo Estado ou Distrito Federal que abranja a faixa de receita bruta a que a microempresa ou a empresa de pequeno porte estiver sujeita no mês da operação;

•• Inciso III acrescentado pela Lei Complementar n. 128, de 19-12-2008.

IV – o remetente da operação ou prestação considerar, por opção, que a alíquota determinada na forma do *caput* e dos §§ 1.º e 2.º do art. 18 desta Lei Complementar deverá incidir sobre a receita recebida no mês.

•• Inciso IV acrescentado pela Lei Complementar n. 128, de 19-12-2008.

§ 5.º Mediante deliberação exclusiva e unilateral dos Estados e do Distrito Federal, poderá ser concedido às pessoas jurídicas e àquelas a elas equiparadas pela legislação tributária não optantes pelo Simples Nacional crédito correspondente ao ICMS incidente sobre os insumos utilizados nas mercadorias adquiridas de indústria optante pelo Simples Nacional, sendo vedado o estabelecimento de diferenciação no valor do crédito em razão da procedência dessas mercadorias.

•• § 5.º acrescentado pela Lei Complementar n. 128, de 19-12-2008.

§ 6.º O Comitê Gestor do Simples Nacional disciplinará o disposto neste artigo.

•• § 6.º acrescentado pela Lei Complementar n. 128, de 19-12-2008.

Art. 24. As microempresas e as empresas de pequeno porte optantes pelo Simples Nacional não poderão utilizar ou destinar qualquer valor a título de incentivo fiscal.

§ 1.º Não serão consideradas quaisquer alterações em bases de cálculo, alíquotas e percentuais ou outros fatores que alterem o valor de imposto ou contribuição apurado na forma do Simples Nacional, estabelecidas pela União, Estado, Distrito Federal ou Município, exceto as previstas ou autorizadas nesta Lei Complementar.

•• Parágrafo único renumerado pela Lei Complementar n. 155, de 27-10-2016, produzindo efeitos a partir de 1.º-1-2018.

§ 2.º (*Vetado.*)

•• § 2.º acrescentado pela Lei Complementar n. 155, de 27-10-2016, produzindo efeitos a partir de 1.º-1-2018.

Seção VII
Das Obrigações Fiscais Acessórias

Art. 25. A microempresa ou empresa de pequeno porte optante pelo Simples Nacional deverá apresentar anualmente à Secretaria da Receita Federal do Brasil declaração única e simplificada de informações socioeconômicas e fiscais, que deverá ser disponibilizada aos órgãos de fiscalização tributária e previdenciária, observados prazo e modelo aprovados pelo CGSN e observado o disposto no § 15-A do art. 18.

•• *Caput* com redação determinada pela Lei Complementar n. 139, de 10-11-2011.

• *Vide* arts. 26, II, § 3.º, 38, 41, § 4.º, II, desta Lei Complementar.

§ 1.º A declaração de que trata o *caput* deste artigo constitui confissão de dívida e instrumento hábil e suficiente para a exigência dos tributos e contribuições que não tenham sido recolhidos resultantes das informações nela prestadas.

•• Primitivo parágrafo único renumerado pela Lei Complementar n. 128, de 19-12-2008.

§ 2.º A situação de inatividade deverá ser informada na declaração de que trata o *caput* deste artigo, na forma regulamentada pelo Comitê Gestor.

•• § 2.º acrescentado pela Lei Complementar n. 128, de 19-12-2008.

§ 3.º Para efeito do disposto no § 2.º deste artigo, considera-se em situação de inatividade a microempresa ou a empresa de pequeno porte que não apresente mutação patrimonial e atividade operacional durante todo o ano-calendário.

•• § 3.º acrescentado pela Lei Complementar n. 128, de 19-12-2008.

§ 4.º A declaração de que trata o *caput* deste artigo, relativa ao MEI definido no art. 18-A desta Lei Complementar, conterá, para efeito do disposto no art. 3.º da Lei Complementar n. 63, de 11 de janeiro de 1990, tão somente as informações relativas à receita bruta total sujeita ao ICMS, sendo vedada a instituição de declarações adicionais em decorrência da referida Lei Complementar.

•• § 4.º acrescentado pela Lei Complementar n. 128, de 19-12-2008.

§ 5.º A declaração de que trata o *caput*, a partir das informações relativas ao ano-calendário de 2012, poderá ser prestada por meio da declaração de que trata o § 15-A do art. 18 desta Lei Complementar, na periodicidade e prazos definidos pelo CGSN.

•• § 5.º acrescentado pela Lei Complementar n. 147, de 7-8-2014.

Art. 26. As microempresas e empresas de pequeno porte optantes pelo Simples Nacional ficam obrigadas a:

• *Vide* art. 29, XI, desta Lei Complementar.

I – emitir documento fiscal de venda ou prestação de serviço, de acordo com instruções expedidas pelo Comitê Gestor;

II – manter em boa ordem e guarda os documentos que fundamentaram a apuração dos impostos e contribuições devidos e o cumprimento das obrigações acessórias a que se refere o art. 25 desta Lei Complementar enquanto não decorrido o prazo decadencial e não prescritas eventuais ações que lhes sejam pertinentes.

§ 1.º O MEI fará a comprovação da receita bruta mediante apresentação do registro de vendas ou de prestação de serviços na forma estabelecida pelo CGSN, ficando dispensado da emissão do documento fiscal previsto no inciso I do *caput*, ressalvadas as hipóteses de emissão obrigatória previstas pelo referido Comitê.

•• § 1.º com redação determinada pela Lei Complementar n. 139, de 10-11-2011.

§ 2.º As demais microempresas e as empresas de pequeno porte, além do disposto nos incisos I e II do *caput* deste artigo, deverão, ainda, manter o livro-caixa em que será escriturada sua movimentação financeira e bancária.

§ 3.º A exigência de declaração única a que se refere o *caput* do art. 25 desta Lei Complementar não desobriga a prestação de informações relativas a terceiros.

§ 4.º É vedada a exigência de obrigações tributárias acessórias relativas aos tributos apurados na forma do Simples Nacional além daquelas estipuladas pelo CGSN e atendidas por meio do Portal do Simples Nacional, bem como, o estabelecimento de exigências adicionais e unilaterais pelos entes federativos, exceto os programas de cidadania fiscal.

•• § 4.º com redação determinada pela Lei Complementar n. 147, de 7-8-2014.

§ 4.º-A. A escrituração fiscal digital ou obrigação equivalente não poderá ser exigida da microempresa ou empresa de pequeno porte optante pelo Simples Nacional, salvo se, cumulativamente, houver:

•• § 4.º-A, *caput*, acrescentado pela Lei Complementar n. 147, de 7-8-2014.

I – autorização específica do CGSN, que estabelecerá as condições para a obrigatoriedade;

•• Inciso I acrescentado pela Lei Complementar n. 147, de 7-8-2014.

II – disponibilização por parte da administração tributária estipulante de aplicativo gratuito para uso da empresa optante.

•• Inciso II acrescentado pela Lei Complementar n. 147, de 7-8-2014.

§ 4.º-B. A exigência de apresentação de livros fiscais em meio eletrônico aplicar-se-á somente na hipótese de substituição da entrega em meio convencional, cuja obrigatoriedade tenha sido prévia e especificamente estabelecida pelo CGSN.

•• § 4.º-B acrescentado pela Lei Complementar n. 147, de 7-8-2014.

§ 4.º-C. Até a implantação de sistema nacional uniforme estabelecido pelo CGSN com compartilhamento de informações com os entes federados, permanece válida norma publicada por ente federado até o primeiro trimestre de 2014 que tenha veiculado exigência vigente de a microempresa ou empresa de pequeno porte apresentar escrituração fiscal digital ou obrigação equivalente.

•• § 4.º-C acrescentado pela Lei Complementar n. 147, de 7-8-2014.

§ 5.º As microempresas e empresas de pequeno porte ficam sujeitas à entrega de declaração eletrônica que deva conter os dados referentes aos serviços prestados ou tomados de terceiros, na conformidade do que dispuser o Comitê Gestor.

§ 6.º Na hipótese do § 1.º deste artigo:

•• § 6.º, *caput*, acrescentado pela Lei Complementar n. 128, de 19-12-2008.

I – deverão ser anexados ao registro de vendas ou de prestação de serviços, na forma regulamentada pelo Comitê Gestor, os documentos fiscais comprobatórios das entradas de mercadorias e serviços tomados referentes ao período, bem como os documentos fiscais relativos às operações ou prestações realizadas eventualmente emitidos;

•• Inciso I acrescentado pela Lei Complementar n. 128, de 19-12-2008.

II – será obrigatória a emissão de documento fiscal nas vendas e nas prestações de serviços realizadas pelo MEI para destinatário cadastrado no Cadastro Nacional da Pessoa Jurídica (CNPJ), ficando dispensado desta emissão para o consumidor final.

•• Inciso II com redação determinada pela Lei Complementar n. 139, de 10-11-2011.

§ 7.º Cabe ao CGSN dispor sobre a exigência da certificação digital para o cumprimento de obrigações principais e acessórias por parte da microempresa, inclusive o MEI, ou empresa de pequeno porte optante pelo Simples Nacional, inclusive para o recolhimento do FGTS.

•• § 7.º acrescentado pela Lei Complementar n. 139, de 10-11-2011.

§ 8.º O CGSN poderá disciplinar sobre a disponibilização, no portal do SIMPLES Nacional, de documento fiscal eletrônico de venda ou de prestação de serviço para o MEI, microempresa ou empresa de pequeno porte optante pelo Simples Nacional.

•• § 8.º acrescentado pela Lei Complementar n. 147, de 7-8-2014.

§ 9.º O desenvolvimento e a manutenção das soluções de tecnologia, capacitação e orientação aos usuários relativas ao disposto no § 8.º, bem como as demais relativas ao Simples Nacional, poderão ser apoiadas pelo Serviço Brasileiro de Apoio às Micro e Pequenas Empresas – SEBRAE.

•• § 9.º acrescentado pela Lei Complementar n. 147, de 7-8-2014.

§ 10. O ato de emissão ou de recepção de documento fiscal por meio eletrônico estabelecido pelas administrações tributárias, em qualquer modalidade, de entrada, de saída ou de prestação, na forma estabelecida pelo CGSN, representa sua própria escrituração fiscal e elemento suficiente para a fundamentação e a constituição do crédito tributário.

•• § 10 acrescentado pela Lei Complementar n. 147, de 7-8-2014.

§ 11. Os dados dos documentos fiscais de qualquer espécie podem ser compartilhados entre as administrações tributárias da União, Estados, Distrito Federal e Municípios e, quando emitidos por meio eletrônico, na forma estabelecida pelo CGSN, a microempresa ou empresa de pequeno porte optante pelo Simples Nacional fica desobrigada de transmitir seus dados às administrações tributárias.

•• § 11 acrescentado pela Lei Complementar n. 147, de 7-8-2014.

§ 12. As informações a serem prestadas relativas ao ICMS devido na forma prevista nas alíneas *a*, *g* e *h* do inciso XIII do § 1.º do art. 13 serão fornecidas por meio de aplicativo único.

•• § 12 acrescentado pela Lei Complementar n. 147, de 7-8-2014, produzindo efeitos a partir de 1.º-1-2016 (*DOU* de 8-8-2014).

§ 13. Fica estabelecida a obrigatoriedade de utilização de documentos fiscais eletrônicos estabelecidos pelo Confaz nas operações e prestações relativas ao ICMS efetuadas por microempresas e empresas de pequeno porte nas hipóteses previstas nas alíneas *a*, *g* e *h* do inciso XIII do § 1.º do art. 13.

•• § 13 acrescentado pela Lei Complementar n. 147, de 7-8-2014, produzindo efeitos a partir de 1.º-1-2016 (*DOU* de 8-8-2014).

§ 14. Os aplicativos necessários ao cumprimento do disposto nos §§ 12 e 13 deste artigo serão disponibilizados, de forma gratuita, no portal do Simples Nacional.

•• § 14 acrescentado pela Lei Complementar n. 147, de 7-8-2014, produzindo efeitos a partir de 1.º-1-2016 (*DOU* de 8-8-2014).

§ 15. O CGSN regulamentará o disposto neste artigo.

•• § 15 acrescentado pela Lei Complementar n. 147, de 7-8-2014.

Art. 27. As microempresas e empresas de pequeno porte optantes pelo Simples Nacional poderão, opcionalmente, adotar contabilidade simplificada para os registros e controles das operações realizadas, conforme regulamentação do Comitê Gestor.

• O Decreto n. 6.451, de 12-5-2008, dispõe sobre a constituição do Consórcio Simples por microempresas e empresas de pequeno porte optantes pelo Simples Nacional.

Seção VIII
Da Exclusão do Simples Nacional

Art. 28. A exclusão do Simples Nacional será feita de ofício ou mediante comunicação das empresas optantes.

Parágrafo único. As regras previstas nesta seção e o modo de sua implementação serão regulamentados pelo Comitê Gestor.

Art. 29. A exclusão de ofício das empresas optantes pelo Simples Nacional dar-se-á quando:

• *Vide* art. 33 desta Lei Complementar.

I – verificada a falta de comunicação de exclusão obrigatória;

II – for oferecido embaraço à fiscalização, caracterizado pela negativa não justificada de exibição de livros e documentos a que estiverem obrigadas, bem como pelo não fornecimento de informações sobre bens, movimentação financeira, negócio ou atividade que estiverem intimadas a apresentar, e nas demais hipóteses que autorizam a requisição de auxílio da força pública;

III – for oferecida resistência à fiscalização, caracterizada pela negativa de acesso ao estabelecimento, ao domicílio fiscal ou a qualquer outro local onde desenvolvam suas atividades ou se encontrem bens de sua propriedade;

IV – a sua constituição ocorrer por interpostas pessoas;

V – tiver sido constatada prática reiterada de infração ao disposto nesta Lei Complementar;

VI – a empresa for declarada inapta, na forma dos arts. 81 e 82 da Lei n. 9.430, de 27 de dezembro de 1996, e alterações posteriores;

VII – comercializar mercadorias objeto de contrabando ou descaminho;

VIII – houver falta de escrituração do livro-caixa ou não permitir a identificação da movimentação financeira, inclusive bancária;

IX – for constatado que durante o ano-calendário o valor das despesas pagas supera em 20% (vinte por cento) o valor de ingressos de recursos no mesmo período, excluído o ano de início de atividade;

X – for constatado que durante o ano-calendário o valor das aquisições de mercadorias para comercialização ou industrialização, ressalvadas hipóteses justificadas de aumento de estoque, for superior a 80% (oitenta por cento) dos ingressos de recursos no mesmo período, excluído o ano de início de atividade;

XI – houver descumprimento reiterado da obrigação contida no inciso I do *caput* do art. 26;

•• Inciso XI com redação determinada pela Lei Complementar n. 139, de 10-11-2011.

XII – omitir de forma reiterada da folha de pagamento da empresa ou de documento de informações previsto pela legislação previdenciária, trabalhista ou tributária, segurado empregado, trabalhador avulso ou contribuinte individual que lhe preste serviço.

•• Inciso XII com redação determinada pela Lei Complementar n. 139, de 10-11-2011.

§ 1.º Nas hipóteses previstas nos incisos II a XII do *caput* deste artigo, a exclusão produzirá efeitos a partir do próprio mês em que incorridas, impedindo a opção pelo regime diferenciado e favorecido desta Lei Complementar pelos próximos 3 (três) anos-calendário seguintes.

•• § 1.º com redação determinada pela Lei Complementar n. 127, de 14-8-2007.

§ 2.º O prazo de que trata o § 1.º deste artigo será elevado para 10 (dez) anos caso seja constatada a utilização de artifício, ardil ou qualquer outro meio fraudulento que induza ou mantenha a fiscalização em erro, com o fim de suprimir ou reduzir o pagamento de tributo apurável segundo o regime especial previsto nesta Lei Complementar.

§ 3.º A exclusão de ofício será realizada na forma regulamentada pelo Comitê Gestor, cabendo o lançamento dos tributos e contribuições apurados aos respectivos entes tributantes.

§ 4.º (*Revogado pela Lei Complementar n. 128, de 19-12-2008.*)

§ 5.º A competência para exclusão de ofício do Simples Nacional obedece ao disposto no art. 33, e o julgamento administrativo, ao disposto no art. 39, ambos desta Lei Complementar.

§ 6.º Nas hipóteses de exclusão previstas no *caput*, a notificação:

•• § 6.º, *caput*, com redação determinada pela Lei Complementar n. 139, de 10-11-2011.

I – será efetuada pelo ente federativo que promoveu a exclusão; e

•• Inciso I acrescentado pela Lei Complementar n. 139, de 10-11-2011.

II – poderá ser feita por meio eletrônico, observada a regulamentação do CGSN.

•• Inciso II acrescentado pela Lei Complementar n. 139, de 10-11-2011.

§ 7.º (*Revogado pela Lei Complementar n. 139, de 10-11-2011.*)

§ 8.º A notificação de que trata o § 6.º aplica-se ao indeferimento da opção pelo Simples Nacional.

•• § 8.º com redação determinada pela Lei Complementar n. 139, de 10-11-2011.

§ 9.º Considera-se prática reiterada, para fins do disposto nos incisos V, XI e XII do *caput*:

•• § 9.º, *caput*, acrescentado pela Lei Complementar n. 139, de 10-11-2011.

I – a ocorrência, em 2 (dois) ou mais períodos de apuração, consecutivos ou alternados, de idênticas infrações, inclusive de natureza acessória, verificada em relação aos últimos 5 (cinco) anos-calendário, formalizadas por intermédio de auto de infração ou notificação de lançamento; ou

•• Inciso I acrescentado pela Lei Complementar n. 139, de 10-11-2011.

II – a segunda ocorrência de idênticas infrações, caso seja constatada a utilização de artifício, ardil ou qualquer outro meio fraudulento que induza ou mantenha a fiscalização em erro, com o fim de suprimir ou reduzir o pagamento de tributo.

•• Inciso II acrescentado pela Lei Complementar n. 139, de 10-11-2011.

Art. 30. A exclusão do Simples Nacional, mediante comunicação das microempresas ou das empresas de pequeno porte, dar-se-á:

• *Vide* art. 36 desta Lei Complementar.

I – por opção;

II – obrigatoriamente, quando elas incorrerem em qualquer das situações de vedação previstas nesta Lei Complementar; ou

III – obrigatoriamente, quando ultrapassado, no ano-calendário de início de atividade, o limite proporcional de receita bruta de que trata o § 2.º do art. 3.º;

•• Inciso III com redação determinada pela Lei Complementar n. 139, de 10-11-2011.

IV – obrigatoriamente, quando ultrapassado, no ano-calendário, o limite de receita bruta previsto no inciso II do *caput* do art. 3.º, quando não estiver no ano-calendário de início de atividade.

•• Inciso IV acrescentado pela Lei Complementar n. 139, de 10-11-2011.

§ 1.º A exclusão deverá ser comunicada à Secretaria da Receita Federal:

•• A Secretaria da Receita Federal passa a denominar-se Secretaria da Receita Federal do Brasil, por força da Lei n. 11.457, de 16-3-2007.

I – na hipótese do inciso I do *caput* deste artigo, até o último dia útil do mês de janeiro;

II – na hipótese do inciso II do *caput* deste artigo, até o último dia útil do mês subsequente àquele em que ocorrida a situação de vedação;

III – na hipótese do inciso III do *caput*:

•• Inciso III, *caput*, com redação determinada pela Lei Complementar n. 139, de 10-11-2011.

a) até o último dia útil do mês seguinte àquele em que tiver ultrapassado em mais de 20% (vinte por cento) o limite proporcional de que trata o § 10 do art. 3.º; ou

•• Alínea *a* acrescentada pela Lei Complementar n. 139, de 10-11-2011.

b) até o último dia útil do mês de janeiro do ano-calendário subsequente ao de início de atividades, caso o excesso seja inferior a 20% (vinte por cento) do respectivo limite;

•• Alínea *b* acrescentada pela Lei Complementar n. 139, de 10-11-2011.

IV – na hipótese do inciso IV do *caput*:

•• Inciso IV, *caput*, acrescentado pela Lei Complementar n. 139, de 10-11-2011.

a) até o último dia útil do mês subsequente à ultrapassagem em mais de 20% (vinte por cento) do limite de receita bruta previsto no inciso II do *caput* do art. 3.º; ou

•• Alínea *a* acrescentada pela Lei Complementar n. 139, de 10-11-2011.

b) até o último dia útil do mês de janeiro do ano-calendário subsequente, na hipótese de não ter ultrapassado em mais de 20% (vinte por cento) o limite de receita bruta previsto no inciso II do *caput* do art. 3.º.

•• Alínea *b* acrescentada pela Lei Complementar n. 139, de 10-11-2011.

§ 2.º A comunicação de que trata o *caput* deste artigo dar-se-á na forma a ser estabelecida pelo Comitê Gestor.

§ 3.º A alteração de dados no CNPJ, informada pela ME ou EPP à Secretaria da Receita Federal do Brasil, equivalerá à comunicação obrigatória de exclusão do Simples Nacional nas seguintes hipóteses:

•• § 3.º, *caput*, acrescentado pela Lei Complementar n. 139, de 10-11-2011.

I – alteração de natureza jurídica para Sociedade Anônima, Sociedade Empresária em Comandita por Ações, Sociedade em Conta de Participação ou Estabelecimento, no Brasil, de Sociedade Estrangeira;

•• Inciso I acrescentado pela Lei Complementar n. 139, de 10-11-2011.

II – inclusão de atividade econômica vedada à opção pelo Simples Nacional;

•• Inciso II acrescentado pela Lei Complementar n. 139, de 10-11-2011.

III – inclusão de sócio pessoa jurídica;

•• Inciso III acrescentado pela Lei Complementar n. 139, de 10-11-2011.

IV – inclusão de sócio domiciliado no exterior;

•• Inciso IV acrescentado pela Lei Complementar n. 139, de 10-11-2011.

V – cisão parcial; ou

•• Inciso V acrescentado pela Lei Complementar n. 139, de 10-11-2011.

VI – extinção da empresa.

•• Inciso VI acrescentado pela Lei Complementar n. 139, de 10-11-2011.

Art. 31. A exclusão das microempresas ou das empresas de pequeno porte do Simples Nacional produzirá efeitos:

I – na hipótese do inciso I do *caput* do art. 30 desta Lei Complementar, a partir de 1.º de janeiro do ano-calendário subsequente, ressalvado o disposto no § 4.º deste artigo;

II – na hipótese do inciso II do *caput* do art. 30 desta Lei Complementar, a partir do mês seguinte da ocorrência da situação impeditiva;

III – na hipótese do inciso III do *caput* do art. 30 desta Lei Complementar:

a) desde o início das atividades;

b) a partir de 1.º de janeiro do ano-calendário subsequente, na hipótese de não ter ultrapassado em mais de 20% (vinte por cento) o limite proporcional de que trata o § 10 do art. 3.º;

•• Alínea *b* com redação determinada pela Lei Complementar n. 139, de 10-11-2011.

IV – na hipótese do inciso V do *caput* do art. 17 desta Lei Complementar, a partir do ano-calendário subsequente ao da ciência da comunicação da exclusão.

V – na hipótese do inciso IV do *caput* do art. 30:

•• Inciso V acrescentado pela Lei Complementar n. 139, de 10-11-2011.

a) a partir do mês subsequente à ultrapassagem em mais de 20% (vinte por cento) do limite de receita bruta previsto no inciso II do art. 3.º;

•• Alínea *a* acrescentada pela Lei Complementar n. 139, de 10-11-2011.

b) a partir de 1.º de janeiro do ano-calendário subsequente, na hipótese de não ter ultrapassado em mais de 20% (vinte por cento) o limite de receita bruta previsto no inciso II do art. 3.º.

•• Alínea *b* acrescentada pela Lei Complementar n. 139, de 10-11-2011

§ 1.º Na hipótese prevista no inciso III do *caput* do art. 30 desta Lei Complementar, a microempresa ou empresa de pequeno porte não poderá optar, no ano-calendário subsequente ao do início de atividades, pelo Simples Nacional.

§ 2.º Na hipótese dos incisos V e XVI do *caput* do art. 17, será permitida a permanência da pessoa jurídica como optante pelo Simples Nacional mediante a comprovação da regularização do débito ou do cadastro fiscal no prazo de até 30 (trinta) dias contados a partir da ciência da comunicação da exclusão.

•• § 2.º com redação determinada pela Lei Complementar n. 139, de 10-11-2011.

§ 3.º O CGSN regulamentará os procedimentos relativos ao impedimento de recolher o ICMS e o ISS na forma do Simples Nacional, em face da ultrapassagem dos limites estabelecidos na forma dos incisos I ou II do art. 19 e do art. 20.

•• § 3.º com redação determinada pela Lei Complementar n. 139, de 10-11-2011.

§ 4.º No caso de a microempresa ou a empresa de pequeno porte ser excluída do Simples Nacional no mês de janeiro, na hipótese do inciso I do *caput* do art. 30 desta Lei Complementar, os efeitos da exclusão dar-se-ão nesse mesmo ano.

§ 5.º Na hipótese do inciso II do *caput* deste artigo, uma vez que o motivo da exclusão deixe de existir, havendo a exclusão retroativa de ofício no caso do inciso I do *caput* do art. 29 desta Lei Complementar, o efeito desta dar-se-á a partir do mês seguinte ao da ocorrência da situação impeditiva, limitado, porém, ao último dia do ano-calendário em que a referida situação deixou de existir.

•• § 5.º acrescentado pela Lei Complementar n. 128, de 19-12-2008.

Art. 32. As microempresas ou as empresas de pequeno porte excluídas do Simples Nacional sujeitar-se-ão, a partir do período em que se processarem os efeitos da exclusão, às normas de tributação aplicáveis às demais pessoas jurídicas.

§ 1.º Para efeitos do disposto no *caput* deste artigo, na hipótese da alínea *a* do inciso III do *caput* do art. 31 desta Lei Complementar, a microempresa ou a empresa de pequeno porte desenquadrada ficará sujeita ao pagamento da totalidade ou diferença dos respectivos impostos e contribuições, devidos de conformidade com as normas gerais de incidência, acrescidos, tão somente, de juros de mora, quando efetuado antes do início de procedimento de ofício.

§ 2.º Para efeito do disposto no *caput* deste artigo, o sujeito passivo poderá optar pelo recolhimento do imposto de renda e da Contribuição Social sobre o Lucro Líquido na forma do lucro presumido, lucro real trimestral ou anual.

§ 3.º Aplica-se o disposto no *caput* e no § 1.º em relação ao ICMS e ao ISS à empresa impedida de recolher esses impostos na forma do Simples Nacional, em face da ultrapassagem dos limites a que se referem os incisos I e II do *caput* do art. 19, relativamente ao estabelecimento localizado na unidade da Federação que os houver adotado.

•• § 3.º acrescentado pela Lei Complementar n. 139, de 10-11-2011.

Seção IX
Da Fiscalização

Art. 33. A competência para fiscalizar o cumprimento das obrigações principais e acessórias relativas ao Simples Nacional e para verificar a ocorrência das hipóteses previstas no art. 29 desta Lei Complementar é da Secretaria da Receita Federal e das Secretarias de Fazenda ou de Finanças do Estado ou do Distrito Federal, segundo a localização do estabelecimento, e, tratando-se de prestação de serviços incluídos na competência tributária municipal, a competência será também do respectivo Município.

•• A Secretaria da Receita Federal passa a denominar-se Secretaria da Receita Federal do Brasil, por força da Lei n. 11.457, de 16-3-2007.

§ 1.º As Secretarias de Fazenda ou Finanças dos Estados poderão celebrar convênio com os Municípios de sua jurisdição para atribuir a estes a fiscalização a que se refere o *caput* deste artigo.

§ 1.º-A. Dispensa-se o convênio de que trata o § 1.º na hipótese de ocorrência de prestação de serviços sujeita ao ISS por estabelecimento localizado no Município.

•• § 1.º-A acrescentado pela Lei Complementar n. 139, de 10-11-2011.

§ 1.º-B. A fiscalização de que trata o *caput*, após iniciada, poderá abranger todos os demais estabelecimentos da microempresa ou da empresa de pequeno porte, independentemente da atividade por eles exercida ou de sua localização, na forma e condições estabelecidas pelo CGSN.

•• § 1.º-B acrescentado pela Lei Complementar n. 139, de 10-11-2011.

§ 1.º-C. As autoridades fiscais de que trata o *caput* têm competência para efetuar o lançamento de todos os tributos previstos nos incisos I a VIII do art. 13, apurados na forma do Simples Nacional, relativamente a todos os estabelecimentos da empresa, independentemente do ente federado instituidor.

•• § 1.º-C acrescentado pela Lei Complementar n. 139, de 10-11-2011.

§ 1.º-D. A competência para autuação por descumprimento de obrigação acessória é privativa da administração tributária perante a qual a obrigação deveria ter sido cumprida.

•• § 1.º-D acrescentado pela Lei Complementar n. 139, de 10-11-2011.

§ 2.º Na hipótese de a microempresa ou empresa de pequeno porte exercer alguma das atividades de prestação de serviços previstas no § 5.º-C do art. 18 desta Lei Complementar, caberá à Secretaria da Receita Federal do Brasil a fiscalização da Contribuição para a Seguridade Social, a cargo da empresa, de que trata o art. 22 da Lei n. 8.212, de 24 de julho de 1991.

•• § 2.º com redação determinada pela Lei Complementar n. 128, de 19-12-2008.

§ 3.º O valor não pago, apurado em procedimento de fiscalização, será exigido em lançamento de ofício pela autoridade competente que realizou a fiscalização.

§ 4.º O Comitê Gestor disciplinará o disposto neste artigo.

Seção X
Da Omissão de Receita

Art. 34. Aplicam-se à microempresa e à empresa de pequeno porte optantes pelo Simples Nacional todas as presunções de omissão de receita existentes nas legislações de regência dos impostos e contribuições incluídos no Simples Nacional.

•• A Lei Complementar n. 139, de 10-11-2011, propôs nova redação para este artigo, porém teve seu texto vetado.

§ 1.º É permitida a prestação de assistência mútua e a permuta de informações entre a Fazenda Pública da União e as dos Estados, do Distrito Federal e dos Municípios, relativas às microempresas e às empresas de pequeno porte, para fins de planejamento ou de execução de procedimentos fiscais ou preparatórios.

•• § 1.º acrescentado pela Lei Complementar n. 155, de 27-10-2016, produzindo efeitos a partir de 1.º-1-2018.

§ 2.º (*Vetado.*)

•• § 2.º acrescentado pela Lei Complementar n. 155, de 27-10-2016, produzindo efeitos a partir de 1.º-1-2018.

§ 3.º Sem prejuízo de ação fiscal individual, as administrações tributárias poderão utilizar procedimento de notificação prévia visando à autorregularização, na forma e nos prazos a serem regulamentados pelo CGSN, que não constituirá início de procedimento fiscal.

•• § 3.º acrescentado pela Lei Complementar n. 155, de 27-10-2016, produzindo efeitos a partir de 1.º-1-2018.

§ 4.º (*Vetado.*)

•• § 4.º acrescentado pela Lei Complementar n. 155, de 27-10-2016, produzindo efeitos a partir de 1.º-1-2018.

Seção XI
Dos Acréscimos Legais

Art. 35. Aplicam-se aos impostos e contribuições devidos pela microempresa e pela empresa de pequeno porte, inscritas no Simples Nacional, as normas relativas aos juros e multa de mora e de ofício previstas para o imposto de renda, inclusive, quando for o caso, em relação ao ICMS e ao ISS.

Art. 36. A falta de comunicação, quando obrigatória, da exclusão da pessoa jurídica do Simples Nacional, nos prazos determinados no § 1.º do art. 30 desta Lei Complementar, sujeitará a pessoa jurídica a multa correspondente a 10% (dez por cento) do total dos impostos e contribuições devidos de conformidade com o Simples Nacional no mês que anteceder o início dos efeitos da exclusão, não inferior a R$ 200,00 (duzentos reais), insusceptível de redução.

•• Artigo com redação determinada pela Lei Complementar n. 128, de 19-12-2008.

Art. 36-A. A falta de comunicação, quando obrigatória, do desenquadramento do microempreendedor individual da sistemática de recolhimento prevista no art. 18-A desta Lei Complementar nos prazos determinados em seu § 7.º sujeitará o microempreendedor individual a multa no valor de R$ 50,00 (cinquenta reais), insusceptível de redução.

•• Artigo acrescentado pela Lei Complementar n. 128, de 19-12-2008.

Art. 37. A imposição das multas de que trata esta Lei Complementar não exclui a aplicação das sanções previstas na legislação penal, inclusive em relação a declaração falsa, adulteração de documentos e emissão de nota fiscal em desacordo com a operação efetivamente praticada, a que estão sujeitos o titular ou sócio da pessoa jurídica.

Art. 38. O sujeito passivo que deixar de apresentar a Declaração Simplificada da Pessoa Jurídica a que se refere o art. 25 desta Lei Complementar, no prazo fixado, ou que a apresentar com incorreções ou omissões, será intimado a apresentar declaração original, no caso de não apresentação, ou a prestar esclarecimentos, nos demais casos, no prazo estipulado pela autoridade fiscal, na forma definida pelo Comitê Gestor, e sujeitar-se-á às seguintes multas:

I – de 2% (dois por cento) ao mês-calendário ou fração, incidentes sobre o montante dos tributos e contribuições informados na Declaração Simplificada da Pessoa Jurídica, ainda que integralmente pago, no caso de falta de entrega da declaração ou entrega após o prazo, limitada a 20% (vinte por cento), observado o disposto no § 3.º deste artigo;

II – de R$ 100,00 (cem reais) para cada grupo de 10 (dez) informações incorretas ou omitidas.

§ 1.º Para efeito de aplicação da multa prevista no inciso I do *caput* deste artigo, será considerado como termo inicial o dia seguinte ao término do prazo originalmente fixado para a entrega da declaração e como termo final a data da efetiva entrega ou, no caso de não apresentação, da lavratura do auto de infração.

§ 2.º Observado o disposto no § 3.º deste artigo, as multas serão reduzidas:

I – à metade, quando a declaração for apresentada após o prazo, mas antes de qualquer procedimento de ofício;

II – a 75% (setenta e cinco por cento), se houver a apresentação da declaração no prazo fixado em intimação.

§ 3.º A multa mínima a ser aplicada será de R$ 200,00 (duzentos reais).

•• § 3.º com redação determinada pela Lei Complementar n. 128, de 19-12-2008.

§ 4.º Considerar-se-á não entregue a declaração que não atender às especificações técnicas estabelecidas pelo Comitê Gestor.

§ 5.º Na hipótese do § 4.º deste artigo, o sujeito passivo será intimado a apresentar nova declaração, no prazo de 10 (dez) dias, contados da ciência da intimação, e sujeitar-se-á à multa prevista no inciso I do *caput* deste artigo, observado o disposto nos §§ 1.º a 3.º deste artigo.

§ 6.º A multa mínima de que trata o § 3.º deste artigo a ser aplicada ao Microempreendedor Individual na vigência da opção de que trata o art. 18-A desta Lei Complementar será de R$ 50,00 (cinquenta reais).

•• § 6.º acrescentado pela Lei Complementar n. 128, de 19-12-2008.

Art. 38-A. O sujeito passivo que deixar de prestar as informações no sistema eletrônico de cálculo de que trata o § 15 do art. 18, no prazo previsto no § 15-A do mesmo artigo, ou que as prestar com incorreções ou omissões, será intimado a fazê-lo, no caso de não apresentação, ou a prestar esclarecimentos, nos demais casos, no prazo estipulado pela autoridade fiscal, na forma definida pelo CGSN, e sujeitar-se-á às seguintes multas, para cada mês de referência:

•• *Caput* acrescentado pela Lei Complementar n. 139, de 10-11-2011.

I – de 2% (dois por cento) ao mês-calendário ou fração, a partir do primeiro dia do quarto mês do ano subsequente à ocorrência dos fatos geradores, incidentes sobre o montante dos impostos e contribuições decorrentes das informações prestadas no sistema eletrônico de cálculo de que trata o § 15 do art. 18, ainda que integralmente pago, no caso de ausência de prestação de informações ou sua efetuação após o prazo, limitada a 20% (vinte por cento), observado o disposto no § 2.º deste artigo; e

•• Inciso I acrescentado pela Lei Complementar n. 139, de 10-11-2011.

II – de R$ 20,00 (vinte reais) para cada grupo de 10 (dez) informações incorretas ou omitidas.

•• Inciso II acrescentado pela Lei Complementar n. 139, de 10-11-2011.

§ 1.º Para efeito de aplicação da multa prevista no inciso I do *caput*, será considerado como termo inicial o primeiro dia do quarto mês do ano subsequente à ocorrência dos fatos geradores e como termo final a data da efetiva prestação ou, no caso de não prestação, da lavratura do auto de infração.

•• § 1.º acrescentado pela Lei Complementar n. 139, de 10-11-2011.

§ 2.º A multa mínima a ser aplicada será de R$ 50,00 (cinquenta reais) para cada mês de referência.

•• § 2.º acrescentado pela Lei Complementar n. 139, de 10-11-2011.

§ 3.º Aplica-se ao disposto neste artigo o disposto nos §§ 2.º, 4.º e 5.º do art. 38.

•• § 3.º acrescentado pela Lei Complementar n. 139, de 10-11-2011.

§ 4.º O CGSN poderá estabelecer data posterior à prevista no inciso I do *caput* e no § 1.º.

•• § 4.º acrescentado pela Lei Complementar n. 139, de 10-11-2011.

Art. 38-B. As multas relativas à falta de prestação ou à incorreção no cumprimento de obrigações acessórias para com os órgãos e entidades federais, estaduais, distritais e municipais, quando em valor fixo ou mínimo, e na ausência de previsão legal de valores específicos e mais favoráveis para MEI, microempresa ou empresa de pequeno porte, terão redução de:

•• *Caput* acrescentado pela Lei Complementar n. 147, de 7-8-2014, produzindo efeitos a partir de 1.º-1-2016 (*DOU* de 8-8-2014).

•• A Recomendação n. 5, de 8-4-2015, do Comitê Gestor do Simples Nacional, orienta os entes federados quanto à redução de multas para microempreendedores individuais, microempresas e empresas de pequeno porte optantes pelo Simples Nacional, na forma prevista neste artigo.

I – 90% (noventa por cento) para os MEI;

•• Inciso I acrescentado pela Lei Complementar n. 147, de 7-8-2014, produzindo efeitos a partir de 1.º-1-2016 (*DOU* de 8-8-2014).

II – 50% (cinquenta por cento) para as microempresas ou empresas de pequeno porte optantes pelo Simples Nacional.

•• Inciso II acrescentado pela Lei Complementar n. 147, de 7-8-2014, produzindo efeitos a partir de 1.º-1-2016 (*DOU* de 8-8-2014).

Parágrafo único. As reduções de que tratam os incisos I e II do *caput* não se aplicam na:

•• Parágrafo único acrescentado pela Lei Complementar n. 147, de 7-8-2014, produzindo efeitos a partir de 1.º-1-2016 (*DOU* de 8-8-2014).

I – hipótese de fraude, resistência ou embaraço à fiscalização;

•• Inciso I acrescentado pela Lei Complementar n. 147, de 7-8-2014, produzindo efeitos a partir de 1.º-1-2016 (*DOU* de 8-8-2014).

II – ausência de pagamento da multa no prazo de 30 (trinta) dias após a notificação.

•• Inciso II acrescentado pela Lei Complementar n. 147, de 7-8-2014, produzindo efeitos a partir de 1.º-1-2016 (*DOU* de 8-8-2014).

Seção XII
Do Processo Administrativo Fiscal

•• O Decreto n. 70.235, de 6-3-1972, dispõe sobre o processo administrativo fiscal, e dá outras providências.

Art. 39. O contencioso administrativo relativo ao Simples Nacional será de competência do órgão julgador integrante da estrutura administrativa do ente federativo que efetuar o lançamento, o indeferimento da opção ou a exclusão de ofício, observados os dispositivos legais atinentes aos processos administrativos fiscais desse ente.

•• *Caput* com redação determinada pela Lei Complementar n. 139, de 10-11-2011.

• *Vide* art. 55, § 4.º, desta Lei Complementar.

§ 1.º O Município poderá, mediante convênio, transferir a atribuição de julgamento exclusivamente ao respectivo Estado em que se localiza.

§ 2.º No caso em que o contribuinte do Simples Nacional exerça atividades incluídas no campo de incidência do ICMS e do ISS e seja apurada omissão de receita de que não se consiga identificar a origem, a autuação será feita utilizando a maior alíquota prevista nesta Lei Complementar, e a parcela autuada que não seja correspondente aos tributos e contribuições federais será rateada entre Estados e Municípios ou Distrito Federal.

§ 3.º Na hipótese referida no § 2.º deste artigo, o julgamento caberá ao Estado ou ao Distrito Federal.

§ 4.º A intimação eletrônica dos atos do contencioso administrativo observará o disposto nos §§ 1.º-A a 1.º-D do art. 16.

•• § 4.º com redação determinada pela Lei Complementar n. 139, de 10-11-2011.

§ 5.º A impugnação relativa ao indeferimento da opção ou à exclusão poderá ser decidida em órgão diverso do previsto no *caput*, na forma estabelecida pela respectiva administração tributária.

•• § 5.º acrescentado pela Lei Complementar n. 139, de 10-11-2011.

§ 6.º Na hipótese prevista no § 5.º, o CGSN poderá disciplinar procedimentos e prazos, bem como, no processo de exclusão, prever efeito suspensivo na hipótese de apresentação de impugnação, defesa ou recurso.

•• § 6.º acrescentado pela Lei Complementar n. 139, de 10-11-2011.

Art. 40. As consultas relativas ao Simples Nacional serão solucionadas pela Secretaria da Receita Federal, salvo quando se referirem a tributos e contribuições de competência estadual ou municipal, que serão solucionadas conforme a respectiva competência tributária, na forma disciplinada pelo Comitê Gestor.

•• A Secretaria da Receita Federal passa a denominar-se Secretaria da Receita Federal do Brasil, por força da Lei n. 11.457, de 16-3-2007.

• *Vide* art. 55, § 4.º, desta Lei Complementar.

Seção XIII
Do Processo Judicial

Art. 41. Os processos relativos a impostos e contribuições abrangidos pelo Simples Nacional serão ajuizados em face da União, que será representada em juízo pela Procuradoria-Geral da Fazenda Nacional, observado o disposto no § 5.º deste artigo.

•• *Caput* com redação determinada pela Lei Complementar n. 128, de 19-12-2008.

§ 1.º Os Estados, Distrito Federal e Municípios prestarão auxílio à Procuradoria-Geral da Fazenda Nacional, em relação aos tributos de sua competência, na forma a ser disciplinada por ato do Comitê Gestor.

§ 2.º Os créditos tributários oriundos da aplicação desta Lei Complementar serão apurados, inscritos em Dívida Ativa da União e cobrados judicialmente pela Procuradoria-Geral da Fazenda Nacional, observado o disposto no inciso V do § 5.º deste artigo.

•• § 2.º com redação determinada pela Lei Complementar n. 139, de 10-11-2011.

§ 3.º Mediante convênio, a Procuradoria-Geral da Fazenda Nacional poderá delegar aos Estados e Municípios a inscrição em dívida ativa estadual e municipal e a cobrança judicial dos tributos estaduais e municipais a que se refere esta Lei Complementar.

§ 4.º Aplica-se o disposto neste artigo aos impostos e contribuições que não tenham sido recolhidos resultantes das informações prestadas:

•• § 4.º, *caput*, com redação determinada pela Lei Complementar n. 139, de 10-11-2011.

I – no sistema eletrônico de cálculo dos valores devidos no Simples Nacional de que trata o § 15 do art. 18;

•• Inciso I acrescentado pela Lei Complementar n. 139, de 10-11-2011.

II – na declaração a que se refere o art. 25.

•• Inciso II acrescentado pela Lei Complementar n. 139, de 10-11-2011.

§ 5.º Excetuam-se do disposto no *caput* deste artigo:

•• § 5.º, *caput*, acrescentado pela Lei Complementar n. 128, de 19-12-2008.

I – os mandados de segurança nos quais se impugnem atos de autoridade coatora pertencente a Estado, Distrito Federal ou Município;

•• Inciso I acrescentado pela Lei Complementar n. 128, de 19-12-2008.

II – as ações que tratem exclusivamente de tributos de competência dos Estados, do Distrito Federal ou dos Municípios, as quais serão propostas em face desses entes federativos, representados em juízo por suas respectivas procuradorias;

•• Inciso II acrescentado pela Lei Complementar n. 128, de 19-12-2008.

III – as ações promovidas na hipótese de celebração do convênio de que trata o § 3.º deste artigo.

•• Inciso III acrescentado pela Lei Complementar n. 128, de 19-12-2008.

IV – o crédito tributário decorrente de auto de infração lavrado exclusivamente em face de descumprimento de obrigação acessória, observado o disposto no § 1.º-D do art. 33.

•• Inciso IV acrescentado pela Lei Complementar n. 139, de 10-11-2011.

V – o crédito tributário relativo ao ICMS e ao ISS de que tratam as alíneas *b* e *c* do inciso V do § 3.º do art. 18-A desta Lei Complementar.

•• Inciso V com redação determinada pela Lei Complementar n. 147, de 7-8-2014.

Capítulo V
DO ACESSO AOS MERCADOS

Seção I
Das Aquisições Públicas

•• Seção I renumerada pela Lei Complementar n. 147, de 7-8-2014.

•• *Vide* Decreto n. 8.538, de 6-10-2015, que regulamenta o tratamento favorecido, diferenciado e simplificado para as microempresas e empresas de pequeno porte nas contratações públicas de bens, serviços e obras, no âmbito da administração pública federal.

Art. 42. Nas licitações públicas, a comprovação de regularidade fiscal e trabalhista das microempresas e das empresas de pequeno porte somente será exigida para efeito de assinatura do contrato.

•• Artigo com redação determinada pela Lei Complementar n. 155, de 27-10-2016, produzindo efeitos a partir de 1.º-1-2018.

Art. 43. As microempresas e as empresas de pequeno porte, por ocasião da participação em certames licitatórios, deverão apresentar toda a documentação exigida para efeito de comprovação de regularidade fiscal e trabalhista, mesmo que esta apresente alguma restrição.

•• *Caput* com redação determinada pela Lei Complementar n. 155, de 27-10-2016, produzindo efeitos a partir de 1.º-1-2018.

§ 1.º Havendo alguma restrição na comprovação da regularidade fiscal e trabalhista, será assegurado o prazo de cinco dias úteis, cujo termo inicial corresponderá ao momento em que o proponente for declarado vencedor do certame, prorrogável por igual período, a critério da administração pública, para regularização da documentação, para pagamento ou parcelamento do débito e para emissão de eventuais certidões negativas ou positivas com efeito de certidão negativa.

•• § 1.º com redação determinada pela Lei Complementar n. 155, de 27-10-2016, produzindo efeitos a partir de 1.º-1-2018.

§ 2.º A não regularização da documentação, no prazo previsto no § 1.º deste artigo, implicará decadência do direito à contratação, sem prejuízo das sanções previstas no art. 81 da Lei n. 8.666, de 21 de junho de 1993, sendo facultado à Administração convocar os licitantes remanescentes, na ordem de classificação, para a assinatura do contrato, ou revogar a licitação.

• A Lei n. 8.666, de 21-6-1993, regulamenta o art. 37, XXI, da CF, institui normas para licitações e contratos da Administração Pública e dá outras providências.

Art. 44. Nas licitações será assegurada, como critério de desempate, preferência de contratação para as microempresas e empresas de pequeno porte.

• O art. 4.º, § 5.º, do Decreto n. 7.709, de 3-4-2012, estabelece a aplicação de margem de preferência nas licitações realizadas no âmbito da Administração Pública Federal para aquisição de retroescavadeiras e motoniveladoras.

• O art. 4.º, § 5.º, do Decreto n. 7.713, de 3-4-2012, estabelece a aplicação de margem de preferência nas licitações realizadas no âmbito da Administração Pública Federal para aquisição de fármacos e medicamentos.

§ 1.º Entende-se por empate aquelas situações em que as propostas apresentadas pelas microempresas e empresas de pequeno porte sejam iguais ou até 10% (dez por cento) superiores à proposta mais bem classificada.

§ 2.º Na modalidade de pregão, o intervalo percentual estabelecido no § 1.º deste artigo será de até 5% (cinco por cento) superior ao melhor preço.

Art. 45. Para efeito do disposto no art. 44 desta Lei Complementar, ocorrendo o empate, proceder-se-á da seguinte forma:

• *Vide* notas do art. 44 desta Lei Complementar.

I – a microempresa ou empresa de pequeno porte mais bem classificada poderá apresentar proposta de preço inferior àquela considerada vencedora do certame, situação em que será adjudicado em seu favor o objeto licitado;

II – não ocorrendo a contratação da microempresa ou empresa de pequeno porte, na forma do inciso I do *caput* deste artigo, serão convocadas as remanescentes que porventura se enquadrem na hipótese dos §§ 1.º e 2.º do art. 44 desta Lei Complementar, na ordem classificatória, para o exercício do mesmo direito;

III – no caso de equivalência dos valores apresentados pelas microempresas e empresas de pequeno porte que se encontrem nos intervalos estabelecidos nos §§ 1.º e 2.º do art. 44 desta Lei Complementar, será realizado sorteio entre elas para que se identifique aquela que primeiro poderá apresentar melhor oferta.

§ 1.º Na hipótese da não contratação nos termos previstos no *caput* deste artigo, o objeto licitado será adjudicado em favor da proposta originalmente vencedora do certame.

§ 2.º O disposto neste artigo somente se aplicará quando a melhor oferta inicial não tiver sido apresentada por microempresa ou empresa de pequeno porte.

§ 3.º No caso de pregão, a microempresa ou empresa de pequeno porte mais bem classificada será convocada para apresentar nova proposta no prazo máximo de 5 (cinco) minutos após o encerramento dos lances, sob pena de preclusão.

Art. 46. A microempresa e a empresa de pequeno porte titular de direitos creditórios decorrentes de empenhos liquidados por órgãos e entidades da União, Estados, Distrito Federal e Município não pagos em até 30 (trinta) dias contados da data de liquidação poderão emitir cédula de crédito microempresarial.

• *Vide* Lei n. 6.840, de 3-11-1980, que dispõe sobre títulos de crédito comercial e dá outras providências.

Parágrafo único. (*Revogado pela Lei Complementar n. 147, de 7-8-2014.*)

Art. 47. Nas contratações públicas da administração direta e indireta, autárquica e fundacional, federal, estadual e municipal, deverá ser concedido tratamento diferenciado e simplificado para as microempresas e empresas de pequeno porte objetivando a promoção do desenvolvimento econômico e social no âmbito municipal e regional, a ampliação da eficiência das políticas públicas e o incentivo à inovação tecnológica.

•• *Caput* com redação determinada pela Lei Complementar n. 147, de 7-8-2014.

Parágrafo único. No que diz respeito às compras públicas, enquanto não sobrevier legislação estadual, municipal ou regulamento específico de cada órgão mais favorável à microempresa e empresa de pequeno porte, aplica-se a legislação federal.

•• Parágrafo único acrescentado pela Lei Complementar n. 147, de 7-8-2014.

Art. 48. Para o cumprimento do disposto no art. 47 desta Lei Complementar, a administração pública:

•• *Caput* com redação determinada pela Lei Complementar n. 147, de 7-8-2014.

I – deverá realizar processo licitatório destinado exclusivamente à participação de microempresas e empresas de pequeno porte nos itens de contratação cujo valor seja de até R$ 80.000,00 (oitenta mil reais);

•• Inciso I com redação determinada pela Lei Complementar n. 147, de 7-8-2014.

II – poderá, em relação aos processos licitatórios destinados à aquisição de obras e serviços, exigir dos licitantes a subcontratação de microempresa ou empresa de pequeno porte;

•• Inciso II com redação determinada pela Lei Complementar n. 147, de 7-8-2014.

III – deverá estabelecer, em certames para aquisição de bens de natureza divisível, cota de até 25% (vinte e cinco por cento) do objeto para a contratação de microempresas e empresas de pequeno porte.

•• Inciso III com redação determinada pela Lei Complementar n. 147, de 7-8-2014.

§ 1.º (*Revogado pela Lei Complementar n. 147, de 7-8-2014.*)

§ 2.º Na hipótese do inciso II do *caput* deste artigo, os empenhos e pagamentos do órgão ou entidade da administração pública poderão ser destinados diretamente às microempresas e empresas de pequeno porte subcontratadas.

§ 3.º Os benefícios referidos no *caput* deste artigo poderão, justificadamente, estabelecer a prioridade de contratação para as microempresas e empresas de pequeno porte sediadas local ou regionalmente, até o limite de 10% (dez por cento) do melhor preço válido.

•• § 3.º acrescentado pela Lei Complementar n. 147, de 7-8-2014.

Art. 49. Não se aplica o disposto nos arts. 47 e 48 desta Lei Complementar quando:

I – (*Revogado pela Lei Complementar n. 147, de 7-8-2014.*)

II – não houver um mínimo de 3 (três) fornecedores competitivos enquadrados como microempresas ou empresas de pequeno porte sediados local ou regionalmente e capazes de cumprir as exigências estabelecidas no instrumento convocatório;

III – o tratamento diferenciado e simplificado para as microempresas e empresas de pequeno porte não for vantajoso para a administração pública ou representar prejuízo ao conjunto ou complexo do objeto a ser contratado;

IV – a licitação for dispensável ou inexigível, nos termos dos arts. 24 e 25 da Lei n. 8.666, de 21 de junho de 1993, excetuando-se as dispensas tratadas pelos incisos I e II do art. 24 da mesma Lei, nas quais a compra deverá ser feita preferencialmente de microempresas e empresas de pequeno porte, aplicando-se o disposto no inciso I do art. 48.

•• Inciso IV com redação determinada pela Lei Complementar n. 147, de 7-8-2014.

Seção II
Acesso ao Mercado Externo

•• Seção II acrescentada pela Lei Complementar n. 147, de 7-8-2014.

Art. 49-A. A microempresa e a empresa de pequeno porte beneficiárias do SIMPLES usufruirão de regime de exportação que contemplará procedimentos simplificados de habilitação, licenciamento, despacho aduaneiro e câmbio, na forma do regulamento.

•• *Caput* acrescentado pela Lei Complementar n. 147, de 7-8-2014.

•• O Decreto n. 8.870, de 5-10-2016, dispõe sobre a aplicação de procedimentos simplificados nas operações de exportação realizadas por microempresas e empresas de pequeno porte optantes pelo Simples Nacional.

Parágrafo único. As pessoas jurídicas prestadoras de serviço de logística internacional, quando contratadas pelas empresas descritas nesta Lei Complementar, estão autorizadas a realizar atividades relativas a licenciamento administrativo, despacho aduaneiro, consolidação e desconsolidação de carga e a contratar seguro, câmbio, transporte e armazenagem de mercadorias, objeto da prestação do serviço, de forma simplificada e por meio eletrônico, na forma de regulamento.

•• Parágrafo único com redação determinada pela Lei Complementar n. 155, de 27-10-2016, produzindo efeitos a partir de 1.º-1-2018.

Art. 49-B. (*Vetado.*)

•• Artigo acrescentado pela Lei Complementar n. 155, de 27-10-2016, produzindo efeitos a partir de 1.º-1-2018.

Capítulo VI
DA SIMPLIFICAÇÃO DAS RELAÇÕES DE TRABALHO

Seção I
Da Segurança e da Medicina do Trabalho

Art. 50. As microempresas e as empresas de pequeno porte serão estimuladas pelo poder público e pelos Serviços Sociais Autônomos a formar consórcios para acesso a serviços especializados em segurança e medicina do trabalho.

•• Artigo com redação determinada pela Lei Complementar n. 127, de 14-8-2007.

Seção II
Das Obrigações Trabalhistas

Art. 51. As microempresas e as empresas de pequeno porte são dispensadas:

I – da afixação de Quadro de Trabalho em suas dependências;

II – da anotação das férias dos empregados nos respectivos livros ou fichas de registro;

III – de empregar e matricular seus aprendizes nos cursos dos Serviços Nacionais de Aprendizagem;

IV – da posse do livro intitulado "Inspeção do Trabalho"; e

V – de comunicar ao Ministério do Trabalho e Emprego a concessão de férias coletivas.

Art. 52. O disposto no art. 51 desta Lei Complementar não dispensa as microempresas e as empresas de pequeno porte dos seguintes procedimentos:

I – anotações na Carteira de Trabalho e Previdência Social – CTPS;

II – arquivamento dos documentos comprobatórios de cumprimento das obrigações trabalhistas e previdenciárias, enquanto não prescreverem essas obrigações;

III – apresentação da Guia de Recolhimento do Fundo de Garantia do Tempo de Serviço e Informações à Previdência Social – GFIP;

IV – apresentação das Relações Anuais de Empregados e da Relação Anual de Informações Sociais – RAIS e do Cadastro Geral de Empregados e Desempregados – CAGED.

Parágrafo único. (*Vetado.*)

Art. 53. (*Revogado pela Lei Complementar n. 127, de 14-8-2007.*)

Seção III
Do Acesso à Justiça do Trabalho

Art. 54. É facultado ao empregador de microempresa ou de empresa de pequeno porte fazer-se substituir ou representar perante a Justiça do Trabalho por terceiros que conheçam dos fatos, ainda que não possuam vínculo trabalhista ou societário.

• A Súmula 377 do TST estabelece que, exceto quanto à reclamação de empregado doméstico ou contra micro ou pequeno empresário, o preposto deve ser necessariamente empregado do reclamado.

Capítulo VII
DA FISCALIZAÇÃO ORIENTADORA

Art. 55. A fiscalização, no que se refere aos aspectos trabalhista, metrológico, sanitário, ambiental, de segurança, de relações de consumo e de uso e ocupação do solo das microempresas e das empresas de pequeno porte, deverá ser prioritariamente orientadora quando a atividade ou situação, por sua natureza, comportar grau de risco compatível com esse procedimento.

•• *Caput* com redação determinada pela Lei Complementar n. 155, de 27-10-2016, produzindo efeitos a partir de 1.º-1-2018.

•• A Portaria n. 671, de 8-11-2021, do Ministério da Economia, estabelece as situações que, por sua natureza, não sujeitam as microempresas e empresas de pequeno porte à fiscalização prioritariamente orientadora, prevista neste artigo.

§ 1.º Será observado o critério de dupla visita para lavratura de autos de infração, salvo quando for constatada infração por falta de registro de empregado ou anotação da Carteira de Trabalho e Previdência Social – CTPS, ou, ainda, na ocorrência de reincidência, fraude, resistência ou embaraço à fiscalização.

§ 2.º (*Vetado.*)

§ 3.º Os órgãos e entidades competentes definirão, em 12 (doze) meses, as atividades e situações cujo grau de risco seja considerado alto, as quais não se sujeitarão ao disposto neste artigo.

§ 4.º O disposto neste artigo não se aplica ao processo administrativo fiscal relativo a tributos, que se dará na forma dos arts. 39 e 40 desta Lei Complementar.

§ 5.º O disposto no § 1.º aplica-se à lavratura de multa pelo descumprimento de obrigações acessórias relativas às matérias do *caput*, inclusive quando previsto seu cumprimento de forma unificada com matéria de outra natureza, exceto a trabalhista.

•• § 5.º acrescentado pela Lei Complementar n. 147, de 7-8-2014.

§ 6.º A inobservância do critério de dupla visita implica nulidade do auto de infração lavrado sem cumprimento ao disposto neste artigo, independentemente da natureza principal ou acessória da obrigação.

•• § 6.º acrescentado pela Lei Complementar n. 147, de 7-8-2014.

§ 7.º Os órgãos e entidades da administração pública federal, estadual, distrital e municipal deverão observar o princípio do tratamento diferenciado, simplificado e favorecido por ocasião da fixação de valores decorrentes de multas e demais sanções administrativas.

•• § 7.º acrescentado pela Lei Complementar n. 147, de 7-8-2014.

§ 8.º A inobservância do disposto no *caput* deste artigo implica atentado aos direitos e garantias legais assegurados ao exercício profissional da atividade empresarial.

•• § 8.º acrescentado pela Lei Complementar n. 147, de 7-8-2014.

§ 9.º O disposto no *caput* deste artigo não se aplica a infrações relativas à ocupação irregular da reserva de faixa não edificável, de área destinada a equipamentos urbanos, de áreas de preservação permanente e nas faixas de domínio público das rodovias, ferrovias e dutovias ou de vias e logradouros públicos.

•• § 9.º acrescentado pela Lei Complementar n. 147, de 7-8-2014.

Capítulo VIII
DO ASSOCIATIVISMO

Seção Única
Da Sociedade de Propósito Específico formada por Microempresas e Empresas de Pequeno Porte optantes pelo Simples Nacional

•• Seção com denominação determinada pela Lei Complementar n. 128, de 19-12-2008.

Art. 56. As microempresas ou as empresas de pequeno porte poderão realizar negócios de compra e venda de bens e serviços para os mercados nacional e internacional, por meio de sociedade de propósito específico, nos termos e condições estabelecidos pelo Poder Executivo federal.

•• *Caput* com redação determinada pela Lei Complementar n. 147, de 7-8-2014.

•• O art. 9.º da Lei n. 11.079, de 30-12-2004, institui normas gerais para licitação e contratação de parceria público-privada no âmbito da administração pública.

§ 1.º Não poderão integrar a sociedade de que trata o *caput* deste artigo pessoas jurídicas não optantes pelo Simples Nacional.

•• § 1.º com redação determinada pela Lei Complementar n. 128, de 19-12-2008.

§ 2.º A sociedade de propósito específico de que trata este artigo:

•• § 2.º, *caput*, com redação determinada pela Lei Complementar n. 128, de 19-12-2008.

I – terá seus atos arquivados no Registro Público de Empresas Mercantis;

•• Inciso I acrescentado pela Lei Complementar n. 128, de 19-12-2008.

II – terá por finalidade realizar:

•• Inciso II, *caput*, acrescentado pela Lei Complementar n. 128, de 19-12-2008.

a) operações de compras para revenda às microempresas ou empresas de pequeno porte que sejam suas sócias;

•• Alínea *a* acrescentada pela Lei Complementar n. 128, de 19-12-2008.

b) operações de venda de bens adquiridos das microempresas e empresas de pequeno porte que sejam suas sócias para pessoas jurídicas que não sejam suas sócias;

•• Alínea *b* acrescentada pela Lei Complementar n. 128, de 19-12-2008.

III – poderá exercer atividades de promoção dos bens referidos na alínea *b* do inciso II deste parágrafo;

•• Inciso III acrescentado pela Lei Complementar n. 128, de 19-12-2008.

IV – apurará o imposto de renda das pessoas jurídicas com base no lucro real, devendo manter a escrituração dos livros Diário e Razão;

•• Inciso IV acrescentado pela Lei Complementar n. 128, de 19-12-2008.

V – apurará a Cofins e a Contribuição para o PIS/Pasep de modo não cumulativo;

•• Inciso V acrescentado pela Lei Complementar n. 128, de 19-12-2008.

VI – exportará, exclusivamente, bens a ela destinados pelas microempresas e empresas de pequeno porte que dela façam parte;

•• Inciso VI acrescentado pela Lei Complementar n. 128, de 19-12-2008.

VII – será constituída como sociedade limitada;

•• Inciso VII acrescentado pela Lei Complementar n. 128, de 19-12-2008.

VIII – deverá, nas revendas às microempresas ou empresas de pequeno porte que sejam suas sócias, observar preço no mínimo igual ao das aquisições realizadas para revenda; e

•• Inciso VIII acrescentado pela Lei Complementar n. 128, de 19-12-2008.

IX – deverá, nas revendas de bens adquiridos de microempresas ou empresas de pequeno porte que sejam suas sócias, observar preço no mínimo igual ao das aquisições desses bens.

•• Inciso IX acrescentado pela Lei Complementar n. 128, de 19-12-2008.

§ 3.º A aquisição de bens destinados à exportação pela sociedade de propósito específico não gera direito a créditos relativos a impostos ou contribuições abrangidos pelo Simples Nacional.

•• § 3.º acrescentado pela Lei Complementar n. 128, de 19-12-2008.

§ 4.º A microempresa ou a empresa de pequeno porte não poderá participar simultaneamente de mais de uma sociedade de propósito específico de que trata este artigo.

•• § 4.º acrescentado pela Lei Complementar n. 128, de 19-12-2008.

§ 5.º A sociedade de propósito específico de que trata este artigo não poderá:

•• § 5.º, *caput*, acrescentado pela Lei Complementar n. 128, de 19-12-2008.

I – ser filial, sucursal, agência ou representação, no País, de pessoa jurídica com sede no exterior;

•• Inciso I acrescentado pela Lei Complementar n. 128, de 19-12-2008.

II – ser constituída sob a forma de cooperativas, inclusive de consumo;

•• Inciso II acrescentado pela Lei Complementar n. 128, de 19-12-2008.

III – participar do capital de outra pessoa jurídica;

•• Inciso III acrescentado pela Lei Complementar n. 128, de 19-12-2008.

IV – exercer atividade de banco comercial, de investimentos e de desenvolvimento, de caixa econômica, de sociedade de crédito, financiamento e investimento ou de crédito imobiliário, de corretora ou de distribuidora de títulos, valores mobiliários e câmbio, de empresa de arrendamento mercantil, de seguros privados e de capitalização ou de previdência complementar;

•• Inciso IV acrescentado pela Lei Complementar n. 128, de 19-12-2008.

V – ser resultante ou remanescente de cisão ou qualquer outra forma de desmembramento de pessoa jurídica que tenha ocorrido em um dos 5 (cinco) anos-calendário anteriores;

•• Inciso V acrescentado pela Lei Complementar n. 128, de 19-12-2008.

VI – exercer a atividade vedada às microempresas e empresas de pequeno porte optantes pelo Simples Nacional.

•• Inciso VI acrescentado pela Lei Complementar n. 128, de 19-12-2008.

§ 6.º A inobservância do disposto no § 4.º deste artigo acarretará a responsabilidade solidária das microempresas ou empresas de pequeno porte sócias da sociedade de propósito específico de que trata este artigo na hipótese em que seus titulares, sócios ou administradores conhecessem ou devessem conhecer tal inobservância.

•• § 6.º acrescentado pela Lei Complementar n. 128, de 19-12-2008.

§ 7.º O Poder Executivo regulamentará o disposto neste artigo até 31 de dezembro de 2008.

•• § 7.º acrescentado pela Lei Complementar n. 128, de 19-12-2008.

§ 8.º (*Vetado.*)

•• § 8.º acrescentado pela Lei Complementar n. 155, de 27-10-2016, produzindo efeitos a partir de 1.º-1-2018.

Capítulo IX
DO ESTÍMULO AO CRÉDITO E À CAPITALIZAÇÃO

Seção I
Disposições Gerais

Art. 57. O Poder Executivo federal proporá, sempre que necessário, medidas no sentido de melhorar o acesso das microempresas e empresas de pequeno porte aos mercados de crédito e de capitais, objetivando a redução do custo de transação, a elevação da eficiência alocativa, o incentivo ao ambiente concorrencial e a qualidade do conjunto informacional, em especial o acesso e portabilidade das informações cadastrais relativas ao crédito.

Art. 58. Os bancos comerciais públicos e os bancos múltiplos públicos com carteira comercial, a Caixa Econômica Federal e o Banco Nacional do Desenvolvimento Econômico e Social – BNDES manterão linhas de crédito específicas para as microempresas e para as empresas de pequeno porte, vinculadas à reciprocidade social, devendo o montante disponível e suas condições de acesso ser expressos nos respectivos orçamentos e amplamente divulgados.

•• *Caput* com redação determinada pela Lei Complementar n. 155, de 27-10-2016, produzindo efeitos a partir de 1.º-1-2018.

§ 1.º As instituições mencionadas no *caput* deste artigo deverão publicar, juntamente com os respectivos balanços, relatório circunstanciado dos recursos alocados às linhas de crédito referidas no *caput* e daqueles efetivamente utilizados, consignando, obrigatoriamente, as justificativas do desempenho alcançado.

•• § 1.º com redação determinada pela Lei Complementar n. 155, de 27-10-2016, produzindo efeitos a partir de 1.º-1-2018.

§ 2.º O acesso às linhas de crédito específicas previstas no *caput* deste artigo deverá ter tratamento simplificado e ágil, com divulgação ampla das respectivas condições e exigências.

•• § 2.º acrescentado pela Lei Complementar n. 147, de 7-8-2014.

§ 3.º (*Vetado.*)

•• § 3.º acrescentado pela Lei Complementar n. 155, de 27-10-2016, produzindo efeitos a partir de 1.º-1-2018.

§ 4.º O Conselho Monetário Nacional – CMN regulamentará o percentual mínimo de direcionamento dos recursos de que trata o *caput*, inclusive no tocante aos recursos de que trata a alínea *b* do inciso III do art. 10 da Lei n. 4.595, de 31 de dezembro de 1964.

•• § 4.º acrescentado pela Lei Complementar n. 155, de 27-10-2016, produzindo efeitos a partir de 1.º-1-2018.

Art. 58-A. Os bancos públicos e privados não poderão contabilizar, para cumprimento de metas, empréstimos realizados a pessoas físicas, ainda que sócios de empresas, como disponibilização de crédito para microempresas e empresas de pequeno porte.

•• Artigo acrescentado pela Lei Complementar n. 147, de 7-8-2014.

Art. 59. As instituições referidas no *caput* do art. 58 desta Lei Complementar devem se articular com as respectivas entidades de apoio e representação das microempresas e empresas de pequeno porte, no sentido de proporcionar e desenvolver programas de treinamento, desenvolvimento gerencial e capacitação tecnológica.

Art. 60. (*Vetado.*)

Art. 60-A. Poderá ser instituído Sistema Nacional de Garantias de Crédito pelo Poder Executivo, com o objetivo de facilitar o acesso das microempresas e empresas de pequeno porte a crédito e demais serviços das instituições financeiras, o qual, na forma de regulamento, proporcionará a elas tratamento diferenciado, favorecido e simplificado, sem prejuízo de atendimento a outros públicos-alvo.

•• *Caput* acrescentado pela Lei Complementar n. 127, de 14-8-2007.

•• O Decreto n. 10.780, de 25-8-2021, institui o Sistema Nacional de Garantias de Crédito, nos termos do disposto neste artigo.

Parágrafo único. O Sistema Nacional de Garantias de Crédito integrará o Sistema Financeiro Nacional.

•• Parágrafo único acrescentado pela Lei Complementar n. 127, de 14-8-2007.

Art. 60-B. Os fundos garantidores de risco de crédito empresarial que possuam participação da União na composição do seu capital atenderão, sempre que possível, as operações de crédito que envolvam microempresas e empresas de pequeno porte, definidas na forma do art. 3.º desta Lei.

•• Artigo acrescentado pela Lei Complementar n. 147, de 7-8-2014.

Art. 60-C. (*Vetado.*)

•• Artigo acrescentado pela Lei Complementar n. 147, de 7-8-2014.

Art. 61. Para fins de apoio creditício às operações de comércio exterior das microempresas e das empresas de pequeno porte, serão utilizados os parâmetros de enquadramento ou outros instrumentos de alta significância para as microempresas, empresas de pequeno porte exportadoras segundo o porte de empresas, aprovados pelo Mercado Comum do Sul – MERCOSUL.

Art. 61-A. Para incentivar as atividades de inovação e os investimentos produtivos, a sociedade enquadrada como microempresa ou empresa de pequeno porte, nos termos desta Lei Complementar, poderá admitir o aporte de capital, que não integrará o capital social da empresa.

•• *Caput* acrescentado pela Lei Complementar n. 155, de 27-10-2016.

•• A Instrução Normativa n. 1.719, de 19-7-2017, da SRFB, dispõe sobre a tributação relacionada às operações de aporte de capital de que trata este artigo.

§ 1.º As finalidades de fomento a inovação e investimentos produtivos deverão constar do contrato de participação, com vigência não superior a sete anos.

•• § 1.º acrescentado pela Lei Complementar n. 155, de 27-10-2016.

§ 2.º O aporte de capital poderá ser realizado por pessoa física, por pessoa jurídica ou por fundos de investimento, conforme regulamento da Comissão de Valores Mobiliários, que serão denominados investidores-anjos.

•• § 2.º com redação determinada pela Lei Complementar n. 182, de 1.º-6-2021.

§ 3.º A atividade constitutiva do objeto social é exercida unicamente por sócios regulares, em seu nome individual e sob sua exclusiva responsabilidade.

•• § 3.º acrescentado pela Lei Complementar n. 155, de 27-10-2016.

§ 4.º O investidor-anjo:

•• § 4.º, *caput*, acrescentado pela Lei Complementar n. 155, de 27-10-2016.

I – não será considerado sócio nem terá qualquer direito a gerência ou a voto na administração da empresa, resguardada a possibilidade de participação nas deliberações em caráter estritamente consultivo, conforme pactuação contratual;

•• Inciso I com redação determinada pela Lei Complementar n. 182, de 1.º-6-2021.

II – não responderá por qualquer dívida da empresa, inclusive em recuperação judicial, não se aplicando a ele o art. 50 da Lei n. 10.406, de 10 de janeiro de 2002 – Código Civil;

•• Inciso II acrescentado pela Lei Complementar n. 155, de 27-10-2016.

III – será remunerado por seus aportes, nos termos do contrato de participação, pelo prazo máximo de 7 (sete) anos;

•• Inciso III com redação determinada pela Lei Complementar n. 182, de 1.º-6-2021.

IV – poderá exigir dos administradores as contas justificadas de sua administração e, anualmente, o inventário, o balanço patrimonial e o balanço de resultado econômico; e

•• Inciso IV acrescentado pela Lei Complementar n. 182, de 1.º-6-2021.

V – poderá examinar, a qualquer momento, os livros, os documentos e o estado do caixa e da carteira da sociedade, exceto se houver pactuação contratual que determine época própria para isso.

•• Inciso V acrescentado pela Lei Complementar n. 182, de 1.º-6-2021.

§ 5.º Para fins de enquadramento da sociedade como microempresa ou empresa de pequeno porte, os valores de capital aportado não são considerados receitas da sociedade.

•• § 5.º acrescentado pela Lei Complementar n. 155, de 27-10-2016.

§ 6.º As partes contratantes poderão:

•• § 6.º, *caput*, com redação determinada pela Lei Complementar n. 182, de 1.º-6-2021.

I – estipular remuneração periódica, ao final de cada período, ao investidor-anjo, conforme contrato de participação; ou

•• Inciso I acrescentado pela Lei Complementar n. 182, de 1.º-6-2021.

II – prever a possibilidade de conversão do aporte de capital em participação societária.

•• Inciso II acrescentado pela Lei Complementar n. 182, de 1.º-6-2021.

§ 7.º O investidor-anjo somente poderá exercer o direito de resgate depois de decorridos, no mínimo, 2 (dois) anos do aporte de capital, ou prazo superior estabelecido no contrato de participação, e seus haveres serão pagos na forma prevista no art. 1.031 da Lei n. 10.406, de 10 de janeiro de 2002 (Código Civil), não permitido ultrapassar o valor investido devidamente corrigido por índice previsto em contrato.

•• § 7.º com redação determinada pela Lei Complementar n. 182, de 1.º-6-2021.

§ 8.º O disposto no § 7.º deste artigo não impede a transferência da titularidade do aporte para terceiros.

•• § 8.º acrescentado pela Lei Complementar n. 155, de 27-10-2016.

§ 9.º A transferência da titularidade do aporte para terceiro alheio à sociedade dependerá do consentimento dos sócios, salvo estipulação contratual expressa em contrário.

•• § 9.º acrescentado pela Lei Complementar n. 155, de 27-10-2016.

§ 10. O Ministério da Fazenda poderá regulamentar a tributação sobre retirada do capital investido.

•• § 10 acrescentado pela Lei Complementar n. 155, de 27-10-2016.

Art. 61-B. A emissão e a titularidade de aportes especiais não impedem a fruição do Simples Nacional.

•• Artigo acrescentado pela Lei Complementar n. 155, de 27-10-2016.

Art. 61-C. Caso os sócios decidam pela venda da empresa, o investidor-anjo terá direito de preferência na aquisição, bem como direito de venda conjunta da titularidade do aporte de capital, nos mesmos termos e condições que forem ofertados aos sócios regulares.

•• Artigo acrescentado pela Lei Complementar n. 155, de 27-10-2016.

Art. 61-D. Os fundos de investimento poderão aportar capital como investidores-anjos em microempresas e em empresas de pequeno porte, conforme regulamentação da Comissão de Valores Mobiliários.

•• Artigo com redação determinada pela Lei Complementar n. 182, de 1.º-6-2021, em vigor após 90 dias de sua publicação oficial (*DOU* de 2-6-2021).

Seção I-A
Da Sociedade de Garantia Solidária e da Sociedade de Contragarantia

•• Seção acrescentada pela Lei Complementar n. 169, de 2-12-2019.

Art. 61-E. É autorizada a constituição de sociedade de garantia solidária (SGS), sob a forma de sociedade por ações, para a concessão de garantia a seus sócios participantes.

•• *Caput* acrescentado pela Lei Complementar n. 169, de 2-12-2019.

§ 1.º (*Vetado.*)

•• § 1.º acrescentado pela Lei Complementar n. 169, de 2-12-2019.

§ 2.º (*Vetado.*)

•• § 2.º acrescentado pela Lei Complementar n. 169, de 2-12-2019.

§ 3.º Os atos da sociedade de garantia solidária serão arquivados no Registro Público de Empresas Mercantis e Atividades Afins.

•• § 3.º acrescentado pela Lei Complementar n. 169, de 2-12-2019.

§ 4.º É livre a negociação, entre sócios participantes, de suas ações na respectiva sociedade de garantia solidária, respeitada a participação máxima que cada sócio pode atingir.

•• § 4.º acrescentado pela Lei Complementar n. 169, de 2-12-2019.

§ 5.º Podem ser admitidos como sócios participantes os pequenos empresários, microempresários e microempreendedores e as pessoas jurídicas constituídas por esses associados.

•• § 5.º acrescentado pela Lei Complementar n. 169, de 2-12-2019.

§ 6.º (*Vetado.*)

•• § 6.º acrescentado pela Lei Complementar n. 169, de 2-12-2019.

§ 7.º Sem prejuízo do disposto nesta Lei Complementar, aplicam-se à sociedade de garantia solidária as disposições da lei que rege as sociedades por ações.

•• § 7.º acrescentado pela Lei Complementar n. 169, de 2-12-2019.

Art. 61-F. O contrato de garantia solidária tem por finalidade regular a concessão da garantia pela sociedade ao sócio participante, mediante o recebimento de taxa de remuneração pelo serviço prestado, devendo fixar as cláusulas necessárias ao cumprimento das obrigações do sócio beneficiário perante a sociedade.

•• *Caput* acrescentado pela Lei Complementar n. 169, de 2-12-2019.

Parágrafo único. Para a concessão da garantia, a sociedade de garantia solidária poderá exigir contragarantia por parte do sócio participante beneficiário, respeitados os princípios que orientam a existência daquele tipo de sociedade.

•• Parágrafo único acrescentado pela Lei Complementar n. 169, de 2-12-2019.

Art. 61-G. A sociedade de garantia solidária pode conceder garantia sobre o montante de recebíveis de seus sócios participantes que sejam objeto de securitização.

•• Artigo acrescentado pela Lei Complementar n. 169, de 2-12-2019.

Art. 61-H. É autorizada a constituição de sociedade de contragarantia, que tem como finalidade o oferecimento de contragarantias à sociedade de garantia solidária, nos termos a serem definidos por regulamento.

•• Artigo acrescentado pela Lei Complementar n. 169, de 2-12-2019.

Art. 61-I. A sociedade de garantia solidária e a sociedade de contragarantia integrarão o Sistema Financeiro Nacional e terão sua constituição, organização e funcionamento disciplinados pelo Conselho Monetário Nacional, observado o disposto nesta Lei Complementar.

•• Artigo acrescentado pela Lei Complementar n. 169, de 2-12-2019.

•• A Resolução n. 4.822, de 1.º-6-2020, do BCB, dispõe sobre a constituição, a organização e o funcionamento da sociedade de garantia solidária e da sociedade de contragarantia.

Seção II
Das Responsabilidades do Banco Central do Brasil

Art. 62. O Banco Central do Brasil disponibilizará dados e informações das instituições financeiras integrantes do Sistema Financeiro Nacional, inclusive por meio do Sistema de Informações de Crédito – SCR, de modo a ampliar o acesso ao crédito para microempresas e empresas de pequeno porte e fomentar a competição bancária.

•• *Caput* com redação determinada pela Lei Complementar n. 147, de 7-8-2014.

§ 1.º O disposto no *caput* deste artigo alcança a disponibilização de dados e informações específicas relativas ao histórico de relacionamento bancário e creditício das microempresas e das empresas de pequeno porte, apenas aos próprios titulares.

§ 2.º O Banco Central do Brasil poderá garantir o acesso simplificado, favorecido e diferenciado dos dados e informações constantes no § 1.º deste artigo aos seus respectivos interessados, podendo a instituição optar por realizá-lo por meio das instituições financeiras, com as quais o próprio cliente tenha relacionamento.

Seção III
Das Condições de Acesso aos Depósitos Especiais do Fundo de Amparo ao Trabalhador – FAT

Art. 63. O CODEFAT poderá disponibilizar recursos financeiros por meio da criação de programa específico para as cooperativas de crédito de cujos quadros de cooperados participem microempreendedores, empreendedores de microempresa e empresa de pequeno porte bem como suas empresas.

Parágrafo único. Os recursos referidos no *caput* deste artigo deverão ser destinados exclusivamente às microempresas e empresas de pequeno porte.

Seção IV
(*Vetada.*)

•• Seção IV acrescentada pela Lei Complementar n. 155, de 27-10-2016.

Capítulo X
DO ESTÍMULO À INOVAÇÃO

Seção I
Disposições Gerais

Art. 64. Para os efeitos desta Lei Complementar considera-se:

I – inovação: a concepção de um novo produto ou processo de fabricação, bem como a agregação de novas funcionalidades ou características ao produto ou processo que implique melhorias incrementais e efetivo ganho de qualidade ou produtividade, resultando em maior competitividade no mercado;

II – agência de fomento: órgão ou instituição de natureza pública ou privada que tenha entre os seus objetivos o financiamento de ações que visem a estimular e promover o desenvolvimento da ciência, da tecnologia e da inovação;

III – Instituição Científica e Tecnológica – ICT: órgão ou entidade da administração pública que tenha por missão institucional, dentre outras, executar atividades de pesquisa básica ou aplicada de caráter científico ou tecnológico;

IV – núcleo de inovação tecnológica: núcleo ou órgão constituído por uma ou mais ICT com a finalidade de gerir sua política de inovação;

V – instituição de apoio: instituições criadas sob o amparo da Lei n. 8.958, de 20 de dezembro de 1994, com a finalidade de dar apoio a projetos de pesquisa, ensino e extensão e de desenvolvimento institucional, científico e tecnológico.

VI – instrumentos de apoio tecnológico para a inovação: qualquer serviço disponibilizado presencialmente ou na internet que possibilite acesso a informações, orientações, bancos de dados de soluções de informações, respostas técnicas, pesquisas e atividades de apoio complementar desenvolvidas pelas instituições previstas nos incisos II a V deste artigo.

•• Inciso VI acrescentado pela Lei Complementar n. 147, de 7-8-2014.

Seção II
Do Apoio à Inovação e do Inova Simples da Empresa Simples de Inovação

•• Seção II com redação determinada pela Lei Complementar n. 167, de 24-4-2019.

Art. 65. A União, os Estados, o Distrito Federal e os Municípios, e as respectivas agências de fomento, as ICT, os núcleos de inovação tecnológica e as instituições de apoio manterão programas específicos para as microempresas e para as empresas de pequeno porte, inclusive quando estas revestirem a forma de incubadoras, observando-se o seguinte:

I – as condições de acesso serão diferenciadas, favorecidas e simplificadas;

II – o montante disponível e suas condições de acesso deverão ser expressos nos respectivos orçamentos e amplamente divulgados.

§ 1.º As instituições deverão publicar, juntamente com as respectivas prestações de contas, relatório circunstanciado das estratégias para maximização da participação do segmento, assim como dos recursos alocados às ações referidas no *caput* deste artigo e aqueles efetivamente utilizados, consignando, obrigatoriamente, as justificativas do desempenho alcançado no período.

§ 2.º As pessoas jurídicas referidas no *caput* deste artigo terão por meta a aplicação de, no mínimo, 20% (vinte por cento) dos recursos destinados à inovação para o desenvolvimento de tal atividade nas microempresas ou nas empresas de pequeno porte.

§ 3.º Os órgãos e entidades integrantes da administração pública federal, estadual e municipal atuantes em pesquisa, desenvolvimento ou capacitação tecnológica terão por meta efetivar suas aplicações, no percentual mínimo fixado neste artigo, em programas e projetos de apoio às microempresas ou às empresas de pequeno porte, transmitindo ao Ministério da Ciência, Tecnologia e Inovação, no primeiro trimestre de cada ano, informação relativa aos valores alocados e a respectiva relação percentual em relação ao total dos recursos destinados para esse fim.

•• § 3.º com redação determinada pela Lei Complementar n. 147, de 7-8-2014.

§ 4.º Ficam autorizados a reduzir a 0 (zero) as alíquotas dos impostos e contribuições a seguir indicados, incidentes na aquisição, ou importação, de equipamentos, máquinas, aparelhos, instrumentos, acessórios, sobressalentes e ferramentas que os acompanhem, na forma definida em regulamento, quando adquiridos, ou importados, diretamente por microempresas ou empresas de pequeno porte para incorporação ao seu ativo imobilizado:

•• § 4.º, *caput*, com redação determinada pela Lei Complementar n. 128, de 19-12-2008.

I – a União, em relação ao IPI, à Cofins, à Contribuição para o PIS/Pasep, à Cofins-Importação e à Contribuição para o PIS/Pasep-Importação; e

•• Inciso I acrescentado pela Lei Complementar n. 128, de 19-12-2008.

II – os Estados e o Distrito Federal, em relação ao ICMS.

•• Inciso II acrescentado pela Lei Complementar n. 128, de 19-12-2008.

§ 5.º A microempresa ou empresa de pequeno porte, adquirente de bens com o benefício previsto no § 4.º deste artigo, fica obrigada, nas hipóteses previstas em regulamento, a recolher os impostos e contribuições que deixaram de ser pagos, acrescidos de juros e multa, de mora ou de ofício, contados a partir da data da aquisição, no mercado interno, ou do registro da declaração de importação – DI, calculados na forma da legislação que rege a cobrança do tributo não pago.

•• § 5.º acrescentado pela Lei Complementar n. 128, de 19-12-2008.

§ 6.º Para efeito da execução do orçamento previsto neste artigo, os órgãos e instituições poderão alocar os recursos destinados à criação e ao custeio de ambientes de inovação, incluindo incubadoras, parques e centros vocacionais tecnológicos, laboratórios metrológicos, de ensaio, de pesquisa ou apoio ao treinamento, bem como custeio de bolsas de extensão e remuneração de professores, pesquisadores e agentes envolvidos nas atividades de apoio tecnológico complementar.

•• § 6.º acrescentado pela Lei Complementar n. 147, de 7-8-2014.

Art. 65-A. Fica criado o Inova Simples, regime especial simplificado que concede às iniciativas empresariais de caráter incremental ou disruptivo que se autodeclarem como empresas de inovação tratamento diferenciado com vistas a estimular sua criação, formalização, desenvolvimento e consolidação como agentes indutores de avanços tecnológicos e da geração de emprego e renda.

•• *Caput* com redação determinada pela Lei Complementar n. 182, de 1.º-6-2021.

§ 1.º e 2.º (*Revogados pela Lei Complementar n. 182, de 1.º-6-2021.*)

§ 3.º O tratamento diferenciado a que se refere o *caput* deste artigo consiste na fixação de rito sumário para abertura e fechamento de empresas sob o regime do Inova Simples, que se dará de forma simplificada e automática, no mesmo ambiente digital do portal da Rede Nacional para a Simplificação do Registro e da Legalização de Empresas e Negócios (Redesim), em sítio eletrônico oficial do governo federal, por meio da utilização de formulário digital próprio, disponível em janela ou ícone intitulado Inova Simples.

•• § 3.º acrescentado pela Lei Complementar n. 167, de 24-4-2019.

•• *Vide* Lei n. 11.598, de 3-12-2007.

§ 4.º Os titulares de empresa submetida ao regime do Inova Simples preencherão cadastro básico com as seguintes informações:

•• § 4.º, *caput*, acrescentado pela Lei Complementar n. 167, de 24-4-2019.

I – qualificação civil, domicílio e CPF;

•• Inciso I acrescentado pela Lei Complementar n. 167, de 24-4-2019.

II – descrição do escopo da intenção empresarial inovadora, que utilize modelos de negócios inovadores para a geração de produtos ou serviços, e definição do nome empresarial, que conterá a expressão 'Inova Simples (I.S.)';

•• Inciso II com redação determinada pela Lei Complementar n. 182, de 1.º-6-2021.

III – autodeclaração, sob as penas da lei, de que o funcionamento da empresa submetida ao regime do Inova Simples não produzirá poluição, barulho e aglomeração de tráfego de veículos, para fins de caracterizar baixo grau de risco, nos termos do § 4.º do art. 6.º desta Lei Complementar;

•• Inciso III acrescentado pela Lei Complementar n. 167, de 24-4-2019.

IV – definição do local da sede, que poderá ser comercial, residencial ou de uso misto, sempre que não proibido pela legislação municipal ou distrital, admitindo-se a possibilidade de sua instalação em locais onde funcionam parques tecnológicos, instituições de ensino, empresas juniores, incubadoras, aceleradoras e espaços compartilhados de trabalho na forma de *coworking*; e

•• Inciso IV acrescentado pela Lei Complementar n. 167, de 24-4-2019.

V – em caráter facultativo, a existência de apoio ou validação de instituto técnico, científico ou acadêmico, público ou privado, bem como de incubadoras, aceleradoras e instituições de ensino, nos parques tecnológicos e afins.

•• Inciso V acrescentado pela Lei Complementar n. 167, de 24-4-2019.

§ 5.º Realizado o correto preenchimento das informações, será gerado automaticamente número de CNPJ específico, em nome da denominação da empresa Inova Simples, em código próprio Inova Simples.

•• § 5.º acrescentado pela Lei Complementar n. 167, de 24-4-2019.

§ 6.º A empresa submetida ao regime do Inova Simples constituída na forma deste artigo deverá abrir, imediatamente, conta bancária de pessoa jurídica, para fins de captação e integralização de capital, proveniente de aporte próprio de seus titulares ou de investidor domiciliado no exterior, de linha de crédito público ou privado e de outras fontes previstas em lei.

•• § 6.º acrescentado pela Lei Complementar n. 167, de 24-4-2019.

§ 7.º No portal da Redesim, no espaço destinado ao preenchimento de dados do Inova Simples, será disponibilizado ícone que direcionará a ambiente virtual do Instituto Nacional da Propriedade Industrial (INPI), do qual constarão orientações para o depósito de pedido de patente ou de registro de marca.

•• § 7.º com redação determinada pela Lei Complementar n. 182, de 1.º-6-2021.

§ 8.º O exame dos pedidos de patente ou de registro de marca, nos termos deste artigo, que tenham sido depositados por empresas participantes do Inova Simples será realizado em caráter prioritário.

•• § 8.º com redação determinada pela Lei Complementar n. 182, de 1.º-6-2021.

§ 9.º (*Revogado pela Lei Complementar n. 182, de 1.º-6-2021.*)

§ 10. É permitida a comercialização experimental do serviço ou produto até o limite fixado para o MEI nesta Lei Complementar.

•• § 10 acrescentado pela Lei Complementar n. 167, de 24-4-2019.

§ 11. Na eventualidade de não lograr êxito no desenvolvimento do escopo pretendido, a baixa do CNPJ será automática, mediante procedimento de autodeclaração no portal da Redesim.

•• § 11 acrescentado pela Lei Complementar n. 167, de 24-4-2019.

§ 12. (*Vetado.*)

•• § 12 acrescentado pela Lei Complementar n. 167, de 24-4-2019.

§ 13. O disposto neste artigo será regulamentado pelo Comitê Gestor do Simples Nacional.

•• § 13 acrescentado pela Lei Complementar n. 167, de 24-4-2019.

Art. 66. No primeiro trimestre do ano subsequente, os órgãos e entidades a que alude o art. 67 desta Lei Complementar transmitirão ao Ministério da Ciência e Tecnologia relatório circunstanciado dos projetos realizados, compreendendo a análise do desempenho alcançado.

Art. 67. Os órgãos congêneres ao Ministério da Ciência e Tecnologia estaduais e municipais deverão elaborar e divulgar relatório anual indicando o valor dos recursos recebidos, inclusive por transferência de terceiros, que foram aplicados diretamente ou por organizações vinculadas, por Fundos Setoriais e outros, no segmento das microempresas e empresas de pequeno porte, retratando e avaliando os resultados obtidos e indicando as previsões de ações e metas para ampliação de sua participação no exercício seguinte.

Seção III
Do Apoio à Certificação

•• Seção III acrescentada pela Lei Complementar n. 155, de 27-10-2016.

Art. 67-A. O órgão competente do Poder Executivo disponibilizará na internet informações sobre certificação de qualidade de produtos e processos para microempresas e empresas de pequeno porte.

•• *Caput* acrescentado pela Lei Complementar n. 155, de 27-10-2016, produzindo efeitos a partir de 1.º-1-2018.

Parágrafo único. Os órgãos da administração direta e indireta e as entidades certificadoras privadas, responsáveis pela criação, regulação e gestão de processos de certificação de qualidade de produtos e processos, deverão, sempre que solicitados, disponibilizar ao órgão competente do Poder Executivo informações referentes a procedimentos e normas aplicáveis aos processos de certificação em seu escopo de atuação.

•• Parágrafo único acrescentado pela Lei Complementar n. 155, de 27-10-2016, produzindo efeitos a partir de 1.º-1-2018.

Capítulo XI
DAS REGRAS CIVIS E EMPRESARIAIS

Seção I
Das Regras Civis

Subseção I
Do Pequeno Empresário

Art. 68. Considera-se pequeno empresário, para efeito de aplicação do disposto nos arts. 970 e 1.179 da Lei n. 10.406, de 10 de janeiro de 2002 (Código Civil), o empresário individual caracterizado como microempresa na forma desta Lei Complementar que aufira receita bruta anual até o limite previsto no § 1.º do art. 18-A.

•• Artigo com redação determinada pela Lei Complementar n. 139, de 10-11-2011.

• Citada Lei, que institui o CC, consta neste volume.

• A Instrução Normativa n. 81, de 10-6-2020, do DREI, dispõe sobre a padronização nacional na formulação de exigências aplicáveis aos processos físicos e digitais nos atos de constituição, alteração, dissolução ou extinção de empresas de que trata este dispositivo.

Subseção II
(Vetada.)

Art. 69. (*Vetado.*)

Seção II
Das Deliberações Sociais e da Estrutura Organizacional

Art. 70. As microempresas e as empresas de pequeno porte são desobrigadas da realização de reuniões e assembleias em qualquer das situações previstas na legislação civil, as quais serão substituídas por deliberação representativa do primeiro número inteiro superior à metade do capital social.

§ 1.º O disposto no *caput* deste artigo não se aplica caso haja disposição contratual em contrário, caso ocorra hipótese de justa causa que enseje a exclusão de sócio ou caso um ou mais sócios ponham em risco a continuidade da empresa em virtude de atos de inegável gravidade.

§ 2.º Nos casos referidos no § 1.º deste artigo, realizar-se-á reunião ou assembleia de acordo com a legislação civil.

Art. 71. Os empresários e as sociedades de que trata esta Lei Complementar, nos termos da legislação civil, ficam dispensados da publicação de qualquer ato societário.

Seção III
Do Nome Empresarial

Art. 72. (*Revogado pela Lei Complementar n. 155, de 27-10-2016.*)

Seção IV
Do Protesto de Títulos

Art. 73. O protesto de título, quando o devedor for microempresário ou empresa de pequeno porte, é sujeito às seguintes condições:

• *Vide* Lei n. 9.492, de 10-9-1997, que define competência, regulamenta os serviços concernentes ao protesto de títulos e outros documentos de dívida e dá outras providências.

I – sobre os emolumentos do tabelião não incidirão quaisquer acréscimos a título de taxas, custas e contribuições para o Estado ou Distrito Federal, carteira de previdência, fundo de custeio de atos gratuitos, fundos especiais do Tribunal de Justiça, bem como de associação de classe, criados ou que venham a ser criados sob qualquer título ou denominação, ressalvada a cobrança do devedor das despesas de correio, condução e publicação de edital para realização da intimação;

II – para o pagamento do título em cartório, não poderá ser exigido cheque de emissão de estabelecimento bancário, mas, feito o pagamento por meio de cheque, de emissão de estabelecimento bancário ou não, a quitação dada pelo tabelionato de protesto será condicionada à efetiva liquidação do cheque;

III – o cancelamento do registro de protesto, fundado no pagamento do título, será feito independentemente de declaração de anuência do credor, salvo no caso de impossibilidade de apresentação do original protestado;

IV – para os fins do disposto no *caput* e nos incisos I, II e III do *caput* deste artigo, o devedor deverá provar sua qualidade de microempresa ou de empresa de pequeno porte perante o tabelionato de protestos de títulos, mediante documento expedido pela Junta Comercial ou pelo Registro Civil das Pessoas Jurídicas, conforme o caso;

V – quando o pagamento do título ocorrer com cheque sem a devida provisão de fundos, serão automaticamente suspensos pelos cartórios de protesto, pelo prazo de 1 (um) ano, todos os benefícios previstos para o devedor neste artigo, independentemente da lavratura e registro do respectivo protesto.

Art. 73-A. São vedadas cláusulas contratuais relativas à limitação da emissão ou circulação de títulos de crédito ou direitos creditórios originados de operações de compra e venda de produtos e serviços por microempresas e empresas de pequeno porte.

•• Artigo acrescentado pela Lei Complementar n. 147, de 7-8-2014.

Capítulo XII
DO ACESSO À JUSTIÇA

Seção I
Do Acesso aos Juizados Especiais

Art. 74. Aplica-se às microempresas e às empresas de pequeno porte de que trata esta Lei Complementar o disposto no § 1.º do art. 8.º da Lei n. 9.099, de 26 de setembro de 1995, e no inciso I do *caput* do art. 6.º da Lei n. 10.259, de 12 de julho de 2001, as quais, assim como as pessoas físicas capazes, passam a ser admitidas como proponentes de ação perante o Juizado Especial, excluídos os cessionários de direito de pessoas jurídicas.

Art. 74-A. O Poder Judiciário, especialmente por meio do Conselho Nacional de Justiça – CNJ, e o Ministério da Justiça implementarão medidas para disseminar o tratamento diferenciado e favorecido às microempresas e empresas de pequeno porte em suas respectivas áreas de competência.

•• Artigo acrescentado pela Lei Complementar n. 147, de 7-8-2014.

Seção II
Da Conciliação Prévia, Mediação e Arbitragem

Art. 75. As microempresas e empresas de pequeno porte deverão ser estimuladas a utilizar os institutos de conciliação prévia, mediação e arbitragem para solução dos seus conflitos.

• *Vide* Lei n. 9.307, de 23-9-1996, que dispõe sobre a arbitragem.

§ 1.º Serão reconhecidos de pleno direito os acordos celebrados no âmbito das comissões de conciliação prévia.

§ 2.º O estímulo a que se refere o *caput* deste artigo compreenderá campanhas de divulgação, serviços de esclarecimento e tratamento diferenciado, simplificado e favorecido no tocante aos custos administrativos e honorários cobrados.

Seção III
Das Parcerias

•• Seção III acrescentada pela Lei Complementar n. 128, de 19-12-2008.

Art. 75-A. Para fazer face às demandas originárias do estímulo previsto nos arts. 74 e 75 desta Lei Complementar, entidades privadas, públicas, inclusive o Poder Judiciário, poderão firmar parcerias entre si, objetivando a instalação ou utilização de ambientes propícios para a realização dos procedimentos inerentes a busca da solução de conflitos.

•• Artigo acrescentado pela Lei Complementar n. 128, de 18-12-2008.

Art. 75-B. (*Vetado.*)

•• Artigo acrescentado pela Lei Complementar n. 155, de 27-10-2016, produzindo efeitos a partir de 1.º-1-2018.

Capítulo XIII
DO APOIO E DA REPRESENTAÇÃO

Art. 76. Para o cumprimento do disposto nesta Lei Complementar, bem como para desenvolver e acompanhar políticas públicas voltadas às microempresas e empresas de pequeno porte, o poder público, em consonância com o Fórum Permanente das Microempresas e Empresas de Pequeno Porte, sob a coordenação da Secretaria da Micro e Pequena Empresa da Presidência da República, deverá incentivar e apoiar a criação de fóruns com participação dos órgãos públicos competentes e das entidades vinculadas ao setor.

•• *Caput* com redação determinada pela Lei n. 12.792, de 28-3-2013.

Parágrafo único. A Secretaria da Micro e Pequena Empresa da Presidência da República coordenará com as entidades representativas das microempresas e empresas de pequeno porte a implementação dos fóruns regionais nas unidades da federação.

•• Parágrafo único com redação determinada pela Lei n. 12.792, de 28-3-2013.

Art. 76-A. As instituições de representação e apoio empresarial deverão promover programas de sensibilização, de informação, de orientação e apoio, de educação fiscal, de regularidade dos contratos de trabalho e de adoção de sistemas informatizados e eletrônicos, como forma de estímulo à formalização de empreendimentos, de negócios e empregos, à ampliação da competitividade e à disseminação do associativismo entre as microempresas, os microempreendedores individuais, as empresas de pequeno porte e equiparados.

•• Artigo acrescentado pela Lei Complementar n. 147, de 7-8-2014.

Capítulo XIV
DISPOSIÇÕES FINAIS E TRANSITÓRIAS

Art. 77. Promulgada esta Lei Complementar, o Comitê Gestor expedirá, em 30 (trinta) meses, as instruções que se fizerem necessárias à sua execução.

•• *Caput* com redação determinada pela Lei Complementar n. 128, de 19-12-2008.

§ 1.º O Ministério do Trabalho e Emprego, a Secretaria da Receita Federal, a Secretaria da Receita Previdenciária, os Estados, o Distrito Federal e os Municípios deverão editar, em 1 (um) ano, as leis e demais atos necessários para assegurar o pronto e imediato tratamento jurídico diferenciado, simplificado e favorecido às microempresas e às empresas de pequeno porte.

•• A Secretaria da Receita Federal passa a denominar-se Secretaria da Receita Federal do Brasil, por força da Lei n. 11.457, de 16-3-2007.

§ 2.º A administração direta e indireta federal, estadual e municipal e as entidades paraestatais acordarão, no prazo previsto no § 1.º deste artigo, as providências necessárias à adaptação dos respectivos atos normativos ao disposto nesta Lei Complementar.

•• § 2.º com redação determinada pela Lei Complementar n. 128, de 19-12-2008.

§ 3.º (*Vetado.*)

§ 4.º O Comitê Gestor regulamentará o disposto no inciso I do § 6.º do art. 13 desta Lei Complementar até 31 de dezembro de 2008.

•• § 4.º acrescentado pela Lei Complementar n. 128, de 19-12-2008.

§ 5.º A partir de 1.º de janeiro de 2009, perderão eficácia as substituições tributárias que não atenderem à disciplina estabelecida na forma do § 4.º deste artigo.

•• § 5.º acrescentado pela Lei Complementar n. 128, de 19-12-2008.

§ 6.º O Comitê de que trata o inciso III do *caput* do art. 2.º desta Lei Complementar expedirá, até 31 de dezembro de 2009, as instruções que se fizerem necessárias relativas a sua competência.

•• § 6.º acrescentado pela Lei Complementar n. 128, de 19-12-2008.

Art. 78. (*Revogado pela Lei Complementar n. 128, de 19-12-2008.*)

Art. 79. Será concedido, para ingresso no Simples Nacional, parcelamento, em até 100 (cem) parcelas mensais e sucessivas, dos débitos com o Instituto Nacional do Seguro Social – INSS, ou com as Fazendas Públicas federal, estadual ou municipal, de responsabilidade da microempresa ou empresa de pequeno porte e de seu titular ou sócio, com vencimento até 30 de junho de 2008.

•• *Caput* com redação determinada pela Lei Complementar n. 128, de 19-12-2008.

§ 1.º O valor mínimo da parcela mensal será de R$ 100,00 (cem reais), considerados isoladamente os débitos para com a Fazenda Nacional, para com a Seguridade Social, para com a Fazenda dos Estados, dos Municípios ou do Distrito Federal.

§ 2.º Esse parcelamento alcança inclusive débitos inscritos em dívida ativa.

§ 3.º O parcelamento será requerido à respectiva Fazenda para com a qual o sujeito passivo esteja em débito.

§ 3.º-A. O parcelamento deverá ser requerido no prazo estabelecido em regulamentação do Comitê Gestor.

•• § 3.º-A acrescentado pela Lei Complementar n. 128, de 19-12-2008.

§ 4.º Aplicam-se ao disposto neste artigo as demais regras vigentes para parcelamento de tributos e contribuições federais, na forma regulamentada pelo Comitê Gestor.

§ 5.º (*Vetado.*)

•• § 5.º acrescentado pela Lei Complementar n. 127, de 14-8-2007.

§ 6.º (*Vetado.*)

•• § 6.º acrescentado pela Lei Complementar n. 127, de 14-8-2007.

§ 7.º (*Vetado.*)

•• § 7.º acrescentado pela Lei Complementar n. 127, de 14-8-2007.

§ 8.º (*Vetado.*)

•• § 8.º acrescentado pela Lei Complementar n. 127, de 14-8-2007.

§ 9.º O parcelamento de que trata o *caput* deste artigo não se aplica na hipótese de reingresso de microempresa ou empresa de pequeno porte no Simples Nacional.

•• § 9.º acrescentado pela Lei Complementar n. 128, de 19-12-2008.

Art. 79-A. (*Vetado.*)

•• Artigo acrescentado pela Lei Complementar n. 127, de 14-8-2007.

Art. 79-B. Excepcionalmente para os fatos geradores ocorridos em julho de 2007, os tributos apurados na forma dos arts. 18 a 20 desta Lei Complementar deverão ser pagos até o último dia útil de agosto de 2007.

•• Artigo acrescentado pela Lei Complementar n. 127, de 14-8-2007.

Art. 79-C. A microempresa e a empresa de pequeno porte que, em 30 de junho de 2007, se enquadravam no regime previsto na Lei n. 9.317, de 5 de dezembro de 1996, e que não ingressaram no regime previsto no art. 12 desta Lei Complementar sujeitar-se-ão, a partir de 1.º de julho de 2007, às normas de tributação aplicáveis às demais pessoas jurídicas.

•• *Caput* acrescentado pela Lei Complementar n. 127, de 14-8-2007.

§ 1.º Para efeito do disposto no *caput* deste artigo, o sujeito passivo poderá optar pelo recolhimento do Imposto sobre a Renda da Pessoa Jurídica – IRPJ e da Contribuição Social sobre o Lucro Líquido – CSLL na forma do lucro real, trimestral ou anual, ou do lucro presumido.

•• § 1.º acrescentado pela Lei Complementar n. 127, de 14-8-2007.

§ 2.º A opção pela tributação com base no lucro presumido dar-se-á pelo pagamento, no vencimento, do IRPJ e da CSLL devidos, correspondente ao 3.º (terceiro) trimestre de 2007 e, no caso do lucro real anual, com o pagamento do IRPJ e da CSLL relativos ao mês de julho de 2007 com base na estimativa mensal.

•• § 2.º acrescentado pela Lei Complementar n. 127, de 14-8-2007.

Art. 79-D. Excepcionalmente, para os fatos geradores ocorridos entre 1.º de julho de 2007 e 31 de dezembro de 2008, as pessoas jurídicas que exerçam atividade sujeita simultaneamente à incidência do IPI e do ISS deverão recolher o ISS diretamente ao Município em que este imposto é devido até o último dia útil de fevereiro de 2009, aplicando-se, até esta data, o disposto no parágrafo único do art. 100 da Lei n. 5.172, de 25 de outubro de 1966 – Código Tributário Nacional – CTN.

•• Artigo acrescentado pela Lei Complementar n. 128, de 19-12-2008.

Art. 79-E. A empresa de pequeno porte optante pelo Simples Nacional em 31 de dezembro de 2017 que durante o ano-calendário de 2017 auferir receita bruta total anual entre R$ 3.600.000,01 (três milhões, seiscentos mil reais e um centavo) e R$ 4.800.000,00 (quatro milhões e oitocentos mil reais) continuará automaticamente incluída no Simples Nacional com efeitos a partir de 1.º de janeiro de 2018, ressalvado o direito de exclusão por comunicação da optante.

•• Artigo com redação determinada pela Lei Complementar n. 155, de 27-10-2016, produzindo efeitos a partir de 1.º-1-2018.

....

Art. 85-A. Caberá ao Poder Público Municipal designar Agente de Desenvolvimento para a efetivação do disposto nesta Lei Complementar, observadas as especificidades locais.

•• *Caput* acrescentado pela Lei Complementar n. 128, de 19-12-2008.

§ 1.º A função de Agente de Desenvolvimento caracteriza-se pelo exercício de articulação das ações públicas para a promoção do desenvolvimento local e territorial, mediante ações locais ou comunitárias, individuais ou coletivas, que visem ao cumprimento das disposições e diretrizes contidas nesta Lei Complementar, sob supervisão do órgão gestor local responsável pelas políticas de desenvolvimento.

•• § 1.º acrescentado pela Lei Complementar n. 128, de 19-12-2008.

§ 2.º O Agente de Desenvolvimento deverá preencher os seguintes requisitos:

•• § 2.º, *caput*, acrescentado pela Lei Complementar n. 128, de 19-12-2008.

I – residir na área da comunidade em que atuar;

•• Inciso I acrescentado pela Lei Complementar n. 128, de 19-12-2008.

II – haver concluído, com aproveitamento, curso de qualificação básica para a formação de Agente de Desenvolvimento;

•• Inciso II acrescentado pela Lei Complementar n. 128, de 19-12-2008.

III – possuir formação ou experiência compatível com a função a ser exercida; e

•• Inciso III com redação determinada pela Lei Complementar n. 147, de 7-8-2014.

IV – ser preferencialmente servidor efetivo do Município.

•• Inciso IV acrescentado pela Lei Complementar n. 147, de 7-8-2014.

§ 3.º A Secretaria da Micro e Pequena Empresa da Presidência da República juntamente com as entidades municipalistas e de apoio e representação empresarial prestarão suporte aos referidos agentes na forma de capacitação, estudos e pesquisas, publicações, promoção de intercâmbio de informações e experiências.

•• § 3.º com redação determinada pela Lei n. 12.792, de 28-3-2013.

Art. 86. As matérias tratadas nesta Lei Complementar que não sejam reservadas constitucionalmente a lei complementar poderão ser objeto de alteração por lei ordinária.

Art. 87-A. Os poderes Executivos da União, Estados, Distrito Federal e Municípios expedirão, anualmente, até o dia 30 de novembro, cada um, em seus respectivos âmbitos de competência, decretos de consolidação da regulamentação aplicável relativamente às microempresas e empresas de pequeno porte.

•• Artigo acrescentado pela Lei Complementar n. 147, de 7-8-2014.

Art. 88. Esta Lei Complementar entra em vigor na data de sua publicação, ressalvado o regime de tributação das microempresas e empresas de pequeno porte, que entra em vigor em 1.º de julho de 2007.

Art. 89. Ficam revogadas, a partir de 1.º de julho de 2007, a Lei n. 9.317, de 5 de dezembro de 1996, e a Lei n. 9.841, de 5 de outubro de 1999.

Brasília, 14 de dezembro de 2006; 185.º da Independência e 118.º da República.

LUIZ INÁCIO LULA DA SILVA

ANEXO I

ALÍQUOTAS E PARTILHA DO SIMPLES NACIONAL – COMÉRCIO

•• Anexo I com redação determinada pela Lei Complementar n. 155, de 27-10-2016, produzindo efeitos a partir de 1.º-1-2018.

Receita Bruta em 12 Meses (em R$)		Alíquota	Valor a Deduzir (em R$)
1.ª Faixa	Até 180.000,00	4,00%	–
2.ª Faixa	De 180.000,01 a 360.000,00	7,30%	5.940,00
3.ª Faixa	De 360.000,01 a 720.000,00	9,50%	13.860,00
4.ª Faixa	De 720.000,01 a 1.800.000,00	10,70%	22.500,00
5.ª Faixa	De 1.800.000,01 a 3.600.000,00	14,30%	87.300,00
6.ª Faixa	De 3.600.000,01 a 4.800.000,00	19,00%	378.000,00

Faixas	Percentual de Repartição dos Tributos					
	IRPJ	CSLL	Cofins	PIS/Pasep	CPP	ICMS
1.ª Faixa	5,50%	3,50%	12,74%	2,76%	41,50%	34,00%
2.ª Faixa	5,50%	3,50%	12,74%	2,76%	41,50%	34,00%
3.ª Faixa	5,50%	3,50%	12,74%	2,76%	42,00%	33,50%
4.ª Faixa	5,50%	3,50%	12,74%	2,76%	42,00%	33,50%
5.ª Faixa	5,50%	3,50%	12,74%	2,76%	42,00%	33,50%
6.ª Faixa	13,50%	10,00%	28,27%	6,13%	42,10%	–

ANEXO II

ALÍQUOTAS E PARTILHA DO SIMPLES NACIONAL – INDÚSTRIA

•• Anexo II com redação determinada pela Lei Complementar n. 155, de 27-10-2016, produzindo efeitos a partir de 1.º-1-2018.

Receita Bruta em 12 Meses (em R$)		Alíquota	Valor a Deduzir (em R$)
1.ª Faixa	Até 180.000,00	4,50%	-
2.ª Faixa	De 180.000,01 a 360.000,00	7,80%	5.940,00
3.ª Faixa	De 360.000,01 a 720.000,00	10,00%	13.860,00
4.ª Faixa	De 720.000,01 a 1.800.000,00	11,20%	22.500,00
5.ª Faixa	De 1.800.000,01 a 3.600.000,00	14,70%	85.500,00
6.ª Faixa	De 3.600.000,01 a 4.800.000,00	30,00%	720.000,00

Faixas	Percentual de Repartição dos Tributos						
	IRPJ	CSLL	Cofins	PIS/Pasep	CPP	IPI	ICMS
1.ª Faixa	5,50%	3,50%	11,51%	2,49%	37,50%	7,50%	32,00%
2.ª Faixa	5,50%	3,50%	11,51%	2,49%	37,50%	7,50%	32,00%
3.ª Faixa	5,50%	3,50%	11,51%	2,49%	37,50%	7,50%	32,00%
4.ª Faixa	5,50%	3,50%	11,51%	2,49%	37,50%	7,50%	32,00%
5.ª Faixa	5,50%	3,50%	11,51%	2,49%	37,50%	7,50%	32,00%
6.ª Faixa	8,50%	7,50%	20,96%	4,54%	23,50%	35,00%	

Anexo III

ALÍQUOTAS E PARTILHA DO SIMPLES NACIONAL – RECEITAS DE LOCAÇÃO DE BENS MÓVEIS E DE PRESTAÇÃO DE SERVIÇOS NÃO RELACIONADOS NO § 5.º-C DO ART. 18 DESTA LEI COMPLEMENTAR

•• Anexo III com redação determinada pela Lei Complementar n. 155, de 27-10-2016, produzindo efeitos a partir de 1.º-1-2018.

Receita Bruta em 12 Meses (em R$)		Alíquota	Valor a Deduzir (em R$)
1.ª Faixa	Até 180.000,00	6,00%	–
2.ª Faixa	De 180.000,01 a 360.000,00	11,20%	9.360,00
3.ª Faixa	De 360.000,01 a 720.000,00	13,50%	17.640,00
4.ª Faixa	De 720.000,01 a 1.800.000,00	16,00%	35.640,00
5.ª Faixa	De 1.800.000,01 a 3.600.000,00	21,00%	125.640,00
6.ª Faixa	De 3.600.000,01 a 4.800.000,00	33,00%	648.000,00

Faixas	Percentual de Repartição dos Tributos					
	IRPJ	CSLL	Cofins	PIS/Pasep	CPP	ISS (*)
1.ª Faixa	4,00%	3,50%	12,82%	2,78%	43,40%	33,50%
2.ª Faixa	4,00%	3,50%	14,05%	3,05%	43,40%	32,00%
3.ª Faixa	4,00%	3,50%	13,64%	2,96%	43,40%	32,50%
4.ª Faixa	4,00%	3,50%	13,64%	2,96%	43,40%	32,50%
5.ª Faixa	4,00%	3,50%	12,82%	2,78%	43,40%	33,50% (*)
6.ª Faixa	35,00%	15,00%	16,03%	3,47%	30,50%	–

(*) O percentual efetivo máximo devido ao ISS será de 5%, transferindo-se a diferença, de forma proporcional, aos tributos federais da mesma faixa de receita bruta anual. Sendo assim, na 5.ª faixa, quando a alíquota efetiva for superior a 14,92537%, a repartição será:

	IRPJ	CSLL	Cofins	PIS/Pasep	CPP	ISS
5.ª Faixa, com alíquota efetiva superior a 14,92537%	(Alíquota efetiva – 5%) x 6,02%	(Alíquota efetiva – 5%) x 5,26%	(Alíquota efetiva – 5%) x 19,28%	(Alíquota efetiva – 5%) x 4,18%	(Alíquota efetiva – 5%) x 65,26%	Percentual de ISS fixo em 5%

Anexo IV

ALÍQUOTAS E PARTILHA DO SIMPLES NACIONAL – RECEITAS DECORRENTES DA PRESTAÇÃO DE SERVIÇOS RELACIONADOS NO § 5.º-C DO ART. 18 DESTA LEI COMPLEMENTAR

•• Anexo IV com redação determinada pela Lei Complementar n. 155, de 27-10-2016, produzindo efeitos a partir de 1.º-1-2018.

Receita Bruta em 12 Meses (em R$)		Alíquota	Valor a Deduzir (em R$)
1.ª Faixa	Até 180.000,00	4,50%	–
2.ª Faixa	De 180.000,01 a 360.000,00	9,00%	8.100,00
3.ª Faixa	De 360.000,01 a 720.000,00	10,20%	12.420,00
4.ª Faixa	De 720.000,01 a 1.800.000,00	14,00%	39.780,00
5.ª Faixa	De 1.800.000,01 a 3.600.000,00	22,00%	183.780,00
6.ª Faixa	De 3.600.000,01 a 4.800.000,00	33,00%	828.000,00

Faixas	Percentual de Repartição dos Tributos				
	IRPJ	CSLL	Cofins	PIS/Pasep	ISS (*)
1.ª Faixa	18,80%	15,20%	17,67%	3,83%	44,50%
2.ª Faixa	19,80%	15,20%	20,55%	4,45%	40,00%
3.ª Faixa	20,80%	15,20%	19,73%	4,27%	40,00%
4.ª Faixa	17,80%	19,20%	18,90%	4,10%	40,00%
5.ª Faixa	18,80%	19,20%	18,08%	3,92%	40,00% (*)
6.ª Faixa	53,50%	21,50%	20,55%	4,45%	–

(*) O percentual efetivo máximo devido ao ISS será de 5%, transferindo-se a diferença, de forma proporcional, aos tributos federais da mesma faixa de receita bruta anual. Sendo assim, na 5.ª faixa, quando a alíquota efetiva for superior a 12,5%, a repartição será:

Faixa	IRPJ	CSLL	Cofins	PIS/Pasep	ISS
5.ª Faixa, com alíquota efetiva superior a 12,5%	(Alíquota efetiva – 5%) x 31,33%	(Alíquota efetiva – 5%) x 32,00%	(Alíquota efetiva – 5%) x 30,13%	(Alíquota efetiva – 5%) x 6,54%	Percentual de ISS fixo em 5%

Anexo V

ALÍQUOTAS E PARTILHA DO SIMPLES NACIONAL – RECEITAS DECORRENTES DA PRESTAÇÃO DE SERVIÇOS RELACIONADOS NO § 5.º-I DO ART. 18 DESTA LEI COMPLEMENTAR

•• Anexo V com redação determinada pela Lei Complementar n. 155, de 27-10-2016, produzindo efeitos a partir de 1.º-1-2018.

Receita Bruta em 12 Meses (em R$)		Alíquota	Valor a Deduzir (em R$)
1.ª Faixa	Até 180.000,00	15,50%	-
2.ª Faixa	De 180.000,01 a 360.000,00	18,00%	4.500,00
3.ª Faixa	De 360.000,01 a 720.000,00	19,50%	9.900,00
4.ª Faixa	De 720.000,01 a 1.800.000,00	20,50%	17.100,00
5.ª Faixa	De 1.800.000,01 a 3.600.000,00	23,00%	62.100,00
6.ª Faixa	De 3.600.000,01 a 4.800.000,00	30,50%	540.000,00

Faixas	Percentual de Repartição dos Tributos					
	IRPJ	CSLL	Cofins	PIS/Pasep	CPP	ISS
1.ª Faixa	25,00%	15,00%	14,10%	3,05%	28,85%	14,00%
2.ª Faixa	23,00%	15,00%	14,10%	3,05%	27,85%	17,00%
3.ª Faixa	24,00%	15,00%	14,92%	3,23%	23,85%	19,00%
4.ª Faixa	21,00%	15,00%	15,74%	3,41%	23,85%	21,00%
5.ª Faixa	23,00%	12,50%	14,10%	3,05%	23,85%	23,50%
6.ª Faixa	35,00%	15,50%	16,44%	3,56%	29,50%	–

Anexo VI

ALÍQUOTAS E PARTILHA DO SIMPLES NACIONAL – RECEITAS DECORRENTES DA PRESTAÇÃO DE SERVIÇOS RELACIONADOS NO § 5.º-I DO ART. 18 DESTA LEI COMPLEMENTAR

•• Revogado pela Lei Complementar n. 155, de 27-10-2016.

LEI N. 11.417, DE 19 DE DEZEMBRO DE 2006 (*)

Regulamenta o art. 103-A da Constituição Federal e altera a Lei n. 9.784, de 29 de janeiro de 1999, disciplinando a edição, a revisão e o cancelamento de enunciado de súmula vinculante pelo Supremo Tribunal Federal, e dá outras providências.

O Presidente da República:

Faço saber que o Congresso Nacional decreta e eu sanciono a seguinte Lei:

Art. 1.º Esta Lei disciplina a edição, a revisão e o cancelamento de enunciado de súmula vinculante pelo Supremo Tribunal Federal e dá outras providências.

Art. 2.º O Supremo Tribunal Federal poderá, de ofício ou por provocação, após reiteradas decisões sobre matéria constitucional, editar enunciado de súmula que, a partir de sua publicação na imprensa oficial, terá efeito vinculante em relação aos demais órgãos do Poder Judiciário e à administração pública direta e indireta, nas esferas federal, estadual e municipal, bem como proceder à sua revisão ou cancelamento, na forma prevista nesta Lei.

§ 1.º O enunciado da súmula terá por objeto a validade, a interpretação e a eficácia de normas determinadas, acerca das quais haja, entre órgãos judiciários ou entre esses e a administração pública, controvérsia atual que acarrete grave insegurança jurídica e relevante multiplicação de processos sobre idêntica questão.

§ 2.º O Procurador-Geral da República, nas propostas que não houver formulado, manifestar-se-á previamente à edição, revisão ou cancelamento de enunciado de súmula vinculante.

§ 3.º A edição, a revisão e o cancelamento de enunciado de súmula com efeito vinculante dependerão de decisão tomada por 2/3 (dois terços) dos membros do Supremo Tribunal Federal, em sessão plenária.

§ 4.º No prazo de 10 (dez) dias após a sessão em que editar, rever ou cancelar enunciado de súmula com efeito vinculante, o Supremo Tribunal Federal fará publicar, em seção especial do *Diário da Justiça* e do *Diário Oficial da União*, o enunciado respectivo.

Art. 3.º São legitimados a propor a edição, a revisão ou o cancelamento de enunciado de súmula vinculante:

I – o Presidente da República;

II – a Mesa do Senado Federal;

III – a Mesa da Câmara dos Deputados;

IV – o Procurador-Geral da República;

V – o Conselho Federal da Ordem dos Advogados do Brasil;

VI – o Defensor Público-Geral da União;

VII – partido político com representação no Congresso Nacional;

VIII – confederação sindical ou entidade de classe de âmbito nacional;

IX – a Mesa de Assembleia Legislativa ou da Câmara Legislativa do Distrito Federal;

(*) Publicada no *Diário Oficial da União*, de 20-12-2006.

X – o Governador de Estado ou do Distrito Federal;

XI – os Tribunais Superiores, os Tribunais de Justiça de Estados ou do Distrito Federal e Territórios, os Tribunais Regionais Federais, os Tribunais Regionais do Trabalho, os Tribunais Regionais Eleitorais e os Tribunais Militares.

§ 1.º O Município poderá propor, incidentalmente ao curso de processo em que seja parte, a edição, a revisão ou o cancelamento de enunciado de súmula vinculante, o que não autoriza a suspensão do processo.

§ 2.º No procedimento de edição, revisão ou cancelamento de enunciado da súmula vinculante, o relator poderá admitir, por decisão irrecorrível, a manifestação de terceiros na questão, nos termos do Regimento Interno do Supremo Tribunal Federal.

Art. 4.º A súmula com efeito vinculante tem eficácia imediata, mas o Supremo Tribunal Federal, por decisão de 2/3 (dois terços) dos seus membros, poderá restringir os efeitos vinculantes ou decidir que só tenha eficácia a partir de outro momento, tendo em vista razões de segurança jurídica ou de excepcional interesse público.

Art. 5.º Revogada ou modificada a lei em que se fundou a edição de enunciado de súmula vinculante, o Supremo Tribunal Federal, de ofício ou por provocação, procederá à sua revisão ou cancelamento, conforme o caso.

Art. 6.º A proposta de edição, revisão ou cancelamento de enunciado de súmula vinculante não autoriza a suspensão dos processos em que se discuta a mesma questão.

Art. 7.º Da decisão judicial ou do ato administrativo que contrariar enunciado de súmula vinculante, negar-lhe vigência ou aplicá-lo indevidamente caberá reclamação ao Supremo Tribunal Federal, sem prejuízo dos recursos ou outros meios admissíveis de impugnação.

§ 1.º Contra omissão ou ato da administração pública, o uso da reclamação só será admitido após esgotamento das vias administrativas.

§ 2.º Ao julgar procedente a reclamação, o Supremo Tribunal Federal anulará o ato administrativo ou cassará a decisão judicial impugnada, determinando que outra seja proferida com ou sem aplicação da súmula, conforme o caso.

....

Art. 10. O procedimento de edição, revisão ou cancelamento de enunciado de súmula com efeito vinculante obedecerá, subsidiariamente, ao disposto no Regimento Interno do Supremo Tribunal Federal.

Art. 11. Esta Lei entra em vigor 3 (três) meses após a sua publicação.

Brasília, 19 de dezembro de 2006; 185.º da Independência e 118.º da República.

LUIZ INÁCIO LULA DA SILVA

LEI N. 11.419, DE 19 DE DEZEMBRO DE 2006 (*)

Dispõe sobre a informatização do processo judicial; altera a Lei n. 5.869, de 11 de janeiro de 1973 – Código de Processo Civil; e dá outras providências.

O Presidente da República:

Faço saber que o Congresso Nacional decreta e eu sanciono a seguinte Lei:

Capítulo I
DA INFORMATIZAÇÃO DO PROCESSO JUDICIAL

Art. 1.º O uso de meio eletrônico na tramitação de processos judiciais, comunicação de atos e transmissão de peças processuais será admitido nos termos desta Lei.

§ 1.º Aplica-se o disposto nesta Lei, indistintamente, aos processos civil, penal e trabalhista, bem como aos juizados especiais, em qualquer grau de jurisdição.

§ 2.º Para o disposto nesta Lei, considera-se:

I – meio eletrônico qualquer forma de armazenamento ou tráfego de documentos e arquivos digitais;

II – transmissão eletrônica toda forma de comunicação a distância com a utilização de redes de comunicação, preferencialmente a rede mundial de computadores;

III – assinatura eletrônica as seguintes formas de identificação inequívoca do signatário:

a) assinatura digital baseada em certificado digital emitido por Autoridade Certificadora credenciada, na forma de lei específica;

b) mediante cadastro de usuário no Poder Judiciário, conforme disciplinado pelos órgãos respectivos.

Art. 2.º O envio de petições, de recursos e a prática de atos processuais em geral por meio eletrônico serão admitidos mediante uso de assinatura eletrônica, na forma do art. 1.º desta Lei, sendo obrigatório o credenciamento prévio no Poder Judiciário, conforme disciplinado pelos órgãos respectivos.

§ 1.º O credenciamento no Poder Judiciário será realizado mediante procedimento no qual esteja assegurada a adequada identificação presencial do interessado.

§ 2.º Ao credenciado será atribuído registro e meio de acesso ao sistema, de modo a preservar o sigilo, a identificação e a autenticidade de suas comunicações.

§ 3.º Os órgãos do Poder Judiciário poderão criar um cadastro único para o credenciamento previsto neste artigo.

Art. 3.º Consideram-se realizados os atos processuais por meio eletrônico no dia e hora do seu envio ao sistema do Poder Judiciário, do que deverá ser fornecido protocolo eletrônico.

Parágrafo único. Quando a petição eletrônica for enviada para atender prazo processual, serão consideradas tempestivas as transmitidas até as 24 (vinte e quatro) horas do seu último dia.

Capítulo II
DA COMUNICAÇÃO ELETRÔNICA DOS ATOS PROCESSUAIS

Art. 4.º Os tribunais poderão criar *Diário da Justiça* eletrônico, disponibilizado em sítio da rede mundial de computadores, para publicação de atos judiciais e administrativos próprios e dos órgãos a eles subordinados, bem como comunicações em geral.

§ 1.º O sítio e o conteúdo das publicações de que trata este artigo deverão ser assinados digitalmente com base em certificado emitido por Autoridade Certificadora credenciada na forma da lei específica.

§ 2.º A publicação eletrônica na forma deste artigo substitui qualquer outro meio e publicação oficial, para quaisquer efeitos legais, à exceção dos casos que, por lei, exigem intimação ou vista pessoal.

§ 3.º Considera-se como data da publicação o primeiro dia útil seguinte ao da disponibilização da informação no *Diário da Justiça* eletrônico.

§ 4.º Os prazos processuais terão início no primeiro dia útil que seguir ao considerado como data da publicação.

§ 5.º A criação do *Diário da Justiça* eletrônico deverá ser acompanhada de ampla divulgação, e o ato administrativo correspondente será publicado durante 30 (trinta) dias no diário oficial em uso.

Art. 5.º As intimações serão feitas por meio eletrônico em portal próprio aos que se cadastrarem na forma do art. 2.º desta Lei, dispensando-se a publicação no órgão oficial, inclusive eletrônico.

§ 1.º Considerar-se-á realizada a intimação no dia em que o intimando efetivar a consulta eletrônica ao teor da intimação, certificando-se nos autos a sua realização.

§ 2.º Na hipótese do § 1.º deste artigo, nos casos em que a consulta se dê em dia não útil, a intimação será considerada como realizada no primeiro dia útil seguinte.

§ 3.º A consulta referida nos §§ 1.º e 2.º deste artigo deverá ser feita em até 10 (dez) dias corridos contados da data do envio da intimação, sob pena de considerar-se a intimação automaticamente realizada na data do término desse prazo.

§ 4.º Em caráter informativo, poderá ser efetivada remessa de correspondência eletrônica, comunicando o envio da intimação e a abertura automática do prazo processual nos termos do § 3.º deste artigo, aos que manifestarem interesse por esse serviço.

§ 5.º Nos casos urgentes em que a intimação feita na forma deste artigo possa cau-

(*) Publicada no *Diário Oficial da União*, de 20-12-2006. A Resolução n. 1, de 10-2-2010, regulamenta o processo judicial eletrônico no âmbito do STJ. A Resolução n. 427, de 20-4-2010, regulamenta o processo eletrônico no âmbito do STF (e-STF).

sar prejuízo a quaisquer das partes ou nos casos em que for evidenciada qualquer tentativa de burla ao sistema, o ato processual deverá ser realizado por outro meio que atinja a sua finalidade, conforme determinado pelo juiz.

§ 6.º As intimações feitas na forma deste artigo, inclusive da Fazenda Pública, serão consideradas pessoais para todos os efeitos legais.

Art. 6.º Observadas as formas e as cautelas do art. 5.º desta Lei, as citações, inclusive da Fazenda Pública, excetuadas as dos Direitos Processuais Criminal e Infracional, poderão ser feitas por meio eletrônico, desde que a íntegra dos autos seja acessível ao citando.

Art. 7.º As cartas precatórias, rogatórias, de ordem e, de um modo geral, todas as comunicações oficiais que transitem entre órgãos do Poder Judiciário, bem como entre os deste e os dos demais Poderes, serão feitas preferentemente por meio eletrônico.

Capítulo III

DO PROCESSO ELETRÔNICO

Art. 8.º Os órgãos do Poder Judiciário poderão desenvolver sistemas eletrônicos de processamento de ações judiciais por meio de autos total ou parcialmente digitais, utilizando, preferencialmente, a rede mundial de computadores e acesso por meio de redes internas e externas.

Parágrafo único. Todos os atos processuais do processo eletrônico serão assinados eletronicamente na forma estabelecida nesta Lei.

Art. 9.º No processo eletrônico, todas as citações, intimações e notificações, inclusive da Fazenda Pública, serão feitas por meio eletrônico, na forma desta Lei.

§ 1.º As citações, intimações, notificações e remessas que viabilizem o acesso à íntegra do processo correspondente serão consideradas vista pessoal do interessado para todos os efeitos legais.

§ 2.º Quando, por motivo técnico, for inviável o uso do meio eletrônico para a realização de citação, intimação ou notificação, esses atos processuais poderão ser praticados segundo as regras ordinárias, digitalizando-se o documento físico, que deverá ser posteriormente destruído.

Art. 10. A distribuição da petição inicial e a juntada da contestação, dos recursos e das petições em geral, todos em formato digital, nos autos de processo eletrônico, podem ser feitas diretamente pelos advogados públicos e privados, sem necessidade da intervenção do cartório ou secretaria judicial, situação em que a autuação deverá se dar de forma automática, fornecendo-se recibo eletrônico de protocolo.

§ 1.º Quando o ato processual tiver que ser praticado em determinado prazo, por meio de petição eletrônica, serão considerados tempestivos os efetivados até as 24 (vinte e quatro) horas do último dia.

§ 2.º No caso do § 1.º deste artigo, se o Sistema do Poder Judiciário se tornar indisponível por motivo técnico, o prazo fica automaticamente prorrogado para o primeiro dia útil seguinte à resolução do problema.

§ 3.º Os órgãos do Poder Judiciário deverão manter equipamentos de digitalização e de acesso à rede mundial de computadores à disposição dos interessados para distribuição de peças processuais.

Art. 11. Os documentos produzidos eletronicamente e juntados aos processos eletrônicos com garantia da origem e de seu signatário, na forma estabelecida nesta Lei, serão considerados originais para todos os efeitos legais.

§ 1.º Os extratos digitais e os documentos digitalizados e juntados aos autos pelos órgãos da Justiça e seus auxiliares, pelo Ministério Público e seus auxiliares, pelas procuradorias, pelas autoridades policiais, pelas repartições públicas em geral e por advogados públicos e privados têm a mesma força probante dos originais, ressalvada a alegação motivada e fundamentada de adulteração antes ou durante o processo de digitalização.

§ 2.º A arguição de falsidade do documento original será processada eletronicamente na forma da lei processual em vigor.

§ 3.º Os originais dos documentos digitalizados, mencionados no § 2.º deste artigo, deverão ser preservados pelo seu detentor até o trânsito em julgado da sentença ou, quando admitida, até o final do prazo para interposição de ação rescisória.

§ 4.º (*Vetado.*)

§ 5.º Os documentos cuja digitalização seja tecnicamente inviável devido ao grande volume ou por motivo de ilegibilidade deverão ser apresentados ao cartório ou secretaria no prazo de 10 (dez) dias contados do envio de petição eletrônica comunicando o fato, os quais serão devolvidos à parte após o trânsito em julgado.

•• A Lei n. 14.318, de 29-3-2022, em vigor após 730 dias da sua publicação (*DOU* de 30-3-2022), dá nova redação a este § 5.º:

"§ 5.º Os documentos cuja digitalização seja tecnicamente inviável devido ao grande volume ou por motivo de ilegibilidade deverão ser apresentados ao cartório ou secretaria ou encaminhados por meio de protocolo integrado judicial nacional no prazo de 10 (dez) dias contado do envio de petição eletrônica comunicando o fato, os quais serão devolvidos à parte após o trânsito em julgado".

§ 6.º Os documentos digitalizados juntados em processo eletrônico estarão disponíveis para acesso por meio da rede externa pelas respectivas partes processuais, pelos advogados, independentemente de procuração nos autos, pelos membros do Ministério Público e pelos magistrados, sem prejuízo da possibilidade de visualização nas secretarias dos órgãos julgadores, à exceção daqueles que tramitarem em segredo de justiça.

•• § 6.º com redação determinada pela Lei n. 13.793, de 3-1-2019.

§ 7.º Os sistemas de informações pertinentes a processos eletrônicos devem possibilitar que advogados, procuradores e membros do Ministério Público cadastrados, mas não vinculados a processo previamente identificado, acessem automaticamente todos os atos e documentos processuais armazenados em meio eletrônico, desde que demonstrado interesse para fins apenas de registro, salvo nos casos de processos em segredo de justiça.

•• § 7.º acrescentado pela Lei n. 13.793, de 3-1-2019.

Art. 12. A conservação dos autos do processo poderá ser efetuada total ou parcialmente por meio eletrônico.

§ 1.º Os autos dos processos eletrônicos deverão ser protegidos por meio de sistemas de segurança de acesso e armazenados em meio que garanta a preservação e integridade dos dados, sendo dispensada a formação de autos suplementares.

§ 2.º Os autos de processos eletrônicos que tiverem de ser remetidos a outro juízo ou instância superior que não disponham de sistema compatível deverão ser impressos em papel, autuados na forma dos arts. 166 a 168 da Lei n. 5.869, de 11 de janeiro de 1973 – Código de Processo Civil, ainda que de natureza criminal ou trabalhista, ou pertinentes a juizado especial.

§ 3.º No caso do § 2.º deste artigo, o escrivão ou o chefe de secretaria certificará os autores ou a origem dos documentos produzidos nos autos, acrescentando, ressalvada a hipótese de existir segredo de justiça, a forma pela qual o banco de dados poderá ser acessado para aferir a autenticidade das peças e das respectivas assinaturas digitais.

§ 4.º Feita a autuação na forma estabelecida no § 2.º deste artigo, o processo seguirá a tramitação legalmente estabelecida para os processos físicos.

§ 5.º A digitalização de autos em mídia não digital, em tramitação ou já arquivados, será precedida de publicação de editais de intimações ou da intimação pessoal das partes e de seus procuradores, para que, no prazo preclusivo de 30 (trinta) dias, se manifestem sobre o desejo de manterem pessoalmente a guarda de algum dos documentos originais.

Art. 13. O magistrado poderá determinar que sejam realizados por meio eletrônico a exibição e o envio de dados e de documentos necessários à instrução do processo.

§ 1.º Consideram-se cadastros públicos, para os efeitos deste artigo, dentre outros existentes ou que venham a ser criados, ainda que mantidos por concessionárias de serviço público ou empresas privadas, os que contenham informações indispensáveis ao exercício da função judicante.

§ 2.º O acesso de que trata este artigo dar-se-á por qualquer meio tecnológico disponível, preferentemente o de menor custo, considerada sua eficiência.

§ 3.º (*Vetado.*)

Capítulo IV

DISPOSIÇÕES GERAIS E FINAIS

Art. 14. Os sistemas a serem desenvolvidos pelos órgãos do Poder Judiciário deverão usar, preferencialmente, programas com código aberto, acessíveis ininterruptamente por meio da rede mundial de computadores, priorizando-se a sua padronização.

Parágrafo único. Os sistemas devem buscar identificar os casos de ocorrência de prevenção, litispendência e coisa julgada.

Art. 15. Salvo impossibilidade que comprometa o acesso à justiça, a parte deverá informar, ao distribuir a petição inicial de qualquer ação judicial, o número no cadastro de pessoas físicas ou jurídicas, conforme o caso, perante a Secretaria da Receita Federal.

Parágrafo único. Da mesma forma, as peças de acusação criminais deverão ser instruídas pelos membros do Ministério Público ou pelas autoridades policiais com os números de registros dos acusados no Instituto Nacional de Identificação do Ministério da Justiça, se houver.

Art. 16. Os livros cartorários e demais repositórios dos órgãos do Poder Judiciário poderão ser gerados e armazenados em meio totalmente eletrônico.

Art. 17. (*Vetado.*)

Art. 18. Os órgãos do Poder Judiciário regulamentarão esta Lei, no que couber, no âmbito de suas respectivas competências.

Art. 19. Ficam convalidados os atos processuais praticados por meio eletrônico até a data de publicação desta Lei, desde que tenham atingido sua finalidade e não tenha havido prejuízo para as partes.

Art. 20. A Lei n. 5.869, de 11 de janeiro de 1973 – Código de Processo Civil, passa a vigorar com as seguintes alterações:

•• Alterações já processadas no diploma modificado.

Art. 21. (*Vetado.*)

Art. 22. Esta Lei entra em vigor 90 (noventa) dias depois de sua publicação.

Brasília, 19 de dezembro de 2006; 185.º da Independência e 118.º da República.

Luiz Inácio Lula da Silva

LEI N. 11.442, DE 5 DE JANEIRO DE 2007 (*)

Dispõe sobre o transporte rodoviário de cargas por conta de terceiros e mediante remuneração e revoga a Lei n. 6.813, de 10 de julho de 1980.

O Presidente da República

Faço saber que o Congresso Nacional decreta e eu sanciono a seguinte Lei:

Art. 1.º Esta Lei dispõe sobre o Transporte Rodoviário de Cargas – TRC realizado em vias públicas, no território nacional, por conta de terceiros e mediante remuneração, os mecanismos de sua operação e a responsabilidade do transportador.

•• A Lei n. 14.206, de 27-9-2021, institui o Documento Eletrônico de Transporte – DT-e, exclusivamente digital, de geração e emissão prévias obrigatórias à execução da operação de transporte de carga no território nacional.

§ 1.º No caso de transporte de produtos perigosos, será observado exclusivamente o disposto em lei federal, considerando-se as competências estabelecidas nos arts. 22 e 24 da Lei n. 10.233, de 5 de junho de 2001.

•• § 1.º acrescentado pela Lei n. 12.667, de 15-6-2012.

§ 2.º (*Vetado.*)

•• § 2.º acrescentado pela Lei n. 12.667, de 15-6-2012.

Art. 2.º A atividade econômica de que trata o art. 1.º desta Lei é de natureza comercial, exercida por pessoa física ou jurídica em regime de livre concorrência, e depende de prévia inscrição do interessado em sua exploração no Registro Nacional de Transportadores Rodoviários de Cargas – RNTR-C da Agência Nacional de Transportes Terrestres – ANTT, nas seguintes categorias:

I – Transportador Autônomo de Cargas – TAC, pessoa física que tenha no transporte rodoviário de cargas a sua atividade profissional;

II – Empresa de Transporte Rodoviário de Cargas – ETC, pessoa jurídica constituída por qualquer forma prevista em lei que tenha no transporte rodoviário de cargas a sua atividade principal.

III – Cooperativa de Transporte Rodoviário de Cargas (CTC), sociedade cooperativa na forma da lei, constituída por pessoas físicas e/ou jurídicas, que exerce atividade de transporte rodoviário de cargas;

•• Inciso III acrescentado pela Lei n. 14.206, de 27-9-2021.

§ 1.º O TAC deverá:

I – comprovar ser proprietário, coproprietário ou arrendatário de, pelo menos, 1 (um) veículo automotor de carga, registrado em seu nome no órgão de trânsito, como veículo de aluguel;

II – comprovar ter experiência de, pelo menos, 3 (três) anos na atividade, ou ter sido aprovado em curso específico.

§ 2.º A ETC deverá:

I – ter sede no Brasil;

II – comprovar ser proprietária ou arrendatária de, pelo menos, 1 (um) veículo automotor de carga, registrado no País;

III – indicar e promover a substituição do Responsável Técnico, que deverá ter, pelo menos, 3 (três) anos de atividade ou ter sido aprovado em curso específico;

IV – demonstrar capacidade financeira para o exercício da atividade e idoneidade de seus sócios e de seu responsável técnico.

§ 3.º Para efeito de cumprimento das exigências contidas no inciso II do § 2.º deste artigo, as Cooperativas de Transporte de Cargas deverão comprovar a propriedade ou o arrendamento dos veículos automotores de cargas de seus associados.

§ 4.º Deverá constar no veículo automotor de carga, na forma a ser regulamentada pela ANTT, o número de registro no RNTR-C de seu proprietário ou arrendatário.

§ 5.º A ANTT disporá sobre as exigências curriculares e a comprovação dos cursos previstos no inciso II do § 1.º e no inciso III do § 2.º, ambos deste artigo.

Art. 3.º O processo de inscrição e cassação do registro bem como a documentação exigida para o RNTR-C serão regulamentados pela ANTT.

Art. 4.º O contrato a ser celebrado entre a ETC e o TAC ou entre o dono ou embarcador da carga e o TAC definirá a forma de prestação de serviço desse último, como agregado ou independente.

§ 1.º Denomina-se TAC-agregado aquele que coloca veículo de sua propriedade ou de sua posse, a ser dirigido por ele próprio ou por preposto seu, a serviço do contratante, com exclusividade, mediante remuneração certa.

§ 2.º Denomina-se TAC-independente aquele que presta os serviços de transporte de carga de que trata esta Lei em caráter eventual e sem exclusividade, mediante frete ajustado a cada viagem.

§ 3.º Sem prejuízo dos demais requisitos de controle estabelecidos em regulamento, é facultada ao TAC a cessão de seu veículo em regime de colaboração a outro profissional, assim denominado TAC – Auxiliar, não implicando tal cessão a caracterização de vínculo de emprego.

•• § 3.º acrescentado pela Lei n. 13.103, de 2-3-2015.

§ 4.º O Transportador Autônomo de Cargas Auxiliar deverá contribuir para a previdência social de forma idêntica à dos Transportadores Autônomos.

•• § 4.º acrescentado pela Lei n. 13.103, de 2-3-2015.

§ 5.º As relações decorrentes do contrato estabelecido entre o Transportador Autônomo de Cargas e seu Auxiliar ou entre o transportador autônomo e o embarcador não caracterizarão vínculo de emprego.

•• § 5.º acrescentado pela Lei n. 13.103, de 2-3-2015.

Art. 5.º As relações decorrentes do contrato de transporte de cargas de que trata o art. 4.º desta Lei são sempre de natureza comercial, não ensejando, em nenhuma hipótese, a caracterização de vínculo de emprego.

(*) Publicada no *Diário Oficial da União*, de 8-1-2007.

Legislação Complementar

§ 1.º (*Revogado pela Lei n. 14.206, de 27-9-2021.*)

§ 2.º No caso de contratação direta do TAC pelo proprietário da mercadoria, a relação dar-se-á nos termos desta Lei e será considerada de natureza comercial, conforme o *caput* deste artigo.

•• § 2.º acrescentado pela Lei n. 14.206, de 27-9-2021.

§ 3.º Compete à justiça comum o julgamento de ações oriundas dos contratos de transportes de cargas.

•• § 3.º acrescentado pela Lei n. 14.440, de 2-9-2022.

Art. 5.º-A. O pagamento do frete do transporte rodoviário de cargas ao TAC será efetuado em conta de depósito ou em conta de pagamento pré-paga mantida em instituição autorizada a funcionar pelo Banco Central do Brasil, de livre escolha do TAC prestador do serviço, e informado no Documento Eletrônico de Transporte (DT-e).

•• *Caput* com redação determinada pela Lei n. 14.206, de 27-9-2021.

§ 1.º A conta de depósito à vista, de poupança ou pré-paga deverá ser de titularidade do TAC, cônjuge, companheira ou parente em linha reta ou colateral até o segundo grau, indicada expressamente pelo TAC, vedada a imposição por parte do contratante, e identificada no DT-e.

•• § 1.º com redação determinada pela Lei n. 14.206, de 27-9-2021.

§ 2.º O contratante e o subcontratante dos serviços de transporte rodoviário de cargas, assim como o cossignatário e o proprietário da carga, são solidariamente responsáveis pela obrigação prevista no *caput* deste artigo, resguardado o direito de regresso destes contra os primeiros.

•• § 2.º acrescentado pela Lei n. 12.249, de 11-6-2010.

§ 3.º Para os fins deste artigo, equiparam-se ao TAC a Empresa de Transporte Rodoviário de Cargas – ETC que possuir, em sua frota, até 3 (três) veículos registrados no Registro Nacional de Transportadores Rodoviários de Cargas – RNTRC e as Cooperativas de Transporte de Cargas.

•• § 3.º acrescentado pela Lei n. 12.249, de 11-6-2010.

§ 4.º As Cooperativas de Transporte de Cargas deverão efetuar o pagamento aos seus cooperados na forma do *caput* deste artigo.

•• § 4.º acrescentado pela Lei n. 12.249, de 11-6-2010.

§ 5.º O extrato da conta de depósito ou da conta de pagamento pré-paga de que trata o *caput* deste artigo, com as movimentações relacionadas aos pagamentos das obrigações estabelecidas em DT-e, servirá como forma de comprovação de rendimentos do TAC.

•• § 5.º com redação determinada pela Lei n. 14.206, de 27-9-2021.

§ 6.º É vedado o pagamento do frete por qualquer outro meio ou forma diverso do previsto no *caput* deste artigo ou em seu regulamento.

•• § 6.º acrescentado pela Lei n. 12.249, de 11-6-2010.

§ 7.º As custas com a geração e a emissão de DT-e, as tarifas bancárias e as demais custas decorrentes da operação de pagamento do frete contratado correrão à conta do responsável pelo pagamento, sem ônus ao TAC.

•• § 7.º com redação determinada pela Lei n. 14.206, de 27-9-2021.

§ 8.º As informações para o pagamento a que se refere o *caput* deste artigo e o valor da transação deverão ser identificados no DT-e emitido.

•• § 8.º acrescentado pela Lei n. 14.206, de 27-9-2021.

§ 9.º Constituirá prova de pagamento total ou parcial do serviço identificado no DT-e o extrato do pagamento pela instituição pagadora em favor do legítimo credor na forma prevista no *caput* deste artigo.

•• § 9.º acrescentado pela Lei n. 14.206, de 27-9-2021.

§ 10. O TAC poderá ceder, inclusive fiduciariamente, endossar ou empenhar títulos ou instrumentos representativos dos direitos creditórios constituídos ou a constituir referentes ao pagamento do frete do transporte rodoviário de cargas, observado que:

•• § 10, *caput*, acrescentado pela Lei n. 14.206, de 27-9-2021.

I – o pagamento do frete será feito em favor do cessionário, do endossatário ou do credor pignoratício, desde que o devedor seja devidamente notificado da cessão do crédito, vedado o pagamento diretamente ao TAC; e

•• Inciso I acrescentado pela Lei n. 14.206, de 27-9-2021.

II – o disposto nos §§ 1.º, 4.º, 6.º e 7.º do *caput* deste artigo não será aplicado.

•• Inciso II acrescentado pela Lei n. 14.206, de 27-9-2021.

Art. 5.º-B. É facultado ao TAC contratar pessoa jurídica para administrar seus direitos relativos à prestação de serviços de transporte.

•• *Caput* acrescentado pela Lei n. 14.206, de 27-9-2021.

§ 1.º A pessoa jurídica de que trata o *caput* deste artigo é responsável pela adequação dos documentos legais do TAC que a contratou, bem como pelas obrigações fiscais inerentes à geração, à emissão e ao recolhimento de tributos de qualquer espécie ou natureza, aplicado o disposto no inciso III do *caput* do art. 134 da Lei Complementar n. 5.172, de 25 de outubro de 1966.

•• § 1.º acrescentado pela Lei n. 14.206, de 27-9-2021.

§ 2.º As entidades representativas dos TACs são autorizadas a atuar como administradora nos termos deste artigo.

•• § 2.º acrescentado pela Lei n. 14.206, de 27-9-2021.

§ 3.º Recebido o valor do frete pelo TAC conforme disposto no art. 5.º-A desta Lei, competirá à administradora de que trata o *caput* deste artigo:

•• § 3.º, *caput*, acrescentado pela Lei n. 14.206, de 27-9-2021.

I – controlar, emitir e gerir os documentos, inclusive fiscais, inerentes à operação de transporte;

•• Inciso I acrescentado pela Lei n. 14.206, de 27-9-2021.

II – reter e recolher os tributos incidentes, bem como encaminhar ao TAC os comprovantes de pagamento.

•• Inciso II acrescentado pela Lei n. 14.206, de 27-9-2021.

§ 4.º A pessoa jurídica de que trata o *caput* deste artigo não poderá ser ou estar vinculada como administradora ou sócia, direta ou indireta, de empresa distribuidora de combustíveis, de rede de revendedores ou de revendedor varejista de combustíveis.

•• § 4.º acrescentado pela Lei n. 14.206, de 27-9-2021.

Art. 6.º O transporte rodoviário de cargas será efetuado sob contrato ou conhecimento de transporte, que deverá conter informações para a completa identificação das partes e dos serviços e de natureza fiscal.

Art. 6.º-A. As informações relativas à comprovação dos pagamentos efetuados no âmbito de contrato celebrado entre embarcador, proprietário da carga, consignatário ou contratante dos serviços de transporte rodoviário de cargas e o transportador ou seu subcontratado deverão ser consignadas pelo pagador em campos próprios do respectivo DT-e.

•• *Caput* acrescentado pela Lei n. 14.206, de 27-9-2021.

§ 1.º O disposto no *caput* deste artigo aplica-se às informações relativas à importância decorrente do tempo adicional sobre o prazo máximo para carga e descarga do veículo de transporte rodoviário de cargas, nos termos do § 5.º do art. 11 desta Lei e, se aplicável, aos pagamentos antecipados do Vale-Pedágio obrigatório instituído pela Lei n. 10.209, de 23 de março de 2001.

•• § 1.º acrescentado pela Lei n. 14.206, de 27-9-2021.

§ 2.º Para fins de cumprimento do previsto no *caput* deste artigo, o Banco Central do Brasil, as instituições financeiras públicas e privadas de que trata a Lei n. 4.595, de 31 de dezembro de 1964, e as instituições de pagamento de que trata o art. 6.º da Lei n. 12.865, de 9 de outubro de 2013, realizarão troca de informações com a entidade emissora de DT-e a que se refere o art. 11 desta Lei, assegurado o sigilo bancário.

•• § 2.º acrescentado pela Lei n. 14.206, de 27-9-2021.

Art. 7.º Com a emissão do contrato ou conhecimento de transporte, a ETC e o TAC assumem perante o contratante a responsabilidade:

I – pela execução dos serviços de transporte de cargas, por conta própria ou de terceiros, do local em que as receber até a sua entrega no destino;

II – pelos prejuízos resultantes de perda, danos ou avarias às cargas sob sua custódia, assim como pelos decorrentes de atraso em sua entrega, quando houver prazo pactuado.

Parágrafo único. No caso de dano ou avaria, será assegurado às partes interessadas o direito de vistoria, de acordo com a legislação aplicável, sem prejuízo da observância das cláusulas do contrato de seguro, quando houver.

Art. 8.º O transportador é responsável pelas ações ou omissões de seus empregados, agentes, prepostos ou terceiros contratados ou subcontratados para a execução dos serviços de transporte, como se essas ações ou omissões fossem próprias.

Parágrafo único. O transportador tem direito a ação regressiva contra os terceiros contratados ou subcontratados, para se ressarcir do valor da indenização que houver pago.

Art. 9.º A responsabilidade do transportador cobre o período compreendido entre o momento do recebimento da carga e o de sua entrega ao destinatário.

Parágrafo único. A responsabilidade do transportador cessa quando do recebimento da carga pelo destinatário, sem protestos ou ressalvas.

Art. 10. O atraso ocorre quando as mercadorias não forem entregues dentro dos prazos constantes do contrato ou do conhecimento de transporte.

Parágrafo único. Se as mercadorias não forem entregues dentro de 30 (trinta) dias corridos após a data estipulada, de conformidade com o disposto no *caput* deste artigo, o consignatário ou qualquer outra pessoa com direito de reclamar as mercadorias poderá considerá-las perdidas.

Art. 11. O transportador informará ao expedidor ou ao destinatário, quando não pactuado no contrato ou conhecimento de transporte, o prazo previsto para a entrega da mercadoria.

§ 1.º O transportador obriga-se a comunicar ao expedidor ou ao destinatário, em tempo hábil, a chegada da carga ao destino.

§ 2.º A carga ficará à disposição do interessado, após a comunicação de que trata o § 1.º deste artigo, pelo prazo de 30 (trinta) dias, se outra condição não for pactuada.

§ 3.º Findo o prazo previsto no § 2.º deste artigo, não sendo retirada, a carga será considerada abandonada.

§ 4.º No caso de bem perecível ou produto perigoso, o prazo de que trata o § 2.º deste artigo poderá ser reduzido, conforme a natureza da mercadoria, devendo o transportador informar o fato ao expedidor e ao destinatário.

§ 5.º O prazo máximo para carga e descarga do Veículo de Transporte Rodoviário de Cargas será de 5 (cinco) horas, contadas da chegada do veículo ao endereço de destino, após o qual será devido ao Transportador Autônomo de Carga – TAC ou à ETC a importância equivalente a R$ 1,38 (um real e trinta e oito centavos) por tonelada/hora ou fração.

•• § 5.º com redação determinada pela Lei n. 13.103, de 2-3-2015.

§ 6.º A importância de que trata o § 5.º será atualizada, anualmente, de acordo com a variação do Índice Nacional de Preços ao Consumidor – INPC, calculado pela Fundação Instituto Brasileiro de Geografia e Estatística – IBGE ou, na hipótese de sua extinção, pelo índice que o suceder, definido em regulamento.

•• § 6.º com redação determinada pela Lei n. 13.103, de 2-3-2015.

§ 7.º Para o cálculo do valor de que trata o § 5.º, será considerada a capacidade total de transporte do veículo.

•• § 7.º acrescentado pela Lei n. 13.103, de 2-3-2015.

§ 8.º Incidente o pagamento relativo ao tempo de espera, este deverá ser calculado a partir da hora de chegada na procedência ou no destino.

•• § 8.º acrescentado pela Lei n. 13.103, de 2-3-2015.

§ 9.º O embarcador e o destinatário da carga são obrigados a informar ao transportador em campo específico do DT-e o horário de chegada do caminhão nas dependências dos respectivos estabelecimentos, sob pena de serem punidos com multa a ser aplicada pela ANTT, que não excederá a 5% (cinco por cento) do valor da carga.

•• § 9.º com redação determinada pela Lei n. 14.206, de 27-9-2021.

§ 10. No âmbito do processo administrativo sancionador, as notificações de autuação poderão ser encaminhadas por meio eletrônico para endereço eletrônico cadastrado formalmente para esse fim, de forma a assegurar a ciência da imposição da penalidade, nos termos de regulamento.

•• § 10 acrescentado pela Lei n. 14.206, de 27-9-2021.

§ 11. A notificação de autuação será expedida no prazo máximo de 30 (trinta) dias, contado da data do cometimento da infração, sob pena de o auto de infração ser arquivado e seu registro julgado insubsistente.

•• § 11 acrescentado pela Lei n. 14.206, de 27-9-2021.

§ 12. Da autuação e da aplicação de sanção caberá a apresentação, respectivamente, de defesa e de recurso pelo autuado, no prazo estabelecido em norma do órgão fiscalizador competente.

•• § 12 acrescentado pela Lei n. 14.206, de 27-9-2021.

§ 13. Prescreve em 12 (doze) meses o prazo para cobrança da pena de multa a que se refere o § 9.º deste artigo, a contar da notificação de autuação.

•• § 13 acrescentado pela Lei n. 14.206, de 27-9-2021.

Art. 12. Os transportadores e seus subcontratados somente serão liberados de sua responsabilidade em razão de:

I – ato ou fato imputável ao expedidor ou ao destinatário da carga;

II – inadequação da embalagem, quando imputável ao expedidor da carga;

III – vício próprio ou oculto da carga;

IV – manuseio, embarque, estiva ou descarga executados diretamente pelo expedidor, destinatário ou consignatário da carga ou, ainda, pelos seus agentes ou prepostos;

V – força maior ou caso fortuito;

VI – contratação de seguro pelo contratante do serviço de transporte, na forma do inciso I do art. 13 desta Lei.

Parágrafo único. Não obstante as excludentes de responsabilidades previstas neste artigo, o transportador e seus subcontratados serão responsáveis pela agravação das perdas ou danos a que derem causa.

Art. 13. Sem prejuízo do seguro de responsabilidade civil contra danos a terceiros previsto em lei, toda operação de transporte contará com o seguro contra perdas ou danos causados à carga, de acordo com o que seja estabelecido no contrato ou conhecimento de transporte, podendo o seguro ser contratado:

I – pelo contratante dos serviços, eximindo o transportador da responsabilidade de fazê-lo;

II – pelo transportador, quando não for firmado pelo contratante.

Parágrafo único. As condições do seguro de transporte rodoviário de cargas obedecerão à legislação em vigor.

Art. 13-A. É vedada a utilização de informações de bancos de dados de proteção ao crédito como mecanismo de vedação de contrato com o TAC e a ETC devidamente regulares para o exercício da atividade do Transporte Rodoviário de Cargas.

•• Artigo acrescentado pela Lei n. 13.103, de 2-3-2015.

Art. 14. A responsabilidade do transportador por prejuízos resultantes de perdas ou danos causados às mercadorias é limitada ao valor declarado pelo expedidor e consignado no contrato ou conhecimento de transporte, acrescido dos valores do frete e do seguro correspondentes.

Parágrafo único. Na hipótese de o expedidor não declarar o valor das mercadorias, a responsabilidade do transportador será limitada ao valor de 2 (dois) Direitos Especiais de Saque – DES por quilograma de peso bruto transportado.

Art. 15. Quando não definida no contrato ou conhecimento de transporte, a responsabilidade por prejuízos resultantes de atraso na entrega é limitada ao valor do frete.

Art. 16. Os operadores de terminais, armazéns e quaisquer outros que realizem operações de transbordo são responsáveis, perante o transportador que emitiu o conhecimento de transporte, pelas perdas e danos causados às mercadorias no momento da realização das referidas operações, inclusive de depósito.

Art. 17. O expedidor, sem prejuízo de outras sanções previstas em lei, indenizará o transportador pelas perdas, danos ou avarias:

I – resultantes de inveracidade na declaração de carga ou de inadequação dos elementos que lhe compete fornecer para a emissão do conhecimento de transporte, sem que tal dever de indenizar exima ou atenue a responsabilidade do transportador, nos termos previstos nesta Lei; e

II – quando configurado o disposto nos incisos I, II e IV do *caput* do art. 12 desta Lei.

Art. 18. Prescreve em 1 (um) ano a pretensão à reparação pelos danos relativos aos contratos de transporte, iniciando-se a contagem do prazo a partir do conhecimento do dano pela parte interessada.

Art. 19. É facultado aos contratantes dirimir seus conflitos recorrendo à arbitragem.

Art. 22-A. As instituições de pagamento que realizam pagamentos eletrônicos de frete, que estejam em funcionamento na data de publicação desta Lei e que não se enquadrem nos critérios previstos na regulamentação para serem autorizadas a funcionar pelo Banco Central do Brasil poderão continuar a ofertar pagamentos eletrônicos de frete.

•• *Caput* acrescentado pela Lei n. 14.206, de 27-9-2021.

§ 1.º Ao se enquadrar nos critérios a que se refere o *caput* deste artigo, a instituição de pagamento deverá solicitar ao Banco Central do Brasil autorização para o seu funcionamento.

•• § 1.º acrescentado pela Lei n. 14.206, de 27-9-2021.

§ 2.º Na hipótese de a solicitação de que trata o § 1.º deste artigo ser indeferida, a instituição de pagamento deverá cessar as suas atividades, nos termos da regulamentação do Banco Central do Brasil.

•• § 2.º acrescentado pela Lei n. 14.206, de 27-9-2021.

Art. 22-B. As instituições de pagamento que realizam pagamentos eletrônicos de frete deverão, além dos serviços oferecidos no âmbito do próprio arranjo de pagamento, participar obrigatoriamente do arranjo de pagamentos instantâneos instituído pelo Banco Central do Brasil, na forma e nos termos da regulamentação própria.

•• *Caput* acrescentado pela Lei n. 14.206, de 27-9-2021.

§ 1.º As instituições de pagamento que, a critério do Banco Central do Brasil, não cumprirem os requisitos de participação estabelecidos no regulamento do arranjo de pagamentos instantâneos referido no *caput* deste artigo e que, por essa razão, não puderem ofertar o meio de pagamento correspondente ao TAC ou equiparado deverão encerrar a prestação de serviços de pagamentos eletrônicos de frete.

•• § 1.º acrescentado pela Lei n. 14.206, de 27-9-2021.

§ 2.º Na hipótese prevista no § 1.º deste artigo, o Banco Central do Brasil deverá dispor sobre a forma e o prazo de remessa dos recursos pelo prestador de serviços de pagamentos eletrônicos de frete para a conta de depósitos ou para a conta de pagamento indicada pelo TAC ou equiparado.

•• § 2.º acrescentado pela Lei n. 14.206, de 27-9-2021.

Art. 23. Esta Lei entra em vigor na data de sua publicação, assegurando-se aos que já exercem a atividade de transporte rodoviário de cargas inscrição no RNTR-C e a continuação de suas atividades, observadas as disposições desta Lei.

Art. 24. Revoga-se a Lei n. 6.813, de 10 de julho de 1980.

Brasília, 5 de janeiro de 2007; 186.º da Independência e 119.º da República.

LUIZ INÁCIO LULA DA SILVA

LEI COMPLEMENTAR N. 126, DE 15 DE JANEIRO DE 2007 (*)

Dispõe sobre a política de resseguro, retrocessão e sua intermediação, as operações de cosseguro, as contratações de seguro no exterior e as operações em moeda estrangeira do setor securitário; altera o Decreto-lei n. 73, de 21 de novembro de 1966, e a Lei n. 8.031, de 12 de abril de 1990; e dá outras providências.

O Vice-Presidente da República, no exercício do cargo de Presidente da República

Faço saber que o Congresso Nacional decreta e eu sanciono a seguinte Lei Complementar:

Capítulo I
DO OBJETO

Art. 1.º Esta Lei Complementar dispõe sobre a política de resseguro, retrocessão e sua intermediação, as operações de cosseguro, as contratações de seguro no exterior e as operações em moeda estrangeira do setor securitário.

Capítulo II
DA REGULAÇÃO E DA FISCALIZAÇÃO

Art. 2.º A regulação das operações de cosseguro, resseguro, retrocessão e sua intermediação será exercida pelo órgão regulador de seguros, conforme definido em lei, observadas as disposições desta Lei Complementar.

• CNSP: arts. 32 e s. do Decreto-lei n. 73, de 21-11-1966.

§ 1.º Para fins desta Lei Complementar, considera-se:

I – cedente: a sociedade seguradora que contrata operação de resseguro ou o ressegurador que contrata operação de retrocessão;

II – cosseguro: operação de seguro em que 2 (duas) ou mais sociedades seguradoras, com anuência do segurado, distribuem entre si, percentualmente, os riscos de determinada apólice, sem solidariedade entre elas;

III – resseguro: operação de transferência de riscos de uma cedente para um ressegurador, ressalvado o disposto no inciso IV deste parágrafo;

IV – retrocessão: operação de transferência de riscos de resseguro de resseguradores para resseguradores ou de resseguradores para sociedades seguradoras locais.

§ 2.º A regulação pelo órgão de que trata o *caput* deste artigo não prejudica a atuação dos órgãos reguladores das cedentes, no âmbito exclusivo de suas atribuições, em especial no que se refere ao controle das operações realizadas.

§ 3.º Equipara-se à cedente a sociedade cooperativa autorizada a operar em seguros privados que contrata operação de resseguro, desde que a esta sejam aplicadas as condições impostas às seguradoras pelo órgão regulador de seguros.

Art. 3.º A fiscalização das operações de cosseguro, resseguro, retrocessão e sua intermediação será exercida pelo órgão fiscalizador de seguros, conforme definido em lei, sem prejuízo das atribuições dos órgãos fiscalizadores das demais cedentes.

• Susep: arts. 35 e s. do Decreto-lei n. 73, de 21-11-1966.

Parágrafo único. Ao órgão fiscalizador de seguros, no que se refere aos resseguradores, intermediários e suas respectivas atividades, caberão as mesmas atribuições que detém para as sociedades seguradoras, corretores de seguros e suas respectivas atividades.

Capítulo III
DOS RESSEGURADORES

Seção I
Da Qualificação

Art. 4.º As operações de resseguro e retrocessão podem ser realizadas com os seguintes tipos de resseguradores:

I – ressegurador local: ressegurador sediado no País constituído sob a forma de sociedade anônima, tendo por objeto exclusivo a realização de operações de resseguro e retrocessão;

II – ressegurador admitido: ressegurador sediado no exterior, com escritório de repre-

(*) Publicada no *Diário Oficial da União*, de 16-1-2007.

sentação no País, que, atendendo às exigências previstas nesta Lei Complementar e nas normas aplicáveis à atividade de resseguro e retrocessão, tenha sido cadastrado como tal no órgão fiscalizador de seguros para realizar operações de resseguro e retrocessão; e

III – ressegurador eventual: empresa resseguradora estrangeira sediada no exterior sem escritório de representação no País que, atendendo às exigências previstas nesta Lei Complementar e nas normas aplicáveis à atividade de resseguro e retrocessão, tenha sido cadastrada como tal no órgão fiscalizador de seguros para realizar operações de resseguro e retrocessão.

§ 1.º É vedado o cadastro a que se refere o inciso III do *caput* deste artigo de empresas estrangeiras sediadas em paraísos fiscais, assim considerados países ou dependências que não tributam a renda ou que a tributam a alíquota inferior a 20% (vinte por cento) ou, ainda, cuja legislação interna oponha sigilo relativo à composição societária de pessoas jurídicas ou à sua titularidade.

•• Primitivo parágrafo único renumerado pela Lei Complementar n. 137, de 26-8-2010.

§ 2.º Equipara-se ao ressegurador local, para fins de contratação de operações de resseguro e de retrocessão, o fundo que tenha por único objetivo a cobertura suplementar dos riscos do seguro rural nas modalidades agrícola, pecuária, aquícola e florestal, observadas as disposições de lei própria.

•• § 2.º acrescentado pela Lei Complementar n. 137, de 26-8-2010.

Seção II
Das Regras Aplicáveis

Art. 5.º Aplicam-se aos resseguradores locais, observadas as peculiaridades técnicas, contratuais, operacionais e de risco da atividade e as disposições do órgão regulador de seguros:

I – o Decreto-lei n. 73, de 21 de novembro de 1966, e as demais leis aplicáveis às sociedades seguradoras, inclusive as que se referem à intervenção e liquidação de empresas, mandato e responsabilidade de administradores; e

II – as regras estabelecidas para as sociedades seguradoras.

Art. 6.º O ressegurador admitido ou eventual deverá atender aos seguintes requisitos mínimos:

I – estar constituído, segundo as leis de seu país de origem, para subscrever resseguros locais e internacionais nos ramos em que pretenda operar no Brasil e que tenha dado início a tais operações no país de origem, há mais de 5 (cinco) anos;

II – dispor de capacidade econômica e financeira não inferior à mínima estabelecida pelo órgão regulador de seguros brasileiro;

III – ser portador de avaliação de solvência por agência classificadora reconhecida pelo órgão fiscalizador de seguros brasileiro, com classificação igual ou superior ao mínimo estabelecido pelo órgão regulador de seguros brasileiro;

IV – designar procurador, domiciliado no Brasil, com poderes especiais para receber citações, intimações, notificações e outras comunicações; e

•• Inciso IV com redação determinada pela Lei Complementar n. 137, de 26-8-2010.

V – outros requisitos que venham a ser fixados pelo órgão regulador de seguros brasileiro.

Parágrafo único. Constituem-se ainda requisitos para os resseguradores admitidos:

I – manutenção de conta em moeda estrangeira vinculada ao órgão fiscalizador de seguros brasileiro, na forma e montante definido pelo órgão regulador de seguros brasileiro para garantia de suas operações no País;

II – apresentação periódica de demonstrações financeiras, na forma definida pelo órgão regulador de seguros brasileiro.

Art. 7.º A taxa de fiscalização a ser paga pelos resseguradores locais e admitidos será estipulada na forma da lei.

Capítulo IV
DOS CRITÉRIOS BÁSICOS DE CESSÃO

Art. 8.º A contratação de resseguro e retrocessão no País ou no exterior será feita mediante negociação direta entre a cedente e o ressegurador ou por meio de intermediário legalmente autorizado.

§ 1.º O limite máximo que poderá ser cedido anualmente a resseguradores eventuais será fixado pelo Poder Executivo.

•• O Decreto n. 6.499, de 1.º-7-2008, dispõe sobre o limite máximo de cessão e retrocessão a resseguradoras eventuais de que trata este parágrafo.

§ 2.º O intermediário de que trata o *caput* deste artigo é a corretora autorizada de resseguros, pessoa jurídica, que disponha de contrato de seguro de responsabilidade civil profissional, na forma definida pelo órgão regulador de seguros, e que tenha como responsável técnico o corretor de seguros especializado e devidamente habilitado.

Art. 9.º A transferência de risco somente será realizada em operações:

• A Resolução n. 451, de 19-12-2022, da Susep, dispõe sobre as operações de cessão e aceitação de resseguro e retrocessão e sua intermediação, as operações de cosseguro, as operações em moeda estrangeira e as contratações de seguro no exterior.

I – de resseguro com resseguradores locais, admitidos ou eventuais; e

II – de retrocessão com resseguradores locais, admitidos ou eventuais, ou sociedades seguradoras locais.

§ 1.º As operações de resseguro relativas a seguro de vida por sobrevivência e previdência complementar são exclusivas de resseguradores locais.

§ 2.º O órgão regulador de seguros poderá estabelecer limites e condições para a retrocessão de riscos referentes às operações mencionadas no § 1.º deste artigo.

§ 3.º É o fundo que tenha por único objetivo a cobertura suplementar dos riscos do seguro rural nas modalidades agrícola, pecuária, aquícola e florestal autorizado a contratar resseguro, retrocessão e outras formas de transferência de risco, inclusive com pessoas não abrangidas pelos incisos I e II do *caput* deste artigo.

•• § 3.º acrescentado pela Lei Complementar n. 137, de 26-8-2010.

§ 4.º É o órgão regulador de seguros autorizado a dispor sobre transferências de riscos, em operações de resseguro e de retrocessão, com pessoas não abrangidas pelos incisos I e II do *caput* deste artigo, quando ficar comprovada a insuficiência de oferta de capacidade por resseguradores locais, admitidos e eventuais.

•• § 4.º acrescentado pela Lei Complementar n. 137, de 26-8-2010.

Art. 10. O órgão fiscalizador de seguros terá acesso a todos os contratos de resseguro e de retrocessão, inclusive os celebrados no exterior, sob pena de ser desconsiderada, para todos os efeitos, a existência do contrato de resseguro e de retrocessão.

Art. 11. Observadas as normas do órgão regulador de seguros, a cedente contratará ou ofertará preferencialmente a resseguradores locais para, pelo menos:

I – 60% (sessenta por cento) de sua cessão de resseguro, nos 3 (três) primeiros anos após a entrada em vigor desta Lei Complementar; e

II – 40% (quarenta por cento) de sua cessão de resseguro, após decorridos 3 (três) anos da entrada em vigor desta Lei Complementar.

§§ 1.º a 6.º (*Vetados.*)

Capítulo V
DAS OPERAÇÕES

Seção I
Disposições Gerais

Art. 12. O órgão regulador de seguros estabelecerá as diretrizes para as operações de resseguro, de retrocessão e de corretagem de resseguro e para a atuação dos escritórios de representação dos resseguradores admitidos, observadas as disposições desta Lei Complementar.

• CNSP: arts. 32 e s. do Decreto-lei n. 73, de 21-11-1966.

Parágrafo único. O órgão regulador de seguros poderá estabelecer:

I – cláusulas obrigatórias de instrumentos contratuais relativos às operações de resseguro e retrocessão;

II – prazos para formalização contratual;

III – restrições quanto à realização de determinadas operações de cessão de risco;

IV – requisitos para limites, acompanhamento e monitoramento de operações intragrupo; e

V – requisitos adicionais aos mencionados nos incisos I a IV deste parágrafo.

Art. 13. Os contratos de resseguro deverão incluir cláusula dispondo que, em caso de liquidação da cedente, subsistem as responsabilidades do ressegurador perante a massa liquidanda, independentemente de os pagamentos de indenizações ou benefícios aos segurados, participantes, beneficiários ou assistidos haverem ou não sido realizados pela cedente, ressalvados os casos enquadrados no art. 14 desta Lei Complementar.

Art. 14. Os resseguradores e os seus retrocessionários não responderão diretamente perante o segurado, participante, beneficiário ou assistido pelo montante assumido em resseguro e em retrocessão, ficando as cedentes que emitiram o contrato integralmente responsáveis por indenizá-los.

Parágrafo único. Na hipótese de insolvência, de decretação de liquidação ou de falência da cedente, é permitido o pagamento direto ao segurado, participante, beneficiário ou assistido, da parcela de indenização ou benefício correspondente ao resseguro, desde que o pagamento da respectiva parcela não tenha sido realizado ao segurado pela cedente nem pelo ressegurador à cedente, quando:

I – o contrato de resseguro for considerado facultativo na forma definida pelo órgão regulador de seguros;

II – nos demais casos, se houver cláusula contratual de pagamento direto.

Art. 15. Nos contratos com a intermediação de corretoras de resseguro, não poderão ser incluídas cláusulas que limitem ou restrinjam a relação direta entre as cedentes e os resseguradores nem se poderão conferir poderes ou faculdades a tais corretoras além daqueles necessários e próprios ao desempenho de suas atribuições como intermediários independentes na contratação do resseguro.

Art. 16. Nos contratos a que se refere o art. 15 desta Lei Complementar, é obrigatória a inclusão de cláusula de intermediação, definindo se a corretora está ou não autorizada a receber os prêmios de resseguro ou a coletar o valor correspondente às recuperações de indenizações ou benefícios.

Parágrafo único. Estando a corretora autorizada ao recebimento ou à coleta a que se refere o *caput* deste artigo, os seguintes procedimentos serão observados:

I – o pagamento do prêmio à corretora libera a cedente de qualquer responsabilidade pelo pagamento efetuado ao ressegurador; e

II – o pagamento de indenização ou benefício à corretora só libera o ressegurador quando efetivamente recebido pela cedente.

Art. 17. A aplicação dos recursos das provisões técnicas e dos fundos dos resseguradores locais e dos recursos exigidos no País para garantia das obrigações dos resseguradores admitidos será efetuada de acordo com as diretrizes do Conselho Monetário Nacional – CMN.

Seção II
Das Operações em Moeda Estrangeira

Art. 18. O seguro, o resseguro e a retrocessão poderão ser efetuados no País em moeda estrangeira, observadas a legislação que rege operações desta natureza, as regras fixadas pelo CMN e as regras fixadas pelo órgão regulador de seguros.

• A Lei n. 4.595, de 31-12-1964, cria o CMN.

Parágrafo único. O CMN disciplinará a abertura e manutenção de contas em moeda estrangeira, tituladas por sociedades seguradoras, resseguradores locais, resseguradores admitidos e corretoras de resseguro.

Seção III
Do Seguro no País e no Exterior

Art. 19. Serão exclusivamente celebrados no País, ressalvado o disposto no art. 20 desta Lei Complementar:

I – os seguros obrigatórios; e

II – os seguros não obrigatórios contratados por pessoas naturais residentes no País ou por pessoas jurídicas domiciliadas no território nacional, independentemente da forma jurídica, para garantia de riscos no País.

Art. 20. A contratação de seguros no exterior por pessoas naturais residentes no País ou por pessoas jurídicas domiciliadas no território nacional é restrita às seguintes situações:

I – cobertura de riscos para os quais não exista oferta de seguro no País, desde que sua contratação não represente infração à legislação vigente;

II – cobertura de riscos no exterior em que o segurado seja pessoa natural residente no País, para o qual a vigência do seguro contratado se restrinja, exclusivamente, ao período em que o segurado se encontrar no exterior;

III – seguros que sejam objeto de acordos internacionais referendados pelo Congresso Nacional; e

IV – seguros que, pela legislação em vigor, na data de publicação desta Lei Complementar, tiverem sido contratados no exterior.

Parágrafo único. Pessoas jurídicas poderão contratar seguro no exterior para cobertura de riscos no exterior, informando essa contratação ao órgão fiscalizador de seguros brasileiro no prazo e nas condições determinadas pelo órgão regulador de seguros brasileiro.

Capítulo VI
DO REGIME DISCIPLINAR

Art. 21. As cedentes, os resseguradores locais, os escritórios de representação de ressegurador admitido, os corretores e corretoras de seguro, resseguro e retrocessão e os prestadores de serviços de auditoria independente bem como quaisquer pessoas naturais ou jurídicas que descumprirem as normas relativas à atividade de resseguro, retrocessão e corretagem de resseguros estarão sujeitos às penalidades previstas nos arts. 108, 111, 112 e 128 do Decreto-lei n. 73, de 21 de novembro de 1966, aplicadas pelo órgão fiscalizador de seguros, conforme normas do órgão regulador de seguros.

Parágrafo único. As infrações a que se refere o *caput* deste artigo serão apuradas mediante processo administrativo regido em consonância com o art. 118 do Decreto-lei n. 73, de 21 de novembro de 1966.

Capítulo VII
DISPOSIÇÕES FINAIS

Art. 22. O IRB-Brasil Resseguros S.A. fica autorizado a continuar exercendo suas atividades de resseguro e de retrocessão, sem qualquer solução de continuidade, independentemente de requerimento e autorização governamental, qualificando-se como ressegurador local.

Parágrafo único. O IRB-Brasil Resseguros S.A. fornecerá ao órgão fiscalizador da atividade de seguros informações técnicas e cópia de seu acervo de dados e de quaisquer outros documentos ou registros que esse órgão fiscalizador julgue necessários para o desempenho das funções de fiscalização das operações de seguro, cosseguro, resseguro e retrocessão.

Art. 23. Fica a União autorizada a oferecer aos acionistas preferenciais do IRB-Brasil Resseguros S.A., mediante competente deliberação societária, a opção de retirada do capital que mantêm investido na sociedade, com a finalidade exclusiva de destinar tais recursos integralmente à subscrição de ações de empresa de resseguro sediada no País.

Parágrafo único. (*Vetado.*)

Art. 24. O órgão fiscalizador de seguros fornecerá à Advocacia-Geral da União as informações e os documentos necessários à defesa da União nas ações em que seja parte.

Art. 25. O órgão fiscalizador de seguros, instaurado inquérito administrativo, poderá solicitar à autoridade judiciária competente o levantamento do sigilo nas instituições financeiras de informações e documentos relativos a bens, direitos e obrigações de pessoa física ou jurídica submetida ao seu poder fiscalizador.

§ 1.º O órgão fiscalizador de seguros, o Banco Central do Brasil e a Comissão de Valores Mobiliários (CVM) manterão permanente intercâmbio de informações acerca dos resultados das inspeções que realizarem, dos inquéritos que instaurarem e das penalidades que aplicarem, sempre que as informações forem necessárias ao desempenho de suas atividades.

•• Primitivo parágrafo único renumerado pela Lei Complementar n. 137, de 26-8-2010.

§ 2.º O órgão fiscalizador de seguros poderá firmar convênios:

•• § 2.º, *caput*, acrescentado pela Lei Complementar n. 137, de 26-8-2010.

I – com o Banco Central do Brasil, a CVM e outros órgãos fiscalizadores, objetivando a realização de fiscalizações conjuntas, observadas as respectivas competências;

•• Inciso I acrescentado pela Lei Complementar n. 137, de 26-8-2010.

II – com outros órgãos supervisores, reguladores, autorreguladores ou entidades fiscalizadoras de outros países, objetivando:

•• Inciso II, *caput*, acrescentado pela Lei Complementar n. 137, de 26-8-2010.

a) a fiscalização de escritórios de representação, filiais e subsidiárias de seguradoras e resseguradores estrangeiros, em funcionamento no Brasil, e de filiais e subsidiárias, no exterior, de seguradoras e resseguradores brasileiros, bem como a fiscalização de remessas ou ingressos de valores do exterior originários de operação de seguro, resseguro e retrocessão;

•• Alínea *a* acrescentada pela Lei Complementar n. 137, de 26-8-2010.

b) a cooperação mútua e o intercâmbio de informações para a investigação de atividades ou operações que impliquem aplicação, negociação, ocultação ou transferência de ativos financeiros e de valores mobiliários relacionados com a prática de condutas ilícitas ou que, sob qualquer outra forma, tenham relação com possível ilicitude.

•• Alínea *b* acrescentada pela Lei Complementar n. 137, de 26-8-2010.

§ 3.º O intercâmbio de informações entre os órgãos e entidades mencionados nos incisos I e II do § 2.º deste artigo não caracteriza violação de sigilo, devendo os referidos órgãos e entidades resguardar a segurança das informações a que vierem a ter acesso.

•• § 3.º acrescentado pela Lei Complementar n. 137, de 26-8-2010.

Art. 26. As câmaras e os prestadores de serviços de compensação e de liquidação autorizados a funcionar pela legislação em vigor bem como as instituições autorizadas à prestação de serviços de custódia pela Comissão de Valores Mobiliários fornecerão ao órgão fiscalizador de seguros, desde que por ele declaradas necessárias ao exercício de suas atribuições, as informações que possuam sobre as operações:

I – dos fundos de investimento especialmente constituídos para a recepção de recursos das sociedades seguradoras, de capitalização e entidades abertas de previdência complementar; e

II – dos fundos de investimento, com patrimônio segregado, vinculados exclusivamente a planos de previdência complementar ou a seguros de vida com cláusula de cobertura por sobrevivência, estruturados na modalidade de contribuição variável, por eles comercializados e administrados.

Art. 27. Os arts. 8.º, 16, 32, 86, 88, 96, 100, 108, 111 e 112 do Decreto-lei n. 73, de 21 de novembro de 1966, passam a vigorar com a seguinte redação:

•• Alterações já processadas no diploma modificado.

Art. 28. (*Vetado*.)

Art. 29. A regulação de cosseguro, resseguro e retrocessão deverá assegurar prazo não inferior a 180 (cento e oitenta) dias para o Instituto de Resseguros do Brasil se adequar às novas regras de negócios, operações de resseguro, renovação dos contratos de retrocessão, plano de contas, regras de tributação, controle dos negócios de retrocessão no exterior e demais aspectos provenientes da alteração do marco regulatório decorrente desta Lei Complementar.

Art. 30. Esta Lei Complementar entra em vigor na data de sua publicação.

Art. 31. Ficam revogados os arts. 6.º, 15 e 18, a alínea *i* do *caput* do art. 20, os arts. 23, 42, 44 e 45, o § 4.º do art. 55, os arts. 56 a 71, a alínea *c* do *caput* e o § 1.º do art. 79, os arts. 81 e 82, o § 2.º do art. 89 e os arts. 114 e 116 do Decreto-lei n. 73, de 21 de novembro de 1966, e a Lei n. 9.932, de 20 de dezembro de 1999.

Brasília, 15 de janeiro de 2007; 186.º da Independência e 119.º da República.

José Alencar Gomes da Silva

LEI N. 11.598, DE 3 DE DEZEMBRO DE 2007 (*)

Estabelece diretrizes e procedimentos para a simplificação e integração do processo de registro e legalização de empresários e de pessoas jurídicas, cria a Rede Nacional para a Simplificação do Registro e da Legalização de Empresas e Negócios – REDESIM; altera a Lei n. 8.934, de 18 de novembro de 1994; revoga dispositivos do Decreto-lei n. 1.715, de 22 de novembro de 1979, e das Leis n. 7.711, de 22 de dezembro de 1988, 8.036, de 11 de maio de 1990, 8.212, de 24 de julho de 1991, e 8.906, de 4 de julho de 1994; e dá outras providências.

O Presidente da República

Faço saber que o Congresso Nacional decreta e eu sanciono a seguinte Lei:

Art. 1.º Esta Lei estabelece normas gerais de simplificação e integração do processo de registro e legalização de empresários e de pessoas jurídicas no âmbito da União, dos Estados, do Distrito Federal e dos Municípios.

Capítulo I
DA REDESIM E DAS DIRETRIZES PARA SUA ESTRUTURAÇÃO E FUNCIONAMENTO

Art. 2.º Fica criada a Rede Nacional para a Simplificação do Registro e da Legalização de Empresas e Negócios – REDESIM, com a finalidade de propor ações e normas aos seus integrantes, cuja participação na sua composição será obrigatória para os órgãos federais e voluntária, por adesão mediante consórcio, para os órgãos, autoridades e entidades não federais com competências e atribuições vinculadas aos assuntos de interesse da Redesim.

•• A Resolução n. 61, de 12-8-2020, do CGSIM, dispõe sobre medidas de simplificação e prevê o modelo operacional de registro e legalização de empresários e pessoas jurídicas.

• A Resolução n. 25, de 18-10-2011, do CGSIM, define os parâmetros e padrões para desenvolvimento do modelo de integração da Rede Nacional para a Simplificação do Registro e da Legalização de Empresas e Negócios – REDESIM.

§ 1.º A Redesim será administrada pelo Comitê para Gestão da Rede Nacional para Simplificação do Registro e da Legalização de Empresas e Negócios (CGSIM), presidido por representante indicado pelo Ministro de Estado da Economia, nos termos de regulamento.

•• § 1.º acrescentado pela Lei n. 14.195, de 26-8-2021.

•• O Decreto n. 9.927, de 22-7-2019, dispõe sobre o CGSIM.

§ 2.º A composição, a estrutura e o funcionamento do CGSIM serão definidos em regulamento, que contemplará representação dos órgãos e das entidades envolvidos no processo de registro e de legalização de empresários, incluídos produtores rurais estabelecidos como pessoas físicas, e de pessoas jurídicas e no processo de licenciamento e de autorizações de funcionamento.

•• § 2.º acrescentado pela Lei n. 14.195, de 26-8-2021.

§ 3.º A plataforma tecnológica de integração do processo relativa à Redesim poderá abranger produtos artesanais alimentícios, inclusive de origem animal ou vegetal, e as obras de construção civil, de empresários e de pessoas jurídicas.

•• § 3.º acrescentado pela Lei n. 14.195, de 26-8-2021.

Art. 3.º Na elaboração de normas de sua competência, os órgãos e entidades que componham a Redesim deverão considerar a integração do processo de registro e de legalização de empresários e de pessoas jurídicas e articular as competências próprias com aquelas dos demais membros, buscando, em conjunto, compatibilizar e integrar procedimentos, de modo a evitar a duplicidade de exigências e garantir a linearidade do processo, da perspectiva do usuário.

Art. 4.º Os órgãos e as entidades envolvidos no processo de registro e de legalização de empresas, no âmbito de suas competências, deverão manter à disposição dos usuários, de forma gratuita, por meio presencial e da internet, ficha cadastral simplificada, da qual constem os dados atualizados da empresa, bem como informações,

(*) Publicada no *Diário Oficial da União*, de 4-12-2007.

orientações e instrumentos que permitam pesquisas prévias sobre as etapas de registro ou de inscrição, de alteração e de baixa de empresários, incluídos produtores rurais estabelecidos como pessoas físicas, e de pessoas jurídicas e de licenciamento e de autorizações de funcionamento, de modo a fornecer ao usuário clareza quanto à documentação exigível e à viabilidade locacional, de nome empresarial, de registro, de licenciamento ou de inscrição.

•• *Caput* com redação determinada pela Lei n. 14.195, de 26-8-2021.

§§ 1.º a 4.º (*Revogados pela Lei n. 14.195, de 26-8-2021.*)

§ 5.º Ato do Poder Executivo federal disporá sobre a classificação mínima de atividades de baixo risco, válida para todos os integrantes da Redesim, observada a Classificação Nacional de Atividades Econômicas, hipótese em que a autodeclaração de enquadramento será requerimento suficiente, até que seja apresentada prova em contrário.

•• § 5.º acrescentado pela Lei n. 13.874, de 20-9-2019.

Art. 5.º Para os fins de registro e legalização de empresários e pessoas jurídicas, os requisitos de segurança sanitária, controle ambiental e prevenção contra incêndios deverão ser simplificados, racionalizados e uniformizados pelos órgãos e entidades que componham a Redesim, no âmbito das respectivas competências.

§ 1.º As vistorias necessárias à emissão de licenças e de autorizações de funcionamento poderão ser realizadas após o início de operação do estabelecimento quando a atividade, por sua natureza, comportar grau de risco compatível com esse procedimento.

§ 2.º As vistorias de interesse dos órgãos fazendários deverão ser realizadas a partir do início de operação do estabelecimento, exceto quando, em relação à atividade, lei federal dispuser sobre a impossibilidade da mencionada operação sem prévia anuência da administração tributária.

Art. 5.º-A. Resolução do CGSIM disporá sobre a classificação de risco das atividades, válida para todos os integrantes da Redesim, a ser observada na ausência de legislação estadual, distrital ou municipal específica, sem prejuízo do disposto no § 1.º do art. 3.º da Lei n. 13.874, de 20 de setembro de 2019, e observado o disposto no § 5.º do art. 4.º desta Lei.

•• *Caput* acrescentado pela Lei n. 14.195, de 26-8-2021.

§ 1.º Na hipótese de sobrevir legislação estadual, distrital ou municipal específica que disponha sobre a classificação de atividades, o ente federativo que editar a norma específica informará a alteração realizada ao CGSIM.

•• § 1.º acrescentado pela Lei n. 14.195, de 26-8-2021.

§ 2.º As licenças, os alvarás e os demais atos públicos de liberação serão considerados válidos até o cancelamento ou a cassação por meio de ato posterior, caso seja constatado o descumprimento de requisitos ou de condições, vedada a atribuição de prazo de vigência por tempo indeterminado.

•• § 2.º acrescentado pela Lei n. 14.195, de 26-8-2021.

Art. 6.º (*Revogado pela Lei n. 14.195, de 26-8-2021.*)

Art. 6.º-A. Sem prejuízo do disposto no inciso I do *caput* do art. 3.º da Lei n. 13.874, de 20 de setembro de 2019, nos casos em que o grau de risco da atividade seja considerado médio, na forma prevista no art. 5.º-A desta Lei, o alvará de funcionamento e as licenças serão emitidos automaticamente, sem análise humana, por intermédio de sistema responsável pela integração dos órgãos e das entidades de registro, nos termos estabelecidos em resolução do CGSIM.

•• *Caput* acrescentado pela Lei n. 14.195, de 26-8-2021.

•• O STF, na ADI n. 6.808, de 28-4-2022 (*DOU* de 9-5-2022), julgou parcialmente procedente o pedido para dar interpretação conforme a CF a este artigo, para excluir sua aplicação às licenças em matéria ambiental.

§ 1.º O alvará de funcionamento será emitido com a assinatura de termo de ciência e responsabilidade do empresário, sócio ou responsável legal pela sociedade, que firmará compromisso, sob as penas da lei, de observar os requisitos exigidos para o funcionamento e o exercício das atividades econômicas constantes do objeto social, para efeito de cumprimento das normas de segurança sanitária, ambientais e de prevenção contra incêndio.

•• § 1.º acrescentado pela Lei n. 14.195, de 26-8-2021.

§ 2.º Do termo de ciência e responsabilidade constarão informações sobre as exigências que deverão ser cumpridas antes do início da atividade empresarial.

•• § 2.º acrescentado pela Lei n. 14.195, de 26-8-2021.

§ 3.º O CGSIM comunicará ao responsável pela integração nos Estados e no Distrito Federal sobre o recebimento de classificação própria prevista em legislação estadual, distrital ou municipal específica, caso em que o sistema aplicará a classificação respectiva e não a estabelecida pelo CGSIM na forma prevista no *caput* do art. 5.º-A desta Lei.

•• § 3.º acrescentado pela Lei n. 14.195, de 26-8-2021.

§ 4.º A emissão automática de que trata o *caput* deste artigo não obsta a fiscalização pelos órgãos ou pelas entidades estaduais, distritais ou municipais competentes.

•• § 4.º acrescentado pela Lei n. 14.195, de 26-8-2021.

§ 5.º A assinatura de termo de ciência e responsabilidade do empresário, sócio ou responsável legal pela sociedade, referido no § 1.º deste artigo, poderá ser realizada eletronicamente mediante o uso de assinaturas eletrônicas nos termos da Lei n. 14.063, de 23 de setembro de 2020.

•• § 5.º acrescentado pela Lei n. 14.195, de 26-8-2021.

§ 6.º As disposições deste artigo não afastam as regras de licenças ambientais e outros atos autorizativos previstos na Lei Complementar n. 140, de 8 de dezembro de 2011.

•• § 6.º acrescentado pela Lei n. 14.195, de 26-8-2021.

Art. 7.º Para os atos de registro, inscrição, alteração e baixa de empresários ou pessoas jurídicas, fica vedada a instituição de qualquer tipo de exigência de natureza documental ou formal, restritiva ou condicionante, que exceda o estrito limite dos requisitos pertinentes à essência de tais atos, observado o disposto nos arts. 5.º e 9.º desta Lei, não podendo também ser exigidos, de forma especial:

I – quaisquer documentos adicionais aos requeridos pelos órgãos executores do Registro Público de Empresas Mercantis e Atividades Afins e do Registro Civil de Pessoas Jurídicas, excetuados os casos de autorização legal prévia;

II – documento de propriedade, contrato de locação ou comprovação de regularidade de obrigações tributárias referentes ao imóvel onde será instalada a sede, filial ou outro estabelecimento;

III – comprovação de regularidade de prepostos dos empresários ou pessoas jurídicas com seus órgãos de classe, sob qualquer forma, como requisito para deferimento de ato de inscrição, alteração ou baixa de empresários ou pessoas jurídicas, bem como para autenticação de instrumento de escrituração;

IV – certidão de inexistência de condenação criminal, que será substituída por declaração do titular ou administrador, firmada sob as penas da lei, de não estar impedido de exercer atividade mercantil ou a administração de sociedade, em virtude de condenação criminal;

V – (*Vetado.*)

§ 1.º Eventuais exigências no curso de processo de registro e legalização de empresário ou de pessoa jurídica serão objeto de comunicação pelo órgão competente ao requerente, com indicação das disposições legais que as fundamentam.

§ 2.º Os atos de inscrição fiscal e tributária, suas alterações e baixas efetuados diretamente por órgãos e entidades da administração direta que integrem a Redesim não importarão em ônus, a qualquer título, para os empresários ou pessoas jurídicas.

Art. 7.º-A. O registro dos atos constitutivos, de suas alterações e extinções (baixas), referentes a empresários e pessoas jurídicas em qualquer órgão dos 3 (três) âmbitos de governo, ocorrerá independentemente da regularidade de obrigações tributárias, previdenciárias ou trabalhistas, principais ou acessórias, do empresário, da sociedade, dos sócios, dos administradores ou de empresas de que participem, sem prejuízo das responsabilidades do empresário, dos titulares, dos sócios ou dos administradores por tais obrigações, apuradas antes ou após o ato de extinção.

•• *Caput* acrescentado pela Lei Complementar n. 147, de 7-8-2014.

§ 1.º A baixa referida no *caput* deste artigo não impede que, posteriormente, sejam lançados ou cobrados impostos, contribuições e respectivas penalidades, decorrentes da simples falta de recolhimento ou da prática comprovada e apurada em processo administrativo ou judicial de outras irregularidades praticadas pelos empresários ou por seus titulares, sócios ou administradores.

•• § 1.º acrescentado pela Lei Complementar n. 147, de 7-8-2014.

§ 2.º A solicitação de baixa na hipótese prevista no *caput* deste artigo importa responsabilidade solidária dos titulares, dos sócios e dos administradores do período de ocorrência dos respectivos fatos geradores.

•• § 2.º acrescentado pela Lei Complementar n. 147, de 7-8-2014.

Art. 8.º Verificada pela fiscalização de qualquer órgão componente da Redesim divergência em dado cadastral do empresário ou da pessoa jurídica originário de instrumento de constituição, alteração ou baixa, deverá constar do auto a que seja reduzido o ato de fiscalização a obrigatoriedade de atualização ou correção daquele, no prazo de 30 (trinta) dias, mediante registro de instrumento próprio no órgão executor do Registro Público de Empresas Mercantis e Atividades Afins ou do Registro Civil de Pessoas Jurídicas, conforme o caso.

• *Vide* Lei n. 8.934, de 18-11-1994.

Capítulo II
DOS SISTEMAS INFORMATIZADOS DE APOIO AO REGISTRO E À LEGALIZAÇÃO DE EMPRESAS

Art. 9.º Será assegurada ao usuário da Redesim entrada única de dados cadastrais e de documentos, resguardada a independência das bases de dados e observada a necessidade de informações por parte dos órgãos e entidades que a integrem.

§ 1.º Os órgãos executores do Registro Público de Empresas Mercantis e Atividades Afins e do Registro Civil das Pessoas Jurídicas colocarão à disposição dos demais integrantes da Redesim, por meio eletrônico:

I – os dados de registro de empresários ou pessoas jurídicas, imediatamente após o arquivamento dos atos;

II – as imagens digitalizadas dos atos arquivados, no prazo de 5 (cinco) dias úteis após o arquivamento.

§ 2.º As imagens digitalizadas suprirão a eventual exigência de apresentação do respectivo documento a órgão ou entidade que integre a Redesim.

§ 3.º Deverão ser utilizadas, nos cadastros e registros administrativos no âmbito da Redesim, as classificações aprovadas por órgão do Poder Executivo Federal designado em regulamento, devendo os órgãos e entidades integrantes zelar pela uniformidade e consistência das informações.

Art. 10. Para maior segurança no cumprimento de suas competências institucionais no processo de registro, com vistas na verificação de dados de identificação de empresários, sócios ou administradores, os órgãos executores do Registro Público de Empresas Mercantis e Atividades Afins e do Registro Civil de Pessoas Jurídicas realizarão consultas automatizadas e gratuitas:

I – ao Cadastro Nacional de Documentos Extraviados, Roubados ou Furtados;

II – a sistema nacional de informações sobre pessoas falecidas;

III – a outros cadastros de órgãos públicos.

Art. 11. O Poder Executivo Federal criará e manterá, na rede mundial de computadores – internet, sistema pelo qual:

I – promover orientação e informação sobre as etapas e os requisitos para processamento de registro, de inscrição, de alteração e de baixa de pessoas jurídicas ou de empresários;

•• Inciso I com redação determinada pela Lei n. 14.195, de 26-8-2021.

II – prestar os serviços prévios ao registro e à legalização de empresários e de pessoas jurídicas, incluída a disponibilização de aplicativo de pesquisa *on-line* e com resposta imediata sobre a existência de nome empresarial idêntico;

•• Inciso II com redação determinada pela Lei n. 14.195, de 26-8-2021.

III – (*Revogado pela Lei n. 14.195, de 26-8-2021*);

IV – realizar o registro e as inscrições de empresários e pessoas jurídicas sem estabelecimento físico;

•• Inciso IV acrescentado pela Lei n. 14.195, de 26-8-2021.

V – prestar serviço de consulta sobre a possibilidade de exercício da atividade empresarial no local indicado para o funcionamento do estabelecimento comercial, no caso de os Municípios disponibilizarem resposta automática e imediata e seguirem as orientações constantes de resolução do CGSIM;

•• Inciso V acrescentado pela Lei n. 14.195, de 26-8-2021.

VI – prestar os serviços posteriores ao registro e à legalização, incluída a coleta de informações relativas aos empregados contratados pelo empresário ou pela pessoa jurídica; e

•• Inciso VI acrescentado pela Lei n. 14.195, de 26-8-2021.

VII – oferecer serviço de pagamento *on-line* e unificado das taxas e dos preços públicos envolvidos no processo de registro e de legalização de empresas.

•• Inciso VII acrescentado pela Lei n. 14.195, de 26-8-2021.

Parágrafo único. O sistema mencionado no *caput* deste artigo deverá contemplar o conjunto de ações a cargo dos órgãos e das entidades federais, estaduais, distritais e municipais, observado o disposto no art. 2.º desta Lei.

•• Parágrafo único com redação determinada pela Lei n. 14.195, de 26-8-2021.

Art. 11-A. Não poderão ser exigidos, no processo de registro de empresários, incluídos produtores rurais estabelecidos como pessoas físicas, e de pessoas jurídicas realizado pela Redesim:

•• *Caput* acrescentado pela Lei n. 14.195, de 26-8-2021.

I – quaisquer outros números de identificação além do Cadastro Nacional da Pessoa Jurídica (CNPJ), número de identificação cadastral única, nos termos do inciso III do *caput* do art. 8.º da Lei Complementar n. 123, de 14 de dezembro de 2006;

•• Inciso I acrescentado pela Lei n. 14.195, de 26-8-2021.

II – dados ou informações que constem da base de dados do governo federal;

•• Inciso II acrescentado pela Lei n. 14.195, de 26-8-2021.

III – coletas adicionais à realizada no âmbito do sistema responsável pela integração, a qual deverá ser suficiente para a realização do registro e das inscrições, inclusive no CNPJ, e para a emissão das licenças e dos alvarás para o funcionamento do empresário ou da pessoa jurídica.

•• Inciso III acrescentado pela Lei n. 14.195, de 26-8-2021.

•• O STF, na ADI n. 6.808, de 28-4-2022 (*DOU* de 9-5-2022), julgou parcialmente procedente o pedido para dar interpretação conforme a CF a este artigo, para excluir sua aplicação às licenças em matéria ambiental.

§ 1.º Para os fins de implementação do disposto no inciso I do *caput* deste artigo, os respectivos entes federativos deverão adaptar seus sistemas, de modo que o CNPJ seja o único identificador cadastral.

•• § 1.º acrescentado pela Lei n. 14.195, de 26-8-2021.

§ 2.º A inscrição no CNPJ, a partir dos dados informados no sistema responsável pela integração nos Estados, elimina a necessidade de coleta de dados adicionais pelos Estados e pelos Municípios para emissão de inscrições fiscais, devendo o sistema federal compartilhar os dados coletados com os órgãos estaduais e municipais.

•• § 2.º acrescentado pela Lei n. 14.195, de 26-8-2021.

§ 3.º Os dados coletados para inscrições e para licenças deverão ser previamente aprovados pelo CGSIM.

•• § 3.º acrescentado pela Lei n. 14.195, de 26-8-2021.

Capítulo III
DA CENTRAL DE ATENDIMENTO EMPRESARIAL – FÁCIL

Art. 12. As Centrais de Atendimento Empresarial – FÁCIL, unidades de atendimento presencial da Redesim, serão instaladas preferencialmente nas capitais e funcionarão como centros integrados para a orientação, registro e a legalização de empresários e pessoas jurídicas, com o fim de promover a integração, em um mesmo espaço físico, dos serviços prestados pelos órgãos que integrem, localmente, a Redesim.

§ 1.º Deverá funcionar uma Central de Atendimento Empresarial – FÁCIL em toda capital cuja municipalidade, assim como os órgãos ou entidades dos respectivos Estados, adiram à Redesim, inclusive no Distrito Federal, se for o caso.

§ 2.º Poderão fazer parte das Centrais de Atendimento Empresarial – FÁCIL, na qualidade de parceiros, as entidades representativas do setor empresarial, em especial das microempresas e empresas de pequeno porte, e outras entidades da sociedade civil que tenham como foco principal de atuação o apoio e a orientação empresarial.

§ 3.º Em cada unidade da Federação, os centros integrados de registro e legalização de empresários e pessoas jurídicas poderão ter seu nome próprio definido pelos parceiros locais, sem prejuízo de sua apresentação juntamente com a marca "FÁCIL".

Art. 13. As Centrais de Atendimento Empresarial – FÁCIL serão compostas por:

I – um Núcleo de Orientação e Informação, que fornecerá serviços de apoio empresarial, com a finalidade de auxiliar o usuário na decisão de abertura do negócio, prestar orientação e informações completas e prévias para realização do registro e da legalização de empresas, inclusive as consultas prévias necessárias, de modo que o processo não seja objeto de restrições após a sua protocolização no Núcleo Operacional;

II – um Núcleo Operacional, que receberá e dará tratamento, de forma conclusiva, ao processo único de cada requerente, contemplando as exigências documentais, formais e de informação referentes aos órgãos e entidades que integrem a Redesim.

Parágrafo único. As Centrais de Atendimento Empresarial – FÁCIL que forem criadas fora das capitais e do Distrito Federal poderão ter suas atividades restritas ao Núcleo de Orientação e Informação.

Capítulo IV
DISPOSIÇÕES TRANSITÓRIAS

Art. 14. No prazo de:

I – 180 (cento e oitenta) dias, serão definidas pelos órgãos e entidades integrantes da Redesim competentes para emissão de licenças e autorizações de funcionamento as atividades cujo grau de risco seja considerado alto e que exigirão vistoria prévia;

II – 18 (dezoito) meses, serão implementados:

a) pelo Poder Executivo federal o cadastro a que se refere o inciso I do *caput* do art. 10 desta Lei, no âmbito do Ministério da Justiça, para ser disponibilizado na rede mundial de computadores – internet;

b) pelos Municípios com mais de 20.000 (vinte mil) habitantes que aderirem à Redesim os procedimentos de consulta prévia a que se referem os incisos I e II do § 1.º do art. 4.º desta Lei;

III – 3 (três) anos, será implementado pelo Poder Executivo federal sistema informatizado de classificação das atividades que uniformize e simplifique as atuais codificações existentes em todo o território nacional, com apoio dos integrantes da Redesim.

Parágrafo único. Até que seja implementado o sistema de que trata o inciso III do *caput* deste artigo, os órgãos integrantes da Redesim deverão:

I – promover entre si a unificação da atribuição de códigos da Classificação Nacional de Atividades Econômicas–Fiscal – CNAE-Fiscal aos estabelecimentos empresariais de uma mesma jurisdição, com a utilização dos instrumentos de apoio à codificação disponibilizados pela Fundação Instituto Brasileiro de Geografia e Estatística – IBGE;

II – buscar condições para atualização permanente da codificação atribuída aos agentes econômicos registrados.

III – promover a unificação da identificação nacional cadastral única, correspondente ao número da inscrição no CNPJ.

•• Inciso III acrescentado pela Lei n. 14.195, de 26-8-2021.

Art. 15. (*Vetado.*)

Capítulo V
DISPOSIÇÕES FINAIS

Art. 16. O disposto no art. 7.º desta Lei aplica-se a todos os órgãos e entidades da União, dos Estados, do Distrito Federal e dos Municípios competentes para o registro e a legalização de empresários e pessoas jurídicas, relativamente aos seus atos constitutivos, de inscrição, alteração e baixa.

Art. 16-A. O CGSIM poderá instituir outras iniciativas de integração entre União, Distrito Federal, Estados e Municípios, que visem à facilitação do ambiente de negócios no exercício de competências e de atuações que envolvam os entes federativos.

•• *Caput* acrescentado pela Lei n. 14.195, de 26-8-2021.

§ 1.º O CGSIM poderá instituir a obrigatoriedade da adesão à iniciativa de integração referida no *caput* deste artigo para os membros da Redesim.

•• § 1.º acrescentado pela Lei n. 14.195, de 26-8-2021.

§ 2.º O CGSIM poderá instituir a adesão condicionada ou tácita, decorrente de não manifestação de contrariedade, à iniciativa de integração referida no *caput* deste artigo para os entes que não sejam membros da Redesim, caso a iniciativa recaia em matérias sobre as quais a União tenha competência privativa ou concorrente para legislar, na forma dos arts. 22 e 24 da Constituição Federal.

•• § 2.º acrescentado pela Lei n. 14.195, de 26-8-2021.

Art. 17. Os arts. 43 e 45 da Lei n. 8.934, de 18 de novembro de 1994, passam a vigorar com as seguintes alterações:

•• Alterações já processadas no texto do referido diploma.

•• O art. 43 da Lei n. 8.934/94 foi revogado pela Lei n. 13.874, de 20-9-2019.

Art. 18. Esta Lei entra em vigor na data de sua publicação.

Art. 19. (*Vetado.*)

Brasília, 3 de dezembro de 2007; 186.º da Independência e 119.º da República.

LUIZ INÁCIO LULA DA SILVA

LEI N. 11.636, DE 28 DE DEZEMBRO DE 2007 (*)

Dispõe sobre as custas judiciais devidas no âmbito do Superior Tribunal de Justiça.

O Presidente da República

Faço saber que o Congresso Nacional decreta e eu sanciono a seguinte Lei:

Art. 1.º Esta Lei dispõe sobre a incidência e a cobrança das custas devidas à União que tenham como fato gerador a prestação de serviços públicos de natureza forense, no âmbito do Superior Tribunal de Justiça, nos processos de competência originária ou recursal.

Art. 2.º Os valores e as hipóteses de incidência das custas são os constantes do Anexo desta Lei.

Parágrafo único. Os valores das custas judiciais do Superior Tribunal de Justiça constantes das Tabelas do Anexo desta Lei serão corrigidos anualmente pela variação do Índice Nacional de Preços ao Consumidor Amplo – IPCA, do IBGE, observado o disposto no art. 15 desta Lei.

•• A Resolução n. 2, de 1.º-2-2017, dispõe sobre o pagamento de custas judiciais e porte de remessa e retorno de autos no âmbito do STJ.

Art. 3.º As custas previstas nesta Lei não excluem as despesas estabelecidas em legislação processual específica, inclusive o porte de remessa e retorno dos autos.

Art. 4.º O pagamento das custas deverá ser feito em bancos oficiais, mediante preenchimento de guia de recolhimento de receita da União, de conformidade com as normas estabelecidas pela Secretaria da Receita Federal do Ministério da Fazenda e por resolução do presidente do Superior Tribunal de Justiça.

Art. 5.º Exceto em caso de isenção legal, nenhum feito será distribuído sem o respectivo preparo, nem se praticarão nele atos

(*) Publicada no *Diário Oficial da União*, de 28-12-2007 – Edição Extra.

processuais, salvo os que forem ordenados de ofício pelo relator.

Parágrafo único. O preparo compreende todos os atos do processo, inclusive a baixa dos autos.

Art. 6.º Quando autor e réu recorrerem, cada recurso estará sujeito a preparo integral e distinto, composto de custas e porte de remessa e retorno.

§ 1.º Se houver litisconsortes necessários, bastará que um dos recursos seja preparado para que todos sejam julgados, ainda que não coincidam suas pretensões.

§ 2.º Para efeito do disposto no § 1.º deste artigo, o assistente é equiparado ao litisconsorte.

§ 3.º O terceiro prejudicado que recorrer fará o preparo do seu recurso, independentemente do preparo dos recursos que, porventura, tenham sido interpostos pelo autor ou pelo réu.

Art. 7.º Não são devidas custas nos processos de *habeas data*, *habeas corpus* e recursos em *habeas corpus*, e nos demais processos criminais, salvo a ação penal privada.

Art. 8.º Não haverá restituição das custas quando se declinar da competência do Superior Tribunal de Justiça para outros órgãos jurisdicionais.

Art. 9.º Quando se tratar de feitos de competência originária, o comprovante do recolhimento das custas deverá ser apresentado na unidade competente do Superior Tribunal de Justiça, no ato de protocolo.

Art. 10. Quando se tratar de recurso, o recolhimento do preparo, composto de custas e porte de remessa e retorno, será feito no tribunal de origem, perante as suas secretarias e no prazo da sua interposição.

Parágrafo único. Nenhum recurso subirá ao Superior Tribunal de Justiça, salvo caso de isenção, sem a juntada aos autos do comprovante de recolhimento do preparo.

Art. 11. O abandono ou desistência do feito, ou a existência de transação que lhe ponha termo, em qualquer fase do processo, não dispensa a parte do pagamento das custas nem lhe dá o direito à restituição.

Art. 12. Extinto o processo, se a parte responsável pelo pagamento das custas ou porte de remessa e retorno, devidamente intimada, não o fizer dentro de 15 (quinze) dias, o responsável pela unidade administrativa competente do órgão julgador a que estiver afeto o processo encaminhará os elementos necessários ao relator e este à Procuradoria-Geral da Fazenda Nacional, para sua inscrição como dívida ativa da União.

Art. 13. A assistência judiciária, perante o Superior Tribunal de Justiça, será requerida ao presidente antes da distribuição, e, nos demais casos, ao relator.

Parágrafo único. Prevalecerá no Superior Tribunal de Justiça a assistência judiciária já concedida em outra instância.

Art. 14. O regimento interno do Superior Tribunal de Justiça disporá sobre os atos complementares necessários ao cumprimento desta Lei.

Art. 15. Esta Lei entra em vigor na data de sua publicação, produzindo efeitos respeitando-se o disposto nas alíneas *b* e *c* do inciso III do *caput* do art. 150 da Constituição Federal.

Brasília, 28 de dezembro de 2007; 186.º da Independência e 119.º da República.

LUIZ INÁCIO LULA DA SILVA

ANEXO

TABELA DE CUSTAS JUDICIAIS DO SUPERIOR TRIBUNAL DE JUSTIÇA

•• A Resolução n. 2, de 1.º-2-2017, dispõe sobre o pagamento de custas judiciais e porte de remessa e retorno de autos no âmbito do STJ, e atualiza os valores estabelecidos neste anexo.

•• A Instrução Normativa n. 1, de 26-1-2021, do STJ, atualiza os valores previstos neste Anexo.

Tabela A
RECURSOS INTERPOSTOS EM INSTÂNCIA INFERIOR

RECURSO	VALOR (em R$)
I – Recurso em Mandado de Segurança	100,00
II – Recurso Especial	100,00
III – Apelação Cível (art. 105, inciso II, alínea *c*, da Constituição Federal)	200,00

Tabela B
FEITOS DE COMPETÊNCIA ORIGINÁRIA

FEITO	VALOR (em R$)
I – Ação Penal	100,00
II – Ação Rescisória	200,00
III – Comunicação	50,00
IV – Conflito de Competência	50,00
V – Conflito de Atribuições	50,00
VI – Exceção de Impedimento	50,00
VII – Exceção de Suspeição	50,00
VIII – Exceção da Verdade	50,00
IX – Inquérito	50,00
X – Interpelação Judicial	50,00
XI – Intervenção Federal	50,00
XII – Mandado de Injunção	50,00
XIII – Mandado de Segurança:	
a) um impetrante	100,00
b) mais de um impetrante (cada excedente)	50,00
XIV – Medida Cautelar	200,00
XV – Petição	200,00
XVI – Reclamação	50,00
XVII – Representação	50,00
XVIII – Revisão Criminal	200,00
XIX – Suspensão de Liminar e de Sentença	200,00
XX – Suspensão de Segurança	100,00
XXI – Embargos de Divergência	50,00
XXII – Ação de Improbidade Administrativa	50,00
XXIII – Homologação de Sentença Estrangeira	100,00

LEI N. 11.638, DE 28 DE DEZEMBRO DE 2007 (*)

Altera e revoga dispositivos da Lei n. 6.404, de 15 de dezembro de 1976, e da Lei n. 6.385, de 7 de dezembro de 1976, e estende às sociedades de grande porte disposições relativas à elaboração e divulgação de demonstrações financeiras.

O Presidente da República

Faço saber que o Congresso Nacional decreta e eu sanciono a seguinte Lei:

Art. 1.º Os arts. 176 a 179, 181 a 184, 187, 188, 197, 199, 226 e 248 da Lei n. 6.404, de 15 de dezembro de 1976, passam a vigorar com a seguinte redação:

•• Alterações já processadas no diploma modificado.

Art. 2.º A Lei n. 6.404, de 15 de dezembro de 1976, passa a vigorar acrescida do seguinte art. 195-A:

•• Alteração já processada no diploma modificado.

Demonstrações Financeiras de Sociedades de Grande Porte

Art. 3.º Aplicam-se às sociedades de grande porte, ainda que não constituídas sob a forma de sociedades por ações, as disposições da Lei n. 6.404, de 15 de dezembro de 1976, sobre escrituração e elaboração de demonstrações financeiras e a obrigatoriedade de auditoria independente por auditor registrado na Comissão de Valores Mobiliários.

Parágrafo único. Considera-se de grande porte, para os fins exclusivos desta Lei, a sociedade ou conjunto de sociedades sob controle comum que tiver, no exercício social ante-

(*) Publicada no *Diário Oficial da União*, de 28-12-2007 – Edição Extra. A Instrução CVM n. 469, de 2-5-2008, dispõe sobre a aplicação desta Lei.

rior, ativo total superior a R$ 240.000.000,00 (duzentos e quarenta milhões de reais) ou receita bruta anual superior a R$ 300.000.000,00 (trezentos milhões de reais).

Art. 4.º As normas de que tratam os incisos I, II e IV do § 1.º do art. 22 da Lei n. 6.385, de 7 de dezembro de 1976, poderão ser especificadas por categorias de companhias abertas e demais emissores de valores mobiliários em função do seu porte e das espécies e classes dos valores mobiliários por eles emitidos e negociados no mercado.

Art. 5.º A Lei n. 6.385, de 7 de dezembro de 1976, passa a vigorar acrescida do seguinte art. 10-A:

•• Alteração já processada no diploma modificado.

Art. 6.º Os saldos existentes nas reservas de reavaliação deverão ser mantidos até a sua efetiva realização ou estornados até o final do exercício social em que esta Lei entrar em vigor.

Art. 7.º As demonstrações referidas nos incisos IV e V do *caput* do art. 176 da Lei n. 6.404, de 15 de dezembro de 1976, poderão ser divulgadas, no primeiro ano de vigência desta Lei, sem a indicação dos valores correspondentes ao exercício anterior.

Art. 8.º Os textos consolidados das Leis n. 6.404, de 15 de dezembro de 1976, e 6.385, de 7 de dezembro de 1976, com todas as alterações nelas introduzidas pela legislação posterior, inclusive esta Lei, serão publicados no *Diário Oficial da União* pelo Poder Executivo.

Art. 9.º Esta Lei entra em vigor no primeiro dia do exercício seguinte ao de sua publicação.

Art. 10. Ficam revogadas as alíneas *c* e *d* do § 1.º do art. 182 e o § 2.º do art. 187 da Lei n. 6.404, de 15 de dezembro de 1976.

Brasília, 28 de dezembro de 2007; 186.º da Independência e 119.º da República.

Luiz Inácio Lula da Silva

LEI N. 11.649, DE 4 DE ABRIL DE 2008 (*)

Dispõe sobre procedimento na operação de arrendamento mercantil de veículo automotivo (leasing), e dá outras providências.

O Presidente da República,

Faço saber que o Congresso Nacional decreta e eu sanciono a seguinte Lei:

Art. 1.º Nos contratos de arrendamento mercantil de veículos automotivos, após a quitação de todas as parcelas vencidas e vincendas, das obrigações pecuniárias previstas em contrato, e do envio ao arrendador de comprovante de pagamento dos IPVAs e dos DPVATs, bem como das multas pagas nas esferas Federal, Estaduais e Municipais, documentos esses acompanhados de carta na qual a arrendatária manifesta formalmente sua opção pela compra do bem, exigida pela Lei n. 6.099, de 12 de setembro de 1974, a sociedade de arrendamento mercantil, na qualidade de arrendadora, deverá, no prazo de até trinta dias úteis, após recebimento destes documentos, remeter ao arrendatário:

I – o documento único de transferência (DUT) do veículo devidamente assinado pela arrendadora, a fim de possibilitar que o arrendatário providencie a respectiva transferência de propriedade do veículo junto ao departamento de trânsito do Estado;

II – a nota promissória vinculada ao contrato e emitida pelo arrendatário, se houver, com o devido carimbo de "liquidada" ou "sem efeito", bem como o termo de quitação do respectivo contrato de arrendamento mercantil (*leasing*).

Parágrafo único. Considerar-se-á como nula de pleno direito qualquer cláusula contratual relativa à operação de arrendamento mercantil de veículo automotivo que disponha de modo contrário ao disposto neste artigo.

Art. 2.º O descumprimento do disposto no art. 1.º sujeitará a parte infratora, sociedade de arrendamento mercantil ou arrendatário, ao pagamento de multa equivalente a dois por cento do valor da venda do bem, podendo a parte credora cobrá-la por meio de processo de execução.

Art. 3.º Esta Lei entra em vigor na data de sua publicação, produzindo efeitos após decorridos sessenta dias.

Brasília, 4 de abril de 2008; 187.º da Independência e 120.º da República.

Luiz Inácio Lula da Silva

(*) Publicada no *Diário Oficial da União*, de 7-4-2008.

LEI N. 11.770, DE 9 DE SETEMBRO DE 2008 (**)

Cria o Programa Empresa Cidadã, destinado à prorrogação da licença-maternidade mediante concessão de incentivo fiscal, e altera a Lei n. 8.212, de 24 de julho de 1991.

O Presidente da República

Faço saber que o Congresso Nacional decreta e eu sanciono a seguinte Lei:

Art. 1.º É instituído o Programa Empresa Cidadã, destinado a prorrogar:

•• *Caput* com redação determinada pela Lei n. 13.257, de 8-3-2016.

I – por 60 (sessenta) dias a duração da licença-maternidade prevista no inciso XVIII do *caput* do art. 7.º da Constituição Federal;

•• Inciso I acrescentado pela Lei n. 13.257, de 8-3-2016.

II – por 15 (quinze) dias a duração da licença-paternidade, nos termos desta Lei, além dos 5 (cinco) dias estabelecidos no § 1.º do art. 10 do Ato das Disposições Constitucionais Transitórias.

•• Inciso II acrescentado pela Lei n. 13.257, de 8-3-2016.

§ 1.º A prorrogação de que trata este artigo:

•• § 1.º com redação determinada pela Lei n. 13.257, de 8-3-2016.

I – será garantida à empregada da pessoa jurídica que aderir ao Programa, desde que a empregada a requeira até o final do primeiro mês após o parto, e será concedida imediatamente após a fruição da licença-maternidade de que trata o inciso XVIII do *caput* do art. 7.º da Constituição Federal;

•• Inciso I acrescentado pela Lei n. 13.257, de 8-3-2016.

II – será garantida ao empregado da pessoa jurídica que aderir ao Programa, desde que o empregado a requeira no prazo de 2 (dois) dias úteis após o parto e comprove participação em programa ou atividade de orientação sobre paternidade responsável.

•• Inciso II acrescentado pela Lei n. 13.257, de 8-3-2016.

§ 2.º A prorrogação será garantida, na mesma proporção, à empregada e ao empregado que adotar ou obtiver guarda judicial para fins de adoção de criança.

•• § 2.º com redação determinada pela Lei n. 13.257, de 8-3-2016.

§ 3.º A prorrogação de que trata o inciso I do *caput* deste artigo poderá ser compartilhada entre a empregada e o empregado requerente, desde que ambos sejam empregados de pessoa jurídica aderente ao Programa e que a decisão seja adotada conjuntamente, na forma estabelecida em regulamento.

•• § 3.º acrescentado pela Lei n. 14.457, de 21-9-2022.

§ 4.º Na hipótese prevista no § 3.º deste artigo, a prorrogação poderá ser usufruída pelo empregado da pessoa jurídica que aderir ao Programa somente após o término da licença-maternidade, desde que seja requerida com 30 (trinta) dias de antecedência.

•• § 4.º acrescentado pela Lei n. 14.457, de 21-9-2022.

Art. 1.º-A. Fica a empresa participante do Programa Empresa Cidadã autorizada a substituir o período de prorrogação da licença-maternidade de que trata o inciso I do *caput* do art. 1.º desta Lei pela redução de jornada de trabalho em 50% (cinquenta por cento) pelo período de 120 (cento e vinte) dias.

•• *Caput* acrescentado pela Lei n. 14.457, de 21-9-2022.

§ 1.º São requisitos para efetuar a substituição de que trata o *caput* deste artigo:

•• § 1.º, *caput*, acrescentado pela Lei n. 14.457, de 21-9-2022.

I – pagamento integral do salário à empregada ou ao empregado pelo período de 120 (cento e vinte) dias; e

•• Inciso I acrescentado pela Lei n. 14.457, de 21-9-2022.

(**) Publicada no *Diário Oficial da União*, de 10-9-2008. Regulamentada pelo Decreto n. 10.854, de 10-11-2021.

II – acordo individual firmado entre o empregador e a empregada ou o empregado interessados em adotar a medida.

•• Inciso II acrescentado pela Lei n. 14.457, de 21-9-2022.

§ 2.º A substituição de que trata o *caput* deste artigo poderá ser concedida na forma prevista no § 3.º do art. 1.º desta Lei.

•• § 2.º acrescentado pela Lei n. 14.457, de 21-9-2022.

Art. 2.º É a administração pública, direta, indireta e fundacional, autorizada a instituir programa que garanta prorrogação da licença-maternidade para suas servidoras, nos termos do que prevê o art. 1.º desta Lei.

Art. 3.º Durante o período de prorrogação da licença-maternidade e da licença-paternidade:

•• *Caput* com redação determinada pela Lei n. 13.257, de 8-3-2016.

I – a empregada terá direito à remuneração integral, nos mesmos moldes devidos no período de percepção do salário-maternidade pago pelo Regime Geral de Previdência Social (RGPS);

•• Inciso I acrescentado pela Lei n. 13.257, de 8-3-2016.

II – o empregado terá direito à remuneração integral.

•• Inciso II acrescentado pela Lei n. 13.257, de 8-3-2016.

Art. 4.º No período de prorrogação da licença-maternidade e da licença-paternidade de que trata esta Lei, a empregada e o empregado não poderão exercer nenhuma atividade remunerada, e a criança deverá ser mantida sob seus cuidados.

•• *Caput* com redação determinada pela Lei n. 13.257, de 8-3-2016.

Parágrafo único. Em caso de descumprimento do disposto no *caput* deste artigo, a empregada e o empregado perderão o direito à prorrogação.

•• Parágrafo único com redação determinada pela Lei n. 13.257, de 8-3-2016.

Art. 5.º A pessoa jurídica tributada com base no lucro real poderá deduzir do imposto devido, em cada período de apuração, o total da remuneração integral da empregada e do empregado pago nos dias de prorrogação de sua licença-maternidade e de sua licença-paternidade, vedada a dedução como despesa operacional.

•• *Caput* com redação determinada pela Lei n. 13.257, de 8-3-2016.

Parágrafo único. (*Vetado.*)

Art. 6.º (*Vetado.*)

Art. 7.º O Poder Executivo, com vistas no cumprimento do disposto no inciso II do *caput* do art. 5.º e nos arts. 12 e 14 da Lei Complementar n. 101, de 4 de maio de 2000, estimará o montante da renúncia fiscal decorrente do disposto nesta Lei e o incluirá no demonstrativo a que se refere o § 6.º do art. 165 da Constituição Federal, que acompanhará o projeto de lei orçamentária cuja apresentação se der após decorridos 60 (sessenta) dias da publicação desta Lei.

Art. 8.º Esta Lei entra em vigor na data de sua publicação, produzindo efeitos a partir do primeiro dia do exercício subsequente àquele em que for implementado o disposto no seu art. 7.º.

Brasília, 9 de setembro de 2008; 187.º da Independência e 120.º da República.

Luiz Inácio Lula da Silva

LEI N. 11.795, DE 8 DE OUTUBRO DE 2008 (*)

Dispõe sobre o Sistema de Consórcio.

O Presidente da República

Faço saber que o Congresso Nacional decreta e eu sanciono a seguinte Lei:

Capítulo I
DO SISTEMA DE CONSÓRCIOS

Seção I
Dos Conceitos Fundamentais

Art. 1.º O Sistema de Consórcios, instrumento de progresso social que se destina a propiciar o acesso ao consumo de bens e serviços, constituído por administradoras de consórcio e grupos de consórcio, será regulado por esta Lei.

Art. 2.º Consórcio é a reunião de pessoas naturais e jurídicas em grupo, com prazo de duração e número de cotas previamente determinados, promovida por administradora de consórcio, com a finalidade de propiciar a seus integrantes, de forma isonômica, a aquisição de bens ou serviços, por meio de autofinanciamento.

Art. 3.º Grupo de consórcio é uma sociedade não personificada constituída por consorciados para os fins estabelecidos no art. 2.º.

§ 1.º O grupo de consórcio será representado por sua administradora, em caráter irrevogável e irretratável, ativa ou passivamente, em juízo ou fora dele, na defesa dos direitos e interesses coletivamente considerados e para a execução do contrato de participação em grupo de consórcio, por adesão.

§ 2.º O interesse do grupo de consórcio prevalece sobre o interesse individual do consorciado.

§ 3.º O grupo de consórcio é autônomo em relação aos demais e possui patrimônio próprio, que não se confunde com o de outro grupo, nem com o da própria administradora.

§ 4.º Os recursos dos grupos geridos pela administradora de consórcio serão contabilizados separadamente.

Art. 4.º Consorciado é a pessoa natural ou jurídica que integra o grupo e assume a obrigação de contribuir para o cumprimento integral de seus objetivos, observado o disposto no art. 2.º.

Seção II
Da Administração de Consórcios

Art. 5.º A administradora de consórcios é a pessoa jurídica prestadora de serviços com objeto social principal voltado à administração de grupos de consórcio, constituída sob a forma de sociedade limitada ou sociedade anônima, nos termos do art. 7.º, inciso I.

§ 1.º A administradora de consórcio deve figurar no contrato de participação em grupo de consórcio, por adesão, na qualidade de gestora dos negócios dos grupos e de mandatária de seus interesses e direitos.

§ 2.º Os diretores, gerentes, prepostos e sócios com função de gestão na administradora de consórcio são depositários, para todos os efeitos, das quantias que a administradora receber dos consorciados na sua gestão, até o cumprimento da obrigação assumida no contrato de participação em grupo de consórcio, por adesão, respondendo pessoal e solidariamente, independentemente da verificação de culpa, pelas obrigações perante os consorciados.

§ 3.º A administradora de consórcio tem direito à taxa de administração, a título de remuneração pela formação, organização e administração do grupo de consórcio até o encerramento deste, conforme o art. 32, bem como o recebimento de outros valores, expressamente previstos no contrato de participação em grupo de consórcio, por adesão, observados ainda os arts. 28 e 35.

§ 4.º (*Vetado.*)

§ 5.º Os bens e direitos adquiridos pela administradora em nome do grupo de consórcio, inclusive os decorrentes de garantia, bem como seus frutos e rendimentos, não se comunicam com o seu patrimônio, observado que:

I – não integram o ativo da administradora;

II – não respondem direta ou indiretamente por qualquer obrigação da administradora;

III – não compõem o elenco de bens e direitos da administradora, para efeito de liquidação judicial ou extrajudicial;

IV – não podem ser dados em garantia de débito da administradora.

§ 6.º A administradora estará desobrigada de apresentar certidão negativa de débitos, expedida pelo Instituto Nacional da Seguridade Social, e Certidão Negativa de Tributos e Contribuições, expedida pela Secretaria da Receita Federal, relativamente à própria empresa, quando alienar imóvel integrante do patrimônio do grupo de consórcio.

§ 7.º No caso de o bem recebido ser um imóvel, as restrições enumeradas nos incisos II a IV do § 5.º deste artigo deverão ser averbadas no registro de imóveis competente.

(*) Publicada no *Diário Oficial da União*, de 9-10-2008. A Lei n. 12.402, de 2-5-2011, regula o cumprimento de obrigações tributárias por consórcios que realizem negócios jurídicos em nome próprio.

Seção III
Do Órgão Regulador e Fiscalizador

Art. 6.º A normatização, coordenação, supervisão, fiscalização e controle das atividades do sistema de consórcios serão realizados pelo Banco Central do Brasil.

•• A Circular n. 3.432, de 3-2-2009, do Banco Central do Brasil, dispõe sobre a constituição e o funcionamento de grupos de consórcio.

•• A Resolução n. 2, de 18-8-2020, do Banco Central do Brasil, consolida os critérios gerais para elaboração e divulgação de demonstrações financeiras individuais e consolidadas pelas administradoras de consórcio e pelas instituições de pagamento e os procedimentos para elaboração, divulgação e remessa de demonstrações financeiras que devem ser observados pelas instituições financeiras e demais instituições autorizadas a funcionar pelo Banco Central do Brasil.

•• A Resolução n. 234, de 27-7-2022, do Banco Central do Brasil, dispõe sobre a constituição e o funcionamento das administradoras de consórcio.

Art. 7.º Compete ao Banco Central do Brasil:

I – conceder autorização para funcionamento, transferência do controle societário e reorganização da sociedade e cancelar a autorização para funcionar das administradoras de consórcio, segundo abrangência e condições que fixar;

II – aprovar atos administrativos ou societários das administradoras de consórcio, segundo abrangência e condições que fixar;

III – baixar normas disciplinando as operações de consórcio, inclusive no que refere à supervisão prudencial, à contabilização, ao oferecimento de garantias, à aplicação financeira dos recursos dos grupos de consórcio, às condições mínimas que devem constar do contrato de participação em grupo de consórcio, por adesão, à prestação de contas e ao encerramento do grupo de consórcio;

• A Resolução n. 65, de 26-1-2021, do BCB, dispõe sobre a política de conformidade (*compliance*) das administradoras de consórcio e das instituições de pagamento.

IV – (*Revogado pela Lei n. 13.506, de 13-11-2017.*)

V – fiscalizar as operações de consórcio, as administradoras de consórcio e os atos dos respectivos administradores e aplicar as sanções;

VI – estabelecer os procedimentos relativos ao processo administrativo e o julgamento das infrações a esta Lei, às normas infralegais e aos termos dos contratos de participação em grupo de consórcio, por adesão, formalizados;

VII – intervir nas administradoras de consórcio e decretar sua liquidação extrajudicial na forma e condições previstas na legislação especial aplicável às instituições financeiras.

Art. 8.º No exercício da fiscalização prevista no art. 7.º, o Banco Central do Brasil poderá exigir das administradoras de consórcio, bem como de seus administradores, a exibição a funcionários seus, expressamente credenciados, de documentos, papéis, livros de escrituração e acesso aos dados armazenados nos sistemas eletrônicos, considerando-se a negativa de atendimento como embaraço à fiscalização, sujeita às penalidades previstas nesta Lei, sem prejuízo de outras medidas e sanções cabíveis.

Art. 9.º (*Vetado.*)

Capítulo II
DO CONTRATO DE CONSÓRCIO

Art. 10. O contrato de participação em grupo de consórcio, por adesão, é o instrumento plurilateral de natureza associativa cujo escopo é a constituição de fundo pecuniário para as finalidades previstas no art. 2.º.

§ 1.º O contrato de participação em grupo de consórcio, por adesão, criará vínculos obrigacionais entre os consorciados, e destes com a administradora, para proporcionar a todos igual condição de acesso ao mercado de consumo de bens ou serviços.

§ 2.º (*Vetado.*)

§ 3.º A proposta de participação é o instrumento pelo qual o interessado formaliza seu pedido de participação no grupo de consórcio, que se converterá no contrato, observada a disposição constante do § 4.º, se aprovada pela administradora.

§ 4.º O contrato de participação em grupo de consórcio aperfeiçoar-se-á na data de constituição do grupo, observado o art. 16.

§ 5.º É facultada a estipulação de multa pecuniária em virtude de descumprimento de obrigação contratual, que a parte que lhe der causa pagará à outra.

§ 6.º O contrato de participação em grupo de consórcio, por adesão, de consorciado contemplado é título executivo extrajudicial.

Art. 11. O contrato de participação em grupo de consórcio, por adesão, implicará atribuição de uma cota de participação no grupo, numericamente identificada, nela caracterizada o bem ou serviço.

Art. 12. O contrato de participação em grupo de consórcio, por adesão, poderá ter como referência bem móvel, imóvel ou serviço de qualquer natureza.

Parágrafo único. O contrato de grupo para a aquisição de bem imóvel poderá estabelecer a aquisição de imóvel em empreendimento imobiliário.

Art. 13. Os direitos e obrigações decorrentes do contrato de participação em grupo de consórcio, por adesão, poderão ser transferidos a terceiros, mediante prévia anuência da administradora.

Art. 14. No contrato de participação em grupo de consórcio, por adesão, devem estar previstas, de forma clara, as garantias que serão exigidas do consorciado para utilizar o crédito.

§ 1.º As garantias iniciais em favor do grupo devem recair sobre o bem adquirido por meio do consórcio.

§ 2.º No caso de consórcio de bem imóvel, é facultado à administradora aceitar em garantia outro imóvel de valor suficiente para assegurar o cumprimento das obrigações pecuniárias do contemplado em face do grupo.

§ 3.º Admitem-se garantias reais ou pessoais, sem vinculação ao bem referenciado, no caso de consórcio de serviço de qualquer natureza, ou quando, na data de utilização do crédito, o bem estiver sob produção, incorporação ou situação análoga definida pelo Banco Central do Brasil.

§ 4.º A administradora pode exigir garantias complementares proporcionais ao valor das prestações vincendas.

§ 5.º A administradora deve indenizar o grupo na ocorrência de eventuais prejuízos decorrentes:

I – de aprovação de garantias insuficientes, inclusive no caso de substituição de garantias dadas na forma dos §§ 1.º, 2.º e 3.º;

II – de liberação de garantias enquanto o consorciado não tiver quitado sua participação no grupo.

§ 6.º Para os fins do disposto neste artigo, o oferecedor de garantia por meio de alienação fiduciária de imóvel ficará responsável pelo pagamento integral das obrigações pecuniárias estabelecidas no contrato de participação em grupo de consórcio, por adesão, inclusive da parte que remanescer após a execução dessa garantia.

§ 7.º A anotação da alienação fiduciária de veículo automotor ofertado em garantia ao grupo de consórcio no certificado de registro a que se refere o Código de Trânsito Brasileiro, Lei n. 9.503, de 23 de setembro de 1997, produz efeitos probatórios contra terceiros, dispensado qualquer outro registro público.

Art. 15. A participação de um mesmo consorciado em um grupo de consórcio, para os grupos constituídos a partir da edição desta Lei, fica limitada ao percentual de cotas, a ser fixado pelo Banco Central do Brasil.

§ 1.º A administradora de consórcio pode adquirir cotas de grupo de consórcio, inclusive sob sua administração.

§ 2.º A administradora de consórcio, em qualquer hipótese, somente poderá concorrer a sorteio ou lance após a contemplação de todos os demais consorciados.

§ 3.º O disposto nos §§ 1.º e 2.º aplica-se, inclusive:

I – aos administradores e pessoas com função de gestão na administradora;

II – aos administradores e pessoas com função de gestão em empresas coligadas, controladas ou controladoras da administradora;

III – às empresas coligadas, controladas ou controladoras da administradora.

§ 4.º O percentual referido no *caput* aplica-se cumulativamente às pessoas relacionadas nos §§ 1.º a 3.º.

Capítulo III
DO FUNCIONAMENTO DO GRUPO

Seção I
Da Constituição

Art. 16. Considera-se constituído o grupo de consórcio com a realização da primeira assembleia, que será designada pela administradora de consórcio quando houver adesões em número e condições suficientes para assegurar a viabilidade econômico-financeira do empreendimento.

Art. 17. O grupo deve escolher, na primeira assembleia geral ordinária, até 3 (três) consorciados, que o representarão perante a administradora com a finalidade de acompanhar a regularidade de sua gestão, com mandato igual à duração do grupo, facultada a substituição por decisão da maioria dos consorciados em assembleia geral.

Parágrafo único. No exercício de sua função, os representantes terão, a qualquer tempo, acesso a todos os documentos e demonstrativos pertinentes às operações do grupo, podendo solicitar informações e representar contra a administradora na defesa dos interesses do grupo, perante o órgão regulador e fiscalizador.

Seção II
Das Assembleias

Art. 18. A assembleia geral ordinária será realizada na periodicidade prevista no contrato de participação em grupo de consórcio, por adesão, e destina-se a apreciação de contas prestadas pela administradora e a realização de contemplações.

Art. 19. A assembleia geral extraordinária será convocada pela administradora, por iniciativa própria ou por solicitação de 30% (trinta por cento) dos consorciados ativos do grupo, para deliberar sobre quaisquer outros assuntos que não os afetos à assembleia geral ordinária.

Art. 20. A cada cota de consorciado ativo corresponderá um voto nas deliberações das assembleias gerais ordinárias e extraordinárias, que serão tomadas por maioria simples.

§ 1.º A representação do ausente pela administradora na assembleia geral ordinária dar-se-á com a outorga de poderes, desde que prevista no contrato de participação em grupo de consórcio, por adesão.

§ 2.º A representação de ausentes nas assembleias gerais extraordinárias dar-se-á com a outorga de poderes específicos, inclusive à administradora, constando obrigatoriamente informações relativas ao dia, hora e local e assuntos a serem deliberados.

§ 3.º Somente o consorciado ativo não contemplado participará da tomada de decisões em assembleia geral extraordinária convocada para deliberar sobre:

I – suspensão ou retirada de produção do bem ou extinção do serviço objeto do contrato;

II – extinção do índice de atualização do valor do crédito e das parcelas, indicado no contrato;

III – encerramento antecipado do grupo;

IV – assuntos de seus interesses exclusivos.

Art. 21. Para os fins do disposto nos arts. 19 e 20, é consorciado ativo aquele que mantém vínculo obrigacional com o grupo, excetuado o participante inadimplente não contemplado e o excluído, conforme definição do art. 29.

Seção III
Das Contemplações

Art. 22. A contemplação é a atribuição ao consorciado do crédito para a aquisição de bem ou serviço, bem como para a restituição das parcelas pagas, no caso dos consorciados excluídos, nos termos do art. 30.

§ 1.º A contemplação ocorre por meio de sorteio ou de lance, na forma prevista no contrato de participação em grupo de consórcio, por adesão.

§ 2.º Somente concorrerá à contemplação o consorciado ativo, de que trata o art. 21, e os excluídos, para efeito de restituição dos valores pagos, na forma do art. 30.

§ 3.º O contemplado poderá destinar o crédito para a quitação total de financiamento de sua titularidade, sujeita à prévia anuência da administradora e ao atendimento de condições estabelecidas no contrato de consórcio de participação em grupo.

Art. 23. A contemplação está condicionada à existência de recursos suficientes no grupo para a aquisição do bem, conjunto de bens ou serviços em que o grupo esteja referenciado e para a restituição aos excluídos.

Art. 24. O crédito a que faz jus o consorciado contemplado será o valor equivalente ao do bem ou serviço indicado no contrato, vigente na data da assembleia geral ordinária de contemplação.

§ 1.º O crédito de que trata este artigo será acrescido dos rendimentos líquidos financeiros proporcionais ao período que ficar aplicado, compreendido entre a data em que colocado à disposição até a sua utilização pelo consorciado contemplado.

§ 2.º Nos casos em que o objeto do contrato não possa ser perfeitamente identificado, o valor do crédito e a sua atualização deverão estar previstos no contrato, sem prejuízo do acréscimo dos rendimentos líquidos de que trata o § 1.º.

§ 3.º A restituição ao consorciado excluído, calculada nos termos do art. 30, será considerada crédito parcial.

Seção IV
Dos Recursos do Grupo e das Obrigações Financeiras do Consorciado

Art. 25. Considera-se fundo comum, para os fins desta Lei, os recursos do grupo destinados à atribuição de crédito aos consorciados contemplados para aquisição do bem ou serviço e à restituição aos consorciados excluídos dos respectivos grupos, bem como para outros pagamentos previstos no contrato de participação em grupo de consórcio, por adesão.

Parágrafo único. O fundo comum é constituído pelo montante de recursos representados por prestações pagas pelos consorciados para esse fim e por valores correspondentes a multas e juros moratórios destinados ao grupo de consórcio, bem como pelos rendimentos provenientes de sua aplicação financeira.

Art. 26. Os recursos dos grupos de consórcio, coletados pela administradora, a qualquer tempo, serão depositados em instituição financeira e devem ser aplicados na forma estabelecida pelo Banco Central do Brasil, desde a sua disponibilidade e enquanto não utilizados para as finalidades previstas no contrato de participação em grupo de consórcio, por adesão.

Art. 27. O consorciado obriga-se a pagar prestação cujo valor corresponde à soma das importâncias referentes à parcela destinada ao fundo comum do grupo, à taxa de administração e às demais obrigações pecuniárias que forem estabelecidas expressamente no contrato de participação em grupo de consórcio, por adesão.

§ 1.º As obrigações e os direitos do consorciado que tiverem expressão pecuniária são identificados em percentual do preço do bem ou serviço referenciado no contrato de participação em grupo de consórcio, por adesão.

§ 2.º O fundo de reserva, se estabelecido no grupo de consórcio, somente poderá ser utilizado para as finalidades previstas no contrato de participação, inclusive para restituição a consorciado excluído.

§ 3.º É facultado estipular no contrato de participação em grupo de consórcio, por adesão, a cobrança de valor a título de antecipação de taxa de administração, destinado ao pagamento de despesas imediatas vinculadas à venda de cotas de grupo de consórcio e remuneração de representantes e corretores, devendo ser:

I – destacado do valor da taxa de administração que compõe a prestação, sendo exigível apenas no ato da assinatura do contrato de participação em grupo de consórcio, por adesão;

II – deduzido do valor total da taxa de administração durante o prazo de duração do grupo.

Art. 28. O valor da multa e de juros moratórios a cargo do consorciado, se previstos no contrato de participação em grupo de consórcio, por adesão, será destinado ao grupo e à administradora, não podendo o contrato estipular para o grupo percentual inferior a 50% (cinquenta por cento).

Seção V
Da Exclusão do Grupo

Art. 29. (*Vetado.*)

Art. 30. O consorciado excluído não contemplado terá direito à restituição da importância paga ao fundo comum do grupo, cujo valor deve ser calculado com base no percentual amortizado do valor do bem ou serviço vigente na data da assembleia de contemplação, acrescido dos rendimentos da aplicação financeira a que estão sujeitos os recursos dos consorciados enquanto não utilizados pelo participante, na forma do art. 24, § 1.º.

§§ 1.º a 3.º (*Vetados.*)

Capítulo IV
DO ENCERRAMENTO DO GRUPO

Art. 31. Dentro de 60 (sessenta) dias, contados da data da realização da última assembleia de contemplação do grupo de consórcio, a administradora deverá comunicar:

I – aos consorciados que não tenham utilizado os respectivos créditos, que os mesmos estão à disposição para recebimento em espécie;

II e III – (*Vetados.*)

Art. 32. O encerramento do grupo deve ocorrer no prazo máximo de 120 (cento e vinte) dias, contado da data da realização da última assembleia de contemplação do grupo de consórcio e desde que decorridos, no mínimo, 30 (trinta) dias da comunicação de que trata o art. 31, ocasião em que se deve proceder à definitiva prestação de contas do grupo, discriminando-se:

I – as disponibilidades remanescentes dos respectivos consorciados e participantes excluídos;

II – os valores pendentes de recebimento, objeto de cobrança judicial.

§ 1.º Os valores pendentes de recebimento, uma vez recuperados, devem ser rateados proporcionalmente entre os beneficiários, devendo a administradora, até 120 (cento e vinte) dias após o seu recebimento, comunicar-lhes que os respectivos saldos estão à disposição para devolução em espécie.

§ 2.º Prescreverá em 5 (cinco) anos a pretensão do consorciado ou do excluído contra o grupo ou a administradora, e destes contra aqueles, a contar da data referida no *caput*.

Capítulo V
DOS RECURSOS NÃO PROCURADOS

Art. 33. As disponibilidades financeiras remanescentes na data do encerramento do grupo são consideradas recursos não procurados pelos respectivos consorciados e participantes excluídos.

Art. 34. A administradora de consórcio assumirá a condição de gestora dos recursos não procurados, os quais devem ser aplicados e remunerados em conformidade com os recursos de grupos de consórcio em andamento, nos termos estabelecidos no art. 26.

Art. 35. É facultada a cobrança de taxa de permanência sobre o saldo de recursos não procurados pelos respectivos consorciados e participantes excluídos, apresentado ao final de cada mês, oriundos de contratos firmados a partir da vigência desta Lei, nos termos do contrato de participação em grupo de consórcio, por adesão.

Art. 36. As administradoras de consórcio deverão providenciar o pagamento no prazo máximo de 30 (trinta) dias corridos a contar do comparecimento do consorciado com direito a recursos não procurados.

Art. 37. (*Vetado.*)

Art. 38. Os recursos não procurados, independentemente de sua origem, devem ter tratamento contábil específico, de maneira independente dos registros contábeis da administradora de consórcio.

Capítulo VI
DA ADMINISTRAÇÃO ESPECIAL E LIQUIDAÇÃO EXTRAJUDICIAL

Art. 39. A administração especial e a liquidação extrajudicial de administradora de consórcio são regidas pela Lei n. 6.024, de 13 de março de 1974, pelo Decreto-lei n. 2.321, de 25 de fevereiro de 1987, pela Lei n. 9.447, de 14 de março de 1997, e por legislação superveniente aplicável às instituições financeiras, observado o disposto nesta Lei.

Art. 40. A decretação da administração especial temporária ou da liquidação extrajudicial da administradora de consórcio não prejudicará a continuidade das operações dos grupos por ela administrados, devendo o conselho diretor ou o liquidante dar prioridade ao funcionamento regular dos grupos.

§ 1.º No caso de administração especial, o conselho diretor poderá convocar assembleia geral extraordinária para propor ao grupo as medidas que atendam a seus interesses, inclusive a de transferir sua administração.

§ 2.º No caso de liquidação extrajudicial, o liquidante, de posse do relatório da situação financeira de cada grupo, publicará edital, em que constarão os requisitos necessários à habilitação de administradoras de consórcio interessadas na administração dos grupos.

§ 3.º Expirado o prazo para a habilitação, o liquidante convocará assembleia geral extraordinária do grupo, a fim de deliberar sobre as propostas recebidas.

§ 4.º Os recursos pertencentes aos grupos de consórcio, administrados por empresa submetida aos regimes especial temporário ou de liquidação extrajudicial, serão obrigatória e exclusivamente destinados ao atendimento dos objetivos dos contratos de participação em grupo de consórcio, por adesão.

Capítulo VII
DAS PENALIDADES

Art. 41. (*Vetado.*)

Art. 42. Às infrações aos dispositivos desta Lei e às normas regulamentares aplica-se a ação punitiva do Banco Central do Brasil, nos termos definidos pela legislação em vigor.

•• *Caput* com redação determinada pela Lei n. 13.506, de 13-11-2017.

Parágrafo único. (*Revogado pela Lei n. 13.506, de 13-11-2017.*)

Arts. 43 e 44. (*Revogados pela Lei n. 13.506, de 13-11-2017.*)

Capítulo VIII
DAS DISPOSIÇÕES FINAIS

Art. 45. O registro e a averbação referentes à aquisição de imóvel por meio do Sistema de Consórcios serão considerados, para efeito de cálculo de taxas, emolumentos e custas, como um único ato.

Parágrafo único. O contrato de compra e venda de imóvel por meio do Sistema de Consórcios poderá ser celebrado por instrumento particular.

Art. 46. Ficam convalidadas as autorizações para administrar grupos de consórcio concedidas até a data da publicação desta Lei às administradoras e às associações e entidades sem fins lucrativos.

Art. 47. (*Vetado.*)

Art. 48. Revogam-se os incisos I e V do art. 7.º da Lei n. 5.768, de 20 de dezembro de 1971, os incisos I e V do art. 31 do Decreto n. 70.951, de 9 de agosto de 1972, o Decreto n. 97.384, de 22 de dezembro de 1988, o art. 10 da Lei n. 7.691, de 15 de dezembro de 1988, e o art. 33 da Lei n. 8.177, de 1.º de março de 1991.

Art. 49. Esta Lei entra em vigor após decorridos 120 (cento e vinte) dias de sua publicação.

Brasília, 8 de outubro de 2008; 187.º da Independência e 120.º da República.

Luiz Inácio Lula da Silva

LEI N. 11.804, DE 5 DE NOVEMBRO DE 2008 (*)

Disciplina o direito a alimentos gravídicos e a forma como ele será exercido e dá outras providências.

O Presidente da República

Faço saber que o Congresso Nacional decreta e eu sanciono a seguinte Lei:

Art. 1.º Esta Lei disciplina o direito de alimentos da mulher gestante e a forma como será exercido.

Art. 2.º Os alimentos de que trata esta Lei compreenderão os valores suficientes para cobrir as despesas adicionais do período de

(*) Publicada no *Diário Oficial da União*, de 6-11-2008.

gravidez e que sejam dela decorrentes, da concepção ao parto, inclusive as referentes a alimentação especial, assistência médica e psicológica, exames complementares, internações, parto, medicamentos e demais prescrições preventivas e terapêuticas indispensáveis, a juízo do médico, além de outras que o juiz considere pertinentes.

Parágrafo único. Os alimentos de que trata este artigo referem-se à parte das despesas que deverá ser custeada pelo futuro pai, considerando-se a contribuição que também deverá ser dada pela mulher grávida, na proporção dos recursos de ambos.

Arts. 3.º a 5.º (*Vetados.*)

Art. 6.º Convencido da existência de indícios da paternidade, o juiz fixará alimentos gravídicos que perdurarão até o nascimento da criança, sopesando as necessidades da parte autora e as possibilidades da parte ré.

Parágrafo único. Após o nascimento com vida, os alimentos gravídicos ficam convertidos em pensão alimentícia em favor do menor até que uma das partes solicite a sua revisão.

Art. 7.º O réu será citado para apresentar resposta em 5 (cinco) dias.

Arts. 8.º a 10. (*Vetados.*)

Art. 11. Aplicam-se supletivamente nos processos regulados por esta Lei as disposições das Leis n. 5.478, de 25 de julho de 1968, e 5.869, de 11 de janeiro de 1973 – Código de Processo Civil.

• Citados diplomas constam deste volume.

Art. 12. Esta Lei entra em vigor na data de sua publicação.

Brasília, 5 de novembro de 2008; 187.º da Independência e 120.º da República.

LUIZ INÁCIO LULA DA SILVA

LEI COMPLEMENTAR N. 130, DE 17 DE ABRIL DE 2009 (*)

Dispõe sobre o Sistema Nacional de Crédito Cooperativo e revoga dispositivos das Leis n. 4.595, de 31 de dezembro de 1964, e 5.764, de 16 de dezembro de 1971.

O Presidente da República

Faço saber que o Congresso Nacional decreta e eu sanciono a seguinte Lei Complementar:

Art. 1.º As instituições financeiras constituídas sob a forma de cooperativas de crédito e as confederações de serviço constituídas por cooperativas centrais de crédito sujeitam-se ao disposto nesta Lei Complementar, bem como, no que couber, à legislação aplicável ao Sistema Financeiro Nacional (SFN) e às sociedades cooperativas.

•• *Caput* com redação determinada pela Lei Complementar n. 196, de 24-8-2022.

(*) Publicada no *Diário Oficial da União*, de 17-4-2009 – Edição Extra.

• *Vide* Lei n. 4.595, de 31-12-1964, que dispõe sobre o Sistema Financeiro Nacional.

• *Vide* Lei n. 5.764, de 16-12-1971, que define a política nacional de cooperativismo, institui o regime jurídico das sociedades cooperativas, e dá outras providências.

• A Resolução n. 4.434, de 5-8-2015, do Banco Central do Brasil, dispõe sobre a constituição, a autorização para funcionamento, as alterações estatutárias e o cancelamento de autorização para funcionamento das cooperativas de crédito e dá outras providências.

§ 1.º As competências legais do Conselho Monetário Nacional (CMN) e do Banco Central do Brasil em relação às instituições financeiras aplicam-se às cooperativas de crédito e às confederações de serviço constituídas por cooperativas centrais de crédito.

•• § 1.º com redação determinada pela Lei Complementar n. 196, de 24-8-2022.

§ 2.º É vedada a constituição de cooperativa mista com seção de crédito.

§ 3.º Para fins desta Lei Complementar, consideram-se:

•• § 3.º, *caput*, com redação determinada pela Lei Complementar n. 196, de 24-8-2022.

I – cooperativas de crédito: as cooperativas singulares de crédito, as cooperativas centrais de crédito e as confederações de crédito constituídas por cooperativas centrais de crédito; e

•• Inciso I acrescentado pela Lei Complementar n. 196, de 24-8-2022.

II – confederações de serviço: as confederações constituídas exclusivamente por cooperativas centrais de crédito, para prestar serviços pertinentes, complementares ou necessários às atividades realizadas por suas filiadas ou pelas cooperativas singulares filiadas a essas cooperativas centrais, excluídos serviços e operações privativos de instituições financeiras.

•• Inciso II acrescentado pela Lei Complementar n. 196, de 24-8-2022.

Art. 2.º As cooperativas de crédito destinam-se, precipuamente, a prover, por meio da mutualidade, a prestação de serviços financeiros a seus associados, sendo-lhes assegurado o acesso aos instrumentos do mercado financeiro.

§ 1.º A captação de recursos e a concessão de créditos e de garantias devem ser restritas aos associados, ressalvados:

•• § 1.º, *caput*, com redação determinada pela Lei Complementar n. 196, de 24-8-2022.

I – a captação, por cooperativa singular de crédito, de recursos de Municípios, de seus órgãos ou entidades e das empresas por eles controladas;

•• Inciso I acrescentado pela Lei Complementar n. 196, de 24-8-2022.

II – as operações realizadas com outras instituições financeiras;

•• Inciso II acrescentado pela Lei Complementar n. 196, de 24-8-2022.

III – os recursos obtidos de pessoas jurídicas, em caráter eventual, a taxas favorecidas ou isentos de remuneração;

•• Inciso III acrescentado pela Lei Complementar n. 196, de 24-8-2022.

IV – as operações de assistência e de suporte financeiro realizadas com os fundos garantidores de que trata o inciso IV do *caput* do art. 12 desta Lei Complementar;

•• Inciso IV acrescentado pela Lei Complementar n. 196, de 24-8-2022.

V – as operações realizadas com as cooperativas centrais de crédito ou com as confederações de crédito às quais estejam filiadas, ou com outros fundos garantidores por elas constituídos; e

•• Inciso V acrescentado pela Lei Complementar n. 196, de 24-8-2022.

VI – os repasses de instituições oficiais ou de fundos públicos.

•• Inciso VI acrescentado pela Lei Complementar n. 196, de 24-8-2022.

§ 2.º Ressalvado o disposto no § 1.º deste artigo, é permitida a prestação de outros serviços de natureza financeira e afins a associados e a não associados, inclusive a entidades integrantes do poder público.

•• § 2.º com redação determinada pela Lei Complementar n. 196, de 24-8-2022.

§ 3.º A concessão de créditos e garantias a integrantes de órgãos estatutários, assim como a pessoas físicas ou jurídicas que com eles mantenham relações de parentesco ou negócio, deve observar procedimentos de aprovação e controle idênticos aos dispensados às demais operações de crédito.

§ 4.º A critério da assembleia geral, os procedimentos a que se refere o § 3.º deste artigo podem ser mais rigorosos, cabendo-lhe, nesse caso, a definição dos tipos de relacionamento a serem considerados para aplicação dos referidos procedimentos.

§ 5.º As cooperativas de crédito, nos termos da legislação específica, poderão ter acesso a recursos oficiais para o financiamento das atividades de seus associados.

§ 6.º A captação de recursos dos Municípios, prevista no § 1.º deste artigo, que supere o limite assegurado pelos fundos garantidores referidos no inciso IV do *caput* do art. 12 desta Lei, obedecerá aos requisitos prudenciais estabelecidos pelo Conselho Monetário Nacional.

•• § 6.º acrescentado pela Lei Complementar n. 161, de 4-1-2018.

§ 7.º Caso a cooperativa não atenda ao disposto no § 6.º deste artigo, incorrerá nas sanções previstas na Lei n. 7.492, de 16 de junho de 1986.

•• § 7.º acrescentado pela Lei Complementar n. 161, de 4-1-2018.

§ 8.º Além das hipóteses ressalvadas no § 1.º deste artigo, as instituições referidas nesta Lei e os bancos por elas controlados, direta ou indiretamente, ficam autorizados a realizar a gestão das disponibilidades financeiras do Serviço Nacional de Aprendizagem do Cooperativismo.

•• § 8.º acrescentado pela Lei Complementar n. 161, de 4-1-2018.

§ 9.º A operação de que trata o inciso I do § 1.º deste artigo somente poderá ser realizada com Município onde a cooperativa de crédito possua dependência instalada, com seus órgãos ou entidades e com empresas por eles controladas.

•• § 9.º com redação determinada pela Lei Complementar n. 196, de 24-8-2022.

§ 10. É permitida às cooperativas de crédito a gestão de recursos oficiais ou de fundos públicos ou privados destinada à concessão de garantias aos associados em operações com a própria cooperativa gestora ou com terceiros.

•• § 10 acrescentado pela Lei Complementar n. 196, de 24-8-2022.

Art. 2.º-A. A área de atuação das cooperativas singulares de crédito compreende:

•• *Caput* acrescentado pela Lei Complementar n. 196, de 24-8-2022.

I – área de ação: área constituída pelos Municípios nos quais sejam instaladas sua sede e demais dependências, na forma prevista no estatuto social; e

•• Inciso I acrescentado pela Lei Complementar n. 196, de 24-8-2022.

II – área de admissão de associados: área delimitada pelas possibilidades de reunião, controle, realização de operações e prestação de serviços, por meio presencial ou eletrônico, podendo, de acordo com esses critérios, alcançar pessoas domiciliadas em qualquer localidade do território nacional.

•• Inciso II acrescentado pela Lei Complementar n. 196, de 24-8-2022.

Art. 2.º-B. É facultada a realização de operações de crédito com o compartilhamento de recursos e de riscos por um conjunto de cooperativas de crédito integrantes de um mesmo sistema cooperativo.

•• *Caput* acrescentado pela Lei Complementar n. 196, de 24-8-2022.

Parágrafo único. O CMN disporá sobre as condições a serem observadas na contratação das operações previstas no *caput* deste artigo.

•• Parágrafo único acrescentado pela Lei Complementar n. 196, de 24-8-2022.

Art. 3.º As cooperativas de crédito podem atuar em nome e por conta de outras instituições, com vistas à prestação de serviços financeiros e afins a associados e a não associados.

Art. 4.º O quadro social das cooperativas de crédito poderá ser composto de pessoas físicas, jurídicas e entes despersonalizados e será definido pela assembleia geral, com previsão no estatuto social.

•• *Caput* com redação determinada pela Lei Complementar n. 196, de 24-8-2022.

§ 1.º Não serão admitidos no quadro social das cooperativas singulares de crédito:

•• Parágrafo único renumerado pela Lei Complementar n. 196, de 24-8-2022.

I – a União, os Estados, o Distrito Federal e os Municípios, bem como as respectivas autarquias, fundações e empresas estatais dependentes; e

•• Inciso I acrescentado pela Lei Complementar n. 196, de 24-8-2022.

II – as pessoas jurídicas e os entes despersonalizados que, em suas atividades principais, exerçam efetiva concorrência com as atividades principais da própria cooperativa de crédito.

•• Inciso II acrescentado pela Lei Complementar n. 196, de 24-8-2022.

§ 2.º A vedação de que trata o inciso I do § 1.º do *caput* deste artigo não impede que o quadro social da cooperativa singular de crédito seja integrado por conselhos de fiscalização profissional.

•• § 2.º acrescentado pela Lei Complementar n. 196, de 24-8-2022.

Art. 5.º As cooperativas de crédito e as confederações de serviço constituídas por cooperativas centrais de crédito terão conselho de administração, que será composto de associados eleitos pela assembleia geral e de diretoria executiva a ele subordinada.

•• *Caput* com redação determinada pela Lei Complementar n. 196, de 24-8-2022.

§ 1.º O CMN, nos termos da regulamentação, poderá admitir a contratação de conselheiro de administração independente não associado, na forma prevista no estatuto social, desde que a maioria dos conselheiros seja composta de pessoas naturais associadas.

•• § 1.º acrescentado pela Lei Complementar n. 196, de 24-8-2022.

§ 2.º A diretoria executiva, na qualidade de órgão estatutário, será composta de pessoas naturais eleitas pelo conselho de administração, que poderão ser associadas ou não, desde que a maioria dos diretores seja composta de pessoas naturais associadas.

•• § 2.º acrescentado pela Lei Complementar n. 196, de 24-8-2022.

§ 3.º É vedado aos ocupantes dos cargos de presidente ou vice-presidente de conselho de administração ou de diretor executivo em cooperativas de crédito ou em confederações de serviço constituídas por cooperativas centrais de crédito o exercício simultâneo desses cargos com os de:

•• § 3.º, *caput*, acrescentado pela Lei Complementar n. 196, de 24-8-2022.

I – presidente ou vice-presidente do conselho de administração ou de diretor executivo de cooperativa singular de crédito, cooperativa central de crédito ou confederação integrantes do mesmo sistema cooperativo; e

•• Inciso I acrescentado pela Lei Complementar n. 196, de 24-8-2022.

II – presidente ou vice-presidente do conselho de administração ou de diretor executivo nos fundos de que trata o inciso IV do *caput* do art. 12 desta Lei Complementar.

•• Inciso II acrescentado pela Lei Complementar n. 196, de 24-8-2022.

§ 4.º O mandato dos membros do conselho de administração das cooperativas de crédito e das confederações de serviço constituídas por cooperativas centrais de crédito terá duração de até 4 (quatro) anos, vedada a constituição de membro suplente.

•• § 4.º acrescentado pela Lei Complementar n. 196, de 24-8-2022.

§ 5.º O CMN, considerados os riscos, a complexidade, a classificação e o porte da cooperativa de crédito, poderá:

•• § 5.º, *caput*, acrescentado pela Lei Complementar n. 196, de 24-8-2022.

I – tornar facultativa a constituição do conselho de administração; e

•• Inciso I acrescentado pela Lei Complementar n. 196, de 24-8-2022.

II – permitir a acumulação de cargos na diretoria executiva em cooperativas de crédito ou em confederações de serviço constituídas por cooperativas centrais de crédito, sem observância do disposto no inciso I do § 3.º deste artigo, desde que não identificado conflito de interesses.

•• Inciso II acrescentado pela Lei Complementar n. 196, de 24-8-2022.

§ 6.º Nos casos em que a cooperativa de crédito não constituir conselho de administração, a diretoria executiva será eleita pela assembleia geral.

•• § 6.º acrescentado pela Lei Complementar n. 196, de 24-8-2022.

§ 7.º A política de remuneração dos ocupantes de cargos na diretoria executiva deverá ser aprovada pela assembleia geral, no mínimo ao início de cada mandato.

•• § 7.º acrescentado pela Lei Complementar n. 196, de 24-8-2022.

Art. 6.º Os conselhos fiscais das cooperativas de crédito e das confederações de serviço constituídas por cooperativas centrais de crédito serão constituídos por 3 (três) membros efetivos e 1 (um) suplente, todos associados e eleitos pela assembleia geral, com mandato de até 3 (três) anos.

•• *Caput* com redação determinada pela Lei Complementar n. 196, de 24-8-2022.

§ 1.º É vedado aos ocupantes de cargo de conselheiro fiscal em cooperativas de créditos ou em confederações de serviço constituídas por cooperativas centrais de crédito o exercício simultâneo, no mesmo sistema cooperativo, desse cargo com outros em:

•• § 1.º, *caput*, acrescentado pela Lei Complementar n. 196, de 24-8-2022.

I – conselho de administração de cooperativa singular de crédito; ou

•• Inciso I acrescentado pela Lei Complementar n. 196, de 24-8-2022.

II – diretoria executiva de cooperativa singular de crédito, de cooperativa central de crédito ou de confederação constituída por cooperativas centrais de crédito.

•• Inciso II acrescentado pela Lei Complementar n. 196, de 24-8-2022.

§ 2.º A constituição de conselho fiscal é facultativa para:

•• § 2.º, *caput*, acrescentado pela Lei Complementar n. 196, de 24-8-2022.

I – cooperativas de crédito administradas por conselho de administração e por diretoria executiva; e

•• Inciso I acrescentado pela Lei Complementar n. 196, de 24-8-2022.

II – confederações de serviço constituídas por cooperativas centrais de crédito e administradas por conselho de administração e por diretoria executiva.

•• Inciso II acrescentado pela Lei Complementar n. 196, de 24-8-2022.

Art. 7.º É vedado distribuir qualquer espécie de benefício às quotas-parte do capital, excetuando-se remuneração anual limitada ao valor da taxa referencial do Sistema Especial de Liquidação e de Custódia – Selic para títulos federais.

§ 1.º Não configura distribuição de benefício às quotas-partes o oferecimento ou a distribuição de bonificações, de prêmios ou de outras vantagens, de maneira isonômica, em campanhas promocionais de captação de novos associados ou de aumento do capital social pelo quadro de associados, desde que se vincule ao efetivo aumento do capital social da cooperativa.

•• § 1.º acrescentado pela Lei Complementar n. 196, de 24-8-2022.

§ 2.º As políticas para captação de novos associados ou para aumento do capital social pelo quadro de associados, bem como a realização de campanhas e a oferta ou a distribuição de bonificações, de prêmios ou de outras vantagens com essas finalidades, devem ser definidas pelo conselho de administração ou, na sua ausência, pela diretoria executiva, observada a regulamentação do CMN.

•• § 2.º acrescentado pela Lei Complementar n. 196, de 24-8-2022.

Art. 8.º Compete à assembleia geral das cooperativas de crédito estabelecer a fórmula de cálculo a ser aplicada na distribuição de sobras e no rateio de perdas, com base nas operações de cada associado realizadas ou mantidas durante o exercício, observado o disposto no art. 7.º desta Lei Complementar.

Art. 9.º É facultado às cooperativas de crédito, mediante decisão da assembleia geral, compensar, por meio de sobras dos exercícios seguintes, o saldo remanescente das perdas verificadas no exercício findo.

Parágrafo único. Para o exercício da faculdade de que trata o *caput* deste artigo, a cooperativa deve manter-se ajustada aos limites de patrimônio exigíveis na forma da regulamentação vigente, conservando o controle da parcela correspondente a cada associado no saldo das perdas retidas.

Art. 9.º-A. No caso de incorporação de cooperativa de crédito, o crédito referente ao valor das perdas de responsabilidade de cada associado da cooperativa incorporada acumulado até a data da incorporação poderá, mediante aprovação da assembleia geral, ser cedido aos fundos garantidores de que trata o inciso IV do *caput* do art. 12 desta Lei Complementar, com a finalidade de realizar operação de assistência e suporte financeiro, observado o regulamento do fundo.

•• *Caput* acrescentado pela Lei Complementar n. 196, de 24-8-2022.

§ 1.º A assembleia geral que aprovar a incorporação de que trata o *caput* deste artigo definirá o valor da parcela correspondente a cada associado no saldo das perdas incorridas e ainda não rateadas ou, se já rateadas, não pagas até a data da incorporação.

•• § 1.º acrescentado pela Lei Complementar n. 196, de 24-8-2022.

§ 2.º A dívida de que trata o *caput* deste artigo será paga, prioritariamente, com as sobras dos exercícios seguintes a que o associado devedor faria jus na cooperativa incorporadora e com os valores relativos à remuneração anual das quotas-partes referidas no art. 7.º desta Lei Complementar.

•• § 2.º acrescentado pela Lei Complementar n. 196, de 24-8-2022.

§ 3.º Sem prejuízo do disposto no § 2.º deste artigo, permanecerá hígido o direito de o fundo garantidor referido no *caput* deste artigo cobrar o valor referente à dívida de cada cooperado pelas vias ordinárias, nos termos pactuados na cessão de crédito.

•• § 3.º acrescentado pela Lei Complementar n. 196, de 24-8-2022.

§ 4.º É vedado à cooperativa de crédito incorporadora coobrigar-se na operação de cessão de que trata este artigo.

•• § 4.º acrescentado pela Lei Complementar n. 196, de 24-8-2022.

Art. 10. A restituição de quotas de capital depende, inclusive, da observância dos limites de patrimônio exigíveis na forma da regulamentação vigente, e a devolução parcial é condicionada ainda à autorização específica do conselho de administração ou, na sua ausência, da diretoria executiva.

•• *Caput* com redação determinada pela Lei Complementar n. 196, de 24-8-2022.

§ 1.º São impenhoráveis as quotas-partes do capital de cooperativa de crédito.

•• § 1.º acrescentado pela Lei Complementar n. 196, de 24-8-2022.

§ 2.º Enquanto a restituição permanecer não exigível por inobservância dos limites referidos no *caput* deste artigo, as quotas de capital permanecerão registradas em contas de patrimônio líquido da cooperativa.

•• § 2.º acrescentado pela Lei Complementar n. 196, de 24-8-2022.

Art. 11. As cooperativas centrais de crédito e suas confederações podem adotar, quanto ao poder de voto das filiadas, critério de proporcionalidade em relação ao número de associados indiretamente representados na assembleia geral, conforme regras estabelecidas no estatuto.

Art. 12. O CMN, no exercício das competências que lhe são atribuídas pela legislação que rege o SFN, poderá dispor, inclusive, sobre as seguintes matérias:

I – condições de constituição e de funcionamento das cooperativas de crédito e das confederações de serviço constituídas por cooperativas centrais de crédito, com vistas ao respectivo processo de concessão de autorização pelo Banco Central do Brasil;

•• Inciso I com redação determinada pela Lei Complementar n. 196, de 24-8-2022.

II – condições a serem observadas na elaboração do estatuto social, na formação do quadro de associados, na realização de assembleias e reuniões deliberativas e na celebração de contratos com outras instituições;

•• Inciso II com redação determinada pela Lei Complementar n. 196, de 24-8-2022.

III – tipos de atividades a serem desenvolvidas e de instrumentos financeiros passíveis de utilização;

IV – fundos garantidores, inclusive a vinculação de cooperativas de crédito a tais fundos, a fixação de condições para o exercício de cargos em seus órgãos estatuários e o estabelecimento de requisitos para que os ocupantes desses cargos tenham acesso a dados e a informações protegidas por sigilo legal;

•• Inciso IV com redação determinada pela Lei Complementar n. 196, de 24-8-2022.

V – atividades realizadas por entidades de qualquer natureza que tenham por objeto exercer, em relação a um grupo de cooperativas de crédito ou a confederações de serviço constituídas por cooperativas centrais de crédito, supervisão, controle, auditoria, certificação de empregados e dirigentes e gestão ou execução em maior escala de suas funções operacionais;

•• Inciso V com redação determinada pela Lei Complementar n. 196, de 24-8-2022.

VI – vinculação a entidades que exerçam, na forma da regulamentação, atividades de supervisão, de controle e de auditoria de cooperativas de crédito e de confederações de serviço constituídas por cooperativas centrais de crédito;

•• Inciso VI com redação determinada pela Lei Complementar n. 196, de 24-8-2022.

VII – condições de participação societária em outras entidades, inclusive de natureza não cooperativa, com vistas ao atendimento de propósitos complementares ou acessórios, no interesse do quadro social e da comunidade;

•• Inciso VII com redação determinada pela Lei Complementar n. 196, de 24-8-2022.

VIII – requisitos adicionais ao exercício da faculdade de que trata o art. 9.º desta Lei Complementar.

IX – composição e renovação de membros dos conselhos de administração e fiscal e requisitos para o exercício de função nesses conselhos e na diretoria executiva das cooperativas de crédito e das confederações de serviço constituídas por cooperativas centrais de crédito;

•• Inciso IX acrescentado pela Lei Complementar n. 196, de 24-8-2022.

X – condições para a assembleia geral destinar sobras para recomposição de recursos dos fundos garantidores de que trata o inciso IV deste *caput* utilizados em operações de assistência e de suporte financeiro à cooperativa singular de crédito; e

•• Inciso X acrescentado pela Lei Complementar n. 196, de 24-8-2022.

XI – condições para que o Banco Central do Brasil possa conceder a autorização de que trata o art. 16-A desta Lei Complementar e demais aspectos necessários à execução da medida nele prevista, inclusive em relação aos critérios para a designação e para o afastamento dos ocupantes de cargos em órgãos estatutários da cooperativa filiada atingida.

•• Inciso XI acrescentado pela Lei Complementar n. 196, de 24-8-2022.

§ 1.º O exercício das atividades a que se refere o inciso V do *caput* deste artigo, regulamentadas pelo Conselho Monetário Nacional – CMN, está sujeito à fiscalização do Banco Central do Brasil, sendo aplicáveis às respectivas entidades e a seus administradores as mesmas sanções previstas na legislação em relação às instituições financeiras.

§ 2.º O Banco Central do Brasil, no exercício de sua competência de fiscalização das cooperativas de crédito e das confederações de serviço constituídas por cooperativas centrais de crédito, bem como a entidade que realizar atividades de supervisão, nos termos do inciso V do *caput* deste artigo, podem convocar assembleia geral extraordinária de instituição supervisionada, à qual poderão enviar representantes com direito a voz.

•• § 2..º com redação determinada pela Lei Complementar n. 196, de 24-8-2022.

Art. 13. Não constituem violação do dever de sigilo de que trata a legislação em vigor:

•• *Caput* com redação determinada pela Lei Complementar n. 196, de 24-8-2022.

I – o acesso, pelas cooperativas centrais de crédito, pelas confederações constituídas por cooperativas centrais de crédito e pelas entidades referidas no inciso V do *caput* do art. 12 desta Lei Complementar, a dados e a informações detidos por cooperativas de crédito e por confederações de serviço constituídas por cooperativas centrais de crédito, desde que ocorra exclusivamente no desempenho de atribuições de supervisão, de auditoria e de controle e de execução de funções operacionais das cooperativas de crédito e das confederações de serviço constituídas por cooperativas centrais de crédito;

•• Inciso I acrescentado pela Lei Complementar n. 196, de 24-8-2022.

II – o compartilhamento, pelo Banco Central do Brasil, de dados e de informações sobre cooperativa de crédito ou sobre confederação de serviço constituída por cooperativas centrais de crédito com a entidade que realizar a atividade de auditoria referida no inciso V do *caput* do art. 12 desta Lei Complementar, inclusive informações relativas a operações realizadas pelas instituições auditadas com outras instituições autorizadas a funcionar pelo Banco Central do Brasil necessárias à realização daquela atividade;

•• Inciso II acrescentado pela Lei Complementar n. 196, de 24-8-2022.

III – o compartilhamento com o Banco Central do Brasil, pelas entidades referidas no inciso V do *caput* do art. 12 desta Lei Complementar, de dados e de informações que obtiverem no desempenho de suas atividades;

•• Inciso III acrescentado pela Lei Complementar n. 196, de 24-8-2022.

IV – o acesso, por parte dos fundos garantidores de que trata o inciso IV do *caput* do art. 12 desta Lei Complementar, a dados e a informações detidos por cooperativas de crédito, desde que ocorra exclusivamente no desempenho de atribuições de monitoramento e de assistência e suporte financeiro a cooperativa singular de crédito;

•• Inciso IV acrescentado pela Lei Complementar n. 196, de 24-8-2022.

V – o compartilhamento, pelo Banco Central do Brasil, com os fundos garantidores de que trata o inciso IV do *caput* do art. 12 desta Lei Complementar, de dados e de informações sobre cooperativa de crédito, desde que ocorra exclusivamente para o desempenho de atribuições de monitoramento e de assistência e suporte financeiro a cooperativa singular de crédito; e

•• Inciso V acrescentado pela Lei Complementar n. 196, de 24-8-2022.

VI – o compartilhamento com o Banco Central do Brasil, pelos fundos garantidores de que trata o inciso IV do *caput* do art. 12 desta Lei Complementar, de dados e de informações obtidas no desempenho de suas atividades de monitoramento e de assistência e suporte financeiro.

•• Inciso VI acrescentado pela Lei Complementar n. 196, de 24-8-2022.

§ 1.º A entidade que realizar as atividades referidas no inciso V do *caput* do art. 12 desta Lei Complementar:

•• § 1.º, *caput*, acrescentado pela Lei Complementar n. 196, de 24-8-2022.

I – deverá manter sigilo em relação às informações que obtiver no exercício de suas atribuições, bem como comunicar às autoridades competentes indícios de prática de ilícitos penais ou administrativos ou de operações que envolverem recursos provenientes de qualquer prática criminosa; e

•• Inciso I acrescentado pela Lei Complementar n. 196, de 24-8-2022.

II – não poderá negar ou dificultar o acesso aos registros, aos livros, aos documentos e aos papéis de trabalho, ou deixar de exibi-los ou fornecê-los, ao Banco Central do Brasil.

•• Inciso II acrescentado pela Lei Complementar n. 196, de 24-8-2022.

§ 2.º Os compartilhamentos de dados e de informações de que tratam os incisos II, III, V e VI do *caput* deste artigo poderão ser realizados independentemente de autorização da cooperativa de crédito, da confederação de serviço constituída por cooperativas centrais de crédito ou das demais pessoas às quais as informações possam referir-se.

•• § 2.º acrescentado pela Lei Complementar n. 196, de 24-8-2022.

§ 3.º Os fundos garantidores de que trata o inciso IV do *caput* do art. 12 desta Lei Complementar devem manter sigilo em relação às operações que realizarem e às informações e aos dados que obtiverem no exercício de suas atribuições.

•• § 3.º acrescentado pela Lei Complementar n. 196, de 24-8-2022.

Art. 14. As cooperativas singulares de crédito poderão constituir cooperativas centrais de crédito com o objetivo de organizar, em comum acordo e em maior escala, os serviços econômicos e assistenciais de interesse das filiadas, integrando e orientando suas atividades, bem como facilitando a utilização recíproca dos serviços.

Parágrafo único. As atividades de que trata o *caput* deste artigo, respeitada a competência do Conselho Monetário Nacional e preservadas as responsabilidades envolvidas, poderão ser delegadas às confederações constituídas pelas cooperativas centrais de crédito.

Art. 14-A. A cooperativa singular de crédito somente pode desfiliar-se de cooperativa central de crédito, por iniciativa própria ou da cooperativa central de crédito, quando estiver enquadrada nos limites operacionais estabelecidos pela legislação em vigor.

•• *Caput* acrescentado pela Lei Complementar n. 196, de 24-8-2022.

Parágrafo único. A desfiliação, pela cooperativa singular de crédito, por sua iniciativa, da cooperativa central de crédito a que esteja filiada, depende da concordância:

•• Parágrafo único, *caput*, acrescentado pela Lei Complementar n. 196, de 24-8-2022.

I – **da maioria de seus associados, para tornar-se independente; ou**

•• Inciso I acrescentado pela Lei Complementar n. 196, de 24-8-2022.

II – **da maioria dos associados votantes que represente, no mínimo, 1/3 (um terço) dos associados, para filiar-se a outra cooperativa central de crédito.**

•• Inciso II acrescentado pela Lei Complementar n. 196, de 24-8-2022.

Art. 15. As confederações constituídas de cooperativas centrais de crédito têm por objetivo orientar, coordenar e executar atividades destas, nos casos em que o vulto dos empreendimentos e a natureza das atividades transcenderem o âmbito de capacidade ou a conveniência de atuação das associadas.

Art. 15-A. A cooperativa central de crédito somente pode desfiliar-se de confederação constituída por cooperativas centrais de crédito, por iniciativa própria ou da confederação, quando estiver enquadrada nos limites operacionais estabelecidos pela legislação em vigor.

•• *Caput* acrescentado pela Lei Complementar n. 196, de 24-8-2022.

Parágrafo único. **A desfiliação, pela cooperativa central de crédito, por sua iniciativa, de confederação constituída por cooperativas centrais de crédito, depende da concordância de, no mínimo, 2/3 (dois terços) de suas associadas, em assembleia geral convocada exclusivamente para esse fim, assegurada a participação dos representantes legais da confederação, com direito a voz.**

•• Parágrafo único acrescentado pela Lei Complementar n. 196, de 24-8-2022.

Art. 16. As cooperativas de crédito podem ser assistidas, em caráter temporário, mediante administração em regime de cogestão, pela respectiva cooperativa central ou confederação de centrais para sanar irregularidades ou em caso de risco para a solidez da própria sociedade, devendo ser observadas as seguintes condições:

I – existência de cláusula específica no estatuto da cooperativa assistida, contendo previsão da possibilidade de implantação desse regime e da celebração do convênio de que trata o inciso II do *caput* deste artigo;

II – celebração de convênio entre a cooperativa a ser assistida e a eventual cogestora, a ser referendado pela assembleia geral, estabelecendo, pelo menos, a caracterização das situações consideradas de risco que justifiquem a implantação do regime de cogestão, o rito dessa implantação por iniciativa da entidade cogestora e o regimento a ser observado durante a cogestão; e

III – realização, no prazo de até 1 (um) ano da implantação da cogestão, de assembleia geral extraordinária para deliberar sobre a manutenção desse regime e da adoção de outras medidas julgadas necessárias.

Art. 16-A. O Banco Central do Brasil, observadas as condições estabelecidas pelo CMN, poderá autorizar a cooperativa central de crédito ou a confederação constituída por cooperativas centrais de crédito a assumir, em caráter temporário, a administração de cooperativa de crédito sujeita à sua supervisão, em situações que comprometam ou possam comprometer a continuidade da filiada ou que causem ou possam causar perdas aos seus associados.

•• *Caput* acrescentado pela Lei Complementar n. 196, de 24-8-2022.

§ 1.º **Concedida a autorização referida no *caput* deste artigo e enquanto durar a medida:**

•• § 1.º, *caput*, acrescentado pela Lei Complementar n. 196, de 24-8-2022.

I – **a cooperativa de crédito ficará impedida de desfiliar-se da cooperativa central de crédito ou da confederação constituída por cooperativas centrais de crédito e de realizar o distrato da atividade de supervisão prestada na forma do inciso V do *caput* do art. 12 desta Lei Complementar; e**

•• Inciso I acrescentado pela Lei Complementar n. 196, de 24-8-2022.

II – **a cooperativa central de crédito ou a confederação constituída por cooperativas centrais de crédito que assumir a administração poderá determinar o afastamento de quaisquer diretores e de membros dos conselhos de administração e fiscal da cooperativa de crédito filiada atingida.**

•• Inciso II acrescentado pela Lei Complementar n. 196, de 24-8-2022.

§ 2.º **A adoção das medidas de que trata o § 1.º deste artigo independe da aprovação em assembleia geral ou de previsão no estatuto social da cooperativa de crédito filiada atingida.**

•• § 2.º acrescentado pela Lei Complementar n. 196, de 24-8-2022.

Art. 17. A assembleia geral ordinária das cooperativas de crédito e das confederações de serviço constituídas por cooperativas centrais de crédito realizar-se-á anualmente, nos 4 (quatro) primeiros meses do exercício social.

•• Artigo com redação determinada pela Lei Complementar n. 196, de 24-8-2022.

•• *Vide* art. 5.º da Lei n. 14.030, de 28-7-2020.

Art. 17-A. As assembleias gerais das cooperativas de crédito e das confederações de serviço constituídas por cooperativas centrais de crédito poderão ser realizadas de forma presencial, a distância ou de forma presencial e a distância simultaneamente.

•• *Caput* acrescentado pela Lei Complementar n. 196, de 24-8-2022.

§ 1.º **A cooperativa de crédito ou a confederação de serviço constituída por cooperativas centrais de crédito deverá possibilitar a participação e a interlocução entre os associados e a assembleia e assegurar a inviolabilidade do processo de votação.**

•• § 1.º acrescentado pela Lei Complementar n. 196, de 24-8-2022.

§ 2.º **É admitida a representação dos associados por delegados nas assembleias gerais de cooperativas singulares de crédito, observada a regulamentação do CMN.**

•• § 2..º acrescentado pela Lei Complementar n. 196, de 24-8-2022.

Art. 17-B. As convocações para as assembleias gerais serão efetuadas com antecedência mínima de 10 (dez) dias e divulgadas, em destaque, no sítio eletrônico da cooperativa ou em repositório de acesso público irrestrito na internet.

•• *Caput* acrescentado pela Lei Complementar n. 196, de 24-8-2022.

Parágrafo único. **O edital de convocação da assembleia geral deverá conter, no mínimo:**

•• Parágrafo único, *caput*, acrescentado pela Lei Complementar n. 196, de 24-8-2022.

I – **os assuntos que serão objeto de deliberação;**

•• Inciso I acrescentado pela Lei Complementar n. 196, de 24-8-2022.

II – **a forma como será realizada a assembleia geral;**

•• Inciso II acrescentado pela Lei Complementar n. 196, de 24-8-2022.

III – **o modo de acesso aos meios de comunicação disponibilizados para participação do associado, no caso de realização de assembleia a distância ou presencial e a distância simultaneamente; e**

•• Inciso III acrescentado pela Lei Complementar n. 196, de 24-8-2022.

IV – **os procedimentos para acesso ao sistema de votação, bem como o período para acolhimento dos votos.**

•• Inciso IV acrescentado pela Lei Complementar n. 196, de 24-8-2022.

Art. 17-C. As cooperativas de crédito e as confederações de serviço constituídas por cooperativas centrais de crédito são obrigadas a instituir Fundo de Assistência Técnica, Educacional e Social, que será constituído de, no mínimo, 5% (cinco por cento) das sobras líquidas apuradas no exercício e destinado à prestação de assistência aos associados e a seus familiares.

•• *Caput* acrescentado pela Lei Complementar n. 196, de 24-8-2022.

Parágrafo único. **Mediante expressa previsão no estatuto, o fundo de que trata o *caput* deste artigo poderá também ser destinado à prestação de assistência aos empregados da cooperativa de crédito ou da confederação de serviço constituída por cooperativas centrais de crédito e à comunidade situada em sua área de ação.**

•• Parágrafo único acrescentado pela Lei Complementar n. 196, de 24-8-2022.

Art. 17-D. Os saldos de capital, de remuneração de capital ou de sobras a pagar não procurados pelos associados demitidos, eliminados ou excluídos serão revertidos ao fundo de reserva da cooperativa de crédito após decorridos 5 (cinco) anos da demissão, da eliminação ou da exclusão.

•• Artigo acrescentado pela Lei Complementar n. 196, de 24-8-2022.

Art. 17-E. A contratação, pelas cooperativas de crédito, de serviços de bancos cooperativos não forma vínculo de emprego de seus empregados com os referidos bancos nem lhes altera a condição profissional.

•• Artigo acrescentado pela Lei Complementar n. 196, de 24-8-2022.

Art. 18. Ficam revogados os arts. 40 e 41 da Lei n. 4.595, de 31 de dezembro de 1964, e o § 3.º do art. 10, o § 10 do art. 18, o parágrafo único do art. 86 e o art. 84 da Lei n. 5.764, de 16 de dezembro de 1971.

Art. 19. Esta Lei Complementar entra em vigor na data de sua publicação.

Brasília, 17 de abril de 2009; 188.º da Independência e 121.º da República.

Luiz Inácio Lula da Silva

LEI N. 12.007, DE 29 DE JULHO DE 2009 (*)

Dispõe sobre a emissão de declaração de quitação anual de débitos pelas pessoas jurídicas prestadoras de serviços públicos ou privados.

O Presidente da República

Faço saber que o Congresso Nacional decreta e eu sanciono a seguinte Lei:

Art. 1.º As pessoas jurídicas prestadoras de serviços públicos ou privados são obrigadas a emitir e a encaminhar ao consumidor declaração de quitação anual de débitos.

Art. 2.º A declaração de quitação anual de débitos compreenderá os meses de janeiro a dezembro de cada ano, tendo como referência a data do vencimento da respectiva fatura.

§ 1.º Somente terão direito à declaração de quitação anual de débitos os consumidores que quitarem todos os débitos relativos ao ano em referência.

§ 2.º Caso o consumidor não tenha utilizado os serviços durante todos os meses do ano anterior, terá ele o direito à declaração de quitação dos meses em que houve faturamento dos débitos.

§ 3.º Caso exista algum débito sendo questionado judicialmente, terá o consumidor o direito à declaração de quitação dos meses em que houve faturamento dos débitos.

Art. 3.º A declaração de quitação anual deverá ser encaminhada ao consumidor por ocasião do encaminhamento da fatura a vencer no mês de maio do ano seguinte ou no mês subsequente à completa quitação dos débitos do ano anterior ou dos anos anteriores, podendo ser emitida em espaço da própria fatura.

Art. 4.º Da declaração de quitação anual deverá constar a informação de que ela substitui, para a comprovação do cumprimento das obrigações do consumidor, as quitações dos faturamentos mensais dos débitos do ano a que se refere e dos anos anteriores.

Art. 5.º O descumprimento do disposto nesta Lei sujeitará os infratores às sanções previstas na Lei n. 8.987, de 13 de fevereiro de 1995, sem prejuízo daquelas determinadas pela legislação de defesa do consumidor.

Art. 6.º Esta Lei entra em vigor na data de sua publicação.

Brasília, 29 de julho de 2009; 188.º da Independência e 121.º da República.

Luiz Inácio Lula da Silva

(*) Publicada no *Diário Oficial da União*, de 30-7-2009.

LEI N. 12.010, DE 3 DE AGOSTO DE 2009 (**)

Dispõe sobre adoção; altera as Leis n. 8.069, de 13 de julho de 1990 – Estatuto da Criança e do Adolescente, 8.560, de 29 de dezembro de 1992; revoga dispositivos da Lei n. 10.406, de 10 de janeiro de 2002 – Código Civil, e da Consolidação das Leis do Trabalho – CLT, aprovada pelo Decreto-lei n. 5.452, de 1.º de maio de 1943; e dá outras providências.

O Presidente da República

Faço saber que o Congresso Nacional decreta e eu sanciono a seguinte Lei:

Art. 1.º Esta Lei dispõe sobre o aperfeiçoamento da sistemática prevista para garantia do direito à convivência familiar a todas as crianças e adolescentes, na forma prevista pela Lei n. 8.069, de 13 de julho de 1990, Estatuto da Criança e do Adolescente.

§ 1.º A intervenção estatal, em observância ao disposto no *caput* do art. 226 da Constituição Federal, será prioritariamente voltada à orientação, apoio e promoção social da família natural, junto à qual a criança e o adolescente devem permanecer, ressalvada absoluta impossibilidade, demonstrada por decisão judicial fundamentada.

§ 2.º Na impossibilidade de permanência na família natural, a criança e o adolescente serão colocados sob adoção, tutela ou guarda, observadas as regras e princípios contidos na Lei n. 8.069, de 13 de julho de 1990, e na Constituição Federal.

Art. 2.º A Lei n. 8.069, de 13 de julho de 1990, Estatuto da Criança e do Adolescente, passa a vigorar com as seguintes alterações:

•• Alterações já processadas no diploma modificado.

Art. 3.º A expressão "pátrio poder" contida nos arts. 21, 23, 24, no parágrafo único do art. 36, no § 1.º do art. 45, no art. 49, no inciso X do *caput* do art. 129, nas alíneas *b* e *d* do parágrafo único do art. 148, nos arts. 155, 157, 163, 166, 169, no inciso III do *caput* do art. 201 e no art. 249, todos da Lei n. 8.069, de 13 de julho de 1990, bem como na Seção II do Capítulo III do Título VI da Parte Especial do mesmo Diploma Legal, fica substituída pela expressão "poder familiar".

Art. 4.º Os arts. 1.618, 1.619 e 1.734 da Lei n. 10.406, de 10 de janeiro de 2002 – Código Civil, passam a vigorar com a seguinte redação:

•• Alterações já processadas no diploma modificado.

Art. 5.º O art. 2.º da Lei n. 8.560, de 29 de dezembro de 1992, fica acrescido do seguinte § 5.º, renumerando-se o atual § 5.º para § 6.º, com a seguinte redação:

•• Alterações já processadas no diploma modificado.

Art. 6.º As pessoas e casais já inscritos nos cadastros de adoção ficam obrigados a frequentar, no prazo máximo de 1 (um) ano, contado da entrada em vigor desta Lei, a preparação psicossocial e jurídica a que se referem os §§ 3.º e 4.º do art. 50 da Lei n. 8.069, de 13 de julho de 1990, acrescidos pelo art. 2.º desta Lei, sob pena de cassação de sua inscrição no cadastro.

Art. 7.º Esta Lei entra em vigor 90 (noventa) dias após a sua publicação.

Art. 8.º Revogam-se o § 4.º do art. 51 e os incisos IV, V e VI do *caput* do art. 198 da Lei n. 8.069, de 13 de julho de 1990, bem como o parágrafo único do art. 1.618, o inciso III do *caput* do art. 10 e os arts. 1.620 a 1.629 da Lei n. 10.406, de 10 de janeiro de 2002 – Código Civil, e os §§ 1.º a 3.º do art. 392-A da Consolidação das Leis do Trabalho, aprovada pelo Decreto-lei n. 5.452, de 1.º de maio de 1943.

Brasília, 3 de agosto de 2009; 188.º da Independência e 121.º da República.

Luiz Inácio Lula da Silva

(**) Publicada no *Diário Oficial da União*, de 4-8-2009.

LEI N. 12.016, DE 7 DE AGOSTO DE 2009 (***)

Disciplina o mandado de segurança individual e coletivo e dá outras providências.

O Presidente da República

Faço saber que o Congresso Nacional decreta e eu sanciono a seguinte Lei:

Art. 1.º Conceder-se-á mandado de segurança para proteger direito líquido e certo, não amparado por *habeas corpus* ou *habeas data*, sempre que, ilegalmente ou com abuso de poder, qualquer pessoa física ou jurídica sofrer violação ou houver justo receio de sofrê-la por parte de autoridade, seja de que categoria for e sejam quais forem as funções que exerça.

• *Vide* art. 5.º, LXVIII, LXIX, LXX, e LXXII.

(***) Publicada no *Diário Oficial da União*, de 10-8-2009.

• *Habeas corpus* e seu processo: arts. 647 e s. do CPP.
• *Habeas Data:* Lei n. 9.507, de 12-11-1997.
• *Vide* Súmulas 2 e 213 do STJ.

§ 1.º Equiparam-se às autoridades, para os efeitos desta Lei, os representantes ou órgãos de partidos políticos e os administradores de entidades autárquicas, bem como os dirigentes de pessoas jurídicas ou as pessoas naturais no exercício de atribuições do poder público, somente no que disser respeito a essas atribuições.

• *Vide* Súmula 333 do STJ.

§ 2.º Não cabe mandado de segurança contra os atos de gestão comercial praticados pelos administradores de empresas públicas, de sociedade de economia mista e de concessionárias de serviço público.

§ 3.º Quando o direito ameaçado ou violado couber a várias pessoas, qualquer delas poderá requerer o mandado de segurança.

•• *Vide* art. 18 do CPC.
•• *Vide* Súmula 628 do STF.

Art. 2.º Considerar-se-á federal a autoridade coatora se as consequências de ordem patrimonial do ato contra o qual se requer o mandado houverem de ser suportadas pela União ou entidade por ela controlada.

Art. 3.º O titular de direito líquido e certo decorrente de direito, em condições idênticas, de terceiro poderá impetrar mandado de segurança a favor do direito originário, se o seu titular não o fizer, no prazo de 30 (trinta) dias, quando notificado judicialmente.

Parágrafo único. O exercício do direito previsto no *caput* deste artigo submete-se ao prazo fixado no art. 23 desta Lei, contado da notificação.

• *Vide* arts. 726 e s. do CPC.

Art. 4.º Em caso de urgência, é permitido, observados os requisitos legais, impetrar mandado de segurança por telegrama, radiograma, *fax* ou outro meio eletrônico de autenticidade comprovada.

§ 1.º Poderá o juiz, em caso de urgência, notificar a autoridade por telegrama, radiograma ou outro meio que assegure a autenticidade do documento e a imediata ciência pela autoridade.

§ 2.º O texto original da petição deverá ser apresentado nos 5 (cinco) dias úteis seguintes.

§ 3.º Para os fins deste artigo, em se tratando de documento eletrônico, serão observadas as regras da Infraestrutura de Chaves Públicas Brasileira – ICP-Brasil.

• *Vide* Lei n. 9.800, de 26-5-1999.
• *Vide* Lei n. 11.419, de 19-12-2006.

Art. 5.º Não se concederá mandado de segurança quando se tratar:

I – de ato do qual caiba recurso administrativo com efeito suspensivo, independentemente de caução;

• *Vide* Súmula 429 do STF.

II – de decisão judicial da qual caiba recurso com efeito suspensivo;

• *Vide* Súmula 267 do STF.

III – de decisão judicial transitada em julgado.

• *Vide* Súmula 268 do STF.

Parágrafo único. (*Vetado.*)

Art. 6.º A petição inicial, que deverá preencher os requisitos estabelecidos pela lei processual, será apresentada em 2 (duas) vias com os documentos que instruírem a primeira reproduzidos na segunda e indicará, além da autoridade coatora, a pessoa jurídica que esta integra, à qual se acha vinculada ou da qual exerce atribuições.

• *Vide* arts. 319, 320 e 425, IV, do CPC.

§ 1.º No caso em que o documento necessário à prova do alegado se ache em repartição ou estabelecimento público ou em poder de autoridade que se recuse a fornecê-lo por certidão ou de terceiro, o juiz ordenará, preliminarmente, por ofício, a exibição desse documento em original ou em cópia autêntica e marcará, para o cumprimento da ordem, o prazo de 10 (dez) dias. O escrivão extrairá cópias do documento para juntá-las à segunda via da petição.

§ 2.º Se a autoridade que tiver procedido dessa maneira for a própria coatora, a ordem far-se-á no próprio instrumento da notificação.

§ 3.º Considera-se autoridade coatora aquela que tenha praticado o ato impugnado ou da qual emane a ordem para a sua prática.

•• *Vide* Súmula 628 do STJ.

§ 4.º (*Vetado.*)

§ 5.º Denega-se o mandado de segurança nos casos previstos pelo art. 267 da Lei n. 5.869, de 11 de janeiro de 1973 – Código de Processo Civil.

• *Vide* correspondente no CPC de 2015 ao dispositivo citado: art. 485.
• *Vide* Súmula 304 do STF.

§ 6.º O pedido de mandado de segurança poderá ser renovado dentro do prazo decadencial, se a decisão denegatória não lhe houver apreciado o mérito.

• *Vide* art. 487, I, do CPC.

Art. 7.º Ao despachar a inicial, o juiz ordenará:

• Requisitos da petição inicial: *vide* art. 319 do CPC.

I – que se notifique o coator do conteúdo da petição inicial, enviando-lhe a segunda via apresentada com as cópias dos documentos, a fim de que, no prazo de 10 (dez) dias, preste as informações;

•• *Vide* art. 231 do CPC.
• *Vide* art. 12, *caput*, desta Lei.

II – que se dê ciência do feito ao órgão de representação judicial da pessoa jurídica interessada, enviando-lhe cópia da inicial sem documentos, para que, querendo, ingresse no feito;

III – que se suspenda o ato que deu motivo ao pedido, quando houver fundamento relevante e do ato impugnado puder resultar a ineficácia da medida, caso seja finalmente deferida, sendo facultado exigir do impetrante caução, fiança ou depósito, com o objetivo de assegurar o ressarcimento à pessoa jurídica.

§ 1.º Da decisão do juiz de primeiro grau que conceder ou denegar a liminar caberá agravo de instrumento, observado o disposto na Lei n. 5.869, de 11 de janeiro de 1973 – Código de Processo Civil.

• Agravo de instrumento no CPC: arts. 1.015 e s.

§ 2.º Não será concedida medida liminar que tenha por objeto a compensação de créditos tributários, a entrega de mercadorias e bens provenientes do exterior, a reclassificação ou equiparação de servidores públicos e a concessão de aumento ou a extensão de vantagens ou pagamento de qualquer natureza.

•• O STF, na ADI n. 4.296, na sessão virtual de 9-6-2021(*DOU* de 28-6-2021), por maioria, julgou parcialmente procedente o pedido para declarar a inconstitucionalidade desse § 2.º.
• *Vide* Súmula 213 do STJ.

§ 3.º Os efeitos da medida liminar, salvo se revogada ou cassada, persistirão até a prolação da sentença.

• *Vide* art. 309, III, do CPC.

§ 4.º Deferida a medida liminar, o processo terá prioridade para julgamento.

§ 5.º As vedações relacionadas com a concessão de liminares previstas neste artigo se estendem à tutela antecipada a que se referem os arts. 273 e 461 da Lei n. 5.869, de 11 de janeiro de 1973 – Código de Processo Civil.

• *Vide* correspondentes no CPC de 2015 aos dispositivos citados: arts. 294, 300 e 497.

Art. 8.º Será decretada a perempção ou caducidade da medida liminar *ex officio* ou a requerimento do Ministério Público quando, concedida a medida, o impetrante criar obstáculo ao normal andamento do processo ou deixar de promover, por mais de 3 (três) dias úteis, os atos e as diligências que lhe cumprirem.

Art. 9.º As autoridades administrativas, no prazo de 48 (quarenta e oito) horas da notificação da medida liminar, remeterão ao Ministério ou órgão a que se acham subordinadas e ao Advogado-Geral da União ou a quem tiver a representação judicial da União, do Estado, do Município ou da entidade apontada como coatora cópia autenticada do mandado notificatório, assim como indicações e elementos outros necessários às providências a serem tomadas para a eventual suspensão da medida e defesa do ato apontado como ilegal ou abusivo de poder.

Art. 10. A inicial será desde logo indeferida, por decisão motivada, quando não for o caso de mandado de segurança ou lhe faltar algum dos requisitos legais ou quando decorrido o prazo legal para a impetração.

• *Vide* art. 332 do CPC.

§ 1.º Do indeferimento da inicial pelo juiz de primeiro grau caberá apelação e, quando a competência para o julgamento do mandado de segurança couber originariamente a um dos tribunais, do ato do relator caberá agravo para o órgão competente do tribunal que integre.

• *Vide* art. 1.009 do CPC.

§ 2.º O ingresso de litisconsorte ativo não será admitido após o despacho da petição inicial.

Art. 11. Feitas as notificações, o serventuário em cujo cartório corra o feito juntará aos autos cópia autêntica dos ofícios endereçados ao coator e ao órgão de representação judicial da pessoa jurídica interessada, bem como a prova da entrega a estes ou da sua recusa em aceitá-los ou dar recibo e, no caso do art. 4.º desta Lei, a comprovação da remessa.

• *Vide* arts. 405 e 425, I, do CPC.

Art. 12. Findo o prazo a que se refere o inciso I do *caput* do art. 7.º desta Lei, o juiz ouvirá o representante do Ministério Público, que opinará, dentro do prazo improrrogável de 10 (dez) dias.

Parágrafo único. Com ou sem o parecer do Ministério Público, os autos serão conclusos ao juiz, para a decisão, a qual deverá ser necessariamente proferida em 30 (trinta) dias.

Art. 13. Concedido o mandado, o juiz transmitirá em ofício, por intermédio do oficial do juízo, ou pelo correio, mediante correspondência com aviso de recebimento, o inteiro teor da sentença à autoridade coatora e à pessoa jurídica interessada.

Parágrafo único. Em caso de urgência, poderá o juiz observar o disposto no art. 4.º desta Lei.

Art. 14. Da sentença, denegando ou concedendo o mandado, cabe apelação.

§ 1.º Concedida a segurança, a sentença estará sujeita obrigatoriamente ao duplo grau de jurisdição.

§ 2.º Estende-se à autoridade coatora o direito de recorrer.

§ 3.º A sentença que conceder o mandado de segurança pode ser executada provisoriamente, salvo nos casos em que for vedada a concessão da medida liminar.

§ 4.º O pagamento de vencimentos e vantagens pecuniárias assegurados em sentença concessiva de mandado de segurança a servidor público da administração direta ou autárquica federal, estadual e municipal somente será efetuado relativamente às prestações que se vencerem a contar da data do ajuizamento da inicial.

Art. 15. Quando, a requerimento de pessoa jurídica de direito público interessada ou do Ministério Público e para evitar grave lesão à ordem, à saúde, à segurança e à economia públicas, o presidente do tribunal ao qual couber o conhecimento do respectivo recurso suspender, em decisão fundamentada, a execução da liminar e da sentença, dessa decisão caberá agravo, sem efeito suspensivo, no prazo de 5 (cinco) dias, que será levado a julgamento na sessão seguinte à sua interposição.

• *Vide* art. 932, III, do CPC.

• *Vide* Súmula 626 do STF.

§ 1.º Indeferido o pedido de suspensão ou provido o agravo a que se refere o *caput* deste artigo, caberá novo pedido de suspensão ao presidente do tribunal competente para conhecer de eventual recurso especial ou extraordinário.

§ 2.º É cabível também o pedido de suspensão a que se refere o § 1.º deste artigo, quando negado provimento a agravo de instrumento interposto contra a liminar a que se refere este artigo.

§ 3.º A interposição de agravo de instrumento contra liminar concedida nas ações movidas contra o poder público e seus agentes não prejudica nem condiciona o julgamento do pedido de suspensão a que se refere este artigo.

§ 4.º O presidente do tribunal poderá conferir ao pedido efeito suspensivo liminar se constatar, em juízo prévio, a plausibilidade do direito invocado e a urgência na concessão da medida.

§ 5.º As liminares cujo objeto seja idêntico poderão ser suspensas em uma única decisão, podendo o presidente do tribunal estender os efeitos da suspensão a liminares supervenientes, mediante simples aditamento do pedido original.

Art. 16. Nos casos de competência originária dos tribunais, caberá ao relator a instrução do processo, sendo assegurada a defesa oral na sessão do julgamento do mérito ou do pedido liminar.

•• *Caput* com redação determinada pela Lei n. 13.676, de 11-6-2018.

• *Vide* art. 937 do CPC.

Parágrafo único. Da decisão do relator que conceder ou denegar a medida liminar caberá agravo ao órgão competente do tribunal que integre.

• *Vide* Súmula 622 do STF.

Art. 17. Nas decisões proferidas em mandado de segurança e nos respectivos recursos, quando não publicado, no prazo de 30 (trinta) dias, contado da data do julgamento, o acórdão será substituído pelas respectivas notas taquigráficas, independentemente de revisão.

Art. 18. Das decisões em mandado de segurança proferidas em única instância pelos tribunais cabe recurso especial e extraordinário, nos casos legalmente previstos, e recurso ordinário, quando a ordem for denegada.

• *Vide* arts. 1.027 e s. do CPC.

Art. 19. A sentença ou o acórdão que denegar mandado de segurança, sem decidir o mérito, não impedirá que o requerente, por ação própria, pleiteie os seus direitos e os respectivos efeitos patrimoniais.

Art. 20. Os processos de mandado de segurança e os respectivos recursos terão prioridade sobre todos os atos judiciais, salvo *habeas corpus*.

§ 1.º Na instância superior, deverão ser levados a julgamento na primeira sessão que se seguir à data em que forem conclusos ao relator.

§ 2.º O prazo para a conclusão dos autos não poderá exceder de 5 (cinco) dias.

Art. 21. O mandado de segurança coletivo pode ser impetrado por partido político com representação no Congresso Nacional, na defesa de seus interesses legítimos relativos a seus integrantes ou à finalidade partidária, ou por organização sindical, entidade de classe ou associação legalmente constituída e em funcionamento há, pelo menos, 1 (um) ano, em defesa de direitos líquidos e certos da totalidade, ou de parte, dos seus membros ou associados, na forma dos seus estatutos e desde que pertinentes às suas finalidades, dispensada, para tanto, autorização especial.

• *Vide* art. 5.º, LXX, da CF.

• *Vide* Súmulas 629 e 630 do STF.

Parágrafo único. Os direitos protegidos pelo mandado de segurança coletivo podem ser:

• Defesa coletiva de direitos: *vide* art. 81, parágrafo único, da Lei n. 8.078, de 11-9-1990 (CDC).

I – coletivos, assim entendidos, para efeito desta Lei, os transindividuais, de natureza indivisível, de que seja titular grupo ou categoria de pessoas ligadas entre si ou com a parte contrária por uma relação jurídica básica;

II – individuais homogêneos, assim entendidos, para efeito desta Lei, os decorrentes de origem comum e da atividade ou situação específica da totalidade ou de parte dos associados ou membros do impetrante.

Art. 22. No mandado de segurança coletivo, a sentença fará coisa julgada limitadamente aos membros do grupo ou categoria substituídos pelo impetrante.

§ 1.º O mandado de segurança coletivo não induz litispendência para as ações individuais, mas os efeitos da coisa julgada não beneficiarão o impetrante a título individual se não requerer a desistência de seu mandado de segurança no prazo de 30 (trinta) dias a contar da ciência comprovada da impetração da segurança coletiva.

§ 2.º No mandado de segurança coletivo, a liminar só poderá ser concedida após a audiência do representante judicial da pessoa jurídica de direito público, que deverá se pronunciar no prazo de 72 (setenta e duas) horas.

•• O STF, na ADI n. 4.296, na sessão virtual de 9-6-2021 (*DOU* de 28-6-2021), por maioria, julgou parcialmente procedente o pedido para declarar a inconstitucionalidade desse § 2.º.

Art. 23. O direito de requerer mandado de segurança extinguir-se-á decorridos 120 (cento e vinte) dias, contados da ciência, pelo interessado, do ato impugnado.

• *Vide* Súmula 632 do STF.

Art. 24. Aplicam-se ao mandado de segurança os arts. 46 a 49 da Lei n. 5.869, de 11 de janeiro de 1973 – Código de Processo Civil.

- *Vide* citados dispositivos, sobre litisconsórcio, constantes deste volume.
- *Vide* Súmula 630 do STF.

Art. 25. Não cabem, no processo de mandado de segurança, a interposição de embargos infringentes e a condenação ao pagamento dos honorários advocatícios, sem prejuízo da aplicação de sanções no caso de litigância de má-fé.

- *Vide* Súmulas 294, 512 e 597 do STF, e 105 e 169 do STJ.

Art. 26. Constitui crime de desobediência, nos termos do art. 330 do Decreto-lei n. 2.848, de 7 de dezembro de 1940, o não cumprimento das decisões proferidas em mandado de segurança, sem prejuízo das sanções administrativas e da aplicação da Lei n. 1.079, de 10 de abril de 1950, quando cabíveis.

- Dispõe o CP, em seu art. 330: "Desobedecer a ordem legal de funcionário público: Pena – detenção, de quinze dias a seis meses, e multa.
- A Lei n. 1.079, de 10-4-1950, define os crimes de responsabilidade e regula o respectivo processo de julgamento.

Art. 27. Os regimentos dos tribunais e, no que couber, as leis de organização judiciária deverão ser adaptados às disposições desta Lei no prazo de 180 (cento e oitenta) dias, contado da sua publicação.

Art. 28. Esta Lei entra em vigor na data de sua publicação.

Art. 29. Revogam-se as Leis n. 1.533, de 31 de dezembro de 1951, 4.166, de 4 de dezembro de 1962, 4.348, de 26 de junho de 1964, 5.021, de 9 de junho de 1966; o art. 3.º da Lei n. 6.014, de 27 de dezembro de 1973, o art. 1.º da Lei n. 6.071, de 3 de julho de 1974, o art. 12 da Lei n. 6.978, de 19 de janeiro de 1982, e o art. 2.º da Lei n. 9.259, de 9 de janeiro de 1996.

Brasília, 7 de agosto de 2009; 188.º da Independência e 121.º da República.

Luiz Inácio Lula da Silva

DECRETO N. 6.949, DE 25 DE AGOSTO DE 2009 (*)

Promulga a Convenção Internacional sobre os Direitos das Pessoas com Deficiência e seu Protocolo Facultativo, assinados em Nova York, em 30 de março de 2007.

O Presidente da República, no uso da atribuição que lhe confere o art. 84, inciso IV, da Constituição, e

Considerando que o Congresso Nacional aprovou, por meio do Decreto Legislativo n. 186, de 9 de julho de 2008, conforme o procedimento do § 3.º do art. 5.º da Constituição, a Convenção sobre os Direitos das Pessoas com Deficiência e seu Protocolo Facultativo, assinados em Nova York, em 30 de março de 2007;

Considerando que o Governo brasileiro depositou o instrumento de ratificação dos referidos atos junto ao Secretário-Geral das Nações Unidas em 1.º de agosto de 2008;

Considerando que os atos internacionais em apreço entraram em vigor para o Brasil, no plano jurídico externo, em 31 de agosto de 2008; decreta:

Art. 1.º A Convenção sobre os Direitos das Pessoas com Deficiência e seu Protocolo Facultativo, apensos por cópia ao presente Decreto, serão executados e cumpridos tão inteiramente como neles se contém.

Art. 2.º São sujeitos à aprovação do Congresso Nacional quaisquer atos que possam resultar em revisão dos referidos diplomas internacionais ou que acarretem encargos ou compromissos gravosos ao patrimônio nacional, nos termos do art. 49, inciso I, da Constituição.

Art. 3.º Este Decreto entra em vigor na data de sua publicação.

Brasília, 25 de agosto de 2009; 188.º da Independência e 121.º da República.

Luiz Inácio Lula da Silva

CONVENÇÃO SOBRE OS DIREITOS DAS PESSOAS COM DEFICIÊNCIA

PREÂMBULO

Os Estados-partes da presente Convenção,

a) *Relembrando* os princípios consagrados na Carta das Nações Unidas, que reconhecem a dignidade e o valor inerentes e os direitos iguais e inalienáveis de todos os membros da família humana como o fundamento da liberdade, da justiça e da paz no mundo,

b) *Reconhecendo* que as Nações Unidas, na Declaração Universal dos Direitos Humanos e nos Pactos Internacionais sobre Direitos Humanos, proclamaram e concordaram que toda pessoa faz jus a todos os direitos e liberdades ali estabelecidos, sem distinção de qualquer espécie,

c) *Reafirmando* a universalidade, a indivisibilidade, a interdependência e a inter-relação de todos os direitos humanos e liberdades fundamentais, bem como a necessidade de garantir que todas as pessoas com deficiência os exerçam plenamente, sem discriminação,

d) *Relembrando* o Pacto Internacional dos Direitos Econômicos, Sociais e Culturais, o Pacto Internacional dos Direitos Civis e Políticos, a Convenção Internacional sobre a Eliminação de Todas as Formas de Discriminação Racial, a Convenção sobre a Eliminação de todas as Formas de Discriminação contra a Mulher, a Convenção contra a Tortura e Outros Tratamentos ou Penas Cruéis, Desumanos ou Degradantes, a Convenção sobre os Direitos da Criança e a Convenção Internacional sobre a Proteção dos Direitos de Todos os Trabalhadores Migrantes e Membros de suas Famílias,

e) *Reconhecendo* que a deficiência é um conceito em evolução e que a deficiência resulta da interação entre pessoas com deficiência e as barreiras devidas às atitudes e ao ambiente que impedem a plena e efetiva participação dessas pessoas na sociedade em igualdade de oportunidades com as demais pessoas,

f) *Reconhecendo* a importância dos princípios e das diretrizes de política, contidos no Programa de Ação Mundial para as Pessoas Deficientes e nas Normas sobre a Equiparação de Oportunidades para Pessoas com Deficiência, para influenciar a promoção, a formulação e a avaliação de políticas, planos, programas e ações em níveis nacional, regional e internacional para possibilitar maior igualdade de oportunidades para pessoas com deficiência,

g) *Ressaltando* a importância de trazer questões relativas à deficiência ao centro das preocupações da sociedade como parte integrante das estratégias relevantes de desenvolvimento sustentável,

h) *Reconhecendo* também que a discriminação contra qualquer pessoa, por motivo de deficiência, configura violação da dignidade e do valor inerentes ao ser humano,

i) *Reconhecendo* ainda a diversidade das pessoas com deficiência,

j) *Reconhecendo* a necessidade de promover e proteger os direitos humanos de todas as pessoas com deficiência, inclusive daquelas que requerem maior apoio,

k) *Preocupados* com o fato de que, não obstante esses diversos instrumentos e compromissos, as pessoas com deficiência continuam a enfrentar barreiras contra sua participação como membros iguais da sociedade e violações de seus direitos humanos em todas as partes do mundo,

l) *Reconhecendo* a importância da cooperação internacional para melhorar as condições de vida das pessoas com deficiência em todos os países, particularmente naqueles em desenvolvimento,

m) *Reconhecendo* as valiosas contribuições existentes e potenciais das pessoas com deficiência ao bem-estar comum e à diversidade de suas comunidades, e que a promoção do pleno exercício, pelas pessoas com deficiência, de seus direitos humanos e liberdades fundamentais e de sua plena participação na sociedade resultará no fortalecimento de seu senso de pertencimento à sociedade e no significativo avanço do desenvolvimento humano, social e econômico da sociedade, bem como na erradicação da pobreza,

n) *Reconhecendo* a importância, para as pessoas com deficiência, de sua autonomia e independência individuais, inclusive da liberdade para fazer as próprias escolhas,

o) *Considerando* que as pessoas com deficiência devem ter a oportunidade de participar ativamente das decisões relativas a programas e políticas, inclusive aos que lhes dizem respeito diretamente,

(*) Publicado no *Diário Oficial da União*, de 26-8-2009.

p) *Preocupados* com as difíceis situações enfrentadas por pessoas com deficiência que estão sujeitas a formas múltiplas ou agravadas de discriminação por causa de raça, cor, sexo, idioma, religião, opiniões políticas ou de outra natureza, origem nacional, étnica, nativa ou social, propriedade, nascimento, idade ou outra condição,

q) *Reconhecendo* que mulheres e meninas com deficiência estão frequentemente expostas a maiores riscos, tanto no lar como fora dele, de sofrer violência, lesões ou abuso, descaso ou tratamento negligente, maus-tratos ou exploração,

r) *Reconhecendo* que as crianças com deficiência devem gozar plenamente de todos os direitos humanos e liberdades fundamentais em igualdade de oportunidades com as outras crianças e relembrando as obrigações assumidas com esse fim pelos Estados-partes na Convenção sobre os Direitos da Criança,

s) *Ressaltando* a necessidade de incorporar a perspectiva de gênero aos esforços para promover o pleno exercício dos direitos humanos e liberdades fundamentais por parte das pessoas com deficiência,

t) *Salientando* o fato de que a maioria das pessoas com deficiência vive em condições de pobreza e, nesse sentido, reconhecendo a necessidade crítica de lidar com o impacto negativo da pobreza sobre pessoas com deficiência,

u) *Tendo em mente* que as condições de paz e segurança baseadas no pleno respeito aos propósitos e princípios consagrados na Carta das Nações Unidas e a observância dos instrumentos de direitos humanos são indispensáveis para a total proteção das pessoas com deficiência, particularmente durante conflitos armados e ocupação estrangeira,

v) *Reconhecendo* a importância da acessibilidade aos meios físico, social, econômico e cultural, à saúde, à educação e à informação e comunicação, para possibilitar às pessoas com deficiência o pleno gozo de todos os direitos humanos e liberdades fundamentais,

w) *Conscientes* de que a pessoa tem deveres para com outras pessoas e para com a comunidade a que pertence e que, portanto, tem a responsabilidade de esforçar-se para a promoção e a observância dos direitos reconhecidos na Carta Internacional dos Direitos Humanos,

x) *Convencidos* de que a família é o núcleo natural e fundamental da sociedade e tem o direito de receber a proteção da sociedade e do Estado e de que as pessoas com deficiência e seus familiares devem receber a proteção e a assistência necessárias para tornar as famílias capazes de contribuir para o exercício pleno e equitativo dos direitos das pessoas com deficiência,

y) *Convencidos* de que uma convenção internacional geral e integral para promover e proteger os direitos e a dignidade das pessoas com deficiência prestará significativa contribuição para corrigir as profundas desvantagens sociais das pessoas com deficiência e para promover sua participação na vida econômica, social e cultural, em igualdade de oportunidades, tanto nos países em desenvolvimento como nos desenvolvidos,

Acordaram o seguinte:

Artigo 1
Propósito

O propósito da presente Convenção é promover, proteger e assegurar o exercício pleno e equitativo de todos os direitos humanos e liberdades fundamentais por todas as pessoas com deficiência e promover o respeito pela sua dignidade inerente.

Pessoas com deficiência são aquelas que têm impedimentos de longo prazo de natureza física, mental, intelectual ou sensorial, os quais, em interação com diversas barreiras, podem obstruir sua participação plena e efetiva na sociedade em igualdades de condições com as demais pessoas.

Artigo 2
Definições

Para os propósitos da presente Convenção:

"Comunicação" abrange as línguas, a visualização de textos, o braille, a comunicação tátil, os caracteres ampliados, os dispositivos de multimídia acessível, assim como a linguagem simples, escrita e oral, os sistemas auditivos e os meios de voz digitalizada e os modos, meios e formatos aumentativos e alternativos de comunicação, inclusive a tecnologia da informação e comunicação acessíveis;

"Língua" abrange as línguas faladas e de sinais e outras formas de comunicação não falada;

"Discriminação por motivo de deficiência" significa qualquer diferenciação, exclusão ou restrição baseada em deficiência, com o propósito ou efeito de impedir ou impossibilitar o reconhecimento, o desfrute ou o exercício, em igualdade de oportunidades com as demais pessoas, de todos os direitos humanos e liberdades fundamentais nos âmbitos político, econômico, social, cultural, civil ou qualquer outro. Abrange todas as formas de discriminação, inclusive a recusa de adaptação razoável;

"Adaptação razoável" significa as modificações e os ajustes necessários e adequados que não acarretem ônus desproporcional ou indevido, quando requeridos em cada caso, a fim de assegurar que as pessoas com deficiência possam gozar ou exercer, em igualdade de oportunidades com as demais pessoas, todos os direitos humanos e liberdades fundamentais;

"Desenho universal" significa a concepção de produtos, ambientes, programas e serviços a serem usados, na maior medida possível, por todas as pessoas, sem necessidade de adaptação ou projeto específico. O "desenho universal" não excluirá as ajudas técnicas para grupos específicos de pessoas com deficiência, quando necessárias.

Artigo 3
Princípios gerais

Os princípios da presente Convenção são:

a) O respeito pela dignidade inerente, a autonomia individual, inclusive a liberdade de fazer as próprias escolhas, e a independência das pessoas;

b) A não discriminação;

c) A plena e efetiva participação e inclusão na sociedade;

d) O respeito pela diferença e pela aceitação das pessoas com deficiência como parte da diversidade humana e da humanidade;

e) A igualdade de oportunidades;

f) A acessibilidade;

g) A igualdade entre o homem e a mulher;

h) O respeito pelo desenvolvimento das capacidades das crianças com deficiência e pelo direito das crianças com deficiência de preservar sua identidade.

Artigo 4
Obrigações gerais

1. Os Estados-partes se comprometem a assegurar e promover o pleno exercício de todos os direitos humanos e liberdades fundamentais por todas as pessoas com deficiência, sem qualquer tipo de discriminação por causa de sua deficiência. Para tanto, os Estados-partes se comprometem a:

a) Adotar todas as medidas legislativas, administrativas e de qualquer outra natureza, necessárias para a realização dos direitos reconhecidos na presente Convenção;

b) Adotar todas as medidas necessárias, inclusive legislativas, para modificar ou revogar leis, regulamentos, costumes e práticas vigentes, que constituírem discriminação contra pessoas com deficiência;

c) Levar em conta, em todos os programas e políticas, a proteção e a promoção dos direitos humanos das pessoas com deficiência;

d) Abster-se de participar em qualquer ato ou prática incompatível com a presente Convenção e assegurar que as autoridades públicas e instituições atuem em conformidade com a presente Convenção;

e) Tomar todas as medidas apropriadas para eliminar a discriminação baseada em deficiência, por parte de qualquer pessoa, organização ou empresa privada;

f) Realizar ou promover a pesquisa e o desenvolvimento de produtos, serviços, equipamentos e instalações com desenho universal, conforme definidos no Artigo 2 da presente Convenção, que exijam o mínimo possível de adaptação e cujo custo seja o mínimo possível, destinados a atender às necessidades específicas de pessoas com deficiência, a promover sua disponibilidade e seu uso e a promover o desenho universal quando da elaboração de normas e diretrizes;

g) Realizar ou promover a pesquisa e o desenvolvimento, bem como a disponibilidade e o emprego de novas tecnologias, inclusive as tecnologias da informação e comunicação, ajudas técnicas para locomoção, dispositivos e tecnologias assistivas, adequados a pessoas com deficiência, dando prioridade a tecnologias de custo acessível;

h) Propiciar informação acessível para as pessoas com deficiência a respeito de ajudas técnicas para locomoção, dispositivos e tecnologias assistivas, incluindo novas tecnologias bem como outras formas de assistência, serviços de apoio e instalações;

i) Promover a capacitação em relação aos direitos reconhecidos pela presente Convenção dos profissionais e equipes que trabalham com pessoas com deficiência, de forma a melhorar a prestação de assistência e serviços garantidos por esses direitos.

2. Em relação aos direitos econômicos, sociais e culturais, cada Estado-parte se compromete a tomar medidas, tanto quanto permitirem os recursos disponíveis e, quando necessário, no âmbito da cooperação internacional, a fim de assegurar progressivamente o pleno exercício desses direitos, sem prejuízo das obrigações contidas na presente Convenção que forem imediatamente aplicáveis de acordo com o direito internacional.

3. Na elaboração e implementação de legislação e políticas para aplicar a presente Convenção e em outros processos de tomada de decisão relativos às pessoas com deficiência, os Estados-partes realizarão consultas estreitas e envolverão ativamente pessoas com deficiência, inclusive crianças com deficiência, por intermédio de suas organizações representativas.

4. Nenhum dispositivo da presente Convenção afetará quaisquer disposições mais propícias à realização dos direitos das pessoas com deficiência, as quais possam estar contidas na legislação do Estado-parte ou no direito internacional em vigor para esse Estado. Não haverá nenhuma restrição ou derrogação de qualquer dos direitos humanos e liberdades fundamentais reconhecidos ou vigentes em qualquer Estado-parte da presente Convenção, em conformidade com leis, convenções, regulamentos ou costumes, sob a alegação de que a presente Convenção não reconhece tais direitos e liberdades ou que os reconhece em menor grau.

5. As disposições da presente Convenção se aplicam, sem limitação ou exceção, a todas as unidades constitutivas dos Estados federativos.

Artigo 5
Igualdade e não discriminação

1. Os Estados-partes reconhecem que todas as pessoas são iguais perante e sob a lei e que fazem jus, sem qualquer discriminação, a igual proteção e igual benefício da lei.

2. Os Estados-partes proibirão qualquer discriminação baseada na deficiência e garantirão às pessoas com deficiência igual e efetiva proteção legal contra a discriminação por qualquer motivo.

3. A fim de promover a igualdade e eliminar a discriminação, os Estados-partes adotarão todas as medidas apropriadas para garantir que a adaptação razoável seja oferecida.

4. Nos termos da presente Convenção, as medidas específicas que forem necessárias para acelerar ou alcançar a efetiva igualdade das pessoas com deficiência não serão consideradas discriminatórias.

Artigo 6
Mulheres com deficiência

1. Os Estados-partes reconhecem que as mulheres e meninas com deficiência estão sujeitas a múltiplas formas de discriminação e, portanto, tomarão medidas para assegurar às mulheres e meninas com deficiência o pleno e igual exercício de todos os direitos humanos e liberdades fundamentais.

2. Os Estados-partes tomarão todas as medidas apropriadas para assegurar o pleno desenvolvimento, o avanço e o empoderamento das mulheres, a fim de garantir-lhes o exercício e o gozo dos direitos humanos e liberdades fundamentais estabelecidos na presente Convenção.

Artigo 7
Crianças com deficiência

1. Os Estados-partes tomarão todas as medidas necessárias para assegurar às crianças com deficiência o pleno exercício de todos os direitos humanos e liberdades fundamentais, em igualdade de oportunidades com as demais crianças.

2. Em todas as ações relativas às crianças com deficiência, o superior interesse da criança receberá consideração primordial.

3. Os Estados-partes assegurarão que as crianças com deficiência tenham o direito de expressar livremente sua opinião sobre todos os assuntos que lhes disserem respeito, tenham a sua opinião devidamente valorizada de acordo com sua idade e maturidade, em igualdade de oportunidades com as demais crianças, e recebam atendimento adequado à sua deficiência e idade, para que possam exercer tal direito.

Artigo 8
Conscientização

1. Os Estados-partes se comprometem a adotar medidas imediatas, efetivas e apropriadas para:

a) Conscientizar toda a sociedade, inclusive as famílias, sobre as condições das pessoas com deficiência e fomentar o respeito pelos direitos e pela dignidade das pessoas com deficiência;

b) Combater estereótipos, preconceitos e práticas nocivas em relação a pessoas com deficiência, inclusive aqueles relacionados a sexo e idade, em todas as áreas da vida;

c) Promover a conscientização sobre as capacidades e contribuições das pessoas com deficiência.

2. As medidas para esse fim incluem:

a) Lançar e dar continuidade a efetivas campanhas de conscientização públicas, destinadas a:

i) Favorecer atitude receptiva em relação aos direitos das pessoas com deficiência;

ii) Promover percepção positiva e maior consciência social em relação às pessoas com deficiência;

iii) Promover o reconhecimento das habilidades, dos méritos e das capacidades das pessoas com deficiência e de sua contribuição ao local de trabalho e ao mercado laboral;

b) Fomentar em todos os níveis do sistema educacional, incluindo neles todas as crianças desde tenra idade, uma atitude de respeito para com os direitos das pessoas com deficiência;

c) Incentivar todos os órgãos da mídia a retratar as pessoas com deficiência de maneira compatível com o propósito da presente Convenção;

d) Promover programas de formação sobre sensibilização a respeito das pessoas com deficiência e sobre os direitos das pessoas com deficiência.

Artigo 9
Acessibilidade

1. A fim de possibilitar às pessoas com deficiência viver de forma independente e participar plenamente de todos os aspectos da vida, os Estados-partes tomarão as medidas apropriadas para assegurar às pessoas com deficiência o acesso, em igualdade de oportunidades com as demais pessoas, ao meio físico, ao transporte, à informação e comunicação, inclusive aos sistemas e tecnologias da informação e comunicação, bem como a outros serviços e instalações abertos ao público ou de uso público, tanto na zona urbana como na rural. Essas medidas, que incluirão a identificação e a eliminação de obstáculos e barreiras à acessibilidade, serão aplicadas, entre outros, a:

a) Edifícios, rodovias, meios de transporte e outras instalações internas e externas, inclusive escolas, residências, instalações médicas e local de trabalho;

b) Informações, comunicações e outros serviços, inclusive serviços eletrônicos e serviços de emergência.

2. Os Estados-partes também tomarão medidas apropriadas para:

a) Desenvolver, promulgar e monitorar a implementação de normas e diretrizes mínimas para a acessibilidade das instalações e dos serviços abertos ao público ou de uso público;

b) Assegurar que as entidades privadas que oferecem instalações e serviços abertos ao público ou de uso público levem em consideração todos os aspectos relativos à acessibilidade para pessoas com deficiência;

c) Proporcionar, a todos os atores envolvidos, formação em relação às questões de acessibilidade com as quais as pessoas com deficiência se confrontam;

d) Dotar os edifícios e outras instalações abertas ao público ou de uso público de sinalização em braille e em formatos de fácil leitura e compreensão;

e) Oferecer formas de assistência humana ou animal e serviços de mediadores, incluindo guias, ledores e intérpretes profissionais da língua de sinais, para facilitar o acesso aos edifícios e outras instalações abertas ao público ou de uso público;

f) Promover outras formas apropriadas de assistência e apoio a pessoas com deficiência, a fim de assegurar a essas pessoas o acesso a informações;

g) Promover o acesso de pessoas com deficiência a novos sistemas e tecnologias da informação e comunicação, inclusive à Internet;

h) Promover, desde a fase inicial, a concepção, o desenvolvimento, a produção e a disseminação de sistemas e tecnologias de informação e comunicação, a fim de que esses sistemas e tecnologias se tornem acessíveis a custo mínimo.

Artigo 10

Direito à vida

Os Estados-partes reafirmam que todo ser humano tem o inerente direito à vida e tomarão todas as medidas necessárias para assegurar o efetivo exercício desse direito pelas pessoas com deficiência, em igualdade de oportunidades com as demais pessoas.

Artigo 11

Situações de risco e emergências humanitárias

Em conformidade com suas obrigações decorrentes do direito internacional, inclusive do direito humanitário internacional e do direito internacional dos direitos humanos, os Estados-partes tomarão todas as medidas necessárias para assegurar a proteção e a segurança das pessoas com deficiência que se encontrarem em situações de risco, inclusive situações de conflito armado, emergências humanitárias e ocorrência de desastres naturais.

Artigo 12

Reconhecimento igual perante a lei

1. Os Estados-partes reafirmam que as pessoas com deficiência têm o direito de ser reconhecidas em qualquer lugar como pessoas perante a lei.

2. Os Estados-partes reconhecerão que as pessoas com deficiência gozam de capacidade legal em igualdade de condições com as demais pessoas em todos os aspectos da vida.

3. Os Estados-partes tomarão medidas apropriadas para prover o acesso de pessoas com deficiência ao apoio que necessitarem no exercício de sua capacidade legal.

4. Os Estados-partes assegurarão que todas as medidas relativas ao exercício da capacidade legal incluam salvaguardas apropriadas e efetivas para prevenir abusos, em conformidade com o direito internacional dos direitos humanos. Essas salvaguardas assegurarão que as medidas relativas ao exercício da capacidade legal respeitem os direitos, a vontade e as preferências da pessoa, sejam isentas de conflito de interesses e de influência indevida, sejam proporcionais e apropriadas às circunstâncias da pessoa, se apliquem pelo período mais curto possível e sejam submetidas à revisão regular por uma autoridade ou órgão judiciário competente, independente e imparcial. As salvaguardas serão proporcionais ao grau em que tais medidas afetarem os direitos e interesses da pessoa.

5. Os Estados-partes, sujeitos ao disposto neste Artigo, tomarão todas as medidas apropriadas e efetivas para assegurar às pessoas com deficiência o igual direito de possuir ou herdar bens, de controlar as próprias finanças e de ter igual acesso a empréstimos bancários, hipotecas e outras formas de crédito financeiro, e assegurarão que as pessoas com deficiência não sejam arbitrariamente destituídas de seus bens.

Artigo 13

Acesso à justiça

1. Os Estados-partes assegurarão o efetivo acesso das pessoas com deficiência à justiça, em igualdade de condições com as demais pessoas, inclusive mediante a provisão de adaptações processuais adequadas à idade, a fim de facilitar o efetivo papel das pessoas com deficiência como participantes diretos ou indiretos, inclusive como testemunhas, em todos os procedimentos jurídicos, tais como investigações e outras etapas preliminares.

2. A fim de assegurar às pessoas com deficiência o efetivo acesso à justiça, os Estados-partes promoverão a capacitação apropriada daqueles que trabalham na área de administração da justiça, inclusive a polícia e os funcionários do sistema penitenciário.

Artigo 14

Liberdade e segurança da pessoa

1. Os Estados-partes assegurarão que as pessoas com deficiência, em igualdade de oportunidades com as demais pessoas:

a) Gozem do direito à liberdade e à segurança da pessoa; e

b) Não sejam privadas ilegal ou arbitrariamente de sua liberdade e que toda privação de liberdade esteja em conformidade com a lei, e que a existência de deficiência não justifique a privação de liberdade.

2. Os Estados-partes assegurarão que, se pessoas com deficiência forem privadas de liberdade mediante algum processo, elas, em igualdade de oportunidades com as demais pessoas, façam jus a garantias de acordo com o direito internacional dos direitos humanos e sejam tratadas em conformidade com os objetivos e princípios da presente Convenção, inclusive mediante a provisão de adaptação razoável.

Artigo 15

Prevenção contra tortura ou tratamentos ou penas cruéis, desumanos ou degradantes

1. Nenhuma pessoa será submetida à tortura ou a tratamentos ou penas cruéis, desumanos ou degradantes. Em especial, nenhuma pessoa deverá ser sujeita a experimentos médicos ou científicos sem seu livre consentimento.

2. Os Estados-partes tomarão todas as medidas efetivas de natureza legislativa, administrativa, judicial ou outra para evitar que pessoas com deficiência, do mesmo modo que as demais pessoas, sejam submetidas à tortura ou a tratamentos ou penas cruéis, desumanos ou degradantes.

Artigo 16

Prevenção contra a exploração, a violência e o abuso

1. Os Estados-partes tomarão todas as medidas apropriadas de natureza legislativa, administrativa, social, educacional e outras para proteger as pessoas com deficiência, tanto dentro como fora do lar, contra todas as formas de exploração, violência e abuso, incluindo aspectos relacionados a gênero.

2. Os Estados-partes também tomarão todas as medidas apropriadas para prevenir todas as formas de exploração, violência e abuso, assegurando, entre outras coisas, formas apropriadas de atendimento e apoio que levem em conta o gênero e a idade das pessoas com deficiência e de seus familiares e atendentes, inclusive mediante a provisão de informação e educação sobre a maneira de evitar, reconhecer e denunciar casos de exploração, violência e abuso. Os Estados-partes assegurarão que os serviços de proteção levem em conta a idade, o gênero e a deficiência das pessoas.

3. A fim de prevenir a ocorrência de quaisquer formas de exploração, violência e abuso, os Estados-partes assegurarão que todos os programas e instalações destinados a atender pessoas com deficiência sejam efetivamente monitorados por autoridades independentes.

4. Os Estados-partes tomarão todas as medidas apropriadas para promover a recuperação física, cognitiva e psicológica, inclusive mediante a provisão de serviços de proteção, a reabilitação e a reinserção social de pessoas com deficiência que forem vítimas de qualquer forma de exploração, violência ou abuso. Tais recuperação e reinserção ocorrerão em ambientes que promovam a saúde, o bem-estar, o autorrespeito, a dignidade e a autonomia da pessoa e levem em consideração as necessidades de gênero e idade.

5. Os Estados-partes adotarão leis e políticas efetivas, inclusive legislação e políticas voltadas para mulheres e crianças, a fim de assegurar que os casos de exploração, violência e abuso contra pessoas com deficiência sejam identificados, investigados e, caso necessário, julgados.

Artigo 17

Proteção da integridade da pessoa

Toda pessoa com deficiência tem o direito a que sua integridade física e mental seja respeitada, em igualdade de condições com as demais pessoas.

Artigo 18

Liberdade de movimentação e nacionalidade

1. Os Estados-partes reconhecerão os direitos das pessoas com deficiência à liberdade de movimentação, à liberdade de escolher sua residência e à nacionalidade, em igualdade de oportunidades com as demais pessoas, inclusive assegurando que as pessoas com deficiência:

a) Tenham o direito de adquirir nacionalidade e mudar de nacionalidade e não sejam privadas arbitrariamente de sua nacionalidade em razão de sua deficiência;

b) Não sejam privadas, por causa de sua deficiência, da competência de obter, possuir e utilizar documento comprovante de sua nacionalidade ou outro documento de identidade, ou de recorrer a processos relevantes, tais como procedimentos relativos à imigração, que forem necessários para facilitar o exercício de seu direito à liberdade de movimentação.

c) Tenham liberdade de sair de qualquer país, inclusive do seu; e

d) Não sejam privadas, arbitrariamente ou por causa de sua deficiência, do direito de entrar no próprio país.

2. As crianças com deficiência serão registradas imediatamente após o nascimento e terão, desde o nascimento, o direito a um nome, o direito de adquirir nacionalidade e, tanto quanto possível, o direito de conhecer seus pais e de ser cuidadas por eles.

Artigo 19

Vida independente e inclusão na comunidade

Os Estados-partes desta Convenção reconhecem o igual direito de todas as pessoas com deficiência de viver na comunidade, com a mesma liberdade de escolha que as demais pessoas, e tomarão medidas efetivas e apropriadas para facilitar às pessoas com deficiência o pleno gozo desse direito e sua plena inclusão e participação na comunidade, inclusive assegurando que:

a) As pessoas com deficiência possam escolher seu local de residência e onde e com quem morar, em igualdade de oportunidades com as demais pessoas, e que não sejam obrigadas a viver em determinado tipo de moradia;

b) As pessoas com deficiência tenham acesso a uma variedade de serviços de apoio em domicílio ou em instituições residenciais ou a outros serviços comunitários de apoio, inclusive os serviços de atendentes pessoais que forem necessários como apoio para que as pessoas com deficiência vivam e sejam incluídas na comunidade e para evitar que fiquem isoladas ou segregadas da comunidade;

•• A Resolução n. 228, de 8-6-2021, do CNMP, dispõe sobre a atuação dos membros do Ministério Público na defesa dos direitos fundamentais das pessoas com deficiência acolhidas em Residências Inclusivas e dá outras providências.

c) Os serviços e instalações da comunidade para a população em geral estejam disponíveis às pessoas com deficiência, em igualdade de oportunidades, e atendam às suas necessidades.

Artigo 20

Mobilidade pessoal

Os Estados-partes tomarão medidas efetivas para assegurar às pessoas com deficiência sua mobilidade pessoal com a máxima independência possível:

a) Facilitando a mobilidade pessoal das pessoas com deficiência, na forma e no momento em que elas quiserem, e a custo acessível;

b) Facilitando às pessoas com deficiência o acesso a tecnologias assistivas, dispositivos e ajudas técnicas de qualidade, e formas de assistência humana ou animal e de mediadores, inclusive tornando-os disponíveis a custo acessível;

c) Propiciando às pessoas com deficiência e ao pessoal especializado uma capacitação em técnicas de mobilidade;

d) Incentivando entidades que produzem ajudas técnicas de mobilidade, dispositivos e tecnologias assistivas a levarem em conta todos os aspectos relativos à mobilidade de pessoas com deficiência.

Artigo 21

Liberdade de expressão e de opinião e acesso à informação

Os Estados-partes tomarão todas as medidas apropriadas para assegurar que as pessoas com deficiência possam exercer seu direito à liberdade de expressão e opinião, inclusive à liberdade de buscar, receber e compartilhar informações e ideias, em igualdade de oportunidades com as demais pessoas e por intermédio de todas as formas de comunicação de sua escolha, conforme o disposto no Artigo 2 da presente Convenção, entre as quais:

a) Fornecer, prontamente e sem custo adicional, às pessoas com deficiência, todas as informações destinadas ao público em geral, em formatos acessíveis e tecnologias apropriadas aos diferentes tipos de deficiência;

b) Aceitar e facilitar, em trâmites oficiais, o uso de línguas de sinais, braille, comunicação aumentativa e alternativa, e de todos os demais meios, modos e formatos acessíveis de comunicação, à escolha das pessoas com deficiência;

c) Urgir as entidades privadas que oferecem serviços ao público em geral, inclusive por meio da Internet, a fornecer informações e serviços em formatos acessíveis, que possam ser usados por pessoas com deficiência;

d) Incentivar a mídia, inclusive os provedores de informação pela Internet, a tornar seus serviços acessíveis a pessoas com deficiência;

e) Reconhecer e promover o uso de línguas de sinais.

Artigo 22

Respeito à privacidade

1. Nenhuma pessoa com deficiência, qualquer que seja seu local de residência ou tipo de moradia, estará sujeita a interferência arbitrária ou ilegal em sua privacidade, família, lar, correspondência ou outros tipos de comunicação, nem a ataques ilícitos à sua honra e reputação. As pessoas com deficiência têm o direito à proteção da lei contra tais interferências ou ataques.

2. Os Estados-partes protegerão a privacidade dos dados pessoais e dados relativos à saúde e à reabilitação de pessoas com deficiência, em igualdade de condições com as demais pessoas.

Artigo 23

Respeito pelo lar e pela família

1. Os Estados-partes tomarão medidas efetivas e apropriadas para eliminar a discriminação contra pessoas com deficiência, em todos os aspectos relativos a casamento, família, paternidade e relacionamentos, em igualdade de condições com as demais pessoas, de modo a assegurar que:

a) Seja reconhecido o direito das pessoas com deficiência, em idade de contrair matrimônio, de casar-se e estabelecer família, com base no livre e pleno consentimento dos pretendentes;

b) Sejam reconhecidos os direitos das pessoas com deficiência de decidir livre e responsavelmente sobre o número de filhos e o espaçamento entre esses filhos e de ter acesso a informações adequadas à idade e a educação em matéria de reprodução e de planejamento familiar, bem como os meios necessários para exercer esses direitos.

c) As pessoas com deficiência, inclusive crianças, conservem sua fertilidade, em igualdade de condições com as demais pessoas.

2. Os Estados-partes assegurarão os direitos e responsabilidades das pessoas com deficiência, relativos à guarda, custódia, curatela e adoção de crianças ou instituições semelhantes, caso esses conceitos constem na legislação nacional. Em todos os casos, prevalecerá o superior interesse da criança. Os Estados-partes prestarão a devida assistência às pessoas com deficiência para que essas pessoas possam exercer suas responsabilidades na criação dos filhos.

3. Os Estados-partes assegurarão que as crianças com deficiência terão iguais direitos em relação à vida familiar. Para a realização desses direitos e para evitar ocultação, abandono, negligência e segregação de crianças com deficiência, os Estados-partes fornecerão prontamente informações abrangentes sobre serviços e apoios a crianças com deficiência e suas famílias.

4. Os Estados-partes assegurarão que uma criança não será separada de seus pais contra a vontade destes, exceto quando autoridades competentes, sujeitas a controle jurisdicional, determinarem, em conformidade com as leis e procedimentos aplicáveis, que a separação é necessária, no superior interesse da criança. Em nenhum caso, uma criança será separada dos pais sob alegação de deficiência da criança ou de um ou ambos os pais.

5. Os Estados-partes, no caso em que a família imediata de uma criança com deficiência não tenha condições de cuidar da criança, farão todo esforço para que cuidados alternativos sejam oferecidos por outros parentes e, se isso não for possível, dentro de ambiente familiar, na comunidade.

Artigo 24
Educação

1. Os Estados-partes reconhecem o direito das pessoas com deficiência à educação. Para efetivar esse direito sem discriminação e com base na igualdade de oportunidades, os Estados-partes assegurarão sistema educacional inclusivo em todos os níveis, bem como o aprendizado ao longo de toda a vida, com os seguintes objetivos:

a) O pleno desenvolvimento do potencial humano e do senso de dignidade e autoestima, além do fortalecimento do respeito pelos direitos humanos, pelas liberdades fundamentais e pela diversidade humana;

b) O máximo desenvolvimento possível da personalidade e dos talentos e da criatividade das pessoas com deficiência, assim como de suas habilidades físicas e intelectuais;

c) A participação efetiva das pessoas com deficiência em uma sociedade livre.

2. Para a realização desse direito, os Estados-partes assegurarão que:

a) As pessoas com deficiência não sejam excluídas do sistema educacional geral sob alegação de deficiência e que as crianças com deficiência não sejam excluídas do ensino primário gratuito e compulsório ou do ensino secundário, sob alegação de deficiência;

b) As pessoas com deficiência possam ter acesso ao ensino primário inclusivo, de qualidade e gratuito, e ao ensino secundário, em igualdade de condições com as demais pessoas na comunidade em que vivem;

c) Adaptações razoáveis de acordo com as necessidades individuais sejam providenciadas;

d) As pessoas com deficiência recebam o apoio necessário, no âmbito do sistema educacional geral, com vistas a facilitar sua efetiva educação;

e) Medidas de apoio individualizadas e efetivas sejam adotadas em ambientes que maximizem o desenvolvimento acadêmico e social, de acordo com a meta de inclusão plena.

3. Os Estados-partes assegurarão às pessoas com deficiência a possibilidade de adquirir as competências práticas e sociais necessárias de modo a facilitar às pessoas com deficiência sua plena e igual participação no sistema de ensino e na vida em comunidade. Para tanto, os Estados-partes tomarão medidas apropriadas, incluindo:

a) Facilitação do aprendizado do braille, escrita alternativa, modos, meios e formatos de comunicação aumentativa e alternativa, e habilidades de orientação e mobilidade, além de facilitação do apoio e aconselhamento de pares;

b) Facilitação do aprendizado da língua de sinais e promoção da identidade linguística da comunidade surda;

c) Garantia de que a educação de pessoas, em particular crianças cegas, surdo-cegas e surdas, seja ministrada nas línguas e nos modos e meios de comunicação mais adequados ao indivíduo e em ambientes que favoreçam ao máximo seu desenvolvimento acadêmico e social.

4. A fim de contribuir para o exercício desse direito, os Estados-partes tomarão medidas apropriadas para empregar professores, inclusive professores com deficiência, habilitados para o ensino da língua de sinais e/ou do braille, e para capacitar profissionais e equipes atuantes em todos os níveis de ensino. Essa capacitação incorporará a conscientização da deficiência e a utilização de modos, meios e formatos apropriados de comunicação aumentativa e alternativa, e técnicas e materiais pedagógicos, como apoios para pessoas com deficiência.

5. Os Estados-partes assegurarão que as pessoas com deficiência possam ter acesso ao ensino superior em geral, treinamento profissional de acordo com sua vocação, educação para adultos e formação continuada, sem discriminação e em igualdade de condições. Para tanto, os Estados-partes assegurarão a provisão de adaptações razoáveis para pessoas com deficiência.

Artigo 25
Saúde

Os Estados-partes reconhecem que as pessoas com deficiência têm o direito de gozar do estado de saúde mais elevado possível, sem discriminação baseada na deficiência. Os Estados-partes tomarão todas as medidas apropriadas para assegurar às pessoas com deficiência o acesso a serviços de saúde, incluindo os serviços de reabilitação, que levarão em conta as especificidades de gênero. Em especial, os Estados-partes:

a) Oferecerão às pessoas com deficiência programas e atenção à saúde gratuitos ou a custos acessíveis da mesma variedade, qualidade e padrão que são oferecidos às demais pessoas, inclusive na área de saúde sexual e reprodutiva e de programas de saúde pública destinados à população em geral;

b) Propiciarão serviços de saúde que as pessoas com deficiência necessitam especificamente por causa de sua deficiência, inclusive diagnóstico e intervenção precoces, bem como serviços projetados para reduzir ao máximo e prevenir deficiências adicionais, inclusive entre crianças e idosos;

c) Propiciarão esses serviços de saúde às pessoas com deficiência, o mais próximo possível de suas comunidades, inclusive na zona rural;

d) Exigirão dos profissionais de saúde que dispensem às pessoas com deficiência a mesma qualidade de serviços dispensada às demais pessoas e, principalmente, que obtenham o consentimento livre e esclarecido das pessoas com deficiência concernentes. Para esse fim, os Estados-partes realizarão atividades de formação e definirão regras éticas para os setores de saúde público e privado, de modo a conscientizar os profissionais de saúde acerca dos direitos humanos, da dignidade, autonomia e das necessidades das pessoas com deficiência;

e) Proibirão a discriminação contra pessoas com deficiência na provisão de seguro de saúde e seguro de vida, caso tais seguros sejam permitidos pela legislação nacional, os quais deverão ser providos de maneira razoável e justa;

f) Prevenirão que se negue, de maneira discriminatória, os serviços de saúde ou de atenção à saúde ou a administração de alimentos sólidos ou líquidos por motivo de deficiência.

Artigo 26
Habilitação e reabilitação

1. Os Estados-partes tomarão medidas efetivas e apropriadas, inclusive mediante apoio dos pares, para possibilitar que as pessoas com deficiência conquistem e conservem o máximo de autonomia e plena capacidade física, mental, social e profissional, bem como plena inclusão e participação em todos os aspectos da vida. Para tanto, os Estados-partes organizarão, fortalecerão e ampliarão serviços e programas completos de habilitação e reabilitação, particularmente nas áreas de saúde, emprego, educação e serviços sociais, de modo que esses serviços e programas:

a) Comecem no estágio mais precoce possível e sejam baseados em avaliação multidisciplinar das necessidades e pontos fortes de cada pessoa;

b) Apoiem a participação e a inclusão na comunidade e em todos os aspectos da vida social, sejam oferecidos voluntariamente e estejam disponíveis às pessoas com deficiência o mais próximo possível de suas comunidades, inclusive na zona rural.

2. Os Estados-partes promoverão o desenvolvimento da capacitação inicial e continuada de profissionais e de equipes que atuam nos serviços de habilitação e reabilitação.

3. Os Estados-partes promoverão a disponibilidade, o conhecimento e o uso de dispositivos e tecnologias assistivas, projetados para pessoas com deficiência e relacionados com a habilitação e a reabilitação.

Artigo 27
Trabalho e emprego

1. Os Estados-partes reconhecem o direito das pessoas com deficiência ao trabalho, em igualdade de oportunidades com as demais pessoas. Esse direito abrange o direito à oportunidade de se manter com um trabalho de sua livre escolha ou aceitação no mercado laboral, em ambiente de trabalho que seja aberto, inclusivo e acessível a pessoas com deficiência. Os Estados-partes salvaguardarão e promoverão a realização do direito ao trabalho, inclusive daqueles que tiverem adquirido uma deficiência no emprego, adotando medidas apropriadas, incluídas na legislação, com o fim de, entre outros:

a) Proibir a discriminação baseada na deficiência com respeito a todas as questões relacionadas com as formas de emprego, inclusive condições de recrutamento, contratação e admissão, permanência no emprego, ascensão profissional e condições seguras e salubres de trabalho;

b) Proteger os direitos das pessoas com deficiência, em condições de igualdade com as demais pessoas, às condições justas e favoráveis de trabalho, incluindo iguais oportunidades e igual remuneração por trabalho de igual valor, condições seguras e salubres de trabalho, além de reparação de injustiças e proteção contra o assédio no trabalho;

c) Assegurar que as pessoas com deficiência possam exercer seus direitos trabalhistas e sindicais, em condições de igualdade com as demais pessoas;

d) Possibilitar às pessoas com deficiência o acesso efetivo a programas de orientação técnica e profissional e a serviços de colocação no trabalho e de treinamento profissional e continuado;

e) Promover oportunidades de emprego e ascensão profissional para pessoas com deficiência no mercado de trabalho, bem como assistência na procura, obtenção e manutenção do emprego e no retorno ao emprego;

f) Promover oportunidades de trabalho autônomo, empreendedorismo, desenvolvimento de cooperativas e estabelecimento de negócio próprio;

g) Empregar pessoas com deficiência no setor público;

h) Promover o emprego de pessoas com deficiência no setor privado, mediante políticas e medidas apropriadas, que poderão incluir programas de ação afirmativa, incentivos e outras medidas;

i) Assegurar que adaptações razoáveis sejam feitas para pessoas com deficiência no local de trabalho;

j) Promover a aquisição de experiência de trabalho por pessoas com deficiência no mercado aberto de trabalho;

k) Promover reabilitação profissional, manutenção do emprego e programas de retorno ao trabalho para pessoas com deficiência.

2. Os Estados-partes assegurarão que as pessoas com deficiência não serão mantidas em escravidão ou servidão e que serão protegidas, em igualdade de condições com as demais pessoas, contra o trabalho forçado ou compulsório.

Artigo 28
Padrão de vida e proteção social adequados

1. Os Estados-partes reconhecem o direito das pessoas com deficiência a um padrão adequado de vida para si e para suas famílias, inclusive alimentação, vestuário e moradia adequados, bem como à melhoria contínua de suas condições de vida, e tomarão as providências necessárias para salvaguardar e promover a realização desse direito sem discriminação baseada na deficiência.

2. Os Estados-partes reconhecem o direito das pessoas com deficiência à proteção social e ao exercício desse direito sem discriminação baseada na deficiência, e tomarão as medidas apropriadas para salvaguardar e promover a realização desse direito, tais como:

a) Assegurar igual acesso de pessoas com deficiência a serviços de saneamento básico e assegurar o acesso aos serviços, dispositivos e outros atendimentos apropriados para as necessidades relacionadas com a deficiência;

b) Assegurar o acesso de pessoas com deficiência, particularmente mulheres, crianças e idosos com deficiência, a programas de proteção social e de redução da pobreza;

c) Assegurar o acesso de pessoas com deficiência e suas famílias em situação de pobreza à assistência do Estado em relação a seus gastos ocasionados pela deficiência, inclusive treinamento adequado, aconselhamento, ajuda financeira e cuidados de repouso;

d) Assegurar o acesso de pessoas com deficiência a programas habitacionais públicos;

e) Assegurar igual acesso de pessoas com deficiência a programas e benefícios de aposentadoria.

Artigo 29
Participação na vida política e pública

Os Estados-partes garantirão às pessoas com deficiência direitos políticos e oportunidade de exercê-los em condições de igualdade com as demais pessoas, e deverão:

a) Assegurar que as pessoas com deficiência possam participar efetiva e plenamente na vida política e pública, em igualdade de oportunidades com as demais pessoas, diretamente ou por meio de representantes livremente escolhidos, incluindo o direito e a oportunidade de votarem e serem votadas, mediante, entre outros:

i) Garantia de que os procedimentos, instalações e materiais e equipamentos para votação serão apropriados, acessíveis e de fácil compreensão e uso;

ii) Proteção do direito das pessoas com deficiência ao voto secreto em eleições e plebiscitos, sem intimidação, e a candidatar-se nas eleições, efetivamente ocupar cargos eletivos e desempenhar quaisquer funções públicas em todos os níveis de governo, usando novas tecnologias assistivas, quando apropriado;

iii) Garantia da livre expressão de vontade das pessoas com deficiência como eleitores e, para tanto, sempre que necessário e a seu pedido, permissão para que elas sejam auxiliadas na votação por uma pessoa de sua escolha;

b) Promover ativamente um ambiente em que as pessoas com deficiência possam participar efetiva e plenamente na condução das questões públicas, sem discriminação e em igualdade de oportunidades com as demais pessoas, e encorajar sua participação nas questões públicas, mediante:

i) Participação em organizações não governamentais relacionadas com a vida pública e política do país, bem como em atividades e administração de partidos políticos;

ii) Formação de organizações para representar pessoas com deficiência em níveis internacional, regional, nacional e local, bem como a filiação de pessoas com deficiência a tais organizações.

Artigo 30
Participação na vida cultural e em recreação, lazer e esporte

1. Os Estados-partes reconhecem o direito das pessoas com deficiência de participar na vida cultural, em igualdade de oportunidades com as demais pessoas, e tomarão todas as medidas apropriadas para que as pessoas com deficiência possam:

a) Ter acesso a bens culturais em formatos acessíveis;

b) Ter acesso a programas de televisão, cinema, teatro e outras atividades culturais, em formatos acessíveis; e

c) Ter acesso a locais que ofereçam serviços ou eventos culturais, tais como teatros, museus, cinemas, bibliotecas e serviços turísticos, bem como, tanto quanto possível, ter acesso a monumentos e locais de importância cultural nacional.

2. Os Estados-partes tomarão medidas apropriadas para que as pessoas com deficiência tenham a oportunidade de desenvolver e utilizar seu potencial criativo, artístico e intelectual, não somente em benefício próprio, mas também para o enriquecimento da sociedade.

3. Os Estados-partes deverão tomar todas as providências, em conformidade com o direito internacional, para assegurar que a legislação de proteção dos direitos de propriedade intelectual não constitua barreira excessiva ou discriminatória ao acesso de pessoas com deficiência a bens culturais.

4. As pessoas com deficiência farão jus, em igualdade de oportunidades com as demais pessoas, a que sua identidade cultural e linguística específica seja reconhecida e apoiada, incluindo as línguas de sinais e a cultura surda.

5. Para que as pessoas com deficiência participem, em igualdade de oportunidades com as demais pessoas, de atividades recreativas, esportivas e de lazer, os Estados-partes tomarão medidas apropriadas para:

a) Incentivar e promover a maior participação possível das pessoas com deficiência nas atividades esportivas comuns em todos os níveis;

b) Assegurar que as pessoas com deficiência tenham a oportunidade de organizar, desenvolver e participar em atividades esportivas e recreativas específicas às deficiências e, para tanto, incentivar a provisão de instrução, treinamento e recursos adequados, em igualdade de oportunidades com as demais pessoas;

c) Assegurar que as pessoas com deficiência tenham acesso a locais de eventos esportivos, recreativos e turísticos;

d) Assegurar que as crianças com deficiência possam, em igualdade de condições com as demais crianças, participar de jogos e atividades recreativas, esportivas e de lazer, inclusive no sistema escolar;

e) Assegurar que as pessoas com deficiência tenham acesso aos serviços prestados por pessoas ou entidades envolvidas na organização de atividades recreativas, turísticas, esportivas e de lazer.

Artigo 31
Estatísticas e coleta de dados

1. Os Estados-partes coletarão dados apropriados, inclusive estatísticos e de pesquisas, para que possam formular e implementar políticas destinadas a por em prática a presente Convenção. O processo de coleta e manutenção de tais dados deverá:

a) Observar as salvaguardas estabelecidas por lei, inclusive pelas leis relativas à proteção de dados, a fim de assegurar a confidencialidade e o respeito pela privacidade das pessoas com deficiência;

b) Observar as normas internacionalmente aceitas para proteger os direitos humanos, as liberdades fundamentais e os princípios éticos na coleta de dados e utilização de estatísticas.

2. As informações coletadas de acordo com o disposto neste Artigo serão desagregadas, de maneira apropriada, e utilizadas para avaliar o cumprimento, por parte dos Estados-partes, de suas obrigações na presente Convenção e para identificar e enfrentar as barreiras com as quais as pessoas com deficiência se deparam no exercício de seus direitos.

3. Os Estados-partes assumirão responsabilidade pela disseminação das referidas estatísticas e assegurarão que elas sejam acessíveis às pessoas com deficiência e a outros.

Artigo 32
Cooperação internacional

1. Os Estados-partes reconhecem a importância da cooperação internacional e de sua promoção, em apoio aos esforços nacionais para a consecução do propósito e dos objetivos da presente Convenção e, sob este aspecto, adotarão medidas apropriadas e efetivas entre os Estados e, de maneira adequada, em parceria com organizações internacionais e regionais relevantes e com a sociedade civil e, em particular, com organizações de pessoas com deficiência. Estas medidas poderão incluir, entre outras:

a) Assegurar que a cooperação internacional, incluindo os programas internacionais de desenvolvimento, sejam inclusivos e acessíveis para pessoas com deficiência;

b) Facilitar e apoiar a capacitação, inclusive por meio do intercâmbio e compartilhamento de informações, experiências, programas de treinamento e melhores práticas;

c) Facilitar a cooperação em pesquisa e o acesso a conhecimentos científicos e técnicos;

d) Propiciar, de maneira apropriada, assistência técnica e financeira, inclusive mediante facilitação do acesso a tecnologias assistivas e acessíveis e seu compartilhamento, bem como por meio de transferência de tecnologias.

2. O disposto neste Artigo se aplica sem prejuízo das obrigações que cabem a cada Estado-parte em decorrência da presente Convenção.

Artigo 33
Implementação e monitoramento nacionais

1. Os Estados-partes, de acordo com seu sistema organizacional, designarão um ou mais de um ponto focal no âmbito do Governo para assuntos relacionados com a implementação da presente Convenção e darão a devida consideração ao estabelecimento ou designação de um mecanismo de coordenação no âmbito do Governo, a fim de facilitar ações correlatas nos diferentes setores e níveis.

2. Os Estados-partes, em conformidade com seus sistemas jurídico e administrativo, manterão, fortalecerão, designarão ou estabelecerão estrutura, incluindo um ou mais de um mecanismo independente, de maneira apropriada, para promover, proteger e monitorar a implementação da presente Convenção. Ao designar ou estabelecer tal mecanismo, os Estados-partes levarão em conta os princípios relativos ao *status* e funcionamento das instituições nacionais de proteção e promoção dos direitos humanos.

3. A sociedade civil e, particularmente, as pessoas com deficiência e suas organizações representativas serão envolvidas e participarão plenamente no processo de monitoramento.

Artigo 34
Comitê sobre os Direitos das Pessoas com Deficiência

1. Um Comitê sobre os Direitos das Pessoas com Deficiência (doravante denominado "Comitê") será estabelecido, para desempenhar as funções aqui definidas.

2. O Comitê será constituído, quando da entrada em vigor da presente Convenção, de 12 peritos. Quando a presente Convenção alcançar 60 ratificações ou adesões, o Comitê será acrescido em seis membros, perfazendo o total de 18 membros.

3. Os membros do Comitê atuarão a título pessoal e apresentarão elevada postura moral, competência e experiência reconhecidas no campo abrangido pela presente Convenção. Ao designar seus candidatos, os Estados-partes são instados a dar a devida consideração ao disposto no Artigo 4.3 da presente Convenção.

4. Os membros do Comitê serão eleitos pelos Estados-partes, observando-se uma distribuição geográfica equitativa, representação de diferentes formas de civilização e dos principais sistemas jurídicos, representação equilibrada de gênero e participação de peritos com deficiência.

5. Os membros do Comitê serão eleitos por votação secreta em sessões da Conferência dos Estados-partes, a partir de uma lista de pessoas designadas pelos Estados-partes entre seus nacionais. Nessas sessões, cujo *quorum* será de dois terços dos Estados-partes, os candidatos eleitos para o Comitê serão aqueles que obtiverem o maior número de votos e a maioria absoluta dos votos dos representantes dos Estados-partes presentes e votantes.

6. A primeira eleição será realizada, o mais tardar, até seis meses após a data de entrada em vigor da presente Convenção. Pelo menos quatro meses antes de cada eleição, o Secretário-Geral das Nações Unidas dirigirá carta aos Estados-partes, convidando-os a submeter os nomes de seus candidatos no prazo de dois meses. O Secretário-Geral, subsequentemente, preparará lista em ordem alfabética de todos os candidatos apresentados, indicando que foram designados pelos Estados-partes, e submeterá essa lista aos Estados-partes da presente Convenção.

7. Os membros do Comitê serão eleitos para mandato de quatro anos, podendo ser candidatos à reeleição uma única vez. Contudo, o mandato de seis dos membros eleitos na primeira eleição expirará ao fim de dois anos; imediatamente após a primeira eleição, os nomes desses seis membros serão selecionados por sorteio pelo presidente da sessão a que se refere o parágrafo 5 deste Artigo.

8. A eleição dos seis membros adicionais do Comitê será realizada por ocasião das eleições regulares, de acordo com as disposições pertinentes deste Artigo.

9. Em caso de morte, demissão ou declaração de um membro de que, por algum motivo, não poderá continuar a exercer suas funções, o Estado-parte que o tiver indicado designará um outro perito que tenha as qualificações e satisfaça aos requisitos estabelecidos pelos dispositivos pertinentes deste Artigo, para concluir o mandato em questão.

10. O Comitê estabelecerá suas próprias normas de procedimento.

11. O Secretário-Geral das Nações Unidas proverá o pessoal e as instalações necessários para o efetivo desempenho das funções do Comitê segundo a presente Convenção e convocará sua primeira reunião.

12. Com a aprovação da Assembleia Geral, os membros do Comitê estabelecido sob a presente Convenção receberão emolumentos dos recursos das Nações Unidas, sob termos e condições que a Assembleia possa decidir, tendo em vista a importância das responsabilidades do Comitê.

13. Os membros do Comitê terão direito aos privilégios, facilidades e imunidades dos peritos em missões das Nações Unidas, em conformidade com as disposições pertinentes da Convenção sobre Privilégios e Imunidades das Nações Unidas.

Artigo 35
Relatórios dos Estados-partes

1. Cada Estado-parte, por intermédio do Secretário-Geral das Nações Unidas, submeterá relatório abrangente sobre as medidas adotadas em cumprimento de suas obrigações estabelecidas pela presente Convenção e sobre o progresso alcançado nesse aspecto, dentro do período de dois anos após a entrada em vigor da presente Convenção para o Estado-parte concernente.

2. Depois disso, os Estados-partes submeterão relatórios subsequentes, ao menos a cada quatro anos, ou quando o Comitê o solicitar.

3. O Comitê determinará as diretrizes aplicáveis ao teor dos relatórios.

4. Um Estado-parte que tiver submetido ao Comitê um relatório inicial abrangente não precisará, em relatórios subsequentes, repetir informações já apresentadas. Ao elaborar os relatórios ao Comitê, os Estados-partes são instados a fazê-lo de maneira franca e transparente e a levar em consideração o disposto no Artigo 4.3 da presente Convenção.

5. Os relatórios poderão apontar os fatores e as dificuldades que tiverem afetado o cumprimento das obrigações decorrentes da presente Convenção.

Artigo 36
Consideração dos relatórios

1. Os relatórios serão considerados pelo Comitê, que fará as sugestões e recomendações gerais que julgar pertinentes e as transmitirá aos respectivos Estados-partes. O Estado-parte poderá responder ao Comitê com as informações que julgar pertinentes. O Comitê poderá pedir informações adicionais aos Estados-partes, referentes à implementação da presente Convenção.

2. Se um Estado-parte atrasar consideravelmente a entrega de seu relatório, o Comitê poderá notificar esse Estado de que examinará a aplicação da presente Convenção com base em informações confiáveis de que disponha, a menos que o relatório devido seja apresentado pelo Estado dentro do período de três meses após a notificação. O Comitê convidará o Estado-parte interessado a participar desse exame. Se o Estado-parte responder entregando seu relatório, aplicar-se-á o disposto no parágrafo 1 do presente artigo.

3. O Secretário-Geral das Nações Unidas colocará os relatórios à disposição de todos os Estados-partes.

4. Os Estados-partes tornarão seus relatórios amplamente disponíveis ao público em seus países e facilitarão o acesso à possibilidade de sugestões e de recomendações gerais a respeito desses relatórios.

5. O Comitê transmitirá às agências, fundos e programas especializados das Nações Unidas e a outras organizações competentes, da maneira que julgar apropriada, os relatórios dos Estados-partes que contenham demandas ou indicações de necessidade de consultoria ou de assistência técnica, acompanhados de eventuais observações e sugestões do Comitê em relação às referidas demandas ou indicações, a fim de que possam ser consideradas.

Artigo 37
Cooperação entre os Estados-partes e o Comitê

1. Cada Estado-parte cooperará com o Comitê e auxiliará seus membros no desempenho de seu mandato.

2. Em suas relações com os Estados-partes, o Comitê dará a devida consideração aos meios e modos de aprimorar a capacidade de cada Estado-parte para a implementação da presente Convenção, inclusive mediante cooperação internacional.

Artigo 38
Relações do Comitê com outros órgãos

A fim de promover a efetiva implementação da presente Convenção e de incentivar a cooperação internacional na esfera abrangida pela presente Convenção:

a) As agências especializadas e outros órgãos das Nações Unidas terão o direito de se fazer representar quando da consideração da implementação de disposições da presente Convenção que disserem respeito aos seus respectivos mandatos. O Comitê poderá convidar as agências especializadas e outros órgãos competentes, segundo julgar apropriado, a oferecer consultoria de peritos sobre a implementação da Convenção em áreas pertinentes a seus respectivos mandatos. O Comitê poderá convidar agências especializadas e outros órgãos das Nações Unidas a apresentar relatórios sobre a implementação da Convenção em áreas pertinentes às suas respectivas atividades;

b) No desempenho de seu mandato, o Comitê consultará, de maneira apropriada, outros órgãos pertinentes instituídos ao amparo de tratados internacionais de direitos humanos, a fim de assegurar a consistência de suas respectivas diretrizes para a elaboração de relatórios, sugestões e recomendações gerais e de evitar duplicação e superposição no desempenho de suas funções.

Artigo 39
Relatório do Comitê

A cada dois anos, o Comitê submeterá à Assembleia Geral e ao Conselho Econômico e Social um relatório de suas atividades e poderá fazer sugestões e recomendações gerais baseadas no exame dos relatórios e nas informações recebidas dos Estados-partes. Estas sugestões e recomendações gerais serão incluídas no relatório do Comitê, acompanhadas, se houver, de comentários dos Estados-partes.

Artigo 40

Conferência dos Estados-partes

1. Os Estados-partes reunir-se-ão regularmente em Conferência dos Estados-partes a fim de considerar matérias relativas à implementação da presente Convenção.

2. O Secretário-Geral das Nações Unidas convocará, dentro do período de seis meses após a entrada em vigor da presente Convenção, a Conferência dos Estados-partes. As reuniões subsequentes serão convocadas pelo Secretário-Geral das Nações Unidas a cada dois anos ou conforme a decisão da Conferência dos Estados-partes.

Artigo 41

Depositário

O Secretário-Geral das Nações Unidas será o depositário da presente Convenção.

Artigo 42

Assinatura

A presente Convenção será aberta à assinatura de todos os Estados e organizações de integração regional na sede das Nações Unidas em Nova York, a partir de 30 de março de 2007.

Artigo 43

Consentimento em comprometer-se

A presente Convenção será submetida à ratificação pelos Estados signatários e à confirmação formal por organizações de integração regional signatárias. Ela estará aberta à adesão de qualquer Estado ou organização de integração regional que não a houver assinado.

Artigo 44

Organizações de integração regional

1. "Organização de integração regional" será entendida como organização constituída por Estados soberanos de determinada região, à qual seus Estados-membros tenham delegado competência sobre matéria abrangida pela presente Convenção. Essas organizações declararão, em seus documentos de confirmação formal ou adesão, o alcance de sua competência em relação à matéria abrangida pela presente Convenção. Subsequentemente, as organizações informarão ao depositário qualquer alteração substancial no âmbito de sua competência.

2. As referências a "Estados-partes" na presente Convenção serão aplicáveis a essas organizações, nos limites da competência destas.

3. Para os fins do parágrafo 1 do Artigo 45 e dos parágrafos 2 e 3 do Artigo 47, nenhum instrumento depositado por organização de integração regional será computado.

4. As organizações de integração regional, em matérias de sua competência, poderão exercer o direito de voto na Conferência dos Estados-partes, tendo direito ao mesmo número de votos quanto for o número de seus Estados-membros que forem Partes da presente Convenção. Essas organizações não exercerão seu direito de voto, se qualquer de seus Estados-membros exercer seu direito de voto, e vice-versa.

Artigo 45

Entrada em vigor

1. A presente Convenção entrará em vigor no trigésimo dia após o depósito do vigésimo instrumento de ratificação ou adesão.

2. Para cada Estado ou organização de integração regional que ratificar ou formalmente confirmar a presente Convenção ou a ela aderir após o depósito do referido vigésimo instrumento, a Convenção entrará em vigor no trigésimo dia a partir da data em que esse Estado ou organização tenha depositado seu instrumento de ratificação, confirmação formal ou adesão.

Artigo 46

Reservas

1. Não serão permitidas reservas incompatíveis com o objeto e o propósito da presente Convenção.

2. As reservas poderão ser retiradas a qualquer momento.

Artigo 47

Emendas

1. Qualquer Estado-parte poderá propor emendas à presente Convenção e submetê-las ao Secretário-Geral das Nações Unidas. O Secretário-Geral comunicará aos Estados-partes quaisquer emendas propostas, solicitando-lhes que o notifiquem se são favoráveis a uma Conferência dos Estados-partes para considerar as propostas e tomar decisão a respeito delas. Se, até quatro meses após a data da referida comunicação, pelo menos um terço dos Estados-partes se manifestar favorável a essa Conferência, o Secretário-Geral das Nações Unidas convocará a Conferência, sob os auspícios das Nações Unidas. Qualquer emenda adotada por maioria de dois terços dos Estados-partes presentes e votantes será submetida pelo Secretário-Geral à aprovação da Assembleia Geral das Nações Unidas e, posteriormente, à aceitação de todos os Estados-partes.

2. Qualquer emenda adotada e aprovada conforme o disposto no parágrafo 1 do presente artigo entrará em vigor no trigésimo dia após a data na qual o número de instrumentos de aceitação tenha atingido dois terços do número de Estados-partes na data de adoção da emenda. Posteriormente, a emenda entrará em vigor para todo Estado-parte no trigésimo dia após o depósito por esse Estado do seu instrumento de aceitação. A emenda será vinculante somente para os Estados-partes que a tiverem aceitado.

3. Se a Conferência dos Estados-partes assim o decidir por consenso, qualquer emenda adotada e aprovada em conformidade com o disposto no parágrafo 1 deste Artigo, relacionada exclusivamente com os artigos 34, 38, 39 e 40, entrará em vigor para todos os Estados-partes no trigésimo dia a partir da data em que o número de instrumentos de aceitação depositados tiver atingido dois terços do número de Estados-partes na data de adoção da emenda.

Artigo 48

Denúncia

Qualquer Estado-parte poderá denunciar a presente Convenção mediante notificação por escrito ao Secretário-Geral das Nações Unidas. A denúncia tornar-se-á efetiva um ano após a data de recebimento da notificação pelo Secretário-Geral.

Artigo 49

Formatos acessíveis

O texto da presente Convenção será colocado à disposição em formatos acessíveis.

Artigo 50

Textos autênticos

Os textos em árabe, chinês, espanhol, francês, inglês e russo da presente Convenção serão igualmente autênticos.

EM FÉ DO QUE os plenipotenciários abaixo assinados, devidamente autorizados para tanto por seus respectivos Governos, firmaram a presente Convenção.

PROTOCOLO FACULTATIVO À CONVENÇÃO SOBRE OS DIREITOS DAS PESSOAS COM DEFICIÊNCIA

Os Estados-partes do presente Protocolo acordaram o seguinte:

Artigo 1

1. Qualquer Estado-parte do presente Protocolo ("Estado-parte") reconhece a competência do Comitê sobre os Direitos das Pessoas com Deficiência ("Comitê") para receber e considerar comunicações submetidas por pessoas ou grupos de pessoas, ou em nome deles, sujeitos à sua jurisdição, alegando serem vítimas de violação das disposições da Convenção pelo referido Estado-parte.

2. O Comitê não receberá comunicação referente a qualquer Estado-parte que não seja signatário do presente Protocolo.

Artigo 2

O Comitê considerará inadmissível a comunicação quando:

a) A comunicação for anônima;

b) A comunicação constituir abuso do direito de submeter tais comunicações ou for incompatível com as disposições da Convenção;

c) A mesma matéria já tenha sido examinada pelo Comitê ou tenha sido ou estiver sendo examinada sob outro procedimento de investigação ou resolução internacional;

d) Não tenham sido esgotados todos os recursos internos disponíveis, salvo no caso em que a tramitação desses recursos se prolongue injustificadamente, ou seja improvável que se obtenha com eles solução efetiva;

e) A comunicação estiver precariamente fundamentada ou não for suficientemente substanciada; ou

f) Os fatos que motivaram a comunicação tenham ocorrido antes da entrada em vigor do presente Protocolo para o Estado-parte em apreço, salvo se os fatos continuaram ocorrendo após aquela data.

Artigo 3

Sujeito ao disposto no Artigo 2 do presente Protocolo, o Comitê levará confidencialmente ao conhecimento do Estado-parte concernente qualquer comunicação submetida ao Comitê. Dentro do período de seis meses, o Estado concernente submeterá ao Comitê explicações ou declarações por escrito, esclarecendo a matéria e a eventual solução adotada pelo referido Estado.

Artigo 4

1. A qualquer momento após receber uma comunicação e antes de decidir o mérito dessa comunicação, o Comitê poderá transmitir ao Estado-parte concernente, para sua urgente consideração, um pedido para que o Estado-parte tome as medidas de natureza cautelar que forem necessárias para evitar possíveis danos irreparáveis à vítima ou às vítimas da violação alegada.

2. O exercício pelo Comitê de suas faculdades discricionárias em virtude do parágrafo 1 do presente Artigo não implicará prejuízo algum sobre a admissibilidade ou sobre o mérito da comunicação.

Artigo 5

O Comitê realizará sessões fechadas para examinar comunicações a ele submetidas em conformidade com o presente Protocolo. Depois de examinar uma comunicação, o Comitê enviará suas sugestões e recomendações, se houver, ao Estado-parte concernente e ao requerente.

Artigo 6

1. Se receber informação confiável indicando que um Estado-parte está cometendo violação grave ou sistemática de direitos estabelecidos na Convenção, o Comitê convidará o referido Estado-parte a colaborar com a verificação da informação e, para tanto, a submeter suas observações a respeito da informação em pauta.

2. Levando em conta quaisquer observações que tenham sido submetidas pelo Estado-parte concernente, bem como quaisquer outras informações confiáveis em poder do Comitê, este poderá designar um ou mais de seus membros para realizar investigação e apresentar, em caráter de urgência, relatório ao Comitê. Caso se justifique e o Estado-parte o consinta, a investigação poderá incluir uma visita ao território desse Estado.

3. Após examinar os resultados da investigação, o Comitê os comunicará ao Estado-parte concernente, acompanhados de eventuais comentários e recomendações.

4. Dentro do período de seis meses após o recebimento dos resultados, comentários e recomendações transmitidos pelo Comitê, o Estado-parte concernente submeterá suas observações ao Comitê.

5. A referida investigação será realizada confidencialmente e a cooperação do Estado-parte será solicitada em todas as fases do processo.

Artigo 7

1. O Comitê poderá convidar o Estado-parte concernente a incluir em seu relatório, submetido em conformidade com o disposto no Artigo 35 da Convenção, pormenores a respeito das medidas tomadas em consequência da investigação realizada em conformidade com o Artigo 6 do presente Protocolo.

2. Caso necessário, o Comitê poderá, encerrado o período de seis meses a que se refere o parágrafo 4 do Artigo 6, convidar o Estado-parte concernente a informar o Comitê a respeito das medidas tomadas em consequência da referida investigação.

Artigo 8

Qualquer Estado-parte poderá, quando da assinatura ou ratificação do presente Protocolo ou de sua adesão a ele, declarar que não reconhece a competência do Comitê, a que se referem os Artigos 6 e 7.

Artigo 9

O Secretário-Geral das Nações Unidas será o depositário do presente Protocolo.

Artigo 10

O presente Protocolo será aberto à assinatura dos Estados e organizações de integração regional signatários da Convenção, na sede das Nações Unidas em Nova York, a partir de 30 de março de 2007.

Artigo 11

O presente Protocolo estará sujeito à ratificação pelos Estados signatários do presente Protocolo que tiverem ratificado a Convenção ou aderido a ela. Ele estará sujeito à confirmação formal por organizações de integração regional signatárias do presente Protocolo que tiverem formalmente confirmado a Convenção ou a ela aderido. O Protocolo ficará aberto à adesão de qualquer Estado ou organização de integração regional que tiver ratificado ou formalmente confirmado a Convenção ou a ela aderido e que não tiver assinado o Protocolo.

Artigo 12

1. "Organização de integração regional" será entendida como organização constituída por Estados soberanos de determinada região, à qual seus Estados-membros tenham delegado competência sobre matéria abrangida pela Convenção e pelo presente Protocolo. Essas organizações declararão, em seus documentos de confirmação formal ou adesão, o alcance de sua competência em relação à matéria abrangida pela Convenção e pelo presente Protocolo. Subsequentemente, as organizações informarão ao depositário qualquer alteração substancial no alcance de sua competência.

2. As referências a "Estados-partes" no presente Protocolo serão aplicáveis a essas organizações, nos limites da competência de tais organizações.

3. Para os fins do parágrafo 1 do Artigo 13 e do parágrafo 2 do Artigo 15, nenhum instrumento depositado por organização de integração regional será computado.

4. As organizações de integração regional, em matérias de sua competência, poderão exercer o direito de voto na Conferência dos Estados-partes, tendo direito ao mesmo número de votos que seus Estados-membros que forem Partes do presente Protocolo. Essas organizações não exercerão seu direito de voto se qualquer de seus Estados-membros exercer seu direito de voto, e vice-versa.

Artigo 13

1. Sujeito à entrada em vigor da Convenção, o presente Protocolo entrará em vigor no trigésimo dia após o depósito do décimo instrumento de ratificação ou adesão.

2. Para cada Estado ou organização de integração regional que ratificar ou formalmente confirmar o presente Protocolo ou a ele aderir depois do depósito do décimo instrumento dessa natureza, o Protocolo entrará em vigor no trigésimo dia a partir da data em que esse Estado ou organização tenha depositado seu instrumento de ratificação, confirmação formal ou adesão.

Artigo 14

1. Não serão permitidas reservas incompatíveis com o objeto e o propósito do presente Protocolo.

2. As reservas poderão ser retiradas a qualquer momento.

Artigo 15

1. Qualquer Estado-parte poderá propor emendas ao presente Protocolo e submetê-las ao Secretário-Geral das Nações Unidas. O Secretário-Geral comunicará aos Estados-partes quaisquer emendas propostas, solicitando-lhes que o notifiquem se são favoráveis a uma Conferência dos Estados-partes para considerar as propostas e tomar decisão a respeito delas. Se, até quatro meses após a data da referida comunicação, pelo menos um terço dos Estados-partes se manifestar favorável a essa Conferência, o Secretário-Geral das Nações Unidas convocará a Conferência, sob os auspícios das Nações Unidas. Qualquer emenda adotada por maioria de dois terços dos Estados-partes presentes e votantes será submetida pelo Secretário-Geral à aprovação da Assembleia Geral das Nações Unidas e, posteriormente, à aceitação de todos os Estados-partes.

2. Qualquer emenda adotada e aprovada conforme o disposto no parágrafo 1 do presente artigo entrará em vigor no trigésimo dia após a data na qual o número de instrumentos de aceitação tenha atingido dois terços do número de Estados-partes na data de adoção da emenda. Posteriormente, a emenda entrará em vigor para todo Estado-parte no trigésimo dia após o depósito por esse Estado do seu instrumento de aceitação. A emenda será vinculante somente para os Estados-partes que a tiverem aceitado.

Artigo 16

Qualquer Estado-parte poderá denunciar o presente Protocolo mediante notificação por escrito ao Secretário-Geral das Nações Unidas. A denúncia tornar-se-á efetiva um ano após a data de recebimento da notificação pelo Secretário-Geral.

Artigo 17

O texto do presente Protocolo será colocado à disposição em formatos acessíveis.

Artigo 18

Os textos em árabe, chinês, espanhol, francês, inglês e russo e do presente Protocolo serão igualmente autênticos.

EM FÉ DO QUE os plenipotenciários abaixo assinados, devidamente autorizados para tanto por seus respectivos governos, firmaram o presente Protocolo.

LEI N. 12.153, DE 22 DE DEZEMBRO DE 2009 (*)

Dispõe sobre os Juizados Especiais da Fazenda Pública no âmbito dos Estados, do Distrito Federal, dos Territórios e dos Municípios.

O Presidente da República

Faço saber que o Congresso Nacional decreta e eu sanciono a seguinte Lei:

Art. 1.º Os Juizados Especiais da Fazenda Pública, órgãos da justiça comum e integrantes do Sistema dos Juizados Especiais, serão criados pela União, no Distrito Federal e nos Territórios, e pelos Estados, para conciliação, processo, julgamento e execução, nas causas de sua competência.

Parágrafo único. O sistema dos Juizados Especiais dos Estados e do Distrito Federal é formado pelos Juizados Especiais Cíveis, Juizados Especiais Criminais e Juizados Especiais da Fazenda Pública.

- *Vide* art. 98, I, da CF.
- *Vide* Lei n. 9.099, de 26-9-1995, que dispõe sobre os Juizados Especiais Cíveis e Criminais dos Estados, Territórios e Distrito Federal.

Art. 2.º É de competência dos Juizados Especiais da Fazenda Pública processar, conciliar e julgar causas cíveis de interesse dos Estados, do Distrito Federal, dos Territórios e dos Municípios, até o valor de 60 (sessenta) salários mínimos.

•• A Medida Provisória n. 1.143, de 12-12-2022, estabelece que, a partir de 1.º-1-2023, o salário mínimo será de R$ 1.302,00 (mil trezentos e dois reais).

§ 1.º Não se incluem na competência do Juizado Especial da Fazenda Pública:

I – as ações de mandado de segurança, de desapropriação, de divisão e demarcação, populares, por improbidade administrativa, execuções fiscais e as demandas sobre direitos ou interesses difusos e coletivos;

- Mandado de Segurança: *vide* Lei n. 12.016, de 7-8-2009.
- Desapropriação: *vide* Decreto-lei n. 3.365, de 21-6-1941.
- Ação de divisão e demarcação de terras particulares: vide arts. 569 e s. do CPC.
- Ação popular: *vide* Lei n. 4.717, de 29-6-1965.
- Improbidade Administrativa: *vide* Lei n. 8.429, de 2-6-1992.
- Execução Fiscal: *vide* Lei n. 6.830, de 22-9-1980.

II – as causas sobre bens imóveis dos Estados, Distrito Federal, Territórios e Municípios, autarquias e fundações públicas a eles vinculadas;

III – as causas que tenham como objeto a impugnação da pena de demissão imposta a servidores públicos civis ou sanções disciplinares aplicadas a militares.

- Regime Jurídico dos Servidores Públicos: *vide* Lei n. 8.112, de 11-12-1990.

§ 2.º Quando a pretensão versar sobre obrigações vincendas, para fins de competência do Juizado Especial, a soma de 12 (doze) parcelas vincendas e de eventuais parcelas vencidas não poderá exceder o valor referido no *caput* deste artigo.

§ 3.º (*Vetado.*)

§ 4.º No foro onde estiver instalado Juizado Especial da Fazenda Pública, a sua competência é absoluta.

Art. 3.º O juiz poderá, de ofício ou a requerimento das partes, deferir quaisquer providências cautelares e antecipatórias no curso do processo, para evitar dano de difícil ou de incerta reparação.

- *Vide* arts. 294 e s. (tutela provisória) e 300 e s. (tutela de urgência) do CPC.

Art. 4.º Exceto nos casos do art. 3.º, somente será admitido recurso contra a sentença.

Art. 5.º Podem ser partes no Juizado Especial da Fazenda Pública:

I – como autores, as pessoas físicas e as microempresas e empresas de pequeno porte, assim definidas na Lei Complementar n. 123, de 14 de dezembro de 2006;

II – como réus, os Estados, o Distrito Federal, os Territórios e os Municípios, bem como autarquias, fundações e empresas públicas a eles vinculadas.

Art. 6.º Quanto às citações e intimações, aplicam-se as disposições contidas na Lei n. 5.869, de 11 de janeiro de 1973 – Código de Processo Civil.

- Das citações e intimações no CPC de 2015: vide arts. 238 e s. e 269 e s.

Art. 7.º Não haverá prazo diferenciado para a prática de qualquer ato processual pelas pessoas jurídicas de direito público, inclusive a interposição de recursos, devendo a citação para a audiência de conciliação ser efetuada com antecedência mínima de 30 (trinta) dias.

Art. 8.º Os representantes judiciais dos réus presentes à audiência poderão conciliar, transigir ou desistir nos processos da competência dos Juizados Especiais, nos termos e nas hipóteses previstas na lei do respectivo ente da Federação.

Art. 9.º A entidade ré deverá fornecer ao Juizado a documentação de que disponha para o esclarecimento da causa, apresentando-a até a instalação da audiência de conciliação.

Art. 10. Para efetuar o exame técnico necessário à conciliação ou ao julgamento da causa, o juiz nomeará pessoa habilitada, que apresentará o laudo até 5 (cinco) dias antes da audiência.

Art. 11. Nas causas de que trata esta Lei, não haverá reexame necessário.

Art. 12. O cumprimento do acordo ou da sentença, com trânsito em julgado, que imponham obrigação de fazer, não fazer ou entrega de coisa certa, será efetuado mediante ofício do juiz à autoridade citada para a causa, com cópia da sentença ou do acordo.

- Das modalidades das obrigações no CC: *vide* arts. 233 a 285.

Art. 13. Tratando-se de obrigação de pagar quantia certa, após o trânsito em julgado da decisão, o pagamento será efetuado:

I – no prazo máximo de 60 (sessenta) dias, contado da entrega da requisição do juiz à autoridade citada para a causa, independentemente de precatório, na hipótese do § 3.º do art. 100 da Constituição Federal; ou

II – mediante precatório, caso o montante da condenação exceda o valor definido como obrigação de pequeno valor.

- Sobre precatórios *vide* arts. 100 da CF e 97 do ADCT.

§ 1.º Desatendida a requisição judicial, o juiz, imediatamente, determinará o sequestro do numerário suficiente ao cumprimento da decisão, dispensada a audiência da Fazenda Pública.

§ 2.º As obrigações definidas como de pequeno valor a serem pagas independentemente de precatório terão como limite o que for estabelecido na lei do respectivo ente da Federação.

(*) Publicada no *Diário Oficial da União*, de 23-12-2009. O Provimento n. 7, de 7-5-2010, do Conselho Nacional de Justiça, define medidas de aprimoramento relacionadas ao Sistema dos Juizados Especiais.

§ 3.º Até que se dê a publicação das leis de que trata o § 2.º, os valores serão:

I – 40 (quarenta) salários mínimos, quanto aos Estados e ao Distrito Federal;

II – 30 (trinta) salários mínimos, quanto aos Municípios.

§ 4.º São vedados o fracionamento, a repartição ou a quebra do valor da execução, de modo que o pagamento se faça, em parte, na forma estabelecida no inciso I do *caput* e, em parte, mediante expedição de precatório, bem como a expedição de precatório complementar ou suplementar do valor pago.

§ 5.º Se o valor da execução ultrapassar o estabelecido para pagamento independentemente do precatório, o pagamento far-se-á, sempre, por meio do precatório, sendo facultada à parte exequente a renúncia ao crédito do valor excedente, para que possa optar pelo pagamento do saldo sem o precatório.

§ 6.º O saque do valor depositado poderá ser feito pela parte autora, pessoalmente, em qualquer agência do banco depositário, independentemente de alvará.

§ 7.º O saque por meio de procurador somente poderá ser feito na agência destinatária do depósito, mediante procuração específica, com firma reconhecida, da qual constem o valor originalmente depositado e sua procedência.

Art. 14. Os Juizados Especiais da Fazenda Pública serão instalados pelos Tribunais de Justiça dos Estados e do Distrito Federal.

Parágrafo único. Poderão ser instalados Juizados Especiais Adjuntos, cabendo ao Tribunal designar a Vara onde funcionará.

Art. 15. Serão designados, na forma da legislação dos Estados e do Distrito Federal, conciliadores e juízes leigos dos Juizados Especiais da Fazenda Pública, observadas as atribuições previstas nos arts. 22, 37 e 40 da Lei n. 9.099, de 26 de setembro de 1995.

§ 1.º Os conciliadores e juízes leigos são auxiliares da Justiça, recrutados, os primeiros, preferentemente, entre os bacharéis em Direito, e os segundos, entre advogados com mais de 2 (dois) anos de experiência.

§ 2.º Os juízes leigos ficarão impedidos de exercer a advocacia perante todos os Juizados Especiais da Fazenda Pública instalados em território nacional, enquanto no desempenho de suas funções.

Art. 16. Cabe ao conciliador, sob a supervisão do juiz, conduzir a audiência de conciliação.

• *Vide* art. 26 desta Lei.

§ 1.º Poderá o conciliador, para fins de encaminhamento da composição amigável, ouvir as partes e testemunhas sobre os contornos fáticos da controvérsia.

§ 2.º Não obtida a conciliação, caberá ao juiz presidir a instrução do processo, podendo dispensar novos depoimentos, se entender suficientes para o julgamento da causa os esclarecimentos já constantes dos autos, e não houver impugnação das partes.

Art. 17. As Turmas Recursais do Sistema dos Juizados Especiais são compostas por juízes em exercício no primeiro grau de jurisdição, na forma da legislação dos Estados e do Distrito Federal, com mandato de 2 (dois) anos, e integradas, preferencialmente, por juízes do Sistema dos Juizados Especiais.

§ 1.º A designação dos juízes das Turmas Recursais obedecerá aos critérios de antiguidade e merecimento.

§ 2.º Não será permitida a recondução, salvo quando não houver outro juiz na sede da Turma Recursal.

Art. 18. Caberá pedido de uniformização de interpretação de lei quando houver divergência entre decisões proferidas por Turmas Recursais sobre questões de direito material.

§ 1.º O pedido fundado em divergência entre Turmas do mesmo Estado será julgado em reunião conjunta das Turmas em conflito, sob a presidência de desembargador indicado pelo Tribunal de Justiça.

§ 2.º No caso do § 1.º, a reunião de juízes domiciliados em cidades diversas poderá ser feita por meio eletrônico.

§ 3.º Quando as Turmas de diferentes Estados derem a lei federal interpretações divergentes, ou quando a decisão proferida estiver em contrariedade com súmula do Superior Tribunal de Justiça, o pedido será por este julgado.

Art. 19. Quando a orientação acolhida pelas Turmas de Uniformização de que trata o § 1.º do art. 18 contrariar súmula do Superior Tribunal de Justiça, a parte interessada poderá provocar a manifestação deste, que dirimirá a divergência.

§ 1.º Eventuais pedidos de uniformização fundados em questões idênticas e recebidos subsequentemente em quaisquer das Turmas Recursais ficarão retidos nos autos, aguardando pronunciamento do Superior Tribunal de Justiça.

§ 2.º Nos casos do *caput* deste artigo e do § 3.º do art. 18, presente a plausibilidade do direito invocado e havendo fundado receio de dano de difícil reparação, poderá o relator conceder, de ofício ou a requerimento do interessado, medida liminar determinando a suspensão dos processos nos quais a controvérsia esteja estabelecida.

§ 3.º Se necessário, o relator pedirá informações ao Presidente da Turma Recursal ou Presidente da Turma de Uniformização e, nos casos previstos em lei, ouvirá o Ministério Público, no prazo de 5 (cinco) dias.

§ 4.º (*Vetado.*)

§ 5.º Decorridos os prazos referidos nos §§ 3.º e 4.º, o relator incluirá o pedido em pauta na sessão, com preferência sobre todos os demais feitos, ressalvados os processos com réus presos, os *habeas corpus* e os mandados de segurança.

§ 6.º Publicado o acórdão respectivo, os pedidos retidos referidos no § 1.º serão apreciados pelas Turmas Recursais, que poderão exercer juízo de retratação ou os declararão prejudicados, se veicularem tese não acolhida pelo Superior Tribunal de Justiça.

Art. 20. Os Tribunais de Justiça, o Superior Tribunal de Justiça e o Supremo Tribunal Federal, no âmbito de suas competências, expedirão normas regulamentando os procedimentos a serem adotados para o processamento e o julgamento do pedido de uniformização e do recurso extraordinário.

Art. 21. O recurso extraordinário, para os efeitos desta Lei, será processado e julgado segundo o estabelecido no art. 19, além da observância das normas do Regimento.

• Dos recursos especial e extraordinário no CPC: arts. 1.029 e s.

Art. 22. Os Juizados Especiais da Fazenda Pública serão instalados no prazo de até 2 (dois) anos da vigência desta Lei, podendo haver o aproveitamento total ou parcial das estruturas das atuais Varas da Fazenda Pública.

Art. 23. Os Tribunais de Justiça poderão limitar, por até 5 (cinco) anos, a partir da entrada em vigor desta Lei, a competência dos Juizados Especiais da Fazenda Pública, atendendo à necessidade da organização dos serviços judiciários e administrativos.

Art. 24. Não serão remetidas aos Juizados Especiais da Fazenda Pública as demandas ajuizadas até a data de sua instalação, assim como as ajuizadas fora do Juizado Especial por força do disposto no art. 23.

Art. 25. Competirá aos Tribunais de Justiça prestar o suporte administrativo necessário ao funcionamento dos Juizados Especiais.

Art. 26. O disposto no art. 16 aplica-se aos Juizados Especiais Federais instituídos pela Lei n. 10.259, de 12 de julho de 2001.

Art. 27. Aplica-se subsidiariamente o disposto nas Leis n. 5.869, de 11 de janeiro de 1973 – Código de Processo Civil, 9.099, de 26 de setembro de 1995, e 10.259, de 12 de julho de 2001.

Art. 28. Esta Lei entra em vigor após decorridos 6 (seis) meses de sua publicação oficial.

Luiz Inácio Lula da Silva

LEI N. 12.288, DE 20 DE JULHO DE 2010 (*)

Institui o Estatuto da Igualdade Racial; altera as Leis n. 7.716, de 5 de janeiro de 1989, 9.029, de 13 de abril de 1995, 7.347, de 24 de julho de 1985, e 10.778, de 24 de novembro de 2003.

O Presidente da República

Faço saber que o Congresso Nacional decreta e eu sanciono a seguinte Lei:

(*) Publicada no *Diário Oficial da União*, de 21-7-2010. O Decreto n. 8.136, de 5-11-2013, aprova o regulamento do Sistema Nacional de Promoção da Igualdade Racial – Sinapir.

Título I
DISPOSIÇÕES PRELIMINARES

Art. 1.º Esta Lei institui o Estatuto da Igualdade Racial, destinado a garantir à população negra a efetivação da igualdade de oportunidades, a defesa dos direitos étnicos individuais, coletivos e difusos e o combate à discriminação e às demais formas de intolerância étnica.

• *Vide* arts. 3.º, IV, 4.º, VIII, e 5.º, XLI e XLII, da CF.

Parágrafo único. Para efeito deste Estatuto, considera-se:

I – discriminação racial ou étnico-racial: toda distinção, exclusão, restrição ou preferência baseada em raça, cor, descendência ou origem nacional ou étnica que tenha por objeto anular ou restringir o reconhecimento, gozo ou exercício, em igualdade de condições, de direitos humanos e liberdades fundamentais nos campos político, econômico, social, cultural ou em qualquer outro campo da vida pública ou privada;

• A Lei n. 7.716, de 5-1-1989, define os crimes resultantes de preconceitos de raça ou de cor.

II – desigualdade racial: toda situação injustificada de diferenciação de acesso e fruição de bens, serviços e oportunidades, nas esferas pública e privada, em virtude de raça, cor, descendência ou origem nacional ou étnica;

III – desigualdade de gênero e raça: assimetria existente no âmbito da sociedade que acentua a distância social entre mulheres negras e os demais segmentos sociais;

IV – população negra: o conjunto de pessoas que se autodeclaram pretas e pardas, conforme o quesito cor ou raça usado pela Fundação Instituto Brasileiro de Geografia e Estatística (IBGE), ou que adotam autodefinição análoga;

V – políticas públicas: as ações, iniciativas e programas adotados pelo Estado no cumprimento de suas atribuições institucionais;

VI – ações afirmativas: os programas e medidas especiais adotados pelo Estado e pela iniciativa privada para a correção das desigualdades raciais e para a promoção da igualdade de oportunidades.

Art. 2.º É dever do Estado e da sociedade garantir a igualdade de oportunidades, reconhecendo a todo cidadão brasileiro, independentemente da etnia ou da cor da pele, o direito à participação na comunidade, especialmente nas atividades políticas, econômicas, empresariais, educacionais, culturais e esportivas, defendendo sua dignidade e seus valores religiosos e culturais.

Art. 3.º Além das normas constitucionais relativas aos princípios fundamentais, aos direitos e garantias fundamentais e aos direitos sociais, econômicos e culturais, o Estatuto da Igualdade Racial adota como diretriz político-jurídica a inclusão das vítimas de desigualdade étnico-racial, a valorização da igualdade étnica e o fortalecimento da identidade nacional brasileira.

Art. 4.º A participação da população negra, em condição de igualdade de oportunidade, na vida econômica, social, política e cultural do País será promovida, prioritariamente, por meio de:

I – inclusão nas políticas públicas de desenvolvimento econômico e social;

II – adoção de medidas, programas e políticas de ação afirmativa;

III – modificação das estruturas institucionais do Estado para o adequado enfrentamento e a superação das desigualdades étnicas decorrentes do preconceito e da discriminação étnica;

IV – promoção de ajustes normativos para aperfeiçoar o combate à discriminação étnica e às desigualdades étnicas em todas as suas manifestações individuais, institucionais e estruturais;

V – eliminação dos obstáculos históricos, socioculturais e institucionais que impedem a representação da diversidade étnica nas esferas pública e privada;

VI – estímulo, apoio e fortalecimento de iniciativas oriundas da sociedade civil direcionadas à promoção da igualdade de oportunidades e ao combate às desigualdades étnicas, inclusive mediante a implementação de incentivos e critérios de condicionamento e prioridade no acesso aos recursos públicos;

VII – implementação de programas de ação afirmativa destinados ao enfrentamento das desigualdades étnicas no tocante à educação, cultura, esporte e lazer, saúde, segurança, trabalho, moradia, meios de comunicação de massa, financiamentos públicos, acesso à terra, à Justiça, e outros.

• *Vide* art. 56 desta Lei.

Parágrafo único. Os programas de ação afirmativa constituir-se-ão em políticas públicas destinadas a reparar as distorções e desigualdades sociais e demais práticas discriminatórias adotadas, nas esferas pública e privada, durante o processo de formação social do País.

Art. 5.º Para a consecução dos objetivos desta Lei, é instituído o Sistema Nacional de Promoção da Igualdade Racial (Sinapir), conforme estabelecido no Título III.

Título II
DOS DIREITOS FUNDAMENTAIS

Capítulo I
DO DIREITO À SAÚDE

Art. 6.º O direito à saúde da população negra será garantido pelo poder público mediante políticas universais, sociais e econômicas destinadas à redução do risco de doenças e de outros agravos.

§ 1.º O acesso universal e igualitário ao Sistema Único de Saúde (SUS) para promoção, proteção e recuperação da saúde da população negra será de responsabilidade dos órgãos e instituições públicas federais, estaduais, distritais e municipais, da administração direta e indireta.

§ 2.º O poder público garantirá que o segmento da população negra vinculado aos seguros privados de saúde seja tratado sem discriminação.

Art. 7.º O conjunto de ações de saúde voltadas à população negra constitui a Política Nacional de Saúde Integral da População Negra, organizada de acordo com as diretrizes abaixo especificadas:

I – ampliação e fortalecimento da participação de lideranças dos movimentos sociais em defesa da saúde da população negra nas instâncias de participação e controle social do SUS;

II – produção de conhecimento científico e tecnológico em saúde da população negra;

III – desenvolvimento de processos de informação, comunicação e educação para contribuir com a redução das vulnerabilidades da população negra.

Art. 8.º Constituem objetivos da Política Nacional de Saúde Integral da População Negra:

I – a promoção da saúde integral da população negra, priorizando a redução das desigualdades étnicas e o combate à discriminação nas instituições e serviços do SUS;

II – a melhoria da qualidade dos sistemas de informação do SUS no que tange à coleta, ao processamento e à análise dos dados desagregados por cor, etnia e gênero;

III – o fomento à realização de estudos e pesquisas sobre racismo e saúde da população negra;

IV – a inclusão do conteúdo da saúde da população negra nos processos de formação e educação permanente dos trabalhadores da saúde;

V – a inclusão da temática saúde da população negra nos processos de formação política das lideranças de movimentos sociais para o exercício da participação e controle social no SUS.

Parágrafo único. Os moradores das comunidades de remanescentes de quilombos serão beneficiários de incentivos específicos para a garantia do direito à saúde, incluindo melhorias nas condições ambientais, no saneamento básico, na segurança alimentar e nutricional e na atenção integral à saúde.

Capítulo II
DO DIREITO À EDUCAÇÃO, À CULTURA, AO ESPORTE E AO LAZER

Seção I
Disposições Gerais

Art. 9.º A população negra tem direito a participar de atividades educacionais, culturais, esportivas e de lazer adequadas a seus interesses e condições, de modo a contribuir para o patrimônio cultural de sua comunidade e da sociedade brasileira.

Art. 10. Para o cumprimento do disposto no art. 9.º, os governos federal, estaduais, distrital e municipais adotarão as seguintes providências:

I – promoção de ações para viabilizar e ampliar o acesso da população negra ao ensino gratuito e às atividades esportivas e de lazer;

II – apoio à iniciativa de entidades que mantenham espaço para promoção social e cultural da população negra;

III – desenvolvimento de campanhas educativas, inclusive nas escolas, para que a solidariedade aos membros da população negra faça parte da cultura de toda a sociedade;

IV – implementação de políticas públicas para o fortalecimento da juventude negra brasileira.

Seção II
Da Educação

Art. 11. Nos estabelecimentos de ensino fundamental e de ensino médio, públicos e privados, é obrigatório o estudo da história geral da África e da história da população negra no Brasil, observado o disposto na Lei n. 9.394, de 20 de dezembro de 1996.

• A Lei n. 9.394, de 20-12-1996, dispõe sobre diretrizes e bases da educação nacional.

§ 1.º Os conteúdos referentes à história da população negra no Brasil serão ministrados no âmbito de todo o currículo escolar, resgatando sua contribuição decisiva para o desenvolvimento social, econômico, político e cultural do País.

§ 2.º O órgão competente do Poder Executivo fomentará a formação inicial e continuada de professores e a elaboração de material didático específico para o cumprimento do disposto no *caput* deste artigo.

§ 3.º Nas datas comemorativas de caráter cívico, os órgãos responsáveis pela educação incentivarão a participação de intelectuais e representantes do movimento negro para debater com os estudantes suas vivências relativas ao tema em comemoração.

Art. 12. Os órgãos federais, distritais e estaduais de fomento à pesquisa e à pós-graduação poderão criar incentivos a pesquisas e a programas de estudo voltados para temas referentes às relações étnicas, aos quilombos e às questões pertinentes à população negra.

Art. 13. O Poder Executivo federal, por meio dos órgãos competentes, incentivará as instituições de ensino superior públicas e privadas, sem prejuízo da legislação em vigor, a:

• O Decreto n. 9.427, de 29-6-2018, reserva aos negros 30% das vagas oferecidas nas seleções para estágio no âmbito da administração pública federal direta, autárquica e fundacional.

I – resguardar os princípios da ética em pesquisa e apoiar grupos, núcleos e centros de pesquisa, nos diversos programas de pós-graduação que desenvolvam temáticas de interesse da população negra;

II – incorporar nas matrizes curriculares dos cursos de formação de professores temas que incluam valores concernentes à pluralidade étnica e cultural da sociedade brasileira;

III – desenvolver programas de extensão universitária destinados a aproximar jovens negros de tecnologias avançadas, assegurado o princípio da proporcionalidade de gênero entre os beneficiários;

IV – estabelecer programas de cooperação técnica, nos estabelecimentos de ensino públicos, privados e comunitários, com as escolas de educação infantil, ensino fundamental, ensino médio e ensino técnico, para a formação docente baseada em princípios de equidade, de tolerância e de respeito às diferenças étnicas.

Art. 14. O poder público estimulará e apoiará ações socioeducacionais realizadas por entidades do movimento negro que desenvolvam atividades voltadas para a inclusão social, mediante cooperação técnica, intercâmbios, convênios e incentivos, entre outros mecanismos.

Art. 15. O poder público adotará programas de ação afirmativa.

Art. 16. O Poder Executivo federal, por meio dos órgãos responsáveis pelas políticas de promoção da igualdade e de educação, acompanhará e avaliará os programas de que trata esta Seção.

Seção III
Da Cultura

Art. 17. O poder público garantirá o reconhecimento das sociedades negras, clubes e outras formas de manifestação coletiva da população negra, com trajetória histórica comprovada, como patrimônio histórico e cultural, nos termos dos arts. 215 e 216 da Constituição Federal.

Art. 18. É assegurado aos remanescentes das comunidades dos quilombos o direito à preservação de seus usos, costumes, tradições e manifestos religiosos, sob a proteção do Estado.

• *Vide* art. 5.º, VI, da CF.

Parágrafo único. A preservação dos documentos e dos sítios detentores de reminiscências históricas dos antigos quilombos, tombados nos termos do § 5.º do art. 216 da Constituição Federal, receberá especial atenção do poder público.

Art. 19. O poder público incentivará a celebração das personalidades e das datas comemorativas relacionadas à trajetória do samba e de outras manifestações culturais de matriz africana, bem como sua comemoração nas instituições de ensino públicas e privadas.

Art. 20. O poder público garantirá o registro e a proteção da capoeira, em todas as suas modalidades, como bem de natureza imaterial e de formação da identidade cultural brasileira, nos termos do art. 216 da Constituição Federal.

Parágrafo único. O poder público buscará garantir, por meio dos atos normativos necessários, a preservação dos elementos formadores tradicionais da capoeira nas suas relações internacionais.

Seção IV
Do Esporte e Lazer

Art. 21. O poder público fomentará o pleno acesso da população negra às práticas desportivas, consolidando o esporte e o lazer como direitos sociais.

Art. 22. A capoeira é reconhecida como desporto de criação nacional, nos termos do art. 217 da Constituição Federal.

§ 1.º A atividade de capoeirista será reconhecida em todas as modalidades em que a capoeira se manifesta, seja como esporte, luta, dança ou música, sendo livre o exercício em todo o território nacional.

§ 2.º É facultado o ensino da capoeira nas instituições públicas e privadas pelos capoeiristas e mestres tradicionais, pública e formalmente reconhecidos.

Capítulo III
DO DIREITO À LIBERDADE DE CONSCIÊNCIA E DE CRENÇA E AO LIVRE EXERCÍCIO DOS CULTOS RELIGIOSOS

• *Vide* art. 5.º, VI, VII e VIII, da CF.

Art. 23. É inviolável a liberdade de consciência e de crença, sendo assegurado o livre exercício dos cultos religiosos e garantida, na forma da lei, a proteção aos locais de culto e a suas liturgias.

Art. 24. O direito à liberdade de consciência e de crença e ao livre exercício dos cultos religiosos de matriz africana compreende:

I – a prática de cultos, a celebração de reuniões relacionadas à religiosidade e a fundação e manutenção, por iniciativa privada, de lugares reservados para tais fins;

II – a celebração de festividades e cerimônias de acordo com preceitos das respectivas religiões;

III – a fundação e a manutenção, por iniciativa privada, de instituições beneficentes ligadas às respectivas convicções religiosas;

IV – a produção, a comercialização, a aquisição e o uso de artigos e materiais religiosos adequados aos costumes e às práticas fundadas na respectiva religiosidade, ressalvadas as condutas vedadas por legislação específica;

• A Lei n. 9.605, de 12-2-1998, dispõe sobre as sanções penais e administrativas derivadas de condutas e atividades lesivas ao meio ambiente.

V – a produção e a divulgação de publicações relacionadas ao exercício e à difusão das religiões de matriz africana;

VI – a coleta de contribuições financeiras de pessoas naturais e jurídicas de natureza privada para a manutenção das atividades religiosas e sociais das respectivas religiões;

VII – o acesso aos órgãos e aos meios de comunicação para divulgação das respectivas religiões;

VIII – a comunicação ao Ministério Público para abertura de ação penal em face de atitudes e práticas de intolerância religiosa nos meios de comunicação e em quaisquer outros locais.

Art. 25. É assegurada a assistência religiosa aos praticantes de religiões de matrizes africanas internados em hospitais ou em outras instituições de internação coletiva, inclusive àqueles submetidos a pena privativa de liberdade.

- *Vide* art. 5.º, VII, da CF.
- A Lei n. 9.982, de 14-7-2000, dispõe sobre a prestação de assistência religiosa nas entidades hospitalares públicas e privadas, bem como nos estabelecimentos prisionais civis e militares.

Art. 26. O poder público adotará as medidas necessárias para o combate à intolerância com as religiões de matrizes africanas e à discriminação de seus seguidores, especialmente com o objetivo de:

I – coibir a utilização dos meios de comunicação social para a difusão de proposições, imagens ou abordagens que exponham pessoa ou grupo ao ódio ou ao desprezo por motivos fundados na religiosidade de matrizes africanas;

II – inventariar, restaurar e proteger os documentos, obras e outros bens de valor artístico e cultural, os monumentos, mananciais, flora e sítios arqueológicos vinculados às religiões de matrizes africanas;

- *Vide* art. 216 da CF.

III – assegurar a participação proporcional de representantes das religiões de matrizes africanas, ao lado da representação das demais religiões, em comissões, conselhos, órgãos e outras instâncias de deliberação vinculadas ao poder público.

Capítulo IV
DO ACESSO À TERRA E À MORADIA ADEQUADA

- *Vide* art. 6.º da CF.

Seção I
Do Acesso à Terra

Art. 27. O poder público elaborará e implementará políticas públicas capazes de promover o acesso da população negra à terra e às atividades produtivas no campo.

- A Lei n. 4.504, de 30-11-1964, dispõe sobre o Estatuto da Terra.

Art. 28. Para incentivar o desenvolvimento das atividades produtivas da população negra no campo, o poder público promoverá ações para viabilizar e ampliar o seu acesso ao financiamento agrícola.

Art. 29. Serão assegurados à população negra a assistência técnica rural, a simplificação do acesso ao crédito agrícola e o fortalecimento da infraestrutura de logística para a comercialização da produção.

Art. 30. O poder público promoverá a educação e a orientação profissional agrícola para os trabalhadores negros e as comunidades negras rurais.

Art. 31. Aos remanescentes das comunidades dos quilombos que estejam ocupando suas terras é reconhecida a propriedade definitiva, devendo o Estado emitir-lhes os títulos respectivos.

- *Vide* art. 68 do ADCT.

Art. 32. O Poder Executivo federal elaborará e desenvolverá políticas públicas especiais voltadas para o desenvolvimento sustentável dos remanescentes das comunidades dos quilombos, respeitando as tradições de proteção ambiental das comunidades.

- *Vide* art. 28, § 6.º, da Lei n. 8.069, de 13-7-1990.

Art. 33. Para fins de política agrícola, os remanescentes das comunidades dos quilombos receberão dos órgãos competentes tratamento especial diferenciado, assistência técnica e linhas especiais de financiamento público, destinados à realização de suas atividades produtivas e de infraestrutura.

Art. 34. Os remanescentes das comunidades dos quilombos se beneficiarão de todas as iniciativas previstas nesta e em outras leis para a promoção da igualdade étnica.

Seção II
Da Moradia

Art. 35. O poder público garantirá a implementação de políticas públicas para assegurar o direito à moradia adequada da população negra que vive em favelas, cortiços, áreas urbanas subutilizadas, degradadas ou em processo de degradação, a fim de reintegrá-las à dinâmica urbana e promover melhorias no ambiente e na qualidade de vida.

Parágrafo único. O direito à moradia adequada, para os efeitos desta Lei, inclui não apenas o provimento habitacional, mas também a garantia da infraestrutura urbana e dos equipamentos comunitários associados à função habitacional, bem como a assistência técnica e jurídica para a construção, a reforma ou a regularização fundiária da habitação em área urbana.

Art. 36. Os programas, projetos e outras ações governamentais realizadas no âmbito do Sistema Nacional de Habitação de Interesse Social (SNHIS), regulado pela Lei n. 11.124, de 16 de junho de 2005, devem considerar as peculiaridades sociais, econômicas e culturais da população negra.

Parágrafo único. Os Estados, o Distrito Federal e os Municípios estimularão e facilitarão a participação de organizações e movimentos representativos da população negra na composição dos conselhos constituídos para fins de aplicação do Fundo Nacional de Habitação de Interesse Social (FNHIS).

Art. 37. Os agentes financeiros, públicos ou privados, promoverão ações para viabilizar o acesso da população negra aos financiamentos habitacionais.

Capítulo V
DO TRABALHO

Art. 38. A implementação de políticas voltadas para a inclusão da população negra no mercado de trabalho será de responsabilidade do poder público, observando-se:

I – o instituído neste Estatuto;

II – os compromissos assumidos pelo Brasil ao ratificar a Convenção Internacional sobre a Eliminação de Todas as Formas de Discriminação Racial, de 1965;

- O Decreto n. 4.738, de 12-6-2003, promulga a Declaração Facultativa prevista no art. 14 da Convenção Internacional sobre a Eliminação de Todas as Formas de Discriminação Racial, reconhecendo a competência do Comitê Internacional para a Eliminação da Discriminação Racial para receber e analisar denúncias de violação dos direitos humanos cobertos na mencionada Convenção.

III – os compromissos assumidos pelo Brasil ao ratificar a Convenção n. 111, de 1958, da Organização Internacional do Trabalho (OIT), que trata da discriminação no emprego e na profissão;

- O Decreto n. 62.150, de 19-1-1968, promulga a Convenção n. 111 da OIT sobre Discriminação em Matéria de Emprego e Profissão.

IV – os demais compromissos formalmente assumidos pelo Brasil perante a comunidade internacional.

Art. 39. O poder público promoverá ações que assegurem a igualdade de oportunidades no mercado de trabalho para a população negra, inclusive mediante a implementação de medidas visando à promoção da igualdade nas contratações do setor público e o incentivo à adoção de medidas similares nas empresas e organizações privadas.

- O Decreto n. 9.427, de 29-6-2018, reserva aos negros 30% das vagas oferecidas nas seleções para estágio no âmbito da administração pública federal direta, autárquica e fundacional.

§ 1.º A igualdade de oportunidades será lograda mediante a adoção de políticas e programas de formação profissional, de emprego e de geração de renda voltados para a população negra.

§ 2.º As ações visando a promover a igualdade de oportunidades na esfera da administração pública far-se-ão por meio de normas estabelecidas ou a serem estabelecidas em legislação específica e em seus regulamentos.

§ 3.º O poder público estimulará, por meio de incentivos, a adoção de iguais medidas pelo setor privado.

§ 4.º As ações de que trata o *caput* deste artigo assegurarão o princípio da proporcionalidade de gênero entre os beneficiários.

§ 5.º Será assegurado o acesso ao crédito para a pequena produção, nos meios rural e urbano, com ações afirmativas para mulheres negras.

§ 6.º O poder público promoverá campanhas de sensibilização contra a marginalização da mulher negra no trabalho artístico e cultural.

§ 7.º O poder público promoverá ações com o objetivo de elevar a escolaridade e a qualificação profissional nos setores da economia que contem com alto índice de ocupação por trabalhadores negros de baixa escolarização.

Art. 40. O Conselho Deliberativo do Fundo de Amparo ao Trabalhador (Codefat) formulará políticas, programas e projetos voltados para a inclusão da população negra no mercado de trabalho e orientará a destinação de recursos para seu financiamento.

Art. 41. As ações de emprego e renda, promovidas por meio de financiamento para constituição e ampliação de pequenas e médias empresas e de programas de geração de renda, contemplarão o estímulo à promoção de empresários negros.

Parágrafo único. O poder público estimulará as atividades voltadas ao turismo étnico com enfoque nos locais, monumentos e cidades que retratem a cultura, os usos e os costumes da população negra.

Art. 42. O Poder Executivo federal poderá implementar critérios para provimento de cargos em comissão e funções de confiança destinados a ampliar a participação de negros, buscando reproduzir a estrutura da distribuição étnica nacional ou, quando for o caso, estadual, observados os dados demográficos oficiais.

Capítulo VI
DOS MEIOS DE COMUNICAÇÃO

Art. 43. A produção veiculada pelos órgãos de comunicação valorizará a herança cultural e a participação da população negra na história do País.

Art. 44. Na produção de filmes e programas destinados à veiculação pelas emissoras de televisão e em salas cinematográficas, deverá ser adotada a prática de conferir oportunidades de emprego para atores, figurantes e técnicos negros, sendo vedada toda e qualquer discriminação de natureza política, ideológica, étnica ou artística.

Parágrafo único. A exigência disposta no *caput* não se aplica aos filmes e programas que abordem especificidades de grupos étnicos determinados.

Art. 45. Aplica-se à produção de peças publicitárias destinadas à veiculação pelas emissoras de televisão e em salas cinematográficas o disposto no art. 44.

Art. 46. Os órgãos e entidades da administração pública federal direta, autárquica ou fundacional, as empresas públicas e as sociedades de economia mista federais deverão incluir cláusulas de participação de artistas negros nos contratos de realização de filmes, programas ou quaisquer outras peças de caráter publicitário.

§ 1.º Os órgãos e entidades de que trata este artigo incluirão, nas especificações para contratação de serviços de consultoria, conceituação, produção e realização de filmes, programas ou peças publicitárias, a obrigatoriedade da prática de iguais oportunidades de emprego para as pessoas relacionadas com o projeto ou serviço contratado.

§ 2.º Entende-se por prática de iguais oportunidades de emprego o conjunto de medidas sistemáticas executadas com a finalidade de garantir a diversidade étnica, de sexo e de idade na equipe vinculada ao projeto ou serviço contratado.

§ 3.º A autoridade contratante poderá, se considerar necessário para garantir a prática de iguais oportunidades de emprego, requerer auditoria por órgão do poder público federal.

§ 4.º A exigência disposta no *caput* não se aplica às produções publicitárias quando abordarem especificidades de grupos étnicos determinados.

Título III
DO SISTEMA NACIONAL DE PROMOÇÃO DA IGUALDADE RACIAL (SINAPIR)

•• SINAPIR: Regulamentado pelo Decreto n. 8.136, de 5-11-2013.

Capítulo I
DISPOSIÇÃO PRELIMINAR

Art. 47. É instituído o Sistema Nacional de Promoção da Igualdade Racial (Sinapir) como forma de organização e de articulação voltadas à implementação do conjunto de políticas e serviços destinados a superar as desigualdades étnicas existentes no País, prestados pelo poder público federal.

§ 1.º Os Estados, o Distrito Federal e os Municípios poderão participar do Sinapir mediante adesão.

§ 2.º O poder público federal incentivará a sociedade e a iniciativa privada a participar do Sinapir.

Capítulo II
DOS OBJETIVOS

Art. 48. São objetivos do Sinapir:

I – promover a igualdade étnica e o combate às desigualdades sociais resultantes do racismo, inclusive mediante adoção de ações afirmativas;

II – formular políticas destinadas a combater os fatores de marginalização e a promover a integração social da população negra;

III – descentralizar a implementação de ações afirmativas pelos governos estaduais, distrital e municipais;

IV – articular planos, ações e mecanismos voltados à promoção da igualdade étnica;

V – garantir a eficácia dos meios e dos instrumentos criados para a implementação das ações afirmativas e o cumprimento das metas a serem estabelecidas.

Capítulo III
DA ORGANIZAÇÃO E COMPETÊNCIA

Art. 49. O Poder Executivo federal elaborará plano nacional de promoção da igualdade racial contendo as metas, princípios e diretrizes para a implementação da Política Nacional de Promoção da Igualdade Racial (PNPIR).

§ 1.º A elaboração, implementação, coordenação, avaliação e acompanhamento da PNPIR, bem como a organização, articulação e coordenação do Sinapir, serão efetivados pelo órgão responsável pela política de promoção da igualdade étnica em âmbito nacional.

§ 2.º É o Poder Executivo federal autorizado a instituir fórum intergovernamental de promoção da igualdade étnica, a ser coordenado pelo órgão responsável pelas políticas de promoção da igualdade étnica, com o objetivo de implementar estratégias que visem à incorporação da política nacional de promoção da igualdade étnica nas ações governamentais de Estados e Municípios.

§ 3.º As diretrizes das políticas nacional e regional de promoção da igualdade étnica serão elaboradas por órgão colegiado que assegure a participação da sociedade civil.

Art. 50. Os Poderes Executivos estaduais, distrital e municipais, no âmbito das respectivas esferas de competência, poderão instituir conselhos de promoção da igualdade étnica, de caráter permanente e consultivo, compostos por igual número de representantes de órgãos e entidades públicas e de organizações da sociedade civil representativas da população negra.

Parágrafo único. O Poder Executivo priorizará o repasse dos recursos referentes aos programas e atividades previstos nesta Lei aos Estados, Distrito Federal e Municípios que tenham criado conselhos de promoção da igualdade étnica.

Capítulo IV
DAS OUVIDORIAS PERMANENTES E DO ACESSO À JUSTIÇA E À SEGURANÇA

Art. 51. O poder público federal instituirá, na forma da lei e no âmbito dos Poderes Legislativo e Executivo, Ouvidorias Permanentes em Defesa da Igualdade Racial, para receber e encaminhar denúncias de preconceito e discriminação com base em etnia ou cor e acompanhar a implementação de medidas para a promoção da igualdade.

Art. 52. É assegurado às vítimas de discriminação étnica o acesso aos órgãos de Ouvidoria Permanente, à Defensoria Pública, ao Ministério Público e ao Poder Judiciário, em todas as suas instâncias, para a garantia do cumprimento de seus direitos.

Parágrafo único. O Estado assegurará atenção às mulheres negras em situação de violência, garantida a assistência física, psíquica, social e jurídica.

• *Vide* Lei n. 11.340, de 7-8-2006, que dispõe sobre violência doméstica (Lei Maria da Penha).

Art. 53. O Estado adotará medidas especiais para coibir a violência policial incidente sobre a população negra.

Parágrafo único. O Estado implementará ações de ressocialização e proteção da juventude negra em conflito com a lei e exposta a experiências de exclusão social.

• *Vide* Lei n. 8.069, de 13-7-1990, que dispõe sobre o ECA.

Art. 54. O Estado adotará medidas para coibir atos de discriminação e preconceito praticados por servidores públicos em detrimento da população negra, observado, no que couber, o disposto na Lei n. 7.716, de 5 de janeiro de 1989.

Art. 55. Para a apreciação judicial das lesões e das ameaças de lesão aos interesses da população negra decorrentes de situações de desigualdade étnica, recorrer-se-á, entre outros instrumentos, à ação civil pública, disciplinada na Lei n. 7.347, de 24 de julho de 1985.

• Citado diploma consta neste volume.

Capítulo V
DO FINANCIAMENTO DAS INICIATIVAS DE PROMOÇÃO DA IGUALDADE RACIAL

Art. 56. Na implementação dos programas e das ações constantes dos planos plurianuais e dos orçamentos anuais da União, deverão ser observadas as políticas de ação afirmativa a que se refere o inciso VII do art. 4.º desta Lei e outras políticas públicas que tenham como objetivo promover a igualdade de oportunidades e a inclusão social da população negra, especialmente no que tange a:

I – promoção da igualdade de oportunidades em educação, emprego e moradia;

II – financiamento de pesquisas, nas áreas de educação, saúde e emprego, voltadas para a melhoria da qualidade de vida da população negra;

III – incentivo à criação de programas e veículos de comunicação destinados à divulgação de matérias relacionadas aos interesses da população negra;

IV – incentivo à criação e à manutenção de microempresas administradas por pessoas autodeclaradas negras;

V – iniciativas que incrementem o acesso e a permanência das pessoas negras na educação fundamental, média, técnica e superior;

VI – apoio a programas e projetos dos governos estaduais, distrital e municipais e de entidades da sociedade civil voltados para a promoção da igualdade de oportunidades para a população negra;

VII – apoio a iniciativas em defesa da cultura, da memória e das tradições africanas e brasileiras.

§ 1.º O Poder Executivo federal é autorizado a adotar medidas que garantam, em cada exercício, a transparência na alocação e na execução dos recursos necessários ao financiamento das ações previstas neste Estatuto, explicitando, entre outros, a proporção dos recursos orçamentários destinados aos programas de promoção da igualdade, especialmente nas áreas de educação, saúde, emprego e renda, desenvolvimento agrário, habitação popular, desenvolvimento regional, cultura, esporte e lazer.

§ 2.º Durante os 5 (cinco) primeiros anos, a contar do exercício subsequente à publicação deste Estatuto, os órgãos do Poder Executivo federal que desenvolvem políticas e programas nas áreas referidas no § 1.º deste artigo discriminarão em seus orçamentos anuais a participação nos programas de ação afirmativa referidos no inciso VII do art. 4.º desta Lei.

§ 3.º O Poder Executivo é autorizado a adotar as medidas necessárias para a adequada implementação do disposto neste artigo, podendo estabelecer patamares de participação crescente dos programas de ação afirmativa nos orçamentos anuais a que se refere o § 2.º deste artigo.

§ 4.º O órgão colegiado do Poder Executivo federal responsável pela promoção da igualdade racial acompanhará e avaliará a programação das ações referidas neste artigo nas propostas orçamentárias da União.

Art. 57. Sem prejuízo da destinação de recursos ordinários, poderão ser consignados nos orçamentos fiscal e da seguridade social para financiamento das ações de que trata o art. 56:

I – transferências voluntárias dos Estados, do Distrito Federal e dos Municípios;

II – doações voluntárias de particulares;

III – doações de empresas privadas e organizações não governamentais, nacionais ou internacionais;

IV – doações voluntárias de fundos nacionais ou internacionais;

V – doações de Estados estrangeiros, por meio de convênios, tratados e acordos internacionais.

Título IV
DISPOSIÇÕES FINAIS

Art. 58. As medidas instituídas nesta Lei não excluem outras em prol da população negra que tenham sido ou venham a ser adotadas no âmbito da União, dos Estados, do Distrito Federal ou dos Municípios.

Art. 59. O Poder Executivo federal criará instrumentos para aferir a eficácia social das medidas previstas nesta Lei e efetuará seu monitoramento constante, com a emissão e a divulgação de relatórios periódicos, inclusive pela rede mundial de computadores.

....

Art. 62. O art. 13 da Lei n. 7.347, de 1985, passa a vigorar acrescido do seguinte § 2.º, renumerando-se o atual parágrafo único como § 1.º:

•• Alteração já processada no diploma modificado.

....

Art. 65. Esta Lei entra em vigor 90 (noventa) dias após a data de sua publicação.

Brasília, 20 de julho de 2010; 189.º da Independência e 122.º da República.

LUIZ INÁCIO LULA DA SILVA

LEI N. 12.291, DE 20 DE JULHO DE 2010 (*)

Torna obrigatória a manutenção de exemplar do Código de Defesa do Consumidor nos estabelecimentos comerciais e de prestação de serviços.

O Presidente da República

Faço saber que o Congresso Nacional decreta e eu sanciono a seguinte Lei:

Art. 1.º São os estabelecimentos comerciais e de prestação de serviços obrigados a manter, em local visível e de fácil acesso ao público, 1 (um) exemplar do Código de Defesa do Consumidor.

Art. 2.º O não cumprimento do disposto nesta Lei implicará as seguintes penalidades, a serem aplicadas aos infratores pela autoridade administrativa no âmbito de sua atribuição:

I – multa no montante de até R$ 1.064,10 (mil e sessenta e quatro reais e dez centavos);

II e III – (*Vetados*.)

Art. 3.º Esta Lei entra em vigor na data de sua publicação.

Brasília, 20 de julho de 2010; 189.º da Independência e 122.º da República.

LUIZ INÁCIO LULA DA SILVA

LEI N. 12.318, DE 26 DE AGOSTO DE 2010 (**)

Dispõe sobre a alienação parental e altera o art. 236 da Lei n. 8.069, de 13 de julho de 1990.

O Presidente da República

Faço saber que o Congresso Nacional decreta e eu sanciono a seguinte Lei:

Art. 1.º Esta Lei dispõe sobre a alienação parental.

Art. 2.º Considera-se ato de alienação parental a interferência na formação psicológica da criança ou do adolescente promovida ou induzida por um dos genitores, pelos avós ou pelos que tenham a criança ou adolescente sob a sua autoridade, guarda ou vigilância para que repudie genitor ou que cause prejuízo ao estabelecimento ou à manutenção de vínculos com este.

• *Vide* art. 227 da CF.

• *Vide* Lei n. 8.069, de 13-7-1990 (ECA), que dispõe sobre a proteção integral das crianças e dos adolescentes.

• *Vide* arts. 1.583 a 1.590 do CC, que dispõem sobre a proteção dos filhos.

Parágrafo único. São formas exemplificativas de alienação parental, além dos atos assim declarados pelo juiz ou constatados por perícia, praticados diretamente ou com auxílio de terceiros:

(*) Publicada no *Diário Oficial da União*, de 21-7-2010.

(**) Publicada no *Diário Oficial da União*, de 27-8-2010.

I – realizar campanha de desqualificação da conduta do genitor no exercício da paternidade ou maternidade;

II – dificultar o exercício da autoridade parental;

III – dificultar contato de criança ou adolescente com genitor;

IV – dificultar o exercício do direito regulamentado de convivência familiar;

V – omitir deliberadamente a genitor informações pessoais relevantes sobre a criança ou adolescente, inclusive escolares, médicas e alterações de endereço;

VI – apresentar falsa denúncia contra genitor, contra familiares deste ou contra avós, para obstar ou dificultar a convivência deles com a criança ou adolescente;

VII – mudar o domicílio para local distante, sem justificativa, visando a dificultar a convivência da criança ou adolescente com o outro genitor, com familiares deste ou com avós.

Art. 3.º A prática de ato de alienação parental fere direito fundamental da criança ou do adolescente de convivência familiar saudável, prejudica a realização de afeto nas relações com genitor e com o grupo familiar, constitui abuso moral contra a criança ou o adolescente e descumprimento dos deveres inerentes à autoridade parental ou decorrentes de tutela ou guarda.

• *Vide* arts. 19 a 27 da Lei n. 8.069, de 13-7-1990 (ECA), que dispõem sobre o direito à convivência familiar e comunitária.

Art. 4.º Declarado indício de ato de alienação parental, a requerimento ou de ofício, em qualquer momento processual, em ação autônoma ou incidentalmente, o processo terá tramitação prioritária, e o juiz determinará, com urgência, ouvido o Ministério Público, as medidas provisórias necessárias para preservação da integridade psicológica da criança ou do adolescente, inclusive para assegurar sua convivência com genitor ou viabilizar a efetiva reaproximação entre ambos, se for o caso.

Parágrafo único. **Assegurar-se-á à criança ou ao adolescente e ao genitor garantia mínima de visitação assistida no fórum em que tramita a ação ou em entidades conveniadas com a Justiça, ressalvados os casos em que há iminente risco de prejuízo à integridade física ou psicológica da criança ou do adolescente, atestado por profissional eventualmente designado pelo juiz para acompanhamento das visitas.**

•• Parágrafo único com redação determinada pela Lei n. 14.340, de 18-5-2022.

Art. 5.º Havendo indício da prática de ato de alienação parental, em ação autônoma ou incidental, o juiz, se necessário, determinará perícia psicológica ou biopsicossocial.

§ 1.º O laudo pericial terá base em ampla avaliação psicológica ou biopsicossocial, conforme o caso, compreendendo, inclusive, entrevista pessoal com as partes, exame de documentos dos autos, histórico do relacionamento do casal e da separação, cronologia de incidentes, avaliação da personalidade dos envolvidos e exame da forma como a criança ou adolescente se manifesta acerca de eventual acusação contra genitor.

§ 2.º A perícia será realizada por profissional ou equipe multidisciplinar habilitados, exigido, em qualquer caso, aptidão comprovada por histórico profissional ou acadêmico para diagnosticar atos de alienação parental.

§ 3.º O perito ou equipe multidisciplinar designada para verificar a ocorrência de alienação parental terá prazo de 90 (noventa) dias para apresentação do laudo, prorrogável exclusivamente por autorização judicial baseada em justificativa circunstanciada.

§ 4.º **Na ausência ou insuficiência de serventuários responsáveis pela realização de estudo psicológico, biopsicossocial ou qualquer outra espécie de avaliação técnica exigida por esta Lei ou por determinação judicial, a autoridade judiciária poderá proceder à nomeação de perito com qualificação e experiência pertinentes ao tema, nos termos dos arts. 156 e 465 da Lei n. 13.105, de 16 de março de 2015 (Código de Processo Civil).**

•• § 4.º acrescentado pela Lei n. 14.340, de 18-5-2022.

Art. 6.º Caracterizados atos típicos de alienação parental ou qualquer conduta que dificulte a convivência de criança ou adolescente com genitor, em ação autônoma ou incidental, o juiz poderá, cumulativamente ou não, sem prejuízo da decorrente responsabilidade civil ou criminal e da ampla utilização de instrumentos processuais aptos a inibir ou atenuar seus efeitos, segundo a gravidade do caso:

I – declarar a ocorrência de alienação parental e advertir o alienador;

II – ampliar o regime de convivência familiar em favor do genitor alienado;

III – estipular multa ao alienador;

IV – determinar acompanhamento psicológico e/ou biopsicossocial;

V – determinar a alteração da guarda para guarda compartilhada ou sua inversão;

• Guarda unilateral ou compartilhada: *vide* arts. 1.583 a 1.590 do CC e arts. 33 a 35 da Lei n. 8.069, de 13-7-1990 (ECA).

VI – determinar a fixação cautelar do domicílio da criança ou adolescente;

VII – (*Revogado pela Lei n. 14.340, de 18-5-2022.*)

• Poder familiar: *vide* arts. 1.630 a 1.636 do CC e arts. 21 a 24 do ECA.

§ 1.º **Caracterizado mudança abusiva de endereço, inviabilização ou obstrução à convivência familiar, o juiz também poderá inverter a obrigação de levar para ou retirar a criança ou adolescente da residência do genitor, por ocasião das alternâncias dos períodos de convivência familiar.**

•• Parágrafo único renumerado pela Lei n. 14.340, de 18-5-2022.

§ 2.º **O acompanhamento psicológico ou o biopsicossocial deve ser submetido a avaliações periódicas, com a emissão, pelo menos, de um laudo inicial, que contenha a avaliação do caso e o indicativo da metodologia a ser empregada, e de um laudo final, ao término do acompanhamento.**

•• § 2.º acrescentado pela Lei n. 14.340, de 18-5-2022.

•• A Lei n. 14.340, de 18-5-2022 (*DOU* de 19-5-2022), dispõe em seu art. 5.º: "Art. 5.º Os processos em curso a que se refere a Lei n. 12.318, de 26 de agosto de 2010, que estejam pendentes de laudo psicológico ou biopsicossocial há mais de 6 (seis) meses, quando da publicação desta Lei, terão prazo de 3 (três) meses para a apresentação da avaliação requisitada".

Art. 7.º A atribuição ou alteração da guarda dar-se-á por preferência ao genitor que viabiliza a efetiva convivência da criança ou adolescente com o outro genitor nas hipóteses em que seja inviável a guarda compartilhada.

• Guarda unilateral ou compartilhada: *vide* arts. 1.583 a 1.590 do CC e arts. 33 a 35 da Lei n. 8.069, de 13-7-1990 (ECA).

Art. 8.º A alteração de domicílio da criança ou adolescente é irrelevante para a determinação da competência relacionada às ações fundadas em direito de convivência familiar, salvo se decorrente de consenso entre os genitores ou de decisão judicial.

Art. 8.º-A. **Sempre que necessário o depoimento ou a oitiva de crianças e de adolescentes em casos de alienação parental, eles serão realizados obrigatoriamente nos termos da Lei n. 13.431, de 4 de abril de 2017, sob pena de nulidade processual.**

•• Artigo acrescentado pela Lei n. 14.340, de 18-5-2022.

Arts. 9.º e 10. (*Vetados.*)

Art. 11. Esta Lei entra em vigor na data de sua publicação.

Brasília, 26 de agosto de 2010; 189.º da Independência e 122.º da República.

Luiz Inácio Lula da Silva

RESOLUÇÃO N. 125, DE 29 DE NOVEMBRO DE 2010 (*)

Dispõe sobre a Política Judiciária Nacional de tratamento adequado dos conflitos de interesses no âmbito do Poder Judiciário e dá outras providências.

O Presidente do Conselho Nacional de Justiça, no uso de suas atribuições constitucionais e regimentais,

Considerando que compete ao Conselho Nacional de Justiça o controle da atuação administrativa e financeira do Poder Judi-

(*) Publicada no *Diário da Justiça Eletrônico*, CNJ, de 1.º-12-2010.

Legislação Complementar

ciário, bem como zelar pela observância do art. 37 da Constituição da República; considerando que a eficiência operacional, o acesso ao sistema de Justiça e a responsabilidade social são objetivos estratégicos do Poder Judiciário, nos termos da Resolução/CNJ n. 70, de 18 de março de 2009; considerando que o direito de acesso à Justiça, previsto no art. 5.º, XXXV, da Constituição Federal além da vertente formal perante os órgãos judiciários, implica acesso à ordem jurídica justa; considerando que, por isso, cabe ao Judiciário estabelecer política pública de tratamento adequado dos problemas jurídicos e dos conflitos de interesses, que ocorrem em larga e crescente escala na sociedade, de forma a organizar, em âmbito nacional, não somente os serviços prestados nos processos judiciais, como também os que possam sê-lo mediante outros mecanismos de solução de conflitos, em especial dos consensuais, como a mediação e a conciliação; considerando a necessidade de se consolidar uma política pública permanente de incentivo e aperfeiçoamento dos mecanismos consensuais de solução de litígios; considerando que a conciliação e a mediação são instrumentos efetivos de pacificação social, solução e prevenção de litígios, e que a sua apropriada disciplina em programas já implementados no país tem reduzido a excessiva judicialização dos conflitos de interesses, a quantidade de recursos e de execução de sentenças; considerando ser imprescindível estimular, apoiar e difundir a sistematização e o aprimoramento das práticas já adotadas pelos tribunais; considerando a relevância e a necessidade de organizar e uniformizar os serviços de conciliação, mediação e outros métodos consensuais de solução de conflitos, para lhes evitar disparidades de orientação e práticas, bem como para assegurar a boa execução da política pública, respeitadas as especificidades de cada segmento da Justiça; considerando que a organização dos serviços de conciliação, mediação e outros métodos consensuais de solução de conflitos deve servir de princípio e base para a criação de Juízos de resolução alternativa de conflitos, verdadeiros órgãos judiciais especializados na matéria; considerando o deliberado pelo Plenário do Conselho Nacional de Justiça na sua 117.ª Sessão Ordinária, realizada em 23 de novembro de 2010, nos autos do procedimento do Ato 0006059-82.2010.2.00.0000; resolve:

Capítulo I
DA POLÍTICA PÚBLICA DE TRATAMENTO ADEQUADO DOS CONFLITOS DE INTERESSES

Art. 1.º Fica instituída a Política Judiciária Nacional de Tratamento Adequado dos Conflitos de Interesses, tendente a assegurar a todos o direito à solução dos conflitos por meios adequados à sua natureza e peculiaridade.

•• *Caput* com redação determinada pela Resolução n. 326, de 26-6-2020.

Parágrafo único. Aos órgãos judiciários incumbe, nos termos do art. 334 do Código de Processo Civil de 2015, combinado com o art. 27 da Lei n. 13.140, de 26 de junho de 2015 (Lei de Mediação), antes da solução adjudicada mediante sentença, oferecer outros mecanismos de soluções de controvérsias, em especial os chamados meios consensuais, como a mediação e a conciliação, bem assim prestar atendimento e orientação ao cidadão.

•• Parágrafo único com redação determinada pela Resolução n. 326, de 26-6-2020.

•• *Vide* arts. 165 e s. do CPC.

Art. 2.º Na implementação da Política Judiciária Nacional de Tratamento Adequado dos Conflitos de Interesses, com vista à boa qualidade dos serviços e à disseminação da cultura de pacificação social, serão observados:

•• *Caput* com redação determinada pela Resolução n. 326, de 26-6-2020.

I – centralização das estruturas judiciárias;

•• Inciso I acrescentado pela Emenda n. 1, de 31-1-2013.

II – adequada formação e treinamento de servidores, conciliadores e mediadores;

•• Inciso II acrescentado pela Emenda n. 1, de 31-1-2013.

III – acompanhamento estatístico específico.

•• Inciso III acrescentado pela Emenda n. 1, de 31-1-2013.

• *Vide* art. 103-B, § 4.º, VI, da CF.

Art. 3.º O Conselho Nacional de Justiça auxiliará os tribunais na organização dos serviços mencionados noArt. 1.º, podendo ser firmadas parcerias com entidades públicas e privadas, em especial quanto à capacitação e credenciamento de mediadores e conciliadores e à realização de mediações e conciliações, nos termos dos arts. 167, § 3.º, e 334 do Código de Processo Civil de 2015.

•• Artigo com redação determinada pela Resolução n. 326, de 26-6-2020.

Capítulo II
DAS ATRIBUIÇÕES DO CONSELHO NACIONAL DE JUSTIÇA

Art. 4.º Compete ao Conselho Nacional de Justiça organizar programa com o objetivo de promover ações de incentivo à autocomposição de litígios e à pacificação social por meio da conciliação e da mediação.

Art. 5.º O programa será implementado com a participação de rede constituída por todos os órgãos do Poder Judiciário e por entidades públicas e privadas parceiras, inclusive universidades e instituições de ensino.

Art. 6.º Para o desenvolvimento da rede referida noArt. 5.º desta Resolução, caberá ao Conselho Nacional de Justiça:

•• *Caput* com redação determinada pela Resolução n. 326, de 26-6-2020.

I – estabelecer diretrizes para implementação da política pública de tratamento adequado de conflitos a serem observadas pelos Tribunais;

II – desenvolver parâmetro curricular e ações voltadas à capacitação em métodos consensuais de solução de conflitos para servidores, mediadores, conciliadores e demais facilitadores da solução consensual de controvérsias, nos termos do art. 167, § 1.º, do Código de Processo Civil de 2015;

•• Inciso II com redação determinada pela Resolução n. 326, de 26-6-2020.

III – providenciar que as atividades relacionadas à conciliação, mediação e outros métodos consensuais de solução de conflitos sejam consideradas nas promoções e remoções de magistrados pelo critério do merecimento;

IV – regulamentar, em código de ética, a atuação dos conciliadores, mediadores e demais facilitadores da solução consensual de controvérsias;

V – buscar a cooperação dos órgãos públicos competentes e das instituições públicas e privadas da área de ensino, para a criação de disciplinas que propiciem o surgimento da cultura da solução pacífica dos conflitos, bem como que, nas Escolas de Magistratura, haja módulo voltado aos métodos consensuais de solução de conflitos, no curso de iniciação funcional e no curso de aperfeiçoamento;

•• Inciso V com redação determinada pela Emenda n. 1, de 31-1-2013.

VI – estabelecer interlocução com a Ordem dos Advogados do Brasil, Defensorias Públicas, Procuradorias e Ministério Público, estimulando sua participação nos Centros Judiciários de Solução de Conflitos e Cidadania e valorizando a atuação na prevenção dos litígios;

VII – realizar gestão junto às empresas, públicas e privadas, bem como junto às agências reguladoras de serviços públicos, a fim de implementar práticas autocompositivas e desenvolver acompanhamento estatístico, com a instituição de banco de dados para visualização de resultados, conferindo selo de qualidade;

•• Inciso VII com redação determinada pela Emenda n. 1, de 31-1-2013.

VIII – atuar junto aos entes públicos de modo a estimular a conciliação, em especial nas demandas que envolvam matérias sedimentadas pela jurisprudência;

•• Inciso VIII com redação determinada pela Emenda n. 2, de 8-3-2016.

IX e X – (*Revogados pela Resolução n. 390, de 6-5-2021, do CNJ.*)

XI – criar parâmetros de remuneração de mediadores, nos termos do art. 169 do Código de Processo Civil de 2015;

•• Inciso XI com redação determinada pela Resolução n. 326, de 26-6-2020.

XII – monitorar, inclusive por meio do Departamento de Pesquisas Judiciárias, a instalação dos Centros Judiciários de Solução de Conflitos e Cidadania, o seu adequado funcionamento, a avaliação da capacitação e treinamento dos mediadores/conciliadores, orientando e dando apoio às localidades que estiverem enfrentando dificuldades na efetivação da política judiciária nacional instituída por esta Resolução.

•• Inciso XII acrescentado pela Emenda n. 2, de 8-3-2016.

Capítulo III
DAS ATRIBUIÇÕES DOS TRIBUNAIS

Seção I
Dos Núcleos Permanentes de Métodos Consensuais de Solução de Conflitos

Art. 7.º Os tribunais deverão criar, no prazo de 30 dias a contar da publicação desta Resolução, Núcleos Permanentes de Métodos Consensuais de Solução de Conflitos (Núcleos), coordenados por magistrados e compostos por magistrados da ativa ou aposentados e servidores, preferencialmente atuantes na área, com as seguintes atribuições, entre outras:

•• *Caput* com redação determinada pela Resolução n. 326, de 26-6-2020.

•• *Vide* arts. 165 e s. do CPC.

I – implementar, no âmbito de sua competência, a Política Judiciária Nacional de Tratamento Adequado dos Conflitos de Interesses, em conformidade com as diretrizes estabelecidas Nesta Resolução;

•• Inciso I com redação determinada pela Resolução n. 326, de 26-6-2020.

II – planejar, implementar, manter e aperfeiçoar as ações voltadas ao cumprimento da política e suas metas;

III – atuar na interlocução com outros tribunais e com os órgãos integrantes da rede mencionada nos arts. 5.º e 6.º desta Resolução;

•• Inciso III com redação determinada pela Resolução n. 326, de 26-6-2020.

IV – instalar Centros Judiciários de Solução de Conflitos e Cidadania que concentrarão a realização das sessões de conciliação e mediação que estejam a cargo de conciliadores e mediadores, dos órgãos por eles abrangidos;

V – incentivar ou promover capacitação, treinamento e atualização permanente de magistrados, servidores, conciliadores e mediadores nos métodos consensuais de solução de conflitos;

•• Inciso V com redação determinada pela Emenda n. 1, de 31-1-2013.

VI – propor ao tribunal a realização de convênios e parcerias com entes públicos e privados para atender aos fins desta Resolução;

•• Inciso VI com redação determinada pela Resolução n. 326, de 26-6-2020.

VII – criar e manter cadastro de mediadores e conciliadores, de forma a regulamentar o processo de inscrição e de desligamento;

•• Inciso VII acrescentado pela Emenda n. 2, de 8-3-2016.

VIII – regulamentar, se for o caso, a remuneração de conciliadores e mediadores, nos termos do art. 169 do Código de Processo Civil de 2015, combinado com o art. 13 da Lei n. 13.140, de 26 de junho de 2015 (Lei de Mediação).

•• Inciso VIII com redação determinada pela Resolução n. 326, de 26-6-2020.

§ 1.º A criação dos Núcleos e sua composição deverão ser informadas ao Conselho Nacional de Justiça.

•• § 1.º acrescentado pela Emenda n. 1, de 31-1-2013.

§ 2.º Os Núcleos poderão estimular programas de mediação comunitária, desde que esses centros comunitários não se confundam com os Centros Judiciários de Solução de Conflitos e Cidadania previstos nesta Resolução.

•• § 2.º com redação determinada pela Resolução n. 326, de 26-6-2020.

§ 3.º Na hipótese de conciliadores, mediadores e Câmaras Privadas de Conciliação e Mediação credenciadas perante o Poder Judiciário, os tribunais deverão criar e manter cadastro ou aderir ao Cadastro Nacional de Mediadores Judiciais e Conciliadores, de forma a regulamentar o processo de inscrição e de desligamento desses facilitadores.

•• § 3.º com redação determinada pela Emenda n. 2, de 8-3-2016.

§ 4.º Os tribunais poderão, nos termos do art. 167, § 6.º, do Código de Processo Civil de 2015, excepcionalmente e desde que inexistente quadro suficiente de conciliadores e mediadores judiciais atuando como auxiliares da justiça, optar por formar quadro de conciliadores e mediadores admitidos mediante concurso público de provas e títulos.

•• § 4.º com redação determinada pela Resolução n. 326, de 26-6-2020.

§ 5.º Nos termos do art. 169, § 1.º, do Código de Processo Civil de 2015, a mediação e a conciliação poderão ser realizadas como trabalho voluntário.

•• § 5.º com redação determinada pela Resolução n. 326, de 26-6-2020.

§ 6.º Aos mediadores e conciliadores, inclusive membros das Câmaras Privadas de Conciliação, aplicam-se as regras de impedimento e suspeição, nos termos do art. 148, II, do Código de Processo Civil de 2015 e da Resolução CNJ n. 200, de 3 de março de 2015.

•• § 6.º com redação determinada pela Resolução n. 326, de 26-6-2020.

§ 7.º Nos termos do art. 172 do Código de Processo Civil de 2015, o conciliador e o mediador ficam impedidos, pelo prazo de 1 (um) ano, contado do término da última audiência em que atuaram, de assessorar, representar ou patrocinar qualquer das partes.

•• § 7.º acrescentado pela Emenda n. 2, de 8-3-2016.

Seção II
Dos Centros Judiciários de Solução de Conflitos e Cidadania

Art. 8.º Os tribunais deverão criar os Centros Judiciários de Solução de Conflitos e Cidadania (Centros ou Cejuscs), unidades do Poder Judiciário, preferencialmente, responsáveis pela realização ou gestão das sessões e audiências de conciliação e mediação que estejam a cargo de conciliadores e mediadores, bem como pelo atendimento e orientação ao cidadão.

•• *Caput* com redação determinada pela Emenda n. 2, de 8-3-2016.

§ 1.º As sessões de conciliação e mediação pré-processuais deverão ser realizadas nos Centros, podendo as sessões de conciliação e mediação judiciais, excepcionalmente, serem realizadas nos próprios juízos, juizados ou varas designadas, desde que o sejam por conciliadores e mediadores cadastrados pelo Tribunal (inciso VII do art. 7.º) e supervisionados pelo juiz coordenador do Centro (art. 9.º).

•• § 1.º com redação determinada pela Resolução n. 326, de 26-6-2020.

§ 2.º Nos Tribunais de Justiça, os Centros deverão ser instalados nos locais onde existam dois juízos, juizados ou varas com competência para realizar audiência, nos termos do art. 334 do Código de Processo Civil de 2015.

•• § 2.º com redação determinada pela Resolução n. 326, de 26-6-2020.

§ 3.º Os tribunais poderão, enquanto não instalados os Centros nas comarcas, regiões, subseções judiciárias e nos juízos do interior dos estados, implantar o procedimento de conciliação e mediação itinerante, utilizando-se de conciliadores e mediadores cadastrados.

•• § 3.º com redação determinada pela Resolução n. 326, de 26-6-2020.

§ 4.º Nos Tribunais Regionais Federais e Tribunais de Justiça, é facultativa a implantação de Centros onde exista um juízo, juizado, vara ou subseção, desde que atendidos por centro regional ou itinerante, nos termos do § 3.º deste artigo.

•• § 4.º com redação determinada pela Resolução n. 326, de 26-6-2020.

§ 5.º Nas comarcas das capitais dos estados, bem como nas comarcas do interior, subseções e regiões judiciárias, o prazo para a instalação dos Centros será concomitante à entrada em vigor do Código de Processo Civil de 2015.

•• § 5.º com redação determinada pela Resolução n. 326, de 26-6-2020.

§ 6.º Os tribunais poderão, excepcionalmente:

•• § 6.º, *caput*, com redação determinada pela Resolução n. 326, de 26-6-2020.

I – estender os serviços do Centro a unidades ou órgãos situados em outros prédios, desde que próximos daqueles referidos no § 2.º deste artigo; e

•• Inciso I com redação determinada pela Resolução n. 326, de 26-6-2020.

II – instalar Centros Regionais, enquanto não instalados Centros nos termos referidos no § 2.º deste artigo, observada a organização judiciária local.

•• Inciso II com redação determinada pela Resolução n. 326, de 26-6-2020.

§ 7.º O coordenador do Centro poderá solicitar feitos de outras unidades judiciais com o intuito de organizar pautas concentradas ou mutirões, podendo, para tanto, fixar prazo.

•• § 7.º com redação determinada pela Resolução n. 326, de 26-6-2020.

§ 8.º Para efeito de estatística de produtividade, as sentenças homologatórias prolatadas em processos encaminhados ao Centro, de ofício ou por solicitação, serão contabilizadas:

•• § 8.º, *caput*, com redação determinada pela Resolução n. 326, de 26-6-2020.

I – para o próprio Centro, no que se refere à serventia judicial;

•• Inciso I com redação determinada pela Resolução n. 326, de 26-6-2020.

II – para o magistrado que efetivamente homologar o acordo, esteja ele oficiando no juízo de origem do feito ou na condição de coordenador do Centro; e

•• Inciso II com redação determinada pela Resolução n. 326, de 26-6-2020.

III – para o juiz coordenador do Centro, no caso de reclamação pré-processual.

•• Inciso III com redação determinada pela Resolução n. 326, de 26-6-2020.

§ 9.º Para o efeito de estatística referido no art. 167, § 4.º, do Código de Processo Civil de 2015, os tribunais disponibilizarão às partes a opção de avaliar câmaras, conciliadores e mediadores, segundo parâmetros estabelecidos pelo Comitê Gestor da Conciliação.

•• § 9.º com redação determinada pela Resolução n. 326, de 26-6-2020.

§ 10. (*Revogado pela Resolução n. 390, de 6-5-2021, do CNJ.*)

Art. 9.º Os Centros contarão com um juiz coordenador e, se necessário, com um adjunto, aos quais caberá:

•• *Caput* com redação determinada pela Resolução n. 326, de 26-6-2020.

I – administrar o Centro;

•• Inciso I acrescentado pela Resolução n. 326, de 26-6-2020.

II – homologar os acordos entabulados;

•• Inciso II acrescentado pela Resolução n. 326, de 26-6-2020.

III – supervisionar o serviço de conciliadores e mediadores.

•• Inciso III acrescentado pela Resolução n. 326, de 26-6-2020.

§ 1.º alvo disposição diversa em regramento local, os magistrados da Justiça Estadual e da Justiça Federal serão designados pelo Presidente de cada tribunal entre aqueles que realizaram treinamento segundo o modelo estabelecido pelo Conselho Nacional de Justiça, conforme Anexo I desta Resolução.

•• § 1.º com redação determinada pela Resolução n. 326, de 26-6-2020.

§ 2.º Caso o Centro atenda a grande número de juízos, juizados, varas ou região, o respectivo juiz coordenador poderá ficar designado exclusivamente para sua administração.

•• § 2.º com redação determinada pela Resolução n. 326, de 26-6-2020.

§ 3.º Os Tribunais de Justiça e os Tribunais Regionais Federais deverão assegurar que nos Centros atue ao menos um servidor com dedicação exclusiva, capacitado em métodos consensuais de solução de conflitos, para triagem e encaminhamento adequado de casos.

•• § 3.º com redação determinada pela Resolução n. 326, de 26-6-2020.

§ 4.º O treinamento dos servidores referidos no § 3.º deste artigo deverá observar as diretrizes estabelecidas pelo Conselho Nacional de Justiça, conforme Anexo I desta Resolução.

•• § 4.º acrescentado pela Resolução n. 326, de 26-6-2020.

Art. 10. Cada unidade dos Centros deverá obrigatoriamente abranger setor de solução de conflitos pré-processual, de solução de conflitos processual e de cidadania.

•• Artigo com redação determinada pela Resolução n. 326, de 26-6-2020.

Art. 11. Nos Centros poderão atuar membros do Ministério Público, defensores públicos, procuradores e/ou advogados.

Seção III
Dos Conciliadores e Mediadores

Art. 12. Nos Centros, bem como em todos os demais órgãos judiciários nos quais se realizem sessões de conciliação e mediação, somente serão admitidos mediadores e conciliadores capacitados na forma deste ato (Anexo I), cabendo aos Tribunais, antes de sua instalação, realizar o curso de capacitação, podendo fazê-lo por meio de parcerias.

•• *Caput* com redação determinada pela Resolução n. 326, de 26-6-2020.

•• *Vide* art. 167, § 1.º, do CPC.

§ 1.º Os tribunais que já realizaram a capacitação referida no *caput* poderão dispensar os atuais mediadores e conciliadores da exigência do certificado de conclusão do curso de capacitação, mas deverão disponibilizar cursos de treinamento e aperfeiçoamento, na forma do Anexo I, como condição prévia de atuação nos Centros.

•• § 1.º com redação determinada pela Emenda n. 2, de 8-3-2016.

§ 2.º Todos os conciliadores, mediadores e outros especialistas em métodos consensuais de solução de conflitos deverão submeter-se a aperfeiçoamento permanente e a avaliação do usuário.

•• § 2.º com redação determinada pela Emenda n. 2, de 8-3-2016.

§ 3.º Os cursos de capacitação, treinamento e aperfeiçoamento de mediadores e conciliadores deverão observar as diretrizes curriculares estabelecidas pelo Conselho Nacional de Justiça (Anexo I) e deverão ser compostos necessariamente de estágio supervisionado.

•• § 3.º com redação determinada pela Resolução n. 326, de 26-6-2020.

§ 4.º Somente deverão ser certificados mediadores e conciliadores que tiverem concluído o respectivo estágio supervisionado.

•• § 4.º com redação determinada pela Resolução n. 326, de 26-6-2020.

§ 5.º Os mediadores, conciliadores e demais facilitadores de diálogo entre as partes ficarão sujeitos ao código de ética estabelecido nesta Resolução (Anexo III).

•• § 5.º com redação determinada pela Resolução n. 326, de 26-6-2020.

§ 6.º Ressalvada a hipótese do art. 167, § 6.º, do Código de Processo Civil de 2015, o conciliador e o mediador receberão, pelo seu trabalho, remuneração prevista em tabela fixada pelo Tribunal, conforme parâmetros estabelecidos pela Comissão Permanente de Solução Adequada de Conflitos *ad referendum* do plenário.

•• § 6.º acrescentado pela Resolução n. 326, de 26-6-2020.

Seção III-A
Dos Fóruns de Coordenadores de Núcleos

•• Seção III-A acrescentada pela Emenda n. 2, de 8-3-2016.

Art. 12-A. Os Presidentes de Tribunais de Justiça e de Tribunais Regionais Federais deverão indicar um magistrado para coordenar o respectivo Núcleo e representar o tribunal no respectivo Fórum de Coordenadores de Núcleos.

•• *Caput* acrescentado pela Emenda n. 2, de 8-3-2016.

§ 1.º Os Fóruns de Coordenadores de Núcleos deverão se reunir de acordo com o segmento da justiça.

•• § 1.º acrescentado pela Emenda n. 2, de 8-3-2016.

§ 2.º Os enunciados dos Fóruns da Justiça Estadual e da Justiça Federal terão aplicabilidade restrita ao respectivo segmento da justiça e, uma vez aprovados pela Comissão Permanente de Solução Adequada de Conflitos *ad referendum* do Plenário, integrarão, para fins de vinculatividade, esta Resolução.

•• § 2.º com redação determinada pela Resolução n. 326, de 26-6-2020.

§ 3.º O Fórum da Justiça Federal será organizado pelo Conselho da Justiça Federal, podendo contemplar em seus objetivos outras matérias.

•• § 3.º acrescentado pela Emenda n. 2, de 8-3-2016.

Art. 12-B. Os Fóruns de Coordenadores de Núcleos poderão estabelecer diretrizes específicas aos seus segmentos, entre outras:

•• *Caput* acrescentado pela Emenda n. 2, de 8-3-2016.

I – o âmbito de atuação de conciliadores face ao Código de Processo Civil de 2015;

•• Inciso I com redação determinada pela Resolução n. 326, de 26-6-2020.

II – a estrutura necessária dos Centros para cada segmento da justiça;

•• Inciso II com redação determinada pela Resolução n. 326, de 26-6-2020.

III – o estabelecimento de conteúdos programáticos para cursos de conciliação e mediação próprios para a atuação em áreas específicas, como previdenciária, desapropriação, sistema financeiro de habitação entre outras, respeitadas as diretrizes curriculares estabelecidas no Anexo I.

•• Inciso III acrescentado pela Emenda n. 2, de 8-3-2016.

Seção III-B
Das Câmaras Privadas de Conciliação e Mediação

•• Seção III-B acrescentada pela Emenda n. 2, de 8-3-2016.

Art. 12-C. As Câmaras Privadas de Conciliação e Mediação ou órgãos semelhantes, bem como seus mediadores e conciliadores, para que possam realizar sessões de mediação ou conciliação incidentes a processo judicial, devem ser cadastradas no Tribunal respectivo ou no Cadastro Nacional de Mediadores Judiciais e Conciliadores, nos termos doArt. 167 do Código de Processo Civil de 2015, ficando sujeitas aos termos desta Resolução.

•• *Caput* com redação determinada pela Resolução n. 326, de 26-6-2020.

Parágrafo único. O cadastramento é facultativo para realização de sessões de mediação ou conciliação pré-processuais.

•• Parágrafo único acrescentado pela Emenda n. 2, de 8-3-2016.

Art. 12-D. Os Tribunais determinarão o percentual de audiências não remuneradas que deverão ser suportadas pelas Câmaras Privadas de Conciliação e Mediação, com o fim de atender aos processos em que foi deferida a gratuidade da justiça, como contrapartida de seu credenciamento, nos termos doArt. 169, § 2.º, do Código de Processo Civil de 2015, respeitados os parâmetros definidos pela Comissão Permanente de Solução Adequada de Conflitos *ad referendum* do Plenário.

•• Artigo com redação determinada pela Resolução n. 326, de 26-6-2020.

Art. 12-E. As Câmaras Privadas de Mediação e Conciliação e os demais órgãos cadastrados ficam sujeitos à avaliação prevista no art. 8.º, § 9.º, desta Resolução.

•• *Caput* acrescentado pela Emenda n. 2, de 8-3-2016.

Parágrafo único. A avaliação deverá refletir a média aritmética de todos os mediadores e conciliadores avaliados, inclusive daqueles que atuaram voluntariamente, nos termos do art. 169, § 2.º, do Código de Processo Civil de 2015.

•• Parágrafo único com redação determinada pela Resolução n. 326, de 26-6-2020.

Art. 12-F. Fica vedado o uso de brasão e demais signos da República Federativa do Brasil pelas Câmaras Privadas de Conciliação e Mediação ou órgãos semelhantes, bem como por seus mediadores e conciliadores, estendendo-se a vedação ao uso da denominação de "Tribunal" ou expressão semelhante para a entidade e a de "juiz" ou equivalente para seus membros.

•• Artigo com redação determinada pela Resolução n. 326, de 26-6-2020.

Seção IV
Dos Dados Estatísticos

Art. 13. Os Tribunais deverão criar e manter banco de dados sobre as atividades de cada Centro, nos termos de Resolução do Conselho Nacional de Justiça.

•• Artigo com redação determinada pela Resolução n. 326, de 26-6-2020.

•• *Vide* art. 167, §§ 3.º e 4.º, do CPC.

Art. 14. Caberá ao Conselho Nacional de Justiça compilar informações sobre os serviços públicos de solução consensual das controvérsias existentes no país e sobre o desempenho de cada um deles, por meio do Departamento de Pesquisas Judiciárias (DPJ), mantendo permanentemente atualizado o banco de dados.

•• Artigo com redação determinada pela Resolução n. 326, de 26-6-2020.

• *Vide* art. 103-B, § 4.º, VI, da CF.

Capítulo IV
DO PORTAL DA CONCILIAÇÃO

Art. 15. Fica criado o Portal da Conciliação, a ser disponibilizado no sítio do Conselho Nacional de Justiça na rede mundial de computadores, com as seguintes funcionalidades, entre outras:

•• *Caput* com redação determinada pela Resolução n. 326, de 26-6-2020.

I – publicação das diretrizes da capacitação de conciliadores e mediadores e de seu código de ética;

II – relatório gerencial do programa, por tribunal, detalhado por unidade judicial e por Centro, com base nas informações referidas no art. 13;

•• Inciso II com redação determinada pela Emenda n. 2, de 8-3-2016.

III – compartilhamento de boas práticas, projetos, ações, artigos, pesquisas e outros estudos;

IV – fórum permanente de discussão, facultada a participação da sociedade civil;

V – divulgação de notícias relacionadas ao tema;

VI – relatórios de atividades da "Semana da Conciliação".

Parágrafo único. A implementação do Portal será de responsabilidade do Conselho Nacional de Justiça e ocorrerá de forma gradativa, observadas as possibilidades técnicas.

•• Parágrafo único com redação determinada pela Resolução n. 326, de 26-6-2020.

DISPOSIÇÕES FINAIS

Art. 16. O disposto na presente Resolução não prejudica a continuidade de programas similares já em funcionamento, cabendo aos Tribunais, se necessário, adaptá-los aos termos deste ato.

Parágrafo único. Em relação aos Núcleos e Centros, os Tribunais poderão utilizar siglas e denominações distintas das referidas nesta Resolução, desde que mantidas as suas atribuições previstas no Capítulo III.

•• Parágrafo único acrescentado pela Emenda n. 1, de 31-1-2013.

Art. 17. Compete à Presidência do Conselho Nacional de Justiça, com o apoio da Comissão Permanente de Solução Adequada de Conflitos, coordenar as atividades da Política Judiciária Nacional de tratamento adequado dos conflitos de interesses, cabendo-lhe instituir, regulamentar e presidir o Comitê Gestor da Conciliação, que será responsável pela implementação e acompanhamento das medidas previstas neste ato.

•• Artigo com redação determinada pela Resolução n. 326, de 26-6-2020.

Art. 18. Os Anexos integram esta Resolução e possuem caráter vinculante.

•• Artigo com redação determinada pela Emenda n. 1, de 31-1-2013.

Art. 18-A. (*Revogado pela Resolução n. 390, de 6-5-2021, do CNJ.*)

Art. 18-B. O Conselho Nacional de Justiça editará Resolução específica dispondo sobre a Política Judiciária de tratamento adequado dos conflitos de interesses da Justiça do Trabalho.

•• Artigo com redação determinada pela Resolução n. 326, de 26-6-2020.

Art. 18-C. Os Tribunais encaminharão ao Conselho Nacional de Justiça, no prazo de 30 dias, plano de implementação desta Resolução, inclusive quanto à implantação de centros.

•• Artigo com redação determinada pela Resolução n. 326, de 26-6-2020.

Art. 19. Esta Resolução entra em vigor na data de sua publicação, ressalvados os dispositivos regulamentados pelo Código de Processo Civil de 2015, que seguem sua vigência.

•• Artigo com redação determinada pela Resolução n. 326, de 26-6-2020.

Ministro Cezar Peluso

ANEXO I

DIRETRIZES CURRICULARES

•• Anexo I com redação determinada pela Emenda n. 2, de 8-3-2016.

(Aprovadas pelo Grupo de Trabalho estabelecido nos termos do art. 167, § 1.º, do Novo Código de Processo Civil por intermédio da Portaria CNJ 64/2015)

O curso de capacitação básica dos terceiros facilitadores (conciliadores e mediadores) tem por objetivo transmitir informações teóricas gerais sobre a conciliação e a mediação, bem como vivência prática para aquisição do mínimo de conhecimento que torne o corpo discente apto ao exercício da conciliação e da mediação judicial. Esse curso, dividido em 2 (duas) etapas (teórica e prática), tem como parte essencial os exercícios simulados e o estágio supervisionado de 60 (sessenta) e 100 (cem) horas.

I – Desenvolvimento do curso

O curso é dividido em duas etapas: 1) Módulo Teórico e 2) Módulo Prático (Estágio Supervisionado).

1. Módulo Teórico

No módulo teórico, serão desenvolvidos determinados temas (a seguir elencados) pelos professores e indicada a leitura obrigatória de obras de natureza introdutória (livros-texto) ligados às principais linhas técnico-metodológicas para a conciliação e mediação, com a realização de simulações pelos alunos.

1.1 Conteúdo Programático

No módulo teórico deverão ser desenvolvidos os seguintes temas:

a) Panorama histórico dos métodos consensuais de solução de conflitos. Legislação brasileira. Projetos de lei. Lei dos Juizados Especiais. Resolução CNJ 125/2010. Novo Código de Processo Civil, Lei de Mediação.

b) A Política Judiciária Nacional de tratamento adequado de conflitos

Objetivos: acesso à justiça, mudança de mentalidade, qualidade do serviço de conciliadores e mediadores. Estruturação – CNJ, Núcleo Permanente de Métodos Consensuais de Solução de Conflitos e Cejusc. A audiência de conciliação e mediação do novo Código de Processo Civil. Capacitação e remuneração de conciliadores e mediadores.

c) Cultura da Paz e Métodos de Solução de Conflitos

Panorama nacional e internacional. Autocomposição e Heterocomposição. Prisma (ou espectro) de processos de resolução de disputas: negociação, conciliação, mediação, arbitragem, processo judicial, processos híbridos.

d) Teoria da Comunicação/Teoria dos Jogos

Axiomas da comunicação. Comunicação verbal e não verbal. Escuta ativa. Comunicação nas pautas de interação e no estudo do interrelacionamento humano: aspectos sociológicos e aspectos psicológicos. Premissas conceituais da autocomposição.

e) Moderna Teoria do Conflito

Conceito e estrutura. Aspectos objetivos e subjetivos.

f) Negociação

Conceito: integração e distribuição do valor das negociações. Técnicas básicas de negociação (a barganha de posições; a separação de pessoas de problemas; concentração em interesses; desenvolvimento de opções de ganho mútuo; critérios objetivos; melhor alternativa para acordos negociados).

Técnicas intermediárias de negociação (estratégias de estabelecimento de *rapport*; transformação de adversários em parceiros; comunicação efetiva).

g) Conciliação

Conceito e filosofia. Conciliação judicial e extrajudicial. Técnicas (recontextualização, identificação das propostas implícitas, afago, escuta ativa, espelhamento, produção de opção, acondicionamento das questões e interesses das partes, teste de realidade). Finalização da conciliação. Formalização do acordo. Dados essenciais do termo de conciliação (qualificação das partes, número de identificação, natureza do conflito...). Redação do acordo: requisitos mínimos e exequibilidade. Encaminhamentos e estatística.

Etapas (planejamento da sessão, apresentação ou abertura, esclarecimentos ou investigação das propostas das partes, criação de opções, escolha da opção, lavratura do acordo).

h) Mediação

Definição e conceitualização. Conceito e filosofia. Mediação judicial e extrajudicial, prévia e incidental. Etapas – Pré-mediação e Mediação propriamente dita (acolhida, declaração inicial das partes, planejamento, esclarecimentos dos interesses ocultos e negociação do acordo). Técnicas ou ferramentas (comediação, recontextualização, identificação das propostas implícitas, formas de perguntas, escuta ativa, produção de opção, acondicionamento das questões e interesses das partes, teste de realidade ou reflexão).

i) Áreas de utilização da conciliação/mediação

Empresarial, familiar, civil (consumeirista, trabalhista, previdenciária, etc.), penal e justiça restaurativa; o envolvimento com outras áreas do conhecimento.

j) Interdisciplinaridade da mediação

Conceitos das diferentes áreas do conhecimento que sustentam a prática: sociologia, psicologia, antropologia e direito.

k) O papel do conciliador/mediador e sua relação com os envolvidos (ou agentes) na conciliação e na mediação

Os operadores do direito (o magistrado, o promotor, o advogado, o defensor público, etc.) e a conciliação/mediação. Técnicas para estimular advogados a atuarem de forma eficiente na conciliação/mediação. Contornando as dificuldades: situações de desequilíbrio, descontrole emocional, embriaguez, desrespeito.

l) Ética de conciliadores e mediadores

O terceiro facilitador: funções, postura, atribuições, limites de atuação. Código de Ética – Resolução CNJ 125/2010 (anexo).

1.2 Material didático do Módulo Teórico

O material utilizado será composto por apostilas, obras de natureza introdutória (manuais, livros-textos, etc.) e obras ligadas às abordagens de mediação adotadas.

1.3 Carga Horária do Módulo Teórico

A carga horária deve ser de, no mínimo, 40 (quarenta) horas/aula e, necessariamente, complementada pelo Módulo Prático (estágio supervisionado) de 60 (sessenta) a 100 (cem) horas.

1.4 Frequência e Certificação

A frequência mínima exigida para a aprovação no Módulo Teórico é de 100% (cem por cento) e, para a avaliação do aproveitamento, o aluno entregará relatório ao final do módulo.

Assim, cumpridos os 2 (dois) requisitos – frequência mínima e apresentação de relatório – será emitida declaração de conclusão do Módulo Teórico, que habilitará o aluno a iniciar o Módulo Prático (estágio supervisionado).

2. Módulo Prático – Estágio Supervisionado

Nesse módulo, o aluno aplicará o aprendizado teórico em casos reais, acompanhado por 1 (um) membro da equipe docente (supervisor), desempenhando, necessariamente, 3 (três) funções: a) observador, b) coconciliador ou comediador, e c) conciliador ou mediador.

Ao final de cada sessão, apresentará relatório do trabalho realizado, nele lançando suas impressões e comentários relativos à utilização das técnicas aprendidas e aplicadas, de modo que esse relatório não deve limitar-se a descrever o caso atendido, como em um estágio de Faculdade de Direito, mas haverá de observar as técnicas utilizadas e a facilidade ou dificuldade de lidar com o caso real. Permite-se, a critério do Nupemec, estágio autossupervisionado quando não houver equipe docente suficiente para acompanhar todas as etapas do Módulo Prático.

Essa etapa é imprescindível para a obtenção do certificado de conclusão do curso, que habilita o mediador ou conciliador a atuar perante o Poder Judiciário.

2.1 Carga Horária

O mínimo exigido para esse módulo é de 60 (sessenta) horas de atendimento de casos reais, podendo a periodicidade ser definida pelos coordenadores dos cursos.

2.2 Certificação

Após a entrega dos relatórios referentes a todas as sessões das quais o aluno participou e, cumprido o número mínimo de horas estabelecido no item 2.1 acima, será emitido certificado de conclusão do curso básico de capacitação, que é o necessário para o cadastramento como mediador junto ao tribunal no qual pretende atuar.

2.3 Flexibilidade dos treinamentos

Os treinamentos de quaisquer práticas consensuais serão conduzidos de modo a respeitar as linhas distintas de atuação em mediação e conciliação (e.g. transformativa, narrativa, facilitadora, entre outras). Dessa forma, o conteúdo programático apresentado acima poderá ser livremente flexibilizado para atender às especificidades da mediação adotada pelo instrutor, inclusive quanto à ordem dos temas. Quaisquer materiais pedagógicos disponibilizados pelo CNJ (vídeos, exercícios simulados, manuais) são meramente exemplificativos.

De acordo com as especificidades locais ou regionais, poderá ser dada ênfase a uma ou mais áreas de utilização de conciliação/mediação.

II – Facultativo

1. Instrutores

Os conciliadores/mediadores capacitados nos termos dos parâmetros acima indicados poderão se inscrever no curso de capacitação de instrutores, desde que preencham, cumulativamente, os seguintes requisitos:

• Experiência de atendimento em conciliação ou mediação por 2 (dois) anos.

• Idade mínima de 21 anos e comprovação de conclusão de curso superior.

Anexo II

SETORES DE SOLUÇÃO DE CONFLITOS E CIDADANIA

(*Revogado pela Emenda n. 1, de 31-1-2013.*)

Anexo III

CÓDIGO DE ÉTICA DE CONCILIADORES E MEDIADORES JUDICIAIS

•• Anexo III com redação determinada pela Emenda n. 1, de 31-1-2013.

Introdução

O Conselho Nacional de Justiça, a fim de assegurar o desenvolvimento da Política Pública de tratamento adequado dos conflitos e a qualidade dos serviços de conciliação e mediação enquanto instrumentos efetivos de pacificação social e de prevenção de litígios, institui o Código de Ética, norteado por princípios que formam a consciência dos terceiros facilitadores, como profissionais, e representam imperativos de sua conduta.

Dos princípios e garantias da conciliação e mediação judiciais

Art. 1.º São princípios fundamentais que regem a atuação de conciliadores e mediadores judiciais: confidencialidade, decisão informada, competência, imparcialidade, independência e autonomia, respeito à ordem pública e às leis vigentes, empoderamento e validação.

•• *Vide* art. 166 e parágrafos do CPC.

I – Confidencialidade – dever de manter sigilo sobre todas as informações obtidas na sessão, salvo autorização expressa das partes, violação à ordem pública ou às leis vigentes, não podendo ser testemunha do caso, nem atuar como advogado dos envolvidos, em qualquer hipótese;

II – Decisão informada – dever de manter o jurisdicionado plenamente informado quanto aos seus direitos e ao contexto fático no qual está inserido;

III – Competência – dever de possuir qualificação que o habilite à atuação judicial, com capacitação na forma desta Resolução, observada a reciclagem periódica obrigatória para formação continuada;

IV – Imparcialidade – dever de agir com ausência de favoritismo, preferência ou preconceito, assegurando que valores e conceitos pessoais não interfiram no resultado do trabalho, compreendendo a realidade dos envolvidos no conflito e jamais aceitando qualquer espécie de favor ou presente;

V – Independência e autonomia – dever de atuar com liberdade, sem sofrer qualquer pressão interna ou externa, sendo permitido recusar, suspender ou interromper a sessão se ausentes as condições necessárias para seu bom desenvolvimento, tampouco havendo dever de redigir acordo ilegal ou inexequível;

VI – Respeito à ordem pública e às leis vigentes – dever de velar para que eventual acordo entre os envolvidos não viole a ordem pública, nem contrarie as leis vigentes;

VII – Empoderamento – dever de estimular os interessados a aprenderem a melhor resolverem seus conflitos futuros em função da experiência de justiça vivenciada na autocomposição;

VIII – Validação – dever de estimular os interessados perceberem-se reciprocamente como serem humanos merecedores de atenção e respeito.

Das regras que regem o procedimento de conciliação/mediação

Art. 2.º As regras que regem o procedimento da conciliação/mediação são normas de conduta a serem observadas pelos conciliadores/mediadores para o bom desenvolvimento daquele, permitindo que haja o engajamento dos envolvidos, com vistas à sua pacificação e ao comprometimento com eventual acordo obtido, sendo elas:

I – Informação – dever de esclarecer os envolvidos sobre o método de trabalho a ser empregado, apresentando-o de forma completa, clara e precisa, informando sobre os princípios deontológicos referidos no Capítulo I, as regras de conduta e as etapas do processo;

II – Autonomia da vontade – dever de respeitar os diferentes pontos de vista dos envolvidos, assegurando-lhes que cheguem a uma decisão voluntária e não coercitiva, com liberdade para tomar as próprias decisões durante ou ao final do processo e de interrompê-lo a qualquer momento;

III – Ausência de obrigação de resultado – dever de não forçar um acordo e de não tomar decisões pelos envolvidos, podendo, quando muito, no caso da conciliação, criar opções, que podem ou não ser acolhidas por eles;

IV – Desvinculação da profissão de origem – dever de esclarecer aos envolvidos que atuam desvinculados de sua profissão de origem, informando que, caso seja necessária orientação ou aconselhamento afetos a qualquer área do conhecimento poderá ser convocado para a sessão o profissional respectivo, desde que com o consentimento de todos;

V – Compreensão quanto à conciliação e à mediação – Dever de assegurar que os envolvidos, ao chegarem a um acordo, compreendam perfeitamente suas disposições, que devem ser exequíveis, gerando o comprometimento com seu cumprimento.

Das responsabilidades e sanções do conciliador/mediador

Art. 3.º Apenas poderão exercer suas funções perante o Poder Judiciário conciliadores e mediadores devidamente capacitados e cadastrados pelos Tribunais, aos quais competirá regulamentar o processo de inclusão e exclusão no cadastro.

Art. 4.º O conciliador/mediador deve exercer sua função com lisura, respeitar os princípios e regras deste Código, assinar, para tanto, no início do exercício, termo de compromisso e submeter-se às orientações do Juiz Coordenador da unidade a que esteja vinculado.

Parágrafo único. O mediador/conciliador deve, preferencialmente no início da sessão inicial de mediação/conciliação, proporcionar ambiente adequado para que advogados atendam ao disposto no art. 48, § 5.º, do Código de Ética e Disciplina da Ordem dos Advogados do Brasil de 2015.

•• Parágrafo único com redação determinada pela Resolução n. 326, de 26-6-2020.

Art. 5.º Aplicam-se aos conciliadores/mediadores os motivos de impedimento e suspeição dos juízes, devendo, quando constatados, serem informados aos envolvidos, com a interrupção da sessão e a substituição daqueles.

Art. 6.º No caso de impossibilidade temporária do exercício da função, o conciliador ou mediador deverá informar com antecedência ao responsável para que seja providenciada sua substituição.

•• *Vide* art. 171 do CPC.

Art. 7.º O conciliador ou mediador fica absolutamente impedido de prestar serviços profissionais, de qualquer natureza, aos envolvidos em processo de conciliação/mediação sob sua condução.

•• *Vide* art. 172 do CPC.

Art. 8.º O descumprimento dos princípios e regras estabelecidos neste Código, bem como a condenação definitiva em processo criminal, resultará na exclusão do conciliador/mediador do respectivo cadastro e no impedimento para atuar nesta função em qualquer outro órgão do Poder Judiciário nacional.

•• *Vide* art. 173 do CPC.

Parágrafo único. Qualquer pessoa que venha a ter conhecimento de conduta inadequada por parte do conciliador/mediador poderá representar ao Juiz Coordenador a fim de que sejam adotadas as providências cabíveis.

ANEXO IV

DADOS ESTATÍSTICOS

(*Revogado pela Emenda n. 1, de 31-1-2013.*)

LEI N. 12.414, DE 9 DE JUNHO DE 2011 (*)

Disciplina a formação e consulta a bancos de dados com informações de adimplemento, de pessoas naturais ou de pessoas jurídicas, para formação de histórico de crédito.

A Presidenta da República

Faço saber que o Congresso Nacional decreta e eu sanciono a seguinte Lei:

Art. 1.º Esta Lei disciplina a formação e consulta a bancos de dados com informações de adimplemento, de pessoas naturais ou de pessoas jurídicas, para formação de histórico de crédito, sem prejuízo do disposto na Lei n. 8.078, de 11 de setembro de 1990 – Código de Proteção e Defesa do Consumidor.

•• *Vide* arts. 43 e 44 do CDC.

Parágrafo único. Os bancos de dados instituídos ou mantidos por pessoas jurídicas de direito público interno serão regidos por legislação específica.

Art. 2.º Para os efeitos desta Lei, considera-se:

I – banco de dados: conjunto de dados relativo a pessoa natural ou jurídica armazenados com a finalidade de subsidiar a concessão de crédito, a realização de venda a prazo ou de outras transações comerciais e empresariais que impliquem risco financeiro;

II – gestor: pessoa jurídica que atenda aos requisitos mínimos de funcionamento previstos nesta Lei e em regulamentação complementar, responsável pela administração de banco de dados, bem como pela coleta, pelo armazenamento, pela análise e pelo acesso de terceiros aos dados armazenados;

•• Inciso II com redação determinada pela Lei Complementar n. 166, de 8-4-2019.

III – cadastrado: pessoa natural ou jurídica cujas informações tenham sido incluídas em banco de dados;

•• Inciso III com redação determinada pela Lei Complementar n. 166, de 8-4-2019.

IV – fonte: pessoa natural ou jurídica que conceda crédito, administre operações de autofinanciamento ou realize venda a prazo ou outras transações comerciais e empresariais que lhe impliquem risco financeiro, inclusive as instituições autorizadas a funcionar pelo Banco Central do Brasil e os prestadores de serviços continuados de água, esgoto, eletricidade, gás, telecomunicações e assemelhados;

•• Inciso IV com redação determinada pela Lei Complementar n. 166, de 8-4-2019.

V – consulente: pessoa natural ou jurídica que acesse informações em bancos de dados para qualquer finalidade permitida por esta Lei;

VI – anotação: ação ou efeito de anotar, assinalar, averbar, incluir, inscrever ou registrar informação relativa ao histórico de crédito em banco de dados; e

VII – histórico de crédito: conjunto de dados financeiros e de pagamentos, relativos às operações de crédito e obrigações de pagamento adimplidas ou em andamento por pessoa natural ou jurídica.

•• Inciso VII com redação determinada pela Lei Complementar n. 166, de 8-4-2019.

Art. 3.º Os bancos de dados poderão conter informações de adimplemento do cadastrado, para a formação do histórico de crédito, nas condições estabelecidas nesta Lei.

§ 1.º Para a formação do banco de dados, somente poderão ser armazenadas informações objetivas, claras, verdadeiras e de fácil compreensão, que sejam necessárias para avaliar a situação econômica do cadastrado.

•• *Vide* art. 43, § 1.º, do CDC.

§ 2.º Para os fins do disposto no § 1.º, consideram-se informações:

I – objetivas: aquelas descritivas dos fatos e que não envolvam juízo de valor;

II – claras: aquelas que possibilitem o imediato entendimento do cadastrado independentemente de remissão a anexos, fórmulas, siglas, símbolos, termos técnicos ou nomenclatura específica;

III – verdadeiras: aquelas exatas, completas e sujeitas à comprovação nos termos desta Lei; e

IV – de fácil compreensão: aquelas em sentido comum que assegurem ao cadastrado o pleno conhecimento do conteúdo, do sentido e do alcance dos dados sobre ele anotados.

§ 3.º Ficam proibidas as anotações de:

• *Vide* arts. 3.º, IV, e 5.º, X, da CF.

• *Vide* Súmula 385 do STJ.

I – informações excessivas, assim consideradas aquelas que não estiverem vinculadas à análise de risco de crédito ao consumidor; e

II – informações sensíveis, assim consideradas aquelas pertinentes à origem social e étnica, à saúde, à informação genética, à orientação sexual e às convicções políticas, religiosas e filosóficas.

Art. 4.º O gestor está autorizado, nas condições estabelecidas nesta Lei, a:

•• *Caput* com redação determinada pela Lei Complementar n. 166, de 8-4-2019.

I – abrir cadastro em banco de dados com informações de adimplemento de pessoas naturais e jurídicas;

•• Inciso I acrescentado pela Lei Complementar n. 166, de 8-4-2019.

II – fazer anotações no cadastro de que trata o inciso I do *caput* deste artigo;

•• Inciso II acrescentado pela Lei Complementar n. 166, de 8-4-2019.

III – compartilhar as informações cadastrais e de adimplemento armazenadas com outros bancos de dados; e

•• Inciso III acrescentado pela Lei Complementar n. 166, de 8-4-2019.

IV – disponibilizar a consulentes:

•• Inciso IV, *caput*, acrescentado pela Lei Complementar n. 166, de 8-4-2019.

a) a nota ou pontuação de crédito elaborada com base nas informações de adimplemento armazenadas; e

•• Alínea *a* acrescentada pela Lei Complementar n. 166, de 8-4-2019.

b) o histórico de crédito, mediante prévia autorização específica do cadastrado.

•• Alínea *b* acrescentada pela Lei Complementar n. 166, de 8-4-2019.

§§ 1.º e 2.º (*Revogados pela Lei Complementar n. 166, de 8-4-2019.*)

§ 3.º (*Vetado.*)

§ 4.º A comunicação ao cadastrado deve:

•• § 4.º, *caput*, acrescentado pela Lei Complementar n. 166, de 8-4-2019.

I – ocorrer em até 30 (trinta) dias após a abertura do cadastro no banco de dados, sem custo para o cadastrado;

•• Inciso I acrescentado pela Lei Complementar n. 166, de 8-4-2019.

II – ser realizada pelo gestor, diretamente ou por intermédio de fontes; e

•• Inciso II acrescentado pela Lei Complementar n. 166, de 8-4-2019.

III – informar de maneira clara e objetiva os canais disponíveis para o cancelamento do cadastro no banco de dados.

•• Inciso III acrescentado pela Lei Complementar n. 166, de 8-4-2019.

§ 5.º Fica dispensada a comunicação de que trata o § 4.º deste artigo caso o cadastrado já tenha cadastro aberto em outro banco de dados.

•• § 5.º acrescentado pela Lei Complementar n. 166, de 8-4-2019.

(*) Publicada no *Diário Oficial da União*, de 10-6-2011. Regulamentada pelo Decreto n. 9.936, de 24-7-2019.

§ 6.º Para o envio da comunicação de que trata o § 4.º deste artigo, devem ser utilizados os dados pessoais, como endereço residencial, comercial, eletrônico, fornecidos pelo cadastrado à fonte.

•• § 6.º acrescentado pela Lei Complementar n. 166, de 8-4-2019.

§ 7.º As informações do cadastrado somente poderão ser disponibilizadas a consulentes 60 (sessenta) dias após a abertura do cadastro, observado o disposto no § 8.º deste artigo e no art. 15 desta Lei.

•• § 7.º acrescentado pela Lei Complementar n. 166, de 8-4-2019.

§ 8.º É obrigação do gestor manter procedimentos adequados para comprovar a autenticidade e a validade da autorização de que trata a alínea *b* do inciso IV do *caput* deste artigo.

•• § 8.º acrescentado pela Lei Complementar n. 166, de 8-4-2019.

Art. 5.º São direitos do cadastrado:

I – obter o cancelamento ou a reabertura do cadastro, quando solicitado;

•• Inciso I com redação determinada pela Lei Complementar n. 166, de 8-4-2019.

II – acessar gratuitamente, independentemente de justificativa, as informações sobre ele existentes no banco de dados, inclusive seu histórico e sua nota ou pontuação de crédito, cabendo ao gestor manter sistemas seguros, por telefone ou por meio eletrônico, de consulta às informações pelo cadastrado;

•• Inciso II com redação determinada pela Lei Complementar n. 166, de 8-4-2019.

III – solicitar a impugnação de qualquer informação sobre ele erroneamente anotada em banco de dados e ter, em até 10 (dez) dias, sua correção ou seu cancelamento em todos os bancos de dados que compartilharam a informação;

•• Inciso III com redação determinada pela Lei Complementar n. 166, de 8-4-2019.

•• *Vide* art. 43, § 3.º, do CDC.

IV – conhecer os principais elementos e critérios considerados para a análise de risco, resguardado o segredo empresarial;

•• *Vide* Súmula 550 do STJ.

V – ser informado previamente sobre a identidade do gestor e sobre o armazenamento e o objetivo do tratamento dos dados pessoais;

•• Inciso V com redação determinada pela Lei Complementar n. 166, de 8-4-2019.

VI – solicitar ao consulente a revisão de decisão realizada exclusivamente por meios automatizados; e

VII – ter os seus dados pessoais utilizados somente de acordo com a finalidade para a qual eles foram coletados.

§§ 1.º e 2.º (*Vetados*.)

§ 3.º O prazo para disponibilização das informações de que tratam os incisos II e IV do *caput* deste artigo será de 10 (dez) dias.

•• § 3.º acrescentado pela Lei Complementar n. 166, de 8-4-2019.

§ 4.º O cancelamento e a reabertura de cadastro somente serão processados mediante solicitação gratuita do cadastrado ao gestor.

•• § 4.º acrescentado pela Lei Complementar n. 166, de 8-4-2019.

§ 5.º O cadastrado poderá realizar a solicitação de que trata o § 4.º deste artigo a qualquer gestor de banco de dados, por meio telefônico, físico e eletrônico.

•• § 5.º acrescentado pela Lei Complementar n. 166, de 8-4-2019.

§ 6.º O gestor que receber a solicitação de que trata o § 4.º deste artigo é obrigado a, no prazo de até 2 (dois) dias úteis:

•• § 6.º, *caput*, acrescentado pela Lei Complementar n. 166, de 8-4-2019.

I – encerrar ou reabrir o cadastro, conforme solicitado; e

•• Inciso I acrescentado pela Lei Complementar n. 166, de 8-4-2019.

II – transmitir a solicitação aos demais gestores, que devem também atender, no mesmo prazo, à solicitação do cadastrado.

•• Inciso II acrescentado pela Lei Complementar n. 166, de 8-4-2019.

§ 7.º O gestor deve proceder automaticamente ao cancelamento de pessoa natural ou jurídica que tenha manifestado previamente, por meio telefônico, físico ou eletrônico, a vontade de não ter aberto seu cadastro.

•• § 7.º acrescentado pela Lei Complementar n. 166, de 8-4-2019.

§ 8.º O cancelamento de cadastro implica a impossibilidade de uso das informações do histórico de crédito pelos gestores, para os fins previstos nesta Lei, inclusive para a composição de nota ou pontuação de crédito de terceiros cadastrados, na forma do art. 7.º-A desta Lei.

•• § 8.º acrescentado pela Lei Complementar n. 166, de 8-4-2019.

Art. 6.º Ficam os gestores de bancos de dados obrigados, quando solicitados, a fornecer ao cadastrado:

I – todas as informações sobre ele constantes de seus arquivos, no momento da solicitação;

II – indicação das fontes relativas às informações de que trata o inciso I, incluindo endereço e telefone para contato;

III – indicação dos gestores de bancos de dados com os quais as informações foram compartilhadas;

IV – indicação de todos os consulentes que tiveram acesso a qualquer informação sobre ele nos 6 (seis) meses anteriores à solicitação;

•• Inciso IV com redação determinada pela Lei Complementar n. 166, de 8-4-2019.

V – cópia de texto com o sumário dos seus direitos, definidos em lei ou em normas infralegais pertinentes à sua relação com gestores, bem como a lista dos órgãos governamentais aos quais poderá ele recorrer, caso considere que esses direitos foram infringidos; e

•• Inciso V com redação determinada pela Lei Complementar n. 166, de 8-4-2019.

VI – confirmação de cancelamento do cadastro.

•• Inciso VI acrescentado pela Lei Complementar n. 166, de 8-4-2019.

§ 1.º É vedado aos gestores de bancos de dados estabelecerem políticas ou realizarem operações que impeçam, limitem ou dificultem o acesso do cadastrado previsto no inciso II do art. 5.º.

§ 2.º O prazo para atendimento das informações de que tratam os incisos II, III, IV e V do *caput* deste artigo será de 10 (dez) dias.

•• § 2.º com redação determinada pela Lei Complementar n. 166, de 8-4-2019.

Art. 7.º As informações disponibilizadas nos bancos de dados somente poderão ser utilizadas para:

I – realização de análise de risco de crédito do cadastrado; ou

II – subsidiar a concessão ou extensão de crédito e a realização de venda a prazo ou outras transações comerciais e empresariais que impliquem risco financeiro ao consulente.

Parágrafo único. Cabe ao gestor manter sistemas seguros, por telefone ou por meio eletrônico, de consulta para informar aos consulentes as informações de adimplemento do cadastrado.

Art. 7.º-A. Nos elementos e critérios considerados para composição da nota ou pontuação de crédito de pessoa cadastrada em banco de dados de que trata esta Lei, não podem ser utilizadas informações:

•• *Caput* acrescentado pela Lei Complementar n. 166, de 8-4-2019.

I – que não estiverem vinculadas à análise de risco de crédito e aquelas relacionadas à origem social e étnica, à saúde, à informação genética, ao sexo e às convicções políticas, religiosas e filosóficas;

•• Inciso I acrescentado pela Lei Complementar n. 166, de 8-4-2019.

II – de pessoas que não tenham com o cadastrado relação de parentesco de primeiro grau ou de dependência econômica; e

•• Inciso II acrescentado pela Lei Complementar n. 166, de 8-4-2019.

III – relacionadas ao exercício regular de direito pelo cadastrado, previsto no inciso II do *caput* do art. 5.º desta Lei.

•• Inciso III acrescentado pela Lei Complementar n. 166, de 8-4-2019.

§ 1.º O gestor de banco de dados deve disponibilizar em seu sítio eletrônico, de forma clara, acessível e de fácil compreensão, a sua política de coleta e utilização de dados pessoais para fins de elaboração de análise de risco de crédito.

•• § 1.º acrescentado pela Lei Complementar n. 166, de 8-4-2019.

§ 2.º A transparência da política de coleta e utilização de dados pessoais de que trata o § 1.º deste artigo deve ser objeto de verificação, na forma de regulamentação a ser expedida pelo Poder Executivo.

•• § 2.º acrescentado pela Lei Complementar n. 166, de 8-4-2019.

Art. 8.º São obrigações das fontes:

I e II – (*Revogados pela Lei Complementar n. 166, de 8-4-2019.*)

III – verificar e confirmar, ou corrigir, em prazo não superior a 2 (dois) dias úteis, informação impugnada, sempre que solicitado por gestor de banco de dados ou diretamente pelo cadastrado;

IV – atualizar e corrigir informações enviadas aos gestores, em prazo não superior a 10 (dez) dias;

•• Inciso IV com redação determinada pela Lei Complementar n. 166, de 8-4-2019.

V – manter os registros adequados para verificar informações enviadas aos gestores de bancos de dados; e

VI – fornecer informações sobre o cadastrado, em bases não discriminatórias, a todos os gestores de bancos de dados que as solicitarem, no mesmo formato e contendo as mesmas informações fornecidas a outros bancos de dados.

Parágrafo único. É vedado às fontes estabelecer políticas ou realizar operações que impeçam, limitem ou dificultem a transmissão a banco de dados de informações de cadastrados.

•• Parágrafo único com redação determinada pela Lei Complementar n. 166, de 8-4-2019.

Art. 9.º O compartilhamento de informações de adimplemento entre gestores é permitido na forma do inciso III do *caput* do art. 4.º desta Lei.

•• *Caput* com redação determinada pela Lei Complementar n. 166, de 8-4-2019.

§ 1.º O gestor que receber informação por meio de compartilhamento equipara-se, para todos os efeitos desta Lei, ao gestor que anotou originariamente a informação, inclusive quanto à responsabilidade por eventuais prejuízos a que der causa e ao dever de receber e processar impugnações ou cancelamentos e realizar retificações.

•• § 1.º com redação determinada pela Lei Complementar n. 166, de 8-4-2019.

§ 2.º O gestor originário é responsável por manter atualizadas as informações cadastrais nos demais bancos de dados com os quais compartilhou informações, sem nenhum ônus para o cadastrado.

•• § 2.º com redação determinada pela Lei Complementar n. 166, de 8-4-2019.

§ 3.º (*Revogado pela Lei Complementar n. 166, de 8-4-2019.*)

§ 4.º O gestor deverá assegurar, sob pena de responsabilidade, a identificação da pessoa que promover qualquer inscrição ou atualização de dados relacionados com o cadastrado, registrando a data desta ocorrência, bem como a identificação exata da fonte, do nome do agente que a efetuou e do equipamento ou terminal a partir do qual foi processada tal ocorrência.

Art. 10. É proibido ao gestor exigir exclusividade das fontes de informações.

Art. 11. (*Revogado pela Lei Complementar n. 166, de 8-4-2019.*)

Art. 12. As instituições autorizadas a funcionar pelo Banco Central do Brasil fornecerão as informações relativas a suas operações de crédito, de arrendamento mercantil e de autofinanciamento realizadas por meio de grupos de consórcio e a outras operações com características de concessão de crédito somente aos gestores registrados no Banco Central do Brasil.

•• *Caput* com redação determinada pela Lei Complementar n. 166, de 8-4-2019.

§§ 1.º e 2.º (*Revogados pela Lei Complementar n. 166, de 8-4-2019.*)

§ 3.º O Conselho Monetário Nacional adotará as medidas e normas complementares necessárias para a aplicação do disposto neste artigo.

§ 4.º O compartilhamento de que trata o inciso III do *caput* do art. 4.º desta Lei, quando referente a informações provenientes de instituições autorizadas a funcionar pelo Banco Central do Brasil, deverá ocorrer apenas entre gestores registrados na forma deste artigo.

•• § 4.º acrescentado pela Lei Complementar n. 166, de 8-4-2019.

§ 5.º As infrações à regulamentação de que trata o § 3.º deste artigo sujeitam o gestor ao cancelamento do seu registro no Banco Central do Brasil, assegurado o devido processo legal, na forma da Lei n. 9.784, de 29 de janeiro de 1999.

•• § 5.º acrescentado pela Lei Complementar n. 166, de 8-4-2019.

§ 6.º O órgão administrativo competente poderá requerer aos gestores, na forma e no prazo que estabelecer, as informações necessárias para o desempenho das atribuições de que trata este artigo.

•• § 6.º acrescentado pela Lei Complementar n. 166, de 8-4-2019.

§ 7.º Os gestores não se sujeitam à legislação aplicável às instituições financeiras e às demais instituições autorizadas a funcionar pelo Banco Central do Brasil, inclusive quanto às disposições sobre processo administrativo sancionador, regime de administração especial temporária, intervenção e liquidação extrajudicial.

•• § 7.º acrescentado pela Lei Complementar n. 166, de 8-4-2019.

§ 8.º O disposto neste artigo não afasta a aplicação pelos órgãos integrantes do Sistema Nacional de Defesa do Consumidor (SNDC), na forma do art. 17 desta Lei, das penalidades cabíveis por violação das normas de proteção do consumidor.

•• § 8.º acrescentado pela Lei Complementar n. 166, de 8-4-2019.

Art. 13. O Poder Executivo regulamentará o disposto nesta Lei, em especial quanto:

•• *Caput* com redação determinada pela Lei Complementar n. 166, de 8-4-2019.

I – ao uso, à guarda, ao escopo e ao compartilhamento das informações recebidas por bancos de dados;

•• Inciso I acrescentado pela Lei Complementar n. 166, de 8-4-2019.

II – aos procedimentos aplicáveis aos gestores de banco de dados na hipótese de vazamento de informações dos cadastrados, inclusive com relação à comunicação aos órgãos responsáveis pela sua fiscalização, nos termos do § 1.º do art. 17 desta Lei; e

•• Inciso II acrescentado pela Lei Complementar n. 166, de 8-4-2019.

III – ao disposto nos arts. 5.º e 7.º-A desta Lei.

•• Inciso III acrescentado pela Lei Complementar n. 166, de 8-4-2019.

Art. 14. As informações de adimplemento não poderão constar de bancos de dados por período superior a 15 (quinze) anos.

Art. 15. As informações sobre o cadastrado constantes dos bancos de dados somente poderão ser acessadas por consulentes que com ele mantiverem ou pretenderem manter relação comercial ou creditícia.

Art. 16. O banco de dados, a fonte e o consulente são responsáveis, objetiva e solidariamente, pelos danos materiais e morais que causarem ao cadastrado, nos termos da Lei n. 8.078, de 11 de setembro de 1990 (Código de Proteção e Defesa do Consumidor).

•• Artigo com redação determinada pela Lei Complementar n. 166, de 8-4-2019.

Art. 17. Nas situações em que o cadastrado for consumidor, caracterizado conforme a Lei n. 8.078, de 11 de setembro de 1990 – Código de Proteção e Defesa do Consumidor, aplicam-se as sanções e penas nela previstas e o disposto no § 2.º.

• *Vide* art. 2.º do CDC.

§ 1.º Nos casos previstos no *caput*, a fiscalização e a aplicação das sanções serão exercidas concorrentemente pelos órgãos de proteção e defesa do consumidor da União, dos Estados, do Distrito Federal e dos Municípios, nas respectivas áreas de atuação administrativa.

§ 2.º Sem prejuízo do disposto no *caput* e no § 1.º deste artigo, os órgãos de proteção e defesa do consumidor poderão aplicar medidas corretivas e estabelecer aos bancos de dados que descumprirem o previsto nesta Lei a obrigação de excluir do cadastro informações incorretas, no prazo de 10 (dez) dias, bem como de cancelar os cadastros de pessoas que solicitaram o cancelamento, conforme disposto no inciso I do *caput* do art. 5.º desta Lei.

•• § 2.º com redação determinada pela Lei Complementar n. 166, de 8-4-2019.

Art. 17-A. A quebra do sigilo previsto na Lei Complementar n. 105, de 10 de janeiro de 2001, sujeita os responsáveis às penalidades previstas no art. 10 da referida Lei, sem prejuízo do disposto na Lei n. 8.078, de 11 de setembro de 1990 (Código de Proteção e Defesa do Consumidor).

•• Artigo acrescentado pela Lei Complementar n. 166, de 8-4-2019.

Art. 18. Esta Lei entra em vigor na data de sua publicação.

Brasília, 9 de junho de 2011; 190.º da Independência e 123.º da República.

Dilma Rousseff

LEI N. 12.529, DE 30 DE NOVEMBRO DE 2011 (*)

Estrutura o Sistema Brasileiro de Defesa da Concorrência; dispõe sobre a prevenção e repressão às infrações contra a ordem econômica; altera a Lei n. 8.137, de 27 de dezembro de 1990, o Decreto-lei n. 3.689, de 3 de outubro de 1941 – Código de Processo Penal, e a Lei n. 7.347, de 24 de julho de 1985; revoga dispositivos da Lei n. 8.884, de 11 de junho de 1994, e a Lei n. 9.781, de 19 de janeiro de 1999; e dá outras providências.

A Presidenta da República

Faço saber que o Congresso Nacional decreta e eu sanciono a seguinte Lei:

Título I
DISPOSIÇÕES GERAIS

Capítulo I
DA FINALIDADE

Art. 1.º Esta Lei estrutura o Sistema Brasileiro de Defesa da Concorrência – SBDC e dispõe sobre a prevenção e a repressão às infrações contra a ordem econômica, orientada pelos ditames constitucionais de liberdade de iniciativa, livre concorrência, função social da propriedade, defesa dos consumidores e repressão ao abuso do poder econômico.

• *Vide* arts. 1.º, IV, 170, III, IV e V, e 173, § 4.º, da CF.

Parágrafo único. A coletividade é a titular dos bens jurídicos protegidos por esta Lei.

Capítulo II
DA TERRITORIALIDADE

Art. 2.º Aplica-se esta Lei, sem prejuízo de convenções e tratados de que seja signatário o Brasil, às práticas cometidas no todo ou em parte no território nacional ou que nele produzam ou possam produzir efeitos.

§ 1.º Reputa-se domiciliada no território nacional a empresa estrangeira que opere ou tenha no Brasil filial, agência, sucursal, escritório, estabelecimento, agente ou representante.

§ 2.º A empresa estrangeira será notificada e intimada de todos os atos processuais previstos nesta Lei, independentemente de procuração ou de disposição contratual ou estatutária, na pessoa do agente ou representante ou pessoa responsável por sua filial, agência, sucursal, estabelecimento ou escritório instalado no Brasil.

• *Vide* art. 75, X e § 3.º, do CPC.

Título II
DO SISTEMA BRASILEIRO DE DEFESA DA CONCORRÊNCIA

Capítulo I
DA COMPOSIÇÃO

Art. 3.º O SBDC é formado pelo Conselho Administrativo de Defesa Econômica – CADE e pela Secretaria de Acompanhamento Econômico do Ministério da Fazenda, com as atribuições previstas nesta Lei.

Capítulo II
DO CONSELHO ADMINISTRATIVO DE DEFESA ECONÔMICA – CADE

• O Decreto n. 7.738, de 28-5-2012, aprova a Estrutura Regimental e o Quadro Demonstrativo dos Cargos em Comissão do CADE.

Art. 4.º O Cade é entidade judicante com jurisdição em todo o território nacional, que se constitui em autarquia federal, vinculada ao Ministério da Justiça, com sede e foro no Distrito Federal, e competências previstas nesta Lei.

Seção I
Da Estrutura Organizacional do Cade

Art. 5.º O Cade é constituído pelos seguintes órgãos:

I – Tribunal Administrativo de Defesa Econômica;

II – Superintendência-Geral; e

III – Departamento de Estudos Econômicos.

Seção II
Do Tribunal Administrativo de Defesa Econômica

Art. 6.º O Tribunal Administrativo, órgão judicante, tem como membros um Presidente e seis Conselheiros escolhidos dentre cidadãos com mais de 30 (trinta) anos de idade, de notório saber jurídico ou econômico e reputação ilibada, nomeados pelo Presidente da República, depois de aprovados pelo Senado Federal.

§ 1.º O mandato do Presidente e dos Conselheiros é de 4 (quatro) anos, não coincidentes, vedada a recondução.

§ 2.º Os cargos de Presidente e de Conselheiro são de dedicação exclusiva, não se admitindo qualquer acumulação, salvo as constitucionalmente permitidas.

• *Vide* art. 37, XVI, da CF.

§ 3.º No caso de renúncia, morte, impedimento, falta ou perda de mandato do Presidente do Tribunal, assumirá o Conselheiro mais antigo no cargo ou o mais idoso, nessa ordem, até nova nomeação, sem prejuízo de suas atribuições.

§ 4.º No caso de renúncia, morte ou perda de mandato de Conselheiro, proceder-se-á a nova nomeação, para completar o mandato do substituído.

§ 5.º Se, nas hipóteses previstas no § 4.º deste artigo, ou no caso de encerramento de mandato dos Conselheiros, a composição do Tribunal ficar reduzida a número inferior ao estabelecido no § 1.º do art. 9.º desta Lei, considerar-se-ão automaticamente suspensos os prazos previstos nesta Lei, e suspensa a tramitação de processos, continuando-se a contagem imediatamente após a recomposição do *quorum*.

• *Vide* art. 63 desta Lei.

Art. 7.º A perda de mandato do Presidente ou dos Conselheiros do Cade só poderá ocorrer em virtude de decisão do Senado Federal, por provocação do Presidente da República, ou em razão de condenação penal irrecorrível por crime doloso, ou de processo disciplinar de conformidade com o que prevê a Lei n. 8.112, de 11 de dezembro de 1990 e a Lei n. 8.429, de 2 de junho de 1992, e por infringência de quaisquer das vedações previstas no art. 8.º desta Lei.

• A Lei n. 8.112, de 11-12-1990, dispõe sobre o regime jurídico dos servidores públicos civis da União, das autarquias e das fundações públicas federais.

• A Lei n. 8.429, de 2-6-1992, que consta neste volume, dispõe sobre as sanções aplicáveis aos agentes públicos nos casos de enriquecimento ilícito no exercício do mandato, cargo, emprego ou função na Administração Pública direta, indireta ou fundacional.

Parágrafo único. Também perderá o mandato, automaticamente, o membro do Tribunal que faltar a 3 (três) reuniões ordinárias consecutivas, ou 20 (vinte) intercaladas, ressalvados os afastamentos temporários autorizados pelo Plenário.

Art. 8.º Ao Presidente e aos Conselheiros é vedado:

• *Vide* art. 12, § 3.º, desta Lei.

I – receber, a qualquer título, e sob qualquer pretexto, honorários, percentagens ou custas;

II – exercer profissão liberal;

III – participar, na forma de controlador, diretor, administrador, gerente, preposto ou

(*) Publicada no *Diário Oficial da União*, de 1.º-12-2011. Retificada no *Diário Oficial da União* de 2-12-2011.

mandatário, de sociedade civil, comercial ou empresas de qualquer espécie;

IV – emitir parecer sobre matéria de sua especialização, ainda que em tese, ou funcionar como consultor de qualquer tipo de empresa;

V – manifestar, por qualquer meio de comunicação, opinião sobre processo pendente de julgamento, ou juízo depreciativo sobre despachos, votos ou sentenças de órgãos judiciais, ressalvada a crítica nos autos, em obras técnicas ou no exercício do magistério; e

VI – exercer atividade político-partidária.

§ 1.º É vedado ao Presidente e aos Conselheiros, por um período de 120 (cento e vinte) dias, contado da data em que deixar o cargo, representar qualquer pessoa, física ou jurídica, ou interesse perante o SBDC, ressalvada a defesa de direito próprio.

§ 2.º Durante o período mencionado no § 1.º deste artigo, o Presidente e os Conselheiros receberão a mesma remuneração do cargo que ocupavam.

• *Vide* art. 12, § 3.º, desta Lei.

§ 3.º Incorre na prática de advocacia administrativa, sujeitando-se à pena prevista no art. 321 do Decreto-lei n. 2.848, de 7 de dezembro de 1940 – Código Penal, o ex-presidente ou ex-conselheiro que violar o impedimento previsto no § 1.º deste artigo.

§ 4.º É vedado, a qualquer tempo, ao Presidente e aos Conselheiros utilizar informações privilegiadas obtidas em decorrência do cargo exercido.

Subseção I
Da Competência do Plenário do Tribunal

Art. 9.º Compete ao Plenário do Tribunal, dentre outras atribuições previstas nesta Lei:

I – zelar pela observância desta Lei e seu regulamento e do regimento interno;

• A Resolução n. 1, de 29-5-2012, aprova o regimento interno do CADE.

II – decidir sobre a existência de infração à ordem econômica e aplicar as penalidades previstas em lei;

III – decidir os processos administrativos para imposição de sanções administrativas por infrações à ordem econômica instaurados pela Superintendência-Geral;

IV – ordenar providências que conduzam à cessação de infração à ordem econômica, dentro do prazo que determinar;

V – aprovar os termos do compromisso de cessação de prática e do acordo em controle de concentrações, bem como determinar à Superintendência-Geral que fiscalize seu cumprimento;

VI – apreciar, em grau de recurso, as medidas preventivas adotadas pelo Conselheiro-Relator ou pela Superintendência-Geral;

VII – intimar os interessados de suas decisões;

VIII – requisitar dos órgãos e entidades da administração pública federal e requerer às autoridades dos Estados, Municípios, do Distrito Federal e dos Territórios as medidas necessárias ao cumprimento desta Lei;

IX – contratar a realização de exames, vistorias e estudos, aprovando, em cada caso, os respectivos honorários profissionais e demais despesas de processo, que deverão ser pagas pela empresa, se vier a ser punida nos termos desta Lei;

X – apreciar processos administrativos de atos de concentração econômica, na forma desta Lei, fixando, quando entender conveniente e oportuno, acordos em controle de atos de concentração;

XI – determinar à Superintendência-Geral que adote as medidas administrativas necessárias à execução e fiel cumprimento de suas decisões;

XII – requisitar serviços e pessoal de quaisquer órgãos e entidades do Poder Público Federal;

XIII – requerer à Procuradoria Federal junto ao Cade a adoção de providências administrativas e judiciais;

XIV – instruir o público sobre as formas de infração da ordem econômica;

XV – elaborar e aprovar regimento interno do Cade, dispondo sobre seu funcionamento, forma das deliberações, normas de procedimento e organização de seus serviços internos;

XVI – propor a estrutura do quadro de pessoal do Cade, observado o disposto no inciso II do *caput* do art. 37 da Constituição Federal;

XVII – elaborar proposta orçamentária nos termos desta Lei;

XVIII – requisitar informações de quaisquer pessoas, órgãos, autoridades e entidades públicas ou privadas, respeitando e mantendo o sigilo legal quando for o caso, bem como determinar as diligências que se fizerem necessárias ao exercício das suas funções; e

XIX – decidir pelo cumprimento das decisões, compromissos e acordos.

§ 1.º As decisões do Tribunal serão tomadas por maioria, com a presença mínima de 4 (quatro) membros, sendo o *quorum* de deliberação mínimo de 3 (três) membros.

§ 2.º As decisões do Tribunal não comportam revisão no âmbito do Poder Executivo, promovendo-se, de imediato, sua execução e comunicando-se, em seguida, ao Ministério Público, para as demais medidas legais cabíveis no âmbito de suas atribuições.

§ 3.º As autoridades federais, os diretores de autarquia, fundação, empresa pública e sociedade de economia mista federais e agências reguladoras são obrigados a prestar, sob pena de responsabilidade, toda a assistência e colaboração que lhes for solicitada pelo Cade, inclusive elaborando pareceres técnicos sobre as matérias de sua competência.

• A Resolução n. 4, de 29-5-2012, do CADE, estabelece recomendações para pareceres técnicos submetidos ao CADE.

§ 4.º O Tribunal poderá responder consultas sobre condutas em andamento, mediante pagamento de taxa e acompanhadas dos respectivos documentos.

•• *Vide* art. 23 desta Lei.

•• A Resolução n. 12, de 11-3-2015, do CADE, disciplina o procedimento de consulta previsto neste § 4.º.

§ 5.º O Cade definirá, em resolução, normas complementares sobre o procedimento de consultas previsto no § 4.º deste artigo.

•• A Resolução n. 12, de 11-3-2015, do CADE, disciplina o procedimento de consulta previsto neste § 5.º.

Subseção II
Da Competência do Presidente do Tribunal

Art. 10. Compete ao Presidente do Tribunal:

I – representar legalmente o Cade no Brasil ou no exterior, em juízo ou fora dele;

II – presidir, com direito a voto, inclusive o de qualidade, as reuniões do Plenário;

III – distribuir, por sorteio, os processos aos Conselheiros;

IV – convocar as sessões e determinar a organização da respectiva pauta;

V – solicitar, a seu critério, que a Superintendência-Geral auxilie o Tribunal na tomada de providências extrajudiciais para o cumprimento das decisões do Tribunal;

VI – fiscalizar a Superintendência-Geral na tomada de providências para execução das decisões e julgados do Tribunal;

VII – assinar os compromissos e acordos aprovados pelo Plenário;

VIII – submeter à aprovação do Plenário a proposta orçamentária e a lotação ideal do pessoal que prestará serviço ao Cade;

IX – orientar, coordenar e supervisionar as atividades administrativas do Cade;

X – ordenar as despesas atinentes ao Cade, ressalvadas as despesas da unidade gestora da Superintendência-Geral;

• A Portaria n. 142, de 8-8-2012, do CADE, delega e subdelega competência para ordenar despesas no âmbito do CADE e dá outras providências.

XI – firmar contratos e convênios com órgãos ou entidades nacionais e submeter, previamente, ao Ministro de Estado da Justiça os que devam ser celebrados com organismos estrangeiros ou internacionais; e

XII – determinar à Procuradoria Federal junto ao Cade as providências judiciais determinadas pelo Tribunal.

Subseção III
Da Competência dos Conselheiros do Tribunal

Art. 11. Compete aos Conselheiros do Tribunal:

I – emitir voto nos processos e questões submetidas ao Tribunal;

II – proferir despachos e lavrar as decisões nos processos em que forem relatores;

III – requisitar informações e documentos de quaisquer pessoas, órgãos, autoridades e entidades públicas ou privadas, a serem mantidos sob sigilo legal, quando for o caso, bem como determinar as diligências que se fizerem necessárias;

IV – adotar medidas preventivas, fixando o valor da multa diária pelo seu descumprimento;

V – solicitar, a seu critério, que a Superintendência-Geral realize as diligências e a produção das provas que entenderem pertinentes nos autos do processo administrativo, na forma desta Lei;

• *Vide* art. 66 desta Lei.

VI – requerer à Procuradoria Federal junto ao Cade emissão de parecer jurídico nos processos em que forem relatores, quando entenderem necessário e em despacho fundamentado, na forma prevista no inciso VII do art. 15 desta Lei;

VII – determinar ao Economista-Chefe, quando necessário, a elaboração de pareceres nos processos em que forem relatores, sem prejuízo da tramitação normal do processo e sem que tal determinação implique a suspensão do prazo de análise ou prejuízo à tramitação normal do processo;

VIII – desincumbir-se das demais tarefas que lhes forem cometidas pelo regimento;

IX – propor termo de compromisso de cessação e acordos para aprovação do Tribunal;

X – prestar ao Poder Judiciário, sempre que solicitado, todas as informações sobre andamento dos processos, podendo, inclusive, fornecer cópias dos autos para instruir ações judiciais.

Seção III

Da Superintendência-Geral

Art. 12. O Cade terá em sua estrutura uma Superintendência-Geral, com 1 (um) Superintendente-Geral e 2 (dois) Superintendentes-Adjuntos, cujas atribuições específicas serão definidas em Resolução.

§ 1.º O Superintendente-Geral será escolhido dentre cidadãos com mais de 30 (trinta) anos de idade, notório saber jurídico ou econômico e reputação ilibada, nomeado pelo Presidente da República, depois de aprovado pelo Senado Federal.

§ 2.º O Superintendente-Geral terá mandato de 2 (dois) anos, permitida a recondução para um único período subsequente.

§ 3.º Aplicam-se ao Superintendente-Geral as mesmas normas de impedimentos, perda de mandato, substituição e as vedações do art. 8.º desta Lei, incluindo o disposto no § 2.º do art. 8.º desta Lei, aplicáveis ao Presidente e aos Conselheiros do Tribunal.

§ 4.º Os cargos de Superintendente-Geral e de Superintendentes-Adjuntos são de dedicação exclusiva, não se admitindo qualquer acumulação, salvo as constitucionalmente permitidas.

§ 5.º Durante o período de vacância que anteceder à nomeação de novo Superintendente-Geral, assumirá interinamente o cargo um dos superintendentes adjuntos, indicado pelo Presidente do Tribunal, o qual permanecerá no cargo até a posse do novo Superintendente-Geral, escolhido na forma do § 1.º deste artigo.

§ 6.º Se, no caso da vacância prevista no § 5.º deste artigo, não houver nenhum Superintendente Adjunto nomeado na Superintendência do Cade, o Presidente do Tribunal indicará servidor em exercício no Cade, com conhecimento jurídico ou econômico na área de defesa da concorrência e reputação ilibada, para assumir interinamente o cargo, permanecendo neste até a posse do novo Superintendente-Geral, escolhido na forma do § 1.º deste artigo.

§ 7.º Os Superintendentes-Adjuntos serão indicados pelo Superintendente-Geral.

Art. 13. Compete à Superintendência-Geral:

I – zelar pelo cumprimento desta Lei, monitorando e acompanhando as práticas de mercado;

II – acompanhar, permanentemente, as atividades e práticas comerciais de pessoas físicas ou jurídicas que detiverem posição dominante em mercado relevante de bens ou serviços, para prevenir infrações da ordem econômica, podendo, para tanto, requisitar as informações e documentos necessários, mantendo o sigilo legal, quando for o caso;

III – promover, em face de indícios de infração da ordem econômica, procedimento preparatório de inquérito administrativo e inquérito administrativo para apuração de infrações à ordem econômica;

IV – decidir pela insubsistência dos indícios, arquivando os autos do inquérito administrativo ou de seu procedimento preparatório;

• *Vide* art. 66 desta Lei.

V – instaurar e instruir processo administrativo para imposição de sanções administrativas por infrações à ordem econômica, procedimento para apuração de ato de concentração, processo administrativo para análise de ato de concentração econômica e processo administrativo para imposição de sanções processuais incidentais instaurados para prevenção, apuração ou repressão de infrações à ordem econômica;

• *Vide* art. 69 desta Lei.

VI – no interesse da instrução dos tipos processuais referidos nesta Lei:

a) requisitar informações e documentos de quaisquer pessoas, físicas ou jurídicas, órgãos, autoridades e entidades, públicas ou privadas, mantendo o sigilo legal, quando for o caso, bem como determinar as diligências que se fizerem necessárias ao exercício de suas funções;

b) requisitar esclarecimentos orais de quaisquer pessoas, físicas ou jurídicas, órgãos, autoridades e entidades, públicas ou privadas, na forma desta Lei;

c) realizar inspeção na sede social, estabelecimento, escritório, filial ou sucursal de empresa investigada, de estoques, objetos, papéis de qualquer natureza, assim como livros comerciais, computadores e arquivos eletrônicos, podendo-se extrair ou requisitar cópias de quaisquer documentos ou dados eletrônicos;

d) requerer ao Poder Judiciário, por meio da Procuradoria Federal junto ao Cade, mandado de busca e apreensão de objetos, papéis de qualquer natureza, assim como de livros comerciais, computadores e arquivos magnéticos de empresa ou pessoa física, no interesse de inquérito administrativo ou de processo administrativo para imposição de sanções administrativas por infrações à ordem econômica, aplicando-se, no que couber, o disposto no art. 839 e seguintes da Lei n. 5.869, de 11 de janeiro de 1973 – Código de Processo Civil, sendo inexigível a propositura de ação principal;

e) requisitar vista e cópia de documentos e objetos constantes de inquéritos e processos administrativos instaurados por órgãos ou entidades da administração pública federal;

f) requerer vista e cópia de inquéritos policiais, ações judiciais de quaisquer naturezas, bem como de inquéritos e processos administrativos instaurados por outros entes da federação, devendo o Conselho observar as mesmas restrições de sigilo eventualmente estabelecidas nos procedimentos de origem;

VII – recorrer de ofício ao Tribunal quando decidir pelo arquivamento de processo administrativo para imposição de sanções administrativas por infrações à ordem econômica;

VIII – remeter ao Tribunal, para julgamento, os processos administrativos que instaurar, quando entender configurada infração da ordem econômica;

IX – propor termo de compromisso de cessação de prática por infração à ordem econômica, submetendo-o à aprovação do Tribunal, e fiscalizar o seu cumprimento;

X – sugerir ao Tribunal condições para a celebração de acordo em controle de concentrações e fiscalizar o seu cumprimento;

XI – adotar medidas preventivas que conduzam à cessação de prática que constitua infração da ordem econômica, fixando prazo para seu cumprimento e o valor da multa diária a ser aplicada, no caso de descumprimento;

XII – receber, instruir e aprovar ou impugnar perante o Tribunal os processos administrativos para análise de ato de concentração econômica;

XIII – orientar os órgãos e entidades da administração pública quanto à adoção de medidas necessárias ao cumprimento desta Lei;

XIV – desenvolver estudos e pesquisas objetivando orientar a política de prevenção de infrações da ordem econômica;

XV – instruir o público sobre as diversas formas de infração da ordem econômica e os modos de sua prevenção e repressão;

XVI – exercer outras atribuições previstas em lei;

XVII – prestar ao Poder Judiciário, sempre que solicitado, todas as informações sobre andamento das investigações, podendo, inclusive, fornecer cópias dos autos para instruir ações judiciais; e

XVIII – adotar as medidas administrativas necessárias à execução e ao cumprimento das decisões do Plenário.

Art. 14. São atribuições do Superintendente-Geral:

I – participar, quando entender necessário, sem direito a voto, das reuniões do Tribunal e proferir sustentação oral, na forma do regimento interno;

II – cumprir e fazer cumprir as decisões do Tribunal na forma determinada pelo seu Presidente;

III – requerer à Procuradoria Federal junto ao Cade as providências judiciais relativas ao exercício das competências da Superintendência-Geral;

IV – determinar ao Economista-Chefe a elaboração de estudos e pareceres;

V – ordenar despesas referentes à unidade gestora da Superintendência-Geral; e

VI – exercer outras atribuições previstas em lei.

Seção IV
Da Procuradoria Federal junto ao Cade

Art. 15. Funcionará junto ao Cade Procuradoria Federal Especializada, competindo-lhe:

I – prestar consultoria e assessoramento jurídico ao Cade;

II – representar o Cade judicial e extrajudicialmente;

III – promover a execução judicial das decisões e julgados do Cade;

IV – proceder à apuração da liquidez dos créditos do Cade, inscrevendo-os em dívida ativa para fins de cobrança administrativa ou judicial;

V – tomar as medidas judiciais solicitadas pelo Tribunal ou pela Superintendência-Geral, necessárias à cessação de infrações da ordem econômica ou à obtenção de documentos para a instrução de processos administrativos de qualquer natureza;

VI – promover acordos judiciais nos processos relativos a infrações contra a ordem econômica, mediante autorização do Tribunal;

VII – emitir, sempre que solicitado expressamente por Conselheiro ou pelo Superintendente-Geral, parecer nos processos de competência do Cade, sem que tal determinação implique a suspensão do prazo de análise ou prejuízo à tramitação normal do processo;

• *Vide* art. 11, VI, desta Lei.

VIII – zelar pelo cumprimento desta Lei; e

IX – desincumbir-se das demais tarefas que lhe sejam atribuídas pelo regimento interno.

Parágrafo único. Compete à Procuradoria Federal junto ao Cade, ao dar execução judicial às decisões da Superintendência-Geral e do Tribunal, manter o Presidente do Tribunal, os Conselheiros e o Superintendente-Geral informados sobre o andamento das ações e medidas judiciais.

Art. 16. O Procurador-Chefe será nomeado pelo Presidente da República, depois de aprovado pelo Senado Federal, dentre cidadãos brasileiros com mais de 30 (trinta) anos de idade, de notório conhecimento jurídico e reputação ilibada.

§ 1.º O Procurador-Chefe terá mandato de 2 (dois) anos, permitida sua recondução para um único período.

§ 2.º O Procurador-Chefe poderá participar, sem direito a voto, das reuniões do Tribunal, prestando assistência e esclarecimentos, quando requisitado pelos Conselheiros, na forma do Regimento Interno do Tribunal.

§ 3.º Aplicam-se ao Procurador-Chefe as mesmas normas de impedimento aplicáveis aos Conselheiros do Tribunal, exceto quanto ao comparecimento às sessões.

• *Vide* art. 8.º desta Lei.

§ 4.º Nos casos de faltas, afastamento temporário ou impedimento do Procurador-Chefe, o Plenário indicará e o Presidente do Tribunal designará o substituto eventual dentre os integrantes da Procuradoria Federal Especializada.

Seção V
Do Departamento de Estudos Econômicos

Art. 17. O Cade terá um Departamento de Estudos Econômicos, dirigido por um Economista-Chefe, a quem incumbirá elaborar estudos e pareceres econômicos, de ofício ou por solicitação do Plenário, do Presidente, do Conselheiro-Relator ou do Superintendente-Geral, zelando pelo rigor e atualização técnica e científica das decisões do órgão.

Art. 18. O Economista-Chefe será nomeado, conjuntamente, pelo Superintendente-Geral e pelo Presidente do Tribunal, dentre brasileiros de ilibada reputação e notório conhecimento econômico.

§ 1.º O Economista-Chefe poderá participar das reuniões do Tribunal, sem direito a voto.

§ 2.º Aplicam-se ao Economista-Chefe as mesmas normas de impedimento aplicáveis aos Conselheiros do Tribunal, exceto quanto ao comparecimento às sessões.

• *Vide* art. 8.º desta Lei.

Capítulo III
DA SECRETARIA DE ACOMPANHAMENTO ECONÔMICO

Art. 19. Compete à Secretaria de Acompanhamento Econômico promover a concorrência em órgãos de governo e perante a sociedade cabendo-lhe, especialmente, o seguinte:

I – opinar, nos aspectos referentes à promoção da concorrência, sobre propostas de alterações de atos normativos de interesse geral dos agentes econômicos, de consumidores ou usuários dos serviços prestados submetidos a consulta pública pelas agências reguladoras e, quando entender pertinente, sobre os pedidos de revisão de tarifas e as minutas;

II – opinar, quando considerar pertinente, sobre minutas de atos normativos elaborados por qualquer entidade pública ou privada submetidos à consulta pública, nos aspectos referentes à promoção da concorrência;

III – opinar, quando considerar pertinente, sobre proposições legislativas em tramitação no Congresso Nacional, nos aspectos referentes à promoção da concorrência;

IV – elaborar estudos avaliando a situação concorrencial de setores específicos da atividade econômica nacional, de ofício ou quando solicitada pelo Cade, pela Câmara de Comércio Exterior ou pelo Departamento de Proteção e Defesa do Consumidor do Ministério da Justiça ou órgão que vier a sucedê-lo;

V – elaborar estudos setoriais que sirvam de insumo para a participação do Ministério da Fazenda na formulação de políticas públicas setoriais nos fóruns em que este Ministério tem assento;

VI – propor a revisão de leis, regulamentos e outros atos normativos da administração pública federal, estadual, municipal e do Distrito Federal que afetem ou possam afetar a concorrência nos diversos setores econômicos do País;

VII – manifestar-se, de ofício ou quando solicitada, a respeito do impacto concorrencial de medidas em discussão no âmbito de fóruns negociadores relativos às atividades de alteração tarifária, ao acesso a mercados e à defesa comercial, ressalvadas as competências dos órgãos envolvidos;

VIII – encaminhar ao órgão competente representação para que este, a seu critério, adote as medidas legais cabíveis, sempre que for identificado ato normativo que tenha caráter anticompetitivo.

§ 1.º Para o cumprimento de suas atribuições, a Secretaria de Acompanhamento Econômico poderá:

I – requisitar informações e documentos de quaisquer pessoas, órgãos, autoridades e entidades, públicas ou privadas, mantendo o sigilo legal quando for o caso;

II – celebrar acordos e convênios com órgãos ou entidades públicas ou privadas, federais, estaduais, municipais, do Distrito Federal e dos Territórios para avaliar e/ou sugerir medidas relacionadas à promoção da concorrência.

§ 2.º A Secretaria de Acompanhamento Econômico divulgará anualmente relatório de suas ações voltadas para a promoção da concorrência.

Título III
DO MINISTÉRIO PÚBLICO FEDERAL PERANTE O CADE

Art. 20. O Procurador-Geral da República, ouvido o Conselho Superior, designará membro do Ministério Público Federal para, nesta qualidade, emitir parecer, nos processos administrativos para imposição de sanções administrativas por infrações à ordem econômica, de ofício ou a requerimento do Conselheiro-Relator.

• *Vide* art. 48, III, desta Lei.

Título IV
DO PATRIMÔNIO, DAS RECEITAS E DA GESTÃO ADMINISTRATIVA, ORÇAMENTÁRIA E FINANCEIRA

Art. 21. Compete ao Presidente do Tribunal orientar, coordenar e supervisionar as atividades administrativas do Cade, respeitadas as atribuições dos dirigentes dos demais órgãos previstos no art. 5.º desta Lei.

§ 1.º A Superintendência-Geral constituirá unidade gestora, para fins administrativos e financeiros, competindo ao seu Superintendente-Geral ordenar as despesas pertinentes às respectivas ações orçamentárias.

§ 2.º Para fins administrativos e financeiros, o Departamento de Estudos Econômicos estará ligado ao Tribunal.

• *Vide* art. 17 desta Lei.

Art. 22. Anualmente, o Presidente do Tribunal, ouvido o Superintendente-Geral, encaminhará ao Poder Executivo a proposta de orçamento do Cade e a lotação ideal do pessoal que prestará serviço àquela autarquia.

Art. 23. Instituem-se taxas processuais sobre os processos de competência do Cade, no valor de R$ 85.000,00 (oitenta e cinco mil reais), para os processos que têm como fato gerador a apresentação dos atos previstos no art. 88 desta Lei, e no valor de R$ 15.000,00 (quinze mil reais), para os processos que têm como fato gerador a apresentação das consultas referidas no § 4.º do art. 9.º desta Lei.

•• Artigo com redação determinada pela Lei n. 13.196, de 1.º-12-2015.

Art. 24. São contribuintes da taxa processual que tem como fato gerador a apresentação dos atos previstos no art. 88 desta Lei qualquer das requerentes.

Art. 25. O recolhimento da taxa processual que tem como fato gerador a apresentação dos atos previstos no art. 88 desta Lei deverá ser comprovado no momento da protocolização do ato.

§ 1.º A taxa processual não recolhida no momento fixado no *caput* deste artigo será cobrada com os seguintes acréscimos:

I – juros de mora, contados do mês seguinte ao do vencimento, à razão de 1% (um por cento), calculados na forma da legislação aplicável aos tributos federais;

II – multa de mora de 20% (vinte por cento).

§ 2.º Os juros de mora não incidem sobre o valor da multa de mora.

Art. 26. (*Vetado*.)

Art. 27. As taxas de que tratam os arts. 23 e 26 desta Lei serão recolhidas ao Tesouro Nacional na forma regulamentada pelo Poder Executivo.

Art. 28. Constituem receitas próprias do Cade:

I – o produto resultante da arrecadação das taxas previstas nos arts. 23 e 26 desta Lei;

II – a retribuição por serviços de qualquer natureza prestados a terceiros;

III – as dotações consignadas no Orçamento Geral da União, créditos especiais, créditos adicionais, transferências e repasses que lhe forem conferidos;

IV – os recursos provenientes de convênios, acordos ou contratos celebrados com entidades ou organismos nacionais e internacionais;

V – as doações, legados, subvenções e outros recursos que lhe forem destinados;

VI – os valores apurados na venda ou aluguel de bens móveis e imóveis de sua propriedade;

VII – o produto da venda de publicações, material técnico, dados e informações;

VIII – os valores apurados em aplicações no mercado financeiro das receitas previstas neste artigo, na forma definida pelo Poder Executivo; e

IX – quaisquer outras receitas, afetas às suas atividades, não especificadas nos incisos I a VIII do *caput* deste artigo.

§§ 1.º e 2.º (*Vetados*.)

§ 3.º O produto da arrecadação das multas aplicadas pelo Cade, inscritas ou não em dívida ativa, será destinado ao Fundo de Defesa de Direitos Difusos de que trata o art. 13 da Lei n. 7.347, de 24 de julho de 1985, e a Lei n. 9.008, de 21 de março de 1995.

§ 4.º As multas arrecadadas na forma desta Lei serão recolhidas ao Tesouro Nacional na forma regulamentada pelo Poder Executivo.

Art. 29. O Cade submeterá anualmente ao Ministério da Justiça a sua proposta de orçamento, que será encaminhada ao Ministério do Planejamento, Orçamento e Gestão para inclusão na lei orçamentária anual, a que se refere o § 5.º do art. 165 da Constituição Federal.

§ 1.º O Cade fará acompanhar as propostas orçamentárias de quadro demonstrativo do planejamento plurianual das receitas e despesas, visando ao seu equilíbrio orçamentário e financeiro nos 5 (cinco) exercícios subsequentes.

§ 2.º A lei orçamentária anual consignará as dotações para as despesas de custeio e capital do Cade, relativas ao exercício a que ela se referir.

Art. 30. Somam-se ao atual patrimônio do Cade os bens e direitos pertencentes ao Ministério da Justiça atualmente afetados às atividades do Departamento de Proteção e Defesa Econômica da Secretaria de Direito Econômico.

Título V
DAS INFRAÇÕES DA ORDEM ECONÔMICA

Capítulo I
DISPOSIÇÕES GERAIS

Art. 31. Esta Lei aplica-se às pessoas físicas ou jurídicas de direito público ou privado, bem como a quaisquer associações de entidades ou pessoas, constituídas de fato ou de direito, ainda que temporariamente, com ou sem personalidade jurídica, mesmo que exerçam atividade sob regime de monopólio legal.

• *Vide* art. 37 desta Lei.

Art. 32. As diversas formas de infração da ordem econômica implicam a responsabilidade da empresa e a responsabilidade individual de seus dirigentes ou administradores, solidariamente.

Art. 33. Serão solidariamente responsáveis as empresas ou entidades integrantes de grupo econômico, de fato ou de direito, quando pelo menos uma delas praticar infração à ordem econômica.

• Da solidariedade passiva: *vide* arts. 275 a 285 do CC.

Art. 34. A personalidade jurídica do responsável por infração da ordem econômica poderá ser desconsiderada quando houver da parte deste abuso de direito, excesso de poder, infração da lei, fato ou ato ilícito ou violação dos estatutos ou contrato social.

• Desconsideração da personalidade jurídica: *vide* arts. 50 do CC e 28 da Lei n. 8.078, de 11-9-1990 (CDC).

Parágrafo único. A desconsideração também será efetivada quando houver falência, estado de insolvência, encerramento ou inatividade da pessoa jurídica provocados por má administração.

• Falência: *vide* Lei n. 11.101, de 9-2-2005.

Art. 35. A repressão das infrações da ordem econômica não exclui a punição de outros ilícitos previstos em lei.

Capítulo II
DAS INFRAÇÕES

Art. 36. Constituem infração da ordem econômica, independentemente de culpa, os atos sob qualquer forma manifestados, que tenham por objeto ou possam produzir os seguintes efeitos, ainda que não sejam alcançados:

• Responsabilidade objetiva, exceção: *vide* art. 37, III, desta Lei.

I – limitar, falsear ou de qualquer forma prejudicar a livre concorrência ou a livre iniciativa;

II – dominar mercado relevante de bens ou serviços;

III – aumentar arbitrariamente os lucros; e

• Mercado relevante: *vide* art. 13, II, desta Lei.

IV – exercer de forma abusiva posição dominante.

§ 1.º A conquista de mercado resultante de processo natural fundado na maior eficiência de agente econômico em relação a seus competidores não caracteriza o ilícito previsto no inciso II do *caput* deste artigo.

§ 2.º Presume-se posição dominante sempre que uma empresa ou grupo de empresas for capaz de alterar unilateral ou coordenadamente as condições de mercado ou quando controlar 20% (vinte por cento) ou mais do mercado relevante, podendo este percentual ser alterado pelo Cade para setores específicos da economia.

§ 3.º As seguintes condutas, além de outras, na medida em que configurem hipótese prevista no *caput* deste artigo e seus incisos, caracterizam infração da ordem econômica:

I – acordar, combinar, manipular ou ajustar com concorrente, sob qualquer forma:

• *Vide* art. 85, § 2.º, desta Lei.

a) os preços de bens ou serviços ofertados individualmente;

b) a produção ou a comercialização de uma quantidade restrita ou limitada de bens ou a prestação de um número, volume ou frequência restrita ou limitada de serviços;

c) a divisão de partes ou segmentos de um mercado atual ou potencial de bens ou serviços, mediante, dentre outros, a distribuição de clientes, fornecedores, regiões ou períodos;

d) preços, condições, vantagens ou abstenção em licitação pública;

II – promover, obter ou influenciar a adoção de conduta comercial uniforme ou concertada entre concorrentes;

• *Vide* art. 85, § 2.º, desta Lei.

III – limitar ou impedir o acesso de novas empresas ao mercado;

IV – criar dificuldades à constituição, ao funcionamento ou ao desenvolvimento de empresa concorrente ou de fornecedor, adquirente ou financiador de bens ou serviços;

V – impedir o acesso de concorrente às fontes de insumo, matérias-primas, equipamentos ou tecnologia, bem como aos canais de distribuição;

VI – exigir ou conceder exclusividade para divulgação de publicidade nos meios de comunicação de massa;

VII – utilizar meios enganosos para provocar a oscilação de preços de terceiros;

VIII – regular mercados de bens ou serviços, estabelecendo acordos para limitar ou controlar a pesquisa e o desenvolvimento tecnológico, a produção de bens ou prestação de serviços, ou para dificultar investimentos destinados à produção de bens ou serviços ou à sua distribuição;

IX – impor, no comércio de bens ou serviços, a distribuidores, varejistas e representantes preços de revenda, descontos, condições de pagamento, quantidades mínimas ou máximas, margem de lucro ou quaisquer outras condições de comercialização relativos a negócios destes com terceiros;

X – discriminar adquirentes ou fornecedores de bens ou serviços por meio da fixação diferenciada de preços, ou de condições operacionais de venda ou prestação de serviços;

XI – recusar a venda de bens ou a prestação de serviços, dentro das condições de pagamento normais aos usos e costumes comerciais;

XII – dificultar ou romper a continuidade ou desenvolvimento de relações comerciais de prazo indeterminado em razão de recusa da outra parte em submeter-se a cláusulas e condições comerciais injustificáveis ou anticoncorrenciais;

XIII – destruir, inutilizar ou açambarcar matérias-primas, produtos intermediários ou acabados, assim como destruir, inutilizar ou dificultar a operação de equipamentos destinados a produzi-los, distribuí-los ou transportá-los;

XIV – açambarcar ou impedir a exploração de direitos de propriedade industrial ou intelectual ou de tecnologia;

• *Vide* Lei n. 9.279, de 14-5-1996, que regula direitos e obrigações relativos à propriedade industrial.

XV – vender mercadoria ou prestar serviços injustificadamente abaixo do preço de custo;

• Sobre a eficácia deste inciso: *vide* art. 14 da Lei n. 14.010, de 10-6-2020.

XVI – reter bens de produção ou de consumo, exceto para garantir a cobertura dos custos de produção;

XVII – cessar parcial ou totalmente as atividades da empresa sem justa causa comprovada;

•• Sobre a eficácia deste inciso: *vide* art. 14 da Lei n. 14.010, de 10-6-2020.

XVIII – subordinar a venda de um bem à aquisição de outro ou à utilização de um serviço, ou subordinar a prestação de um serviço à utilização de outro ou à aquisição de um bem; e

XIX – exercer ou explorar abusivamente direitos de propriedade industrial, intelectual, tecnologia ou marca.

• *Vide* Lei n. 9.279, de 14-5-1996, que regula direitos e obrigações relativos à propriedade industrial.

Capítulo III
DAS PENAS

Art. 37. A prática de infração da ordem econômica sujeita os responsáveis às seguintes penas:

•• A Resolução n. 3, de 29-5-2012, do CADE, expede a Lista de Ramos de Atividades Empresariais para fins de aplicação do disposto neste artigo.

• *Vide* art. 38 desta Lei.

I – no caso de empresa, multa de 0,1% (um décimo por cento) a 20% (vinte por cento) do valor do faturamento bruto da empresa, grupo ou conglomerado obtido, no último exercício anterior à instauração do processo administrativo, no ramo de atividade empresarial em que ocorreu a infração, a qual nunca será inferior à vantagem auferida, quando for possível sua estimação;

II – no caso das demais pessoas físicas ou jurídicas de direito público ou privado, bem como quaisquer associações de entidades ou pessoas constituídas de fato ou de direito, ainda que temporariamente, com ou sem personalidade jurídica, que não exerçam atividade empresarial, não sendo possível utilizar-se o critério do valor do faturamento bruto, a multa será entre R$ 50.000,00 (cinquenta mil reais) e R$ 2.000.000.000,00 (dois bilhões de reais);

III – no caso de administrador, direta ou indiretamente responsável pela infração cometida, quando comprovada a sua culpa ou dolo, multa de 1% (um por cento) a 20% (vinte por cento) daquela aplicada à empresa, no caso previsto no inciso I do *caput* deste artigo, ou às pessoas jurídicas ou entidades, nos casos previstos no inciso II do *caput* deste artigo.

§ 1.º Em caso de reincidência, as multas cominadas serão aplicadas em dobro.

§ 2.º No cálculo do valor da multa de que trata o inciso I do *caput* deste artigo, o Cade poderá considerar o faturamento total da empresa ou grupo de empresas, quando não dispuser do valor do faturamento no ramo de atividade empresarial em que ocorreu a infração, definido pelo Cade, ou quando este for apresentado de forma incompleta e/ou não demonstrado de forma inequívoca e idônea.

Art. 38. Sem prejuízo das penas cominadas no art. 37 desta Lei, quando assim exigir a gravidade dos fatos ou o interesse público geral, poderão ser impostas as seguintes penas, isolada ou cumulativamente:

I – a publicação, em meia página e a expensas do infrator, em jornal indicado na decisão, de extrato da decisão condenatória, por 2 (dois) dias seguidos, de 1 (uma) a 3 (três) semanas consecutivas;

II – a proibição de contratar com instituições financeiras oficiais e participar de licitação tendo por objeto aquisições, alienações, realização de obras e serviços, concessão de serviços públicos, na administração pública federal, estadual, municipal e do Distrito Federal, bem como em entidades da administração indireta, por prazo não inferior a 5 (cinco) anos;

III – a inscrição do infrator no Cadastro Nacional de Defesa do Consumidor;

IV – a recomendação aos órgãos públicos competentes para que:

a) seja concedida licença compulsória de direito de propriedade intelectual de titularidade do infrator, quando a infração estiver relacionada ao uso desse direito;

b) não seja concedido ao infrator parcelamento de tributos federais por ele devidos ou para que sejam cancelados, no todo ou em parte, incentivos fiscais ou subsídios públicos;

V – a cisão de sociedade, transferência de controle societário, venda de ativos ou cessação parcial de atividade;

• Cisão: *vide* art. 229 da LSA.

VI – a proibição de exercer o comércio em nome próprio ou como representante de pessoa jurídica, pelo prazo de até 5 (cinco) anos; e

VII – qualquer outro ato ou providência necessários para a eliminação dos efeitos nocivos à ordem econômica.

Art. 39. Pela continuidade de atos ou situações que configurem infração da ordem econômica, após decisão do Tribunal determinando sua cessação, bem como pelo não cumprimento de obrigações de fazer ou não fazer impostas, ou pelo descumprimento de medida preventiva ou termo de compromisso de cessação previstos nesta Lei, o responsável fica sujeito a multa diária fixada em valor de R$ 5.000,00 (cinco mil reais), podendo ser aumentada em até 50 (cinquenta) vezes, se assim recomendar a situação econômica do infrator e a gravidade da infração.

• *Vide* art. 84, § 1.º, desta Lei.

Art. 40. A recusa, omissão ou retardamento injustificado de informação ou documentos solicitados pelo Cade ou pela Secretaria de Acompanhamento Econômico constitui infração punível com multa diária de R$ 5.000,00 (cinco mil reais), podendo ser aumentada em até 20 (vinte) vezes, se necessário para garantir sua eficácia, em razão da situação econômica do infrator.

§ 1.º O montante fixado para a multa diária de que trata o *caput* deste artigo constará do documento que contiver a requisição da autoridade competente.

§ 2.º Compete à autoridade requisitante a aplicação da multa prevista no *caput* deste artigo.

§ 3.º Tratando-se de empresa estrangeira, responde solidariamente pelo pagamento da multa de que trata o *caput* sua filial, sucursal, escritório ou estabelecimento situado no País.

Art. 41. A falta injustificada do representado ou de terceiros, quando intimados para prestar esclarecimentos, no curso de inquérito ou processo administrativo, sujeitará o faltante à multa de R$ 500,00 (quinhentos reais) a R$ 15.000,00 (quinze mil reais) para cada falta, aplicada conforme sua situação econômica.

Parágrafo único. A multa a que se refere o *caput* deste artigo será aplicada mediante auto de infração pela autoridade competente.

Art. 42. Impedir, obstruir ou de qualquer outra forma dificultar a realização de inspeção autorizada pelo Plenário do Tribunal, pelo Conselheiro-Relator ou pela Superintendência-Geral no curso de procedimento preparatório, inquérito administrativo, processo administrativo ou qualquer outro procedimento sujeitará o inspecionado ao pagamento de multa de R$ 20.000,00 (vinte mil reais) a R$ 400.000,00 (quatrocentos mil reais), conforme a situação econômica do infrator, mediante a lavratura de auto de infração pelo órgão competente.

Art. 43. A enganosidade ou a falsidade de informações, de documentos ou de declarações prestadas por qualquer pessoa ao Cade ou à Secretaria de Acompanhamento Econômico será punível com multa pecuniária no valor de R$ 5.000,00 (cinco mil reais) a R$ 5.000.000,00 (cinco milhões de reais), de acordo com a gravidade dos fatos e a situação econômica do infrator, sem prejuízo das demais cominações legais cabíveis.

Art. 44. Aquele que prestar serviços ao Cade ou a Seae, a qualquer título, e que der causa, mesmo que por mera culpa, à disseminação indevida de informação acerca de empresa, coberta por sigilo, será punível com multa pecuniária de R$ 1.000,00 (mil reais) a R$ 20.000,00 (vinte mil reais), sem prejuízo de abertura de outros procedimentos cabíveis.

§ 1.º Se o autor da disseminação indevida estiver servindo o Cade em virtude de mandato, ou na qualidade de Procurador Federal ou Economista-Chefe, a multa será em dobro.

• *Vide* arts. 15, 17 e 18 desta Lei.

§ 2.º O Regulamento definirá o procedimento para que uma informação seja tida como sigilosa, no âmbito do Cade e da Seae.

Art. 45. Na aplicação das penas estabelecidas nesta Lei, levar-se-á em consideração:

I – a gravidade da infração;

II – a boa-fé do infrator;

III – a vantagem auferida ou pretendida pelo infrator;

IV – a consumação ou não da infração;

V – o grau de lesão, ou perigo de lesão, à livre concorrência, à economia nacional, aos consumidores, ou a terceiros;

VI – os efeitos econômicos negativos produzidos no mercado;

VII – a situação econômica do infrator; e

VIII – a reincidência.

Capítulo IV
DA PRESCRIÇÃO

Art. 46. Prescrevem em 5 (cinco) anos as ações punitivas da administração pública federal, direta e indireta, objetivando apurar infrações da ordem econômica, contados da data da prática do ilícito ou, no caso de infração permanente ou continuada, do dia em que tiver cessada a prática do ilícito.

• *Vide* art. 189 do CC (prescrição).

§ 1.º Interrompe a prescrição qualquer ato administrativo ou judicial que tenha por objeto a apuração da infração contra a ordem econômica mencionada no *caput* deste artigo, bem como a notificação ou a intimação da investigada.

§ 2.º Suspende-se a prescrição durante a vigência do compromisso de cessação ou do acordo em controle de concentrações.

§ 3.º Incide a prescrição no procedimento administrativo paralisado por mais de 3 (três) anos, pendente de julgamento ou despacho, cujos autos serão arquivados de ofício ou mediante requerimento da parte interessada, sem prejuízo da apuração da responsabilidade funcional decorrente da paralisação, se for o caso.

§ 4.º Quando o fato objeto da ação punitiva da administração também constituir crime, a prescrição reger-se-á pelo prazo previsto na lei penal.

Art. 46-A. Quando a ação de indenização por perdas e danos originar-se do direito previsto no art. 47 desta Lei, não correrá a prescrição durante o curso do inquérito ou do processo administrativo no âmbito do Cade.

•• *Caput* acrescentado pela Lei n. 14.470, de 16-11-2022.

§ 1.º **Prescreve em 5 (cinco) anos a pretensão à reparação pelos danos causados pelas infrações à ordem econômica previstas no art. 36 desta Lei, iniciando-se sua contagem a partir da ciência inequívoca do ilícito.**

•• § 1.º acrescentado pela Lei n. 14.470, de 16-11-2022.

§ 2.º **Considera-se ocorrida a ciência inequívoca do ilícito por ocasião da publicação do julgamento final do processo administrativo pelo Cade.**

•• § 2.º acrescentado pela Lei n. 14.470, de 16-11-2022.

Capítulo V
DO DIREITO DE AÇÃO

Art. 47. Os prejudicados, por si ou pelos legitimados referidos no art. 82 da Lei n. 8.078, de 11 de setembro de 1990, poderão ingressar em juízo para, em defesa de seus interesses individuais ou individuais homogêneos, obter a cessação de práticas que constituam infração da ordem econômica, bem como o recebimento de indenização por perdas e danos sofridos, independentemente do inquérito ou processo administrativo, que não será suspenso em virtude do ajuizamento de ação.

•• A Resolução n. 21, de 11-9-2018, do Conselho Administrativo de Defesa Econômica, regulamenta este artigo.

• *Vide* Lei n. 8.078, de 11-9-1990 (CDC).

§ 1.º Os prejudicados terão direito a ressarcimento em dobro pelos prejuízos sofridos em razão de infrações à ordem econômica previstas nos incisos I e II do § 3.º do art. 36 desta Lei, sem prejuízo das sanções aplicadas nas esferas administrativa e penal.

•• § 1.º acrescentado pela Lei n. 14.470, de 16-11-2022.

§ 2.º Não se aplica o disposto no § 1.º deste artigo aos coautores de infração à ordem econômica que tenham celebrado acordo de leniência ou termo de compromisso de cessação de prática cujo cumprimento tenha sido declarado pelo Cade, os quais responderão somente pelos prejuízos causados aos prejudicados.

•• § 2.º acrescentado pela Lei n. 14.470, de 16-11-2022.

§ 3.º Os signatários do acordo de leniência e do termo de compromisso de cessação de prática são responsáveis apenas pelo dano que causaram aos prejudicados, não incidindo sobre eles responsabilidade solidária pelos danos causados pelos demais autores da infração à ordem econômica.

•• § 3.º acrescentado pela Lei n. 14.470, de 16-11-2022.

§ 4.º Não se presume o repasse de sobrepreço nos casos das infrações à ordem econômica previstas nos incisos I e II do § 3.º do art. 36 desta Lei, cabendo a prova ao réu que o alegar.

•• § 4.º acrescentado pela Lei n. 14.470, de 16-11-2022.

Art. 47-A. A decisão do Plenário do Tribunal referida no art. 93 desta Lei é apta a fundamentar a concessão de tutela da evidência, permitindo ao juiz decidir liminarmente nas ações previstas no art. 47 desta Lei.

•• Artigo acrescentado pela Lei n. 14.470, de 16-11-2022.

TÍTULO VI
DAS DIVERSAS ESPÉCIES DE PROCESSO ADMINISTRATIVO

Capítulo I
DISPOSIÇÕES GERAIS

Art. 48. Esta Lei regula os seguintes procedimentos administrativos instaurados para prevenção, apuração e repressão de infrações à ordem econômica:

I – procedimento preparatório de inquérito administrativo para apuração de infrações à ordem econômica;

• *Vide* art. 85 desta Lei.

II – inquérito administrativo para apuração de infrações à ordem econômica;

• *Vide* art. 85 desta Lei.

III – processo administrativo para imposição de sanções administrativas por infrações à ordem econômica;

• *Vide* art. 85 desta Lei.

IV – processo administrativo para análise de ato de concentração econômica;

V – procedimento administrativo para apuração de ato de concentração econômica; e

VI – processo administrativo para imposição de sanções processuais incidentais.

Art. 49. O Tribunal e a Superintendência-Geral assegurarão nos procedimentos previstos nos incisos II, III, IV e VI do *caput* do art. 48 desta Lei o tratamento sigiloso de documentos, informações e atos processuais necessários à elucidação dos fatos ou exigidos pelo interesse da sociedade.

Parágrafo único. As partes poderão requerer tratamento sigiloso de documentos ou informações, no tempo e modo definidos no regimento interno.

•• A Resolução n. 21, de 11-9-2018, do Conselho Administrativo de Defesa Econômica, regulamenta este artigo.

• *Vide* nota ao art. 4.º desta Lei.

• *Vide* art. 66, § 10, desta Lei.

Art. 50. A Superintendência-Geral ou o Conselheiro-Relator poderá admitir a intervenção no processo administrativo de:

• *Vide* art. 85, § 15, desta Lei.

I – terceiros titulares de direitos ou interesses que possam ser afetados pela decisão a ser adotada; ou

II – legitimados à propositura de ação civil pública pelos incisos III e IV do art. 82 da Lei n. 8.078, de 11 de setembro de 1990.

• *Vide* Lei n. 8.078, de 11-9-1990, que dispõe sobre a proteção do consumidor e dá outras providências (CDC).

Art. 51. Na tramitação dos processos no Cade, serão observadas as seguintes disposições, além daquelas previstas no regimento interno:

• *Vide* nota ao art. 4.º desta Lei.

I – os atos de concentração terão prioridade sobre o julgamento de outras matérias;

II – a sessão de julgamento do Tribunal é pública, salvo nos casos em que for determinado tratamento sigiloso ao processo, ocasião em que as sessões serão reservadas;

III – nas sessões de julgamento do Tribunal, poderão o Superintendente-Geral, o Economista-Chefe, o Procurador-Chefe e as partes do processo requerer a palavra, que lhes será concedida, nessa ordem, nas condições e no prazo definido pelo regimento interno, a fim de sustentarem oralmente suas razões perante o Tribunal;

IV – a pauta das sessões de julgamento será definida pelo Presidente, que determinará sua publicação, com pelo menos 120 (cento e vinte) horas de antecedência; e

V – os atos e termos a serem praticados nos autos dos procedimentos enumerados no art. 48 desta Lei poderão ser encaminhados de forma eletrônica ou apresentados em meio magnético ou equivalente, nos termos das normas do Cade.

Art. 52. O cumprimento das decisões do Tribunal e de compromissos e acordos firmados nos termos desta Lei poderá, a critério do Tribunal, ser fiscalizado pela Superintendência-Geral, com o respectivo encaminhamento dos autos, após a decisão final do Tribunal.

•• A Resolução n. 6, de 3-4-2013, do Tribunal Administrativo de Defesa Econômica, disciplina a fiscalização do cumprimento das decisões, dos compromissos e dos acordos de que trata este artigo.

§ 1.º Na fase de fiscalização da execução das decisões do Tribunal, bem como do cumprimento de compromissos e acordos firmados nos termos desta Lei, poderá a Superintendência-Geral valer-se de todos os poderes instrutórios que lhe são assegurados nesta Lei.

§ 2.º Cumprida integralmente a decisão do Tribunal ou os acordos em controle de concentrações e compromissos de cessação, a Superintendência-Geral, de ofício ou por provocação do interessado, manifestar-se-á sobre seu cumprimento.

Capítulo II
DO PROCESSO ADMINISTRATIVO NO CONTROLE DE ATOS DE CONCENTRAÇÃO ECONÔMICA

Seção I
Do Processo Administrativo na Superintendência-Geral

Art. 53. O pedido de aprovação dos atos de concentração econômica a que se refere o art. 88 desta Lei deverá ser endereçado ao Cade e instruído com as informações e documentos indispensáveis à instauração do processo administrativo, definidos em resolução do Cade, além do comprovante de recolhimento da taxa respectiva.

• *Vide* arts. 62 e 115 desta Lei.

§ 1.º Ao verificar que a petição não preenche os requisitos exigidos no *caput* deste artigo ou apresenta defeitos e irregularidades capazes de dificultar o julgamento de mérito, a Superintendência-Geral determinará, uma única vez, que os requerentes a emendem, sob pena de arquivamento.

§ 2.º Após o protocolo da apresentação do ato de concentração, ou de sua emenda, a Superintendência-Geral fará publicar edital, indicando o nome dos requerentes, a natureza da operação e os setores econômicos envolvidos.

Art. 54. Após cumpridas as providências indicadas no art. 53, a Superintendência-Geral:

I – conhecerá diretamente do pedido, proferindo decisão terminativa, quando o processo dispensar novas diligências ou nos casos de menor potencial ofensivo à concorrência, assim definidos em resolução do Cade; ou

II – determinará a realização da instrução complementar, especificando as diligências a serem produzidas.

Art. 55. Concluída a instrução complementar determinada na forma do inciso II do *caput* do art. 54 desta Lei, a Superintendência-Geral deverá manifestar-se sobre seu satisfatório cumprimento, recebendo-a como adequada ao exame de mérito ou determinando que seja refeita, por estar incompleta.

Art. 56. A Superintendência-Geral poderá, por meio de decisão fundamentada, declarar a operação como complexa e determinar a realização de nova instrução complementar, especificando as diligências a serem produzidas.

Parágrafo único. Declarada a operação como complexa, poderá a Superintendência-Geral requerer ao Tribunal a prorrogação do prazo de que trata o § 2.º do art. 88 desta Lei.

Art. 57. Concluídas as instruções complementares de que tratam o inciso II do art. 54 e o art. 56 desta Lei, a Superintendência-Geral:

I – proferirá decisão aprovando o ato sem restrições;

II – oferecerá impugnação perante o Tribunal, caso entenda que o ato deva ser rejeitado, aprovado com restrições ou que não existam elementos conclusivos quanto aos seus efeitos no mercado.

Parágrafo único. Na impugnação do ato perante o Tribunal, deverão ser demonstrados, de forma circunstanciada, o potencial lesivo do ato à concorrência e as razões pelas quais não deve ser aprovado integralmente ou rejeitado.

Seção II
Do Processo Administrativo no Tribunal

Art. 58. O requerente poderá oferecer, no prazo de 30 (trinta) dias da data de impugnação da Superintendência-Geral, em petição escrita, dirigida ao Presidente do Tribunal, manifestação expondo as razões de fato e de direito com que se opõe à impugnação do ato de concentração da Superintendência-Geral e juntando todas as provas, estudos e pareceres que corroboram seu pedido.

Parágrafo único. Em até 48 (quarenta e oito) horas da decisão de que trata a impugnação pela Superintendência-Geral, disposta no inciso II do *caput* do art. 57 desta Lei e na hipótese do inciso I do art. 65 desta Lei, o processo será distribuído, por sorteio, a um Conselheiro-Relator.

Art. 59. Após a manifestação do requerente, o Conselheiro-Relator:

I – proferirá decisão determinando a inclusão do processo em pauta para julgamento, caso entenda que se encontre suficientemente instruído;

II – determinará a realização de instrução complementar, se necessário, podendo, a seu critério, solicitar que a Superintendência-Geral a realize, declarando os pontos controversos e especificando as diligências a serem produzidas.

§ 1.º O Conselheiro-Relator poderá autorizar, conforme o caso, precária e liminarmente, a realização do ato de concentração econômica, impondo as condições que visem à preservação da reversibilidade da operação, quando assim recomendarem as condições do caso concreto.

§ 2.º O Conselheiro-Relator poderá acompanhar a realização das diligências referidas no inciso II do *caput* deste artigo.

Art. 60. Após a conclusão da instrução, o Conselheiro-Relator determinará a inclusão do processo em pauta para julgamento.

Art. 61. No julgamento do pedido de aprovação do ato de concentração econômica, o Tribunal poderá aprová-lo integralmente, rejeitá-lo ou aprová-lo parcialmente, caso em que determinará as restrições que deverão ser observadas como condição para a validade e eficácia do ato.

§ 1.º O Tribunal determinará as restrições cabíveis no sentido de mitigar os eventuais efeitos nocivos do ato de concentração sobre os mercados relevantes afetados.

§ 2.º As restrições mencionadas no § 1.º deste artigo incluem:

I – a venda de ativos ou de um conjunto de ativos que constitua uma atividade empresarial;

II – a cisão de sociedade;

• Cisão: *vide* art. 229 da LSA.

III – a alienação de controle societário;

IV – a separação contábil ou jurídica de atividades;

V – o licenciamento compulsório de direitos de propriedade intelectual; e

• *Vide* Lei n. 9.279, de 14-5-1996, que regula direitos e obrigações relativos à propriedade industrial.

VI – qualquer outro ato ou providência necessários para a eliminação dos efeitos nocivos à ordem econômica.

§ 3.º Julgado o processo no mérito, o ato não poderá ser novamente apresentado nem revisto no âmbito do Poder Executivo.

Art. 62. Em caso de recusa, omissão, enganosidade, falsidade ou retardamento injustificado, por parte dos requerentes, de informações ou documentos cuja apresentação for determinada pelo Cade, sem prejuízo das demais sanções cabíveis, poderá o pedido de aprovação do ato de concentração ser rejeitado por falta de provas, caso em que o requerente somente poderá realizar o ato mediante apresentação de novo pedido, nos termos do art. 53 desta Lei.

Art. 63. Os prazos previstos neste Capítulo não se suspendem ou interrompem por qualquer motivo, ressalvado o disposto no § 5.º do art. 6.º desta Lei, quando for o caso.

Art. 64. (*Vetado*).

Seção III
Do Recurso contra Decisão de Aprovação do Ato pela Superintendência-Geral

Art. 65. No prazo de 15 (quinze) dias contado a partir da publicação da decisão da Superintendência-Geral que aprovar o ato de concentração, na forma do inciso I do *caput* do art. 54 e do inciso I do *caput* do art. 57 desta Lei:

I – caberá recurso da decisão ao Tribunal, que poderá ser interposto por terceiros interessados ou, em se tratando de mercado regulado, pela respectiva agência reguladora;

• *Vide* art. 50, I, desta Lei.

II – o Tribunal poderá, mediante provocação de um de seus Conselheiros e em decisão fundamentada, avocar o processo para julgamento ficando prevento o Conselheiro que encaminhou a provocação.

§ 1.º Em até 5 (cinco) dias úteis a partir do recebimento do recurso, o Conselheiro-Relator:

I – conhecerá do recurso e determinará a sua inclusão em pauta para julgamento;

II – conhecerá do recurso e determinará a realização de instrução complementar, podendo, a seu critério, solicitar que a Superintendência-Geral a realize, declarando os pontos controversos e especificando as diligências a serem produzidas; ou

III – não conhecerá do recurso, determinando o seu arquivamento.

§ 2.º As requerentes poderão manifestar-se acerca do recurso interposto, em até 5 (cinco) dias úteis do conhecimento do recurso no Tribunal ou da data do recebimento do relatório com a conclusão da instrução complementar elaborada pela Superintendência-Geral, o que ocorrer por último.

§ 3.º O litigante de má-fé arcará com multa, em favor do Fundo de Defesa de Direitos Difusos, a ser arbitrada pelo Tribunal entre R$ 5.000,00 (cinco mil reais) e R$ 5.000.000,00 (cinco milhões de reais), levando-se em consideração sua condição econômica, sua atuação no processo e o retardamento injustificado causado à aprovação do ato.

• Litigante de má-fé: *vide* art. 80 do CPC.

§ 4.º A interposição do recurso a que se refere o *caput* deste artigo ou a decisão de avocar suspende a execução do ato de concentração econômica até decisão final do Tribunal.

§ 5.º O Conselheiro-Relator poderá acompanhar a realização das diligências referidas no inciso II do § 1.º deste artigo.

Capítulo III
DO INQUÉRITO ADMINISTRATIVO PARA APURAÇÃO DE INFRAÇÕES À ORDEM ECONÔMICA E DO PROCEDIMENTO PREPARATÓRIO

Art. 66. O inquérito administrativo, procedimento investigatório de natureza inquisitorial, será instaurado pela Superintendência-Geral para apuração de infrações à ordem econômica.

§ 1.º O inquérito administrativo será instaurado de ofício ou em face de representação fundamentada de qualquer interessado, ou em decorrência de peças de informação, quando os indícios de infração à ordem econômica não forem suficientes para a instauração de processo administrativo.

§ 2.º A Superintendência-Geral poderá instaurar procedimento preparatório de inquérito administrativo para apuração de infrações à ordem econômica para apurar se a conduta sob análise trata de matéria de competência do Sistema Brasileiro de Defesa da Concorrência, nos termos desta Lei.

§ 3.º As diligências tomadas no âmbito do procedimento preparatório de inquérito administrativo para apuração de infrações à ordem econômica deverão ser realizadas no prazo máximo de 30 (trinta) dias.

§ 4.º Do despacho que ordenar o arquivamento de procedimento preparatório, indeferir o requerimento de abertura de inquérito administrativo, ou seu arquivamento, caberá recurso de qualquer interessado ao Superintendente-Geral, na forma determinada em regulamento, que decidirá em última instância.

§ 5.º (*Vetado*.)

§ 6.º A representação de Comissão do Congresso Nacional, ou de qualquer de suas Casas, bem como da Secretaria de Acompanhamento Econômico, das agências reguladoras e da Procuradoria Federal junto ao Cade, independe de procedimento preparatório, instaurando-se desde logo o inquérito administrativo ou processo administrativo.

§ 7.º O representante e o indiciado poderão requerer qualquer diligência, que será realizada ou não, a juízo da Superintendência-Geral.

§ 8.º A Superintendência-Geral poderá solicitar o concurso da autoridade policial ou do Ministério Público nas investigações.

§ 9.º O inquérito administrativo deverá ser encerrado no prazo de 180 (cento e oitenta) dias, contado da data de sua instauração, prorrogáveis por até 60 (sessenta) dias, por meio de despacho fundamentado e quando o fato for de difícil elucidação e o justificarem as circunstâncias do caso concreto.

§ 10. Ao procedimento preparatório, assim como ao inquérito administrativo, poderá ser dado tratamento sigiloso, no interesse das investigações, a critério da Superintendência-Geral.

Art. 67. Até 10 (dez) dias úteis a partir da data de encerramento do inquérito administrativo, a Superintendência-Geral decidirá pela instauração do processo administrativo ou pelo seu arquivamento.

§ 1.º O Tribunal poderá, mediante provocação de um Conselheiro e em decisão fundamentada, avocar o inquérito administrativo ou procedimento preparatório de inquérito administrativo arquivado pela Superintendência-Geral, ficando prevento o Conselheiro que encaminhou a provocação.

§ 2.º Avocado o inquérito administrativo, o Conselheiro-Relator terá o prazo de 30 (trinta) dias úteis para:

I – confirmar a decisão de arquivamento da Superintendência-Geral, podendo, se entender necessário, fundamentar sua decisão;

II – transformar o inquérito administrativo em processo administrativo, determinando a realização de instrução complementar, podendo, a seu critério, solicitar que a Superintendência-Geral a realize, declarando os pontos controversos e especificando as diligências a serem produzidas.

§ 3.º Ao inquérito administrativo poderá ser dado tratamento sigiloso, no interesse das investigações, a critério do Plenário do Tribunal.

Art. 68. O descumprimento dos prazos fixados neste Capítulo pela Superintendência-Geral, assim como por seus servidores, sem justificativa devidamente comprovada nos autos, poderá resultar na apuração da respectiva responsabilidade administrativa, civil e criminal.

Capítulo IV

DO PROCESSO ADMINISTRATIVO PARA IMPOSIÇÃO DE SANÇÕES ADMINISTRATIVAS POR INFRAÇÕES À ORDEM ECONÔMICA

Art. 69. O processo administrativo, procedimento em contraditório, visa a garantir ao acusado a ampla defesa a respeito das conclusões do inquérito administrativo, cuja nota técnica final, aprovada nos termos das normas do Cade, constituirá peça inaugural.

- *Vide* art. 5.º, LV, da CF.
- *Vide* art. 88, § 3.º, desta Lei.

Art. 70. Na decisão que instaurar o processo administrativo, será determinada a notificação do representado para, no prazo de 30 (trinta) dias, apresentar defesa e especificar as provas que pretende sejam produzidas, declinando a qualificação completa de até 3 (três) testemunhas.

§ 1.º A notificação inicial conterá o inteiro teor da decisão de instauração do processo administrativo e da representação, se for o caso.

§ 2.º A notificação inicial do representado será feita pelo correio, com aviso de recebimento em nome próprio, ou outro meio que assegure a certeza da ciência do interessado ou, não tendo êxito a notificação postal, por edital publicado no *Diário Oficial da União* e em jornal de grande circulação no Estado em que resida ou tenha sede, contando-se os prazos da juntada do aviso de recebimento, ou da publicação, conforme o caso.

§ 3.º A intimação dos demais atos processuais será feita mediante publicação no *Diário Oficial da União*, da qual deverá constar o nome do representado e de seu procurador, se houver.

§ 4.º O representado poderá acompanhar o processo administrativo por seu titular e seus diretores ou gerentes, ou por seu procurador, assegurando-se-lhes amplo acesso aos autos no Tribunal.

§ 5.º O prazo de 30 (trinta) dias mencionado no *caput* deste artigo poderá ser dilatado por até 10 (dez) dias, improrrogáveis, mediante requisição do representado.

Art. 71. Considerar-se-á revel o representado que, notificado, não apresentar defesa no prazo legal, incorrendo em confissão quanto à matéria de fato, contra ele correndo os demais prazos, independentemente de notificação.

- *Vide* arts. 344 a 346 (revelia) do CPC.

Parágrafo único. Qualquer que seja a fase do processo, nele poderá intervir o revel, sem direito à repetição de qualquer ato já praticado.

Art. 72. Em até 30 (trinta) dias úteis após o decurso do prazo previsto no art. 70 desta Lei, a Superintendência-Geral, em despacho fundamentado, determinará a produção de provas que julgar pertinentes, sendo-lhe facultado exercer os poderes de instrução previstos nesta Lei, mantendo-se o sigilo legal, quando for o caso.

Art. 73. Em até 5 (cinco) dias úteis da data de conclusão da instrução processual determinada na forma do art. 72 desta Lei, a Superintendência-Geral notificará o representado para apresentar novas alegações, no prazo de 5 (cinco) dias úteis.

Art. 74. Em até 15 (quinze) dias úteis contados do decurso do prazo previsto no art. 73 desta Lei, a Superintendência-Geral remeterá os autos do processo ao Presidente do Tribunal, opinando, em relatório circunstanciado, pelo seu arquivamento ou pela configuração da infração.

Art. 75. Recebido o processo, o Presidente do Tribunal o distribuirá, por sorteio, ao Conselheiro-Relator, que poderá, caso entenda necessário, solicitar à Procuradoria Federal junto ao Cade que se manifeste no prazo de 20 (vinte) dias.

Art. 76. O Conselheiro-Relator poderá determinar diligências, em despacho fundamentado, podendo, a seu critério, solicitar que a Superintendência-Geral as realize, no prazo assinado.

Parágrafo único. Após a conclusão das diligências determinadas na forma deste artigo, o Conselheiro-Relator notificará o representado para, no prazo de 15 (quinze) dias úteis, apresentar alegações finais.

Art. 77. No prazo de 15 (quinze) dias úteis contado da data de recebimento das alegações finais, o Conselheiro-Relator solicitará a inclusão do processo em pauta para julgamento.

Art. 78. A convite do Presidente, por indicação do Conselheiro-Relator, qualquer pessoa poderá apresentar esclarecimentos ao Tribunal, a propósito de assuntos que estejam em pauta.

Art. 79. A decisão do Tribunal, que em qualquer hipótese será fundamentada, quando for pela existência de infração da ordem econômica, conterá:

I – especificação dos fatos que constituam a infração apurada e a indicação das providências a serem tomadas pelos responsáveis para fazê-la cessar;

II – prazo dentro do qual devam ser iniciadas e concluídas as providências referidas no inciso I do *caput* deste artigo;

III – multa estipulada;

IV – multa diária em caso de continuidade da infração; e

V – multa em caso de descumprimento das providências estipuladas.

Parágrafo único. A decisão do Tribunal será publicada dentro de 5 (cinco) dias úteis no *Diário Oficial da União*.

Art. 80. Aplicam-se às decisões do Tribunal o disposto na Lei n. 8.437, de 30 de junho de 1992.

• A Lei n. 8.437, de 30-6-1992, que consta neste volume, dispõe sobre a concessão de medidas cautelares contra atos do Poder Público.

Art. 81. Descumprida a decisão, no todo ou em parte, será o fato comunicado ao Presidente do Tribunal, que determinará à Procuradoria Federal junto ao Cade que providencie sua execução judicial.

Art. 82. O descumprimento dos prazos fixados neste Capítulo pelos membros do Cade, assim como por seus servidores, sem justificativa devidamente comprovada nos autos, poderá resultar na apuração da respectiva responsabilidade administrativa, civil e criminal.

Art. 83. O Cade disporá de forma complementar sobre o inquérito e o processo administrativo.

• A Resolução n. 1, de 29-5-2012, do CADE, aprova seu regimento interno – RICADE.

Capítulo V

DA MEDIDA PREVENTIVA

Art. 84. Em qualquer fase do inquérito administrativo para apuração de infrações ou do processo administrativo para imposição de sanções por infrações à ordem econômica, poderá o Conselheiro-Relator ou o Superintendente-Geral, por iniciativa própria ou mediante provocação do Procurador-Chefe do Cade, adotar medida preventiva, quando houver indício ou fundado receio de que o representado, direta ou indiretamente, cause ou possa causar ao mercado lesão irreparável ou de difícil reparação, ou torne ineficaz o resultado final do processo.

§ 1.º Na medida preventiva, determinar-se-á a imediata cessação da prática e será ordenada, quando materialmente possível, a reversão à situação anterior, fixando multa diária nos termos do art. 39 desta Lei.

§ 2.º Da decisão que adotar medida preventiva caberá recurso voluntário ao Plenário do Tribunal, em 5 (cinco) dias, sem efeito suspensivo.

Capítulo VI

DO COMPROMISSO DE CESSAÇÃO

Art. 85. Nos procedimentos administrativos mencionados nos incisos I, II e III do art. 48 desta Lei, o Cade poderá tomar do representado compromisso de cessação da prática sob investigação ou dos seus efeitos lesivos, sempre que, em juízo de conveniência e oportunidade, devidamente fundamentado, entender que atende aos interesses protegidos por lei.

•• A Resolução n. 21, de 11-9-2018, do Conselho Administrativo de Defesa Econômica, regulamenta este artigo.

§ 1.º Do termo de compromisso deverão constar os seguintes elementos:

I – a especificação das obrigações do representado no sentido de não praticar a conduta investigada ou seus efeitos lesivos, bem como obrigações que julgar cabíveis;

II – a fixação do valor da multa para o caso de descumprimento, total ou parcial, das obrigações compromissadas;

III – a fixação do valor da contribuição pecuniária ao Fundo de Defesa de Direitos Difusos quando cabível.

§ 2.º Tratando-se da investigação da prática de infração relacionada ou decorrente das condutas previstas nos incisos I e II do § 3.º do art. 36 desta Lei, entre as obrigações a que se refere o inciso I do § 1.º deste artigo figurará, necessariamente, a obrigação de recolher ao Fundo de Defesa de Direitos Difusos um valor pecuniário que não poderá ser inferior ao mínimo previsto no art. 37 desta Lei.

§ 3.º (*Vetado.*)

§ 4.º A proposta de termo de compromisso de cessação de prática somente poderá ser apresentada uma única vez.

§ 5.º A proposta de termo de compromisso de cessação de prática poderá ter caráter confidencial.

§ 6.º A apresentação de proposta de termo de compromisso de cessação de prática não suspende o andamento do processo administrativo.

§ 7.º O termo de compromisso de cessação de prática terá caráter público, devendo o acordo ser publicado no sítio do Cade em 5 (cinco) dias após a sua celebração.

§ 8.º O termo de compromisso de cessação de prática constitui título executivo extrajudicial.

• *Vide* art. 784, IX, do CPC.

§ 9.º O processo administrativo ficará suspenso enquanto estiver sendo cumprido o compromisso e será arquivado ao término do prazo fixado, se atendidas todas as condições estabelecidas no termo.

§ 10. A suspensão do processo administrativo a que se refere o § 9.º deste artigo dar-se-á somente em relação ao representado que firmou o compromisso, seguindo o processo seu curso regular para os demais representados.

§ 11. Declarado o descumprimento do compromisso, o Cade aplicará as sanções nele previstas e determinará o prosseguimento do processo administrativo e as demais medidas administrativas e judiciais cabíveis para sua execução.

§ 12. As condições do termo de compromisso poderão ser alteradas pelo Cade se se comprovar sua excessiva onerosidade para o representado, desde que a alteração não acarrete prejuízo para terceiros ou para a coletividade.

§ 13. A proposta de celebração do compromisso de cessação de prática será indeferida quando a autoridade não chegar a um acordo com os representados quanto aos seus termos.

§ 14. O Cade definirá, em resolução, normas complementares sobre o termo de compromisso de cessação.

§ 15. Aplica-se o disposto no art. 50 desta Lei ao Compromisso de Cessação da Prática.

§ 16. (*Vetado.*)

•• § 16 acrescentado pela Lei n. 14.470, de 16-11-2022.

Capítulo VII

DO PROGRAMA DE LENIÊNCIA

•• A Portaria n. 416, de 9-9-2021, do CADE, estabelece normas de recebimento e tratamento de pedido de senha (pedido de *marker*) para negociação de Acordo de Leniência por meio eletrônico – Clique Leniência.

Art. 86. O Cade, por intermédio da Superintendência-Geral, poderá celebrar acordo de leniência, com a extinção da ação punitiva da administração pública ou a redução de 1 (um) a 2/3 (dois terços) da penalidade aplicável, nos termos deste artigo, com pessoas físicas e jurídicas que forem autoras de infração à ordem econômica, desde que colaborem efetivamente com as investigações e o processo administrativo e que dessa colaboração resulte:

•• A Resolução n. 21, de 11-9-2018, do Conselho Administrativo de Defesa Econômica, regulamenta este artigo.

I – a identificação dos demais envolvidos na infração; e

II – a obtenção de informações e documentos que comprovem a infração noticiada ou sob investigação.

§ 1.º O acordo de que trata o *caput* deste artigo somente poderá ser celebrado se preenchidos, cumulativamente, os seguintes requisitos:

I – a empresa seja a primeira a se qualificar com respeito à infração noticiada ou sob investigação;

II – a empresa cesse completamente seu envolvimento na infração noticiada ou sob investigação a partir da data de propositura do acordo;

III – a Superintendência-Geral não disponha de provas suficientes para assegurar a condenação da empresa ou pessoa física por ocasião da propositura do acordo; e

IV – a empresa confesse sua participação no ilícito e coopere plena e permanentemente com as investigações e o processo administrativo, comparecendo, sob suas expensas, sempre que solicitada, a todos os atos processuais, até seu encerramento.

§ 2.º Com relação às pessoas físicas, elas poderão celebrar acordos de leniência desde que cumpridos os requisitos II, III e IV do § 1.º deste artigo.

§ 3.º O acordo de leniência firmado com o Cade, por intermédio da Superintendência-Geral, estipulará as condições necessárias para assegurar a efetividade da colaboração e o resultado útil do processo.

§ 4.º Compete ao Tribunal, por ocasião do julgamento do processo administrativo, verificado o cumprimento do acordo:

I – decretar a extinção da ação punitiva da administração pública em favor do infrator, nas hipóteses em que a proposta de acordo tiver sido apresentada à Superintendência-Geral sem que essa tivesse conhecimento prévio da infração noticiada; ou

II – nas demais hipóteses, reduzir de 1 (um) a 2/3 (dois terços) as penas aplicáveis, observado o disposto no art. 45 desta Lei, devendo ainda considerar na gradação da pena a efetividade da colaboração prestada e a boa-fé do infrator no cumprimento do acordo de leniência.

§ 5.º Na hipótese do inciso II do § 4.º deste artigo, a pena sobre a qual incidirá o fator redutor não será superior à menor das penas aplicadas aos demais coautores da infração, relativamente aos percentuais fixados para a aplicação das multas de que trata o inciso I do art. 37 desta Lei.

§ 6.º Serão estendidos às empresas do mesmo grupo, de fato ou de direito, e aos seus dirigentes, administradores e empregados envolvidos na infração os efeitos do acordo de leniência, desde que o firmem em conjunto, respeitadas as condições impostas.

§ 7.º A empresa ou pessoa física que não obtiver, no curso de inquérito ou processo administrativo, habilitação para a celebração do acordo de que trata este artigo, poderá celebrar com a Superintendência-Geral, até a remessa do processo para julgamento, acordo de leniência relacionado a uma outra infração, da qual o Cade não tenha qualquer conhecimento prévio.

§ 8.º Na hipótese do § 7.º deste artigo, o infrator se beneficiará da redução de 1/3 (um terço) da pena que lhe for aplicável naquele processo, sem prejuízo da obtenção dos benefícios de que trata o inciso I do § 4.º deste artigo em relação à nova infração denunciada.

§ 9.º Considera-se sigilosa a proposta de acordo de que trata este artigo, salvo no interesse das investigações e do processo administrativo.

§ 10. Não importará em confissão quanto à matéria de fato, nem reconhecimento de ilicitude da conduta analisada, a proposta de acordo de leniência rejeitada, da qual não se fará qualquer divulgação.

§ 11. A aplicação do disposto neste artigo observará as normas a serem editadas pelo Tribunal.

§ 12. Em caso de descumprimento do acordo de leniência, o beneficiário ficará impedido de celebrar novo acordo de leniência pelo prazo de 3 (três) anos, contado da data de seu julgamento.

Art. 87. Nos crimes contra a ordem econômica, tipificados na Lei n. 8.137, de 27 de dezembro de 1990, e nos demais crimes diretamente relacionados à prática de cartel, tais como os tipificados na Lei n. 8.666, de 21 de junho de 1993, e os tipificados no art. 288 do Decreto-Lei n. 2.848, de 7 de dezembro de 1940 – Código Penal, a celebração de acordo de leniência, nos termos desta Lei, determina a suspensão do curso do prazo prescricional e impede o oferecimento da denúncia com relação ao agente beneficiário da leniência.

Parágrafo único. Cumprido o acordo de leniência pelo agente, extingue-se automaticamente a punibilidade dos crimes a que se refere o *caput* deste artigo.

Título VII
DO CONTROLE DE CONCENTRAÇÕES

Capítulo I
DOS ATOS DE CONCENTRAÇÃO

Art. 88. Serão submetidos ao Cade pelas partes envolvidas na operação os atos de concentração econômica em que, cumulativamente:

•• *Vide* art. 23 desta Lei.

•• A Resolução n. 2, de 29-5-2012, do CADE, disciplina a notificação dos atos de que trata este artigo e prevê procedimento sumário de análise de atos de concentração.

I – pelo menos um dos grupos envolvidos na operação tenha registrado, no último balanço, faturamento bruto anual ou volume de negócios total no País, no ano anterior à operação, equivalente ou superior a R$ 400.000.000,00 (quatrocentos milhões de reais); e

•• Valor atualizado para R$ 750.000.000,00 (setecentos e cinquenta milhões de reais) pela Portaria Interministerial n. 994, de 30-5-2012, dos Ministérios da Justiça e da Fazenda.

II – pelo menos um outro grupo envolvido na operação tenha registrado, no último balanço, faturamento bruto anual ou volume de negócios total no País, no ano anterior à operação, equivalente ou superior a R$ 30.000.000,00 (trinta milhões de reais).

•• Valor atualizado para R$ 75.000.000,00 (setenta e cinco milhões de reais) pela Portaria Interministerial n. 994, de 30-5-2012, dos Ministérios da Justiça e da Fazenda.

§ 1.º Os valores mencionados nos incisos I e II do *caput* deste artigo poderão ser adequados, simultânea ou independentemente, por indicação do Plenário do Cade, por portaria interministerial dos Ministros de Estado da Fazenda e da Justiça.

§ 2.º O controle dos atos de concentração de que trata o *caput* deste artigo será prévio e realizado em, no máximo, 240 (duzentos e quarenta) dias, a contar do protocolo de petição ou de sua emenda.

§ 3.º Os atos que se subsumirem ao disposto no *caput* deste artigo não podem ser consumados antes de apreciados, nos termos deste artigo e do procedimento previsto no Capítulo II do Título VI desta Lei, sob pena de nulidade, sendo ainda imposta multa pecuniária, de valor não inferior a R$ 60.000,00 (sessenta mil reais) nem superior a R$ 60.000.000,00 (sessenta milhões de reais), a ser aplicada nos termos da regulamentação, sem prejuízo da abertura de processo administrativo, nos termos do art. 69 desta Lei.

•• A Resolução n. 13, de 23-6-2015, do CADE, disciplina os procedimentos previstos neste parágrafo.

§ 4.º Até a decisão final sobre a operação, deverão ser preservadas as condições de concorrência entre as empresas envolvidas, sob pena de aplicação das sanções previstas no § 3.º deste artigo.

§ 5.º Serão proibidos os atos de concentração que impliquem eliminação da concorrência em parte substancial de mercado relevante, que possam criar ou reforçar uma posição dominante ou que possam resultar na dominação de mercado relevante de bens ou serviços, ressalvado o disposto no § 6.º deste artigo.

§ 6.º Os atos a que se refere o § 5.º deste artigo poderão ser autorizados, desde que sejam observados os limites estritamente necessários para atingir os seguintes objetivos:

I – cumulada ou alternativamente:

a) aumentar a produtividade ou a competitividade;

b) melhorar a qualidade de bens ou serviços; ou

c) propiciar a eficiência e o desenvolvimento tecnológico ou econômico; e

II – sejam repassados aos consumidores parte relevante dos benefícios decorrentes.

§ 7.º É facultado ao Cade, no prazo de 1 (um) ano a contar da respectiva data de consumação, requerer a submissão dos atos de concentração que não se enquadrem no disposto neste artigo.

•• A Resolução n. 13, de 23-6-2015, do CADE, disciplina os procedimentos previstos neste parágrafo.

§ 8.º As mudanças de controle acionário de companhias abertas e os registros de fusão, sem prejuízo da obrigação das partes envolvidas, devem ser comunicados ao Cade pela Comissão de Valores Mobiliários – CVM e pelo Departamento Nacional do Registro do Comércio do Ministério do Desenvolvimento, Indústria e Comércio Exterior, respectivamente, no prazo de 5 (cinco) dias úteis para, se for o caso, ser examinados.

§ 9.º O prazo mencionado no § 2.º deste artigo somente poderá ser dilatado:

I – por até 60 (sessenta) dias, improrrogáveis, mediante requisição das partes envolvidas na operação; ou

II – por até 90 (noventa) dias, mediante decisão fundamentada do Tribunal, em que sejam especificados as razões para a extensão, o prazo da prorrogação, que será não renovável, e as providências cuja realização seja necessária para o julgamento do processo.

Art. 89. Para fins de análise do ato de concentração apresentado, serão obedecidos os procedimentos estabelecidos no Capítulo II do Título VI desta Lei.

• *Vide* arts. 53 e s. desta Lei.

Parágrafo único. O Cade regulamentará, por meio de Resolução, a análise prévia de atos de concentração realizados com o propósito específico de participação em leilões, licitações e operações de aquisição de ações por meio de oferta pública.

Art. 90. Para os efeitos do art. 88 desta Lei, realiza-se um ato de concentração quando:

I – 2 (duas) ou mais empresas anteriormente independentes se fundem;

II – 1 (uma) ou mais empresas adquirem, direta ou indiretamente, por compra ou permuta de ações, quotas, títulos ou valores mobiliários conversíveis em ações, ou ativos, tangíveis ou intangíveis, por via contratual ou por qualquer outro meio ou forma, o controle ou partes de uma ou outras empresas;

III – 1 (uma) ou mais empresas incorporam outra ou outras empresas; ou

IV – 2 (duas) ou mais empresas celebram contrato associativo, consórcio ou *joint venture*.

•• Sobre a eficácia deste inciso: *vide* art. 14 da Lei n. 14.010, de 10-6-2020.

Parágrafo único. Não serão considerados atos de concentração, para os efeitos do disposto no art. 88 desta Lei, os descritos no inciso IV do *caput*, quando destinados às licitações promovidas pela administração pública direta e indireta e aos contratos delas decorrentes.

Art. 91. A aprovação de que trata o art. 88 desta Lei poderá ser revista pelo Tribunal, de ofício ou mediante provocação da Superintendência-Geral, se a decisão for baseada em informações falsas ou enganosas prestadas pelo interessado, se ocorrer o descumprimento de quaisquer das obrigações assumidas ou não forem alcançados os benefícios visados.

Parágrafo único. Na hipótese referida no *caput* deste artigo, a falsidade ou enganosidade será punida com multa pecuniária, de valor não inferior a R$ 60.000,00 (sessenta mil reais) nem superior a R$ 6.000.000,00 (seis milhões de reais), a ser aplicada na forma das normas do Cade, sem prejuízo da abertura de processo administrativo, nos termos do art. 67 desta Lei, e da adoção das demais medidas cabíveis.

Capítulo II
DO ACORDO EM CONTROLE DE CONCENTRAÇÕES

Art. 92. (*Vetado*.)

TÍTULO VIII
DA EXECUÇÃO JUDICIAL DAS DECISÕES DO CADE

Capítulo I
DO PROCESSO

Art. 93. A decisão do Plenário do Tribunal, cominando multa ou impondo obrigação de fazer ou não fazer, constitui título executivo extrajudicial.

• *Vide* art. 814 do CPC.

Art. 94. A execução que tenha por objeto exclusivamente a cobrança de multa pecuniária será feita de acordo com o disposto na Lei n. 6.830, de 22 de setembro de 1980.

• A Lei n. 6.830, de 22-9-1980, que consta deste volume, dispõe sobre a cobrança judicial da dívida ativa da Fazenda Pública (LEF).

Art. 95. Na execução que tenha por objeto, além da cobrança de multa, o cumprimento de obrigação de fazer ou não fazer, o Juiz concederá a tutela específica da obrigação, ou determinará providências que assegurem o resultado prático equivalente ao do adimplemento.

• *Vide* arts. 497 e 536 do CPC.

§ 1.º A conversão da obrigação de fazer ou não fazer em perdas e danos somente será admissível se impossível a tutela específica ou a obtenção do resultado prático correspondente.

§ 2.º A indenização por perdas e danos far-se-á sem prejuízo das multas.

Art. 96. A execução será feita por todos os meios, inclusive mediante intervenção na empresa, quando necessária.

Art. 97. A execução das decisões do Cade será promovida na Justiça Federal do Distrito Federal ou da sede ou domicílio do executado, à escolha do Cade.

• *Vide* art. 109, I, da CF.

Art. 98. O oferecimento de embargos ou o ajuizamento de qualquer outra ação que vise à desconstituição do título executivo não suspenderá a execução, se não for garantido o juízo no valor das multas aplicadas, para que se garanta o cumprimento da decisão final proferida nos autos, inclusive no que tange a multas diárias.

§ 1.º Para garantir o cumprimento das obrigações de fazer, deverá o juiz fixar caução idônea.

§ 2.º Revogada a liminar, o depósito do valor da multa converter-se-á em renda do Fundo de Defesa de Direitos Difusos.

• O Fundo de Defesa de Direitos Difusos está previsto no art. 13 da Lei n. 7.347, de 24-7-1985 (ação civil pública), constante desta obra.

§ 3.º O depósito em dinheiro não suspenderá a incidência de juros de mora e atualização monetária, podendo o Cade, na hipótese do § 2.º deste artigo, promover a execução para cobrança da diferença entre o valor revertido ao Fundo de Defesa de Direitos Difusos e o valor da multa atualizado, com os acréscimos legais, como se sua exigibilidade do crédito jamais tivesse sido suspensa.

§ 4.º (*Revogado pela Lei n. 13.105, de 16-3-2015*.)

Art. 99. Em razão da gravidade da infração da ordem econômica, e havendo fundado receio de dano irreparável ou de difícil reparação, ainda que tenha havido o depósito das multas e prestação de caução, poderá o Juiz determinar a adoção imediata, no todo ou em parte, das providências contidas no título executivo.

• *Vide* arts. 294 e s. (tutela provisória) e 300 e s. (tutela de urgência) do CPC.

Art. 100. No cálculo do valor da multa diária pela continuidade da infração, tomar-se-á como termo inicial a data final fixada pelo Cade para a adoção voluntária das providências contidas em sua decisão, e como termo final o dia do seu efetivo cumprimento.

Art. 101. O processo de execução em juízo das decisões do Cade terá preferência sobre as demais espécies de ação, exceto *habeas corpus* e mandado de segurança.

Capítulo II
DA INTERVENÇÃO JUDICIAL

Art. 102. O Juiz decretará a intervenção na empresa quando necessária para permitir a execução específica, nomeando o interventor.

Parágrafo único. A decisão que determinar a intervenção deverá ser fundamentada e indicará, clara e precisamente, as providências a serem tomadas pelo interventor nomeado.

Art. 103. Se, dentro de 48 (quarenta e oito) horas, o executado impugnar o interventor por motivo de inaptidão ou inidoneidade, feita a prova da alegação em 3 (três) dias, o juiz decidirá em igual prazo.

Art. 104. Sendo a impugnação julgada procedente, o juiz nomeará novo interventor no prazo de 5 (cinco) dias.

Art. 105. A intervenção poderá ser revogada antes do prazo estabelecido, desde que comprovado o cumprimento integral da obrigação que a determinou.

Art. 106. A intervenção judicial deverá restringir-se aos atos necessários ao cumprimento da decisão judicial que a determinar e terá duração máxima de 180 (cento e oitenta) dias, ficando o interventor responsável por suas ações e omissões, especialmente em caso de abuso de poder e desvio de finalidade.

§ 1.º Aplica-se ao interventor, no que couber, o disposto nos arts. 153 a 159 da Lei n. 6.404, de 15 de dezembro de 1976.

§ 2.º A remuneração do interventor será arbitrada pelo Juiz, que poderá substituí-lo a qualquer tempo, sendo obrigatória a substituição quando incorrer em insolvência civil, quando for sujeito passivo ou ativo de qualquer forma de corrupção ou prevaricação, ou infringir quaisquer de seus deveres.

Art. 107. O juiz poderá afastar de suas funções os responsáveis pela administração da empresa que, comprovadamente, obstarem o cumprimento de atos de competência do interventor, devendo eventual substituição dar-se na forma estabelecida no contrato social da empresa.

§ 1.º Se, apesar das providências previstas no *caput* deste artigo, um ou mais responsáveis pela administração da empresa persistirem em obstar a ação do interventor, o juiz procederá na forma do disposto no § 2.º deste artigo.

§ 2.º Se a maioria dos responsáveis pela administração da empresa recusar colaboração ao interventor, o juiz determinará que este assuma a administração total da empresa.

Art. 108. Compete ao interventor:

I – praticar ou ordenar que sejam praticados os atos necessários à execução;

II – denunciar ao Juiz quaisquer irregularidades praticadas pelos responsáveis pela empresa e das quais venha a ter conhecimento; e

III – apresentar ao Juiz relatório mensal de suas atividades.

Art. 109. As despesas resultantes da intervenção correrão por conta do executado contra quem ela tiver sido decretada.

Art. 110. Decorrido o prazo da intervenção, o interventor apresentará ao juiz relatório circunstanciado de sua gestão, propondo a extinção e o arquivamento do processo ou pedindo a prorrogação do prazo na hipótese de não ter sido possível cumprir integralmente a decisão exequenda.

Art. 111. Todo aquele que se opuser ou obstaculizar a intervenção ou, cessada esta, praticar quaisquer atos que direta ou indiretamente anulem seus efeitos, no todo ou em parte, ou desobedecer a ordens legais do interventor será, conforme o caso, responsabilizado criminalmente por resistência, desobediência ou coação no curso do processo, na forma dos arts. 329, 330 e 344 do Decreto-lei n. 2.848, de 7 de dezembro de 1940 – Código Penal.

Título IX
DISPOSIÇÕES FINAIS E TRANSITÓRIAS

Art. 112. (*Vetado.*)

Art. 113. Visando a implementar a transição para o sistema de mandatos não coincidentes, as nomeações dos Conselheiros observarão os seguintes critérios de duração dos mandatos, nessa ordem:

I – 2 (dois) anos para os primeiros 2 (dois) mandatos vagos; e

II – 3 (três) anos para o terceiro e o quarto mandatos vagos.

§ 1.º Os mandatos dos membros do Cade e do Procurador-Chefe em vigor na data de promulgação desta Lei serão mantidos e exercidos até o seu término original, devendo as nomeações subsequentes à extinção desses mandatos observar o disposto neste artigo.

§ 2.º Na hipótese do § 1.º deste artigo, o Conselheiro que estiver exercendo o seu primeiro mandato no Cade, após o término de seu mandato original, poderá ser novamente nomeado no mesmo cargo, observado o disposto nos incisos I e II do *caput* deste artigo.

§ 3.º O Conselheiro que estiver exercendo o seu segundo mandato no Cade, após o término de seu mandato original, não poderá ser novamente nomeado para o período subsequente.

§ 4.º Não haverá recondução para o Procurador-Chefe que estiver exercendo mandato no Cade, após o término de seu mandato original, podendo ele ser indicado para permanecer no cargo na forma do art. 16 desta Lei.

Art. 114. (*Vetado.*)

Art. 115. Aplicam-se subsidiariamente aos processos administrativo e judicial previstos nesta Lei as disposições das Leis n. 5.869, de 11 de janeiro de 1973 – Código de Processo Civil, 7.347, de 24 de julho de 1985, 8.078, de 11 de setembro de 1990, e 9.784, de 29 de janeiro de 1999.

....

Art. 117. O *caput* e o inciso V do art. 1.º da Lei n. 7.347, de 24 de julho de 1985, passam a vigorar com a seguinte redação:

•• Alteração já processada no diploma modificado.

Art. 118. Nos processos judiciais em que se discuta a aplicação desta Lei, o Cade deverá ser intimado para, querendo, intervir no feito na qualidade de assistente.

• *Vide* arts. 119 e s. do CPC.

Art. 119. O disposto nesta Lei não se aplica aos casos de *dumping* e subsídios de que tratam os Acordos Relativos à Implementação do Artigo VI do Acordo Geral sobre Tarifas Aduaneiras e Comércio, promulgados pelos Decretos n. 93.941 e 93.962, de 16 e 22 de janeiro de 1987, respectivamente.

....

Art. 125. O Poder Executivo disporá sobre a estrutura regimental do Cade, sobre as competências e atribuições, denominação das unidades e especificações dos cargos, promovendo a alocação, nas unidades internas da autarquia, dos cargos em comissão e das funções gratificadas.

....

Art. 127. Ficam revogados a Lei n. 9.781, de 19 de janeiro de 1999, os arts. 5.º e 6.º da Lei n. 8.137, de 27 de dezembro de 1990, e os arts. 1.º a 85 e 88 a 93 da Lei n. 8.884, de 11 de junho de 1994.

Art. 128. Esta Lei entra em vigor após decorridos 180 (cento e oitenta) dias de sua publicação oficial.

Brasília, 30 de novembro de 2011; 190.º da Independência e 123.º da República.

DILMA ROUSSEFF

LEI N. 12.587, DE 3 DE JANEIRO DE 2012 (*)

Institui as diretrizes da Política Nacional de Mobilidade Urbana; revoga dispositivos dos Decretos-leis n. 3.326, de 3 de junho de 1941, e 5.405, de 13 de abril de 1943, da Consolidação das Leis do Trabalho (CLT), aprovada pelo Decreto-lei n. 5.452, de 1.º de maio de 1943, e das Leis n. 5.917, de 10 de setembro de 1973, e 6.261, de 14 de novembro de 1975; e dá outras providências.

A Presidente da República:

Faço saber que o Congresso Nacional decreta e eu sanciono a seguinte Lei:

Capítulo I
DISPOSIÇÕES GERAIS

Art. 1.º A Política Nacional de Mobilidade Urbana é instrumento da política de desenvolvimento urbano de que tratam o inciso XX do art. 21 e o art. 182 da Constituição Federal, objetivando a integração entre os diferentes modos de transporte e a melhoria da acessibilidade e mobilidade das pessoas e cargas no território do Município.

Parágrafo único. A Política Nacional a que se refere o *caput* deve atender ao previsto no inciso VII do art. 2.º e no § 2.º do art. 40 da Lei n. 10.257, de 10 de julho de 2001 (Estatuto da Cidade).

Art. 2.º A Política Nacional de Mobilidade Urbana tem por objetivo contribuir para o acesso universal à cidade, o fomento e a concretização das condições que contribuam para a efetivação dos princípios, objetivos e diretrizes da política de desenvolvimento urbano, por meio do planejamento e da gestão democrática do Sistema Nacional de Mobilidade Urbana.

Art. 3.º O Sistema Nacional de Mobilidade Urbana é o conjunto organizado e coordenado dos modos de transporte, de serviços e de infraestruturas que garante os deslocamentos de pessoas e cargas no território do Município.

• A Lei n. 9.503, de 23-9-1997, institui o Código de Trânsito Brasileiro.

§ 1.º São modos de transporte urbano:

I – motorizados; e

II – não motorizados.

§ 2.º Os serviços de transporte urbano são classificados:

I – quanto ao objeto:

a) de passageiros;

b) de cargas;

II – quanto à característica do serviço:

a) coletivo;

b) individual;

III – quanto à natureza do serviço:

a) público;

b) privado.

§ 3.º São infraestruturas de mobilidade urbana:

(*) Publicada no *Diário Oficial da União*, de 4-1-2012.

I – vias e demais logradouros públicos, inclusive metroferrovias, hidrovias e ciclovias;

II – estacionamentos;

III – terminais, estações e demais conexões;

IV – pontos para embarque e desembarque de passageiros e cargas;

V – sinalização viária e de trânsito;

VI – equipamentos e instalações; e

VII – instrumentos de controle, fiscalização, arrecadação de taxas e tarifas e difusão de informações.

Seção I
Das Definições

Art. 4.º Para os fins desta Lei, considera-se:

I – transporte urbano: conjunto dos modos e serviços de transporte público e privado utilizados para o deslocamento de pessoas e cargas nas cidades integrantes da Política Nacional de Mobilidade Urbana;

II – mobilidade urbana: condição em que se realizam os deslocamentos de pessoas e cargas no espaço urbano;

III – acessibilidade: facilidade disponibilizada às pessoas que possibilite a todos autonomia nos deslocamentos desejados, respeitando-se a legislação em vigor;

IV – modos de transporte motorizado: modalidades que se utilizam de veículos automotores;

V – modos de transporte não motorizado: modalidades que se utilizam do esforço humano ou tração animal;

VI – transporte público coletivo: serviço público de transporte de passageiros acessível a toda a população mediante pagamento individualizado, com itinerários e preços fixados pelo poder público;

VII – transporte privado coletivo: serviço de transporte de passageiros não aberto ao público para a realização de viagens com características operacionais exclusivas para cada linha e demanda;

VIII – transporte público individual: serviço remunerado de transporte de passageiros aberto ao público, por intermédio de veículos de aluguel, para a realização de viagens individualizadas;

IX – transporte urbano de cargas: serviço de transporte de bens, animais ou mercadorias;

X – transporte remunerado privado individual de passageiros: serviço remunerado de transporte de passageiros, não aberto ao público, para a realização de viagens individualizadas ou compartilhadas solicitadas exclusivamente por usuários previamente cadastrados em aplicativos ou outras plataformas de comunicação em rede.

•• Inciso X com redação determinada pela Lei n. 13.640, de 26-3-2018.

XI – transporte público coletivo intermunicipal de caráter urbano: serviço de transporte público coletivo entre Municípios que tenham contiguidade nos seus perímetros urbanos;

XII – transporte público coletivo interestadual de caráter urbano: serviço de transporte público coletivo entre Municípios de diferentes Estados que mantenham contiguidade nos seus perímetros urbanos; e

XIII – transporte público coletivo internacional de caráter urbano: serviço de transporte coletivo entre Municípios localizados em regiões de fronteira cujas cidades são definidas como cidades gêmeas.

Seção II
Dos Princípios, Diretrizes e Objetivos da Política Nacional de Mobilidade Urbana

Art. 5.º A Política Nacional de Mobilidade Urbana está fundamentada nos seguintes princípios:

I – acessibilidade universal;

II – desenvolvimento sustentável das cidades, nas dimensões socioeconômicas e ambientais;

III – equidade no acesso dos cidadãos ao transporte público coletivo;

IV – eficiência, eficácia e efetividade na prestação dos serviços de transporte urbano;

V – gestão democrática e controle social do planejamento e avaliação da Política Nacional de Mobilidade Urbana;

VI – segurança nos deslocamentos das pessoas;

VII – justa distribuição dos benefícios e ônus decorrentes do uso dos diferentes modos e serviços;

VIII – equidade no uso do espaço público de circulação, vias e logradouros; e

IX – eficiência, eficácia e efetividade na circulação urbana.

Art. 6.º A Política Nacional de Mobilidade Urbana é orientada pelas seguintes diretrizes:

I – integração com a política de desenvolvimento urbano e respectivas políticas setoriais de habitação, saneamento básico, planejamento e gestão do uso do solo no âmbito dos entes federativos;

II – prioridade dos modos de transportes não motorizados sobre os motorizados e dos serviços de transporte público coletivo sobre o transporte individual motorizado;

III – integração entre os modos e serviços de transporte urbano;

IV – mitigação dos custos ambientais, sociais e econômicos dos deslocamentos de pessoas e cargas na cidade;

V – incentivo ao desenvolvimento científico-tecnológico e ao uso de energias renováveis e menos poluentes;

VI – priorização de projetos de transporte público coletivo estruturadores do território e indutores do desenvolvimento urbano integrado; e

VII – integração entre as cidades gêmeas localizadas na faixa de fronteira com outros países sobre a linha divisória internacional.

VIII – garantia de sustentabilidade econômica das redes de transporte público coletivo de passageiros, de modo a preservar a continuidade, a universalidade e a modicidade tarifária do serviço.

•• Inciso VIII acrescentado pela Lei n. 13.683, de 19-6-2018.

Art. 7.º A Política Nacional de Mobilidade Urbana possui os seguintes objetivos:

I – reduzir as desigualdades e promover a inclusão social;

II – promover o acesso aos serviços básicos e equipamentos sociais;

III – proporcionar melhoria nas condições urbanas da população no que se refere à acessibilidade e à mobilidade;

IV – promover o desenvolvimento sustentável com a mitigação dos custos ambientais e socioeconômicos dos deslocamentos de pessoas e cargas nas cidades; e

V – consolidar a gestão democrática como instrumento e garantia da construção contínua do aprimoramento da mobilidade urbana.

Capítulo II
DAS DIRETRIZES PARA A REGULAÇÃO DOS SERVIÇOS DE TRANSPORTE PÚBLICO COLETIVO

Art. 8.º A política tarifária do serviço de transporte público coletivo é orientada pelas seguintes diretrizes:

I – promoção da equidade no acesso aos serviços;

II – melhoria da eficiência e da eficácia na prestação dos serviços;

III – ser instrumento da política de ocupação equilibrada da cidade de acordo com o plano diretor municipal, regional e metropolitano;

IV – contribuição dos beneficiários diretos e indiretos para custeio da operação dos serviços;

V – simplicidade na compreensão, transparência da estrutura tarifária para o usuário e publicidade do processo de revisão;

VI – modicidade da tarifa para o usuário;

VII – integração física, tarifária e operacional dos diferentes modos e das redes de transporte público e privado nas cidades;

VIII – articulação interinstitucional dos órgãos gestores dos entes federativos por meio de consórcios públicos;

•• Inciso VIII com redação determinada pela Lei n. 13.683, de 19-6-2018.

IX – estabelecimento e publicidade de parâmetros de qualidade e quantidade na prestação dos serviços de transporte público coletivo; e

•• Inciso IX com redação determinada pela Lei n. 13.683, de 19-6-2018.

X – incentivo à utilização de créditos eletrônicos tarifários.

•• Inciso X acrescentado pela Lei n. 13.683, de 19-6-2018.

§ 1.º (*Vetado.*)

§ 2.º Os Municípios deverão divulgar, de forma sistemática e periódica, os impactos dos benefícios tarifários concedidos no valor das tarifas dos serviços de transporte público coletivo.

§ 3.º (*Vetado.*)

Art. 9.º O regime econômico e financeiro da concessão e o da permissão do serviço de transporte público coletivo serão estabelecidos no respectivo edital de licitação, sendo a tarifa de remuneração da prestação de serviço de transporte público coletivo resultante do processo licitatório da outorga do poder público.

§ 1.º A tarifa de remuneração da prestação do serviço de transporte público coletivo deverá ser constituída pelo preço público cobrado do usuário pelos serviços somado à receita oriunda de outras fontes de custeio, de forma a cobrir os reais custos do serviço prestado ao usuário por operador público ou privado, além da remuneração do prestador.

§ 2.º O preço público cobrado do usuário pelo uso do transporte público coletivo denomina-se tarifa pública, sendo instituída por ato específico do poder público outorgante.

§ 3.º A existência de diferença a menor entre o valor monetário da tarifa de remuneração da prestação do serviço de transporte público de passageiros e a tarifa pública cobrada do usuário denomina-se déficit ou subsídio tarifário.

§ 4.º A existência de diferença a maior entre o valor monetário da tarifa de remuneração da prestação do serviço de transporte público de passageiros e a tarifa pública cobrada do usuário denomina-se superávit tarifário.

§ 5.º Caso o poder público opte pela adoção de subsídio tarifário, o déficit originado deverá ser coberto por receitas extratarifárias, receitas alternativas, subsídios orçamentários, subsídios cruzados intrassetoriais e intersetoriais provenientes de outras categorias de beneficiários dos serviços de transporte, dentre outras fontes, instituídos pelo poder público delegante.

§ 6.º Na ocorrência de superávit tarifário proveniente de receita adicional originada em determinados serviços delegados, a receita deverá ser revertida para o próprio Sistema de Mobilidade Urbana.

§ 7.º Competem ao poder público delegante a fixação, o reajuste e a revisão da tarifa de remuneração da prestação do serviço e da tarifa pública a ser cobrada do usuário.

§ 8.º Compete ao poder público delegante a fixação dos níveis tarifários.

§ 9.º Os reajustes das tarifas de remuneração da prestação do serviço observarão a periodicidade mínima estabelecida pelo poder público delegante no edital e no contrato administrativo e incluirão a transferência de parcela dos ganhos de eficiência e produtividade das empresas aos usuários.

§ 10. As revisões ordinárias das tarifas de remuneração terão periodicidade mínima estabelecida pelo poder público delegante no edital e no contrato administrativo e deverão:

I – incorporar parcela das receitas alternativas em favor da modicidade da tarifa ao usuário;

II – incorporar índice de transferência de parcela dos ganhos de eficiência e produtividade das empresas aos usuários; e

III – aferir o equilíbrio econômico e financeiro da concessão e o da permissão, conforme parâmetro ou indicador definido em contrato.

§ 11. O operador do serviço, por sua conta e risco e sob anuência do poder público, poderá realizar descontos nas tarifas ao usuário, inclusive de caráter sazonal, sem que isso possa gerar qualquer direito à solicitação de revisão da tarifa de remuneração.

§ 12. O poder público poderá, em caráter excepcional e desde que observado o interesse público, proceder à revisão extraordinária das tarifas, por ato de ofício ou mediante provocação da empresa, caso em que esta deverá demonstrar sua cabal necessidade, instruindo o requerimento com todos os elementos indispensáveis e suficientes para subsidiar a decisão, dando publicidade ao ato.

Art. 10. A contratação dos serviços de transporte público coletivo será precedida de licitação e deverá observar as seguintes diretrizes:

I – fixação de metas de qualidade e desempenho a serem atingidas e seus instrumentos de controle e avaliação;

II – definição dos incentivos e das penalidades aplicáveis vinculadas à consecução ou não das metas;

III – alocação dos riscos econômicos e financeiros entre os contratados e o poder concedente;

IV – estabelecimento das condições e meios para a prestação de informações operacionais, contábeis e financeiras ao poder concedente; e

V – identificação de eventuais fontes de receitas alternativas, complementares, acessórias ou de projetos associados, bem como da parcela destinada à modicidade tarifária.

Parágrafo único. Qualquer subsídio tarifário ao custeio da operação do transporte público coletivo deverá ser definido em contrato, com base em critérios transparentes e objetivos de produtividade e eficiência, especificando, minimamente, o objetivo, a fonte, a periodicidade e o beneficiário, conforme o estabelecido nos arts. 8.º e 9.º desta Lei.

Art. 11. Os serviços de transporte privado coletivo, prestados entre pessoas físicas ou jurídicas, deverão ser autorizados, disciplinados e fiscalizados pelo poder público competente, com base nos princípios e diretrizes desta Lei.

Art. 11-A. Compete exclusivamente aos Municípios e ao Distrito Federal regulamentar e fiscalizar o serviço de transporte remunerado privado individual de passageiros previsto no inciso X do art. 4.º desta Lei no âmbito dos seus territórios.

•• *Caput* acrescentado pela Lei n. 13.640, de 26-3-2018.

Parágrafo único. Na regulamentação e fiscalização do serviço de transporte privado individual de passageiros, os Municípios e o Distrito Federal deverão observar as seguintes diretrizes, tendo em vista a eficiência, a eficácia, a segurança e a efetividade na prestação do serviço:

•• Parágrafo único, *caput*, acrescentado pela Lei n. 13.640, de 26-3-2018.

I – efetiva cobrança dos tributos municipais devidos pela prestação do serviço;

•• Inciso I acrescentado pela Lei n. 13.640, de 26-3-2018.

II – exigência de contratação de seguro de Acidentes Pessoais a Passageiros (APP) e do Seguro Obrigatório de Danos Pessoais causados por Veículos Automotores de Vias Terrestres (DPVAT);

•• Inciso II acrescentado pela Lei n. 13.640, de 26-3-2018.

III – exigência de inscrição do motorista como contribuinte individual do Instituto Nacional do Seguro Social (INSS), nos termos da alínea h do inciso V do art. 11 da Lei n. 8.213, de 24 de julho de 1991.

•• Inciso III acrescentado pela Lei n. 13.640, de 26-3-2018.

•• Inciso III regulamentado pelo Decreto n. 9.792, de 14-5-2019.

Art. 11-B. O serviço de transporte remunerado privado individual de passageiros previsto no inciso X do art. 4.º desta Lei, nos Municípios que optarem pela sua regulamentação, somente será autorizado ao motorista que cumprir as seguintes condições:

•• *Caput* acrescentado pela Lei n. 13.640, de 26-3-2018.

I – possuir Carteira Nacional de Habilitação na categoria B ou superior que contenha a informação de que exerce atividade remunerada;

•• Inciso I acrescentado pela Lei n. 13.640, de 26-3-2018.

II – conduzir veículo que atenda aos requisitos de idade máxima e às características exigidas pela autoridade de trânsito e pelo poder público municipal e do Distrito Federal;

•• Inciso II acrescentado pela Lei n. 13.640, de 26-3-2018.

III – emitir e manter o Certificado de Registro e Licenciamento de Veículo (CRLV);

•• Inciso III acrescentado pela Lei n. 13.640, de 26-3-2018.

IV – apresentar certidão negativa de antecedentes criminais.

•• Inciso IV acrescentado pela Lei n. 13.640, de 26-3-2018.

Parágrafo único. A exploração dos serviços remunerados de transporte privado individual de passageiros sem o cumprimento dos requisitos previstos nesta Lei e na regulamentação do poder público municipal e do Distrito Federal caracterizará transporte ilegal de passageiros.

•• Parágrafo único acrescentado pela Lei n. 13.640, de 26-3-2018.

Art. 12. Os serviços de utilidade pública de transporte individual de passageiros deverão ser organizados, disciplinados e fiscalizados pelo poder público municipal, com base nos requisitos mínimos de segurança, de conforto, de higiene, de qualidade dos serviços e de fixação prévia dos valores máximos das tarifas a serem cobradas.

•• Artigo com redação determinada pela Lei n. 12.865, de 9-10-2013.

Art. 12-A. O direito à exploração de serviços de táxi poderá ser outorgado a qualquer interessado que satisfaça os requisitos exigidos pelo poder público local.

•• *Caput* acrescentado pela Lei n. 12.865, de 9-10-2013.

§ 1.º É permitida a transferência da outorga a terceiros que atendam aos requisitos exigidos em legislação municipal.

•• § 1.º acrescentado pela Lei n. 12.865, de 9-10-2013.

•• O STF, na ADI n. 4.296, na sessão virtual de 9-6-2021(*DOU* de 28-6-2021), por maioria, julgou parcialmente procedente o pedido para declarar a inconstitucionalidade desse § 2.º.

§ 2.º Em caso de falecimento do outorgado, o direito à exploração do serviço será transferido a seus sucessores legítimos, nos termos dos arts. 1.829 e seguintes do Título II do Livro V da Parte Especial da Lei n. 10.406, de 10 de janeiro de 2002 (Código Civil).

•• § 2.º acrescentado pela Lei n. 12.865, de 9-10-2013.

•• O STF julgou procedente a ADI n. 5.337, nas sessões virtuais de 19-2-2021 a 26-2-2021 (*DOU* de 11-3-2021), para declarar a inconstitucionalidade deste §2.º.

§ 3.º As transferências de que tratam os §§ 1.º e 2.º dar-se-ão pelo prazo da outorga e são condicionadas à prévia anuência do poder público municipal e ao atendimento dos requisitos fixados para a outorga.

•• § 3.º acrescentado pela Lei n. 12.865, de 9-10-2013.

•• O STF julgou procedente a ADI n. 5.337, nas sessões virtuais de 19-2-2021 a 26-2-2021 (*DOU* de 11-3-2021), para declarar a inconstitucionalidade deste §3.º.

Art. 12-B. Na outorga de exploração de serviço de táxi, reservar-se-ão 10% (dez por cento) das vagas para condutores com deficiência.

•• *Caput* acrescentado pela Lei n. 13.146, de 6-7-2015.

§ 1.º Para concorrer às vagas reservadas na forma do *caput* deste artigo, o condutor com deficiência deverá observar os seguintes requisitos quanto ao veículo utilizado:

•• § 1.º, *caput*, acrescentado pela Lei n. 13.146, de 6-7-2015.

I – ser de sua propriedade e por ele conduzido; e

•• Inciso I acrescentado pela Lei n. 13.146, de 6-7-2015.

II – estar adaptado às suas necessidades, nos termos da legislação vigente.

•• Inciso II acrescentado pela Lei n. 13.146, de 6-7-2015.

§ 2.º No caso de não preenchimento das vagas na forma estabelecida no *caput* deste artigo, as remanescentes devem ser disponibilizadas para os demais concorrentes.

•• § 2.º acrescentado pela Lei n. 13.146, de 6-7-2015.

Art. 13. Na prestação de serviços de transporte público coletivo, o poder público delegante deverá realizar atividades de fiscalização e controle dos serviços delegados, preferencialmente em parceria com os demais entes federativos.

Capítulo III
DOS DIREITOS DOS USUÁRIOS

Art. 14. São direitos dos usuários do Sistema Nacional de Mobilidade Urbana, sem prejuízo dos previstos nas Leis n. 8.078, de 11 de setembro de 1990, e 8.987, de 13 de fevereiro de 1995:

•• A Lei n. 8.987, de 13-2-1995, dispõe sobre o Regime de Concessão e Permissão da prestação de serviços públicos previstos no art. 175 da CF.

I – receber o serviço adequado, nos termos do art. 6.º da Lei n. 8.987, de 13 de fevereiro de 1995;

II – participar do planejamento, da fiscalização e da avaliação da política local de mobilidade urbana;

III – ser informado nos pontos de embarque e desembarque de passageiros, de forma gratuita e acessível, sobre itinerários, horários, tarifas dos serviços e modos de interação com outros modais; e

IV – ter ambiente seguro e acessível para a utilização do Sistema Nacional de Mobilidade Urbana, conforme as Leis n. 10.048, de 8 de novembro de 2000, e 10.098, de 19 de dezembro de 2000.

Parágrafo único. Os usuários dos serviços terão o direito de ser informados, em linguagem acessível e de fácil compreensão, sobre:

I – seus direitos e responsabilidades;

II – os direitos e obrigações dos operadores dos serviços; e

III – os padrões preestabelecidos de qualidade e quantidade dos serviços ofertados, bem como os meios para reclamações e respectivos prazos de resposta.

Art. 15. A participação da sociedade civil no planejamento, fiscalização e avaliação da Política Nacional de Mobilidade Urbana deverá ser assegurada pelos seguintes instrumentos:

I – órgãos colegiados com a participação de representantes do Poder Executivo, da sociedade civil e dos operadores dos serviços;

II – ouvidorias nas instituições responsáveis pela gestão do Sistema Nacional de Mobilidade Urbana ou nos órgãos com atribuições análogas;

III – audiências e consultas públicas; e

IV – procedimentos sistemáticos de comunicação, de avaliação da satisfação dos cidadãos e dos usuários e de prestação de contas públicas.

Capítulo IV
DAS ATRIBUIÇÕES

Art. 16. São atribuições da União:

I – prestar assistência técnica e financeira aos Estados, Distrito Federal e Municípios, nos termos desta Lei;

II – contribuir para a capacitação continuada de pessoas e para o desenvolvimento das instituições vinculadas à Política Nacional de Mobilidade Urbana nos Estados, Municípios e Distrito Federal, nos termos desta Lei;

III – organizar e disponibilizar informações sobre o Sistema Nacional de Mobilidade Urbana e a qualidade e produtividade dos serviços de transporte público coletivo;

IV – fomentar a implantação de projetos de transporte público coletivo de grande e média capacidade nas aglomerações urbanas e nas regiões metropolitanas;

V – (*Vetado*.)

VI – fomentar o desenvolvimento tecnológico e científico visando ao atendimento dos princípios e diretrizes desta Lei; e

VII – prestar, diretamente ou por delegação ou gestão associada, os serviços de transporte público interestadual de caráter urbano.

§ 1.º A União apoiará e estimulará ações coordenadas e integradas entre Municípios e Estados em áreas conturbadas, aglomerações urbanas e regiões metropolitanas destinadas a políticas comuns de mobilidade urbana, inclusive nas cidades definidas como cidades gêmeas localizadas em regiões de fronteira com outros países, observado o art. 178 da Constituição Federal.

§ 2.º A União poderá delegar aos Estados, ao Distrito Federal ou aos Municípios a organização e a prestação dos serviços de transporte público coletivo interestadual e internacional de caráter urbano, desde que constituído consórcio público ou convênio de cooperação para tal fim, observado o art. 178 da Constituição Federal.

Art. 17. São atribuições dos Estados:

I – prestar, diretamente ou por delegação ou gestão associada, os serviços de transporte público coletivo intermunicipais de caráter urbano, em conformidade com o § 1.º do art. 25 da Constituição Federal;

II – propor política tributária específica e de incentivos para a implantação da Política Nacional de Mobilidade Urbana; e

III – garantir o apoio e promover a integração dos serviços nas áreas que ultrapassem os limites de um Município, em conformidade com o § 3.º do art. 25 da Constituição Federal.

Parágrafo único. Os Estados poderão delegar aos Municípios a organização e a prestação dos serviços de transporte público coletivo intermunicipal de caráter urbano, desde que constituído consórcio público ou convênio de cooperação para tal fim.

Art. 18. São atribuições dos Municípios:

I – planejar, executar e avaliar a política de mobilidade urbana, bem como promover a regulamentação dos serviços de transporte urbano;

II – prestar, direta, indiretamente ou por gestão associada, os serviços de transporte público coletivo urbano, que têm caráter essencial;

III – capacitar pessoas e desenvolver as instituições vinculadas à política de mobilidade urbana do Município; e

IV – (*Vetado*.)

Art. 19. Aplicam-se ao Distrito Federal, no que couber, as atribuições previstas para os

Estados e os Municípios, nos termos dos arts. 17 e 18.

Art. 20. O exercício das atribuições previstas neste Capítulo subordinar-se-á, em cada ente federativo, às normas fixadas pelas respectivas leis de diretrizes orçamentárias, às efetivas disponibilidades asseguradas pelas suas leis orçamentárias anuais e aos imperativos da Lei Complementar n. 101, de 4 de maio de 2000.

Capítulo V
DAS DIRETRIZES PARA O PLANEJAMENTO E GESTÃO DOS SISTEMAS DE MOBILIDADE URBANA

Art. 21. O planejamento, a gestão e a avaliação dos sistemas de mobilidade deverão contemplar:

I – a identificação clara e transparente dos objetivos de curto, médio e longo prazo;

II – a identificação dos meios financeiros e institucionais que assegurem sua implantação e execução;

III – a formulação e implantação dos mecanismos de monitoramento e avaliação sistemáticos e permanentes dos objetivos estabelecidos; e

IV – a definição das metas de atendimento e universalização da oferta de transporte público coletivo, monitorados por indicadores preestabelecidos.

Art. 22. Consideram-se atribuições mínimas dos órgãos gestores dos entes federativos incumbidos respectivamente do planejamento e gestão do sistema de mobilidade urbana:

I – planejar e coordenar os diferentes modos e serviços, observados os princípios e diretrizes desta Lei;

II – avaliar e fiscalizar os serviços e monitorar desempenhos, garantindo a consecução das metas de universalização e de qualidade;

III – implantar a política tarifária;

IV – dispor sobre itinerários, frequências e padrão de qualidade dos serviços;

V – estimular a eficácia e a eficiência dos serviços de transporte público coletivo;

VI – garantir os direitos e observar as responsabilidades dos usuários; e

VII – combater o transporte ilegal de passageiros.

Art. 23. Os entes federativos poderão utilizar, dentre outros instrumentos de gestão do sistema de transporte e da mobilidade urbana, os seguintes:

I – restrição e controle de acesso e circulação, permanente ou temporário, de veículos motorizados em locais e horários predeterminados;

II – estipulação de padrões de emissão de poluentes para locais e horários determinados, podendo condicionar o acesso e a circulação aos espaços urbanos sob controle;

III – aplicação de tributos sobre modos e serviços de transporte urbano pela utilização da infraestrutura urbana, visando a desestimular o uso de determinados modos e serviços de mobilidade, vinculando-se a receita à aplicação exclusiva em infraestrutura urbana destinada ao transporte público coletivo e ao transporte não motorizado e no financiamento do subsídio público da tarifa de transporte público, na forma da lei;

IV – dedicação de espaço exclusivo nas vias públicas para os serviços de transporte público coletivo e modos de transporte não motorizados;

V – estabelecimento da política de estacionamentos de uso público e privado, com e sem pagamento pela sua utilização, como parte integrante da Política Nacional de Mobilidade Urbana;

VI – controle do uso e operação da infraestrutura viária destinada à circulação e operação do transporte de carga, concedendo prioridades ou restrições;

VII – monitoramento e controle das emissões dos gases de efeito local e de efeito estufa dos modos de transporte motorizado, facultando a restrição de acesso a determinadas vias em razão da criticidade dos índices de emissões de poluição;

VIII – convênios para o combate ao transporte ilegal de passageiros; e

IX – convênio para o transporte coletivo urbano internacional nas cidades definidas como cidades gêmeas nas regiões de fronteira do Brasil com outros países, observado o art. 178 da Constituição Federal.

Art. 24. O Plano de Mobilidade Urbana é o instrumento de efetivação da Política Nacional de Mobilidade Urbana e deverá contemplar os princípios, os objetivos e as diretrizes desta Lei, bem como:

I – os serviços de transporte público coletivo;

II – a circulação viária;

III – as infraestruturas do sistema de mobilidade urbana, incluindo as ciclovias e ciclofaixas;

•• Inciso III com redação determinada pela Lei n. 13.683, de 19-6-2018.

IV – a acessibilidade para pessoas com deficiência e restrição de mobilidade;

• *Vide* arts. 46 e s. da Lei n. 13.146, de 6-7-2015 (Estatuto da Pessoa com Deficiência).

V – a integração dos modos de transporte público e destes com os privados e os não motorizados;

VI – a operação e o disciplinamento do transporte de carga na infraestrutura viária;

VII – os polos geradores de viagens;

VIII – as áreas de estacionamentos públicos e privados, gratuitos ou onerosos;

IX – as áreas e horários de acesso e circulação restrita ou controlada;

X – os mecanismos e instrumentos de financiamento do transporte público coletivo e da infraestrutura de mobilidade urbana; e

XI – a sistemática de avaliação, revisão e atualização periódica do Plano de Mobilidade Urbana em prazo não superior a 10 (dez) anos.

§ 1.º Ficam obrigados a elaborar e a aprovar Plano de Mobilidade Urbana os Municípios:

•• § 1.º, *caput*, com redação determinada pela Lei n. 14.000, de 19-5-2020.

I – com mais de 20.000 (vinte mil) habitantes;

•• Inciso I acrescentado pela Lei n. 14.000, de 19-5-2020.

II – integrantes de regiões metropolitanas, regiões integradas de desenvolvimento econômico e aglomerações urbanas com população total superior a 1.000.000 (um milhão) de habitantes;

•• Inciso II acrescentado pela Lei n. 14.000, de 19-5-2020.

III – integrantes de áreas de interesse turístico, incluídas cidades litorâneas que têm sua dinâmica de mobilidade normalmente alterada nos finais de semana, feriados e períodos de férias, em função do aporte de turistas, conforme critérios a serem estabelecidos pelo Poder Executivo.

•• Inciso III acrescentado pela Lei n. 14.000, de 19-5-2020.

§ 1.º-A. O Plano de Mobilidade Urbana deve ser integrado e compatível com os respectivos planos diretores e, quando couber, com os planos de desenvolvimento urbano integrado e com os planos metropolitanos de transporte e mobilidade urbana.

•• § 1.º-A acrescentado pela Lei n. 14.000, de 19-5-2020.

§ 2.º Nos Municípios sem sistema de transporte público coletivo ou individual, o Plano de Mobilidade Urbana deverá ter o foco no transporte não motorizado e no planejamento da infraestrutura urbana destinada aos deslocamentos a pé e por bicicleta, de acordo com a legislação vigente.

§ 3.º (*Revogado pela Lei n. 14.000, de 19-5-2020.*)

§ 4.º O Plano de Mobilidade Urbana deve ser elaborado e aprovado nos seguintes prazos:

•• § 4.º, *caput*, com redação determinada pela Lei n. 14.000, de 19-5-2020.

I – até 12 de abril de 2022, para Municípios com mais de 250.000 (duzentos e cinquenta mil) habitantes;

•• Inciso I acrescentado pela Lei n. 14.000, de 19-5-2020.

II – até 12 de abril de 2023, para Municípios com até 250.000 (duzentos e cinquenta mil) habitantes.

•• Inciso II acrescentado pela Lei n. 14.000, de 19-5-2020.

§ 5.º O Plano de Mobilidade Urbana deverá contemplar medidas destinadas a atender aos núcleos urbanos informais consolidados, nos termos da Lei n. 13.465, de 11 de julho de 2017.

•• § 5.º acrescentado pela Lei n. 13.683, de 19-6-2018.

§ 6.º (*Vetado.*)

•• § 6.º acrescentado pela Lei n. 13.683, de 19-6-2018.

§ 7.º A aprovação do Plano de Mobilidade Urbana pelos Municípios, nos termos do § 4.º deste artigo, será informada à Secretaria

Nacional de Mobilidade e Serviços Urbanos do Ministério do Desenvolvimento Regional.

•• § 7.º acrescentado pela Lei n. 14.000, de 19-5-2020.

§ 8.º Encerrado o prazo estabelecido no § 4.º deste artigo, os Municípios que não tenham aprovado o Plano de Mobilidade Urbana apenas poderão solicitar e receber recursos federais destinados à mobilidade urbana caso sejam utilizados para a elaboração do próprio plano.

•• § 8.º acrescentado pela Lei n. 14.000, de 19-5-2020.

§ 9.º O órgão responsável pela Política Nacional de Mobilidade Urbana deverá publicar a relação dos Municípios que deverão cumprir o disposto no § 1.º deste artigo.

•• § 9.º acrescentado pela Lei n. 14.000, de 19-5-2020.

Capítulo VI
DOS INSTRUMENTOS DE APOIO À MOBILIDADE URBANA

Art. 25. O Poder Executivo da União, o dos Estados, o do Distrito Federal e o dos Municípios, segundo suas possibilidades orçamentárias e financeiras e observados os princípios e diretrizes desta Lei, farão constar dos respectivos projetos de planos plurianuais e de leis de diretrizes orçamentárias as ações programáticas e instrumentos de apoio que serão utilizados, em cada período, para o aprimoramento dos sistemas de mobilidade urbana e melhoria da qualidade dos serviços.

Parágrafo único. A indicação das ações e dos instrumentos de apoio a que se refere o *caput* será acompanhada, sempre que possível, da fixação de critérios e condições para o acesso aos recursos financeiros e às outras formas de benefícios que sejam estabelecidos.

Capítulo VII
DISPOSIÇÕES FINAIS

Art. 26. Esta Lei se aplica, no que couber, ao planejamento, controle, fiscalização e operação dos serviços de transporte público coletivo intermunicipal, interestadual e internacional de caráter urbano.

Art. 27. (*Vetado.*)

Art. 28. Esta Lei entra em vigor 100 (cem) dias após a data de sua publicação.

Brasília, 3 de janeiro de 2012; 191.º da Independência e 124.º da República.

Dilma Rousseff

LEI N. 12.594, DE 18 DE JANEIRO DE 2012 (*)

Institui o Sistema Nacional de Atendimento Socioeducativo (Sinase), regulamenta a execução das medidas socioeducativas destinadas a adolescente que pratique ato infracional; e altera as Leis n. 8.069, de 13 de julho de 1990 (Estatuto da Criança e do Adolescente); 7.560, de 19 de dezembro de 1986, 7.998, de 11 de janeiro de 1990, 5.537, de 21 de novembro de 1968, 8.315, de 23 de dezembro de 1991, 8.706, de 14 de setembro de 1993, os Decretos-Leis n. 4.048, de 22 de janeiro de 1942, 8.621, de 10 de janeiro de 1946, e a Consolidação das Leis do Trabalho (CLT), aprovada pelo Decreto-Lei n. 5.452, de 1.º de maio de 1943.

A Presidenta da República

Faço saber que o Congresso Nacional decreta e eu sanciono a seguinte Lei:

Título I
DO SISTEMA NACIONAL DE ATENDIMENTO SOCIOEDUCATIVO (SINASE)

Capítulo I
DISPOSIÇÕES GERAIS

Art. 1.º Esta Lei institui o Sistema Nacional de Atendimento Socioeducativo (Sinase) e regulamenta a execução das medidas destinadas a adolescente que pratique ato infracional.

•• *Vide* art. 227, § 3.º, IV e V, da CF.

§ 1.º Entende-se por Sinase o conjunto ordenado de princípios, regras e critérios que envolvem a execução de medidas socioeducativas, incluindo-se nele, por adesão, os sistemas estaduais, distrital e municipais, bem como todos os planos, políticas e programas específicos de atendimento a adolescente em conflito com a lei.

§ 2.º Entendem-se por medidas socioeducativas as previstas no art. 112 da Lei n. 8.069, de 13 de julho de 1990 (Estatuto da Criança e do Adolescente), as quais têm por objetivos:

I – a responsabilização do adolescente quanto às consequências lesivas do ato infracional, sempre que possível incentivando a sua reparação;

II – a integração social do adolescente e a garantia de seus direitos individuais e sociais, por meio do cumprimento de seu plano individual de atendimento; e

III – a desaprovação da conduta infracional, efetivando as disposições da sentença como parâmetro máximo de privação de liberdade ou restrição de direitos, observados os limites previstos em lei.

§ 3.º Entendem-se por programa de atendimento a organização e o funcionamento, por unidade, das condições necessárias para o cumprimento das medidas socioeducativas.

§ 4.º Entende-se por unidade a base física necessária para a organização e o funcionamento de programa de atendimento.

§ 5.º Entendem-se por entidade de atendimento a pessoa jurídica de direito público ou privado que instala e mantém a unidade e os recursos humanos e materiais necessários ao desenvolvimento de programas de atendimento.

Art. 2.º O Sinase será coordenado pela União e integrado pelos sistemas estaduais, distrital e municipais responsáveis pela implementação dos seus respectivos programas de atendimento a adolescente ao qual seja aplicada medida socioeducativa, com liberdade de organização e funcionamento, respeitados os termos desta Lei.

Capítulo II
DAS COMPETÊNCIAS

Art. 3.º Compete à União:

I – formular e coordenar a execução da política nacional de atendimento socioeducativo;

II – elaborar o Plano Nacional de Atendimento Socioeducativo, em parceria com os Estados, o Distrito Federal e os Municípios;

• *Vide* art. 7.º desta Lei.

III – prestar assistência técnica e suplementação financeira aos Estados, ao Distrito Federal e aos Municípios para o desenvolvimento de seus sistemas;

IV – instituir e manter o Sistema Nacional de Informações sobre o Atendimento Socioeducativo, seu funcionamento, entidades, programas, incluindo dados relativos a financiamento e população atendida;

V – contribuir para a qualificação e ação em rede dos Sistemas de Atendimento Socioeducativo;

VI – estabelecer diretrizes sobre a organização e funcionamento das unidades e programas de atendimento e as normas de referência destinadas ao cumprimento das medidas socioeducativas de internação e semiliberdade;

VII – instituir e manter processo de avaliação dos Sistemas de Atendimento Socioeducativo, seus planos, entidades e programas;

VIII – financiar, com os demais entes federados, a execução de programas e serviços do Sinase; e

IX – garantir a publicidade de informações sobre repasses de recursos aos gestores estaduais, distrital e municipais, para financiamento de programas de atendimento socioeducativo.

§ 1.º São vedados à União o desenvolvimento e a oferta de programas próprios de atendimento.

§ 2.º Ao Conselho Nacional dos Direitos da Criança e do Adolescente (Conanda) competem as funções normativa, deliberativa, de avaliação e de fiscalização do Sinase, nos termos previstos na Lei n. 8.242, de 12 de outubro de 1991, que cria o referido Conselho.

§ 3.º O Plano de que trata o inciso II do *caput* deste artigo será submetido à deliberação do Conanda.

§ 4.º À Secretaria de Direitos Humanos da Presidência da República (SDH/PR) competem as funções executiva e de gestão do Sinase.

Art. 4.º Compete aos Estados:

I – formular, instituir, coordenar e manter Sistema Estadual de Atendimento Socioeducativo, respeitadas as diretrizes fixadas pela União;

(*) Publicada no *Diário Oficial da União*, de 19-1-2012, em vigor 90 dias após a publicação oficial.

II – elaborar o Plano Estadual de Atendimento Socioeducativo em conformidade com o Plano Nacional;

III – criar, desenvolver e manter programas para a execução das medidas socioeducativas de semiliberdade e internação;

IV – editar normas complementares para a organização e funcionamento do seu sistema de atendimento e dos sistemas municipais;

V – estabelecer com os Municípios formas de colaboração para o atendimento socioeducativo em meio aberto;

VI – prestar assessoria técnica e suplementação financeira aos Municípios para a oferta regular de programas de meio aberto;

VII – garantir o pleno funcionamento do plantão interinstitucional, nos termos previstos no inciso V do art. 88 da Lei n. 8.069, de 13 de julho de 1990 (Estatuto da Criança e do Adolescente);

VIII – garantir defesa técnica do adolescente a quem se atribua prática de ato infracional;

IX – cadastrar-se no Sistema Nacional de Informações sobre o Atendimento Socioeducativo e fornecer regularmente os dados necessários ao povoamento e à atualização do Sistema; e

X – cofinanciar, com os demais entes federados, a execução de programas e ações destinados ao atendimento inicial de adolescente apreendido para apuração de ato infracional, bem como aqueles destinados a adolescente a quem foi aplicada medida socioeducativa privativa de liberdade.

§ 1.º Ao Conselho Estadual dos Direitos da Criança e do Adolescente competem as funções deliberativas e de controle do Sistema Estadual de Atendimento Socioeducativo, nos termos previstos no inciso II do art. 88 da Lei n. 8.069, de 13 de julho de 1990 (Estatuto da Criança e do Adolescente), bem como outras definidas na legislação estadual ou distrital.

§ 2.º O Plano de que trata o inciso II do *caput* deste artigo será submetido à deliberação do Conselho Estadual dos Direitos da Criança e do Adolescente.

§ 3.º Competem ao órgão a ser designado no Plano de que trata o inciso II do *caput* deste artigo as funções executiva e de gestão do Sistema Estadual de Atendimento Socioeducativo.

Art. 5.º Compete aos Municípios:

I – formular, instituir, coordenar e manter o Sistema Municipal de Atendimento Socioeducativo, respeitadas as diretrizes fixadas pela União e pelo respectivo Estado;

II – elaborar o Plano Municipal de Atendimento Socioeducativo, em conformidade com o Plano Nacional e o respectivo Plano Estadual;

III – criar e manter programas de atendimento para a execução das medidas socioeducativas em meio aberto;

IV – editar normas complementares para a organização e funcionamento dos programas do seu Sistema de Atendimento Socioeducativo;

V – cadastrar-se no Sistema Nacional de Informações sobre o Atendimento Socioeducativo e fornecer regularmente os dados necessários ao povoamento e à atualização do Sistema; e

VI – cofinanciar, conjuntamente com os demais entes federados, a execução de programas e ações destinados ao atendimento inicial de adolescente apreendido para apuração de ato infracional, bem como aqueles destinados a adolescente a quem foi aplicada medida socioeducativa em meio aberto.

§ 1.º Para garantir a oferta de programa de atendimento socioeducativo de meio aberto, os Municípios podem instituir os consórcios dos quais trata a Lei n. 11.107, de 6 de abril de 2005, que dispõe sobre normas gerais de contratação de consórcios públicos e dá outras providências, ou qualquer outro instrumento jurídico adequado, como forma de compartilhar responsabilidades.

§ 2.º Ao Conselho Municipal dos Direitos da Criança e do Adolescente competem as funções deliberativas e de controle do Sistema Municipal de Atendimento Socioeducativo, nos termos previstos no inciso II do art. 88 da Lei n. 8.069, de 13 de julho de 1990 (Estatuto da Criança e do Adolescente), bem como outras definidas na legislação municipal.

§ 3.º O Plano de que trata o inciso II do *caput* deste artigo será submetido à deliberação do Conselho Municipal dos Direitos da Criança e do Adolescente.

§ 4.º Competem ao órgão a ser designado no Plano de que trata o inciso II do *caput* deste artigo as funções executiva e de gestão do Sistema Municipal de Atendimento Socioeducativo.

Art. 6.º Ao Distrito Federal cabem, cumulativamente, as competências dos Estados e dos Municípios.

Capítulo III

DOS PLANOS DE ATENDIMENTO SOCIOEDUCATIVO

Art. 7.º O Plano de que trata o inciso II do art. 3.º desta Lei deverá incluir um diagnóstico da situação do Sinase, as diretrizes, os objetivos, as metas, as prioridades e as formas de financiamento e gestão das ações de atendimento para os 10 (dez) anos seguintes, em sintonia com os princípios elencados na Lei n. 8.069, de 13 de julho de 1990 (Estatuto da Criança e do Adolescente).

§ 1.º As normas nacionais de referência para o atendimento socioeducativo devem constituir anexo ao Plano de que trata o inciso II do art. 3.º desta Lei.

§ 2.º Os Estados, o Distrito Federal e os Municípios deverão, com base no Plano Nacional de Atendimento Socioeducativo, elaborar seus planos decenais correspondentes, em até 360 (trezentos e sessenta) dias a partir da aprovação do Plano Nacional.

Art. 8.º Os Planos de Atendimento Socioeducativo deverão, obrigatoriamente, prever ações articuladas nas áreas de educação, saúde, assistência social, cultura, capacitação para o trabalho e esporte, para os adolescentes atendidos, em conformidade com os princípios elencados na Lei n. 8.069, de 13 de julho de 1990 (Estatuto da Criança e do Adolescente).

Parágrafo único. Os Poderes Legislativos federal, estaduais, distrital e municipais, por meio de suas comissões temáticas pertinentes, acompanharão a execução dos Planos de Atendimento Socioeducativo dos respectivos entes federados.

Capítulo IV

DOS PROGRAMAS DE ATENDIMENTO

Seção I

Disposições Gerais

Art. 9.º Os Estados e o Distrito Federal inscreverão seus programas de atendimento e alterações no Conselho Estadual ou Distrital dos Direitos da Criança e do Adolescente, conforme o caso.

Art. 10. Os Municípios inscreverão seus programas e alterações, bem como as entidades de atendimento executoras, no Conselho Municipal dos Direitos da Criança e do Adolescente.

Art. 11. Além da especificação do regime, são requisitos obrigatórios para a inscrição de programa de atendimento:

I – a exposição das linhas gerais dos métodos e técnicas pedagógicas, com a especificação das atividades de natureza coletiva;

II – a indicação da estrutura material, dos recursos humanos e das estratégias de segurança compatíveis com as necessidades da respectiva unidade;

III – regimento interno que regule o funcionamento da entidade, no qual deverá constar, no mínimo:

a) o detalhamento das atribuições e responsabilidades do dirigente, de seus prepostos, dos membros da equipe técnica e dos demais educadores;

b) a previsão das condições do exercício da disciplina e concessão de benefícios e o respectivo procedimento de aplicação; e

c) a previsão da concessão de benefícios extraordinários e enaltecimento, tendo em vista tornar público o reconhecimento ao adolescente pelo esforço realizado na consecução dos objetivos do plano individual;

IV – a política de formação dos recursos humanos;

V – a previsão das ações de acompanhamento do adolescente após o cumprimento de medida socioeducativa;

VI – a indicação da equipe técnica, cuja quantidade e formação devem estar em conformidade com as normas de referência do sistema e dos conselhos profissionais e com o atendimento socioeducativo a ser realizado; e

VII – a adesão ao Sistema de Informações sobre o Atendimento Socioeducativo, bem como sua operação efetiva.

Parágrafo único. O não cumprimento do previsto neste artigo sujeita as entidades de atendimento, os órgãos gestores, seus dirigentes ou prepostos à aplicação das medidas previstas no art. 97 da Lei n. 8.069, de 13 de julho de 1990 (Estatuto da Criança e do Adolescente).

Art. 12. A composição da equipe técnica do programa de atendimento deverá ser interdisciplinar, compreendendo, no mínimo, profissionais das áreas de saúde, educação e assistência social, de acordo com as normas de referência.

§ 1.º Outros profissionais podem ser acrescentados às equipes para atender necessidades específicas do programa.

§ 2.º Regimento interno deve discriminar as atribuições de cada profissional, sendo proibida a sobreposição dessas atribuições na entidade de atendimento.

§ 3.º O não cumprimento do previsto neste artigo sujeita as entidades de atendimento, seus dirigentes ou prepostos à aplicação das medidas previstas no art. 97 da Lei n. 8.069, de 13 de julho de 1990 (Estatuto da Criança e do Adolescente).

Seção II
Dos Programas de Meio Aberto

Art. 13. Compete à direção do programa de prestação de serviços à comunidade ou de liberdade assistida:

I – selecionar e credenciar orientadores, designando-os, caso a caso, para acompanhar e avaliar o cumprimento da medida;

II – receber o adolescente e seus pais ou responsável e orientá-los sobre a finalidade da medida e a organização e funcionamento do programa;

III – encaminhar o adolescente para o orientador credenciado;

IV – supervisionar o desenvolvimento da medida; e

V – avaliar, com o orientador, a evolução do cumprimento da medida e, se necessário, propor à autoridade judiciária sua substituição, suspensão ou extinção.

Parágrafo único. O rol de orientadores credenciados deverá ser comunicado, semestralmente, à autoridade judiciária e ao Ministério Público.

Art. 14. Incumbe ainda à direção do programa de medida de prestação de serviços à comunidade selecionar e credenciar entidades assistenciais, hospitais, escolas ou outros estabelecimentos congêneres, bem como os programas comunitários ou governamentais, de acordo com o perfil do socioeducando e o ambiente no qual a medida será cumprida.

Parágrafo único. Se o Ministério Público impugnar o credenciamento, ou a autoridade judiciária considerá-lo inadequado, instaurará incidente de impugnação, com a aplicação subsidiária do procedimento de apuração de irregularidade em entidade de atendimento regulamentado na Lei n. 8.069, de 13 de julho de 1990 (Estatuto da Criança e do Adolescente), devendo citar o dirigente do programa e a direção da entidade ou órgão credenciado.

Seção III
Dos Programas de Privação da Liberdade

Art. 15. São requisitos específicos para a inscrição de programas de regime de semiliberdade ou internação:

I – a comprovação da existência de estabelecimento educacional com instalações adequadas e em conformidade com as normas de referência;

II – a previsão do processo e dos requisitos para a escolha do dirigente;

III – a apresentação das atividades de natureza coletiva;

IV – a definição das estratégias para a gestão de conflitos, vedada a previsão de isolamento cautelar, exceto nos casos previstos no § 2.º do art. 49 desta Lei; e

V – a previsão de regime disciplinar nos termos do art. 72 desta Lei.

Art. 16. A estrutura física da unidade deverá ser compatível com as normas de referência do Sinase.

§ 1.º É vedada a edificação de unidades socioeducacionais em espaços contíguos, anexos, ou de qualquer outra forma integrados a estabelecimentos penais.

§ 2.º A direção da unidade adotará, em caráter excepcional, medidas para proteção do interno em casos de risco à sua integridade física, à sua vida, ou à de outrem, comunicando, de imediato, seu defensor e o Ministério Público.

Art. 17. Para o exercício da função de dirigente de programa de atendimento em regime de semiliberdade ou de internação, além dos requisitos específicos previstos no respectivo programa de atendimento, é necessário:

I – formação de nível superior compatível com a natureza da função;

II – comprovada experiência no trabalho com adolescentes de, no mínimo, 2 (dois) anos; e

III – reputação ilibada.

Capítulo V
DA AVALIAÇÃO E ACOMPANHAMENTO DA GESTÃO DO ATENDIMENTO SOCIOEDUCATIVO

Art. 18. A União, em articulação com os Estados, o Distrito Federal e os Municípios, realizará avaliações periódicas da implementação dos Planos de Atendimento Socioeducativo em intervalos não superiores a 3 (três) anos.

§ 1.º O objetivo da avaliação é verificar o cumprimento das metas estabelecidas e elaborar recomendações aos gestores e operadores dos Sistemas.

§ 2.º O processo de avaliação deverá contar com a participação de representantes do Poder Judiciário, do Ministério Público, da Defensoria Pública e dos Conselhos Tutelares, na forma a ser definida em regulamento.

§ 3.º A primeira avaliação do Plano Nacional de Atendimento Socioeducativo realizar-se-á no terceiro ano de vigência desta Lei, cabendo ao Poder Legislativo federal acompanhar o trabalho por meio de suas comissões temáticas pertinentes.

Art. 19. É instituído o Sistema Nacional de Avaliação e Acompanhamento do Atendimento Socioeducativo, com os seguintes objetivos:

I – contribuir para a organização da rede de atendimento socioeducativo;

II – assegurar conhecimento rigoroso sobre as ações do atendimento socioeducativo e seus resultados;

III – promover a melhora da qualidade da gestão e do atendimento socioeducativo; e

IV – disponibilizar informações sobre o atendimento socioeducativo.

§ 1.º A avaliação abrangerá, no mínimo, a gestão, as entidades de atendimento, os programas e os resultados da execução das medidas socioeducativas.

§ 2.º Ao final da avaliação, será elaborado relatório contendo histórico e diagnóstico da situação, as recomendações e os prazos para que essas sejam cumpridas, além de outros elementos a serem definidos em regulamento.

§ 3.º O relatório da avaliação deverá ser encaminhado aos respectivos Conselhos de Direitos, Conselhos Tutelares e ao Ministério Público.

§ 4.º Os gestores e entidades têm o dever de colaborar com o processo de avaliação, facilitando o acesso às suas instalações, à documentação e a todos os elementos necessários ao seu efetivo cumprimento.

§ 5.º O acompanhamento tem por objetivo verificar o cumprimento das metas dos Planos de Atendimento Socioeducativo.

Art. 20. O Sistema Nacional de Avaliação e Acompanhamento da Gestão do Atendimento Socioeducativo assegurará, na metodologia a ser empregada:

I – a realização da autoavaliação dos gestores e das instituições de atendimento;

II – a avaliação institucional externa, contemplando a análise global e integrada das instalações físicas, relações institucionais, compromisso social, atividades e finalidades das instituições de atendimento e seus programas;

III – o respeito à identidade e à diversidade de entidades e programas;

IV – a participação do corpo de funcionários das entidades de atendimento e dos Conselhos Tutelares da área de atuação da entidade avaliada; e

V – o caráter público de todos os procedimentos, dados e resultados dos processos avaliativos.

Art. 21. A avaliação será coordenada por uma comissão permanente e realizada por comissões temporárias, essas compostas, no mínimo, por 3 (três) especialistas com reconhecida atuação na área temática e definidas na forma do regulamento.

Parágrafo único. É vedado à comissão permanente designar avaliadores:

I – que sejam titulares ou servidores dos órgãos gestores avaliados ou funcionários das entidades avaliadas;

II – que tenham relação de parentesco até o 3.º grau com titulares ou servidores dos órgãos gestores avaliados e/ou funcionários das entidades avaliadas; e

III – que estejam respondendo a processos criminais.

Art. 22. A avaliação da gestão terá por objetivo:

I – verificar se o planejamento orçamentário e sua execução se processam de forma compatível com as necessidades do respectivo Sistema de Atendimento Socioeducativo;

II – verificar a manutenção do fluxo financeiro, considerando as necessidades operacionais do atendimento socioeducativo, as normas de referência e as condições previstas nos instrumentos jurídicos celebrados entre os órgãos gestores e as entidades de atendimento;

III – verificar a implementação de todos os demais compromissos assumidos por ocasião da celebração dos instrumentos jurídicos relativos ao atendimento socioeducativo; e

IV – a articulação interinstitucional e intersetorial das políticas.

Art. 23. A avaliação das entidades terá por objetivo identificar o perfil e o impacto de sua atuação, por meio de suas atividades, programas e projetos, considerando as diferentes dimensões institucionais e, entre elas, obrigatoriamente, as seguintes:

I – o plano de desenvolvimento institucional;

II – a responsabilidade social, considerada especialmente sua contribuição para a inclusão social e o desenvolvimento socioeconômico do adolescente e de sua família;

III – a comunicação e o intercâmbio com a sociedade;

IV – as políticas de pessoal quanto à qualificação, aperfeiçoamento, desenvolvimento profissional e condições de trabalho;

V – a adequação da infraestrutura física às normas de referência;

VI – o planejamento e a autoavaliação quanto aos processos, resultados, eficiência e eficácia do projeto pedagógico e da proposta socioeducativa;

VII – as políticas de atendimento para os adolescentes e suas famílias;

VIII – a atenção integral à saúde dos adolescentes em conformidade com as diretrizes do art. 60 desta Lei; e

IX – a sustentabilidade financeira.

Art. 24. A avaliação dos programas terá por objetivo verificar, no mínimo, o atendimento ao que determinam os arts. 94, 100, 117, 119, 120, 123 e 124 da Lei n. 8.069, de 13 de julho de 1990 (Estatuto da Criança e do Adolescente).

Art. 25. A avaliação dos resultados da execução de medida socioeducativa terá por objetivo, no mínimo:

I – verificar a situação do adolescente após cumprimento da medida socioeducativa, tomando por base suas perspectivas educacionais, sociais, profissionais e familiares; e

II – verificar reincidência de prática de ato infracional.

Art. 26. Os resultados da avaliação serão utilizados para:

I – planejamento de metas e eleição de prioridades do Sistema de Atendimento Socioeducativo e seu financiamento;

II – reestruturação e/ou ampliação da rede de atendimento socioeducativo, de acordo com as necessidades diagnosticadas;

III – adequação dos objetivos e da natureza do atendimento socioeducativo prestado pelas entidades avaliadas;

IV – celebração de instrumentos de cooperação com vistas à correção de problemas diagnosticados na avaliação;

V – reforço de financiamento para fortalecer a rede de atendimento socioeducativo;

VI – melhorar e ampliar a capacitação dos operadores do Sistema de Atendimento Socioeducativo; e

VII – os efeitos do art. 95 da Lei n. 8.069, de 13 de julho de 1990 (Estatuto da Criança e do Adolescente).

Parágrafo único. As recomendações originadas da avaliação deverão indicar prazo para seu cumprimento por parte das entidades de atendimento e dos gestores avaliados, ao fim do qual estarão sujeitos às medidas previstas no art. 28 desta Lei.

Art. 27. As informações produzidas a partir do Sistema Nacional de Informações sobre Atendimento Socioeducativo serão utilizadas para subsidiar a avaliação, o acompanhamento, a gestão e o financiamento dos Sistemas Nacional, Distrital, Estaduais e Municipais de Atendimento Socioeducativo.

Capítulo VI

DA RESPONSABILIZAÇÃO DOS GESTORES, OPERADORES E ENTIDADES DE ATENDIMENTO

Art. 28. No caso do desrespeito, mesmo que parcial, ou do não cumprimento integral às diretrizes e determinações desta Lei, em todas as esferas, são sujeitos:

I – gestores, operadores e seus prepostos e entidades governamentais às medidas previstas no inciso I e no § 1.º do art. 97 da Lei n. 8.069, de 13 de julho de 1990 (Estatuto da Criança e do Adolescente); e

II – entidades não governamentais, seus gestores, operadores e prepostos às medidas previstas no inciso II e no § 1.º do art. 97 da Lei n. 8.069, de 13 de julho de 1990 (Estatuto da Criança e do Adolescente).

Parágrafo único. A aplicação das medidas previstas neste artigo dar-se-á a partir da análise de relatório circunstanciado elaborado após as avaliações, sem prejuízo do que determinam os arts. 191 a 197, 225 a 227, 230 a 236, 243 e 245 a 247 da Lei n. 8.069, de 13 de julho de 1990 (Estatuto da Criança e do Adolescente).

Art. 29. Àqueles que, mesmo não sendo agentes públicos, induzam ou concorram, sob qualquer forma, direta ou indireta, para o não cumprimento desta Lei, aplicam-se, no que couber, as penalidades dispostas na Lei n. 8.429, de 2 de junho de 1992, que dispõe sobre as sanções aplicáveis aos agentes públicos nos casos de enriquecimento ilícito no exercício de mandato, cargo, emprego ou função na administração pública direta, indireta ou fundacional e dá outras providências (Lei de Improbidade Administrativa).

Capítulo VII

DO FINANCIAMENTO E DAS PRIORIDADES

Art. 30. O Sinase será cofinanciado com recursos dos orçamentos fiscal e da seguridade social, além de outras fontes.

§ 1.º (*Vetado.*)

§ 2.º Os entes federados que tenham instituído seus sistemas de atendimento socioeducativo terão acesso aos recursos na forma de transferência adotada pelos órgãos integrantes do Sinase.

§ 3.º Os entes federados beneficiados com recursos dos orçamentos dos órgãos responsáveis pelas políticas integrantes do Sinase, ou de outras fontes, estão sujeitos às normas e procedimentos de monitoramento estabelecidos pelas instâncias dos órgãos das políticas setoriais envolvidas, sem prejuízo do disposto nos incisos IX e X do art. 4.º, nos incisos V e VI do art. 5.º e no art. 6.º desta Lei.

Art. 31. Os Conselhos de Direitos, nas 3 (três) esferas de governo, definirão, anualmente, o percentual de recursos dos Fundos dos Direitos da Criança e do Adolescente a serem aplicados no financiamento das ações previstas nesta Lei, em especial para capacitação, sistemas de informação e de avaliação.

Parágrafo único. Os entes federados beneficiados com recursos do Fundo dos Direitos da Criança e do Adolescente para ações de atendimento socioeducativo prestarão informações sobre o desempenho dessas ações por meio do Sistema de Informações sobre Atendimento Socioeducativo.

....

Título II
DA EXECUÇÃO DAS MEDIDAS SOCIOEDUCATIVAS

Capítulo I
DISPOSIÇÕES GERAIS

Art. 35. A execução das medidas socioeducativas reger-se-á pelos seguintes princípios:

I – legalidade, não podendo o adolescente receber tratamento mais gravoso do que o conferido ao adulto;

II – excepcionalidade da intervenção judicial e da imposição de medidas, favorecendo-se meios de autocomposição de conflitos;

III – prioridade a práticas ou medidas que sejam restaurativas e, sempre que possível, atendam às necessidades das vítimas;

IV – proporcionalidade em relação à ofensa cometida;

V – brevidade da medida em resposta ao ato cometido, em especial o respeito ao que dispõe o art. 122 da Lei n. 8.069, de 13 de julho de 1990 (Estatuto da Criança e do Adolescente);

VI – individualização, considerando-se a idade, capacidades e circunstâncias pessoais do adolescente;

VII – mínima intervenção, restrita ao necessário para a realização dos objetivos da medida;

VIII – não discriminação do adolescente, notadamente em razão de etnia, gênero, nacionalidade, classe social, orientação religiosa, política ou sexual, ou associação ou pertencimento a qualquer minoria ou *status*; e

IX – fortalecimento dos vínculos familiares e comunitários no processo socioeducativo.

Capítulo II
DOS PROCEDIMENTOS

Art. 36. A competência para jurisdicionar a execução das medidas socioeducativas segue o determinado pelo art. 146 da Lei n. 8.069, de 13 de julho de 1990 (Estatuto da Criança e do Adolescente).

Art. 37. A defesa e o Ministério Público intervirão, sob pena de nulidade, no procedimento judicial de execução de medida socioeducativa, asseguradas aos seus membros as prerrogativas previstas na Lei n. 8.069, de 13 de julho de 1990 (Estatuto da Criança e do Adolescente), podendo requerer as providências necessárias para adequar a execução aos ditames legais e regulamentares.

Art. 38. As medidas de proteção, de advertência e de reparação do dano, quando aplicadas de forma isolada, serão executadas nos próprios autos do processo de conhecimento, respeitado o disposto nos arts. 143 e 144 da Lei n. 8.069, de 13 de julho de 1990 (Estatuto da Criança e do Adolescente).

Art. 39. Para aplicação das medidas socioeducativas de prestação de serviços à comunidade, liberdade assistida, semiliberdade ou internação, será constituído processo de execução para cada adolescente, respeitado o disposto nos arts. 143 e 144 da Lei n. 8.069, de 13 de julho de 1990 (Estatuto da Criança e do Adolescente), e com autuação das seguintes peças:

I – documentos de caráter pessoal do adolescente existentes no processo de conhecimento, especialmente os que comprovem sua idade; e

II – as indicadas pela autoridade judiciária, sempre que houver necessidade e, obrigatoriamente:

a) cópia da representação;

b) cópia da certidão de antecedentes;

c) cópia da sentença ou acórdão; e

d) cópia de estudos técnicos realizados durante a fase de conhecimento.

Parágrafo único. Procedimento idêntico será observado na hipótese de medida aplicada em sede de remissão, como forma de suspensão do processo.

• *Vide* art. 126 do ECA.

Art. 40. Autuadas as peças, a autoridade judiciária encaminhará, imediatamente, cópia integral do expediente ao órgão gestor do atendimento socioeducativo, solicitando designação do programa ou da unidade de cumprimento da medida.

Art. 41. A autoridade judiciária dará vistas da proposta de plano individual de que trata o art. 53 desta Lei ao defensor e ao Ministério Público pelo prazo sucessivo de 3 (três) dias, contados do recebimento da proposta encaminhada pela direção do programa de atendimento.

§ 1.º O defensor e o Ministério Público poderão requerer, e o Juiz da Execução poderá determinar, de ofício, a realização de qualquer avaliação ou perícia que entenderem necessárias para complementação do plano individual.

§ 2.º A impugnação ou complementação do plano individual, requerida pelo defensor ou pelo Ministério Público, deverá ser fundamentada, podendo a autoridade judiciária indeferi-la, se entender insuficiente a motivação.

§ 3.º Admitida a impugnação, ou se entender que o plano é inadequado, a autoridade judiciária designará, se necessário, audiência da qual cientificará o defensor, o Ministério Público, a direção do programa de atendimento, o adolescente e seus pais ou responsável.

§ 4.º A impugnação não suspenderá a execução do plano individual, salvo determinação judicial em contrário.

§ 5.º Findo o prazo sem impugnação, considerar-se-á o plano individual homologado.

Art. 42. As medidas socioeducativas de liberdade assistida, de semiliberdade e de internação deverão ser reavaliadas no máximo a cada 6 (seis) meses, podendo a autoridade judiciária, se necessário, designar audiência, no prazo máximo de 10 (dez) dias, cientificando o defensor, o Ministério Público, a direção do programa de atendimento, o adolescente e seus pais ou responsável.

§ 1.º A audiência será instruída com o relatório da equipe técnica do programa de atendimento sobre a evolução do plano de que trata o art. 52 desta Lei e com qualquer outro parecer técnico requerido pelas partes e deferido pela autoridade judiciária.

§ 2.º A gravidade do ato infracional, os antecedentes e o tempo de duração da medida não são fatores que, por si, justifiquem a não substituição da medida por outra menos grave.

§ 3.º Considera-se mais grave a internação, em relação a todas as demais medidas, e mais grave a semiliberdade, em relação às medidas de meio aberto.

Art. 43. A reavaliação da manutenção, da substituição ou da suspensão das medidas de meio aberto ou de privação da liberdade e do respectivo plano individual pode ser solicitada a qualquer tempo, a pedido da direção do programa de atendimento, do defensor, do Ministério Público, do adolescente, de seus pais ou responsável.

§ 1.º Justifica o pedido de reavaliação, entre outros motivos:

I – o desempenho adequado do adolescente com base no seu plano de atendimento individual, antes do prazo da reavaliação obrigatória;

II – a inadaptação do adolescente ao programa e o reiterado descumprimento das atividades do plano individual; e

III – a necessidade de modificação das atividades do plano individual que importem em maior restrição da liberdade do adolescente.

§ 2.º A autoridade judiciária poderá indeferir o pedido, de pronto, se entender insuficiente a motivação.

§ 3.º Admitido o processamento do pedido, a autoridade judiciária, se necessário, designará audiência, observando o princípio do § 1.º do art. 42 desta Lei.

§ 4.º A substituição por medida mais gravosa somente ocorrerá em situações excepcionais, após o devido processo legal, inclusive na hipótese do inciso III do art. 122 da Lei n. 8.069, de 13 de julho de 1990 (Estatuto da Criança e do Adolescente), e deve ser:

I – fundamentada em parecer técnico;

II – precedida de prévia audiência, e nos termos do § 1.º do art. 42 desta Lei.

Art. 44. Na hipótese de substituição da medida ou modificação das atividades do plano individual, a autoridade judiciária remeterá o inteiro teor da decisão à direção do programa de atendimento, assim como as peças que entender relevantes à nova situação jurídica do adolescente.

Parágrafo único. No caso de a substituição da medida importar em vinculação do adolescente a outro programa de atendimento, o plano individual e o histórico do cumprimento da medida deverão acompanhar a transferência.

Art. 45. Se, no transcurso da execução, sobrevier sentença de aplicação de nova medida, a autoridade judiciária procederá à unificação, ouvidos, previamente, o Ministério Público e o defensor, no prazo de 3 (três) dias sucessivos, decidindo-se em igual prazo.

§ 1.º É vedado à autoridade judiciária determinar reinício de cumprimento de medida socioeducativa, ou deixar de considerar os prazos máximos, e de liberação compulsória previstos na Lei n. 8.069, de 13 de julho de 1990 (Estatuto da Criança e do Adolescente), excetuada a hipótese de medida aplicada por ato infracional praticado durante a execução.

•• *Vide* arts. 117 e 121, §§ 3.º e 5.º, do ECA.

§ 2.º É vedado à autoridade judiciária aplicar nova medida de internação, por atos infracionais praticados anteriormente, a adolescente que já tenha concluído cumprimento de medida socioeducativa dessa natureza, ou que tenha sido transferido para cumprimento de medida menos rigorosa, sendo tais atos absorvidos por aqueles aos quais se impôs a medida socioeducativa extrema.

Art. 46. A medida socioeducativa será declarada extinta:

•• *Vide* art. 121, §§ 3.º e 5.º, do ECA.

I – pela morte do adolescente;

II – pela realização de sua finalidade;

III – pela aplicação de pena privativa de liberdade, a ser cumprida em regime fechado ou semiaberto, em execução provisória ou definitiva;

IV – pela condição de doença grave, que torne o adolescente incapaz de submeter-se ao cumprimento da medida; e

V – nas demais hipóteses previstas em lei.

§ 1.º No caso de o maior de 18 (dezoito) anos, em cumprimento de medida socioeducativa, responder a processo-crime, caberá à autoridade judiciária decidir sobre eventual extinção da execução, cientificando da decisão o juízo criminal competente.

§ 2.º Em qualquer caso, o tempo de prisão cautelar não convertida em pena privativa de liberdade deve ser descontado do prazo de cumprimento da medida socioeducativa.

Art. 47. O mandado de busca e apreensão do adolescente terá vigência máxima de 6 (seis) meses, a contar da data da expedição, podendo, se necessário, ser renovado, fundamentadamente.

Art. 48. O defensor, o Ministério Público, o adolescente e seus pais ou responsável poderão postular revisão judicial de qualquer sanção disciplinar aplicada, podendo a autoridade judiciária suspender a execução da sanção até decisão final do incidente.

§ 1.º Postulada a revisão após ouvida a autoridade colegiada que aplicou a sanção e havendo provas a produzir em audiência, procederá o magistrado na forma do § 1.º do art. 42 desta Lei.

§ 2.º É vedada a aplicação de sanção disciplinar de isolamento a adolescente interno, exceto seja essa imprescindível para garantia da segurança de outros internos ou do próprio adolescente a quem seja imposta a sanção, sendo necessária ainda comunicação ao defensor, ao Ministério Público e à autoridade judiciária em até 24 (vinte e quatro) horas.

Capítulo III
DOS DIREITOS INDIVIDUAIS

Art. 49. São direitos do adolescente submetido ao cumprimento de medida socioeducativa, sem prejuízo de outros previstos em lei:

• *Vide* art. 111 do ECA.

I – ser acompanhado por seus pais ou responsável e por seu defensor, em qualquer fase do procedimento administrativo ou judicial;

II – ser incluído em programa de meio aberto quando inexistir vaga para o cumprimento de medida de privação da liberdade, exceto nos casos de ato infracional cometido mediante grave ameaça ou violência à pessoa, quando o adolescente deverá ser internado em Unidade mais próxima de seu local de residência;

III – ser respeitado em sua personalidade, intimidade, liberdade de pensamento e religião e em todos os direitos não expressamente limitados na sentença;

IV – peticionar, por escrito ou verbalmente, diretamente a qualquer autoridade ou órgão público, devendo, obrigatoriamente, ser respondido em até 15 (quinze) dias;

V – ser informado, inclusive por escrito, das normas de organização e funcionamento do programa de atendimento e também das previsões de natureza disciplinar;

VI – receber, sempre que solicitar, informações sobre a evolução de seu plano individual, participando, obrigatoriamente, de sua elaboração e, se for o caso, reavaliação;

VII – receber assistência integral à sua saúde, conforme o disposto no art. 60 desta Lei; e

VIII – ter atendimento garantido em creche e pré-escola aos filhos de 0 (zero) a 5 (cinco) anos.

§ 1.º As garantias processuais destinadas a adolescente autor de ato infracional previstas na Lei n. 8.069, de 13 de julho de 1990 (Estatuto da Criança e do Adolescente), aplicam-se integralmente na execução das medidas socioeducativas, inclusive no âmbito administrativo.

§ 2.º A oferta irregular de programas de atendimento socioeducativo em meio aberto não poderá ser invocada como motivo para aplicação ou manutenção de medida de privação da liberdade.

• *Vide* art. 15 desta Lei.

Art. 50. Sem prejuízo do disposto no § 1.º do art. 121 da Lei n. 8.069, de 13 de julho de 1990 (Estatuto da Criança e do Adolescente), a direção do programa de execução de medida de privação da liberdade poderá autorizar a saída, monitorada, do adolescente nos casos de tratamento médico, doença grave ou falecimento, devidamente comprovados, de pai, mãe, filho, cônjuge, companheiro ou irmão, com imediata comunicação ao juízo competente.

Art. 51. A decisão judicial relativa à execução de medida socioeducativa será proferida após manifestação do defensor e do Ministério Público.

Capítulo IV
DO PLANO INDIVIDUAL DE ATENDIMENTO (PIA)

Art. 52. O cumprimento das medidas socioeducativas, em regime de prestação de serviços à comunidade, liberdade assistida, semiliberdade ou internação, dependerá de Plano Individual de Atendimento (PIA), instrumento de previsão, registro e gestão das atividades a serem desenvolvidas com o adolescente.

Parágrafo único. O PIA deverá contemplar a participação dos pais ou responsáveis, os quais têm o dever de contribuir com o processo ressocializador do adolescente, sendo esses passíveis de responsabilização administrativa, nos termos do art. 249 da Lei n. 8.069, de 13 de julho de 1990 (Estatuto da Criança e do Adolescente), civil e criminal.

Art. 53. O PIA será elaborado sob a responsabilidade da equipe técnica do respectivo programa de atendimento, com a participação efetiva do adolescente e de sua família, representada por seus pais ou responsável.

•• *Vide* art. 41 desta Lei.

Art. 54. Constarão do plano individual, no mínimo:

I – os resultados da avaliação interdisciplinar;

II – os objetivos declarados pelo adolescente;

III – a previsão de suas atividades de integração social e/ou capacitação profissional;

IV – atividades de integração e apoio à família;

V – formas de participação da família para efetivo cumprimento do plano individual; e

VI – as medidas específicas de atenção à sua saúde.

Art. 55. Para o cumprimento das medidas de semiliberdade ou de internação, o plano individual conterá, ainda:

I – a designação do programa de atendimento mais adequado para o cumprimento da medida;

II – a definição das atividades internas e externas, individuais ou coletivas, das quais o adolescente poderá participar; e

III – a fixação das metas para o alcance de desenvolvimento de atividades externas.

Parágrafo único. O PIA será elaborado no prazo de até 45 (quarenta e cinco) dias da data do ingresso do adolescente no programa de atendimento.

Art. 56. Para o cumprimento das medidas de prestação de serviços à comunidade e de liberdade assistida, o PIA será elaborado no prazo de até 15 (quinze) dias do ingresso do adolescente no programa de atendimento.

Art. 57. Para a elaboração do PIA, a direção do respectivo programa de atendimento, pessoalmente ou por meio de membro da equipe técnica, terá acesso aos autos do procedimento de apuração do ato infracional e aos dos procedimentos de apuração de outros atos infracionais atribuídos ao mesmo adolescente.

§ 1.º O acesso aos documentos de que trata o *caput* deverá ser realizado por funcionário da entidade de atendimento, devidamente credenciado para tal atividade, ou por membro da direção, em conformidade com as normas a serem definidas pelo Poder Judiciário, de forma a preservar o que determinam os arts. 143 e 144 da Lei n. 8.069, de 13 de julho de 1990 (Estatuto da Criança e do Adolescente).

§ 2.º A direção poderá requisitar, ainda:

I – ao estabelecimento de ensino, o histórico escolar do adolescente e as anotações sobre o seu aproveitamento;

II – os dados sobre o resultado de medida anteriormente aplicada e cumprida em outro programa de atendimento; e

III – os resultados de acompanhamento especializado anterior.

Art. 58. Por ocasião da reavaliação da medida, é obrigatória a apresentação pela direção do programa de atendimento de relatório da equipe técnica sobre a evolução do adolescente no cumprimento do plano individual.

Art. 59. O acesso ao plano individual será restrito aos servidores do respectivo programa de atendimento, ao adolescente e a seus pais ou responsável, ao Ministério Público e ao defensor, exceto expressa autorização judicial.

Capítulo V

DA ATENÇÃO INTEGRAL À SAÚDE DE ADOLESCENTE EM CUMPRIMENTO DE MEDIDA SOCIOEDUCATIVA

Seção I
Disposições Gerais

Art. 60. A atenção integral à saúde do adolescente no Sistema de Atendimento Socioeducativo seguirá as seguintes diretrizes:

I – previsão, nos planos de atendimento socioeducativo, em todas as esferas, da implantação de ações de promoção da saúde, com o objetivo de integrar as ações socioeducativas, estimulando a autonomia, a melhoria das relações interpessoais e o fortalecimento de redes de apoio aos adolescentes e suas famílias;

II – inclusão de ações e serviços para a promoção, proteção, prevenção de agravos e doenças e recuperação da saúde;

III – cuidados especiais em saúde mental, incluindo os relacionados ao uso de álcool e outras substâncias psicoativas, e atenção aos adolescentes com deficiências;

IV – disponibilização de ações de atenção à saúde sexual e reprodutiva e à prevenção de doenças sexualmente transmissíveis;

V – garantia de acesso a todos os níveis de atenção à saúde, por meio de referência e contrarreferência, de acordo com as normas do Sistema Único de Saúde (SUS);

VI – capacitação das equipes de saúde e dos profissionais das entidades de atendimento, bem como daqueles que atuam nas unidades de saúde de referência voltadas às especificidades de saúde dessa população e de suas famílias;

VII – inclusão, nos Sistemas de Informação de Saúde do SUS, bem como no Sistema de Informações sobre Atendimento Socioeducativo, de dados e indicadores de saúde da população de adolescentes em atendimento socioeducativo; e

VIII – estruturação das unidades de internação conforme as normas de referência do SUS e do Sinase, visando ao atendimento das necessidades de Atenção Básica.

Art. 61. As entidades que ofereçam programas de atendimento socioeducativo em meio aberto e de semiliberdade deverão prestar orientações aos socioeducandos sobre o acesso aos serviços e às unidades do SUS.

Art. 62. As entidades que ofereçam programas de privação de liberdade deverão contar com uma equipe mínima de profissionais de saúde cuja composição esteja em conformidade com as normas de referência do SUS.

Art. 63. (*Vetado*.)

§ 1.º O filho de adolescente nascido nos estabelecimentos referidos no *caput* deste artigo não terá tal informação lançada em seu registro de nascimento.

§ 2.º Serão asseguradas as condições necessárias para que a adolescente submetida à execução de medida socioeducativa de privação de liberdade permaneça com o seu filho durante o período de amamentação.

Seção II
Do Atendimento a Adolescente com Transtorno Mental e com Dependência de Álcool e de Substância Psicoativa

Art 64. O adolescente em cumprimento de medida socioeducativa que apresente indícios de transtorno mental, de deficiência mental, ou associadas, deverá ser avaliado por equipe técnica multidisciplinar e multissetorial.

§ 1.º As competências, a composição e a atuação da equipe técnica de que trata o *caput* deverão seguir, conjuntamente, as normas de referência do SUS e do Sinase, na forma do regulamento.

§ 2.º A avaliação de que trata o *caput* subsidiará a elaboração e execução da terapêutica a ser adotada, a qual será incluída no PIA do adolescente, prevendo, se necessário, ações voltadas para a família.

§ 3.º As informações produzidas na avaliação de que trata o *caput* são consideradas sigilosas.

§ 4.º Excepcionalmente, o juiz poderá suspender a execução da medida socioeducativa, ouvidos o defensor e o Ministério Público, com vistas a incluir o adolescente em programa de atenção integral à saúde mental que melhor atenda aos objetivos terapêuticos estabelecidos para o seu caso específico.

§ 5.º Suspensa a execução da medida socioeducativa, o juiz designará o responsável por acompanhar e informar sobre a evolução do atendimento ao adolescente.

§ 6.º A suspensão da execução da medida socioeducativa será avaliada, no mínimo, a cada 6 (seis) meses.

§ 7.º O tratamento a que se submeterá o adolescente deverá observar o previsto na Lei n. 10.216, de 6 de abril de 2001, que dispõe sobre a proteção e os direitos das pessoas portadoras de transtornos mentais e redireciona o modelo assistencial em saúde mental.

§ 8.º (*Vetado*.)

Art. 65. Enquanto não cessada a jurisdição da Infância e Juventude, a autoridade judiciária, nas hipóteses tratadas no art. 64, poderá remeter cópia dos autos ao Ministério Público para eventual propositura de interdição e outras providências pertinentes.

Art. 66. (*Vetado*.)

Capítulo VI

DAS VISITAS A ADOLESCENTE EM CUMPRIMENTO DE MEDIDA DE INTERNAÇÃO

Art. 67. A visita do cônjuge, companheiro, pais ou responsáveis, parentes e amigos a adolescente a quem foi aplicada medida socioeducativa de internação observará dias e horários próprios definidos pela direção do programa de atendimento.

Art. 68. É assegurado ao adolescente casado ou que viva, comprovadamente, em união estável o direito à visita íntima.

Parágrafo único. O visitante será identificado e registrado pela direção do programa de atendimento, que emitirá documento de identificação, pessoal e intransferível, específico para a realização da visita íntima.

Art. 69. É garantido aos adolescentes em cumprimento de medida socioeducativa de internação o direito de receber visita dos filhos, independentemente da idade desses.

Art. 70. O regulamento interno estabelecerá as hipóteses de proibição da entrada de objetos na unidade de internação, vedando o acesso aos seus portadores.

Capítulo VII
DOS REGIMES DISCIPLINARES

Art. 71. Todas as entidades de atendimento socioeducativo deverão, em seus respectivos regimentos, realizar a previsão de regime disciplinar que obedeça aos seguintes princípios:

I – tipificação explícita das infrações como leves, médias e graves e determinação das correspondentes sanções;

II – exigência da instauração formal de processo disciplinar para a aplicação de qualquer sanção, garantidos a ampla defesa e o contraditório;

III – obrigatoriedade de audiência do socioeducando nos casos em que seja necessária a instauração de processo disciplinar;

IV – sanção de duração determinada;

V – enumeração das causas ou circunstâncias que eximam, atenuem ou agravem a sanção a ser imposta ao socioeducando, bem como os requisitos para a extinção dessa;

VI – enumeração explícita das garantias de defesa;

VII – garantia de solicitação e rito de apreciação dos recursos cabíveis; e

VIII – apuração da falta disciplinar por comissão composta por, no mínimo, 3 (três) integrantes, sendo 1 (um), obrigatoriamente, oriundo da equipe técnica.

Art. 72. O regime disciplinar é independente da responsabilidade civil ou penal que advenha do ato cometido.

• *Vide* art. 15 desta Lei.

Art. 73. Nenhum socioeducando poderá desempenhar função ou tarefa de apuração disciplinar ou aplicação de sanção nas entidades de atendimento socioeducativo.

Art. 74. Não será aplicada sanção disciplinar sem expressa e anterior previsão legal ou regulamentar e o devido processo administrativo.

Art. 75. Não será aplicada sanção disciplinar ao socioeducando que tenha praticado a falta:

I – por coação irresistível ou por motivo de força maior;

II – em legítima defesa, própria ou de outrem.

....

Título III
DISPOSIÇÕES FINAIS E TRANSITÓRIAS

Art. 81. As entidades que mantenham programas de atendimento têm o prazo de até 6 (seis) meses após a publicação desta Lei para encaminhar ao respectivo Conselho Estadual ou Municipal dos Direitos da Criança e do Adolescente proposta de adequação da sua inscrição, sob pena de interdição.

Art. 82. Os Conselhos dos Direitos da Criança e do Adolescente, em todos os níveis federados, com os órgãos responsáveis pelo sistema de educação pública e as entidades de atendimento, deverão, no prazo de 1 (um) ano a partir da publicação desta Lei, garantir a inserção de adolescentes em cumprimento de medida socioeducativa na rede pública de educação, em qualquer fase do período letivo, contemplando as diversas faixas etárias e níveis de instrução.

Art. 83. Os programas de atendimento socioeducativo sob a responsabilidade do Poder Judiciário serão, obrigatoriamente, transferidos ao Poder Executivo no prazo máximo de 1 (um) ano a partir da publicação desta Lei e de acordo com a política de oferta dos programas aqui definidos.

Art. 84. Os programas de internação e semiliberdade sob a responsabilidade dos Municípios serão, obrigatoriamente, transferidos para o Poder Executivo do respectivo Estado no prazo máximo de 1 (um) ano a partir da publicação desta Lei e de acordo com a política de oferta dos programas aqui definidos.

Art. 85. A não transferência de programas de atendimento para os devidos entes responsáveis, no prazo determinado nesta Lei, importará na interdição do programa e caracterizará ato de improbidade administrativa do agente responsável, vedada, ademais, ao Poder Judiciário e ao Poder Executivo municipal, ao final do referido prazo, a realização de despesas para a sua manutenção.

Art. 86. Os arts. 90, 97, 121, 122, 198 e 208 da Lei n. 8.069, de 13 de julho de 1990 (Estatuto da Criança e do Adolescente), passam a vigorar com a seguinte redação:

•• Alterações já processadas no diploma modificado.

Art. 87. A Lei n. 8.069, de 13 de julho de 1990 (Estatuto da Criança e do Adolescente), passa a vigorar com as seguintes alterações:

•• Alterações já processadas no diploma modificado.

....

Art. 89. (*Vetado.*)

Art. 90. Esta Lei entra em vigor após decorridos 90 (noventa) dias de sua publicação oficial.

Brasília, 18 de janeiro de 2012; 191.º da Independência e 124.º da República.

DILMA ROUSSEFF

LEI N. 12.662, DE 5 DE JUNHO DE 2012 (*)

Assegura validade nacional à Declaração de Nascido Vivo – DNV, regula sua expedição, altera a Lei n. 6.015, de 31 de dezembro de 1973, e dá outras providências.

A Presidenta da República

Faço saber que o Congresso Nacional decreta e eu sanciono a seguinte Lei:

Art. 1.º Esta Lei regula a expedição e a validade nacional da Declaração de Nascido Vivo.

Art. 2.º A Declaração de Nascido Vivo tem validade em todo o território nacional até que seja lavrado o assento do registro do nascimento.

Art. 3.º A Declaração de Nascido Vivo será emitida para todos os nascimentos com vida ocorridos no País e será válida exclusivamente para fins de elaboração de políticas públicas e lavratura do assento de nascimento.

§ 1.º A Declaração de Nascido Vivo deverá ser emitida por profissional de saúde responsável pelo acompanhamento da gestação, do parto ou do recém-nascido, inscrito no Cadastro Nacional de Estabelecimentos de Saúde – CNES ou no respectivo Conselho profissional.

• *Vide* art. 4.º, § 5.º, desta Lei.

§ 2.º A Declaração de Nascido Vivo não substitui ou dispensa, em qualquer hipótese, o registro civil de nascimento, obrigatório e gratuito, nos termos da Lei.

Art. 4.º A Declaração de Nascido Vivo deverá conter número de identificação nacionalmente unificado, a ser gerado exclusivamente pelo Ministério da Saúde, além dos seguintes dados:

I – nome e prenome do indivíduo;

II – dia, mês, ano, hora e Município de nascimento;

III – sexo do indivíduo;

IV – informação sobre gestação múltipla, quando for o caso;

V – nome e prenome, naturalidade, profissão, endereço de residência da mãe e sua idade na ocasião do parto;

VI – nome e prenome do pai; e

• *Vide* § 3.º deste artigo.

VII – outros dados a serem definidos em regulamento.

§ 1.º O prenome previsto no inciso I não pode expor seu portador ao ridículo.

§ 2.º Caso não seja possível determinar a hora do nascimento, prevista no inciso II, admite-se a declaração da hora aproximada.

§ 3.º A declaração e o preenchimento dos dados do inciso VI são facultativos.

§ 4.º A Declaração de Nascido Vivo deverá conter inscrição indicando que o registro civil de nascimento permanece obriga-

(*) Publicada no *Diário Oficial da União*, de 6-6-2012.

tório, não sendo substituído por esse documento.

§ 5.º A Declaração de Nascido Vivo deverá conter campo para que sejam descritas, quando presentes, as anomalias ou malformações congênitas observadas.

•• § 5.º acrescentado pela Lei n. 13.685, de 25-6-2018.

Art. 5.º Os dados colhidos nas Declarações de Nascido Vivo serão consolidados em sistema de informação do Ministério da Saúde.

§ 1.º Os dados do sistema previsto no *caput* poderão ser compartilhados com outros órgãos públicos, para elaboração de estatísticas voltadas ao desenvolvimento, avaliação e monitoramento de políticas públicas, respeitadas as normas do Ministério da Saúde sobre acesso a informações que exigem confidencialidade.

§ 2.º O sistema previsto no *caput* deverá assegurar a interoperabilidade com o sistema de registro eletrônico determinado pela Lei n. 11.977, de 7 de julho de 2009, de modo a permitir a troca de dados com os serviços de registro civil de pessoas naturais.

§ 3.º O sistema previsto no *caput* deverá assegurar a interoperabilidade com o Sistema Nacional de Informações de Registro Civil (Sirc).

•• § 3.º acrescentado pela Lei n. 13.257, de 8-3-2016.

• O Decreto n. 9.929, de 22-7-2019, dispõe sobre o Sistema Nacional de Informações de Registro Civil - Sirc e sobre o seu comitê gestor.

§ 4.º Os estabelecimentos de saúde públicos e privados que realizam partos terão prazo de 1 (um) ano para se interligarem, mediante sistema informatizado, às serventias de registro civil existentes nas unidades federativas que aderirem ao sistema interligado previsto em regramento do Conselho Nacional de Justiça (CNJ).

•• § 4.º acrescentado pela Lei n. 13.257, de 8-3-2016.

Art. 6.º Os arts. 49 e 54 da Lei n. 6.015, de 31 de dezembro de 1973, passam a vigorar com a seguinte redação:

•• Alterações já processadas no diploma modificado.

Art. 7.º Esta Lei entra em vigor na data de sua publicação.

Brasília, 5 de junho de 2012; 191.º da Independência e 124.º da República.

DILMA ROUSSEFF

DECRETO N. 7.962, DE 15 DE MARÇO DE 2013 (*)

Regulamenta a Lei n. 8.078, de 11 de setembro de 1990, para dispor sobre a contratação no comércio eletrônico.

A Presidenta da República, no uso da atribuição que lhe confere o art. 84, *caput*, inciso IV, da Constituição, e tendo em vista o disposto na Lei n. 8.078, de 11 de setembro de 1990, decreta:

Art. 1.º Este Decreto regulamenta a Lei n. 8.078, de 11 de setembro de 1990, para dispor sobre a contratação no comércio eletrônico, abrangendo os seguintes aspectos:

I – informações claras a respeito do produto, serviço e do fornecedor;

II – atendimento facilitado ao consumidor; e

III – respeito ao direito de arrependimento.

Art. 2.º Os sítios eletrônicos ou demais meios eletrônicos utilizados para oferta ou conclusão de contrato de consumo devem disponibilizar, em local de destaque e de fácil visualização, as seguintes informações:

• *Vide* arts. 31 e 33 do CDC.

I – nome empresarial e número de inscrição do fornecedor, quando houver, no Cadastro Nacional de Pessoas Físicas ou no Cadastro Nacional de Pessoas Jurídicas do Ministério da Fazenda;

II – endereço físico e eletrônico, e demais informações necessárias para sua localização e contato;

III – características essenciais do produto ou do serviço, incluídos os riscos à saúde e à segurança dos consumidores;

IV – discriminação, no preço, de quaisquer despesas adicionais ou acessórias, tais como as de entrega ou seguros;

V – condições integrais da oferta, incluídas modalidades de pagamento, disponibilidade, forma e prazo da execução do serviço ou da entrega ou disponibilização do produto; e

VI – informações claras e ostensivas a respeito de quaisquer restrições à fruição da oferta.

Art. 3.º Os sítios eletrônicos ou demais meios eletrônicos utilizados para ofertas de compras coletivas ou modalidades análogas de contratação deverão conter, além das informações previstas no art. 2.º, as seguintes:

I – quantidade mínima de consumidores para a efetivação do contrato;

II – prazo para utilização da oferta pelo consumidor; e

III – identificação do fornecedor responsável pelo sítio eletrônico e do fornecedor do produto ou serviço ofertado, nos termos dos incisos I e II do art. 2.º.

Art. 4.º Para garantir o atendimento facilitado ao consumidor no comércio eletrônico, o fornecedor deverá:

I – apresentar sumário do contrato antes da contratação, com as informações necessárias ao pleno exercício do direito de escolha do consumidor, enfatizadas as cláusulas que limitem direitos;

• *Vide* art. 46 do CDC.

II – fornecer ferramentas eficazes ao consumidor para identificação e correção imediata de erros ocorridos nas etapas anteriores à finalização da contratação;

III – confirmar imediatamente o recebimento da aceitação da oferta;

IV – disponibilizar o contrato ao consumidor em meio que permita sua conservação e reprodução, imediatamente após a contratação;

V – manter serviço adequado e eficaz de atendimento em meio eletrônico, que possibilite ao consumidor a resolução de demandas referentes a informação, dúvida, reclamação, suspensão ou cancelamento do contrato;

VI – confirmar imediatamente o recebimento das demandas do consumidor referidas no inciso, pelo mesmo meio empregado pelo consumidor; e

VII – utilizar mecanismos de segurança eficazes para pagamento e para tratamento de dados do consumidor.

Parágrafo único. A manifestação do fornecedor às demandas previstas no inciso V do *caput* será encaminhada em até cinco dias ao consumidor.

Art. 5.º O fornecedor deve informar, de forma clara e ostensiva, os meios adequados e eficazes para o exercício do direito de arrependimento pelo consumidor.

• *Vide* art. 49 do CDC.

§ 1.º O consumidor poderá exercer seu direito de arrependimento pela mesma ferramenta utilizada para a contratação, sem prejuízo de outros meios disponibilizados.

§ 2.º O exercício do direito de arrependimento implica a rescisão dos contratos acessórios, sem qualquer ônus para o consumidor.

§ 3.º O exercício do direito de arrependimento será comunicado imediatamente pelo fornecedor à instituição financeira ou à administradora do cartão de crédito ou similar, para que:

I – a transação não seja lançada na fatura do consumidor; ou

II – seja efetivado o estorno do valor, caso o lançamento na fatura já tenha sido realizado.

§ 4.º O fornecedor deve enviar ao consumidor confirmação imediata do recebimento da manifestação de arrependimento.

Art. 6.º As contratações no comércio eletrônico deverão observar o cumprimento das condições da oferta, com a entrega dos produtos e serviços contratados, observados prazos, quantidade, qualidade e adequação.

Art. 7.º A inobservância das condutas descritas neste Decreto ensejará aplicação das sanções previstas no art. 56 da Lei n. 8.078, de 1990.

....

Art. 9.º Este Decreto entra em vigor sessenta dias após a data de sua publicação.

Brasília, 15 de março de 2013; 192.º da Independência e 125.º da República.

DILMA ROUSSEFF

(*) Publicado no *Diário Oficial da União*, de 15-3-2013 – Edição Extra.

RESOLUÇÃO N. 175, DE 14 DE MAIO DE 2013 (*)

Dispõe sobre a habilitação, celebração de casamento civil, ou de conversão de união estável em casamento, entre pessoas de mesmo sexo.

O Presidente do Conselho Nacional de Justiça, no uso de suas atribuições constitucionais e regimentais,

Considerando a decisão do plenário do Conselho Nacional de Justiça, tomada no julgamento do Ato Normativo n. 0002626-65.2013.2.00.0000, na 169.ª Sessão Ordinária, realizada em 14 de maio de 2013;

Considerando que o Supremo Tribunal Federal, nos acórdãos prolatados em julgamento da ADPF 132/RJ e da ADI 4.277/DF, reconheceu a inconstitucionalidade de distinção de tratamento legal às uniões estáveis constituídas por pessoas de mesmo sexo;

Considerando que as referidas decisões foram proferidas com eficácia vinculante à administração pública e aos demais órgãos do Poder Judiciário;

Considerando que o Superior Tribunal de Justiça, em julgamento do RESP 1.183.378/RS, decidiu inexistir óbices legais à celebração de casamento entre pessoas de mesmo sexo;

Considerando a competência do Conselho Nacional de Justiça, prevista no art. 103-B, da Constituição Federal de 1988;

Resolve:

Art. 1.º É vedada às autoridades competentes a recusa de habilitação, celebração de casamento civil ou de conversão de união estável em casamento entre pessoas de mesmo sexo.

Art. 2.º A recusa prevista no artigo 1.º implicará a imediata comunicação ao respectivo juiz corregedor para as providências cabíveis.

Art. 3.º Esta resolução entra em vigor na data de sua publicação.

Ministro Joaquim Barbosa

LEI N. 12.846, DE 1.º DE AGOSTO DE 2013 (**)

Dispõe sobre a responsabilização administrativa e civil de pessoas jurídicas pela prática de atos contra a administração pública, nacional ou estrangeira, e dá outras providências.

A Presidenta da República

Faço saber que o Congresso Nacional decreta e eu sanciono a seguinte Lei:

Capítulo I
DISPOSIÇÕES GERAIS

Art. 1.º Esta Lei dispõe sobre a responsabilização objetiva administrativa e civil de pessoas jurídicas pela prática de atos contra a administração pública, nacional ou estrangeira.

•• *Vide* art. 12, § 7.º, da Lei n. 8.429, de 2-6-1992.

• Pessoas jurídicas: *vide* arts. 40 e s. do CC.

Parágrafo único. Aplica-se o disposto nesta Lei às sociedades empresárias e às sociedades simples, personificadas ou não, independentemente da forma de organização ou modelo societário adotado, bem como a quaisquer fundações, associações de entidades ou pessoas, ou sociedades estrangeiras, que tenham sede, filial ou representação no território brasileiro, constituídas de fato ou de direito, ainda que temporariamente.

• Das várias espécies de sociedades: *vide* arts. 981 e s. do CC.

Art. 2.º As pessoas jurídicas serão responsabilizadas objetivamente, nos âmbitos administrativo e civil, pelos atos lesivos previstos nesta Lei praticados em seu interesse ou benefício, exclusivo ou não.

•• *Vide* art. 37, § 6.º, da CF.

•• *Vide* art. 927 do CC.

Art. 3.º A responsabilização da pessoa jurídica não exclui a responsabilidade individual de seus dirigentes ou administradores ou de qualquer pessoa natural, autora, coautora ou partícipe do ato ilícito.

§ 1.º A pessoa jurídica será responsabilizada independentemente da responsabilização individual das pessoas naturais referidas no *caput*.

§ 2.º Os dirigentes ou administradores somente serão responsabilizados por atos ilícitos na medida da sua culpabilidade.

Art. 4.º Subsiste a responsabilidade da pessoa jurídica na hipótese de alteração contratual, transformação, incorporação, fusão ou cisão societária.

• Transformação, incorporação, fusão ou cisão societária: *vide* arts. 1.113 e s. do CC.

§ 1.º Nas hipóteses de fusão e incorporação, a responsabilidade da sucessora será restrita à obrigação de pagamento de multa e reparação integral do dano causado, até o limite do patrimônio transferido, não lhe sendo aplicáveis as demais sanções previstas nesta Lei decorrentes de atos e fatos ocorridos antes da data da fusão ou incorporação, exceto no caso de simulação ou evidente intuito de fraude, devidamente comprovados.

§ 2.º As sociedades controladoras, controladas, coligadas ou, no âmbito do respectivo contrato, as consorciadas serão solidariamente responsáveis pela prática dos atos previstos nesta Lei, restringindo-se tal responsabilidade à obrigação de pagamento de multa e reparação integral do dano causado.

Capítulo II
DOS ATOS LESIVOS À ADMINISTRAÇÃO PÚBLICA NACIONAL OU ESTRANGEIRA

Art. 5.º Constituem atos lesivos à administração pública, nacional ou estrangeira, para os fins desta Lei, todos aqueles praticados pelas pessoas jurídicas mencionadas no parágrafo único do art. 1.º, que atentem contra o patrimônio público nacional ou estrangeiro, contra princípios da administração pública ou contra os compromissos internacionais assumidos pelo Brasil, assim definidos:

•• Princípios da Administração Pública: *vide* art. 37 da CF.

•• *Vide* art. 16, § 2.º, do Decreto n. 11.129, de 11-7-2022.

• *Vide* art. 19 desta Lei.

I – prometer, oferecer ou dar, direta ou indiretamente, vantagem indevida a agente público, ou a terceira pessoa a ele relacionada;

II – comprovadamente, financiar, custear, patrocinar ou de qualquer modo subvencionar a prática dos atos ilícitos previstos nesta Lei;

III – comprovadamente, utilizar-se de interposta pessoa física ou jurídica para ocultar ou dissimular seus reais interesses ou a identidade dos beneficiários dos atos praticados;

IV – no tocante a licitações e contratos:

• A Lei n. 8.666, de 21-6-1993, institui normas para licitações e contratos da Administração Pública e dá outras providências.

a) frustrar ou fraudar, mediante ajuste, combinação ou qualquer outro expediente, o caráter competitivo de procedimento licitatório público;

b) impedir, perturbar ou fraudar a realização de qualquer ato de procedimento licitatório público;

c) afastar ou procurar afastar licitante, por meio de fraude ou oferecimento de vantagem de qualquer tipo;

d) fraudar licitação pública ou contrato dela decorrente;

e) criar, de modo fraudulento ou irregular, pessoa jurídica para participar de licitação pública ou celebrar contrato administrativo;

f) obter vantagem ou benefício indevido, de modo fraudulento, de modificações ou prorrogações de contratos celebrados com a administração pública, sem autorização em lei, no ato convocatório da licitação pública ou nos respectivos instrumentos contratuais; ou

g) manipular ou fraudar o equilíbrio econômico-financeiro dos contratos celebrados com a administração pública;

V – dificultar atividade de investigação ou fiscalização de órgãos, entidades ou agentes públicos, ou intervir em sua atuação, inclusive no âmbito das agências reguladoras e dos órgãos de fiscalização do sistema financeiro nacional.

(*) Publicada no *Diário da Justiça Eletrônico*, CNJ, de 16-5-2013.

(**) Publicada no *Diário Oficial da União*, de 2-8-2013. Regulamentada pelo Decreto n. 11.129, de 11-7-2022.

§ 1.º Considera-se administração pública estrangeira os órgãos e entidades estatais ou representações diplomáticas de país estrangeiro, de qualquer nível ou esfera de governo, bem como as pessoas jurídicas controladas, direta ou indiretamente, pelo poder público de país estrangeiro.

§ 2.º Para os efeitos desta Lei, equiparam-se à administração pública estrangeira as organizações públicas internacionais.

§ 3.º Considera-se agente público estrangeiro, para os fins desta Lei, quem, ainda que transitoriamente ou sem remuneração, exerça cargo, emprego ou função pública em órgãos, entidades estatais ou em representações diplomáticas de país estrangeiro, assim como em pessoas jurídicas controladas, direta ou indiretamente, pelo poder público de país estrangeiro ou em organizações públicas internacionais.

Capítulo III
DA RESPONSABILIZAÇÃO ADMINISTRATIVA

•• O Decreto n. 8.420, de 18-3-2015, regulamenta a responsabilização objetiva administrativa de pessoas jurídicas pela prática de atos contra a Administração Pública.

Art. 6.º Na esfera administrativa, serão aplicadas às pessoas jurídicas consideradas responsáveis pelos atos lesivos previstos nesta Lei as seguintes sanções:

•• *Vide* arts. 19 e 57, I, do Decreto n. 11.129, de 11-7-2022.

• A Instrução Normativa n. 13, de 8-8-2019, da Controladoria-Geral da União, define os procedimentos para apuração da responsabilidade administrativa de pessoas jurídicas de que trata esta Lei.

I – multa, no valor de 0,1% (um décimo por cento) a 20% (vinte por cento) do faturamento bruto do último exercício anterior ao da instauração do processo administrativo, excluídos os tributos, a qual nunca será inferior à vantagem auferida, quando for possível sua estimação; e

II – publicação extraordinária da decisão condenatória.

§ 1.º As sanções serão aplicadas fundamentadamente, isolada ou cumulativamente, de acordo com as peculiaridades do caso concreto e com a gravidade e natureza das infrações.

§ 2.º A aplicação das sanções previstas neste artigo será precedida da manifestação jurídica elaborada pela Advocacia Pública ou pelo órgão de assistência jurídica, ou equivalente, do ente público.

§ 3.º A aplicação das sanções previstas neste artigo não exclui, em qualquer hipótese, a obrigação da reparação integral do dano causado.

§ 4.º Na hipótese do inciso I do *caput*, caso não seja possível utilizar o critério do valor do faturamento bruto da pessoa jurídica, a multa será de R$ 6.000,00 (seis mil reais) a R$ 60.000.000,00 (sessenta milhões de reais).

§ 5.º A publicação extraordinária da decisão condenatória ocorrerá na forma de extrato de sentença, a expensas da pessoa jurídica, em meios de comunicação de grande circulação na área da prática da infração e de atuação da pessoa jurídica ou, na sua falta, em publicação de circulação nacional, bem como por meio de afixação de edital, pelo prazo mínimo de 30 (trinta) dias, no próprio estabelecimento ou no local de exercício da atividade, de modo visível ao público, e no sítio eletrônico na rede mundial de computadores.

§ 6.º (*Vetado*.)

Art. 7.º Serão levados em consideração na aplicação das sanções:

I – a gravidade da infração;

II – a vantagem auferida ou pretendida pelo infrator;

III – a consumação ou não da infração;

IV – o grau de lesão ou perigo de lesão;

V – o efeito negativo produzido pela infração;

VI – a situação econômica do infrator;

VII – a cooperação da pessoa jurídica para a apuração das infrações;

VIII – a existência de mecanismos e procedimentos internos de integridade, auditoria e incentivo à denúncia de irregularidades e a aplicação efetiva de códigos de ética e de conduta no âmbito da pessoa jurídica;

IX – o valor dos contratos mantidos pela pessoa jurídica com o órgão ou entidade pública lesados; e

X – (*Vetado*.)

Parágrafo único. Os parâmetros de avaliação de mecanismos e procedimentos previstos no inciso VIII do *caput* serão estabelecidos em regulamento do Poder Executivo federal.

Capítulo IV
DO PROCESSO ADMINISTRATIVO DE RESPONSABILIZAÇÃO

Art. 8.º A instauração e o julgamento de processo administrativo para apuração da responsabilidade de pessoa jurídica cabem à autoridade máxima de cada órgão ou entidade dos Poderes Executivo, Legislativo e Judiciário, que agirá de ofício ou mediante provocação, observados o contraditório e a ampla defesa.

§ 1.º A competência para a instauração e o julgamento do processo administrativo de apuração de responsabilidade da pessoa jurídica poderá ser delegada, vedada a subdelegação.

§ 2.º No âmbito do Poder Executivo federal, a Controladoria-Geral da União – CGU terá competência concorrente para instaurar processos administrativos de responsabilização de pessoas jurídicas ou para avocar os processos instaurados com fundamento nesta Lei, para exame de sua regularidade ou para corrigir-lhes o andamento.

Art. 9.º Competem à Controladoria-Geral da União – CGU a apuração, o processo e o julgamento dos atos ilícitos previstos nesta Lei, praticados contra a administração pública estrangeira, observado o disposto no Artigo 4 da Convenção sobre o Combate da Corrupção de Funcionários Públicos Estrangeiros em Transações Comerciais Internacionais, promulgada pelo Decreto n. 3.678, de 30 de novembro de 2000.

Art. 10. O processo administrativo para apuração da responsabilidade de pessoa jurídica será conduzido por comissão designada pela autoridade instauradora e composta por 2 (dois) ou mais servidores estáveis.

§ 1.º O ente público, por meio do seu órgão de representação judicial, ou equivalente, a pedido da comissão a que se refere o *caput*, poderá requerer as medidas judiciais necessárias para a investigação e o processamento das infrações, inclusive de busca e apreensão.

§ 2.º A comissão poderá, cautelarmente, propor à autoridade instauradora que suspenda os efeitos do ato ou processo objeto da investigação.

§ 3.º A comissão deverá concluir o processo no prazo de 180 (cento e oitenta) dias contados da data da publicação do ato que a instituir e, ao final, apresentar relatórios sobre os fatos apurados e eventual responsabilidade da pessoa jurídica, sugerindo de forma motivada as sanções a serem aplicadas.

§ 4.º O prazo previsto no § 3.º poderá ser prorrogado, mediante ato fundamentado da autoridade instauradora.

Art. 11. No processo administrativo para apuração de responsabilidade, será concedido à pessoa jurídica prazo de 30 (trinta) dias para defesa, contados a partir da intimação.

Art. 12. O processo administrativo, com o relatório da comissão, será remetido à autoridade instauradora, na forma do art. 10, para julgamento.

Art. 13. A instauração de processo administrativo específico de reparação integral do dano não prejudica a aplicação imediata das sanções estabelecidas nesta Lei.

Parágrafo único. Concluído o processo e não havendo pagamento, o crédito apurado será inscrito em dívida ativa da fazenda pública.

Art. 14. A personalidade jurídica poderá ser desconsiderada sempre que utilizada com abuso do direito para facilitar, encobrir ou dissimular a prática dos atos ilícitos previstos nesta Lei ou para provocar confusão patrimonial, sendo estendidos todos os efeitos das sanções aplicadas à pessoa jurídica aos seus administradores e sócios com poderes de administração, observados o contraditório e a ampla defesa.

•• Desconsideração da personalidade jurídica: *vide* arts. 28 do CDC e 50 do CC.

Art. 15. A comissão designada para apuração da responsabilidade de pessoa jurídica, após a conclusão do procedimento administrativo, dará conhecimento ao Ministério Público de sua existência, para apuração de eventuais delitos.

•• *Vide* art. 11, IV, do Decreto n. 11.129, de 11-7-2022.

Capítulo V
DO ACORDO DE LENIÊNCIA

Art. 16. A autoridade máxima de cada órgão ou entidade pública poderá celebrar acordo de leniência com as pessoas jurídicas responsáveis pela prática dos atos previstos nesta Lei que colaborem efetivamente com as investigações e o processo administrativo, sendo que dessa colaboração resulte:

I – a identificação dos demais envolvidos na infração, quando couber; e

II – a obtenção célere de informações e documentos que comprovem o ilícito sob apuração.

§ 1.º O acordo de que trata o *caput* somente poderá ser celebrado se preenchidos, cumulativamente, os seguintes requisitos:

I – a pessoa jurídica seja a primeira a se manifestar sobre seu interesse em cooperar para a apuração do ato ilícito;

II – a pessoa jurídica cesse completamente seu envolvimento na infração investigada a partir da data de propositura do acordo;

III – a pessoa jurídica admita sua participação no ilícito e coopere plena e permanentemente com as investigações e o processo administrativo, comparecendo, sob suas expensas, sempre que solicitada, a todos os atos processuais, até seu encerramento.

§ 2.º A celebração do acordo de leniência isentará a pessoa jurídica das sanções previstas no inciso II do art. 6.º e no inciso IV do art. 19 e reduzirá em até 2/3 (dois terços) o valor da multa aplicável.

•• *Vide* arts. 27 e 47 do Decreto n. 11.129, de 11-7-2022.

•• A Portaria Normativa Interministerial n. 36, de 7-12-2022, da CGU e da AGU, dispõe sobre os critérios para redução em até dois terços do valor da multa aplicável no âmbito da negociação dos acordos de leniência, de que trata este parágrafo.

§ 3.º O acordo de leniência não exime a pessoa jurídica da obrigação de reparar integralmente o dano causado.

§ 4.º O acordo de leniência estipulará as condições necessárias para assegurar a efetividade da colaboração e o resultado útil do processo.

§ 5.º Os efeitos do acordo de leniência serão estendidos às pessoas jurídicas que integram o mesmo grupo econômico, de fato e de direito, desde que firmem o acordo em conjunto, respeitadas as condições nele estabelecidas.

§ 6.º A proposta de acordo de leniência somente se tornará pública após a efetivação do respectivo acordo, salvo no interesse das investigações e do processo administrativo.

§ 7.º Não importará em reconhecimento da prática do ato ilícito investigado a proposta de acordo de leniência rejeitada.

§ 8.º Em caso de descumprimento do acordo de leniência, a pessoa jurídica ficará impedida de celebrar novo acordo pelo prazo de 3 (três) anos contados do conhecimento pela administração pública do referido descumprimento.

§ 9.º A celebração do acordo de leniência interrompe o prazo prescricional dos atos ilícitos previstos nesta Lei.

§ 10. A Controladoria-Geral da União – CGU é o órgão competente para celebrar os acordos de leniência no âmbito do Poder Executivo federal, bem como no caso de atos lesivos praticados contra a administração pública estrangeira.

• A Portaria Conjunta n. 4, de 23-9-2019, da CGU, define os procedimentos para negociação, celebração e acompanhamento dos acordos de leniência de que trata este § 10.

Art. 17. A administração pública poderá também celebrar acordo de leniência com a pessoa jurídica responsável pela prática de ilícitos previstos na Lei n. 8.666, de 21 de junho de 1993, com vistas à isenção ou atenuação das sanções administrativas estabelecidas em seus arts. 86 a 88.

•• Os artigos citados da Lei de Licitações estabelecem, para os casos de inexecução total ou parcial do contrato, sanções administrativas, como multa, advertência, suspensão temporária de participação em outras licitações e declaração de inidoneidade para licitar ou contratar com a Administração Pública.

Capítulo VI
DA RESPONSABILIZAÇÃO JUDICIAL

Art. 18. Na esfera administrativa, a responsabilidade da pessoa jurídica não afasta a possibilidade de sua responsabilização na esfera judicial.

Art. 19. Em razão da prática de atos previstos no art. 5.º desta Lei, a União, os Estados, o Distrito Federal e os Municípios, por meio das respectivas Advocacias Públicas ou órgãos de representação judicial, ou equivalentes, e o Ministério Público, poderão ajuizar ação com vistas à aplicação das seguintes sanções às pessoas jurídicas infratoras:

•• *Vide* art. 11, III, do Decreto n. 11.129, de 11-7-2022.

I – perdimento dos bens, direitos ou valores que representem vantagem ou proveito direta ou indiretamente obtidos da infração, ressalvado o direito do lesado ou de terceiro de boa-fé;

II – suspensão ou interdição parcial de suas atividades;

III – dissolução compulsória da pessoa jurídica;

IV – proibição de receber incentivos, subsídios, subvenções, doações ou empréstimos de órgãos ou entidades públicas e de instituições financeiras públicas ou controladas pelo poder público, pelo prazo mínimo de 1 (um) e máximo de 5 (cinco) anos.

§ 1.º A dissolução compulsória da pessoa jurídica será determinada quando comprovado:

I – ter sido a personalidade jurídica utilizada de forma habitual para facilitar ou promover a prática de atos ilícitos; ou

II – ter sido constituída para ocultar ou dissimular interesses ilícitos ou a identidade dos beneficiários dos atos praticados.

§ 2.º (*Vetado.*)

§ 3.º As sanções poderão ser aplicadas de forma isolada ou cumulativa.

§ 4.º O Ministério Público ou a Advocacia Pública ou órgão de representação judicial, ou equivalente, do ente público poderá requerer a indisponibilidade de bens, direitos ou valores necessários à garantia do pagamento da multa ou da reparação integral do dano causado, conforme previsto no art. 7.º, ressalvado o direito do terceiro de boa-fé.

Art. 20. Nas ações ajuizadas pelo Ministério Público, poderão ser aplicadas as sanções previstas no art. 6.º, sem prejuízo daquelas previstas neste Capítulo, desde que constatada a omissão das autoridades competentes para promover a responsabilização administrativa.

Art. 21. Nas ações de responsabilização judicial, será adotado o rito previsto na Lei n. 7.347, de 24 de julho de 1985.

• A Lei n. 7.347, de 24-7-1985, que disciplina a ação civil pública, consta neste volume.

Parágrafo único. A condenação torna certa a obrigação de reparar, integralmente, o dano causado pelo ilícito, cujo valor será apurado em posterior liquidação, se não constar expressamente da sentença.

Capítulo VII
DISPOSIÇÕES FINAIS

Art. 22. Fica criado no âmbito do Poder Executivo federal o Cadastro Nacional de Empresas Punidas – CNEP, que reunirá e dará publicidade às sanções aplicadas pelos órgãos ou entidades dos Poderes Executivo, Legislativo e Judiciário de todas as esferas de governo com base nesta Lei.

§ 1.º Os órgãos e entidades referidos no *caput* deverão informar e manter atualizados, no Cnep, os dados relativos às sanções por eles aplicadas.

§ 2.º O Cnep conterá, entre outras, as seguintes informações acerca das sanções aplicadas:

I – razão social e número de inscrição da pessoa jurídica ou entidade no Cadastro Nacional da Pessoa Jurídica – CNPJ;

II – tipo de sanção; e

III – data de aplicação e data final da vigência do efeito limitador ou impeditivo da sanção, quando for o caso.

§ 3.º As autoridades competentes, para celebrarem acordos de leniência previstos nesta Lei, também deverão prestar e manter atualizadas no Cnep, após a efetivação do respectivo acordo, as informações acerca do acordo de leniência celebrado, salvo se esse procedimento vier a causar prejuízo às investigações e ao processo administrativo.

§ 4.º Caso a pessoa jurídica não cumpra os termos do acordo de leniência, além das informações previstas no § 3.º, deverá ser incluída no Cnep referência ao respectivo descumprimento.

§ 5.º Os registros das sanções e acordos de leniência serão excluídos depois de decorrido o prazo previamente estabelecido no ato sancionador ou do cumprimento integral do acordo de leniência e da reparação do eventual dano causado, mediante solicitação do órgão ou entidade sancionadora.

Art. 23. Os órgãos ou entidades dos Poderes Executivo, Legislativo e Judiciário de todas as esferas de governo deverão informar e manter atualizados, para fins de publicidade, no Cadastro Nacional de Empresas Inidôneas e Suspensas – CEIS, de caráter público, instituído no âmbito do Poder Executivo federal, os dados relativos às sanções por eles aplicadas, nos termos do disposto nos arts. 87 e 88 da Lei n. 8.666, de 21 de junho de 1993.

•• *Vide* art. 12, § 8.º, da Lei n. 8.429, de 2-6-1992.

• *Vide* nota ao art. 17 desta Lei.

• *Vide* art. 37 da Lei n. 13.303, de 30-6-2016.

Art. 24. A multa e o perdimento de bens, direitos ou valores aplicados com fundamento nesta Lei serão destinados preferencialmente aos órgãos ou entidades públicas lesadas.

Art. 25. Prescrevem em 5 (cinco) anos as infrações previstas nesta Lei, contados da data da ciência da infração ou, no caso de infração permanente ou continuada, do dia em que tiver cessado.

Parágrafo único. Na esfera administrativa ou judicial, a prescrição será interrompida com a instauração de processo que tenha por objeto a apuração da infração.

Art. 26. A pessoa jurídica será representada no processo administrativo na forma do seu estatuto ou contrato social.

•• *Vide* art. 38, § 1.º, do Decreto n. 11.129, de 11-7-2022.

§ 1.º As sociedades sem personalidade jurídica serão representadas pela pessoa a quem couber a administração de seus bens.

§ 2.º A pessoa jurídica estrangeira será representada pelo gerente, representante ou administrador de sua filial, agência ou sucursal aberta ou instalada no Brasil.

Art. 27. A autoridade competente que, tendo conhecimento das infrações previstas nesta Lei, não adotar providências para a apuração dos fatos será responsabilizada penal, civil e administrativamente nos termos da legislação específica aplicável.

Art. 28. Esta Lei aplica-se aos atos lesivos praticados por pessoa jurídica brasileira contra a administração pública estrangeira, ainda que cometidos no exterior.

Art. 29. O disposto nesta Lei não exclui as competências do Conselho Administrativo de Defesa Econômica, do Ministério da Justiça e do Ministério da Fazenda para processar e julgar fato que constitua infração à ordem econômica.

Art. 30. A aplicação das sanções previstas nesta Lei não afeta os processos de responsabilização e aplicação de penalidades decorrentes de:

I – ato de improbidade administrativa nos termos da Lei n. 8.429, de 2 de junho de 1992; e

• Citado diploma consta neste volume.

II – atos ilícitos alcançados pela Lei n. 8.666, de 21 de junho de 1993, ou outras normas de licitações e contratos da administração pública, inclusive no tocante ao Regime Diferenciado de Contratações Públicas – RDC instituído pela Lei n. 12.462, de 4 de agosto de 2011.

Art. 31. Esta Lei entra em vigor 180 (cento e oitenta) dias após a data de sua publicação.

Brasília, 1.º de agosto de 2013; 192.º da Independência e 125.º da República.

DILMA ROUSSEFF

LEI N. 12.852, DE 5 DE AGOSTO DE 2013 (*)

Institui o Estatuto da Juventude e dispõe sobre os direitos dos jovens, os princípios e diretrizes das políticas públicas de juventude e o Sistema Nacional de Juventude – SINAJUVE.

A Presidenta da República

Faço saber que o Congresso Nacional decreta e eu sanciono a seguinte Lei:

TÍTULO I
DOS DIREITOS E DAS POLÍTICAS PÚBLICAS DE JUVENTUDE

Capítulo I
DOS PRINCÍPIOS E DIRETRIZES DAS POLÍTICAS PÚBLICAS DE JUVENTUDE

Art. 1.º Esta Lei institui o Estatuto da Juventude e dispõe sobre os direitos dos jovens, os princípios e diretrizes das políticas públicas de juventude e o Sistema Nacional de Juventude – SINAJUVE.

• *Vide* art. 227 da CF.

§ 1.º Para os efeitos desta Lei, são consideradas jovens as pessoas com idade entre 15 (quinze) e 29 (vinte e nove) anos de idade.

§ 2.º Aos adolescentes com idade entre 15 (quinze) e 18 (dezoito) anos aplica-se a Lei n. 8.069, de 13 de julho de 1990 – Estatuto da Criança e do Adolescente, e, excepcionalmente, este Estatuto, quando não conflitar com as normas de proteção integral do adolescente.

• Citado diploma consta neste volume.

(*) Publicada no *Diário Oficial da União*, de 6-8-2013.

Seção I
Dos Princípios

Art. 2.º O disposto nesta Lei e as políticas públicas de juventude são regidos pelos seguintes princípios:

I – promoção da autonomia e emancipação dos jovens;

•• *Vide* parágrafo único deste artigo.

II – valorização e promoção da participação social e política, de forma direta e por meio de suas representações;

III – promoção da criatividade e da participação no desenvolvimento do País;

IV – reconhecimento do jovem como sujeito de direitos universais, geracionais e singulares;

V – promoção do bem-estar, da experimentação e do desenvolvimento integral do jovem;

VI – respeito à identidade e à diversidade individual e coletiva da juventude;

VII – promoção da vida segura, da cultura da paz, da solidariedade e da não discriminação; e

VIII – valorização do diálogo e convívio do jovem com as demais gerações.

Parágrafo único. A emancipação dos jovens a que se refere o inciso I do *caput* refere-se à trajetória de inclusão, liberdade e participação do jovem na vida em sociedade, e não ao instituto da emancipação disciplinado pela Lei n. 10.406, de 10 de janeiro de 2002 – Código Civil.

• Emancipação: *vide* arts. 5.º, parágrafo único, 9.º, II, 1.635, II, e 1.763, I, do CC e 148, parágrafo único, *e*, do ECA.

Seção II
Diretrizes Gerais

Art. 3.º Os agentes públicos ou privados envolvidos com políticas públicas de juventude devem observar as seguintes diretrizes:

I – desenvolver a intersetorialidade das políticas estruturais, programas e ações;

II – incentivar a ampla participação juvenil em sua formulação, implementação e avaliação;

III – ampliar as alternativas de inserção social do jovem, promovendo programas que priorizem o seu desenvolvimento integral e participação ativa nos espaços decisórios;

• A Lei n. 11.129, de 30-6-2005, institui o Programa Nacional de Inclusão de Jovens – PROJOVEM.

IV – proporcionar atendimento de acordo com suas especificidades perante os órgãos públicos e privados prestadores de serviços à população, visando ao gozo de direitos simultaneamente nos campos da saúde, educacional, político, econômico, social, cultural e ambiental;

• Direitos sociais: *vide* arts. 6.º e 215 da CF.

V – garantir meios e equipamentos públicos que promovam o acesso à produção cultural, à prática esportiva, à mobilidade territorial e à fruição do tempo livre;

• *Vide* arts. 5.º, XV, 215, 216-A e 217 da CF.

• A Lei n. 8.313, de 23.12-1991, regulamentada pelo Decreto n. 5.761, de 27-4-2006, institui o Programa Nacional de Apoio à Cultura - PRONAC.

VI – promover o território como espaço de integração;

VII – fortalecer as relações institucionais com os entes federados e as redes de órgãos, gestores e conselhos de juventude;

VIII – estabelecer mecanismos que ampliem a gestão de informação e produção de conhecimento sobre juventude;

IX – promover a integração internacional entre os jovens, preferencialmente no âmbito da América Latina e da África, e a cooperação internacional;

X – garantir a integração das políticas de juventude com os Poderes Legislativo e Judiciário, com o Ministério Público e com a Defensoria Pública; e

XI – zelar pelos direitos dos jovens com idade entre 18 (dezoito) e 29 (vinte e nove) anos privados de liberdade e egressos do sistema prisional, formulando políticas de educação e trabalho, incluindo estímulos à sua reinserção social e laboral, bem como criando e estimulando oportunidades de estudo e trabalho que favoreçam o cumprimento do regime semiaberto.

Capítulo II
DOS DIREITOS DOS JOVENS

Seção I
Do Direito à Cidadania, à Participação Social e Política e à Representação Juvenil

Art. 4.º O jovem tem direito à participação social e política e na formulação, execução e avaliação das políticas públicas de juventude.

Parágrafo único. Entende-se por participação juvenil:

I – a inclusão do jovem nos espaços públicos e comunitários a partir da sua concepção como pessoa ativa, livre, responsável e digna de ocupar uma posição central nos processos políticos e sociais;

• A Lei n. 11.129, de 30-6-2005, institui o Programa Nacional de Inclusão de Jovens - PROJOVEM.

II – o envolvimento ativo dos jovens em ações de políticas públicas que tenham por objetivo o próprio benefício, o de suas comunidades, cidades e regiões e o do País;

III – a participação individual e coletiva do jovem em ações que contemplem a defesa dos direitos da juventude ou de temas afetos aos jovens; e

IV – a efetiva inclusão dos jovens nos espaços públicos de decisão com direito a voz e voto.

• Alistamento eleitoral e obrigatoriedade de voto: arts. 14, § 1.º, da CF e 42 e s. do CE (Lei n. 4.737, de 15-7-1965).

Art. 5.º A interlocução da juventude com o poder público pode realizar-se por intermédio de associações, redes, movimentos e organizações juvenis.

• Liberdade de associação: *vide* art. 5.º, XVII, da CF.

Parágrafo único. É dever do poder público incentivar a livre associação dos jovens.

Art. 6.º São diretrizes da interlocução institucional juvenil:

I – a definição de órgão governamental específico para a gestão das políticas públicas de juventude;

II – o incentivo à criação de conselhos de juventude em todos os entes da Federação.

Parágrafo único. Sem prejuízo das atribuições do órgão governamental específico para a gestão das políticas públicas de juventude e dos conselhos de juventude com relação aos direitos previstos neste Estatuto, cabe ao órgão governamental de gestão e aos conselhos dos direitos da criança e do adolescente a interlocução institucional com adolescentes de idade entre 15 (quinze) e 18 (dezoito) anos.

Seção II
Do Direito à Educação

Art. 7.º O jovem tem direito à educação de qualidade, com a garantia de educação básica, obrigatória e gratuita, inclusive para os que a ela não tiveram acesso na idade adequada.

• *Vide* arts. 6.º e 205 da CF.

§ 1.º A educação básica será ministrada em língua portuguesa, assegurada aos jovens indígenas e de povos e comunidades tradicionais a utilização de suas línguas maternas e de processos próprios de aprendizagem.

• A Lei n. 6.001, de 19-12-1973, dispõe sobre o Estatuto do Índio.

• Educação Escolar Indígena: Decreto n. 6.861, de 27-5-2009.

§ 2.º É dever do Estado oferecer aos jovens que não concluíram a educação básica programas na modalidade da educação de jovens e adultos, adaptados às necessidades e especificidades da juventude, inclusive no período noturno, ressalvada a legislação educacional específica.

§ 3.º São assegurados aos jovens com surdez o uso e o ensino da Língua Brasileira de Sinais – LIBRAS, em todas as etapas e modalidades educacionais.

• A Lei n. 10.436, de 24-4-2002, dispõe sobre a Língua Brasileira de Sinais - Libras.

§ 4.º É assegurada aos jovens com deficiência a inclusão no ensino regular em todos os níveis e modalidades educacionais, incluindo o atendimento educacional especializado, observada a acessibilidade a edificações, transportes, espaços, mobiliários, equipamentos, sistemas e meios de comunicação e assegurados os recursos de tecnologia assistiva e adaptações necessárias a cada pessoa.

• A Lei n. 7.853, de 24-10-1989, dispõe sobre o apoio às pessoas portadoras de deficiência e sua integração social.

• O Decreto n. 7.611, de 17-11-2011, dispõe sobre a educação especial e o atendimento educacional especializado.

§ 5.º A Política Nacional de Educação no Campo contemplará a ampliação da oferta de educação para os jovens do campo, em todos os níveis e modalidades educacionais.

• Estatuto da Terra: Lei n. 4.504, de 30-11-1964.

• O Decreto n. 7.352, de 4-11-2010, dispõe sobre a política de educação no campo e o Programa Nacional de Educação na Reforma Agrária - PRONERA.

Art. 8.º O jovem tem direito à educação superior, em instituições públicas ou privadas, com variados graus de abrangência do saber ou especialização do conhecimento, observadas as regras de acesso de cada instituição.

• A Lei n. 10.260, de 12-7-2001, dispõe sobre o Fundo de Financiamento ao Estudante do Ensino Superior.

• A Lei n. 11.096, de 13-1-2005, institui o Programa Universidade para Todos - PROUNI.

§ 1.º É assegurado aos jovens negros, indígenas e alunos oriundos da escola pública o acesso ao ensino superior nas instituições públicas por meio de políticas afirmativas, nos termos da lei.

•• O art. 1.º da Lei n. 12.711, de 29-8-2012, regulamentada pelo Decreto n. 7.824, de 11-10-2012, determina a reserva, pelas instituições federais de educação superior vinculadas ao MEC, em cada concurso seletivo para ingresso nos cursos de graduação, por curso e turno, de no mínimo 50% de suas vagas para estudantes que tenham cursado integralmente o ensino médio em escolas públicas, bem como aos estudantes oriundos de famílias com renda igual ou inferior a 1,5 salário mínimo *per capita*.

• As Leis n. 6.001, de 19-12-1973, e 12.288, de 20-7-2010, dispõem sobre o Estatuto do Índio e o Estatuto da Igualdade Racial, respectivamente.

§ 2.º O poder público promoverá programas de expansão da oferta de educação superior nas instituições públicas, de financiamento estudantil e de bolsas de estudos nas instituições privadas, em especial para jovens com deficiência, negros, indígenas e alunos oriundos da escola pública.

• A Lei n. 11.692, de 10-6-2008, dispõe sobre o Programa Nacional de Inclusão de Jovens - Projovem.

• O Decreto n. 7.790, de 15-8-2012, dispõe sobre financiamento do Fundo de Financiamento Estudantil - FIES.

Art. 9.º O jovem tem direito à educação profissional e tecnológica, articulada com os diferentes níveis e modalidades de educação, ao trabalho, à ciência e à tecnologia, observada a legislação vigente.

• A Lei n. 12.513, de 26-10-2011, institui o Programa Nacional de Acesso ao Ensino Técnico e Emprego - PRONATEC.

Art. 10. É dever do Estado assegurar ao jovem com deficiência o atendimento educacional especializado gratuito, preferencialmente, na rede regular de ensino.

• O Decreto-lei n. 1.044, de 21-10-1969, dispõe sobre o tratamento excepcional para alunos portadores das afecções que indica.

• O Decreto n. 7.611, de 17-11-2011, dispõe sobre a educação especial e o atendimento educacional especializado.

Art. 11. O direito ao programa suplementar de transporte escolar de que trata o art. 4.º da Lei n. 9.394, de 20 de dezembro de 1996, será progressivamente estendido ao jovem estudante do ensino fundamental, do ensino médio e da educação superior, no campo e na cidade.

- A Lei n. 9.394, de 20-12-1996, estabelece as diretrizes e bases da educação nacional.
- A Lei n. 10.880, de 9-6-2004, institui o Programa Nacional de Apoio ao Transporte do Escolar-PNATE e o Programa de Apoio aos Sistemas de Ensino para Atendimento à Educação de Jovens e Adultos.

§§ 1.º e 2.º (*Vetados*.)

Art. 12. É garantida a participação efetiva do segmento juvenil, respeitada sua liberdade de organização, nos conselhos e instâncias deliberativas de gestão democrática das escolas e universidades.

Art. 13. As escolas e as universidades deverão formular e implantar medidas de democratização do acesso e permanência, inclusive programas de assistência estudantil, ação afirmativa e inclusão social para os jovens estudantes.

Seção III
Do Direito à Profissionalização, ao Trabalho e à Renda

Art. 14. O jovem tem direito à profissionalização, ao trabalho e à renda, exercido em condições de liberdade, equidade e segurança, adequadamente remunerado e com proteção social.

- Proibição de trabalho noturno, perigoso ou insalubre: *vide* art. 7.º, XXXIII, da CF.
- A CLT dispõe sobre a proteção ao trabalho do menor nos arts. 402 e s.

Art. 15. A ação do poder público na efetivação do direito do jovem à profissionalização, ao trabalho e à renda contempla a adoção das seguintes medidas:

I – promoção de formas coletivas de organização para o trabalho, de redes de economia solidária e da livre associação;

II – oferta de condições especiais de jornada de trabalho por meio de:

a) compatibilização entre os horários de trabalho e de estudo;

- A CLT dispõe nos arts. 411 a 414 sobre a jornada de trabalho do menor.

b) oferta dos níveis, formas e modalidades de ensino em horários que permitam a compatibilização da frequência escolar com o trabalho regular;

III – criação de linha de crédito especial destinada aos jovens empreendedores;

IV – atuação estatal preventiva e repressiva quanto à exploração e precarização do trabalho juvenil;

V – adoção de políticas públicas voltadas para a promoção do estágio, aprendizagem e trabalho para a juventude;

- A CLT dispõe nos arts. 428 e s. sobre o contrato de trabalho de aprendizagem.
- Lei do Estágio: Lei n. 11.788, de 25-9-2008.

VI – apoio ao jovem trabalhador rural na organização da produção da agricultura familiar e dos empreendimentos familiares rurais, por meio das seguintes ações:

- O Decreto n. 7.352, de 4-11-2010, dispõe sobre a política de educação no campo e o Programa Nacional de Educação na Reforma Agrária - PRONERA.

a) estímulo à produção e à diversificação de produtos;

b) fomento à produção sustentável baseada na agroecologia, nas agroindústrias familiares, na integração entre lavoura, pecuária e floresta e no extrativismo sustentável;

c) investimento em pesquisa de tecnologias apropriadas à agricultura familiar e aos empreendimentos familiares rurais;

d) estímulo à comercialização direta da produção da agricultura familiar, aos empreendimentos familiares rurais e à formação de cooperativas;

e) garantia de projetos de infraestrutura básica de acesso e escoamento de produção, priorizando a melhoria das estradas e do transporte;

f) promoção de programas que favoreçam o acesso ao crédito, à terra e à assistência técnica rural;

VII – apoio ao jovem trabalhador com deficiência, por meio das seguintes ações:

a) estímulo à formação e à qualificação profissional em ambiente inclusivo;

b) oferta de condições especiais de jornada de trabalho;

c) estímulo à inserção no mercado de trabalho por meio da condição de aprendiz.

Art. 16. O direito à profissionalização e à proteção no trabalho dos adolescentes com idade entre 15 (quinze) e 18 (dezoito) anos de idade será regido pelo disposto na Lei n. 8.069, de 13 de julho de 1990 – Estatuto da Criança e do Adolescente, e em leis específicas, não se aplicando o previsto nesta Seção.

Seção IV
Do Direito à Diversidade e à Igualdade

Art. 17. O jovem tem direito à diversidade e à igualdade de direitos e de oportunidades e não será discriminado por motivo de:

- Vide arts. 3.º, IV, e 5.º, XLI, da CF.
- Crimes resultantes de preconceito de raça ou cor: Leis n. 7.716, de 5-1-1989, e 9.459, de 13-5-1997.

I – etnia, raça, cor da pele, cultura, origem, idade e sexo;

- A Lei n. 8.081, de 21-9-1990, estabelece os crimes e as penas aplicáveis aos atos discriminatórios ou de preconceito de raça, cor, religião, etnia ou procedência nacional, praticados pelos meios de comunicação ou por publicação de qualquer natureza.

II – orientação sexual, idioma ou religião;

III – opinião, deficiência e condição social ou econômica.

Art. 18. A ação do poder público na efetivação do direito do jovem à diversidade e à igualdade contempla a adoção das seguintes medidas:

I – adoção, nos âmbitos federal, estadual, municipal e do Distrito Federal, de programas governamentais destinados a assegurar a igualdade de direitos aos jovens de todas as raças e etnias, independentemente de sua origem, relativamente à educação, à profissionalização, ao trabalho e renda, à cultura, à saúde, à segurança, à cidadania e ao acesso à justiça;

- Estatuto da Igualdade Racial: *vide* Lei n. 12.288, de 20-7-2010.

II – capacitação dos professores dos ensinos fundamental e médio para a aplicação das diretrizes curriculares nacionais no que se refere ao enfrentamento de todas as formas de discriminação;

III – inclusão de temas sobre questões étnicas, raciais, de deficiência, de orientação sexual, de gênero e de violência doméstica e sexual praticada contra a mulher na formação dos profissionais de educação, de saúde e de segurança pública e dos operadores do direito;

- A Resolução n. 1, de 17-6-2004, do CNE, institui diretrizes curriculares nacionais para a educação das relações étnico-raciais e para o ensino de história e cultura afro-brasileira e africana.

IV – observância das diretrizes curriculares para a educação indígena como forma de preservação dessa cultura;

V – inclusão, nos conteúdos curriculares, de informações sobre a discriminação na sociedade brasileira e sobre o direito de todos os grupos e indivíduos a tratamento igualitário perante a lei; e

VI – inclusão, nos conteúdos curriculares, de temas relacionados à sexualidade, respeitando a diversidade de valores e crenças.

Seção V
Do Direito à Saúde

- Vide arts. 196 e s. da CF.

Art. 19. O jovem tem direito à saúde e à qualidade de vida, considerando suas especificidades na dimensão da prevenção, promoção, proteção e recuperação da saúde de forma integral.

Art. 20. A política pública de atenção à saúde do jovem será desenvolvida em consonância com as seguintes diretrizes:

I – acesso universal e gratuito ao Sistema Único de Saúde – SUS e a serviços de saúde humanizados e de qualidade, que respeitem as especificidades do jovem;

II – atenção integral à saúde, com especial ênfase ao atendimento e à prevenção dos agravos mais prevalentes nos jovens;

III – desenvolvimento de ações articuladas entre os serviços de saúde e os estabelecimentos de ensino, a sociedade e a família, com vistas à prevenção de agravos;

IV – garantia da inclusão de temas relativos ao consumo de álcool, tabaco e outras drogas, à saúde sexual e reprodutiva, com enfoque de gênero e dos direitos sexuais e reprodutivos nos projetos pedagógicos dos diversos níveis de ensino;

V – reconhecimento do impacto da gravidez planejada ou não, sob os aspectos médico, psicológico, social e econômico;

VI – capacitação dos profissionais de saúde, em uma perspectiva multiprofissional, para lidar com temas relativos à saúde sexual e reprodutiva dos jovens, inclusive com deficiência, e ao abuso de álcool, tabaco e outras drogas pelos jovens;

VII – habilitação dos professores e profissionais de saúde e de assistência social para a identificação dos problemas relacionados ao uso abusivo e à dependência de álcool, tabaco e outras drogas e o devido encaminhamento aos serviços assistenciais e de saúde;

VIII – valorização das parcerias com instituições da sociedade civil na abordagem das questões de prevenção, tratamento e reinserção social dos usuários e dependentes de álcool, tabaco e outras drogas;

- A Lei n. 11.343, de 23-8-2006, institui o Sistema Nacional de Políticas Públicas sobre Drogas – SISNAD.

IX – proibição de propagandas de bebidas contendo qualquer teor alcoólico com a participação de pessoa com menos de 18 (dezoito) anos de idade;

- *Vide* arts. 79 e 81, II, do ECA.

X – veiculação de campanhas educativas relativas ao álcool, ao tabaco e a outras drogas como causadores de dependência; e

- A Lei n. 9.294, de 15-7-1996, dispõe sobre as restrições ao uso e à propaganda de produtos fumígeros, bebidas alcoólicas, entre outros.
- *Vide* art. 81, II, do ECA.

XI – articulação das instâncias de saúde e justiça na prevenção do uso e abuso de álcool, tabaco e outras drogas, inclusive esteroides anabolizantes e, especialmente, crack.

Seção VI
Do Direito à Cultura

- *Vide* arts. 215, 216 e 216-A da CF.
- A Lei n. 12.761, de 27-12-2012, institui o Programa de Cultura do Trabalhador e cria o Vale-Cultura.

Art. 21. O jovem tem direito à cultura, incluindo a livre criação, o acesso aos bens e serviços culturais e a participação nas decisões de política cultural, à identidade e diversidade cultural e à memória social.

- A Lei n. 8.313, de 23-12-1991, regulamentada pelo Decreto n. 5.761, de 27-4-2006, institui o Programa Nacional de Apoio à Cultura – PRONAC.

Art. 22. Na consecução dos direitos culturais da juventude, compete ao poder público:

I – garantir ao jovem a participação no processo de produção, reelaboração e fruição dos bens culturais;

II – propiciar ao jovem o acesso aos locais e eventos culturais, mediante preços reduzidos, em âmbito nacional;

III – incentivar os movimentos de jovens a desenvolver atividades artístico-culturais e ações voltadas à preservação do patrimônio histórico;

IV – valorizar a capacidade criativa do jovem, mediante o desenvolvimento de programas e projetos culturais;

V – propiciar ao jovem o conhecimento da diversidade cultural, regional e étnica do País;

VI – promover programas educativos e culturais voltados para a problemática do jovem nas emissoras de rádio e televisão e nos demais meios de comunicação de massa;

VII – promover a inclusão digital dos jovens, por meio do acesso às novas tecnologias da informação e comunicação;

VIII – assegurar ao jovem do campo o direito à produção e à fruição cultural e aos equipamentos públicos que valorizem a cultura camponesa; e

IX – garantir ao jovem com deficiência acessibilidade e adaptações razoáveis.

- A Lei n. 7.853, de 24-10-1989, dispõe sobre o apoio às pessoas portadoras de deficiência e sua integração social.

Parágrafo único. A aplicação dos incisos I, III e VIII do *caput* deve observar a legislação específica sobre o direito à profissionalização e à proteção no trabalho dos adolescentes.

- Proteção no trabalho para o menor e o adolescente: arts. 60 e s. do ECA e 402 a 441 da CLT.

Art. 23. É assegurado aos jovens de até 29 (vinte e nove) anos pertencentes a famílias de baixa renda e aos estudantes, na forma do regulamento, o acesso a salas de cinema, cineclubes, teatros, espetáculos musicais e circenses, eventos educativos, esportivos, de lazer e entretenimento, em todo o território nacional, promovidos por quaisquer entidades e realizados em estabelecimentos públicos ou particulares, mediante pagamento da metade do preço do ingresso cobrado do público em geral.

- •• O Decreto n. 8.537, de 5-10-2015, regulamenta o benefício de que trata este artigo.
- A Lei n. 12.761, de 27-12-2012, institui o Programa de Cultura do Trabalhador e cria o Vale-Cultura.
- A Lei n. 12.933, de 26-12-2013, dispõe sobre o benefício do pagamento de meia-entrada para estudantes, idosos, pessoas com deficiência e jovens de 15 a 29 anos comprovadamente carentes em espetáculos artístico-culturais e esportivos.

§ 1.º Terão direito ao benefício previsto no *caput* os estudantes regularmente matriculados nos níveis e modalidades de educação e ensino previstos no Título V da Lei n. 9.394, de 20 de dezembro de 1996 – Lei de Diretrizes e Bases da Educação Nacional, que comprovem sua condição de discente, mediante apresentação, no momento da aquisição do ingresso e na portaria do local de realização do evento, da Carteira de Identificação Estudantil – CIE.

§ 2.º A CIE será expedida preferencialmente pela Associação Nacional de Pós-Graduandos, pela União Nacional dos Estudantes, pela União Brasileira dos Estudantes Secundaristas e por entidades estudantis estaduais e municipais a elas filiadas.

§ 3.º É garantida a gratuidade na expedição da CIE para estudantes pertencentes a famílias de baixa renda, nos termos do regulamento.

§ 4.º As entidades mencionadas no § 2.º deste artigo deverão tornar disponível, para eventuais consultas pelo poder público e pelos estabelecimentos referidos no *caput*, banco de dados com o nome e o número de registro dos estudantes portadores da Carteira de Identificação Estudantil, expedida nos termos do § 3.º deste artigo.

§ 5.º A CIE terá validade até o dia 31 de março do ano subsequente à data de sua expedição.

§ 6.º As entidades mencionadas no § 2.º deste artigo são obrigadas a manter o documento comprobatório do vínculo do aluno com o estabelecimento escolar, pelo mesmo prazo de validade da respectiva Carteira de Identificação Estudantil.

§ 7.º Caberá aos órgãos públicos competentes federais, estaduais, municipais e do Distrito Federal a fiscalização do cumprimento do disposto neste artigo e a aplicação das sanções cabíveis, nos termos do regulamento.

§ 8.º Os benefícios previstos neste artigo não incidirão sobre os eventos esportivos de que tratam as Leis n. 12.663, de 5 de junho de 2012, e 12.780, de 9 de janeiro de 2013.

- Lei n. 12.663, de 5-6-2012: Lei Geral da Copa do Mundo 2014.
- Lei n. 12.780, de 9-1-2013: medidas tributárias referentes à realização, no Brasil, dos Jogos Olímpicos e Paralímpicos de 2016.

§ 9.º Considera-se de baixa renda, para os fins do disposto no *caput*, a família inscrita no Cadastro Único para Programas Sociais do Governo Federal – CadÚnico cuja renda mensal seja de até 2 (dois) salários mínimos.

§ 10. A concessão do benefício da meia-entrada de que trata o *caput* é limitada a 40% (quarenta por cento) do total de ingressos disponíveis para cada evento.

Art. 24. O poder público destinará, no âmbito dos respectivos orçamentos, recursos financeiros para o fomento dos projetos culturais destinados aos jovens e por eles produzidos.

Art. 25. Na destinação dos recursos do Fundo Nacional da Cultura – FNC, de que trata a Lei n. 8.313, de 23 de dezembro de 1991, serão consideradas as necessidades específicas dos jovens em relação à ampliação do acesso à cultura e à melhoria das condições para o exercício do protagonismo no campo da produção cultural.

Parágrafo único. As pessoas físicas ou jurídicas poderão optar pela aplicação de parcelas do imposto sobre a renda a título de doações ou patrocínios, de que trata a Lei n. 8.313, de 23 de dezembro de 1991, no apoio a projetos culturais apresentados por entidades juvenis legalmente constituídas há, pelo menos, 1 (um) ano.

Seção VII
Do Direito à Comunicação e à Liberdade de Expressão

- *Vide* arts. 5.º, IV, IX, XIV, e 220 da CF.

Art. 26. O jovem tem direito à comunicação e à livre expressão, à produção de conteúdo, individual e colaborativo, e ao acesso às tecnologias de informação e comunicação.

Art. 27. A ação do poder público na efetivação do direito do jovem à comunicação e à liberdade de expressão contempla a adoção das seguintes medidas:

I – incentivar programas educativos e culturais voltados para os jovens nas emissoras de rádio e televisão e nos demais meios de comunicação de massa;

II – promover a inclusão digital dos jovens, por meio do acesso às novas tecnologias de informação e comunicação;

III – promover as redes e plataformas de comunicação dos jovens, considerando a acessibilidade para os jovens com deficiência;

IV – incentivar a criação e manutenção de equipamentos públicos voltados para a promoção do direito do jovem à comunicação; e

V – garantir a acessibilidade à comunicação por meio de tecnologias assistivas e adaptações razoáveis para os jovens com deficiência.

Seção VIII
Do Direito ao Desporto e ao Lazer

- *Vide* art. 217 da CF.
- A Lei n. 9.615, de 24-3-1998, institui normas gerais sobre o desporto.

Art. 28. O jovem tem direito à prática desportiva destinada a seu pleno desenvolvimento, com prioridade para o desporto de participação.

Parágrafo único. O direito à prática desportiva dos adolescentes deverá considerar sua condição peculiar de pessoa em desenvolvimento.

Art. 29. A política pública de desporto e lazer destinada ao jovem deverá considerar:

I – a realização de diagnóstico e estudos estatísticos oficiais acerca da educação física e dos desportos e dos equipamentos de lazer no Brasil;

II – a adoção de lei de incentivo fiscal para o esporte, com critérios que priorizem a juventude e promovam a equidade;

- A Lei n. 11.348, de 29-12-2006, regulamentada pelo Decreto n. 6.180, de 3-8-2007, dispõe sobre incentivos e benefícios para fomentar as atividades de caráter desportivo.

III – a valorização do desporto e do paradesporto educacional;

IV – a oferta de equipamentos comunitários que permitam a prática desportiva, cultural e de lazer.

Art. 30. Todas as escolas deverão buscar pelo menos um local apropriado para a prática de atividades poliesportivas.

Seção IX
Do Direito ao Território e à Mobilidade

- Política Nacional de Mobilidade Urbana: *vide* Lei n. 12.587, de 3-1-2012.

Art. 31. O jovem tem direito ao território e à mobilidade, incluindo a promoção de políticas públicas de moradia, circulação e equipamentos públicos, no campo e na cidade.

- *Vide* art. 5.º, XV, da CF.

Parágrafo único. Ao jovem com deficiência devem ser garantidas a acessibilidade e as adaptações necessárias.

- A Lei n. 7.853, de 24-10-1989, dispõe sobre o apoio às pessoas portadoras de deficiência e sua integração social.

Art. 32. No sistema de transporte coletivo interestadual, observar-se-á, nos termos da legislação específica:

I – a reserva de 2 (duas) vagas gratuitas por veículo para jovens de baixa renda;

II – a reserva de 2 (duas) vagas por veículo com desconto de 50% (cinquenta por cento), no mínimo, no valor das passagens, para os jovens de baixa renda, a serem utilizadas após esgotadas as vagas previstas no inciso I.

Parágrafo único. Os procedimentos e os critérios para o exercício dos direitos previstos nos incisos I e II serão definidos em regulamento.

- • O Decreto n. 8.537, de 5-10-2015, regulamenta o benefício de que trata este artigo.

Art. 33. A União envidará esforços, em articulação com os Estados, o Distrito Federal e os Municípios, para promover a oferta de transporte público subsidiado para os jovens, com prioridade para os jovens em situação de pobreza e vulnerabilidade, na forma do regulamento.

Seção X
Do Direito à Sustentabilidade e ao Meio Ambiente

- *Vide* art. 225 da CF.

Art. 34. O jovem tem direito à sustentabilidade e ao meio ambiente ecologicamente equilibrado, bem de uso comum do povo, essencial à sadia qualidade de vida, e o dever de defendê-lo e preservá-lo para a presente e as futuras gerações.

Art. 35. O Estado promoverá, em todos os níveis de ensino, a educação ambiental voltada para a preservação do meio ambiente e a sustentabilidade, de acordo com a Política Nacional do Meio Ambiente.

Art. 36. Na elaboração, na execução e na avaliação de políticas públicas que incorporem a dimensão ambiental, o poder público deverá considerar:

I – o estímulo e o fortalecimento de organizações, movimentos, redes e outros coletivos de juventude que atuem no âmbito das questões ambientais e em prol do desenvolvimento sustentável;

II – o incentivo à participação dos jovens na elaboração das políticas públicas de meio ambiente;

III – a criação de programas de educação ambiental destinados aos jovens; e

IV – o incentivo à participação dos jovens em projetos de geração de trabalho e renda que visem ao desenvolvimento sustentável nos âmbitos rural e urbano.

Parágrafo único. A aplicação do disposto no inciso IV do *caput* deve observar a legislação específica sobre o direito à profissionalização e à proteção no trabalho dos adolescentes.

Seção XI
Do Direito à Segurança Pública e ao Acesso à Justiça

- *Vide* art. 5.º, XXXIV, da CF.

Art. 37. Todos os jovens têm direito de viver em um ambiente seguro, sem violência, com garantia da sua incolumidade física e mental, sendo-lhes asseguradas a igualdade de oportunidades e facilidades para seu aperfeiçoamento intelectual, cultural e social.

Art. 38. As políticas de segurança pública voltadas para os jovens deverão articular ações da União, dos Estados, do Distrito Federal e dos Municípios e ações não governamentais, tendo por diretrizes:

I – a integração com as demais políticas voltadas à juventude;

II – a prevenção e enfrentamento da violência;

III – a promoção de estudos e pesquisas e a obtenção de estatísticas e informações relevantes para subsidiar as ações de segurança pública e permitir a avaliação periódica dos impactos das políticas públicas quanto às causas, às consequências e à frequência da violência contra os jovens;

IV – a priorização de ações voltadas para os jovens em situação de risco, vulnerabilidade social e egressos do sistema penitenciário nacional;

V – a promoção do acesso efetivo dos jovens à Defensoria Pública, considerando as especificidades da condição juvenil; e

- Defensoria Pública: *vide* arts. 133 a 135 da CF.

VI – a promoção do efetivo acesso dos jovens com deficiência à justiça em igualdade de condições com as demais pessoas, inclusive mediante a provisão de adaptações processuais adequadas a sua idade.

TÍTULO II
DO SISTEMA NACIONAL DE JUVENTUDE

- O Decreto n. 9.306, de 15-3-2018, dispõe sobre o Sistema Nacional de Juventude.

Capítulo I
DO SISTEMA NACIONAL DE JUVENTUDE – SINAJUVE

Art. 39. É instituído o Sistema Nacional de Juventude – Sinajuve, cujos composição, organização, competência e funcionamento serão definidos em regulamento.

Art. 40. O financiamento das ações e atividades realizadas no âmbito do Sinajuve será definido em regulamento.

Capítulo II
DAS COMPETÊNCIAS

Art. 41. Compete à União:

I – formular e coordenar a execução da Política Nacional de Juventude;

II – coordenar e manter o Sinajuve;

III – estabelecer diretrizes sobre a organização e o funcionamento do Sinajuve;

IV – elaborar o Plano Nacional de Políticas de Juventude, em parceria com os Estados, o Distrito Federal, os Municípios e a sociedade, em especial a juventude;

V – convocar e realizar, em conjunto com o Conselho Nacional de Juventude, as Conferências Nacionais de Juventude, com intervalo máximo de 4 (quatro) anos;

VI – prestar assistência técnica e suplementação financeira aos Estados, ao Distrito Federal e aos Municípios para o desenvolvimento de seus sistemas de juventude;

VII – contribuir para a qualificação e ação em rede do Sinajuve em todos os entes da Federação;

VIII – financiar, com os demais entes federados, a execução das políticas públicas de juventude;

IX – estabelecer formas de colaboração com os Estados, o Distrito Federal e os Municípios para a execução das políticas públicas de juventude; e

X – garantir a publicidade de informações sobre repasses de recursos para financiamento das políticas públicas de juventude aos conselhos e gestores estaduais, do Distrito Federal e municipais.

Art. 42. Compete aos Estados:

I – coordenar, em âmbito estadual, o Sinajuve;

II – elaborar os respectivos planos estaduais de juventude, em conformidade com o Plano Nacional, com a participação da sociedade, em especial da juventude;

III – criar, desenvolver e manter programas, ações e projetos para a execução das políticas públicas de juventude;

IV – convocar e realizar, em conjunto com o Conselho Estadual de Juventude, as Conferências Estaduais de Juventude, com intervalo máximo de 4 (quatro) anos;

V – editar normas complementares para a organização e o funcionamento do Sinajuve, em âmbito estadual e municipal;

VI – estabelecer com a União e os Municípios formas de colaboração para a execução das políticas públicas de juventude; e

VII – cofinanciar, com os demais entes federados, a execução de programas, ações e projetos das políticas públicas de juventude.

Parágrafo único. Serão incluídos nos censos demográficos dados relativos à população jovem do País.

Art. 43. Compete aos Municípios:

I – coordenar, em âmbito municipal, o Sinajuve;

II – elaborar os respectivos planos municipais de juventude, em conformidade com os respectivos Planos Nacional e Estadual, com a participação da sociedade, em especial da juventude;

III – criar, desenvolver e manter programas, ações e projetos para a execução das políticas públicas de juventude;

IV – convocar e realizar, em conjunto com o Conselho Municipal de Juventude, as Conferências Municipais de Juventude, com intervalo máximo de 4 (quatro) anos;

V – editar normas complementares para a organização e funcionamento do Sinajuve, em âmbito municipal;

VI – cofinanciar, com os demais entes federados, a execução de programas, ações e projetos das políticas públicas de juventude; e

VII – estabelecer mecanismos de cooperação com os Estados e a União para a execução das políticas públicas de juventude.

Parágrafo único. Para garantir a articulação federativa com vistas ao efetivo cumprimento das políticas públicas de juventude, os Municípios podem instituir os consórcios de que trata a Lei n. 11.107, de 6 de abril de 2005, ou qualquer outro instrumento jurídico adequado, como forma de compartilhar responsabilidades.

Art. 44. As competências dos Estados e Municípios são atribuídas, cumulativamente, ao Distrito Federal.

Capítulo III
DOS CONSELHOS DE JUVENTUDE

Art. 45. Os conselhos de juventude são órgãos permanentes e autônomos, não jurisdicionais, encarregados de tratar das políticas públicas de juventude e da garantia do exercício dos direitos do jovem, com os seguintes objetivos:

I – auxiliar na elaboração de políticas públicas de juventude que promovam o amplo exercício dos direitos dos jovens estabelecidos nesta Lei;

II – utilizar instrumentos de forma a buscar que o Estado garanta aos jovens o exercício dos seus direitos;

III – colaborar com os órgãos da administração no planejamento e na implementação das políticas de juventude;

IV – estudar, analisar, elaborar, discutir e propor a celebração de instrumentos de cooperação, visando à elaboração de programas, projetos e ações voltados para a juventude;

V – promover a realização de estudos relativos à juventude, objetivando subsidiar o planejamento das políticas públicas de juventude;

VI – estudar, analisar, elaborar, discutir e propor políticas públicas que permitam e garantam a integração e a participação do jovem nos processos social, econômico, político e cultural no respectivo ente federado;

VII – propor a criação de formas de participação da juventude nos órgãos da administração pública;

VIII – promover e participar de seminários, cursos, congressos e eventos correlatos para o debate de temas relativos à juventude;

IX – desenvolver outras atividades relacionadas às políticas públicas de juventude.

§ 1.º A lei, em âmbito federal, estadual, do Distrito Federal e municipal, disporá sobre a organização, o funcionamento e a composição dos conselhos de juventude, observada a participação da sociedade civil mediante critério, no mínimo, paritário com os representantes do poder público.

§ 2.º (*Vetado*.)

Art. 46. São atribuições dos conselhos de juventude:

I – encaminhar ao Ministério Público notícia de fato que constitua infração administrativa ou penal contra os direitos do jovem garantidos na legislação;

II – encaminhar à autoridade judiciária os casos de sua competência;

III – expedir notificações;

IV – solicitar informações das autoridades públicas;

V – assessorar o Poder Executivo local na elaboração dos planos, programas, projetos, ações e proposta orçamentária das políticas públicas de juventude.

Art. 47. Sem prejuízo das atribuições dos conselhos de juventude com relação aos direitos previstos neste Estatuto, cabe aos conselhos de direitos da criança e do adolescente deliberar e controlar as ações em todos os níveis relativas aos adolescentes com idade entre 15 (quinze) e 18 (dezoito) anos.

Art. 48. Esta Lei entra em vigor após decorridos 180 (cento e oitenta) dias de sua publicação oficial.

Brasília, 5 de agosto de 2013; 192.º da Independência e 125.º da República.

DILMA ROUSSEFF

LEI N. 12.853, DE 14 DE AGOSTO DE 2013 (*)

Altera os arts. 5.º, 68, 97, 98, 99 e 100, acrescenta arts. 98-A, 98-B, 98-C, 99-A, 99-B,

(*) Publicada no *Diário Oficial da União*, de 15-8-2013. Regulamentada pelo Decreto n. 9.574, de 22-11-2018.

100-A, 100-B e 109-A e revoga o art. 94 da Lei n. 9.610, de 19 de fevereiro de 1998, para dispor sobre a gestão coletiva de direitos autorais, e dá outras providências.

A Presidenta da República

Faço saber que o Congresso Nacional decreta e eu sanciono a seguinte Lei:

Art. 1.º Esta Lei dispõe sobre a gestão coletiva de direitos autorais, altera, revoga e acrescenta dispositivos à Lei n. 9.610, de 19 de fevereiro de 1998.

Art. 2.º Os arts. 5.º, 68, 97, 98, 99 e 100 da Lei n. 9.610, de 19 de fevereiro de 1998, passam a vigorar com as seguintes alterações:

•• Alterações já processadas no diploma modificado.

Art. 3.º A Lei n. 9.610, de 1998, passa a vigorar acrescida dos seguintes arts. 98-A, 98-B, 98-C, 99-A, 99-B, 100-A, 100-B e 109-A:

•• Alterações já processadas no diploma modificado.

Art. 4.º As associações de gestão coletiva de direitos autorais que, antes da vigência da presente Lei, estejam legalmente constituídas e arrecadando e distribuindo os direitos autorais de obras e fonogramas considerar-se-ão habilitadas para exercerem a atividade econômica de cobrança pelo prazo definido em regulamento, devendo obedecer às disposições constantes do art. 98-A da Lei n. 9.610, de 1998.

Art. 5.º As associações a que se refere o art. 4.º desta Lei terão 60 (sessenta) dias para adaptar seus estatutos ao § 13 do art. 98 da Lei n. 9.610, de 1998, permitindo-se que seus dirigentes concluam os mandatos em curso quando do início da vigência desta Lei até o prazo originalmente previsto, após o qual poderão candidatar-se para mandato de 3 (três) anos, com possibilidade de 1 (uma) recondução, nos termos desta Lei.

Art. 6.º Desde que se comprove a observância de todas as exigências para a constituição do novo ente arrecadador unificado, constantes do *caput* do art. 99 da Lei n. 9.610, de 1998, as associações referidas no art. 4.º desta Lei poderão requerer ao Ministério da Cultura, no prazo estabelecido em regulamento, que reconheça a pessoa jurídica já constituída como ente arrecadador.

Art. 7.º O Ministério da Cultura constituirá, no prazo e nos termos dispostos em regulamento, comissão permanente para aperfeiçoamento da gestão coletiva, que promoverá o aprimoramento contínuo da gestão coletiva de direitos autorais no Brasil por meio da análise da atuação e dos resultados obtidos pelas entidades brasileiras, bem como do exame das melhores práticas internacionais.

Art. 8.º Admite-se a delegação, pelo Ministério da Cultura, das competências a ele atribuídas por esta Lei a outro órgão.

Art. 9.º Revoga-se o art. 94 da Lei n. 9.610, de 19 de fevereiro de 1998.

Art. 10. Esta Lei entra em vigor após decorridos 120 (cento e vinte) dias de sua publicação oficial.

Brasília, 14 de agosto de 2013; 192.º da Independência e 125.º da República.

DILMA ROUSSEFF

LEI N. 12.965, DE 23 DE ABRIL DE 2014 (*)

Estabelece princípios, garantias, direitos e deveres para o uso da Internet no Brasil.

A Presidenta da República

Faço saber que o Congresso Nacional decreta e eu sanciono a seguinte Lei:

Capítulo I
DISPOSIÇÕES PRELIMINARES

Art. 1.º Esta Lei estabelece princípios, garantias, direitos e deveres para o uso da internet no Brasil e determina as diretrizes para atuação da União, do Distrito Federal e dos Municípios em relação à matéria.

Art. 2.º A disciplina do uso da internet no Brasil tem como fundamento o respeito à liberdade de expressão, bem como:

I – o reconhecimento da escala mundial da rede;

II – os direitos humanos, o desenvolvimento da personalidade e o exercício da cidadania em meios digitais;

III – a pluralidade e a diversidade;

IV – a abertura e a colaboração;

V – a livre-iniciativa, a livre concorrência e a defesa do consumidor; e

• *Vide* Lei n. 8.078, de 11-9-1990 (Código do Consumidor).

VI – a finalidade social da rede.

Art. 3.º A disciplina do uso da internet no Brasil tem os seguintes princípios:

I – garantia da liberdade de expressão, comunicação e manifestação de pensamento, nos termos da Constituição Federal;

• *Vide* art. 5.º, IV, da CF.

II – proteção da privacidade;

• *Vide* arts. 5.º, X, da CF e 21 do CC.

III – proteção dos dados pessoais, na forma da lei;

IV – preservação e garantia da neutralidade de rede;

V – preservação da estabilidade, segurança e funcionalidade da rede, por meio de medidas técnicas compatíveis com os padrões internacionais e pelo estímulo ao uso de boas práticas;

VI – responsabilização dos agentes de acordo com suas atividades, nos termos da lei;

VII – preservação da natureza participativa da rede;

VIII – liberdade dos modelos de negócios promovidos na internet, desde que não conflitem com os demais princípios estabelecidos nesta Lei.

Parágrafo único. Os princípios expressos nesta Lei não excluem outros previstos no ordenamento jurídico pátrio relacionados à matéria ou nos tratados internacionais em que a República Federativa do Brasil seja parte.

Art. 4.º A disciplina do uso da internet no Brasil tem por objetivo a promoção:

I – do direito de acesso à internet a todos;

II – do acesso à informação, ao conhecimento e à participação na vida cultural e na condução dos assuntos públicos;

• *Vide* art. 220 da CF.

III – da inovação e do fomento à ampla difusão de novas tecnologias e modelos de uso e acesso; e

IV – da adesão a padrões tecnológicos abertos que permitam a comunicação, a acessibilidade e a interoperabilidade entre aplicações e bases de dados.

Art. 5.º Para os efeitos desta Lei, considera-se:

I – internet: o sistema constituído do conjunto de protocolos lógicos, estruturado em escala mundial para uso público e irrestrito, com a finalidade de possibilitar a comunicação de dados entre terminais por meio de diferentes redes;

II – terminal: o computador ou qualquer dispositivo que se conecte à internet;

III – endereço de protocolo de internet (endereço IP): o código atribuído a um terminal de uma rede para permitir sua identificação, definido segundo parâmetros internacionais;

IV – administrador de sistema autônomo: a pessoa física ou jurídica que administra blocos de endereço IP específicos e o respectivo sistema autônomo de roteamento, devidamente cadastrada no ente nacional responsável pelo registro e distribuição de endereços IP geograficamente referentes ao País;

V – conexão à internet: a habilitação de um terminal para envio e recebimento de pacotes de dados pela internet, mediante a atribuição ou autenticação de um endereço IP;

VI – registro de conexão: o conjunto de informações referentes à data e hora de início e término de uma conexão à internet, sua duração e o endereço IP utilizado pelo terminal para o envio e recebimento de pacotes de dados;

VII – aplicações de internet: o conjunto de funcionalidades que podem ser acessadas por meio de um terminal conectado à internet; e

VIII – registros de acesso a aplicações de internet: o conjunto de informações referentes à data e hora de uso de uma determinada aplicação de internet a partir de um determinado endereço IP.

(*) Publicada no *Diário Oficial da União*, de 24-4-2014. Regulamentada pelo Decreto n. 8.771, de 11-5-2016.

Art. 6.º Na interpretação desta Lei serão levados em conta, além dos fundamentos, princípios e objetivos previstos, a natureza da internet, seus usos e costumes particulares e sua importância para a promoção do desenvolvimento humano, econômico, social e cultural.

Capítulo II
DOS DIREITOS E GARANTIAS DOS USUÁRIOS

•• Sobre proteção de dados nos meios digitais, *vide* Lei n. 13.709, de 14-8-2018.

Art. 7.º O acesso à internet é essencial ao exercício da cidadania, e ao usuário são assegurados os seguintes direitos:

I – inviolabilidade da intimidade e da vida privada, sua proteção e indenização pelo dano material ou moral decorrente de sua violação;

• *Vide* arts. 5.º, X, da CF e 12, 21 e 927 e s. do CC.

II – inviolabilidade e sigilo do fluxo de suas comunicações pela internet, salvo por ordem judicial, na forma da lei;

• *Vide* art. 10, § 2.º, desta Lei.

• *Vide* art. 5.º, XII, da CF, regulamentado pela Lei n. 9.296, de 24-7-1996.

III – inviolabilidade e sigilo de suas comunicações privadas armazenadas, salvo por ordem judicial;

• *Vide* art. 10, § 2.º, desta Lei.

IV – não suspensão da conexão à internet, salvo por débito diretamente decorrente de sua utilização;

• *Vide* arts. 42 e 42-A da Lei n. 8.078, de 11-9-1990.

V – manutenção da qualidade contratada da conexão à internet;

VI – informações claras e completas constantes dos contratos de prestação de serviços, com detalhamento sobre o regime de proteção aos registros de conexão e aos registros de acesso a aplicações de internet, bem como sobre práticas de gerenciamento da rede que possam afetar sua qualidade;

VII – não fornecimento a terceiros de seus dados pessoais, inclusive registros de conexão, e de acesso a aplicações de internet, salvo mediante consentimento livre, expresso e informado ou nas hipóteses previstas em lei;

•• *Vide* arts. 13 e 14 do Decreto n. 8.771, de 11-5-2016.

VIII – informações claras e completas sobre coleta, uso, armazenamento, tratamento e proteção de seus dados pessoais, que somente poderão ser utilizados para finalidades que:

a) justifiquem sua coleta;

b) não sejam vedadas pela legislação; e

c) estejam especificadas nos contratos de prestação de serviços ou em termos de uso de aplicações de internet;

IX – consentimento expresso sobre coleta, uso, armazenamento e tratamento de dados pessoais, que deverá ocorrer de forma destacada das demais cláusulas contratuais;

X – exclusão definitiva dos dados pessoais que tiver fornecido a determinada aplicação de internet, a seu requerimento, ao término da relação entre as partes, ressalvadas as hipóteses de guarda obrigatória de registros previstas nesta Lei e na que dispõe sobre a proteção de dados pessoais;

•• Inciso X com redação determinada pela Lei n. 13.709, de 14-8-2018.

• *Vide* Lei n. 13.709, de 14-8-2018 (Proteção de dados pessoais).

XI – publicidade e clareza de eventuais políticas de uso dos provedores de conexão à internet e de aplicações de internet;

XII – acessibilidade, consideradas as características físico-motoras, perceptivas, sensoriais, intelectuais e mentais do usuário, nos termos da lei; e

XIII – aplicação das normas de proteção e defesa do consumidor nas relações de consumo realizadas na internet.

• *Vide* Lei n. 8.078, de 11-9-1990 (Código do Consumidor).

Art. 8.º A garantia do direito à privacidade e à liberdade de expressão nas comunicações é condição para o pleno exercício do direito de acesso à internet.

Parágrafo único. São nulas de pleno direito as cláusulas contratuais que violem o disposto no *caput*, tais como aquelas que:

I – impliquem ofensa à inviolabilidade e ao sigilo das comunicações privadas, pela internet; ou

II – em contrato de adesão, não ofereçam como alternativa ao contratante a adoção do foro brasileiro para solução de controvérsias decorrentes de serviços prestados no Brasil.

Capítulo III
DA PROVISÃO DE CONEXÃO E DE APLICAÇÕES DE INTERNET

Seção I
Da Neutralidade de Rede

•• *Vide* arts. 3.º a 10 do Decreto n. 8.771, de 11-5-2016.

Art. 9.º O responsável pela transmissão, comutação ou roteamento tem o dever de tratar de forma isonômica quaisquer pacotes de dados, sem distinção por conteúdo, origem e destino, serviço, terminal ou aplicação.

§ 1.º A discriminação ou degradação do tráfego será regulamentada nos termos das atribuições privativas do Presidente da República previstas no inciso IV do art. 84 da Constituição Federal, para a fiel execução desta Lei, ouvidos o Comitê Gestor da Internet e a Agência Nacional de Telecomunicações, e somente poderá decorrer de:

I – requisitos técnicos indispensáveis à prestação adequada dos serviços e aplicações; e

II – priorização de serviços de emergência.

§ 2.º Na hipótese de discriminação ou degradação do tráfego prevista no § 1.º, o responsável mencionado no *caput* deve:

•• *Vide* art. 4.º do Decreto n. 8.771, de 11-5-2016.

I – abster-se de causar dano aos usuários, na forma do art. 927 da Lei n. 10.406, de 10 de janeiro de 2002 – Código Civil;

II – agir com proporcionalidade, transparência e isonomia;

III – informar previamente de modo transparente, claro e suficientemente descritivo aos seus usuários sobre as práticas de gerenciamento e mitigação de tráfego adotadas, inclusive as relacionadas à segurança da rede; e

IV – oferecer serviços em condições comerciais não discriminatórias e abster-se de praticar condutas anticoncorrenciais.

§ 3.º Na provisão de conexão à internet, onerosa ou gratuita, bem como na transmissão, comutação ou roteamento, é vedado bloquear, monitorar, filtrar ou analisar o conteúdo dos pacotes de dados, respeitado o disposto neste artigo.

Seção II
Da Proteção aos Registros, aos Dados Pessoais e às Comunicações Privadas

•• *Vide* arts. 11 a 16 do Decreto n. 8.771, de 11-5-2016.

Art. 10. A guarda e a disponibilização dos registros de conexão e de acesso a aplicações de internet de que trata esta Lei, bem como de dados pessoais e do conteúdo de comunicações privadas, devem atender à preservação da intimidade, da vida privada, da honra e da imagem das partes direta ou indiretamente envolvidas.

§ 1.º O provedor responsável pela guarda somente será obrigado a disponibilizar os registros mencionados no *caput*, de forma autônoma ou associados a dados pessoais ou a outras informações que possam contribuir para a identificação do usuário ou do terminal, mediante ordem judicial, na forma do disposto na Seção IV deste Capítulo, respeitado o disposto no art. 7.º.

§ 2.º O conteúdo das comunicações privadas somente poderá ser disponibilizado mediante ordem judicial, nas hipóteses e na forma que a lei estabelecer, respeitado o disposto nos incisos II e III do art. 7.º.

§ 3.º O disposto no *caput* não impede o acesso aos dados cadastrais que informem qualificação pessoal, filiação e endereço, na forma da lei, pelas autoridades administrativas que detenham competência legal para a sua requisição.

• Os arts. 17-B da Lei n. 9.613, de 3-3-1998 (crimes de "lavagem" de dinheiro), e 15 da Lei n. 12.850, de 2-8-2013 (organização criminosa), permitem o acesso, independentemente de autorização judicial, a registros e dados cadastrais do investigado que informem exclusivamente a qualificação pessoal, a filiação e o endereço mantidos pela Justiça Eleitoral, empresas telefônicas, instituições financeiras, provedores de Internet e administradoras de cartão de crédito.

• *Vide* art. 11 do Decreto n. 8.771, de 11-5-2016.

§ 4.º As medidas e os procedimentos de segurança e de sigilo devem ser informados pelo responsável pela provisão de serviços de forma clara e atender a padrões definidos em regulamento, respeitado seu direito de confidencialidade quanto a segredos empresariais.

Art. 11. Em qualquer operação de coleta, armazenamento, guarda e tratamento de registros, de dados pessoais ou de comunicações por provedores de conexão e de aplicações de internet em que pelo menos um desses atos ocorra em território nacional, deverão ser obrigatoriamente respeitados a legislação brasileira e os direitos à privacidade, à proteção dos dados pessoais e ao sigilo das comunicações privadas e dos registros.

•• *Vide* arts. 15 e 20 do Decreto n. 8.771, de 11-5-2016.

§ 1.º O disposto no *caput* aplica-se aos dados coletados em território nacional e ao conteúdo das comunicações, desde que pelo menos um dos terminais esteja localizado no Brasil.

§ 2.º O disposto no caput aplica-se mesmo que as atividades sejam realizadas por pessoa jurídica sediada no exterior, desde que oferte serviço ao público brasileiro ou pelo menos uma integrante do mesmo grupo econômico possua estabelecimento no Brasil.

§ 3.º Os provedores de conexão e de aplicações de internet deverão prestar, na forma da regulamentação, informações que permitam a verificação quanto ao cumprimento da legislação brasileira referente à coleta, à guarda, ao armazenamento ou ao tratamento de dados, bem como quanto ao respeito à privacidade e ao sigilo de comunicações.

•• *Vide* art. 13, III, do Decreto n. 8.771, de 11-5-2016.

§ 4.º Decreto regulamentará o procedimento para apuração de infrações ao disposto neste artigo.

Art. 12. Sem prejuízo das demais sanções cíveis, criminais ou administrativas, as infrações às normas previstas nos arts. 10 e 11 ficam sujeitas, conforme o caso, às seguintes sanções, aplicadas de forma isolada ou cumulativa:

I – advertência, com indicação de prazo para adoção de medidas corretivas;

II – multa de até 10% (dez por cento) do faturamento do grupo econômico no Brasil no seu último exercício, excluídos os tributos, considerados a condição econômica do infrator e o princípio da proporcionalidade entre a gravidade da falta e a intensidade da sanção;

III – suspensão temporária das atividades que envolvam os atos previstos no art. 11; ou

IV – proibição de exercício das atividades que envolvam os atos previstos no art. 11.

Parágrafo único. Tratando-se de empresa estrangeira, responde solidariamente pelo pagamento da multa de que trata o *caput* sua filial, sucursal, escritório ou estabelecimento situado no País.

Subseção I

Da guarda de registros de conexão

Art. 13. Na provisão de conexão à internet, cabe ao administrador de sistema autônomo respectivo o dever de manter os registros de conexão, sob sigilo, em ambiente controlado e de segurança, pelo prazo de 1 (um) ano, nos termos do regulamento.

§ 1.º A responsabilidade pela manutenção dos registros de conexão não poderá ser transferida a terceiros.

§ 2.º A autoridade policial ou administrativa ou o Ministério Público poderá requerer cautelarmente que os registros de conexão sejam guardados por prazo superior ao previsto no *caput*.

§ 3.º Na hipótese do § 2.º, a autoridade requerente terá o prazo de 60 (sessenta) dias, contados a partir do requerimento, para ingressar com o pedido de autorização judicial de acesso aos registros previstos no *caput*.

§ 4.º O provedor responsável pela guarda dos registros deverá manter sigilo em relação ao requerimento previsto no § 2.º, que perderá sua eficácia caso o pedido de autorização judicial seja indeferido ou não tenha sido protocolado no prazo previsto no § 3.º.

§ 5.º Em qualquer hipótese, a disponibilização ao requerente dos registros de que trata este artigo deverá ser precedida de autorização judicial, conforme disposto na Seção IV deste Capítulo.

§ 6.º Na aplicação de sanções pelo descumprimento ao disposto neste artigo, serão considerados a natureza e a gravidade da infração, os danos dela resultantes, eventual vantagem auferida pelo infrator, as circunstâncias agravantes, os antecedentes do infrator e a reincidência.

Subseção II

Da guarda de registros de acesso a aplicações de internet na provisão de conexão

Art. 14. Na provisão de conexão, onerosa ou gratuita, é vedado guardar os registros de acesso a aplicações de internet.

Subseção III

Da guarda de registros de acesso a aplicações de internet na provisão de aplicações

Art. 15. O provedor de aplicações de internet constituído na forma de pessoa jurídica e que exerça essa atividade de forma organizada, profissionalmente e com fins econômicos deverá manter os respectivos registros de acesso a aplicações de internet, sob sigilo, em ambiente controlado e de segurança, pelo prazo de 6 (seis) meses, nos termos do regulamento.

§ 1.º Ordem judicial poderá obrigar, por tempo certo, os provedores de aplicações de internet que não estão sujeitos ao disposto no *caput* a guardarem registros de acesso a aplicações de internet, desde que se trate de registros relativos a fatos específicos em período determinado.

§ 2.º A autoridade policial ou administrativa ou o Ministério Público poderão requerer cautelarmente a qualquer provedor de aplicações de internet que os registros de acesso a aplicações de internet sejam guardados, inclusive por prazo superior ao previsto no *caput*, observado o disposto nos §§ 3.º e 4.º do art. 13.

§ 3.º Em qualquer hipótese, a disponibilização ao requerente dos registros de que trata este artigo deverá ser precedida de autorização judicial, conforme disposto na Seção IV deste Capítulo.

§ 4.º Na aplicação de sanções pelo descumprimento ao disposto neste artigo, serão considerados a natureza e a gravidade da infração, os danos dela resultantes, eventual vantagem auferida pelo infrator, as circunstâncias agravantes, os antecedentes do infrator e a reincidência.

Art. 16. Na provisão de aplicações de internet, onerosa ou gratuita, é vedada a guarda:

I – dos registros de acesso a outras aplicações de internet sem que o titular dos dados tenha consentido previamente, respeitado o disposto no art. 7.º; ou

II – de dados pessoais que sejam excessivos em relação à finalidade para a qual foi dado consentimento pelo seu titular, exceto nas hipóteses previstas na Lei que dispõe sobre a proteção de dados pessoais.

•• Inciso II com redação determinada pela Lei n. 13.709, de 14-8-2018.

• *Vide* Lei n. 13.709, de 14-8-2018 (proteção de dados pessoais).

Art. 17. Ressalvadas as hipóteses previstas nesta Lei, a opção por não guardar os registros de acesso a aplicações de internet não implica responsabilidade sobre danos decorrentes do uso desses serviços por terceiros.

Seção III

Da Responsabilidade por Danos Decorrentes de Conteúdo Gerado por Terceiros

Art. 18. O provedor de conexão à internet não será responsabilizado civilmente por danos decorrentes de conteúdo gerado por terceiros.

• *Vide* arts. 927 e s. do CC.

Art. 19. Com o intuito de assegurar a liberdade de expressão e impedir a censura, o provedor de aplicações de internet somente poderá ser responsabilizado civilmente por danos decorrentes de conteúdo gerado por terceiros se, após ordem judicial específica, não tomar as providências para, no âmbito e nos limites técnicos do seu serviço e dentro do prazo assinalado, tornar indisponível o conteúdo apontado como infringente, ressalvadas as disposições legais em contrário.

§ 1.º A ordem judicial de que trata o *caput* deverá conter, sob pena de nulidade, identificação clara e específica do conteúdo apontado como infringente, que permita a localização inequívoca do material.

§ 2.º A aplicação do disposto neste artigo para infrações a direitos de autor ou a direitos conexos depende de previsão legal específica, que deverá respeitar a liberdade de expressão e demais garantias previstas no art. 5.º da Constituição Federal.

- *Vide* art. 5.º, IX, XXVII, XXVIII e XXIX, da CF.

§ 3.º As causas que versem sobre ressarcimento por danos decorrentes de conteúdos disponibilizados na internet relacionados à honra, à reputação ou a direitos de personalidade, bem como sobre a indisponibilização desses conteúdos por provedores de aplicações de internet, poderão ser apresentadas perante os juizados especiais.

- Direitos da personalidade: *vide* arts. 11 a 21 do CC.
- Juizados Especiais: *vide* Lei n. 9.099, de 26-9-1995.

§ 4.º O juiz, inclusive no procedimento previsto no § 3.º, poderá antecipar, total ou parcialmente, os efeitos da tutela pretendida no pedido inicial, existindo prova inequívoca do fato e considerado o interesse da coletividade na disponibilização do conteúdo na internet, desde que presentes os requisitos de verossimilhança da alegação do autor e de fundado receio de dano irreparável ou de difícil reparação.

- *Vide* arts. 294 e s. (tutela provisória) e 300 e s. (tutela de urgência) do CPC.

Art. 20. Sempre que tiver informações de contato do usuário diretamente responsável pelo conteúdo a que se refere o art. 19, caberá ao provedor de aplicações de internet comunicar-lhe os motivos e informações relativos à indisponibilização de conteúdo, com informações que permitam o contraditório e a ampla defesa em juízo, salvo expressa previsão legal ou expressa determinação judicial fundamentada em contrário.

Parágrafo único. Quando solicitado pelo usuário que disponibilizou o conteúdo tornado indisponível, o provedor de aplicações de internet que exerce essa atividade de forma organizada, profissionalmente e com fins econômicos substituirá o conteúdo tornado indisponível pela motivação ou pela ordem judicial que deu fundamento à indisponibilização.

Art. 21. O provedor de aplicações de internet que disponibilize conteúdo gerado por terceiros será responsabilizado subsidiariamente pela violação da intimidade decorrente da divulgação, sem autorização de seus participantes, de imagens, de vídeos ou de outros materiais contendo cenas de nudez ou de atos sexuais de caráter privado quando, após o recebimento de notificação pelo participante ou seu representante legal, deixar de promover, de forma diligente, no âmbito e nos limites técnicos do seu serviço, a indisponibilização desse conteúdo.

Parágrafo único. A notificação prevista no *caput* deverá conter, sob pena de nulidade, elementos que permitam a identificação específica do material apontado como violador da intimidade do participante e a verificação da legitimidade para apresentação do pedido.

Seção IV
Da Requisição Judicial de Registros

Art. 22. A parte interessada poderá, com o propósito de formar conjunto probatório em processo judicial cível ou penal, em caráter incidental ou autônomo, requerer ao juiz que ordene ao responsável pela guarda o fornecimento de registros de conexão ou de registros de acesso a aplicações de internet.

Parágrafo único. Sem prejuízo dos demais requisitos legais, o requerimento deverá conter, sob pena de inadmissibilidade:

I – fundados indícios da ocorrência do ilícito;

II – justificativa motivada da utilidade dos registros solicitados para fins de investigação ou instrução probatória; e

III – período ao qual se referem os registros.

Art. 23. Cabe ao juiz tomar as providências necessárias à garantia do sigilo das informações recebidas e à preservação da intimidade, da vida privada, da honra e da imagem do usuário, podendo determinar segredo de justiça, inclusive quanto aos pedidos de guarda de registro.

Capítulo IV
DA ATUAÇÃO DO PODER PÚBLICO

Art. 24. Constituem diretrizes para a atuação da União, dos Estados, do Distrito Federal e dos Municípios no desenvolvimento da internet no Brasil:

I – estabelecimento de mecanismos de governança multiparticipativa, transparente, colaborativa e democrática, com a participação do governo, do setor empresarial, da sociedade civil e da comunidade acadêmica;

II – promoção da racionalização da gestão, expansão e uso da internet, com participação do Comitê Gestor da internet no Brasil;

III – promoção da racionalização e da interoperabilidade tecnológica dos serviços de governo eletrônico, entre os diferentes Poderes e âmbitos da Federação, para permitir o intercâmbio de informações e a celeridade de procedimentos;

IV – promoção da interoperabilidade entre sistemas e terminais diversos, inclusive entre os diferentes âmbitos federativos e diversos setores da sociedade;

V – adoção preferencial de tecnologias, padrões e formatos abertos e livres;

VI – publicidade e disseminação de dados e informações públicos, de forma aberta e estruturada;

VII – otimização da infraestrutura das redes e estímulo à implantação de centros de armazenamento, gerenciamento e disseminação de dados no País, promovendo a qualidade técnica, a inovação e a difusão das aplicações de internet, sem prejuízo à abertura, à neutralidade e à natureza participativa;

VIII – desenvolvimento de ações e programas de capacitação para uso da internet;

IX – promoção da cultura e da cidadania; e

X – prestação de serviços públicos de atendimento ao cidadão de forma integrada, eficiente, simplificada e por múltiplos canais de acesso, inclusive remotos.

Art. 25. As aplicações de internet de entes do poder público devem buscar:

I – compatibilidade dos serviços de governo eletrônico com diversos terminais, sistemas operacionais e aplicativos para seu acesso;

II – acessibilidade a todos os interessados, independentemente de suas capacidades físico-motoras, perceptivas, sensoriais, intelectuais, mentais, culturais e sociais, resguardados os aspectos de sigilo e restrições administrativas e legais;

III – compatibilidade tanto com a leitura humana quanto com o tratamento automatizado das informações;

IV – facilidade de uso dos serviços de governo eletrônico; e

V – fortalecimento da participação social nas políticas públicas.

Art. 26. O cumprimento do dever constitucional do Estado na prestação da educação, em todos os níveis de ensino, inclui a capacitação, integrada a outras práticas educacionais, para o uso seguro, consciente e responsável da internet como ferramenta para o exercício da cidadania, a promoção da cultura e o desenvolvimento tecnológico.

Art. 27. As iniciativas públicas de fomento à cultura digital e de promoção da internet como ferramenta social devem:

I – promover a inclusão digital;

II – buscar reduzir as desigualdades, sobretudo entre as diferentes regiões do País, no acesso às tecnologias da informação e comunicação e no seu uso; e

III – fomentar a produção e circulação de conteúdo nacional.

Art. 28. O Estado deve, periodicamente, formular e fomentar estudos, bem como fixar metas, estratégias, planos e cronogramas, referentes ao uso e desenvolvimento da internet no País.

Capítulo V
DISPOSIÇÕES FINAIS

Art. 29. O usuário terá a opção de livre escolha na utilização de programa de computador em seu terminal para exercício do controle parental de conteúdo entendido por ele como impróprio a seus filhos menores, desde que respeitados os princípios desta Lei e da Lei n. 8.069, de 13 de julho de 1990 – Estatuto da Criança e do Adolescente.

Parágrafo único. Cabe ao poder público, em conjunto com os provedores de conexão e de aplicações de internet e a sociedade civil, promover a educação e fornecer informações sobre o uso dos programas de computador previstos no *caput*, bem como para a definição de boas práticas para a inclusão digital de crianças e adolescentes.

Art. 30. A defesa dos interesses e dos direitos estabelecidos nesta Lei poderá ser exercida em juízo, individual ou coletivamente, na forma da lei.

Art. 31. Até a entrada em vigor da lei específica prevista no § 2.º do art. 19, a responsabilidade do provedor de aplicações de internet por danos decorrentes de conteúdo gerado por terceiros, quando se tratar de infração a direitos de autor ou a direitos conexos, continuará a ser disciplinada pela legislação autoral vigente aplicável na data da entrada em vigor desta Lei.

• *Vide* Lei n. 9.610, de 19-2-1998.

Art. 32. Esta Lei entra em vigor após decorridos 60 (sessenta) dias de sua publicação oficial.

Brasília, 23 de abril de 2014; 193.º da Independência e 126.º da República.

Dilma Rousseff

LEI N. 13.097, DE 19 DE JANEIRO DE 2015 (*)

Reduz a zero as alíquotas da Contribuição para o PIS/PASEP, da COFINS, da Contribuição para o PIS/Pasep-Importação e da Cofins-Importação incidentes sobre a receita de vendas e na importação de partes utilizadas em aerogeradores; prorroga os benefícios previstos nas Leis n. 9.250, de 26 de dezembro de 1995, 9.440, de 14 de março de 1997, 10.931, de 2 de agosto de 2004, 11.196, de 21 de novembro de 2005, 12.024, de 27 de agosto de 2009, e 12.375, de 30 de dezembro de 2010; altera o art. 46 da Lei n. 12.715, de 17 de setembro de 2012, que dispõe sobre a devolução ao exterior ou a destruição de mercadoria estrangeira cuja importação não seja autorizada; altera as Leis n. 9.430, de 27 de dezembro de 1996, 12.546, de 14 de dezembro de 2011, 12.973, de 13 de maio de 2014, 9.826, de 23 de agosto de 1999, 10.833, de 29 de dezembro de 2003, 10.865, de 30 de abril de 2004, 11.051, de 29 de dezembro de 2004, 11.774, de 17 de setembro de 2008, 10.637, de 30 de dezembro de 2002, 12.249, de 11 de junho de 2010, 10.522, de 19 de julho de 2002, 12.865, de 9 de outubro de 2013, 10.820, de 17 de dezembro de 2003, 6.634, de 2 de maio de 1979, 7.433, de 18 de dezembro de 1985, 11.977, de 7 de julho de 2009, 10.931, de 2 de agosto de 2004, 11.076, de 30 de dezembro de 2004, 9.514, de 20 de novembro de 1997, 9.427, de 26 de dezembro de 1996, 9.074, de 7 de julho de 1995, 12.783, de 11 de janeiro de 2013, 11.943, de 28 de maio de 2009, 10.848, de 15 de março de 2004, 7.565, de 19 de dezembro de 1986, 12.462, de 4 de agosto de 2011, 9.503, de 23 de setembro de 1997, 11.442, de 5 de janeiro de 2007, 8.666, de 21 de junho de 1993, 9.782, de 26 de janeiro de 1999, 6.360, de 23 de setembro de 1976, 5.991, de 17 de dezembro de 1973, 12.850, de 2 de agosto de 2013, 5.070, de 7 de julho de 1966, 9.472, de 16 de julho de 1997, 10.480, de 2 de julho de 2002, 8.112, de 11 de dezembro de 1990, 6.530, de 12 de maio de 1978, 5.764, de 16 de dezembro de 1971, 8.080, de 19 de setembro de 1990, 11.079, de 30 de dezembro de 2004, 13.043, de 13 de novembro de 2014, 8.987, de 13 de fevereiro de 1995, 10.925, de 23 de julho de 2004, 12.096, de 24 de novembro de 2009, 11.482, de 31 de maio de 2007, 7.713, de 22 de dezembro de 1988, a Lei Complementar n. 123, de 14 de dezembro de 2006, o Decreto-lei n. 745, de 7 de agosto de 1969, e o Decreto n. 70.235, de 6 de março de 1972; revoga dispositivos das Leis n. 4.380, de 21 de agosto de 1964, 6.360, de 23 de setembro de 1976, 7.789, de 23 de novembro de 1989, 8.666, de 21 de junho de 1993, 9.782, de 26 de janeiro de 1999, 10.150, de 21 de dezembro de 2000, 9.430, de 27 de dezembro de 1996, 12.973, de 13 de maio de 2014, 8.177, de 1.º de março de 1991, 10.637, de 30 de dezembro de 2002, 10.833, de 29 de dezembro de 2003, 10.865, de 30 de abril de 2004, 11.051, de 29 de dezembro de 2004 e 9.514, de 20 de novembro de 1997, e do Decreto-lei n. 3.365, de 21 de junho de 1941; e dá outras providências.

A Presidenta da República

Faço saber que o Congresso Nacional decreta e eu sanciono a seguinte Lei:

....

Capítulo III
DOS REGISTROS PÚBLICOS

....

Seção II
Dos Registros na Matrícula do Imóvel

Art. 54. Os negócios jurídicos que tenham por fim constituir, transferir ou modificar direitos reais sobre imóveis são eficazes em relação a atos jurídicos precedentes, nas hipóteses em que não tenham sido registradas ou averbadas na matrícula do imóvel as seguintes informações:

I – registro de citação de ações reais ou pessoais reipersecutórias;

II – averbação, por solicitação do interessado, de constrição judicial, de que a execução foi admitida pelo juiz ou de fase de cumprimento de sentença, procedendo-se nos termos previstos no art. 828 da Lei n. 13.105, de 16 de março de 2015 (Código de Processo Civil);

•• Inciso II com redação determinada pela Lei n. 14.382, de 27-6-2022.

O texto anterior dizia: "II – averbação, por solicitação do interessado, de constrição judicial, do ajuizamento de ação de execução ou de fase de cumprimento de sentença, procedendo-se nos termos previstos do art. 615-A da Lei n. 5.869, de 11 de janeiro de 1973 – Código de Processo Civil;

•• A Lei n. 5.869, de 11-1-1973, foi revogada pela Lei n. 13.105, de 16-3-2015".

III – averbação de restrição administrativa ou convencional ao gozo de direitos registrados, de indisponibilidade ou de outros ônus quando previstos em lei; e

IV – averbação, mediante decisão judicial, da existência de outro tipo de ação cujos resultados ou responsabilidade patrimonial possam reduzir seu proprietário à insolvência, nos termos do inciso IV do *caput* do art. 792 da Lei n. 13.105, de 16 de março de 2015 (Código de Processo Civil).

•• Inciso IV com redação determinada pela Lei n. 14.382, de 27-6-2022.

§ 1.º Não poderão ser opostas situações jurídicas não constantes da matrícula no registro de imóveis, inclusive para fins de evicção, ao terceiro de boa-fé que adquirir ou receber em garantia direitos reais sobre o imóvel, ressalvados o disposto nos arts. 129 e 130 da Lei n. 11.101, de 9 de fevereiro de 2005, e as hipóteses de aquisição e extinção da propriedade que independam de registro de título de imóvel.

•• Parágrafo único renumerado pela Lei n. 14.382, de 27-6-2022.

§ 2.º Para a validade ou eficácia dos negócios jurídicos a que se refere o *caput* deste artigo ou para a caracterização da boa-fé do terceiro adquirente de imóvel ou beneficiário de direito real, não serão exigidas:

•• § 2.º, *caput*, acrescentado pela Lei n. 14.382, de 27-6-2022.

I – a obtenção prévia de quaisquer documentos ou certidões além daqueles requeridos nos termos do § 2.º do art. 1.º da Lei n. 7.433, de 18 de dezembro de 1985; e

•• Inciso I acrescentado pela Lei n. 14.382, de 27-6-2022.

II – a apresentação de certidões forenses ou de distribuidores judiciais.

•• Inciso II acrescentado pela Lei n. 14.382, de 27-6-2022.

Art. 55. A alienação ou oneração de unidades autônomas integrantes de incorporação imobiliária, parcelamento do solo ou condomínio edilício, devidamente registrada, não poderá ser objeto de evicção ou de decretação de ineficácia, mas eventuais credores do alienante ficam sub-rogados no preço ou no eventual crédito imobiliário, sem prejuízo das perdas e danos imputáveis ao incorporador ou empreendedor, decorrentes de seu dolo ou culpa, bem como da aplicação das disposições constantes da Lei n. 8.078, de 11 de setembro de 1990.

Art. 56. A averbação na matrícula do imóvel prevista no inciso IV do art. 54 será realizada por determinação judicial e conterá a identificação das partes, o valor da causa e o juízo para o qual a petição inicial foi distribuída.

(*) Publicada no *Diário Oficial da União*, de 20-1-2015.

§ 1.º Para efeito de inscrição, a averbação de que trata o *caput* é considerada sem valor declarado.

§ 2.º A averbação de que trata o *caput* será gratuita àqueles que se declararem pobres sob as penas da lei.

§ 3.º O Oficial do Registro Imobiliário deverá comunicar ao juízo a averbação efetivada na forma do *caput*, no prazo de até dez dias contado da sua concretização.

§ 4.º A averbação recairá preferencialmente sobre imóveis indicados pelo proprietário e se restringirá a quantos sejam suficientes para garantir a satisfação do direito objeto da ação.

Art. 57. Recebida a comunicação da determinação de que trata o *caput* do art. 56, será feita a averbação ou serão indicadas as pendências a serem satisfeitas para sua efetivação no prazo de 5 (cinco) dias.

Art. 58. O disposto nesta Lei não se aplica a imóveis que façam parte do patrimônio da União, dos Estados, do Distrito Federal, dos Municípios e de suas fundações e autarquias.

....

Art. 61. Os registros e averbações relativos a atos jurídicos anteriores a esta Lei, devem ser ajustados aos seus termos em até 2 (dois) anos, contados do início de sua vigência.

....

Capítulo IV

DA LETRA IMOBILIÁRIA GARANTIDA E DO DIRECIONAMENTO DE RECURSOS DA CADERNETA DE POUPANÇA

Art. 63. A Letra Imobiliária Garantida – LIG é título de crédito nominativo, transferível e de livre negociação, garantido por Carteira de Ativos submetida ao regime fiduciário disciplinado na forma desta Lei.

Parágrafo único. A instituição emissora responde pelo adimplemento de todas as obrigações decorrentes da LIG, independentemente da suficiência da Carteira de Ativos.

Art. 64. A LIG consiste em promessa de pagamento em dinheiro e será emitida por instituições financeiras, exclusivamente sob a forma escritural, mediante registro em depositário central autorizado pelo Banco Central do Brasil, com as seguintes características:

I – a denominação "Letra Imobiliária Garantida";

II – o nome da instituição financeira emitente;

III – o nome do titular;

IV – o número de ordem, o local e a data de emissão;

V – o valor nominal;

VI – a data de vencimento;

VII – a taxa de juros, fixa ou flutuante, admitida a capitalização;

VIII – outras formas de remuneração, quando houver, inclusive baseadas em índices ou taxas de conhecimento público;

IX – a cláusula de correção pela variação cambial, quando houver;

X – a forma, a periodicidade e o local de pagamento;

XI – a identificação da Carteira de Ativos;

XII – a identificação e o valor dos créditos imobiliários e demais ativos que integram a Carteira de Ativos;

XIII – a instituição do regime fiduciário sobre a Carteira de Ativos, nos termos desta Lei;

XIV – a identificação do agente fiduciário, indicando suas obrigações, responsabilidades e remuneração, bem como as hipóteses, condições e forma de sua destituição ou substituição e as demais condições de sua atuação; e

XV – a descrição da garantia real ou fidejussória, quando houver.

§ 1.º A LIG é título executivo extrajudicial e pode:

I – ser executada, independentemente de protesto, com base em certidão de inteiro teor emitida pelo depositário central;

II – gerar valor de resgate inferior ao valor de sua emissão, em função de seus critérios de remuneração; e

III – ser atualizada mensalmente por índice de preços, desde que emitida com prazo mínimo de 36 (trinta e seis) meses.

§ 2.º É vedado o pagamento dos valores relativos à atualização monetária apropriados desde a emissão, quando ocorrer o resgate antecipado, total ou parcial, em prazo inferior ao estabelecido no inciso III do § 1.º, da LIG emitida com previsão de atualização mensal por índice de preços.

Art. 65. A LIG e os ativos que integram a Carteira de Ativos devem ser depositados em entidade autorizada a exercer a atividade de depósito centralizado pelo Banco Central do Brasil, nos termos da Lei n. 12.810, de 15 de maio de 2013.

• A Lei n. 12.810, de 15-5-2013, dispõe sobre o parcelamento de débitos com a Fazenda Nacional relativos às contribuições previdenciárias de responsabilidade dos Estados, do Distrito Federal e dos Municípios.

Parágrafo único. Nas condições estabelecidas pelo Conselho Monetário Nacional, os ativos que integram a Carteira de Ativos podem ser dispensados de depósito, desde que registrados em entidade autorizada pelo Banco Central do Brasil ou pela Comissão de Valores Mobiliários, no âmbito de suas competências, a exercer a atividade de registro de ativos financeiros e de valores mobiliários, nos termos da Lei n. 12.810, de 15 de maio de 2013.

•• Parágrafo único com redação determinada pela Lei n. 13.476, de 28-8-2017.

Art. 66. A Carteira de Ativos pode ser integrada pelos seguintes ativos:

I – créditos imobiliários;

II – títulos de emissão do Tesouro Nacional;

III – instrumentos derivativos; e

•• Inciso III com redação determinada pela Lei n. 13.476, de 28-8-2017.

IV – outros ativos que venham a ser autorizados pelo Conselho Monetário Nacional.

§ 1.º Os ativos que integram a Carteira de Ativos não podem estar sujeitos a qualquer tipo de ônus, exceto aqueles relacionados à garantia dos direitos dos titulares das LIG.

§ 2.º Compete ao Conselho Monetário Nacional estabelecer as modalidades de operação de crédito admitidas como créditos imobiliários para os efeitos desta Lei.

§ 3.º O crédito imobiliário somente pode integrar a Carteira de Ativos se:

I – garantido por hipoteca ou por alienação fiduciária de coisa imóvel; ou

II – a incorporação imobiliária objeto da operação de crédito estiver submetida ao regime de afetação a que se refere o art. 31-A da Lei n. 4.591, de 16 de dezembro de 1964.

• Citado dispositivo consta nesta obra.

Art. 67. A Carteira de Ativos deve atender a requisitos de elegibilidade, composição, suficiência, prazo e liquidez estabelecidos pelo Conselho Monetário Nacional.

§ 1.º Os requisitos de que trata o *caput* devem contemplar, no mínimo:

I – as características dos ativos da Carteira de Ativos quanto às garantias e ao risco de crédito;

II – a participação dos tipos de ativos previstos no art. 66 no valor total da Carteira de Ativos;

III – o excesso do valor total da Carteira de Ativos em relação ao valor total das LIG por ela garantidas;

IV – o prazo médio ponderado da Carteira de Ativos em relação ao prazo médio ponderado das LIG por ela garantidas;

V – a mitigação do risco cambial, no caso de LIG com cláusula de correção pela variação cambial.

§ 2.º O excesso a que se refere o inciso III do § 1.º não pode ser inferior a 5% (cinco por cento).

§ 3.º Para os fins do disposto no inciso II do § 1.º, os créditos imobiliários deverão representar, no mínimo, 50% (cinquenta por cento) do valor total da Carteira de Ativos.

Art. 68. A instituição emissora deve instituir regime fiduciário sobre a Carteira de Ativos, sendo agente fiduciário instituição financeira ou entidade autorizada para esse fim pelo Banco Central do Brasil e beneficiários os titulares das LIG por ela garantidas.

Art. 69. O regime fiduciário é instituído mediante registro em entidade qualificada como depositário central de ativos financeiros, que deve conter:

I – a constituição do regime fiduciário sobre a Carteira de Ativos;

II – a constituição de patrimônio de afetação, integrado pela totalidade dos ativos da Carteira de Ativos submetida ao regime fiduciário;

III – a afetação dos ativos que integram a Carteira de Ativos como garantia das LIG; e

IV – a nomeação do agente fiduciário, com a definição de seus deveres, responsabilidades e remuneração, bem como as hipóteses, condições e forma de sua destituição ou substituição e as demais condições de sua atuação.

Art. 70. Os ativos que integram a Carteira de Ativos submetida ao regime fiduciário constituem patrimônio de afetação, que não se confunde com o da instituição emissora, e:

I – não são alcançados pelos efeitos da decretação de intervenção, liquidação extrajudicial ou falência da instituição emissora, não integrando a massa concursal;

II – não respondem direta ou indiretamente por dívidas e obrigações da instituição emissora, por mais privilegiadas que sejam, até o pagamento integral dos montantes devidos aos titulares das LIG;

III – não podem ser objeto de arresto, sequestro, penhora, busca e apreensão ou qualquer outro ato de constrição judicial em decorrência de outras obrigações da instituição emissora; e

IV – não podem ser utilizados para realizar ou garantir obrigações assumidas pela instituição emissora, exceto as decorrentes da emissão da LIG.

Art. 71. Os recursos financeiros provenientes dos ativos integrantes da Carteira de Ativos ficam liberados do regime fiduciário a que se refere o art. 68, desde que atendidos os requisitos de que trata o art. 67 e adimplidas as obrigações vencidas das LIG por ela garantidas.

Art. 72. O regime fiduciário sobre a Carteira de Ativos extingue-se pelo pagamento integral do principal, juros e demais encargos relativos às LIG por ela garantidas.

Art. 73. Compete à instituição emissora administrar a Carteira de Ativos, mantendo controles contábeis que permitam a sua identificação, bem como evidenciar, em suas demonstrações financeiras, informações a ela referentes.

Art. 74. A instituição emissora deve promover o reforço ou a substituição de ativos que integram a Carteira de Ativos sempre que verificar insuficiência ou inadequação dessa em relação aos requisitos de que tratam os arts. 66 e 67.

Art. 75. A instituição emissora, o depositário central e a entidade registradora, na hipótese a que se refere o parágrafo único do art. 65 desta Lei, devem assegurar ao agente fiduciário o acesso a todas as informações e aos documentos necessários ao desempenho de suas funções.

•• Artigo com redação determinada pela Lei n. 13.476, de 28-8-2017.

Art. 76. A instituição emissora responde pela origem e autenticidade dos ativos que integram a Carteira de Ativos.

Art. 77. A instituição emissora responderá pelos prejuízos que causar aos investidores titulares da LIG por descumprimento de disposição legal ou regulamentar, por negligência ou administração temerária ou, ainda, por desvio da finalidade da Carteira de Ativos.

Art. 78. A instituição emissora deve designar o agente fiduciário, especificando, na constituição do regime fiduciário de que trata o art. 68, suas obrigações, responsabilidades e remuneração, bem como as hipóteses, condições e forma de sua destituição ou substituição e as demais condições de sua atuação.

Art. 79. O agente fiduciário deve ser instituição financeira ou outra entidade autorizada para esse fim pelo Banco Central do Brasil.

• A Circular n. 3.891, de 28-3-2018, do Banco Central do Brasil, dispõe sobre a autorização para o exercício da função de agente fiduciário em emissão de letra imobiliária garantida.

§ 1.º É vedado o exercício da atividade de agente fiduciário por entidades ligadas à instituição emissora.

§ 2.º Compete ao Conselho Monetário Nacional estabelecer o conceito de entidade ligada à instituição emissora para os efeitos desta Lei.

Art. 80. Ao agente fiduciário são conferidos poderes gerais de representação da comunhão de investidores titulares de LIG, incumbindo-lhe, adicionalmente às atribuições definidas pelo Conselho Monetário Nacional:

I – zelar pela proteção dos direitos e interesses dos investidores titulares de LIG, monitorando a atuação da instituição emissora da LIG na administração da Carteira de Ativos;

II – adotar as medidas judiciais ou extrajudiciais necessárias à defesa dos interesses dos investidores titulares;

III – convocar a assembleia geral dos investidores titulares de LIG; e

IV – exercer, nas hipóteses a que se refere o art. 84, a administração da Carteira de Ativos, observadas as condições estabelecidas pelo Conselho Monetário Nacional.

Art. 81. As infrações a esta Lei e às normas estabelecidas pelo Conselho Monetário Nacional e pelo Banco Central do Brasil sujeitam o agente fiduciário, seus administradores e os membros de seus órgãos estatutários ou contratuais, às penalidades previstas na legislação aplicável às instituições financeiras.

Art. 82. No exercício de suas atribuições de fiscalização, o Banco Central do Brasil poderá exigir do agente fiduciário a exibição de documentos e livros de escrituração e o acesso, inclusive em tempo real, aos dados armazenados em sistemas eletrônicos.

Parágrafo único. A negativa de atendimento ao disposto no *caput* será considerada infração, sujeita às penalidades a que se refere o art. 81.

Art. 83. A assembleia geral dos investidores titulares de LIG deve ser convocada com antecedência mínima de vinte dias, mediante edital publicado em jornal de grande circulação na praça em que tiver sido feita a emissão da LIG, instalando-se, em primeira convocação, com a presença dos titulares que representem, pelo menos, 2/3 (dois terços) do valor global dos títulos e, em segunda convocação, com qualquer número.

§ 1.º A assembleia geral que reunir a totalidade dos investidores titulares de LIG pode considerar sanada a falta de atendimento aos requisitos mencionados no *caput*.

§ 2.º Consideram-se válidas as deliberações tomadas pelos investidores titulares de LIG que representem mais da metade do valor global dos títulos presente na assembleia geral, desde que não estabelecido formalmente outro *quorum* específico.

Art. 84. Na hipótese de decretação de intervenção, liquidação extrajudicial ou falência da instituição emissora, o agente fiduciário fica investido de mandato para administrar a Carteira de Ativos, observadas as condições estabelecidas pelo Conselho Monetário Nacional.

§ 1.º O agente fiduciário investido de mandato para administrar a Carteira de Ativos tem poderes para ceder, alienar, renegociar, transferir ou de qualquer outra forma dispor dos ativos dela integrantes, incluindo poderes para ajuizar ou defender os investidores titulares de LIG em ações judiciais, administrativas ou arbitrais relacionadas à Carteira de Ativos.

§ 2.º Em caso de decretação de qualquer dos regimes a que se refere o *caput*:

I – os ativos integrantes da Carteira de Ativos serão destinados exclusivamente ao pagamento do principal, dos juros e dos demais encargos relativos às LIG por ela garantidas, e ao pagamento das obrigações decorrentes de contratos de derivativos integrantes da carteira, dos seus custos de administração e de obrigações fiscais, não se aplicando aos recursos financeiros provenientes desses ativos o disposto no art. 71; e

II – o agente fiduciário deverá convocar a assembleia geral dos investidores, observados os requisitos do art. 83.

Art. 85. A assembleia geral dos investidores titulares de LIG, convocada em função das hipóteses previstas no art. 84, está legitimada a adotar qualquer medida pertinente à administração da Carteira de Ativos, desde que observadas as condições estabelecidas pelo Conselho Monetário Nacional.

Art. 86. O reconhecimento, pelo Banco Central do Brasil, do estado de insolvência de instituição emissora que, nos termos da legislação em vigor, não estiver sujeita à intervenção, liquidação extrajudicial ou falência, produz os mesmos efeitos estabelecidos nos arts. 84 e 85.

Art. 87. Uma vez liquidados integralmente os direitos dos investidores titulares de LIG e satisfeitos os encargos, custos e despesas relacionados ao exercício desses direitos, os ativos excedentes da Carteira de Ativos serão integrados à massa concursal.

Art. 88. Em caso de insuficiência da Carteira de Ativos para a liquidação integral dos direitos dos investidores das LIG por ela garantidas, esses terão direito de inscrever o crédito remanescente na massa concursal em igualdade de condições com os credores quirografários.

Art. 89. Em caso de solvência da Carteira de Ativos, definida conforme critérios estabelecidos pelo Conselho Monetário Nacional, fica vedado o vencimento antecipado das LIG por ela garantidas, ainda que decretados os regimes de que trata o art. 84 ou reconhecida a insolvência da instituição emissora, nos termos do art. 86.

Art. 90. Ficam isentos de imposto sobre a renda os rendimentos e ganhos de capital produzidos pela LIG quando o beneficiário for:

I – pessoa física residente no país; ou

II – residente ou domiciliado no exterior, exceto em país com tributação favorecida a que se refere o art. 24 da Lei n. 9.430, de 27 de dezembro de 1996, que realizar operações financeiras no País de acordo com as normas e condições estabelecidas pelo Conselho Monetário Nacional.

Parágrafo único. No caso de residente ou domiciliado em país com tributação favorecida a que se refere o art. 24 da Lei n. 9.430, de 27 de dezembro de 1996, aplicar-se-á a alíquota de 15% (quinze por cento).

Art. 91. O Conselho Monetário Nacional regulamentará o disposto nesta Lei quanto à LIG, em especial os seguintes aspectos:

I – condições de emissão da LIG;

II – tipos de instituição financeira autorizada a emitir LIG, inclusive podendo estabelecer requisitos específicos para a emissão;

III – limites de emissão da LIG, inclusive o de emissão de LIG com cláusula de correção pela variação cambial, observado o disposto no parágrafo único;

IV – utilização de índices, taxas ou metodologias de remuneração da LIG;

V – prazo de vencimento da LIG;

VI – prazo médio ponderado da LIG, não podendo ser inferior a vinte e quatro meses;

VII – condições de resgate e de vencimento antecipado da LIG;

VIII – forma e condições para o registro e depósito da LIG e dos ativos que integram a Carteira de Ativos;

IX – requisitos de elegibilidade, composição, suficiência, prazo e liquidez da Carteira de Ativos, inclusive quanto às metodologias de apuração;

X – condições de substituição e reforço dos ativos que integram a Carteira de Ativos;

XI – requisitos para atuação como agente fiduciário e as hipóteses, condições e forma de sua destituição ou substituição;

XII – atribuições do agente fiduciário;

XIII – condições de administração da Carteira de Ativos; e

XIV – condições de utilização de instrumentos derivativos.

Parágrafo único. No primeiro ano de aplicação desta Lei, o limite de emissão de LIG com cláusula de correção pela variação cambial, previsto no inciso III do *caput*, não pode ser superior, para cada emissor, a cinquenta por cento do respectivo saldo total de LIG emitidas.

Art. 92. Aplica-se à LIG, no que não contrariar o disposto nesta Lei, a legislação cambiária.

Art. 93. A distribuição e a oferta pública da LIG observarão o disposto em regulamentação da Comissão de Valores Mobiliários.

Art. 94. Não se aplica à LIG e aos ativos que integram a Carteira de Ativos o disposto no art. 76 da Medida Provisória n. 2.158-35, de 24 de agosto de 2001.

Art. 95. Compete ao Conselho Monetário Nacional dispor sobre a aplicação dos recursos provenientes da captação em depósitos de poupança pelas entidades integrantes do Sistema Brasileiro de Poupança e Empréstimo.

§ 1.º As normas editadas pelo Conselho Monetário Nacional devem priorizar o financiamento imobiliário, tendo em vista o disposto na Lei n. 4.380, de 21 de agosto de 1964.

§ 2.º As normas editadas pelo Conselho Monetário Nacional poderão:

I – indicar as instituições autorizadas a captar depósitos de poupança no âmbito do Sistema Brasileiro de Poupança e Empréstimo;

II – estabelecer outras formas de direcionamento, inclusive, a aplicação dos recursos de que trata o *caput* em operações de empréstimos para pessoas naturais, garantidas por alienação fiduciária de coisa imóvel; e

III – fixar índices de atualização para as operações com os recursos de que trata o *caput*, diferenciando, caso seja necessário, as condições contratuais de acordo com o indexador adotado.

§ 3.º A aplicação em operações de empréstimos para pessoas naturais, garantidas por alienação fiduciária de coisa imóvel, prevista no inciso II do § 2.º, não pode ser superior a três por cento da base de cálculo do direcionamento dos depósitos de poupança de que trata este artigo.

§ 4.º Ficam convalidados todos os atos do Conselho Monetário Nacional que dispuseram sobre a aplicação dos recursos de que trata o *caput*.

Art. 96. A Lei n. 10.931, de 2 de agosto de 2004, passa a vigorar com as seguintes alterações:

•• Alterações já processadas no diploma modificado.

....

Art. 98. A Lei n. 9.514, de 20 de novembro de 1997, passa a vigorar com as seguintes alterações:

•• Alterações já processadas no diploma modificado.

....

Brasília, 19 de janeiro de 2015; 194.º da Independência e 127.º da República.

Dilma Rousseff

LEI N. 13.140, DE 26 DE JUNHO DE 2015 (*)

Dispõe sobre a mediação entre particulares como meio de solução de controvérsias e sobre a autocomposição de conflitos no âmbito da administração pública; altera a Lei n. 9.469, de 10 de julho de 1997, e o Decreto n. 70.235, de 6 de março de 1972; e revoga o § 2.º do art. 6.º da Lei n. 9.469, de 10 de julho de 1997.

A Presidenta da República

Faço saber que o Congresso Nacional decreta e eu sanciono a seguinte Lei:

Art. 1.º Esta Lei dispõe sobre a mediação como meio de solução de controvérsias entre particulares e sobre a autocomposição de conflitos no âmbito da administração pública.

• O Provimento n. 67, de 26-3-2018, do CNJ, dispõe sobre os procedimentos de conciliação e de mediação nos serviços notariais e de registro do Brasil.

Parágrafo único. Considera-se mediação a atividade técnica exercida por terceiro imparcial sem poder decisório, que, escolhido ou aceito pelas partes, as auxilia e estimula a identificar ou desenvolver soluções consensuais para a controvérsia.

Capítulo I
DA MEDIAÇÃO

Seção I
Disposições Gerais

Art. 2.º A mediação será orientada pelos seguintes princípios:

•• *Vide* art. 166 do CPC.

I – imparcialidade do mediador;

II – isonomia entre as partes;

III – oralidade;

IV – informalidade;

V – autonomia da vontade das partes;

VI – busca do consenso;

VII – confidencialidade;

VIII – boa-fé.

§ 1.º Na hipótese de existir previsão contratual de cláusula de mediação, as partes deverão comparecer à primeira reunião de mediação.

§ 2.º Ninguém será obrigado a permanecer em procedimento de mediação.

(*) Publicada no *Diário Oficial da União*, de 29-6-2015.

Art. 3.º Pode ser objeto de mediação o conflito que verse sobre direitos disponíveis ou sobre direitos indisponíveis que admitam transação.

§ 1.º A mediação pode versar sobre todo o conflito ou parte dele.

§ 2.º O consenso das partes envolvendo direitos indisponíveis, mas transigíveis, deve ser homologado em juízo, exigida a oitiva do Ministério Público.

Seção II

Dos Mediadores

Subseção I

Disposições comuns

Art. 4.º O mediador será designado pelo tribunal ou escolhido pelas partes.

•• Mediadores judiciais: *vide* arts. 165 e s. do CPC.

§ 1.º O mediador conduzirá o procedimento de comunicação entre as partes, buscando o entendimento e o consenso e facilitando a resolução do conflito.

§ 2.º Aos necessitados será assegurada a gratuidade da mediação.

Art. 5.º Aplicam-se ao mediador as mesmas hipóteses legais de impedimento e suspeição do juiz.

•• *Vide* arts. 144 a 148 do CPC.

Parágrafo único. A pessoa designada para atuar como mediador tem o dever de revelar às partes, antes da aceitação da função, qualquer fato ou circunstância que possa suscitar dúvida justificada em relação à sua imparcialidade para mediar o conflito, oportunidade em que poderá ser recusado por qualquer delas.

Art. 6.º O mediador fica impedido, pelo prazo de um ano, contado do término da última audiência em que atuou, de assessorar, representar ou patrocinar qualquer das partes.

Art. 7.º O mediador não poderá atuar como árbitro nem funcionar como testemunha em processos judiciais ou arbitrais pertinentes a conflito em que tenha atuado como mediador.

Art. 8.º O mediador e todos aqueles que o assessoram no procedimento de mediação, quando no exercício de suas funções ou em razão delas, são equiparados a servidor público, para os efeitos da legislação penal.

Subseção II

Dos mediadores extrajudiciais

Art. 9.º Poderá funcionar como mediador extrajudicial qualquer pessoa capaz que tenha a confiança das partes e seja capacitada para fazer mediação, independentemente de integrar qualquer tipo de conselho, entidade de classe ou associação, ou nele inscrever-se.

Art. 10. As partes poderão ser assistidas por advogados ou defensores públicos.

Parágrafo único. Comparecendo uma das partes acompanhada de advogado ou defensor público, o mediador suspenderá o procedimento, até que todas estejam devidamente assistidas.

Subseção III

Dos mediadores judiciais

Art. 11. Poderá atuar como mediador judicial a pessoa capaz, graduada há pelo menos dois anos em curso de ensino superior de instituição reconhecida pelo Ministério da Educação e que tenha obtido capacitação em escola ou instituição de formação de mediadores, reconhecida pela Escola Nacional de Formação e Aperfeiçoamento de Magistrados – ENFAM ou pelos tribunais, observados os requisitos mínimos estabelecidos pelo Conselho Nacional de Justiça em conjunto com o Ministério da Justiça.

•• *Vide* art. 167, § 1.º, do CPC.

Art. 12. Os tribunais criarão e manterão cadastros atualizados dos mediadores habilitados e autorizados a atuar em mediação judicial.

•• *Vide* art. 167, *caput*, do CPC.

§ 1.º A inscrição no cadastro de mediadores judiciais será requerida pelo interessado ao tribunal com jurisdição na área em que pretenda exercer a mediação.

§ 2.º Os tribunais regulamentarão o processo de inscrição e desligamento de seus mediadores.

Art. 13. A remuneração devida aos mediadores judiciais será fixada pelos tribunais e custeada pelas partes, observado o disposto no § 2.º do art. 4.º desta Lei.

•• *Vide* art. 169 do CPC.

Seção III

Do Procedimento de Mediação

Subseção I

Disposições comuns

Art. 14. No início da primeira reunião de mediação, e sempre que julgar necessário, o mediador deverá alertar as partes acerca das regras de confidencialidade aplicáveis ao procedimento.

Art. 15. A requerimento das partes ou do mediador, e com anuência daquelas, poderão ser admitidos outros mediadores para funcionarem no mesmo procedimento, quando isso for recomendável em razão da natureza e da complexidade do conflito.

Art. 16. Ainda que haja processo arbitral ou judicial em curso, as partes poderão submeter-se à mediação, hipótese em que requererão ao juiz ou árbitro a suspensão do processo por prazo suficiente para a solução consensual do litígio.

§ 1.º É irrecorrível a decisão que suspende o processo nos termos requeridos de comum acordo pelas partes.

§ 2.º A suspensão do processo não obsta a concessão de medidas de urgência pelo juiz ou pelo árbitro.

Art. 17. Considera-se instituída a mediação na data para a qual for marcada a primeira reunião de mediação.

Parágrafo único. Enquanto transcorrer o procedimento de mediação, ficará suspenso o prazo prescricional.

Art. 18. Iniciada a mediação, as reuniões posteriores com a presença das partes somente poderão ser marcadas com a sua anuência.

Art. 19. No desempenho de sua função, o mediador poderá reunir-se com as partes, em conjunto ou separadamente, bem como solicitar das partes as informações que entender necessárias para facilitar o entendimento entre aquelas.

Art. 20. O procedimento de mediação será encerrado com a lavratura do seu termo final, quando for celebrado acordo ou quando não se justificarem novos esforços para a obtenção de consenso, seja por declaração do mediador nesse sentido ou por manifestação de qualquer das partes.

Parágrafo único. O termo final de mediação, na hipótese de celebração de acordo, constitui título executivo extrajudicial e, quando homologado judicialmente, título executivo judicial.

Subseção II

Da mediação extrajudicial

Art. 21. O convite para iniciar o procedimento de mediação extrajudicial poderá ser feito por qualquer meio de comunicação e deverá estipular o escopo proposto para a negociação, a data e o local da primeira reunião.

Parágrafo único. O convite formulado por uma parte à outra considerar-se-á rejeitado se não for respondido em até trinta dias da data de seu recebimento.

Art. 22. A previsão contratual de mediação deverá conter, no mínimo:

I – prazo mínimo e máximo para a realização da primeira reunião de mediação, contado a partir da data de recebimento do convite;

II – local da primeira reunião de mediação;

III – critérios de escolha do mediador ou equipe de mediação;

IV – penalidade em caso de não comparecimento da parte convidada à primeira reunião de mediação.

§ 1.º A previsão contratual pode substituir a especificação dos itens acima enumerados pela indicação de regulamento, publicado por instituição idônea prestadora de serviços de mediação, no qual constem critérios claros para a escolha do mediador e realização da primeira reunião de mediação.

§ 2.º Não havendo previsão contratual completa, deverão ser observados os seguintes critérios para a realização da primeira reunião de mediação:

I – prazo mínimo de dez dias úteis e prazo máximo de três meses, contados a partir do recebimento do convite;

II – local adequado a uma reunião que possa envolver informações confidenciais;

III – lista de cinco nomes, informações de contato e referências profissionais de mediadores capacitados; a parte convidada poderá escolher, expressamente, qualquer um dos cinco mediadores e, caso a parte convidada não se manifeste, considerar-se-á aceito o primeiro nome da lista;

IV – o não comparecimento da parte convidada à primeira reunião de mediação acarretará a assunção por parte desta de cinquenta por cento das custas e honorários sucumbenciais caso venha a ser vencedora em procedimento arbitral ou judicial posterior, que envolva o escopo da mediação para a qual foi convidada.

§ 3.º Nos litígios decorrentes de contratos comerciais ou societários que não contenham cláusula de mediação, o mediador extrajudicial somente cobrará por seus serviços caso as partes decidam assinar o termo inicial de mediação e permanecer, voluntariamente, no procedimento de mediação.

Art. 23. Se, em previsão contratual de cláusula de mediação, as partes se comprometerem a não iniciar procedimento arbitral ou processo judicial durante certo prazo ou até o implemento de determinada condição, o árbitro ou o juiz suspenderá o curso da arbitragem ou da ação pelo prazo previamente acordado ou até o implemento dessa condição.

Parágrafo único. O disposto no *caput* não se aplica às medidas de urgência em que o acesso ao Poder Judiciário seja necessário para evitar o perecimento de direito.

Subseção III

Da mediação judicial

Art. 24. Os tribunais criarão centros judiciários de solução consensual de conflitos, responsáveis pela realização de sessões e audiências de conciliação e mediação, pré-processuais e processuais, e pelo desenvolvimento de programas destinados a auxiliar, orientar e estimular a autocomposição.

•• *Vide* arts. 165 a 175 e 334 do CPC.

Parágrafo único. A composição e a organização do centro serão definidas pelo respectivo tribunal, observadas as normas do Conselho Nacional de Justiça.

Art. 25. Na mediação judicial, os mediadores não estarão sujeitos à prévia aceitação das partes, observado o disposto no art. 5.º desta Lei.

Art. 26. As partes deverão ser assistidas por advogados ou defensores públicos, ressalvadas as hipóteses previstas nas Leis n. 9.099, de 26 de setembro de 1995, e 10.259, de 12 de julho de 2001.

Parágrafo único. Aos que comprovarem insuficiência de recursos será assegurada assistência pela Defensoria Pública.

Art. 27. Se a petição inicial preencher os requisitos essenciais e não for o caso de improcedência liminar do pedido, o juiz designará audiência de mediação.

•• *Vide* art. 334, *caput*, do CPC.

Art. 28. O procedimento de mediação judicial deverá ser concluído em até sessenta dias, contados da primeira sessão, salvo quando as partes, de comum acordo, requererem sua prorrogação.

•• *Vide* art. 334, § 2.º, do CPC.

Parágrafo único. Se houver acordo, os autos serão encaminhados ao juiz, que determinará o arquivamento do processo e, desde que requerido pelas partes, homologará o acordo, por sentença, e o termo final da mediação e determinará o arquivamento do processo.

Art. 29. Solucionado o conflito pela mediação antes da citação do réu, não serão devidas custas judiciais finais.

Seção IV

Da Confidencialidade e suas Exceções

Art. 30. Toda e qualquer informação relativa ao procedimento de mediação será confidencial em relação a terceiros, não podendo ser revelada sequer em processo arbitral ou judicial salvo se as partes expressamente decidirem de forma diversa ou quando sua divulgação for exigida por lei ou necessária para cumprimento de acordo obtido pela mediação.

§ 1.º O dever de confidencialidade aplica-se ao mediador, às partes, a seus prepostos, advogados, assessores técnicos e a outras pessoas de sua confiança que tenham, direta ou indiretamente, participado do procedimento de mediação, alcançando:

I – declaração, opinião, sugestão, promessa ou proposta formulada por uma parte à outra na busca de entendimento para o conflito;

II – reconhecimento de fato por qualquer das partes no curso do procedimento de mediação;

III – manifestação de aceitação de proposta de acordo apresentada pelo mediador;

IV – documento preparado unicamente para os fins do procedimento de mediação.

§ 2.º A prova apresentada em desacordo com o disposto neste artigo não será admitida em processo arbitral ou judicial.

§ 3.º Não está abrigada pela regra de confidencialidade a informação relativa à ocorrência de crime de ação pública.

§ 4.º A regra da confidencialidade não afasta o dever de as pessoas discriminadas no *caput* prestarem informações à administração tributária após o termo final da mediação, aplicando-se aos seus servidores a obrigação de manterem sigilo das informações compartilhadas nos termos do art. 198 da Lei n. 5.172, de 25 de outubro de 1966 – Código Tributário Nacional.

• Dispõe o *caput* do art. 198 do CTN: "Sem prejuízo do disposto na legislação criminal, é vedada a divulgação, por parte da Fazenda Pública ou de seus servidores, de informação obtida em razão do ofício sobre a situação econômica ou financeira do sujeito passivo ou de terceiros e sobre a natureza e o estado de seus negócios ou atividades".

Art. 31. Será confidencial a informação prestada por uma parte em sessão privada, não podendo o mediador revelá-la às demais, exceto se expressamente autorizado.

Capítulo II

DA AUTOCOMPOSIÇÃO DE CONFLITOS EM QUE FOR PARTE PESSOA JURÍDICA DE DIREITO PÚBLICO

Seção I

Disposições Comuns

Art. 32. A União, os Estados, o Distrito Federal e os Municípios poderão criar câmaras de prevenção e resolução administrativa de conflitos, no âmbito dos respectivos órgãos da Advocacia Pública, onde houver, com competência para:

I – dirimir conflitos entre órgãos e entidades da administração pública;

II – avaliar a admissibilidade dos pedidos de resolução de conflitos, por meio de composição, no caso de controvérsia entre particular e pessoa jurídica de direito público;

III – promover, quando couber, a celebração de termo de ajustamento de conduta.

§ 1.º O modo de composição e funcionamento das câmaras de que trata o *caput* será estabelecido em regulamento de cada ente federado.

§ 2.º A submissão do conflito às câmaras de que trata o *caput* é facultativa e será cabível apenas nos casos previstos no regulamento do respectivo ente federado.

§ 3.º Se houver consenso entre as partes, o acordo será reduzido a termo e constituirá título executivo extrajudicial.

§ 4.º Não se incluem na competência dos órgãos mencionados no *caput* deste artigo as controvérsias que somente possam ser resolvidas por atos ou concessão de direitos sujeitos a autorização do Poder Legislativo.

§ 5.º Compreendem-se na competência das câmaras de que trata o *caput* a prevenção e a resolução de conflitos que envolvam equilíbrio econômico-financeiro de contratos celebrados pela administração com particulares.

Art. 33. Enquanto não forem criadas as câmaras de mediação, os conflitos poderão ser dirimidos nos termos do procedimento de mediação previsto na Subseção I da Seção III do Capítulo I desta Lei.

Parágrafo único. A Advocacia Pública da União, dos Estados, do Distrito Federal e dos Municípios, onde houver, poderá instaurar, de ofício ou mediante provocação, procedimento de mediação coletiva de conflitos relacionados à prestação de serviços públicos.

Art. 34. A instauração de procedimento administrativo para a resolução consensual de conflito no âmbito da administração pública suspende a prescrição.

§ 1.º Considera-se instaurado o procedimento quando o órgão ou entidade pública emitir juízo de admissibilidade, retroagindo a suspensão da prescrição à data de formalização do pedido de resolução consensual do conflito.

§ 2.º Em se tratando de matéria tributária, a suspensão da prescrição deverá observar o disposto na Lei n. 5.172, de 25 de outubro de 1966 – Código Tributário Nacional.

Seção II
Dos Conflitos Envolvendo a Administração Pública Federal Direta, suas Autarquias e Fundações

Art. 35. As controvérsias jurídicas que envolvam a administração pública federal direta, suas autarquias e fundações poderão ser objeto de transação por adesão, com fundamento em:

I – autorização do Advogado-Geral da União, com base na jurisprudência pacífica do Supremo Tribunal Federal ou de tribunais superiores; ou

II – parecer do Advogado-Geral da União, aprovado pelo Presidente da República.

§ 1.º Os requisitos e as condições da transação por adesão serão definidos em resolução administrativa própria.

§ 2.º Ao fazer o pedido de adesão, o interessado deverá juntar prova de atendimento aos requisitos e às condições estabelecidos na resolução administrativa.

§ 3.º A resolução administrativa terá efeitos gerais e será aplicada aos casos idênticos, tempestivamente habilitados mediante pedido de adesão, ainda que solucione apenas parte da controvérsia.

§ 4.º A adesão implicará renúncia do interessado ao direito sobre o qual se fundamenta a ação ou o recurso, eventualmente pendentes, de natureza administrativa ou judicial, no que tange aos pontos compreendidos pelo objeto da resolução administrativa.

§ 5.º Se o interessado for parte em processo judicial inaugurado por ação coletiva, a renúncia ao direito sobre o qual se fundamenta a ação deverá ser expressa, mediante petição dirigida ao juiz da causa.

§ 6.º A formalização de resolução administrativa destinada à transação por adesão não implica a renúncia tácita à prescrição nem sua interrupção ou suspensão.

Art. 36. No caso de conflitos que envolvam controvérsia jurídica entre órgãos ou entidades de direito público que integram a administração pública federal, a Advocacia-Geral da União deverá realizar composição extrajudicial do conflito, observados os procedimentos previstos em ato do Advogado-Geral da União.

§ 1.º Na hipótese do *caput*, se não houver acordo quanto à controvérsia jurídica, caberá ao Advogado-Geral da União dirimi-la, com fundamento na legislação afeta.

§ 2.º Nos casos em que a resolução da controvérsia implicar o reconhecimento da existência de créditos da União, de suas autarquias e fundações em face de pessoas jurídicas de direito público federais, a Advocacia-Geral da União poderá solicitar ao Ministério do Planejamento, Orçamento e Gestão a adequação orçamentária para quitação das dívidas reconhecidas como legítimas.

§ 3.º A composição extrajudicial do conflito não afasta a apuração de responsabilidade do agente público que deu causa à dívida, sempre que se verificar que sua ação ou omissão constitui, em tese, infração disciplinar.

§ 4.º Nas hipóteses em que a matéria objeto do litígio esteja sendo discutida em ação de improbidade administrativa ou sobre ela haja decisão do Tribunal de Contas da União, a conciliação de que trata o *caput* dependerá da anuência expressa do juiz da causa ou do Ministro Relator.

Art. 37. É facultado aos Estados, ao Distrito Federal e aos Municípios, suas autarquias e fundações públicas, bem como às empresas públicas e sociedades de economia mista federais, submeter seus litígios com órgãos ou entidades da administração pública federal à Advocacia-Geral da União, para fins de composição extrajudicial do conflito.

Art. 38. Nos casos em que a controvérsia jurídica seja relativa a tributos administrados pela Secretaria da Receita Federal do Brasil ou a créditos inscritos em dívida ativa da União:

I – não se aplicam as disposições dos incisos II e III do *caput* do art. 32;

II – as empresas públicas, sociedades de economia mista e suas subsidiárias que explorem atividade econômica de produção ou comercialização de bens ou de prestação de serviços em regime de concorrência não poderão exercer a faculdade prevista no art. 37;

III – quando forem partes as pessoas a que alude o *caput* do art. 36:

a) a submissão do conflito à composição extrajudicial pela Advocacia-Geral da União implica renúncia do direito de recorrer ao Conselho Administrativo de Recursos Fiscais;

b) a redução ou o cancelamento do crédito dependerá de manifestação conjunta do Advogado-Geral da União e do Ministro de Estado da Fazenda.

Parágrafo único. O disposto neste artigo não afasta a competência do Advogado-Geral da União prevista nos incisos VI, X e XI do art. 4.º da Lei Complementar n. 73, de 10 de fevereiro de 1993, e na Lei n. 9.469, de 10 de julho de 1997.

•• Parágrafo único com redação determinada pela Lei n. 13.327, de 29-7-2016.

Art. 39. A propositura de ação judicial em que figurem concomitantemente nos polos ativo e passivo órgãos ou entidades de direito público que integrem a administração pública federal deverá ser previamente autorizada pelo Advogado-Geral da União.

Art. 40. Os servidores e empregados públicos que participarem do processo de composição extrajudicial do conflito, somente poderão ser responsabilizados civil, administrativa ou criminalmente quando, mediante dolo ou fraude, receberem qualquer vantagem patrimonial indevida, permitirem ou facilitarem sua recepção por terceiro, ou para tal concorrerem.

Capítulo III
DISPOSIÇÕES FINAIS

Art. 41. A Escola Nacional de Mediação e Conciliação, no âmbito do Ministério da Justiça, poderá criar banco de dados sobre boas práticas em mediação, bem como manter relação de mediadores e de instituições de mediação.

Art. 42. Aplica-se esta Lei, no que couber, às outras formas consensuais de resolução de conflitos, tais como mediações comunitárias e escolares, e àquelas levadas a efeito nas serventias extrajudiciais, desde que no âmbito de suas competências.

Parágrafo único. A mediação nas relações de trabalho será regulada por lei própria.

Art. 43. Os órgãos e entidades da administração pública poderão criar câmaras para a resolução de conflitos entre particulares, que versem sobre atividades por eles reguladas ou supervisionadas.

....

Art. 46. A mediação poderá ser feita pela internet ou por outro meio de comunicação que permita a transação à distância, desde que as partes estejam de acordo.

Parágrafo único. É facultado à parte domiciliada no exterior submeter-se à mediação segundo as regras estabelecidas nesta Lei.

Art. 47. Esta Lei entra em vigor após decorridos cento e oitenta dias de sua publicação oficial.

Art. 48. Revoga-se o § 2.º do art. 6.º da Lei n. 9.469, de 10 de julho de 1997.

Brasília, 26 de junho de 2015; 194.º da Independência e 127.º da República.

Dilma Rousseff

LEI N. 13.146, DE 6 DE JULHO DE 2015 (*)

Institui a Lei Brasileira de Inclusão da Pessoa com Deficiência (Estatuto da Pessoa com Deficiência).

A Presidenta da República faço saber que o Congresso Nacional decreta e eu sanciono a seguinte Lei:

(*) Publicada no *Diário Oficial da União*, de 7-7-2015.

Legislação Complementar

Livro I
PARTE GERAL

Título I
DISPOSIÇÕES PRELIMINARES

Capítulo I
DISPOSIÇÕES GERAIS

Art. 1.º É instituída a Lei Brasileira de Inclusão da Pessoa com Deficiência (Estatuto da Pessoa com Deficiência), destinada a assegurar e a promover, em condições de igualdade, o exercício dos direitos e das liberdades fundamentais por pessoa com deficiência, visando à sua inclusão social e cidadania.

Parágrafo único. Esta Lei tem como base a Convenção sobre os Direitos das Pessoas com Deficiência e seu Protocolo Facultativo, ratificados pelo Congresso Nacional por meio do Decreto Legislativo n. 186, de 9 de julho de 2008, em conformidade com o procedimento previsto no § 3.º do art. 5.º da Constituição da República Federativa do Brasil, em vigor para o Brasil, no plano jurídico externo, desde 31 de agosto de 2008, e promulgados pelo Decreto n. 6.949, de 25 de agosto de 2009, data de início de sua vigência no plano interno.

Art. 2.º Considera-se pessoa com deficiência aquela que tem impedimento de longo prazo de natureza física, mental, intelectual ou sensorial, o qual, em interação com uma ou mais barreiras, pode obstruir sua participação plena e efetiva na sociedade em igualdade de condições com as demais pessoas.

§ 1.º A avaliação da deficiência, quando necessária, será biopsicossocial, realizada por equipe multiprofissional e interdisciplinar e considerará:

- O Decreto n. 10.654, de 22-3-2021, dispõe sobre a avaliação biopsicossocial da visão monocular para fins de reconhecimento da condição de pessoa com deficiência.
- O Decreto n. 11.063, de 4-5-2022, estabelece os critérios e os requisitos para a avaliação de pessoas com deficiência ou pessoas com transtorno do espectro autista para fins de concessão de isenção do Imposto sobre Produtos Industrializados - IPI na aquisição de automóveis.

I – os impedimentos nas funções e nas estruturas do corpo;

II – os fatores socioambientais, psicológicos e pessoais;

III – a limitação no desempenho de atividades; e

IV – a restrição de participação.

§ 2.º O Poder Executivo criará instrumentos para avaliação da deficiência.

- A Lei n. 14.126, de 22-3-2021, classifica a visão monocular como deficiência sensorial, do tipo visual, para todos os efeitos legais.

Art. 3.º Para fins de aplicação desta Lei, consideram-se:

I – acessibilidade: possibilidade e condição de alcance para utilização, com segurança e autonomia, de espaços, mobiliários, equipamentos urbanos, edificações, transportes, informação e comunicação, inclusive seus sistemas e tecnologias, bem como de outros serviços e instalações abertos ao público, de uso público ou privados de uso coletivo, tanto na zona urbana como na rural, por pessoa com deficiência ou com mobilidade reduzida;

II – desenho universal: concepção de produtos, ambientes, programas e serviços a serem usados por todas as pessoas, sem necessidade de adaptação ou de projeto específico, incluindo os recursos de tecnologia assistiva;

III – tecnologia assistiva ou ajuda técnica: produtos, equipamentos, dispositivos, recursos, metodologias, estratégias, práticas e serviços que objetivem promover a funcionalidade, relacionada à atividade e à participação da pessoa com deficiência ou com mobilidade reduzida, visando à sua autonomia, independência, qualidade de vida e inclusão social;

IV – barreiras: qualquer entrave, obstáculo, atitude ou comportamento que limite ou impeça a participação social da pessoa, bem como o gozo, a fruição e o exercício de seus direitos à acessibilidade, à liberdade de movimento e de expressão, à comunicação, ao acesso à informação, à compreensão, à circulação com segurança, entre outros, classificadas em:

a) barreiras urbanísticas: as existentes nas vias e nos espaços públicos e privados abertos ao público ou de uso coletivo;

b) barreiras arquitetônicas: as existentes nos edifícios públicos e privados;

c) barreiras nos transportes: as existentes nos sistemas e meios de transportes;

d) barreiras nas comunicações e na informação: qualquer entrave, obstáculo, atitude ou comportamento que dificulte ou impossibilite a expressão ou o recebimento de mensagens e de informações por intermédio de sistemas de comunicação e de tecnologia da informação;

e) barreiras atitudinais: atitudes ou comportamentos que impeçam ou prejudiquem a participação social da pessoa com deficiência em igualdade de condições e oportunidades com as demais pessoas;

f) barreiras tecnológicas: as que dificultam ou impedem o acesso da pessoa com deficiência às tecnologias;

V – comunicação: forma de interação dos cidadãos que abrange, entre outras opções, as línguas, inclusive a Língua Brasileira de Sinais (Libras), a visualização de textos, o Braille, o sistema de sinalização ou de comunicação tátil, os caracteres ampliados, os dispositivos multimídia, assim como a linguagem simples, escrita e oral, os sistemas auditivos e os meios de voz digitalizados e os modos, meios e formatos aumentativos e alternativos de comunicação, incluindo as tecnologias da informação e das comunicações;

VI – adaptações razoáveis: adaptações, modificações e ajustes necessários e adequados que não acarretem ônus desproporcional e indevido, quando requeridos em cada caso, a fim de assegurar que a pessoa com deficiência possa gozar ou exercer, em igualdade de condições e oportunidades com as demais pessoas, todos os direitos e liberdades fundamentais;

VII – elemento de urbanização: quaisquer componentes de obras de urbanização, tais como os referentes a pavimentação, saneamento, encanamento para esgotos, distribuição de energia elétrica e de gás, iluminação pública, serviços de comunicação, abastecimento e distribuição de água, paisagismo e os que materializam as indicações do planejamento urbanístico;

VIII – mobiliário urbano: conjunto de objetos existentes nas vias e nos espaços públicos, superpostos ou adicionados aos elementos de urbanização ou de edificação, de forma que sua modificação ou seu traslado não provoque alterações substanciais nesses elementos, tais como semáforos, postes de sinalização e similares, terminais e pontos de acesso coletivo às telecomunicações, fontes de água, lixeiras, toldos, marquises, bancos, quiosques e quaisquer outros de natureza análoga;

IX – pessoa com mobilidade reduzida: aquela que tenha, por qualquer motivo, dificuldade de movimentação, permanente ou temporária, gerando redução efetiva da mobilidade, da flexibilidade, da coordenação motora ou da percepção, incluindo idoso, gestante, lactante, pessoa com criança de colo e obeso;

X – residências inclusivas: unidades de oferta do Serviço de Acolhimento do Sistema Único de Assistência Social (Suas) localizadas em áreas residenciais da comunidade, com estruturas adequadas, que possam contar com apoio psicossocial para o atendimento das necessidades da pessoa acolhida, destinadas a jovens e adultos com deficiência, em situação de dependência, que não dispõem de condições de autossustentabilidade e com vínculos familiares fragilizados ou rompidos;

XI – moradia para a vida independente da pessoa com deficiência: moradia com estruturas adequadas capazes de proporcionar serviços de apoio coletivos e individualizados que respeitem e ampliem o grau de autonomia de jovens e adultos com deficiência;

XII – atendente pessoal: pessoa, membro ou não da família, que, com ou sem remuneração, assiste ou presta cuidados básicos e essenciais à pessoa com deficiência no exercício de suas atividades diárias, excluídas as técnicas ou os procedimentos identificados com profissões legalmente estabelecidas;

XIII – profissional de apoio escolar: pessoa que exerce atividades de alimentação, higiene e locomoção do estudante com deficiência e atua em todas as atividades escolares nas quais se fizer necessária, em todos os níveis e modalidades de ensino, em instituições públicas e privadas, excluídas as técnicas ou os procedimentos identificados com profissões legalmente estabelecidas;

XIV – acompanhante: aquele que acompanha a pessoa com deficiência, podendo ou não desempenhar as funções de atendente pessoal.

Capítulo II
DA IGUALDADE E DA NÃO DISCRIMINAÇÃO

Art. 4.º Toda pessoa com deficiência tem direito à igualdade de oportunidades com as demais pessoas e não sofrerá nenhuma espécie de discriminação.

§ 1.º Considera-se discriminação em razão da deficiência toda forma de distinção, restrição ou exclusão, por ação ou omissão, que tenha o propósito ou o efeito de prejudicar, impedir ou anular o reconhecimento ou o exercício dos direitos e das liberdades fundamentais de pessoa com deficiência, incluindo a recusa de adaptações razoáveis e de fornecimento de tecnologias assistivas.

§ 2.º A pessoa com deficiência não está obrigada à fruição de benefícios decorrentes de ação afirmativa.

Art. 5.º A pessoa com deficiência será protegida de toda forma de negligência, discriminação, exploração, violência, tortura, crueldade, opressão e tratamento desumano ou degradante.

Parágrafo único. Para os fins da proteção mencionada no *caput* deste artigo, são considerados especialmente vulneráveis a criança, o adolescente, a mulher e o idoso, com deficiência.

Art. 6.º A deficiência não afeta a plena capacidade civil da pessoa, inclusive para:

I – casar-se e constituir união estável;

II – exercer direitos sexuais e reprodutivos;

III – exercer o direito de decidir sobre o número de filhos e de ter acesso a informações adequadas sobre reprodução e planejamento familiar;

IV – conservar sua fertilidade, sendo vedada a esterilização compulsória;

V – exercer o direito à família e à convivência familiar e comunitária; e

VI – exercer o direito à guarda, à tutela, à curatela e à adoção, como adotante ou adotando, em igualdade de oportunidades com as demais pessoas.

Art. 7.º É dever de todos comunicar à autoridade competente qualquer forma de ameaça ou de violação aos direitos da pessoa com deficiência.

Parágrafo único. Se, no exercício de suas funções, os juízes e os tribunais tiverem conhecimento de fatos que caracterizem as violações previstas nesta Lei, devem remeter peças ao Ministério Público para as providências cabíveis.

Art. 8.º É dever do Estado, da sociedade e da família assegurar à pessoa com deficiência, com prioridade, a efetivação dos direitos referentes à vida, à saúde, à sexualidade, à paternidade e à maternidade, à alimentação, à habitação, à educação, à profissionalização, ao trabalho, à previdência social, à habilitação e à reabilitação, ao transporte, à acessibilidade, à cultura, ao desporto, ao turismo, ao lazer, à informação, à comunicação, aos avanços científicos e tecnológicos, à dignidade, ao respeito, à liberdade, à convivência familiar e comunitária, entre outros decorrentes da Constituição Federal, da Convenção sobre os Direitos das Pessoas com Deficiência e seu Protocolo Facultativo e das leis e de outras normas que garantam seu bem-estar pessoal, social e econômico.

Seção Única
Do Atendimento Prioritário

Art. 9.º A pessoa com deficiência tem direito a receber atendimento prioritário, sobretudo com a finalidade de:

I – proteção e socorro em quaisquer circunstâncias;

II – atendimento em todas as instituições e serviços de atendimento ao público;

III – disponibilização de recursos, tanto humanos quanto tecnológicos, que garantam atendimento em igualdade de condições com as demais pessoas;

IV – disponibilização de pontos de parada, estações e terminais acessíveis de transporte coletivo de passageiros e garantia de segurança no embarque e no desembarque;

V – acesso a informações e disponibilização de recursos de comunicação acessíveis;

VI – recebimento de restituição de imposto de renda;

VII – tramitação processual e procedimentos judiciais e administrativos em que for parte ou interessada, em todos os atos e diligências.

§ 1.º Os direitos previstos neste artigo são extensivos ao acompanhante da pessoa com deficiência ou ao seu atendente pessoal, exceto quanto ao disposto nos incisos VI e VII deste artigo.

§ 2.º Nos serviços de emergência públicos e privados, a prioridade conferida por esta Lei é condicionada aos protocolos de atendimento médico.

Título II
DOS DIREITOS FUNDAMENTAIS

Capítulo I
DO DIREITO À VIDA

Art. 10. Compete ao poder público garantir a dignidade da pessoa com deficiência ao longo de toda a vida.

Parágrafo único. Em situações de risco, emergência ou estado de calamidade pública, a pessoa com deficiência será considerada vulnerável, devendo o poder público adotar medidas para sua proteção e segurança.

Art. 11. A pessoa com deficiência não poderá ser obrigada a se submeter a intervenção clínica ou cirúrgica, a tratamento ou a institucionalização forçada.

Parágrafo único. O consentimento da pessoa com deficiência em situação de curatela poderá ser suprido, na forma da lei.

Art. 12. O consentimento prévio, livre e esclarecido da pessoa com deficiência é indispensável para a realização de tratamento, procedimento, hospitalização e pesquisa científica.

§ 1.º Em caso de pessoa com deficiência em situação de curatela, deve ser assegurada sua participação, no maior grau possível, para a obtenção de consentimento.

§ 2.º A pesquisa científica envolvendo pessoa com deficiência em situação de tutela ou de curatela deve ser realizada, em caráter excepcional, apenas quando houver indícios de benefício direto para sua saúde ou para a saúde de outras pessoas com deficiência e desde que não haja outra opção de pesquisa de eficácia comparável com participantes não tutelados ou curatelados.

Art. 13. A pessoa com deficiência somente será atendida sem seu consentimento prévio, livre e esclarecido em casos de risco de morte e de emergência em saúde, resguardado seu superior interesse e adotadas as salvaguardas legais cabíveis.

Capítulo II
DO DIREITO À HABILITAÇÃO E À REABILITAÇÃO

•• O Decreto n. 8.725, de 27-4-2016, institui a Rede Intersetorial de Reabilitação Integral e dá outras providências.

Art. 14. O processo de habilitação e de reabilitação é um direito da pessoa com deficiência.

Parágrafo único. O processo de habilitação e de reabilitação tem por objetivo o desenvolvimento de potencialidades, talentos, habilidades e aptidões físicas, cognitivas, sensoriais, psicossociais, atitudinais, profissionais e artísticas que contribuam para a conquista da autonomia da pessoa com deficiência e de sua participação social em igualdade de condições e oportunidades com as demais pessoas.

Art. 15. O processo mencionado no art. 14 desta Lei baseia-se em avaliação multidisciplinar das necessidades, habilidades e potencialidades de cada pessoa, observadas as seguintes diretrizes:

I – diagnóstico e intervenção precoces;

II – adoção de medidas para compensar perda ou limitação funcional, buscando o desenvolvimento de aptidões;

III – atuação permanente, integrada e articulada de políticas públicas que possibilitem a plena participação social da pessoa com deficiência;

IV – oferta de rede de serviços articulados, com atuação intersetorial, nos diferentes níveis de complexidade, para atender às necessidades específicas da pessoa com deficiência;

V – prestação de serviços próximo ao domicílio da pessoa com deficiência, inclusive na zona rural, respeitadas a organização das Redes de Atenção à Saúde (RAS) nos territórios locais e as normas do Sistema Único de Saúde (SUS).

Art. 16. Nos programas e serviços de habilitação e de reabilitação para a pessoa com deficiência, são garantidos:

I – organização, serviços, métodos, técnicas e recursos para atender às características de cada pessoa com deficiência;

II – acessibilidade em todos os ambientes e serviços;

III – tecnologia assistiva, tecnologia de reabilitação, materiais e equipamentos adequados e apoio técnico profissional, de acordo com as especificidades de cada pessoa com deficiência;

IV – capacitação continuada de todos os profissionais que participem dos programas e serviços.

Art. 17. Os serviços do SUS e do Suas deverão promover ações articuladas para garantir à pessoa com deficiência e sua família a aquisição de informações, orientações e formas de acesso às políticas públicas disponíveis, com a finalidade de propiciar sua plena participação social.

Parágrafo único. Os serviços de que trata o *caput* deste artigo podem fornecer informações e orientações nas áreas de saúde, de educação, de cultura, de esporte, de lazer, de transporte, de previdência social, de assistência social, de habitação, de trabalho, de empreendedorismo, de acesso ao crédito, de promoção, proteção e defesa de direitos e nas demais áreas que possibilitem à pessoa com deficiência exercer sua cidadania.

Capítulo III

DO DIREITO À SAÚDE

Art. 18. É assegurada atenção integral à saúde da pessoa com deficiência em todos os níveis de complexidade, por intermédio do SUS, garantido acesso universal e igualitário.

§ 1.º É assegurada a participação da pessoa com deficiência na elaboração das políticas de saúde a ela destinadas.

§ 2.º É assegurado atendimento segundo normas éticas e técnicas, que regulamentarão a atuação dos profissionais de saúde e contemplarão aspectos relacionados aos direitos e às especificidades da pessoa com deficiência, incluindo temas como sua dignidade e autonomia.

§ 3.º Aos profissionais que prestam assistência à pessoa com deficiência, especialmente em serviços de habilitação e de reabilitação, deve ser garantida capacitação inicial e continuada.

§ 4.º As ações e os serviços de saúde pública destinados à pessoa com deficiência devem assegurar:

I – diagnóstico e intervenção precoces, realizados por equipe multidisciplinar;

II – serviços de habilitação e de reabilitação sempre que necessários, para qualquer tipo de deficiência, inclusive para a manutenção da melhor condição de saúde e qualidade de vida;

III – atendimento domiciliar multidisciplinar, tratamento ambulatorial e internação;

IV – campanhas de vacinação;

V – atendimento psicológico, inclusive para seus familiares e atendentes pessoais;

VI – respeito à especificidade, à identidade de gênero e à orientação sexual da pessoa com deficiência;

VII – atenção sexual e reprodutiva, incluindo o direito à fertilização assistida;

VIII – informação adequada e acessível à pessoa com deficiência e a seus familiares sobre sua condição de saúde;

IX – serviços projetados para prevenir a ocorrência e o desenvolvimento de deficiências e agravos adicionais;

X – promoção de estratégias de capacitação permanente das equipes que atuam no SUS, em todos os níveis de atenção, no atendimento à pessoa com deficiência, bem como orientação a seus atendentes pessoais;

XI – oferta de órteses, próteses, meios auxiliares de locomoção, medicamentos, insumos e fórmulas nutricionais, conforme as normas vigentes do Ministério da Saúde.

§ 5.º As diretrizes deste artigo aplicam-se também às instituições privadas que participem de forma complementar do SUS ou que recebam recursos públicos para sua manutenção.

Art. 19. Compete ao SUS desenvolver ações destinadas à prevenção de deficiências por causas evitáveis, inclusive por meio de:

I – acompanhamento da gravidez, do parto e do puerpério, com garantia de parto humanizado e seguro;

II – promoção de práticas alimentares adequadas e saudáveis, vigilância alimentar e nutricional, prevenção e cuidado integral dos agravos relacionados à alimentação e nutrição da mulher e da criança;

III – aprimoramento e expansão dos programas de imunização e de triagem neonatal;

IV – identificação e controle da gestante de alto risco;

V – aprimoramento do atendimento neonatal, com a oferta de ações e serviços de prevenção de danos cerebrais e sequelas neurológicas em recém-nascidos, inclusive por telessaúde.

•• Inciso V acrescentado pela Lei n. 14.510, de 27-12-2022.

Art. 20. As operadoras de planos e seguros privados de saúde são obrigadas a garantir à pessoa com deficiência, no mínimo, todos os serviços e produtos ofertados aos demais clientes.

• Planos e seguros privados de assistência à saúde: *vide* Lei n. 9.656, de 3-6-1998.

Art. 21. Quando esgotados os meios de atenção à saúde da pessoa com deficiência no local de residência, será prestado atendimento fora de domicílio, para fins de diagnóstico e de tratamento, garantidos o transporte e a acomodação da pessoa com deficiência e de seu acompanhante.

Art. 22. À pessoa com deficiência internada ou em observação é assegurado o direito a acompanhante ou a atendente pessoal, devendo o órgão ou a instituição de saúde proporcionar condições adequadas para sua permanência em tempo integral.

§ 1.º Na impossibilidade de permanência do acompanhante ou do atendente pessoal junto à pessoa com deficiência, cabe ao profissional de saúde responsável pelo tratamento justificá-la por escrito.

§ 2.º Na ocorrência da impossibilidade prevista no § 1.º deste artigo, o órgão ou a instituição de saúde deve adotar as providências cabíveis para suprir a ausência do acompanhante ou do atendente pessoal.

Art. 23. São vedadas todas as formas de discriminação contra a pessoa com deficiência, inclusive por meio de cobrança de valores diferenciados por planos e seguros privados de saúde, em razão de sua condição.

Art. 24. É assegurado à pessoa com deficiência o acesso aos serviços de saúde, tanto públicos como privados, e às informações prestadas e recebidas, por meio de recursos de tecnologia assistiva e de todas as formas de comunicação previstas no inciso V do art. 3.º desta Lei.

Art. 25. Os espaços dos serviços de saúde, tanto públicos quanto privados, devem assegurar o acesso da pessoa com deficiência, em conformidade com a legislação em vigor, mediante a remoção de barreiras, por meio de projetos arquitetônico, de ambientação de interior e de comunicação que atendam às especificidades das pessoas com deficiência física, sensorial, intelectual e mental.

Art. 26. Os casos de suspeita ou de confirmação de violência praticada contra a pessoa com deficiência serão objeto de notificação compulsória pelos serviços de saúde públicos e privados à autoridade policial e ao Ministério Público, além dos Conselhos dos Direitos da Pessoa com Deficiência.

Parágrafo único. Para os efeitos desta Lei, considera-se violência contra a pessoa com deficiência qualquer ação ou omissão, praticada em local público ou privado, que lhe cause morte ou dano ou sofrimento físico ou psicológico.

Capítulo IV

DO DIREITO À EDUCAÇÃO

Art. 27. A educação constitui direito da pessoa com deficiência, assegurados sistema educacional inclusivo em todos os níveis e aprendizado ao longo de toda a vida, de forma a alcançar o máximo desenvolvimento possível de seus talentos e habilidades físicas, sensoriais, intelectuais e sociais, segundo suas características, interesses e necessidades de aprendizagem.

Parágrafo único. É dever do Estado, da família, da comunidade escolar e da sociedade assegurar educação de qualidade à pessoa com deficiência, colocando-a a salvo de toda forma de violência, negligência e discriminação.

Art. 28. Incumbe ao poder público assegurar, criar, desenvolver, implementar, incentivar, acompanhar e avaliar:

I – sistema educacional inclusivo em todos os níveis e modalidades, bem como o aprendizado ao longo de toda a vida;

II – aprimoramento dos sistemas educacionais, visando a garantir condições de acesso, permanência, participação e aprendizagem, por meio da oferta de serviços e de recursos de acessibilidade que eliminem as barreiras e promovam a inclusão plena;

III – projeto pedagógico que institucionalize o atendimento educacional especializado, assim como os demais serviços e adaptações razoáveis, para atender às características dos estudantes com deficiência e garantir o seu pleno acesso ao currículo em condições de igualdade, promovendo a conquista e o exercício de sua autonomia;

IV – oferta de educação bilíngue, em Libras como primeira língua e na modalidade escrita da língua portuguesa como segunda língua, em escolas e classes bilíngues e em escolas inclusivas;

V – adoção de medidas individualizadas e coletivas em ambientes que maximizem o desenvolvimento acadêmico e social dos estudantes com deficiência, favorecendo o acesso, a permanência, a participação e a aprendizagem em instituições de ensino;

VI – pesquisas voltadas para o desenvolvimento de novos métodos e técnicas pedagógicas, de materiais didáticos, de equipamentos e de recursos de tecnologia assistiva;

VII – planejamento de estudo de caso, de elaboração de plano de atendimento educacional especializado, de organização de recursos e serviços de acessibilidade e de disponibilização e usabilidade pedagógica de recursos de tecnologia assistiva;

VIII – participação dos estudantes com deficiência e de suas famílias nas diversas instâncias de atuação da comunidade escolar;

IX – adoção de medidas de apoio que favoreçam o desenvolvimento dos aspectos linguísticos, culturais, vocacionais e profissionais, levando-se em conta o talento, a criatividade, as habilidades e os interesses do estudante com deficiência;

X – adoção de práticas pedagógicas inclusivas pelos programas de formação inicial e continuada de professores e oferta de formação continuada para o atendimento educacional especializado;

XI – formação e disponibilização de professores para o atendimento educacional especializado, de tradutores e intérpretes da Libras, de guias intérpretes e de profissionais de apoio;

XII – oferta de ensino da Libras, do Sistema Braille e de uso de recursos de tecnologia assistiva, de forma a ampliar habilidades funcionais dos estudantes, promovendo sua autonomia e participação;

XIII – acesso à educação superior e à educação profissional e tecnológica em igualdade de oportunidades e condições com as demais pessoas;

XIV – inclusão em conteúdos curriculares, em cursos de nível superior e de educação profissional técnica e tecnológica, de temas relacionados à pessoa com deficiência nos respectivos campos de conhecimento;

XV – acesso da pessoa com deficiência, em igualdade de condições, a jogos e a atividades recreativas, esportivas e de lazer, no sistema escolar;

XVI – acessibilidade para todos os estudantes, trabalhadores da educação e demais integrantes da comunidade escolar às edificações, aos ambientes e às atividades concernentes a todas as modalidades, etapas e níveis de ensino;

XVII – oferta de profissionais de apoio escolar;

XVIII – articulação intersetorial na implementação de políticas públicas.

§ 1.º Às instituições privadas, de qualquer nível e modalidade de ensino, aplica-se obrigatoriamente o disposto nos incisos I, II, III, V, VII, VIII, IX, X, XI, XII, XIII, XIV, XV, XVI, XVII e XVIII do *caput* deste artigo, sendo vedada a cobrança de valores adicionais de qualquer natureza em suas mensalidades, anuidades e matrículas no cumprimento dessas determinações.

§ 2.º Na disponibilização de tradutores e intérpretes da Libras a que se refere o inciso XI do *caput* deste artigo, deve-se observar o seguinte:

I – os tradutores e intérpretes da Libras atuantes na educação básica devem, no mínimo, possuir ensino médio completo e certificado de proficiência na Libras;

II – os tradutores e intérpretes da Libras, quando direcionados à tarefa de interpretar nas salas de aula dos cursos de graduação e pós-graduação, devem possuir nível superior, com habilitação, prioritariamente, em Tradução e Interpretação em Libras.

Art. 29. (*Vetado*.)

Art. 30. Nos processos seletivos para ingresso e permanência nos cursos oferecidos pelas instituições de ensino superior e de educação profissional e tecnológica, públicas e privadas, devem ser adotadas as seguintes medidas:

I – atendimento preferencial à pessoa com deficiência nas dependências das Instituições de Ensino Superior (IES) e nos serviços;

II – disponibilização de formulário de inscrição de exames com campos específicos para que o candidato com deficiência informe os recursos de acessibilidade e de tecnologia assistiva necessários para sua participação;

III – disponibilização de provas em formatos acessíveis para atendimento às necessidades específicas do candidato com deficiência;

IV – disponibilização de recursos de acessibilidade e de tecnologia assistiva adequados, previamente solicitados e escolhidos pelo candidato com deficiência;

V – dilação de tempo, conforme demanda apresentada pelo candidato com deficiência, tanto na realização de exame para seleção quanto nas atividades acadêmicas, mediante prévia solicitação e comprovação da necessidade;

VI – adoção de critérios de avaliação das provas escritas, discursivas ou de redação que considerem a singularidade linguística da pessoa com deficiência, no domínio da modalidade escrita da língua portuguesa;

VII – tradução completa do edital e de suas retificações em Libras.

Capítulo V
DO DIREITO À MORADIA

Art. 31. A pessoa com deficiência tem direito à moradia digna, no seio da família natural ou substituta, com seu cônjuge ou companheiro ou desacompanhada, ou em moradia para a vida independente da pessoa com deficiência, ou, ainda, em residência inclusiva.

§ 1.º O poder público adotará programas e ações estratégicas para apoiar a criação e a manutenção de moradia para a vida independente da pessoa com deficiência.

§ 2.º A proteção integral na modalidade de residência inclusiva será prestada no âmbito do Suas à pessoa com deficiência em situação de dependência que não disponha de condições de autossustentabilidade, com vínculos familiares fragilizados ou rompidos.

Art. 32. Nos programas habitacionais, públicos ou subsidiados com recursos públicos, a pessoa com deficiência ou o seu responsável goza de prioridade na aquisição de imóvel para moradia própria, observado o seguinte:

• *Vide* art. 10 do Decreto n. 9.451, de 26-7-2018.

I – reserva de, no mínimo, 3% (três por cento) das unidades habitacionais para pessoa com deficiência;

II – (*Vetado*);

III – em caso de edificação multifamiliar, garantia de acessibilidade nas áreas de uso comum e nas unidades habitacionais no piso térreo e de acessibilidade ou de adaptação razoável nos demais pisos;

IV – disponibilização de equipamentos urbanos comunitários acessíveis;

V – elaboração de especificações técnicas no projeto que permitam a instalação de elevadores.

§ 1.º O direito à prioridade, previsto no *caput* deste artigo, será reconhecido à pessoa com deficiência beneficiária apenas uma vez.

§ 2.º Nos programas habitacionais públicos, os critérios de financiamento devem ser compatíveis com os rendimentos da pessoa com deficiência ou de sua família.

§ 3.º Caso não haja pessoa com deficiência interessada nas unidades habitacionais reservadas por força do disposto no inciso I do *caput* deste artigo, as unidades não utilizadas serão disponibilizadas às demais pessoas.

Art. 33. Ao poder público compete:

I – adotar as providências necessárias para o cumprimento do disposto nos arts. 31 e 32 desta Lei; e

II – divulgar, para os agentes interessados e beneficiários, a política habitacional prevista nas legislações federal, estaduais, distrital e municipais, com ênfase nos dispositivos sobre acessibilidade.

Capítulo VI
DO DIREITO AO TRABALHO

Seção I
Disposições Gerais

Art. 34. A pessoa com deficiência tem direito ao trabalho de sua livre escolha e aceitação, em ambiente acessível e inclusivo, em igualdade de oportunidades com as demais pessoas.

§ 1.º As pessoas jurídicas de direito público, privado ou de qualquer natureza são obrigadas a garantir ambientes de trabalho acessíveis e inclusivos.

§ 2.º A pessoa com deficiência tem direito, em igualdade de oportunidades com as demais pessoas, a condições justas e favoráveis de trabalho, incluindo igual remuneração por trabalho de igual valor.

§ 3.º É vedada restrição ao trabalho da pessoa com deficiência e qualquer discriminação em razão de sua condição, inclusive nas etapas de recrutamento, seleção, contratação, admissão, exames admissional e periódico, permanência no emprego, ascensão profissional e reabilitação profissional, bem como exigência de aptidão plena.

§ 4.º A pessoa com deficiência tem direito à participação e ao acesso a cursos, treinamentos, educação continuada, planos de carreira, promoções, bonificações e incentivos profissionais oferecidos pelo empregador, em igualdade de oportunidades com os demais empregados.

§ 5.º É garantida aos trabalhadores com deficiência acessibilidade em cursos de formação e de capacitação.

Art. 35. É finalidade primordial das políticas públicas de trabalho e emprego promover e garantir condições de acesso e de permanência da pessoa com deficiência no campo de trabalho.

Parágrafo único. Os programas de estímulo ao empreendedorismo e ao trabalho autônomo, incluídos o cooperativismo e o associativismo, devem prever a participação da pessoa com deficiência e a disponibilização de linhas de crédito, quando necessárias.

Seção II
Da Habilitação Profissional e Reabilitação Profissional

•• O Decreto n. 8.725, de 27-4-2016, institui a Rede Intersetorial de Reabilitação Integral e dá outras providências.

Art. 36. O poder público deve implementar serviços e programas completos de habilitação profissional e de reabilitação profissional para que a pessoa com deficiência possa ingressar, continuar ou retornar ao campo do trabalho, respeitados sua livre escolha, sua vocação e seu interesse.

§ 1.º Equipe multidisciplinar indicará, com base em critérios previstos no § 1.º do art. 2.º desta Lei, programa de habilitação ou de reabilitação que possibilite à pessoa com deficiência restaurar sua capacidade e habilidade profissional ou adquirir novas capacidades e habilidades de trabalho.

§ 2.º A habilitação profissional corresponde ao processo destinado a propiciar à pessoa com deficiência aquisição de conhecimentos, habilidades e aptidões para exercício de profissão ou de ocupação, permitindo nível suficiente de desenvolvimento profissional para ingresso no campo de trabalho.

§ 3.º Os serviços de habilitação profissional, de reabilitação profissional e de educação profissional devem ser dotados de recursos necessários para atender a toda pessoa com deficiência, independentemente de sua característica específica, a fim de que ela possa ser capacitada para trabalho que lhe seja adequado e ter perspectivas de obtê-lo, de conservá-lo e de nele progredir.

§ 4.º Os serviços de habilitação profissional, de reabilitação profissional e de educação profissional deverão ser oferecidos em ambientes acessíveis e inclusivos.

§ 5.º A habilitação profissional e a reabilitação profissional devem ocorrer articuladas com as redes públicas e privadas, especialmente de saúde, de ensino e de assistência social, em todos os níveis e modalidades, em entidades de formação profissional ou diretamente com o empregador.

§ 6.º A habilitação profissional pode ocorrer em empresas por meio de prévia formalização do contrato de emprego da pessoa com deficiência, que será considerada para o cumprimento da reserva de vagas prevista em lei, desde que por tempo determinado e concomitante com a inclusão profissional na empresa, observado o disposto em regulamento.

§ 7.º A habilitação profissional e a reabilitação profissional atenderão à pessoa com deficiência.

Seção III
Da Inclusão da Pessoa com Deficiência no Trabalho

Art. 37. Constitui modo de inclusão da pessoa com deficiência no trabalho a colocação competitiva, em igualdade de oportunidades com as demais pessoas, nos termos da legislação trabalhista e previdenciária, na qual devem ser atendidas as regras de acessibilidade, o fornecimento de recursos de tecnologia assistiva e a adaptação razoável no ambiente de trabalho.

Parágrafo único. A colocação competitiva da pessoa com deficiência pode ocorrer por meio de trabalho com apoio, observadas as seguintes diretrizes:

I – prioridade no atendimento à pessoa com deficiência com maior dificuldade de inserção no campo de trabalho;

II – provisão de suportes individualizados que atendam a necessidades específicas da pessoa com deficiência, inclusive a disponibilização de recursos de tecnologia assistiva, de agente facilitador e de apoio no ambiente de trabalho;

III – respeito ao perfil vocacional e ao interesse da pessoa com deficiência apoiada;

IV – oferta de aconselhamento e de apoio aos empregadores, com vistas à definição de estratégias de inclusão e de superação de barreiras, inclusive atitudinais;

V – realização de avaliações periódicas;

VI – articulação intersetorial das políticas públicas;

VII – possibilidade de participação de organizações da sociedade civil.

Art. 38. A entidade contratada para a realização de processo seletivo público ou privado para cargo, função ou emprego está obrigada à observância do disposto nesta Lei e em outras normas de acessibilidade vigentes.

Capítulo VII
DO DIREITO À ASSISTÊNCIA SOCIAL

Art. 39. Os serviços, os programas, os projetos e os benefícios no âmbito da política pública de assistência social à pessoa com deficiência e sua família têm como objetivo a garantia da segurança de renda, da acolhida, da habilitação e da reabilitação, do desenvolvimento da autonomia e da convivência familiar e comunitária, para a promoção do acesso a direitos e da plena participação social.

§ 1.º A assistência social à pessoa com deficiência, nos termos do *caput* deste artigo, deve envolver conjunto articulado de serviços do âmbito da Proteção Social Básica e da Proteção Social Especial, ofertados pelo Suas, para a garantia de seguranças fundamentais no enfrentamento de situações de vulnerabilidade e de risco, por fragilização de vínculos e ameaça ou violação de direitos.

§ 2.º Os serviços socioassistenciais destinados à pessoa com deficiência em situação de dependência deverão contar com cuidadores sociais para prestar-lhe cuidados básicos e instrumentais.

Art. 40. É assegurado à pessoa com deficiência que não possua meios para prover sua subsistência nem de tê-la provida por sua família o benefício mensal de 1 (um) salário mínimo, nos termos da Lei n. 8.742, de 7 de dezembro de 1993.

Capítulo VIII
DO DIREITO À PREVIDÊNCIA SOCIAL

Art. 41. A pessoa com deficiência segurada do Regime Geral de Previdência Social (RGPS) tem direito à aposentadoria nos termos da Lei Complementar n. 142, de 8 de maio de 2013.

Capítulo IX
DO DIREITO À CULTURA, AO ESPORTE, AO TURISMO E AO LAZER

Art. 42. A pessoa com deficiência tem direito à cultura, ao esporte, ao turismo e ao lazer em igualdade de oportunidades com as demais pessoas, sendo-lhe garantido o acesso:

I – a bens culturais em formato acessível;

II – a programas de televisão, cinema, teatro e outras atividades culturais e desportivas em formato acessível; e

III – a monumentos e locais de importância cultural e a espaços que ofereçam serviços ou eventos culturais e esportivos.

§ 1.º É vedada a recusa de oferta de obra intelectual em formato acessível à pessoa com deficiência, sob qualquer argumento, inclusive sob a alegação de proteção dos direitos de propriedade intelectual.

§ 2.º O poder público deve adotar soluções destinadas à eliminação, à redução ou à superação de barreiras para a promoção do acesso a todo patrimônio cultural, observadas as normas de acessibilidade, ambientais e de proteção do patrimônio histórico e artístico nacional.

Art. 43. O poder público deve promover a participação da pessoa com deficiência em atividades artísticas, intelectuais, culturais, esportivas e recreativas, com vistas ao seu protagonismo, devendo:

I – incentivar a provisão de instrução, de treinamento e de recursos adequados, em igualdade de oportunidades com as demais pessoas;

II – assegurar acessibilidade nos locais de eventos e nos serviços prestados por pessoa ou entidade envolvida na organização das atividades de que trata este artigo; e

III – assegurar a participação da pessoa com deficiência em jogos e atividades recreativas, esportivas, de lazer, culturais e artísticas, inclusive no sistema escolar, em igualdade de condições com as demais pessoas.

Art. 44. Nos teatros, cinemas, auditórios, estádios, ginásios de esporte, locais de espetáculos e de conferências e similares, serão reservados espaços livres e assentos para a pessoa com deficiência, de acordo com a capacidade de lotação da edificação, observado o disposto em regulamento.

§ 1.º Os espaços e assentos a que se refere este artigo devem ser distribuídos pelo recinto em locais diversos, de boa visibilidade, em todos os setores, próximos aos corredores, devidamente sinalizados, evitando-se áreas segregadas de público e obstrução das saídas, em conformidade com as normas de acessibilidade.

§ 2.º No caso de não haver comprovada procura pelos assentos reservados, esses podem, excepcionalmente, ser ocupados por pessoas sem deficiência ou que não tenham mobilidade reduzida, observado o disposto em regulamento.

§ 3.º Os espaços e assentos a que se refere este artigo devem situar-se em locais que garantam a acomodação de, no mínimo, 1 (um) acompanhante da pessoa com deficiência ou com mobilidade reduzida, resguardado o direito de se acomodar proximamente a grupo familiar e comunitário.

§ 4.º Nos locais referidos no *caput* deste artigo, deve haver, obrigatoriamente, rotas de fuga e saídas de emergência acessíveis, conforme padrões das normas de acessibilidade, a fim de permitir a saída segura da pessoa com deficiência ou com mobilidade reduzida, em caso de emergência.

§ 5.º Todos os espaços das edificações previstas no *caput* deste artigo devem atender às normas de acessibilidade em vigor.

§ 6.º As salas de cinema devem oferecer, em todas as sessões, recursos de acessibilidade para a pessoa com deficiência.

§ 7.º O valor do ingresso da pessoa com deficiência não poderá ser superior ao valor cobrado das demais pessoas.

Art. 45. Os hotéis, pousadas e similares devem ser construídos observando-se os princípios do desenho universal, além de adotar todos os meios de acessibilidade, conforme legislação em vigor.

•• O Decreto n. 9.296, de 1.º-3-2018, regulamenta este artigo.

§ 1.º Os estabelecimentos já existentes deverão disponibilizar, pelo menos, 10% (dez por cento) de seus dormitórios acessíveis, garantida, no mínimo, 1 (uma) unidade acessível.

§ 2.º Os dormitórios mencionados no § 1.º deste artigo deverão ser localizados em rotas acessíveis.

Capítulo X
DO DIREITO AO TRANSPORTE E À MOBILIDADE

• Diretrizes da Política Nacional de Mobilidade Urbana: *vide* Lei n. 12.587, de 3-1-2012.

Art. 46. O direito ao transporte e à mobilidade da pessoa com deficiência ou com mobilidade reduzida será assegurado em igualdade de oportunidades com as demais pessoas, por meio de identificação e de eliminação de todos os obstáculos e barreiras ao seu acesso.

• *Vide* art. 24, I e IV, da Lei n. 12.587, de 3-1-2012.

§ 1.º Para fins de acessibilidade aos serviços de transporte coletivo terrestre, aquaviário e aéreo, em todas as jurisdições, consideram-se como integrantes desses serviços os veículos, os terminais, as estações, os pontos de parada, o sistema viário e a prestação do serviço.

§ 2.º São sujeitas ao cumprimento das disposições desta Lei, sempre que houver interação com a matéria nela regulada, a outorga, a concessão, a permissão, a autorização, a renovação ou a habilitação de linhas e de serviços de transporte coletivo.

§ 3.º Para colocação do símbolo internacional de acesso nos veículos, as empresas de transporte coletivo de passageiros dependem da certificação de acessibilidade emitida pelo gestor público responsável pela prestação do serviço.

Art. 47. Em todas as áreas de estacionamento aberto ao público, de uso público ou privado de uso coletivo e em vias públicas, devem ser reservadas vagas próximas aos acessos de circulação de pedestres, devidamente sinalizadas, para veículos que transportem pessoa com deficiência com comprometimento de mobilidade, desde que devidamente identificados.

§ 1.º As vagas a que se refere o *caput* deste artigo devem equivaler a 2% (dois por cento) do total, garantida, no mínimo, 1 (uma) vaga devidamente sinalizada e com as especificações de desenho e traçado de acordo com as normas técnicas vigentes de acessibilidade.

§ 2.º Os veículos estacionados nas vagas reservadas devem exibir, em local de ampla visibilidade, a credencial de beneficiário, a ser confeccionada e fornecida pelos órgãos de trânsito, que disciplinarão suas características e condições de uso.

§ 3.º A utilização indevida das vagas de que trata este artigo sujeita os infratores às sanções previstas no inciso XX do art. 181 da Lei n. 9.503, de 23 de setembro 1997 (Código de Trânsito Brasileiro).

•• § 3.º com redação determinada pela Lei n. 13.281, de 4-5-2016.

• O dispositivo citado do Código de Trânsito impõe multa e remoção do veículo no caso da infração praticada.

§ 4.º A credencial a que se refere o § 2.º deste artigo é vinculada à pessoa com deficiência que possui comprometimento de mobilidade e é válida em todo o território nacional.

Art. 48. Os veículos de transporte coletivo terrestre, aquaviário e aéreo, as instalações, as estações, os portos e os terminais em operação no País devem ser acessíveis, de forma a garantir o seu uso por todas as pessoas.

§ 1.º Os veículos e as estruturas de que trata o *caput* deste artigo devem dispor de sistema de comunicação acessível que disponibilize informações sobre todos os pontos do itinerário.

§ 2.º São asseguradas à pessoa com deficiência prioridade e segurança nos procedimentos de embarque e de desembarque nos veículos de transporte coletivo, de acordo com as normas técnicas.

§ 3.º Para colocação do símbolo internacional de acesso nos veículos, as empresas de transporte coletivo de passageiros dependem da certificação de acessibilidade emitida pelo gestor público responsável pela prestação do serviço.

Art. 49. As empresas de transporte de fretamento e de turismo, na renovação de suas frotas, são obrigadas ao cumprimento do disposto nos arts. 46 e 48 desta Lei.

Art. 50. O poder público incentivará a fabricação de veículos acessíveis e a sua utilização como táxis e vans, de forma a garantir o seu uso por todas as pessoas.

Art. 51. As frotas de empresas de táxi devem reservar 10% (dez por cento) de seus veículos acessíveis à pessoa com deficiência.

•• Artigo regulamentado pelo Decreto n. 9.762, de 11-4-2019.

§ 1.º É proibida a cobrança diferenciada de tarifas ou de valores adicionais pelo serviço de táxi prestado à pessoa com deficiência.

§ 2.º O poder público é autorizado a instituir incentivos fiscais com vistas a possibilitar a acessibilidade dos veículos a que se refere o *caput* deste artigo.

Art. 52. As locadoras de veículos são obrigadas a oferecer 1 (um) veículo adaptado para uso de pessoa com deficiência, a cada conjunto de 20 (vinte) veículos de sua frota.

•• Artigo regulamentado pelo Decreto n. 9.762, de 11-4-2019.

Parágrafo único. O veículo adaptado deverá ter, no mínimo, câmbio automático, direção hidráulica, vidros elétricos e comandos manuais de freio e de embreagem.

TÍTULO III
DA ACESSIBILIDADE

Capítulo I
DISPOSIÇÕES GERAIS

Art. 53. A acessibilidade é direito que garante à pessoa com deficiência ou com mobilidade reduzida viver de forma independente e exercer seus direitos de cidadania e de participação social.

Art. 54. São sujeitas ao cumprimento das disposições desta Lei e de outras normas relativas à acessibilidade, sempre que houver interação com a matéria nela regulada:

I – a aprovação de projeto arquitetônico e urbanístico ou de comunicação e informação, a fabricação de veículos de transporte coletivo, a prestação do respectivo serviço e a execução de qualquer tipo de obra, quando tenham destinação pública ou coletiva;

II – a outorga ou a renovação de concessão, permissão, autorização ou habilitação de qualquer natureza;

III – a aprovação de financiamento de projeto com utilização de recursos públicos, por meio de renúncia ou de incentivo fiscal, contrato, convênio ou instrumento congênere; e

IV – a concessão de aval da União para obtenção de empréstimo e de financiamento internacionais por entes públicos ou privados.

Art. 55. A concepção e a implantação de projetos que tratem do meio físico, de transporte, de informação e comunicação, inclusive de sistemas e tecnologias da informação e comunicação, e de outros serviços, equipamentos e instalações abertos ao público, de uso público ou privado de uso coletivo, tanto na zona urbana como na rural, devem atender aos princípios do desenho universal, tendo como referência as normas de acessibilidade.

§ 1.º O desenho universal será sempre tomado como regra de caráter geral.

§ 2.º Nas hipóteses em que comprovadamente o desenho universal não possa ser empreendido, deve ser adotada adaptação razoável.

§ 3.º Caberá ao poder público promover a inclusão de conteúdos temáticos referentes ao desenho universal nas diretrizes curriculares da educação profissional e tecnológica e do ensino superior e na formação das carreiras de Estado.

§ 4.º Os programas, os projetos e as linhas de pesquisa a serem desenvolvidos com o apoio de organismos públicos de auxílio à pesquisa e de agências de fomento deverão incluir temas voltados para o desenho universal.

§ 5.º Desde a etapa de concepção, as políticas públicas deverão considerar a adoção do desenho universal.

Art. 56. A construção, a reforma, a ampliação ou a mudança de uso de edificações abertas ao público, de uso público ou privadas de uso coletivo deverão ser executadas de modo a serem acessíveis.

§ 1.º As entidades de fiscalização profissional das atividades de Engenharia, de Arquitetura e correlatas, ao anotarem a responsabilidade técnica de projetos, devem exigir a responsabilidade profissional declarada de atendimento às regras de acessibilidade previstas em legislação e em normas técnicas pertinentes.

§ 2.º Para a aprovação, o licenciamento ou a emissão de certificado de projeto executivo arquitetônico, urbanístico e de instalações e equipamentos temporários ou permanentes e para o licenciamento ou a emissão de certificado de conclusão de obra ou de serviço, deve ser atestado o atendimento às regras de acessibilidade.

§ 3.º O poder público, após certificar a acessibilidade de edificação ou de serviço, determinará a colocação, em espaços ou em locais de ampla visibilidade, do símbolo internacional de acesso, na forma prevista em legislação e em normas técnicas correlatas.

Art. 57. As edificações públicas e privadas de uso coletivo já existentes devem garantir acessibilidade à pessoa com deficiência em todas as suas dependências e serviços, tendo como referência as normas de acessibilidade vigentes.

Art. 58. O projeto e a construção de edificação de uso privado multifamiliar devem atender aos preceitos de acessibilidade, na forma regulamentar.

•• *Vide* Decreto n. 9.451, de 26-7-2018, que regulamenta este artigo.

§ 1.º As construtoras e incorporadoras responsáveis pelo projeto e pela construção das edificações a que se refere o *caput* deste artigo devem assegurar percentual mínimo de suas unidades internamente acessíveis, na forma regulamentar.

§ 2.º É vedada a cobrança de valores adicionais para a aquisição de unidades internamente acessíveis a que se refere o § 1.º deste artigo.

Art. 59. Em qualquer intervenção nas vias e nos espaços públicos, o poder público e as empresas concessionárias responsáveis pela execução das obras e dos serviços devem garantir, de forma segura, a fluidez do trânsito e a livre circulação e acessibilidade das pessoas, durante e após sua execução.

Art. 60. Orientam-se, no que couber, pelas regras de acessibilidade previstas em legislação e em normas técnicas, observado o disposto na Lei n. 10.098, de 19 de dezembro de 2000, n. 10.257, de 10 de julho de 2001, e n. 12.587, de 3 de janeiro de 2012:

I – os planos diretores municipais, os planos diretores de transporte e trânsito, os planos de mobilidade urbana e os planos de preservação de sítios históricos elaborados ou atualizados a partir da publicação desta Lei;

II – os códigos de obras, os códigos de postura, as leis de uso e ocupação do solo e as leis do sistema viário;

III – os estudos prévios de impacto de vizinhança;

IV – as atividades de fiscalização e a imposição de sanções; e

V – a legislação referente à prevenção contra incêndio e pânico.

§ 1.º A concessão e a renovação de alvará de funcionamento para qualquer atividade são condicionadas à observação e à certificação das regras de acessibilidade.

§ 2.º A emissão de carta de habite-se ou de

habilitação equivalente e sua renovação, quando esta tiver sido emitida anteriormente às exigências de acessibilidade, é condicionada à observação e à certificação das regras de acessibilidade.

Art. 61. A formulação, a implementação e a manutenção das ações de acessibilidade atenderão às seguintes premissas básicas:

I – eleição de prioridades, elaboração de cronograma e reserva de recursos para implementação das ações; e

II – planejamento contínuo e articulado entre os setores envolvidos.

Art. 62. É assegurado à pessoa com deficiência, mediante solicitação, o recebimento de contas, boletos, recibos, extratos e cobranças de tributos em formato acessível.

Capítulo II
DO ACESSO À INFORMAÇÃO E À COMUNICAÇÃO

Art. 63. É obrigatória a acessibilidade nos sítios da internet mantidos por empresas com sede ou representação comercial no País ou por órgãos de governo, para uso da pessoa com deficiência, garantindo-lhe acesso às informações disponíveis, conforme as melhores práticas e diretrizes de acessibilidade adotadas internacionalmente.

§ 1.º Os sítios devem conter símbolo de acessibilidade em destaque.

§ 2.º Telecentros comunitários que receberem recursos públicos federais para seu custeio ou sua instalação e *lan houses* devem possuir equipamentos e instalações acessíveis.

§ 3.º Os telecentros e as *lan houses* de que trata o § 2.º deste artigo devem garantir, no mínimo, 10% (dez por cento) de seus computadores com recursos de acessibilidade para pessoa com deficiência visual, sendo assegurado pelo menos 1 (um) equipamento, quando o resultado percentual for inferior a 1 (um).

Art. 64. A acessibilidade nos sítios da internet de que trata o art. 63 desta Lei deve ser observada para obtenção do financiamento de que trata o inciso III do art. 54 desta Lei.

Art. 65. As empresas prestadoras de serviços de telecomunicações deverão garantir pleno acesso à pessoa com deficiência, conforme regulamentação específica.

Art. 66. Cabe ao poder público incentivar a oferta de aparelhos de telefonia fixa e móvel celular com acessibilidade que, entre outras tecnologias assistivas, possuam possibilidade de indicação e de ampliação sonoras de todas as operações e funções disponíveis.

Art. 67. Os serviços de radiodifusão de sons e imagens devem permitir o uso dos seguintes recursos, entre outros:

I – subtitulação por meio de legenda oculta;

II – janela com intérprete da Libras;

III – audiodescrição.

Art. 68. O poder público deve adotar mecanismos de incentivo à produção, à edição, à difusão, à distribuição e à comercialização de livros em formatos acessíveis, inclusive em publicações da administração pública ou financiadas com recursos públicos, com vistas a garantir à pessoa com deficiência o direito de acesso à leitura, à informação e à comunicação.

§ 1.º Nos editais de compras de livros, inclusive para o abastecimento ou a atualização de acervos de bibliotecas em todos os níveis e modalidades de educação e de bibliotecas públicas, o poder público deverá adotar cláusulas de impedimento à participação de editoras que não ofertem sua produção também em formatos acessíveis.

§ 2.º Consideram-se formatos acessíveis os arquivos digitais que possam ser reconhecidos e acessados por *softwares* leitores de telas ou outras tecnologias assistivas que vierem a substituí-los, permitindo leitura com voz sintetizada, ampliação de caracteres, diferentes contrastes e impressão em Braille.

§ 3.º O poder público deve estimular e apoiar a adaptação e a produção de artigos científicos em formato acessível, inclusive em Libras.

Art. 69. O poder público deve assegurar a disponibilidade de informações corretas e claras sobre os diferentes produtos e serviços ofertados, por quaisquer meios de comunicação empregados, inclusive em ambiente virtual, contendo a especificação correta de quantidade, qualidade, características, composição e preço, bem como sobre os eventuais riscos à saúde e à segurança do consumidor com deficiência, em caso de sua utilização, aplicando-se, no que couber, os arts. 30 a 41 da Lei n. 8.078, de 11 de setembro de 1990.

§ 1.º Os canais de comercialização virtual e os anúncios publicitários veiculados na imprensa escrita, na internet, no rádio, na televisão e nos demais veículos de comunicação abertos ou por assinatura devem disponibilizar, conforme a compatibilidade do meio, os recursos de acessibilidade de que trata o art. 67 desta Lei, a expensas do fornecedor do produto ou do serviço, sem prejuízo da observância do disposto nos arts. 36 a 38 da Lei n. 8.078, de 11 de setembro de 1990.

§ 2.º Os fornecedores devem disponibilizar, mediante solicitação, exemplares de bulas, prospectos, textos ou qualquer outro tipo de material de divulgação em formato acessível.

Art. 70. As instituições promotoras de congressos, seminários, oficinas e demais eventos de natureza científico-cultural devem oferecer à pessoa com deficiência, no mínimo, os recursos de tecnologia assistiva previstos no art. 67 desta Lei.

Art. 71. Os congressos, os seminários, as oficinas e os demais eventos de natureza científico-cultural promovidos ou financiados pelo poder público devem garantir as condições de acessibilidade e os recursos de tecnologia assistiva.

Art. 72. Os programas, as linhas de pesquisa e os projetos a serem desenvolvidos com o apoio de agências de financiamento e de órgãos e entidades integrantes da administração pública que atuem no auxílio à pesquisa devem contemplar temas voltados à tecnologia assistiva.

Art. 73. Caberá ao poder público, diretamente ou em parceria com organizações da sociedade civil, promover a capacitação de tradutores e intérpretes da Libras, de guias intérpretes e de profissionais habilitados em Braille, audiodescrição, estenotipia e legendagem.

Capítulo III
DA TECNOLOGIA ASSISTIVA

Art. 74. É garantido à pessoa com deficiência acesso a produtos, recursos, estratégias, práticas, processos, métodos e serviços de tecnologia assistiva que maximizem sua autonomia, mobilidade pessoal e qualidade de vida.

Art. 75. O poder público desenvolverá plano específico de medidas, a ser renovado em cada período de 4 (quatro) anos, com a finalidade de:

•• Artigo regulamentado pelo Decreto n. 10.645, de 11-3-2021.

I – facilitar o acesso a crédito especializado, inclusive com oferta de linhas de crédito subsidiadas, específicas para aquisição de tecnologia assistiva;

II – agilizar, simplificar e priorizar procedimentos de importação de tecnologia assistiva, especialmente as questões atinentes a procedimentos alfandegários e sanitários;

III – criar mecanismos de fomento à pesquisa e à produção nacional de tecnologia assistiva, inclusive por meio de concessão de linhas de crédito subsidiado e de parcerias com institutos de pesquisa oficiais;

IV – eliminar ou reduzir a tributação da cadeia produtiva e de importação de tecnologia assistiva;

V – facilitar e agilizar o processo de inclusão de novos recursos de tecnologia assistiva no rol de produtos distribuídos no âmbito do SUS e por outros órgãos governamentais.

Parágrafo único. Para fazer cumprir o disposto neste artigo, os procedimentos constantes do plano específico de medidas deverão ser avaliados, pelo menos, a cada 2 (dois) anos.

Capítulo IV
DO DIREITO À PARTICIPAÇÃO NA VIDA PÚBLICA E POLÍTICA

Art. 76. O poder público deve garantir à pessoa com deficiência todos os direitos políticos e a oportunidade de exercê-los em igualdade de condições com as demais pessoas.

§ 1.º À pessoa com deficiência será assegurado o direito de votar e de ser votada, inclusive por meio das seguintes ações:

I – garantia de que os procedimentos, as instalações, os materiais e os equipamentos para votação sejam apropriados, acessíveis a todas as pessoas e de fácil compreensão e uso, sendo vedada a instalação de seções eleitorais exclusivas para a pessoa com deficiência;

II – incentivo à pessoa com deficiência a candidatar-se e a desempenhar quaisquer funções públicas em todos os níveis de governo, inclusive por meio do uso de novas tecnologias assistivas, quando apropriado;

III – garantia de que os pronunciamentos oficiais, a propaganda eleitoral obrigatória e os debates transmitidos pelas emissoras de televisão possuam, pelo menos, os recursos elencados no art. 67 desta Lei;

IV – garantia do livre exercício do direito ao voto e, para tanto, sempre que necessário e a seu pedido, permissão para que a pessoa com deficiência seja auxiliada na votação por pessoa de sua escolha.

§ 2.º O poder público promoverá a participação da pessoa com deficiência, inclusive quando institucionalizada, na condução das questões públicas, sem discriminação e em igualdade de oportunidades, observado o seguinte:

I – participação em organizações não governamentais relacionadas à vida pública e à política do País e em atividades e administração de partidos políticos;

II – formação de organizações para representar a pessoa com deficiência em todos os níveis;

III – participação da pessoa com deficiência em organizações que a representem.

Título IV
DA CIÊNCIA E TECNOLOGIA

Art. 77. O poder público deve fomentar o desenvolvimento científico, a pesquisa e a inovação e a capacitação tecnológicas, voltados à melhoria da qualidade de vida e ao trabalho da pessoa com deficiência e sua inclusão social.

§ 1.º O fomento pelo poder público deve priorizar a geração de conhecimentos e técnicas que visem à prevenção e ao tratamento de deficiências e ao desenvolvimento de tecnologias assistiva e social.

§ 2.º A acessibilidade e as tecnologias assistiva e social devem ser fomentadas mediante a criação de cursos de pós-graduação, a formação de recursos humanos e a inclusão do tema nas diretrizes de áreas do conhecimento.

§ 3.º Deve ser fomentada a capacitação tecnológica de instituições públicas e privadas para o desenvolvimento de tecnologias assistiva e social que sejam voltadas para melhoria da funcionalidade e da participação social da pessoa com deficiência.

§ 4.º As medidas previstas neste artigo devem ser reavaliadas periodicamente pelo poder público, com vistas ao seu aperfeiçoamento.

Art. 78. Devem ser estimulados a pesquisa, o desenvolvimento, a inovação e a difusão de tecnologias voltadas para ampliar o acesso da pessoa com deficiência às tecnologias da informação e comunicação e às tecnologias sociais.

Parágrafo único. Serão estimulados, em especial:

I – o emprego de tecnologias da informação e comunicação como instrumento de superação de limitações funcionais e de barreiras à comunicação, à informação, à educação e ao entretenimento da pessoa com deficiência;

II – a adoção de soluções e a difusão de normas que visem a ampliar a acessibilidade da pessoa com deficiência à computação e aos sítios da internet, em especial aos serviços de governo eletrônico.

Livro II
PARTE ESPECIAL

Título I
DO ACESSO À JUSTIÇA

Capítulo I
DISPOSIÇÕES GERAIS

Art. 79. O poder público deve assegurar o acesso da pessoa com deficiência à justiça, em igualdade de oportunidades com as demais pessoas, garantindo, sempre que requeridos, adaptações e recursos de tecnologia assistiva.

§ 1.º A fim de garantir a atuação da pessoa com deficiência em todo o processo judicial, o poder público deve capacitar os membros e os servidores que atuam no Poder Judiciário, no Ministério Público, na Defensoria Pública, nos órgãos de segurança pública e no sistema penitenciário quanto aos direitos da pessoa com deficiência.

§ 2.º Devem ser assegurados à pessoa com deficiência submetida a medida restritiva de liberdade todos os direitos e garantias a que fazem jus os apenados sem deficiência, garantida a acessibilidade.

§ 3.º A Defensoria Pública e o Ministério Público tomarão as medidas necessárias à garantia dos direitos previstos nesta Lei.

Art. 80. Devem ser oferecidos todos os recursos de tecnologia assistiva disponíveis para que a pessoa com deficiência tenha garantido o acesso à justiça, sempre que figure em um dos polos da ação ou atue como testemunha, partícipe da lide posta em juízo, advogado, defensor público, magistrado ou membro do Ministério Público.

Parágrafo único. A pessoa com deficiência tem garantido o acesso ao conteúdo de todos os atos processuais de seu interesse, inclusive no exercício da advocacia.

Art. 81. Os direitos da pessoa com deficiência serão garantidos por ocasião da aplicação de sanções penais.

Art. 82. (*Vetado.*)

Art. 83. Os serviços notariais e de registro não podem negar ou criar óbices ou condições diferenciadas à prestação de seus serviços em razão de deficiência do solicitante, devendo reconhecer sua capacidade legal plena, garantida a acessibilidade.

Parágrafo único. O descumprimento do disposto no *caput* deste artigo constitui discriminação em razão de deficiência.

Capítulo II
DO RECONHECIMENTO IGUAL PERANTE A LEI

Art. 84. A pessoa com deficiência tem assegurado o direito ao exercício de sua capacidade legal em igualdade de condições com as demais pessoas.

§ 1.º Quando necessário, a pessoa com deficiência será submetida à curatela, conforme a lei.

§ 2.º É facultado à pessoa com deficiência a adoção de processo de tomada de decisão apoiada.

§ 3.º A definição de curatela de pessoa com deficiência constitui medida protetiva extraordinária, proporcional às necessidades e às circunstâncias de cada caso, e durará o menor tempo possível.

§ 4.º Os curadores são obrigados a prestar, anualmente, contas de sua administração ao juiz, apresentando o balanço do respectivo ano.

Art. 85. A curatela afetará tão somente os atos relacionados aos direitos de natureza patrimonial e negocial.

§ 1.º A definição da curatela não alcança o direito ao próprio corpo, à sexualidade, ao matrimônio, à privacidade, à educação, à saúde, ao trabalho e ao voto.

§ 2.º A curatela constitui medida extraordinária, devendo constar da sentença as razões e motivações de sua definição, preservados os interesses do curatelado.

§ 3.º No caso de pessoa em situação de institucionalização, ao nomear curador, o juiz deve dar preferência a pessoa que tenha vínculo de natureza familiar, afetiva ou comunitária com o curatelado.

Art. 86. Para emissão de documentos oficiais, não será exigida a situação de curatela da pessoa com deficiência.

Art. 87. Em casos de relevância e urgência e a fim de proteger os interesses da pessoa com deficiência em situação de curatela, será lícito ao juiz, ouvido o Ministério Público, de ofício ou a requerimento do interessado, nomear, desde logo, curador provisório, o qual estará sujeito, no que couber, às disposições do Código de Processo Civil.

TÍTULO II
DOS CRIMES E DAS INFRAÇÕES ADMINISTRATIVAS

Art. 88. Praticar, induzir ou incitar discriminação de pessoa em razão de sua deficiência:

Pena – reclusão, de 1 (um) a 3 (três) anos, e multa.

§ 1.º Aumenta-se a pena em 1/3 (um terço) se a vítima encontrar-se sob cuidado e responsabilidade do agente.

§ 2.º Se qualquer dos crimes previstos no *caput* deste artigo é cometido por intermédio de meios de comunicação social ou de publicação de qualquer natureza:

Pena – reclusão, de 2 (dois) a 5 (cinco) anos, e multa.

§ 3.º Na hipótese do § 2.º deste artigo, o juiz poderá determinar, ouvido o Ministério Público ou a pedido deste, ainda antes do inquérito policial, sob pena de desobediência:

I – recolhimento ou busca e apreensão dos exemplares do material discriminatório;

II – interdição das respectivas mensagens ou páginas de informação na internet.

§ 4.º Na hipótese do § 2.º deste artigo, constitui efeito da condenação, após o trânsito em julgado da decisão, a destruição do material apreendido.

Art. 89. Apropriar-se de ou desviar bens, proventos, pensão, benefícios, remuneração ou qualquer outro rendimento de pessoa com deficiência:

Pena – reclusão, de 1 (um) a 4 (quatro) anos, e multa.

Parágrafo único. Aumenta-se a pena em 1/3 (um terço) se o crime é cometido:

I – por tutor, curador, síndico, liquidatário, inventariante, testamenteiro ou depositário judicial; ou

II – por aquele que se apropriou em razão de ofício ou de profissão.

Art. 90. Abandonar pessoa com deficiência em hospitais, casas de saúde, entidades de abrigamento ou congêneres:

Pena – reclusão, de 6 (seis) meses a 3 (três) anos, e multa.

Parágrafo único. Na mesma pena incorre quem não prover as necessidades básicas de pessoa com deficiência quando obrigado por lei ou mandado.

Art. 91. Reter ou utilizar cartão magnético, qualquer meio eletrônico ou documento de pessoa com deficiência destinados ao recebimento de benefícios, proventos, pensões ou remuneração ou à realização de operações financeiras, com o fim de obter vantagem indevida para si ou para outrem:

Pena – detenção, de 6 (seis) meses a 2 (dois) anos, e multa.

Parágrafo único. Aumenta-se a pena em 1/3 (um terço) se o crime é cometido por tutor ou curador.

TÍTULO III
DISPOSIÇÕES FINAIS E TRANSITÓRIAS

Art. 92. É criado o Cadastro Nacional de Inclusão da Pessoa com Deficiência (Cadastro-Inclusão), registro público eletrônico com a finalidade de coletar, processar, sistematizar e disseminar informações georreferenciadas que permitam a identificação e a caracterização socioeconômica da pessoa com deficiência, bem como das barreiras que impedem a realização de seus direitos.

§ 1.º O Cadastro-Inclusão será administrado pelo Poder Executivo federal e constituído por base de dados, instrumentos, procedimentos e sistemas eletrônicos.

§ 2.º Os dados constituintes do Cadastro-Inclusão serão obtidos pela integração dos sistemas de informação e da base de dados de todas as políticas públicas relacionadas aos direitos da pessoa com deficiência, bem como por informações coletadas, inclusive em censos nacionais e nas demais pesquisas realizadas no País, de acordo com os parâmetros estabelecidos pela Convenção sobre os Direitos das Pessoas com Deficiência e seu Protocolo Facultativo.

§ 3.º Para coleta, transmissão e sistematização de dados, é facultada a celebração de convênios, acordos, termos de parceria ou contratos com instituições públicas e privadas, observados os requisitos e procedimentos previstos em legislação específica.

§ 4.º Para assegurar a confidencialidade, a privacidade e as liberdades fundamentais da pessoa com deficiência e os princípios éticos que regem a utilização de informações, devem ser observadas as salvaguardas estabelecidas em lei.

§ 5.º Os dados do Cadastro-Inclusão somente poderão ser utilizados para as seguintes finalidades:

I – formulação, gestão, monitoramento e avaliação das políticas públicas para a pessoa com deficiência e para identificar as barreiras que impedem a realização de seus direitos;

II – realização de estudos e pesquisas.

§ 6.º As informações a que se refere este artigo devem ser disseminadas em formatos acessíveis.

Art. 93. Na realização de inspeções e de auditorias pelos órgãos de controle interno e externo, deve ser observado o cumprimento da legislação relativa à pessoa com deficiência e das normas de acessibilidade vigentes.

Art. 94. Terá direito a auxílio-inclusão, nos termos da lei, a pessoa com deficiência moderada ou grave que:

•• A Portaria Conjunta n. 13, de 7-10-2021, do MTP e INSS, dispõe sobre regras e procedimentos de requerimento, concessão, manutenção e revisão do auxílio-inclusão à pessoa com deficiência.

I – receba o benefício de prestação continuada previsto no art. 20 da Lei n. 8.742, de 7 de dezembro de 1993, e que passe a exercer atividade remunerada que a enquadre como segurado obrigatório do RGPS;

II – tenha recebido, nos últimos 5 (cinco) anos, o benefício de prestação continuada previsto no art. 20 da Lei n. 8.742, de 7 de dezembro de 1993, e que exerça atividade remunerada que a enquadre como segurado obrigatório do RGPS.

Art. 95. É vedado exigir o comparecimento de pessoa com deficiência perante os órgãos públicos quando seu deslocamento, em razão de sua limitação funcional e de condições de acessibilidade, imponha-lhe ônus desproporcional e indevido, hipótese na qual serão observados os seguintes procedimentos:

I – quando for de interesse do poder público, o agente promoverá o contato necessário com a pessoa com deficiência em sua residência;

II – quando for de interesse da pessoa com deficiência, ela apresentará solicitação de atendimento domiciliar ou fará representar-se por procurador constituído para essa finalidade.

Parágrafo único. É assegurado à pessoa com deficiência atendimento domiciliar pela perícia médica e social do Instituto Nacional do Seguro Social (INSS), pelo serviço público de saúde ou pelo serviço privado de saúde, contratado ou conveniado, que integre o SUS e pelas entidades da rede socioassistencial integrantes do Suas, quando seu deslocamento, em razão de sua limitação funcional e de condições de acessibilidade, imponha-lhe ônus desproporcional e indevido.

....

Art. 100. A Lei n. 8.078, de 11 de setembro de 1990 (Código de Defesa do Consumidor), passa a vigorar com as seguintes alterações:

•• Alterações já processadas no diploma modificado.

....

Art. 103. O art. 11 da Lei n. 8.429, de 2 de junho de 1992, passa a vigorar acrescido do seguinte inciso IX:

•• Alteração já processada no diploma modificado.

....

Art. 113. A Lei n. 10.257, de 10 de julho de 2001 (Estatuto da Cidade), passa a vigorar com as seguintes alterações:

•• Alterações já processadas no diploma modificado.

Art. 114. A Lei n. 10.406, de 10 de janeiro de 2002 (Código Civil), passa a vigorar com as seguintes alterações:

•• Alterações já processadas no diploma modificado.

Art. 115. O Título IV do Livro IV da Parte Especial da Lei n. 10.406, de 10 de janeiro de 2002 (Código Civil), passa a vigorar com a seguinte redação:

•• Alteração já processada no diploma modificado.

Art. 116. O Título IV do Livro IV da Parte Especial da Lei n. 10.406, de 10 de janeiro de 2002 (Código Civil), passa a vigorar acrescido do seguinte Capítulo III:

•• Alteração já processada no diploma modificado.

....

Art. 120. Cabe aos órgãos competentes, em cada esfera de governo, a elaboração de relatórios circunstanciados sobre o cumprimento dos prazos estabelecidos por força das Leis n. 10.048, de 8 de novembro de 2000, e n. 10.098, de 19 de dezembro de 2000, bem como o seu encaminhamento ao Ministério Público e aos órgãos de regulação para adoção das providências cabíveis.

Parágrafo único. Os relatórios a que se refere o *caput* deste artigo deverão ser apresentados no prazo de 1 (um) ano a contar da entrada em vigor desta Lei.

Art. 121. Os direitos, os prazos e as obrigações previstos nesta Lei não excluem os já estabelecidos em outras legislações, inclusive em pactos, tratados, convenções e declarações internacionais aprovados e promulgados pelo Congresso Nacional, e devem ser aplicados em conformidade com as demais normas internas e acordos internacionais vinculantes sobre a matéria.

Parágrafo único. Prevalecerá a norma mais benéfica à pessoa com deficiência.

Art. 122. Regulamento disporá sobre a adequação do disposto nesta Lei ao tratamento diferenciado, simplificado e favorecido a ser dispensado às microempresas e às empresas de pequeno porte, previsto no § 3.º do art. 1.º da Lei Complementar n. 123, de 14 de dezembro de 2006.

Art. 123. Revogam-se os seguintes dispositivos:

I – o inciso II do § 2.º do art. 1.º da Lei n. 9.008, de 21 de março de 1995;

II – os incisos I, II e III do art. 3.º da Lei n. 10.406, de 10 de janeiro de 2002 (Código Civil);

III – os incisos II e III do art. 228 da Lei n. 10.406, de 10 de janeiro de 2002 (Código Civil);

IV – o inciso I do art. 1.548 da Lei n. 10.406, de 10 de janeiro de 2002 (Código Civil);

V – o inciso IV do art. 1.557 da Lei n. 10.406, de 10 de janeiro de 2002 (Código Civil);

VI – os incisos II e IV do art. 1.767 da Lei n. 10.406, de 10 de janeiro de 2002 (Código Civil);

VII – os arts. 1.776 e 1.780 da Lei n. 10.406, de 10 de janeiro de 2002 (Código Civil).

Art. 124. O § 1.º do art. 2.º desta Lei deverá entrar em vigor em até 2 (dois) anos, contados da entrada em vigor desta Lei.

Art. 125. Devem ser observados os prazos a seguir discriminados, a partir da entrada em vigor desta Lei, para o cumprimento dos seguintes dispositivos:

I – incisos I e II do § 2.º do art. 28, 48 (quarenta e oito) meses;

II – § 6.º do art. 44, 84 (oitenta e quatro) meses;

•• Inciso II com redação determinada pela Lei n. 14.159, de 2-6-2021.

III – art. 45, 24 (vinte e quatro) meses;

IV – art. 49, 48 (quarenta e oito) meses.

Art. 126. Prorroga-se até 31 de dezembro de 2021 a vigência da Lei n. 8.989, de 24 de fevereiro de 1995.

Art. 127. Esta Lei entra em vigor após decorridos 180 (cento e oitenta) dias de sua publicação oficial.

Brasília, 6 de julho de 2015; 194.º da Independência e 127.º da República.

DILMA ROUSSEFF

LEI N. 13.178, DE 22 DE OUTUBRO DE 2015 (*)

Dispõe sobre a ratificação dos registros imobiliários decorrentes de alienações e concessões de terras públicas situadas nas faixas de fronteira; e revoga o Decreto-lei n. 1.414, de 18 de agosto de 1975, e a Lei n. 9.871, de 23 de novembro de 1999.

A Presidente da República:

Faço saber que o Congresso Nacional decreta e eu sanciono a seguinte Lei:

Art. 1.º São ratificados pelos efeitos desta Lei os registros imobiliários referentes a imóveis rurais com origem em títulos de alienação ou de concessão de terras devolutas expedidos pelos Estados em faixa de fronteira, incluindo os seus desmembramentos e remembramentos, devidamente inscritos no Registro de Imóveis até a data de publicação desta Lei, desde que a área de cada registro não exceda ao limite de quinze módulos fiscais, exceto os registros imobiliários referentes a imóveis rurais:

•• O STF, julgou parcialmente procedente a ADI n. 5.623, nas sessões virtuais de 18-11-2022 a 25-11-2022 (*DOU* de 2-12-2022), para conferir interpretação conforme a Constituição a esse art. 1.º, "fixando-se como condição para a ratificação de registros imobiliários, além dos requisitos formais previstos naquele diploma, que os respectivos imóveis rurais se submetam à política agrícola e ao plano nacional de reforma agrária previstos no art. 188 da Constituição da República e dos demais dispositivos constitucionais que protegem os bens imóveis que atendam a sua função social (inc. XXIII do art. 5.º, *caput*, e inc. III do art. 170, e art. 186 da Constituição do Brasil)".

• *Vide* art. 20, § 2.º, da CF.

• A Lei n. 6.634, de 2-5-1979, dispõe sobre a faixa de fronteira.

I – cujo domínio esteja sendo questionado nas esferas administrativa ou judicial por órgão ou entidade da administração federal direta e indireta até a data de publicação da alteração deste inciso;

•• Inciso I com redação determinada pela Lei n. 14.177, de 22-6-2021.

II – que sejam objeto de ações de desapropriação por interesse social para fins de reforma agrária ajuizadas até a data de publicação desta Lei.

(*) Publicada no *Diário Oficial da União*, de 23-10-2015.

§ 1.º Na hipótese de haver sobreposição entre a área correspondente ao registro ratificado e a área correspondente a título de domínio de outro particular, a ratificação não produzirá efeitos na definição de qual direito prevalecerá.

•• § 1.º renumerado pela Lei n. 14.177, de 22-6-2021.

•• A Lei n. 14.177, de 22-6-2021, propôs o acréscimo dos §§ 2.º e 3.º neste artigo, porém teve seu texto vetado.

Art. 2.º Os registros imobiliários referentes aos imóveis rurais com origem em títulos de alienação ou de concessão de terras devolutas expedidos pelos Estados em faixa de fronteira, incluindo os seus desmembramentos e remembramentos, devidamente inscritos no Registro de Imóveis até a data de publicação desta Lei, com área superior a quinze módulos fiscais, serão ratificados desde que os interessados obtenham no órgão federal responsável:

•• O STF, julgou parcialmente procedente a ADI n. 5.623, nas sessões virtuais de 18-11-2022 a 25-11-2022 (*DOU* de 2-12-2022), para conferir interpretação conforme a Constituição a esse art. 2.º, "fixando-se como condição para a ratificação de registros imobiliários, além dos requisitos formais previstos naquele diploma, que os respectivos imóveis rurais se submetam à política agrícola e ao plano nacional de reforma agrária previstos no art. 188 da Constituição da República e dos demais dispositivos constitucionais que protegem os bens imóveis que atendam a sua função social (inc. XXIII do art. 5.º, *caput*, e inc. III do art. 170, e art. 186 da Constituição do Brasil)".

I – a certificação do georreferenciamento do imóvel, nos termos dos §§ 3.º e 5.º do art. 176 da Lei n. 6.015, de 31 de dezembro de 1973; e

II – a atualização da inscrição do imóvel no Sistema Nacional de Cadastro Rural, instituído pela Lei n. 5.868, de 12 de dezembro de 1972.

§ 1.º Às ratificações de que trata o *caput* deste artigo aplicam-se as exceções constantes dos incisos I e II do *caput* do art. 1.º e a regra prevista no parágrafo único do mesmo artigo.

§ 2.º Os interessados em obter a ratificação referida no *caput* deste artigo deverão requerer a certificação e a atualização de que tratam os incisos I e II do *caput* no prazo de 10 (dez) anos da publicação desta Lei.

•• § 2.º com redação determinada pela Lei n. 14.177, de 22-6-2021.

§ 3.º O requerimento de que trata o § 2.º será apreciado pelo órgão federal responsável em até dois anos do pedido, salvo se houver diligências propostas pela autarquia agrária referentes à certificação do georreferenciamento do imóvel, hipótese na qual o período utilizado pelo proprietário para seu atendimento deverá ser debitado do prazo total de análise.

§ 4.º Não se admitirá a ratificação pelo decurso do prazo de que trata o § 3.º.

§ 5.º Decorrido o prazo constante do § 2.º sem que o interessado tenha requerido as providências dispostas nos incisos I e II do *caput*, ou na hipótese de a ratificação não ser possível, o órgão federal responsável deverá requerer o registro do imóvel em nome da União ao Cartório de Registro de Imóveis.

§ 6.º A ratificação dos registros imobiliários referentes a imóveis com área superior a dois mil e quinhentos hectares ficará condicionada à aprovação do Congresso Nacional, nos termos do § 1.º do art. 188 da Constituição Federal.

§ 7.º O encaminhamento ao Congresso Nacional para o fim disposto no § 6.º dar-se-á nos termos do regulamento.

Art. 3.º A ratificação prevista nos arts. 1.º e 2.º alcançará os registros imobiliários oriundos de alienações e concessões de terras devolutas:

•• O STF, julgou parcialmente procedente a ADI n. 5.623, nas sessões virtuais de 18-11-2022 a 25-11-2022 (*DOU* de 2-12-2022), para conferir interpretação conforme a Constituição a esse art. 3.º, "fixando-se como condição para a ratificação de registros imobiliários, além dos requisitos formais previstos naquele diploma, que os respectivos imóveis rurais se submetam à política agrícola e ao plano nacional de reforma agrária previstos no art. 188 da Constituição da República e dos demais dispositivos constitucionais que protegem os bens imóveis que atendam a sua função social (inc. XXIII do art. 5.º, *caput*, e inc. III do art. 170, e art. 186 da Constituição do Brasil)".

I – federais, efetuadas pelos Estados:

a) na faixa de até sessenta e seis quilômetros de largura, a partir da linha de fronteira, no período compreendido entre o início da vigência da Constituição da República dos Estados Unidos do Brasil, de 24 de fevereiro de 1891, até o início da vigência da Lei n. 4.947, de 6 de abril de 1966; e

• A Lei n. 4.947, de 6-4-1966, fixa normas de direito agrário e dá outras providências.

b) na faixa de sessenta e seis a cento e cinquenta quilômetros de largura, a partir da linha de fronteira, no período compreendido entre o início da vigência da Lei n. 2.597, de 5 de julho de 1955, até o início da vigência da Lei n. 4.947, de 6 de abril de 1966;

• A Lei n. 2.597, de 5-7-1955, dispõe sobre as zonas indispensáveis à defesa do País e dá outras providências.

II – estaduais, efetuadas pelos Estados sem prévio assentimento do Conselho de Segurança Nacional:

•• A Lei n. 14.177, de 22-6-2021, propôs nova redação para este inciso II, porém teve seu texto vetado.

a) na faixa de sessenta e seis a cem quilômetros de largura, a partir da linha de fronteira, no período entre o início da vigência da Constituição da República dos Estados Unidos do Brasil, de 16 de julho de 1934, até o início da vigência da Lei n. 2.597, de 5 de julho de 1955; e

b) na faixa de cem a cento e cinquenta quilômetros de largura, a partir da linha de fronteira, no período entre o início da vigência da Constituição dos Estados Unidos do Brasil, de 10 de novembro de 1937, até o início da vigência da Lei n. 2.597, de 5 de julho de 1955.

Art. 4.º Caso a desapropriação por interesse social para fins de reforma agrária recaia sobre imóvel rural, inscrito no Registro Geral de Imóveis em nome de particular, que não tenha sido destacado, validamente, do domínio público por título formal ou por força de legislação específica, o Estado no qual esteja situada a área será citado para integrar a ação de desapropriação.

§ 1.º Nas ações judiciais em andamento, o órgão federal responsável requererá a citação do Estado.

§ 2.º Em qualquer hipótese, feita a citação, se o Estado reivindicar o domínio do imóvel, o valor depositado ficará retido até decisão final sobre a propriedade da área.

§ 3.º Nas situações de que trata este artigo, caso venha a ser reconhecido o domínio do Estado sobre a área, fica a União previamente autorizada a desapropriar o imóvel rural de domínio do Estado, prosseguindo a ação de desapropriação em relação a este.

Art. 5.º Esta Lei entra em vigor após decorridos quarenta e cinco dias de sua publicação oficial.

Art. 6.º Ficam revogados:

I – o Decreto-lei n. 1.414, de 18 de agosto de 1975; e

II – a Lei n. 9.871, de 23 de novembro de 1999.

Brasília, 22 de outubro de 2015; 194.º da Independência e 127.º da República.

DILMA ROUSSEFF

LEI N. 13.185, DE 6 DE NOVEMBRO DE 2015 (*)

Institui o Programa de Combate à Intimidação Sistemática (Bullying).

A Presidenta da República

Faço saber que o Congresso Nacional decreta e eu sanciono a seguinte Lei:

Art. 1.º Fica instituído o Programa de Combate à Intimidação Sistemática (*Bullying*) em todo o território nacional.

§ 1.º No contexto e para os fins desta Lei, considera-se intimidação sistemática (*bullying*) todo ato de violência física ou psicológica, intencional e repetitivo que ocorre sem motivação evidente, praticado por indivíduo ou grupo, contra uma ou mais pessoas, com o objetivo de intimidá-la ou agredi-la, causando dor e angústia à vítima, em uma relação de desequilíbrio de poder entre as partes envolvidas.

§ 2.º O Programa instituído no *caput* poderá fundamentar as ações do Ministério da Educação e das Secretarias Estaduais e Municipais de Educação, bem como de outros órgãos, aos quais a matéria diz respeito.

Art. 2.º Caracteriza-se a intimidação sistemática (*bullying*) quando há violência física ou psicológica em atos de intimidação, humilhação ou discriminação e, ainda:

I – ataques físicos;

• Violência doméstica: *vide* Lei n. 11.340, de 7-8-2006.

II – insultos pessoais;

III – comentários sistemáticos e apelidos pejorativos;

IV – ameaças por quaisquer meios;

V – grafites depreciativos;

VI – expressões preconceituosas;

VII – isolamento social consciente e premeditado;

VIII – pilhérias.

Parágrafo único. Há intimidação sistemática na rede mundial de computadores (*cyberbullying*), quando se usarem os instrumentos que lhe são próprios para depreciar, incitar a violência, adulterar fotos e dados pessoais com o intuito de criar meios de constrangimento psicossocial.

• *Vide* Lei n. 13.188, de 11-11-2015 (Direito de resposta).

Art. 3.º A intimidação sistemática (*bullying*) pode ser classificada, conforme as ações praticadas, como:

I – verbal: insultar, xingar e apelidar pejorativamente;

II – moral: difamar, caluniar, disseminar rumores;

III – sexual: assediar, induzir e/ou abusar;

IV – social: ignorar, isolar e excluir;

V – psicológica: perseguir, amedrontar, aterrorizar, intimidar, dominar, manipular, chantagear e infernizar;

VI – físico: socar, chutar, bater;

VII – material: furtar, roubar, destruir pertences de outrem;

VIII – virtual: depreciar, enviar mensagens intrusivas da intimidade, enviar ou adulterar fotos e dados pessoais que resultem em sofrimento ou com o intuito de criar meios de constrangimento psicológico e social.

Art. 4.º Constituem objetivos do Programa referido no *caput* do art. 1.º:

I – prevenir e combater a prática da intimidação sistemática (*bullying*) em toda a sociedade;

II – capacitar docentes e equipes pedagógicas para a implementação das ações de discussão, prevenção, orientação e solução do problema;

III – implementar e disseminar campanhas de educação, conscientização e informação;

IV – instituir práticas de conduta e orientação de pais, familiares e responsáveis diante da identificação de vítimas e agressores;

V – dar assistência psicológica, social e jurídica às vítimas e aos agressores;

VI – integrar os meios de comunicação de massa com as escolas e a sociedade, como forma de identificação e conscientização do problema e forma de preveni-lo e combatê-lo;

VII – promover a cidadania, a capacidade empática e o respeito a terceiros, nos marcos de uma cultura de paz e tolerância mútua;

VIII – evitar, tanto quanto possível, a punição dos agressores, privilegiando mecanis-

(*) Publicada no *Diário Oficial da União*, de 9-11-2015.

mos e instrumentos alternativos que promovam a efetiva responsabilização e a mudança de comportamento hostil;

IX – promover medidas de conscientização, prevenção e combate a todos os tipos de violência, com ênfase nas práticas recorrentes de intimidação sistemática (*bullying*), ou constrangimento físico e psicológico, cometidas por alunos, professores e outros profissionais integrantes de escola e de comunidade escolar.

Art. 5.º É dever do estabelecimento de ensino, dos clubes e das agremiações recreativas assegurar medidas de conscientização, prevenção, diagnose e combate à violência e à intimidação sistemática (*bullying*).

Art. 6.º Serão produzidos e publicados relatórios bimestrais das ocorrências de intimidação sistemática (*bullying*) nos Estados e Municípios para planejamento das ações.

Art. 7.º Os entes federados poderão firmar convênios e estabelecer parcerias para a implementação e a correta execução dos objetivos e diretrizes do Programa instituído por esta Lei.

Art. 8.º Esta Lei entra em vigor após decorridos 90 (noventa) dias da data de sua publicação oficial.

Brasília, 6 de novembro de 2015; 194.º da Independência e 127.º da República.

DILMA ROUSSEFF

LEI N. 13.188, DE 11 DE NOVEMBRO DE 2015 (*)

Dispõe sobre o direito de resposta ou retificação do ofendido em matéria divulgada, publicada ou transmitida por veículo de comunicação social.

A Presidenta da República

Faço saber que o Congresso Nacional decreta e eu sanciono a seguinte Lei:

Art. 1.º Esta Lei disciplina o exercício do direito de resposta ou retificação do ofendido em matéria divulgada, publicada ou transmitida por veículo de comunicação social.

•• *Vide* art. 5.º, V, IX e X, da CF.

Art. 2.º Ao ofendido em matéria divulgada, publicada ou transmitida por veículo de comunicação social é assegurado o direito de resposta ou retificação, gratuito e proporcional ao agravo.

•• *Vide* art. 5.º, V, IX e X, da CF.

§ 1.º Para os efeitos desta Lei, considera-se matéria qualquer reportagem, nota ou notícia divulgada por veículo de comunicação social, independentemente do meio ou da plataforma de distribuição, publicação ou transmissão que utilize, cujo conteúdo atente, ainda que por equívoco de informação, contra a honra, a intimidade, a reputação, o conceito, o nome, a marca ou a imagem de pessoa física ou jurídica identificada ou passível de identificação.

(*) Publicada no *Diário Oficial da União*, de 12-11-2015.

§ 2.º São excluídos da definição de matéria estabelecida no § 1.º deste artigo os comentários realizados por usuários da internet nas páginas eletrônicas dos veículos de comunicação social.

§ 3.º A retratação ou retificação espontânea, ainda que a elas sejam conferidos os mesmos destaque, publicidade, periodicidade e dimensão do agravo, não impedem o exercício do direito de resposta pelo ofendido nem prejudicam a ação de reparação por dano moral.

•• O STF, por maioria, julgou as ADIs n. 5.415, 5.418 e 5.436, na sessão virtual de 11-3-2021 (*DOU* de 25-3-2021), para declarar constitucionalidade deste § 3.º.

Art. 3.º O direito de resposta ou retificação deve ser exercido no prazo decadencial de 60 (sessenta) dias, contado da data de cada divulgação, publicação ou transmissão da matéria ofensiva, mediante correspondência com aviso de recebimento encaminhada diretamente ao veículo de comunicação social ou, inexistindo pessoa jurídica constituída, a quem por ele responda, independentemente de quem seja o responsável intelectual pelo agravo.

§ 1.º O direito de resposta ou retificação poderá ser exercido, de forma individualizada, em face de todos os veículos de comunicação social que tenham divulgado, publicado, republicado, transmitido ou retransmitido o agravo original.

§ 2.º O direito de resposta ou retificação poderá ser exercido, também, conforme o caso:

I – pelo representante legal do ofendido incapaz ou da pessoa jurídica;

II – pelo cônjuge, descendente, ascendente ou irmão do ofendido que esteja ausente do País ou tenha falecido depois do agravo, mas antes de decorrido o prazo de decadência do direito de resposta ou retificação.

§ 3.º No caso de divulgação, publicação ou transmissão continuada e ininterrupta da mesma matéria ofensiva, o prazo será contado da data em que se iniciou o agravo.

Art. 4.º A resposta ou retificação atenderá, quanto à forma e à duração, ao seguinte:

I – praticado o agravo em mídia escrita ou na internet, terá a resposta ou retificação o destaque, a publicidade, a periodicidade e a dimensão da matéria que a ensejou;

II – praticado o agravo em mídia televisiva, terá a resposta ou retificação o destaque, a publicidade, a periodicidade e a duração da matéria que a ensejou;

III – praticado o agravo em mídia radiofônica, terá a resposta ou retificação o destaque, a publicidade, a periodicidade e a duração da matéria que a ensejou.

§ 1.º Se o agravo tiver sido divulgado, publicado, republicado, transmitido ou retransmitido em mídia escrita ou em cadeia de rádio ou televisão para mais de um Município ou Estado, será conferido proporcional alcance à divulgação da resposta ou retificação.

§ 2.º O ofendido poderá requerer que a resposta ou retificação seja divulgada, publicada ou transmitida nos mesmos espaço, dia da semana e horário do agravo.

§ 3.º A resposta ou retificação cuja divulgação, publicação ou transmissão não obedeça ao disposto nesta Lei é considerada inexistente.

§ 4.º Na delimitação do agravo, deverá ser considerado o contexto da informação ou matéria que gerou a ofensa.

Art. 5.º Se o veículo de comunicação social ou quem por ele responda não divulgar, publicar ou transmitir a resposta ou retificação no prazo de 7 (sete) dias, contado do recebimento do respectivo pedido, na forma do art. 3.º, restará caracterizado o interesse jurídico para a propositura de ação judicial.

§ 1.º É competente para conhecer do feito o juízo do domicílio do ofendido ou, se este assim o preferir, aquele do lugar onde o agravo tenha apresentado maior repercussão.

•• O STF, por maioria, julgou as ADIs n. 5.415, 5.418 e 5.436, na sessão virtual de 11-3-2021 (*DOU* de 25-3-2021), para declarar constitucionalidade deste § 1.º.

§ 2.º A ação de rito especial de que trata esta Lei será instruída com as provas do agravo e do pedido de resposta ou retificação não atendido, bem como com o texto da resposta ou retificação a ser divulgado, publicado ou transmitido, sob pena de inépcia da inicial, e processada no prazo máximo de 30 (trinta) dias, vedados:

•• O STF, por maioria, julgou as ADIs n. 5.415, 5.418 e 5.436, na sessão virtual de 11-3-2021 (*DOU* de 25-3-2021), para declarar constitucionalidade deste § 2.º.

• Petição inicial: *vide* art. 319 e s. do CPC.

• Inépcia da petição inicial: *vide* art. 330, I, do CPC.

I – a cumulação de pedidos;

• Cumulação de pedidos: *vide* art. 327 do CPC.

II – a reconvenção;

• *Vide* art. 343 do CPC.

III – o litisconsórcio, a assistência e a intervenção de terceiros.

• *Vide* arts. 119 a 138 do CPC.

§ 3.º (*Vetado.*)

Art. 6.º Recebido o pedido de resposta ou retificação, o juiz, dentro de 24 (vinte e quatro) horas, mandará citar o responsável pelo veículo de comunicação social para que:

•• O STF, por maioria, julgou as ADIs n. 5.415, 5.418 e 5.436, na sessão virtual de 11-3-2021 (*DOU* de 25-3-2021), para declarar a constitucionalidade deste artigo.

• Citação: *vide* arts. 238 a 259 do CPC.

I – em igual prazo, apresente as razões pelas quais não o divulgou, publicou ou transmitiu;

II – no prazo de 3 (três) dias, ofereça contestação.

• *Vide* arts. 335 a 342 do CPC.

Parágrafo único. O agravo consistente em injúria não admitirá a prova da verdade.

• O art. 140 do CP define o crime de injúria.

Art. 7.º O juiz, nas 24 (vinte e quatro) horas seguintes à citação, tenha ou não se manifestado o responsável pelo veículo de comunicação, conhecerá do pedido e, havendo prova capaz de convencer sobre a verossimilhança da alegação ou justificado receio de ineficácia do provimento final, fixará desde logo as condições e a data para a veiculação, em prazo não superior a 10 (dez) dias, da resposta ou retificação.

•• O STF, por maioria, julgou as ADIs n. 5.415, 5.418 e 5.436, na sessão virtual de 11-3-2021 (*DOU* de 25-3-2021), para declarar a constitucionalidade deste artigo.

§ 1.º Se o agravo tiver sido divulgado ou publicado por veículo de mídia impressa cuja circulação seja periódica, a resposta ou retificação será divulgada na edição seguinte à da ofensa ou, ainda, excepcionalmente, em edição extraordinária, apenas nos casos em que o prazo entre a ofensa e a próxima edição indique desproporcionalidade entre a ofensa e a resposta ou retificação.

§ 2.º A medida antecipatória a que se refere o *caput* deste artigo poderá ser reconsiderada ou modificada a qualquer momento, em decisão fundamentada.

§ 3.º O juiz poderá, a qualquer tempo, impor multa diária ao réu, independentemente de pedido do autor, bem como modificar-lhe o valor ou a periodicidade, caso verifique que se tornou insuficiente ou excessiva.

§ 4.º Para a efetivação da tutela específica de que trata esta Lei, poderá o juiz, de ofício ou mediante requerimento, adotar as medidas cabíveis para o cumprimento da decisão.

Art. 8.º Não será admitida a divulgação, publicação ou transmissão de resposta ou retificação que não tenha relação com as informações contidas na matéria a que pretende responder nem se enquadre no § 1.º do art. 2.º desta Lei.

Art. 9.º O juiz prolatará a sentença no prazo máximo de 30 (trinta) dias, contado do ajuizamento da ação, salvo na hipótese de conversão do pedido em reparação por perdas e danos.

Parágrafo único. As ações judiciais destinadas a garantir a efetividade do direito de resposta ou retificação previsto nesta Lei processam-se durante as férias forenses e não se suspendem pela superveniência delas.

Art. 10. Das decisões proferidas nos processos submetidos ao rito especial estabelecido nesta Lei, poderá ser concedido efeito suspensivo pelo tribunal competente, desde que constatadas, em juízo colegiado prévio, a plausibilidade do direito invocado e a urgência na concessão da medida.

•• O STF, por maioria, julgou as ADIs n. 5.415, 5.418 e 5.436, na sessão virtual de 11-3-2021 (*DOU* de 25-3-2021), para declarar a inconstitucionalidade da expressão "em juízo colegiado prévio", deste artigo, e conferir interpretação conforme ao dispositivo, no sentido de permitir ao magistrado integrante do tribunal respectivo decidir monocraticamente sobre a concessão de efeito suspensivo a recurso interposto em face de decisão proferida segundo o rito especial do direito de resposta, em conformidade com a liminar anteriormente concedida.

Art. 11. A gratuidade da resposta ou retificação divulgada pelo veículo de comunicação, em caso de ação temerária, não abrange as custas processuais nem exime o autor do ônus da sucumbência.

Parágrafo único. Incluem-se entre os ônus da sucumbência os custos com a divulgação, publicação ou transmissão da resposta ou retificação, caso a decisão judicial favorável ao autor seja reformada em definitivo.

Art. 12. Os pedidos de reparação ou indenização por danos morais, materiais ou à imagem serão deduzidos em ação própria, salvo se o autor, desistindo expressamente da tutela específica de que trata esta Lei, os requerer, caso em que o processo seguirá pelo rito ordinário.

§ 1.º O ajuizamento de ação cível ou penal contra o veículo de comunicação ou seu responsável com fundamento na divulgação, publicação ou transmissão ofensiva não prejudica o exercício administrativo ou judicial do direito de resposta ou retificação previsto nesta Lei.

§ 2.º A reparação ou indenização dar-se-á sem prejuízo da multa a que se refere o § 3.º do art. 7.º.

....

Art. 14. Esta Lei entra em vigor na data de sua publicação.

Brasília, 11 de novembro de 2015; 194.º da Independência e 127.º da República.

DILMA ROUSSEFF

LEI N. 13.240, DE 30 DE DEZEMBRO DE 2015 (*)

Dispõe sobre a administração, a alienação, a transferência de gestão de imóveis da União e seu uso para a constituição de fundos; altera a Lei n. 9.636, de 15 de maio de 1998, e os Decretos-lei n. 3.438, de 17 de julho de 1941, 9.760, de 5 de setembro de 1946, 271, de 28 de fevereiro de 1967, e 2.398, de 21 de dezembro de 1987; e revoga dispositivo da Lei n. 13.139, de 26 de junho de 2015.

A Presidenta da República

Faço saber que o Congresso Nacional decreta e eu sanciono a seguinte Lei:

Art. 1.º Esta Lei dispõe sobre a administração, a alienação, a transferência de gestão de imóveis da União e seu uso para a constituição de fundos.

§ 1.º O disposto nesta Lei aplica-se também aos imóveis das autarquias e das fundações públicas federais no caso de adesão expressa do dirigente máximo.

§ 2.º Não se aplica o disposto nesta Lei aos imóveis da União:

I – administrados pelo Ministério das Relações Exteriores, pelo Ministério da Defesa ou pelos Comandos da Marinha, do Exército ou da Aeronáutica;

II – situados na Faixa de Fronteira de que trata a Lei n. 6.634, de 2 de maio de 1979, ou na faixa de segurança de que trata o § 3.º do art. 49 do Ato das Disposições Constitucionais Transitórias.

§ 3.º Para os fins desta Lei, considera-se faixa de segurança a extensão de trinta metros a partir do final da praia, nos termos do § 3.º do art. 10 da Lei n. 7.661, de 16 de maio de 1988.

§ 4.º Para os casos em que a União seja a proprietária do terreno e das edificações de imóveis enquadrados no regime de ocupação onerosa e para as permissões de uso de imóveis funcionais, será exigido do usuário, pessoa física ou jurídica, seguro patrimonial do imóvel, na forma a ser regulamentada pela Secretaria do Patrimônio da União (SPU).

•• § 4.º acrescentado pela Lei n. 13.465, de 11-7-2017.

Arts. 2.º e 3.º (*Revogados pela Lei n. 13.465, de 11-7-2017.*)

Art. 4.º Os imóveis inscritos em ocupação poderão ser alienados pelo valor de mercado do imóvel, segundo os critérios de avaliação previstos no art. 11-C da Lei n. 9.636, de 15 de maio de 1998, excluídas as benfeitorias realizadas pelo ocupante.

•• *Caput*, com redação determinada pela Lei n. 13.465, de 11-7-2017.

§ 1.º A alienação a que se refere este artigo poderá ser efetuada à vista ou de forma parcelada, permitida a utilização dos recursos do FGTS para pagamento total, parcial ou em amortização de parcelas e liquidação do saldo devedor, observadas as demais regras e condições estabelecidas para uso do FGTS.

•• § 1.º acrescentado pela Lei n. 13.465, de 11-7-2017.

§ 2.º As demais condições para a alienação dos imóveis inscritos em ocupação a que se refere este artigo serão estabelecidas em ato da Secretaria do Patrimônio da União (SPU).

•• § 2.º acrescentado pela Lei n. 13.465, de 11-7-2017.

§ 3.º A Secretaria do Patrimônio da União (SPU) verificará a regularidade cadastral dos imóveis a serem alienados e procederá aos ajustes eventualmente necessários durante o processo de alienação.

•• § 3.º acrescentado pela Lei n. 13.465, de 11-7-2017.

§ 4.º O prazo de validade da avaliação de que trata o *caput* deste artigo será de, no máximo, doze meses.

•• § 4.º acrescentado pela Lei n. 13.465, de 11-7-2017.

§ 5.º Os templos religiosos poderão, nos termos do *caput* deste artigo, ser alienados aos seus ocupantes com desconto de 25% (vinte e cinco por cento), nos termos do art. 11 desta Lei.

•• § 5.º acrescentado pela Lei n. 14.011, de 10-6-2020.

§ 6.º A critério do Poder Executivo, aplica-se o disposto no *caput* deste artigo à alienação direta de imóveis da União para os titulares de contratos de cessão de uso, sob qualquer modalidade e regime, que estejam adimplentes com as obrigações contratuais.

•• § 6.º acrescentado pela Lei n. 14.474, de 6-12-2022.

§ 7.º A alienação de que trata o § 6.º deste artigo poderá ser realizada desde que o decurso do prazo do contrato de cessão tenha sido:

•• § 7.º, *caput*, acrescentado pela Lei n. 14.474, de 6-12-2022.

I – superior a 10% (dez por cento) do prazo do ajuste; e

•• Inciso I acrescentado pela Lei n. 14.474, de 6-12-2022.

(*) Publicada no *Diário Oficial da União*, de 31-12-2015.

II – inferior a 60% (sessenta por cento) do prazo do ajuste.

•• Inciso II acrescentado pela Lei n. 14.474, de 6-12-2022.

§ 8.º No caso de contrato com prazo indeterminado, a alienação de que trata o § 6.º deste artigo somente poderá ser realizada após o decurso de 5 (cinco) anos de vigência do contrato.

•• § 8.º acrescentado pela Lei n. 14.474, de 6-12-2022.

Art. 5.º O ocupante que não optar pela aquisição dos imóveis a que se refere o art. 4.º continuará submetido ao regime de ocupação, na forma da legislação vigente.

•• Artigo com redação determinada pela Lei n. 13.465, de 11-7-2017.

Art. 5.º-A. Fica o Poder Executivo federal autorizado, por intermédio da Secretaria do Patrimônio da União (SPU), a contratar a Caixa Econômica Federal, independentemente de processo licitatório, para a prestação de serviços relacionados à administração dos contratos, arrecadação e cobrança administrativa decorrentes da alienação dos imóveis a que se refere o art. 4.º desta Lei.

•• *Caput* acrescentado pela Lei n. 13.465, de 11-7-2017.

Parágrafo único. A Caixa Econômica Federal representará a União na celebração dos contratos de que trata o *caput* deste artigo.

•• Parágrafo único acrescentado pela Lei n. 13.465, de 11-7-2017.

Art. 6.º A Secretaria do Patrimônio da União verificará a regularidade cadastral dos imóveis a serem alienados e procederá aos ajustes eventualmente necessários durante o processo de alienação.

Art. 7.º (*Revogado pela Lei n. 13.465, de 11-7-2017.*)

Art. 8.º O Ministro de Estado do Planejamento, Desenvolvimento e Gestão, permitida a delegação, editará portaria com a lista de áreas ou imóveis sujeitos à alienação nos termos desta Lei.

•• *Caput* com redação determinada pela Lei n. 13.465, de 11-7-2017.

§ 1.º Os terrenos de marinha e acrescidos alienados na forma desta Lei:

I – não incluirão:

a) áreas de preservação permanente, na forma do inciso II do *caput* do art. 3.º da Lei n. 12.651, de 25 de maio de 2012; ou

b) áreas em que seja vedado o parcelamento do solo, na forma do art. 3.º e do inciso I do *caput* do art. 13 da Lei n. 6.766, de 19 de dezembro de 1979;

II – deverão estar situados em área urbana consolidada.

•• Inciso II com redação determinada pela Lei n. 13.465, de 11-7-2017.

§ 2.º Para os fins desta Lei, considera-se área urbana consolidada aquela:

I – incluída no perímetro urbano ou em zona urbana pelo plano diretor ou por lei municipal específica;

II – com sistema viário implantado e vias de circulação pavimentadas;

III – organizada em quadras e lotes predominantemente edificados;

IV – de uso predominantemente urbano, caracterizado pela existência de edificações residenciais, comerciais, industriais, institucionais, mistas ou voltadas à prestação de serviços; e

V – com a presença de, no mínimo, três dos seguintes equipamentos de infraestrutura urbana implantados:

a) drenagem de águas pluviais;

b) esgotamento sanitário;

c) abastecimento de água potável;

d) distribuição de energia elétrica; e

e) limpeza urbana, coleta e manejo de resíduos sólidos.

§ 3.º A alienação dos imóveis de que trata o § 1.º não implica supressão das restrições administrativas de uso ou edificação que possam prejudicar a segurança da navegação, conforme estabelecido em ato do Ministro de Estado da Defesa.

§ 4.º Não há necessidade de autorização legislativa específica para alienação dos imóveis arrolados na portaria a que se refere o *caput*.

Art. 8.º-A. Fica a Secretaria do Patrimônio da União (SPU) autorizada a receber Proposta de Manifestação de Aquisição por ocupante de imóvel da União que esteja regularmente inscrito e adimplente com suas obrigações com aquela Secretaria.

•• *Caput* acrescentado pela Lei n. 13.465, de 11-7-2017.

§ 1.º O ocupante deverá apresentar à SPU carta formalizando o interesse na aquisição juntamente com a identificação do imóvel e do ocupante, comprovação do período de ocupação e de estar em dia com as respectivas taxas, avaliação do imóvel e das benfeitorias, proposta de pagamento e, para imóveis rurais, georreferenciamento e CAR individualizado.

•• § 1.º acrescentado pela Lei n. 13.465, de 11-7-2017.

§ 2.º Para a análise da Proposta de Manifestação de Aquisição de que trata este artigo deverão ser cumpridos todos os requisitos e condicionantes estabelecidos na legislação que normatiza a alienação de imóveis da União, mediante a edição da portaria do Ministério do Planejamento, Desenvolvimento e Gestão, de que trata o art. 8.º desta Lei, bem como os critérios de avaliação previstos no art. 11-C da Lei n. 9.636, de 15 de maio de 1998.

•• § 2.º acrescentado pela Lei n. 13.465, de 11-7-2017.

§ 3.º O protocolo da Proposta de Manifestação de Aquisição de imóvel da União pela Secretaria do Patrimônio da União (SPU) não constituirá nenhum direito ao ocupante perante a União.

•• § 3.º acrescentado pela Lei n. 13.465, de 11-7-2017.

§ 4.º A Secretaria do Patrimônio da União (SPU) fica autorizada a regulamentar a Proposta de Manifestação de Aquisição de que trata este artigo, mediante edição de portaria específica.

•• § 4.º acrescentado pela Lei n. 13.465, de 11-7-2017.

Art. 9.º Poderá ser alienado ao ocupante que o tenha como único imóvel residencial no Município ou no Distrito Federal, dispensada a licitação, o imóvel da União situado em área:

I – urbana consolidada, nos termos do § 2.º do art. 8.º desta Lei, desde que não esteja situado em área de preservação permanente, na forma do inciso II do *caput* do art. 3.º da Lei n. 12.651, de 25 de maio de 2012, nem em área na qual seja vedado o parcelamento do solo, na forma do art. 3.º e do inciso I do *caput* do art. 13 da Lei n. 6.766, de 19 de dezembro de 1979;

II – rural, desde que o imóvel tenha área igual ou superior à dimensão do módulo de propriedade rural estabelecida pela Lei n. 4.504, de 30 de novembro de 1964, e não superior ao dobro daquela dimensão e não esteja sendo utilizado para fins urbanos.

Art. 10. É assegurado ao ocupante de boa-fé o direito de preferência para a aquisição do respectivo imóvel sujeito a alienação nos termos desta Lei.

Art. 11. O adquirente receberá desconto de 25% (vinte e cinco por cento) na aquisição à vista, com fundamento no art. 4.º desta Lei, desde que atendidas as seguintes condições, cumulativamente:

•• *Caput* com redação determinada pela Lei n. 13.813, de 9-4-2019.

I – tenha sido apresentada manifestação de interesse para a aquisição à vista com o desconto de que trata o *caput* deste artigo no prazo de 30 (trinta) dias, contado a partir da data do recebimento da notificação da inclusão do imóvel na portaria de que trata o art. 8.º desta Lei; e

•• Inciso I acrescentado pela Lei n. 13.813, de 9-4-2019.

II – tenha sido efetuado o pagamento à vista do valor da alienação no prazo de 60 (sessenta) dias, contado a partir da data da manifestação de interesse do adquirente.

•• Inciso II acrescentado pela Lei n. 13.813, de 9-4-2019.

Parágrafo único. Para as alienações efetuadas de forma parcelada, não será concedido desconto.

•• Parágrafo único acrescentado pela Lei n. 13.465, de 11-7-2017.

Art. 12. O pagamento das alienações realizadas nos termos desta Lei observará critérios fixados em regulamento e poderá ser realizado:

I – à vista;

•• Inciso I com redação determinada pela Lei n. 13.465, de 11-7-2017.

II – (*Vetado.*)

III – a prazo, mediante as condições de parcelamento estabelecidas em ato da Secretaria do Patrimônio da União (SPU).

•• Inciso III acrescentado pela Lei n. 13.465, de 11-7-2017.

Art. 13. (*Revogado pela Lei n. 13.465, de 11-7-2017.*)

Art. 14. É a União autorizada a transferir aos Municípios a gestão das orlas e praias marítimas, estuarinas, lacustres e fluviais federais, inclusive as áreas de bens de uso comum com exploração econômica, tais como calçadões, praças e parques públicos, excetuados:

•• *Caput* com redação determinada pela Lei n. 13.813, de 9-4-2019.

I – os corpos d'água;

II – as áreas consideradas essenciais para a estratégia de defesa nacional;

III – as áreas reservadas à utilização de órgãos e entidades federais;

IV – as áreas destinadas à exploração de serviço público de competência da União;

V – as áreas situadas em unidades de conservação federais.

§ 1.º A transferência prevista neste artigo ocorrerá mediante assinatura de termo de adesão com a União.

§ 2.º O termo de adesão será disponibilizado no sítio eletrônico do Ministério do Planejamento, Orçamento e Gestão para preenchimento eletrônico e preverá, entre outras cláusulas:

I – a sujeição do Município às orientações normativas e à fiscalização pela Secretaria do Patrimônio da União;

II – o direito dos Municípios sobre a totalidade das receitas auferidas com as utilizações autorizadas;

III – a possibilidade de a União retomar a gestão, a qualquer tempo, devido a descumprimento de normas da Secretaria do Patrimônio da União ou por razões de interesse público superveniente;

IV – a reversão automática da área à Secretaria do Patrimônio da União no caso de cancelamento do termo de adesão;

V – a responsabilidade integral do Município, no período de gestão municipal, pelas ações ocorridas, pelas omissões praticadas e pelas multas e indenizações decorrentes.

§ 3.º (*Vetado.*)

Art. 15. Ficam transferidos aos Municípios e ao Distrito Federal os logradouros públicos, pertencentes a parcelamentos do solo para fins urbanos aprovados ou regularizados pelo poder local e registrados nos cartórios de registro de imóveis, localizados em terrenos de domínio da União.

Art. 16. A Secretaria do Patrimônio da União poderá reconhecer a utilização de terrenos da União por terceiros em áreas de preservação ambiental ou necessárias à preservação dos ecossistemas naturais, inclusive em Área de Preservação Permanente – APP, inscrevendo-os em regime de ocupação, observados os prazos da Lei n. 9.636, de 15 de maio de 1998, devendo ser comprovado perante o órgão ambiental competente que a utilização não concorre nem tenha concorrido para comprometimento da integridade dessas áreas.

§ 1.º O ocupante responsabiliza-se pela preservação do meio ambiente na área inscrita em ocupação e pela obtenção das licenças urbanísticas e ambientais eventualmente necessárias, sob pena de cancelamento da inscrição de ocupação.

§ 2.º O reconhecimento de que trata este artigo não se aplica às áreas de uso comum.

Art. 17. A União repassará 20% (vinte por cento) da receita patrimonial decorrente da alienação dos imóveis a que se refere o art. 4.º aos Municípios e ao Distrito Federal onde estão localizados.

•• Artigo com redação determinada pela Lei n. 13.465, de 11-7-2017.

Art. 18. As receitas patrimoniais da União decorrentes da venda de imóveis de que tratam o art. 8.º desta Lei e os arts. 12 a 15 e 16-C da Lei n. 9.636, de 15 de maio de 1998, e dos direitos reais a eles associados, bem como as obtidas com as alienações e outras operações dos fundos imobiliários, descontados os custos operacionais, comporão o Fundo instituído pelo Decreto-lei n. 1.437, de 17 de dezembro de 1975, e integrarão a subconta especial destinada a atender às despesas com o Programa de Administração Patrimonial Imobiliária da União (Proap), instituído pelo art. 37 da Lei n. 9.636, de 15 de maio de 1998, ressalvadas aquelas com outra destinação prevista em lei.

•• *Caput* com redação determinada pela Lei n. 13.465, de 11-7-2017.

Parágrafo único. (*Revogado pela Lei n. 13.465, de 11-7-2017.*)

Art. 18-A. O percentual de 2,5% (dois inteiros e cinco décimos por cento) das receitas patrimoniais da União arrecadadas anualmente por meio da cobrança de taxa de ocupação, foro e laudêmio, recuperação de dívida ativa, arrendamentos, aluguéis, cessão e permissão de uso, multas e outras taxas patrimoniais integrará a subconta especial destinada a atender às despesas previstas no Programa de Administração Patrimonial Imobiliária da União (PROAP), instituído pelo art. 37 da Lei n. 9.636, de 15 de maio de 1998, ressalvadas aquelas com outra destinação prevista em lei.

•• *Caput* acrescentado pela Lei n. 13.465, de 11-7-2017.

Parágrafo único. Os recursos referidos no *caput* deste artigo serão alocados para as finalidades previstas nos incisos II a VIII do *caput* do art. 37 da Lei n. 9.636, de 15 de maio de 1998, e poderão ser utilizados a qualquer momento pela Secretaria do Patrimônio da União (SPU).

•• Parágrafo único acrescentado pela Lei n. 13.465, de 11-7-2017.

Art. 19. A Lei n. 9.636, de 15 de maio de 1998, passa a vigorar com as seguintes alterações:

•• Alterações já processadas no diploma modificado.

Art. 20. Os imóveis de propriedade da União arrolados na portaria de que trata o art. 8.º e os direitos reais a eles associados poderão ser destinados à integralização de cotas em fundos de investimento.

•• *Caput* com redação determinada pela Lei n. 13.465, de 11-7-2017.

§ 1.º O Ministro de Estado do Planejamento, Orçamento e Gestão editará nova portaria para definir os imóveis abrangidos pelo *caput* e a destinação a ser dada a eles.

§ 2.º O fundo de investimento deverá ter em seu estatuto, entre outras disposições:

I – o objetivo de administrar os bens e direitos sob sua responsabilidade, podendo, para tanto, alienar, reformar, edificar, adquirir ou alugar os bens e direitos sob sua responsabilidade;

II – a permissão para adquirir ou integralizar cotas, inclusive com imóveis e com direitos reais a eles associados, em outros fundos de investimento;

III – a permissão para aceitar como ativos, inclusive com periodicidade superior a sessenta meses, contratos de locação com o poder público;

IV – a delimitação da responsabilidade dos cotistas por suas obrigações até o limite de sua participação no patrimônio do fundo;

V – a vedação à realização de operações que possam implicar perda superior ao valor do patrimônio do fundo;

VI – a possibilidade de o fundo poder ter suas cotas negociadas em ambiente de negociação centralizada e eletrônica, inclusive em bolsa de valores e de mercadorias ou em mercado de balcão organizado.

§ 3.º A União poderá contratar, por meio de processo licitatório, prestação de serviços de constituição, de estruturação, de administração e de gestão de fundo de investimento, para os fins de que trata o *caput* deste artigo, dispensada a licitação para a contratação de instituições financeiras oficiais federais.

•• § 3.º com redação determinada pela Lei n. 13.813, de 9-4-2019.

§ 4.º Os fundos referidos no *caput* deste artigo poderão ter por objeto a realização de programas de regularização fundiária, rural ou urbana, de que tratam as Leis n. 9.636, de 15 de maio de 1998, e 13.465, de 11 de julho de 2017, com o encargo de que as áreas inseridas nas poligonais dos programas sejam regularizadas e alienadas aos seus ocupantes, sempre que possível, e, além das matérias referidas no § 2.º deste artigo, devem estar previstas em seus regulamentos as seguintes disposições:

•• § 4.º, *caput*, acrescentado pela Lei n. 14.011, de 10-6-2020.

I – previsão de ressarcimento aos fundos dos encargos de aprovação de projetos de parcelamento e registro dos imóveis situados na poligonal;

•• Inciso I acrescentado pela Lei n. 14.011, de 10-6-2020.

II – obrigação de alienar, ou conceder gratuitamente, os imóveis regularizados aos seus ocupantes;

•• Inciso II acrescentado pela Lei n. 14.011, de 10-6-2020.

III – permissão para amortizar os custos da regularização por meio de imóveis disponíveis, não ocupados ou alienados, situados na poligonal do projeto de regularização;

•• Inciso III acrescentado pela Lei n. 14.011, de 10-6-2020.

IV – previsão de que os imóveis regularizados e não ocupados disponíveis dentro da poligonal deverão, preferencialmente, ser alienados, podendo, no entanto, ser retidos no fundo até a integralização do custo do programa de regularização;

•• Inciso IV acrescentado pela Lei n. 14.011, de 10-6-2020.

V – previsão de que poderão ser livremente alienados os imóveis desocupados e fora da poligonal da regularização fundiária.

•• Inciso V acrescentado pela Lei n. 14.011, de 10-6-2020.

§ 5.º Em caso de imóveis em que recaia interesse público ou de imóveis de uso especial, bem como no caso de necessidade de realização de obras de infraestrutura, os fundos de regularização de que trata o § 6.º deste artigo poderão utilizar as receitas de alienação de outros imóveis situados na poligonal para ressarcimento dos custos efetivamente incorridos.

•• § 5.º acrescentado pela Lei n. 14.011, de 10-6-2020.

§ 6.º Ficam os fundos com o objeto descrito no § 4.º deste artigo sujeitos ao regime de que trata a Lei n. 8.668, de 25 de junho de 1993.

•• § 6.º acrescentado pela Lei n. 14.011, de 10-6-2020.

§ 7.º As quotas dos fundos com o objeto descrito no § 4.º deste artigo constituem valores mobiliários sujeitos ao regime da Lei n. 6.385, de 7 de dezembro de 1976.

•• § 7.º acrescentado pela Lei n. 14.011, de 10-6-2020.

§ 8.º A integralização de bens e direitos imobiliários da União nos fundos de que trata este artigo poderá ser feita com base em laudo de avaliação homologado pela Secretaria de Coordenação e Governança do Patrimônio da União e aprovado pela assembleia de cotistas, exceto quando se tratar da primeira oferta pública de distribuição de quotas do fundo.

•• § 8.º acrescentado pela Lei n. 14.011, de 10-6-2020.

Art. 20-A. Para os fins do disposto no art. 20 desta Lei, a União é autorizada a prever no instrumento convocatório a hipótese de realização das despesas iniciais de estruturação do fundo de investimento, observada a disponibilidade financeira e orçamentária.

•• *Caput* acrescentado pela Lei n. 13.813, de 9-4-2019.

Parágrafo único. As despesas de que trata o *caput* deste artigo serão amortizadas por meio do recebimento de cotas equivalentes aos valores despendidos.

•• Parágrafo único acrescentado pela Lei n. 13.813, de 9-4-2019.

Art. 21. Fica o Poder Executivo autorizado a, por intermédio da Secretaria do Patrimônio da União, celebrar contratos ou convênios com órgãos e entidades da União, de Estados, do Distrito Federal ou de Municípios, notadamente a Caixa Econômica Federal e a Agência de Desenvolvimento do Distrito Federal – TERRACAP, para a execução de ações de cadastramento, regularização, avaliação e outras medidas necessárias ao processo de alienação dos bens imóveis a que se refere esta Lei e representá-la na celebração de contratos ou em outros ajustes.

§ 1.º Observados os procedimentos licitatórios previstos em lei, fica autorizada a contratação da iniciativa privada para a execução das ações de demarcação, avaliação e alienação dos bens imóveis a que se refere esta Lei.

§ 2.º Na contratação da Caixa Econômica Federal:

I – será dispensada a homologação pelo ente público das avaliações realizadas;

II – a validade das avaliações será de um ano; e

III – (*Vetado.*)

§ 3.º O Ministro de Estado do Planejamento, Orçamento e Gestão, permitida a delegação, editará portaria para arrolar as áreas ou os imóveis alcançados pelos contratos e convênios previstos neste artigo.

Art. 22. Os imóveis não operacionais que constituem o patrimônio imobiliário do Fundo do Regime Geral de Previdência Social serão geridos pela Secretaria de Coordenação e Governança do Patrimônio da União da Secretaria Especial de Desestatização, Desinvestimento e Mercados do Ministério da Economia, observado o disposto na legislação relativa ao patrimônio imobiliário da União.

•• *Caput* com redação determinada pela Lei n. 14.011, de 10-6-2020.

§§ 1.º e 2.º (*Revogados pela Lei n. 14.011, de 10-6-2020.*)

§ 3.º Para fins do disposto neste artigo, o Instituto Nacional do Seguro Social (INSS) publicará a listagem dos imóveis operacionais e não operacionais que constituem o patrimônio imobiliário do Fundo do Regime Geral de Previdência Social e transferirá a gestão dos imóveis não operacionais para a Secretaria de Coordenação e Governança do Patrimônio da União.

•• § 3.º acrescentado pela Lei n. 14.011, de 10-6-2020.

§ 4.º Sempre que possível, a Secretaria de Coordenação e Governança do Patrimônio da União providenciará a conversão do patrimônio imobiliário de que trata o *caput* deste artigo em recursos financeiros, por meio dos mecanismos de alienação e de utilização onerosa.

•• § 4.º acrescentado pela Lei n. 14.011, de 10-6-2020.

§ 5.º Os recursos financeiros resultantes da alienação ou da utilização onerosa dos imóveis de que trata o § 4.º deste artigo serão destinados ao Fundo do Regime Geral de Previdência Social.

•• § 5.º acrescentado pela Lei n. 14.011, de 10-6-2020.

§ 6.º (*Revogado pela Lei n. 14.474, de 6-12-2022.*)

§ 6.º-A. A Secretaria de Coordenação e Governança do Patrimônio da União poderá opinar tecnicamente pela inviabilidade de alienação onerosa de imóvel sob sua gestão, nos casos em que este se caracterizar como bem de uso comum do povo ou que tiver a ocupação consolidada por assentamentos informais de baixa renda, até a data de publicação deste parágrafo, sem prejuízo de outras hipóteses de inviabilidade de alienação onerosa que puderem ser justificadamente caracterizadas, as quais serão submetidas à análise do INSS e poderão ser declaradas pelo dirigente máximo da autarquia.

•• § 6.º-A acrescentado pela Lei n. 14.474, de 6-12-2022.

§ 6.º-B. Declarada a inviabilidade de alienação onerosa prevista no § 6.º-A deste artigo, o valor do imóvel será considerado nulo, e caberá à Secretaria de Coordenação e Governança do Patrimônio da União atuar nas providências de transferência patrimonial do imóvel para a União e promover as ações para fins de destinação exclusiva de interesse social ou coletivo, sem encargos ou contrapartidas ao Fundo do Regime Geral de Previdência Social.

•• § 6.º-B acrescentado pela Lei n. 14.474, de 6-12-2022.

§ 6.º-C. A comunicação da Secretaria de Coordenação e Governança do Patrimônio da União será suficiente para que o cartório promova a anotação, na matrícula do imóvel, da desafetação ao Fundo do Regime Geral de Previdência Social e da titularidade da União, devendo ser utilizados o número de inscrição no Cadastro Nacional da Pessoa Jurídica (CNPJ) do órgão central da Secretaria e o nome "UNIÃO".

•• § 6.º-C acrescentado pela Lei n. 14.474, de 6-12-2022.

§ 7.º (*Revogado pela Lei n. 14.474, de 6-12-2022.*)

§ 7.º-A. Fica autorizada a permuta entre o Fundo do Regime Geral de Previdência Social e a União de imóveis por imóveis, de imóveis por cotas de fundos de investimento previstos no art. 20 desta Lei e de cotas por cotas, e ambos poderão ser os proprietários das cotas ou dos imóveis nas operações.

•• § 7.º-A acrescentado pela Lei n. 14.474, de 6-12-2022.

§ 7.º-B. Os imóveis enquadrados no § 7.º-A deste artigo deverão ter avaliação de valor de mercado realizada nos 12 (doze) meses anteriores, prorrogáveis por igual período.

•• § 7.º-B acrescentado pela Lei n. 14.474, de 6-12-2022.

§ 7.º-C. Os imóveis integrantes do patrimônio do Fundo do Regime Geral de Previdência Social poderão ser transferidos à União, que recomporá o Fundo do Regime Geral de Previdência Social, conforme avaliação de valor de mercado realizada nos 12 (doze) meses anteriores, prorrogáveis por igual período, por meio da transferência ao Fundo de recursos previstos na lei orçamentária anual.

•• § 7.º-C acrescentado pela Lei n. 14.474, de 6-12-2022.

§ 8.º A destinação não econômica de imóveis para atendimento de interesse dos Estados, do Distrito Federal ou dos Municípios poderá ocorrer somente após a permuta de que trata o § 7.º deste artigo, cabendo ao ente federativo interessado a recomposição patrimonial à União, exceto quando a recomposição for dispensada por lei.

•• § 8.º acrescentado pela Lei n. 14.011, de 10-6-2020.

§ 8.º-A. Os imóveis que constituem o patrimônio imobiliário do Fundo do Regime Geral de Previdência Social poderão ser destinados, por iniciativa do INSS ou da Secretaria de Coordenação e Governança do Patrimônio da União, à integralização de cotas em fundos de investimento, observados os requisitos do § 2.º do art. 20 desta Lei e a legislação referida no *caput* deste artigo.

•• § 8.º-A acrescentado pela Lei n. 14.441, de 2-9-2022.

§ 8.º-B. Em caso de destinação de bens na forma do § 8.º-A deste artigo, as cotas em fundos de investimento comporão o patrimônio do Fundo do Regime Geral de Previdência Social.

•• § 8.º-B acrescentado pela Lei n. 14.441, de 2-9-2022.

§ 8.º-C. Poderá ser contratada, por meio de processo licitatório, prestação de serviços de constituição, de estruturação, de administração e de gestão de fundo de investimento, para os fins de que trata o § 8.º-A deste artigo, dispensada a licitação para a contratação de instituições financeiras oficiais federais.

•• § 8.º-C acrescentado pela Lei n. 14.441, de 2-9-2022.

§ 9.º Quando se tratar dos imóveis não operacionais sob a gestão da Secretaria de Coordenação e Governança do Patrimônio da União, a União representará o Fundo do Regime Geral de Previdência Social nos direitos, nos créditos, nos deveres e nas obrigações e exercerá as atribuições e competências estabelecidas na Lei n. 9.702, de 17 de novembro de 1998.

•• § 9.º acrescentado pela Lei n. 14.011, de 10-6-2020.

•• A Lei n. 14.441, de 2-9-2022, propôs nova redação para este § 9.º, todavia teve seu texto vetado.

§ 10. Caberá ao Fundo do Regime Geral de Previdência Social arcar com as despesas decorrentes da conservação, da avaliação e da administração dos imóveis que constituam o seu patrimônio imobiliário, nos termos de regulamento.

•• § 10 acrescentado pela Lei n. 14.011, de 10-6-2020.

•• A Lei n. 14.441, de 2-9-2022, propôs nova redação para este § 10, todavia teve seu texto vetado.

§ 10-A. Os rendimentos distribuídos ao Fundo do Regime Geral de Previdência Social pelos fundos de investimento de cotas integralizadas, na forma do § 8.º-A , serão destinados, preferencialmente, às despesas de que trata o § 10 deste artigo.

•• § 10-A acrescentado pela Lei n. 14.474, de 6-12-2022.

§ 11. Aplica-se o disposto no *caput* deste artigo aos imóveis funcionais ocupados ou não que constituam o patrimônio imobiliário do Fundo do Regime Geral de Previdência Social.

•• § 11 acrescentado pela Lei n. 14.011, de 10-6-2020.

•• A Lei n. 14.441, de 2-9-2022, propôs nova redação para este § 11, todavia teve seu texto vetado.

§ 12. As medidas necessárias para a operacionalização do disposto neste artigo serão objeto de ato conjunto da Secretaria de Coordenação e Governança do Patrimônio da União, da Secretaria Especial de Previdência e Trabalho do Ministério da Economia e do INSS.

•• § 12 acrescentado pela Lei n. 14.011, de 10-6-2020.

Art. 22-A. Os imóveis operacionais destinados à prestação de serviços aos segurados e beneficiários do Regime Geral de Previdência Social, ainda que parcialmente, permanecem afetados às suas finalidades.

•• *Caput* acrescentado pela Lei n. 14.011, de 10-6-2020.

§ 1.º A Secretaria de Coordenação e Governança do Patrimônio da União reverterá imóveis não operacionais do Fundo do Regime Geral de Previdência Social para utilização pelos órgãos responsáveis pelos serviços de que trata o *caput* deste artigo.

•• § 1.º acrescentado pela Lei n. 14.011, de 10-6-2020.

§ 2.º Na hipótese de os imóveis de que trata o *caput* deste artigo perderem seu caráter operacional, os imóveis serão preferencialmente afetados ou cedidos ao serviço de assistência social da União, dos Estados, do Distrito Federal ou dos Municípios, nos termos de regulamento.

•• § 2.º acrescentado pela Lei n. 14.011, de 10-6-2020.

§ 3.º A utilização dos imóveis para os fins de que trata este artigo não será onerosa.

•• § 3.º acrescentado pela Lei n. 14.011, de 10-6-2020.

Art. 22-B. Ficam revertidos aos respectivos Estados, ao Distrito Federal e aos Municípios os imóveis doados ao Fundo do Regime Geral de Previdência Social cujas obras não tenham sido iniciadas até 1.º de dezembro de 2019.

•• Artigo acrescentado pela Lei n. 14.011, de 10-6-2020.

Art. 23. Os imóveis do Instituto Nacional de Colonização e Reforma Agrária – INCRA desprovidos de vocação agrícola poderão ser doados a Estado, ao Distrito Federal ou a Município, para o fim específico de regularização fundiária de assentamento urbano, nos termos da Lei n. 11.977, de 7 de julho de 2009.

....

Art. 27. O Decreto-lei n. 2.398, de 21 de dezembro de 1987, passa a vigorar com as seguintes alterações:

•• Alterações já processadas no diploma modificado.

Art. 28. Esta Lei entra em vigor na data de sua publicação.

Art. 29. Ficam revogados:

I – o inciso III do *caput* do art. 24 e o inciso II do *caput* do art. 27 da Lei n. 9.636, de 15 de maio de 1998;

II – o art. 1.º da Lei n. 13.139, de 26 de junho de 2015, na parte em que altera a redação do art. 100 do Decreto-lei n. 9.760, de 5 de setembro de 1946.

Brasília, 30 de dezembro de 2015; 194.º da Independência e 127.º da República.

DILMA ROUSSEFF

LEI N. 13.257, DE 8 DE MARÇO DE 2016 (*)

Dispõe sobre as políticas públicas para a primeira infância e altera a Lei n. 8.069, de 13 de julho de 1990 (Estatuto da Criança e do Adolescente), o Decreto-lei n. 3.689, de 3 de outubro de 1941 (Código de Processo Penal), a Consolidação das Leis do Trabalho (CLT), aprovada pelo Decreto-lei n. 5.452, de 1.º de maio de 1943, a Lei n. 11.770, de 9 de setembro de 2008, e a Lei n. 12.662, de 5 de junho de 2012.

A Presidenta da República

Faço saber que o Congresso Nacional decreta e eu sanciono a seguinte Lei:

Art. 1.º Esta Lei estabelece princípios e diretrizes para a formulação e a implementação de políticas públicas para a primeira infância em atenção à especificidade e à relevância dos primeiros anos de vida no desenvolvimento infantil e no desenvolvimento do ser humano, em consonância com os princípios e diretrizes da Lei n. 8.069, de 13 de julho de 1990 (Estatuto da Criança e do Adolescente); altera a Lei n. 8.069, de 13 de julho de 1990 (Estatuto da Criança e do Adolescente); altera os arts. 6.º, 185, 304 e 318 do Decreto-lei n. 3.689, de 3 de outubro de 1941 (Código de Processo Penal); acrescenta incisos ao art. 473 da Consolidação das Leis do Trabalho (CLT), aprovada pelo Decreto-lei n. 5.452, de 1.º de maio de 1943; altera os arts. 1.º, 3.º, 4.º e 5.º da Lei n. 11.770, de 9 de setembro de 2008; e acrescenta parágrafos ao art. 5.º da Lei n. 12.662, de 5 de junho de 2012.

•• *Vide* art. 96 do Decreto n. 9.579, de 22-11-2018, que consolida atos normativos que dispõem sobre lactentes e crianças, em consonância com esta Lei.

Art. 2.º Para os efeitos desta Lei, considera-se primeira infância o período que abrange os primeiros 6 (seis) anos completos ou 72 (setenta e dois) meses de vida da criança.

Art. 3.º A prioridade absoluta em assegurar os direitos da criança, do adolescente e do jovem, nos termos do art. 227 da Constituição Federal e do art. 4.º da Lei n. 8.069, de 13 de julho de 1990, implica o dever do Estado de estabelecer políticas, planos, programas e serviços para a primeira infância que atendam às especificidades dessa faixa etária, visando a garantir seu desenvolvimento integral.

Art. 4.º As políticas públicas voltadas ao atendimento dos direitos da criança na primeira infância serão elaboradas e executadas de forma a:

I – atender ao interesse superior da criança e à sua condição de sujeito de direitos e de cidadã;

•• *Vide* art. 3.º da Lei n. 8.069, de 13-7-1990.

II – incluir a participação da criança na definição das ações que lhe digam respeito, em conformidade com suas características etárias e de desenvolvimento;

(*) Publicada no *Diário Oficial União*, de 9-3-2016.

III – respeitar a individualidade e os ritmos de desenvolvimento das crianças e valorizar a diversidade da infância brasileira, assim como as diferenças entre as crianças em seus contextos sociais e culturais;

IV – reduzir as desigualdades no acesso aos bens e serviços que atendam aos direitos da criança na primeira infância, priorizando o investimento público na promoção da justiça social, da equidade e da inclusão sem discriminação da criança;

V – articular as dimensões ética, humanista e política da criança cidadã com as evidências científicas e a prática profissional no atendimento da primeira infância;

VI – adotar abordagem participativa, envolvendo a sociedade, por meio de suas organizações representativas, os profissionais, os pais e as crianças, no aprimoramento da qualidade das ações e na garantia da oferta dos serviços;

VII – articular as ações setoriais com vistas ao atendimento integral e integrado;

VIII – descentralizar as ações entre os entes da Federação;

IX – promover a formação da cultura de proteção e promoção da criança, com apoio dos meios de comunicação social.

Parágrafo único. A participação da criança na formulação das políticas e das ações que lhe dizem respeito tem o objetivo de promover sua inclusão social como cidadã e dar-se-á de acordo com a especificidade de sua idade, devendo ser realizada por profissionais qualificados em processos de escuta adequados às diferentes formas de expressão infantil.

Art. 5.º Constituem áreas prioritárias para as políticas públicas para a primeira infância a saúde, a alimentação e a nutrição, a educação infantil, a convivência familiar e comunitária, a assistência social à família da criança, a cultura, o brincar e o lazer, o espaço e o meio ambiente, bem como a proteção contra toda forma de violência e de pressão consumista, a prevenção de acidentes e a adoção de medidas que evitem a exposição precoce à comunicação mercadológica.

•• *Vide* Lei n. 8.069, de 13-7-1990.

Art. 6.º A Política Nacional Integrada para a primeira infância será formulada e implementada mediante abordagem e coordenação intersetorial que articule as diversas políticas setoriais a partir de uma visão abrangente de todos os direitos da criança na primeira infância.

Art. 7.º A União, os Estados, o Distrito Federal e os Municípios poderão instituir, nos respectivos âmbitos, comitê intersetorial de políticas públicas para a primeira infância com a finalidade de assegurar a articulação das ações voltadas à proteção e à promoção dos direitos da criança, garantida a participação social por meio dos conselhos de direitos.

§ 1.º Caberá ao Poder Executivo no âmbito da União, dos Estados, do Distrito Federal e dos Municípios indicar o órgão responsável pela coordenação do comitê intersetorial previsto no *caput* deste artigo.

§ 2.º O órgão indicado pela União nos termos do § 1.º deste artigo manterá permanente articulação com as instâncias de coordenação das ações estaduais, distrital e municipais de atenção à criança na primeira infância, visando à complementaridade das ações e ao cumprimento do dever do Estado na garantia dos direitos da criança.

Art. 8.º O pleno atendimento dos direitos da criança na primeira infância constitui objetivo comum de todos os entes da Federação, segundo as respectivas competências constitucionais e legais, a ser alcançado em regime de colaboração entre a União, os Estados, o Distrito Federal e os Municípios.

Parágrafo único. A União buscará a adesão dos Estados, do Distrito Federal e dos Municípios à abordagem multi e intersetorial no atendimento dos direitos da criança na primeira infância e oferecerá assistência técnica na elaboração de planos estaduais, distrital e municipais para a primeira infância que articulem os diferentes setores.

Art. 9.º As políticas para a primeira infância serão articuladas com as instituições de formação profissional, visando à adequação dos cursos às características e necessidades das crianças e à formação de profissionais qualificados, para possibilitar a expansão com qualidade dos diversos serviços.

Art. 10. Os profissionais que atuam nos diferentes ambientes de execução das políticas e programas destinados à criança na primeira infância terão acesso garantido e prioritário à qualificação, sob a forma de especialização e atualização, em programas que contemplem, entre outros temas, a especificidade da primeira infância, a estratégia da intersetorialidade na promoção do desenvolvimento integral e a prevenção e a proteção contra toda forma de violência contra a criança.

Art. 11. As políticas públicas terão, necessariamente, componentes de monitoramento e coleta sistemática de dados, avaliação periódica dos elementos que constituem a oferta dos serviços à criança e divulgação dos seus resultados.

§ 1.º A União manterá instrumento individual de registro unificado de dados do crescimento e desenvolvimento da criança, assim como sistema informatizado, que inclua as redes pública e privada de saúde, para atendimento ao disposto neste artigo.

§ 2.º A União informará à sociedade a soma dos recursos aplicados anualmente no conjunto dos programas e serviços para a primeira infância e o percentual que os valores representam em relação ao respectivo orçamento realizado, bem como colherá informações sobre os valores aplicados pelos demais entes da Federação.

Art. 12. A sociedade participa solidariamente com a família e o Estado da proteção e da promoção da criança na primeira infância, nos termos do *caput* e do § 7.º do art. 227, combinado com o inciso II do art. 204 da Constituição Federal, entre outras formas:

I – formulando políticas e controlando ações, por meio de organizações representativas;

II – integrando conselhos, de forma paritária com representantes governamentais, com funções de planejamento, acompanhamento, controle social e avaliação;

III – executando ações diretamente ou em parceria com o poder público;

IV – desenvolvendo programas, projetos e ações compreendidos no conceito de responsabilidade social e de investimento social privado;

V – criando, apoiando e participando de redes de proteção e cuidado à criança nas comunidades;

VI – promovendo ou participando de campanhas e ações que visem a aprofundar a consciência social sobre o significado da primeira infância no desenvolvimento do ser humano.

Art. 13. A União, os Estados, o Distrito Federal e os Municípios apoiarão a participação das famílias em redes de proteção e cuidado da criança em seus contextos sociofamiliar e comunitário visando, entre outros objetivos, à formação e ao fortalecimento dos vínculos familiares e comunitários, com prioridade aos contextos que apresentem riscos ao desenvolvimento da criança.

•• *Vide* arts. 19 a 52-D da Lei n. 8.069, de 13-7-1990.

Art. 14. As políticas e programas governamentais de apoio às famílias, incluindo as visitas domiciliares e os programas de promoção da paternidade e maternidade responsáveis, buscarão a articulação das áreas de saúde, nutrição, educação, assistência social, cultura, trabalho, habitação, meio ambiente e direitos humanos, entre outras, com vistas ao desenvolvimento integral da criança.

•• A Lei n. 11.770, de 9-9-2008, faculta a prorrogação da licença-paternidade e da licença-maternidade, mediante concessão de incentivo fiscal.

§ 1.º Os programas que se destinam ao fortalecimento da família no exercício de sua função de cuidado e educação de seus filhos na primeira infância promoverão atividades centradas na criança, focadas na família e baseadas na comunidade.

§ 2.º As famílias identificadas nas redes de saúde, educação e assistência social e nos órgãos do Sistema de Garantia dos Direitos da Criança e do Adolescente que se encontrem em situação de vulnerabilidade e de risco ou com direitos violados para exercer seu papel protetivo de cuidado e educação da criança na primeira infância, bem como as que têm crianças com indicadores de risco ou deficiência, terão prioridade nas políticas sociais públicas.

§ 3.º As gestantes e as famílias com crianças na primeira infância deverão receber orientação e formação sobre maternidade e paternidade responsáveis, aleitamento materno, alimentação complementar saudável, crescimento e desenvolvimento infantil integral, prevenção de acidentes e educação sem uso de castigos físicos, nos termos da Lei n. 13.010, de 26 de junho de 2014, com o intuito de favorecer a formação e a consolidação de vínculos afetivos e estimular o desenvolvimento integral na primeira infância.

§ 4.º A oferta de programas e de ações de visita domiciliar e de outras modalidades que estimulem o desenvolvimento integral na primeira infância será considerada estratégia de atuação sempre que respaldada pelas políticas públicas sociais e avaliada pela equipe profissional responsável.

§ 5.º Os programas de visita domiciliar voltados ao cuidado e educação na primeira infância deverão contar com profissionais qualificados, apoiados por medidas que assegurem sua permanência e formação continuada.

Art. 15. As políticas públicas criarão condições e meios para que, desde a primeira infância, a criança tenha acesso à produção cultural e seja reconhecida como produtora de cultura.

Art. 16. A expansão da educação infantil deverá ser feita de maneira a assegurar a qualidade da oferta, com instalações e equipamentos que obedeçam a padrões de infraestrutura estabelecidos pelo Ministério da Educação, com profissionais qualificados conforme dispõe a Lei n. 9.394, de 20 de dezembro de 1996 (Lei de Diretrizes e Bases da Educação Nacional), e com currículo e materiais pedagógicos adequados à proposta pedagógica.

Parágrafo único. A expansão da educação infantil das crianças de 0 (zero) a 3 (três) anos de idade, no cumprimento da meta do Plano Nacional de Educação, atenderá aos critérios definidos no território nacional pelo competente sistema de ensino, em articulação com as demais políticas sociais.

Art. 17. A União, os Estados, o Distrito Federal e os Municípios deverão organizar e estimular a criação de espaços lúdicos que propiciem o bem-estar, o brincar e o exercício da criatividade em locais públicos e privados onde haja circulação de crianças, bem como a fruição de ambientes livres e seguros em suas comunidades.

Art. 18. O art. 3.º da Lei n. 8.069, de 13 de julho de 1990 (Estatuto da Criança e do Adolescente), passa a vigorar acrescido do seguinte parágrafo único:

•• Alteração já processada no diploma modificado.

Art. 19. O art. 8.º da Lei n. 8.069, de 13 de julho de 1990, passa a vigorar com a seguinte redação:

•• Alteração já processada no diploma modificado.

Art. 20. O art. 9.º da Lei n. 8.069, de 13 de julho de 1990, passa a vigorar acrescido dos seguintes §§ 1.º e 2.º:

•• Alteração já processada no diploma modificado.

Art. 21. O art. 11 da Lei n. 8.069, de 13 de julho de 1990, passa a vigorar com a seguinte redação:

•• Alteração já processada no diploma modificado.

Art. 22. O art. 12 da Lei n. 8.069, de 13 de julho de 1990, passa a vigorar com a seguinte redação:

•• Alteração já processada no diploma modificado.

Art. 23. O art. 13 da Lei n. 8.069, de 13 de julho de 1990, passa a vigorar acrescido do seguinte § 2.º, numerando-se o atual parágrafo único como § 1.º:

•• Alteração já processada no diploma modificado.

Art. 24. O art. 14 da Lei n. 8.069, de 13 de julho de 1990, passa a vigorar acrescido dos seguintes §§ 2.º, 3.º e 4.º, numerando-se o atual parágrafo único como § 1.º:

•• Alteração já processada no diploma modificado.

Art. 25. O art. 19 da Lei n. 8.069, de 13 de julho de 1990, passa a vigorar com a seguinte redação:

•• Alteração já processada no diploma modificado.

Art. 26. O art. 22 da Lei n. 8.069, de 13 de julho de 1990, passa a vigorar acrescido do seguinte parágrafo único:

•• Alteração já processada no diploma modificado.

Art. 27. O § 1.º do art. 23 da Lei n. 8.069, de 13 de julho de 1990, passa a vigorar com a seguinte redação:

•• Alteração já processada no diploma modificado.

Art. 28. O art. 34 da Lei n. 8.069, de 13 de julho de 1990, passa a vigorar acrescido dos seguintes §§ 3.º e 4.º:

•• Alteração já processada no diploma modificado.

Art. 29. O inciso II do art. 87 da Lei n. 8.069, de 13 de julho de 1990, passa a vigorar com a seguinte redação:

•• Alteração já processada no diploma modificado.

Art. 30. O art. 88 da Lei n. 8.069, de 13 de julho de 1990, passa a vigorar acrescido dos seguintes incisos VIII, IX e X:

•• Alteração já processada no diploma modificado.

Art. 31. O art. 92 da Lei n. 8.069, de 13 de julho de 1990, passa a vigorar acrescido do seguinte § 7.º:

•• Alteração já processada no diploma modificado.

Art. 32. O inciso IV do *caput* do art. 101 da Lei n. 8.069, de 13 de julho de 1990, passa a vigorar com a seguinte redação:

•• Alteração já processada no diploma modificado.

Art. 33. O art. 102 da Lei n. 8.069, de 13 de julho de 1990, passa a vigorar acrescido dos seguintes §§ 5.º e 6.º:

•• Alteração já processada no diploma modificado.

Art. 34. O inciso I do art. 129 da Lei n. 8.069, de 13 de julho de 1990, passa a vigorar com a seguinte redação:

•• Alteração já processada no diploma modificado.

Art. 35. Os §§ 1.º-A e 2.º do art. 260 da Lei n. 8.069, de 13 de julho de 1990, passam a vigorar com a seguinte redação:

•• Alteração já processada no diploma modificado.

Art. 36. A Lei n. 8.069, de 13 de julho de 1990, passa a vigorar acrescida do seguinte art. 265-A:

•• Alteração já processada no diploma modificado.

....

Art. 39. O Poder Executivo, com vistas ao cumprimento do disposto no inciso II do *caput* do art. 5.º e nos arts. 12 e 14 da Lei Complementar n. 101, de 4 de maio de 2000, estimará o montante da renúncia fiscal decorrente do disposto no art. 38 desta Lei e o incluirá no demonstrativo a que se refere o § 6.º do art. 165 da Constituição Federal, que acompanhará o projeto de lei orçamentária cuja apresentação se der após decorridos 60 (sessenta) dias da publicação desta Lei.

Art. 40. Os arts. 38 e 39 desta Lei produzem efeitos a partir do primeiro dia do exercício subsequente àquele em que for implementado o disposto no art. 39.

....

Art. 42. O art. 5.º da Lei n. 12.662, de 5 de junho de 2012, passa a vigorar acrescido dos seguintes §§ 3.º e 4.º:

•• Alteração já processada no diploma modificado.

Art. 43. Esta Lei entra em vigor na data de sua publicação.

Brasília, 8 de março de 2016; 195.º da Independência e 128.º da República.

Dilma Rousseff

DECRETO N. 8.771, DE 11 DE MAIO DE 2016 (*)

Regulamenta a Lei n. 12.965, de 23 de abril de 2014, para tratar das hipóteses admitidas de discriminação de pacotes de dados na internet e de degradação de tráfego, indicar procedimentos para guarda e proteção de dados por provedores de conexão e de aplicações, apontar medidas de transparência na requisição de dados cadastrais pela administração pública e estabelecer parâmetros para fiscalização e apuração de infrações.

A Presidenta da República, no uso da atribuição que lhe confere o art. 84, *caput*, inciso IV, da Constituição, e tendo em vista o disposto na Lei n. 12.965, de 23 de abril de 2014, decreta:

Capítulo I
DISPOSIÇÕES GERAIS

Art. 1.º Este Decreto trata das hipóteses admitidas de discriminação de pacotes de dados na internet e de degradação de tráfego, indica procedimentos para guarda e proteção de dados por provedores de conexão e de aplicações, aponta medidas de transparência na requisição de dados cadastrais pela administração pública e estabelece parâmetros para fiscalização e apuração de infrações contidas na Lei n. 12.965, de 23 de abril de 2014.

Art. 2.º O disposto neste Decreto se destina aos responsáveis pela transmissão, pela comutação ou pelo roteamento e aos provedores de conexão e de aplicações de internet, definida nos termos do inciso I do *caput* do art. 5.º da Lei n. 12.965, de 2014.

Parágrafo único. O disposto neste Decreto não se aplica:

(*) Publicado no *Diário Oficial da União*, de 11-5-2016 – Edição Extra.

I – aos serviços de telecomunicações que não se destinem ao provimento de conexão de internet; e

II – aos serviços especializados, entendidos como serviços otimizados por sua qualidade assegurada de serviço, de velocidade ou de segurança, ainda que utilizem protocolos lógicos TCP/IP ou equivalentes, desde que:

a) não configurem substituto à internet em seu caráter público e irrestrito; e

b) sejam destinados a grupos específicos de usuários com controle estrito de admissão.

Capítulo II
DA NEUTRALIDADE DE REDE

Art. 3.º A exigência de tratamento isonômico de que trata o art. 9.º da Lei n. 12.965, de 2014, deve garantir a preservação do caráter público e irrestrito do acesso à internet e os fundamentos, princípios e objetivos do uso da internet no País, conforme previsto na Lei n. 12.965, de 2014.

Art. 4.º A discriminação ou a degradação de tráfego são medidas excepcionais, na medida em que somente poderão decorrer de requisitos técnicos indispensáveis à prestação adequada de serviços e aplicações ou da priorização de serviços de emergência, sendo necessário o cumprimento de todos os requisitos dispostos no art. 9.º, § 2.º, da Lei n. 12.965, de 2014.

Art. 5.º Os requisitos técnicos indispensáveis à prestação adequada de serviços e aplicações devem ser observados pelo responsável de atividades de transmissão, de comutação ou de roteamento, no âmbito de sua respectiva rede, e têm como objetivo manter sua estabilidade, segurança, integridade e funcionalidade.

§ 1.º Os requisitos técnicos indispensáveis apontados no *caput* são aqueles decorrentes de:

I – tratamento de questões de segurança de redes, tais como restrição ao envio de mensagens em massa (*spam*) e controle de ataques de negação de serviço; e

II – tratamento de situações excepcionais de congestionamento de redes, tais como rotas alternativas em casos de interrupções da rota principal e em situações de emergência.

§ 2.º A Agência Nacional de Telecomunicações – Anatel atuará na fiscalização e na apuração de infrações quanto aos requisitos técnicos elencados neste artigo, consideradas as diretrizes estabelecidas pelo Comitê Gestor da Internet – CGIbr.

Art. 6.º Para a adequada prestação de serviços e aplicações na internet, é permitido o gerenciamento de redes com o objetivo de preservar sua estabilidade, segurança e funcionalidade, utilizando-se apenas de medidas técnicas compatíveis com os padrões internacionais, desenvolvidos para o bom funcionamento da internet, e observados os parâmetros regulatórios expedidos pela Anatel e consideradas as diretrizes estabelecidas pelo CGIbr.

Art. 7.º O responsável pela transmissão, pela comutação ou pelo roteamento deverá adotar medidas de transparência para explicitar ao usuário os motivos do gerenciamento que implique a discriminação ou a degradação de que trata o art. 4.º, tais como:

I – a indicação nos contratos de prestação de serviço firmado com usuários finais ou provedores de aplicação; e

II – a divulgação de informações referentes às práticas de gerenciamento adotadas em seus sítios eletrônicos, por meio de linguagem de fácil compreensão.

Parágrafo único. As informações de que trata esse artigo deverão conter, no mínimo:

I – a descrição dessas práticas;

II – os efeitos de sua adoção para a qualidade de experiência dos usuários; e

III – os motivos e a necessidade da adoção dessas práticas.

Art. 8.º A degradação ou a discriminação decorrente da priorização de serviços de emergência somente poderá decorrer de:

I – comunicações destinadas aos prestadores dos serviços de emergência, ou comunicação entre eles, conforme previsto na regulamentação da Agência Nacional de Telecomunicações – Anatel; ou

II – comunicações necessárias para informar a população em situações de risco de desastre, de emergência ou de estado de calamidade pública.

Parágrafo único. A transmissão de dados nos casos elencados neste artigo será gratuita.

Art. 9.º Ficam vedadas condutas unilaterais ou acordos entre o responsável pela transmissão, pela comutação ou pelo roteamento e os provedores de aplicação que:

I – comprometam o caráter público e irrestrito do acesso à internet e os fundamentos, os princípios e os objetivos do uso da internet no País;

II – priorizem pacotes de dados em razão de arranjos comerciais; ou

III – privilegiem aplicações ofertadas pelo próprio responsável pela transmissão, pela comutação ou pelo roteamento ou por empresas integrantes de seu grupo econômico.

Art. 10. As ofertas comerciais e os modelos de cobrança de acesso à internet devem preservar uma internet única, de natureza aberta, plural e diversa, compreendida como um meio para a promoção do desenvolvimento humano, econômico, social e cultural, contribuindo para a construção de uma sociedade inclusiva e não discriminatória.

Capítulo III
DA PROTEÇÃO AOS REGISTROS, AOS DADOS PESSOAIS E ÀS COMUNICAÇÕES PRIVADAS

Seção I
Da requisição de dados cadastrais

Art. 11. As autoridades administrativas a que se refere o art. 10, § 3.º, da Lei n. 12.965, de 2014, indicarão o fundamento legal de competência expressa para o acesso e a motivação para o pedido de acesso aos dados cadastrais.

§ 1.º O provedor que não coletar dados cadastrais deverá informar tal fato à autoridade solicitante, ficando desobrigado de fornecer tais dados.

§ 2.º São considerados dados cadastrais:

I – a filiação;

II – o endereço; e

III – a qualificação pessoal, entendida como nome, prenome, estado civil e profissão do usuário.

§ 3.º Os pedidos de que trata o *caput* devem especificar os indivíduos cujos dados estão sendo requeridos e as informações desejadas, sendo vedados pedidos coletivos que sejam genéricos ou inespecíficos.

Art. 12. A autoridade máxima de cada órgão da administração pública federal publicará anualmente em seu sítio na internet relatórios estatísticos de requisição de dados cadastrais, contendo:

I – o número de pedidos realizados;

II – a listagem dos provedores de conexão ou de acesso a aplicações aos quais os dados foram requeridos;

III – o número de pedidos deferidos e indeferidos pelos provedores de conexão e de acesso a aplicações; e

IV – o número de usuários afetados por tais solicitações.

Seção II
Padrões de segurança e sigilo dos registros, dados pessoais e comunicações privadas

Art. 13. Os provedores de conexão e de aplicações devem, na guarda, armazenamento e tratamento de dados pessoais e comunicações privadas, observar as seguintes diretrizes sobre padrões de segurança:

I – o estabelecimento de controle estrito sobre o acesso aos dados mediante a definição de responsabilidades das pessoas que terão possibilidade de acesso e de privilégios de acesso exclusivo para determinados usuários;

II – a previsão de mecanismos de autenticação de acesso aos registros, usando, por exemplo, sistemas de autenticação dupla para assegurar a individualização do responsável pelo tratamento dos registros;

III – a criação de inventário detalhado dos acessos aos registros de conexão e de acesso a aplicações, contendo o momento, a duração, a identidade do funcionário ou do responsável pelo acesso designado pela empresa e o arquivo acessado, inclusive para cumprimento do disposto no art. 11, § 3.º, da Lei n. 12.965, de 2014; e

IV – o uso de soluções de gestão dos registros por meio de técnicas que garantam a inviolabilidade dos dados, como encriptação ou medidas de proteção equivalentes.

§ 1.º Cabe ao CGIbr promover estudos e recomendar procedimentos, normas e padrões técnicos e operacionais para o disposto nesse artigo, de acordo com as especificidades e o porte dos provedores de conexão e de aplicação.

§ 2.º Tendo em vista o disposto nos incisos VII a X do *caput* do art. 7.º da Lei n. 12.965, de 2014, os provedores de conexão e aplicações devem reter a menor quantidade possível de dados pessoais, comunicações privadas e registros de conexão e acesso a aplicações, os quais deverão ser excluídos:

I – tão logo atingida a finalidade de seu uso; ou

II – se encerrado o prazo determinado por obrigação legal.

Art. 14. Para os fins do disposto neste Decreto, considera-se:

I – dado pessoal – dado relacionado à pessoa natural identificada ou identificável, inclusive números identificativos, dados locacionais ou identificadores eletrônicos, quando estes estiverem relacionados a uma pessoa; e

II – tratamento de dados pessoais – toda operação realizada com dados pessoais, como as que se referem a coleta, produção, recepção, classificação, utilização, acesso, reprodução, transmissão, distribuição, processamento, arquivamento, armazenamento, eliminação, avaliação ou controle da informação, modificação, comunicação, transferência, difusão ou extração.

Art. 15. Os dados de que trata o art. 11 da Lei n. 12.965, de 2014, deverão ser mantidos em formato interoperável e estruturado, para facilitar o acesso decorrente de decisão judicial ou determinação legal, respeitadas as diretrizes elencadas no art. 13 deste Decreto.

Art. 16. As informações sobre os padrões de segurança adotados pelos provedores de aplicação e provedores de conexão devem ser divulgadas de forma clara e acessível a qualquer interessado, preferencialmente por meio de seus sítios na internet, respeitado o direito de confidencialidade quanto aos segredos empresariais.

Capítulo IV
DA FISCALIZAÇÃO E DA TRANSPARÊNCIA

Art. 17. A Anatel atuará na regulação, na fiscalização e na apuração de infrações, nos termos da Lei n. 9.472, de 16 de julho de 1997.

Art. 18. A Secretaria Nacional do Consumidor atuará na fiscalização e na apuração de infrações, nos termos da Lei n. 8.078, de 11 de setembro de 1990.

Art. 19. A apuração de infrações à ordem econômica ficará a cargo do Sistema Brasileiro de Defesa da Concorrência, nos termos da Lei n. 12.529, de 30 de novembro de 2011.

Art. 20. Os órgãos e as entidades da administração pública federal com competências específicas quanto aos assuntos relacionados a este Decreto atuarão de forma colaborativa, consideradas as diretrizes do CGIbr, e deverão zelar pelo cumprimento da legislação brasileira, inclusive quanto à aplicação das sanções cabíveis, mesmo que as atividades sejam realizadas por pessoa jurídica sediada no exterior, nos termos do art. 11 da Lei n. 12.965, de 2014.

Art. 21. A apuração de infrações à Lei n. 12.965, de 2014, e a este Decreto atenderá aos procedimentos internos de cada um dos órgãos fiscalizatórios e poderá ser iniciada de ofício ou mediante requerimento de qualquer interessado.

Art. 22. Este Decreto entra em vigor trinta dias após a data de sua publicação.

Brasília, 11 de maio de 2016; 195.º da Independência e 128.º da República.

DILMA ROUSSEFF

LEI N. 13.294, DE 6 DE JUNHO DE 2016 (*)

Dispõe sobre o prazo para emissão de recibo de quitação integral de débitos de qualquer natureza pelas instituições integrantes do Sistema Financeiro Nacional, nos termos da Lei n. 4.595, de 31 de dezembro de 1964.

O Vice-Presidente da República, no exercício do cargo de Presidente da República

Faço saber que o Congresso Nacional decreta e eu sanciono a seguinte Lei:

Art. 1.º As instituições integrantes do Sistema Financeiro Nacional, nos termos da Lei n. 4.595, de 31 de dezembro de 1964, são obrigadas a emitir recibo de quitação integral de débitos de qualquer natureza, quando requerido pelo interessado, no prazo de dez dias úteis, contado da comprovação de liquidação integral do débito, por meios próprios ou por demonstração efetuada pelo interessado.

§ 1.º O disposto no *caput* não se aplica às hipóteses em que a lei haja determinado procedimentos e prazos específicos, devendo a instituição financeira esclarecer tais situações excepcionais no documento ou protocolo que fornecer em resposta ao requerimento do interessado.

§ 2.º No caso de contratos de financiamento imobiliário, a instituição financeira fornecerá o termo de quitação no prazo de trinta dias a contar da data de liquidação da dívida.

Art. 2.º (*Vetado.*)

Art. 3.º Esta Lei entra em vigor após decorridos noventa dias de sua publicação oficial.

Brasília, 6 de junho de 2016; 195.º da Independência e 128.º da República.

MICHEL TEMER

LEI N. 13.300, DE 23 DE JUNHO DE 2016 (**)

Disciplina o processo e o julgamento dos mandados de injunção individual e coletivo e dá outras providências.

O Vice-Presidente da República, no exercício do cargo de Presidente da República

Faço saber que o Congresso Nacional decreta e eu sanciono a seguinte Lei:

Art. 1.º Esta Lei disciplina o processo e o julgamento dos mandados de injunção individual e coletivo, nos termos do inciso LXXI do art. 5.º da Constituição Federal.

Art. 2.º Conceder-se-á mandado de injunção sempre que a falta total ou parcial de norma regulamentadora torne inviável o exercício dos direitos e liberdades constitucionais e das prerrogativas inerentes à nacionalidade, à soberania e à cidadania.

Parágrafo único. Considera-se parcial a regulamentação quando forem insuficientes as normas editadas pelo órgão legislador competente.

Art. 3.º São legitimados para o mandado de injunção, como impetrantes, as pessoas naturais ou jurídicas que se afirmam titulares dos direitos, das liberdades ou das prerrogativas referidos no art. 2.º e, como impetrado, o Poder, o órgão ou a autoridade com atribuição para editar a norma regulamentadora.

Art. 4.º A petição inicial deverá preencher os requisitos estabelecidos pela lei processual e indicará, além do órgão impetrado, a pessoa jurídica que ele integra ou aquela a que está vinculado.

•• *Vide* arts. 319 a 331 do CPC, que dispõem sobre petição inicial.

§ 1.º Quando não for transmitida por meio eletrônico, a petição inicial e os documentos que a instruem serão acompanhados de tantas vias quantos forem os impetrados.

§ 2.º Quando o documento necessário à prova do alegado encontrar-se em repartição ou estabelecimento público, em poder de autoridade ou de terceiro, havendo recusa em fornecê-lo por certidão, no original, ou em cópia autêntica, será ordenada, a pedido do impetrante, a exibição do documento no prazo de 10 (dez) dias, devendo, nesse caso, ser juntada cópia à segunda via da petição.

§ 3.º Se a recusa em fornecer o documento for do impetrado, a ordem será feita no próprio instrumento da notificação.

Art. 5.º Recebida a petição inicial, será ordenada:

I – a notificação do impetrado sobre o conteúdo da petição inicial, devendo-lhe ser enviada a segunda via apresentada com as cópias dos documentos, a fim de que, no prazo de 10 (dez) dias, preste informações;

II – a ciência do ajuizamento da ação ao órgão de representação judicial da pessoa jurídica interessada, devendo-lhe ser enviada cópia da petição inicial, para que, querendo, ingresse no feito.

Art. 6.º A petição inicial será desde logo indeferida quando a impetração for manifestamente incabível ou manifestamente improcedente.

•• *Vide* arts. 330 e 331 do CPC, que tratam sobre o indeferimento da petição inicial.

(*) Publicada no *Diário Oficial da União*, de 7-6-2016.

(**) Publicada no *Diário Oficial da União*, de 24-6-2016.

Parágrafo único. Da decisão de relator que indeferir a petição inicial, caberá agravo, em 5 (cinco) dias, para o órgão colegiado competente para o julgamento da impetração.

Art. 7.º Findo o prazo para apresentação das informações, será ouvido o Ministério Público, que opinará em 10 (dez) dias, após o que, com ou sem parecer, os autos serão conclusos para decisão.

Art. 8.º Reconhecido o estado de mora legislativa, será deferida a injunção para:

I – determinar prazo razoável para que o impetrado promova a edição da norma regulamentadora;

II – estabelecer as condições em que se dará o exercício dos direitos, das liberdades ou das prerrogativas reclamados ou, se for o caso, as condições em que poderá o interessado promover ação própria visando a exercê-los, caso não seja suprida a mora legislativa no prazo determinado.

Parágrafo único. Será dispensada a determinação a que se refere o inciso I do *caput* quando comprovado que o impetrado deixou de atender, em mandado de injunção anterior, ao prazo estabelecido para a edição da norma.

Art. 9.º A decisão terá eficácia subjetiva limitada às partes e produzirá efeitos até o advento da norma regulamentadora.

§ 1.º Poderá ser conferida eficácia *ultra partes* ou *erga omnes* à decisão, quando isso for inerente ou indispensável ao exercício do direito, da liberdade ou da prerrogativa objeto da impetração.

•• *Vide* art. 13, *caput*, desta Lei.

§ 2.º Transitada em julgado a decisão, seus efeitos poderão ser estendidos aos casos análogos por decisão monocrática do relator.

§ 3.º O indeferimento do pedido por insuficiência de prova não impede a renovação da impetração fundada em outros elementos probatórios.

•• *Vide* arts. 369 a 484 do CPC, que dispõem sobre provas.

Art. 10. Sem prejuízo dos efeitos já produzidos, a decisão poderá ser revista, a pedido de qualquer interessado, quando sobrevierem relevantes modificações das circunstâncias de fato ou de direito.

Parágrafo único. A ação de revisão observará, no que couber, o procedimento estabelecido nesta Lei.

Art. 11. A norma regulamentadora superveniente produzirá efeitos *ex nunc* em relação aos beneficiados por decisão transitada em julgado, salvo se a aplicação da norma editada lhes for mais favorável.

Parágrafo único. Estará prejudicada a impetração se a norma regulamentadora for editada antes da decisão, caso em que o processo será extinto sem resolução de mérito.

Art. 12. O mandado de injunção coletivo pode ser promovido:

I – pelo Ministério Público, quando a tutela requerida for especialmente relevante para a defesa da ordem jurídica, do regime democrático ou dos interesses sociais ou individuais indisponíveis;

•• *Vide* art. 129 da CF.

II – por partido político com representação no Congresso Nacional, para assegurar o exercício de direitos, liberdades e prerrogativas de seus integrantes ou relacionados com a finalidade partidária;

III – por organização sindical, entidade de classe ou associação legalmente constituída e em funcionamento há pelo menos 1 (um) ano, para assegurar o exercício de direitos, liberdades e prerrogativas em favor da totalidade ou de parte de seus membros ou associados, na forma de seus estatutos e desde que pertinentes a suas finalidades, dispensada, para tanto, autorização especial;

•• Das Organizações Sindicais na CLT: arts. 511 a 610.

IV – pela Defensoria Pública, quando a tutela requerida for especialmente relevante para a promoção dos direitos humanos e a defesa dos direitos individuais e coletivos dos necessitados, na forma do inciso LXXIV do art. 5.º da Constituição Federal.

•• Defensoria Pública: Lei Complementar n. 80, de 12-1-1994.

Parágrafo único. Os direitos, as liberdades e as prerrogativas protegidos por mandado de injunção coletivo são os pertencentes, indistintamente, a uma coletividade indeterminada de pessoas ou determinada por grupo, classe ou categoria.

Art. 13. No mandado de injunção coletivo, a sentença fará coisa julgada limitadamente às pessoas integrantes da coletividade, do grupo, da classe ou da categoria substituídos pelo impetrante, sem prejuízo do disposto nos §§ 1.º e 2.º do art. 9.º.

Parágrafo único. O mandado de injunção coletivo não induz litispendência em relação aos individuais, mas os efeitos da coisa julgada não beneficiarão o impetrante que não requerer a desistência da demanda individual no prazo de 30 (trinta) dias a contar da ciência comprovada da impetração coletiva.

Art. 14. Aplicam-se subsidiariamente ao mandado de injunção as normas do mandado de segurança, disciplinado pela Lei n. 12.016, de 7 de agosto de 2009, e do Código de Processo Civil, instituído pela Lei n. 5.869, de 11 de janeiro de 1973, e pela Lei n. 13.105, de 16 de março de 2015, observado o disposto em seus arts. 1.045 e 1.046.

Art. 15. Esta Lei entra em vigor na data de sua publicação.

Brasília, 23 de junho de 2016; 195.º da Independência e 128.º da República.

Michel Temer

LEI N. 13.303, DE 30 DE JUNHO DE 2016 (*)

Dispõe sobre o estatuto jurídico da empresa pública, da sociedade de economia mista e de suas subsidiárias, no âmbito da União, dos Estados, do Distrito Federal e dos Municípios.

(*) Publicada no *Diário Oficial da União*, de 1.º-7-2016. Regulamentada pelo Decreto n. 8.945, de 27-12-2016.

O Vice-Presidente da República, no exercício do cargo de Presidente da República

Faço saber que o Congresso Nacional decreta e eu sanciono a seguinte Lei:

Título I
DISPOSIÇÕES APLICÁVEIS ÀS EMPRESAS PÚBLICAS E ÀS SOCIEDADES DE ECONOMIA MISTA

Capítulo I
DISPOSIÇÕES PRELIMINARES

Art. 1.º Esta Lei dispõe sobre o estatuto jurídico da empresa pública, da sociedade de economia mista e de suas subsidiárias, abrangendo toda e qualquer empresa pública e sociedade de economia mista da União, dos Estados, do Distrito Federal e dos Municípios que explore atividade econômica de produção ou comercialização de bens ou de prestação de serviços, ainda que a atividade econômica esteja sujeita ao regime de monopólio da União ou seja de prestação de serviços públicos.

•• *Vide* arts. 175 e 177 da CF.

§ 1.º O Título I desta Lei, exceto o disposto nos arts. 2.º, 3.º, 4.º, 5.º, 6.º, 7.º, 8.º, 11, 12 e 27, não se aplica à empresa pública e à sociedade de economia mista que tiver, em conjunto com suas respectivas subsidiárias, no exercício social anterior, receita operacional bruta inferior a R$ 90.000.000,00 (noventa milhões de reais).

§ 2.º O disposto nos Capítulos I e II do Título II desta Lei aplica-se inclusive à empresa pública dependente, definida nos termos do inciso III do art. 2.º da Lei Complementar n. 101, de 4 de maio de 2000, que explore atividade econômica, ainda que a atividade econômica esteja sujeita ao regime de monopólio da União ou seja de prestação de serviços públicos.

§ 3.º Os Poderes Executivos poderão editar atos que estabeleçam regras de governança destinadas às suas respectivas empresas públicas e sociedades de economia mista que se enquadrem na hipótese do § 1.º, observadas as diretrizes gerais desta Lei.

§ 4.º A não edição dos atos de que trata o § 3.º no prazo de 180 (cento e oitenta) dias a partir da publicação desta Lei submete as respectivas empresas públicas e sociedades de economia mista às regras de governança previstas no Título I desta Lei.

§ 5.º Submetem-se ao regime previsto nesta Lei a empresa pública e a sociedade de economia mista que participem de consórcio, conforme disposto no art. 279 da Lei n. 6.404, de 15 de dezembro de 1976, na condição de operadora.

§ 6.º Submete-se ao regime previsto nesta Lei a sociedade, inclusive a de propósito específico, que seja controlada por empresa pública ou sociedade de economia mista abrangidas no *caput*.

§ 7.º Na participação em sociedade empresarial em que a empresa pública, a sociedade de economia mista e suas subsidiárias não detenham o controle acionário, essas deverão adotar, no dever de fiscalizar, práticas de governança e controle proporcionais à relevância, à materialidade e aos riscos do negócio do qual são partícipes, considerando, para esse fim:

I – documentos e informações estratégicos do negócio e demais relatórios e informações produzidos por força de acordo de acionistas e de Lei considerados essenciais para a defesa de seus interesses na sociedade empresarial investida;

II – relatório de execução do orçamento e de realização de investimentos programados pela sociedade, inclusive quanto ao alinhamento dos custos orçados e dos realizados com os custos de mercado;

III – informe sobre execução da política de transações com partes relacionadas;

IV – análise das condições de alavancagem financeira da sociedade;

V – avaliação de inversões financeiras e de processos relevantes de alienação de bens móveis e imóveis da sociedade;

VI – relatório de risco das contratações para execução de obras, fornecimento de bens e prestação de serviços relevantes para os interesses da investidora;

VII – informe sobre execução de projetos relevantes para os interesses da investidora;

VIII – relatório de cumprimento, nos negócios da sociedade, de condicionantes socioambientais estabelecidas pelos órgãos ambientais;

IX – avaliação das necessidades de novos aportes na sociedade e dos possíveis riscos de redução da rentabilidade esperada do negócio;

X – qualquer outro relatório, documento ou informação produzido pela sociedade empresarial investida considerado relevante para o cumprimento do comando constante do *caput*.

Art. 2.º A exploração de atividade econômica pelo Estado será exercida por meio de empresa pública, de sociedade de economia mista e de suas subsidiárias.

•• *Vide* art. 1.º, § 1.º, desta Lei.

•• *Vide* art. 173 da CF.

§ 1.º A constituição de empresa pública ou de sociedade de economia mista dependerá de prévia autorização legal que indique, de forma clara, relevante interesse coletivo ou imperativo de segurança nacional, nos termos do *caput* do art. 173 da Constituição Federal.

§ 2.º Depende de autorização legislativa a criação de subsidiárias de empresa pública e de sociedade de economia mista, assim como a participação de qualquer delas em empresa privada, cujo objeto social deve estar relacionado ao da investidora, nos termos do inciso XX do art. 37 da Constituição Federal.

§ 3.º A autorização para participação em empresa privada prevista no § 2.º não se aplica a operações de tesouraria, adjudicação de ações em garantia e participações autorizadas pelo Conselho de Administração em linha com o plano de negócios da empresa pública, da sociedade de economia mista e de suas respectivas subsidiárias.

Art. 3.º Empresa pública é a entidade dotada de personalidade jurídica de direito privado, com criação autorizada por lei e com patrimônio próprio, cujo capital social é integralmente detido pela União, pelos Estados, pelo Distrito Federal ou pelos Municípios.

•• *Vide* art. 1.º, § 1.º, desta Lei.

Parágrafo único. Desde que a maioria do capital votante permaneça em propriedade da União, do Estado, do Distrito Federal ou do Município, será admitida, no capital da empresa pública, a participação de outras pessoas jurídicas de direito público interno, bem como de entidades da administração indireta da União, dos Estados, do Distrito Federal e dos Municípios.

Art. 4.º Sociedade de economia mista é a entidade dotada de personalidade jurídica de direito privado, com criação autorizada por lei, sob a forma de sociedade anônima, cujas ações com direito a voto pertençam em sua maioria à União, aos Estados, ao Distrito Federal, aos Municípios ou a entidade da administração indireta.

•• *Vide* art. 1.º, § 1.º, desta Lei.

§ 1.º A pessoa jurídica que controla a sociedade de economia mista tem os deveres e as responsabilidades do acionista controlador, estabelecidos na Lei n. 6.404, de 15 de dezembro de 1976, e deverá exercer o poder de controle no interesse da companhia, respeitado o interesse público que justificou sua criação.

§ 2.º Além das normas previstas nesta Lei, a sociedade de economia mista com registro na Comissão de Valores Mobiliários sujeita-se às disposições da Lei n. 6.385, de 7 de dezembro de 1976.

Capítulo II

DO REGIME SOCIETÁRIO DA EMPRESA PÚBLICA E DA SOCIEDADE DE ECONOMIA MISTA

Seção I

Das Normas Gerais

Art. 5.º A sociedade de economia mista será constituída sob a forma de sociedade anônima e, ressalvado o disposto nesta Lei, estará sujeita ao regime previsto na Lei n. 6.404, de 15 de dezembro de 1976.

•• *Vide* art. 1.º, § 1.º, desta Lei.

Art. 6.º O estatuto da empresa pública, da sociedade de economia mista e de suas subsidiárias deverá observar regras de governança corporativa, de transparência e de estruturas, práticas de gestão de riscos e de controle interno, composição da administração e, havendo acionistas, mecanismos para sua proteção, todos constantes desta Lei.

•• *Vide* art. 1.º, § 1.º, desta Lei.

Art. 7.º Aplicam-se a todas as empresas públicas, as sociedades de economia mista de capital fechado e as suas subsidiárias as disposições da Lei n. 6.404, de 15 de dezembro de 1976, e as normas da Comissão de Valores Mobiliários sobre escrituração e elaboração de demonstrações financeiras, inclusive a obrigatoriedade de auditoria independente por auditor registrado nesse órgão.

•• *Vide* art. 1.º, § 1.º, desta Lei.

Art. 8.º As empresas públicas e as sociedades de economia mista deverão observar, no mínimo, os seguintes requisitos de transparência:

•• *Vide* art. 1.º, § 1.º, desta Lei.

•• *Vide* art. 37 da CF.

I – elaboração de carta anual, subscrita pelos membros do Conselho de Administração, com a explicitação dos compromissos de consecução de objetivos de políticas públicas pela empresa pública, pela sociedade de economia mista e por suas subsidiárias, em atendimento ao interesse coletivo ou ao imperativo de segurança nacional que justificou a autorização para suas respectivas criações, com definição clara dos recursos a serem empregados para esse fim, bem como dos impactos econômico-financeiros da consecução desses objetivos, mensuráveis por meio de indicadores objetivos;

II – adequação de seu estatuto social à autorização legislativa de sua criação;

III – divulgação tempestiva e atualizada de informações relevantes, em especial as relativas a atividades desenvolvidas, estrutura de controle, fatores de risco, dados econômico-financeiros, comentários dos administradores sobre o desempenho, políticas e práticas de governança corporativa e descrição da composição e da remuneração da administração;

IV – elaboração e divulgação de política de divulgação de informações, em conformidade com a legislação em vigor e com as melhores práticas;

V – elaboração de política de distribuição de dividendos, à luz do interesse público que justificou a criação da empresa pública ou da sociedade de economia mista;

VI – divulgação, em nota explicativa às demonstrações financeiras, dos dados operacionais e financeiros das atividades relacionadas à consecução dos fins de interesse coletivo ou de segurança nacional;

VII – elaboração e divulgação da política de transações com partes relacionadas, em conformidade com os requisitos de competitividade, conformidade, transparência, equidade e comutatividade, que deverá ser revista, no mínimo, anualmente e aprovada pelo Conselho de Administração;

VIII – ampla divulgação, ao público em geral, de carta anual de governança corporativa, que consolide em um único documento escrito, em linguagem clara e direta, as informações de que trata o inciso III;

IX – divulgação anual de relatório integrado ou de sustentabilidade.

§ 1.º O interesse público da empresa pública e da sociedade de economia mista, respeitadas as razões que motivaram a autorização legislativa, manifesta-se por meio do alinhamento entre seus objetivos e aqueles de políticas públicas, na forma explicitada na carta anual a que se refere o inciso I do *caput*.

§ 2.º Quaisquer obrigações e responsabilidades que a empresa pública e a sociedade de economia mista que explorem atividade econômica assumam em condições distintas às de qualquer outra empresa do setor privado em que atuam deverão:

I – estar claramente definidas em lei ou regulamento, bem como previstas em contrato, convênio ou ajuste celebrado com o ente público competente para estabelecê-las, observada a ampla publicidade desses instrumentos;

II – ter seu custo e suas receitas discriminados e divulgados de forma transparente, inclusive no plano contábil.

§ 3.º Além das obrigações contidas neste artigo, as sociedades de economia mista com registro na Comissão de Valores Mobiliários sujeitam-se ao regime informacional estabelecido por essa autarquia e devem divulgar as informações previstas neste artigo na forma fixada em suas normas.

§ 4.º Os documentos resultantes do cumprimento dos requisitos de transparência constantes dos incisos I a IX do *caput* deverão ser publicamente divulgados na internet de forma permanente e cumulativa.

Art. 9.º A empresa pública e a sociedade de economia mista adotarão regras de estruturas e práticas de gestão de riscos e controle interno que abranjam:

I – ação dos administradores e empregados, por meio da implementação cotidiana de práticas de controle interno;

II – área responsável pela verificação de cumprimento de obrigações e de gestão de riscos;

III – auditoria interna e Comitê de Auditoria Estatutário.

§ 1.º Deverá ser elaborado e divulgado Código de Conduta e Integridade, que disponha sobre:

I – princípios, valores e missão da empresa pública e da sociedade de economia mista, bem como orientações sobre a prevenção de conflito de interesses e vedação de atos de corrupção e fraude;

II – instâncias internas responsáveis pela atualização e aplicação do Código de Conduta e Integridade;

III – canal de denúncias que possibilite o recebimento de denúncias internas e externas relativas ao descumprimento do Código de Conduta e Integridade e das demais normas internas de ética e obrigacionais;

IV – mecanismos de proteção que impeçam qualquer espécie de retaliação a pessoa que utilize o canal de denúncias;

V – sanções aplicáveis em caso de violação às regras do Código de Conduta e Integridade;

VI – previsão de treinamento periódico, no mínimo anual, sobre Código de Conduta e Integridade, a empregados e administradores, e sobre a política de gestão de riscos, a administradores.

§ 2.º A área responsável pela verificação de cumprimento de obrigações e de gestão de riscos deverá ser vinculada ao diretor-presidente e liderada por diretor estatutário, devendo o estatuto social prever as atribuições da área, bem como estabelecer mecanismos que assegurem atuação independente.

§ 3.º A auditoria interna deverá:

I – ser vinculada ao Conselho de Administração, diretamente ou por meio do Comitê de Auditoria Estatutário;

II – ser responsável por aferir a adequação do controle interno, a efetividade do gerenciamento dos riscos e dos processos de governança e a confiabilidade do processo de coleta, mensuração, classificação, acumulação, registro e divulgação de eventos e transações, visando ao preparo de demonstrações financeiras.

§ 4.º O estatuto social deverá prever, ainda, a possibilidade de que a área de *compliance* se reporte diretamente ao Conselho de Administração em situações em que se suspeite do envolvimento do diretor-presidente em irregularidades ou quando este se furtar à obrigação de adotar medidas necessárias em relação à situação a ele relatada.

• *Vide* arts. 138 e s. da Lei n. 6.404, de 15-12-1976.

Art. 10. A empresa pública e a sociedade de economia mista deverão criar comitê estatutário para verificar a conformidade do processo de indicação e de avaliação de membros para o Conselho de Administração e para o Conselho Fiscal, com competência para auxiliar o acionista controlador na indicação desses membros.

Parágrafo único. Devem ser divulgadas as atas das reuniões do comitê estatutário referido no *caput* realizadas com o fim de verificar o cumprimento, pelos membros indicados, dos requisitos definidos na política de indicação, devendo ser registradas as eventuais manifestações divergentes de conselheiros.

Art. 11. A empresa pública não poderá:

•• *Vide* art. 1.º, § 1.º, desta Lei.

I – lançar debêntures ou outros títulos ou valores mobiliários, conversíveis em ações;

• *Vide* arts. 52 e s. da Lei n. 6.404, de 15-12-1976.

II – emitir partes beneficiárias.

• *Vide* arts. 46 e s. da Lei n. 8.069, de 13-7-1990.

Art. 12. A empresa pública e a sociedade de economia mista deverão:

•• *Vide* art. 1.º, § 1.º, desta Lei.

I – divulgar toda e qualquer forma de remuneração dos administradores;

II – adequar constantemente suas práticas ao Código de Conduta e Integridade e a outras regras de boa prática de governança corporativa, na forma estabelecida na regulamentação desta Lei.

Parágrafo único. A sociedade de economia mista poderá solucionar, mediante arbitragem, as divergências entre acionistas e a sociedade, ou entre acionistas controladores e acionistas minoritários, nos termos previstos em seu estatuto social.

• *Vide* Lei n. 9.307, de 23-9-1996, que dispõe sobre a arbitragem.

Art. 13. A lei que autorizar a criação da empresa pública e da sociedade de economia mista deverá dispor sobre as diretrizes e restrições a serem consideradas na elaboração do estatuto da companhia, em especial sobre:

I – constituição e funcionamento do Conselho de Administração, observados o número mínimo de 7 (sete) e o número máximo de 11 (onze) membros;

II – requisitos específicos para o exercício do cargo de diretor, observado o número mínimo de 3 (três) diretores;

III – avaliação de desempenho, individual e coletiva, de periodicidade anual, dos administradores e dos membros de comitês, observados os seguintes quesitos mínimos:

a) exposição dos atos de gestão praticados, quanto à licitude e à eficácia da ação administrativa;

b) contribuição para o resultado do exercício;

c) consecução dos objetivos estabelecidos no plano de negócios e atendimento à estratégia de longo prazo;

IV – constituição e funcionamento do Conselho Fiscal, que exercerá suas atribuições de modo permanente;

V – constituição e funcionamento do Comitê de Auditoria Estatutário;

VI – prazo de gestão dos membros do Conselho de Administração e dos indicados para o cargo de diretor, que será unificado e não superior a 2 (dois) anos, sendo permitidas, no máximo, 3 (três) reconduções consecutivas;

VII – (*Vetado.*)

VIII – prazo de gestão dos membros do Conselho Fiscal não superior a 2 (dois) anos, permitidas 2 (duas) reconduções consecutivas.

Seção II
Do Acionista Controlador

•• *Vide* arts. 116 e s. da Lei n. 6.404, de 13-7-1990.

Art. 14. O acionista controlador da empresa pública e da sociedade de economia mista deverá:

I – fazer constar do Código de Conduta e Integridade, aplicável à alta administração, a vedação à divulgação, sem autorização do órgão competente da empresa pública ou da sociedade de economia mista, de informação que possa causar impacto na cotação dos títulos da empresa pública ou da sociedade de economia mista e em suas relações com o mercado ou com consumidores e fornecedores;

II – preservar a independência do Conselho de Administração no exercício de suas funções;

III – observar a política de indicação na escolha dos administradores e membros do Conselho Fiscal.

- *Vide* arts. 161 e s. da Lei n. 6.404, de 15-12-1976.
- *Vide* arts. 1.066 a 1.070 do CC.

Art. 15. O acionista controlador da empresa pública e da sociedade de economia mista responderá pelos atos praticados com abuso de poder, nos termos da Lei n. 6.404, de 15 de dezembro de 1976.

•• *Vide* art. 117 da Lei n. 6.404, de 15-12-1976.

§ 1.º A ação de reparação poderá ser proposta pela sociedade, nos termos do art. 246 da Lei n. 6.404, de 15 de dezembro de 1976, pelo terceiro prejudicado ou pelos demais sócios, independentemente de autorização da assembleia-geral de acionistas.

§ 2.º Prescreve em 6 (seis) anos, contados da data da prática do ato abusivo, a ação a que se refere o § 1.º.

Seção III
Do Administrador

- *Vide* arts. 145 e s. da Lei n. 6.404, de 15-12-1976.

Art. 16. Sem prejuízo do disposto nesta Lei, o administrador de empresa pública e de sociedade de economia mista é submetido às normas previstas na Lei n. 6.404, de 15 de dezembro de 1976.

Parágrafo único. Consideram-se administradores da empresa pública e da sociedade de economia mista os membros do Conselho de Administração e da diretoria.

Art. 17. Os membros do Conselho de Administração e os indicados para os cargos de diretor, inclusive presidente, diretor-geral e diretor-presidente, serão escolhidos entre cidadãos de reputação ilibada e de notório conhecimento, devendo ser atendidos, alternativamente, um dos requisitos das alíneas *a*, *b* e *c* do inciso I e, cumulativamente, os requisitos dos incisos II e III:

I – ter experiência profissional de, no mínimo:

a) 10 (dez) anos, no setor público ou privado, na área de atuação da empresa pública ou da sociedade de economia mista ou em área conexa àquela para a qual forem indicados em função de direção superior; ou

b) 4 (quatro) anos ocupando pelo menos um dos seguintes cargos:

1. cargo de direção ou de chefia superior em empresa de porte ou objeto social semelhante ao da empresa pública ou da sociedade de economia mista, entendendo-se como cargo de chefia superior aquele situado nos 2 (dois) níveis hierárquicos não estatutários mais altos da empresa;

2. cargo em comissão ou função de confiança equivalente a DAS-4 ou superior, no setor público;

3. cargo de docente ou de pesquisador em áreas de atuação da empresa pública ou da sociedade de economia mista;

c) 4 (quatro) anos de experiência como profissional liberal em atividade direta ou indiretamente vinculada à área de atuação da empresa pública ou sociedade de economia mista;

II – ter formação acadêmica compatível com o cargo para o qual foi indicado; e

III – não se enquadrar nas hipóteses de inelegibilidade previstas nas alíneas do inciso I do *caput* do art. 1.º da Lei Complementar n. 64, de 18 de maio de 1990, com as alterações introduzidas pela Lei Complementar n. 135, de 4 de junho de 2010.

§ 1.º O estatuto da empresa pública, da sociedade de economia mista e de suas subsidiárias poderá dispor sobre a contratação de seguro de responsabilidade civil pelos administradores.

§ 2.º É vedada a indicação, para o Conselho de Administração e para a diretoria:

I – de representante do órgão regulador ao qual a empresa pública ou a sociedade de economia mista está sujeita, de Ministro de Estado, de Secretário de Estado, de Secretário Municipal, de titular de cargo, sem vínculo permanente com o serviço público, de natureza especial ou de direção e assessoramento superior na administração pública, de dirigente estatutário de partido político e de titular de mandato no Poder Legislativo de qualquer ente da federação, ainda que licenciados do cargo;

II – de pessoa que atuou, nos últimos 36 (trinta e seis) meses, como participante de estrutura decisória de partido político ou em trabalho vinculado a organização, estruturação e realização de campanha eleitoral;

III – de pessoa que exerça cargo em organização sindical;

IV – de pessoa que tenha firmado contrato ou parceria, como fornecedor ou comprador, demandante ou ofertante, de bens ou serviços de qualquer natureza, com a pessoa político-administrativa controladora da empresa pública ou da sociedade de economia mista ou com a própria empresa ou sociedade em período inferior a 3 (três) anos antes da data de nomeação;

V – de pessoa que tenha ou possa ter qualquer forma de conflito de interesse com a pessoa político-administrativa controladora da empresa pública ou da sociedade de economia mista ou com a própria empresa ou sociedade.

§ 3.º A vedação prevista no inciso I do § 2.º estende-se também aos parentes consanguíneos ou afins até o terceiro grau das pessoas nele mencionadas.

§ 4.º Os administradores eleitos devem participar, na posse e anualmente, de treinamentos específicos sobre legislação societária e de mercado de capitais, divulgação de informações, controle interno, código de conduta, a Lei n. 12.846, de 1.º de agosto de 2013 (Lei Anticorrupção), e demais temas relacionados às atividades da empresa pública ou da sociedade de economia mista.

§ 5.º Os requisitos previstos no inciso I do *caput* poderão ser dispensados no caso de indicação de empregado da empresa pública ou da sociedade de economia mista para cargo de administrador ou como membro de comitê, desde que atendidos os seguintes quesitos mínimos:

I – o empregado tenha ingressado na empresa pública ou na sociedade de economia mista por meio de concurso público de provas ou de provas e títulos;

II – o empregado tenha mais de 10 (dez) anos de trabalho efetivo na empresa pública ou na sociedade de economia mista;

III – o empregado tenha ocupado cargo na gestão superior da empresa pública ou da sociedade de economia mista, comprovando sua capacidade para assumir as responsabilidades dos cargos de que trata o *caput*.

Seção IV
Do Conselho de Administração

Art. 18. Sem prejuízo das competências previstas no art. 142 da Lei n. 6.404, de 15 de dezembro de 1976, e das demais atribuições previstas nesta Lei, compete ao Conselho de Administração:

I – discutir, aprovar e monitorar decisões envolvendo práticas de governança corporativa, relacionamento com partes interessadas, política de gestão de pessoas e código de conduta dos agentes;

II – implementar e supervisionar os sistemas de gestão de riscos e de controle interno estabelecidos para a prevenção e mitigação dos principais riscos a que está exposta a empresa pública ou a sociedade de economia mista, inclusive os riscos relacionados à integridade das informações contábeis e financeiras e os relacionados à ocorrência de corrupção e fraude;

III – estabelecer política de porta-vozes visando a eliminar risco de contradição entre informações de diversas áreas e as dos executivos da empresa pública ou da sociedade de economia mista;

IV – avaliar os diretores da empresa pública ou da sociedade de economia mista, nos termos do inciso III do art. 13, podendo contar com apoio metodológico e procedimental do comitê estatutário referido no art. 10.

Art. 19. É garantida a participação, no Conselho de Administração, de representante dos empregados e dos acionistas minoritários.

§ 1.º As normas previstas na Lei n. 12.353, de 28 de dezembro de 2010, aplicam-se à participação de empregados no Conselho de Administração da empresa pública, da sociedade de economia mista e de suas subsidiárias e controladas e das demais empresas em que a União, direta ou indiretamente, detenha a maioria do capital social com direito a voto.

•• A Lei n. 12.353, de 28-12-2010, dispõe sobre a participação nos Conselhos de Administração das empresas públicas e sociedades de economia mista, suas subsidiárias e controladas e demais empresas em que a União, direta ou indiretamente, detenha a maioria do capital social com direito a voto.

§ 2.º É assegurado aos acionistas minoritários o direito de eleger 1 (um) conselheiro, se maior número não lhes couber pelo processo de voto múltiplo previsto na Lei n. 6.404, de 15 de dezembro de 1976.

•• *Vide* art. 141 da Lei n. 6.404, de 15-12-1976.

Art. 20. É vedada a participação remunerada de membros da administração pública, direta ou indireta, em mais de 2 (dois) conselhos, de administração ou fiscal, de empresa pública, de sociedade de economia mista ou de suas subsidiárias.

Art. 21. (*Vetado.*)

Parágrafo único. (*Vetado.*)

Seção V
Do Membro Independente do Conselho de Administração

Art. 22. O Conselho de Administração deve ser composto, no mínimo, por 25% (vinte e cinco por cento) de membros independentes ou por pelo menos 1 (um), caso haja decisão pelo exercício da faculdade do voto múltiplo pelos acionistas minoritários, nos termos do art. 141 da Lei n. 6.404, de 15 de dezembro de 1976.

§ 1.º O conselheiro independente caracteriza-se por:

I – não ter qualquer vínculo com a empresa pública ou a sociedade de economia mista, exceto participação de capital;

II – não ser cônjuge ou parente consanguíneo ou afim, até o terceiro grau ou por adoção, de chefe do Poder Executivo, de Ministro de Estado, de Secretário de Estado ou Município ou de administrador da empresa pública ou da sociedade de economia mista;

III – não ter mantido, nos últimos 3 (três) anos, vínculo de qualquer natureza com a empresa pública, a sociedade de economia mista ou seus controladores, que possa vir a comprometer sua independência;

IV – não ser ou não ter sido, nos últimos 3 (três) anos, empregado ou diretor da empresa pública, da sociedade de economia mista ou de sociedade controlada, coligada ou subsidiária da empresa pública ou da sociedade de economia mista, exceto se o vínculo for exclusivamente com instituições públicas de ensino ou pesquisa;

V – não ser fornecedor ou comprador, direto ou indireto, de serviços ou produtos da empresa pública ou da sociedade de economia mista, de modo a implicar perda de independência;

VI – não ser funcionário ou administrador de sociedade ou entidade que esteja oferecendo ou demandando serviços ou produtos à empresa pública ou à sociedade de economia mista, de modo a implicar perda de independência;

VII – não receber outra remuneração da empresa pública ou da sociedade de economia mista além daquela relativa ao cargo de conselheiro, à exceção de proventos em dinheiro oriundos de participação no capital.

§ 2.º Quando, em decorrência da observância do percentual mencionado no *caput*, resultar número fracionário de conselheiros, proceder-se-á ao arredondamento para o número inteiro:

I – imediatamente superior, quando a fração for igual ou superior a 0,5 (cinco décimos);

II – imediatamente inferior, quando a fração for inferior a 0,5 (cinco décimos).

§ 3.º Não serão consideradas, para o cômputo das vagas destinadas a membros independentes, aquelas ocupadas pelos conselheiros eleitos por empregados, nos termos do § 1.º do art. 19.

§ 4.º Serão consideradas, para o cômputo das vagas destinadas a membros independentes, aquelas ocupadas pelos conselheiros eleitos por acionistas minoritários, nos termos do § 2.º do art. 19.

§ 5.º (*Vetado.*)

Seção VI
Da Diretoria

Art. 23. É condição para investidura em cargo de diretoria da empresa pública e da sociedade de economia mista a assunção de compromisso com metas e resultados específicos a serem alcançados, que deverá ser aprovado pelo Conselho de Administração, a quem incumbe fiscalizar seu cumprimento.

•• *Vide* art. 95 desta Lei.

§ 1.º Sem prejuízo do disposto no *caput*, a diretoria deverá apresentar, até a última reunião ordinária do Conselho de Administração do ano anterior, a quem compete sua aprovação:

I – plano de negócios para o exercício anual seguinte;

II – estratégia de longo prazo atualizada com análise de riscos e oportunidades para, no mínimo, os próximos 5 (cinco) anos.

§ 2.º Compete ao Conselho de Administração, sob pena de seus integrantes responderem por omissão, promover anualmente análise de atendimento das metas e resultados na execução do plano de negócios e da estratégia de longo prazo, devendo publicar suas conclusões e informá-las ao Congresso Nacional, às Assembleias Legislativas, à Câmara Legislativa do Distrito Federal ou às Câmaras Municipais e aos respectivos tribunais de contas, quando houver.

§ 3.º Excluem-se da obrigação de publicação a que se refere o § 2.º as informações de natureza estratégica cuja divulgação possa ser comprovadamente prejudicial ao interesse da empresa pública ou da sociedade de economia mista.

Seção VII
Do Comitê de Auditoria Estatutário

Art. 24. A empresa pública e a sociedade de economia mista deverão possuir em sua estrutura societária Comitê de Auditoria Estatutário como órgão auxiliar do Conselho de Administração, ao qual se reportará diretamente.

§ 1.º Competirá ao Comitê de Auditoria Estatutário, sem prejuízo de outras competências previstas no estatuto da empresa pública ou da sociedade de economia mista:

I – opinar sobre a contratação e destituição de auditor independente;

II – supervisionar as atividades dos auditores independentes, avaliando sua independência, a qualidade dos serviços prestados e a adequação de tais serviços às necessidades da empresa pública ou da sociedade de economia mista;

III – supervisionar as atividades desenvolvidas nas áreas de controle interno, de auditoria interna e de elaboração das demonstrações financeiras da empresa pública ou da sociedade de economia mista;

IV – monitorar a qualidade e a integridade dos mecanismos de controle interno, das demonstrações financeiras e das informações e medições divulgadas pela empresa pública ou pela sociedade de economia mista;

V – avaliar e monitorar exposições de risco da empresa pública ou da sociedade de economia mista, podendo requerer, entre outras, informações detalhadas sobre políticas e procedimentos referentes a:

a) remuneração da administração;

b) utilização de ativos da empresa pública ou da sociedade de economia mista;

c) gastos incorridos em nome da empresa pública ou da sociedade de economia mista;

VI – avaliar e monitorar, em conjunto com a administração e a área de auditoria interna, a adequação das transações com partes relacionadas;

VII – elaborar relatório anual com informações sobre as atividades, os resultados, as conclusões e as recomendações do Comitê de Auditoria Estatutário, registrando, se houver, as divergências significativas entre administração, auditoria independente e Comitê de Auditoria Estatutário em relação às demonstrações financeiras;

VIII – avaliar a razoabilidade dos parâmetros em que se fundamentam os cálculos atuariais, bem como o resultado atuarial dos planos de benefícios mantidos pelo fundo de pensão, quando a empresa pública ou a sociedade de economia mista for patrocinadora de entidade fechada de previdência complementar.

§ 2.º O Comitê de Auditoria Estatutário deverá possuir meios para receber denúncias, inclusive sigilosas, internas e externas à empresa pública ou à sociedade de economia mista, em matérias relacionadas ao escopo de suas atividades.

§ 3.º O Comitê de Auditoria Estatutário deverá se reunir quando necessário, no mínimo bimestralmente, de modo que as informações contábeis sejam sempre apreciadas antes de sua divulgação.

§ 4.º A empresa pública e a sociedade de economia mista deverão divulgar as atas das reuniões do Comitê de Auditoria Estatutário.

§ 5.º Caso o Conselho de Administração considere que a divulgação da ata possa pôr em risco interesse legítimo da empresa pública ou da sociedade de economia mista, a empresa pública ou a sociedade de economia mista divulgará apenas o extrato das atas.

§ 6.º A restrição prevista no § 5.º não será oponível aos órgãos de controle, que terão total e irrestrito acesso ao conteúdo das atas do Comitê de Auditoria Estatutário, observada a transferência de sigilo.

§ 7.º O Comitê de Auditoria Estatutário deverá possuir autonomia operacional e dotação orçamentária, anual ou por projeto, dentro de limites aprovados pelo Conselho de Administração, para conduzir ou determinar a realização de consultas, avaliações e investigações dentro do escopo de suas atividades, inclusive com a contratação e utilização de especialistas externos independentes.

Art. 25. O Comitê de Auditoria Estatutário será integrado por, no mínimo, 3 (três) e, no máximo, 5 (cinco) membros, em sua maioria independentes.

§ 1.º São condições mínimas para integrar o Comitê de Auditoria Estatutário:

I – não ser ou ter sido, nos 12 (doze) meses anteriores à nomeação para o Comitê:

a) diretor, empregado ou membro do conselho fiscal da empresa pública ou sociedade de economia mista ou de sua controladora, controlada, coligada ou sociedade em controle comum, direta ou indireta;

b) responsável técnico, diretor, gerente, supervisor ou qualquer outro integrante com função de gerência de equipe envolvida nos trabalhos de auditoria na empresa pública ou sociedade de economia mista;

II – não ser cônjuge ou parente consanguíneo ou afim, até o segundo grau ou por adoção, das pessoas referidas no inciso I;

III – não receber qualquer outro tipo de remuneração da empresa pública ou sociedade de economia mista ou de sua controladora, controlada, coligada ou sociedade em controle comum, direta ou indireta, que não seja aquela relativa à função de integrante do Comitê de Auditoria Estatutário;

IV – não ser ou ter sido ocupante de cargo público efetivo, ainda que licenciado, ou de cargo em comissão da pessoa jurídica de direito público que exerça o controle acionário da empresa pública ou sociedade de economia mista, nos 12 (doze) meses anteriores à nomeação para o Comitê de Auditoria Estatutário.

§ 2.º Ao menos 1 (um) dos membros do Comitê de Auditoria Estatutário deve ter reconhecida experiência em assuntos de contabilidade societária.

§ 3.º O atendimento às previsões deste artigo deve ser comprovado por meio de documentação mantida na sede da empresa pública ou sociedade de economia mista pelo prazo mínimo de 5 (cinco) anos, contado a partir do último dia de mandato do membro do Comitê de Auditoria Estatutário.

Seção VIII
Do Conselho Fiscal

- *Vide* arts. 161 e s. da Lei n. 6.404, de 15-12-1976.
- *Vide* arts. 1.066 a 1.070 do CC.

Art. 26. Além das normas previstas nesta Lei, aplicam-se aos membros do Conselho Fiscal da empresa pública e da sociedade de economia mista as disposições previstas na Lei n. 6.404, de 15 de dezembro de 1976, relativas a seus poderes, deveres e responsabilidades, a requisitos e impedimentos para investidura e a remuneração, além de outras disposições estabelecidas na referida Lei.

§ 1.º Podem ser membros do Conselho Fiscal pessoas naturais, residentes no País, com formação acadêmica compatível com o exercício da função e que tenham exercido, por prazo mínimo de 3 (três) anos, cargo de direção ou assessoramento na administração pública ou cargo de conselheiro fiscal ou administrador em empresa.

§ 2.º O Conselho Fiscal contará com pelo menos 1 (um) membro indicado pelo ente controlador, que deverá ser servidor público com vínculo permanente com a administração pública.

Capítulo III
DA FUNÇÃO SOCIAL DA EMPRESA PÚBLICA E DA SOCIEDADE DE ECONOMIA MISTA

Art. 27. A empresa pública e a sociedade de economia mista terão a função social de realização do interesse coletivo ou de atendimento a imperativo da segurança nacional expressa no instrumento de autorização legal para a sua criação.

•• *Vide* art. 1.º, § 1.º, desta Lei.

§ 1.º A realização do interesse coletivo de que trata este artigo deverá ser orientada para o alcance do bem-estar econômico e para a alocação socialmente eficiente dos recursos geridos pela empresa pública e pela sociedade de economia mista, bem como para o seguinte:

I – ampliação economicamente sustentada do acesso de consumidores aos produtos e serviços da empresa pública ou da sociedade de economia mista;

II – desenvolvimento ou emprego de tecnologia brasileira para produção e oferta de produtos e serviços da empresa pública ou da sociedade de economia mista, sempre de maneira economicamente justificada.

§ 2.º A empresa pública e a sociedade de economia mista deverão, nos termos da lei, adotar práticas de sustentabilidade ambiental e de responsabilidade social corporativa compatíveis com o mercado em que atuam.

§ 3.º A empresa pública e a sociedade de economia mista poderão celebrar convênio ou contrato de patrocínio com pessoa física ou com pessoa jurídica para promoção de atividades culturais, sociais, esportivas, educacionais e de inovação tecnológica, desde que comprovadamente vinculadas ao fortalecimento de sua marca, observando-se, no que couber, as normas de licitação e contratos desta Lei.

TÍTULO II
DISPOSIÇÕES APLICÁVEIS ÀS EMPRESAS PÚBLICAS, ÀS SOCIEDADES DE ECONOMIA MISTA E ÀS SUAS SUBSIDIÁRIAS QUE EXPLOREM ATIVIDADE ECONÔMICA DE PRODUÇÃO OU COMERCIALIZAÇÃO DE BENS OU DE PRESTAÇÃO DE SERVIÇOS, AINDA QUE A ATIVIDADE ECONÔMICA ESTEJA SUJEITA AO REGIME DE MONOPÓLIO DA UNIÃO OU SEJA DE PRESTAÇÃO DE SERVIÇOS PÚBLICOS

Capítulo I
DAS LICITAÇÕES

•• *Vide* art. 1.º, § 2.º, desta Lei.

•• A Lei n. 8.666, de 21-6-1993, institui normas para licitações e contratos da Administração Pública.

•• Aplicam-se às licitações e aos contratos regidos por esta Lei as disposições do Capítulo II-B do Título XI da Parte Especial do CP (arts. 337-E a 337-P – Dos Crimes em Licitações e Contratos Administrativos).

Seção I
Da Exigência de Licitação e dos Casos de Dispensa e de Inexigibilidade

Art. 28. Os contratos com terceiros destinados à prestação de serviços às empresas públicas e às sociedades de economia mista, inclusive de engenharia e de publicidade, à aquisição e à locação de bens, à alienação de bens e ativos integrantes do respectivo patrimônio ou à execução de obras a serem integradas a esse patrimônio, bem como à implementação de ônus real sobre tais bens, serão precedidos de licitação nos termos desta Lei, ressalvadas as hipóteses previstas nos arts. 29 e 30.

§ 1.º Aplicam-se às licitações das empresas públicas e das sociedades de economia mista as disposições constantes dos arts. 42 a 49 da Lei Complementar n. 123, de 14 de dezembro de 2006.

• *Vide* citada Lei, que institui o Estatuto da Microempresa.

§ 2.º O convênio ou contrato de patrocínio celebrado com pessoas físicas ou jurídicas de que trata o § 3.º do art. 27 observará, no que couber, as normas de licitação e contratos desta Lei.

§ 3.º São as empresas públicas e as sociedades de economia mista dispensadas da observância dos dispositivos deste Capítulo nas seguintes situações:

I – comercialização, prestação ou execução, de forma direta, pelas empresas mencionadas no *caput*, de produtos, serviços ou obras especificamente relacionados com seus respectivos objetos sociais;

II – nos casos em que a escolha do parceiro esteja associada a suas características particulares, vinculada a oportunidades de negócio definidas e específicas, justificada a inviabilidade de procedimento competitivo.

§ 4.º Consideram-se oportunidades de negócio a que se refere o inciso II do § 3.º a formação e a extinção de parcerias e outras formas associativas, societárias ou contratuais, a aquisição e a alienação de participação em sociedades e outras formas associativas, societárias ou contratuais e as operações realizadas no âmbito do mercado de capitais, respeitada a regulação pelo respectivo órgão competente.

Art. 29. É dispensável a realização de licitação por empresas públicas e sociedades de economia mista:

•• O art. 24 da Lei n. 8.666, de 21-6-1993, estabelece os casos em que a licitação é dispensável.

I – para obras e serviços de engenharia de valor até R$ 100.000,00 (cem mil reais), desde que não se refiram a parcelas de uma mesma obra ou serviço ou ainda a obras e serviços de mesma natureza e no mesmo local que possam ser realizadas conjunta e concomitantemente;

II – para outros serviços e compras de valor até R$ 50.000,00 (cinquenta mil reais) e para alienações, nos casos previstos nesta Lei, desde que não se refiram a parcelas de um mesmo serviço, compra ou alienação de maior vulto que possa ser realizado de uma só vez;

III – quando não acudirem interessados à licitação anterior e essa, justificadamente, não puder ser repetida sem prejuízo para a empresa pública ou a sociedade de economia mista, bem como para suas respectivas subsidiárias, desde que mantidas as condições preestabelecidas;

IV – quando as propostas apresentadas consignarem preços manifestamente superiores aos praticados no mercado nacional ou incompatíveis com os fixados pelos órgãos oficiais competentes;

V – para a compra ou locação de imóvel destinado ao atendimento de suas finalidades precípuas, quando as necessidades de instalação e localização condicionarem a escolha do imóvel, desde que o preço seja compatível com o valor de mercado, segundo avaliação prévia;

VI – na contratação de remanescente de obra, de serviço ou de fornecimento, em consequência de rescisão contratual, desde que atendida a ordem de classificação da licitação anterior e aceitas as mesmas condições do contrato encerrado por rescisão ou distrato, inclusive quanto ao preço, devidamente corrigido;

VII – na contratação de instituição brasileira incumbida regimental ou estatutariamente da pesquisa, do ensino ou do desenvolvimento institucional ou de instituição dedicada à recuperação social do preso, desde que a contratada detenha inquestionável reputação ético-profissional e não tenha fins lucrativos;

VIII – para a aquisição de componentes ou peças de origem nacional ou estrangeira necessários à manutenção de equipamentos durante o período de garantia técnica, junto ao fornecedor original desses equipamentos, quando tal condição de exclusividade for indispensável para a vigência da garantia;

IX – na contratação de associação de pessoas com deficiência física, sem fins lucrativos e de comprovada idoneidade, para a prestação de serviços ou fornecimento de mão de obra, desde que o preço contratado seja compatível com o praticado no mercado;

X – na contratação de concessionário, permissionário ou autorizado para fornecimento ou suprimento de energia elétrica ou gás natural e de outras prestadoras de serviço público, segundo as normas da legislação específica, desde que o objeto do contrato tenha pertinência com o serviço público.

XI – nas contratações entre empresas públicas ou sociedades de economia mista e suas respectivas subsidiárias, para aquisição ou alienação de bens e prestação ou obtenção de serviços, desde que os preços sejam compatíveis com os praticados no mercado e que o objeto do contrato tenha relação com a atividade da contratada prevista em seu estatuto social;

XII – na contratação de coleta, processamento e comercialização de resíduos sólidos urbanos recicláveis ou reutilizáveis, em áreas com sistema de coleta seletiva de lixo, efetuados por associações ou cooperativas formadas exclusivamente por pessoas físicas de baixa renda que tenham como ocupação econômica a coleta de materiais recicláveis, com o uso de equipamentos compatíveis com as normas técnicas, ambientais e de saúde pública;

XIII – para o fornecimento de bens e serviços, produzidos ou prestados no País, que envolvam, cumulativamente, alta complexidade tecnológica e defesa nacional, mediante parecer de comissão especialmente designada pelo dirigente máximo da empresa pública ou da sociedade de economia mista;

XIV – nas contratações visando ao cumprimento do disposto nos arts. 3.º, 4.º, 5.º e 20 da Lei n. 10.973, de 2 de dezembro de 2004, observados os princípios gerais de contratação dela constantes;

• A Lei n. 10.973, de 2-12-2004, estabelece medidas de incentivo à inovação e à pesquisa científica e tecnológica no ambiente produtivo, com vistas à capacitação e ao alcance da autonomia tecnológica e ao desenvolvimento industrial do país.

XV – em situações de emergência, quando caracterizada urgência de atendimento de situação que possa ocasionar prejuízo ou comprometer a segurança de pessoas, obras, serviços, equipamentos e outros bens, públicos ou particulares, e somente para os bens necessários ao atendimento da situação emergencial e para as parcelas de obras e serviços que possam ser concluídas no prazo máximo de 180 (cento e oitenta) dias consecutivos e ininterruptos, contado da ocorrência da emergência, vedada a prorrogação dos respectivos contratos, observado o disposto no § 2.º;

XVI – na transferência de bens a órgãos e entidades da administração pública, inclusive quando efetivada mediante permuta;

XVII – na doação de bens móveis para fins e usos de interesse social, após avaliação de sua oportunidade e conveniência socioeconômica relativamente à escolha de outra forma de alienação;

XVIII – na compra e venda de ações, de títulos de crédito e de dívida e de bens que produzam ou comercializem.

•• *Vide* Decreto n. 9.188, de 1.º-11-2017 (regime especial de desinvestimento de ativos pelas sociedades de economia mista federais).

§ 1.º Na hipótese de nenhum dos licitantes aceitar a contratação nos termos do inciso VI do *caput*, a empresa pública e a sociedade de economia mista poderão convocar os licitantes remanescentes, na ordem de classificação, para a celebração do contrato nas condições ofertadas por estes, desde que o respectivo valor seja igual ou inferior ao orçamento estimado para a contratação, inclusive quanto aos preços atualizados nos termos do instrumento convocatório.

§ 2.º A contratação direta com base no inciso XV do *caput* não dispensará a responsabilização de quem, por ação ou omissão, tenha dado causa ao motivo ali descrito, inclusive no tocante ao disposto na Lei n. 8.429, de 2 de junho de 1992.

•• *Vide* Lei n. 8.429, de 2-6-1992, sobre improbidade administrativa.

§ 3.º Os valores estabelecidos nos incisos I e II do *caput* podem ser alterados, para refletir a variação de custos, por deliberação do Conselho de Administração da empresa pública ou sociedade de economia mista, admitindo-se valores diferenciados para cada sociedade.

Art. 30. A contratação direta será feita quando houver inviabilidade de competição, em especial na hipótese de:

I – aquisição de materiais, equipamentos ou gêneros que só possam ser fornecidos por produtor, empresa ou representante comercial exclusivo;

II – contratação dos seguintes serviços técnicos especializados, com profissionais ou empresas de notória especialização, vedada a inexigibilidade para serviços de publicidade e divulgação:

a) estudos técnicos, planejamentos e projetos básicos ou executivos;

b) pareceres, perícias e avaliações em geral;

c) assessorias ou consultorias técnicas e auditorias financeiras ou tributárias;

d) fiscalização, supervisão ou gerenciamento de obras ou serviços;

e) patrocínio ou defesa de causas judiciais ou administrativas;

f) treinamento e aperfeiçoamento de pessoal;

g) restauração de obras de arte e bens de valor histórico.

§ 1.º Considera-se de notória especialização o profissional ou a empresa cujo conceito no campo de sua especialidade, decorrente de desempenho anterior, estudos, experiência, publicações, organização, aparelhamento, equipe técnica ou outros requisitos relacionados com suas atividades, permita inferir que o seu trabalho é essencial e indiscutivelmente o mais adequado à plena satisfação do objeto do contrato.

§ 2.º Na hipótese do *caput* e em qualquer dos casos de dispensa, se comprovado, pelo órgão de controle externo, sobrepreço ou superfaturamento, respondem solidariamente pelo dano causado quem houver decidido pela contratação direta e o fornecedor ou o prestador de serviços.

§ 3.º O processo de contratação direta será instruído, no que couber, com os seguintes elementos:

I – caracterização da situação emergencial ou calamitosa que justifique a dispensa, quando for o caso;

II – razão da escolha do fornecedor ou do executante;

III – justificativa do preço.

Seção II
Disposições de Caráter Geral sobre Licitações e Contratos

•• Aplicam-se às licitações e aos contratos regidos por esta Lei as disposições do Capítulo II-B do Título XI da Parte Especial do CP (arts. 337-E a 337-P – Dos Crimes em Licitações e Contratos Administrativos).

Art. 31. As licitações realizadas e os contratos celebrados por empresas públicas e sociedades de economia mista destinam-se a assegurar a seleção da proposta mais vantajosa, inclusive no que se refere ao ciclo de vida do objeto, e a evitar operações em que se caracterize sobrepreço ou superfaturamento, devendo observar os princípios da impessoalidade, da moralidade, da igualdade, da publicidade, da eficiência, da probidade administrativa, da economicidade, do desenvolvimento nacional sustentável, da vinculação ao instrumento convocatório, da obtenção de competitividade e do julgamento objetivo.

§ 1.º Para os fins do disposto no *caput*, considera-se que há:

I – sobrepreço quando os preços orçados para a licitação ou os preços contratados são expressivamente superiores aos preços referenciais de mercado, podendo referir-se ao valor unitário de um item, se a licitação ou a contratação for por preços unitários de serviço, ou ao valor global do objeto, se a licitação ou a contratação for por preço global ou por empreitada;

II – superfaturamento quando houver dano ao patrimônio da empresa pública ou da sociedade de economia mista caracterizado, por exemplo:

a) pela medição de quantidades superiores às efetivamente executadas ou fornecidas;

b) pela deficiência na execução de obras e serviços de engenharia que resulte em diminuição da qualidade, da vida útil ou da segurança;

c) por alterações no orçamento de obras e de serviços de engenharia que causem o desequilíbrio econômico-financeiro do contrato em favor do contratado;

d) por outras alterações de cláusulas financeiras que gerem recebimentos contratuais antecipados, distorção do cronograma físico-financeiro, prorrogação injustificada do prazo contratual com custos adicionais para a empresa pública ou a sociedade de economia mista ou reajuste irregular de preços.

§ 2.º O orçamento de referência do custo global de obras e serviços de engenharia deverá ser obtido a partir de custos unitários de insumos ou serviços menores ou iguais à mediana de seus correspondentes no Sistema Nacional de Pesquisa de Custos e Índices da Construção Civil (Sinapi), no caso de construção civil em geral, ou no Sistema de Custos Referenciais de Obras (Sicro), no caso de obras e serviços rodoviários, devendo ser observadas as peculiaridades geográficas.

§ 3.º No caso de inviabilidade da definição dos custos consoante o disposto no § 2.º, a estimativa de custo global poderá ser apurada por meio da utilização de dados contidos em tabela de referência formalmente aprovada por órgãos ou entidades da administração pública federal, em publicações técnicas especializadas, em banco de dados e sistema específico instituído para o setor ou em pesquisa de mercado.

§ 4.º A empresa pública e a sociedade de economia mista poderão adotar procedimento de manifestação de interesse privado para o recebimento de propostas e projetos de empreendimentos com vistas a atender necessidades previamente identificadas, cabendo a regulamento a definição de suas regras específicas.

§ 5.º Na hipótese a que se refere o § 4.º, o autor ou financiador do projeto poderá participar da licitação para a execução do empreendimento, podendo ser ressarcido pelos custos aprovados pela empresa pública ou sociedade de economia mista caso não vença o certame, desde que seja promovida a cessão de direitos de que trata o art. 80.

Art. 32. Nas licitações e contratos de que trata esta Lei serão observadas as seguintes diretrizes:

I – padronização do objeto da contratação, dos instrumentos convocatórios e das minutas de contratos, de acordo com normas internas específicas;

II – busca da maior vantagem competitiva para a empresa pública ou sociedade de economia mista, considerando custos e benefícios, diretos e indiretos, de natureza econômica, social ou ambiental, inclusive os relativos à manutenção, ao desfazimento de bens e resíduos, ao índice de depreciação econômica e a outros fatores de igual relevância;

III – parcelamento do objeto, visando a ampliar a participação de licitantes, sem perda de economia de escala, e desde que não atinja valores inferiores aos limites estabelecidos no art. 29, incisos I e II;

IV – adoção preferencial da modalidade de licitação denominada pregão, instituída pela Lei n. 10.520, de 17 de julho de 2002, para a aquisição de bens e serviços comuns, assim considerados aqueles cujos padrões de desempenho e qualidade possam ser objetivamente definidos pelo edital, por meio de especificações usuais no mercado;

• O Decreto n. 3.555, de 8-8-2000, dispõe sobre pregão para aquisição de bens e serviços comuns.

V – observação da política de integridade nas transações com partes interessadas.

§ 1.º As licitações e os contratos disciplinados por esta Lei devem respeitar, especialmente, as normas relativas à:

I – disposição final ambientalmente adequada dos resíduos sólidos gerados pelas obras contratadas;

• A Lei n. 12.305, de 2-8-2010, institui a Política Nacional de Resíduos Sólidos.

II – mitigação dos danos ambientais por meio de medidas condicionantes e de compensação ambiental, que serão definidas no procedimento de licenciamento ambiental;

III – utilização de produtos, equipamentos e serviços que, comprovadamente, reduzam o consumo de energia e de recursos naturais;

IV – avaliação de impactos de vizinhança, na forma da legislação urbanística;

V – proteção do patrimônio cultural, histórico, arqueológico e imaterial, inclusive por meio da avaliação do impacto direto ou indireto causado por investimentos realizados por empresas públicas e sociedades de economia mista;

VI – acessibilidade para pessoas com deficiência ou com mobilidade reduzida.

§ 2.º A contratação a ser celebrada por empresa pública ou sociedade de economia mista da qual decorra impacto negativo sobre bens do patrimônio cultural, histórico, arqueológico e imaterial tombados dependerá de autorização da esfera de governo encarregada da proteção do respectivo patrimônio, devendo o impacto ser compensado por meio de medidas determinadas pelo dirigente máximo da empresa pública ou sociedade de economia mista, na forma da legislação aplicável.

§ 3.º As licitações na modalidade de pregão, na forma eletrônica, deverão ser realizadas exclusivamente em portais de compras de acesso público na internet.

§ 4.º Nas licitações com etapa de lances, a empresa pública ou sociedade de economia mista disponibilizará ferramentas eletrônicas para envio de lances pelos licitantes.

Art. 33. O objeto da licitação e do contrato dela decorrente será definido de forma sucinta e clara no instrumento convocatório.

Art. 34. O valor estimado do contrato a ser celebrado pela empresa pública ou pela sociedade de economia mista será sigiloso, facultando-se à contratante, mediante justificação na fase de preparação prevista no inciso I do art. 51 desta Lei, conferir publicidade ao valor estimado do objeto da licitação, sem prejuízo da divulgação do detalhamento dos quantitativos e das demais informações necessárias para a elaboração das propostas.

§ 1.º Na hipótese em que for adotado o critério de julgamento por maior desconto, a informação de que trata o *caput* deste artigo constará do instrumento convocatório.

§ 2.º No caso de julgamento por melhor técnica, o valor do prêmio ou da remuneração será incluído no instrumento convocatório.

§ 3.º A informação relativa ao valor estimado do objeto da licitação, ainda que tenha caráter sigiloso, será disponibilizada a órgãos de controle externo e interno, devendo a empresa pública ou a sociedade de economia mista registrar em documento formal sua disponibilização aos órgãos de controle, sempre que solicitado.

§ 4.º (*Vetado.*)

Art. 35. Observado o disposto no art. 34, o conteúdo da proposta, quando adotado o modo de disputa fechado e até sua abertura, os atos e os procedimentos praticados em decorrência desta Lei submetem-se à legislação que regula o acesso dos cidadãos às informações detidas pela administração pública, particularmente aos termos da Lei n. 12.527, de 18 de novembro de 2011.

•• *Vide* arts. 5.º, XXXIII, 37, § 3.º, II, e 216 da CF.

Art. 36. A empresa pública e a sociedade de economia mista poderão promover a pré-qualificação de seus fornecedores ou produtos, nos termos do art. 64.

Art. 37. A empresa pública e a sociedade de economia mista deverão informar os dados relativos às sanções por elas aplicadas aos contratados, nos termos definidos no art. 83, de forma a manter atualizado o cadastro de empresas inidôneas de que trata o art. 23 da Lei n. 12.846, de 1.º de agosto de 2013.

§ 1.º O fornecedor incluído no cadastro referido no *caput* não poderá disputar licitação ou participar, direta ou indiretamente, da execução de contrato.

§ 2.º Serão excluídos do cadastro referido no *caput*, a qualquer tempo, fornecedores que demonstrarem a superação dos motivos que deram causa à restrição contra eles promovida.

Art. 38. Estará impedida de participar de licitações e de ser contratada pela empresa pública ou sociedade de economia mista a empresa:

I – cujo administrador ou sócio detentor de mais de 5% (cinco por cento) do capital social seja diretor ou empregado da empresa pública ou sociedade de economia mista contratante;

II – suspensa pela empresa pública ou sociedade de economia mista;

III – declarada inidônea pela União, por Estado, pelo Distrito Federal ou pela unidade federativa a que está vinculada a empresa pública ou sociedade de economia mista, enquanto perdurarem os efeitos da sanção;

IV – constituída por sócio de empresa que estiver suspensa, impedida ou declarada inidônea;

V – cujo administrador seja sócio de empresa suspensa, impedida ou declarada inidônea;

VI – constituída por sócio que tenha sido sócio ou administrador de empresa suspensa, impedida ou declarada inidônea, no período dos fatos que deram ensejo à sanção;

VII – cujo administrador tenha sido sócio ou administrador de empresa suspensa, impedida ou declarada inidônea, no período dos fatos que deram ensejo à sanção;

VIII – que tiver, nos seus quadros de diretoria, pessoa que participou, em razão de vínculo de mesma natureza, de empresa declarada inidônea.

Parágrafo único. Aplica-se a vedação prevista no *caput*:

I – à contratação do próprio empregado ou dirigente, como pessoa física, bem como à participação dele em procedimentos licitatórios, na condição de licitante;

II – a quem tenha relação de parentesco, até o terceiro grau civil, com:

a) dirigente de empresa pública ou sociedade de economia mista;

b) empregado de empresa pública ou sociedade de economia mista cujas atribuições envolvam a atuação na área responsável pela licitação ou contratação;

c) autoridade do ente público a que a empresa pública ou sociedade de economia mista esteja vinculada.

III – cujo proprietário, mesmo na condição de sócio, tenha terminado seu prazo de gestão ou rompido seu vínculo com a respectiva empresa pública ou sociedade de economia mista promotora da licitação ou contratante há menos de 6 (seis) meses.

Art. 39. Os procedimentos licitatórios, a pré-qualificação e os contratos disciplinados por esta Lei serão divulgados em portal específico mantido pela empresa pública ou sociedade de economia mista na internet, devendo ser adotados os seguintes prazos mínimos para apresentação de propostas ou lances, contados a partir da divulgação do instrumento convocatório:

I – para aquisição de bens:

a) 5 (cinco) dias úteis, quando adotado como critério de julgamento o menor preço ou o maior desconto;

b) 10 (dez) dias úteis, nas demais hipóteses;

II – para contratação de obras e serviços:

a) 15 (quinze) dias úteis, quando adotado como critério de julgamento o menor preço ou o maior desconto;

b) 30 (trinta) dias úteis, nas demais hipóteses;

III – no mínimo 45 (quarenta e cinco) dias úteis para licitação em que se adote como critério de julgamento a melhor técnica ou a melhor combinação de técnica e preço, bem como para licitação em que haja contratação semi-integrada ou integrada.

Parágrafo único. As modificações promovidas no instrumento convocatório serão objeto de divulgação nos mesmos termos e prazos dos atos e procedimentos originais, exceto quando a alteração não afetar a preparação das propostas.

Art. 40. As empresas públicas e as sociedades de economia mista deverão publicar e manter atualizado regulamento interno de licitações e contratos, compatível com o disposto nesta Lei, especialmente quanto a:

I – glossário de expressões técnicas;

II – cadastro de fornecedores;

III – minutas-padrão de editais e contratos;

IV – procedimentos de licitação e contratação direta;

V – tramitação de recursos;

VI – formalização de contratos;

VII – gestão e fiscalização de contratos;

VIII – aplicação de penalidades;

IX – recebimento do objeto do contrato.

Art. 41. Aplicam-se às licitações e contratos regidos por esta Lei as normas de direito penal contidas nos arts. 89 a 99 da Lei n. 8.666, de 21 de junho de 1993.

Seção III

Das Normas Específicas para Obras e Serviços

Art. 42. Na licitação e na contratação de obras e serviços por empresas públicas e sociedades de economia mista, serão observadas as seguintes definições:

I – empreitada por preço unitário: contratação por preço certo de unidades determinadas;

II – empreitada por preço global: contratação por preço certo e total;

III – tarefa: contratação de mão de obra para pequenos trabalhos por preço certo, com ou sem fornecimento de material;

IV – empreitada integral: contratação de empreendimento em sua integralidade, com todas as etapas de obras, serviços e instalações necessárias, sob inteira responsabilidade da contratada até a sua entrega ao contratante em condições de entrada em operação, atendidos os requisitos técnicos e legais para sua utilização em condições de segurança estrutural e operacional e com as características adequadas às finalidades para as quais foi contratada;

V – contratação semi-integrada: contratação que envolve a elaboração e o desenvolvimento do projeto executivo, a execução de obras e serviços de engenharia, a montagem, a realização de testes, a pré-operação e as demais operações necessárias e suficientes para a entrega final do objeto, de acordo com o estabelecido nos §§ 1.º e 3.º deste artigo;

VI – contratação integrada: contratação que envolve a elaboração e o desenvolvimento dos projetos básico e executivo, a execução de obras e serviços de engenharia, a montagem, a realização de testes, a pré-operação e as demais operações necessárias e suficientes para a entrega final do objeto, de acordo com o estabelecido nos §§ 1.º, 2.º e 3.º deste artigo;

VII – anteprojeto de engenharia: peça técnica com todos os elementos de contornos necessários e fundamentais à elaboração do projeto básico, devendo conter minimamente os seguintes elementos:

a) demonstração e justificativa do programa de necessidades, visão global dos investimentos e definições relacionadas ao nível de serviço desejado;

b) condições de solidez, segurança e durabilidade e prazo de entrega;

c) estética do projeto arquitetônico;

d) parâmetros de adequação ao interesse público, à economia na utilização, à facilidade na execução, aos impactos ambientais e à acessibilidade;

e) concepção da obra ou do serviço de engenharia;

f) projetos anteriores ou estudos preliminares que embasaram a concepção adotada;

g) levantamento topográfico e cadastral;

h) pareceres de sondagem;

i) memorial descritivo dos elementos da edificação, dos componentes construtivos e dos materiais de construção, de forma a estabelecer padrões mínimos para a contratação;

VIII – projeto básico: conjunto de elementos necessários e suficientes, com nível de precisão adequado, para, observado o disposto no § 3.º, caracterizar a obra ou o serviço, ou o complexo de obras ou de serviços objeto da licitação, elaborado com base nas indicações dos estudos técnicos preliminares, que assegure a viabilidade técnica e o adequado tratamento do impacto ambiental do empreendimento e que possibilite a avaliação do custo da obra e a definição dos métodos e do prazo de execução, devendo conter os seguintes elementos:

a) desenvolvimento da solução escolhida, de forma a fornecer visão global da obra e a identificar todos os seus elementos constitutivos com clareza;

b) soluções técnicas globais e localizadas, suficientemente detalhadas, de forma a minimizar a necessidade de reformulação ou de variantes durante as fases de elaboração do projeto executivo e de realização das obras e montagem;

c) identificação dos tipos de serviços a executar e de materiais e equipamentos a incorporar à obra, bem como suas especificações, de modo a assegurar os melhores resultados para o empreendimento, sem frustrar o caráter competitivo para a sua execução;

d) informações que possibilitem o estudo e a dedução de métodos construtivos, instalações provisórias e condições organizacionais para a obra, sem frustrar o caráter competitivo para a sua execução;

e) subsídios para montagem do plano de licitação e gestão da obra, compreendendo a sua programação, a estratégia de suprimentos, as normas de fiscalização e outros dados necessários em cada caso;

f) (*Vetada.*)

IX – projeto executivo: conjunto dos elementos necessários e suficientes à execução completa da obra, de acordo com as normas técnicas pertinentes;

X – matriz de riscos: cláusula contratual definidora de riscos e responsabilidades entre as partes e caracterizadora do equilíbrio econômico-financeiro inicial do contrato, em termos de ônus financeiro decorrente de eventos supervenientes à contratação, contendo, no mínimo, as seguintes informações:

a) listagem de possíveis eventos supervenientes à assinatura do contrato, impactantes no equilíbrio econômico-financeiro da avença, e previsão de eventual necessidade de prolação de termo aditivo quando de sua ocorrência;

b) estabelecimento preciso das frações do objeto em que haverá liberdade das contratadas para inovar em soluções metodológicas ou tecnológicas, em obrigações de resultado, em termos de modificação das soluções previamente delineadas no anteprojeto ou no projeto básico da licitação;

c) estabelecimento preciso das frações do objeto em que não haverá liberdade das contratadas para inovar em soluções metodológicas ou tecnológicas, em obrigações de meio, devendo haver obrigação de identidade entre a execução e a solução predefinida no anteprojeto ou no projeto básico da licitação.

§ 1.º As contratações semi-integradas e integradas referidas, respectivamente, nos incisos V e VI do *caput* deste artigo restringir-se-ão a obras e serviços de engenharia e observarão os seguintes requisitos:

I – o instrumento convocatório deverá conter:

a) anteprojeto de engenharia, no caso de contratação integrada, com elementos técnicos que permitam a caracterização da obra ou do serviço e a elaboração e comparação, de forma isonômica, das propostas a serem ofertadas pelos particulares;

b) projeto básico, nos casos de empreitada por preço unitário, de empreitada por preço global, de empreitada integral e de contratação semi-integrada, nos termos definidos neste artigo;

c) documento técnico, com definição precisa das frações do empreendimento em que haverá liberdade de as contratadas inovarem em soluções metodológicas ou tecnológicas, seja em termos de modificação das soluções previamente delineadas no anteprojeto ou no projeto básico da licitação, seja em termos de detalhamento dos sistemas e procedimentos construtivos previstos nessas peças técnicas;

d) matriz de riscos;

II – o valor estimado do objeto a ser licitado será calculado com base em valores de mercado, em valores pagos pela administração pública em serviços e obras similares ou em avaliação do custo global da obra, aferido mediante orçamento sintético ou metodologia expedita ou paramétrica;

III – o critério de julgamento a ser adotado será o de menor preço ou de melhor combinação de técnica e preço, pontuando-se na avaliação técnica as vantagens e os benefícios que eventualmente forem oferecidos para cada produto ou solução;

IV – na contratação semi-integrada, o projeto básico poderá ser alterado, desde que demonstrada a superioridade das inovações em termos de redução de custos, de aumento da qualidade, de redução do prazo de execução e de facilidade de manutenção ou operação.

§ 2.º No caso dos orçamentos das contratações integradas:

I – sempre que o anteprojeto da licitação, por seus elementos mínimos, assim o permitir, as estimativas de preço devem se basear em orçamento tão detalhado quanto possível, devendo a utilização de estimativas paramétricas e a avaliação aproximada baseada em outras obras similares ser realizadas somente nas frações do empreendimento não suficientemente detalhadas no anteprojeto da licitação, exigindo-se das contratadas, no mínimo, o mesmo nível de detalhamento em seus demonstrativos de formação de preços;

II – quando utilizada metodologia expedita ou paramétrica para abalizar o valor do empreendimento ou de fração dele, consideradas as disposições do inciso I, entre 2 (duas) ou mais técnicas estimativas possíveis, deve ser utilizada nas estimativas de preço-base a que viabilize a maior precisão orçamentária, exigindo-se das licitantes, no mínimo, o mesmo nível de detalhamento na motivação dos respectivos preços ofertados.

§ 3.º Nas contratações integradas ou semi-integradas, os riscos decorrentes de fatos supervenientes à contratação associados à escolha da solução de projeto básico pela contratante deverão ser alocados como de sua responsabilidade na matriz de riscos.

§ 4.º No caso de licitação de obras e serviços de engenharia, as empresas públicas e as sociedades de economia mista abrangidas por esta Lei deverão utilizar a contratação semi-integrada, prevista no inciso V do *caput*, cabendo a elas a elaboração ou a contratação do projeto básico antes da licitação de que trata este parágrafo, podendo ser utilizadas outras modalidades previstas nos incisos do *caput* deste artigo, desde que essa opção seja devidamente justificada.

§ 5.º Para fins do previsto na parte final do § 4.º, não será admitida, por parte da empresa pública ou da sociedade de economia mista, como justificativa para a adoção da modalidade de contratação integrada, a ausência de projeto básico.

Art. 43. Os contratos destinados à execução de obras e serviços de engenharia admitirão os seguintes regimes:

I – empreitada por preço unitário, nos casos em que os objetos, por sua natureza, possuam imprecisão inerente de quantitativos em seus itens orçamentários;

II – empreitada por preço global, quando for possível definir previamente no projeto básico, com boa margem de precisão, as quantidades dos serviços a serem posteriormente executados na fase contratual;

III – contratação por tarefa, em contratações de profissionais autônomos ou de pequenas empresas para realização de serviços técnicos comuns e de curta duração;

IV – empreitada integral, nos casos em que o contratante necessite receber o empreendimento, normalmente de alta complexidade, em condição de operação imediata;

V – contratação semi-integrada, quando for possível definir previamente no projeto básico as quantidades dos serviços a serem posteriormente executados na fase contratual, em obra ou serviço de engenharia que possa ser executado com diferentes metodologias ou tecnologias;

VI – contratação integrada, quando a obra ou o serviço de engenharia for de natureza predominantemente intelectual e de inovação tecnológica do objeto licitado ou puder ser executado com diferentes metodologias ou tecnologias de domínio restrito no mercado.

§ 1.º Serão obrigatoriamente precedidas pela elaboração de projeto básico, disponível para exame de qualquer interessado, as licitações para a contratação de obras e serviços, com exceção daquelas em que for adotado o regime previsto no inciso VI do *caput* deste artigo.

§ 2.º É vedada a execução, sem projeto executivo, de obras e serviços de engenharia.

Art. 44. É vedada a participação direta ou indireta nas licitações para obras e serviços de engenharia de que trata esta Lei:

I – de pessoa física ou jurídica que tenha elaborado o anteprojeto ou o projeto básico da licitação;

II – de pessoa jurídica que participar de consórcio responsável pela elaboração do anteprojeto ou do projeto básico da licitação;

III – de pessoa jurídica da qual o autor do anteprojeto ou do projeto básico da licitação seja administrador, controlador, gerente, responsável técnico, subcontratado ou sócio, neste último caso quando a participação superar 5% (cinco por cento) do capital votante.

§ 1.º A elaboração do projeto executivo constituirá encargo do contratado, consoante preço previamente fixado pela empresa pública ou pela sociedade de economia mista.

§ 2.º É permitida a participação das pessoas jurídicas e da pessoa física de que tratam os incisos II e III do *caput* deste artigo em licitação ou em execução de contrato, como consultor ou técnico, nas funções de fiscalização, supervisão ou gerenciamento, exclusivamente a serviço da empresa pública e da sociedade de economia mista interessadas.

§ 3.º Para fins do disposto no *caput*, considera-se participação indireta a existência de vínculos de natureza técnica, comercial, econômica, financeira ou trabalhista entre o autor do projeto básico, pessoa física ou jurídica, e o licitante ou responsável pelos serviços, fornecimentos e obras, incluindo-se os fornecimentos de bens e serviços a estes necessários.

§ 4.º O disposto no § 3.º deste artigo aplica-se a empregados incumbidos de levar a efeito atos e procedimentos realizados pela empresa pública e pela sociedade de economia mista no curso da licitação.

Art. 45. Na contratação de obras e serviços, inclusive de engenharia, poderá ser estabelecida remuneração variável vinculada ao desempenho do contratado, com base em metas, padrões de qualidade, critérios de sustentabilidade ambiental e prazos de entrega definidos no instrumento convocatório e no contrato.

Parágrafo único. A utilização da remuneração variável respeitará o limite orçamentário fixado pela empresa pública ou pela sociedade de economia mista para a respectiva contratação.

Art. 46. Mediante justificativa expressa e desde que não implique perda de economia de escala, poderá ser celebrado mais de um contrato para executar serviço de mesma natureza quando o objeto da contratação puder ser executado de forma concorrente e simultânea por mais de um contratado.

§ 1.º Na hipótese prevista no *caput* deste artigo, será mantido controle individualizado da execução do objeto contratual relativamente a cada um dos contratados.

§ 2.º (*Vetado.*)

Seção IV
Das Normas Específicas para Aquisição de Bens

Art. 47. A empresa pública e a sociedade de economia mista, na licitação para aquisição de bens, poderão:

I – indicar marca ou modelo, nas seguintes hipóteses:

a) em decorrência da necessidade de padronização do objeto;

b) quando determinada marca ou modelo comercializado por mais de um fornecedor constituir o único capaz de atender o objeto do contrato;

c) quando for necessária, para compreensão do objeto, a identificação de determinada marca ou modelo apto a servir como referência, situação em que será obrigatório o acréscimo da expressão "ou similar ou de melhor qualidade";

II – exigir amostra do bem no procedimento de pré-qualificação e na fase de julgamento das propostas ou de lances, desde que justificada a necessidade de sua apresentação;

III – solicitar a certificação da qualidade do produto ou do processo de fabricação, inclusive sob o aspecto ambiental, por instituição previamente credenciada.

Parágrafo único. O edital poderá exigir, como condição de aceitabilidade da proposta, a adequação às normas da Associação Brasileira de Normas Técnicas (ABNT) ou a certificação da qualidade do produto por instituição credenciada pelo Sistema Nacional de Metrologia, Normalização e Qualidade Industrial (Sinmetro).

Art. 48. Será dada publicidade, com periodicidade mínima semestral, em sítio eletrônico oficial na internet de acesso irrestrito, à relação das aquisições de bens efetivadas pelas empresas públicas e pelas sociedades de economia mista, compreendidas as seguintes informações:

I – identificação do bem comprado, de seu preço unitário e da quantidade adquirida;

II – nome do fornecedor;

III – valor total de cada aquisição.

Seção V
Das Normas Específicas para Alienação de Bens

Art. 49. A alienação de bens por empresas públicas e por sociedades de economia mista será precedida de:

I – avaliação formal do bem contemplado, ressalvadas as hipóteses previstas nos incisos XVI a XVIII do art. 29;

II – licitação, ressalvado o previsto no § 3.º do art. 28.

Art. 50. Estendem-se à atribuição de ônus real a bens integrantes do acervo patrimonial de empresas públicas e de sociedades de economia mista as normas desta Lei aplicáveis à sua alienação, inclusive em relação às hipóteses de dispensa e de inexigibilidade de licitação.

Seção VI
Do Procedimento de Licitação

Art. 51. As licitações de que trata esta Lei observarão a seguinte sequência de fases:

I – preparação;

II – divulgação;

III – apresentação de lances ou propostas, conforme o modo de disputa adotado;

IV – julgamento;

V – verificação de efetividade dos lances ou propostas;

VI – negociação;

VII – habilitação;

VIII – interposição de recursos;

IX – adjudicação do objeto;

X – homologação do resultado ou revogação do procedimento.

§ 1.º A fase de que trata o inciso VII do *caput* poderá, excepcionalmente, anteceder as referidas nos incisos III a VI do *caput*, desde que expressamente previsto no instrumento convocatório.

§ 2.º Os atos e procedimentos decorrentes das fases enumeradas no *caput* praticados por empresas públicas, por sociedades de economia mista e por licitantes serão efetivados preferencialmente por meio eletrônico, nos termos definidos pelo instrumento convocatório, devendo os avisos contendo os resumos dos editais das licitações e contratos abrangidos por esta Lei ser previamente publicados no *Diário Oficial da União*, do Estado ou do Município e na internet.

Art. 52. Poderão ser adotados os modos de disputa aberto ou fechado, ou, quando o objeto da licitação puder ser parcelado, a combinação de ambos, observado o disposto no inciso III do art. 32 desta Lei.

§ 1.º No modo de disputa aberto, os licitantes apresentarão lances públicos e sucessivos, crescentes ou decrescentes, conforme o critério de julgamento adotado.

§ 2.º No modo de disputa fechado, as propostas apresentadas pelos licitantes serão sigilosas até a data e a hora designadas para que sejam divulgadas.

Art. 53. Quando for adotado o modo de disputa aberto, poderão ser admitidos:

I – a apresentação de lances intermediários;

II – o reinício da disputa aberta, após a definição do melhor lance, para definição das demais colocações, quando existir diferença de pelo menos 10% (dez por cento) entre o melhor lance e o subsequente.

Parágrafo único. Consideram-se intermediários os lances:

I – iguais ou inferiores ao maior já ofertado, quando adotado o julgamento pelo critério da maior oferta;

II – iguais ou superiores ao menor já ofertado, quando adotados os demais critérios de julgamento.

Art. 54. Poderão ser utilizados os seguintes critérios de julgamento:

I – menor preço;

II – maior desconto;

III – melhor combinação de técnica e preço;

IV – melhor técnica;

V – melhor conteúdo artístico;

VI – maior oferta de preço;

VII – maior retorno econômico;

VIII – melhor destinação de bens alienados.

§ 1.º Os critérios de julgamento serão expressamente identificados no instrumento convocatório e poderão ser combinados na hipótese de parcelamento do objeto, observado o disposto no inciso III do art. 32.

§ 2.º Na hipótese de adoção dos critérios referidos nos incisos III, IV, V e VII do *caput* deste artigo, o julgamento das propostas será efetivado mediante o emprego de parâmetros específicos, definidos no instrumento convocatório, destinados a limitar a subjetividade do julgamento.

§ 3.º Para efeito de julgamento, não serão consideradas vantagens não previstas no instrumento convocatório.

§ 4.º O critério previsto no inciso II do *caput*:

I – terá como referência o preço global fixado no instrumento convocatório, estendendo-se o desconto oferecido nas propostas ou lances vencedores a eventuais termos aditivos;

II – no caso de obras e serviços de engenharia, o desconto incidirá de forma linear sobre a totalidade dos itens constantes do orçamento estimado, que deverá obrigatoriamente integrar o instrumento convocatório.

§ 5.º Quando for utilizado o critério referido no inciso III do *caput*, a avaliação das propostas técnicas e de preço considerará o percentual de ponderação mais relevante, limitado a 70% (setenta por cento).

§ 6.º Quando for utilizado o critério referido no inciso VII do *caput*, os lances ou propostas terão o objetivo de proporcionar economia à empresa pública ou à sociedade de economia mista, por meio da redução de suas despesas correntes, remunerando-se o licitante vencedor com base em percentual da economia de recursos gerada.

§ 7.º Na implementação do critério previsto no inciso VIII do *caput* deste artigo, será obrigatoriamente considerada, nos termos do respectivo instrumento convocatório, a repercussão, no meio social, da finalidade para cujo atendimento o bem será utilizado pelo adquirente.

§ 8.º O descumprimento da finalidade a que se refere o § 7.º deste artigo resultará na imediata restituição do bem alcançado ao acervo patrimonial da empresa pública ou da sociedade de economia mista, vedado, nessa hipótese, o pagamento de indenização em favor do adquirente.

Art. 55. Em caso de empate entre 2 (duas) propostas, serão utilizados, na ordem em que se encontram enumerados, os seguintes critérios de desempate:

I – disputa final, em que os licitantes empatados poderão apresentar nova proposta fechada, em ato contínuo ao encerramento da etapa de julgamento;

II – avaliação do desempenho contratual prévio dos licitantes, desde que exista sistema objetivo de avaliação instituído;

III – os critérios estabelecidos no art. 3.º da Lei n. 8.248, de 23 de outubro de 1991, e no § 2.º do art. 3.º da Lei n. 8.666, de 21 de junho de 1993;

•• O art. 3.º da Lei n. 8.248, de 23-10-1991, estabelece: "Art. 3.º Os órgãos e entidades da Administração Pública Federal, direta ou indireta, as fundações instituídas e mantidas pelo Poder Público e as demais organizações sob o controle direto ou indireto da União darão preferência, nas aquisições de bens e serviços de informática e automação, observada a seguinte ordem, a: I – bens e serviços com tecnologia desenvolvida no País; II – bens e serviços produzidos de acordo com processo produtivo básico, na forma a ser definida pelo Poder Executivo. § 1.º (*Revogado pela Lei n. 10.176, de 11-1-2001.*) § 2.º Para o exercício desta preferência, levar-se-ão em conta condições equivalentes de prazo de entrega, suporte de serviços, qualidade, padronização, compatibilidade e especificação de desempenho e preço. § 3.º A aquisição de bens e serviços de informática e automação, considerados como bens e serviços comuns nos termos do parágrafo único do art. 1.º da Lei n. 10.520, de 17-7-2002, poderá ser realizada na modalidade pregão, restrita às empresas que cumpram o Processo Produtivo Básico nos termos desta Lei e da Lei n. 8.387, de 30-12-1991".

•• O art. 3.º, § 2.º, da Lei n. 8.666, de 21-6-1993, dispõe: "§ 2.º Em igualdade de condições, como critério de desempate, será assegurada preferência, sucessivamente, aos bens e serviços: I – (*Revogado pela Lei n. 12.349, de 15-12-2010*); II – produzidos no País; III – produzidos ou prestados por empresas brasileiras; IV – produzidos ou prestados por empresas que invistam em pesquisa e no desenvolvimento de tecnologia no País; V – produzidos ou prestados por empresas que comprovem cumprimento de reserva de cargos prevista em lei para pessoa com deficiência ou para reabilitado da Previdência Social e que atendam às regras de acessibilidade previstas na legislação".

IV – sorteio.

Art. 56. Efetuado o julgamento dos lances ou propostas, será promovida a verificação de sua efetividade, promovendo-se a desclassificação daqueles que:

I – contenham vícios insanáveis;

II – descumpram especificações técnicas constantes do instrumento convocatório;

III – apresentem preços manifestamente inexequíveis;

IV – se encontrem acima do orçamento estimado para a contratação de que trata o § 1.º do art. 57, ressalvada a hipótese prevista no *caput* do art. 34 desta Lei;

V – não tenham sua exequibilidade demonstrada, quando exigido pela empresa pública ou pela sociedade de economia mista;

VI – apresentem desconformidade com outras exigências do instrumento convocatório, salvo se for possível a acomodação a seus termos antes da adjudicação do objeto e sem que se prejudique a atribuição de tratamento isonômico entre os licitantes.

§ 1.º A verificação da efetividade dos lances ou propostas poderá ser feita exclusivamente em relação aos lances e propostas mais bem classificados.

§ 2.º A empresa pública e a sociedade de economia mista poderão realizar diligências para aferir a exequibilidade das propostas ou exigir dos licitantes que ela seja demonstrada, na forma do inciso V do *caput*.

§ 3.º Nas licitações de obras e serviços de engenharia, consideram-se inexequíveis as propostas com valores globais inferiores a 70% (setenta por cento) do menor dos seguintes valores:

I – média aritmética dos valores das propostas superiores a 50% (cinquenta por cento) do valor do orçamento estimado pela empresa pública ou sociedade de economia mista; ou

II – valor do orçamento estimado pela empresa pública ou sociedade de economia mista.

§ 4.º Para os demais objetos, para efeito de avaliação da exequibilidade ou de sobrepreço, deverão ser estabelecidos critérios de aceitabilidade de preços que considerem o preço global, os quantitativos e os preços unitários, assim definidos no instrumento convocatório.

Art. 57. Confirmada a efetividade do lance ou proposta que obteve a primeira colocação na etapa de julgamento, ou que passe a ocupar essa posição em decorrência da desclassificação de outra que tenha obtido colocação superior, a empresa pública e a sociedade de economia mista deverão negociar condições mais vantajosas com quem o apresentou.

§ 1.º A negociação deverá ser feita com os demais licitantes, segundo a ordem inicialmente estabelecida, quando o preço do primeiro colocado, mesmo após a negociação, permanecer acima do orçamento estimado.

§ 2.º (*Vetado.*)

§ 3.º Se depois de adotada a providência referida no § 1.º deste artigo não for obtido valor igual ou inferior ao orçamento estimado para a contratação, será revogada a licitação.

• *Vide* art. 62 desta Lei.

Art. 58. A habilitação será apreciada exclusivamente a partir dos seguintes parâmetros:

I – exigência da apresentação de documentos aptos a comprovar a possibilidade da aquisição de direitos e da contração de obrigações por parte do licitante;

II – qualificação técnica, restrita a parcelas do objeto técnica ou economicamente relevantes, de acordo com parâmetros estabelecidos de forma expressa no instrumento convocatório;

III – capacidade econômica e financeira;

IV – recolhimento de quantia a título de adiantamento, tratando-se de licitações em que se utilize como critério de julgamento a maior oferta de preço.

§ 1.º Quando o critério de julgamento utilizado for a maior oferta de preço, os requisitos de qualificação técnica e de capacidade econômica e financeira poderão ser dispensados.

§ 2.º Na hipótese do § 1.º, reverterá a favor da empresa pública ou da sociedade de economia mista o valor de quantia eventualmente exigida no instrumento convocatório a título de adiantamento, caso o licitante não efetue o restante do pagamento devido no prazo para tanto estipulado.

Art. 59. Salvo no caso de inversão de fases, o procedimento licitatório terá fase recursal única.

§ 1.º Os recursos serão apresentados no prazo de 5 (cinco) dias úteis após a habilitação e contemplarão, além dos atos praticados nessa fase, aqueles praticados em decorrência do disposto nos incisos IV e V do *caput* do art. 51 desta Lei.

§ 2.º Na hipótese de inversão de fases, o prazo referido no § 1.º será aberto após a habilitação e após o encerramento da fase prevista no inciso V do *caput* do art. 51, abrangendo o segundo prazo também atos decorrentes da fase referida no inciso IV do *caput* do art. 51 desta Lei.

Art. 60. A homologação do resultado implica a constituição de direito relativo à celebração do contrato em favor do licitante vencedor.

Art. 61. A empresa pública e a sociedade de economia mista não poderão celebrar contrato com preterição da ordem de classificação das propostas ou com terceiros estranhos à licitação.

Art. 62. Além das hipóteses previstas no § 3.º do art. 57 desta Lei e no inciso II do § 2.º do art. 75 desta Lei, quem dispuser de competência para homologação do resultado poderá revogar a licitação por razões de interesse público decorrentes de fato superveniente que constitua óbice manifesto e incontornável, ou anulá-la por ilegalidade, de ofício ou por provocação de terceiros, salvo quando for viável a convalidação do ato ou do procedimento viciado.

§ 1.º A anulação da licitação por motivo de ilegalidade não gera obrigação de indenizar, observado o disposto no § 2.º deste artigo.

§ 2.º A nulidade da licitação induz à do contrato.

§ 3.º Depois de iniciada a fase de apresentação de lances ou propostas, referida no inciso III do *caput* do art. 51 desta Lei, a revogação ou a anulação da licitação somente será efetivada depois de se conceder aos licitantes que manifestem interesse em contestar o respectivo ato prazo apto a lhes assegurar o exercício do direito ao contraditório e à ampla defesa.

§ 4.º O disposto no *caput* e nos §§ 1.º e 2.º deste artigo aplica-se, no que couber, aos atos por meio dos quais se determine a contratação direta.

Seção VII
Dos Procedimentos Auxiliares das Licitações

Art. 63. São procedimentos auxiliares das licitações regidas por esta Lei:

I – pré-qualificação permanente;

II – cadastramento;

III – sistema de registro de preços;

IV – catálogo eletrônico de padronização.

Parágrafo único. Os procedimentos de que trata o *caput* deste artigo obedecerão a critérios claros e objetivos definidos em regulamento.

Art. 64. Considera-se pré-qualificação permanente o procedimento anterior à licitação destinado a identificar:

•• *Vide* art. 36 desta Lei.

I – fornecedores que reúnam condições de habilitação exigidas para o fornecimento de bem ou a execução de serviço ou obra nos prazos, locais e condições previamente estabelecidos;

II – bens que atendam às exigências técnicas e de qualidade da administração pública.

§ 1.º O procedimento de pré-qualificação será público e permanentemente aberto à inscrição de qualquer interessado.

§ 2.º A empresa pública e a sociedade de economia mista poderão restringir a participação em suas licitações a fornecedores ou produtos pré-qualificados, nas condições estabelecidas em regulamento.

§ 3.º A pré-qualificação poderá ser efetuada nos grupos ou segmentos, segundo as especialidades dos fornecedores.

§ 4.º A pré-qualificação poderá ser parcial ou total, contendo alguns ou todos os requisitos de habilitação ou técnicos necessários à contratação, assegurada, em qualquer hipótese, a igualdade de condições entre os concorrentes.

§ 5.º A pré-qualificação terá validade de 1 (um) ano, no máximo, podendo ser atualizada a qualquer tempo.

§ 6.º Na pré-qualificação aberta de produtos, poderá ser exigida a comprovação de qualidade.

§ 7.º É obrigatória a divulgação dos produtos e dos interessados que forem pré-qualificados.

Art. 65. Os registros cadastrais poderão ser mantidos para efeito de habilitação dos inscritos em procedimentos licitatórios e serão válidos por 1 (um) ano, no máximo, podendo ser atualizados a qualquer tempo.

§ 1.º Os registros cadastrais serão amplamente divulgados e ficarão permanentemente abertos para a inscrição de interessados.

§ 2.º Os inscritos serão admitidos segundo requisitos previstos em regulamento.

§ 3.º A atuação do licitante no cumprimento de obrigações assumidas será anotada no respectivo registro cadastral.

§ 4.º A qualquer tempo poderá ser alterado, suspenso ou cancelado o registro do inscrito que deixar de satisfazer as exigências estabelecidas para habilitação ou para admissão cadastral.

Art. 66. O Sistema de Registro de Preços especificamente destinado às licitações de que trata esta Lei reger-se-á pelo disposto em decreto do Poder Executivo e pelas seguintes disposições:

§ 1.º Poderá aderir ao sistema referido no *caput* qualquer órgão ou entidade responsável pela execução das atividades contempladas no art. 1.º desta Lei.

§ 2.º O registro de preços observará, entre outras, as seguintes condições:

I – efetivação prévia de ampla pesquisa de mercado;

II – seleção de acordo com os procedimentos previstos em regulamento;

III – desenvolvimento obrigatório de rotina de controle e atualização periódicos dos preços registrados;

IV – definição da validade do registro;

V – inclusão, na respectiva ata, do registro dos licitantes que aceitarem cotar os bens ou serviços com preços iguais ao do licitante vencedor na sequência da classificação do certame, assim como dos licitantes que mantiverem suas propostas originais.

§ 3.º A existência de preços registrados não obriga a administração pública a firmar os contratos que deles poderão advir, sendo facultada a realização de licitação específica, assegurada ao licitante registrado preferência em igualdade de condições.

Art. 67. O catálogo eletrônico de padronização de compras, serviços e obras consiste em sistema informatizado, de gerenciamento centralizado, destinado a permitir a padronização dos itens a serem adquiridos pela empresa pública ou sociedade de economia mista que estarão disponíveis para a realização de licitação.

Parágrafo único. O catálogo referido no *caput* poderá ser utilizado em licitações cujo critério de julgamento seja o menor preço ou o maior desconto e conterá toda a documentação e todos os procedimentos da fase interna da licitação, assim como as especificações dos respectivos objetos, conforme disposto em regulamento.

Capítulo II
DOS CONTRATOS

•• *Vide* art. 1.º, § 2.º, desta Lei.

•• Aplicam-se às licitações e aos contratos regidos por esta Lei as disposições do Capítulo II-B do Título XI da Parte Especial do CP (arts. 337-E a 337-P – Dos Crimes em Licitações e Contratos Administrativos).

Seção I
Da Formalização dos Contratos

Art. 68. Os contratos de que trata esta Lei regulam-se pelas suas cláusulas, pelo disposto nesta Lei e pelos preceitos de direito privado.

Art. 69. São cláusulas necessárias nos contratos disciplinados por esta Lei:

I – o objeto e seus elementos característicos;

II – o regime de execução ou a forma de fornecimento;

III – o preço e as condições de pagamento, os critérios, a data-base e a periodicidade do reajustamento de preços e os critérios de atualização monetária entre a data do adimplemento das obrigações e a do efetivo pagamento;

IV – os prazos de início de cada etapa de execução, de conclusão, de entrega, de observação, quando for o caso, e de recebimento;

V – as garantias oferecidas para assegurar a plena execução do objeto contratual, quando exigidas, observado o disposto no art. 68;

VI – os direitos e as responsabilidades das partes, as tipificações das infrações e as respectivas penalidades e valores das multas;

VII – os casos de rescisão do contrato e os mecanismos para alteração de seus termos;

VIII – a vinculação ao instrumento convocatório da respectiva licitação ou ao termo que a dispensou ou a inexigiu, bem como ao lance ou proposta do licitante vencedor;

IX – a obrigação do contratado de manter, durante a execução do contrato, em compatibilidade com as obrigações por ele assumidas, as condições de habilitação e qualificação exigidas no curso do procedimento licitatório;

X – matriz de riscos.

§ 1.º (*Vetado.*)

§ 2.º Nos contratos decorrentes de licitações de obras ou serviços de engenharia em que tenha sido adotado o modo de disputa aberto, o contratado deverá reelaborar e apresentar à empresa pública ou à sociedade de economia mista e às suas respectivas subsidiárias, por meio eletrônico, as planilhas com indicação dos quantitativos e dos custos unitários, bem como do detalhamento das Bonificações e Despesas Indiretas (BDI) e dos Encargos Sociais (ES), com os respectivos valores adequados ao lance vencedor, para fins do disposto no inciso III do *caput* deste artigo.

Art. 70. Poderá ser exigida prestação de garantia nas contratações de obras, serviços e compras.

§ 1.º Caberá ao contratado optar por uma das seguintes modalidades de garantia:

I – caução em dinheiro;

II – seguro-garantia;

III – fiança bancária.

§ 2.º A garantia a que se refere o *caput* não excederá a 5% (cinco por cento) do valor do contrato e terá seu valor atualizado nas mesmas condições nele estabelecidas, ressalvado o previsto no § 3.º deste artigo.

§ 3.º Para obras, serviços e fornecimentos de grande vulto envolvendo complexidade técnica e riscos financeiros elevados, o limite de garantia previsto no § 2.º poderá ser elevado para até 10% (dez por cento) do valor do contrato.

§ 4.º A garantia prestada pelo contratado será liberada ou restituída após a execução do contrato, devendo ser atualizada monetariamente na hipótese do inciso I do § 1.º deste artigo.

Art. 71. A duração dos contratos regidos por esta Lei não excederá a 5 (cinco) anos, contados a partir de sua celebração, exceto:

I – para projetos contemplados no plano de negócios e investimentos da empresa pública ou da sociedade de economia mista;

II – nos casos em que a pactuação por prazo superior a 5 (cinco) anos seja prática rotineira de mercado e a imposição desse prazo inviabilize ou onere excessivamente a realização do negócio.

Parágrafo único. É vedado o contrato por prazo indeterminado.

Art. 72. Os contratos regidos por esta Lei somente poderão ser alterados por acordo entre as partes, vedando-se ajuste que resulte em violação da obrigação de licitar.

Art. 73. A redução a termo do contrato poderá ser dispensada no caso de pequenas despesas de pronta entrega e pagamento das quais não resultem obrigações futuras por parte da empresa pública ou da sociedade de economia mista.

Parágrafo único. O disposto no *caput* não prejudicará o registro contábil exaustivo dos valores despendidos e a exigência de recibo por parte dos respectivos destinatários.

Art. 74. É permitido a qualquer interessado o conhecimento dos termos do contrato e a obtenção de cópia autenticada de seu inteiro teor ou de qualquer de suas partes, admitida a exigência de ressarcimento dos custos, nos termos previstos na Lei n. 12.527, de 18 de novembro de 2011.

Art. 75. A empresa pública e a sociedade de economia mista convocarão o licitante vencedor ou o destinatário de contratação com dispensa ou inexigibilidade de licitação para assinar o termo de contrato, observados o prazo e as condições estabelecidos, sob pena de decadência do direito à contratação.

§ 1.º O prazo de convocação poderá ser prorrogado 1 (uma) vez, por igual período.

§ 2.º É facultado à empresa pública ou à sociedade de economia mista, quando o convocado não assinar o termo de contrato no prazo e nas condições estabelecidos:

I – convocar os licitantes remanescentes, na ordem de classificação, para fazê-lo em igual prazo e nas mesmas condições propostas pelo primeiro classificado, inclusive quanto aos preços atualizados em conformidade com o instrumento convocatório;

II – revogar a licitação.

• *Vide* art. 62 desta Lei.

Art. 76. O contratado é obrigado a reparar, corrigir, remover, reconstruir ou substituir, às suas expensas, no total ou em parte, o objeto do contrato em que se verificarem vícios, defeitos ou incorreções resultantes da execução ou de materiais empregados, e responderá por danos causados diretamente a terceiros ou à empresa pública ou sociedade de economia mista, independentemente da comprovação de sua culpa ou dolo na execução do contrato.

Art. 77. O contratado é responsável pelos encargos trabalhistas, fiscais e comerciais resultantes da execução do contrato.

§ 1.º A inadimplência do contratado quanto aos encargos trabalhistas, fiscais e comerciais não transfere à empresa pública ou à sociedade de economia mista a responsabilidade por seu pagamento, nem poderá onerar o objeto do contrato ou restringir a regularização e o uso das obras e edificações, inclusive perante o Registro de Imóveis.

§ 2.º (*Vetado.*)

Art. 78. O contratado, na execução do contrato, sem prejuízo das responsabilidades contratuais e legais, poderá subcontratar partes da obra, serviço ou fornecimento, até o limite admitido, em cada caso, pela empresa pública ou pela sociedade de economia mista, conforme previsto no edital do certame.

§ 1.º A empresa subcontratada deverá atender, em relação ao objeto da subcontratação, as exigências de qualificação técnica impostas ao licitante vencedor.

§ 2.º É vedada a subcontratação de empresa ou consórcio que tenha participado:

I – do procedimento licitatório do qual se originou a contratação;

II – direta ou indiretamente, da elaboração de projeto básico ou executivo.

§ 3.º As empresas de prestação de serviços técnicos especializados deverão garantir que os integrantes de seu corpo técnico executem pessoal e diretamente as obrigações a eles imputadas, quando a respectiva relação for apresentada em procedimento licitatório ou em contratação direta.

Art. 79. Na hipótese do § 6.º do art. 54, quando não for gerada a economia prevista no lance ou proposta, a diferença entre a economia contratada e a efetivamente obtida será descontada da remuneração do contratado.

Parágrafo único. Se a diferença entre a economia contratada e a efetivamente obtida for superior à remuneração do contratado, será aplicada a sanção prevista no contrato, nos termos do inciso VI do *caput* do art. 69 desta Lei.

Art. 80. Os direitos patrimoniais e autorais de projetos ou serviços técnicos especializados desenvolvidos por profissionais autônomos ou por empresas contratadas passam a ser propriedade da empresa pública ou sociedade de economia mista que os tenha contratado, sem prejuízo da preservação da identificação dos respectivos autores e da responsabilidade técnica a eles atribuída.

• *Vide* Lei n. 9.610, de 19-2-1998, que dispõe sobre direitos autorais.

Seção II
Da Alteração dos Contratos

Art. 81. Os contratos celebrados nos regimes previstos nos incisos I a V do art. 43 contarão com cláusula que estabeleça a possibilidade de alteração, por acordo entre as partes, nos seguintes casos:

I – quando houver modificação do projeto ou das especificações, para melhor adequação técnica aos seus objetivos;

II – quando necessária a modificação do valor contratual em decorrência de acréscimo ou diminuição quantitativa de seu objeto, nos limites permitidos por esta Lei;

III – quando conveniente a substituição da garantia de execução;

IV – quando necessária a modificação do regime de execução da obra ou serviço, bem como do modo de fornecimento, em face de verificação técnica da inaplicabilidade dos termos contratuais originários;

V – quando necessária a modificação da forma de pagamento, por imposição de circunstâncias supervenientes, mantido o valor inicial atualizado, vedada a antecipação do pagamento, com relação ao cronograma financeiro fixado, sem a correspondente contraprestação de fornecimento de bens ou execução de obra ou serviço;

VI – para restabelecer a relação que as partes pactuaram inicialmente entre os encargos do contratado e a retribuição da administração para a justa remuneração da obra, serviço ou fornecimento, objetivando a manutenção do equilíbrio econômico-financeiro inicial do contrato, na hipótese de sobrevirem fatos imprevisíveis, ou previsíveis porém de consequências incalculáveis, retardadores ou impeditivos da execução do ajustado, ou, ainda, em caso de força maior, caso fortuito ou fato do príncipe, configurando álea econômica extraordinária e extracontratual.

§ 1.º O contratado poderá aceitar, nas mesmas condições contratuais, os acréscimos ou supressões que se fizerem nas obras, serviços ou compras, até 25% (vinte e cinco por cento) do valor inicial atualizado do contrato, e, no caso particular de reforma de edifício ou de equipamento, até o limite de 50% (cinquenta por cento) para os seus acréscimos.

§ 2.º Nenhum acréscimo ou supressão poderá exceder os limites estabelecidos no § 1.º, salvo as supressões resultantes de acordo celebrado entre os contratantes.

§ 3.º Se no contrato não houverem sido contemplados preços unitários para obras ou serviços, esses serão fixados mediante acordo entre as partes, respeitados os limites estabelecidos no § 1.º.

§ 4.º No caso de supressão de obras, bens ou serviços, se o contratado já houver adquirido os materiais e posto no local dos trabalhos, esses materiais deverão ser pagos pela empresa pública ou sociedade de economia mista pelos custos de aquisição regularmente comprovados e monetariamente corrigidos, podendo caber indenização por outros danos eventualmente decorrentes da supressão, desde que regularmente comprovados.

§ 5.º A criação, a alteração ou a extinção de quaisquer tributos ou encargos legais, bem como a superveniência de disposições legais, quando ocorridas após a data da apresentação da proposta, com comprovada repercussão nos preços contratados, implicarão a revisão destes para mais ou para menos, conforme o caso.

§ 6.º Em havendo alteração do contrato que aumente os encargos do contratado, a empresa pública ou a sociedade de economia mista deverá restabelecer, por aditamento, o equilíbrio econômico-financeiro inicial.

§ 7.º A variação do valor contratual para fazer face ao reajuste de preços previsto no próprio contrato e as atualizações, compensações ou penalizações financeiras decorrentes das condições de pagamento nele previstas, bem como o empenho de dotações orçamentárias suplementares até o limite do seu valor corrigido, não caracterizam alteração do contrato e podem ser registrados por simples apostila, dispensada a celebração de aditamento.

§ 8.º É vedada a celebração de aditivos decorrentes de eventos supervenientes alocados, na matriz de riscos, como de responsabilidade da contratada.

Seção III
Das Sanções Administrativas

Art. 82. Os contratos devem conter cláusulas com sanções administrativas a serem aplicadas em decorrência de atraso injustificado na execução do contrato, sujeitando o contratado a multa de mora, na forma prevista no instrumento convocatório ou no contrato.

§ 1.º A multa a que alude este artigo não impede que a empresa pública ou a sociedade de economia mista rescinda o contrato e aplique as outras sanções previstas nesta Lei.

§ 2.º A multa, aplicada após regular processo administrativo, será descontada da garantia do respectivo contratado.

§ 3.º Se a multa for de valor superior ao valor da garantia prestada, além da perda desta, responderá o contratado pela sua diferença, a qual será descontada dos pagamentos eventualmente devidos pela empresa pública ou pela sociedade de economia mista ou, ainda, quando for o caso, cobrada judicialmente.

Art. 83. Pela inexecução total ou parcial do contrato a empresa pública ou a sociedade de economia mista poderá, garantida a prévia defesa, aplicar ao contratado as seguintes sanções:

I – advertência;

II – multa, na forma prevista no instrumento convocatório ou no contrato;

III – suspensão temporária de participação em licitação e impedimento de contratar com a entidade sancionadora, por prazo não superior a 2 (dois) anos.

§ 1.º Se a multa aplicada for superior ao valor da garantia prestada, além da perda desta, responderá o contratado pela sua diferença, que será descontada dos pagamentos eventualmente devidos pela empresa pública ou pela sociedade de economia mista ou cobrada judicialmente.

§ 2.º As sanções previstas nos incisos I e III do *caput* poderão ser aplicadas juntamente com a do inciso II, devendo a defesa prévia do interessado, no respectivo processo, ser apresentada no prazo de 10 (dez) dias úteis.

Art. 84. As sanções previstas no inciso III do art. 83 poderão também ser aplicadas às empresas ou aos profissionais que, em razão dos contratos regidos por esta Lei:

I – tenham sofrido condenação definitiva por praticarem, por meios dolosos, fraude fiscal no recolhimento de quaisquer tributos;

II – tenham praticado atos ilícitos visando a frustrar os objetivos da licitação;

III – demonstrem não possuir idoneidade para contratar com a empresa pública ou a sociedade de economia mista em virtude de atos ilícitos praticados.

Capítulo III
DA FISCALIZAÇÃO PELO ESTADO E PELA SOCIEDADE

Art. 85. Os órgãos de controle externo e interno das 3 (três) esferas de governo fiscalizarão as empresas públicas e as sociedades de economia mista a elas relacionadas, inclusive aquelas domiciliadas no exterior, quanto à legitimidade, à economicidade e à eficácia da aplicação de seus recursos, sob o ponto de vista contábil, financeiro, operacional e patrimonial.

§ 1.º Para a realização da atividade fiscalizatória de que trata o *caput*, os órgãos de controle deverão ter acesso irrestrito aos documentos e às informações necessários à realização dos trabalhos, inclusive aqueles classificados como sigilosos pela empresa pública ou pela sociedade de economia mista, nos termos da Lei n. 12.527, de 18 de novembro de 2011.

§ 2.º O grau de confidencialidade será atribuído pelas empresas públicas e sociedades de economia mista no ato de entrega dos documentos e informações solicitados, tornando-se o órgão de controle com o qual foi compartilhada a informação sigilosa corresponsável pela manutenção do seu sigilo.

§ 3.º Os atos de fiscalização e controle dispostos neste Capítulo aplicar-se-ão, também, às empresas públicas e às sociedades de economia mista de caráter e constituição transnacional no que se refere aos atos de gestão e aplicação do capital nacional, independentemente de estarem incluídos ou não em seus respectivos atos e acordos constitutivos.

Art. 86. As informações das empresas públicas e das sociedades de economia mista relativas a licitações e contratos, inclusive aqueles referentes a bases de preços, constarão de bancos de dados eletrônicos atualizados e com acesso em tempo real aos órgãos de controle competentes.

§ 1.º As demonstrações contábeis auditadas da empresa pública e da sociedade de economia mista serão disponibilizadas no sítio eletrônico da empresa ou da sociedade na internet, inclusive em formato eletrônico editável.

§ 2.º As atas e demais expedientes oriundos de reuniões, ordinárias ou extraordinárias, dos conselhos de administração ou fiscal das empresas públicas e das sociedades de economia mista, inclusive gravações e filmagens, quando houver, deverão ser disponibilizados para os órgãos de controle sempre que solicitados, no âmbito dos trabalhos de auditoria.

§ 3.º O acesso dos órgãos de controle às informações referidas no *caput* e no § 2.º será restrito e individualizado.

§ 4.º As informações que sejam revestidas de sigilo bancário, estratégico, comercial ou industrial serão assim identificadas, respondendo o servidor administrativa, civil e penalmente pelos danos causados à empresa pública ou à sociedade de economia mista e a seus acionistas em razão de eventual divulgação indevida.

§ 5.º Os critérios para a definição do que deve ser considerado sigilo estratégico, comercial ou industrial serão estabelecidos em regulamento.

Art. 87. O controle das despesas decorrentes dos contratos e demais instrumentos regidos por esta Lei será feito pelos órgãos do sistema de controle interno e pelo tribunal de contas competente, na forma da legislação pertinente, ficando as empresas públicas e as sociedades de economia mista responsáveis pela demonstração da legalidade e da regularidade da despesa e da execução, nos termos da Constituição.

§ 1.º Qualquer cidadão é parte legítima para impugnar edital de licitação por irregularidade na aplicação desta Lei, devendo protocolar o pedido até 5 (cinco) dias úteis antes da data fixada para a ocorrência do certame, devendo a entidade julgar e responder à impugnação em até 3 (três) dias úteis, sem prejuízo da faculdade prevista no § 2.º.

§ 2.º Qualquer licitante, contratado ou pessoa física ou jurídica poderá representar ao tribunal de contas ou aos órgãos integrantes do sistema de controle interno contra irregularidades na aplicação desta Lei, para os fins do disposto neste artigo.

§ 3.º Os tribunais de contas e os órgãos integrantes do sistema de controle interno poderão solicitar para exame, a qualquer tempo, documentos de natureza contábil, financeira, orçamentária, patrimonial e operacional das empresas públicas, das sociedades de economia mista e de suas subsidiárias no Brasil e no exterior, obrigando-se, os jurisdicionados, à adoção das medidas corretivas pertinentes que, em função desse exame, lhes forem determinadas.

Art. 88. As empresas públicas e as sociedades de economia mista deverão disponibilizar para conhecimento público, por meio eletrônico, informação completa mensalmente atualizada sobre a execução de seus contratos e de seu orçamento, admitindo-se retardo de até 2 (dois) meses na divulgação das informações.

§ 1.º A disponibilização de informações contratuais referentes a operações de perfil estratégico ou que tenham por objeto segredo industrial receberá proteção mínima necessária para lhes garantir confidencialidade.

§ 2.º O disposto no § 1.º não será oponível à fiscalização dos órgãos de controle interno e do tribunal de contas, sem prejuízo da responsabilização administrativa, civil e penal do servidor que der causa à eventual divulgação dessas informações.

Art. 89. O exercício da supervisão por vinculação da empresa pública ou da sociedade de economia mista, pelo órgão a que se vincula, não pode ensejar a redução ou a supressão da autonomia conferida pela lei específica que autorizou a criação da entidade supervisionada ou da autonomia inerente a sua natureza, nem autoriza a ingerência do supervisor em sua administração e funcionamento, devendo a supervisão ser exercida nos limites da legislação aplicável.

Art. 90. As ações e deliberações do órgão ou ente de controle não podem implicar interferência na gestão das empresas públicas e das sociedades de economia mista a ele submetidas nem ingerência no exercício de suas competências ou na definição de políticas públicas.

TÍTULO III
DISPOSIÇÕES FINAIS E TRANSITÓRIAS

Art. 91. A empresa pública e a sociedade de economia mista constituídas anteriormente à vigência desta Lei deverão, no prazo de 24 (vinte e quatro) meses, promover as adaptações necessárias à adequação ao disposto nesta Lei.

§ 1.º A sociedade de economia mista que tiver capital fechado na data de entrada em vigor desta Lei poderá, observado o prazo estabelecido no *caput*, ser transformada em empresa pública, mediante resgate, pela empresa, da totalidade das ações de titularidade de acionistas privados, com base no valor de patrimônio líquido constante do último balanço aprovado pela assembleia-geral.

§ 2.º (*Vetado.*)

§ 3.º Permanecem regidos pela legislação anterior procedimentos licitatórios e contratos iniciados ou celebrados até o final do prazo previsto no *caput*.

Art. 92. O Registro Público de Empresas Mercantis e Atividades Afins manterá banco de dados público e gratuito, disponível na internet, contendo a relação de todas as empresas públicas e as sociedades de economia mista.

Parágrafo único. É a União proibida de realizar transferência voluntária de recursos a Estados, ao Distrito Federal e a Municípios que não fornecerem ao Registro Público de Empresas Mercantis e Atividades Afins as informações relativas às empresas públicas e às sociedades de economia mista a eles vinculadas.

Art. 93. As despesas com publicidade e patrocínio da empresa pública e da sociedade de economia mista não ultrapassarão, em cada exercício, o limite de 0,5% (cinco décimos por cento) da receita operacional bruta do exercício anterior.

§ 1.º O limite disposto no *caput* poderá ser ampliado, até o limite de 2% (dois por cento) da receita bruta do exercício anterior, por proposta da diretoria da empresa pública ou da sociedade de economia mista justificada com base em parâmetros de mercado do setor específico de atuação da empresa ou da sociedade e aprovada pelo respectivo Conselho de Administração.

§ 2.º É vedado à empresa pública e à sociedade de economia mista realizar, em ano de eleição para cargos do ente federativo a que sejam vinculadas, despesas com publicidade e patrocínio que excedam a média dos gastos nos 3 (três) últimos anos que antecedem o pleito ou no último ano imediatamente anterior à eleição.

Art. 94. Aplicam-se à empresa pública, à sociedade de economia mista e às suas subsidiárias as sanções previstas na Lei n. 12.846, de 1.º de agosto de 2013, salvo as previstas nos incisos II, III e IV do *caput* do art. 19 da referida Lei.

Art. 95. A estratégia de longo prazo prevista no art. 23 deverá ser aprovada em até 180 (cento e oitenta) dias da data de publicação da presente Lei.

Art. 96. Revogam-se:

I – o § 2.º do art. 15 da Lei n. 3.890-A, de 25 de abril de 1961, com a redação dada pelo art. 19 da Lei n. 11.943, de 28 de maio de 2009;

II – os arts. 67 e 68 da Lei n. 9.478, de 6 de agosto de 1997.

Art. 97. Esta Lei entra em vigor na data de sua publicação.

Brasília, 30 de junho de 2016; 195.º da Independência e 128.º da República.

MICHEL TEMER

LEI N. 13.431, DE 4 DE ABRIL DE 2017 (*)

Estabelece o sistema de garantia de direitos da criança e do adolescente vítima ou testemunha de violência e altera a Lei n. 8.069, de 13 de julho de 1990 (Estatuto da Criança e do Adolescente).

O Presidente da República

Faço saber que o Congresso Nacional decreta e eu sanciono a seguinte Lei:

TÍTULO I
DISPOSIÇÕES GERAIS

Art. 1.º Esta Lei normatiza e organiza o sistema de garantia de direitos da criança e do adolescente vítima ou testemunha de violência, cria mecanismos para prevenir e coibir a violência, nos termos do art. 227 da Constituição Federal, da Convenção sobre os Direitos da Criança e seus protocolos adicionais, da Resolução n. 20/2005 do Conselho Econômico e Social das Nações Unidas e de outros diplomas internacionais, e estabelece medidas de assistência e proteção à criança e ao adolescente em situação de violência.

•• A Resolução n. 299, de 5-11-2019, do CNJ, dispõe sobre o sistema de garantia de direitos da criança e do adolescente vítima ou testemunha de violência, de que trata esta Lei.

Art. 2.º A criança e o adolescente gozam dos direitos fundamentais inerentes à pessoa humana, sendo-lhes asseguradas a proteção integral e as oportunidades e facilidades para viver sem violência e preservar sua saúde física e mental e seu desenvolvimento moral, intelectual e social, e gozam de direitos específicos à sua condição de vítima ou testemunha.

Parágrafo único. A União, os Estados, o Distrito Federal e os Municípios desenvolverão políticas integradas e coordenadas que visem a garantir os direitos humanos da criança e do adolescente no âmbito das relações domésticas, familiares e sociais, para resguardá-los de toda forma de negligência, discriminação, exploração, violência, abuso, crueldade e opressão.

Art. 3.º Na aplicação e interpretação desta Lei, serão considerados os fins sociais a que ela se destina e, especialmente, as condições peculiares da criança e do adolescente como pessoas em desenvolvimento, às quais o Estado, a família e a sociedade devem assegurar a fruição dos direitos fundamentais com absoluta prioridade.

Parágrafo único. A aplicação desta Lei é facultativa para as vítimas e testemunhas de violência entre 18 (dezoito) e 21 (vinte e um) anos, conforme disposto no parágrafo único do art. 2.º da Lei n. 8.069, de 13 de julho de 1990 (Estatuto da Criança e do Adolescente).

Art. 4.º Para os efeitos desta Lei, sem prejuízo da tipificação das condutas criminosas, são formas de violência:

I – violência física, entendida como a ação infligida à criança ou ao adolescente que ofenda sua integridade ou saúde corporal ou que lhe cause sofrimento físico;

II – violência psicológica:

a) qualquer conduta de discriminação, depreciação ou desrespeito em relação à criança ou ao adolescente mediante ameaça, constrangimento, humilhação, manipulação, isolamento, agressão verbal e xingamento, ridicularização, indiferença, exploração ou intimidação sistemática (*bullying*) que possa comprometer seu desenvolvimento psíquico ou emocional;

• *Vide* Lei n. 13.185, de 6-11-2015, que institui o Programa de Combate à Intimidação Sistêmica (*bullying*).

b) o ato de alienação parental, assim entendido como a interferência na formação psicológica da criança ou do adolescente, promovida ou induzida por um dos genitores, pelos avós ou por quem os tenha sob sua autoridade, guarda ou vigilância, que leve ao repúdio de genitor ou que cause prejuízo ao estabelecimento ou à manutenção de vínculo com este;

• *Vide* Lei n. 12.318, de 26-8-2010, que dispõe sobre alienação parental.

(*) Publicada no *Diário Oficial da União*, de 5-4-2017. O Decreto n. 9.603, de 10-12-2018, regulamenta esta Lei.

c) qualquer conduta que exponha a criança ou o adolescente, direta ou indiretamente, a crime violento contra membro de sua família ou de sua rede de apoio, independentemente do ambiente em que cometido, particularmente quando isto a torna testemunha;

III – violência sexual, entendida como qualquer conduta que constranja a criança ou o adolescente a praticar ou presenciar conjunção carnal ou qualquer outro ato libidinoso, inclusive exposição do corpo em foto ou vídeo por meio eletrônico ou não, que compreenda:

a) abuso sexual, entendido como toda ação que se utiliza da criança ou do adolescente para fins sexuais, seja conjunção carnal ou outro ato libidinoso, realizado de modo presencial ou por meio eletrônico, para estimulação sexual do agente ou de terceiro;

b) exploração sexual comercial, entendida como o uso da criança ou do adolescente em atividade sexual em troca de remuneração ou qualquer outra forma de compensação, de forma independente ou sob patrocínio, apoio ou incentivo de terceiro, seja de modo presencial ou por meio eletrônico;

c) tráfico de pessoas, entendido como o recrutamento, o transporte, a transferência, o alojamento ou o acolhimento da criança ou do adolescente, dentro do território nacional ou para o estrangeiro, com o fim de exploração sexual, mediante ameaça, uso de força ou outra forma de coação, rapto, fraude, engano, abuso de autoridade, aproveitamento de situação de vulnerabilidade ou entrega ou aceitação de pagamento, entre os casos previstos na legislação;

•• *Vide* Lei n. 13.344, de 6-10-2016, que dispõe sobre prevenção e repressão ao tráfico interno e internacional de pessoas.

•• *Vide* art. 239 do ECA.

IV – violência institucional, entendida como a praticada por instituição pública ou conveniada, inclusive quando gerar revitimização;

V – violência patrimonial, entendida como qualquer conduta que configure retenção, subtração, destruição parcial ou total de seus documentos pessoais, bens, valores e direitos ou recursos econômicos, incluídos os destinados a satisfazer suas necessidades, desde que a medida não se enquadre como educacional.

•• Inciso V acrescentado pela Lei n. 14.344, de 24-5-2022.

§ 1.º Para os efeitos desta Lei, a criança e o adolescente serão ouvidos sobre a situação de violência por meio de escuta especializada e depoimento especial.

§ 2.º Os órgãos de saúde, assistência social, educação, segurança pública e justiça adotarão os procedimentos necessários por ocasião da revelação espontânea da violência.

§ 3.º Na hipótese de revelação espontânea da violência, a criança e o adolescente serão chamados a confirmar os fatos na forma especificada no § 1.º deste artigo, salvo em caso de intervenções de saúde.

§ 4.º O não cumprimento do disposto nesta Lei implicará a aplicação das sanções previstas na Lei n. 8.069, de 13 de julho de 1990 (Estatuto da Criança e do Adolescente).

Título II
DOS DIREITOS E GARANTIAS

Art. 5.º A aplicação desta Lei, sem prejuízo dos princípios estabelecidos nas demais normas nacionais e internacionais de proteção dos direitos da criança e do adolescente, terá como base, entre outros, os direitos e garantias fundamentais da criança e do adolescente a:

I – receber prioridade absoluta e ter considerada a condição peculiar de pessoa em desenvolvimento;

II – receber tratamento digno e abrangente;

III – ter a intimidade e as condições pessoais protegidas quando vítima ou testemunha de violência;

IV – ser protegido contra qualquer tipo de discriminação, independentemente de classe, sexo, raça, etnia, renda, cultura, nível educacional, idade, religião, nacionalidade, procedência regional, regularidade migratória, deficiência ou qualquer outra condição sua, de seus pais ou de seus representantes legais;

V – receber informação adequada à sua etapa de desenvolvimento sobre direitos, inclusive sociais, serviços disponíveis, representação jurídica, medidas de proteção, reparação de danos e qualquer procedimento a que seja submetido;

VI – ser ouvido e expressar seus desejos e opiniões, assim como permanecer em silêncio;

VII – receber assistência qualificada jurídica e psicossocial especializada, que facilite a sua participação e o resguarde contra comportamento inadequado adotado pelos demais órgãos atuantes no processo;

VIII – ser resguardado e protegido de sofrimento, com direito a apoio, planejamento de sua participação, prioridade na tramitação do processo, celeridade processual, idoneidade do atendimento e limitação das intervenções;

IX – ser ouvido em horário que lhe for mais adequado e conveniente, sempre que possível;

X – ter segurança, com avaliação contínua sobre possibilidades de intimidação, ameaça e outras formas de violência;

XI – ser assistido por profissional capacitado e conhecer os profissionais que participam dos procedimentos de escuta especializada e depoimento especial;

XII – ser reparado quando seus direitos forem violados;

XIII – conviver em família e em comunidade;

XIV – ter as informações prestadas tratadas confidencialmente, sendo vedada a utilização ou o repasse a terceiro das declarações feitas pela criança e pelo adolescente vítima, salvo para os fins de assistência à saúde e de persecução penal;

XV – prestar declarações em formato adaptado à criança e ao adolescente com deficiência ou em idioma diverso do português.

Parágrafo único. O planejamento referido no inciso VIII, no caso de depoimento especial, será realizado entre os profissionais especializados e o juízo.

Art. 6.º A criança e o adolescente vítima ou testemunha de violência têm direito a pleitear, por meio de seu representante legal, medidas protetivas contra o autor da violência.

Parágrafo único. Os casos omissos nesta Lei serão interpretados à luz do disposto na Lei n. 8.069, de 13 de julho de 1990 (Estatuto da Criança e do Adolescente), na Lei n. 11.340, de 7 de agosto de 2006 (Lei Maria da Penha), e em normas conexas.

Título III
DA ESCUTA ESPECIALIZADA E DO DEPOIMENTO ESPECIAL

Art. 7.º Escuta especializada é o procedimento de entrevista sobre situação de violência com criança ou adolescente perante órgão da rede de proteção, limitado o relato estritamente ao necessário para o cumprimento de sua finalidade.

Art. 8.º Depoimento especial é o procedimento de oitiva de criança ou adolescente vítima ou testemunha de violência perante autoridade policial ou judiciária.

Art. 9.º A criança ou o adolescente será resguardado de qualquer contato, ainda que visual, com o suposto autor ou acusado, ou com outra pessoa que represente ameaça, coação ou constrangimento.

Art. 10. A escuta especializada e o depoimento especial serão realizados em local apropriado e acolhedor, com infraestrutura e espaço físico que garantam a privacidade da criança ou do adolescente vítima ou testemunha de violência.

Art. 11. O depoimento especial reger-se-á por protocolos e, sempre que possível, será realizado uma única vez, em sede de produção antecipada de prova judicial, garantida a ampla defesa do investigado.

§ 1.º O depoimento especial seguirá o rito cautelar de antecipação de prova:

I – quando a criança ou o adolescente tiver menos de 7 (sete) anos;

II – em caso de violência sexual.

§ 2.º Não será admitida a tomada de novo depoimento especial, salvo quando justificada a sua imprescindibilidade pela autoridade competente e houver a concordância da vítima ou da testemunha, ou de seu representante legal.

Art. 12. O depoimento especial será colhido conforme o seguinte procedimento:

I – os profissionais especializados esclarecerão a criança ou o adolescente sobre a tomada do depoimento especial, informando-lhe os seus direitos e os procedimentos a serem adotados e planejando sua participação, sendo vedada a leitura da denúncia ou de outras peças processuais;

II – é assegurada à criança ou ao adolescente a livre narrativa sobre a situação de violência, podendo o profissional especializado intervir quando necessário, utilizando técnicas que permitam a elucidação dos fatos;

III – no curso do processo judicial, o depoimento especial será transmitido em tempo real para a sala de audiência, preservado o sigilo;

IV – findo o procedimento previsto no inciso II deste artigo, o juiz, após consultar o Ministério Público, o defensor e os assistentes técnicos, avaliará a pertinência de perguntas complementares, organizadas em bloco;

V – o profissional especializado poderá adaptar as perguntas à linguagem de melhor compreensão da criança ou do adolescente;

VI – o depoimento especial será gravado em áudio e vídeo.

§ 1.º À vítima ou testemunha de violência é garantido o direito de prestar depoimento diretamente ao juiz, se assim o entender.

§ 2.º O juiz tomará todas as medidas apropriadas para a preservação da intimidade e da privacidade da vítima ou testemunha.

§ 3.º O profissional especializado comunicará ao juiz se verificar que a presença, na sala de audiência, do autor da violência pode prejudicar o depoimento especial ou colocar o depoente em situação de risco, caso em que, fazendo constar em termo, será autorizado o afastamento do imputado.

§ 4.º Nas hipóteses em que houver risco à vida ou à integridade física da vítima ou testemunha, o juiz tomará as medidas de proteção cabíveis, inclusive a restrição do disposto nos incisos III e VI deste artigo.

§ 5.º As condições de preservação e de segurança da mídia relativa ao depoimento da criança ou do adolescente serão objeto de regulamentação, de forma a garantir o direito à intimidade e à privacidade da vítima ou testemunha.

§ 6.º O depoimento especial tramitará em segredo de justiça.

- *Vide* art. 189 do CPC.

TÍTULO IV
DA INTEGRAÇÃO DAS POLÍTICAS DE ATENDIMENTO

Capítulo I
DISPOSIÇÕES GERAIS

Art. 13. Qualquer pessoa que tenha conhecimento ou presencie ação ou omissão, praticada em local público ou privado, que constitua violência contra criança ou adolescente tem o dever de comunicar o fato imediatamente ao serviço de recebimento e monitoramento de denúncias, ao conselho tutelar ou à autoridade policial, os quais, por sua vez, cientificarão imediatamente o Ministério Público.

- *Vide* art. 245 do ECA.

Parágrafo único. A União, os Estados, o Distrito Federal e os Municípios poderão promover, periodicamente, campanhas de conscientização da sociedade, promovendo a identificação das violações de direitos e garantias de crianças e adolescentes e a divulgação dos serviços de proteção e dos fluxos de atendimento, como forma de evitar a violência institucional.

Art. 14. As políticas implementadas nos sistemas de justiça, segurança pública, assistência social, educação e saúde deverão adotar ações articuladas, coordenadas e efetivas voltadas ao acolhimento e ao atendimento integral às vítimas de violência.

§ 1.º As ações de que trata o *caput* observarão as seguintes diretrizes:

I – abrangência e integralidade, devendo comportar avaliação e atenção de todas as necessidades da vítima decorrentes da ofensa sofrida;

II – capacitação interdisciplinar continuada, preferencialmente conjunta, dos profissionais;

III – estabelecimento de mecanismos de informação, referência, contrarreferência e monitoramento;

IV – planejamento coordenado do atendimento e do acompanhamento, respeitadas as especificidades da vítima ou testemunha e de suas famílias;

V – celeridade do atendimento, que deve ser realizado imediatamente – ou tão logo quanto possível – após a revelação da violência;

VI – priorização do atendimento em razão da idade ou de eventual prejuízo ao desenvolvimento psicossocial, garantida a intervenção preventiva;

VII – mínima intervenção dos profissionais envolvidos; e

VIII – monitoramento e avaliação periódica das políticas de atendimento.

§ 2.º Nos casos de violência sexual, cabe ao responsável da rede de proteção garantir a urgência e a celeridade necessárias ao atendimento de saúde e à produção probatória, preservada a confidencialidade.

Art. 15. A União, os Estados, o Distrito Federal e os Municípios poderão criar serviços de atendimento, de ouvidoria ou de resposta, pelos meios de comunicação disponíveis, integrados às redes de proteção, para receber denúncias de violações de direitos de crianças e adolescentes.

Parágrafo único. As denúncias recebidas serão encaminhadas:

I – à autoridade policial do local dos fatos, para apuração;

II – ao conselho tutelar, para aplicação de medidas de proteção; e

III – ao Ministério Público, nos casos que forem de sua atribuição específica.

Art. 16. O poder público poderá criar programas, serviços ou equipamentos que proporcionem atenção e atendimento integral e interinstitucional às crianças e adolescentes vítimas ou testemunhas de violência, compostos por equipes multidisciplinares especializadas.

Parágrafo único. Os programas, serviços ou equipamentos públicos poderão contar com delegacias especializadas, serviços de saúde, perícia médico-legal, serviços socioassistenciais, varas especializadas, Ministério Público e Defensoria Pública, entre outros possíveis de integração, e deverão estabelecer parcerias em caso de indisponibilidade de serviços de atendimento.

Capítulo II
DA SAÚDE

Art. 17. A União, os Estados, o Distrito Federal e os Municípios poderão criar, no âmbito do Sistema Único de Saúde (SUS), serviços para atenção integral à criança e ao adolescente em situação de violência, de forma a garantir o atendimento acolhedor.

Art. 18. A coleta, guarda provisória e preservação de material com vestígios de violência serão realizadas pelo Instituto Médico Legal (IML) ou por serviço credenciado do sistema de saúde mais próximo, que entregará o material para perícia imediata, observado o disposto no art. 5.º desta Lei.

Capítulo III
DA ASSISTÊNCIA SOCIAL

Art. 19. A União, os Estados, o Distrito Federal e os Municípios poderão estabelecer, no âmbito do Sistema Único de Assistência Social (Suas), os seguintes procedimentos:

I – elaboração de plano individual e familiar de atendimento, valorizando a participação da criança e do adolescente e, sempre que possível, a preservação dos vínculos familiares;

II – atenção à vulnerabilidade indireta dos demais membros da família decorrente da situação de violência, e solicitação, quando necessário, aos órgãos competentes, de inclusão da vítima ou testemunha e de suas famílias nas políticas, programas e serviços existentes;

III – avaliação e atenção às situações de intimidação, ameaça, constrangimento ou discriminação decorrentes da vitimização, inclusive durante o trâmite do processo judicial, as quais deverão ser comunicadas imediatamente à autoridade judicial para tomada de providências; e

IV – representação ao Ministério Público, nos casos de falta de responsável legal com capacidade protetiva em razão da situação de violência, para colocação da criança ou do adolescente sob os cuidados da família extensa, de família substituta ou de serviço de acolhimento familiar ou, em sua falta, institucional.

Capítulo IV
DA SEGURANÇA PÚBLICA

Art. 20. O poder público poderá criar delegacias especializadas no atendimento de crianças e adolescentes vítimas de violência.

§ 1.º Na elaboração de suas propostas orçamentárias, as unidades da Federação alocarão recursos para manutenção de equipes multidisciplinares destinadas a assessorar as delegacias especializadas.

§ 2.º Até a criação do órgão previsto no *caput* deste artigo, a vítima será encaminhada prioritariamente a delegacia especializada em temas de direitos humanos.

§ 3.º A tomada de depoimento especial da criança ou do adolescente vítima ou testemunha de violência observará o disposto no art. 14 desta Lei.

Art. 21. Constatado que a criança ou o adolescente está em risco, a autoridade policial requisitará à autoridade judicial responsável, em qualquer momento dos procedimentos de investigação e responsabilização dos suspeitos, as medidas de proteção pertinentes, entre as quais:

I – evitar o contato direto da criança ou do adolescente vítima ou testemunha de violência com o suposto autor da violência;

II – solicitar o afastamento cautelar do investigado da residência ou local de convivência, em se tratando de pessoa que tenha contato com a criança ou o adolescente;

III – requerer a prisão preventiva do investigado, quando houver suficientes indícios de ameaça à criança ou adolescente vítima ou testemunha de violência;

IV – solicitar aos órgãos socioassistenciais a inclusão da vítima e de sua família nos atendimentos a que têm direito;

V – requerer a inclusão da criança ou do adolescente em programa de proteção a vítimas ou testemunhas ameaçadas; e

• *Vide* Lei n. 9.807, de 13-7-1999.

VI – representar ao Ministério Público para que proponha ação cautelar de antecipação de prova, resguardados os pressupostos legais e as garantias previstas no art. 5.º desta Lei, sempre que a demora possa causar prejuízo ao desenvolvimento da criança ou do adolescente.

Art. 22. Os órgãos policiais envolvidos envidarão esforços investigativos para que o depoimento especial não seja o único meio de prova para o julgamento do réu.

Capítulo V
DA JUSTIÇA

Art. 23. Os órgãos responsáveis pela organização judiciária poderão criar juizados ou varas especializadas em crimes contra a criança e o adolescente.

Parágrafo único. Até a implementação do disposto no *caput* deste artigo, o julgamento e a execução das causas decorrentes das práticas de violência ficarão, preferencialmente, a cargo dos juizados ou varas especializadas em violência doméstica e temas afins.

Título V
DOS CRIMES

Art. 24. Violar sigilo processual, permitindo que depoimento de criança ou adolescente seja assistido por pessoa estranha ao processo, sem autorização judicial e sem o consentimento do depoente ou de seu representante legal.

Pena – reclusão, de 1 (um) a 4 (quatro) anos, e multa.

Título VI
DISPOSIÇÕES FINAIS E TRANSITÓRIAS

Art. 25. O art. 208 da Lei n. 8.069, de 13 de julho de 1990 (Estatuto da Criança e do Adolescente), passa a vigorar acrescido do seguinte inciso XI:

•• Alteração já processada no diploma modificado.

Art. 26. Cabe ao poder público, no prazo máximo de 60 (sessenta) dias contado da entrada em vigor desta Lei, emanar atos normativos necessários à sua efetividade.

Art. 27. Cabe aos Estados, ao Distrito Federal e aos Municípios, no prazo máximo de 180 (cento e oitenta) dias contado da entrada em vigor desta Lei, estabelecer normas sobre o sistema de garantia de direitos da criança e do adolescente vítima ou testemunha de violência, no âmbito das respectivas competências.

Art. 28. Revoga-se o art. 248 da Lei n. 8.069, de 13 de julho de 1990 (Estatuto da Criança e do Adolescente).

Art. 29. Esta Lei entra em vigor após decorrido 1 (um) ano de sua publicação oficial.

Brasília, 4 de abril de 2017; 196.º da Independência e 129.º da República.

MICHEL TEMER

DECRETO N. 9.039, DE 27 DE ABRIL DE 2017 (*)

Promulga a Convenção sobre a Obtenção de Provas no Estrangeiro em Matéria Civil ou Comercial, firmada em Haia, em 18 de março de 1970.

O Presidente da República, no uso da atribuição que lhe confere o art. 84, *caput*, inciso IV, da Constituição,

Considerando que a República Federativa do Brasil aderiu à Convenção sobre a Obtenção de Provas no Estrangeiro em Matéria Civil ou Comercial, em Haia, em 18 de março de 1970;

Considerando que o Congresso Nacional aprovou a Convenção, por meio do Decreto Legislativo n. 137, de 19 de fevereiro de 2013, com reserva ao parágrafo 2.º do art. 4.º e ao Capítulo II, nos termos do art. 33, e com as declarações previstas nos art. 8.º e art. 23;

Considerando que a República Federativa do Brasil depositou, junto ao Ministério dos Negócios Estrangeiros dos Países Baixos, em 9 de abril de 2014 com reserva ao parágrafo 2.º do art. 4.º e ao Capítulo II, nos termos do art. 33, e com as declarações previstas nos art. 8.º e art. 23; e

Considerando que a Convenção entrou em vigor para a República Federativa do Brasil, no plano jurídico externo, em 8 de junho de 2014; decreta:

Art. 1.º Fica promulgada a Convenção sobre a Obtenção de Provas no Estrangeiro em Matéria Civil ou Comercial, firmada em Haia, em 18 de março de 1970, com reserva ao parágrafo 2.º do art. 4.º e ao Capítulo II, nos termos do art. 33, e com as declarações previstas nos art. 8.º e art. 23, anexa a este Decreto.

Art. 2.º São sujeitos à aprovação do Congresso Nacional atos que possam resultar em revisão da Convenção e ajustes complementares que acarretem encargos ou compromissos gravosos ao patrimônio nacional, nos termos do inciso I do *caput* do art. 49 da Constituição.

Art. 3.º Este Decreto entra em vigor na data de sua publicação.

Brasília, 27 de abril de 2017; 196.º da Independência e 129.º da República.

MICHEL TEMER

CONVENÇÃO SOBRE A OBTENÇÃO DE PROVAS NO ESTRANGEIRO EM MATÉRIA CIVIL OU COMERCIAL

(Firmada em 18 de março de 1970)

(Em vigor desde 7 de outubro de 1972)

Os Estados Signatários da presente Convenção,

Desejando facilitar a transmissão e o cumprimento de Cartas Rogatórias e promover a harmonização dos diversos métodos por eles utilizados para tais fins;

Desejando tornar mais eficiente a cooperação judiciária mútua em matéria civil ou comercial;

Decidiram firmar uma Convenção e concordaram com as seguintes disposições:

Capítulo I
CARTAS ROGATÓRIAS

Artigo 1.º

Em matéria civil ou comercial, uma autoridade judiciária de um Estado Contratante

(*) Publicado no *Diário Oficial da União*, de 28-4-2017. *Vide* Decreto n. 9.734, de 20-3-2019, que promulga a Convenção Relativa à Citação, Intimação e Notificação no Estrangeiro de Documentos Judiciais e Extrajudiciais em Matéria Civil e Comercial.

pode, de acordo com as disposições de sua legislação, requerer por Carta Rogatória à autoridade competente de um outro Estado Contratante a obtenção de provas ou a prática de qualquer outro ato judicial.

•• Sobre carta rogatória, *vide* arts. 36 e 960 a 965 do CPC.

Cartas Rogatórias não serão utilizadas para obter meios de prova que não sejam destinados a ser utilizados em processo judicial já iniciado ou que se pretenda iniciar.

A expressão "outro ato judicial" não diz respeito à citação, intimação ou notificação de documentos judiciais nem à entrega de processos pelos quais são executadas decisões ou determinações judiciais, nem às medidas provisórias ou de salvaguarda.

Artigo 2.º

Cada Estado Contratante designará uma Autoridade Central que se encarregará de receber as Cartas Rogatórias procedentes de uma autoridade judiciária de outro Estado Contratante e de transmiti-las à autoridade competente para cumprimento. A Autoridade Central é organizada de acordo com a legislação prevista por cada Estado.

As Cartas Rogatórias serão remetidas à Autoridade Central do Estado requerido, sem intervenção de qualquer outra autoridade deste Estado.

Artigo 3.º

A Carta Rogatória especificará:

a) a autoridade requerente e, se for do conhecimento da autoridade requerente, a autoridade requerida;

b) o nome e o endereço das partes e de seus representantes, se houver algum;

c) a natureza do processo para o qual as provas são requeridas, fornecendo todas as informações necessárias para esse fim;

d) as provas a serem obtidas ou outros documentos judiciais a serem cumpridos.

Quando apropriado, a Carta Rogatória conterá, *inter alia*:

e) o nome e o endereço das pessoas a serem ouvidas;

f) as perguntas a serem feitas às pessoas a serem ouvidas ou os fatos sobre os quais elas devem ser ouvidas;

g) os documentos ou outros bens, móveis e imóveis, a serem examinados;

h) o pedido de receber o depoimento sob juramento ou compromisso e qualquer formalidade especial a ser utilizada;

i) as formalidades especiais a serem seguidas, conforme previsto no artigo 9.º.

A Carta Rogatória fornecerá também as informações necessárias à aplicação do artigo 11.

Não poderá ser exigida a legalização da Carta Rogatória ou qualquer outra formalidade análoga.

Artigo 4.º

A Carta Rogatória será redigida no idioma da autoridade requerida ou acompanhada de uma tradução para esse idioma.

Entretanto, os Estados Contratantes aceitarão as Cartas Rogatórias redigidas em inglês ou francês, ou traduzidas para um desses idiomas, a não ser que tenham feito a ressalva permitida pelo artigo 33.

Os Estados Contratantes que tenham mais de um idioma oficial e não possam, segundo sua legislação interna, aceitar Cartas Rogatórias em um desses idiomas para a totalidade de seu território, especificarão, por meio de uma declaração, o idioma no qual as cartas ou as suas traduções serão redigidas para execução em determinadas partes de seu território. Em caso de inobservância, sem motivos justificáveis, da obrigação decorrente daquela declaração, os custos da tradução para o idioma exigido ficarão a cargo do Estado de origem.

Os Estados Contratantes poderão, por meio de declaração, especificar outro idioma ou outros idiomas, diferentes dos previstos nos parágrafos precedentes, nos quais as Cartas Rogatórias possam ser dirigidas à sua Autoridade Central.

As traduções anexas às Cartas Rogatórias serão reconhecidas como corretas nos dois Estados, quer por representante diplomático ou consular, quer por tradutor juramentado ou por pessoa com autorização para tal.

Artigo 5.º

Caso a Autoridade Central considere que as disposições da presente Convenção não foram respeitadas, informará imediatamente à autoridade do Estado requerente que transmitiu a Carta Rogatória, expondo os motivos de sua objeção à Carta.

Artigo 6.º

Se a Carta Rogatória tiver sido transmitida a uma autoridade que não possua competência para cumpri-la, esta deverá enviá-la imediatamente à autoridade judiciária competente do mesmo Estado para que seja cumprida de acordo com sua legislação.

Artigo 7.º

A autoridade requerente será informada, se assim o desejar, da data e do local em que ocorrerão os procedimentos, para que as partes interessadas e seus representantes, se houver, possam estar presentes. Essa informação será enviada diretamente às partes ou a seus representantes, se a autoridade do Estado requerente assim o solicitar.

Artigo 8.º

Qualquer Estado Contratante poderá declarar que autoridades judiciárias da autoridade requerente de um outro Estado Contratante poderão assistir ao cumprimento de uma Carta Rogatória. Poderá ser exigida autorização prévia da autoridade competente designada pelo Estado declarante.

Artigo 9.º

A autoridade judiciária que cumprirá a Carta Rogatória aplicará a legislação de seu país no que diz respeito às formalidades a serem seguidas.

Entretanto, essa autoridade atenderá ao pedido da autoridade requerente de que se proceda de forma especial, a não ser que tal procedimento seja incompatível com a legislação do Estado requerido ou que sua execução não seja possível, quer em virtude da prática judiciária seguida, quer em virtude de dificuldades de ordem prática.

As Cartas Rogatórias serão cumpridas prontamente.

Artigo 10

No cumprimento de uma Carta Rogatória, a autoridade requerida utilizará os meios de coação apropriados e previstos por sua legislação para a execução de decisões proferidas por suas próprias autoridades ou de pedidos formulados por uma parte em processo interno.

Artigo 11

A Carta Rogatória não será cumprida caso a pessoa em causa invoque uma prerrogativa para que não deponha ou um impedimento legal que a impeça de depor, estabelecida de acordo com:

a) a lei do Estado requerido; ou

b) a lei do Estado requerente, quando a prerrogativa ou o impedimento tenham sido especificados na Carta Rogatória ou, a pedido da autoridade requerida, tenham sido, de outra forma, confirmados pela autoridade requerente.

Os Estados Contratantes poderão ainda declarar que reconhecem as prerrogativas e os impedimentos legais previstos na legislação de outros Estados, diferentes do Estado requerente e do Estado requerido, nos termos especificados em tal declaração.

Artigo 12

O cumprimento da Carta Rogatória só poderá ser recusado quando:

a) no Estado requerido o cumprimento não estiver no âmbito das atribuições do poder judiciário; ou

b) o Estado requerido considerá-lo prejudicial à sua soberania ou segurança.

O cumprimento não pode ser recusado pela única razão de a legislação do Estado requerido reivindicar uma competência judiciária exclusiva sobre o objeto do pedido ou não reconhecer o direito em que se baseia o pedido.

Artigo 13

Os documentos que indicam o cumprimento da Carta Rogatória serão transmitidos pela autoridade requerida à autoridade requerente pela mesma via utilizada por esta.

Quando a Carta Rogatória não for cumprida, no todo ou em parte, a autoridade requerente será imediatamente informada pela mesma via e ser-lhe-ão comunicadas as razões do não cumprimento.

Artigo 14

O cumprimento das Cartas Rogatórias não poderá dar lugar ao reembolso de taxas ou custas de qualquer natureza.

Entretanto, o Estado requerido tem o direito de exigir que o Estado requerente o reembolse dos honorários pagos a peritos e intérpretes e das custas ocasionadas pela aplicação de um procedimento especial solicitado pelo Estado requerente, conforme previsto no artigo 9.º, parágrafo 2.º.

A autoridade requerida, cuja lei obriga as próprias partes a recolher as provas e que não é capaz, por si só, de cumprir as Cartas Rogatórias, poderá designar uma pessoa habilitada para o cumprimento, após obter o consentimento da autoridade requerente. Ao procurar obter esse consentimento, a autoridade requerida indicará os custos aproximados que resultariam desse procedimento. Caso a autoridade requerente consinta, deverá reembolsar as despesas daí decorrentes. Na falta de consentimento, a autoridade requerente não será responsável pelos custos.

Capítulo II

OBTENÇÃO DE PROVAS POR REPRESENTANTES DIPLOMÁTICOS, AGENTES CONSULARES OU COMISSÁRIOS

Artigo 15

Em matéria civil ou comercial, os representantes diplomáticos ou agentes consulares de um Estado Contratante poderão, sem coação, no território de um outro Estado Contratante e na área em que exercem suas funções, obter qualquer prova de cidadãos de um Estado que eles representam para auxiliar em processos instaurados neste Estado.

Os Estados Contratantes poderão declarar que tais provas poderão ser obtidas por um representante diplomático ou agente consular somente mediante autorização concedida pela autoridade competente designada pelo Estado declarante.

Artigo 16

Os representantes diplomáticos ou agentes consulares de um Estado Contratante poderão ainda obter, sem coação, no território de um outro Estado Contratante e na área em que exercem suas funções, qualquer prova de cidadãos do Estado em que exercem suas funções ou de um terceiro Estado, para auxiliar em processos instaurados no Estado que representam, se:

a) uma autoridade competente designada pelo Estado no qual exerce suas funções conceder sua autorização de forma geral ou em caso específico;

b) forem respeitadas as condições que a autoridade competente fixar na autorização.

Os Estados Contratantes poderão declarar que as provas previstas neste artigo poderão ser obtidas sem autorização prévia.

Artigo 17

Em matéria civil ou comercial, uma pessoa devidamente designada como comissário poderá obter, sem coação, no território de um Estado Contratante, provas para auxiliar um processo instaurado em outro Estado Contratante, se:

a) uma autoridade competente designada pelo Estado onde tem lugar a obtenção das provas conceder sua autorização de forma geral ou em caso específico; e

b) o comissário respeitar as condições que a referida autoridade designada estabelecer na autorização.

Os Estados Contratantes poderão declarar que as provas previstas neste artigo poderão ser obtidas sem autorização prévia.

Artigo 18

Os Estados Contratantes poderão declarar que os representantes diplomáticos, agentes consulares ou comissários autorizados a recolher provas, de acordo com os artigos 15, 16 ou 17, têm autonomia para se dirigir às autoridades competentes por eles designadas para obter a assistência necessária ao recolhimento, com coação, de tais provas. As declarações poderão impor as condições que os Estados declarantes julguem convenientes.

Se a autoridade competente deferir o pedido, utilizará as medidas de coação apropriadas e previstas por sua legislação para procedimentos internos.

Artigo 19

A autoridade competente, ao conceder a autorização prevista nos artigos 15, 16 ou 17 ou ao deferir o requerimento mencionado no artigo 18, poderá indicar as condições que julgar adequadas, como no que diz respeito à data, hora e lugar da obtenção de provas. Do mesmo modo, poderá exigir que lhe sejam previamente notificados, com razoável antecedência, a data, a hora e o lugar acima referidos. Em tal caso, um representante da autoridade ficará autorizado a estar presente na obtenção das provas.

Artigo 20

Quando da obtenção das provas conforme previsto nos artigos deste Capítulo, as pessoas interessadas poderão ser representadas legalmente.

Artigo 21

Quando um representante diplomático, agente consular ou comissário for autorizado a obter provas, conforme previsto nos artigos 15, 16 ou 17:

a) poderá recolher qualquer tipo de prova que não for incompatível com a legislação do Estado onde as provas são recolhidas ou que não contrariar a autorização concedida nos termos dos artigos supracitados e obter, nas mesmas condições, um depoimento sob juramento ou simples compromisso;

b) salvo se a pessoa convocada a comparecer ou fornecer provas for cidadã do Estado onde o processo aguarda julgamento, a convocação para comparecer ou fornecer provas será redigida no idioma do lugar em que a prova deva ser recolhida ou será acompanhada de uma tradução para esse idioma;

c) a convocação indicará que a pessoa em questão poderá ser representada de acordo com a lei e, nos Estados que não tenham apresentado a declaração prevista no artigo 18, que não é obrigada a comparecer nem a apresentar provas;

d) as provas poderão ser recolhidas da forma prevista pela legislação do Estado no qual corre o processo desde que elas não sejam proibidas pela legislação do Estado onde são recolhidas;

e) a pessoa convocada a fornecer provas poderá invocar as prerrogativas e os impedimentos legais previstos no artigo 11.

Artigo 22

Caso o recolhimento de provas não seja realizado conforme previsto no presente Capítulo, em virtude de uma pessoa se recusar a fornecê-las, será possível remeter posteriormente uma Carta Rogatória para o mesmo fim, de acordo com as disposições do Capítulo I.

Capítulo III

DISPOSIÇÕES GERAIS

Artigo 23

Os Estados Contratantes podem, no momento da assinatura, ratificação ou adesão, declarar que não cumprirão as Cartas Rogatórias que tenham sido emitidas com o propósito de obterem o que é conhecido, nos países de *Common Law*, pela designação de *"pre-trial discovery of documents"*.

Artigo 24

Um Estado Contratante pode designar, além da Autoridade Central, outras autoridades cuja competência determinará. Entretanto, as Cartas Rogatórias poderão ser sempre transmitidas à Autoridade Central.

Os Estados Federais poderão designar mais de uma Autoridade Central.

Artigo 25

Os Estados Contratantes nos quais mais de um sistema jurídico esteja em vigor poderão designar as autoridades de um desses sistemas, que terão competência exclusiva para o cumprimento das Cartas Rogatórias, conforme disposto na presente Convenção.

Artigo 26

Qualquer Estado Contratante, se obrigado por razões de limitações de ordem constitucional, poderá solicitar ao Estado requerente que o reembolse das despesas resultantes do cumprimento de Cartas Rogatórias quando se referirem à citação, intimação ou notificação para comparecimento de pessoa para a obtenção de provas, à ajuda de custo devida à pessoa que prestar depoimento e aos custos relativos à transcrição de tais provas.

Quando um Estado recorrer às disposições do parágrafo precedente, qualquer outro Estado poderá solicitar-lhe o reembolso de despesas semelhantes.

Artigo 27

As disposições da presente Convenção não impedirão que um Estado Contratante:

a) declare que possam ser transmitidas Cartas Rogatórias às suas autoridades judiciárias por outras vias que não sejam as previstas no artigo 2.º;

b) permita, nos termos de sua legislação ou práticas internas, que quaisquer atos decorrentes da aplicação da presente Convenção sejam realizados em condições menos restritivas;

c) permita, nos termos de sua legislação ou práticas internas, métodos de obtenção de provas diferentes dos previstos na presente Convenção.

Artigo 28

A presente Convenção não impedirá que dois ou mais Estados Contratantes convenham em derrogar:

a) as disposições do artigo 2.º, no que diz respeito aos métodos de transmissão das Cartas Rogatórias;

b) as disposições do artigo 4.º, no que diz respeito ao emprego dos idiomas;

c) as disposições do artigo 8.º, no que diz respeito à presença de autoridades judiciárias no cumprimento das Cartas Rogatórias;

d) as disposições do artigo 11, no que diz respeito às prerrogativas para não depor e aos impedimentos para depor;

e) as disposições do artigo 13, no que diz respeito aos métodos de devolução das Cartas Rogatórias cumpridas à autoridade requerente;

f) as disposições do artigo 14, no que diz respeito ao pagamento de custos;

g) as disposições do Capítulo II.

Artigo 29

A presente Convenção substituirá, nas relações entre os Estados que a tenham ratificado, os artigos 8.º a 16, das Convenções relativas ao Processo Civil, assinadas na Haia, respectivamente em 17 de julho de 1905 e em 1.º de março de 1954, caso os referidos Estados sejam partes de uma ou de ambas as Convenções.

Artigo 30

A presente Convenção em nada afetará a aplicação do artigo 23 da Convenção de 1905 ou do artigo 24 da Convenção de 1954.

Artigo 31

Os acordos adicionais às Convenções de 1905 e 1954, firmados pelos Estados Contratantes, serão considerados igualmente aplicáveis à presente Convenção, a menos que os Estados interessados convenham de outro modo.

Artigo 32

Sem prejuízo da aplicação dos artigos 29 e 31, a presente Convenção não derroga as convenções de que os Estados Contratantes sejam ou venham a ser partes e que contenham disposições sobre as matérias regidas pela presente Convenção.

Artigo 33

Os Estados Contratantes, no momento da assinatura da ratificação ou da adesão, têm autonomia para excluir, no todo ou em parte, a aplicação das disposições do parágrafo 2.º do artigo 4.º, bem como do Capítulo II. Nenhuma outra reserva será permitida.

Os Estados Contratantes poderão, a qualquer momento, retirar uma reserva que tenham feito. O efeito da reserva cessará sessenta dias após a notificação de sua retirada.

Quando um Estado tenha feito uma reserva, qualquer outro Estado afetado por ela poderá aplicar a mesma regra em relação ao Estado que a adotou.

Artigo 34

Os Estados poderão, a qualquer momento, retirar ou modificar uma declaração.

Artigo 35

Os Estados Contratantes indicarão ao Ministério dos Negócios Estrangeiros dos Países Baixos, quer no momento do depósito de seu instrumento de ratificação ou adesão, quer posteriormente, as autoridades previstas nos artigos 2.º, 8.º, 24 e 25.

Os Estados Contratantes deverão, do mesmo modo, caso necessário, informar o Ministério sobre:

a) a designação das autoridades às quais os representantes diplomáticos ou agentes consulares deverão dirigir-se para prestar informação, solicitar permissão ou obtenção de provas, nos termos do disposto nos artigos 15, 16 e 18, respectivamente;

b) a designação das autoridades que poderão conceder aos comissários a autorização para a obtenção de provas, nos termos do disposto no artigo 17 ou a assistência prevista no artigo 18;

c) as declarações mencionadas nos artigos 4.º, 8.º, 11, 15, 16, 17, 18, 23 e 27;

d) a retirada ou a modificação das designações e declarações acima mencionadas;

e) a retirada das reservas.

Artigo 36

As dificuldades que possam surgir entre os Estados Contratantes por motivo da aplicação da presente Convenção serão solucionadas pela via diplomática.

Artigo 37

A presente Convenção fica aberta à assinatura dos Estados representados na 11.ª Sessão da Conferência da Haia de Direito Internacional Privado.

Será ratificada e os instrumentos de ratificação serão depositados no Ministério dos Negócios Estrangeiros dos Países Baixos.

Artigo 38

A presente Convenção entrará em vigor no sexagésimo dia após o depósito do terceiro instrumento de ratificação previsto no artigo 37, parágrafo 2.º.

A Convenção entrará em vigor, para cada Estado signatário que a tenha ratificado posteriormente, no sexagésimo dia após o depósito do respectivo instrumento de ratificação.

Artigo 39

Os Estados não representados na 11.ª Sessão da Conferência da Haia de Direito Internacional Privado que sejam membros da Conferência ou da Organização das Nações Unidas ou de um órgão especial desta, ou que sejam parte do Estatuto do Tribunal Internacional de Justiça poderão aderir à presente Convenção após sua entrada em vigor, nos termos do artigo 38, parágrafo 1.º.

O instrumento de adesão será depositado no Ministério dos Negócios Estrangeiros dos Países Baixos.

A Convenção entrará em vigor, para o Estado aderente, sessenta dias após o depósito de seu instrumento de adesão.

A adesão só produzirá efeitos nas relações entre o Estado aderente e os Estados Contratantes que declararem aceitar essa adesão. A declaração será depositada no Ministério dos Negócios Estrangeiros dos Países Baixos, que enviará, pela via diplomática, uma cópia certificada a cada um dos Estados Contratantes.

A Convenção entrará em vigor entre o Estado aderente e o Estado que declarar aceitar essa adesão sessenta dias após o depósito da declaração de aceitação.

Artigo 40

Qualquer Estado, no momento da assinatura, da ratificação ou da adesão, poderá declarar que a presente Convenção se aplicará ao conjunto dos territórios por si representados no plano internacional, ou a um ou mais deles. Essa declaração terá efeito a partir do momento da entrada em vigor da Convenção para o Estado em questão.

Posteriormente, a qualquer momento, as extensões dessa natureza serão notificadas ao Ministério dos Negócios Estrangeiros dos Países Baixos.

A Convenção entrará em vigor, nos territórios abrangidos por tal extensão, no sexagésimo dia após a notificação mencionada no parágrafo precedente.

Artigo 41

A presente Convenção terá a duração de cinco anos a contar da data de sua entrada em vigor nos termos do artigo 38, parágrafo 1.º, mesmo para os Estados que tiverem ratificado ou que a ela tiverem aderido posteriormente.

A Convenção será tacitamente renovada de cinco em cinco anos, salvo denúncia.

A denúncia será notificada ao Ministério dos Negócios Estrangeiros dos Países Baixos, pelo menos seis meses antes do final do período de cinco anos.

A denúncia poderá limitar-se a alguns dos territórios aos quais a Convenção se aplica.

A denúncia só produzirá efeito relativamente ao Estado que a tiver notificado. A Convenção continuará em vigor para os demais Estados contratantes.

Artigo 42

O Ministério dos Negócios Estrangeiros dos Países Baixos notificará, aos Estados referidos no artigo 37, bem como aos Estados que tiverem aderido nos termos do artigo 39, sobre:

a) as assinaturas e ratificações mencionadas no artigo 37;

b) a data na qual a presente Convenção entrará em vigor, conforme o disposto no artigo 38, parágrafo 1.º;

c) as adesões previstas no artigo 39 e as datas a partir das quais produzirão seus efeitos;

d) as extensões previstas no artigo 40 e as datas a partir das quais produzirão seus efeitos;

e) as designações, reservas e declarações mencionadas nos artigos 33 e 35;

f) as denúncias previstas no artigo 41, parágrafo 3.º.

Em fé do que, os abaixo assinados, devidamente autorizados, firmaram a presente Convenção.

Concluída na Haia, em 18 de março de 1970, em inglês e francês, tendo os dois textos igual fé, em um único exemplar, que será depositado nos arquivos do Governo dos Países Baixos e do qual será remetida, por via diplomática, uma cópia certificada a cada um dos Estados representados na 11.ª Sessão da Conferência da Haia de Direito Internacional Privado.

LEI N. 13.444, DE 11 DE MAIO DE 2017 (*)

Dispõe sobre a Identificação Civil Nacional (ICN).

O Presidente da República

Faço saber que o Congresso Nacional decreta e eu sanciono a seguinte Lei:

Art. 1.º É criada a Identificação Civil Nacional (ICN), com o objetivo de identificar o brasileiro em suas relações com a sociedade e com os órgãos e entidades governamentais e privados.

(*) Publicada no *Diário Oficial da União*, de 12-5-2017.

Art. 2.º A ICN utilizará:

I – a base de dados biométricos da Justiça Eleitoral;

II – a base de dados do Sistema Nacional de Informações de Registro Civil (Sirc), criado pelo Poder Executivo federal, e da Central Nacional de Informações do Registro Civil (CRC Nacional), instituída pelo Conselho Nacional de Justiça, em cumprimento ao disposto no art. 41 da Lei n. 11.977, de 7 de julho de 2009;

III – outras informações, não disponíveis no Sirc, contidas em bases de dados da Justiça Eleitoral, dos institutos de identificação dos Estados e do Distrito Federal ou do Instituto Nacional de Identificação, ou disponibilizadas por outros órgãos, conforme definido pelo Comitê Gestor da ICN.

§ 1.º A base de dados da ICN será armazenada e gerida pelo Tribunal Superior Eleitoral, que a manterá atualizada e adotará as providências necessárias para assegurar a integridade, a disponibilidade, a autenticidade e a confidencialidade de seu conteúdo e a interoperabilidade entre os sistemas eletrônicos governamentais.

§ 2.º A interoperabilidade de que trata o § 1.º deste artigo observará a legislação aplicável e as recomendações técnicas da arquitetura dos Padrões de Interoperabilidade de Governo Eletrônico (e-Ping).

Art. 3.º O Tribunal Superior Eleitoral garantirá aos Poderes Executivo e Legislativo da União, dos Estados, do Distrito Federal e dos Municípios acesso à base de dados da ICN, de forma gratuita, exceto quanto às informações eleitorais.

§ 1.º O Poder Executivo dos entes federados poderá integrar aos seus próprios bancos de dados as informações da base de dados da ICN, com exceção dos dados biométricos.

§ 2.º Ato do Tribunal Superior Eleitoral disporá sobre a integração dos registros biométricos pelas Polícias Federal e Civil, com exclusividade, às suas bases de dados.

Art. 4.º É vedada a comercialização, total ou parcial, da base de dados da ICN.

§ 1.º (*Vetado.*)

§ 2.º O disposto no *caput* deste artigo não impede o serviço de conferência de dados que envolvam a biometria prestado a particulares, a ser realizado exclusivamente pelo Tribunal Superior Eleitoral.

Art. 5.º É criado o Comitê Gestor da ICN.

§ 1.º O Comitê Gestor da ICN será composto por:

I – 3 (três) representantes do Poder Executivo federal;

II – 3 (três) representantes do Tribunal Superior Eleitoral;

III – 1 (um) representante da Câmara dos Deputados;

IV – 1 (um) representante do Senado Federal;

V – 1 (um) representante do Conselho Nacional de Justiça.

§ 2.º Compete ao Comitê Gestor da ICN:

I – recomendar:

a) o padrão biométrico da ICN;

b) (*Revogada pela Lei n. 14.534, de 11-1-2023.*)

c) o padrão e os documentos necessários para expedição do Documento Nacional de Identidade (DNI);

d) os parâmetros técnicos e econômico-financeiros da prestação do serviço de conferência de dados que envolvam a biometria;

e) as diretrizes para administração do Fundo da Identificação Civil Nacional (FICN) e para gestão de seus recursos;

II – orientar a implementação da interoperabilidade entre os sistemas eletrônicos do Poder Executivo federal e da Justiça Eleitoral;

III – estabelecer regimento.

§ 3.º As decisões do Comitê Gestor da ICN serão tomadas por maioria de 2/3 (dois terços) dos membros.

§ 4.º O Comitê Gestor da ICN poderá criar grupos técnicos, com participação paritária do Poder Executivo federal, do Poder Legislativo federal e do Tribunal Superior Eleitoral, para assessorá-lo em suas atividades.

§ 5.º A participação no Comitê Gestor da ICN e em seus grupos técnicos será considerada serviço público relevante, não remunerado.

§ 6.º A coordenação do Comitê Gestor da ICN será alternada entre os representantes do Poder Executivo federal e do Tribunal Superior Eleitoral, conforme regimento.

Art. 6.º É instituído o Fundo da Identificação Civil Nacional (FICN), de natureza contábil, gerido e administrado pelo Tribunal Superior Eleitoral, com a finalidade de constituir fonte de recursos para o desenvolvimento e a manutenção da ICN e das bases por ela utilizadas.

§ 1.º Constituem recursos do FICN:

I – os que lhe forem destinados no orçamento da União especificamente para os fins de que trata esta Lei, que não se confundirão com os recursos do orçamento da Justiça Eleitoral;

II – o resultado de aplicações financeiras sobre as receitas diretamente arrecadadas;

III – a receita proveniente da prestação do serviço de conferência de dados;

IV – outros recursos que lhe forem destinados, tais como os decorrentes de convênios e de instrumentos congêneres ou de doações.

§ 2.º O FICN será administrado pelo Tribunal Superior Eleitoral, observadas as diretrizes estabelecidas pelo Comitê Gestor da ICN.

§ 3.º O saldo positivo do FICN apurado em balanço será transferido para o exercício seguinte, a crédito do mesmo fundo.

§ 4.º Observadas as diretrizes estabelecidas pelo Comitê Gestor da ICN, o FICN deverá garantir o funcionamento, a integração, a padronização e a interoperabilidade das bases biométricas no âmbito da União.

Art. 7.º O Tribunal Superior Eleitoral estabelecerá cronograma das etapas de implementação da ICN e de coleta das informações biométricas.

Art. 8.º É criado o Documento Nacional de Identidade (DNI), com fé pública e validade em todo o território nacional.

§ 1.º O DNI faz prova de todos os dados nele incluídos, dispensando a apresentação dos documentos que lhe deram origem ou que nele tenham sido mencionados.

§ 2.º (*Vetado.*)

§ 3.º O DNI será emitido:

I – pela Justiça Eleitoral;

II – pelos institutos de identificação civil dos Estados e do Distrito Federal, com certificação da Justiça Eleitoral;

III – por outros órgãos, mediante delegação do Tribunal Superior Eleitoral, com certificação da Justiça Eleitoral.

§ 4.º O DNI poderá substituir o título de eleitor, observada a legislação do alistamento eleitoral, na forma regulamentada pelo Tribunal Superior Eleitoral.

§ 5.º (*Vetado.*)

§ 6.º Na emissão dos novos DNIs, será adotado o número de inscrição no Cadastro de Pessoas Físicas (CPF) como número único.

•• § 6.º acrescentado pela Lei n. 14.534, de 11-1-2023.

Art. 9.º O número de inscrição no Cadastro de Pessoas Físicas (CPF) será incorporado, de forma gratuita, aos documentos de identidade civil da União, dos Estados e do Distrito Federal.

Art. 10. O documento emitido por entidade de classe somente será validado se atender aos requisitos de biometria e de fotografia estabelecidos para o DNI.

Parágrafo único. As entidades de classe terão 2 (dois) anos para adequarem seus documentos aos requisitos estabelecidos para o DNI.

Art. 11. O poder público deverá oferecer mecanismos que possibilitem o cruzamento de informações constantes de bases de dados oficiais, a partir do número de inscrição no CPF do solicitante, de modo que a verificação do cumprimento de requisitos de elegibilidade para a concessão e a manutenção de benefícios sociais possa ser feita pelo órgão concedente.

Art. 12. O Poder Executivo federal e o Tribunal Superior Eleitoral editarão, no âmbito de suas competências, atos complementares para a execução do disposto nesta Lei.

• O Decreto n. 10.900, de 17-12-2021, dispõe sobre o Serviço de Identificação do Cidadão e a governança da identificação das pessoas naturais no âmbito da administração pública federal direta,autárquica e fundacional.

Art. 13. Esta Lei entra em vigor na data de sua publicação.

Brasília, 11 de maio de 2017; 196.º da Independência e 129.º da República.

Michel Temer

LEI N. 13.445, DE 24 DE MAIO DE 2017 (*)

Institui a Lei de Migração.

O Presidente da República

Faço saber que o Congresso Nacional decreta e eu sanciono a seguinte Lei:

Capítulo I
DISPOSIÇÕES PRELIMINARES

Seção I
Disposições Gerais

Art. 1.º Esta Lei dispõe sobre os direitos e os deveres do migrante e do visitante, regula a sua entrada e estada no País e estabelece princípios e diretrizes para as políticas públicas para o emigrante.

§ 1.º Para os fins desta Lei, considera-se:

I – (*Vetado.*)

II – imigrante: pessoa nacional de outro país ou apátrida que trabalha ou reside e se estabelece temporária ou definitivamente no Brasil;

III – emigrante: brasileiro que se estabelece temporária ou definitivamente no exterior;

IV – residente fronteiriço: pessoa nacional de país limítrofe ou apátrida que conserva a sua residência habitual em município fronteiriço de país vizinho;

V – visitante: pessoa nacional de outro país ou apátrida que vem ao Brasil para estadas de curta duração, sem pretensão de se estabelecer temporária ou definitivamente no território nacional;

VI – apátrida: pessoa que não seja considerada como nacional por nenhum Estado, segundo a sua legislação, nos termos da Convenção sobre o Estatuto dos Apátridas, de 1954, promulgada pelo Decreto n. 4.246, de 22 de maio de 2002, ou assim reconhecida pelo Estado brasileiro.

§ 2.º (*Vetado.*)

Art. 2.º Esta Lei não prejudica a aplicação de normas internas e internacionais específicas sobre refugiados, asilados, agentes e pessoal diplomático ou consular, funcionários de organização internacional e seus familiares.

Seção II
Dos Princípios e das Garantias

Art. 3.º A política migratória brasileira rege-se pelos seguintes princípios e diretrizes:

I – universalidade, indivisibilidade e interdependência dos direitos humanos;

II – repúdio e prevenção à xenofobia, ao racismo e a quaisquer formas de discriminação;

III – não criminalização da migração;

IV – não discriminação em razão dos critérios ou dos procedimentos pelos quais a pessoa foi admitida em território nacional;

V – promoção de entrada regular e de regularização documental;

VI – acolhida humanitária;

VII – desenvolvimento econômico, turístico, social, cultural, esportivo, científico e tecnológico do Brasil;

VIII – garantia do direito à reunião familiar;

• A Portaria Interministerial n. 12, de 13-6-2018, dispõe sobre o visto temporário e a autorização de residência para reunião familiar.

IX – igualdade de tratamento e de oportunidade ao migrante e a seus familiares;

X – inclusão social, laboral e produtiva do migrante por meio de políticas públicas;

XI – acesso igualitário e livre do migrante a serviços, programas e benefícios sociais, bens públicos, educação, assistência jurídica integral pública, trabalho, moradia, serviço bancário e seguridade social;

XII – promoção e difusão de direitos, liberdades, garantias e obrigações do migrante;

XIII – diálogo social na formulação, na execução e na avaliação de políticas migratórias e promoção da participação cidadã do migrante;

XIV – fortalecimento da integração econômica, política, social e cultural dos povos da América Latina, mediante constituição de espaços de cidadania e de livre circulação de pessoas;

XV – cooperação internacional com Estados de origem, de trânsito e de destino de movimentos migratórios, a fim de garantir efetiva proteção aos direitos humanos do migrante;

XVI – integração e desenvolvimento das regiões de fronteira e articulação de políticas públicas regionais capazes de garantir efetividade aos direitos do residente fronteiriço;

XVII – proteção integral e atenção ao superior interesse da criança e do adolescente migrante;

XVIII – observância ao disposto em tratado;

XIX – proteção ao brasileiro no exterior;

XX – migração e desenvolvimento humano no local de origem, como direitos inalienáveis de todas as pessoas;

XXI – promoção do reconhecimento acadêmico e do exercício profissional no Brasil, nos termos da lei; e

XXII – repúdio a práticas de expulsão ou de deportação coletivas.

Art. 4.º Ao migrante é garantida no território nacional, em condição de igualdade com os nacionais, a inviolabilidade do direito à vida, à liberdade, à igualdade, à segurança e à propriedade, bem como são assegurados:

• *Vide* art. 5.º da CF.

I – direitos e liberdades civis, sociais, culturais e econômicos;

(*) Publicada no *Diário Oficial da União*, de 25-5-2017. A Tabela de Taxas e Emolumentos Consulares anexa a esta Lei consta na legislação adicional *online*.

II – direito à liberdade de circulação em território nacional;

III – direito à reunião familiar do migrante com seu cônjuge ou companheiro e seus filhos, familiares e dependentes;

- A Portaria Interministerial n. 12, de 13-6-2018, dispõe sobre o visto temporário e a autorização de residência para reunião familiar.

IV – medidas de proteção a vítimas e testemunhas de crimes e de violações de direitos;

V – direito de transferir recursos decorrentes de sua renda e economias pessoais a outro país, observada a legislação aplicável;

VI – direito de reunião para fins pacíficos;

VII – direito de associação, inclusive sindical, para fins lícitos;

VIII – acesso a serviços públicos de saúde e de assistência social e à previdência social, nos termos da lei, sem discriminação em razão da nacionalidade e da condição migratória;

IX – amplo acesso à justiça e à assistência jurídica integral gratuita aos que comprovarem insuficiência de recursos;

X – direito à educação pública, vedada a discriminação em razão da nacionalidade e da condição migratória;

XI – garantia de cumprimento de obrigações legais e contratuais trabalhistas e de aplicação das normas de proteção ao trabalhador, sem discriminação em razão da nacionalidade e da condição migratória;

XII – isenção das taxas de que trata esta Lei, mediante declaração de hipossuficiência econômica, na forma de regulamento;

XIII – direito de acesso à informação e garantia de confidencialidade quanto aos dados pessoais do migrante, nos termos da Lei n. 12.527, de 18 de novembro de 2011;

XIV – direito a abertura de conta bancária;

XV – direito de sair, de permanecer e de reingressar em território nacional, mesmo enquanto pendente pedido de autorização de residência, de prorrogação de estada ou de transformação de visto em autorização de residência; e

XVI – direito do imigrante de ser informado sobre as garantias que lhe são asseguradas para fins de regularização migratória.

§ 1.º Os direitos e as garantias previstos nesta Lei serão exercidos em observância ao disposto na Constituição Federal, independentemente da situação migratória, observado o disposto no § 4.º deste artigo, e não excluem outros decorrentes de tratado de que o Brasil seja parte.

§§ 2.º a 4.º (*Vetados.*)

Capítulo II

DA SITUAÇÃO DOCUMENTAL DO MIGRANTE E DO VISITANTE

Seção I

Dos Documentos de Viagem

Art. 5.º São documentos de viagem:

I – passaporte;

II – *laissez-passer*;

III – autorização de retorno;

IV – salvo-conduto;

V – carteira de identidade de marítimo;

VI – carteira de matrícula consular;

VII – documento de identidade civil ou documento estrangeiro equivalente, quando admitidos em tratado;

VIII – certificado de membro de tripulação de transporte aéreo; e

IX – outros que vierem a ser reconhecidos pelo Estado brasileiro em regulamento.

§ 1.º Os documentos previstos nos incisos I, II, III, IV, V, VI e IX, quando emitidos pelo Estado brasileiro, são de propriedade da União, cabendo a seu titular a posse direta e o uso regular.

§ 2.º As condições para a concessão dos documentos de que trata o § 1.º serão previstas em regulamento.

Seção II

Dos Vistos

Subseção I

Disposições gerais

Art. 6.º O visto é o documento que dá a seu titular expectativa de ingresso em território nacional.

Parágrafo único. (*Vetado.*)

Art. 7.º O visto será concedido por embaixadas, consulados-gerais, consulados, vice-consulados e, quando habilitados pelo órgão competente do Poder Executivo, por escritórios comerciais e de representação do Brasil no exterior.

Parágrafo único. Excepcionalmente, os vistos diplomático, oficial e de cortesia poderão ser concedidos no Brasil.

Art. 8.º Poderão ser cobrados taxas e emolumentos consulares pelo processamento do visto.

Art. 9.º Regulamento disporá sobre:

I – requisitos de concessão de visto, bem como de sua simplificação, inclusive por reciprocidade;

II – prazo de validade do visto e sua forma de contagem;

III – prazo máximo para a primeira entrada e para a estada do imigrante e do visitante no País;

IV – hipóteses e condições de dispensa recíproca ou unilateral de visto e de taxas e emolumentos consulares por seu processamento; e

V – solicitação e emissão de visto por meio eletrônico.

Parágrafo único. A simplificação e a dispensa recíproca de visto ou de cobrança de taxas e emolumentos consulares por seu processamento poderão ser definidas por comunicação diplomática.

Art. 10. Não se concederá visto:

I – a quem não preencher os requisitos para o tipo de visto pleiteado;

II – a quem comprovadamente ocultar condição impeditiva de concessão de visto ou de ingresso no País; ou

III – a menor de 18 (dezoito) anos desacompanhado ou sem autorização de viagem por escrito dos responsáveis legais ou de autoridade competente.

Art. 11. Poderá ser denegado visto a quem se enquadrar em pelo menos um dos casos de impedimento definidos nos incisos I, II, III, IV e IX do art. 45.

Parágrafo único. A pessoa que tiver visto brasileiro denegado será impedida de ingressar no País enquanto permanecerem as condições que ensejaram a denegação.

Subseção II

Dos tipos de visto

Art. 12. Ao solicitante que pretenda ingressar ou permanecer em território nacional poderá ser concedido visto:

I – de visita;

II – temporário;

III – diplomático;

IV – oficial;

V – de cortesia.

Subseção III

Do visto de visita

Art. 13. O visto de visita poderá ser concedido ao visitante que venha ao Brasil para estada de curta duração, sem intenção de estabelecer residência, nos seguintes casos:

I – turismo;

II – negócios;

III – trânsito;

IV – atividades artísticas ou desportivas; e

V – outras hipóteses definidas em regulamento.

§ 1.º É vedado ao beneficiário de visto de visita exercer atividade remunerada no Brasil.

§ 2.º O beneficiário de visto de visita poderá receber pagamento do governo, de empregador brasileiro ou de entidade privada a título de diária, ajuda de custo, cachê, pró-labore ou outras despesas com a viagem, bem como concorrer a prêmios, inclusive em dinheiro, em competições desportivas ou em concursos artísticos ou culturais.

§ 3.º O visto de visita não será exigido em caso de escala ou conexão em território nacional, desde que o visitante não deixe a área de trânsito internacional.

Subseção IV

Do visto temporário

Art. 14. O visto temporário poderá ser concedido ao imigrante que venha ao Brasil com o intuito de estabelecer residência por tempo determinado e que se enquadre em pelo menos uma das seguintes hipóteses:

I – o visto temporário tenha como finalidade:

a) pesquisa, ensino ou extensão acadêmica;

b) tratamento de saúde;

c) acolhida humanitária;

d) estudo;

e) trabalho;

f) férias-trabalho;

g) prática de atividade religiosa ou serviço voluntário;

h) realização de investimento ou de atividade com relevância econômica, social, científica, tecnológica ou cultural;

i) reunião familiar;

- A Portaria Interministerial n. 12, de 13-6-2018, dispõe sobre o visto temporário e a autorização de residência para reunião familiar.

j) atividades artísticas ou desportivas com contrato por prazo determinado;

II – o imigrante seja beneficiário de tratado em matéria de vistos;

III – outras hipóteses definidas em regulamento.

§ 1.º O visto temporário para pesquisa, ensino ou extensão acadêmica poderá ser concedido ao imigrante com ou sem vínculo empregatício com a instituição de pesquisa ou de ensino brasileira, exigida, na hipótese de vínculo, a comprovação de formação superior compatível ou equivalente reconhecimento científico.

§ 2.º O visto temporário para tratamento de saúde poderá ser concedido ao imigrante e a seu acompanhante, desde que o imigrante comprove possuir meios de subsistência suficientes.

§ 3.º O visto temporário para acolhida humanitária poderá ser concedido ao apátrida ou ao nacional de qualquer país em situação de grave ou iminente instabilidade institucional, de conflito armado, de calamidade de grande proporção, de desastre ambiental ou de grave violação de direitos humanos ou de direito internacional humanitário, ou em outras hipóteses, na forma de regulamento.

§ 4.º O visto temporário para estudo poderá ser concedido ao imigrante que pretenda vir ao Brasil para frequentar curso regular ou realizar estágio ou intercâmbio de estudo ou de pesquisa.

§ 5.º Observadas as hipóteses previstas em regulamento, o visto temporário para trabalho poderá ser concedido ao imigrante que venha exercer atividade laboral, com ou sem vínculo empregatício no Brasil, desde que comprove oferta de trabalho formalizada por pessoa jurídica em atividade no País, dispensada esta exigência se o imigrante comprovar titulação em curso de ensino superior ou equivalente.

§ 6.º O visto temporário para férias-trabalho poderá ser concedido ao imigrante maior de 16 (dezesseis) anos que seja nacional de país que conceda idêntico benefício ao nacional brasileiro, em termos definidos por comunicação diplomática.

§ 7.º Não se exigirá do marítimo que ingressar no Brasil em viagem de longo curso ou em cruzeiros marítimos pela costa brasileira o visto temporário de que trata a alínea *e* do inciso I do *caput*, bastando a apresentação da carteira internacional de marítimo, nos termos de regulamento.

§ 8.º É reconhecida ao imigrante a quem se tenha concedido visto temporário para trabalho a possibilidade de modificação do local de exercício de sua atividade laboral.

§ 9.º O visto para realização de investimento poderá ser concedido ao imigrante que aporte recursos em projeto com potencial para geração de empregos ou de renda no País.

§ 10. (*Vetado.*)

Subseção V
Dos vistos diplomático, oficial e de cortesia

Art. 15. Os vistos diplomático, oficial e de cortesia serão concedidos, prorrogados ou dispensados na forma desta Lei e de regulamento.

Parágrafo único. Os vistos diplomático e oficial poderão ser transformados em autorização de residência, o que importará cessação de todas as prerrogativas, privilégios e imunidades decorrentes do respectivo visto.

Art. 16. Os vistos diplomático e oficial poderão ser concedidos a autoridades e funcionários estrangeiros que viajem ao Brasil em missão oficial de caráter transitório ou permanente, representando Estado estrangeiro ou organismo internacional reconhecido.

§ 1.º Não se aplica ao titular dos vistos referidos no *caput* o disposto na legislação trabalhista brasileira.

§ 2.º Os vistos diplomático e oficial poderão ser estendidos aos dependentes das autoridades referidas no *caput*.

Art. 17. O titular de visto diplomático ou oficial somente poderá ser remunerado por Estado estrangeiro ou organismo internacional, ressalvado o disposto em tratado que contenha cláusula específica sobre o assunto.

Parágrafo único. O dependente de titular de visto diplomático ou oficial poderá exercer atividade remunerada no Brasil, sob o amparo da legislação trabalhista brasileira, desde que seja nacional de país que assegure reciprocidade de tratamento ao nacional brasileiro, por comunicação diplomática.

Art. 18. O empregado particular titular de visto de cortesia somente poderá exercer atividade remunerada para o titular de visto diplomático, oficial ou de cortesia ao qual esteja vinculado, sob o amparo da legislação trabalhista brasileira.

Parágrafo único. O titular de visto diplomático, oficial ou de cortesia será responsável pela saída de seu empregado do território nacional.

Seção III
Do Registro e da Identificação Civil do Imigrante e dos Detentores de Vistos Diplomático, Oficial e de Cortesia

Art. 19. O registro consiste na identificação civil por dados biográficos e biométricos, e é obrigatório a todo imigrante detentor de visto temporário ou de autorização de residência.

- Identificação civil nacional: Lei n. 13.444, de 11-5-2017.

§ 1.º O registro gerará número único de identificação que garantirá o pleno exercício dos atos da vida civil.

§ 2.º O documento de identidade do imigrante será expedido com base no número único de identificação.

§ 3.º Enquanto não for expedida identificação civil, o documento comprobatório de que o imigrante a solicitou à autoridade competente garantirá ao titular o acesso aos direitos disciplinados nesta Lei.

Art. 20. A identificação civil de solicitante de refúgio, de asilo, de reconhecimento de apatridia e de acolhimento humanitário poderá ser realizada com a apresentação dos documentos de que o imigrante dispuser.

Art. 21. Os documentos de identidade emitidos até a data de publicação desta Lei continuarão válidos até sua total substituição.

Art. 22. A identificação civil, o documento de identidade e as formas de gestão da base cadastral dos detentores de vistos diplomático, oficial e de cortesia atenderão a disposições específicas previstas em regulamento.

Capítulo III
DA CONDIÇÃO JURÍDICA DO MIGRANTE E DO VISITANTE

Seção I
Do Residente Fronteiriço

Art. 23. A fim de facilitar a sua livre circulação, poderá ser concedida ao residente fronteiriço, mediante requerimento, autorização para a realização de atos da vida civil.

Parágrafo único. Condições específicas poderão ser estabelecidas em regulamento ou tratado.

Art. 24. A autorização referida no *caput* do art. 23 indicará o Município fronteiriço no qual o residente estará autorizado a exercer os direitos a ele atribuídos por esta Lei.

§ 1.º O residente fronteiriço detentor da autorização gozará das garantias e dos direitos assegurados pelo regime geral de migração desta Lei, conforme especificado em regulamento.

§ 2.º O espaço geográfico de abrangência e de validade da autorização será especificado no documento de residente fronteiriço.

Art. 25. O documento de residente fronteiriço será cancelado, a qualquer tempo, se o titular:

I – tiver fraudado documento ou utilizado documento falso para obtê-lo;

II – obtiver outra condição migratória;

III – sofrer condenação penal; ou

IV – exercer direito fora dos limites previstos na autorização.

Seção II
Da Proteção do Apátrida e da Redução da Apatridia

Art. 26. Regulamento disporá sobre instituto protetivo especial do apátrida, consolidado em processo simplificado de naturalização.

§ 1.º O processo de que trata o *caput* será iniciado tão logo seja reconhecida a situação de apatridia.

§ 2.º Durante a tramitação do processo de reconhecimento da condição de apátrida, incidem todas as garantias e mecanismos protetivos e de facilitação da inclusão social relativos à Convenção sobre o Estatuto dos Apátridas de 1954, promulgada pelo Decreto n. 4.246, de 22 de maio de 2002, à Convenção relativa ao Estatuto dos Refugiados, promulgada pelo Decreto n. 50.215, de 28 de janeiro de 1961, e à Lei n. 9.474, de 22 de julho de 1997.

- A Lei n. 9.474, de 22-7-1997, dispõe sobre refugiados.

§ 3.º Aplicam-se ao apátrida residente todos os direitos atribuídos ao migrante relacionados no art. 4.º.

§ 4.º O reconhecimento da condição de apátrida assegura os direitos e garantias previstos na Convenção sobre o Estatuto dos Apátridas, de 1954, promulgada pelo Decreto n. 4.246, de 22 de maio de 2002, bem como outros direitos e garantias reconhecidos pelo Brasil.

§ 5.º O processo de reconhecimento da condição de apátrida tem como objetivo verificar se o solicitante é considerado nacional pela legislação de algum Estado e poderá considerar informações, documentos e declarações prestadas pelo próprio solicitante e por órgãos e organismos nacionais e internacionais.

§ 6.º Reconhecida a condição de apátrida, nos termos do inciso VI do § 1.º do art. 1.º, o solicitante será consultado sobre o desejo de adquirir a nacionalidade brasileira.

§ 7.º Caso o apátrida opte pela naturalização, a decisão sobre o reconhecimento será encaminhada ao órgão competente do Poder Executivo para publicação dos atos necessários à efetivação da naturalização no prazo de 30 (trinta) dias, observado o art. 65.

§ 8.º O apátrida reconhecido que não opte pela naturalização imediata terá a autorização de residência outorgada em caráter definitivo.

§ 9.º Caberá recurso contra decisão negativa de reconhecimento da condição de apátrida.

§ 10. Subsistindo a denegação do reconhecimento da condição de apátrida, é vedada a devolução do indivíduo para país onde sua vida, integridade pessoal ou liberdade estejam em risco.

§ 11. Será reconhecido o direito de reunião familiar a partir do reconhecimento da condição de apátrida.

- A Portaria Interministerial n. 12, de 13-6-2018, dispõe sobre o visto temporário e a autorização de residência para reunião familiar.

§ 12. Implica perda da proteção conferida por esta Lei:

I – a renúncia;

II – a prova da falsidade dos fundamentos invocados para o reconhecimento da condição de apátrida; ou

III – a existência de fatos que, se fossem conhecidos por ocasião do reconhecimento, teriam ensejado decisão negativa.

Seção III
Do Asilado

Art. 27. O asilo político, que constitui ato discricionário do Estado, poderá ser diplomático ou territorial e será outorgado como instrumento de proteção à pessoa.

- *Vide* art. 4.º, X, da CF.

Parágrafo único. Regulamento disporá sobre as condições para a concessão e a manutenção de asilo.

Art. 28. Não se concederá asilo a quem tenha cometido crime de genocídio, crime contra a humanidade, crime de guerra ou crime de agressão, nos termos do Estatuto de Roma do Tribunal Penal Internacional, de 1998, promulgado pelo Decreto n. 4.388, de 25 de setembro de 2002.

Art. 29. A saída do asilado do País sem prévia comunicação implica renúncia ao asilo.

Seção IV
Da Autorização de Residência

Art. 30. A residência poderá ser autorizada, mediante registro, ao imigrante, ao residente fronteiriço ou ao visitante que se enquadre em uma das seguintes hipóteses:

I – a residência tenha como finalidade:

a) pesquisa, ensino ou extensão acadêmica;

b) tratamento de saúde;

c) acolhida humanitária;

d) estudo;

e) trabalho;

f) férias-trabalho;

g) prática de atividade religiosa ou serviço voluntário;

h) realização de investimento ou de atividade com relevância econômica, social, científica, tecnológica ou cultural;

i) reunião familiar;

- A Portaria Interministerial n. 12, de 13-6-2018, dispõe sobre o visto temporário e a autorização de residência para reunião familiar.

II – a pessoa:

a) seja beneficiária de tratado em matéria de residência e livre circulação;

b) seja detentora de oferta de trabalho;

c) já tenha possuído a nacionalidade brasileira e não deseje ou não reúna os requisitos para readquiri-la;

d) (*Vetada.*)

e) seja beneficiária de refúgio, de asilo ou de proteção ao apátrida;

f) seja menor nacional de outro país ou apátrida, desacompanhado ou abandonado, que se encontre nas fronteiras brasileiras ou em território nacional;

g) tenha sido vítima de tráfico de pessoas, de trabalho escravo ou de violação de direito agravada por sua condição migratória;

- A Lei n. 13.344, de 6-10-2016, dispõe sobre prevenção e repressão ao tráfico interno e internacional de pessoas.
- A Portaria n. 87, de 23-3-2020, dispõe sobre a concessão e os procedimentos de autorização de residência à pessoa que tenha sido vítima de tráfico de pessoas, de trabalho escravo ou de violação de direito agravada por sua condição migratória.

h) esteja em liberdade provisória ou em cumprimento de pena no Brasil;

III – outras hipóteses definidas em regulamento.

§ 1.º Não se concederá a autorização de residência a pessoa condenada criminalmente no Brasil ou no exterior por sentença transitada em julgado, desde que a conduta esteja tipificada na legislação penal brasileira, ressalvados os casos em que:

I – a conduta caracterize infração de menor potencial ofensivo;

II – (*Vetado.*) ou

III – a pessoa se enquadre nas hipóteses previstas nas alíneas *b*, *c* e *i* do inciso I e na alínea *a* do inciso II do *caput* deste artigo.

§ 2.º O disposto no § 1.º não obsta progressão de regime de cumprimento de pena, nos termos da Lei n. 7.210, de 11 de julho de 1984, ficando a pessoa autorizada a trabalhar quando assim exigido pelo novo regime de cumprimento de pena.

- A Lei n. 7.210, de 11-7-1984, dispõe sobre execução penal.

§ 3.º Nos procedimentos conducentes ao cancelamento de autorização de residência e no recurso contra a negativa de concessão de autorização de residência devem ser respeitados o contraditório e a ampla defesa.

Art. 31. Os prazos e o procedimento da autorização de residência de que trata o art. 30 serão dispostos em regulamento, observado o disposto nesta Lei.

§ 1.º Será facilitada a autorização de residência nas hipóteses das alíneas *a* e *e* do inciso I do art. 30 desta Lei, devendo a deliberação sobre a autorização ocorrer em prazo não superior a 60 (sessenta) dias, a contar de sua solicitação.

§ 2.º Nova autorização de residência poderá ser concedida, nos termos do art. 30, mediante requerimento.

§ 3.º O requerimento de nova autorização de residência após o vencimento do prazo da autorização anterior implicará aplicação da sanção prevista no inciso II do art. 109.

§ 4.º O solicitante de refúgio, de asilo ou de proteção ao apátrida fará jus a autorização provisória de residência até a obtenção de resposta ao seu pedido.

§ 5.º Poderá ser concedida autorização de residência independentemente da situação migratória.

Art. 32. Poderão ser cobradas taxas pela autorização de residência.

Art. 33. Regulamento disporá sobre a perda e o cancelamento da autorização de residência em razão de fraude ou de ocultação de condição impeditiva de concessão de visto, de ingresso ou de permanência no País, observado procedimento administrativo que garanta o contraditório e a ampla defesa.

Art. 34. Poderá ser negada autorização de residência com fundamento nas hipóteses previstas nos incisos I, II, III, IV e IX do art. 45.

Art. 35. A posse ou a propriedade de bem no Brasil não confere o direito de obter visto ou autorização de residência em território nacional, sem prejuízo do disposto sobre visto para realização de investimento.

Art. 36. O visto de visita ou de cortesia poderá ser transformado em autorização de residência, mediante requerimento e registro, desde que satisfeitos os requisitos previstos em regulamento.

Seção V
Da Reunião Familiar

- Portaria n. 3, de 27-2-2018, do Ministério da Justiça, dispõe sobre os procedimentos de permanência definitiva e registro de estrangeiros, com base na modalidade de reunião familiar, prole, casamento, união estável, de prorrogação de visto temporário, de transformação do visto oficial ou diplomático em temporário, de transformação do visto temporário permanente e de transformação da residência temporária em permanente.
- A Portaria Interministerial n. 12, de 13-6-2018, dispõe sobre o visto temporário e a autorização de residência para reunião familiar.

Art. 37. O visto ou a autorização de residência para fins de reunião familiar será concedido ao imigrante:

- A Portaria Interministerial n. 12, de 13-6-2018, dispõe sobre o visto temporário e a autorização de residência para reunião familiar.

I – cônjuge ou companheiro, sem discriminação alguma;

II – filho de imigrante beneficiário de autorização de residência, ou que tenha filho brasileiro ou imigrante beneficiário de autorização de residência;

III – ascendente, descendente até o segundo grau ou irmão de brasileiro ou de imigrante beneficiário de autorização de residência; ou

IV – que tenha brasileiro sob sua tutela ou guarda.

Parágrafo único. (*Vetado.*)

Capítulo IV
DA ENTRADA E DA SAÍDA DO TERRITÓRIO NACIONAL

Seção I
Da Fiscalização Marítima, Aeroportuária e de Fronteira

Art. 38. As funções de polícia marítima, aeroportuária e de fronteira serão realizadas pela Polícia Federal nos pontos de entrada e de saída do território nacional.

Parágrafo único. É dispensável a fiscalização de passageiro, tripulante e estafe de navio em passagem inocente, exceto quando houver necessidade de descida de pessoa a terra ou de subida a bordo do navio.

Art. 39. O viajante deverá permanecer em área de fiscalização até que seu documento de viagem tenha sido verificado, salvo os casos previstos em lei.

Art. 40. Poderá ser autorizada a admissão excepcional no País de pessoa que se encontre em uma das seguintes condições, desde que esteja de posse de documento de viagem válido:

I – não possua visto;

II – seja titular de visto emitido com erro ou omissão;

III – tenha perdido a condição de residente por ter permanecido ausente do País na forma especificada em regulamento e detenha as condições objetivas para a concessão de nova autorização de residência;

IV – (*Vetado.*) ou

V – seja criança ou adolescente desacompanhado de responsável legal e sem autorização expressa para viajar desacompanhado, independentemente do documento de viagem que portar, hipótese em que haverá imediato encaminhamento ao Conselho Tutelar ou, em caso de necessidade, a instituição indicada pela autoridade competente.

Parágrafo único. Regulamento poderá dispor sobre outras hipóteses excepcionais de admissão, observados os princípios e as diretrizes desta Lei.

Art. 41. A entrada condicional, em território nacional, de pessoa que não preencha os requisitos de admissão poderá ser autorizada mediante a assinatura, pelo transportador ou por seu agente, de termo de compromisso de custear as despesas com a permanência e com as providências para a repatriação do viajante.

Art. 42. O tripulante ou o passageiro que, por motivo de força maior, for obrigado a interromper a viagem em território nacional poderá ter seu desembarque permitido mediante termo de responsabilidade pelas despesas decorrentes do transbordo.

Art. 43. A autoridade responsável pela fiscalização contribuirá para a aplicação de medidas sanitárias em consonância com o Regulamento Sanitário Internacional e com outras disposições pertinentes.

Seção II
Do Impedimento de Ingresso

Art. 44. (*Vetado.*)

Art. 45. Poderá ser impedida de ingressar no País, após entrevista individual e mediante ato fundamentado, a pessoa:

I – anteriormente expulsa do País, enquanto os efeitos da expulsão vigorarem;

- *Vide* art. 11 desta Lei.

II – condenada ou respondendo a processo por ato de terrorismo ou por crime de genocídio, crime contra a humanidade, crime de guerra ou crime de agressão, nos termos definidos pelo Estatuto de Roma do Tribunal Penal Internacional, de 1998, promulgado pelo Decreto n. 4.388, de 25 de setembro de 2002;

- *Vide* art. 11 desta Lei.

III – condenada ou respondendo a processo em outro país por crime doloso passível de extradição segundo a lei brasileira;

- *Vide* art. 11 desta Lei.

IV – que tenha o nome incluído em lista de restrições por ordem judicial ou por compromisso assumido pelo Brasil perante organismo internacional;

- *Vide* art. 11 desta Lei.

V – que apresente documento de viagem que:

a) não seja válido para o Brasil;

b) esteja com o prazo de validade vencido; ou

c) esteja com rasura ou indício de falsificação;

VI – que não apresente documento de viagem ou documento de identidade, quando admitido;

VII – cuja razão da viagem não seja condizente com o visto ou com o motivo alegado para a isenção de visto;

VIII – que tenha, comprovadamente, fraudado documentação ou prestado informação falsa por ocasião da solicitação de visto; ou

IX – que tenha praticado ato contrário aos princípios e objetivos dispostos na Constituição Federal.

•• A Portaria n. 770, de 11-10-2019, que dispõe sobre o impedimento de ingresso, a repatriação e a deportação de pessoa perigosa ou que tenha praticado ato contrário à Constituição Federal.

- *Vide* art. 11 desta Lei.

Parágrafo único. Ninguém será impedido de ingressar no País por motivo de raça, religião, nacionalidade, pertinência a grupo social ou opinião política.

Capítulo V
DAS MEDIDAS DE RETIRADA COMPULSÓRIA

Seção I
Disposições Gerais

Art. 46. A aplicação deste Capítulo observará o disposto na Lei n. 9.474, de 22 de julho de 1997, e nas disposições legais, tratados, instrumentos e mecanismos que tratem da proteção aos apátridas ou de outras situações humanitárias.

Art. 47. A repatriação, a deportação e a expulsão serão feitas para o país de nacionalidade ou de procedência do migrante ou do visitante, ou para outro que o aceite, em observância aos tratados dos quais o Brasil seja parte.

Art. 48. Nos casos de deportação ou expulsão, o chefe da unidade da Polícia Federal poderá representar perante o juízo federal, respeitados, nos procedimentos judiciais, os direitos à ampla defesa e ao devido processo legal.

Seção II

Da Repatriação

Art. 49. A repatriação consiste em medida administrativa de devolução de pessoa em situação de impedimento ao país de procedência ou de nacionalidade.

§ 1.º Será feita imediata comunicação do ato fundamentado de repatriação à empresa transportadora e à autoridade consular do país de procedência ou de nacionalidade do migrante ou do visitante, ou a quem o representa.

§ 2.º A Defensoria Pública da União será notificada, preferencialmente por via eletrônica, no caso do § 4.º deste artigo ou quando a repatriação imediata não seja possível.

§ 3.º Condições específicas de repatriação podem ser definidas por regulamento ou tratado, observados os princípios e as garantias previstos nesta Lei.

§ 4.º Não será aplicada medida de repatriação à pessoa em situação de refúgio ou de apatridia, de fato ou de direito, ao menor de 18 (dezoito) anos desacompanhado ou separado de sua família, exceto nos casos em que se demonstrar favorável para a garantia de seus direitos ou para a reintegração a sua família de origem, ou a quem necessite de acolhimento humanitário, nem, em qualquer caso, medida de devolução para país ou região que possa apresentar risco à vida, à integridade pessoal ou à liberdade da pessoa.

§ 5.º (*Vetado.*)

Seção III

Da Deportação

Art. 50. A deportação é medida decorrente de procedimento administrativo que consiste na retirada compulsória de pessoa que se encontre em situação migratória irregular em território nacional.

§ 1.º A deportação será precedida de notificação pessoal ao deportando, da qual constem, expressamente, as irregularidades verificadas e prazo para a regularização não inferior a 60 (sessenta) dias, podendo ser prorrogado, por igual período, por despacho fundamentado e mediante compromisso de a pessoa manter atualizadas suas informações domiciliares.

§ 2.º A notificação prevista no § 1.º não impede a livre circulação em território nacional, devendo o deportando informar seu domicílio e suas atividades.

§ 3.º Vencido o prazo do § 1.º sem que se regularize a situação migratória, a deportação poderá ser executada.

§ 4.º A deportação não exclui eventuais direitos adquiridos em relações contratuais ou decorrentes da lei brasileira.

§ 5.º A saída voluntária de pessoa notificada para deixar o País equivale ao cumprimento da notificação de deportação para todos os fins.

§ 6.º O prazo previsto no § 1.º poderá ser reduzido nos casos que se enquadrem no inciso IX do art. 45.

• A Portaria n. 770, de 11-10-2019, que dispõe sobre o impedimento de ingresso, a repatriação e a deportação de pessoa perigosa ou que tenha praticado ato contrário à Constituição Federal.

Art. 51. Os procedimentos conducentes à deportação devem respeitar o contraditório e a ampla defesa e a garantia de recurso com efeito suspensivo.

§ 1.º A Defensoria Pública da União deverá ser notificada, preferencialmente por meio eletrônico, para prestação de assistência ao deportando em todos os procedimentos administrativos de deportação.

§ 2.º A ausência de manifestação da Defensoria Pública da União, desde que prévia e devidamente notificada, não impedirá a efetivação da medida de deportação.

Art. 52. Em se tratando de apátrida, o procedimento de deportação dependerá de prévia autorização da autoridade competente.

Art. 53. Não se procederá à deportação se a medida configurar extradição não admitida pela legislação brasileira.

Seção IV

Da Expulsão

Art. 54. A expulsão consiste em medida administrativa de retirada compulsória de migrante ou visitante do território nacional, conjugada com o impedimento de reingresso por prazo determinado.

§ 1.º Poderá dar causa à expulsão a condenação com sentença transitada em julgado relativa à prática de:

I – crime de genocídio, crime contra a humanidade, crime de guerra ou crime de agressão, nos termos definidos pelo Estatuto de Roma do Tribunal Penal Internacional, de 1998, promulgado pelo Decreto n. 4.388, de 25 de setembro de 2002; ou

II – crime comum doloso passível de pena privativa de liberdade, consideradas a gravidade e as possibilidades de ressocialização em território nacional.

§ 2.º Caberá à autoridade competente resolver sobre a expulsão, a duração do impedimento de reingresso e a suspensão ou a revogação dos efeitos da expulsão, observado o disposto nesta Lei.

§ 3.º O processamento da expulsão em caso de crime comum não prejudicará a progressão de regime, o cumprimento da pena, a suspensão condicional do processo, a comutação da pena ou a concessão de pena alternativa, de indulto coletivo ou individual, de anistia ou de quaisquer benefícios concedidos em igualdade de condições ao nacional brasileiro.

§ 4.º O prazo de vigência da medida de impedimento vinculada aos efeitos da expulsão será proporcional ao prazo total da pena aplicada e nunca será superior ao dobro de seu tempo.

Art. 55. Não se procederá à expulsão quando:

I – a medida configurar extradição inadmitida pela legislação brasileira;

II – o expulsando:

a) tiver filho brasileiro que esteja sob sua guarda ou dependência econômica ou socioafetiva ou tiver pessoa brasileira sob sua tutela;

b) tiver cônjuge ou companheiro residente no Brasil, sem discriminação alguma, reconhecido judicial ou legalmente;

c) tiver ingressado no Brasil até os 12 (doze) anos de idade, residindo desde então no País;

d) for pessoa com mais de 70 (setenta) anos que resida no País há mais de 10 (dez) anos, considerados a gravidade e o fundamento da expulsão; ou

e) (*Vetada.*)

Art. 56. Regulamento definirá procedimentos para apresentação e processamento de pedidos de suspensão e de revogação dos efeitos das medidas de expulsão e de impedimento de ingresso e permanência em território nacional.

Art. 57. Regulamento disporá sobre condições especiais de autorização de residência para viabilizar medidas de ressocialização a migrante e a visitante em cumprimento de penas aplicadas ou executadas em território nacional.

Art. 58. No processo de expulsão serão garantidos o contraditório e a ampla defesa.

• *Vide* art. 5.º, LV, da CF.

§ 1.º A Defensoria Pública da União será notificada da instauração de processo de expulsão, se não houver defensor constituído.

§ 2.º Caberá pedido de reconsideração da decisão sobre a expulsão no prazo de 10 (dez) dias, a contar da notificação pessoal do expulsando.

Art. 59. Será considerada regular a situação migratória do expulsando cujo processo esteja pendente de decisão, nas condições previstas no art. 55.

Art. 60. A existência de processo de expulsão não impede a saída voluntária do expulsando do País.

Seção V

Das Vedações

Art. 61. Não se procederá à repatriação, à deportação ou à expulsão coletivas.

Parágrafo único. Entende-se por repatriação, deportação ou expulsão coletiva aquela que não individualiza a situação migratória irregular de cada pessoa.

Art. 62. Não se procederá à repatriação, à deportação ou à expulsão de nenhum indivíduo quando subsistirem razões para acreditar que a medida poderá colocar em risco a vida ou a integridade pessoal.

Capítulo VI
DA OPÇÃO DE NACIONALIDADE E DA NATURALIZAÇÃO

Seção I
Da Opção de Nacionalidade

Art. 63. O filho de pai ou de mãe brasileiro nascido no exterior e que não tenha sido registrado em repartição consular poderá, a qualquer tempo, promover ação de opção de nacionalidade.

Parágrafo único. O órgão de registro deve informar periodicamente à autoridade competente os dados relativos à opção de nacionalidade, conforme regulamento.

Seção II
Das Condições da Naturalização

Art. 64. A naturalização pode ser:

I – ordinária;

II – extraordinária;

III – especial; ou

IV – provisória.

Art. 65. Será concedida a naturalização ordinária àquele que preencher as seguintes condições:

•• A Portaria n. 623, de 13-11-2020, do Ministério da Justiça e Segurança Pública, dispõe sobre os procedimentos de naturalização, de igualdade de direitos, de perda da nacionalidade, de reaquisição da nacionalidade e de revogação da decisão de perda da nacionalidade brasileira.

I – ter capacidade civil, segundo a lei brasileira;

II – ter residência em território nacional, pelo prazo mínimo de 4 (quatro) anos;

III – comunicar-se em língua portuguesa, consideradas as condições do naturalizando; e

IV – não possuir condenação penal ou estiver reabilitado, nos termos da lei.

Art. 66. O prazo de residência fixado no inciso II do *caput* do art. 65 será reduzido para, no mínimo, 1 (um) ano se o naturalizando preencher quaisquer das seguintes condições:

I – (*Vetado.*)

II – ter filho brasileiro;

III – ter cônjuge ou companheiro brasileiro e não estar dele separado legalmente ou de fato no momento de concessão da naturalização;

IV – (*Vetado*).

V – haver prestado ou poder prestar serviço relevante ao Brasil; ou

VI – recomendar-se por sua capacidade profissional, científica ou artística.

Parágrafo único. O preenchimento das condições previstas nos incisos V e VI do *caput* será avaliado na forma disposta em regulamento.

Art. 67. A naturalização extraordinária será concedida a pessoa de qualquer nacionalidade fixada no Brasil há mais de 15 (quinze) anos ininterruptos e sem condenação penal, desde que requeira a nacionalidade brasileira.

•• A Portaria n. 623, de 13-11-2020, do Ministério da Justiça e Segurança Pública, dispõe sobre os procedimentos de naturalização, de igualdade de direitos, de perda da nacionalidade, de reaquisição da nacionalidade e de revogação da decisão de perda da nacionalidade brasileira.

Art. 68. A naturalização especial poderá ser concedida ao estrangeiro que se encontre em uma das seguintes situações:

I – seja cônjuge ou companheiro, há mais de 5 (cinco) anos, de integrante do Serviço Exterior Brasileiro em atividade ou de pessoa a serviço do Estado brasileiro no exterior; ou

II – seja ou tenha sido empregado em missão diplomática ou em repartição consular do Brasil por mais de 10 (dez) anos ininterruptos.

Art. 69. São requisitos para a concessão da naturalização especial:

I – ter capacidade civil, segundo a lei brasileira;

II – comunicar-se em língua portuguesa, consideradas as condições do naturalizando; e

III – não possuir condenação penal ou estiver reabilitado, nos termos da lei.

Art. 70. A naturalização provisória poderá ser concedida ao migrante criança ou adolescente que tenha fixado residência em território nacional antes de completar 10 (dez) anos de idade e deverá ser requerida por intermédio de seu representante legal.

•• A Portaria n. 623, de 13-11-2020, do Ministério da Justiça e Segurança Pública, dispõe sobre os procedimentos de naturalização, de igualdade de direitos, de perda da nacionalidade, de reaquisição da nacionalidade e de revogação da decisão de perda da nacionalidade brasileira.

Parágrafo único. A naturalização prevista no *caput* será convertida em definitiva se o naturalizando expressamente assim o requerer no prazo de 2 (dois) anos após atingir a maioridade.

Art. 71. O pedido de naturalização será apresentado e processado na forma prevista pelo órgão competente do Poder Executivo, sendo cabível recurso em caso de denegação.

§ 1.º No curso do processo de naturalização, o naturalizando poderá requerer tradução ou a adaptação de seu nome à língua portuguesa.

§ 2.º Será mantido cadastro com o nome traduzido ou adaptado associado ao nome anterior.

Art. 72. No prazo de até 1 (um) ano após a concessão da naturalização, deverá o naturalizado comparecer perante a Justiça Eleitoral para o devido cadastramento.

Seção III
Dos Efeitos da Naturalização

Art. 73. A naturalização produz efeitos após a publicação no *Diário Oficial* do ato de naturalização.

Art. 74. (*Vetado.*)

Seção IV
Da Perda da Nacionalidade

Art. 75. O naturalizado perderá a nacionalidade em razão de condenação transitada em julgado por atividade nociva ao interesse nacional, nos termos do inciso I do § 4.º do art. 12 da Constituição Federal.

•• A Portaria n. 623, de 13-11-2020, do Ministério da Justiça e Segurança Pública, dispõe sobre os procedimentos de naturalização, de igualdade de direitos, de perda da nacionalidade, de reaquisição da nacionalidade e de revogação da decisão de perda da nacionalidade brasileira.

Parágrafo único. O risco de geração de situação de apatridia será levado em consideração antes da efetivação da perda da nacionalidade.

Seção V
Da Reaquisição da Nacionalidade

Art. 76. O brasileiro que, em razão do previsto no inciso II do § 4.º do art. 12 da Constituição Federal, houver perdido a nacionalidade, uma vez cessada a causa, poderá readquiri-la ou ter o ato que declarou a perda revogado, na forma definida pelo órgão competente do Poder Executivo.

•• A Portaria n. 623, de 13-11-2020, do Ministério da Justiça e Segurança Pública, dispõe sobre os procedimentos de naturalização, de igualdade de direitos, de perda da nacionalidade, de reaquisição da nacionalidade e de revogação da decisão de perda da nacionalidade brasileira.

Capítulo VII
DO EMIGRANTE

Seção I
Das Políticas Públicas para os Emigrantes

Art. 77. As políticas públicas para os emigrantes observarão os seguintes princípios e diretrizes:

I – proteção e prestação de assistência consular por meio das representações do Brasil no exterior;

II – promoção de condições de vida digna, por meio, entre outros, da facilitação do registro consular e da prestação de serviços consulares relativos às áreas de educação, saúde, trabalho, previdência social e cultura;

III – promoção de estudos e pesquisas sobre os emigrantes e as comunidades de brasileiros no exterior, a fim de subsidiar a formulação de políticas públicas;

IV – atuação diplomática, nos âmbitos bilateral, regional e multilateral, em defesa dos direitos do emigrante brasileiro, conforme o direito internacional;

V – ação governamental integrada, com a participação de órgãos do governo com atuação nas áreas temáticas mencionadas nos incisos I, II, III e IV, visando a assistir as comunidades brasileiras no exterior; e

VI – esforço permanente de desburocratização, atualização e modernização do sistema de atendimento, com o objetivo de aprimorar a assistência ao emigrante.

Seção II
Dos Direitos do Emigrante

Art. 78. Todo emigrante que decida retornar ao Brasil com ânimo de residência poderá introduzir no País, com isenção de direitos de importação e de taxas aduaneiras, os bens novos ou usados que um viajante, em compatibilidade com as circunstâncias de sua viagem, puder destinar para seu uso ou consumo pessoal e profissional, sempre que, por sua quantidade, natureza ou variedade, não permitam presumir importação ou exportação com fins comerciais ou industriais.

Art. 79. Em caso de ameaça à paz social e à ordem pública por grave ou iminente instabilidade institucional ou de calamidade de grande proporção na natureza, deverá ser prestada especial assistência ao emigrante pelas representações brasileiras no exterior.

Art. 80. O tripulante brasileiro contratado por embarcação ou armadora estrangeira, de cabotagem ou a longo curso e com sede ou filial no Brasil, que explore economicamente o mar territorial e a costa brasileira terá direito a seguro a cargo do contratante, válido para todo o período da contratação, conforme o disposto no Registro de Embarcações Brasileiras (REB), contra acidente de trabalho, invalidez total ou parcial e morte, sem prejuízo de benefícios de apólice mais favorável vigente no exterior.

Capítulo VIII
DAS MEDIDAS DE COOPERAÇÃO

Seção I
Da Extradição

Art. 81. A extradição é a medida de cooperação internacional entre o Estado brasileiro e outro Estado pela qual se concede ou solicita a entrega de pessoa sobre quem recaia condenação criminal definitiva ou para fins de instrução de processo penal em curso.

§ 1.º A extradição será requerida por via diplomática ou pelas autoridades centrais designadas para esse fim.

§ 2.º A extradição e sua rotina de comunicação serão realizadas pelo órgão competente do Poder Executivo em coordenação com as autoridades judiciárias e policiais competentes.

Art. 82. Não se concederá a extradição quando:

•• *Vide* art. 5.º, LI, da CF.

I – o indivíduo cuja extradição é solicitada ao Brasil for brasileiro nato;

II – o fato que motivar o pedido não for considerado crime no Brasil ou no Estado requerente;

III – o Brasil for competente, segundo suas leis, para julgar o crime imputado ao extraditando;

IV – a lei brasileira impuser ao crime pena de prisão inferior a 2 (dois) anos;

V – o extraditando estiver respondendo a processo ou já houver sido condenado ou absolvido no Brasil pelo mesmo fato em que se fundar o pedido;

VI – a punibilidade estiver extinta pela prescrição, segundo a lei brasileira ou a do Estado requerente;

VII – o fato constituir crime político ou de opinião;

VIII – o extraditando tiver de responder, no Estado requerente, perante tribunal ou juízo de exceção; ou

IX – o extraditando for beneficiário de refúgio, nos termos da Lei n. 9.474, de 22 de julho de 1997, ou de asilo territorial.

§ 1.º A previsão constante do inciso VII do *caput* não impedirá a extradição quando o fato constituir, principalmente, infração à lei penal comum ou quando o crime comum, conexo ao delito político, constituir o fato principal.

§ 2.º Caberá à autoridade judiciária competente a apreciação do caráter da infração.

§ 3.º Para determinação da incidência do disposto no inciso I, será observada, nos casos de aquisição de outra nacionalidade por naturalização, a anterioridade do fato gerador da extradição.

§ 4.º O Supremo Tribunal Federal poderá deixar de considerar crime político o atentado contra chefe de Estado ou quaisquer autoridades, bem como crime contra a humanidade, crime de guerra, crime de genocídio e terrorismo.

§ 5.º Admite-se a extradição de brasileiro naturalizado, nas hipóteses previstas na Constituição Federal.

Art. 83. São condições para concessão da extradição:

I – ter sido o crime cometido no território do Estado requerente ou serem aplicáveis ao extraditando as leis penais desse Estado; e

II – estar o extraditando respondendo a processo investigatório ou a processo penal ou ter sido condenado pelas autoridades judiciárias do Estado requerente a pena privativa de liberdade.

Art. 84. Em caso de urgência, o Estado interessado na extradição poderá, previamente ou conjuntamente com a formalização do pedido extradicional, requerer, por via diplomática ou por meio de autoridade central do Poder Executivo, prisão cautelar com o objetivo de assegurar a executoriedade da medida de extradição que, após exame da presença dos pressupostos formais de admissibilidade exigidos nesta Lei ou em tratado, deverá representar à autoridade judicial competente, ouvido previamente o Ministério Público Federal.

§ 1.º O pedido de prisão cautelar deverá conter informação sobre o crime cometido e deverá ser fundamentado, podendo ser apresentado por correio, fax, mensagem eletrônica ou qualquer outro meio que assegure a comunicação por escrito.

§ 2.º O pedido de prisão cautelar poderá ser transmitido à autoridade competente para extradição no Brasil por meio de canal estabelecido com o ponto focal da Organização Internacional de Polícia Criminal (Interpol) no País, devidamente instruído com a documentação comprobatória da existência de ordem de prisão proferida por Estado estrangeiro, e, em caso de ausência de tratado, com a promessa de reciprocidade recebida por via diplomática.

§ 3.º Efetivada a prisão do extraditando, o pedido de extradição será encaminhado à autoridade judiciária competente.

§ 4.º Na ausência de disposição específica em tratado, o Estado estrangeiro deverá formalizar o pedido de extradição no prazo de 60 (sessenta) dias, contado da data em que tiver sido cientificado da prisão do extraditando.

§ 5.º Caso o pedido de extradição não seja apresentado no prazo previsto no § 4.º, o extraditando deverá ser posto em liberdade, não se admitindo novo pedido de prisão cautelar pelo mesmo fato sem que a extradição tenha sido devidamente requerida.

§ 6.º A prisão cautelar poderá ser prorrogada até o julgamento final da autoridade judiciária competente quanto à legalidade do pedido de extradição.

Art. 85. Quando mais de um Estado requerer a extradição da mesma pessoa, pelo mesmo fato, terá preferência o pedido daquele em cujo território a infração foi cometida.

§ 1.º Em caso de crimes diversos, terá preferência, sucessivamente:

I – o Estado requerente em cujo território tenha sido cometido o crime mais grave, segundo a lei brasileira;

II – o Estado que em primeiro lugar tenha pedido a entrega do extraditando, se a gravidade dos crimes for idêntica;

III – o Estado de origem, ou, em sua falta, o domiciliar do extraditando, se os pedidos forem simultâneos.

§ 2.º Nos casos não previstos nesta Lei, o órgão competente do Poder Executivo decidirá sobre a preferência do pedido, priorizando o Estado requerente que mantiver tratado de extradição com o Brasil.

§ 3.º Havendo tratado com algum dos Estados requerentes, prevalecerão suas normas no que diz respeito à preferência de que trata este artigo.

Art. 86. O Supremo Tribunal Federal, ouvido o Ministério Público, poderá autorizar prisão albergue ou domiciliar ou determinar que o extraditando responda ao processo de extradição em liberdade, com retenção do documento de viagem ou outras medidas cautelares necessárias, até o julgamento da extradição ou a entrega do extraditando, se pertinente, considerando a situação administrativa migratória, os antecedentes do extraditando e as circunstâncias do caso.

Art. 87. O extraditando poderá entregar-se voluntariamente ao Estado requerente, desde que o declare expressamente, esteja assistido por advogado e seja advertido de que tem direito ao processo judicial de extradição e à proteção que tal direito encerra, caso em que o pedido será decidido pelo Supremo Tribunal Federal.

Art. 88. Todo pedido que possa originar processo de extradição em face de Estado estrangeiro deverá ser encaminhado ao órgão competente do Poder Executivo diretamente pelo órgão do Poder Judiciário responsável pela decisão ou pelo processo penal que a fundamenta.

§ 1.º Compete a órgão do Poder Executivo o papel de orientação, de informação e de avaliação dos elementos formais de admissibilidade dos processos preparatórios para encaminhamento ao Estado requerido.

§ 2.º Compete aos órgãos do sistema de Justiça vinculados ao processo penal gerador de pedido de extradição a apresentação de todos os documentos, manifestações e demais elementos necessários para o processamento do pedido, inclusive suas traduções oficiais.

§ 3.º O pedido deverá ser instruído com cópia autêntica ou com o original da sentença condenatória ou da decisão penal proferida, conterá indicações precisas sobre o local, a data, a natureza e as circunstâncias do fato criminoso e a identidade do extraditando e será acompanhado de cópia dos textos legais sobre o crime, a competência, a pena e a prescrição.

§ 4.º O encaminhamento do pedido de extradição ao órgão competente do Poder Executivo confere autenticidade aos documentos.

Art. 89. O pedido de extradição originado de Estado estrangeiro será recebido pelo órgão competente do Poder Executivo e, após exame da presença dos pressupostos formais de admissibilidade exigidos nesta Lei ou em tratado, encaminhado à autoridade judiciária competente.

Parágrafo único. Não preenchidos os pressupostos referidos no *caput*, o pedido será arquivado mediante decisão fundamentada, sem prejuízo da possibilidade de renovação do pedido, devidamente instruído, uma vez superado o óbice apontado.

Art. 90. Nenhuma extradição será concedida sem prévio pronunciamento do Supremo Tribunal Federal sobre sua legalidade e procedência, não cabendo recurso da decisão.

Art. 91. Ao receber o pedido, o relator designará dia e hora para o interrogatório do extraditando e, conforme o caso, nomear-lhe-á curador ou advogado, se não o tiver.

§ 1.º A defesa, a ser apresentada no prazo de 10 (dez) dias contado da data do interrogatório, versará sobre a identidade da pessoa reclamada, defeito de forma de documento apresentado ou ilegalidade da extradição.

§ 2.º Não estando o processo devidamente instruído, o Tribunal, a requerimento do órgão do Ministério Público Federal correspondente, poderá converter o julgamento em diligência para suprir a falta.

§ 3.º Para suprir a falta referida no § 2.º, o Ministério Público Federal terá prazo improrrogável de 60 (sessenta) dias, após o qual o pedido será julgado independentemente da diligência.

§ 4.º O prazo referido no § 3.º será contado da data de notificação à missão diplomática do Estado requerente.

Art. 92. Julgada procedente a extradição e autorizada a entrega pelo órgão competente do Poder Executivo, será o ato comunicado por via diplomática ao Estado requerente, que, no prazo de 60 (sessenta) dias da comunicação, deverá retirar o extraditando do território nacional.

Art. 93. Se o Estado requerente não retirar o extraditando do território nacional no prazo previsto no art. 92, será ele posto em liberdade, sem prejuízo de outras medidas aplicáveis.

Art. 94. Negada a extradição em fase judicial, não se admitirá novo pedido baseado no mesmo fato.

Art. 95. Quando o extraditando estiver sendo processado ou tiver sido condenado, no Brasil, por crime punível com pena privativa de liberdade, a extradição será executada somente depois da conclusão do processo ou do cumprimento da pena, ressalvadas as hipóteses de liberação antecipada pelo Poder Judiciário e de determinação da transferência da pessoa condenada.

§ 1.º A entrega do extraditando será igualmente adiada se a efetivação da medida puser em risco sua vida em virtude de enfermidade grave comprovada por laudo médico oficial.

§ 2.º Quando o extraditando estiver sendo processado ou tiver sido condenado, no Brasil, por infração de menor potencial ofensivo, a entrega poderá ser imediatamente efetivada.

Art. 96. Não será efetivada a entrega do extraditando sem que o Estado requerente assuma o compromisso de:

I – não submeter o extraditando a prisão ou processo por fato anterior ao pedido de extradição;

II – computar o tempo da prisão que, no Brasil, foi imposta por força da extradição;

III – comutar a pena corporal, perpétua ou de morte em pena privativa de liberdade, respeitado o limite máximo de cumprimento de 30 (trinta) anos;

IV – não entregar o extraditando, sem consentimento do Brasil, a outro Estado que o reclame;

V – não considerar qualquer motivo político para agravar a pena; e

VI – não submeter o extraditando a tortura ou a outros tratamentos ou penas cruéis, desumanos ou degradantes.

Art. 97. A entrega do extraditando, de acordo com as leis brasileiras e respeitado o direito de terceiro, será feita com os objetos e instrumentos do crime encontrados em seu poder.

Parágrafo único. Os objetos e instrumentos referidos neste artigo poderão ser entregues independentemente da entrega do extraditando.

Art. 98. O extraditando que, depois de entregue ao Estado requerente, escapar à ação da Justiça e homiziar-se no Brasil, ou por ele transitar, será detido mediante pedido feito diretamente por via diplomática ou pela Interpol e novamente entregue, sem outras formalidades.

Art. 99. Salvo motivo de ordem pública, poderá ser permitido, pelo órgão competente do Poder Executivo, o trânsito no território nacional de pessoa extraditada por Estado estrangeiro, bem como o da respectiva guarda, mediante apresentação de documento comprobatório de concessão da medida.

Seção II
Da Transferência de Execução da Pena

Art. 100. Nas hipóteses em que couber solicitação de extradição executória, a autoridade competente poderá solicitar ou autorizar a transferência de execução da pena, desde que observado o princípio do *non bis in idem*.

Parágrafo único. Sem prejuízo do disposto no Decreto-lei n. 2.848, de 7 de dezembro de 1940 (Código Penal), a transferência de execução da pena será possível quando preenchidos os seguintes requisitos:

I – o condenado em território estrangeiro for nacional ou tiver residência habitual ou vínculo pessoal no Brasil;

II – a sentença tiver transitado em julgado;

III – a duração da condenação a cumprir ou que restar para cumprir for de, pelo menos, 1 (um) ano, na data de apresentação do pedido ao Estado da condenação;

IV – o fato que originou a condenação constituir infração penal perante a lei de ambas as partes; e

V – houver tratado ou promessa de reciprocidade.

Art. 101. O pedido de transferência de execução da pena de Estado estrangeiro será requerido por via diplomática ou por via de autoridades centrais.

§ 1.º O pedido será recebido pelo órgão competente do Poder Executivo e, após exame da presença dos pressupostos formais de admissibilidade exigidos nesta Lei ou em tratado, encaminhado ao Superior Tribunal de Justiça para decisão quanto à homologação.

§ 2.º Não preenchidos os pressupostos referidos no § 1.º, o pedido será arquivado mediante decisão fundamentada, sem prejuízo da possibilidade de renovação do pedido, devidamente instruído, uma vez superado o óbice apontado.

Art. 102. A forma do pedido de transferência de execução da pena e seu processamento serão definidos em regulamento.

Parágrafo único. Nos casos previstos nesta Seção, a execução penal será de competência da Justiça Federal.

Seção III
Da Transferência de Pessoa Condenada

Art. 103. A transferência de pessoa condenada poderá ser concedida quando o pedido se fundamentar em tratado ou houver promessa de reciprocidade.

§ 1.º O condenado no território nacional poderá ser transferido para seu país de nacionalidade ou país em que tiver residência habitual ou vínculo pessoal, desde que expresse interesse nesse sentido, a fim de cumprir pena a ele imposta pelo Estado brasileiro por sentença transitada em julgado.

§ 2.º A transferência de pessoa condenada no Brasil pode ser concedida juntamente com a aplicação de medida de impedimento de reingresso em território nacional, na forma de regulamento.

Art. 104. A transferência de pessoa condenada será possível quando preenchidos os seguintes requisitos:

I – o condenado no território de uma das partes for nacional ou tiver residência habitual ou vínculo pessoal no território da outra parte que justifique a transferência;

II – a sentença tiver transitado em julgado;

III – a duração da condenação a cumprir ou que restar para cumprir for de, pelo menos, 1 (um) ano, na data de apresentação do pedido ao Estado da condenação;

IV – o fato que originou a condenação constituir infração penal perante a lei de ambos os Estados;

V – houver manifestação de vontade do condenado ou, quando for o caso, de seu representante; e

VI – houver concordância de ambos os Estados.

Art. 105. A forma do pedido de transferência de pessoa condenada e seu processamento serão definidos em regulamento.

§ 1.º Nos casos previstos nesta Seção, a execução penal será de competência da Justiça Federal.

§ 2.º Não se procederá à transferência quando inadmitida a extradição.

§ 3.º *(Vetado.)*

Capítulo IX
DAS INFRAÇÕES E DAS PENALIDADES ADMINISTRATIVAS

Art. 106. Regulamento disporá sobre o procedimento de apuração das infrações administrativas e seu processamento e sobre a fixação e a atualização das multas, em observância ao disposto nesta Lei.

Art. 107. As infrações administrativas previstas neste Capítulo serão apuradas em processo administrativo próprio, assegurados o contraditório e a ampla defesa e observadas as disposições desta Lei.

§ 1.º O cometimento simultâneo de duas ou mais infrações importará cumulação das sanções cabíveis, respeitados os limites estabelecidos nos incisos V e VI do art. 108.

§ 2.º A multa atribuída por dia de atraso ou por excesso de permanência poderá ser convertida em redução equivalente do período de autorização de estada para o visto de visita, em caso de nova entrada no País.

Art. 108. O valor das multas tratadas neste Capítulo considerará:

I – as hipóteses individualizadas nesta Lei;

II – a condição econômica do infrator, a reincidência e a gravidade da infração;

III – a atualização periódica conforme estabelecido em regulamento;

IV – o valor mínimo individualizável de R$ 100,00 (cem reais);

V – o valor mínimo de R$ 100,00 (cem reais) e o máximo de R$ 10.000,00 (dez mil reais) para infrações cometidas por pessoa física;

VI – o valor mínimo de R$ 1.000,00 (mil reais) e o máximo de R$ 1.000.000,00 (um milhão de reais) para infrações cometidas por pessoa jurídica, por ato infracional.

Art. 109. Constitui infração, sujeitando o infrator às seguintes sanções:

I – entrar em território nacional sem estar autorizado:

Sanção: deportação, caso não saia do País ou não regularize a situação migratória no prazo fixado;

II – permanecer em território nacional depois de esgotado o prazo legal da documentação migratória:

Sanção: multa por dia de excesso e deportação, caso não saia do País ou não regularize a situação migratória no prazo fixado;

III – deixar de se registrar, dentro do prazo de 90 (noventa) dias do ingresso no País, quando for obrigatória a identificação civil:

Sanção: multa;

IV – deixar o imigrante de se registrar, para efeito de autorização de residência, dentro do prazo de 30 (trinta) dias, quando orientado a fazê-lo pelo órgão competente:

Sanção: multa por dia de atraso;

V – transportar para o Brasil pessoa que esteja sem documentação migratória regular:

Sanção: multa por pessoa transportada;

VI – deixar a empresa transportadora de atender a compromisso de manutenção da estada ou de promoção da saída do território nacional de quem tenha sido autorizado a ingresso condicional no Brasil por não possuir a devida documentação migratória:

Sanção: multa;

VII – furtar-se ao controle migratório, na entrada ou saída do território nacional:

Sanção: multa.

Art. 110. As penalidades aplicadas serão objeto de pedido de reconsideração e de recurso, nos termos de regulamento.

Parágrafo único. Serão respeitados o contraditório, a ampla defesa e a garantia de recurso, assim como a situação de hipossuficiência do migrante ou do visitante.

Capítulo X
DISPOSIÇÕES FINAIS E TRANSITÓRIAS

Art. 111. Esta Lei não prejudica direitos e obrigações estabelecidos por tratados vigentes no Brasil e que sejam mais benéficos ao migrante e ao visitante, em particular os tratados firmados no âmbito do Mercosul.

Art. 112. As autoridades brasileiras serão tolerantes quanto ao uso do idioma do residente fronteiriço e do imigrante quando eles se dirigirem a órgãos ou repartições públicas para reclamar ou reivindicar os direitos decorrentes desta Lei.

Art. 113. As taxas e emolumentos consulares são fixados em conformidade com a tabela anexa a esta Lei.

•• A Tabela de Taxas e Emolumentos Consulares mencionada neste artigo consta na legislação adicional online.

§ 1.º Os valores das taxas e emolumentos consulares poderão ser ajustados pelo órgão competente da administração pública federal, de forma a preservar o interesse nacional ou a assegurar a reciprocidade de tratamento.

§ 2.º Não serão cobrados emolumentos consulares pela concessão de:

I – vistos diplomáticos, oficiais e de cortesia; e

II – vistos em passaportes diplomáticos, oficiais ou de serviço, ou equivalentes, mediante reciprocidade de tratamento a titulares de documento de viagem similar brasileiro.

§ 3.º Não serão cobrados taxas e emolumentos consulares pela concessão de vistos ou para a obtenção de documentos para regularização migratória aos integrantes de grupos vulneráveis e indivíduos em condição de hipossuficiência econômica.

§ 4.º *(Vetado.)*

Art. 114. Regulamento poderá estabelecer competência para órgãos do Poder Executivo disciplinarem aspectos específicos desta Lei.

Art. 115. O Decreto-lei n. 2.848, de 7 de dezembro de 1940 (Código Penal), passa a vigorar acrescido do seguinte art. 232-A:

•• Alteração já processada no diploma modificado.

Art. 116. *(Vetado.)*

Art. 117. O documento conhecido por Registro Nacional de Estrangeiro passa a ser denominado Registro Nacional Migratório.

Art. 118. *(Vetado.)*

Art. 119. O visto emitido até a data de entrada em vigor desta Lei poderá ser utilizado até a data prevista de expiração de sua validade, podendo ser transformado ou ter seu prazo de estada prorrogado, nos termos de regulamento.

Art. 120. A Política Nacional de Migrações, Refúgio e Apatridia terá a finalidade de coordenar e articular ações setoriais implementadas pelo Poder Executivo federal em regime de cooperação com os Estados, o Distrito Federal e os Municípios, com participação de organizações da sociedade civil, organismos internacionais e entidades privadas, conforme regulamento.

§ 1.º Ato normativo do Poder Executivo federal poderá definir os objetivos, a organização e a estratégia de coordenação da Política Nacional de Migrações, Refúgio e Apatridia.

§ 2.º Ato normativo do Poder Executivo federal poderá estabelecer planos nacionais e outros instrumentos para a efetivação dos objetivos desta Lei e a coordenação entre órgãos e colegiados setoriais.

§ 3.º Com vistas à formulação de políticas públicas, deverá ser produzida informação quantitativa e qualitativa, de forma sistemática, sobre os migrantes, com a criação de banco de dados.

Art. 121. Na aplicação desta Lei, devem ser observadas as disposições da Lei n. 9.474, de 22 de julho de 1997, nas situações que envolvam refugiados e solicitantes de refúgio.

Art. 122. A aplicação desta Lei não impede o tratamento mais favorável assegurado por tratado em que a República Federativa do Brasil seja parte.

Art. 123. Ninguém será privado de sua liberdade por razões migratórias, exceto nos casos previstos nesta Lei.

Art. 124. Revogam-se:

I – a Lei n. 818, de 18 de setembro de 1949; e

II – a Lei n. 6.815, de 19 de agosto de 1980 (Estatuto do Estrangeiro).

Art. 125. Esta Lei entra em vigor após decorridos 180 (cento e oitenta) dias de sua publicação oficial.

Brasília, 24 de maio de 2017; 196.º da Independência e 129.º da República.

MICHEL TEMER

LEI N. 13.455, DE 26 DE JUNHO DE 2017 (*)

Dispõe sobre a diferenciação de preços de bens e serviços oferecidos ao público em função do prazo ou do instrumento de pagamento utilizado, e altera a Lei n. 10.962, de 11 de outubro de 2004.

O Presidente da República

Faço saber que o Congresso Nacional decreta e eu sanciono a seguinte Lei:

Art. 1.º Fica autorizada a diferenciação de preços de bens e serviços oferecidos ao público em função do prazo ou do instrumento de pagamento utilizado.

Parágrafo único. É nula a cláusula contratual, estabelecida no âmbito de arranjos de pagamento ou de outros acordos para prestação de serviço de pagamento, que proíba ou restrinja a diferenciação de preços facultada no *caput* deste artigo.

Art. 2.º A Lei n. 10.962, de 11 de outubro de 2004, passa a vigorar acrescida do seguinte art. 5.º-A:

•• Alteração já processada no diploma modificado.

Art. 3.º Esta Lei entra em vigor na data de sua publicação. Brasília, 26 de junho de 2017; 196.º da Independência e 129.º da República.

MICHEL TEMER

(*) Publicada no *Diário Oficial da União*, de 27-6-2017.

LEI N. 13.465, DE 11 DE JULHO DE 2017 (**)

Dispõe sobre a regularização fundiária rural e urbana, sobre a liquidação de créditos concedidos aos assentados da reforma agrária e sobre a regularização fundiária no âmbito da Amazônia Legal; institui mecanismos para aprimorar a eficiência dos procedimentos de alienação de imóveis da União; altera as Lei n. 8.629, de 25 de fevereiro de 1993, 13.001, de 20 de junho de 2014, 11.952, de 25 de junho de 2009, 13.340, de 28 de setembro de 2016, 8.666, de 21 de junho de 1993, 6.015, de 31 de dezembro de 1973, 12.512, de 14 de outubro de 2011,10.406, de 10 de janeiro de 2002 (Código Civil), 13.105, de 16 de março de 2015 (Código de Processo Civil), 11.977, de 7 de julho de 2009, 9.514, de 20 de novembro de 1997, 11.124, de 16 de junho de 2005, 6.766, de 19 de dezembro de 1979, 10.257, de 10 de julho de 2001, 12.651, de 25 de maio de 2012, 13.240, de 30 de dezembro de 2015, 9.636, de 15 de maio de 1998, 8.036, de 11 de maio de 1990, 13.139, de 26 de junho de 2015, 11.483, de 31 de maio de 2007, e a 12.712, de 30 de agosto de 2012, a Medida Provisória n. 2.220, de 4 de setembro de 2001, e os Decretos-leis n. 2.398, de 21 de dezembro de 1987, 1.876, de 15 de julho de 1981, 9.760, de 5 de setembro de 1946, e 3.365, de 21 de junho de 1941; revoga dispositivos da Lei Complementar n. 76, de 6 de julho de 1993, e da Lei n. 13.347, de 10 de outubro de 2016; e dá outras providências.

O Presidente da República

Faço saber que o Congresso Nacional decreta e eu sanciono a seguinte Lei:

Art. 1.º Esta Lei dispõe sobre a regularização fundiária rural e urbana, sobre a liquidação de créditos concedidos aos assentados da reforma agrária e sobre a regularização fundiária no âmbito da Amazônia Legal; institui mecanismos para aprimorar a eficiência dos procedimentos de alienação de imóveis da União; e dá outras providências.

(**) Publicada no *Diário Oficial da União*, de 12-7-2017. Retificada em 6-9-2017. Republicada em 8-9-2017.

TÍTULO I
DA REGULARIZAÇÃO FUNDIÁRIA RURAL

....

Art. 7.º A Lei n. 6.015, de 31 de dezembro de 1973, passa a vigorar com as seguintes alterações:

•• Alterações já processadas no diploma modificado.

....

TÍTULO II
DA REGULARIZAÇÃO FUNDIÁRIA URBANA

•• O Decreto n. 9.310, de 15-3-2018 institui as normas gerais e os procedimentos aplicáveis à regularização fundiária urbana e estabelece os procedimentos para a avaliação e a alienação dos imóveis da União.

Capítulo I
DISPOSIÇÕES GERAIS

Seção I
Da Regularização Fundiária Urbana

Art. 9.º Ficam instituídas no território nacional normas gerais e procedimentos aplicáveis à Regularização Fundiária Urbana (Reurb), a qual abrange medidas jurídicas, urbanísticas, ambientais e sociais destinadas à incorporação dos núcleos urbanos informais ao ordenamento territorial urbano e à titulação de seus ocupantes.

§ 1.º Os poderes públicos formularão e desenvolverão no espaço urbano as políticas de suas competências de acordo com os princípios de sustentabilidade econômica, social e ambiental e ordenação territorial, buscando a ocupação do solo de maneira eficiente, combinando seu uso de forma funcional.

§ 2.º A Reurb promovida mediante legitimação fundiária somente poderá ser aplicada para os núcleos urbanos informais comprovadamente existentes, na forma desta Lei, até 22 de dezembro de 2016.

Art. 10. Constituem objetivos da Reurb, a serem observados pela União, Estados, Distrito Federal e Municípios:

I – identificar os núcleos urbanos informais que devam ser regularizados, organizá-los e assegurar a prestação de serviços públicos aos seus ocupantes, de modo a melhorar as condições urbanísticas e ambientais em relação à situação de ocupação informal anterior;

II – criar unidades imobiliárias compatíveis com o ordenamento territorial urbano e constituir sobre elas direitos reais em favor dos seus ocupantes;

III – ampliar o acesso à terra urbanizada pela população de baixa renda, de modo a priorizar a permanência dos ocupantes nos próprios núcleos urbanos informais regularizados;

IV – promover a integração social e a geração de emprego e renda;

V – estimular a resolução extrajudicial de conflitos, em reforço à consensualidade e à cooperação entre Estado e sociedade;

VI – garantir o direito social à moradia digna e às condições de vida adequadas;

VII – garantir a efetivação da função social da propriedade;

VIII – ordenar o pleno desenvolvimento das funções sociais da cidade e garantir o bem-estar de seus habitantes;

IX – concretizar o princípio constitucional da eficiência na ocupação e no uso do solo;

X – prevenir e desestimular a formação de novos núcleos urbanos informais;

XI – conceder direitos reais, preferencialmente em nome da mulher;

XII – franquear participação dos interessados nas etapas do processo de regularização fundiária.

Art. 11. Para fins desta Lei, consideram-se:

I – núcleo urbano: assentamento humano, com uso e características urbanas, constituído por unidades imobiliárias de área inferior à fração mínima de parcelamento prevista na Lei n. 5.868, de 12 de dezembro de 1972, independentemente da propriedade do solo, ainda que situado em área qualificada ou inscrita como rural;

• A Lei n. 5.868, de 12-12-1972, cria o Sistema Nacional de Cadastro Rural.

II – núcleo urbano informal: aquele clandestino, irregular ou no qual não foi possível realizar, por qualquer modo, a titulação de seus ocupantes, ainda que atendida a legislação vigente à época de sua implantação ou regularização;

III – núcleo urbano informal consolidado: aquele de difícil reversão, considerados o tempo da ocupação, a natureza das edificações, a localização das vias de circulação e a presença de equipamentos públicos, entre outras circunstâncias a serem avaliadas pelo Município;

IV – demarcação urbanística: procedimento destinado a identificar os imóveis públicos e privados abrangidos pelo núcleo urbano informal e a obter a anuência dos respectivos titulares de direitos inscritos na matrícula dos imóveis ocupados, culminando com averbação na matrícula destes imóveis da viabilidade da regularização fundiária, a ser promovida a critério do Município;

V – Certidão de Regularização Fundiária (CRF): documento expedido pelo Município ao final do procedimento da Reurb, constituído do projeto de regularização fundiária aprovado, do termo de compromisso relativo a sua execução e, no caso da legitimação fundiária e da legitimação de posse, da listagem dos ocupantes do núcleo urbano informal regularizado, da devida qualificação destes e dos direitos reais que lhes foram conferidos;

VI – legitimação de posse: ato do poder público destinado a conferir título, por meio do qual fica reconhecida a posse de imóvel objeto da Reurb, conversível em aquisição de direito real de propriedade na forma desta Lei, com a identificação de seus ocupantes, do tempo da ocupação e da natureza da posse;

VII – legitimação fundiária: mecanismo de reconhecimento da aquisição originária do direito real de propriedade sobre unidade imobiliária objeto da Reurb;

VIII – ocupante: aquele que mantém poder de fato sobre lote ou fração ideal de terras públicas ou privadas em núcleos urbanos informais.

§ 1.º Para fins da Reurb, os Municípios poderão dispensar as exigências relativas ao percentual e às dimensões de áreas destinadas ao uso público ou ao tamanho dos lotes regularizados, assim como a outros parâmetros urbanísticos e edilícios.

§ 2.º Constatada a existência de núcleo urbano informal situado, total ou parcialmente, em área de preservação permanente ou em área de unidade de conservação de uso sustentável ou de proteção de mananciais definidas pela União, Estados ou Municípios, a Reurb observará, também, o disposto nos arts. 64 e 65 da Lei n. 12.651, de 25 de maio de 2012, hipótese na qual se torna obrigatória a elaboração de estudos técnicos, no âmbito da Reurb, que justifiquem as melhorias ambientais em relação à situação de ocupação informal anterior, inclusive por meio de compensações ambientais, quando for o caso.

• Citados dispositivos do Código Florestal constam nesta obra.

§ 3.º No caso de a Reurb abranger área de unidade de conservação de uso sustentável que, nos termos da Lei n. 9.985, de 18 de julho de 2000, admita regularização, será exigida também a anuência do órgão gestor da unidade, desde que estudo técnico comprove que essas intervenções de regularização fundiária implicam a melhoria das condições ambientais em relação à situação de ocupação informal anterior.

§ 4.º Na Reurb cuja ocupação tenha ocorrido às margens de reservatórios artificiais de água destinados à geração de energia ou ao abastecimento público, a faixa da área de preservação permanente consistirá na distância entre o nível máximo operativo normal e a cota máxima *maximorum*.

§ 5.º Esta Lei não se aplica aos núcleos urbanos informais situados em áreas indispensáveis à segurança nacional ou de interesse da defesa, assim reconhecidas em decreto do Poder Executivo federal.

§ 6.º Aplicam-se as disposições desta Lei aos imóveis localizados em área rural, desde que a unidade imobiliária tenha área inferior à fração mínima de parcelamento prevista na Lei n. 5.868, de 12 de dezembro de 1972.

Art. 12. A aprovação municipal da Reurb corresponde à aprovação urbanística do projeto de regularização fundiária e, na hipótese de o Município ter órgão ambiental capacitado, à aprovação ambiental.

•• *Caput* com redação determinada pela Lei n. 14.118, de 12-1-2021.

§ 1.º Considera-se órgão ambiental capacitado o órgão municipal que possua em seus quadros ou à sua disposição profissionais com atribuição técnica para a análise e a aprovação dos estudos referidos no art. 11, independentemente da existência de convênio com os Estados ou a União.

§ 2.º Os estudos referidos no art. 11 deverão ser elaborados por profissional legalmente habilitado, compatibilizar-se com o projeto de regularização fundiária e conter, conforme o caso, os elementos constantes dos arts. 64 ou 65 da Lei n. 12.651, de 25 de maio de 2012.

§ 3.º Os estudos técnicos referidos no art. 11 aplicam-se somente às parcelas dos núcleos urbanos informais situados nas áreas de preservação permanente, nas unidades de conservação de uso sustentável ou nas áreas de proteção de mananciais e poderão ser feitos em fases ou etapas, sendo que a parte do núcleo urbano informal não afetada por esses estudos poderá ter seu projeto aprovado e levado a registro separadamente.

§ 4.º A aprovação ambiental da Reurb prevista neste artigo poderá ser feita pelos Estados na hipótese de o Município não dispor de capacidade técnica para a aprovação dos estudos referidos no art. 11.

Art. 13. A Reurb compreende duas modalidades:

I – Reurb de Interesse Social (Reurb-S) – regularização fundiária aplicável aos núcleos urbanos informais ocupados predominantemente por população de baixa renda, assim declarados em ato do Poder Executivo municipal; e

II – Reurb de Interesse Específico (Reurb-E) – regularização fundiária aplicável aos núcleos urbanos informais ocupados por população não qualificada na hipótese de que trata o inciso I deste artigo.

§ 1.º Serão isentos de custas e emolumentos, entre outros, os seguintes atos registrais relacionados à Reurb-S:

I – o primeiro registro da Reurb-S, o qual confere direitos reais aos seus beneficiários;

II – o registro da legitimação fundiária;

III – o registro do título de legitimação de posse e a sua conversão em título de propriedade;

IV – o registro da CRF e do projeto de regularização fundiária, com abertura de matrícula para cada unidade imobiliária urbana regularizada;

V – a primeira averbação de construção residencial, desde que respeitado o limite de até setenta metros quadrados;

VI – a aquisição do primeiro direito real sobre unidade imobiliária derivada da Reurb-S;

VII – o primeiro registro do direito real de laje no âmbito da Reurb-S; e

VIII – o fornecimento de certidões de registro para os atos previstos neste artigo.

§ 2.º Os atos de que trata este artigo independem da comprovação do pagamento de tributos ou penalidades tributárias, sendo vedado ao oficial de registro de imóveis exigir sua comprovação.

§ 3.º O disposto nos §§ 1.º e 2.º deste artigo aplica-se também à Reurb-S que tenha por objeto conjuntos habitacionais ou condomínios de interesse social construídos pelo poder público, diretamente ou por meio da administração pública indireta, que já se encontrem implantados em 22 de dezembro de 2016.

§ 4.º Na Reurb, os Municípios e o Distrito Federal poderão admitir o uso misto de atividades como forma de promover a integração social e a geração de emprego e renda no núcleo urbano informal regularizado.

§ 5.º A classificação do interesse visa exclusivamente à identificação dos responsáveis pela implantação ou adequação das obras de infraestrutura essencial e ao reconhecimento do direito à gratuidade das custas e emolumentos notariais e registrais em favor daqueles a quem for atribuído o domínio das unidades imobiliárias regularizadas.

§ 6.º Os cartórios que não cumprirem o disposto neste artigo, que retardarem ou não efetuarem o registro de acordo com as normas previstas nesta Lei, por ato não justificado, ficarão sujeitos às sanções previstas no art. 44 da Lei n. 11.977, de 7 de julho de 2009, observado o disposto nos §§ 3.º-A e 3.º-B do art. 30 da Lei n. 6.015, de 31 de dezembro de 1973.

§ 7.º A partir da disponibilidade de equipamentos e infraestrutura para prestação de serviço público de abastecimento de água, coleta de esgoto, distribuição de energia elétrica, ou outros serviços públicos, é obrigatório aos beneficiários da Reurb realizar a conexão da edificação à rede de água, de coleta de esgoto ou de distribuição de energia elétrica e adotar as demais providências necessárias à utilização do serviço, salvo disposição em contrário na legislação municipal.

Seção II
Dos Legitimados para Requerer a Reurb

Art. 14. Poderão requerer a Reurb:

I – a União, os Estados, o Distrito Federal e os Municípios, diretamente ou por meio de entidades da administração pública indireta;

II – os seus beneficiários, individual ou coletivamente, diretamente ou por meio de cooperativas habitacionais, associações de moradores, fundações, organizações sociais, organizações da sociedade civil de interesse público ou outras associações civis que tenham por finalidade atividades nas áreas de desenvolvimento urbano ou regularização fundiária urbana;

III – os proprietários de imóveis ou de terrenos, loteadores ou incorporadores;

IV – a Defensoria Pública, em nome dos beneficiários hipossuficientes; e

V – o Ministério Público.

§ 1.º Os legitimados poderão promover todos os atos necessários à regularização fundiária, inclusive requerer os atos de registro.

§ 2.º Nos casos de parcelamento do solo, de conjunto habitacional ou de condomínio informal, empreendidos por particular, a conclusão da Reurb confere direito de regresso àqueles que suportarem os seus custos e obrigações contra os responsáveis pela implantação dos núcleos urbanos informais.

§ 3.º O requerimento de instauração da Reurb por proprietários de terreno, loteadores e incorporadores que tenham dado causa à formação de núcleos urbanos informais, ou os seus sucessores, não os eximirá de responsabilidades administrativa, civil ou criminal.

Capítulo II
DOS INSTRUMENTOS DA REURB

Seção I
Disposições Gerais

Art. 15. Poderão ser empregados, no âmbito da Reurb, sem prejuízo de outros que se apresentem adequados, os seguintes institutos jurídicos:

I – a legitimação fundiária e a legitimação de posse, nos termos desta Lei;

II – a usucapião, nos termos dos arts. 1.238 a 1.244 da Lei n. 10.406, de 10 de janeiro de 2002 (Código Civil), dos arts. 9.º a 14 da Lei n. 10.257, de 10 de julho de 2001, e do art. 216-A da Lei n. 6.015, de 31 de dezembro de 1973;

III – a desapropriação em favor dos possuidores, nos termos dos §§ 4.º e 5.º do art. 1.228 da Lei n. 10.406, de 10 de janeiro de 2002 (Código Civil);

IV – a arrecadação de bem vago, nos termos do art. 1.276 da Lei n. 10.406, de 10 de janeiro de 2002 (Código Civil);

V – o consórcio imobiliário, nos termos do art. 46 da Lei n. 10.257, de 10 de julho de 2001;

VI – a desapropriação por interesse social, nos termos do inciso IV do art. 2.º da Lei n. 4.132, de 10 de setembro de 1962;

VII – o direito de preempção, nos termos do inciso I do art. 26 da Lei n. 10.257, de 10 de julho de 2001;

VIII – a transferência do direito de construir, nos termos do inciso III do art. 35 da Lei n. 10.257, de 10 de julho de 2001;

IX – a requisição, em caso de perigo público iminente, nos termos do § 3.º do art. 1.228 da Lei n. 10.406, de 10 de janeiro de 2002 (Código Civil);

X – a intervenção do poder público em parcelamento clandestino ou irregular, nos termos do art. 40 da Lei n. 6.766, de 19 de dezembro de 1979;

XI – a alienação de imóvel pela administração pública diretamente para seu detentor, nos termos da alínea *f* do inciso I do art. 17 da Lei n. 8.666, de 21 de junho de 1993;

XII – a concessão de uso especial para fins de moradia;

XIII – a concessão de direito real de uso;

XIV – a doação; e

XV – a compra e venda.

Art. 16. Na Reurb-E, promovida sobre bem público, havendo solução consensual, a aquisição de direitos reais pelo particular ficará condicionada ao pagamento do justo valor da unidade imobiliária regularizada, a ser apurado na forma estabelecida em ato do Poder Executivo titular do domínio, sem considerar o valor das acessões e benfeitorias do ocupante e a valorização decorrente da implantação dessas acessões e benfeitorias.

Parágrafo único. As áreas de propriedade do poder público registradas no Registro de Imóveis, que sejam objeto de ação judicial versando sobre a sua titularidade, poderão ser objeto da Reurb, desde que celebrado acordo judicial ou extrajudicial, na forma desta Lei, homologado pelo juiz.

Art. 17. Na Reurb-S promovida sobre bem público, o registro do projeto de regularização fundiária e a constituição de direito real em nome dos beneficiários poderão ser feitos em ato único, a critério do ente público promovente.

Parágrafo único. Nos casos previstos no *caput* deste artigo, serão encaminhados ao cartório o instrumento indicativo do direito real constituído, a listagem dos ocupantes que serão beneficiados pela Reurb e respectivas qualificações, com indicação das respectivas unidades, ficando dispensadas a apresentação de título cartorial individualizado e as cópias da documentação referente à qualificação de cada beneficiário.

Art. 18. O Município e o Distrito Federal poderão instituir como instrumento de planejamento urbano Zonas Especiais de Interesse Social (ZEIS), no âmbito da política municipal de ordenamento de seu território.

§ 1.º Para efeitos desta Lei, considera-se ZEIS a parcela de área urbana instituída pelo plano diretor ou definida por outra lei municipal, destinada preponderantemente à população de baixa renda e sujeita a regras específicas de parcelamento, uso e ocupação do solo.

§ 2.º A Reurb não está condicionada à existência de ZEIS.

Seção II
Da Demarcação Urbanística

Art. 19. O poder público poderá utilizar o procedimento de demarcação urbanística, com base no levantamento da situação da área a ser regularizada e na caracterização do núcleo urbano informal a ser regularizado.

§ 1.º O auto de demarcação urbanística deve ser instruído com os seguintes documentos:

I – planta e memorial descritivo da área a ser regularizada, nos quais constem suas medidas perimetrais, área total, confrontantes, coordenadas georreferenciadas dos vértices definidores de seus limites, números das matrículas ou transcrições atingidas, indicação dos proprietários identificados e ocorrência de situações de domínio privado com proprietários não identificados em razão de descrições imprecisas dos registros anteriores;

II – planta de sobreposição do imóvel demarcado com a situação da área constante do registro de imóveis.

§ 2.º O auto de demarcação urbanística poderá abranger uma parte ou a totalidade de um ou mais imóveis inseridos em uma ou mais das seguintes situações:

I – domínio privado com proprietários não identificados, em razão de descrições imprecisas dos registros anteriores;

II – domínio privado objeto do devido registro no registro de imóveis competente, ainda que de proprietários distintos; ou

III – domínio público.

§ 3.º Os procedimentos da demarcação urbanística não constituem condição para o processamento e a efetivação da Reurb.

Art. 20. O poder público notificará os titulares de domínio e os confrontantes da área demarcada, pessoalmente ou por via postal, com aviso de recebimento, no endereço que constar da matrícula ou da transcrição, para que estes, querendo, apresentem impugnação à demarcação urbanística, no prazo comum de trinta dias.

§ 1.º Eventuais titulares de domínio ou confrontantes não identificados, ou não encontrados ou que recusarem o recebimento da notificação por via postal, serão notificados por edital, para que, querendo, apresentem impugnação à demarcação urbanística, no prazo comum de trinta dias.

§ 2.º O edital de que trata o § 1.º deste artigo conterá resumo do auto de demarcação urbanística, com a descrição que permita a identificação da área a ser demarcada e seu desenho simplificado.

§ 3.º A ausência de manifestação dos indicados neste artigo será interpretada como concordância com a demarcação urbanística.

§ 4.º Se houver impugnação apenas em relação à parcela da área objeto do auto de demarcação urbanística, é facultado ao poder público prosseguir com o procedimento em relação à parcela não impugnada.

§ 5.º A critério do poder público municipal, as medidas de que trata este artigo poderão ser realizadas pelo registro de imóveis do local do núcleo urbano informal a ser regularizado.

§ 6.º A notificação conterá a advertência de que a ausência de impugnação implicará a perda de eventual direito que o notificado titularize sobre o imóvel objeto da Reurb.

Art. 21. Na hipótese de apresentação de impugnação, poderá ser adotado procedimento extrajudicial de composição de conflitos.

§ 1.º Caso exista demanda judicial de que o impugnante seja parte e que verse sobre direitos reais ou possessórios relativos ao imóvel abrangido pela demarcação urbanística, deverá informá-la ao poder público, que comunicará ao juízo a existência do procedimento de que trata o *caput* deste artigo.

§ 2.º Para subsidiar o procedimento de que trata o *caput* deste artigo, será feito um levantamento de eventuais passivos tributários, ambientais e administrativos associados aos imóveis objeto de impugnação, assim como das posses existentes, com vistas à identificação de casos de prescrição aquisitiva da propriedade.

§ 3.º A mediação observará o disposto na Lei n. 13.140, de 26 de junho de 2015, facultando-se ao poder público promover a alteração do auto de demarcação urbanística ou adotar qualquer outra medida que possa afastar a oposição do proprietário ou dos confrontantes à regularização da área ocupada.

§ 4.º Caso não se obtenha acordo na etapa de mediação, fica facultado o emprego da arbitragem.

Art. 22. Decorrido o prazo sem impugnação ou caso superada a oposição ao procedimento, o auto de demarcação urbanística será encaminhado ao registro de imóveis e averbado nas matrículas por ele alcançadas.

§ 1.º A averbação informará:

I – a área total e o perímetro correspondente ao núcleo urbano informal a ser regularizado;

II – as matrículas alcançadas pelo auto de demarcação urbanística e, quando possível, a área abrangida em cada uma delas; e

III – a existência de áreas cuja origem não tenha sido identificada em razão de imprecisões dos registros anteriores.

§ 2.º Na hipótese de o auto de demarcação urbanística incidir sobre imóveis ainda não matriculados, previamente à averbação, será aberta matrícula, que deverá refletir a situação registrada do imóvel, dispensadas a retificação do memorial descritivo e a apuração de área remanescente.

§ 3.º Nos casos de registro anterior efetuado em outra circunscrição, para abertura da matrícula de que trata o § 2.º deste artigo, o oficial requererá, de ofício, certidões atualizadas daquele registro.

§ 4.º Na hipótese de a demarcação urbanística abranger imóveis situados em mais de uma circunscrição imobiliária, o oficial do registro de imóveis responsável pelo procedimento comunicará as demais circunscrições imobiliárias envolvidas para averbação da demarcação urbanística nas respectivas matrículas alcançadas.

§ 5.º A demarcação urbanística será averbada ainda que a área abrangida pelo auto de demarcação urbanística supere a área disponível nos registros anteriores.

§ 6.º Não se exigirá, para a averbação da demarcação urbanística, a retificação da área não abrangida pelo auto de demarcação urbanística, ficando a apuração de remanescente sob a responsabilidade do proprietário do imóvel atingido.

Seção III
Da Legitimação Fundiária

Art. 23. A legitimação fundiária constitui forma originária de aquisição do direito real de propriedade conferido por ato do poder público, exclusivamente no âmbito da Reurb, àquele que detiver em área pública ou possuir em área privada, como sua, unidade imobiliária com destinação urbana, integrante de núcleo urbano informal consolidado existente em 22 de dezembro de 2016.

• *Vide* arts. 1.228 e s. do CC.

§ 1.º Apenas na Reurb-S, a legitimação fundiária será concedida ao beneficiário, desde que atendidas as seguintes condições:

I – o beneficiário não seja concessionário, foreiro ou proprietário exclusivo de imóvel urbano ou rural;

•• Inciso I com redação determinada pela Lei n. 14.118, de 12-1-2021.

II – o beneficiário não tenha sido contemplado com legitimação de posse ou fundiária de imóvel urbano com a mesma finalidade, ainda que situado em núcleo urbano distinto; e

III – em caso de imóvel urbano com finalidade não residencial, seja reconhecido pelo poder público o interesse público de sua ocupação.

§ 2.º Por meio da legitimação fundiária, em qualquer das modalidades da Reurb, o ocupante adquire a unidade imobiliária com destinação urbana livre e desembaraçada de quaisquer ônus, direitos reais, gravames ou inscrições, eventualmente existentes em sua matrícula de origem, exceto quando disserem respeito ao próprio legitimado.

§ 3.º Deverão ser transportadas as inscrições, as indisponibilidades ou os gravames existentes no registro da área maior originária para as matrículas das unidades imobiliárias que não houverem sido adquiridas por legitimação fundiária.

§ 4.º Na Reurb-S de imóveis públicos, a União, os Estados, o Distrito Federal e os Municípios, e as suas entidades vinculadas, quando titulares do domínio, ficam autorizados a reconhecer o direito de propriedade aos ocupantes do núcleo urbano informal regularizado por meio da legitimação fundiária.

§ 5.º Nos casos previstos neste artigo, o poder público encaminhará a CRF para registro imediato da aquisição de propriedade, dispensados a apresentação de título individualizado e as cópias da documentação referente à qualificação do beneficiário, o projeto de regularização fundiária aprovado, a listagem dos ocupantes e sua devida qualificação e a identificação das áreas que ocupam.

§ 6.º Poderá o poder público atribuir domínio adquirido por legitimação fundiária aos ocupantes que não tenham constado da listagem inicial, mediante cadastramento complementar, sem prejuízo dos direitos de quem haja constado na listagem inicial.

Art. 24. Nos casos de regularização fundiária urbana previstos na Lei n. 11.952, de 25 de junho de 2009, os Municípios poderão utilizar a legitimação fundiária e demais instrumentos previstos nesta Lei para conferir propriedade aos ocupantes.

- A Lei n. 11.952, de 25-6-2009, regulamentada pelo Decreto n. 6.992, de 28-10-2009, dispõe sobre a regularização fundiária das ocupações incidentes em terras situadas em áreas da União (rurais e urbanas) no âmbito da Amazônia Legal.

Seção IV
Da Legitimação de Posse

Art. 25. A legitimação de posse, instrumento de uso exclusivo para fins de regularização fundiária, constitui ato do poder público destinado a conferir título, por meio do qual fica reconhecida a posse de imóvel objeto da Reurb, com a identificação de seus ocupantes, do tempo da ocupação e da natureza da posse, o qual é conversível em direito real de propriedade, na forma desta Lei.

§ 1.º A legitimação de posse poderá ser transferida por *causa mortis* ou por ato *inter vivos*.

§ 2.º A legitimação de posse não se aplica aos imóveis urbanos situados em área de titularidade do poder público.

Art. 26. Sem prejuízo dos direitos decorrentes do exercício da posse mansa e pacífica no tempo, aquele em cujo favor for expedido título de legitimação de posse, decorrido o prazo de cinco anos de seu registro, terá a conversão automática dele em título de propriedade, desde que atendidos os termos e as condições do art. 183 da Constituição Federal, independentemente de prévia provocação ou prática de ato registral.

§ 1.º Nos casos não contemplados pelo art. 183 da Constituição Federal, o título de legitimação de posse poderá ser convertido em título de propriedade, desde que satisfeitos os requisitos de usucapião estabelecidos na legislação em vigor, a requerimento do interessado, perante o registro de imóveis competente.

§ 2.º A legitimação de posse, após convertida em propriedade, constitui forma originária de aquisição de direito real, de modo que a unidade imobiliária com destinação urbana regularizada restará livre e desembaraçada de quaisquer ônus, direitos reais, gravames ou inscrições, eventualmente existentes em sua matrícula de origem, exceto quando disserem respeito ao próprio beneficiário.

Art. 27. O título de legitimação de posse poderá ser cancelado pelo poder público emitente quando constatado que as condições estipuladas nesta Lei deixaram de ser satisfeitas, sem que seja devida qualquer indenização àquele que irregularmente se beneficiou do instrumento.

Capítulo III
DO PROCEDIMENTO ADMINISTRATIVO

Seção I
Disposições Gerais

Art. 28. A Reurb obedecerá às seguintes fases:

I – requerimento dos legitimados;

II – processamento administrativo do requerimento, no qual será conferido prazo para manifestação dos titulares de direitos reais sobre o imóvel e dos confrontantes;

III – elaboração do projeto de regularização fundiária;

IV – saneamento do processo administrativo;

V – decisão da autoridade competente, mediante ato formal, ao qual se dará publicidade;

VI – expedição da CRF pelo Município; e

VII – registro da CRF e do projeto de regularização fundiária aprovado perante o oficial do cartório de registro de imóveis em que se situe a unidade imobiliária com destinação urbana regularizada.

Parágrafo único. Não impedirá a Reurb, na forma estabelecida nesta Lei, a inexistência de lei municipal específica que trate de medidas ou posturas de interesse local aplicáveis a projetos de regularização fundiária urbana.

Art. 29. A fim de fomentar a efetiva implantação das medidas da Reurb, os entes federativos poderão celebrar convênios ou outros instrumentos congêneres com o Ministério das Cidades, com vistas a cooperar para a fiel execução do disposto nesta Lei.

Art. 30. Compete aos Municípios nos quais estejam situados os núcleos urbanos informais a serem regularizados:

I – classificar, caso a caso, as modalidades da Reurb;

II – processar, analisar e aprovar os projetos de regularização fundiária; e

III – emitir a CRF.

§ 1.º Na Reurb requerida pela União ou pelos Estados, a classificação prevista no inciso I do *caput* deste artigo será de responsabilidade do ente federativo instaurador.

§ 2.º O Município deverá classificar e fixar, no prazo de até cento e oitenta dias, uma das modalidades da Reurb ou indeferir, fundamentadamente, o requerimento.

§ 3.º A inércia do Município implica a automática fixação da modalidade de classificação da Reurb indicada pelo legitimado em seu requerimento, bem como o prosseguimento do procedimento administrativo da Reurb, sem prejuízo de futura revisão dessa classificação pelo Município, mediante estudo técnico que a justifique.

Art. 31. Instaurada a Reurb, o Município deverá proceder às buscas necessárias para determinar a titularidade do domínio dos imóveis onde está situado o núcleo urbano informal a ser regularizado.

§ 1.º Tratando-se de imóveis públicos ou privados, caberá aos Municípios notificar os titulares de domínio, os responsáveis pela implantação do núcleo urbano informal, os confinantes e os terceiros eventualmente interessados, para, querendo, apresentar impugnação no prazo de trinta dias, contado da data de recebimento da notificação.

§ 2.º Tratando-se de imóveis públicos municipais, o Município deverá notificar os confinantes e terceiros eventualmente interessados, para, querendo, apresentar impugnação no prazo de trinta dias, contado da data de recebimento da notificação.

§ 3.º Na hipótese de apresentação de impugnação, será iniciado o procedimento extrajudicial de composição de conflitos de que trata esta Lei.

§ 4.º A notificação do proprietário e dos confinantes será feita por via postal, com aviso de recebimento, no endereço que constar da matrícula ou da transcrição, considerando-se efetuada quando comprovada a entrega nesse endereço.

§ 5.º A notificação da Reurb também será feita por meio de publicação de edital, com prazo de trinta dias, do qual deverá constar, de forma resumida, a descrição da área a ser regularizada, nos seguintes casos:

I – quando o proprietário e os confinantes não forem encontrados; e

II – quando houver recusa da notificação por qualquer motivo.

§ 6.º A ausência de manifestação dos indicados referidos nos §§ 1.º e 4.º deste artigo será interpretada como concordância com a Reurb.

§ 7.º Caso algum dos imóveis atingidos ou confinantes não esteja matriculado ou transcrito na serventia, o Distrito Federal ou os Municípios realizarão diligências perante as serventias anteriormente competentes, mediante apresentação da planta do perímetro regularizado, a fim de que a sua situação jurídica atual seja certificada, caso possível.

§ 8.º O requerimento de instauração da Reurb ou, na forma de regulamento, a manifestação de interesse nesse sentido por parte de qualquer dos legitimados garantem perante o poder público aos ocupantes dos núcleos urbanos informais situados em áreas públicas a serem regularizados a permanência em suas respectivas unidades imobiliárias, preservando-se as situações de fato já existentes, até o eventual arquivamento definitivo do procedimento.

§ 9.º Fica dispensado o disposto neste artigo, caso adotados os procedimentos da demarcação urbanística.

Art. 32. A Reurb será instaurada por decisão do Município, por meio de requerimento, por escrito, de um dos legitimados de que trata esta Lei.

Parágrafo único. Na hipótese de indeferimento do requerimento de instauração da Reurb, a decisão do Município deverá indicar as medidas a serem adotadas, com vistas à reformulação e à reavaliação do requerimento, quando for o caso.

Art. 33. Instaurada a Reurb, compete ao Município aprovar o projeto de regularização fundiária, do qual deverão constar as responsabilidades das partes envolvidas.

§ 1.º A elaboração e o custeio do projeto de regularização fundiária e da implantação da infraestrutura essencial obedecerão aos seguintes procedimentos:

•• Anterior parágrafo único, *caput*, renumerado pela Lei n. 14.118, de 12-1-2021.

I – na Reurb-S, caberá ao Município ou ao Distrito Federal a responsabilidade de elaborar e custear o projeto de regularização fundiária e a implantação da infraestrutura essencial, quando necessária;

•• Inciso I com redação determinada pela Lei n. 14.118, de 12-1-2021.

a) (*Revogada pela Lei n. 14.118, de 12-1-2021.*)

b) (*Revogada pela Lei n. 14.118, de 12-1-2021.*)

II – na Reurb-E, a regularização fundiária será contratada e custeada por seus potenciais beneficiários ou requerentes privados;

III – na Reurb-E sobre áreas públicas, se houver interesse público, o Município poderá proceder à elaboração e ao custeio do projeto de regularização fundiária e da implantação da infraestrutura essencial, com posterior cobrança aos seus beneficiários.

§ 2.º Na Reurb-S, fica facultado aos legitimados promover, a suas expensas, os projetos e os demais documentos técnicos necessários à regularização de seu imóvel, inclusive as obras de infraestrutura essencial nos termos do § 1.º do art. 36 desta Lei.

•• § 2.º acrescentado pela Lei n. 14.118, de 12-1-2021.

Art. 34. Os Municípios poderão criar câmaras de prevenção e resolução administrativa de conflitos, no âmbito da administração local, inclusive mediante celebração de ajustes com os Tribunais de Justiça estaduais, as quais deterão competência para dirimir conflitos relacionados à Reurb, mediante solução consensual.

§ 1.º O modo de composição e funcionamento das câmaras de que trata o *caput* deste artigo será estabelecido em ato do Poder Executivo municipal e, na falta do ato, pelo disposto na Lei n. 13.140, de 26 de junho de 2015.

§ 2.º Se houver consenso entre as partes, o acordo será reduzido a termo e constituirá condição para a conclusão da Reurb, com consequente expedição da CRF.

§ 3.º Os Municípios poderão instaurar, de ofício ou mediante provocação, procedimento de mediação coletiva de conflitos relacionados à Reurb.

§ 4.º A instauração de procedimento administrativo para a resolução consensual de conflitos no âmbito da Reurb suspende a prescrição.

§ 5.º Os Municípios e o Distrito Federal poderão, mediante a celebração de convênio, utilizar os Centros Judiciários de Solução de Conflitos e Cidadania ou as câmaras de mediação credenciadas nos Tribunais de Justiça.

Seção II
Do Projeto de Regularização Fundiária

Art. 35. O projeto de regularização fundiária conterá, no mínimo:

I – levantamento planialtimétrico e cadastral, com georreferenciamento, subscrito por profissional competente, acompanhado de Anotação de Responsabilidade Técnica (ART) ou Registro de Responsabilidade Técnica (RRT), que demonstrará as unidades, as construções, o sistema viário, as áreas públicas, os acidentes geográficos e os demais elementos caracterizadores do núcleo a ser regularizado;

II – planta do perímetro do núcleo urbano informal com demonstração das matrículas ou transcrições atingidas, quando for possível;

III – estudo preliminar das desconformidades e da situação jurídica, urbanística e ambiental;

IV – projeto urbanístico;

V – memoriais descritivos;

VI – proposta de soluções para questões ambientais, urbanísticas e de reassentamento dos ocupantes, quando for o caso;

VII – estudo técnico para situação de risco, quando for o caso;

VIII – estudo técnico ambiental, para os fins previstos nesta Lei, quando for o caso;

IX – cronograma físico de serviços e implantação de obras de infraestrutura essencial, compensações urbanísticas, ambientais e outras, quando houver, definidas por ocasião da aprovação do projeto de regularização fundiária; e

X – termo de compromisso a ser assinado pelos responsáveis, públicos ou privados, pelo cumprimento do cronograma físico definido no inciso IX deste artigo.

Parágrafo único. O projeto de regularização fundiária deverá considerar as características da ocupação e da área ocupada para definir parâmetros urbanísticos e ambientais específicos, além de identificar os lotes, as vias de circulação e as áreas destinadas a uso público, quando for o caso.

Art. 36. O projeto urbanístico de regularização fundiária deverá conter, no mínimo, indicação:

I – das áreas ocupadas, do sistema viário e das unidades imobiliárias, existentes ou projetadas;

II – das unidades imobiliárias a serem regularizadas, suas características, área, confrontações, localização, nome do logradouro e número de sua designação cadastral, se houver;

III – quando for o caso, das quadras e suas subdivisões em lotes ou as frações ideais vinculadas à unidade regularizada;

IV – dos logradouros, espaços livres, áreas destinadas a edifícios públicos e outros equipamentos urbanos, quando houver;

V – de eventuais áreas já usucapidas;

VI – das medidas de adequação para correção das desconformidades, quando necessárias;

VII – das medidas de adequação da mobilidade, acessibilidade, infraestrutura e relocação de edificações, quando necessárias;

VIII – das obras de infraestrutura essencial, quando necessárias;

IX – de outros requisitos que sejam definidos pelo Município.

§ 1.º Para fins desta Lei, considera-se infraestrutura essencial os seguintes equipamentos:

I – sistema de abastecimento de água potável, coletivo ou individual;

II – sistema de coleta e tratamento do esgotamento sanitário, coletivo ou individual;

III – rede de energia elétrica domiciliar;

IV – soluções de drenagem, quando necessário; e

V – outros equipamentos a serem definidos pelos Municípios em função das necessidades locais e características regionais.

§ 2.º A Reurb pode ser implementada por etapas, abrangendo o núcleo urbano informal de forma total ou parcial.

§ 3.º As obras de implantação de infraestrutura essencial, de equipamentos comunitários e de melhoria habitacional, bem como sua manutenção, podem ser realizadas antes, durante ou após a conclusão da Reurb.

§ 4.º O Município definirá os requisitos para elaboração do projeto de regularização, no que se refere aos desenhos, ao memorial descritivo e ao cronograma físico de obras e serviços a serem realizados, se for o caso.

§ 5.º A planta e o memorial descritivo deverão ser assinados por profissional legalmente habilitado, dispensada a apresentação de Anotação de Responsabilidade Técnica (ART) no Conselho Regional de Engenharia e Agronomia (Crea) ou de Registro de Responsabilidade Técnica (RRT) no Conselho de Arquitetura e Urbanismo (CAU), quando o responsável técnico for servidor ou empregado público.

Art. 37. Na Reurb-S, caberá ao poder público competente, diretamente ou por meio da administração pública indireta, implementar a infraestrutura essencial, os equipamentos comunitários e as melhorias habitacionais previstos nos projetos de regularização, assim como arcar com os ônus de sua manutenção.

Art. 38. Na Reurb-E, o Distrito Federal ou os Municípios deverão definir, por ocasião da aprovação dos projetos de regularização fundiária, nos limites da legislação de regência, os responsáveis pela:

I – implantação dos sistemas viários;

II – implantação da infraestrutura essencial e dos equipamentos públicos ou comunitários, quando for o caso; e

III – implementação das medidas de mitigação e compensação urbanística e ambiental, e dos estudos técnicos, quando for o caso.

§ 1.º As responsabilidades de que trata o *caput* deste artigo poderão ser atribuídas aos beneficiários da Reurb-E.

§ 2.º Os responsáveis pela adoção de medidas de mitigação e compensação urbanística e ambiental deverão celebrar termo de compromisso com as autoridades competentes como condição de aprovação da Reurb-E.

Art. 39. Para que seja aprovada a Reurb de núcleos urbanos informais, ou de parcela deles, situados em áreas de riscos geotécnicos, de inundações ou de outros riscos especificados em lei, estudos técnicos deverão ser realizados, a fim de examinar a possibilidade de eliminação, de correção ou de administração de riscos na parcela por eles afetada.

§ 1.º Na hipótese do *caput* deste artigo, é condição indispensável à aprovação da Reurb a implantação das medidas indicadas nos estudos técnicos realizados.

§ 2.º Na Reurb-S que envolva áreas de riscos que não comportem eliminação, correção ou administração, os Municípios deverão proceder à realocação dos ocupantes do núcleo urbano informal a ser regularizado.

Seção III
Da Conclusão da Reurb

Art. 40. O pronunciamento da autoridade competente que decidir o processamento administrativo da Reurb deverá:

I – indicar as intervenções a serem executadas, se for o caso, conforme o projeto de regularização fundiária aprovado;

II – aprovar o projeto de regularização fundiária resultante do processo de regularização fundiária; e

III – identificar e declarar os ocupantes de cada unidade imobiliária com destinação urbana regularizada, e os respectivos direitos reais.

Art. 41. A Certidão de Regularização Fundiária (CRF) é o ato administrativo de aprovação da regularização que deverá acompanhar o projeto aprovado e deverá conter, no mínimo:

I – o nome do núcleo urbano regularizado;

II – a localização;

III – a modalidade da regularização;

IV – as responsabilidades das obras e serviços constantes do cronograma;

V – a indicação numérica de cada unidade regularizada, quando houver;

VI – a listagem com nomes dos ocupantes que houverem adquirido a respectiva unidade, por título de legitimação fundiária ou mediante ato único de registro, bem como o estado civil, a profissão, o número de inscrição no cadastro das pessoas físicas do Ministério da Fazenda e do registro geral da cédula de identidade e a filiação.

Capítulo IV
DO REGISTRO DA REGULARIZAÇÃO FUNDIÁRIA

Art. 42. O registro da CRF e do projeto de regularização fundiária aprovado será requerido diretamente ao oficial do cartório de registro de imóveis da situação do imóvel e será efetivado independentemente de determinação judicial ou do Ministério Público.

Parágrafo único. Em caso de recusa do registro, o oficial do cartório do registro de imóveis expedirá nota devolutiva fundamentada, na qual indicará os motivos da recusa e formulará exigências nos termos desta Lei.

Art. 43. Na hipótese de a Reurb abranger imóveis situados em mais de uma circunscrição imobiliária, o procedimento será efetuado perante cada um dos oficiais dos cartórios de registro de imóveis.

Parágrafo único. Quando os imóveis regularizados estiverem situados na divisa das circunscrições imobiliárias, as novas matrículas das unidades imobiliárias serão de competência do oficial do cartório de registro de imóveis em cuja circunscrição estiver situada a maior porção da unidade imobiliária regularizada.

Art. 44. Recebida a CRF, cumprirá ao oficial do cartório de registro de imóveis prenotá-la, autuá-la, instaurar o procedimento registral e, no prazo de quinze dias, emitir a respectiva nota de exigência ou praticar os atos tendentes ao registro.

§ 1.º O registro do projeto Reurb aprovado importa em:

I – abertura de nova matrícula, quando for o caso;

II – abertura de matrículas individualizadas para os lotes e áreas públicas resultantes do projeto de regularização aprovado; e

III – registro dos direitos reais indicados na CRF junto às matrículas dos respectivos lotes, dispensada a apresentação de título individualizado.

§ 2.º Quando o núcleo urbano regularizado abranger mais de uma matrícula, o oficial do registro de imóveis abrirá nova matrícula para a área objeto de regularização, conforme previsto no inciso I do § 1.º deste artigo, destacando a área abrangida na matrícula de origem, dispensada a apuração de remanescentes.

§ 3.º O registro da CRF dispensa a comprovação do pagamento de tributos ou penalidades tributárias de responsabilidade dos legitimados.

§ 4.º O registro da CRF aprovado independe de averbação prévia do cancelamento do cadastro de imóvel rural no Instituto Nacional de Colonização e Reforma Agrária (Incra).

§ 5.º O procedimento registral deverá ser concluído no prazo de sessenta dias, prorrogável por até igual período, mediante justificativa fundamentada do oficial do cartório de registro de imóveis.

§ 6.º O oficial de registro fica dispensado de providenciar a notificação dos titulares de domínio, dos confinantes e de terceiros eventualmente interessados, uma vez cumprido esse rito pelo Município, conforme o disposto no art. 31 desta Lei.

§ 7.º O oficial do cartório de registro de imóveis, após o registro da CRF, notificará o Incra, o Ministério do Meio Ambiente e a Secretaria da Receita Federal do Brasil para que esses órgãos cancelem, parcial ou totalmente, os respectivos registros existentes no Cadastro Ambiental Rural (CAR) e nos demais cadastros relacionados a imóvel rural, relativamente às unidades imobiliárias regularizadas.

Art. 45. Quando se tratar de imóvel sujeito a regime de condomínio geral a ser dividido em lotes com indicação, na matrícula, da área deferida a cada condômino, o Município poderá indicar, de forma individual ou coletiva, as unidades imobiliárias correspondentes às frações ideais registradas, sob sua exclusiva responsabilidade, para a especialização das áreas registradas em comum.

Parágrafo único. Na hipótese de a informação prevista no *caput* deste artigo não constar do projeto de regularização fundiária aprovado pelo Município, as novas matrículas das unidades imobiliárias serão abertas mediante requerimento de especialização formulado pelos legitimados de que trata esta Lei, dispensada a outorga de escritura pública para indicação da quadra e do lote.

Art. 46. Para atendimento ao princípio da especialidade, o oficial do cartório de registro de imóveis adotará o memorial descritivo da gleba apresentado com o projeto de regularização fundiária e deverá averbá-

-lo na matrícula existente, anteriormente ao registro do projeto, independentemente de provocação, retificação, notificação, unificação ou apuração de disponibilidade ou remanescente.

§ 1.º Se houver dúvida quanto à extensão da gleba matriculada, em razão da precariedade da descrição tabular, o oficial do cartório de registro de imóveis abrirá nova matrícula para a área destacada e averbará o referido destaque na matrícula matriz.

§ 2.º As notificações serão emitidas de forma simplificada, indicando os dados de identificação do núcleo urbano a ser regularizado, sem a anexação de plantas, projetos, memoriais ou outros documentos, convidando o notificado a comparecer à sede da serventia para tomar conhecimento da CRF com a advertência de que o não comparecimento e a não apresentação de impugnação, no prazo legal, importará em anuência ao registro.

§ 3.º Na hipótese de o projeto de regularização fundiária não envolver a integralidade do imóvel matriculado, o registro será feito com base na planta e no memorial descritivo referentes à área objeto de regularização e o destaque na matrícula da área total deverá ser averbado.

Art. 47. Os padrões dos memoriais descritivos, das plantas e das demais representações gráficas, inclusive as escalas adotadas e outros detalhes técnicos, seguirão as diretrizes estabelecidas pela autoridade municipal ou distrital competente, as quais serão consideradas atendidas com a emissão da CRF.

Parágrafo único. Não serão exigidos reconhecimentos de firma nos documentos que compõem a CRF ou o termo individual de legitimação fundiária quando apresentados pela União, Estados, Distrito Federal, Municípios ou entes da administração indireta.

Art. 48. O registro da CRF produzirá efeito de instituição e especificação de condomínio, quando for o caso, regido pelas disposições legais específicas, hipótese em que fica facultada aos condôminos a aprovação de convenção condominial.

Art. 49. O registro da CRF será feito em todas as matrículas atingidas pelo projeto de regularização fundiária aprovado, devendo ser informadas, quando possível, as parcelas correspondentes a cada matrícula.

Art. 50. Nas matrículas abertas para cada parcela, deverão constar dos campos referentes ao registro anterior e ao proprietário:

I – quando for possível, a identificação exata da origem da parcela matriculada, por meio de planta de sobreposição do parcelamento com os registros existentes, a matrícula anterior e o nome de seu proprietário;

II – quando não for possível identificar a exata origem da parcela matriculada, todas as matrículas anteriores atingidas pela Reurb e a expressão "proprietário não identificado", dispensando-se nesse caso os requisitos dos itens 4 e 5 do inciso II do art. 167 da Lei n. 6.015, de 31 de dezembro de 1973.

Art. 51. Qualificada a CRF e não havendo exigências nem impedimentos, o oficial do cartório de registro de imóveis efetuará o seu registro na matrícula dos imóveis cujas áreas tenham sido atingidas, total ou parcialmente.

Parágrafo único. Não identificadas as transcrições ou as matrículas da área regularizada, o oficial do cartório de registro abrirá matrícula com a descrição do perímetro do núcleo urbano informal que constar da CRF e nela efetuará o registro.

Art. 52. Registrada a CRF, será aberta matrícula para cada uma das unidades imobiliárias regularizadas.

Parágrafo único. Para os atuais ocupantes das unidades imobiliárias objeto da Reurb, os compromissos de compra e venda, as cessões e as promessas de cessão valerão como título hábil para a aquisição da propriedade, quando acompanhados da prova de quitação das obrigações do adquirente, e serão registrados nas matrículas das unidades imobiliárias correspondentes, resultantes da regularização fundiária.

Art. 53. Com o registro da CRF, serão incorporados automaticamente ao patrimônio público as vias públicas, as áreas destinadas ao uso comum do povo, os prédios públicos e os equipamentos urbanos, na forma indicada no projeto de regularização fundiária aprovado.

Parágrafo único. A requerimento do Município, o oficial de registro de imóveis abrirá matrícula para as áreas que tenham ingressado no domínio público.

Art. 54. As unidades desocupadas e não comercializadas alcançadas pela Reurb terão as suas matrículas abertas em nome do titular originário do domínio da área.

Parágrafo único. As unidades não edificadas que tenham sido comercializadas a qualquer título terão suas matrículas abertas em nome do adquirente, conforme procedimento previsto nos arts. 84 e 98 desta Lei.

•• Parágrafo único com redação determinada pela Lei n. 14.118, de 12-1-2021.

Capítulo V
DO DIREITO REAL DE LAJE

Art. 55. A Lei n. 10.406, de 10 de janeiro de 2002 (Código Civil), passa a vigorar com as seguintes alterações:

•• Alterações já processadas no diploma modificado.

Art. 56. A Lei n. 6.015, de 31 de dezembro de 1973, passa a vigorar com as seguintes alterações:

•• Alterações já processadas no diploma modificado.

Art. 57. O *caput* do art. 799 da Lei n. 13.105, de 16 de março de 2015 (Código de Processo Civil), passa a vigorar acrescido dos seguintes incisos X e XI:

•• Alterações já processadas no diploma modificado.

Capítulo VI
DO CONDOMÍNIO DE LOTES

Art. 58. A Lei n. 10.406, de 10 de janeiro de 2002 (Código Civil), passa a vigorar acrescida da Seção IV no Capítulo VII do Título III do Livro III da Parte Especial:

•• Alterações já processadas no diploma modificado.

Capítulo VII
DOS CONJUNTOS HABITACIONAIS

Art. 59. Serão regularizados como conjuntos habitacionais os núcleos urbanos informais que tenham sido constituídos para a alienação de unidades já edificadas pelo próprio empreendedor, público ou privado.

§ 1.º Os conjuntos habitacionais podem ser constituídos de parcelamento do solo com unidades edificadas isoladas, parcelamento do solo com edificações em condomínio, condomínios horizontais ou verticais, ou ambas as modalidades de parcelamento e condomínio.

§ 2.º As unidades resultantes da regularização de conjuntos habitacionais serão atribuídas aos ocupantes reconhecidos, salvo quando o ente público promotor do programa habitacional demonstrar que, durante o processo de regularização fundiária, há obrigações pendentes, caso em que as unidades imobiliárias regularizadas serão a ele atribuídas.

Art. 60. Para a aprovação e registro dos conjuntos habitacionais que compõem a Reurb ficam dispensadas a apresentação do habite-se e, no caso de Reurb-S, as respectivas certidões negativas de tributos e contribuições previdenciárias.

Capítulo VIII
DO CONDOMÍNIO URBANO SIMPLES

Art. 61. Quando um mesmo imóvel contiver construções de casas ou cômodos, poderá ser instituído, inclusive para fins de Reurb, condomínio urbano simples, respeitados os parâmetros urbanísticos locais, e serão discriminadas, na matrícula, a parte do terreno ocupada pelas edificações, as partes de utilização exclusiva e as áreas que constituem passagem para as vias públicas ou para as unidades entre si.

Parágrafo único. O condomínio urbano simples será regido por esta Lei, aplicando-se, no que couber, o disposto na legislação civil, tal como os arts. 1.331 a 1.358 da Lei n. 10.406, de 10 de janeiro de 2002 (Código Civil).

Art. 62. A instituição do condomínio urbano simples será registrada na matrícula do respectivo imóvel, na qual deverão ser identificadas as partes comuns ao nível do solo, as partes comuns internas à edificação, se houver, e as respectivas unidades autônomas, dispensada a apresentação de convenção de condomínio.

§ 1.º Após o registro da instituição do condomínio urbano simples, deverá ser aberta uma matrícula para cada unidade autônoma, à qual caberá, como parte inseparável, uma fração ideal do solo e das outras partes comuns, se houver, representada na forma de percentual.

§ 2.º As unidades autônomas constituídas em matrícula própria poderão ser alienadas e gravadas livremente por seus titulares.

§ 3.º Nenhuma unidade autônoma poderá ser privada de acesso ao logradouro público.

§ 4.º A gestão das partes comuns será feita de comum acordo entre os condôminos, podendo ser formalizada por meio de instrumento particular.

Art. 63. No caso da Reurb-S, a averbação das edificações poderá ser efetivada a partir de mera notícia, a requerimento do interessado, da qual constem a área construída e o número da unidade imobiliária, dispensada a apresentação de habite-se e de certidões negativas de tributos e contribuições previdenciárias.

Capítulo IX

DA ARRECADAÇÃO DE IMÓVEIS ABANDONADOS

Art. 64. Os imóveis urbanos privados abandonados cujos proprietários não possuam a intenção de conservá-los em seu patrimônio ficam sujeitos à arrecadação pelo Município ou pelo Distrito Federal na condição de bem vago.

§ 1.º A intenção referida no *caput* deste artigo será presumida quando o proprietário, cessados os atos de posse sobre o imóvel, não adimplir os ônus fiscais instituídos sobre a propriedade predial e territorial urbana, por cinco anos.

§ 2.º O procedimento de arrecadação de imóveis urbanos abandonados obedecerá ao disposto em ato do Poder Executivo municipal ou distrital e observará, no mínimo:

I – abertura de processo administrativo para tratar da arrecadação;

II – comprovação do tempo de abandono e de inadimplência fiscal;

III – notificação ao titular do domínio para, querendo, apresentar impugnação no prazo de trinta dias, contado da data de recebimento da notificação.

§ 3.º A ausência de manifestação do titular do domínio será interpretada como concordância com a arrecadação.

§ 4.º Respeitado o procedimento de arrecadação, o Município poderá realizar, diretamente ou por meio de terceiros, os investimentos necessários para que o imóvel urbano arrecadado atinja prontamente os objetivos sociais a que se destina.

§ 5.º Na hipótese de o proprietário reivindicar a posse do imóvel declarado abandonado, no transcorrer do triênio a que alude o art. 1.276 da Lei n. 10.406, de 10 de janeiro de 2002 (Código Civil), fica assegurado ao Poder Executivo municipal ou distrital o direito ao ressarcimento prévio, e em valor atualizado, de todas as despesas em que eventualmente houver incorrido, inclusive tributárias, em razão do exercício da posse provisória.

Art. 65. Os imóveis arrecadados pelos Municípios ou pelo Distrito Federal poderão ser destinados aos programas habitacionais, à prestação de serviços públicos, ao fomento da Reurb-S ou serão objeto de concessão de direito real de uso a entidades civis que comprovadamente tenham fins filantrópicos, assistenciais, educativos, esportivos ou outros, no interesse do Município ou do Distrito Federal.

Capítulo X

DA REGULARIZAÇÃO DA PROPRIEDADE FIDUCIÁRIA DO FUNDO DE ARRENDAMENTO RESIDENCIAL (FAR)

....

Art. 67. A Lei n. 9.514, de 20 de novembro de 1997, passa a vigorar com as seguintes alterações:

•• Alterações já processadas no diploma modificado.

....

Capítulo XI

DISPOSIÇÕES FINAIS E TRANSITÓRIAS

Art. 68. Ao Distrito Federal são atribuídas as competências, os direitos e as responsabilidades reservadas aos Estados e aos Municípios, na forma desta Lei.

Art. 69. As glebas parceladas para fins urbanos anteriormente a 19 de dezembro de 1979, que não possuírem registro, poderão ter a sua situação jurídica regularizada mediante o registro do parcelamento, desde que esteja implantado e integrado à cidade, podendo, para tanto, utilizar-se dos instrumentos previstos nesta Lei.

§ 1.º O interessado requererá ao oficial do cartório de registro de imóveis a efetivação do registro do parcelamento, munido dos seguintes documentos:

I – planta da área em regularização assinada pelo interessado responsável pela regularização e por profissional legalmente habilitado, acompanhada da Anotação de Responsabilidade Técnica (ART) no Conselho Regional de Engenharia e Agronomia (Crea) ou de Registro de Responsabilidade Técnica (RRT) no Conselho de Arquitetura e Urbanismo (CAU), contendo o perímetro da área a ser regularizada e as subdivisões das quadras, lotes e áreas públicas, com as dimensões e numeração dos lotes, logradouros, espaços livres e outras áreas com destinação específica, se for o caso, dispensada a ART ou o RRT quando o responsável técnico for servidor ou empregado público;

II – descrição técnica do perímetro da área a ser regularizada, dos lotes, das áreas públicas e de outras áreas com destinação específica, quando for o caso;

III – documento expedido pelo Município, atestando que o parcelamento foi implantado antes de 19 de dezembro de 1979 e que está integrado à cidade.

§ 2.º A apresentação da documentação prevista no § 1.º deste artigo dispensa a apresentação do projeto de regularização fundiária, de estudo técnico ambiental, de CRF ou de quaisquer outras manifestações, aprovações, licenças ou alvarás emitidos pelos órgãos públicos.

Art. 70. As disposições da Lei n. 6.766, de 19 de dezembro de 1979, não se aplicam à Reurb, exceto quanto ao disposto nos arts. 37, 38, 39, no *caput* e nos §§ 1.º, 2.º, 3.º e 4.º do art. 40 e nos arts. 41, 42, 44, 47, 48, 49, 50, 51 e 52 da referida Lei.

Art. 71. Para fins da Reurb, ficam dispensadas a desafetação e as exigências previstas no inciso I do *caput* do art. 17 da Lei n. 8.666, de 21 de junho de 1993.

....

Art. 73. Devem os Estados criar e regulamentar fundos específicos destinados à compensação, total ou parcial, dos custos referentes aos atos registrais da Reurb-S previstos nesta Lei.

Parágrafo único. Para que os fundos estaduais acessem os recursos do Fundo Nacional de Habitação de Interesse Social (FNHIS), criado pela Lei n. 11.124, de 16 de junho de 2005, deverão firmar termo de adesão, na forma a ser regulamentada pelo Poder Executivo federal.

Art. 74. Serão regularizadas, na forma desta Lei, as ocupações que incidam sobre áreas objeto de demanda judicial que versem sobre direitos reais de garantia ou constrições judiciais, bloqueios e indisponibilidades, ressalvada a hipótese de decisão judicial específica que impeça a análise, aprovação e registro do projeto de regularização fundiária urbana.

Art. 75. As normas e os procedimentos estabelecidos nesta Lei poderão ser aplicados aos processos administrativos de regularização fundiária iniciados pelos entes públicos competentes até a data de publicação desta Lei, sendo regidos, a critério deles, pelos arts. 288-A a 288-G da Lei n. 6.015, de 31 de dezembro de 1973, e pelos arts. 46 a 71-A da Lei n. 11.977, de 7 de julho de 2009.

Art. 76. O Sistema de Registro Eletrônico de Imóveis (SREI) será implementado e operado, em âmbito nacional, pelo Operador Nacional do Sistema de Registro Eletrônico de Imóveis (ONR).

§ 1.º O procedimento administrativo e os atos de registro decorrentes da Reurb serão feitos por meio eletrônico, nos termos dos arts. 37 a 41 da Lei n. 11.977, de 7 de julho de 2009.

•• § 1.º com redação determinada pela Lei n. 14.382, de 27-6-2022.

§ 2.º O ONR será organizado como pessoa jurídica de direito privado, sem fins lucrativos.

§ 3.º (*Vetado.*)

§ 4.º Caberá à Corregedoria Nacional de Justiça do Conselho Nacional de Justiça exercer a função de agente regulador do ONR e zelar pelo cumprimento de seu estatuto.

§ 5.º As unidades do serviço de registro de imóveis dos Estados e do Distrito Federal integram o SREI e ficam vinculadas ao ONR.

§ 6.º Os serviços eletrônicos serão disponibilizados, sem ônus, ao Poder Judiciário, ao Poder Executivo federal, ao Ministério Público, aos entes públicos previstos nos regimentos de custas e emolumentos dos Estados e do Distrito Federal, e aos órgãos encarregados de investigações criminais, fiscalização tributária e recuperação de ativos.

§ 7.º A administração pública federal acessará as informações do SREI por meio do Sistema Nacional de Gestão de Informações Territoriais (Sinter), na forma de regulamento.

§ 8.º (*Vetado.*)

§ 9.º Fica criado o fundo para a implementação e custeio do SREI, que será gerido pelo ONR e subvencionado pelas unidades do serviço de registro de imóveis dos Estados e do Distrito Federal referidas no § 5.º deste artigo.

•• § 9.º acrescentado pela Lei n. 14.118, de 12-1-2021.

§ 10. Caberá ao agente regulador do ONR disciplinar a instituição da receita do fundo para a implementação e o custeio do registro eletrônico de imóveis, estabelecer as cotas de participação das unidades de registro de imóveis do País, fiscalizar o recolhimento e supervisionar a aplicação dos recursos e as despesas do gestor, sem prejuízo da fiscalização ordinária e própria como for prevista nos estatutos.

•• § 10 acrescentado pela Lei n. 14.118, de 12-1-2021.

Art. 77. A Medida Provisória n. 2.220, de 4 de setembro de 2001, passa a vigorar com as seguintes alterações:

•• Alterações já processadas no diploma modificado.

Art. 78. A Lei n. 6.766, de 19 de dezembro de 1979, passa a vigorar com as seguintes alterações:

•• Alterações já processadas no diploma modificado.

•• Vide art. 8.º, XVIII, do Decreto n. 9.310, de 15-3-2018.

Art. 79. A Lei n. 10.257, de 10 de julho de 2001, passa a vigorar com as seguintes alterações:

•• Alterações já processadas no diploma modificado.

• *Vide* art. 8.º, XVIII, do Decreto n. 9.310, de 15-3-2018.

....

Art. 81. A Lei n. 6.015, de 31 de dezembro de 1973, passa a vigorar com as seguintes alterações:

•• Alterações já processadas no diploma modificado.

....

TÍTULO III
DOS PROCEDIMENTOS DE AVALIAÇÃO E ALIENAÇÃO DE IMÓVEIS DA UNIÃO

Art. 83. Os procedimentos para a Reurb promovida em áreas de domínio da União serão regulamentados em ato específico da Secretaria do Patrimônio da União (SPU), sem prejuízo da eventual adoção de procedimentos e instrumentos previstos para a Reurb.

• A Portaria n. 2.826, de 31-1-2020, do ME, estabelece normas e procedimentos para a Regularização Fundiária Urbana – REURB em áreas da União, cadastradas ou não, previstos nesta Lei.

Art. 84. Os imóveis da União objeto da Reurb-E que forem objeto de processo de parcelamento reconhecido pela autoridade pública poderão ser, no todo ou em parte, vendidos diretamente aos seus ocupantes, dispensados os procedimentos exigidos pela Lei n. 8.666, de 21 de junho de 1993.

§ 1.º A venda aplica-se unicamente aos imóveis ocupados até 22 de dezembro de 2016, exigindo-se que o usuário seja regularmente inscrito e esteja em dia com suas obrigações para com a Secretaria do Patrimônio da União (SPU).

§ 2.º A venda direta de que trata este artigo somente poderá ser concedida para, no máximo, dois imóveis, um residencial e um não residencial, regularmente cadastrados em nome do beneficiário na Secretaria do Patrimônio da União (SPU).

§ 3.º A venda direta de que trata este artigo deverá obedecer à Lei n. 9.514, de 20 de novembro de 1997, ficando a União com a propriedade fiduciária dos bens alienados até a quitação integral, na forma dos §§ 4.º e 5.º deste artigo.

§ 4.º Para ocupantes com renda familiar situada entre cinco e dez salários mínimos, a aquisição poderá ser realizada à vista ou em até duzentas e quarenta parcelas mensais e consecutivas, mediante sinal de, no mínimo, 5% (cinco por cento) do valor da avaliação, e o valor da parcela mensal não poderá ser inferior ao valor equivalente ao devido pelo usuário a título de taxa de foro ou ocupação, quando requerido pelo interessado.

§ 5.º Para ocupantes com renda familiar acima de dez salários mínimos, a aquisição poderá ser realizada à vista ou em até cento e vinte parcelas mensais e consecutivas, mediante um sinal de, no mínimo, 10% (dez por cento) do valor da avaliação, e o valor da parcela mensal não poderá ser inferior ao valor equivalente ao devido pelo usuário a título de taxa de foro ou ocupação, quando requerido pelo interessado.

§ 6.º A regulamentação do disposto neste artigo será efetuada pela Secretaria do Patrimônio da União (SPU) no prazo de doze meses contado da data de publicação desta Lei.

Art. 85. O preço de venda será fixado com base no valor de mercado do imóvel, segundo os critérios de avaliação previstos no art. 11-C da Lei n. 9.636, de 15 de maio de 1998, excluídas as acessões e as benfeitorias realizadas pelo ocupante.

§ 1.º O prazo de validade da avaliação a que se refere o *caput* deste artigo será de, no máximo, doze meses.

§ 2.º Nos casos de condomínio edilício privado, as áreas comuns, excluídas suas benfeitorias, serão adicionadas na fração ideal da unidade privativa correspondente.

Art. 86. As pessoas físicas de baixa renda que, por qualquer título, utilizem regularmente imóvel da União, inclusive imóveis provenientes de entidades federais extintas, para fins de moradia até 22 de dezembro de 2016, e que sejam isentas do pagamento de qualquer valor pela utilização, na forma da legislação patrimonial e dos cadastros da Secretaria do Patrimônio da União (SPU), poderão requerer diretamente ao oficial de registro de imóveis, mediante apresentação da Certidão de Autorização de Transferência (CAT) expedida pela SPU, a transferência gratuita da propriedade do imóvel, desde que preencham os requisitos previstos no § 5.º do art. 31 da Lei n. 9.636, de 15 de maio de 1998.

§ 1.º A transferência gratuita de que trata este artigo somente poderá ser concedida uma vez por beneficiário.

§ 2.º A avaliação prévia do imóvel e a prévia autorização legislativa específica não configuram condição para a transferência gratuita de que trata este artigo.

Art. 87. Para obter gratuitamente a concessão de direito real de uso ou o domínio pleno do imóvel, o interessado deverá requerer à Secretaria do Patrimônio da União (SPU) a Certidão de Autorização de Transferência para fins de Reurb-S (CAT-Reurb-S), a qual valerá como título hábil para a aquisição do direito mediante o registro no cartório de registro de imóveis competente.

Parágrafo único. Efetivado o registro da transferência da concessão de direito real de uso ou do domínio pleno do imóvel, o oficial do cartório de registro de imóveis, no prazo de trinta dias, notificará a Superintendência do Patrimônio da União no Estado ou no Distrito Federal, informando o número da matrícula do imóvel e o seu Registro Imobiliário Patrimonial (RIP), o qual deverá constar da CAT-Reurb-S.

Art. 88. Na hipótese de imóveis destinados à Reurb-S cuja propriedade da União ainda não se encontre regularizada no cartório de registro de imóveis competente, a abertura de matrícula poderá ser realizada por meio de requerimento da Secretaria do Patrimônio da União (SPU), dirigido ao oficial do referido cartório, acompanhado dos seguintes documentos:

I – planta e memorial descritivo do imóvel, assinados por profissional habilitado perante o Conselho Regional de Engenharia e Agronomia (Crea) ou o Conselho de Arquitetura e Urbanismo (CAU), condicionados à apresentação da Anotação de Responsabilidade Técnica (ART) ou do Registro de Responsabilidade Técnica (RRT), quando for o caso; e

II – ato de discriminação administrativa do imóvel da União para fins de Reurb-S, a ser expedido pela Secretaria do Patrimônio da União (SPU).

§ 1.º O oficial do cartório de registro de imóveis deverá, no prazo de trinta dias, contado da data de protocolo do requerimento, fornecer à Superintendência do Patrimônio da União no Estado ou no Distrito Federal a certidão da matrícula aberta ou os motivos fundamentados para a negativa da abertura, hipótese para a qual deverá ser estabelecido prazo para que as pendências sejam supridas.

§ 2.º O disposto no *caput* deste artigo não se aplica aos imóveis da União submetidos a procedimentos específicos de identificação e demarcação, os quais continuam submetidos às normas pertinentes.

Art. 89. Os procedimentos para a transferência gratuita do direito real de uso ou do domínio pleno de imóveis da União no âmbito da Reurb-S, inclusive aqueles relacionados à forma de comprovação dos requisitos pelos beneficiários, serão regulamentados em ato específico da Secretaria do Patrimônio da União (SPU).

Art. 90. Ficam a União, suas autarquias e fundações autorizadas a transferir aos Estados, aos Municípios e ao Distrito Federal as áreas públicas federais ocupadas por núcleos urbanos informais, para que promovam a Reurb nos termos desta Lei, observado o regulamento quando se tratar de imóveis de titularidade de fundos.

Art. 91. O Decreto-Lei n. 2.398, de 21 de dezembro de 1987, passa a vigorar com as seguintes alterações:

•• Alterações já processadas no diploma modificado.

Art. 92. A Lei n. 13.240, de 30 de dezembro de 2015, passa a vigorar com as seguintes alterações:

•• Alterações já processadas no diploma modificado.

Art. 93. A Lei n. 9.636, de 15 de maio de 1998, passa a vigorar com as seguintes alterações:

•• Alterações já processadas no diploma modificado.

....

Título IV
DISPOSIÇÕES FINAIS

Art. 98. Fica facultado aos Estados, aos Municípios e ao Distrito Federal utilizar a prerrogativa de venda direta aos ocupantes de suas áreas públicas objeto da Reurb-E, dispensados os procedimentos exigidos pela Lei n. 8.666, de 21 de junho de 1993, e desde que os imóveis se encontrem ocupados até 22 de dezembro de 2016, devendo regulamentar o processo em legislação própria nos moldes do disposto no art. 84 desta Lei.

....

Art. 101. A Lei n. 6.015, de 31 de dezembro de 1973, passa a vigorar acrescida do seguinte art. 235-A:

•• Alterações já processadas no diploma modificado.

Art. 102. Fica a União autorizada a doar ao Estado de Rondônia as glebas públicas arrecadadas e registradas em nome da União nele situadas.

§ 1.º São excluídas da autorização de que trata o *caput* deste artigo:

I – as áreas relacionadas nos incisos II a XI do art. 20 da Constituição Federal;

II – as terras destinadas ou em processo de destinação pela União a projetos de assentamento;

III – as áreas de unidades de conservação já instituídas pela União e aquelas em processo de instituição, conforme regulamento;

IV – as áreas afetadas, de modo expresso ou tácito, a uso público, comum ou especial;

V – as áreas objeto de títulos expedidos pela União que não tenham sido extintos por descumprimento de cláusula resolutória;

VI – as áreas urbanas consolidadas, que serão objeto de doação diretamente da União ao Município, nos termos da Lei n. 11.952, de 25 de junho de 2009.

§ 2.º As glebas objeto de doação ao Estado de Rondônia deverão ser preferencialmente utilizadas em atividades de conservação ambiental e desenvolvimento sustentável, de assentamento, de colonização e de regularização fundiária, podendo ser adotado o regime de concessão de uso previsto no Decreto-lei n. 271, de 28 de fevereiro de 1967.

§ 3.º As doações serão efetuadas de forma gradativa, à medida que reste comprovado que a gleba anteriormente transferida tenha sido destinada nos termos do § 2.º deste artigo.

§ 4.º A aquisição ou arrendamento de lotes por estrangeiros obedecerá aos limites, às condições e às restrições estabelecidos na legislação federal.

§ 5.º A doação de glebas públicas federais aos Estados de Roraima e do Amapá será regida pela Lei n. 10.304, de 5 de novembro de 2001.

§ 6.º O Poder Executivo da União editará ato para regulamentar este artigo, inclusive para fixar critérios de definição das glebas a serem alienadas.

Art. 103. Os interessados poderão, no prazo de cento e oitenta dias, requerer à Secretaria Especial de Agricultura Familiar e do Desenvolvimento Agrário, ao Incra e à Secretaria do Patrimônio da União (SPU) a revisão das decisões administrativas denegatórias, ainda que judicializadas, caso em que o pedido deverá ser objeto de análise final no prazo de um ano.

Parágrafo único. O disposto neste artigo não impede o interessado de pleitear direitos previstos nesta Lei, desde que preencha os pressupostos fáticos pertinentes.

Art. 104. O Decreto-lei n. 3.365, de 21 de junho de 1941, passa a vigorar acrescido do seguinte art. 34-A:

•• Alterações já processadas no diploma modificado.

Art. 105. Em caso de certificação de imóveis rurais em unidade de conservação situados em região de difícil acesso ou em que a implantação do marco físico implique supressão de cobertura vegetal, deverão ser utilizados vértices virtuais para fins de georreferenciamento.

Art. 106. O disposto nesta Lei aplica-se à ilha de Fernando de Noronha e às demais ilhas oceânicas e costeiras, em conformidade com a legislação patrimonial em vigor.

Art. 107. Decreto do Poder Executivo federal poderá regulamentar o disposto nesta Lei.

Art. 108. Esta Lei entra em vigor na data de sua publicação.

Art. 109. Ficam revogados:

I – os arts. 14 e 15 da Lei Complementar n. 76, de 6 de julho de 1993;

II – os arts. 27 e 28 da Lei n. 9.636, de 15 de maio de 1998;

III – os seguintes dispositivos da Lei n. 11.952, de 25 de junho de 2009:

a) o § 2.º do art. 5.º;

b) o parágrafo único do art. 18;

c) os incisos I, II, III e IV do *caput* e os §§ 1.º e 2.º, todos do art. 30; e

d) os §§ 4.º e 5.º do art. 15;

IV – o Capítulo III da Lei n. 11.977, de 7 de julho de 2009;

V – (*Vetado.*)

VI – os arts. 288-B a 288-G da Lei n. 6.015, de 31 de dezembro de 1973;

VII – os arts. 2.º, 3.º, 7.º e 13 da Lei n. 13.240, de 30 de dezembro de 2015;

VIII – o parágrafo único do art. 14, o § 5.º do art. 24, o § 3.º do art. 26 e os arts. 29, 34, 35 e 45 da Lei n. 9.636, de 15 de maio de 1998;

IX – o § 1.º do art. 1.º da Lei n. 13.347, de 10 de outubro de 2016.

Brasília, 11 de julho de 2017; 196.º da Independência e 129.º da República.

Michel Temer

DECRETO N. 9.107, DE 26 DE JULHO DE 2017 (*)

Dispõe sobre os prazos e os requisitos aplicáveis às indústrias fragmentadas no âmbito de investigações de defesa comercial.

O Presidente da República, no uso das atribuições que lhe confere o art. 84, *caput*, incisos IV e VI, da Constituição, tendo em vista o disposto no art. 170, *caput*, inciso IX, e no art. 179 da Constituição, e

Considerando o disposto no Acordo Relativo à Implementação do Artigo VI do Acordo Geral sobre Tarifas Aduaneiras e Comércio – GATT/1994, no Acordo sobre Subsídios e Medidas Compensatórias e no Acordo sobre Salvaguarda, promulgados pelo Decreto n. 1.355, de 30 de dezembro de 1994, e regulamentados pelo Decreto n. 1.751, de 19 de dezembro de 1995, e pelo Decreto n. 8.058, de 26 de julho de 2013, decreta:

Art. 1.º Nas investigações de defesa comercial que envolvam indústrias fragmentadas, os prazos para protocolo de petições e de informações complementares a petições e para a análise de informações submetidas pelas indústrias serão determinados pela autoridade investigadora competente, no âmbito de cada processo, consideradas as especificidades de cada setor fragmentado da indústria nacional e os princípios da proporcionalidade e da razoabilidade.

§ 1.º Considera-se indústria fragmentada aquela que envolve número elevado de produtores domésticos.

§ 2.º Caberá à autoridade investigadora determinar se a produção nacional do produto em questão se enquadra como indústria fragmentada.

§ 3.º A determinação de que trata o § 2.º será motivada e levará em conta, entre outros fatores, o grau de pulverização da produção nacional do produto em questão e a sua distribuição por porte dos produtores nacionais.

§ 4.º O ato que iniciar a investigação de defesa comercial deverá conter a determinação da autoridade investigadora, nos termos dos § 2.º e § 3.º.

Art. 2.º Ato do Secretário de Comércio Exterior do Ministério da Indústria, Comércio Exterior e Serviços estabelecerá as informações que deverão constar das petições a serem apresentadas pela indústria fragmentada investigada, ou em seu nome, em cada investigação de defesa comercial, e a forma de sua apresentação, observados os requisitos previstos nos regulamentos brasileiros pertinentes.

Art. 3.º Este Decreto entra em vigor na data de sua publicação.

Brasília, 26 de julho de 2017; 196.º da Independência e 129.º da República.

MICHEL TEMER

(*) Publicado no *Diário Oficial da União*, de 27-7-2017.

DECRETO N. 9.176, DE 19 DE OUTUBRO DE 2017 (**)

Promulga a Convenção sobre a Cobrança Internacional de Alimentos para Crianças e Outros Membros da Família e o Protocolo sobre a Lei Aplicável às Obrigações de Prestar Alimentos, firmados pela República Federativa do Brasil, em Haia, em 23 de novembro de 2007.

O Presidente da República, no uso da atribuição que lhe confere o art. 84, *caput*, inciso IV, da Constituição, e

Considerando que a República Federativa do Brasil firmou a Convenção sobre a Cobrança Internacional de Alimentos para Crianças e Outros Membros da Família e o Protocolo sobre a Lei Aplicável às Obrigações de Prestar Alimentos, em Haia, em 23 de novembro de 2007;

Considerando que o Congresso Nacional aprovou a Convenção e o Protocolo por meio do Decreto Legislativo n. 146, de 9 de dezembro de 2016, com reserva ao artigo 20, § 1.º, alínea *e*, e ao artigo 30, § 1.º, com fundamento, respectivamente, no artigo 20, § 2.º, e no artigo 30, § 8.º, e realização da declaração que trata o artigo 3.º, § 2.º, todos da Convenção;

Considerando que o Governo brasileiro depositou, junto ao Ministério dos Negócios Estrangeiros do Reino dos Países Baixos, em 17 de julho de 2017, os instrumentos de ratificação da Convenção e do Protocolo, com reserva ao artigo 20, § 1.º, alínea *e*, e ao artigo 30, § 1.º, com fundamento, respectivamente, no artigo 20, § 2.º, e no artigo 30, § 8.º, e realização da declaração que trata o artigo 3.º, § 2.º, todos da Convenção, e que os referidos instrumentos entrarão em vigor para a República Federativa do Brasil, no plano jurídico externo, em 1.º de novembro de 2017;

DECRETA:

Art. 1.º Ficam promulgados a Convenção sobre a Cobrança Internacional de Alimentos para Crianças e Outros Membros da Família e o Protocolo sobre a Lei Aplicável às Obrigações de Prestar Alimentos, firmados em Haia, em 23 de novembro de 2007, anexos a este Decreto, com reserva ao artigo 20, § 1.º, alínea e, e ao artigo 30, § 1.º, com fundamento, respectivamente, no artigo 20, § 2.º, e no artigo 30, § 8.º, e realização da declaração que trata o artigo 3.º, § 2.º, todos da Convenção.

Art. 2.º São sujeitos à aprovação do Congresso Nacional atos que possam resultar em revisão da Convenção e do Protocolo e ajustes complementares que acarretem encargos ou compromissos gravosos ao patrimônio nacional, nos termos do inciso I do *caput* do art. 49 da Constituição.

Art. 3.º Este Decreto entra em vigor na data de sua publicação.

Brasília, 19 de outubro de 2017; 196.º da Independência e 129.º da República.

MICHEL TEMER

(**) Publicado no *Diário Oficial da União*, de 20-10-2017.

CONVENÇÃO SOBRE A COBRANÇA INTERNACIONAL DE ALIMENTOS PARA CRIANÇAS E OUTROS MEMBROS DA FAMÍLIA

(Concluída em 23 de novembro de 2007)

Os Estados signatários da presente Convenção,

Desejando melhorar a cooperação entre os Estados para a cobrança internacional de alimentos para crianças e outros membros da família,

Conscientes da necessidade de dispor de procedimentos que produzam resultados e que sejam acessíveis, rápidos, eficientes, econômicos, adaptáveis a diversas situações e justos.

Desejando aproveitar os aspectos mais úteis das Convenções da Haia vigentes, assim como de outros instrumentos internacionais, particularmente a Convenção das Nações Unidas sobre a Prestação de Alimentos no Estrangeiro, de 20 de junho de 1956,

Pretendendo beneficiar-se dos avanços tecnológicos e criar um sistema flexível e adaptável às novas necessidades e às oportunidades oferecidas pelos avanços tecnológicos,

Recordando que, em conformidade com os artigos 3.º e 27 da Convenção das Nações Unidas sobre os Direitos da Criança, de 20 de novembro de 1989,

– em todas as medidas concernentes às crianças, o interesse superior da criança será considerado prioritário,

– toda criança tem direito a um padrão de vida adequado para permitir seu desenvolvimento físico, mental, espiritual, moral e social,

– os pais ou outros responsáveis pela criança têm a responsabilidade primária de assegurar, dentro de suas possibilidades e de sua capacidade financeira, as condições de vida necessárias para o desenvolvimento da criança, e

– os Estados devem tomar todas as medidas apropriadas, incluindo a conclusão de acordos internacionais, com vistas a assegurar alimentos para a criança por parte dos pais ou outros responsáveis, em particular quando essas pessoas vivam em Estado diferente daquele em que a criança reside,

Resolveram celebrar a presente Convenção e acordaram as seguintes disposições:

Capítulo I

OBJETO, ÂMBITO DE APLICAÇÃO E DEFINIÇÕES

Artigo 1.º – Objeto

A presente Convenção tem por objeto assegurar a eficácia da cobrança internacional de alimentos para crianças e outros membros da família, principalmente ao:

- *Vide* Lei n. 11.804, de 5-11-2008, que disciplina o direito a alimentos gravídicos e a forma como ele será exercido.
- Sobre alimentos, *vide* arts. 1.694 a 1.710 do CC.
- *Vide* Lei n. 5.478, de 25-7-1968 (Lei de Alimentos).
- Sobre alimentos, dispositivos: arts. 15 e 30 do Decreto-lei n. 3.200, de 19-4-1941; arts. 16, 19 a 23 e 28 da Lei n. 6.515, de 26-12-1977; arts. 148, parágrafo único, *g*, e 201, III, da Lei n. 8.069, de 13-7-1990 (ECA); art. 7.º da Lei n. 8.560, de 29-12-1992; Lei n. 8.971, de 29-12-1994; arts. 11 a 14 da Lei n. 10.741, de 1.º-10-2003 (Estatuto da Pessoa Idosa).
- Alimentos no CPC, dispositivos: arts. 53, II, 189, I, 215, II, 292, III, 833, 834, 528 a 532, 911, 912 e 1.012, § 1.º, II.
- Sobre o direito dos companheiros a alimentos e a sucessão trata a Lei n. 8.971, de 29-12-1994.

a) estabelecer um sistema abrangente de cooperação entre as autoridades dos Estados Contratantes;

b) possibilitar a apresentação de pedidos para a obtenção de decisões em matéria de alimentos;

c) garantir o reconhecimento e a execução de decisões em matéria de alimentos; e

d) requerer medidas eficazes para a rápida execução de decisões em matéria de alimentos.

Artigo 2.º – Âmbito de aplicação

§ 1.º A presente Convenção será aplicada:

a) às obrigações de prestar alimentos derivadas de uma relação de filiação, em favor de uma pessoa menor de 21 anos;

b) a reconhecimento e execução ou a execução de decisão relativa a obrigações de prestar alimentos decorrentes de relação conjugal, quando o pedido for apresentado juntamente com a solicitação de que trata a alínea *a* deste artigo; e

c) às obrigações de prestar alimentos decorrentes de relação conjugal, com exceção dos capítulos II e III.

§ 2.º Qualquer Estado Contratante poderá, em conformidade com o artigo 62, reservar-se o direito de limitar a aplicação da Convenção, no que tange ao parágrafo 1.º, alínea *a*, às pessoas que não tenham alcançado a idade de 18 anos. O Estado Contratante que fizer essa reserva não poderá exigir a aplicação da Convenção para pessoas de idade excluída por sua reserva.

§ 3.º Qualquer Estado Contratante poderá, em conformidade com o artigo 63, declarar a extensão da aplicação, no todo ou em parte, da Convenção a outras obrigações de prestar alimentos derivadas de relação familiar, filiação, casamento ou afinidade, incluindo, especialmente, as obrigações relativas a pessoas vulneráveis. Tal declaração somente criará obrigações entre dois Estados Contratantes na medida em que suas declarações incluam as mesmas obrigações de prestar alimentos e as mesmas partes da Convenção.

§ 4.º As disposições desta Convenção serão aplicadas às crianças independentemente do estado civil de seus pais.

Artigo 3.º – Definições

Para os fins da presente Convenção:

a) "credor" significa pessoa a quem são devidos ou a quem se alegue serem devidos alimentos;

b) "devedor" significa pessoa que deve ou de quem se reclama alimentos;

c) "assistência jurídica" significa a assistência necessária para permitir aos demandantes conhecer e exercer seus direitos e para assegurar que seus pedidos sejam tratados de forma completa e efetiva no Estado Requerido. As formas de prover essa assistência podem incluir, na medida do necessário, consultoria jurídica, ajuda para apresentar o caso perante autoridade, representação em juízo e isenção de despesas processuais;

d) "acordo por escrito" significa acordo registrado em qualquer meio cujo conteúdo esteja disponível e possa ser utilizado como referência em consultas posteriores;

e) "acordo em matéria de alimentos" significa acordo por escrito relativo ao pagamento de alimentos que:

I) foi redigido ou registrado formalmente como instrumento autêntico por autoridade competente; ou

II) foi autenticado, concluído, registrado ou depositado perante autoridade competente, e pode ser objeto de revisão e modificação por autoridade competente;

f) "pessoa vulnerável" significa pessoa que, em razão de limitação ou insuficiência de suas faculdades físicas ou mentais, não está em condições de prover sua própria mantença.

Capítulo II
COOPERAÇÃO ADMINISTRATIVA

Artigo 4.º – Designação de Autoridades Centrais

§ 1.º Cada Estado Contratante designará uma Autoridade Central encarregada de cumprir as obrigações que a Convenção impõe a tal Autoridade.

§ 2.º Estados federativos, Estados com mais de um sistema jurídico ou Estados que possuem unidades territoriais autônomas poderão designar mais de uma Autoridade Central e especificar o âmbito territorial ou pessoal de suas funções. O Estado que fizer uso dessa faculdade designará a Autoridade Central à qual pode ser endereçada qualquer comunicação para transmissão à Autoridade Central competente dentro desse Estado.

§ 3.º A designação da Autoridade Central ou das Autoridades Centrais, seus dados de contato e, quando cabível, o alcance de suas funções, conforme o parágrafo 2.º, serão comunicados pelo Estado Contratante à Secretaria Permanente da Conferência da Haia de Direito Internacional Privado no momento do depósito do instrumento de ratificação ou de adesão ou da declaração feita conforme o artigo 61. Os Estados Contratantes informarão prontamente à Secretaria Permanente qualquer modificação nessa designação.

Artigo 5.º – Funções gerais das Autoridades Centrais

As Autoridades Centrais deverão:

a) cooperar entre si e promover a cooperação entre as autoridades competentes de seus respectivos Estados para alcançar os objetivos da Convenção;

b) procurar, na medida do possível, soluções para as dificuldades que surjam na aplicação da Convenção.

Artigo 6.º – Funções específicas das Autoridades Centrais

§ 1.º As Autoridades Centrais prestarão auxílio com relação aos pedidos previstos no Capítulo III. Em particular, deverão:

a) transmitir e receber tais pedidos;

b) iniciar ou facilitar o início de procedimentos relativos a esses pedidos.

§ 2.º Em relação a tais pedidos, tomarão todas as medidas apropriadas para:

a) prestar ou facilitar a prestação de assistência jurídica, quando as circunstâncias assim o requeiram;

b) ajudar a localizar o devedor ou o credor;

c) ajudar a obter informações pertinentes relativas à renda e, se necessário, a outros aspectos econômicos do devedor ou do credor, incluindo a localização de ativos;

d) estimular soluções amigáveis a fim de obter pagamento voluntário de alimentos, recorrendo, quando apropriado, à mediação, à conciliação ou a outros procedimentos análogos;

e) facilitar a execução permanente das decisões em matéria de alimentos, inclusive o pagamento de valores atrasados;

f) facilitar a cobrança e a rápida transferência dos pagamentos de alimentos;

g) facilitar a obtenção de documentos ou outros elementos de prova;

h) prover assistência para a determinação de filiação quando esta for necessária para a cobrança de alimentos;

i) iniciar ou facilitar o início de procedimentos para obter as medidas cautelares necessárias que tenham caráter territorial e cuja finalidade seja assegurar o resultado de um pedido de alimentos em curso;

j) facilitar a comunicação de atos processuais.

§ 3.º As funções da Autoridade Central estabelecidas por este artigo poderão ser desempenhadas, na medida do permitido na lei de seu Estado, por órgãos públicos ou outras instituições submetidas à supervisão das autoridades competentes desse Estado. A designação desses órgãos públicos ou outras instituições, bem como os dados de contato e o âmbito de suas funções, serão comunicados pelo Estado Contratante à Secretaria Permanente da Conferência da Haia de Direito Internacional Privado. Os Estados Contratantes comunicarão prontamente qualquer alteração à Secretaria Permanente.

§ 4.º Nenhuma disposição deste artigo ou do artigo 7.º será interpretada de maneira a impor a uma Autoridade Central a obrigação de exercer funções que, conforme a lei do Estado Requerido, são de competência exclusiva de autoridades judiciais.

Artigo 7.º – Solicitação de medidas específicas

§ 1.º Uma Autoridade Central poderá dirigir solicitação fundamentada a outra Autoridade Central para que esta adote as medidas específicas adequadas, conforme o artigo 6.º, parágrafo 2.º, alíneas *b*, *c*, *g*, *h*, *i* e *j*, desde que não esteja pendente qualquer pedido previsto no artigo 10. A Autoridade Central Requerida tomará tais medidas se as considerar necessárias para ajudar potencial demandante a apresentar pedido previsto no artigo 10 ou a decidir se deve apresentar tal pedido.

§ 2.º Uma Autoridade Central poderá também adotar medidas específicas, por solicitação de outra Autoridade Central, referente a caso de cobrança de alimentos pendente no Estado Requerente que apresente algum elemento de extremidade.

Artigo 8.º – Custos da Autoridade Central

§ 1.º Cada Autoridade Central assumirá seus próprios custos na aplicação desta Convenção.

§ 2.º As Autoridades Centrais não repassarão ao demandante nenhum custo pelos serviços que prestarem com base nesta Convenção, com exceção dos custos excepcionais decorrentes de uma solicitação de medidas específicas nos termos do artigo 7.º.

§ 3.º A Autoridade Central Requerida não poderá cobrar os custos mencionados no parágrafo 2.º sem concordância prévia do demandante sobre os custos dos referidos serviços.

Capítulo III
PEDIDOS POR MEIO DE AUTORIDADES CENTRAIS

Artigo 9.º – Pedido por meio de Autoridades Centrais

Pedidos previstos neste Capítulo serão remetidos à Autoridade Central do Estado Requerido por meio da Autoridade Central do Estado Contratante em que resida o demandante. Para os fins deste artigo, mera estada não constitui residência.

Artigo 10 – Pedidos disponíveis

§ 1.º As seguintes categorias de pedidos estarão disponíveis, no Estado Requerente, para o credor que pretenda cobrar alimentos, nos termos desta Convenção:

a) reconhecimento ou reconhecimento e execução de decisão;

b) execução de decisão proferida ou reconhecida no Estado Requerido;

c) obtenção de decisão no Estado Requerido quando não exista decisão, incluída a determinação de filiação, quando necessária;

d) obtenção de decisão no Estado Requerido quando reconhecimento e execução de decisão não forem possíveis ou tiverem sido denegados por falta de requisito para reconhecimento e execução, nos termos do artigo 20, ou por algum dos fundamentos especificados no artigo 22, alíneas *b* ou *e*;

e) modificação de decisão proferida no Estado Requerido;

f) modificação de decisão proferida em outro Estado que não o Requerido.

§ 2.º As seguintes categorias de pedidos estarão disponíveis, no Estado Requerente, para o devedor contra quem exista decisão em matéria de alimentos:

a) reconhecimento de decisão ou procedimento equivalente que implique suspensão ou limitação da execução de decisão anterior proferida no Estado Requerido;

b) modificação de decisão proferida no Estado Requerido;

c) modificação de decisão proferida em outro Estado, que não o Requerido.

§ 3.º Salvo se disposto de outro modo por esta Convenção, os pedidos previstos nos parágrafos 1.º e 2.º serão processados nos termos da lei do Estado Requerido e os pedidos previstos no parágrafo 1.º, alíneas *c* a *f* e parágrafo 2.º, alíneas *b* e *c*, estarão sujeitos às normas de competência aplicáveis no Estado Requerido.

Artigo 11 – Conteúdo do pedido

§ 1.º Todos os pedidos feitos com base no artigo 10 conterão, no mínimo:

a) declaração relativa à natureza do pedido ou dos pedidos;

b) nome e dados de contato do demandante, incluídos endereço e data de nascimento;

c) nome do demandado e, quando conhecidos, endereço e data de nascimento;

d) nome e data de nascimento de qualquer pessoa para a qual se solicite alimentos;

e) motivos em que se fundamenta o pedido;

f) quando a demanda for apresentada pelo credor, informação relativa ao local ao qual deve ser enviado ou eletronicamente transmitido.

g) qualquer informação ou documento especificado por declaração formulada pelo Estado Requerido, nos termos do artigo 63, salvo no caso dos pedidos previstos no artigo 10, parágrafo 1.º, alínea *a* e parágrafo 2.º, alínea *a*;

h) nome e dados de contato da pessoa ou do setor da Autoridade Central do Estado Requerente responsável pelo processamento do pedido.

§ 2.º quando cabível, o pedido incluirá também as seguintes informações, quando sejam conhecidas:

a) situação econômica do credor;

b) situação econômica do devedor, incluindo nome e endereço de seu empregador, bem como natureza e localização de seus bens;

c) qualquer outra informação que permita localizar o demandado.

§ 3.º O pedido estará acompanhado de quaisquer informações ou documentos necessários, incluídos documentos relativos ao direito do demandante de receber assistência jurídica gratuita. Quando se tratar de pedido previsto nos artigos 10, parágrafo 1.º, alínea *a*, e parágrafo 2.º, alínea *a*, estará acompanhado unicamente dos documentos listados no artigo 25.

§ 4.º Pedidos previstos no artigo 10 poderão ser apresentados por meio do formulário recomendado e publicado pela Conferência da Haia de Direito Internacional Privado.

Artigo 12 – Transmissão, recepção e processamento de pedidos e casos por meio de Autoridades Centrais

§ 1.º A Autoridade Central do Estado Requerente assistirá o demandante a certificar-se de que o pedido esteja acompanhado de todas as informações e documentos que, no entender dessa Autoridade, sejam necessários para a análise do pedido.

§ 2.º A Autoridade Central do Estado Requerente, satisfeitos os requisitos da Convenção, transmitirá o pedido à Autoridade Central do Estado Requerido em favor do demandante e com o consentimento deste. O pedido estará acompanhado do formulário de transmissão previsto no Anexo 1. A Autoridade Central do Estado Requerente, quando solicitado pela Autoridade Central do Estado Requerido, fornecerá cópia completa, certificada pela autoridade competente do Estado de origem, de qualquer dos documentos indicados no artigo 16, parágrafo 3.º, no artigo 25, parágrafo 1.º, alíneas *a*, *b* e *d*, parágrafo 3.º, alínea *b* e no artigo 30, parágrafo 3.º.

§ 3.º A Autoridade Central Requerida, dentro de seis semanas após a data de recepção do pedido, acusará seu recebimento utilizando o formulário previsto no Anexo 2, informará à Autoridade Central do Estado Requerente quais providências iniciais foram ou serão adotadas para executar o pedido e poderá solicitar quaisquer outros documentos ou informações. Dentro do mesmo prazo de seis semanas, a Autoridade Central Requerida fornecerá à Autoridade Central Requerente nome e dados de contato da pessoa ou do setor responsável por responder às consultas relativas ao estado de tramitação do pedido.

§ 4.º Dentro de três meses após o aviso de recebimento, a Autoridade Central Requerida informará à Autoridade Central Requerente o estado de tramitação do pedido.

§ 5.º As Autoridades Centrais Requerida e Requerente devem manter-se mutuamente informadas sobre:

a) nome da pessoa ou do setor responsável por um caso concreto;

b) estado de tramitação do caso;

e fornecerão respostas aos pedidos de informações em prazo razoável.

§ 6.º As Autoridades Centrais processarão os casos com a celeridade que permita o exame adequado do seu conteúdo.

§ 7.º As Autoridades Centrais utilizarão os meios de comunicação mais ágeis e eficazes de que disponham.

§ 8.º A Autoridade Central Requerida poderá denegar o processamento do pedido somente quando manifestamente não cumprir os requisitos exigidos pela Convenção. Nesse caso, a Autoridade Central informará prontamente os motivos da recusa à Autoridade Central Requerente.

§ 9.º A Autoridade Central Requerida não poderá recusar pedido pelo simples motivo da necessidade de documentos ou informações adicionais. Entretanto, a Autoridade Central Requerida poderá solicitar à Autoridade Central Requerente que apresente esses documentos ou informações adicionais. Caso a Autoridade Central Requerente não os apresente dentro de três meses ou em prazo maior fixado pela Autoridade Central Requerida, está poderá decidir que não mais processará o pedido. Nesse caso, comunicará sua decisão à Autoridade Central Requerente.

Artigo 13 – Meios de comunicação

Nenhum pedido apresentado por meio das Autoridades Centrais dos Estados Contratantes nos termos deste Capítulo, e nenhum documento ou informação anexado ou fornecido por uma Autoridade Central, poderão ser impugnados pelo demandado somente em razão dos meios de comunicação utilizados entre as Autoridades Centrais.

Artigo 14 – Acesso efetivo aos procedimentos

§ 1.º O Estado Requerido garantirá aos demandantes acesso efetivo aos procedimentos, incluídos os de execução e de recurso, que resultem de pedidos previstos neste Capítulo.

§ 2.º Para garantir esse acesso efetivo, o Estado Requerido proporcionará assistência jurídica gratuita nos termos dos artigos 14 a 17, salvo nos casos de aplicação do parágrafo 3.º.

§ 3.º O Estado Requerido não estará obrigado a prestar assistência jurídica gratuita se, e na medida em que os procedimentos desse Estado permitam ao demandante formular seu pedido sem necessitar dessa assistência e que a Autoridade Central proporcione gratuitamente os serviços necessários.

§ 4.º As condições de obtenção da assistência jurídica gratuita não serão mais restritivas do que as fixadas para os casos domésticos equivalentes.

§ 5.º Não se exigirá qualquer garantia, fiança ou depósito, seja qual for sua denominação, para assegurar o pagamento de custos e despesas em procedimentos derivados desta Convenção.

Artigo 15 – Assistência jurídica gratuita para os pedidos de alimentos para crianças

§ 1.º O Estado Requerido prestará assistência jurídica gratuita para qualquer pedido em matéria de alimentos para pessoa menor de 21 anos, e decorrente de relação de filiação, apresentado por credor nos termos deste Capítulo.

§ 2.º Não obstante o disposto no parágrafo 1.º, o Estado Requerido poderá negar assistência jurídica gratuita para pedidos diferentes dos previstos no artigo 10, parágrafo 1.º, alíneas *a* e *b* e dos casos compreendidos no artigo 20, parágrafo 4.º, se considerar que, no mérito, o pedido ou qualquer recurso é manifestamente infundado.

Artigo 16 – Declaração para permitir exame focado nos recursos econômicos da criança

§ 1.º Não obstante o disposto no artigo 15, parágrafo 1.º, um Estado poderá declarar que, de acordo com o artigo 63, prestará assistência jurídica gratuita em pedidos diversos dos previstos no artigo 10, parágrafo 1.º, alíneas *a b* e dos casos compreendidos no artigo 20, parágrafo 4.º, somente por meio de exame dos recursos econômicos da criança.

§ 2.º Um Estado, no momento de apresentar tal declaração, informará à Secretaria Permanente da Conferência da Haia de Direito Internacional Privado sobre a forma como realizará o exame dos recursos econômicos da criança, incluindo os parâmetros econômicos que deverão ser observados para satisfazer os critérios do exame.

§ 3.º Um pedido referido no § 1.º, dirigido a um Estado que fez a declaração nele mencionada, conterá declaração formal do demandante indicando que os recursos econômicos da criança cumprem os parâmetros aos quais se faz referência no parágrafo 2.º. O Estado Requerido só poderá solicitar mais provas sobre os recursos econômicos da criança se tiver fundamentos razoáveis para acreditar que a informação proporcionada pelo demandante é inexata.

§ 4.º Se a mais favorável assistência jurídica prevista na lei do Estado Requerido com relação a pedidos de alimentos nos termos deste Capítulo em favor de crianças e decorrentes de relação de filiação for mais favorável do que a prevista nos parágrafos 1.º a 3.º, prestar-se-á a assistência jurídica mais favorável.

Artigo 17 – Pedidos não enquadráveis nos artigos 15 ou 16

No caso de todos os pedidos apresentados em aplicação desta Convenção, exceto aqueles enquadrados nos artigos 15 ou 16:

a) a prestação de assistência jurídica gratuita poderá submeter-se a exame de recursos econômicos do demandante ou a análise de mérito;

b) um demandante que seja beneficiário de assistência jurídica gratuita no Estado de origem terá direito, em qualquer procedimento de reconhecimento ou execução, à assistência jurídica gratuita ao menos equivalente à prevista na lei do Estado Requerido nas mesmas circunstâncias.

Capítulo IV
RESTRIÇÕES PARA INICIAR PROCEDIMENTOS

Artigo 18 – Limites aos procedimentos

§ 1.º Quando uma decisão for proferida no Estado Contratante no qual o credor tenha sua residência habitual, o devedor não poderá iniciar em qualquer outro Estado Contratante procedimentos para modificar a decisão ou obter nova decisão, enquanto o credor continuar residindo habitualmente no Estado no qual se proferiu a decisão.

§ 2.º O disposto no parágrafo 1.º não será aplicado:

a) quando as partes tiverem acordado por escrito a respeito da competência desse outro Estado Contratante, salvo em litígios sobre obrigações de prestar alimentos para crianças;

b) quando o credor se submeter à competência do outro Estado Contratante, expressamente ou opondo-se quanto ao mérito do caso, sem impugnar essa competência na primeira oportunidade disponível;

c) quando a autoridade competente do Estado de origem não puder ou se negar a exercer sua competência para modificar a decisão ou proferir uma nova; ou

d) quando a decisão adotada no Estado de origem não puder ser reconhecida ou declarada executável no Estado Contratante no qual se esteja buscando procedimentos para modificar a decisão ou se proferir uma nova.

Capítulo V
RECONHECIMENTO E EXECUÇÃO

Artigo 19 – Âmbito de aplicação do Capítulo

§ 1.º O presente Capítulo aplicar-se-á às decisões proferidas por autoridade judicial ou administrativa em matéria de obrigação de prestar alimentos. O termo "decisão" inclui também ajustes ou acordos celebrados perante ditas autoridades ou homologados por essas. Uma decisão poderá estabelecer método de ajuste automático por indexação e exigência de pagar atrasados, alimentos retroativos ou juros, bem como fixação de custos ou despesas.

§ 2.º Se a decisão não se referir exclusivamente a obrigação de prestar alimentos, a aplicação do presente Capítulo limitar-se-á às partes da decisão relativas à obrigação de prestar alimentos.

§ 3.º Para os fins do parágrafo 1.º, "autoridade administrativa" significa organismo público cujas decisões, em conformidade com a lei do Estado onde está estabelecido:

a) possam ser objeto de recurso ou de revisão por autoridade judicial; e

b) têm força e efeitos similares aos de decisão de autoridade judicial sobre a mesma matéria.

§ 4.º O presente Capítulo também se aplica aos acordos em matéria de alimentos, em conformidade com o artigo 30.

§ 5.º As disposições do presente Capítulo aplicar-se-ão aos pedidos de reconhecimento e execução apresentados diretamente à autoridade competente do Estado Requerido, em conformidade com o artigo 37.

Artigo 20 – Requisitos para reconhecimento e execução

§ 1.º Uma decisão proferida em um Estado Contratante ("o Estado de origem") será reconhecida e executada em outros Estados Contratantes se:

a) o demandado tinha sua residência habitual no Estado de origem ao tempo em que se iniciaram os procedimentos;

b) o demandado tiver se submetido à competência expressamente ou opondo-se quanto ao mérito sem impugnar essa competência na primeira oportunidade disponível;

c) o credor tinha sua residência habitual no Estado de origem ao tempo em que se iniciaram os procedimentos;

d) a criança para a qual se concedeu alimentos tinha sua residência habitual no Estado de origem ao tempo em que se iniciaram os procedimentos, desde que o demandado tenha vivido com a criança nesse Estado ou tenha residido nesse Estado e nele prestado alimentos para a criança;

e) as partes tiverem acordado por escrito a competência, salvo em litígios sobre obrigações de prestar alimentos para crianças; ou

f) a decisão tiver sido proferida por autoridade no exercício de sua competência sobre estado civil ou responsabilidade parental, salvo se dita competência tiver se baseado unicamente na nacionalidade de uma das partes.

§ 2.º Um Estado Contratante poderá formular reserva, de acordo com o artigo 62, com relação ao parágrafo 1.º, alíneas *c*, *e*, ou *f*.

§ 3.º Um Estado Contratante que formule reserva de acordo com o parágrafo 2.º reconhecerá e executará uma decisão se, em circunstâncias de fato semelhantes, sua lei outorgar ou tiver outorgado competência às suas autoridades para proferir essa decisão.

§ 4.º Um Estado Contratante adotará todas as medidas necessárias para que se profira decisão em favor do credor quando não for possível o reconhecimento de decisão como consequência de reserva de acordo com o parágrafo 2.º e se o devedor tiver sua residência habitual nesse Estado. O disposto na frase anterior não se aplicará aos pedidos diretos de reconhecimento e execução previstos no artigo 19, parágrafo 5.º ou aos pedidos de alimentos referidos no artigo 2.º, parágrafo 1.º, alínea *b*.

§ 5.º Uma decisão em favor de criança menor de 18 anos que não possa ser reconhecida somente em razão das reservas a que se referem o parágrafo 1.º, alíneas *c*, *e*, ou *f* será aceita para reconhecer a legitimidade da criança a pleitear alimentos no Estado Requerido.

§ 6.º Uma decisão só será reconhecida se surtir efeitos no Estado de origem e só será executada quando for executável no referido Estado.

Artigo 21 – Divisibilidade e reconhecimento e execução parcial

§ 1.º Se o Estado Requerido não puder reconhecer ou executar a totalidade da decisão, reconhecerá ou executará qualquer parte divisível da referida decisão que possa ser objeto de reconhecimento ou execução.

§ 2.º Sempre será possível solicitar reconhecimento ou execução parcial de decisão.

Artigo 22 – Fundamentos para denegação do reconhecimento e da execução

Reconhecimento e execução de decisão poderão ser denegados se:

a) o reconhecimento e a execução da decisão forem manifestamente incompatíveis com a ordem pública do Estado Requerido;

b) a decisão tiver sido obtida mediante fraude processual;

c) estiver em curso perante autoridade do Estado Requerido procedimento entre as mesmas partes e com o mesmo objeto que tiver sido iniciado anteriormente;

d) a decisão for incompatível com outra decisão proferida entre as mesmas partes e com o mesmo objeto, seja no Estado Requerido ou em outro Estado, desde que essa última decisão cumpra os requisitos necessários para seu reconhecimento e execução no Estado Requerido;

e) no caso em que o demandado não tiver comparecido nem tiver sido representado no procedimento no Estado de origem:

I) quando a lei do Estado de origem previr a comunicação desse ato processual, e o demandado não tiver sido devidamente comunicado nem tiver tido a oportunidade de ser ouvido; ou

II) quando a lei do Estado de origem não previr a comunicação desse ato processual, e o demandado não tiver sido devidamente comunicado da decisão nem tiver tido a oportunidade de recorrer quanto a questões de fato e de direito; ou

f) a decisão tiver sido proferida em desacordo com o artigo 18.

Artigo 23 – Procedimento para um pedido de reconhecimento e execução

§ 1.º Nos termos do disposto nesta Convenção, os procedimentos para reconhecimento e execução serão regidos pela lei do Estado Requerido.

§ 2.º Quando pedido de reconhecimento e execução de decisão tiver sido feito por meio das Autoridades Centrais, em conformidade com o Capítulo III, a Autoridade Central Requerida prontamente:

a) transmitirá o pedido à autoridade competente que, sem demora, declarará a decisão executável ou a registrará para sua execução; ou

b) adotará essas medidas, se for a autoridade competente.

§ 3.º Quando um pedido for apresentado diretamente a uma autoridade competente do Estado Requerido, de acordo com o artigo 19, parágrafo 5.º, essa autoridade, sem demora, declarará a decisão executável ou registrá-la-á para execução.

§ 4.º Uma declaração ou registro só poderá ser denegado pelas razões especificadas no artigo 22, alínea *a*. Nessa fase, demandante e demandado não poderão apresentar alegações.

§ 5.º A comunicação dos atos processuais ao demandante e ao demandado, referente à declaração ou ao registro em conformidade com os parágrafos 2.º e 3.º, ou à denegação decidida de acordo com o parágrafo 4.º, será prontamente realizada, e as partes poderão recorrer para alegar questões de fato e de direito.

§ 6.º O recurso poderá ser apresentado dentro dos 30 dias seguintes à comunicação de ato processual prevista no parágrafo 5.º. Se o recorrente não reside no Estado Contratante no qual se realizou ou se denegou a declaração ou o registro, o recurso poderá ser interposto dentro dos 60 dias seguintes à referida comunicação.

§ 7.º O recurso poderá ser baseado somente:

a) nos fundamentos para denegação de reconhecimento e execução previstos no artigo 22;

b) nos requisitos para reconhecimento e execução previstos no artigo 20;

c) na autenticidade ou integridade de documento transmitido de acordo com o artigo 25, parágrafo 1.º, alíneas *a*, *b* ou *d* ou parágrafo 3.º, alínea *b*.

§ 8.º O recurso do demandado também poderá se fundamentar na satisfação do débito quando reconhecimento e execução se refiram a débitos vencidos.

§ 9.º Demandante e demandado serão prontamente intimados da decisão sobre o recurso.

§ 10. Recurso ulterior, se permitido pela lei do Estado Requerido, não suspenderá a execução da decisão, salvo em circunstâncias excepcionais.

§ 11. A autoridade competente atuará rapidamente para proferir decisão sobre reconhecimento e execução, assim como para decidir sobre qualquer recurso.

Artigo 24 – Procedimento alternativo para um pedido de reconhecimento e execução

§ 1.º Não obstante o disposto no artigo 23, parágrafos 2.º a 11, um Estado poderá declarar, de acordo com o artigo 63, que aplicará o procedimento de reconhecimento e execução previsto neste artigo.

§ 2.º Quando pedido de reconhecimento e execução de decisão tiver sido feito por meio das Autoridades Centrais de acordo com o Capítulo III, a Autoridade Central Requerida prontamente:

a) encaminhará o pedido à autoridade competente, que decidirá sobre o pedido de reconhecimento e execução; ou

b) proferirá tal decisão, se for a autoridade competente.

§ 3.º A autoridade competente proferirá decisão sobre reconhecimento e execução depois que o demandado tiver sido comunicado sobre o procedimento devida e prontamente e depois de que ambas as partes tiverem tido a oportunidade adequada de serem ouvidas.

§ 4.º A autoridade competente poderá conhecer de ofício os fundamentos para a denegação de reconhecimento e execução previstos no artigo 22, alíneas *a*, *c* e *d*. A autoridade competente poderá conhecer qualquer dos fundamentos previstos nos artigos 20, 22 e 23, parágrafo 7.º, alínea *c* se forem alegados pelo demandado ou se surgirem a partir da leitura dos documentos apresentados de acordo com o artigo 25.

§ 5.º A denegação de reconhecimento e execução também poderá ser fundamentada na satisfação do débito, quando o reconhecimento e a execução se refiram a débitos vencidos.

§ 6.º O recurso ulterior, se permitido pela lei do Estado Requerido, não suspenderá a execução da decisão, salvo em circunstâncias excepcionais.

§ 7.º A autoridade competente atuará rapidamente para proferir uma decisão sobre reconhecimento e execução, assim como para decidir sobre qualquer recurso.

Artigo 25 – Documentos

§ 1.º O pedido de reconhecimento e execução de acordo com os artigos 23 ou 24 será acompanhado dos seguintes documentos:

a) texto completo da decisão;

b) documento no qual conste que a decisão é executável no Estado de origem e, se a decisão emanou de uma autoridade administrativa, documento no qual se indique a observância dos requisitos previstos no artigo 19, parágrafo 3.º, salvo se aquele Estado tiver declarado de acordo com o artigo 57 que as decisões de suas autoridades administrativas sempre cumprem tais requisitos;

c) se o demandado não compareceu nem foi representado nos procedimentos no Estado de origem, documento que ateste, conforme o caso, que o demandado foi devidamente comunicado do ato processual e que teve oportunidade de ser ouvido ou que foi devidamente comunicado da decisão e que teve oportunidade de recorrer para alegar questões de fato e de direito;

d) quando necessário, documento no qual se indique o montante dos valores atrasados e a data em que foram calculados;

e) quando necessário, em caso de decisão que estabeleça o ajuste automático dos valores mediante indexação, documento que contenha a informação necessária para realizar os cálculos correspondentes;

f) quando necessário, documento que indique a extensão do benefício de assistência jurídica gratuita recebida pelo demandante no Estado de origem.

§ 2.º Em caso de recurso com fundamento no artigo 23, parágrafo 7.º, alínea *c*, ou de pedido da autoridade competente do Estado Requerido, cópia completa do documento respectivo, certificada pela autoridade competente do Estado de origem, será prontamente fornecida:

a) pela Autoridade Central do Estado Requerente, quando o pedido tiver sido realizado de acordo com o Capítulo III;

b) pelo demandante, quando a solicitação tiver sido apresentada diretamente perante a autoridade competente do Estado Requerido.

§ 3.º Um Estado Contratante poderá declarar, de acordo com o artigo 57:

a) que o pedido deve ser acompanhado de cópia completa da decisão, certificada pela autoridade competente no Estado de origem;

b) as circunstâncias nas quais aceitará, em vez do texto completo da decisão, resumo ou extrato da decisão, redigido pela autoridade competente do Estado de origem, o qual poderá ser apresentado mediante formulário recomendado e publicado pela Conferência da Haia de Direito Internacional Privado; ou

c) que não exige documento que indique que se cumprem os requisitos previstos no artigo 19, parágrafo 3.º.

Artigo 26 – Procedimento no caso de pedido de reconhecimento

Este Capítulo será aplicado, *mutatis mutandis*, a pedido de reconhecimento de decisão, à exceção da exigência do caráter executório, que será substituída pela exigência de que a decisão surta efeitos no Estado de origem.

Artigo 27 – Questões de fato

As autoridades competentes do Estado Requerido estarão vinculadas às questões de fato nas quais a autoridade do Estado de origem tenha fundamentado sua decisão.

Artigo 28 – Proibição de revisão de mérito

As autoridades competentes do Estado Requerido não poderão revisar o mérito de uma decisão.

Artigo 29 – Não exigência da presença física da criança ou do demandante

Não será exigida a presença física da criança ou do demandante em qualquer procedimento iniciado no Estado Requerido de acordo com este Capítulo.

Artigo 30 – Acordos em matéria de alimentos

§ 1.º Acordo em matéria de alimentos celebrado em um Estado Contratante poderá ser reconhecido e executado como decisão de acordo com este Capítulo, desde que seja executável com força de decisão no Estado de origem.

§ 2.º Para os efeitos do artigo 10, parágrafo 1.º, alíneas *a* e *b*, e parágrafo 2.º, alínea *a* o termo "decisão" compreende acordo em matéria de alimentos.

§ 3.º O pedido de reconhecimento e execução de acordo em matéria de alimentos será acompanhado dos seguintes documentos:

a) texto completo do acordo em matéria de alimentos; e

b) documento que indique que o acordo em matéria de alimentos é executável como decisão no Estado de origem.

§ 4.º O reconhecimento e a execução de acordo em matéria de alimentos poderão ser denegados se:

a) o reconhecimento e a execução forem manifestamente incompatíveis com a ordem pública do Estado Requerido;

b) o acordo em matéria de alimentos tiver sido obtido mediante fraude ou falsificação;

c) o acordo em matéria de alimentos for incompatível com decisão proferida entre as mesmas partes e com o mesmo objeto, seja no Estado Requerido ou em outro Estado, desde que essa última decisão cumpra os requisitos necessários para obter seu reconhecimento e sua execução no Estado Requerido.

§ 5.º As disposições deste Capítulo, com exceção dos artigos 20, 22, 23, parágrafo 7.º, e do artigo 25, parágrafos 1.º e 3.º, serão aplicadas, *mutatis mutandis*, ao reconhecimento e à execução de acordo em matéria de alimentos, com as seguintes ressalvas:

a) declaração ou registro nos termos do artigo 23, parágrafos 2.º e 3.º, poderá ser denegada somente pelo fundamento previsto no parágrafo 4.º, alínea *a*; e

b) recurso ou apelação a que se refere o artigo 23, parágrafo 6.º, poderá ser fundamentado somente:

I) nos fundamentos de denegação de reconhecimento e execução previstos no parágrafo 4.º;

II) na autenticidade ou integridade de documento transmitido de acordo com o parágrafo 3.º.

c) no que se refere ao procedimento previsto no artigo 24, parágrafo 4.º, a autoridade competente poderá conhecer de ofício o fundamento para denegação de reconhecimento e execução previsto no parágrafo 4.º, alínea *a*, deste artigo. A autoridade competente poderá conhecer todos os fundamentos previstos no parágrafo 4.º deste artigo, bem como da autenticidade e da integridade de qualquer documento transmitido de acordo com o parágrafo 3.º, se forem alegados pelo demandado ou se surgirem a partir da leitura de tais documentos.

§ 6.º Quando estiver em andamento recurso a respeito de acordo em matéria de alimentos perante autoridade competente de um Estado Contratante, os procedimentos de reconhecimento e execução desse acordo serão suspensos.

§ 7.º Um Estado poderá declarar que pedidos de reconhecimento e execução de acordos em matéria de alimentos poderão ser apresentados somente por meio de Autoridades Centrais.

§ 8.º Um Estado Contratante poderá reservar o direito de não reconhecer nem executar acordo em matéria de alimentos, de acordo com o artigo 62.

Artigo 31 – Decisões resultantes do efeito combinado de medidas de urgência e sentenças que as confirmam

Quando uma decisão for o resultado do efeito combinado de uma medida de urgência proferida em um Estado e de uma decisão proferida por uma autoridade de outro Estado ("Estado confirmante") que confirme a medida de urgência:

a) considerar-se-á Estado de origem cada um desses Estados, para efeitos deste Capítulo;

b) os requisitos estabelecidos no artigo 22, alínea e, estarão cumpridos se o demandado tiver sido comunicado devidamente do ato processual no Estado confirmante e se tiver tido a oportunidade de recorrer da confirmação da medida de urgência;

c) o requisito estabelecido no artigo 20, parágrafo 6.º, de que a decisão seja executável no Estado de origem, estará cumprido se a decisão for executável no Estado confirmante; e

d) o artigo 18 não impedirá o início de procedimentos de modificação da decisão em um ou em outro Estado.

Capítulo VI

EXECUÇÃO PELO ESTADO REQUERIDO

Artigo 32 – Execução conforme a lei nacional

§ 1.º A execução será realizada de acordo com a lei do Estado Requerido, sujeita às disposições deste Capítulo.

§ 2.º A execução será rápida.

§ 3.º No caso de pedidos apresentados por meio de Autoridades Centrais, quando uma decisão tiver sido declarada executável ou tiver sido registrada para sua execução de acordo com o Capítulo V, proceder-se-á à execução sem necessidade de qualquer outra atuação por parte do demandante.

§ 4.º Terão eficácia todas as normas relativas à duração da obrigação de prestar alimentos aplicáveis no Estado de origem da decisão.

§ 5.º O prazo de prescrição relativo à execução de atrasados determinar-se-á de acordo com a lei do Estado de origem da decisão ou do Estado Requerido, a que estabelecer o prazo maior.

Artigo 33 – Não discriminação

O Estado Requerido disponibilizará, para os casos compreendidos no âmbito desta Convenção, ao menos, as mesmas medidas de execução aplicáveis aos casos internos.

Artigo 34 – Medidas de execução

§ 1.º Os Estados Contratantes tornarão disponíveis nos seus direitos internos medidas efetivas para executar as decisões com base nesta Convenção.

§ 2.º Tais medidas poderão abranger:

a) retenção do salário;

b) bloqueio de contas bancárias ou de outras fontes;

c) deduções nas prestações de seguro social;

d) gravame ou alienação forçada de bens;

e) retenção do reembolso de tributos;

f) retenção ou suspensão de benefícios de pensão;

g) informação aos organismos de crédito;

h) denegação, suspensão ou revogação de certas permissões (carteira de habilitação, por exemplo);

i) recurso à mediação, à conciliação ou a outros meios alternativos de solução de litígios que favoreçam a execução voluntária.

Artigo 35 – Transferência de fundos

§ 1.º Os Estados Contratantes são estimulados a promover, inclusive por meio de acordos internacionais, a utilização dos meios menos custosos e mais eficazes disponíveis para efetuar transferências de fundos destinados ao pagamento de alimentos.

§ 2.º Um Estado Contratante, cuja lei imponha restrições às transferências de fundos, dará a mais alta prioridade às transferências de fundos destinados ao pagamento de alimentos com base nesta Convenção.

Capítulo VII

ÓRGÃOS PÚBLICOS

Artigo 36 – Órgãos públicos na qualidade de demandante

§ 1.º Para os fins de pedido de reconhecimento e execução, em aplicação do artigo 10, parágrafo 1.º, alíneas *a* e *b*, e dos casos do artigo 20, parágrafo 4.º, o termo "credor" compreende órgão público que atue no lugar de pessoa a quem se deva alimentos ou órgão ao qual se deva reembolso de prestações pagas a título de alimentos.

§ 2.º O direito de um órgão público de atuar no lugar de uma pessoa a quem se deva alimentos ou de pedir reembolso da prestação paga ao credor a título de alimentos é regido pela lei a que está submetido esse órgão.

§ 3.º Um órgão público pode pedir reconhecimento ou execução de:

a) decisão proferida contra devedor a pedido de órgão público que reclame o pagamento de benefícios providos a título de alimentos;

b) decisão proferida que tenha como partes credor e devedor, na medida dos benefícios providos ao credor a título de alimentos;

§ 4.º O órgão público que invocar o reconhecimento ou solicitar a execução de uma decisão fornecerá, a pedido, qualquer documento para comprovar tanto o seu direito, de acordo com o parágrafo 2.º, quanto o pagamento das prestações ao credor.

Capítulo VIII

DISPOSIÇÕES GERAIS

Artigo 37 – Solicitações apresentadas diretamente às autoridades competentes

§ 1.º A Convenção não excluirá a possibilidade de recorrer a procedimentos disponíveis no direito interno de um Estado Contratante que autorizem uma pessoa (o demandante) a acionar diretamente uma autoridade competente deste Estado em matéria regida pela Convenção, incluindo a obtenção ou a modificação de decisão em matéria de alimentos, respeitado o disposto no artigo 18.

§ 2.º O artigo 14, parágrafo 5.º, e o artigo 17, alínea *b*, e as disposições dos Capítulos V, VI, VII e deste capítulo, à exceção do artigo 40, parágrafo 2.º, do artigo 42, do artigo 43, parágrafo 3.º, do artigo 44, parágrafo 3.º, e dos artigos 45 e 55, aplicam-se às solicitações de reconhecimento e execução apresentadas diretamente a autoridade competente de um Estado Contratante.

§ 3.º Para fins do parágrafo 2.º, o artigo 2.º, parágrafo 1.º, alínea *a*, aplicar-se-á a decisão que outorga alimentos a pessoa vulnerável cuja idade for superior à idade especificada naquela alínea, quando tal decisão tenha sido proferida antes que a pessoa tivesse atingido essa idade e tenha concedido alimentos para além dessa idade, em razão de sua vulnerabilidade.

Artigo 38 – Proteção de dados de caráter pessoal

Os dados pessoais obtidos ou transmitidos em aplicação da Convenção somente poderão ser utilizados para os fins para os quais foram obtidos ou transmitidos.

Artigo 39 – Sigilo

Qualquer autoridade que processe informações assegurará seu sigilo de acordo com a lei do seu Estado.

Artigo 40 – Não divulgação de informações

§ 1.º Uma autoridade não poderá divulgar nem confirmar informações obtidas ou transmitidas em aplicação desta Convenção se entender que a saúde, a segurança ou a liberdade de uma pessoa possa ser colocada em risco.

§ 2.º Uma decisão neste sentido, tomada por uma Autoridade Central, será levada em consideração por outra Autoridade Central, particularmente nos casos de violência familiar.

§ 3.º Nenhuma previsão deste artigo impedirá a obtenção e a transmissão de informações por e entre autoridades, na medida necessária ao cumprimento das obrigações decorrentes da Convenção.

Artigo 41 – Dispensa de legalização

Nenhuma legalização ou formalidade similar pode ser requerida no contexto desta Convenção.

Artigo 42 – Procuração

A Autoridade Central do Estado Requerido somente poderá exigir procuração do demandante se for atuar em seu nome em processos judiciais ou perante outras autoridades ou, ainda, para designar representante para estes fins.

Artigo 43 – Cobrança de custos

§ 1.º A cobrança de quaisquer custos decorrentes da aplicação desta Convenção não terá prioridade sobre a cobrança de alimentos.

§ 2.º Um Estado pode cobrar custos de uma parte sucumbente.

§ 3.º Para os fins de um pedido decorrente do artigo 10, parágrafo 1.º, alínea *b*, com a finalidade de cobrar os custos de uma parte sucumbente, de acordo com o parágrafo 2.º, o termo "credor" no artigo 10, parágrafo 1.º, incluirá um Estado.

§ 4.º Este artigo aplicar-se-á sem prejuízo do artigo 8.º.

Artigo 44 – Exigências idiomáticas

§ 1.º Qualquer pedido e documentos a ele relacionados serão redigidos no idioma original e acompanhados de tradução para o idioma oficial do Estado Requerido ou qualquer outro idioma que o Estado Requerido indicar que pode aceitar, mediante declaração feita de acordo com o artigo 63, salvo dispensa de tradução da autoridade competente deste Estado.

§ 2.º Um Estado Contratante que possuir vários idiomas oficiais e que, por razões de direito interno, não puder aceitar para o conjunto de seu território documentos em um desses idiomas, informará, mediante declaração feita de acordo com o artigo 63, o idioma para o qual devem ser traduzidos para envio às diferentes partes de seu território.

§ 3.º Salvo se as Autoridades Centrais dispuserem em contrário, qualquer outra comunicação entre elas será enviada no idioma oficial do Estado Requerido ou em francês ou em inglês. Todavia, um Estado Contratante pode, fazendo a reserva prevista no artigo 62, opor-se à utilização do francês ou do inglês.

Artigo 45 – Meios e custos de tradução

§ 1.º Nos casos de pedidos previstos no Capítulo III, as Autoridades Centrais podem acordar, em caso especial ou de forma geral, que a tradução para o idioma oficial do Estado Requerido seja feita no Estado Requerido a partir do idioma original ou de qualquer outro idioma acordado. Se não houver acordo e se a Autoridade Central Requerente não puder cumprir as exigências do artigo 44, parágrafos 1.º e 2.º, o pedido e os documentos a ele relacionados poderão ser transmitidos acompanhados de tradução para francês ou inglês, para que seja traduzido posteriormente para o idioma oficial do Estado Requerido.

§ 2.º Os custos de tradução decorrentes da aplicação do parágrafo 1.º ficarão a cargo do Estado Requerente, salvo acordo em contrário das Autoridades Centrais dos Estados envolvidos.

§ 3.º Não obstante o artigo 8.º, a Autoridade Central Requerente poderá deixar a cargo do demandante os custos de tradução de um pedido e dos documentos que o acompanham, salvo se esses custos puderem ser cobertos pelo seu sistema de assistência jurídica.

Artigo 46 – Sistemas jurídicos não unificados – Interpretação

§ 1.º No que se refere a um Estado onde estão em vigor dois ou mais sistemas jurídicos ou conjuntos de normas que tratam de qualquer questão regida por esta Convenção, em relação a diferentes unidades territoriais:

a) qualquer referência à lei ou ao procedimento de um Estado será compreendida, quando cabível, como referência à lei ou ao procedimento vigente na unidade territorial pertinente;

b) qualquer referência a decisão proferida, reconhecida, reconhecida e executada, executada ou modificada naquele Estado será compreendida, quando cabível, como referência a decisão proferida, reconhecida, reconhecida e executada, executada ou modificada na unidade territorial pertinente;

c) qualquer referência a autoridade judicial ou administrativa daquele Estado será compreendida, quando cabível, como referência a autoridade judicial ou administrativa da unidade territorial pertinente;

d) qualquer referência a autoridades competentes, órgãos públicos ou outros órgãos daquele Estado, com exceção das Autoridades Centrais, será compreendida, quando cabível, como referência a autoridades ou órgãos autorizados a atuar na unidade territorial pertinente;

e) qualquer referência a residência ou residência habitual naquele Estado será compreendida, quando cabível, como referência a residência ou residência habitual na unidade territorial pertinente;

f) qualquer referência a localização de bens naquele Estado será compreendida, quando cabível, como referência a localização de bens na unidade territorial pertinente;

g) qualquer referência a um acordo de reciprocidade em vigor naquele Estado será compreendida, quando cabível, como referência a um acordo de reciprocidade vigente na unidade territorial pertinente;

h) qualquer referência a assistência jurídica gratuita naquele Estado será compreendida, quando cabível, como referência a assistência jurídica gratuita na unidade territorial pertinente;

i) qualquer referência a um acordo em matéria de alimentos concluído em um Estado será compreendida, quando cabível, como referência a um acordo em matéria de alimentos concluído na unidade territorial pertinente;

j) qualquer referência a cobrança de custos por um Estado será compreendida, quando cabível, como referência a cobrança de custos pela unidade territorial pertinente.

§ 2.º Este artigo não se aplica a uma Organização Regional de Integração Econômica.

Artigo 47 – Sistemas jurídicos não unificados – Regras materiais

§ 1.º Um Estado Contratante com duas ou mais unidades territoriais nas quais se aplicam diferentes sistemas jurídicos não será obrigado a aplicar esta Convenção às situações que envolverem unicamente essas diferentes unidades territoriais.

§ 2.º Uma autoridade competente em uma unidade territorial de um Estado Contratante com duas ou mais unidades territoriais nas quais se aplicam diferentes sistemas jurídicos não será obrigada a reconhecer ou executar decisão de outro Estado Contratante somente porque esta decisão foi reconhecida ou executada em outra unidade territorial do mesmo Estado Contratante nos termos desta Convenção.

§ 3.º Este artigo não se aplica a uma Organização Regional de Integração Econômica.

Artigo 48 – Coordenação com Convenções da Haia anteriores em matéria de obrigações alimentares

Nas relações entre Estados Contratantes, observado o disposto no artigo 56, parágrafo 2.º, esta Convenção substitui a Convenção de Haia de 2 de outubro de 1973 sobre o Reconhecimento e Execução de Decisões

Relativas às Obrigações de Prestar Alimentos e a Convenção de Haia de 15 de abril de 1958 com relação a reconhecimento e execução de decisões relativas às obrigações de prestar alimentos para crianças, na medida em que seus âmbitos de aplicação entre os Estados coincidam com o âmbito de aplicação desta Convenção.

Artigo 49 – Coordenação com a Convenção de Nova Iorque de 1956

Nas relações entre Estados Contratantes, esta Convenção substitui a Convenção das Nações Unidas sobre Prestação de Alimentos no Estrangeiro, de 20 de junho de 1956, na medida em que seu âmbito de aplicação entre os Estados corresponda ao âmbito de aplicação desta Convenção.

Artigo 50 – Relação com as Convenções da Haia anteriores relativas à comunicação de atos processuais e à obtenção de provas

Esta Convenção não derroga a Convenção da Haia de 1.º de março de 1954, relativa ao procedimento civil, a Convenção da Haia de 15 de novembro de 1965, relativa à citação, intimação e notificação no exterior de atos judiciais e extrajudiciais em matéria civil ou comercial, e a Convenção da Haia de 18 de março de 1970 sobre Obtenção de Provas no Exterior em Matéria Civil ou Comercial.

Artigo 51 – Coordenação com instrumentos e acordos complementares

§ 1.º Esta Convenção não derroga qualquer instrumento internacional celebrado antes desta, do qual Estados Contratantes sejam Partes e que contenham disposições sobre as matérias reguladas por esta Convenção.

§ 2.º Qualquer Estado Contratante poderá celebrar com um ou mais Estados Contratantes acordos que contenham disposições sobre as matérias reguladas pela Convenção a fim de melhorar a aplicação da Convenção entre eles, desde que tais acordos estejam em consonância com o objeto e a finalidade desta Convenção e que não afetem, nas relações desses Estados com outros Estados Contratantes, a aplicação das disposições desta Convenção. Os Estados que tiverem celebrado tais acordos transmitirão cópia ao depositário desta Convenção.

§ 3.º Os parágrafos 1.º e 2.º se aplicam igualmente a acordos de reciprocidade e a leis uniformes baseadas em vínculos especiais entre os Estados em questão.

§ 4.º Esta Convenção não afeta a aplicação de instrumentos de Organização Regional de Integração Econômica Parte da Convenção adotados após sua celebração, no que se refere às matérias reguladas pela Convenção, desde que tais instrumentos não afetem, nas relações dos Estados membros da Organização Regional de Integração Econômica com outros Estados Contratantes, a aplicação das disposições da Convenção. No que se refere a reconhecimento ou execução de decisões entre os Estados membros da Organização Regional de Integração Econômica, a Convenção não afeta as regras da Organização, tenham sido elas adotadas antes ou depois da celebração desta Convenção.

Artigo 52 – Regra da eficácia máxima

§ 1.º Esta Convenção não impede a aplicação de tratado, acordo ou instrumento internacional vigente entre o Estado Requerente e o Estado Requerido ou de acordo de reciprocidade vigente no Estado Requerido que preveja:

a) bases mais amplas para reconhecimento de decisões em matéria de alimentos, sem prejuízo do artigo 22, alínea *f*, da Convenção;

b) procedimentos simplificados e mais céleres relativos a pedido de reconhecimento ou de reconhecimento e execução de decisões em matéria de alimentos;

c) assistência jurídica mais favorável que aquela prevista nos artigos 14 a 17; ou

d) procedimentos que permitam a demandante de um Estado Requerente apresentar solicitação diretamente à Autoridade Central do Estado Requerido.

§ 2.º Esta Convenção não impedirá a aplicação de uma lei em vigor no Estado Requerido que preveja regras mais eficazes, tais como as mencionadas no parágrafo 1.º, alíneas *a* a *c*. Entretanto, no que se refere aos procedimentos simplificados e mais céleres mencionados no parágrafo 1.º, alínea *b*, esses devem ser compatíveis com a proteção oferecida às partes nos termos dos artigos 23 e 24, particularmente no que se refere aos direitos das partes de serem devidamente notificadas sobre os procedimentos e de terem oportunidade adequada de serem ouvidas, e no que se refere aos efeitos de contestação ou recurso.

Artigo 53 – Interpretação uniforme

Para a interpretação desta Convenção, levar-se-á em conta seu caráter internacional e a necessidade de promover a uniformidade de sua aplicação.

Artigo 54 – Avaliação do funcionamento prático da Convenção

§ 1.º O Secretário-Geral da Conferência da Haia de Direito Internacional Privado convocará periodicamente uma Comissão Especial a fim de avaliar o funcionamento prático da Convenção e de estimular o desenvolvimento de boas práticas sobre a Convenção.

§ 2.º Para esse fim, os Estados Contratantes colaborarão com a Secretaria Permanente da Conferência da Haia de Direito Internacional Privado a fim de coletar as informações relativas ao funcionamento prático da Convenção, incluindo estatísticas e jurisprudência.

Artigo 55 – Alteração de formulários

§ 1.º Os formulários anexados a esta Convenção poderão ser alterados por decisão de uma Comissão Especial convocada pelo Secretário-Geral da Conferência da Haia de Direito Internacional Privado, para a qual serão convidados todos os Estados Contratantes e todos os Membros. A proposta de alteração dos formulários será incluída na ordem do dia da Reunião.

§ 2.º As alterações adotadas pelos Estados Contratantes presentes na Comissão especial entrarão em vigor para todos os Estados Contratantes no primeiro dia do sétimo mês após a data de sua comunicação pelo depositário a todos os Estados Contratantes.

§ 3.º Durante o prazo previsto no parágrafo 2.º, qualquer Estado Contratante poderá notificar por escrito ao depositário que faz reserva a essa alteração, de acordo com o artigo 62. O Estado que tenha feito tal reserva será tratado, no que se refere a essa alteração, como se não fosse Parte da Convenção, até que a reserva seja retirada.

Artigo 56 – Disposições transitórias

§ 1.º A Convenção será aplicada em todos os casos em que:

a) uma solicitação baseada no artigo 7.º ou um pedido conforme o Capítulo III tenha sido recebido pela Autoridade Central do Estado Requerido após a entrada em vigor da Convenção entre o Estado Requerente e o Estado Requerido;

b) uma solicitação de reconhecimento e execução tenha sido apresentada diretamente a uma autoridade competente do Estado destinatário após a entrada em vigor da Convenção entre o Estado de origem e o Estado destinatário.

§ 2.º No que se refere a reconhecimento e execução das decisões entre os Estados Contratantes desta Convenção que sejam igualmente Partes de alguma das Convenções da Haia em matéria de alimentos mencionadas no artigo 48, se as condições para reconhecimento e execução previstas nesta Convenção impedirem reconhecimento e execução de decisão proferida no Estado de origem antes da entrada em vigor desta Convenção neste Estado, a qual seria reconhecida e executada nos termos da Convenção em vigor ao tempo em que a decisão foi proferida, aplicar-se-ão as condições desta última Convenção.

§ 3.º O Estado destinatário não é obrigado, com base nesta Convenção, a executar uma decisão ou um acordo em matéria de alimentos com relação a pagamentos devidos antes da entrada em vigor da Convenção entre o Estado de origem e o Estado destinatário, salvo no que se refere às obrigações de prestar alimentos decorrentes de uma relação de filiação em favor de uma pessoa menor de 21 anos.

Artigo 57 – Fornecimento de informações relativas às leis, procedimentos e serviços

§ 1.º Um Estado Contratante, ao tempo em que depositar seu instrumento de ratificação ou de adesão ou que fizer declaração prevista no artigo 61 da Convenção, fornecerá à Secretaria Permanente da Conferência da Haia de Direito Internacional Privado:

a) descrição de sua legislação e de seus procedimentos relativos às obrigações em matéria de alimentos;

b) descrição das medidas que tomará para satisfazer as obrigações decorrentes do artigo 6.º;

c) descrição da forma pela qual fornecerá aos demandantes acesso efetivo aos procedimentos, de acordo com o artigo 14;

d) descrição de suas regras e procedimentos de execução, incluindo quaisquer limites à execução, principalmente das regras de proteção ao devedor e os prazos de prescrição;

e) qualquer declaração relativa ao artigo 25, parágrafo 1.º, alínea *b*, e parágrafo 3.º.

§ 2.º Os Estados Contratantes poderão, para satisfazerem suas obrigações decorrentes do parágrafo 1.º, utilizar formulário de perfil do país, recomendado e publicado pela Conferência da Haia de Direito Internacional Privado.

§ 3.º As informações serão mantidas atualizadas pelos Estados Contratantes.

Capítulo IX

DISPOSIÇÕES FINAIS

Artigo 58 – Assinatura, ratificação e adesão

§ 1.º A Convenção estará aberta para assinatura dos Estados que eram Membros da Conferência da Haia de Direito Internacional Privado quando da sua Vigésima-primeira Sessão e dos demais Estados que participaram daquela Sessão.

§ 2.º Ela será ratificada, aceita ou aprovada e os instrumentos de ratificação, aceitação ou aprovação serão depositados junto ao Ministério dos Assuntos Estrangeiros do Reino dos Países Baixos, depositário da Convenção.

§ 3.º Qualquer outro Estado ou Organização Regional de Integração Econômica poderá aderir à Convenção após sua entrada em vigor, de acordo com o artigo 60, parágrafo 1.º.

§ 4.º O instrumento de adesão será depositado junto ao depositário.

§ 5.º A adesão somente terá efeito nas relações entre o Estado que adere e os Estados Contratantes que não tiverem oposto objeção a essa adesão nos 12 meses seguintes à data da notificação prevista no artigo 65. Tal objeção poderá igualmente ser oposta por qualquer Estado ao tempo de sua ratificação, aceitação ou aprovação da Convenção, posterior àquela adesão. Tais objeções serão notificadas ao depositário.

Artigo 59 – Organizações Regionais de Integração Econômica

§ 1.º Uma Organização Regional de Integração Econômica constituída unicamente de Estados soberanos e que têm competência sobre algumas ou todas as matérias reguladas por esta Convenção poderá igualmente assinar, aceitar, aprovar ou aderir a esta Convenção. A Organização Regional de Integração Econômica terá, nesse caso, os mesmos direitos e obrigações que um Estado Contratante, na medida em que a organização tenha competência sobre as matérias regidas pela Convenção.

§ 2.º No momento da assinatura, da aceitação, da aprovação ou da adesão, a Organização Regional de Integração Econômica notificará ao depositário, por escrito, das matérias regidas por esta Convenção cuja competência lhe foi transferida por seus Estados Membros. A Organização notificará prontamente o depositário, por escrito, sobre qualquer modificação na delegação de competência especificada na notificação mais recente feita com base neste parágrafo.

§ 3.º No momento da assinatura, aceitação, aprovação ou adesão, uma Organização Regional de Integração Econômica poderá declarar, de acordo com o artigo 63, que tem competência sobre todas as matérias regidas por esta Convenção e que os Estados Membros que transferiram suas competências à Organização Regional de Integração Econômica neste âmbito estão vinculados a esta Convenção pelo efeito da assinatura, aceitação, aprovação ou adesão da Organização.

§ 4.º Para os fins de entrada em vigor desta Convenção, qualquer instrumento depositado por uma Organização Regional de Integração Econômica não será levado em conta, a menos que a Organização Regional de Integração Econômica faça uma declaração de acordo com o §3.º.

§ 5.º Qualquer referência a "Estado Contratante" ou a "Estado" nesta Convenção aplicar-se-á igualmente, quando apropriado, a Organização Regional de Integração Econômica que seja Parte. Quando uma declaração for feita por uma Organização Regional de Integração Econômica de acordo com o parágrafo 3.º, toda referência a "Estado Contratante" ou a "Estado" nesta Convenção aplicar-se-á igualmente, quando cabível, aos Estados Membros da Organização.

Artigo 60 – Entrada em vigor

§ 1.º A Convenção entrará em vigor no primeiro dia do mês seguinte ao fim de um período de três meses após o depósito do segundo instrumento de ratificação, aceitação ou aprovação de que trata o artigo 58.

§ 2.º A partir de então, a Convenção entrará em vigor:

a) para cada Estado ou Organização Regional de Integração Econômica de acordo com o artigo 59, parágrafo 1.º, ratificando-a, aceitando-a ou aprovando-a posteriormente, no primeiro dia do mês seguinte ao fim de um período de três meses após o depósito de seu instrumento de ratificação, aceitação ou aprovação;

b) para cada Estado ou Organização Regional de Integração Econômica de acordo com o artigo 58, parágrafo 3.º, no dia seguinte ao fim do período durante o qual objeções podem ser opostas nos termos do artigo 58, parágrafo 5.º;

c) para as unidades territoriais às quais a Convenção foi estendida de acordo com o artigo 61, no primeiro dia do mês seguinte ao fim de um período de três meses após a notificação mencionada em tal artigo.

Artigo 61 – Declarações relativas aos sistemas jurídicos não unificados

§ 1.º Um Estado que tenha duas ou mais unidades territoriais às quais se apliquem diferentes sistemas jurídicos às matérias regidas por esta Convenção pode, ao tempo da assinatura, da ratificação, da aceitação, da aprovação ou da adesão, declarar, de acordo com o artigo 63, que esta Convenção se aplicará a todas as unidades territoriais ou somente a uma ou várias dentre elas, e poderá, a qualquer tempo, modificar essa declaração fazendo uma nova declaração.

§ 2.º Qualquer declaração será notificada ao depositário e indicará expressamente as unidades territoriais às quais se aplica a Convenção.

§ 3.º Se um Estado não fizer declaração sobre este artigo, a Convenção será aplicada a todas as unidades territoriais deste Estado.

§ 4.º Este artigo não se aplica a uma Organização Regional de Integração Econômica.

Artigo 62 – Reservas

§ 1.º Qualquer Estado Contratante poderá, no mais tardar ao tempo da ratificação, da aceitação, da aprovação ou da adesão, ou ao tempo em que fizer uma declaração de acordo com o artigo 61, fazer uma ou mais das reservas previstas nos artigos 2.º, parágrafo 2.º, 20, parágrafo 2.º, 30, parágrafo 8.º, 44, parágrafo 3.º, e 55, parágrafo 3.º. Nenhuma outra reserva será admitida.

§ 2.º Qualquer Estado poderá, a qualquer tempo, retirar uma reserva que tiver feito. Esta retirada será notificada ao depositário.

§ 3.º O efeito da reserva cessará no primeiro dia do terceiro mês após a notificação mencionada no parágrafo 2.º.

§ 4.º As reservas feitas nos termos deste artigo não terão efeitos recíprocos, com exceção da reserva prevista no artigo 2.º, parágrafo 2.º.

Artigo 63 – Declarações

§ 1.º As declarações previstas no artigo 2.º, parágrafo 3.º, no artigo 11, parágrafo 1.º, alínea *g*, no artigo 16, parágrafo 1.º, no artigo 24, parágrafo 1.º, no artigo 30, parágrafo 7.º, no artigo 44, parágrafos 1.º e 2.º, no artigo 59, parágrafo 3.º e no artigo 61, parágrafo 1.º, poderão ser feitas quando da assinatura, ratificação, aceitação, aprovação ou adesão ou a qualquer tempo e poderão ser modificadas ou retiradas a qualquer tempo.

§ 2.º As declarações, modificações e retiradas serão notificadas ao depositário.

§ 3.º Uma declaração feita ao tempo da assinatura, da ratificação, da aceitação, da aprovação ou da adesão terá efeito no momento da entrada em vigor da Convenção para o Estado em questão.

§ 4.º Uma declaração feita posteriormente, assim como uma modificação ou uma retirada de uma declaração, terá efeito no primeiro dia do mês seguinte ao fim de um período de três meses após a data de recepção da notificação pelo depositário.

Artigo 64 – Denúncia

§ 1.º Qualquer Estado Contratante poderá denunciar a Convenção por meio de notificação escrita ao depositário. A denúncia poderá se limitar a algumas unidades territoriais de um Estado às quais se aplica a Convenção.

§ 2.º A denúncia terá efeito no primeiro dia do mês seguinte ao fim de um período de 12 meses após a data de recepção da notificação pelo depositário. Quando for especificado na notificação que a denúncia terá efeito em um período maior, ela o terá ao final do período em questão, após a data de recepção da notificação pelo depositário.

Artigo 65 – Notificação

O depositário notificará os Membros da Conferência da Haia de Direito Internacional Privado, bem como os Estados e as Organizações Regionais de Integração Econômica que assinaram, ratificaram, aceitaram, aprovaram ou aderiram de acordo com os artigos 58 e 59, sobre as informações seguintes:

a) assinaturas, ratificações, aceitações e aprovações mencionadas nos artigos 58 e 59;

b) adesões e objeções às adesões mencionadas nos artigos 58, parágrafos 3.º e 5.º e 59;

c) data de entrada em vigor da Convenção de acordo com o artigo 60;

d) declarações previstas no artigo 2.º, parágrafo 3.º, no artigo 11, parágrafo 1.º, alínea *g*, no artigo 16, parágrafo 1.º, no artigo 24, parágrafo 1.º, no artigo 30, parágrafo 7.º, no artigo 44, parágrafos 1.º e 2.º, no artigo 59, parágrafo 3.º, e no artigo 61, parágrafo 1.º;

e) acordos previstos no artigo 51, parágrafo 2.º;

f) reservas previstas no artigo 2.º, parágrafo 2.º, no artigo 20, parágrafo 2.º, no artigo 30, parágrafo 8.º, no artigo 44, parágrafo 3.º e no artigo 55, parágrafo 3.º, e retirada de reservas prevista no artigo 62, parágrafo 2.º;

g) denúncias previstas no artigo 64.

Em fé do que, os abaixo assinados, devidamente autorizados, assinaram esta Convenção.

Feita na Haia, em 23 de novembro de 2007, em francês e inglês, sendo os dois textos igualmente autênticos, em um único exemplar, que será depositado nos arquivos do Governo do Reino dos Países Baixos e do qual uma cópia autenticada será enviada, pela via diplomática, a cada um dos Membros da Conferência da Haia de Direito Internacional Privado quando da sua Vigésimaprimeira Sessão, bem como a cada um dos demais Estados que participaram daquela Sessão.

PROTOCOLO SOBRE A LEI APLICÁVEL ÀS OBRIGAÇÕES DE PRESTAR ALIMENTOS

(Concluído em 23 de novembro de 2007)

Os Estados signatários do presente Protocolo,

Desejosos de estabelecer disposições comuns acerca da lei aplicável à obrigação de prestar alimentos,

Desejando modernizar a Convenção da Haia relativa à Lei Aplicável em Matéria de Obrigação de Prestar Alimentos a Menores, de 24 de outubro de 1956, e a Convenção da Haia sobre a Lei Aplicável à Obrigação de Prestar Alimentos, de 2 de outubro de 1973,

Desejando desenvolver regras gerais sobre a lei aplicável que possam complementar a Convenção da Haia de 23 de Novembro de 2007 sobre a Cobrança Internacional de Alimentos para Crianças e Outros Membros da Família,

Resolveram celebrar um Protocolo para esse fim e acordaram as seguintes disposições:

Artigo 1.º

Âmbito de aplicação

1. O presente Protocolo definirá a lei aplicável à obrigação de prestar alimentos resultante de relações de parentesco, filiação, casamento ou afinidade, inclusive a obrigação de prestar alimentos em relação a crianças, independentemente do estado civil dos pais.

2. Decisões proferidas em aplicação do presente Protocolo não farão juízo prévio acerca da existência de alguma das relações dispostas no parágrafo 1.º.

Artigo 2.º

Aplicação universal

O presente Protocolo aplica-se mesmo que a lei aplicável seja aquela de um Estado não contratante.

Artigo 3.º

Norma geral sobre a lei aplicável

1. As obrigações de prestar alimentos regular-se-ão pela lei do Estado de residência habitual do credor, salvo quando o presente Protocolo dispuser de outra forma.

2. Em caso de mudança de residência habitual do credor, a lei do Estado de nova residência habitual aplicar-se-á a partir do momento em que a mudança ocorra.

Artigo 4.º

Normas especiais em favor de determinados credores

1. Os dispositivos seguintes aplicar-se-ão no caso de obrigação de prestar alimentos:

a) de pais em favor de seus filhos;

b) de pessoas distintas dos pais em favor de pessoas que não tenham atingido a idade de 21 anos, com exceção das obrigações que derivem das relações às quais o artigo 5.º se refere; e

c) de filhos em favor de seus pais.

2. Aplicar-se-á a lei do foro se o credor não conseguir, em razão da lei referida no artigo 3.º, obter a prestação de alimentos do devedor.

3. Não obstante a previsão do artigo 3.º, aplicar-se-á a lei do foro se o credor tiver acionado a autoridade competente do Estado de residência habitual do devedor. Entretanto, aplicar-se-á a lei do Estado da residência habitual do credor se este não puder obter a prestação de alimentos do devedor em razão da lei do foro.

4. Se o credor não conseguir obter a prestação de alimentos do devedor em razão das leis a que se refere o artigo 3.º e os parágrafos 2 e 3 do presente artigo, aplicar-se-á a lei do Estado da nacionalidade comum do credor e do devedor, se houver.

Artigo 5.º

Norma especial relativa a cônjuges e ex-cônjuges

No caso de obrigação de prestar alimentos entre cônjuges, ex-cônjuges ou entre pessoas cujo matrimônio tenha sido anulado, o artigo 3.º não se aplicará caso uma das partes se oponha, e a lei do outro Estado, em particular a do Estado de sua última residência habitual comum, apresentar vinculação mais estreita com o matrimônio. Neste caso, aplicar-se-á a lei deste outro Estado.

Artigo 6.º

Norma especial de defesa

Com relação a obrigações de prestar alimentos distintas daquelas surgidas de relação entre pais e filhos em favor de criança e daquelas dispostas no artigo 5.º, o devedor pode opor-se a uma pretensão do credor com o fundamento de que não existe tal obrigação nem segundo a lei do Estado de residência habitual do devedor, nem segundo a lei do Estado de nacionalidade comum das partes, se houver.

Artigo 7.º

Designação da lei aplicável para fins de um procedimento específico

1. Não obstante as disposições previstas nos artigos 3.º ao 6.º, o credor e o devedor de alimentos poderão, unicamente para o propósito de procedimento específico em determinado Estado, designar expressamente

a lei do referido Estado como aplicável a uma obrigação alimentar.

2. Uma designação feita antes da instituição de tal procedimento deverá ser objeto de acordo, firmado por ambas as partes, por escrito ou registrado em qualquer meio, cujo conteúdo seja acessível, de maneira a poder ser utilizado para consulta futura.

Artigo 8.º
Designação da lei aplicável

1. Não obstante as disposições previstas nos artigos 3.º ao 6.º, o credor e o devedor de alimentos poderão, a qualquer momento, designar uma das leis seguintes como aplicável a uma obrigação de prestar alimentos:

a) a lei de qualquer Estado do qual alguma das partes seja nacional no momento da designação;

b) a lei do Estado de residência habitual de qualquer das partes no momento da designação;

c) a lei designada pelas partes como aplicável ou a lei de fato aplicada ao seu regime de bens;

d) a lei designada pelas partes como aplicável ou a lei de fato aplicada ao seu divórcio ou à sua separação judicial.

2. Tal acordo deverá ser feito por escrito ou registrado em qualquer meio, cujo conteúdo seja acessível, de maneira a poder ser utilizado para consulta futura, e deverá ser assinado por ambas as partes.

3. O parágrafo 1.º não se aplicará às obrigações de prestar alimentos em favor de uma pessoa menor de 18 anos ou de um adulto que, por razões de diminuição ou insuficiência de suas faculdades pessoais, não se encontre em condições de proteger seus interesses.

4. Não obstante a lei designada pelas partes de acordo com o parágrafo 1.º, a lei do Estado de residência habitual do credor, no momento da designação, determinará se o credor pode renunciar o seu direito a alimentos.

5. A menos que no momento da designação as partes tenham sido plenamente informadas e conscientizadas das consequências de sua designação, a lei designada pelas partes não se aplicará quando sua aplicação levar a consequências manifestamente injustas ou não razoáveis para qualquer das partes.

Artigo 9.º
"Domicílio" em vez de "nacionalidade"

Um Estado que utilize o conceito de "domicílio" como fator de conexão em matéria de família poderá informar à Secretaria Permanente da Conferência da Haia de Direito Internacional Privado que, para os fins de casos apresentados perante suas autoridades, a palavra "nacionalidade" nos artigos 4.º e 6.º será substituída pela palavra "domicílio", tal como definida naquele Estado.

Artigo 10
Órgãos públicos

O direito de um órgão público de solicitar o reembolso de benefício fornecido ao credor a título de prestação de alimentos reger-se-á pela lei a que esse órgão está sujeito.

Artigo 11
Âmbito da lei aplicável

A lei aplicável à obrigação de prestar alimentos determinará, entre outros:

a) se, em que medida, e de quem o credor pode reclamar alimentos;

b) a medida em que o credor pode reclamar alimentos retroativamente;

c) a base de cálculo do montante dos alimentos e a indexação;

d) quem pode iniciar um procedimento em matéria de alimentos, exceto as questões relativas à capacidade processual e à representação em juízo;

e) a prescrição ou o prazo para iniciar uma ação;

f) o alcance da obrigação de um devedor de alimentos, quando um órgão público solicita o reembolso das prestações fornecidas a um credor a título de alimentos.

Artigo 12
Exclusão de reenvio

No Protocolo, o termo "lei" significa o direito em vigor em um Estado, com exceção de suas normas de conflito de leis.

Artigo 13
Ordem pública

A aplicação da lei determinada de acordo com o Protocolo poderá ser recusada apenas na medida em que seus efeitos sejam manifestamente contrários à ordem pública do foro.

Artigo 14
Determinação do montante de alimentos

Mesmo que a lei aplicável disponha de outra forma, serão levados em consideração na determinação do montante da prestação de alimentos as necessidades do credor e os recursos do devedor, assim como qualquer compensação concedida ao credor em lugar dos pagamentos periódicos de prestação de alimentos.

Artigo 15
Não aplicação do Protocolo a conflitos internos

1. Um Estado Contratante no qual se apliquem diferentes sistemas jurídicos ou conjuntos de normas em matéria de obrigações de prestar alimentos não estará obrigado a aplicar as normas do Protocolo aos conflitos que envolvam unicamente tais diferentes sistemas ou conjuntos de normas legais.

2. O presente artigo não se aplicará a uma Organização Regional de Integração Econômica.

Artigo 16
Sistemas jurídicos não unificados de caráter territorial

1. Em relação a um Estado no qual se apliquem, em unidades territoriais diferentes, dois ou mais sistemas jurídicos ou conjuntos de normas legais relativos às matérias tratadas pelo presente Protocolo:

a) qualquer referência à lei do Estado será interpretada, quando cabível, como uma referência à lei em vigor na unidade territorial pertinente;

b) qualquer referência às autoridades competentes ou órgãos públicos daquele Estado será interpretada, quando cabível, como uma referência àqueles competentes para atuar na unidade territorial pertinente;

c) qualquer referência à residência habitual naquele Estado será interpretada, quando cabível, como a residência habitual na unidade territorial pertinente;

d) qualquer referência ao Estado do qual duas pessoas tenham nacionalidade comum será interpretada como uma referência à unidade territorial designada pela lei daquele Estado ou, na ausência de normas pertinentes, à unidade territorial com a qual a obrigação de prestar alimentos tenha vinculação mais estreita;

e) qualquer referência ao Estado de que uma pessoa é nacional se interpretará como uma referência à unidade territorial designada pela lei daquele Estado ou, na ausência de normas pertinentes, à unidade territorial com a qual a pessoa tenha vinculação mais estreita.

2. Para os propósitos de identificação das leis aplicáveis em virtude do presente Protocolo, quando um Estado compreenda duas ou mais unidades territoriais, cada qual com seu próprio sistema jurídico ou conjunto de normas relativas a matérias reguladas pelo presente Protocolo, aplicar-se-ão as seguintes regras:

a) se houver, em determinado Estado, normas em vigor que determinem a lei de qual unidade territorial será aplicável, aplicar-se-á a lei daquela unidade;

b) na ausência de tais regras, aplicar-se-á a lei da unidade territorial pertinente, tal como definido no parágrafo 1.

3. O presente Artigo não se aplicará a uma Organização Regional de Integração Econômica.

Artigo 17
Sistemas jurídicos não unificados de caráter pessoal

Para fins de identificação da lei aplicável em virtude do presente Protocolo em relação a um Estado no qual existam dois ou mais sistemas jurídicos ou conjuntos de normas aplicáveis a diferentes categorias de pessoas relacionadas a matérias compreendidas no escopo do presente Protocolo, qualquer referência à lei de tal Estado se interpretará como uma referência ao sistema jurídico determinado pelas normas em vigor naquele Estado.

Artigo 18

Coordenação com as Convenções da Haia em matéria de obrigações alimentares anteriores

Nas relações entre Estados Contratantes, o presente Protocolo substitui a Convenção da Haia, de 2 de outubro de 1973, sobre a Lei Aplicável às Obrigações de Prestar Alimentos e a Convenção da Haia, de 24 de outubro de 1956, sobre a Lei Aplicável às Obrigações de Prestar Alimentos a Menores.

Artigo 19

Coordenação com outros instrumentos

1. O presente Protocolo não afeta outros instrumentos internacionais aos quais os Estados Contratantes são ou se tornarão Partes e que contêm dispositivos sobre matérias reguladas pelo Protocolo, exceto se for feita declaração em contrário pelos Estados-Partes de tais instrumentos.

2. O parágrafo 1.º também se aplica às leis uniformes baseadas na existência de vínculos especiais de caráter regional ou de outra natureza entre os Estados interessados.

Artigo 20

Interpretação uniforme

Ao interpretar o presente Protocolo, dever-se-á ter em conta seu caráter internacional e a necessidade de promover a uniformidade em sua aplicação.

Artigo 21

Revisão do funcionamento prático do Protocolo

1. O Secretário-Geral da Conferência da Haia de Direito Internacional Privado convocará, quando necessário, uma Comissão Especial com o propósito de revisar o funcionamento prático do Protocolo.

2. Para o propósito de tal revisão, os Estados contratantes cooperarão com a Secretaria Permanente da Conferência da Haia de Direito Internacional Privado na obtenção de jurisprudência relativa à aplicação do Protocolo.

Artigo 22

Disposições transitórias

O presente Protocolo não se aplicará a alimentos reclamados em um Estado Contratante por período anterior à sua entrada em vigor naquele Estado.

Artigo 23

Assinatura, ratificação e adesão

1. O presente Protocolo está aberto à assinatura de todos os Estados.

2. O presente Protocolo está sujeito a ratificação, aceitação ou aprovação pelos Estados signatários.

3. O presente Protocolo está aberto para adesão por todos os Estados.

4. Instrumentos de ratificação, aceitação, aprovação ou adesão serão depositados no Ministério de Relações Exteriores do Reino dos Países Baixos, depositário do Protocolo.

Artigo 24

Organizações Regionais de Integração Econômica

1. Uma Organização Regional de Integração Econômica constituída unicamente por Estados soberanos e que tenha competência sobre algumas ou todas as matérias reguladas pelo presente Protocolo poderá igualmente assinar, aceitar, aprovar ou aderir ao Protocolo. Nesse caso, a Organização Regional de Integração Econômica terá os mesmos direitos e obrigações que um Estado contratante na medida em que aquela Organização tenha competência sobre a matéria regulada pelo presente Protocolo.

2. No momento da assinatura, aceitação, aprovação ou adesão, a Organização Regional de Integração Econômica notificará, por escrito, ao depositário a matéria regulada pelo Protocolo sobre as quais os Estados-Membros tenham transferido a competência para tal Organização.

3. No momento da assinatura, aceitação, aprovação ou adesão, a Organização Regional de Integração Econômica poderá declarar, de acordo com o Artigo 28, que exerce competência sobre todas as matérias reguladas pelo presente Protocolo e que os Estados-Membros que tiverem transferido competência para a Organização Regional de Integração Econômica a respeito da matéria em questão estarão obrigados pelo presente Protocolo em virtude da assinatura, aceitação, aprovação ou adesão da Organização.

4. Para o propósito de entrada em vigor do Protocolo, um instrumento depositado por uma Organização Regional de Integração Econômica não será levado em consideração a menos que a Organização Regional de Integração Econômica faça uma declaração de acordo com o parágrafo 3.

5. Qualquer referência no Protocolo a "Estado Contratante" ou "Estado" se aplica igualmente a uma Organização Regional de Integração Econômica que seja Parte, quando apropriado. Quando uma Organização Regional de Integração Econômica fizer declaração disposta no parágrafo 3.º, qualquer referência a "Estado Contratante" ou "Estado" no Protocolo aplicar-se-á igualmente aos Estados-Membros da Organização pertinente.

Artigo 25

Entrada em vigor

1. O Protocolo entrará em vigor no primeiro dia do mês seguinte ao fim de um período de três meses após o depósito do segundo instrumento de ratificação, aceitação, aprovação ou adesão de que trata o Artigo 23.

2. A partir de então, o Protocolo entrará em vigor:

a) para cada Estado ou cada Organização Regional de Integração Econômica a que se refere o artigo 24 que posteriormente o ratifique, aceite ou aprove, ou que lhe promova adesão, no primeiro dia do mês seguinte ao fim de um do período de três meses após o depósito de seus instrumentos de ratificação, aceitação, aprovação ou adesão.

b) para as unidades territoriais as quais o Protocolo tenha sido estendido de conformidade com o artigo 26, no primeiro dia do mês seguinte ao fim de um período de três meses depois de notificação da declaração prevista no referido artigo.

Artigo 26

Declarações com respeito a sistemas jurídicos não unificados

1. Um Estado que tenha duas ou mais unidades territoriais às quais se apliquem diferentes sistemas jurídicos às matérias regidas por este Protocolo pode, ao tempo da assinatura, da ratificação, da aceitação, da aprovação ou da adesão, declarar, de acordo com o artigo 28, que este Protocolo se aplicará a todas as unidades territoriais ou somente a uma ou várias dentre elas, e poderá, a qualquer tempo, modificar essa declaração fazendo uma nova declaração.

2. Qualquer declaração será notificada ao depositário e indicará expressamente as unidades territoriais às quais se aplica o Protocolo.

3. Se um Estado não fizer declaração sobre este artigo, o Protocolo será aplicado a todas as unidades territoriais deste Estado.

4. Este artigo não se aplica a uma Organização Regional de Integração Econômica.

Artigo 27

Reservas

Não se admitirão reservas ao presente Protocolo.

Artigo 28

Declarações

1. As declarações previstas no artigo 24, parágrafo 3.º e no artigo 26, parágrafo 1.º poderão ser feitas no momento da assinatura, ratificação, aceitação, aprovação ou adesão, ou a qualquer tempo e poderão ser modificados ou retirados a qualquer tempo.

2. As declarações, as modificações e as retiradas serão notificadas ao depositário.

3. Uma declaração feita no momento da assinatura, ratificação, aceitação, aprovação ou adesão terá efeito no momento da entrada em vigor do presente Protocolo para o Estado em questão.

4. Uma declaração feita posteriormente, assim como qualquer modificação ou retirada de uma declaração, terá efeito no primeiro dia do mês seguinte ao fim de um período de três meses após a data de recepção da notificação pelo depositário.

Artigo 29
Denúncia

1. Qualquer Estado Contratante poderá denunciar o Protocolo por meio de notificação escrita ao depositário. A denúncia poderá se limitar a algumas unidades territoriais de um Estado que tenha um sistema jurídico não unificado ao qual se aplique o Protocolo.

2. A denúncia terá efeito no primeiro dia do mês seguinte ao fim de um período de 12 meses após a data de recepção da notificação pelo depositário. Quando for especificado na notificação que a denúncia terá efeito em um período maior, ela o terá ao final do período em questão, após a data de recepção da notificação pelo depositário.

Artigo 30
Notificação

O depositário notificará os Membros da Conferência da Haia de Direito Internacional Privado, bem como os Estados e Organizações Regionais de Integração Econômica que assinaram, ratificaram, aceitaram, aprovaram ou aderiram de acordo com os artigos 23 e 24, sobre as informações seguintes:

a) assinaturas, ratificações, aceitações, aprovações e adesões mencionadas nos artigos 23 e 24;

b) data de entrada em vigor do Protocolo de acordo com o artigo 25;

c) declarações previstas no artigo 24, parágrafo 3.º e 26, parágrafo 1.º;

d) denúncias previstas no artigo 29.

Em fé do que, os abaixo assinados, devidamente autorizados por seus respectivos Governos, assinaram o presente Tratado.

Feito na Haia, no dia 23 de novembro de 2007, nos idiomas francês e inglês, sendo ambos os textos igualmente autênticos, em um único exemplar, que será depositado nos arquivos do Governo do Reino dos Países Baixos e do qual uma cópia autenticada será enviada, pela via diplomática, a cada um dos Membros da Conferência da Haia de Direito Internacional Privado quando da sua Vigésima-primeira Sessão, bem como a cada um dos demais Estados que participaram daquela Sessão.

DECRETO N. 9.188, DE 1.º DE NOVEMBRO DE 2017 (*)

Estabelece regras de governança, transparência e boas práticas de mercado para a adoção de regime especial de desinvestimento de ativos pelas sociedades de economia mista federais.

(*) Publicado no *Diário Oficial da União*, de 3-11-2017.

O Presidente da República, no uso das atribuições que lhe confere o art. 84, *caput*, incisos IV e VI, alínea *a*, da Constituição, e tendo em vista o disposto no art. 28, § 3.º, inciso II, e § 4.º, e no art. 29, *caput*, inciso XVIII, da Lei n. 13.303, de 30 de junho de 2016, decreta:

Capítulo I
DO REGIME ESPECIAL DE DESINVESTIMENTO DAS SOCIEDADES DE ECONOMIA MISTA

Art. 1.º Fica estabelecido, com base na dispensa de licitação prevista no art. 29, *caput*, inciso XVIII, da Lei n. 13.303, de 30 de junho de 2016, e no âmbito da administração pública federal, o regime especial de desinvestimento de ativos das sociedades de economia mista, com a finalidade de disciplinar a alienação de ativos pertencentes àquelas entidades, nos termos deste Decreto.

- Sociedade de economia mista – conceito (Decreto-lei n. 200, de 25-2-1967, art. 5.º, III): "Sociedade de Economia Mista – a entidade dotada de personalidade jurídica de direito privado, criada por lei para a exploração de atividade econômica, sob a forma de sociedade anônima, cujas ações com direito a voto pertençam em sua maioria à União ou a entidade da Administração Indireta".
- Estatuto jurídico da empresa pública, da sociedade de economia mista e de suas subsidiárias: *vide* Lei n. 13.303, de 30-6-2016, regulamentada pelo Decreto n. 8.945, de 27-12-2016.

§ 1.º As disposições previstas neste Decreto aplicam-se às sociedades subsidiárias e controladas de sociedades de economia mista.

§ 2.º As disposições previstas neste Decreto não se aplicam às hipóteses em que a alienação de ativos esteja relacionada aos objetos sociais das entidades previstas no *caput* e no § 1.º, às empresas de participação controladas pelas instituições financeiras públicas e aos bancos de investimentos, que continuarão sendo regidos pelo disposto no art. 28, § 3.º, inciso I, da Lei n. 13.303, de 2016.

§ 3.º O regime de que trata o *caput* poderá abranger a alienação parcial ou total de ativos.

§ 4.º Para os fins do disposto neste Decreto, consideram-se:

I – ativos – as unidades operacionais e os estabelecimentos integrantes do seu patrimônio, os direitos e as participações, diretas ou indiretas, em outras sociedades; e

II – alienação – qualquer forma de transferência total ou parcial de ativos para terceiros.

§ 5.º O disposto neste Decreto não se aplica às operações de alienação entre a sociedade de economia mista e as suas subsidiárias e controladas e às operações entre as subsidiárias e as controladas.

Art. 2.º O regime especial de desinvestimento de ativos previsto neste Decreto tem os seguintes objetivos:

I – incentivar a adoção de métodos de governança corporativa que assegurem a realização do objeto social pela sociedade de economia mista;

II – conferir transparência e impessoalidade aos processos de alienação;

III – garantir segurança jurídica aos processos de alienação por meio da observância da legislação e das demais normas aplicáveis;

IV – permitir a fiscalização, nos termos da legislação;

V – garantir a qualidade e a probidade do processo decisório que determina o desinvestimento;

VI – permitir a obtenção do maior retorno econômico à sociedade de economia mista e a formação de parcerias estratégicas;

VII – estimular a eficiência, a produtividade e o planejamento de longo prazo das atividades e dos negócios afetos à sociedade de economia mista;

VIII – aproximar as sociedades de economia mista das melhores práticas de governança e gestão reconhecidas pelo setor privado;

IX – proporcionar ambiente de previsibilidade e racionalidade para a tomada de decisão pelos agentes envolvidos no setor; e

X – garantir a sustentabilidade econômica e financeira da sociedade de economia mista.

Art. 3.º A Diretoria-Executiva das sociedades de economia mista poderá elaborar e propor programa de desinvestimento de ativos, o qual indicará, no mínimo:

I – os segmentos de negócio nos quais o desinvestimento será concentrado;

II – os objetivos e as metas a serem alcançados;

III – a compatibilidade da medida com o interesse da sociedade de economia mista;

IV – a conveniência e a oportunidade na alienação, considerados o plano estratégico, o plano de negócios, o plano plurianual ou instrumentos similares;

V – as perspectivas e as premissas macroeconômicas envolvidas; e

VI – o procedimento específico interno de apoio ao desinvestimento.

§ 1.º A adesão da sociedade de economia mista ao regime especial de desinvestimento de ativos previsto neste Decreto será facultativa e dependerá de aprovação do Conselho de Administração ou do órgão diretivo máximo e de comunicação ao Ministério supervisor.

§ 2.º Sem prejuízo da aprovação do Conselho de Administração ou do órgão diretivo máximo, caberá aos órgãos estatutários competentes a aprovação de cada alienação prevista no programa de desinvestimento.

§ 3.º As subsidiárias e as controladas da sociedade de economia mista deverão comunicá-la sobre os desinvestimentos realizados.

§ 4.º As subsidiárias e as controladas poderão conduzir seus desinvestimentos por meio de compartilhamento de políticas, estruturas, custos e mecanismos de divulgação com sua controladora.

Art. 4.º A sociedade de economia mista, no prazo de trinta dias, contado da data de assinatura dos instrumentos jurídicos negociais de cada alienação, encaminhará cópias desses documentos para ciência do Tribunal de Contas da União.

Parágrafo único. Os instrumentos jurídicos negociais firmados no processo de alienação serão regidos pelos preceitos de direito privado.

Capítulo II
DO PROCEDIMENTO COMPETITIVO DE ALIENAÇÃO

Seção I
Das normas gerais

Art. 5.º As alienações serão realizadas por meio de procedimento competitivo para obtenção do melhor retorno econômico para a sociedade de economia mista.

§ 1.º Quando conflitantes com o procedimento regido por este Decreto, serão respeitados os direitos dos acionistas e as obrigações decorrentes de acordos previamente estabelecidos relativos à participação societária ou ao ativo, bem como a confidencialidade de informações estratégicas protegidas por sigilo legal da sociedade de economia mista, da participação societária ou do ativo ou de informações relacionadas ao próprio procedimento competitivo de alienação.

§ 2.º Os sócios, os acionistas ou os parceiros poderão afastar normativos internos de procedimento competitivo de alienação para adotar o procedimento de que trata este Decreto, com vistas à padronização da sistemática de alienação de participação societária ou de ativo em comum.

Art. 6.º O procedimento competitivo de alienação de que trata este Decreto não se aplica às seguintes hipóteses:

I – as alienações de ativos que sigam procedimentos disciplinados por órgãos ou entidades reguladoras;

II – a formação de consórcios com empresas nacionais ou estrangeiras, na condição ou não de empresa líder, com objetivo de expandir atividades, reunir tecnologias e ampliar investimentos aplicados à indústria;

III – a dação em pagamento, a permuta e outras hipóteses de inviabilidade de competição, inclusive aquelas decorrentes de direitos previstos em acordos de acionistas; e

IV – os casos em que, de acordo com a legislação, seja justificada a inviabilidade de realização do procedimento competitivo de alienação.

Parágrafo único. A incidência das normas específicas a que se refere o inciso I do *caput* afasta a aplicação do procedimento competitivo de alienação de que trata este Decreto apenas naquilo em que conflitarem.

Art. 7.º O procedimento competitivo de alienação observará os princípios da publicidade e da transparência, que possibilitarão a fiscalização, a conformidade e o controle dos atos praticados pela sociedade de economia mista.

§ 1.º Excepcionalmente, o órgão estatutário competente da sociedade de economia mista poderá classificar a operação, as suas etapas ou os documentos como sigilosos, desde que a revelação de informações possa gerar prejuízos financeiros para a sociedade de economia mista ou para o ativo objeto da alienação.

§ 2.º As avaliações econômico-financeiras serão sigilosas, exceto quando exigida a sua publicidade pela legislação societária em vigor.

§ 3.º O sigilo não será oponível à fiscalização realizada pelo Tribunal de Contas da União.

Art. 8.º Caberá à sociedade de economia mista de capital aberto informar o mercado acerca das etapas do procedimento competitivo de alienação, na forma estabelecida na legislação e nas normas editadas por órgãos ou entidades reguladoras.

Art. 9.º O objeto da alienação será definido de forma clara no documento de solicitação de propostas preliminares e no documento de solicitação de propostas firmes.

Art. 10. Durante o procedimento competitivo de alienação, as eventuais alterações no objeto da alienação demandarão a repetição de todo o procedimento.

Parágrafo único. As alterações de condições relevantes da alienação que ocorrerem posteriormente a cada fase demandarão a repetição desta fase.

Art. 11. As modificações promovidas no documento de solicitação de propostas preliminares e no documento de solicitação de propostas firmes serão divulgadas nos mesmos meios em que forem veiculados os atos originais e será concedido novo prazo para apresentação das propostas.

Art. 12. A sociedade de economia mista anulará seus próprios atos quando eivados de vício de legalidade e poderá revogá-los por motivo de conveniência ou oportunidade, hipótese em que não haverá obrigação de indenizar.

Art. 13. A qualquer tempo, a sociedade de economia mista poderá determinar a realização de diligências para obtenção de esclarecimentos relacionados ao procedimento competitivo.

Art. 14. Os interessados em participar dos procedimentos competitivos de alienação previstos neste Decreto deverão comprovar a sua conformidade com regulações e práticas de prevenção à fraude e à corrupção e a aderência aos critérios objetivos para seleção de interessados previstos no § 1.º do art. 18.

Seção II
Do procedimento competitivo de alienação

Art. 15. O procedimento de alienação observará as seguintes fases:

I – preparação;

II – consulta de interesse;

III – apresentação de propostas preliminares;

IV – apresentação de propostas firmes;

V – negociação; e

VI – resultado e assinatura dos instrumentos jurídicos negociais.

§ 1.º O início das fases II a IV do *caput* será divulgado por meio eletrônico em portal mantido pela sociedade de economia mista na internet.

§ 2.º A apresentação de propostas preliminares poderá ser dispensada a critério da Comissão de Alienação ou da estrutura equivalente.

Art. 16. Para fins de seleção da melhor proposta, será utilizado o critério de julgamento de melhor retorno econômico, que será analisado com base no valor da proposta e em outros fatores, tais como responsabilidades e condições comerciais, contratuais, fiscais, trabalhistas, ambientais, entre outros que possam ser reputados relevantes para análise de melhor proposta, desde que devidamente justificado.

Subseção I
Da preparação

Art. 17. A fase de preparação interna destina-se ao planejamento do procedimento competitivo de alienação e contemplará:

I – justificativa, que conterá motivação para a alienação, proposta de estrutura de negócio, percentual do ativo ou da sociedade a ser alienada e indicativo de valor;

II – avaliação de impactos comerciais, fiscais, contábeis, trabalhistas, ambientais, societários e contratuais da alienação;

III – avaliação da necessidade de licenças e autorizações governamentais; e

IV – verificação da aderência da alienação aos objetivos estratégicos da sociedade de economia mista.

§ 1.º A Comissão de Avaliação ou a estrutura equivalente será composta por, no mínimo, três membros com competência técnica, e lhe competirá a elaboração da avaliação econômico-financeira do ativo.

§ 2.º Os membros da Comissão de Avaliação não terão vínculo de subordinação com a Comissão de Alienação.

§ 3.º O relatório com os elementos indicados nos incisos I a IV do *caput*, descritos de forma detalhada, será submetido à aprovação do órgão societário competente previamente ao início do procedimento competitivo de alienação.

Art. 18. A Comissão de Alienação ou a estrutura equivalente será composta por, no mínimo, três membros, e lhe competirá a condução do procedimento competitivo de alienação.

§ 1.º Os membros da Comissão de Avaliação não poderão compor a Comissão de Alienação.

§ 2.º A Comissão de Alienação será responsável por:

I – elaborar critérios objetivos para seleção de interessados, com base nos princípios da transparência, da impessoalidade e da isonomia; e

II – submeter os critérios de que trata o inciso I à aprovação pelo órgão societário competente anteriormente ao início do procedimento competitivo de alienação.

§ 3.º Poderá ser estabelecido, entre outros, o critério de capacidade econômico-financeira como fator de seleção de interessados, de maneira a considerar o valor do ativo e as informações e os dados estratégicos a ele concernentes.

Art. 19. Poderá ser contratada instituição financeira especializada independente para efetuar avaliação econômico-financeira formal e independente do ativo e/ou para assessorar a execução e o acompanhamento da alienação.

Art. 20. Após a fase de negociação, será contratada, no mínimo, uma instituição financeira especializada independente para atestar o valor justo da alienação sob o ponto de vista econômico-financeiro.

Parágrafo único. Fica dispensada a contratação prevista no *caput* na hipótese de o custo da contratação da instituição financeira ser desproporcional ao valor total da alienação do ativo.

Subseção II

Da consulta de interesse

Art. 21. Anteriormente ao envio do documento de solicitação de propostas, a sociedade de economia mista verificará o interesse do mercado na alienação pretendida por meio de instrumento de divulgação da oportunidade, observados os termos estabelecidos no § 1.º do art. 7.º.

Art. 22. O instrumento de divulgação da oportunidade conterá o resumo do objeto da alienação, informará os critérios objetivos para participação no procedimento competitivo de alienação e disponibilizará as informações não sigilosas sobre o ativo, em observância ao princípio da publicidade.

Parágrafo único. O instrumento de divulgação da oportunidade conterá as informações necessárias para a manifestação de interesse em participar do procedimento de alienação, tais como o prazo e a forma de realização dos atos, e será publicado preferencialmente por meio eletrônico, em portal mantido na internet, observados os termos estabelecidos no § 1.º do art. 7.º.

Art. 23. Aqueles que manifestarem interesse, por escrito, à sociedade de economia mista deverão comprovar o atendimento aos critérios objetivos estabelecidos no instrumento de divulgação da oportunidade, celebrar acordo de confidencialidade e fornecer outras declarações que atestem seus compromissos com a integridade e a conformidade exigidas pela sociedade de economia mista.

Subseção III

Da apresentação de propostas preliminares

Art. 24. Encerrada a fase de consulta de interesse, é facultado à Comissão de Alienação solicitar propostas preliminares aos interessados.

Art. 25. O instrumento de solicitação das propostas preliminares informará o momento em que as propostas preliminares serão apresentadas, a data e o horário de abertura dessas propostas e as informações e as instruções consideradas necessárias para a formulação das propostas.

Parágrafo único. Os interessados que apresentarem proposta preliminar na fase a que se refere o art. 24 poderão desistir dessas propostas sem incorrer em ônus ou penalidades.

Art. 26. Anteriormente ao evento de abertura das propostas preliminares, a Comissão de Alienação obterá a avaliação econômico-financeira preliminar do ativo, a ser elaborada pela Comissão de Avaliação e ou pela instituição financeira de que trata o art. 19, se existente.

Art. 27. Competirá à Comissão de Alienação, para garantir a isonomia e a impessoalidade, proceder à abertura simultânea das propostas preliminares apresentadas.

Art. 28. Ao final da fase a que se refere o art. 24, a Comissão de Alienação classificará as propostas preliminares recebidas, conforme os critérios por ela estabelecidos previamente.

Parágrafo único. A Comissão de Alienação realizará as avaliações necessárias para garantir, quando possível, que possam participar da próxima fase, no mínimo, três interessados.

Subseção IV

Da apresentação de propostas firmes

Art. 29. Competirá à Comissão de Alienação encaminhar documento de solicitação de propostas firmes àqueles que tenham manifestado interesse na fase de consulta de interesse ou àqueles que tenham sido classificados na fase de solicitação de propostas preliminares.

Art. 30. O documento de solicitação de propostas firmes conterá, no mínimo:

I – descrição do objeto da alienação;

II – modo de apresentação, limite e modalidade de prestação de garantias, quando necessário; e

III – minutas dos instrumentos jurídicos negociais.

Parágrafo único. As propostas poderão conter sugestões de alteração dos termos das minutas dos instrumentos jurídicos negociais, as quais serão avaliadas conforme o interesse da sociedade de economia mista.

Art. 31. As propostas oferecidas na fase a que se refere o art. 29 vincularão os proponentes, ressalvadas as alterações decorrentes da fase de negociação.

Art. 32. Anteriormente ao evento de abertura das propostas, a Comissão de Alienação obterá a avaliação econômico-financeira final do ativo, a ser elaborada pela Comissão de Avaliação.

Art. 33. Competirá à Comissão de Alienação, para garantir a isonomia e a impessoalidade, proceder à abertura simultânea das propostas apresentadas.

Art. 34. Ao final da fase a que se refere o art. 29, a Comissão de Alienação classificará as propostas recebidas, conforme os critérios estabelecidos no documento de solicitação de proposta.

Subseção V

Da negociação

Art. 35. Realizada e definida a classificação das propostas, a Comissão de Alienação poderá negociar com o interessado mais bem classificado ou, sucessivamente, com os demais interessados, segundo a ordem de classificação, condições melhores e mais vantajosas para a sociedade de economia mista.

Parágrafo único. A negociação poderá contemplar condições econômicas, comerciais, contratuais, além de outras consideradas relevantes à alienação.

Subseção VI

Do resultado e da assinatura dos contratos

Art. 36. Competirá à Comissão de Alienação elaborar o relatório final do procedimento competitivo de alienação.

Art. 37. Competirá ao órgão estatutário competente da sociedade de economia mista deliberar sobre a alienação nos termos e nas condições propostas pelo interessado mais bem classificado.

Art. 38. Aprovada a alienação pelo órgão estatutário competente, a Comissão de Alienação convocará o interessado mais bem classificado para assinatura dos contratos.

Parágrafo único. Na hipótese de desistência do interessado mais bem classificado, serão aplicadas as penalidades previstas no documento de solicitação de propostas.

Capítulo III

DA FISCALIZAÇÃO

Art. 39. Os órgãos de controle externo e interno das três esferas de governo fiscalizarão as alienações promovidas pelas sociedades de economia mista, suas subsidiárias e suas controladas, incluídas aquelas domiciliadas no exterior, quanto à economicidade e à eficácia da aplicação do disposto neste Decreto, sob o ponto de vista contábil, financeiro, operacional e patrimonial.

§ 1.º Para a realização da atividade fiscalizatória de que trata o *caput*, os órgãos de controle terão acesso aos documentos e às informações necessários à realização dos trabalhos, incluídos aqueles classificados como sigilosos pelas sociedades de economia mista, nos termos da Lei n. 12.527, de 18 de novembro de 2011.

• A Lei n. 12.527, de 18-11-2011, dispõe sobre o acesso a informações.

§ 2.º O grau de confidencialidade será atribuído pelas sociedades de economia mista no ato de entrega dos documentos e das informações solicitados e o órgão de controle com o qual foi compartilhada a informação sigilosa será corresponsável pela manutenção do seu sigilo.

§ 3.º O acesso dos órgãos de controle às informações referidas neste Capítulo será restrito e individualizado.

§ 4.º As informações que sejam revestidas de sigilo bancário, estratégico, comercial ou industrial serão assim identificadas e o servidor responsável pela atividade fiscalizatória responderá administrativa, civil e penalmente pelos danos causados às sociedades de economia mista e a seus acionistas em razão de eventual divulgação indevida.

§ 5.º Os tribunais de contas e os órgãos integrantes do sistema de controle interno poderão solicitar para exame, a qualquer tempo, documentos de natureza contábil, financeira, orçamentária, patrimonial e operacional das sociedades de economia mista no Brasil e no exterior, e os jurisdicionados ficarão obrigados à adoção das medidas corretivas pertinentes que, em função desse exame, forem determinadas a elas.

Art. 40. Os procedimentos competitivos de alienação já concluídos anteriormente à data de publicação deste Decreto ou cujos contratos definitivos já tenham sido assinados não se submeterão ao disposto neste Decreto, nos termos do art. 6.º do Decreto-Lei n. 4.657, de 4 de setembro de 1942.

• O Decreto-lei n. 4.657, de 4-9-1942, institui a Lei de Introdução às normas do Direito Brasileiro.

§ 1.º Em relação aos procedimentos competitivos de alienação já iniciados na data de publicação deste Decreto, caso exercida a faculdade de adesão prevista no art. 3.º, § 1.º, ficam preservados os atos anteriormente praticados.

§ 2.º Na hipótese de adesão facultativa aludida no § 1.º, será aplicado o procedimento competitivo de alienação disposto neste Decreto às fases posteriores à sua publicação.

Art. 41. Este Decreto entra em vigor na data de sua publicação.

Brasília, 1.º de novembro de 2017; 196.º da Independência e 129.º da República.

MICHEL TEMER

LEI N. 13.506, DE 13 DE NOVEMBRO DE 2017 (*)

Dispõe sobre o processo administrativo sancionador na esfera de atuação do Banco Central do Brasil e da Comissão de Valores Mobiliários; altera a Lei n. 6.385, de 7 de dezembro de 1976, a Lei n. 4.131, de 3 de setembro de 1962, a Lei n. 4.829, de 5 de novembro de 1965, a Lei n. 6.024, de 13 de março de 1974, a Lei n. 7.492, de 16 de junho de 1986, a Lei n. 9.069, de 29 de junho de 1995, a Lei n. 9.613, de 3 de março de 1998, a Lei n. 10.214, de 27 de março de 2001, a Lei n. 11.371, de 28 de novembro de 2006, a Lei n. 11.795, de 8 de outubro de 2008, a Lei n. 12.810, de 15 de maio de 2013, a Lei n. 12.865, de 9 de outubro de 2013, a Lei n. 4.595, de 31 de dezembro de 1964, o Decreto n. 23.258, de 19 de outubro de 1933, o Decreto-lei n. 9.025, de 27 de fevereiro de 1946, e a Medida Provisória n. 2.224, de 4 de setembro de 2001; revoga o Decreto-lei n. 448, de 3 de fevereiro de 1969, e dispositivos da Lei n. 9.447, de 14 de março de 1997, da Lei n. 4.380, de 21 de agosto de 1964, da Lei n. 4.728, de 14 de julho de 1965, e da Lei n. 9.873, de 23 de novembro de 1999; e dá outras providências.

O Presidente da República

Faço saber que o Congresso Nacional decreta e eu sanciono a seguinte Lei:

Capítulo I
DISPOSIÇÕES PRELIMINARES

Art. 1.º Esta Lei dispõe sobre o processo administrativo sancionador nas esferas de atuação do Banco Central do Brasil e da Comissão de Valores Mobiliários.

•• A Resolução BCB n. 131, de 20-8-2021, consolida as normas sobre o rito do processo administrativo sancionador, a aplicação de penalidades, o termo de compromisso, as medidas acautelatórias, a multa cominatória e o acordo administrativo em processo de supervisão, previstos nesta Lei.

Capítulo II
DO PROCESSO ADMINISTRATIVO SANCIONADOR NA ESFERA DE ATUAÇÃO DO BANCO CENTRAL DO BRASIL

Seção I
Disposições Preliminares

Art. 2.º Este Capítulo dispõe sobre infrações, penalidades, medidas coercitivas e meios alternativos de solução de controvérsias aplicáveis às instituições financeiras, às demais instituições supervisionadas pelo Banco Central do Brasil e aos integrantes do Sistema de Pagamentos Brasileiro, e estabelece o rito processual a ser observado nos processos administrativos sancionadores no âmbito do Banco Central do Brasil.

§ 1.º O disposto neste Capítulo aplica-se também às pessoas físicas ou jurídicas que:

I – exerçam, sem a devida autorização, atividade sujeita à supervisão ou à vigilância do Banco Central do Brasil;

II – prestem serviço de auditoria independente para as instituições de que trata o *caput* deste artigo ou de auditoria cooperativa de que trata o inciso V do *caput* do art. 12 da Lei Complementar n. 130, de 17 de abril de 2009;

III – atuem como administradores, membros da diretoria, do conselho de administração, do conselho fiscal, do comitê de auditoria e de outros órgãos previstos no estatuto ou no contrato social de instituição de que trata o *caput* deste artigo.

§ 2.º O disposto neste Capítulo aplica-se também aos administradores e aos responsáveis técnicos das pessoas jurídicas que prestem os serviços mencionados no inciso II do § 1.º deste artigo.

Seção II
Das Infrações

Art. 3.º Constitui infração punível com base neste Capítulo:

I – realizar operações no Sistema Financeiro Nacional, no Sistema de Consórcios e no Sistema de Pagamentos Brasileiro em desacordo com princípios previstos em normas legais e regulamentares que regem a atividade autorizada pelo Banco Central do Brasil;

II – realizar operações ou atividades vedadas, não autorizadas ou em desacordo com a autorização concedida pelo Banco Central do Brasil;

III – opor embaraço à fiscalização do Banco Central do Brasil;

IV – deixar de fornecer ao Banco Central do Brasil documentos, dados ou informações cuja remessa seja imposta por normas legais ou regulamentares;

V – fornecer ao Banco Central do Brasil documentos, dados ou informações incorretos ou em desacordo com os prazos e as condições estabelecidos em normas legais ou regulamentares;

VI – atuar como administrador ou membro de órgão previsto no estatuto ou no contrato social das pessoas mencionadas no *caput* do art. 2.º desta Lei sem a prévia aprovação pelo Banco Central do Brasil;

VII – deixar de adotar controles internos destinados a conservar o sigilo de que trata a Lei Complementar n. 105, de 10 de janeiro de 2001;

• *Vide* Lei Complementar n. 105, de 10-1-2001, que dispões obre o sigilo das operações de instituições financeiras.

VIII – negociar títulos, instrumentos financeiros e outros ativos, ou realizar operações de crédito ou de arrendamento mercantil, em preços destoantes dos praticados pelo mercado, em prejuízo próprio ou de terceiros;

IX – simular ou estruturar operações sem fundamentação econômica, com o objeti-

(*) Publicada no *Diário Oficial da União*, de 14-11-2017.

vo de propiciar ou obter, para si ou para terceiros, vantagem indevida;

X – desviar recursos de pessoa mencionada no *caput* do art. 2.º desta Lei ou de terceiros;

XI – inserir ou manter registros ou informações falsos ou incorretos em demonstrações contábeis ou financeiras ou em relatórios de auditoria de pessoa mencionada no *caput* do art. 2.º desta Lei;

XII – distribuir dividendos, pagar juros sobre capital próprio ou, de qualquer outra forma, remunerar os acionistas, os administradores ou os membros de órgãos previstos no estatuto ou no contrato social de pessoa mencionada no *caput* do art. 2.º desta Lei com base em resultados apurados a partir de demonstrações contábeis ou financeiras falsas ou incorretas;

XIII – deixar de atuar com diligência e prudência na condução dos interesses de pessoa mencionada no *caput* do art. 2.º desta Lei;

XIV – deixar de segregar as atividades de pessoa mencionada no *caput* do art. 2.º desta Lei das atividades de outras sociedades, controladas e coligadas, de modo a gerar ou contribuir para gerar confusão patrimonial;

XV – deixar de fiscalizar os atos dos órgãos de administração de pessoa mencionada no *caput* do art. 2.º desta Lei, quando obrigado a isso;

XVI – descumprir determinações do Banco Central do Brasil, e seus respectivos prazos, adotadas com base em sua competência;

XVII – descumprir normas legais e regulamentares do Sistema Financeiro Nacional, do Sistema de Consórcios e do Sistema de Pagamentos Brasileiro, cujo cumprimento caiba ao Banco Central do Brasil fiscalizar, inclusive as relativas a:

a) contabilidade e auditoria;

b) elaboração, divulgação e publicação de demonstrações contábeis e financeiras;

c) auditoria independente;

d) controles internos e gerenciamento de riscos;

e) governança corporativa;

f) abertura ou movimentação de contas de depósito e de pagamento;

g) limites operacionais;

h) meio circulante e operações com numerário;

i) guarda de documentos e informações exigidos pelo Banco Central do Brasil;

j) capital, fundos de reserva, patrimônios especiais ou de afetação, encaixe, recolhimentos compulsórios e direcionamentos obrigatórios de recursos, operações ou serviços;

k) ouvidoria;

l) concessão, renovação, cessão e classificação de operações de crédito e de arrendamento mercantil e constituição de provisão para perdas nas referidas operações;

m) administração de recursos de terceiros e custódia de títulos e outros ativos e instrumentos financeiros;

n) atividade de depósito centralizado e registro;

o) aplicação de recursos mantidos em contas de pagamento;

p) utilização de instrumentos de pagamento;

q) relacionamento entre as pessoas mencionadas no *caput* do art. 2.º desta Lei e seus clientes e usuários de serviços e de produtos financeiros.

§ 1.º Constitui embaraço à fiscalização, para os fins deste Capítulo, negar ou dificultar o acesso a sistemas de dados e de informação e não exibir ou não fornecer documentos, papéis e livros de escrituração, inclusive em meio eletrônico, nos prazos, nas formas e nas condições estabelecidos pelo Banco Central do Brasil, no exercício da atividade de fiscalização que lhe é atribuída por lei.

§ 2.º É vedado às instituições financeiras:

I – emitir debêntures e partes beneficiárias; e

II – adquirir bens imóveis não destinados ao próprio uso, exceto os recebidos em liquidação de empréstimos de difícil ou duvidosa solução ou quando expressamente autorizadas pelo Banco Central do Brasil, observada a norma editada pelo Conselho Monetário Nacional.

Art. 4.º Constituem infrações graves aquelas infrações que produzam ou possam produzir quaisquer dos seguintes efeitos:

I – causar dano à liquidez, à solvência ou à higidez ou assumir risco incompatível com a estrutura patrimonial de pessoa mencionada no *caput* do art. 2.º desta Lei;

II – contribuir para gerar indisciplina no mercado financeiro ou para afetar a estabilidade ou o funcionamento regular do Sistema Financeiro Nacional, do Sistema de Consórcios, do Sistema de Pagamentos Brasileiro ou do mercado de capitais;

III – dificultar o conhecimento da real situação patrimonial ou financeira de pessoa mencionada no *caput* do art. 2.º desta Lei;

IV – afetar severamente a finalidade e a continuidade das atividades ou das operações no âmbito do Sistema Financeiro Nacional, do Sistema de Consórcios ou do Sistema de Pagamentos Brasileiro.

Seção III
Das Penalidades

Art. 5.º São aplicáveis as seguintes penalidades às pessoas mencionadas no art. 2.º desta Lei, de forma isolada ou cumulativa:

I – admoestação pública;

II – multa;

III – proibição de prestar determinados serviços para as instituições mencionadas no *caput* do art. 2.º desta Lei;

IV – proibição de realizar determinadas atividades ou modalidades de operação;

V – inabilitação para atuar como administrador e para exercer cargo em órgão previsto em estatuto ou em contrato social de pessoa mencionada no *caput* do art. 2.º desta Lei;

VI – cassação de autorização para funcionamento.

Art. 6.º A penalidade de admoestação pública consistirá na publicação de texto especificado na decisão condenatória, na forma e nas condições estabelecidas em regulamentação.

§ 1.º O texto mencionado no *caput* deste artigo conterá, no mínimo, o nome do apenado, a conduta ilícita praticada e a sanção imposta.

§ 2.º A notícia sobre a imposição da pena de admoestação e o texto especificado na decisão condenatória serão publicados no sítio eletrônico do órgão ou autarquia que tenha aplicado a penalidade, sem prejuízo de outras formas de publicação previstas em regulamentação.

§ 3.º A publicação a que se refere o *caput* deste artigo será realizada às expensas do infrator, o qual ficará sujeito à multa prevista no art. 18 desta Lei, em caso de descumprimento.

Art. 7.º A penalidade de multa não excederá o maior destes valores:

I – 0,5% (cinco décimos por cento) da receita de serviços e de produtos financeiros apurada no ano anterior ao da consumação da infração, ou, no caso de ilícito continuado, da consumação da última infração; ou

II – R$ 2.000.000.000,00 (dois bilhões de reais).

§ 1.º A receita de serviços e de produtos financeiros mencionada no inciso I do *caput* deste artigo será calculada mediante a agregação de:

I – rendas de operações de crédito;

II – rendas de arrendamento mercantil, que serão abatidas dos lucros na alienação de bens arrendados, da depreciação de bens arrendados e dos ajustes por insuficiência ou superveniência de depreciação de bens arrendados;

III – rendas de operações de câmbio, que serão abatidas das despesas de operações de câmbio;

IV – rendas com títulos e valores mobiliários e instrumentos financeiros derivativos, que serão abatidas dos lucros com títulos de renda fixa e de renda variável e das rendas com operações com derivativos;

V – rendas de prestação de serviços; e

VI – outras receitas operacionais, que serão abatidas dos lucros em operações de venda ou de transferência de ativos financeiros, da recuperação de créditos baixados como prejuízo, da recuperação de encargos e despesas, da reversão de provisões operacionais e dos ajustes positivos ao valor de mercado sobre títulos e valores mobiliários e instrumentos financeiros derivativos.

§ 2.º O órgão ou autarquia competente poderá editar norma complementar que identifique as contas contábeis que comporão a receita de serviços e de produtos financeiros mencionada no inciso I do *caput* deste artigo.

§ 3.º As multas aplicadas serão pagas mediante recolhimento ao Banco Central do Brasil, no prazo de 30 (trinta) dias, contado da data da intimação para pagamento.

§ 4.º Os créditos oriundos de condenação do apenado ao pagamento de indenização em ação civil pública, movida em benefício de clientes e demais credores do apenado, e os do Fundo Garantidor de Crédito (FGC) ou de outros mecanismos de ressarcimento aprovados pelo Banco Central do Brasil ou pela Comissão de Valores Mobiliários, se houver, preferirão aos créditos oriundos da aplicação da penalidade de multa.

§ 5.º Em caso de falência, liquidação extrajudicial ou qualquer outra forma de concurso de credores do apenado, os créditos do Banco Central do Brasil oriundos da aplicação da penalidade de multa serão subordinados.

§ 6.º A imposição de multa pelo Banco Central do Brasil em valor superior a R$ 50.000.000,00 (cinquenta milhões de reais) será automaticamente submetida a reexame por órgão colegiado previsto no seu regimento interno, do qual faça parte ao menos 1 (um) diretor do Banco Central do Brasil, e somente após o reexame será considerada efetiva e notificada às partes.

Art. 8.º A penalidade de inabilitação implicará o impedimento de atuar em cargos cujo exercício dependa de autorização do Banco Central do Brasil.

§ 1.º O Banco Central do Brasil notificará, no prazo de até 5 (cinco) dias, a instituição mencionada no *caput* do art. 2.º desta Lei em que o inabilitado atue como administrador ou como membro de órgão previsto no estatuto ou no contrato social, para que cumpra o disposto no § 3.º deste artigo, em razão da aplicação da penalidade de inabilitação.

§ 2.º O prazo de cumprimento da penalidade de inabilitação começará a contar da data em que o Banco Central do Brasil receber do inabilitado ou de cada instituição mencionada no *caput* do art. 2.º desta Lei em que ele atuou como administrador ou exerceu cargo em órgão previsto no seu estatuto ou no seu contrato social comunicação de que houve o efetivo afastamento do cargo para cujo exercício fora autorizado, instruída com os documentos comprobatórios do fato.

§ 3.º A instituição mencionada no *caput* do art. 2.º desta Lei em que o apenado atue como administrador ou exerça cargo em órgão previsto no seu estatuto ou no seu contrato social deverá afastá-lo do cargo no prazo de 60 (sessenta) dias, contado da data do recebimento da notificação de que trata o § 1.º deste artigo, e deverá comunicar o fato ao Banco Central do Brasil no prazo de 5 (cinco) dias, contado da data do efetivo afastamento.

§ 4.º Decorridos os prazos mencionados no § 3.º deste artigo sem que tenha sido recebida a comunicação a que se refere o § 2.º deste artigo, os apenados e as instituições omissas estarão sujeitos à multa prevista no art. 18 desta Lei.

§ 5.º O prazo de cumprimento da pena de inabilitação será automaticamente suspenso sempre que forem desrespeitados os termos da decisão que a aplicou, sem prejuízo da imposição das penalidades cabíveis.

Art. 9.º As penalidades previstas nos incisos III, IV, V e VI do *caput* do art. 5.º desta Lei serão restritas às hipóteses em que se verificar a ocorrência de infração grave.

§ 1.º O prazo das penalidades previstas nos incisos III, IV e V do *caput* do art. 5.º desta Lei não excederá o período de 20 (vinte anos).

§ 2.º Aplicada a penalidade de cassação de autorização para funcionamento, a instituição apenada permanecerá sob supervisão do Banco Central do Brasil enquanto mantiver em seu patrimônio operações passivas privativas de instituição mencionada no *caput* do art. 2.º desta Lei, e o Banco Central do Brasil poderá determinar a adoção das medidas que entender necessárias para a retirada da instituição do Sistema Financeiro Nacional, do Sistema de Consórcios ou do Sistema de Pagamentos Brasileiro, cujo descumprimento ensejará a aplicação da multa de que trata o art. 18 desta Lei.

Art. 10. Na aplicação das penalidades estabelecidas neste Capítulo, serão considerados, na medida em que possam ser determinados:

I – a gravidade e a duração da infração;

II – o grau de lesão ou o perigo de lesão ao Sistema Financeiro Nacional, ao Sistema de Consórcios, ao Sistema de Pagamentos Brasileiro, à instituição ou a terceiros;

III – a vantagem auferida ou pretendida pelo infrator;

IV – a capacidade econômica do infrator;

V – o valor da operação;

VI – a reincidência;

VII – a colaboração do infrator com o Banco Central do Brasil para a apuração da infração.

Seção IV
Do Termo de Compromisso

Art. 11. O Banco Central do Brasil, em juízo de conveniência e oportunidade, devidamente fundamentado, com vistas a atender ao interesse público, poderá deixar de instaurar ou suspender, em qualquer fase que preceda a tomada da decisão de primeira instância, o processo administrativo destinado à apuração de infração prevista neste Capítulo ou nas demais normas legais e regulamentares cujo cumprimento lhe caiba fiscalizar se o investigado assinar termo de compromisso no qual se obrigue a, cumulativamente:

I – cessar a prática sob investigação ou os seus efeitos lesivos;

II – corrigir as irregularidades apontadas e indenizar os prejuízos;

III – cumprir as demais condições que forem acordadas no caso concreto, com obrigatório recolhimento de contribuição pecuniária, observado o disposto no art. 10 desta Lei.

§ 1.º A apresentação de proposta de termo de compromisso não suspende o andamento do processo administrativo

§ 2.º Na hipótese de processo administrativo já instaurado, a suspensão dar-se-á somente em relação ao acusado que firmou o termo de compromisso.

§ 3.º A decisão do Banco Central do Brasil sobre a assinatura do termo de compromisso, nos termos deste artigo, será tomada por órgão colegiado previsto em seu regimento interno.

§ 4.º O Banco Central do Brasil não firmará termo de compromisso nas hipóteses de que trata o art. 4.º desta Lei.

Art. 12. O termo de compromisso poderá prever cláusula penal para a hipótese de total ou parcial inadimplemento das obrigações compromissadas, para a hipótese de mora do devedor ou para a garantia especial de determinada cláusula.

Art. 13. O termo de compromisso será publicado, de forma clara e suficiente para compreensão de suas cláusulas, no sítio eletrônico do Banco Central do Brasil, no prazo de 5 (cinco) dias, contado de sua assinatura.

§ 1.º A proposta de termo de compromisso será sigilosa.

§ 2.º O disposto nesta Seção não prejudica o dever legal do Banco Central do Brasil de realizar comunicação ao Ministério Público e aos demais órgãos públicos competentes, nos termos do art. 9.º da Lei Complementar n. 105, de 10 de janeiro de 2001.

§ 3.º O Ministério Público, no uso de suas atribuições legais, poderá requisitar informações ao Banco Central do Brasil ou o acesso a suas bases de dados sobre os termos de compromisso celebrados pelo Banco Central do Brasil.

Art. 14. O termo de compromisso constitui título executivo extrajudicial.

Parágrafo único. O termo de compromisso não importará em confissão quanto à matéria de fato, nem em reconhecimento da ilicitude da conduta analisada.

Art. 15. Durante a vigência do termo de compromisso, os prazos de prescrição de que trata a Lei n. 9.873, de 23 de novembro de 1999, ficarão suspensos, e o procedimento administrativo será arquivado se todas as condições nele estabelecidas forem atendidas.

§ 1.º O cumprimento das condições do termo de compromisso gerará efeitos exclusivamente na esfera de atuação do Banco Central do Brasil.

§ 2.º Na hipótese de descumprimento do compromisso, o Banco Central do Brasil adotará as medidas administrativas e judiciais necessárias para a execução das obrigações assumidas e determinará a instauração ou o prosseguimento do processo administrativo, a fim de dar continuidade à apuração das infrações e de aplicar as sanções cabíveis.

Seção V

Das Medidas Coercitivas e Acautelatórias

Art. 16. Poderão ser aplicadas às pessoas de que trata o art. 2.º desta Lei as seguintes medidas e obrigações:

I – a prestação de informações ou esclarecimentos necessários ao desempenho de suas atribuições legais;

II – a cessação de atos que prejudiquem ou coloquem em risco o funcionamento regular de pessoa mencionada no *caput* do art. 2.º desta Lei, do Sistema Financeiro Nacional, do Sistema de Consórcios ou do Sistema de Pagamentos Brasileiro; e

III – a adoção de medidas necessárias ao funcionamento regular de pessoa mencionada no *caput* do art. 2.º desta Lei, do Sistema Financeiro Nacional, do Sistema de Consórcios ou do Sistema de Pagamentos Brasileiro.

Art. 17. Antes da instauração ou durante a tramitação do processo administrativo sancionador, quando estiverem presentes os requisitos de verossimilhança das alegações e do perigo de mora, o Banco Central do Brasil poderá, cautelarmente:

I – determinar o afastamento de quaisquer das pessoas mencionadas no inciso III do § 1.º do art. 2.º desta Lei;

II – impedir que o investigado atue – em nome próprio ou como mandatário ou preposto – como administrador ou como membro da diretoria, do conselho de administração, do conselho fiscal, do comitê de auditoria ou de outros órgãos previstos no estatuto ou no contrato social de instituição mencionada no *caput* do art. 2.º desta Lei;

III – impor restrições à realização de determinadas atividades ou modalidades de operações a pessoa mencionada no *caput* do art. 2.º desta Lei; ou

IV – determinar à instituição supervisionada a substituição:

a) do auditor independente ou da sociedade responsável pela auditoria contábil; ou

b) da entidade responsável pela auditoria cooperativa.

§ 1.º Desde que o processo administrativo sancionador seja instaurado no prazo de 120 (cento e vinte) dias, contado da data da intimação da decisão cautelar, as medidas mencionadas neste artigo conservarão sua eficácia até que a decisão de primeira instância comece a produzir efeitos, podendo ser revistas, de ofício ou a requerimento do interessado, se cessarem as circunstâncias que as determinaram.

§ 2.º Na hipótese de não ser iniciado o processo administrativo sancionador no prazo previsto no § 1.º deste artigo, as medidas cautelares perderão automaticamente sua eficácia e não poderão ser novamente aplicadas se não forem modificadas as circunstâncias de fato que as determinaram.

§ 3.º A decisão cautelar estará sujeita a impugnação, sem efeito suspensivo, no prazo de 10 (dez) dias.

§ 4.º Da decisão que julgar a impugnação caberá recurso, em última instância, ao Conselho de Recursos do Sistema Financeiro Nacional.

§ 5.º O recurso de que trata o § 4.º deste artigo será recebido apenas com efeito devolutivo e deverá ser interposto no prazo de 10 (dez) dias.

Art. 18. O descumprimento das medidas previstas nesta Seção sujeitará o infrator ao pagamento de multa cominatória por dia de atraso, a qual não poderá exceder o maior destes valores:

I – 1/1.000 (um milésimo) da receita de serviços e de produtos financeiros mencionada no inciso I do *caput* do art. 7.º desta Lei; ou

II – R$ 100.000,00 (cem mil reais).

§ 1.º A multa de que trata o *caput* deste artigo será paga mediante recolhimento ao Banco Central do Brasil, no prazo de 10 (dez) dias, contado da data da intimação para pagamento.

§ 2.º A decisão que impuser multa cominatória, se não estiver sujeita à impugnação e ao recurso de que tratam os §§ 3.º e 4.º do art. 17 desta Lei, estará sujeita a impugnação, sem efeito suspensivo, no prazo de 10 (dez) dias.

§ 3.º Da decisão que julgar a impugnação caberá recurso, em última instância, no âmbito do Banco Central do Brasil.

§ 4.º O recurso de que trata o § 3.º será recebido apenas com efeito devolutivo e deverá ser interposto no prazo de 10 (dez) dias.

Seção VI

Do Rito do Processo

Art. 19. O processo administrativo sancionador será instaurado nos casos em que se verificarem indícios da ocorrência de infração prevista neste Capítulo ou nas demais normas legais e regulamentares cujo cumprimento seja fiscalizado pelo Banco Central do Brasil.

§ 1.º O Banco Central do Brasil poderá deixar de instaurar processo administrativo sancionador se considerada baixa a lesão ao bem jurídico tutelado, devendo utilizar outros instrumentos e medidas de supervisão que julgar mais efetivos, observados os princípios da finalidade, da razoabilidade e da eficiência.

§ 2.º A instauração do processo administrativo sancionador ocorrerá por meio de citação.

§ 3.º Os atos e os termos processuais poderão ser formalizados, comunicados e transmitidos em meio eletrônico, observado o disposto nesta Lei, em regulamentação editada pelo Banco Central do Brasil e na legislação específica.

§ 4.º As pessoas físicas e jurídicas sujeitas ao disposto nesta Lei deverão manter atualizados no Banco Central do Brasil seu endereço, seu telefone e seu endereço eletrônico, e também os de seu procurador, quando houver, e acompanhar o andamento do processo.

§ 5.º O Banco Central do Brasil estabelecerá diretrizes, em regulamentação, para a aplicação do disposto no § 1.º deste artigo.

Art. 20. O acusado será citado para apresentar defesa no prazo de 30 (trinta) dias, oportunidade em que deverá juntar os documentos destinados a provar suas alegações e indicar as demais provas que pretenda produzir, sob pena de preclusão.

§ 1.º A citação conterá:

I – a identificação do acusado;

II – a indicação dos fatos imputados ao acusado;

III – a finalidade da citação;

IV – o prazo para a apresentação de defesa;

V – a informação da continuidade do processo, independentemente de seu comparecimento;

VI – a indicação de local e horário para vista dos autos do processo; e

VII – a obrigação prevista no § 4.º do art. 19 desta Lei.

§ 2.º O acusado que, embora citado, não apresentar defesa no prazo previsto neste artigo, será considerado revel.

Art. 21. A citação poderá ser efetuada por ciência no processo, por via postal ou por meio eletrônico.

§ 1.º Quando ignorado, incerto ou inacessível o lugar em que se encontrar o acusado, ou em caso de esquiva, a citação será efetuada por meio de publicação de edital no *Diário Oficial da União* ou no sítio eletrônico do Banco Central do Brasil.

§ 2.º Considera-se efetuada a citação na data:

I – da ciência do acusado ou de procurador por ele constituído;

II – da entrega no endereço do destinatário;

III – do acesso ao sistema eletrônico do Banco Central do Brasil;

IV – em que for atestada a recusa; ou

V – da publicação do edital no *Diário Oficial da União* ou no sítio eletrônico do Banco Central do Brasil.

§ 3.º Considera-se efetuada a citação no sexto dia subsequente ao da disponibilização do ato no sistema eletrônico do Banco Central do Brasil caso o interessado não o acesse no referido prazo.

Art. 22. Além das formas previstas no *caput* do art. 21 desta Lei, a intimação dos demais atos processuais poderá ser realizada mediante disponibilização no sítio eletrônico do Banco Central do Brasil.

§ 1.º Considera-se efetuada a intimação na data:

I – da ciência do acusado ou do procurador por ele constituído;

II – da entrega no endereço do destinatário, do recebimento por meio eletrônico ou do acesso ao sistema eletrônico do Banco Central do Brasil;

III – em que for atestada a recusa; ou

IV – da disponibilização no sítio eletrônico do Banco Central do Brasil.

§ 2.º Considera-se efetuada a intimação no sexto dia subsequente ao da disponibilização do ato no sistema eletrônico do Banco Central do Brasil caso o interessado não o acesse no referido prazo.

§ 3.º A disponibilização por meio eletrônico na forma estabelecida por este artigo substitui qualquer outro meio de publicação oficial, para quaisquer efeitos legais, exceto quando lei estabelecer forma específica.

Art. 23. Opera-se a preclusão quando o acusado praticar determinado ato processual ou quando decorrido o prazo previsto para a sua realização.

Art. 24. Os prazos serão contados de forma contínua, excluído o dia de início e incluído o dia de vencimento.

§ 1.º Considera-se o dia de início do prazo:

I – a data da ciência pelo interessado ou por seu procurador;

II – a data da entrega no endereço do destinatário ou do recebimento por meio eletrônico;

III – o sexto dia subsequente à data da disponibilização do ato no sistema eletrônico do Banco Central do Brasil ou a data do acesso ao referido sistema, o que ocorrer primeiro;

IV – o sexto dia subsequente à disponibilização do ato no sítio eletrônico do Banco Central do Brasil; ou

V – o trigésimo primeiro dia subsequente à data de publicação do edital de citação no *Diário Oficial da União* ou no sítio eletrônico do Banco Central do Brasil.

§ 2.º O primeiro dia da contagem e o dia do vencimento do prazo, se coincidirem com fim de semana ou feriado, serão prorrogados para o primeiro dia útil seguinte.

Art. 25. O Banco Central do Brasil indeferirá, de forma fundamentada, as provas ilícitas, impertinentes, desnecessárias ou protelatórias e somente proverá as informações que estiverem em seu poder.

Art. 26. O Banco Central do Brasil poderá tomar o depoimento de qualquer pessoa que possa contribuir para a apuração dos fatos objeto da investigação.

Art. 27. As decisões de primeira instância em processo administrativo do Banco Central do Brasil instaurado contra pessoa mencionada no art. 2.º desta Lei serão tomadas por órgão colegiado previsto em seu regimento interno, do qual, no caso de infração grave, fará parte ao menos 1 (um) diretor do Banco Central do Brasil.

Parágrafo único. As sessões do órgão colegiado referido no *caput* deste artigo serão públicas, mas poderá ser restringido o acesso de terceiros em função do interesse público envolvido.

Art. 28. As decisões condenatórias ou absolutórias serão publicadas, em resumo, no sítio eletrônico do Banco Central do Brasil.

§ 1.º Se houver riscos para a higidez da instituição ou do Sistema Financeiro Nacional, do Sistema de Consórcios ou do Sistema de Pagamentos Brasileiro, o Banco Central do Brasil, a seu critério e mediante decisão fundamentada, poderá não publicar a decisão enquanto essa não se tornar definitiva.

§ 2.º A decisão que impuser a penalidade de admoestação pública somente será publicada quando se tornar definitiva.

Art. 29. Caberá recurso das decisões condenatórias, no prazo de 30 (trinta) dias, recebido com efeitos devolutivo e suspensivo, sem prejuízo da eficácia das medidas determinadas pelo Banco Central do Brasil na forma do art. 17 desta Lei.

§ 1.º A petição recursal será apresentada ao Banco Central do Brasil e deverá ser dirigida ao Conselho de Recursos do Sistema Financeiro Nacional, última instância recursal no âmbito administrativo, para o julgamento do recurso.

§ 2.º A legitimidade para recorrer é exclusiva do apenado, sendo vedado o agravamento da penalidade em razão do recurso.

§ 3.º As sessões e as decisões do Conselho de Recursos do Sistema Financeiro Nacional serão públicas.

§ 4.º Aos recursos em trâmite no Conselho de Recursos do Sistema Financeiro Nacional aplica-se o disposto nos §§ 3.º e 4.º do art. 19 e nos arts. 21, 22, 23 e 24 desta Lei.

§ 5.º O recurso interposto contra decisão que impuser as penalidades previstas nos incisos IV, V ou VI do art. 5.º desta Lei será recebido com efeito devolutivo, e poderá o recorrente requerer o efeito suspensivo à autoridade prolatora da decisão, nos termos de regulamentação editada pelo Banco Central do Brasil.

Seção VII
Do Acordo Administrativo em Processo de Supervisão

Art. 30. O Banco Central do Brasil poderá celebrar acordo administrativo em processo de supervisão com pessoas físicas ou jurídicas que confessarem a prática de infração às normas legais ou regulamentares cujo cumprimento lhe caiba fiscalizar, com extinção de sua ação punitiva ou redução de 1/3 (um terço) a 2/3 (dois terços) da penalidade aplicável, mediante efetiva, plena e permanente cooperação para a apuração dos fatos, da qual resulte utilidade para o processo, em especial:

I – a identificação dos demais envolvidos na prática da infração, quando couber;

II – a obtenção de informações e de documentos que comprovem a infração noticiada ou sob investigação.

§ 1.º A proposta de acordo administrativo em processo de supervisão permanecerá sob sigilo até que o acordo seja celebrado.

§ 2.º O acordo de que trata o *caput* deste artigo somente poderá ser celebrado se forem preenchidos, cumulativamente, os seguintes requisitos:

I – a pessoa jurídica for a primeira a se qualificar com respeito à infração noticiada ou sob investigação;

II – o envolvimento na infração noticiada ou sob investigação a partir da data de propositura do acordo cessar completamente;

III – o Banco Central do Brasil não dispuser de provas suficientes para assegurar a condenação administrativa das pessoas físicas ou jurídicas por ocasião da propositura do acordo; e

IV – a pessoa física ou jurídica confessar participação no ilícito, cooperar plena e permanentemente com as investigações e com o processo administrativo e comparecer, sob suas expensas, sempre que solicitada, a todos os atos processuais, até seu encerramento.

§ 3.º O requisito previsto no inciso I do § 2.º deste artigo não se aplica às pessoas físicas.

§ 4.º A pessoa jurídica que não cumprir apenas o disposto no inciso I do § 2.º deste artigo poderá celebrar acordo administrativo em processo de supervisão, hipótese em que poderá beneficiar-se exclusivamente da redução de 1/3 (um terço) da penalidade a ela aplicável.

§ 5.º A celebração do acordo administrativo em processo de supervisão pelo Banco Central do Brasil suspenderá o prazo prescricional no âmbito administrativo com relação ao proponente signatário.

§ 6.º O acordo administrativo em processo de supervisão celebrado pelo Banco Central do Brasil, atinente à prática de infração às normas legais ou regulamentares cujo cumprimento lhe caiba fiscalizar, não afeta a atuação do Ministério Público e dos demais órgãos públicos no âmbito de suas correspondentes competências.

§ 7.º A decisão sobre a assinatura do acordo administrativo em processo de supervisão pelo Banco Central do Brasil, nos termos deste artigo, será tomada por órgão colegiado previsto em seu regimento interno.

Art. 31. O acordo administrativo em processo de supervisão será publicado, de forma clara e suficiente para compreensão de suas cláusulas, no sítio eletrônico do Banco Central do Brasil, no prazo de 5 (cinco) dias, contado de sua assinatura.

§ 1.º Não importará em confissão quanto à matéria de fato, nem em reconhecimento de ilicitude da conduta analisada, a proposta de acordo administrativo em processo de supervisão rejeitada, da qual não se fará qualquer divulgação.

§ 2.º O disposto no § 1.º do art. 30 desta Lei não prejudica o dever legal de o Banco Central do Brasil realizar comunicação aos órgãos públicos competentes, nos termos do art. 9.º da Lei Complementar n. 105, de 10 de janeiro de 2001, tão logo recebida a proposta de acordo administrativo em processo de supervisão.

§ 3.º O Ministério Público, com base nas competências que lhe são atribuídas em lei, poderá requisitar informações ou acesso ao sistema informatizado do Banco Central do Brasil sobre os acordos administrativos em processo de supervisão celebrados pelo Banco Central do Brasil, sem que lhe seja oponível sigilo e sem prejuízo do disposto no art. 9.º da Lei Complementar n. 105, de 10 de janeiro de 2001.

§ 4.º O Banco Central do Brasil manterá fórum permanente de comunicação com o Ministério Público, inclusive por meio de acordo de cooperação técnica, para atender ao disposto neste artigo e no art. 9.º da Lei Complementar n. 105, de 10 de janeiro de 2001.

Art. 32. O Banco Central do Brasil, para fins de declarar o cumprimento do acordo administrativo em processo de supervisão, avaliará cumulativamente:

I – o atendimento das condições estipuladas no acordo;

II – a efetividade da cooperação prestada;

III – a boa-fé do infrator quanto ao cumprimento do acordo.

§ 1.º A declaração do cumprimento do acordo administrativo em processo de supervisão pelo Banco Central do Brasil resultará, em relação ao infrator que firmou o acordo, na extinção da ação de natureza administrativa punitiva ou na aplicação do fator de redução de pena.

§ 2.º Na hipótese de descumprimento do acordo administrativo em processo de supervisão, o beneficiário ficará impedido de celebrar novo acordo administrativo em processo de supervisão pelo prazo de 3 (três) anos, contado a partir do conhecimento pelo Banco Central do Brasil do descumprimento.

Capítulo III
DO PROCESSO ADMINISTRATIVO SANCIONADOR NA ESFERA DE ATUAÇÃO DA COMISSÃO DE VALORES MOBILIÁRIOS

Seção Única
Disposições Preliminares

Art. 33. Este Capítulo dispõe sobre o processo administrativo sancionador no âmbito da Comissão de Valores Mobiliários e altera a Lei n. 6.385, de 7 de dezembro de 1976.

Parágrafo único. Aplicam-se as regras constantes deste Capítulo às infrações previstas na Lei n. 9.613, de 3 de março de 1998, no que couber, quando apuradas pela Comissão de Valores Mobiliários, mantidas as penalidades previstas na lei específica.

Art. 34. Aos processos administrativos sancionadores conduzidos no âmbito da Comissão de Valores Mobiliários aplica-se, no que couber, o disposto no § 3.º do art. 19 e nos arts. 21, 22, 24, 25, 29, 30, 31 e 32 desta Lei, observada regulamentação editada pela Comissão de Valores Mobiliários.

§ 1.º O recurso de que trata o § 4.º do art. 11 da Lei n. 6.385, de 7 de dezembro de 1976, será recebido com efeitos devolutivo e suspensivo.

§ 2.º O recurso interposto contra decisão que impuser as penalidades previstas nos incisos IV, V, VI, VII e VIII do art. 11 da Lei n. 6.385, de 7 de dezembro de 1976, será recebido com efeito devolutivo, e o recorrente poderá requerer o efeito suspensivo à autoridade prolatora da decisão, nos termos de regulamentação editada pela Comissão de Valores Mobiliários.

§ 3.º O prazo de cumprimento da penalidade de inabilitação será contado a partir da data em que a Comissão de Valores Mobiliários receber, do inabilitado ou de cada entidade em que ele atuou como administrador ou conselheiro fiscal, comunicação de que houve o efetivo afastamento do cargo, instruída com os documentos comprobatórios do fato.

§ 4.º O prazo de cumprimento da pena de inabilitação temporária será automaticamente suspenso sempre que forem desrespeitados os termos da decisão que a aplicou, sem prejuízo da imposição das penalidades cabíveis.

Art. 35. A Lei n. 6.385, de 7 de dezembro de 1976, passa a vigorar com as seguintes alterações:

•• **Alterações já processadas no diploma modificado.**

Capítulo IV
DISPOSIÇÕES FINAIS E TRANSITÓRIAS

Art. 36. O Banco Central do Brasil disciplinará as penalidades, as medidas coercitivas, os meios alternativos de solução de controvérsias e o processo administrativo sancionador previstos no Capítulo II desta Lei, e disporá sobre:

I – a gradação das penalidades de multa, de proibição de prestar determinados serviços, de proibição de realizar determinadas atividades ou modalidades de operação e de inabilitação para atuar como administrador ou para exercer cargo em órgão previsto no estatuto ou no contrato social de pessoa mencionada no *caput* do art. 2.º desta Lei;

II – a multa cominatória e os critérios a serem considerados para a definição de seu valor, tendo em vista os seus objetivos;

III – o cabimento, o tempo e o modo de celebração do termo de compromisso e do acordo administrativo em processo de supervisão e, no caso deste último instrumento, sobre os critérios para declarar a extinção da ação punitiva administrativa e para a aplicação da redução da penalidade;

IV – o rito e os prazos do processo administrativo sancionador no âmbito do Banco Central do Brasil.

Parágrafo único. Aplicam-se subsidiariamente aos processos administrativos sancionadores na esfera de atuação do Banco Central do Brasil as normas previstas na Lei n. 9.784, de 29 de janeiro de 1999, no que não conflitarem com aquelas previstas no Capítulo II desta Lei.

Art. 37. À exceção do disposto nos arts. 2.º, 3.º, 4.º, 5.º, 6.º, 7.º, 8.º, 9.º e 10 desta Lei, as regras estabelecidas nos Capítulos II e IV desta Lei aplicam-se, no que couber, às infrações previstas na Lei n. 9.613, de 3 de março de 1998, quando apuradas pelo Banco Central do Brasil.

Art. 38. À exceção do disposto nos arts. 2.º, 3.º e 4.º e nos incisos I, III e V do *caput* do art. 5.º desta Lei, as regras estabelecidas nos Capítulos II e IV desta Lei aplicam-se, no que couber, às infrações previstas no Decreto n. 23.258, de 19 de outubro de 1933, no Decreto-lei n. 9.025, de 27 de fevereiro de 1946, na Lei n. 4.131, de 3 de setembro de 1962, no Decreto-lei n. 1.060, de 21 de outubro de 1969, na Medida Provisória n. 2.224, de 4 de setembro de 2001, e na Lei n. 11.371, de 28 de novembro de 2006, quando apuradas pelo Banco Central do Brasil.

Art. 39. O Banco Central do Brasil e a Comissão de Valores Mobiliários deverão coordenar suas atividades para assegurar o cumprimento de suas atribuições com a maior eficiência e o menor custo para os regulados.

....

Art. 43. (*Revogado pela Lei n. 14.286, de 29-12-2021.*)

....

Art. 45. (*Revogado pela Lei n. 14.286, de 29-12-2021.*)

Art. 46. Às infrações à Lei n. 4.380, de 21 de agosto de 1964, e às demais normas legais e regulamentares que regem o Sistema Financeiro da Habitação e as instituições que o integram referidas nos incisos I, II, III, IV, V e VI do art. 8.º da Lei n. 4.380, de 21 de agosto de 1964, aplica-se o disposto nesta Lei.

Art. 47. Às infrações à Lei n. 4.728, de 14 de julho de 1965, e às demais normas legais e regulamentares que regem as sociedades corretoras, as sociedades referidas nos arts. 11 e 12 da Lei n. 4.728, de 14 de julho de 1965, e os bancos de investimento, aplica-se o disposto nesta Lei.

....

Art. 49. As instituições referidas nos incisos II e III do *caput* do art. 7.º, na alínea *c* do inciso I do § 1.º do art. 7.º e nas alíneas *a*, *b*, *c* e *e* do inciso II do § 1.º do art. 7.º da Lei n. 4.829, de 5 de novembro de 1965, que apresentarem deficiência na aplicação de recursos no crédito rural sujeitam-se ao disposto nesta Lei.

Art. 50. Aplicam-se às associações de poupança e empréstimo, autorizadas a funcionar pelo Decreto-lei n. 70, de 21 de novembro de 1966:

I – os arts. 53 a 69 da Lei n. 10.406, de 10 de janeiro de 2002 (Código Civil), quando não conflitarem com disposições do Decreto-lei n. 70, de 21 de novembro de 1966;

II – o disposto nesta Lei, relativamente às infrações ao Decreto-lei n. 70, de 21 de novembro de 1966, e às demais normas legais e regulamentares que regem as associações de poupança e empréstimo.

Art. 51. O art. 19 da Lei n. 6.024, de 13 de março de 1974, passa a vigorar com as seguintes alterações:

•• Alterações já processadas no diploma modificado.

Art. 52. O *caput* do art. 17 da Lei n. 7.492, de 16 de junho de 1986, passa a vigorar com a seguinte redação:

•• Alterações já processadas no diploma modificado.

....

Art. 54. As instituições financeiras e as demais instituições autorizadas a funcionar pelo Banco Central do Brasil que apresentem insuficiência nos recolhimentos compulsórios ou efetuem saques a descoberto na conta Reservas Bancárias estão sujeitas ao disposto nesta Lei.

Art. 55. O § 2.º do art. 16 da Lei n. 9.613, de 3 de março de 1998, passa a vigorar com a seguinte redação:

•• Alterações já processadas no diploma modificado.

Art. 56. Fica suspensa a prescrição de que trata a Lei n. 9.873, de 23 de novembro de 1999, durante a vigência do termo de compromisso de que tratam o § 5.º do art. 11 da Lei n. 6.385, de 7 de dezembro de 1976, e os arts. 11, 12, 13, 14 e 15 desta Lei.

• *Vide* Lei n. 9.873, de 23-11-1999, que estabelece prazo de prescrição para o exercício de ação punitiva pela Administração Pública Federal.

....

Art. 58. A infração às normas legais e regulamentares que regem o sistema de pagamentos sujeita as câmaras e os prestadores de serviços de compensação e de liquidação, seus administradores e membros de conselhos fiscais, consultivos e assemelhados ao disposto nesta Lei.

....

Art. 60. (*Revogado pela Lei n. 14.286, de 29-12-2021.*)

....

Art. 62. (*Revogado pela Lei n. 14.286, de 29-12-2021.*)

Art. 63. O art. 42 da Lei n. 11.795, de 8 de outubro de 2008, passa a vigorar com a seguinte redação:

•• Alterações já processadas no diploma modificado.

Art. 64. Às infrações aos dispositivos da Lei n. 11.795, de 8 de outubro de 2008, e às demais normas regulamentares do Sistema de Consórcios aplica-se o disposto nesta Lei.

....

Art. 66. A infração às normas legais e regulamentares que regem as atividades de depósito centralizado e de registro de ativos financeiros e de valores mobiliários sujeita as entidades autorizadas a exercer essas atividades, seus administradores e membros de conselhos fiscais, consultivos e assemelhados ao disposto nesta Lei, aplicável pelo Banco Central do Brasil.

....

Art. 68. As infrações às normas legais e regulamentares que regem os arranjos e as instituições de pagamento sujeitam o instituidor de arranjo de pagamento e a instituição de pagamento, os seus administradores e os membros de seus órgãos estatutários ou contratuais ao disposto nesta Lei.

Art. 69. O art. 34 da Lei n. 4.595, de 31 de dezembro de 1964, passa a vigorar com a seguinte redação:

•• Alterações já processadas no diploma modificado.

Art. 70. O Conselho Monetário Nacional, o Banco Central do Brasil e a Comissão de Valores Mobiliários editarão normas complementares ao disposto nesta Lei.

Art. 71. Revogam-se:

I – o art. 5.º-A do Decreto n. 23.258, de 19 de outubro de 1933;

II – o § 5.º do art. 23, o parágrafo único do art. 25 e o art. 58 da Lei n. 4.131, de 3 de setembro de 1962;

III – o art. 43 da Lei n. 4.380, de 21 de agosto de 1964;

IV – os incisos I, II, III, IV e V do *caput* e os §§ 1.º e 2.º do art. 34 e os arts. 35, 36, 42, 43 e 44 da Lei n. 4.595, de 31 de dezembro de 1964;

V – o § 6.º do art. 4.º da Lei n. 4.728, de 14 de julho de 1965;

VI – os §§ 3.º e 4.º do art. 21 da Lei n. 4.829, de 5 de novembro de 1965;

VII – o Decreto-lei n. 448, de 3 de fevereiro de 1969;

VIII – o inciso III do *caput* do art. 11 e o § 4.º do art. 26 da Lei n. 6.385, de 7 de dezembro de 1976;

IX – o art. 67 da Lei n. 9.069, de 29 de junho de 1995;

X – o art. 9.º da Lei n. 9.447, de 14 de março de 1997;

XI – o inciso II do art. 3.º da Lei n. 9.873, de 23 de novembro de 1999;

XII – os arts. 3.º e 5.º da Medida Provisória n. 2.224, de 4 de setembro de 2001;

XIII – o parágrafo único do art. 7.º e o art. 12 da Lei n. 11.371, de 28 de novembro de 2006;

XIV – o inciso IV do *caput* do art. 7.º, os incisos I, II, III, IV, V, VI, VII e VIII e o parágrafo único do art. 42 e os arts. 43 e 44 da Lei n. 11.795, de 8 de outubro de 2008.

Art. 72. Esta Lei entra em vigor na data de sua publicação.

Brasília, 13 de novembro de 2017; 196.º da Independência e 129.º da República.

Michel Temer

DECRETO N. 9.310, DE 15 DE MARÇO DE 2018 (*)

Institui as normas gerais e os procedimentos aplicáveis à Regularização Fundiária Urbana e estabelece os procedimentos para a avaliação e a alienação dos imóveis da União.

O Presidente da República, no uso das atribuições que lhe confere o art. 84, *caput*, incisos IV e VI, alínea *a*, da Constituição, e tendo em vista o disposto na Lei n. 13.465, de 11 de julho de 2017, e nos art. 37, art. 38, art. 39 e art. 40, *caput* e § 1.º a § 4.º, § 41, § 42, § 44 e § 47 a § 52, da Lei n. 6.766, de 19 de dezembro de 1979, decreta:

Título I
DA REGULARIZAÇÃO FUNDIÁRIA URBANA

Capítulo I
DISPOSIÇÕES GERAIS

Art. 1.º Ficam instituídos as normas gerais e os procedimentos aplicáveis à Regularização Fundiária Urbana – Reurb, a qual abrange as medidas jurídicas, urbanísticas, ambientais e sociais destinadas à incorporação dos núcleos urbanos informais ao ordenamento territorial urbano e à titulação dos seus ocupantes.

§ 1.º Os Poderes Públicos formularão e desenvolverão, no espaço urbano, as políticas de suas competências de acordo com os

(*) Publicado no *Diário Oficial da União*, de 16-3-2018.

princípios de sustentabilidade econômica, social e ambiental e ordenação territorial, de forma a buscar a ocupação do solo de maneira eficiente e combinar o seu uso de forma funcional.

§ 2.º A Reurb promovida por meio da legitimação fundiária somente poderá ser aplicada para os núcleos urbanos informais comprovadamente existentes em 22 de dezembro de 2016, nos termos do disposto na Lei n. 13.465, de 11 de julho de 2017, e neste Decreto.

Art. 2.º Constituem objetivos da Reurb, a serem observados pela União, pelos Estados, pelo Distrito Federal e pelos Municípios:

I – identificar os núcleos urbanos informais a serem regularizados, organizá-los e assegurar a prestação de serviços públicos aos seus ocupantes, de modo a melhorar as condições urbanísticas e ambientais em relação à situação de ocupação informal anterior;

II – criar unidades imobiliárias compatíveis com o ordenamento territorial urbano e constituir sobre elas direitos reais em favor dos seus ocupantes;

III – ampliar o acesso à terra urbanizada pela população de baixa renda, de modo a priorizar a permanência dos ocupantes nos próprios núcleos urbanos informais regularizados;

IV – promover a integração social e a geração de emprego e renda;

V – estimular a resolução extrajudicial de conflitos, em reforço à consensualidade e à cooperação entre Estado e sociedade;

VI – garantir o direito social à moradia digna e às condições de vida adequadas;

VII – garantir a efetivação da função social da propriedade;

VIII – ordenar o pleno desenvolvimento das funções sociais da cidade e garantir o bem-estar de seus habitantes;

IX – concretizar o princípio constitucional da eficiência na ocupação e no uso do solo;

X – prevenir e desestimular a formação de novos núcleos urbanos informais;

XI – conceder direitos reais, preferencialmente em nome da mulher; e

XII – franquear a participação dos interessados nas etapas do processo de regularização fundiária.

Art. 3.º Para fins do disposto na Lei n. 13.465, de 2017, e neste Decreto, considera-se:

I – núcleo urbano – assentamento humano, com uso e características urbanas, constituído por unidades imobiliárias com área inferior à fração mínima de parcelamento prevista no art. 8.º da Lei n. 5.868, de 12 de dezembro de 1972, independentemente da propriedade do solo, ainda que situado em área qualificada ou inscrita como rural;

II – núcleo urbano informal – aquele clandestino, irregular ou no qual não tenha sido possível realizar a titulação de seus ocupantes, ainda que atendida a legislação vigente à época de sua implantação ou regularização;

III – núcleo urbano informal consolidado – aquele de difícil reversão, considerados o tempo da ocupação, a natureza das edificações, a localização das vias de circulação e a presença de equipamentos públicos, entre outras circunstâncias a serem avaliadas pelo Município ou pelo Distrito Federal;

IV – demarcação urbanística – procedimento destinado a identificar os imóveis públicos e privados abrangidos pelo núcleo urbano informal e a obter a anuência dos titulares de direitos inscritos nas matrículas ou nas transcrições dos imóveis ocupados para possibilitar a averbação nas matrículas da viabilidade da regularização fundiária, a ser promovida a critério do Município ou do Distrito Federal;

V – Certidão de Regularização Fundiária – CRF – documento expedido pelo Município ou pelo Distrito Federal ao final do procedimento da Reurb, constituído do projeto de regularização fundiária aprovado, do termo de compromisso relativo a sua execução e, no caso da legitimação fundiária e da legitimação de posse, da listagem dos ocupantes do núcleo urbano informal regularizado, da devida qualificação destes e dos direitos reais que lhes foram conferidos;

VI – legitimação de posse – ato do Poder Público destinado a conferir título, por meio do qual fica reconhecida a posse de imóvel objeto da Reurb, conversível em aquisição de direito real de propriedade na forma estabelecida na Lei n. 13.465, de 2017, e neste Decreto, e do qual conste a identificação de seus ocupantes, o tempo da ocupação e a natureza da posse;

VII – legitimação fundiária – mecanismo de reconhecimento da aquisição originária do direito real de propriedade sobre unidade imobiliária objeto de Reurb; e

VIII – ocupante – aquele que mantenha poder de fato sobre o lote ou a fração ideal de imóvel público ou privado em núcleos urbanos informais.

§ 1.º Para fins de Reurb, os Municípios e o Distrito Federal poderão dispensar as exigências relativas ao percentual e às dimensões de áreas destinadas ao uso público, ao tamanho dos lotes regularizados ou a outros parâmetros urbanísticos e edilícios.

§ 2.º O termo de compromisso referido no inciso V do *caput* conterá o cronograma da execução de obras e serviços e da implantação da infraestrutura essencial e poderá prever compensações urbanísticas e ambientais, quando necessárias.

§ 3.º Constatada a existência de núcleo urbano informal situado, total ou parcialmente, em área de preservação permanente ou em área de unidade de conservação de uso sustentável ou de proteção de mananciais definidas pela União, pelos Estados, pelo Distrito Federal ou pelos Municípios, a Reurb observará, também, o disposto nos art. 64 e art. 65 da Lei n. 12.651, de 25 de maio de 2012, e será obrigatória a elaboração de estudo técnico que comprove que as intervenções de regularização fundiária implicam a melhoria das condições ambientais em relação à situação de ocupação informal anterior com a adoção das medidas nele preconizadas, inclusive por meio de compensações ambientais, quando necessárias.

§ 4.º Cabe aos Municípios e ao Distrito Federal a aprovação do projeto de regularização fundiária do núcleo urbano informal de que trata o § 3.º.

§ 5.º Constatada a existência de núcleo urbano informal situado, total ou parcialmente, em área de unidade de conservação de uso sustentável que, nos termos da Lei n. 9.985, de 18 de julho de 2000, admita a regularização, a anuência do órgão gestor da unidade será exigida, desde que estudo técnico comprove que essas intervenções de regularização fundiária impliquem a melhoria das condições ambientais em relação à situação de ocupação informal anterior, o órgão gestor da unidade de conservação de uso sustentável deverá se manifestar, para fins de Reurb, no prazo de noventa dias, contado da data do protocolo da solicitação.

§ 6.º Na hipótese de recusa à anuência a que se refere o § 5.º pelo órgão gestor da unidade, este emitirá parecer, técnica e legalmente fundamentado, que justifique a negativa para realização da Reurb.

§ 7.º Na Reurb em núcleos urbanos informais situados às margens de reservatório artificial de água destinado à geração de energia ou ao abastecimento público, a faixa da área de preservação permanente consistirá na distância entre o nível máximo operativo normal e a cota máxima *maximorum*.

§ 8.º Não é admitida a Reurb em núcleos urbanos informais situados em áreas indispensáveis à segurança nacional ou de interesse da defesa, assim reconhecidas em ato do Presidente da República.

§ 9.º É admitida a Reurb em núcleos urbanos informais situados na faixa de fronteira estabelecida na Lei n. 6.634, de 2 de maio de 1979, exceto na hipótese referida no § 8.º.

§ 10. Consideram-se áreas indispensáveis à segurança nacional para fins do disposto neste Decreto, os locais e as adjacências onde o Presidente da República e o Vice-Presidente da República trabalham ou residem oficialmente durante o mandato presidencial, e das infraestruturas críticas, cujas instalações, serviços e bens, se forem interrompidos ou destruídos, provocarão sérios impactos à sociedade e ao Estado.

§ 11. As infraestruturas críticas cujas instalações, serviços e bens, se forem interrompidos ou destruídos, provocarão sérios impactos à sociedade e ao Estado, serão definidas em ato do Presidente da República, consultado o Gabinete de Segurança Institucional da Presidência da República.

§ 12. Aplica-se o disposto no § 10 quanto às instalações, e às suas adjacências, utilizadas de forma permanente ou não pelo Presidente da República e pelo Vice Presidente da República, conforme indicação definida em ato do Ministro de Estado Chefe do Gabinete de Segurança Institucional da Presidência da República.

§ 13. O disposto na Lei n. 13.465, de 2017, e neste Decreto se aplica aos imóveis localizados em área rural, desde que a unidade imobiliária tenha área inferior à fração mínima de parcelamento prevista no art. 8.º da Lei n. 5.868, de 1972.

§ 14. Após a Reurb de núcleos urbanos informais situados em áreas qualificadas como rurais, os Municípios e o Distrito Federal poderão efetuar o cadastramento das novas unidades imobiliárias, para fins de lançamento dos tributos municipais e distritais.

Art. 4.º A aprovação municipal e distrital da Reurb de que trata o § 4.º do art. 3.º corresponde à aprovação urbanística do projeto de regularização fundiária, e à aprovação ambiental, se o Município tiver órgão ambiental capacitado.

§ 1.º A aprovação ambiental a que se refere o *caput* corresponde à aprovação do estudo técnico ambiental a que se refere o inciso VIII do *caput* do art. 30.

§ 2.º Considera-se órgão ambiental capacitado o órgão municipal que possua, em seus quadros ou à sua disposição, profissionais com atribuição técnica para a análise e a aprovação dos estudos referidos no art. 3.º, independentemente da existência de convênio com os Estados ou com a União.

§ 3.º A aprovação ambiental poderá ser feita pelos Estados, na hipótese de o Município não ter órgão ambiental capacitado.

§ 4.º O estudo técnico ambiental será obrigatório somente para as parcelas dos núcleos urbanos informais situados nas áreas de preservação permanente, nas unidades de conservação de uso sustentável ou nas áreas de proteção de mananciais e poderá ser feito em fases ou etapas e a parte do núcleo urbano informal não afetada pelo estudo poderá ter seu projeto de regularização fundiária aprovado e levado a registro separadamente.

§ 5.º Na Reurb de Interesse Social – Reurb-S, quando houver estudo técnico ambiental, este deverá comprovar que as intervenções da regularização fundiária implicam a melhoria das condições ambientais em relação à situação de ocupação informal anterior com a adoção das medidas nele preconizadas e deverá conter, no mínimo, os seguintes elementos previstos no art. 64 da Lei n. 12.651, de 2012:

I – caracterização da situação ambiental da área a ser regularizada;

II – especificação dos sistemas de saneamento básico;

III – proposição de intervenções para a prevenção e o controle de riscos geotécnicos e de inundações;

IV – recuperação de áreas degradadas e daquelas não passíveis de regularização;

V – comprovação da melhoria das condições de sustentabilidade urbano-ambiental, considerados o uso adequado dos recursos hídricos, a não ocupação das áreas de risco e a proteção das unidades de conservação, quando for o caso;

•• Inciso V com redação determinada pelo Decreto n. 9.597, de 4-12-2018.

VI – comprovação da melhoria da habitabilidade dos moradores propiciada pela regularização proposta; e

VII – demonstração de garantia de acesso livre e gratuito pela população às praias e aos corpos d'água, quando couber.

§ 6.º Na Reurb de Interesse Específico – Reurb-E, quando houver estudo técnico ambiental, este deverá comprovar que as intervenções da regularização fundiária implicam a melhoria das condições ambientais em relação à situação de ocupação informal anterior com a adoção das medidas nele preconizadas e deverá conter, no mínimo, os seguintes elementos previstos no art. 65 da Lei n. 12.651, de 2012:

I – caracterização físico-ambiental, social, cultural e econômica da área;

II – identificação dos recursos ambientais, dos passivos e das fragilidades ambientais e das restrições e potencialidades da área;

III – especificação e a avaliação dos sistemas de infraestrutura urbana e de saneamento básico implantados, além de outros serviços e equipamentos públicos;

IV – identificação das unidades de conservação e das áreas de proteção de mananciais na área de influência direta da ocupação, sejam elas águas superficiais, sejam subterrâneas;

•• Inciso IV com redação determinada pelo Decreto n. 9.597, de 4-12-2018.

V – especificação da ocupação consolidada existente na área;

VI – identificação das áreas consideradas de risco de inundações e de movimentos de massa rochosa, tais como deslizamento, queda e rolamento de blocos, corrida de lama e outras definidas como de risco geotécnico;

VII – indicação das faixas ou áreas em que devem ser resguardadas as características típicas da área de preservação permanente com a proposta de recuperação de áreas degradadas e daquelas não passíveis de regularização;

VIII – avaliação dos riscos ambientais;

IX – comprovação da melhoria das condições de sustentabilidade urbano-ambiental e de habitabilidade dos moradores a partir da regularização; e

X – demonstração de garantia de acesso livre e gratuito pela população às praias e aos corpos d'água, quando couber.

§ 7.º Para fins da regularização ambiental prevista no § 6.º, ao longo dos rios ou de qualquer curso d'água, será mantida faixa não edificável com largura mínima de quinze metros de cada lado.

•• § 7.º com redação determinada pelo Decreto n. 9.597, de 4-12-2018.

§ 8.º Em áreas urbanas tombadas como patrimônio histórico e cultural, a faixa não edificável de que trata o inciso anterior poderá ser redefinida de maneira a atender aos parâmetros do ato do tombamento.

§ 9.º Os estudos de que trata este artigo deverão ser elaborados por profissional legalmente habilitado e estar compatibilizados com o projeto de regularização fundiária e conter, conforme o caso, os elementos constantes dos art. 64 ou art. 65 da Lei n. 12.651, de 25 de maio de 2012.

Art. 5.º A Reurb compreende duas modalidades:

I – Reurb-S – regularização fundiária aplicável aos núcleos urbanos informais ocupados predominantemente por população de baixa renda, assim declarados em ato do Poder Público municipal ou distrital; e

II – Reurb-E – regularização fundiária aplicável aos núcleos urbanos informais ocupados por população não qualificada na hipótese de que trata o inciso I.

§ 1.º Serão isentos de custas e emolumentos, entre outros, os atos registrais relacionados à Reurb-S conforme disposto no Capítulo V.

§ 2.º O registro dos atos de que trata § 1.º independe da comprovação do pagamento de tributos ou de penalidades tributárias.

§ 3.º O disposto nos § 1.º e § 2.º aplica-se também à Reurb-S que tenha por objeto conjuntos habitacionais ou condomínios de interesse social construídos pelo Poder Público, diretamente ou por meio da administração pública indireta, que já tenham sido implantados em 22 de dezembro de 2016.

§ 4.º No mesmo núcleo urbano informal poderá haver as duas modalidades de Reurb, desde que a parte ocupada predominantemente por população de baixa renda seja regularizada por meio de Reurb-S e o restante do núcleo por meio de Reurb-E.

•• § 4.º com redação determinada pelo Decreto n. 9.597, de 4-12-2018.

§ 5.º Na Reurb, os Municípios e o Distrito Federal poderão admitir o uso misto de atividades como forma de promover a integração social e a geração de emprego e renda no núcleo urbano informal regularizado.

•• § 5.º com redação determinada pelo Decreto n. 9.597, de 4-12-2018.

§ 6.º A regularização fundiária de núcleos urbanos informais constituídos por unidades imobiliárias não residenciais poderá ser feita por meio de Reurb-E.

§ 7.º A classificação da modalidade da Reurb de unidades imobiliárias residenciais ou não residenciais integrantes de núcleos urbanos informais poderá ser feita, a critério do Município ou do Distrito Federal, ou quando for o caso, dos Estados e da União, de forma integral, por partes ou de forma isolada por unidade imobiliária.

§ 8.º A classificação da modalidade visa exclusivamente à identificação dos responsáveis pela implantação ou adequação das obras da infraestrutura essencial e ao reconhecimento do direito à gratuidade das custas e dos emolumentos notariais e registrais em favor daqueles a quem for atribuído o domínio das unidades imobiliárias regularizadas.

§ 9.º Os cartórios que não cumprirem o disposto neste artigo, que retardarem ou não efetuarem o registro de acordo com as normas previstas neste Decreto, por ato não justificado, ficarão sujeitos às sanções previstas no art. 44 da Lei n. 11.977, de 2009, observado o disposto nos § 3.º-A e § 3.º-B do art. 30 da Lei n. 6.015, de 31 de dezembro de 1973.

§ 10. A partir da disponibilidade de equipamentos e infraestrutura para prestação de serviço público de abastecimento de água, coleta de esgoto, distribuição de energia elétrica, ou outros serviços públicos, é obrigatório aos beneficiários do Reurb realizar a conexão da edificação que ocupem à rede de água, de coleta de esgoto ou de distribuição de energia elétrica e adotar as demais providências necessárias à utilização do serviço, exceto se houver disposição em contrário na legislação municipal ou distrital.

Art. 6.º Para a classificação da Reurb na modalidade Reurb-S, a composição ou a faixa da renda familiar para definição de população de baixa renda poderá ser estabelecida em ato do Poder Público municipal ou distrital, consideradas as peculiaridades locais e regionais de cada ente federativo.

Parágrafo único. A renda familiar prevista no *caput* não poderá ser superior ao quíntuplo do salário mínimo vigente no País.

Art. 7.º Poderão requerer a instauração da Reurb:

I – a União, os Estados, o Distrito Federal e os Municípios, diretamente ou por meio de entidades da administração pública indireta;

II – os seus beneficiários, individual ou coletivamente, diretamente ou por meio de cooperativas habitacionais, associações de moradores, fundações, organizações sociais, organizações da sociedade civil de interesse público ou outras associações civis que tenham por finalidade atuar nas áreas de desenvolvimento urbano ou de regularização fundiária urbana;

III – os proprietários dos imóveis ou dos terrenos, os loteadores ou os incorporadores;

IV – a Defensoria Pública, em nome dos beneficiários hipossuficientes; e

V – o Ministério Público.

§ 1.º Os legitimados poderão promover os atos necessários à regularização fundiária, inclusive requerer os atos de registro.

§ 2.º Nas hipóteses de parcelamento do solo, de conjunto habitacional ou de condomínio informal, empreendidos por particular, a conclusão da Reurb confere direito de regresso àqueles que suportarem os seus custos e as suas obrigações contra os responsáveis pela implantação dos núcleos urbanos informais.

•• § 2.º com redação determinada pelo Decreto n. 9.597, de 4-12-2018.

§ 3.º O requerimento de instauração da Reurb pelos proprietários de terreno, pelos loteadores ou pelos incorporadores que tenham dado causa à formação de núcleos urbanos informais, ou por seus sucessores, não os eximirá de responsabilidades administrativa, civil ou criminal.

Capítulo II
DOS INSTRUMENTOS DA REGULARIZAÇÃO FUNDIÁRIA URBANA

Seção I
Disposições gerais

Art. 8.º Os seguintes institutos jurídicos poderão ser empregados no âmbito da Reurb, sem prejuízo de outros considerados adequados:

I – a legitimação fundiária e a legitimação de posse, nos termos da Lei n. 13.465, de 2017, e deste Decreto;

II – o usucapião, nos termos do art. 1.238 ao art. 1.244 da Lei n. 10.406, de 10 de janeiro de 2002 – Código Civil, do art. 9.º ao art. 14 da Lei n. 10.257, de 10 de julho de 2001, e do art. 216-A da Lei n. 6.015, de 1973;

III – a desapropriação em favor dos possuidores, nos termos dos § 4.º e § 5.º do art. 1.228 da Lei n. 10.406, de 2002 – Código Civil;

IV – a arrecadação de bem vago, nos termos do art. 1.276 da Lei n. 10.406, de 2002 – Código Civil;

V – o consórcio imobiliário, nos termos do art. 46 da Lei n. 10.257, de 2001;

VI – a desapropriação por interesse social, nos termos do inciso IV do *caput* do art. 2.º da Lei n. 4.132, de 10 de setembro de 1962;

VII – o direito de preempção, nos termos do inciso I do *caput* do art. 26 da Lei n. 10.257, de 2001;

VIII – a transferência do direito de construir, nos termos do inciso III do *caput* do art. 35 da Lei n. 10.257, de 2001;

IX – a requisição, em caso de perigo público iminente, nos termos do § 3.º do art. 1.228 da Lei n. 10.406, de 2002 – Código Civil;

X – a intervenção do Poder Público em parcelamento clandestino ou irregular, nos termos do art. 40 da Lei n. 6.766, de 19 de dezembro de 1979;

XI – a alienação de imóvel pela administração pública diretamente para o seu detentor, nos termos da alínea *f* do inciso I do *caput* do art. 17 da Lei n. 8.666, de 21 de junho de 1993;

XII – a concessão de uso especial para fins de moradia;

XIII – a concessão de direito real de uso;

XIV – a doação;

XV – a compra e venda;

XVI – o condomínio de lotes a que se refere o Capítulo VII;

XVII – o loteamento de acesso controlado a que se refere o art. 78 da Lei n. 13.465, de 2017; e

XVIII – o condomínio urbano simples a que se refere o Capítulo IX.

Parágrafo único. Na Reurb, poderão ser utilizados mais de um dos instrumentos previstos neste artigo.

Art. 9.º Na Reurb-E, promovida sobre bem público, se houver solução consensual, a aquisição de direitos reais pelo particular ficará condicionada ao pagamento do valor justo da unidade imobiliária regularizada, a ser apurado na forma estabelecida em ato do Poder Público titular do domínio e não serão considerados o valor das acessões e benfeitorias feitas pelo ocupante e a valorização decorrente da implantação dessas acessões e benfeitorias.

Parágrafo único. As áreas de propriedade do Poder Público registradas no cartório de registro de imóveis que sejam objeto de ação judicial que verse sobre a sua titularidade poderão ser objeto de Reurb-E, desde que celebrado acordo judicial ou extrajudicial, na forma estabelecida na Lei n. 13.465, de 2017, e neste Decreto, homologado pelo juiz.

Art. 10. Na Reurb-S, promovida sobre bem público, o registro projeto de regularização fundiária e a constituição de direito real em nome dos beneficiários poderão ser feitas em ato único, a critério do Poder Público promovente.

§ 1.º Na hipótese a que se refere o *caput*, serão encaminhados ao cartório de registro de imóveis o instrumento indicativo do direito real constituído, a listagem dos ocupantes que serão beneficiados pela Reurb e as suas qualificações, com a indicação de suas unidades, dispensada a apresentação de título cartorial individualizado e de cópias da documentação referente à qualificação de cada beneficiário.

§ 2.º A qualificação dos beneficiários a que se refere o § 1.º será constituída de:

I – nome completo;

II – estado civil; e

III – número de inscrição no Cadastro de Pessoas Físicas – CPF.

§ 3.º Poderá haver mais de um documento indicativo do direito real constituído em um núcleo urbano informal e caberá ao Poder Público titular do domínio indicar a qual direito real cada beneficiário faz jus.

§ 4.º O procedimento previsto neste artigo poderá ser aplicado no todo ou em parte do núcleo urbano informal e as unidades que não se enquadrarem neste artigo poderão ser tituladas individualmente.

§ 5.º A listagem dos ocupantes e o instrumento indicativo do direito real constituído, previstos no § 1.º, poderão ser encaminhados ao cartório de registro de imóveis em momento posterior ao registro da CRF.

§ 6.º Na Reurb-S promovida pela União, pelos Estados ou pelo Distrito Federal em áreas de suas propriedades, caberá a estes a definição do instrumento indicativo do direito real constituído e a listagem dos ocupantes a serem beneficiados, que poderão ser encaminhados ao cartório de registro de imóveis juntamente com a CRF ou em momento posterior, conforme previsto no § 5.º.

Art. 11. Os Municípios e o Distrito Federal poderão instituir, como instrumento de planejamento urbano, Zonas Especiais de Interesse Social – Zeis, no âmbito da política de ordenamento do seu território.

§ 1.º Para efeitos do disposto na Lei n. 13.465, de 2017, e neste Decreto, considera-se Zeis a parcela de área urbana instituída pelo plano diretor ou por outra lei municipal ou distrital, destinada preponderantemente à população de baixa renda e sujeita a regras específicas de parcelamento, uso e ocupação do solo.

§ 2.º A Reurb não ficará condicionada à existência de Zeis.

Seção II
Da Demarcação Urbanística

Art. 12. O Poder Público poderá utilizar o procedimento de demarcação urbanística, com base no levantamento da situação da área a ser regularizada e na caracterização do núcleo urbano informal a ser regularizado.

§ 1.º O auto de demarcação urbanística será instruído com os seguintes documentos:

I – planta e memorial descritivo da área a ser regularizada, dos quais constarão:

a) as medidas perimetrais;

b) a área total;

c) os confrontantes;

d) as coordenadas georreferenciadas dos vértices definidores de seus limites;

e) os números das matrículas ou das transcrições atingidas;

f) a indicação dos proprietários identificados; e

g) a ocorrência de situações de domínio privado com proprietários não identificados em razão de descrições imprecisas dos registros anteriores; e

II – planta de sobreposição do imóvel demarcado com a situação da área constante do registro dos imóveis.

§ 2.º O auto de demarcação urbanística poderá abranger uma parte ou a totalidade de um ou mais imóveis que se enquadrem em uma ou mais das seguintes hipóteses:

I – domínio privado com proprietários não identificados, em razão de descrições imprecisas dos registros anteriores;

II – domínio privado registrado no cartório de registro de imóveis competente, ainda que de proprietários distintos; ou

III – domínio público.

§ 3.º O procedimento de demarcação urbanísticas não constitui condição para o processamento e a efetivação da Reurb.

Art. 13. O Poder Público notificará os titulares de domínio e os confrontantes da área demarcada, pessoalmente ou por via postal, com aviso de recebimento, no endereço que constar da matrícula ou da transcrição, para, que estes, querendo, apresentem impugnação à demarcação urbanística, no prazo comum de trinta dias.

§ 1.º Os titulares de domínio ou os confrontantes não identificados, não encontrados ou que recusarem o recebimento da notificação por via postal serão notificados por edital, para que apresentem impugnação à demarcação urbanística, no prazo comum de trinta dias, contado da data da notificação.

§ 2.º O edital de que trata o § 1.º conterá resumo do auto de demarcação urbanística, com a descrição que permita a identificação da área a ser demarcada e o seu desenho simplificado.

§ 3.º A ausência de manifestação dos indicados neste artigo será interpretada como concordância com a demarcação urbanística.

§ 4.º Apresentada a impugnação apenas em relação a parte da área objeto do auto de demarcação urbanística, é facultado ao Poder Público prosseguir com o procedimento em relação à parcela não impugnada.

§ 5.º A critério do Poder Público municipal ou distrital, as medidas de que trata o art. 12 poderão ser realizadas pelo cartório de registro de imóveis do local do núcleo urbano informal a ser regularizado.

§ 6.º A notificação conterá a advertência de que a ausência de impugnação implicará a perda de eventual direito de que o notificado titularize sobre o imóvel objeto da Reurb.

Art. 14. Na hipótese de apresentação de impugnação, procedimento extrajudicial de composição de conflitos poderá ser adotado.

§ 1.º Caso exista demanda judicial de que o impugnante seja parte e que verse sobre direitos reais ou possessórios relativos ao imóvel abrangido pela demarcação urbanística, este deverá informá-la ao Poder Público, o qual comunicará ao juízo a existência do procedimento de que trata o *caput*.

§ 2.º Para subsidiar o procedimento de que trata o *caput*, será feito levantamento de eventuais passivos tributários, ambientais e administrativos associados ao imóvel objeto da impugnação, assim como das posses existentes, com vistas à identificação de casos de prescrição aquisitiva da propriedade.

§ 3.º A mediação observará o disposto na Lei n. 13.140, de 26 de junho de 2015, facultado ao Poder Público promover a alteração do auto de demarcação urbanística ou adotar qualquer outra medida que possa afastar a oposição do proprietário ou dos confrontantes à regularização da área ocupada.

§ 4.º Fica facultado o emprego da arbitragem caso não seja obtido acordo na fase de mediação.

Art. 15. Decorrido o prazo sem impugnação ou superada a oposição ao procedimento, o auto de demarcação urbanística será encaminhado ao cartório de registro de imóveis e averbado nas matrículas por ele alcançadas.

§ 1.º A averbação informará:

I – a área total e o perímetro correspondente ao núcleo urbano informal a ser regularizado;

II – as matrículas alcançadas pelo auto de demarcação urbanística e, quando possível, a área abrangida em cada uma delas; e

III – a existência de áreas cuja origem não tenha sido identificada em razão de imprecisões dos registros anteriores.

§ 2.º Na hipótese de o auto de demarcação urbanística incidir sobre imóveis ainda não matriculados previamente à averbação, será aberta matrícula, que refletirá a situação registrada do imóvel, dispensadas a retificação do memorial descritivo e a apuração de área remanescente.

§ 3.º Na hipótese de registro anterior efetuado em outra circunscrição, para abertura da matrícula de que trata o § 2.º, o oficial requererá, de ofício, certidões atualizadas daquele registro.

§ 4.º Na hipótese de a demarcação urbanística abranger imóveis situados em mais de uma circunscrição imobiliária, o oficial do cartório de registro de imóveis responsável pelo procedimento comunicará as demais circunscrições imobiliárias envolvidas para averbação da demarcação urbanística nas matrículas alcançadas.

§ 5.º A demarcação urbanística será averbada ainda que a área abrangida pelo auto de demarcação urbanística supere a área disponível nos registros anteriores.

§ 6.º Para a averbação da demarcação urbanística, a retificação da área não abrangida pelo auto de demarcação urbanística não será exigida e a apuração de área remanescente será de responsabilidade do proprietário do imóvel atingido.

Seção III
Da Legitimação Fundiária

Art. 16. A legitimação fundiária constitui forma originária de aquisição do direito real de propriedade conferido por ato do Poder Público, exclusivamente no âmbito da Reurb, àquele que detiver em área pública ou possuir em área privada, como sua, unidade imobiliária com destinação urbana, integrante de núcleo urbano informal consolidado existente em 22 de dezembro de 2016.

•• *Caput* com redação determinada pelo Decreto n. 9.597, de 4-12-2018.

§ 1.º Apenas na Reurb-S, a legitimação fundiária será concedida ao beneficiário desde que atendidas as seguintes condições:

I – não ser o beneficiário concessionário, foreiro ou proprietário de imóvel urbano ou rural;

II – não ter sido o beneficiário contemplado com por legitimação de posse ou fundiária de imóvel urbano com a mesma finalidade, ainda que situado em núcleo urbano distinto; e

III – quanto a imóvel urbano com finalidade não residencial, ser reconhecido, pelo Poder Público, o interesse público de sua ocupação.

§ 2.º Por meio da legitimação fundiária, em quaisquer das modalidades da Reurb, o ocupante adquire a unidade imobiliária com destinação urbana livre e desembaraçada de quaisquer ônus, direitos reais, gravames ou inscrições, eventualmente existentes em sua matrícula ou transcrição de origem, exceto quando disserem respeito ao próprio beneficiário.

§ 3.º As inscrições, as indisponibilidades e os gravames existentes no registro da área maior originária serão transportados para as matrículas das unidades imobiliárias que não houverem sido adquiridas por legitimação fundiária.

§ 4.º Na Reurb-S de imóveis públicos, a União, os Estados, o Distrito Federal e os Municípios e as suas entidades vinculadas, quando titulares do domínio, ficam autorizados a reconhecer o direito de propriedade aos ocupantes do núcleo urbano informal regularizado por meio da legitimação fundiária.

§ 5.º Na legitimação fundiária, o Poder Público encaminhará ao cartório de registro de imóveis, para registro imediato da aquisição de propriedade, a CRF, dispensados a apresentação de título individualizado e as cópias da documentação referente à qualificação do beneficiário, o projeto de regularização fundiária aprovado, a listagem dos ocupantes e a sua devida qualificação e a identificação das áreas que estes ocupam.

§ 6.º Para fins do disposto no § 5.º, a CRF será acompanhada exclusivamente pelo projeto de regularização fundiária aprovado, a listagem dos ocupantes, com a sua qualificação, e a identificação das áreas ocupadas.

§ 7.º O Poder Público poderá atribuir domínio adquirido por legitimação fundiária aos ocupantes que não tenham constado da listagem inicial, por meio de cadastramento complementar, sem prejuízo dos direitos de quem tenha constado da listagem inicial.

§ 8.º O procedimento previsto neste artigo poderá ser aplicado no todo ou em parte do núcleo urbano informal e as unidades que não tenham sido regularizadas por meio da legitimação fundiária poderão ser regularizadas por meio de outro instrumento previsto em lei.

Art. 17. Nos casos de regularização fundiária urbana previstos na Lei n. 11.952, de 2009, os Municípios e o Distrito Federal poderão utilizar a legitimação fundiária e os demais instrumentos previstos na Lei n. 13.465, de 2017, para conferir propriedade aos ocupantes.

Parágrafo único. Na hipótese a que se refere o *caput*, o órgão público municipal ou distrital responsável deverá promover a Reurb nos termos estabelecidos na Lei n. 13.465, de 2017, e neste Decreto.

Seção IV
Da Legitimação de Posse

Art. 18. A legitimação de posse, instrumento de uso exclusivo para fins de regularização fundiária, constitui ato do Poder Público destinado a conferir título, por meio do qual fica reconhecida a posse de imóvel objeto da Reurb, com a identificação de seus ocupantes, do tempo da ocupação e da natureza da posse, o qual poderá ser convertido em direito real de propriedade, na forma estabelecida na Lei n. 13.465, de 2017, e neste Decreto.

•• *Caput* com redação determinada pelo Decreto n. 9.597, de 4-12-2018.

§ 1.º A legitimação de posse poderá ser transferida por *causa mortis* ou por ato *inter vivos*.

§ 2.º A legitimação de posse não se aplica aos imóveis urbanos situados em área de titularidade do Poder Público.

§ 3.º O possuidor pode, para o fim de contar o tempo exigido pela legislação específica, acrescentar à sua posse a dos seus antecessores, nos termos estabelecidos no art. 1.243 da Lei n. 10.406, de 2002 – Código Civil.

Art. 19. Sem prejuízo dos direitos decorrentes do exercício da posse mansa e pacífica no tempo, aquele em cujo favor for expedido título de legitimação de posse, decorrido o prazo de cinco anos, contado da data do seu registro, terá a conversão automática deste em título de propriedade, desde que atendidos os termos e as condições previstos no art. 183 da Constituição, independentemente de provocação prévia ou da prática de ato registral.

§ 1.º Nas hipóteses não contempladas no art. 183 da Constituição, o título de legitimação de posse poderá ser convertido em título de propriedade, desde que satisfeitos os requisitos do usucapião, estabelecidos em lei, a requerimento do interessado, perante o cartório de registro de imóveis.

§ 2.º A legitimação de posse, após convertida em propriedade, constitui forma originária de aquisição de direito real, de modo que a unidade imobiliária com destinação urbana regularizada restará livre e desembaraçada de quaisquer ônus, direitos reais, gravames ou inscrições existentes em sua matrícula ou transcrição de origem, exceto quando disserem respeito ao próprio beneficiário.

§ 3.º Poderão ser utilizados diferentes meios de prova para a comprovação dos prazos de tempo de posse necessários para a conversão do título de posse em título de propriedade nos termos do *caput* e do § 1.º.

Art. 20. O título de legitimação de posse poderá ser cancelado pelo Poder Público emitente quando constatado que as condições estabelecidas na Lei n. 13.465, de 2017, e neste Decreto deixaram de ser satisfeitas, sem que seja devida qualquer indenização àquele que irregularmente se beneficiou do instrumento.

Parágrafo único. Após efetuado o procedimento a que se refere o *caput*, o Poder Público solicitará ao oficial do cartório de registro de imóveis a averbação do seu cancelamento.

Capítulo III
DO PROCEDIMENTO ADMINISTRATIVO

Seção I
Disposições Gerais

Art. 21. A Reurb obedecerá às seguintes fases:

I – requerimento dos legitimados;

II – processamento administrativo do requerimento, no qual será conferido prazo para manifestação dos titulares de direitos reais sobre o imóvel e dos confrontantes;

III – elaboração do projeto de regularização fundiária;

IV – saneamento do processo administrativo;

V – decisão da autoridade competente, por meio de ato formal, ao qual será dado publicidade;

VI – expedição da CRF pelo Município ou pelo Distrito Federal; e

VII – registro da CRF e do projeto de regularização fundiária aprovado no cartório de registro de imóveis em que se situe a unidade imobiliária com destinação urbana regularizada.

§ 1.º O termo de compromisso será assinado, também, por duas testemunhas, de modo a formar título executivo extrajudicial na forma estabelecida no inciso III do *caput* do art. 784 da Lei n. 13.105, de 16 de março de 2015 – Código de Processo Civil.

§ 2.º A elaboração do projeto de regularização fundiária é obrigatória para qualquer Reurb, independentemente do instrumento que tenha sido utilizado para a titulação, exceto:

I – na hipótese prevista no art. 69 da Lei n. 13.465, de 2017, e

II – quando se tratar de núcleos urbanos já regularizados e registrados em que a titulação de seus ocupantes se encontre pendente.

§ 3.º Na elaboração do projeto de regularização fundiária, fica dispensada a apresentação da Anotação de Responsabilidade Técnica – ART ou do Registro de Responsabilidade Técnica – RRT quando o responsável técnico for servidor ou empregado público.

§ 4.º Não impedirá a Reurb, na forma estabelecida na Lei n. 13.465, de 2017, e neste Decreto, a inexistência de lei municipal específica que trate de medidas ou posturas de interesse local, aplicáveis a projetos de regularização fundiária urbana.

Art. 22. A fim de fomentar a implantação das medidas da Reurb, os entes federativos poderão celebrar convênios ou outros instrumentos congêneres com o Ministério das Cidades, com vistas a cooperar para a fiel execução do disposto neste Decreto.

Art. 23. Compete aos Municípios nos quais estejam situados os núcleos urbanos informais a serem regularizados e ao Distrito Federal:

I – classificar, caso a caso, as modalidades da Reurb;

II – processar, analisar e aprovar os projetos de regularização fundiária; e

III – emitir a CRF.

§ 1.º Na Reurb requerida pela União ou pelos Estados, a classificação prevista no inciso I do *caput* será de responsabilidade do ente federativo instaurador.

§ 2.º O Município ou o Distrito Federal deverá classificar e fixar, no prazo de cento e oitenta dias, uma das modalidades da Reurb ou indeferir, fundamentadamente, o requerimento.

§ 3.º A inércia do Município ou do Distrito Federal implicará a fixação automática da modalidade de classificação da Reurb indicada pelo legitimado em seu requerimento e o prosseguimento do procedimento administrativo da Reurb, sem prejuízo de futura revisão da classificação pelo Município ou pelo Distrito Federal, por meio de estudo técnico que a justifique.

Art. 24. Instaurada a Reurb, o Município ou o Distrito Federal deverá proceder às buscas necessárias para determinar a titularidade do domínio dos imóveis onde está situado o núcleo urbano informal a ser regularizado.

§ 1.º Caberá ao Poder Público municipal ou distrital notificar os titulares de domínio, os responsáveis pela implantação do núcleo urbano informal, os confinantes e os terceiros eventualmente interessados, para que apresentem impugnação no prazo de trinta dias, contado da data de recebimento da notificação.

•• § 1.º com redação determinada pelo Decreto n. 9.597, de 4-12-2018.

§ 2.º Quanto aos imóveis públicos municipais ou distritais, o Município ou o Distrito Federal, conforme o caso, notificará os confinantes e os terceiros eventualmente interessados, para que apresentem impugnação no prazo de trinta dias, contado da data de recebimento da notificação.

•• § 2.º com redação determinada pelo Decreto n. 9.597, de 4-12-2018.

§ 3.º O Poder Público municipal ou distrital poderá promover alterações no projeto de regularização fundiária em decorrência do acolhimento, total ou parcial, das impugnações referidas nos § 1.º e § 2.º.

§ 4.º A notificação do proprietário e dos confinantes será feita por via postal com aviso de recebimento, no endereço que constar da matrícula ou da transcrição do imóvel e será considerada efetuada quando comprovada a entrega nesse endereço.

§ 5.º A notificação da Reurb também será feita por meio de publicação de edital, com prazo de trinta dias, do qual deverá constar, de forma resumida, a descrição da área a ser regularizada, nos seguintes casos:

I – do proprietário e dos confinantes não encontrados; e

II – de recusa da notificação por qualquer motivo.

§ 6.º A ausência de manifestação dos titulares de domínio, dos responsáveis pela implantação do núcleo urbano informal, dos confinantes e dos terceiros eventualmente interessados será interpretada como concordância com a Reurb.

§ 7.º O procedimento extrajudicial de composição de conflitos será iniciado caso a impugnação não seja acolhida.

§ 8.º A notificação conterá a advertência de que a ausência de impugnação implicará a perda de eventual direito de que o notificado titularize sobre o imóvel objeto da Reurb.

§ 9.º Apresentada a impugnação apenas em relação a parte da área objeto da Reurb, é facultado ao Poder Público municipal ou distrital prosseguir com a Reurb em relação à parcela não impugnada.

§ 10. O Poder Público municipal ou distrital poderá rejeitar a impugnação infundada, por meio de ato fundamentado do qual constem as razões pelas quais assim a considerou, e dar seguimento à Reurb se o impugnante não apresentar recurso no prazo de quinze dias, contado da data da notificação da decisão de rejeição.

§ 11. Na hipótese de interposição de recurso, o impugnante apresentará as suas razões ao Município ou ao Distrito Federal e, caso não haja consenso, o Poder Público municipal ou distrital poderá iniciar o procedimento extrajudicial de composição de conflitos.

•• § 11 com redação determinada pelo Decreto n. 9.597, de 4-12-2018.

§ 12. Considera-se infundada a impugnação que:

I – não indicar, de forma plausível, onde e de que forma a Reurb avança na propriedade do impugnante;

II – não apresentar motivação, ainda que sumária; ou

III – versar sobre matéria estranha ao procedimento da Reurb em andamento.

§ 13. Caso algum dos imóveis atingidos ou confinantes não esteja matriculado ou transcrito na serventia, o Distrito Federal ou o Município realizará diligências junto às serventias anteriormente competentes, por meio da apresentação da planta do perímetro regularizado, a fim de que a sua situação jurídica atual seja certificada, caso possível.

•• § 13 com redação determinada pelo Decreto n. 9.597, de 4-12-2018.

§ 14. O requerimento de instauração da Reurb ou, na forma do regulamento, a manifestação de interesse nesse sentido por parte de quaisquer dos legitimados garante, perante o Poder Público, aos ocupantes dos núcleos urbanos informais situados em áreas públicas a serem regularizados a permanência em suas unidades imobiliárias, preservadas as situações de fato já existentes, até o eventual arquivamento definitivo do procedimento da Reurb.

§ 15. Na Reurb-E, compete ao requerente legitimado fornecer as certidões que comprovem a titularidade de domínio da área, providenciar o levantamento topográfico georreferenciado e apresentar o memorial descritivo da área e a planta do perímetro do núcleo urbano informal com demonstração, quando possível, das matrículas ou das transcrições atingidas.

§ 16. Fica dispensado o disposto neste artigo, caso adotados os procedimentos da demarcação urbanística.

Art. 25. A Reurb será instaurada por decisão do Município, por meio de requerimento, por escrito, de um dos legitimados de que trata este Decreto.

Parágrafo único. Na hipótese de indeferimento do requerimento de instauração da Reurb, a decisão do Município ou do Distrito Federal deverá indicar as medidas a serem adotadas com vistas à reformulação e à reavaliação do requerimento, quando for o caso.

Art. 26. Instaurada a Reurb, compete ao Município ou ao Distrito Federal aprovar o projeto de regularização fundiária, do qual deverão constar as responsabilidades das partes envolvidas.

§ 1.º A elaboração e o custeio do projeto de regularização fundiária e da implantação da infraestrutura essencial obedecerão aos seguintes procedimentos:

I – na Reurb-S:

a) operada sobre área de titularidade de ente público, caberá ao referido ente público ou ao Município ou ao Distrito Federal a responsabilidade de elaborar o projeto de regularização fundiária, nos termos do ajuste que venha a ser celebrado e a implantação da infraestrutura essencial, quando necessária; e

b) operada sobre área titularizada por particular, caberá ao Município ou ao Distrito Federal a responsabilidade de elaborar e custear o projeto de regularização fundiária e a implantação da infraestrutura essencial, quando necessária.

II – na Reurb-E, a regularização fundiária será contratada e custeada por seus potenciais beneficiários ou requerentes privados.

§ 2.º Na Reurb-E sobre áreas públicas, se houver interesse público, o Município ou o Distrito Federal poderá elaborar e custear o projeto de regularização fundiária e a implantação da infraestrutura essencial, com cobrança posterior aos seus beneficiários.

•• § 2.º com redação determinada pelo Decreto n. 9.597, de 4-12-2018.

§ 3.º Os custos a que se referem o inciso II do § 1.º e o § 2.º incluem a elaboração do projeto de regularização fundiária, as compensações urbanísticas e ambientais, e a implantação da infraestrutura essencial, quando necessária.

•• § 3.º com redação determinada pelo Decreto n. 9.597, de 4-12-2018.

§ 4.º Quando a área a ser regularizada for pública, termo de compromisso poderá ser celebrado entre o Poder Público titular e o Poder Público municipal ou distrital para fins de elaboração do projeto de regularização fundiária e implantação da infraestrutura essencial, dos equipamentos comunitários e das melhorias habitacionais previstas nos projetos de regularização fundiária.

Art. 27. Os Municípios e o Distrito Federal poderão criar câmaras de prevenção e resolução administrativa de conflitos, no âmbito da administração local, inclusive mediante celebração de ajustes com os Tribunais de Justiça Estaduais, as quais detenham competência para dirimir conflitos relacionados à Reurb, mediante solução consensual.

§ 1.º O modo de composição e funcionamento das câmaras de que trata o *caput* será estabelecido em ato do Poder Executivo municipal ou distrital e, na falta deste, pelo disposto na Lei n. 13.140, de 26 de junho de 2015.

§ 2.º Se houver consenso entre as partes, o acordo será reduzido a termo e constituirá condição para a conclusão da Reurb, com consequente expedição da CRF.

§ 3.º Os Municípios e o Distrito Federal poderão instaurar, de ofício ou mediante provocação, procedimento de mediação coletiva de conflitos relacionados à Reurb.

•• § 3.º com redação determinada pelo Decreto n. 9.597, de 4-12-2018.

§ 4.º A instauração de procedimento administrativo para a resolução consensual de conflitos no âmbito da Reurb suspende a prescrição.

§ 5.º Os Municípios e o Distrito Federal poderão, mediante a celebração de convênio, utilizar os Centros Judiciários de Solução de Conflitos e Cidadania ou as câmaras de mediação credenciadas perante os Tribunais de Justiça.

Seção II
Do Levantamento Topográfico Georreferenciado

Art. 28. Para fins do disposto neste Decreto, considera-se levantamento topográfico georreferenciado o conjunto de:

I – levantamento planialtimétrico e cadastral, com georreferenciamento, de que trata o inciso I do *caput* do art. 35 da Lei n. 13.465, de 2017;

II – outros levantamentos georreferenciados necessários para a elaboração do projeto de regularização fundiária;

III – planta do perímetro;

IV – memorial descritivo;

V – descrições técnicas das unidades imobiliárias; e

VI – outros documentos em que se registrem os vértices definidores de limites, com o uso de métodos e tecnologias que estiverem à disposição e que se adequarem melhor às necessidades, segundo a economicidade e a eficiência em sua utilização.

Art. 29. Os levantamentos topográficos georreferenciados serão realizados conforme as normas técnicas para serviços topográficos da Associação Brasileira de Normas Técnicas – ABNT, o disposto no Decreto n. 89.817, de 20 de junho de 1984, as normas técnicas da Diretoria do Serviço Geográfico do Exército Brasileiro e serão acompanhados de ART ou de RRT.

§ 1.º Os limites das unidades imobiliárias serão definidos por vértices georreferenciados ao Sistema Geodésico Brasileiro.

§ 2.º O vértice definidor do limite terá natureza tridimensional e será definido por suas coordenadas de latitude, longitude e altitude geodésicas.

§ 3.º O erro posicional esférico do vértice definidor de limite deverá ser igual ou menor a oito centímetros de raio.

§ 4.º O erro posicional de que trata o § 3.º terá menor magnitude conforme a avaliação do impacto da propagação dos erros, considerados o desenvolvimento de projetos urbanísticos e de infraestruturas, o registro de propriedade, a prevenção de riscos e os demais projetos de arquitetura e engenharia.

§ 5.º O responsável técnico realizará a avaliação dos impactos da propagação dos erros de que trata o § 4.º, previamente à execução do levantamento topográfico georreferenciado.

§ 6.º O levantamento topográfico georreferenciado será remetido eletronicamente pelo profissional legalmente habilitado ou pelo órgão público responsável pela sua execução ao Sistema Nacional de Gestão de Informações Territoriais na forma estabelecida no Manual Operacional do referido Sistema.

§ 7.º O Sistema Nacional de Gestão de Informações Territoriais disponibilizará serviço geoespacial de visualização do levantamento topográfico georreferenciado e das parcelas confrontantes para auxiliar os Poderes Públicos, os gestores de cadastro imobiliário e os oficiais de cartório de registro de imóveis na conferência do posicionamento, das distâncias, dos vértices, dos ângulos e da áreas, para fins de obtenção do código identificador unívoco do imóvel em âmbito nacional, previsto no § 1.º do art. 8.º do Decreto n. 8.764, de 10 de maio de 2016.

•• O Decreto n. 8.764, de 10-5-2016, foi revogado pelo Decreto n. 11.208, de 26-9-2022.

Seção III
Do Projeto de Regularização Fundiária

Art. 30. O projeto de regularização fundiária conterá, no mínimo:

I – levantamento planialtimétrico e cadastral com georreferenciamento, subscrito por profissional legalmente habilitado, acompanhado de ART ou de RRT, que demonstrará as unidades, as construções, o sistema viário, as áreas públicas, os acidentes geográficos e os demais elementos caracterizadores do núcleo a ser regularizado;

•• Inciso I com redação determinada pelo Decreto n. 9.597, de 4-12-2018.

II – planta do perímetro do núcleo urbano informal com demonstração das matrículas ou das transcrições atingidas, quando possível;

III – estudo preliminar das desconformidades e das situações jurídica, urbanística e ambiental;

IV – projeto urbanístico;

V – memorial descritivo;

VI – proposta de soluções para questões ambientais, urbanísticas e de reassentamento dos ocupantes, quando for o caso;

VII – estudo técnico para situação de risco, quando for o caso;

VIII – estudo técnico ambiental, quando for o caso;

IX – cronograma físico de serviços e implantação de obras de infraestrutura essencial, compensações urbanísticas, ambientais e outras, quando houver, definidas por ocasião da aprovação do projeto de regularização fundiária; e

X – termo de compromisso a ser assinado pelos responsáveis, públicos ou privados, para cumprimento do cronograma físico, definido no inciso IX.

§ 1.º Na regularização de núcleo urbano informal que já possua a infraestrutura essencial implantada e para o qual não haja compensações urbanísticas ou ambientais ou outras obras e serviços a serem executados, fica dispensada a apresentação do cronograma físico e do termo de compromisso previstos nos incisos IX e X do *caput*.

§ 2.º Na hipótese a que se refere o § 1.º, constará da CRF que o núcleo urbano regularizado já possui a infraestrutura essencial definida no § 1.º do art. 31 deste Decreto e que não existem compensações urbanísticas ou ambientais ou outras obras e serviços a serem executados.

§ 3.º O projeto de regularização fundiária considerará as características da ocupação e da área ocupada para definir parâmetros urbanísticos e ambientais específicos, além de identificar os lotes, as vias de circulação e as áreas destinadas a uso público.

§ 4.º Na Reurb-S, cabe à concessionária ou à permissionária de serviços públicos, mediante provocação do Poder Público competente, a elaboração do cronograma físico de implantação da infraestrutura essencial e a assinatura do termo de compromisso para cumprimento do cronograma.

•• § 4.º acrescentado pelo Decreto n. 9.597, de 4-12-2018.

Art. 31. O projeto urbanístico de regularização fundiária indicará, no mínimo:

I – as áreas ocupadas, o sistema viário e as unidades imobiliárias existentes e projetados;

II – as unidades imobiliárias a serem regularizadas, as suas características, a área, as confrontações, a localização, o nome do logradouro e o número da designação cadastral, se houver;

•• Inciso II com redação determinada pelo Decreto n. 9.597, de 4-12-2018.

III – as unidades imobiliárias edificadas a serem regularizadas, as suas características, a área dos lotes e das edificações, as confrontações, a localização, o nome do logradouro e o número da designação cadastral;

IV – quando for o caso, as quadras e as suas subdivisões em lotes ou as frações ideais vinculadas à unidade regularizada;

V – os logradouros, os espaços livres, as áreas destinadas aos edifícios públicos e outros equipamentos urbanos, quando houver;

VI – as áreas já usucapidas;

VII – as medidas de adequação para a correção das desconformidades, quando necessárias;

•• Inciso VII com redação determinada pelo Decreto n. 9.597, de 4-12-2018.

VIII – as medidas necessárias à adequação da mobilidade, da acessibilidade, da infraestrutura e da relocação de edificações;

IX – as obras de infraestrutura essenciais, quando necessárias; e

X – outros requisitos que sejam definidos pelo Poder Público municipal ou distrital.

§ 1.º Para fins do disposto na Lei n. 13.465, de 2017, e neste Decreto, consideram-se infraestrutura essencial os seguintes equipamentos:

I – sistema de abastecimento de água potável, coletivo ou individual;

II – sistema de coleta e tratamento do esgotamento sanitário, coletivo ou individual;

III – rede de energia elétrica domiciliar;

IV – soluções de drenagem, quando necessárias; e

•• Inciso IV com redação determinada pelo Decreto n. 9.597, de 4-12-2018.

V – outros equipamentos a serem definidos pelo Poder Público municipal ou distrital em função das necessidades locais e das características regionais.

§ 2.º A Reurb poderá ser implementada por etapas e abranger o núcleo urbano informal de forma total ou parcial.

§ 3.º Na Reurb de parcelamentos do solo, as edificações já existentes nos lotes poderão ser regularizadas, a critério do Poder Público municipal ou distrital, em momento posterior, de forma coletiva ou individual.

§ 4.º As obras de implantação da infraestrutura essencial, de equipamentos comunitários e de melhoria habitacional e a sua manutenção poderão ser realizadas antes, durante ou após a conclusão da Reurb.

§ 5.º O Poder Público municipal ou distrital definirá os requisitos para elaboração do projeto de regularização fundiária, no que se refere aos desenhos, ao memorial descritivo e ao cronograma físico de obras e serviços a serem realizados, se for o caso.

•• § 5.º acrescentado pelo Decreto n. 9.597, de 4-12-2018.

§ 6.º A inexistência de regulamentação dos requisitos a que se refere o § 5.º não impedirá o processamento da Reurb e o registro da CRF.

§ 7.º A planta e o memorial descritivo serão assinados por profissional legalmente habilitado, dispensada a apresentação da ART no Conselho Regional de Engenharia e Arquitetura ou do RRT no Conselho de Arquitetura e Urbanismo, quando o responsável técnico for servidor ou empregado público.

§ 8.º As áreas já usucapidas referidas no inciso VI do *caput* constarão do projeto de regularização fundiária com a área constante na matrícula ou na transcrição e com a observação de se tratar de unidade imobiliária já registrada e oriunda de processo de usucapião e a nova descrição técnica georreferenciada da unidade imobiliária deverá ser averbada na matrícula existente.

Art. 32. O memorial descritivo do núcleo urbano informal conterá, no mínimo:

I – a descrição do perímetro do núcleo urbano, com indicação resumida de suas características;

II – a descrição técnica das unidades imobiliárias, do sistema viário e das demais áreas públicas que componham o núcleo urbano informal;

III – a enumeração e a descrição dos equipamentos urbanos comunitários e dos prédios públicos existentes no núcleo urbano informal e dos serviços públicos e de utilidade pública que integrarão o domínio público com o registro da regularização; e

IV – quando se tratar de condomínio, as descrições técnicas, os memoriais de incorporação e os demais elementos técnicos previstos na Lei n. 4.591, de 16 de dezembro de 1964.

Art. 33. Na hipótese de núcleo urbano informal localizado em mais de um Município e de não ser possível o seu desmembramento, de forma que cada parcela fique integralmente no território de um Município, o projeto urbanístico deverá assinalar a sua divisão territorial.

§ 1.º Na hipótese de a divisão territorial atingir a unidade imobiliária de modo que esta fique localizada em mais de um Município, os Poderes Públicos municipais poderão instaurar os procedimentos da Reurb de forma conjunta.

§ 2.º Não instaurado o procedimento de forma conjunta, nos termos do § 1.º, o Poder Público municipal que instaurar a Reurb indicará apenas as unidades imobiliárias cuja maior porção territorial esteja situada em seu território.

Art. 34. Na Reurb-S, caberá ao Poder Público competente, diretamente ou por meio da administração pública indireta, ou por meio das concessionárias e permissionárias de serviços públicos, implantar a infraestrutura essencial, os equipamentos públicos ou comunitários e as melhorias habitacionais previstas nos projetos de regularização fundiária, além de arcar com os custos de sua manutenção.

•• Artigo com redação determinada pelo Decreto n. 9.597, de 4-12-2018.

Art. 35. Na Reurb-E, o Distrito Federal ou o Município deverá definir, quando da aprovação dos projetos de regularização fundiária, os responsáveis pela:

I – implantação dos sistemas viários;

II – implantação da infraestrutura essencial, dos equipamentos públicos ou comunitários, quando for o caso; e

III – implementação das medidas de mitigação e compensação urbanística e ambiental e daquelas indicadas no estudo técnico ambiental.

§ 1.º As responsabilidades de que trata o *caput* poderão ser atribuídas aos beneficiários da Reurb-E.

§ 2.º Os responsáveis pela adoção de medidas de mitigação e compensação urbanística e ambiental celebrarão termo de compromisso com as autoridades competentes do Poder Público municipal ou distrital, como condição de aprovação da Reurb-E.

Art. 36. Para que seja aprovada a Reurb de área de núcleos urbanos informais, ou de parcela dela, situados em áreas de riscos geotécnicos, de inundações ou de outros riscos especificados em lei, será elaborado o estudo técnico para situação de risco a que se refere o inciso VII do *caput* do art. 30, a fim de examinar a possibilidade de eliminação, de correção ou de administração de riscos na parcela afetada.

•• *Caput* com redação determinada pelo Decreto n. 9.597, de 4-12-2018.

§ 1.º Na hipótese prevista no *caput*, a implantação das medidas indicadas no estudo técnico realizado será condição indispensável à aprovação da Reurb.

§ 2.º O estudo técnico de que trata este artigo será elaborado por profissional legalmente habilitado, dispensada a apresentação da ART, ou de documento equivalente, quando o responsável técnico for servidor ou empregado público.

§ 3.º Os estudos técnicos previstos neste artigo aplicam-se somente às parcelas dos núcleos urbanos informais situados nas áreas de risco e a parte do núcleo urbano não inserida na área de risco e não afetada pelo estudo técnico poderá ter o seu projeto de regularização fundiária aprovado e levado a registro separadamente.

§ 4.º Na Reurb-S de área de risco que não comporte eliminação, correção ou administração, o Poder Público municipal ou distrital providenciará a realocação dos ocupantes do núcleo urbano informal a ser regularizado.

§ 5.º Na hipótese a que se refere o § 4.º, se o risco se der em área privada, o Poder Público municipal ou distrital poderá ser ressarcido dos custos com a realocação pelos responsáveis pela implantação do núcleo urbano informal.

§ 6.º Na Reurb-E de área de risco que não comporte eliminação, correção ou administração, a realocação dos ocupantes do núcleo urbano informal a ser regularizado será providenciada pelo titular de domínio, pelos responsáveis pela implantação do núcleo urbano informal, pelos beneficiários ou pelo legitimado promotor da Reurb.

Seção IV
Da Conclusão da Regularização Fundiária Urbana

Art. 37. O pronunciamento da autoridade competente que decidir o processamento administrativo da Reurb deverá:

I – aprovar o projeto de regularização fundiária resultante da Reurb;

II – Indicar as intervenções a serem executadas, se for o caso, conforme o projeto de regularização fundiária aprovado; e

•• Inciso II com redação determinada pelo Decreto n. 9.597, de 4-12-2018.

III – identificar e declarar os ocupantes de cada unidade imobiliária com destinação urbana regularizada e os seus direitos reais.

§ 1.º As intervenções previstas no inciso II do *caput* consistem em obras de implantação da infraestrutura essencial, serviços e compensações, dentre outras.

•• § 1.º com redação determinada pelo Decreto n. 9.597, de 4-12-2018.

§ 2.º Na hipótese de constituição de direitos reais feita por título individual, a autoridade competente fica dispensada do cumprimento do disposto no inciso III do *caput*.

Art. 38. A CRF é o ato administrativo de aprovação da Reurb que acompanhará o projeto de regularização fundiária aprovado e conterá, no mínimo:

I – o nome do núcleo urbano regularizado;

II – a localização do núcleo urbano regularizado;

III – a modalidade da Reurb;

IV – os responsáveis pelas obras e pelos serviços constantes do cronograma;

V – a indicação numérica de cada unidade regularizada, quando possível; e

VI – a listagem dos ocupantes que houverem adquirido a unidade, por meio de título de legitimação fundiária ou de ato único de registro, que conterá o nome do ocupante, o seu estado civil, a sua a profissão, o seu número de inscrição no CPF, o número de sua carteira de identidade e a sua a filiação.

Parágrafo único. A CRF, na hipótese de Reurb somente para titulação final dos beneficiários de núcleos urbanos informais já registrados junto ao cartório de registro de imóveis, dispensa a apresentação do projeto de regularização fundiária aprovado.

Art. 39. O indeferimento do projeto de regularização fundiária será técnica e legalmente fundamentado, de modo a permitir, quando possível, a reformulação do referido projeto e a reavaliação do pedido de aprovação.

Capítulo IV
DO REGISTRO DA REGULARIZAÇÃO FUNDIÁRIA URBANA

Art. 40. Os registros da CRF e do projeto de regularização fundiária aprovado serão requeridos diretamente ao oficial do cartório de registro de imóveis da situação do imóvel e serão efetivados independentemente de decisão judicial ou de determinação do Ministério Público.

Parágrafo único. Na hipótese de recusa do registro, o oficial do cartório do registro de imóveis expedirá nota devolutiva fundamentada, na qual indicará os motivos da recusa e estipulará as exigências na forma prevista na Lei n. 13.465, de 2017, e neste Decreto.

•• Parágrafo único com redação determinada pelo Decreto n. 9.597, de 4-12-2018.

Art. 41. Na hipótese de a Reurb abranger imóveis situados em mais de uma circunscrição imobiliária, o procedimento será efetuado perante o oficial de cada um dos cartórios de registro de imóveis.

Parágrafo único. Quando os imóveis regularizados estiverem situados em divisa de circunscrições imobiliárias, as novas matrículas das unidades imobiliárias serão de competência do oficial do cartório de registro de imóveis em cuja circunscrição esteja situada a maior porção da unidade imobiliária regularizada.

Art. 42. Recebida a CRF, cumprirá ao oficial do cartório do registro de imóveis prenotá-la, autuá-la, instaurar o procedimento registral e, no prazo de quinze dias, emitir a nota de exigência ou praticar os atos tendentes ao registro.

§ 1.º O registro do projeto Reurb aprovado importa:

I – a abertura de nova matrícula, quando for o caso;

II – a abertura de matrículas individualizadas para os lotes e as áreas públicas resultantes do projeto de regularização aprovado; e

III – o registro dos direitos reais indicados na CRF junto às matrículas dos lotes, dispensada a apresentação de título individualizado.

§ 2.º Para fins do disposto neste Decreto, o registro dos direitos reais ao beneficiário, de que trata o inciso III do § 1.º, compreende os títulos provenientes de quaisquer dos institutos jurídicos e instrumentos de aquisição previstos na Lei n. 13.465, de 2017, e neste Decreto.

§ 3.º Na falta de indicação dos beneficiários e dos direitos reais na CRF, será feito o registro do projeto de regularização fundiária com abertura de matrícula para cada unidade imobiliária e o direito real será registrado posteriormente, por meio de título individual ou conforme o disposto no art. 10.

§ 4.º Quando o núcleo urbano regularizado abranger mais de uma matrícula ou transcrição, o oficial do registro de imóveis abrirá nova matrícula para a área objeto de regularização, conforme previsto no inciso I do *caput*, com destaque para a área abrangida na matrícula ou na transcrição de origem, dispensada a apuração de área remanescente.

§ 5.º Quando o núcleo urbano regularizado abranger imóveis ainda não matriculados, será aberta matrícula que refletirá a situação da área ocupada pelo núcleo regularizado, dispensadas a retificação do memorial descritivo e a apuração de área remanescente.

§ 6.º O registro da CRF dispensa a comprovação do pagamento de tributos ou penalidades tributárias de responsabilidade dos legitimados.

§ 7.º O registro da CRF aprovado independe de averbação prévia do cancelamento do cadastro de imóvel rural junto ao Instituto Nacional de Colonização e Reforma Agrária – Incra.

§ 8.º O procedimento para registro deverá ser concluído no prazo de sessenta dias, prorrogável, no máximo, por igual período, mediante justificativa fundamentada do oficial do cartório de registro de imóveis.

§ 9.º O oficial do cartório de registro de imóveis fica dispensado de providenciar a notificação dos titulares de domínio, dos confinantes e de terceiros eventualmente interessados, uma vez cumprido este rito pelo Município ou pelo Distrito Federal, conforme o disposto no art. 24.

§ 10. O oficial do cartório de registro de imóveis, após o registro da CRF, notificará o Incra, o Ministério do Meio Ambiente e a Receita Federal do Brasil do Ministério da Fazenda, para que cancelem, parcial ou totalmente, os registros existentes no Cadastro Ambiental Rural – CAR e nos demais cadastros relacionados a imóvel rural, relativamente às unidades imobiliárias regularizadas.

Art. 43. Quando se tratar de imóvel sujeito a regime de condomínio geral a ser dividido em lotes com indicação, na matrícula, da área deferida a cada condômino, o Município poderá indicar, de forma individual ou coletiva, as unidades imobiliárias correspondentes às frações ideais registradas, sob sua exclusiva responsabilidade, para a especialização das áreas registradas em comum.

Parágrafo único. Na hipótese de a informação prevista no *caput* não constar do projeto de regularização fundiária aprovado pelo Município ou pelo Distrito Federal, as novas matrículas das unidades imobiliárias serão abertas por meio de requerimento de especialização formulado pelos legitimados de que tratam a Lei n. 13.465, de 2017, e este Decreto, dispensada a outorga de escritura pública para indicação da quadra e do lote.

Art. 44. Para atendimento ao princípio da especialidade, o oficial do cartório de registro de imóveis adotará o memorial descritivo da gleba apresentado com o projeto de regularização fundiária e deverá averbá-lo na matrícula existente anteriormente ao registro do projeto, independentemente de provocação, retificação, notificação, unificação ou apuração de disponibilidade ou de área remanescente.

§ 1.º Na hipótese de haver dúvida quanto à extensão da gleba matriculada, em razão da precariedade da descrição tabular, o oficial do cartório de registro de imóveis abrirá nova matrícula para a área destacada e averbará o destaque na matrícula matriz.

§ 2.º As notificações serão emitidas de forma simplificada e indicarão os dados de identificação do núcleo urbano a ser regularizado, sem a anexação de plantas, projetos, memoriais ou outros documentos, e convidará o notificado a comparecer à sede da serventia para tomar conhecimento da CRF com a advertência de que o não comparecimento e a não apresentação de impugnação, no prazo legal, importará em anuência ao registro.

§ 3.º As notificações previstas no *caput* e no § 2.º serão feitas aos titulares de domínio das áreas envolvidas na Reurb, as quais ficam dispensadas quando já realizadas pelos Municípios ou pelo Distrito Federal.

•• § 3.º com redação determinada pelo Decreto n. 9.597, de 4-12-2018.

§ 4.º Na hipótese de o projeto de regularização fundiária não envolver a integralidade do imóvel matriculado, o registro será feito com base na planta e no memorial descritivo referentes à área objeto de regularização e será averbado destaque da área na matrícula da área total.

Art. 45. Os padrões dos memoriais descritivos, das plantas e das demais representações gráficas, inclusive escalas adotadas e outros detalhes técnicos, seguirão as diretrizes estabelecidas pela autoridade municipal ou distrital competente, as quais serão consideradas atendidas com a emissão da CRF.

Parágrafo único. Não serão exigidos reconhecimentos de firma nos documentos que compõem a CRF ou o termo individual de legitimação fundiária quando apresentados pela União, pelos Estados, pelo Distrito Federal, pelos Municípios ou pelos entes da administração pública indireta.

Art. 46. O registro da CRF produzirá efeito de instituição e especificação de condomínio, quando for o caso, regido pelas disposições legais específicas, hipótese em que ficará facultada aos condôminos a aprovação de convenção condominial.

§ 1.º Para que a CRF produza efeito de instituição e especificação de condomínio, dela deverá constar, no mínimo, os cálculos das áreas das unidades autônomas, a sua área privativa, a área de uso exclusivo, se houver, a área de uso comum e a sua fração ideal no terreno.

§ 2.º O disposto no § 1.º não se aplica na hipótese de a documentação referente à instituição e à especificação de condomínio acompanhar a CRF.

§ 3.º Na Reurb-S, fica dispensada a apresentação dos quadros de área da Norma de Avaliação de custos de construção para incorporação imobiliária e outras disposições para condomínios edilícios da ABNT, NBR 12.721, ou outra que venha a sucedê-la.

Art. 47. O registro da CRF será feito em todas as matrículas atingidas pelo projeto de regularização fundiária aprovado e serão informadas, quando possível, as parcelas correspondentes a cada matrícula.

Art. 48. Das matrículas abertas para cada parcela deverão constar, nos campos referentes ao registro anterior e ao proprietário:

I – quando for possível identificá-la, a identificação exata da origem da parcela matriculada, por meio de planta de sobreposição do parcelamento com os registros existentes, a matrícula anterior e o nome de seu proprietário; ou

II – quando não for possível identificar a origem exata da parcela matriculada, todas as matrículas anteriores atingidas pela Reurb e a expressão "proprietário não identificado", dispensadas as especificações a que se referem os itens 4 e 5 do inciso II do *caput* do art. 167 da Lei n. 6.015, de 1973.

Art. 49. Qualificada a CRF, desde que não haja exigências nem impedimentos, o oficial do cartório de registro de imóveis efetuará o seu registro na matrícula dos imóveis cujas áreas tenham sido atingidas, total ou parcialmente.

Parágrafo único. Não identificadas as matrículas ou as transcrições da área regularizada, o oficial do cartório de registro de imóveis abrirá matrícula com a descrição do perímetro do núcleo urbano informal que constar da CRF e nela efetuará o registro.

Art. 50. Registrada a CRF, será aberta matrícula para cada uma das unidades imobiliárias regularizadas.

Parágrafo único. Nas hipóteses de ter sido celebrado compromisso de compra e venda, contrato de a cessão ou promessa de cessão, este será título hábil para a aquisição da propriedade pelos ocupantes das unidades imobiliárias objeto de Reurb quando acompanhado da prova de quitação das obrigações do adquirente e será registrado nas matrículas das unidades imobiliárias correspondentes resultantes da regularização fundiária.

Art. 51. Com o registro da CRF, serão incorporadas automaticamente ao patrimônio público as vias públicas, as áreas destinadas ao uso comum do povo, os prédios públicos e os equipamentos urbanos, na forma estabelecida no projeto de regularização fundiária aprovado.

•• *Caput* com redação determinada pelo Decreto n. 9.597, de 4-12-2018.

§ 1.º A requerimento do Poder Público municipal ou distrital, o oficial do cartório de registro de imóveis abrirá matrícula para as áreas que tenham ingressado no domínio público.

§ 2.º O requerimento de registro da CRF substitui o requerimento a que se refere o § 1.º.

Art. 52. As unidades desocupadas e não comercializadas alcançadas pela Reurb terão as suas matrículas abertas em nome do titular originário do domínio da área.

•• *Caput* com redação determinada pelo Decreto n. 9.597, de 4-12-2018.

§ 1.º As unidades não edificadas que tenham sido comercializadas a qualquer título terão as suas matrículas abertas em nome do adquirente, nos termos estabelecidos no parágrafo único do art. 50.

§ 2.º As unidades imobiliárias na forma de lotes não edificadas ou desocupadas e já comercializadas poderão ser provenientes de núcleos urbanos informais na forma de parcelamento do solo ou de condomínio de lotes.

Capítulo V
DAS ISENÇÕES

Art. 53. São isentos de custas e emolumentos os atos necessários ao registro da Reurb-S.

§ 1.º As isenções de custas e emolumentos a que se refere o *caput* independem do disposto no § 4.º do art. 11 da Lei n. 11.124, de 16 de junho de 2005.

§ 2.º As isenções de custas e emolumentos aplicam-se a partir da classificação prevista nos art. 13 e art. 30, *caput*, inciso I, da Lei n. 13.465, de 2017, pela autoridade competente, como Reurb-S.

§ 3.º Para a aplicação das isenções de custas e emolumentos na fase de processamento administrativo da Reurb-S anterior à emissão da CRF, o interessado apresentará documento emitido pela autoridade competente que ateste a classificação da regularização do núcleo urbano informal como Reurb-S, na forma prevista no art. 5.º.

Art. 54. Os atos necessários ao registro da Reurb-S, a que se refere o *caput* do art. 53, compreendem, entre outros:

I – o primeiro registro da Reurb-S, o qual confere direitos reais aos beneficiários;

II – o registro da legitimação fundiária;

III – o registro do título de legitimação de posse e a sua conversão em título de propriedade;

IV – o registro da CRF e do projeto de regularização fundiária, com abertura de matrícula para cada unidade imobiliária urbana regularizada;

V – a primeira averbação de construção residencial, desde que respeitado o limite de até setenta metros quadrados;

VI – a aquisição do primeiro direito real sobre unidade imobiliária derivada da Reurb-S;

VII – o primeiro registro do direito real de laje no âmbito da Reurb-S;

VIII – a averbação das edificações de conjuntos habitacionais ou condomínios;

IX – a abertura de matrícula para a área objeto da regularização fundiária, quando necessária;

X – a abertura de matrículas individualizadas para as áreas públicas resultantes do projeto de regularização; e

XI – a emissão de certidões necessárias para os atos previstos neste artigo.

Parágrafo único. As certidões referidas no inciso XI do *caput* são relativas à matrícula, à transcrição, à inscrição, à distribuição de ações judiciais e aos registros efetuados no âmbito da Reurb, entre outras.

•• Parágrafo único com redação determinada pelo Decreto n. 9.597, de 4-12-2018.

Art. 55. É vedado ao oficial do cartório de registro de imóveis exigir comprovação de pagamento ou quitação de tributos, entendidos como impostos, taxas, contribuições ou penalidades e demais figuras tributárias nos atos de registros ou averbações relativos a Reurb-S.

Art. 56. Para a dispensa de custas e emolumentos prevista na Lei n. 13.465, de 2017, será apresentado o título de legitimação fundiária, de posse ou outro instrumento de aquisição, pelos legitimados ou pelos ocupantes, ao oficial do cartório de registro de imóveis competente, no prazo máximo de um ano, contado da data de emissão do título.

Art. 57. Fica habilitado o Fundo Nacional de Habitação de Interesse Social – FNHIS, criado pela Lei n. 11.124, de 2005, a destinar recursos para a compensação, total ou parcial, dos custos referentes aos atos necessários ao registro da Reurb-S, a que se refere o *caput* do art. 53.

Capítulo VI
DO DIREITO REAL DE LAJE

Art. 58. O proprietário de uma construção-base poderá ceder a superfície superior ou inferior de sua construção a fim de que o titular da laje mantenha unidade distinta daquela originalmente construída sobre o solo.

§ 1.º O direito real de laje contempla o espaço aéreo ou o subsolo de terrenos públicos ou privados, tomados em projeção vertical como unidade imobiliária autônoma, não contempladas as demais áreas, edificadas ou não, pertencentes ao proprietário da construção-base.

§ 2.º O titular do direito real de laje responderá pelos encargos e tributos que incidirem sobre a sua unidade.

§ 3.º Os titulares da laje, unidade imobiliária autônoma constituída em matrícula própria, poderão dela usar, gozar e dispor.

§ 4.º A instituição do direito real de laje não implica a atribuição de fração ideal de terreno ao titular da laje ou a participação proporcional em áreas já edificadas.

§ 5.º Os Municípios e o Distrito Federal poderão dispor sobre as posturas edilícias e urbanísticas associadas ao direito real de laje.

§ 6.º O titular da laje poderá ceder a superfície de sua construção para a instituição de um sucessivo direito real de laje, desde que haja autorização expressa dos titulares da construção-base e das demais lajes, respeitadas as posturas edilícias e urbanísticas vigentes.

§ 7.º A constituição do direito real de laje na superfície superior ou inferior da construção-base, como unidade imobiliária autônoma, somente poderá ser admitida quando as unidades imobiliárias tiverem acessos independentes.

Art. 59. É expressamente vedado ao titular da laje prejudicar com obras novas ou com falta de reparação a segurança, a linha arquitetônica ou o arranjo estético do edifício, observadas as posturas previstas em legislação local.

Art. 60. Sem prejuízo, no que couber, da aplicação das normas relativas ao condomínio edilício, para fins do direto real de laje, as despesas necessárias à conservação e à fruição das partes que sirvam a todo o edifício e ao pagamento de serviços de interesse comum serão partilhadas entre o proprietário da construção-base e o titular da laje, na proporção estipulada em contrato.

§ 1.º São partes que servem a todo o edifício:

I – os alicerces, as colunas, os pilares, as paredes mestras e todas as partes restantes que constituam a estrutura do prédio;

II – o telhado ou os terraços de cobertura, ainda que destinados ao uso exclusivo do titular da laje;

III – as instalações gerais de água, esgoto, eletricidade, aquecimento, ar condicionado, gás, comunicações e similares; e

IV – as coisas que sejam afetadas ao uso de todo o edifício.

§ 2.º É assegurado o direito de qualquer interessado em promover reparações urgentes na construção na forma estabelecida no parágrafo único do art. 249 da Lei n. 10.406, de 2002 – Código Civil.

Art. 61. Na hipótese de alienação de quaisquer das unidades sobrepostas, terão direito de preferência, em igualdade de condições com terceiros, os titulares da construção-base e da laje, nessa ordem, que serão cientificados por escrito para que se manifestem no prazo de trinta dias, exceto se o contrato dispuser de modo diverso.

§ 1.º O titular da construção-base ou da laje a quem não se der conhecimento da alienação poderá, mediante depósito do preço, haver para si a parte alienada a terceiro, se o requerer no prazo decadencial de cento e oitenta dias, contado da data da alienação.

§ 2.º Na hipótese de haver mais de uma laje, terão preferência, sucessivamente, os titulares das lajes ascendentes e os titulares das lajes descendentes, assegurada a prioridade para a laje mais próxima à unidade sobreposta a ser alienada.

Art. 62. A ruína da construção-base implica extinção do direito real de laje, exceto:

I – se este tiver sido instituído sobre o subsolo; ou

II – se a construção-base for reconstruída no prazo de cinco anos.

Parágrafo único. O disposto neste artigo não afasta o direito à reparação civil pelo culpado pela ruína.

Art. 63. Para fins de Reurb, o direito real de laje dependerá da comprovação de que a unidade imobiliária é estável.

§ 1.º A estabilidade da unidade imobiliária depende das condições da edificação para o uso a que se propõe dentro da realidade em que se situa o imóvel.

§ 2.º Na Reurb-S, caberá ao Poder Público municipal ou distrital a comprovação da estabilidade das unidades imobiliárias de que trata o *caput*.

§ 3.º Para aprovação e registro do direito real de laje em unidades imobiliárias que compõem a Reurb, fica dispensada a apresentação do habite-se e, na Reurb-S, das certidões negativas de tributos e de contribuições previdenciárias.

Capítulo VII
DO CONDOMÍNIO DE LOTES

Art. 64. Pode haver, em terrenos, partes designadas de lotes que são propriedade exclusiva e partes que são propriedade comum dos condôminos.

§ 1.º A fração ideal de cada condômino poderá ser proporcional à área do solo de cada unidade autônoma, ao seu potencial construtivo ou a outros critérios indicados no ato de instituição.

§ 2.º As normas relativas ao condomínio edilício aplicam-se, no que couber, ao condomínio de lotes.

§ 3.º Para fins de incorporação imobiliária, a implantação da infraestrutura do condomínio de lotes ficará a cargo do empreendedor.

Art. 65. O Poder Público municipal ou distrital poderá dispor sobre as posturas edilícias e urbanísticas para a implantação do condomínios de lotes.

Art. 66. Os núcleos urbanos informais consolidados constituídos na forma de condomínio de lotes poderão ser objeto de Reurb nos termos estabelecidos na Lei n. 13.465, de 2017, e neste Decreto.

§ 1.º A Reurb do condomínio de lotes independerá da regularização das edificações já existentes, que serão regularizadas de forma coletiva ou individual em expediente próprio, a critério do Poder Público municipal ou distrital.

§ 2.º As novas edificações a serem construídas em condomínio de lotes objeto de Reurb observarão as posturas edilícias e urbanísticas vigentes.

Capítulo VIII
DOS CONJUNTOS HABITACIONAIS

Art. 67. Serão regularizados como conjuntos habitacionais os núcleos urbanos informais que tenham sido constituídos para a alienação de unidades já edificadas pelo próprio empreendedor, público ou privado.

•• *Caput* com redação determinada pelo Decreto n. 9.597, de 4-12-2018.

§ 1.º Os conjuntos habitacionais poderão ser constituídos de parcelamento do solo com unidades edificadas isoladas, parcelamento do solo com edificações em condomínio, condomínios horizontais ou verticais ou ambas as modalidades de parcelamento e condomínio.

§ 2.º As unidades resultantes da regularização de conjuntos habitacionais serão atribuídas aos ocupantes reconhecidos, exceto quando o Poder Público promotor do programa habitacional demonstrar, durante o processo de regularização fundiária, que há obrigações pendentes, hipótese em que as unidades imobiliárias regularizadas serão a ele atribuídas.

Art. 68. Para aprovação e registro dos conjuntos habitacionais que compõem a Reurb, fica dispensada a apresentação do habite-se e, na Reurb-S, das certidões negativas de tributos e de contribuições previdenciárias.

Parágrafo único. O registro do núcleo urbano informal na forma de conjunto habitacional será feito com a emissão da CRF e a aprovação do projeto de regularização, acompanhado das plantas e dos memoriais técnicos das unidades imobiliárias e edificações e dos demais elementos técnicos que sejam necessários à incorporação e ao registro do núcleo urbano informal, quando for o caso.

Capítulo IX
DO CONDOMÍNIO URBANO SIMPLES

Art. 69. Quando o mesmo imóvel contiver construções de casas ou cômodos, poderá ser instituído, inclusive para fins de Reurb, condomínio urbano simples, respeitados os parâmetros urbanísticos locais, e serão discriminadas, na matrícula, a parte do terreno ocupada pelas edificações, as de utilização exclusiva e as áreas que constituem passagem para as vias públicas e para as unidades entre si.

§ 1.º As normas relativas ao condomínio edilício aplicam-se, no que couber, ao condomínio urbano simples.

§ 2.º Não constituem condomínio urbano simples:

I – as situações contempladas pelo direito real de laje;

II – as edificações ou os conjuntos de edificações, de um ou mais pavimentos, construídos como unidades isoladas entre si, destinadas a fins residenciais ou não residenciais, a que se refere a Lei n. 4.591, de 1964;

III – aqueles condomínios que possuem sistema viário interno para acesso as unidades imobiliárias autônomas; e

IV – aqueles condomínios que possuem unidades imobiliárias autônomas com acessos independentes aos logradouros públicos existentes.

Art. 70. A instituição do condomínio urbano simples será registrada na matrícula do imóvel, na qual serão identificadas as partes comuns no nível do solo, as partes comuns internas à edificação, se houver, e as unidades autônomas, dispensada a apresentação de convenção de condomínio.

§ 1.º Após o registro da instituição do condomínio urbano simples, será aberta uma matrícula para cada unidade autônoma, à qual caberá, como parte inseparável, uma fração ideal do solo e das outras partes comuns, se houver, representada na forma de percentual.

§ 2.º As unidades autônomas constituídas em matrícula própria poderão ser alienadas e gravadas livremente por seus titulares.

§ 3.º Nenhuma unidade autônoma poderá ser privada do acesso ao logradouro público.

•• § 3.º com redação determinada pelo Decreto n. 9.597, de 4-12-2018.

§ 4.º A gestão das partes comuns será feita de comum acordo entre os condôminos e poderá ser formalizada por meio de contrato.

Art. 71. O registro da instituição do condomínio urbano simples será efetivado mediante a apresentação pelo requerente ao oficial de do cartório de registro de imóveis do que segue:

I – projeto de regularização aprovado do qual constem as unidades imobiliárias que serão instituídas como unidades autônomas;

II – planta simples de cada lote, com indicação das partes comuns no nível do solo, das partes comuns internas à edificação, se houver, e das unidades autônomas, acompanhada de memorial descritivo simplificado;

III – informação sobre a fração ideal atribuída a cada unidade autônoma, relativamente ao terreno e às partes comuns;

IV – informação sobre o fim a que as unidades autônomas se destinam; e

V – cálculo das áreas das edificações ou dos lotes, com descriminação da área global e da área das partes comuns, quando houver, e indicação da metragem de área construída ou da metragem de cada lote, para cada tipo de unidade.

§ 1.º Do memorial descritivo simplificado a que se refere o inciso II do *caput* constará a área aproximada das unidades autônomas, dos acessos e das partes comuns.

§ 2.º Sem prejuízo do disposto nos incisos I a V do *caput*, na Reurb, o registro da instituição do condomínio urbano simples será efetivado por meio da apresentação pelo requerente ao oficial do cartório de registro de imóveis, ainda, da CRF, com o projeto de regularização aprovado do qual conste a indicação dos lotes nos quais serão instituídas as unidades autônomas.

§ 3.º Na Reurb, o registro da instituição do condomínio urbano simples poderá ser requerido posteriormente ao registro do núcleo urbano informal, hipótese em que será suficiente a apresentação dos documentos mencionados no inciso II do *caput* com visto do órgão competente pela aprovação do projeto de regularização.

Art. 72. Na Reurb-S, a averbação das edificações poderá ser efetivada a partir de mera notícia, a requerimento do interessado, da qual conste a área construída e o número da unidade imobiliária, dispensada a apresentação de habite-se e das certidões negativas de tributos e de contribuições previdenciárias.

Capítulo X
DA ARRECADAÇÃO DE IMÓVEIS ABANDONADOS

Art. 73. Os imóveis urbanos privados abandonados cujos proprietários não possuam a intenção de conservá-los em seu patrimônio ficam sujeitos à arrecadação pelo Município ou pelo Distrito Federal na condição de bem vago.

§ 1.º A intenção referida no *caput* será presumida quando o proprietário, cessados os atos de posse sobre o imóvel, não adimplir os ônus fiscais instituídos sobre a propriedade predial e territorial urbana, pelo prazo de cinco anos.

§ 2.º O procedimento de arrecadação de imóveis urbanos abandonados observará o disposto em ato do Poder Executivo municipal ou distrital e, no mínimo:

I – abertura de processo administrativo para tratar da arrecadação;

II – comprovação do tempo de abandono e de inadimplência fiscal; e

III – notificação ao titular do domínio para, querendo, apresentar impugnação no prazo de trinta dias, contado da data de recebimento da notificação.

§ 3.º A notificação do titular de domínio será feita por via postal com aviso de recebimento, no endereço que constar do cadastro municipal ou distrital, e será considerada efetuada quando comprovada a entrega nesse endereço.

§ 4.º Os titulares de domínio não localizados serão notificados por edital, do qual deverão constar, de forma resumida, a localização e a descrição do imóvel a ser arrecadado, para que apresentem impugnação no prazo de trinta dias, contado da data de notificação.

§ 5.º A abertura do processo administrativo de que trata o inciso I do § 2.º será determinada pelo Poder Público municipal ou distrital ou a requerimento de terceiro interessado.

§ 6.º A ausência de manifestação do titular de domínio será interpretada como concordância com a arrecadação.

§ 7.º Respeitado o procedimento de arrecadação, o Município poderá realizar, diretamente ou por meio de terceiros, os investimentos necessários para que o imóvel urbano arrecadado atinja prontamente os objetivos sociais a que se destina.

§ 8.º Na hipótese de o proprietário reivindicar a posse do imóvel declarado abandonado, no transcorrer do prazo de três anos a que se refere o art. 1.276 da Lei n. 10.406, de 2002 – Código Civil, fica assegurado ao Poder Público municipal ou distrital o direito ao ressarcimento prévio e em valor atualizado das despesas em que houver incorrido, inclusive aquelas tributárias, em razão do exercício da posse provisória.

Art. 74. Os imóveis arrecadados pelos Municípios ou pelo Distrito Federal poderão ser destinados aos programas habitacionais, à prestação de serviços públicos, ao fomento da Reurb-S ou serão objeto de concessão de direito real de uso a entidades civis que comprovadamente tenham fins filantrópicos, assistenciais, educativos, esportivos ou outros, no interesse do Município ou do Distrito Federal.

Capítulo XI
DO LOTEAMENTO OU DO DESMEMBRAMENTO

Art. 75. É vedada a venda ou a promessa de compra e venda de unidade imobiliária integrante de núcleo urbano informal ou de parcela de loteamento ou desmembramento não inscrito, nos termos do art. 37 da Lei n. 6.766, de 1979.

Art. 76. O Poder Público municipal ou distrital notificará os titulares de domínio ou os responsáveis pelos núcleos urbanos informais consolidados, de interesse específico, existentes na data de publicação deste Decreto, para que, no prazo de noventa dias, protocolem o pedido da Reurb-E acompanhado da documentação e dos projetos necessários, visando à sua análise e sua aprovação.

§ 1.º A critério do Poder Público municipal ou distrital, o prazo previsto no *caput* para protocolo do pedido da Reurb-E poderá ser prorrogado, no máximo, por igual período.

§ 2.º Não atendida a notificação prevista neste artigo, o órgão municipal ou distrital responsável poderá tomar as providências para promoção da Reurb-E, nos termos da Lei n. 13.465, de 2017, e deste Decreto, sem prejuízo das ações e das penalidades previstas na legislação vigente.

Art. 77. Nos termos do art. 38 da Lei n. 6.766, de 1979, verificado que o loteamento ou o desmembramento não se encontre registrado ou regularmente executado ou notificado pelo Poder Público municipal ou distrital, o adquirente do lote suspenderá o pagamento das prestações restantes e notificará o loteador para que faça o pagamento.

§ 1.º Ocorrida a suspensão do pagamento das prestações restantes, na forma estabelecida no *caput*, o adquirente efetuará o depósito das prestações devidas junto ao cartório de registro de imóveis, que as depositará em instituição financeira, nos termos do inciso I do *caput* do art. 666 da Lei n. 13.105, de 2015 – Código de Processo Civil, em conta, com incidência de juros e correção monetária, cuja movimentação dependerá de autorização judicial.

§ 2.º O Poder Público municipal ou distrital e o Ministério Público poderão promover a notificação do loteador prevista no *caput*, para que, no prazo de noventa dias, tome as providências para a aprovação e o registro do loteamento ou desmembramento.

§ 3.º A pedido do loteador, desde que justificado, o Poder Público municipal ou distrital poderá, a seu critério, prorrogar por igual período o prazo previsto no § 2.º.

§ 4.º Regularizado o loteamento, o loteador requererá autorização judicial para fazer o levantamento do valor das prestações depositadas, com os acréscimos juros e de correção monetária.

§ 5.º O Poder Público municipal ou distrital será intimado no processo judicial a que se refere o § 4.º e o Ministério Público será ouvido.

§ 6.º Após o reconhecimento judicial de regularidade do loteamento, o loteador notificará os adquirentes dos lotes, por intermédio do cartório de registro de imóveis, para que voltem a pagar diretamente as prestações restantes.

§ 7.º O loteador não poderá, a qualquer título, exigir o recebimento das prestações depositadas, nas seguintes hipóteses, nos termos do art. 40 da Lei n. 6.766, de 1979:

I – o loteador deixar de atender à notificação até o vencimento do prazo contratual; ou

II – o loteamento ou o desmembramento for regularizado pela Prefeitura Municipal ou pelo Distrito Federal.

Art. 78. A cláusula de rescisão de contrato por inadimplemento do adquirente será nula quando o loteamento não estiver regularmente inscrito.

Art. 79. O Poder Público municipal ou distrital, se desatendida pelo loteador a notificação a que se referem o *caput* e o § 2.º do art. 77, poderá regularizar loteamento ou desmembramento não autorizado ou executado sem observância às determinações do ato administrativo de licença, para evitar lesão aos seus padrões de desenvolvimento urbano e em defesa dos direitos dos adquirentes de lotes.

§ 1.º O Poder Público municipal, ou o distrital, que promover a regularização na forma estabelecida neste artigo, fará jus, por meio de autorização judicial, ao levantamento das prestações depositadas, com os acréscimos de juros e de correção monetária, a título de ressarcimento pelas importâncias despendidas com equipamentos urbanos ou expropriações necessárias para regularizar o loteamento ou o desmembramento.

§ 2.º Na hipótese de as importâncias despendidas pelo Poder Público municipal ou distrital para regularizar o loteamento ou desmembramento não serem integralmente ressarcidas com o levantamento a que se refere o § 1.º, o valor que faltar será exigido do loteador, conforme o disposto no art. 47 da Lei n. 6.766, de 1979.

§ 3.º Na hipótese de o loteador não cumprir o estabelecido no § 2.º, o Poder Público municipal ou distrital poderá receber as prestações dos adquirentes até o valor devido.

§ 4.º O Poder Público municipal ou distrital, para assegurar a regularização do loteamento ou desmembramento e o ressarcimento integral de importâncias despendidas ou a despender, poderá promover judicialmente os procedimentos cautelares necessários.

Art. 80. Regularizado o loteamento ou o desmembramento pelo Poder Público municipal ou distrital, o adquirente do lote, desde que comprovado o depósito de todas as prestações do preço avençado, poderá obter o registro de propriedade do lote adquirido, com fundamento na promessa de venda e compra firmada.

Art. 81. Nas desapropriações, não serão considerados como loteados ou loteáveis, para fins de indenização, os terrenos ainda não vendidos ou objeto de promessa de compra e venda.

Art. 82. Os Municípios, o Distrito Federal e os Estados poderão expropriar áreas urbanas ou de expansão urbana para reloteamento, demolição, reconstrução e incorporação, hipótese em que a preferência para a aquisição das novas unidades será dos expropriados.

Art. 83. Na hipótese de o loteador beneficiário do loteamento ou do desmembramento integrar grupo econômico ou financeiro, as pessoas naturais ou jurídicas do grupo serão solidariamente responsáveis pelos prejuízos por ele causados aos compradores de lotes e ao Poder Público.

Art. 84. O foro competente para os procedimentos judiciais previstos neste Decreto será o da comarca da situação do núcleo urbano informal ou lote.

Art. 85. As intimações e notificações previstas neste Decreto serão feitas pessoalmente ao intimado ou notificado, que assinará o comprovante do recebimento, e poderão igualmente ser promovidas por meio dos cartórios de registro de títulos e documentos da comarca da situação do imóvel ou do domicílio do intimado ou notificado.

Parágrafo único. Se o destinatário se recusar a receber ou a dar recibo, ou se o seu paradeiro for desconhecido, o oficial competente certificará a circunstância e a intimação ou a notificação será feita por edital e a contagem do prazo terá início dez dias após a última publicação.

Capítulo XII

DISPOSIÇÕES FINAIS E TRANSITÓRIAS

Art. 86. Ao Distrito Federal são atribuídas as competências e as responsabilidades dos Estados e dos Municípios, na forma da Lei n. 13.465, de 2017, e deste Decreto.

Art. 87. As glebas parceladas para fins urbanos anteriormente a 19 de dezembro de 1979 que não possuírem registro poderão ter a sua situação jurídica regularizada por meio do registro do parcelamento, desde que esteja implantado e integrado à cidade, e poderão, para tanto, ser utilizados os instrumentos previstos na Lei n. 13.465, de 2017, e neste Decreto.

•• *Caput* com redação determinada pelo Decreto n. 9.597, de 4-12-2018.

§ 1.º O interessado requererá ao oficial do cartório de registro de imóveis a efetivação do registro do parcelamento, munido dos seguintes documentos:

I – planta da área em regularização, assinada pelo interessado responsável pela regularização e por profissional legalmente habilitado, que contenha o perímetro da área a ser regularizada, as subdivisões das quadras, dos lotes e das áreas públicas, com as dimensões e a numeração dos lotes, os logradouros, os espaços livres e as outras áreas com destinação específica, se for o caso, dispensada a apresentação da ART no Conselho Regional de Engenharia e Arquitetura ou o RRT no Conselho de Arquitetura e Urbanismo quando o responsável técnico for servidor ou empregado público;

II – descrição técnica do perímetro da área a ser regularizada, dos lotes, das áreas públicas e das outras áreas com destinação específica, quando for o caso; e

III – documento expedido pelo Município ou pelo Distrito Federal, o qual ateste que o parcelamento foi implantado anteriormente a 19 de dezembro de 1979 e de que está integrado à cidade.

•• Inciso III com redação determinada pelo Decreto n. 9.597, de 4-12-2018.

§ 2.º A apresentação da documentação prevista no § 1.º dispensa a apresentação do projeto de regularização fundiária, do estudo técnico ambiental, da CRF ou de quaisquer outras manifestações, aprovações, licenças ou alvarás emitidos pelos órgãos públicos.

§ 3.º O registro do parcelamento das glebas previsto neste artigo poderá ser feito por trechos ou etapas, independentemente de retificação ou apuração de área remanescente.

Art. 88. As disposições da Lei n. 6.766, de 1979, não se aplicam à Reurb, exceto quanto ao disposto nos art. 37, art. 38, art. 39, art. 40, *caput* e § 1.º ao § 4.º, art. 41, art. 42, art. 44, art. 47, art. 48, art. 49, art. 50, art. 51 e art. 52 da referida Lei.

•• Artigo com redação determinada pelo Decreto n. 9.597, de 4-12-2018.

Art. 89. Para fins da Reurb, ficam dispensadas a desafetação e as seguintes exigências previstas no inciso I do *caput* do art. 17 da Lei n. 8.666, de 21 de junho de 1993:

I – autorização legislativa para alienação de bens da administração pública direta, autárquica e fundacional; e

II – avaliação prévia e licitação na modalidade de concorrência.

Parágrafo único. Na venda direta prevista no art. 84 da Lei n. 13.465, de 2017, será necessária a avaliação prévia para definição do valor a ser cobrado na alienação.

Art. 90. Os Estados e o Distrito Federal criarão e regulamentarão fundos específicos destinados à compensação, total ou parcial, dos custos referentes aos atos registrais da Reurb-S previstos na Lei n. 13.465, de 2017, e neste Decreto.

Parágrafo único. Para que os fundos estaduais acessem os recursos do Fundo Nacional de Habitação de Interesse Social – FNHIS, criado pela Lei n. 11.124, de 16 de junho de 2005, estes deverão firmar termo de adesão, na forma a ser regulamentada em ato do Ministro de Estado das Cidades.

Art. 91. Serão regularizadas, na forma da Lei n. 13.465, de 2017, e deste Decreto, as ocupações que incidam sobre áreas objeto de ação judicial que verse sobre direitos reais de garantia, de constrição, bloqueio ou indisponibilidade judicial, ressalvada a hipótese de decisão judicial que impeça a análise, a aprovação e o registro do projeto de Reurb.

Art. 92. As normas e os procedimentos estabelecidos neste Decreto poderão ser aplicados aos processos administrativos de regularização fundiária iniciados pelos entes públicos competentes até a data de publicação da Lei n. 13.465, de 2017, e serão regidos, a critério deles, pelo disposto no art. 288-A ao art. 288-G da Lei n. 6.015, de 1973, e no art. 46 ao art. 71-A da Lei n. 11.977, de 2009.

§ 1.º O disposto no *caput* aplica-se às regularizações fundiárias urbanas em andamento, situadas total ou parcialmente em unidade de uso sustentável, em área de preservação permanente, em área de proteção de mananciais e no entorno dos reservatórios de água artificiais.

•• § 1.º com redação determinada pelo Decreto n. 9.597, de 4-12-2018.

§ 2.º Nas regularizações fundiárias previstas no *caput*, poderão ser utilizadas, a critério do órgão municipal ou distrital responsável pela regularização, as normas, os procedimentos e os instrumentos previstos na Lei n. 13.465, de 2017, e neste Decreto ou no art. 288-A ao art. 288-G da Lei n. 6.015, de 1973, inclusive conjuntamente.

§ 3.º As legitimações de posse já registradas na forma da Lei n. 11.977, de 2009, prosseguirão sob o regime da referida Lei até a titulação definitiva dos legitimados na posse.

§ 4.º O registro dos títulos emitidos, para conferir direitos reais, nos projetos de regularização que tenham sido registrados nos termos do art. 46 ao art. 71-A da Lei n. 11.977, de 2009, a critério dos legitimados, do Município ou do Distrito Federal, poderá ser feito nos termos da Lei n. 13.465, de 2017, e deste Decreto.

§ 5.º Para a abertura de matrícula do sistema viário de parcelamento urbano irregular, na forma prevista no art. 195-A da Lei n. 6.015, de 1973, a intimação dos confrontantes será feita por meio de edital, publicado no *Diário Oficial* ou em jornal com circulação na sede do Município ou no Distrito Federal, e será conferido prazo de trinta dias para a manifestação do intimado.

Art. 93. O Poder Público municipal ou distrital poderá facultar ao proprietário da área atingida pela obrigação de que trata o *caput* do art. 5.º da Lei n. 10.257, de 2001, ou objeto de Reurb, o estabelecimento de consórcio imobiliário como forma de viabilização financeira para o aproveitamento do imóvel.

§ 1.º Considera-se consórcio imobiliário a forma de viabilização de planos de urbanização, de regularização fundiária ou de reforma, conservação ou construção de edificação por meio da qual o proprietário transfere ao Poder Público municipal ou distrital a propriedade do imóvel e, após a realização das obras, recebe como pagamento unidades imobiliárias urbanizadas ou edificadas e as demais unidades incorporadas ao patrimônio público.

§ 2.º O valor das unidades imobiliárias a serem entregues na forma do § 1.º será correspondente ao valor do imóvel anteriormente à execução das obras.

§ 3.º A instauração do consórcio imobiliário por proprietário que tenha dado causa à formação de núcleos urbanos informais ou por seu sucessor não os eximirá da responsabilidade administrativa, civil ou criminal.

Art. 93-A. Para que o Município promova a Reurb em áreas da União sob a gestão da Secretaria do Patrimônio da União do Ministério do Planejamento, Desenvolvimento e Gestão, é necessária a prévia formalização da transferência da área ou a celebração de acordo de cooperação técnica ou de instrumento congênere com a referida Secretaria.

•• Artigo acrescentado pelo Decreto n. 9.597, de 4-12-2018.

Título II
DOS PROCEDIMENTOS PARA A AVALIAÇÃO E A ALIENAÇÃO DOS IMÓVEIS DA UNIÃO

Art. 94. Os imóveis da União objeto da Reurb-E objeto de processo de parcelamento reconhecido pela autoridade pública poderão ser, no todo ou em parte, vendidas diretamente aos seus ocupantes, dispensados os procedimentos exigidos pela Lei n. 8.666, de 1993.

§ 1.º A venda aplica-se unicamente aos imóveis ocupados até 22 de dezembro de 2016 e o ocupante deverá estar regularmente inscrito e em dia com suas obrigações para com a Secretaria do Patrimônio da União do Ministério do Planejamento, Desenvolvimento e Gestão.

§ 2.º A possibilidade da venda direta de que trata este artigo é extensiva aos ocupantes cuja inscrição de ocupação tenha sido feita em nome de condomínios ou associações.

§ 3.º A venda direta de que trata este artigo somente poderá ser concedida para, no máximo, dois imóveis, um residencial e um não residencial, regularmente cadastrados em nome do beneficiário na Secretaria do Patrimônio da União do Ministério do Planejamento, Desenvolvimento e Gestão.

§ 4.º Nas ocupações de áreas da União não cadastradas junto à Secretaria do Patrimônio da União do Ministério do Planejamento, Desenvolvimento e Gestão, será possível a venda direta ao ocupante, desde que comprovada a sua ocupação em 22 de dezembro de 2016.

§ 5.º Para fins da comprovação que trata o § 4.º, é admitida a contagem de tempo de ocupações anteriores, desde que demonstrada a continuidade da cadeia de ocupação até o atual ocupante.

§ 6.º A venda direta de que trata este artigo obedecerá ao disposto na Lei n. 9.514, de 20 de novembro de 1997, e a União permanecerá com a propriedade fiduciária dos bens até a quitação integral, na forma dos § 7.º e § 9.º.

§ 7.º Para os ocupantes com renda familiar de cinco e dez salários mínimos, o valor pela aquisição poderá ser pago à vista ou em até duzentas e quarenta parcelas mensais e consecutivas, devido sinal de, no mínimo, cinco por cento do valor da avaliação.

§ 8.º O valor da parcela mensal a que se refere o § 7.º não poderá ser inferior ao valor devido pelo ocupante a título de taxa de foro ou de ocupação, quando requerido pelo interessado.

§ 9.º Para os ocupantes com renda familiar acima de dez salários mínimos, a aquisição poderá ser realizada à vista ou em até cento e vinte parcelas mensais e consecutivas, devido sinal de, no mínimo, dez por cento do valor da avaliação, hipótese em que o valor da parcela mensal não poderá ser inferior ao equivalente devido pelo usuário a título de taxa de foro ou de ocupação, quando requerido pelo interessado.

§ 10. A regulamentação do disposto neste artigo será efetuada pela Secretaria do Patrimônio da União do Ministério do Planejamento, Desenvolvimento e Gestão, no prazo de doze meses, contado da data de publicação da Lei n. 13.465, de 2017.

Art. 95. O preço de venda será fixado com base no valor de mercado do imóvel, segundo critérios de avaliação previstos no art. 11-C da Lei n. 9.636, de 15 de maio de

1998, excluídas as acessões e as benfeitorias realizadas pelo ocupante.

§ 1.º O prazo de validade da avaliação a que se refere o *caput* será de, no máximo, doze meses.

§ 2.º No condomínio edilício, as áreas comuns, excluídas as suas benfeitorias, serão adicionadas na fração ideal da unidade privativa correspondente.

Art. 96. Os procedimentos necessários à promoção da Reurb-E em áreas da União poderão ser conduzidos no âmbito de acordo de cooperação técnica ou de instrumento congênere, celebrado entre a Secretaria do Patrimônio da União do Ministério do Planejamento, Desenvolvimento e Gestão e os interessados na promoção da Reurb-E, representados por suas associações representativas ou condomínios.

Parágrafo único. Os acordos de cooperação técnica ou os instrumento congêneres a que se refere o *caput* poderão ser celebrados tanto com ocupantes regularmente inscritos junto à Secretaria do Patrimônio da União do Ministério do Planejamento, Desenvolvimento e Gestão, quanto com aqueles que ocupam áreas da União não cadastradas junto à referida Secretaria.

Art. 97. As pessoas físicas de baixa renda que, por qualquer título, utilizem regularmente imóvel da União, inclusive imóveis provenientes de órgãos e entidades federais extintos, para fins de moradia, até 22 de dezembro de 2016, e que sejam isentas do pagamento de qualquer valor pela utilização, na forma da legislação patrimonial e dos cadastros da Secretaria do Patrimônio da União do Ministério do Planejamento, Desenvolvimento e Gestão, poderão requerer diretamente ao oficial do cartório de registro de imóveis, por meio da apresentação da Certidão de Autorização de Transferência – CAT expedida pela referida Secretaria, a transferência gratuita da propriedade do imóvel, desde que preenchidos os requisitos previstos no § 5.º do art. 31 da Lei n. 9.636, de 1998.

•• *Caput* com redação determinada pelo Decreto n. 9.597, de 4-12-2018.

§ 1.º A transferência gratuita de que trata este artigo somente poderá ser concedida uma vez por beneficiário.

§ 2.º A avaliação prévia do imóvel e a prévia autorização legislativa específica não se configuram como condição para a transferência gratuita de que trata este artigo.

Art. 98. Para obter gratuitamente a concessão de direito real de uso ou o domínio pleno do imóvel, o interessado deverá requerer, junto à Secretaria do Patrimônio da União do Ministério do Planejamento, Desenvolvimento e Gestão, a CAT para fins de Reurb-S – CAT-Reurb-S, a qual valerá como título hábil para a aquisição do direito mediante o registro no cartório de registro de imóveis.

Parágrafo único. Efetivado o registro da transferência da concessão de direito real de uso ou do domínio pleno do imóvel, o oficial do cartório de registro de imóveis, no prazo de trinta dias, notificará a Superintendência do Patrimônio da União no Estado ou no Distrito Federal e informará o número da matrícula ou da transcrição do imóvel e o seu Registro Imobiliário Patrimonial, o qual deverá constar da CAT-Reurb-S.

Art. 98-A. Os procedimentos para a Reurb promovida em áreas da União serão regulamentados em ato específico da Secretaria do Patrimônio da União do Ministério do Planejamento, Desenvolvimento e Gestão, sem prejuízo da eventual adoção de procedimentos e instrumentos previstos para a Reurb.

•• Artigo acrescentado pelo Decreto n. 9.597, de 4-12-2018.

Art. 99. Na hipótese de imóveis destinados à Reurb-S cuja propriedade da União ainda não se encontre regularizada junto ao cartório de registro de imóveis competente, a abertura de matrícula poderá ser realizada por meio de requerimento da Secretaria do Patrimônio da União do Ministério do Planejamento, Desenvolvimento e Gestão, dirigido ao oficial do referido cartório, acompanhado dos seguintes documentos:

I – planta e memorial descritivo do imóvel, assinados por profissional habilitado perante o Conselho Regional de Engenharia e Arquitetura ou o Conselho de Arquitetura e Urbanismo, condicionados à apresentação da ART ou do RRT, quando for o caso; e

II – ato de discriminação administrativa do imóvel da União para fins de Reurb-S, a ser expedido pela Secretaria do Patrimônio da União do Ministério do Planejamento, Desenvolvimento e Gestão.

§ 1.º O oficial do cartório de registro de imóveis deverá, no prazo de trinta dias, contado da data de protocolo do requerimento, fornecer à Superintendência do Patrimônio da União no Estado ou no Distrito Federal a certidão da matrícula aberta ou os motivos fundamentados para a negativa da abertura, hipótese para a qual deverá ser estabelecido prazo para que as pendências sejam supridas.

§ 2.º O disposto no *caput* não se aplica aos imóveis da União submetidos a procedimentos específicos de identificação e demarcação, os quais continuam submetidos às normas pertinentes.

Art. 100. Os procedimentos para a transferência gratuita do direito real de uso ou do domínio pleno de imóveis da União no âmbito da Reurb-S, inclusive aqueles relacionados à forma de comprovação dos requisitos pelos beneficiários, serão regulamentados em ato do Secretário do Patrimônio da União do Ministério do Planejamento, Desenvolvimento e Gestão.

Art. 101. Ficam a União e as suas autarquias e fundações autorizadas a transferir aos Estados, aos Municípios e ao Distrito Federal as áreas públicas federais ocupadas por núcleos urbanos informais, para que estes promovam a Reurb nos termos da Lei n. 13.465, de 2017, observado o disposto neste regulamento quando se tratar de imóveis de titularidade de fundos.

Título III
DISPOSIÇÕES FINAIS

Art. 102. Fica facultado aos Estados, aos Municípios e ao Distrito Federal utilizar a prerrogativa de venda direta aos ocupantes de suas áreas públicas objeto de Reurb-E, dispensados os procedimentos exigidos pela Lei n. 8.666, de 1993, desde que os imóveis se encontrem ocupados até 22 de dezembro de 2016, devendo regulamentar o processo em legislação própria nos moldes do disposto no art. 84 da Lei n. 13.465, de 11 de julho de 2017.

Art. 103. Nos termos do Decreto-lei n. 1.876, de 15 de julho de 1981, são requisitos da Reurb-S em áreas da União:

I – a renda familiar mensal do ocupante ser igual ou inferior a cinco salários mínimos; e

II – o ocupante não ter possuído ou ser proprietário de bens ou direitos em montante superior ao limite estabelecido pela Secretaria da Receita Federal do Brasil do Ministério da Fazenda para a obrigatoriedade de apresentação da Declaração de Ajuste Anual do Imposto de Renda Pessoa Física.

Art. 104. Na Reurb promovida em áreas da União em que não seja possível a constituição de direitos reais para a totalidade dos interessados ou em que existam unidades imobiliárias desocupadas, as matrículas correspondentes a essas unidades deverão ser abertas em nome da União.

Art. 105. Na hipótese de decisão pela remoção do núcleo urbano informal consolidado, deverão ser realizados estudos técnicos que comprovem que o desfazimento e a remoção do núcleo urbano não causará maiores danos ambientais e sociais do que a sua regularização nos termos da Lei n. 13.465, de 2017, e deste Decreto.

Parágrafo único. O disposto no *caput* não se aplica às áreas de risco a serem realocadas conforme o disposto no § 2.º do art. 39 da Lei n. 13.465, de 2017.

Art. 106. Para registro da aquisição de propriedade por meio da legitimação fundiária em áreas da União promovida por legitimados que não sejam a própria União, a constituição do direito real em nome dos beneficiários ficará condicionada à autorização da Secretaria do Patrimônio da União do Ministério do Planejamento, Desenvolvimento e Gestão.

Art. 107. Os imóveis ocupados por órgãos ou entidades da administração pública federal, estadual, distrital ou municipal que se encontrem em núcleos urbanos informais, localizados em áreas da União e regularizados por meio de Reurb serão destinados conforme a legislação patrimonial da União.

Art. 108. O ocupante irregular de imóvel da União fruto de Reurb-E que não opte pela aquisição do imóvel será inscrito na Secretaria do Patrimônio da União do Ministério do Planejamento, Desenvolvimento e Gestão como ocupante, na forma da legislação vigente.

Art. 109. O disposto na Lei n. 13.465, de 2017, e neste Decreto se aplica às ilhas oceânicas e costeiras do País, sem prejuízo da legislação patrimonial pertinente em vigor.

Art. 109-A. O disposto no art. 34 aplica-se ao Programa Minha Casa Minha Vida – PMCMV, operado com recursos de que tratam os incisos II e III do *caput* do art. 2.º da Lei n. 11.977, de 2009.

•• Artigo acrescentado pelo Decreto n. 9.597, de 4-12-2018.

Art. 109-B. Os procedimentos necessários à promoção da Reurb em áreas da União sob a gestão da Secretaria do Patrimônio da União do Ministério do Planejamento, Desenvolvimento e Gestão que não tenham como agente promotor a própria União, serão antecedidos pela formalização da transferência da área ou pela celebração de acordo de cooperação técnica ou de instrumento congênere entre a referida Secretaria e os interessados na promoção da Reurb.

•• Artigo acrescentado pelo Decreto n. 9.597, de 4-12-2018.

Art. 110. Este Decreto entra em vigor na data de sua publicação.

Brasília, 15 de março de 2018; 197.º da Independência e 130.º da República.

MICHEL TEMER

LEI COMPLEMENTAR N. 162, DE 6 DE ABRIL DE 2018 (*)

Institui o Programa Especial de Regularização Tributária das Microempresas e Empresas de Pequeno Porte optantes pelo Simples Nacional (Pert-SN).

O Presidente da República

Faço saber que o Congresso Nacional decreta e eu promulgo, nos termos do parágrafo 5.º do art. 66 da Constituição Federal, a seguinte Lei Complementar:

Art. 1.º Fica instituído o Programa Especial de Regularização Tributária das Microempresas e Empresas de Pequeno Porte optantes pelo Simples Nacional (Pert-SN), relativo aos débitos de que trata o § 15 do art. 21 da Lei Complementar n. 123, de 14 de dezembro de 2006, observadas as seguintes condições:

•• A Lei Complementar n. 168, de 12-6-2019, (*DOU* de 13-6-2019), dispõe em seu art. 1.º: "Art. 1.º Os microempreendedores individuais, as microempresas e as empresas de pequeno porte excluídos, em 1.º de janeiro de 2018, do Regime Especial Unificado de Arrecadação de Tributos e Contribuições devidos pelas Microempresas e Empresas de Pequeno Porte (Simples Nacional), instituído pela Lei Complementar n. 123, de 14 de dezembro de 2006, que fizerem adesão ao Programa Especial de Regularização Tributária das Microempresas e Empresas de Pequeno Porte optantes pelo Simples Nacional (PertSN), instituído pela Lei Complementar n. 162, de 6 de abril de 2018, poderão, de forma extraordinária, no prazo de 30 (trinta) dias contado da data de publicação desta Lei, fazer nova opção pelo regime tributário, com efeitos retroativos a 1.º de janeiro de 2018, desde que não incorram, em 1.º de janeiro de 2018, nas vedações previstas na Lei Complementar n. 123, de 14 de dezembro de 2006, na forma do regulamento".

I – pagamento em espécie de, no mínimo, 5% (cinco por cento) do valor da dívida consolidada, sem reduções, em até cinco parcelas mensais e sucessivas, e o restante:

a) liquidado integralmente, em parcela única, com redução de 90% (noventa por cento) dos juros de mora, 70% (setenta por cento) das multas de mora, de ofício ou isoladas e 100% (cem por cento) dos encargos legais, inclusive honorários advocatícios;

b) parcelado em até cento e quarenta e cinco parcelas mensais e sucessivas, com redução de 80% (oitenta por cento) dos juros de mora, 50% (cinquenta por cento) das multas de mora, de ofício ou isoladas e 100% (cem por cento) dos encargos legais, inclusive honorários advocatícios; ou

c) parcelado em até cento e setenta e cinco parcelas mensais e sucessivas, com redução de 50% (cinquenta por cento) dos juros de mora, 25% (vinte e cinco por cento) das multas de mora, de ofício ou isoladas e 100% (cem por cento) dos encargos legais, inclusive honorários advocatícios;

II – o valor mínimo das prestações será de R$ 300,00 (trezentos reais), exceto no caso dos Microempreendedores Individuais (MEIs), cujo valor será definido pelo Comitê Gestor do Simples Nacional (CGSN).

§ 1.º Os interessados poderão aderir ao Pert-SN em até noventa dias após a entrada em vigor desta Lei Complementar, ficando suspensos os efeitos das notificações – Atos Declaratórios Executivos (ADE) – efetuadas até o término deste prazo.

§ 2.º Poderão ser parcelados na forma do *caput* deste artigo os débitos vencidos até a competência do mês de novembro de 2017 e apurados na forma do Regime Especial Unificado de Arrecadação de Tributos e Contribuições devidos pelas Microempresas e Empresas de Pequeno Porte (Simples Nacional).

§ 3.º O disposto neste artigo aplica-se aos créditos constituídos ou não, com exigibilidade suspensa ou não, parcelados ou não e inscritos ou não em dívida ativa do respectivo ente federativo, mesmo em fase de execução fiscal já ajuizada.

§ 4.º O pedido de parcelamento implicará desistência compulsória e definitiva de parcelamento anterior, sem restabelecimento dos parcelamentos rescindidos caso não seja efetuado o pagamento da primeira prestação.

§ 5.º O valor de cada prestação mensal, por ocasião do pagamento, será acrescido de juros equivalentes à taxa referencial do Sistema Especial de Liquidação e de Custódia (Selic) para títulos federais, acumulada mensalmente, calculados a partir do mês subsequente ao da consolidação até o mês anterior ao do pagamento, e de 1% (um por cento) relativamente ao mês em que o pagamento estiver sendo efetuado.

§ 6.º Poderão ainda ser parcelados, na forma e nas condições previstas nesta Lei Complementar, os débitos parcelados de acordo com os §§ 15 a 24 do art. 21 da Lei Complementar n. 123, de 14 de dezembro de 2006, e o art. 9.º da Lei Complementar n. 155, de 27 de outubro de 2016.

§ 7.º Compete ao CGSN a regulamentação do parcelamento disposto neste artigo.

Art. 2.º O Poder Executivo federal, com vistas ao cumprimento do disposto no inciso II do *caput* do art. 5.º e nos arts. 14 e 17 da Lei Complementar n. 101, de 4 de maio de 2000, estimará o montante da renúncia fiscal decorrente desta Lei Complementar e o incluirá no demonstrativo a que se refere o § 6.º do art. 165 da Constituição Federal, que acompanhará o projeto da lei orçamentária cuja apresentação se der após a publicação desta Lei Complementar.

Art. 3.º Esta Lei Complementar entra em vigor na data de sua publicação.

Brasília, 6 de abril de 2018; 197.º da Independência e 130.º da República.

MICHEL TEMER

DECRETO N. 9.354, DE 25 DE ABRIL DE 2018 (**)

Regulamenta o art. 1.º do Decreto-Lei n. 2.398, de 21 de dezembro de 1987, que dispõe sobre foros, laudêmios e taxas de ocupação relativas a imóveis de propriedade da União, e a art. 11-B da Lei n. 9.636, de 15 de maio de 1998, que dispõe sobre a regularização, a administração, o aforamento e a alienação de bens imóveis de domínio da União.

O Presidente da República, no uso da atribuição que lhe confere o art. 84, *caput*, inciso IV, da Constituição, e tendo em vista o disposto no art. 1.º do Decreto-Lei n. 2.398, de 21 de dezembro de 1987, e no art. 11-B da Lei n. 9.636, de 15 de maio de 1998, decreta:

Art. 1.º As informações a que se referem o inciso I do § 1.º do art. 1.º do Decreto-Lei n. 2.398, de 21 de dezembro de 1987, e o

(*) Publicada no *Diário Oficial da União*, de 9-4-2018.

(**) Publicado no *Diário Oficial da União*, de 26-4-2018.

inciso I do *caput* do art. 11-B da Lei n. 9.636, de 15 de maio de 1998, serão consideradas inaptas para a definição do valor do domínio pleno do terreno da União nas seguintes hipóteses:

I – se houver envio de dados incorretos, inconsistentes ou referentes à avaliação realizada há mais de dois exercícios, contados da data do referido envio;

II – se as informações encaminhadas não permitirem a identificação do imóvel em sua totalidade; ou

III – se os dados enviados pelo Município e pelo Distrito Federal não apresentarem o valor venal do terreno separadamente.

Parágrafo único. O enquadramento em uma das hipóteses previstas nos incisos do *caput* será objeto de fundamentação técnica por parte da Secretaria do Patrimônio da União do Ministério do Planejamento, Desenvolvimento e Gestão.

Art. 2.º Nas hipóteses de não fornecimento do valor venal do terreno ou de as informações serem consideradas inaptas, na forma prevista no art. 1.º, o valor venal do terreno será obtido por meio da planta de valores da Secretaria do Patrimônio da União do Ministério do Planejamento, Desenvolvimento e Gestão, referente ao exercício anterior, corrigida monetariamente por meio da aplicação do Índice Nacional de Preços ao Consumidor Amplo – IPCA do exercício imediatamente anterior, a ser publicada em ato do Secretário do Patrimônio da União do Ministério do Planejamento, Desenvolvimento e Gestão, ou por meio de pesquisa mercadológica.

Art. 3.º Este Decreto entra em vigor na data de sua publicação.

Brasília, 25 de abril de 2018; 197.º da Independência e 130.º da República.

MICHEL TEMER

DECRETO N. 9.451, DE 26 DE JULHO DE 2018 (*)

Regulamenta o art. 58 da Lei n. 13.146, de 6 de julho de 2015, que institui a Lei Brasileira de Inclusão da Pessoa com Deficiência – Estatuto da Pessoa com Deficiência.

A Presidente do Supremo Tribunal Federal, no exercício do cargo de Presidente da República, no uso da atribuição que lhe confere o art. 84, *caput*, inciso IV, da Constituição, e tendo em vista o disposto no art. 58 da Lei n. 13.146, de 6 de julho de 2015, decreta:

Art. 1.º Este Decreto regulamenta o disposto no art. 58 da Lei n. 13.146, de 6 de julho de 2015, para dispor sobre os preceitos de acessibilidade relativos ao projeto e à construção de edificação de uso privado multifamiliar.

(*) Publicado no *Diário Oficial da União*, de 27-7-2018.

Art. 2.º Para fins do disposto neste Decreto, considera-se:

I – edificação de uso privado multifamiliar – aquela com duas ou mais unidades autônomas destinadas ao uso residencial, ainda que localizadas em pavimento único;

II – unidade internamente acessível – unidade autônoma de edificação de uso privado multifamiliar, dotada de características específicas que permitam o uso da unidade por pessoa com deficiência ou com mobilidade reduzida, observado o disposto nos Anexos I e II;

III – unidade adaptável – unidade autônoma de edificação de uso privado multifamiliar cujas características construtivas permitam a sua adaptação, a partir de alterações de *layout*, dimensões internas ou quantidade de ambientes, sem que sejam afetadas a estrutura da edificação e as instalações prediais, observado o disposto neste Decreto;

IV – unidade com adaptação razoável – unidade autônoma de edificação de uso privado multifamiliar, com modificações e ajustes realizados por meio de tecnologia assistiva e de ajuda técnica, a que se refere o Anexo II, que permitam o uso da unidade por pessoa com deficiência auditiva, visual, intelectual ou nanismo; e

V – data do início da obra – a data de emissão do Cadastro Específico do Instituto Nacional do Seguro Social – INSS – CEI.

Parágrafo único. A alteração da quantidade de ambientes a que se refere o inciso III do *caput* somente poderá ser efetuada nas unidades autônomas com área privativa de, no máximo, setenta metros quadrados.

Art. 3.º Os empreendimentos de edificação de uso privado multifamiliar serão projetados com unidades adaptáveis, nos termos do disposto neste Decreto, com condições de adaptação dos ambientes para as características de unidade internamente acessível, observadas as especificações estabelecidas nos Anexos I e II.

Parágrafo único. Nas unidades autônomas com mais de um pavimento, será previsto espaço para instalação de equipamento de transposição vertical para acesso a todos os pavimentos da mesma unidade autônoma.

Art. 4.º As unidades autônomas das edificações de uso privado multifamiliar deverão ser adaptáveis.

Art. 5.º As unidades autônomas adaptáveis deverão ser convertidas em unidades internamente acessíveis quando solicitado pelo adquirente, por escrito, até a data do início da obra.

§ 1.º É vedada a cobrança de valores adicionais para a conversão de que trata o *caput*.

§ 2.º Na hipótese de desistência ou de resolução contratual por inadimplemento do comprador da unidade internamente acessível, o incorporador poderá reter os custos adicionais incorridos devido à adaptação solicitada, desde que previsto expressamente em cláusula contratual.

Art. 6.º Os empreendimentos que adotarem sistema construtivo que não permita alterações posteriores, tais como a alvenaria estrutural, paredes de concreto, impressão 3D ou outros equivalentes, poderão não atender às obrigações previstas nos art. 3.º, art. 4.º e art. 5.º, desde que garantam o percentual mínimo de três por cento de unidades internamente acessíveis, não restritas ao pavimento térreo.

§ 1.º Na hipótese de o percentual previsto no *caput* resultar em número menor do que um, os empreendimentos deverão garantir, no mínimo, uma unidade internamente acessível.

§ 2.º Ressalvado o disposto no § 1.º, na hipótese de a aplicação do percentual previsto no *caput* resultar em número fracionado, este será arredondado para o número inteiro subsequentemente superior.

§ 3.º O adquirente do imóvel poderá solicitar, por escrito, a adaptação razoável de sua unidade até a data do início da obra, para informar à construtora ou à incorporadora sobre os itens de sua escolha para instalação na unidade adquirida, observadas as especificações estabelecidas no Anexo II.

§ 4.º É vedada a cobrança de valores adicionais para a aquisição de unidades internamente acessíveis ou a adaptação razoável da unidade autônoma, observado o percentual previsto no *caput*.

Art. 7.º As áreas de uso comum das edificações de uso privado multifamiliar deverão ser acessíveis e atender aos requisitos estabelecidos nas normas técnicas de acessibilidade vigentes.

Art. 8.º Serão reservados dois por cento das vagas de garagem ou estacionamento, vinculadas ao empreendimento, para uso comum, para veículos que transportem pessoa com deficiência com comprometimento de mobilidade, sem prejuízo do disposto no art. 47 da Lei n. 13.146, de 2015.

§ 1.º Na hipótese de o percentual previsto no *caput* resultar em número menor do que um, os empreendimentos deverão garantir, no mínimo, a reserva de uma vaga de garagem ao estacionamento para veículos que transportem pessoa com deficiência com comprometimento de mobilidade.

§ 2.º Ressalvado o disposto no § 1.º, na hipótese de a aplicação do percentual previsto no *caput* resultar em número fracionado, as casas decimais da fração serão desprezadas.

§ 3.º As vagas a que se refere o *caput* deverão ser localizadas próximo às rotas acessíveis de pedestres ou aos elevadores, atender aos requisitos estabelecidos nas normas técnicas de acessibilidade vigentes e ficar sob a administração do condomínio em área comum.

§ 4.º O morador com deficiência com comprometimento de mobilidade e que tenha vaga vinculada à sua unidade autônoma poderá solicitar uma das vagas sob a administração do condomínio a qualquer tempo, hipótese em que o condomínio deverá ceder a posse temporária da vaga acessível em troca da posse da vaga vinculada à unidade autônoma do morador.

§ 5.º O disposto neste artigo não se aplica aos empreendimentos que não ofertem vagas de estacionamento vinculadas às unidades autônomas da edificação.

Art. 9.º Ficam dispensados do disposto neste Decreto:

I – edificações de uso privado multifamiliar cujo projeto tenha sido protocolado no órgão responsável pelo licenciamento anteriormente à data de entrada em vigor deste Decreto;

II – unidades autônomas com, no máximo, um dormitório e com área útil de, no máximo, trinta e cinco metros quadrados;

III – unidades autônomas com dois dormitórios e com área útil de, no máximo, quarenta e um metros quadrados;

IV – reforma e regularização de edificação de uso privado multifamiliar, desde que a construção da edificação original a ser reformada ou regularizada tenha se iniciado anteriormente à data de entrada em vigor deste Decreto;

V – reforma das unidades autônomas das edificações de uso privado multifamiliar; e

VI – regularização fundiária de interesse social, desde que o imóvel ou os núcleos informais a serem regularizados tenha se iniciado anteriormente à data de entrada em vigor deste Decreto.

Art. 10. Ficam excluídos do disposto neste Decreto os empreendimentos a que se refere o art. 32 da Lei n. 13.146, de 2015.

Art. 11. Este Decreto entra em vigor dezoito meses após a data de sua publicação.

Brasília, 26 de julho de 2018; 197.º da Independência e 130.º da República.

CÁRMEN LÚCIA ANTUNES ROCHA

LEI N. 13.709, DE 14 DE AGOSTO DE 2018 (*)

Lei Geral de Proteção de Dados Pessoais (LGPD).

•• Ementa com redação determinada pela Lei n. 13.853, de 8-7-2019.

O Presidente da República

Faço saber que o Congresso Nacional decreta e eu sanciono a seguinte Lei:

Capítulo I

DISPOSIÇÕES PRELIMINARES

Art. 1.º Esta Lei dispõe sobre o tratamento de dados pessoais, inclusive nos meios digitais, por pessoa natural ou por pessoa jurídica de direito público ou privado, com o objetivo de proteger os direitos fundamentais de liberdade e de privacidade e o livre desenvolvimento da personalidade da pessoa natural.

•• A Resolução n. 363, de 12-1-2021, do CNJ, estabelece medidas para o processo de adequação à Lei Geral de Proteção de Dados Pessoais a serem adotadas pelos tribunais do país (primeira e segunda instâncias e Cortes Superiores), à exceção do STF, para facilitar o processo de implementação no âmbito do sistema judicial.

Parágrafo único. As normas gerais contidas nesta Lei são de interesse nacional e devem ser observadas pela União, Estados, Distrito Federal e Municípios.

•• Parágrafo único acrescentado pela Lei n. 13.853, de 8-7-2019.

Art. 2.º A disciplina da proteção de dados pessoais tem como fundamentos:

I – o respeito à privacidade;

II – a autodeterminação informativa;

III – a liberdade de expressão, de informação, de comunicação e de opinião;

IV – a inviolabilidade da intimidade, da honra e da imagem;

V – o desenvolvimento econômico e tecnológico e a inovação;

VI – a livre iniciativa, a livre concorrência e a defesa do consumidor; e

VII – os direitos humanos, o livre desenvolvimento da personalidade, a dignidade e o exercício da cidadania pelas pessoas naturais.

Art. 3.º Esta Lei aplica-se a qualquer operação de tratamento realizada por pessoa natural ou por pessoa jurídica de direito público ou privado, independentemente do meio, do país de sua sede ou do país onde estejam localizados os dados, desde que:

I – a operação de tratamento seja realizada no território nacional;

II – a atividade de tratamento tenha por objetivo a oferta ou o fornecimento de bens ou serviços ou o tratamento de dados de indivíduos localizados no território nacional; ou

•• Inciso II com redação determinada pela Lei n. 13.853, de 8-7-2019.

III – os dados pessoais objeto do tratamento tenham sido coletados no território nacional.

§ 1.º Consideram-se coletados no território nacional os dados pessoais cujo titular nele se encontre no momento da coleta.

§ 2.º Excetua-se do disposto no inciso I deste artigo o tratamento de dados previsto no inciso IV do *caput* do art. 4.º desta Lei.

Art. 4.º Esta Lei não se aplica ao tratamento de dados pessoais:

I – realizado por pessoa natural para fins exclusivamente particulares e não econômicos;

II – realizado para fins exclusivamente:

a) jornalístico e artísticos; ou

b) acadêmicos, aplicando-se a esta hipótese os arts. 7.º e 11 desta Lei;

III – realizado para fins exclusivos de:

a) segurança pública;

b) defesa nacional;

c) segurança do Estado; ou

d) atividades de investigação e repressão de infrações penais; ou

IV – provenientes de fora do território nacional e que não sejam objeto de comunicação, uso compartilhado de dados com agentes de tratamento brasileiros ou objeto de transferência internacional de dados com outro país que não o de proveniência, desde que o país de proveniência proporcione grau de proteção de dados pessoais adequado ao previsto nesta Lei.

§ 1.º O tratamento de dados pessoais previsto no inciso III será regido por legislação específica, que deverá prever medidas proporcionais e estritamente necessárias ao atendimento do interesse público, observados o devido processo legal, os princípios gerais de proteção e os direitos do titular previstos nesta Lei.

§ 2.º É vedado o tratamento dos dados a que se refere o inciso III do *caput* deste artigo por pessoa de direito privado, exceto em procedimentos sob tutela de pessoa jurídica de direito público, que serão objeto de informe específico à autoridade nacional e que deverão observar a limitação imposta no § 4.º deste artigo.

§ 3.º A autoridade nacional emitirá opiniões técnicas ou recomendações referentes às exceções previstas no inciso III do *caput* deste artigo e deverá solicitar aos responsáveis relatórios de impacto à proteção de dados pessoais.

§ 4.º Em nenhum caso a totalidade dos dados pessoais de banco de dados de que trata o inciso III do *caput* deste artigo poderá ser tratada por pessoa de direito privado, salvo por aquela que possua capital integralmente constituído pelo poder público.

•• § 4.º com redação determinada pela Lei n. 13.853, de 8-7-2019.

Art. 5.º Para os fins desta Lei, considera-se:

I – dado pessoal: informação relacionada a pessoa natural identificada ou identificável;

II – dado pessoal sensível: dado pessoal sobre origem racial ou étnica, convicção religiosa, opinião política, filiação a sindicato ou a organização de caráter religioso, filosófico ou político, dado referente à saúde ou à vida sexual, dado genético ou biométrico, quando vinculado a uma pessoa natural;

III – dado anonimizado: dado relativo a titular que não possa ser identificado, considerando a utilização de meios técnicos razoáveis e disponíveis na ocasião de seu tratamento;

IV – banco de dados: conjunto estruturado de dados pessoais, estabelecido em um ou em vários locais, em suporte eletrônico ou físico;

(*) Publicada no *Diário Oficial da União*, de 15-8-2018 e republicada parcialmente na mesma data, em edição extra.

V – titular: pessoa natural a quem se referem os dados pessoais que são objeto de tratamento;

VI – controlador: pessoa natural ou jurídica, de direito público ou privado, a quem competem as decisões referentes ao tratamento de dados pessoais;

VII – operador: pessoa natural ou jurídica, de direito público ou privado, que realiza o tratamento de dados pessoais em nome do controlador;

VIII – encarregado: pessoa indicada pelo controlador e operador para atuar como canal de comunicação entre o controlador, os titulares dos dados e a Autoridade Nacional de Proteção de Dados (ANPD);

•• Inciso VIII com redação determinada pela Lei n. 13.853, de 8-7-2019.

IX – agentes de tratamento: o controlador e o operador;

X – tratamento: toda operação realizada com dados pessoais, como as que se referem a coleta, produção, recepção, classificação, utilização, acesso, reprodução, transmissão, distribuição, processamento, arquivamento, armazenamento, eliminação, avaliação ou controle da informação, modificação, comunicação, transferência, difusão ou extração;

XI – anonimização: utilização de meios técnicos razoáveis e disponíveis no momento do tratamento, por meio dos quais um dado perde a possibilidade de associação, direta ou indireta, a um indivíduo;

XII – consentimento: manifestação livre, informada e inequívoca pela qual o titular concorda com o tratamento de seus dados pessoais para uma finalidade determinada;

XIII – bloqueio: suspensão temporária de qualquer operação de tratamento, mediante guarda do dado pessoal ou do banco de dados;

XIV – eliminação: exclusão de dado ou de conjunto de dados armazenados em banco de dados, independentemente do procedimento empregado;

XV – transferência internacional de dados: transferência de dados pessoais para país estrangeiro ou organismo internacional do qual o país seja membro;

XVI – uso compartilhado de dados: comunicação, difusão, transferência internacional, interconexão de dados pessoais ou tratamento compartilhado de bancos de dados pessoais por órgãos e entidades públicos no cumprimento de suas competências legais, ou entre esses e entes privados, reciprocamente, com autorização específica, para uma ou mais modalidades de tratamento permitidas por esses entes públicos, ou entre entes privados;

XVII – relatório de impacto à proteção de dados pessoais: documentação do controlador que contém a descrição dos processos de tratamento de dados pessoais que podem gerar riscos às liberdades civis e aos direitos fundamentais, bem como medidas, salvaguardas e mecanismos de mitigação de risco;

XVIII – órgão de pesquisa: órgão ou entidade da administração pública direta ou indireta ou pessoa jurídica de direito privado sem fins lucrativos legalmente constituída sob as leis brasileiras, com sede e foro no País, que inclua em sua missão institucional ou em seu objetivo social ou estatutário a pesquisa básica ou aplicada de caráter histórico, científico, tecnológico ou estatístico; e

•• Inciso XVIII com redação determinada pela Lei n. 13.853, de 8-7-2019.

XIX – autoridade nacional: órgão da administração pública responsável por zelar, implementar e fiscalizar o cumprimento desta Lei em todo o território nacional.

•• Inciso XIX com redação determinada pela Lei n. 13.853, de 8-7-2019.

Art. 6.º As atividades de tratamento de dados pessoais deverão observar a boa-fé e os seguintes princípios:

I – finalidade: realização do tratamento para propósitos legítimos, específicos, explícitos e informados ao titular, sem possibilidade de tratamento posterior de forma incompatível com essas finalidades;

II – adequação: compatibilidade do tratamento com as finalidades informadas ao titular, de acordo com o contexto do tratamento;

III – necessidade: limitação do tratamento ao mínimo necessário para a realização de suas finalidades, com abrangência dos dados pertinentes, proporcionais e não excessivos em relação às finalidades do tratamento de dados;

IV – livre acesso: garantia, aos titulares, de consulta facilitada e gratuita sobre a forma e a duração do tratamento, bem como sobre a integralidade de seus dados pessoais;

V – qualidade dos dados: garantia, aos titulares, de exatidão, clareza, relevância e atualização dos dados, de acordo com a necessidade e para o cumprimento da finalidade de seu tratamento;

VI – transparência: garantia, aos titulares, de informações claras, precisas e facilmente acessíveis sobre a realização do tratamento e os respectivos agentes de tratamento, observados os segredos comercial e industrial;

VII – segurança: utilização de medidas técnicas e administrativas aptas a proteger os dados pessoais de acessos não autorizados e de situações acidentais ou ilícitas de destruição, perda, alteração, comunicação ou difusão;

VIII – prevenção: adoção de medidas para prevenir a ocorrência de danos em virtude do tratamento de dados pessoais;

IX – não discriminação: impossibilidade de realização do tratamento para fins discriminatórios ilícitos ou abusivos;

X – responsabilização e prestação de contas: demonstração, pelo agente, da adoção de medidas eficazes e capazes de comprovar a observância e o cumprimento das normas de proteção de dados pessoais e, inclusive, da eficácia dessas medidas.

Capítulo II
DO TRATAMENTO DE DADOS PESSOAIS

Seção I
Dos Requisitos para o Tratamento de Dados Pessoais

Art. 7.º O tratamento de dados pessoais somente poderá ser realizado nas seguintes hipóteses:

I – mediante o fornecimento de consentimento pelo titular;

II – para o cumprimento de obrigação legal ou regulatória pelo controlador;

III – pela administração pública, para o tratamento e uso compartilhado de dados necessários à execução de políticas públicas previstas em leis e regulamentos ou respaldadas em contratos, convênios ou instrumentos congêneres, observadas as disposições do Capítulo IV desta Lei;

IV – para a realização de estudos por órgão de pesquisa, garantida, sempre que possível, a anonimização dos dados pessoais;

V – quando necessário para a execução de contrato ou de procedimentos preliminares relacionados a contrato do qual seja parte o titular, a pedido do titular dos dados;

VI – para o exercício regular de direitos em processo judicial, administrativo ou arbitral, esse último nos termos da Lei n. 9.307, de 23 de setembro de 1996 (Lei de Arbitragem);

VII – para a proteção da vida ou da incolumidade física do titular ou de terceiro;

VIII – para a tutela da saúde, exclusivamente, em procedimento realizado por profissionais de saúde, serviços de saúde ou autoridade sanitária;

•• Inciso VIII com redação determinada pela Lei n. 13.853, de 8-7-2019.

IX – quando necessário para atender aos interesses legítimos do controlador ou de terceiro, exceto no caso de prevalecerem direitos e liberdades fundamentais do titular que exijam a proteção dos dados pessoais; ou

X – para a proteção do crédito, inclusive quanto ao disposto na legislação pertinente.

§§ 1.º e 2.º (*Revogados pela Lei n. 13.853, de 8-7-2019.*)

§ 3.º O tratamento de dados pessoais cujo acesso é público deve considerar a finalidade, a boa-fé e o interesse público que justificaram sua disponibilização.

§ 4.º É dispensada a exigência do consentimento previsto no *caput* deste artigo para os dados tornados manifestamente públicos pelo titular, resguardados os direitos do titular e os princípios previstos nesta Lei.

§ 5.º O controlador que obteve o consentimento referido no inciso I do *caput* deste artigo que necessitar comunicar ou compartilhar dados pessoais com outros controladores deverá obter consentimento específico do titular para esse fim, ressalvadas as hipóteses de dispensa do consentimento previstas nesta Lei.

§ 6.º A eventual dispensa da exigência do consentimento não desobriga os agentes de tratamento das demais obrigações previstas nesta Lei, especialmente da observância dos princípios gerais e da garantia dos direitos do titular.

§ 7.º O tratamento posterior dos dados pessoais a que se referem os §§ 3.º e 4.º deste artigo poderá ser realizado para novas finalidades, desde que observados os propósitos legítimos e específicos para o novo tratamento e a preservação dos direitos do titular, assim como os fundamentos e os princípios previstos nesta Lei.

•• § 7.º acrescentado pela Lei n. 13.853, de 8-7-2019.

Art. 8.º O consentimento previsto no inciso I do art. 7.º desta Lei deverá ser fornecido por escrito ou por outro meio que demonstre a manifestação de vontade do titular.

§ 1.º Caso o consentimento seja fornecido por escrito, esse deverá constar de cláusula destacada das demais cláusulas contratuais.

§ 2.º Cabe ao controlador o ônus da prova de que o consentimento foi obtido em conformidade com o disposto nesta Lei.

§ 3.º É vedado o tratamento de dados pessoais mediante vício de consentimento.

§ 4.º O consentimento deverá referir-se a finalidades determinadas, e as autorizações genéricas para o tratamento de dados pessoais serão nulas.

§ 5.º O consentimento pode ser revogado a qualquer momento mediante manifestação expressa do titular, por procedimento gratuito e facilitado, ratificados os tratamentos realizados sob amparo do consentimento anteriormente manifestado enquanto não houver requerimento de eliminação, nos termos do inciso VI do *caput* do art. 18 desta Lei.

§ 6.º Em caso de alteração de informação referida nos incisos I, II, III ou V do art. 9.º desta Lei, o controlador deverá informar ao titular, com destaque de forma específica do teor das alterações, podendo o titular, nos casos em que o seu consentimento é exigido, revogá-lo caso discorde da alteração.

Art. 9.º O titular tem direito ao acesso facilitado às informações sobre o tratamento de seus dados, que deverão ser disponibilizadas de forma clara, adequada e ostensiva acerca de, entre outras características previstas em regulamentação para o atendimento do princípio do livre acesso:

I – finalidade específica do tratamento;

II – forma e duração do tratamento, observados os segredos comercial e industrial;

III – identificação do controlador;

IV – informações de contato do controlador;

V – informações acerca do uso compartilhado de dados pelo controlador e a finalidade;

VI – responsabilidades dos agentes que realizarão o tratamento; e

VII – direitos do titular, com menção explícita aos direitos contidos no art. 18 desta Lei.

§ 1.º Na hipótese em que o consentimento é requerido, esse será considerado nulo caso as informações fornecidas ao titular tenham conteúdo enganoso ou abusivo ou não tenham sido apresentadas previamente com transparência, de forma clara e inequívoca.

§ 2.º Na hipótese em que o consentimento é requerido, se houver mudanças da finalidade para o tratamento de dados pessoais não compatíveis com o consentimento original, o controlador deverá informar previamente o titular sobre as mudanças de finalidade, podendo o titular revogar o consentimento, caso discorde das alterações.

§ 3.º Quando o tratamento de dados pessoais for condição para o fornecimento de produto ou de serviço ou para o exercício de direito, o titular será informado com destaque sobre esse fato e sobre os meios pelos quais poderá exercer os direitos do titular elencados no art. 18 desta Lei.

Art. 10. O legítimo interesse do controlador somente poderá fundamentar tratamento de dados pessoais para finalidades legítimas, consideradas a partir de situações concretas, que incluem, mas não se limitam a:

I – apoio e promoção de atividades do controlador; e

II – proteção, em relação ao titular, do exercício regular de seus direitos ou prestação de serviços que o beneficiem, respeitadas as legítimas expectativas dele e os direitos e liberdades fundamentais, nos termos desta Lei.

§ 1.º Quando o tratamento for baseado no legítimo interesse do controlador, somente os dados pessoais estritamente necessários para a finalidade pretendida poderão ser tratados.

§ 2.º O controlador deverá adotar medidas para garantir a transparência do tratamento de dados baseado em seu legítimo interesse.

§ 3.º A autoridade nacional poderá solicitar ao controlador relatório de impacto à proteção de dados pessoais, quando o tratamento tiver como fundamento seu interesse legítimo, observados os segredos comercial e industrial.

Seção II
Do Tratamento de Dados Pessoais Sensíveis

Art. 11. O tratamento de dados pessoais sensíveis somente poderá ocorrer nas seguintes hipóteses:

I – quando o titular ou seu responsável legal consentir, de forma específica e destacada, para finalidades específicas;

II – sem fornecimento de consentimento do titular, nas hipóteses em que for indispensável para:

a) cumprimento de obrigação legal ou regulatória pelo controlador;

b) tratamento compartilhado de dados necessários à execução, pela administração pública, de políticas públicas previstas em leis ou regulamentos;

c) realização de estudos por órgão de pesquisa, garantida, sempre que possível, a anonimização dos dados pessoais sensíveis;

d) exercício regular de direitos, inclusive em contrato e em processo judicial, administrativo e arbitral, este último nos termos da Lei n. 9.307, de 23 de setembro de 1996 (Lei de Arbitragem);

e) proteção da vida ou da incolumidade física do titular ou de terceiro;

f) tutela da saúde, exclusivamente, em procedimento realizado por profissionais de saúde, serviços de saúde ou autoridade sanitária; ou

•• Alínea *f* com redação determinada pela Lei n. 13.853, de 8-7-2019.

g) garantia da prevenção à fraude e à segurança do titular, nos processos de identificação e autenticação de cadastro em sistemas eletrônicos, resguardados os direitos mencionados no art. 9.º desta Lei e exceto no caso de prevalecerem direitos e liberdades fundamentais do titular que exijam a proteção dos dados pessoais.

§ 1.º Aplica-se o disposto neste artigo a qualquer tratamento de dados pessoais que revele dados pessoais sensíveis e que possa causar dano ao titular, ressalvado o disposto em legislação específica.

§ 2.º Nos casos de aplicação do disposto nas alíneas *a* e *b* do inciso II do *caput* deste artigo pelos órgãos e pelas entidades públicas, será dada publicidade à referida dispensa de consentimento, nos termos do inciso I do *caput* do art. 23 desta Lei.

§ 3.º A comunicação ou o uso compartilhado de dados pessoais sensíveis entre controladores com objetivo de obter vantagem econômica poderá ser objeto de vedação ou de regulamentação por parte da autoridade nacional, ouvidos os órgãos setoriais do Poder Público, no âmbito de suas competências.

§ 4.º É vedada a comunicação ou o uso compartilhado entre controladores de dados pessoais sensíveis referentes à saúde com objetivo de obter vantagem econômica, exceto nas hipóteses relativas a prestação de serviços de saúde, de assistência farmacêutica e de assistência à saúde, desde que observado o § 5.º deste artigo, incluídos os serviços auxiliares de diagnose e terapia, em benefício dos interesses dos titulares de dados, e para permitir:

•• *Caput* com redação determinada pela Lei n. 13.853, de 8-7-2019.

I – a portabilidade de dados quando solicitada pelo titular; ou

•• Inciso I acrescentado pela Lei n. 13.853, de 8-7-2019.

II – as transações financeiras e administrativas resultantes do uso e da prestação dos serviços de que trata este parágrafo.

•• Inciso II acrescentado pela Lei n. 13.853, de 8-7-2019.

§ 5.º É vedado às operadoras de planos privados de assistência à saúde o tratamento de dados de saúde para a prática de seleção de riscos na contratação de qualquer modalidade, assim como na contratação e exclusão de beneficiários.

•• § 5.º acrescentado pela Lei n. 13.853, de 8-7-2019.

Art. 12. Os dados anonimizados não serão considerados dados pessoais para os fins desta Lei, salvo quando o processo de anonimização ao qual foram submetidos for revertido, utilizando exclusivamente meios próprios, ou quando, com esforços razoáveis, puder ser revertido.

§ 1.º A determinação do que seja razoável deve levar em consideração fatores objetivos, tais como custo e tempo necessários para reverter o processo de anonimização, de acordo com as tecnologias disponíveis, e a utilização exclusiva de meios próprios.

§ 2.º Poderão ser igualmente considerados como dados pessoais, para os fins desta Lei, aqueles utilizados para formação do perfil comportamental de determinada pessoa natural, se identificada.

§ 3.º A autoridade nacional poderá dispor sobre padrões e técnicas utilizados em processos de anonimização e realizar verificações acerca de sua segurança, ouvido o Conselho Nacional de Proteção de Dados Pessoais.

Art. 13. Na realização de estudos em saúde pública, os órgãos de pesquisa poderão ter acesso a bases de dados pessoais, que serão tratados exclusivamente dentro do órgão e estritamente para a finalidade de realização de estudos e pesquisas e mantidos em ambiente controlado e seguro, conforme práticas de segurança previstas em regulamento específico e que incluam, sempre que possível, a anonimização ou pseudonimização dos dados, bem como considerem os devidos padrões éticos relacionados a estudos e pesquisas.

§ 1.º A divulgação dos resultados ou de qualquer excerto do estudo ou da pesquisa de que trata o *caput* deste artigo em nenhuma hipótese poderá revelar dados pessoais.

§ 2.º O órgão de pesquisa será o responsável pela segurança da informação prevista no *caput* deste artigo, não permitida, em circunstância alguma, a transferência dos dados a terceiro.

§ 3.º O acesso aos dados de que trata este artigo será objeto de regulamentação por parte da autoridade nacional e das autoridades da área de saúde e sanitárias, no âmbito de suas competências.

§ 4.º Para os efeitos deste artigo, a pseudonimização é o tratamento por meio do qual um dado perde a possibilidade de associação, direta ou indireta, a um indivíduo, senão pelo uso de informação adicional mantida separadamente pelo controlador em ambiente controlado e seguro.

Seção III
Do Tratamento de Dados Pessoais de Crianças e de Adolescentes

Art. 14. O tratamento de dados pessoais de crianças e de adolescentes deverá ser realizado em seu melhor interesse, nos termos deste artigo e da legislação pertinente.

§ 1.º O tratamento de dados pessoais de crianças deverá ser realizado com o consentimento específico e em destaque dado por pelo menos um dos pais ou pelo responsável legal.

§ 2.º No tratamento de dados de que trata o § 1.º deste artigo, os controladores deverão manter pública a informação sobre os tipos de dados coletados, a forma de sua utilização e os procedimentos para o exercício dos direitos a que se refere o art. 18 desta Lei.

§ 3.º Poderão ser coletados dados pessoais de crianças sem o consentimento a que se refere o § 1.º deste artigo quando a coleta for necessária para contatar os pais ou o responsável legal, utilizados uma única vez e sem armazenamento, ou para sua proteção, e em nenhum caso poderão ser repassados a terceiro sem o consentimento de que trata o § 1.º deste artigo.

§ 4.º Os controladores não deverão condicionar a participação dos titulares de que trata o § 1.º deste artigo em jogos, aplicações de internet ou outras atividades ao fornecimento de informações pessoais além das estritamente necessárias à atividade.

§ 5.º O controlador deve realizar todos os esforços razoáveis para verificar que o consentimento a que se refere o § 1.º deste artigo foi dado pelo responsável pela criança, consideradas as tecnologias disponíveis.

§ 6.º As informações sobre o tratamento de dados referidas neste artigo deverão ser fornecidas de maneira simples, clara e acessível, consideradas as características físico-motoras, perceptivas, sensoriais, intelectuais e mentais do usuário, com uso de recursos audiovisuais quando adequado, de forma a proporcionar a informação necessária aos pais ou ao responsável legal e adequada ao entendimento da criança.

Seção IV
Do Término do Tratamento de Dados

Art. 15. O término do tratamento de dados pessoais ocorrerá nas seguintes hipóteses:

I – verificação de que a finalidade foi alcançada ou de que os dados deixaram de ser necessários ou pertinentes ao alcance da finalidade específica almejada;

II – fim do período de tratamento;

III – comunicação do titular, inclusive no exercício de seu direito de revogação do consentimento conforme disposto no § 5.º do art. 8.º desta Lei, resguardado o interesse público; ou

IV – determinação da autoridade nacional, quando houver violação ao disposto nesta Lei.

Art. 16. Os dados pessoais serão eliminados após o término de seu tratamento, no âmbito e nos limites técnicos das atividades, autorizada a conservação para as seguintes finalidades:

I – cumprimento de obrigação legal ou regulatória pelo controlador;

II – estudo por órgão de pesquisa, garantida, sempre que possível, a anonimização dos dados pessoais;

III – transferência a terceiro, desde que respeitados os requisitos de tratamento de dados dispostos nesta Lei; ou

IV – uso exclusivo do controlador, vedado seu acesso por terceiro, e desde que anonimizados os dados.

Capítulo III
DOS DIREITOS DO TITULAR

Art. 17. Toda pessoa natural tem assegurada a titularidade de seus dados pessoais e garantidos os direitos fundamentais de liberdade, de intimidade e de privacidade, nos termos desta Lei.

Art. 18. O titular dos dados pessoais tem direito a obter do controlador, em relação aos dados do titular por ele tratados, a qualquer momento e mediante requisição:

I – confirmação da existência de tratamento;

II – acesso aos dados;

III – correção de dados incompletos, inexatos ou desatualizados;

IV – anonimização, bloqueio ou eliminação de dados desnecessários, excessivos ou tratados em desconformidade com o disposto nesta Lei;

V – portabilidade dos dados a outro fornecedor de serviço ou produto, mediante requisição expressa, de acordo com a regulamentação da autoridade nacional, observados os segredos comercial e industrial;

•• Inciso V com redação determinada pela Lei n. 13.853, de 8-7-2019.

VI – eliminação dos dados pessoais tratados com o consentimento do titular, exceto nas hipóteses previstas no art. 16 desta Lei;

VII – informação das entidades públicas e privadas com as quais o controlador realizou uso compartilhado de dados;

VIII – informação sobre a possibilidade de não fornecer consentimento e sobre as consequências da negativa;

IX – revogação do consentimento, nos termos do § 5.º do art. 8.º desta Lei.

§ 1.º O titular dos dados pessoais tem o direito de peticionar em relação aos seus dados contra o controlador perante a autoridade nacional.

§ 2.º O titular pode opor-se a tratamento realizado com fundamento em uma das hipóteses de dispensa de consentimento, em caso de descumprimento ao disposto nesta Lei.

§ 3.º Os direitos previstos neste artigo serão exercidos mediante requerimento expresso do titular ou de representante legalmente constituído, a agente de tratamento.

§ 4.º Em caso de impossibilidade de adoção imediata da providência de que trata o § 3.º deste artigo, o controlador enviará ao titular resposta em que poderá:

I – comunicar que não é agente de tratamento dos dados e indicar, sempre que possível, o agente; ou

II – indicar as razões de fato ou de direito que impedem a adoção imediata da providência.

§ 5.º O requerimento referido no § 3.º deste artigo será atendido sem custos para o titular, nos prazos e nos termos previstos em regulamento.

§ 6.º O responsável deverá informar, de maneira imediata, aos agentes de tratamento com os quais tenha realizado uso compartilhado de dados a correção, a eliminação, a anonimização ou o bloqueio dos dados, para que repitam idêntico procedimento, exceto nos casos em que esta comunicação seja comprovadamente impossível ou implique esforço desproporcional.

•• § 6.º com redação determinada pela Lei n. 13.853, de 8-7-2019.

§ 7.º A portabilidade dos dados pessoais a que se refere o inciso V do *caput* deste artigo não inclui dados que já tenham sido anonimizados pelo controlador.

§ 8.º O direito a que se refere o § 1.º deste artigo também poderá ser exercido perante os organismos de defesa do consumidor.

Art. 19. A confirmação de existência ou o acesso a dados pessoais serão providenciados, mediante requisição do titular:

I – em formato simplificado, imediatamente; ou

II – por meio de declaração clara e completa, que indique a origem dos dados, a inexistência de registro, os critérios utilizados e a finalidade do tratamento, observados os segredos comercial e industrial, fornecida no prazo de até 15 (quinze) dias, contado da data do requerimento do titular.

§ 1.º Os dados pessoais serão armazenados em formato que favoreça o exercício do direito de acesso.

§ 2.º As informações e os dados poderão ser fornecidos, a critério do titular:

I – por meio eletrônico, seguro e idôneo para esse fim; ou

II – sob forma impressa.

§ 3.º Quando o tratamento tiver origem no consentimento do titular ou em contrato, o titular poderá solicitar cópia eletrônica integral de seus dados pessoais, observados os segredos comercial e industrial, nos termos de regulamentação da autoridade nacional, em formato que permita a sua utilização subsequente, inclusive em outras operações de tratamento.

§ 4.º A autoridade nacional poderá dispor de forma diferenciada acerca dos prazos previstos nos incisos I e II do *caput* deste artigo para os setores específicos.

Art. 20. O titular dos dados tem direito a solicitar a revisão de decisões tomadas unicamente com base em tratamento automatizado de dados pessoais que afetem seus interesses, incluídas as decisões destinadas a definir o seu perfil pessoal, profissional, de consumo e de crédito ou os aspectos de sua personalidade.

•• *Caput* com redação determinada pela Lei n. 13.853, de 8-7-2019.

§ 1.º O controlador deverá fornecer, sempre que solicitadas, informações claras e adequadas a respeito dos critérios e dos procedimentos utilizados para a decisão automatizada, observados os segredos comercial e industrial.

§ 2.º Em caso de não oferecimento de informações de que trata o § 1.º deste artigo baseado na observância de segredo comercial e industrial, a autoridade nacional poderá realizar auditoria para verificação de aspectos discriminatórios em tratamento automatizado de dados pessoais.

§ 3.º (*Vetado*).

•• § 3.º acrescentado pela Lei n. 13.853, de 8-7-2019.

Art. 21. Os dados pessoais referentes ao exercício regular de direitos pelo titular não podem ser utilizados em seu prejuízo.

Art. 22. A defesa dos interesses e dos direitos dos titulares de dados poderá ser exercida em juízo, individual ou coletivamente, na forma do disposto na legislação pertinente, acerca dos instrumentos de tutela individual e coletiva.

Capítulo IV
DO TRATAMENTO DE DADOS PESSOAIS PELO PODER PÚBLICO

Seção I
Das Regras

Art. 23. O tratamento de dados pessoais pelas pessoas jurídicas de direito público referidas no parágrafo único do art. 1.º da Lei n. 12.527, de 18 de novembro de 2011 (Lei de Acesso à Informação), deverá ser realizado para o atendimento de sua finalidade pública, na persecução do interesse público, com o objetivo de executar as competências legais ou cumprir as atribuições legais do serviço público, desde que:

I – sejam informadas as hipóteses em que, no exercício de suas competências, realizam o tratamento de dados pessoais, fornecendo informações claras e atualizadas sobre a previsão legal, a finalidade, os procedimentos e as práticas utilizadas para a execução dessas atividades, em veículos de fácil acesso, preferencialmente em seus sítios eletrônicos;

II – (*Vetado*.)

III – seja indicado um encarregado quando realizarem operações de tratamento de dados pessoais, nos termos do art. 39 desta Lei; e

•• Inciso III com redação determinada pela Lei n. 13.853, de 8-7-2019.

IV – (*Vetado*).

•• Inciso IV acrescentado pela Lei n. 13.853, de 8-7-2019.

§ 1.º A autoridade nacional poderá dispor sobre as formas de publicidade das operações de tratamento.

§ 2.º O disposto nesta Lei não dispensa as pessoas jurídicas mencionadas no *caput* deste artigo de instituir as autoridades de que trata a Lei n. 12.527, de 18 de novembro de 2011 (Lei de Acesso à Informação).

§ 3.º Os prazos e procedimentos para exercício dos direitos do titular perante o Poder Público observarão o disposto em legislação específica, em especial as disposições constantes da Lei n. 9.507, de 12 de novembro de 1997 (Lei do Habeas Data), da Lei n. 9.784, de 29 de janeiro de 1999 (Lei Geral do Processo Administrativo), e da Lei n. 12.527, de 18 de novembro de 2011 (Lei de Acesso à Informação).

§ 4.º Os serviços notariais e de registro exercidos em caráter privado, por delegação do Poder Público, terão o mesmo tratamento dispensado às pessoas jurídicas referidas no *caput* deste artigo, nos termos desta Lei.

§ 5.º Os órgãos notariais e de registro devem fornecer acesso aos dados por meio eletrônico para a administração pública, tendo em vista as finalidades de que trata o *caput* deste artigo.

Art. 24. As empresas públicas e as sociedades de economia mista que atuam em regime de concorrência, sujeitas ao disposto no art. 173 da Constituição Federal, terão o mesmo tratamento dispensado às pessoas jurídicas de direito privado particulares, nos termos desta Lei.

Parágrafo único. As empresas públicas e as sociedades de economia mista, quando estiverem operacionalizando políticas públicas e no âmbito da execução delas, terão o mesmo tratamento dispensado aos órgãos e às entidades do Poder Público, nos termos deste Capítulo.

Art. 25. Os dados deverão ser mantidos em formato interoperável e estruturado para o uso compartilhado, com vistas à execução de políticas públicas, à prestação de serviços públicos, à descentralização da atividade pública e à disseminação e ao acesso das informações pelo público em geral.

Art. 26. O uso compartilhado de dados pessoais pelo Poder Público deve atender a finalidades específicas de execução de políticas públicas e atribuição legal pelos órgãos e pelas entidades públicas, respeitados os princípios de proteção de dados pessoais elencados no art. 6.º desta Lei.

§ 1.º É vedado ao Poder Público transferir a entidades privadas dados pessoais constantes de bases de dados a que tenha acesso, exceto:

I – em casos de execução descentralizada de atividade pública que exija a transferência, exclusivamente para esse fim específico e determinado, observado o disposto na Lei n. 12.527, de 18 de novembro de 2011 (Lei de Acesso à Informação);

II – (*Vetado*.)

III – nos casos em que os dados forem acessíveis publicamente, observadas as disposições desta Lei;

IV – quando houver previsão legal ou a transferência for respaldada em contratos, convênios ou instrumentos congêneres; ou

•• Inciso IV acrescentado pela Lei n. 13.853, de 8-7-2019.

V – na hipótese de a transferência dos dados objetivar exclusivamente a prevenção de fraudes e irregularidades, ou proteger e resguardar a segurança e a integridade do titular dos dados, desde que vedado o tratamento para outras finalidades.

•• Inciso V acrescentado pela Lei n. 13.853, de 8-7-2019.

§ 2.º Os contratos e convênios de que trata o § 1.º deste artigo deverão ser comunicados à autoridade nacional.

Art. 27. A comunicação ou o uso compartilhado de dados pessoais de pessoa jurídica de direito público a pessoa de direito privado será informado à autoridade nacional e dependerá de consentimento do titular, exceto:

I – nas hipóteses de dispensa de consentimento previstas nesta Lei;

II – nos casos de uso compartilhado de dados, em que será dada publicidade nos termos do inciso I do *caput* do art. 23 desta Lei; ou

III – nas exceções constantes do § 1.º do art. 26 desta Lei.

Parágrafo único. A informação à autoridade nacional de que trata o *caput* deste artigo será objeto de regulamentação.

•• Parágrafo único acrescentado pela Lei n. 13.853, de 8-7-2019.

Art. 28. (*Vetado*).

Art. 29. A autoridade nacional poderá solicitar, a qualquer momento, aos órgãos e às entidades do poder público a realização de operações de tratamento de dados pessoais, informações específicas sobre o âmbito e a natureza dos dados e outros detalhes do tratamento realizado e poderá emitir parecer técnico complementar para garantir o cumprimento desta Lei.

•• Artigo com redação determinada pela Lei n. 13.853, de 8-7-2019.

Art. 30. A autoridade nacional poderá estabelecer normas complementares para as atividades de comunicação e de uso compartilhado de dados pessoais.

Seção II
Da Responsabilidade

Art. 31. Quando houver infração a esta Lei em decorrência do tratamento de dados pessoais por órgãos públicos, a autoridade nacional poderá enviar informe com medidas cabíveis para fazer cessar a violação.

Art. 32. A autoridade nacional poderá solicitar a agentes do Poder Público a publicação de relatórios de impacto à proteção de dados pessoais e sugerir a adoção de padrões e de boas práticas para os tratamentos de dados pessoais pelo Poder Público.

Capítulo V
DA TRANSFERÊNCIA INTERNACIONAL DE DADOS

Art. 33. A transferência internacional de dados pessoais somente é permitida nos seguintes casos:

I – para países ou organismos internacionais que proporcionem grau de proteção de dados pessoais adequado ao previsto nesta Lei;

II – quando o controlador oferecer e comprovar garantias de cumprimento dos princípios, dos direitos do titular e do regime de proteção de dados previstos nesta Lei, na forma de:

a) cláusulas contratuais específicas para determinada transferência;

b) cláusulas-padrão contratuais;

c) normas corporativas globais;

d) selos, certificados e códigos de conduta regularmente emitidos;

III – quando a transferência for necessária para a cooperação jurídica internacional entre órgãos públicos de inteligência, de investigação e de persecução, de acordo com os instrumentos de direito internacional;

IV – quando a transferência for necessária para a proteção da vida ou da incolumidade física do titular ou de terceiro;

V – quando a autoridade nacional autorizar a transferência;

VI – quando a transferência resultar em compromisso assumido em acordo de cooperação internacional;

VII – quando a transferência for necessária para a execução de política pública ou atribuição legal do serviço público, sendo dada publicidade nos termos do inciso I do *caput* do art. 23 desta Lei;

VIII – quando o titular tiver fornecido o seu consentimento específico e em destaque para a transferência, com informação prévia sobre o caráter internacional da operação, distinguindo claramente esta de outras finalidades; ou

IX – quando necessário para atender as hipóteses previstas nos incisos II, V e VI do art. 7.º desta Lei.

Parágrafo único. Para os fins do inciso I deste artigo, as pessoas jurídicas de direito público referidas no parágrafo único do art. 1.º da Lei n. 12.527, de 18 de novembro de 2011 (Lei de Acesso à Informação), no âmbito de suas competências legais, e responsáveis, no âmbito de suas atividades, poderão requerer à autoridade nacional a avaliação do nível de proteção a dados pessoais conferido por país ou organismo internacional.

Art. 34. O nível de proteção de dados do país estrangeiro ou do organismo internacional mencionado no inciso I do *caput* do art. 33 desta Lei será avaliado pela autoridade nacional, que levará em consideração:

I – as normas gerais e setoriais da legislação em vigor no país de destino ou no organismo internacional;

II – a natureza dos dados;

III – a observância dos princípios gerais de proteção de dados pessoais e direitos dos titulares previstos nesta Lei;

IV – a adoção de medidas de segurança previstas em regulamento;

V – a existência de garantias judiciais e institucionais para o respeito aos direitos de proteção de dados pessoais; e

VI – outras circunstâncias específicas relativas à transferência.

Art. 35. A definição do conteúdo de cláusulas-padrão contratuais, bem como a verificação de cláusulas contratuais específicas para uma determinada transferência, normas corporativas globais ou selos, certificados e códigos de conduta, a que se refere o inciso II do *caput* do art. 33 desta Lei, será realizada pela autoridade nacional.

§ 1.º Para a verificação do disposto no *caput* deste artigo, deverão ser considerados os requisitos, as condições e as garantias mínimas para a transferência que observem os direitos, as garantias e os princípios desta Lei.

§ 2.º Na análise de cláusulas contratuais, de documentos ou de normas corporativas globais submetidas à aprovação da autoridade nacional, poderão ser requeridas informações suplementares ou realizadas diligências de verificação quanto às operações de tratamento, quando necessário.

§ 3.º A autoridade nacional poderá designar organismos de certificação para a realização do previsto no *caput* deste artigo, que permanecerão sob sua fiscalização nos termos definidos em regulamento.

§ 4.º Os atos realizados por organismo de certificação poderão ser revistos pela autoridade nacional e, caso em desconformidade com esta Lei, submetidos a revisão ou anulados.

§ 5.º As garantias suficientes de observância dos princípios gerais de proteção e dos direitos do titular referidas no *caput* deste artigo serão também analisadas de acordo com as medidas técnicas e organizacionais adotadas pelo operador, de acordo com o previsto nos §§ 1.º e 2.º do art. 46 desta Lei.

Art. 36. As alterações nas garantias apresentadas como suficientes de observância dos princípios gerais de proteção e dos direitos do titular referidas no inciso II do art. 33 desta Lei deverão ser comunicadas à autoridade nacional.

Capítulo VI
DOS AGENTES DE TRATAMENTO DE DADOS PESSOAIS

Seção I
Do Controlador e do Operador

Art. 37. O controlador e o operador devem manter registro das operações de tratamento de dados pessoais que realizarem, especialmente quando baseado no legítimo interesse.

Art. 38. A autoridade nacional poderá determinar ao controlador que elabore relatório de impacto à proteção de dados pessoais, inclusive de dados sensíveis, referente a suas operações de tratamento de dados, nos termos de regulamento, observados os segredos comercial e industrial.

Parágrafo único. Observado o disposto no *caput* deste artigo, o relatório deverá conter, no mínimo, a descrição dos tipos de dados coletados, a metodologia utilizada para a coleta e para a garantia da segurança das informações e a análise do controlador com relação a medidas, salvaguardas e mecanismos de mitigação de risco adotados.

Art. 39. O operador deverá realizar o tratamento segundo as instruções fornecidas pelo controlador, que verificará a observância das próprias instruções e das normas sobre a matéria.

Art. 40. A autoridade nacional poderá dispor sobre padrões de interoperabilidade para fins de portabilidade, livre acesso aos dados e segurança, assim como sobre o tempo de guarda dos registros, tendo em vista especialmente a necessidade e a transparência.

Seção II
Do Encarregado pelo Tratamento de Dados Pessoais

Art. 41. O controlador deverá indicar encarregado pelo tratamento de dados pessoais.

§ 1.º A identidade e as informações de contato do encarregado deverão ser divulgadas publicamente, de forma clara e objetiva, preferencialmente no sítio eletrônico do controlador.

§ 2.º As atividades do encarregado consistem em:

I – aceitar reclamações e comunicações dos titulares, prestar esclarecimentos e adotar providências;

II – receber comunicações da autoridade nacional e adotar providências;

III – orientar os funcionários e os contratados da entidade a respeito das práticas a serem tomadas em relação à proteção de dados pessoais; e

IV – executar as demais atribuições determinadas pelo controlador ou estabelecidas em normas complementares.

§ 3.º A autoridade nacional poderá estabelecer normas complementares sobre a definição e as atribuições do encarregado, inclusive hipóteses de dispensa da necessidade de sua indicação, conforme a natureza e o porte da entidade ou o volume de operações de tratamento de dados.

§ 4.º (*Vetado*).

•• § 4.º acrescentado pela Lei n. 13.853, de 8-7-2019.

Seção III
Da Responsabilidade e do Ressarcimento de Danos

Art. 42. O controlador ou o operador que, em razão do exercício de atividade de tratamento de dados pessoais, causar a outrem dano patrimonial, moral, individual ou coletivo, em violação à legislação de proteção de dados pessoais, é obrigado a repará-lo.

§ 1.º A fim de assegurar a efetiva indenização ao titular dos dados:

I – o operador responde solidariamente pelos danos causados pelo tratamento quando descumprir as obrigações da legislação de proteção de dados ou quando não tiver seguido as instruções lícitas do controlador, hipótese em que o operador equipara-se ao controlador, salvo nos casos de exclusão previstos no art. 43 desta Lei;

II – os controladores que estiverem diretamente envolvidos no tratamento do qual decorreram danos ao titular dos dados respondem solidariamente, salvo nos casos de exclusão previstos no art. 43 desta Lei.

§ 2.º O juiz, no processo civil, poderá inverter o ônus da prova a favor do titular dos dados quando, a seu juízo, for verossímil a alegação, houver hipossuficiência para fins de produção de prova ou quando a produção de prova pelo titular resultar-lhe excessivamente onerosa.

§ 3.º As ações de reparação por danos coletivos que tenham por objeto a responsabilização nos termos do *caput* deste artigo podem ser exercidas coletivamente em juízo, observado o disposto na legislação pertinente.

§ 4.º Aquele que reparar o dano ao titular tem direito de regresso contra os demais responsáveis, na medida de sua participação no evento danoso.

Art. 43. Os agentes de tratamento só não serão responsabilizados quando provarem:

I – que não realizaram o tratamento de dados pessoais que lhes é atribuído;

II – que, embora tenham realizado o tratamento de dados pessoais que lhes é atribuído, não houve violação à legislação de proteção de dados; ou

III – que o dano é decorrente de culpa exclusiva do titular dos dados ou de terceiro.

Art. 44. O tratamento de dados pessoais será irregular quando deixar de observar a legislação ou quando não fornecer a segurança que o titular dele pode esperar, consideradas as circunstâncias relevantes, entre as quais:

I – o modo pelo qual é realizado;

II – o resultado e os riscos que razoavelmente dele se esperam;

III – as técnicas de tratamento de dados pessoais disponíveis à época em que foi realizado.

Parágrafo único. Responde pelos danos decorrentes da violação da segurança dos dados o controlador ou o operador que, ao deixar de adotar as medidas de segurança previstas no art. 46 desta Lei, der causa ao dano.

Art. 45. As hipóteses de violação do direito do titular no âmbito das relações de consumo permanecem sujeitas às regras de responsabilidade previstas na legislação pertinente.

Capítulo VII
DA SEGURANÇA E DAS BOAS PRÁTICAS

Seção I
Da Segurança e do Sigilo de Dados

Art. 46. Os agentes de tratamento devem adotar medidas de segurança, técnicas e administrativas aptas a proteger os dados pessoais de acessos não autorizados e de situações acidentais ou ilícitas de destruição, perda, alteração, comunicação ou qualquer forma de tratamento inadequado ou ilícito.

§ 1.º A autoridade nacional poderá dispor sobre padrões técnicos mínimos para tornar aplicável o disposto no *caput* deste artigo, considerados a natureza das informações tratadas, as características específicas do tratamento e o estado atual da tecnologia, especialmente no caso de dados pessoais sensíveis, assim como os princípios previstos no *caput* do art. 6.º desta Lei.

§ 2.º As medidas de que trata o *caput* deste artigo deverão ser observadas desde a fase de concepção do produto ou do serviço até a sua execução.

Art. 47. Os agentes de tratamento ou qualquer outra pessoa que intervenha em uma das fases do tratamento obriga-se a garantir a segurança da informação prevista nesta Lei em relação aos dados pessoais, mesmo após o seu término.

Art. 48. O controlador deverá comunicar à autoridade nacional e ao titular a ocorrência de incidente de segurança que possa acarretar risco ou dano relevante aos titulares.

§ 1.º A comunicação será feita em prazo razoável, conforme definido pela autoridade nacional, e deverá mencionar, no mínimo:

I – a descrição da natureza dos dados pessoais afetados;

II – as informações sobre os titulares envolvidos;

III – a indicação das medidas técnicas e de segurança utilizadas para a proteção dos dados, observados os segredos comercial e industrial;

IV – os riscos relacionados ao incidente;

V – os motivos da demora, no caso de a comunicação não ter sido imediata; e

VI – as medidas que foram ou que serão adotadas para reverter ou mitigar os efeitos do prejuízo.

§ 2.º A autoridade nacional verificará a gravidade do incidente e poderá, caso necessário para a salvaguarda dos direitos dos titulares, determinar ao controlador a adoção de providências, tais como:

I – ampla divulgação do fato em meios de comunicação; e

II – medidas para reverter ou mitigar os efeitos do incidente.

§ 3.º No juízo de gravidade do incidente, será avaliada eventual comprovação de que foram adotadas medidas técnicas adequadas que tornem os dados pessoais afetados ininteligíveis, no âmbito e nos limites técnicos de seus serviços, para terceiros não autorizados a acessá-los.

Art. 49. Os sistemas utilizados para o tratamento de dados pessoais devem ser estruturados de forma a atender aos requisitos de segurança, aos padrões de boas práticas e de governança e aos princípios gerais previstos nesta Lei e às demais normas regulamentares.

Seção II
Das Boas Práticas e da Governança

Art. 50. Os controladores e operadores, no âmbito de suas competências, pelo tratamento de dados pessoais, individualmente ou por meio de associações, poderão formular regras de boas práticas e de governança que estabeleçam as condições de organização, o regime de funcionamento, os procedimentos, incluindo reclamações e petições de titulares, as normas de segurança, os padrões técnicos, as obrigações específicas para os diversos envolvidos no tratamento, as ações educativas, os mecanismos internos de supervisão e de mitigação de riscos e outros aspectos relacionados ao tratamento de dados pessoais.

§ 1.º Ao estabelecer regras de boas práticas, o controlador e o operador levarão em consideração, em relação ao tratamento e aos dados, a natureza, o escopo, a finalidade e a probabilidade e a gravidade dos riscos e dos benefícios decorrentes de tratamento de dados do titular.

§ 2.º Na aplicação dos princípios indicados nos incisos VII e VIII do *caput* do art. 6.º desta Lei, o controlador, observados a estrutura, a escala e o volume de suas operações, bem como a sensibilidade dos dados tratados e a probabilidade e a gravidade dos danos para os titulares dos dados, poderá:

I – implementar programa de governança em privacidade que, no mínimo:

a) demonstre o comprometimento do controlador em adotar processos e políticas internas que assegurem o cumprimento, de forma abrangente, de normas e boas práticas relativas à proteção de dados pessoais;

b) seja aplicável a todo o conjunto de dados pessoais que estejam sob seu controle, independentemente do modo como se realizou sua coleta;

c) seja adaptado à estrutura, à escala e ao volume de suas operações, bem como à sensibilidade dos dados tratados;

d) estabeleça políticas e salvaguardas adequadas com base em processo de avaliação sistemática de impactos e riscos à privacidade;

e) tenha o objetivo de estabelecer relação de confiança com o titular, por meio de atuação transparente e que assegure mecanismos de participação do titular;

f) esteja integrado a sua estrutura geral de governança e estabeleça e aplique mecanismos de supervisão internos e externos;

g) conte com planos de resposta a incidentes e remediação; e

h) seja atualizado constantemente com base em informações obtidas a partir de monitoramento contínuo e avaliações periódicas;

II – demonstrar a efetividade de seu programa de governança em privacidade quando apropriado e, em especial, a pedido da autoridade nacional ou de outra entidade responsável por promover o cumprimento de boas práticas ou códigos de conduta, os quais, de forma independente, promovam o cumprimento desta Lei.

§ 3.º As regras de boas práticas e de governança deverão ser publicadas e atualizadas periodicamente e poderão ser reconhecidas e divulgadas pela autoridade nacional.

Art. 51. A autoridade nacional estimulará a adoção de padrões técnicos que facilitem o controle pelos titulares dos seus dados pessoais.

Capítulo VIII
DA FISCALIZAÇÃO

Seção I
Das Sanções Administrativas

Art. 52. Os agentes de tratamento de dados, em razão das infrações cometidas às normas previstas nesta Lei, ficam sujeitos às seguintes sanções administrativas aplicáveis pela autoridade nacional:

I – advertência, com indicação de prazo para adoção de medidas corretivas;

II – multa simples, de até 2% (dois por cento) do faturamento da pessoa jurídica de direito privado, grupo ou conglomerado no Brasil no seu último exercício, excluídos os tributos, limitada, no total, a R$ 50.000.000,00 (cinquenta milhões de reais) por infração;

III – multa diária, observado o limite total a que se refere o inciso II;

IV – publicização da infração após devidamente apurada e confirmada a sua ocorrência;

V – bloqueio dos dados pessoais a que se refere a infração até a sua regularização;

VI – eliminação dos dados pessoais a que se refere a infração;

VII – (*Vetado.*)

VIII – (*Vetado.*)

IX – (*Vetado.*)

X – suspensão parcial do funcionamento do banco de dados a que se refere a infração pelo período máximo de 6 (seis) meses, prorrogável por igual período, até a regularização da atividade de tratamento pelo controlador;

•• Inciso X acrescentado pela Lei n. 13.853, de 8-7-2019, originalmente vetado, todavia promulgado em 20-12-2019.

XI – suspensão do exercício da atividade de tratamento dos dados pessoais a que se refere a infração pelo período máximo de 6 (seis) meses, prorrogável por igual período;

•• Inciso XI acrescentado pela Lei n. 13.853, de 8-7-2019, originalmente vetado, todavia promulgado em 20-12-2019.

XII – proibição parcial ou total do exercício de atividades relacionadas a tratamento de dados.

•• Inciso XII acrescentado pela Lei n. 13.853, de 8-7-2019, originalmente vetado, todavia promulgado em 20-12-2019.

§ 1.º As sanções serão aplicadas após procedimento administrativo que possibilite a oportunidade da ampla defesa, de forma gradativa, isolada ou cumulativa, de acordo com as peculiaridades do caso concreto e considerados os seguintes parâmetros e critérios:

I – a gravidade e a natureza das infrações e dos direitos pessoais afetados;

II – a boa-fé do infrator;

III – a vantagem auferida ou pretendida pelo infrator;

IV – a condição econômica do infrator;

V – a reincidência;

VI – o grau do dano;

VII – a cooperação do infrator;

VIII – a adoção reiterada e demonstrada de mecanismos e procedimentos internos capazes de minimizar o dano, voltados ao tratamento seguro e adequado de dados, em consonância com o disposto no inciso II do § 2.º do art. 48 desta Lei;

IX – a adoção de política de boas práticas e governança;

X – a pronta adoção de medidas corretivas; e

XI – a proporcionalidade entre a gravidade da falta e a intensidade da sanção.

§ 2.º O disposto neste artigo não substitui a aplicação de sanções administrativas, civis ou penais definidas na Lei n. 8.078, de 11 de setembro de 1990, e em legislação específica.

•• § 2.º com redação determinada pela Lei n. 13.853, de 8-7-2019.

§ 3.º O disposto nos incisos I, IV, V, VI, X, XI e XII do *caput* deste artigo poderá ser aplicado às entidades e aos órgãos públicos, sem prejuízo do disposto na Lei n. 8.112, de 11 de dezembro de 1990, na Lei n. 8.429, de 2 de junho de 1992, e na Lei n. 12.527, de 18 de novembro de 2011.

•• § 3.º com redação determinada pela Lei n. 13.853, de 8-7-2019, originalmente vetado, todavia promulgado em 20-12-2019.

§ 4.º No cálculo do valor da multa de que trata o inciso II do *caput* deste artigo, a autoridade nacional poderá considerar o faturamento total da empresa ou grupo de empresas, quando não dispuser do valor do faturamento no ramo de atividade empresarial em que ocorreu a infração, definido pela autoridade nacional, ou quando o valor for apresentado de forma incompleta ou não for demonstrado de forma inequívoca e idônea.

§ 5.º O produto da arrecadação das multas aplicadas pela ANPD, inscritas ou não em dívida ativa, será destinado ao Fundo de Defesa de Direitos Difusos de que tratam o art. 13 da Lei n. 7.347, de 24 de julho de 1985, e a Lei n. 9.008, de 21 de março de 1995.

•• § 5.º acrescentado pela Lei n. 13.853, de 8-7-2019.

§ 6.º As sanções previstas nos incisos X, XI e XII do *caput* deste artigo serão aplicadas:

•• § 6.º, *caput*, acrescentado pela Lei n. 13.853, de 8-7-2019, originalmente vetado, todavia promulgado em 20-12-2019.

I – somente após já ter sido imposta ao menos 1 (uma) das sanções de que tratam os incisos II, III, IV, V e VI do *caput* deste artigo para o mesmo caso concreto; e

•• Inciso I acrescentado pela Lei n. 13.853, de 8-7-2019, originalmente vetado, todavia promulgado em 20-12-2019.

II – em caso de controladores submetidos a outros órgãos e entidades com competências sancionatórias, ouvidos esses órgãos.

•• Inciso II acrescentado pela Lei n. 13.853, de 8-7-2019, originalmente vetado, todavia promulgado em 20-12-2019.

§ 7.º Os vazamentos individuais ou os acessos não autorizados de que trata o *caput* do art. 46 desta Lei poderão ser objeto de conciliação direta entre controlador e titular e, caso não haja acordo, o controlador estará sujeito à aplicação das penalidades de que trata este artigo.

•• § 7.º acrescentado pela Lei n. 13.853, de 8-7-2019.

Art. 53. A autoridade nacional definirá, por meio de regulamento próprio sobre sanções administrativas a infrações a esta Lei, que deverá ser objeto de consulta pública, as metodologias que orientarão o cálculo do valor-base das sanções de multa.

§ 1.º As metodologias a que se refere o *caput* deste artigo devem ser previamente publicadas, para ciência dos agentes de tratamento, e devem apresentar objetivamente as formas e dosimetrias para o cálculo do valor-base das sanções de multa, que deverão conter fundamentação detalhada de todos os seus elementos, demonstrando a observância dos critérios previstos nesta Lei.

§ 2.º O regulamento de sanções e metodologias correspondentes deve estabelecer as circunstâncias e as condições para a adoção de multa simples ou diária.

Art. 54. O valor da sanção de multa diária aplicável às infrações a esta Lei deve observar a gravidade da falta e a extensão do dano ou prejuízo causado e ser fundamentado pela autoridade nacional.

Parágrafo único. A intimação da sanção de multa diária deverá conter, no mínimo, a descrição da obrigação imposta, o prazo razoável e estipulado pelo órgão para o seu cumprimento e o valor da multa diária a ser aplicada pelo seu descumprimento.

Capítulo IX
DA AUTORIDADE NACIONAL DE PROTEÇÃO DE DADOS (ANPD) E DO CONSELHO NACIONAL DE PROTEÇÃO DE DADOS PESSOAIS E DA PRIVACIDADE

Seção I
Da Autoridade Nacional de Proteção de Dados (ANPD)

Art. 55. (*Vetado*.)

Art. 55-A. Fica criada a Autoridade Nacional de Proteção de Dados (ANPD), autarquia de natureza especial, dotada de autonomia técnica e decisória, com patrimônio próprio e com sede e foro no Distrito Federal.

•• *Caput* com redação determinada pela Lei n. 14.460, de 25-10-2022.

§§ 1.º a 3.º (*Revogados pela Lei n. 14.460, de 25-10-2022.*)

Art. 55-B. (*Revogado pela Lei n. 14.460, de 25-10-2022.*)

Art. 55-C. A ANPD é composta de:

•• *Caput* acrescentado pela Lei n. 13.853, de 8-7-2019.

I – Conselho Diretor, órgão máximo de direção;

•• Inciso I acrescentado pela Lei n. 13.853, de 8-7-2019.

II – Conselho Nacional de Proteção de Dados Pessoais e da Privacidade;

•• Inciso II acrescentado pela Lei n. 13.853, de 8-7-2019.

III – Corregedoria;

•• Inciso III acrescentado pela Lei n. 13.853, de 8-7-2019.

IV – Ouvidoria;

•• Inciso IV acrescentado pela Lei n. 13.853, de 8-7-2019.

V – (*Revogado pela Lei n. 14.460, de 25-10-2022.*)

V-A – Procuradoria; e

•• Inciso V-A acrescentado pela Lei n. 14.460, de 25-10-2022.

VI – unidades administrativas e unidades especializadas necessárias à aplicação do disposto nesta Lei.

•• Inciso VI acrescentado pela Lei n. 13.853, de 8-7-2019.

Art. 55-D. O Conselho Diretor da ANPD será composto de 5 (cinco) diretores, incluído o Diretor-Presidente.

•• *Caput* acrescentado pela Lei n. 13.853, de 8-7-2019.

§ 1.º Os membros do Conselho Diretor da ANPD serão escolhidos pelo Presidente da República e por ele nomeados, após aprovação pelo Senado Federal, nos termos da alínea *f* do inciso III do art. 52 da Constituição Federal, e ocuparão cargo em comissão do Grupo-Direção e Assessoramento Superiores – DAS, no mínimo, de nível 5.

•• § 1.º acrescentado pela Lei n. 13.853, de 8-7-2019.

§ 2.º Os membros do Conselho Diretor serão escolhidos dentre brasileiros que tenham reputação ilibada, nível superior de educação e elevado conceito no campo de especialidade dos cargos para os quais serão nomeados.

•• § 2.º acrescentado pela Lei n. 13.853, de 8-7-2019.

§ 3.º O mandato dos membros do Conselho Diretor será de 4 (quatro) anos.

•• § 3.º acrescentado pela Lei n. 13.853, de 8-7-2019.

§ 4.º Os mandatos dos primeiros membros do Conselho Diretor nomeados serão de 2 (dois), de 3 (três), de 4 (quatro), de 5 (cinco) e de 6 (seis) anos, conforme estabelecido no ato de nomeação.

•• § 4.º acrescentado pela Lei n. 13.853, de 8-7-2019.

§ 5.º Na hipótese de vacância do cargo no curso do mandato de membro do Conselho Diretor, o prazo remanescente será completado pelo sucessor.

•• § 5.º acrescentado pela Lei n. 13.853, de 8-7-2019.

Art. 55-E. Os membros do Conselho Diretor somente perderão seus cargos em virtude de renúncia, condenação judicial transitada em julgado ou pena de demissão decorrente de processo administra-tivo disciplinar.

•• *Caput* acrescentado pela Lei n. 13.853, de 8-7-2019.

§ 1.º Nos termos do *caput* deste artigo, cabe ao Ministro de Estado Chefe da Casa Civil da Presidência da República instaurar o processo administrativo disciplinar, que será conduzido por comissão especial constituída por servidores públicos federais estáveis.

•• § 1.º acrescentado pela Lei n. 13.853, de 8-7-2019.

§ 2.º Compete ao Presidente da República determinar o afastamento preventivo, somente quando assim recomendado pela comissão especial de que trata o § 1.º deste artigo, e proferir o julgamento."

•• § 2.º acrescentado pela Lei n. 13.853, de 8-7-2019.

Art. 55-F. Aplica-se aos membros do Conselho Diretor, após o exercício do cargo, o disposto no art. 6.º da Lei n. 12.813, de 16 de maio de 2013.

•• *Caput* acrescentado pela Lei n. 13.853, de 8-7-2019.

Parágrafo único. A infração ao disposto no *caput* deste artigo caracteriza ato de improbidade administrativa.

•• Parágrafo único acrescentado pela Lei n. 13.853, de 8-7-2019.

Art. 55-G. Ato do Presidente da República disporá sobre a estrutura regimental da ANPD.

•• *Caput* acrescentado pela Lei n. 13.853, de 8-7-2019.

§ 1.º Até a data de entrada em vigor de sua estrutura regimental, a ANPD receberá o apoio técnico e administrativo da Casa Civil da Presidência da República para o exercício de suas atividades.

•• § 1.º acrescentado pela Lei n. 13.853, de 8-7-2019.

§ 2.º O Conselho Diretor disporá sobre o regimento interno da ANPD.

•• § 2.º acrescentado pela Lei n. 13.853, de 8-7-2019.

Art. 55-H. Os cargos em comissão e as funções de confiança da ANPD serão remanejados de outros órgãos e entidades do Poder Executivo federal.

•• Artigo acrescentado pela Lei n. 13.853, de 8-7-2019.

Art. 55-I. Os ocupantes dos cargos em comissão e das funções de confiança da ANPD serão indicados pelo Conselho Diretor e nomeados ou designados pelo Diretor-Presidente.

•• Artigo acrescentado pela Lei n. 13.853, de 8-7-2019.

Art. 55-J. Compete à ANPD:

•• *Caput* acrescentado pela Lei n. 13.853, de 8-7-2019.

I – zelar pela proteção dos dados pessoais, nos termos da legislação;

•• Inciso I acrescentado pela Lei n. 13.853, de 8-7-2019.

II – zelar pela observância dos segredos comercial e industrial, observada a proteção de dados pes-soais e do sigilo das informações quando protegido por lei ou quando a quebra do sigilo violar os fundamentos do art. 2.º desta Lei;

•• Inciso II acrescentado pela Lei n. 13.853, de 8-7-2019.

III – elaborar diretrizes para a Política Nacional de Proteção de Dados Pessoais e da Privacidade;

•• Inciso III acrescentado pela Lei n. 13.853, de 8-7-2019.

IV – fiscalizar e aplicar sanções em caso de tratamento de dados realizado em descumprimento à legislação, mediante processo administrativo que assegure o contraditório, a ampla defesa e o direito de recurso;

•• Inciso IV acrescentado pela Lei n. 13.853, de 8-7-2019.

•• A Resolução n. 1, de 28-10-2021, da ANPD, aprova o Regulamento do Processo de Fiscalização e do Processo Administrativo Sancionador no âmbito da Autoridade Nacional de Proteção de Dados.

V – apreciar petições de titular contra controlador após comprovada pelo titular a apresentação de reclamação ao controlador não solucionada no prazo estabelecido em regulamentação;

•• Inciso V acrescentado pela Lei n. 13.853, de 8-7-2019.

VI – promover na população o conhecimento das normas e das políticas públicas sobre proteção de dados pessoais e das medidas de segurança;

•• Inciso VI acrescentado pela Lei n. 13.853, de 8-7-2019.

VII – promover e elaborar estudos sobre as práticas nacionais e internacionais de proteção de dados pessoais e privacidade;

•• Inciso VII acrescentado pela Lei n. 13.853, de 8-7-2019.

VIII – estimular a adoção de padrões para serviços e produtos que facilitem o exercício de controle dos titulares sobre seus dados pessoais, os quais deverão levar em consideração as especificidades das atividades e o porte dos responsáveis;

•• Inciso VIII acrescentado pela Lei n. 13.853, de 8-7-2019.

IX – promover ações de cooperação com autoridades de proteção de dados pessoais de outros países, de natureza internacional ou transnacional;

•• Inciso IX acrescentado pela Lei n. 13.853, de 8-7-2019.

X – dispor sobre as formas de publicidade das operações de tratamento de dados pessoais, respeitados os segredos comercial e industrial;

•• Inciso X acrescentado pela Lei n. 13.853, de 8-7-2019.

XI – solicitar, a qualquer momento, às entidades do poder público que realizem operações de tratamento de dados pessoais informe específico sobre o âmbito, a natureza dos dados e os demais detalhes do tratamento realizado, com a possibilidade de emitir parecer técnico complementar para garantir o cumprimento desta Lei;

•• Inciso XI acrescentado pela Lei n. 13.853, de 8-7-2019.

XII – elaborar relatórios de gestão anuais acerca de suas atividades;

•• Inciso XII acrescentado pela Lei n. 13.853, de 8-7-2019.

XIII – editar regulamentos e procedimentos sobre proteção de dados pessoais e privacidade, bem como sobre relatórios de impacto à proteção de dados pessoais para os casos em que o tratamento representar alto risco à garantia dos princípios gerais de proteção de dados pessoais previstos nesta Lei;

•• Inciso XIII acrescentado pela Lei n. 13.853, de 8-7-2019.

XIV – ouvir os agentes de tratamento e a sociedade em matérias de interesse relevante e prestar contas sobre suas atividades e planejamento;

•• Inciso XIV acrescentado pela Lei n. 13.853, de 8-7-2019.

XV – arrecadar e aplicar suas receitas e publicar, no relatório de gestão a que se refere o inciso XII do *caput* deste artigo, o detalhamento de suas receitas e despesas;

•• Inciso XV acrescentado pela Lei n. 13.853, de 8-7-2019.

XVI – realizar auditorias, ou determinar sua realização, no âmbito da atividade de fiscalização de que trata o inciso IV e com a devida observância do disposto no inciso II do *caput* deste artigo, sobre o tratamento de dados pessoais efetuado pelos agentes de tratamento, incluído o poder público;

•• Inciso XVI acrescentado pela Lei n. 13.853, de 8-7-2019.

XVII – celebrar, a qualquer momento, compromisso com agentes de tratamento para eliminar irregularidade, incerteza jurídica ou situação contenciosa no âmbito de processos administrativos, de acordo com o previsto no Decreto-Lei n. 4.657, de 4 de setembro de 1942;

•• Inciso XVII acrescentado pela Lei n. 13.853, de 8-7-2019.

XVIII – editar normas, orientações e procedimentos simplificados e diferenciados, inclusive quanto aos prazos, para que microempresas e empresas de pequeno porte, bem como iniciativas empresariais de caráter incremental ou disruptivo que se autodeclarem *startups* ou empresas de inovação, possam adequar-se a esta Lei;

•• Inciso XVIII acrescentado pela Lei n. 13.853, de 8-7-2019.

•• A Resolução n. 2, de 27-1-2022, aprova o Regulamento de aplicação desta Lei, para agentes de tratamento de pequeno porte.

XIX – garantir que o tratamento de dados de idosos seja efetuado de maneira simples, clara, acessível e adequada ao seu entendimento, nos termos desta Lei e da Lei n. 10.741, de 1.º de outubro de 2003 (Estatuto do Idoso);

•• Inciso XIX acrescentado pela Lei n. 13.853, de 8-7-2019.

XX – deliberar, na esfera administrativa, em caráter terminativo, sobre a interpretação desta Lei, as suas competências e os casos omissos;

•• Inciso XX acrescentado pela Lei n. 13.853, de 8-7-2019.

XXI – comunicar às autoridades competentes as infrações penais das quais tiver conhecimento;

•• Inciso XXI acrescentado pela Lei n. 13.853, de 8-7-2019.

XXII – comunicar aos órgãos de controle interno o descumprimento do disposto nesta Lei por órgãos e entidades da administração pública federal;

•• Inciso XXII acrescentado pela Lei n. 13.853, de 8-7-2019.

XXIII – articular-se com as autoridades reguladoras públicas para exercer suas competências em setores específicos de atividades econômicas e governamentais sujeitas à regulação; e

•• Inciso XXIII acrescentado pela Lei n. 13.853, de 8-7-2019.

XXIV – implementar mecanismos simplificados, inclusive por meio eletrônico, para o registro de reclamações sobre o tratamento de dados pessoais em desconformidade com esta Lei.

•• Inciso XXIV acrescentado pela Lei n. 13.853, de 8-7-2019.

§ 1.º Ao impor condicionantes administrativas ao tratamento de dados pessoais por agente de tratamento privado, sejam eles limites, encargos ou sujeições, a ANPD deve observar a exigência de mínima intervenção, assegurados os fundamentos, os princípios e os direitos dos titulares previstos no art. 170 da Constituição Federal e nesta Lei.

•• § 1.º acrescentado pela Lei n. 13.853, de 8-7-2019.

§ 2.º Os regulamentos e as normas editados pela ANPD devem ser precedidos de consulta e audiência públicas, bem como de análises de impacto regulatório.

•• § 2.º acrescentado pela Lei n. 13.853, de 8-7-2019.

§ 3.º A ANPD e os órgãos e entidades públicos responsáveis pela regulação de setores específicos da atividade econômica e governamental devem coordenar suas atividades, nas correspondentes esferas de atuação, com vistas a assegurar o cumprimento de suas atribuições com a maior eficiência e promover o adequado funcionamento dos setores regulados, conforme legislação específica, e o tratamento de dados pessoais, na forma desta Lei.

•• § 3.º acrescentado pela Lei n. 13.853, de 8-7-2019.

§ 4.º A ANPD manterá fórum permanente de comunicação, inclusive por meio de cooperação técnica, com órgãos e entidades da administração pública responsáveis pela regulação de setores específicos da atividade econômica e governamental, a fim de facilitar as competências regulatória, fiscalizatória e punitiva da ANPD.

•• § 4.º acrescentado pela Lei n. 13.853, de 8-7-2019.

§ 5.º No exercício das competências de que trata o *caput* deste artigo, a autoridade competente deverá zelar pela preservação do segredo empresarial e do sigilo das informações, nos termos da lei.

•• § 5.º acrescentado pela Lei n. 13.853, de 8-7-2019.

§ 6.º As reclamações colhidas conforme o disposto no inciso V do *caput* deste artigo poderão ser analisadas de forma agregada, e as eventuais providências delas decorrentes poderão ser adotadas de forma padronizada.

•• § 6.º acrescentado pela Lei n. 13.853, de 8-7-2019.

Art. 55-K. A aplicação das sanções previstas nesta Lei compete exclusivamente à ANPD, e suas competências prevalecerão, no que se refere à proteção de dados pessoais, sobre as competências correlatas de outras entidades ou órgãos da administração pública.

•• *Caput* acrescentado pela Lei n. 13.853, de 8-7-2019.

Parágrafo único. A ANPD articulará sua atuação com outros órgãos e entidades com competências sancionatórias e normativas afetas ao tema de proteção de dados pessoais e será o órgão central de interpretação desta Lei e do estabelecimento de normas e diretrizes para a sua implementação.

•• Parágrafo único acrescentado pela Lei n. 13.853, de 8-7-2019.

Art. 55-L. Constituem receitas da ANPD:

•• *Caput* acrescentado pela Lei n. 13.853, de 8-7-2019.

I – as dotações, consignadas no orçamento geral da União, os créditos especiais, os créditos adicionais, as transferências e os repasses que lhe forem conferidos;

•• Inciso I acrescentado pela Lei n. 13.853, de 8-7-2019.

II – as doações, os legados, as subvenções e outros recursos que lhe forem destinados;

•• Inciso II acrescentado pela Lei n. 13.853, de 8-7-2019.

III – os valores apurados na venda ou aluguel de bens móveis e imóveis de sua propriedade;

•• Inciso III acrescentado pela Lei n. 13.853, de 8-7-2019.

IV – os valores apurados em aplicações no mercado financeiro das receitas previstas neste artigo;

•• Inciso IV acrescentado pela Lei n. 13.853, de 8-7-2019.

V – (*Vetado*.)

•• Inciso V acrescentado pela Lei n. 13.853, de 8-7-2019.

VI – os recursos provenientes de acordos, convênios ou contratos celebrados com entidades, organismos ou empresas, públicos ou privados, nacionais ou internacionais;

•• Inciso VI acrescentado pela Lei n. 13.853, de 8-7-2019.

VII – o produto da venda de publicações, material técnico, dados e informações, inclusive para fins de licitação pública.

•• Inciso VII acrescentado pela Lei n. 13.853, de 8-7-2019.

Art. 55-M. Constituem o patrimônio da ANPD os bens e os direitos:

•• *Caput* acrescentado pela Lei n. 14.460, de 25-10-2022.

I – que lhe forem transferidos pelos órgãos da Presidência da República; e

•• Inciso I acrescentado pela Lei n. 14.460, de 25-10-2022.

II – que venha a adquirir ou a incorporar.

•• Inciso II acrescentado pela Lei n. 14.460, de 25-10-2022.

Art. 56. (*Vetado*.)

Art. 57. (*Vetado*.)

Seção II
Do Conselho Nacional de Proteção de Dados Pessoais e da Privacidade

Art. 58. (*Vetado*.)

Art. 58-A. O Conselho Nacional de Proteção de Dados Pessoais e da Privacidade será composto de 23 (vinte e três) representantes, titulares e suplentes, dos seguintes órgãos:

•• *Caput* acrescentado pela Lei n. 13.853, de 8-7-2019.

I – 5 (cinco) do Poder Executivo federal;

•• Inciso I acrescentado pela Lei n. 13.853, de 8-7-2019.

II – 1 (um) do Senado Federal;

•• Inciso II acrescentado pela Lei n. 13.853, de 8-7-2019.

III – 1 (um) da Câmara dos Deputados;

•• Inciso III acrescentado pela Lei n. 13.853, de 8-7-2019.

IV – 1 (um) do Conselho Nacional de Justiça;

•• Inciso IV acrescentado pela Lei n. 13.853, de 8-7-2019.

V – 1 (um) do Conselho Nacional do Ministério Público;

•• Inciso V acrescentado pela Lei n. 13.853, de 8-7-2019.

VI – 1 (um) do Comitê Gestor da Internet no Brasil;

•• Inciso VI acrescentado pela Lei n. 13.853, de 8-7-2019.

VII – 3 (três) de entidades da sociedade civil com atuação relacionada a proteção de dados pessoais;

•• Inciso VII acrescentado pela Lei n. 13.853, de 8-7-2019.

VIII – 3 (três) de instituições científicas, tecnológicas e de inovação;

•• Inciso VIII acrescentado pela Lei n. 13.853, de 8-7-2019.

IX – 3 (três) de confederações sindicais representativas das categorias econômicas do setor produti-vo;

•• Inciso IX acrescentado pela Lei n. 13.853, de 8-7-2019.

X – 2 (dois) de entidades representativas do setor empresarial relacionado à área de tratamento de dados pessoais; e

•• Inciso X acrescentado pela Lei n. 13.853, de 8-7-2019.

XI – 2 (dois) de entidades representativas do setor laboral.

•• Inciso XI acrescentado pela Lei n. 13.853, de 8-7-2019.

§ 1.º Os representantes serão designados por ato do Presidente da República, permitida a delegação.

•• § 1.º acrescentado pela Lei n. 13.853, de 8-7-2019.

§ 2.º Os representantes de que tratam os incisos I, II, III, IV, V e VI do *caput* deste artigo e seus suplentes serão indicados pelos titulares dos respectivos órgãos e entidades da administração pública.

•• § 2.º acrescentado pela Lei n. 13.853, de 8-7-2019.

§ 3.º Os representantes de que tratam os incisos VII, VIII, IX, X e XI do *caput* deste artigo e seus suplentes:

•• § 3.º, *caput*, acrescentado pela Lei n. 13.853, de 8-7-2019.

I – serão indicados na forma de regulamento;

•• Inciso I acrescentado pela Lei n. 13.853, de 8-7-2019.

II – não poderão ser membros do Comitê Gestor da Internet no Brasil;

•• Inciso II acrescentado pela Lei n. 13.853, de 8-7-2019.

III – terão mandato de 2 (dois) anos, permitida 1 (uma) recondução.

•• Inciso III acrescentado pela Lei n. 13.853, de 8-7-2019.

§ 4.º A participação no Conselho Nacional de Proteção de Dados Pessoais e da Privacidade será considerada prestação de serviço público relevante, não remunerada.

•• § 4.º acrescentado pela Lei n. 13.853, de 8-7-2019.

Art. 58-B. Compete ao Conselho Nacional de Proteção de Dados Pessoais e da Privacidade:

•• *Caput* acrescentado pela Lei n. 13.853, de 8-7-2019.

I – propor diretrizes estratégicas e fornecer subsídios para a elaboração da Política Nacional de Proteção de Dados Pessoais e da Privacidade e para a atuação da ANPD;

•• Inciso I acrescentado pela Lei n. 13.853, de 8-7-2019.

II – elaborar relatórios anuais de avaliação da execução das ações da Política Nacional de Proteção de Dados Pessoais e da Privacidade;

•• Inciso II acrescentado pela Lei n. 13.853, de 8-7-2019.

III – sugerir ações a serem realizadas pela ANPD;

•• Inciso III acrescentado pela Lei n. 13.853, de 8-7-2019.

IV – elaborar estudos e realizar debates e audiências públicas sobre a proteção de dados pessoais e da privacidade; e

•• Inciso IV acrescentado pela Lei n. 13.853, de 8-7-2019.

V – disseminar o conhecimento sobre a proteção de dados pessoais e da privacidade à população.

•• Inciso V acrescentado pela Lei n. 13.853, de 8-7-2019.

Art. 59. (*Vetado.*)

Capítulo X
DISPOSIÇÕES FINAIS E TRANSITÓRIAS

Art. 60. A Lei n. 12.965, de 23 de abril de 2014 (Marco Civil da Internet), passa a vigorar com as seguintes alterações:

•• Alterações já processadas no diploma modificado.

Art. 61. A empresa estrangeira será notificada e intimada de todos os atos processuais previstos nesta Lei, independentemente de procuração ou de disposição contratual ou estatutária, na pessoa do agente ou representante ou pessoa responsável por sua filial, agência, sucursal, estabelecimento ou escritório instalado no Brasil.

Art. 62. A autoridade nacional e o Instituto Nacional de Estudos e Pesquisas Educacionais Anísio Teixeira (Inep), no âmbito de suas competências, editarão regulamentos específicos para o acesso a dados tratados pela União para o cumprimento do disposto no § 2.º do art. 9.º da Lei n. 9.394, de 20 de dezembro de 1996 (Lei de Diretrizes e Bases da Educação Nacional), e aos referentes ao Sistema Nacional de Avaliação da Educação Superior (Sinaes), de que trata a Lei n. 10.861, de 14 de abril de 2004.

Art. 63. A autoridade nacional estabelecerá normas sobre a adequação progressiva de bancos de dados constituídos até a data de entrada em vigor desta Lei, consideradas a complexidade das operações de tratamento e a natureza dos dados.

Art. 64. Os direitos e princípios expressos nesta Lei não excluem outros previstos no ordenamento jurídico pátrio relacionados à matéria ou nos tratados internacionais em que a República Federativa do Brasil seja parte.

Art. 65. Esta Lei entra em vigor:

•• *Caput* com redação determinada pela Lei n. 13.853, de 8-7-2019.

I – dia 28 de dezembro de 2018, quanto aos arts. 55-A, 55-B, 55-C, 55-D, 55-E, 55-F, 55-G, 55-H, 55-I, 55-J, 55-K, 55-L, 58-A e 58-B; e

•• Inciso I acrescentado pela Lei n. 13.853, de 8-7-2019.

I-A – dia 1.º de agosto de 2021, quanto aos arts. 52, 53 e 54;

•• Inciso I-A acrescentado pela Lei n. 14.010, de 10-6-2020.

II – 24 (vinte e quatro) meses após a data de sua publicação, quanto aos demais artigos.

•• Inciso II acrescentado pela Lei n. 13.853, de 8-7-2019.

Brasília, 14 de agosto de 2018; 197.º da Independência e 130.º da República.

MICHEL TEMER

DECRETO N. 9.574, DE 22 DE NOVEMBRO DE 2018 (*)

Consolida atos normativos editados pelo Poder Executivo federal que dispõem sobre gestão coletiva de direitos autorais e fonogramas, de que trata a Lei n. 9.610, de 19 de fevereiro de 1998.

O Presidente da República, no uso das atribuições que lhe conferem o art. 84, *caput*, incisos IV e VI, alínea *a*, da Constituição, e tendo em vista o disposto na Lei n. 9.610, de 19 de fevereiro de 1998, e na Lei Complementar n. 95, de 26 de fevereiro de 1998, decreta:

Capítulo I
DISPOSIÇÕES PRELIMINARES

Art. 1.º Este Decreto consolida os atos normativos editados pelo Poder Executivo federal que dispõem sobre gestão coletiva de direitos autorais e fonogramas, em observância ao disposto na Lei Complementar n. 95, de 26 de fevereiro de 1998, e no Decreto n. 9.191, de 1.º de novembro de 2017.

• Citados diplomas dispõem sobre a elaboração, redação, alteração, consolidação e encaminhamento de propostas de atos normativos.

§ 1.º Para fins do disposto neste Decreto, considera-se consolidação a reunião de atos normativos pertinentes a determinada matéria em um único diploma legal, com a revogação formal daqueles atos normativos incorporados à consolidação e sem a modificação do alcance nem da interrupção da força normativa dos dispositivos consolidados, nos termos do disposto no art. 13, § 1.º, da Lei Complementar n. 95, de 1998, e no art. 45 do Decreto n. 9.191, de 2017.

§ 2.º A consolidação de atos normativos tem por objetivo eliminar do ordenamento jurídico brasileiro normas de conteúdo idêntico ou divergente, observado o disposto no art. 46 do Decreto n. 9.191, de 2017.

Capítulo II
DA GESTÃO COLETIVA DE DIREITOS AUTORAIS

Seção I
Da Habilitação

Art. 2.º O exercício da atividade de cobrança de direitos autorais a que se refere o art. 98 da Lei n. 9.610, de 1998, somente será lícito para as associações que obtiverem habilitação junto ao Ministério da Cultura, observado o disposto no art. 98-A da referida Lei e neste Decreto.

Art. 3.º O requerimento para a habilitação das associações de gestão coletiva que desejarem realizar a atividade de cobrança a que se refere o art. 2.º deverá ser protocolado junto ao Ministério da Cultura.

§ 1.º O Ministério da Cultura disporá sobre o procedimento administrativo e a documentação de habilitação para a realização da atividade de cobrança, na forma prevista na legislação, observados os princípios do contraditório e da ampla defesa.

(*) Publicado no *Diário Oficial da União*, de 23-11-2018 e republicado em edição extra na mesma data.

§ 2.º Na hipótese de a associação desejar realizar atividade de cobrança relativa a obras intelectuais protegidas de diferentes categorias ou a várias modalidades de utilização, na forma prevista, respectivamente, no art. 7.º e no art. 29 da Lei n. 9.610, de 1998, deverá requerer habilitação para cada uma das atividades de cobrança separadamente, que serão consideradas independentes para fins do disposto neste Decreto.

§ 3.º Para o procedimento de que trata o § 1.º, o Ministério da Cultura poderá conceder habilitação provisória para a atividade de cobrança, com condicionantes, pelo prazo de um ano, admitida uma prorrogação por igual período.

§ 4.º O não cumprimento das condicionantes estabelecidas na decisão que conceder a habilitação provisória implicará a sua revogação.

§ 5.º As associações habilitadas provisoriamente pelo Ministério da Cultura, nos termos do disposto no § 3.º, não terão direito ao voto unitário previsto no § 1.º do art. 99 da Lei n. 9.610, de 1998.

Art. 4.º O pedido de habilitação de associação que desejar realizar atividade de cobrança da mesma natureza que a já executada por outras associações só será concedido se o número de seus associados ou de suas obras administradas corresponder ao percentual mínimo do total relativo às associações já habilitadas, na forma definida em ato do Ministro de Estado da Cultura, consideradas as diferentes categorias e modalidades de utilização das obras intelectuais administradas, conforme o disposto no art. 7.º e no art. 29 da Lei n. 9.610, de 1998.

Parágrafo único. No caso das associações a que se refere o art. 99 da Lei n. 9.610, de 1998, que desejarem realizar a atividade de cobrança, o pedido de habilitação só será concedido àquela que possuir titulares de direitos e repertório de obras, de interpretações ou execuções e de fonogramas que gerem distribuição equivalente ao percentual mínimo da distribuição do Escritório Central, na forma estabelecida em ato do Ministro de Estado da Cultura, observado o disposto no § 4.º do art. 99 da referida Lei.

Art. 5.º As associações de gestão coletiva de direitos autorais que, na data da entrada em vigor da Lei n. 12.853, de 2013, estavam legalmente constituídas e arrecadavam e distribuíam os direitos autorais das obras, das interpretações ou execuções e dos fonogramas são habilitadas para exercerem a atividade econômica de cobrança até 25 de fevereiro de 2019, desde que apresentem a documentação a que se refere o § 1.º do art. 3.º ao Ministério da Cultura até 26 de fevereiro de 2018.

Seção II
Do Exercício da Atividade de Cobrança

Art. 6.º Os preços pela utilização de obras e fonogramas deverão ser estabelecidos pelas associações em assembleia geral, convocada em conformidade com as normas estatutárias e amplamente divulgada entre os associados, considerados a razoabilidade, a boa-fé e os usos do local de utilização das obras.

§ 1.º No caso das associações referidas no art. 99 da Lei n. 9.610, de 1998, os preços serão estabelecidos e unificados em assembleia geral do Escritório Central, nos termos estabelecidos em seu estatuto, considerados os parâmetros e as diretrizes aprovados anualmente pelas assembleias gerais das associações que o compõem.

§ 2.º Os preços a que se referem o *caput* e no § 1.º servirão como referência para a cobrança dos usuários, observada a possibilidade de negociação quanto aos valores e de contratação de licenças de utilização de acordo com particularidades, observado o disposto nos art. 7.º, art. 8.º e art. 9.º.

§ 3.º Os critérios de cobrança para cada tipo de usuário serão considerados no estabelecimento dos critérios de distribuição dos valores cobrados do mesmo tipo de usuário, mantida a correlação entre ambos.

Art. 7.º A cobrança terá como princípios a eficiência e a isonomia, e não deverá haver discriminação entre usuários que apresentem as mesmas características.

Art. 8.º Será considerada proporcional ao grau de utilização das obras e dos fonogramas pelos usuários a cobrança que observe critérios como:

I – tempo de utilização de obras ou fonogramas protegidos;

II – número de utilizações de obras ou fonogramas protegidos; e

III – proporção de obras e fonogramas utilizados que não estejam em domínio público ou que não se encontrem licenciados mediante gestão individual de direitos ou sob outro regime de licenças que não o da gestão coletiva da associação licenciante.

Art. 9.º A cobrança considerará a importância da utilização das obras e dos fonogramas no exercício das atividades dos usuários e as particularidades de cada segmento de usuários, observados critérios como:

I – importância ou relevância da utilização das obras e dos fonogramas para a atividade fim do usuário;

II – limitação do poder de escolha do usuário, no todo ou em parte, sobre o repertório a ser utilizado;

III – região da utilização das obras e dos fonogramas;

IV – utilização por entidades beneficentes de assistência social certificadas nos termos do disposto na Lei n. 12.101, de 27 de novembro de 2009; e

V – utilização por emissoras de televisão ou rádio públicas, estatais, comunitárias, educativas ou universitárias.

§ 1.º Na hipótese prevista no inciso V do *caput*, os critérios de cobrança deverão considerar se a emissora explora comercialmente, em sua grade de programação, a publicidade de produtos ou serviços, vedada a utilização de critérios de cobrança que tenham como parâmetro percentual de orçamento público.

§ 2.º O Escritório Central de que trata o art. 99 da Lei n. 9.610, de 1998, e as associações que o integram observarão os critérios dispostos nesta Seção e deverão classificar os usuários por segmentos, de acordo com as suas particularidades, de forma objetiva e fundamentada.

Seção III
Do Cadastro

Art. 10. As associações de gestão coletiva de direitos autorais e dos que lhes são conexos deverão manter cadastro centralizado de todos os contratos, declarações ou documentos de qualquer natureza que comprovem a autoria e a titularidade das obras, das interpretações ou execuções e dos fonogramas, e das participações individuais em cada obra, interpretação ou execução e em cada fonograma.

• Vide art. 98, § 6.º, da Lei n. 9.610, de 19-2-1998.

§ 1.º As associações a que se refere o art. 99 da Lei n. 9.610, de 1998, além do cadastro a que se refere o *caput*, deverão centralizar no Escritório Central, base de dados que contenha todas as informações referentes à autoria e à titularidade das obras, das interpretações ou execuções e dos fonogramas, e às participações individuais em cada obra, interpretação ou execução e em cada fonograma, contidas nos contratos, nas declarações ou em outros documentos de qualquer natureza, observado o disposto em ato do Ministro de Estado da Cultura.

§ 2.º As associações deverão se prevenir contra o falseamento de dados e fraudes, e assumir, para todos os efeitos, a responsabilidade pelos dados que cadastrarem.

§ 3.º As associações que mantiverem acordos de representação recíproca ou unilateral com entidades congêneres com sede no exterior deverão obter e transferir para o cadastro de que trata o *caput* as informações relativas à autoria, à titularidade e às participações individuais das obras, das interpretações ou execuções e dos fonogramas produzidos em seus países de origem, as fichas cadastrais que registrem a presença de interpretações ou execuções ou a inserção das obras musicais e dos fonogramas em obras audiovisuais ou em programas de televisão, e assumir, para todos os efeitos, a responsabilidade por tais informações.

Art. 11. As associações deverão, na forma estabelecida em ato do Ministro de Estado da Cultura, tornar disponíveis, gratuitamente:

I – ao público e aos seus associados informações, sobre autoria e titularidade das obras, das interpretações ou execuções e dos fonogramas; e

II – ao Ministério da Cultura, para fins de consulta, informações adicionais sobre os titulares das obras, das interpretações ou execuções e dos fonogramas.

Parágrafo único. No caso das associações a que se refere o art. 99 da Lei n. 9.610, de 1998, o cumprimento das obrigações previstas neste artigo poderá ser realizado por meio da disponibilização das informações pelo Escritório Central.

Art. 12. A retificação de informações e as medidas necessárias à regularização do cadastro de que tratam o § 6.º e o § 8.º do art. 98 da Lei n. 9.610, de 1998, serão objeto de ato do Ministro de Estado da Cultura.

Seção IV
Da Gestão Individual de Direitos Autorais ou Conexos

Art. 13. Os titulares de direitos autorais ou de direitos conexos poderão praticar pessoalmente os atos necessários à defesa judicial ou extrajudicial de seus direitos, cobrar e estabelecer o preço pela utilização de suas obras ou seus fonogramas, por meio de comunicação prévia à associação de gestão coletiva a que estiverem filiados, encaminhada com o prazo de até quarenta e oito horas de antecedência da prática dos atos, que será suspenso nos dias não úteis.

§ 1.º Na hipótese de obras e fonogramas com titularidade compartilhada, a comunicação prévia deverá ser feita por todos os titulares às suas associações.

§ 2.º Cabe às associações de gestão coletiva de que trata o art. 99 da Lei n. 9.610, de 1998, repassar imediatamente ao Escritório Central a decisão do seu associado relativa ao exercício dos direitos previstos no *caput*.

Seção V
Da Transparência

Art. 14. As associações e os entes arrecadadores habilitados para exercer a atividade de cobrança deverão dar publicidade e transparência às suas atividades, dentre outros, pelos seguintes meios:

I – apresentação anual, ao Ministério da Cultura, de documentos que permitam a verificação do cumprimento ao disposto na Lei n. 9.610, de 1998 e na legislação correlata;

II – divulgação, por meio de sítios eletrônicos próprios, das formas de cálculo e dos critérios de cobrança e de distribuição; e

III – disponibilização de sistema de informação para acompanhamento, pelos titulares de direitos, das informações sobre os valores arrecadados e distribuídos referentes às obras, às interpretações ou execuções ou aos fonogramas de sua titularidade.

Parágrafo único. Ato do Ministro de Estado da Cultura disporá sobre a forma de cumprimento ao disposto neste artigo.

Art. 15. Observado o disposto no § 10 e no § 11 do art. 98 da Lei n. 9.610, de 1998, as associações deverão disponibilizar aos seus associados, semestralmente, relação consolidada dos títulos das obras, das interpretações ou execuções e dos fonogramas que tiveram seu uso captado, mas cuja identificação não tenha sido possível em decorrência de:

I – inexistência de dados correspondentes no cadastro;

II – insuficiência das informações recebidas de usuários; ou

III – outras inconsistências.

§ 1.º No caso das obras musicais, literomusicais e dos fonogramas que tiveram seu uso captado, mas cuja identificação não tenha sido possível nos termos do disposto no *caput*, o Escritório Central deverá disponibilizar às associações de titulares que o integram sistema de consulta permanente e em tempo real para a identificação dos créditos retidos e fornecer às referidas associações, semestralmente, relação consolidada contendo os títulos das obras, das interpretações ou execuções e dos fonogramas.

§ 2.º Ato do Ministro de Estado da Cultura determinará as informações que deverão constar da relação a que se referem o *caput* e o § 1.º.

§ 3.º As associações deverão estabelecer regras para a solução célere e eficiente de casos de conflitos de informações cadastrais que resultem na retenção da distribuição de valores aos titulares das obras, das interpretações ou execuções e dos fonogramas.

Art. 16. Caberá às associações disponibilizar sistema de informação para comunicação periódica, pelo usuário, da totalidade das obras, das interpretações ou execuções e dos fonogramas utilizados.

§ 1.º Caberá à associação responsável pela cobrança ou ao Escritório Central a aferição da veracidade das informações prestadas pelos usuários.

§ 2.º Nas hipóteses em que determinado tipo de utilização tornar inviável ou impraticável a apuração exata das utilizações das obras, das interpretações ou execuções e dos fonogramas, as associações responsáveis pela cobrança poderão adotar critérios de amostragem baseados em informações estatísticas, inquéritos, pesquisas ou outros métodos de aferimento que permitam o conhecimento mais aproximado da realidade.

Art. 17. As associações de gestão coletiva de direitos autorais deverão prestar contas dos valores devidos aos seus associados na forma estabelecida em ato do Ministro de Estado da Cultura, observado o disposto na Lei n. 9.610, de 1998.

Seção VI
Das Associações e do Escritório Central

Art. 18. As associações que realizem atividade de cobrança relativa a obras intelectuais protegidas de diferentes categorias ou a várias modalidades de utilização, na forma prevista, respectivamente, no art. 7.º e no art. 29 da Lei n. 9.610, de 1998, deverão gerir e contabilizar separadamente os respectivos recursos.

Art. 19. Sem prejuízo do disposto no § 5.º e no § 6.º do art. 97 da Lei n. 9.610, de 1998, a associação poderá contratar administradores ou manter conselho de administração formado por seus associados para a gestão de seus negócios.

§ 1.º Para fins do disposto no *caput*, os administradores contratados ou o conselho de administração não terão poder deliberativo.

§ 2.º Toda forma e qualquer valor de remuneração ou ajuda de custo dos dirigentes das associações e do Escritório Central, dos administradores e dos membros do conselho de administração deverá ser homologada em assembleia geral, convocada em conformidade com as normas estatutárias e amplamente divulgada entre os associados.

Art. 20. As associações, por decisão do seu órgão máximo de deliberação e conforme previsto em seus estatutos, poderão destinar até vinte por cento da totalidade ou de parte dos recursos oriundos de suas atividades para ações de natureza cultural ou social que beneficiem seus associados de forma coletiva e com base em critérios não discriminatórios, tais como:

I – assistência social;

II – fomento à criação e à divulgação de obras; e

III – capacitação ou qualificação de associados.

Art. 21. A pessoa jurídica constituída como ente arrecadador de direitos de execução pública de obras musicais, literomusicais e fonogramas que desejar realizar a atividade de cobrança, nos termos do disposto no art. 98 da Lei n. 9.610, de 1998, deverá requerer habilitação e encaminhar ao Ministério da Cultura a documentação pertinente, no prazo máximo de trinta dias, contado da data de entrega do requerimento de reconhecimento, observado o disposto no art. 3.º, no que couber.

Parágrafo único. O ente arrecadador cuja habilitação seja indeferida, revogada, anulada, inexistente, pendente de apreciação pela autoridade competente ou apresente qualquer outra forma de irregularidade não poderá utilizar tais fatos como impedimento para distribuição de eventuais valores já arrecadados, sob pena de responsabilização de seus dirigentes nos termos do disposto no art. 100-A da Lei n. 9.610, de 1998, sem prejuízo das sanções penais cabíveis.

Seção VII
Das Obrigações dos Usuários

Art. 22. O usuário entregará à entidade responsável pela arrecadação dos direitos autorais relativos à execução ou à exibição pública, imediatamente após o ato de comunicação ao público, relação completa das obras, dos seus autores e dos fonogramas utilizados, e a tornará pública e acessível, juntamente com os valores pagos, em seu sítio eletrônico ou, na inexistência deste, em local de comunicação ao público e em sua sede.

§ 1.º Ato do Ministro de Estado da Cultura estabelecerá a forma de cumprimento do disposto no *caput* sempre que o usuário final fizer uso de obras e fonogramas a partir de ato de comunicação ao público realizado por terceiros.

§ 2.º O usuário poderá cumprir o disposto no *caput* por meio da indicação do endereço eletrônico do Escritório Central, no qual deverá estar disponível a relação completa de obras musicais e fonogramas utilizados.

§ 3.º Ato do Ministro de Estado da Cultura disporá sobre as obrigações dos usuários no que se refere à execução pública de obras e fonogramas inseridos em obras e outras produções audiovisuais, especialmente no que concerne ao fornecimento de informações que identifiquem as obras e os fonogramas e os seus titulares.

Art. 23. Quando o usuário deixar de prestar as informações devidas ou prestá-las de forma incompleta ou falsa, a entidade responsável pela cobrança poderá encaminhar representação ao Ministério da Cultura, a fim de que seja aplicada a multa prevista no art. 33.

Art. 24. Na hipótese de anulação, revogação ou indeferimento da habilitação, de ausência ou de dissolução de associação ou ente arrecadador, fica mantida a responsabilidade de o usuário quitar as suas obrigações até a habilitação de entidade sucessora, que ficará responsável pela fixação dos valores dos direitos autorais ou conexos em relação ao período em que não havia entidade habilitada para cobrança.

Seção VIII
Da Mediação e da Arbitragem

Art. 25. Sem prejuízo da apreciação pelo Poder Judiciário e, quando couber, pelos órgãos do Sistema Brasileiro de Defesa da Concorrência, o Ministério da Cultura poderá:

• Vide art. 100-B da Lei n. 9.610, de 19-2-1998.

I – promover a mediação e a conciliação entre usuários e titulares de direitos autorais ou seus mandatários, em relação à falta de pagamento, aos critérios de cobrança, às formas de oferecimento de repertório e aos valores de arrecadação, e entre titulares e suas associações, em relação aos valores e aos critérios de distribuição, de acordo com o Regulamento de Mediação, Conciliação e Arbitragem; e

II – dirimir os litígios entre usuários e titulares de direitos autorais ou seus mandatários e entre titulares e suas associações, na forma prevista na Lei n. 9.307, de 23 de setembro de 1996, e de acordo com o Regulamento de Mediação, Conciliação e Arbitragem.

§ 1.º Ato do Ministro de Estado da Cultura aprovará o Regulamento de Mediação, Conciliação e Arbitragem a que se referem os incisos I e II do *caput*.

•• A Instrução Normativa n. 2, de 25-9-2020, do Ministério do Turismo, aprova o Regulamento de Mediação e Arbitragem no âmbito da Secretaria Especial de Cultura do Ministério do Turismo.

§ 2.º O Ministério da Cultura poderá, ainda, com o objetivo de estimular a resolução de controvérsias por meio de mediação e arbitragem, publicar edital para credenciamento de mediadores e árbitros com comprovada experiência e notório saber na área de direito autoral, que poderão ser escolhidos pelas partes na forma prevista na Lei n. 9.307, de 1996.

§ 3.º É facultada a utilização de outros serviços de mediação e arbitragem além daqueles mencionados no *caput* e no § 2.º.

Seção IX
Da Comissão Permanente para o Aperfeiçoamento da Gestão Coletiva

Art. 26. O Ministério da Cultura constituirá a Comissão Permanente para o Aperfeiçoamento da Gestão Coletiva, de caráter consultivo, que terá como objetivo promover o aprimoramento contínuo da gestão coletiva de direitos autorais no País por meio da análise da atuação e dos resultados obtidos pelas entidades brasileiras e do exame das melhores práticas internacionais.

Parágrafo único. O ato de constituição da Comissão Permanente para o Aperfeiçoamento da Gestão Coletiva deverá dispor sobre os prazos e a forma de designação de seus membros e aprovar o seu regimento interno.

Art. 27. A Comissão Permanente para o Aperfeiçoamento da Gestão Coletiva terá as seguintes atribuições:

I – monitorar o cumprimento dos princípios e das regras estabelecidos na Lei n. 9.610, de 1998, e neste Decreto pelas associações de gestão coletiva, pelo Escritório Central e pelos usuários, além de poder solicitar ao Ministério da Cultura as informações e os documentos que julgar necessários;

II – recomendar ao Ministério da Cultura a adoção de medidas, tais como a representação ao Ministério Público ou ao Conselho Administrativo de Defesa Econômica – CADE, quando verificada irregularidade cometida pelas associações de gestão coletiva, pelo Escritório Central ou pelos usuários;

III – pronunciar-se, quando solicitado pelo Ministério da Cultura, sobre os processos administrativos referentes a sanções às associações de gestão coletiva, ao Escritório Central ou aos usuários;

IV – pronunciar-se, quando solicitado pelo Ministério da Cultura, sobre os regulamentos de cobrança e distribuição das associações de gestão coletiva e do Escritório Central;

V – subsidiar o Ministério da Cultura, quando por este solicitado, na elaboração de normas complementares necessárias à execução e ao cumprimento do disposto na Lei n. 9.610, de 1998, e neste Decreto;

VI – sugerir ao Ministério da Cultura a elaboração de estudos, pareceres, relatórios ou notas técnicas;

VII – monitorar os resultados da mediação e da arbitragem promovida nos termos do disposto no art. 25;

VIII – pronunciar-se, quando solicitado pelo Ministério da Cultura, sobre outros assuntos relativos à gestão coletiva de direitos autorais; e

IX – propor alterações ao seu regimento interno.

Art. 28. A Comissão Permanente para o Aperfeiçoamento da Gestão Coletiva será composta por membros, titulares e suplentes, dos seguintes órgãos e entidades:

I – três representantes do Ministério da Cultura, dentre os quais um exercerá a função de Coordenador;

II – um representante do Ministério da Justiça;

III – um representante do Ministério das Relações Exteriores;

IV – um representante do Ministério da Indústria, Comércio Exterior e Serviços;

V – um representante do Conselho Administrativo de Defesa Econômica – Cade;

VI – um representante da Agência Nacional do Cinema – Ancine;

VII – um representante do Ministério Público Federal;

VIII – um representante da Câmara dos Deputados;

IX – um representante do Senado Federal;

X – cinco representantes de associações representativas de titulares de direitos autorais; e

XI – cinco representantes de associações representativas de usuários.

§ 1.º Os membros, titulares e suplentes, de que tratam o inciso I ao inciso IX do *caput* serão indicados pelos titulares dos órgãos e das entidades que representam e designados em ato do Ministro de Estado da Cultura.

§ 2.º O regimento interno da Comissão Permanente para o Aperfeiçoamento da Gestão Coletiva disporá sobre a indicação e a designação dos representantes titulares e suplentes a que se referem os incisos X e XI do *caput*, que deverão ser pessoas de notório saber na área de direitos autorais e de direitos conexos.

§ 3.º Os membros, titulares e suplentes, a que se referem os incisos X e XI do *caput* serão designados em ato do Ministro de Estado da Cultura para mandato de dois anos, admitida uma recondução.

§ 4.º A Secretaria-Executiva será exercida pelo Ministério da Cultura, que prestará o apoio técnico e administrativo necessário ao funcionamento da Comissão Permanente para o Aperfeiçoamento da Gestão Coletiva.

§ 5.º A participação na Comissão Permanente para o Aperfeiçoamento da Gestão Coletiva será considerada prestação de serviço público relevante, não remunerada.

Seção X
Das Sanções

Art. 29. O não cumprimento das normas previstas no Título VI da Lei n. 9.610, de 1998, sujeitará as associações e o Escritório Central às sanções previstas no § 2.º e no § 3.º do art. 98-A da referida Lei, sem prejuízo das sanções civis e penais cabíveis e da comunicação do fato ao Ministério Público.

•• Vide arts. 101 e s. da Lei n. 9.610, de 19-2-1998.

Art. 30. Para fins do disposto na Lei n. 9.610, de 1998, e neste Decreto, considera-se infração administrativa:

I – descumprir, no processo de eleição ou no mandato dos dirigentes das associações, o disposto no § 5.º e no § 6.º do art. 97 e no § 13 e no § 14 do art. 98 da Lei n. 9.610, de 1998;

II – exercer a atividade de cobrança em desacordo com o disposto na Seção II deste Capítulo;

III – tratar os associados de forma desigual ou discriminatória ou oferecer valores, proveitos ou vantagens de forma individualizada, não estendidos ao conjunto de titulares de mesma categoria;

IV – distribuir valores de forma arbitrária e sem correlação com o que é cobrado do usuário;

V – inserir dados, informações ou documentos que saiba, ou tenha razões para saber, serem falsos no cadastro centralizado a que se refere o art. 10;

VI – dificultar ou impedir o acesso contínuo, para fins de consulta, do Ministério da Cultura ou dos interessados às informações e aos documentos sobre autoria e titularidade das obras, das interpretações ou execuções e dos fonogramas, incluídas as participações individuais, observado o disposto no art. 10 ao art. 12;

VII – deixar de prestar contas dos valores devidos aos associados ou prestá-las de forma incompleta ou fraudulenta, ou não disponibilizar sistema atualizado de informação para acompanhamento pelos titulares dos valores arrecadados e distribuídos e dos créditos retidos;

VIII – reter, retardar ou distribuir indevidamente valores arrecadados ou não distribuir créditos retidos que não tenham sido identificados após o período de cinco anos;

IX – cobrar taxa de administração abusiva ou desproporcional ao custo efetivo das atividades relacionadas à cobrança e à distribuição de direitos autorais, consideradas as peculiaridades de cada tipo de usuário e os limites estabelecidos no § 4.º do art. 99 da Lei n. 9.610, de 1998, quando aplicáveis;

X – impedir, obstruir ou dificultar, de qualquer forma, a gestão individual de direitos autorais, observado o disposto no art. 13;

XI – utilizar recursos destinados a ações de natureza cultural ou social para outros fins, para ações que não beneficiem a coletividade dos associados ou em desconformidade com o estatuto da associação;

XII – impedir ou dificultar a transferência de informações necessárias ao processo de arrecadação e distribuição de direitos, no caso da perda da habilitação por parte de associação, nos termos do disposto no § 7.º do art. 99 da Lei n. 9.610, de 1998;

XIII – impedir ou dificultar que sindicato ou associação profissional fiscalize, por intermédio de auditor independente, as contas prestadas pela associação de gestão coletiva aos seus associados, nos termos do disposto no art. 100 da Lei n. 9.610, de 1998;

XIV – deixar de apresentar ou apresentar de forma incompleta ou fraudulenta os documentos e as informações previstos neste Decreto ou em suas normas complementares ao Ministério da Cultura ou aos seus associados e impedir ou dificultar o seu acesso;

XV – não dar acesso ou publicidade, conforme o caso, aos relatórios, às informações e aos documentos atualizados de que trata o art. 98-B da Lei n. 9.610, de 1998; e

XVI – firmar contratos, convênios ou acordos com cláusula de confidencialidade.

Parágrafo único. São responsáveis pela prática das infrações administrativas previstas neste artigo as associações de gestão coletiva e, no que couber, o Escritório Central.

Art. 31. Para fins do disposto na Lei n. 9.610, de 1998, e neste Decreto, considera-se infração administrativa relativa à atuação do Escritório Central:

I – descumprir o disposto:

a) no § 1.º do art. 99 da Lei n. 9.610, de 1998; e

b) no § 2.º do art. 19 e no parágrafo único do art. 21 deste Decreto;

II – não disponibilizar sistema de informação para comunicação periódica, pelo usuário, da totalidade das obras, das interpretações ou execuções e dos fonogramas utilizados;

III – deixar de prestar contas dos valores devidos às associações, ou prestá-las de forma incompleta ou fraudulenta, ou não disponibilizar às associações a relação e a procedência dos créditos retidos;

IV – reter, retardar ou distribuir indevidamente às associações valores arrecadados ou não distribuir créditos retidos que não tenham sido identificados após o período de cinco anos;

V – permitir ou tolerar o recebimento por fiscais de valores de usuários, ou recolher ou permitir o recolhimento de valores por outros meios que não o depósito bancário;

VI – deixar de inabilitar fiscal que tenha recebido valores de usuário, ou contratar ou permitir a atuação de fiscal que tenha sido inabilitado;

VII – interromper a continuidade da cobrança, ou impedir ou dificultar a transição entre associações, na hipótese de perda da habilitação pela associação;

VIII – deixar de apresentar ou apresentar de forma incompleta ou fraudulenta os documentos e as informações previstos neste Decreto ou em suas normas complementares ao Ministério da Cultura ou às associações que o integram, ou impedir ou dificultar o seu acesso, observado o disposto no § 1.º do art. 10 e no parágrafo único do art. 11;

IX – impedir ou dificultar o acesso dos usuários às informações referentes às utilizações por eles realizadas; e

X – impedir ou dificultar a admissão de associação de titulares de direitos autorais que tenha pertinência com sua área de atuação e esteja habilitada pelo Ministério da Cultura.

Art. 32. A prática de infração administrativa sujeitará as associações e o Escritório Central às seguintes penas:

I – advertência, para fins de atendimento às exigências do Ministério da Cultura no prazo máximo de cento e vinte dias; ou

II – anulação da habilitação para a atividade de cobrança.

§ 1.º Para a imposição e a gradação das sanções, serão observados:

I – a gravidade e a relevância da infração, considerados os motivos para a sua prática e as suas consequências para usuários ou titulares de direitos autorais;

II – a reincidência da infração;

III – os antecedentes e a boa-fé do infrator; e

IV – o descumprimento de condição imposta na decisão que houver concedido a habilitação provisória.

§ 2.º Considera-se reincidente o infrator que cometer nova infração administrativa depois que a decisão que o tenha condenado por qualquer infração administrativa nos cinco anos anteriores tiver transitado em julgado.

§ 3.º Considera-se infração grave a que implique desvio de finalidade ou inadimplemento de obrigações para os associados, como aquelas previstas nos incisos III, IV, V, VII, VIII, IX e XI do *caput* do art. 30 e nos incisos III, IV, V, VII e X do *caput* do art. 31.

§ 4.º A sanção de anulação da habilitação para a atividade de cobrança apenas poderá ser aplicada após a aplicação da pena de advertência e o não atendimento, no prazo a que se refere o inciso I do *caput*, das exigências estabelecidas pelo Ministério da Cultura.

§ 5.º A associação que não cumprir os requisitos mínimos de representatividade estabelecidos no art. 4.º poderá ter sua habilitação anulada, exceto enquanto não houver encerrado o prazo para o cumprimento do disposto no art. 5.º.

Art. 33. Para os efeitos da aplicação da multa prevista no *caput* do art. 109-A da Lei n. 9.610, de 1998, considera-se infração administrativa os seguintes atos praticados por usuários de direitos autorais:

I – deixar de entregar ou entregar de forma incompleta à entidade responsável pela cobrança dos direitos relativos à execução ou à exibição pública, imediatamente após o ato de comunicação ao público, relação completa das obras e dos fonogramas utilizados, ressalvado o disposto no inciso II e no § 1.º;

II – para as empresas cinematográficas e de radiodifusão, deixar de entregar ou entregar de forma incompleta à entidade responsável pela cobrança dos direitos relativos à execução ou à exibição pública, até o décimo dia útil de cada mês, relação completa das obras e dos fonogramas utilizados no mês anterior, ressalvado o disposto no § 1.º;

III – não disponibilizar ou disponibilizar de forma incompleta ao público, em sítio eletrônico de livre acesso ou, na inexistência deste, em local da comunicação ao público e em sua sede, a relação completa das obras e dos fonogramas utilizados, juntamente com os valores pagos, ressalvado o disposto no § 1.º; e

IV – prestar informações falsas à entidade responsável pela cobrança dos direitos relativos à execução ou à exibição pública ou disponibilizar informações falsas ao público sobre a utilização das obras e dos fonogramas e sobre os valores pagos.

§ 1.º A aplicação do disposto no inciso I ao inciso III do *caput* estará sujeita ao disposto no § 1.º e no § 3.º do art. 22, na forma estabelecida em ato do Ministro de Estado da Cultura.

§ 2.º O valor da multa ficará sujeito à atualização monetária desde a ciência pelo autuado da decisão que aplicou a penalidade até o seu efetivo pagamento, sem prejuízo da aplicação de juros de mora e dos demais encargos, conforme previsto em lei.

§ 3.º Para a aplicação da multa, respeitados os limites impostos no *caput* do art. 109-A da Lei n. 9.610, de 1998, serão observados:

I – a gravidade do fato, considerados o valor envolvido, o motivo da infração e a sua consequência;

II – os antecedentes e a boa-fé do infrator e se este é ou não reincidente;

III – a existência de dolo;

IV – o grau de acesso e controle pelo usuário das obras por ele utilizadas; e

V – a situação econômica do infrator.

§ 4.º A autoridade competente poderá isentar o usuário da aplicação a multa na hipótese de mero erro material que não cause prejuízo considerável a terceiros, observada a razoabilidade e a existência de reincidências.

§ 5.º Considera-se reincidente o usuário que cometer nova infração administrativa, depois que a decisão que o tenha condenado pela prática de qualquer infração administrativa nos dois anos anteriores transitar em julgado.

§ 6.º O valor da multa aplicada será recolhido ao Tesouro Nacional, na forma da legislação.

Capítulo III
DOS FONOGRAMAS

•• *Vide* arts. 53 e s. da Lei n. 9.610, de 19-2-1998.

Seção Única
Dos Sinais de Identificação

Art. 34. Em cada exemplar do suporte material que contenha fonograma deverá constar, obrigatoriamente, os seguintes sinais de identificação:

I – na face do suporte material que permite a leitura ótica:

a) o número da matriz, em código de barras ou em código alfanumérico;

b) o nome da empresa responsável pelo processo industrial de reprodução, em código binário; e

c) o número de catálogo do produto, em código binário;

II – na face do suporte material que não permite a leitura ótica:

a) o nome, a marca registrada ou a logomarca do responsável pelo processo industrial de reprodução que a identifique;

b) o nome, a marca registrada, a logomarca, ou o número do Cadastro de Pessoas Físicas – CPF ou do Cadastro Nacional da Pessoa Jurídica – CNPJ do produtor;

c) o número de catálogo do produto; e

d) a identificação do lote e a quantidade de exemplares nele mandada reproduzir; e

III – na lombada, na capa ou no encarte de envoltório do suporte material, a identificação do lote e a quantidade nele mandada reproduzir.

§ 1.º A aposição das informações em qualquer parte da embalagem não dispensa sua aposição no suporte material propriamente dito.

§ 2.º O suporte material deverá conter o código digital *International Standard Recording Code*, no qual deverão ser identificados o fonograma e os seus autores, artistas intérpretes ou executantes, de forma permanente e individualizada, de acordo com as informações fornecidas pelo produtor.

§ 3.º A identificação do lote e a quantidade de exemplares nele mandada reproduzir, de que tratam a alínea *d* do inciso II e o inciso III, serão estampadas por meio de código alfanumérico, constante de duas letras que indiquem a ordem sequencial das tiragens, além de numeral que indique a quantidade de exemplares daquela tiragem.

§ 4.º O conjunto de duas letras que inicia o código alfanumérico será alterado a cada tiragem e seguirá a ordem alfabética, de forma que a primeira tiragem seja representada pelas letras AA, a segunda por AB, a terceira por AC, e assim sucessivamente.

Art. 35. Quando o fonograma for fixado em suporte distinto daquele previsto no art. 34, os sinais de identificação estabelecidos neste Decreto serão consignados na capa dos exemplares, nos encartes ou nos próprios suportes.

Art. 36. O responsável pelo processo industrial de reprodução deverá informar ao produtor a quantidade de exemplares efetivamente fabricados em cada tiragem e o responsável pelo processo industrial de reprodução e o produtor deverá manter os registros dessas informações em seus arquivos por um período mínimo de cinco anos, de maneira a viabilizar o controle do aproveitamento econômico da exploração pelo titular dos direitos autorais ou pela entidade representativa de classe.

Art. 37. O produtor deverá manter em seu arquivo registro de exemplares devolvidos por qualquer razão.

Art. 38. O autor e o artista intérprete ou executante terá acesso aos registros referidos no art. 36 e no art. 37, diretamente, ou por meio de sindicato ou de associação.

Art. 39. O produtor deverá comunicar ao autor, ao artista intérprete ou executante, e ao sindicato ou à associação a que se refere o art. 38, conforme estabelecido pelas partes interessadas, a destruição de exemplares, com a antecedência mínima de dez dias, possibilitado ao interessado enviar representante para presenciar o ato.

Art. 40. O disposto neste Decreto aplica-se aos fonogramas com ou sem imagens, assim entendidos aqueles que não se enquadrem na definição de obra audiovisual de que trata a Lei n. 9.610, de 1998.

Art. 41. As despesas necessárias para atender aos custos decorrentes da identificação, da numeração e da fiscalização previstas neste Decreto deverão ser objeto de instrumento particular a ser firmado entre as partes interessadas, sem ônus para o consumidor.

Capítulo IV
DISPOSIÇÕES FINAIS E TRANSITÓRIAS

Art. 42. O Ministério da Cultura editará as normas complementares necessárias à execução e ao cumprimento do disposto neste Decreto, especialmente quanto:

I – às ações de fiscalização; e

II – aos procedimentos e aos processos de:

a) habilitação, retificação e regularização do cadastro;

b) prestação de contas aos associados;

c) apuração e correção de irregularidades; e

d) aplicação de sanções.

Art. 43. Em observância ao disposto no art. 31 da Lei n. 12.527, de 18 de novembro de 2011, as informações pessoais repassadas ao Ministério da Cultura terão seu acesso restrito.

Art. 44. Ficam revogados:

I – o Decreto n. 4.533, de 19 de dezembro de 2002;

II – o Decreto n. 8.469, de 22 de junho de 2015;

III – o Decreto n. 9.081, de 21 de junho de 2017; e

IV – o Decreto n. 9.145, de 23 de agosto de 2017.

Art. 45. Este Decreto entra em vigor na data de sua publicação.

Brasília, 22 de novembro de 2018; 197.º da Independência e 130.º da República.

MICHEL TEMER

DECRETO N. 9.579, DE 22 DE NOVEMBRO DE 2018 (*)

Consolida atos normativos editados pelo Poder Executivo federal que dispõem sobre a temática do lactente, da criança e do adolescente e do aprendiz, e sobre o Conselho Nacional dos Direitos da Criança e do Adolescente, o Fundo Nacional para a Criança e o Adolescente e os programas federais da criança e do adolescente, e dá outras providências.

O Presidente da República, no uso da atribuição que lhe confere o art. 84, caput, inciso IV, da Constituição, e tendo em vista o disposto na Lei Complementar n. 95, de 26 de fevereiro de 1998, e na Lei n. 8.069, de 13 de julho de 1990 – Estatuto da Criança e do Adolescente, decreta:

TÍTULO I
DISPOSIÇÕES PRELIMINARES

Art. 1.º Este Decreto consolida os atos normativos editados pelo Poder Executivo federal que dispõem sobre a temática da criança e do adolescente, em observância ao disposto na Lei Complementar n. 95, de 26 de fevereiro de 1998, e no Decreto n. 9.191, de 1.º de novembro de 2017.

- **Citados diplomas dispõem sobre a elaboração, redação, alteração, consolidação e encaminhamento de propostas de atos normativos.**

§ 1.º Para fins do disposto neste Decreto, considera-se consolidação a reunião de atos normativos pertinentes a determinada matéria em um único diploma legal, com a revogação formal daqueles atos normativos incorporados à consolidação e sem a modificação do alcance nem da interrupção da força normativa dos dispositivos consolidados, nos termos do disposto no art. 13, § 1.º, da Lei Complementar n. 95, de 1998, e no art. 45 do Decreto n. 9.191, de 2017.

§ 2.º A consolidação de atos normativos tem por objetivo eliminar do ordenamento jurídico brasileiro normas de conteúdo idêntico ou divergente, observado o disposto no art. 46 do Decreto n. 9.191, de 2017.

Art. 2.º Para fins do disposto neste Decreto, considera-se criança a pessoa com até doze anos de idade incompletos e adolescente a pessoa entre doze e dezoito anos de idade, em observância ao disposto na Lei n. 8.069, de 13 de julho de 1990 – Estatuto da Criança e do Adolescente.

Parágrafo único. Nas hipóteses previstas em lei, o disposto neste Decreto se aplica, excepcionalmente, às pessoas entre dezoito e vinte e um anos.

TÍTULO II
DOS DIREITOS FUNDAMENTAIS DA CRIANÇA E DO ADOLESCENTE

Capítulo I
DO DIREITO À ALIMENTAÇÃO

Seção I
Da Comercialização de Alimentos para Lactantes e Crianças na Primeira Infância

Art. 3.º Este Capítulo regulamenta o disposto na Lei n. 11.265, de 3 de janeiro de 2006, que dispõe sobre a comercialização de alimentos para lactentes e crianças na primeira infância e de produtos de puericultura correlatos.

Parágrafo único. O disposto neste Capítulo se aplica à comercialização, à publicidade e às práticas correlatas, à qualidade e às informações de uso dos seguintes produtos, fabricados no País ou importados:

I – alimentos de transição e alimentos à base de cereais, indicados para lactentes ou crianças na primeira infância, e outros alimentos ou bebidas à base de leite ou não, quando comercializados ou apresentados como apropriados para a alimentação de lactentes e crianças na primeira infância;

II – fórmulas de nutrientes apresentadas ou indicadas para recém-nascidos de alto risco;

III – fórmulas infantis de seguimento para crianças na primeira infância;

IV – fórmulas infantis para lactentes e fórmulas infantis de seguimento para lactentes;

V – fórmulas infantis para necessidades dietoterápicas específicas;

VI – leites fluidos ou em pó, leites modificados e similares de origem vegetal; e

VII – mamadeiras, bicos e chupetas.

Art. 4.º Para os fins do disposto neste Capítulo, considera-se:

I – alimento substituto do leite materno ou humano – alimento comercializado ou de alguma forma apresentado como substituto parcial ou total do leite materno ou humano;

II – alimento de transição para lactentes e crianças na primeira infância – alimento industrializado para uso direto ou empregado em preparado caseiro, utilizado como complemento do leite materno ou de fórmulas infantis, introduzido na alimentação de lactentes e crianças na primeira infância para promover a adaptação progressiva aos alimentos comuns e propiciar a alimentação balanceada e adequada às suas necessidades, respeitada sua maturidade fisiológica e seu desenvolvimento neuropsicomotor;

III – alimento à base de cereais para lactentes e crianças na primeira infância – alimento à base de cereais próprio para a alimentação de lactentes após o sexto mês e de crianças na primeira infância, respeitada sua maturidade fisiológica e seu desenvolvimento neuropsicomotor;

IV – amostra – uma unidade de produto fornecida uma vez de forma gratuita;

V – apresentação especial – forma de apresentação de produto relacionada com a promoção comercial para induzir a aquisição ou a venda, como embalagens promocionais, embalagens de fantasia ou conjuntos que agreguem outros produtos não abrangidos por este Capítulo;

VI – autoridade de saúde – pessoa investida em cargo ou função pública que exerça atividades relacionadas com a saúde;

VII – autoridade fiscalizadora – autoridade sanitária integrante do Sistema Nacional de Vigilância Sanitária ou de órgão de proteção e defesa do consumidor da administração pública, direta ou indireta, nas esferas federal, estadual, distrital ou municipal;

VIII – bico – objeto apresentado ou indicado para o processo de sucção nutritiva da criança, com a finalidade de administrar ou veicular alimentos ou líquidos em recipiente ou sobre a mama;

IX – *kit* ou conjunto – conjunto de produtos de marcas, formas ou tamanhos diferentes acondicionados na mesma embalagem;

X – criança – pessoa de até doze anos de idade incompletos, conforme o disposto no art. 1.º;

XI – criança na primeira infância ou criança pequena – criança de até seis anos de idade completos;

XII – chupeta – produto destinado à sucção sem a finalidade de administrar alimentos, medicamentos ou líquidos;

XIII – destaque – mensagem gráfica ou sonora que ressalta determinada advertência, frase ou texto;

XIV – doação – fornecimento gratuito de produto em quantidade superior à caracterizada como amostra;

(*) Publicado no *Diário Oficial da União*, de 23-11-2018. A Lei n. 11.692, de 10-6-2008, dispõe sobre o Programa Nacional de Inclusão de Jovens – Projovem.

Legislação Complementar

XV – distribuidor – pessoa física ou jurídica, do setor público ou privado, envolvida direta ou indiretamente na comercialização ou na importação, por atacado ou varejo, de um ou mais produtos abrangidos pelo disposto neste Capítulo;

XVI – exposição especial – qualquer forma de expor um produto para destacá-lo dos demais no estabelecimento comercial, como vitrine, ponta de gôndola, empilhamento de produtos em forma de pirâmide ou ilha, engradados, ornamentação de prateleiras ou formas estabelecidas em regulamentação da Agência Nacional de Vigilância Sanitária – Anvisa;

XVII – embalagem – recipiente, pacote ou envoltório destinado a garantir a conservação e a facilitar o transporte e o manuseio dos produtos;

XVIII – entidade associativa reconhecida nacionalmente – associação que congrega médicos ou nutricionistas que possua representação em todas as regiões brasileiras e em, no mínimo, cinquenta por cento dos Estados de cada região;

XIX – entidade científica de ensino e pesquisa – universidade, faculdade, faculdade integrada, escola superior ou centro de educação tecnológica, reconhecido pelo Ministério da Educação;

XX – fabricante – entidade pública ou privada envolvida na fabricação de produto abrangido pelo disposto neste Capítulo;

XXI – figura ou ilustração humanizada – fotografia, desenho ou representação de personagens infantis, seres vivos ou inanimados, de forma estilizada ou não, representados com características físicas ou comportamentais próprias dos seres humanos;

XXII – fórmula infantil para lactentes – produto em forma líquida ou em pó destinado à alimentação de lactentes até o sexto mês, sob prescrição, em substituição total ou parcial do leite materno ou humano, para satisfação de suas necessidades nutricionais;

XXIII – fórmula infantil para necessidades dietoterápicas específicas – produto cuja composição tenha sido alterada para atender às necessidades específicas decorrentes de alterações fisiológicas ou patológicas temporárias ou permanentes, não amparada pelo regulamento técnico específico de fórmulas infantis;

XXIV – fórmula infantil de seguimento para lactentes – produto em forma líquida ou em pó utilizado por indicação de profissional qualificado como substituto do leite materno ou humano a partir do sexto mês de idade do lactente;

XXV – fórmula infantil de seguimento para crianças na primeira infância – produto em forma líquida ou em pó utilizado como substituto do leite materno ou humano para crianças na primeira infância;

XXVI – fórmula de nutrientes para recém-nascidos de alto risco – composto de nutrientes apresentado ou indicado para a alimentação de recém-nascidos de alto risco;

XXVII – importador – pessoa jurídica que pratique a importação de produto abrangido pelo disposto neste Capítulo;

XXVIII – lactente – criança com idade de até onze meses e vinte e nove dias;

XXIX – leite – produto em forma líquida ou em pó, oriundo da ordenha completa, ininterrupta, em condições de higiene, de animais de todas as espécies, sadios, alimentados e descansados;

XXX – leite modificado – leite em forma líquida ou em pó, de composição modificada por meio de subtração ou adição de constituintes;

XXXI – mamadeira – objeto para administração de produto líquido ou pastoso para crianças, constituída de bico e recipiente, que pode possuir anel retentor para manter acoplados o bico e o recipiente;

XXXII – material educativo – material escrito ou audiovisual destinado ao público para orientar quanto à alimentação de lactentes e de crianças na primeira infância ou sobre a utilização adequada de produtos destinados a lactentes e crianças na primeira infância, tais como folhetos, livros, artigos em periódico leigo, sistema eletrônico de informações, entre outros;

XXXIII – material técnico-científico – material elaborado com informações comprovadas sobre produtos ou relacionadas com o domínio de conhecimento da nutrição e da pediatria, destinado aos profissionais e ao pessoal da área da saúde;

XXXIV – painel principal ou painel frontal – área mais facilmente visível em condições usuais de exposição, onde estão escritas, em sua forma mais relevante, a denominação de venda, a marca e, se houver, o logotipo do produto;

XXXV – patrocínio – custeio total ou parcial de materiais, de programa de rádio ou de televisão, de páginas e dos demais conteúdos da internet e de outros tipos de mídia, de evento, de projeto comunitário, de atividade cultural, artística, esportiva, de pesquisa ou de atualização científica, ou custeio direto ou indireto de profissionais da área da saúde para participação em atividades ou incentivo de qualquer espécie;

XXXVI – promoção comercial – conjunto de atividades informativas e de persuasão, procedente de empresas responsáveis pela produção, pela manipulação, pela distribuição ou pela comercialização dos produtos abrangidos pelo disposto neste Capítulo, incluída a divulgação, por meios audiovisuais, auditivos e visuais, com o objetivo de induzir a aquisição ou a venda de determinado produto;

XXXVII – recém-nascido de alto risco – a criança que:

a) nasce prematura, com menos de trinta e quatro semanas de idade gestacional;

b) nasce com peso inferior a mil e quinhentos gramas; ou

c) apresenta patologia que necessita de tratamento intensivo logo após o seu nascimento;

XXXVIII – representante comercial – vendedores, promotores, demonstradores, representantes de empresa e de vendas ou outros profissionais remunerados, direta ou indiretamente, por fabricantes, fornecedores ou importadores dos produtos abrangidos pelo disposto neste Capítulo;

XXXIX – rótulo – inscrição, legenda, imagem, matéria descritiva ou gráfica que esteja escrita, impressa, estampada, gravada, gravada em relevo, litografada, colada ou fundida sobre a superfície do recipiente, do produto ou de sua embalagem;

XL – similar de origem vegetal – alimento em forma líquida ou em pó que contenha proteína vegetal, comercializado ou apresentado como alternativa de consumo para o leite; e

XLI – similar de origem vegetal misto – similar de origem vegetal que apresenta em sua composição proteínas de origem não vegetal.

Seção II
Do Comércio e da Publicidade de Alimentos para Lactantes e Crianças na Primeira Infância

Art. 5.º É vedada a promoção comercial dos produtos referidos nos incisos II, IV e VII do *caput* do art. 3.º em quaisquer meios de comunicação, incluídas a publicidade indireta ou oculta e a divulgação por meios eletrônicos, escritos, auditivos e visuais.

Parágrafo único. A vedação à promoção comercial referida no *caput* aplica-se a estratégias promocionais, como exposições especiais e de descontos de preço, cupons de descontos, prêmios, brindes, vendas vinculadas a produtos não sujeitos ao disposto neste Capítulo, apresentações especiais ou outras estratégias estabelecidas em regulamentação da Anvisa.

Art. 6.º A promoção comercial dos alimentos infantis referidos nos incisos I, III e VI do *caput* do art. 3.º incluirá, com destaque visual ou auditivo, observado o correspondente meio de divulgação, os seguintes dizeres:

I – para produtos referidos nos incisos III e VI do *caput* do art. 3.º – "O Ministério da Saúde informa: o aleitamento materno evita infecções e alergias e é recomendado até os 2 (dois) anos de idade ou mais"; e

II – para produtos referidos no inciso I do *caput* do art. 3.º – "O Ministério da Saúde informa: após os 6 (seis) meses de idade, continue amamentando seu filho e ofereça novos alimentos".

§ 1.º Os dizeres veiculados por escrito serão legíveis e apresentados em moldura, próximos aos produtos, no mesmo sentido espacial de outros textos informativos, quando presentes.

§ 2.º Os caracteres de que trata o § 1.º serão apresentados em caixa alta, em negrito e ter, no mínimo, vinte por cento do tamanho do maior caractere presente na promoção comercial, com tamanho mínimo de dois milímetros.

§ 3.º Os destaques auditivos serão apresentados de forma pausada, clara e audível.

Art. 7.º É vedada a atuação de representantes comerciais nas unidades de saúde, exceto para a comunicação de aspectos técnico-científicos dos produtos a médicos pediatras e nutricionistas.

Parágrafo único. É dever do fabricante, do distribuidor ou do importador informar os seus representantes comerciais e as agências de publicidade contratadas sobre o disposto neste Capítulo.

Art. 8.º Os fabricantes, os distribuidores e os importadores somente poderão fornecer amostras dos produtos referidos nos incisos I, III, IV e VI do *caput* do art. 3.º aos médicos pediatras e aos nutricionistas por ocasião do lançamento do produto, observado o disposto no art. 18.

§ 1.º Para fins do disposto neste Capítulo, o lançamento em todo o território nacional deverá ser feito no prazo máximo de dezoito meses.

§ 2.º O marco inicial para a contagem do prazo referido no § 1.º será estabelecido em regulamentação da Anvisa.

§ 3.º É vedada a distribuição de amostra por ocasião de relançamento do produto ou de mudança de marca do produto sem modificação significativa em sua composição nutricional.

§ 4.º Para afastar a vedação prevista no § 3.º, o fabricante, o distribuidor ou o importador comprovará a modificação significativa na composição nutricional à autoridade fiscalizadora competente.

§ 5.º É vedada a distribuição de amostras de mamadeiras, bicos, chupetas e fórmula de nutrientes para recém-nascido de alto risco.

§ 6.º A amostra de fórmula infantil para lactentes somente será ofertada com a solicitação prévia de médico pediatra ou de nutricionista e será acompanhada de protocolo de entrega da empresa, com cópia para o profissional da saúde solicitante.

Art. 9.º Os fabricantes, os importadores e os distribuidores dos produtos abrangidos pelo disposto neste Capítulo somente poderão conceder patrocínios às entidades científicas de ensino e pesquisa ou às entidades associativas reconhecidas nacionalmente, vedado o patrocínio a pessoas físicas.

§ 1.º As associações filiadas às entidades associativas reconhecidas nacionalmente poderão receber os patrocínios de que trata o *caput* somente após a aprovação prévia das entidades associativas reconhecidas nacionalmente.

§ 2.º As entidades beneficiadas não permitirão que as empresas a que se refere o *caput* realizem promoção comercial de seus produtos em eventos patrocinados.

§ 3.º As empresas patrocinadoras ficarão limitadas à distribuição de material técnico-científico durante o evento patrocinado.

§ 4.º Os eventos patrocinados incluirão nos materiais de divulgação o seguinte destaque: "Este evento recebeu patrocínio de empresas privadas, em conformidade com o disposto na Lei n. 11.265, de 3 de janeiro de 2006".

Art. 10. São proibidas doações ou vendas a preços reduzidos dos produtos abrangidos pelo disposto neste Capítulo às maternidades e às instituições que prestem assistência a crianças.

§ 1.º A proibição de que trata o *caput* não se aplica às doações ou às vendas a preços reduzidos em situações de necessidade excepcional, individual ou coletiva, a critério da autoridade fiscalizadora.

§ 2.º Autorizada a doação ou a venda a preço reduzido, conforme previsto no § 1.º, o fornecimento será mantido continuamente pelo período necessário ao lactente destinatário.

§ 3.º Para fins do disposto no § 1.º, será permitida a impressão do nome e do logotipo do doador ou do vendedor, vedada a publicidade dos produtos.

§ 4.º A doação para fins de pesquisa somente será permitida com apresentação de protocolo aprovado pelo Comitê de Ética em Pesquisa da instituição a que o profissional responsável pela pesquisa estiver vinculado, observadas as normas editadas pelo Conselho Nacional de Saúde e pela Anvisa.

§ 5.º O produto objeto de doação para pesquisa conterá, como identificação, no painel frontal e com destaque, a expressão "Doação para pesquisa, de acordo com o disposto na Lei n. 11.265, de 3 de janeiro de 2006".

§ 6.º A expressão a que se refere o § 5.º será legível, apresentada em moldura, no mesmo sentido espacial do texto informativo, com caracteres apresentados em caixa alta, em negrito, e ter, no mínimo, cinquenta por cento do tamanho da fonte do texto informativo de maior letra, excluída a marca comercial, desde que atendido o tamanho mínimo de dois milímetros.

Seção III
Da Rotulagem de Alimentos para Lactantes e Crianças na Primeira Infância

Art. 11. Nas embalagens ou nos rótulos de fórmula infantil para lactentes e de fórmula infantil de seguimento para lactentes, é vedado:

I – utilizar fotos, desenhos ou representações gráficas que não sejam necessárias para ilustrar métodos de preparação ou de uso do produto, exceto o uso de marca ou de logomarca, desde que não utilize imagem de lactente, de criança pequena ou de outras figuras ou ilustrações humanizadas;

II – utilizar denominações ou frases com o intuito de sugerir forte semelhança do produto com o leite materno, como "leite humanizado", "leite maternizado", "substituto do leite materno" ou outras estabelecidas em regulamentação da Anvisa;

III – utilizar frases ou expressões que induzam dúvida quanto à capacidade das mães de amamentarem os seus filhos;

IV – utilizar expressões ou denominações que identifiquem o produto como mais adequado à alimentação infantil, como "*baby*", "*kids*", "ideal para o bebê", "primeiro crescimento" ou outras estabelecidas em regulamentação da Anvisa;

V – utilizar informações que possam induzir o uso dos produtos em decorrência de falso conceito de vantagem ou de segurança;

VI – utilizar frases ou expressões que indiquem as condições de saúde para as quais o produto seja adequado; e

VII – promover os produtos do fabricante ou de outros estabelecimentos.

§ 1.º Os rótulos exibirão no painel principal, em moldura, de forma legível, horizontal, de fácil visualização, em cores contrastantes e em caracteres com tamanho mínimo de dois milímetros, o destaque: "AVISO IMPORTANTE: Este produto somente deve ser usado na alimentação de crianças menores de 1 (um) ano de idade com indicação expressa de médico ou nutricionista. O aleitamento materno evita infecções e alergias e fortalece o vínculo mãe-filho".

§ 2.º Os rótulos exibirão destaque para advertir sobre os riscos do preparo inadequado, com instruções sobre a preparação correta do produto, sobre as medidas de higiene a serem observadas e sobre a dosagem para diluição, quando for o caso, nos termos estabelecidos em regulamentação da Anvisa.

Art. 12. Nas embalagens ou nos rótulos de fórmula infantil de seguimento para crianças na primeira infância, é vedado:

I – utilizar fotos, desenhos ou representações gráficas que não sejam necessárias para ilustrar métodos de preparação ou de uso do produto, exceto o uso de marca ou de logomarca, desde que não utilize imagem de lactente, de criança pequena ou de outras figuras ou ilustrações humanizadas;

II – utilizar denominações ou frases com o intuito de sugerir forte semelhança do produto com o leite materno, como "leite humanizado", "leite maternizado", "substituto do leite materno" ou outras estabelecidas em regulamentação da Anvisa;

III – utilizar frases ou expressões que induzam dúvida quanto à capacidade das mães de amamentarem os seus filhos;

IV – utilizar expressões ou denominações que identifiquem o produto como mais adequado à alimentação infantil, como *"baby"*, *"kids"*, "ideal para o bebê", "primeiro crescimento" ou outras estabelecidas em regulamentação da Anvisa;

V – utilizar informações que possam induzir o uso dos produtos em decorrência de falso conceito de vantagem ou de segurança;

VI – utilizar marcas sequenciais presentes nas fórmulas infantis de seguimento para lactentes; e

VII – promover os produtos do fabricante ou de outros estabelecimentos.

§ 1.º Os rótulos exibirão no painel principal, em moldura, de forma legível, horizontal, de fácil visualização, em cores contrastantes e em caracteres com tamanho mínimo de dois milímetros, o destaque: "AVISO IMPORTANTE: Este produto não deve ser usado para alimentar crianças menores de 1 (um) ano de idade. O aleitamento materno evita infecções e alergias e é recomendado até os 2 (dois) anos de idade ou mais".

§ 2.º Os rótulos exibirão destaque para advertir sobre os riscos do preparo inadequado, com instruções sobre a preparação correta do produto, sobre as medidas de higiene a serem observadas e sobre a dosagem para a diluição, quando for o caso, vedada a utilização de figuras de mamadeira, nos termos estabelecidos em regulamentação da Anvisa.

Art. 13. As embalagens ou os rótulos de fórmulas infantis para atender às necessidades dietoterápicas específicas exibirão informações sobre as características específicas do alimento, vedada a indicação de condições de saúde para as quais o produto possa ser utilizado.

Parágrafo único. O disposto no art. 11 aplica-se aos produtos a que se refere o *caput*.

Art. 14. Nas embalagens ou nos rótulos de leites fluidos ou em pó, leites modificados e similares de origem vegetal, é vedado:

I – utilizar fotos, desenhos ou representações gráficas que não sejam necessárias para ilustrar métodos de preparação ou de uso do produto, exceto o uso de marca ou de logomarca, desde que não utilize imagem de lactente, de criança pequena ou de outras figuras, ilustrações humanizadas ou que induzam ao uso do produto para essas faixas etárias;

II – utilizar denominações ou frases com o intuito de sugerir forte semelhança do produto com o leite materno, como "leite humanizado", "leite maternizado", "substituto do leite materno" ou outras estabelecidas em regulamentação da Anvisa;

III – utilizar frases ou expressões que induzam dúvida quanto à capacidade das mães de amamentarem os seus filhos;

IV – utilizar expressões ou denominações que identifiquem o produto como mais adequado à alimentação infantil, como *"baby"*, *"kids"*, "ideal para o bebê", "primeiro crescimento" ou outras estabelecidas em regulamentação da Anvisa;

V – utilizar informações que possam induzir o uso dos produtos em decorrência de falso conceito de vantagem ou de segurança; e

VI – promover os produtos do fabricante ou de outros estabelecimentos.

§ 1.º Os rótulos exibirão no painel principal, em moldura, de forma legível, horizontal, de fácil visualização, em cores contrastantes e em caracteres com tamanho mínimo de dois milímetros, os seguintes destaques:

I – no caso de leite desnatado ou semidesnatado, com ou sem adição de nutrientes essenciais – "AVISO IMPORTANTE: Este produto não deve ser usado para alimentar crianças, exceto por indicação expressa de médico ou nutricionista. O aleitamento materno evita infecções e alergias e é recomendado até os 2 (dois) anos de idade ou mais";

II – no caso de leite integral ou similar de origem vegetal ou misto, enriquecido ou não – "AVISO IMPORTANTE: Este produto não deve ser usado para alimentar crianças menores de 1 (um) ano de idade, exceto por indicação expressa de médico ou nutricionista. O aleitamento materno evita infecções e alergias e é recomendado até os 2 (dois) anos de idade ou mais"; e

III – no caso de leite modificado – "AVISO IMPORTANTE: Este produto não deve ser usado para alimentar crianças menores de 1 (um) ano de idade. O aleitamento materno evita infecções e alergias e é recomendado até os 2 (dois) anos de idade ou mais".

§ 2.º É vedada a indicação, por qualquer meio, de leites condensados e/ou aromatizados para a alimentação de lactentes e de crianças na primeira infância.

Art. 15. Nas embalagens ou nos rótulos de alimentos de transição, de alimentos à base de cereais indicados para lactentes e crianças na primeira infância e de alimentos ou bebidas à base de leite ou não, quando comercializados ou apresentados como apropriados para a alimentação de lactentes e crianças na primeira infância, é vedado:

I – utilizar ilustrações, fotos ou imagens de lactentes ou de crianças na primeira infância;

II – utilizar frases ou expressões que induzam dúvida quanto à capacidade das mães de amamentarem os seus filhos;

III – utilizar expressões ou denominações que identifiquem o produto como apropriado ou preferencial para a alimentação de lactente menor de seis meses de idade, como *"baby"*, *"kids"*, "ideal para o bebê", "primeiro crescimento" ou outras estabelecidas em regulamentação da Anvisa;

IV – utilizar informações que possam induzir o uso dos produtos em decorrência de falso conceito de vantagem ou de segurança; e

V – promover as fórmulas infantis, os leites, os produtos com base em leite e os cereais que possam ser administrados por mamadeira.

§ 1.º A idade a partir da qual os produtos poderão ser utilizados constará do painel frontal dos rótulos.

§ 2.º Os rótulos exibirão no painel principal, em moldura, de forma legível, horizontal, de fácil visualização, em cores contrastantes e em caracteres com tamanho mínimo de dois milímetros, o destaque: «O Ministério da Saúde adverte: Este produto não deve ser usado para crianças menores de 6 (seis) meses de idade, exceto por indicação expressa de médico ou nutricionista. O aleitamento materno evita infecções e alergias e é recomendado até os 2 (dois) anos de idade ou mais".

Art. 16. Nas embalagens ou nos rótulos de fórmula de nutrientes para recém-nascido de alto risco, é vedado:

I – utilizar fotos, desenhos ou representações gráficas que não sejam necessárias para ilustrar métodos de preparação ou de uso do produto, exceto o uso de marca ou de logomarca, desde que não utilize imagem de lactente, criança pequena ou de outras figuras ou ilustrações humanizadas;

II – utilizar denominações ou frases que sugiram a necessidade de complementos, suplementos ou de enriquecimento ao leite materno;

III – utilizar frases ou expressões que induzam dúvida quanto à capacidade das mães de amamentarem os seus filhos;

IV – utilizar expressões ou denominações que identifiquem o produto como mais adequado à alimentação infantil, como *"baby"*, *"kids"*, "ideal para o bebê", "primeiro crescimento" ou outras estabelecidas em regulamentação da Anvisa;

V – utilizar informações que possam induzir o uso dos produtos em decorrência de falso conceito de vantagem ou de segurança; e

VI – promover os produtos do fabricante ou de outros estabelecimentos.

§ 1.º Os rótulos exibirão no painel frontal o destaque: "AVISO IMPORTANTE: Este produto somente deve ser usado para suplementar a alimentação do recém-nascido de alto risco com prescrição médica, de uso exclusivo em unidades hospitalares".

§ 2.º Os rótulos exibirão no painel principal, em moldura, de forma legível, horizontal, de fácil visualização, em cores contrastantes e em caracteres com tamanho mínimo de dois milímetros, o destaque: "O Ministério da Saúde adverte: o leite materno possui os nutrientes essenciais para o crescimento e o desenvolvimento da criança nos primeiros anos de vida".

§ 3.º Os rótulos exibirão destaque para advertir sobre os riscos do preparo inadequado, com instruções sobre a preparação correta do produto, sobre as medidas de higiene e sobre a dosagem para a diluição, quando for o caso, nos termos estabelecidos em regulamentação da Anvisa.

§ 4.º O produto a que se refere este artigo é de uso hospitalar exclusivo, vedada sua comercialização fora do âmbito dos serviços de saúde.

Art. 17. Nas embalagens ou nos rótulos de mamadeiras, bicos e chupetas, é vedado:

I – utilizar fotos, imagens de crianças ou ilustrações humanizadas;

II – utilizar frases ou expressões que induzam dúvida quanto à capacidade das mães de amamentarem os seus filhos;

III – utilizar frases, expressões ou ilustrações que sugiram semelhança desses produtos com a mama ou o mamilo;

IV – utilizar expressões ou denominações que identifiquem o produto como apropriado para o uso infantil, como "*baby*", "*kids*", "ideal para o bebê", "ortodôntica" ou outras estabelecidas em regulamentação da Anvisa;

V – utilizar informações que possam induzir o uso dos produtos em decorrência de falso conceito de vantagem ou de segurança; e

VI – promover os produtos do fabricante ou de outros estabelecimentos.

§ 1.º Os rótulos exibirão no painel principal, em moldura, de forma legível, horizontal, de fácil visualização, em cores contrastantes e em caracteres com tamanho mínimo de dois milímetros, o destaque: "O Ministério da Saúde adverte: a criança que mama no peito não necessita de mamadeira, bico ou chupeta. O uso de mamadeira, bico ou chupeta prejudica o aleitamento materno".

§ 2.º É obrigatório o uso de embalagens e de rótulos em mamadeiras, bicos ou chupetas, com instruções de uso, nos termos estabelecidos em regulamentação da Anvisa.

Art. 18. Os rótulos de amostras dos produtos abrangidos pelo disposto neste Capítulo exibirão no painel principal, em moldura, de forma legível, horizontal, de fácil visualização, em cores contrastantes e em caracteres com tamanho mínimo de dois milímetros, o seguinte destaque: "Amostra grátis para avaliação profissional. Proibida a distribuição a mães, gestantes e familiares".

Seção IV

Da Divulgação ao Público das Informações sobre Alimentos para Lactantes e Crianças na Primeira Infância

Art. 19. Os órgãos públicos da área da saúde, da educação e de pesquisa e as entidades associativas de médicos pediatras e nutricionistas participarão do processo de divulgação das informações sobre a alimentação de lactentes e de crianças na primeira infância, inclusive quanto à formação e à capacitação de pessoas.

Art. 20. Os materiais educativos e técnico-científicos sobre alimentação de lactentes e de crianças na primeira infância e sobre os produtos referidos no art. 3.º atenderão ao disposto neste Capítulo e incluirão informações explícitas, de forma clara, legível e compreensível sobre:

I – benefícios da amamentação e sua superioridade quando comparada aos seus substitutos;

II – orientação sobre a alimentação adequada da gestante e da nutriz, com ênfase no preparo para o início e a manutenção do aleitamento materno até dois anos de idade ou mais;

III – efeitos negativos do uso de mamadeira, bico ou chupeta sobre o aleitamento natural, em especial as dificuldades para o retorno à amamentação e os inconvenientes do preparo dos alimentos e da higienização desses produtos;

IV – implicações econômicas da opção pelos alimentos substitutivos do leite materno ou humano;

V – prejuízos causados à saúde do lactente pelo uso desnecessário ou inadequado de alimentos artificiais; e

VI – relevância do desenvolvimento de hábitos educativos e culturais reforçadores da utilização dos alimentos constitutivos da dieta familiar.

§ 1.º Os materiais educativos e técnico-científicos, incluídos os de profissionais e de autoridades de saúde, não conterão imagens ou textos que recomendem ou possam induzir o uso de chupetas, bicos, mamadeiras ou o uso de alimentos substitutivos do leite materno.

§ 2.º Os materiais educativos sobre alimentação de lactentes não poderão ser produzidos ou patrocinados por distribuidores, fornecedores, importadores ou fabricantes de produtos abrangidos pelo disposto neste Capítulo.

Art. 21. As instituições responsáveis pela formação e pela capacitação de profissionais da saúde incluirão a divulgação e as estratégias para o cumprimento do disposto neste Capítulo como parte do conteúdo programático das disciplinas que abordem a alimentação infantil.

Art. 22. Os profissionais de saúde deverão estimular e divulgar a prática do aleitamento materno exclusivo até os seis meses de idade e continuado até os dois anos de idade ou mais.

Art. 23. As instituições de ensino responsáveis pelos ensinos fundamental e médio promoverão a divulgação do disposto neste Capítulo.

Art. 24. Os alimentos para lactentes atenderão aos padrões de qualidade estabelecidos em Resolução editada pela Anvisa.

Art. 25. As mamadeiras, os bicos e as chupetas não conterão mais de dez partes por bilhão de qualquer N-nitrosamina, nem mais de vinte partes por bilhão dessas substâncias em conjunto.

§ 1.º A Anvisa estabelecerá, sempre que necessário, a proibição ou a restrição de substâncias danosas à saúde de lactantes, lactentes e crianças na primeira infância.

§ 2.º As disposições contidas neste artigo serão fiscalizadas por intermédio da rede de laboratórios de saúde pública instituída nos termos do disposto na alínea *b* do inciso III do *caput* do art. 16 da Lei n. 8.080, de 19 de setembro de 1990.

§ 3.º Fica a Anvisa autorizada a credenciar laboratórios para atuar de maneira complementar à rede a que se refere o § 2.º.

Art. 26. A Anvisa poderá estabelecer novas categorias de produtos e regulamentar sua produção, sua comercialização e sua promoção comercial, com a finalidade de cumprir o objetivo estabelecido no *caput* do art. 1.º da Lei n. 11.265, de 2006.

Art. 27. A infração a dispositivo da Lei n. 11.265, de 2006, ou a dispositivo deste Capítulo sujeita o infrator às penalidades previstas na Lei n. 6.437, de 20 de agosto de 1977.

Parágrafo único. Ao disposto neste Capítulo aplicam-se, no que couber, as disposições da Lei n. 8.078, de 11 de setembro de 1990, do Decreto-Lei n. 986, de 21 de outubro de 1969, da Lei n. 8.069, de 1990 – Estatuto da Criança e do Adolescente, e dos demais regulamentos editados pelos órgãos e pelas entidades públicas competentes.

Art. 28. Competem aos órgãos e às entidades públicas federais, estaduais, distritais e municipais, em conjunto com as organizações da sociedade civil e sob a orientação do Ministério da Saúde e da Anvisa, a divulgação, a aplicação, a vigilância e a fiscalização do cumprimento do disposto neste Capítulo.

Parágrafo único. Os órgãos e as entidades públicas federais, estaduais, distritais e municipais trabalharão em conjunto com as organizações da sociedade civil, com vistas à divulgação e ao cumprimento do disposto neste Capítulo.

Capítulo II

DO DIREITO À PUBLICIDADE ADEQUADA

Seção Única

Do Controle da Publicidade

Art. 29. A publicidade é considerada abusiva à criança quando se aproveitar da sua deficiência de julgamento ou inexperiência, e especialmente quando:

I – incitar qualquer forma de violência;

II – explorar o medo ou a superstição;

III – desrespeitar valores ambientais;

IV – for capaz de induzi-la a se comportar de forma prejudicial ou perigosa à sua saúde ou à sua segurança; ou

V – infringir o disposto em legislação específica de controle da publicidade.

Parágrafo único. Caso seja necessário comprovar a não abusividade da publicidade, o ônus da correção incumbe ao seu patrocinador.

Capítulo III
DO DIREITO À SEGURANÇA

Seção I
Do Compromisso pela Redução da Violência contra Crianças e Adolescentes

Arts. 30 a 33 *(Revogados pelo Decreto n. 11.074, de 18-5-2022.)*

Seção II
Do Comitê Gestor de Políticas de Enfrentamento à Violência contra Criança e Adolescente

Art. 34. *(Revogado pelo Decreto n. 10.087, de 5-11-2019.)*

....

Capítulo IV
DO DIREITO AO TRANSPORTE

Art. 39. É permitido transportar, sem pagamento, uma criança de até seis anos incompletos, por responsável, desde que não ocupe poltrona, observado o disposto na legislação aplicável ao transporte de menores de idade.

Art. 40. Os órgãos e as entidades da administração pública federal, as empresas prestadoras de serviços públicos e as instituições financeiras dispensarão atendimento prioritário às crianças e aos adolescentes com deficiência ou com mobilidade reduzida.

Art. 41. Crianças e adolescentes com dificuldade de locomoção, usuários dos serviços rodoviários interestadual e internacional de transporte coletivo de passageiros, têm o direito de serem auxiliados em seu embarque e em seu desembarque, sem prejuízo do disposto na Lei n. 8.078, de 1990.

Capítulo V
DO DIREITO À PROFISSIONALIZAÇÃO

Seção I
Das Atividades Voluntárias

Art. 42. Crianças e Adolescentes poderão participar de atividades voluntárias, desde que acompanhados ou expressamente autorizados pelos pais ou responsáveis, observado o disposto na legislação específica de proteção à criança e ao adolescente, conforme o disposto no art. 15 do Decreto n. 9.149, de 28 de agosto de 2017.

....

Título III
DO CONSELHO NACIONAL DOS DIREITOS DA CRIANÇA E DO ADOLESCENTE

Art. 76. O Conselho Nacional dos Direitos da Criança e do Adolescente – Conanda é órgão colegiado de caráter deliberativo, integrante da estrutura organizacional do Ministério da Mulher, da Família e dos Direitos Humanos, instituído pela Lei n. 8.242, de 12 de outubro de 1991.

•• Artigo com redação determinada pelo Decreto n. 10.003, de 4-9-2019.

Capítulo I
DAS ATRIBUIÇÕES DO CONSELHO NACIONAL DOS DIREITOS DA CRIANÇA E DO ADOLESCENTE

Art. 77. Ao Conanda compete:

I – elaborar normas gerais da política nacional de atendimento dos direitos da criança e do adolescente, além de controlar e fiscalizar as ações de execução em todos os níveis;

II – zelar pela aplicação do disposto na política nacional de atendimento dos direitos da criança e do adolescente;

III – apoiar os conselhos estaduais, distrital e municipais dos direitos da criança e do adolescente, os órgãos estaduais, distritais, municipais e entidades não governamentais, para tornar efetivos os princípios, as diretrizes e os direitos estabelecidos pela Lei n. 8.069, de 1990 – Estatuto da Criança e do Adolescente;

IV – avaliar a política estadual, distrital e municipal e a atuação dos conselhos estaduais, distrital e municipais da criança e do adolescente;

V – acompanhar o reordenamento institucional e propor, sempre que necessário, as modificações nas estruturas públicas e privadas destinadas ao atendimento da criança e do adolescente;

VI – apoiar a promoção de campanhas educativas sobre os direitos da criança e do adolescente, com a indicação das medidas a serem adotadas nas hipóteses de atentados ou violação desses direitos;

VII – acompanhar a elaboração e a execução da proposta orçamentária da União, além de indicar as modificações necessárias à consecução da política formulada para a promoção dos direitos da criança e do adolescente;

VIII – gerir o Fundo Nacional para a Criança e o Adolescente, de que trata o art. 6.º da Lei n. 8.242, de 12 de outubro de 1991, e fixar os critérios para a sua utilização, nos termos do disposto no art. 260 da Lei n. 8.069, de 1990 – Estatuto da Criança e do Adolescente; e

IX – elaborar o seu regimento interno, que será aprovado pelo voto de, no mínimo, dois terços de seus membros, no qual será definida a forma de indicação de seu Presidente.

Parágrafo único. Ao Conanda compete, ainda:

I – acompanhar e avaliar a edição de orientações e recomendações sobre a aplicação do disposto na Lei n. 8.069, de 1990 – Estatuto da Criança e do Adolescente, e dos demais atos normativos relacionados com o atendimento à criança e ao adolescente;

II – promover a cooperação entre a União, os Estados, o Distrito Federal e os Municípios e a sociedade civil organizada, na formulação e na execução da política nacional de atendimento dos direitos da criança e do adolescente;

III – promover, em parceria com organismos governamentais e não governamentais, nacionais e internacionais, a identificação de sistemas de indicadores, para estabelecer metas e procedimentos com base nesses índices para monitorar a aplicação das atividades relacionadas com o atendimento à criança e ao adolescente;

IV – promover a realização de estudos, debates e pesquisas sobre a aplicação e os resultados estratégicos alcançados pelos programas e pelos projetos de atendimento à criança e ao adolescente desenvolvidos pelo Ministério dos Direitos Humanos; e

V – estimular a ampliação e o aperfeiçoamento dos mecanismos de participação e controle social, por intermédio de rede nacional de órgãos colegiados estaduais, distritais, regionais e municipais, com vistas a fortalecer o atendimento aos direitos da criança e do adolescente.

....

Título IV
DO FUNDO NACIONAL PARA A CRIANÇA E O ADOLESCENTE

Art. 90. O Fundo Nacional para a Criança e o Adolescente, instituído pelo art. 6.º da Lei n. 8.242, de 1991, tem os seguintes princípios:

I – a participação de entidades públicas e privadas, desde o planejamento até o controle das políticas e programas destinados à criança e ao adolescente;

II – a descentralização político-administrativa das ações governamentais;

III – a coordenação com as ações obrigatórias e permanentes de responsabilidade do Poder Público; e

IV – a flexibilidade e a agilidade na movimentação dos recursos, sem prejuízo da plena visibilidade das respectivas ações.

Capítulo Único
DOS RECURSOS DO FUNDO NACIONAL PARA A CRIANÇA E O ADOLESCENTE

Art. 91. O Fundo Nacional para a Criança e o Adolescente tem como receita:

I – doações de pessoas físicas e jurídicas, dedutíveis do imposto sobre a renda, nos termos do disposto no art. 260 da Lei n. 8.069, de 1990 – Estatuto da Criança e do Adolescente;

II – recursos destinados ao Fundo Nacional para a Criança e o Adolescente, consignados no Orçamento da União;

III – contribuições dos governos e organismos estrangeiros e internacionais;

IV – o resultado de aplicações do governo e organismos estrangeiros e internacionais;

V – o resultado de aplicações no mercado financeiro, observada a legislação pertinente; e

VI – outros recursos que lhe forem destinados.

Art. 92. Os recursos do Fundo Nacional para a Criança e o Adolescente serão prioritariamente aplicados:

I – no apoio ao desenvolvimento das ações priorizadas na Política Nacional de Atendimento aos Direitos da Criança e do Adolescente;

II – no apoio aos programas e aos projetos de pesquisas, de estudos e de capacitação de recursos humanos necessários à execução das ações de promoção, defesa e atendimento à criança e ao adolescente;

III – no apoio aos programas e aos projetos de comunicação e divulgação das ações de defesa dos direitos da criança e do adolescente;

IV – no apoio ao desenvolvimento e à implementação de sistemas de controle e avaliação de políticas públicas, programas governamentais e não governamentais em âmbito nacional, destinados à criança e ao adolescente; e

V – na promoção do intercâmbio de informações tecnológicas e experiências entre o Conanda e os conselhos estaduais, distrital e municipais dos direitos da criança e do adolescente.

Art. 93. É expressamente vedada a utilização de recursos do Fundo Nacional para a Criança e o Adolescente para a manutenção de outras atividades que não sejam aquelas destinadas unicamente aos programas a que se refere o art. 92, exceto as hipóteses excepcionais aprovadas em Plenário pelo Conanda.

Art. 94. O Fundo Nacional para a Criança e o Adolescente será gerido pelo Conanda, ao qual compete estabelecer as diretrizes, os critérios e as prioridades para a aplicação das disponibilidades financeiras existentes, observado o disposto no inciso X do *caput* do art. 2.º da Lei n. 8.242, de 1991.

Art. 95. Os recursos do Fundo Nacional para a Criança e o Adolescente serão movimentados por meio de conta específica em instituições financeiras federais, admitida a sua aplicação no mercado financeiro, na forma prevista em lei.

Título V
DO PROGRAMA CRIANÇA FELIZ

•• O Decreto n. 9.855, de 25-6-2019, dispõe sobre o Comitê Gestor do Programa Criança Feliz

Art. 96. Fica instituído o Programa Criança Feliz, de caráter intersetorial, com a finalidade de promover o desenvolvimento integral das crianças na primeira infância, considerando sua família e seu contexto de vida, em consonância com o disposto na Lei n. 13.257, de 8 de março de 2016.

Art. 97. Considera-se primeira infância, para os fins do disposto neste Título, o período que abrange os primeiros seis anos completos ou os setenta e dois meses de vida da criança.

Art. 98. O Programa Criança Feliz atenderá gestantes, crianças de até seis anos e suas famílias, e priorizará:

I – gestantes, crianças de até três anos e suas famílias beneficiárias do Programa Bolsa Família, instituído pela Lei n. 10.836, de 9 de janeiro de 2004;

•• A Lei n. 14.284, de 29-12-2021, regulamentada pelo Decreto n. 10.852, de 8-11-2021, que institui o Programa Auxílio Brasil e o Programa Alimenta Brasil, revoga a Lei n. 10.836, de 9-1-2004, noventa (90) dias após a sua publicação no *Diário Oficial da União* de 10-8-2021.

II – crianças de até seis anos e suas famílias beneficiárias do Benefício de Prestação Continuada, instituído pela Lei n. 8.742, de 7 de dezembro de 1993; e

III – crianças de até seis anos afastadas do convívio familiar em razão da aplicação de medida de proteção prevista no art. 101, *caput*, incisos VII e VIII, da Lei n. 8.069, de 1990 – Estatuto da Criança e do Adolescente, e suas famílias.

Art. 99. O Programa Criança Feliz tem os seguintes objetivos:

I – promover o desenvolvimento humano a partir do apoio e do acompanhamento do desenvolvimento infantil integral na primeira infância;

II – apoiar a gestante e a família na preparação para o nascimento e nos cuidados perinatais;

III – colaborar no exercício da parentalidade, de modo a fortalecer os vínculos e o papel das famílias para o desempenho da função de cuidado, proteção e educação de crianças na faixa etária de até seis anos de idade;

IV – mediar o acesso da gestante, das crianças na primeira infância e das suas famílias a políticas e serviços públicos de que necessitem; e

V – integrar, ampliar e fortalecer ações de políticas públicas destinadas às gestantes, às crianças na primeira infância e às suas famílias.

Art. 100. Para cumprimento dos objetivos estabelecidos no art. 99, o Programa Criança Feliz tem como principais componentes:

I – a realização de visitas domiciliares periódicas, por profissional capacitado, e de ações complementares que apoiem gestantes e famílias e favoreçam o desenvolvimento da criança na primeira infância;

II – a capacitação e a formação continuada de profissionais que atuem junto às gestantes e às crianças na primeira infância, com vistas à qualificação do atendimento e ao fortalecimento da intersetorialidade;

III – o desenvolvimento de conteúdo e material de apoio para o atendimento intersetorial às gestantes, às crianças na primeira infância e às suas famílias;

IV – o apoio aos Estados, ao Distrito Federal e aos Municípios, com vistas à mobilização, à articulação intersetorial e à implementação do Programa; e

V – a promoção de estudos e pesquisas acerca do desenvolvimento infantil integral.

Art. 101. O Programa Criança Feliz será implementado a partir da articulação entre as políticas de assistência social, saúde, educação, cultura, direitos humanos, direitos das crianças e dos adolescentes, entre outras.

Parágrafo único. O Programa Criança Feliz será coordenado pelo Ministério do Desenvolvimento Social.

Art. 102. (*Revogado pela Decreto n. 9.855, de 25-6-2019.*)

•• O Decreto n. 9.855, de 25-6-2019, dispõe sobre o Comitê Gestor do Programa Criança Feliz.

Art. 103. As ações do Programa Criança Feliz serão executadas de forma descentralizada e integrada, por meio da conjugação de esforços entre União, Estados, Distrito Federal e Municípios, observada a intersetorialidade, as especificidades das políticas públicas setoriais, a participação da sociedade civil e o controle social.

Art. 104. A participação dos Estados, do Distrito Federal e dos Municípios no Programa Criança Feliz ocorrerá por meio de procedimento de adesão ao Programa.

Parágrafo único. O apoio técnico e financeiro aos Estados, ao Distrito Federal e aos Municípios fica condicionado ao atendimento de critérios definidos pelo Ministério do Desenvolvimento Social, ouvido o Comitê Gestor.

Art. 105. Para a execução do Programa Criança Feliz, poderão ser firmadas parcerias com órgãos e entidades públicas ou privadas.

Art. 106. O Programa Criança Feliz contará com sistemática de monitoramento e avaliação, em observância ao disposto no art. 11 da Lei n. 13.257, de 2016.

Art. 107. Os recursos para a implementação das ações do Programa Criança Feliz correrão à conta das dotações orçamentárias consignadas anualmente aos órgãos e às entidades envolvidos, observados os limites de movimentação, empenho e pagamento da programação orçamentária e financeira anual.

Art. 108. A implementação do disposto neste Capítulo observará, no que couber, o disposto na Lei n. 9.504, de 30 de setembro de 1997.

Título VI
DO PROGRAMA DE PROTEÇÃO A CRIANÇAS E ADOLESCENTES AMEAÇADOS DE MORTE

Art. 109. Fica instituído o Programa de Proteção a Crianças e Adolescentes Ameaçados de Morte – PPCAAM.

Art. 110. O PPCAAM será coordenado pela Secretaria Nacional dos Direitos da Criança e do Adolescente do Ministério dos Direitos Humanos.

Seção I
Da Finalidade do Programa de Proteção a Crianças e Adolescentes Ameaçados de Morte

Art. 111. O PPCAAM tem por finalidade proteger, em conformidade com o disposto na Lei n. 8.069, de 1990 – Estatuto da Criança e do Adolescente, crianças e adolescentes expostos a grave e iminente ameaça de morte, quando esgotados os meios convencionais, por meio da prevenção ou da repressão da ameaça.

§ 1.º As ações do PPCAAM poderão ser estendidas a jovens com até vinte e um anos, se egressos do sistema socioeducativo.

§ 2.º A proteção poderá ser estendida aos pais ou responsáveis, ao cônjuge ou companheiro, aos ascendentes, descendentes, dependentes, colaterais e aos que tenham, comprovadamente, convivência habitual com o ameaçado, a fim de preservar a convivência familiar.

§ 3.º Não haverá necessidade do esgotamento dos meios convencionais referidos no *caput* na hipótese de ineficácia patente do emprego desses meios na prevenção ou na repressão da ameaça.

§ 4.º Na hipótese de proteção estendida a que se refere o § 2.º a familiares que sejam servidores públicos ou militares, fica assegurada, nos termos estabelecidos no inciso VI do *caput* do art. 7.º da Lei n. 9.807, de 13 de julho de 1999, a suspensão temporária das atividades funcionais, sem prejuízo dos vencimentos ou das vantagens percebidos.

Seção II
Da Execução do Programa de Proteção a Crianças e Adolescentes Ameaçados de Morte

Art. 112. O PPCAAM será executado, prioritariamente, por meio de acordos de cooperação firmados entre a União, os Estados e o Distrito Federal.

§ 1.º Para a execução do PPCAAM, poderão ser celebrados acordos de cooperação técnica, convênios, ajustes, termos de fomento ou termos de colaboração ou outras formas de descentralização de recursos legalmente constituídas, entre a União, os Estados, o Distrito Federal, os órgãos da administração pública federal e as entidades públicas ou privadas, sob a supervisão da Secretaria Nacional dos Direitos da Criança e do Adolescente do Ministério dos Direitos Humanos.

§ 2.º Os recursos para a implementação das ações do PPCAAM correrão à conta das dotações orçamentárias consignadas anualmente ao Ministério dos Direitos Humanos, observados os limites de movimentação, empenho e pagamento da programação orçamentária e financeira anual.

Art. 113. Para firmar o acordo de cooperação previsto no *caput* do art. 112, o Estado ou o Distrito Federal deverá constituir conselho gestor responsável por implementar, acompanhar, avaliar e zelar pela qualidade da execução do PPCAAM, que terá as suas reuniões coordenadas pela Secretaria de Estado ou do Distrito Federal executora do PPCAAM.

§ 1.º Poderão compor o conselho gestor, entre outros, representantes da Defensoria Pública, do Ministério Público, do Poder Judiciário, dos órgãos de segurança pública, dos centros de defesa dos direitos da criança e do adolescente, dos conselhos estaduais ou distrital dos direitos da criança e do adolescente, dos conselhos tutelares e de entidades de promoção e defesa de direitos da criança e do adolescente.

§ 2.º Cada membro, titular e suplente, será indicado pelo órgão ou pela entidade que representa e será designado pelo Chefe do Poder Executivo estadual ou distrital ou por autoridade por ele designada para esse fim.

§ 3.º Compete aos conselhos gestores a elaboração de seu regimento interno e a eleição de seu presidente.

§ 4.º Os conselhos gestores poderão convidar representantes das secretarias de educação, de saúde, de assistência social ou de outras que executem políticas públicas relevantes para a inserção social do protegido para participar de suas reuniões.

Art. 114. Os órgãos e as entidades públicas e as organizações da sociedade civil responsáveis pela execução do PPCAAM deverão, além dar cumprimento às ações inerentes ao Programa:

I – prestar contas dos recursos federais recebidos para execução do PPCAAM, nos termos estabelecidos pela legislação;

II – elaborar e manter plano próprio de proteção às crianças e aos adolescentes ameaçados, com objetivos, metas, estratégias, programas e ações para proceder à sua execução;

III – realizar o processo seletivo e a qualificação da equipe técnica; e

IV – informar, regularmente ou sempre que solicitado, a Secretaria Nacional dos Direitos da Criança e do Adolescente do Ministério dos Direitos Humanos e aos órgãos de controle, a respeito da execução dos programas e das ações de proteção às crianças e aos adolescentes sob a sua responsabilidade, mantido o sigilo inerente à proteção.

Art. 115. São atribuições dos conselhos gestores:

I – acompanhar, avaliar e zelar pela qualidade da execução do PPCAAM;

II – garantir a continuidade do PPCAAM;

III – propor ações de atendimento e de inclusão social aos protegidos, por intermédio da cooperação com instituições públicas e privadas responsáveis pela garantia dos direitos previstos na Lei n. 8.069, de 1990 – Estatuto da Criança e do Adolescente; e

IV – garantir o sigilo dos dados e das informações sobre os protegidos.

Seção III
Das Ações do Programa de Proteção a Crianças e Adolescentes Ameaçados de Morte

Art. 116. O PPCAAM compreende as seguintes ações, aplicáveis isolada ou cumulativamente, em benefício do protegido e da sua família, quando necessário:

I – transferência de residência ou acomodação em ambiente compatível com a proteção, com a transferência da execução de medida socioeducativa em meio aberto para novo local de residência do adolescente, se necessário;

II – inserção dos protegidos em programas sociais com vistas à sua proteção integral;

III – apoio e assistência social, jurídica, psicológica, pedagógica e financeira, conforme a construção do Plano Individual de Acompanhamento – PIA;

IV – apoio ao protegido, quando necessário, para o cumprimento de obrigações civis e administrativas que exijam o seu comparecimento, garantida a sua segurança no deslocamento;

V – preservação da identidade e da imagem do protegido e manutenção do sigilo dos seus dados e das informações que, na forma prevista em lei, comprometam a sua segurança e a sua integridade física, mental e psicológica;

VI – garantia de acesso seguro a políticas públicas de saúde, educação, assistência social, previdência, trabalho, transporte, habitação, esporte, lazer, cultura e segurança, na forma prevista em lei; e

VII – manutenção no serviço de acolhimento institucional existente e disponível, nos termos do disposto no § 1.º do art. 101 da Lei n. 8.069, de 1990 – Estatuto da Criança e do Adolescente.

§ 1.º Na hipótese de adolescentes que estejam cumprindo medida socioeducativa aplicada com base no disposto na Lei n. 8.069, de 1990 – Estatuto da Criança e do Adolescente, poderá ser solicitado ao juiz competente as medidas adequadas para a sua proteção integral, incluída a sua transferência para cumprimento da medida socioeducativa em outro local.

§ 2.º A proteção concedida pelo PPCAAM e as ações dela decorrentes serão proporcionais à gravidade da ameaça e à dificuldade de preveni-las ou reprimi-las por outros meios.

§ 3.º Em casos excepcionais e consideradas as características e a gravidade da ameaça, os profissionais do órgão ou da entidade pública executora poderão requerer à autoridade judicial competente a alteração do nome completo da criança ou do adolescente protegido e de seus familiares, se necessário.

§ 4.º Para fins do disposto neste Título, considera-se PIA o instrumento construído pelo protegido e por seus familiares, em conjunto com o profissional da equipe técnica do PPCAAM, que estabelece metas de curto e médio prazo para diversas áreas da vida do protegido e visa à consolidação da inserção social e à construção de projeto de vida fora do âmbito da proteção.

§ 5.º Na hipótese de a criança ou o adolescente estar protegido em unidade de acolhimento institucional, a responsabilidade pela construção conjunta do PIA e pelas medidas referidas no inciso III do *caput* será conjunta do profissional da equipe técnica do PPCAAM e do profissional da instituição.

Art. 117. Poderão solicitar a inclusão de crianças e adolescentes ameaçados no PPCAAM:

I – o conselho tutelar;

II – a autoridade judicial competente;

III – o Ministério Público; e

IV – a Defensoria Pública.

§ 1.º As solicitações para a inclusão no PPCAAM serão acompanhadas de qualificação do ameaçado e da ameaça e comunicadas ao conselho gestor.

§ 2.º A equipe técnica do PPCAAM alimentará o módulo do Sistema de Informações para a Infância e a Adolescência do Programa de Proteção a Crianças e Adolescentes Ameaçados de Morte, ou outro sistema equivalente instituído pela Secretaria Nacional dos Direitos da Criança e do Adolescente do Ministério dos Direitos Humanos, com informações sobre os casos de proteção sob a sua responsabilidade.

Art. 118. A Secretaria Nacional dos Direitos da Criança e do Adolescente do Ministério dos Direitos Humanos, ao identificar situações de ameaça em Estado que não tenha o PPCAAM implementado, ou cuja implementação não garanta o direito à vida da criança ou do adolescente, poderá determinar a transferência do ameaçado para outro ente federativo que proporcione essa garantia.

Art. 119. A inclusão no PPCAAM dependerá da voluntariedade do ameaçado, da anuência de seu representante legal e, na ausência ou na impossibilidade dessa anuência, da autoridade judicial competente.

§ 1.º Na hipótese de haver incompatibilidade de interesses entre o ameaçado e os seus pais ou responsáveis legais, a inclusão no PPCAAM será definida pela autoridade judicial competente.

§ 2.º O ingresso no PPCAAM do ameaçado desacompanhado de seus pais ou responsáveis legais ocorrerá por meio de autorização judicial, expedida de ofício ou a requerimento dos órgãos e das autoridades a que se refere o art. 117, que designarão o responsável pela guarda provisória.

Art. 120. A inclusão no PPCAAM observará:

I – a urgência e a gravidade da ameaça;

II – o interesse do ameaçado;

III – outras formas de intervenção mais adequadas; e

IV – a preservação e o fortalecimento do vínculo familiar.

Parágrafo único. O ingresso no PPCAAM não poderá ficar condicionado à colaboração em processo judicial ou inquérito policial.

Art. 121. A proteção oferecida pelo PPCAAM terá a duração máxima de um ano e poderá ser prorrogada, em circunstâncias excepcionais, se perdurarem os motivos que justificaram o seu deferimento.

Art. 122. Após o ingresso no PPCAAM, os protegidos e os seus familiares ficarão obrigados a cumprir as regras nele prescritas, sob pena de desligamento.

Parágrafo único. As ações e as providências relacionadas com a execução do PPCAAM deverão ser mantidas em sigilo pelos protegidos, sob pena de desligamento.

Art. 123. As medidas e as providências relacionadas com a execução do PPCAAM serão adotadas, executadas e mantidas em sigilo pelos profissionais envolvidos.

Art. 124. O desligamento do protegido poderá ocorrer, a qualquer tempo, nas seguintes hipóteses:

I – por solicitação do protegido;

II – por relatório devidamente fundamentado elaborado por profissional do órgão ou da entidade pública executora do PPCAAM em consequência de:

a) consolidação da inserção social segura do protegido;

b) descumprimento das regras de proteção; ou

c) evasão comprovadamente intencional ou retorno ao local de risco pelo adolescente, de forma reiterada, após advertido pelo conselho gestor; e

III – por ordem judicial.

§ 1.º O desligamento do protegido será comunicado às instituições notificadas quando do seu ingresso no PPCAAM.

§ 2.º Na hipótese de desligamento em consequência de óbito, a equipe técnica do PPCAAM desenvolverá plano de acompanhamento e de auxílio financeiro aos familiares inseridos na proteção pelo prazo de três meses.

Art. 125. Ato do Ministro de Estado dos Direitos Humanos disciplinará a forma de execução dos instrumentos a que se refere o § 1.º do art. 112 e os procedimentos necessários à implementação do PPCAAM, observados o disposto na legislação aplicável.

TÍTULO VI-A
DO PROGRAMA DE PROTEÇÃO INTEGRAL DA CRIANÇA E DO ADOLESCENTE

•• Título VI-A acrescentado pelo Decreto n. 11.074, de 18-5-2022.

Art. 125-A. Fica instituído o Programa de Proteção Integral da Criança e do Adolescente – Protege Brasil, de caráter intersetorial, multidisciplinar e permanente, como estratégia nacional de proteção integral da criança e do adolescente.

•• Artigo acrescentado pelo Decreto n. 11.074, de 18-5-2022.

Art. 125-B. O Programa Protege Brasil será coordenado pela Secretaria Nacional dos Direitos da Criança e do Adolescente do Ministério da Mulher, da Família e dos Direitos Humanos.

•• Artigo acrescentado pelo Decreto n. 11.074, de 18-5-2022.

CAPÍTULO I
DA FINALIDADE DO PROGRAMA DE PROTEÇÃO INTEGRAL DA CRIANÇAE DO ADOLESCENTE

•• Capítulo I acrescentado pelo Decreto n. 11.074, de 18-5-2022.

Art. 125-C. O Programa Protege Brasil tem como objetivo fomentar e implementar ações para o desenvolvimento integral e saudável da criança e do adolescente.

•• *Caput* acrescentado pelo Decreto n. 11.074, de 18-5-2022.

Parágrafo único. As ações a que se refere o *caput* serão complementares àquelas desenvolvidas no âmbito do PPCAAM, conforme o previsto no Título VI.

•• Parágrafo único acrescentado pelo Decreto n. 11.074, de 18-5-2022.

CAPÍTULO II
DAS AÇÕES DO PROGRAMA DE PROTEÇÃO INTEGRAL DA CRIANÇAE DO ADOLESCENTE

•• Capítulo II acrescentado pelo Decreto n. 11.074, de 18-5-2022.

Art. 125-D. Para a consecução do objetivo de que trata o art. 125-C, o Programa Protege Brasil desenvolverá e implementará:

•• *Caput* acrescentado pelo Decreto n. 11.074, de 18-5-2022.

I – o Plano Nacional de Prevenção Primária do Risco Sexual Precoce e Gravidez na Adolescência;

•• Inciso I acrescentado pelo Decreto n. 11.074, de 18-5-2022.

II – o Plano Nacional de Enfrentamento da Violência contra Crianças e Adolescentes;

•• Inciso II acrescentado pelo Decreto n. 11.074, de 18-5-2022.

III – o Plano de Ação para Crianças e Adolescentes Indígenas em Situação de Vulnerabilidade; e

•• Inciso III acrescentado pelo Decreto n. 11.074, de 18-5-2022.

IV – o Pacto Nacional de Prevenção e de Enfrentamento da Violência Letal contra Crianças e Adolescentes.

•• Inciso IV acrescentado pelo Decreto n. 11.074, de 18-5-2022.

Parágrafo único. As ações de que tratam os incisos I a IV do *caput* constarão de instrumentos próprios, individualizados, com a descrição detalhada das fases e das etapas de desenvolvimento e de implementação das políticas públicas inerentes.

•• Parágrafo único acrescentado pelo Decreto n. 11.074, de 18-5-2022.

Seção I
Do Plano Nacional de Prevenção Primária do Risco Sexual Precoce e Gravidez na Adolescência

•• Seção I acrescentada pelo Decreto n. 11.074, de 18-5-2022.

Art. 125-E. O Plano Nacional de Prevenção Primária do Risco Sexual Precoce e Gravidez na Adolescência tem como finalidade mitigar as doenças e os agravos físicos e psicoemocionais decorrentes da iniciação sexual precoce e os riscos da gravidez na adolescência.

•• *Caput* acrescentado pelo Decreto n. 11.074, de 18-5-2022.

§ 1.º São diretrizes do Plano Nacional de Prevenção Primária do Risco Sexual Precoce e Gravidez na Adolescência:

•• § 1.º, *caput*, acrescentado pelo Decreto n. 11.074, de 18-5-2022.

I – articulação entre os atores públicos e sociais na construção e na implementação do Plano;

•• Inciso I acrescentado pelo Decreto n. 11.074, de 18-5-2022.

II – participação dos Estados, do Distrito Federal, dos Municípios e de entidades públicas e privadas na execução do Plano;

•• Inciso II acrescentado pelo Decreto n. 11.074, de 18-5-2022.

III – prevenção primária a causas e a fatores de risco sexual precoce;

•• Inciso III acrescentado pelo Decreto n. 11.074, de 18-5-2022.

IV – educação sexual abrangente;

•• Inciso IV acrescentado pelo Decreto n. 11.074, de 18-5-2022.

V – formação e capacitação de profissionais que atuem na rede de promoção, proteção e defesa dos direitos de crianças e de adolescentes;

•• Inciso V acrescentado pelo Decreto n. 11.074, de 18-5-2022.

VI – multiplicidade étnico-racial, considerados os traços culturais e de linguagem dos povos e das comunidades tradicionais;

•• Inciso VI acrescentado pelo Decreto n. 11.074, de 18-5-2022.

VII – uso de tecnologias para a disponibilização e a divulgação de materiais educativos;

•• Inciso VII acrescentado pelo Decreto n. 11.074, de 18-5-2022.

VIII – participação da família nas ações de prevenção primária ao risco sexual precoce;

•• Inciso VIII acrescentado pelo Decreto n. 11.074, de 18-5-2022.

IX – fortalecimento dos vínculos familiares para redução de causas e de fatores de risco sexual precoce;

•• Inciso IX acrescentado pelo Decreto n. 11.074, de 18-5-2022.

X – atenção e acompanhamento especializados a crianças e a adolescentes com deficiência; e

•• Inciso X acrescentado pelo Decreto n. 11.074, de 18-5-2022.

XI – ampla divulgação de informações sobre violência sexual e estupro de vulnerável por meio dos canais públicos de comunicação, sobretudo, os meios digitais.

•• Inciso XI acrescentado pelo Decreto n. 11.074, de 18-5-2022.

§ 2.º A participação dos Estados, do Distrito Federal, dos Municípios e de entidades públicas e privadas será voluntária e formalizada por meio de instrumento próprio de adesão.

•• § 2.º acrescentado pelo Decreto n. 11.074, de 18-5-2022.

§ 3.º O instrumento de que trata o § 2.º será disponibilizado por meio do Sistema Nacional de Direitos Humanos do Ministério da Mulher, da Família e dos Direitos Humanos.

•• § 3.º acrescentado pelo Decreto n. 11.074, de 18-5-2022.

Seção II
Do Plano Nacional de Enfrentamento da Violência contra Crianças e Adolescentes

•• Seção II acrescentada pelo Decreto n. 11.074, de 18-5-2022.

Art. 125-F. O Plano Nacional de Enfrentamento da Violência contra Crianças e Adolescentes tem como finalidade articular e desenvolver políticas destinadas à garantia da proteção integral de crianças e de adolescentes.

•• *Caput* acrescentado pelo Decreto n. 11.074, de 18-5-2022.

Parágrafo único. São diretrizes do Plano Nacional de Enfrentamento da Violência contra Crianças e Adolescentes:

•• Parágrafo único, *caput*, acrescentado pelo Decreto n. 11.074, de 18-5-2022.

I – desenvolvimento de habilidades parentais e protetivas à criança e ao adolescente;

•• Inciso I acrescentado pelo Decreto n. 11.074, de 18-5-2022.

II – integração das políticas públicas de promoção e de defesa dos direitos humanos de crianças e de adolescentes;

•• Inciso II acrescentado pelo Decreto n. 11.074, de 18-5-2022.

III – articulação entre os atores públicos e sociais na construção e na implementação do Plano;

•• Inciso III acrescentado pelo Decreto n. 11.074, de 18-5-2022.

IV – formação e capacitação continuada dos profissionais que atuem na rede de promoção, de proteção e de defesa dos direitos de crianças e de adolescentes vítimas ou testemunhas de violência;

•• Inciso IV acrescentado pelo Decreto n. 11.074, de 18-5-2022.

V – aprimoramento das estratégias para o atendimento integrado, prioritário e especializado de crianças e de adolescentes vítimas ou testemunhas de violência;

•• Inciso V acrescentado pelo Decreto n. 11.074, de 18-5-2022.

VI – fortalecimento do Sistema de Garantia dos Direitos da Criança e do Adolescente vítima ou testemunha de violência;

•• Inciso VI acrescentado pelo Decreto n. 11.074, de 18-5-2022.

VII – aprimoramento contínuo dos serviços de denúncia e de notificação de violação dos direitos da criança e do adolescente;

•• Inciso VII acrescentado pelo Decreto n. 11.074, de 18-5-2022.

VIII – fortalecimento da atuação das organizações da sociedade civil na área da defesa dos direitos humanos de crianças e de adolescentes; e

•• Inciso VIII acrescentado pelo Decreto n. 11.074, de 18-5-2022.

IX – produção de conhecimento, de estudos e de pesquisas para o aprimoramento do processo de formulação de políticas públicas na área do enfrentamento da violência contra crianças e adolescentes.

•• Inciso IX acrescentado pelo Decreto n. 11.074, de 18-5-2022.

Seção III
Do Plano de Ação para Crianças e Adolescentes Indígenas em Situação de Vulnerabilidade

•• Seção III acrescentada pelo Decreto n. 11.074, de 18-5-2022.

Art. 125-G. O Plano de Ação para Crianças e Adolescentes Indígenas em Situação de Vulnerabilidade tem como finalidade implementar ações de defesa das garantias e dos direitos de crianças e de adolescentes indígenas.

•• *Caput* acrescentado pelo Decreto n. 11.074, de 18-5-2022.

Parágrafo único. São diretrizes do Plano de Ação para Crianças e Adolescentes Indígenas em Situação de Vulnerabilidade:

•• Parágrafo único, *caput*, acrescentado pelo Decreto n. 11.074, de 18-5-2022.

I – aprimoramento dos fluxos de atendimento de crianças e de adolescentes indígenas em situação de vulnerabilidade pelos órgãos da administração pública federal competentes;

•• Inciso I acrescentado pelo Decreto n. 11.074, de 18-5-2022.

II – promoção da conscientização e da educação da sociedade e dos povos indígenas para o enfrentamento das práticas nocivas e para a garantia de proteção dos direitos humanos de crianças e de adolescentes indígenas, resguardados a organização social, os costumes, as línguas, as crenças e as tradições dos povos indígenas;

•• Inciso II acrescentado pelo Decreto n. 11.074, de 18-5-2022.

III – modernização da legislação que trata dos povos indígenas com vistas a fortalecer a política indigenista destinada a crianças e a adolescentes, consultadas as comunidades indígenas; e

•• Inciso III acrescentado pelo Decreto n. 11.074, de 18-5-2022.

IV – mobilização de atores institucionais e sociais, articulação interinstitucional e participação social.

•• Inciso IV acrescentado pelo Decreto n. 11.074, de 18-5-2022.

Seção IV
Do Pacto Nacional de Prevenção e de Enfrentamento da Violência Letal contra Crianças e Adolescentes

•• Seção IV acrescentada pelo Decreto n. 11.074, de 18-5-2022.

Art. 125-H. O Pacto Nacional de Prevenção e de Enfrentamento da Violência Letal contra Crianças e Adolescentes tem como objetivo promover a redução de mortes por agressão a crianças e a adolescentes mediante a articulação entre o Governo federal e os Governos estaduais e distrital.

•• *Caput* acrescentado pelo Decreto n. 11.074, de 18-5-2022.

§ 1.º O Pacto Nacional adotará critério de certificação pelo compromisso dos entes federativos aderentes com o desenvolvimento das seguintes ações de prevenção e de enfrentamento da violência letal contra crianças e adolescentes:

•• § 1.º, *caput*, acrescentado pelo Decreto n. 11.074, de 18-5-2022.

I – criação e pleno funcionamento de comitês estaduais e distrital de prevenção e de enfrentamento da violência letal contra crianças e adolescentes, com especial atuação nas localidades que apresentem os maiores índices de letalidade de crianças e de adolescentes;

•• Inciso I acrescentado pelo Decreto n. 11.074, de 18-5-2022.

II – criação e implementação dos planos estaduais e distrital de prevenção e de enfrentamento da violência letal contra crianças e adolescentes; e

•• Inciso II acrescentado pelo Decreto n. 11.074, de 18-5-2022.

III – apresentação de dados estatísticos que comprovem a redução dos índices de violência letal contra crianças e adolescentes.

•• Inciso III acrescentado pelo Decreto n. 11.074, de 18-5-2022.

§ 2.º A adesão dos entes federativos ao Pacto Nacional será feita por meio das secretarias responsáveis pela promoção e pela defesa dos direitos humanos de crianças e de adolescentes, mediante instrumento de adesão, na forma estabelecida em ato do Ministro de Estado da Mulher, da Família e dos Direitos Humanos.

•• § 2.º acrescentado pelo Decreto n. 11.074, de 18-5-2022.

CAPÍTULO III
DA EXECUÇÃO DO PROGRAMA DE PROTEÇÃO INTEGRAL DA CRIANÇA E DO ADOLESCENTE

•• Capítulo III acrescentado pelo Decreto n. 11.074, de 18-5-2022.

Art. 125-I. As ações do Programa Protege Brasil serão executadas por meio da atuação conjunta da União, dos Estados, do Distrito Federal e dos Municípios e de entidades públicas e privadas.

•• *Caput* acrescentado pelo Decreto n. 11.074, de 18-5-2022.

Parágrafo único. Na execução das ações do Programa Protege Brasil, serão observadas a intersetorialidade, as especificidades das políticas públicas setoriais e a participação da sociedade civil.

•• Parágrafo único acrescentado pelo Decreto n. 11.074, de 18-5-2022.

Art. 125-J. Os recursos financeiros necessários à execução das ações de que trata o Programa Protege Brasil decorrerão:

•• *Caput* acrescentado pelo Decreto n. 11.074, de 18-5-2022.

I – do Orçamento Geral da União;

•• Inciso I acrescentado pelo Decreto n. 11.074, de 18-5-2022.

II – de parcerias público-privadas; e

•• Inciso II acrescentado pelo Decreto n. 11.074, de 18-5-2022.

III – de parcerias com os Estados, com o Distrito Federal e com os Municípios.

•• Inciso III acrescentado pelo Decreto n. 11.074, de 18-5-2022.

Parágrafo único. As despesas decorrentes das ações do Programa Protege Brasil correrão à conta das dotações orçamentárias consignadas ao Ministério da Mulher, da Família e dos Direitos Humanos, observados os limites de movimentação, de empenho e de pagamento da programação orçamentária e financeira anual.

•• Parágrafo único acrescentado pelo Decreto n. 11.074, de 18-5-2022.

Art. 125-K. A execução do Programa Protege Brasil será acompanhada e avaliada pelo Comitê Gestor do Programa Protege Brasil.

•• Artigo acrescentado pelo Decreto n. 11.074, de 18-5-2022.

CAPÍTULO IV
DO COMITÊ GESTOR DO PROGRAMA DE PROTEÇÃO INTEGRAL DA CRIANÇA E DO ADOLESCENTE

•• Capítulo IV acrescentado pelo Decreto n. 11.074, de 18-5-2022.

Art. 125-L. Fica instituído o Comitê Gestor do Programa Protege Brasil, órgão consultivo e de assessoramento, no âmbito do Ministério da Mulher, da Família e dos Direitos Humanos.

•• Artigo acrescentado pelo Decreto n. 11.074, de 18-5-2022.

Art. 125-M. Ao Comitê Gestor do Programa Protege Brasil compete:

•• *Caput* acrescentado pelo Decreto n. 11.074, de 18-5-2022.

I – apoiar as ações do Programa Protege Brasil;

•• Inciso I acrescentado pelo Decreto n. 11.074, de 18-5-2022.

II – acompanhar a execução, avaliar e propor o aprimoramento das ações do Programa Protege Brasil; e

•• Inciso II acrescentado pelo Decreto n. 11.074, de 18-5-2022.

III – articular e apoiar os Estados, o Distrito Federal, os Municípios e as organizações da sociedade civil na adoção de estratégias para a implementação das ações do Programa Protege Brasil.

•• Inciso III acrescentado pelo Decreto n. 11.074, de 18-5-2022.

Art. 125-N. O Comitê Gestor do Programa Protege Brasil é composto por representantes dos seguintes órgãos:

•• *Caput* acrescentado pelo Decreto n. 11.074, de 18-5-2022.

I – três do Ministério da Mulher, da Família e dos Direitos Humanos, dos quais um da Secretaria Nacional dos Direitos da Criança e do Adolescente, que o coordenará;

•• Inciso I acrescentado pelo Decreto n. 11.074, de 18-5-2022.

II – três do Ministério da Cidadania;

•• Inciso II acrescentado pelo Decreto n. 11.074, de 18-5-2022.

III – três do Ministério da Educação;

•• Inciso III acrescentado pelo Decreto n. 11.074, de 18-5-2022.

IV – três do Ministério da Justiça e Segurança Pública;

•• Inciso IV acrescentado pelo Decreto n. 11.074, de 18-5-2022.

V – três do Ministério da Saúde; e

•• Inciso V acrescentado pelo Decreto n. 11.074, de 18-5-2022.

VI – um do Ministério do Turismo;

•• Inciso VI acrescentado pelo Decreto n. 11.074, de 18-5-2022.

§ 1.º Cada membro do Comitê Gestor do Programa Protege Brasil terá um suplente, que o substituirá em suas ausências e seus impedimentos.

•• § 1.º acrescentado pelo Decreto n. 11.074, de 18-5-2022.

§ 2.º Os membros do Comitê Gestor do Programa Protege Brasil e os respectivos suplentes serão indicados pelos titulares dos órgãos que representam e designados em ato do Ministro de Estado da Mulher, da Família e dos Direitos Humanos.

•• § 2.º acrescentado pelo Decreto n. 11.074, de 18-5-2022.

Art. 125-O. O Comitê Gestor do Programa Protege Brasil se reunirá, em caráter ordinário, trimestralmente e, em caráter extraordinário, mediante convocação do seu Coordenador ou da maioria de seus membros.

•• *Caput* acrescentado pelo Decreto n. 11.074, de 18-5-2022.

§ 1.º O quórum de reunião do Comitê Gestor do Programa Protege Brasil é de maioria absoluta e o quórum de aprovação é de maioria simples.

•• § 1.º acrescentado pelo Decreto n. 11.074, de 18-5-2022.

§ 2.º Na hipótese de empate, além do voto ordinário, o Coordenador do Comitê Gestor do Programa Protege Brasil terá o voto de qualidade.

•• § 2.º acrescentado pelo Decreto n. 11.074, de 18-5-2022.

§ 3.º Os membros do Comitê Gestor do Programa Protege Brasil que se encontrarem no Distrito Federal se reunirão presencialmente ou por videoconferência, nos termos do disposto no Decreto n. 10.416, de 7 de julho de 2020, e os membros que se encontrarem em outros entes federativos participarão da reunião por meio de videoconferência.

•• § 3.º acrescentado pelo Decreto n. 11.074, de 18-5-2022.

§ 4.º A data e o horário de início e de término das reuniões e a pauta de deliberações serão especificados no ato de convocação das reuniões do Comitê Gestor do Programa Protege Brasil.

•• § 4.º acrescentado pelo Decreto n. 11.074, de 18-5-2022.

§ 5.º O Coordenador do Comitê Gestor do Programa Protege Brasil poderá convidar representantes de órgãos e entidades públicas e de entidades não governamentais e especialistas, para participar de suas reuniões, sem direito a voto.

•• § 5.º acrescentado pelo Decreto n. 11.074, de 18-5-2022.

Art. 125-P. A participação no Comitê Gestor do Programa Protege Brasil será considerada prestação de serviço público relevante, não remunerada.

•• Artigo acrescentado pelo Decreto n. 11.074, de 18-5-2022.

Art. 125-Q. A Secretaria-Executiva do Comitê Gestor do Programa Protege Brasil será exercida pela Secretaria Nacional dos Direitos da Criança e do Adolescente do Ministério da Mulher, da Família e dos Direitos Humanos.

•• Artigo acrescentado pelo Decreto n. 11.074, de 18-5-2022.

Art. 125-R. O relatório das atividades do Comitê Gestor do Programa Protege Brasil será encaminhado aos titulares dos órgãos que o compõem, na primeira quinzena de janeiro de cada ano.

•• Artigo acrescentado pelo Decreto n. 11.074, de 18-5-2022.

TÍTULO VII
DISPOSIÇÕES FINAIS

Art. 126. Ficam revogados:

I – o Decreto n. 794, de 5 de abril de 1993;

II – o Decreto n. 1.196, de 14 de julho de 1994;

III – o inciso XVII do *caput* do art. 29 do Decreto n. 2.521, de 20 de março de 1998;

IV – o Decreto n. 5.089, de 20 de maio de 2004;

V – o Decreto n. 5.598, de 1.º de dezembro de 2005;

VI – o Decreto n. 6.230, de 11 de outubro de 2007;

VII – o Decreto n. 6.231, de 11 de outubro de 2007;

VIII – o Decreto n. 8.552, de 3 de novembro de 2015;

IX – o Decreto n. 8.619, de 29 de dezembro de 2015;

X – o Decreto n. 8.869, de 5 de outubro de 2016; e

XI – o Decreto n. 9.371, de 11 de maio de 2018.

Art. 127. Este Decreto entra em vigor na data de sua publicação.

Brasília, 22 de novembro de 2018; 197.º da Independência e 130.º da República.

MICHEL TEMER

LEI N. 13.775, DE 20 DE DEZEMBRO DE 2018 (*)

Dispõe sobre a emissão de duplicata sob a forma escritural; altera a Lei n. 9.492, de 10 de setembro de 1997; e dá outras providências.

O Presidente da República

Faço saber que o Congresso Nacional decreta e eu sanciono a seguinte Lei:

Art. 1.º Esta Lei dispõe sobre a emissão de duplicata sob a forma escritural.

Art. 2.º A duplicata de que trata a Lei n. 5.474, de 18 de julho de 1968, pode ser emitida sob a forma escritural, para circulação como efeito comercial, observadas as disposições desta Lei.

Art. 3.º A emissão de duplicata sob a forma escritural far-se-á mediante lançamento em sistema eletrônico de escrituração gerido por quaisquer das entidades que exerçam a atividade de escrituração de duplicatas escriturais.

§ 1.º As entidades de que trata o *caput* deste artigo deverão ser autorizadas por órgão ou entidade da administração federal direta ou indireta a exercer a atividade de escrituração de duplicatas.

•• O Decreto n. 9.769, de 16-4-2019, dispõe em seu art. 1.º que "Compete exclusivamente ao Banco Central do Brasil autorizar o exercício da atividade de escrituração de duplicatas escriturais".

•• *Vide* art. 11 desta Lei.

§ 2.º No caso da escrituração de que trata o *caput* deste artigo, feita por Central Nacional de Registro de Títulos e Documentos, após autorizada a exercer a atividade prevista no *caput* deste artigo, nos termos do § 1.º deste artigo, a referida escrituração caberá ao oficial de registro do domicílio do emissor da duplicata.

§ 3.º Se o oficial de registro não estiver integrado ao sistema central, a competência de que trata o § 2.º deste artigo será transferida para a Capital da respectiva entidade federativa.

§ 4.º O valor total dos emolumentos cobrados pela central nacional de que trata o § 2.º deste artigo para a prática dos atos descritos nesta Lei será fixado pelos Estados e pelo Distrito Federal, observado o valor máximo de R$ 1,00 (um real) por duplicata.

Art. 4.º Deverá ocorrer no sistema eletrônico de que trata o art. 3.º desta Lei, relativamente à duplicata emitida sob a forma escritural, a escrituração, no mínimo, dos seguintes aspectos:

I – apresentação, aceite, devolução e formalização da prova do pagamento;

II – controle e transferência da titularidade;

III – prática de atos cambiais sob a forma escritural, tais como endosso e aval;

IV – inclusão de indicações, informações ou de declarações referentes à operação com base na qual a duplicata foi emitida ou ao próprio título; e

V – inclusão de informações a respeito de ônus e gravames constituídos sobre as duplicatas.

§ 1.º O gestor do sistema eletrônico de escrituração deverá realizar as comunicações dos atos de que trata o *caput* deste artigo ao devedor e aos demais interessados.

§ 2.º O órgão ou entidade da administração federal de que trata o § 1.º do art. 3.º desta Lei poderá definir a forma e os procedimentos que deverão ser observados para a realização das comunicações previstas no § 1.º deste artigo.

§ 3.º O sistema eletrônico de escrituração de que trata o *caput* deste artigo disporá de mecanismos que permitam ao sacador e ao sacado comprovarem, por quaisquer meios de prova admitidos em direito, a entrega e o recebimento das mercadorias ou a prestação do serviço, devendo a apresentação das provas ser efetuada em meio eletrônico.

§ 4.º Os endossantes e avalistas indicados pelo apresentante ou credor como garantidores do cumprimento da obrigação constarão como tal dos extratos de que trata o art. 6.º desta Lei.

Art. 5.º Constituirá prova de pagamento, total ou parcial, da duplicata emitida sob a forma escritural a liquidação do pagamento em favor do legítimo credor, utilizando-se qualquer meio de pagamento existente no âmbito do Sistema de Pagamentos Brasileiro.

(*) Publicada no *Diário Oficial da União*, de 21-12-2018.

•• A Lei n. 10.214, de 27-3-2001, define o Sistema de Pagamentos Brasileiro.

Parágrafo único. A prova de pagamento de que trata o *caput* deste artigo deverá ser informada no sistema eletrônico de escrituração previsto no art. 3.º desta Lei, com referência expressa à duplicata amortizada ou liquidada.

Art. 6.º Os gestores dos sistemas eletrônicos de escrituração de que trata o art. 3.º desta Lei ou os depositários centrais, na hipótese de a duplicata emitida sob a forma escritural ter sido depositada de acordo com a Lei n. 12.810, de 15 de maio de 2013, expedirão, a pedido de qualquer solicitante, extrato do registro eletrônico da duplicata.

•• A Lei n. 12.810, de 15-5-2013, dispõe sobre o parcelamento de débitos com a Fazenda Nacional relativos às contribuições previdenciárias de responsabilidade dos Estados, do Distrito Federal e dos Municípios.

•• *Vide* art. 7.º desta Lei.

§ 1.º Deverão constar do extrato expedido, no mínimo:

I – a data da emissão e as informações referentes ao sistema eletrônico de escrituração no âmbito do qual a duplicata foi emitida;

II – os elementos necessários à identificação da duplicata, nos termos do art. 2.º da Lei n. 5.474, de 18 de julho de 1968;

III – a cláusula de inegociabilidade; e

IV – as informações acerca dos ônus e gravames.

§ 2.º O extrato de que trata o *caput* deste artigo pode ser emitido em forma eletrônica, observados requisitos de segurança que garantam a autenticidade do documento.

§ 3.º O sistema eletrônico de escrituração de que trata o art. 3.º desta Lei deverá manter em seus arquivos cópia eletrônica dos extratos emitidos.

§ 4.º Será gratuita a qualquer solicitante a informação, prestada por meio da rede mundial de computadores, de inadimplementos registrados em relação a determinado devedor.

Art. 7.º A duplicata emitida sob a forma escritural e o extrato de que trata o art. 6.º desta Lei são títulos executivos extrajudiciais, devendo-se observar, para sua cobrança judicial, o disposto no art. 15 da Lei n. 5.474, de 18 de julho de 1968.

Art. 8.º A Lei n. 9.492, de 10 de setembro de 1997, passa a vigorar com as seguintes alterações:

•• Alterações já processadas no diploma modificado.

Art. 9.º Os lançamentos no sistema eletrônico de que trata o art. 3.º desta Lei substituem o Livro de Registro de Duplicatas, previsto no art. 19 da Lei n. 5.474, de 18 de julho de 1968.

Art. 10. São nulas de pleno direito as cláusulas contratuais que vedam, limitam ou oneram, de forma direta ou indireta, a emissão ou a circulação de duplicatas emitidas sob a forma cartular ou escritural.

Art. 11. O órgão ou entidade da administração federal de que trata o § 1.º do art. 3.º desta Lei poderá regulamentar o disposto nesta Lei, inclusive quanto à forma e periodicidade do compartilhamento de registros, à fiscalização da atividade de escrituração de duplicatas escriturais, aos requisitos de funcionamento do sistema eletrônico de escrituração e às condições de emissão, de negociação, de liquidação e de escrituração da duplicata emitida sob a forma escritural.

Parágrafo único. Em caso de descumprimento desta Lei ou da regulamentação de que trata o *caput* deste artigo, serão aplicáveis as disposições da Lei n. 13.506, de 13 de novembro de 2017, pelo órgão ou entidade da administração federal de que trata o § 1.º do art. 3.º desta Lei.

•• A Lei n. 13.506, de 13-11-2017, dispõe sobre o processo administrativo sancionador na esfera de atuação do BCB e da CVM.

Art. 12. Às duplicatas escriturais são aplicáveis, de forma subsidiária, as disposições da Lei n. 5.474, de 18 de julho de 1968.

§ 1.º A apresentação da duplicata escritural será efetuada por meio eletrônico, observados os prazos determinados pelo órgão ou entidade da administração federal de que trata o § 1.º do art. 3.º desta Lei ou, na ausência dessa determinação, o prazo de 2 (dois) dias úteis contados de sua emissão.

§ 2.º O devedor poderá, por meio eletrônico, recusar, no prazo, nas condições e pelos motivos previstos nos arts. 7.º e 8.º da Lei n. 5.474, de 18 de julho de 1968, a duplicata escritural apresentada ou, no mesmo prazo acrescido de sua metade, aceitá-la.

§ 3.º Para fins de protesto, a praça de pagamento das duplicatas escriturais de que trata o inciso VI do § 1.º do art. 2.º da Lei n. 5.474, de 18 de julho de 1968, deverá coincidir com o domicílio do devedor, segundo a regra geral do § 1.º do art. 75 e do art. 327 da Lei n. 10.406, de 10 de janeiro de 2002 (Código Civil), salvo convenção expressa entre as partes que demonstre a concordância inequívoca do devedor.

Art. 13. Esta Lei entra em vigor após decorridos 120 (cento e vinte) dias de sua publicação oficial.

Brasília, 20 de dezembro de 2018; 197.º da Independência e 130.º da República.

MICHEL TEMER

LEI N. 13.810, DE 8 DE MARÇO DE 2019 (*)

Dispõe sobre o cumprimento de sanções impostas por resoluções do Conselho de Segurança das Nações Unidas, incluída a indisponibilidade de ativos de pessoas naturais e jurídicas e de entidades, e a designação nacional de pessoas investigadas ou acusadas de terrorismo, de seu financiamento ou de atos a ele correlacionados; e revoga a Lei n. 13.170, de 16 de outubro de 2015.

O Presidente da República

Faço saber que o Congresso Nacional decreta e eu sanciono a seguinte Lei:

Capítulo I
DISPOSIÇÕES GERAIS

Art. 1.º Esta Lei dispõe sobre o cumprimento de sanções impostas por resoluções do Conselho de Segurança das Nações Unidas, incluída a indisponibilidade de ativos de pessoas naturais e jurídicas e de entidades, e a designação nacional de pessoas investigadas ou acusadas de terrorismo, de seu financiamento ou de atos a ele correlacionados.

Art. 2.º Para fins do disposto nesta Lei, considera-se:

I – ativos: bens, direitos, valores, fundos, recursos ou serviços, de qualquer natureza, financeiros ou não;

II – indisponibilidade de ativos: proibição de transferir, converter, trasladar, disponibilizar ativos, ou deles dispor, direta ou indiretamente;

III – fundamentos objetivos: existência de indícios ou provas da prática de terrorismo, de seu financiamento ou de atos a ele correlacionados, por pessoa natural ou por intermédio de pessoa jurídica ou entidade, conforme disposto na Lei n. 13.260, de 16 de março de 2016;

IV – entidades: arranjos ou estruturas legais que não possuem personalidade jurídica, tais como fundos ou clubes de investimento; e

V – sem demora: imediatamente ou dentro de algumas horas.

Art. 3.º A indisponibilidade de ativos de que trata esta Lei ocorrerá nas seguintes hipóteses:

I – por execução de resoluções do Conselho de Segurança das Nações Unidas ou por designações de seus comitês de sanções; ou

II – a requerimento de autoridade central estrangeira, desde que o pedido de indisponibilidade esteja de acordo com os princípios legais aplicáveis e apresente fundamentos objetivos para exclusivamente atender aos critérios de designação estabelecidos em resoluções do Conselho de Segurança das Nações Unidas ou de seus comitês de sanções.

Art. 4.º A indisponibilidade de ativos não constitui a perda do direito de propriedade.

Art. 5.º São nulos e ineficazes atos de disposição relacionados aos ativos indisponibilizados com fundamento nesta Lei, ressalvados os direitos de terceiro de boa-fé.

(*) Publicada no *Diário Oficial da União*, de 8-3-2019 – Edição Extra. Publicada no *Diário Oficial da União*, de 8-3-2019 – Edição Extra. Regulamentada pelo Decreto n. 9.825, de 5-6-2019.

Capítulo II

DA EXECUÇÃO DE RESOLUÇÕES DO CONSELHO DE SEGURANÇA DAS NAÇÕES UNIDAS OU DE DESIGNAÇÕES DE SEUS COMITÊS DE SANÇÕES

Seção I

Do Cumprimento Imediato

Art. 6.º As resoluções sancionatórias do Conselho de Segurança das Nações Unidas e as designações de seus comitês de sanções são dotadas de executoriedade imediata na República Federativa do Brasil.

Parágrafo único. (*Vetado.*)

Art. 7.º Sem prejuízo da obrigação de cumprimento imediato das resoluções sancionatórias do Conselho de Segurança das Nações Unidas e das designações de seus comitês de sanções, as resoluções e as designações de que trata este Capítulo, ou seus extratos, serão publicadas no *Diário Oficial da União* pelo Ministério das Relações Exteriores, em língua portuguesa, para fins de publicidade.

Art. 8.º É vedado a todos os brasileiros, residentes ou não, ou a pessoas naturais, pessoas jurídicas ou entidades em território brasileiro, descumprir, por ação ou omissão, sanções impostas por resoluções do Conselho de Segurança das Nações Unidas ou por designações de seus comitês de sanções, em benefício de pessoas naturais, pessoas jurídicas ou entidades sancionadas, inclusive para disponibilizar ativos, direta ou indiretamente, em favor dessas pessoas ou entidades.

Parágrafo único. A vedação de que trata o *caput* deste artigo aplica-se aos órgãos dos Poderes da União, dos Estados, do Distrito Federal e dos Municípios e às entidades da administração pública indireta.

Art. 9.º As pessoas naturais e jurídicas de que trata o art. 9.º da Lei n. 9.613, de 3 de março de 1998, cumprirão, sem demora e sem prévio aviso aos sancionados, as resoluções do Conselho de Segurança das Nações Unidas ou as designações de seus comitês de sanções que determinem a indisponibilidade de ativos de titularidade, direta ou indireta, de pessoas físicas, de pessoas jurídicas ou de entidades submetidas a sanções decorrentes de tais resoluções, na forma e nas condições definidas por seu órgão regulador ou fiscalizador.

Art. 10. Sem prejuízo da obrigação de cumprimento imediato, o Ministério da Justiça e Segurança Pública comunicará, sem demora, as sanções de:

I – indisponibilidade de ativos aos órgãos reguladores ou fiscalizadores, para que comuniquem imediatamente às pessoas naturais ou jurídicas de que trata o art. 9.º da Lei n. 9.613, de 3 março de 1998;

II – restrições à entrada de pessoas no território nacional, ou à saída dele, à Polícia Federal, para que adote providências imediatas de comunicação às empresas de transporte internacional; e

III – restrições à importação ou à exportação de bens à Secretaria Especial da Receita Federal do Ministério da Economia, à Polícia Federal e às Capitanias dos Portos, para que adotem providências imediatas de comunicação às administrações aeroportuárias, às empresas aéreas e às autoridades e operadores portuários.

§ 1.º A comunicação a que se refere o inciso I do *caput* deste artigo será dirigida pelo Ministério da Justiça e Segurança Pública, também, para cumprimento sem demora:

I – às corregedorias de justiça dos Estados e do Distrito Federal;

II – à Agência Nacional de Aviação Civil;

III – ao Departamento Nacional de Trânsito do Ministério do Desenvolvimento Regional;

IV – às Capitanias dos Portos;

V – à Agência Nacional de Telecomunicações; e

VI – aos outros órgãos de registro público competentes.

§ 2.º As comunicações de que trata este artigo poderão ser feitas por via eletrônica, com confirmação de recebimento.

Art. 11. A indisponibilidade de ativos e as tentativas de sua transferência relacionadas às pessoas naturais, às pessoas jurídicas ou às entidades sancionadas por resolução do Conselho de Segurança das Nações Unidas ou por designações de seus comitês de sanções serão comunicadas ao Ministério da Justiça e Segurança Pública, aos órgãos reguladores ou fiscalizadores das pessoas naturais ou das pessoas jurídicas de que trata o art. 9.º da Lei n. 9.613, de 3 de março de 1998, e ao Conselho de Controle de Atividades Financeiras.

Seção II

Do Auxílio Direto Judicial

Art. 12. Na hipótese de haver informações sobre a existência de ativos sujeitos à indisponibilidade ou de pessoas e bens sujeitos a outra espécie de sanção determinada em resoluções do Conselho de Segurança das Nações Unidas ou em designações de seus comitês de sanções, sem que tenha ocorrido seu cumprimento na forma da Seção I deste Capítulo, a União ingressará, sem demora, com auxílio direto judicial para obtê-la.

Parágrafo único. As pessoas naturais e as pessoas jurídicas de que trata o art. 9.º da Lei n. 9.613, de 3 de março de 1998, na forma e nas condições definidas por seu órgão regulador ou fiscalizador, e os órgãos e as entidades referidos no art. 10 desta Lei informarão, sem demora, ao Ministério da Justiça e Segurança Pública, a existência de pessoas e ativos sujeitos à sanção e as razões pelas quais deixaram de cumpri-la.

Art. 13. O Ministério da Justiça e Segurança Pública comunicará, sem demora, a existência de ativos sujeitos à indisponibilidade ou de pessoas e bens sujeitos a outra espécie de sanção à Advocacia-Geral da União, para que promova, sem demora, o auxílio direto judicial.

Art. 14. Instruído o pedido com os elementos a que se refere o art. 12 desta Lei, o juiz determinará, no prazo de 24 (vinte e quatro) horas, contado da data do recebimento dos autos, e sem a prévia oitiva do requerido, as medidas pertinentes para cumprimento da sanção.

Parágrafo único. Da determinação de que trata o *caput* deste artigo serão intimados para ciência e cumprimento da decisão as partes, os órgãos e as entidades referidos no art. 10 desta Lei e, caso seja necessário, a pessoa natural ou jurídica que informou a existência de pessoas ou de ativos sujeitos à sanção.

Art. 15. O juiz ordenará a citação do requerido para, caso deseje, impugnar a determinação no prazo de 15 (quinze) dias, contado da data da citação.

§ 1.º A impugnação de que trata o *caput* deste artigo não terá efeito suspensivo e versará somente sobre:

I – homonímia;

II – erro na identificação do requerido ou dos ativos que sejam objeto de sanção;

III – exclusão do requerido da lista de sanções, por força de resolução proferida pelo Conselho de Segurança das Nações Unidas ou por designação de seus comitês de sanções; ou

IV – expiração do prazo de vigência do regime de sanções.

§ 2.º A União será ouvida sobre a impugnação no prazo de 15 (quinze) dias, contado da data da intimação.

Art. 16. Havendo ou não a impugnação, o juiz proferirá sentença.

Parágrafo único. Intimados as partes, os órgãos e as entidades referidos no art. 10 desta Lei e, caso seja necessário, a pessoa natural ou jurídica que informou a existência dos ativos sujeitos à sanção, e se não houver interposição de recurso, os autos serão arquivados.

Art. 17. Na hipótese de sobrevir a exclusão posterior do requerido da ação originária da lista de pessoas sujeitas ao regime de sanções ou qualquer outra razão que, segundo o Conselho de Segurança das Nações Unidas ou seus comitês de sanções, fundamente a revogação da sanção, as partes poderão ingressar com ação revisional do que foi estatuído na sentença.

Capítulo III

DO AUXÍLIO DIRETO JUDICIAL A REQUERIMENTO DE AUTORIDADE CENTRAL ESTRANGEIRA

Art. 18. A União poderá ingressar com auxílio direto judicial para indisponibilidade de ativos, a requerimento de autoridade central estrangeira, de modo a assegurar o resultado de investigações administrativas ou criminais e ações em curso em jurisdição estrangeira em face de terrorismo, de seu financiamento ou de atos a ele correlacionados.

§ 1.º O Ministério da Justiça e Segurança Pública, em coordenação com o Ministério das Relações Exteriores, verificará, sem demora, se o requerimento de indisponibilidade de ativos formulado por autoridade central estrangeira está de acordo com os princípios legais aplicáveis e apresenta fundamentos objetivos para o seu atendimento.

§ 2.º Verificado que o requerimento da autoridade central estrangeira está de acordo com os princípios legais aplicáveis e apresenta fundamentos objetivos para o seu atendimento, o Ministério da Justiça e Segurança Pública encaminhará, sem demora, o requerimento à Advocacia-Geral da União, para que promova, sem demora, o auxílio direto judicial, se houver elementos que demonstrem a existência, na República Federativa do Brasil, de ativos sujeitos à medida de indisponibilidade.

Art. 19. Aplica-se o disposto no art. 14, nos incisos I e II do § 1.º e no § 2.º do art. 15 e no art. 16 desta Lei ao auxílio direto judicial.

Parágrafo único. A impugnação de que trata o art. 15 desta Lei poderá versar também sobre a ausência de fundamentos objetivos para estabelecer a relação entre os ativos e os fatos investigados.

Art. 20. Compete ao Ministério da Justiça e Segurança Pública, em consulta com a autoridade central estrangeira, informar a Advocacia-Geral da União sobre a situação da investigação ou da ação.

Art. 21. Na hipótese de a autoridade central estrangeira informar que não é mais necessária a indisponibilidade de ativos, as partes poderão ingressar com ação revisional do que foi estatuído na sentença.

Art. 22. Aplica-se, no que couber, o auxílio direto judicial para atender a requerimento de autoridade central estrangeira que tenha por objetivo promover comunicações de atos processuais e obter outras medidas cautelares ou provas necessárias à investigação criminal ou às ações criminais em curso em outro país relativas ao financiamento ou apoio a atos terroristas, nos termos das alíneas *e* e *f* do item 2 da Resolução 1.373 (2001) do Conselho de Segurança das Nações Unidas, de que trata o Decreto n. 3.976, de 18 de outubro de 2001.

Parágrafo único. No caso de auxílio direto para a prática de atos que não necessitem de prestação jurisdicional, o Ministério da Justiça e Segurança Pública adotará as providências necessárias para seu cumprimento.

Art. 23. O Ministério da Justiça e Segurança Pública informará à autoridade central estrangeira requerente:

I – as medidas adotadas; ou

II – a ausência de fundamentos objetivos para possibilitar o atendimento do requerimento.

Capítulo IV
DAS DESIGNAÇÕES NACIONAIS

Art. 24. A União será intimada pelo juiz, de ofício, de decisões que decretem medidas assecuratórias de bens, direitos ou valores de pessoas investigadas ou acusadas, ou existentes em nome de pessoas interpostas, que sejam instrumento, produto ou proveito dos crimes de terrorismo, nos termos do art. 12 da Lei n. 13.260, de 16 de março de 2016, para que adote, caso seja necessário, as providências de designação nacional perante o Conselho de Segurança das Nações Unidas ou seu comitê de sanções pertinente.

§ 1.º A Advocacia-Geral da União comunicará a decisão ao Ministério da Justiça e Segurança Pública e ao Ministério das Relações Exteriores, para que deliberem sobre a designação nacional e, caso seja necessário, comuniquem-na, sem demora, ao Conselho de Segurança das Nações Unidas ou ao seu comitê de sanções pertinente.

§ 2.º A designação nacional será acompanhada dos elementos que a fundamentem, de acordo com o procedimento estabelecido na resolução correspondente do Conselho de Segurança das Nações Unidas.

Capítulo V
DISPOSIÇÕES FINAIS

Art. 25. Os órgãos reguladores ou fiscalizadores das pessoas naturais ou jurídicas a que se refere o art. 9.º da Lei n. 9.613, de 3 de março de 1998, editarão as normas necessárias ao cumprimento das disposições desta Lei.

Parágrafo único. Cabe aos órgãos reguladores ou fiscalizadores orientar, supervisionar e fiscalizar o cumprimento das medidas de indisponibilidade de ativos pelas pessoas naturais ou pelas pessoas jurídicas de que trata o art. 9.º da Lei n. 9.613, de 3 de março de 1998, e aplicar as penalidades administrativas cabíveis.

Art. 26. O Ministério da Justiça e Segurança Pública manterá lista de pessoas naturais e jurídicas e entidades cujos ativos estão sujeitos à indisponibilidade em decorrência de resoluções do Conselho de Segurança das Nações Unidas ou de designação de seus comitês de sanções, de requerimento de outro país ou de designação nacional.

Art. 27. Qualquer pessoa natural ou jurídica ou entidade sancionada em decorrência de resoluções do Conselho de Segurança das Nações Unidas ou de designação de seus comitês de sanções poderá solicitar a sua exclusão das listas de sanções.

§ 1.º A solicitação de exclusão será fundamentada, com vistas a atender aos critérios estabelecidos na resolução pertinente do Conselho de Segurança das Nações Unidas ou de designação de seus comitês de sanções, e encaminhada ao Ministério da Justiça e Segurança Pública.

§ 2.º Analisada a solicitação de exclusão, o Ministério da Justiça e Segurança Pública deverá encaminhá-la ao Ministério das Relações Exteriores, que a transmitirá ao Conselho de Segurança das Nações Unidas ou ao comitê de sanções pertinente para sua deliberação.

Art. 28. Os ativos indisponibilizados poderão ser parcialmente liberados, caso necessário, para o custeio de despesas ordinárias ou extraordinárias.

§ 1.º Para fins do disposto neste artigo, consideram-se despesas ordinárias, entre outras:

I – despesas básicas com alimentos, aluguéis, hipotecas, medicamentos, tratamentos médicos, impostos, seguros e tarifas de serviços públicos;

II – pagamento de honorários profissionais de montante razoável e reembolso de gastos efetuados com a prestação de serviços jurídicos; e

III – pagamento de taxas ou encargos relacionados com a administração e a manutenção ordinárias de fundos ou de outros ativos ou recursos indisponíveis.

§ 2.º Na hipótese de pessoas naturais, pessoas jurídicas ou entidades incluídas nas listas de sanções do Conselho de Segurança das Nações Unidas ou de designação de seus comitês de sanções, a liberação parcial dos ativos bloqueados será autorizada:

I – para o custeio de despesas ordinárias, após notificação do Conselho de Segurança das Nações Unidas ou do seu comitê de sanções competente, sem que tenha havido objeção no prazo de 48 (quarenta e oito) horas, contado da data da notificação; e

II – para o custeio de despesas extraordinárias, após notificação e aprovação pelo Conselho de Segurança das Nações Unidas ou pelo seu comitê de sanções competente.

§ 3.º Nas hipóteses de indisponibilidade de ativos decorrente de requerimento de autoridade central estrangeira ou de ordem judicial brasileira, a liberação parcial compete ao juiz que decidiu sobre a indisponibilidade, do que será intimada a União, com vistas à comunicação ao Conselho de Segurança das Nações Unidas ou a seu comitê de sanções competente.

Art. 29. As medidas de auxílio direto judicial previstas nesta Lei tramitarão sob segredo de justiça.

Art. 30. Nas hipóteses de os ativos estarem sujeitos a qualquer grau de deterioração ou depreciação ou de haver dificuldade para sua manutenção, poderá ser requerida ao juízo competente a alienação antecipada dos ativos declarados indisponíveis para a preservação de seus valores.

§ 1.º O interessado será intimado da avaliação dos ativos para, caso deseje, manifestar-se no prazo de 10 (dez) dias, contado da data da intimação.

§ 2.º Feita a avaliação dos ativos e dirimidas eventuais divergências sobre o valor a eles atribuído, será determinada a sua alienação em leilão ou pregão, preferencialmente eletrônico, por valor não inferior a 75% (setenta e cinco por cento) do valor atribuído pela avaliação.

§ 3.º Realizado o leilão ou o pregão, a quantia apurada será depositada em conta bancária remunerada.

§ 4.º Serão deduzidos da quantia apurada no leilão ou no pregão os tributos e as multas incidentes sobre o ativo alienado.

Art. 31. Será designada pessoa qualificada para a administração, a guarda ou a custódia dos ativos indisponibilizados, caso necessário.

§ 1.º Aplicam-se à pessoa designada para os fins do disposto no *caput* deste artigo, no que couber, as disposições legais relativas ao administrador judicial.

§ 2.º No caso de ativos financeiros, a sua administração caberá às instituições em que se encontrem, com incidência do bloqueio dos juros e de outros frutos civis e rendimentos decorrentes do contrato.

•• A Resolução n. 44, de 24-11-2020, do BACEN, estabelece procedimentos para a execução pelas instituições autorizadas a funcionar pelo Banco Central do Brasil, das medidas determinadas por esta Lei.

Art. 32. O Ministério da Justiça e Segurança Pública comunicará:

I – ao Ministério Público Federal e à Polícia Federal as medidas de indisponibilidade de ativos adotadas e as tentativas de transferência relacionadas às pessoas naturais, às pessoas jurídicas ou às entidades designadas, para avaliação de abertura ou não de investigação criminal; e

II – ao Ministério das Relações Exteriores as medidas de indisponibilidade de ativos adotadas em cumprimento das resoluções do Conselho de Segurança das Nações Unidas ou de designações de seus comitês de sanções, para conhecimento e comunicação ao respectivo organismo internacional.

Art. 33. Aplicam-se subsidiariamente a esta Lei, no que couber, as disposições da Lei n. 13.105, de 16 de março de 2015 (Código de Processo Civil), e do Decreto-lei n. 3.689, de 3 de outubro de 1941 (Código de Processo Penal).

Art. 34. O Poder Executivo federal regulamentará esta Lei no prazo de 90 (noventa) dias, contado da data de sua publicação.

Art. 35. Revoga-se a Lei n. 13.170, de 16 de outubro de 2015.

Art. 36. Esta Lei entra em vigor após decorridos 90 (noventa) dias de sua publicação oficial.

Brasília, 8 de março de 2019; 198.º da Independência e 131.º da República.

JAIR MESSIAS BOLSONARO

DECRETO N. 9.734, DE 20 DE MARÇO DE 2019 (*)

Promulga o texto da Convenção Relativa à Citação, Intimação e Notificação no Estrangeiro de Documentos Judiciais e Extrajudiciais em Matéria Civil e Comercial, firmado na Haia, em 15 de novembro de 1965.

O Presidente da República, no uso da atribuição que lhe confere o art. 84, *caput*, inciso IV, da Constituição, e

Considerando que a República Federativa do Brasil aderiu à Convenção Relativa à Citação, Intimação e Notificação no Estrangeiro de Documentos Judiciais e Extrajudiciais em Matéria Civil e Comercial, firmada na Haia, em 15 de novembro de 1965;

Considerando que o Congresso Nacional aprovou o texto da Convenção, por meio do Decreto Legislativo n. 153, de 19 de dezembro de 2016;

Considerando que o Governo brasileiro depositou, junto ao Ministério dos Negócios Estrangeiros dos Países Baixos, em 29 de novembro de 2018, o instrumento de adesão à Convenção, com reserva aos Artigo 8.º e Artigo 10, e que esta entrará em vigor para a República Federativa do Brasil, no plano jurídico externo, em 1.º de junho de 2019, nos termos de seu Artigo 28; e decreta:

Art. 1.º Fica promulgado o texto da Convenção Relativa à Citação, Intimação e Notificação no Estrangeiro de Documentos Judiciais e Extrajudiciais em Matéria Civil e Comercial, firmada na Haia, em 15 de novembro de 1965, com reserva aos Artigo 8.º e Artigo 10, anexo a este Decreto.

Parágrafo único. Em relação à reserva a que se refere o *caput*, a República Federativa do Brasil se opõe ao uso dos métodos de transmissão de documentos judiciais e extrajudiciais previstos nos Artigo 8.º e Artigo 10 da Convenção.

Art. 2.º Para fins do disposto no texto da Convenção Relativa à Citação, Intimação e Notificação no Estrangeiro de Documentos Judiciais e Extrajudiciais em Matéria Civil e Comercial, a República Federativa do Brasil apresenta declarações em relação aos Artigos 2.º, 5.º, 6.º e 7.º da Convenção.

§ 1.º Em relação ao Artigo 2.º da Convenção, fica designado o Ministério da Justiça e Segurança Pública como Autoridade Central.

§ 2.º Em relação ao Artigo 5.º, parágrafo 3.º, e ao Artigo 7.º, parágrafo 2.º, da Convenção, os documentos que serão objeto serão objeto de citação, intimação e notificação transmitidos à Autoridade Central deverão ser acompanhados de tradução para a língua portuguesa.

§ 3.º O disposto no § 2.º não se aplica ao modelo de formulário de solicitação anexo ao texto da Convenção, a que se refere o parágrafo 1.º do Artigo 7.º da Convenção.

§ 4.º Em relação ao Artigo 6.º da Convenção, quando a República Federativa do Brasil for o Estado requerido, o certificado expedido de acordo com o modelo anexo à Convenção será firmado pelo juiz competente ou pela Autoridade Central a que se refere o § 1.º, designada nos termos do disposto no Artigo 2.º da Convenção.

Art. 3.º São sujeitos à aprovação do Congresso Nacional atos que possam resultar em revisão do texto da Convenção e ajustes complementares que acarretem encargos ou compromissos gravosos ao patrimônio nacional, nos termos do inciso I do *caput* do art. 49 da Constituição.

Art. 4.º Este Decreto entra em vigor na data de sua publicação.

Brasília, 20 de março de 2019; 198.º da Independência e 131.º da República.

JAIR MESSIAS BOLSONARO

(*) Publicado no *Diário Oficial da União*, de 21-3-2019. Deixamos de publicar os Anexos deste Decreto por não atenderem ao propósito desta obra. *Vide* Decreto n. 9.039, de 27-4-2017 (Convenção sobre a Obtenção de Provas no Estrangeiro em Matéria Civil ou Comercial).

CONVENÇÃO RELATIVA À CITAÇÃO, INTIMAÇÃO E NOTIFICAÇÃO NO ESTRANGEIRO DE DOCUMENTOS JUDICIAIS E EXTRAJUDICIAIS EM MATÉRIA CIVIL E COMERCIAL

(Firmada em 15 de novembro de 1965)
(Em vigor desde 10 de fevereiro de 1969)

Os Estados Signatários da presente Convenção,

Desejosos de criar meios adequados para que os documentos judiciais e extrajudiciais que devam ser objetos de citação, intimação ou notificação no estrangeiro sejam levados ao conhecimento do destinatário em tempo hábil,

Desejosos de melhorar a organização do auxílio jurídico mútuo com a finalidade de simplificar e agilizar o procedimento,

Decidiram firmar Convenção nesse sentido e concordaram com as seguintes disposições:

Artigo 1.º

A presente Convenção aplicar-se-á, em matéria civil ou comercial, em todos os casos em que um documento judicial ou extrajudicial deva ser transmitido ao exterior para ser objeto de citação, intimação ou notificação.

Esta Convenção não se aplicará quando o endereço do destinatário da citação, intimação ou notificação for desconhecido.

Capítulo I
DOCUMENTOS JUDICIAIS

Artigo 2.º

Cada Estado Contratante designará uma Autoridade Central que assumirá o encargo de receber as solicitações de citação, intimação ou notificação provenientes de outros Estados Contratantes e proceder de acordo com o disposto nos artigos 3.º a 6.º.

Cada Estado organizará sua Autoridade Central nos termos de sua própria legislação.

Artigo 3.º

A autoridade ou agente judiciário competente, de acordo com a legislação do Estado de origem dos documentos, encaminhará à Autoridade Central do Estado requerido uma solicitação de acordo com o modelo anexo à presente Convenção, sem a necessidade de qualquer legalização dos documentos ou de outra formalidade equivalente.

O documento objeto da citação, intimação ou notificação, ou a sua cópia, deverá ser anexado à solicitação. A solicitação, assim como tal documento, deverá ser fornecida em duplicata.

Artigo 4.º

Se a Autoridade Central julgar que a solicitação não atende às disposições da presente Convenção, informará prontamente o requerente, expondo os motivos de sua objeção à solicitação.

Artigo 5.º

A Autoridade Central do Estado requerido procederá ou providenciará para que um órgão adequado proceda à citação, intimação ou notificação:

a) segundo a forma prescrita pela legislação do Estado requerido para citações, intimações ou notificações em procedimentos domésticos dirigidas a pessoas que se encontrem em seu território; ou

b) segundo a forma específica solicitada pelo requerente, a menos que tal forma seja incompatível com a lei do Estado requerido.

Salvo o caso previsto na alínea *b* deste artigo, o documento sempre poderá ser entregue ao destinatário que voluntariamente o aceitar.

Se o documento se destinar a citação, intimação ou notificação nos termos do disposto no primeiro parágrafo deste artigo, a Autoridade Central poderá exigir que o documento seja redigido ou traduzido no idioma oficial ou em um dos idiomas oficiais do Estado requerido.

A parte da solicitação, feita de acordo com o formulário anexo à presente Convenção, a qual contém um resumo do documento a ser objeto de citação, intimação ou intimação, deverá ser entregue ao destinatário, junto àquele documento.

Artigo 6.º

A Autoridade Central do Estado requerido ou qualquer autoridade por ela designada para este fim preencherá um certificado segundo o modelo anexo à presente Convenção.

O certificado deverá informar que a solicitação foi cumprida; consignará a forma, o lugar e a data do cumprimento, assim como a pessoa a quem o documento foi entregue. Se o documento não tiver sido entregue, o certificado indicará as razões que impediram o cumprimento.

Caso o certificado não tenha sido preenchido pela Autoridade Central ou por autoridade judicial, o requerente poderá solicitar que uma dessas autoridades assine adicionalmente o certificado. O certificado será remetido diretamente ao requerente.

Artigo 7.º

Os termos padrão contidos no modelo anexo à presente Convenção serão redigidos em francês ou em inglês, em todos os casos. Podem ser redigidos também no idioma oficial ou em um dos idiomas oficiais do Estado de origem dos documentos.

Os espaços em branco serão preenchidos no idioma do Estado requerido ou em francês ou em inglês.

Artigo 8.º

Cada Estado Contratante terá autonomia para mandar proceder no estrangeiro às citações, intimações ou notificações de documentos judiciais, diretamente por meio de seus representantes diplomáticos ou consulares, sem qualquer tipo de coação.

Cada Estado pode declarar opor-se a tais citações, intimações ou notificações de documentos judiciais em seu território, exceto se destinadas a cidadão do Estado de origem dos documentos.

Artigo 9.º

Cada Estado Contratante tem, ademais, autonomia para utilizar a via consular para transmitir documentos judiciais para citação, intimação ou notificação às autoridades de outro Estado Contratante designadas por este para tal fim.

Caso circunstâncias excepcionais o exigirem, cada Estado Contratante poderá utilizar a via diplomática para o mesmo fim.

Artigo 10

Se o Estado destinatário não se opuser, a presente Convenção não se interporá à:

a) autonomia de remeter documentos judiciais, por via postal, diretamente a pessoas que se encontrem no estrangeiro;

b) autonomia de os agentes do judiciário, autoridades ou outras pessoas competentes do Estado de origem promoverem as citações, intimações ou notificações de documentos judiciais diretamente por meio de agente do judiciário, autoridades ou outras pessoas competentes do Estado de destino; e

c) autonomia de qualquer pessoa interessada em um processo promover as citações, intimações ou notificações de documentos judiciais diretamente por meio de agentes do judiciário, autoridades ou outras pessoas competentes do Estado de destino.

Artigo 11

A presente Convenção não impedirá que dois ou mais Estados Contratantes acordem admitir, para fins de citação, intimação ou notificação de documentos judiciais, outras vias de transmissão além das previstas nos artigos precedentes e especialmente a comunicação direta entre suas respectivas autoridades.

Artigo 12

As citações, intimações ou notificações de documentos judiciais oriundas de um Estado Contratante não poderão dar origem a qualquer pagamento ou reembolso de taxas ou custas pelos serviços prestados pelo Estado requerido.

O requerente deverá pagar ou reembolsar as custas ocasionadas por:

a) intervenção de agente do judiciário ou de pessoa competente segundo a lei do Estado destinatário; e

b) uso de uma forma específica de citação, intimação ou notificação de documentos judiciais.

Artigo 13

Quando uma solicitação de citação, de intimação ou de notificação for feita em conformidade com as disposições da presente Convenção, o Estado requerido só poderá negar-se a cumpri-la se julgar que tal cumprimento violaria sua soberania ou sua segurança.

O cumprimento não poderá ser recusado por meio da alegação de que a legislação interna reivindica jurisdição exclusiva sobre a matéria objeto da solicitação ou que a legislação interna não permite a ação em que se baseia a solicitação.

Em caso de recusa, a Autoridade Central informará prontamente ao requerente e indicará as respectivas razões.

Artigo 14

As dificuldades que possam ocorrer com relação à transmissão de documentos judiciais destinados a citação, intimação ou notificação serão resolvidas pela via diplomática.

Artigo 15

Quando um mandado judicial de convocação ou um documento equivalente tenha tido que ser transmitido para o estrangeiro para citação, intimação ou notificação, de acordo com as disposições da presente Convenção, e o destinatário não tenha comparecido, uma decisão não será proferida enquanto não for determinado que:

a) o documento foi objeto de citação, intimação ou notificação segundo forma prevista pela legislação do Estado requerido para a citação, intimação ou notificação de documentos em procedimentos domésticos a pessoas que se encontrem em seu território; ou

b) o documento foi efetivamente entregue ao destinatário ou em sua residência segundo outra forma prevista pela presente Convenção, e que, em qualquer desses casos, quer a citação, intimação ou notificação, quer a entrega, tenha sido feita em tempo hábil para que o destinatário tenha podido se defender.

Cada Estado Contratante terá autonomia para declarar que o juiz, não obstante as disposições do parágrafo primeiro deste artigo, pode proferir decisão, mesmo que não tenha sido recebido qualquer certificado da citação, intimação ou notificação, ou da entrega, se todas as seguintes condições forem atendidas:

a) o documento tiver sido transmitido segundo uma das formas previstas pela presente Convenção;

b) tiver transcorrido, desde a data da remessa do documento, prazo não inferior a seis meses, considerado adequado pelo juiz da causa específica; e

c) nenhum certificado de qualquer natureza tiver sido recebido, não obstante tenham sido tomadas todas as providências plausíveis junto às autoridades competentes do Estado requerido.

O presente artigo não impede que, em caso de urgência, o juiz ordene quaisquer medidas provisórias ou de salvaguarda.

Artigo 16

Quando um mandado judicial de convocação ou documento equivalente tenha tido que ser transmitido para o estrangeiro para citação, intimação ou notificação, de acordo com as disposições da presente Convenção, e uma decisão tenha sido proferida contra um destinatário que não tenha comparecido, o juiz terá autoridade para desobrigar o destinatário dos efeitos da expiração do prazo para recurso da decisão, se as seguintes condições forem atendidas:

a) o destinatário, sem qualquer responsabilidade de sua parte, não tomou conhecimento em tempo hábil do documento para se defender e da decisão para recorrer; e

b) o destinatário apresentou defesa fundamentada concernente ao mérito do procedimento.

O pleito para o deferimento de tal desobrigação somente poderá ser formulado dentro de prazo razoável, a contar do momento em que o destinatário tomou conhecimento da decisão.

Cada Estado Contratante pode declarar que tal pleito não será atendido se for formulado após a expiração de um prazo que indicará em sua declaração, contanto que este prazo não seja inferior a um ano contado a partir da data da decisão.

O presente artigo não se aplicará às decisões relativas ao estado ou capacidade das pessoas.

Capítulo II
DOCUMENTOS EXTRAJUDICIAIS

Artigo 17

Os documentos extrajudiciais provenientes das autoridades e oficiais de justiça de um Estado Contratante podem ser transmitidos para citação, intimação ou notificação em um outro Estado Contratante, de acordo com as formas e nas condições previstas pela presente Convenção.

Capítulo III
DISPOSIÇÕES GERAIS

Artigo 18

Cada Estado Contratante pode designar, além da Autoridade Central, outras autoridades, devendo determinar o alcance da sua competência.

Entretanto, o requerente terá sempre o direito de dirigir uma solicitação diretamente à Autoridade Central.

Os Estados Federais terão autonomia para designar mais de uma Autoridade Central.

Artigo 19

Caso a legislação interna de um Estado Contratante permita outras formas de transmissão não previstas nos artigos precedentes para citação, intimação ou notificação, em seu território, dos documentos provenientes do estrangeiro, a presente Convenção não modificará tais disposições.

Artigo 20

A presente Convenção não impedirá que dois ou mais Estados Contratantes concordem em deixar de aplicar entre si:

a) o segundo parágrafo do artigo 3.º, no que diz respeito à exigência da transmissão dos documentos em duplicata;

b) o artigo 7.º e o terceiro parágrafo do artigo 5.º, no que diz respeito ao uso de idiomas;

c) o quarto parágrafo do artigo 5.º; e

d) o segundo parágrafo do artigo 12.

Artigo 21

Cada Estado Contratante notificará o Ministério dos Negócios Estrangeiros dos Países Baixos do seguinte, quer no momento do depósito de seu instrumento de ratificação ou adesão, quer posteriormente:

a) a designação de autoridades, nos termos dos artigos 2.º e 18;

b) a designação da autoridade competente para preencher o certificado previsto no artigo 6.º; e

c) a designação da autoridade competente para receber os documentos transmitidos pela via consular, nos termos do artigo 9.º.

Cada Estado Contratante notificará ao Ministério, da mesma forma, quando cabível:

a) sua oposição ao uso das formas de transmissão previstas nos artigos 8.º e 10;

b) declarações previstas no segundo parágrafo do artigo 15 e no terceiro parágrafo do artigo 16; e

c) todas as modificações das designações, oposições e declarações acima mencionadas.

Artigo 22

Nos casos em que Partes da presente Convenção também sejam partes de uma ou ambas das Convenções relativas ao Processo Civil, assinadas na Haia em 17 de julho de 1905 e em 10 de março de 1954, esta Convenção substituirá, nas relações entre estas Partes, os artigos 1.º a 7.º daquelas Convenções.

Artigo 23

A presente Convenção não prejudicará a aplicação do artigo 23 da Convenção Relativa ao Processo Civil, assinada na Haia em 17 de julho de 1905, nem do artigo 24 da Convenção Relativa ao Processo Civil, assinada na Haia em 1.º de março de 1954.

Esses artigos, entretanto, só serão aplicáveis se forem usadas formas de comunicação idênticas às previstas pelas referidas Convenções.

Artigo 24

Os acordos complementares entre as Partes das Convenções de 1905 e 1954 serão considerados igualmente aplicáveis à presente Convenção, a menos que as Partes tenham acordado diversamente.

Artigo 25

Sem prejuízo do previsto nos artigos 22 e 24, a presente Convenção não derrogará as Convenções das quais os Estados contratantes são ou venham a ser Partes e que contenham disposições sobre as matérias regidas pela presente Convenção.

Artigo 26

A presente Convenção ficará aberta à assinatura dos Estados representados na 10.ª Sessão da Conferência da Haia de Direito Internacional Privado.

Será ratificada e os instrumentos de ratificação serão depositados no Ministério dos Negócios Estrangeiros dos Países Baixos.

Artigo 27

A presente Convenção entrará em vigor no sexagésimo dia após o depósito do terceiro instrumento de ratificação previsto no segundo parágrafo do artigo 26.

A Convenção entrará em vigor, para cada Estado Signatário que a tenha ratificado posteriormente, no sexagésimo dia após o depósito do respectivo instrumento de ratificação.

Artigo 28

Todo Estado não representado na 10.ª Sessão da Conferência da Haia de Direito Internacional Privado poderá aderir à presente Convenção após sua entrada em vigor nos termos do primeiro parágrafo do artigo 27. O instrumento de adesão será depositado no Ministério dos Negócios Estrangeiros dos Países Baixos.

A Convenção entrará em vigor para tal Estado na ausência de qualquer objeção da parte de um Estado que tenha ratificado a Convenção antes de tal depósito, notificada ao Ministério dos Negócios Estrangeiros dos Países Baixos em um prazo de seis meses a contar da data em que dito Ministério o tiver notificado da referida adesão.

Na ausência de qualquer objeção nos termos do parágrafo precedente, a Convenção entrará em vigor para o Estado aderente no primeiro dia do mês seguinte ao decurso do último dos prazos mencionados no parágrafo anterior.

Artigo 29

Qualquer Estado, no momento da assinatura, da ratificação ou da adesão, poderá estender a aplicação da presente Convenção a todos os territórios pelos quais é responsável pelas relações internacionais, ou a um ou mais deles. Essa declaração terá efeito a partir da data da entrada em vigor da Convenção para o Estado em questão.

Em qualquer momento posterior, tais extensões serão notificadas ao Ministério dos Negócios Estrangeiros dos Países Baixos.

A Convenção entrará em vigor, para os territórios abrangidos por tal extensão, no sexagésimo dia após a notificação mencionada no parágrafo precedente.

Artigo 30

A presente Convenção ficará em vigor por cinco anos a contar da data de sua entrada em vigor nos termos do primeiro parágrafo do artigo 27, mesmo para os Estados que a tenham ratificado ou que a ela tenham aderido posteriormente.

Se não houver denúncia, a Convenção será renovada tacitamente a cada cinco anos.

Qualquer denúncia será notificada ao Ministério dos Negócios Estrangeiros dos Países Baixos pelo menos seis meses antes do final do período de cinco anos.

A denúncia poderá limitar-se a alguns dos territórios aos quais a Convenção se aplica.

A denúncia só produzirá efeitos relativamente ao Estado que a tiver notificado. A Convenção continuará em vigor para os outros Estados Contratantes.

Artigo 31

O Ministério dos Negócios Estrangeiros dos Países Baixos notificará os Estados abrangidos pelo artigo 26, assim como os Estados que tiverem aderido nos termos do artigo 28, do seguinte:

a) as assinaturas e ratificações previstas no artigo 26;

b) a data na qual a presente Convenção entrará em vigor, conforme o disposto no primeiro parágrafo do artigo 27;

c) as adesões previstas no artigo 28 e as datas a partir das quais produzirão seus efeitos;

d) as extensões previstas no artigo 29 e as datas a partir das quais produzirão seus efeitos;

e) as designações, oposições e declarações referidas no artigo 21; e

f) as denúncias previstas no terceiro parágrafo do artigo 30.

Em fé do que, os abaixo assinados, devidamente autorizados para tanto, firmaram a presente Convenção.

Concluída na Haia, em 15 de novembro de 1965, em inglês e francês, tendo os dois textos igual fé, em um único exemplar, que será depositado nos arquivos do Governo dos Países Baixos e do qual uma cópia certificada será remetida, por via diplomática, a cada um dos Estados representados na 10.ª Sessão da Conferência da Haia de Direito Internacional Privado.

Observação: Em 25 de outubro de 1980, a 14.ª Sessão adotou uma Recomendação sobre informações para acompanhar documentos judiciais e extrajudiciais que devam ser remetidos, citados, intimados ou notificados no estrangeiro, em matéria civil ou comercial. (*Actes et documents de la Quatorzième session* (1980), Tomo I, *Matières diverses*, p. I-67; idem, Tomo IV, *Entraide judiciaire*, p. 339; Manual Prático sobre o Funcionamento da Convenção da Haia de 15 de novembro de 1965 Relativa à Citação, Intimação e Notificação no Estrangeiro de Documentos Judiciais e Extrajudiciais em Matéria Civil e Comercial).

LEI COMPLEMENTAR N. 167, DE 24 DE ABRIL DE 2019 (*)

Dispõe sobre a Empresa Simples de Crédito (ESC) e altera a Lei n. 9.613, de 3 de março de 1998 (Lei de Lavagem de Dinheiro), a Lei n. 9.249, de 26 de dezembro de 1995, e a Lei Complementar n. 123, de 14 de dezembro de 2006 (Lei do Simples Nacional), para regulamentar a ESC e instituir o Inova Simples.

O Presidente da República

Faço saber que o Congresso Nacional decreta e eu sanciono a seguinte Lei Complementar:

Art. 1.º A Empresa Simples de Crédito (ESC), de âmbito municipal ou distrital, com atuação exclusivamente no Município de sua sede e em Municípios limítrofes, ou, quando for o caso, no Distrito Federal e em Municípios limítrofes, destina-se à realização de operações de empréstimo, de financiamento e de desconto de títulos de crédito, exclusivamente com recursos próprios, tendo como contrapartes microempreendedores individuais, microempresas e empresas de pequeno porte, nos termos da Lei Complementar n. 123, de 14 de dezembro de 2006 (Lei do Simples Nacional).

Art. 2.º A ESC deve adotar a forma de empresa individual de responsabilidade limitada (Eireli), empresário individual ou sociedade limitada constituída exclusivamente por pessoas naturais e terá por objeto social exclusivo as atividades enumeradas no art. 1.º desta Lei Complementar.

§ 1.º O nome empresarial de que trata o *caput* deste artigo conterá a expressão "Empresa Simples de Crédito", e não poderá constar dele, ou de qualquer texto de divulgação de suas atividades, a expressão "banco" ou outra expressão identificadora de instituição autorizada a funcionar pelo Banco Central do Brasil.

§ 2.º O capital inicial da ESC e os posteriores aumentos de capital deverão ser realizados integralmente em moeda corrente.

§ 3.º O valor total das operações de empréstimo, de financiamento e de desconto de títulos de crédito da ESC não poderá ser superior ao capital realizado.

§ 4.º A mesma pessoa natural não poderá participar de mais de uma ESC, ainda que localizadas em Municípios distintos ou sob a forma de filial.

Art. 3.º É vedada à ESC a realização de:

I – qualquer captação de recursos, em nome próprio ou de terceiros, sob pena de enquadramento no crime previsto no art. 16 da Lei n. 7.492, de 16 de junho de 1986 (Lei dos Crimes contra o Sistema Financeiro Nacional); e

- **Citado artigo proíbe a operação de instituição financeira, sem autorização ou com autorização falsa, inclusive de distribuição de valores mobiliários ou câmbio.**

II – operações de crédito, na qualidade de credora, com entidades integrantes da administração pública direta, indireta e fundacional de qualquer dos poderes da União, dos Estados, do Distrito Federal e dos Municípios.

Art. 4.º A receita bruta anual da ESC não poderá exceder o limite de receita bruta para Empresa de Pequeno Porte (EPP) definido na Lei Complementar n. 123, de 14 de dezembro de 2006 (Lei do Simples Nacional).

Parágrafo único. Considera-se receita bruta, para fins do disposto no *caput* deste artigo, a remuneração auferida pela ESC com a cobrança de juros, inclusive quando cobertos pela venda do valor do bem objeto de alienação fiduciária.

Art. 5.º Nas operações referidas no art. 1.º desta Lei Complementar, devem ser observadas as seguintes condições:

I – a remuneração da ESC somente pode ocorrer por meio de juros remuneratórios, vedada a cobrança de quaisquer outros encargos, mesmo sob a forma de tarifa;

II – a formalização do contrato deve ser realizada por meio de instrumento próprio, cuja cópia deverá ser entregue à contraparte da operação;

III – a movimentação dos recursos deve ser realizada exclusivamente mediante débito e crédito em contas de depósito de titularidade da ESC e da pessoa jurídica contraparte na operação.

(*) Publicada no *Diário Oficial da União*, de 25-4-2019.

§ 1.º A ESC poderá utilizar o instituto da alienação fiduciária em suas operações de empréstimo, de financiamento e de desconto de títulos de crédito.

§ 2.º A ESC deverá providenciar a anotação, em bancos de dados, de informações de adimplemento e de inadimplemento de seus clientes, na forma da legislação em vigor.

§ 3.º É condição de validade das operações de que trata o *caput* deste artigo o registro delas em entidade registradora autorizada pelo Banco Central do Brasil ou pela Comissão de Valores Mobiliários, nos termos do art. 28 da Lei n. 12.810, de 15 de maio de 2013.

• Dispõe citado artigo: "Art. 28. Compete ainda ao Banco Central do Brasil e à Comissão de Valores Mobiliários, no âmbito das respectivas competências: I – autorizar e supervisionar o exercício da atividade de registro de ativos financeiros e de valores mobiliários; e II – estabelecer as condições para o exercício da atividade prevista no inciso I. Parágrafo único. O registro de ativos financeiros e de valores mobiliários compreende, o armazenamento e a publicidade de informações referentes a transações financeiras, ressalvados os sigilos legais".

§ 4.º Não se aplicam à ESC as limitações à cobrança de juros previstas no Decreto n. 22.626, de 7 de abril de 1933 (Lei da Usura), e no art. 591 da Lei n. 10.406, de 10 de janeiro de 2002 (Código Civil).

Art. 6.º É facultado ao Banco Central do Brasil, não constituindo violação ao dever de sigilo, o acesso às informações decorrentes do registro de que trata o § 3.º do art. 5.º desta Lei Complementar, para fins estatísticos e de controle macroprudencial do risco de crédito.

Art. 7.º As ESCs estão sujeitas aos regimes de recuperação judicial e extrajudicial e ao regime falimentar regulados pela Lei n. 11.101, de 9 de fevereiro de 2005 (Lei de Falências).

Art. 8.º A ESC deverá manter escrituração com observância das leis comerciais e fiscais e transmitir a Escrituração Contábil Digital (ECD) por meio do Sistema Público de Escrituração Digital (Sped).

• O Decreto n. 6.022, de 22-1-2007, institui o Sistema Público de Escrituração Digital – Sped.

Art. 9.º Constitui crime o descumprimento do disposto no art. 1.º, no § 3.º do art. 2.º, no art. 3.º e no *caput* do art. 5.º desta Lei Complementar.

Pena – reclusão, de 1 (um) a 4 (quatro) anos, e multa.

Art. 10. O Serviço Brasileiro de Apoio às Micro e Pequenas Empresas (Sebrae) poderá apoiar a constituição e o fortalecimento das ESCs.

....

Art. 13. A Lei Complementar n. 123, de 14 de dezembro de 2006 (Lei do Simples Nacional), passa a vigorar com as seguintes alterações:

•• Alterações já processadas no diploma modificado.

Art. 14. Esta Lei Complementar entra em vigor na data de sua publicação.

Brasília, 24 de abril de 2019; 198.º da Independência e 131.º da República.

JAIR MESSIAS BOLSONARO

DECRETO N. 9.830, DE 10 DE JUNHO DE 2019 (*)

Regulamenta o disposto nos art. 20 ao art. 30 do Decreto-Lei n. 4.657, de 4 de setembro de 1942, que institui a Lei de Introdução às normas do Direito brasileiro.

O Presidente da República, no uso da atribuição que lhe confere o art. 84, *caput*, inciso IV e VI, alínea *a*, da Constituição, e tendo em vista o disposto nos art. 20 ao art. 30 do Decreto-lei n. 4.657, de 4 de setembro de 1942, decreta:

Capítulo I
DISPOSIÇÕES PRELIMINARES

Objeto

Art. 1.º Este Decreto regulamenta o disposto nos art. 20 ao art. 30 do Decreto-lei n. 4.657, de 4 de setembro de 1942, que institui a Lei de Introdução às normas do Direito brasileiro.

Capítulo II
DA DECISÃO

•• *Vide* arts. 20, 21, 22, 23, 27 e 29 do Decreto-lei n. 4.657, de 4-9-1942.

Motivação e decisão

Art. 2.º A decisão será motivada com a contextualização dos fatos, quando cabível, e com a indicação dos fundamentos de mérito e jurídicos.

§ 1.º A motivação da decisão conterá os seus fundamentos e apresentará a congruência entre as normas e os fatos que a embasaram, de forma argumentativa.

§ 2.º A motivação indicará as normas, a interpretação jurídica, a jurisprudência ou a doutrina que a embasaram.

§ 3.º A motivação poderá ser constituída por declaração de concordância com o conteúdo de notas técnicas, pareceres, informações, decisões ou propostas que precederam a decisão.

Motivação e decisão baseadas em valores jurídicos abstratos

Art. 3.º A decisão que se basear exclusivamente em valores jurídicos abstratos observará o disposto no art. 2.º e as consequências práticas da decisão.

§ 1.º Para fins do disposto neste Decreto, consideram-se valores jurídicos abstratos aqueles previstos em normas jurídicas com alto grau de indeterminação e abstração.

§ 2.º Na indicação das consequências práticas da decisão, o decisor apresentará apenas aquelas consequências práticas que, no exercício diligente de sua atuação, consiga vislumbrar diante dos fatos e fundamentos de mérito e jurídicos.

§ 3.º A motivação demonstrará a necessidade e a adequação da medida imposta, inclusive consideradas as possíveis alternativas e observados os critérios de adequação, proporcionalidade e de razoabilidade.

Motivação e decisão na invalidação

Art. 4.º A decisão que decretar invalidação de atos, contratos, ajustes, processos ou normas administrativos observará o disposto no art. 2.º e indicará, de modo expresso, as suas consequências jurídicas e administrativas.

§ 1.º A consideração das consequências jurídicas e administrativas é limitada aos fatos e fundamentos de mérito e jurídicos que se espera do decisor no exercício diligente de sua atuação.

§ 2.º A motivação demonstrará a necessidade e a adequação da medida imposta, consideradas as possíveis alternativas e observados os critérios de proporcionalidade e de razoabilidade.

§ 3.º Quando cabível, a decisão a que se refere o *caput* indicará, na modulação de seus efeitos, as condições para que a regularização ocorra de forma proporcional e equânime e sem prejuízo aos interesses gerais.

§ 4.º Na declaração de invalidade de atos, contratos, ajustes, processos ou normas administrativos, o decisor poderá, consideradas as consequências jurídicas e administrativas da decisão para a administração pública e para o administrado:

I – restringir os efeitos da declaração; ou

II – decidir que sua eficácia se iniciará em momento posteriormente definido.

§ 5.º A modulação dos efeitos da decisão buscará a mitigação dos ônus ou das perdas dos administrados ou da administração pública que sejam anormais ou excessivos em função das peculiaridades do caso.

Revisão quanto à validade por mudança de orientação geral

Art. 5.º A decisão que determinar a revisão quanto à validade de atos, contratos, ajustes, proces-sos ou normas administrativos cuja produção de efeitos esteja em curso ou que tenha sido concluída levará em consideração as orientações gerais da época.

§ 1.º É vedado declarar inválida situação plenamente constituída devido à mudança posterior de orientação geral.

§ 2.º O disposto no § 1.º não exclui a possibilidade de suspensão de efeitos futuros de relação em curso.

§ 3.º Para fins do disposto neste artigo, consideram-se orientações gerais as interpretações e as especificações contidas em atos públicos de caráter geral ou em ju-

(*) Publicado no *Diário Oficial da União*, de 11-6-2019.

risprudência judicial ou administrativa majoritária e as adotadas por prática administrativa reiterada e de amplo conhecimento público.

§ 4.º A decisão a que se refere o *caput* será motivada na forma do disposto nos art. 2.º, art. 3.º ou art. 4.º.

Motivação e decisão na nova interpretação de norma de conteúdo indeterminado

Art. 6.º A decisão administrativa que estabelecer interpretação ou orientação nova sobre norma de conteúdo indeterminado e impuser novo dever ou novo condicionamento de direito, preverá regime de transição, quando indispensável para que o novo dever ou o novo condicionamento de direito seja cumprido de modo proporcional, equânime e eficiente e sem prejuízo aos interesses gerais.

§ 1.º A instituição do regime de transição será motivada na forma do disposto nos art. 2.º, art. 3.º ou art. 4.º.

§ 2.º A motivação considerará as condições e o tempo necessário para o cumprimento proporcional, equânime e eficiente do novo dever ou do novo condicionamento de direito e os eventuais prejuízos aos interesses gerais.

§ 3.º Considera-se nova interpretação ou nova orientação aquela que altera o entendimento anterior consolidado.

Regime de transição

Art. 7.º Quando cabível, o regime de transição preverá:

I – os órgãos e as entidades da administração pública e os terceiros destinatários;

II – as medidas administrativas a serem adotadas para adequação à interpretação ou à nova orientação sobre norma de conteúdo indeterminado; e

III – o prazo e o modo para que o novo dever ou novo condicionamento de direito seja cumprido.

Interpretação de normas sobre gestão pública

Art. 8.º Na interpretação de normas sobre gestão pública, serão considerados os obstáculos, as dificuldades reais do agente público e as exigências das políticas públicas a seu cargo, sem prejuízo dos direitos dos administrados.

§ 1.º Na decisão sobre a regularidade de conduta ou a validade de atos, contratos, ajustes, processos ou normas administrativos, serão consideradas as circunstâncias práticas que impuseram, limitaram ou condicionaram a ação do agente público.

§ 2.º A decisão a que se refere o § 1.º observará o disposto nos arts. 2.º, 3.º ou 4.º.

Compensação

Art. 9.º A decisão do processo administrativo poderá impor diretamente à pessoa obrigada compensação por benefícios indevidos ou prejuízos anormais ou injustos resultantes do processo ou da conduta dos envolvidos, com a finalidade de evitar procedimentos contenciosos de ressarcimento de danos.

§ 1.º A decisão do processo administrativo é de competência da autoridade pública, que poderá exigir compensação por benefícios indevidamente fruídos pelo particular ou por prejuízos resultantes do processo ou da conduta do particular.

§ 2.º A compensação prevista no *caput* será motivada na forma do disposto nos arts. 2.º, 3.º ou 4.º e será precedida de manifestação das partes obrigadas sobre seu cabimento, sua forma e, se for o caso, seu valor.

§ 3.º A compensação poderá ser efetivada por meio do compromisso com os interessados a que se refere o art. 10.

Capítulo III
DOS INSTRUMENTOS

Compromisso

Art. 10. Na hipótese de a autoridade entender conveniente para eliminar irregularidade, incerteza jurídica ou situações contenciosas na aplicação do direito público, poderá celebrar compromisso com os interessados, observada a legislação aplicável e as seguintes condições:

I – após oitiva do órgão jurídico;

II – após realização de consulta pública, caso seja cabível; e

III – presença de razões de relevante interesse geral.

§ 1.º A decisão de celebrar o compromisso a que se refere o *caput* será motivada na forma do disposto no art. 2.º.

§ 2.º O compromisso:

I – buscará solução proporcional, equânime, eficiente e compatível com os interesses gerais;

II – não poderá conferir desoneração permanente de dever ou condicionamento de direito reconhe-cido por orientação geral; e

III – preverá:

a) as obrigações das partes;

b) o prazo e o modo para seu cumprimento;

c) a forma de fiscalização quanto a sua observância;

d) os fundamentos de fato e de direito;

e) a sua eficácia de título executivo extrajudicial; e

f) as sanções aplicáveis em caso de descumprimento.

§ 3.º O compromisso firmado somente produzirá efeitos a partir de sua publicação.

§ 4.º O processo que subsidiar a decisão de celebrar o compromisso será instruído com:

I – o parecer técnico conclusivo do órgão competente sobre a viabilidade técnica, operacional e, quando for o caso, sobre as obrigações orçamentário-financeiras a serem assumidas;

II – o parecer conclusivo do órgão jurídico sobre a viabilidade jurídica do compromisso, que conterá a análise da minuta proposta;

III – a minuta do compromisso, que conterá as alterações decorrentes das análises técnica e jurídica previstas nos incisos I e II; e

IV – a cópia de outros documentos que possam auxiliar na decisão de celebrar o compromisso.

§ 5.º Na hipótese de o compromisso depender de autorização do Advogado-Geral da União e de Ministro de Estado, nos termos do disposto no § 4.º do art. 1.º ou no art. 4.º-A da Lei n. 9.469, de 10 de julho de 1997, ou ser firmado pela Advocacia-Geral da União, o processo de que trata o § 3.º será acompanhado de manifestação de interesse da autoridade máxima do órgão ou da entidade da administração pública na celebração do compromisso.

§ 6.º Na hipótese de que trata o § 5.º, a decisão final quanto à celebração do compromisso será do Advogado-Geral da União, nos termos do disposto no parágrafo único do art. 4.º-A da Lei n. 9.469, de 1997.

Termo de ajustamento de gestão

Art. 11. Poderá ser celebrado termo de ajustamento de gestão entre os agentes públicos e os órgãos de controle interno da administração pública com a finalidade de corrigir falhas apontadas em ações de controle, aprimorar procedimentos, assegurar a continuidade da execução do objeto, sempre que possível, e garantir o atendimento do interesse geral.

§ 1.º A decisão de celebrar o termo de ajustamento de gestão será motivada na forma do disposto no art. 2.º.

§ 2.º Não será celebrado termo de ajustamento de gestão na hipótese de ocorrência de dano ao erário praticado por agentes públicos que agirem com dolo ou erro grosseiro.

§ 3.º A assinatura de termo de ajustamento de gestão será comunicada ao órgão central do sistema de controle interno.

Capítulo IV
DA RESPONSABILIZAÇÃO DO AGENTE PÚBLICO

Responsabilização na hipótese de dolo ou erro grosseiro

Art. 12. O agente público somente poderá ser responsabilizado por suas decisões ou opiniões técnicas se agir ou se omitir com dolo, direto ou eventual, ou cometer erro grosseiro, no desempenho de suas funções.

•• *Vide* art. 28 do Decreto-lei n. 4.657, de 4-9-1942.

§ 1.º Considera-se erro grosseiro aquele manifesto, evidente e inescusável praticado com culpa grave, caracterizado por ação ou omissão com elevado grau de negligência, imprudência ou imperícia.

§ 2.º Não será configurado dolo ou erro grosseiro do agente público se não restar comprovada, nos autos do processo de responsabilização, situação ou circunstância fática capaz de caracterizar o dolo ou o erro grosseiro.

§ 3.º O mero nexo de causalidade entre a conduta e o resultado danoso não implica responsabilização, exceto se comprovado o dolo ou o erro grosseiro do agente público.

§ 4.º A complexidade da matéria e das atribuições exercidas pelo agente público serão consideradas em eventual responsabilização do agente público.

§ 5.º O montante do dano ao erário, ainda que expressivo, não poderá, por si só, ser elemento para caracterizar o erro grosseiro ou o dolo.

§ 6.º A responsabilização pela opinião técnica não se estende de forma automática ao decisor que a adotou como fundamento de decidir e somente se configurará se estiverem presentes elementos suficientes para o decisor aferir o dolo ou o erro grosseiro da opinião técnica ou se houver conluio entre os agentes.

§ 7.º No exercício do poder hierárquico, só responderá por culpa *in vigilando* aquele cuja omissão caracterizar erro grosseiro ou dolo.

§ 8.º O disposto neste artigo não exime o agente público de atuar de forma diligente e eficiente no cumprimento dos seus deveres constitucionais e legais.

Análise de regularidade da decisão

Art. 13. A análise da regularidade da decisão não poderá substituir a atribuição do agente público, dos órgãos ou das entidades da administração pública no exercício de suas atribuições e competências, inclusive quanto à definição de políticas públicas.

§ 1.º A atuação de órgãos de controle privilegiará ações de prevenção antes de processos sancionadores.

§ 2.º A eventual estimativa de prejuízo causado ao erário não poderá ser considerada isolada e exclusivamente como motivação para se concluir pela irregularidade de atos, contratos, ajustes, processos ou normas administrativos.

Direito de regresso, defesa judicial e extrajudicial

Art. 14. No âmbito do Poder Executivo federal, o direito de regresso previsto no § 6.º do art. 37 da Constituição somente será exercido na hipótese de o agente público ter agido com dolo ou erro grosseiro em suas decisões ou opiniões técnicas, nos termos do disposto no art. 28 do Decreto-lei n. 4.657, de 1942, e com observância aos princípios constitucionais da proporcionalidade e da razoabilidade.

Art. 15. O agente público federal que tiver que se defender, judicial ou extrajudicialmente, por ato ou conduta praticada no exercício regular de suas atribuições institucionais, poderá solicitar à Advocacia-Geral da União que avalie a verossimilhança de suas alegações e a consequente possibilidade de realizar sua defesa, nos termos do disposto no art. 22 da Lei n. 9.028, de 12 de abril de 1995, e nas demais normas de regência.

Decisão que impuser sanção ao agente público

Art. 16. A decisão que impuser sanção ao agente público considerará:

I – a natureza e a gravidade da infração cometida;

II – os danos que dela provierem para a administração pública;

III – as circunstâncias agravantes ou atenuantes;

IV – os antecedentes do agente;

V – o nexo de causalidade; e

VI – a culpabilidade do agente.

§ 1.º A motivação da decisão a que se refere o *caput* observará o disposto neste Decreto.

§ 2.º As sanções aplicadas ao agente público serão levadas em conta na dosimetria das demais sanções da mesma natureza e relativas ao mesmo fato.

Art. 17. O disposto no art. 12 não afasta a possibilidade de aplicação de sanções previstas em normas disciplinares, inclusive nos casos de ação ou de omissão culposas de natureza leve.

Capítulo V
DA SEGURANÇA JURÍDICA NA APLICAÇÃO DAS NORMAS

Consulta pública para edição de atos normativos

Art. 18. A edição de atos normativos por autoridade administrativa poderá ser precedida de consulta pública para manifestação de interessados, preferencialmente por meio eletrônico.

§ 1.º A decisão pela convocação de consulta pública será motivada na forma do disposto no art. 3.º.

§ 2.º A convocação de consulta pública conterá a minuta do ato normativo, disponibilizará a motivação do ato e fixará o prazo e as demais condições.

§ 3.º A autoridade decisora não será obrigada a comentar ou considerar individualmente as manifestações apresentadas e poderá agrupar manifestações por conexão e eliminar aquelas repetitivas ou de conteúdo não conexo ou irrelevante para a matéria em apreciação.

§ 4.º As propostas de consulta pública que envolverem atos normativos sujeitos a despacho presidencial serão formuladas nos termos do disposto no Decreto n. 9.191, de 1.º de novembro de 2017.

Segurança jurídica na aplicação das normas

Art. 19. As autoridades públicas atuarão com vistas a aumentar a segurança jurídica na aplicação das normas, inclusive por meio de normas complementares, orientações normativas, súmulas, enunciados e respostas a consultas.

Parágrafo único. Os instrumentos previstos no *caput* terão caráter vinculante em relação ao órgão ou à entidade da administração pública a que se destinarem, até ulterior revisão.

Parecer do Advogado-Geral da União e de consultorias jurídicas e súmulas da Advocacia-Geral da União

Art. 20. O parecer do Advogado-Geral da União de que tratam os art. 40 e art. 41 da Lei Complementar n. 73, 10 de fevereiro de 1993, aprovado pelo Presidente da República e publicado no *Diário Oficial da União* juntamente com o despacho presidencial, vincula os órgãos e as entidades da administração pública federal, que ficam obrigados a lhe dar fiel cumprimento.

§ 1.º O parecer do Advogado-Geral da União aprovado pelo Presidente da República, mas não publicado, obriga apenas as repartições interessadas, a partir do momento em que dele tenham ciência.

§ 2.º Os pareceres de que tratam o *caput* e o § 1.º têm prevalência sobre outros mecanismos de uniformização de entendimento.

Art. 21. Os pareceres das consultorias jurídicas e dos órgãos de assessoramento jurídico, de que trata o art. 42 da Lei Complementar n. 73, de 1993, aprovados pelo respectivo Ministro de Estado, vinculam o órgão e as respectivas entidades vinculadas.

Orientações normativas

Art. 22. A autoridade que representa órgão central de sistema poderá editar orientações normativas ou enunciados que vincularão os órgãos setoriais e seccionais.

§ 1.º As controvérsias jurídicas sobre a interpretação de norma, instrução ou orientação de órgão central de sistema poderão ser submetidas à Advocacia-Geral da União.

§ 2.º A submissão à Advocacia-Geral da União de que trata o § 1.º será instruída com a posição do órgão jurídico do órgão central de sistema, do órgão jurídico que divergiu e dos outros órgãos que se pronunciaram sobre o caso.

Enunciados

Art. 23. A autoridade máxima de órgão ou da entidade da administração pública poderá editar enunciados que vinculem o próprio órgão ou a entidade e os seus órgãos subordinados.

Transparência

Art. 24. Compete aos órgãos e às entidades da administração pública manter atualizados, em seus sítios eletrônicos, as normas complementares, as orientações normativas, as súmulas e os enunciados a que se referem os art. 19 ao art. 23.

Vigência

Art. 25. Este Decreto entra em vigor na data de sua publicação.

Brasília, 10 de junho de 2019; 198.º da Independência e 131.º da República.

JAIR MESSIAS BOLSONARO

LEI N. 13.874, DE 20 DE SETEMBRO DE 2019 (*)

Institui a Declaração de Direitos de Liberdade Econômica; estabelece garantias de livre mercado; altera as Leis n. 10.406, de 10 de janeiro de 2002 (Código Civil), 6.404, de 15 de dezembro de 1976, 11.598, de 3 de dezembro de 2007, 12.682, de 9 de julho de 2012, 6.015, de 31 de dezembro de 1973, 10.522, de 19 de julho de 2002, 8.934, de 18 de novembro 1994, o Decreto-lei n. 9.760, de 5 de setembro de 1946 e a Consolidação das Leis do Trabalho, aprovada pelo Decreto-lei n. 5.452, de 1.º de maio de 1943; revoga a Lei Delegada n. 4, de 26 de setembro de 1962, a Lei n. 11.887, de 24 de dezembro de 2008, e dispositivos das Leis n. 10.101, de 19 de dezembro de 2000, 605, de 5 de janeiro de 1949, 4.178, de 11 de dezembro de 1962, e do Decreto-lei n. 73, de 21 de novembro de 1966; e dá outras providências.

O Presidente da República

Faço saber que o Congresso Nacional decreta e eu sanciono a seguinte Lei:

Capítulo I
DISPOSIÇÕES GERAIS

•• *Vide* art. 1.º, § 3.º, desta Lei.

Art. 1.º Fica instituída a Declaração de Direitos de Liberdade Econômica, que estabelece normas de proteção à livre iniciativa e ao livre exercício de atividade econômica e disposições sobre a atuação do Estado como agente normativo e regulador, nos termos do inciso IV do *caput* do art. 1.º, do parágrafo único do art. 170 e do *caput* do art. 174 da Constituição Federal.

§ 1.º O disposto nesta Lei será observado na aplicação e na interpretação do direito civil, empresarial, econômico, urbanístico e do trabalho nas relações jurídicas que se encontrem no seu âmbito de aplicação e na ordenação pública, inclusive sobre exercício das profissões, comércio, juntas comerciais, registros públicos, trânsito, transporte e proteção ao meio ambiente.

§ 2.º Interpretam-se em favor da liberdade econômica, da boa-fé e do respeito aos contratos, aos investimentos e à propriedade todas as normas de ordenação pública sobre atividades econômicas privadas.

§ 3.º O disposto neste Capítulo e nos Capítulos II e III desta Lei não se aplica ao direito tributário e ao direito financeiro, ressalvado o disposto no inciso X do *caput* do art. 3.º desta Lei.

•• § 3.º com redação determinada pela Lei n. 14.195, de 26-8-2021.

§ 4.º O disposto nos arts. 1.º, 2.º, 3.º e 4.º desta Lei constitui norma geral de direito econômico, conforme o disposto no inciso I do *caput* e nos §§ 1.º, 2.º, 3.º e 4.º do art. 24 da Constituição Federal, e será observado para todos os atos públicos de liberação da atividade econômica executados pelos Estados, pelo Distrito Federal e pelos Municípios, nos termos do § 2.º deste artigo.

§ 5.º O disposto no inciso IX do *caput* do art. 3.º desta Lei não se aplica aos Estados, ao Distrito Federal e aos Municípios, exceto se:

I – o ato público de liberação da atividade econômica for derivado ou delegado por legislação ordinária federal; ou

II – o ente federativo ou o órgão responsável pelo ato decidir vincular-se ao disposto no inciso IX do *caput* do art. 3.º desta Lei por meio de instrumento válido e próprio.

§ 6.º Para fins do disposto nesta Lei, consideram-se atos públicos de liberação a licença, a autorização, a concessão, a inscrição, a permissão, o alvará, o cadastro, o credenciamento, o estudo, o plano, o registro e os demais atos exigidos, sob qualquer denominação, por órgão ou entidade da administração pública na aplicação de legislação, como condição para o exercício de atividade econômica, inclusive o início, a continuação e o fim para a instalação, a construção, a operação, a produção, o funcionamento, o uso, o exercício ou a realização, no âmbito público ou privado, de atividade, serviço, estabelecimento, profissão, instalação, operação, produto, equipamento, veículo, edificação e outros.

Art. 2.º São princípios que norteiam o disposto nesta Lei:

I – a liberdade como uma garantia no exercício de atividades econômicas;

II – a boa-fé do particular perante o poder público;

III – a intervenção subsidiária e excepcional do Estado sobre o exercício de atividades econômicas; e

IV – o reconhecimento da vulnerabilidade do particular perante o Estado.

Parágrafo único. Regulamento disporá sobre os critérios de aferição para afastamento do inciso IV do *caput* deste artigo, limitados a questões de má-fé, hipersuficiência ou reincidência.

Capítulo II
DA DECLARAÇÃO DE DIREITOS DE LIBERDADE ECONÔMICA

•• *Vide* art. 1.º, § 3.º, desta Lei.

Art. 3.º São direitos de toda pessoa, natural ou jurídica, essenciais para o desenvolvimento e o crescimento econômicos do País, observado o disposto no parágrafo único do art. 170 da Constituição Federal:

I – desenvolver atividade econômica de baixo risco, para a qual se valha exclusivamente de propriedade privada própria ou de terceiros consensuais, sem a necessidade de quaisquer atos públicos de liberação da atividade econômica;

II – desenvolver atividade econômica em qualquer horário ou dia da semana, inclusive feriados, sem que para isso esteja sujeita a cobranças ou encargos adicionais, observadas:

a) as normas de proteção ao meio ambiente, incluídas as de repressão à poluição sonora e à perturbação do sossego público;

b) as restrições advindas de contrato, de regulamento condominial ou de outro negócio jurídico, bem como as decorrentes das normas de direito real, incluídas as de direito de vizinhança; e

c) a legislação trabalhista;

III – definir livremente, em mercados não regulados, o preço de produtos e de serviços como consequência de alterações da oferta e da demanda;

IV – receber tratamento isonômico de órgãos e de entidades da administração pública quanto ao exercício de atos de liberação da atividade econômica, hipótese em que o ato de liberação estará vinculado aos mesmos critérios de interpretação adotados em decisões administrativas análogas anteriores, observado o disposto em regulamento;

V – gozar de presunção de boa-fé nos atos praticados no exercício da atividade econômica, para os quais as dúvidas de interpretação do direito civil, empresarial, econômico e urbanístico serão resolvidas de forma a preservar a autonomia privada, exceto se houver expressa disposição legal em contrário;

VI – desenvolver, executar, operar ou comercializar novas modalidades de produtos e de serviços quando as normas infralegais se tornarem desatualizadas por força de desenvolvimento tecnológico consolidado internacionalmente, nos termos estabelecidos em regulamento, que disciplinará os requisitos para aferição da situação concreta, os procedimentos, o momento e as condições dos efeitos;

•• *Vide* Decreto n. 10.229, de 5-2-2020, que regulamenta o direito de desenvolver, executar, operar ou comercializar produto ou serviço em desacordo com a norma técnica desatualizada, de que trata este inciso.

VII – (*Vetado*.)

VIII – ter a garantia de que os negócios jurídicos empresariais paritários serão objeto de livre estipulação das partes pactuantes, de forma a aplicar todas as regras de direito empresarial apenas de maneira subsidiária ao avençado, exceto normas de ordem pública;

IX – ter a garantia de que, nas solicitações de atos públicos de liberação da atividade econômica que se sujeitam ao disposto nesta Lei, apresentados todos os elementos necessários à instrução do processo, o particular será cientificado expressa e imediatamente do prazo máximo estipulado para a análise de seu pedido e de que, transcorrido o prazo fixado, o silêncio da autoridade competente importará aprovação tácita para todos os efeitos, ressalvadas as hipóteses expressamente vedadas em lei;

(*) Publicada no *Diário Oficial da União*, de 20-9-2019 – Edição extra. Regulamentada pelo Decreto n. 10.178, de 18-12-2019.

•• *Vide* art. 1.º, § 5.º, desta Lei.

X – arquivar qualquer documento por meio de microfilme ou por meio digital, conforme técnica e requisitos estabelecidos em regulamento, hipótese em que se equiparará a documento físico para todos os efeitos legais e para a comprovação de qualquer ato de direito público;

•• *Vide* art. 1.º, § 3.º, desta Lei.

•• *Vide* Decreto n. 10.278, de 18-3-2020, que estabelece a técnica e os requisitos para a digitalização de documentos públicos ou privados, para equiparação com documentos originais, de que trata este inciso.

XI – não ser exigida medida ou prestação compensatória ou mitigatória abusiva, em sede de estudos de impacto ou outras liberações de atividade econômica no direito urbanístico, entendida como aquela que:

a) (*Vetada.*);

b) requeira medida que já era planejada para execução antes da solicitação pelo particular, sem que a atividade econômica altere a demanda para execução da referida medida;

c) utilize-se do particular para realizar execuções que compensem impactos que existiriam independentemente do empreendimento ou da atividade econômica solicitada;

d) requeira a execução ou prestação de qualquer tipo para áreas ou situação além daquelas diretamente impactadas pela atividade econômica; ou

e) mostre-se sem razoabilidade ou desproporcional, inclusive utilizada como meio de coação ou intimidação; e

XII – não ser exigida pela administração pública direta ou indireta certidão sem previsão expressa em lei.

§ 1.º Para fins do disposto no inciso I do *caput* deste artigo:

I – ato do Poder Executivo federal disporá sobre a classificação de atividades de baixo risco a ser observada na ausência de legislação estadual, distrital ou municipal específica;

II – na hipótese de ausência de ato do Poder Executivo federal de que trata o inciso I deste parágrafo, será aplicada resolução do Comitê para Gestão da Rede Nacional para a Simplificação do Registro e da Legalização de Empresas e Negócios (CGSIM), independentemente da aderência do ente federativo à Rede Nacional para a Simplificação do Registro e da Legalização de Empresas e Negócios (Redesim); e

• A Lei n. 11.598, de 3-12-2007, estabelece diretrizes e procedimentos para a simplificação e integração do processo de registro e legalização de empresários e pessoas jurídicas e cria a Redesim – Rede Nacional para a Simplificação do Registro e da Legalização de Empresas e Negócios.

• O Decreto n. 6.884, de 25-6-2009, institui o Comitê para Gestão da Rede Nacional para a Simplificação do Registro e da Legalização de Empresas e Negócios – CGSIM.

III – na hipótese de existência de legislação estadual, distrital ou municipal sobre a classificação de atividades de baixo risco, o ente federativo que editar ou tiver editado norma específica encaminhará notificação ao Ministério da Economia sobre a edição de sua norma.

§ 2.º A fiscalização do exercício do direito de que trata o inciso I do *caput* deste artigo será realizada posteriormente, de ofício ou como consequência de denúncia encaminhada à autoridade competente.

§ 3.º O disposto no inciso III do *caput* deste artigo não se aplica:

I – às situações em que o preço de produtos e de serviços seja utilizado com a finalidade de reduzir o valor do tributo, de postergar a sua arrecadação ou de remeter lucros em forma de custos ao exterior; e

II – à legislação de defesa da concorrência, aos direitos do consumidor e às demais disposições protegidas por lei federal.

§ 4.º (*Revogado pela Lei n. 14.011, de 10-6-2020.*)

§ 5.º O disposto no inciso VIII do *caput* deste artigo não se aplica à empresa pública e à sociedade de economia mista definidas nos arts. 3.º e 4.º da Lei n. 13.303, de 30 de junho de 2016.

§ 6.º O disposto no inciso IX do *caput* deste artigo não se aplica quando:

I – versar sobre questões tributárias de qualquer espécie ou de concessão de registro de marcas;

II – a decisão importar em compromisso financeiro da administração pública; e

III – houver objeção expressa em tratado em vigor no País.

§ 7.º A aprovação tácita prevista no inciso IX do *caput* deste artigo não se aplica quando a titularidade da solicitação for de agente público ou de seu cônjuge, companheiro ou parente em linha reta ou colateral, por consanguinidade ou afinidade, até o 3.º (terceiro) grau, dirigida a autoridade administrativa ou política do próprio órgão ou entidade da administração pública em que desenvolva suas atividades funcionais.

§ 8.º O prazo a que se refere o inciso IX do *caput* deste artigo será definido pelo órgão ou pela entidade da administração pública solicitada, observados os princípios da impessoalidade e da eficiência e os limites máximos estabelecidos em regulamento.

§ 9.º (*Vetado.*)

§ 10. O disposto no inciso XI do *caput* deste artigo não se aplica às situações de acordo resultantes de ilicitude.

§ 11. Para os fins do inciso XII do *caput* deste artigo, é ilegal delimitar prazo de validade de certidão emitida sobre fato imutável, inclusive sobre óbito.

Capítulo III

DAS GARANTIAS DE LIVRE INICIATIVA

•• *Vide* art. 1.º, § 3.º, desta Lei.

Art. 4.º É dever da administração pública e das demais entidades que se vinculam a esta Lei, no exercício de regulamentação de norma pública pertencente à legislação sobre a qual esta Lei versa, exceto se em estrito cumprimento a previsão explícita em lei, evitar o abuso do poder regulatório de maneira a, indevidamente:

I – criar reserva de mercado ao favorecer, na regulação, grupo econômico, ou profissional, em prejuízo dos demais concor-rentes;

II – redigir enunciados que impeçam a entrada de novos competidores nacionais ou estrangeiros no mercado;

III – exigir especificação técnica que não seja necessária para atingir o fim desejado;

IV – redigir enunciados que impeçam ou retardem a inovação e a adoção de novas tecnologias, processos ou modelos de negócios, ressalvadas as situações consideradas em regulamento como de alto risco;

V – aumentar os custos de transação sem demonstração de benefícios;

VI – criar demanda artificial ou compulsória de produto, serviço ou atividade profissional, inclusive de uso de cartórios, registros ou cadastros;

VII – introduzir limites à livre formação de sociedades empresariais ou de atividades econômicas;

VIII – restringir o uso e o exercício da publicidade e propaganda sobre um setor econômico, ressalvadas as hipóteses expressamente vedadas em lei federal; e

IX – exigir, sob o pretexto de inscrição tributária, requerimentos de outra natureza de maneira a mitigar os efeitos do inciso I do *caput* do art. 3.º desta Lei.

Art. 4º-A. É dever da administração pública e das demais entidades que se sujeitam a esta Lei, na aplicação da ordenação pública sobre atividades econômicas privadas:

•• *Caput* acrescentado pela Lei n. 14.195, de 26-8-2021.

I – dispensar tratamento justo, previsível e isonômico entre os agentes econômicos;

•• Inciso I acrescentado pela Lei n. 14.195, de 26-8-2021.

II – proceder à lavratura de autos de infração ou aplicar sanções com base em termos subjetivos ou abstratos somente quando estes forem propriamente regulamentados por meio de critérios claros, objetivos e previsíveis; e

•• Inciso II acrescentado pela Lei n. 14.195, de 26-8-2021.

III – observar o critério de dupla visita para lavratura de autos de infração decorrentes do exercício de atividade considerada de baixo ou médio risco.

•• Inciso III acrescentado pela Lei n. 14.195, de 26-8-2021.

§ 1.º Os órgãos e as entidades competentes, na forma do inciso II do *caput* deste artigo, editarão atos normativos para definir a aplicação e a incidência de conceitos subjetivos ou abstratos por meio de critérios claros, objetivos e previsíveis, observado que:

•• § 1.º, *caput*, acrescentado pela Lei n. 14.195, de 26-8-2021.

I – nos casos de imprescindibilidade de juízo subjetivo para a aplicação da sanção, o ato normativo determinará o procedimento para sua aferição, de forma a garantir a maior previsibilidade e impessoalidade possível;

•• Inciso I acrescentado pela Lei n. 14.195, de 26-8-2021.

II – a competência da edição dos atos normativos infralegais equivalentes a que se refere este parágrafo poderá ser delegada pelo Poder competente conforme sua autonomia, bem como pelo órgão ou pela entidade responsável pela lavratura do auto de infração.

•• Inciso II acrescentado pela Lei n. 14.195, de 26-8-2021.

§ 2.º Para os fins administrativos, controladores e judiciais, consideram-se plenamente atendidos pela administração pública os requisitos previstos no inciso II do *caput* deste artigo, quando a advocacia pública, no âmbito da União, dos Estados, do Distrito Federal e dos Municípios, nos limites da respectiva competência, tiver previamente analisado o ato de que trata o § 1.º deste artigo.

•• § 2.º acrescentado pela Lei n. 14.195, de 26-8-2021.

§ 3.º Os órgãos e as entidades deverão editar os atos normativos previstos no § 1.º deste artigo no prazo de 4 (quatro) anos, podendo o Poder Executivo estabelecer prazo inferior em regulamento.

•• § 3.º acrescentado pela Lei n. 14.195, de 26-8-2021.

§ 4.º O disposto no inciso II do *caput* deste artigo aplica-se exclusivamente ao ato de lavratura decorrente de infrações referentes a matérias nas quais a atividade foi considerada de baixo ou médio risco, não se aplicando a órgãos e a entidades da administração pública que não a tenham assim classificado, de forma direta ou indireta, de acordo com os seguintes critérios:

•• § 4.º, *caput*, acrescentado pela Lei n. 14.195, de 26-8-2021.

I – direta, quando realizada pelo próprio órgão ou entidade da administração pública que procede à lavratura; e

•• Inciso I acrescentado pela Lei n. 14.195, de 26-8-2021.

II – indireta, quando o nível de risco aplicável decorre de norma hierarquicamente superior ou subsidiária, por força de lei, desde que a classificação refira-se explicitamente à matéria sobre a qual se procederá a lavratura.

•• Inciso II acrescentado pela Lei n. 14.195, de 26-8-2021.

Capítulo IV

DA ANÁLISE DE IMPACTO REGULATÓRIO

Art. 5.º As propostas de edição e de alteração de atos normativos de interesse geral de agentes econômicos ou de usuários dos serviços prestados, editadas por órgão ou entidade da administração pública federal, incluídas as autarquias e as fundações públicas, serão precedidas da realização de análise de impacto regulatório, que conterá informações e dados sobre os possíveis efeitos do ato normativo para verificar a razoabilidade do seu impacto econômico.

•• *Vide* Decreto n. 10.411, de 30-6-2020, que regulamenta a análise de impacto regulatório de que trata este artigo.

Parágrafo único. Regulamento disporá sobre a data de início da exigência de que trata o *caput* deste artigo e sobre o conteúdo, a metodologia da análise de impacto regulatório, os quesitos mínimos a serem objeto de exame, as hipóteses em que será obrigatória sua realização e as hipóteses em que poderá ser dispensada.

Capítulo V

DAS ALTERAÇÕES LEGISLATIVAS E DISPOSIÇÕES FINAIS

Art. 6.º Fica extinto o Fundo Soberano do Brasil (FSB), fundo especial de natureza contábil e financeira, vinculado ao Ministério da Economia, criado pela Lei n. 11.887, de 24 de dezembro de 2008.

Art. 7.º A Lei n. 10.406, de 10 de janeiro de 2002 (Código Civil), passa a vigorar com as seguintes alterações:

•• Alterações já processadas no diploma modificado.

Art. 8.º O art. 85 da Lei n. 6.404, de 15 de dezembro de 1976, passa a vigorar com as seguintes alterações:

•• Alterações já processadas no diploma modificado.

Art. 9.º O art. 4.º da Lei n. 11.598, de 3 de dezembro de 2007, passa a vigorar acrescido do seguinte § 5.º:

•• Alterações já processadas no diploma modificado.

....

Art. 12. O art. 1.º da Lei n. 6.015, de 31 de dezembro de 1973, passa a vigorar acrescido do seguinte § 3.º:

•• Alterações já processadas no diploma modificado.

....

Art. 14. A Lei n. 8.934, de 18 de novembro de 1994, passa a vigorar com as seguintes alterações:

•• Alterações já processadas no diploma modificado.

....

Art. 16. O Sistema de Escrituração Digital das Obrigações Fiscais, Previdenciárias e Trabalhistas (eSocial) será substituído, em nível federal, por sistema simplificado de escrituração digital de obrigações previdenciárias, trabalhistas e fiscais.

Parágrafo único. Aplica-se o disposto no *caput* deste artigo às obrigações acessórias à versão digital gerenciadas pela Receita Federal do Brasil do Livro de Controle de Produção e Estoque da Secretaria Especial da Receita Federal do Brasil (Bloco K).

Art. 17. Ficam resguardados a vigência e a eficácia ou os efeitos dos atos declaratórios do Procurador-Geral da Fazenda Nacional, aprovados pelo Ministro de Estado respectivo e editados até a data de publicação desta Lei, nos termos do inciso II do *caput* do art. 19 da Lei n. 10.522, de 19 de julho de 2002.

Art. 18. A eficácia do disposto no inciso X do *caput* do art. 3.º desta Lei fica condicionada à regulamentação em ato do Poder Executivo federal, observado que:

I – para documentos particulares, qualquer meio de comprovação da autoria, integridade e, se necessário, confidencialidade de documentos em forma eletrônica é válido, desde que escolhido de comum acordo pelas partes ou aceito pela pessoa a quem for oposto o documento; e

II – independentemente de aceitação, o processo de digitalização que empregar o uso da certificação no padrão da Infraestrutura de Chaves Públicas Brasileira (ICP-Brasil) terá garantia de integralidade, autenticidade e confidencialidade para documentos públicos e privados.

Art. 19. Ficam revogados:

I – a Lei Delegada n. 4, de 26 de setembro de 1962;

....

III – a Lei n. 11.887, de 24 de dezembro de 2008;

IV – (*Vetado.*)

....

VI – os seguintes dispositivos da Lei n. 8.934, de 18 de novembro de 1994:

a) parágrafo único do art. 2.º;

b) inciso VIII do *caput* do art. 35;

c) art. 43; e

d) parágrafo único do art. 47.

Art. 20. Esta Lei entra em vigor:

I – (*Vetado.*)

II – na data de sua publicação, para os demais artigos.

Brasília, 20 de setembro de 2019; 198.º da Independência e 131.º da República.

JAIR BOLSONARO

DECRETO N. 10.024, DE 20 DE SETEMBRO DE 2019 (*)

Regulamenta a licitação, na modalidade pregão, na forma eletrônica, para a aquisição de bens e a contratação de serviços comuns, incluídos os serviços comuns de engenharia, e dispõe sobre o uso da dispensa eletrônica, no âmbito da administração pública federal.

(*) Publicado no *Diário Oficial da União*, de 23-9-2019. *Vide* Lei n. 10.520, de 17-7-2002, que institui modalidade de licitação denominada pregão, para aquisição de bens e serviços comuns.

O Presidente da República, no uso das atribuições que lhe confere o art. 84, caput, incisos II, IV e VI, alínea a, da Constituição, e tendo em vista o disposto no art. 2.º, § 1.º, da Lei n. 10.520, de 17 de julho de 2002, e na Lei n. 8.666, de 21 de junho de 1993, decreta:

Capítulo I
DISPOSIÇÕES PRELIMINARES

Objeto e âmbito de aplicação

Art. 1.º Este Decreto regulamenta a licitação, na modalidade de pregão, na forma eletrônica, para a aquisição de bens e a contratação de serviços comuns, incluídos os serviços comuns de engenharia, e dispõe sobre o uso da dispensa eletrônica, no âmbito da administração pública federal.

§ 1.º A utilização da modalidade de pregão, na forma eletrônica, pelos órgãos da administração pública federal direta, pelas autarquias, pelas fundações e pelos fundos especiais é obrigatória.

§ 2.º As empresas públicas, as sociedades de economia mista e suas subsidiárias, nos termos do regulamento interno de que trata o art. 40 da Lei n. 13.303, de 30 de junho de 2016, poderão adotar, no que couber, as disposições deste Decreto, inclusive o disposto no Capítulo XVII, observados os limites de que trata o art. 29 da referida Lei.

§ 3.º Para a aquisição de bens e a contratação de serviços comuns pelos entes federativos, com a utilização de recursos da União decorrentes de transferências voluntárias, tais como convênios e contratos de repasse, a utilização da modalidade de pregão, na forma eletrônica, ou da dispensa eletrônica será obrigatória, exceto nos casos em que a lei ou a regulamentação específica que dispuser sobre a modalidade de transferência discipline de forma diversa as contratações com os recursos do repasse.

§ 4.º Será admitida, excepcionalmente, mediante prévia justificativa da autoridade competente, a utilização da forma de pregão presencial nas licitações de que trata o *caput* ou a não adoção do sistema de dispensa eletrônica, desde que fique comprovada a inviabilidade técnica ou a desvantagem para a administração na realização da forma eletrônica.

Princípios

Art. 2.º O pregão, na forma eletrônica, é condicionado aos princípios da legalidade, da impessoalidade, da moralidade, da igualdade, da publicidade, da eficiência, da probidade administrativa, do desenvolvimento sustentável, da vinculação ao instrumento convocatório, do julgamento objetivo, da razoabilidade, da competitividade, da proporcionalidade e aos que lhes são correlatos.

§ 1.º O princípio do desenvolvimento sustentável será observado nas etapas do processo de contratação, em suas dimensões econômica, social, ambiental e cultural, no mínimo, com base nos planos de gestão de logística sustentável dos órgãos e das entidades.

§ 2.º As normas disciplinadoras da licitação serão interpretadas em favor da ampliação da disputa entre os interessados, resguardados o interesse da administração, o princípio da isonomia, a finalidade e a segurança da contratação.

Definições

Art. 3.º Para fins do disposto neste Decreto, considera-se:

I – aviso do edital – documento que contém:

a) a definição precisa, suficiente e clara do objeto;

b) a indicação dos locais, das datas e dos horários em que poderá ser lido ou obtido o edital; e

c) o endereço eletrônico no qual ocorrerá a sessão pública com a data e o horário de sua realização;

II – bens e serviços comuns – bens cujos padrões de desempenho e qualidade possam ser objetivamente definidos pelo edital, por meio de especificações reconhecidas e usuais do mercado;

III – bens e serviços especiais – bens que, por sua alta heterogeneidade ou complexidade técnica, não podem ser considerados bens e serviços comuns, nos termos do inciso II;

IV – estudo técnico preliminar – documento constitutivo da primeira etapa do planejamento de uma contratação, que caracteriza o interesse público envolvido e a melhor solução ao problema a ser resolvido e que, na hipótese de conclusão pela viabilidade da contratação, fundamenta o termo de referência;

V – lances intermediários – lances iguais ou superiores ao menor já ofertado, porém inferiores ao último lance dado pelo próprio licitante;

VI – obra – construção, reforma, fabricação, recuperação ou ampliação de bem imóvel, realizada por execução direta ou indireta;

VII – serviço – atividade ou conjunto de atividades destinadas a obter determinada utilidade, intelectual ou material, de interesse da administração pública;

VIII – serviço comum de engenharia – atividade ou conjunto de atividades que necessitam da participação e do acompanhamento de profissional engenheiro habilitado, nos termos do disposto na Lei n. 5.194, de 24 de dezembro de 1966, e cujos padrões de desempenho e qualidade possam ser objetivamente definidos pela administração pública, mediante especificações usuais de mercado;

IX – Sistema de Cadastramento Unificado de Fornecedores – Sicaf – ferramenta informatizada, integrante da plataforma do Sistema Integrado de Administração de Serviços Gerais – Siasg, disponibilizada pelo Ministério da Economia, para cadastramento dos órgãos e das entidades da administração pública, das empresas públicas e dos participantes de procedimentos de licitação, dispensa ou inexigibilidade promovidos pelos órgãos e pelas entidades integrantes do Sistema de Serviços Gerais – Sisg;

X – sistema de dispensa eletrônica – ferramenta informatizada, integrante da plataforma do Siasg, disponibilizada pelo Ministério da Economia, para a realização dos processos de contratação direta de bens e serviços comuns, incluídos os serviços comuns de engenharia; e

XI – termo de referência – documento elaborado com base nos estudos técnicos preliminares, que deverá conter:

a) os elementos que embasam a avaliação do custo pela administração pública, a partir dos padrões de desempenho e qualidade estabelecidos e das condições de entrega do objeto, com as seguintes informações:

1. a definição do objeto contratual e dos métodos para a sua execução, vedadas especificações excessivas, irrelevantes ou desnecessárias, que limitem ou frustrem a competição ou a realização do certame;
2. o valor estimado do objeto da licitação demonstrado em planilhas, de acordo com o preço de mercado; e
3. o cronograma físico-financeiro, se necessário;

b) o critério de aceitação do objeto;

c) os deveres do contratado e do contratante;

d) a relação dos documentos essenciais à verificação da qualificação técnica e econômico-financeira, se necessária;

e) os procedimentos de fiscalização e gerenciamento do contrato ou da ata de registro de preços;

f) o prazo para execução do contrato; e

g) as sanções previstas de forma objetiva, suficiente e clara.

§ 1.º A classificação de bens e serviços como comuns depende de exame predominantemente fático e de natureza técnica.

§ 2.º Os bens e serviços que envolverem o desenvolvimento de soluções específicas de natureza intelectual, científica e técnica, caso possam ser definidos nos termos do disposto no inciso II do *caput*, serão licitados por pregão, na forma eletrônica.

Vedações

Art. 4.º O pregão, na forma eletrônica, não se aplica a:

I – contratações de obras;

II – locações imobiliárias e alienações; e

III – bens e serviços especiais, incluídos os serviços de engenharia enquadrados no disposto no inciso III do *caput* do art. 3.º.

Capítulo II
DOS PROCEDIMENTOS

Forma de realização

Art. 5.º O pregão, na forma eletrônica, será realizado quando a disputa pelo fornecimento de bens ou pela contratação de serviços comuns ocorrer à distância e em sessão pública, por meio do Sistema de Compras do Governo federal, disponível no endereço eletrônico www.comprasgovernamentais.gov.br.

§ 1.º O sistema de que trata o *caput* será dotado de recursos de criptografia e de autenticação que garantam as condições de segurança nas etapas do certame.

§ 2.º Na hipótese de que trata o § 3.º do art. 1.º, além do disposto no *caput*, poderão ser utilizados sistemas próprios ou outros sistemas disponíveis no mercado, desde que estejam integrados à plataforma de operacionalização das modalidades de transferências voluntárias.

Etapas

Art. 6.º A realização do pregão, na forma eletrônica, observará as seguintes etapas sucessivas:

I – planejamento da contratação;

II – publicação do aviso de edital;

III – apresentação de propostas e de documentos de habilitação;

IV – abertura da sessão pública e envio de lances, ou fase competitiva;

V – julgamento;

VI – habilitação;

VII – recursal;

VIII – adjudicação; e

IX – homologação.

Critérios de julgamento das propostas

Art. 7.º Os critérios de julgamento empregados na seleção da proposta mais vantajosa para a administração serão os de menor preço ou maior desconto, conforme dispuser o edital.

Parágrafo único. Serão fixados critérios objetivos para definição do melhor preço, considerados os prazos para a execução do contrato e do fornecimento, as especificações técnicas, os parâmetros mínimos de desempenho e de qualidade, as diretrizes do plano de gestão de logística sustentável e as demais condições estabelecidas no edital.

Documentação

Art. 8.º O processo relativo ao pregão, na forma eletrônica, será instruído com os seguintes documentos, no mínimo:

I – estudo técnico preliminar, quando necessário;

II – termo de referência;

III – planilha estimativa de despesa;

IV – previsão dos recursos orçamentários necessários, com a indicação das rubricas, exceto na hipótese de pregão para registro de preços;

V – autorização de abertura da licitação;

VI – designação do pregoeiro e da equipe de apoio;

VII – edital e respectivos anexos;

VIII – minuta do termo do contrato, ou instrumento equivalente, ou minuta da ata de registro de preços, conforme o caso;

IX – parecer jurídico;

X – documentação exigida e apresentada para a habilitação;

XI – proposta de preços do licitante;

XII – ata da sessão pública, que conterá os seguintes registros, entre outros:

a) os licitantes participantes;

b) as propostas apresentadas;

c) os avisos, os esclarecimentos e as impugnações;

d) os lances ofertados, na ordem de classificação;

e) a suspensão e o reinício da sessão, se for o caso;

f) a aceitabilidade da proposta de preço;

g) a habilitação;

h) a decisão sobre o saneamento de erros ou falhas na proposta ou na documentação;

i) os recursos interpostos, as respectivas análises e as decisões; e

j) o resultado da licitação;

***XI*II** – comprovantes das publicações:

a) do aviso do edital;

b) do extrato do contrato; e

c) dos demais atos cuja publicidade seja exigida; e

XIV – ato de homologação.

§ 1.º A instrução do processo licitatório poderá ser realizada por meio de sistema eletrônico, de modo que os atos e os documentos de que trata este artigo, constantes dos arquivos e registros digitais, serão válidos para todos os efeitos legais, inclusive para comprovação e prestação de contas.

§ 2.º A ata da sessão pública será disponibilizada na internet imediatamente após o seu encerramento, para acesso livre.

Capítulo III
DO ACESSO AO SISTEMA ELETRÔNICO

Credenciamento

Art. 9.º A autoridade competente do órgão ou da entidade promotora da licitação, o pregoeiro, os membros da equipe de apoio e os licitantes que participarem do pregão, na forma eletrônica, serão previamente credenciados, perante o provedor do sistema eletrônico.

§ 1.º O credenciamento para acesso ao sistema ocorrerá pela atribuição de chave de identificação e de senha pessoal e intransferível.

§ 2.º Caberá à autoridade competente do órgão ou da entidade promotora da licitação solicitar, junto ao provedor do sistema, o seu credenciamento, o do pregoeiro e o dos membros da equipe de apoio.

Licitante

Art. 10. Na hipótese de pregão promovido por órgão ou entidade integrante do Sisg, o credenciamento do licitante e sua manutenção dependerão de registro prévio e atualizado no Sicaf.

Art. 11. O credenciamento no Sicaf permite a participação dos interessados em qualquer pregão, na forma eletrônica, exceto quando o seu cadastro no Sicaf tenha sido inativado ou excluído por solicitação do credenciado ou por determinação legal.

Capítulo IV
DA CONDUÇÃO DO PROCESSO

Órgão ou entidade promotora da licitação

Art. 12. O pregão, na forma eletrônica, será conduzido pelo órgão ou pela entidade promotora da licitação, com apoio técnico e operacional do órgão central do Sisg, que atuará como provedor do Sistema de Compras do Governo federal para os órgãos e entidades integrantes do Sisg.

Autoridade competente

Art. 13. Caberá à autoridade competente, de acordo com as atribuições previstas no regimento ou no estatuto do órgão ou da entidade promotora da licitação:

I – designar o pregoeiro e os membros da equipe de apoio;

II – indicar o provedor do sistema;

III – determinar a abertura do processo licitatório;

IV – decidir os recursos contra os atos do pregoeiro, quando este mantiver sua decisão;

V – adjudicar o objeto da licitação, quando houver recurso;

VI – homologar o resultado da licitação; e

VII – celebrar o contrato ou assinar a ata de registro de preços.

Capítulo V
DO PLANEJAMENTO DA CONTRATAÇÃO

Orientações gerais

Art. 14. No planejamento do pregão, na forma eletrônica, será observado o seguinte:

I – elaboração do estudo técnico preliminar e do termo de referência;

II – aprovação do estudo técnico preliminar e do termo de referência pela autoridade competente ou por quem esta delegar;

III – elaboração do edital, que estabelecerá os critérios de julgamento e a aceitação das propostas, o modo de disputa e, quando necessário, o intervalo mínimo de diferença de valores ou de percentuais entre os lances, que incidirá tanto em relação aos lances intermediários quanto em relação ao lance que cobrir a melhor oferta;

IV – definição das exigências de habilitação, das sanções aplicáveis, dos prazos e das condições que, pelas suas particularidades, sejam consideradas relevantes para a celebração e a execução do contrato e o atendimento das necessidades da administração pública; e

V – designação do pregoeiro e de sua equipe de apoio.

Valor estimado ou valor máximo aceitável

Art. 15. O valor estimado ou o valor máximo aceitável para a contratação, se não constar expressamente do edital, possuirá caráter sigiloso e será disponibilizado exclusiva e permanentemente aos órgãos de controle externo e interno.

§ 1.º O caráter sigiloso do valor estimado ou do valor máximo aceitável para a contratação será fundamentado no § 3.º do art. 7.º da Lei n. 12.527, de 18 de novembro de 2011, e no art. 20 do Decreto n. 7.724, de 16 de maio de 2012.

§ 2.º Para fins do disposto no *caput*, o valor estimado ou o valor máximo aceitável para a contratação será tornado público apenas e imediatamente após o encerramento do envio de lances, sem prejuízo da divulgação do detalhamento dos quantitativos e das demais informações necessárias à elaboração das propostas.

§ 3.º Nas hipóteses em que for adotado o critério de julgamento pelo maior desconto, o valor estimado, o valor máximo aceitável ou o valor de referência para aplicação do desconto constará obrigatoriamente do instrumento convocatório.

Designações do pregoeiro e da equipe de apoio

Art. 16. Caberá à autoridade máxima do órgão ou da entidade, ou a quem possuir a competência, designar agentes públicos para o desempenho das funções deste Decreto, observados os seguintes requisitos:

I – o pregoeiro e os membros da equipe de apoio serão servidores do órgão ou da entidade promotora da licitação; e

II – os membros da equipe de apoio serão, em sua maioria, servidores ocupantes de cargo efetivo, preferencialmente pertencentes aos quadros permanentes do órgão ou da entidade promotora da licitação.

§ 1.º No âmbito do Ministério da Defesa, as funções de pregoeiro e de membro da equipe de apoio poderão ser desempenhadas por militares.

§ 2.º A critério da autoridade competente, o pregoeiro e os membros da equipe de apoio poderão ser designados para uma licitação específica, para um período determinado, admitidas reconduções, ou por período indeterminado, permitida a revogação da designação a qualquer tempo.

§ 3.º Os órgãos e as entidades de que trata o § 1.º do art. 1.º estabelecerão planos de capacitação que contenham iniciativas de treinamento para a formação e a atualização técnica de pregoeiros, membros da equipe de apoio e demais agentes encarregados da instrução do processo licitatório, a serem implementadas com base em gestão por competências.

Do pregoeiro

Art. 17. Caberá ao pregoeiro, em especial:

I – conduzir a sessão pública;

II – receber, examinar e decidir as impugnações e os pedidos de esclarecimentos ao edital e aos anexos, além de poder requisitar subsídios formais aos responsáveis pela elaboração desses documentos;

III – verificar a conformidade da proposta em relação aos requisitos estabelecidos no edital;

IV – coordenar a sessão pública e o envio de lances;

V – verificar e julgar as condições de habilitação;

VI – sanear erros ou falhas que não alterem a substância das propostas, dos documentos de habili-tação e sua validade jurídica;

VII – receber, examinar e decidir os recursos e encaminhá-los à autoridade competente quando mantiver sua decisão;

VIII – indicar o vencedor do certame;

IX – adjudicar o objeto, quando não houver recurso;

X – conduzir os trabalhos da equipe de apoio; e

XI – encaminhar o processo devidamente instruído à autoridade competente e propor a sua homologação.

Parágrafo único. O pregoeiro poderá solicitar manifestação técnica da assessoria jurídica ou de outros setores do órgão ou da entidade, a fim de subsidiar sua decisão.

Da equipe de apoio

Art. 18. Caberá à equipe de apoio auxiliar o pregoeiro nas etapas do processo licitatório.

Do licitante

Art. 19. Caberá ao licitante interessado em participar do pregão, na forma eletrônica:

I – credenciar-se previamente no Sicaf ou, na hipótese de que trata o § 2.º do art. 5.º, no sistema eletrônico utilizado no certame;

II – remeter, no prazo estabelecido, exclusivamente via sistema, os documentos de habilitação e a proposta e, quando necessário, os documentos complementares;

III – responsabilizar-se formalmente pelas transações efetuadas em seu nome, assumir como firmes e verdadeiras suas propostas e seus lances, inclusive os atos praticados diretamente ou por seu representante, excluída a responsabilidade do provedor do sistema ou do órgão ou entidade promotora da licitação por eventuais danos decorrentes de uso indevido da senha, ainda que por terceiros;

IV – acompanhar as operações no sistema eletrônico durante o processo licitatório e responsabilizar-se pelo ônus decorrente da perda de negócios diante da inobservância de mensagens emitidas pelo sistema ou de sua desconexão;

V – comunicar imediatamente ao provedor do sistema qualquer acontecimento que possa comprometer o sigilo ou a inviabilidade do uso da senha, para imediato bloqueio de acesso;

VI – utilizar a chave de identificação e a senha de acesso para participar do pregão na forma eletrônica; e

VII – solicitar o cancelamento da chave de identificação ou da senha de acesso por interesse próprio.

Parágrafo único. O fornecedor descredenciado no Sicaf terá sua chave de identificação e senha suspensas automaticamente.

Capítulo VI
DA PUBLICAÇÃO DO AVISO DO EDITAL

Publicação

Art. 20. A fase externa do pregão, na forma eletrônica, será iniciada com a convocação dos interessados por meio da publicação do aviso do edital no *Diário Oficial da União* e no sítio eletrônico oficial do órgão ou da entidade promotora da licitação.

Parágrafo único. Na hipótese de que trata o § 3.º do art. 1.º, a publicação ocorrerá na imprensa oficial do respectivo Estado, do Distrito Federal ou do Município e no sítio eletrônico oficial do órgão ou da entidade promotora da licitação.

Edital

Art. 21. Os órgãos ou as entidades integrantes do Sisg e aqueles que aderirem ao Sistema Compras do Governo federal disponibilizarão a íntegra do edital no endereço eletrônico www.comprasgovernamentais.gov.br e no sítio eletrônico do órgão ou da entidade promotora do pregão.

Parágrafo único. Na hipótese do § 2.º do art. 5.º, o edital será disponibilizado na íntegra no sítio eletrônico do órgão ou da entidade promotora do pregão e no portal do sistema utilizado para a realização do pregão.

Modificação do edital

Art. 22. Modificações no edital serão divulgadas pelo mesmo instrumento de publicação utilizado para divulgação do texto original e o prazo inicialmente estabelecido será reaberto, exceto se, inquestionavelmente, a alteração não afetar a formulação das propostas, resguardado o tratamento isonômico aos licitantes.

Esclarecimentos

Art. 23. Os pedidos de esclarecimentos referentes ao processo licitatório serão enviados ao pregoeiro, até três dias úteis anteriores à data fixada para abertura da sessão pública, por meio eletrônico, na forma do edital.

§ 1.º O pregoeiro responderá aos pedidos de esclarecimentos no prazo de dois dias úteis, contado da data de recebimento do pedido, e poderá requisitar subsídios formais aos responsáveis pela elaboração do edital e dos anexos.

§ 2.º As respostas aos pedidos de esclarecimentos serão divulgadas pelo sistema e vincularão os participantes e a administração.

Impugnação

Art. 24. Qualquer pessoa poderá impugnar os termos do edital do pregão, por meio eletrônico, na forma prevista no edital, até três dias úteis anteriores à data fixada para abertura da sessão pública.

§ 1.º A impugnação não possui efeito suspensivo e caberá ao pregoeiro, auxiliado pelos responsáveis pela elaboração do edital e dos anexos, decidir sobre a impugnação no prazo de dois dias úteis, contado do data de recebimento da impugnação.

§ 2.º A concessão de efeito suspensivo à impugnação é medida excepcional e deverá ser motivada pelo pregoeiro, nos autos do processo de licitação.

§ 3.º Acolhida a impugnação contra o edital, será definida e publicada nova data para realização do certame.

Capítulo VII

DA APRESENTAÇÃO DA PROPOSTA E DOS DOCUMENTOS DE HABILITAÇÃO

Prazo

Art. 25. O prazo fixado para a apresentação das propostas e dos documentos de habilitação não será inferior a oito dias úteis, contado da data de publicação do aviso do edital.

Apresentação da proposta e dos documentos de habilitação pelo licitante

Art. 26. Após a divulgação do edital no sítio eletrônico, os licitantes encaminharão, exclusivamente por meio do sistema, concomitantemente com os documentos de habilitação exigidos no edital, proposta com a descrição do objeto ofertado e o preço, até a data e o horário estabelecidos para abertura da sessão pública.

§ 1.º A etapa de que trata o *caput* será encerrada com a abertura da sessão pública.

§ 2.º Os licitantes poderão deixar de apresentar os documentos de habilitação que constem do Sicaf e de sistemas semelhantes mantidos pelos Estados, pelo Distrito Federal ou pelos Municípios, quando a licitação for realizada por esses entes federativos, assegurado aos demais licitantes o direito de acesso aos dados constantes dos sistemas.

§ 3.º O envio da proposta, acompanhada dos documentos de habilitação exigidos no edital, nos termos do disposto no *caput*, ocorrerá por meio de chave de acesso e senha.

§ 4.º O licitante declarará, em campo próprio do sistema, o cumprimento dos requisitos para a habilitação e a conformidade de sua proposta com as exigências do edital.

§ 5.º A falsidade da declaração de que trata o § 4.º sujeitará o licitante às sanções previstas neste Decreto.

§ 6.º Os licitantes poderão retirar ou substituir a proposta e os documentos de habilitação anteriormente inseridos no sistema, até a abertura da sessão pública.

§ 7.º Na etapa de apresentação da proposta e dos documentos de habilitação pelo licitante, observado o disposto no *caput*, não haverá ordem de classificação das propostas, o que ocorrerá somente após os procedimentos de que trata o Capítulo IX.

§ 8.º Os documentos que compõem a proposta e a habilitação do licitante melhor classificado somente serão disponibilizados para avaliação do pregoeiro e para acesso público após o encerramento do envio de lances.

§ 9.º Os documentos complementares à proposta e à habilitação, quando necessários à confirmação daqueles exigidos no edital e já apresentados, serão encaminhados pelo licitante melhor classificado após o encerramento do envio de lances, observado o prazo de que trata o § 2.º do art. 38.

Capítulo VIII

DA ABERTURA DA SESSÃO PÚBLICA E DO ENVIO DE LANCES

Horário de abertura

Art. 27. A partir do horário previsto no edital, a sessão pública na internet será aberta pelo pregoeiro com a utilização de sua chave de acesso e senha.

§ 1.º Os licitantes poderão participar da sessão pública na internet, mediante a utilização de sua chave de acesso e senha.

§ 2.º O sistema disponibilizará campo próprio para troca de mensagens entre o pregoeiro e os licitantes.

Conformidade das propostas

Art. 28. O pregoeiro verificará as propostas apresentadas e desclassificará aquelas que não estejam em conformidade com os requisitos estabelecidos no edital.

Parágrafo único. A desclassificação da proposta será fundamentada e registrada no sistema, acompanhado em tempo real por todos os participantes.

Ordenação e classificação das propostas

Art. 29. O sistema ordenará automaticamente as propostas classificadas pelo pregoeiro.

Parágrafo único. Somente as propostas classificadas pelo pregoeiro participarão da etapa de envio de lances.

Início da fase competitiva

Art. 30. Classificadas as propostas, o pregoeiro dará início à fase competitiva, oportunidade em que os licitantes poderão encaminhar lances exclusivamente por meio do sistema eletrônico.

§ 1.º O licitante será imediatamente informado do recebimento do lance e do valor consignado no registro.

§ 2.º Os licitantes poderão oferecer lances sucessivos, observados o horário fixado para abertura da sessão pública e as regras estabelecidas no edital.

§ 3.º O licitante somente poderá oferecer valor inferior ou maior percentual de desconto ao último lance por ele ofertado e registrado pelo sistema, observado, quando houver, o intervalo mínimo de diferença de valores ou de percentuais entre os lances, que incidirá tanto em relação aos lances intermediários quanto em relação ao lance que cobrir a melhor oferta.

§ 4.º Não serão aceitos dois ou mais lances iguais e prevalecerá aquele que for recebido e registrado primeiro.

§ 5.º Durante a sessão pública, os licitantes serão informados, em tempo real, do valor do menor lance registrado, vedada a identificação do licitante.

Modos de disputa

Art. 31. Serão adotados para o envio de lances no pregão eletrônico os seguintes modos de disputa:

I – aberto – os licitantes apresentarão lances públicos e sucessivos, com prorrogações, conforme o critério de julgamento adotado no edital; ou

II – aberto e fechado – os licitantes apresentarão lances públicos e sucessivos, com lance final e fechado, conforme o critério de julgamento adotado no edital.

Parágrafo único. No modo de disputa aberto, o edital preverá intervalo mínimo de diferença de valores ou de percentuais entre os lances, que incidirá tanto em relação aos lances intermediários quanto em relação ao lance que cobrir a melhor oferta.

Modo de disputa aberto

Art. 32. No modo de disputa aberto, de que trata o inciso I do *caput* do art. 31, a etapa de envio de lances na sessão pública durará dez minutos e, após isso, será prorrogada automaticamente pelo sistema quando houver lance ofertado nos últimos dois minutos do período de duração da sessão pública.

§ 1.º A prorrogação automática da etapa de envio de lances, de que trata o *caput*, será de dois minutos e ocorrerá sucessivamente sempre que houver lances enviados nesse período de prorrogação, inclusive quando se tratar de lances intermediários.

§ 2.º Na hipótese de não haver novos lances na forma estabelecida no *caput* e no § 1.º, a sessão pública será encerrada automaticamente.

§ 3.º Encerrada a sessão pública sem prorrogação automática pelo sistema, nos termos do disposto no § 1.º, o pregoeiro poderá, assessorado pela equipe de apoio, admitir o reinício da etapa de envio de lances, em prol da consecução do melhor preço disposto no parágrafo único do art. 7.º, mediante justificativa.

Modo de disputa aberto e fechado

Art. 33. No modo de disputa aberto e fechado, de que trata o inciso II do *caput* do art.

31, a etapa de envio de lances da sessão pública terá duração de quinze minutos.

§ 1.º Encerrado o prazo previsto no *caput*, o sistema encaminhará o aviso de fechamento iminente dos lances e, transcorrido o período de até dez minutos, aleatoriamente determinado, a recepção de lances será automaticamente encerrada.

§ 2.º Encerrado o prazo de que trata o § 1.º, o sistema abrirá a oportunidade para que o autor da oferta de valor mais baixo e os autores das ofertas com valores até dez por cento superiores àquela possam ofertar um lance final e fechado em até cinco minutos, que será sigiloso até o encerramento deste prazo.

§ 3.º Na ausência de, no mínimo, três ofertas nas condições de que trata o § 2.º, os autores dos melhores lances subsequentes, na ordem de classificação, até o máximo de três, poderão oferecer um lance final e fechado em até cinco minutos, que será sigiloso até o encerramento do prazo.

§ 4.º Encerrados os prazos estabelecidos nos § 2.º e § 3.º, o sistema ordenará os lances em ordem crescente de vantajosidade.

§ 5.º Na ausência de lance final e fechado classificado nos termos dos § 2.º e § 3.º, haverá o reinício da etapa fechada para que os demais licitantes, até o máximo de três, na ordem de classificação, possam ofertar um lance final e fechado em até cinco minutos, que será sigiloso até o encerramento deste prazo, observado, após esta etapa, o disposto no § 4.º.

§ 6.º Na hipótese de não haver licitante classificado na etapa de lance fechado que atenda às exigências para habilitação, o pregoeiro poderá, auxiliado pela equipe de apoio, mediante justificativa, admitir o reinício da etapa fechada, nos termos do disposto no § 5.º.

Desconexão do sistema na etapa de lances

Art. 34. Na hipótese de o sistema eletrônico desconectar para o pregoeiro no decorrer da etapa de envio de lances da sessão pública e permanecer acessível aos licitantes, os lances continuarão sendo recebidos, sem prejuízo dos atos realizados.

Art. 35. Quando a desconexão do sistema eletrônico para o pregoeiro persistir por tempo superior a dez minutos, a sessão pública será suspensa e reiniciada somente decorridas vinte e quatro horas após a comunicação do fato aos participantes, no sítio eletrônico utilizado para divulgação.

Critérios de desempate

Art. 36. Após a etapa de envio de lances, haverá a aplicação dos critérios de desempate previstos nos arts. 44 e 45 da Lei Complementar n. 123, de 14 de dezembro de 2006, seguido da aplicação do critério estabelecido no § 2.º do art. 3.º da Lei n. 8.666, de 1993, se não houver licitante que atenda à primeira hipótese.

Art. 37. Os critérios de desempate serão aplicados nos termos do art. 36, caso não haja envio de lances após o início da fase competitiva.

Parágrafo único. Na hipótese de persistir o empate, a proposta vencedora será sorteada pelo sistema eletrônico dentre as propostas empatadas.

Capítulo IX
DO JULGAMENTO

Negociação da proposta

Art. 38. Encerrada a etapa de envio de lances da sessão pública, o pregoeiro deverá encaminhar, pelo sistema eletrônico, contraproposta ao licitante que tenha apresentado o melhor preço, para que seja obtida melhor proposta, vedada a negociação em condições diferentes das previstas no edital.

§ 1.º A negociação será realizada por meio do sistema e poderá ser acompanhada pelos demais licitantes.

§ 2.º O instrumento convocatório deverá estabelecer prazo de, no mínimo, duas horas, contado da solicitação do pregoeiro no sistema, para envio da proposta e, se necessário, dos documentos complementares, adequada ao último lance ofertado após a negociação de que trata o *caput*.

Julgamento da proposta

Art. 39. Encerrada a etapa de negociação de que trata o art. 38, o pregoeiro examinará a proposta classificada em primeiro lugar quanto à adequação ao objeto e à compatibilidade do preço em relação ao máximo estipulado para contratação no edital, observado o disposto no parágrafo único do art. 7.º e no § 9.º do art. 26, e verificará a habilitação do licitante conforme disposições do edital, observado o disposto no Capítulo X.

Capítulo X
DA HABILITAÇÃO

Documentação obrigatória

Art. 40. Para habilitação dos licitantes, será exigida, exclusivamente, a documentação relativa:

I – à habilitação jurídica;

II – à qualificação técnica;

III – à qualificação econômico-financeira;

IV – à regularidade fiscal e trabalhista;

V – à regularidade fiscal perante as Fazendas Públicas estaduais, distrital e municipais, quando necessário; e

VI – ao cumprimento do disposto no inciso XXXIII do *caput* do art. 7.º da Constituição e no inciso XVIII do *caput* do art. 78 da Lei n. 8.666, de 1993.

Parágrafo único. A documentação exigida para atender ao disposto nos incisos I, III, IV e V do *caput* poderá ser substituída pelo registro cadastral no Sicaf e em sistemas semelhantes mantidos pelos Estados, pelo Distrito Federal ou pelos Municípios, quando a licitação for realizada por esses entes federativos.

Art. 41. Quando permitida a participação de empresas estrangeiras na licitação, as exigências de habilitação serão atendidas mediante documentos equivalentes, inicialmente apresentados com tradução livre.

Parágrafo único. Na hipótese de o licitante vencedor ser estrangeiro, para fins de assinatura do contrato ou da ata de registro de preços, os documentos de que trata o *caput* serão traduzidos por tradutor juramentado no País e apostilados nos termos do dispostos no Decreto n. 8.660, de 29 de janeiro de 2016, ou de outro que venha a substituí-lo, ou consularizados pelos respectivos consulados ou embaixadas.

Art. 42. Quando permitida a participação de consórcio de empresas, serão exigidas:

I – a comprovação da existência de compromisso público ou particular de constituição de consórcio, com indicação da empresa líder, que atenderá às condições de liderança estabelecidas no edital e representará as consorciadas perante a União;

II – a apresentação da documentação de habilitação especificada no edital por empresa consorciada;

III – a comprovação da capacidade técnica do consórcio pelo somatório dos quantitativos de cada empresa consorciada, na forma estabelecida no edital;

IV – a demonstração, por cada empresa consorciada, do atendimento aos índices contábeis definidos no edital, para fins de qualificação econômico-financeira;

V – a responsabilidade solidária das empresas consorciadas pelas obrigações do consórcio, nas etapas da licitação e durante a vigência do contrato;

VI – a obrigatoriedade de liderança por empresa brasileira no consórcio formado por empresas brasileiras e estrangeiras, observado o disposto no inciso I; e

VII – a constituição e o registro do consórcio antes da celebração do contrato.

Parágrafo único. Fica vedada a participação de empresa consorciada, na mesma licitação, por meio de mais de um consórcio ou isoladamente.

Procedimentos de verificação

Art. 43. A habilitação dos licitantes será verificada por meio do Sicaf, nos documentos por ele abrangidos, quando os procedimentos licitatórios forem realizados por órgãos ou entidades integrantes do Sisg ou por aqueles que aderirem ao Sicaf.

§ 1.º Os documentos exigidos para habilitação que não estejam contemplados no Sicaf serão enviados nos termos do disposto no art. 26.

§ 2.º Na hipótese de necessidade de envio de documentos complementares após o julgamento da proposta, os documentos deverão ser apresentados em formato digital, via sistema, no prazo definido no edital, após solicitação do pregoeiro no sistema eletrônico, observado o prazo disposto no § 2.º do art. 38.

§ 3.º A verificação pelo órgão ou entidade promotora do certame nos sítios eletrônicos oficiais de órgãos e entidades emissores de certidões constitui meio legal de prova, para fins de habilitação.

§ 4.º Na hipótese de a proposta vencedora não for aceitável ou o licitante não atender às exigências para habilitação, o pregoeiro examinará a proposta subsequente e assim sucessivamente, na ordem de classificação, até a apuração de uma proposta que atenda ao edital.

§ 5.º Na hipótese de contratação de serviços comuns em que a legislação ou o edital exija apresentação de planilha de composição de preços, esta deverá ser encaminhada exclusivamente via sistema, no prazo fixado no edital, com os respectivos valores readequados ao lance vencedor.

§ 6.º No pregão, na forma eletrônica, realizado para o sistema de registro de preços, quando a proposta do licitante vencedor não atender ao quantitativo total estimado para a contratação, poderá ser convocada a quantidade de licitantes necessária para alcançar o total estimado, respeitada a ordem de classificação, observado o preço da proposta vencedora, precedida de posterior habilitação, nos termos do disposto no Capítulo X.

§ 7.º A comprovação de regularidade fiscal e trabalhista das microempresas e das empresas de pequeno porte será exigida nos termos do disposto no art. 4.º do Decreto n. 8.538, de 6 de outubro de 2015.

§ 8.º Constatado o atendimento às exigências estabelecidas no edital, o licitante será declarado vencedor.

Capítulo XI
DO RECURSO

Intenção de recorrer e prazo para recurso

Art. 44. Declarado o vencedor, qualquer licitante poderá, durante o prazo concedido na sessão pública, de forma imediata, em campo próprio do sistema, manifestar sua intenção de recorrer.

§ 1.º As razões do recurso de que trata o *caput* deverão ser apresentadas no prazo de três dias.

§ 2.º Os demais licitantes ficarão intimados para, se desejarem, apresentar suas contrarrazões, no prazo de três dias, contado da data final do prazo do recorrente, assegurada vista imediata dos elementos indispensáveis à defesa dos seus interesses.

§ 3.º A ausência de manifestação imediata e motivada do licitante quanto à intenção de recorrer, nos termos do disposto no *caput*, importará na decadência desse direito, e o pregoeiro estará autorizado a adjudicar o objeto ao licitante declarado vencedor.

§ 4.º O acolhimento do recurso importará na invalidação apenas dos atos que não podem ser aproveitados.

Capítulo XII
DA ADJUDICAÇÃO E DA HOMOLOGAÇÃO

Autoridade competente

Art. 45. Decididos os recursos e constatada a regularidade dos atos praticados, a autoridade competente adjudicará o objeto e homologará o procedimento licitatório, nos termos do disposto no inciso V do *caput* do art. 13.

Pregoeiro

Art. 46. Na ausência de recurso, caberá ao pregoeiro adjudicar o objeto e encaminhar o processo devidamente instruído à autoridade superior e propor a homologação, nos termos do disposto no inciso IX do *caput* do art. 17.

Capítulo XIII
DO SANEAMENTO DA PROPOSTA E DA HABILITAÇÃO

Erros ou falhas

Art. 47. O pregoeiro poderá, no julgamento da habilitação e das propostas, sanar erros ou falhas que não alterem a substância das propostas, dos documentos e sua validade jurídica, mediante decisão fundamentada, registrada em ata e acessível aos licitantes, e lhes atribuirá validade e eficácia para fins de habilitação e classificação, observado o disposto na Lei n. 9.784, de 29 de janeiro de 1999.

Parágrafo único. Na hipótese de necessidade de suspensão da sessão pública para a realização de diligências, com vistas ao saneamento de que trata o *caput*, a sessão pública somente poderá ser reiniciada mediante aviso prévio no sistema com, no mínimo, vinte e quatro horas de antecedência, e a ocorrência será registrada em ata.

Capítulo XIV
DA CONTRATAÇÃO

Assinatura do contrato ou da ata de registro de preços

•• *Vide* Decreto n. 7.892, de 23-1-2013, que regulamenta o sistema de registro de preços.

Art. 48. Após a homologação, o adjudicatário será convocado para assinar o contrato ou a ata de registro de preços no prazo estabelecido no edital.

§ 1.º Na assinatura do contrato ou da ata de registro de preços, será exigida a comprovação das condições de habilitação consignadas no edital, que deverão ser mantidas pelo licitante durante a vigência do contrato ou da ata de registro de preços.

§ 2.º Na hipótese de o vencedor da licitação não comprovar as condições de habilitação consignadas no edital ou se recusar a assinar o contrato ou a ata de registro de preços, outro licitante poderá ser convocado, respeitada a ordem de classificação, para, após a comprovação dos requisitos para habilitação, analisada a proposta e eventuais documentos complementares e, feita a negociação, assinar o contrato ou a ata de registro de preços, sem prejuízo da aplicação das sanções de que trata o art. 49.

§ 3.º O prazo de validade das propostas será de sessenta dias, permitida a fixação de prazo diverso no edital.

Capítulo XV
DA SANÇÃO

Impedimento de licitar e contratar

Art. 49. Ficará impedido de licitar e de contratar com a União e será descredenciado no Sicaf, pelo prazo de até cinco anos, sem prejuízo das multas previstas em edital e no contrato e das demais cominações legais, garantido o direito à ampla defesa, o licitante que, convocado dentro do prazo de validade de sua proposta:

I – não assinar o contrato ou a ata de registro de preços;

II – não entregar a documentação exigida no edital;

III – apresentar documentação falsa;

IV – causar o atraso na execução do objeto;

V – não mantiver a proposta;

VI – falhar na execução do contrato;

VII – fraudar a execução do contrato;

VIII – comportar-se de modo inidôneo;

IX – declarar informações falsas; e

X – cometer fraude fiscal.

§ 1.º As sanções descritas no *caput* também se aplicam aos integrantes do cadastro de reserva, em pregão para registro de preços que, convocados, não honrarem o compromisso assumido sem justificativa ou com justificativa recusada pela administração pública.

§ 2.º As sanções serão registradas e publicadas no Sicaf.

Capítulo XVI
DA REVOGAÇÃO E DA ANULAÇÃO

Revogação e anulação

Art. 50. A autoridade competente para homologar o procedimento licitatório de que trata este Decreto poderá revogá-lo somente em razão do interesse público, por motivo de fato superveniente devidamente comprovado, pertinente e suficiente para justificar a revogação, e deverá anulá-lo por ilegalidade, de ofício ou por provocação de qualquer pessoa, por meio de ato escrito e fundamentado.

Parágrafo único. Os licitantes não terão direito à indenização em decorrência da anulação do procedimento licitatório, ressalvado o direito do contratado de boa-fé ao ressarcimento dos encargos que tiver suportado no cumprimento do contrato.

Capítulo XVII
DO SISTEMA DE DISPENSA ELETRÔNICA

Aplicação

Art. 51. As unidades gestoras integrantes do Sisg adotarão o sistema de dispensa eletrônica, nas seguintes hipóteses:

I – contratação de serviços comuns de engenharia, nos termos do disposto no inciso I do *caput* do art. 24 da Lei n. 8.666, de 1993;

II – aquisição de bens e contratação de serviços comuns, nos termos do disposto no inciso II do *caput* do art. 24 da Lei n. 8.666, de 1993; e

III – aquisição de bens e contratação de serviços comuns, incluídos os serviços comuns de engenharia, nos termos do disposto no inciso III e seguintes do *caput* do art. 24 da Lei n. 8.666, de 1993, quando cabível.

§ 1.º Ato do Secretário de Gestão da Secretaria Especial de Desburocratização, Gestão e Governo Digital do Ministério da Economia regulamentará o funcionamento do sistema de dispensa eletrônica.

§ 2.º A obrigatoriedade da utilização do sistema de dispensa eletrônica ocorrerá a partir da data de publicação do ato de que trata o § 1.º.

§ 3.º Fica vedada a utilização do sistema de dispensa eletrônica nas hipóteses de que trata o art. 4.º.

Capítulo XVIII
DISPOSIÇÕES FINAIS

Orientações gerais

Art. 52. Ato do Secretário de Gestão da Secretaria Especial de Desburocratização, Gestão e Governo Digital do Ministério da Economia estabelecerá os prazos para implementação das regras decorrentes do disposto neste Decreto quando se tratar de licitações realizadas com a utilização de transferências de recursos da União de que trata o § 3.º do art. 1.º.

Art. 53. Os horários estabelecidos no edital, no aviso e durante a sessão pública observarão o horário de Brasília, Distrito Federal, inclusive para contagem de tempo e registro no sistema eletrônico e na documentação relativa ao certame.

Art. 54. Os participantes de licitação na modalidade de pregão, na forma eletrônica, têm direito público subjetivo à fiel observância do procedimento estabelecido neste Decreto e qualquer interessado poderá acompanhar o seu desenvolvimento em tempo real, por meio da internet.

Art. 55. Os entes federativos usuários dos sistemas de que trata o § 2.º do art. 5.º poderão utilizar o Sicaf para fins habilitatórios.

Art. 56. A Secretaria de Gestão da Secretaria Especial de Desburocratização, Gestão e Governo Digital do Ministério da Economia poderá ceder o uso do seu sistema eletrônico a órgão ou entidade dos Poderes da União, dos Estados, do Distrito Federal e dos Municípios, mediante celebração de termo de acesso.

Art. 57. As propostas que contenham a descrição do objeto, o valor e os documentos complementares estarão disponíveis na internet, após a homologação.

Art. 58. Os arquivos e os registros digitais relativos ao processo licitatório permanecerão à disposição dos órgãos de controle interno e externo.

Art. 59. A Secretaria de Gestão da Secretaria Especial de Desburocratização, Gestão e Governo Digital do Ministério da Economia poderá editar normas complementares ao disposto neste Decreto e disponibilizar informações adicionais, em meio eletrônico.

Revogação

Art. 60. Ficam revogados:

I – o Decreto n. 5.450, de 31 de maio de 2005; e

II – o Decreto n. 5.504, de 5 de agosto de 2005.

Vigência

Art. 61. Este Decreto entra em vigor em 28 de outubro de 2019.

§ 1.º Os editais publicados após a data de entrada em vigor deste Decreto serão ajustados aos termos deste Decreto.

§ 2.º As licitações cujos editais tenham sido publicados até 28 de outubro de 2019 permanecem regidos pelo Decreto n. 5.450, de 2005.

Brasília, 20 de setembro de 2019; 198.º da Independência e 131.º da República.

JAIR MESSIAS BOLSONARO

DECRETO N. 10.178, DE 18 DE DEZEMBRO DE 2019 (*)

Regulamenta dispositivos da Lei n. 13.874, de 20 de setembro de 2019, para dispor sobre os critérios e os procedimentos para a classificação de risco de atividade econômica e para fixar o prazo para aprovação tácita e altera o Decreto n. 9.094, de 17 de julho de 2017, para incluir elementos na Carta de Serviços ao Usuário.

O Presidente da República, no uso das atribuições que lhe confere o art. 84, *caput*, incisos IV e VI, alínea *a*, da Constituição, e tendo em vista o disposto no art. 3.º, *caput*, incisos I e IX, § 1.º, inciso I, e § 8.º, da Lei n. 13.874, de 20 de setembro de 2019, e no art. 7.º da Lei n. 13.460, de 26 de junho de 2017, decreta:

Capítulo I
DO OBJETO E DO ÂMBITO DE APLICAÇÃO

Art. 1.º Este Decreto dispõe sobre os critérios e os procedimentos a serem observados pelos órgãos e pelas entidades da administração pública federal direta, autárquica e fundacional para a classificação do nível de risco de atividade econômica e para fixar o prazo para aprovação tácita do ato público de liberação.

•• *Vide* Lei n. 13.874, de 20-9-2019 (liberdade econômica).

§ 1.º O disposto neste Decreto aplica-se aos Estados, ao Distrito Federal e aos Municípios nas seguintes condições:

•• § 1.º, *caput*, acrescentado pelo Decreto n. 10.219, de 30-1-2020.

I – o Capítulo II, como norma subsidiária na ausência de legislação estadual, distrital ou municipal específica para definição de risco das atividades econômicas para a aprovação de ato público de liberação; e

•• Inciso I acrescentado pelo Decreto n. 10.219, de 30-1-2020.

II – o Capítulo III, nas seguintes hipóteses:

•• Inciso II acrescentado pelo Decreto n. 10.219, de 30-1-2020.

a) o ato público de liberação da atividade econômica ter sido derivado ou delegado por legislação ordinária federal; ou

•• Alínea *a* acrescentada pelo Decreto n. 10.219, de 30-1-2020.

b) o ente federativo ou o órgão responsável pelo ato decidir vincular-se ao disposto no inciso IX do *caput* do art. 3.º da Lei n. 13.874, de 20 de setembro de 2019, por meio de instrumento válido e próprio.

•• Alínea *b* acrescentada pelo Decreto n. 10.219, de 30-1-2020.

§ 2.º As disposições deste Decreto aplicam-se ao trâmite do processo administrativo dentro de um mesmo órgão ou entidade, ainda que o pleno exercício da atividade econômica requeira ato administrativo adicional ou complementar cuja responsabilidade seja de outro órgão ou entidade da administração pública de qualquer ente federativo.

•• § 2.º acrescentado pelo Decreto n. 10.219, de 30-1-2020.

§ 3.º A aplicação deste Decreto independe de o ato público de liberação de atividade econômica:

•• § 3.º, *caput*, acrescentado pelo Decreto n. 10.219, de 30-1-2020.

I – estar previsto em lei ou em ato normativo infralegal; ou

•• Inciso I acrescentado pelo Decreto n. 10.219, de 30-1-2020.

II – referir-se a:

•• Inciso II, *caput*, acrescentado pelo Decreto n. 10.219, de 30-1-2020.

a) início, continuidade ou finalização de atividade econômica;

•• Alínea *a* acrescentada pelo Decreto n. 10.219, de 30-1-2020.

b) liberação de atividade, de serviço, de estabelecimento, de profissão, de instalação, de operação, de produto, de equipamento, de veículo e de edificação, dentre outros; ou

•• Alínea *b* acrescentada pelo Decreto n. 10.219, de 30-1-2020.

c) atuação de ente público ou privado.

(*) Publicado no *Diário Oficial da União*, de 19-12-2019.

•• Alínea *c* acrescentada pelo Decreto n. 10.219, de 30-1-2020.

Art. 2.º O disposto neste Decreto não se aplica ao ato ou ao procedimento administrativo de natureza fiscalizatória decorrente do exercício de poder de polícia pelo órgão ou pela entidade após o ato público de liberação.

Capítulo II

DOS NÍVEIS DE RISCO DA ATIVIDADE ECONÔMICA E SEUS EFEITOS

Classificação de riscos da atividade econômica

•• *Vide* art. 3.º da Lei n. 13.874, de 20-9-2019.

•• A Resolução n. 62, de 20-11-2020, do CGSIM, dispõe sobre a classificação de risco das atividades econômicas sujeitas à vigilância sanitária e as diretrizes gerais para o licenciamento sanitário pelos órgãos de vigilância sanitária dos Estados, Distrito Federal e Municípios.

Art. 3.º O órgão ou a entidade responsável pela decisão administrativa acerca do ato público de liberação classificará o risco da atividade econômica em:

I – nível de risco I – para os casos de risco leve, irrelevante ou inexistente;

II – nível de risco II – para os casos de risco moderado; ou

III – nível de risco III – para os casos de risco alto.

§ 1.º Ato normativo da autoridade máxima do órgão ou da entidade especificará, de modo exaustivo, as hipóteses de classificação na forma do disposto no *caput*.

§ 2.º O órgão ou a entidade poderão enquadrar a atividade econômica em níveis distintos de risco:

•• § 2.º, *caput*, com redação determinada pelo Decreto n. 10.219, de 30-1-2020.

I – em razão da complexidade, da dimensão ou de outras características e se houver possibilidade de aumento do risco envolvido; ou

•• Inciso I acrescentado pelo Decreto n. 10.219, de 30-1-2020.

II – quando a atividade constituir objeto de dois ou mais atos públicos de liberação, hipótese em que o enquadramento do risco da atividade será realizado por ato público de liberação.

•• Inciso II acrescentado pelo Decreto n. 10.219, de 30-1-2020.

Art. 4.º O órgão ou a entidade, para aferir o nível de risco da atividade econômica, considerará, no mínimo:

I – a probabilidade de ocorrência de eventos danosos; e

II – a extensão, a gravidade ou o grau de irreparabilidade do impacto causado à sociedade na hipótese de ocorrência de evento danoso.

Parágrafo único. A classificação do risco será aferida preferencialmente por meio de análise quantitativa e estatística.

Art. 5.º A classificação de risco de que trata o art. 3.º assegurará que:

I – todas as hipóteses de atos públicos de liberação estejam classificadas em, no mínimo, um dos níveis de risco; e

II – pelo menos uma hipótese esteja classificada no nível de risco I.

Parágrafo único. A condição prevista no inciso II do *caput* poderá ser afastada mediante justificativa da autoridade máxima do órgão ou da entidade.

Art. 6.º O ato normativo de que trata o § 1.º do art. 3.º poderá estabelecer critérios para alteração do enquadramento do nível de risco da atividade econômica, mediante a demonstração pelo requerente da existência de instrumentos que, a critério do órgão ou da entidade, reduzam ou anulem o risco inerente à atividade econômica, tais como:

I – declaração própria ou de terceiros como substitutivo de documentos ou de comprovantes;

II – ato ou contrato que preveja instrumentos de responsabilização própria ou de terceiros em relação aos riscos inerentes à atividade econômica;

III – contrato de seguro;

IV – prestação de caução; ou

V – laudos de profissionais privados habilitados acerca do cumprimento dos requisitos técnicos ou legais.

Parágrafo único. Ato normativo da autoridade máxima do órgão ou da entidade disciplinará as hipóteses, as modalidades e o procedimento para a aceitação ou para a prestação das garantias, nos termos do disposto no *caput*.

Art. 7.º O órgão ou a entidade dará publicidade em seu sítio eletrônico às manifestações técnicas que subsidiarem a edição do ato normativo de que trata o § 1.º do art. 3.º.

Efeitos da classificação de risco

Art. 8.º O exercício de atividades econômicas enquadradas no nível de risco I dispensa a solicitação de qualquer ato público de liberação.

Art. 9.º Os órgãos e as entidades adotarão procedimentos administrativos simplificados para as solicitações de atos públicos de liberação de atividades econômicas enquadradas no nível de risco II.

§ 1.º Se estiverem presentes os elementos necessários à instrução do processo, a decisão administrativa acerca do ato público de liberação de que trata o *caput* será proferida no momento da solicitação.

§ 2.º A presença de todos os elementos necessários à instrução do processo, inclusive dos instrumentos de que trata o art. 6.º, poderá ser verificada por meio de mecanismos tecnológicos automatizados.

Capítulo III

DA APROVAÇÃO TÁCITA

Consequências do transcurso do prazo

Art. 10. A autoridade máxima do órgão ou da entidade responsável pelo ato público de liberação fixará o prazo para resposta aos atos requeridos junto à unidade.

§ 1.º Decorrido o prazo previsto no *caput*, a ausência de manifestação conclusiva do órgão ou da entidade acerca do deferimento do ato público de liberação requerido implicará sua aprovação tácita.

§ 2.º A liberação concedida na forma de aprovação tácita não:

I – exime o requerente de cumprir as normas aplicáveis à exploração da atividade econômica que realizar; ou

II – afasta a sujeição à realização das adequações identificadas pelo Poder Público em fiscalizações posteriores.

§ 3.º O disposto no *caput* não se aplica:

I – a ato público de liberação relativo a questões tributárias de qualquer espécie ou de concessão de registro de direitos de propriedade intelectual;

II – quando a decisão importar em compromisso financeiro da administração pública;

•• Inciso II com redação determinada pelo Decreto n. 10.219, de 30-1-2020.

III – quando se tratar de decisão sobre recurso interposto contra decisão denegatória de ato público de liberação;

•• Inciso III com redação determinada pelo Decreto n. 10.219, de 30-1-2020.

IV – aos processos administrativos de licenciamento ambiental, na hipótese de exercício de competência supletiva nos termos do disposto no § 3.º do art. 14 da Lei Complementar n. 140, de 8 de dezembro de 2011; ou

•• Inciso IV acrescentado pelo Decreto n. 10.219, de 30-1-2020.

V – aos demais atos públicos de liberação de atividades com impacto significativo ao meio ambiente, conforme estabelecido pelo órgão ambiental competente no ato normativo a que se refere o *caput*.

•• Inciso V acrescentado pelo Decreto n. 10.219, de 30-1-2020.

§ 4.º O órgão ou a entidade poderá estabelecer prazos diferentes para fases do processo administrativo de liberação da atividade econômica cujo transcurso importará em aprovação tácita, desde que respeitado o prazo total máximo previsto no art. 11.

§ 5.º O ato normativo de que trata o *caput* conterá anexo com a indicação de todos os atos públicos de liberação de competência do órgão ou da entidade não sujeitos a aprovação tácita por decurso de prazo.

•• § 5.º acrescentado pelo Decreto n. 10.219, de 30-1-2020.

Prazos máximos

Art. 11. Para fins do disposto no § 8.º do art. 3.º da Lei 13.874, de 2019, o órgão ou a entidade não poderá estabelecer prazo superior a sessenta dias para a decisão administrativa acerca do ato público de liberação.

§ 1.º O ato normativo de que trata o art. 10 poderá estabelecer prazos superiores ao previsto no *caput*, em razão da natureza dos interesses públicos envolvidos e da complexidade da atividade econômica a ser desenvolvida pelo requerente, mediante fundamentação da autoridade máxima do órgão ou da entidade.

§ 2.º O órgão ou a entidade considerará os padrões internacionais para o estabelecimento de prazo nos termos do disposto no § 1.º.

Protocolo e contagem do prazo

•• Rubrica com redação determinada pelo Decreto n. 10.219, de 30-1-2020.

Art. 12. O prazo para decisão administrativa acerca do ato público de liberação para fins de aprovação tácita inicia-se na data da apresentação de todos os elementos necessários à instrução do processo.

§ 1.º O particular será cientificado, expressa e imediatamente, sobre o prazo para a análise de seu requerimento, presumida a boa-fé das informações prestadas.

§ 2.º Os órgãos ou as entidades buscarão adotar mecanismos automatizados para recebimento das solicitações de ato público de liberação.

§ 3.º A redução ou a ampliação do prazo de que trata o art. 10 em ato da autoridade máxima do órgão ou da entidade não modificará o prazo cientificado ao particular para análise do seu requerimento nos termos do disposto no § 1.º.

•• § 3.º acrescentado pelo Decreto n. 10.219, de 30-1-2020.

Suspensão do prazo

Art. 13. O prazo para a decisão administrativa acerca do ato público de liberação para fins de aprovação tácita poderá ser suspenso uma vez, se houver necessidade de complementação da instrução processual.

§ 1.º O requerente será informado, de maneira clara e exaustiva, acerca de todos os documentos e condições necessárias para complementação da instrução processual.

§ 2.º Poderá ser admitida nova suspensão do prazo na hipótese da ocorrência de fato novo durante a instrução do processo.

Efeitos do decurso do prazo

Art. 14. O requerente poderá solicitar documento comprobatório da liberação da atividade econômica a partir do primeiro dia útil subsequente ao término do prazo, nos termos do disposto no art. 10.

§ 1.º O órgão ou a entidade buscará automatizar a emissão do documento comprobatório de liberação da atividade econômica, especialmente nos casos de aprovação tácita.

§ 2.º O documento comprobatório do deferimento do ato público de liberação não conterá elemento que indique a natureza tácita da decisão administrativa.

Do não exercício do direito à aprovação tácita

Art. 15. O requerente poderá renunciar ao direito de aprovação tácita a qualquer momento.

§ 1.º A renúncia ao direito de aprovação tácita não exime o órgão ou a entidade de cumprir os prazos estabelecidos.

§ 2.º Na hipótese de a decisão administrativa acerca do ato público de liberação não ser proferida no prazo estabelecido, o processo administrativo será encaminhado à chefia imediata do servidor responsável pela análise do requerimento, que poderá:

I – proferir de imediato a decisão; ou

II – designar outro servidor para acompanhar o processo.

Capítulo IV
DISPOSIÇÕES FINAIS E TRANSITÓRIAS

Falta de definição do prazo de decisão

Art. 16. Enquanto o órgão ou a entidade não editar o ato normativo a que se refere o art. 10, o prazo para análise do requerimento de liberação da atividade econômica, para fins de aprovação tácita, será de trinta dias, contado da data de apresentação de todos os elementos necessários à instrução do processo.

Alteração do Decreto n. 9.094, de 2017

•• O Decreto n. 9.094, de 17-7-2017, dispõe sobre a simplificação do atendimento prestado aos usuários de serviços públicos.

....

Disposições transitórias

Art. 18. O prazo a que se refere o art. 11 será:

I – de cento e vinte dias, para os requerimentos apresentados até 1.º de fevereiro de 2021; e

II – de noventa dias, para os requerimentos apresentados até 1.º de fevereiro de 2022.

Art. 18-A. A previsão de prazos para análise e deliberação sobre atos públicos de liberação em normativos internos do órgão ou da entidade não dispensa a publicação do ato de que trata o art. 10.

•• Artigo acrescentado pelo Decreto n. 10.219, de 30-1-2020.

Art. 19. Na hipótese de o ato normativo de que trata o art. 3.º não entrar em vigor até 1.º de junho de 2020, a atividade econômica sujeita a ato público de liberação será enquadrada, sucessivamente, em nível de risco definido:

I – por resolução do Comitê para Gestão da Rede Nacional para a Simplificação do Registro e da Legalização de Empresas e Negócios, independentemente da adesão do ente federativo à Rede Nacional para a Simplificação do Registro e da Legalização de Empresas e Negócios;

II – em ato normativo de classificação de risco, nos termos do disposto neste Decreto, editado por órgão ou entidade dotado de poder regulador estabelecido em lei; ou

III – no nível de risco II.

Art. 20. O disposto no Capítulo III se aplica somente aos requerimentos apresentados após a data de entrada em vigor deste Decreto.

Vigência

Art. 21. Este Decreto entra em vigor em 6 de abril de 2020.

•• Artigo com redação determinada pelo Decreto n. 10.219, de 30-1-2020.

Brasília, 18 de dezembro de 2019; 198.º da Independência e 131.º da República.

JAIR MESSIAS BOLSONARO

LEI N. 13.966, DE 26 DE DEZEMBRO DE 2019 (*)

Dispõe sobre o sistema de franquia empresarial e revoga a Lei n. 8.955, de 15 de dezembro de 1994 (Lei de Franquia).

O Presidente da República

Faço saber que o Congresso Nacional decreta e eu sanciono a seguinte Lei:

Art. 1.º Esta Lei disciplina o sistema de franquia empresarial, pelo qual um franqueador autoriza por meio de contrato um franqueado a usar marcas e outros objetos de propriedade intelectual, sempre associados ao direito de produção ou distribuição exclusiva ou não exclusiva de produtos ou serviços e também ao direito de uso de métodos e sistemas de implantação e administração de negócio ou sistema operacional desenvolvido ou detido pelo franqueador, mediante remuneração direta ou indireta, sem caracterizar relação de consumo ou vínculo empregatício em relação ao franqueado ou a seus empregados, ainda que durante o período de treinamento.

§ 1.º Para os fins da autorização referida no *caput*, o franqueador deve ser titular ou requerente de direitos sobre as marcas e outros objetos de propriedade intelectual negociados no âmbito do contrato de franquia, ou estar expressamente autorizado pelo titular.

§ 2.º A franquia pode ser adotada por empresa privada, empresa estatal ou entidade sem fins lucrativos, independentemente do segmento em que desenvolva as atividades.

Art. 2.º Para a implantação da franquia, o franqueador deverá fornecer ao interessado Circular de Oferta de Franquia, escrita em língua portuguesa, de forma objetiva e acessível, contendo obrigatoriamente:

I – histórico resumido do negócio franqueado;

II – qualificação completa do franqueador e das empresas a que esteja ligado, identificando-as com os respectivos números de inscrição no Cadastro Nacional da Pessoa Jurídica (CNPJ);

III – balanços e demonstrações financeiras da empresa franqueadora, relativos aos 2 (dois) últimos exercícios;

IV – indicação das ações judiciais relativas à franquia que questionem o sistema ou que possam comprometer a operação da fran-

(*) Publicada no *Diário Oficial da União*, de 27-12-2019.

quia no País, nas quais sejam parte o franqueador, as empresas controladoras, o subfranqueador e os titulares de marcas e demais direitos de propriedade intelectual;

V – descrição detalhada da franquia e descrição geral do negócio e das atividades que serão desempenhadas pelo franqueado;

VI – perfil do franqueado ideal no que se refere a experiência anterior, escolaridade e outras características que deve ter, obrigatória ou preferencialmente;

VII – requisitos quanto ao envolvimento direto do franqueado na operação e na administração do negócio;

VIII – especificações quanto ao:

a) total estimado do investimento inicial necessário à aquisição, à implantação e à entrada em operação da franquia;

b) valor da taxa inicial de filiação ou taxa de franquia;

c) valor estimado das instalações, dos equipamentos e do estoque inicial e suas condições de pagamento;

IX – informações claras quanto a taxas periódicas e outros valores a serem pagos pelo franqueado ao franqueador ou a terceiros por este indicados, detalhando as respectivas bases de cálculo e o que elas remuneram ou o fim a que se destinam, indicando, especificamente, o seguinte:

a) remuneração periódica pelo uso do sistema, da marca, de outros objetos de propriedade intelectual do franqueador ou sobre os quais este detém direitos ou, ainda, pelos serviços prestados pelo franqueador ao franqueado;

b) aluguel de equipamentos ou ponto comercial;

c) taxa de publicidade ou semelhante;

d) seguro mínimo;

X – relação completa de todos os franqueados, subfranqueados ou subfranqueadores da rede e, também, dos que se desligaram nos últimos 24 (vinte quatro) meses, com os respectivos nomes, endereços e telefones;

XI – informações relativas à política de atuação territorial, devendo ser especificado:

a) se é garantida ao franqueado a exclusividade ou a preferência sobre determinado território de atuação e, neste caso, sob que condições;

b) se há possibilidade de o franqueado realizar vendas ou prestar serviços fora de seu território ou realizar exportações;

c) se há e quais são as regras de concorrência territorial entre unidades próprias e franqueadas;

XII – informações claras e detalhadas quanto à obrigação do franqueado de adquirir quaisquer bens, serviços ou insumos necessários à implantação, operação ou administração de sua franquia apenas de fornecedores indicados e aprovados pelo franqueador, incluindo relação completa desses fornecedores;

XIII – indicação do que é oferecido ao franqueado pelo franqueador e em quais condições, no que se refere a:

a) suporte;

b) supervisão de rede;

c) serviços;

d) incorporação de inovações tecnológicas às franquias;

e) treinamento do franqueado e de seus funcionários, especificando duração, conteúdo e custos;

f) manuais de franquia;

g) auxílio na análise e na escolha do ponto onde será instalada a franquia; e

h) leiaute e padrões arquitetônicos das instalações do franqueado, incluindo arranjo físico de equipamentos e instrumentos, memorial descritivo, composição e croqui;

XIV – informações sobre a situação da marca franqueada e outros direitos de propriedade intelectual relacionados à franquia, cujo uso será autorizado em contrato pelo franqueador, incluindo a caracterização completa, com o número do registro ou do pedido protocolizado, com a classe e subclasse, nos órgãos competentes, e, no caso de cultivares, informações sobre a situação perante o Serviço Nacional de Proteção de Cultivares (SNPC);

XV – situação do franqueado, após a expiração do contrato de franquia, em relação a:

a) *know-how* da tecnologia de produto, de processo ou de gestão, informações confidenciais e segredos de indústria, comércio, finanças e negócios a que venha a ter acesso em função da franquia;

b) implantação de atividade concorrente à da franquia;

XVI – modelo do contrato-padrão e, se for o caso, também do pré-contrato-padrão de franquia adotado pelo franqueador, com texto completo, inclusive dos respectivos anexos, condições e prazos de validade;

XVII – indicação da existência ou não de regras de transferência ou sucessão e, caso positivo, quais são elas;

XVIII – indicação das situações em que são aplicadas penalidades, multas ou indenizações e dos respectivos valores, estabelecidos no contrato de franquia;

XIX – informações sobre a existência de cotas mínimas de compra pelo franqueado junto ao franqueador, ou a terceiros por este designados, e sobre a possibilidade e as condições para a recusa dos produtos ou serviços exigidos pelo franqueador;

XX – indicação de existência de conselho ou associação de franqueados, com as atribuições, os poderes e os mecanismos de representação perante o franqueador, e detalhamento das competências para gestão e fiscalização da aplicação dos recursos de fundos existentes;

XXI – indicação das regras de limitação à concorrência entre o franqueador e os franqueados, e entre os franqueados, durante a vigência do contrato de franquia, e detalhamento da abrangência territorial, do prazo de vigência da restrição e das penalidades em caso de descumprimento;

XXII – especificação precisa do prazo contratual e das condições de renovação, se houver;

XXIII – local, dia e hora para recebimento da documentação proposta, bem como para início da abertura dos envelopes, quando se tratar de órgão ou entidade pública.

§ 1.º A Circular de Oferta de Franquia deverá ser entregue ao candidato a franqueado, no mínimo, 10 (dez) dias antes da assinatura do contrato ou pré-contrato de franquia ou, ainda, do pagamento de qualquer tipo de taxa pelo franqueado ao franqueador ou a empresa ou a pessoa ligada a este, salvo no caso de licitação ou pré-qualificação promovida por órgão ou entidade pública, caso em que a Circular de Oferta de Franquia será divulgada logo no início do processo de seleção.

§ 2.º Na hipótese de não cumprimento do disposto no § 1.º, o franqueado poderá arguir anulabilidade ou nulidade, conforme o caso, e exigir a devolução de todas e quaisquer quantias já pagas ao franqueador, ou a terceiros por este indicados, a título de filiação ou de *royalties*, corrigidas monetariamente.

Art. 3.º Nos casos em que o franqueador subloque ao franqueado o ponto comercial onde se acha instalada a franquia, qualquer uma das partes terá legitimidade para propor a renovação do contrato de locação do imóvel, vedada a exclusão de qualquer uma delas do contrato de locação e de sublocação por ocasião da sua renovação ou prorrogação, salvo nos casos de inadimplência dos respectivos contratos ou do contrato de franquia.

Parágrafo único. O valor do aluguel a ser pago pelo franqueado ao franqueador, nas sublocações de que trata o *caput*, poderá ser superior ao valor que o franqueador paga ao proprietário do imóvel na locação originária do ponto comercial, desde que:

I – essa possibilidade esteja expressa e clara na Circular de Oferta de Franquia e no contrato; e

II – o valor pago a maior ao franqueador na sublocação não implique excessiva onerosidade ao franqueado, garantida a manutenção do equilíbrio econômico-financeiro da sublocação na vigência do contrato de franquia.

Art. 4.º Aplica-se ao franqueador que omitir informações exigidas por lei ou veicular informações falsas na Circular de Oferta de Franquia a sanção prevista no § 2.º do art. 2.º desta Lei, sem prejuízo das sanções penais cabíveis.

Art. 5.º Para os fins desta Lei, as disposições referentes ao franqueador ou ao franqueado aplicam-se, no que couber, ao subfranqueador e ao subfranqueado, respectivamente.

Art. 6.º (*Vetado.*)

Art. 7.º Os contratos de franquia obedecerão às seguintes condições:

I – os que produzirem efeitos exclusivamente no território nacional serão escritos em língua portuguesa e regidos pela legislação brasileira;

II – os contratos de franquia internacional serão escritos originalmente em língua portuguesa ou terão tradução certificada para a língua portuguesa custeada pelo franqueador, e os contratantes poderão optar, no contrato, pelo foro de um de seus países de domicílio.

§ 1.º As partes poderão eleger juízo arbitral para solução de controvérsias relacionadas ao contrato de franquia.

§ 2.º Para os fins desta Lei, entende-se como contrato internacional de franquia aquele que, pelos atos concernentes à sua conclusão ou execução, à situação das partes quanto a nacionalidade ou domicílio, ou à localização de seu objeto, tem liames com mais de um sistema jurídico.

§ 3.º Caso expresso o foro de opção no contrato internacional de franquia, as partes deverão constituir e manter representante legal ou procurador devidamente qualificado e domiciliado no país do foro definido, com poderes para representá-las administrativa e judicialmente, inclusive para receber citações.

Art. 8.º A aplicação desta Lei observará o disposto na legislação de propriedade intelectual vigente no País.

Art. 9.º Revoga-se a Lei n. 8.955, de 15 de dezembro de 1994 (Lei de Franquia).

Art. 10. Esta Lei entra em vigor após decorridos 90 (noventa) dias de sua publicação oficial.

Brasília, 26 de dezembro de 2019; 198.º da Independência e 131.º da República.

JAIR MESSIAS BOLSONARO

DECRETO N. 10.229, DE 5 DE FEVEREIRO DE 2020 (*)

Regulamenta o direito de desenvolver, executar, operar ou comercializar produto ou serviço em desacordo com a norma técnica desatualizada de que trata o inciso VI do caput *do art. 3.º da Lei n. 13.874, de 20 de setembro de 2019.*

O Presidente da República, no uso da atribuição que lhe confere o art. 84, *caput*, inciso IV, da Constituição, e tendo em vista o disposto no art. 3.º, *caput*, inciso VI, da Lei n. 13.874, de 20 de setembro de 2019, decreta:

(*) Publicado no *Diário Oficial da União*, de 6-2-2020.

Objeto

Art. 1.º Este Decreto regulamenta os requisitos para aferição da situação concreta, os procedimentos, o momento e as condições dos efeitos dos requerimentos para desenvolver, executar, operar ou comercializar novas modalidades de produtos e de serviços quando as normas infralegais se tornarem desatualizadas por força de desenvolvimento tecnológico consolidado internacionalmente.

Âmbito de aplicação

Art. 2.º O disposto neste Decreto se aplica à administração pública direta, autárquica e fundacional da União, dos Estados, do Distrito Federal e dos Municípios, nos termos previstos no § 4.º do art. 1.º da Lei n. 13.874, de 20 de setembro de 2019.

Parágrafo único. O disposto neste Decreto:

I – não poderá ser invocado para questionar normas aprovadas pelo Poder Legislativo ou pelo Chefe do Poder Executivo; e

II – não se caracteriza como ato público de liberação da atividade econômica de que trata a Lei n. 13.874, de 2019.

Direito estabelecido

Art. 3.º É direito de toda pessoa, natural ou jurídica, desenvolver, executar, operar ou comercializar novas modalidades de produtos e de serviços quando as normas infralegais se tornarem desatualizadas por força de desenvolvimento tecnológico consolidado internacionalmente, desde que não restringido em lei e que observe o seguinte:

I – na hipótese de existir norma infralegal vigente que restrinja o exercício integral do direito, o particular poderá fazer uso do procedimento disposto nos art. 4.º ao art. 8.º; e

II – na hipótese de inexistir restrição em ato normativo, a administração pública respeitará o pleno exercício do direito de que trata este artigo.

Parágrafo único. Para os fins do disposto no inciso II do *caput*, em casos de dúvida, interpreta-se a norma em favor do particular de boa-fé, nos termos do disposto no § 2.º do art. 1.º e no inciso V do *caput* do art. 3.º da Lei n. 13.874, de 2019.

Legitimidade ativa

Art. 4.º A legitimidade para requerer a revisão da norma de que trata o inciso I do *caput* do art. 3.º é de qualquer pessoa que explore ou que tenha interesse de explorar atividade econômica afetada pela norma questionada.

Legitimidade passiva

Art. 5.º A legitimidade para receber e processar requerimentos de revisão de normas desatualizadas é do órgão ou da entidade responsável pela edição de norma sobre a matéria.

Instrução do pedido

Art. 6.º O processo de solicitação do exercício do direito de que trata o inciso I do *caput* do art. 3.º será instaurado por meio do encaminhamento de requerimento inicial endereçado ao órgão ou à entidade competente, e conterá:

I – a identificação do requerente;

II – a identificação da norma interna desatualizada e da norma que tem sido utilizada internacionalmente; e

III – a comparação da norma interna com a norma internacional, na qual deverá ser demonstrada análise de conveniência e oportunidade de adoção da norma internacional.

Parágrafo único. Para fins do disposto nos incisos II e III do *caput*, somente serão aceitas como normas utilizadas internacionalmente aquelas oriundas da:

I – Organização Internacional de Normalização – ISO;

II – Comissão Eletrotécnica Internacional – IEC;

III – Comissão do *Codex Alimentarius*;

IV – União Internacional de Telecomunicações – UIT; e

V – Organização Internacional de Metrologia Legal – OIML.

Prazo para manifestação

Art. 7.º O prazo para manifestação do órgão ou da entidade sobre o pedido de revisão da norma desatualizada é de seis meses.

§ 1.º O prazo de que trata o *caput* ficará suspenso por eventual intimação do órgão ou da entidade para complementação da instrução, vedada a suspensão na hipótese de segundo pedido de complementação.

§ 2.º Até o fim do prazo de que trata o *caput*, o órgão ou a entidade fica obrigado a decidir pelo:

I – não conhecimento do requerimento;

II – indeferimento do requerimento; ou

III – deferimento do requerimento, total ou parcial, com a edição de norma técnica com o conteúdo internacionalmente aceito.

§ 3.º Também se considera deferimento, para os fins do disposto no inciso III do § 2.º, a revogação da norma interna desatualizada.

§ 4.º Nas hipóteses de que trata o inciso III do § 2.º ou o § 3.º, o prazo para publicação do ato é de um mês, contado da data da decisão.

Descumprimento dos prazos

Art. 8.º O requerente poderá optar por cumprir a norma utilizada internacionalmente em detrimento da norma interna apontada como desatualizada se:

I – complementar a instrução do pedido de que trata o art. 7.º com declaração, em instrumento público, de responsabilidade:

a) objetiva e irrestrita por quaisquer danos, perante entes públicos ou particulares, advindos da exploração da atividade econômica; e *b)* por quaisquer gastos ou obrigações decorrentes do encerramento da atividade econômico por força de rejeição posterior do pedido de revisão da norma apontada como desatualizada; e

II – o órgão ou a entidade pública não:

a) se manifestar na forma prevista nos § 2.º ao § 4.º do art. 7.º nos prazos estabelecidos; e

b) rejeitar, de modo fundamentado, no prazo de seis meses, contado da data do pedido, a pretensão de afastamento da norma interna apontada como desatualizada.

Parágrafo único. Ressalvado o disposto no *caput*, o descumprimento dos prazos previstos no art. 7.º pelo órgão ou pela entidade não legitima o descumprimento da norma vigente.

Vigência

Art. 9.º Este Decreto entra em vigor em 6 de abril de 2020.

Brasília, 5 de fevereiro de 2020; 199.º da Independência e 132.º da República.

JAIR MESSIAS BOLSONARO

DECRETO N. 10.278, DE 18 DE MARÇO DE 2020 (*)

Regulamenta o disposto no inciso X do caput do art. 3.º da Lei n. 13.874, de 20 de setembro de 2019, e no art. 2.º-A da Lei n. 12.682, de 9 de julho de 2012, para estabelecer a técnica e os requisitos para a digitalização de documentos públicos ou privados, a fim de que os documentos digitalizados produzam os mesmos efeitos legais dos documentos originais.

O Presidente da República, no uso da atribuição que lhe confere o art. 84, *caput*, inciso IV, da Constituição, e tendo em vista o disposto no inciso X do *caput* do art. 3.º e no art. 18 da Lei n. 13.874, de 20 de setembro de 2019, e no art. 2.º-A da Lei n. 12.682, de 9 de julho de 2012, decreta:

Objeto

Art. 1.º Este Decreto regulamenta o disposto no inciso X do *caput* do art. 3.º da Lei n. 13.874, de 20 de setembro de 2019, e no art. 2.º-A da Lei n. 12.682, de 9 de julho de 2012, para estabelecer a técnica e os requisitos para a digitalização de documentos públicos ou privados, a fim de que os documentos digitalizados produzam os mesmos efeitos legais dos documentos originais.

- A Lei 12.682, de 9-7-2012, dispõe sobre a elaboração e o arquivamento de documentos em meios eletromagnéticos.

Âmbito de aplicação

Art. 2.º Aplica-se o disposto neste Decreto aos documentos físicos digitalizados que sejam produzidos:

I – por pessoas jurídicas de direito público interno, ainda que envolva relações com particulares; e

II – por pessoas jurídicas de direito privado ou por pessoas naturais para comprovação perante:

a) pessoas jurídicas de direito público interno; ou

b) outras pessoas jurídicas de direito privado ou outras pessoas naturais.

Parágrafo único. O disposto neste Decreto não se aplica a:

I – documentos nato-digitais, que são documentos produzidos originalmente em formato digital;

II – documentos referentes às operações e transações realizadas no sistema financeiro nacional;

III – documentos em microfilme;

IV – documentos audiovisuais;

V – documentos de identificação; e

VI – documentos de porte obrigatório.

Definições

Art. 3.º Para fins do disposto neste Decreto, considera-se:

I – documento digitalizado – representante digital do processo de digitalização do documento físico e seus metadados;

II – metadados – dados estruturados que permitem classificar, descrever e gerenciar documentos;

III – documento público – documentos produzidos ou recebidos por pessoas jurídicas de direito público interno ou por entidades privadas encarregadas da gestão de serviços públicos; e

IV – integridade – estado dos documentos que não foram corrompidos ou alterados de forma não autorizada.

Regras gerais de digitalização

Art. 4.º Os procedimentos e as tecnologias utilizados na digitalização de documentos físicos devem assegurar:

I – a integridade e a confiabilidade do documento digitalizado;

II – a rastreabilidade e a auditabilidade dos procedimentos empregados;

III – o emprego dos padrões técnicos de digitalização para garantir a qualidade da imagem, da legibilidade e do uso do documento digitalizado;

IV – a confidencialidade, quando aplicável; e

V – a interoperabilidade entre sistemas informatizados.

Requisitos na digitalização que envolva entidades públicas

Art. 5.º O documento digitalizado destinado a se equiparar a documento físico para todos os efeitos legais e para a comprovação de qualquer ato perante pessoa jurídica de direito público interno deverá:

I – ser assinado digitalmente com certificação digital no padrão da Infraestrutura de Chaves Públicas Brasileira – ICP-Brasil, de modo a garantir a autoria da digitalização e a integridade do documento e de seus metadados;

II – seguir os padrões técnicos mínimos previstos no Anexo I; e

III – conter, no mínimo, os metadados especificados no Anexo II.

Requisito na digitalização entre particulares

Art. 6.º Na hipótese de documento que envolva relações entre particulares, qualquer meio de comprovação da autoria, da integridade e, se necessário, da confidencialidade de documentos digitalizados será válido, desde que escolhido de comum acordo pelas partes ou aceito pela pessoa a quem for oposto o documento.

Parágrafo único. Na hipótese não ter havido acordo prévio entre as partes, aplica-se o disposto no art. 5.º.

Desnecessidade da digitalização

Art. 7.º A digitalização de documentos por pessoas jurídicas de direito público interno será precedida da avaliação dos conjuntos documentais, conforme estabelecido em tabelas de temporalidade e destinação de documentos, de modo a identificar previamente os que devem ser encaminhados para descarte.

Responsabilidade pela digitalização

Art. 8.º O processo de digitalização poderá ser realizado pelo possuidor do documento físico ou por terceiros.

§ 1.º Cabe ao possuidor do documento físico a responsabilidade perante terceiros pela conformidade do processo de digitalização ao disposto neste Decreto.

§ 2.º Na hipótese de contratação de terceiros pela administração pública federal, o instrumento contratual preverá:

I – a responsabilidade integral do contratado perante a administração pública federal e a responsabilidade solidária e ilimitada em relação ao terceiro prejudicado por culpa ou dolo; e

II – os requisitos de segurança da informação e de proteção de dados, nos termos da legislação vigente.

Descarte dos documentos físicos

Art. 9.º Após o processo de digitalização realizado conforme este Decreto, o documento físico poderá ser descartado, ressalvado aquele que apresente conteúdo de valor histórico.

Manutenção dos documentos digitalizados

Art. 10. O armazenamento de documentos digitalizados assegurará:

I – a proteção do documento digitalizado contra alteração, destruição e, quando cabível, contra o acesso e a reprodução não autorizados; e

II – a indexação de metadados que possibilitem:

(*) Publicado no *Diário Oficial da União*, de 19-3-2020. Deixamos de publicar os anexos por não atender à proposta da obra.

a) a localização e o gerenciamento do documento digitalizado; e

b) a conferência do processo de digitalização adotado.

Preservação dos documentos digitalizados

Art. 11. Os documentos digitalizados sem valor histórico serão preservados, no mínimo, até o transcurso dos prazos de prescrição ou decadência dos direitos a que se referem.

Preservação de documento digitalizados e entes públicos

Art. 12. As pessoas jurídicas de direito público interno observarão o disposto na Lei n. 8.159, de 8 de janeiro de 1991, e nas tabelas de temporalidade e destinação de documentos aprovadas pelas instituições arquivísticas públicas, no âmbito de suas competências, observadas as diretrizes do Conselho Nacional de Arquivos – Conarq quanto à temporalidade de guarda, à destinação e à preservação de documentos.

Vigência

Art. 13. Este Decreto entra em vigor na data de sua publicação.

Brasília, 18 de março de 2020; 199.º da Independência e 132.º da República.

LEI N. 13.986, DE 7 DE ABRIL DE 2020 (*)

Institui o Fundo Garantidor Solidário (FGS); dispõe sobre o patrimônio rural em afetação, a Cédula Imobiliária Rural (CIR), a escrituração de títulos de crédito e a concessão de subvenção econômica para empresas cerealistas; altera as Leis n. 8.427, de 27 de maio de 1992, 8.929, de 22 de agosto de 1994, 11.076, de 30 de dezembro de 2004, 10.931, de 2 de agosto de 2004, 12.865, de 9 de outubro de 2013, 5.709, de 7 de outubro de 1971, 6.634, de 2 de maio de 1979, 6.015, de 31 de dezembro de 1973, 7.827, de 27 de setembro de 1989, 8.212, de 24 de julho de 1991, 10.169, de 29 de dezembro de 2000, 11.116, de 18 de maio de 2005, 12.810, de 15 de maio de 2013, 13.340, de 28 de setembro de 2016, 13.576, de 26 de dezembro de 2017, e o Decreto-lei n. 167, de 14 de fevereiro de 1967; revoga dispositivos das Leis n. 4.728, de 14 de julho de 1965, e 13.476, de 28 de agosto de 2017, e dos Decretos-leis n. 13, de 18 de julho de 1966; 14, de 29 de julho de 1966; e 73, de 21 de novembro de 1966; e dá outras providências.

O Presidente da República

Faço saber que o Congresso Nacional decreta e eu sanciono a seguinte Lei:

Capítulo I
DO FUNDO GARANTIDOR SOLIDÁRIO

Art. 1.º Qualquer operação financeira vinculada à atividade empresarial rural, incluídas as resultantes de consolidação de dívidas e as realizadas no âmbito dos mercados de capitais, poderá ser garantida por Fundo Garantidor Solidário (FGS).

•• *Caput* com redação determinada pela Lei n. 14.421, de 20-7-2022.

Parágrafo único. (*Revogado pela Lei n. 14.421, de 20-7-2022.*)

Art. 2.º Cada Fundo Garantidor Solidário (FGS) será composto de:

I – no mínimo 2 (dois) devedores;

II – (*Revogado pela Lei n. 14.421, de 20-7-2022.*)

III – o garantidor, se houver.

Parágrafo único. O Poder Executivo poderá limitar o número de devedores do FGS.

Art. 3.º Os participantes integralizarão os recursos do FGS, observada a seguinte estrutura de cotas:

•• *Caput* com redação determinada pela Lei n. 14.421, de 20-7-2022.

I – cota primária, de responsabilidade dos devedores; e

•• Inciso I com redação determinada pela Lei n. 14.421, de 20-7-2022.

II – cota secundária, de responsabilidade do garantidor, se houver;

•• Inciso II com redação determinada pela Lei n. 14.421, de 20-7-2022.

III – (*Revogado pela Lei n. 14.421, de 20-7-2022.*)

§ 1.º (*Revogado pela Lei n. 14.421, de 20-7-2022.*)

§ 2.º Na hipótese de consolidação de dívidas:

I – a instituição consolidadora poderá exigir a transferência das garantias oferecidas nas operações originais para a operação de consolidação; e

II – (*Revogado pela Lei n. 14.421, de 20-7-2022.*)

§ 3.º (*Revogado pela Lei n. 14.421, de 20-7-2022.*)

§ 4.º Os recursos integralizados, enquanto não quitadas todas as operações garantidas pelo FGS, não responderão por outras dívidas ou obrigações, presentes ou futuras, contraídas pelos participantes, independentemente da natureza dessa dívida ou obrigação.

§ 5.º A garantia prestada pelo FGS, nos termos do art. 1.º desta Lei, ficará limitada aos recursos existentes nos respectivos fundos constituídos.

§ 6.º O FGS não pagará rendimentos aos seus cotistas, salvo na hipótese prevista no parágrafo único do art. 5.º desta Lei.

Art. 4.º O ressarcimento ao credor ou, na hipótese de consolidação, à instituição consolidadora, ocorrerá por meio da utilização dos recursos do FGS, após o vencimento e o não pagamento da parcela ou operação, observada a seguinte ordem:

I – cota primária;

II – cota secundária; e

III – (*Revogado pela Lei n. 14.421, de 20-7-2022.*)

Art. 5.º O FGS será extinto após a quitação de todas as dívidas por ele garantidas ou o exaurimento de seus recursos.

Parágrafo único. Na hipótese de extinção do FGS pela quitação das dívidas, os recursos remanescentes, conforme disposto no art. 6.º desta Lei, serão devolvidos aos cotistas de modo a repor os valores inicialmente aportados, considerada a proporção da integralização efetuada por cada um deles, nesta ordem:

I – (*Revogado pela Lei n. 14.421, de 20-7-2022.*)

II – cota secundária; e

III – cota primária.

Art. 6.º O estatuto do FGS disporá sobre:

•• *Caput* com redação determinada pela Lei n. 14.421, de 20-7-2022.

I – a forma de constituição e de administração do Fundo;

•• Inciso I acrescentado Lei n. 14.421, de 20-7-2022.

II – a remuneração do administrador do Fundo;

•• Inciso II acrescentado Lei n. 14.421, de 20-7-2022.

III – a utilização dos recursos do Fundo e a forma de atualização;

•• Inciso III acrescentado Lei n. 14.421, de 20-7-2022.

IV – a representação ativa e passiva do Fundo; e

•• Inciso IV acrescentado Lei n. 14.421, de 20-7-2022.

V – a aplicação e a gestão de ativos do Fundo.

•• Inciso V acrescentado Lei n. 14.421, de 20-7-2022.

Parágrafo único. O estatuto de que trata o *caput* deste artigo poderá estabelecer outras disposições necessárias ao funcionamento do FGS.

•• Parágrafo único acrescentado Lei n. 14.421, de 20-7-2022.

Capítulo II
DO PATRIMÔNIO RURAL EM AFETAÇÃO

Art. 7.º O proprietário de imóvel rural, pessoa natural ou jurídica, poderá submeter seu imóvel rural ou fração dele ao regime de afetação.

§ 1.º No regime de afetação de que trata o *caput* deste artigo, o terreno, as acessões e as benfeitorias nele fixadas, exceto as lavouras, os bens móveis e os semoventes, constituirão patrimônio rural em afetação, destinado a prestar garantias por meio da emissão de Cédula de Produto Rural (CPR), de que trata a Lei n. 8.929, de 22 de agosto de 1994, ou em operações financeiras contratadas pelo proprietário por meio de Cédula Imobiliária Rural (CIR).

•• Parágrafo único renumerado pela Lei n. 14.421, de 20-7-2022.

§ 2.º O patrimônio rural em afetação dado em garantia na forma deste artigo constitui direito real sobre o respectivo bem.

(*) Publicada no *Diário Oficial da União*, de 7-4-2020 – Edição extra.

•• § 2.º acrescentado Lei n. 14.421, de 20-7-2022.

§ 3.º Observado o disposto nesta Lei, o patrimônio rural em afetação em garantia submeter-se-á, ainda, às regras relativas ao instituto da alienação fiduciária de imóvel de que trata a Lei n. 9.514, de 20 de novembro de 1997, e à Lei n. 10.406, de 10 de janeiro de 2002 (Código Civil).

•• § 3.º acrescentado pela Lei n. 14.421, de 20-7-2022.

Art. 8.º Fica vedada a constituição de patrimônio rural em afetação incidente sobre:

I – o imóvel já gravado por hipoteca, por alienação fiduciária de coisa imóvel ou por outro ônus real, ou, ainda, que tenha registrada ou averbada em sua matrícula qualquer uma das informações de que trata o art. 54 da Lei n. 13.097, de 19 de janeiro de 2015;

II – a pequena propriedade rural de que trata a alínea *a* do inciso II do *caput* do art. 4.º da Lei n. 8.629, de 25 de fevereiro de 1993;

III – a área de tamanho inferior ao módulo rural ou à fração mínima de parcelamento, o que for menor, nos termos do art. 8.º da Lei n. 5.868, de 12 de dezembro de 1972; ou

IV – o bem de família de que trata a Lei n. 10.406, de 10 de janeiro de 2002 (Código Civil), exceto na situação prevista no § 2.º do art. 4.º da Lei n. 8.009, de 29 de março de 1990.

Art. 9.º O patrimônio rural em afetação é constituído por requerimento do proprietário, por meio de registro na matrícula do imóvel.

•• *Caput* com redação determinada pela Lei n. 14.421, de 20-7-2022.

§ 1.º Para fins da constituição de que trata o *caput* deste artigo, o oficial deve certificar-se de que a descrição do imóvel matriculado atenda ao disposto no § 3.º do art. 176 da Lei n. 6.015, de 31 de dezembro de 1973 (Lei de Registros Públicos).

•• § 1.º acrescentado Lei n. 14.421, de 20-7-2022.

§ 2.º Quando o patrimônio rural em afetação for constituído por parcela determinada de uma área maior, serão registradas na respectiva matrícula as descrições da parcela objeto de afetação e da parcela remanescente.

•• § 2.º acrescentado Lei n. 14.421, de 20-7-2022.

§ 3.º Na ocorrência de excussão de parcela determinada de imóvel objeto do patrimônio rural em afetação, o credor poderá requerer seu parcelamento definitivo previamente ao registro do título aquisitivo para fins de pagamento.

•• § 3.º acrescentado Lei n. 14.421, de 20-7-2022.

§ 4.º No caso do registro de parcelamento definitivo de que trata o § 3.º deste artigo, que deverá ocorrer em consonância com o que fora anteriormente registrado na matrícula do imóvel, o oficial exigirá a apresentação da certificação do georreferenciamento da área excutida perante o Sistema de Gestão Fundiária (Sigef) do Instituto Nacional de Colonização e Reforma Agrária (Incra).

•• § 4.º acrescentado pela Lei n. 14.421, de 20-7-2022.

Art. 10. Os bens e os direitos integrantes do patrimônio rural em afetação não se comunicam com os demais bens, direitos e obrigações do patrimônio geral do proprietário ou de outros patrimônios rurais em afetação por ele constituídos, nas seguintes condições:

I – desde que vinculado o patrimônio rural em afetação a CIR ou a CPR;

II – na medida das garantias expressas na CIR ou na CPR a ele vinculadas.

§ 1.º Nenhuma garantia real, exceto por emissão de CIR ou de CPR, poderá ser constituída sobre o patrimônio rural em afetação.

§ 2.º O imóvel rural, enquanto estiver sujeito ao regime de afetação de que trata esta Lei, ainda que de modo parcial, não poderá ser objeto de compra e venda, doação, parcelamento ou qualquer outro ato translativo de propriedade por iniciativa do proprietário.

§ 3.º O patrimônio rural em afetação, ou parte dele, na medida da garantia vinculada a CIR ou a CPR:

I – não poderá ser utilizado para realizar ou garantir o cumprimento de qualquer outra obrigação assumida pelo proprietário estranha àquela a qual esteja vinculado; e

II – é impenhorável e não poderá ser objeto de constrição judicial.

§ 4.º O patrimônio rural em afetação ou a fração destes vinculados a CIR ou a CPR, incluídos o terreno, as acessões e as benfeitorias fixadas no terreno, exceto as lavouras, os bens móveis e os semoventes:

I – não são atingidos pelos efeitos da decretação de falência, insolvência civil ou recuperação judicial do proprietário de imóvel rural; e

II – não integram a massa concursal.

§ 5.º O disposto neste artigo não se aplica às obrigações trabalhistas, previdenciárias e fiscais do proprietário rural.

Art. 11. O oficial de registro de imóveis protocolará e autuará a solicitação de registro do patrimônio rural em afetação e os documentos a ela vinculados, na forma estabelecida nesta Lei.

Art. 12. A solicitação de que trata o art. 11 desta Lei será instruída com:

I – os documentos comprobatórios:

a) da inscrição do imóvel no Cadastro Nacional de Imóveis Rurais (CNIR), do domínio do requerente e da inexistência de ônus de qualquer espécie sobre o patrimônio do requerente e o imóvel rural;

b) da inscrição do imóvel no Cadastro Ambiental Rural (CAR), nos termos da Lei n. 12.651, de 25 de maio de 2012;

c) da regularidade fiscal, trabalhista e previdenciária do requerente; e

d) **da certificação, perante o Sigef/Incra, do georreferenciamento do imóvel em que está sendo constituído o patrimônio rural em afetação;**

•• Alínea *d* com redação determinada pela Lei n. 14.421, de 20-7-2022.

II – a prova de atos que modifiquem ou limitem a propriedade do imóvel;

III – o memorial de que constem os nomes dos ocupantes e confrontantes com a indicação das respectivas residências;

IV – a planta do imóvel, obtida a partir de memorial descritivo assinado por profissional habilitado e com a Anotação de Responsabilidade Técnica, que deverá conter as coordenadas dos vértices definidores dos limites dos imóveis rurais, georreferenciadas ao Sistema Geodésico Brasileiro e com precisão posicional adotada pelo Incra para a certificação do imóvel perante o Sigef/Incra; e

V – as coordenadas dos vértices definidores dos limites do patrimônio afetado, georreferenciadas ao Sistema Geodésico Brasileiro e com precisão posicional adotada pelo Incra para certificação do imóvel perante o Sigef/Incra.

§ 1.º Os documentos de que tratam a alínea *c* do inciso I do *caput* deste artigo compreendem as certidões negativas de débitos fiscais perante as Fazendas Públicas, bem como de distribuição forense e de protestos do proprietário do imóvel, tanto no local de seu domicílio quanto no local do imóvel.

§ 2.º No caso de constituição de patrimônio rural em afetação sobre parte do imóvel rural, a fração não afetada deverá atender a todas as obrigações ambientais previstas em lei, inclusive em relação à área afetada.

•• § 2.º com redação determinada pela Lei n. 14.421, de 20-7-2022.

Art. 13. O oficial de registro de imóveis, caso considere a solicitação de constituição de patrimônio rural em afetação de imóvel rural ou a instrução de que trata o art. 12 em desacordo com o disposto nesta Lei, concederá o prazo de 30 (trinta) dias, contado da data da decisão, para que o interessado faça as correções necessárias, sob pena de indeferimento da solicitação.

Parágrafo único. O interessado poderá solicitar a reconsideração da decisão do oficial de registro de imóveis.

Art. 14. Incumbe ao proprietário que constituir o patrimônio rural em afetação:

I – promover os atos necessários à administração e à preservação do patrimônio rural em afetação, inclusive por meio da adoção de medidas judiciais; e

II – manter-se adimplente com as obrigações tributárias e os encargos fiscais, previdenciários e trabalhistas de sua responsabilidade, incluída a remuneração dos trabalhadores rurais.

Art. 15. O cancelamento da afetação do imóvel rural, ou de sua fração, concretiza-se mediante sua averbação no cartório de registro de imóveis.

§ 1.º O cancelamento será instruído com requerimento do proprietário, que deverá comprovar a não existência de CIR e de CPR sobre o patrimônio a ser desafetado.

§ 2.º A comprovação de que trata o § 1.º deste artigo será realizada por meio de certidão emitida por entidade mencionada no art. 19 desta Lei, no caso de CIR, ou por meio de certidão emitida pelo cartório de registro de imóveis competente, no caso de CPR.

§ 3.º Sobre o imóvel rural, ou sua fração, para o qual haja requerimento de cancelamento do patrimônio rural em afetação não poderá ser emitida CIR ou CPR até a conclusão do pedido.

Art. 16. A emissão da CPR que utilizar como garantia o patrimônio rural em afetação atenderá ao disposto na Lei n. 8.929, de 22 de agosto de 1994, e deverá cumprir as normas previstas no *caput* e no § 1.º do art. 19, no art. 21, nos incisos VIII e IX do *caput* e nos §§ 1.º e 2.º do art. 22 e nos arts. 24, 25 e 28 desta Lei.

Capítulo III
DA CÉDULA IMOBILIÁRIA RURAL

Art. 17. Fica instituída a CIR, título de crédito nominativo, transferível e de livre negociação, representativa de:

I – promessa de pagamento em dinheiro, decorrente de operação de crédito de qualquer modalidade; e

II – obrigação de entregar, em favor do credor, bem imóvel rural, ou fração deste, vinculado ao patrimônio rural em afetação, e que seja garantia da operação de que trata o inciso I do *caput* deste artigo, nas hipóteses em que não houver o pagamento da operação até a data do vencimento.

Art. 18. Fica legitimado para emitir a CIR o proprietário de imóvel rural, pessoa natural ou jurídica, que houver constituído patrimônio rural em afetação na forma prevista no Capítulo II desta Lei.

§ 1.º A CIR será garantida por parte ou por todo o patrimônio rural em afetação, observada a identificação prevista no inciso VIII do *caput* do art. 22 desta Lei.

§ 2.º A CIR poderá ser emitida sob a forma escritural, mediante lançamento em sistema de escrituração autorizado a funcionar pelo Banco Central do Brasil.

Art. 19. A CIR será levada a registro ou a depósito em entidade autorizada pelo Banco Central do Brasil a exercer a atividade de registro ou depósito centralizado de ativos financeiros e de valores mobiliários, nos termos da Lei n. 12.810, de 15 de maio de 2013, no prazo de 5 (cinco) dias úteis, contado da data de sua emissão.

§ 1.º O registro ou o depósito realizado no prazo estabelecido no *caput* deste artigo é condição necessária para que a CIR tenha eficácia executiva sobre o patrimônio rural em afetação a ela vinculado.

§ 2.º A CIR cartular será escritural enquanto permanecer depositada.

§ 3.º No período em que a CIR estiver depositada, o histórico dos negócios ocorridos:

I – não será transcrito no verso dos títulos; e

II – será anotado nos registros do sistema.

Art. 20. A CIR poderá ser garantida por terceiros, inclusive por instituição financeira ou por seguradora.

Art. 21. A CIR é título executivo extrajudicial e representa dívida em dinheiro, certa, líquida e exigível, correspondente ao valor nela indicado ou ao saldo devedor da operação de crédito que representa.

§ 1.º A CIR poderá receber aval, que constará do registro ou do depósito de que trata o *caput* do art. 19 ou da cártula.

§ 2.º Fica dispensado o protesto para assegurar o direito de regresso contra endossantes e avalistas.

Art. 22. A CIR conterá os seguintes requisitos lançados em seu contexto:

I – a denominação "Cédula Imobiliária Rural";

II – a assinatura do emitente;

III – o nome do credor, permitida a cláusula à ordem;

IV – a data e o local da emissão;

V – a promessa do emitente de pagar o valor da CIR em dinheiro, certo, líquido e exigível no seu vencimento;

VI – a data e o local do pagamento da dívida e, na hipótese de pagamento parcelado, as datas e os valores de cada prestação;

VII – a data de vencimento;

VIII – a identificação do patrimônio rural em afetação, ou de sua parte, correspondente à garantia oferecida na CIR; e

IX – a autorização irretratável para que o oficial de registro de imóveis processe, em favor do credor, o registro de transmissão da propriedade do imóvel rural, ou da fração, constituinte do patrimônio rural em afetação vinculado à CIR, de acordo com o disposto no art. 28 desta Lei.

§ 1.º A identificação de que trata o inciso VIII do *caput* deste artigo conterá os números de registro e de matrícula do imóvel no cartório de registro de imóveis competente e as coordenadas dos vértices definidores dos limites da área vinculada à CIR, georreferenciadas ao Sistema Geodésico Brasileiro, observadas as vedações de que trata o art. 8.º desta Lei e respeitadas as exigências estabelecidas pela legislação ambiental.

§ 2.º O patrimônio rural em afetação ou sua parte vinculada a cada CIR observará o disposto na legislação ambiental e no inciso III do *caput* do art. 8.º desta Lei.

§ 3.º A CIR, sem que configure requisito essencial, poderá conter outras cláusulas não financeiras lançadas em seu registro, depósito ou cártula, as quais poderão constar de documento à parte, com a assinatura do emitente, incluída a menção a essa circunstância no registro, no depósito ou na cártula.

Art. 23. A CIR poderá ser negociada somente nos mercados regulamentados de valores mobiliários quando registrada ou depositada em entidade autorizada pelo Banco Central do Brasil a exercer a atividade de registro ou depósito centralizado de ativos financeiros e de valores mobiliários.

Art. 24. O emitente usará, até a efetiva liquidação da obrigação garantida pela CIR, a suas expensas e risco, o imóvel rural objeto do patrimônio rural em afetação, conforme a sua destinação, e deverá empregar, na sua guarda, a diligência exigida por sua natureza.

Art. 25. Na hipótese de o bem constitutivo da garantia ser desapropriado ou danificado por fato imputável a terceiro, o credor será sub-rogado no direito à indenização devida pelo expropriante ou pelo terceiro causador do dano, até o montante necessário para liquidar ou amortizar a obrigação garantida.

Art. 26. O vencimento da CIR será antecipado, independentemente de aviso ou interpelação judicial ou extrajudicial, nas hipóteses de:

I – descumprimento das obrigações de que trata o inciso I do *caput* do art. 14 desta Lei;

II – insolvência civil, falência ou recuperação judicial do emitente; ou

III – existência de prática comprovada de desvio de bens e administração ruinosa do imóvel rural que constitui o patrimônio rural em afetação a ela vinculado.

Art. 27. O credor fica obrigado a informar à entidade autorizada no art. 19 desta Lei, sobre a liquidação da CIR no prazo máximo de 5 (cinco) dias úteis após sua efetivação.

Art. 28. Vencida a CIR e não liquidado o crédito por ela representado, o credor poderá exercer de imediato o direito à transferência, para sua titularidade, do registro da propriedade da área rural que constitui o patrimônio rural em afetação, ou de sua fração, vinculado à CIR no cartório de registro de imóveis correspondente.

§ 1.º Quando a área rural constitutiva do patrimônio rural em afetação vinculado à CIR estiver contida em imóvel rural de maior área, ou quando apenas parte do patrimônio rural em afetação estiver vinculada à CIR, o oficial de registro de imóveis, de ofício e à custa do beneficiário final, efetuará o desmembramento e estabelecerá a matrícula própria correspondente.

§ 2.º Na hipótese prevista no *caput* deste artigo, aplica-se, no que couber, o disposto nos arts. 26 e 27 da Lei n. 9.514, de 20

de novembro de 1997, respeitado o disposto no § 3.º deste artigo.

§ 3.º Se, no segundo leilão de que trata o art. 27 da Lei n. 9.514, de 20 de novembro de 1997, o maior lance oferecido não for igual ou superior ao valor da dívida, somado ao das despesas, dos prêmios de seguro e dos encargos legais, incluídos os tributos, o credor poderá cobrar do devedor, por via executiva, o valor remanescente de seu crédito, sem nenhum direito de retenção ou indenização sobre o imóvel alienado.

Art. 29. Aplicam-se à CIR, no que couber, as normas de direito cambial, com as seguintes modificações:

I – os endossos deverão ser completos; e

II – os endossantes responderão somente pela existência da obrigação.

Capítulo IV

DO CERTIFICADO DE DEPÓSITO BANCÁRIO

Art. 30. O Certificado de Depósito Bancário (CDB) é título de crédito nominativo, transferível e de livre negociação, representativo de promessa de pagamento, em data futura, do valor depositado junto ao emissor, acrescido da remuneração convencionada.

Art. 31. O CDB somente poderá ser emitido por instituições financeiras que captem recursos sob a modalidade de depósitos a prazo.

Art. 32. O CDB conterá os seguintes requisitos:

I – a denominação "Certificado de Depósito Bancário";

II – o nome da instituição financeira emissora;

III – o número de ordem, o local e a data de emissão;

IV – o valor nominal;

V – a data de vencimento;

VI – o nome do depositante;

VII – a taxa de juros, fixa ou flutuante, admitida a capitalização, ou outras formas de remuneração, inclusive baseadas em índices ou taxas de conhecimento público; e

VIII – a forma, a periodicidade e o local de pagamento.

Art. 33. O CDB poderá ser emitido sob forma escritural, por meio do lançamento em sistema eletrônico do emissor.

Art. 34. O CDB poderá ser transferido por meio de endosso.

§ 1.º Na hipótese de CDB emitido sob a forma escritural, o endosso de que trata o *caput* deste artigo ocorrerá exclusivamente por meio de anotação específica no sistema eletrônico da instituição emissora ou, quando tenha sido depositado em depositário central, por meio de anotação específica no sistema eletrônico correspondente.

§ 2.º O endossante do CDB responderá pela existência do crédito, mas não pelo seu pagamento.

Art. 35. A titularidade do CDB emitido sob forma escritural será atribuída exclusivamente por meio do lançamento no sistema eletrônico da instituição emissora ou, quando tenha sido depositado em depositário central, por meio de controle realizado no sistema eletrônico correspondente.

§ 1.º A instituição emissora e o depositário central emitirão, mediante solicitação, certidão de inteiro teor do título.

§ 2.º A certidão de que trata o § 1.º deste artigo poderá ser emitida na forma eletrônica, observados os requisitos de segurança que garantam a autenticidade e a integridade do documento.

Art. 36. O CDB é título executivo extrajudicial.

Parágrafo único. A execução do CDB poderá ser promovida com base na certidão de inteiro teor de que trata o § 1.º do art. 35 desta Lei.

Art. 37. O crédito contra a instituição emissora relativo ao CDB não poderá ser objeto de penhora, arresto, sequestro, busca ou apreensão ou outro embaraço que impeça o pagamento da importância depositada e de sua remuneração.

Parágrafo único. Observado o disposto no *caput* deste artigo, o CDB poderá ser penhorado por obrigação de seu titular.

Art. 38. Fica vedada a prorrogação do prazo de vencimento do CDB.

Parágrafo único. Será admitida a renovação do CDB com lastro na quantia depositada na data de seu vencimento e a sua remuneração, desde que haja nova contratação.

Art. 39. A legislação relativa a nota promissória aplica-se ao CDB, exceto naquilo em que contrariar o disposto nesta Lei.

Art. 40. Compete ao Conselho Monetário Nacional regulamentar o disposto neste Capítulo, inclusive quanto aos seguintes aspectos:

I – condições, limites e prazos para a emissão de CDB;

II – tipos de instituições autorizadas a emitir CDB e requisitos específicos para a sua emissão;

III – índices, taxas ou metodologias permitidas para a remuneração do CDB; e

IV – condições e prazos para resgate e vencimento do CDB.

Capítulo V

DA SUBVENÇÃO ECONÔMICA A PRODUTORES RURAIS E A COOPERATIVAS AGROPECUÁRIAS

....

Capítulo VI

DA CÉDULA DE PRODUTO RURAL

Art. 42. A Lei n. 8.929, de 22 de agosto de 1994, passa a vigorar com as seguintes alterações:

•• Alterações já processadas no diploma modificado.

Capítulo VII

DOS TÍTULOS DO AGRONEGÓCIO

Art. 43. A Lei n. 11.076, de 30 de dezembro de 2004, passa a vigorar com as seguintes alterações:

•• Alterações já processadas no diploma modificado.

Capítulo VIII

DA ESCRITURAÇÃO DE TÍTULOS DE CRÉDITO

Art. 44. A Lei n. 10.931, de 2 de agosto de 2004, passa a vigorar com as seguintes alterações:

•• Alterações já processadas no diploma modificado.

Art. 45. O Decreto-lei n. 167, de 14 de fevereiro de 1967, passa a vigorar com as seguintes alterações:

•• Alterações já processadas no diploma modificado.

Capítulo IX

DA SUBVENÇÃO ECONÔMICA PARA EMPRESAS CEREALISTAS

Art. 47. Fica a União autorizada a conceder subvenção econômica em benefício das empresas cerealistas, sob a modalidade de equalização de taxas de juros, nas operações de financiamento a serem contratadas com o Banco Nacional de Desenvolvimento Econômico e Social (BNDES) até 30 de junho de 2021.

§ 1.º As operações de financiamento serão destinadas a investimentos em obras civis e na aquisição de máquinas e equipamentos necessários à construção de armazéns e à expansão da capacidade de armazenagem de grãos.

§ 2.º O valor total dos financiamentos a serem subvencionados pela União fica limitado ao montante de R$ 200.000.000,00 (duzentos milhões de reais).

§ 3.º A subvenção fica limitada a R$ 20.000.000,00 (vinte milhões de reais) por ano, respeitada a dotação orçamentária reservada para essa finalidade.

§ 4.º A equalização de juros corresponderá ao diferencial de taxas entre o custo da fonte dos recursos, acrescido da remuneração do BNDES, e o encargo cobrado do mutuário final.

§ 5.º O pagamento da subvenção econômica de que trata o *caput* deste artigo fica condicionado à apresentação, pelo BNDES, de declaração de responsabilidade pela exatidão das informações necessárias ao cálculo da subvenção e pela regularidade da aplicação dos recursos, para fins do disposto no inciso II do § 1.º do art. 63 da Lei n. 4.320, de 17 de março de 1964.

§ 6.º Na hipótese de os encargos cobrados do mutuário final do crédito excederem o custo de captação dos recursos, acrescido dos custos administrativos e tributários, o BNDES recolherá ao Tesouro Nacional o valor apurado, atualizado pelo índice que remunerar a captação dos recursos.

Art. 48. A aplicação irregular ou o desvio dos recursos provenientes das operações subvencionadas de que trata este Capítulo sujeitará o BNDES a devolver à União o valor da subvenção econômica, atualizado monetariamente pela taxa média referencial do Sistema Especial de Liquidação e de Custódia (Selic) ou por outro índice que venha a substituí-la.

§ 1.º Quando o BNDES der causa ou concorrer, ainda que culposamente, à aplicação irregular, ao desvio dos recursos ou, ainda, à irregularidade no cálculo da subvenção, o valor da subvenção econômica, atualizado monetariamente na forma prevista no *caput* deste artigo, será por ele devolvido em dobro, sem prejuízo das penalidades previstas na Lei n. 13.506, de 13 de novembro de 2017.

§ 2.º Quando o mutuário final do crédito der causa à aplicação irregular ou ao desvio dos recursos, o BNDES devolverá o valor da subvenção econômica, atualizado monetariamente na forma prevista no *caput* deste artigo, e o mutuário final do crédito ficará impedido de receber crédito subvencionado pelo prazo de 5 (cinco) anos, contado da data em que ocorrer a devolução do valor da subvenção econômica pelo BNDES.

Art. 49. O Conselho Monetário Nacional estabelecerá as condições necessárias à contratação dos financiamentos de que trata este Capítulo.

Art. 50. Ato do Ministro de Estado da Economia definirá a metodologia para o pagamento do valor a ser apurado em decorrência da equalização das taxas de juros e as demais condições para a concessão da subvenção econômica de que trata este Capítulo.

Capítulo X
DISPOSIÇÕES FINAIS

Art. 51. O § 2.º do art. 1.º da Lei n. 5.709, de 7 de outubro de 1971, passa a vigorar com a seguinte redação:

Art. 52. O § 4.º do art. 2.º da Lei n. 6.634, de 2 de maio de 1979, passa a vigorar com a seguinte redação:

....

Art. 53. O inciso II do *caput* do art. 178 da Lei n. 6.015, de 31 de dezembro de 1973, passa a vigorar com a seguinte redação:

....

Art. 54. O § 2.º do art. 9.º. da Lei n. 7.827, de 27 de setembro de 1989, passa a vigorar com a seguinte redação:

....

Arts. 55 a 57 (*Vetados.*)

Art. 58. O parágrafo único do art. 28 da Lei n. 12.810, de 15 de maio de 2013, passa a vigorar com as seguintes alterações:

....

Arts. 59 e 60. (*Vetados.*)

Art. 61. Ficam revogados:

I – o art. 30 da Lei n. 4.728, de 14 de julho de 1965;

II – o Decreto-lei n. 13, de 18 de julho de 1966;

III – o Decreto-lei n. 14, de 29 de julho de 1966;

IV – a alínea *d* do *caput* do art. 20 do Decreto-lei n. 73, de 21 de novembro de 1966;

V – os seguintes dispositivos do Decreto-lei n. 167, de 14 de fevereiro de 1967:

a) arts. 30 a 40; e

b) parágrafo único do art. 42;

VI – o item 13 do inciso I do *caput* do art. 167 da Lei n. 6.015, de 31 de dezembro de 1973;

VII – o art. 4.º-A da Lei n. 8.427, de 27 de maio de 1992;

VIII – o art. 19 da Lei n. 8.929, de 22 de agosto de 1994;

IX – os seguintes dispositivos da Lei n. 11.076, de 30 de dezembro de 2004:

a) art. 20;

b) §§ 2.º e 3.º do art. 24;

c) inciso III do § 4.º do art. 25;

d) parágrafo único do art. 27;

e) incisos I e II do *caput* e parágrafo único do art. 35; e

f) inciso III do § 3.º do art. 37; e

X – o art. 10 da Lei n. 13.476, de 28 de agosto de 2017.

Art. 62. Esta Lei entra em vigor na data de sua publicação.

Brasília, 7 de abril de 2020; 199.º da Independência e 132.º da República.

JAIR MESSIAS BOLSONARO

LEI N. 13.999, DE 18 DE MAIO DE 2020 (*)

Institui o Programa Nacional de Apoio às Microempresas e Empresas de Pequeno Porte (Pronampe), para o desenvolvimento e o fortalecimento dos pequenos negócios; e altera as Leis n. 13.636, de 20 de março de 2018, 10.735, de 11 de setembro de 2003, e 9.790, de 23 de março de 1999.

O Presidente da República

Faço saber que o Congresso Nacional decreta e eu sanciono a seguinte Lei:

Capítulo I
DISPOSIÇÃO PRELIMINAR

Art. 1.º Fica instituído o Programa Nacional de Apoio às Microempresas e Empresas de Pequeno Porte (Pronampe), vinculado à Secretaria Especial de Produtividade, Emprego e Competitividade (Sepec) do Ministério da Economia, cujo objeto é o desenvolvimento e o fortalecimento dos pequenos negócios.

•• A Portaria n. 8.025, de 5-7-2021, estabelece condições para a contratação de operações de crédito no âmbito do Programa Nacional de Apoio às Microempresas e Empresas de Pequeno Porte – Pronampe, instituído por esta lei.

•• A Lei n. 14.348, de 25-5-2022, estabelece melhores condições de sustentabilidade ao Pronampe como política oficial de crédito permanente no tratamento diferenciado e favorecido aos beneficiários desse programa e aprimora o Programa de Estímulo ao Crédito (PEC), instituído pela Lei n. 14.257, de 1.º-12-2021.

Capítulo II
DO PROGRAMA NACIONAL DE APOIO ÀS MICROEMPRESAS E EMPRESAS DE PEQUENO PORTE (PRONAMPE)

Art. 2.º O Pronampe é destinado às pessoas a que se referem os incisos I e II do *caput* do art. 3.º da Lei Complementar n. 123, de 14 de dezembro de 2006, considerada a receita bruta auferida no exercício imediatamente anterior ao da contratação.

•• *Caput* com redação determinada pela Lei n. 14.161, de 2-6-2021.

§ 1.º A linha de crédito concedida no âmbito do Pronampe corresponderá a até 30% (trinta por cento) da receita bruta anual calculada com base no exercício anterior ao da contratação, salvo no caso das empresas que tenham menos de 1 (um) ano de funcionamento, hipótese em que o limite do empréstimo corresponderá a até 50% (cinquenta por cento) do seu capital social ou a até 30% (trinta por cento) de 12 (doze) vezes a média da sua receita bruta mensal apurada no período, desde o início de suas atividades, o que for mais vantajoso.

•• § 1.º com redação determinada pela Lei n. 14.161, de 2-6-2021.

§ 2.º Poderão aderir ao Pronampe e, assim, requerer a garantia do Fundo Garantidor de Operações (FGO), de que trata a Lei n. 12.087, de 11 de novembro de 2009, o Banco do Brasil S.A., a Caixa Econômica Federal, o Banco do Nordeste do Brasil S.A., o Banco da Amazônia S.A., os bancos estaduais, as agências de fomento estaduais, as cooperativas de crédito, os bancos cooperados, as instituições integrantes do sistema de pagamentos brasileiro, as plataformas tecnológicas de serviços financeiros (*fintechs*), as organizações da sociedade civil de interesse público de crédito, e as demais instituições financeiras públicas e privadas autorizadas a funcionar pelo Banco Central do Brasil, atendida a disciplina do Conselho Monetário Nacional e do Banco Central do Brasil a elas aplicável.

§ 3.º As pessoas a que se refere o *caput* deste artigo que contratarem as linhas de crédito no âmbito do Pronampe assumirão contratualmente a obrigação de fornecer informações verídicas e de preservar o quantitativo de empregados em número igual ou superior ao verificado no último dia do ano anterior ao da contratação da linha de crédito, no período compreendido entre a data da contratação e o sexagésimo dia após o recebimento da última parcela da linha de crédito.

(*) Publicada no *Diário Oficial da União*, de 19-5-2020.

•• § 3.º com redação determinada pela Lei n. 12.257, de 1º-12-2021.

§ 3.º-A Quando se tratar de empresa criada após o marco de que trata o § 3.º deste artigo, será observado o quantitativo de empregados do dia ou mês anterior à contratação do empréstimo, o que for maior.

•• § 3.º-A acrescentado pela Lei n. 12.257, de 1º-12-2021.

§ 4.º O não atendimento a qualquer das obrigações de que trata o § 3.º deste artigo implicará o vencimento antecipado da dívida pela instituição financeira.

§ 4.º-A. **O disposto no § 3.º relativamente à obrigação de preservação de níveis e quantitativos de empregos para fins de aplicação do disposto no § 4.º deste artigo não será exigível para as operações contratadas até 31 de dezembro de 2021.**

•• § 4.º-A acrescentado pela Lei n. 14.348, de 25-5-2022.

§ 5.º Fica vedada a celebração do contrato de empréstimo de que trata esta Lei com empresas que possuam condenação relacionada a trabalho em condições análogas às de escravo ou a trabalho infantil.

§§ 6.º e 7.º (*Vetados.*)

§ 8.º Caso haja autorização por parte das pessoas que contratarem as linhas de crédito no âmbito do Pronampe, o Serviço Brasileiro de Apoio às Micro e Pequenas Empresas (Sebrae) receberá os dados cadastrais relativos às operações concedidas, para ofertar a provisão de assistência e ferramentas de gestão às microempresas destinatárias da linha de crédito.

§ 9.º (*Vetado.*)

§ 10. Os créditos concedidos no âmbito do Pronampe servirão ao financiamento das atividades econômicas do empresário, da empresa ou do profissional liberal nas suas diversas dimensões e poderão ser utilizados para investimentos e para capital de giro isolado e associado, vedada a sua destinação para distribuição de lucros e dividendos entre os sócios.

•• § 10 com redação determinada pela Lei n. 14.045, de 20-8-2020.

§ 11. As instituições financeiras que utilizem recursos do Fundo Geral de Turismo (Fungetur), de que trata o art. 11 do Decreto-lei n. 1.191, de 27 de outubro de 1971, poderão aderir ao Pronampe e requerer garantia do FGO para essas operações, as quais, para fins do disposto nos §§ 4.º e 4.º-A do art. 6.º desta Lei, deverão ser agrupadas como carteira específica no âmbito de cada instituição.

•• § 11 acrescentado pela Lei n. 14.043, de 19-8-2020.

§ 12. Se houver disponibilidade de recursos, poderão também ser contratantes das operações de crédito do Pronampe as associações, as fundações de direito privado e as sociedades cooperativas, excluídas as cooperativas de crédito, e, nessa hipótese, os recursos recebidos deverão ser destinados ao financiamento das atividades dos contratantes.

•• § 12 acrescentado pela Lei n. 14.042, de 19-8-2020.

Art. 3.º **As instituições financeiras participantes poderão formalizar e prorrogar operações de crédito no âmbito do Pronampe nos períodos e nas condições estabelecidos pela Secretaria Especial de Produtividade e Competitividade do Ministério da Economia, observado o prazo total máximo de setenta e dois meses para pagamento das operações.**

•• *Caput* com redação determinada pela Medida Provisória n. 1.139, de 27-10-2022.

O texto anterior dizia: "Art. 3.º As instituições financeiras participantes poderão formalizar operações de crédito no âmbito do Pronampe nos períodos estabelecidos pela Sepec, observados os seguintes parâmetros:

•• *Caput* com redação determinada pela Lei n.14.161, de 2-6-2021".

•• A Portaria n. 25.421, de 29-12-2020, da SEPEC, prorroga até 31 de dezembro de 2020 o prazo para formalização de operações de crédito no âmbito do Pronampe.

I e II (*Revogados pela Medida Provisória n. 1.139, de 27-10-2022.*)

•• O texto revogado dizia: "I – taxa de juros anual máxima igual à taxa do Sistema Especial de Liquidação e de Custódia (Selic), acrescida de:

•• Inciso I, *caput*, com redação determinada pela Lei n. 14.161, de 2-6-2021.

a) 1,25% (um inteiro e vinte e cinco centésimos por cento) sobre o valor concedido, para as operações concedidas até 31 de dezembro de 2020;

•• Alínea *a* acrescentada pela Lei n. 14.161, de 2-6-2021.

b) 6% (seis por cento), no máximo, sobre o valor concedido, para as operações concedidas a partir de 1.º de janeiro de 2021;

•• Alínea *b* acrescentada pela Lei n. 14.161, de 2-6-2021.

II – prazo de 48 (quarenta e oito) meses para o pagamento;

•• Inciso II com redação determinada pela Lei n. 14.257, de 1.º-12-2021.

III – (*Vetado.*)

§ 1.º Para efeito de controle dos limites a que se refere o § 1.º do art. 2.º desta Lei, o Banco do Brasil S.A. disponibilizará consulta das pessoas inscritas no Cadastro Nacional da Pessoa Jurídica (CNPJ) que se beneficiaram do Pronampe, com a discriminação dos montantes já contratados.

•• Parágrafo único renumerado pela Lei n. 14.115, de 29-12-2020.

§ 2.º (*Revogado pela Medida Provisória n. 1.139, de 27-10-2022.*)

•• O texto revogado dizia: "§ 2.º O termo final das prorrogações de que trata o *caput* deste artigo não poderá ser posterior ao último dia útil do ano de 2020.

•• § 2.º acrescentado pela Lei n. 14.115, de 29-12-2020.

•• A Lei n. 14.161, de 2-6-2021, propôs a revogação deste § 2.º, todavia teve seu texto vetado".

§ 3.º As instituições participantes do Pronampe operarão com recursos próprios e poderão contar com garantia a ser prestada pelo FGO Pronampe, de até 100% (cem por cento) do valor de cada operação garantida, com cobertura pelo Fundo da inadimplência limitada ao valor máximo segregado pelo administrador do FGO para a garantia da carteira da instituição participante do Pronampe, não podendo ultrapassar 85% (oitenta e cinco por cento) da carteira à qual esteja vinculada.

•• § 3.º acrescentado pela Lei n. 14.161, de 2-6-2021.

§ 4.º (*Revogado pela Medida Provisória n. 1.139, de 27-10-2022.*)

•• O texto revogado dizia: "§ 4.º Ato do Secretário Especial de Produtividade, Emprego e Competitividade de que trata o caput deste artigo definirá também a taxa de juros aplicável à linha de crédito concedida no âmbito do Pronampe, observado o máximo previsto no inciso I do *caput* deste artigo.

•• § 4.º acrescentado pela Lei n. 14.161, de 2-6-2021".

§ 5.º **Nos casos em que a empresa contratante tenha sido reconhecida pelo Poder Executivo federal com o Selo Emprega + Mulher, aplicam-se os seguintes parâmetros:**

•• § 5.º, *caput*, acrescentado pela Lei n. 14.457, de 21-9-2022.

I – **o limite do empréstimo referido no § 1.º do art. 2.º desta Lei corresponderá a até 50% (cinquenta por cento) da receita bruta anual calculada com base no exercício anterior ao da contratação, salvo o caso das empresas que tenham menos de 1 (um) ano de funcionamento, hipótese em que corresponderá a até 50% (cinquenta por cento) do seu capital social ou a até 50% (cinquenta por cento) de 12 (doze) vezes a média da sua receita bruta mensal apurada no período, desde o início de suas atividades, o que for mais vantajoso; e**

•• Inciso I acrescentado pela Lei n. 14.457, de 21-9-2022.

II – **prazo de 60 (sessenta) meses para o pagamento.**

•• Inciso II acrescentado pela Lei n. 14.457, de 21-9-2022.

§ 6.º **No prazo total máximo de setenta e dois meses para pagamento das operações, nos termos do *caput*, não será considerada a cobrança dos créditos inadimplidos e já honrados pelo FGO no âmbito do Pronampe.**

•• § 6.º acrescentado pela Medida Provisória n. 1.139, de 27-10-2022.

Capítulo II-A

DOS PROFISSIONAIS LIBERAIS

•• Capítulo II-A acrescentado pela Lei n. 14.045, de 20-8-2020.

Art. 3.º-A. Os profissionais liberais, assim entendidos, para fins desta Lei, as pessoas físicas que exercem, por conta própria, atividade econômica com fins lucrativos, tanto de nível técnico quanto de nível superior, poderão contratar operações de crédito garantidas pelo Pronampe nas seguintes condições:

•• *Caput* acrescentado pela Lei n. 14.045, de 20-8-2020.

I – taxa de juros anual máxima igual à taxa do Sistema Especial de Liquidação e de Custódia (Selic), acrescida de 5% (cinco por cento);

•• Inciso I acrescentado pela Lei n. 14.045, de 20-8-2020.

II – prazo de até 36 (trinta e seis) meses para o pagamento, dos quais até 8 (oito) meses poderão ser de carência com capitalização de juros; e

•• Inciso II acrescentado pela Lei n. 14.045, de 20-8-2020.

III – valor da operação limitado a 50% (cinquenta por cento) do total anual do rendimento do trabalho sem vínculo empregatício informado na Declaração de Ajuste Anual referente ao ano-calendário anterior ao da contratação da linha de crédito, no limite máximo de R$ 100.000,00 (cem mil reais).

•• Inciso III com redação determinada pela Lei n. 12.257, de 1º-12-2021.

§ 1.º Ficam excluídos das operações de crédito garantidas pelo Pronampe os profissionais liberais que tenham participação societária em pessoa jurídica ou que possuam vínculo empregatício de qualquer natureza.

•• Parágrafo único renumerado pela Lei n. 14.161, de 2-6-2021.

§ 2.º Para efeito de controle do limite a que se refere o inciso III do *caput* deste artigo, o Banco do Brasil S.A. disponibilizará consulta das pessoas inscritas no Cadastro de Pessoas Físicas (CPF) que se beneficiaram do Pronampe, com a discriminação dos montantes já contratados.

•• § 2.º acrescentado pela Lei n. 14.161, de 2-6-2021.

§ 3.º As operações de que trata o *caput* deste artigo deverão ser formalizadas nos mesmos prazos, inclusive prorrogações, estabelecidos no art. 3.º desta Lei.

•• § 3.º acrescentado pela Lei n. 14.161, de 2-6-2021.

Capítulo II-B
DA DISPENSA DE CERTIDÕES E DA RECUPERAÇÃO DE INADIMPLÊNCIA

•• Capítulo II-B acrescentado pela Lei n. 14.045, de 20-8-2020.

Art. 4.º Para fins de concessão de crédito no âmbito do Pronampe, as instituições financeiras participantes ficam dispensadas de observar as seguintes disposições:

I – o § 1.º do art. 362 da Consolidação das Leis do Trabalho (CLT), aprovada pelo Decreto-lei n. 5.452, de 1.º de maio de 1943;

II – o inciso IV do § 1.º do art. 7.º da Lei n. 4.737, de 15 de julho de 1965;

III – as alíneas *b* e *c* do *caput* do art. 27 da Lei n. 8.036, de 11 de maio de 1990;

IV – a alínea *a* do inciso I do *caput* do art. 47 da Lei n. 8.212, de 24 de julho de 1991;

V – o art. 10 da Lei n. 8.870, de 15 de abril de 1994;

VI – o art. 1.º da Lei n. 9.012, de 30 de março de 1995;

VII – o art. 20 da Lei n. 9.393, de 19 de dezembro de 1996; e

VIII – o art. 6.º da Lei n. 10.522, de 19 de julho de 2002.

§ 1.º Aplica-se às instituições financeiras públicas federais a dispensa prevista no *caput* deste artigo, observado o disposto na Lei n. 13.898, de 11 de novembro de 2019.

§ 2.º Na concessão de crédito ao amparo do Pronampe, somente poderá ser exigida a garantia pessoal do proponente em montante igual ao empréstimo contratado, acrescido dos encargos, salvo nos casos de empresas constituídas e em funcionamento há menos de 1 (um) ano, cuja garantia pessoal poderá alcançar até 150% (cento e cinquenta por cento) do valor contratado, mais acréscimos.

•• § 2.º com redação determinada pela Lei n. 14.042, de 19-8-2020.

Art. 5.º Na hipótese de inadimplemento do contratante, as instituições financeiras participantes do Pronampe farão a cobrança da dívida em nome próprio, em conformidade com as suas políticas de crédito, e recolherão os valores recuperados ao FGO, relativos a cada operação, na proporção do saldo devedor honrado pelo Fundo.

§ 1.º Na cobrança do crédito inadimplido garantido por recursos públicos, não se admitirá, por parte das instituições financeiras participantes do Pronampe, a adoção de procedimentos para recuperação de crédito menos rigorosos do que aqueles usualmente empregados em suas próprias operações de crédito.

§ 2.º As despesas necessárias para a recuperação dos créditos inadimplidos correrão por conta das instituições financeiras participantes do Pronampe.

§ 3.º As instituições financeiras participantes do Pronampe, em conformidade com as suas políticas de crédito, deverão empregar os melhores esforços e adotar os procedimentos necessários para a recuperação dos créditos no âmbito do Programa e não poderão interromper ou negligenciar o acompanhamento.

§ 4.º As instituições financeiras participantes do Pronampe serão responsáveis pela veracidade das informações fornecidas e pela exatidão dos valores a serem eventualmente reembolsados.

§ 5.º Os créditos honrados eventualmente não recuperados serão leiloados pelos agentes financeiros no prazo de 18 (dezoito) meses, contado da data da amortização da última parcela passível de vencimento, observadas as condições estabelecidas no estatuto do Fundo.

•• § 5.º acrescentado pela Lei n. 14.042, de 19-8-2020.

•• A Lei n. 14.045, de 20-8-2020, propôs nova redação para este § 5.º, porém teve seu texto vetado.

§ 6.º Os créditos não arrematados serão oferecidos novamente em leilão, no prazo estabelecido no § 5.º deste artigo, e poderão ser alienados àquele que oferecer o maior lance, independentemente do valor de avaliação.

•• § 6.º acrescentado pela Lei n. 14.042, de 19-8-2020.

•• A Lei n. 14.045, de 20-8-2020, propôs nova redação para este § 6.º, porém teve seu texto vetado.

§ 7.º Após o decurso do prazo previsto no § 5.º deste artigo, o patrimônio segregado no Fundo para o Pronampe será liquidado no prazo de 12 (doze) meses.

•• § 7.º acrescentado pela Lei n. 14.042, de 19-8-2020.

•• A Lei n. 14.045, de 20-8-2020, propôs nova redação para este § 7.º, porém teve seu texto vetado.

§ 8.º Após a realização do último leilão de que trata o § 6.º deste artigo pelos agentes financeiros, a parcela do crédito sub-rogada pelo FGO eventualmente não alienada será considerada extinta de pleno direito.

•• § 8.º acrescentado pela Lei n. 14.042, de 19-8-2020.

Capítulo III
DO MODELO FINANCEIRO-OPERACIONAL

•• Capítulo III com denominação determinada pela Lei n. 14.045, de 20-8-2020.

Art. 6.º A União aumentará sua participação no FGO em R$ 15.900.000.000,00 (quinze bilhões e novecentos milhões de reais), independentemente do limite estabelecido nos arts. 7.º e 8.º da Lei n. 12.087, de 11 de novembro de 2009, exclusivamente para cobertura das operações contratadas no âmbito do Pronampe.

•• *Vide* art. 2º da Lei n. 14.161, de 2-6-2021.

§ 1.º A integralização adicional de cotas pela União de que trata este artigo será realizada por ato da Sepec do Ministério da Economia.

§ 2.º O valor não utilizado para garantia das operações contratadas nos períodos a que se refere o *caput* do art. 3.º desta Lei, assim como os valores recuperados, inclusive no caso de inadimplência, deverão ser devolvidos à União, a partir de 2025, nos termos em que dispuser o Poder Executivo, e serão integralmente utilizados para pagamento da dívida pública de responsabilidade do Tesouro Nacional.

•• § 2.º com redação determinada pela Lei n. 14.348, de 25-5-2022.

§ 3.º O FGO responderá por suas obrigações com os bens e direitos alocados para a finalidade do Pronampe, e o cotista ou seus agentes públicos não responderão por qualquer obrigação ou eventual prejuízo do Fundo, salvo o cotista pela integralização das cotas que subscrever.

§ 4.º As instituições financeiras participantes do Pronampe operarão com recursos próprios e poderão contar com garantia a ser prestada pelo FGO de até 100% (cem por cento) do valor de cada operação garantida.

•• § 4.º com redação determinada pela Lei n. 14.042, de 19-8-2020.

•• A Lei n. 14.045, de 20-8-2020, propôs nova redação para este § 4.º, porém teve seu texto vetado.

§ 4.º-A. A garantia de que trata o § 4.º deste artigo será limitada a 85% (oitenta e cinco por cento) da carteira de cada agente financeiro nos termos do estatuto do Fundo, observado o disposto no § 3.º do art. 3.º desta Lei.

•• § 4.º-A com redação determinada pela Lei n. 14.161, de 2-6-2021.

§ 4.º-B. Os agentes financeiros que aderirem ao Pronampe poderão optar por limite individual de cobertura de carteira inferior ao estabelecido no § 4.º-A deste artigo, nos termos em que dispuser o estatuto do FGO.

•• § 4.º-B acrescentado pela Lei n. 14.161, de 2-6-2021.

§ 5.º Nas operações de que trata o § 4.º deste artigo, o limite global a ser ressarcido às instituições financeiras em razão da garantia prestada pelo FGO no âmbito do Pronampe fica limitado ao montante aportado pela União no FGO para o atendimento do Programa.

•• § 5.º com redação determinada pela Lei n. 14.161, de 2-6-2021.

§ 6.º Fica autorizada a utilização do Fundo de Aval às Micro e Pequenas Empresas (Fampe) do Sebrae como instrumento complementar ao FGO na estruturação das garantias relativas às operações no âmbito do Pronampe.

§ 7.º As instituições financeiras públicas federais deverão priorizar em suas políticas operacionais as contratações de empréstimo no âmbito do Pronampe, inclusive com a utilização, quando cabível, de recursos dos fundos constitucionais de financiamento.

§ 8.º O FGO não contará com qualquer tipo de garantia ou aval por parte da União e responderá por suas obrigações contraídas no âmbito do Pronampe até o limite do valor dos bens e direitos integrantes do seu patrimônio alocados para o Programa.

•• § 8.º acrescentado pela Lei n. 14.045, de 20-8-2020.

Art. 6.º-A. Para as contratações realizadas no âmbito do Pronampe, não se aplica ao FGO o disposto nos §§ 3.º e 6.º do art. 9.º da Lei n. 12.087, de 11 de novembro de 2009.

•• Artigo acrescentado pela Lei n. 14.042, de 19-8-2020.

•• A Lei n. 14.045, de 20-8-2020, propôs nova redação para este artigo, porém teve seu texto vetado.

Capítulo IV
(*VETADO.*)

Capítulo V
DA REGULAÇÃO E DA SUPERVISÃO DAS OPERAÇÕES DE CRÉDITO REALIZADAS NO ÂMBITO DO PRONAMPE

Art. 8.º Compete ao Banco Central do Brasil fiscalizar o cumprimento, pelas instituições participantes do Pronampe, das condições estabelecidas para as operações de crédito realizadas no âmbito do Programa.

Art. 9.º O Conselho Monetário Nacional e o Banco Central do Brasil, no âmbito de suas competências, poderão disciplinar os aspectos necessários para operacionalizar e fiscalizar as instituições participantes do Pronampe quanto ao disposto nesta Lei, observados os preceitos da Lei n. 13.506, de 13 de novembro de 2017.

• Citada lei dispõe sobre o processo administrativo sancionador na esfera de atuação do Banco Central do Brasil e da Comissão de Valores Mobiliários.

Capítulo VI
DO ESTÍMULO AO MICROCRÉDITO

....

Art. 12. O art. 2.º da Lei n. 9.790, de 23 de março de 1999, passa a vigorar acrescido do seguinte parágrafo único:

•• Alteração já processada no diploma modificado.

Capítulo VII
DISPOSIÇÕES FINAIS

Art. 13. Expirado o prazo para contratações previsto nesta Lei, fica o Poder Executivo autorizado a adotar o Pronampe como política oficial de crédito de caráter permanente com tratamento diferenciado e favorecido, nas mesmas condições estabelecidas nesta Lei, com o objetivo de consolidar os pequenos negócios como agentes de sustentação, transformação e desenvolvimento da economia nacional.

•• *Vide* Lei n. 14.161, de 2-6-2021, que permite o uso do Pronampe de forma permanente.

Art. 14. Revoga-se o § 4. do art. 1.º da Lei n. 13.636, de 20 de março de 2018.

Art. 15. Esta Lei entra em vigor na data de sua publicação.

Brasília, 18 de maio de 2020; 199.º da Independência e 132.º da República.

JAIR MESSIAS BOLSONARO

LEI N. 14.010, DE 10 DE JUNHO DE 2020 (*)

Dispõe sobre o Regime Jurídico Emergencial e Transitório das relações jurídicas de Direito Privado (RJET) no período da pandemia do coronavírus (Covid-19).

O Presidente da República

Faço saber que o Congresso Nacional decreta e eu sanciono a seguinte Lei:

Capítulo I
DISPOSIÇÕES GERAIS

Art. 1.º Esta Lei institui normas de caráter transitório e emergencial para a regulação de relações jurídicas de Direito Privado em virtude da pandemia do coronavírus (Covid-19).

Parágrafo único. Para os fins desta Lei, considera-se 20 de março de 2020, data da publicação do Decreto Legislativo n. 6, como termo inicial dos eventos derivados da pandemia do coronavírus (Covid-19).

(*) Publicada no *Diário Oficial da União*, de 12-6-2020.

Art. 2.º A suspensão da aplicação das normas referidas nesta Lei não implica sua revogação ou alteração.

Capítulo II
DA PRESCRIÇÃO E DECADÊNCIA

Art. 3.º Os prazos prescricionais consideram-se impedidos ou suspensos, conforme o caso, a partir da entrada em vigor desta Lei até 30 de outubro de 2020.

§ 1.º Este artigo não se aplica enquanto perdurarem as hipóteses específicas de impedimento, suspensão e interrupção dos prazos prescricionais previstas no ordenamento jurídico nacional.

§ 2.º Este artigo aplica-se à decadência, conforme ressalva prevista no art. 207 da Lei n. 10.406, de 10 de janeiro de 2002 (Código Civil).

Capítulo III
DAS PESSOAS JURÍDICAS DE DIREITO PRIVADO

Art. 4.º As pessoas jurídicas de direito privado referidas nos incisos I a III do art. 44 do Código Civil deverão observar as restrições à realização de reuniões e assembleias presenciais até 30 de outubro de 2020, durante a vigência desta Lei, observadas as determinações sanitárias das autoridades locais.

•• Artigo originalmente vetado, todavia promulgado em 8-9-2020.

Art. 5.º A assembleia geral, inclusive para os fins do art. 59 do Código Civil, até 30 de outubro de 2020, poderá ser realizada por meios eletrônicos, independentemente de previsão nos atos constitutivos da pessoa jurídica.

Parágrafo único. A manifestação dos participantes poderá ocorrer por qualquer meio eletrônico indicado pelo administrador, que assegure a identificação do participante e a segurança do voto, e produzirá todos os efeitos legais de uma assinatura presencial.

Capítulo IV
DA RESILIÇÃO, RESOLUÇÃO E REVISÃO DOS CONTRATOS

•• Capítulo IV originalmente vetado, todavia promulgado em 8-9-2020.

Art. 6.º As consequências decorrentes da pandemia do coronavírus (Covid-19) nas execuções dos contratos, incluídas as previstas no art. 393 do Código Civil, não terão efeitos jurídicos retroativos.

•• Artigo originalmente vetado, todavia promulgado em 8-9-2020.

Art. 7.º Não se consideram fatos imprevisíveis, para os fins exclusivos dos arts. 317, 478, 479 e 480 do Código Civil, o aumento da inflação, a variação cambial, a desvalorização ou a substituição do padrão monetário.

•• Artigo originalmente vetado, todavia promulgado em 8-9-2020.

§ 1.º As regras sobre revisão contratual previstas na Lei n. 8.078, de 11 de setembro de 1990 (Código de Defesa do Consumidor), e na Lei n. 8.245, de 18 de outubro de 1991, não se sujeitam ao disposto no *caput* deste artigo.

§ 2.º Para os fins desta Lei, as normas de proteção ao consumidor não se aplicam às relações contratuais subordinadas ao Código Civil, incluindo aquelas estabelecidas exclusivamente entre empresas ou empresários.

Capítulo V
DAS RELAÇÕES DE CONSUMO

Art. 8.º Até 30 de outubro de 2020, fica suspensa a aplicação do art. 49 do Código de Defesa do Consumidor na hipótese de entrega domiciliar (*delivery*) de produtos perecíveis ou de consumo imediato e de medicamentos.

Capítulo VI
DAS LOCAÇÕES DE IMÓVEIS URBANOS

Art. 9.º Não se concederá liminar para desocupação de imóvel urbano nas ações de despejo, a que se refere o art. 59, § 1.º, incisos I, II, V, VII, VIII e IX, da Lei n. 8.245, de 18 de outubro de 1991, até 30 de outubro de 2020.

•• Artigo originalmente vetado, todavia promulgado em 8-9-2020.

Capítulo VII
DA USUCAPIÃO

Art. 10. Suspendem-se os prazos de aquisição para a propriedade imobiliária ou mobiliária, nas diversas espécies de usucapião, a partir da entrada em vigor desta Lei até 30 de outubro de 2020.

Capítulo VIII
DOS CONDOMÍNIOS EDILÍCIOS

Art. 11. (*Vetado.*)

Art. 12. A assembleia condominial, inclusive para os fins dos arts. 1.349 e 1.350 do Código Civil, e a respectiva votação poderão ocorrer, em caráter emergencial, até 30 de outubro de 2020, por meios virtuais, caso em que a manifestação de vontade de cada condômino será equiparada, para todos os efeitos jurídicos, à sua assinatura presencial.

Parágrafo único. Não sendo possível a realização de assembleia condominial na forma prevista no *caput*, os mandatos de síndico vencidos a partir de 20 de março de 2020 ficam prorrogados até 30 de outubro de 2020.

Art. 13. É obrigatória, sob pena de destituição do síndico, a prestação de contas regular de seus atos de administração.

Capítulo IX
DO REGIME CONCORRENCIAL

Art. 14. Ficam sem eficácia os incisos XV e XVII do § 3.º do art. 36 e o inciso IV do art. 90 da Lei n. 12.529, de 30 de novembro de 2011, em relação a todos os atos praticados e com vigência de 20 de março de 2020 até 30 de outubro de 2020 ou enquanto durar o estado de calamidade pública reconhecido pelo Decreto Legislativo n. 6, de 20 de março de 2020.

§ 1.º Na apreciação, pelo órgão competente, das demais infrações previstas no art. 36 da Lei n. 12.529, de 30 de novembro de 2011, caso praticadas a partir de 20 de março de 2020, e enquanto durar o estado de calamidade pública reconhecido pelo Decreto Legislativo n. 6, de 20 de março de 2020, deverão ser consideradas as circunstâncias extraordinárias decorrentes da pandemia do coronavírus (Covid-19).

§ 2.º A suspensão da aplicação do inciso IV do art. 90 da Lei n. 12.529, de 30 de novembro de 2011, referida no *caput*, não afasta a possibilidade de análise posterior do ato de concentração ou de apuração de infração à ordem econômica, na forma do art. 36 da Lei n. 12.529, de 2011, dos acordos que não forem necessários ao combate ou à mitigação das consequências decorrentes da pandemia do coronavírus (Covid-19).

Capítulo X
DO DIREITO DE FAMÍLIA E SUCESSÕES

Art. 15. Até 30 de outubro de 2020, a prisão civil por dívida alimentícia, prevista no art. 528, § 3.º e seguintes da Lei n. 13.105, de 16 de março de 2015 (Código de Processo Civil), deverá ser cumprida exclusivamente sob a modalidade domiciliar, sem prejuízo da exigibilidade das respectivas obrigações.

Art. 16. O prazo do art. 611 do Código de Processo Civil para sucessões abertas a partir de 1.º de fevereiro de 2020 terá seu termo inicial dilatado para 30 de outubro de 2020.

Parágrafo único. O prazo de 12 (doze) meses do art. 611 do Código de Processo Civil, para que seja ultimado o processo de inventário e de partilha, caso iniciado antes de 1.º de fevereiro de 2020, ficará suspenso a partir da entrada em vigor desta Lei até 30 de outubro de 2020.

Capítulo XI
(*VETADO.*)

Arts. 17 e 18. (*Vetados.*)

Capítulo XII
DISPOSIÇÕES FINAIS

Art. 19. (*Vetado.*)

Art. 20. O *caput* do art. 65 da Lei n. 13.709, de 14 de agosto de 2018, passa a vigorar acrescido do seguinte inciso I-A:

•• Alteração já processada no diploma modificado.

Art. 21. Esta Lei entra em vigor na data de sua publicação.

Brasília, 10 de junho de 2020; 199.º da Independência e 132.º da República.

JAIR MESSIAS BOLSONARO

DECRETO N. 10.411, DE 30 DE JUNHO DE 2020 (*)

Regulamenta a análise de impacto regulatório, de que tratam o art. 5.º da Lei n. 13.874, de 20 de setembro de 2019, e o art. 6.º da Lei n. 13.848, de 25 de junho de 2019.

O Presidente da República, no uso da atribuição que lhe confere o art. 84, *caput*, inciso IV, da Constituição, e tendo em vista o disposto no art. 5.º da Lei n. 13.874, de 20 de setembro de 2019, e no art. 6.º da Lei n. 13.848, de 25 de junho de 2019, decreta:

Art. 1.º Este Decreto regulamenta a análise de impacto regulatório, de que tratam o art. 5.º da Lei n. 13.874, de 20 de setembro de 2019, e o art. 6.º da Lei n. 13.848, de 25 de junho de 2019, e dispõe sobre o seu conteúdo, os quesitos mínimos a serem objeto de exame, as hipóteses em que será obrigatória e as hipóteses em que poderá ser dispensada.

§ 1.º O disposto neste Decreto se aplica aos órgãos e às entidades da administração pública federal direta, autárquica e fundacional, quando da proposição de atos normativos de interesse geral de agentes econômicos ou de usuários dos serviços prestados, no âmbito de suas competências.

§ 2.º O disposto neste Decreto aplica-se às propostas de atos normativos formuladas por colegiados por meio do órgão ou da entidade encarregado de lhe prestar apoio administrativo.

§ 3.º O disposto neste Decreto não se aplica às propostas de edição de decreto ou aos atos normativos a serem submetidos ao Congresso Nacional.

Art. 2.º Para fins do disposto neste Decreto, considera-se:

I – análise de impacto regulatório – AIR – procedimento, a partir da definição de problema regulatório, de avaliação prévia à edição dos atos normativos de que trata este Decreto, que conterá informações e dados sobre os seus prováveis efeitos, para verificar a razoabilidade do impacto e subsidiar a tomada de decisão;

II – ato normativo de baixo impacto – aquele que:

a) não provoque aumento expressivo de custos para os agentes econômicos ou para os usuários dos serviços prestados;

b) não provoque aumento expressivo de despesa orçamentária ou financeira; e

c) não repercuta de forma substancial nas políticas públicas de saúde, de segurança, ambientais, econômicas ou sociais;

III – avaliação de resultado regulatório – ARR – verificação dos efeitos decorrentes da edição de ato normativo, considerados o alcance dos objetivos originalmente pretendidos e os demais impactos observados

(*) Publicado no *Diário Oficial da União*, de 1.º-7-2020.

sobre o mercado e a sociedade, em decorrência de sua implementação;

IV – custos regulatórios – estimativa dos custos, diretos e indiretos, identificados com o emprego da metodologia específica escolhida para o caso concreto, que possam vir a ser incorridos pelos agentes econômicos, pelos usuários dos serviços prestados e, se for o caso, por outros órgãos ou entidades públicos, para estar em conformidade com as novas exigências e obrigações a serem estabelecidas pelo órgão ou pela entidade competente, além dos custos que devam ser incorridos pelo órgão ou pela entidade competente para monitorar e fiscalizar o cumprimento dessas novas exigências e obrigações por parte dos agentes econômicos e dos usuários dos serviços prestados;

V – relatório de AIR – ato de encerramento da AIR, que conterá os elementos que subsidiaram a escolha da alternativa mais adequada ao enfrentamento do problema regulatório identificado e, se for o caso, a minuta do ato normativo a ser editado; e

VI – atualização do estoque regulatório – exame periódico dos atos normativos de responsabilidade do órgão ou da entidade competente, com vistas a averiguar a pertinência de sua manutenção ou a necessidade de sua alteração ou revogação.

Art. 3.º A edição, a alteração ou a revogação de atos normativos de interesse geral de agentes econômicos ou de usuários dos serviços prestados, por órgãos e entidades da administração pública federal direta, autárquica e fundacional será precedida de AIR.

§ 1.º No âmbito da administração tributária da União, o disposto neste Decreto aplica-se somente aos atos normativos que instituam ou modifiquem obrigação acessória.

•• § 1.º com redação determinada pelo Decreto n. 11.243, de 21-10-2022.

§ 2.º O disposto no *caput* não se aplica aos atos normativos:

I – de natureza administrativa, cujos efeitos sejam restritos ao âmbito interno do órgão ou da entidade;

II – de efeitos concretos, destinados a disciplinar situação específica, cujos destinatários sejam individualizados;

III – que disponham sobre execução orçamentária e financeira;

IV – que disponham estritamente sobre política cambial e monetária;

V – que disponham sobre segurança nacional; e

VI – que visem a consolidar outras normas sobre matérias específicas, sem alteração de mérito.

Art. 4.º A AIR poderá ser dispensada, desde que haja decisão fundamentada do órgão ou da entidade competente, nas hipóteses de:

I – urgência;

II – ato normativo destinado a disciplinar direitos ou obrigações definidos em norma hierarquicamente superior que não permita, técnica ou juridicamente, diferentes alternativas regulatórias;

III – ato normativo considerado de baixo impacto;

IV – ato normativo que vise à atualização ou à revogação de normas consideradas obsoletas, sem alteração de mérito;

V – ato normativo que vise a preservar liquidez, solvência ou higidez:

a) dos mercados de seguro, de resseguro, de capitalização e de previdência complementar;

b) dos mercados financeiros, de capitais e de câmbio; ou

c) dos sistemas de pagamentos;

VI – ato normativo que vise a manter a convergência a padrões internacionais;

VII – ato normativo que reduza exigências, obrigações, restrições, requerimentos ou especificações com o objetivo de diminuir os custos regulatórios; e

VIII – ato normativo que revise normas desatualizadas para adequá-las ao desenvolvimento tecnológico consolidado internacionalmente, nos termos do disposto no Decreto n. 10.229, de 5 de fevereiro de 2020.

§ 1.º Nas hipóteses de dispensa de AIR, será elaborada nota técnica ou documento equivalente que fundamente a proposta de edição ou de alteração do ato normativo.

§ 2.º Na hipótese de dispensa de AIR em razão de urgência, a nota técnica ou o documento equivalente de que trata o § 1.º deverá, obrigatoriamente, identificar o problema regulatório que se pretende solucionar e os objetivos que se pretende alcançar, de modo a subsidiar a elaboração da ARR, observado o disposto no art. 12.

§ 3.º Ressalvadas informações com restrição de acesso, nos termos do disposto na Lei n. 12.527, de 18 de novembro de 2011, a nota técnica ou o documento equivalente de que tratam o § 1.º e o § 2.º serão disponibilizados no sítio eletrônico do órgão ou da entidade competente, conforme definido nas normas próprias.

Art. 5.º A AIR será iniciada após a avaliação pelo órgão ou pela entidade competente quanto à obrigatoriedade ou à conveniência e à oportunidade para a resolução do problema regulatório identificado.

Art. 6.º A AIR será concluída por meio de relatório que contenha:

I – sumário executivo objetivo e conciso, que deverá empregar linguagem simples e acessível ao público em geral;

II – identificação do problema regulatório que se pretende solucionar, com a apresentação de suas causas e sua extensão;

III – identificação dos agentes econômicos, dos usuários dos serviços prestados e dos demais afetados pelo problema regulatório identificado;

IV – identificação da fundamentação legal que ampara a ação do órgão ou da entidade quanto ao problema regulatório identificado;

V – definição dos objetivos a serem alcançados;

VI – descrição das alternativas possíveis ao enfrentamento do problema regulatório identificado, consideradas as opções de não ação, de soluções normativas e de, sempre que possível, soluções não normativas;

VII – exposição dos possíveis impactos das alternativas identificadas, inclusive quanto aos seus custos regulatórios;

VII-A – os impactos sobre as microempresas e as empresas de pequeno porte;

•• Inciso VII-A acrescentado pelo Decreto n. 11.243, de 21-10-2022.

VIII – considerações referentes às informações e às manifestações recebidas para a AIR em eventuais processos de participação social ou de outros processos de recebimento de subsídios de interessados na matéria em análise;

IX – mapeamento da experiência internacional quanto às medidas adotadas para a resolução do problema regulatório identificado;

X – identificação e definição dos efeitos e riscos decorrentes da edição, da alteração ou da revogação do ato normativo;

XI – comparação das alternativas consideradas para a resolução do problema regulatório identificado, acompanhada de análise fundamentada que contenha a metodologia específica escolhida para o caso concreto e a alternativa ou a combinação de alternativas sugerida, considerada mais adequada à resolução do problema regulatório e ao alcance dos objetivos pretendidos; e

XII – descrição da estratégia para implementação da alternativa sugerida, acompanhada das formas de monitoramento e de avaliação a serem adotadas e, quando couber, avaliação quanto à necessidade de alteração ou de revogação de normas vigentes.

§ 1.º O conteúdo do relatório de AIR deverá ser detalhado e complementado com elementos adicionais específicos do caso concreto, de acordo com o seu grau de complexidade, a abrangência e a repercussão da matéria em análise.

•• § 1.º acrescentado pelo Decreto n. 11.243, de 21-10-2022.

§ 2.º Em observância ao disposto no inciso VII-A do *caput*, o relatório de AIR incluirá a análise dos impactos sobre as microempresas e as empresas de pequeno porte e preverá as medidas que poderão ser adotadas para minimizar esses impactos.

•• § 2.º acrescentado pelo Decreto n. 11.243, de 21-10-2022.

Art. 7.º Na elaboração da AIR, será adotada uma das seguintes metodologias específicas para aferição da razoabilidade do impacto econômico, de que trata o art. 5.º da Lei n. 13.874, de 2019:

I – análise multicritério;

II – análise de custo-benefício;

III – análise de custo-efetividade;

IV – análise de custo;

V – análise de risco; ou

VI – análise risco-risco.

§ 1.º A escolha da metodologia específica de que trata o *caput* deverá ser justificada e apresentar o comparativo entre as alternativas sugeridas.

§ 2.º O órgão ou a entidade competente poderá escolher outra metodologia além daquelas mencionadas no *caput*, desde que justifique tratar-se da metodologia mais adequada para a resolução do caso concreto.

Art. 8.º O relatório de AIR poderá ser objeto de participação social específica realizada antes da decisão sobre a melhor alternativa para enfrentar o problema regulatório identificado e antes da elaboração de eventual minuta de ato normativo a ser editado.

Art. 9.º Na hipótese de o órgão ou a entidade competente optar, após a conclusão da AIR, pela edição, alteração ou revogação de ato normativo para enfrentamento do problema regulatório identificado, o texto preliminar da proposta de ato normativo poderá ser objeto de consulta pública ou de consulta aos segmentos sociais diretamente afetados pela norma.

•• O Decreto n. 11.243, de 21-10-2022, altera a redação deste art. 9.º, a partir de 9-6-2024:

"Art. 9.º Na hipótese de o órgão ou a entidade optar, após a conclusão da AIR, pela edição, alteração ou revogação de ato normativo para enfrentamento do problema regulatório identificado, o texto preliminar da proposta de ato normativo deverá ser objeto de consulta pública.

§ 1.º A consulta pública:

I – é instrumento de apoio à tomada de decisão;

II – é meio pelo qual as pessoas têm a oportunidade de se manifestar;

III – poderá incluir o envio de críticas, sugestões e contribuições por quaisquer pessoas, naturais ou jurídicas, sobre proposta de norma;

IV – terá início após a publicação do ato de abertura no *Diário Oficial da União* e a divulgação no sítio eletrônico do órgão ou da entidade;

V – terá prazo proporcional à complexidade do tema; e

VI – também se aplica aos atos normativos sobre licenças, autorizações ou exigências administrativas estabelecidas em razão de características das mercadorias como requisito para a efetivação de operações de importação ou exportação, nos termos do disposto no § 1.º do art. 10 da Lei n. 14.195, de 26 de agosto de 2021.

§ 2.º Ressalvados os casos de urgência, o período a que se refere o inciso V do § 1.º será, no mínimo, de:

I – sessenta dias, para os casos que impactem significativamente o comércio internacional; e

II – quarenta e cinco dias, para os demais casos.

§ 3.º O ato de abertura da consulta pública deverá incluir:

I – o prazo da consulta pública;

II – as formas de encaminhamento das manifestações;

III – a minuta preliminar do ato normativo; e

IV – o sítio eletrônico no qual as demais informações estarão disponibilizadas.

§ 4.º O órgão deverá disponibilizar no portal eletrônico de que trata o art. 10, quando do início da consulta pública:

I – o texto preliminar do ato normativo;

II – o relatório de AIR, exceto nas hipóteses previstas no § 2.º do art. 3.º e no art. 4.º;

III – os estudos, os dados e o material técnico usados como fundamento para as propostas submetidas à consulta pública, ressalvados aqueles de caráter sigiloso; e

•• O Decreto n. 11.259, de 18-11-2022, altera o texto deste inciso III, a partir de 9-6-2024:

"III – os estudos, os dados e o material técnico usados como fundamento para as propostas submetidas à consulta pública, ressalvados aqueles de caráter sigiloso ou que possam acarretar risco à estabilidade do sistema financeiro nacional; e".

IV – o contato institucional do responsável pela área que possa ser consultado acerca de questões relacionadas ao ato normativo.

§ 5.º Para fins de cumprimento do disposto no inciso IV do § 4.º, deverão ser informados, no mínimo, o nome e o correio eletrônico do agente público responsável.

§ 6.º Serão admissíveis manifestações por meio eletrônico, em língua portuguesa, de qualquer pessoa, natural ou jurídica, brasileira ou estrangeira, independentemente do domicílio, vedado o anonimato".

Parágrafo único. A realização de consulta pública será obrigatória na hipótese do art. 9.º da Lei n. 13.848, de 2019.

•• O Decreto n. 11.243, de 21-10-2022, revoga este parágrafo único, a partir de 9-6-2024.

•• O Decreto n. 11.243, de 21-10-2022, acrescenta este art. 9.º-A, a partir de 9-6-2024:

"Art. 9.º-A. A realização de consulta pública é facultativa nas hipóteses previstas no § 2.º do art. 3.º e no art. 4.º.

§ 1.º Caso o órgão ou a entidade decida realizar a consulta pública nas hipóteses previstas no *caput*, será aplicado o disposto no art. 9.º.

§ 2.º Nas hipóteses previstas nos incisos III, V, VI e VIII do *caput* do art. 4.º, caso não seja realizada consulta pública, nos termos do disposto neste artigo, deverá ser utilizado outro mecanismo de participação social".

Art. 10. O órgão ou a entidade competente poderá utilizar os meios e os canais que considerar adequados para realizar os procedimentos de participação social e de consulta pública de que tratam os art. 8.º e 9.º.

•• O Decreto n. 11.243, de 21-10-2022, altera a redação deste *caput*, a partir de 9-6-2024:

"Art. 10. Os procedimentos de participação social e de consulta pública de que tratam os art. 8.º, art. 9.º e art. 9.º-A deverão ser realizados por meio do portal eletrônico Participa +Brasil ou aquele que vier a substituí-lo".

Parágrafo único. Os procedimentos de que trata o *caput* garantirão prazo para manifestação pública proporcional à complexidade do tema.

•• O Decreto n. 11.243, de 21-10-2022, altera a redação deste parágrafo único, a partir de 9-6-2024:

"Parágrafo único. Nos procedimentos de que trata o *caput*, será garantido prazo para manifestação pública proporcional à complexidade do tema, observado, no caso das consultas públicas, o disposto no inciso IV do § 1.º e no § 2.º do art. 9.º".

Art. 11. A disponibilização do texto preliminar da proposta de ato normativo objeto de consulta pública ou de consulta aos segmentos sociais diretamente afetados não obriga a sua publicação ou condiciona o órgão ou a entidade a adotar os posicionamentos predominantes.

Art. 12. Os atos normativos cuja AIR tenha sido dispensada em razão de urgência serão objeto de ARR no prazo de três anos, contado da data de sua entrada em vigor.

Art. 13. Os órgãos e as entidades implementarão estratégias para integrar a ARR à atividade de elaboração normativa com vistas a, de forma isolada ou em conjunto, proceder à verificação dos efeitos obtidos pelos atos normativos de interesse geral de agentes econômicos ou de usuários dos serviços prestados.

§ 1.º A ARR poderá ter caráter temático e ser realizada apenas quanto a partes específicas de um ou mais atos normativos.

§ 2.º Os órgãos e as entidades da administração pública federal direta, autárquica e fundacional, com competência para edição de atos normativos sujeitos à elaboração de AIR nos termos de que trata este Decreto, instituirão agenda de ARR e nela incluirão, no mínimo, um ato normativo de interesse geral de agentes econômicos ou de usuários dos serviços prestados de seu estoque regulatório.

§ 3.º A escolha dos atos normativos que integrarão a agenda de ARR a que se refere o § 2.º observará, preferencialmente, um ou mais dos seguintes critérios:

I – ampla repercussão na economia ou no País;

II – existência de problemas decorrentes da aplicação do referido ato normativo;

III – impacto significativo em organizações ou grupos específicos;

IV – tratamento de matéria relevante para a agenda estratégica do órgão; ou

V – vigência há, no mínimo, cinco anos.

§ 4.º Os órgãos e as entidades divulgarão, no primeiro ano de cada mandato presidencial, em seu sítio eletrônico, a agenda de ARR, que deverá ser concluída até o último ano daquele mandato e conter a relação de atos normativos submetidos à ARR, a justificativa para sua escolha e o seu cronograma para elaboração da ARR.

§ 5.º Concluído o procedimento de que trata este artigo, as ARRs elaboradas serão divulgadas no sítio eletrônico do órgão ou da entidade, ressalvadas as informações com restrição de acesso nos termos do disposto na Lei n. 12.527, de 2011.

Art. 14. Na hipótese de o órgão ou a entidade competente optar pela edição ou pela alteração de ato normativo como a alternativa mais adequada disponível ao enfrentamento do problema regulatório identificado, será registrado no relatório de AIR ou, na hipótese de que trata o § 1.º do art. 4.º, na nota técnica ou no documento equivalente, o prazo máximo para a sua verificação quanto à necessidade de atualização do estoque regulatório.

Art. 15. A autoridade competente do órgão ou da entidade responsável pela elaboração do relatório de AIR deverá se manifestar quanto à sua adequação formal e aos objetivos pretendidos, de modo a demonstrar se a adoção das alternativas sugeridas, considerados os seus impactos estimados, é a mais adequada ao enfrentamento do problema regulatório identificado.

§ 1.º O relatório de AIR tem o objetivo de subsidiar a tomada de decisão pela autoridade competente do órgão ou da entidade que o elabore.

§ 2.º O relatório de AIR não vincula a tomada de decisão de que trata o § 1.º e é facultado à autoridade competente do órgão ou da entidade decidir:

I – pela adoção da alternativa ou da combinação de alternativas sugerida no relatório da AIR;

II – pela necessidade de complementação da AIR; ou

III – pela adoção de alternativa contrária àquela sugerida no relatório, inclusive quanto às opções de não ação ou de soluções não normativas.

§ 3.º As decisões contrárias às alternativas sugeridas no relatório de AIR deverão ser fundamentadas pela autoridade competente do órgão ou da entidade.

§ 4.º Concluído o procedimento de que trata este artigo ou, se for o caso, publicado o ato normativo de caráter geral, o relatório de AIR será publicado no sítio eletrônico do órgão ou da entidade competente, ressalvadas as informações com restrição de acesso nos termos da Lei n. 12.527, de 2011.

Art. 16. Para fins do disposto no § 2.º do art. 6.º da Lei n. 13.848, de 2019, entende-se como operacionalização de AIR a definição das unidades organizacionais envolvidas em sua elaboração e do âmbito de suas competências.

Art. 17. Os órgãos e as entidades implementarão estratégias específicas e eficientes de coleta e de tratamento de dados, de forma a possibilitar a elaboração de análise quantitativa e, quando for o caso, de análise de custo-benefício.

•• Artigo com redação determinada pelo Decreto n. 11.243, de 21-10-2022.

Art. 18. Os órgãos e as entidades manterão os seus relatórios de AIR disponíveis para consulta em seu sítio eletrônico e garantirão acesso fácil a sua localização e identificação de seu conteúdo ao público em geral, ressalvados aqueles com restrição de acesso nos termos do disposto na Lei n. 12.527, de 2011.

Art. 19. O órgão ou a entidade disponibilizará em sítio eletrônico a análise das informações e as manifestações recebidas no processo de consulta pública após a decisão final sobre a matéria.

•• O Decreto n. 11.243, de 21-10-2022, altera a redação deste *caput*, a partir de 9-6-2024:

"Art. 19. O órgão ou a entidade disponibilizará no portal eletrônico de que trata o art. 10, observadas as hipóteses legais de sigilo:

I – no prazo de trinta dias, contado da data do encerramento da consulta pública:

a) as críticas e as sugestões recebidas; e

b) os nomes das pessoas, naturais ou jurídicas, que enviaram as manifestações;

II – no prazo de trinta dias, contado da data da deliberação final quanto à regulação pela autoridade máxima do órgão ou da entidade:

a) o posicionamento do órgão ou da entidade sobre as críticas ou as sugestões apresentadas durante o processo de consulta pública; e

b) as alterações relevantes feitas no ato normativo desde a sua disponibilização para consulta pública e os fundamentos para as referidas alterações".

Parágrafo único. O órgão ou entidade não está obrigado a comentar ou considerar individualmente as informações e manifestações recebidas e poderá agrupá-las por conexão ou eliminar as repetitivas e as de conteúdo não conexo ou irrelevante para a matéria em análise.

Art. 20. A competência de que trata o § 7.º do art. 9.º da Lei n. 13.848, de 2019, será exercida pela Secretaria de Advocacia da Concorrência e Competitividade da Secretaria Especial de Produtividade, Emprego e Competitividade do Ministério da Economia.

Parágrafo único. O disposto no *caput* não se aplica à competência da Secretaria de Avaliação, Planejamento, Energia e Loteria da Secretaria Especial de Fazenda do Ministério da Economia quando se tratar do setor de energia.

Art. 21. A inobservância ao disposto neste Decreto não constitui escusa válida para o descumprimento da norma editada e nem acarreta a invalidade da norma editada.

Art. 22. A obrigatoriedade de elaboração de AIR não se aplica às propostas de ato normativo que, na data de produção de efeitos deste Decreto, já tenham sido submetidas à consulta pública ou a outro mecanismo de participação social.

Art. 23. Os órgãos e as entidades divulgarão em seu sítio eletrônico, até 14 de outubro de 2022, agenda de ARR a ser concluída até 31 de dezembro de 2022, acompanhada da relação de atos normativos a serem submetidos à ARR, da justificativa para a sua escolha e do cronograma para a elaboração das avaliações.

Art. 24. Este Decreto entra em vigor na data de sua publicação e produz efeitos em:

I – 15 de abril de 2021, para:

a) o Ministério da Economia;

b) as agências reguladoras de que trata a Lei n. 13.848, de 2019; e

c) o Instituto Nacional de Metrologia, Qualidade e Tecnologia – Inmetro; e

II – 14 de outubro de 2021, para os demais órgãos e entidades da administração pública federal direta, autárquica e fundacional.

Brasília, 30 de junho de 2020; 199.º da Independência e 132.º da República.

Jair Messias Bolsonaro

LEI N. 14.030, DE 28 DE JULHO DE 2020 (*)

Dispõe sobre as assembleias e as reuniões de sociedades anônimas, de sociedades limitadas, de sociedades cooperativas e de entidades de representação do cooperativismo durante o exercício de 2020; altera as Leis ns. 5.764, de 16 de dezembro de 1971, 6.404, de 15 de dezembro de 1976, e 10.406, de 10 de janeiro de 2002 (Código Civil); e dá outras providências.

(*) Publicada no *Diário Oficial da União*, de 29-7-2020.

O Presidente da República

Faço saber que o Congresso Nacional decreta e eu sanciono a seguinte Lei:

Art. 1.º A sociedade anônima cujo exercício social tenha sido encerrado entre 31 de dezembro de 2019 e 31 de março de 2020 poderá, excepcionalmente, realizar a assembleia geral ordinária a que se refere o art. 132 da Lei n. 6.404, de 15 de dezembro de 1976, no prazo de 7 (sete) meses, contado do término do seu exercício social.

§ 1.º Disposições contratuais que exijam a realização da assembleia geral ordinária em prazo inferior ao estabelecido no *caput* deste artigo serão consideradas sem efeito no exercício de 2020.

§ 2.º Os prazos de gestão ou de atuação dos administradores, dos membros do conselho fiscal e de comitês estatutários ficam prorrogados até a realização da assembleia geral ordinária nos termos do *caput* deste artigo ou até a ocorrência da reunião do conselho de administração, conforme o caso.

§ 3.º Ressalvada a hipótese de previsão diversa no estatuto social, caberá ao conselho de administração deliberar, *ad referendum*, sobre assuntos urgentes de competência da assembleia geral, os quais serão objeto de deliberação na primeira reunião subsequente da assembleia geral.

§ 4.º O disposto neste artigo aplica-se às empresas públicas, às sociedades de economia mista e às subsidiárias das referidas empresas e sociedades.

Art. 2.º Até que seja realizada a assembleia geral ordinária a que se refere o art. 1.º desta Lei, o conselho de administração, se houver, ou a diretoria poderá, independentemente de reforma do estatuto social, declarar dividendos, nos termos do art. 204 da Lei n. 6.404, de 15 de dezembro de 1976.

Art. 3.º Excepcionalmente, durante o exercício de 2020, a Comissão de Valores Mobiliários (CVM) poderá prorrogar os prazos estabelecidos na Lei n. 6.404, de 15 de dezembro de 1976, para as companhias abertas.

Parágrafo único. Competirá à CVM definir a data de apresentação das demonstrações financeiras das companhias abertas.

Art. 4.º A sociedade limitada cujo exercício social tenha sido encerrado entre 31 de dezembro de 2019 e 31 de março de 2020 poderá, excepcionalmente, realizar a assembleia de sócios a que se refere o art. 1.078 da Lei n. 10.406, de 10 de janeiro de 2002 (Código Civil), no prazo de 7 (sete) meses, contado do término do seu exercício social.

§ 1.º Disposições contratuais que exijam a realização da assembleia de sócios em prazo inferior ao estabelecido no *caput* deste artigo serão consideradas sem efeito no exercício de 2020.

§ 2.º Os mandatos dos administradores e dos membros do conselho fiscal previstos para se encerrarem antes da realização da assembleia de sócios nos termos do *caput* deste artigo ficam prorrogados até a sua realização.

Art. 5.º A sociedade cooperativa e a entidade de representação do cooperativismo poderão, excepcionalmente, realizar a assembleia geral ordinária a que se refere o art. 44 da Lei n. 5.764, de 16 de dezembro de 1971, ou o art. 17 da Lei Complementar n. 130, de 17 de abril de 2009, no prazo de 9 (nove) meses, contado do término do seu exercício social.

Parágrafo único. Os mandatos dos membros dos órgãos de administração e de fiscalização e dos outros órgãos estatutários previstos para se encerrarem antes da realização da assembleia geral ordinária nos termos do *caput* deste artigo ficam prorrogados até a sua realização.

Art. 6.º Enquanto durarem as medidas restritivas ao funcionamento normal das juntas comerciais decorrentes exclusivamente da pandemia da Covid-19, deverão ser observadas as seguintes disposições:

I – o prazo de que trata o art. 36 da Lei n. 8.934, de 18 de novembro de 1994, será contado da data em que a junta comercial respectiva restabelecer a prestação regular dos seus serviços, para os atos sujeitos a arquivamento assinados a partir de 16 de fevereiro de 2020; e

II – a exigência de arquivamento prévio de ato para a realização de emissões de valores mobiliários e para outros negócios jurídicos fica suspensa a partir de 1.º de março de 2020, e o arquivamento deverá ser feito na junta comercial respectiva no prazo de 30 (trinta) dias, contado da data em que a junta comercial restabelecer a prestação regular dos seus serviços.

Art. 7.º As associações, as fundações e as demais sociedades não abrangidas pelo disposto nos arts. 1.º, 4.º e 5.º desta Lei deverão observar as restrições à realização de reuniões e de assembleias presenciais até 31 de dezembro de 2020, observadas as determinações sanitárias das autoridades locais.

Parágrafo único. Aplicam-se às pessoas jurídicas de direito privado mencionadas no *caput* deste artigo:

I – a extensão, em até 7 (sete) meses, dos prazos para realização de assembleia geral e de duração do mandato de dirigentes, no que couber;

II – o disposto no art. 5.º da Lei n. 14.010, de 10 de junho de 2020.

Art. 8.º A Lei n. 5.764, de 16 de dezembro de 1971, passa a vigorar acrescida do seguinte art. 43-A:

•• Alterações já processadas no diploma modificado.

Art. 9.º Os arts. 121 e 124 da Lei n. 6.404, de 15 de dezembro de 1976, passam a vigorar com as seguintes alterações:

•• Alterações já processadas no diploma modificado.

Art. 10. A Lei n. 10.406, de 10 de janeiro de 2002 (Código Civil), passa a vigorar acrescida do seguinte art. 1.080-A:

•• Alterações já processadas no diploma modificado.

Art. 11. (*Vetado*.)

Art. 12. Esta Lei entra em vigor na data de sua publicação.

Brasília, 28 de julho de 2020; 199.º da Independência e 132.º da República.

JAIR MESSIAS BOLSONARO

LEI N. 14.112, DE 24 DE DEZEMBRO DE 2020 (*)

Altera as Leis n. 11.101, de 9 de fevereiro de 2005, 10.522, de 19 de julho de 2002, e 8.929, de 22 de agosto de 1994, para atualizar a legislação referente à recuperação judicial, à recuperação extrajudicial e à falência do empresário e da sociedade empresária.

O Presidente da República

Faço saber que o Congresso Nacional decreta e eu sanciono a seguinte Lei:

Art. 1.º A Lei n. 11.101, de 9 de fevereiro de 2005, passa a vigorar com as seguintes alterações:

•• Alterações já processadas no diploma modificado.

Art. 2.º A Lei n. 11.101, de 9 de fevereiro de 2005, passa a vigorar acrescida dos seguintes artigos, seções e capítulo:

•• Alterações já processadas no diploma modificado.

Art. 3.º A Lei n. 10.522, de 19 de julho de 2002, passa a vigorar com as seguintes alterações:

....

Art. 4.º O art. 11 da Lei n. 8.929, de 22 de agosto de 1994, passa a vigorar com a seguinte redação:

•• Alterações já processadas no diploma modificado.

Art. 5.º Observado o disposto no art. 14 da Lei n. 13.105, de 16 de março de 2015 (Código de Processo Civil), esta Lei aplica-se de imediato aos processos pendentes.

§ 1.º Os dispositivos constantes dos incisos seguintes somente serão aplicáveis às falências decretadas, inclusive as decorrentes de convolação, e aos pedidos de recuperação judicial ou extrajudicial ajuizados após o início da vigência desta Lei:

I – a proposição do plano de recuperação judicial pelos credores, conforme disposto no art. 56 da Lei n. 11.101, de 9 de fevereiro de 2005;

II – as alterações sobre a sujeição de créditos na recuperação judicial e sobre a ordem de classificação de créditos na falência, previstas, respectivamente, nos arts. 49, 83 e 84 da Lei n. 11.101, de 9 de fevereiro de 2005;

III – as disposições previstas no *caput* do art. 82-A da Lei n. 11.101, de 9 de fevereiro de 2005;

IV – as disposições previstas no inciso V do *caput* do art. 158 da Lei n. 11.101, de 9 de fevereiro de 2005.

§ 2.º As recuperações judiciais em curso poderão ser encerradas independentemente de consolidação definitiva do quadro-geral de credores, facultada ao juiz essa possibilidade no período previsto no art. 61 da Lei n. 11.101, de 9 de fevereiro de 2005.

§ 3.º As disposições de natureza penal somente se aplicam aos crimes praticados após a data de entrada em vigor desta Lei.

§ 4.º Fica permitido aos atuais devedores em recuperação judicial, no prazo de 60 (sessenta) dias, contado da regulamentação da transação a que se refere o art. 10-C da Lei n. 10.522, de 19 de julho de 2002, apresentar a respectiva proposta posteriormente à concessão da recuperação judicial, desde que:

I – as demais disposições do art. 10-C da Lei n. 10.522, de 19 de julho de 2002, sejam observadas; e

II – o processo de recuperação judicial ainda não tenha sido encerrado.

§ 5.º O disposto no inciso VI do *caput* do art. 158 terá aplicação imediata, inclusive às falências regidas pelo Decreto-lei n. 7.661, de 21 de junho de 1945.

§ 6.º Fica permitido aos devedores em recuperação judicial, no prazo de 60 (sessenta) dias, contado da entrada em vigor desta Lei, solicitar a repactuação do acordo de transação resolutiva de litígio formalizado anteriormente, desde que atendidos os demais requisitos e condições exigidos na Lei n. 13.988, de 14 de abril de 2020, e na respectiva regulamentação.

Art. 6.º Revogam-se:

I – os incisos I a IV do *caput* e o § 1.º do art. 10-A da Lei n. 10.522, de 19 de julho de 2002;

II – os seguintes dispositivos da Lei n. 11.101, de 9 de fevereiro de 2005:

a) § 7.º do art. 6.º;

b) incisos IV e V do *caput*, com as respectivas alíneas, e § 4.º, todos do art. 83;

c) inciso I do *caput* do art. 84;

d) parágrafo único do art. 86;

e) incisos II e III do *caput* e §§ 1.º, 2.º, 4.º, 5.º e 6.º, todos do art. 142;

f) §§ 2.º e 3.º do art. 145;

g) incisos III e IV do *caput* do art. 158;

h) art. 157;

i) § 2.º do art. 159.

Art. 7.º Esta Lei entra em vigor após decorridos 30 (trinta) dias de sua publicação oficial.

Brasília, 24 de dezembro de 2020; 199.º da Independência e 132.º da República.

JAIR MESSIAS BOLSONARO

(*) Publicada no *Diário Oficial da União*, de 24-12-2020.

LEI COMPLEMENTAR N. 182, DE 1.º DE JUNHO DE 2021 (*)

Institui o marco legal das startups e do empreendedorismo inovador; e altera a Lei n. 6.404, de 15 de dezembro de 1976, e a Lei Complementar n. 123, de 14 de dezembro de 2006.

O Presidente da República

Faço saber que o Congresso Nacional decreta e eu sanciono a seguinte Lei Complementar:

Capítulo I
DAS DEFINIÇÕES, DOS PRINCÍPIOS E DAS DIRETRIZES FUNDAMENTAIS

Art. 1.º Esta Lei Complementar institui o marco legal das *startups* e do empreendedorismo inovador.

Parágrafo único. Esta Lei Complementar:

I – estabelece os princípios e as diretrizes para a atuação da administração pública no âmbito da União, dos Estados, do Distrito Federal e dos Municípios;

II – apresenta medidas de fomento ao ambiente de negócios e ao aumento da oferta de capital para investimento em empreendedorismo inovador; e

III – disciplina a licitação e a contratação de soluções inovadoras pela administração pública.

Art. 2.º Para os efeitos desta Lei Complementar, considera-se:

I – investidor-anjo: investidor que não é considerado sócio nem tem qualquer direito a gerência ou a voto na administração da empresa, não responde por qualquer obrigação da empresa e é remunerado por seus aportes;

II – ambiente regulatório experimental (*sandbox* regulatório): conjunto de condições especiais simplificadas para que as pessoas jurídicas participantes possam receber autorização temporária dos órgãos ou das entidades com competência de regulamentação setorial para desenvolver modelos de negócios inovadores e testar técnicas e tecnologias experimentais, mediante o cumprimento de critérios e de limites previamente estabelecidos pelo órgão ou entidade reguladora e por meio de procedimento facilitado.

Art. 3.º Esta Lei Complementar é pautada pelos seguintes princípios e diretrizes:

I – reconhecimento do empreendedorismo inovador como vetor de desenvolvimento econômico, social e ambiental;

II – incentivo à constituição de ambientes favoráveis ao empreendedorismo inovador, com valorização da segurança jurídica e da liberdade contratual como premissas para a promoção do investimento e do aumento da oferta de capital direcionado a iniciativas inovadoras;

III – importância das empresas como agentes centrais do impulso inovador em contexto de livre mercado;

IV – modernização do ambiente de negócios brasileiro, à luz dos modelos de negócios emergentes;

V – fomento ao empreendedorismo inovador como meio de promoção da produtividade e da competitividade da economia brasileira e de geração de postos de trabalho qualificados;

VI – aperfeiçoamento das políticas públicas e dos instrumentos de fomento ao empreendedorismo inovador;

VII – promoção da cooperação e da interação entre os entes públicos, entre os setores público e privado e entre empresas, como relações fundamentais para a conformação de ecossistema de empreendedorismo inovador efetivo;

VIII – incentivo à contratação, pela administração pública, de soluções inovadoras elaboradas ou desenvolvidas por *startups*, reconhecidos o papel do Estado no fomento à inovação e as potenciais oportunidades de economicidade, de benefício e de solução de problemas públicos com soluções inovadoras; e

IX – promoção da competitividade das empresas brasileiras e da internacionalização e da atração de investimentos estrangeiros.

Capítulo II
DO ENQUADRAMENTO DE EMPRESAS *STARTUPS*

Art. 4.º São enquadradas como *startups* as organizações empresariais ou societárias, nascentes ou em operação recente, cuja atuação caracteriza-se pela inovação aplicada a modelo de negócios ou a produtos ou serviços ofertados.

§ 1.º Para fins de aplicação desta Lei Complementar, são elegíveis para o enquadramento na modalidade de tratamento especial destinada ao fomento de *startup* o empresário individual, a empresa individual de responsabilidade limitada, as sociedades empresárias, as sociedades cooperativas e as sociedades simples:

I – com receita bruta de até R$ 16.000.000,00 (dezesseis milhões de reais) no ano-calendário anterior ou de R$ 1.333.334,00 (um milhão, trezentos e trinta e três mil trezentos e trinta e quatro reais) multiplicado pelo número de meses de atividade no ano-calendário anterior, quando inferior a 12 (doze) meses, independentemente da forma societária adotada;

II – com até 10 (dez) anos de inscrição no Cadastro Nacional da Pessoa Jurídica (CNPJ) da Secretaria Especial da Receita Federal do Brasil do Ministério da Economia; e

III – que atendam a um dos seguintes requisitos, no mínimo:

a) declaração em seu ato constitutivo ou alterador e utilização de modelos de negócios inovadores para a geração de produtos ou serviços, nos termos do inciso IV do *caput* do art. 2.º da Lei n. 10.973, de 2 de dezembro de 2004; ou

•• A Lei n. 10.973, de 2-12-2004, dispõe sobre incentivos à inovação e à pesquisa científica e tecnológica no ambiente produtivo.

b) enquadramento no regime especial Inova Simples, nos termos do art. 65-A da Lei Complementar n. 123, de 14 de dezembro de 2006.

•• A Lei Complementar n. 123, de 14-12-2006, institui o Estatuto Nacional da Microempresa e da Empresa de Pequeno Porte.

§ 2.º Para fins de contagem do prazo estabelecido no inciso II do § 1.º deste artigo, deverá ser observado o seguinte:

I – para as empresas decorrentes de incorporação, será considerado o tempo de inscrição da empresa incorporadora;

II – para as empresas decorrentes de fusão, será considerado o maior tempo de inscrição entre as empresas fundidas; e

III – para as empresas decorrentes de cisão, será considerado o tempo de inscrição da empresa cindida, na hipótese de criação de nova sociedade, ou da empresa que a absorver, na hipótese de transferência de patrimônio para a empresa existente.

Capítulo III
DOS INSTRUMENTOS DE INVESTIMENTO EM INOVAÇÃO

Art. 5.º As *startups* poderão admitir aporte de capital por pessoa física ou jurídica, que poderá resultar ou não em participação no capital social da *startup*, a depender da modalidade de investimento escolhida pelas partes.

§ 1.º Não será considerado como integrante do capital social da empresa o aporte realizado na *startup* por meio dos seguintes instrumentos:

I – contrato de opção de subscrição de ações ou de quotas celebrado entre o investidor e a empresa;

II – contrato de opção de compra de ações ou de quotas celebrado entre o investidor e os acionistas ou sócios da empresa;

III – debênture conversível emitida pela empresa nos termos da Lei n. 6.404, de 15 de dezembro de 1976;

IV – contrato de mútuo conversível em participação societária celebrado entre o investidor e a empresa;

V – estruturação de sociedade em conta de participação celebrada entre o investidor e a empresa;

VI – contrato de investimento-anjo na forma da Lei Complementar n. 123, de 14 de dezembro 2006;

VII – outros instrumentos de aporte de capital em que o investidor, pessoa física ou jurídica, não integre formalmente o quadro de sócios da *startup* e/ou não tenha subscrito qualquer participação representativa do capital social da empresa.

(*) Publicada no *Diário Oficial da União*, de 2-6-2021. Retificada em 4-6-2021.

§ 2.º Realizado o aporte por qualquer das formas previstas neste artigo, a pessoa física ou jurídica somente será considerada quotista, acionista ou sócia da *startup* após a conversão do instrumento do aporte em efetiva e formal participação societária.

§ 3.º Os valores recebidos por empresa e oriundos dos instrumentos jurídicos estabelecidos neste artigo serão registrados contabilmente, de acordo com a natureza contábil do instrumento.

Art. 6.º A Comissão de Valores Mobiliários (CVM) estabelecerá em regulamento as regras para aporte de capital na forma do art. 5.º desta Lei Complementar por parte de fundos de investimento.

Art. 7.º (*Vetado.*)

Art. 8.º O investidor que realizar o aporte de capital a que se refere o art. 5.º desta Lei Complementar:

I – não será considerado sócio ou acionista nem possuirá direito a gerência ou a voto na administração da empresa, conforme pactuação contratual;

II – não responderá por qualquer dívida da empresa, inclusive em recuperação judicial, e a ele não se estenderá o disposto no art. 50 da Lei n. 10.406, de 10 de janeiro de 2002 (Código Civil), no art. 855-A da Consolidação das Leis do Trabalho (CLT), aprovada pelo Decreto-lei n. 5.452, de 1.º de maio de 1943, nos arts. 124, 134 e 135 da Lei n. 5.172, de 25 de outubro de 1966 (Código Tributário Nacional), e em outras disposições atinentes à desconsideração da personalidade jurídica existentes na legislação vigente.

•• Os arts. 50 do CC e 855-A da CLT dispõem sobre o instituto da desconsideração da personalidade jurídica.

•• Os artigos citados do CTN tratam de solidariedade e da responsabilização de terceiros nas obrigações tributárias

Parágrafo único. As disposições do inciso II do *caput* deste artigo não se aplicam às hipóteses de dolo, de fraude ou de simulação com o envolvimento do investidor.

Capítulo IV

DO FOMENTO À PESQUISA, AO DESENVOLVIMENTO E À INOVAÇÃO

Art. 9.º As empresas que possuem obrigações de investimento em pesquisa, desenvolvimento e inovação, decorrentes de outorgas ou de delegações firmadas por meio de agências reguladoras, ficam autorizadas a cumprir seus compromissos com aporte de recursos em *startups* por meio de:

I – fundos patrimoniais de que trata a Lei n. 13.800, de 4 de janeiro de 2019, destinados à inovação, na forma do regulamento;

•• A Lei n. 13.800, de 4-1-2019, autoriza a administração pública a firmar instrumentos de parceria e termos de execução de programas, projetos e demais finalidades de interesse público com organizações gestoras de fundos patrimoniais.

II – Fundos de Investimento em Participações (FIP), autorizados pela CVM, nas categorias:

a) capital semente;

b) empresas emergentes; e

c) empresas com produção econômica intensiva em pesquisa, desenvolvimento e inovação; e

III – investimentos em programas, em editais ou em concursos destinados a financiamento, a aceleração e a escalabilidade de *startups*, gerenciados por instituições públicas, tais como empresas públicas direcionadas ao desenvolvimento de pesquisa, inovação e novas tecnologias, fundações universitárias, entidades paraestatais e bancos de fomento que tenham como finalidade o desenvolvimento de empresas de base tecnológica, de ecossistemas empreendedores e de estímulo à inovação.

§ 1.º O disposto no *caput* deste artigo não se aplica aos percentuais mínimos legais ou contratuais estabelecidos para serem aportados em fundos públicos.

§ 2.º O representante legal do FIP, do fundo patrimonial ou da instituição pública que receber recursos nos termos do *caput* deste artigo emitirá certificado comprobatório para fins de eficácia liberatória quanto às obrigações legais ou contratuais de investimento em pesquisa, desenvolvimento e inovação, na exata proporção do seu aporte, por ocasião:

I – da efetiva transferência do recurso ao fundo patrimonial, após a celebração de instrumento de transferência de recursos, no valor das despesas qualificadas para esse fim;

II – do efetivo comprometimento do recurso, após a assinatura do boletim de subscrição do FIP, nos termos do regulamento editado pela CVM; e

III – do efetivo recebimento do recurso pela instituição pública para efetivação de programas e de editais direcionados às atividades referidas no inciso III do *caput* do art. 9.º desta Lei Complementar.

§ 3.º Para que o fundo patrimonial ou o FIP capte recursos perante as empresas que possuem obrigações legais ou contratuais de investimento em pesquisa, desenvolvimento e inovação, e para que essa captação tenha eficácia liberatória quanto às obrigações, a sua destinação estará adstrita às diretivas indicadas pela entidade setorial responsável por fiscalizar tais obrigações.

Art. 10. Ato do Poder Executivo federal regulamentará a forma de prestação de contas do FIP, do fundo patrimonial ou da instituição pública que receber recursos nos termos do art. 9.º desta Lei Complementar e a fiscalização das obrigações legais ou contratuais de investimento em pesquisa, desenvolvimento e inovação.

Capítulo V

DOS PROGRAMAS DE AMBIENTE REGULATÓRIO EXPERIMENTAL (*SANDBOX* REGULATÓRIO)

Art. 11. Os órgãos e as entidades da administração pública com competência de regulamentação setorial poderão, individualmente ou em colaboração, no âmbito de programas de ambiente regulatório experimental (*sandbox* regulatório), afastar a incidência de normas sob sua competência em relação à entidade regulada ou aos grupos de entidades reguladas.

§ 1.º A colaboração a que se refere o *caput* deste artigo poderá ser firmada entre os órgãos e as entidades, observadas suas competências.

§ 2.º Entende-se por ambiente regulatório experimental (*sandbox* regulatório) o disposto no inciso II do *caput* do art. 2.º desta Lei Complementar.

§ 3.º O órgão ou a entidade a que se refere o *caput* deste artigo disporá sobre o funcionamento do programa de ambiente regulatório experimental e estabelecerá:

I – os critérios para seleção ou para qualificação do regulado;

II – a duração e o alcance da suspensão da incidência das normas; e

III – as normas abrangidas.

Capítulo VI

DA CONTRATAÇÃO DE SOLUÇÕES INOVADORAS PELO ESTADO

Seção I
Disposições Gerais

Art. 12. As licitações e os contratos a que se refere este Capítulo têm por finalidade:

I – resolver demandas públicas que exijam solução inovadora com emprego de tecnologia; e

II – promover a inovação no setor produtivo por meio do uso do poder de compra do Estado.

§ 1.º Os órgãos e as entidades da administração pública direta, autárquica e fundacional de quaisquer dos Poderes da União, dos Estados, do Distrito Federal e dos Municípios subordinam-se ao regime disposto neste Capítulo.

§ 2.º As empresas públicas, as sociedades de economia mista e suas subsidiárias poderão adotar, no que couber, as disposições deste Capítulo, nos termos do regulamento interno de licitações e contratações de que trata o art. 40 da Lei n. 13.303, de 30 de junho de 2016, e seus conselhos de administração poderão estabelecer valores diferenciados para os limites de que tratam o § 2.º do art. 14 e o § 3.º do art. 15 desta Lei Complementar.

§ 3.º Os valores estabelecidos neste Capítulo poderão ser anualmente atualizados pelo Poder Executivo federal, de acordo com o Índice Nacional de Preços ao Consumidor Amplo (IPCA) ou outro que venha a substituí-lo.

Seção II
Da Licitação

Art. 13. A administração pública poderá contratar pessoas físicas ou jurídicas, isoladamente ou em consórcio, para o teste de soluções inovadoras por elas desenvolvidas ou a ser desenvolvidas, com ou sem risco tecnológico, por meio de licitação na modalidade especial regida por esta Lei Complementar.

§ 1.º A delimitação do escopo da licitação poderá restringir-se à indicação do problema a ser resolvido e dos resultados esperados pela administração pública, incluídos os desafios tecnológicos a serem superados, dispensada a descrição de eventual solução técnica previamente mapeada e suas especificações técnicas, e caberá aos licitantes propor diferentes meios para a resolução do problema.

§ 2.º O edital da licitação será divulgado, com antecedência de, no mínimo, 30 (trinta) dias corridos até a data de recebimento das propostas:

I – em sítio eletrônico oficial centralizado de divulgação de licitações ou mantido pelo ente público licitante; e

II – no diário oficial do ente federativo.

§ 3.º As propostas serão avaliadas e julgadas por comissão especial integrada por, no mínimo, 3 (três) pessoas de reputação ilibada e reconhecido conhecimento no assunto, das quais:

I – 1 (uma) deverá ser servidor público integrante do órgão para o qual o serviço está sendo contratado; e

II – 1 (uma) deverá ser professor de instituição pública de educação superior na área relacionada ao tema da contratação.

§ 4.º Os critérios para julgamento das propostas deverão considerar, sem prejuízo de outros definidos no edital:

I – o potencial de resolução do problema pela solução proposta e, se for o caso, da provável economia para a administração pública;

II – o grau de desenvolvimento da solução proposta;

III – a viabilidade e a maturidade do modelo de negócio da solução;

IV – a viabilidade econômica da proposta, considerados os recursos financeiros disponíveis para a celebração dos contratos; e

V – a demonstração comparativa de custo e benefício da proposta em relação às opções funcionalmente equivalentes.

§ 5.º O preço indicado pelos proponentes para execução do objeto será critério de julgamento somente na forma disposta nos incisos IV e V do § 4.º deste artigo.

§ 6.º A licitação poderá selecionar mais de uma proposta para a celebração do contrato de que trata o art. 14 desta Lei Complementar, hipótese em que caberá ao edital limitar a quantidade de propostas selecionáveis.

§ 7.º A análise da documentação relativa aos requisitos de habilitação será posterior à fase de julgamento das propostas e contemplará somente os proponentes selecionados.

§ 8.º Ressalvado o disposto no § 3.º do art. 195 da Constituição Federal, a administração pública poderá, mediante justificativa expressa, dispensar, no todo ou em parte:

I – a documentação de habilitação de que tratam os incisos I, II e III, bem como a regularidade fiscal prevista no inciso IV do *caput* do art. 27 da Lei n. 8.666, de 21 de junho de 1993; e

•• A Lei n. 14.133, de 1.º-4-2021 (Nova Lei de Licitações), dispõe sobre essas exigências em seu art. 62.

II – a prestação de garantia para a contratação.

§ 9.º Após a fase de julgamento das propostas, a administração pública poderá negociar com os selecionados as condições econômicas mais vantajosas para a administração e os critérios de remuneração que serão adotados, observado o disposto no § 3.º do art. 14 desta Lei Complementar.

§ 10. Encerrada a fase de julgamento e de negociação de que trata o § 9.º deste artigo, na hipótese de o preço ser superior à estimativa, a administração pública poderá, mediante justificativa expressa, com base na demonstração comparativa entre o custo e o benefício da proposta, aceitar o preço ofertado, desde que seja superior em termos de inovações, de redução do prazo de execução ou de facilidade de manutenção ou operação, limitado ao valor máximo que se propõe a pagar.

Seção III
Do Contrato Público para Solução Inovadora

Art. 14. Após homologação do resultado da licitação, a administração pública celebrará Contrato Público para Solução Inovadora (CPSI) com as proponentes selecionadas, com vigência limitada a 12 (doze) meses, prorrogável por mais um período de até 12 (doze) meses.

§ 1.º O CPSI deverá conter, entre outras cláusulas:

I – as metas a serem atingidas para que seja possível a validação do êxito da solução inovadora e a metodologia para a sua aferição;

II – a forma e a periodicidade da entrega à administração pública de relatórios de andamento da execução contratual, que servirão de instrumento de monitoramento, e do relatório final a ser entregue pela contratada após a conclusão da última etapa ou meta do projeto;

III – a matriz de riscos entre as partes, incluídos os riscos referentes a caso fortuito, força maior, risco tecnológico, fato do príncipe e álea econômica extraordinária;

IV – a definição da titularidade dos direitos de propriedade intelectual das criações resultantes do CPSI; e

V– a participação nos resultados de sua exploração, assegurados às partes os direitos de exploração comercial, de licenciamento e de transferência da tecnologia de que são titulares.

§ 2.º O valor máximo a ser pago à contratada será de R$ 1.600.000,00 (um milhão e seiscentos mil reais) por CPSI, sem prejuízo da possibilidade de o edital de que trata o art. 13 desta Lei Complementar estabelecer limites inferiores.

•• *Vide* art. 12, § 2.º, desta Lei Complementar.

§ 3.º A remuneração da contratada deverá ser feita de acordo com um dos seguintes critérios:

I – preço fixo;

II – preço fixo mais remuneração variável de incentivo;

III – reembolso de custos sem remuneração adicional;

IV – reembolso de custos mais remuneração variável de incentivo; ou

V – reembolso de custos mais remuneração fixa de incentivo.

§ 4.º Nas hipóteses em que houver risco tecnológico, os pagamentos serão efetuados proporcionalmente aos trabalhos executados, de acordo com o cronograma físico-financeiro aprovado, observado o critério de remuneração previsto contratualmente.

§ 5.º Com exceção das remunerações variáveis de incentivo vinculadas ao cumprimento das metas contratuais, a administração pública deverá efetuar o pagamento conforme o critério adotado, ainda que os resultados almejados não sejam atingidos em decorrência do risco tecnológico, sem prejuízo da rescisão antecipada do contrato caso seja comprovada a inviabilidade técnica ou econômica da solução.

§ 6.º Na hipótese de a execução do objeto ser dividida em etapas, o pagamento relativo a cada etapa poderá adotar critérios distintos de remuneração.

§ 7.º Os pagamentos serão feitos após a execução dos trabalhos, e, a fim de garantir os meios financeiros para que a contratada implemente a etapa inicial do projeto, a administração pública deverá prever em edital o pagamento antecipado de uma parcela do preço anteriormente ao início da execução do objeto, mediante justificativa expressa.

§ 8.º Na hipótese prevista no § 7.º deste artigo, a administração pública certificar-se-á da execução da etapa inicial e, se houver inexecução injustificada, exigirá a devolução do valor antecipado ou efetuará as glosas necessárias nos pagamentos subsequentes, se houver.

Seção IV
Do Contrato de Fornecimento

Art. 15. Encerrado o contrato de que trata o art. 14 desta Lei Complementar, a administração pública poderá celebrar com a mesma contratada, sem nova licitação, contrato para o fornecimento do produto, do processo ou da solução resultante do CPSI ou, se for o caso, para integração da solução à infraestrutura tecnológica ou ao processo de trabalho da administração pública.

§ 1.º Na hipótese prevista no § 6.º do art. 13 desta Lei Complementar, quando mais de uma contratada cumprir satisfatoriamente as metas estabelecidas no CPSI, o contrato de fornecimento será firmado, mediante justificativa, com aquela cujo produto, processo ou solução atenda melhor às demandas públicas em termos de relação de custo e benefício com dimensões de qualidade e preço.

§ 2.º A vigência do contrato de fornecimento será limitada a 24 (vinte e quatro) meses, prorrogável por mais um período de até 24 (vinte e quatro) meses.

§ 3.º Os contratos de fornecimento serão limitados a 5 (cinco) vezes o valor máximo definido no § 2.º do art. 14 desta Lei Complementar para o CPSI, incluídas as eventuais prorrogações, hipótese em que o limite poderá ser ultrapassado nos casos de reajuste de preços e dos acréscimos de que trata o § 1.º do art. 65 da Lei n. 8.666, de 21 de junho de 1993.

•• *Vide* art. 12, § 2.º, desta Lei Complementar.

•• A Lei n. 14.133, de 1.º-4-2021 (Nova Lei de Licitações), dispõe sobre esse assunto em seu art. 125.

Capítulo VII
DISPOSIÇÕES FINAIS

Art. 16. A Lei n. 6.404, de 15 de dezembro de 1976, passa a vigorar com as seguintes alterações:

•• Alterações já processadas no diploma modificado.

Art. 17. A Lei Complementar n. 123, de 14 de dezembro de 2006, passa a vigorar com as seguintes alterações:

•• Alterações já processadas no diploma modificado.

Art. 18. Ficam revogados os seguintes dispositivos:

I – incisos I e II do *caput* do art. 294 da Lei n. 6.404, de 15 de dezembro de 1976; e

II – os §§ 1.º, 2.º e 9.º do art. 65-A da Lei Complementar n. 123, de 14 de dezembro de 2006.

Art. 19. Esta Lei Complementar entra em vigor após decorridos 90 (noventa) dias de sua publicação oficial.

Brasília, 1.º de junho de 2021; 200.º da Independência e 133.º da República.

JAIR MESSIAS BOLSONARO

LEI N. 14.161, DE 2 DE JUNHO DE 2021 (*)

Altera a Lei n. 13.999, de 18 de maio de 2020, para permitir o uso do Programa Nacional de Apoio às Microempresas e Empresas de Pequeno Porte (Pronampe), de forma permanente, como política oficial de crédito, de modo a conferir tratamento diferenciado e favorecido às microempresas e às pequenas empresas, com vistas a consolidar os pequenos negócios como agentes de sustentação, de transformação e de desenvolvimento da economia nacional.

O Presidente da República

Faço saber que o Congresso Nacional decreta e eu sanciono a seguinte Lei:

Art. 1.º Esta Lei tem como objetivo, com fundamento no art. 13 da Lei n. 13.999, de 18 de maio de 2020, permitir o uso do Programa Nacional de Apoio às Microempresas e Empresas de Pequeno Porte (Pronampe), de forma permanente, como política oficial de crédito, de modo a conferir o devido tratamento diferenciado e favorecido às microempresas e às pequenas empresas, com vistas a consolidar os pequenos negócios como agentes de sustentação, de transformação e de desenvolvimento da economia nacional.

Art. 2.º Fica a União autorizada a aumentar sua participação no Fundo Garantidor de Operações (FGO), adicionalmente aos recursos previstos no art. 6.º da Lei n. 13.999, de 18 de maio de 2020, a partir de:

•• *Caput* com redação determinada pela Lei n. 14.348, de 25-5-2022.

I – dotações orçamentárias consignadas na Lei Orçamentária Anual;

II – doações privadas;

III – recursos decorrentes de operações de crédito externo realizadas com organismos internacionais; e

IV – (*Vetado.*)

§ 1.º Caso o aumento da participação da União de que trata o *caput* deste artigo ocorra por meio de créditos extraordinários, os recursos aportados deverão ser tratados de forma segregada, para garantir a sua utilização exclusiva nesta finalidade.

§ 2.º (*Revogado pela Lei n. 14.348, de 25-5-2022.*)

§ 3.º Os valores não utilizados para garantia das operações, assim como os valores recuperados, inclusive no caso de inadimplência, de que trata o *caput* deste artigo, serão utilizados para cobertura de novas operações contratadas no âmbito do Pronampe.

•• § 3.º com redação determinada pela Lei n. 14.348, de 25-5-2022.

§ 4.º Na hipótese prevista no § 1.º deste artigo, os valores não utilizados para garantia das operações, assim como os valores recuperados, inclusive no caso de inadimplência, serão devolvidos à União, a partir de 2025, nos termos em que dispuser o Poder Executivo, e serão integralmente utilizados para pagamento da dívida pública de responsabilidade do Tesouro Nacional.

•• § 4.º acrescentado pela Lei n. 14.348, de 25-5-2022.

Art. 3.º A Lei n. 13.999, de 18 de maio de 2020, passa a vigorar com as seguintes alterações, numerando-se o parágrafo único do art. 3.º-A como § 1.º:

•• Alterações já processadas no diploma modificado.

Art. 4.º (*Revogado pela Medida Provisória n. 1.139, de 27-10-2022.*)

•• O texto revogado dizia: "Art. 4.º Fica autorizada a prorrogação das parcelas vincendas e vencidas dos empréstimos por meio do Pronampe, de que trata a Lei n. 13.999, de 18 de maio de 2020, por até 365 (trezentos e sessenta e cinco) dias ou 12 (doze) meses, observada a política de crédito da instituição contratante e mediante solicitação do mutuário.

•• Artigo com redação determinada pela Lei n. 14.257, de 1.º-12-2021".

Art. 5.º Todas as instituições financeiras que aderirem ao Pronampe deverão disponibilizar a informação de linha de crédito, a taxa de juros e o prazo de pagamento nos respectivos sítios eletrônicos e aplicativos para dispositivos móveis.

Art. 6.º Fica vedada a obrigatoriedade de contratação de quaisquer outros produtos ou serviços financeiros, inclusive seguros prestamistas, para contratação da linha de crédito do Pronampe.

Art. 7º É facultado às pessoas que contrataram operações no âmbito do Pronampe portá-las entre as instituições financeiras que aderiram ao Programa, observados os limites operacionais de cada instituição definidos no estatuto do FGO.

Art. 8.º Para as operações contratadas no ano de 2021 no âmbito do Pronampe, o limite de que trata o § 1.º do art. 2.º da Lei n. 13.999, de 18 de maio de 2020, será calculado com base na receita bruta auferida no exercício de 2019 ou de 2020, o que for maior.

Art. 9.º As pessoas jurídicas beneficiárias do Programa Emergencial de Retomada do Setor de Eventos (Perse), de que trata a Lei n. 14.148, de 3 de maio de 2021, que se enquadram nos critérios do Pronampe, serão contempladas com o percentual do FGO em montante total não inferior a 20% (vinte por cento) de suas disponibilidades.

Parágrafo único. O Poder Executivo regulamentará o prazo de vigência e eventuais taxas de juros diferenciadas durante a destinação específica.

Art. 10. (*Vetado.*)

Art. 11. Esta Lei entra em vigor na data de sua publicação.

Brasília, 2 de junho de 2021; 200.º da Independência e 133.º da República.

JAIR MESSIAS BOLSONARO

LEI N. 14.193, DE 6 DE AGOSTO DE 2021 (**)

Institui a Sociedade Anônima do Futebol e dispõe sobre normas de constituição, governança, controle e transparência, meios de financiamento da atividade futebolística, tratamento dos passivos das entidades de práticas desportivas e regime tributário específico; e altera as Leis n. 9.615, de 24 de março de 1998, e 10.406, de 10 de janeiro de 2002 (Código Civil).

O Presidente da República

Faço saber que o Congresso Nacional decreta e eu sanciono a seguinte Lei:

(*) Publicada no *Diário Oficial da União*, de 4-6-2021. Republicada em 14-6-2021.

(**) Publicada no *Diário Oficial da União*, de 9-8-2021.

Capítulo I
DA SOCIEDADE ANÔNIMA DO FUTEBOL

Seção I
Disposições Introdutórias

Art. 1.º Constitui Sociedade Anônima do Futebol a companhia cuja atividade principal consiste na prática do futebol, feminino e masculino, em competição profissional, sujeita às regras específicas desta Lei e, subsidiariamente, às disposições da Lei n. 6.404, de 15 de dezembro de 1976, e da Lei n. 9.615, de 24 de março de 1998.

§ 1.º Para os fins desta Lei, considera-se:

I – clube: associação civil, regida pela Lei n. 10.406, de 10 de janeiro de 2002 (Código Civil), dedicada ao fomento e à prática do futebol;

II – pessoa jurídica original: sociedade empresarial dedicada ao fomento e à prática do futebol; e

III – entidade de administração: confederação, federação ou liga, com previsão na Lei n. 9.615, de 24 de março de 1998, que administra, dirige, regulamenta ou organiza competição profissional de futebol.

§ 2.º O objeto social da Sociedade Anônima do Futebol poderá compreender as seguintes atividades:

I – o fomento e o desenvolvimento de atividades relacionadas com a prática do futebol, obrigatoriamente nas suas modalidades feminino e masculino;

II – a formação de atleta profissional de futebol, nas modalidades feminino e masculino, e a obtenção de receitas decorrentes da transação dos seus direitos desportivos;

III – a exploração, sob qualquer forma, dos direitos de propriedade intelectual de sua titularidade ou dos quais seja cessionária, incluídos os cedidos pelo clube ou pessoa jurídica original que a constituiu;

IV – a exploração de direitos de propriedade intelectual de terceiros, relacionados ao futebol;

V – a exploração econômica de ativos, inclusive imobiliários, sobre os quais detenha direitos;

VI – quaisquer outras atividades conexas ao futebol e ao patrimônio da Sociedade Anônima do Futebol, incluída a organização de espetáculos esportivos, sociais ou culturais;

VII – a participação em outra sociedade, como sócio ou acionista, no território nacional, cujo objeto seja uma ou mais das atividades mencionadas nos incisos deste parágrafo, com exceção do inciso II.

§ 3.º A denominação da Sociedade Anônima do Futebol deve conter a expressão "Sociedade Anônima do Futebol" ou a abreviatura "S.A.F.".

§ 4.º Para os efeitos da Lei n. 9.615, de 24 de março de 1998, a Sociedade Anônima do Futebol é uma entidade de prática desportiva.

Seção II
Da Constituição da Sociedade Anônima do Futebol

Art. 2.º A Sociedade Anônima do Futebol pode ser constituída:

I – pela transformação do clube ou pessoa jurídica original em Sociedade Anônima do Futebol;

II – pela cisão do departamento de futebol do clube ou pessoa jurídica original e transferência do seu patrimônio relacionado à atividade futebol;

III – pela iniciativa de pessoa natural ou jurídica ou de fundo de investimento.

§ 1.º Nas hipóteses dos incisos I e II do *caput* deste artigo:

I – a Sociedade Anônima do Futebol sucede obrigatoriamente o clube ou pessoa jurídica original nas relações com as entidades de administração, bem como nas relações contratuais, de qualquer natureza, com atletas profissionais do futebol; e

II – a Sociedade Anônima do Futebol terá o direito de participar de campeonatos, copas ou torneios em substituição ao clube ou pessoa jurídica original, nas mesmas condições em que se encontravam no momento da sucessão, competindo às entidades de administração a devida substituição sem quaisquer prejuízos de ordem desportiva.

§ 2.º Na hipótese do inciso II do *caput* deste artigo:

I – os direitos e deveres decorrentes de relações, de qualquer natureza, estabelecidos com o clube, pessoa jurídica original e entidades de administração, inclusive direitos de participação em competições profissionais, bem como contratos de trabalho, de uso de imagem ou quaisquer outros contratos vinculados à atividade do futebol serão obrigatoriamente transferidos à Sociedade Anônima do Futebol;

II – o clube ou pessoa jurídica original e a Sociedade Anônima do Futebol deverão contratar, na data de constituição desta, a utilização e o pagamento de remuneração decorrente da exploração pela Sociedade Anônima do Futebol de direitos de propriedade intelectual de titularidade do clube ou pessoa jurídica original;

III – os bens e direitos serão transferidos à Sociedade Anônima do Futebol em definitivo ou a termo, conforme estabelecido em contrato;

IV – a transferência dos direitos e do patrimônio para a Sociedade Anônima do Futebol independe de autorização ou consentimento de credores ou partes interessadas, inclusive aqueles de natureza pública, salvo se disposto de modo diverso em contrato ou outro negócio jurídico;

V – se as instalações desportivas, como estádio, arena e centro de treinamento, não forem transferidas para a Sociedade Anônima do Futebol, o clube ou pessoa jurídica original e a Sociedade Anônima do Futebol deverão celebrar, na data de constituição desta, contrato no qual se estabelecerão as condições para utilização das instalações;

VI – o clube ou pessoa jurídica original não poderá participar, direta ou indiretamente, de competições profissionais do futebol, sendo a participação prerrogativa da Sociedade Anônima do Futebol por ele constituída; e

VII – a Sociedade Anônima do Futebol emitirá obrigatoriamente ações ordinárias da classe A para subscrição exclusivamente pelo clube ou pessoa jurídica original que a constituiu.

§ 3.º Enquanto as ações ordinárias da classe A corresponderem a pelo menos 10% (dez por cento) do capital social votante ou do capital social total, o voto afirmativo do seu titular no âmbito da assembleia geral será condição necessária para a Sociedade Anônima do Futebol deliberar sobre:

I – alienação, oneração, cessão, conferência, doação ou disposição de qualquer bem imobiliário ou de direito de propriedade intelectual conferido pelo clube ou pessoa jurídica original para formação do capital social;

II – qualquer ato de reorganização societária ou empresarial, como fusão, cisão, incorporação de ações, incorporação de outra sociedade ou trespasse;

III – dissolução, liquidação e extinção; e

IV – participação em competição desportiva sobre a qual dispõe o art. 20 da Lei n. 9.615, de 24 de março de 1998.

§ 4.º Além de outras matérias previstas no estatuto da Sociedade Anônima do Futebol, depende da concordância do titular das ações ordinárias da classe A, independentemente do percentual da participação no capital votante ou social, a deliberação, em qualquer órgão societário, sobre as seguintes matérias:

I – alteração da denominação;

II – modificação dos signos identificativos da equipe de futebol profissional, incluídos símbolo, brasão, marca, alcunha, hino e cores; e

III – mudança da sede para outro Município.

§ 5.º O estatuto da Sociedade Anônima do Futebol constituída por clube ou pessoa jurídica original pode prever outros direitos para o titular das ações ordinárias da classe A.

§ 6.º Depende de aprovação prévia do clube ou pessoa jurídica original, que é titular de ações ordinárias da classe A, qualquer alteração no estatuto da Sociedade Anônima do Futebol para modificar, restringir ou subtrair os direitos conferidos por essa classe de ações, ou para extinguir a ação ordinária da classe A.

Art. 3.º O clube ou pessoa jurídica original poderá integralizar a sua parcela ao capital social na Sociedade Anônima do Futebol por meio da transferência à companhia de seus ativos, tais como, mas não exclusivamente, nome, marca, dísticos, símbolos, propriedades, patrimônio, ativos imobilizados e mobilizados, inclusive registros, licenças, direitos desportivos sobre atletas e sua repercussão econômica.

Parágrafo único. Enquanto o clube ou pessoa jurídica original registrar, em suas demonstrações financeiras, obrigações anteriores à constituição da companhia, será vedada:

I – a transferência ou alienação do seu ativo imobilizado que contenha gravame ou tenha sido dado em garantia, exceto mediante autorização do respectivo credor;

II – o desfazimento da sua participação acionária na integralidade.

Seção III
Da Governança da Sociedade Anônima do Futebol

Art. 4.º O acionista controlador da Sociedade Anônima do Futebol, individual ou integrante de acordo de controle, não poderá deter participação, direta ou indireta, em outra Sociedade Anônima do Futebol.

Parágrafo único. O acionista que detiver 10% (dez por cento) ou mais do capital votante ou total da Sociedade Anônima do Futebol, sem a controlar, se participar do capital social de outra Sociedade Anônima do Futebol, não terá direito a voz nem a voto nas assembleias gerais, nem poderá participar da administração dessas companhias, diretamente ou por pessoa por ele indicada.

Art. 5.º Na Sociedade Anônima do Futebol, o conselho de administração e o conselho fiscal são órgãos de existência obrigatória e funcionamento permanente.

§ 1.º Não poderá ser integrante do conselho de administração, conselho fiscal ou diretoria da Sociedade Anônima do Futebol:

I – membro de qualquer órgão de administração, deliberação ou fiscalização, bem como de órgão executivo, de outra Sociedade Anônima do Futebol;

II – membro de qualquer órgão de administração, deliberação ou fiscalização, bem como de órgão executivo, de clube ou pessoa jurídica original, salvo daquele que deu origem ou constituiu a Sociedade Anônima do Futebol;

III – membro de órgão de administração, deliberação ou fiscalização, bem como de órgão executivo, de entidade de administração;

IV – atleta profissional de futebol com contrato de trabalho desportivo vigente;

V – treinador de futebol em atividade com contrato celebrado com clube, pessoa jurídica original ou Sociedade Anônima do Futebol; e

VI – árbitro de futebol em atividade.

§ 2.º O estatuto da Sociedade Anônima do Futebol poderá estabelecer outros requisitos necessários à eleição para o conselho de administração.

§ 3.º Não poderá receber nenhuma remuneração o membro do conselho de administração que cumulativamente for associado e integrar qualquer órgão, eletivo ou não, de administração, deliberação ou fiscalização do clube ou pessoa jurídica original enquanto esse for acionista da respectiva Sociedade Anônima do Futebol.

§ 4.º Não poderá ser eleito para o conselho fiscal ou para a diretoria o empregado ou membro de qualquer órgão, eletivo ou não, de administração, deliberação ou fiscalização do clube ou pessoa jurídica original enquanto esse for acionista da respectiva Sociedade Anônima do Futebol.

§ 5.º Os diretores deverão ter dedicação exclusiva à administração da Sociedade Anônima do Futebol, observados, se houver, os critérios estabelecidos no estatuto.

Art. 6.º A pessoa jurídica que detiver participação igual ou superior a 5% (cinco por cento) do capital social da Sociedade Anônima do Futebol deverá informar a esta, assim como à entidade nacional de administração do desporto, o nome, a qualificação, o endereço e os dados de contato da pessoa natural que, direta ou indiretamente, exerça o seu controle ou que seja a beneficiária final, sob pena de suspensão dos direitos políticos e retenção dos dividendos, dos juros sobre o capital próprio ou de outra forma de remuneração declarados, até o cumprimento desse dever.

Parágrafo único. (*Vetado*).

Art. 7.º A Sociedade Anônima do Futebol que tiver receita bruta anual de até R$ 78.000.000,00 (setenta e oito milhões de reais) poderá realizar todas as publicações obrigatórias por lei de forma eletrônica, incluídas as convocações, atas e demonstrações financeiras, e deverá mantê-las, no próprio sítio eletrônico, durante o prazo de 10 (dez) anos.

Art. 8.º A Sociedade Anônima do Futebol manterá em seu sítio eletrônico:

I – (*Vetado*);

II – o estatuto social e as atas das assembleias gerais;

III – a composição e a biografia dos membros do conselho de administração, do conselho fiscal e da diretoria; e

IV – o relatório da administração sobre os negócios sociais, incluído o Programa de Desenvolvimento Educacional e Social, e os principais fatos administrativos.

§ 1.º As informações listadas no *caput* deste artigo deverão ser atualizadas mensalmente.

§ 2.º Os administradores da Sociedade Anônima do Futebol respondem pessoalmente pela inobservância do disposto neste artigo.

§ 3.º O clube ou pessoa jurídica original que esteja em recuperação judicial, extrajudicial ou no Regime Centralizado de Execuções, a que se refere esta Lei, deverá manter em seu sítio eletrônico relação ordenada de seus credores, atualizada mensalmente.

§ 4.º Os administradores do clube ou pessoa jurídica original respondem pessoalmente pela inobservância do disposto no § 3.º deste artigo.

Seção IV
Das Obrigações da Sociedade Anônima do Futebol

Art. 9.º A Sociedade Anônima do Futebol não responde pelas obrigações do clube ou pessoa jurídica original que a constituiu, anteriores ou posteriores à data de sua constituição, exceto quanto às atividades específicas do seu objeto social, e responde pelas obrigações que lhe forem transferidas conforme disposto no § 2.º do art. 2.º desta Lei, cujo pagamento aos credores se limitará à forma estabelecida no art. 10 desta Lei.

Parágrafo único. Com relação à dívida trabalhista, integram o rol dos credores mencionados no *caput* deste artigo os atletas, membros da comissão técnica e funcionários cuja atividade principal seja vinculada diretamente ao departamento de futebol.

Art. 10. O clube ou pessoa jurídica original é responsável pelo pagamento das obrigações anteriores à constituição da Sociedade Anônima do Futebol, por meio de receitas próprias e das seguintes receitas que lhe serão transferidas pela Sociedade Anônima do Futebol, quando constituída exclusivamente:

I – por destinação de 20% (vinte por cento) das receitas correntes mensais auferidas pela Sociedade Anônima do Futebol, conforme plano aprovado pelos credores, nos termos do inciso I do *caput* do art. 13 desta Lei;

II – por destinação de 50% (cinquenta por cento) dos dividendos, dos juros sobre o capital próprio ou de outra remuneração recebida desta, na condição de acionista.

Art. 11. Sem prejuízo das disposições relativas à responsabilidade dos dirigentes previstas no art. 18-B da Lei n. 9.615, de 24 de março de 1998, os administradores da Sociedade Anônima do Futebol respondem pessoal e solidariamente pelas obrigações relativas aos repasses financeiros definidos no art. 10 desta Lei, assim como respondem, pessoal e solidariamente, o presidente do clube ou os sócios administradores da pessoa jurídica original pelo pagamento aos credores dos valores que forem transferidos pela Sociedade Anônima do Futebol, conforme estabelecido nesta Lei.

Art. 12. Enquanto a Sociedade Anônima do Futebol cumprir os pagamentos previstos nesta Seção, é vedada qualquer forma de constrição ao patrimônio ou às receitas, por penhora ou ordem de bloqueio de valores de qualquer natureza ou espécie sobre as suas receitas, com relação às obrigações anteriores à constituição da Sociedade Anônima do Futebol.

Seção V
Do Modo de Quitação das Obrigações

Art. 13. O clube ou pessoa jurídica original poderá efetuar o pagamento das obrigações diretamente aos seus credores, ou a seu exclusivo critério:

I – pelo concurso de credores, por intermédio do Regime Centralizado de Execuções previsto nesta Lei; ou

II – por meio de recuperação judicial ou extrajudicial, nos termos da Lei n. 11.101, de 9 de fevereiro de 2005.

Subseção I
Do Regime Centralizado de Execuções

Art. 14. O clube ou pessoa jurídica original que optar pela alternativa do inciso I do *caput* do art. 13 desta Lei submeter-se-á ao concurso de credores por meio do Regime Centralizado de Execuções, que consistirá em concentrar no juízo centralizador as execuções, as suas receitas e os valores arrecadados na forma do art. 10 desta Lei, bem como a distribuição desses valores aos credores em concurso e de forma ordenada.

§ 1.º Na hipótese de inexistência de órgão de centralização de execuções no âmbito do Judiciário, o juízo centralizador será aquele que tiver ordenado o pagamento da dívida em primeiro lugar.

§ 2.º O requerimento deverá ser apresentado pelo clube ou pessoa jurídica original e será concedido pelo Presidente do Tribunal Regional do Trabalho, quanto às dívidas trabalhistas, e pelo Presidente do Tribunal de Justiça, quanto às dívidas de natureza civil, observados os requisitos de apresentação do plano de credores, conforme disposto no art. 16 desta Lei.

Art. 15. O Poder Judiciário disciplinará o Regime Centralizado de Execuções, por meio de ato próprio dos seus tribunais, e conferirá o prazo de 6 (seis) anos para pagamento dos credores.

§ 1.º Na ausência da regulamentação prevista no *caput* deste artigo, competirá ao Tribunal Superior respectivo suprir a omissão.

§ 2.º Se o clube ou pessoa jurídica original comprovar a adimplência de ao menos 60% (sessenta por cento) do seu passivo original ao final do prazo previsto no *caput* deste artigo, será permitida a prorrogação do Regime Centralizado de Execuções por mais 4 (quatro) anos, período em que o percentual a que se refere o inciso I do *caput* do art. 10 desta Lei poderá, a pedido do interessado, ser reduzido pelo juízo centralizador das execuções a 15% (quinze por cento) das suas receitas correntes mensais.

Art. 16. Ao clube ou pessoa jurídica original que requerer a centralização das suas execuções será concedido o prazo de até 60 (sessenta) dias para apresentação do seu plano de credores, que deverá conter obrigatoriamente os seguintes documentos:

I – o balanço patrimonial;

II – as demonstrações contábeis relativas aos 3 (três) últimos exercícios sociais;

III – as obrigações consolidadas em execução e a estimativa auditada das suas dívidas ainda em fase de conhecimento;

IV – o fluxo de caixa e a sua projeção de 3 (três) anos; e

V – o termo de compromisso de controle orçamentário.

Parágrafo único. Os clubes e as pessoas jurídicas originais deverão fornecer ao juízo centralizador e publicar em sítio eletrônico próprio as seguintes informações:

I – os documentos exigidos nos incisos III, IV e V do *caput* deste artigo;

II – a ordem da fila de credores com seus respectivos valores individualizados e atualizados; e

III – os pagamentos efetuados no período.

Art. 17. No Regime Centralizado de Execuções, consideram-se credores preferenciais, para ordenação do pagamento:

I – idosos, nos termos da Lei n. 10.741, de 1.º de outubro de 2003 (Estatuto do Idoso);

II – pessoas com doenças graves;

III – pessoas cujos créditos de natureza salarial sejam inferiores a 60 (sessenta) salários-mínimos;

IV – gestantes;

V – pessoas vítimas de acidente de trabalho oriundo da relação de trabalho com o clube ou pessoa jurídica original;

VI – credores com os quais haja acordo que preveja redução da dívida original em pelo menos 30% (trinta por cento).

Parágrafo único. Na hipótese de concorrência entre os créditos, os processos mais antigos terão preferência.

Art. 18. O pagamento das obrigações previstas no art. 10 desta Lei privilegiará os créditos trabalhistas, e cumprirá ao plano de pagamento dos credores, apresentado pelo clube ou pessoa jurídica original, definir a sua destinação.

Parágrafo único. A partir da centralização das execuções, as dívidas de natureza cível e trabalhista serão corrigidas somente pela taxa referencial do Sistema Especial de Liquidação e de Custódia (Selic), ou outra taxa de mercado que vier a substituí-la.

Art. 19. É facultado às partes, por meio de negociação coletiva, estabelecer o plano de pagamento de forma diversa.

Art. 20. Ao credor, titular do crédito, é facultada a conversão, no todo ou em parte, da dívida do clube ou pessoa jurídica original em ações da Sociedade Anônima do Futebol ou em títulos por ela emitidos, desde que previsto em seu estatuto.

Art. 21. Ao credor de dívida trabalhista e ao credor de dívida cível, de qualquer valor, é facultado anuir, a seu critério exclusivo, a deságio sobre o valor do débito.

Art. 22. Ao credor de dívida trabalhista, como titular do crédito, a seu exclusivo critério, é facultada a cessão do crédito a terceiro, que ficará sub-rogado em todos os direitos e em todas as obrigações do credor e ocupará a mesma posição do titular do crédito original na fila de credores, devendo ser dada ciência ao clube ou pessoa jurídica original, bem como ao juízo centralizador da dívida para que promova a anotação.

Art. 23. Enquanto o clube ou pessoa jurídica original cumprir os pagamentos previstos nesta Seção, é vedada qualquer forma de constrição ao patrimônio ou às receitas, por penhora ou ordem de bloqueio de valores de qualquer natureza ou espécie sobre as suas receitas.

Art. 24. Superado o prazo estabelecido no art. 15 desta Lei, a Sociedade Anônima do Futebol responderá, nos limites estabelecidos no art. 9.º desta Lei, subsidiariamente, pelo pagamento das obrigações civis e trabalhistas anteriores à sua constituição, salvo o disposto no art. 19 desta Lei.

Subseção II
Da Recuperação Judicial e Extrajudicial do Clube ou Pessoa Jurídica Original

Art. 25. O clube, ao optar pela alternativa do inciso II do *caput* do art. 13 desta Lei, e por exercer atividade econômica, é admitido como parte legítima para requerer a recuperação judicial ou extrajudicial, submetendo-se à Lei n. 11.101, de 9 de fevereiro de 2005.

Parágrafo único. Os contratos bilaterais, bem como os contratos de atletas profissionais vinculados ao clube ou pessoa jurídica original não se resolvem em razão do pedido de recuperação judicial e extrajudicial e poderão ser transferidos à Sociedade Anônima do Futebol no momento de sua constituição.

Capítulo II
DISPOSIÇÕES ESPECIAIS

Seção I
Do Financiamento da Sociedade Anônima do Futebol

Art. 26. A Sociedade Anônima do Futebol poderá emitir debêntures, que serão denominadas "debêntures-fut", com as seguintes características:

I – remuneração por taxa de juros não inferior ao rendimento anualizado da caderneta de poupança, permitida a estipulação, cumulativa, de remuneração variável, vinculada ou referenciada às atividades ou ativos da Sociedade Anônima do Futebol;

II – prazo igual ou superior a 2 (dois) anos;

III – vedação à recompra da debênture-fut pela Sociedade Anônima do Futebol ou por parte a ela relacionada e à liquidação antecipada por meio de resgate ou pré-pagamento, salvo na forma a ser regulamentada pela Comissão de Valores Mobiliários;

IV – pagamento periódico de rendimentos;

V – registro das debênture-fut em sistema de registro devidamente autorizado pelo Banco Central do Brasil ou pela Comissão de Valores Mobiliários, nas suas respectivas áreas de competência.

§ 1.º Os recursos captados por meio de debêntures-fut deverão ser alocados no desenvolvimento de atividades ou no pagamento de gastos, despesas ou dívidas relacionados às atividades típicas da Sociedade Anônima do Futebol previstas nesta Lei, bem como em seu estatuto social.

§ 2.º (*Vetado*).

Art. 27. (*Vetado*).

Seção II

Do Programa de Desenvolvimento Educacional e Social (PDE)

Art. 28. A Sociedade Anônima do Futebol deverá instituir Programa de Desenvolvimento Educacional e Social (PDE), para, em convênio com instituição pública de ensino, promover medidas em prol do desenvolvimento da educação, por meio do futebol, e do futebol, por meio da educação.

§ 1.º A Sociedade Anônima do Futebol poderá investir, no âmbito das obrigações do Plano de Desenvolvimento Educacional e Social, mas não exclusivamente:

I – na reforma ou construção de escola pública, bem como na manutenção de quadra ou campo destinado à prática do futebol;

II – na instituição de sistema de transporte dos alunos qualificados à participação no convênio, na hipótese de a quadra ou o campo não se localizar nas dependências da escola;

III – na alimentação dos alunos durante os períodos de recreação futebolística e de treinamento;

IV – na capacitação de ex-jogadores profissionais de futebol, para ministrar e conduzir as atividades no âmbito do convênio;

V – na contratação de profissionais auxiliares, especialmente de preparadores físicos, nutricionistas e psicólogos, para acompanhamento das atividades no âmbito do convênio;

VI – na aquisição de equipamentos, materiais e acessórios necessários à prática esportiva.

§ 2.º Somente se habilitarão a participar do convênio alunos regularmente matriculados na instituição conveniada e que mantenham o nível de assiduidade às aulas regulares e o padrão de aproveitamento definidos no convênio.

§ 3.º O Programa de Desenvolvimento Educacional e Social deverá oferecer, igualmente, oportunidade de participação às alunas matriculadas em escolas públicas, a fim de realizar o direito de meninas terem acesso ao esporte.

Art. 29. Além das obrigações constantes da Lei n. 9.615, de 24 de março de 1998, para as entidades de práticas desportivas formadoras de atletas e das disposições desta Seção, a Sociedade Anônima do Futebol proporcionará ao atleta em formação que morar em alojamento por ela mantido:

I – instalações físicas certificadas pelos órgãos e autoridades competentes com relação à habitabilidade, à higiene, à salubridade e às medidas de prevenção e combate a incêndio e a desastres;

II – assistência de monitor responsável durante todo o dia;

III – convivência familiar;

IV – participação em atividades culturais e de lazer nos horários livres; e

V – assistência religiosa àqueles que desejarem, de acordo com suas crenças.

Art. 30. É autorizado à Sociedade Anônima do Futebol e ao clube ou pessoa jurídica original captar recursos incentivados em todas as esferas de governo, inclusive os provenientes da Lei n. 11.438, de 29 de dezembro de 2006.

•• Artigo originalmente vetado, todavia promulgado em 6-10-2021 (Edição Extra).

Seção III

Do Regime de Tributação Específica do Futebol (TEF)

Art. 31. A Sociedade Anônima do Futebol regularmente constituída nos termos desta Lei fica sujeita ao Regime de Tributação Específica do Futebol (TEF).

•• Artigo originalmente vetado, todavia promulgado em 6-10-2021 (Edição Extra).

§ 1.º O regime referido no *caput* deste artigo implica o recolhimento mensal, mediante documento único de arrecadação, dos seguintes impostos e contribuições, a serem apurados seguindo o regime de caixa:

I – Imposto sobre a Renda das Pessoas Jurídicas (IRPJ);

II – Contribuição para os Programas de Integração Social e de Formação do Patrimônio do Servidor Público (Contribuição para o PIS/Pasep);

III – Contribuição Social sobre o Lucro Líquido (CSLL);

IV – Contribuição para o Financiamento da Seguridade Social (Cofins); e

V – contribuições previstas nos incisos I, II e III do *caput* e no § 6.º do art. 22 da Lei n. 8.212, de 24 de julho de 1991.

§ 2.º O recolhimento na forma deste artigo não exclui a incidência dos seguintes impostos ou contribuições, devidos na qualidade de contribuinte ou responsável, em relação aos quais será observada a legislação aplicável às demais pessoas jurídicas:

I – Imposto sobre Operações de Crédito, Câmbio e Seguro, ou Relativas a Títulos ou Valores Mobiliários (IOF);

II – Imposto de Renda relativo aos rendimentos ou ganhos líquidos auferidos em aplicações de renda fixa ou variável;

III – Imposto de Renda relativo aos ganhos de capital auferidos na alienação de bens do ativo imobilizado;

IV – contribuição para o Fundo de Garantia do Tempo de Serviço (FGTS);

V – Imposto de Renda relativo aos pagamentos ou créditos efetuados pela pessoa jurídica a pessoas físicas; e

VI – demais contribuições instituídas pela União, inclusive as contribuições compulsórias dos empregadores sobre a folha de salários, destinadas às entidades privadas de serviço social e de formação profissional vinculadas ao sistema sindical, de que trata o art. 240 da Constituição Federal, e demais entidades de serviço social autônomo.

§ 3.º O pagamento mensal unificado deverá ser feito até o vigésimo dia do mês subsequente àquele em que houver sido recebida a receita.

Art. 32. Nos 5 (cinco) primeiros anos-calendário da constituição da Sociedade Anônima do Futebol ficará ela sujeita ao pagamento mensal e unificado dos tributos referidos no § 1.º do art. 31 desta Lei, à alíquota de 5% (cinco por cento) das receitas mensais recebidas.

•• Artigo originalmente vetado, todavia promulgado em 6-10-2021 (Edição Extra).

§ 1.º Para fins do disposto no *caput* deste artigo, considera-se receita mensal a totalidade das receitas recebidas pela Sociedade Anônima do Futebol, inclusive aquelas referentes a prêmios e programas de sócio-torcedor, excetuadas as relativas à cessão dos direitos desportivos dos atletas.

§ 2.º A partir do início do sexto ano-calendário da constituição da Sociedade Anônima do Futebol, o TEF incidirá à alíquota de 4% (quatro por cento) da receita mensal recebida, compreendidos os tributos referidos no § 1.º do art. 31 desta Lei, inclusive as receitas relativas à cessão dos direitos desportivos dos atletas.

§ 3.º O Ministério da Economia regulamentará a repartição da receita tributária de que trata este artigo, observadas as diretrizes de repartição de receitas tributárias estabelecidas pela Constituição Federal e pela legislação em vigor.

Capítulo III

DISPOSIÇÕES FINAIS

Art. 33. O clube ou pessoa jurídica original com passivos tributários anteriores à constituição da Sociedade Anônima do Futebol não incluídos em programas de refinanciamento do governo federal poderão apresentar proposta de transação nos termos da Lei n. 13.988, de 14 de abril de 2020.

Parágrafo único. Na hipótese do *caput* deste artigo, a União, no juízo de oportunidade e conveniência prévio à celebração da transação, nos termos do § 1.º do art. 1.º da Lei n. 13.988, de 14 de abril de 2020, deverá levar em consideração a transformação do clube ou pessoa jurídica original em Sociedade Anônima do Futebol, priorizando a análise das propostas apresentadas, sem prejuízo do disposto no art. 3.º da Lei n. 13.988, de 14 de abril de 2020.

....

Art. 35. O art. 971 da Lei n. 10.406, de 10 de janeiro de 2002 (Código Civil), passa a vigorar acrescido do seguinte parágrafo único:

•• Alteração já processada no texto do diploma modificado.

Art. 36. Esta Lei entra em vigor na data de sua publicação.

Brasília, 6 de agosto de 2021; 200.º da Independência e 133.º da República.

JAIR MESSIAS BOLSONARO

LEI N. 14.195, DE 26 DE AGOSTO DE 2021 (*)

Dispõe sobre a facilitação para abertura de empresas, sobre a proteção de acionistas minoritários, sobre a facilitação do comércio exterior, sobre o Sistema Integrado de Recuperação de Ativos (Sira), sobre as cobranças realizadas pelos conselhos profissionais, sobre a profissão de tradutor e intérprete público, sobre a obtenção de eletricidade, sobre a desburocratização societária e de atos processuais e a prescrição intercorrente na Lei n. 10.406, de 10 de janeiro de 2002 (Código Civil); altera as Leis ns. 11.598, de 3 de dezembro de 2007, 8.934, de 18 de novembro de 1994, 6.404, de 15 de dezembro de 1976, 7.913, de 7 de dezembro de 1989, 12.546, de 14 de dezembro 2011, 9.430, de 27 de dezembro de 1996, 10.522, de 19 de julho de 2002, 12.514, de 28 de outubro de 2011, 6.015, de 31 de dezembro de 1973, 10.406, de 10 de janeiro de 2002 (Código Civil), 13.105, de 16 de março de 2015 (Código de Processo Civil), 4.886, de 9 de dezembro de 1965, 5.764, de 16 de dezembro de 1971, 6.385, de 7 de dezembro de 1976, e 13.874, de 20 de setembro de 2019, e o Decreto-Lei n. 341, de 17 de março de 1938; e revoga as Leis ns. 2.145, de 29 de dezembro de 1953, 2.807, de 28 de junho de 1956, 2.815, de 6 de julho de 1956, 3.187, de 28 de junho de 1957, 3.227, de 27 de julho de 1957, 4.557, de 10 de dezembro de 1964, 7.409, de 25 de novembro de 1985, e 7.690, de 15 de dezembro de 1988, os Decretos ns. 13.609, de 21 de outubro de 1943, 20.256, de 20 de dezembro de 1945, e 84.248, de 28 de novembro de 1979, e os Decretos-Lei ns. 1.416, de 25 de agosto de 1975, e 1.427, de 2 de dezembro de 1975, e dispositivos das Leis ns. 2.410, de 29 de janeiro de 1955, 2.698, de 27 de dezembro de 1955, 3.053, de 22 de dezembro de 1956, 5.025, de 10 de junho de 1966, 6.137, de 7 de novembro de 1974, 8.387, de 30 de dezembro de 1991, 9.279, de 14 de maio de 1996, e 9.472, de 16 de julho de 1997, e dos Decretos-Lei ns. 491, de 5 de março de 1969, 666, de 2 de julho de 1969, e 687, de 18 de julho de 1969; e dá outras providências.

O Presidente da República

Faço saber que o Congresso Nacional decreta e eu sanciono a seguinte Lei:

Capítulo I
DO OBJETO

Art. 1.º Esta Lei dispõe sobre a facilitação para abertura de empresas, sobre a proteção de acionistas minoritários, sobre a facilitação do comércio exterior, sobre o Sistema Integrado de Recuperação de Ativos (Sira), sobre as cobranças realizadas pelos conselhos profissionais, sobre a profissão de tradutor e intérprete público, sobre a obtenção de eletricidade, sobre a desburocratização societária e de atos processuais e a prescrição intercorrente na Lei n. 10.406, de 10 de janeiro de 2002 (Código Civil).

Capítulo II
DA FACILITAÇÃO PARA ABERTURA DE EMPRESAS

Art. 2.º A Lei n. 11.598, de 3 de dezembro de 2007, passa a vigorar com as seguintes alterações:

•• Alterações já processadas no diploma modificado.

Art. 3.º A Lei n. 8.934, de 18 de novembro de 1994, passa a vigorar com as seguintes alterações:

•• Alterações já processadas no diploma modificado.

Art. 4.º Os órgãos, as entidades e as autoridades competentes disporão do prazo de 60 (sessenta) dias, contado da data de publicação desta Lei, para se adequar às alterações promovidas na Lei n. 11.598, de 3 de dezembro de 2007, de que trata o art. 2.º desta Lei.

§ 1.º Compete ao Ministério da Economia notificar os órgãos, as entidades e as autoridades competentes quanto às alterações promovidas na Lei n. 11.598, de 3 de dezembro de 2007, no prazo de 5 (cinco) dias úteis, contado da data de publicação desta Lei.

§ 2.º Será assegurado aos Municípios o direito de denunciar, a qualquer tempo, a sua adesão à Rede Nacional para Simplificação do Registro e da Legalização de Empresas e Negócios (Redesim) por meio do consórcio de que trata o art. 2.º da Lei n. 11.598, de 3 de dezembro de 2007.

§ 3.º Será assegurado aos integradores estaduais o direito de solicitar a sua substituição por outro órgão ao Comitê para Gestão da Rede Nacional para Simplificação do Registro e da Legalização de Empresas e Negócios (CGSIM), no prazo de 30 (trinta) dias, contado da data de publicação desta Lei.

§ 4.º Na hipótese prevista no § 3.º deste artigo ou de descumprimento das normas da Redesim pelo integrador estadual, o CGSIM definirá o órgão que assumirá a função de integrador estadual.

Capítulo III
DA PROTEÇÃO DE ACIONISTAS MINORITÁRIOS

Art. 5.º A Lei n. 6.404, de 15 de dezembro de 1976, passa a vigorar com as seguintes alterações:

•• Alterações já processadas no diploma modificado.

Art. 6.º O *caput* do art. 1.º da Lei n. 7.913, de 7 de dezembro de 1989, passa a vigorar com a seguinte alteração:

•• Alteração já processada no diploma modificado.

Art. 7.º A Comissão de Valores Mobiliários poderá estabelecer regras de transição para as obrigações decorrentes do disposto neste Capítulo.

Capítulo IV
DA FACILITAÇÃO DO COMÉRCIO EXTERIOR

Seção I
Das Licenças, das Autorizações ou das Exigências Administrativas para Importações ou para Exportações

Art. 8.º Será provida aos importadores, aos exportadores e aos demais intervenientes no comércio exterior solução de guichê único eletrônico por meio do qual possam encaminhar documentos, dados ou informações aos órgãos e às entidades da administração pública federal direta e indireta como condição para a importação ou a exportação de bens a ponto único acessível por meio da internet, bem como acesso às instituições autorizadas a operar no mercado de câmbio, exclusivamente para consulta a tais dados, informações e documentos, desde que autorizadas por seus clientes.

•• Vigência: *vide* art. 58, IV, desta Lei.

§ 1.º O órgão ou a entidade responsável pela exigência administrativa, após a análise dos documentos, dos dados ou das informações recebidos por meio da solução referida no *caput* deste artigo, notificará o demandante do resultado por meio do guichê único eletrônico, nos prazos previstos na legislação.

§ 2.º A solução de que trata o *caput* deste artigo deverá:

I – permitir aos importadores, aos exportadores e aos demais intervenientes no comércio exterior, inclusive as instituições autorizadas a operar no mercado de câmbio, conhecer as exigências administrativas impostas por órgãos e por entidades da administração pública federal direta e indireta para a concretização de operações de importação ou de exportação; e

II – atender ao disposto no Artigo 10, parágrafo 4, do Acordo sobre a Facilitação do Comércio anexo ao Protocolo de Emenda ao Acordo Constitutivo da Organização Mundial do Comércio, promulgado pelo Decreto n. 9.326, de 3 de abril de 2018.

§ 3.º O recolhimento das taxas impostas por órgãos e por entidades da administração pública federal direta e indireta, em razão do exercício do poder de polícia ou da prestação de serviço público, bem como qualquer outra receita federal relacionada a operações de comércio exterior, ocorrerá por meio de Documento de Arrecadação de Receitas Federais (Darf) em transação financeira eletrônica, preferencialmente em pagamento unificado por meio da solução de guichê único eletrônico a que se refere o *caput* deste artigo.

•• Vigência: *vide* art. 8.º, § 3.º, desta Lei.

§ 4.º Compete ao Ministério da Economia a gestão da solução de guichê único eletrônico a que se refere o *caput* deste artigo.

§ 5.º O acesso de usuários ao guichê único eletrônico a que se refere o *caput* deste ar-

(*) Publicada no *Diário Oficial da União*, de 27-8-2021.

tigo ocorrerá nos termos da Lei n. 14.063, de 23 de setembro de 2020.

§ 6.º É garantido o livre acesso do cidadão às informações públicas do guichê único eletrônico a que se refere o *caput* deste artigo, atendidos os requisitos de dado acessível ao público conforme definição constante do inciso V do *caput* do art. 4.º da Lei n. 14.129, de 29 de março de 2021.

Art. 9.º Fica vedado aos órgãos e às entidades da administração pública federal direta e indireta exigir o preenchimento de formulários em papel ou em formato eletrônico ou a apresentação de documentos, de dados ou de informações para a realização de importações ou de exportações por outros meios, distintos da solução de guichê único eletrônico a que se refere o art. 8.º desta Lei.

•• Vigência: *vide* art. 58, IV, desta Lei.

§ 1.º O disposto no *caput* deste artigo não se aplica:

I – quando, em razão de circunstâncias técnicas ou operacionais excepcionais relacionadas a determinada exportação ou importação, não for possível o uso da solução de guichê único eletrônico a que se refere o art. 8.º desta Lei; e

II – aos procedimentos de habilitação, de registro ou de certificação de estabelecimentos, de produtos ou de processos produtivos relacionados com o comércio doméstico ou de modo análogo a ele.

§ 2.º As exigências vigentes na data de publicação desta Lei serão revisadas na forma estabelecida em ato do Poder Executivo federal.

Art. 10. Somente será admitida a imposição de licenças ou de autorizações como requisito para importações ou para exportações em razão de características das mercadorias quando tais restrições estiverem previstas em lei ou em ato normativo editado por órgão ou por entidade competente da administração pública federal.

•• Vigência: *vide* art. 58, IV, desta Lei.

§ 1.º As propostas de edição ou de alteração dos atos normativos a que se refere o *caput* deste artigo serão objeto de consulta pública prévia e da análise de impacto regulatório de que trata a Lei n. 13.874, de 20 de setembro de 2019.

§ 2.º O guichê único eletrônico a que se refere o art. 8.º desta Lei deverá exibir em seu sítio eletrônico todas as licenças, autorizações ou exigências administrativas, como requisitos a importações ou a exportações, impostas por órgãos e por entidades da administração pública federal direta e indireta, bem como o ato normativo que lhes deu origem.

§ 3.º As exigências de que trata o *caput* deste artigo, vigentes na data de publicação desta Lei, serão revisadas na forma estabelecida em ato do Poder Executivo federal.

Seção II

Do Comércio Exterior de Serviços, de Intangíveis e de outras Operações que Produzam Variações no Patrimônio das Pessoas Físicas, das Pessoas Jurídicas ou dos Entes Despersonalizados

....

Seção III

Da Origem não Preferencial

....

Capítulo V

DO SISTEMA INTEGRADO DE RECUPERAÇÃO DE ATIVOS

Art. 13. Fica o Poder Executivo federal autorizado a instituir, sob a governança da Procuradoria-Geral da Fazenda Nacional, o Sistema Integrado de Recuperação de Ativos (Sira), constituído de um conjunto de instrumentos, mecanismos e iniciativas destinados a facilitar a identificação e a localização de bens e de devedores, bem como a constrição e a alienação de ativos.

Art. 14. São objetivos do Sira:

I – promover o desenvolvimento nacional e o bem-estar social por meio da redução dos custos de transação de concessão de créditos mediante aumento do índice de efetividade das ações que envolvam a recuperação de ativos;

II – conferir efetividade às decisões judiciais que visem à satisfação das obrigações de qualquer natureza, em âmbito nacional;

III – reunir dados cadastrais, relacionamentos e bases patrimoniais de pessoas físicas e jurídicas para subsidiar a tomada de decisão, no âmbito de processo judicial em que seja demandada a recuperação de créditos públicos ou privados;

IV – fornecer aos usuários, conforme os respectivos níveis de acesso, os dados cadastrais, os relacionamentos e as bases patrimoniais das pessoas requisitadas, de forma estruturada e organizada; e

V – garantir, com a quantidade, a qualidade e a tempestividade necessárias, os insumos de dados e informações relevantes para a recuperação de créditos públicos ou privados.

Parágrafo único. O Sira zelará pela liberdade de acesso, de uso e de gerenciamento dos dados pelo seu titular, na forma do art. 9.º da Lei n. 13.709, de 14 de agosto de 2018, e obedecerá ao regime geral de proteção de dados aplicável.

Art. 15. São princípios do Sira:

I – melhoria da efetividade e eficiência das ações de recuperação de ativos;

II – promoção da transformação digital e estímulo ao uso de soluções tecnológicas na recuperação de créditos públicos e privados;

III – racionalização e sustentabilidade econômico-financeira das soluções de tecnologia da informação e comunicação de dados, permitida a atribuição aos usuários, quando houver, dos custos de operacionalização do serviço, na forma prevista em regulamento;

IV – respeito à privacidade, à inviolabilidade da intimidade, da honra e da imagem das pessoas e às instituições, na forma prevista em lei; e

V – ampla interoperabilidade e integração com os demais sistemas semelhantes, em especial aqueles utilizados pelo Poder Judiciário, de forma a subsidiar a tomada de decisão, bem como de racionalizar e permitir o cumprimento eficaz de ordens judiciais relacionadas à recuperação de ativos.

Art. 16. Ato do Presidente da República disporá sobre:

I – as regras e as diretrizes para o compartilhamento de dados e informações, observado que, para usuários privados, apenas poderão ser fornecidos dados públicos não sujeitos a nenhuma restrição de acesso;

II – a relação nominal das bases mínimas que comporão o Sira;

III – a periodicidade com que a Procuradoria-Geral da Fazenda Nacional apresentará ao Ministério da Economia e ao Conselho Nacional de Justiça relatório sobre as bases geridas e integradas;

IV – o procedimento administrativo para o exercício, na forma prevista em lei, do poder de requisição das informações contidas em bancos de dados geridos por órgãos e por entidades públicos e privados e o prazo para o atendimento da requisição, sem prejuízo da celebração de acordos de cooperação, de convênios e de ajustes de qualquer natureza, quando necessário;

V – a forma de sustentação econômico-financeira do Sira; e

VI – as demais competências da Procuradoria-Geral da Fazenda Nacional e do órgão central de tecnologia da informação no âmbito do Sira.

Art. 17. Fica o Poder Executivo federal autorizado a instituir, sob governança da Procuradoria-Geral da Fazenda Nacional, o Cadastro Fiscal Positivo, com o objetivo de:

I – criar condições para construção permanente de um ambiente de confiança entre os contribuintes e a administração tributária federal;

II – garantir a previsibilidade das ações da Procuradoria-Geral da Fazenda Nacional em face dos contribuintes inscritos no referido cadastro;

III – criar condições para solução consensual dos conflitos tributários, com incentivo à redução da litigiosidade;

IV – reduzir os custos de conformidade em relação aos créditos inscritos em dívida ativa da União e à situação fiscal do contribuinte, a partir das informações constantes do Sira;

V – tornar mais eficientes a gestão de risco dos contribuintes inscritos no referido cadastro e a realização de negócios jurídicos processuais;

VI – melhorar a compreensão das atividades empresariais e dos gargalos fiscais.

Parágrafo único. A Procuradoria-Geral da Fazenda Nacional poderá estabelecer convênio com Estados, com Municípios e com o Distrito Federal para compartilhamento de informações que contribuam para a formação do Cadastro Fiscal Positivo.

Art. 18. Compete ao Procurador-Geral da Fazenda Nacional regulamentar o Cadastro Fiscal Positivo, o qual poderá dispor sobre atendimento, sobre concessões inerentes a garantias, sobre prazos para apreciação de requerimentos, sobre recursos e demais solicitações do contribuinte, sobre cumprimento de obrigações perante a Procuradoria-Geral da Fazendo Nacional e sobre atos de cobrança administrativa ou judicial, especialmente:

I – criação de canais de atendimento diferenciado, inclusive para recebimento de pedidos de transação no contencioso judicial ou na cobrança da dívida ativa da União, nos termos da , ou para esclarecimento sobre esses pedidos;

II – flexibilização das regras para aceitação ou para substituição de garantias, inclusive sobre a possibilidade de substituição de depósito judicial por seguro-garantia ou por outras garantias baseadas na capacidade de geração de resultados dos contribuintes;

III – possibilidade de antecipar a oferta de garantias para regularização de débitos futuros;

IV – execução de garantias em execução fiscal somente após o trânsito em julgado da discussão judicial relativa ao título executado.

Parágrafo único. Será conferido, exclusivamente ao contribuinte, mediante solicitação, acesso aos dados próprios, relacionados ao seu enquadramento no Cadastro Fiscal Positivo.

Art. 19. A Lei n. 9.430, de 27 de dezembro de 1996, passa a vigorar com as seguintes alterações:

•• Alterações já processadas no diploma modificado.

Art. 20. A Lei n. 10.522, de 19 de julho de 2002, passa a vigorar com as seguintes alterações:

•• Alterações já processadas no diploma modificado.

Capítulo VI
DAS COBRANÇAS REALIZADAS POR CONSELHOS PROFISSIONAIS

Art. 21. A Lei n. 12.514, de 28 de outubro de 2011, passa a vigorar com as seguintes alterações:

•• Alterações já processadas no diploma modificado.

Capítulo VII
DA PROFISSÃO DE TRADUTOR E INTÉRPRETE PÚBLICO

•• A Instrução Normativa n. 52, de 29-7-2022, do DREI, dispõe sobre o exercício das profissões de administrador de armazéns gerais, trapicheiro, leiloeiro oficial e tradutor e intérprete público.

Art. 22. São requisitos para o exercício da profissão de tradutor e intérprete público:

I – ter capacidade civil;

II – ter formação em curso superior completo em qualquer área do conhecimento;

III – ser brasileiro ou estrangeiro residente no País;

IV – ser aprovado em concurso para aferição de aptidão;

V – não estar enquadrado nas hipóteses de inelegibilidade previstas na alínea e do inciso I do *caput* do art. 1.º da Lei Complementar n. 64, de 18 de maio de 1990; e

VI – ter registro na junta comercial do local de seu domicílio ou de atuação mais frequente.

Parágrafo único. A exigência do concurso previsto no inciso IV do *caput* deste artigo poderá ser dispensada àqueles que obtiverem grau de excelência em exames nacionais e internacionais de proficiência, nos termos do regulamento do Departamento Nacional de Registro Empresarial e Integração da Secretaria de Governo Digital da Secretaria Especial de Desburocratização, Gestão e Governo Digital do Ministério da Economia.

Art. 23. O tradutor e intérprete público poderá habilitar-se e registrar-se para um ou mais idiomas estrangeiros ou, ainda, em Língua Brasileira de Sinais (Libras).

Art. 24. O cumprimento do disposto no art. 22 desta Lei habilita o tradutor e intérprete público a atuar em qualquer Estado e no Distrito Federal e a manter inscrição apenas no local de seu domicílio ou de atuação mais frequente.

Art. 25. O concurso para aferição de aptidão de que trata o inciso IV do *caput* do art. 22 desta Lei:

I – será válido por prazo indefinido;

II – incluirá prova escrita e prova oral, com simulação de interpretação consecutiva, para avaliar a compreensão das sutilezas e das dificuldades de cada um dos idiomas;

III – será organizado nacionalmente pelo Departamento Nacional de Registro Empresarial e Integração da Secretaria de Governo Digital da Secretaria Especial de Desburocratização, Gestão e Governo Digital do Ministério da Economia, com apoio das juntas comerciais dos Estados e do Distrito Federal; e

IV – será regido pelas normas editadas pelo Diretor do Departamento Nacional de Registro Empresarial e Integração da Secretaria de Governo Digital da Secretaria Especial de Desburocratização, Gestão e Governo Digital do Ministério da Economia.

Art. 26. São atividades privativas do tradutor e intérprete público:

I – traduzir qualquer documento que tenha de ser apresentado em outro idioma perante pessoa jurídica de direito público interno ou perante serviços notariais e de registro de notas ou de títulos e documentos;

II – realizar traduções oficiais, quando exigido por lei;

III – interpretar e verter verbalmente perante ente público a manifestação de pessoa que não domine a língua portuguesa se não houver agente público apto a realizar a atividade ou se for exigido por lei específica;

IV – transcrever, traduzir ou verter mídia eletrônica de áudio ou vídeo, em outro idioma, certificada por ato notarial; e

V – realizar, quando solicitados pela autoridade competente, os exames necessários à verificação da exatidão de qualquer tradução que tenha sido arguida como incompleta, imprecisa, errada ou fraudulenta.

Parágrafo único. O disposto no *caput* deste artigo não impede:

I – a designação pela autoridade competente de tradutor e intérprete público *ad hoc* no caso de inexistência, de impedimento ou de indisponibilidade de tradutor e intérprete público habilitado para o idioma; e

II – a realização da atividade por agente público:

a) ocupante de cargo ou emprego com atribuições relacionadas com a atividade de tradutor ou intérprete; ou

b) com condições de realizar traduções e interpretações simples e correlatas com as atribuições de seu cargo ou emprego.

Art. 27. Presumem-se fiéis e exatas as traduções realizadas por tradutor e intérprete público.

§ 1.º Nenhuma tradução terá fé pública se não for realizada por tradutor e intérprete público, exceto as traduções:

I – feitas por corretores de navios, em sua área de atuação;

II – relativas aos manifestos e documentos que as embarcações estrangeiras tiverem de apresentar para despacho aduaneiro;

III – feitas por agente público com cargo ou emprego de tradutor ou intérprete ou que sejam inerentes às atividades do cargo ou emprego; e

IV – enquadradas nas hipóteses previstas em ato do Poder Executivo federal.

§ 2.º A presunção de que trata o *caput* deste artigo não afasta:

I – a obrigação de o documento na língua original acompanhar a sua respectiva tradução; e

II – a possibilidade de ente público ou qualquer interessado impugnar, nos termos estabelecidos nas normas de processo administrativo ou de processo judicial aplicáveis ao caso concreto, a fidedignidade ou a exatidão da tradução.

Art. 28. O tradutor e intérprete público que realizar tradução incompleta, imprecisa, errada ou fraudulenta estará sujeito, além de eventual responsabilização civil e criminal, às seguintes sanções:

I – advertência;

II – suspensão do registro por até 1 (um) ano; e

III – cassação do registro, vedada nova habilitação em prazo inferior a 15 (quinze) anos.

Parágrafo único. Para a dosimetria da pena, deverão ser consideradas:

I – as punições recebidas pelo tradutor e intérprete público nos últimos 10 (dez) anos;

II – a existência ou não de má-fé; e

III – a gravidade do erro ou a configuração de culpa grave.

Art. 29. O processo administrativo contra o tradutor e intérprete público seguirá o disposto na Lei n. 9.784, de 29 de janeiro de 1999.

Art. 30. O processo administrativo será processado e julgado pela junta comercial do Estado ou do Distrito Federal no qual o tradutor e intérprete público estiver inscrito.

Parágrafo único. Caberá recurso da decisão da junta comercial ao Diretor do Departamento Nacional de Registro Empresarial e Integração da Secretaria de Governo Digital da Secretaria Especial de Desburocratização, Gestão e Governo Digital do Ministério da Economia, que decidirá em última instância.

Art. 31. Os tradutores públicos e intérpretes comerciais que, na data de entrada em vigor desta Lei, já estavam habilitados na forma prevista no regulamento aprovado pelo Decreto n. 13.609, de 21 de outubro de 1943, poderão continuar a exercer as atividades no território nacional, nos termos deste Capítulo.

Art. 32. O tradutor e intérprete público poderá optar por organizar-se na forma de sociedade unipessoal.

Art. 33. O tradutor e intérprete público poderá realizar os seus atos em meio eletrônico, atendido o disposto na Lei n. 14.063, de 23 de setembro de 2020.

Art. 34. O Diretor do Departamento Nacional de Registro Empresarial e Integração da Secretaria de Governo Digital da Secretaria Especial de Desburocratização, Gestão e Governo Digital do Ministério da Economia poderá editar normas complementares para a execução do disposto neste Capítulo.

Capítulo VIII
DA OBTENÇÃO DE ELETRICIDADE

Art. 35. Na execução de obras de extensão de redes aéreas de distribuição de responsabilidade da concessionária ou permissionária de serviço público de distribuição de energia elétrica, a licença ou autorização para realização de obras em vias públicas, quando for exigida e não houver prazo estabelecido pelo poder público local, será emitida pelo órgão público competente no prazo de 5 (cinco) dias úteis, contado da data de apresentação do requerimento.

§ 1.º Na hipótese de não haver decisão do órgão competente após o encerramento do prazo estabelecido no *caput* deste artigo ou na legislação local, a concessionária ou permissionária de serviço público de distribuição de energia elétrica ficará autorizada a realizar a obra em conformidade com as condições estabelecidas no requerimento apresentado, observada a legislação aplicável.

§ 2.º Na hipótese de descumprimento das condições estabelecidas no requerimento ou na legislação aplicável, o órgão público poderá cassar, a qualquer tempo, a licença ou autorização a que se refere o § 1.º deste artigo, assegurado o direito à ampla defesa e ao contraditório à concessionária ou permissionária.

§ 3.º O disposto neste artigo aplica-se exclusivamente às solicitações de conexão, com potência contratada de até 140 kVA (cento e quarenta quilovolts-amperes), desde que não haja a necessidade de realização de obras de ampliação, de reforço ou de melhoria no sistema de distribuição de energia elétrica existente, e que:

I – em área urbana, a distância até a rede de distribuição mais próxima seja de, no máximo, 150 m (cento e cinquenta metros);

II – em área semiurbana e rural, a distância até a rede de distribuição mais próxima seja de, no máximo, 1.000 m (mil metros).

Art. 36. A obtenção da eletricidade deve ser solicitada à concessionária ou permissionária local que presta o serviço público de distribuição de energia elétrica no Município do solicitante e observará as seguintes condições:

I – os procedimentos necessários para a obtenção da eletricidade, desde a solicitação até o início do fornecimento, devem ser realizados em até 45 (quarenta e cinco) dias para as unidades consumidoras em área urbana, enquadradas no Grupo A e que respeitem as condições previstas no inciso I do § 3.º do art. 35 desta Lei; e

•• Vigência: *vide* art. 58, I, desta Lei.

II – os procedimentos necessários para a obtenção de eletricidade para os demais casos não previstos no inciso I deste *caput* devem atender aos prazos e condições regulamentados pela Agência Nacional de Energia Elétrica (Aneel).

Art. 37. Para a obtenção da eletricidade de que trata o inciso I do *caput* do art. 36 desta Lei, o projeto e a execução das instalações elétricas internas do imóvel deverão possuir responsável técnico, que responderá administrativa, civil e criminalmente em caso de danos e de acidentes decorrentes de eventuais erros de projeto ou de execução, dispensada a exigibilidade de:

I – (*Vetado*); e

II – aprovação prévia de projeto pela concessionária ou permissionária local.

Parágrafo único. O responsável técnico deverá fornecer, no pedido de obtenção de eletricidade, seu número de registro válido no conselho profissional competente.

Capítulo IX
DA DESBUROCRATIZAÇÃO EMPRESARIAL E DOS ATOS PROCESSUAIS E DA PRESCRIÇÃO INTERCORRENTE

Arts. 38 a 40. (*Vetados.*)

Art. 41. As empresas individuais de responsabilidade limitada existentes na data da entrada em vigor desta Lei serão transformadas em sociedades limitadas unipessoais independentemente de qualquer alteração em seu ato constitutivo.

Parágrafo único. Ato do Drei disciplinará a transformação referida neste artigo.

Art. 42. (*Vetado.*)

Art. 43. (*Revogado pela Lei n. 14.382, de 27-6-2022.*)

Capítulo X
DA RACIONALIZAÇÃO PROCESSUAL

Art. 44. A Lei n. 13.105, de 16 de março de 2015 (Código de Processo Civil), passa a vigorar com as seguintes alterações:

•• Alterações já processadas no diploma modificado.

Capítulo XI
DA NOTA COMERCIAL

Art. 45. A nota comercial, valor mobiliário de que trata o inciso VI do *caput* do art. 2.º da Lei n. 6.385, de 7 de dezembro de 1976, é título de crédito não conversível em ações, de livre negociação, representativo de promessa de pagamento em dinheiro, emitido exclusivamente sob a forma escritural por meio de instituições autorizadas a prestar o serviço de escrituração pela Comissão de Valores Mobiliários.

Art. 46. Podem emitir a nota comercial as sociedades anônimas, as sociedades limitadas e as sociedades cooperativas.

Parágrafo único. A deliberação sobre emissão de nota comercial é de competência dos órgãos de administração, quando houver, ou do administrador do emissor, observado o que dispuser a respeito o respectivo ato constitutivo.

Art. 47. A nota comercial terá as seguintes características, que deverão constar de seu termo constitutivo:

I – a denominação "Nota Comercial";

II – o nome ou razão social do emitente;

III – o local e a data de emissão;

IV – o número da emissão e a divisão em séries, quando houver;

V – o valor nominal;

VI – o local de pagamento;

VII – a descrição da garantia real ou fidejussória, quando houver;

VIII – a data e as condições de vencimento;

IX – a taxa de juros, fixa ou flutuante, admitida a capitalização;

X – a cláusula de pagamento de amortização e de rendimentos, quando houver;

XI – a cláusula de correção por índice de preço, quando houver; e

XII – os aditamentos e as retificações, quando houver.

§ 1.º As notas comerciais de uma mesma série terão igual valor nominal e conferirão a seus titulares os mesmos direitos.

§ 2.º A alteração das características a que se refere o *caput* deste artigo dependerá de aprovação da maioria simples dos titulares de notas comerciais em circulação, presentes em assembleia, se maior quórum não for estabelecido no termo de emissão.

§ 3.º Aplica-se à convocação e ao funcionamento da assembleia prevista no § 2.º deste artigo, entre outros aspectos, o disposto na Lei n. 6.404, de 15 de dezembro de 1976, sobre assembleia geral de debenturistas.

Art. 48. A nota comercial é título executivo extrajudicial, que pode ser executado independentemente de protesto, com base em certidão emitida pelo escriturador ou pelo depositário central, quando esse título for objeto de depósito centralizado.

Parágrafo único. A nota comercial poderá ser considerada vencida na hipótese de inadimplemento de obrigação constante do respectivo termo de emissão.

Art. 49. A titularidade da nota comercial será atribuída exclusivamente por meio de controle realizado nos sistemas informatizados do escriturador ou no depositário central, quando esse título for objeto de depósito centralizado.

Art. 50. A Comissão de Valores Mobiliários poderá estabelecer requisitos adicionais aos previstos nesta Lei, inclusive a eventual necessidade de contratação de agente fiduciário, relativos à nota comercial que seja:

I – ofertada publicamente; ou

II – admitida à negociação em mercados regulamentados de valores mobiliários.

Art. 51. Nas distribuições privadas, o serviço de escrituração deverá ser efetuado em sistemas que atendam aos seguintes requisitos:

I – comprovação da observância de padrões técnicos adequados, em conformidade com os Princípios para Infraestruturas do Mercado Financeiro do Bank for International Settlements (BIS), inclusive no que diz respeito à segurança, à governança e à continuidade de negócios;

II – garantia de acesso integral às informações mantidas por si ou por terceiros por elas contratados para realizar atividades relacionadas com a escrituração;

III – garantia de acesso amplo a informações claras e objetivas aos participantes do mercado, sempre observadas as restrições legais de acesso a informações; e

IV – observância de requisitos e emprego de mecanismos que assegurem a interoperabilidade com os demais sistemas de escrituração autorizados pela Comissão de Valores Mobiliários.

§ 1.º As instituições autorizadas a prestar o serviço de escrituração não poderão escriturar títulos em que sejam participantes como credoras ou emissoras, direta ou indiretamente.

§ 2.º A oferta privada de nota comercial poderá conter cláusula de conversibilidade em participação societária, exceto em relação às sociedades anônimas.

Capítulo XII
DISPOSIÇÕES GERAIS

....

Art. 53. O art. 44 da Lei n. 4.886, de 9 de dezembro de 1965, passa a vigorar com a seguinte redação:

•• Alteração já processada no diploma modificado.

Art. 54. O parágrafo único do art. 22 da Lei n. 5.764, de 16 de dezembro de 1971, passa a vigorar com a seguinte redação:

•• Alteração já processada no diploma modificado.

Art. 55. O inciso III do *caput* do art. 15 da Lei n. 6.385, de 7 de dezembro de 1976, passa a vigorar com a seguinte redação:

•• Alteração já processada no diploma modificado.

Art. 56. A Lei n. 13.874, de 20 de setembro de 2019, passa a vigorar com as seguintes alterações:

•• Alterações já processadas no diploma modificado.

Capítulo XIII
DISPOSIÇÕES FINAIS

Art. 57. Ficam revogados:

I – o Decreto n. 13.609, de 21 de outubro de 1943;

II – o Decreto n. 20.256, de 20 de dezembro de 1945;

III – a Lei n. 2.145, de 29 de dezembro de 1953;

IV – o art. 1.º da Lei n. 2.410, de 29 de janeiro de 1955;

V – o art. 1.º da Lei n. 2.698, de 27 de dezembro de 1955;

VI – a Lei n. 2.807, de 28 de junho de 1956;

VII – a Lei n. 2.815, de 6 de julho de 1956;

VIII – o art. 1.º da Lei n. 3.053, de 22 de dezembro de 1956;

IX – a Lei n. 3.187, de 28 de junho de 1957;

X – a Lei n. 3.227, de 27 de julho de 1957;

XI – a Lei n. 4.557, de 10 de dezembro de 1964;

XII – os arts. 14 e 15 da Lei n. 5.025, de 10 de junho de 1966;

XIII – o art. 15 do Decreto-Lei n. 491, de 5 de março de 1969;

XIV – o art. 2.º do Decreto-Lei n. 666, de 2 de julho de 1969;

XV – a parte do art. 1.º do Decreto-Lei n. 687, de 18 de julho de 1969, que altera o art. 2.º do Decreto-Lei n. 666, de 2 de julho de 1969;

XVI – (*Vetado*);

XVII – o art. 2.º da Lei n. 6.137, de 7 de novembro de 1974;

XVIII – o Decreto-Lei n. 1.416, de 25 de agosto de 1975;

XIX – o Decreto-Lei n. 1.427, de 2 de dezembro de 1975;

XX – o § 2.º do art. 110 da Lei n. 6.404, de 15 de dezembro de 1976;

XXI – o Decreto n. 84.248, de 28 de novembro de 1979;

XXII – a Lei n. 7.409, de 25 de novembro de 1985;

XXIII – a Lei n. 7.690, de 15 de dezembro de 1988;

XXIV – o art. 5.º da Lei n. 8.387, de 30 de dezembro de 1991;

XXV – os seguintes dispositivos da Lei n. 8.934, de 18 de novembro de 1994:

a) (*Vetado*);

b) inciso IV do *caput* do art. 35;

c) art. 58; e

d) art. 60;

XXVI – o parágrafo único do art. 40 e o art. 229-C da Lei n. 9.279, de 14 de maio de 1996;

XXVII – os seguintes dispositivos da Lei n. 9.430, de 27 de dezembro de 1996:

a) §§ 1.º, 2.º, 3.º e 4.º do art. 80;

b) arts. 80-A, 80-B e 80-C; e

c) §§ 1.º e 5.º do art. 81;

XXVIII – o parágrafo único do art. 18 da Lei n. 9.472, de 16 de julho de 1997;

XXIX – os seguintes dispositivos da Lei n. 10.406, de 10 de janeiro de 2002 (Código Civil):

a) (*Vetado*);

b) (*Vetado*);

c) parágrafo único do art. 1.015;

d) inciso IV do *caput* e o parágrafo único do art. 1.033; e

e) (*Vetado*);

XXX – os seguintes dispositivos da Lei n. 11.598, de 3 de dezembro de 2007:

a) §§ 1.º, 2.º, 3.º e 4.º do art. 4.º;

b) art. 6.º; e

c) inciso III do *caput* do art. 11;

XXXI – os seguintes dispositivos da Lei n. 12.546, de 14 de dezembro de 2011:

a) incisos II e III do § 1.º e §§ 2.º, 3.º, 4.º, 5.º e 6º do art. 25;

b) §§ 1.º, 2.º, 3.º e 4.º do art. 26; e

c) art. 37;

XXXII – os incisos I, II, III, IV e V do *caput* do art. 246 da Lei n. 13.105, de 16 de março de 2015 (Código de Processo Civil).

Art. 58. Esta Lei entra em vigor na data de sua publicação e produzirá efeitos:

I – em 3 (três) anos, contados da data de sua publicação, quanto ao inciso I do *caput* do art. 36, podendo a Aneel determinar a antecipação da produção de efeitos em cada área de concessão ou permissão;

II – em 360 (trezentos e sessenta) dias, contados da data de sua publicação, quanto à parte do art. 5.º que altera o § 3.º do art. 138 da Lei n. 6.404, de 15 de dezembro de 1976;

III – em 180 (cento e oitenta) dias, contados da data de sua publicação, quanto ao § 3.º do art. 8.º;

IV – no primeiro dia útil do primeiro mês subsequente ao da data de sua publicação, quanto aos arts. 8.º, 9.º, 10, 11 e 12 e aos incisos III a XV, XVIII, XXIII e XXXI do *caput* do art. 57; e

V – na data de sua publicação, quanto aos demais dispositivos.

Brasília, 26 de agosto de 2021; 200.º da Independência e 133.º da República.

Jair Messias Bolsonaro

LEI N. 14.216, DE 7 DE OUTUBRO DE 2021 (*)

Estabelece medidas excepcionais em razão da Emergência em Saúde Pública de Importância Nacional (Espin) decorrente da infecção humana pelo coronavírus SARS-CoV-2, para suspender o cumprimento de medida judicial, extrajudicial ou administrativa que resulte em desocupação ou remoção forçada coletiva em imóvel privado ou público, exclusivamente urbano, e a concessão de liminar em ação de despejo de que trata a Lei n. 8.245, de 18 de outubro de 1991, e para estimular a celebração de acordos nas relações locatícias.

O Presidente da República

Faço saber que o Congresso Nacional decreta e eu promulgo, nos termos do parágrafo 5.º do art. 66 da Constituição Federal, a seguinte Lei:

Art. 1.º Esta Lei estabelece medidas excepcionais em razão da Emergência em Saúde Pública de Importância Nacional (Espin) decorrente da infecção humana pelo coronavírus SARS-CoV-2, para suspender até 31 de dezembro de 2021 o cumprimento de medida judicial, extrajudicial ou administrativa que resulte em desocupação ou remoção forçada coletiva em imóvel privado ou público, exclusivamente urbano, e a concessão de liminar em ação de despejo de que trata a Lei n. 8.245, de 18 de outubro de 1991, para dispensar o locatário do pagamento de multa em caso de denúncia de locação de imóvel e para autorizar a realização de aditivo em contrato de locação por meio de correspondências eletrônicas ou de aplicativos de mensagens.

Art. 2.º Ficam suspensos até 31 de dezembro de 2021 os efeitos de atos ou decisões judiciais, extrajudiciais ou administrativos, editados ou proferidos desde a vigência do estado de calamidade pública reconhecido pelo Decreto Legislativo n. 6, de 20 de março de 2020, até 1 (um) ano após o seu término, que imponham a desocupação ou a remoção forçada coletiva de imóvel privado ou público, exclusivamente urbano, que sirva de moradia ou que represente área produtiva pelo trabalho individual ou familiar.

§ 1.º Para fins do disposto neste artigo, aplica-se a suspensão nos seguintes casos, entre outros:

I – execução de decisão liminar e de sentença em ações de natureza possessória e petitória, inclusive mandado pendente de cumprimento;

II – despejo coletivo promovido pelo Poder Judiciário;

III – desocupação ou remoção promovida pelo poder público;

IV – medida extrajudicial;

V – despejo administrativo em locação e arrendamento em assentamentos;

VI – autotutela da posse.

§ 2.º As medidas decorrentes de atos ou decisões proferidos em data anterior à vigência do estado de calamidade pública reconhecido pelo Decreto Legislativo n. 6, de 20 de março de 2020, não serão efetivadas até 1 (um) ano após o seu término.

§ 3.º Durante o período mencionado no *caput* deste artigo, não serão adotadas medidas preparatórias ou negociações com o fim de efetivar eventual remoção, e a autoridade administrativa ou judicial deverá manter sobrestados os processos em curso.

§ 4.º Superado o prazo de suspensão a que se refere o *caput* deste artigo, o Poder Judiciário deverá realizar audiência de mediação entre as partes, com a participação do Ministério Público e da Defensoria Pública, nos processos de despejo, de remoção forçada e de reintegração de posse coletivos que estejam em tramitação e realizar inspeção judicial nas áreas em litígio.

Art. 3.º Considera-se desocupação ou remoção forçada coletiva a retirada definitiva ou temporária de indivíduos ou de famílias, promovida de forma coletiva e contra a sua vontade, de casas ou terras que ocupam, sem que estejam disponíveis ou acessíveis as formas adequadas de proteção de seus direitos, notadamente:

I – garantia de habitação, sem nova ameaça de remoção, viabilizando o cumprimento do isolamento social;

II – manutenção do acesso a serviços básicos de comunicação, de energia elétrica, de água potável, de saneamento e de coleta de lixo;

III – proteção contra intempéries climáticas ou contra outras ameaças à saúde e à vida;

IV – acesso aos meios habituais de subsistência, inclusive acesso a terra, a seus frutos, a infraestrutura, a fontes de renda e a trabalho;

V – privacidade, segurança e proteção contra a violência à pessoa e contra o dano ao seu patrimônio.

Art. 4.º Em virtude da Espin decorrente da infecção humana pelo coronavírus SARS-CoV-2, não se concederá liminar para desocupação de imóvel urbano nas ações de despejo a que se referem os incisos I, II, V, VII, VIII e IX do § 1.º do art. 59 da Lei n. 8.245, de 18 de outubro de 1991, até 31 de dezembro de 2021, desde que o locatário demonstre a ocorrência de alteração da situação econômico-financeira decorrente de medida de enfrentamento da pandemia que resulte em incapacidade de pagamento do aluguel e dos demais encargos sem prejuízo da subsistência familiar.

Parágrafo único. O disposto no *caput* deste artigo somente se aplica aos contratos cujo valor mensal do aluguel não seja superior a:

I – R$ 600,00 (seiscentos reais), em caso de locação de imóvel residencial;

II – R$ 1.200,00 (mil e duzentos reais), em caso de locação de imóvel não residencial.

Art. 5.º Frustrada tentativa de acordo entre locador e locatário para desconto, suspensão ou adiamento, total ou parcial, do pagamento de aluguel devido desde a vigência do estado de calamidade pública reconhecido pelo Decreto Legislativo n. 6, de 20 de março de 2020, até 1 (um) ano após o seu término, relativo a contrato findado em razão de alteração econômico-financeira decorrente de demissão, de redução de carga horária ou de diminuição de remuneração que resulte em incapacidade de pagamento do aluguel e dos demais encargos sem prejuízo da subsistência familiar, será admitida a denúncia da locação pelo locatário residencial até 31 de dezembro de 2021:

I – nos contratos por prazo determinado, independentemente do cumprimento da multa convencionada para o caso de denúncia antecipada do vínculo locatício;

II – nos contratos por prazo indeterminado, independentemente do cumprimento do aviso prévio de desocupação, dispensado o pagamento da multa indenizatória.

§ 1.º A denúncia da locação na forma prevista nos incisos I e II do *caput* deste artigo aplica-se à locação de imóvel não residencial urbano no qual se desenvolva atividade que tenha sofrido a interrupção contínua em razão da imposição de medidas de isolamento ou de quarentena, por prazo igual ou superior a 30 (trinta) dias, se frustrada tentativa de acordo entre locador e locatário para desconto, suspensão ou adiamento, total ou parcial, do pagamento de aluguel devido desde a vigência do estado de calamidade pública reconhecido pelo Decreto Legislativo n. 6, de 20 de março de 2020, até 1 (um) ano após o seu término.

§ 2.º Não se aplica o disposto no *caput* deste artigo quando o imóvel objeto da locação for o único de propriedade do locador, excluído o utilizado para sua residência, desde que os aluguéis consistam na totalidade de sua renda.

Art. 6.º As tentativas de acordo para desconto, suspensão ou adiamento de pagamento de aluguel, ou que estabeleçam condições para garantir o reequilíbrio contratual dos contratos de locação de imóveis durante a Espin decorrente da infecção humana pelo coronavírus SARS-CoV-2, poderão ser realizadas por meio de correspondências eletrônicas ou de aplicativos de mensagens, e o conteúdo deles extraído terá valor de aditivo contratual, com efeito de

(*) Publicada no *Diário Oficial da União*, de 8-10-2021.

título executivo extrajudicial, bem como provará a não celebração do acordo para fins do disposto no art. 5.º desta Lei.

Art. 7.º As medidas de que tratam os arts. 2.º e 3.º desta Lei:

I – não se aplicam a ocupações ocorridas após 31 de março de 2021;

II – não alcançam as desocupações já perfectibilizadas na data da publicação desta Lei.

Art. 8.º Esta Lei entra em vigor na data de sua publicação.

Brasília, 7 de outubro de 2021; 200.º da Independência e 133.º da República.

JAIR MESSIAS BOLSONARO

LEI N. 14.230, DE 25 DE OUTUBRO DE 2021 (*)

Altera a Lei n. 8.429, de 2 de junho de 1992, que dispõe sobre improbidade administrativa.

O Presidente da República

Faço saber que o Congresso Nacional decreta e eu sanciono a seguinte Lei:

Art. 1.º A ementa da Lei n. 8.429, de 2 de junho de 1992, passa a vigorar com a seguinte redação:

•• Alteração já processada no diploma modificado.

Art. 2.º A Lei n. 8.429, de 2 de junho de 1992, passa a vigorar com as seguintes alterações:

•• Alterações já processadas no diploma modificado.

Art. 3.º No prazo de 1 (um) ano a partir da data de publicação desta Lei, o Ministério Público competente manifestará interesse no prosseguimento das ações por improbidade administrativa em curso ajuizadas pela Fazenda Pública, inclusive em grau de recurso.

§ 1.º No prazo previsto no *caput* deste artigo suspende-se o processo, observado o disposto no art. 314 da Lei n. 13.105, de 16 de março de 2015 (Código de Processo Civil).

§ 2.º Não adotada a providência descrita no *caput* deste artigo, o processo será extinto sem resolução do mérito.

Art. 4.º Ficam revogados os seguintes dispositivos e seção da Lei n. 8.429, de 2 de junho de 1992:

I – parágrafo único do art. 1.º;

II – arts. 4.º, 5.º e 6.º;

III – Seção II-A do Capítulo II;

IV – parágrafo único do art. 7.º;

V – inciso XXI do *caput* do art. 10;

VI – incisos I, II, IX e X do *caput* do art. 11;

VII – inciso IV do *caput* e parágrafo único do art. 12;

VIII – §§ 1.º e 4.º do art. 13;

IX – § 1.º do art. 16;

X – §§ 1.º, 2.º, 3.º, 4.º, 8.º, 9.º, 10, 12 e 13 do art. 17;

XI – incisos I, II e III do *caput* do art. 23.

Art. 5.º Esta Lei entra em vigor na data de sua publicação.

Brasília, 25 de outubro de 2021; 200.º da Independência e 133.º da República.

JAIR MESSIAS BOLSONARO

(*) Publicada no *Diário Oficial da União*, de 26-10-2021.

RESOLUÇÃO N. 4.977, DE 16 DE DEZEMBRO DE 2021 (**)

Disciplina as operações de arrendamento mercantil com o tratamento tributário previsto na Lei n. 6.099, de 12 de setembro de 1974.

O Banco Central do Brasil, na forma do art. 9.º da Lei n. 4.595, de 31 de dezembro de 1964, torna público que o Conselho Monetário Nacional, em sessão realizada em 16 de dezembro de 2021, com base na Lei n. 6.099, de 12 de setembro de 1974, e no art. 42 da Lei n. 10.150, de 21 de dezembro de 2000, resolveu:

Capítulo I
DO OBJETO E DO ÂMBITO DE APLICAÇÃO

Art. 1.º Esta Resolução disciplina as operações de arrendamento mercantil com o tratamento tributário previsto na Lei n. 6.099, de 12 de setembro de 1974.

§ 1.º As operações de que trata esta Resolução são privativas das sociedades de arrendamento mercantil, dos bancos múltiplos com carteira de arrendamento mercantil e, no caso das operações de que trata o art. 11, também dos bancos múltiplos com carteira de investimento, de desenvolvimento ou de crédito imobiliário, dos bancos de investimento, dos bancos de desenvolvimento, das caixas econômicas e das sociedades de crédito imobiliário.

§ 2.º Para realização das operações de que trata o *caput*, os bancos múltiplos com carteira de arrendamento mercantil devem manter:

I – diretor responsável pela área de arrendamento mercantil e informar seu nome ao Banco Central do Brasil; e

II – departamento técnico especializado em arrendamento mercantil, devidamente estruturado e supervisionado diretamente pelo diretor mencionado no inciso I.

Capítulo II
DAS MODALIDADES DE ARRENDAMENTO MERCANTIL

Art. 2.º As operações de arrendamento mercantil de que trata esta Resolução são classificadas em arrendamento mercantil operacional e arrendamento mercantil financeiro.

Art. 3.º A classificação da operação de arrendamento mercantil em operacional ou financeiro deve ser realizada na data da contratação e revista:

I – no momento do exercício da opção de renovação que, no início do contrato, não seja considerada razoavelmente certa; e

II – no caso de alteração contratual.

Capítulo III
DAS DEFINIÇÕES

Art. 4.º Para fins do disposto nesta Resolução, considera-se:

I – arrendamento mercantil operacional: a modalidade de arrendamento em que:

a) as contraprestações a serem pagas pela arrendatária contemplam o custo de arrendamento do bem e os serviços inerentes à sua colocação à disposição da arrendatária, não podendo o valor presente dos pagamentos ultrapassar 90% (noventa por cento) do custo do bem arrendado;

b) o prazo efetivo do arrendamento mercantil seja inferior a 75% (setenta e cinco por cento) do prazo de vida útil econômica do bem arrendado;

c) o preço para o exercício da opção de compra seja o valor de mercado do bem arrendado;

d) o contrato não preveja pagamento de valor residual garantido;

e) o bem arrendado seja suficientemente genérico, de modo a possibilitar seu arrendamento subsequente a outra arrendatária sem modificações significativas; e

f) as perdas decorrentes do cancelamento do contrato após o período de cancelamento improvável não sejam suportadas substancialmente pela arrendatária;

II – arrendamento mercantil financeiro: a modalidade de arrendamento que não for classificada como arrendamento mercantil operacional;

III – período de cancelamento improvável: o período mínimo do contrato durante o qual a arrendatária possui a opção de rescindir o arrendamento mercantil somente:

a) nas hipóteses previstas na legislação;

b) com a permissão da arrendadora; ou

c) mediante o pagamento, pela arrendatária, de uma quantia adicional tal que a continuação do arrendamento mercantil seja considerada, desde o início, razoavelmente certa;

IV – prazo efetivo do arrendamento mercantil: o período de cancelamento improvável, juntamente com:

a) períodos cobertos por opção da arrendatária de estender o prazo do arrendamento, se o exercício dessa opção for considerado razoavelmente certo, no início do arrendamento mercantil; e

b) períodos cobertos por opção da arrendatária de rescindir o arrendamento, se o não exercício dessa opção for considerado razoavelmente certo, no início do arrendamento mercantil; e

V – vida útil econômica: o período remanescente a partir do começo do prazo do arrendamento mercantil, durante o qual se

(**) Publicada no *DOU*, de 20-12-2021.

Legislação Complementar

espera que o bem arrendado seja economicamente utilizável, independentemente dos prazos definidos para fins tributários e da data de encerramento do contrato.

§ 1.º Para fins da definição de arrendamento mercantil operacional, de que trata o inciso I do *caput,* a manutenção, a assistência técnica e os serviços correlatos à operacionalidade do bem arrendado podem ser de responsabilidade da arrendadora ou da arrendatária.

§ 2.º Para os efeitos do disposto na alínea "a" do inciso I do *caput,* no cálculo do valor presente dos pagamentos:

I – deve ser considerado também o valor presente das contraprestações relativas ao período adicional decorrente do exercício da opção de renovação ou de qualquer forma de extensão contratual considerada razoavelmente certa no início do contrato; e

II – deve ser utilizada a taxa equivalente aos encargos financeiros constantes do contrato.

§ 3.º Nas situações mencionadas nos incisos I e II do *caput* do art. 3.º, deve ser considerado, para os efeitos do disposto nas alíneas "a" e "b" do inciso I do *caput:*

I – o custo do bem na data do exercício da opção de renovação ou da alteração contratual; e

II – o prazo efetivo remanescente do arrendamento mercantil, o valor presente das contraprestações remanescentes e a vida útil econômica do bem, todos a partir da data do exercício da opção de renovação ou da alteração contratual.

§ 4.º Para avaliar se os exercícios das opções de estender o prazo e de rescindir o arrendamento são ou não razoavelmente certos, devem ser considerados todos os fatos e circunstâncias relevantes que criam incentivo econômico para a decisão da arrendatária, inclusive:

I – a comparação do valor contratado das contraprestações com o valor de mercado estimado no período coberto pela opção;

II – as benfeitorias no bem arrendado com benefícios econômicos esperados significativos no período coberto pela opção;

III – os custos ou dificuldades operacionais decorrentes da não continuação da operação; e

IV – a importância do bem arrendado para as operações da arrendatária, seu grau de especialização, sua localização e a disponibilidade de alternativas adequadas.

Art. 5.º Para fins do disposto na Lei n. 6.099, de 1974, e nesta Resolução, considera-se:

I – coligada: a entidade sobre a qual a instituição tenha influência significativa, conforme definido na regulamentação específica sobre mensuração e reconhecimento contábeis de investimentos em coligadas, controladas e controladas em conjunto mantidos por instituições financeiras e demais instituições autorizadas a funcionar pelo Banco Central do Brasil; e

II – interdependente: a pessoa, natural ou jurídica, que é parte relacionada da instituição, conforme definido na regulamentação específica que dispõe sobre as condições e os limites para a realização de operações de crédito com partes relacionadas por instituições financeiras e por sociedades de arrendamento mercantil, para fins do disposto no art. 34 da Lei n. 4.595, de 31 de dezembro de 1964.

Capítulo IV

DOS CONTRATOS DE ARRENDAMENTO

Art. 6.º Os contratos de arrendamento mercantil devem ser formalizados por instrumento público ou particular, devendo conter, no mínimo, as seguintes especificações:

I – a descrição dos bens que constituem o objeto do contrato, com todas as características que permitam sua perfeita identificação;

II – o prazo de arrendamento;

III – o valor das contraprestações ou a fórmula de cálculo das contraprestações, bem como o critério para seu reajuste;

IV – a forma de pagamento das contraprestações por períodos determinados, não superiores a 1 (um) semestre, salvo no caso de operações que beneficiem atividades rurais, quando o pagamento pode ser fixado por períodos não superiores a 1 (um) ano;

V – as condições para o exercício por parte da arrendatária do direito de optar pela renovação do contrato, pela devolução dos bens ou pela aquisição dos bens arrendados;

VI – a concessão à arrendatária de opção de compra dos bens arrendados, devendo ser estabelecido o preço para seu exercício ou critério utilizável na sua fixação;

VII – a taxa equivalente aos encargos financeiros da operação;

VIII – as despesas e os encargos adicionais, inclusive despesas de assistência técnica, manutenção e serviços inerentes à operacionalidade dos bens arrendados;

IX – as condições para eventual substituição dos bens arrendados, inclusive na ocorrência de sinistro, por outros da mesma natureza, que melhor atendam às conveniências da arrendatária, devendo a substituição ser formalizada por intermédio de aditivo contratual;

X – as demais responsabilidades que vierem a ser convencionadas, em decorrência de:

a) uso indevido ou impróprio dos bens arrendados;

b) seguro previsto para cobertura de risco dos bens arrendados;

c) danos causados a terceiros pelo uso dos bens; e

d) ônus advindos de vícios dos bens arrendados;

XI – a faculdade de a arrendadora vistoriar os bens objeto de arrendamento e de exigir da arrendatária a adoção de providências indispensáveis à preservação da integridade dos referidos bens;

XII – as obrigações da arrendatária, nas hipóteses de:

a) inadimplemento; e

b) destruição, perecimento ou desaparecimento dos bens arrendados; e

XIII – a faculdade de a arrendatária transferir a terceiros no País, desde que haja anuência expressa da arrendadora, os direitos e obrigações decorrentes do contrato, com ou sem responsabilidade solidária.

§ 1.º Para a definição da taxa equivalente mencionada no inciso VII do *caput,* deve-se considerar a taxa que equaliza o valor do bem arrendado, na data da contratação, ao valor presente de todos os recebimentos e pagamentos previstos ao longo do prazo contratual, incluindo, na ausência de valor residual garantido, o valor presente provável de realização do bem arrendado no final do contrato, deduzidos os custos de venda do bem.

§ 2.º Com relação às despesas e encargos adicionais mencionados no inciso VIII do *caput,* no caso do arrendamento mercantil financeiro, admite-se:

I – a previsão de a arrendatária pagar valor residual garantido em qualquer momento durante a vigência do contrato, não caracterizando o pagamento do valor residual garantido o exercício da opção de compra; e

II – o reajuste do preço estabelecido para a opção de compra e o valor residual garantido.

Art. 7.º Os contratos devem observar os seguintes prazos mínimos de arrendamento:

I – para o arrendamento mercantil financeiro:

a) 2 (dois) anos, compreendidos entre a data de entrega dos bens à arrendatária, consubstanciada em termo de aceitação e recebimento dos bens, e a data de vencimento da última contraprestação, quando se tratar de arrendamento de bens com vida útil igual ou inferior a 5 (cinco) anos; e

b) 3 (três) anos, compreendidos entre a data de entrega dos bens à arrendatária, consubstanciada em termo de aceitação e recebimento dos bens, e a data de vencimento da última contraprestação, quando se tratar de arrendamento de bens com vida útil superior a 5 (cinco) anos; e

II – para o arrendamento mercantil operacional, 90 (noventa) dias.

Parágrafo único. Caso a opção de compra seja exercida antes de decorrido o respectivo prazo mínimo estabelecido no *caput,* a operação será considerada como de compra e venda a prazo.

Art. 8.º É facultada a pactuação de cláusula de variação cambial nos contratos de arrendamento mercantil de bens cuja aquisição tenha sido efetuada com recursos provenientes de empréstimos contraídos direta ou indiretamente no exterior.

Capítulo V

DAS OPERAÇÕES DE ARRENDAMENTO

Art. 9.º Podem ser objeto de arrendamento bens adquiridos pela arrendadora, segundo especificações da arrendatária e para uso próprio desta.

Art. 10. Admite-se a contratação de operações com arrendatárias domiciliadas ou com sede no exterior somente no caso de arrendamento de bens produzidos no País.

Art. 11. As operações de arrendamento mercantil em que a arrendatária é o próprio vendedor do bem ou pessoa a ele coligada ou interdependente (sale-and-lease-back) somente podem ser contratadas:

I – na modalidade de arrendamento mercantil financeiro, nas condições fixadas nesta Resolução; e

II – com pessoas jurídicas na condição de arrendatárias.

Art. 12. Os bancos múltiplos com carteira de investimento ou de desenvolvimento, os bancos de investimento e os bancos de desenvolvimento podem utilizar recursos oriundos de empréstimos externos em operações de arrendamento mercantil de que trata o art. 11.

§ 1.º A parcela dos recursos externos que for amortizada pelo pagamento das contraprestações pode ser utilizada em novas operações de arrendamento mercantil, em repasses a clientes ou em aplicações autorizadas para os recursos externos destinados a repasses.

§ 2.º Respeitados os prazos mínimos previstos no inciso I do *caput* do art. 7.º, as operações mencionadas neste artigo somente podem ser realizadas por prazos iguais ou inferiores ao da amortização final do empréstimo contratado no exterior, cujos recursos devem permanecer no País consoante as condições de prazo de pagamento no exterior que forem admitidas pelo Banco Central do Brasil na época da autorização de seu ingresso.

Art. 13. É permitido à arrendadora, nas hipóteses de devolução ou recuperação dos bens arrendados:

I – manter os bens em seu ativo, pelo prazo máximo de 2 (dois) anos; e

II – alienar ou arrendar a terceiros os referidos bens.

Parágrafo único. O disposto neste artigo aplica-se também aos bens recebidos em dação em pagamento.

Capítulo VI

DO ARRENDAMENTO IMOBILIÁRIO ESPECIAL COM OPÇÃO DE COMPRA

Art. 14. É facultada aos bancos múltiplos com carteiras comercial e de crédito imobiliário e à Caixa Econômica Federal a realização das operações de Arrendamento Imobiliário Especial com Opção de Compra, nos termos da Lei n. 10.150, de 21 de dezembro de 2000.

Capítulo VII

DO SUBARRENDAMENTO

Art. 15. As sociedades de arrendamento mercantil e os bancos múltiplos com carteira de arrendamento mercantil podem realizar operações de arrendamento com arrendadoras domiciliadas no exterior, com vistas unicamente ao posterior subarrendamento dos bens a pessoas jurídicas no País.

§ 1.º As operações de arrendamento previstas no *caput* estão sujeitas a registro no Banco Central do Brasil.

§ 2.º São vedadas as operações de subarrendamento quando a arrendadora domiciliada no exterior for coligada ou interdependente da subarrendatária domiciliada no País.

Art. 16. É facultada às sociedades de arrendamento mercantil e aos bancos múltiplos com carteira de arrendamento mercantil a aquisição, no mercado interno, de direitos e obrigações decorrentes de contratos de arrendamento celebrados com arrendadoras no exterior, com a finalidade exclusiva de posterior subarrendamento dos bens, nos termos do art. 15.

Art. 17. As sociedades de arrendamento mercantil e os bancos múltiplos com carteira de arrendamento mercantil devem repassar às subarrendatárias domiciliadas no País, em contratos de arrendamento mercantil financeiro, realizados nos termos desta Resolução, todos os custos, taxas, impostos, comissões, outras despesas relativas à obtenção do bem arrendado e demais condições pactuadas no contrato firmado com a arrendadora domiciliada no exterior, acrescidos de sua remuneração, inclusive aquelas referentes à eventual aquisição dos direitos e obrigações de contratos, podendo tais despesas e encargos ser incorporados ao custo do bem arrendado.

Capítulo VIII

DAS OPERAÇÕES DE CESSÃO E AQUISIÇÃO DE CONTRATOS DE ARRENDAMENTO MERCANTIL

Art. 18. As operações de cessão e aquisição de contratos de arrendamento mercantil no mercado interno são restritas às instituições mencionadas no § 1.º do art. 1.º.

Parágrafo único. Ficam facultadas a cessão e a aquisição dos contratos de que trata o art. 11 entre as instituições autorizadas a praticar a modalidade de operação mencionada no referido dispositivo.

Art. 19. A cessão de contratos de arrendamento mercantil, bem como dos direitos creditórios deles decorrentes, a entidades domiciliadas no exterior, depende de prévia autorização do Banco Central do Brasil.

Art. 20. A aquisição de contratos de arrendamento mercantil cujos bens arrendados tenham sido adquiridos com recursos de empréstimos externos ou que contenham cláusula de variação cambial, bem como dos direitos creditórios deles decorrentes, somente pode ser realizada com a utilização de recursos de empréstimos obtidos no exterior.

Capítulo IX

DAS VEDAÇÕES

Art. 21. É vedada a contratação de operações de arrendamento mercantil, pelas instituições mencionadas no § 1.º do art. 1.º, com:

I – as suas coligadas ou interdependentes; e

II – o próprio fabricante do bem arrendado.

Capítulo X

DISPOSIÇÕES FINAIS

Art. 22. Fica o Banco Central do Brasil autorizado a baixar as normas e a adotar as medidas necessárias à execução do disposto nesta Resolução, inclusive fixando critérios de distribuição de contraprestações de arrendamento durante o prazo contratual, tendo em vista o adequado atendimento dos prazos mínimos fixados no art. 7.º.

Art. 23. As operações que se realizarem em desacordo com as disposições desta Resolução não se caracterizam como de arrendamento mercantil com o tratamento tributário previsto na Lei n. 6.099, de 1974.

Art. 24. Ficam revogados:

I – a Resolução n. 2.309, de 28 de agosto de 1996;

II – a Resolução n. 2.465, de 19 de fevereiro de 1998;

III – a Resolução n. 2.523, de 30 de julho de 1998;

IV – a Resolução n. 2.595, de 25 de fevereiro de 1999;

V – a Resolução n. 2.659, de 28 de outubro de 1999;

VI – a Resolução n. 2.789, de 30 de novembro de 2000;

VII – a Resolução n. 3.175, de 20 de fevereiro de 2004; e

VIII – a Resolução n. 4.696, de 27 de novembro de 2018.

Art. 25. Esta Resolução entra em vigor em 1.º de janeiro de 2022.

Roberto de Oliveira Campos Neto

LEI N. 14.286, DE 29 DE DEZEMBRO DE 2021 (*)

Dispõe sobre o mercado de câmbio brasileiro, o capital brasileiro no exterior, o capital estrangeiro no País e a prestação de informações ao Banco Central do Brasil; altera as Leis n. 4.131, de 3 de setembro de 1962, 4.728, de 14 de julho de 1965, 8.383, de 30 de dezembro de 1991, 10.192, de 14 de fevereiro de 2001, e 11.371, de 28 de novembro de 2006, e o Decreto n. 23.258, de 19 de outubro de 1933; e revoga as Leis n. 156,

(*) Publicada no *Diário Oficial da União*, de 30-12-2021.

de 27 de novembro de 1947, 1.383, de 13 de junho de 1951, 1.807, de 7 de janeiro de 1953, 2.145, de 29 de dezembro de 1953, 2.698, de 27 de dezembro de 1955, 4.390, de 29 de agosto de 1964, 5.331, de 11 de outubro de 1967, 9.813, de 23 de agosto de 1999, e 13.017, de 21 de julho de 2014, os Decretos-leis n. 1.201, de 8 de abril de 1939, 9.025, de 27 de fevereiro de 1946, 9.602, de 16 de agosto de 1946, 9.863, de 13 de setembro de 1946, e 857, de 11 de setembro de 1969, a Medida Provisória n. 2.224, de 4 de setembro de 2001, e dispositivos das Leis n. 4.182, de 13 de novembro de 1920, 3.244, de 14 de agosto de 1957, 4.595, de 31 de dezembro de 1964, 5.409, de 9 de abril de 1968, 6.099, de 12 de setembro de 1974, 7.738, de 9 de março de 1989, 8.021, de 12 de abril de 1990, 8.880, de 27 de maio de 1994, 9.069, de 29 de junho de 1995, 9.529, de 10 de dezembro de 1997, 11.803, de 5 de novembro de 2008, 12.865, de 9 de outubro de 2013, 13.292, de 31 de maio de 2016, e 13.506, de 13 de novembro de 2017, e dos Decretos-leis n. 2.440, de 23 de julho de 1940, 1.060, de 21 de outubro de 1969, 1.986, de 28 de dezembro de 1982, e 2.285, de 23 de julho de 1986.

O Presidente da República

Faço saber que o Congresso Nacional decreta e eu sanciono a seguinte Lei:

Capítulo I
DISPOSIÇÕES PRELIMINARES

Art. 1.º Esta Lei dispõe sobre o mercado de câmbio brasileiro, o capital brasileiro no exterior, o capital estrangeiro no País e a prestação de informações ao Banco Central do Brasil, para fins de compilação de estatísticas macroeconômicas oficiais.

•• A Resolução n. 280, de 31-12-2022, do Banco Central do Brasil, regulamenta este artigo, em relação à definição de residente e de não residente a ser aplicada para pessoas físicas e jurídicas.

Parágrafo único. Para fins do disposto nesta Lei, observado o regulamento a ser editado pelo Banco Central do Brasil, considera-se:

I – residente: a pessoa física ou jurídica residente, domiciliada ou com sede no Brasil;

II – não residente: a pessoa física ou jurídica residente, domiciliada ou com sede no exterior.

Capítulo II
DO MERCADO DE CÂMBIO

Art. 2.º As operações no mercado de câmbio podem ser realizadas livremente, sem limitação de valor, observados a legislação, as diretrizes estabelecidas pelo Conselho Monetário Nacional e o regulamento a ser editado pelo Banco Central do Brasil.

Parágrafo único. A taxa de câmbio é livremente pactuada entre as instituições autorizadas a operar no mercado de câmbio e entre as referidas instituições e seus clientes.

Art. 3.º As operações no mercado de câmbio podem ser realizadas somente por meio de instituições autorizadas a operar nesse mercado pelo Banco Central do Brasil, na forma do regulamento a ser editado por essa autarquia.

Art. 4.º A instituição autorizada a operar no mercado de câmbio é responsável:

I – pela identificação e pela qualificação de seus clientes;

II – por assegurar o processamento lícito de operações no mercado de câmbio.

§ 1.º A instituição de que trata o *caput* deste artigo adotará medidas e controles destinados a prevenir a realização de operações no mercado de câmbio para a prática de atos ilícitos, incluídos a lavagem de dinheiro e o financiamento do terrorismo, nos termos da Lei n. 9.613, de 3 de março de 1998, observado o regulamento a ser editado pelo Banco Central do Brasil.

§ 2.º É de responsabilidade do cliente a classificação da finalidade da operação no mercado de câmbio, na forma prevista no regulamento a ser editado pelo Banco Central do Brasil.

§ 3.º As instituições autorizadas a operar no mercado de câmbio prestarão orientação e suporte técnico, inclusive por meio virtual, para os clientes que necessitarem de apoio para a correta classificação de finalidade da operação no mercado de câmbio, de que trata o § 2.º deste artigo.

Art. 5.º Compete ao Banco Central do Brasil:

I – regulamentar o mercado de câmbio e suas operações, incluídas as operações de *swaps*, e dispor sobre os tipos e as características de produtos, as formas, os limites, as taxas, os prazos e outras condições;

II – disciplinar a constituição, o funcionamento e a supervisão de instituições autorizadas a operar no mercado de câmbio, inclusive quando envolverem participação de não residente;

III – autorizar a constituição, o funcionamento, a transferência de controle, a fusão, a cisão e a incorporação de instituições autorizadas a operar no mercado de câmbio, inclusive quando envolverem participação de não residente;

IV – autorizar instituições em funcionamento a operar no mercado de câmbio, inclusive quando envolverem participação de não residente;

V – cancelar, de ofício ou a pedido, nos termos do regulamento a ser editado pelo Banco Central do Brasil, as autorizações de que tratam os incisos III e IV deste *caput;*

VI – autorizar, nos termos do regulamento a ser editado pelo Banco Central do Brasil, a posse e o exercício nos órgãos de administração ou nos órgãos previstos no estatuto ou no contrato social de instituições autorizadas a operar no mercado de câmbio;

VII – supervisionar as instituições autorizadas a operar no mercado de câmbio, para fins do disposto nesta Lei, e aplicar-lhes as sanções cabíveis de que trata o art. 20 desta Lei;

VIII – regulamentar as contas em reais de titularidade de não residentes, inclusive quanto aos requisitos e aos procedimentos para sua abertura e sua movimentação;

IX – regulamentar as contas em moeda estrangeira no País, inclusive quanto aos requisitos e aos procedimentos para sua abertura e sua movimentação;

X – manter as contas de depósito e de compensação, liquidação e custódia, em reais e em moeda estrangeira, de titularidade de organismos internacionais, observados os limites, os prazos, as formas e as condições estabelecidos no regulamento a ser editado pelo Banco Central do Brasil;

XI – manter as contas de depósito e de compensação, liquidação e custódia, em reais, de titularidade de bancos centrais estrangeiros ou de instituições domiciliadas ou com sede no exterior que prestem serviços de compensação, liquidação e custódia no mercado internacional, observados os limites, os prazos, as formas e as condições estabelecidos no regulamento a ser editado pelo Banco Central do Brasil.

§ 1.º No exercício das atividades de supervisão de que trata este artigo, o Banco Central do Brasil poderá exigir das instituições autorizadas a operar no mercado de câmbio a disponibilização de dados e informações e a exibição de documentos e livros de escrituração, mantidos em meio físico ou digital, inclusive para a avaliação de suas operações ativas e passivas e dos riscos assumidos, considerada a negativa de atendimento como embaraço à fiscalização, sujeita às sanções aplicáveis de que trata o art. 20 desta Lei.

§ 2.º Os ativos de organismos internacionais e de bancos centrais estrangeiros mantidos nas contas de que tratam os incisos X e XI do *caput* deste artigo são impenhoráveis e imunes à execução quando utilizados no desempenho de suas funções próprias e não poderão ser objeto de arresto, de sequestro, de busca e apreensão ou de outro ato de constrição judicial.

§ 3.º Aplica-se o disposto no art. 6.º da Lei n. 10.214, de 27 de março de 2001, aos ativos de instituições domiciliadas ou com sede no exterior que prestem serviços de compensação, liquidação e custódia no mercado internacional, mantidos nas contas de que trata o inciso XI do *caput* deste artigo.

§ 4.º As contas em reais de titularidade de não residentes de que trata o inciso VIII do *caput* deste artigo terão o mesmo tratamento das contas em reais de titularidade de residentes, excetuados os requisitos e os procedimentos que o Banco Central do Brasil vier a estabelecer, inclusive em relação a movimentações realizadas na forma prevista pelo art. 6.º desta Lei.

Art. 6.º Na forma do regulamento a ser editado pelo Banco Central do Brasil, os bancos autorizados a operar no mercado de câmbio poderão dar cumprimento a ordens de pagamento em reais recebidas do exterior ou enviadas para o exterior, por meio da utilização de contas em reais mantidas nos bancos, de titularidade de instituições domiciliadas ou com sede no exterior e que estejam sujeitas à regulação e à supervisão financeira em seu país de origem.

Parágrafo único. No âmbito das relações de correspondência bancária internacional em reais, os bancos de que trata o *caput* deste artigo devem obter informação sobre a instituição domiciliada ou com sede no exterior, para compreender plenamente a natureza de sua atividade, sua reputação e a qualidade da supervisão financeira a que está sujeita e avaliar seus controles internos em matéria de combate à lavagem de dinheiro e ao financiamento do terrorismo.

Art. 7.º O cancelamento ou a baixa na posição de câmbio referentes aos contratos de compra de moeda estrangeira que amparem adiantamentos em reais sujeitam o vendedor de moeda estrangeira ao recolhimento ao Banco Central do Brasil de encargo financeiro não superior a 100% (cem por cento) do valor do adiantamento.

§ 1.º A instituição autorizada a operar no mercado de câmbio compradora da moeda estrangeira é responsável pelo recolhimento ao Banco Central do Brasil do encargo financeiro de que trata o *caput* deste artigo.

§ 2.º O Conselho Monetário Nacional regulamentará o disposto neste artigo e disporá sobre a forma de cálculo do encargo financeiro de que trata o *caput* deste artigo e sobre as hipóteses em que seu recolhimento será dispensado, vedado o estabelecimento de tratamento diferenciado em razão da natureza do vendedor da moeda estrangeira ou do seu setor produtivo.

Capítulo III
DO CAPITAL BRASILEIRO NO EXTERIOR E DO CAPITAL ESTRANGEIRO NO PAÍS

Art. 8.º Para fins do disposto nesta Lei, consideram-se:

I – capitais brasileiros no exterior: os valores, os bens, os direitos e os ativos de qualquer natureza detidos fora do território nacional por residentes;

II – capitais estrangeiros no País: os valores, os bens, os direitos e os ativos de qualquer natureza detidos no território nacional por não residentes.

Parágrafo único. Fica o Banco Central do Brasil autorizado a dispor sobre as hipóteses em que, considerada a natureza das operações:

I – capitais de residentes, mantidos no território nacional em favor de não residentes, serão equiparados a capitais brasileiros no exterior;

II – capitais de não residentes, mantidos no exterior em favor de residentes, serão equiparados a capitais estrangeiros no País.

Art. 9.º Ao capital estrangeiro no País será dispensado tratamento jurídico idêntico ao concedido ao capital nacional em igualdade de condições.

Art. 10. Compete ao Banco Central do Brasil:

I – regulamentar e monitorar os capitais brasileiros no exterior e os capitais estrangeiros no País quanto a seus fluxos e estoques;

•• A Resolução n. 278, de 31-12-2022, do Banco Central do Brasil, regulamenta esta Lei, em relação aos fluxos, estoques e prestação de informações de capitais estrangeiros no País.

II – estabelecer procedimentos para as remessas referentes ao capital estrangeiro no País, observadas a legislação, a fundamentação econômica das operações e as condições usualmente observadas nos mercados internacionais;

III – requisitar, a seu critério, informações sobre os capitais brasileiros no exterior e os capitais estrangeiros no País, observada a regulamentação a ser editada pelo Banco Central do Brasil, que poderá dispor, inclusive, sobre os responsáveis, as formas, os prazos e os critérios para a prestação de informações e as situações em que ela será dispensada.

Parágrafo único. As infrações à regulamentação de que trata o *caput* deste artigo sujeitam os responsáveis às penalidades aplicáveis pelo Banco Central do Brasil, na forma do parágrafo único do art. 20 desta Lei.

Capítulo IV
DAS INFORMAÇÕES PARA A COMPILAÇÃO DE ESTATÍSTICAS MACROECONÔMICAS OFICIAIS PELO BANCO CENTRAL DO BRASIL

Art. 11. Fica o Banco Central do Brasil autorizado a requerer aos residentes as informações necessárias para a compilação das estatísticas macroeconômicas oficiais.

§ 1.º Sem prejuízo do atendimento às requisições de informações formuladas para fins de apuração de crimes e outras irregularidades pelas autoridades competentes, nos termos da legislação em vigor, o Banco Central do Brasil e seus agentes guardarão sigilo sobre as informações individuais obtidas na forma deste artigo, admitida a sua utilização exclusivamente para fins de compilação de estatísticas ou para os fins previstos no § 2.º deste artigo.

§ 2.º Informações individuais obtidas na forma deste artigo, tratadas de modo a não permitir, direta ou indiretamente, a identificação de seu titular, poderão ser disponibilizadas pelo Banco Central do Brasil para subsidiar estudos e pesquisas, mediante apresentação de requisição fundamentada e assinatura de termo de compromisso por parte do interessado.

§ 3.º O Banco Central do Brasil regulamentará o disposto neste artigo e poderá dispor sobre as condições, o detalhamento, a frequência e a periodicidade para a prestação de informações e sobre as condições para acesso a informações nos termos do § 2.º deste artigo.

§ 4.º A regulamentação de que trata o § 3.º deste artigo considerará o padrão estatístico adotado pelo Banco Central do Brasil, as melhores práticas internacionais em matéria de padrões estatísticos e a razoabilidade do custo de sua observância para as pessoas físicas e jurídicas obrigadas ao fornecimento de informações.

§ 5.º As infrações à regulamentação de que trata este artigo sujeitam os responsáveis às penalidades aplicáveis pelo Banco Central do Brasil, na forma do parágrafo único do art. 20 desta Lei.

Capítulo V
DISPOSIÇÕES GERAIS

Art. 12. Fica autorizada a realização de compensação privada de créditos ou de valores entre residentes e não residentes, nas hipóteses previstas em regulamento do Banco Central do Brasil.

§ 1.º No regulamento de que trata o *caput* deste artigo, o Banco Central do Brasil poderá exigir que residentes prestem informações sobre a realização de compensação privada, observados os prazos, as formas e as demais condições nele previstas.

§ 2.º As infrações ao disposto neste artigo e no regulamento a ser editado pelo Banco Central do Brasil sujeitam os responsáveis às penalidades aplicáveis pelo Banco Central do Brasil, na forma do parágrafo único do art. 20 desta Lei.

Art. 13. A estipulação de pagamento em moeda estrangeira de obrigações exequíveis no território nacional é admitida nas seguintes situações:

I – nos contratos e nos títulos referentes ao comércio exterior de bens e serviços, ao seu financiamento e às suas garantias;

II – nas obrigações cujo credor ou devedor seja não residente, incluídas as decorrentes de operações de crédito ou de arrendamento mercantil, exceto nos contratos de locação de imóveis situados no território nacional;

III – nos contratos de arrendamento mercantil celebrados entre residentes, com base em captação de recursos provenientes do exterior;

IV – na cessão, na transferência, na delegação, na assunção ou na modificação das obrigações referidas nos incisos I, II e III do *caput* deste artigo, inclusive se as partes envolvidas forem residentes;

V – na compra e venda de moeda estrangeira;

VI – na exportação indireta de que trata a Lei n. 9.529, de 10 de dezembro de 1997;

VII – nos contratos celebrados por exportadores em que a contraparte seja concessionária, permissionária, autorizatária ou arrendatária nos setores de infraestrutura;

VIII – nas situações previstas na regulamentação editada pelo Conselho Monetário Nacional, quando a estipulação em moeda estrangeira puder mitigar o risco cambial ou ampliar a eficiência do negócio;

IX – em outras situações previstas na legislação.

Parágrafo único. A estipulação de pagamento em moeda estrangeira feita em desacordo com o disposto neste artigo é nula de pleno direito.

Art. 14. O ingresso no País e a saída do País de moeda nacional e estrangeira devem ser realizados exclusivamente por meio de instituição autorizada a operar no mercado de câmbio, à qual caberá a identificação do cliente e do destinatário ou do remetente.

§ 1.º O disposto no *caput* deste artigo não se aplica ao porte, em espécie, de valores:

I – até US$ 10.000,00 (dez mil dólares dos Estados Unidos da América) ou seu equivalente em outras moedas; e

II – cuja entrada no País ou saída do País seja comprovada na forma do regulamento de que trata o § 4.º deste artigo.

§ 2.º Observadas as diretrizes do Conselho Monetário Nacional, o Banco Central do Brasil regulamentará as disposições do *caput* deste artigo e poderá dispor sobre:

I – a forma, os limites e as condições de ingresso no País e saída do País de moeda nacional ou estrangeira;

II – os tipos de instituições autorizadas a operar no mercado de câmbio que não poderão efetuar o ingresso no País e a saída do País de moeda nacional ou estrangeira, considerados o porte, a natureza e o modelo de negócio das instituições.

§ 3.º O descumprimento do disposto neste artigo acarretará, após o devido processo legal, o perdimento do valor excedente aos limites referidos no § 1.º deste artigo em favor do Tesouro Nacional, além das sanções penais previstas na legislação específica.

§ 4.º Compete à Secretaria Especial da Receita Federal do Brasil do Ministério da Economia regulamentar o disposto no § 1 .º deste artigo e aplicar a penalidade de perdimento de que trata o § 3.º deste artigo, na forma dos §§ 1 .º, 2.º, 3.º, 4.º, 5.º e 6.º do art. 89 da Medida Provisória n. 2.158-35, de 24 de agosto de 2001, e de demais disposições constantes da legislação aplicável.

Art. 15. As instituições financeiras e as demais instituições autorizadas a funcionar pelo Banco Central do Brasil, observadas as atividades que lhes são permitidas pela legislação, poderão alocar, investir e destinar para operação de crédito e de financiamento, no País e no exterior, os recursos captados no País e no exterior, observados os requisitos regulatórios e prudenciais estabelecidos pelo Conselho Monetário Nacional e pelo Banco Central do Brasil.

Art. 16. O disposto na alínea "a" do art. 4.º da Lei n. 1.521, de 26 de dezembro de 1951, não se aplica às operações de câmbio efetuadas na forma desta Lei.

Art. 17. O Banco Central do Brasil poderá firmar convênios para compartilhamento de informações com órgãos e entidades da administração pública federal, consoante suas áreas de competência, observada a legislação sobre o sigilo bancário e sobre o sigilo fiscal.

Art. 18. Na regulamentação desta Lei, o Banco Central do Brasil:

I – poderá estabelecer exigências e procedimentos diferenciados, segundo critério de proporcionalidade, considerando aspectos como o valor, o risco e as demais características da operação no mercado de câmbio, do capital brasileiro no exterior ou do capital estrangeiro no País;

II – poderá, considerando a abrangência de atuação da instituição interessada em operar no mercado de câmbio, o volume, a natureza, a capacidade de inovação e os riscos de seu negócio:

a) estabelecer requerimentos diferenciados e proporcionais para a constituição e o funcionamento de instituições autorizadas a operar no mercado de câmbio;

b) dispensar a autorização para constituição e funcionamento das instituições de que trata a alínea "a" deste inciso.

Art. 19. O disposto nesta Lei não se aplica a operações de compra ou venda de moeda estrangeira em espécie, no valor de até US$ 500,00 (quinhentos dólares dos Estados Unidos da América) ou seu equivalente em outras moedas, realizadas no País, de forma eventual e não profissional, entre pessoas físicas.

Capítulo VI
DISPOSIÇÕES FINAIS

Art. 20. Aplica-se o disposto no Capítulo II e no art. 36 da Lei n. 13.506, de 13 de novembro de 2017, às infrações a esta Lei e aos regulamentos a serem editados pelo Conselho Monetário Nacional e pelo Banco Central do Brasil.

Parágrafo único. Para fins do disposto no *caput* deste artigo, às infrações às normas legais e regulamentares de que tratam os arts. 10, 11 e 12 desta Lei não se aplicam os arts. 2.º, 3.º e 4.º e os incisos I, III, V e VI do *caput* do art. 5.º da Lei n. 13.506, de 13 de novembro de 2017.

....

Art. 23. A Lei n. 4.728, de 14 de julho de 1965, passa a vigorar acrescida do seguinte art. 9.º-A:

•• Alteração já processada no diploma modificado.

....

Art. 27. A instituição autorizada a operar no mercado de câmbio não poderá exigir do cliente documentos, dados ou certidões que estiverem disponíveis em suas bases de dados ou em bases de dados públicas e privadas de acesso amplo.

Parágrafo único. Independentemente do disposto no *caput* deste artigo, é facultado ao cliente optar pela apresentação dos documentos, dados ou certidões de que trata o *caput* deste artigo.

Art. 28. Ficam revogados:

I – a Lei n. 156, de 27 de novembro de 1947;

II – a Lei n. 1.383, de 13 de junho de 1951;

III – a Lei n. 1.807, de 7 de janeiro de 1953;

IV – a Lei n. 2.145, de 29 de dezembro de 1953;

V – a Lei n. 2.698, de 27 de dezembro de 1955;

VI – a Lei n. 4.390, de 29 de agosto de 1964;

VII – a Lei n. 5.331, de 11 de outubro de 1967;

VIII – a Lei n. 9.813, de 23 de agosto de 1999;

IX – a Lei n. 13.017, de 21 de julho de 2014;

X – o Decreto-lei n. 1.201, de 8 de abril de 1939;

XI – o Decreto-lei n. 9.025, de 27 de fevereiro de 1946;

XII – o Decreto-lei n. 9.602, de 16 de agosto de 1946;

XIII – o Decreto-lei n. 9.863, de 13 de setembro de 1946;

XIV – o Decreto-lei n. 857, de 11 de setembro de 1969;

XV – a Medida Provisória n. 2.224, de 4 de setembro de 2001;

XVI – o art. 5.º da Lei n. 4.182, de 13 de novembro de 1920;

XVII – os arts. 48, 49, 50, 51, 52, 53, 54 e 55 da Lei n. 3.244, de 14 de agosto de 1957;

XVIII – os seguintes dispositivos da Lei n. 4.131, de 3 de setembro de 1962:

a) arts. 1 .º, 2.º, 3.º, 4.º, 5.º, 6.º, 7.º e 8.º;

b) §§ 1.º, 2.º e 3.º do art. 9.º;

c) arts. 10 e 11;

d) art. 14;

e) arts. 20, 21, 22, 23, 24, 25, 26, 27, 28, 29 e 30;

f) arts. 34, 35, 36, 37, 38, 39, 40 e 41;

g) art. 46; e

h) arts. 50, 51, 52, 53, 54, 55, 56 e 57;

XIX – os seguintes dispositivos da Lei n. 4.595, de 31 de dezembro de 1964:

a) inciso XXXI do *caput* do art. 4.º; e

b) art. 57;

XX – os seguintes dispositivos da Lei n. 4.728, de 14 de julho de 1965:

a) inciso VI do *caput* do art. 2.º;

b) art. 9.º;

c) arts. 22, 23, 24 e 25; e

d) § 3.º do art. 31;

XXI – o art. 9.º da Lei n. 5.409, de 9 de abril de 1968;

XXII – os seguintes dispositivos da Lei n. 6.099, de 12 de setembro de 1974:

a) art. 16; e

b) art. 24;

XXIII – o art. 12 da Lei n. 7.738, de 9 de março de 1989;

XXIV – o art. 9.º da Lei n. 8.021, de 12 de abril de 1990;

XXV – o parágrafo único do art. 50 da Lei n. 8.383, de 30 de dezembro de 1991;

XXVI – o art. 6.º da Lei n. 8.880, de 27 de maio de 1994;

XXVII – os seguintes dispositivos da Lei n. 9.069, de 29 de junho de 1995:

a) art. 65; e

b) art. 72;

XXVIII – o art. 3.º da Lei n. 9.529, de 10 de dezembro de 1997;

XXIX – os seguintes dispositivos da Lei n. 11.371, de 28 de novembro de 2006:

a) §§ 1.º e 2.º do art. 1.º;

b) art. 2.º;

c) parágrafo único do art. 3.º;

d) art. 4.º;

e) o art. 5.º; e

f) o art. 7.º;

XXX – os seguintes dispositivos da Lei n. 11.803, de 5 de novembro de 2008:

a) arts. 7.º e 8.º; e

b) § 1 .º do art. 10;

XXXI – o art. 25 da Lei n. 12.865, de 9 de outubro de 2013;

XXXII – o art. 5.º da Lei n. 13.292, de 31 de maio de 2016;

XXXIII – os seguintes dispositivos da Lei n. 13.506, de 13 de novembro de 2017:

a) art. 40;

b) arts. 42, 43, 44 e 45; e

c) arts. 59, 60, 61 e 62;

XXXIV – os arts. 1.º, 2.º e 4.º do Decreto n. 23.258, de 19 de outubro de 1933;

XXXV – o art. 3.º do Decreto-lei n. 2.440, de 23 de julho de 1940;

XXXVI – o art. 1.º do Decreto-lei n. 1.060, de 21 de outubro de 1969;

XXXVII – o inciso II do *caput* do art. 1.º do Decreto-lei n. 1.986, de 28 de dezembro de 1992;

XXXVIII – o inciso II do *caput* do art. 1.º do Decreto-lei n. 2.285, de 23 de julho de 1986.

Art. 29. Esta Lei entra em vigor após decorrido 1 (um) ano de sua publicação oficial.

Brasília, 29 de dezembro de 2021; 200.º da Independência e 133.º da República.

JAIR MESSIAS BOLSONARO

LEI N. 14.344, DE 24 DE MAIO DE 2022 (*)

Cria mecanismos para a prevenção e o enfrentamento da violência doméstica e familiar contra a criança e o adolescente, nos termos do § 8.º do art. 226 e do § 4.º do art. 227 da Constituição Federal e das disposições específicas previstas em tratados, convenções ou acordos internacionais de que o Brasil seja parte; altera o Decreto-lei n. 2.848, de 7 de dezembro de 1940 (Código Penal), e as Leis n. 7.210, de 11 de julho de 1984 (Lei de Execução Penal), 8.069, de 13 de julho de 1990 (Estatuto da Criança e do Adolescente), 8.072, de 25 de julho de 1990 (Lei de Crimes Hediondos), e 13.431, de 4 de abril de 2017, que estabelece o sistema de garantia de direitos da criança e do adolescente vítima ou testemunha de violência; e dá outras providências.

(*) Publicada no *Diário Oficial da União*, de 25-5-2022.

O Presidente da República

Faço saber que o Congresso Nacional decreta e eu sanciono a seguinte Lei:

Art. 1.º Esta Lei cria mecanismos para a prevenção e o enfrentamento da violência doméstica e familiar contra a criança e o adolescente, nos termos do § 8.º do art. 226 e do § 4.º do art. 227 da Constituição Federal e das disposições específicas previstas em tratados, convenções e acordos internacionais ratificados pela República Federativa do Brasil, e altera o Decreto-lei n. 2.848, de 7 de dezembro de 1940 (Código Penal), e as Leis ns. 7.210, de 11 de julho de 1984 (Lei de Execução Penal), 8.069, de 13 de julho de 1990 (Estatuto da Criança e do Adolescente), 8.072, de 25 de julho de 1990 (Lei de Crimes Hediondos), e 13.431, de 4 de abril de 2017, que estabelece o sistema de garantia de direitos da criança e do adolescente vítima ou testemunha de violência.

Capítulo I
DA VIOLÊNCIA DOMÉSTICA E FAMILIAR CONTRA A CRIANÇA E O ADOLESCENTE

Art. 2.º Configura violência doméstica e familiar contra a criança e o adolescente qualquer ação ou omissão que lhe cause morte, lesão, sofrimento físico, sexual, psicológico ou dano patrimonial:

I – no âmbito do domicílio ou da residência da criança e do adolescente, compreendida como o espaço de convívio permanente de pessoas, com ou sem vínculo familiar, inclusive as esporadicamente agregadas;

II – no âmbito da família, compreendida como a comunidade formada por indivíduos que compõem a família natural, ampliada ou substituta, por laços naturais, por afinidade ou por vontade expressa;

III – em qualquer relação doméstica e familiar na qual o agressor conviva ou tenha convivido com a vítima, independentemente de coabitação.

Parágrafo único. Para a caracterização da violência prevista no *caput* deste artigo, deverão ser observadas as definições estabelecidas na Lei n. 13.431, de 4 de abril de 2017.

Art. 3.º A violência doméstica e familiar contra a criança e o adolescente constitui uma das formas de violação dos direitos humanos.

Art. 4.º As estatísticas sobre a violência doméstica e familiar contra a criança e o adolescente serão incluídas nas bases de dados dos órgãos oficiais do Sistema de Garantia dos Direitos da Criança e do Adolescente, do Sistema Único de Saúde, do Sistema Único de Assistência Social e do Sistema de Justiça e Segurança, de forma integrada, a fim de subsidiar o sistema nacional de dados e informações relativo às crianças e aos adolescentes.

§ 1.º Por meio da descentralização político-administrativa que prevê o Sistema de Garantia dos Direitos da Criança e do Adolescente, os entes federados poderão remeter suas informações para a base de dados do Ministério da Justiça e Segurança Pública e do Ministério da Mulher, da Família e dos Direitos Humanos.

§ 2.º Os serviços deverão compartilhar entre si, de forma integrada, as informações coletadas das vítimas, dos membros da família e de outros sujeitos de sua rede afetiva, por meio de relatórios, em conformidade com o fluxo estabelecido, preservado o sigilo das informações.

§ 3.º O compartilhamento completo do registro de informações será realizado por meio de encaminhamento ao serviço, ao programa ou ao equipamento do sistema de garantia de direitos da criança e do adolescente vítima ou testemunha de violência, que acolherá, em seguida, a criança ou o adolescente vítima ou testemunha de violência.

§ 4.º O compartilhamento de informações de que trata o § 3.º deste artigo deverá zelar pelo sigilo dos dados pessoais da criança e do adolescente vítima ou testemunha de violência.

§ 5.º Será adotado modelo de registro de informações para compartilhamento do sistema de garantia de direitos da criança e do adolescente vítima ou testemunha de violência, que conterá, no mínimo:

I – os dados pessoais da criança ou do adolescente;

II – a descrição do atendimento;

III – o relato espontâneo da criança ou do adolescente, quando houver;

IV – os encaminhamentos efetuados.

Art. 5.º O Sistema de Garantia dos Direitos da Criança e do Adolescente intervirá nas situações de violência contra a criança e o adolescente com a finalidade de:

I – mapear as ocorrências das formas de violência e suas particularidades no território nacional;

II – prevenir os atos de violência contra a criança e o adolescente;

III – fazer cessar a violência quando esta ocorrer;

IV – prevenir a reiteração da violência já ocorrida;

V – promover o atendimento da criança e do adolescente para minimizar as sequelas da violência sofrida; e

VI – promover a reparação integral dos direitos da criança e do adolescente.

Capítulo II

DA ASSISTÊNCIA À CRIANÇA E AO ADOLESCENTE EM SITUAÇÃO DE VIOLÊNCIA DOMÉSTICA E FAMILIAR

Art. 6.º A assistência à criança e ao adolescente em situação de violência doméstica e familiar será prestada de forma articulada e conforme os princípios e as diretrizes previstos nas Leis ns. 8.069, de 13 de julho de 1990 (Estatuto da Criança e do Adolescente), e 8.742, de 7 de dezembro de 1993, no Sistema Único de Saúde, no Sistema Único de Segurança Pública, entre outras normas e políticas públicas de proteção, e emergencialmente, quando for o caso.

Art. 7.º A União, o Distrito Federal, os Estados e os Municípios poderão criar e promover, para a criança e o adolescente em situação de violência doméstica e familiar, no limite das respectivas competências e de acordo com o art. 88 da Lei n. 8.069, de 13 de julho de 1990 (Estatuto da Criança e do Adolescente):

I – centros de atendimento integral e multidisciplinar;

II – espaços para acolhimento familiar e institucional e programas de apadrinhamento;

III – delegacias, núcleos de defensoria pública, serviços de saúde e centros de perícia médico-legal especializados;

IV – programas e campanhas de enfrentamento da violência doméstica e familiar;

V – centros de educação e de reabilitação para os agressores.

Art. 8.º O Sistema de Garantia dos Direitos da Criança e do Adolescente, juntamente com os sistemas de justiça, de saúde, de segurança pública e de assistência social, os Conselhos Tutelares e a comunidade escolar, poderão, na esfera de sua competência, adotar ações articuladas e efetivas direcionadas à identificação da agressão, à agilidade no atendimento da criança e do adolescente vítima de violência doméstica e familiar e à responsabilização do agressor.

Art. 9.º Os Estados e o Distrito Federal, na formulação de suas políticas e planos de atendimento à criança e ao adolescente em situação de violência doméstica e familiar, darão prioridade, no âmbito da Polícia Civil, à criação de Delegacias Especializadas de Proteção à Criança e ao Adolescente.

Art. 10. A União, os Estados, o Distrito Federal e os Municípios poderão estabelecer dotações orçamentárias específicas, em cada exercício financeiro, para a implementação das medidas estabelecidas nesta Lei.

Capítulo III

DO ATENDIMENTO PELA AUTORIDADE POLICIAL

Art. 11. Na hipótese de ocorrência de ação ou omissão que implique a ameaça ou a prática de violência doméstica e familiar contra a criança e o adolescente, a autoridade policial que tomar conhecimento da ocorrência adotará, de imediato, as providências legais cabíveis.

Parágrafo único. Aplica-se o disposto no *caput* deste artigo ao descumprimento de medida protetiva de urgência deferida.

Art. 12. O depoimento da criança e do adolescente vítima ou testemunha de violência doméstica e familiar será colhido nos termos da Lei n. 13.431, de 4 de abril de 2017, observadas as disposições da Lei n. 8.069, de 13 de julho de 1990 (Estatuto da Criança e do Adolescente).

Art. 13. No atendimento à criança e ao adolescente em situação de violência doméstica e familiar, a autoridade policial deverá, entre outras providências:

I – encaminhar a vítima ao Sistema Único de Saúde e ao Instituto Médico-Legal imediatamente;

II – encaminhar a vítima, os familiares e as testemunhas, caso sejam crianças ou adolescentes, ao Conselho Tutelar para os encaminhamentos necessários, inclusive para a adoção das medidas protetivas adequadas;

III – garantir proteção policial, quando necessário, comunicados de imediato o Ministério Público e o Poder Judiciário;

IV – fornecer transporte para a vítima e, quando necessário, para seu responsável ou acompanhante, para serviço de acolhimento existente ou local seguro, quando houver risco à vida.

Art. 14. Verificada a ocorrência de ação ou omissão que implique a ameaça ou a prática de violência doméstica e familiar, com a existência de risco atual ou iminente à vida ou à integridade física da criança e do adolescente, ou de seus familiares, o agressor será imediatamente afastado do lar, do domicílio ou do local de convivência com a vítima:

I – pela autoridade judicial;

II – pelo delegado de polícia, quando o Município não for sede de comarca;

III – pelo policial, quando o Município não for sede de comarca e não houver delegado disponível no momento da denúncia.

§ 1.º O Conselho Tutelar poderá representar às autoridades referidas nos incisos I, II e III do *caput* deste artigo para requerer o afastamento do agressor do lar, do domicílio ou do local de convivência com a vítima.

§ 2.º Nas hipóteses previstas nos incisos II e III do *caput* deste artigo, o juiz será comunicado no prazo máximo de 24 (vinte e quatro) horas e decidirá, em igual prazo, sobre a manutenção ou a revogação da medida aplicada, bem como dará ciência ao Ministério Público concomitantemente.

§ 3.º Nos casos de risco à integridade física da vítima ou à efetividade da medida protetiva de urgência, não será concedida liberdade provisória ao preso.

Capítulo IV

DOS PROCEDIMENTOS

Seção I

Das Medidas Protetivas de Urgência

Art. 15. Recebido o expediente com o pedido em favor de criança e de adolescente em situação de violência doméstica e familiar, caberá ao juiz, no prazo de 24 (vinte e quatro) horas:

I – conhecer do expediente e do pedido e decidir sobre as medidas protetivas de urgência;

II – determinar o encaminhamento do responsável pela criança ou pelo adolescente ao órgão de assistência judiciária, quando for o caso;

III – comunicar ao Ministério Público para que adote as providências cabíveis;

IV – determinar a apreensão imediata de arma de fogo sob a posse do agressor.

Art. 16. As medidas protetivas de urgência poderão ser concedidas pelo juiz, a requerimento do Ministério Público, da autoridade policial, do Conselho Tutelar ou a pedido da pessoa que atue em favor da criança e do adolescente.

§ 1.º As medidas protetivas de urgência poderão ser concedidas de imediato, independentemente de audiência das partes e de manifestação do Ministério Público, o qual deverá ser prontamente comunicado.

§ 2.º As medidas protetivas de urgência serão aplicadas isolada ou cumulativamente e poderão ser substituídas a qualquer tempo por outras de maior eficácia, sempre que os direitos reconhecidos nesta Lei forem ameaçados ou violados.

§ 3.º Poderá o juiz, a requerimento do Ministério Público ou do Conselho Tutelar, ou a pedido da vítima ou de quem esteja atuando em seu favor, conceder novas medidas protetivas de urgência ou rever aquelas já concedidas, se entender necessário à proteção da vítima, de seus familiares e de seu patrimônio, ouvido o Ministério Público.

Art. 17. Em qualquer fase do inquérito policial ou da instrução criminal, caberá a prisão preventiva do agressor, decretada pelo juiz, a requerimento do Ministério Público ou mediante representação da autoridade policial.

Parágrafo único. O juiz poderá revogar a prisão preventiva se, no curso do processo, verificar a falta de motivo para que subsista, bem como decretá-la novamente, se sobrevierem razões que a justifiquem.

Art. 18. O responsável legal pela criança ou pelo adolescente vítima ou testemunha de violência doméstica e familiar, desde que não seja o autor das agressões, deverá ser notificado dos atos processuais relativos ao agressor, especialmente dos pertinentes ao ingresso e à saída da prisão, sem prejuízo da intimação do advogado constituído ou do defensor público.

Art. 19. O juiz competente providenciará o registro da medida protetiva de urgência.

Parágrafo único. As medidas protetivas de

urgência serão, após sua concessão, imediatamente registradas em banco de dados mantido e regulamentado pelo Conselho Nacional de Justiça, garantido o acesso instantâneo do Ministério Público, da Defensoria Pública, dos órgãos de segurança pública e de assistência social e dos integrantes do Sistema de Garantia dos Direitos da Criança e do Adolescente, com vistas à fiscalização e à efetividade das medidas protetivas.

Seção II
Das Medidas Protetivas de Urgência que Obrigam o Agressor

Art. 20. Constatada a prática de violência doméstica e familiar contra a criança e o adolescente nos termos desta Lei, o juiz poderá determinar ao agressor, de imediato, em conjunto ou separadamente, a aplicação das seguintes medidas protetivas de urgência, entre outras:

I – a suspensão da posse ou a restrição do porte de armas, com comunicação ao órgão competente, nos termos da Lei n. 10.826, de 22 de dezembro de 2003;

II – o afastamento do lar, do domicílio ou do local de convivência com a vítima;

III – a proibição de aproximação da vítima, de seus familiares, das testemunhas e de noticiantes ou denunciantes, com a fixação do limite mínimo de distância entre estes e o agressor;

IV – a vedação de contato com a vítima, com seus familiares, com testemunhas e com noticiantes ou denunciantes, por qualquer meio de comunicação;

V – a proibição de frequentação de determinados lugares a fim de preservar a integridade física e psicológica da criança ou do adolescente, respeitadas as disposições da Lei n. 8.069, de 13 de julho de 1990 (Estatuto da Criança e do Adolescente);

VI – a restrição ou a suspensão de visitas à criança ou ao adolescente;

VII – a prestação de alimentos provisionais ou provisórios;

VIII – o comparecimento a programas de recuperação e reeducação;

IX – o acompanhamento psicossocial, por meio de atendimento individual e/ou em grupo de apoio.

§ 1.º As medidas referidas neste artigo não impedem a aplicação de outras previstas na legislação em vigor, sempre que a segurança da vítima ou as circunstâncias o exigirem, e todas as medidas devem ser comunicadas ao Ministério Público.

§ 2.º Na hipótese de aplicação da medida prevista no inciso I do *caput* deste artigo, encontrando-se o agressor nas condições referidas no art. 6.º da Lei n. 10.826, de 22 de dezembro de 2003, o juiz comunicará ao respectivo órgão, corporação ou instituição as medidas protetivas de urgência concedidas e determinará a restrição do porte de armas, e o superior imediato do agressor ficará responsável pelo cumprimento da determinação judicial, sob pena de incorrer nos crimes de prevaricação ou de desobediência, conforme o caso.

§ 3.º Para garantir a efetividade das medidas protetivas de urgência, poderá o juiz requisitar, a qualquer momento, auxílio da força policial.

Seção III
Das Medidas Protetivas de Urgência à Vítima

Art. 21. Poderá o juiz, quando necessário, sem prejuízo de outras medidas, determinar:

I – a proibição do contato, por qualquer meio, entre a criança ou o adolescente vítima ou testemunha de violência e o agressor;

II – o afastamento do agressor da residência ou do local de convivência ou de coabitação;

III – a prisão preventiva do agressor, quando houver suficientes indícios de ameaça à criança ou ao adolescente vítima ou testemunha de violência;

IV – a inclusão da vítima e de sua família natural, ampliada ou substituta nos atendimentos a que têm direito nos órgãos de assistência social;

V – a inclusão da criança ou do adolescente, de familiar ou de noticiante ou denunciante em programa de proteção a vítimas ou a testemunhas;

VI – no caso da impossibilidade de afastamento do lar do agressor ou de prisão, a remessa do caso para o juízo competente, a fim de avaliar a necessidade de acolhimento familiar, institucional ou colação em família substituta;

VII – a realização da matrícula da criança ou do adolescente em instituição de educação mais próxima de seu domicílio ou do local de trabalho de seu responsável legal, ou sua transferência para instituição congênere, independentemente da existência de vaga.

§ 1.º A autoridade policial poderá requisitar e o Conselho Tutelar requerer ao Ministério Público a propositura de ação cautelar de antecipação de produção de prova nas causas que envolvam violência contra a criança e o adolescente, observadas as disposições da Lei n. 13.431, de 4 de abril de 2017.

§ 2.º O juiz poderá determinar a adoção de outras medidas cautelares previstas na legislação em vigor, sempre que as circunstâncias o exigirem, com vistas à manutenção da integridade ou da segurança da criança ou do adolescente, de seus familiares e de noticiante ou denunciante.

Capítulo V
DO MINISTÉRIO PÚBLICO

Art. 22. Caberá ao Ministério Público, sem prejuízo de outras atribuições, nos casos de violência doméstica e familiar contra a criança e o adolescente, quando necessário:

I – registrar em seu sistema de dados os casos de violência doméstica e familiar contra a criança e o adolescente;

II – requisitar força policial e serviços públicos de saúde, de educação, de assistência social e de segurança, entre outros;

III – fiscalizar os estabelecimentos públicos e particulares de atendimento à criança e ao adolescente em situação de violência doméstica e familiar e adotar, de imediato, as medidas administrativas ou judiciais cabíveis no tocante a quaisquer irregularidades constatadas.

Capítulo VI
DA PROTEÇÃO AO NOTICIANTE OU DENUNCIANTE DE VIOLÊNCIA DOMÉSTICA E FAMILIAR

Art. 23. Qualquer pessoa que tenha conhecimento ou presencie ação ou omissão, praticada em local público ou privado, que constitua violência doméstica e familiar contra a criança e o adolescente tem o dever de comunicar o fato imediatamente ao serviço de recebimento e monitoramento de denúncias, ao Disque 100 da Ouvidoria Nacional de Direitos Humanos do Ministério da Mulher, da Família e dos Direitos Humanos, ao Conselho Tutelar ou à autoridade policial, os quais, por sua vez, tomarão as providências cabíveis.

Art. 24. O poder público garantirá meios e estabelecerá medidas e ações para a proteção e a compensação da pessoa que noticiar informações ou denunciar a prática de violência, de tratamento cruel ou degradante ou de formas violentas de educação, correção ou disciplina contra a criança e o adolescente.

§ 1.º A União, os Estados, o Distrito Federal e os Municípios poderão estabelecer programas de proteção e compensação das vítimas, das testemunhas e dos noticiantes ou denunciantes das condutas previstas no *caput* deste artigo.

§ 2.º O noticiante ou denunciante poderá requerer que a revelação das informações de que tenha conhecimento seja feita perante a autoridade policial, o Conselho Tutelar, o Ministério Público ou o juiz, caso em que a autoridade competente solicitará sua presença, designando data e hora para audiência especial com esse fim.

§ 3.º O noticiante ou denunciante poderá condicionar a revelação de informações de que tenha conhecimento à execução das medidas de proteção necessárias para assegurar sua integridade física e psicológica, e caberá à autoridade competente requerer e deferir a adoção das medidas necessárias.

§ 4.º Ninguém será submetido a retaliação, a represália, a discriminação ou a punição pelo fato ou sob o fundamento de ter reportado ou denunciado as condutas descritas no *caput* deste artigo.

§ 5.º O noticiante ou denunciante que, na iminência de revelar as informações de que tenha conhecimento, ou após tê-lo feito, ou que, no curso de investigação, de procedimento ou de processo instaurado a partir de revelação realizada, seja coagido ou exposto a grave ameaça, poderá requerer a execução das medidas de proteção previstas na Lei n. 9.807, de 13 de julho de 1999, que lhe sejam aplicáveis.

§ 6.º O Ministério Público manifestar-se-á sobre a necessidade e a utilidade das medidas de proteção formuladas pelo noticiante ou denunciante e requererá ao juiz competente o deferimento das que entender apropriadas.

§ 7.º Para a adoção das medidas de proteção, considerar-se-á, entre outros aspectos, a gravidade da coação ou da ameaça à integridade física ou psicológica, a dificuldade de preveni-las ou de reprimi-las pelos meios convencionais e a sua importância para a produção de provas.

§ 8.º Em caso de urgência e levando em consideração a procedência, a gravidade e a iminência da coação ou ameaça, o juiz competente, de ofício ou a requerimento do Ministério Público, determinará que o noticiante ou denunciante seja colocado provisoriamente sob a proteção de órgão de segurança pública, até que o conselho deliberativo decida sobre sua inclusão no programa de proteção.

§ 9.º Quando entender necessário, o juiz competente, de ofício, a requerimento do Ministério Público, da autoridade policial, do Conselho Tutelar ou por solicitação do órgão deliberativo concederá as medidas cautelares direta ou indiretamente relacionadas à eficácia da proteção.

Capítulo VII
DOS CRIMES

Art. 25. Descumprir decisão judicial que defere medida protetiva de urgência prevista nesta Lei:

Pena – detenção, de 3 (três) meses a 2 (dois) anos.

§ 1.º A configuração do crime independe da competência civil ou criminal do juiz que deferiu a medida.

§ 2.º Na hipótese de prisão em flagrante, apenas a autoridade judicial poderá conceder fiança.

§ 3.º O disposto neste artigo não exclui a aplicação de outras sanções cabíveis.

Art. 26. Deixar de comunicar à autoridade pública a prática de violência, de tratamento cruel ou degradante ou de formas violentas de educação, correção ou disciplina contra criança ou adolescente ou o abandono de incapaz:

Pena – detenção, de 6 (seis) meses a 3 (três) anos.

§ 1.º A pena é aumentada de metade, se da omissão resulta lesão corporal de natureza grave, e triplicada, se resulta morte.

§ 2.º Aplica-se a pena em dobro se o crime é praticado por ascendente, parente consanguíneo até terceiro grau, responsável legal, tutor, guardião, padrasto ou madrasta da vítima.

Capítulo VIII
DISPOSIÇÕES FINAIS

Art. 27. Fica instituído, em todo o território nacional, o dia 3 de maio de cada ano como Dia Nacional de Combate à Violência Doméstica e Familiar contra a Criança e o Adolescente, em homenagem ao menino Henry Borel.

Art. 28. O *caput* do art. 4.º da Lei n. 13.431, de 4 de abril de 2017, passa a vigorar acrescido do seguinte inciso V:

•• Alteração já processada no diploma modificado.

Art. 29. Os arts. 18-B, 70-A, 70-B, 136, 201 e 226 da Lei n. 8.069, de 13 de julho de 1990 (Estatuto da Criança e do Adolescente), passam a vigorar com as seguintes alterações:

•• Alterações já processadas no diploma modificado.

....

Art. 33. Aos procedimentos regulados nesta Lei aplicam-se subsidiariamente, no que couber, as disposições das Leis n. 8.069, de 13 de julho de 1990 (Estatuto da Criança e do Adolescente), 11.340, de 7 de agosto de 2006 (Lei Maria da Penha), e 13.431, de 4 de abril de 2017.

Art. 34. Esta Lei entra em vigor após decorridos 45 (quarenta e cinco) dias de sua publicação oficial.

Brasília, 24 de maio de 2022; 201.º da Independência e 134.º da República.

JAIR MESSIAS BOLSONARO

LEI N. 14.382, DE 27 DE JUNHO DE 2022 (*)

Dispõe sobre o Sistema Eletrônico dos Registros Públicos (SERP); altera as Leis n. 4.591, de 16 de dezembro de 1964, 6.015, de 31 de dezembro de 1973 (Lei de Registros Públicos), 6.766, de 19 de dezembro de 1979, 8.935, de 18 de novembro de 1994, 10.406, de 10 de janeiro de 2002 (Código Civil), 11.977, de 7 de julho de 2009, 13.097, de 19 de janeiro de 2015, e 13.465, de 11 de julho de 2017; e revoga a Lei n. 9.042, de 9 de maio de 1995, e dispositivos das Leis n. 4.864, de 29 de novembro de 1965, 8.212, de 24 de julho de 1991, 12.441, de 11 de julho de 2011, 12.810, de 15 de maio de 2013, e 14.195, de 26 de agosto de 2021.

O Presidente da República

Faço saber que o Congresso Nacional decreta e eu sanciono a seguinte Lei:

Capítulo I
DISPOSIÇÕES GERAIS

Art. 1.º Esta Lei dispõe sobre o Sistema Eletrônico dos Registros Públicos (SERP), de que trata o art. 37 da Lei n. 11.977, de 7 de julho de 2009, bem como moderniza e simplifica os procedimentos relativos aos registros públicos de atos e negócios jurídicos, de que trata a Lei n. 6.015, de 31 de dezembro de 1973 (Lei de Registros Públicos), e de incorporações imobiliárias, de que trata a Lei n. 4.591, de 16 de dezembro de 1964.

•• A Lei n. 11.977, de 7-7-2009, dispõe sobre o Programa Minha Casa, Minha Vida e sobre a regularização fundiária de assentamentos localizados em áreas urbanas.

Art. 2.º Esta Lei aplica-se:

I – às relações jurídicas que envolvam oficiais dos registros públicos; e

II – aos usuários dos serviços de registros públicos.

Capítulo II
DO SISTEMA ELETRÔNICO DE REGISTROS PÚBLICOS

Seção I
Dos Objetivos e das Responsabilidades

Art. 3.º O SERP tem o objetivo de viabilizar:

I – o registro público eletrônico dos atos e negócios jurídicos;

II – a interconexão das serventias dos registros públicos;

III – a interoperabilidade das bases de dados entre as serventias dos registros públicos e entre as serventias dos registros públicos e o SERP;

IV – o atendimento remoto aos usuários de todas as serventias dos registros públicos, por meio da internet;

V – a recepção e o envio de documentos e títulos, a expedição de certidões e a prestação de informações, em formato eletrônico, inclusive de forma centralizada, para distribuição posterior às serventias dos registros públicos competentes;

VI – a visualização eletrônica dos atos transcritos, registrados ou averbados nas serventias dos registros públicos;

VII – o intercâmbio de documentos eletrônicos e de informações entre as serventias dos registros públicos e:

a) os entes públicos, inclusive por meio do Sistema Integrado de Recuperação de Ativos (Sira), de que trata o Capítulo V da Lei n. 14.195, de 26 de agosto de 2021; e

b) os usuários em geral, inclusive as instituições financeiras e as demais instituições autorizadas a funcionar pelo Banco Central do Brasil e os tabeliães;

VIII – o armazenamento de documentos eletrônicos para dar suporte aos atos registrais;

IX – a divulgação de índices e de indicadores estatísticos apurados a partir de dados fornecidos pelos oficiais dos registros públicos, observado o disposto no inciso VII do *caput* do art. 7.º desta Lei;

X – a consulta:

a) às indisponibilidades de bens decretadas pelo Poder Judiciário ou por entes públicos;

b) às restrições e aos gravames de origem legal, convencional ou processual incidentes sobre bens móveis e imóveis registrados ou averbados nos registros públicos; e

c) aos atos em que a pessoa pesquisada conste como:

1. devedora de título protestado e não pago;
2. garantidora real;
3. cedente convencional de crédito; ou

(*) Publicada no *Diário Oficial da União*, de 28-6-2022.

4. titular de direito sobre bem objeto de constrição processual ou administrativa; e

XI – outros serviços, nos termos estabelecidos pela Corregedoria Nacional de Justiça do Conselho Nacional de Justiça.

§ 1.º Os oficiais dos registros públicos de que trata a Lei n. 6.015, de 31 de dezembro de 1973 (Lei de Registros Públicos), integram o SERP.

§ 2.º A consulta a que se refere o inciso X do *caput* deste artigo será realizada com base em indicador pessoal ou, quando compreender bem especificamente identificável, mediante critérios relativos ao bem objeto de busca.

§ 3.º O SERP deverá:

I – observar os padrões e os requisitos de documentos, de conexão e de funcionamento estabelecidos pela Corregedoria Nacional de Justiça do Conselho Nacional de Justiça; e

II – garantir a segurança da informação e a continuidade da prestação do serviço dos registros públicos.

§ 4.º O Serp terá operador nacional, sob a forma de pessoa jurídica de direito privado, na forma prevista nos incisos I ou III do *caput* do art. 44 da Lei n. 10.406, de 10 de janeiro de 2002 (Código Civil), na modalidade de entidade civil sem fins lucrativos, nos termos estabelecidos pela Corregedoria Nacional de Justiça do Conselho Nacional de Justiça.

Art. 4.º Compete aos oficiais dos registros públicos promover a implantação e o funcionamento adequado do SERP, com a disponibilização das informações necessárias, nos termos estabelecidos pela Corregedoria Nacional de Justiça do Conselho Nacional de Justiça, especialmente das informações relativas:

I – às garantias de origem legal, convencional ou processual, aos contratos de arrendamento mercantil financeiro e às cessões convencionais de crédito, constituídos no âmbito da sua competência; e

II – aos dados necessários à produção de índices e de indicadores estatísticos.

§ 1.º É obrigatória a adesão ao SERP dos oficiais dos registros públicos de que trata a Lei n. 6.015, de 31 de dezembro de 1973 (Lei de Registros Públicos), ou dos responsáveis interinos pelo expediente.

§ 2.º O descumprimento do disposto neste artigo ensejará a aplicação das penas previstas no art. 32 da Lei n. 8.935, de 18 de novembro de 1994, nos termos estabelecidos pela Corregedoria Nacional de Justiça do Conselho Nacional de Justiça.

Seção II
Do Fundo para a Implementação e Custeio do Sistema Eletrônico dos Registros Públicos

Art. 5.º Fica criado o Fundo para a Implementação e Custeio do Sistema Eletrônico dos Registros Públicos (Fics), subvencionado pelos oficiais dos registros públicos, respeitado o disposto no § 9.º do art. 76 da Lei n. 13.465, de 11 de julho de 2017.

§ 1.º Caberá à Corregedoria Nacional de Justiça do Conselho Nacional de Justiça:

I – disciplinar a instituição da receita do Fics;

II – estabelecer as cotas de participação dos oficiais dos registros públicos;

III – fiscalizar o recolhimento das cotas de participação dos oficiais dos registros públicos; e

IV – supervisionar a aplicação dos recursos e as despesas incorridas.

§ 2.º Os oficiais dos registros públicos ficam dispensados de participar da subvenção do Fics na hipótese de desenvolverem e utilizarem sistemas e plataformas interoperáveis necessários para a integração plena dos serviços de suas delegações ao SERP, nos termos estabelecidos pela Corregedoria Nacional de Justiça do Conselho Nacional de Justiça.

Seção III
Dos Extratos Eletrônicos para Registro ou Averbação

Art. 6.º Os oficiais dos registros públicos, quando cabível, receberão dos interessados, por meio do SERP, os extratos eletrônicos para registro ou averbação de fatos, de atos e de negócios jurídicos, nos termos do inciso VIII do *caput* do art. 7.º desta Lei.

§ 1.º Na hipótese de que trata o *caput* deste artigo:

I – o oficial:

a) qualificará o título pelos elementos, pelas cláusulas e pelas condições constantes do extrato eletrônico; e

b) disponibilizará ao requerente as informações relativas à certificação do registro em formato eletrônico;

II – o requerente poderá, a seu critério, solicitar o arquivamento da íntegra do instrumento contratual que deu origem ao extrato eletrônico relativo a bens móveis;

III – os extratos eletrônicos relativos a bens imóveis deverão, obrigatoriamente, ser acompanhados do arquivamento da íntegra do instrumento contratual, em cópia simples, exceto se apresentados por tabelião de notas, hipótese em que este arquivará o instrumento contratual em pasta própria.

•• Inciso III originalmente vetado, todavia promulgado em 22-12-2022.

§ 2.º No caso de extratos eletrônicos para registro ou averbação de atos e negócios jurídicos relativos a bens imóveis, ficará dispensada a atualização prévia da matrícula quanto aos dados objetivos ou subjetivos previstos no art. 176 da Lei n. 6.015, de 31 de dezembro de 1973 (Lei de Registros Públicos), exceto dos dados imprescindíveis para comprovar a subsunção do objeto e das partes aos dados constantes do título apresentado, ressalvado o seguinte:

I – não poderá ser criada nova unidade imobiliária por fusão ou desmembramento sem observância da especialidade; e

II – subordinar-se-á a dispensa de atualização à correspondência dos dados descritivos do imóvel e dos titulares entre o título e a matrícula.

§ 3.º Será dispensada, no âmbito do registro de imóveis, a apresentação da escritura de pacto antenupcial, desde que os dados de seu registro e o regime de bens sejam indicados no extrato eletrônico de que trata o *caput* deste artigo, com a informação sobre a existência ou não de cláusulas especiais.

§ 4.º O instrumento contratual a que se referem os incisos II e III do § 1.º deste artigo será apresentado por meio de documento eletrônico ou digitalizado, nos termos do inciso VIII do *caput* do art. 3.º desta Lei, acompanhado de declaração, assinada eletronicamente, de que seu conteúdo corresponde ao original firmado pelas partes.

Seção IV
Da Competência da Corregedoria Nacional de Justiça

Art. 7.º Caberá à Corregedoria Nacional de Justiça do Conselho Nacional de Justiça disciplinar o disposto nos arts. 37 a 41 e 45 da Lei n. 11.977, de 7 de julho de 2009, e o disposto nesta Lei, em especial os seguintes aspectos:

I – os sistemas eletrônicos integrados ao SERP, por tipo de registro público ou de serviço prestado;

II – o cronograma de implantação do SERP e do registro público eletrônico dos atos jurídicos em todo o País, que poderá considerar as diferenças regionais e as características de cada registro público;

III – os padrões tecnológicos de escrituração, indexação, publicidade, segurança, redundância e conservação de atos registrais, de recepção e comprovação da autoria e da integridade de documentos em formato eletrônico, a serem atendidos pelo SERP e pelas serventias dos registros públicos, observada a legislação;

IV – a forma de certificação eletrônica da data e da hora do protocolo dos títulos para assegurar a integridade da informação e a ordem de prioridade das garantias sobre bens móveis e imóveis constituídas nos registros públicos;

V – a forma de integração do Sistema de Registro Eletrônico de Imóveis (SREI), de que trata o art. 76 da Lei n. 13.465, de 11 de julho de 2017, ao SERP;

VI – a forma de integração da Central Nacional de Registro de Títulos e Documentos, prevista no § 2.º do art. 3.º da Lei n. 13.775, de 20 de dezembro de 2018, ao SERP;

VII – os índices e os indicadores estatísticos que serão produzidos por meio do SERP, nos termos do inciso II do *caput* do art. 4.º desta Lei, a forma de sua divulgação e o cronograma de implantação da obrigatoriedade de fornecimento de dados ao SERP;

VIII – a definição do extrato eletrônico previsto no art. 6.º desta Lei e os tipos de documentos que poderão ser recepcionados dessa forma;

IX – o formato eletrônico de que trata a alínea *b* do inciso I do § 1.º do art. 6.º desta Lei; e

X – outros serviços a serem prestados por meio do SERP, nos termos do inciso XI do *caput* do art. 3.º desta Lei.

Art. 8.º A Corregedoria Nacional de Justiça do Conselho Nacional de Justiça poderá definir, em relação aos atos e negócios jurídicos relativos a bens móveis, os tipos de documentos que serão, prioritariamente, recepcionados por extrato eletrônico.

Seção V

Do Acesso a Bases de Dados de Identificação

Art. 9.º Para verificação da identidade dos usuários dos registros públicos, as bases de dados de identificação civil, inclusive de identificação biométrica, dos institutos de identificação civil, das bases cadastrais da União, inclusive do Cadastro de Pessoas Físicas da Secretaria Especial da Receita Federal do Brasil do Ministério da Economia e da Justiça Eleitoral, poderão ser acessadas, a critério dos responsáveis pelas referidas bases de dados, desde que previamente pactuado, por tabeliães e oficiais dos registros públicos, observado o disposto nas Leis n. 13.709, de 14 de agosto de 2018 (Lei Geral de Proteção de Dados Pessoais), e 13.444, de 11 de maio de 2017.

• A Lei n. 13.444, de 11-5-2017, dispõe sobre a Identificação Civil Nacional (ICN).

Capítulo III
DA ALTERAÇÃO DA LEGISLAÇÃO CORRELATA

Art. 10. A Lei n. 4.591, de 16 de dezembro de 1964, passa a vigorar com as seguintes alterações:

•• Alterações já processadas no diploma modificado.

Art. 11. A Lei n. 6.015, de 31 de dezembro de 1973 (Lei de Registros Públicos), passa a vigorar com as seguintes alterações:

•• Alterações já processadas no diploma modificado.

Art. 12. A Lei n. 6.766, de 19 de dezembro de 1979, passa a vigorar com as seguintes alterações:

•• Alterações já processadas no diploma modificado.

Art. 13. A Lei n. 8.935, de 18 de novembro de 1994, passa a vigorar com as seguintes alterações:

•• Alterações já processadas no diploma modificado.

Art. 14. A Lei n. 10.406, de 10 de janeiro de 2002 (Código Civil), passa a vigorar com as seguintes alterações:

•• Alterações já processadas no diploma modificado.

....

Art. 16. O art. 54 da Lei n. 13.097, de 19 de janeiro de 2015, passa a vigorar com as seguintes alterações, numerado o parágrafo único como § 1.º:

•• Alterações já processadas no diploma modificado.

Art. 17. O § 1.º do art. 76 da Lei n. 13.465, de 11 de julho de 2017, passa a vigorar com a seguinte redação:

•• Alterações já processadas no diploma modificado.

Capítulo IV
DISPOSIÇÕES TRANSITÓRIAS E FINAIS

Art. 18. A data final do cronograma previsto no inciso II do *caput* do art. 7.º desta Lei não poderá ultrapassar 31 de janeiro de 2023.

Art. 19. O disposto no art. 206-A da Lei n. 6.015, de 31 de dezembro de 1973 (Lei de Registros Públicos), deverá ser implementado, em todo o território nacional, no prazo de 150 (cento e cinquenta) dias, contado da data de entrada em vigor desta Lei.

Art. 20. Ficam revogados:

I – a alínea *o* do *caput* do art. 32 da Lei n. 4.591, de 16 de dezembro de 1964;

II – o art. 12 da Lei n. 4.864, de 29 de novembro de 1965;

III – os seguintes dispositivos da Lei n. 6.015, de 31 de dezembro de 1973 (Lei de Registros Públicos):

a) §§ 3.º, 4.º, 5.º e 6.º do art. 57;

b) §§ 2.º, 3.º e 4.º do art. 67;

c) § 1.º do art. 69;

d) inciso IV do *caput* do art. 127;

e) item 2.º do *caput* do art. 129;

f) art. 141;

g) art. 144;

h) art. 145;

i) art. 158;

j) §§ 1.º e 2.º do art. 161;

k) inciso III do *caput* do art. 169; e

l) incisos I, II, III e IV do *caput* do art. 198;

IV – (*Vetado*);

V – a Lei n. 9.042, de 9 de maio de 1995;

VI – da Lei n. 10.406, de 10 de janeiro de 2002 (Código Civil):

a) o inciso VI do *caput* do art. 44;

b) o Título I-A do Livro II da Parte Especial; e

c) o art. 1.494;

VII – o art. 2.º da Lei n. 12.441, de 11 de julho de 2011, na parte em que altera, da Lei n. 10.406, de 10 de janeiro de 2002 (Código Civil):

a) o inciso VI do *caput* do art. 44;

b) o Título I-A do Livro II da Parte Especial;

VIII – o art. 32 da Lei n. 12.810, de 15 de maio de 2013; e

IX – o art. 43 da Lei n. 14.195, de 26 de agosto de 2021.

Art. 21. Esta Lei entra em vigor:

I – em 1.º de janeiro de 2024, quanto ao art. 11, na parte em que altera o art. 130 da Lei n. 6.015, de 31 de dezembro de 1973 (Lei de Registros Públicos); e

II – na data de sua publicação, quanto aos demais dispositivos.

Brasília, 27 de junho de 2022; 201.º da Independência e 134.º da República.

JAIR MESSIAS BOLSONARO

DECRETO N. 11.129, DE 11 DE JULHO DE 2022 (*)

Regulamenta a Lei n. 12.846, de 1.º de agosto de 2013, que dispõe sobre a responsabilização administrativa e civil de pessoas jurídicas pela prática de atos contra a administração pública, nacional ou estrangeira.

O Presidente da República, no uso da atribuição que lhe confere o art. 84, *caput*, inciso IV, da Constituição, e tendo em vista o disposto na Lei n. 12.846, de 1.º de agosto de 2013, decreta:

Capítulo I
DISPOSIÇÕES PRELIMINARES

Art. 1.º Este Decreto regulamenta a responsabilização objetiva administrativa e civil de pessoas jurídicas pela prática de atos contra a administração pública, nacional ou estrangeira, de que trata a Lei n. 12.846, de 1.º de agosto de 2013.

§ 1.º A Lei n. 12.846, de 2013, aplica-se aos atos lesivos praticados:

I – por pessoa jurídica brasileira contra administração pública estrangeira, ainda que cometidos no exterior;

II – no todo ou em parte no território nacional ou que nele produzam ou possam produzir efeitos; ou

III – no exterior, quando praticados contra a administração pública nacional.

§ 2.º São passíveis de responsabilização nos termos do disposto na Lei n. 12.846, de 2013, as pessoas jurídicas que tenham sede, filial ou representação no território brasileiro, constituídas de fato ou de direito.

Art. 2.º A apuração da responsabilidade administrativa de pessoa jurídica, decorrente do exercício do poder sancionador da administração pública, será efetuada por meio de Processo Administrativo de Responsabilização – PAR ou de acordo de leniência.

Capítulo II
DA RESPONSABILIZAÇÃO ADMINISTRATIVA

Seção I

Da investigação preliminar

Art. 3.º O titular da corregedoria da entidade ou da unidade competente, ao tomar ciência da possível ocorrência de ato lesivo à administração pública federal, em sede de juízo de admissibilidade e mediante despacho fundamentado, decidirá:

I – pela abertura de investigação preliminar;

II – pela recomendação de instauração de PAR; ou

III – pela recomendação de arquivamento da matéria.

§ 1.º A investigação de que trata o inciso I do *caput* terá caráter sigiloso e não punitivo e será destinada à apuração de indícios de autoria e materialidade de atos lesivos à administração pública federal.

§ 2.º A investigação preliminar será conduzida diretamente pela corregedoria da entidade ou unidade competente, na forma estabelecida em regulamento, ou por comissão composta por dois ou mais membros, designados entre servidores efetivos ou empregados públicos.

§ 3.º Na investigação preliminar, serão praticados os atos necessários à elucidação dos

(*) Publicada no *Diário Oficial da União*, de 12-7-2022.

fatos sob apuração, compreendidas todas as diligências admitidas em lei, notadamente:

I – proposição à autoridade instauradora da suspensão cautelar dos efeitos do ato ou do processo objeto da investigação;

II – solicitação de atuação de especialistas com conhecimentos técnicos ou operacionais, de órgãos e entidades públicos ou de outras organizações, para auxiliar na análise da matéria sob exame;

III – solicitação de informações bancárias sobre movimentação de recursos públicos, ainda que sigilosas, nesta hipótese, em sede de compartilhamento do sigilo com órgãos de controle;

IV – requisição, por meio da autoridade competente, do compartilhamento de informações tributárias da pessoa jurídica investigada, conforme previsto no inciso II do § 1.º do art. 198 da Lei n. 5.172, de 25 de outubro de 1966 – Código Tributário Nacional;

V – solicitação, ao órgão de representação judicial ou equivalente dos órgãos ou das entidades lesadas, das medidas judiciais necessárias para a investigação e para o processamento dos atos lesivos, inclusive de busca e apreensão, no Brasil ou no exterior; ou

VI – solicitação de documentos ou informações a pessoas físicas ou jurídicas, de direito público ou privado, nacionais ou estrangeiras, ou a organizações públicas internacionais.

§ 4.º O prazo para a conclusão da investigação preliminar não excederá cento e oitenta dias, admitida a prorrogação, mediante ato da autoridade a que se refere o *caput*.

§ 5.º Ao final da investigação preliminar, serão enviadas à autoridade competente as peças de informação obtidas, acompanhadas de relatório conclusivo acerca da existência de indícios de autoria e materialidade de atos lesivos à administração pública federal, para decisão sobre a instauração do PAR.

Seção II
Do Processo Administrativo de Responsabilização

Art. 4.º A competência para a instauração e para o julgamento do PAR é da autoridade máxima da entidade em face da qual foi praticado o ato lesivo ou, em caso de órgão da administração pública federal direta, do respectivo Ministro de Estado.

Parágrafo único. A competência de que trata o *caput* será exercida de ofício ou mediante provocação e poderá ser delegada, vedada a subdelegação.

Art. 5.º No ato de instauração do PAR, a autoridade designará comissão, composta por dois ou mais servidores estáveis.

§ 1.º Em entidades da administração pública federal cujos quadros funcionais não sejam formados por servidores estatutários, a comissão a que se refere o *caput* será composta por dois ou mais empregados permanentes, preferencialmente com, no mínimo, três anos de tempo de serviço na entidade.

§ 2.º A comissão a que se refere o *caput* exercerá suas atividades com imparcialidade e observará a legislação, os regulamentos e as orientações técnicas vigentes.

§ 3.º Será assegurado o sigilo do PAR, sempre que necessário à elucidação do fato ou quando exigido pelo interesse da administração pública, garantido à pessoa jurídica processada o direito à ampla defesa e ao contraditório.

§ 4.º O prazo para a conclusão dos trabalhos da comissão de PAR não excederá cento e oitenta dias, admitida a prorrogação, mediante solicitação justificada do presidente da comissão à autoridade instauradora, que decidirá de maneira fundamentada.

Art. 6.º Instaurado o PAR, a comissão avaliará os fatos e as circunstâncias conhecidas e indiciará e intimará a pessoa jurídica processada para, no prazo de trinta dias, apresentar defesa escrita e especificar eventuais provas que pretenda produzir.

§ 1.º A intimação prevista no *caput*:

I – facultará expressamente à pessoa jurídica a possibilidade de apresentar informações e provas que subsidiem a análise da comissão de PAR no que se refere aos elementos que atenuam o valor da multa, previstos no art. 23; e

II – solicitará a apresentação de informações e documentos, nos termos estabelecidos pela Controladoria-Geral da União, que permitam a análise do programa de integridade da pessoa jurídica.

§ 2.º O ato de indiciação conterá, no mínimo:

I – a descrição clara e objetiva do ato lesivo imputado à pessoa jurídica, com a descrição das circunstâncias relevantes;

II – o apontamento das provas que sustentam o entendimento da comissão pela ocorrência do ato lesivo imputado; e

III – o enquadramento legal do ato lesivo imputado à pessoa jurídica processada.

§ 3.º Caso a intimação prevista no *caput* não tenha êxito, será feita nova intimação por meio de edital publicado na imprensa oficial e no sítio eletrônico do órgão ou da entidade pública responsável pela condução do PAR, hipótese em que o prazo para apresentação de defesa escrita será contado a partir da última data de publicação do edital.

§ 4.º Caso a pessoa jurídica processada não apresente sua defesa escrita no prazo estabelecido no *caput*, contra ela correrão os demais prazos, independentemente de notificação ou intimação, podendo intervir em qualquer fase do processo, sem direito à repetição de qualquer ato processual já praticado.

Art. 7.º As intimações serão feitas por qualquer meio físico ou eletrônico que assegure a certeza de ciência da pessoa jurídica processada.

§ 1.º Os prazos começam a correr a partir da data da cientificação oficial, excluindo-se da contagem o dia do começo e incluindo-se o dia do vencimento, observado o disposto no Capítulo XVI da Lei n. 9.784, de 29 de janeiro de 1999.

§ 2.º Na hipótese prevista no § 4.º do art. 6.º, dispensam-se as demais intimações processuais, até que a pessoa jurídica interessada se manifeste nos autos.

§ 3.º A pessoa jurídica estrangeira poderá ser notificada e intimada de todos os atos processuais, independentemente de procuração ou de disposição contratual ou estatutária, na pessoa do gerente, representante ou administrador de sua filial, agência, sucursal, estabelecimento ou escritório instalado no Brasil.

Art. 8.º Recebida a defesa escrita, a comissão avaliará a pertinência de produzir as provas eventualmente requeridas pela pessoa jurídica processada, podendo indeferir de forma motivada os pedidos de produção de provas que sejam ilícitas, impertinentes, desnecessárias, protelatórias ou intempestivas.

§ 1.º Caso sejam produzidas provas após a nota de indiciação, a comissão poderá:

I – intimar a pessoa jurídica para se manifestar, no prazo de dez dias, sobre as novas provas juntadas aos autos, caso tais provas não justifiquem a alteração da nota de indiciação; ou

II – lavrar nova indiciação ou indiciação complementar, caso as novas provas juntadas aos autos justifiquem alterações na nota de indiciação inicial, devendo ser observado o disposto no *caput* do art. 6.º.

§ 2.º Caso a pessoa jurídica apresente em sua defesa informações e documentos referentes à existência e ao funcionamento de programa de integridade, a comissão processante deverá examiná-lo segundo os parâmetros indicados no Capítulo V, para a dosimetria das sanções a serem aplicadas.

Art. 9.º A pessoa jurídica poderá acompanhar o PAR por meio de seus representantes legais ou procuradores, sendo-lhes assegurado amplo acesso aos autos.

Parágrafo único. É vedada a retirada de autos físicos da repartição pública, sendo autorizada a obtenção de cópias, preferencialmente em meio digital, mediante requerimento.

Art. 10. A comissão, para o devido e regular exercício de suas funções, poderá praticar os atos necessários à elucidação dos fatos sob apuração, compreendidos todos os meios probatórios admitidos em lei, inclusive os previstos no § 3.º do art. 3.º.

Art. 11. Concluídos os trabalhos de apuração e análise, a comissão elaborará relatório a respeito dos fatos apurados e da eventual responsabilidade administrativa da pessoa jurídica, no qual sugerirá, de forma motivada:

I – as sanções a serem aplicadas, com a respectiva indicação da dosimetria, ou o arquivamento do processo;

II – o encaminhamento do relatório final à autoridade competente para instrução de processo administrativo específico para reparação de danos, quando houver indícios de que do ato lesivo tenha resultado dano ao erário;

III – o encaminhamento do relatório final à Advocacia-Geral da União, para ajuizamento da ação de que trata o art. 19 da Lei n. 12.846, de 2013, com sugestão, de acordo com o caso concreto, da aplicação das sanções previstas naquele artigo, como retribuição complementar às do PAR ou para a prevenção de novos ilícitos;

IV – o encaminhamento do processo ao Ministério Público, nos termos do disposto no art. 15 da Lei n. 12.846, de 2013; e

V – as condições necessárias para a concessão da reabilitação, quando cabível.

Art. 12. Concluído o relatório final, a comissão lavrará ata de encerramento dos seus trabalhos, que formalizará sua desconstituição, e encaminhará o PAR à autoridade instauradora, que determinará a intimação da pessoa jurídica processada do relatório final para, querendo, manifestar-se no prazo máximo de dez dias.

Parágrafo único. Transcorrido o prazo previsto no *caput*, a autoridade instauradora determinará à corregedoria da entidade ou à unidade competente que analise a regularidade e o mérito do PAR.

Art. 13. Após a análise de regularidade e mérito, o PAR será encaminhado à autoridade competente para julgamento, o qual será precedido de manifestação jurídica, elaborada pelo órgão de assistência jurídica competente.

Parágrafo único. Na hipótese de decisão contrária ao relatório da comissão, esta deverá ser fundamentada com base nas provas produzidas no PAR.

Art. 14. A decisão administrativa proferida pela autoridade julgadora ao final do PAR será publicada no *Diário Oficial da União* e no sítio eletrônico do órgão ou da entidade pública responsável pelo julgamento do PAR.

Art. 15. Da decisão administrativa sancionadora cabe pedido de reconsideração com efeito suspensivo, no prazo de dez dias, contado da data de publicação da decisão.

§ 1.º A pessoa jurídica contra a qual foram impostas sanções no PAR e que não apresentar pedido de reconsideração deverá cumpri-las no prazo de trinta dias, contado do fim do prazo para interposição do pedido de reconsideração.

§ 2.º A autoridade julgadora terá o prazo de trinta dias para decidir sobre a matéria alegada no pedido de reconsideração e publicar nova decisão.

§ 3.º Mantida a decisão administrativa sancionadora, será concedido à pessoa jurídica novo prazo de trinta dias para o cumprimento das sanções que lhe foram impostas, contado da data de publicação da nova decisão.

Art. 16. Os atos previstos como infrações administrativas à Lei n. 14.133, de 1.º de abril de 2021, ou a outras normas de licitações e contratos da administração pública que também sejam tipificados como atos lesivos na Lei n. 12.846, de 2013, serão apurados e julgados conjuntamente, nos mesmos autos, aplicando-se o rito procedimental previsto neste Capítulo.

§ 1.º Concluída a apuração de que trata o *caput* e havendo autoridades distintas competentes para o julgamento, o processo será encaminhado primeiramente àquela de nível mais elevado, para que julgue no âmbito de sua competência, tendo precedência o julgamento pelo Ministro de Estado competente.

§ 2.º Para fins do disposto no *caput*, o chefe da unidade responsável no órgão ou na entidade pela gestão de licitações e contratos deve comunicar à autoridade a que se refere o *caput* do art. 3.º eventuais fatos que configurem atos lesivos previstos no art. 5.º da Lei n. 12.846, de 2013.

Art. 17. A Controladoria-Geral da União possui, no âmbito do Poder Executivo federal, competência:

I – concorrente para instaurar e julgar PAR; e

II – exclusiva para avocar os processos instaurados para exame de sua regularidade ou para lhes corrigir o andamento, inclusive promovendo a aplicação da penalidade administrativa cabível.

§ 1.º A Controladoria-Geral da União poderá exercer, a qualquer tempo, a competência prevista no *caput*, se presentes quaisquer das seguintes circunstâncias:

I – caracterização de omissão da autoridade originariamente competente;

II – inexistência de condições objetivas para sua realização no órgão ou na entidade de origem;

III – complexidade, repercussão e relevância da matéria;

IV – valor dos contratos mantidos pela pessoa jurídica com o órgão ou com a entidade atingida; ou

V – apuração que envolva atos e fatos relacionados com mais de um órgão ou entidade da administração pública federal.

§ 2.º Ficam os órgãos e as entidades da administração pública obrigados a encaminhar à Controladoria-Geral da União todos os documentos e informações que lhes forem solicitados, incluídos os autos originais dos processos que eventualmente estejam em curso.

Art. 18. Compete à Controladoria-Geral da União instaurar, apurar e julgar PAR pela prática de atos lesivos a administração pública estrangeira, o qual seguirá, no que couber, o rito procedimental previsto neste Capítulo.

Parágrafo único. Os órgãos e as entidades da administração pública federal direta e indireta deverão comunicar à Controladoria-Geral da União os indícios da ocorrência de atos lesivos a administração pública estrangeira, identificados no exercício de suas atribuições, juntando à comunicação os documentos já disponíveis e necessários à apuração ou à comprovação dos fatos, sem prejuízo do envio de documentação complementar, na hipótese de novas provas ou informações relevantes, sob pena de responsabilização.

Capítulo III
DAS SANÇÕES ADMINISTRATIVAS E DOS ENCAMINHAMENTOS JUDICIAIS

Seção I
Disposições gerais

Art. 19. As pessoas jurídicas estão sujeitas às seguintes sanções administrativas, nos termos do disposto no art. 6.º da Lei n. 12.846, de 2013:

I – multa; e

II – publicação extraordinária da decisão administrativa sancionadora.

Parágrafo único. Caso os atos lesivos apurados envolvam infrações administrativas à Lei n. 14.133, de 2021, ou a outras normas de licitações e contratos da administração pública e tenha ocorrido a apuração conjunta prevista no art. 16, a pessoa jurídica também estará sujeita a sanções administrativas que tenham como efeito a restrição ao direito de participar em licitações ou de celebrar contratos com a administração pública, a serem aplicadas no PAR.

Seção II
Da multa

Art. 20. A multa prevista no inciso I do *caput* do art. 6.º da Lei n. 12.846, de 2013, terá como base de cálculo o faturamento bruto da pessoa jurídica no último exercício anterior ao da instauração do PAR, excluídos os tributos.

§ 1.º Os valores que constituirão a base de cálculo de que trata o *caput* poderão ser apurados, entre outras formas, por meio de:

I – compartilhamento de informações tributárias, na forma do disposto no inciso II do § 1.º do art. 198 da Lei n. 5.172, de 1966 – Código Tributário Nacional;

II – registros contábeis produzidos ou publicados pela pessoa jurídica acusada, no Brasil ou no exterior;

III – estimativa, levando em consideração quaisquer informações sobre a sua situação econômica ou o estado de seus negócios, tais como patrimônio, capital social, número de empregados, contratos, entre outras; e

IV – identificação do montante total de recursos recebidos pela pessoa jurídica sem fins lucrativos no ano anterior ao da instauração do PAR, excluídos os tributos incidentes sobre vendas.

§ 2.º Os fatores previstos nos art. 22 e art. 23 deste Decreto serão avaliados em conjunto para os atos lesivos apurados no mesmo PAR, devendo-se considerar, para o cálculo da multa, a consolidação dos faturamentos brutos de todas as pessoas jurídicas pertencentes de fato ou de direito ao mesmo grupo econômico que tenham praticado os ilícitos previstos no art. 5.º da Lei n. 12.846, de 2013, ou concorrido para a sua prática.

Art. 21. Caso a pessoa jurídica comprovadamente não tenha tido faturamento no último exercício anterior ao da instauração do PAR, deve-se considerar como base de cálculo da multa o valor do último faturamento bruto apurado pela pessoa jurídica, excluídos os tributos incidentes sobre vendas, que terá seu valor atualizado até o último dia do exercício anterior ao da instauração do PAR.

Parágrafo único. Na hipótese prevista no *caput*, o valor da multa será estipulado observando-se o intervalo de R$ 6.000,00 (seis mil reais) a R$ 60.000.000,00 (sessenta milhões de reais) e o limite mínimo da vantagem auferida, quando for possível sua estimação.

Art. 22. O cálculo da multa se inicia com a soma dos valores correspondentes aos seguintes percentuais da base de cálculo:

I – até quatro por cento, havendo concurso dos atos lesivos;

II – até três por cento para tolerância ou ciência de pessoas do corpo diretivo ou gerencial da pessoa jurídica;

III – até quatro por cento no caso de interrupção no fornecimento de serviço público, na execução de obra contratada ou na entrega de bens ou serviços essenciais à prestação de serviços públicos ou no caso de descumprimento de requisitos regulatórios;

IV – um por cento para a situação econômica do infrator que apresente índices de solvência geral e de liquidez geral superiores a um e lucro líquido no último exercício anterior ao da instauração do PAR;

V – três por cento no caso de reincidência, assim definida a ocorrência de nova infração, idêntica ou não à anterior, tipificada como ato lesivo pelo art. 5.º da Lei n. 12.846, de 2013, em menos de cinco anos, contados da publicação do julgamento da infração anterior; e

VI – no caso de contratos, convênios, acordos, ajustes e outros instrumentos congêneres mantidos ou pretendidos com o órgão ou com as entidades lesadas, nos anos da prática do ato lesivo, serão considerados os seguintes percentuais:

a) um por cento, no caso de o somatório dos instrumentos totalizar valor superior a R$ 500.000,00 (quinhentos mil reais);

b) dois por cento, no caso de o somatório dos instrumentos totalizar valor superior a R$ 1.500.000,00 (um milhão e quinhentos mil reais);

c) três por cento, no caso de o somatório dos instrumentos totalizar valor superior a R$ 10.000.000,00 (dez milhões de reais);

d) quatro por cento, no caso de o somatório dos instrumentos totalizar valor superior a R$ 50.000.000,00 (cinquenta milhões de reais); ou

e) cinco por cento, no caso de o somatório dos instrumentos totalizar valor superior a R$ 250.000.000,00 (duzentos e cinquenta milhões de reais).

Parágrafo único. No caso de acordo de leniência, o prazo constante do inciso V do *caput* será contado a partir da data de celebração até cinco anos após a declaração de seu cumprimento.

Art. 23. Do resultado da soma dos fatores previstos no art. 22 serão subtraídos os valores correspondentes aos seguintes percentuais da base de cálculo:

I – até meio por cento no caso de não consumação da infração;

II – até um por cento no caso de:

a) comprovação da devolução espontânea pela pessoa jurídica da vantagem auferida e do ressarcimento dos danos resultantes do ato lesivo; ou

b) inexistência ou falta de comprovação de vantagem auferida e de danos resultantes do ato lesivo;

III – até um e meio por cento para o grau de colaboração da pessoa jurídica com a investigação ou a apuração do ato lesivo, independentemente do acordo de leniência;

IV – até dois por cento no caso de admissão voluntária pela pessoa jurídica da responsabilidade objetiva pelo ato lesivo; e

V – até cinco por cento no caso de comprovação de a pessoa jurídica possuir e aplicar um programa de integridade, conforme os parâmetros estabelecidos no Capítulo V.

Parágrafo único. Somente poderão ser atribuídos os percentuais máximos, quando observadas as seguintes condições:

I – na hipótese prevista na alínea "a" do inciso II do *caput*, quando ocorrer a devolução integral dos valores ali referidos;

II – na hipótese prevista no inciso IV do *caput*, quando a admissão ocorrer antes da instauração do PAR; e

III – na hipótese prevista no inciso V do *caput*, quando o plano de integridade for anterior à prática do ato lesivo.

Art. 24. A existência e quantificação dos fatores previstos nos art. 22 e art. 23 deverá ser apurada no PAR e evidenciada no relatório final da comissão, o qual também conterá a estimativa, sempre que possível, dos valores da vantagem auferida e da pretendida.

Art. 25. Em qualquer hipótese, o valor final da multa terá como limite:

I – mínimo, o maior valor entre o da vantagem auferida, quando for possível sua estimativa, e:

a) um décimo por cento da base de cálculo; ou

b) R$ 6.000,00 (seis mil reais), na hipótese prevista no art. 21; e

II – máximo, o menor valor entre:

a) três vezes o valor da vantagem pretendida ou auferida, o que for maior entre os dois valores;

b) vinte por cento do faturamento bruto do último exercício anterior ao da instauração do PAR, excluídos os tributos incidentes sobre vendas; ou

c) R$ 60.000.000,00 (sessenta milhões de reais), na hipótese prevista no art. 21, desde que não seja possível estimar o valor da vantagem auferida.

§ 1.º O limite máximo não será observado, caso o valor resultante do cálculo desse parâmetro seja inferior ao resultado calculado para o limite mínimo.

§ 2.º Na ausência de todos os fatores previstos nos art. 22 e art. 23 ou quando o resultado das operações de soma e subtração for igual ou menor que zero, o valor da multa corresponderá ao limite mínimo estabelecido no *caput*.

Art. 26. O valor da vantagem auferida ou pretendida corresponde ao equivalente monetário do produto do ilícito, assim entendido como os ganhos ou os proveitos obtidos ou pretendidos pela pessoa jurídica em decorrência direta ou indireta da prática do ato lesivo.

§ 1.º O valor da vantagem auferida ou pretendida poderá ser estimado mediante a aplicação, conforme o caso, das seguintes metodologias:

I – pelo valor total da receita auferida em contrato administrativo e seus aditivos, deduzidos os custos lícitos que a pessoa jurídica comprove serem efetivamente atribuíveis ao objeto contratado, na hipótese de atos lesivos praticados para fins de obtenção e execução dos respectivos contratos;

II – pelo valor total de despesas ou custos evitados, inclusive os de natureza tributária ou regulatória, e que seriam imputáveis à pessoa jurídica caso não houvesse sido praticado o ato lesivo pela pessoa jurídica infratora; ou

III – pelo valor do lucro adicional auferido pela pessoa jurídica decorrente de ação ou omissão na prática de ato do Poder Público que não ocorreria sem a prática do ato lesivo pela pessoa jurídica infratora.

§ 2.º Os valores correspondentes às vantagens indevidas prometidas ou pagas a agente público ou a terceiros a ele relacionados não poderão ser deduzidos do cálculo estimativo de que trata o § 1.º.

Art. 27. Com a assinatura do acordo de leniência, a multa aplicável será reduzida conforme a fração nele pactuada, observado o limite previsto no § 2.º do art. 16 da Lei n. 12.846, de 2013.

§ 1.º O valor da multa prevista no *caput* poderá ser inferior ao limite mínimo previsto no art. 6.º da Lei n. 12.846, de 2013.

§ 2.º No caso de a autoridade signatária declarar o descumprimento do acordo de leniência por falta imputável à pessoa jurídica colaboradora, o valor integral encontrado antes da redução de que trata o *caput* será cobrado na forma do disposto na Seção IV, descontando-se as frações da multa eventualmente já pagas.

Seção III
Da publicação extraordinária da decisão administrativa sancionadora

Art. 28. A pessoa jurídica sancionada administrativamente pela prática de atos lesivos contra a administração pública, nos termos da Lei n. 12.846, de 2013, publicará a decisão administrativa sancionadora na forma de extrato de sentença, cumulativamente:

I – em meio de comunicação de grande circulação, física ou eletrônica, na área da prática da infração e de atuação da pessoa jurídica ou, na sua falta, em publicação de circulação nacional;

II – em edital afixado no próprio estabelecimento ou no local de exercício da atividade, em localidade que permita a visibilidade pelo público, pelo prazo mínimo de trinta dias; e

III – em seu sítio eletrônico, pelo prazo mínimo de trinta dias e em destaque na página principal do referido sítio.

Parágrafo único. A publicação a que se refere o *caput* será feita a expensas da pessoa jurídica sancionada.

Seção IV
Da cobrança da multa aplicada

Art. 29. A multa aplicada será integralmente recolhida pela pessoa jurídica sancionada no prazo de trinta dias, observado o disposto no art. 15.

§ 1.º Feito o recolhimento, a pessoa jurídica sancionada apresentará ao órgão ou à entidade que aplicou a sanção documento que ateste o pagamento integral do valor da multa imposta.

§ 2.º Decorrido o prazo previsto no *caput* sem que a multa tenha sido recolhida ou não tendo ocorrido a comprovação de seu pagamento integral, o órgão ou a entidade que a aplicou encaminhará o débito para inscrição em Dívida Ativa da União ou das autarquias e fundações públicas federais.

§ 3.º Caso a entidade que aplicou a multa não possua Dívida Ativa, o valor será cobrado independentemente de prévia inscrição.

§ 4.º A multa aplicada pela Controladoria-Geral da União em acordos de leniência ou nas hipóteses previstas nos art. 17 e art. 18 será destinada à União e recolhida à conta única do Tesouro Nacional.

§ 5.º Os acordos de leniência poderão pactuar prazo distinto do previsto no *caput* para recolhimento da multa aplicada ou de qualquer outra obrigação financeira imputada à pessoa jurídica.

Seção V
Dos encaminhamentos judiciais

Art. 30. As medidas judiciais, no Brasil ou no exterior, como a cobrança da multa administrativa aplicada no PAR, a promoção da publicação extraordinária, a persecução das sanções previstas no *caput* do art. 19 da Lei n. 12.846, de 2013, a reparação integral dos danos e prejuízos, além de eventual atuação judicial para a finalidade de instrução ou garantia do processo judicial ou preservação do acordo de leniência, serão solicitadas ao órgão de representação judicial ou equivalente dos órgãos ou das entidades lesadas.

Art. 31. No âmbito da administração pública federal direta, inclusive nas hipóteses de que tratam os art. 17 e art. 18, a atuação judicial será exercida pela Procuradoria-Geral da União, observadas as atribuições da Procuradoria-Geral da Fazenda Nacional para inscrição e cobrança de créditos da União inscritos em Dívida Ativa.

Parágrafo único. No âmbito das autarquias e das fundações públicas federais, a atuação judicial será exercida pela Procuradoria-Geral Federal, inclusive no que se refere à cobrança da multa administrativa aplicada no PAR, respeitadas as competências da Procuradoria-Geral do Banco Central.

Capítulo IV
DO ACORDO DE LENIÊNCIA

Art. 32. O acordo de leniência é ato administrativo negocial decorrente do exercício do poder sancionador do Estado, que visa à responsabilização de pessoas jurídicas pela prática de atos lesivos contra a administração pública nacional ou estrangeira.

Parágrafo único. O acordo de leniência buscará, nos termos da lei:

I – o incremento da capacidade investigativa da administração pública;

II – a potencialização da capacidade estatal de recuperação de ativos; e

III – o fomento da cultura de integridade no setor privado.

Art. 33. O acordo de leniência será celebrado com as pessoas jurídicas responsáveis pela prática dos atos lesivos previstos na Lei n. 12.846, de 2013, e dos ilícitos administrativos previstos na Lei n. 14.133, de 2021, e em outras normas de licitações e contratos, com vistas à isenção ou à atenuação das respectivas sanções, desde que colaborem efetivamente com as investigações e o PAR, devendo resultar dessa colaboração:

I – a identificação dos demais envolvidos nos ilícitos, quando couber; e

II – a obtenção célere de informações e documentos que comprovem a infração sob apuração.

Art. 34. Compete à Controladoria-Geral da União celebrar acordos de leniência no âmbito do Poder Executivo federal e nos casos de atos lesivos contra a administração pública estrangeira.

Art. 35. Ato conjunto do Ministro de Estado da Controladoria-Geral da União e do Advogado-Geral da União:

I – disciplinará a participação de membros da Advocacia-Geral da União nos processos de negociação e de acompanhamento do cumprimento dos acordos de leniência; e

II – disporá sobre a celebração de acordos de leniência pelo Ministro de Estado da Controladoria-Geral da União conjuntamente com o Advogado-Geral da União.

Parágrafo único. A participação da Advocacia-Geral da União nos acordos de leniência, consideradas as condições neles estabelecidas e observados os termos da Lei Complementar n. 73, de 10 de fevereiro de 1993, e da Lei n. 13.140, de 26 de junho de 2015, poderá ensejar a resolução consensual das penalidades previstas no art. 19 da Lei n. 12.846, de 2013.

Art. 36. A Controladoria-Geral da União poderá aceitar delegação para negociar, celebrar e monitorar o cumprimento de acordos de leniência relativos a atos lesivos contra outros Poderes e entes federativos.

Art. 37. A pessoa jurídica que pretenda celebrar acordo de leniência deverá:

I – ser a primeira a manifestar interesse em cooperar para a apuração de ato lesivo específico, quando tal circunstância for relevante;

II – ter cessado completamente seu envolvimento no ato lesivo a partir da data da propositura do acordo;

III – admitir sua responsabilidade objetiva quanto aos atos lesivos;

IV – cooperar plena e permanentemente com as investigações e o processo administrativo e comparecer, sob suas expensas e sempre que solicitada, aos atos processuais, até o seu encerramento;

V – fornecer informações, documentos e elementos que comprovem o ato ilícito;

VI – reparar integralmente a parcela incontroversa do dano causado; e

VII – perder, em favor do ente lesado ou da União, conforme o caso, os valores correspondentes ao acréscimo patrimonial indevido ou ao enriquecimento ilícito direta ou indiretamente obtido da infração, nos termos e nos montantes definidos na negociação.

§ 1.º Os requisitos de que tratam os incisos III e IV do *caput* serão avaliados em face da boa-fé da pessoa jurídica proponente em reportar à administração a descrição e a comprovação da integralidade dos atos ilícitos de que tenha ou venha a ter ciência, desde o momento da propositura do acordo até o seu total cumprimento.

§ 2.º A parcela incontroversa do dano de que trata o inciso VI do *caput* corresponde aos valores dos danos admitidos pela pessoa jurídica ou àqueles decorrentes de decisão definitiva no âmbito do devido processo administrativo ou judicial.

§ 3.º Nas hipóteses em que de determinado ato ilícito decorra, simultaneamente, dano ao ente lesado e acréscimo patrimonial indevido à pessoa jurídica responsável pela prática do ato, e haja identidade entre ambos, os valores a eles correspondentes serão:

I – computados uma única vez para fins de quantificação do valor a ser adimplido a partir do acordo de leniência; e

II – classificados como ressarcimento de danos para fins contábeis, orçamentários e de sua destinação para o ente lesado.

Art. 38. A proposta de celebração de acordo de leniência deverá ser feita de forma escrita, oportunidade em que a pessoa jurídica proponente declarará expressamente que foi orientada a respeito de seus direitos, garantias e deveres legais e de que o não atendimento às determinações e às solicitações durante a etapa de negociação importará a desistência da proposta.

§ 1.º A proposta deverá ser apresentada pelos representantes da pessoa jurídica, na forma de seu estatuto ou contrato social, ou por meio de procurador com poderes específicos para tal ato, observado o disposto no art. 26 da Lei n. 12.846, de 2013.

§ 2.º A proposta poderá ser feita até a conclusão do relatório a ser elaborado no PAR.

§ 3.º A proposta apresentada receberá tratamento sigiloso e o acesso ao seu conteúdo será restrito no âmbito da Controladoria-Geral da União.

§ 4.º A proponente poderá divulgar ou compartilhar a existência da proposta ou de seu conteúdo, desde que haja prévia anuência da Controladoria-Geral da União.

§ 5.º A análise da proposta de acordo de leniência será instruída em processo administrativo específico, que conterá o registro dos atos praticados na negociação.

Art. 39. A proposta de celebração de acordo de leniência será submetida à análise de juízo de admissibilidade, para verificação da existência dos elementos mínimos que justifiquem o início da negociação.

§ 1.º Admitida a proposta, será firmado memorando de entendimentos com a pessoa jurídica proponente, definindo os parâmetros da negociação do acordo de leniência.

§ 2.º O memorando de entendimentos poderá ser resilido a qualquer momento, a pedido da pessoa jurídica proponente ou a critério da administração pública federal.

§ 3.º A assinatura do memorando de entendimentos:

I – interrompe a prescrição; e

II – suspende a prescrição pelo prazo da negociação, limitado, em qualquer hipótese, a trezentos e sessenta dias.

Art. 40. A critério da Controladoria-Geral da União, o PAR instaurado em face de pessoa jurídica que esteja negociando a celebração de acordo de leniência poderá ser suspenso.

Parágrafo único. A suspensão ocorrerá sem prejuízo:

I – da continuidade de medidas investigativas necessárias para o esclarecimento dos fatos; e

II – da adoção de medidas processuais cautelares e assecuratórias indispensáveis para se evitar perecimento de direito ou garantir a instrução processual.

Art. 41. A Controladoria-Geral da União poderá avocar os autos de processos administrativos em curso em outros órgãos ou entidades da administração pública federal relacionados com os fatos objeto do acordo em negociação.

Art. 42. A negociação a respeito da proposta do acordo de leniência deverá ser concluída no prazo de cento e oitenta dias, contado da data da assinatura do memorando de entendimentos.

Parágrafo único. O prazo de que trata o *caput* poderá ser prorrogado, caso presentes circunstâncias que o exijam.

Art. 43. A desistência da proposta de acordo de leniência ou a sua rejeição não importará em reconhecimento da prática do ato lesivo.

§ 1.º Não se fará divulgação da desistência ou da rejeição da proposta do acordo de leniência, ressalvado o disposto no § 4.º do art. 38.

§ 2.º Na hipótese prevista no *caput*, a administração pública federal não poderá utilizar os documentos recebidos durante o processo de negociação de acordo de leniência.

§ 3.º O disposto no § 2.º não impedirá a apuração dos fatos relacionados com a proposta de acordo de leniência, quando decorrer de indícios ou provas autônomas que sejam obtidos ou levados ao conhecimento da autoridade por qualquer outro meio.

Art. 44. O acordo de leniência estipulará as condições para assegurar a efetividade da colaboração e o resultado útil do processo e conterá as cláusulas e obrigações que, diante das circunstâncias do caso concreto, reputem-se necessárias.

Art. 45. O acordo de leniência conterá, entre outras disposições, cláusulas que versem sobre:

I – o compromisso de cumprimento dos requisitos previstos nos incisos II a VII do *caput* do art. 37;

II – a perda dos benefícios pactuados, em caso de descumprimento do acordo;

III – a natureza de título executivo extrajudicial do instrumento do acordo, nos termos do disposto no inciso II do *caput* do art. 784 da Lei n. 13.105, de 16 de março de 2015 – Código de Processo Civil;

IV – a adoção, a aplicação ou o aperfeiçoamento de programa de integridade, conforme os parâmetros estabelecidos no Capítulo V, bem como o prazo e as condições de monitoramento;

V – o pagamento das multas aplicáveis e da parcela a que se refere o inciso VI do *caput* do art. 37; e

VI – a possibilidade de utilização da parcela a que se refere o inciso VI do *caput* do art. 37 para compensação com outros valores porventura apurados em outros processos sancionatórios ou de prestação de contas, quando relativos aos mesmos fatos que compõem o escopo do acordo.

Art. 46. A Controladoria-Geral da União poderá conduzir e julgar os processos administrativos que apurem infrações administrativas previstas na Lei n. 12.846, de 2013, na Lei n. 14.133, de 2021, e em outras normas de licitações e contratos, cujos fatos tenham sido noticiados por meio do acordo de leniência.

Art. 47. O percentual de redução do valor da multa aplicável de que trata o § 2.º do art. 16 da Lei n. 12.846, de 2013, levará em consideração os seguintes critérios:

I – a tempestividade da autodenúncia e o ineditismo dos atos lesivos;

II – a efetividade da colaboração da pessoa jurídica; e

III – o compromisso de assumir condições relevantes para o cumprimento do acordo.

Parágrafo único. Os critérios previstos no *caput* serão objeto de ato normativo a ser editado pelo Ministro de Estado da Controladoria-Geral da União.

Art. 48. O acesso aos documentos e às informações comercialmente sensíveis da pessoa jurídica será mantido restrito durante a negociação e após a celebração do acordo de leniência.

§ 1.º Até a celebração do acordo de leniência, a identidade da pessoa jurídica signatária do acordo não será divulgada ao público, ressalvado o disposto no § 4.º do art. 38.

§ 2.º As informações e os documentos obtidos em decorrência da celebração de acordos de leniência poderão ser compartilhados com outras autoridades, mediante compromisso de sua não utilização para sancionar a própria pessoa jurídica em relação aos mesmos fatos objeto do acordo de leniência, ou com concordância da própria pessoa jurídica.

Art. 49. A celebração do acordo de leniência interrompe o prazo prescricional da pretensão punitiva em relação aos atos ilícitos objeto do acordo, nos termos do disposto no § 9.º do art. 16 da Lei n. 12.846, de 2013, que permanecerá suspenso até o cumprimento dos compromissos firmados no acordo ou até a sua rescisão, nos termos do disposto no art. 34 da Lei n. 13.140, de 2015.

Art. 50. Com a celebração do acordo de leniência, serão concedidos em favor da pessoa jurídica signatária, nos termos previamente firmados no acordo, um ou mais dos seguintes efeitos:

I – isenção da publicação extraordinária da decisão administrativa sancionadora;

II – isenção da proibição de receber incentivos, subsídios, subvenções, doações ou empréstimos de órgãos ou entidades públicos e de instituições financeiras públicas ou controladas pelo Poder Público;

III – redução do valor final da multa aplicável, observado o disposto no art. 27; ou

IV – isenção ou atenuação das sanções administrativas previstas no art. 156 da Lei n. 14.133, de 2021, ou em outras normas de licitações e contratos.

§ 1.º No acordo de leniência poderá ser pactuada a resolução de ações judiciais que tenham por objeto os fatos que componham o escopo do acordo.

§ 2.º Os efeitos do acordo de leniência serão estendidos às pessoas jurídicas que integrarem o mesmo grupo econômico, de fato ou de direito, desde que tenham firmado o acordo em conjunto, respeitadas as condições nele estabelecidas.

Art. 51. O monitoramento das obrigações de adoção, implementação e aperfeiçoamento do programa de integridade de que trata o inciso IV do *caput* do art. 45 será realizado, direta ou indiretamente, pela Controladoria-Geral da União, podendo ser dispensado, a depender das características do ato lesivo, das medidas de remediação adotadas pela pessoa jurídica e do interesse público.

§ 1.º O monitoramento a que se refere o *caput* será realizado, dentre outras formas, pela análise de relatórios, documentos e informações fornecidos pela pessoa jurídica, obtidos de forma independente ou por meio de reuniões, entrevistas, testes de sistemas e de conformidade com as políticas e visitas técnicas.

§ 2.º As informações relativas às etapas do processo de monitoramento serão publicadas em transparência ativa no sítio eletrônico da Controladoria-Geral da União, respeitados os sigilos legais e o interesse das investigações.

Art. 52. Cumprido o acordo de leniência pela pessoa jurídica colaboradora, a autoridade competente declarará:

I – o cumprimento das obrigações nele constantes;

II – a isenção das sanções previstas no inciso II do *caput* do art. 6.º e no inciso IV do *caput* do art. 19 da Lei n. 12.846, de 2013, bem como das demais sanções aplicáveis ao caso;

III – o cumprimento da sanção prevista no inciso I do *caput* do art. 6.º da Lei n. 12.846, de 2013; e

IV – o atendimento dos compromissos assumidos de que tratam os incisos II a VII do *caput* do art. 37 deste Decreto.

Art. 53. Declarada a rescisão do acordo de leniência pela autoridade competente, decorrente do seu injustificado descumprimento:

I – a pessoa jurídica perderá os benefícios pactuados e ficará impedida de celebrar novo acordo pelo prazo de três anos, contado da data em que se tornar definitiva a decisão administrativa que julgar rescindido o acordo;

II – haverá o vencimento antecipado das parcelas não pagas e serão executados:

a) o valor integral da multa, descontando-se as frações eventualmente já pagas; e

b) os valores integrais referentes aos danos, ao enriquecimento indevido e a outros valores porventura pactuados no acordo, descontando-se as frações eventualmente já pagas; e

III – serão aplicadas as demais sanções e as consequências previstas nos termos dos acordos de leniência e na legislação aplicável.

Parágrafo único. O descumprimento do acordo de leniência será registrado pela Controladoria-Geral da União, pelo prazo de três anos, no Cadastro Nacional de Empresas Punidas – CNEP.

Art. 54. Excepcionalmente, as autoridades signatárias poderão deferir pedido de alteração ou de substituição de obrigações pactuadas no acordo de leniência, desde que presentes os seguintes requisitos:

I – manutenção dos resultados e requisitos originais que fundamentaram o acordo de leniência, nos termos do disposto no art. 16 da Lei n. 12.846, de 2013;

II – maior vantagem para a administração, de maneira que sejam alcançadas melhores consequências para o interesse público do que a declaração de descumprimento e a rescisão do acordo;

III – imprevisão da circunstância que dá causa ao pedido de modificação ou à impossibilidade de cumprimento das condições originalmente pactuadas;

IV – boa-fé da pessoa jurídica colaboradora em comunicar a impossibilidade do cumprimento de uma obrigação antes do vencimento do prazo para seu adimplemento; e

V – higidez das garantias apresentadas no acordo.

Parágrafo único. A análise do pedido de que trata o *caput* considerará o grau de adimplência da pessoa jurídica com as demais condições pactuadas, inclusive as de adoção ou de aperfeiçoamento do programa de integridade.

Art. 55. Os acordos de leniência celebrados serão publicados em transparência ativa no sítio eletrônico da Controladoria-Geral da União, respeitados os sigilos legais e o interesse das investigações.

Capítulo V
DO PROGRAMA DE INTEGRIDADE

Art. 56. Para fins do disposto neste Decreto, programa de integridade consiste, no âmbito de uma pessoa jurídica, no conjunto de mecanismos e procedimentos internos de integridade, auditoria e incentivo à denúncia de irregularidades e na aplicação efetiva de códigos de ética e de conduta, políticas e diretrizes, com objetivo de:

I – prevenir, detectar e sanar desvios, fraudes, irregularidades e atos ilícitos praticados contra a administração pública, nacional ou estrangeira; e

II – fomentar e manter uma cultura de integridade no ambiente organizacional.

Parágrafo único. O programa de integridade deve ser estruturado, aplicado e atualizado de acordo com as características e os riscos atuais das atividades de cada pessoa jurídica, a qual, por sua vez, deve garantir o constante aprimoramento e a adaptação do referido programa, visando garantir sua efetividade.

Art. 57. Para fins do disposto no inciso VIII do *caput* do art. 7.º da Lei n. 12.846, de 2013, o programa de integridade será avaliado, quanto a sua existência e aplicação, de acordo com os seguintes parâmetros:

I – comprometimento da alta direção da pessoa jurídica, incluídos os conselhos, evidenciado pelo apoio visível e inequívoco ao programa, bem como pela destinação de recursos adequados;

II – padrões de conduta, código de ética, políticas e procedimentos de integridade, aplicáveis a todos os empregados e administradores, independentemente do cargo ou da função exercida;

III – padrões de conduta, código de ética e políticas de integridade estendidas, quando necessário, a terceiros, tais como fornecedores, prestadores de serviço, agentes intermediários e associados;

IV – treinamentos e ações de comunicação periódicos sobre o programa de integridade;

V – gestão adequada de riscos, incluindo sua análise e reavaliação periódica, para a realização de adaptações necessárias ao programa de integridade e a alocação eficiente de recursos;

VI – registros contábeis que reflitam de forma completa e precisa as transações da pessoa jurídica;

VII – controles internos que assegurem a pronta elaboração e a confiabilidade de relatórios e demonstrações financeiras da pessoa jurídica;

VIII – procedimentos específicos para prevenir fraudes e ilícitos no âmbito de processos licitatórios, na execução de contratos administrativos ou em qualquer interação com o setor público, ainda que intermediada por terceiros, como pagamento de tributos, sujeição a fiscalizações ou obtenção de autorizações, licenças, permissões e certidões;

IX – independência, estrutura e autoridade da instância interna responsável pela aplicação do programa de integridade e pela fiscalização de seu cumprimento;

X – canais de denúncia de irregularidades, abertos e amplamente divulgados a funcionários e terceiros, e mecanismos destinados ao tratamento das denúncias e à proteção de denunciantes de boa-fé;

XI – medidas disciplinares em caso de violação do programa de integridade;

XII – procedimentos que assegurem a pronta interrupção de irregularidades ou infrações detectadas e a tempestiva remediação dos danos gerados;

XIII – diligências apropriadas, baseadas em risco, para:

a) contratação e, conforme o caso, supervisão de terceiros, tais como fornecedores, prestadores de serviço, agentes intermediários, despachantes, consultores, representantes comerciais e associados;

b) contratação e, conforme o caso, supervisão de pessoas expostas politicamente, bem como de seus familiares, estreitos colaboradores e pessoas jurídicas de que participem; e

c) realização e supervisão de patrocínios e doações;

XIV – verificação, durante os processos de fusões, aquisições e reestruturações societárias, do cometimento de irregularidades ou ilícitos ou da existência de vulnerabilidades nas pessoas jurídicas envolvidas; e

XV – monitoramento contínuo do programa de integridade visando ao seu aperfeiçoamento na prevenção, na detecção e no combate à ocorrência dos atos lesivos previstos no art. 5.º da Lei n. 12.846, de 2013.

§ 1.º Na avaliação dos parâmetros de que trata o *caput*, serão considerados o porte e as especificidades da pessoa jurídica, por meio de aspectos como:

I – a quantidade de funcionários, empregados e colaboradores;

II – o faturamento, levando ainda em consideração o fato de ser qualificada como microempresa ou empresa de pequeno porte;

III – a estrutura de governança corporativa e a complexidade de unidades internas, tais como departamentos, diretorias ou setores, ou da estruturação de grupo econômico;

IV – a utilização de agentes intermediários, como consultores ou representantes comerciais;

V – o setor do mercado em que atua;

VI – os países em que atua, direta ou indiretamente;

VII – o grau de interação com o setor público e a importância de contratações, investimentos e subsídios públicos, autorizações, licenças e permissões governamentais em suas operações; e

VIII – a quantidade e a localização das pessoas jurídicas que integram o grupo econômico.

§ 2.º A efetividade do programa de integridade em relação ao ato lesivo objeto de apuração será considerada para fins da avaliação de que trata o *caput*.

Capítulo VI

DO CADASTRO NACIONAL DE EMPRESAS INIDÔNEAS E SUSPENSAS E DO CADASTRO NACIONAL DE EMPRESAS PUNIDAS

Art. 58. O Cadastro Nacional de Empresas Inidôneas e Suspensas – CEIS conterá informações referentes às sanções administrativas impostas a pessoas físicas ou jurídicas que impliquem restrição ao direito de participar de licitações ou de celebrar contratos com a administração pública de qualquer esfera federativa, entre as quais:

I – suspensão temporária de participação em licitação e impedimento de contratar com a administração pública, conforme disposto no inciso III do *caput* do art. 87 da Lei n. 8.666, de 21 de junho de 1993;

II – declaração de inidoneidade para licitar ou contratar com a administração pública, conforme disposto no inciso IV do *caput* do art. 87 da Lei n. 8.666, de 1993, e no inciso IV do *caput* do art. 156 da Lei n. 14.133, de 2021;

III – impedimento de licitar e contratar com a União, os Estados, o Distrito Federal ou os Municípios, conforme disposto no art. 7.º da Lei n. 10.520, de 17 de julho de 2002, no art. 47 da Lei n. 12.462, de 4 de agosto de 2011, e no inciso III do *caput* do art. 156 da Lei n. 14.133, de 2021;

IV – suspensão temporária de participação em licitação e impedimento de contratar com a administração pública, conforme disposto no inciso IV do *caput* do art. 33 da Lei n. 12.527, de 18 de novembro de 2011;

V – declaração de inidoneidade para licitar ou contratar com a administração pública, conforme disposto no inciso V do *caput* do art. 33 da Lei n. 12.527, de 2011;

VI – declaração de inidoneidade para participar de licitação com a administração pública federal, conforme disposto no art. 46 da Lei n. 8.443, de 16 de julho de 1992;

VII – proibição de contratar com o Poder Público, conforme disposto no art. 12 da Lei n. 8.429, de 2 de junho de 1992;

VIII – proibição de contratar e participar de licitações com o Poder Público, conforme disposto no art. 10 da Lei n. 9.605, de 12 de fevereiro de 1998; e

IX – declaração de inidoneidade, conforme disposto no inciso V do *caput* do art. 78-A combinado com o art. 78-I da Lei n. 10.233, de 5 de junho de 2001.

Parágrafo único. Poderão ser registradas no CEIS outras sanções que impliquem restrição ao direito de participar em licitações ou de celebrar contratos com a administração pública, ainda que não sejam de natureza administrativa.

Art. 59. O CNEP conterá informações referentes:

I – às sanções impostas com fundamento na Lei n. 12.846, de 2013; e

II – ao descumprimento de acordo de leniência celebrado com fundamento na Lei n. 12.846, de 2013.

Parágrafo único. As informações sobre os acordos de leniência celebrados com fundamento na Lei n. 12.846, de 2013, serão registradas em relação específica no CNEP, após a celebração do acordo, exceto se sua divulgação causar prejuízos às investigações ou ao processo administrativo.

Art. 60. Constarão do CEIS e do CNEP, sem prejuízo de outros a serem estabelecidos pela Controladoria-Geral da União, dados e informações referentes a:

I – nome ou razão social da pessoa física ou jurídica sancionada;

II – número de inscrição da pessoa jurídica no Cadastro Nacional da Pessoa Jurídica – CNPJ ou da pessoa física no Cadastro de Pessoas Físicas – CPF;

III – tipo de sanção;

IV – fundamentação legal da sanção;

V – número do processo no qual foi fundamentada a sanção;

VI – data de início de vigência do efeito limitador ou impeditivo da sanção ou data de aplicação da sanção;

VII – data final do efeito limitador ou impeditivo da sanção, quando couber;

VIII – nome do órgão ou da entidade sancionadora;

IX – valor da multa, quando couber; e

X – escopo de abrangência da sanção, quando couber.

Art. 61. Os registros no CEIS e no CNEP deverão ser realizados imediatamente após o transcurso do prazo para apresentação do pedido de reconsideração ou recurso cabível ou da publicação de sua decisão final, quando lhe for atribuído efeito suspensivo pela autoridade competente.

Art. 62. A exclusão dos dados e das informações constantes do CEIS ou do CNEP se dará:

I – com o fim do prazo do efeito limitador ou impeditivo da sanção ou depois de decorrido o prazo previamente estabelecido no ato sancionador; ou

II – mediante requerimento da pessoa jurídica interessada, após cumpridos os seguintes requisitos, quando aplicáveis:

a) publicação da decisão de reabilitação da pessoa jurídica sancionada;

b) cumprimento integral do acordo de leniência;

c) reparação do dano causado;

d) quitação da multa aplicada; e

e) cumprimento da pena de publicação extraordinária da decisão administrativa sancionadora.

Art. 63. O fornecimento dos dados e das informações de que trata este Capítulo pelos órgãos e pelas entidades dos Poderes Executivo, Legislativo e Judiciário de cada uma das esferas de governo será disciplinado pela Controladoria-Geral da União.

Parágrafo único. O registro e a exclusão dos registros no CEIS e no CNEP são de competência e responsabilidade do órgão ou da entidade sancionadora.

Capítulo VII

DISPOSIÇÕES FINAIS

Art. 64. As informações referentes ao PAR instaurado no âmbito dos órgãos e das entidades do Poder Executivo federal serão registradas no sistema de gerenciamento eletrônico de processos administrativos sancionadores mantido pela Controladoria-Geral da União, conforme ato do Ministro de Estado da Controladoria-Geral da União.

Art. 65. Os órgãos e as entidades da administração pública, no exercício de suas competências regulatórias, disporão sobre os efeitos da Lei n. 12.846, de 2013, no âmbito das atividades reguladas, inclusive no caso de proposta e celebração de acordo de leniência.

Art. 66. O processamento do PAR ou a negociação de acordo de leniência não interfere no seguimento regular dos processos administrativos específicos para apuração da ocorrência de danos e prejuízos à administração pública federal resultantes de ato lesivo cometido por pessoa jurídica, com ou sem a participação de agente público.

Art. 67. Compete ao Ministro de Estado da Controladoria-Geral da União editar orientações, normas e procedimentos complementares para a execução deste Decreto, notadamente no que diz respeito a:

I – fixação da metodologia para a apuração do faturamento bruto e dos tributos a serem excluídos para fins de cálculo da multa a que se refere o art. 6.º da Lei n. 12.846, de 2013;

II – forma e regras para o cumprimento da publicação extraordinária da decisão administrativa sancionadora;

III – avaliação do programa de integridade, inclusive sobre a forma de avaliação simplificada no caso de microempresas e empresas de pequeno porte; e

IV – gestão e registro dos procedimentos e sanções aplicadas em face de pessoas jurídicas e entes privados.

Art. 68. O Ministério da Justiça e Segurança Pública, a Advocacia-Geral da União e a Controladoria-Geral da União:

I – estabelecerão canais de comunicação institucional:

a) para o encaminhamento de informações referentes à prática de atos lesivos contra a administração pública nacional ou estrangeira ou derivadas de acordos de colaboração premiada e acordos de leniência; e

b) para a cooperação jurídica internacional e recuperação de ativos; e

II – poderão, por meio de acordos de colaboração técnica, articular medidas para o enfrentamento da corrupção e de delitos conexos.

Art. 69. As disposições deste Decreto se aplicam imediatamente aos processos em curso, resguardados os atos praticados antes de sua vigência.

Art. 70. Fica revogado o Decreto n. 8.420, de 18 de março de 2015.

Art. 71. Este Decreto entra em vigor em 18 de julho de 2022.

Brasília, 11 de julho de 2022; 201.º da Independência e 134.º da República.

JAIR MESSIAS BOLSONARO

LEI N. 14.430, DE 3 DE AGOSTO DE 2022 (*)

Dispõe sobre a emissão de Letra de Risco de Seguro (LRS) por Sociedade Seguradora de Propósito Específico (SSPE), sobre as regras gerais aplicáveis à securitização de direitos creditórios e à emissão de Certificados de Recebíveis e sobre a flexibilização do requisito de instituição financeira para a prestação do serviço de escrituração e de custódia de valores mobiliários; altera as Leis n. 6.404, de 15 de dezembro de 1976, 6.385, de 7 de dezembro de 1976, 9.718, de 27 de novembro de 1998, 4.594, de 29 de dezembro de 1964, e o Decreto-lei n. 73, de 21 de novembro de 1966; e revoga dispositivos das Leis n. 9.514, de 20 de novembro de 1997, 10.931, de 2 de agosto de 2004, 11.076, de 30 de dezembro de 2004, 12.810, de 15 de maio de 2013, 13.331, de 1.º de setembro de 2016, e 13.986, de 7 de abril de 2020.

O Presidente da República

Faço saber que o Congresso Nacional decreta e eu sanciono a seguinte Lei:

(*) Publicada no *Diário Oficial da União*, de 4-8-2022.

Capítulo I
DO OBJETO

Art. 1.º Esta Lei dispõe sobre:

I – a emissão de Letra de Risco de Seguro (LRS) por Sociedade Seguradora de Propósito Específico (SSPE);

II – as regras gerais aplicáveis à securitização de direitos creditórios e à emissão de Certificados de Recebíveis; e

III – a flexibilização do requisito de instituição financeira para a prestação do serviço de escrituração e de custódia de valores mobiliários.

Capítulo II
DA EMISSÃO DE LETRA DE RISCO DE SEGURO POR SOCIEDADE SEGURADORA DE PROPÓSITO ESPECÍFICO

Seção I
Disposições Gerais

Art. 2.º A Sociedade Seguradora de Propósito Específico (SSPE) é a sociedade seguradora que tem como finalidade exclusiva realizar uma ou mais operações, independentes patrimonialmente, de aceitação de riscos de seguros, previdência complementar, saúde suplementar, resseguro ou retrocessão de uma ou mais contrapartes e seu financiamento por meio de emissão de Letra de Risco de Seguro (LRS), instrumento de dívida vinculada a riscos de seguros e resseguros.

§ 1.º A SSPE captará para cada operação, por meio de emissão de LRS, recursos necessários como garantias a riscos de seguros, previdência complementar, saúde suplementar, resseguro ou retrocessão, denominados, para fins do disposto nesta Lei, riscos de seguros e resseguros.

§ 2.º As garantias de que trata o § 1.º deste artigo, em conjunto com o prêmio recebido, deverão corresponder, no mínimo, ao valor nominal total da perda máxima possível decorrente dos riscos de seguros e resseguros aceitos, acrescido de despesas que possam ser incorridas pela SSPE, e serão utilizadas exclusivamente para a cobertura dos riscos e o cumprimento das obrigações representadas na LRS emitida.

§ 3.º Para fins do disposto nesta Lei, considera-se contraparte a sociedade seguradora, o ressegurador, a entidade de previdência complementar, a operadora de saúde suplementar, ou a pessoa jurídica, de natureza pública ou privada, sediada ou não no País, que cede riscos de seguros e resseguros à SSPE, conforme critérios estabelecidos em regulamentação específica.

Art. 3.º A SSPE somente poderá ceder riscos em resseguro ou em retrocessão nas hipóteses e nas condições estabelecidas pelo Conselho Nacional de Seguros Privados (CNSP).

Art. 4.º Os contratos de cessão de riscos de seguros e resseguros à SSPE poderão utilizar, entre outros, critérios matemáticos objetivos baseados em índices ou parâmetros para a definição de valores garantidos e o acionamento de cobertura contratual.

Art. 5.º A SSPE não responderá diretamente perante o segurado, o participante, o beneficiário ou o assistido pelo montante assumido quando a contraparte for sociedade seguradora, ressegurador, entidade de previdência complementar ou operadora de saúde suplementar, hipótese em que a contraparte ficará integralmente responsável pela indenização.

Parágrafo único. Na hipótese de insolvência, de decretação de liquidação ou de falência da contraparte de que trata o *caput* deste artigo, será permitido o pagamento direto ao segurado, ao participante, ao beneficiário ou ao assistido da parcela de indenização ou benefício correspondente à cessão do risco à SSPE, desde que o pagamento da parcela não tenha sido realizado pela contraparte ao segurado nem à própria contraparte.

Art. 6.º Os investidores titulares da LRS não poderão requerer a falência ou a liquidação da SSPE.

Art. 7.º Compete ao CNSP, além das demais competências previstas na legislação:

I – estabelecer as diretrizes e as normas referentes aos contratos e à aceitação, pela SSPE, dos riscos de seguros e resseguros, do seu financiamento por meio de emissão de LRS e das condições da emissão;

II – regulamentar limites e restrições, quando aplicáveis, nas operações de que trata esta Lei;

III – regulamentar os critérios previstos no § 3.º do art. 2.º desta Lei;

IV – estabelecer a forma e as condições para o registro e o depósito da LRS;

V – determinar as demonstrações financeiras a serem elaboradas pela SSPE, a sua periodicidade e a necessidade de auditoria efetuada por auditores independentes; e

VI – regulamentar os demais aspectos necessários à operacionalização do disposto nesta Lei.

Art. 8.º A distribuição e a oferta pública da LRS observarão o disposto em regulamentação editada pela Comissão de Valores Mobiliários (CVM).

Art. 9.º Ato conjunto do CNSP e do Conselho Monetário Nacional (CMN) disciplinará a atuação, os requisitos, as atribuições e as responsabilidades do agente fiduciário nas operações de que trata esta Lei.

Art. 10. A SSPE será regulada também, no que couber, pela legislação aplicável às sociedades seguradoras.

Art. 11. Para as SSPEs, as faixas de enquadramento e os respectivos valores constantes de tabela que determina o valor devido de taxa de fiscalização serão iguais aos aplicados às sociedades seguradoras que operam, exclusivamente, com seguros de danos, nos termos da legislação específica.

Parágrafo único. Para enquadramento nas faixas indicadas na legislação específica com valores de taxas de fiscalização constantes da legislação específica, serão considerados, somente, os valores totais de prêmios da SSPE.

Seção II
Da Letra de Risco de Seguro

Art. 12. A Letra de Risco de Seguro (LRS) é um título de crédito nominativo, transferível e de livre negociação, representativo de promessa de pagamento em dinheiro, vinculado a riscos de seguros e resseguros.

§ 1.º A LRS é de emissão exclusiva da SSPE de que trata esta Lei.

§ 2.º A LRS deve possuir relação paritária com os riscos aceitos pela SSPE, que devem ser, integralmente e no mesmo montante, cobertos pela LRS emitida.

§ 3.º Os contratos de transferência de risco da contraparte para a SSPE, bem como a LRS, devem garantir que a transferência de risco seja efetiva em todas as circunstâncias e que a extensão dessa transferência esteja claramente definida e seja incontroversa.

§ 4.º O CNSP poderá definir requisitos para que os contratos de transferência de risco da contraparte para a SSPE prevejam uma data-limite para que os riscos sejam considerados cobertos.

§ 5.º Os direitos dos investidores titulares das LRS estão, em todos os momentos, subordinados às obrigações decorrentes do contrato de cessão de riscos à SSPE.

§ 6.º A obrigação representada pela LRS extingue-se pela inexistência de riscos a decorrer, de sinistros a pagar e de recursos a serem devolvidos aos seus titulares.

Art. 13. A LRS deve conter, no mínimo, as seguintes informações:

I – nome e número de inscrição no Cadastro Nacional da Pessoa Jurídica (CNPJ) da SSPE emitente;

II – nome e número de inscrição no CNPJ da contraparte que cede os riscos de seguros e resseguros à SSPE emitente;

III – número de ordem, local, data de emissão e data do início da cobertura dos riscos de seguros e resseguros;

IV – data de vencimento e data de expiração da cobertura dos riscos de seguros e resseguros;

V – denominação "Letra de Risco de Seguro";

VI – tipo de cobertura e ramo;

VII – descrição dos riscos cedidos pela contraparte, inclusive quanto aos locais em que eles se encontram;

VIII – valor nominal emitido e valor da perda máxima;

IX – moeda do valor nominal emitido;

X – nome do titular;

XI – taxa de juros e datas de sua exigibilidade, admitida a capitalização;

XII – remuneração da operação a ser paga à SSPE;

XIII – descrição dos ativos que lastreiam a LRS;

XIV – identificação do contrato ou da escritura de emissão da LRS; e

XV – identificação do agente fiduciário, se houver.

Art. 14. A LRS será emitida exclusivamente sob a forma escritural, por meio de lançamento em sistema eletrônico da SSPE emissora.

§ 1.º A SSPE emissora emitirá, mediante solicitação, certidão de inteiro teor do título.

§ 2.º A certidão de que trata o § 1.º deste artigo poderá ser emitida na forma eletrônica, observados os requisitos de segurança que garantam a autenticidade e a integridade do documento.

Art. 15. A LRS é título executivo extrajudicial e pode:

I – ser executada com base em certidão de inteiro teor emitida pela SSPE emissora; e

II – gerar valor de resgate inferior ao valor de sua emissão, em função da eventual ocorrência de eventos cobertos decorrentes dos riscos de seguros e resseguros aceitos ou por seus critérios de remuneração.

Seção III
Da Independência Patrimonial das Operações

Art. 16. Cada operação de aceitação de riscos de seguros e resseguros e consequente financiamento por meio da emissão de LRS terá independência patrimonial em relação:

I – às demais operações de que trata o *caput* deste artigo efetuadas pela mesma SSPE; e

II – à própria SSPE.

§ 1.º A independência patrimonial de que trata o *caput* deste artigo abrange a identidade própria e individualizada nos aspectos regulamentares, cadastrais, atuariais, contábeis, de investimentos e obrigações e será operacionalizada por meio da inscrição de cada operação no CNPJ.

§ 2.º O disposto neste artigo não confere personalidade jurídica às operações feitas pela SSPE.

§ 3.º A eventual insolvência da SSPE não afetará em nenhuma hipótese os patrimônios independentes constituídos para cada operação, que continuarão afetados e vinculados às LRS.

§ 4.º Os patrimônios independentes constituídos para cada operação não serão alcançados pelos efeitos da decretação de intervenção, de liquidação extrajudicial ou de falência da SSPE emissora e não integrarão a massa concursal.

§ 5.º Os dispositivos desta Lei que estabelecem a afetação ou a separação, a qualquer título, de patrimônio da SSPE à emissão específica de LRS produzem efeitos em relação a quaisquer outros débitos da SSPE, inclusive de natureza fiscal, previdenciária ou trabalhista, em especial quanto às garantias e aos privilégios que lhes são atribuídos.

Art. 17. O patrimônio de cada operação de que trata o *caput* do art. 16 desta Lei incluirá a parcela do prêmio repassado pela contraparte não destinado à remuneração da SSPE e:

I – não poderá ser utilizado para o pagamento de obrigações relativas a outras operações da SSPE;

II – será destinado exclusivamente à liquidação das LRS a que estiver afetado e ao pagamento de sinistros, de custos de administração e de obrigações fiscais;

III – não responderá perante os credores da SSPE por qualquer obrigação;

IV – não será passível de constituição de garantias por quaisquer dos credores da SSPE, por mais privilegiados que sejam; e

V – somente responderá pelas obrigações inerentes às LRS a ele afetadas.

§ 1.º A totalidade do patrimônio da SSPE responderá pelos prejuízos que esta causar por descumprimento de disposição legal ou regulamentar, por negligência ou por administração temerária ou, ainda, por desvio da finalidade do patrimônio separado.

§ 2.º A realização dos direitos dos investidores titulares das LRS deverá limitar-se às garantias integrantes do patrimônio separado de cada operação.

§ 3.º A realização dos direitos da contraparte de cada operação não ficará limitada às garantias integrantes do patrimônio separado da referida operação, hipótese em que o patrimônio da própria SSPE responderá de forma subsidiária.

Capítulo III
DAS REGRAS GERAIS APLICÁVEIS À SECURITIZAÇÃO DE DIREITOS CREDITÓRIOS E À EMISSÃO DE CERTIFICADOS DE RECEBÍVEIS

Seção I
Disposições Gerais

Art. 18. As companhias securitizadoras são instituições não financeiras constituídas sob a forma de sociedade por ações que têm por finalidade realizar operações de securitização.

Parágrafo único. É considerada operação de securitização a aquisição de direitos creditórios para lastrear a emissão de Certificados de Recebíveis ou outros títulos e valores mobiliários perante investidores, cujo pagamento é primariamente condicionado ao recebimento de recursos dos direitos creditórios e dos demais bens, direitos e garantias que o lastreiam.

Art. 19. Compete à CVM editar as normas sobre a emissão pública de Certificados de Recebíveis e outros valores mobiliários representativos de operações de securitização de tais direitos, incluídos:

I – o registro, a estrutura, o funcionamento e as atividades das companhias securitizadoras de direitos creditórios emissoras de valores mobiliários ofertados publicamente;

II – as características e o regime de prestação de informações associados aos Certificados de Recebíveis e aos demais valores mobiliários ofertados publicamente; e

III – as hipóteses de destituição e de substituição das companhias securitizadoras.

Parágrafo único. A CVM poderá dispensar as companhias securitizadoras registradas de aplicar disposições da Lei n. 6.404, de 15 de dezembro de 1976, desde que a dispensa não represente prejuízo ao interesse público, à proteção do público investidor e à informação adequada ao mercado de valores mobiliários.

Seção II
Dos Certificados de Recebíveis

Art. 20. Os Certificados de Recebíveis são títulos de crédito nominativos, emitidos de forma escritural, de emissão exclusiva de companhia securitizadora, de livre negociação, constituem promessa de pagamento em dinheiro, preservada a possibilidade de dação em pagamento, e são títulos executivos extrajudiciais.

§ 1.º Quando ofertados publicamente ou admitidos à negociação em mercado regulamentado de valores mobiliários, os Certificados de Recebíveis são considerados valores mobiliários.

§ 2.º Os direitos creditórios que lastrearão os Certificados de Recebíveis serão previamente identificados, atenderão aos critérios de elegibilidade previstos no termo de securitização e deverão ser adquiridos até a data de integralização dos Certificados de Recebíveis.

Art. 21. Aos Certificados de Recebíveis aplica-se, no que couber, o disposto na legislação cambial.

§ 1.º O Certificado de Recebíveis pode ser garantido por aval, hipótese em que é vedado o seu cancelamento ou a sua concessão parcial.

§ 2.º O protesto cambial é dispensado para assegurar o direito de regresso contra avalistas.

§ 3.º O endossante não responde pelo cumprimento da prestação constante do Certificado de Recebíveis.

§ 4.º A companhia securitizadora responde pela origem e pela autenticidade dos direitos creditórios vinculados ao Certificado de Recebíveis por ela emitido.

§ 5.º O valor do Certificado de Recebíveis não pode exceder ao valor total dos direitos creditórios e de outros ativos a ele vinculados.

§ 6.º A transferência do Certificado de Recebíveis implica a transferência de todos os direitos que lhe são inerentes.

§ 7.º Somente o Certificado de Recebíveis pode ser dado em garantia enquanto estiver em circulação, hipótese em que os direitos creditórios a ele vinculados não podem ser dados em garantia separadamente.

Art. 22. Os Certificados de Recebíveis integrantes de cada emissão da companhia securitizadora serão formalizados por meio de termo de securitização, do qual constarão as seguintes informações:

I – nome da companhia securitizadora emitente;

II – número de ordem, local e data de emissão;

III – denominação "Certificado de Recebíveis" acrescida da natureza dos direitos creditórios;

IV – valor nominal;

V – data de vencimento ordinário do valor nominal e de resgate dos Certificados de Recebíveis e, se for o caso, discriminação dos valores e das datas de pagamento das amortizações;

VI – remuneração por taxa de juros fixa, flutuante ou variável, que poderá contar com prêmio, fixo ou variável, e admitir a capitalização no período estabelecido no termo de securitização;

VII – critérios para atualização monetária, se houver;

VIII – cláusula de correção por variação cambial, se houver, desde que estabelecida em conformidade com o disposto nos §§ 8.º e 9.º deste artigo;

IX – local e método de pagamento;

X – indicação do número de emissão e da eventual divisão dos Certificados de Recebíveis integrantes da mesma emissão em diferentes classes ou séries, inclusive a possibilidade de aditamentos posteriores para inclusão de novas classes e séries e requisitos de complementação de lastro, quando for o caso;

XI – indicação da existência ou não de subordinação entre as classes integrantes da mesma emissão, entendida como a preferência de uma classe sobre outra para fins de amortização e resgate dos Certificados de Recebíveis;

XII – descrição dos direitos creditórios que compõem o lastro da emissão dos Certificados de Recebíveis;

XIII – indicação, se for o caso, da possibilidade de substituição ou de aquisição futura dos direitos creditórios vinculados aos Certificados de Recebíveis com a utilização dos recursos provenientes do pagamento dos direitos creditórios originais vinculados à emissão, com detalhamento do procedimento para a sua formalização, dos critérios de elegibilidade e do prazo para a aquisição dos novos direitos creditórios, sob pena de amortização antecipada obrigatória dos Certificados de Recebíveis, observado o disposto no inciso II do § 2.º deste artigo;

XIV – se houver, garantias fidejussórias ou reais de amortização dos Certificados de Recebíveis integrantes da emissão ou de classes e séries específicas, se for o caso;

XV – indicação da possibilidade de dação em pagamento dos direitos creditórios aos titulares dos Certificados de Recebíveis, hipótese em que deverão ser estabelecidos os procedimentos a serem adotados;

XVI – regras e procedimentos aplicáveis às assembleias gerais de titulares de Certificados de Recebíveis; e

XVII – hipóteses em que a companhia securitizadora poderá ser destituída ou substituída.

§ 1.º Os Certificados de Recebíveis de mesma emissão serão lastreados pela mesma carteira de direitos creditórios.

§ 2.º Na hipótese prevista no § 1.º do art. 20 desta Lei:

I – a CVM poderá estabelecer informações adicionais a serem incluídas no termo de securitização a que se refere o *caput* deste artigo;

II – a substituição e a aquisição de novos direitos creditórios com a utilização dos recursos provenientes do pagamento dos direitos creditórios originais vinculados à emissão de que trata o inciso XIII do *caput* deste artigo poderão ocorrer nos termos e nas condições estabelecidos na regulamentação editada pela CVM; e

III – a companhia securitizadora deverá observar a regulamentação editada pela CVM nas hipóteses previstas nos incisos XVI e XVII do *caput* deste artigo.

§ 3.º O montante dos direitos creditórios vinculados ao pagamento dos Certificados de Recebíveis deverá ser, no mínimo, suficiente para permitir a sua amortização integral.

§ 4.º O Certificado de Recebíveis, quando ofertado privadamente, poderá ter, conforme dispuser o termo de securitização, garantia flutuante, que lhe assegurará privilégio geral sobre o ativo do patrimônio comum da companhia securitizadora.

§ 5.º Na hipótese prevista no § 4.º deste artigo, a garantia flutuante não impedirá a negociação dos bens que compõem o Certificado de Recebíveis.

§ 6.º A companhia securitizadora poderá celebrar com investidores promessa de subscrição e integralização de Certificados de Recebíveis, de forma a receber recursos para a aquisição de direitos creditórios que servirão de lastro para a sua emissão, conforme chamadas de capital feitas de acordo com o cronograma esperado para a aquisição dos direitos creditórios.

§ 7.º Os instrumentos de emissão de outros títulos de dívida representativos de operação de securitização emitidos por companhias securitizadoras deverão observar os dispositivos desta Lei aplicáveis ao termo de securitização.

§ 8.º O Certificado de Recebíveis poderá ser emitido com cláusula de correção pela variação cambial, desde que seja:

I – integralmente vinculado a direitos creditórios com cláusula de correção na mesma moeda; e

II – emitido em favor de investidor residente ou domiciliado no exterior, observado o disposto no § 9.º deste artigo.

§ 9.º O CMN poderá estabelecer outras condições para a emissão de Certificado de Recebíveis com cláusula de correção pela variação cambial, inclusive sobre a emissão em favor de investidor residente no País.

Art. 23. O Certificado de Recebíveis deverá ser levado a registro ou a depósito em entidade autorizada pelo Banco Central do Brasil ou pela CVM a exercer a atividade de registro ou depósito centralizado de ativos financeiros e de valores mobiliários, nos termos da Lei n. 12.810, de 15 de maio de 2013.

Parágrafo único. O Certificado de Recebíveis será obrigatoriamente submetido a depósito quando for:

I – ofertado publicamente; ou

II – negociado em mercados organizados de valores mobiliários.

Art. 24. Os Certificados de Recebíveis, nas distribuições realizadas no exterior, poderão ser registrados em entidade de registro e de liquidação financeira situada no país de distribuição, desde que a entidade seja:

I – autorizada em seu país de origem; e

II – supervisionada por autoridade estrangeira com a qual a CVM tenha firmado acordo de cooperação mútua que permita intercâmbio de informações sobre operações realizadas nos mercados por ela supervisionados, ou que seja signatária de memorando multilateral de entendimentos da Organização Internacional das Comissões de Valores.

Seção III
Do Regime Fiduciário

Art. 25. A companhia securitizadora poderá instituir regime fiduciário sobre os direitos creditórios e sobre os bens e direitos que sejam objeto de garantia pactuada em favor do pagamento dos Certificados de Recebíveis ou de outros títulos e valores mobiliários representativos de operações de securitização e, se houver, do cumprimento de obrigações assumidas pelo cedente dos direitos creditórios.

Art. 26. O regime fiduciário será instituído mediante declaração unilateral da companhia securitizadora ao firmar termo de securitização, que, além de observar o disposto no art. 22 desta Lei, deverá submeter-se às seguintes condições:

I – constituição do regime fiduciário sobre os direitos creditórios e os demais bens e direitos que lastreiam a emissão;

II – constituição de patrimônio separado, composto pela totalidade dos direitos creditórios e dos demais bens e direitos referidos no inciso I deste *caput;*

III – nomeação de agente fiduciário, quando se tratar de emissões públicas, que seja instituição financeira ou entidade autorizada para esse fim pelo Banco Central do Brasil, para atuar em nome e no interesse dos titulares dos Certificados de Recebíveis, acompanhada da indicação de seus deveres, de suas responsabilidades e de sua remuneração, das hipóteses, das condições e da forma de sua destituição ou substituição e das demais condições de sua atuação, observada a regulamentação aplicável; e

IV – forma de liquidação do patrimônio separado, inclusive mediante dação em pagamento dos direitos creditórios e dos bens e direitos referidos no inciso I deste *caput.*

§ 1.º O termo de securitização em que seja instituído o regime fiduciário deverá ser registrado em entidade autorizada pelo Banco Central do Brasil ou pela CVM a exercer a atividade de registro ou depósito centralizado de ativos financeiros e de valores mobiliários, nos termos da Lei n. 12.810, de 15 de maio de 2013.

§ 2.º No que se refere à condição prevista no inciso II do *caput* deste artigo, os direitos creditórios, os bens e os direitos objeto do regime fiduciário permanecerão sob a titularidade da companhia securitizadora, embora estejam afetados exclusiva e integralmente ao pagamento da emissão de Certificados de Recebíveis de que sejam lastro.

Art. 27. Os direitos creditórios, os bens e os direitos objeto do regime fiduciário:

I – constituirão patrimônio separado, titularizado pela companhia securitizadora, que não se confunde com o seu patrimônio comum ou com outros patrimônios separados de titularidade da companhia securitizadora decorrentes da constituição de regime fiduciário no âmbito de outras emissões de Certificados de Recebíveis;

II – serão mantidos apartados do patrimônio comum e de outros patrimônios separados da companhia securitizadora até que se complete a amortização integral da emissão a que estejam afetados, admitida para esse fim a dação em pagamento, ou até que sejam preenchidas condições de liberação parcial dispostas no termo de securitização, quando aplicáveis;

III – serão destinados exclusivamente à liquidação dos Certificados de Recebíveis a que estiverem afetados e ao pagamento dos custos de administração e de obrigações fiscais correlatas, observados os procedimentos estabelecidos no termo de securitização;

IV – não responderão perante os credores da companhia securitizadora por qualquer obrigação;

V – não serão passíveis de constituição de garantias por quaisquer dos credores da companhia securitizadora, por mais privilegiados que sejam; e

VI – responderão somente pelas obrigações inerentes aos Certificados de Recebíveis a que estiverem vinculados.

§ 1.º É vedada a concessão de direitos a titulares de uma emissão sobre direitos creditórios, bens e direitos integrantes de patrimônio separado relativo a outra emissão de Certificados de Recebíveis.

§ 2.º A companhia securitizadora, sempre que se verificar insuficiência do patrimônio separado, poderá, após restar assegurado o disposto no § 1.º deste artigo, promover a sua recomposição, mediante aditivo ao termo de securitização ou instrumento equivalente, no qual serão incluídos outros direitos creditórios, com observância dos requisitos previstos nesta Seção e, quando ofertada publicamente, na forma estabelecida em regulamentação editada pela CVM.

§ 3.º A realização dos direitos dos titulares dos Certificados de Recebíveis deverá limitar-se aos direitos creditórios, aos recursos provenientes da liquidação desses direitos e às garantias acessórias e integrantes do patrimônio separado.

§ 4.º Os dispositivos desta Lei que estabelecem a afetação ou a separação, a qualquer título, de patrimônio da companhia securitizadora a emissão específica de Certificados de Recebíveis produzem efeitos em relação a quaisquer outros débitos da companhia securitizadora, inclusive de natureza fiscal, previdenciária ou trabalhista, em especial quanto às garantias e aos privilégios que lhes são atribuídos.

§ 5.º A companhia securitizadora, na condição de titular de cada patrimônio separado, sem prejuízo de eventuais limitações que venham a ser dispostas expressamente no termo de securitização ou na regulamentação editada pela CVM, poderá adotar, em nome próprio e a expensas do patrimônio separado, todas as medidas cabíveis para a sua realização.

§ 6.º Na hipótese prevista no § 5.º deste artigo, a companhia securitizadora poderá contratar e demitir prestadores de serviços e adotar medidas judiciais ou extrajudiciais relacionadas à arrecadação e à cobrança dos direitos creditórios, à excussão de garantias e à boa gestão do patrimônio separado, observados a finalidade legal do patrimônio separado e as disposições e os procedimentos previstos no termo de securitização.

Art. 28. Instituído o regime fiduciário, caberá à companhia securitizadora administrar cada patrimônio separado, manter registros contábeis independentes em relação a cada um deles e elaborar e publicar as demonstrações financeiras.

Parágrafo único. O patrimônio próprio da companhia securitizadora responderá pelos prejuízos que esta causar por descumprimento de disposição legal ou regulamentar, por negligência ou por administração temerária ou, ainda, por desvio da finalidade do patrimônio separado.

Art. 29. Ao agente fiduciário serão conferidos poderes gerais de representação da comunhão dos titulares dos Certificados de Recebíveis beneficiários do regime fiduciário, inclusive os de receber e dar quitação.

§ 1.º Incumbe ao agente fiduciário:

I – zelar pela proteção dos direitos e interesses dos beneficiários e acompanhar a atuação da companhia securitizadora na administração do patrimônio separado;

II – adotar as medidas judiciais ou extrajudiciais necessárias à defesa dos interesses dos beneficiários e à realização dos créditos afetados ao patrimônio separado, caso a companhia securitizadora não o faça;

III – exercer a administração do patrimônio separado, na hipótese de insolvência da companhia securitizadora;

IV – promover, na forma prevista no termo de securitização, a liquidação do patrimônio separado; e

V – executar os demais encargos que lhe forem atribuídos no termo de securitização.

§ 2.º O agente fiduciário responderá pelos prejuízos que causar por descumprimento de disposição legal ou regulamentar, por negligência ou por administração temerária.

§ 3.º Aplicam-se ao agente fiduciário os mesmos requisitos e incompatibilidades estabelecidos pelo disposto no art. 66 da Lei n. 6.404, de 15 de dezembro de 1976.

§ 4.º Nas emissões públicas, o agente fiduciário observará a regulamentação editada pela CVM.

Art. 30. A insuficiência dos ativos integrantes do patrimônio separado para a satisfação integral dos Certificados de Recebíveis correlatos não dará causa à declaração de sua falência.

§ 1.º Na hipótese prevista no *caput* deste artigo, caberá à companhia securitizadora, ou ao agente fiduciário, caso a securitizadora não o faça, convocar assembleia geral dos beneficiários para deliberar sobre as normas de administração ou liquidação do patrimônio separado.

§ 2.º Na hipótese prevista no *caput* deste artigo, a assembleia geral estará legitimada a adotar qualquer medida pertinente à administração ou à liquidação do patrimônio separado, inclusive a transferência dos bens e direitos dele integrantes para o agente fiduciário, para outra companhia securitizadora ou para terceiro que seja escolhido pelos titulares dos Certificados de Recebíveis em assembleia geral, a forma de liquidação do patrimônio e a nomeação do liquidante.

§ 3.º A assembleia geral deverá ser convocada por meio de edital publicado no sítio eletrônico da emissora com antecedência de, no mínimo, 15 (quinze) dias e será instalada:

I – em primeira convocação, com a presença de beneficiários que representem, no mínimo, 2/3 (dois terços) do valor global dos títulos; ou

II – em segunda convocação, independentemente da quantidade de beneficiários.

§ 4.º Na assembleia geral, serão consideradas válidas as deliberações tomadas pela maioria dos presentes, em primeira ou em segunda convocação.

§ 5.º A companhia securitizadora poderá promover, a qualquer tempo e sempre sob a ciência do agente fiduciário, o resgate da emissão mediante a dação em pagamento dos bens e direitos integrantes do patrimônio separado aos titulares dos Certificados de Recebíveis nas seguintes hipóteses:

I – caso a assembleia geral não seja instalada, por qualquer motivo, em segunda convocação; ou

II – caso a assembleia geral seja instalada e os titulares dos Certificados de Recebíveis não decidam a respeito das medidas a serem adotadas.

§ 6.º Nas hipóteses previstas no § 5.º deste artigo, os titulares dos Certificados de Recebíveis tornar-se-ão condôminos dos bens e direitos, nos termos da Lei n. 10.406, de 10 de janeiro de 2002 (Código Civil).

Art. 31. Na hipótese de insolvência da companhia securitizadora, o agente fiduciário assumirá imediatamente a administração do patrimônio separado, em nome e por conta dos titulares dos Certificados de Recebíveis, e convocará assembleia geral para deliberar sobre a forma de administração, observado o disposto no § 3.º do art. 22 desta Lei.

§ 1.º O agente fiduciário poderá promover o resgate dos Certificados de Recebíveis mediante a dação em pagamento dos bens e direitos integrantes do patrimônio separado aos seus titulares nas seguintes hipóteses:

I – caso a assembleia geral não seja instalada, por qualquer motivo, em segunda convocação; ou

II – caso a assembleia geral seja instalada e os titulares dos Certificados de Recebíveis não decidam a respeito das medidas a serem adotadas.

§ 2.º Nas hipóteses previstas no § 1.º deste artigo, os titulares dos Certificados de Recebíveis tornar-se-ão condôminos dos bens e direitos, nos termos da Lei n. 10.406, de 10 de janeiro de 2002 (Código Civil).

§ 3.º A insolvência da companhia securitizadora ou de seu grupo econômico não afetará os patrimônios separados que tiver constituído.

§ 4.º Nas emissões privadas que não contem com agente fiduciário, os investidores ficarão diretamente autorizados a se reunir em assembleia para deliberar sobre a administração do patrimônio separado.

Art. 32. O regime fiduciário de que trata esta Seção será extinto pelo implemento das condições a que esteja submetido, em conformidade com o termo de securitização, ou nas hipóteses de resgate dos Certificados de Recebíveis mediante a dação em pagamento dos bens e direitos integrantes do patrimônio separado aos titulares dos Certificados de Recebíveis, em conformidade com o disposto nesta Lei.

§ 1.º O agente fiduciário, uma vez resgatados integralmente os Certificados de Recebíveis e extinto o regime fiduciário, deverá fornecer à companhia securitizadora, no prazo de 3 (três) dias úteis, contado da data do resgate, termo de quitação, que servirá para baixa do registro do regime fiduciário perante a entidade de que trata o *caput* do art. 18 desta Lei.

§ 2.º A baixa de que trata o § 1.º deste artigo importará a reintegração ao patrimônio comum da companhia securitizadora dos ativos que sobejarem.

§ 3.º Os emolumentos devidos aos cartórios de registros de imóveis para cancelamento do regime fiduciário e das garantias reais existentes serão cobrados como ato único.

Capítulo IV
DA FLEXIBILIZAÇÃO DO REQUISITO DE INSTITUIÇÃO FINANCEIRA PARA A PRESTAÇÃO DO SERVIÇO DE ESCRITURAÇÃO E DE CUSTÓDIA DE VALORES MOBILIÁRIOS

Art. 33. O art. 293 da Lei n. 6.404, de 15 de dezembro de 1976, passa a vigorar com a seguinte redação:

•• Alteração já processada no diploma modificado.

Art. 34. O *caput* do art. 24 da Lei n. 6.385, de 7 de dezembro de 1976, passa a vigorar com a seguinte redação:

•• Alteração já processada no diploma modificado.

Capítulo V
DISPOSIÇÕES FINAIS

Art. 35. A Lei n. 9.718, de 27 de novembro de 1998, passa a vigorar com as seguintes alterações:

•• Alterações já processadas no diploma modificado.

Art. 36. O Decreto-lei n. 73, de 21 de novembro de 1966, passa a vigorar com as seguintes alterações:

•• Alterações já processadas no diploma modificado.

Art. 37. A Lei n. 4.594, de 29 de dezembro de 1964, passa a vigorar com as seguintes alterações:

•• Alterações já processadas no diploma modificado.

Art. 38. Ficam revogados:

I – os seguintes dispositivos da Lei n. 4.594, de 29 de dezembro de 1964:

a) alínea *d* do *caput* do art. 3.º;

b) alíneas *a*, *b* e *c* do *caput* do art. 4.º;

c) art. 5.º;

d) art. 6.º;

e) arts. 8.º, 9.º e 10;

f) parágrafo único do art. 12;

g) § 2.º do art. 13;

•• Alínea *g* originalmente vetada, todavia promulgada em 22-12-2022.

h) art. 16;

i) art. 19;

j) arts. 22, 23, 24 e 25;

k) arts. 27, 28, 29 e 30; e

l) art. 32;

II – os seguintes dispositivos do Decreto-lei n. 73, de 21 de novembro de 1966:

a) §§ 1.º, 2.º e 3.º do art. 123; e

b) alíneas *a*, *b* e *c* do *caput* do art. 128;

III – os seguintes dispositivos da Lei n. 9.514, de 20 de novembro de 1997:

a) parágrafo único do art. 6.º; e

b) arts. 7.º ao 16;

IV – os incisos I, II e III do § 8.º do art. 3.º da Lei n. 9.718, de 27 de novembro de 1998;

V – os seguintes dispositivos da Lei n. 10.931, de 2 de agosto de 2004:

a) art. 23; e

b) art. 57, na parte em que altera os arts. 8.º e 16 da Lei n. 9.514, de 20 de novembro de 1997;

VI – os seguintes dispositivos da Lei n. 11.076, de 30 de dezembro de 2004:

a) parágrafo único do art. 36; e

b) arts. 37 ao 40;

VII – o art. 31 da Lei n. 12.810, de 15 de maio de 2013;

VIII – o art. 1.º da Lei n. 13.331, de 1.º de setembro de 2016, na parte em que altera o art. 37 da Lei n. 11.076, de 30 de dezembro de 2004; e

IX – o art. 43 da Lei n. 13.986, de 7 de abril de 2020, na parte em que altera os arts. 36 e 37 da Lei n. 11.076, de 30 de dezembro de 2004.

Art. 39. Esta Lei entra em vigor na data de sua publicação, ressalvada a alínea *i* do inciso I do *caput* do art. 38 desta Lei, que entrará em vigor em 1.º de janeiro de 2023, devendo todas e quaisquer obrigações decorrentes do referido artigo serem cumpridas na sua totalidade e integralidade até 31 de dezembro de 2022.

Brasília, 3 de agosto de 2022; 201.º da Independência e 134.º da República.

Jair Messias Bolsonaro

DECRETO N. 11.301, DE 21 DE DEZEMBRO DE 2022 (*)

Estabelece as características dos títulos da Dívida Pública Mobiliária Federal.

O Presidente da República, no uso da atribuição que lhe confere o art. 84, *caput*, inciso IV, da Constituição, e tendo em vista o disposto na Lei n. 10.179, de 6 de fevereiro de 2001, decreta:

Art. 1.º As Letras do Tesouro Nacional – LTN terão as seguintes características:

I – prazo: definido pelo Ministro de Estado da Economia, quando da emissão do título;

II – modalidade: nominativa;

III – valor nominal: múltiplo de R$ 1.000,00 (mil reais);

IV – rendimento: definido pelo deságio sobre o valor nominal; e

V – resgate: pelo valor nominal, na data de vencimento.

Art. 2.º As Letras Financeiras do Tesouro – LFT terão as seguintes características:

I – prazo: definido pelo Ministro de Estado da Economia, quando da emissão do título;

II – modalidade: nominativa;

III – valor nominal na data-base: múltiplo de R$ 1.000,00 (mil reais);

IV – rendimento: taxa média ajustada dos financiamentos diários apurados no Sistema Especial de Liquidação e de Custódia – Selic, divulgada pelo Banco Central do Brasil, calculada sobre o valor nominal; e

V – resgate: pelo valor nominal, acrescido do respectivo rendimento, desde a data-base do título.

Art. 3.º As Notas do Tesouro Nacional – NTN poderão ser emitidas nas seguintes séries:

I – NTN Série B – NTN-B;

II – NTN Série B, Subsérie 1 – NTN-B1;

III – NTN Série C – NTN-C;

IV – NTN Série D – NTN-D;

V – NTN Série F – NTN-F; e

VI – NTN Série I – NTN-I.

Art. 4.º As NTN-B terão as seguintes características:

I – prazo: definido pelo Ministro de Estado da Economia, quando da emissão do título;

II – taxa de juros: definida pelo Ministro de Estado da Economia, quando da emissão, em porcentagem ao ano, calculada sobre o valor nominal atualizado;

III – modalidade: nominativa;

IV – valor nominal na data-base: múltiplo de R$ 1.000,00 (mil reais);

V – atualização do valor nominal: pela variação do Índice Nacional de Preços ao Consumidor Amplo – IPCA do mês anterior, divulgado pela Fundação Instituto Brasileiro de Geografia e Estatística – IBGE, desde a data-base do título;

VI – pagamento de juros: semestralmente, com ajuste do prazo no primeiro período de fluência, quando couber, e o primeiro cupom de juros a ser pago contemplará a taxa integral definida para seis meses, independentemente da data de emissão do título; e

VII – resgate do principal: em parcela única, na data do seu vencimento.

Art. 5.º As NTN-B1 terão as seguintes características:

I – prazo: definido pelo Ministro de Estado da Economia, quando da emissão do título;

II – data do primeiro resgate do principal – data de conversão: definida pelo Ministro de Estado da Economia, quando da emissão do título;

III – modalidade: nominativa;

IV – valor nominal na data-base: múltiplo de R$ 1.000,00 (mil reais);

V – atualização do valor nominal: pela variação do Índice Nacional de Preços ao Consumidor Amplo – IPCA do mês anterior, divulgado pelo IBGE, desde a data-base do título; e

VI – resgate do principal: em parcelas mensais e consecutivas, a partir da data do primeiro resgate, inclusive.

Art. 6.º As NTN-C terão as seguintes características:

I – prazo: definido pelo Ministro de Estado da Economia, quando da emissão do título;

II – taxa de juros: definida pelo Ministro de Estado da Economia, quando da emissão, em porcentagem ao ano, calculada sobre o valor nominal atualizado;

III – modalidade: nominativa;

IV – valor nominal na data-base: múltiplo de R$ 1.000,00 (mil reais);

V – atualização do valor nominal: pela variação do Índice Geral de Preços – Mercado – IGP-M do mês anterior, divulgado pela Fundação Getúlio Vargas, desde a data-base do título;

VI – pagamento de juros: semestralmente, com ajuste do prazo no primeiro período de fluência, quando couber, e o primeiro cupom de juros a ser pago contemplará a taxa integral definida para seis meses, independentemente da data de emissão do título; e

VII – resgate do principal: em parcela única, na data do seu vencimento.

Art. 7.º As NTN-D terão as seguintes características:

I – prazo: definido pelo Ministro de Estado da Economia, quando da emissão do título;

II – taxa de juros: definida pelo Ministro de Estado da Economia, quando da emissão, em porcentagem ao ano, calculada sobre o valor nominal atualizado;

III – modalidade: nominativa;

IV – valor nominal na data-base: múltiplo de R$ 1.000,00 (mil reais);

V – atualização do valor nominal: pela variação da cotação de venda do dólar dos Estados Unidos da América no mercado de câmbio de taxas livres, divulgada pelo Banco Central do Brasil, sendo consideradas as taxas médias do dia útil imediatamente anterior à data-base e à data do vencimento do título;

VI – pagamento de juros: semestralmente, com ajuste do prazo no primeiro período de fluência, quando couber, e o primeiro cupom de juros a ser pago contemplará a taxa integral definida para seis meses, independentemente da data de emissão do título; e

VII – resgate do principal: em parcela única, na data do seu vencimento.

Art. 8.º As NTN-F terão as seguintes características:

I – prazo: definido pelo Ministro de Estado da Economia, quando da emissão do título;

II – taxa de juros: definida pelo Ministro de Estado da Economia, quando da emissão, em porcentagem ao ano, calculada sobre o valor nominal;

III – modalidade: nominativa;

IV – valor nominal: múltiplo de R$ 1.000,00 (mil reais);

V – rendimento: definido pelo deságio sobre o valor nominal;

VI – pagamento de juros: semestralmente, com ajuste do prazo no primeiro período de fluência, quando couber, e o primeiro cupom de juros a ser pago contemplará a taxa integral definida para seis meses, independentemente da data de emissão do título; e

VII – resgate: pelo valor nominal, na data do seu vencimento.

Art. 9.º As NTN-I, a serem utilizadas exclusivamente para o pagamento de equalização das taxas de juros dos financiamentos à exportação de bens e serviços nacionais amparados pelo Programa de Financiamento às Exportações – Proex, de que trata a Lei n. 10.184, de 12 de fevereiro de 2001, quando previsto na Lei Orçamentária Anual, terão as seguintes características:

I – prazo: definido pelo Ministro de Estado da Economia, quando da emissão do título;

II – taxa de juros: definida pelo Ministro de Estado da Economia, quando da emissão, em porcentagem ao ano, calculada sobre o valor nominal;

III – modalidade: nominativa;

IV – valor nominal na data-base: múltiplo de R$ 1,00 (um real);

V – atualização do valor nominal: pela variação da cotação de venda do dólar dos Estados Unidos da América no mercado de câmbio de taxas livres, divulgada pelo Banco Central do Brasil, sendo consideradas as taxas médias do dia útil imediatamente anterior à data-base e à data do vencimento do título; e

(*) Publicado no *Diário Oficial da União*, de 22-12-2022.

VI – resgate do principal e pagamento dos juros: até a data de vencimento da correspondente parcela de juros do financiamento à exportação.

Art. 10. Os Certificados Financeiros do Tesouro – CFT serão destinados a atender preferencialmente as operações com finalidades específicas definidas em lei e poderão ser emitidos nas seguintes séries:

I – CFT Série A – CFT-A;

II – CFT Série B – CFT-B;

III – CFT Série C – CFT-C;

IV – CFT Série D – CFT-D;

V – CFT Série E – CFT-E;

VI – CFT Série F – CFT-F; e

VII – CFT Série G – CFT-G.

Art. 11. Os CFT terão as seguintes características:

I – forma de colocação: direta em favor de interessado específico;

II – modalidade: nominativa;

III – valor nominal na data-base: múltiplo de R$ 1.000,00 (mil reais);

IV – prazo: definido pelo Ministro de Estado da Economia, quando da emissão do certificado; e

V – taxa de juros: definida pelo Ministro de Estado da Economia, quando da emissão, em porcentagem ao ano, calculada sobre o valor nominal atualizado.

Art. 12. O CFT-A terá por característica específica a atualização mensal do valor nominal pela variação do Índice Geral de Preços – Disponibilidade Interna – IGP-DI do mês anterior, divulgado pela Fundação Getúlio Vargas, desde a data-base do certificado.

Art. 13. O CFT-B terá por característica específica a atualização mensal do valor nominal por índice calculado com base na Taxa Referencial – TR, divulgada pelo Banco Central do Brasil, a partir da data-base do certificado.

Art. 14. O CFT-C terá por característica específica o rendimento definido pela taxa média ajustada dos financiamentos diários apurados no Selic, divulgada pelo Banco Central do Brasil, desde a data-base do certificado.

Art. 15. O CFT-D terá por característica específica a atualização do valor nominal pela variação da cotação de venda do dólar dos Estados Unidos da América no mercado de câmbio de taxas livres, divulgada pelo Banco Central do Brasil, sendo consideradas as taxas médias do último dia imediatamente anterior à data-base e à data do vencimento do certificado.

Art. 16. O CFT-E terá por característica específica a atualização mensal do valor nominal pela variação do IGP-M do mês anterior, divulgado pela Fundação Getúlio Vargas, a partir da data-base do certificado.

Parágrafo único. Os CFT-E emitidos em função do art. 7.º da Lei n. 10.260, de 12 de julho de 2001, terão como valor nominal múltiplo de R$ 1,00 (um real) e serão inegociáveis.

Art. 17. O CFT-F terá por característica específica o rendimento definido pelo deságio sobre o valor nominal.

Art. 18. O CFT-G terá por característica específica a atualização do valor nominal pela variação do IPCA, divulgado pelo IBGE, a partir da data-base do certificado.

Art. 19. Os CFT poderão ser emitidos nas seguintes subséries:

I – CFT Subsérie 1 – CFT-1;

II – CFT Subsérie 2 – CFT-2;

III – CFT Subsérie 3 – CFT-3;

IV – CFT Subsérie 4 – CFT-4; e

V – CFT Subsérie 5 – CFT-5.

§ 1.º O CFT-1 terá as seguintes características gerais:

I – pagamento de juros: na data de resgate do certificado; e

II – pagamento de principal: em parcela única, na data do seu vencimento.

§ 2.º O CFT-2 terá as seguintes características gerais:

I – pagamento de juros: anualmente, com ajuste do prazo no primeiro período de fluência, quando couber, sendo que o primeiro cupom de juros, que será pago após período a ser definido em ato do Ministro de Estado da Economia, contemplará a taxa integral definida para doze meses, independentemente da data de emissão do título; e

II – pagamento de principal: em parcela única, na data do seu vencimento.

§ 3.º O CFT-3 terá as seguintes características gerais:

I – pagamento de juros: semestralmente, com ajuste do prazo no primeiro período de fluência, quando couber, sendo que o primeiro cupom de juros, que será pago após período a ser definido em ato do Ministro de Estado da Economia, contemplará a taxa integral definida para seis meses, independentemente da data de emissão do título; e

II – pagamento de principal: em parcela única, na data do seu vencimento.

§ 4.º O CFT-4 terá as seguintes características gerais:

I – pagamento de juros: mensalmente, com ajuste do prazo no primeiro período de fluência, quando couber, sendo que o primeiro cupom de juros, que será pago após período a ser definido em ato do Ministro de Estado da Economia, contemplará a taxa integral definida para um mês, independentemente da data de emissão do título; e

II – pagamento de principal: em parcela única, na data do seu vencimento.

§ 5.º O CFT-5 terá as seguintes características gerais:

I – pagamento de juros: periodicamente, nas datas de aniversário do certificado, juntamente com os pagamentos de principal, a partir do primeiro pagamento; e

II – pagamento de principal: periodicamente, nas datas de aniversário do certificado, conforme sistema francês de amortização – Tabela Price.

Art. 20. Os Títulos da Dívida Agrária – TDA emitidos para desapropriação e para aquisição por compra e venda de imóveis rurais destinados à implementação de projetos integrantes do Programa Nacional de Reforma Agrária, nos termos do disposto na Lei n. 4.504, de 30 de novembro de 1964, na Lei n. 8.629, de 25 de fevereiro de 1993, e no Decreto n. 578, de 24 de junho de 1992, terão as seguintes características:

I – data de emissão: primeiro dia de cada mês;

II – prazo: cinco, dez, quinze, dezoito ou vinte anos, na forma prevista na Lei n. 8.629, de 1993;

III – forma de colocação: direta em favor do proprietário do imóvel rural;

IV – quantidade de séries:

a) os títulos serão emitidos em séries autônomas com datas de resgate anuais e sucessivas;

b) a quantidade de séries a serem emitidas corresponderá ao prazo subtraído um inteiro; e

c) cada série autônoma será composta pelo quociente inteiro da divisão da quantidade total pelo número de séries, com exceção da última série que será a diferença entre a quantidade total e a soma das quantidades das outras séries;

V – taxa de juros: um, dois, três e seis por cento ao ano, calculada sobre o valor nominal atualizado, na forma prevista na Lei n. 8.177, de 1.º de março de 1991;

VI – atualização: no primeiro dia de cada mês, por índice calculado com base na TR referente ao mês anterior;

VII – modalidade: nominativa;

VIII – pagamento de juros: anualmente até o resgate do principal ou até o vencimento da última série; e

IX – resgate do principal: as séries autônomas terão datas de resgate anual, sendo que a primeira será resgatável a partir do segundo ano de sua emissão e assim sucessivamente, na forma prevista na Lei n. 8.177, de 1991.

Art. 21. Os títulos CVS utilizados para novação das dívidas do Fundo de Compensação de Variações Salariais – FCVS junto às instituições financiadoras, relativas a saldos devedores remanescentes da liquidação de contratos de financiamento habitacional, firmados com mutuários finais do Sistema Financeiro da Habitação – SFH com as condições previstas na Lei n. 10.150, de 21 de dezembro de 2000, terão as seguintes características:

I – prazo: trinta anos, contados a partir de 1.º de janeiro de 1997;

II – atualização do valor nominal: pela TR ou pelo índice que a suceder na atualização dos saldos dos depósitos de poupança;

III – taxa de juros:

a) juros à taxa efetiva de três inteiros e doze centésimos por cento ao ano para as operações realizadas com recursos oriundos do Fundo de Garantia do Tempo de Serviço – FGTS; e

b) juros de seis inteiros e dezessete centésimos por cento ao ano, correspondente à taxa efetiva de juros aplicada aos depósitos de poupança, para as demais operações;

IV – modalidade: nominativa;

V – valor nominal na data de emissão: múltiplo de R$ 1.000,00 (mil reais);

VI – pagamento de juros: capitalizados mês a mês e exigíveis mensalmente a partir de 1.º de janeiro de 2005; e

VII – resgate do principal: carência de doze anos com a devida atualização, sendo que a amortização se dará de 1.º de janeiro de 2009 a 1.º de janeiro de 2027, com pagamentos no primeiro dia de cada mês.

Art. 22. As NTN Série P – NTN-P, que foram emitidas em conformidade com a Lei n. 9.491, de 9 de setembro de 1997, poderão ser utilizadas, pelo valor ao par, mediante expressa anuência do credor, para:

I – pagamento de dívidas próprias vencidas ou vincendas para com a União ou as entidades da administração pública federal;

II – pagamento de dívidas de terceiros vencidas ou vincendas para com a União ou as entidades da administração pública federal, mediante autorização do Ministro de Estado da Economia e dos Ministros de Estado sob cuja supervisão se encontrem as entidades envolvidas; e

III – transferência, a qualquer título, para entidade da administração pública federal.

§ 1.º Observados os privilégios legais, terão preferência, para efeito de pagamento, as dívidas vencidas com o Tesouro Nacional ou aquelas decorrentes de avais honrados pela União.

§ 2.º O disposto no § 1.º não se aplica às dívidas de origem tributária para com a Fazenda Nacional.

§ 3.º Nas operações a que se refere este artigo, a NTN-P será recebida ao par, valorizada *pro rata* dias úteis.

§ 4.º É vedada a utilização das NTN-P como meio de pagamento para aquisição de bens e direitos alienados no âmbito do Programa Nacional de Desestatização.

§ 5.º A critério do Ministro de Estado da Economia, as NTN-P poderão ser resgatadas antecipadamente pelo valor de mercado ou permutadas por outros títulos, observando a equivalência econômica.

Art. 23. Os Certificados da Dívida Pública Mobiliária Federal – Instituto Nacional do Seguro Social – CDP/INSS, emitidos até fevereiro de 2002, em conformidade com a Lei n. 9.711, de 20 de novembro de 1998, poderão ser permutados por outro título da Dívida Pública de responsabilidade do Tesouro Nacional, a critério do Ministro de Estado da Economia, observada a equivalência econômica.

Art. 24. Os títulos da Dívida Pública Mobiliária interna serão registrados sob a forma escritural em sistema centralizado de liquidação e de custódia.

Art. 25. Os títulos a que se refere este Decreto poderão ser emitidos com data-base que servirá como data de referência para atualização do valor nominal dos referidos títulos.

Art. 26. O Ministro de Estado da Economia fica autorizado a:

I – disciplinar as formas de operacionalização para emissão e resgate dos títulos da dívida pública de responsabilidade da Secretaria do Tesouro Nacional do Ministério da Economia e de registro em sistema centralizado de liquidação e custódia; e

II – celebrar convênios, ajustes ou contratos para emissão, colocação e resgate dos títulos referidos neste Decreto.

Art. 27. O Ministro de Estado da Economia editará os atos necessários ao cumprimento deste Decreto.

Art. 28. Fica revogado o Decreto n. 9.292, de 23 de fevereiro de 2018.

Art. 29. Este Decreto entra em vigor na data de sua publicação.

Brasília, 21 de dezembro de 2022; 201.º da Independência e 134.º da República.

JAIR MESSIAS BOLSONARO

LEI N. 14.534, DE 11 DE JANEIRO DE 2023 (*)

Altera as Leis n. 7.116, de 29 de agosto de 1983, 9.454, de 7 de abril de 1997, 13.444, de 11 de maio de 2017, e 13.460, de 26 de junho de 2017, para adotar número único para os documentos que especifica e para estabelecer o Cadastro de Pessoas Físicas (CPF) como número suficiente para identificação do cidadão nos bancos de dados de serviços públicos.

O Presidente da República

Faço saber que o Congresso Nacional decreta e eu sanciono a seguinte Lei:

Art. 1.º Fica estabelecido o número de inscrição no Cadastro de Pessoas Físicas (CPF) como número único e suficiente para identificação do cidadão nos bancos de dados de serviços públicos.

§ 1.º O número de inscrição no CPF deverá constar dos cadastros e dos documentos de órgãos públicos, do registro civil de pessoas naturais ou dos conselhos profissionais, em especial nos seguintes documentos:

I – certidão de nascimento;

II – certidão de casamento;

III – certidão de óbito;

IV – Documento Nacional de Identificação (DNI);

V – Número de Identificação do Trabalhador (NIT);

VI – registro no Programa de Integração Social (PIS) ou no Programa de Formação do Patrimônio do Servidor Público (Pasep);

VII – Cartão Nacional de Saúde;

VIII – título de eleitor;

IX – Carteira de Trabalho e Previdência Social (CTPS);

X – número da Permissão para Dirigir ou Carteira Nacional de Habilitação (CNH);

XI – certificado militar;

XII – carteira profissional expedida pelos conselhos de fiscalização de profissão regulamentada; e

XIII – outros certificados de registro e números de inscrição existentes em bases de dados públicas federais, estaduais, distritais e municipais.

§ 2.º O número de identificação de novos documentos emitidos ou reemitidos por órgãos públicos ou por conselhos profissionais será o número de inscrição no CPF.

....

Art. 3.º O art. 1.º da Lei n. 9.454, de 7 de abril de 1997, passa a vigorar acrescido dos seguintes §§ 2.º e 3.º, numerado o parágrafo único como § 1.º:

•• **Alteração já processada no diploma modificado.**

Art. 4.º O art. 8.º da Lei n. 13.444, de 11 de maio de 2017, passa a vigorar acrescido do seguinte § 6.º:

•• **Alteração já processada no diploma modificado.**

....

Arts. 6.º e 7.º (*Vetados.*)

Art. 8.º Ficam revogados os seguintes dispositivos:

I – alínea *b* do inciso I do § 2.º do art. 5.º da Lei n. 13.444, de 11 de maio de 2017;

II – (*Vetado.*)

Art. 9.º Esta Lei entra em vigor na data de sua publicação e ficam fixados os seguintes prazos:

I – 12 (doze) meses, para que os órgãos e as entidades realizem a adequação dos sistemas e dos procedimentos de atendimento aos cidadãos, para adoção do número de inscrição no CPF como número de identificação; e

II – 24 (vinte e quatro) meses, para que os órgãos e as entidades tenham a interoperabilidade entre os cadastros e as bases de dados a partir do número de inscrição no CPF.

Brasília, 11 de janeiro de 2023; 202.º da Independência e 135.º da República.

LUIZ INÁCIO LULA DA SILVA

(*) Publicada no *Diário Oficial da União*, de 11-1-2023 – Edição Extra.

ÍNDICE ALFABÉTICO DA LEGISLAÇÃO COMPLEMENTAR

AÇÃO CIVIL PÚBLICA
– de responsabilidade por danos causados aos investidores no mercado de valores mobiliários: Lei n. 7.913, de 7-12-1989
– Lei n. 7.347, de 24-7-1985

AÇÃO DE ALIMENTOS
– Lei n. 5.478, de 25-7-1968

AÇÃO DECLARATÓRIA
– de constitucionalidade: Lei n. 9.868, de 10-11-1999

AÇÃO DE DESPEJO
– nas locações de imóveis urbanos; suspensão da concessão de liminar em: Lei n. 14.216, de 7-10-2021

AÇÃO DE INDISPONIBILIDADE
– de ativos de pessoas e entidades investigadas ou acusadas de terrorismo: Lei n. 13.810, de 8-3-2019

AÇÃO DE INVESTIGAÇÃO DE PATERNIDADE
– Lei n. 8.560, de 29-12-1992

AÇÃO DIRETA DE INCONSTITUCIONALIDADE
– processo e julgamento: Lei n. 9.868, de 10-11-1999

AÇÃO POPULAR
– Lei n. 4.717, de 29-6-1965

AÇÃO REVISIONAL DE ALUGUEL
– Lei n. 8.245, de 18-10-1991, arts. 68 a 70

ADI E ADC
– Lei n. 9.868, de 10-11-1999

ADMINISTRAÇÃO ESPECIAL TEMPORÁRIA
– regime de: Decreto-lei n. 2.321, de 25-2-1987

ADMINISTRAÇÃO PÚBLICA
– ação punitiva pela Administração Pública; prescrição: Lei n. 9.873, de 23-11-1999
– atos praticados contra; responsabilidade objetiva: Lei n. 12.846, de 1.º-8-2013
– atos praticados contra; responsabilidade objetiva; regulamento: Decreto n. 11.129, de 11-7-2022

ADOÇÃO
– disposições: Lei n. 12.010, de 3-8-2009

ADOLESCENTE
– consolidação de atos normativos sobre: Decreto n. 9.579, de 22-11-2018
– Estatuto da Criança e do: Lei n. 8.069, de 13-7-1990
– vítima ou testemunha de violência; sistema de garantia de direitos: Lei n. 13.431, de 4-4-2017

ADPF – AÇÃO DE DESCUMPRIMENTO DE PRECEITO FUNDAMENTAL
– processo e julgamento; disposições: Lei n. 9.882, de 3-12-1999

ADVOGADO(S)
– estatuto: Lei n. 8.906, de 4-7-1994

AGÊNCIAS REGULADORAS
– regulamento; análise de impacto regulatório: Decreto n. 10.411, de 30-6-2020

AGRAVO DE INSTRUMENTO
– normas procedimentais para processos perante o STJ e o STF: Lei n. 8.038, de 28-5-1990

ALIENAÇÃO FIDUCIÁRIA
– de coisa imóvel; instituição: Lei n. 9.514, de 20-11-1997
– Lei n. 4.728, de 14-7-1965
– processo: Decreto-lei n. 911, de 1.º-10-1969

ALIENAÇÃO PARENTAL
– disposições: Lei n. 12.318, de 26-8-2010

ALIMENTOS
– Convenção sobre a Cobrança Internacional de Alimentos para Crianças e outros membros da família: Decreto n. 9.176, de 19-10-2017
– direitos dos companheiros: Lei n. 8.971, de 29-12-1994
– Lei n. 5.478, de 25-7-1968
– gravídicos: Lei n. 11.804, de 5-11-2008
– prestação; Convenção sobre a Prestação de Alimentos no Estrangeiro: Decreto n. 56.826, de 2-9-1965
– Protocolo sobre a Lei Aplicável às Obrigações de Prestar Alimentos: Decreto n. 9.176, de 19-10-2017

ALUGUEL
– Locação de imóveis urbanos: Lei n. 8.245, de 18-10-1991

ANO CIVIL
– define: Lei n. 810, de 6-9-1949

ARBITRAGEM
– disposições sobre: Lei n. 9.307, de 23-9-1996
– reconhecimento e execução de sentenças arbitrais estrangeiras: Decreto n. 4.311, de 23-7-200

ARMAZÉNS-GERAIS
– regime jurídico: Decreto n. 1.102, de 21-11-1903

ARRENDAMENTO MERCANTIL
– de veículos automotivos (*leasing*): Lei n. 11.649, de 4-4-2008
– operações; disciplina: Resolução n. 4.977, de 16-12-2021
– tratamento tributário: Lei n. 6.099, de 12-9-1974

ARRENDAMENTO RESIDENCIAL
– Lei n. 10.188, de 12-2-2001

ASSEMBLEIA GERAL ORDINÁRIA
– prazos; realização da: Lei n. 14.030, de 28-7-2020

ASSISTÊNCIA JUDICIÁRIA
– Lei n. 1.060, de 5-2-1950

ATIVIDADE ECONÔMICA
– critérios e procedimentos para a classificação de risco: Decreto n. 10.178, de 18-12-2019
– exploração de atividade em desacordo com a norma técnica desatualizada: Decreto n. 10.229, de 5-2-2020
– regulamento; análise de impacto regulatório: Decreto n. 10.411, de 30-6-2020
– regulamento; digitalização de documentos públicos ou privados, equiparação com documentos originais: Decreto n. 10.278, de 18-3-2020

ATIVOS
– regime especial de desinvestimento pelas sociedades de economia mista federais: Decreto n. 9.188, de 1.º-11-2017

ATOS NORMATIVOS
– normas para consolidação: Lei Complementar n. 95, de 26-2-1998

ATOS PROCESSUAIS
– sistema de transmissão de dados para a prática de: Lei n. 9.800, de 26-5-1999

AUTOCOMPOSIÇÃO E MEDIAÇÃO
– Lei n. 13.140, de 26-6-2015

BANCO CENTRAL DO BRASIL
– capital brasileiro no exterior e capital estrangeiro no país; prestação de contas ao: Lei n. 14.286, de 29-12-2021
– Lei n. 4.595, de 31-12-1964, arts. 8.º a 16
– mercados financeiros e de capitais; atribuições: Lei n. 4.728, de 14-7-1965, arts. 1.º a 4.º
– processo administrativo sancionador; esfera de atuação: Lei n. 13.506, de 13-11-2017
– regime de administração especial temporária, nas instituições financeiras privadas e públicas não federais: Decreto-lei n. 2.321, de 25-2-1987

BANCO DE DADOS
– informações de adimplemento; formação de histórico de crédito: Lei n. 12.414, de 9-6-2011

BANCO DO BRASIL S.A.
– Lei n. 4.595, de 31-12-1964, arts. 19 a 21

BEM DE FAMÍLIA
– impenhorabilidade: Lei n. 8.009, de 29-3-1990

BENS DA UNIÃO
– administração, alienação e transferência de gestão de imóveis: Lei n. 13.240, de 30-12-2015
– alienação: Lei n. 9.636, de 15-5-1998

– foros, laudêmios e taxas de ocupação: Decreto-lei n. 2.398, de 21-12-1987, e Decreto n. 9.354, de 25-4-2018

BENS IMÓVEIS
– adquiridos por conviventes: Lei n. 9.278, de 10-5-1996, art. 5.º
– da União; regularização, administração, aforamento e alienação: Lei n. 9.636, de 15-5-1998, e Decreto n. 9.354, de 25-4-2018

BIOSSEGURANÇA
– Lei n. 11.105, de 24-3-2005

BULLYING
– combate à intimidação sistemática: Lei n. 13.185, de 6-11-2015

CADASTRO DE PESSOA FÍSICA (CPF)
– número único para documentos: Lei n. 14.534, de 11-1-2023

CADASTRO NACIONAL DE REGISTRO DE IDENTIFICAÇÃO CIVIL
– instituição: Lei n. 9.454, de 7-4-1997

CADASTRO POSITIVO
– instituição de: Lei n. 12.414, de 9-6-2011

CADE – CONSELHO ADMINISTRATIVO DE DEFESA ECONÔMICA
– Lei n. 12.529, de 30-11-2011

CÂMBIO
– mercado de câmbio brasileiro: Lei n. 14.286, de 29-12-2021

CAPITAL
– brasileiro no exterior e estrangeiro no país: Lei n. 14.286, de 29-12-2021

CARTEIRAS DE IDENTIDADE
– instituição de número único de Registro de Identidade Civil: Lei n. 9.454, de 7-4-1997

CASAMENTO
– ações para invalidar efeitos civis de casamento religioso: Lei n. 1.110, de 23-5-1950
– civil entre pessoas do mesmo sexo: Resolução n. 175, de 14-5-2013, CNJ
– colaterais do terceiro grau: Decreto-lei n. 3.200, de 19-4-1941
– conversão da união estável em: Lei n. 9.278, de 10-5-1996, art. 8.º
– religioso; efeitos civis: Lei n. 1.110, de 23-5-1950

CÉDULA DE CRÉDITO BANCÁRIO
– disposições: Lei n. 10.931, de 2-8-2004, arts. 26 a 45

CÉDULA DE CRÉDITO IMOBILIÁRIO
– disposições: Lei n. 10.931, de 2-8-2004, arts. 18 a 25

CÉDULA DE CRÉDITO RURAL
– Decreto-lei n. 167, de 14-2-1967

CÉDULA DE PRODUTO RURAL
– instituição: Lei n. 8.929, de 22-8-1994

CÉDULA HIPOTECÁRIA
– Decreto-lei n. 70, de 21-11-1966

CÉDULA IMOBILIÁRIA RURAL
– instituição: Lei n. 13.986, de 7-4-2020

CERTIDÕES
– expedição para a defesa de direitos e esclarecimentos de situações: Lei n. 9.051, de 18-5-1995

CHEQUE(S)
– Convenção Interamericana sobre Conflitos de Leis em Matéria de Cheques: Decreto n. 1.240, de 15-9-1994
– Convenções para adoção de uma Lei Uniforme: Decreto n. 57.595, de 7-1-1966
– Lei do: Lei n. 7.357, de 2-9-1985

CIDADANIA
– gratuidade dos atos necessários ao exercício da: Lei n. 9.265, de 12-2-1996

CITAÇÃO
– no estrangeiro; Convenção Relativa à Citação, Intimação e Notificação no Estrangeiro de Documentos Judiciais e Extrajudiciais em Matéria Civil e Comercial: Decreto n. 9.734, de 20-3-2019

CÓDIGO DE ÉTICA E DISCIPLINA DA OAB
– disposições

CÓDIGO DE PROTEÇÃO E DEFESA DO CONSUMIDOR
– cláusulas abusivas; aditamento ao elenco do art. 51 do: Portaria n. 4, de 13-3-1998
– cláusulas abusivas; aditamento ao elenco do art. 51 do: Portaria n. 3, de 19-3-1999
– cláusulas abusivas; aditamento ao elenco do art. 51 do: Portaria n. 3, de 15-3-2001
– cláusulas abusivas; complemento ao art. 51 do Código de Proteção e Defesa do Consumidor: Portaria n. 5, de 27-8-2002
– Lei n. 8.078, de 11-9-1990
– obrigatoriedade de exemplar em estabelecimentos comerciais e de prestação de serviços: Lei n. 12.291, de 20-7-2010

COMÉRCIO ELETRÔNICO
– disposições sobre a contratação no comércio eletrônico: Decreto n. 7.962, de 15-3-2013

COMÉRCIO EXTERIOR
– facilitação do; licenças, autorizações e exigências administrativas para importações ou exportações: Lei n. 14.195, de 26-8-2021

COMISSÃO DE VALORES MOBILIÁRIOS
– criação: Lei n. 6.385, de 7-12-1976
– processo administrativo sancionador; esfera de atuação: Lei n. 13.506, de 13-11-2017

COMPANHEIROS
– direito a alimentos e à sucessão: Lei n. 8.971, de 29-12-1994

COMPROMISSO DE COMPRA E VENDA
– Decreto-lei n. 58, de 10-12-1937
– Lei n. 6.766, de 19-12-1979

COMPUTADOR
– proteção à propriedade intelectual dos programas de: Lei n. 9.609, de 19-2-1998

CONCESSÃO COMERCIAL
– de veículos automotores de via terrestre: Lei n. 6.729, de 28-11-1979

CONCESSÃO DE USO ESPECIAL
– Medida Provisória n. 2.220, de 4-9-2001

CONCILIAÇÃO
– Resolução n. 125, de 29-11-2010

CONCORRÊNCIA
– defesa da: Lei n. 12.529, de 30-11-2011

CONDOMÍNIO EM EDIFICAÇÕES
– e incorporações imobiliárias: Lei n. 4.591, de 16-12-1964

CONDOMÍNIO URBANO SIMPLES
– Lei n. 13.465, de 11-7-2017

CONFLITOS DE INTERESSE DO JUDICIÁRIO
– Resolução n. 125, de 29-11-2010

CONHECIMENTO DE TRANSPORTE
– Lei n. 11.442, de 5-1-2007

CONSELHO MONETÁRIO NACIONAL
– criação: Lei n. 4.595, de 31-12-1964

CONSELHO NACIONAL DOS DIREITOS DA CRIANÇA E DO ADOLESCENTE
– consolidação de atribuições e diretrizes: Decreto n. 9.579, de 22-11-2018

CONSÓRCIOS
– Lei n. 11.795, de 8-10-2008

CONSUMIDOR
– cláusulas contratuais abusivas: Portaria n. 4, de 13-3-1998
– cláusulas contratuais abusivas: Portaria n. 3, de 19-3-1999
– cláusulas contratuais abusivas: Portaria n. 3, de 15-3-2001
– cláusulas contratuais abusivas: Portaria n. 5, de 27-8-2002
– Código de Proteção e Defesa do: Lei n. 8.078, de 11-9-1990

CONTRATO(S)
– de compra e venda com reserva de domínio; registro: Decreto-lei n. 1.027, de 2-1-1939
– de financiamentos de imóveis: Lei n. 10.931, de 2-8-2004, arts. 46 a 52
– estipulações usurárias; nulidade: Medida Provisória n. 2.172-32, de 23-8-2001
– juros: Decreto n. 22.626, de 7-4-1933

CONTRIBUINTES
– identificação para fins fiscais: Lei n. 8.021, de 12-4-1990

CONVENÇÃO INTERAMERICANA SOBRE CONFLITOS DE LEIS EM MATÉRIA DE CHEQUES
– Decreto n. 1.240, de 15-9-1994

CONVENÇÃO INTERNACIONAL SOBRE OS DIREITOS DAS PESSOAS COM DEFICIÊNCIA
– Decreto n. 6.949, de 25-8-2009

CONVENÇÃO RELATIVA À CITAÇÃO, INTIMAÇÃO E NOTIFICAÇÃO NO ESTRANGEIRO DE DOCUMENTOS JUDICIAIS E EXTRAJUDICIAIS EM MATÉRIA CIVIL E COMERCIAL
– Decreto n. 9.734, de 20-3-2019

CONVENÇÃO SOBRE A OBTENÇÃO DE PROVAS NO ESTRANGEIRO EM MATÉRIA CIVIL OU COMERCIAL
– Decreto n. 9.039, de 27-4-2017

CONVENÇÃO SOBRE A COBRANÇA INTERNACIONAL DE ALIMENTOS PARA CRIANÇAS E OUTROS MEMBROS DA FAMÍLIA
– Decreto n. 9.176, de 19-10-2017

CONVENÇÃO SOBRE A PRESTAÇÃO DE ALIMENTOS NO ESTRANGEIRO
– Decreto n. 56.826, de 2-9-1965

CONVENÇÃO SOBRE O RECONHECIMENTO E A EXECUÇÃO DE SENTENÇAS ARBITRAIS ESTRANGEIRAS
– Decreto n. 4.311, de 23-7-2002

CONVIVENTES
– entidade familiar; convivência duradoura; direitos e deveres: Lei n. 9.278, de 10-5-1996

COOPERATIVAS
– Sistema Nacional de Crédito Cooperativo: Lei Complementar n. 130, de 17-4-2009
– Lei n. 5.764, de 16-12-1971

COOPERATIVAS SOCIAIS
– Lei n. 9.867, de 10-11-1999

CORONAVÍRUS (COVID-19)
– Regime Jurídico Emergencial e Transitório das Relações Jurídicas de Direito Privado no período da pandemia: Lei n. 14.010, de 10-6-2020

CORREÇÃO MONETÁRIA
– Lei n. 6.899, de 8-4-1981

CRÉDITO RURAL
– disposições: Lei n. 13.986, de 7-4-2020

CRIANÇA E ADOLESCENTE
– consolidação de atos normativos sobre: Decreto n. 9.579, de 22-11-2018
– direitos fundamentais; consolidação: Decreto n. 9.579, de 22-11-2018
– Estatuto: Lei n. 8.069, de 13-7-1990
– vítima ou testemunha de violência; sistema de garantia de direitos: Lei n. 13.431, de 4-4-2017

CUSTAS JUDICIAIS
– devidas no âmbito do STJ: Lei n. 11.636, de 28-12-2007

DADOS PESSOAIS
– tratamento e proteção por pessoa natural ou jurídica de direito público ou privado: Lei n. 13.709, de 14-8-2018

DANOS PESSOAIS
– causados por veículos automotores; seguro obrigatório: Lei n. 6.194, de 19-12-1974

DECLARAÇÃO DE NASCIDO VIVO
– validade: Lei n. 12.662, de 5-6-2012

DEFESA COMERCIAL
– prazos e os requisitos aplicáveis às indústrias fragmentadas; investigações de: Decreto n. 9.107, de 26-7-2017

DEFICIENTES
– Convenção Internacional sobre os Direitos das Pessoas com Deficiência: Decreto n. 6.949, de 25-8-2009

DEMARCAÇÃO URBANÍSTICA
– Lei n. 13.465, de 11-7-2017

DEPÓSITO DE BENS
– prazos dos contratos de: Lei n. 2.313, de 3-9-1954

DESAPROPRIAÇÃO
– por interesse social; sua aplicação; casos: Lei n. 4.132, de 10-9-1962
– por utilidade pública: Decreto-lei n. 3.365, de 21-6-1941
– por utilidade pública; imissão de posse, *initio litis*, em imóveis residenciais urbanos: Decreto-lei n. 1.075, de 22-1-1970

DESCONSIDERAÇÃO DA PERSONALIDADE JURÍDICA
– Lei n. 8.078, de 11-9-1990, art. 28

DESINVESTIMENTO
– de ativos pelas sociedades de economia mista federais; regime especial: Decreto n. 9.188, de 1.º-11-2017

DESPEJO
– ações de: Lei n. 8.245, de 18-10-1991

DIREITO BRASILEIRO
– Lei de Introdução ao: Decreto-lei n. 4.657, de 4-9-1942
– regulamento: Decreto n. 9.830, de 10-6-2019

DIREITO DE RESPOSTA
– ou retificação: Lei n. 13.188, de 11-11-2015

DIREITOS AUTORAIS
– gestão coletiva: Lei n. 12.853, de 14-8-2013
– gestão coletiva; consolidação: Decreto n. 9.574, de 22-11-2018
– Lei n. 9.610, de 19-2-1998
– programas de computador; proteção intelectual: Lei n. 9.609, de 19-2-1998

DÍVIDA ATIVA DA FAZENDA PÚBLICA
– Lei n. 6.830, de 22-9-1980

DÍVIDA PÚBLICA FEDERAL
– mobiliária; títulos da: Decreto n. 11.301, de 21-12-2022

DIVÓRCIO
– Lei n. 6.515, de 26-12-1977

DOCUMENTOS
– número único: Lei n.14.534, de 11-1-2023

DOCUMENTOS JUDICIAIS E EXTRAJUDICIAIS
– em matéria civil e comercial; Convenção Relativa à Citação, Intimação e Notificação no Estrangeiro de Documentos Judiciais e Extrajudiciais em Matéria Civil e Comercial: Decreto n. 9.734, de 20-3-2019

DPVAT
– seguro obrigatório de danos pessoais causados por veículos automotores: Lei n. 6.194, de 19-12-1974

DUPLICATA(S)
– emissão sob a forma escritural: Lei n.13.775, de 20-12-2018
– Lei n. 5.474, de 18-7-1968
– rural: Decreto-lei n. 167, de 14-2-1967

DUPLICATA ELETRÔNICA
– emissão: Lei n. 13.775, de 20-12-2018

EDIFICAÇÕES
– Estatuto da Cidade: Lei n. 10.257, de 10-7-2001
– incorporações imobiliárias e condomínio em: Lei n. 4.591, de 16-12-1964

ELETRICIDADE
– obras de extensão de redes aéreas: Lei n. 14.195, de 28-6-2021

EMIGRANTE
– políticas públicas e direitos: Lei n. 13.445, de 24-5-2017

EMPRESA(S)
– mercantis e atividades afins; registro público: Lei n. 8.934, de 18-11-1994

EMPRESA CIDADÃ
– programa: Lei n. 11.770, de 9-9-2008

EMPRESA DE PEQUENO PORTE
– Programa Nacional de Apoio à; instituição: Lei n. 13.999, de 18-5-2020
– Programa Nacional de Apoio à; institui caráter permanente: Lei n. 14.161, de 2-6-2021

EMPRESA INDIVIDUAL DE RESPONSABILIDADE LIMITADA – EIRELI
– transformação em sociedade limitada unipessoal: Lei n. 14.195, de 26-8-2021

EMPRESA SIMPLES DE CRÉDITO
– empréstimo, financiamento e desconto de títulos de crédito: Lei Complementar n. 167, de 24-4-2019

EMPREENDEDORISMO
– inovador; Marco Legal das *Startups*: Lei Complementar n. 182, de 1.º-6-2021

ESTATAIS
– Estatuto Jurídico da Empresa Pública, da sociedade de economia mista e de suas subsidiárias: Lei n. 13.303, de 30-6-2016

ESTATUTO DA ADVOCACIA E DA ORDEM DOS ADVOGADOS DO BRASIL – OAB
– Lei n. 8.906, de 4-7-1994

ESTATUTO DA CIDADE
– Lei n. 10.257, de 10-7-2001

ESTATUTO DA CRIANÇA E DO ADOLESCENTE
– Lei n. 8.069, de 13-7-1990
– Lei de Adoção: Lei n. 12.010, de 3-8-2009

ESTATUTO DA IGUALDADE RACIAL
– Lei n. 12.288, de 20-7-2010

ESTATUTO DA JUVENTUDE
– Lei n. 12.852, de 5-8-2013

ESTATUTO DA PESSOA COM DEFICIÊNCIA
– Lei n. 13.146, de 6-7-2015
– acessibilidade em projeto de construção de edificação de uso privado multifamiliar; regulamento: Decreto n. 9.451, de 26-7-2018

ESTATUTO DA PESSOA IDOSA
– Lei n. 10.741, de 1.º-10-2003

ESTATUTO JURÍDICO DA EMPRESA PÚBLICA
– Lei n. 13.303, de 30-6-2016

ESTATUTO NACIONAL DA MICROEMPRESA E DA EMPRESA DE PEQUENO PORTE
– Lei Complementar n. 123, de 14-12-2006

EXECUÇÃO FISCAL
– Lei n. 6.830, de 22-9-1980

EXPORTAÇÃO
– facilitação do comércio exterior: Lei n. 14.195, de 26-8-2021

FAIXA DE FRONTEIRA
– ratificação dos registros imobiliários decorrentes de alienações e concessões de terras públicas: Lei n. 13.178, de 22-10-2015

FALÊNCIA
– atualização da legislação referente à: Lei n. 14.112, de 24-12-2020
– dispositivos: Lei n. 11.101, de 9-2-2005

FAMÍLIA
– organização e proteção da: Decreto-lei n. 3.200, de 19-4-1941

FAZENDA PÚBLICA
– prescrição quinquenal: Decreto n. 20.910, de 6-1-1932

FERIADO(S)
– Lei n. 9.093, de 12-9-1995
– cobrança de juros de mora sobre título cujo vencimento se dê em: Lei n. 7.089, de 23-3-1983

FIANÇA LOCATÍCIA
– condições para o seguro: Circular n. 671, de 1.º-8-2022

FILIAÇÃO
– investigação de paternidade: Lei n. 8.560, de 29-12-1992
– planejamento familiar: Lei n. 9.263, de 12-1-1996

FRANCHISING
– Lei n. 13.966, de 26-12-2019

FUNDO GARANTIDOR SOLIDÁRIO (FGS)
– instituição: Lei n. 13.986, de 7-4-2020

GARANTIAS
– hipoteca e penhor: Decreto n. 24.778, de 14-7-1934

GESTÃO COLETIVA DE DIREITOS AUTORAIS
– consolidação: Decreto n. 9.574, de 22-11-2018

GRAVIDEZ
– na adolescência: Lei n. 8.069, de 13-7-1990

HABEAS DATA
– rito processual: Lei n. 9.507, de 12-11-1997

HABITAÇÃO
– concessão de uso especial: Medida Provisória n. 2.220, de 4-9-2001
– financiamento; alienação fiduciária de coisa imóvel: Lei n. 9.514, de 20-11-1997
– financiamento de bens imóveis vinculados ao SFH: Lei n. 5.741, de 1.º-12-1971
– incorporações imobiliárias; patrimônio de afetação: Lei n. 10.931, de 2-8-2004
– sistema financeiro: Lei n. 4.380, de 21-8-1964

HIPOTECA
– caução de: Decreto n. 24.778, de 14-7-1934

IDENTIFICAÇÃO CIVIL NACIONAL
– Lei n. 13.444, de 11-5-2017
– número único para documentos: Lei n. 14.534, de 11-1-2023

IDENTIFICAÇÃO DO CONTRIBUINTE
– Lei n. 8.021, de 12-4-1990

IDOSO
– Estatuto do: Lei n. 10.741, de 1.º-10-2003

IGUALDADE RACIAL
– Estatuto da: Lei n. 12.288, de 20-7-2010

IMIGRANTE
– situação jurídica: Lei n. 13.445, de 24-5-2017

IMÓVEIS
– residenciais urbanos; imissão de posse, *initio litis*: Decreto-lei n. 1.075, de 22-1-1970

IMPORTAÇÃO
– facilitação do comércio exterior: Lei n. 14.195, de 26-8-2021

IMPROBIDADE ADMINISTRATIVA
– ações em curso ajuizadas pela Fazenda Pública; manifestação do MP: Lei n. 14.230, de 25-10-2021
– alterações na Lei n. 8.429, de 2-6-1992: Lei n. 14.230, de 25-10-2021
– Lei n. 8.429, de 2-6-1992
– suspensão do processo em ação de: Lei n. 14.230, de 25-10-2021

INCORPORAÇÕES IMOBILIÁRIAS
– condomínio em edificações e: Lei n. 4.591, de 16-12-1964
– patrimônio de afetação: Lei n. 10.931, de 2-8-2004

INFORMATIZAÇÃO
– do processo judicial: Lei n. 11.419, de 19-12-2006

INFRAÇÕES CONTRA A ORDEM ECONÔMICA
– prevenção e repressão; execução judicial das decisões do CADE: Lei n. 12.529, de 30-11-2011

INSTITUIÇÕES FINANCEIRAS
– administração especial temporária nas: Decreto-lei n. 2.321, de 25-2-1987
– intervenção e liquidação extrajudicial: Lei n. 6.024, de 13-3-1974
– intervenção e liquidação extrajudicial nas; responsabilidade dos controladores: Lei n. 9.447, de 14-3-1997
– recibo de quitação integral de débitos; prazo para emissão: Lei n. 13.294, de 6-6-2016
– sigilo bancário: Lei Complementar n. 105, de 10-1-2001

INTERESSE SOCIAL
– casos de desapropriação por: Lei n. 4.132, de 10-9-1962

INTERNET
– comércio eletrônico; disposições: Decreto n. 7.962, de 15-3-2013
– Marco Civil; regulamento: Decreto n. 8.771, de 11-5-2016
– princípios, garantias, direitos e deveres no uso: Lei n. 12.965, de 23-4-2014
– tratamento de dados pessoais por pessoa natural ou jurídica de direito público ou privado: Lei n. 13.709, de 14-8-2018

INTERVENÇÃO E LIQUIDAÇÃO EXTRAJUDICIAL
– das instituições financeiras: Lei n. 6.024, de 13-3-1974
– responsabilidade na: Lei n. 9.447, de 14-3-1997

INTIMAÇÃO
– no estrangeiro; Convenção Relativa à Citação, Intimação e Notificação no Estrangeiro de Documentos Judiciais e Extrajudiciais em Matéria Civil e Comercial: Decreto n. 9.734, de 20-3-2019

INVESTIGAÇÃO DE PATERNIDADE
– Lei n. 8.560, de 29-12-1992
– Lei de Adoção: Lei n. 12.010, de 3-8-2009

INVESTIMENTO COLETIVO
– títulos e contratos: Lei n. 10.198, de 14-2-2001

JUIZADOS DE VIOLÊNCIA DOMÉSTICA E FAMILIAR CONTRA A MULHER
– criação: Lei n. 11.340, de 7-8-2006

JUIZADOS ESPECIAIS
– criação e funcionamento: Lei n. 9.099, de 26-9-1995
– federais; criação e funcionamento: Lei n. 10.259, de 12-7-2001
– representação judicial da União, autarquias, fundações e empresas públicas federais perante os: Decreto n. 4.250, de 27-5-2002

JUÍZO ARBITRAL
– arbitragem: Lei n. 9.307, de 23-9-1996

JUROS
– de mora; cobrança; título cujo vencimento se dê em feriado, sábado ou domingo: Lei n. 7.089, de 23-3-1983
– nos contratos: Decreto n. 22.626, de 7-4-1933

JUVENTUDE
– Estatuto da: Lei n. 12.852, de 5-8-2013

LACTENTE
– disposições sobre: Decreto n. 9.579, de 22-11-2018

LEGITIMAÇÃO DE POSSE
– na regularização fundiária: Lei n. 13.465, de 11-7-2017

LEGITIMAÇÃO FUNDIÁRIA
– Lei n. 13.465, de 11-7-2017

LEI ANTICORRUPÇÃO
– regulamento: Decreto n. 11.129, de 11-7-2022
– responsabilidade civil e administrativa das pessoas jurídicas por atos contra a Administração Pública: Lei n. 12.846, de 1.º-8-2013

LEI DA PANDEMIA
– Regime Jurídico Emergencial e Transitório das Relações Jurídicas de Direito Privado (RJET): Lei n. 14.010, de 10-6-2020

LEI DE ALIMENTOS
– Lei n. 5.478, de 25-7-1968

LEI DE FALÊNCIAS E RECUPERAÇÃO DE EMPRESAS
– atualização da legislação referente à: Lei n. 14.112, de 24-12-2020
– dispositivos: Lei n. 11.101, de 9-2-2005

LEI DE FRANQUIA
– Lei n. 13.966, de 26-12-2019

LEI DE INTRODUÇÃO
– ao Direito Brasileiro: Decreto-lei n. 4.657, de 4-9-1942
– regulamento: Decreto n. 9.830, de 10-6-2019

LEI DE MIGRAÇÃO
– Lei n. 13.445, de 24-5-2017

LEI DE REGISTROS PÚBLICOS
– Lei n. 6.015, de 31-12-1973

LEI DE USURA
– Decreto n. 22.626, de 7-4-1933

LEI DO DIVÓRCIO
– Lei n. 6.515, de 26-12-1977

LEI DO RJET (COVID-19)
– Regime Jurídico Emergencial e Transitório das Relações Jurídicas de Direito Privado: Lei n. 14.010, de 10-6-2020

LEI DOS CONVIVENTES
– Lei n. 9.278, de 10-5-1996

LEI "HENRY BOREL"
– enfrentamento da violência doméstica e familiar contra a criança e o adolescente: Lei n. 14.344, de 24-5-2022

LEI UNIFORME
– em matéria de cheques: Decreto n. 57.595, de 7-1-1966
– em matéria de letras de câmbio e notas promissórias: Decreto n. 57.663, de 24-1-1966

LEIS
– elaboração, redação, alteração e consolidação: Lei Complementar n. 95, de 26-2-1998

LETRA DE CÂMBIO
– Decreto n. 2.044, de 31-12-1908
– Decreto n. 57.663, de 24-1-1966

LETRA DE CRÉDITO IMOBILIÁRIO
– Lei n. 10.931, de 2-8-2004, arts. 12 a 17

LETRA DE RISCO DE SEGURO
– emissão: Lei n. 14.430, de 3-8-2022

LETRA IMOBILIÁRIA GARANTIDA
– Lei n. 13.097, de 19-1-2015

LIBERDADE ECONÔMICA
– atividade econômica; classificação de risco: Decreto n. 10.178, de 18-12-2019
– atividade econômica; exploração de atividade em desacordo com a norma técnica desatualizada: Decreto n. 10.229, de 5-2-2020
– declaração de direitos de: Lei n. 13.874, de 20-9-2019
– regulamento; análise de impacto regulatório: Decreto n. 10.411, de 30-6-2020
– regulamento; digitalização de documentos públicos ou privados, equiparação com documentos originais: Decreto n. 10.278, de 18-3-2020

LICENÇA-MATERNIDADE
– prorrogação; Programa Empresa Cidadã: Lei n. 11.770, de 9-9-2008

LICITAÇÕES
– pregão eletrônico: Decreto n. 10.024, de 20-9-2019

LIVRE INICIATIVA
– atividade econômica; classificação de risco: Decreto n. 10.178, de 18-12-2019
– atividade econômica; exploração de atividade em desacordo com a norma técnica desatualizada: Decreto n. 10.229, de 5-2-2020
– garantias: Lei n. 13.874, de 20-9-2019
– regulamento; digitalização de documentos públicos ou privados, equiparação com documentos originais: Decreto n. 10.278, de 18-3-2020

LIVRE MERCADO
– atividade econômica; classificação de risco: Decreto n. 10.178, de 18-12-2019
– atividade econômica; exploração de atividade em desacordo com a norma técnica desatualizada: Decreto n. 10.229, de 5-2-2020
– garantias: Lei n. 13.874, de 20-9-2019
– regulamento; digitalização de documentos públicos ou privados, equiparação com documentos originais: Decreto n. 10.278, de 18-3-2020

LOCAÇÃO
– ações de despejo suspensão da concessão de liminar; imóveis urbanos: Lei n. 14.216, de 7-10-2021
– de imóveis urbanos: Lei n. 8.245, de 18-10-1991
– seguro de fiança locatícia: Circular n. 671, de 1.º-8-2022

LOTEAMENTO
– Decreto-lei n. 58, de 10-12-1937
– urbano: Decreto-lei n. 271, de 28-2-1967

MANDADO DE INJUNÇÃO
– individual e coletivo: Lei n. 13.300, de 23-6-2016

MANDADO DE SEGURANÇA
– individual e coletivo: Lei n. 12.016, de 7-8-2009

MAR TERRITORIAL
– Lei n. 8.617, de 4-1-1993

MARCO CIVIL DA INTERNET
– princípios, garantias, direitos e deveres no uso da Internet: Lei n. 12.965, de 23-4-2014
– regulamento: Decreto n. 8.771, de 11-5-2016

MARCO LEGAL DAS *STARTUPS*
– e do empreendedorismo inovador: Lei Complementar n. 182, de 1.º-6-2021

MARCO REGULATÓRIO DA PRIMEIRA INFÂNCIA
– Lei n. 13.257, de 8-3-2016

MEDIAÇÃO E AUTOCOMPOSIÇÃO
– Lei n. 13.140, de 26-6-2015
– Resolução n. 125, de 29-11-2010

MEDIDA(S) CAUTELAR(ES)
– contra atos do Poder Público; concessão: Lei n. 8.437, de 30-6-1992

MEDIDAS EXCEPCIONAIS EM RAZÃO DA EMERGÊNCIA EM SAÚDE PÚBLICA DE IMPORTÂNCIA NACIONAL (ESPIN)
– instituição: Lei n. 14.216, de 7-10-2021

MERCADO DE CAPITAIS
– Lei n. 4.728, de 14-7-1965
– Lei n. 6.385, de 7-12-1976

MERCADO DE VALORES MOBILIÁRIOS
– Lei n. 6.385, de 7-12-1976
– Lei n. 10.303, de 31-10-2001

MICROEMPRESA
– estatuto nacional da: Lei Complementar n. 123, de 14-12-2006
– regularização tributária: Lei Complementar n. 162, de 9-4-2018
– Programa Nacional de Apoio à; instituição: Lei n. 13.999, de 18-5-2020
– Programa Nacional de Apoio à; institui caráter permanente: Lei n. 14.161, de 2-6-2021
– sociedades de crédito ao microempreendedor: Lei n. 10.194, de 14-2-2001

MIGRANTE
– direitos e deveres: Lei n. 13.445, de 24-5-2017

MOBILIDADE URBANA
– Política Nacional: Lei n. 12.587, de 3-1-2012

MORA
– juros de; cobrança sobre título cujo vencimento se dê em feriado, sábado ou domingo: Lei n. 7.089, de 23-3-1983

NATURALIZAÇÃO
– Lei de Migração: Lei n. 13.445, de 24-5-2017

NOTA COMERCIAL
– título de crédito: Lei n. 14.195, de 26-8-2021

NOTA(S) PROMISSÓRIA(S)
– Decreto n. 2.044, de 31-12-1908
– Decreto n. 57.663, de 24-1-1966
– rural: Decreto-lei n. 167, de 14-2-1967

NOTIFICAÇÃO
– no estrangeiro; Convenção Relativa à Citação, Intimação e Notificação no Estrangeiro de Documentos Judiciais e Extrajudiciais em Matéria Civil e Comercial: Decreto n. 9.734, de 20-3-2019

OAB
– Código de Ética
– Estatuto da Advocacia: Lei n. 8.906, de 4-7-1994

ÔNUS DA PROVA
- inversão do: Medida Provisória n. 2.172-32, de 23-8-2001

ORGANIZAÇÃO JUDICIÁRIA
- Lei n. 5.621, de 4-11-1970

ORGANIZAÇÕES DA SOCIEDADE CIVIL DE INTERESSE PÚBLICO
- qualificação de pessoas jurídicas de direito privado, sem fins lucrativos, como: Lei n. 9.790, de 23-3-1999

PAGAMENTO
- diferenciação de preços de bens e serviços em função do prazo ou do instrumento de: Lei n. 13.455, de 26-6-2017

PARCELAMENTO DO SOLO URBANO
- Lei n. 6.766, de 19-12-1979

PARTIDOS POLÍTICOS
- disposições: Lei n. 9.096, de 19-9-1995, arts. 1.º a 7.º e 59 a 63

PENHOR
- caução de hipoteca e: Decreto n. 24.778, de 14-7-1934

PESSOA JURÍDICA
- atos contra a administração pública; responsabilidade objetiva: Lei n. 12.846, de 1.º-8-2013
- de direito público ou privado; proteção de dados pessoais: Lei n. 13.709, de 14-8-2018

PLANEJAMENTO FAMILIAR
- disposições: Lei n. 9.263, de 12-1-1996

PLANOS DE SAÚDE
- planos e seguros privados de assistência à saúde: Lei n. 9.656, de 3-6-1998

PLATAFORMA CONTINENTAL
- Lei n. 8.617, de 4-1-1993

POLÍTICA NACIONAL DE MOBILIDADE URBANA
- Lei n. 12.587, de 3-1-2012

POLÍTICAS PÚBLICAS PARA A PRIMEIRA INFÂNCIA
- Lei n. 13.257, de 8-3-2016

POLÍTICA URBANA
- diretrizes gerais: Lei n. 10.257, de 10-7-2001

POSSE
- imissão, *initio litis*, em imóveis residenciais urbanos: Decreto-lei n. 1.075, de 22-1-1970

PRAZOS JUDICIAIS
- prorrogação de vencimento: Lei n. 1.408, de 9-8-1951

PREÇOS
- de produtos e serviços; formas de afixação: Lei n. 10.962, de 11-10-2004

PREGÃO ELETRÔNICO
- regulamento: Decreto n. 10.024, de 20-9-2019

PRENOME
- alteração; averbação: Provimento n. 73, de 28-6-2018

PRESCRIÇÃO
- ação punitiva pela Administração Pública: Lei n. 9.873, de 23-11-1999
- quinquenal: Decreto n. 20.910, de 6-1-1932

PRIMEIRA INFÂNCIA
- marco regulatório: Lei n. 13.257, de 8-3-2016

PROCESSO JUDICIAL
- informatização: Lei n. 11.419, de 19-12-2006

PROCESSOS PERANTE STF E STJ
- Lei n. 8.038, de 28-5-1990

PROGRAMA DE COMBATE À INTIMIDAÇÃO SISTEMÁTICA
- instituição: Lei n. 13.185, de 6-11-2015

PROGRAMA NACIONAL DE APOIO ÀS MICROEMPRESAS E EMPRESAS E PEQUENO PORTE (PRONAMPE)
- instituição: Lei n. 13.999, de 18-5-2020
- institui caráter permanente ao: Lei n. 14.161, de 2-6-2021

PROGRAMAS DE COMPUTADOR
- proteção à propriedade intelectual: Lei n. 9.609, de 19-2-1998

PROPRIEDADE INDUSTRIAL
- Lei n. 9.279, de 14-5-1996

PROTEÇÃO DE DADOS PESSOAIS
- por pessoa natural ou jurídica de direito público ou privado: Lei n. 13.709, de 14-8-2018

PROTESTO DE TÍTULOS
- Lei n. 9.492, de 10-9-1997

PROTOCOLO SOBRE A LEI APLICÁVEL ÀS OBRIGAÇÕES DE PRESTAR ALIMENTOS
- Decreto n. 9.176, de 19-10-2017

PROVA DOCUMENTAL
- de vida, residência, pobreza, dependência econômica, homonímia ou bons antecedentes: Lei n. 7.115, de 29-8-1983

PROVAS
- no estrangeiro, em matéria civil ou comercial; Convenção sobre a obtenção: Decreto n. 9.039, de 27-4-2017

QUITAÇÃO DE DÉBITOS
- declaração anual emitida por pessoas jurídicas prestadoras de serviços públicos ou privados: Lei n. 12.007, de 29-7-2009

RECUPERAÇÃO DE ATIVOS
- Sistema Integrado de; instituição: Lei n. 14.195, de 26-8-2021

RECUPERAÇÃO JUDICIAL E EXTRAJUDICIAL
- atualização da legislação referente à: Lei n. 14.112, de 24-12-2020

REGIME JURÍDICO EMERGENCIAL E TRANSITÓRIO DAS RELAÇÕES JURÍDICAS DE DIREITO PRIVADO (RJET)
- instituição: Lei n. 14.010, de 10-6-2020

REGISTRO CIVIL
- rito sumaríssimo para retificações no: Lei n. 3.764, de 25-4-1960

REGISTRO DE IDENTIDADE CIVIL
- instituição; número único: Lei n. 9.454, de 7-4-1997

REGISTRO PÚBLICO DE EMPRESAS MERCANTIS E ATIVIDADES AFINS
- disposições: Lei n. 8.934, de 18-11-1994
- Rede Nacional para a Simplificação do Registro e da Legalização de Empresas e Negócios e REDESIM: Lei n. 11.598, de 3-12-2007

REGISTROS PÚBLICOS
- alienações e concessões de terras públicas nas faixas de fronteira; ratificação: Lei n. 13.178, de 22-10-2015
- de empresas mercantis e atividades afins: Lei n. 8.934, de 18-11-1994
- disposições: Lei n. 6.015, de 31-12-1973
- regulamento: Decreto n. 1.800, de 30-1-1996
- serviços notariais e de: Lei n. 8.935, de 18-11-1994
- Sistema Eletrônico dos Registros Públicos – SERP: Lei n. 14.382, de 27-6-2022

REGULARIZAÇÃO FUNDIÁRIA
- rural e urbana: Lei n. 13.465, de 11-7-2017
- urbana: Decreto n. 9.310, de 15-3-2018

REMOÇÃO DE ÓRGÃOS
- Lei n. 9.434, de 4-2-1997

REPRESENTANTES COMERCIAIS
- atividades; regulamento: Lei n. 4.886, de 9-12-1965

RESPONSABILIDADE CIVIL
- e administrativa das pessoas jurídicas por atos contra a Administração Pública: Lei n. 12.846, de 1.º-8-2013
- por danos decorrentes de conteúdo na Internet: Lei n. 12.965, de 23-4-2014, arts. 18 a 21

RETIFICAÇÕES
- no registro civil: Lei n. 3.764, de 25-4-1960

SECURITIZAÇÃO
- regras gerais: Lei n. 14.430, de 3-8-2022

SEGURO
- cosseguro; política de: Lei Complementar n. 126, de 15-1-2007
- obrigatório de danos pessoais causados por veículos automotores: Lei n. 6.194, de 19-12-1974
- privados; Sistema Nacional: Decreto-lei n. 73, de 21-11-1966

SEGURO DE FIANÇA LOCATÍCIA
- novas condições: Circular n. 671, de 1.º-8-2022

SEGURO OBRIGATÓRIO DE DANOS PESSOAIS
- DPVAT: Lei n. 6.194, de 19-12-1974

SIGILO BANCÁRIO
- Lei Complementar n. 105, de 10-1-2001

SIMPLES NACINAL
- programa especial de regularização tributária das microempresas e empresas de pequeno porte optantes pelo: Lei Complementar n. 62, de 6-4-2018

SISTEMA BRASILEIRO DE DEFESA DA CONCORRÊNCIA
– estrutura: Lei n. 12.529, de 30-11-2011

SISTEMA DE FINANCIAMENTO IMOBILIÁRIO
– contratos imobiliários: Lei n. 4.380, de 21-8-1964
– disposições: Lei n. 9.514, de 20-11-1997
– Letra de Crédito Imobiliário; Cédula de Crédito Imobiliário; disposições: Lei n. 10.931, de 2-8-2004
– proteção do financiamento: Lei n. 5.741, de 1.º-12-1971

SISTEMA ELETRÔNICO DOS REGISTROS PÚBLICOS
– disposições: Lei n. 14.382, de 27-6-2022

SISTEMA FINANCEIRO NACIONAL
– Lei n. 4.595, de 31-12-1964
– acesso de empresas de capital estrangeiro: Lei n. 4.728, de 14-7-1965, arts. 22 a 25
– cooperativas de crédito: Lei Complementar n. 130, de 17-4-2009
– recibo de quitação integral de débitos; prazo para emissão: Lei n. 13.294, de 6-6-2016

SISTEMA INTEGRADO DE PAGAMENTO DE IMPOSTOS E CONTRIBUIÇÕES DAS MICROEMPRESAS E EMPRESAS DE PEQUENO PORTE – SIMPLES
– simples nacional: Lei Complementar n. 123, de 14-12-2006

SISTEMA INTEGRADO DE RECUPERAÇÃO DE ATIVOS
– instituição: Lei n. 14.195, de 26-8-2021

SISTEMA NACIONAL DE ATENDIMENTO SOCIOEDUCATIVO – SINASE
– instituição: Lei n. 12.594, de 18-1-2012

SISTEMA NACIONAL DE CRÉDITO COOPERATIVO
– Lei Complementar n. 130, de 17-4-2009

SOCIEDADE ANÔNIMA DO FUTEBOL
– instituição: Lei n. 14.193, de 6-8-2021

SOCIEDADE CIVIL
– Lei n. 9.790, de 23-3-1999

SOCIEDADES ANÔNIMAS
– Futebol; instituição: Lei n. 14.193, de 6-8-2021

SOCIEDADES COOPERATIVAS
– Lei n. 5.764, de 16-12-1971

SOCIEDADES DE CRÉDITO AO MICROEMPREENDEDOR
– Lei n. 10.194, de 14-2-2001

SOCIEDADES DE ECONOMIA MISTA
– regime especial de desinvestimento de ativos: Decreto n. 9.188, de 1.º-11-2017

SOCIEDADES POR AÇÕES
– alterações na Lei de: Lei n. 10.303, de 31-10-2001
– alterações na Lei de: Lei n. 11.638, de 28-12-2007
– Lei de: Lei n. 6.404, de 15-12-1976
– que dependem de autorização do governo: Decreto-lei n. 2.627, de 26-9-1940

STARTUPS
- Marco Legal: Lei Complementar n. 182, de 1.º-6-2021

SUCESSÃO
– direitos dos companheiros à: Lei n. 8.971, de 29-12-1994

SÚMULA VINCULANTE
– edição, revisão e cancelamento: Lei n. 11.417, de 19-12-2006

SUPERIOR TRIBUNAL DE JUSTIÇA
– normas procedimentais para os processos perante o: Lei n. 8.038, de 28-5-1990

SUPREMO TRIBUNAL FEDERAL
– normas procedimentais para os processos perante o: Lei n. 8.038, de 28-5-1990
– processo e julgamento da arguição de descumprimento de preceito fundamental: Lei n. 9.882, de 3-12-1999

TERRORISMO
– indisponibilidade de ativos de pessoas e entidades investigadas ou acusadas de terrorismo: Lei n. 13.810, de 8-3-2019

TÍTULOS DA DÍVIDA PÚBLICA MOBILIÁRIA FEDERAL
– características: Decreto n. 11.301, de 21-12-2022

TÍTULOS DE CRÉDITO À EXPORTAÇÃO
– Lei n. 6.313, de 16-12-1975

TÍTULOS DE CRÉDITO AGROPECUÁRIOS
– CDA, WA, CDCA, LCA e CRA: Lei n. 11.076, de 30-12-2004

TÍTULOS DE CRÉDITO COMERCIAL
– Lei n. 6.840, de 3-11-1980

TÍTULOS DE CRÉDITO INDUSTRIAL
– Decreto-lei n. 413, de 9-1-1969

TÍTULOS DE CRÉDITO RURAL
– Decreto-lei n. 167, de 14-2-1967

TRADUTOR E INTÉRPRETE PÚBLICO
– atividades privativas: Lei n. 14.195, de 26-8-2021
– requisitos da profissão: Lei n. 14.195, de 26-8-2021
– responsabilização civil e criminal: Lei n. 14.195, de 26-8-2021

TRANSPLANTE
– de órgãos e tecidos: Lei n. 9.434, de 4-2-1997

TUTELA ANTECIPADA
– contra a Fazenda Pública: Lei n. 9.494, de 10-9-1997

UNIÃO ESTÁVEL
– convivência duradoura; entidade familiar; regulamento: Lei n. 9.278, de 10-5-1996
– direito dos companheiros a sucessão: Lei n. 8.971, de 29-12-1994

USUCAPIÃO
– aquisição de imóveis rurais por: Lei n. 6.969, de 10-12-1981

USURA
– Decreto n. 22.626, de 7-4-1933
– nulidade das disposições contratuais: Medida Provisória n. 2.172-32, de 23-8-2001

VALORES MOBILIÁRIOS
– mercado de: Lei n. 6.385, de 7-12-19767

VIOLÊNCIA
– contra criança ou adolescente; sistema de garantia de direitos: Lei n. 13.431, de 4-4-2017

VIOLÊNCIA DOMÉSTICA
– contra a criança e o adolescente; mecanismos para coibir e prevenir: Lei n. 14.344, de 24-5-2022
– contra a mulher; mecanismos para coibir e prevenir: Lei n. 11.340, de 7-8-2006

ZONA CONTÍGUA
– Lei n. 8.617, de 4-1-1993

ZONA ECONÔMICA EXCLUSIVA
– Lei n. 8.617, de 4-1-1993

SÚMULAS DO SUPREMO TRIBUNAL FEDERAL

•• *As Súmulas aqui constantes (até a de n. 620) foram promulgadas antes da Constituição Federal de 1988, que mudou a competência do STF.*

1. É vedada a expulsão de estrangeiro casado com brasileira, ou que tenha filho brasileiro dependente da economia paterna.

2. Concede-se liberdade vigiada ao extraditando que estiver preso por prazo superior a sessenta dias.

3. A imunidade concedida a deputados estaduais é restrita à Justiça do Estado (*Prejudicada.*)

4. (*Cancelada.*)

5. A sanção do projeto supre a falta de iniciativa do Poder Executivo.

6. A revogação ou anulação, pelo poder executivo, de aposentadoria, ou qualquer outro ato aprovado pelo tribunal de contas, não produz efeitos antes de aprovada por aquele tribunal, ressalvada a competência revisora do judiciário.

7. Sem prejuízo de recurso para o congresso, não é exequível contrato administrativo a que o tribunal de contas houver negado registro.

8. Diretor de sociedade de economia mista pode ser destituído no curso do mandato.

9. Para o acesso de auditores ao superior tribunal militar, só concorrem os de segunda entrância.

10. O tempo de serviço militar conta-se para efeito de disponibilidade e aposentadoria do servidor público estadual.

11. A vitaliciedade não impede a extinção do cargo, ficando o funcionário em disponibilidade, com todos os vencimentos.

12. A vitaliciedade do professor catedrático não impede o desdobramento da cátedra.

13. A equiparação de extranumerário a funcionário efetivo, determinada pela Lei n. 2.284, de 9-8-1954, não envolve reestruturação, não compreendendo, portanto, os vencimentos.

• A Lei n. 2.284, de 9-8-1954, regula a estabilidade do pessoal extranumerário mensalista da União e das autarquias.

14. Não é admissível, por ato administrativo, restringir, em razão da idade, inscrição em concurso para cargo público.

• *Vide* Súmula 683 do STF.

15. Dentro do prazo de validade do concurso, o candidato aprovado tem direito à nomeação quando o cargo for preenchido sem observância da classificação.

16. Funcionário nomeado por concurso tem direito à posse.

17. A nomeação de funcionário sem concurso pode ser desfeita antes da posse.

18. Pela falta residual não compreendida na absolvição pelo Juízo Criminal, é admissível a punição administrativa do servidor público.

19. É inadmissível segunda punição de servidor público, baseada no mesmo processo em que se fundou a primeira.

20. É necessário processo administrativo com ampla defesa, para demissão de funcionário admitido por concurso.

21. Funcionário em estágio probatório não pode ser exonerado nem demitido sem inquérito ou sem as formalidades legais de apuração de sua capacidade.

22. O estágio probatório não protege o funcionário contra a extinção do cargo.

23. Verificados os pressupostos legais para o licenciamento da obra, não o impede a declaração de utilidade pública para desapropriação do imóvel, mas o valor da obra não se incluirá na indenização quando a desapropriação for efetivada.

•• *Vide* Decreto-lei n. 3.365, de 21-6-1941, arts. 7.º, 10, 15 e 26.

• Desapropriação por utilidade pública: Decreto-lei n. 3.365, de 21-6-1941.

24. Funcionário interino substituto é demissível, mesmo antes de cessar a causa da substituição.

25. A nomeação a termo não impede a livre demissão pelo Presidente da República, de ocupante de cargo dirigente de autarquia.

26. Os servidores do instituto de aposentadoria e pensões dos industriários não podem acumular a sua gratificação bienal com o adicional de tempo de serviço previsto no estatuto dos funcionários civis da União.

27. Os servidores públicos não têm vencimentos irredutíveis, prerrogativa dos membros do poder judiciário e dos que lhes são equiparados.

28. O estabelecimento bancário é responsável pelo pagamento de cheque falso, ressalvadas as hipóteses de culpa exclusiva ou concorrente do correntista.

29. Gratificação devida a servidores do sistema fazendário não se estende aos dos tribunais de contas.

30. Servidores de coletorias não têm direito à percentagem pela cobrança de contribuições destinadas à Petrobras.

31. Para aplicação da Lei n. 1.741, de 22-11-1952, soma-se o tempo de serviço ininterrupto em mais de um cargo em comissão.

• A Lei n. 1.741, de 22-11-1952, assegura, ao ocupante de cargo de caráter permanente e de provimento em comissão, o direito de continuar a perceber o vencimento do mesmo cargo.

32. Para aplicação da Lei n. 1.741, de 22-11-1952, soma-se o tempo de serviço ininterrupto em cargo em comissão e em função gratificada.

33. A Lei n. 1.741, de 22-11-1952, é aplicável às autarquias federais.

34. No Estado de São Paulo, funcionário eleito vereador fica licenciado por toda a duração do mandato.

35. Em caso de acidente do trabalho ou de transporte, a concubina tem direito de ser indenizada pela morte do amásio, se entre eles não havia impedimento para o matrimônio.

36. Servidor vitalício está sujeito à aposentadoria compulsória, em razão da idade.

37. Não tem direito de se aposentar pelo Tesouro Nacional o servidor que não satisfizer as condições estabelecidas na legislação do serviço público federal, ainda que aposentado pela respectiva instituição previdenciária, com direito, em tese, a duas aposentadorias.

38. Reclassificação posterior à aposentadoria não aproveita ao servidor aposentado.

39. À falta de lei, funcionário em disponibilidade não pode exigir, judicialmente, o seu aproveitamento, que fica subordinado ao critério de conveniência da administração.

40. A elevação da entrância da comarca não promove automaticamente o juiz, mas não interrompe o exercício de suas funções na mesma comarca.

41. Juízes preparadores ou substitutos não têm direito aos vencimentos da atividade fora dos períodos de exercício.

42. É legítima a equiparação de juízes do tribunal de contas, em direitos e garantias, aos membros do poder judiciário.

43. Não contraria a Constituição Federal o art. 61 da Constituição de São Paulo, que equiparou os vencimentos do Ministério Público aos da magistratura.

44. O exercício do cargo pelo prazo determinado na Lei n. 1.341, de 30-1-1951, art. 91, dá preferência para a nomeação interina de Procurador da República.

45. A estabilidade dos substitutos do Ministério Público Militar não confere direito aos vencimentos da atividade fora dos períodos de exercício.

46. Desmembramento de serventia de justiça não viola o princípio de vitaliciedade do serventuário.

47. Reitor de universidade não é livremente demissível pelo Presidente da República durante o prazo de sua investidura.

48. É legítimo o rodízio de docentes livres na substituição do professor catedrático.

49. A cláusula de inalienabilidade inclui a incomunicabilidade dos bens.

•• *Vide* CC, art. 1.848.

50. A lei pode estabelecer condições para a demissão de extranumerário.

51. Militar não tem direito a mais de duas promoções na passagem para a inatividade, ainda que por motivos diversos.

52. A promoção de militar, vinculada à inatividade, pode ser feita, quando couber, a posto inexistente no quadro.

53. A promoção de professor militar, vinculada à sua reforma, pode ser feita, quando couber, a posto inexistente no quadro.

54. A reserva ativa do magistério militar não confere vantagens vinculadas à efetiva passagem para a inatividade.

55. Militar da reserva está sujeito à pena disciplinar.

56. Militar reformado não está sujeito à pena disciplinar.

57. Militar inativo não tem direito ao uso do uniforme fora dos casos previstos em lei ou regulamento.

58. É válida a exigência de média superior a quatro para aprovação em estabelecimento de ensino superior, consoante o respectivo regimento.

59. Imigrante pode trazer, sem licença prévia, automóvel que lhe pertença desde mais de seis meses antes do seu embarque para o Brasil.

60. Não pode o estrangeiro trazer automóvel quando não comprovada a transferência definitiva de sua residência para o Brasil.

61. Brasileiro domiciliado no estrangeiro, que se transfere definitivamente para o Brasil, pode trazer automóvel licenciado em seu nome há mais de seis meses.

62. Não basta a simples estada no estrangeiro por mais de seis meses, para dar direito à trazida de automóvel com fundamento em transferência de residência.

63. É indispensável, para trazida de automóvel, a prova do licenciamento há mais de seis meses no país de origem.

64. É permitido trazer do estrangeiro, como bagagem, objetos de uso pessoal e doméstico, desde que, por sua quantidade e natureza, não induzam finalidade comercial.

65. A cláusula de aluguel progressivo anterior à Lei n. 3.494, de 19-12-1958, continua em vigor em caso de prorrogação legal ou convencional da locação.

66. É legítima a cobrança do tributo que houver sido aumentado após o orçamento, mas antes do início do respectivo exercício financeiro.

67. É inconstitucional a cobrança do tributo que houver sido criado ou aumentado no mesmo exercício financeiro.

68. É legítima a cobrança, pelos Municípios, no exercício de 1961, de tributo estadual, regularmente criado ou aumentado, e que lhes foi transferido pela Emenda Constitucional n. 5, de 21-11-1961.

69. A Constituição Estadual não pode estabelecer limite para o aumento de tributos municipais.

70. É inadmissível a interdição de estabelecimento como meio coercitivo para cobrança de tributo.

71. Embora pago indevidamente, não cabe restituição de tributo indireto.

•• *Vide* Súmula 546 do STF.

72. No julgamento de questão constitucional, vinculada a decisão do TSE, não estão impedidos os ministros do STF que ali tenham funcionado no mesmo processo ou no processo originário.

73. A imunidade das autarquias, implicitamente contida no art. 31, V, *a*, da Constituição Federal, abrange tributos estaduais e municipais.

•• Refere-se à CF de 1946. *Vide* art. 150, VI, *a*, §§ 2.º e 3.º da CF de 1988.

74. O imóvel transcrito em nome de autarquia, embora objeto de promessa de venda a particulares, continua imune de impostos locais.

75. Sendo vendedora uma autarquia, a sua imunidade fiscal não compreende o imposto de transmissão *inter vivos*, que é encargo do comprador.

76. As sociedades de economia mista não estão protegidas pela imunidade fiscal do art. 31, V, *a*, Constituição Federal.

77. Está isenta de impostos federais a aquisição de bens pela Rede Ferroviária Federal.

78. Estão isentas de impostos locais as empresas de energia elétrica, no que respeita às suas atividades específicas.

79. O Banco do Brasil não tem isenção de tributos locais.

80. Para a retomada de prédio situado fora do domicílio do locador, exige-se a prova da necessidade.

81. As cooperativas não gozam de isenção de impostos locais com fundamento na Constituição e nas Leis Federais.

82. São inconstitucionais o imposto de cessão e a taxa sobre inscrição de promessa de venda de imóvel, substitutivos do imposto de transmissão, por incidirem sobre ato que não transfere o domínio.

83. Os ágios de importação incluem-se no valor dos artigos importados para incidência do imposto de consumo.

84. Não estão isentos do imposto de consumo os produtos importados pelas cooperativas.

85. Não estão sujeitos ao imposto de consumo os bens de uso pessoal e doméstico trazidos, como bagagem, do exterior.

86. Não está sujeito ao imposto de consumo automóvel usado, trazido do exterior pelo proprietário.

87. Somente no que não colidirem com a Lei n. 3.244, de 14-8-1957, são aplicáveis acordos tarifários anteriores.

88. É válida a majoração da tarifa alfandegária, resultante da Lei n. 3.244, de 14-8-1957, que modificou o Acordo Geral sobre Tarifas Aduaneiras e Comércio (GATT), aprovado pela Lei n. 313, de 30-7-1948.

89. Estão isentas do imposto de importação frutas importadas da Argentina, do Chile, da Espanha e de Portugal, enquanto vigentes os respectivos acordos comerciais.

90. É legítima a lei local que faça incidir o imposto de indústrias e profissões com base no movimento econômico do contribuinte.

91. A incidência do imposto único não isenta o comerciante de combustíveis do imposto de indústrias e profissões.

92. É constitucional o art. 100, n. II, da Lei n. 4.563, de 20-2-1957, do Município de Recife, que faz variar o imposto de licença em função do aumento do capital do contribuinte.

93. Não está isenta do Imposto de Renda a atividade profissional do arquiteto.

94. É competente a autoridade alfandegária para o desconto, na fonte, do Imposto de Renda correspondente às comissões dos despachantes aduaneiros.

95. Para cálculo do imposto de lucro extraordinário, incluem-se no capital as reservas do ano-base, apuradas em balanço.

96. O imposto de lucro imobiliário incide sobre a venda de imóvel da meação do cônjuge sobrevivente, ainda que aberta a sucessão antes da vigência da Lei n. 3.470, de 28-11-1958.

97. É devida a alíquota anterior do imposto de lucro imobiliário, quando a promessa de venda houver sido celebrada antes da vigência da lei que a tiver elevado.

98. Sendo o imóvel alienado na vigência da Lei n. 3.470, de 28-11-1958, ainda que adquirido por herança, usucapião ou a título gratuito, é devido o imposto de lucro imobiliário.

99. Não é devido o imposto de lucro imobiliário, quando a alienação de imóvel adquirido por herança, ou a título gratuito, tiver sido anterior à vigência da Lei n. 3.470, de 28-11-1958.

100. Não é devido o imposto de lucro imobiliário, quando a alienação de imóvel, adquirido por usucapião, tiver sido anterior à vigência da Lei n. 3.470, de 28-11-1958.

101. O mandado de segurança não substitui a ação popular.

102. É devido o imposto federal do selo pela incorporação de reservas, em reavaliação de ativo, ainda que realizada antes da vigência da Lei n. 3.519, de 30-12-1958.

103. É devido o imposto federal do selo na simples reavaliação de ativo, realizada posteriormente à vigência da Lei n. 3.519, de 30-12-1958.

104. Não é devido o imposto federal do selo na simples reavaliação de ativo anterior à vigência da Lei n. 3.519, de 30-12-1958.

105. Salvo se tiver havido premeditação, o suicídio do segurado, no período contratual de carência, não exime o segurador do pagamento do seguro.

•• *Vide* CC, arts. 797 e 798.

106. É legítima a cobrança de selo sobre registro de automóveis, na conformidade da legislação estadual.

107. É inconstitucional o imposto de selo de 3%, *ad valorem*, do Paraná, quanto aos produtos remetidos para fora do Estado.

108. É legítima incidência do imposto de transmissão *inter vivos* sobre o valor do imóvel ao tempo da alienação, e não da promessa, na conformidade da legislação local.

109. É devida a multa prevista no art. 15, § 6º, da Lei n. 1.300, de 28-12-1950, ainda que a desocupação do imóvel tenha resultado da notificação e não haja sido proposta ação de despejo.

110. O imposto de transmissão *inter vivos* não incide sobre a construção, ou parte dela, realizada pelo adquirente, mas sobre o que tiver sido construído ao tempo da alienação do terreno.

111. É legítima a incidência do imposto de transmissão *inter vivos* sobre a restituição, ao antigo proprietário, de imóvel que deixou de servir à finalidade da sua desapropriação.

112. O imposto de transmissão *causa mortis* é devido pela alíquota vigente ao tempo da abertura da sucessão.

113. O imposto de transmissão *causa mortis* é calculado sobre o valor dos bens na data da avaliação.

114. O imposto de transmissão *causa mortis* não é exigível antes da homologação do cálculo.

115. Sobre os honorários do advogado contratado pelo inventariante, com a homologação do Juiz, não incide o imposto de transmissão *causa mortis*.

116. Em desquite ou inventário, é legítima a cobrança do chamado imposto de reposição quando houver desigualdade nos valores partilhados.

•• A Lei n. 6.515, de 26-12-1977, substitui a expressão desquite por separação consensual ou separação judicial.

117. A lei estadual pode fazer variar a alíquota do imposto de vendas e consignações em razão da espécie do produto.

118. Estão sujeitas ao imposto de vendas e consignações as transações sobre minerais, que ainda não estão compreendidos na legislação federal sobre o imposto único.

119. É devido o imposto de vendas e consignações sobre a venda de cafés ao Instituto Brasileiro do Café, embora o lote, originariamente, se destinasse à exportação.

120. Parede de tijolos de vidro translúcido pode ser levantada a menos de metro e meio do prédio vizinho, não importando servidão sobre ele.

•• *Vide* CC, arts. 1.301 e 1.302.

121. É vedada a capitalização de juros, ainda que expressamente convencionada.

122. O enfiteuta pode purgar a mora enquanto não decretado o comisso por sentença.

123. Sendo a locação regida pelo Decreto n. 24.150, de 20-4-1934, o locatário não tem direito à purgação da mora prevista na Lei n. 1.300, de 28-12-1950.

124. É inconstitucional o adicional do imposto de vendas e consignações cobrado pelo Estado do Espírito Santo sobre cafés da cota de expurgo entregues ao Instituto Brasileiro do Café.

Súmulas

ESPAÇO RESERVADO PARA USO DE GRAMPO

125. Não é devido o imposto de vendas e consignações sobre a parcela do imposto de consumo que onera a primeira venda realizada pelo produtor.

126. É inconstitucional a chamada taxa de aguardente, do Instituto do Açúcar e do Álcool.

127. É indevida a taxa de armazenagem, posteriormente aos primeiros trinta dias, quando não exigível o imposto de consumo, cuja cobrança tenha motivado a retenção da mercadoria.

128. É indevida a taxa de assistência médica e hospitalar das instituições de previdência social.

129. Na conformidade da legislação local, é legítima a cobrança de taxas de calçamento.

130. A taxa de despacho aduaneiro (art. 66 da Lei n. 3.244, de 14-8-1957) continua a ser exigível após o Decreto Legislativo n. 14, de 25-8-1960, que aprovou alterações introduzidas no Acordo Geral sobre Tarifas Aduaneiras e Comércio (GATT).

131. A taxa de despacho aduaneiro (art. 66 da Lei n. 3.244, de 14-8-1957) continua a ser exigível após o Dec. Legisl. 14, de 25-8-1960, mesmo para as mercadorias incluídas na vigente lista III do Acordo Geral sobre Tarifas Aduaneiras e Comércio (GATT).

132. Não é devida a taxa de Previdência Social na importação de amianto bruto ou em fibra.

133. Não é devida a taxa de despacho aduaneiro na importação de fertilizantes e inseticidas.

134. A isenção fiscal para a importação de frutas da Argentina compreende a taxa de despacho aduaneiro e a taxa de previdência social.

135. É inconstitucional a taxa de eletrificação de Pernambuco.

136. É constitucional a taxa de estatística da Bahia.

137. A taxa de fiscalização da exportação incide sobre a bonificação cambial concedida ao exportador.

138. É inconstitucional a taxa contra fogo, do estado de Minas Gerais, incidente sobre prêmio de seguro contra fogo.

139. É indevida a cobrança do imposto de transação a que se refere a Lei n. 899, de 1957, art. 58, IV, letra *e*, do antigo Distrito Federal.

140. Na importação de lubrificantes é devida a taxa de Previdência Social.

141. Não incide a taxa de Previdência Social sobre combustíveis.

142. Não é devida a taxa de Previdência Social sobre mercadorias isentas do imposto de importação.

143. Na forma da lei estadual, é devido o imposto de vendas e consignações na exportação de café pelo Estado da Guanabara, embora proveniente de outro Estado.

144. É inconstitucional a incidência da taxa de recuperação econômica de Minas Gerais sobre contrato sujeito ao imposto federal do selo.

145. Não há crime quando a preparação do flagrante pela polícia torna impossível a sua consumação.

146. A prescrição da ação penal regula-se pela pena concretizada na sentença, quando não há recurso da acusação.

147. A prescrição de crime falimentar começa a correr da data em que deveria estar encerrada a falência, ou do trânsito em julgado da sentença que a encerrar ou que julgar cumprida a concordata.

148. É legítimo o aumento de tarifas portuárias por ato do Ministro da Viação e Obras Públicas.

149. É imprescritível a ação de investigação de paternidade, mas não o é a de petição de herança.

150. Prescreve a execução no mesmo prazo de prescrição da ação.

151. Prescreve em um ano a ação do segurador sub-rogado para haver indenização por extravio ou perda de carga transportada por navio.

152. (*Revogada.*)

153. Simples protesto cambiário não interrompe a prescrição.

•• *Vide* art. 202, III, do CC.

154. Simples vistoria não interrompe a prescrição.

155. É relativa a nulidade do processo criminal por falta de intimação da expedição de precatória para inquirição de testemunha.

156. É absoluta a nulidade do julgamento pelo júri, por falta de quesito obrigatório.

157. É necessária prévia autorização do Presidente da República para desapropriação, pelos Estados, de empresa de energia elétrica.

158. Salvo estipulação contratual averbada no Registro Imobiliário, não responde o adquirente pelas benfeitorias do locatário.

159. Cobrança excessiva, mas de boa-fé, não dá lugar às sanções do art. 1.531 do Código Civil.

•• A referência é feita a dispositivo do CC de 1916. *Vide* art. 940 do Código vigente.

160. É nula a decisão do tribunal que acolhe contra o réu nulidade não arguida no recurso da acusação, ressalvados os casos de recurso de ofício.

161. Em contrato de transporte, é inoperante a cláusula de não indenizar.

•• *Vide* CC, art. 734.

162. É absoluta a nulidade do julgamento pelo júri, quando os quesitos da defesa não precedem aos das circunstâncias agravantes.

163. Salvo contra a Fazenda Pública, sendo a obrigação ilíquida, contam-se os juros moratórios desde a citação inicial para a ação.

164. No processo de desapropriação, são devidos juros compensatórios desde a antecipada imissão de posse ordenada pelo Juiz por motivo de urgência.

165. A venda realizada diretamente pelo mandante ao mandatário não é atingida pela nulidade do art. 1.133, II, do Código Civil.

•• A referência é feita a dispositivo do CC de 1916. Dispõe sobre a matéria atualmente o art. 497 do CC de 2002.

166. É inadmissível o arrependimento no compromisso de compra e venda sujeito ao regime do Decreto-lei n. 58, de 10-12-1937.

• O Decreto-lei n. 58, de 10-12-1937, dispõe sobre o loteamento e a venda de terrenos para pagamento em prestações.

167. Não se aplica o regime do Decreto-lei n. 58, de 10-12-1937, ao compromisso de compra e venda não inscrito no Registro Imobiliário, salvo se o promitente-vendedor se obrigou a efetuar o registro.

168. Para os efeitos do Decreto-lei n. 58, de 10-12-1937, admite-se a inscrição imobiliária do compromisso de compra e venda no curso da ação.

169. Depende de sentença a aplicação da pena de comisso.

170. É resgatável a enfiteuse instituída anteriormente à vigência do Código Civil.

•• *Vide* CC, art. 2.038.

171. Não se admite, na locação em curso, de prazo determinado, a majoração de encargos a que se refere a Lei n. 3.844, de 15-12-1960.

172. Não se admite, na locação em curso, de prazo determinado, o reajustamento de aluguel a que se refere a Lei n. 3.085, de 29-12-1956.

173. Em caso de obstáculo judicial admite-se a purga da mora, pelo locatário, além do prazo legal.

174. Para a retomada do imóvel alugado, não é necessária a comprovação dos requisitos legais na notificação prévia.

175. Admite-se a retomada de imóvel alugado, para uso de filho que vai contrair matrimônio.

176. O promitente comprador, nas condições previstas na Lei n. 1.300, de 28-12-50, pode retomar o imóvel locado.

177. O cessionário do promitente-comprador, nas mesmas condições deste, pode retomar o imóvel locado.

178. Não excederá de cinco anos a renovação judicial de contrato de locação, fundada no Decreto n. 24.150, de 20-4-1934.

•• O Decreto n. 24.150, de 20-4-1934, foi revogado pela Lei n. 8.245, de 18-10-1991 (Lei de Locações).

179. O aluguel arbitrado judicialmente nos termos da Lei n. 3.085, de 29-12-56, art. 6.º, vigora a partir da data do laudo pericial.

180. Na ação revisional do art. 31 do Decreto n. 24.150, de 20-4-1934, o aluguel arbitrado vigora a partir do laudo pericial.

181. Na retomada, para construção mais útil de imóvel sujeito ao Decreto n. 24.150, de 20-4-1934, é sempre devida indenização para despesas de mudança do locatário.

182. Não impede o reajustamento do débito pecuário, nos termos da Lei n. 1.002, de 24-12-1949, a falta de cancelamento da renúncia à moratória da Lei n. 209, de 2-1-1948.

183. Não se incluem no reajustamento pecuário dívidas estranhas à atividade agropecuária.

184. Não se incluem no reajustamento pecuário dívidas contraídas posteriormente a 19-12-1946.

185. Em processo de reajustamento pecuniário, não responde a União pelos honorários do advogado do credor ou do devedor.

186. Não infringe a lei a tolerância da quebra de 1% no transporte por estrada de ferro, prevista no regulamento de transportes.

187. A responsabilidade contratual do transportador, pelo acidente com o passageiro, não é elidida por culpa de terceiro, contra o qual tem ação regressiva.

188. O segurador tem ação regressiva contra o causador do dano, pelo que efetivamente pagou, até o limite previsto no contrato de seguro.

189. Avais em branco e superpostos consideram-se simultâneos e não sucessivos.

190. O não pagamento de título vencido há mais de trinta dias sem protesto não impede a concordata preventiva.

•• De acordo com a Lei de Falências, a concordata é substituída pela recuperação judicial e extrajudicial de empresas. *Vide* art. 48 da Lei n. 11.101, de 9-2-2005.

191. Inclui-se no crédito habilitado em falência a multa fiscal simplesmente moratória.

192. Não se inclui no crédito habilitado em falência a multa fiscal com efeito de pena administrativa.

193. Para a restituição prevista no art. 76, § 2.º, da Lei de Falências, conta-se o prazo de quinze dias da entrega da coisa e não da sua remessa.

•• *Vide* art. 85, parágrafo único, da Lei n. 11.101, de 9-2-2005 (Lei de Falências).

194. É competente o Ministro do Trabalho para a especificação das atividades insalubres.

195. Contrato de trabalho para obra certa, ou de prazo determinado, transforma-se em contrato de prazo indeterminado quando prorrogado por mais de quatro anos.

196. Ainda que exerça atividade rural, o empregado de empresa industrial ou comercial é classificado de acordo com a categoria do empregador.

197. O empregado com representação sindical só pode ser despedido mediante inquérito em que se apure falta grave.

198. As ausências motivadas por acidente do trabalho não são descontáveis do período aquisitivo das férias.

199. O salário das férias do empregado horista corresponde à média do período aquisitivo, não podendo ser inferior ao mínimo.

200. Não é inconstitucional a Lei n. 1.530, de 26-12-1951, que manda incluir na indenização por despedida injusta parcela correspondente a férias proporcionais.

201. O vendedor pracista, remunerado mediante comissão, não tem direito ao repouso semanal remunerado.

202. Na equiparação de salário, em caso de trabalho igual, toma-se em conta o tempo de serviço na função e não no emprego.

203. Não está sujeita à vacância de 60 dias a vigência de novos níveis de salário mínimo.

204. Tem direito o trabalhador substituto, ou de reserva, ao salário mínimo no dia em que fica à disposição do empregador sem ser aproveitado na função específica; se aproveitado, recebe o salário contratual.

205. Tem direito a salário integral o menor não sujeito à aprendizagem metódica.

206. É nulo o julgamento ulterior pelo júri com a participação de jurado que funcionou em julgamento anterior do mesmo processo.

207. As gratificações habituais, inclusive a de Natal, consideram-se tacitamente convencionadas, integrando o salário.

208. O assistente do Ministério Público não pode recorrer extraordinariamente de decisão concessiva de *habeas corpus*.

209. O salário-produção, como outras modalidades de salário-prêmio, é devido desde que verificada a condição a que estiver subordinado e não pode ser suprimido unilateralmente pelo empregador, quando pago com habitualidade.

210. O assistente do Ministério Público pode recorrer, inclusive extraordinariamente, na ação penal, nos casos dos arts. 584, § 1.º, e 598 do CPP.

211. Contra a decisão proferida sobre o agravo no auto do processo, por ocasião do julgamento da apelação, não se admitem embargos infringentes ou de nulidade.

212. Tem direito ao adicional de serviço perigoso o empregado de posto de revenda de combustível líquido.

213. É devido o adicional de serviço noturno, ainda que sujeito o empregado ao regime de revezamento.

214. A duração legal da hora de serviço noturno (52 minutos e 30 segundos) constitui vantagem suplementar que não dispensa o salário adicional.

215. Conta-se a favor de empregado readmitido o tempo de serviço anterior, salvo se houver sido despedido por falta grave ou tiver recebido a indenização legal.

216. Para decretação da absolvição de instância pela paralisação do processo por mais de trinta dias, é necessário que o autor, previamente intimado, não promova o andamento da causa.

217. Tem direito de retornar ao emprego, ou ser indenizado em caso de recusa do empregador, o aposentado que recupera a capacidade de trabalho dentro de cinco anos a contar da aposentadoria, que se torna definitiva após esse prazo.

218. É competente o juízo da Fazenda Nacional da capital do estado, e não o da situação da coisa, para a desapropriação promovida por empresa de energia elétrica, se a União Federal intervém como assistente.

219. Para a indenização devida a empregado que tinha direito a ser readmitido e não foi, levam-se em conta as vantagens advindas à sua categoria no período do afastamento.

220. A indenização devida a empregado estável, que não é readmitido ao cessar sua aposentadoria, deve ser paga em dobro.

221. A transferência de estabelecimento ou a sua extinção parcial, por motivo que não seja de força maior, não justifica a transferência de empregado estável.

222. O princípio da identidade física do Juiz não é aplicável às Juntas de Conciliação e Julgamento da Justiça do Trabalho.

223. Concedida isenção de custas ao empregado, por elas não responde o Sindicato que o representa em Juízo.

224. Os juros de mora, nas reclamações trabalhistas, são contados desde a notificação inicial.

225. Não é absoluto o valor probatório das anotações da Carteira Profissional.

226. Na ação de desquite, os alimentos são devidos desde a inicial e não da data da decisão que os concede.

227. A concordata do empregador não impede a execução de crédito nem a reclamação de empregado na Justiça do Trabalho.

•• De acordo com a Lei de Falências, a concordata é substituída pela recuperação judicial e extrajudicial de empresas. *Vide* art. 48 da Lei n. 11.101, de 9-2-2005.

228. Não é provisória a execução na pendência de recurso extraordinário, ou de agravo destinado a fazê-lo admitir.

•• *Vide* art. 995 do CPC.

229. A indenização acidentária não exclui a do direito comum, em caso de dolo ou culpa grave do empregador.

230. A prescrição da ação de acidente do trabalho conta-se do exame pericial que comprovar a enfermidade ou verificar a natureza da incapacidade.

231. O revel, em processo cível, pode produzir provas desde que compareça em tempo oportuno.

232. Em caso de acidente do trabalho são devidas diárias até doze meses, as quais não se confundem com a indenização acidentária nem com o auxílio-enfermidade.

233. Salvo em caso de divergência qualificada (Lei n. 623, de 1949), não cabe recurso de embargos contra decisão que nega provimento a agravo ou não conhece de recurso extraordinário, ainda que por maioria de votos.

234. São devidos honorários de advogado em ação de acidente do trabalho julgada procedente.

235. É competente para a ação de acidente do trabalho a Justiça Cível comum, inclusive em segunda instância, ainda que seja parte autarquia seguradora.

•• *Vide* arts. 109, I, e 114, VI, da CF.

•• *Vide* Súmula Vinculante 22, Súmula 501 do STF e Súmula 15 do STJ.

236. Em ação de acidente do trabalho, a autarquia seguradora não tem isenção de custas.

237. O usucapião pode ser arguido em defesa.

238. Em caso de acidente do trabalho, a multa pelo retardamento da liquidação é exigível do segurador sub-rogado, ainda que autarquia.

239. Decisão que declara indevida a cobrança do imposto em determinado exercício não faz coisa julgada em relação aos posteriores.

240. O depósito para recorrer, em ação de acidente do trabalho, é exigível do segurador sub-rogado, ainda que autarquia.

241. A contribuição previdenciária incide sobre o abono incorporado ao salário.

242. O agravo no auto do processo deve ser apreciado, no julgamento da apelação, ainda que o agravante não tenha apelado.

243. Em caso de dupla aposentadoria, os proventos a cargo do IAPFESP não são equiparáveis aos pagos pelo Tesouro Nacional, mas calculados à baixa da média salarial dos últimos doze meses de serviço.

244. A importação de máquinas de costura está isenta do imposto de consumo.

245. A imunidade parlamentar não se estende ao corréu sem essa prerrogativa.

246. Comprovado não ter havido fraude, não se configura o crime de emissão de cheque sem fundos.

247. O relator não admitirá os embargos da Lei n. 623, de 19-2-1949, nem deles conhecerá o STF, quando houver jurisprudência firme do Plenário no mesmo sentido da decisão embargada.

248. É competente originariamente o STF, para mandado de segurança contra ato do TCU.

• *Vide* art. 102, I, *d*, da CF.

249. É competente o STF para a ação rescisória quando, embora não tendo conhecido do recurso extraordinário, ou havendo negado provimento a agravo, tiver apreciado a questão federal controvertida.

250. A intervenção da União desloca o processo do juízo cível comum para o fazendário.

251. Responde a Rede Ferroviária Federal S.A. perante o foro comum e não perante o Juízo especial da Fazenda Nacional, a menos que a União intervenha na causa.

252. Na ação rescisória, não estão impedidos Juízes que participaram do julgamento rescindendo.

253. Nos embargos da Lei n. 623, de 19-2-1949, no Supremo Tribunal Federal a divergência somente será acolhida se tiver sido indicada na petição de recurso extraordinário.

254. Incluem-se os juros moratórios na liquidação, embora omisso o pedido inicial ou a condenação.

255. Sendo ilíquida a obrigação, os juros moratórios, contra a Fazenda Pública, incluídas as autarquias, são contados do trânsito em julgado da sentença de liquidação.

256. É dispensável pedido expresso para condenação do réu em honorários, com fundamento nos arts. 63 ou 64 do CPC.

•• A referência é feita ao CPC de 1939. *Vide* arts. 82, § 2.º, 84 e 85 do CPC.

257. São cabíveis honorários de advogado na ação regressiva do segurador contra o causador do dano.

258. É admissível reconvenção em ação declaratória.

259. Para produzir efeito em Juízo não é necessária a inscrição, no Registro Público, de documentos de procedência estrangeira, autenticados por via consular.

260. O exame de livros comerciais, em ação judicial, fica limitado às transações entre os litigantes.

261. Para a ação de indenização, em caso de avaria, é dispensável que a vistoria se faça judicialmente.

262. Não cabe medida possessória liminar para liberação alfandegária de automóvel.

263. O possuidor deve ser citado pessoalmente para a ação de usucapião.

264. Verifica-se a prescrição intercorrente pela paralisação da ação rescisória por mais de cinco anos.

265. Na apuração de haveres, não prevalece o balanço não aprovado pelo sócio falecido, excluído ou que se retirou.

266. Não cabe mandado de segurança contra lei em tese.

267. Não cabe mandado de segurança contra ato judicial passível de recurso ou correição.

- *Vide* art. 5.º, II, da Lei n. 12.016, de 7-8-2009.

268. Não cabe mandado de segurança contra decisão judicial com trânsito em julgado.

269. O mandado de segurança não é substitutivo de ação de cobrança.

- *Vide* Súmula 271 do STF.

270. Não cabe mandado de segurança para impugnar enquadramento da Lei n. 3.780, de 12-7-1960, que envolva exame de prova ou de situação funcional complexa.

271. Concessão de mandado de segurança não produz efeitos patrimoniais em relação a período pretérito, os quais devem ser reclamados administrativamente ou pela via judicial própria.

- *Vide* Súmula 269 do STF.

272. Não se admite como ordinário recurso extraordinário de decisão denegatória de mandado de segurança.

273. Nos embargos da Lei n. 623, de 19-2-1949, a divergência sobre questão prejudicial ou preliminar, suscitada após a interposição do recurso extraordinário, ou do agravo, somente será acolhida se o acórdão-padrão for anterior à decisão embargada.

- *Vide* art. 1.043 do CPC.
- *Vide* Súmula 598 do STF.

274. (*Revogada*.)

275. Está sujeita a recurso *ex officio* sentença concessiva de reajustamento pecuário anterior à vigência da Lei n. 2.804, de 25-6-1956.

276. Não cabe recurso de revista em ação executiva fiscal.

277. São cabíveis embargos em favor da Fazenda Pública, em ação executiva fiscal, não sendo unânime a decisão.

278. São cabíveis embargos em ação executiva fiscal contra decisão reformatória da de primeira instância, ainda que unânime.

279. Para simples reexame de prova não cabe recurso extraordinário.

280. Por ofensa a direito local não cabe recurso extraordinário.

281. É inadmissível o recurso extraordinário quando couber, na Justiça de origem, recurso ordinário da decisão impugnada.

282. É inadmissível o recurso extraordinário quando não ventilada, na decisão recorrida, a questão federal suscitada.

283. É inadmissível o recurso extraordinário quando a decisão recorrida assenta em mais de um fundamento suficiente e o recurso não abrange todos eles.

284. É inadmissível o recurso extraordinário, quando a deficiência na sua fundamentação não permitir a exata compreensão da controvérsia.

285. Não sendo razoável a arguição de inconstitucionalidade, não se conhece do recurso extraordinário fundado na letra *c* do art. 101, III, da Constituição Federal.

•• Refere-se à CF de 1946. *Vide* art. 102, III, *c*, da CF de 1988.

286. Não se conhece do recurso extraordinário fundado em divergência jurisprudencial, quando a orientação do Plenário do STF já se firmou no mesmo sentido da decisão recorrida.

287. Nega-se provimento ao agravo quando a deficiência na sua fundamentação, ou na do recurso extraordinário, não permitir exata compreensão da controvérsia.

288. Nega-se provimento a agravo para subida de recurso extraordinário, quando faltar no traslado o despacho agravado, a decisão recorrida, a petição de recurso extraordinário ou qualquer peça essencial à compreensão da controvérsia.

- *Vide* Súmula 639 do STF.

289. O provimento do agravo por uma das turmas do STF, ainda que sem ressalva, não prejudica a questão do cabimento do recurso extraordinário.

290. Nos embargos da Lei n. 623, de 19-2-1949, a prova de divergência far-se-á por certidão, ou mediante indicação do *Diário da Justiça* ou de repertório de jurisprudência autorizado, que a tenha publicado, com a transcrição do trecho que configure a divergência, mencionadas as circunstâncias que identifiquem ou assemelhem os casos confrontados.

- *Vide* art. 1.043 do CPC.

291. No recurso extraordinário pela letra *d* do art. 101, III, da Constituição, a prova do dissídio jurisprudencial far-se-á por certidão, ou mediante indicação do "Diário da Justiça" ou de repertório de jurisprudência autorizado, com a transcrição do trecho que configure a divergência, mencionadas as circunstâncias que identifiquem ou assemelhem os casos confrontados.

•• Refere-se à CF de 1946.

•• *Vide* art. 1.029, § 1.º, do CPC.

292. Interposto o recurso extraordinário por mais de um dos fundamentos indicados no art. 101, III, da Constituição, a admissão apenas por um deles não prejudica o seu conhecimento por qualquer dos outros.

- Refere-se à CF de 1946. *Vide* art. 102, III, da CF de 1988.

293. São inadmissíveis embargos infringentes contra decisão em matéria constitucional submetida ao Plenário dos Tribunais.

294. São inadmissíveis embargos infringentes contra decisão do STF em mandado de segurança.

- *Vide* Súmulas 597 do STF e 169 do STJ.
- *Vide* art. 25 da Lei n. 12.016, de 7-8-2009.

295. São inadmissíveis embargos infringentes contra decisão unânime do STF em ação rescisória.

296. São inadmissíveis embargos infringentes sobre matéria não ventilada pela turma no julgamento do recurso extraordinário.

297. Oficiais e praças das milícias dos Estados, no exercício de função policial civil, não são considerados mi-

Súmulas

ESPAÇO RESERVADO PARA USO DE GRAMPO

litares para efeitos penais, sendo competente a Justiça comum para julgar os crimes cometidos por ou contra eles.

298. O legislador ordinário só pode sujeitar civis à Justiça Militar, em tempo de paz, nos crimes contra a segurança externa do País ou as instituições militares.

299. O recurso ordinário e o extraordinário interpostos no mesmo processo de mandado de segurança, ou de *habeas corpus*, serão julgados conjuntamente pelo Tribunal Pleno.

300. São incabíveis os embargos da Lei n. 623, de 19-2-1949, contra provimento de agravo para subida de recurso extraordinário.

301. (*Cancelada.*)

302. Está isenta da taxa de Previdência Social a importação de petróleo bruto.

303. Não é devido o imposto federal de selo em contrato firmado com autarquia anteriormente à vigência da Emenda Constitucional n. 5, de 21-11-1961.

304. Decisão denegatória de mandado de segurança, não fazendo coisa julgada contra o impetrante, não impede o uso da ação própria.

305. Acordo de desquite ratificado por ambos os cônjuges não é retratável unilateralmente.

306. As taxas de recuperação econômica e de assistência hospitalar de Minas Gerais são legítimas, quando incidem sobre matéria tributável pelo Estado.

307. É devido o adicional de serviço insalubre, calculado à base do salário mínimo da região, ainda que a remuneração contratual seja superior ao salário mínimo acrescido da taxa de insalubridade.

308. A taxa de despacho aduaneiro, sendo adicional do imposto de importação, não incide sobre borracha importada com isenção daquele imposto.

309. A taxa de despacho aduaneiro, sendo adicional do imposto de importação, não está compreendida na isenção do imposto de consumo para automóvel usado trazido do exterior pelo proprietário.

310. Quando a intimação tiver lugar na sexta-feira, ou a publicação com efeito de intimação for feita nesse dia, o prazo judicial terá início na segunda-feira imediata, salvo se não houver expediente, caso em que começará no primeiro dia útil que se seguir.

311. No típico acidente do trabalho, a existência de ação judicial não exclui a multa pelo retardamento da liquidação.

312. Músico integrante de orquestra da empresa, com atuação permanente e vínculo de subordinação, está sujeito à Legislação Geral do Trabalho e não à especial dos artistas.

313. Provada a identidade entre o trabalho diurno e o noturno, é devido o adicional quanto a este, sem a limitação do art. 73, § 3.º, da CLT, independentemente da natureza da atividade do empregador.

314. Na composição do dano por acidente do trabalho, ou de transporte, não é contrário à lei tomar para base da indenização o salário do tempo da perícia ou da sentença.

315. Indispensável o traslado das razões da revista para julgamento, pelo Tribunal Superior do Trabalho, do agravo para sua admissão.

316. A simples adesão à greve não constitui falta grave.

317. São improcedentes os embargos declaratórios, quando não pedida a declaração do julgado anterior em que se verificou a omissão.

318. É legítima a cobrança, em 1962, pela municipalidade de São Paulo, do imposto de indústrias e profissões, consoante as leis 5.917 e 5.919, de 1961 (aumento anterior à vigência do orçamento e incidência do tributo sobre o movimento econômico do contribuinte).

319. O prazo do recurso ordinário para o STF, em *habeas corpus* ou mandado de segurança, é de cinco dias.

•• *Vide* art. 1.003, § 5.º, do CPC.

320. A apelação despachada pelo Juiz no prazo legal, não fica prejudicada pela demora da juntada por culpa do Cartório.

321. A constituição estadual pode estabelecer a irredutibilidade dos vencimentos do Ministério Público.

322. Não terá seguimento pedido ou recurso dirigido ao STF, quando manifestamente incabível, ou apresentado fora do prazo, ou quando for evidente a incompetência do tribunal.

323. É inadmissível a apreensão de mercadorias como meio coercitivo para pagamento de tributos.

324. A imunidade do art. 31, V, da CF, não compreende as taxas.

•• Refere-se à CF de 1946. *Vide* art. 150, VI, da CF de 1988.

325. As emendas ao Regimento Interno do STF, sobre julgamento de questão constitucional, aplicam-se aos pedidos ajuizados e aos recursos interpostos anteriormente à sua aprovação.

326. É legítima a incidência do imposto de transmissão *inter vivos* sobre a transferência do domínio útil.

327. O direito trabalhista admite a prescrição intercorrente.

328. É legítima a incidência do imposto de transmissão *inter vivos* sobre a doação de imóvel.

329. O imposto de transmissão *inter vivos* não incide sobre a transferência de ações de sociedade imobiliária.

330. O STF não é competente para conhecer de mandado de segurança contra atos dos tribunais de justiça dos Estados.

• *Vide* Súmula 624 do STF.

331. É legítima a incidência do imposto de transmissão *causa mortis* no inventário por morte presumida.

332. É legítima a incidência do imposto de vendas e consignações sobre a parcela do preço correspondente aos ágios cambiais.

333. Está sujeita ao imposto de vendas e consignações a venda realizada por invernista não qualificado como pequeno produtor.

334. É legítima a cobrança, ao empreiteiro, do imposto de vendas e consignações, sobre o valor dos materiais empregados, quando a empreitada não for apenas de lavor.

335. É válida a cláusula de eleição do foro para os processos oriundos do contrato.

336. A imunidade da autarquia financiadora, quanto ao contrato de financiamento, não se estende à compra e venda entre particulares, embora constantes os dois atos de um só instrumento.

337. A controvérsia entre o empregador e o segurador não suspende o pagamento devido ao empregado por acidente do trabalho.

338. Não cabe ação rescisória no âmbito da Justiça do Trabalho.

339. Não cabe ao Poder Judiciário, que não tem função legislativa, aumentar vencimentos de servidores públicos, sob fundamento de isonomia.

• *Vide* Súmula Vinculante 37 do STF.

340. Desde a vigência do Código Civil, os bens dominicais, como os demais bens públicos, não podem ser adquiridos por usucapião.

•• A referência é feita ao CC de 1916. *Vide* arts. 100, 101 e 102 do Código vigente.

341. É presumida a culpa do patrão ou comitente pelo ato culposo do empregado ou preposto.

342. Cabe agravo no auto do processo, e não agravo de petição, do despacho que não admite a reconvenção.

343. Não cabe ação rescisória por ofensa a literal disposição de lei, quando a decisão rescindenda se tiver baseado em texto legal de interpretação controvertida nos tribunais.

344. Sentença de primeira instância, concessiva de *habeas corpus* em caso de crime praticado em detrimento de bens, serviços ou interesses da União, está sujeita a recurso *ex officio*.

345. Na chamada desapropriação indireta, os juros compensatórios são devidos a partir da perícia, desde que tenha atribuído valor atual ao imóvel.

346. A Administração Pública pode declarar a nulidade dos seus próprios atos.

347. O Tribunal de Contas, no exercício de suas atribuições, pode apreciar a constitucionalidade das leis e dos atos do Poder Público.

348. É constitucional a criação de taxa de construção, conservação e melhoramento de estradas.

349. A prescrição atinge somente as prestações de mais de dois anos, reclamadas com fundamento em decisão normativa da Justiça do Trabalho, ou em convenção coletiva de trabalho, quando não estiver em causa a própria validade de tais atos.

350. O imposto de indústrias e profissões não é exigível de empregado, por falta de autonomia na sua atividade profissional.

351. É nula a citação por edital de réu preso na mesma unidade da Federação em que o Juiz exerce a sua jurisdição.

352. Não é nulo o processo penal por falta de nomeação de curador ao réu menor que teve a assistência de defensor dativo.

353. São incabíveis os embargos da Lei n. 623, de 19-2-1949, com fundamento em divergência entre decisões da mesma turma do STF.

354. Em caso de embargos infringentes parciais, é definitiva a parte da decisão embargada em que não houve divergência na votação.

355. Em caso de embargos infringentes parciais, é tardio o recurso extraordinário interposto após o julgamento dos embargos, quanto à parte da decisão embargada que não fora por eles abrangida.

356. O ponto omisso da decisão, sobre o qual não foram opostos embargos declaratórios, não pode ser objeto de recurso extraordinário, por faltar o requisito do prequestionamento.

357. É lícita a convenção pela qual o locador renuncia, durante a vigência do contrato, à ação revisional do art. 31 do Decreto n. 24.150, de 20-4-1934.

358. O servidor público em disponibilidade tem direito aos vencimentos integrais do cargo.

359. Ressalvada a revisão prevista em lei, os proventos da inatividade regulam-se pela lei vigente ao tempo em que o militar, ou o servidor civil, reuniu os requisitos necessários.

•• Súmula com redação determinada pelo Recurso Extraordinário n. 72.509, de 14-2-1973.

360. Não há prazo de decadência para a representação de inconstitucionalidade prevista no art. 8.º, parágrafo único, da Constituição Federal.

•• Refere-se à CF de 1946. *Vide* art. 34, V e VII, da CF.

361. No processo penal, é nulo o exame realizado por um só perito, considerando-se impedido o que tiver funcionado anteriormente na diligência de apreensão.

362. A condição de ter o clube sede própria para a prática de jogo lícito, não o obriga a ser proprietário do imóvel em que tem sede.

363. A pessoa jurídica de direito privado pode ser demandada no domicílio da agência ou estabelecimento em que se praticou o ato.

364. Enquanto o Estado da Guanabara não tiver Tribunal Militar de segunda instância, o Tribunal de Justiça é competente para julgar os recursos das decisões da auditoria da Polícia Militar.

365. Pessoa jurídica não tem legitimidade para propor ação popular.

366. Não é nula a citação por edital que indica o dispositivo da lei penal, embora não transcreva a denúncia ou queixa, ou não resuma os fatos em que se baseia.

367. Concede-se liberdade ao extraditando que não for retirado do País no prazo do art. 16 do Decreto-lei n. 394, de 28-4-1938.

368. Não há embargos infringentes no processo de reclamação.

369. Julgados do mesmo tribunal não servem para fundamentar o recurso extraordinário por divergência jurisprudencial.

370. Julgada improcedente a ação renovatória da locação, terá o locatário, para desocupar o imóvel, o prazo de seis meses, acrescido de tantos meses quantos forem os anos da ocupação, até o limite total de dezoito meses.

371. Ferroviário, que foi admitido como servidor autárquico, não tem direito à dupla aposentadoria.

372. A Lei n. 2.752, de 10-4-1956, sobre dupla aposentadoria, aproveita, quando couber, a servidores aposentados antes de sua publicação.

373. Servidor nomeado após aprovação no curso de capacitação policial, instituído na Polícia do Distrito Federal, em 1941, preenche o requisito da nomeação por concurso a que se referem as Leis 705, de 16-5-1949 e 1.639, de 14-7-1952.

374. Na retomada para construção mais útil, não é necessário que a obra tenha sido ordenada pela autoridade pública.

375. Não renovada a locação regida pelo Decreto n. 24.150, de 20-4-1934, aplica-se o direito comum e não a legislação especial do inquilinato.

376. Na renovação de locação, regida pelo Decreto n. 24.150, de 20-4-1934, o prazo do novo contrato conta-se da transcrição da decisão exequenda no Registro de Títulos e Documentos; começa, porém, da terminação do contrato anterior, se esta tiver ocorrido antes do registro.

377. No regime de separação legal de bens, comunicam-se os adquiridos na constância do casamento.

•• *Vide* Súmula 655 do STJ.

378. Na indenização por desapropriação incluem-se honorários do advogado do expropriado.

379. No acordo de desquite não se admite renúncia aos alimentos, que poderão ser pleiteados ulteriormente, verificados os pressupostos legais.

Súmulas

ESPAÇO RESERVADO PARA USO DE GRAMPO

380. Comprovada a existência de sociedade de fato entre os concubinos, é cabível sua dissolução judicial com a partilha do patrimônio adquirido pelo esforço comum.

381. Não se homologa sentença de divórcio obtida por procuração, em país de que os cônjuges não eram nacionais.

•• Esta súmula foi publicada no *Diário da Justiça* de 8-5-1964, antes da promulgação da Lei do Divórcio no Brasil (Lei n. 6.515, de 26-12-1977).

382. A vida em comum sob o mesmo teto, *more uxorio*, não é indispensável à caracterização do concubinato.

383. A prescrição em favor da Fazenda Pública recomeça a correr, por dois anos e meio, a partir do ato interruptivo, mas não fica reduzida aquém de cinco anos, embora o titular do direito a interrompa durante a primeira metade do prazo.

384. A demissão de extranumerário do serviço público federal, equiparado a funcionário de provimento efetivo para efeito de estabilidade, é da competência do presidente da república.

385. Oficial das Forças Armadas só pode ser reformado, em tempo de paz, por decisão de tribunal militar permanente, ressalvada a situação especial dos atingidos pelo art. 177 da Constituição de 1937.

386. Pela execução de obra musical por artistas remunerados é devido direito autoral, não exigível quando a orquestra for de amadores.

387. A cambial emitida ou aceita com omissões, ou em branco, pode ser completada pelo credor de boa-fé antes da cobrança ou do protesto.

388. (*Revogada.*)

389. Salvo limite legal, a fixação de honorários de advogado, em complemento da condenação, depende das circunstâncias da causa, não dando lugar a recurso extraordinário.

390. A exibição judicial de livros comerciais pode ser requerida como medida preventiva.

391. O confinante certo deve ser citado pessoalmente para a ação de usucapião.

392. O prazo para recorrer de acórdão concessivo de segurança conta-se da publicação oficial de suas conclusões, e não da anterior ciência à autoridade para cumprimento da decisão.

• *Vide* Lei n. 12.016, de 7-8-2009.

393. Para requerer revisão criminal o condenado não é obrigado a recolher-se à prisão.

394. (*Cancelada.*)

395. Não se conhece do recurso de *habeas corpus* cujo objeto seja resolver sobre o ônus das custas, por não estar mais em causa a liberdade de locomoção.

396. Para a ação penal por ofensa à honra, sendo admissível a exceção da verdade quanto ao desempenho de função pública, prevalece a competência especial por prerrogativa de função, ainda que já tenha cessado o exercício funcional do ofendido.

397. O poder de polícia da Câmara dos Deputados e do Senado Federal, em caso de crime cometido nas suas dependências, compreende, consoante o regimento, a prisão em flagrante do acusado e a realização do inquérito.

398. O Supremo Tribunal Federal não é competente para processar e julgar, originariamente, deputado ou senador acusado de crime.

399. Não cabe recurso extraordinário por violação de lei federal, quando a ofensa alegada for a regimento de Tribunal.

400. Decisão que deu razoável interpretação à lei, ainda que não seja a melhor, não autoriza recurso extraordinário pela letra a do art. 101, III, da Constituição Federal.

•• Refere-se à CF de 1946. *Vide* art. 102, III, *a* e *b*, da CF.

401. Não se conhece do recurso de revista, nem dos embargos de divergência do processo trabalhista, quando houver jurisprudência firme do TST no mesmo sentido da decisão impugnada, salvo se houver colisão com a jurisprudência do STF.

402. Vigia noturno tem direito a salário adicional.

403. É de decadência o prazo de trinta dias para instauração do inquérito judicial, a contar da suspensão por falta grave de empregado estável.

404. Não contrariam a Constituição os arts. 3.º, 22 e 27 da Lei n. 3.244, de 14-8-1957, que definem as atribuições do Conselho de Política Aduaneira quanto à tarifa flexível.

405. Denegado o mandado de segurança pela sentença, ou no julgamento do agravo dela interposto, fica sem efeito a liminar concedida, retroagindo os efeitos da decisão contrária.

406. O estudante ou professor bolsista e o servidor público em missão de estudo satisfazem a condição da mudança de residência para o efeito de trazer automóvel do exterior, atendidos os demais requisitos legais.

407. Não tem direito ao terço de campanha o militar que não participou de operações de guerra, embora servisse na "zona de guerra".

408. Os servidores fazendários não têm direito a percentagem pela arrecadação de receita federal destinada ao banco nacional de desenvolvimento econômico.

409. Ao retomante que tenha mais de um prédio alugado, cabe optar entre eles, salvo abuso de direito.

410. Se o locador, utilizando prédio próprio para residência ou atividade comercial, pede o imóvel para uso próprio, diverso do que tem o por ele ocupado, não está obrigado a provar a necessidade, que se presume.

411. O locatário autorizado a ceder a locação pode sublocar o imóvel.

412. No compromisso de compra e venda com cláusula de arrependimento, a devolução do sinal por quem o deu, ou a sua restituição em dobro por quem a recebeu, exclui indenização maior a título de perdas e danos, salvo os juros moratórios e os encargos do processo.

413. O compromisso de compra e venda de imóveis, ainda que não loteados, dá direito à execução compulsória quando reunidos os requisitos legais.

414. Não se distingue a visão direta da oblíqua na proibição de abrir janela, ou fazer terraço, eirado, ou varanda, a menos de metro e meio do prédio de outrem.

415. Servidão de trânsito não titulada, mas tornada permanente, sobretudo pela natureza das obras realizadas, considera-se aparente, conferindo direito à proteção possessória.

416. Pela demora no pagamento do preço da desapropriação não cabe indenização complementar além dos juros.

417. Pode ser objeto de restituição, na falência, dinheiro em poder do falido, recebido em nome de outrem, ou do qual, por lei ou contrato, não tivesse ele a disponibilidade.

•• Esta súmula foi publicada no *Diário da Justiça* de 6-7-1964, antes da promulgação da Nova Lei de Falências (Lei n. 11.101, de 9-2-2005).

418. O empréstimo compulsório não é tributo, e sua arrecadação não está sujeita à exigência constitucional da prévia autorização orçamentária.

•• Refere-se à exigência prescrita no art. 21, § 2.º, II, da CF de 1967. *Vide* art. 148 da CF.

419. Os municípios têm competência para regular o horário do comércio local, desde que não infrinjam leis estaduais ou federais válidas.

420. Não se homologa sentença proferida no estrangeiro, sem prova do trânsito em julgado.

421. Não impede a extradição a circunstância de ser o extraditando casado com brasileira ou ter filho brasileiro.

422. A absolvição criminal não prejudica a medida de segurança, quando couber, ainda que importe privação da liberdade.

423. Não transita em julgado a sentença por haver omitido o recurso *ex officio*, que se considera interposto *ex lege*.

424. Transita em julgado o despacho saneador de que não houve recurso, excluídas as questões deixadas explícita ou implicitamente para a sentença.

425. O agravo despachado no prazo legal não fica prejudicado pela demora da juntada, por culpa do Cartório; nem o agravo entregue em Cartório no prazo legal, embora despachado tardiamente.

426. A falta do termo específico não prejudica o agravo no auto do processo, quando oportuna a interposição por petição ou no termo da audiência.

427. A falta de petição de interposição não prejudica o agravo no auto do processo tomado por termo.

428. Não fica prejudicada a apelação entregue em Cartório no prazo legal, embora despachada tardiamente.

429. A existência de recurso administrativo com efeito suspensivo não impede o uso do mandado de segurança contra omissão da autoridade.

•• *Vide* art. 5.º, I, da Lei n. 12.016, de 7-8-2009, que estabelece que não será concedido mandado de segurança contra ato do qual caiba recurso administrativo com efeito suspensivo, independentemente de caução.

430. Pedido de reconsideração na via administrativa não interrompe o prazo para o mandado de segurança.

431. É nulo o julgamento de recurso criminal na segunda instância sem prévia intimação ou publicação da pauta, salvo em *habeas corpus*.

432. Não cabe recurso extraordinário com fundamento no art. 101, III, *d*, da Constituição Federal, quando a divergência alegada for entre decisões da Justiça do Trabalho.

•• Refere-se à CF de 1946. *Vide* art. 102, III, da CF.

433. É competente o TRT para julgar mandado de segurança contra ato de seu presidente, em execução de sentença trabalhista.

434. A controvérsia entre seguradores indicados pelo empregador na ação de acidente do trabalho, não suspende o pagamento devido ao acidentado.

435. O imposto de transmissão *causa mortis*, pela transferência de ações, é devido ao Estado em que tem sede a companhia.

436. É válida a Lei n. 4.093, de 24-10-1959, do Paraná, que revogou a isenção concedida às cooperativas por lei anterior.

437. Está isenta da taxa de despacho aduaneiro a importação de equipamento para a indústria automobilística, segundo plano aprovado, no prazo legal, pelo órgão competente.

438. É ilegítima a cobrança, em 1962, da Taxa de Educação e Saúde, de Santa Catarina, adicional do imposto de vendas e consignações.

439. Estão sujeitos à fiscalização tributária ou previdenciária quaisquer livros comerciais, limitado o exame aos pontos objeto da investigação.

440. Os benefícios da legislação federal de serviços de guerra não são exigíveis dos estados, sem que a lei estadual assim disponha.

441. O militar, que passa à inatividade com proventos integrais, não tem direito às cotas trigésimas a que se refere o código de vencimentos e vantagens dos militares.

442. A inscrição do contrato de locação no Registro de Imóveis, para a validade da cláusula de vigência contra o adquirente do imóvel, ou perante terceiros, dispensa a transcrição no Registro de Títulos e Documentos.

443. A prescrição das prestações anteriores ao período previsto em lei não ocorre quando não tiver sido negado, antes daquele prazo, o próprio direito reclamado ou a situação jurídica de que ele resulta.

444. Na retomada para construção mais útil, de imóvel sujeito ao Decreto n. 24.150, de 20-4-1934, a indenização se limita às despesas de mudança.

445. A Lei n. 2.437, de 7-3-1955, que reduz prazo prescricional, é aplicável às prescrições em curso na data de sua vigência (1-1-1956), salvo quanto aos processos então pendentes.

446. Contrato de exploração de jazida ou pedreira não está sujeito ao Decreto n. 24.150, de 20-4-1934.

447. É válida a disposição testamentária em favor de filho adulterino do testador com sua concubina.

448. O prazo para o assistente recorrer supletivamente começa a correr imediatamente após o transcurso do prazo do Ministério Público.

•• O Tribunal Pleno, no julgamento do HC 50.417 (RTJ 68/604), por maioria de votos, resolvendo questão de ordem, decidiu pela revisão preliminar da redação desta súmula.

449. O valor da causa na consignatória de aluguel corresponde a uma anuidade.

450. São devidos honorários de advogado sempre que vencedor o beneficiário de Justiça gratuita.

451. A competência especial por prerrogativa de função não se estende ao crime cometido após a cessação definitiva do exercício funcional.

452. Oficiais e praças do Corpo de Bombeiros do Estado da Guanabara respondem perante a Justiça Comum por crime anterior à Lei n. 427, de 11-10-1948.

453. Não se aplicam à segunda instância o art. 384 e parágrafo único do CPP, que possibilitam dar nova definição jurídica ao fato delituoso, em virtude de circunstância elementar não contida explícita ou implicitamente na denúncia ou queixa.

454. Simples interpretação de cláusulas contratuais não dá lugar a recurso extraordinário.

455. Da decisão que se seguir ao julgamento de constitucionalidade pelo Tribunal Pleno, são inadmissíveis embargos infringentes quanto à matéria constitucional.

456. O Supremo Tribunal Federal, conhecendo do recurso extraordinário, julgará a causa aplicando o direito à espécie.

457. O Tribunal Superior do Trabalho, conhecendo da revista, julgará a causa aplicando o direito à espécie.

458. O processo de execução trabalhista não exclui a remição pelo executado.

459. No cálculo da indenização por despedida injusta, incluem-se os adicionais ou gratificações que, pela habitualidade, se tenham incorporado ao salário.

460. Para efeito do adicional de insalubridade, a perícia judicial em reclamação trabalhista não dispensa o enquadramento da atividade entre as insalubres, que é ato da competência do Ministro do Trabalho e Previdência Social.

461. É duplo, e não triplo, o pagamento de salário nos dias destinados a descanso.

462. No cálculo da indenização por despedida injusta inclui-se, quando devido, o repouso semanal remunerado.

463. Para efeito de indenização e estabilidade, conta-se o tempo em que o empregado esteve afastado em serviço militar obrigatório, mesmo anteriormente à Lei n. 4.072, de 1.º-6-1962.

•• Redação conforme publicação oficial. A data correta da Lei n. 4.072 é 16-6-1962.

464. No cálculo da indenização por acidente do trabalho inclui-se, quando devido, o repouso semanal remunerado.

465. O regime de manutenção de salário, aplicável ao (IAPM) e ao (IAPETC), exclui a indenização tarifada na lei de acidentes do trabalho, mas não o benefício previdenciário.

466. Não é inconstitucional a inclusão de sócios e administradores de sociedades e titulares de firmas individuais como contribuintes obrigatórios da Previdência Social.

467. A base do cálculo das contribuições previdenciárias, anteriormente à vigência da Lei Orgânica da Previdência Social, é o salário mínimo mensal, observados os limites da Lei n. 2.755/1956.

468. Após a EC n. 5 de 21-11-1961, em contrato firmado com a União, Estado, Município ou autarquia, é devido o imposto federal de selo pelo contratante não protegido pela imunidade, ainda que haja repercussão do ônus tributário sobre o patrimônio daquelas entidades.

469. A multa de cem por cento, para o caso de mercadoria importada irregularmente, é calculada à base do custo de câmbio da categoria correspondente.

470. O imposto de transmissão *inter vivos* não incide sobre a construção, ou parte dela, realizada, inequivocamente, pelo promitente-comprador, mas sobre o valor do que tiver sido construído antes da promessa de venda.

471. As empresas aeroviárias não estão isentas do imposto de indústrias e profissões.

472. A condenação do autor em honorários de advogado, com fundamento no art. 64 do CPC, depende de reconvenção.

•• A referência é feita ao CPC de 1939. *Vide* arts. 82 a 85 e 90 a 95 do CPC.

• *Vide* arts. 186 e 927 do CC.

473. A administração pode anular seus próprios atos quando eivados de vícios que os tornam ilegais, porque deles não se originam direitos; ou revogá-los, por motivo de conveniência ou oportunidade, respeitados os direitos adquiridos e ressalvada, em todos os casos, a apreciação judicial.

474. Não há direito líquido e certo amparado pelo mandado de segurança, quando se escuda em lei cujos efeitos foram anulados por outra, declarada constitucional pelo STF.

475. A Lei n. 4.686, de 21-6-1965, tem aplicação imediata aos processos em curso, inclusive em grau de recurso extraordinário.

476. Desapropriadas as ações de uma sociedade, o poder desapropriante imitido na posse pode exercer, desde logo, todos os direitos inerentes aos respectivos títulos.

477. As concessões de terras devolutas situadas na faixa de fronteira, feitas pelos estados, autorizam, apenas, o uso, permanecendo o domínio com a União, ainda que se mantenha inerte ou tolerante, em relação aos possuidores.

478. O provimento em cargo de Juízes substitutos do Trabalho deve ser feito independentemente de lista tríplice, na ordem de classificação dos candidatos.

479. As margens dos rios navegáveis são de domínio público, insuscetíveis de expropriação e, por isso mesmo, excluídas de indenização.

480. Pertencem ao domínio e administração da União, nos termos dos arts. 4.º, IV, e 186, da Constituição Federal de 1967, as terras ocupadas por silvícolas.

•• *Vide* art. 231 da CF.

481. Se a locação compreende, além do imóvel, Fundo de Comércio, com instalações e pertences, como no caso de teatros, cinemas e hotéis, não se aplicam ao retomante as restrições do art. 8.º, e, parágrafo único, do Decreto n. 24.150, de 20 de abril de 1934.

•• O Decreto n. 24.150, de 20-4-1934, foi revogado pela atual Lei de Locações (Lei n. 8.245, de 18-10-1981).

482. O locatário, que não for sucessor ou cessionário do que o precedeu na locação, não pode somar os prazos concedidos a este, para pedir a renovação do contrato, nos termos do Decreto n. 24.150.

•• O Decreto n. 24.150, de 20-4-1934, foi revogado pela atual Lei de Locações (Lei n. 8.245, de 18-10-1981).

483. É dispensável a prova da necessidade, na retomada de prédio situado em localidade para onde o proprietário pretende transferir residência, salvo se mantiver, também, a anterior, quando dita prova será exigida.

484. Pode, legitimamente, o proprietário pedir o prédio para a residência de filho, ainda que solteiro, de acordo com o art. 11, III, da Lei n. 4.494, de 25-11-1964.

• Atualmente é a Lei n. 8.245, de 18-10-1991, que dispõe sobre locação de imóveis urbanos.

485. Nas locações regidas pelo Decreto n. 24.150, de 20 de abril de 1934, a presunção de sinceridade do retomante é relativa, podendo ser ilidida pelo locatário.

486. Admite-se a retomada para sociedade da qual o locador, ou seu cônjuge, seja sócio com participação predominante no capital social.

487. Será deferida a posse a quem evidentemente tiver o domínio, se com base neste for disputada.

•• *Vide* CC, art. 1.210, § 2.º.

488. A preferência a que se refere o art. 9.º da Lei n. 3.912, de 3-7-1961, constitui direito pessoal. Sua violação resolve-se em perdas e danos.

489. A compra e venda de automóvel não prevalece contra terceiros de boa-fé, se o contrato não foi transcrito no Registro de Títulos e Documentos.

490. A pensão correspondente à indenização oriunda de responsabilidade civil deve ser calculada com base no salário mínimo vigente ao tempo da sentença e ajustar-se-á às variações ulteriores.

491. É indenizável o acidente que cause a morte de filho menor, ainda que não exerça trabalho remunerado.

492. A empresa locadora de veículos responde, civil e solidariamente com o locatário, pelos danos por este causados a terceiros, no uso do carro locado.

493. O valor da indenização, se consistente em prestações periódicas e sucessivas, compreenderá, para que se mantenha inalterável na sua fixação, parcelas compensatórias do imposto de renda, incidentes sobre os juros do capital gravado ou caucionado, nos termos dos arts. 911 e 912 do CPC.

•• A referência é feita ao CPC de 1939. *Vide* arts. 513 a 538 do CPC.

494. A ação para anular venda de ascendente a descendente, sem consentimento dos demais, prescreve em vinte anos, contados da data do ato, revogada a Súmula 152.

•• *Vide* CC, arts. 205 e 496.

495. A restituição em dinheiro da coisa vendida a crédito, entregue nos quinze dias anteriores ao pedido de falência ou de concordata, cabe, quando, ainda que consumida ou transformada, não faça o devedor prova de haver sido alienada a terceiro.

• Esta súmula foi publicada no *Diário da Justiça* de 10-12-1969, antes da promulgação da Nova Lei de Falências (Lei n. 11.101, de 9-2-2005).

496. São válidos, porque salvaguardados pelas disposições constitucionais transitórias da Constituição Federal de 1967, os Decretos-leis expedidos entre 24 de janeiro e 15 de março de 1967.

497. Quando se tratar de crime continuado, a prescrição regula-se pela pena imposta na sentença, não se computando o acréscimo decorrente da continuação.

498. Compete à Justiça dos Estados, em ambas as instâncias, o processo e o julgamento dos crimes contra a economia popular.

499. Não obsta à concessão do *sursis*, condenação anterior à pena de multa.

500. Não cabe a ação cominatória para compelir-se o réu a cumprir obrigações de dar.

501. Compete à Justiça Ordinária Estadual o processo e o julgamento, em ambas as instâncias, das causas de acidente do trabalho ainda que promovidas contra a União, suas Autarquias, Empresas Públicas ou Sociedades de Economia Mista.

•• *Vide* arts. 109, I, e 114, VI, da CF.

•• *Vide* Súmula Vinculante 22, Súmula 235 do STF e Súmula 15 do STJ.

502. Na aplicação do art. 839, do CPC, com a redação da Lei n. 4.290, de 5-12-1963, a relação valor da causa e salário mínimo vigente na capital do Estado, ou do Território, para o efeito de alçada, deve ser considerada na data do ajuizamento do pedido.

•• A referência é feita ao CPC de 1939. *Vide* arts. 291 a 293 do CPC.

503. A dúvida suscitada por particular, sobre o direito de tributar manifestado por dois Estados, não configura litígio da competência originária do STF.

504. Compete à Justiça Federal, em ambas as instâncias, o processo e o julgamento das causas fundadas em contrato de seguro marítimo.

505. Salvo quando contrariarem a Constituição, não cabe recurso para o STF de quaisquer decisões da Justiça do Trabalho, inclusive dos presidentes de seus tribunais.

506. O agravo a que se refere o art. 4.º da Lei n. 4.348, de 26-6-1964, cabe, somente, do despacho do Presidente do Supremo Tribunal Federal que defere a suspensão da liminar, em mandado de segurança; não do que a denega.

507. A ampliação dos prazos a que se refere o art. 32 do Código de Processo Civil aplica-se aos executivos fiscais.

508. Compete à Justiça Estadual, em ambas as instâncias, processar e julgar as causas em que for parte o Banco do Brasil S/A.

509. A Lei n. 4.632, de 18-5-1965, que alterou o art. 64 do Código de Processo Civil, aplica-se aos processos em andamento, nas instâncias ordinárias.

510. Praticado o ato por autoridade no exercício de competência delegada, contra ela cabe o mandado de segurança ou a medida judicial.

511. Compete à Justiça Federal, em ambas as instâncias, processar e julgar as causas entre autarquias federais e entidades públicas locais, inclusive mandados de segurança, ressalvada a ação fiscal, nos termos da Constituição Federal de 1967, art. 119, § 3.º.

•• *Vide* art. 109 da CF.

512. Não cabe condenação em honorários de advogado na ação de mandado de segurança.

• *Vide* Súmula 105 do STJ.

• *Vide* art. 25 da Lei n. 12.016, de 7-8-2009.

513. A decisão que enseja a interposição de recurso ordinário ou extraordinário, não é a do plenário que resolve o incidente de inconstitucionalidade, mas a do órgão (Câmaras, grupos ou turmas) que completa o julgamento do feito.

514. Admite-se ação rescisória contra sentença transitada em julgado, ainda que contra ela não se tenham esgotado todos os recursos.

515. A competência para a ação rescisória não é do STF quando a questão federal, apreciada no recurso extraordinário ou no agravo de instrumento, seja diversa da que foi suscitada no pedido rescisório.

516. O Serviço Social da Indústria – SESI – está sujeito à jurisdição da Justiça Estadual.

517. As sociedades de economia mista só têm foro na Justiça Federal quando a União intervém como assistente ou opoente.

518. A intervenção da União, em feito já julgado pela segunda instância e pendente de embargos, não desloca o processo para o TFR.

519. Aplica-se aos executivos fiscais o princípio da sucumbência a que se refere o art. 64 do Código de Processo Civil.

•• A referência é feita ao CPC de 1939. *Vide* arts. 82, § 2.º, e 85 do CPC.

520. Não exige a lei que, para requerer o exame a que se refere o art. 777 do CPP, tenha o sentenciado cumprido mais de metade do prazo da medida de segurança imposta.

521. O foro competente para o processo e julgamento dos crimes de estelionato, sob a modalidade da emissão dolosa de cheque sem provisão de fundos, é o do local onde se deu a recusa do pagamento pelo sacado.

522. Salvo ocorrência de tráfico para o exterior, quando então a competência será da Justiça Federal, compete à Justiça dos Estados o processo e julgamento dos crimes relativos a entorpecentes.

523. No processo penal, a falta de defesa constitui nulidade absoluta, mas a sua deficiência só o anulará se houver prova de prejuízo para o réu.

524. Arquivado o inquérito policial por despacho do juiz, a requerimento do promotor de Justiça, não pode a ação penal ser iniciada sem novas provas.

525. A medida de segurança não será aplicada em segunda instância, quando só o réu tenha recorrido.

526. Subsiste a competência do STF para conhecer e julgar a apelação nos crimes da Lei de Segurança Nacional, se houve sentença antes da vigência do AI n. 2.

527. Após a vigência do Ato Institucional n. 6, que deu nova redação ao art. 114, III, da Constituição Federal de 1967, não cabe recurso extraordinário das decisões do juiz singular.

528. Se a decisão contiver partes autônomas, a admissão parcial, pelo presidente do tribunal *a quo*, de recurso extraordinário que sobre qualquer delas se manifestar, não limitará a apreciação de todas pelo STF, independentemente de interposição de agravo de instrumento.

529. Subsiste a responsabilidade do empregador pela indenização decorrente de acidente do trabalho, quando o segurador, por haver entrado em liquidação, ou por outro motivo, não se encontrar em condições financeiras de efetuar, na forma da lei, o pagamento que o seguro obrigatório visava garantir.

530. Na legislação anterior ao art. 4.º da Lei n. 4.749, de 12-8-1965, a contribuição para a previdência social não estava sujeita ao limite estabelecido no art. 69 da Lei n. 3.807, de 26 de agosto de 1960, sobre o 13.º salário a que se refere o art. 3.º da Lei n. 4.281, de 8-11-63.

531. É inconstitucional o Decreto n. 51.668, de 17-1-1963, que estabeleceu salário profissional para trabalhadores de transportes marítimos, fluviais e lacustres.

532. É constitucional a Lei n. 5.043, de 21-6-1966, que concedeu remissão das dívidas fiscais oriundas da falta de oportuno pagamento de selo nos contratos particulares com a Caixa Econômica e outras entidades autárquicas.

533. Nas operações denominadas crediários, com emissão de vales ou certificados para compras e nas quais, pelo financiamento, se cobram, em separado, juros, selos e outras despesas, incluir-se-á tudo no custo da mercadoria e sobre esse preço global calcular-se-á o imposto de vendas e consignações.

534. O imposto de importação sobre o extrato alcoólico de malte, como matéria-prima para fabricação de whisky, incide à base de 60%, desde que desembarcado antes do Decreto-lei n. 398, de 30-12-1968.

535. Na importação, a granel, de combustíveis líquidos é admissível a diferença de peso, para mais, até 4%, motivada pelas variações previstas no Decreto-lei n. 1.028, de 4-1-1939, art. 1.º.

536. São objetivamente imunes ao Imposto sobre Circulação de Mercadorias os produtos industrializados em geral, destinados à exportação, além de outros com a mesma destinação, cuja isenção a lei determinar.

537. É inconstitucional a exigência de imposto estadual do selo, quando feita nos atos e instrumentos tributados ou regulados por lei federal, ressalvado o disposto no art. 15, § 5.º, da Constituição Federal de 1946.

538. A avaliação judicial para o efeito do cálculo das benfeitorias dedutíveis do imposto sobre lucro imobiliário, independe do limite a que se refere a Lei n. 3.470, de 28-11-1958, art. 8.º, parágrafo único.

539. É constitucional a lei do município que reduz o imposto predial urbano sobre imóvel ocupado pela residência do proprietário que não possua outro.

540. No preço da mercadoria sujeita ao imposto de vendas e consignações, não se incluem as despesas de frete e carreto.

•• Atualmente Imposto sobre Operações relativas à Circulação de Mercadorias e sobre Prestação de Serviços de Transporte Interestadual e Intermunicipal e de Comunicação – ICMS.

541. O imposto sobre vendas e consignações não incide sobre a venda ocasional de veículos e equipamentos usados, que não se insere na atividade profissional do vendedor e não é realizada com o fim de lucro, sem caráter, pois, de comercialidade.

•• Atualmente Imposto sobre Operações relativas à Circulação de Mercadorias e sobre Prestação de Serviços de Transporte Interestadual e Intermunicipal e de Comunicação – ICMS.

542. Não é inconstitucional a multa instituída pelo Estado-membro, como sanção pelo retardamento do início ou da ultimação do inventário.

543. A Lei n. 2.975, de 27-11-1965, revogou apenas as isenções de caráter geral relativas ao imposto único sobre combustíveis, não as especiais por outras leis concedidas.

544. Isenções tributárias concedidas sob condição onerosa não podem ser livremente suprimidas.

545. Preços de serviços públicos e taxas não se confundem, porque estas, diferentemente daqueles, são compulsórias e têm sua cobrança condicionada à prévia autorização orçamentária, em relação à lei que as instituiu.

546. Cabe a restituição do tributo pago indevidamente, quando reconhecido por decisão que o contribuinte *de jure* não recuperou do contribuinte *de facto* o *quantum* respectivo.

547. Não é lícito à autoridade proibir que o contribuinte em débito adquira estampilhas, despache mercadorias nas alfândegas e exerça suas atividades profissionais.

548. É inconstitucional o Decreto-lei n. 643, de 19-6-1947, artigo 4.º, do Paraná, na parte que exige selo proporcional sobre atos e instrumentos regulados por lei federal.

549. A Taxa de Bombeiros do Estado de Pernambuco é constitucional, revogada a Súmula 274.

550. A isenção concedida pelo art. 2.º da Lei n. 1.815, de 1953, às empresas de navegação aérea, não compreende a taxa de melhoramento de portos, instituída pela Lei n. 3.421, de 1958.

551. É inconstitucional a taxa de urbanização da Lei número 2.320, de 20-12-1961, instituída pelo Município de Porto Alegre, porque seu fato gerador é o mesmo da transmissão imobiliária.

552. Com a regulamentação do art. 15 da Lei n. 5.316/67, pelo Decreto 71.037/72, tornou-se exequível a exigência da exaustão da via administrativa antes do início da ação de acidente do trabalho.

553. O Adicional ao Frete para Renovação da Marinha Mercante (AFRMM) é contribuição parafiscal, não sendo abrangido pela imunidade prevista na letra *d*, inciso III, do art. 19 da Constituição Federal.

•• Refere-se à Constituição de 1967, modificada pela Emenda Constitucional n. 1, de 17-10-1969.

554. O pagamento de cheque emitido sem provisão de fundos, após o recebimento da denúncia, não obsta ao prosseguimento da ação penal.

555. É competente o Tribunal de Justiça para julgar conflito de jurisdição entre Juiz de Direito do Estado e a Justiça Militar local.

556. É competente a justiça comum para julgar as causas em que é parte sociedade de economia mista.

Súmulas

557. É competente a Justiça Federal para julgar as causas em que são partes a COBAL e a CIBRAZEM.

558. É constitucional o art. 27 do Decreto-lei n. 898, de 29-9-1969.

559. O Decreto-lei n. 730, de 5-8-1969, revogou a exigência de homologação, pelo ministro da Fazenda, das resoluções do Conselho de Política Aduaneira.

•• O Decreto-lei n. 730, de 5-8-1969, dispõe sobre o Conselho de Política Aduaneira.

560. A extinção de punibilidade pelo pagamento do tributo devido estende-se ao crime de contrabando ou descaminho, por força do art. 18, § 2.º, do Decreto-lei n. 157/67.

•• O Decreto-lei n. 157, de 10-2-1967, concede estímulos fiscais à capitalização das empresas, reforça os incentivos à compra de ações, facilita o pagamento de débitos fiscais.

561. Em desapropriação, é devida a correção monetária até a data do efetivo pagamento da indenização, devendo proceder-se à atualização do cálculo ainda que por mais de uma vez.

562. Na indenização de danos materiais decorrentes de ato ilícito cabe a atualização de seu valor, utilizando-se, para esse fim, dentre outros critérios, os índices de correção monetária.

563. (*Cancelada.*)

564. A ausência de fundamentação do despacho de recebimento de denúncia por crime falimentar enseja nulidade processual, salvo se já houver sentença condenatória.

565. A multa fiscal moratória constitui pena administrativa, não se incluindo no crédito habilitado em falência.

•• O art. 83, VII, da Lei n. 11.101, de 9-2-2005 (Lei de Falências), inclui as multas contratuais e as penas pecuniárias por infração das leis penais ou administrativas, inclusive as multas tributárias, na ordem de classificação dos créditos na falência.

• *Vide* Súmula 192 do STF.

566. Enquanto pendente, o pedido de readaptação fundado em desvio funcional não gera direitos para o servidor, relativamente ao cargo pleiteado.

567. A constituição, ao assegurar, no § 3.º do art. 102, a contagem integral do tempo de serviço público federal, estadual ou municipal para os efeitos de aposentadoria e disponibilidade não proíbe à União, aos Estados e aos Municípios mandarem contar, mediante lei, para efeito diverso, tempo de serviço prestado a outra pessoa de direito público interno.

568. A identificação criminal não constitui constrangimento ilegal, ainda que o indiciado já tenha sido identificado civilmente.

569. É inconstitucional a discriminação de alíquotas do Imposto de Circulação de Mercadorias nas operações interestaduais, em razão de o destinatário ser ou não contribuinte.

570. O imposto de circulação de mercadorias não incide sobre a importação de bens de capital.

571. O comprador de café ao IBC, ainda que sem expedição de nota fiscal, habilita-se, quando da comercialização do produto, ao crédito do ICM que incidiu sobre a operação anterior.

572. No cálculo do ICM devido na saída de mercadorias para o exterior, não se incluem fretes pagos a terceiros, seguros e despesas de embarque.

573. Não constitui fato gerador do ICM a saída física de máquinas, utensílios e implementos a título de comodato.

574. Sem lei estadual que a estabeleça, é ilegítima a cobrança do ICM sobre o fornecimento de alimentação e bebidas em restaurante ou estabelecimento similar.

575. À mercadoria importada de país signatário do (GATT), ou membro da (ALALC), estende-se a isenção do imposto de circulação de mercadorias concedida a similar nacional.

576. É lícita a cobrança do ICM sobre produtos importados sob o regime da alíquota zero.

577. Na importação de mercadorias do exterior, o fato gerador do ICM ocorre no momento de sua entrada no estabelecimento do importador.

578. Não podem os Estados, a título de ressarcimento de despesas, reduzir a parcela de 20% do produto da arrecadação do ICM, atribuída aos Municípios pelo art. 23, § 8.º, da Constituição Federal.

•• Refere-se à Constituição de 1967, modificada pela Emenda Constitucional n. 1, de 17-10-1969. *Vide* art. 155, II, da CF.

579. A cal virgem e a hidratada estão sujeitas ao ICM.

580. A isenção prevista no art. 13, parágrafo único, do Decreto-lei n. 43/1966, restringe-se aos filmes cinematográficos.

581. A exigência de transporte em navio de bandeira brasileira, para efeito de isenção tributária, legitimou-se com o advento do Decreto-lei n. 666, de 2-7-1969.

582. É constitucional a Resolução n. 640/69, do Conselho de Política Aduaneira, que reduziu a alíquota do imposto de importação para a soda cáustica, destinada a zonas de difícil distribuição e abastecimento.

583. Promitente-comprador de imóvel residencial transcrito em nome de autarquia é contribuinte do imposto predial e territorial urbano.

584. (*Cancelada.*)

585. Não incide o imposto de renda sobre a remessa de divisas para pagamento de serviços prestados no exterior, por empresa que não opera no Brasil.

586. Incide imposto de renda sobre os juros remetidos para o exterior, com base em contrato de mútuo.

587. Incide imposto de renda sobre o pagamento de serviços técnicos contratados no exterior e prestados no Brasil.

588. O imposto sobre serviços não incide sobre os depósitos, as comissões e taxas de desconto, cobrados pelos estabelecimentos bancários.

•• *Vide* Súmula 424 do STJ.

589. É inconstitucional a fixação de adicional progressivo do imposto predial e territorial urbano em função do número de imóveis do contribuinte.

590. Calcula-se o imposto de transmissão *causa mortis* sobre o saldo credor da promessa de compra e venda de imóvel, no momento da abertura da sucessão do promitente-vendedor.

591. A imunidade ou a isenção tributária do comprador não se estende ao produtor, contribuinte do imposto sobre produtos industrializados.

592. Nos crimes falimentares, aplicam-se as causas interruptivas da prescrição previstas no Código Penal.

593. Incide o percentual do Fundo de Garantia do Tempo de Serviço (FGTS) sobre a parcela da remuneração correspondente a horas extraordinárias de trabalho.

594. Os direitos de queixa e de representação podem ser exercidos, independentemente, pelo ofendido ou por seu representante legal.

595. É inconstitucional a taxa municipal de conservação de estradas de rodagem, cuja base de cálculo seja idêntica à do imposto territorial rural.

596. As disposições do Decreto n. 22.626/33 não se aplicam às taxas de juros e aos outros encargos cobrados nas operações realizadas por instituições públicas ou privadas que integram o sistema financeiro nacional.

597. Não cabem embargos infringentes de acórdão que, em mandado de segurança, decidiu por maioria de votos a apelação.

• *Vide* Súmulas 294 do STF e 169 do STJ.
• *Vide* art. 25 da Lei n. 12.016, de 7-8-2009.

598. Nos embargos de divergência não servem como padrão de discordância os mesmos paradigmas invocados para demonstrá-la, mas repelidos como não dissidentes no julgamento do recurso extraordinário.

599. (*Cancelada.*)

600. Cabe ação executiva contra o emitente e seus avalistas, ainda que não apresentado o cheque ao sacado no prazo legal, desde que não prescrita a ação cambiária.

601. Os arts. 3.º, II, e 55 da Lei Complementar n. 40/81 (Lei Orgânica do Ministério Público) não revogaram a legislação anterior que atribui a iniciativa para a ação penal pública, no processo sumário, ao juiz ou à autoridade policial, mediante Portaria ou Auto de Prisão em Flagrante.

602. Nas causas criminais, o prazo de interposição de Recurso Extraordinário é de 10 (dez) dias.

603. A competência para o processo e julgamento de latrocínio é do Juiz singular e não do Tribunal do Júri.

604. A prescrição pela pena em concreto é somente da pretensão executória da pena privativa de liberdade.

605. Não se admite continuidade delitiva nos crimes contra a vida.

606. Não cabe *habeas corpus* originário para o Tribunal Pleno de decisão de Turma, ou do Plenário, proferida em *habeas corpus* ou no respectivo recurso.

607. Na ação penal regida pela Lei n. 4.611/65, a denúncia, como substitutivo da Portaria, não interrompe a prescrição.

608. No crime de estupro, praticado mediante violência real, a ação penal é pública incondicionada.

609. É pública incondicionada a ação penal por crime de sonegação fiscal.

610. Há crime de latrocínio, quando o homicídio se consuma, ainda que não realize o agente a subtração de bens da vítima.

611. Transitada em julgado a sentença condenatória, compete ao Juízo das execuções a aplicação de lei mais benigna.

612. Ao trabalhador rural não se aplicam, por analogia, os benefícios previstos na Lei n. 6.367, de 19-10-1976.

613. Os dependentes de trabalhador rural não têm direito à pensão previdenciária, se o óbito ocorreu anteriormente à vigência da Lei Complementar n. 11/71.

614. Somente o procurador-geral da justiça tem legitimidade para propor ação direta interventiva por inconstitucionalidade de lei municipal.

615. O princípio constitucional da anualidade (§ 29 do art. 153 da CF) não se aplica à revogação de isenção do ICM.

•• Refere-se à CF de 1967. *Vide* art. 150, I e III, da CF.
• *Vide* Súmula 544 do STF.

616. É permitida a cumulação da multa contratual com os honorários de advogado, após o advento do Código de Processo Civil vigente.

617. A base de cálculo dos honorários de advogado em desapropriação é a diferença entre a oferta e a indenização, corrigidas ambas monetariamente.

618. Na desapropriação, direta ou indireta, a taxa dos juros compensatórios é de 12% (doze por cento) ao ano.

619. (*Revogada.*)

620. A sentença proferida contra Autarquias não está sujeita a reexame necessário, salvo quando sucumbente em execução de dívida ativa.

621. Não enseja embargos de terceiro à penhora a promessa de compra e venda não inscrita no registro de imóveis.

•• *Vide* Súmula 84 do STJ.

622. Não cabe agravo regimental contra decisão do relator que concede ou indefere liminar em mandado de segurança.

• *Vide* art. 16 da Lei n. 12.016, de 7-8-2009.

623. Não gera por si só a competência originária do Supremo Tribunal Federal para conhecer do mandado de segurança com base no art. 102, I, *n*, da Constituição, dirigir-se o pedido contra deliberação administrativa do tribunal de origem, da qual haja participado a maioria ou a totalidade de seus membros.

624. Não compete ao Supremo Tribunal Federal conhecer originariamente de mandado de segurança contra atos de outros tribunais.

• *Vide* Súmula 330 do STF.

625. Controvérsia sobre matéria de direito não impede concessão de mandado de segurança.

626. A suspensão da liminar em mandado de segurança, salvo determinação em contrário da decisão que a deferir, vigorará até o trânsito em julgado da decisão definitiva de concessão da segurança ou, havendo recurso, até a sua manutenção pelo Supremo Tribunal Federal, desde que o objeto da liminar deferida coincida, total ou parcialmente, com o da impetração.

• *Vide* art. 15 da Lei n. 12.016, de 7-8-2009.

627. No mandado de segurança contra a nomeação de magistrado da competência do Presidente da República, este é considerado autoridade coatora, ainda que o fundamento da impetração seja nulidade ocorrida em fase anterior do procedimento.

628. Integrante de lista de candidatos a determinada vaga da composição de tribunal é parte legítima para impugnar a validade da nomeação de concorrente.

629. A impetração de mandado de segurança coletivo por entidade de classe em favor dos associados independe da autorização destes.

• *Vide* art. 21 da Lei n. 12.016, de 7-8-2009.

630. A entidade de classe tem legitimação para o mandado de segurança ainda quando a pretensão veiculada interesse apenas a uma parte da respectiva categoria.

• *Vide* art. 21 da Lei n. 12.016, de 7-8-2009.

631. Extingue-se o processo de mandado de segurança se o impetrante não promove, no prazo assinado, a citação do litisconsorte passivo necessário.

• *Vide* arts. 114 e 115 do CPC.

632. É constitucional lei que fixa o prazo de decadência para a impetração de mandado de segurança.

• *Vide* art. 23 da Lei n. 12.016, de 7-8-2009.

633. É incabível a condenação em verba honorária nos recursos extraordinários interpostos em processo trabalhista, exceto nas hipóteses previstas na Lei n. 5.584/70.

634. Não compete ao Supremo Tribunal Federal conceder medida cautelar para dar efeito suspensivo a recurso extraordinário que ainda não foi objeto de juízo de admissibilidade na origem.

635. Cabe ao Presidente do Tribunal de origem decidir o pedido de medida cautelar em recurso extraordinário ainda pendente do seu juízo de admissibilidade.

636. Não cabe recurso extraordinário por contrariedade ao princípio constitucional da legalidade, quando a sua verificação pressuponha rever a interpretação dada a normas infraconstitucionais pela decisão recorrida.

637. Não cabe recurso extraordinário contra acórdão de Tribunal de Justiça que defere pedido de intervenção estadual em Município.

638. A controvérsia sobre a incidência, ou não, de correção monetária em operações de crédito rural é de natureza infraconstitucional, não viabilizando recurso extraordinário.

639. Aplica-se a Súmula 288 quando não constarem do traslado do agravo de instrumento as cópias das peças necessárias à verificação da tempestividade do recurso extraordinário não admitido pela decisão agravada.

640. É cabível recurso extraordinário contra decisão proferida por juiz de primeiro grau nas causas de alçada, ou por turma recursal de juizado especial cível e criminal.

641. Não se conta em dobro o prazo para recorrer, quando só um dos litisconsortes haja sucumbido.

642. Não cabe ação direta de inconstitucionalidade de lei do Distrito Federal derivada da sua competência legislativa municipal.

643. O Ministério Público tem legitimidade para promover ação civil pública cujo fundamento seja a ilegalidade de reajuste de mensalidades escolares.

644. Ao titular do cargo de procurador de autarquia não se exige a apresentação de instrumento de mandato para representá-la em juízo.

•• Súmula alterada pelo Tribunal Pleno, em sessão de 26-11-2003 (*DJU* de 9-12-2003).

645. É competente o Município para fixar o horário de funcionamento de estabelecimento comercial.

646. Ofende o princípio da livre concorrência lei municipal que impede a instalação de estabelecimentos comerciais do mesmo ramo em determinada área.

647. Compete privativamente à União legislar sobre vencimentos dos membros das polícias civil e militar do Distrito Federal.

648. A norma do § 3.º do art. 192 da Constituição, revogada pela EC 40/2003, que limitava a taxa de juros reais a 12% ao ano, tinha sua aplicabilidade condicionada à edição de lei complementar.

•• *Vide* Súmula Vinculante 7.

649. É inconstitucional a criação, por constituição estadual, de órgão de controle administrativo do poder judiciário do qual participem representantes de outros poderes ou entidades.

650. Os incisos I e XI do art. 20 da CF não alcançam terras de aldeamentos extintos, ainda que ocupadas por indígenas em passado remoto.

•• Súmula com redação retificada no *Diário da Justiça* de 29-10-2003.

651. A medida provisória não apreciada pelo Congresso Nacional podia, até a Emenda Constitucional n. 32/2001, ser reeditada dentro do seu prazo de eficácia de trinta dias, mantidos os efeitos de lei desde a primeira edição.

652. Não contraria a Constituição o art. 15, § 1.º, do Dl. 3.365/41 (Lei da Desapropriação por utilidade pública).

•• *Vide* art. 5.º, XXIV, da CF.

653. No Tribunal de Contas estadual, composto por sete conselheiros, quatro devem ser escolhidos pela Assembleia Legislativa e três pelo Chefe do Poder Executivo estadual, cabendo a este indicar um dentre auditores e outro dentre membros do Ministério Público, e um terceiro à sua livre escolha.

654. A garantia da irretroatividade da lei, prevista no art. 5.º, XXXVI, da Constituição da República, não é invocável pela entidade estatal que a tenha editado.

655. A exceção prevista no art. 100, *caput*, da Constituição, em favor dos créditos de natureza alimentícia, não dispensa a expedição de precatório, limitando-se a isentá-los da observância da ordem cronológica dos precatórios decorrentes de condenações de outra natureza.

656. É inconstitucional a lei que estabelece alíquotas progressivas para o imposto de transmissão *inter vivos* de bens imóveis – ITBI com base no valor venal do imóvel.

•• *Vide* arts. 145, § 1.º, e 156, II, da CF.

•• *Vide* Súmulas 110, 111, 326, 328 e 470 do STF.

657. A imunidade prevista no art. 150, VI, *d*, da CF abrange os filmes e papéis fotográficos necessários à publicação de jornais e periódicos.

658. São constitucionais os arts. 7.º da Lei n. 7.787/89 e 1.º da Lei n. 7.894/89 e da Lei n. 8.147/90, que majoraram a alíquota do Finsocial, quando devida a contribuição por empresas dedicadas exclusivamente à prestação de serviços.

659. É legítima a cobrança da COFINS, do PIS e do FINSOCIAL sobre as operações relativas a energia elétrica, serviços de telecomunicações, derivados de petróleo, combustíveis e minerais do País.

•• *Vide* arts. 155, § 3.º, e 195, *caput* e § 7.º, da CF.

660. Não incide ICMS na importação de bens por pessoa física ou jurídica que não seja contribuinte do imposto.

•• Texto republicado com o teor aprovado na Sessão Plenária de 24-9-2003 (*DJU* de 28-3-2006).

•• *Vide* art. 155, § 2.º, IX, *a*, da CF.

661. Na entrada de mercadoria importada do exterior, é legítima a cobrança do ICMS por ocasião do desembaraço aduaneiro.

•• *Vide* art. 155, § 2.º, IX, *a*, da CF.

662. É legítima a incidência do ICMS na comercialização de exemplares de obras cinematográficas, gravados em fitas de videocassete.

•• *Vide* art. 155, II, da CF.

663. Os §§ 1.º e 3.º do art. 9.º do DL 406/68 foram recebidos pela Constituição.

•• *Vide* art. 34, § 5.º, do ADCT.

664. É inconstitucional o inciso V do art. 1.º da Lei n. 8.033/90, que instituiu a incidência do imposto nas operações de crédito, câmbio e seguros – IOF sobre saques efetuados em caderneta de poupança.

•• A Resolução do Senado Federal n. 28, de 29-11-2007, suspende a execução do inciso V do art. 1.º da Lei n. 8.033, de 12-4-1990.

665. É constitucional a Taxa de Fiscalização dos Mercados de Títulos e Valores Mobiliários instituída pela Lei n. 7.940/89.

•• *Vide* art. 145, II e § 2.º, da CF.

666. A contribuição confederativa de que trata o art. 8.º, IV, da Constituição, só é exigível dos filiados ao sindicato respectivo.
•• *Vide* Súmula Vinculante 40.

667. Viola a garantia constitucional de acesso à jurisdição a taxa judiciária calculada sem limite sobre o valor da causa.
•• *Vide* arts. 5.º, XXXVI, e 145 da CF.

668. É inconstitucional a lei municipal que tenha estabelecido, antes da Emenda Constitucional 29/2000, alíquotas progressivas para o IPTU, salvo se destinada a assegurar o cumprimento da função social da propriedade urbana.
•• *Vide* arts. 145, § 1.º, 182, §§ 2.º e 4.º, da CF e art. 7.º da Lei n. 10.257, de 10-7-2001.

669. Norma legal que altera o prazo de recolhimento da obrigação tributária não se sujeita ao princípio da anterioridade.
•• *Vide* art. 195, § 6.º, da CF.

670. O serviço de iluminação pública não pode ser remunerado mediante taxa.
•• *Vide* art. 145, II, da CF.

671. Os servidores públicos e os trabalhadores em geral têm direito, no que concerne à URP de abril/maio de 1988, apenas ao valor correspondente a 7/30 de 16,19% sobre os vencimentos e salários pertinentes aos meses de abril e maio de 1988, não cumulativamente, devidamente corrigido até o efetivo pagamento.

672. O reajuste de 28,86%, concedido aos servidores militares pelas Leis n. 8.622/1993 e 8.627/1993, estende-se aos servidores civis do poder executivo, observadas as eventuais compensações decorrentes dos reajustes diferenciados concedidos pelos mesmos diplomas legais.

673. O art. 125, § 4.º, da Constituição, não impede a perda da graduação de militar mediante procedimento administrativo.

674. A anistia prevista no art. 8.º do Ato das Disposições Constitucionais Transitórias não alcança os militares expulsos com base em legislação disciplinar ordinária, ainda que em razão de atos praticados por motivação política.

675. Os intervalos fixados para descanso e alimentação durante a jornada de seis horas não descaracterizam o sistema de turnos ininterruptos de revezamento para o efeito do art. 7.º, XIV, da Constituição.

676. A garantia da estabilidade provisória prevista no art. 10, II, *a*, do ADCT, também se aplica ao suplente do cargo de direção de comissões internas de prevenção de acidentes (CIPA).

677. Até que lei venha a dispor a respeito, incumbe ao Ministério do Trabalho proceder ao registro das entidades sindicais e zelar pela observância do princípio da unicidade.

678. São inconstitucionais os incisos I e III do art. 7.º da Lei n. 8.162/91, que afastam, para efeito de anuênio e de licença-prêmio, a contagem do tempo de serviço regido pela CLT dos servidores que passaram a submeter-se ao Regime Jurídico Único.

679. A fixação de vencimentos dos servidores públicos não pode ser objeto de convenção coletiva.

680. O direito ao auxílio-alimentação não se estende aos servidores inativos.

681. É inconstitucional a vinculação do reajuste de vencimentos de servidores estaduais ou municipais a índices federais de correção monetária.

682. Não ofende a Constituição a correção monetária no pagamento com atraso dos vencimentos de servidores públicos.

683. O limite de idade para a inscrição em concurso público só se legitima em face do art. 7.º, XXX, da Constituição, quando possa ser justificado pela natureza das atribuições do cargo a ser preenchido.
•• *Vide* art. 27 da Lei n. 10.741, de 1.º-10-2003.

684. É inconstitucional o veto não motivado à participação de candidato a concurso público.
•• *Vide* art. 7.º, XXX, da CF e art. 27 da Lei n. 10.741, de 1.º-10-2003.

685. É inconstitucional toda modalidade de provimento que propicie ao servidor investir-se, sem prévia aprovação em concurso público destinado ao seu provimento, em cargo que não integra a carreira na qual anteriormente investido.

686. Só por lei se pode sujeitar a exame psicotécnico a habilitação de candidato a cargo público.
•• *Vide* art. 7.º, XXX, da CF e art. 27 da Lei n. 10.741, de 1.º-10-2003.

687. A revisão de que trata o art. 58 do Ato das Disposições Constitucionais Transitórias não se aplica aos benefícios previdenciários concedidos após a promulgação da Constituição de 1988.

688. É legítima a incidência da contribuição previdenciária sobre o 13.º salário.
•• *Vide* art. 195, I, da CF.

689. O segurado pode ajuizar ação contra instituição previdenciária perante o juízo federal do seu domicílio ou nas varas federais da Capital do Estado-Membro.

690. Compete originariamente ao Supremo Tribunal Federal o julgamento de *habeas corpus* contra decisão de turma recursal de juizados especiais criminais.
•• Súmula declarada superada pelo Tribunal Pleno, no julgamento do HC 86.834 (DJ de 9-3-2007).
•• *Vide* art. 102, I, *i*, da CF e Lei n. 9.099, de 26-9-1995.

691. Não compete ao Supremo Tribunal Federal conhecer de *habeas corpus* impetrado contra decisão do Relator que, em *habeas corpus* requerido a tribunal superior, indefere a liminar.
•• *Vide* art. 102, I, *i*, da CF.

692. Não se conhece de *habeas corpus* contra omissão de relator de extradição, se fundado em fato ou direito estrangeiro cuja prova não constava dos autos, nem foi ele provocado a respeito.

693. Não cabe *habeas corpus* contra decisão condenatória a pena de multa, ou relativo a processo em curso por infração penal a que a pena pecuniária seja a única cominada.

694. Não cabe *habeas corpus* contra a imposição da pena de exclusão de militar ou de perda de patente ou de função pública.

695. Não cabe *habeas corpus* quando já extinta a pena privativa de liberdade.

696. Reunidos os pressupostos legais permissivos da suspensão condicional do processo, mas se recusando o Promotor de Justiça a propô-la, o Juiz, dissentindo, remeterá a questão ao Procurador-Geral, aplicando-se por analogia o art. 28 do Código de Processo Penal.
•• *Vide* art. 89 da Lei n. 9.099, de 26-9-1995.

697. A proibição de liberdade provisória nos processos por crimes hediondos não veda o relaxamento da prisão processual por excesso de prazo.
•• Súmula prejudicada pela Lei n. 11.464, de 28-3-2007, que alterou a redação da Lei n. 8.072, de 25-7-1990, suprimindo a proibição da liberdade provisória nos crimes hediondos.

698. Não se estende aos demais crimes hediondos a admissibilidade de progressão no regime de execução da pena aplicada ao crime de tortura.

•• Súmula prejudicada pela Lei n. 11.464, de 28-3-2007, que alterou a redação da Lei n. 8.072, de 25-7-1990, permitindo a progressão de regime nos crimes hediondos.

699. O prazo para interposição de agravo, em processo penal, é de cinco dias, de acordo com a Lei n. 8.038/90, não se aplicando o disposto a respeito nas alterações da Lei n. 8.950/94 ao Código de Processo Civil.

700. É de cinco dias o prazo para interposição de agravo contra decisão do juiz da execução penal.

701. No mandado de segurança impetrado pelo Ministério Público contra decisão proferida em processo penal, é obrigatória a citação do réu como litisconsorte passivo.

702. A competência do Tribunal de Justiça para julgar Prefeitos restringe-se aos crimes de competência da Justiça comum estadual; nos demais casos, a competência originária caberá ao respectivo tribunal de segundo grau.

703. A extinção do mandato do Prefeito não impede a instauração de processo pela prática dos crimes previstos no art. 1.º do DL 201/67.

704. Não viola as garantias do juiz natural, da ampla defesa e do devido processo legal a atração por continência ou conexão do processo do corréu ao foro por prerrogativa de função de um dos denunciados.

•• *Vide* art. 5.º, LIII, LIV e LV, da CF.

705. A renúncia do réu ao direito de apelação, manifestada sem a assistência do defensor, não impede o conhecimento da apelação por este interposta.

706. É relativa a nulidade decorrente da inobservância da competência penal por prevenção.

707. Constitui nulidade a falta de intimação do denunciado para oferecer contrarrazões ao recurso interposto da rejeição da denúncia, não a suprindo a nomeação de defensor dativo.

708. É nulo o julgamento da apelação se, após a manifestação nos autos da renúncia do único defensor, o réu não foi previamente intimado para constituir outro.

709. Salvo quando nula a decisão de primeiro grau, o acórdão que provê o recurso contra a rejeição da denúncia vale, desde logo, pelo recebimento dela.

710. No processo penal, contam-se os prazos da data da intimação, e não da juntada aos autos do mandado ou da carta precatória ou de ordem.

711. A lei penal mais grave aplica-se ao crime continuado ou ao crime permanente, se a sua vigência é anterior à cessação da continuidade ou da permanência.

712. É nula a decisão que determina o desaforamento de processo da competência do Júri sem audiência da defesa.

713. O efeito devolutivo da apelação contra decisões do Júri é adstrito aos fundamentos da sua interposição.

714. É concorrente a legitimidade do ofendido, mediante queixa, e do Ministério Público, condicionada à representação do ofendido, para a ação penal por crime contra a honra de servidor público em razão do exercício de suas funções.

715. A pena unificada para atender ao limite de trinta anos de cumprimento, determinado pelo art. 75 do Código Penal, não é considerada para a concessão de outros benefícios, como o livramento condicional ou regime mais favorável de execução.

716. Admite-se a progressão de regime de cumprimento de pena ou a aplicação imediata de regime menos severo nela determinada, antes do trânsito em julgado da sentença condenatória.

717. Não impede a progressão de regime de execução da pena, fixada em sentença não transitada em julgado, o fato de o réu se encontrar em prisão especial.

718. A opinião do julgador sobre a gravidade em abstrato do crime não constitui motivação idônea para a imposição de regime mais severo do que o permitido segundo a pena aplicada.

719. A imposição do regime de cumprimento mais severo do que a pena aplicada permitir exige motivação idônea.

720. O art. 309 do Código de Trânsito Brasileiro, que reclama decorra do fato perigo de dano, derrogou o art. 32 da Lei das Contravenções Penais no tocante à direção sem habilitação em vias terrestres.

721. A competência constitucional do Tribunal do Júri prevalece sobre o foro por prerrogativa de função estabelecido exclusivamente pela Constituição Estadual.

•• *Vide* art. 5.º, XXXVIII, *d*, da CF.

722. São da competência legislativa da União a definição dos crimes de responsabilidade e o estabelecimento das respectivas normas de processo e julgamento.

723. Não se admite a suspensão condicional do processo por crime continuado, se a soma da pena mínima da infração mais grave com o aumento mínimo de um sexto for superior a um ano.

•• *Vide* art. 89 da Lei n. 9.099, de 26-9-1995.

• *Vide* Súmula 243 do STJ.

724. Ainda quando alugado a terceiros, permanece imune ao IPTU o imóvel pertencente a qualquer das entidades referidas pelo art. 150, VI, *c*, da Constituição, desde que o valor dos aluguéis seja aplicado nas atividades essenciais de tais entidades.

725. É constitucional o § 2.º do art. 6.º da Lei n. 8.024/90, resultante da conversão da MPr 168/90, que fixou o BTN fiscal como índice de correção monetária aplicável aos depósitos bloqueados pelo Plano Collor I.

726. Para efeito de aposentadoria especial de professores, não se computa o tempo de serviço prestado fora da sala de aula.

727. Não pode o magistrado deixar de encaminhar ao Supremo Tribunal Federal o agravo de instrumento interposto da decisão que não admite recurso extraordinário, ainda que referente a causa instaurada no âmbito dos juizados especiais.

•• *Vide* Lei n. 9.099, de 26-9-1995.

728. É de três dias o prazo para a interposição de recurso extraordinário contra decisão do Tribunal Superior Eleitoral, contado, quando for o caso, a partir da publicação do acórdão, na própria sessão de julgamento, nos termos do art. 12 da Lei n. 6.055/74, que não foi revogado pela Lei n. 8.950/94.

•• *Vide* art. 1.003, § 5.º, do CPC.

729. A decisão na ADC-4 não se aplica à antecipação de tutela em causa de natureza previdenciária.

•• *Vide* art. 1.º da Lei n. 9.494, de 10-9-1997.

730. A imunidade tributária conferida a instituições de assistência social sem fins lucrativos pelo art. 150, VI, *c*, da Constituição, somente alcança as entidades fechadas de previdência social privada se não houver contribuição dos beneficiários.

731. Para fim da competência originária do Supremo Tribunal Federal, é de interesse geral da magistratura a questão de saber se, em face da LOMAN, os juízes têm direito à licença-prêmio.

•• *Vide* art. 102, I, *n*, da CF.

732. É constitucional a cobrança da contribuição do salário-educação, seja sob a Carta de 1969, seja sob a Constituição Federal de 1988, e no regime da Lei n. 9.424/96.

• A Lei n. 9.424, de 24-12-1996, dispõe sobre o Fundo de Manutenção e Desenvolvimento do Ensino Fundamental e de Valorização do Magistério e dá outras informações.

733. Não cabe recurso extraordinário contra decisão proferida no processamento de precatórios.

•• *Vide* art. 100, § 2.º, da CF.

734. Não cabe reclamação quando já houver transitado em julgado o ato judicial que se alega tenha desrespeitado decisão do Supremo Tribunal Federal.

735. Não cabe recurso extraordinário contra acórdão que defere medida liminar.

•• *Vide* art. 102, III, *a*, da CF.

736. Compete à Justiça do Trabalho julgar as ações que tenham como causa de pedir o descumprimento de normas trabalhistas relativas à segurança, higiene e saúde dos trabalhadores.

SÚMULAS VINCULANTES (*)

1. Ofende a garantia constitucional do ato jurídico perfeito a decisão que, sem ponderar as circunstâncias do caso concreto, desconsidera a validez e a eficácia de acordo constante de termo de adesão instituído pela Lei Complementar n. 110/2001.(*)

• *Vide* art. 5.º, XXXVI, da CF.

2. É inconstitucional a lei ou ato normativo estadual ou distrital que disponha sobre sistemas de consórcios e sorteios, inclusive bingos e loterias.

• *Vide* art. 22, XX, da CF.

3. Nos processos perante o Tribunal de Contas da União asseguram-se o contraditório e a ampla defesa quando da decisão puder resultar anulação ou revogação de ato administrativo que beneficie o interessado, excetuada a apreciação da legalidade do ato de concessão inicial de aposentadoria, reforma e pensão.

• *Vide* arts. 5.º, LV, e 71, III, da CF.

4. Salvo nos casos previstos na Constituição, o salário mínimo não pode ser usado como indexador de base de cálculo de vantagem de servidor público ou de empregado, nem ser substituído por decisão judicial.

• *Vide* art. 7.º, IV, da CF.

5. A falta de defesa técnica por advogado no processo administrativo disciplinar não ofende a Constituição.

6. Não viola a Constituição o estabelecimento de remuneração inferior ao salário mínimo para as praças prestadoras de serviço militar inicial.

7. A norma do § 3.º do artigo 192 da Constituição, revogada pela Emenda Constitucional n. 40/2003, que limitava a taxa de juros reais a 12% ao ano, tinha sua aplicação condicionada à edição de lei complementar.

8. São inconstitucionais o parágrafo único do artigo 5.º do Decreto-lei n. 1.569/1977 e os artigos 45 e 46 da Lei n. 8.212/1991, que tratam de prescrição e decadência de crédito tributário.

9. O disposto no artigo 127 da Lei n. 7.210/1984 (Lei de Execução Penal) foi recebido pela ordem constitucional vigente, e não se lhe aplica o limite temporal previsto no *caput* do artigo 58.

10. Viola cláusula de reserva de plenário (Constituição Federal, artigo 97) a decisão de órgão fracionário de Tribunal que, embora não declare expressamente a inconstitucionalidade de lei ou ato normativo do poder público, afasta sua incidência, no todo ou em parte.

11. Só é lícito o uso de algemas em casos de resistência e de fundado receio de fuga ou de perigo à integridade física própria ou alheia, por parte do preso ou de terceiros, justificada a excepcionalidade por escrito, sob pena de responsabilidade disciplinar, civil e penal do agente ou da autoridade e de nulidade da prisão ou do ato processual a que se refere, sem prejuízo da responsabilidade civil do Estado.

• *Vide* arts. 1.º, III, 5.º, III, X e XLIX, da CF.

12. A cobrança de taxa de matrícula nas universidades públicas viola o disposto no art. 206, IV, da Constituição Federal.

13. A nomeação de cônjuge, companheiro ou parente em linha reta, colateral ou por afinidade, até o terceiro grau, inclusive, da autoridade nomeante ou de servidor da mesma pessoa jurídica investido em cargo de direção, chefia ou assessoramento, para o exercício de cargo em comissão ou de confiança ou, ainda, de função gratificada na administração pública direta e indireta em qualquer dos Poderes da União, dos Estados, do Distrito Federal e dos Municípios, compreendido o ajuste mediante designações recíprocas, viola a Constituição Federal.

• *Vide* art. 37, *caput*, da CF.

14. É direito do defensor, no interesse do representado, ter acesso amplo aos elementos de prova que, já documentados em procedimento investigatório realizado por órgão com competência de polícia judiciária, digam respeito ao exercício do direito de defesa.

• *Vide* art. 5.º, LXIII, da CF.

15. O cálculo de gratificações e outras vantagens do servidor público não incide sobre o abono utilizado para se atingir o salário mínimo.

• *Vide* art. 7.º, IV, da CF.

16. Os artigos 7.º, IV, e 39, § 3.º (redação da EC 19/98), da Constituição, referem-se ao total da remuneração percebida pelo servidor público.

17. Durante o período previsto no parágrafo 1.º do artigo 100 da Constituição, não incidem juros de mora sobre os precatórios que nele sejam pagos.

18. A dissolução da sociedade ou do vínculo conjugal, no curso do mandato, não afasta a inelegibilidade prevista no § 7.º do artigo 14 da Constituição Federal.

19. A taxa cobrada exclusivamente em razão dos serviços públicos de coleta, remoção e tratamento ou destinação de lixo ou resíduos provenientes de imóveis, não viola o artigo 145, II, da Constituição Federal.

20. A Gratificação de Desempenho de Atividade Técnico-Administrativa – GDATA, instituída pela Lei n. 10.404/2002, deve ser deferida aos inativos nos valores correspondentes a 37,5 (trinta e sete vírgula cinco) pontos no período de fevereiro a maio de 2002 e, nos termos do artigo 5.º, parágrafo único, da Lei n. 10.404/2002, no período de junho de 2002 até a conclusão dos efeitos do último ciclo de avaliação a que se refere o artigo 1.º da Medida Provisória n. 198/2004, a partir da qual passa a ser de 60 (sessenta) pontos.

21. É inconstitucional a exigência de depósito ou arrolamento prévios de dinheiro ou bens para admissibilidade de recurso administrativo.

• *Vide* art. 5.º, XXXIV, *a*, e LV, da CF.

22. A Justiça do Trabalho é competente para processar e julgar as ações de indenização por danos morais e patrimoniais decorrentes de acidente de trabalho propostas por empregado contra empregador, inclusive aquelas que ainda não possuíam sentença de mérito

(*) As súmulas vinculantes estão previstas no art. 103-A da Constituição Federal, acrescentado pela Emenda Constitucional n. 45, de 2004 (Reforma do Judiciário), e regulamentado pela Lei n. 11.417, de 19-12-2006.

ESPAÇO RESERVADO PARA USO DE GRAMPO

em primeiro grau quando da promulgação da Emenda Constitucional n. 45/04.

23. A Justiça do Trabalho é competente para processar e julgar ação possessória ajuizada em decorrência do exercício do direito de greve pelos trabalhadores da iniciativa privada.

24. Não se tipifica crime material contra a ordem tributária, previsto no art. 1.º, incisos I a IV, da Lei n. 8.137/90, antes do lançamento definitivo do tributo.

25. É ilícita a prisão civil de depositário infiel, qualquer que seja a modalidade do depósito.

•• *Vide* art. 5.º, LXVII e § 2.º, da CF.

26. Para efeito de progressão de regime no cumprimento de pena por crime hediondo, ou equiparado, o juízo da execução observará a inconstitucionalidade do art. 2.º da Lei n. 8.072, de 25 de julho de 1990, sem prejuízo de avaliar se o condenado preenche, ou não, os requisitos objetivos e subjetivos do benefício, podendo determinar, para tal fim, de modo fundamentado, a realização de exame criminológico.

27. Compete à Justiça estadual julgar causas entre consumidor e concessionária de serviço público de telefonia, quando a ANATEL não seja litisconsorte passiva necessária, assistente, nem opoente.

• *Vide* art. 109, I, da CF.

28. É inconstitucional a exigência de depósito prévio como requisito de admissibilidade de ação judicial na qual se pretenda discutir a exigibilidade de crédito tributário.

29. É constitucional a adoção, no cálculo do valor de taxa, de um ou mais elementos da base de cálculo própria de determinado imposto, desde que não haja integral identidade entre uma base e outra.

30. (*Até a data de fechamento desta edição o STF mantinha suspensa a publicação da Súmula Vinculante 30.*)

31. É inconstitucional a incidência do Imposto sobre Serviços de Qualquer Natureza – ISS sobre operações de locação de bens móveis.

32. O ICMS não incide sobre alienação de salvados de sinistro pelas seguradoras.

33. Aplicam-se ao servidor público, no que couber, as regras do regime geral da previdência social sobre aposentadoria especial de que trata o art. 40, § 4.º, inciso III da Constituição Federal, até a edição de lei complementar específica.

34. A Gratificação de Desempenho de Atividade de Seguridade Social e do Trabalho – GDASST, instituída pela Lei 10.483/2002, deve ser estendida aos inativos no valor correspondente a 60 (sessenta) pontos, desde o advento da Medida Provisória 198/2004, convertida na Lei 10.971/2004, quando tais inativos façam jus à paridade constitucional (EC 20/1998, 41/2003 e 47/2005).

35. A homologação da transação penal prevista no artigo 76 da Lei 9.099/1995 não faz coisa julgada material e, descumpridas suas cláusulas, retoma-se a situação anterior, possibilitando-se ao Ministério Público a continuidade da persecução penal mediante oferecimento de denúncia ou requisição de inquérito policial.

36. Compete à Justiça Federal comum processar e julgar civil denunciado pelos crimes de falsificação e de uso de documento falso quando se tratar de falsificação da Caderneta de Inscrição e Registro (CIR) ou de Carteira de Habilitação de Amador (CHA), ainda que expedidas pela Marinha do Brasil.

37. Não cabe ao Poder Judiciário, que não tem função legislativa, aumentar vencimentos de servidores públicos sob o fundamento de isonomia.

38. É competente o Município para fixar \o horário de funcionamento de estabelecimento comercial.

•• *Vide* art. 30, I, da CF.

39. Compete privativamente à União legislar sobre vencimentos dos membros das polícias civil e militar e do corpo de bombeiros militar do Distrito Federal.

•• *Vide* art. 21, XIV, da CF.

•• *Vide* Súmula 647 do STF.

40. A contribuição confederativa de que trata o art. 8.º, IV, da Constituição Federal, só é exigível dos filiados ao sindicato respectivo.

•• *Vide* Súmula 666 do STF.

41. O serviço de iluminação pública não pode ser remunerado mediante taxa.

•• *Vide* art. 145, II, da CF.

•• *Vide* Súmula 670 do STF.

42. É inconstitucional a vinculação do reajuste de vencimentos de servidores estaduais ou municipais a índices federais de correção monetária.

•• *Vide* arts. 25, 29, 30, I, e 37, XIII, da CF.

43. É inconstitucional toda modalidade de provimento que propicie ao servidor investir-se, sem prévia aprovação em concurso público destinado ao seu provimento, em cargo que não integra a carreira na qual anteriormente investido.

•• *Vide* art. 37, II, da CF.

•• *Vide* Súmula 685 do STF.

44. Só por lei se pode sujeitar a exame psicotécnico a habilitação de candidato a cargo público.

•• *Vide* art. 37, I, da CF.

•• *Vide* Súmula 686 do STF.

45. A competência constitucional do Tribunal do Júri prevalece sobre o foro por prerrogativa de função estabelecido exclusivamente pela constituição estadual.

•• *Vide* arts. 5.º, XXXVIII, *d*, e 125, § 1.º, da CF.

46. A definição dos crimes de responsabilidade e o estabelecimento das respectivas normas de processo e julgamento são da competência legislativa privativa da União.

•• *Vide* arts. 22, I, e 85, parágrafo único, da CF.

47. Os honorários advocatícios incluídos na condenação ou destacados do montante principal devido ao credor consubstanciam verba de natureza alimentar cuja satisfação ocorrerá com a expedição de precatório ou requisição de pequeno valor, observada ordem especial restrita aos créditos dessa natureza.

•• *Vide* art. 100, § 1.º, da CF.

•• *Vide* arts. 22, § 4.º, e 23 do EAOAB.

48. Na entrada de mercadoria importada do exterior, é legítima a cobrança do ICMS por ocasião do desembaraço aduaneiro.

•• *Vide* art. 155, § 2.º, IX, *a*, da CF.

49. Ofende o princípio da livre concorrência lei municipal que impede a instalação de estabelecimentos comerciais do mesmo ramo em determinada área.

•• *Vide* arts. 170, IV, V e parágrafo único, e 173, § 4.º, da CF.

50. Norma legal que altera o prazo de recolhimento de obrigação tributária não se sujeita ao princípio da anterioridade.

•• *Vide* art. 195, § 6.º, da CF.

51. O reajuste de 28,86%, concedido aos servidores militares pelas Leis 8.622/1993 e 8.627/1993, estende-

-se aos servidores civis do poder executivo, observadas as eventuais compensações decorrentes dos reajustes diferenciados concedidos pelos mesmos diplomas legais.

•• *Vide* art. 37, X, da CF.

52. Ainda quando alugado a terceiros, permanece imune ao IPTU o imóvel pertencente a qualquer das entidades referidas pelo art. 150, VI, *c*, da Constituição Federal, desde que o valor dos aluguéis seja aplicado nas atividades para as quais tais entidades foram constituídas.

53. A competência da Justiça do Trabalho prevista no art. 114, VIII, da Constituição Federal alcança a execução de ofício das contribuições previdenciárias relativas ao objeto da condenação constante das sentenças que proferir e acordos por ela homologados.

54. A medida provisória não apreciada pelo Congresso Nacional podia, até a Emenda Constitucional 32/2001, ser reeditada dentro do seu prazo de eficácia de trinta dias, mantidos os efeitos de lei desde a primeira edição.

•• *Vide* art. 62 da CF.

55. O direito ao auxílio-alimentação não se estende aos servidores inativos.

56. A falta de estabelecimento penal adequado não autoriza a manutenção do condenado em regime prisional mais gravoso, devendo-se observar, nessa hipótese, os parâmetros fixados no RE 641.320/RS.

57. A imunidade tributária constante do art. 150, VI, *d*, da CF/88 aplica-se à importação e comercialização, no mercado interno, do livro eletrônico (*e-book*) e dos suportes exclusivamente utilizados para fixá-lo, como os leitores de livros eletrônicos (*e-readers*), ainda que possuam funcionalidades acessórias.

58. Inexiste direito a crédito presumido de IPI relativamente à entrada de insumos isentos, sujeitos à alíquota zero ou não tributáveis, o que não contraria o princípio da não cumulatividade.

Súmulas

ESPAÇO RESERVADO PARA USO DE GRAMPO

SÚMULAS DO SUPERIOR TRIBUNAL DE JUSTIÇA

1. O foro do domicílio ou da residência do alimentando é o competente para a ação de investigação de paternidade, quando cumulada com a de alimentos.

2. Não cabe o *habeas data* (CF, art. 5.º, LXXII, *a*) se não houve recusa de informações por parte da autoridade administrativa.

3. Compete ao Tribunal Regional Federal dirimir conflito de competência verificado, na respectiva Região, entre Juiz Federal e Juiz Estadual investido de jurisdição federal.

4. Compete à Justiça Estadual julgar causa decorrente do processo eleitoral sindical.

5. A simples interpretação de cláusula contratual não enseja recurso especial.

6. Compete à Justiça Comum Estadual processar e julgar delito decorrente de acidente de trânsito envolvendo viatura de Polícia Militar, salvo se autor e vítima forem policiais militares em situação de atividade.

7. A pretensão de simples reexame de prova não enseja recurso especial.

8. Aplica-se a correção monetária aos créditos habilitados em concordata preventiva, salvo durante o período compreendido entre as datas de vigência da Lei n. 7.274, de 10-12-1984, e do Decreto-lei n. 2.283, de 27-2-1986.

•• A Lei n. 11.101, de 9-2-2005, substitui a concordata pela recuperação judicial e extrajudicial do empresário e da sociedade empresária.

9. A exigência da prisão provisória, para apelar, não ofende a garantia constitucional da presunção de inocência.

•• *Vide* Súmula 347 do STJ.

10. Instalada a Junta de Conciliação e Julgamento, cessa a competência do Juiz de Direito em matéria trabalhista, inclusive para a execução das sentenças por ele proferidas.

•• Extinção das Juntas de Conciliação e Julgamento: Emenda Constitucional n. 24, de 9-12-1999.

11. A presença da União ou de qualquer de seus entes, na ação de usucapião especial, não afasta a competência do foro da situação do imóvel.

12. Em desapropriação, são cumuláveis juros compensatórios e moratórios.

13. A divergência entre julgados do mesmo Tribunal não enseja recurso especial.

14. Arbitrados os honorários advocatícios em percentual sobre o valor da causa, a correção monetária incide a partir do respectivo ajuizamento.

15. Compete à Justiça Estadual processar e julgar os litígios decorrentes de acidente do trabalho.

•• *Vide* arts. 109, I, e 114, VI, da CF.

•• *Vide* Súmula Vinculante 22 e Súmulas 235 e 501 do STF.

16. A legislação ordinária sobre crédito rural não veda a incidência da correção monetária.

17. Quando o falso se exaure no estelionato, sem mais potencialidade lesiva, é por este absorvido.

18. A sentença concessiva do perdão judicial é declaratória da extinção da punibilidade, não subsistindo qualquer efeito condenatório.

19. A fixação do horário bancário, para atendimento ao público, é da competência da União.

20. A mercadoria importada de país signatário do GATT é isenta do ICM, quando contemplado com esse favor o similar nacional.

21. Pronunciado o réu, fica superada a alegação do constrangimento ilegal da prisão por excesso de prazo na instrução.

22. Não há conflito de competência entre o Tribunal de Justiça e Tribunal de Alçada do mesmo Estado-Membro.

•• O art. 4.º da Emenda Constitucional n. 45, de 8-12-2004, estabelece a extinção dos tribunais de alçada, passando seus membros a integrar os Tribunais de Justiça dos respectivos Estados.

23. O Banco Central do Brasil é parte legítima nas ações fundadas na Resolução n. 1.154/86.

24. Aplica-se ao crime de estelionato, em que figure como vítima entidade autárquica da Previdência Social, a qualificadora do § 3.º do art. 171 do Código Penal.

25. Nas ações da Lei de Falências o prazo para a interposição de recurso conta-se da intimação da parte.

• *Vide* Lei n. 11.101, de 9-2-2005 (Lei de Falências).

26. O avalista do título de crédito vinculado a contrato de mútuo também responde pelas obrigações pactuadas, quando no contrato figurar como devedor solidário.

27. Pode a execução fundar-se em mais de um título extrajudicial relativos ao mesmo negócio.

28. O contrato de alienação fiduciária em garantia pode ter por objeto bem que já integrava o patrimônio do devedor.

29. No pagamento em juízo para elidir falência, são devidos correção monetária, juros e honorários de advogado.

30. A comissão de permanência e a correção monetária são inacumuláveis.

31. A aquisição, pelo segurado, de mais de um imóvel financiado pelo Sistema Financeiro da Habitação, situados na mesma localidade, não exime a seguradora da obrigação de pagamento dos seguros.

32. Compete à Justiça Federal processar justificações judiciais destinadas a instruir pedidos perante entidades que nela têm exclusividade de foro, ressalvada a aplicação do art. 15, II, da Lei n. 5.010/66.

33. A incompetência relativa não pode ser declarada de ofício.

34. Compete à Justiça Estadual processar e julgar causa relativa a mensalidade escolar, cobrada por estabelecimento particular de ensino.

35. Incide correção monetária sobre as prestações pagas, quando de sua restituição, em virtude da retirada ou exclusão do participante de plano de consórcio.

36. A correção monetária integra o valor da restituição, em caso de adiantamento de câmbio, requerida em concordata ou falência.

37. São cumuláveis as indenizações por dano material e dano moral oriundos do mesmo fato.

•• *Vide* Súmula n. 624 do STJ.

38. Compete à Justiça Estadual Comum, na vigência da Constituição de 1988, o processo por contravenção penal, ainda que praticada em detrimento de bens, serviços ou interesse da União ou de suas entidades.

39. Prescreve em vinte anos a ação para haver indenização, por responsabilidade civil, de sociedade de economia mista.

•• *Vide* CC, art. 205.

40. Para obtenção dos benefícios de saída temporária e trabalho externo, considera-se o tempo de cumprimento da pena no regime fechado.

41. O Superior Tribunal de Justiça não tem competência para processar e julgar, originariamente, mandado de segurança contra ato de outros tribunais ou dos respectivos órgãos.

42. Compete à Justiça Comum Estadual processar e julgar as causas cíveis em que é parte sociedade de economia mista e os crimes praticados em seu detrimento.

43. Incide correção monetária sobre dívida por ato ilícito a partir da data do efetivo prejuízo.

44. A definição, em ato regulamentar, de grau mínimo de disacusia, não exclui, por si só, a concessão do benefício previdenciário.

45. No reexame necessário, é defeso, ao Tribunal, agravar a condenação imposta à Fazenda Pública.

46. Na execução por carta, os embargos do devedor serão decididos no juízo deprecante, salvo se versarem unicamente vícios ou defeitos da penhora, avaliação ou alienação dos bens.

47. Compete à Justiça Militar processar e julgar crime cometido por militar contra civil, com emprego de arma pertencente à corporação, mesmo não estando em serviço.

48. Compete ao juízo do local da obtenção da vantagem ilícita processar e julgar crime de estelionato cometido mediante falsificação de cheque.

49. Na exportação de café em grão, não se inclui na base de cálculo do ICM a quota de contribuição, a que se refere o art. 2.º do Decreto-lei n. 2.295, de 21-11-86.

50. O Adicional de Tarifa Portuária incide apenas nas operações realizadas com mercadorias importadas ou exportadas, objeto do comércio de navegação de longo curso.

51. A punição do intermediador, no jogo do bicho, independe da identificação do "apostador" ou do "banqueiro".

52. Encerrada a instrução criminal, fica superada a alegação de constrangimento por excesso de prazo.

53. Compete à Justiça Comum Estadual processar e julgar civil acusado de prática de crime contra instituições militares estaduais.

54. Os juros moratórios fluem a partir do evento danoso, em caso de responsabilidade extracontratual.

55. Tribunal Regional Federal não é competente para julgar recurso de decisão proferida por juiz estadual não investido de jurisdição federal.

56. Na desapropriação para instituir servidão administrativa são devidos os juros compensatórios pela limitação de uso da propriedade.

57. Compete à Justiça Comum Estadual processar e julgar ação de cumprimento fundada em acordo ou convenção coletiva não homologados pela Justiça do Trabalho.

58. Proposta a execução fiscal, a posterior mudança de domicílio do executado não desloca a competência já fixada.

59. Não há conflito de competência se já existe sentença com trânsito em julgado, proferida por um dos juízos conflitantes.

60. É nula a obrigação cambial assumida por procurador do mutuário vinculado ao mutuante, no exclusivo interesse deste.

61. (*Cancelada.*)

62. Compete à Justiça Estadual processar e julgar o crime de falsa anotação na Carteira de Trabalho e Previdência Social, atribuído à empresa privada.

63. São devidos direitos autorais pela retransmissão radiofônica de músicas em estabelecimentos comerciais.

64. Não constitui constrangimento ilegal o excesso de prazo na instrução, provocado pela defesa.

65. O cancelamento, previsto no art. 29 do Decreto-lei n. 2.303, de 21-11-86, não alcança os débitos previdenciários.

66. Compete à Justiça Federal processar e julgar execução fiscal promovida por Conselho de fiscalização profissional.

67. Na desapropriação, cabe a atualização monetária, ainda que por mais de uma vez, independente do decurso de prazo superior a um ano entre o cálculo e o efetivo pagamento da indenização.

68. (*Cancelada.*)

69. Na desapropriação direta, os juros compensatórios são devidos desde a antecipada imissão na posse e, na desapropriação indireta, a partir da efetiva ocupação do imóvel.

70. Os juros moratórios, na desapropriação direta ou indireta, contam-se desde o trânsito em julgado da sentença.

71. O bacalhau importado de país signatário do GATT é isento do ICM.

72. A comprovação da mora é imprescindível à busca e apreensão do bem alienado fiduciariamente.

73. A utilização de papel-moeda grosseiramente falsificado configura, em tese, o crime de estelionato, da competência da Justiça Estadual.

74. Para efeitos penais, o reconhecimento da menoridade do réu requer prova por documento hábil.

75. Compete à Justiça Comum Estadual processar e julgar o policial militar por crime de promover ou facilitar a fuga de preso de estabelecimento penal.

76. A falta de registro do compromisso de compra e venda de imóvel não dispensa a prévia interpelação para constituir em mora o devedor.

77. A Caixa Econômica Federal é parte ilegítima para figurar no polo passivo das ações relativas às contribuições para o fundo PIS/PASEP.

78. Compete à Justiça Militar processar e julgar policial de corporação estadual, ainda que o delito tenha sido praticado em outra unidade federativa.

79. Os bancos comerciais não estão sujeitos a registro nos Conselhos Regionais de Economia.

80. A Taxa de Melhoramento dos Portos não se inclui na base de cálculo do ICM.

81. Não se concede fiança quando, em concurso material, a soma das penas mínimas cominadas for superior a dois anos de reclusão.

•• *Vide* art. 322 do CPP.

82. Compete à Justiça Federal, excluídas as reclamações trabalhistas, processar e julgar os feitos relativos a movimentação do FGTS.

Súmulas

ESPAÇO RESERVADO PARA USO DE GRAMPO

83. Não se conhece do recurso especial pela divergência, quando a orientação do Tribunal se firmou no mesmo sentido da decisão recorrida.

84. É admissível a oposição de embargos de terceiro fundados em alegação de posse advinda do compromisso de compra e venda de imóvel, ainda que desprovido do registro.

•• *Vide* Súmula 621 do STF.

85. Nas relações jurídicas de trato sucessivo em que a Fazenda Pública figure como devedora, quando não tiver sido negado o próprio direito reclamado, a prescrição atinge apenas as prestações vencidas antes do quinquênio anterior à propositura da ação.

86. Cabe recurso especial contra acórdão proferido no julgamento de agravo de instrumento.

87. A isenção do ICMS relativa às rações balanceadas para animais abrange o concentrado e o suplemento.

88. São admissíveis embargos infringentes em processo falimentar.

89. A ação acidentária prescinde do exaurimento da via administrativa.

90. Compete à Justiça Estadual Militar processar e julgar o policial militar pela prática do crime militar, e à Comum pela prática do crime comum simultâneo àquele.

91. (*Cancelada.*)

92. A terceiro de boa-fé não é oponível a alienação fiduciária não anotada no Certificado de Registro do veículo automotor.

93. A legislação sobre cédulas de crédito rural, comercial e industrial admite o pacto de capitalização de juros.

94. (*Cancelada.*)

95. A redução da alíquota do Imposto sobre Produtos Industrializados ou do Imposto de Importação não implica redução do ICMS.

96. O crime de extorsão consuma-se independentemente da obtenção da vantagem indevida.

97. Compete à Justiça do Trabalho processar e julgar reclamação de servidor público relativamente a vantagens trabalhistas anteriores à instituição do regime jurídico único.

98. Embargos de declaração manifestados com notório propósito de prequestionamento não têm caráter protelatório.

99. O Ministério Público tem legitimidade para recorrer no processo em que oficiou como fiscal da lei, ainda que não haja recurso da parte.

100. É devido o Adicional ao Frete para Renovação da Marinha Mercante na importação sob o regime de benefícios fiscais à exportação (BEFIEX).

101. A ação de indenização do segurado em grupo contra a seguradora prescreve em um ano.

102. A incidência dos juros moratórios sobre os compensatórios, nas ações expropriatórias, não constitui anatocismo vedado em lei.

103. Incluem-se entre os imóveis funcionais que podem ser vendidos os administrados pelas Forças Armadas e ocupados pelos servidores civis.

104. Compete à Justiça Estadual o processo e julgamento dos crimes de falsificação e uso de documento falso relativo a estabelecimento particular de ensino.

105. Na ação de mandado de segurança não se admite condenação em honorários advocatícios.

• *Vide* Súmula 512 do STF.

• *Vide* art. 25 da Lei n. 12.016, de 7-8-2009.

106. Proposta a ação no prazo fixado para o seu exercício, a demora na citação, por motivos inerentes ao mecanismo da Justiça, não justifica o acolhimento da arguição de prescrição ou decadência.

107. Compete à Justiça Comum Estadual processar e julgar crime de estelionato praticado mediante falsificação das guias de recolhimento das contribuições previdenciárias, quando não ocorrente lesão à autarquia federal.

108. A aplicação de medidas socioeducativas ao adolescente, pela prática de ato infracional, é da competência exclusiva do juiz.

109. O reconhecimento do direito a indenização, por falta de mercadoria transportada via marítima, independe de vistoria.

110. A isenção do pagamento de honorários advocatícios, nas ações acidentárias, é restrita ao segurado.

111. Os honorários advocatícios, nas ações previdenciárias, não incidem sobre as prestações vencidas após a sentença.

•• Súmula com redação determinada pela Terceira Seção, em sessão ordinária de 27-9-2006 (*DJU* de 4-10-2006).

112. O depósito somente suspende a exigibilidade do crédito tributário se for integral e em dinheiro.

113. Os juros compensatórios, na desapropriação direta, incidem a partir da imissão na posse, calculados sobre o valor da indenização, corrigido monetariamente.

114. Os juros compensatórios, na desapropriação indireta, incidem a partir da ocupação, calculados sobre o valor da indenização, corrigido monetariamente.

115. Na instância especial é inexistente recurso interposto por advogado sem procuração nos autos.

116. A Fazenda Pública e o Ministério Público têm prazo em dobro para interpor agravo regimental no Superior Tribunal de Justiça.

117. A inobservância do prazo de 48 (quarenta e oito) horas, entre a publicação de pauta e o julgamento sem a presença das partes, acarreta nulidade.

118. O agravo de instrumento é o recurso cabível da decisão que homologa a atualização do cálculo da liquidação.

119. A ação de desapropriação indireta prescreve em 20 (vinte) anos.

120. O oficial de farmácia, inscrito no Conselho Regional de Farmácia, pode ser responsável técnico por drogaria.

121. Na execução fiscal o devedor deverá ser intimado, pessoalmente, do dia e hora da realização do leilão.

122. Compete à Justiça Federal o processo e julgamento unificado dos crimes conexos de competência federal e estadual, não se aplicando a regra do art. 78, II, *a*, do Código de Processo Penal.

123. A decisão que admite, ou não, o recurso especial deve ser fundamentada, com o exame dos seus pressupostos gerais e constitucionais.

124. A Taxa de Melhoramento dos Portos tem base de cálculo diversa do Imposto de Importação, sendo legítima a sua cobrança sobre a importação de mercadorias de países signatários do GATT, da ALALC ou ALADI.

125. O pagamento de férias não gozadas por necessidade do serviço não está sujeito à incidência do Imposto de Renda.

126. É inadmissível recurso especial, quando o acórdão recorrido assenta em fundamentos constitucional e infraconstitucional, qualquer deles suficiente, por si só, para mantê-lo, e a parte vencida não manifesta recurso extraordinário.

127. É ilegal condicionar a renovação da licença de veículo ao pagamento de multa, da qual o infrator não foi notificado.

128. Na execução fiscal haverá segundo leilão, se no primeiro não houver lanço superior à avaliação.

129. O exportador adquire o direito de transferência de crédito do ICMS quando realiza a exportação do produto e não ao estocar a matéria-prima.

130. A empresa responde, perante o cliente, pela reparação de dano ou furto de veículo ocorridos em seu estacionamento.

131. Nas ações de desapropriação incluem-se no cálculo da verba advocatícia as parcelas relativas aos juros compensatórios e moratórios, devidamente corrigidas.

132. A ausência de registro da transferência não implica a responsabilidade do antigo proprietário por dano resultante de acidente que envolva o veículo alienado.

133. A restituição da importância adiantada, à conta de contrato de câmbio, independe de ter sido a antecipação efetuada nos 15 (quinze) dias anteriores ao requerimento da concordata.

134. Embora intimado da penhora em imóvel do casal, o cônjuge do executado pode opor embargos de terceiro para defesa de sua meação.

135. O ICMS não incide na gravação e distribuição de filmes e videoteipes.

136. O pagamento de licença-prêmio não gozada por necessidade do serviço não está sujeito ao imposto de renda.

137. Compete à Justiça Comum Estadual processar e julgar ação de servidor público municipal, pleiteando direitos relativos ao vínculo estatutário.

138. O ISS incide na operação de arrendamento mercantil de coisas móveis.

139. Cabe à Procuradoria da Fazenda Nacional propor execução fiscal para cobrança de crédito relativo ao ITR.

140. Compete à Justiça Comum Estadual processar e julgar crime em que o indígena figure como autor ou vítima.

141. Os honorários de advogado em desapropriação direta são calculados sobre a diferença entre a indenização e a oferta, corrigidas monetariamente.

142. (*Cancelada.*)

143. Prescreve em 5 (cinco) anos a ação de perdas e danos pelo uso de marca comercial.

144. Os créditos de natureza alimentícia gozam de preferência, desvinculados os precatórios da ordem cronológica dos créditos de natureza diversa.

145. No transporte desinteressado, de simples cortesia, o transportador só será civilmente responsável por danos causados ao transportado quando incorrer em dolo ou culpa grave.

146. O segurado, vítima de novo infortúnio, faz jus a um único benefício somado ao salário de contribuição vigente no dia do acidente.

147. Compete à Justiça Federal processar e julgar os crimes praticados contra funcionário público federal, quando relacionados com o exercício da função.

148. Os débitos relativos a benefício previdenciário, vencidos e cobrados em juízo após a vigência da Lei n. 6.899/81, devem ser corrigidos monetariamente na forma prevista nesse diploma legal.

149. A prova exclusivamente testemunhal não basta à comprovação da atividade rurícola, para efeito da obtenção de benefício previdenciário.

•• *Vide* Súmula 577 do STJ.

150. Compete à Justiça Federal decidir sobre a existência de interesse jurídico que justifique a presença, no processo, da União, suas autarquias ou empresas públicas.

• *Vide* Súmula 254 do STJ.

151. A competência para o processo e julgamento por crime de contrabando ou descaminho define-se pela prevenção do Juízo Federal do lugar da apreensão dos bens.

152. (*Cancelada.*)

153. A desistência da execução fiscal, após o oferecimento dos embargos, não exime o exequente dos encargos da sucumbência.

154. Os optantes pelo FGTS, nos termos da Lei n. 5.958, de 1973, têm direito à taxa progressiva dos juros, na forma do art. 4.º da Lei n. 5.107, de 1966.

155. O ICMS incide na importação de aeronave, por pessoa física, para uso próprio.

156. A prestação de serviço de composição gráfica, personalizada e sob encomenda, ainda que envolva fornecimento de mercadorias, está sujeita, apenas, ao ISS.

157. (*Cancelada.*)

158. Não se presta a justificar embargos de divergência o dissídio com acórdão de Turma ou Seção que não mais tenha competência para a matéria neles versada.

159. O benefício acidentário, no caso de contribuinte que perceba remuneração variável, deve ser calculado com base na média aritmética dos últimos doze meses de contribuição.

160. É defeso, ao Município, atualizar o IPTU, mediante decreto, em percentual superior ao índice oficial de correção monetária.

161. É da competência da Justiça Estadual autorizar o levantamento dos valores relativos ao PIS/PASEP e FGTS, em decorrência do falecimento do titular da conta.

162. Na repetição de indébito tributário, a correção monetária incide a partir do pagamento indevido.

163. O fornecimento de mercadorias com a simultânea prestação de serviços em bares, restaurantes e estabelecimentos similares constitui fato gerador do ICMS a incidir sobre o valor total da operação.

164. O prefeito municipal, após a extinção do mandato, continua sujeito a processo por crime previsto no art. 1.º do Decreto-lei n. 201, de 27 de fevereiro de 1967.

165. Compete à Justiça Federal processar e julgar crime de falso testemunho cometido no processo trabalhista.

166. Não constitui fato gerador do ICMS o simples deslocamento de mercadoria de um para outro estabelecimento do mesmo contribuinte.

167. O fornecimento de concreto, por empreitada, para construção civil, preparado no trajeto até a obra em betoneiras acopladas a caminhões, é prestação de serviço, sujeitando-se apenas à incidência do ISS.

168. Não cabem embargos de divergência, quando a jurisprudência do Tribunal se firmou no mesmo sentido do acórdão embargado.

169. São inadmissíveis embargos infringentes no processo de mandado de segurança.

• *Vide* Súmulas 294 e 597 do STF.

- *Vide* art. 25 da Lei n. 12.016, de 7-8-2009.

170. Compete ao juízo onde primeiro for intentada a ação envolvendo acumulação de pedidos, trabalhista e estatutário, decidi-la nos limites da sua jurisdição, sem prejuízo do ajuizamento de nova causa, com o pedido remanescente, no juízo próprio.

171. Cominadas cumulativamente, em lei especial, penas privativa de liberdade e pecuniária, é defeso a substituição da prisão por multa.

172. Compete à Justiça Comum processar e julgar militar por crime de abuso de autoridade, ainda que praticado em serviço.

173. Compete à Justiça Federal processar e julgar o pedido de reintegração em cargo público federal, ainda que o servidor tenha sido dispensado antes da instituição do Regime Jurídico Único.

174. (*Cancelada.*)

175. Descabe o depósito prévio nas ações rescisórias propostas pelo INSS.

176. É nula a cláusula contratual que sujeita o devedor à taxa de juros divulgada pela ANBID/CETIP.

177. O Superior Tribunal de Justiça é incompetente para processar e julgar, originariamente, mandado de segurança contra ato de órgão colegiado presidido por Ministro de Estado.

178. O INSS não goza de isenção do pagamento de custas e emolumentos, nas ações acidentárias e de benefícios propostas na Justiça Estadual.

- *Vide* Súmula 483 do STJ.

179. O estabelecimento de crédito que recebe dinheiro, em depósito judicial, responde pelo pagamento da correção monetária relativa aos valores recolhidos.

180. Na lide trabalhista, compete ao Tribunal Regional do Trabalho dirimir conflito de competência verificado, na respectiva região, entre Juiz Estadual e Junta de Conciliação e Julgamento.

181. É admissível ação declaratória, visando a obter certeza quanto à exata interpretação de cláusula contratual.

182. É inviável o agravo do art. 545 do CPC que deixa de atacar especificamente os fundamentos da decisão agravada.

•• A referência é feita ao CPC de 1973.

- *Vide* art. 1.021 do CPC.

183. (*Cancelada.*)

184. A microempresa de representação comercial é isenta do imposto de renda.

185. Nos depósitos judiciais, não incide o Imposto sobre Operações Financeiras.

186. Nas indenizações por ato ilícito, os juros compostos somente são devidos por aquele que praticou o crime.

187. É deserto o recurso interposto para o Superior Tribunal de Justiça, quando o recorrente não recolhe, na origem, a importância das despesas de remessa e retorno dos autos.

188. Os juros moratórios, na repetição do indébito tributário, são devidos a partir do trânsito em julgado da sentença.

189. É desnecessária a intervenção do Ministério Público nas execuções fiscais.

190. Na execução fiscal, processada perante a Justiça Estadual, cumpre à Fazenda Pública antecipar o numerário destinado ao custeio das despesas com o transporte dos oficiais de justiça.

191. A pronúncia é causa interruptiva da prescrição, ainda que o Tribunal do Júri venha a desclassificar o crime.

192. Compete ao Juízo das Execuções Penais do Estado a execução das penas impostas a sentenciados pela Justiça Federal, Militar ou Eleitoral, quando recolhidos a estabelecimentos sujeitos à administração estadual.

193. O direito de uso de linha telefônica pode ser adquirido por usucapião.

194. Prescreve em 20 (vinte) anos a ação para obter, do construtor, indenização por defeitos da obra.

195. Em embargos de terceiro não se anula ato jurídico, por fraude contra credores.

196. Ao executado que, citado por edital ou por hora certa, permanecer revel, será nomeado curador especial, com legitimidade para apresentação de embargos.

197. O divórcio direto pode ser concedido sem que haja prévia partilha dos bens.

198. Na importação de veículo por pessoa física, destinado a uso próprio, incide o ICMS.

199. Na execução hipotecária de crédito vinculado ao Sistema Financeiro da Habitação, nos termos da Lei n. 5.741/71, a petição inicial deve ser instruída com, pelo menos, 2 (dois) avisos de cobrança.

200. O Juízo Federal competente para processar e julgar acusado de crime de uso de passaporte falso é o do lugar onde o delito se consumou.

201. Os honorários advocatícios não podem ser fixados em salários mínimos.

202. A impetração de segurança por terceiro, contra ato judicial, não se condiciona à interposição de recurso.

203. Não cabe recurso especial contra decisão proferida por órgão de segundo grau dos Juizados Especiais.

•• Súmula com redação determinada pela Corte Especial do STJ, em sessão extraordinária de 23-5-2002 (*DJU* de 3-6-2002).

204. Os juros de mora nas ações relativas a benefícios previdenciários incidem a partir da citação válida.

205. A Lei n. 8.009, de 29 de março de 1990, aplica-se à penhora realizada antes de sua vigência.

206. A existência da vara privativa, instituída por lei estadual, não altera a competência territorial resultante das leis de processo.

207. É inadmissível recurso especial quando cabíveis embargos infringentes contra o acórdão proferido no tribunal de origem.

208. Compete à Justiça Federal processar e julgar prefeito municipal por desvio de verba sujeita a prestação de contas perante órgão federal.

209. Compete à Justiça Estadual processar e julgar prefeito por desvio de verba transferida e incorporada ao patrimônio municipal.

210. A ação de cobrança das contribuições para o FGTS prescreve em 30 (trinta) anos.

211. Inadmissível recurso especial quanto à questão que, a despeito da oposição de embargos declaratórios, não foi apreciada pelo tribunal *a quo*.

212. (*Cancelada.*)

213. O mandado de segurança constitui ação adequada para a declaração do direito à compensação tributária.

- *Vide* art. 7.º, § 2.º, da Lei n. 12.016, de 7-8-2009.

214. O fiador na locação não responde por obrigações resultantes de aditamento ao qual não anuiu.

- *Vide* arts. 366 e 835 do CC.

•• *Vide* Súmula 656 do STJ.

215. A indenização recebida pela adesão a programa de incentivo à demissão voluntária não está sujeita à incidência do imposto de renda.

216. A tempestividade de recurso interposto no Superior Tribunal de Justiça é aferida pelo registro no protocolo da Secretaria e não pela data da entrega na agência do correio.

217. (*Cancelada.*)

218. Compete à Justiça dos Estados processar e julgar ação de servidor estadual decorrente de direitos e vantagens estatutárias no exercício de cargo em comissão.

219. Os créditos decorrentes de serviços prestados à massa falida, inclusive a remuneração do síndico, gozam dos privilégios próprios dos trabalhistas.

220. A reincidência não influi no prazo da prescrição da pretensão punitiva.

221. São civilmente responsáveis pelo ressarcimento de dano, decorrente de publicação pela imprensa, tanto o autor do escrito quanto o proprietário do veículo de divulgação.

222. Compete à Justiça Comum processar e julgar as ações relativas à contribuição sindical prevista no art. 578 da CLT.

223. A certidão de intimação do acórdão recorrido constitui peça obrigatória do instrumento de agravo.

224. Excluído do feito o ente federal, cuja presença levara o Juiz Estadual a declinar da competência, deve o Juiz Federal restituir os autos e não suscitar conflito.

225. Compete ao Tribunal Regional do Trabalho apreciar recurso contra sentença proferida por órgão de primeiro grau da Justiça Trabalhista, ainda que para declarar-lhe a nulidade em virtude de incompetência.

226. O Ministério Público tem legitimidade para recorrer na ação de acidente do trabalho, ainda que o segurado esteja assistido por advogado.

227. A pessoa jurídica pode sofrer dano moral.

228. É inadmissível o interdito proibitório para proteção do direito autoral.

229. O pedido do pagamento de indenização à seguradora suspende o prazo de prescrição até que o segurado tenha ciência da decisão.

230. (*Cancelada.*)

231. A incidência da circunstância atenuante não pode conduzir à redução da pena abaixo do mínimo legal.

232. A Fazenda Pública, quando parte no processo, fica sujeita à exigência do depósito prévio dos honorários do perito.

233. O contrato de abertura de crédito, ainda que acompanhado de extrato da conta-corrente, não é título executivo.

234. A participação de membro do Ministério Público na fase investigatória criminal não acarreta seu impedimento ou suspeição para o oferecimento da denúncia.

235. A conexão não determina a reunião dos processos, se um deles já foi julgado.

236. Não compete ao Superior Tribunal de Justiça dirimir conflitos de competência entre juízos trabalhistas vinculados a Tribunais Regionais do Trabalho diversos.

237. Nas operações com cartão de crédito, os encargos relativos ao financiamento não são considerados no cálculo do ICMS.

238. A avaliação da indenização devida ao proprietário do solo, em razão de alvará de pesquisa mineral, é processada no Juízo Estadual da situação do imóvel.

239. O direito à adjudicação compulsória não se condiciona ao registro do compromisso de compra e venda no cartório de imóveis.

240. A extinção do processo, por abandono de causa pelo autor, depende de requerimento do réu.

241. A reincidência penal não pode ser considerada como circunstância agravante e, simultaneamente, como circunstância judicial.

242. Cabe ação declaratória para reconhecimento de tempo de serviço para fins previdenciários.

243. O benefício da suspensão do processo não é aplicável em relação às infrações penais cometidas em concurso material, concurso formal ou continuidade delitiva, quando a pena mínima cominada, seja pelo somatório, seja pela incidência da majorante, ultrapassar o limite de um (01) ano.

- *Vide* Súmula 723 do STF.

244. Compete ao foro do local da recusa processar e julgar o crime de estelionato mediante cheque sem provisão de fundos.

245. A notificação destinada a comprovar a mora nas dívidas garantidas por alienação fiduciária dispensa a indicação do valor do débito.

- *Vide* art. 2.º do Decreto-lei n. 911, de 1.º-10-1969.

246. O valor do seguro obrigatório deve ser deduzido da indenização judicialmente fixada.

- *Vide* Súmula 257 do STJ.

247. O contrato de abertura de crédito em conta corrente, acompanhado do demonstrativo de débito, constitui documento hábil para o ajuizamento de ação monitória.

248. Comprovada a prestação dos serviços, a duplicata não aceita, mas protestada, é título hábil para instruir pedido de falência.

249. A Caixa Econômica Federal tem legitimidade passiva para integrar processo em que se discute correção monetária do FGTS.

250. É legítima a cobrança de multa fiscal de empresa em regime de concordata.

251. A meação só responde pelo ato ilícito quando o credor, na execução fiscal, provar que o enriquecimento dele resultante aproveitou ao casal.

252. Os saldos das contas do FGTS, pela legislação infraconstitucional, são corrigidos em 42,72% (IPC) quanto às perdas de janeiro de 1989 e 44,80% (IPC) quanto às de abril de 1990, acolhidos pelo STJ os índices de 18,02% (LBC) quanto às perdas de junho de 1987, de 5,38% (BTN) para maio de 1990 e 7,00% (TR) para fevereiro de 1991, de acordo com o entendimento do STF (RE 226.855-7-RS).

253. O art. 557 do CPC, que autoriza o relator a decidir o recurso, alcança o reexame necessário.

•• A referência é feita ao CPC de 1973.

- *Vide* arts. 932 e 1.021 do CPC.

254. A decisão do Juízo Federal que exclui da relação processual ente federal não pode ser reexaminada no Juízo Estadual.

- *Vide* Súmula 150 do STJ.

255. Cabem embargos infringentes contra acórdão, proferido por maioria, em agravo retido, quando se tratar de matéria de mérito.

256. (*Cancelada.*)

257. A falta de pagamento do prêmio do seguro obrigatório de Danos Pessoais Causados por Veículos Automo-

Súmulas

ESPAÇO RESERVADO PARA USO DE GRAMPO

tores de Vias Terrestres (DPVAT) não é motivo para a recusa do pagamento da indenização.

• *Vide* Súmula 246 do STJ.

258. A nota promissória vinculada a contrato de abertura de crédito não goza de autonomia em razão da iliquidez do título que a originou.

259. A ação de prestação de contas pode ser proposta pelo titular de conta corrente bancária.

260. A convenção de condomínio aprovada, ainda que sem registro, é eficaz para regular as relações entre os condôminos.

261. A cobrança de direitos autorais pela retransmissão radiofônica de músicas, em estabelecimentos hoteleiros, deve ser feita conforme a taxa média de utilização do equipamento, apurada em liquidação.

262. Incide o imposto de renda sobre o resultado das aplicações financeiras realizadas pelas cooperativas.

263. (*Cancelada*.)

264. É irrecorrível o ato judicial que apenas manda processar a concordata preventiva.

•• A Lei n. 11.101, de 9-2-2005, substitui a concordata pela recuperação judicial e extrajudicial do empresário e da sociedade empresária.

265. É necessária a oitiva do menor infrator antes de decretar-se a regressão da medida socioeducativa.

266. O diploma ou habilitação legal para o exercício do cargo deve ser exigido na posse e não na inscrição para o concurso público.

267. A interposição do recurso, sem efeito suspensivo, contra decisão condenatória não obsta a expedição de mandado de prisão.

268. O fiador que não integrou a relação processual na ação de despejo não responde pela execução do julgado.

269. É admissível a adoção do regime prisional semiaberto aos reincidentes condenados a pena igual ou inferior a 4 (quatro) anos se favoráveis as circunstâncias judiciais.

270. O protesto pela preferência de crédito, apresentado por ente federal em execução que tramita na Justiça Estadual, não desloca a competência para a Justiça Federal.

271. A correção monetária dos depósitos judiciais independe de ação específica contra o banco depositário.

272. O trabalhador rural, na condição de segurado especial, sujeito à contribuição obrigatória sobre a produção rural comercializada, somente faz *jus* à aposentadoria por tempo de serviço, se recolher contribuição facultativa.

273. Intimada a defesa da expedição da carta precatória, torna-se desnecessária intimação da data da audiência no juízo deprecado.

274. O ISS incide sobre o valor dos serviços de assistência médica, incluindo-se neles as refeições, os medicamentos e as diárias hospitalares.

275. O auxiliar de farmácia não pode ser responsável técnico por farmácia ou drogaria.

276. (*Cancelada*.)

277. Julgada procedente a investigação de paternidade, os alimentos são devidos a partir da citação.

•• *Vide* Súmula n. 621 do STJ.

278. O termo inicial do prazo prescricional, na ação de indenização, é a data em que o segurado teve ciência inequívoca da incapacidade laboral.

279. É cabível execução por título extrajudicial contra a Fazenda Pública.

280. O art. 35 do Decreto-lei n. 7.661, de 1945, que estabelece a prisão administrativa, foi revogado pelos incisos LXI e LXVII do art. 5.º da Constituição Federal de 1988.

•• O Decreto-lei n. 7.661, de 21-6-1945, foi revogado pela Lei n. 11.101, de 9-2-2005 (Lei de Falências).

281. A indenização por dano moral não está sujeita à tarifação prevista na Lei de Imprensa.

282. Cabe a citação por edital em ação monitória.

283. As empresas administradoras de cartão de crédito são instituições financeiras e, por isso, os juros remuneratórios por elas cobrados não sofrem as limitações da Lei de Usura.

284. A purga da mora, nos contratos de alienação fiduciária, só é permitida quando já pagos pelo menos 40% (quarenta por cento) do valor financiado.

•• *Vide* art. 3.º do Decreto-lei n. 911, de 1.º-10-1969.

285. Nos contratos bancários posteriores ao Código de Defesa do Consumidor incide a multa moratória nele prevista.

• *Vide* Súmula 379 do STJ.

286. A renegociação de contrato bancário ou a confissão da dívida não impede a possibilidade de discussão sobre eventuais ilegalidades dos contratos anteriores.

287. A Taxa Básica Financeira (TBF) não pode ser utilizada como indexador de correção monetária nos contratos bancários.

• *Vide* Súmula 379 do STJ.

288. A Taxa de Juros de Longo Prazo (TJLP) pode ser utilizada como indexador de correção monetária nos contratos bancários.

• *Vide* Súmula 379 do STJ.

289. A restituição das parcelas pagas a plano de previdência privada deve ser objeto de correção plena, por índice que recomponha a efetiva desvalorização da moeda.

290. Nos planos de previdência privada, não cabe ao beneficiário a devolução da contribuição efetuada pelo patrocinador.

291. A ação de cobrança de parcelas de complementação de aposentadoria pela previdência privada prescreve em cinco anos.

• *Vide* Súmula 427 do STJ.

292. A reconvenção é cabível na ação monitória, após a conversão do procedimento em ordinário.

293. A cobrança antecipada do valor residual garantido (VRG) não descaracteriza o contrato de arrendamento mercantil.

• *Vide* Súmula 564 do STJ.

294. Não é potestativa a cláusula contratual que prevê a comissão de permanência, calculada pela taxa média de mercado apurada pelo Banco Central do Brasil, limitada à taxa de contrato.

295. A Taxa Referencial (TR) é indexador válido para contratos posteriores à Lei n. 8.177/91, desde que pactuada.

296. Os juros remuneratórios, não cumuláveis com a comissão de permanência, são devidos no período de inadimplência, à taxa média de mercado estipulada pelo Banco Central do Brasil, limitada ao percentual contratado.

297. O Código de Defesa do Consumidor é aplicável às instituições financeiras.

•• *Vide* Súmula 638 do STJ.

298. O alongamento de dívida originada de crédito rural não constitui faculdade da instituição financeira, mas, direito do devedor nos termos da lei.

299. É admissível a ação monitória fundada em cheque prescrito.

300. O instrumento de confissão de dívida, ainda que originário de contrato de abertura de crédito, constitui título executivo extrajudicial.

301. Em ação investigatória, a recusa do suposto pai a submeter-se ao exame de DNA induz presunção *juris tantum* de paternidade.

- *Vide* art. 2.º-A, parágrafo único, da Lei n. 8.560, de 29-12-1992.

302. É abusiva a cláusula contratual de plano de saúde que limita no tempo a internação hospitalar do segurado.

303. Em embargos de terceiro, quem deu causa à constrição indevida deve arcar com os honorários advocatícios.

304. É ilegal a decretação da prisão civil daquele que não assume expressamente o encargo de depositário judicial.

•• *Vide* art. 5.º, LXVII, da CF.

•• O Decreto n. 592, de 6-7-1992 (Pacto Internacional sobre Direitos Civis e Políticos), dispõe em seu art. 11 que "ninguém poderá ser preso apenas por não poder cumprir com uma obrigação contratual".

•• O Decreto n. 678, de 6-11-1992 (Pacto de São José da Costa Rica), dispõe em seu art. 7.º, item 7, que ninguém deve ser detido por dívida, exceto no caso de inadimplemento de obrigação alimentar.

305. É descabida a prisão civil do depositário quando, decretada a falência da empresa, sobrevém a arrecadação do bem pelo síndico.

306. Os honorários advocatícios devem ser compensados quando houver sucumbência recíproca, assegurado o direito autônomo do advogado à execução do saldo sem excluir a legitimidade da própria parte.

307. A restituição de adiantamento de contrato de câmbio, na falência, deve ser atendida antes de qualquer crédito.

308. A hipoteca firmada entre a construtora e o agente financeiro, anterior ou posterior à celebração da promessa de compra e venda, não tem eficácia perante os adquirentes do imóvel.

309. O débito alimentar que autoriza prisão civil do alimentante é o que compreende as três prestações anteriores ao ajuizamento da execução e as que vencerem no curso do processo.

•• Súmula com redação determinada pela Segunda Seção, na sessão ordinária de 22-3-2006.

310. O auxílio-creche não integra o salário de contribuição.

311. Os atos do presidente do tribunal que disponham sobre processamento e pagamento de precatório não têm caráter jurisdicional.

312. No processo administrativo para imposição de multa de trânsito, são necessárias as notificações da autuação e da aplicação da pena decorrente da infração.

313. Em ação de indenização, procedente o pedido, é necessária a constituição de capital ou caução fidejussória para a garantia de pagamento de pensão, independentemente da situação financeira do demandado.

314. Em execução fiscal, não localizados bens penhoráveis, suspende-se o processo por um ano, findo o qual se inicia o prazo da prescrição quinquenal intercorrente.

315. Não cabem embargos de divergência no âmbito do agravo de instrumento que não admite recurso especial.

316. Cabem embargos de divergência contra acórdão que, em agravo regimental, decide recurso especial.

317. É definitiva a execução de título extrajudicial, ainda que pendente apelação contra sentença que julgue improcedentes os embargos.

318. Formulado pedido certo e determinado, somente o autor tem interesse recursal em arguir o vício da sentença ilíquida.

319. O encargo de depositário de bens penhorados pode ser expressamente recusado.

320. A questão federal somente ventilada no voto vencido não atende ao requisito do prequestionamento.

321. (*Cancelada.*)

322. Para a repetição de indébito, nos contratos de abertura de crédito em conta corrente, não se exige a prova do erro.

323. A inscrição do nome do devedor pode ser mantida nos serviços de proteção ao crédito até o prazo máximo de cinco anos, independentemente da prescrição da execução.

•• Súmula com redação determinada pela Segunda Seção, na sessão ordinária de 25-11-2009.

- *Vide* art. 43, §§ 1.º e 5.º, do CDC.

324. Compete à Justiça Federal processar e julgar ações de que participa a Fundação Habitacional do Exército, equiparada à entidade autárquica federal, supervisionada pelo Ministério do Exército.

325. A remessa oficial devolve ao Tribunal o reexame de todas as parcelas da condenação suportadas pela Fazenda Pública, inclusive dos honorários de advogado.

326. Na ação de indenização por dano moral, a condenação em montante inferior ao postulado na inicial não implica sucumbência recíproca.

327. Nas ações referentes ao Sistema Financeiro da Habitação, a Caixa Econômica Federal tem legitimidade como sucessora do Banco Nacional da Habitação.

328. Na execução contra instituição financeira, é penhorável o numerário disponível, excluídas as reservas bancárias mantidas no Banco Central.

329. O Ministério Público tem legitimidade para propor ação civil pública em defesa do patrimônio público.

330. É desnecessária a resposta preliminar de que trata o art. 514 do Código de Processo Penal, na ação penal instruída por inquérito policial.

331. A apelação interposta contra sentença que julga embargos à arrematação tem efeito meramente devolutivo.

332. A fiança prestada sem autorização de um dos cônjuges implica a ineficácia total da garantia.

333. Cabe mandado de segurança contra ato praticado em licitação promovida por sociedade de economia mista ou empresa pública.

- *Vide* art. 1.º, § 1.º, da Lei n. 12.016, de 7-8-2009.

334. O ICMS não incide no serviço dos provedores de acesso à Internet.

335. Nos contratos de locação, é válida a cláusula de renúncia à indenização das benfeitorias e ao direito de retenção.

336. A mulher que renunciou aos alimentos na separação judicial tem direito à pensão previdenciária por morte do ex-marido, comprovada a necessidade econômica superveniente.

337. É cabível a suspensão condicional do processo na desclassificação do crime e na procedência parcial da pretensão punitiva.

338. A prescrição penal é aplicável nas medidas socioeducativas.

339. É cabível ação monitória contra a Fazenda Pública.

340. A lei aplicável à concessão de pensão previdenciária por morte é aquela vigente na data do óbito do segurado.

341. A frequência a curso de ensino formal é causa de remição de parte do tempo de execução de pena sob regime fechado ou semiaberto.

342. No procedimento para aplicação de medida socioeducativa, é nula a desistência de outras provas em face da confissão do adolescente.

343. (*Cancelada.*)

344. A liquidação por forma diversa da estabelecida na sentença não ofende a coisa julgada.

345. São devidos honorários advocatícios pela Fazenda Pública nas execuções individuais de sentença proferida em ações coletivas, ainda que não embargadas.

346. É vedada aos militares temporários, para aquisição de estabilidade, a contagem em dobro de férias e licenças não gozadas.

347. O conhecimento de recurso de apelação do réu independe de sua prisão.

- *Vide* art. 387, parágrafo único, do CPP.

348. (*Cancelada.*)

349. Compete à Justiça Federal ou aos juízes com competência delegada o julgamento das execuções fiscais de contribuições devidas pelo empregador ao FGTS.

350. O ICMS não incide sobre o serviço de habilitação de telefone celular.

351. A alíquota de contribuição para o Seguro de Acidente do Trabalho (SAT) é aferida pelo grau de risco desenvolvido em cada empresa, individualizada pelo seu CNPJ, ou pelo grau de risco da atividade preponderante quando houver apenas um registro.

352. A obtenção ou a renovação do Certificado de Entidade Beneficente de Assistência Social (Cebas) não exime a entidade do cumprimento dos requisitos legais supervenientes.

353. As disposições do Código Tributário Nacional não se aplicam às contribuições para o FGTS.

•• *Vide* Súmula 646 do STJ.

354. A invasão do imóvel é causa de suspensão do processo expropriatório para fins de reforma agrária.

355. É válida a notificação do ato de exclusão do Programa de Recuperação Fiscal (Refis) pelo *Diário Oficial* ou pela internet.

356. É legítima a cobrança de tarifa básica pelo uso dos serviços de telefonia fixa.

357. (*Revogada.*)

358. O cancelamento de pensão alimentícia de filho que atingiu a maioridade está sujeito à decisão judicial, mediante contraditório, ainda que nos próprios autos.

359. Cabe ao órgão mantenedor do Cadastro de Proteção ao Crédito a notificação do devedor antes de proceder à inscrição.

360. O benefício da denúncia espontânea não se aplica aos tributos sujeitos a lançamento por homologação regularmente declarados, mas pagos a destempo.

361. A notificação do protesto, para requerimento de falência de empresa devedora, exige a identificação da pessoa que a recebeu.

362. A correção monetária do valor da indenização do dano moral incide desde a data do arbitramento.

363. Compete à Justiça estadual processar e julgar a ação de cobrança ajuizada por profissional liberal contra cliente.

364. O conceito de impenhorabilidade de bem de família abrange também o imóvel pertencente a pessoas solteiras, separadas e viúvas.

365. A intervenção da União como sucessora da Rede Ferroviária Federal S/A (RFFSA) desloca a competência para a Justiça Federal ainda que a sentença tenha sido proferida por Juízo estadual.

- *Vide* Súmula 505 do STJ.

366. (*Cancelada.*)

367. A competência estabelecida pela EC n. 45/2004 não alcança os processos já sentenciados.

368. Compete à Justiça comum estadual processar e julgar os pedidos de retificação de dados cadastrais da Justiça Eleitoral.

369. No contrato de arrendamento mercantil (*leasing*), ainda que haja cláusula resolutiva expressa, é necessária a notificação prévia do arrendatário para constituí-lo em mora.

- *Vide* arts. 394 a 401 do CC.

370. Caracteriza dano moral a apresentação antecipada de cheque pré-datado.

- *Vide* art. 32 da Lei n. 7.357, de 2-9-1985, e art. 5.º, X, da CF.

371. Nos contratos de participação financeira para a aquisição de linha telefônica, o Valor Patrimonial da Ação (VPA) é apurado com base no balancete do mês da integralização.

372. Na ação de exibição de documentos, não cabe a aplicação de multa cominatória.

- *Vide* arts. 844 e 845 do CPC.

373. É ilegítima a exigência de depósito prévio para admissibilidade de recurso administrativo.

- *Vide* art. 5.º, XXXIV, *a*, e LV, da CF.

374. Compete à Justiça Eleitoral processar e julgar a ação para anular débito decorrente de multa eleitoral.

375. O reconhecimento da fraude à execução depende do registro da penhora do bem alienado ou da prova de má-fé do terceiro adquirente.

- *Vide* arts. 792, IV, e 844 do CPC.

376. Compete a turma recursal processar e julgar o mandado de segurança contra ato de juizado especial.

377. O portador de visão monocular tem direito de concorrer, em concurso público, às vagas reservadas aos deficientes.

- *Vide* art. 37, VIII, da CF, e art. 5.º, § 2.º, da Lei n. 8.112, de 11-12-1990.

378. Reconhecido o desvio de função, o servidor faz jus às diferenças salariais decorrentes.

379. Nos contratos bancários não regidos por legislação específica, os juros moratórios poderão ser convencionados até o limite de 1% ao mês.

380. A simples propositura da ação de revisão de contrato não inibe a caracterização da mora do autor.

- *Vide* arts. 394 a 401 do CC.

381. Nos contratos bancários, é vedado ao julgador conhecer, de ofício, da abusividade das cláusulas.

- *Vide* art. 51 do CDC.

382. A estipulação de juros remuneratórios superiores a 12% ao ano, por si só, não indica abusividade.

383. A competência para processar e julgar as ações conexas de interesse de menor é, em princípio, do foro do domicílio do detentor de sua guarda.

- *Vide* art. 147, I, da Lei n. 8.069, de 13-7-1990 (ECA).

384. Cabe ação monitória para haver saldo remanescente oriundo de venda extrajudicial de bem alienado fiduciariamente em garantia.

• *Vide* arts. 1.102-A a 1.102-C do CPC.

385. Da anotação irregular em cadastro de proteção ao crédito, não cabe indenização por dano moral, quando preexistente legítima inscrição, ressalvado o direito ao cancelamento.

• *Vide* art. 43 do CDC.

386. São isentas de imposto de renda as indenizações de férias proporcionais e o respectivo adicional.

• *Vide* art. 146 da CLT.

387. É lícita a cumulação das indenizações de dano estético e dano moral.

388. A simples devolução indevida de cheque caracteriza dano moral.

389. A comprovação do pagamento do "custo do serviço" referente ao fornecimento de certidão de assentamentos constantes dos livros da companhia é requisito de procedibilidade da ação de exibição de documentos ajuizada em face da sociedade anônima.

• *Vide* art. 100, § 1.°, da Lei n. 6.404, de 15-12-1976.

390. Nas decisões por maioria, em reexame necessário, não se admitem embargos infringentes.

391. O ICMS incide sobre o valor da tarifa de energia elétrica correspondente à demanda de potência efetivamente utilizada.

392. A Fazenda Pública pode substituir a certidão de dívida ativa (CDA) até a prolação da sentença de embargos, quando se tratar de correção de erro material ou formal, vedada a modificação do sujeito passivo da execução.

393. A exceção de pré-executividade é admissível na execução fiscal relativamente às matérias conhecíveis de ofício que não demandem dilação probatória.

394. É admissível, em embargos à execução fiscal, compensar os valores de imposto de renda retidos indevidamente na fonte com os valores restituídos apurados na declaração anual.

•• Republicada no *Diário da Justiça* eletrônico de 21-10-2009.

395. O ICMS incide sobre o valor da venda a prazo constante da nota fiscal.

396. A Confederação Nacional da Agricultura tem legitimidade ativa para a cobrança da contribuição sindical rural.

397. O contribuinte do IPTU é notificado do lançamento pelo envio do carnê ao seu endereço.

398. A prescrição da ação para pleitear os juros progressivos sobre os saldos de conta vinculada do FGTS não atinge o fundo de direito, limitando-se às parcelas vencidas.

399. Cabe à legislação municipal estabelecer o sujeito passivo do IPTU.

400. O encargo de 20% previsto no DL n. 1.025/1969 é exigível na execução fiscal proposta contra a massa falida.

401. O prazo decadencial da ação rescisória só se inicia quando não for cabível qualquer recurso do último pronunciamento judicial.

402. O contrato de seguro por danos pessoais compreende os danos morais, salvo cláusula expressa de exclusão.

403. Independe de prova do prejuízo a indenização pela publicação não autorizada de imagem de pessoa com fins econômicos ou comerciais.

• *Vide* art. 5.°, V e X, da CF, e arts. 186 e 927 do CC.

404. É dispensável o aviso de recebimento (AR) na carta de comunicação ao consumidor sobre a negativação de seu nome em bancos de dados e cadastros.

• *Vide* art. 43, § 2.°, do CDC.

405. A ação de cobrança do seguro obrigatório (DPVAT) prescreve em três anos.

• *Vide* art. 206, § 3.°, IX, do CC.

406. A Fazenda Pública pode recusar a substituição do bem penhorado por precatório.

•• *Vide* arts. 847 e 848 do CPC e art. 15 da Lei n. 6.830, de 22-9-1980.

407. É legítima a cobrança da tarifa de água fixada de acordo com as categorias de usuários e as faixas de consumo.

408. (*Cancelada.*)

409. Em execução fiscal, a prescrição ocorrida antes da propositura da ação pode ser decretada de ofício (art. 219, § 5.°, do CPC).

•• A referência é feita a dispositivos do CPC de 1973. Sem correspondência no CPC.

410. A prévia intimação pessoal do devedor constitui condição necessária para a cobrança de multa pelo descumprimento de obrigação de fazer ou não fazer.

• *Vide* art. 815 do CPC.

411. É devida a correção monetária ao creditamento do IPI quando há oposição ao seu aproveitamento decorrente de resistência ilegítima do Fisco.

412. A ação de repetição de indébito de tarifas de água e esgoto sujeita-se ao prazo prescricional estabelecido no Código Civil.

413. O farmacêutico pode acumular a responsabilidade técnica por uma farmácia e uma drogaria ou por duas drogarias.

414. A citação por edital na execução fiscal é cabível quando frustradas as demais modalidades.

• *Vide* art. 8.°, III, da Lei n. 6.830, de 22-9-1980.

415. O período de suspensão do prazo prescricional é regulado pelo máximo da pena cominada.

• *Vide* arts. 109 e 116 do CP, art. 366 do CPP, e art. 89, § 6.°, da Lei n. 9.099, de 26-9-1995.

416. É devida a pensão por morte aos dependentes do segurado que, apesar de ter perdido essa qualidade, preencheu os requisitos legais para a obtenção de aposentadoria até a data do seu óbito.

• *Vide* arts. 15, 26, I, 74 e 102, § 2.°, da Lei n. 8.213, de 24-7-1991.

417. Na execução civil, a penhora de dinheiro na ordem de nomeação de bens não tem caráter absoluto.

418. (*Cancelada.*)

419. Descabe a prisão civil do depositário judicial infiel.

420. Incabível, em embargos de divergência, discutir o valor de indenização por danos morais.

421. Os honorários advocatícios não são devidos à Defensoria Pública quando ela atua contra a pessoa jurídica de direito público à qual pertença.

•• *Vide* Súmula 588 do STF.

422. O art. 6.°, e, da Lei n. 4.380/1964 não estabelece limitação aos juros remuneratórios nos contratos vinculados aos SFH.

423. A Contribuição para Financiamento da Seguridade Social – Cofins incide sobre as receitas provenientes das operações de locação de bens móveis.

424. É legítima a incidência do ISS sobre os serviços bancários congêneres da lista anexa ao DL n. 406/1968 e à LC n. 56/1987.

•• *Vide* Súmula 588 do STF.

Súmulas

ESPAÇO RESERVADO PARA USO DE GRAMPO

425. A retenção da contribuição para a seguridade social pelo tomador do serviço não se aplica às empresas optantes pelo Simples.

426. Os juros de mora na indenização do seguro DPVAT fluem a partir da citação.

427. A ação de cobrança de diferenças de valores de complementação de aposentadoria prescreve em cinco anos contados da data do pagamento.

- *Vide* Súmula 291 do STJ.

428. Compete ao Tribunal Regional Federal decidir os conflitos de competência entre juizado especial federal e juízo federal da mesma seção judiciária.

429. A citação postal, quando autorizada por lei, exige o aviso de recebimento.

430. O inadimplemento da obrigação tributária pela sociedade não gera, por si só, a responsabilidade solidária do sócio-gerente.

431. É ilegal a cobrança de ICMS com base no valor da mercadoria submetido ao regime de pauta fiscal.

•• *Vide* Súmula 654 do STJ.

432. As empresas de construção civil não estão obrigadas a pagar ICMS sobre mercadorias adquiridas como insumos em operações interestaduais.

433. O produto semielaborado, para fins de incidência de ICMS, é aquele que preenche cumulativamente os três requisitos do art. 1.º da Lei Complementar n. 65/1991.

434. O pagamento da multa por infração de trânsito não inibe a discussão judicial do débito.

435. Presume-se dissolvida irregularmente a empresa que deixar de funcionar no seu domicílio fiscal, sem comunicação aos órgãos competentes, legitimando o redirecionamento da execução fiscal para o sócio-gerente.

436. A entrega de declaração pelo contribuinte reconhecendo débito fiscal constitui o crédito tributário, dispensada qualquer outra providência por parte do fisco.

437. A suspensão da exigibilidade do crédito tributário superior a quinhentos mil reais para opção pelo Refis pressupõe a homologação expressa do comitê gestor e a constituição de garantia por meio do arrolamento de bens.

438. É inadmissível a extinção da punibilidade pela prescrição da pretensão punitiva com fundamento em pena hipotética, independentemente da existência ou sorte do processo penal.

439. Admite-se o exame criminológico pelas peculiaridades do caso, desde que em decisão motivada.

- *Vide* Súmula Vinculante 26.
- *Vide* art. 112 da Lei n. 7.210, de 11-7-1984.

440. Fixada a pena-base no mínimo legal, é vedado o estabelecimento de regime prisional mais gravoso do que o cabível em razão da sanção imposta, com base apenas na gravidade abstrata do delito.

441. A falta grave não interrompe o prazo para obtenção de livramento condicional.

442. É inadmissível aplicar, no furto qualificado, pelo concurso de agentes, a majorante do roubo.

443. O aumento na terceira fase de aplicação da pena no crime de roubo circunstanciado exige fundamentação concreta, não sendo suficiente para a sua exasperação a mera indicação do número de majorantes.

444. É vedada a utilização de inquéritos policiais e ações penais em curso para agravar a pena-base.

445. As diferenças de correção monetária resultantes de expurgos inflacionários sobre os saldos de FGTS têm como termo inicial a data em que deveriam ter sido creditadas.

446. Declarado e não pago o débito tributário pelo contribuinte, é legítima a recusa de expedição de certidão negativa ou positiva com efeito de negativa.

447. Os Estados e o Distrito Federal são partes legítimas na ação de restituição de imposto de renda retido na fonte proposta por seus servidores.

448. A opção pelo Simples de estabelecimentos dedicados às atividades de creche, pré-escola e ensino fundamental é admitida somente a partir de 24-10-2000, data de vigência da Lei n. 10.034/2000.

449. A vaga de garagem que possui matrícula própria no registro de imóveis não constitui bem de família para efeito de penhora.

450. Nos contratos vinculados ao SFH, a atualização do saldo devedor antecede sua amortização pelo pagamento da prestação.

451. É legítima a penhora da sede do estabelecimento comercial.

452. A extinção das ações de pequeno valor é faculdade da Administração Federal, vedada a atuação judicial de ofício.

453. Os honorários sucumbenciais, quando omitidos em decisão transitada em julgado, não podem ser cobrados em execução ou em ação própria.

- *Vide* arts. 82, § 2.º, e 85, § 18, do CPC.

454. Pactuada a correção monetária nos Contratos do SFH pelo mesmo índice aplicável à caderneta de poupança, incide a taxa referencial (TR) a partir da vigência da Lei n. 8.177/1991.

455. A decisão que determina a produção antecipada de provas com base no art. 366 do CPP deve ser concretamente fundamentada, não a justificando unicamente o mero decurso do tempo.

456. É incabível a correção monetária dos salários de contribuição considerados no cálculo do salário de benefício de auxílio-doença, aposentadoria por invalidez, pensão ou auxílio-reclusão concedidos antes da vigência da CF/1988.

457. Os descontos incondicionais nas operações mercantis não se incluem na base de cálculo do ICMS.

458. A contribuição previdenciária incide sobre a comissão paga ao corretor de seguros.

459. A Taxa Referencial (TR) é o índice aplicável, a título de correção monetária, aos débitos com o FGTS recolhidos pelo empregador mas não repassados ao fundo.

460. É incabível o mandado de segurança para convalidar a compensação tributária realizada pelo contribuinte.

461. O contribuinte pode optar por receber, por meio de precatório ou por compensação, o indébito tributário certificado por sentença declaratória transitada em julgado.

•• *Vide* Súmula n. 625 do STJ.

462. Nas ações em que representa o FGTS, a CEF, quando sucumbente, não está isenta de reembolsar as custas antecipadas pela parte vencedora.

463. Incide imposto de renda sobre os valores percebidos a título de indenização por horas extraordinárias trabalhadas, ainda que decorrentes de acordo coletivo.

464. A regra de imputação de pagamentos estabelecida no art. 354 do Código Civil não se aplica às hipóteses de compensação tributária.

465. Ressalvada a hipótese de efetivo agravamento do risco, a seguradora não se exime do dever de indenizar

em razão da transferência do veículo sem a sua prévia comunicação.

466. O titular da conta vinculada ao FGTS tem o direito de sacar o saldo respectivo quando declarado nulo seu contrato de trabalho por ausência de prévia aprovação em concurso público.

467. Prescreve em cinco anos, contados do término do processo administrativo, a pretensão da Administração Pública de promover a execução da multa por infração ambiental.

468. A base de cálculo do PIS, até a edição da MP n. 1.212/1995, era o faturamento ocorrido no sexto mês anterior ao do fato gerador.

469. (*Cancelada.*)

470. (*Cancelada.*)

471. Os condenados por crimes hediondos ou assemelhados cometidos antes da vigência da Lei n. 11.464/2007 sujeitam-se ao disposto no art. 112 da Lei n. 7.210/1984 (Lei de Execução Penal) para a progressão de regime prisional.

• *Vide* art. 2.º da Lei n. 8.072, de 25-7-1990.

• *Vide* Súmula Vinculante 26.

472. A cobrança de comissão de permanência – cujo valor não pode ultrapassar a soma dos encargos remuneratórios e moratórios previstos no contrato – exclui a exigibilidade dos juros remuneratórios, moratórios e da multa contratual.

473. O mutuário do SFH não pode ser compelido a contratar o seguro habitacional obrigatório com a instituição financeira mutuante ou com a seguradora por ela indicada.

474. A indenização do seguro DPVAT, em caso de invalidez parcial do beneficiário, será paga de forma proporcional ao grau da invalidez.

475. Responde pelos danos decorrentes de protesto indevido o endossatário que recebe por endosso translativo título de crédito contendo vício formal extrínseco ou intrínseco, ficando ressalvado seu direito de regresso contra os endossantes e avalistas.

476. O endossatário de título de crédito por endosso-mandato só responde por danos decorrentes de protesto indevido se extrapolar os poderes de mandatário.

477. A decadência do art. 26 do CDC não é aplicável à prestação de contas para obter esclarecimentos sobre cobrança de taxas, tarifas e encargos bancários.

478. Na execução de crédito relativo a cotas condominiais, este tem preferência sobre o hipotecário.

479. As instituições financeiras respondem objetivamente pelos danos gerados por fortuito interno relativo a fraudes e delitos praticados por terceiros no âmbito de operações bancárias.

480. O juízo da recuperação judicial não é competente para decidir sobre a constrição de bens não abrangidos pelo plano de recuperação da empresa.

481. Faz jus ao benefício da justiça gratuita a pessoa jurídica com ou sem fins lucrativos que demonstrar sua impossibilidade de arcar com os encargos processuais.

482. A falta de ajuizamento da ação principal no prazo do art. 806 do CPC acarreta a perda da eficácia da liminar deferida e a extinção do processo cautelar.

•• A referência é feita a dispositivo do CPC de 1973.

• *Vide* art. 306 do CPC.

483. O INSS não está obrigado a efetuar depósito prévio do preparo por gozar das prerrogativas e privilégios da Fazenda Pública.

484. Admite-se que o preparo seja efetuado no primeiro dia útil subsequente, quando a interposição do recurso ocorrer após o encerramento do expediente bancário.

485. A Lei de Arbitragem aplica-se aos contratos que contenham cláusula arbitral, ainda que celebrados antes da sua edição.

486. É impenhorável o único imóvel residencial do devedor que esteja locado a terceiros, desde que a renda obtida com a locação seja revertida para a subsistência ou a moradia da sua família.

487. O parágrafo único do art. 741 do CPC não se aplica às sentenças transitadas em julgado em data anterior à da sua vigência.

•• A referência é feita a dispositivo do CPC de 1973.

• *Vide* art. 535, § 5.º, do CPC.

488. O parágrafo 2.º do art. 6.º da Lei n. 9.469/97, que obriga à repartição dos honorários advocatícios, é inaplicável a acordos ou transações celebrados em data anterior à sua vigência.

489. Reconhecida a continência, devem ser reunidas na Justiça Federal as ações civis públicas propostas nesta e na Justiça estadual.

490. A dispensa de reexame necessário, quando o valor da condenação ou do direito controvertido for inferior a 60 salários mínimos, não se aplica a sentenças ilíquidas.

491. É inadmissível a chamada progressão *per saltum* de regime prisional.

492. O ato infracional análogo ao tráfico de drogas, por si só, não conduz obrigatoriamente à imposição de medida socioeducativa de internação do adolescente.

493. É inadmissível a fixação de pena substitutiva (art. 44 do CP) como condição especial ao regime aberto.

494. O benefício fiscal do ressarcimento do crédito presumido do IPI relativo às exportações incide mesmo quando as matérias-primas ou os insumos sejam adquiridos de pessoa física ou jurídica não contribuinte do PIS/PASEP.

495. A aquisição de bens integrantes do ativo permanente da empresa não gera direito a creditamento de IPI.

496. Os registros de propriedade particular de imóveis situados em terrenos de marinha não são oponíveis à União.

497. (*Cancelada.*)

498. Não incide imposto de renda sobre a indenização por danos morais.

499. As empresas prestadoras de serviços estão sujeitas às contribuições ao SESC e SENAC, salvo se integradas noutro serviço social.

500. A configuração do crime do art. 244-B do ECA independe da prova da efetiva corrupção do menor, por se tratar de delito formal.

501. É cabível a aplicação retroativa da Lei n. 11.343/2006, desde que o resultado da incidência das suas disposições, na íntegra, seja mais favorável ao réu do que o advindo da aplicação da Lei n. 6.368/1976, sendo vedada a combinação de leis.

502. Presentes a materialidade e a autoria, afigura-se típica, em relação ao crime previsto no art. 184, § 2.º, do CP, a conduta de expor à venda CDs e DVDs "piratas".

503. O prazo para ajuizamento de ação monitória em face do emitente de cheque sem força executiva é quinquenal, a contar do dia seguinte à data de emissão estampada na cártula.

504. O prazo para ajuizamento de ação monitória em face do emitente de nota promissória sem força executiva é quinquenal, a contar do dia seguinte ao vencimento do título.

505. A competência para processar e julgar as demandas que têm por objeto obrigações decorrentes dos contratos de planos de previdência privada firmados com a Fundação Rede Ferroviária de Seguridade Social – REFER é da Justiça estadual.

506. A Anatel não é parte legítima nas demandas entre a concessionária e o usuário de telefonia decorrentes de relação contratual.

507. A acumulação de auxílio-acidente com aposentadoria pressupõe que a lesão incapacitante e a aposentadoria sejam anteriores a 11-11-1997, observado o critério do art. 23 da Lei n. 8.213/1991 para definição do momento da lesão nos casos de doença profissional ou do trabalho.

508. A isenção da Cofins concedida pelo art. 6.º, II, da LC n. 70/1991 às sociedades civis de prestação de serviços profissionais foi revogada pelo art. 56 da Lei n. 9.430/1996.

509. É lícito ao comerciante de boa-fé aproveitar os créditos de ICMS decorrentes de nota fiscal posteriormente declarada inidônea, quando demonstrada a veracidade da compra e venda.

510. A liberação de veículo retido apenas por transporte irregular de passageiros não está condicionada ao pagamento de multas e despesas.

511. É possível o reconhecimento do privilégio previsto no § 2.º do art. 155 do CP nos casos de crime de furto qualificado, se estiverem presentes a primariedade do agente, o pequeno valor da coisa e a qualificadora for de ordem objetiva.

512. (*Cancelada.*)

513. A *abolitio criminis* temporária prevista na Lei n. 10.826/2003 aplica-se ao crime de posse de arma de fogo de uso permitido com numeração, marca ou qualquer outro sinal de identificação raspado, suprimido ou adulterado, praticado somente até 23-10-2005.

514. A CEF é responsável pelo fornecimento dos extratos das contas individualizadas vinculadas ao FGTS dos Trabalhadores participantes do Fundo de Garantia do Tempo de Serviço, inclusive para fins de exibição em juízo, independentemente do período em discussão.

- *Vide* art. 7.º, I, da Lei n. 8.036, de 11-5-1990.
- O Decreto n. 99.684, de 8-11-1990, consolida as normas regulamentares do FGTS.

515. A reunião de execuções fiscais contra o mesmo devedor constitui faculdade do Juiz.

- *Vide* art. 28 da Lei n. 6.830, de 22-9-1980.

516. A contribuição de intervenção no domínio econômico para o Incra (Decreto-Lei n. 1.110/1970), devida por empregadores rurais e urbanos, não foi extinta pelas Leis n. 7.787/1989, 8.212/1991 e 8.213/1991, não podendo ser compensada com a contribuição ao INSS.

517. São devidos honorários advocatícios no cumprimento de sentença, haja ou não impugnação, depois de escoado o prazo para pagamento voluntário, que se inicia após a intimação do advogado da parte executada.

518. Para fins do art. 105, III, *a*, da Constituição Federal, não é cabível recurso especial fundado em alegada violação de enunciado de súmula.

519. Na hipótese de rejeição da impugnação ao cumprimento de sentença, não são cabíveis honorários advocatícios.

520. O benefício de saída temporária no âmbito da execução penal é ato jurisdicional insuscetível de delegação à autoridade administrativa do estabelecimento prisional.

521. A legitimidade para a execução fiscal de multa pendente de pagamento imposta em sentença condenatória é exclusiva da Procuradoria da Fazenda Pública.

522. A conduta de atribuir-se falsa identidade perante autoridade policial é típica, ainda que em situação de alegada autodefesa.

523. A taxa de juros de mora incidente na repetição de indébito de tributos estaduais deve corresponder à utilizada para cobrança do tributo pago em atraso, sendo legítima a incidência da taxa Selic, em ambas as hipóteses, quando prevista na legislação local, vedada sua cumulação com quaisquer outros índices.

•• *Vide* art. 161, § 1.º, do CTN.

524. No tocante à base de cálculo, o ISSQN incide apenas sobre a taxa de agenciamento quando o serviço prestado por sociedade empresária de trabalho temporário for de intermediação, devendo, entretanto, englobar também os valores dos salários e encargos sociais dos trabalhadores por ela contratados nas hipóteses de fornecimento de mão de obra.

- O Decreto-lei n. 406, de 31-12-1968, estabelece normas gerais de direito financeiro, aplicáveis aos impostos sobre operações relativas a circulação de mercadorias e sobre serviços de qualquer natureza e dá outras providências.
- *Vide* Lei n. 6.019, de 3-1-1974, arts. 4.º, 11, 15 e 19.
- A Lei Complementar n. 116, de 31-7-2003, dispõe sobre o imposto sobre serviços de qualquer natureza, de competência dos Municípios e do Distrito Federal e dá outras providências.

525. A Câmara de Vereadores não possui personalidade jurídica, apenas personalidade judiciária, somente podendo demandar em juízo para defender os seus direitos institucionais.

- *Vide* art. 70 do CPC.

526. O reconhecimento de falta grave decorrente do cometimento de fato definido como crime doloso no cumprimento da pena prescinde do trânsito em julgado de sentença penal condenatória no processo penal instaurado para apuração do fato.

•• *Vide* arts. 52, *caput*, e 118, I, da LEP.

527. O tempo de duração da medida de segurança não deve ultrapassar o limite máximo da pena abstratamente cominada ao delito praticado.

•• *Vide* arts. 75, 97, § 1.º, 109 e 110 do CP.

- *Vide* arts. 5.º, XLVII, *b*, e LXXV, da CF.

528. (*Cancelada.*)

529. No seguro de responsabilidade civil facultativo, não cabe o ajuizamento de ação pelo terceiro prejudicado direta e exclusivamente em face da seguradora do apontado causador do dano.

•• *Vide* art. 787 do CC.

530. Nos contratos bancários, na impossibilidade de comprovar a taxa de juros efetivamente contratada – por ausência de pactuação ou pela falta de juntada do instrumento aos autos – aplica-se a taxa média de mercado, divulgada pelo Bacen, praticada nas operações da mesma espécie, salvo se a taxa cobrada for mais vantajosa para o devedor.

•• *Vide* arts. 112, 122, 170, 406 e 591 do CC.

531. Em ação monitória fundada em cheque prescrito ajuizada contra o emitente, é dispensável a menção ao negócio jurídico subjacente à emissão da cártula.

•• *Vide* arts. 1.102-A a 1.102-C do CPC.

532. Constitui prática comercial abusiva o envio de cartão de crédito sem prévia e expressa solicitação do consumidor, configurando-se ato ilícito indenizável e sujeito à aplicação de multa administrativa.

- *Vide* art. 39, II, do CDC.

533. Para o reconhecimento da prática de falta disciplinar no âmbito da execução penal, é imprescindível a instauração de procedimento administrativo pelo diretor do estabelecimento prisional, assegurado o direito de defesa, a ser realizado por advogado constituído ou defensor público nomeado.

•• *Vide* art. 5.º, XXXV, da CF.

- *Vide* Lei n. 1.060, de 5-2-1950.
- *Vide* arts. 15, 16, 47, 48, 53, 54, 57, 59 e 118 da LEP.

534. A prática de falta grave interrompe a contagem do prazo para a progressão de regime de cumprimento de pena, o qual se reinicia a partir do cometimento dessa infração.

•• *Vide* arts. 50, 51, 53, 57, parágrafo único, 112, 118 e 127 da LEP.

535. A prática de falta grave não interrompe o prazo para fim de comutação de pena ou indulto.

•• *Vide* arts. 112, 127 e 142 da LEP.

•• *Vide* Súmula 441 do STJ.

536. A suspensão condicional do processo e a transação penal não se aplicam na hipótese de delitos sujeitos ao rito da Lei Maria da Penha.

•• *Vide* art. 226, § 8.º, da CF.

•• *Vide* art. 129, § 9.º, do CP.

•• *Vide* arts. 76 e 89 da Lei n. 9.099, de 26-9-1995.

•• *Vide* art. 41 da Lei n. 11.340, de 7-8-2006.

537. Em ação de reparação de danos, a seguradora denunciada, se aceitar a denunciação ou contestar o pedido do autor, pode ser condenada, direta e solidariamente junto com o segurado, ao pagamento da indenização devida à vítima, nos limites contratados na apólice.

538. As administradoras de consórcio têm liberdade para estabelecer a respectiva taxa de administração, ainda que fixada em percentual superior a dez por cento.

539. É permitida a capitalização de juros com periodicidade inferior à anual em contratos celebrados com instituições integrantes do Sistema Financeiro Nacional a partir de 31-3-2000 (MP n. 1.963-17/2000, reeditada como MP n. 2.170-36/2001), desde que expressamente pactuada.

•• *Vide* art. 591 do CC.

540. Na ação de cobrança do seguro DPVAT, constitui faculdade do autor escolher entre os foros do seu domicílio, do local do acidente ou ainda do domicílio do réu.

541. A previsão no contrato bancário de taxa de juros anual superior ao duodécuplo da mensal é suficiente para permitir a cobrança da taxa efetiva anual contratada.

- *Vide* art. 591 do CC.

542. A ação penal relativa ao crime de lesão corporal resultante de violência doméstica contra a mulher é pública incondicionada.

- *Vide* Lei n. 11.340, de 7-8-2006.

543. Na hipótese de resolução de contrato de promessa de compra e venda de imóvel submetido ao Código de Defesa do Consumidor, deve ocorrer a imediata restituição das parcelas pagas pelo promitente comprador – integralmente, em caso de culpa exclusiva do promitente vendedor/ construtor, ou parcialmente, caso tenha sido o comprador quem deu causa ao desfazimento.

- *Vide* art. 122 do CC.
- *Vide* art. 51, II e IV, do CDC.

544. É válida a utilização de tabela do Conselho Nacional de Seguros Privados para estabelecer a proporcionalidade da indenização do seguro DPVAT ao grau de invalidez também na hipótese de sinistro anterior a 16-12-2008, data da entrada em vigor da Medida Provisória n. 451/2008.

545. Quando a confissão for utilizada para a formação do convencimento do julgador, o réu fará jus à atenuante prevista no art. 65, III, *d*, do Código Penal.

•• *Vide* Súmula 630 do STJ.

546. A competência para processar e julgar o crime de uso de documento falso é firmada em razão da entidade ou órgão ao qual foi apresentado o documento público, não importando a qualificação do órgão expedidor.

•• *Vide* art. 304 do CP.

547. Nas ações em que se pleiteia o ressarcimento dos valores pagos a título de participação financeira do consumidor no custeio de construção de rede elétrica, o prazo prescricional é de vinte anos na vigência do Código Civil de 1916.

Na vigência do Código Civil de 2002, o prazo é de cinco anos se houver previsão contratual de ressarcimento e de três anos na ausência de cláusula nesse sentido, observada a regra de transição disciplinada em seu art. 2.028.

- *Vide* arts. 206, § 3.º, IV, § 5.º, I, e 2.028 do CC.

548. Incumbe ao credor a exclusão do registro da dívida em nome do devedor no cadastro de inadimplentes no prazo de cinco dias úteis, a partir do integral e efetivo pagamento do débito.

- *Vide* art. 43, § 3.º, do CDC.

549. É válida a penhora de bem de família pertencente a fiador de contrato de locação.

- *Vide* art. 3.º, VII, da Lei n. 8.009, de 29-3-1990.

550. A utilização de escore de crédito, método estatístico de avaliação de risco que não constitui banco de dados, dispensa o consentimento do consumidor, que terá o direito de solicitar esclarecimentos sobre as informações pessoais valoradas e as fontes dos dados considerados no respectivo cálculo.

- *Vide* art. 5.º, IV, da Lei n. 12.414, de 9-6-2011.

551. Nas demandas por complementação de ações de empresas de telefonia, admite-se a condenação ao pagamento de dividendos e juros sobre capital próprio independentemente de pedido expresso. No entanto, somente quando previstos no título executivo, poderão ser objeto de cumprimento de sentença.

552. O portador de surdez unilateral não se qualifica como pessoa com deficiência para o fim de disputar as vagas reservadas em concursos públicos.

•• *Vide* Lei n. 7.853, de 24-10-1989.

•• *Vide* Lei n. 13.146, de 6-7-2015 (Estatuto da Pessoa com Deficiência).

553. Nos casos de empréstimo compulsório sobre o consumo de energia elétrica, é competente a Justiça estadual para o julgamento de demanda proposta exclusivamente contra a Eletrobrás. Requerida a intervenção da União no feito após a prolação de sentença pelo juízo estadual, os autos devem ser remetidos ao Tribunal Regional Federal competente para o julgamento da apelação se deferida a intervenção.

554. Na hipótese de sucessão empresarial, a responsabilidade da sucessora abrange não apenas os tributos devidos pela sucedida, mas também as multas morató-

Súmulas

ESPAÇO RESERVADO PARA USO DE GRAMPO

rias ou punitivas referentes a fatos geradores ocorridos até a data da sucessão.

555. Quando não houver declaração do débito, o prazo decadencial quinquenal para o Fisco constituir o crédito tributário conta-se exclusivamente na forma do art. 173, I, do CTN, nos casos em que a legislação atribui ao sujeito passivo o dever de antecipar o pagamento sem prévio exame da autoridade administrativa.

556. É indevida a incidência de imposto de renda sobre o valor da complementação de aposentadoria pago por entidade de previdência privada e em relação ao resgate de contribuições recolhidas para referidas entidades patrocinadoras no período de 1.º-1-1989 a 31-12-1995, em razão da isenção concedida pelo art. 6.º, VII, *b*, da Lei n. 7.713/1988, na redação anterior à que lhe foi dada pela Lei n. 9.250/1995.

557. A renda mensal inicial (RMI) alusiva ao benefício de aposentadoria por invalidez precedido de auxílio-doença será apurada na forma do art. 36, § 7.º, do Decreto n. 3.048/1999, observando-se, porém, os critérios previstos no art. 29, § 5.º, da Lei n. 8.213/1991, quando intercalados períodos de afastamento e de atividade laboral.

558. Em ações de execução fiscal, a petição inicial não pode ser indeferida sob o argumento da falta de indicação do CPF e/ou RG ou CNPJ da parte executada.

•• *Vide* art. 6.º da Lei n. 6.830, de 22-9-1980.

559. Em ações de execução fiscal, é desnecessária a instrução da petição inicial com o demonstrativo de cálculo do débito, por tratar-se de requisito não previsto no art. 6.º da Lei n. 6.830/1980.

560. A decretação da indisponibilidade de bens e direitos, na forma do art. 185-A do CTN, pressupõe o exaurimento das diligências na busca por bens penhoráveis, o qual fica caracterizado quando infrutíferos o pedido de constrição sobre ativos financeiros e a expedição de ofícios aos registros públicos do domicílio do executado, ao Denatran ou Detran.

561. Os Conselhos Regionais de Farmácia possuem atribuição para fiscalizar e autuar as farmácias e drogarias quanto ao cumprimento da exigência de manter profissional legalmente habilitado (farmacêutico) durante todo o período de funcionamento dos respectivos estabelecimentos.

562. É possível a remição de parte do tempo de execução da pena quando o condenado, em regime fechado ou semiaberto, desempenha atividade laborativa, ainda que extramuros.

• *Vide* art. 126 da Lei n. 7.210, de 11-7-1984.

563. O Código de Defesa do Consumidor é aplicável às entidades abertas de previdência complementar, não incidindo nos contratos previdenciários celebrados com entidades fechadas.

• *Vide* Súmula 608 do STJ.

• *Vide* art. 3.º, § 2.º, do CDC.

564. No caso de reintegração de posse em arrendamento mercantil financeiro, quando a soma da importância antecipada a título de valor residual garantido (VRG) com o valor da venda do bem ultrapassar o total do VRG previsto contratualmente, o arrendatário terá direito de receber a respectiva diferença, cabendo, porém, se estipulado no contrato, o prévio desconto de outras despesas ou encargos pactuados.

• *Vide* art. 1.º, parágrafo único, da Lei n. 6.099, de 12-9-1974.

• *Vide* Súmula 293 do STJ.

565. A pactuação das tarifas de abertura de crédito (TAC) e de emissão de carnê (TEC), ou outra denominação para o mesmo fato gerador, é válida apenas nos contratos bancários anteriores ao início da vigência da Resolução – CMN n. 3.518/2007, em 30-4-2008.

566. Nos contratos bancários posteriores ao início da vigência da Resolução-CMN n. 3.518/2007, em 30-4-2008, pode ser cobrada a tarifa de cadastro no início do relacionamento entre o consumidor e a instituição financeira.

567. Sistema de vigilância realizado por monitoramento eletrônico ou por existência de segurança no interior de estabelecimento comercial, por si só, não torna impossível a configuração do crime de furto.

• *Vide* arts. 14, II, 17 e 155 do Código Penal.

568. O relator, monocraticamente e no Superior Tribunal de Justiça, poderá dar ou negar provimento ao recurso quando houver entendimento dominante acerca do tema.

• *Vide* art. 105, III, *a* e *c*, da CF.

569. Na importação, é indevida a exigência de nova certidão negativa de débito no desembaraço aduaneiro, se já apresentada a comprovação da quitação de tributos federais quando da concessão do benefício relativo ao regime de *drawback*.

570. Compete à Justiça Federal o processo e julgamento de demanda em que se discute a ausência de ou o obstáculo ao credenciamento de instituição particular de ensino superior no Ministério da Educação como condição de expedição de diploma de ensino a distância aos estudantes.

571. A taxa progressiva de juros não se aplica às contas vinculadas ao FGTS de trabalhadores qualificados como avulsos.

572. O Banco do Brasil, na condição de gestor do Cadastro de Emitentes de Cheques sem Fundos (CCF), não tem a responsabilidade de notificar previamente o devedor acerca da sua inscrição no aludido cadastro, tampouco legitimidade passiva para as ações de reparação de danos fundadas na ausência de prévia comunicação.

• *Vide* art. 43 do CDC.

573. Nas ações de indenização decorrente de seguro DPVAT, a ciência inequívoca do caráter permanente da invalidez, para fins de contagem do prazo prescricional, depende de laudo médico, exceto nos casos de invalidez permanente notória ou naqueles em que o conhecimento anterior resulte comprovado na fase de instrução.

574. Para a configuração do delito de violação de direito autoral e a comprovação de sua materialidade, é suficiente a perícia realizada por amostragem do produto apreendido, nos aspectos externos do material, e é desnecessária a identificação dos titulares dos direitos autorais violados ou daqueles que os representem.

575. Constitui crime a conduta de permitir, confiar ou entregar a direção de veículo automotor a pessoa que não seja habilitada, ou que se encontre em qualquer das situações previstas no art. 310 do CTB, independentemente da ocorrência de lesão ou de perigo de dano concreto na condução do veículo.

576. Ausente requerimento administrativo no INSS, o termo inicial para a implantação da aposentadoria por invalidez concedida judicialmente será a data da citação válida.

577. É possível reconhecer o tempo de serviço rural anterior ao documento mais antigo apresentado, desde que amparado em convincente prova testemunhal colhida sob o contraditório.

•• *Vide* Súmula 149 do STJ.

578. Os empregados que laboram no cultivo da cana-de-açúcar para empresa agroindustrial ligada ao setor sucroalcooleiro detêm a qualidade de rurícola, ensejando a isenção do FGTS desde a edição da Lei Complementar n. 11/1971 até a promulgação da Constituição Federal de 1988.

• A Lei Complementar n. 11, de 25-5-1971, institui o Programa de Assistência ao Trabalhador Rural (PRORURAL).

579. Não é necessário ratificar o recurso especial interposto na pendência do julgamento dos embargos de declaração, quando inalterado o resultado anterior.

•• *Vide* art. 1.024, § 5.º, do CPC.

580. A correção monetária nas indenizações do seguro DPVAT por morte ou invalidez, prevista no § 7.º do art. 5.º da Lei n. 6.194/1974, redação dada pela Lei n. 11.482/2007, incide desde a data do evento danoso.

581. A recuperação judicial do devedor principal não impede o prosseguimento das ações e execuções ajuizadas contra terceiros devedores solidários ou coobrigados em geral, por garantia cambial, real ou fidejussória.

• *Vide* arts. 6.º, 49, § 1.º, 52, III, e 59 da Lei n. 11.101, de 9-2-2005.

582. Consuma-se o crime de roubo com a inversão da posse do bem mediante emprego de violência ou grave ameaça, ainda que por breve tempo e em seguida à perseguição imediata ao agente e recuperação da coisa roubada, sendo prescindível a posse mansa e pacífica ou desvigiada.

• *Vide* art. 157 do CP.

583. O arquivamento provisório previsto no art. 20 da Lei n. 10.522/2002, dirigido aos débitos inscritos como dívida ativa da União pela Procuradoria-Geral da Fazenda Nacional ou por ela cobrados, não se aplica às execuções fiscais movidas pelos conselhos de fiscalização profissional ou pelas autarquias federais.

584. As sociedades corretoras de seguros, que não se confundem com as sociedades de valores mobiliários ou com os agentes autônomos de seguro privado, estão fora do rol de entidades constantes do art. 22, § 1.º, da Lei n. 8.212/1991, não se sujeitando à majoração da alíquota da Cofins prevista no art. 18 da Lei n. 10.684/2003.

585. A responsabilidade solidária do ex-proprietário, prevista no art. 134 do Código de Trânsito Brasileiro – CTB, não abrange o IPVA incidente sobre o veículo automotor, no que se refere ao período posterior à sua alienação.

586. A exigência de acordo entre o credor e o devedor na escolha do agente fiduciário aplica-se, exclusivamente, aos contratos não vinculados ao Sistema Financeiro da Habitação – SFH.

587. Para a incidência da majorante prevista no art. 40, V, da Lei n. 11.343/2006, é desnecessária a efetiva transposição de fronteiras entre estados da Federação, sendo suficiente a demonstração inequívoca da intenção de realizar o tráfico interestadual.

• Drogas: *Vide* Lei n. 11.343, de 23-8-2006.

588. A prática de crime ou contravenção penal contra a mulher com violência ou grave ameaça no ambiente doméstico impossibilita a substituição da pena privativa de liberdade por restritiva de direitos.

• *Vide* Lei n. 11.340, de 7-8-2006, que dispõe sobre violência doméstica (Lei Maria da Penha).

• *Vide* art. 44, I, do CP.

589. É inaplicável o princípio da insignificância nos crimes ou contravenções penais praticados contra a mulher no âmbito das relações domésticas.

• *Vide* Lei n. 11.340, de 7-8-2006, que dispõe sobre violência doméstica (Lei Maria da Penha).

590. Constitui acréscimo patrimonial a atrair a incidência do imposto de renda, em caso de liquidação de entidade de previdência privada, a quantia que couber a cada participante, por rateio do patrimônio, superior ao valor das respectivas contribuições à entidade em liquidação, devidamente atualizadas e corrigidas.

591. É permitida a "prova emprestada" no processo administrativo disciplinar, desde que devidamente autorizada pelo juízo competente e respeitados o contraditório e a ampla defesa.

592. O excesso de prazo para a conclusão do processo administrativo disciplinar só causa nulidade se houver demonstração de prejuízo à defesa.

• *Vide* art. 169, § 1.º, da Lei n. 8.112, de 11-12-1990.

593. O crime de estupro de vulnerável se configura com a conjunção carnal ou prática de ato libidinoso com menor de 14 anos, sendo irrelevante eventual consentimento da vítima para a prática do ato, sua experiência sexual anterior ou existência de relacionamento amoroso com o agente.

•• *Vide* art. 217-A, *caput*, do CP.

594. O Ministério Público tem legitimidade ativa para ajuizar ação de alimentos em proveito de criança ou adolescente independentemente do exercício do poder familiar dos pais, ou do fato de o menor se encontrar nas situações de risco descritas no art. 98 do Estatuto da Criança e do Adolescente, ou de quaisquer outros questionamentos acerca da existência ou eficiência da Defensoria Pública na comarca.

•• *Vide* arts. 98 e 201, III, da Lei n. 8.069/90.

•• *Vide* Lei n. 5.478, de 25-7-1968, que dispõe sobre ação de alimentos.

595. As instituições de ensino superior respondem objetivamente pelos danos suportados pelo aluno/consumidor pela realização de curso não reconhecido pelo Ministério da Educação, sobre o qual não lhe tenha sido dada prévia e adequada informação.

•• *Vide* arts. 186 e 927 do CC.

•• *Vide* arts. 6.º, III, 14, *caput* e § 1.º, 20, *caput* e § 2.º, e 37, *caput* e §§ 1.º e 3.º, do CDC.

596. A obrigação alimentar dos avós tem natureza complementar e subsidiária, somente se configurando no caso de impossibilidade total ou parcial de seu cumprimento pelos pais.

•• *Vide* arts. 1.696 e 1.698 do CC.

597. A cláusula contratual de plano de saúde que prevê carência para utilização dos serviços de assistência médica nas situações de emergência ou de urgência é considerada abusiva se ultrapassado o prazo máximo de 24 horas contado da data da contratação.

•• *Vide* art. 12, V, *c*, da Lei n. 9.656, de 3-6-1998.

598. É desnecessária a apresentação de laudo médico oficial para o reconhecimento judicial da isenção do imposto de renda, desde que o magistrado entenda suficientemente demonstrada a doença grave por outros meios de prova.

599. O princípio da insignificância é inaplicável aos crimes contra a administração pública.

•• *Vide* arts. 171, § 3.º, 312 e 359-D do CP.

600. Para a configuração da violência doméstica e familiar prevista no art. 5.º da Lei n. 11.340/2006 (Lei Maria da Penha) não se exige a coabitação entre autor e vítima.

•• *Vide* art. 7.º da Lei n. 11.340, de 7-8-2006.

• *Vide* art. 226, § 8.º, da CF.

601. O Ministério Público tem legitimidade ativa para atuar na defesa de direitos difusos, coletivos e individuais homogêneos dos consumidores, ainda que decorrentes da prestação de serviços públicos.

•• *Vide* arts. 127 e 129, III, da CF.

•• *Vide* arts. 81 e 82, I, do CDC.

•• *Vide* arts. 1.º, II, 5.º e 21 da Lei n. 7.347, de 24-7-1985.

602. O Código de Defesa do Consumidor é aplicável aos empreendimentos habitacionais promovidos pelas sociedades cooperativas.

•• *Vide* Lei n. 5.764, de 16-12-1971 (sociedades cooperativas).

603. (*Cancelada.*)

604. O mandado de segurança não se presta para atribuir efeito suspensivo a recurso criminal interposto pelo Ministério Público.

605. A superveniência da maioridade penal não interfere na apuração de ato infracional nem na aplicabilidade de medida socioeducativa em curso, inclusive na liberdade assistida, enquanto não atingida a idade de 21 anos.

•• *Vide* arts. 2.º, parágrafo único, 104, parágrafo único, e 121, § 5.º, do ECA.

606. Não se aplica o princípio da insignificância a casos de transmissão clandestina de sinal de internet via radiofrequência, que caracteriza o fato típico previsto no art. 183 da Lei n. 9.472/1997.

607. A majorante do tráfico transnacional de drogas (art. 40, I, da Lei n. 11.343/2006) configura-se com a prova da destinação internacional das drogas, ainda que não consumada a transposição de fronteiras.

608. Aplica-se o Código de Defesa do Consumidor aos contratos de plano de saúde, salvo os administrados por entidades de autogestão.

•• *Vide* arts. 1.º, § 2.º, 10, § 3.º, e 35-G da Lei n. 9.656, de 3-6-1998.

• *Vide* Súmula 563 do STJ.

609. A recusa de cobertura securitária, sob a alegação de doença preexistente, é ilícita se não houve a exigência de exames médicos prévios à contratação ou a demonstração de má-fé do segurado.

•• *Vide* arts. 422, 765 e 766 do CC.

• *Vide* art. 51, IV, do CDC.

610. O suicídio não é coberto nos dois primeiros anos de vigência do contrato de seguro de vida, ressalvado o direito do beneficiário à devolução do montante da reserva técnica formada.

•• *Vide* arts. 797, parágrafo único, e 798 do CC.

611. Desde que devidamente motivada e com amparo em investigação ou sindicância, é permitida a instauração de processo administrativo disciplinar com base em denúncia anônima, em face do poder-dever de autotutela imposto à Administração.

612. O certificado de entidade beneficente de assistência social (CEBAS), no prazo de sua validade, possui natureza declaratória para fins tributários, retroagindo seus efeitos à data em que demonstrado o cumprimento dos requisitos estabelecidos por lei complementar para a fruição da imunidade.

613. Não se admite a aplicação da teoria do fato consumado em tema de Direito Ambiental.

•• *Vide* arts. 2.º, I, e 14, § 1.º, da Lei n. 6.938, de 31-8-1981.

•• *Vide* arts. 61-A a 65 do Código Florestal.

614. O locatário não possui legitimidade ativa para discutir a relação jurídico-tributária de IPTU e de taxas referentes ao imóvel alugado nem para repetir indébito desses tributos.

615. Não pode ocorrer ou permanecer a inscrição do município em cadastros restritivos fundada em irregularidades na gestão anterior quando, na gestão sucessora, são tomadas as providências cabíveis à reparação dos danos eventualmente cometidos.

616. A indenização securitária é devida quando ausente a comunicação prévia do segurado acerca do atraso no pagamento do prêmio, por constituir requisito essencial para a suspensão ou resolução do contrato de seguro.

•• *Vide* art. 763 do CC.

617. A ausência de suspensão ou revogação do livramento condicional antes do término do período de prova enseja a extinção da punibilidade pelo integral cumprimento da pena.

618. A inversão do ônus da prova aplica-se às ações de degradação ambiental.

•• *Vide* art. 6.º, VIII, do CDC.

• *Vide* art. 21 da Lei n. 7.347, de 24-7-1985.

619. A ocupação indevida de bem público configura mera detenção, de natureza precária, insuscetível de retenção ou indenização por acessões e benfeitorias.

•• *Vide* art. 191, parágrafo único, da CF.

•• *Vide* arts. 1.208 e 1.255, *caput*, do CC.

620. A embriaguez do segurado não exime a seguradora do pagamento da indenização prevista em contrato de seguro de vida.

•• *Vide* art. 768 do CC.

•• *Vide* art. 54, §§ 3.º e 4.º, do CDC.

621. Os efeitos da sentença que reduz, majora ou exonera o alimentante do pagamento retroagem à data da citação, vedadas a compensação e a repetibilidade.

•• *Vide* art. 13, § 2.º da Lei n. 5.478, de 25-7-1968.

•• *Vide* Súmula n. 277 do STJ.

622. A notificação do auto de infração faz cessar a contagem da decadência para a constituição do crédito tributário; exaurida a instância administrativa com o decurso do prazo para a impugnação ou com a notificação de seu julgamento definitivo e esgotado o prazo concedido pela Administração para o pagamento voluntário, inicia-se o prazo prescricional para a cobrança judicial.

623. As obrigações ambientais possuem natureza *propter rem*, sendo admissível cobrá-las do proprietário ou possuidor atual e/ou dos anteriores, à escolha do credor.

•• *Vide* arts. 23, VI e VII, 24, VI e VIII, 186, II e 225, § 1.º, I, da CF.

624. É possível cumular a indenização do dano moral com a reparação da Lei n. 10.559/2002 (Lei de Anistia Política).

•• *Vide* art. 5.º, V e X, da CF.

•• *Vide* art. 8.º da ADCT.

•• *Vide* Súmula n. 37 do STJ.

625. O pedido administrativo de compensação ou de restituição não interrompe o prazo prescricional para a ação de repetição de indébito tributário de que trata o art. 168 do CTN nem o da execução de título judicial contra a Fazenda Pública.

•• *Vide* art. 4.º, parágrafo único, do Decreto n. 20.910, de 6-1-1932.

•• *Vide* Súmula n. 461 do STJ.

626. A incidência do IPTU sobre imóvel situado em área considerada pela lei local como urbanizável ou de expansão urbana não está condicionada à existência dos melhoramentos elencados no art. 32, § 1.º, do CTN.

627. O contribuinte faz jus à concessão ou à manutenção da isenção do imposto de renda, não se lhe exigindo a demonstração da contemporaneidade dos sintomas da doença nem da recidiva da enfermidade.

628. A teoria da encampação é aplicada no mandado de segurança quando presentes, cumulativamente, os seguintes requisitos: a) existência de vínculo hierárquico entre a autoridade que prestou informações e a que ordenou a prática do ato impugnado; b) manifestação a respeito do mérito nas informações prestadas; e c) ausência de modificação de competência estabelecida na Constituição Federal.

•• *Vide* art. 6.º, § 3.º, da Lei n. 12.016 de 7-8-2009.

629. Quanto ao dano ambiental, é admitida a condenação do réu à obrigação de fazer ou à de não fazer cumulada com a de indenizar.

•• *Vide* arts. 186, II, e 225, § 3.º, da CF.

•• *Vide* art. 3.º da Lei n. 7.347, de 24-7-2018.

630. A incidência da atenuante da confissão espontânea no crime de tráfico ilícito de entorpecentes exige o reconhecimento da traficância pelo acusado, não bastando a mera admissão da posse ou propriedade para uso próprio.

•• *Vide* Súmula 545 do STJ.

631. O indulto extingue os efeitos primários da condenação (pretensão executória), mas não atinge os efeitos secundários, penais ou extrapenais.

•• *Vide* arts. 5.º, XLIII, e 84, XII, da CF.

632. Nos contratos de seguro regidos pelo Código Civil, a correção monetária sobre a indenização securitária incide a partir da contratação até o efetivo pagamento.

•• *Vide* arts. 757 a 802 do CC.

633. A Lei n. 9.784/1999, especialmente no que diz respeito ao prazo decadencial para a revisão de atos administrativos no âmbito da Administração Pública federal, pode ser aplicada, de forma subsidiária, aos estados e municípios, se inexistente norma local e específica que regule a matéria.

• A Lei n. 9.784, de 29-1-1999, regula o processo administrativo no âmbito da Administração Pública Federal.

634. Ao particular aplica-se o mesmo regime prescricional previsto na Lei de Improbidade Administrativa para o agente público.

• *Vide* arts. 3.º, 23, I e II, da Lei n. 8.429, de 2-6-1992.

635. Os prazos prescricionais previstos no art. 142 da Lei n. 8.112/1990 iniciam-se na data em que a autoridade competente para a abertura do procedimento administrativo toma conhecimento do fato, interrompem-se com o primeiro ato de instauração válido – sindicância de caráter punitivo ou processo disciplinar – e voltam a fluir por inteiro, após decorridos 140 dias desde a interrupção.

• *Vide* arts. 142, 143, 152 e 167 da Lei n. 8.112 de 11-12-1990.

636. A folha de antecedentes criminais é documento suficiente a comprovar os maus antecedentes e a reincidência.

•• *Vide* arts. 59, 61, I, e 63 do CP.

637. O ente público detém legitimidade e interesse para intervir, incidentalmente, na ação possessória entre particulares, podendo deduzir qualquer matéria defensiva, inclusive, se for o caso, o domínio.

•• *Vide* art. 5.º, XXV, da CF.

•• *Vide* art. 1.210, § 2.º, do CC.

•• *Vide* art. 557 do CPC.

638. É abusiva a cláusula contratual que restringe a responsabilidade de instituição financeira pelos danos decorrentes de roubo, furto ou extravio de bem entregue em garantia no âmbito de contrato de penhor civil.

•• *Vide* art. 51, I, do CDC.

•• *Vide* Súmula 297 do STJ.

639. Não fere o contraditório e o devido processo decisão que, sem ouvida prévia da defesa, determine transferência ou permanência de custodiado em estabelecimento penitenciário federal.

•• *Vide* art. 52, §§ 1.º e 2.º, da LEP.

•• *Vide* arts. 3.º e 5.º Lei n. 11.671, de 8-5-2008.

•• *Vide* art. 12 do Decreto n. 6.877, de 18-6-2009.

640. O benefício fiscal que trata do Regime Especial de Reintegração de Valores Tributários para as Empresas Exportadoras (REINTEGRA) alcança as operações de venda de mercadorias de origem nacional para a Zona Franca de Manaus, para consumo, industrialização ou reexportação para o estrangeiro.

641. A portaria de instauração do processo administrativo disciplinar prescinde da exposição detalhada dos fatos a serem apurados.

•• *Vide* arts. 151, I e 161 da Lei n. 8.112, de 11-12-1990.

642. O direito à indenização por danos morais transmite-se com o falecimento do titular, possuindo os herdeiros da vítima legitimidade ativa para ajuizar ou prosseguir a ação indenizatória.

643. A execução da pena restritiva de direitos depende do trânsito em julgado da condenação.

•• *Vide* art. 669 do CPP.

•• *Vide* art. 147 da Lei n. 7.210, de 11-7-1984.

• *Vide* art. 5.º, LVII, da CF.

644. O núcleo de prática jurídica deve apresentar o instrumento de mandato quando constituído pelo réu hipossuficiente, salvo nas hipóteses em que é nomeado pelo juízo.

•• *Vide* art. 266 do CPP.

•• *Vide* art. 16 da Lei n. 1.060, de 5-2-1950.

645. O crime de fraude à licitação é formal, e sua consumação prescinde da comprovação do prejuízo ou da obtenção de vantagem.

•• Vide art. 337-F do CP.

646. É irrelevante a natureza da verba trabalhista para fins de incidência da contribuição ao FGTS, visto que apenas as verbas elencadas em lei (art. 28, § 9.º, da Lei n. 8.212/1991), em rol taxativo, estão excluídas da sua base de cálculo, por força do disposto no art. 15, § 6.º, da Lei n. 8.036/1990.

•• *Vide* art. 15, *caput* e § 6.º, da Lei n. 8.036, de 11-5-1990.

•• *Vide* art. 28, § 9.º, da Lei n. 8.212, de 24-7-1991.

•• *Vide* Súmula 353 do STJ.

647. São imprescritíveis as ações indenizatórias por danos morais e materiais decorrentes de atos de perseguição política com violação de direitos fundamentais ocorridos durante o regime militar.

•• *Vide* arts. 1.º, III, e 5.º, III, da CF.

•• *Vide* art. 8.º, § 3.º, do ADCT.

648. A superveniência da sentença condenatória prejudica o pedido de trancamento da ação penal por falta de justa causa feito em *habeas corpus*.

649. Não incide ICMS sobre o serviço de transporte interestadual de mercadorias destinadas ao exterior.

650. A autoridade administrativa não dispõe de discricionariedade para aplicar ao servidor pena diversa de demissão quando caraterizadas as hipóteses previstas no art. 132 da Lei n. 8.112/1990.

651. Compete à autoridade administrativa aplicar a servidor público a pena de demissão em razão da prática de improbidade administrativa, independentemente de prévia condenação, por autoridade judiciária, à perda da função pública.

•• *Vide* arts. 132, IV, 141, I, e 167 da Lei n. 8.112, de 11-12-1990.

•• *Vide* arts. 12, 14 e 15 da Lei n. 8.429, de 2-6-1992.

652. A responsabilidade civil da Administração Pública por danos ao meio ambiente, decorrente de sua omissão no dever de fiscalização, é de caráter solidário, mas de execução subsidiária.

•• *Vide* arts. 23, VI e VII, 170, VI, e 225, da CF.

653. O pedido de parcelamento fiscal, ainda que indeferido, interrompe o prazo prescricional, pois caracteriza confissão extrajudicial do débito.

654. A tabela de preços máximos ao consumidor (PMC) publicada pela ABCFarma, adotada pelo Fisco para a fixação da base de cálculo do ICMS na sistemática da substituição tributária, não se aplica aos medicamentos destinados exclusivamente para uso de hospitais e clínicas.

•• *Vide* Súmula 431 do STJ.

655. Aplica-se à união estável contraída por septuagenário o regime da separação obrigatória de bens, comunicando-se os adquiridos na constância, quando comprovado o esforço comum.

•• *Vide* art. 1.641, II, do CC.

•• *Vide* Súmula 377 do STF.

656. É válida a cláusula de prorrogação automática de fiança na renovação do contrato principal. A exoneração do fiador depende da notificação prevista no art. 835 do Código Civil.

•• *Vide* art. 835 do CC.

•• *Vide* art. 39 da Lei n. 8.245, de 18-10-1991.

•• *Vide* Súmula 214 do STJ.

ÍNDICE ALFABÉTICO DAS SÚMULAS

SÚMULAS DO STF

- absolvição; medida de segurança: 422
- ação acidentária: 229, 230, 234, 235, 236, 240 e 311
- ação civil pública: 643
- ação cominatória: 500
- ação de investigação de paternidade; imprescritibilidade: 149
- ação declaratória: 258
- ação direta de inconstitucionalidade: 614 e 642
- ação popular: 101 e 365
- ação rescisória: 249, 252, 264, 295, 338, 343, 514 e 515
- acidente do trabalho: 198, 229, 230, 232, 234, 235, 236, 238, 240, 311, 314, 337, 434, 464, 465, 501 e 529
- adicional de insalubridade: 307 e 460
- adicional de periculosidade: 212
- adicional de serviço noturno: 213, 214, 313 e 402
- administração pública; nulidade de seus atos: 346 e 473
- agravo: 242, 287, 288, 289, 300, 315, 342, 405, 425, 426, 528, 622, 639, 699 e 727
- agravo em execução: 700
- agropecuária: 183
- anistia; militares: 674
- anterioridade; princípio: 669
- apelação: 242, 320, 428, 526, 597, 705, 708 e 713
- aposentadoria: 6, 10, 36, 38, 217, 220, 243, 371, 372 e 726
- apreensão de mercadorias: 323
- assistente do Ministério Público: 208, 210 e 448
- atividade rural: 196
- atividades insalubres: 194
- ato ilícito; indenização: 562
- aumento de tributos: 66, 67 e 69
- autarquia: 25, 73, 75, 336, 620 e 644
- automóvel: 59, 60, 61, 62, 63, 262, 406 e 489
- auxílio-alimentação: 680
- aval: 189
- bagagem: 64
- Banco do Brasil: 79 e 508
- benfeitorias: 538
- bens da União: 650
- cambial; emissão ou aceite com omissões: 387
- carta precatória: 155 e 710
- Carteira de Trabalho e Previdência Social – CTPS: 225
- cheque: 28, 246, 521, 554 e 600
- citação; por edital: 351 e 366
- cláusula de inalienabilidade: 49
- cobrança: 66, 67, 70, 159 e 239
- combustível; importação: 535
- comércio; competência do Município para fixar o horário de seu funcionamento: 645
- competência; Justiça Comum Estadual: 250, 498, 501, 508, 516, 522, 556, 603 e 702
- competência; Justiça do Trabalho: 736
- competência; Justiça Federal: 504, 511, 517, 522, 557 e 689
- competência; Justiça Militar: 298
- competência; prerrogativa de função: 245, 396, 451, 702, 704 e 721
- competência; prevenção: 706
- competência; STF: 72, 248, 322, 330, 503, 505, 526, 624, 690, 691 e 731
- competência; Tribunal do Júri: 603, 712 e 721
- compra e venda; compromisso de: 166, 167, 168, 412, 413 e 621
- concorrência livre: 646
- concubinato: 380, 382 e 447
- concurso: 15, 16, 683, 684, 685 e 686
- conexão ou continência: 704
- Conselho de Política Aduaneira; resoluções: 559
- contrabando: 560
- contrarrazões: 707
- contrato administrativo: 7
- contrato de trabalho; obra certa ou prazo determinado: 195
- contrato de transporte: 161
- contribuição confederativa: 666
- Contribuição para Financiamento da Seguridade Social – COFINS: 659
- contribuição previdenciária: 241 e 688
- contribuinte em débito: 547
- cooperativas: 81
- correção monetária: 561, 638 e 725
- crediário: 533
- criação de tributos; cobrança inconstitucional: 67
- crime continuado: 497, 605, 711 e 723
- crime contra a economia popular; competência: 498
- crime contra a honra: 396 e 714
- crime contra a segurança externa do país ou as instituições militares: 298
- crime da Lei de Segurança Nacional; competência: 526
- crime de responsabilidade; competência legislativa: 722
- crime de trânsito: 720
- crime falimentar: 147, 564 e 592
- crime hediondo: 697 e 698
- crime permanente: 711
- crime; inocorrência: 145
- curador; réu menor: 352
- custas: 223
- débito; contribuinte: 547
- decadência; intervenção: 360
- décimo terceiro salário: 688
- defensor dativo: 352 e 707
- defensor; renúncia: 708
- defesa; nulidade: 523
- definição jurídica do fato delituoso; nova: 453
- demissão de empregado: 197, 200, 459 e 462
- denúncia: 453, 564, 707 e 709
- desaforamento: 712
- desapropriação: 23, 111, 157, 164, 218, 342, 378, 416, 475, 561, 617, 618 e 652
- descaminho: 560
- desconto na fonte; imposto de renda: 94
- despacho saneador: 424
- desquite: 116 e 379
- direito autoral: 386
- direito de vizinhança: 120 e 414
- dívida; cobrança excessiva de boa-fé: 159
- dívida fiscal: 532
- divórcio: 381
- domicílio; pessoa jurídica: 363
- domínio público; impossibilidade de expropriação: 479
- domínio: 487
- embargos: 290 e 300
- embargos à execução: 277, 278
- embargos de divergência: 233, 247, 253, 273, 353, 401 e 598
- embargos de terceiro: 621
- embargos declaratórios: 317 e 356
- embargos infringentes: 293, 294, 295, 296, 354, 355, 368, 455 e 597
- empregado estável: 221, 403, 463 e 676
- empregado horista: 199
- empregado; readmissão: 215, 219 e 220
- empregado; representação sindical: 197
- empregador; categoria: 196
- empresas aeroviárias; isenção de imposto: 471
- empréstimo compulsório: 418
- enfiteuse: 122 e 170
- equiparação salarial: 202
- estabilidade: 463 e 676
- estágio probatório: 21 e 22
- estelionato; competência: 521
- estupro; ação penal: 608
- exceção da verdade: 396
- excesso de prazo; prisão processual: 697
- execução fiscal: 519
- execução penal: 611, 698, 700, 715 e 717
- execução; prescrição: 150

– execução trabalhista: 458
– exportação; taxa de fiscalização: 137
– expulsão; estrangeiro: 1
– extinção da punibilidade: 560
– extinção do processo: 216
– extradição: 367, 421 e 692
– falência: 190, 192, 193, 265, 417, 495, 564 e 565
– falta grave: 215 e 403
– Fazenda Pública; prescrição em favor da: 383
– férias: 198, 199 e 200
– FGTS: 593
– filme cinematográfico; isenção: 580
– flagrante; preparado pela polícia: 145
– foro comum; competência geral: 251
– foro; eleição de: 335
– fraude: 246
– Fundo de Investimento Social – FINSOCIAL: 658 e 659
– gratificações: 207 e 459
– greve: 316
– *habeas corpus*: 208, 299, 319, 344, 395, 431, 606, 690, 691, 692, 693, 694 e 695
– honorários advocatícios: 185, 234, 256, 257, 378, 389, 450, 472, 512, 616, 617 e 633
– hora extra: 593
– horista; empregado: 199
– impedimento; Ministros do STF: 72
– importação irregular: 469
– Imposto de Importação: 89, 142, 308, 309 e 534
– Imposto de Renda – IR: 93, 94, 493, 586 e 587
– Imposto de Reposição: 116
– Imposto de Transmissão *causa mortis*: 112, 113, 114, 115, 331, 435 e 590
– Imposto de Transmissão *inter vivos*: 108, 110, 111, 326, 328, 329, 470 e 656
– Imposto de Vendas e Consignações: 540 e 541
– Imposto sobre a Propriedade Predial e Territorial Urbana – IPTU: 539, 583, 589, 668 e 724
– Imposto sobre Operações de Crédito, Câmbio e Seguro ou relativas a Títulos ou Valores Mobiliários – IOF: 664
– Imposto sobre Operações relativas à Circulação de Mercadorias e sobre Prestações de Serviços de Transporte Interestadual e Intermunicipal e de Comunicações – ICMS: 536, 569, 570, 571, 572, 573, 574, 575, 576, 577, 578, 579, 615, 660, 661, 662 e 663
– Imposto sobre Produtos Industrializados – IPI: 591
– Imposto sobre Serviços de Qualquer Natureza – ISS: 588
– Imposto Único sobre Combustíveis e Lubrificantes: 543
– imposto; cobrança indevida: 239
– impostos locais; isenção: 78 e 79
– imunidade parlamentar: 245
– imunidades: 324, 553, 591, 657 e 730
– indenização: 35, 200, 215, 220, 229, 314, 459, 462, 463, 464 e 529
– indenização; ato ilícito: 562
– indenização; avaria: 261
– indenização; morte de concubino: 35
– indenização; morte de filho menor: 491
– indenização; responsabilidade civil; cálculo da pensão: 490
– indígena: 480
– inquérito judicial: 403
– inquérito policial; arquivamento: 524
– insalubridade: 194
– interdição de estabelecimento; meio coercitivo indevido para cobrança de tributos: 70
– intervenção; decadência: 360
– intimação: 155, 310, 431, 707, 708 e 710
– intimação; prazo: 310
– inventário: 116 e 542
– IPTU: 583, 668 e 724
– isenções: 78, 79, 93, 544, 550, 580, 581 e 591
– jogo: 362
– jornada de trabalho: 675
– juiz: 40, 41, 42 e 478
– Juizado Especial: 640, 690 e 727
– júri: 156, 162, 206, 603, 712, 713 e 721
– juros: 121, 224, 254, 596 e 648
– Justiça do Trabalho; competência: 736
– Justiça Estadual; competência: 251, 498, 501, 508, 516, 522, 556, 603 e 702
– Justiça Federal; competência: 504, 511, 517, 522, 557 e 689
– Justiça Militar; competência: 298
– latrocínio: 603 e 610
– lei federal; violação: 399
– lei mais benigna; aplicação: 611
– lei mais grave; aplicação: 711
– lei; irretroatividade da: 654
– litisconsórcio: 631, 641 e 701
– livramento condicional: 715
– livros comerciais: 260, 390 e 439
– locação: 80, 158, 173, 174, 175, 177, 178, 409, 410, 411, 442, 449, 481, 482, 483, 484 e 486
– mandado de segurança: 101, 248, 266, 267, 268, 269, 270, 271, 272, 294, 299, 304, 319, 330, 392, 405, 429, 430, 433, 474, 510, 511, 512, 597, 622, 623, 624, 625, 626, 627, 629, 630, 631, 632 e 701
– mandato: 165
– medida de segurança: 422, 520 e 525
– medida liminar: 735
– medida provisória: 651
– menor; defensor dativo: 352
– menor; salário: 205
– militar: 51, 52, 53, 54, 55, 56, 57, 359, 407, 440, 441, 467, 672, 673, 674 e 694
– Ministério Público Militar: 45
– multa contratual: 616
– Município; competência: 419 e 645
– músico: 312
– nulidades: 155, 156, 160, 162, 206, 346, 351, 352, 361, 366, 431, 473, 523, 564, 706, 707 e 712
– órgão de controle administrativo: 649
– pagamento de tributos: 323
– pedido de reconsideração; via administrativa: 430
– pena de comisso: 169
– pena de multa: 499 e 693
– pena pecuniária: 693
– pena privativa de liberdade: 695
– pena unificada; limite de 30 anos: 715
– pena; regime inicial: 718 e 719
– periculosidade: 212
– perito: 361
– pessoa jurídica: 363 e 365
– petição de herança; prescrição: 149
– poder de polícia: 397
– posse: 487
– prazos: 310, 392, 430, 641 e 710
– precatório: 655 e 733
– prefeito; crimes: 702 e 703
– prescrição: 146, 147, 150, 153, 154, 264, 327, 349, 383, 443, 494, 497, 592 e 604
– prevenção: 706
– previdência social: 132, 140, 141, 142, 302, 466, 467, 687, 729 e 730
– princípio da anterioridade: 669
– princípio da identidade física do juiz: 222
– prisão em flagrante: 397
– prisão especial: 717
– prisão processual; excesso de prazo: 697
– professor: 12, 48 e 726
– Programa de Integração Social – PIS/PASEP: 659
– progressão de regime: 716 e 717
– promessa de venda de imóvel: 82
– protesto cambiário; prescrição: 153
– punibilidade; extinção: 560
– punição administrativa: 18 e 673
– queixa ou representação: 594 e 714
– readmissão: 219 e 220
– reajustamento pecuário: 183, 184 e 185
– reclamação; ato judicial: 734
– reconvenção: 258 e 342
– recuperação judicial e extrajudicial de empresas: 227
– recurso administrativo: 429
– recurso da acusação; nulidade: 146 e 160
– recurso de revista: 276, 315, 401 e 457
– recurso *ex officio*: 275, 344 e 423
– recurso extraordinário: 228, 272, 279, 280, 281, 282, 283, 284, 285, 286, 287, 288, 289, 291, 292, 296, 299, 300, 356, 369, 399, 400, 432, 454, 456, 513, 528, 602, 633, 634, 635, 636, 637, 638, 639, 640, 727 e 728
– recurso ordinário: 272, 281, 299, 319, 513, 733 e 735
– recurso; não seguimento: 322
– rede ferroviária federal: 77
– regime inicial de cumprimento da pena: 718 e 719

– regimento interno do STF; emendas; aplicação: 325
– registro público; inscrição de documentos de procedência estrangeira: 259
– repouso semanal remunerado: 201, 462 e 464
– rescisão do contrato de trabalho: 197, 200, 459 e 462
– responsabilidade civil; empresa locadora de veículos: 492
– responsabilidade civil; indenização; cálculo da pensão: 490
– responsabilidade; ato culposo de empregado ou preposto: 341
– restituição: 546
– retomada; construção mais útil: 374
– revelia: 231
– revisão criminal: 393
– salário: 202, 203, 204, 205, 207, 209, 314, 459, 461, 465, 531 e 671
– salário-educação: 732
– salário mínimo: 203, 204 e 307
– salário-prêmio: 209
– segurança, higiene e saúde dos trabalhadores: 736
– seguro; contrato de: 105, 151, 188 e 504
– sentença estrangeira; homologação: 420
– sentença; trânsito em julgado: 423
– separação de bens; regime de: 377
– Serviço Social da Indústria – SESI: 516
– serviço militar: 10
– serviços públicos: 545
– servidão: 415
– servidor público: 10, 13, 15, 16, 17, 18, 19, 20, 21, 22, 24, 26, 27, 29, 30, 31, 32, 33, 36, 37, 38, 39, 46, 47, 50, 339, 359, 371, 372, 384, 408, 566, 671, 672, 678, 679, 680, 681, 682, 685 e 714
– sindicato: 223, 666 e 677
– sociedade de economia mista: 8, 517 e 556
– sociedade; apuração de haveres: 265
– sociedade; desapropriação das ações: 476
– sonegação fiscal; ação penal: 609
– STF; competência: 248, 249, 322, 330, 503, 505, 526, 624, 690, 691 e 731
– STF; regimento interno; emendas; aplicação: 325
– STM; composição: 9
– subordinação: 312
– sucessão; imposto de transmissão *causa mortis*: 112, 113, 114 e 115
– sucessão; inventário; imposto de reposição: 116
– *sursis*: 499
– suspensão condicional do processo: 696 e 723
– Taxa de Fiscalização dos Mercados de Títulos e Valores Mobiliários: 665
– taxas: 128, 129, 132, 140, 141, 142, 302, 324, 348, 437, 545, 595, 665 e 670
– tempo de serviço: 215 e 678
– terras devolutas: 477
– terras ocupadas por silvícolas: 480
– trabalhador rural: 612 e 613
– trabalhador substituto: 204
– tráfico de drogas; competência: 522
– transferência de empregado: 221
– transporte; contrato de: 151, 161, 186 e 187
– tribunal; composição; nomeação concorrente; impugnação: 628
– Tribunal de Contas: 6, 7, 42, 347 e 653
– Tribunal do Júri; competência: 603, 712 e 721
– tributo indireto; restituição: 71
– tributos locais; isenção: 79
– turno ininterrupto de revezamento: 675
– tutela antecipada: 729
– União; bens: 477 e 650
– União; intervenção em processo em andamento; competência: 518
– usucapião: 237, 263, 340 e 391
– valor da causa: 502 e 667
– valores mobiliários; taxa de fiscalização: 665
– venda de ascendente a descendente; anulação: 494
– vistoria; prescrição: 154
– vitaliciedade: 11, 12 e 46

SÚMULAS DO STJ

– *abolitio criminis*; crime de posse de arma: 513
– abuso de autoridade: 172
– ação acidentária: 89, 110, 178 e 226
– ação ambiental; inversão do ônus da prova: 618
– ação civil pública: 329 e 470
– ação coletiva; execução individual: 345
– ação declaratória: 181 e 242
– ação de despejo: 268
– ação de exibição de documento: 372 e 389
– ação de indenização: 39, 101, 278, 313 e 326
– ação de investigação de paternidade: 1, 277 e 301
– ação de pequeno valor; extinção: 452
– ação indenizatória; danos morais: 642
– ação monitória: 247, 282, 292, 299, 339, 503, 504 e 531
– ação penal; instrução por inquérito policial: 330
– ação penal; pedido de trancamento: 648
– ação possessória; intervenção de ente público: 637
– ação previdenciária: 111 e 242
– ação rescisória: 175 e 401
– acidente de trabalho: 89, 110, 159, 178 e 226
– adicional de tarifa portuária: 50
– adjudicação compulsória: 239
– agente fiduciário; exigência de acordo entre credo e devedor: 586
– agravo: 118, 182, 223 e 315
– agravo regimental: 116
– alienação fiduciária: 28, 72, 92, 132, 245, 284 e 384
– alimentos; efeitos da sentença para o alimentante: 621
– alimentos; filho maior de idade: 358
– alimentos; investigação de paternidade: 1 e 277
– alimentos; legitimidade ativa do Ministério Público para ajuizar ação: 594
– alimentos; obrigação subsidiária dos avós: 596
– alimentos; prisão civil do alimentante: 309
– alimentos; renúncia na separação judicial: 336
– antecedentes criminais: 636
– apelação: 331
– aposentadoria: 291 e 427
– aposentadoria; acumulação de auxílio-acidente: 507
– aposentadoria; trabalhador rural: 272
– aposentadoria por invalidez; benefício: 557
– aposentadoria por invalidez; requerimento administrativo: 576
– arbitragem: 485
– assistência social; CEBAS; imunidade tributária: 612
– arrendamento mercantil: 138, 293, 369 e 564
– assistência médica; incidência de ISS sobre seus serviços: 274
– ato infracional; não imposição de medida socioeducativa: 492
– ato ilícito; indenização: 186
– autoridade administrativa; competência para aplicar penalidade de demissão: 650
– Banco Central do Brasil: 23
– banco de dados; negativação do nome em; comunicação: 404
– bancos comerciais: 79
– bem de família: 205, 364 e 449
– bem de família; penhora: 549
– bem público; ocupação indevida: 619
– benefício; suspensão processual; infração penal: 243
– benefício previdenciário; concessão: 44
– benefício previdenciário; débitos: 148
– benefício previdenciário; prova testemunhal: 149
– benefícios fiscais; REINTEGRA: 640
– bens; decretação de indisponibilidade: 560
– cadastro de consumidores; negativação do nome em; comunicação: 404
– cadastro de inadimplentes; exclusão do registro: 548
– cadastros restritivos; inscrição do município: 615
– Caixa Econômica Federal: 77
– Câmara de Vereadores; capacidade processual: 525
– carta precatória: 273
– cartão de crédito; envio sem solicitação do consumidor: 532

– cédula de crédito rural, comercial e industrial: 93
– certidão de dívida ativa: 392
– Certificado de Entidade Beneficente de Assistência Social: 352
– citação; demora da Justiça na: 106
– citação por edital: 282
– citação postal: 429
– cheque; devolução indevida: 388
– cheque pré-datado; apresentação antecipada: 370
– cheque sem força executiva; ação monitória: 503
– cheque sem fundos; cadastro no CCF; Banco do Brasil: 572
– cheque sem provisão de fundos: 244
– cláusula contratual: 176 e 294
– cláusulas abusivas; contratos bancários: 638
– Código de Defesa do Consumidor; aplicação: 563, 602 e 608
– Código de Defesa do Consumidor; cláusulas abusivas; contratos bancários: 638
– Código de Defesa do Consumidor; entidades abertas de previdência complementar; aplicabilidade: 563
– Código de Defesa do Consumidor; planos de saúde; aplicabilidade: 608
– Código de Defesa do Consumidor; sociedades cooperativas; aplicabilidade: 602
– COFINS: 423 e 508
– comissão de permanência: 472
– compensação: 461 e 464
– competência; conflito de: 3, 22, 59, 170, 224, 236 e 428
– competência; crime de estelionato: 48
– competência; da União: 19
– competência; interesse de menor: 383
– competência; Justiça do Trabalho: 97, 180 e 225
– competência; Justiça Eleitoral: 374
– competência; Justiça Estadual: 4, 6, 15, 34, 38, 42, 53, 55, 57, 62, 75, 104, 107, 122, 137, 140, 161, 172, 192, 209, 218, 222, 238, 270, 363, 368 e 553
– competência; Justiça Federal: 32, 66, 82, 147, 150, 165, 173, 200, 208, 254, 324, 349, 365 e 528
– competência; Justiça Militar: 47, 78 e 90
– competência; matéria trabalhista: 10
– competência; reforma processual: 367
– competência territorial: 206
– competência; TRF: 55 e 428
– compra e venda; compromisso de; falta de registro: 76 e 84
– concurso público: 266, 377 e 552
– condenação; progressão de regime para crimes hediondos: 471
– condomínio: 260 e 478
– conexão: 235
– confissão; atenuante: 630
– conflito de competência: 3, 22, 59, 170, 224, 236 e 428
– Conselho Regional de Farmácia; fiscalização: 561
– consórcios; administradora: 538
– consumidor; defesa; direitos difusos, coletivos e individuais: 601
– consumidor; plano de saúde; aplicação: 608
– consumidor; sociedades cooperativas: 602
– conta corrente; contrato de abertura de: 322
– contrato; ação de revisão de: 380
– contrato de locação; fiador; penhora: 549
– contratos bancários: 285, 286, 287, 288, 379, 381, 530, 565 e 566
– contribuição; de intervenção: 516
– contribuição; previdenciária: 458
– contribuição; seguridade social: 425
– contribuição; sindical rural: 396
– constrangimento ilegal; excesso de prazo: 64
– correção monetária: 8, 14, 16, 30, 35, 36, 43, 179, 249, 271, 362 e 454
– crédito tributário: 122, 436, 437, 555
– crédito tributário; prazos: 622
– crédito rural: 298
– crime; atribuição de falsa identidade perante autoridade policial: 522
– crime; condução de veículo automotor por pessoa não habilitada: 575
– crime; configuração de estupro de vulnerável: 593
– crime de fraude à licitação: 645
– crime; extorsão: 96
– crime; majorante em tráfico de drogas: 587
– crime; materialidade e autoria; falsificação: 502
– crime; prefeito: 164
– crime; consumação de roubo: 582
– crime; suspensão condicional do processo; desclassificação do crime: 337
– crime; Tribunal do Júri; pronúncia: 191
– curso não reconhecido pelo MEC; responsabilidade objetiva da instituição de ensino superior: 595
– dano ambiental: 629
– dano moral: 37, 227, 326, 362, 370, 385, 387, 388, 402, 420, 498, 624, 642
– danos morais; ações indenizatórias imprescritíveis; regime militar: 647
– débitos fiscais; União: 65
– débito tributário: 446
– decadência: 107 e 477
– demissão do servidor público: 650
– demissão do servidor público; improbidade administrativa: 651
– denúncia anônima; processo administrativo disciplinar: 611
– depósito judicial: 185, 304, 305, 319 e 419
– desapropriação: 12, 56, 67, 69, 70, 102, 113, 114, 119, 131, 141 e 354
– deserção; recurso interposto para o STJ: 187
– direito ambiental; inaplicabilidade da teoria do fato consumado: 613
– direito de imagem; indenização: 403
– direitos autorais: 63, 228, 261 e 574
– direitos difusos dos consumidores; serviços públicos; defesa; legitimidade ativa do Ministério Público: 601
– divergência; julgados: 13
– divórcio: 197
– doença preexistente; cobertura securitária: 609
– DPVAT; ação de cobrança; foro: 540
– drogas; tráfico transnacional: 607
– embargos à execução; IR retido na fonte; compensação com restituição anual: 394
– embargos de declaração: 98 e 211
– embargos de divergência: 158, 168, 315 e 420
– embargos de terceiro: 84, 134, 195 e 303
– embargos infringentes: 88, 169, 207 e 255
– embriaguez; seguro de vida: 620
– empresa; dissolução irregular: 435
– empresa prestadora de serviços; contribuições: 499
– empresa; sede; penhora: 451
– encargos bancários: 477
– empréstimo compulsório; consumo de energia elétrica: 553
– empréstimo compulsório; retenção de salário pelo banco mutuante: 603
– endosso: 475 e 476
– ensino a distância; diploma; competência para julgar demanda: 570
– entorpecentes; tráfico; confissão como atenuante: 630
– escore de crédito: 550
– estabelecimento de ensino; admissibilidade de opção pelo Simples: 448
– estabilidade; militar temporário: 346
– estacionamento; furto de veículo; responsabilidade: 130
– estelionato: 17 e 24
– estelionato; falsificação grosseira: 73
– exame criminológico; admissibilidade: 439
– execução: 27, 46, 196, 328 e 375
– execução fiscal: 58, 121, 128, 139, 153, 189, 190, 251, 314, 393, 400, 409, 414, 435, 515, 521 e 558
– execução fiscal; demonstrativo de cálculo: 559
– execução fiscal; não aplicação: 583
– execução fiscal; não indeferida: 558
– exportação; benefícios fiscais à: 100
– exportação; café em grãos: 49
– extinção da punibilidade: 617
– falência: 25, 29, 88, 133, 219, 248, 250, 264, 280, 305, 307 e 361
– Fazenda Pública: 85, 232, 279, 325, 345 e 483
– férias; incidência de IRPF: 125
– FGTS: 154, 210, 249, 252, 353, 459, 462, 466, 514, 571 e 578
– FGTS; incidência da contribuição: 646
– fiador; penhora: 549
– fiança: 81, 332 e 656

– *habeas corpus*; justa causa: 648
– *habeas data*: 2
– hipoteca: 308
– honorários advocatícios: 201, 306, 345, 421, 453, 488, 517 e 519
– ICMS: 71, 80, 87, 95, 129, 135, 155, 198, 237, 334, 350, 391, 431, 432, 433, 457 e 509
– ICMS; não incidência: 457, 649 e 654
– imóvel: funcional das Forças Armadas: 103
– importação; inadmissibilidade de exigência de certidão negativa de débitos: 569
– imputação de pagamento: 464
– improbidade administrativa; pena de demissão: 651
– incompetência relativa: 33
– indébito tributário: 188, 461 e 625
– indenização: 215, 281, 403, 470 e 474 e 616
– indulto; efeitos na condenação: 631
– instituições financeiras; aplicação do CDC: 297
– instrução criminal; excesso de prazo: 52
– instrumento de mandato; núcleo de prática jurídica: 644
– inversão do ônus da prova: 618
– investigação de paternidade: 1, 277 e 301
– IPI: 411, 494 e 495
– IPTU: 160, 390, 397, 399, 614 e 626
– IPVA: 585
– IRPF: 262
– IRPF; incidência: 463, 556 e 590
– IRPF; isenção: 627
– IRPF; isenção sobre as indenizações de férias: 386
– IRPF; legitimidade: 447
– IR retido na fonte; compensação, em embargos à execução, com restituição anual: 394
– ISS: 167 e 424
– ISSQN: 524
– jogo do bicho; punição do intermediário: 51
– juizados especiais: 203 e 428
– juros; capitalização: 539 e 541
– juros moratórios: 54, 188 e 204
– juros remuneratórios: 283, 296, 382 e 422
– justiça gratuita a pessoa jurídica: 481
– licença; veículo; renovação: 127
– licença-prêmio; não incidência de IRPF: 136
– licitação; crime de fraude à: 645
– linha telefônica: 371
– livramento condicional: 441 e 617
– locação: 214 e 335
– locatário; IPTU: 614
– maioridade penal; ato infracional: 605
– mandado de prisão: 267
– mandado de segurança: 41, 105, 177, 202, 213, 333, 376, 460
– mandado de segurança; teoria da encampação: 628
– marca comercial; ação de perdas e danos; prescrição: 143
– mercadoria: 20
– medidas cautelares: 482
– medida de segurança: 527
– medida socioeducativa: 108, 265, 338 e 342
– meio ambiente, danos; omissão no dever de fiscalização; responsabilidade civil da administração pública; caráter solidário e execução subsidiária: Súmula 652/STJ
– meio ambiente; obrigações de natureza *propter rem*: 623
– Ministério Público; legitimidade: 99, 234, 329, 594 e 601
– Ministério Público; oferecimento da denúncia: 234
– multa; cobrança pelo descumprimento de obrigação de fazer ou não fazer: 410
– multa; infração ambiental; execução: 467
– multa; infração de trânsito: 434
– multa; liberação de veículo: 510
– nota promissória: 258 e 504
– núcleo de prática jurídica; instrumento de mandato: 644
– obrigação cambial; nulidade: 60
– obrigação tributária: 430
– parcelamento de débitos; pedido de parcelamento fiscal; interrupção do prazo prescricional: Súmula 653/STJ
– pena; admissibilidade de regime prisional a reincidente: 269
– pena; aumento no crime de roubo; exigibilidade de fundamentação: 443
– pena; benefícios: 40
– pena; incidência de circunstância atenuante: 231
– pena; vedação em regime prisional mais gravoso: 440
– pena; inadmissibilidade de majorante em furto qualificado: 442 e 511
– pena; inadmissibilidade de progressão *per saltum*: 491
– pena; inadmissibilidade de substituição: 493
– pena; interrupção de contagem de prazo na prática de falta grave: 534
– pena; não concessão de fiança: 81
– pena; não interrupção de contagem de prazo na prática de falta grave para comutação de: 535
– pena; possibilidade de remição: 562
– pena; privativa de liberdade: 171
– pena; reconhecimento de falta disciplinar: 533
– pena; reconhecimento de falta grave: 526
– pena; reincidência penal: 241
– pena; remissão: 341
– pena restritiva de direitos; execução: 643
– pena; suspensão do prazo processual: 442
– pena; vedação de agravantes: 444
– penhora: 417 e 451
– pensão previdenciária: 336
– pensão previdenciária; concessão por morte: 340 e 416
– perdão judicial: 18
– pessoa jurídica; dano moral: 227
– PIS: 468
– plano de previdência privada; restituição das parcelas pagas: 289
– plano de previdência privada; devolução da contribuição; não cabimento: 290
– plano de saúde: 302 e 608
– plano de saúde; cobertura securitária; recusa: 609
– plano de saúde; emergência ou urgência; carência: 597
– prazo; atos processuais; nulidade: 117
– prazo decadencial; atos administrativos: 633
– precatórios: 144, 311, 406 e 461
– preparo: 483 e 484
– prequestionamento: 320
– prescrição: 39, 85, 101, 106, 143, 194, 210, 220, 278 e 412, 634 e 635
– prescrição; pedido de parcelamento fiscal; interrupção do prazo prescricional: Súmula 653/STJ
– preso; transferência ou permanência em penitenciária federal: 639
– presos; transferência ou permanência de custodiado em estabelecimento penitenciário federal: 639
– prestação de contas: 259
– prestação de serviço: composição gráfica: 156
– prestação de serviço: bares, restaurantes e estabelecimentos similares: 156 e 163
– previdência privada; contratos; competência: 505
– princípio da insignificância; inaplicabilidade: 606
– princípio da insignificância; transmissão clandestina de sinal; radiofrequência: 606
– prisão; benefício da saída temporária: 520
– prisão; mandado de: 267
– prisão; provisória: 9
– prisão; transferência ou permanência de custodiado em estabelecimento penitenciário federal: 639
– processo administrativo disciplinar: 591 e 611
– processo administrativo disciplinar; portaria de instauração: 641
– processo administrativo; imposição de multa de trânsito: 312
– processo; extinção do: 240
– Programa de Recuperação Fiscal: 355
– promessa de compra e venda; imóvel; contrato submetido ao CDC; restituição de parcelas pagas: 543
– processo administrativo disciplinar; admissibilidade de prova emprestada: 591
– produção antecipada de provas; decisão: 455
– punibilidade; inadmissibilidade da extinção: 438
– recuperação judicial: 480 e 581
– recurso administrativo; depósito prévio: 373

– recurso; conhecimento de apelação: 347
– recurso; interposto sem procuração: 115
– recurso especial: 5, 7, 13, 83, 86, 123, 126, 203, 207, 211, 315, 418, 518, 568 e 579
– rede elétrica; participação do consumidor no custeio; ressarcimento: 547
– reexame necessário: 45, 253 e 390
– repetição de indébito: 162, 188, 322, 412 e 523
– representação comercial; microempresa; isenção do imposto de renda: 184
– responsabilidade civil: 145 e 221
– responsabilidade civil da administração pública; omissão no dever de fiscalização; danos ao meio ambiente; caráter solidário e execução subsidiária: Súmula 652/STJ
– responsável técnico; drogaria: 120 e 275
– réu; reconhecimento da menoridade: 74
– réu; retroatividade da lei: 501
– salário; de contribuição; correção monetária: 456
– salário; de contribuição; não integração de auxílio-creche: 310
– salário; retenção pelo banco mutuante: 603
– seguro; atraso no pagamento; ausência de comunicação; indenização: 616
– seguro; contrato de: 31, 101, 146, 229, 246, 257, 402, 405, 426, 465 e 537
– seguro de acidente de trabalho; contribuição: 351
– seguro de responsabilidade civil facultativo: 529
– seguro de vida: 610 e 620
– seguro DPVAT; ações de indenização; contagem do prazo prescricional: 573
– seguro DPVAT; indenização; correção monetária: 580
– seguro DPVAT; indenização proporcional ao grau de invalidez: 544
– seguro habitacional obrigatório: 473
– sentença ilíquida: 318
– sentença; liquidação: 344
– serviços públicos; direitos difusos dos consumidores; defesa; legitimidade ativa do Ministério Público: 601
– servidor público: 97 e 147
– servidor público; improbidade administrativa; demissão: 651
– servidor público; desvio de função: 378
– servidor público; penalidade de demissão: 650
– SFH: 199, 327, 422 e 473
– SFH; amortização: 450 e 454
– sociedade; corretora de seguros: 584
– SPC; inscrição no: 323, 359 e 385
– SPC; negativação do nome no; comunicação: 404
– STJ; recurso interposto no; tempestividade: 216
– sucessão empresarial; responsabilidade da sucessora: 554
– suicídio; seguro de vida: 610
– tarifa; de água: 407
– Taxa de Melhoramento dos Portos: 124
– Taxa Referencial (TR): 295 e 454
– telefonia; complementação de ações: 551
– telefonia; contratos; parte legítima: 506
– telefonia fixa; tarifa básica: 356
– teoria do fato consumado; inaplicabilidade: 613
– terrenos da marinha; propriedade: 496
– título de crédito; avalista; responsabilidade: 26
– título executivo extrajudicial: 233, 279, 300 e 317
– tráfico de drogas: 492 e 607
– transporte; contrato de; responsabilidade: 109 e 145
– tributo; denúncia espontânea: 360
– TRF; competência: 55 e 428
– União; competência: 19
– união estável; septuagenário; regime de bens: 655
– usucapião: 193
– usucapião especial: 11
– violência doméstica; ação penal: 542
– violência doméstica; configuração: 600
– violência doméstica; suspensão condicional do processo: 536
– violência doméstica contra a mulher; inaplicabilidade do princípio da insignificância: 589
– violência doméstica contra a mulher; substituição de pena; impossibilidade: 588

SÚMULAS VINCULANTES

– acidente de trabalho; ação de indenização; competência: 22
– ação possessória; direito de greve; competência: 23
– algemas: 11
– auxílio-alimentação; servidores inativos: 55
– cargo público; exame psicotécnico: 44
– causas entre consumidor e concessionária de telefonia; competência: 27
– cláusula de reserva de plenário; violação: 10
– concurso público: 43
– condenado punido por falta grave; remição da pena: 9
– contribuição confederativa: 40
– crédito presumido de IPI; insumos isentos: 58
– crédito tributário: 8 e 28
– crime contra a ordem tributária: 24
– crime de responsabilidade: 46
– depositário infiel; prisão civil: 25
– direito de defesa; acesso aos elementos de prova; polícia judiciária: 14
– estabelecimento penal: 56
– falsificação e uso de documento falso; processo e julgamento; competência: 36
– Gratificação de Desempenho de Atividade Técnico-Administrativa – GDATA; inativos: 20
– Gratificação de Desempenho de Atividade de Seguridade Social e do Trabalho – GDASST; inativos: 34
– homologação; transação penal; Lei n. 9.099/95: 35
– honorários advocatícios: 47
– ICMS: 32 e 48
– iluminação pública: 41
– imunidade tributária; livro eletrônico: 57
– inelegibilidade; dissolução da sociedade ou do vínculo conjugal: 18
– IPI; crédito presumido; insumos isentos: 58
– IPTU: 52
– ISS; locação de bens móveis: 31
– juros: 7
– Justiça do Trabalho; competência: 22, 23 e 53
– Lei Complementar n. 110/2001; garantia constitucional do ato jurídico perfeito; ofensa: 1
– livre concorrência: 49
– livro eletrônico; imunidade tributária: 57
– medida provisória não apreciada: 54
– Municípios; estabelecimento comercial; horário de funcionamento; competência: 38
– nepotismo: 13
– obrigação tributária; princípio da anterioridade: 50
– precatórios: 17
– processo administrativo; falta de defesa técnica por advogado: 5
– progressão de regime; crimes hediondos: 26
– salário mínimo: 4, 6 e 15
– seguros; alienação de salvados de sinistro: 32
– servidor militar; reajuste de vencimentos: 51
– servidor público; aposentadoria especial: 33
– servidor público; aumento de vencimentos pelo Poder Judiciário: 37
– servidor público; remuneração: 16
– sistemas de consórcios e sorteios; inconstitucionalidade de lei estadual ou distrital: 2
– recurso administrativo; exigências: 21
– taxa; cálculo do valor: 29
– taxa de lixo: 19
– taxa de matrícula; universidades públicas: 12
– transação penal; homologação: 35
– Tribunal de Contas da União; processos; aplicação do contraditório e da ampla defesa: 3
– Tribunal do Júri; competência: 45
– vencimentos da polícia e do corpo de bombeiros; competência da União para legislar sobre: 39
– vencimentos de servidores; reajuste: 42